中国商务信息大全

《中国商务信息大全》编委会 编

团结出版社

图书在版编目（CIP）数据

中国商务信息大全 /《中国商务信息大全》编委会
编 . -- 北京：团结出版社，2014.8

ISBN 978-7-5126-2889-2

Ⅰ . ①中… Ⅱ . ①中… Ⅲ . ①商务 – 经济信息 – 中国
Ⅳ . ① F72

中国版本图书馆 CIP 数据核字（2014）第 125409 号

出　　版：团结出版社

（北京市东城区东皇城根南街 84 号　邮编：100006）

话：（010）65228880 65244790

址：http:////www.tipress.com

E-mail：zb65244790@vip.163.com

经　　销：全国新华书店

印　　刷：三河市华东印刷有限公司

开　　本：210mm × 285mm　16 开

印　　张：96

字　　数：3000 千字

版　　次：2014 年 8 月第 1 版

印　　次：2019 年 11 月第 8 次印刷

书　　号：978-7-5126-2889-2

定　　价：980.00 元（上、下册）

编印说明

《中国商务信息大全》主要介绍国内领先的企业信息化及电子商务服务平台信息,汇集国内海量供求信息。为加强企业与企业、企业与政府之间的联系，我们编写了《中国商务信息大全》，本书内容涵盖综合性管理机构、金融行业、农林牧渔、交通行业、运输物流、医疗卫生行业、通信、网络、计算机、消防、食品饮料、酿酒行业、矿产冶金、有色金属、特种材料、钢铁煤炭、机械行业、化肥农药、橡胶塑料、石油化工、造纸、印刷、包装、制版、城建、房产、建材、装潢、电力、发电设备、供水供电、文化教育、酒店旅游、餐饮娱乐、家居生活用品、礼品工艺品等行业全方位的商业信息。作为找产品、企业以及新农村商务信息的服务站,以收集、发布涉农政策信息和农副产品流通信息为主导。

本书从三个方面进行介绍：一、相关各行业发展展望及分析介绍；二、相关法律法规介绍；三、相关行业的企事业单位介绍，包含企业名称、地址、电话等信息。

编印说明

[illegible]

目　录

综合性管理机构

农林牧渔

通信网络、计算机、消防

金融行业

交通行业、运输物流

城建房产、建材装潢

文化教育

医疗卫生行业

酒店旅游、餐饮娱乐

电力、发电设备、供水供电

造纸印刷、包装制版

食品饮料、酿酒行业

家居生活用品、礼品工艺品

化肥农药、橡胶塑料、石油化工

矿产冶金、有色金属 特种材料、钢铁煤炭

机械行业

综合性管理机构

相关管理机构介绍

天津市

中国共产党天津市委员会
地址：河西区友谊路30号
…………Tel：83605821

中共天津市和平区委老干部局
地址：唐山道77号
…………Tel：23140565

中共蓟县委员会
地址：城关镇渔阳北路1号
…………办公室：29142111
…………行政科：29132662

中国共产党天津市宁河区委员会
地址：芦台镇光明路78号
…………县委办公室：69591922
…………行政科：69591342

中国共产党天津市西青区委员会
地址：府前街2号
…………办公室：27392522

中国共产党天津市河北区委员会
地址：狮子林大街284号
…………办公室：26296042

中国共产党天津市河西区委员会
地址：台北路6号
…………办公室：23278980

中国共产党天津市津南区委员会
地址：津南区成水沽镇
…………组织部：28391715

中国共产党天津市宝坻区委员会
地址：南关大街24号
…………办公室：29241716

中国共产党天津市红桥区委员会
地址：临水道11号
…………Tel：86516589

中国共产党天津市武清区委员会
地址：雍阳西道118号a座
…………Tel：82138600
…………组织部：82138622

政府管理机构

天津市人口和计划生育委员会
地址：和平区泰安道17号
…………办公室：29342484
…………综合科：29341487

天津市对外经济贸易委员会
地址：和平区曲阜道８０号
…………Tel：23315225

天津市发展计划委员会老干部活动中心
地址：和平区南京路57号
…………Tel：23110408

天津市发展计划委员会社会发展处
地址：和平区大沽北路157号国投大厦
…………Tel：23316708

天津市发展和改革委员会
地址：和平区大沽北路157号国投大厦
…………机关服务中心：23142333

天津市关心下一代工作委员会
地址：和平区解放北路135号
…………Tel：23329307

天津市农业农村委员会
地址：河西区黑牛城道177号
…………Tel：88290613

天津市商务委员会
地址：和平区大沽北路158号
…………Tel：28130970

天津市人工影响天气办公室
地址：河西区气象台路92号
…………Tel：23351939

天津市人民政府口岸服务办公室
地址：滨海新区京门大道跃进路1号
…………Tel：25793753

天津市军队转业干部安置工作办公室
地址：和平区睦南道72号
…………Tel：23301898

天津市安居工程办公室
地址：和平区常德道23号
…………Tel：23161814

天津市价格认证办公室
地址：河西区苏州道35号
…………办公室：23288767

天津市医药学（协）会管理办公室
地址：和平区南京路98号
…………Tel：23123636

天津市建设系统考核办公室
地址：南开区复康路23号增1号丹颐园
…………Tel：23368493

天津市建委世行贷款项目办公室
地址：和平区新华路209号政协大厦7楼
…………Tel：23303630

天津市历史风貌建筑保护委员会办公室
地址：和平区曲阜道84B楼
…………Tel：23310439

天津市绿化委员会办公室
地址：河西区马场街道紫金山路3号增1号
…………Tel：23316092

天津市职称工作办公室
地址：和平区唐山道18号
…………Tel：23328158

天津市蓟州中上元古界国家自然保护区管理中心
地址：蓟县渔阳镇迎宾大街16号
…………办公室：29185338

天津市工程建设交易服务中心
地址：复康路23号增1号丹颐园
…………Tel：23673279

天津市水文水资源勘测管理中心
地址：河西区友谊路60号
…………Tel：29133339

天津市卫生计生宣传中心
地址：营口道20号
…………Tel：23393807

天津市水利工程水费稽征管理所
地址：河西区围堤道210号
…………Tel：23333657

天津市文物管理中心
地址：和平区新兴街道贵州路58号
…………Tel：23397133

天津市公路直属处
地址：西青区侯台外环西路85号
…………Tel：26653710

天津市养路费征稽处
地址：南开区复康路96号
…………Tel：87721332

天津市对外医药卫生交流中心
地址：佟楼佟卫里19号
…………Tel：23346117

天津市台湾研究会
地址：河西区南京路１０号
…………Tel：23138071

天津市占路监理所
地址：和平区长春道202号
…………Tel：27301733

天津市防汛抗旱指挥部
地址：河西区围堤道210号
…………Tel：23333700

天津市华侨服务中心
地址：和平区南京路125号
…………Tel：23116943

天津市社会保险基金管理中心
地址：和平区建设路18号
…………Tel：23030880

天津市建设工程合同管理站
地址：南开区欣苑路北段东侧欣苑大厦
…………Tel：23673299

天津市建设工程定额管理研究站
地址：南开区复康路23号
…………总机：23673810

天津市政协理论研究会
地址：和平区新华路209号
…………Tel：23399985

天津市思想政治工作人员专业职务评定工作领导小组
地址：河西区台儿庄路40号
…………办公室：23300620

天津市高速公路管理处
地址：河北区S113(外环东路)
…………Tel：28309007

天津市普通教育技术装备管理中心
地址：河西区南北大街1号
…………生产科：23355290

天津市人民政府
地址：河西区友谊路30号
…………Tel：25661234

天津市滨海新区人民政府
地址：大连东道1060号
…………Tel：65305357

东丽区人民政府
地址：先锋路
…………办公室：24390795
…………综合科：84375169

北辰区人民政府
地址：北辰道389号
…………办公室：26823602
…………秘书科：26390640

西青区人民政府
地址：杨柳青镇府前街2号
…………办公室：27392411

红桥区人民政府
地址：勤俭道
…………Tel：26371527

和平区人民政府
地址：屈阜道81号
…………Tel：23196665

河东区人民政府
地址：七纬路98号
…………热线电话：24160666

河北区人民政府
地址：狮子林大街284号
…………办公室：26296059

河西区人民政府
地址：台北路4号
…………Tel：23278876

宝坻区人民政府
地址：建设路116号
…………办公室：29241081
…………传达室：29241377
…………秘书科：29241992

武清区人民政府
地址：雍阳西道
…………秘书科：82138800
…………行政科：82138811

南开区人民政府
地址：黄河道390号
…………政府热线：27361913

津南区人民政府
地址：区政府办公室215房间
…………Tel：28540210

蓟州区人民政府
地址：蓟州区府前街2号
…………办公室：29142345
…………办公室：29142571

静海区人民政府
地址：迎宾大道99号
办公室
地址：静海县
…………Tel：68612060
…………综合科：68611532

市场监督管理局东丽分局
地址：滨海新区迎宾街83号
办公室
地址：市场监督管理局院内
…………Tel：84375926

市场监督管理局汉沽分局
地址：滨海新区汉沽三经路30号
…………Tel：25692833

市场监督管理局和平分局
地址：和平区营口道19号
市场监督管理局津南分局
地址：红旗路南
…………办公室：28390920

市场监督管理局宁河分局
地址：震新路卫生防病站2楼
…………办公室：69597120
…………市场科：69591051
…………消协：69590315

市场监督管理局塘沽分局
地址：河北路1243号
…………Tel：25893782

天津八仙山国家级自然保护区管理局
地址：蓟州区马营公路198号北侧
…………Tel：2271669

天津市市场监督管理局河东分局
地址：天山路大荣超市后
…………消协会：24310315

天津市市场监督管理局河北分局
地址：河北区四经路19号
…………Tel：26265365

天津市市场监督管理局宝坻分局
地址：开源路8号
…………办公室（传真）：29243833
…………传达室：29243129

天津市西青区人力资源和社会保障局
地址：杨柳青西青道365号
…………办公室：27393715

天津市西青区交通运输管理局杨柳青运输管理所
地址：杨柳青镇
…………Tel：27392354

天津市红桥区园林管理局
地址：红桥区西沽公园后门旁
…………Tel：86516907

天津市红桥区城市管理综合执法局区政府综合执法大队行政办
地址：红桥区
…………Tel：86516783

天津市蓟州区体育训练基地
地址：下营镇前干涧津围线训练基地
…………Tel：22717421

天津市国土资源和房屋管理局北辰区国土资源分局
地址：京津公路350号
…………Tel：26395233

天津市国土资源和房屋管理局汉沽区国土资源分局
地址：政融街
…………Tel：25695386

天津市河北区应急管理局
地址：狮子林大街284号
…………Tel：24458221

天津市和平区体育局
地址：和平区新华路207号
…………Tel：23319336

天津市河北区房地产管理局
地址：金钟路
…………Tel：26321523

天津市河东区环境保护局
地址：大直沽八号路21号
…………环境保护监测站：24160455

天津市河东区城市管理综合执法局
地址：建新路晨光44号楼南
…………督查科：24342959

天津市和平区教育局
地址：河北路205号后门
…………Tel：27121390

天津市规划局红桥区规划分局
地址：西青道跃进里小区
…………Tel：27729991

天津市规划局河西区规划分局
地址：利民道29号
…………Tel：28287070

天津市宝坻区水务局
地址：建设路157号
…………办公室：29241095

天津市宝坻区气象局
地址：圣人庄村南
…………办公室：82621826

天津市宝坻区出入境检验检疫局
地址：环城南路32号
…………办公室：82683462
…………警卫室：82685692

天津市宝坻区民政局
地址：东城北路
…………办公室：29241835
…………社会救济科：29241025
…………优抚安置科：29241550

天津市宝坻区农业机械管理局
地址：南城东路
…………办公室：29241635
…………传真：29341635

天津市宝坻区农业农村局
地址：南城路110号
…………办公室：29241049
…………人事科：29241775

天津市宝坻区应急管理局
地址：建设路233号
…………办公室：29240350
…………传真：29240129

天津市宝坻区交通局
地址：南城东路10号
…………办公室：29241641
…………传真：29232437

天津市宝坻区人力资源和社会保障局
地址：开元路与广阳路交汇口
…………办公室：29241428
…………监察科：29232544
…………就业科：29241539

天津市宝坻区体育局
地址：潮阳大道北侧、朝霞路东侧
…………办公室：29241908

天津市宝坻区财政局
地址：广川路29号
…………办公室：29241196
…………行财科：29241598

天津市宝坻区国土资源分局
地址：政融街
…………警卫室：82629181
…………综合办公室（传真）：82629191

天津市宝坻区审计局
地址：城关镇东城南路5号
…………办公室：29241493
…………值班室：29243428

天津市宝坻区林业局
地址：进京路1号
…………办公室：82622920
…………警卫室：82622969
…………值班室：82622929

天津市宝坻区房地产管理局
地址：西环南路与政融街交叉路口往东约200米
…………办公室：82650904
…………值班室：82661347

天津市宝坻区规划局
地址：城关镇东街6号
……规划科：29242849
……监察科：29238389
……综合办公室：29232166

天津市宝坻区物价局
地址：建设路116号
……办公室：29241582

天津市宝坻区质量技术监督局
地址：南关大街177号
……办公室：82628900

天津市宝坻区生态环境局
地址：建设路159号
……Tel：29220367

天津市宝坻区统计局
地址：宝平街道建设路116号
……办公室：29242875

天津市宝坻区城市管理综合执法局
地址：开元路与渔阳路交口
……办公室：29266006

天津市宝坻畜牧水产中心
地址：政信街宝坻区畜牧兽医局
……办公室：29241837

天津市宝坻区烟草专卖局
地址：南城路138号
……办公室：29241403
……财务科：29241207

天津市宝坻区教育局
地址：广川路16号
……传真：29262901
……信息中心：29267168
……行政办公室：29241233

天津市宝坻区粮食和物资储备局
地址：南城东路105号
……办公室：29241381
……值班室：29243275

天津市宝坻区税务局
地址：潮阳大道与开元路交口西侧
……办公室：29241159
……监察室：29242290
……人教科：29241324

天津市武清区农业机械局
地址：振华西道1号
管理科
地址：振华西道2号
……Tel：29342363
……综合办公室：29321874

天津市武清区质量技术监督局
地址：新华北路
……办公室：29341346

天津市南开区体育局
地址：南开区白堤路81号
……Tel：27426297

天津市南开区财政局
地址：南门外大街
……Tel：27301551

天津市南开区城市管理综合执法局
地址：南开区
……Tel：23655919

天津市津南区水务局
地址：二八公路
……办公室：28392694
……防汛科：28392232

天津市食品药品监督管理局北辰分局
地址：京津公路计生委楼内
……Tel：26916772

天津市食品药品监督管理局蓟州区分局
地址：文昌街道中昌北大道中昌新村
……办公室：29145622

天津市药品监督管理局宝坻分局
地址：开元路8号
……办公室：29237696

天津市药品监督管理局武清分局
地址：杨村雍阳西道
……办公室：82129709
……稽查执法科：82129711
……市场监督科：82129710

天津市滨海新区汉沽人力资源和社会保障局
地址：四纬路宜春里东南侧约40米
……Tel：25693162

天津市滨海新区汉沽卫生局
地址：府北路18号
……Tel：25698096

天津市滨海新区汉沽财政局
地址：新开中路96号
……Tel：25695543

天津市滨海新区汉沽经济发展局
地址：新开中路65号
……Tel：25693260

天津市滨海新区汉沽环境保护和市容市政管理局
地址：东风中路5号
……Tel：67121665

天津市南开区国家税务局
地址：南门外大街新泉大厦
……Tel：27518009

天津黄崖关长城风景名胜区管理局
地址：下营镇黄崖关村东区29号
……Tel：22718111

天津市北辰区人力资源和社会保障局
地址：京津公路351号
……Tel：26390191

东丽区卫生健康委员会
地址：东丽区先锋路31号
……Tel：24391947

北辰区卫生健康委员会
地址：北仓道
……Tel：26836730

东丽区气象局
地址：气象街83号
……Tel：24981341

东丽区民政局
地址：先锋东路增48号
……Tel：84375477

北辰区民政局
地址：延吉道北侧
……办公室：26391153

北辰区应急管理局
地址：京津公路342号
……Tel：86817598

东丽区农林局
地址：荣成路13号
……林业科：84375842
……生产科：84375841

东丽区交通运输管理局
地址：先锋路1号
……门卫：84370931

北辰区交通运输管理局
地址：果园北道
……Tel：26390520

东丽区劳动和社会保障局
地址：东丽区荣城路13号
……Tel：24390233

东丽区体育局
地址：外环线津塘立交桥南
办公室
地址：东丽区
……Tel：84375801

北辰区审计局
地址：延吉道
……办公室：26391653

东丽区统计局
地址：栖霞道原老干部局院内
……办公室：84375242
……综合科：84376556

东丽区城市管理综合执法局
地址：一经路12号
……Tel：84375012

北辰区教育局
地址：北仓道4号
……Tel：26390666

东丽区文化和旅游局
地址：外环东路3699号
……Tel：24889513

宁河区卫生健康委员会
地址：芦台文化路18号
……办公室：69591817
……初保办：69561462

西青区人事局
地址：杨柳青镇府前街2号
……办公室：27392297

西青区市场监督管理局
地址：杨柳青柳口路26号
办公室
地址：新华路
……Tel：27391532
财务科
地址：新华路55号
……Tel：27914949
……市场科：27392923
值班室
地址：杨柳青新华道139号
……Tel：27939226
社文科
地址：文化馆旁边
……Tel：27392240

西青区民政局
地址：杨柳青府前街民政大楼
……办公室：27392483

西青区交通运输管理局
地址：中北镇中联产业园
……Tel：87910377

开发区运输管理所
地址：兴华道与一支路交口
……Tel：23970746

西青区财政局
地址：政府大院财政楼
……Tel：27393324
采购中心
地址：杨柳青府前街
……Tel：27937066
……企业科：27398720

西青区物价局
地址：杨柳青柳口路26号
……传真：27393374
……物价检查所：27393373

西青区国家税务局
地址：二经路
……办公室：27393407
……服务中心：27396849

西青区质量技术监督局
地址：西青道技术监督局院内
……Tel：27393813

西青区档案局
地址：杨柳青柳口路35号
……业务指导：27921943

西青区教育局
地址：区教委新办公楼
……办公室：27392455
党委办公室
地址：杨柳青区教委新办公楼
……Tel：27393249
人事科区教委新办公楼
……Tel：27392509

红桥区民政局
地址：勤俭道202号
……Tel：86516216

红桥区体育局
地址：育苗路3号
……Tel：26521268

红桥体育场
地址：铁北路29号
……Tel：26521658

红桥区审计局
地址：勤俭道200号
……Tel：86516189

红桥区档案局
地址：勤俭道201号
……Tel：86516362

河东区卫生健康委员会
地址：西锦路7号
献血办公室
地址：河东区西锦路7号
……Tel：24310919

河东区民政局
地址：八纬路127号
……办公室：24121245

河东区市政园林管理局
地址：河东区津塘路27号
……Tel：24148639

河东区财政局
地址：十二经路5号
值班室
地址：西锦路7号
……Tel：24310347

河北区财政局
地址：狮子林大街284号
……办公室：26296180

河北区审计局
地址：狮子林大街284号
……办公室：26296166

河北区规划分局
地址：昆纬路二中对过
……办公室：26355688
……热线：26354747

河北区房地产管理局
地址：金纬路与中山路口
……办公室：26283129
……窗口热线：26287778

河东区物价局
地址：六纬路151号
……办公室：24160400

河北区物价局
地址：黄纬路13号
……Tel：26292066

河东区经济联络局
地址：七纬路79号
……办公室：24302100

和平区国家税务局
地址：云南路汉阳道交口
……办公室：27825784

河东区国家税务局
地址：六纬路151号
……稽查综合科：24143732
……税管科：24311055

河北区国家税务局
地址：自由道68号
……办公室：24462938

河东区直属企业管理局
地址：十三经路6号
……综合办公室：24311888

河东区环境卫生管理局
地址：唐口程林庄路55号
……办公室：24328920

河北区环境卫生管理局
地址：辰纬路仃号
……办公室：26236401

河东区统计局
地址：十一经路70号
办公室
地址：河东区
……Tel：24309235

河北区统计局
地址：宙纬路11号
……办公室：26222330
……综合科：26351784

河北区城市管理综合执法局
地址：增产道客彩里57号
……Tel：26430008

河东区档案局
地址：河东区十一经路70号
……Tel：24308333

河北区档案局
地址：河北区建国道14号
……Tel：84493043

河北区教育局
地址：中山路205号
……办公室：26288182

河西区卫生健康委员会
地址：宁波道14号
公费医疗办公室
地址：台北路6号
……Tel：23278739

河西区市政工程管理局
地址：江苏路2号
……办公室：23393879

河西区民政局
地址：挂甲寺桥西街92号
……婚姻科：28314702

河西区地方税务局
地址：广东路中联小区
……Tel：23258113

河西区劳动和社会保障局
地址：沥水道第二开关厂院内
……Tel：28275778

河西区房地产管理局
地址：南埔南路2号
……投诉电话：28134495

河西区物价局
地址：绍兴道4号
……河西价格举报中心：28306966

河西区国家税务局
地址：越秀路越秀大厦B座
……服务中心：88375323

河西区环境卫生管理局
地址：河西区怡林园内幼儿园
……Tel：28385601

滨海新区建设和交通局大港分局
地址：振兴路12号
……Tel：25991129

宝坻区卫生和计划生育委员会
地址：海滨街道南城路66号
……办公室：29241614

武清区卫生健康委员会
地址：新华路4号
……红十字会：29345410

武清区水务局
地址：建设北路5号
……办公室：29341218
……党委办公室：29341721

武清区气象局
地址：雍阳西道小世界交口
……办公室：82163868
……业务科：82163878

武清区民政局
地址：新华北路
……办公室：29341871

武清区农业农村局
地址：新华路5号
……办公室：29341331

武清区劳动和社会保障局
地址：新华南路
……办公室：29342320

武清区审计局
地址：雍阳东道12号
……办公室：29341803
……综合科：29345163

武清区房地产管理局
地址：新华南路
……办公室：29341968

武清区统计局
地址：雍阳东道
……办公室：29332847
……普查中心：29382284

武清区畜牧水产局
地址：振华西道2号
……办公室：29341273
……值班室：29322447

武清区烟草专卖局
地址：开发区禄源道
……办公室：82111173
……警卫室：82122500

武清区档案局
地址：雍阳东道
……办公室：29341016
……地方志办公室：29371335

武清区教育局
地址：雍阳西道
……办公室：82171820
……传真：82171821

天津市塘沽区质量技术监督局
地址：杭州道70号
……Tel：66313918

南开区卫生局
地址：五马路88号
……Tel：27429932

南开区文化和旅游局
地址：南开区黄河道487号
……办公室：27631800

南开区市政工程管理局
地址：城厢西路366号
……行政办公室：27462559

南开区民政局

地址：宜宾里小学对门
……值班室：27693395
南开区地方税务局
地址：白堤路96号
……涉税咨询电话：27420122
南开区劳动和社会保障局
地址：鞍山道风井里
南开区体育局
地址：长江道怀安环路11号
……办公室：27494329
南开区财政局
地址：南门外大街382号
……总机：27315129
南开区审计局
地址：黄河道487号
……办公室：27687272
南开区环境卫生管理局
地址：长江道47号增1号
……值班室：27622441
南开区统计局
地址：南开区雅安道107号
……Tel:27563813
南开区城市管理综合执法局
地址：南大道8号
……Tel:25685165
津南区卫生局
地址：津沽路128号
……办公室：28392576
……医政科：28392622
津南区民政局
地址：津沽路174号
……Tel:28391004
津南区机关事务管理局
地址：津港公路津南区政府
……办公室：28392283
行政科政府大楼204
……Tel:28391358
津南区体育局
地址：成水沽镇体育场路20号
……办公室：28392732
体育产业发展管理中心
……Tel:28539598
津南区财政局
地址：红旗路
……办公室：28392208
……行财科：28392845
津南区审计局
地址：红旗路
……办公室：28390726
……法规科：28392097
津南区规划局
地址：成水沽镇津歧路
……办公室：88510002
……规划设计所：88510012
……监察科：88510085
津南区国家税务局
地址：成水沽镇红旗路
……党办：28392083
……服务中心：28511774
……监察科：28393948
津南区质量技术监督局
地址：红旗路
……办公室：28539386
……传真：28392523
津南区环境保护局
地址：红旗路
……办公室：28537956
传达室
地址：八公路
……Tel:28391196
津南区统计局
地址：政府大楼501
……办公室：28391726
津南区教育局
地址：成水沽镇津沽路77号
……办公室：88511000
……人事科：88510602
……组织科：88510593
食品药品监督管理局汉沽分局
地址：寨上街道汉沽新开中路96号
……Tel:25668292
食品药品监督管理局塘沽分局
地址：和平路92号
……Tel:25863805
食品药品监督管理局静海分局
地址：静海镇静文路中段
办公室
地址：静海县
……Tel:68600906
蓟州区卫生健康委员会
……办公室：82829001
……党办：82829021
蓟州区市场监督管理局
地址：渔阳镇兴华大街23号
……办公室：82862510
蓟州区水务局
地址：迎宾大街郭庄子村
……办公室：29142617
……传真：29142417
蓟州区水产局
地址：东环路引滦小区
……办公室：82862060
……人事科：82862167
蓟州区气象局
地址：七里峰路口南50米
……办公室：29142329
蓟州区民政局
地址：中昌北大道太平洋小区西北侧
……办公室：29142206
中共天津市蓟州区委老干部局
地址：城关镇文昌北路5号
……Tel:29142050
蓟州区农业农村局
地址：文昌街28号
……办公室：29142129
……传真：29128183
蓟州区应急管理局
地址：兴华大街二经路4号
……办公室：29142040
……办证科：29143257
蓟州区交通局
地址：城关镇人民西路67号
……财计科：29141748
……党办：29148698
……人事科：29142791
蓟州区税务局
地址：中昌北大道424号
……办公室：29141203
……监察室：29130977
……税管科：29130974
蓟州区人力资源社会保障局
地址：渔阳镇蓟州西大街39号
……办公室：82862113
……劳动监察科：82832341
……仲裁科：82861813
蓟州区体育局
地址：兴华大街56号
……Tel:82862115
蓟州区财政局
地址：渔阳镇迎宾大街85号
……办公室：29142212
……综合计划科：29142358
蓟州区国土资源分局
地址：城关镇东风里迎宾路18号
……财务科：29122998
……工会：29121101
蓟州区审计局
地址：迎宾大街85号
……办公室：29T42945
蓟州区林业局
地址：西大街37号
……办公室：29142189
……林政科：29142380
蓟州区房地产管理局
地址：中昌北路5号
……办公室：29140364
……热线电话：29198877
……人事科：29149258
蓟州区规划局
地址：迎宾路18号
……办公室：29146846
……规划科：29186009
蓟州区物价局
地址：府前街2号
……价格管理所：29031500
……价格认证中心：29031667
……收费科：29031783
蓟州区国家税务局
地址：人民西大街上东城西北侧
……办公室：29142720
……人事科：29142948
……综合科：29141381
蓟州区质量技术监督局
地址：城关镇渔阳南路12号
……办公室：29142406
……人事监察科：29197607
蓟州区统计局
地址：城关镇府前街2号
……办公室：29141662
蓟州区城市管理综合执法局
地址：渔阳南路胜达家园北侧
……办公室：29186766
蓟州区畜牧业发展服务中心
地址：人民西大街天津市蓟州区九龙医院
……办公室：29141726
……人事科：29180706
蓟州区烟草专卖局
地址：天阳路10号
……办公室：29893858
……业务科：29893811
蓟州区文化和旅游局
地址：中昌北路3号
……办公室：29142566
……管理科：29191506
……市场科：29191508
蓟州区教育局
地址：渔阳镇兴华大街4号
……办公室：29142619
静海区人事局静海县人才交流服务中心
地址：静海县师范学校院内
……Tel:28949308
静海区卫生局
地址：静文路7号
……办公室：28942521
静海区市场监督管理局
地址：静海镇胜利大街38号
大邱庄工商所
地址：静海县大邱庄镇香港街北
……Tel:28898527
……开发区工商所：68609535
静海区水利局
地址：静海镇东方红路37号
……办公室：28941679
……防汛指挥办公室：28948387
……水政科：28942635
静海区民政局
地址：胜利大街19号
……办公室：28942811
静海区农业机械管理站
……办公室：28942717
……管理科：28941836
静海区农业农村委员会
地址：迎宾大道99号
……办公室：28942161
静海区交通局
地址：静文路5号
……交通战备办公室：28942801
……行政办：28942228
静海县劳动和社会保障局
地址：静海镇胜利路35号
办公室
地址：静海县
……Tel:28942588
职业介绍服务中心
地址：静海镇劳动局院内
……Tel:28910217
静海县体育局
地址：胜利南路体委新楼
……Tel:28942899
静海区财政局
地址：迎宾大道99号增1号
静海镇财政所
地址：静海县胜利南路43号
……Tel:28943223
唐官屯财政所
地址：静海县大张屯乡
……Tel:68360022
静海区房地产管理局
地址：静海县东方红路41号
……办公室：28941284
静海区质量技术监督局
地址：静海镇静文路26号
办公室
地址：静海县
……Tel:28942806
静海区统计局
地址：迎宾大道99号
……Tel:68613602
静海区畜牧水产局
地址：静文路12号
……Tel:28942646
静海区烟草专卖局
地址：静海镇东方红路5号
办公室
地址：静海县
……Tel:28915656
……业务室：28912056
静海区档案局办公室
地址：静海县
……Tel:28942138
静海区教育局办公室
地址：静海县
……Tel:28942511
……招生办：28942360
静海区粮食和物资储备局
地址：静文路16号
……Tel:28942140
上马台工业区管理委员会
地址：武清区上马台镇
……办公室：82288160
……经理室：82288161
天津子牙循环经济产业区管理委员会
地址：子牙循环经济产业区
……Tel:68856050
天津王古开发区管委会
地址：大王古庄经济区
……Tel:22192249
天津市北辰区建设管理委员会
地址：果园南道
传达室
地址：京津公路
……Tel:26391398
……监督站：26393095
天津市河北区商务委员会
地址：河北区王串场14段
……Tel:26472317
天津市宝坻区计划和生育委员会
……办公室：29241639
天津市宝坻区发展改革委员会
……办公室：29241272
……综合计划科：29242684
天津市宝坻区农业经济委员会
……办公室：29241815
天津市武清区花城经济区管理委员会
地址：武清区曾子里乡国税所
……Tel:29559518
天津市武清区富民经济区管理委员会
地址：武清区雍阳东道体委院
……Tel:22105968
天津市津南区发展和改革委员会
地址：体育场路19号
……管理科：28396571
……检查科：28391249
天津市新技术产业园区南开科技园管理委员会
地址：南开区科研西路8号
……Tel:87892806
天津市塘沽区建设管理委员会
地址：塘沽区大连道１５５８号
……Tel:25893840
天津市静海经济开发区管委会
地址：金海道3号
……Tel:60609512
天津军粮城工业园区管理委员会
地址：军粮城街
……Tel:84366366
天津宝坻经济开发区管理委员会
地址：宝坻经济开发区南环路6号
……办公室：22539000
……传真：22538661
……警务室：22537579
天津宝坻石桥工业园区管理委员会
地址：钰华街118号石桥工业园区
……办公室：82666000
……综合部：82651666
天津宝坻经济开发区管理委员会
地址：宝坻区南环路8号
……Tel:22530110
天津津南国家农业科技园区管理委员会
地址：联顺东路津南国家农业科技园区
……办公室：28752875
……建设部：28559918
天津新技术产业园区南开科技园管委会
地址：科研西路8号
……招商部：87892121
东丽区人口和计划生育委员会
地址：先锋路7号
……Tel:84375131
北辰区卫生和计划生育委员会
地址：新村街果园北道2号
……办公室：26397394
……宣传科：26397414
东丽区工业经济委员会
地址：津塘路180号
……Tel:84375486
东丽区发展和改革委员会
地址：跃进路30号
……办公室：84375020
……综合计划科：84375021
东丽区市容环境卫生管理委员会
地址：跃进南路幸福道3号
……办公室：24391415
……业务科：84375624
东丽区建设管理委员会
地址：利津路114号
……办公室（传真）：24391128
宁河区人口和计划生育委员会
地址：芦台镇文化路18号
……办公室：69591526
宁河区工业经济委员会
地址：芦台镇光明路34号
……乡镇企业办公室：69592714
……行政办公室：69591669
宁河区发展和改革委员会
地址：光明路68号
……计划科：69592157
……流通科：69594267
宁河区贸易开发区管理委员会
地址：长旭路巴里岛假日酒店(天津宁河店)南侧约50米
……Tel:69193592
宁河区商务委员会
地址：光明路62号
……办公室：69593551
……业务科：69117606
西青区卫生健康委员会
地址：新华道30号
……办公室：27392384
技术服务站
地址：杨柳青西青道
……Tel:27920392
西青区市容环境卫生管理委员会
地址：新华道120号
……Tel:27393171
西青区建设管理委员会
地址：杨柳青营建路26号
……Tel:27946656
西青经济开发区大寺工业园管理委员会
地址：大寺镇大任庄村南
……Tel:83981000
西青经济开发区管理委员会
地址：西青开发区七支路
……办公室：23971868

……………… 财务部：83963318
……………… 规划部：23971258
红桥区人口和计划生育委员会
地址：勤俭道202号
……………… 电话（传真）：86516072
红桥区经济贸易委员会
地址：红桥区勤俭道202号
……………… Tel:86516163
河东区建设管理委员会
地址：十四经路景泰公寓12号
……………… 办公室：24311943
河北区建设管理委员会
地址：昆纬路39号
……………… Tel:26242308
河北区科学技术委员会
地址：宇纬路五马路81号
……………… 办公室：26353224
河北区爱国卫生运动委员会
地址：狮子林大街284号
……………… Tel:26296025
河东区精神文明建设委员会
地址：十一经路70号
……………… 办公室：24220867
河西区市容管理委员会
地址：解放南路301号
……………… Tel:23278513
京津新城工业园管理委员会
地址：大白庄镇九园开发区
……………… Tel:22401886
武清区市容环境卫生管理委员会
地址：雍阳东道9号
办公室
地址：市客办公室
……………… Tel:29342048
武清区体育运动委员会
地址：雍阳东道
……………… 办公室：29342215
武清区建设管理委员会
地址：雍阳东道
……………… 办公室：29341748
……………… 党委办公室：29341494
武清区爱国卫生运动委员会
地址：新华路4号
……………… 办公室：29342910
……………… 主任室：29338770
武清县商务委员会
地址：雍阳西道
……………… 办公室（商业科）：82138856
南开工业园管理委员会
地址：雅安道金坪路10号
……………… Tel:87610772
南开区对外经济贸易委员会
地址：黄河道390号
……………… Tel:27585980
南开区科学技术委员会
地址：红旗路华安北里
办公室
地址：南开宾馆北侧
……………… Tel:27566918
南开区校办产业管理委员会
地址：长江道颂禹西里
……………… 办公室：27421409
津南区卫生健康委员会
地址：津南区津沽路检查院内
……………… Tel:28392775
传真地址：成水沽镇津沽路三角楼
……………… Tel:88510549
津南区工业经济委员会
地址：成水沽镇大件路
……………… 办公室：28392571
……………… 传达室：28391962
津南区双港工业园区管理委员会
地址：津南区双港镇
……………… Tel:28593788
津南区市容环境卫生管委会
地址：南环路27号
……………… 办公室：28391379
传真地址：成水沽镇津沽路42号
……………… Tel:28533613
津南区关心下一代工作委员会
地址：区委老干部局
……………… 办公室：28512144
津南区农业经济委员会
地址：成水活镇红旗路
……………… 办公室：28537445
农业科
地址：成水沽镇红旗路9号
……………… Tel:28392127
津南区建设管理委员会
地址：二八公路
……………… 办公室：28391847
……………… 传达室：28392342
津南区商业委员会
地址：成水活西大桥东
……………… 办公室：28525805
蓟州区卫生健康委员会
地址：渔阳镇兴华大街24号
……………… 办公室：29141674
……………… 规统科：29133954
蓟州区城市管理委员会
地址：长城大道西南隅村幼儿园北侧约160米
……………… 办公室（传真）：29143475
蓟州区科学技术委员会
地址：城关镇府前街2号
……………… 办公室：29143629
……………… 计划科：29142794
静海区卫生健康委员会
地址：静海镇静文路7号
……………… Tel:68612102
静海区工业经济服务中心
地址：迎宾大道99号
……………… 办公室：28942865
静海区城市管理委员会
地址：静海镇津德路19号
……………… Tel:28940118
静海区建设管理委员会
地址：静海镇胜利大街41号
……………… Tel:28942524
静海区科学技术协会
地址：静海镇胜利路25号
……………… Tel:28942837
天津市河北区供热办公室
地址：河北区富强道11号
……………… Tel:26473518
天津市河西区人民政府供热办公室
地址：宙纬路日方里
……………… Tel:23278076
天津市南开区人民政府供热办公室
地址：南开区西湖村大街32号
……………… Tel:27420026
天津市滨海新区汉沽推进城乡一体化领导小组办公室
……………… Tel:25695931
天津经济技术开发区地方志编修办公室
地址：宏达街21号
……………… Tel:25203285
天津经济技术开发区管理委员会翻译室
地址：滨海新区宝信大厦
……………… Tel:25201951
东丽区供热站
地址：先锋路2号
……………… Tel:84376917
西青区人工影响天气办公室
地址：杨柳青镇柳口路10号
……………… Tel:27393714
和平人民政府招商办公室
地址：贵阳路143号
……………… Tel:23266900
和平区人民政府信息化办公室
地址：和平区曲阜道83号
……………… Tel:23196117
和平区市场建设管理领导小组办公室
地址：和平区河北路219号
……………… Tel:23320070
河北区住宅配套建设办公室
地址：昆纬路39号
……………… Tel:26354052
和平区城市房屋拆迁管理办公室
地址：成都道104号
……………… 主任室：23120826
河东区流动人口管理办公室
地址：富民路八号门
……………… Tel:84255646
河西区人民政府粮食办公室
地址：龙昌路光华里1区
……………… Tel:28221301
河西区流动人口管理办公室
地址：河西区绍兴道4号
……………… Tel:23278859
南开区区街福利生产办公室
地址：烈士路幸福北里
……………… 福利办：27587114
津南区人民政府集中供热办公室
地址：体育场北路
……………… Tel:28514192
津南区地震办公室
地址：津南区津沽路
……………… Tel:28390728
津南区经济协作办公室
地址：成水沽大件路
财务科
地址：大件路
……………… Tel:28392787
……………… 秘书科：28392704
……………… 主任室：28548520
……………… 综合室：69591231
……………… 总值班室：69591502
……………… Tel:67123380
天津市红桥区占路管理收费所
地址：辰昌路佳园北里平房旁
……………… Tel:26669982
天津市社会保险基金管理中心宁河分中心
地址：芦台街道金华路区委党校旁
……………… 办公室：69593631
天津市社会保险基金管理中心宝坻支中心
地址：开元路与阜阳路交口
……………… 办公室：29242140
天津市社会保险基金管理中心武清分中心
地址：新华南路
……………… 办公室：29334603
……………… 咨询台：29393770
天津市和平区占路管理所
地址：和平区宜昌道53号
……………… Tel:23525213
天津市河东区退出企业职工托管中心
地址：万和路与津滨大道辅路交叉口东北120米
……………… Tel:24669035
天津市和平区福利彩票发行中心
地址：解放北路津湾广场
……………… Tel:23219080
天津市宝坻区市场建设服务中心
地址：北城东路11号
……………… 办公室：29250001
……………… 市场管理科：29250002
……………… 信息中心：29250006
天津市宝坻区行政许可服务中心
地址：钰华街118号
……………… 办公室：82651158
……………… 传真：82651133
天津市武清区行政许可服务中心
地址：雍阳西道67号
……………… Tel:82132246
天津市武清区行政服务许可中心
地址：泉州北路8号
办公室
地址：雍阳西道
……………… Tel:82132233
……………… 投诉室：82132222
天津市津南区建设工程质量安全监督管理支队
地址：成建委院内
……………… Tel:28391522
天津市津南区畜牧水产业发展服务中心
地址：建国大街159号
……………… 办公室：28391539
……………… 兽医站：28390737
天津市津南公路处
地址：津南区辛庄镇中辛庄
……………… 传真：88531747
天津市蓟县土地整理中心
地址：人民东大街48号
……………… 办公室：29182392
……………… 储备部：29188809
……………… 整理部：29183199
天津经济技术开发区建设工程管理中心
地址：滨海新区开发区第二大街9号
……………… Tel:25328805
天津经济技术开发区管理委员会
地址：海新区宝信大厦
……………… Tel:25202751
宁河镇劳动保障服务中心
地址：宁河镇宁河县三联玻璃加油站
……………… Tel:69549329
天津市社会保险基金管理中心河西分中心
地址：河西区隆昌路58号
……………… Tel:23248241
天津市河北区行政许可服务中心
地址：河北区昆纬路39号
……………… Tel:26290234
天津市河北区劳动保障服务中心
地址：河北区榆关道660号瀚宾楼大酒店旁
……………… Tel:26242850
河东区建筑管理站
地址：十四经路景泰公寓12号
……………… Tel:24317111
河西区区域经济服务中心
地址：绍兴道4号
……………… Tel:23278839
河西区价格认证中心
地址：黑牛城纯正路联盟里1号
……………… Tel:88333607
河西教育中心
地址：河西区宁波道21号
……………… Tel:23262910
南开区教育技术装备管理站
地址：二纬路凤仪里9号
……………… 办公室：27255195
津南区八里台工业园区管理中心
地址：八里台镇工业园区
……………… 招商部：28752206
津南区市政工程管理所
地址：体育场路
……………… Tel:28391561
蓟州区文物保管所
地址：武定街41号蓟县文物博物馆
……………… Tel:29142907
蓟州区市政园林管理所
地址：蓟州区渔阳镇四正街
……………… Tel:29142568
蓟县退出企业职工托管中心
地址：蓟县城关镇
……………… Tel:29187719
八门城镇人民政府
地址：宝坻区八门城镇
……………… Tel:82567634
……………… 办公室：82567111
……………… 镇长室：82567120
八里台镇人民政府
地址：八里台村
天津市规划土地管理站
地址：南开区西湖道4号406室
……………… Tel:28752537
建筑劳务管理站
地址：津南区八里台镇
……………… Tel:28751335
七里海镇人民政府
地址：七里海镇七里海大道
……………… 党办：69539138
……………… 政府办公室：69539117
大口屯镇人民政府
地址：宝坻区大口屯镇
……………… Tel:29689411
大王古庄镇政府
地址：武清区政府路079号
……………… 党政办：22192002
……………… 生产办：22191319
子牙镇政府
地址：子牙镇
……………… 办公室：28859314
……………… 综治办：28858293
大白庄镇人民政府
地址：宝坻区大白庄镇
……………… Tel:29660208
汉沽区大田镇人民政府
地址：滨海新区
……………… Tel:25695321
口东镇政府
地址：宝坻区口东镇商贸街
……………… Tel:22568594
下伍旗镇人民政府
地址：良官屯旗良公路下伍旗镇政府
……………… 政府办：22289167
大良镇人民政府
地址：旗良公路
……………… 党委办：29561038
……………… 政府办：29561504
大钟庄镇人民政府
地址：宝坻县大钟庄镇大钟庄
……………… 办公室：82428474
……………… 镇长办公室：82425606
大唐庄镇政府
地址：政府路15号
……………… Tel:29657908
马家店乡政府
地址：马家店乡政府院内
……………… Tel:29649125
小站镇人民政府
地址：小站镇红旗路
……………… 办公室：88615058
……………… 传达室：88615089
小淀镇人民政府
地址：小淀镇北仓延长线
……………… 办公室：26990461
大碱厂镇政府
地址：武清区大碱厂乡镇政府
……………… 党委办：82219023
……………… 政府办：82219024
王卜庄镇政府
地址：宝坻区王卜庄镇镇府
……………… Tel:82590055
王口镇政府
地址：王口镇
……………… 办公室：28836175
中北镇人民政府
地址：大稍口汽车改装厂南
办公室
地址：中北镇
……………… Tel:27392843
丰台镇人民政府
地址：宁河区S123
……………… 党委办公室：69489417
……………… 政府办公室：69489061
王庆坨镇政府
地址：宁河区S123
……………… 计生办：29518252
天津市北辰区北仓镇人民政府
地址：北辰区京津公路
……………… Tel:26817777
天津市西青区中北镇社会事务服务中心
地址：中北大道33号
……………… Tel:27535966
天津市西青区辛口镇人民政府
地址：辛口镇泰华公寓6号楼
……………… Tel:27990343
天津市津南区葛沽镇人民政府
地址：滨海创意中心
……………… Tel:28693388
方家庄镇政府
地址：方家庄政府办公室
……………… Tel:82447547
双桥河镇人民政府
地址：双桥河东
劳动保障服务中心
地址：双桥河镇政府院内
……………… Tel:88516549
牛家牌乡政府
地址：宝坻区牛家牌乡

Tel:29635183

牛道口镇政府
地址：牛道口乡牛道口村
Tel:22558101

双街镇人民政府
地址：北辰区双江道37号
办公室：26971601

双塘镇政府
地址：西兴路16号
办公室：68865002

王稳庄镇人民政府
地址：稳庄政府院内
办公室：23990146

党委办公室
地址：王稳庄政府3楼大厅
Tel:23990128

天穆镇人民政府
地址：津京公路280号
办公室：26630968

东马圈镇政府
地址：武清区G104和骏新家园旁

城建办（综治办）
Tel:29479360

党委办（政府办）
Tel:29471652

尔王庄镇人民政府
地址：宝坻区尔王庄镇委
Tel:22469832

史各庄乡政府
地址：宝坻区史各庄镇
Tel:22578343

东棘坨镇人民政府
地址：宁河区东棘坨镇
党委办公室：69379802

西龙虎峪镇人民政府
地址：蔡三庄遵玉线西龙虎峪镇政府
Tel:22750798

西青区大寺镇人民政府
地址：西青区静水道1号
Tel:83963257

团泊镇政府
地址：团泊乡

办公室
地址：静海县
Tel:68504012

西堤头镇人民政府
地址：西堤头镇政府1楼
Tel:86842482

西翟庄镇政府
地址：西翟庄乡
办公室：68371140
综治办：68371100

芦台镇人民政府
地址：新华道26号
镇政府办公室：69591741

杨成庄乡政府
地址：杨成庄乡

办公室
地址：静海县
Tel:68651015
招商办：68645555

辛庄镇人民政府
地址：辛庄村
办公室：88530362
值班室：88532225

辛庄镇农业农村事务服务中心
地址：津沽路旁辛庄镇政府院内3号楼3306
Tel:88532223
农机站：88531670

豆张庄镇人民政府
地址：武清区豆张庄镇
党委办：22167576
综治办：22167567

陈官屯镇人民政府
地址：陈官屯镇陈三街
办公室：68761000

杨柳青镇人民政府
地址：杨柳青营建路28号
党委办公室：27392083
政府办公室：27392205
综治办公室：27929148

扬家泊镇人民政府
地址：泊头市工商局东侧
Tel:67257869

张家窝镇人民政府
地址：西青区张家窝镇

建管站
地址：张家窝镇政府
Tel:87983792

陈咀镇人民政府
地址：梅石路陈咀镇政府陈咀镇委
党委办：22146411
政府办：22146412

俵口镇人民政府
地址：宁河区表口支路
办公室：69331001

河北屯镇政府
地址：武清区河北屯镇
政府办：22275295
总机：22275141

岳龙镇人民政府
地址：宁河区丰李路附近
党委办公室：69251505
政府办公室：69251504

河西务镇政府
地址：河西务镇京津公路
党委办：29439339
政府办：29439070

宜兴埠镇人民政府
地址：北辰区宜白路1号
办公室：26735511

青光镇人民政府
地址：青光镇
Tel:26951957

苗庄镇人民政府
地址：苗庄镇恒欣源服装厂
政府办公室：69221000

沿庄镇人民政府
地址：沿庄镇教育办
Tel:68771000

周良庄镇政府
地址：周良庄镇政府桥
Tel:22497771

泗村店镇人民政府
地址：武清区大东路68号
党委办：29425634
政府办：29425945

林亭口镇人民政府
地址：宝坻区林亭口镇
Tel:82538463

财务室
地址：城关镇建设路116号
Tel:82536116

林亭口镇地税所
地址：宝坻区林亭口镇商业街
Tel:82538350

板桥镇人民政府
地址：板桥镇东板桥村
政府办公室：69469254

咸水沽镇人民政府
地址：南边路镇政府院内
办公室：28391192
传达室：88915880

郝各庄乡政府
地址：郝各庄乡
Tel:29679010

郝各庄镇教委
地址：郝各庄镇初级中学东侧约30米
Tel:29679011

郝各庄乡经委
地址：郝各庄镇
Tel:29679020

城关镇人民政府
地址：武清区城关镇
党委办：29461062
政府办：29461047

南河镇人民政府
地址：南河镇政府
传真：23982026

教委
地址：津涞公路
Tel:23983006

独流镇人民政府
地址：独流镇兴业大街153号
政府办：68815045

综治办
地址：二道街
Tel:68815320

茶淀镇人民政府
地址：六经路
Tel:25694691

洇溜镇人民政府
地址：渔阳南路88号
Tel:29899081

南蔡村镇人民政府
地址：京津线莲胜花园南侧
党委办：29411224
政府办：29411325

造甲城镇人民政府
地址：造甲村
办公室：69519262

唐官屯镇政府
地址：唐官屯镇津福路62号
办公室：68360001
综治办：68360743

高家庄镇人民政府
地址：高家庄镇
Tel:22536704

候家营镇人民政府
地址：侯家营镇
Tel:22832017

梅厂镇人民政府
地址：武清区G233
党委办：29534090
总机：29534091

曹子里镇人民政府
地址：花城中路南段
党委办：29559019
政府办：29559020

梁头镇政府
地址：梁头乡
办公室：68969309

黄庄乡政府
地址：宝坻区黄庄乡
Tel:82579107

黄花店镇人民政府
地址：武清区淶渔路
党办：29481260
政府办：29481265

营城镇人民政府
地址：汉沽区营城镇创业村南
Tel:67161042

崔黄口镇人民政府
地址：宏发道与兴通路交叉口西140米
党委办：29571185
政府办：29571005

葛沽镇人民政府
地址：葛沽镇政府院内
办公室：28690385

传达室
地址：建国道八号
Tel:28690087

新开口镇人民政府
地址：新开口镇新开口路
Tel:29611068

新安镇乡政府
地址：宝坻区新安镇乡镇政府
Tel:82469107

下营镇人民政府
地址：蓟州区下营镇
Tel.29718054

城关镇人民政府
地址：武清区京沪高速
传真：29180191
党政办公室：29142109

静海镇人民政府
地址：静海镇胜利大街43号
北安楼居委会：28910740
平安里小区管委会：68680966
群卫路居委会：28916541
胜利楼居委会：28916057

潘庄镇政府
地址：潘庄镇天津农商银行东边
办公室：69529106
值班室（警卫室）：69526100

霍各庄镇人民政府
地址：宝坻区津围公路82公里处
Tel:22517599

大王庄街办事处
地址：八纬路26号 1号
办公室：24250196
小王庄镇办事处：63129101

广开街道办事处
地址：广开中街与广开中街路口
办公室：27458001

马场街道办事处值班室
地址：河西区平泉道1号
Tel:23350679

万兴街道办事处
地址：劳动保障服务中心
地址：兴泰西里2号楼
Tel:27380163
办公室：27457162

月牙河街道办事处
地址：大江路大江里54号
办公室：26154121

传达室
地址：靖江路街办事处
Tel:26154124

太平镇人民政府
地址：滨海新区太平村二中北300米
Tel:63157781

王顶堤街道办事处
地址：澄江路昌宁南里18号
办公室：23366851

天津市北辰区人民政府集贤里街办事处
地址：拜泉道集贤里
Tel:26838352

天津市北辰区天穆镇人民政府
地址：京津公路282号
Tel:26710806

天津市和平区人民政府小白楼街道办事处
地址：泰安道32号
办公室（传真）：23306170

天津市和平区人民政府南营门街道办事处
地址：兰州道37号
党委办公室：27810963

天津市和平区人民政府新兴街道办事处
地址：气象台路31号
办公室：23358620

天津市和平区南市街劳动保障服务中心
地址：和平区保安大街15号
Tel:27220474

天津市和平区南营门街劳动保障服务中心
地址：和平区贵阳路143号
Tel:27813578

天津市和平区新兴街劳动保障服务中心
地址：同安道卫华里
Tel:23511019

天津市宝坻区宝平街道办事处
地址：宝坻区开元路1号
办公室：29241813

天津市宝坻区钰华街道办事处
办公室：82656161

天津市宝坻区海滨街道办事处
地址：津围线钰华街道纪检委
办公室：29241239

天津市南开区人民政府兴南街道办事处
地址：南开区四纬路12号
Tel:27243797

天津市南开区人民政府学府街道办事处
地址：学府街道学湖里9号
Tel:27497691

天津市南开区人民政府嘉陵道街道办事处
地址：南开区宜宾道3号
Tel:27686439

天津市南开区兴南街道劳动保障服务中心
地址：南门外大街盛欣园
Tel:27244819

友谊路街办事处
地址：宾西路可圈里40号
值班室：28351683
中塘镇办事处：63278123

宁园街道办事处
地址：中纺前街32号
焕玉里居委会：26464060

汉沽街道办事处
地址：滨海新区滨河路10号
Tel:25668201

古林街办事处
地址：滨海新区古林街道
Tel:63213875

东新街道办事处
地址：河东区万新村22区
Tel:24673081

西于庄街道办事处
地址：西于庄后大道28号
Tel:86513620

尖山街道办事处
地址：解放南路辅路喜年广场4号楼
办公室：28304252

向阳楼街道办事处
地址：河东区红星路
Tel:24340814

华苑街道办事处
地址：华苑小区日华里1号楼
总机：23730051

西沽街道办事处
地址：三江里后街9号
办公室：86513560
城管科：86513566

光复道街办事处
地址：河北区娘娘庙前街25号
Tel:24462971

江都路街道办事处
地址：河北区重光路8号

传真
地址：江都路9号
Tel:24344741

芥园街道办事处
地址：小西关中环线
办公室：27325205

芥园街道办事处慈善协会
地址：红桥区教军场大街12号
Tel:27729217

杨村街道办事处
地址：泉州北路18号
政府办：82105802
迎宾街办事处：25985467

陈塘庄街道办事处
地址：河西区怒江道3号
Tel:28199117

宜兴埠镇二街党总支
地址：普济河东道1号
Tel:26304406

中共宜兴埠镇五街党支部
地址：北辰区普济河东道与万科花园路交叉口东140米
Tel:26303751
河西街办事处：25694085

果园新村街道办事处
地址：北辰区果园北道
办公室：26390724
居民科：26390729

学府街道办事处
地址：鞍山西道学湖里10号东
Tel:27497590

挂甲寺街道办事处
地址：大沽南路915号新城大厦底商
办公室：28230473

咸阳北路街道办事处
地址：红桥区清源道4号
办公室：86513831
综治办：86513834

春华街道办事处
地址：河东区华碧道23号
办公室：24414218
党委办公室：24329944

……胜利街办事处：62080730

柳林街道办事处
地址：渌水道龙瀚南园配建1号

党委
地址：东江南里
……Tel:28196572

铁东路街道办事处
地址：北辰区宜白路58号
……办公室：26727033

桃园街道办事处
地址：河西区汕头路37号

办公室
地址：河西区
……Tel:23278308

徐官屯街道办事处
地址：武清区工贸大街
……党办：29446929
……政府办：29446835
……海滨街办事处：63957413

梅江街道办事处
地址：梅江芳水园27号楼
……Tel:88363173

鸿顺里街道办事处
地址：字纬路胜天里37号
……行政办公室：26236188
……鸿顺里街道办事处：26236221
……港西街办事处：63199111

越秀路街道办事处
地址：河西区红波里8号
……办公室：28273005

集贤街办事处
地址：泰来道
……办公室：26391421

新开河街办事处
地址：天泰路席厂下坡14号
……Tel:26636314

文昌街道办事处
地址：人民东路48号
……Tel:29142368

寨上街道办事处
地址：滨海新区寨上街道人民街2号
……Tel:67195478

社会团体

工会

天津市总工会
地址：河东区光华路4号
……Tel:84236200

天津市宝坻区总工会
地址：宝坻区南三环路22号
……办公室：82681386
……组宣部：82683205

天津市武清区总工会
地址：新城翠亨路573号
……办公室：29336771
……组宣部：29341539

西青区总工会
地址：新华路区
……Tel:27392525

红桥区总工会
地址：区委主楼角楼五层
……Tel:86516411

河东区总工会
地址：津塘公路
……Tel:24312942

河北区总工会
地址：宙纬路11号
……Tel:26351716

河西区总工会
地址：福建路32号
……办公室：23278527

津南区总工会
地址：成水沽镇红旗路
……Tel:28531188

蓟州区总工会
地址：蓟州区人民西大街54号
……工会办公室：29187705

滨海新区总工会
地址：滨海新区商务文化中心2号楼
……办公室：25203911

滨海新区汉沽总工会
地址：太平街68号
……Tel:25693025

静海区总工会
地址：静海区联盟大街1号
……Tel:28942231

共青团、青联、学联

天津市社会科学界联合会
地址：成都道52号
……办公室：23312579

共青团天津市委员会
地址：乐园道2号
……办公室：28268034

中国共产主义青年团天津市西青区委员会
地址：杨柳青专署前街
……Tel:27392523

中国共产主义青年团天津市静海区委员会
地址：静海区迎宾大道99号
……Tel:68612963

中国共产主义青年团天津市宝坻区委员会
地址：宝坻区南关大街24号
……办公室：29241829
……青少年活动中心：59211828

中国共产主义青年团天津市蓟州区委员会
地址：蓟州区渔阳北路
……Tel:29142913

滨海新区汉沽街团委
地址：汉沽街
……Tel:25694530

天津市妇女联合会
地址：大沽北路
……Tel:23390732

天津市宝坻区妇女联合会
地址：城关镇南关大街
……办公室：29241330
……生产权益部：29222370
……主席办公室：29222241

天津市蓟州区妇女联合会
……办公室：29142962
……组宣部：29132367

河西区妇女联合会
地址：河西区绍兴道4号
……Tel:23278830

南开区妇女联合会
地址：黄河道390号

办公室
地址：南开区黄河道390号
……Tel:27585850

天津市文学艺术界联合会
地址：新华路237号
……Tel:23391380

天津市宝坻区残疾人联合会
地址：开元路与渔阳路交口西侧
……办公室：29243081
……业务科：29241244

北辰区残疾人联合会
地址：果园北道高峰路口
……维权科：26824739

河北区残疾人联合会
地址：河北区金钟路116号
……Tel:26292137
……办公室：26292133

武清区残疾人联合会
地址：雍阳西道89号
……办公室：82128600
……值班室：82128222

南开区残疾人联合会
地址：三潭路12
……办公室：27457062

津南区残疾人联合会
地址：成水沽镇南华路
……交换台：28392818

蓟州区残疾人联合会
地址：长城大道7号
……办公室：29141033

蓟州区残疾人劳动服务所
地址：迎宾大街与长城大道交叉口东20米
……Tel:29126093

滨海新区汉沽残联
地址：新开中路65号
……Tel:25696739

静海县残疾人联合会
地址：胜利南路增114号
……办公室：28943463

工商联

天津市企业联合会（天津市企业家协会）
地址：水上公园北路16号
……办公室：23359692

天津市商业联合会
地址：友谊路8号
……Tel:88340583

天津市北辰区工商业联合会
地址：北仓镇新政府大楼
……Tel:26817545

天津市宝坻区工商业联合会
地址：宝坻区政信街宝坻区畜牧兽医局
……办公室：29242816
……会长办公室：29942960

北辰区工商业联合会
地址：区政府南楼
……办公室：26391630

宁河区工商业联合会
地址：宁河区芦台镇光明路36号
……Tel:89592929

和平区工商业联合会
地址：沈阳道29号
……办公室（秘书组）：27300021

河东区工商业联合会
地址：十三经路二号
……经联部：24141754

河北区工商业联合会
地址：翔纬路171号

办公室
地址：河北区翔伟路171号
……Tel:26352929

津南区工商业联合会
地址：二八公路水利局院内
……办公室：28392618
……会长室：28520400

静海区工商业联合会
地址：迎宾大道99号行政办公中心农林楼
……办公室：68611560

协会

中国工艺美术协会地毯专业委员会
地址：友谊路10号
……Tel:28379083

传真
地址：河西区
……Tel:28379082

中国化学与物理电源行业协会
地址：南开区凌庄子遭18号
……Tel:23969049

中国电器工业协会电控配电设备分会
地址：二号桥电传所院内
……Tel:24982154

中国氯碱工业协会
地址：南开区白堤路186号
……Tel:274211255

天津市卫生后勤管理协会
地址：佟卫里19号615房
……办公室：23514463

天津市中小企业协会
地址：十一经路88号
……Tel:24305128

天津市中小企业技术与开发协会
地址：南开区干部疗养院
……Tel:23675216

天津市中小学德育工作者协会
地址：天津师范大学外招
……Tel:23350244

天津市风能协会
地址：华苑产业园区
……Tel:83719117

天津市电力行业协会
地址：建国道74号
……Tel:24407622

天津市对外经济合作协会
地址：建设路75号
……办公室：23316905

天津市市政公路行业协会
地址：成都道133号
……Tel:23399267

天津市出租汽车暨汽车租赁协会
地址：平山道森森公寓

办公室
地址：平山道森森公寓
……Tel:23521403

天津市台湾同胞投资企业协会
地址：台北花圈名士郡套馆

办公室
地址：南开区
……Tel:27456510

天津市妇女手工编织协会
地址：女人街4楼
……Tel:27349301

天津市机动车驾驶员协会
地址：宾水西道12号
……Tel:28116178

天津市交通与物流协会
地址：越秀路街道友谊路13号交通建筑设计院
……Tel:28360288

天津市汽车维修汽车用品行业协会
地址：河东区津塘路58号
……Tel:24141515

天津市医师协会
地址：南京路98号
……Tel:23135192

天津市证券业协会
地址：和平区大沽北路138号
……Tel:23304547

天津市医药行业协会
地址：友谊北路29号
……Tel:23261862

天津市作家协会
地址：和平区新华路237号
……Tel:23304153

天津市佛教协会
地址：天纬路40号
……Tel:26352320

天津市注册会计师协会
地址：广东路67号
……Tel:23288062

天津市注册税务师协会
地址：和平区大理道50号
……Tel:23113181

天津市典当同业协会
地址：河北区建国道25号
……Tel:24463225

天津市软件行业协会
地址：华苑产业区
……Tel:23789275

天津市建筑业协会
地址：沙市道46号
……质量安全部：23529049

天津市质量管理协会
地址：大沽南路501号
……Tel:83831219

天津市食品工业协会
地址：睦南道72号4楼
……办公室：23328785

天津市信鸽协会
地址：黄河道临汾路50号
……办公室：27573121

天津市高尔夫球运动协会
地址：绍兴道津滨雅都公寓
……Tel:23253916

天津市消防协会
地址：南开区南马路708号
……Tel:27351312

天津市珠算协会
地址：尚友里1号
……秘书长室：23393716

天津市银行业协会
地址：友谊北路51号
……Tel:83280741

天津市教育国际交流协会
地址：南京路14号
……Tel:23116496

天津市勘察设计协会
地址：卫津南路花园别墅

办公室
地址：南开区
……Tel:23932668

天津市铸造行业协会
地址：红旗路196号
……Tel:27698681

天津市慈善协会
地址：南开区士英路9号
……办公室：23411667

天津市模具工业协会
地址：闽侯路5号
……Tel:83833297

个体劳动者协会
地址：河北区民主道３８号
……Tel:29581678

天津市宝坻区慈善协会
地址：宝坻区民政局院内
……Tel:29224398

东丽区科学技术协会
地址：幸福道2号
……Tel:84375982

红桥区个体劳动者协会
地址：丁字沽零号路桃花园
……Tel:86513939

河东区个体劳动者协会
地址：晨阳道恋日风景小区
……Tel:84588191

河东区科学技术协会
地址：七纬路85号
……Tel:24312164

和平区消费者协会
地址：辽宁路44号
……Tel:27315315

河西区离退休教育工作者协会
地址：河西区台北路19号
……Tel:83836208

武清区消费者协会
……Tel:29320315

南开区见义勇为协会
地址：南开区二纬路34号
……Tel:27332506

学会

天津市土地学会
地址：黄埔南路万顺温泉花园
……Tel:23111190

天津市口腔医学会
地址：大沽路75号
……Tel:27111697

天津市中华民族文化促进会
地址：申山门立交桥民族园
……Tel:84264696

天津市电子学会
地址：大同道20号
……Tel:23302458

天津市会计学会
地址：广东路67号六楼
……秘书长室：23286460

天津市会计学会房地产分会
地址：南京路云峰楼
……Tel:23304580

天津市机械工程学会
地址：长春道庆泰里
……办公室：27318231

天津市劳动保障学会
地址：河西区浦口道134号
……Tel:23261405

天津市建筑学会建筑设计信息分会
地址：和平区成都道116号
……Tel:23126500

天津市税务学会
地址：河北区北安道38号
……Tel:24461305

天津市照明学会
地址：鞍山西道三潭东里7号楼

技术咨询服务部
……Tel:27480851

河西区医学会

地址：西楼后街西楼北里
Tel:28324543

红十字会

中国造血干细胞捐献者资料库天津管理中心
地址：陕西路原16号包头道口
Tel:27306904

天津市红十字会
地址：陕西路原16号包头道口
Tel:27300121

天津市南开区红十字会
地址：南开区西市大街72号
Tel:27412297

河北区红十字会
地址：建湖道25号
Tel:26743430

滨海新区汉沽红十字会
地址：府北街18号
Tel:25691525

基金会

天津市佛教慈善功德基金会
地址：河东区大直沽中路27号
Tel:24160708

天津市青少年发展基金会
地址：河西区苏州道21号
Tel:28241128

天津市教育发展基金会
地址：和平区睦南道58号
Tel:23300098

香港建华基金会天津代表处
地址：连荣里大楼
Tel:23926614

津南区老龄工作委员会
地址：津南区津沽路208号
Tel:28542205

上海市

长宁区人民政府
地址：长宁路599号
Tel:22050000

闵行区人民政府
地址：沪闵路6258号
Tel:24033000

闸北区人民政府
地址：秣陵路80号-4层
Tel:63805390

上海市市场监督管理局宝山分局
地址：泰和路245号
Tel:56849581

上海市静安区财政局
地址：陕西北路1058号门卫
Tel:62278881

宝山区民政局
地址：友谊支路79号人力资源和社会保障局4楼
Tel:56122700

金山区统计局
地址：金山大道2000号
Tel:57922430

闸北区教育局
地址：和田路195号
Tel:56630990

宝山区信息化委员会
地址：淞滨路28号
Tel:66786230

虹口区民政经济办公室
地址：玉田路252号3层
Tel:55887805

上海市黄浦区公证处
地址：南苏州路333号华隆大厦四楼
Tel:63211646

上海市静安区公证处
地址：万航渡路88号
Tel:52120800

闸北区土地发展中心
地址：静安区大统路480
Tel:54133583

梅陇水务管理站
地址：闵行区罗阳路59号
Tel:54298018

黄浦区婚姻收养登记中心
地址：江西中路250号
Tel:63185355

嘉定区交通行政执法大队
地址：管委会棋盘路1560号
Tel:69992587

北蔡镇人民政府
地址：浦东新区沪南路1000号
Tel:68928003

梅陇镇人民政府
地址：银都路1618号
Tel:64970003

新场镇人民政府
地址：牌楼东路285号
Tel:58178901

嘉定区安亭镇人民政府
地址：嘉定区墨玉路79号
Tel:59578130

临汾路街道办事处
地址：静安区阳曲路292号
Tel:56796194

天山路街道社区事务受理服务中心
地址：娄山关路茅台路天山二村64号乙
Tel:62332625

北站街道办事处
地址：静安区国庆路43号
Tel:63800303

北站街道社区事务受理服务中心
地址：静安区天目中路532号
Tel:33030300

北新泾街道办事处
地址：长宁区蒲淞北路51号
Tel:52163762

曲阳路街道办事处
地址：虹口区巴林路68号
Tel:55890369

华阳路街道劳动保障事务所
地址：长宁路396弄79号
Tel:62260905

欧阳路街道办事处
地址：四平路四二一弄21号
Tel:65752323

高境镇社区事务受理服务中心
地址：河曲路108号
Tel:66185260

社会团体

工会

静安区总工会
地址：西康路668号
Tel:62181280

侨联

上海市归国华侨联合会
地址：延安西路129号上海华侨大厦10层
Tel:64297515

工商联

宝山区商业联合会
地址：同济路202号
Tel:56567736

虹口区工商业联合会
地址：溧阳路125号
Tel:65953277

协会

上海中华书画协会
地址：文庙路120号3层
Tel:63768982

上海市书刊发行业协会
地址：北苏州路370号河滨大楼
Tel:65084957

上海市对外文化交流协会
地址：新华路543新华大厦商务中心
Tel:54730840

上海市市政公路工程行业协会
地址：汉口路193号
Tel:53232862

上海市再生资源回收利用行业协会
地址：山西南路350号1405室
Tel:63501106

上海市收藏协会
地址：古宜路上海市群众艺术馆
Tel:53140930

上海市房地产经济行业协会
地址：南泉北路201号房地大厦
Tel:54039713

上海市建筑五金门窗行业协会
地址：上海市大统路938弄7号2001室
Tel:56554187

上海市道路运输行业协会
地址：公兴路88号武夷休闲广场F1层
Tel:55902645

上海有色金属行业协会
地址：飞洲时代大厦607室
Tel:55600666

上海市冷冻食品行业协会
地址：外马路1218号A座311室
Tel:63219681

上海教育国际交流协会
地址：静安区江宁路245号
Tel:52137878

学会

上海市化学化工学会
地址：南昌路203号
Tel:64731200

上海市绿色工业和产业发展促进会
地址：江宁路212号
Tel:64675238

基金会

上海残疾人福利基金会
地址：普陀区曹杨路520
Tel:63391109

宗教组织

上海市基督教三自爱国运动委员会
地址：西藏中路328号
Tel:63517152

驻在机构

中央驻在机构

中华人民共和国上海海关
地址：三门路617号
Tel:68890000

中华人民共和国上海海事局
地址：四平路190号海事大厦
Tel:63931500

中国国际经济贸易仲裁委员会上海分会
地址：世纪大道1198号世纪汇广场
Tel:63875588

外省驻在机构

甘肃省人民政府驻上海办事处
地址：普陀区凯旋北路207号
Tel:52904797

江苏省苏州市人民政府驻上海联络处
地址：静安区南京西路820弄3号
Tel:62538027

安徽省黄山市人民政府驻上海联络处
地址：长宁路1661弄15号楼
Tel:52420973

重庆市

相关政府管理机构

大足县人民政府
地址：北环2路东段1号
Tel:43712345

大足县人民政府地方志办公室
地址：龙岗镇北环二路
Tel:43768085

巴南区人民政府金融办
地址：政1号接
Tel:66221667

重庆市九龙坡区人民政府行政审批服务中心
地址：扬家坪西郊路29号
Tel:68782491

重庆市九龙坡区区政府
地址：西郊路29号
Tel:68782490

重庆市人民政府高新区技术产业开发区财政局
地址：科园三路
Tel:68609892

重庆市开县政府
地址：汉丰镇新城田园街1号
Tel:52255600

重庆市巴南区政府值班室
地址：龙州湾龙海大道6号
Tel:66221317

重庆市永川区人民政府办公室
地址：人民大道191号
Tel:49822221

重庆市石柱土家族自治县人民政府
地址：南宾镇玉带河街1号
Tel:73332012

重庆市北碚区政府
地址：双元大道196号
Tel:68862013

重庆市江北区人民政府
地址：全港新区16号
Tel:67855385

重庆市沙坪坝区人民政府民房办公室工程管理科
地址：凤天大道8号
Tel:65368106

重庆市忠县人民政府
地址：忠州镇中博大道2号
Tel:54232493

重庆市武隆县人民政府
地址：巷口镇芙蓉中路9号
Tel:77722121

重庆市武隆县政府
地址：芙蓉路9号
Tel:77722117

重庆市南川区人民政府
地址：新华路5号
Tel:71423105

重庆市城口县人民政府办公室
地址：葛城街道土城路
Tel:59222023

重庆市南岸区人民政府信息管理中心
地址：南城大道199号
Tel:62988336

重庆市荣昌县人民政府
地址：人民路2号
Tel:46733101

重庆市荣昌县政府办
地址：昌元镇大东街2号
Tel:46731217

重庆市梁平县人民政府
地址：人民东路25号
Tel:53222121

重庆市渝中区政府
地址：管家巷9号
Tel:63847265

重庆市綦江县人民政府
地址：古南街道中山路1号
Tel:48662959

重庆市潼南县崇龛人民政府
地址：崇谭镇狮泉上路18号
Tel:44750001

重庆市黔江区人民政府
地址：行署街759号
Tel:79223571

重庆市黔江区人们政府区政府办公室
地址：行署街919号
Tel:79226789

渝北区人民政府征地办公室
地址：滨港路13号
Tel:67811234

大阳乡人民政府
地址：大阳乡浸霞村
Tel:55759001

双竹镇人民政府
地址：双竹镇卫星湖街道
Tel:49681080

巴南区界石镇政府
地址：界石镇界新街86号
Tel:66419252

让渡镇人民政府
地址：让渡填沿江路
Tel:58761001

合川区香龙镇政府
地址：香龙镇和平街51号
Tel:42452104

百胜镇人民政府
地址：百胜镇兴百路
Tel:72153029

观胜镇人民政府
地址：观胜镇新桥路
Tel:46470025

汝溪镇人民政府
地址：汝溪镇健康路
Tel:54758888

忠县拔山镇人民政府
地址：拔山镇广场路
Tel:54621775

国梁镇人民政府
地址：国粱镇街村社区
Tel:43452500

重庆市九龙坡区九龙镇人民政府
地址：兴胜路2号
Tel:68820926

重庆市九龙坡区九龙镇政府
地址：扬家坪兴胜路2号4楼
Tel:86193519

重庆市九龙坡区巴福镇人民政府
地址：巴福镇正街50号
Tel:65760097

重庆市九龙坡区石板镇人民政府
地址：石板镇长青路9号
Tel:65765676

重庆市九龙城区走马镇人民政府
地址：走马镇走新街5号
Tel:65770025

重庆市九龙坡区金凤镇人民政府
地址：全凤镇正街13号
Tel:65740077

重庆市九龙坡区陶家镇人民政府
地址：陶家镇陶怡路89号
Tel:65785129

重庆市九龙坡区铜罐驿镇人民政府
地址：铜罐驿镇冬笋街
Tel:65901216

重庆市万州区孙家镇人民政府
地址：孙家镇中心街8号
Tel:58420001

重庆市万州区柱山乡人民政府
地址：柱山乡柱山街85号
Tel:58858017

重庆市万州区弹子镇人民政府
地址：弹子镇永新路51号
Tel:58454448

重庆市万州区梨树乡人民政府
地址：梨树乡梨树街1号
Tel:58638009

重庆市万州区普子乡人民政府
地址：普子乡学府路8号
Tel:58657007

重庆市万盛区万东镇人民政府
地址：万东北路46号
Tel:48290580

重庆市万盛区南桐镇人民政府
地址：南桐镇南桐支路
Tel:48301242

重庆市大路镇人民政府
地址：大路镇天前街13号
Tel:41580021

重庆市下路镇人民政府
地址：下路镇
Tel:73348061

重庆市云阳县后叶乡人民政府
地址：后叶乡乡府路18号
Tel:55825001

重庆市云阳县路阳镇人民政府
地址：路阳镇人民政府
Tel:55821012

重庆市云阳县新津乡人民政府
地址：新津乡新津村
Tel:55471001

重庆市长寿区双龙镇人民政府
地址：双龙镇龙祥街17号
Tel:40310042

重庆市长寿区龙河镇人民政府
地址：合兴场兴赋街8号
Tel:40852458

重庆市开县长沙镇人民政府

地址：长沙镇山花街1号
Tel:52532001

重庆市长寿区洪湖镇人民政府
地址：洪湖镇正街72号
Tel:40731055

重庆市长寿区渡舟镇人民政府
地址：渡舟镇街道办事处
Tel:40420066

重庆市开县南门镇人民政府
地址：南门镇新南街1号
Tel:52650002

重庆市开县温泉镇人民政府
地址：温泉镇泉兴街54号
Tel:52412010

重庆市火炉镇人民政府
地址：火炉镇金鱼街84号
Tel:77791071

重庆市巴南区石滩镇政府办公室
地址：升平大道19号
Tel:66474379

重庆市中桥乡人民政府
地址：中桥乡中溪村1社
Tel:71462099

重庆市双桥区通桥镇人民政府
地址：毛店村6社88号
Tel:43381064

重庆市丰都县仁沙乡人民政府
地址：仁沙乡石盘滩村9组
Tel:70689038

重庆市丰都县双路镇人民政府
地址：双路镇双路社区
Tel:70632306

重庆市丰都县龙河镇人民政府
地址：龙河镇三环路
Tel:70678079

重庆市丰都县江池镇人民政府
地址：江池镇江洋村3组
Tel:70668006

重庆市中敖镇人民政府
地址：中敖镇100号
Tel:43300021

重庆市六塘乡人民政府
地址：六塘村政府办公楼
Tel:73342001

重庆市双路镇人民政府
地址：双星路1号
Tel:43332361

重庆市永川区三教镇人民政府
地址：三教镇盐井街1号
Tel:49351002

重庆市永川区仙龙镇人民政府
地址：仙龙镇仙牛街19号
Tel:49561016

重庆市永川区红炉镇人民政府
地址：红炉镇红欣大道19号
Tel:49331379

重庆市永川区何埂镇人民政府
地址：何埂镇街上
Tel:49501013

重庆市永川区青峰镇人民政府
地址：青峰镇新街214号
Tel:49626001

重庆市永川区松溉镇人民政府
地址：松溉镇横街子5号
Tel:49546000

重庆市东安乡人民政府
地址：东安乡场镇一路
Tel:59501701

重庆市正兴镇人民政府
地址：正兴镇兴旺路53号
Tel:41560010

重庆市石柱县大歇镇人民政府
地址：大歇镇北斗街84号
Tel:73373001

重庆市石柱县下路镇人民政府
地址：下路镇建镇街1号
Tel:43348002

重庆市石柱县王场镇人民政府
地址：王场镇府衙路1号
Tel:73366001

重庆市石柱县王家乡人民政府
地址：青龙街26号
Tel:73350001

重庆市石柱县石家乡人民政府
地址：石家乡荣昌街1号
Tel:73395001

重庆市石柱县龙潭乡人民政府
地址：龙潭乡龙潭街26号
Tel:13305001

重庆市石柱县西沱镇人民政府
地址：西沱镇月台南路77号
Tel:73361218

重庆市石柱县金铃乡人民政府
地址：金铃乡明星街15号
Tel:73314001

重庆市北碚区水土镇人民政府
地址：水土镇九龙正街74号
Tel:68230219

重庆市北碚区复兴镇人民政府值班室
地址：复兴镇东街61号
Tel:68238083

重庆市北碚区静观镇人民政府
地址：静观镇华渝路111号
Tel:68233355

重庆市合川区土场镇人民政府
地址：土场镇西进街98号
Tel:42412300

重庆市合川区双凤镇人民政府
地址：双凤镇朝阳街1号
Tel:42482181

重庆市合川区双槐镇人民政府
地址：双槐镇文明街26号
Tel:42452156

重庆市合川区龙凤镇人民政府
地址：龙凤镇老街40号
Tel:42602104

重庆市合川区龙市镇人民政府
地址：龙市镇花市街46号
Tel:42562156

重庆市合川区古楼镇人民政府
地址：古楼镇三星街2号
Tel:42672103

重庆市合川区清平镇人民政府
地址：清平镇清正街2号
Tel:42412156

重庆市合川区隆兴镇人民政府
地址：女儿北街22号
Tel:42668175

重庆市江北区五宝镇人民政府
地址：五宝镇正街37号
Tel:67586443

重庆市农坝镇人民政府
地址：农坝镇农坝街道
Tel:55828001

重庆市羊角镇人民政府
地址：羊角镇花圈街340号
Tel:77751057

重庆市江津区白沙镇人民政府
地址：白沙镇外滨江路
Tel:47331592

重庆市江津区石蟆镇人民政府
地址：石蟆镇橄榄路广场边
Tel:47391010

重庆市江津区吴滩镇人民政府
地址：吴滩镇街民埠88号
Tel:47891010

重庆市江津区油溪镇人民政府
地址：油溪镇建新街125号
Tel:47881011

重庆市巫山县大溪乡人民政府
地址：黛溪河街道69号
Tel:57589118

重庆市秀山县大溪乡人民政府
地址：大溪乡丰联村
Tel:76618323

重庆市秀山县巴家乡人民政府
地址：巴家乡双河村
Tel:76628810

重庆市秀山县平凯镇人民政府
地址：平凯镇凤栖路
Tel:76865211

重庆市巫山县巫峡镇人民政府
地址：巫峡镇广东东路66号
Tel:57682629

重庆市秀山县隘口镇人民政府
地址：隘口镇
Tel:76611549

重庆市酉阳县大溪镇人民政府
地址：大溪镇大溪村1组
Tel:75644225

重庆市酉阳县涂市乡人民政府
地址：涂市乡涂市村5组
Tel:75561697

重庆市酉阳县清泉乡人民政府
地址：清泉乡清溪村2组
Tel:75672001

重庆市酉阳县腴地乡人民政府
地址：腴地乡下腴1号
Tel:75358158

重庆市沙坪坝区土主镇人民政府
地址：土主镇正街118号
Tel:65685155

重庆市沙坪坝区陈家桥镇人民政府
地址：陈家桥镇陈电路67号
Tel:65633197

重庆市沙坪坝区青木关镇人民政府
地址：新青路321号
Tel:65603546

重庆市沙坪坝区虎溪镇人民政府
地址：虎溪镇新市街71号
Tel:65620134

重庆市邮亭镇人民政府
地址：邮亭镇新街二组
Tel:43528234

重庆市巫溪县双阳乡人民政府
地址：双阳乡巫神路
Tel:51517001

重庆市金山镇人民政府
地址：金山镇街村二组
Tel:43402270

重庆市奉节县太和乡人民政府
地址：太和村4组
Tel:56806002

重庆市忠县永丰镇人民政府
地址：永丰镇永兴路110号
Tel:54626001

重庆市忠县忠州镇人民政府
地址：忠州镇巴王路18号
Tel:54247185

重庆市庙坝镇人民政府
地址：庙坝镇桥南路34号
Tel:59293761

重庆市忠县磨子土家族乡人民政府
地址：磨子山86号
Tel:54787513

重庆市建胜镇人民政府
地址：茄子溪正街39号
Tel:68550768

重庆市武隆县土坎镇人民政府
地址：土坎镇龙兴街168号
Tel:77731033

重庆市武隆县白云乡人民政府
地址：白云乡街上
Tel:77757009

重庆市武隆县平桥镇人民政府
地址：平桥镇和平街5号
Tel:77785009

重庆市武隆县江口镇人民政府
地址：江口镇进士西路2号
Tel:77741038

重庆市武隆县后坪苗族土家族乡人民政府
地址：后坪街4号
Tel:77798500

重庆市树人镇人民政府
地址：树人镇文庙街大柏树
Tel:70658030

重庆市南川区大有镇人民政府
地址：大有镇街上
Tel:71495001

重庆市南川区三泉镇人民政府
地址：三泉镇佛山东路
Tel:71400018

重庆市南川区土溪乡人民政府
地址：土溪乡西湖村6社
Tel:71638500

重庆市南川区古花乡人民政府
地址：古花乡太平村1社
Tel:71637062

重庆市南川区白沙镇人民政府
地址：白沙镇分水村1社
Tel:71479067

重庆市南川区头渡镇人民政府
地址：头渡镇景屏街82号
Tel:71492001

重庆市南川区金山镇人民政府
地址：全山镇方竹路1号
Tel:71490036

重庆市南川区鸣玉镇人民政府
地址：鸣玉镇文明路12号
Tel:71455055

重庆市南川区河图乡人民政府
地址：河图乡河图村2社
Tel:71476008

重庆市城口县厚坪乡人民政府
地址：厚坪乡庙坪村1社
Tel:59261700

重庆市垫江县大石乡人民政府
地址：大石乡洋河街317号
Tel:74550830

重庆市垫江县长龙乡人民政府
地址：长龙乡高桥坝1号
Tel:74510218

重庆市垫江县永平乡人民政府
地址：永平乡正街195号
Tel:74595767

重庆市垫江县永安镇人民政府
地址：永安镇永胜街上
Tel:74546850

重庆市垫江县包家乡人民政府
地址：包家镇正街1号
Tel:74586789

重庆市垫江县沙河乡人民政府
地址：沙河乡中街11号
Tel:74559601

重庆市垫江县沙坪镇人民政府
地址：沙坪镇宇王路27号
Tel:74575118

重庆市垫江县砚台镇人民政府
地址：砚台镇砚台大道1号
Tel:74588755

重庆市垫江县高峰镇人民政府
地址：高峰镇街上
Tel:74566800

重庆市垫江县桂溪镇人民政府
地址：过境东路137号
Tel:74691567

重庆市垫江县曹回乡人民政府
地址：曾回镇光明街1号
Tel:74570718

重庆市垫江县普顺镇人民政府
地址：普顺镇正街110号
Tel:74548800

重庆市垫江县澄溪镇人民政府
地址：澄溪镇滨河路1号
Tel:74532873

重庆市南岸区广阳镇人民政府
地址：广阳镇明日沱294号
Tel:62491022

重庆市南岸区迎龙镇人民政府
地址：迎龙镇迎河路9号
Tel:62380131

重庆市南岸区峡口镇人民政府
地址：峡口镇大兴路
Tel:62390565

重庆市南岸区黄角垭镇人民政府小城镇建设办公室
地址：黄桷垭黄桷垭联合村
Tel:62462003

重庆市荣昌县龙集镇人民政府
地址：龙集镇人和路
Tel:46556066

重庆市荣昌县铜鼓镇人民政府
地址：铜鼓镇街上
Tel:46475373

重庆市高观镇人民政府
地址：高观镇中兴路6号
Tel:59263001

重庆市桐梓镇人民政府
地址：桐梓镇晶华街5号
Tel:77795009

重庆市黄水镇人民政府
地址：黄水镇黄连路35号
Tel:73391001

重庆市骑龙乡人民政府
地址：骑龙乡清水村
Tel:71460600

重庆市梁平县七星镇人民政府
地址：七星镇街道
Tel:53638122

重庆市梁平县云龙镇人民政府
地址：云龙镇龙溪路588号
Tel:53372701

重庆市梁平县仁贤镇人民政府
地址：仁贤镇上街1号
Tel:53552671

重庆市梁平县巨奎镇人民政府
地址：巨奎镇巨龙路
Tel:53418111

重庆市梁平县礼让镇人民政府
地址：礼让镇老银路
Tel:53572511

重庆市梁平县竹山镇人民政府
地址：竹山镇街道
Tel:53639151

重庆市梁平县回龙镇人民政府
地址：回龙镇回龙街道1号
Tel:53518101

重庆市梁平县和林镇人民政府
地址：和林镇和清路
Tel:53557001

重庆市梁平县金带镇人民政府
地址：金带镇金桂路39号
Tel:53378028

重庆市梁平县柏家镇人民政府
地址：柏家镇中心街72号
Tel:53317101

重庆市梁平县屏锦镇人民政府
地址：屏锦镇明月路1号
Tel:53399999

重庆市梁平县新盛镇人民政府
地址：新盛镇南街1号
Tel:53664101

重庆市梁平县福禄镇人民政府
地址：福禄镇河东街42号
Tel:53312101

重庆市涪陵区大木乡人民政府
地址：大木乡双拥路1号
Tel:72755003

重庆市涪陵区马武镇人民政府
地址：马武镇华榕街183号
Tel:72732022

重庆市铜梁县土桥镇人民政府
地址：旧市坝旧市路85号
Tel:45625414

重庆市铜梁县水口镇人民政府
地址：水口镇汇龙街2号
Tel:45434272

重庆市铜梁县西河镇人民政府
地址：西河镇街上
Tel:45391141

重庆市铜梁县福果镇人民政府
地址：福果镇福星路64号
Tel:45517021

重庆市彭水县三义乡人民政府
地址：三义乡小坝村1组
Tel:78431503

重庆市彭水县汉葭镇人民政府
地址：汉葭镇南门街5号
Tel:78442091

重庆市彭水县桑柘镇人民政府
地址：桑柘镇街上
Tel:78472063

重庆市彭水县联合乡人民政府

地址：联合乡蔡家坝村1组
…… Tel：78453001

重庆市彭水县棣棠乡人民政府
地址：棣棠乡黄泥村1社
…… Tel：78419003

重庆市惠民乡人民政府
地址：惠民镇惠西路115号
…… Tel：66412483

重庆市渝北区龙兴镇人民政府
地址：龙兴镇龙华路266号
…… Tel：67341069

重庆市温泉镇人民政府
地址：温泉镇泉兴街54号
…… Tel：52412001

重庆市福田镇人民政府
地址：福田镇新华路
…… Tel：57811125

重庆市雍溪镇人民政府
地址：雍溪镇红星路35号
…… Tel：43451300

重庆市綦江县中峰镇人民政府
地址：中峰镇新场街1号
…… Tel：48469760

重庆市綦江县东溪镇人民政府
地址：东溪镇新建路43号
…… Tel：48752001

重庆市綦江县安稳镇人民政府
地址：安稳镇安胜路
…… Tel：48826281

重庆市綦江县赶水镇人民政府
地址：赶水镇解放路
…… Tel：48772223

重庆市綦江县横山镇人民政府
地址：横山镇回新路
…… Tel：48406451

重庆市潼南县太安镇人民政府
地址：太安镇正街62号
…… Tel：44310000

重庆市潼南县玉溪镇人民政府
地址：玉溪镇迎龙街49号
…… Tel：44810001

重庆市潼南县寿桥乡人民政府
地址：寿桥正街9号
…… Tel：44275516

重庆市潼南县柏梓镇人民政府
地址：柏梓镇正街86号
…… Tel：44710002

重庆市潼南县群力镇人民政府
地址：群力镇刺相街92号
…… Tel：44816771

重庆市黔江区小南海镇人民政府
地址：小南海镇大鹿村4组
…… Tel：79856001

重庆市黔江区水市乡人民政府
地址：水市乡水市村2组
…… Tel：79466001

重庆市黔江区太极乡人民政府
地址：太极乡太极村1组
…… Tel：79570043

重庆市黔江区白石乡人民政府
地址：白石乡中河村1组
…… Tel：79640001

重庆市黔江区金洞乡人民政府
地址：金洞乡杨家村1组
…… Tel：79492001

重庆市黔江区金溪镇人民政府
地址：金溪镇街上
…… Tel：79576001

重庆市黔江区鹅池镇人民政府
地址：鹅池镇冶安村3组
…… Tel：79540001

重庆市璧山县八塘镇人民政府
地址：八塘镇塘河街74号
…… Tel：41540021

重庆城口县巴山镇人民政府
地址：巴山镇文化路
…… Tel：59280550

神童镇人民政府
地址：神童镇钟山路
…… Tel：71442001

铁村乡人民政府
地址：铁村乡
…… Tel：71464588

梁平县合兴镇人民政府
地址：合兴镇政府大楼
…… Tel：53684004

接龙镇人民政府
地址：接龙镇金桥街8号
…… Tel：66478087

黄莺乡人民政府
地址：黄莺乡黄莺村1号
…… Tel：77716200

梓潼镇人民政府
地址：梓潼街道办事处
…… Tel：44573916

人民政协和民主党派

人民政协

中国人民政治协商会议重庆市委员会
地址：沧白路
…… Tel：63842917

重庆市万盛区政协
地址：万东北路45号
…… Tel：48271708

重庆市酉阳土家族苗族自治县政协经联委
地址：桃花源中路
…… Tel：75559328

重庆市酉阳土家族苗族自治县政协社法委
地址：桃花源中路
…… Tel：75559318

重庆市南岸区政协
地址：南城大道199号5楼
…… Tel：62988515

社会团体工会

重庆市交通总工会
地址：中山三路157号
…… Tel：63608046

重庆市总工会（化医农林）
地址：中山三路157号
…… Tel：63862321

石柱土家族自治县总工会
地址：南宾镇新开路
…… Tel：73332335

北碚区总工会
地址：天生新村177号
…… Tel：68863608

奉节县总工会
地址：永安镇夔州路460号
…… Tel：56557032

武隆县总工会
地址：巷口镇
…… Tel：77722598

重庆市双桥区总工会
地址：双龙西路
…… Tel：43330144

重庆市合川区总工会
地址：皂角园1号
…… Tel：42824283

重庆市南川区总工会
地址：东城街道隆化路19号
…… Tel：71640425

重庆市南岸区总工会
地址：南城大道199号
…… Tel：62989357

重庆市梁平县总工会
地址：人民南路
…… Tel：53222759

重庆市潼南县总工会
地址：江北深景大道106号
…… Tel：44551508

重庆市黔江区总工会
地址：彩红路409号
…… Tel：79222640

璧山县总工会
地址：沿河东路南段
…… Tel：41422314

共青团、青联、学联

中国共产主义青年团重庆市奉节县委
地址：委办公楼710室
…… Tel：56557385

妇联

重庆市铜梁县妇联
地址：巴川镇白龙大道
…… Tel：45695156

侨联

渝中区归国华侨联合会
地址：新德村
…… Tel：63507411

协会

重庆市女企业家协会
地址：中山四路81号
…… Tel：63859944

重庆市计划生育协会
地址：人民路
…… Tel：63851669

重庆市水泥协会
地址：兴隆湾1415－3号
…… Tel：68670127

重庆市电子商务协会
地址：上清寺环球广场25楼
…… Tel：67711461

重庆市民间文艺家协会
地址：建新西路4号
…… Tel：67725772

重庆市礼品行业协会
地址：西来寺4号
…… Tel：63711667

重庆市台资企业协会
地址：黄泥磅皇冠城A栋1楼
…… Tel：63528012

重庆市执业药师协会
地址：长江支路
…… Tel：68810634

重庆市地质矿业协会
地址：学田湾正街1号
…… Tel：63654190

重庆市戏剧家协会
地址：建新西路4号
…… Tel：67727082

重庆市物业管理协会
地址：朝田椅
…… Tel：68962916

重庆市建设教育协会
地址：两路口中山大厦28楼
…… Tel：86555147

重庆市国际标准舞协会培训中心
地址：汉渝路新体村12号
…… Tel：65453325

重庆市建筑节能协会
地址：华怡路
…… Tel：63620226

重庆市质量监理协会（培训部）
地址：杨柳路1号
…… Tel：67634096

重庆市道教协会
地址：民生路
…… Tel：63704979

重庆市煤炭行业协会
地址：长江二路
…… Tel：68810336

朝天门市场物流运输协会
地址：长滨路152号
…… Tel：63918271

大足县城乡建设委员会建筑业协会
地址：龙岗办事处2环南路
…… Tel：43734001

大足县科学技术协会
地址：龙岗镇北环二路
…… Tel：43762610

大渡口区建筑业协会
地址：翠固路
…… Tel：68952311

开县科学技术协会
地址：四大嘉A栋2接
…… Tel：52222381

巴南区科学技术协会
地址：鱼洞镇新市街
…… Tel：66221159

石柱土家族自治县科学技术协会
地址：南宾路
…… Tel：73332004

合川区科学技术协会
地址：希尔安大道222号
…… Tel：42756767

江北区老年人体育协会
地址：读书一村
…… Tel：67513590

江北区乒乓球协会
地址：建新西路4号
…… Tel：67869339

沙坪坝区退休教师协会
地址：汉渝路
…… Tel：65314703

武隆县科学技术协会
地址：建设中路111号
…… Tel：77728411

南川区科学技术协会
地址：和平支路二段
…… Tel：71414184

重庆市万盛区个体劳动者协会
地址：松林路
…… Tel：48292870

重庆市永川区个体劳动者协会
地址：胜利北路226号
…… Tel：49862843

重庆市沙坪坝区个体私营经济协会
地址：向乐村74号
…… Tel：65344577

重庆市荣昌县科学技术协会
地址：昌元镇人民路
…… Tel：46742079

重庆市梁平县科学技术协会
地址：人民南路41号
…… Tel：53222187

重庆市涪陵区石油成品油协会
地址：巴都大厦9楼
…… Tel：72237189

重庆市渝中区退休教师协会
地址：八一路
…… Tel：63714073

重庆沙区科学技术协会
地址：双巷子晚情楼15号
…… Tel：86339982

渝中区个体劳动者协会
地址：临华路
…… Tel：63516462

渝中区门球协会
地址：长滨路171号附7号
…… Tel：63914831

渝中区化工行业协会
地址：金汤街24号
…… Tel：63830158

学会

重庆市土木建筑学会
地址：长江一路64号
…… Tel：63852237

重庆市汽车工程学会
地址：陈家坪朝田村135号
…… Tel：68856395

重庆市档案学会
地址：天星桥晒光坪56号
…… Tel：65347575

重庆市教育学会
地址：挂花园路12号
…… Tel：636160125

北碚区法学会
地址：解放路
…… Tel：68866416

江北区国土学会
地址：建新东路62号
…… Tel：67757226

沙坪坝区商业联合学会
地址：小新街37号
…… Tel：65360206

重庆市万州区计量学会
地址：沙龙路二段
…… Tel：58122083

老龄问题委员会

云阳县老龄工作委员会
地址：双江镇群益路一巷
…… Tel：55181532

江北区老龄工作委员会
地址：读书一村
…… Tel：67522538

重庆市万州区老龄工作委员会
地址：天城大道756号
…… Tel：58221667

河北省

社会团体工会

石家庄市总工会
地址：胜利北街306号
…… 再就业服务中心：86855728

共青团、青联、学联

中国共产主义青年团石家庄市委员会
地址：青园街25号
…… 办公室：86031123

协会

石家庄市计划生育协会
地址：中山东路118号
…… 办公室：8E1982742

石家庄市科学技术协会
地址：中山东路452号
…… 办公室：85051695

学会

石家庄市医学会
地址：工农路425号
…… 办公室：83026804

红十字会

石家庄市红十字会
地址：工农路425号
…… 办公室：83011021

驻在机构

中央驻在机构

中华人民共和国河北出入境检验检疫局
地址：和平西路318号
…… 值班室：85980555

人民政府

唐山市人民政府
地址：路北区西山道3号
…… Tel：2801114

唐山市人力资源和社会保障局
地址：建设南路60号
…… 办公室：2802710

唐山市民政局
地址：西山道5号
…… 办公室：2825753

唐山市审计局
地址：西山道7号
…… 办公室：2825110

唐山市教育局
地址：西山道7号
…… 办公室：2826165

唐山市人口和计划生育委员会
地址：西山道7号
…… 办公室：2823314

唐山市发展和改革委员会
地址：西山道3号
…… 办公室：2822535

唐山市退休退职职工管理服务委员会
地址：车站路146号
…… 办公室：3723846

唐山现代装备制造工业区管委会
地址：开平区开越路
…… 办公室：2980898

唐山市人民政府外事侨务办公室
地址：西山道5号
…… 秘书处（传真）：2824114

唐山市机构编制委员会办公室
地址：西山道3号
…… 综合处：2802559

唐山市行政服务中心
地址：新华西道122号
…… 服务总台：2737852

唐山市价格认证中心
地址：西山道7号
…… 办公室：2839864

唐山市建设工程质量监督检测站
地址：机场路6号
…… 办公室：2822315

唐山市资产管理中心
地址：华岩路24号
…………办公室：2815161
唐山建筑工程施工安全监督站
地址：机场路6号东侧
…………办公室：2825983
唐山市路北区人民政府
地址：新华东道55号
…………办公室：2824615
唐山市路南区人民政府
地址：新华西道68号
…………办公室：2332065
市路北区文教局
地址：朝阳道35号2层211室
…………办公室：2056779
唐山市市场监督管理局路北区分局
地址：伍家庄大街
…………消费者协会：2824315
唐山市环境保护局路北区分局
地址：卫国北路3号
…………办公室：2050128
唐山市路北区人事劳动和社会保障局唐山市路北区创业服务中心
地址：国防西道新河家团内
…………Tel:2738861
唐山市路北区地方税务局
地址：北新道33号
…………办公室：2093734
唐山市路北区财政局
地址：新华东道55号
…………办公室：2821315
唐山市路北区审计局
地址：新华东道55号
…………办公室：3724035
唐山市路北区国家税务局
地址：建设北路66号
…………办公室：2024915
唐山市路北区统计局
地址：新华东道55号
…………办公室：3724145
唐山市路北区科学技术局
地址：新华东道55号
…………办公室：3724037
唐山市路北区商务局
地址：新华东道55号
…………办公室：3724079
唐山市路北区教育局
地址：朝阳道35号
…………行政办公室：2032992
唐山市路北区人民防空办公室
地址：新华东道55号
…………办公室：3724177
唐山市路北区爱国卫生运动委员会办公室
地址：建华西道
…………办公室：2039524
唐山市路南区社会治安综合治理委员会办公室
地址：新华西道68号
…………办公室：3728080
唐山市路北区行政服务中心
地址：学院路副36号
…………办公室：2225263
唐山市路南区市场管理办公室
地址：解放路45号
…………办公室：2878804
唐山市路南区行政服务中心
地址：新华西道68号
…………办公室：3728127
唐山市路南区城市管理综合执法大队
地址：和平路20号
…………办公室：2868050
唐山市开平区越河镇人民政府
地址：开平区
…………办公室：2975555
唐山市路北区果园乡人民政府
地址：西山道119号
…………办公室：2325135
唐山市路南区女织寨乡人民政府
地址：吉祥路21号
…………办公室：2968431
唐山市开平荆各庄街道办事处
地址：开平区荆各庄工房
…………办公室：3040245
唐山市路北区文化路街道办事处
地址：文化路街道党委
地址：路北区华岩路50号
…………Tel:2840461
唐山市路北区机场路街道办事处
地址：卫国北路153号
…………党政办公室：2057866
唐山市路北区光明街道办事处
地址：51号市场
…………办公室：2351680
唐山市路南区文化北后街街道办事处
地址：路南区
…………传达室：2865009
唐山市路南区学院南路街道办事处
地址：立新东楼小区
…………办公室：2329435

社会团体

工会

唐山市总工会
地址：新华东道102号
…………办公室：3723821
唐山市路北区总工会
地址：新华东道55号
…………办公室：3724144
唐山市路南区总工会
地址：路南区
…………办公室：3728286

协会

唐山市工业经济联合会
地址：西山道9号
…………办公室：2815793
唐山市企业信用管理协会
地址：金凯悦商务中心B区
…………办公室：2333066
唐山市老年人体育协会
地址：建设路
…………办公室：2829965
唐山市老年保健协会
地址：建设路84号
…………办公室：2819164
唐山市老年摄影协会
地址：唐山科技馆102房间
…………办公室：2854937
唐山市饭店与餐饮行业协会
地址：煤医道14号
…………办公室：2816177
唐山市医药行业协会
地址：建设北路60号
…………办公室：2056830
唐山市供应商协会
地址：煤医道14号
…………办公室：2810456
唐山市板栗产业协会
地址：华岩路2号
…………办公室：2822060
唐山市科学技术协会
地址：西山道9号
…………办公室：2826409
唐山市海外联谊会
地址：西山道9号
…………办公室：2801046
唐山市珠宝玉石首饰行业协会
地址：北新西道99号
…………办公室：2326102
唐山市消费者协会
地址：北新西道101号
…………办公室：2259315
唐山市路北区科学技术协会
地址：新华东连55号
…………办公室：3724164
唐山市路南区老年体育协会
地址：路南区
…………办公室：3728042
唐山市路南区科学技术协会
地址：新华西道68号
…………办公室：3728064

唐山市警察协会

地址：西山道8号
…………办公室：2822817

学会

唐山市社会科学界联合会
地址：西山道9号
…………办公室：2837653
唐山市营养学会
地址：国防道19号
…………办公室：2814515

驻在机构

中央驻在机构

中华人民共和国河北渔业船舶检验局唐山检验处
地址：车站路铁路货厂北门
…………办公室：2814973
中华人民共和国唐山海关
地址：兴源道1号
…………办公室：2207049
中国国际贸易促进委员会唐山市支会
地址：煤医道14号
…………办公室：2845771

本省驻在机构

河北省人力资源开发研究会唐山办事处
地址：景致名苑写字楼307号
…………办公室：2841356
河北省唐山无线电管理局
地址：西山道3号
…………综合科：2828575
河北省滦河河务管理局
地址：建设北路35号
…………办公室：2024082
河北唐津高速公路有限公司
地址：开平区越河乡后于家店村
…………办公室：2971188
河北煤矿安全监察局冀东监察分局
地址：新华西道21号
…………办公室：2820213

秦皇岛市（0335）

农村工作委员会
地址：迎宾路金属大厦
…………办公室：3667555

国家机构

人大常委会

秦皇岛市人民代表大会常务委员会
地址：文化路206号
…………办公厅：3031717
财政经济工作委员会
…………Tel:3220516
代表人事工作委员会
…………Tel:3220325
建设环保工作委员会
…………Tel:3220396
教科文卫工作委员会
…………Tel:3220323
…………老干部处：3220332
…………秘书处：3220335
农村经济工作委员会
…………Tel:3220315
…………行政处：3220331
…………研究室：3220330

人民政府

秦皇岛市人民政府
地址：文化路206号
…………党办室：3220246
…………工交处：3220230
…………建设处：3220245
…………接待处：3220512
…………秘书二处：3220559
…………秘书一处：3220251
…………农业处：3220231
…………市场监管处：3220242
…………市长公开电话：12345
…………外事商务处：3220241
…………行财处：3220253
…………政法处：3220605
…………值班室：3220266
…………综合二处：3220229
…………综合一处：3220228
秦皇岛市人事局
地址：文化路206号
…………办公室：3220538
秦皇岛市卫生健康委员会
地址：燕山大街90号
…………办公室：3648051
秦皇岛市工业经济运行局
地址：河北大街中段蓝天大厦
…………办公室：3259913
秦皇岛市市场监督管理局
地址：建设大街258号
…………办公室：3224030
文化市场管理处
地址：秦皇东大街秦皇岛金棕榈国际电影城
…………举报电话：3070794
秦皇岛市水务局
地址：港城大街33号
…………办公室：3064247
秦皇岛市水产局
地址：开发区西环北路70号
…………办公室：3692851
秦皇岛市引青管理局
地址：八一路7号
…………办公室：3066875
秦皇岛市气象局
地址：建设大街262号
…………气象台（业务咨询）：3733221
秦皇岛市民政局
地址：迎宾路92号
…………办公室：3658001
秦皇岛市地方税务局
地址：祁连山中路
…………办公室：8590009
…………稽查局举报电话：8590237
…………值班室：8590001
秦皇岛市农业农村局
地址：西环北路70号
…………办公室：8017555
秦皇岛市应急管理局
地址：海港区燕山大街109号
…………办公室：3650565
秦皇岛市机关事务管理局
地址：文化路206号
…………办公室：3220651
秦皇岛市交通局
地址：河北大街29号
…………行政办公室、传真：3031567
秦皇岛市劳动和社会保障局
地址：建设大街366号
…………办公室：3262666
机关事业单位养老保险管理处
地址：海港区建设大街400号
…………办公室：3262795
企业养老保险管理处
地址：建设大街400号
…………办公室：3262757
失业保险事业管理处
地址：海港区河北大街西段560号
…………办公室：3262650
秦皇岛市体育局
地址：海港区奥体街1号
…………办公室：8018200
第29届奥林匹克运动组织委员会
地址：奥体中心
…………Tel:8387213
秦皇岛市园林局
地址：海阳路56号
…………办公室：3033911
秦皇岛市财政局
地址：和平大街21号
…………办公室：3034747
秦皇岛市国土资源局
地址：迎宾路95号
…………办公室：3069544
秦皇岛市审计局
地址：建设大街239-1号
…………办公室：3031398
秦皇岛市规划局
地址：迎宾路89号
…………办公室：3651500
秦皇岛市建设局
地址：文化路356号
…………办公室：3065623
秦皇岛市物价局
地址：港城大街149号
…………办公室：3063717
秦皇岛市房产管理局
地址：迎宾路85号
…………办公室：3650900
秦皇岛市国家税务局
地址：建国路211号
…………办公室：3867272
秦皇岛市质量技术监督局
地址：河北大街中段158号
…………办公室：8051182
秦皇岛市环境保护局
地址：港城大街西段77号
…………办公室：3659611
秦皇岛市统计局
地址：建国路34号
…………办公室：3032418
秦皇岛市城市管理局
地址：昌德城5层
…………办公室：3652516
秦皇岛市科学技术局（地震局）
地址：迎宾路98号
…………办公室（地震局）：3220275
…………办公室（老干部科）：3061198
秦皇岛市食品药品监督管理局
地址：建设大街41号
…………办公室：3604470
秦皇岛市畜牧局
地址：港城大街西段31号
…………办公室：3062217
秦皇岛市档案局
地址：化路206号
…………办公室：3220072
秦皇岛市文化和文化和旅游局
地址：河北大街中段296号
…………办公室：3661001
秦皇岛市商务局
地址：友谊路78号
…………办公室：3433808
秦皇岛市教育局
地址：港城大街385号
…………办公室：3865000
秦皇岛市粮食局
地址：秦山公路66号
…………综合办公室：3169230
秦皇岛市人口和计划生育委员会
地址：迎秋里8栋
…………办公室：3062556
秦皇岛市人民政府国有资产监督管理委员会
地址：港城大街321号
…………办公室：3650516
秦皇岛市发展和改革委员会
地址：迎宾路南新华书店
…………国民经济综合科：3069202
秦皇岛市爱国卫生运动委员会
地址：燕山大街90号
…………办公室：3064013
秦皇岛市人民政府节约用水办公室
地址：和平大街93号
…………行政科：3250029
秦皇岛市人民政府外事办公室
地址：港城大街176号
…………综合科：3652301
秦皇岛市人民政府抗震办公室
地址：迎宾路48号
…………办公室：3646044
秦皇岛市人民政府国防工业办公室
地址：新闻里37-1-600室
…………办公室：3063179
秦皇岛市社会福利有奖募捐办公室
地址：港城大街90号
…………办公室：3060350
秦皇岛市政府地方志办公室
地址：文化路206号
…………年鉴科：3220503
秦皇岛市精神文明建设委员会办公室
地址：友谊路78号
…………秘书科：3428029

秦皇岛市人民政府政务服务中心
地址：红旗路233号
……………………………办公室：3651902
秦皇岛市工业国有资产经营有限公司
地址：红旗路27号
……………………………综合部：3220623
秦皇岛市社会公益项目建设管理中心
地址：迎宾路106号
……………………………办公室：3636444
秦皇岛市住房公积金管理中心
地址：红旗路106号
……………………………办公室：3047127
秦皇岛市建设工程交易中心
地址：涂庄小康楼8-3-6
……………………………办公室：3068141
秦皇岛市保护知识产权举报投诉服务中心
地址：友谊78号
……………………………举报电话：12312
秦皇岛市蔬菜管理中心
地址：建设大街182号
……………………………办公室：3289155
卢龙县人民政府
地址：龙城路与102国道交叉口
……………………………办公室：7206001
抚宁县人民政府
地址：抚宁县金山大街2号
……………………………综合科：6012150
青龙满族自治县人民政府
地址：青龙县燕山路
……………………………办公室：7862254
昌黎县人民政府
地址：昌黎县观音阁东街
……………………………综合科：2023054
秦皇岛市山海关区人民政府
地址：山海关区正合街
……………………………办公室：5136057
秦皇岛市北戴河区人民政府
地址：北戴河区联峰北路88号
……………………………秘书科：4186239
秦皇岛市海港区人民政府
地址：河北大街新北里5号
……………………………办公室：3260121
……………………………行政科：3260137
秦皇岛经济技术开发区管理委员会
地址：黄河中道69号
……………………………管委办：8019196
……………………………投诉中心：8019201
秦皇岛市市场监督管理局海港分局
地址：迎宾路132号
……………………………办公室：3604997
秦皇岛市国土资源局经济技术开发区分局
地址：黄河道建设大厦701
……………………………办公室：8019019
秦皇岛市国土资源局海港区分局
地址：文化北路
……………………………办公室：3066764
秦皇岛市房产管理局开发区分局
地址：开发区建设大厦
……………………………办公室：8019255
秦皇岛市经济技术开发区市场监督管理局
地址：开发区珠江道35号
……………………………办公室：8019047
秦皇岛市质量技术监督局经济技术开发区分局
地址：黄河道69号
……………………………办公室：8019450
秦皇岛市质量技术监督局海港区分局
地址：文化北路349号
……………………………办公室：3035165
秦皇岛市海港区人口和计划生育局
地址：文化路
……………………………办公室：3260191
秦皇岛市海港区卫生健康局
地址：建国路1号
……………………………办公室：3250759
秦皇岛市海港区工业促进局
地址：民族北路263号
……………………………办公室：3690740
秦皇岛市海港区水务局
地址：东港路214号
……………………………办公室：3014299
秦皇岛市海港区市场建设管理局
地址：东港路214号
……………………………办公室：3169306
秦皇岛市海港区民政局
地址：建国路29号
……………………………办公室：3033127
秦皇岛市海港区发展改革局
地址：红旗路159号
……………………………办公室：3032625
秦皇岛市海港区地方税务局
地址：港城大街东段373号
……………………………办公室：3659389
秦皇岛市海港区农业农村局
地址：文化北路228号
……………………………办公室：3647134
秦皇岛市海港区应急管理局
地址：迎宾路26号
……………………………综合办公室：3647454
秦皇岛市海港区交通局
地址：北环路459号
……………………………办公室：3627298
秦皇岛市海港区园林管理局
地址：海阳路112号
……………………………办公室：3260150
秦皇岛市海港区财政局
地址：迎宾路68号
……………………………办公室：3650650
秦皇岛市海港区林业局
地址：民族北路263号
……………………………办公室：3636119
秦皇岛市海港区建设局
地址：迎宾路八一街1号
……………………………办公室：3061474
秦皇岛市海港区物价局
地址：海阳路112号
……………………………办公室：3260197
秦皇岛市海港区规划局
地址：文化北路
……………………………办公室：3630463
秦皇岛市海港区国家税务局
地址：文化路368号
……………………………办公室：3622625
秦皇岛市海港区环境保护局
地址：民族路317号
……………………………办公室：3661121
秦皇岛市海港区统计局
地址：新一路8号
……………………………办公室：3260185
秦皇岛市海港区城市管理局
地址：河北大街17号
……………………………办公室：3032176
秦皇岛市海港区科学技术局
地址：港城大街288号
……………………………办公室：3260166
秦皇岛市海港区文化和文化和旅游局
地址：南山街56号
……………………………办公室：3410987
秦皇岛市海港区商务局
地址：新一路8号
……………………………办公室：3606231
秦皇岛市海港区教育局
地址：西沙滩8号
……………………………行政办：3033727
秦皇岛市海港区粮食局
地址：迎宾路26号
……………………………办公室：3062041
秦皇岛经济技术开发区人事劳动和社会保障局
地址：黄河道69号
……………………………办公室：8019234
秦皇岛经济技术开发区水务局
地址：黄河道中段
……………………………办公室：8562118
秦皇岛经济技术开发区地方税务局
地址：峨眉山中路9号
……………………………办公室：8019269
秦皇岛经济技术开发区应急管理局
地址：龙海道69号
……………………………办公室：8019735
秦皇岛经济技术开发区农村工作局
地址：黄河道
……………………………办公室：8019700
秦皇岛经济技术开发区社会发展局
地址：珠江道69号
……………………………社会事业科：8388461
秦皇岛经济技术开发区财政局
地址：黄河道69号
……………………………办公室：8019212
秦皇岛经济技术开发区审计局
地址：黄河道69号
……………………………办公室：8019162
秦皇岛经济技术开发区建设规划管理局
地址：峨眉山中路9号
……………………………办公室：8019016
秦皇岛经济技术开发区经济发展局
地址：黄河道69号
……………………………办公室：8019081
秦皇岛经济技术开发区国家税务局
地址：峨眉山中路9号
……………………………办公室：8019241
秦皇岛经济技术开发区招商局
地址：黄河道69号
……………………………办公室：8019288
秦皇岛经济技术开发区环境保护局
地址：黄河道建设大厦
……………………………办公室：8019820
秦皇岛经济技术开发区城市发展局
地址：黄河道
……………………………办公室：8501833
秦皇岛经济技术开发区科学技术局
地址：龙海道69号
……………………………园区科：8019280
秦皇岛经济技术开发区教育局
地址：珠江道63号
……………………………办公室：8066110
秦皇岛市太阳城商业区管理委员会
地址：太阳城
……………………………办公室：3215353
秦皇岛北部工业区管理委员会
地址：西港北路72号
……………………………办公室：3839228
秦皇岛市海港区优化发展环境领导小组办公室
地址：新一路
……………………………办公室：3260211
秦皇岛市海港区食品安全办公室
地址：迎宾路26号
……………………………办公室：3644894
秦皇岛开发区高新技术创业服务中心
地址：科技大厦406房间
……………………………办公室：8019077
秦皇岛市石河水库管理处
地址：山海关区石河水库
……………………………办公室：5172355
秦皇岛市海港区经济适用住房发展中心
地址：建国路司法局2楼南侧
……………………………办公室：3260300
秦皇岛市海港区城建管理调度中心
地址：太阳城
……………………………办公室：3257909
秦皇岛市海港区排水管理处
地址：友谊路26号
……………………………办公室：3410117
秦皇岛市海港区北港镇人民政府
地址：新崔庄
……………………………办公室：3626336
秦皇岛市海港区东港镇人民政府
地址：秦山公路33号
……………………………办公室：3012159
秦皇岛市海港区西港镇人民政府
地址：河北大街西段542号
……………………………办公室：8051065
秦皇岛市海港区海阳镇人民政府
地址：瀑阳镇
……………………………办公室：8384095
秦皇岛市海港区海港镇人民政府
地址：港城大街133号
……………………………办公室：3061659
秦皇岛市文化路街道办事处
地址：嘉远大厦4楼
……………………………办公室：3031949
秦皇岛市东环路街道办事处
地址：港城大街288号
……………………………办公室、社会事务办：3216225
秦皇岛市北环路街道办事处
地址：大陆宾馆一楼
……………………………行政办：3061138
秦皇岛市白塔岭街道办事处
地址：河北大街西段38号
……………………………办公室：8046145
秦皇岛市西港路街道办事处
地址：先锋路23号
……………………………办公室：3066783
秦皇岛市河东街道办事处
地址：河北大街东段95号
……………………………办公室：3159827
秦皇岛市建设大街街道办事处
地址：光华路58号
……………………………办公室：3223753
秦皇岛市珠江道街道办事处
地址：碧水圆12栋
……………………………办公室：8079617
秦皇岛市海滨路街道办事处
地址：开滦路69号
……………………………办公室、值班室：3411125
秦皇岛市黄河道街道办事处
地址：黄河中道
……………………………办公室：8046605
秦皇岛市港城大街街道办事处
地址：港城大街119号
……………………………办公室：3637303
秦皇岛市燕山大街街道办事处
地址：燕凤街13号
……………………………办公室：3061192

社会团体

工会

秦皇岛市总工会
地址：海阳路198号
……………………………办公室：3030385
山海关区总工会
地址：山海关区正合街
……………………………办公室：5136220
北戴河区总工会
地址：北戴河区联峰北路88号
……………………………办公室：4186106
青龙满族自治县总工会
地址：青龙县燕山路82号
……………………………办公室：7862892
秦皇岛市海港区总工会
地址：海阳路112号
……………………………办公室：3260190

共青团　青联　学联

中国共产主义青年团秦皇岛市委员会
地址：民族路北段288晋
……………………………办公室：3861539
中国共产主义青年团秦皇岛市海港区委员会
地址：建国路29号
……………………………办公室：3031591

妇联

秦皇岛市妇女联合会
地址：文化路206号
……………………………办公室：3220091
……………………………权益部：3032738
秦皇岛市海港区妇女联合会
地址：建国路29号
……………………………办公室：3034346

侨联

秦皇岛市归国华侨联合会
地址：迎宾路106号
……………………………办公室：3637340

文联

秦皇岛市文学艺术界联合会
地址：港城大街176号
……………………………办公室：3804500

残联

秦皇岛市残疾人联合会
地址：港城大街288号
……………………………办公室：3265257
秦皇岛市海港区残疾人联合会
地址：建国路29号
……………………………办公室：3206850

工商联

秦皇岛市工业经济联合会
地址：中房大厦12楼
……………………………办公室：3066452
秦皇岛市工商业联合会（秦皇岛总商会）
地址：文化路356号
……………………………办公室：31636661
秦皇岛市南安商会
地址：碧海云天19-2-903
……………………………办公室：3053908
秦皇岛温州商会
地址：碧海云天12栋
……………………………办公室：3189222
秦皇岛市海港区工商业联合会
地址：建国路29号
……………………………办公室：3031555

协会

秦皇岛市科学技术协会
地址：文化路347号
……………………………办公室：3061737
秦皇岛市食品协会
地址：文化路中房大厦409室
……………………………办公室：3085575
秦皇岛市职工技术协会
地址：海阳路200号
……………………………主任办公室：3031571
秦皇岛市装备制造业行业协会
地址：文化路365号
……………………………办公室：3631986
秦皇岛市慈善协会
地址：迎宾路92号
……………………………办公室：8572288

学会

秦皇岛市医学会
地址：燕凤街仃号
……………………………办公室、继教办：3833221

宗教组织

秦皇岛市佛教协会
地址：安居东路7号
……………………………办公室：9889449
秦皇岛市基督教三自爱国运动委员会
地址：民族路文明里1-10
……………………………办公室：3037980

其他社会团体

秦皇岛市社会科学界联合会
地址：港城大街31号
……………………………办公室：3816122

驻在机构

中央驻在机构

中华人民共和国秦皇岛出入境检验检疫局
地址：开发区六盘山路1号
……………………………办公室：3407831
中华人民共和国秦皇岛北戴河海事处
地址：西海滩路8002号
……………………………办公室：4027867
……………………………办公室：4027058
中华人民共和国秦皇岛海关
地址：河北大街西段1号
……………………………总机：8512000
中华人民共和国秦皇岛海事局
地址：海滨路75号
……………………………值班室：3419395

外省驻在机构

山西省人民政府驻秦皇岛办事处
地址：河滨路9号
……………………………办公室、财务室：8012668
山西朔州驻秦皇岛办事处
地址：团结里31-2-1
……………………………办公室：3023747
上海市人民政府驻秦皇岛办事处
地址：港城大街288号
……………………………办公室：3035717
盐城市人民政府驻秦皇岛办事处
地址：港城大街83号
……………………………办公室：3061314

本省驻在机构

河北省农村信用社联合社秦皇岛办事处
地址：建设大街与迎宾路交叉口
……办公室：3637625

河北省京秦高速公路管理处
地址：燕山大街西段21号
……总机：3854321

河北省渔船检验渔港监督管理处
地址：东港路102号
……办公室：30296与3

邯郸市（0310）

人民政府

邯郸市人民政府
地址：联通北路1号
办公厅
……值班室：3107175

邯郸市市政公用事业管理局
地址：中华北大街41号
……办公室：3026427

邯郸市财政局
地址：人民路68号
……办公室：3055059

邯郸市物价局
地址：人民路176号
……办公室：3105889

邯郸市人民政府国有资产监督管理委员会
地址：中华北大街25号
……办公室：3013756

邯郸市发展和改革委员会
地址：联纺东路588号
……办公室：5802208

广平县人民政府
地址：广平县勤政路
……办公室：2526003

大名县人民政府
地址：大名县大名府路
……办公室秘书科：6562172

永年县人民政府
地址：永年县政府街21号
……办公室：6822246

成安县人民政府
地址：成安县有所为路95号
……办公室：7289211

曲周县人民政府
地址：曲周县公仆路
……办公室：8892141

鸡泽县人民政府
地址：鸡泽县迎宾路1号
……办公室：7522244

邯郸县人民政府
地址：邯郸县雪驰路69号
……办公室：6814501

肥乡县人民政府
地址：肥乡县广安街
……办公室：8562346

武安市人民政府
地址：武安市塔西路20号
……办公室：5653421

临漳县人民政府
地址：临漳县建安路
……办公室：7682473

涉县人民政府
地址：涉县崇州路9号
……办公室：3893002

峰峰矿区人民政府
地址：峰峰矿区滏阳东路23号
……办公室：5012711

馆陶县人民政府
地址：馆陶县政府街159号
……办公室：2821343

磁县人民政府
地址：磁县磁州路9号
……办公室：2322133

魏县人民政府
地址：魏县魏州东路68号
……办公室：3512852

人民政协和民主党派

人民政协

中国人民政治协商会议邯郸市委员会
地址：中华北大街86号
办公厅
……值班室：3112904

中国人民政治协商会议广平县委员会
地址：广平县勤政路
……办公室：2526059

中国人民政治协商会议大名县委员会
地址：大名县大名府路
……办公室：6572002

中国人民政治协商会议永年县委员会
地址：永年县政府街19号
……办公室：6633911

中国人民政治协商会议成安县委员会
地址：成安县有所为路95号
……办公室：7289336

中国人民政治协商会议曲周县委员会
地址：曲周县公仆路
……办公室：8858619

中国人民政治协商会议鸡泽县委员会
地址：鸡泽县迎宾路
……办公室：7522264

中国人民政治协商会议邯郸县委员会
地址：邯郸县雪驰路69号
……办公室：8015751

中国人民政治协商会议肥乡县委员会
地址：肥乡县广安街
……办公室：8562139

中国人民政治协商会议武安市委员会
地址：武安市中兴路1450号
……办公室：5653432

中国人民政治协商会议临漳县委员会
地址：临漳县三环路
……办公室：7862385

中国人民政治协商会议涉县委员会
地址：涉县新城区
……办公室：3893726

中国人民政治协商会议峰峰矿区委员会
地址：峰峰矿区滏阳东路23号
……办公室：5182322

中国人民政治协商会议馆陶县委员会
地址：馆陶县文卫街
……办公室：2821348

中国人民政治协商会议磁县委员会
地址：磁县磁州路9号
……办公室：2322112

中国人民政治协商会议魏县委员会
地址：魏县魏州东路68号
……办公室：3512654

民主党派

九三学社邯郸市委员会
地址：光明北大街54号
……办公室：3109351

中国民主同盟邯郸市委员会
地址：光明北大街64号
……办公室：3112559

中国民主建国会邯郸市委员会
地址：光明北大街64号
……办公室：3068221

中国民主促进会邯郸市委员会
地址：光明北大街64号
……办公室：3105151

中国农工民主党邯郸市委员会
地址：光明北大街64号
……办公室：3016150

中国国民党革命委员会邯郸市委员会
地址：光明北大街54号
……办公室：3103982

邢台市（0319）

人民政府

邢台市人民政府
地址：红星街139号
……传真：3286802
……值班室：3288801

邢台市人事局
地址：中兴东大街115号
……办公室：3690119

邢台出入境检验检疫局
地址：中华大街229号
……办公室：2282886
……传真：2287773

邢台市卫生和健康委员会
地址：后炉子街1号
……办公室：2113911
……传真：3113912

邢台市工业和信息化局
地址：兴达路与泉北大街交叉口
……办公室：2608000

邢台市市场监督管理局
地址：冶金北路916号
……办公室：2129638
……传真：2129667

邢台市气象局
地址：郭守敬北路76号
……办公室（传真）：2211396

邢台市民政局
地址：郭守敬北路518号
……办公室：2136900

邢台市民族宗教事务局
地址：红星街139号
……办公室：3288299
……传真：3288103

邢台市地方税务局
地址：团结西大街230号
……办公室（传真）：2285680

邢台市交通执法督察处
地址：紫金采路29号
……办公室：2139515

邢台市地震局
地址：红星街139号
……办公室：3288528

邢台市园林局
地址：中兴东大街223号
……办公室：3860983

邢台市财政局
地址：郭守敬北路281号
……值班室：2222789

邢台市国土资源局
地址：泉北大街769号
……办公室：2589701

邢台市审计局
地址：团结西大街188号
……值班室：2132509

邢台市林业局
地址：守敬北路188号
……办公室：2222662
……传真：2222481

邢台市物产企业集团有限公司
地址：新华南路408号
……办公室：3887268
……传真：3887208

邢台市建设局
地址：钢铁北路72号
……值班室：2629917

邢台市物价局
地址：泉北西大街999号
……办公室：2133624

邢台市规划局
地址：中华大街88号
……办公室（传真）：2261001

邢台市房产管理局
地址：中华西大街88号
……办公室：2255599

邢台市国家税务局
地址：团结西大街81号
……办公室：2139042

邢台市质量技术监督局
地址：泉北西大街1089号
……办公室：2608881

邢台市环境保护局
地址：青青家园院内
……办公室：2586712
……传真：2059030

邢台市统计局
地址：红星西街139号
……办公室：3288200

邢台市城市管理行政执法局
地址：冶金北路99号
……办公室：2223766
……传真：2226012

邢台市科学技术局
地址：红星东街139号
……办公室（传真）：3288308

邢台市食品药品监督管理局
地址：新华南路344号
……办公室：3162608

邢台市畜牧水产局
地址：新华南路218号
……值班室（传真）：3163190

邢台市烟草专卖局（分公司）
地址：农药厂路5号
……办公室：3178793
……传真：3178469

邢台市酒类监督管理局
地址：新华南路349号
……办公室：3176708

邢台市档案局
地址：红星街62号
……办公室：3288595

邢台市商务局
地址：钢铁北路22号
……办公室：2622128
……传真：2621536

邢台市教育局
地址：钢铁北路555号
……办公室：2233000

邢台市就业服务局
地址：中兴东大街115号
……办公室：3690333

邢台市粮食局
地址：富水家园A区综合楼
……办公室：2580889
……传真：2580222

邢台市人口和计划生育委员会
地址：红星街62号
……办公室：3288111
……传真：3288189

邢台市发展和改革委员会
地址：红星街139号
……办公室：3288003

邢台市仲裁委员会
地址：红星街139号
……办公室（传真）：3288730

邢台市社会治安综合治理委员会
地址：新西街166号
……办公室：3699836

邢台市建设委员会
地址：钢铁北路72号新楼
……办公室：2675051

邢台市国有资产监督管理委员会
地址：红星街139号
……办公室：3288081
……传真：3288080

邢台市桥西区南水北调工程建设委员会
地址：冶金北路
……办公室：2070222

邢台市教育委员会
地址：钢铁北路555号
……办公室：2233002
……传真：2235111

河北省质量检验协会邢台工作委员会
地址：泉南西大街186号
……办公室：2185627

邢台市外事侨务办公室
地址：红星街139号
……办公室（传真）：3288135

邢台市国资委工会困难职工帮扶中心
地址：新华南路南瓦窑对过
……办公室：3175067

广宗县人民政府
地址：广宗县府前街33号
……办公室：7212278

内丘县人民政府
地址：内丘县振兴西路8号
……办公室：6861003

巨鹿县人民政府
地址：巨鹿县新华街
……办公室：4326300

平乡县人民政府
地址：平乡县丰州镇中华路
……办公室：7832714

宁晋县人民政府
地址：宁晋县西关街31号
……办公室：5884220

邢台市桥东区人民政府
地址：凤凰街10号
……办公室：3037266
……传真：3052116

邢台市桥西区人民政府
地址：中兴西大街61号
……办公室：2023591

邢台市高新技术产业开发区管理委员会
地址：中兴东大街1888号
……传真：3636111
……党政办公室：3636000

邢台县人民政府
地址：邢台市顺德路229号
……办公室：3661666

任县人民政府
地址：任县人民路
……办公室：7512276

沙河市人民政府
地址：沙河市太行街
……办公室：8901237

柏乡县人民政府
地址：柏乡县府前街
……办公室：7722348

临西县人民政府
地址：临西县珠江路
……办公室：8560779

威县人民政府
地址：威县东街
……办公室：6162489

南和县人民政府
地址：南和县和阳大街
……办公室：4562038

南宫市人民政府
地址：南宫市东大街50号
……办公室：5058358
……传真：5058303

临城县人民政府
地址：临城县府前街3号
……办公室：7199801

隆尧县人民政府
地址：隆尧县康庄路36号
……办公室：6862472

清河县人民政府
地址：清河县武松中街
……办公室：8166631

新河县人民政府
地址：新河县新华路
……办公室：4752252

邢台市市场监督管理局开发区分局
地址：中兴东大街1888号
……办公室：3636069

邢台市市场监督管理局桥东分局
地址：泉北东大街359号
……办公室：3227701
……传真：3227730

邢台市市场监督管理局桥西分局
地址：郭守敬北路258号
……办公室：2227970

邢台市开发区房产管理局
地址：中兴东大街1888号
……办公室：3636123

邢台市国土资源局开发区分局
地址：中兴东大街1888号
……办公室（传真）：3636038

邢台市国土资源局桥西分局
地址：五四街95号
……办公室：2268086

邢台市质量技术监督局桥东分局
地址：黄家园
……办公室：3057676

邢台市环境保护局开发区分局
地址：中兴东大街1888号
……办公室（传真）：3636157

邢台市食品药品监督管理局开发区分局
地址：中兴东大街1888号
……办公室（传真）：3636198

邢台市桥东区人事劳动和社会保障局
地址：红星西街寺前巷1号
……办公室（传真）：3285058

邢台市桥东区卫生局
地址：凤凰街10号
……办公室（传真）：3023510

邢台市桥东区工业促进局

地址：清风楼小学4层
……办公室（传真）：3025317
邢台市桥东区计划生育局
地址：五里铺路66号
……办公室（传真）：3175968
邢台市桥东区发展改革局
地址：凤凰街3号
……办公室：3025332

民主党派

中国民主同盟邢台市委员会
地址：冶金南路129号
……办公室：2113652
中国民主建国会邢台市委员会
地址：冶金南路129号
……办公室：2113655
中国民主促进会邢台市委员会
地址：冶金南路129号
……办公室：2113695
中国农工民主党邢台市委员会
地址：冶金南路129号
……办公室：2113667
中国国民党革命委员会邢台市委员会
地址：冶金南路129号
……办公室：2113650

社会团体

工会

邢台市总工会
地址：郭守教南路26号
……办公室（传真）：2163965

共青团、青联、学联

中国共产主义青年团邢台市委员会
地址：新西街166号
……办公室：3699456

妇联

邢台市妇女联合会
地址：公园东街238号
……办公室（传真）：2182855

文联

邢台市文学艺术界联合会
地址：顺德路255号
……办公室：3688186

残联

邢台市残疾人联合会
地址：泉南东大街259号
……办公室：5910200
……传真：5916755

工商联

邢台市工商业联合会（总商会）
地址：泉北大街
……办公室：2290966

协会

邢台市工业经济联合会
地址：红星街139号
……办公室：3288158
邢台市计划生育协会
地址：红星街139号
……办公室：3288155
邢台市石油成品油行业管理协会
地址：钢铁北路22号
……办公室（传真）：2681626
邢台市台联会
地址：新西街
……办公室：3699185
邢台市医院协会
地址：中华西路
……办公室：2668616
邢台市科学技术协会
地址：泉北西大街1620号
……办公室（传真）：2219001
邢台市紧固件协会
地址：中兴东大街1888号
……办公室：3636108

基金会

河北省邢台残疾人福利基金会
地址：顺德路258号
……办公室：3681155

宗教组织

邢台市佛教协会
地址：黄家屯新村1S5号
……办公室：3670570

保定市（0312）

人民政府

保定市人民政府
地址：东风西路1号
……秘书一处：3088801
保定市人民政府国有资产监督管理委员会
地址：东风西路1号
……办公室：3088289
河北省信息产业厅保定无线电管理分局
地址：东风西路1号
……办公室：3088525
保定市人口和计划生育局
地址：莲池北大街50号
……办公室：5032374
保定市人民政府机关事务管理局
地址：东风西路1号
……办公室：3088495
保定市人事局
地址：莲池北大街
……办公室：5037486
保定市市场监督管理局
地址：时代路16号
……办公室：3033458
保定市公用事业管理局
地址：铁塔胡同77号
……办公室、值班室：3032420
保定市水利局
地址：东风东路275号
……办公室：3353866
保定市文物管理局
地址：莲池北大街
……办公室：5020199
保定市气象局
地址：裕华东路432号
……办公室：5971818
保定市民政局
地址：玉兰大街409号
福利彩票发行中心
……Tel：3350706
保定市民族宗教事务局
地址：东风西路1号
……办公室：3088728
保定市地方税务局
地址：天鹅西路123号
……办公室：3108299
保定市农业农村局
地址：德惠路413号
……办公室：3226980
保定市应急管理局
地址：东风西路1号
……办公室、值班室：3088800
保定市交通局
地址：朝阳南大街688号
……办公室：3208616
保定市地震局
地址：莲池北大街50号
……办公室：5030937
保定市劳动和社会保障局
地址：东风西路1号
……办公室：3088811
保定市住房与城乡建设局
地址：东风西路
……办公室：3090001
保定市住房保障和房产管理局
地址：恒祥南大街95号
……办公室：2089501
保定市园林绿化管理局
地址：永华南大街688号
……办公室：2022398
保定市财政局
地址：五四东路366号
……办公室：5016888
保定市国土资源局
地址：朝阳北大街889号
……土地储备中心：3155705
保定市审计局
地址：莲池北大街50号
……办公室：5076960
保定市物价局
地址：东风西路1号
……办公室：3088750
保定市国家税务局
地址：朝阳北大街866号
……办公室：3109708
保定市质量技术监督局
地址：五四东路715号
……办公室、值班室：5979800
保定市环境保护局
地址：东风中路1495号
……办公室：3037180
保定市城乡规划管理局
地址：朝阳北大街1078号
……办公室：3313526
保定市统计局
地址：东风西路1号
……办公室：3088350
保定市城市管理行政执法局
地址：莲池南大街122号
……办公室：2097123
保定市科学技术局
地址：百花路裕隆街83号
……办公室：3312056
保定市畜牧水产局
地址：阳光北大街1568号
……办公室：3338333
保定市档案局
地址：东风西路1号
……办公室：3088780
保定市文化和文化和旅游局
地址：莲池北大街50号
……办公室、值班室：5681800
保定市商务局
地址：东风中路1576号
东院
地址：东风中路646号
……办公室：2095900
西院
地址：东风中路1576号
……办公室：3312902
保定市教育局
地址：百花东路219号
……办公室：3010045
保定市粮食局
地址：西大团南街139号
……办公室：3025558
保定市工业和信息化局
地址：东风西路1号
……办公室：3088701
保定市仲裁委员会
地址：东风西路1号
……办公室：3088202
保定国家高新技术产业开发区管理委员会
地址：创业路118号
……办公室、值班室：3108801
保定市车站广场综合治理办公室
地址：火车站广场
……办公室：2031791
保定市外事侨务办公室
地址：东风西路1号
……办公室：3088736
保定市地方志编纂委员会办公室
地址：园南街136号
……综合处：5903550
保定市机构编制委员会办公室
地址：东风西路1号
……综合处：3088707
保定市建设工程招标投标管理办公室
地址：七一中路84号
……办公室：5075333
保定市房屋拆迁安置管理办公室
地址：环城西路175号
……办公室：2066300
保定市建筑抗震防灾管理办公室
地址：三丰中路1261号
……办公室：2190261
保定市南水北调工程建设委员会办公室
地址：七一东路2138号
……综合处：3553779
保定市调整优化农业结构办公室
地址：东风西路1号
……办公室：3088401
保定市散装水泥办公室
地址：东风西路279号
……办公室：3088406
保定市煤碳矿山行业管理办公室
地址：东风西路
……办公室：3023940
河北省高速公路管理局保定路政执法队
地址：七一东路高速路口南侧
……办公室：5090717
保定市工程抗震诊断监测中心
地址：三丰中路1261号
……办公室：2190263
保定市工程建设造价管理站
地址：高开区秀园路163号
……办公室：3106022
保定市工程预决算审核中心
地址：莲池北大街
……办公室：5091700
保定市文化市场稽查队
地址：恒祥南大街
……举报电话：2033109
国家统计局保定调查队
地址：复兴路与阳光北大街交叉口
……办公室：3112112
保定市行政服务中心
地址：七一中路
……总服务台：3355000
保定市住房公积金管理中心
地址：朝阳北大街
……办公室：3195601
保定市建筑工程质量监督站
地址：三丰中路1261号
……办公室：2190219
保定市城区防汛管理处
地址：三丰中路1261号
……办公室：2173888
保定市城市建设档案馆
地址：东风西路1号
……办公室：3088278
保定市政府研究室
地址：东风西路1号
……办公室：3088797
保定市北市区人民政府
地址：七一中路789号
……办公室：3103825
保定市南市区人民政府
地址：玉兰大街588号
……办公室：50786177
保定市新市区人民政府
地址：五四西路318号
……办公室：3089201
保定市国土资源局南市区分局
地址：玉兰大街588号
……办公室：5078757
保定市质量技术监督局南市区分局
地址：裕华西路
……办公室：3287573
保定市南市区人口和计划生育局
地址：玉兰大街588号
……办公室：5078762
保定市南市区卫生健康局
地址：玉兰大街588号
……办公室：5078685
保定市南市区市场监督管理局
地址：红旗大街114号
……Tel：3．15限务台：5013315
保定市南市区民政局
地址：玉兰大街588号
……办公室：5078815
保定市南市区应急管理局
地址：玉兰大街588号
……办公室：5076739
保定市南市区机关事务管理局
地址：玉兰大街588号
……办公室：5076756
保定市南市区农林水牧局
地址：玉兰大街588号
……办公室：5078662
保定市南市区财政局
地址：玉兰大街588号
……办公室：5078798
保定市南市区审计局
地址：玉兰大街588号
……办公室：5078680
保定市南市区建设局
地址：玉兰大街588号
……办公室：5078768
保定市南市区国家税务局
地址：东二环1019号
……办公室：5972680
保定市南市区环境卫生管理局
地址：东盛路53号
……办公室：2192102
保定市南市区统计局
地址：玉兰大街588号
……办公室：5078656
保定市南市区科学技术局
地址：玉兰大街588号
……办公室：5078659
保定市南市区档案局
地址：玉兰大街588号
……办公室：5078663
保定市南市区商务局
地址：玉兰大街588号
……办公室：5078653
涞源县旅游文物局
地址：涞源县闽院路1号
……办公室：7323347
河北冶金工业园区管理委员会
……办公室：7388900
保定市北市区绿化委员会
地址：双胜街
……办公室：5082741
保定市南市区绿化办公室
地址：玉兰大街588号
……办公室：5078698

人民政协和民主党派

人民政协

中国人民政治协商会议保定市委员会
地址：朝阳北大街50号
……秘书处：3089609
中国人民政治协商会议保定市北市区委员会
地址：七一中路789号
……办公室：3103913
中国人民政治协商会议保定市南市区委员会
地址：玉兰大街588号
……办公室：5078721
中国人民政治协商会议保定市新市区委员会
地址：五四西路318号
……办公室：3089156

民主党派

九三学社保定市委员会
地址：朝阳北大街
……办公室：3089647
中国民主同盟保定市委员会
地址：朝阳北大街
……办公室：3089685
中国民主建国会保定市委员会
地址：朝阳北大街
……办公室：3089639
中国民主促进会保定市委员会
地址：朝阳北大街
……办公室：3089641
中国农工民主党保定市委员会
地址：朝阳北大街
……办公室：3089604
中国国民党革命委员会保定市委员会
地址：朝阳北大街
……办公室：3089632

社会团体

工会

保定市总工会
地址：天鹅西路398号
……办公室：3100796

共青团、青联、学联

中国共产主义青年团保定市委员会
地址：莲池北大街50号
……办公室：5065839

妇联

保定市妇女联合会
地址：莲池北大街
……办公室：5061634

侨联

保定市归国华侨联合会
地址：东风西路5号
……办公室：3089760

文联

保定市文学艺术界联合会
地址：莲池北大街50号
……办公室：5099017

残联

保定市残疾人联合会
地址：东风西路279号
……办公室：3018786

协会

保定市犬业协会
地址：东二环
……办公室：5052122

保定市计划生育协会
地址：莲池北大街50号
……综合部：5065602

保定市外商投资企业协会
地址：东风中路1576号
……办公室：3310808

保定市企业家协会
地址：朝阳北大街1399号
……办公室：3186867

保定市房地产开发企业协会
地址：东风西路16号
……办公室：3090057

保定市建筑业协会
地址：三丰中路1261号
……办公室：2190205

保定市科学技术协会
地址：莲池北大街50号
……办公室：5077550

保定市消费者协会
地址：红阳大街388号
……办公室：5013913

学会

保定市社会科学界联合会
地址：东风西路5号
……办公室：3089990

红十字会

保定市红十字会
地址：向阳北戈街555号
……办公室：3123165

其他社会团体

保定市工业经济联合会
地址：东风西路
……办公室：3056692

保定市老区建设促进会
地址：东风中路266号
……办公室：2032621

保定市经济开发促进会国际贸易委员会
地址：东风路园南街
……办公室：3020555

驻在机构

中央驻在机构

中华人民共和国保定出入境检验检疫局
地址：朝阳北大街788号
……办公室：3115370

中华人民共和国保定海关
地址：朝阳北大街
……总机：3193099

本省驻在机构

河北省动物疫病预防控制中心
地址：东美大街382号
……办公室：5076855

张家口市（0313）

人民政府

张家口市人民政府
地址：长青路
办公室
……秘书科：2015646

张家口市人力资源和社会保障局
地址：长青路14号
办公室
……办公室：2024770

张家口出入境检验检疫局
地址：清水河南路103号
……办公室：4195606

张家口市卫生局
地址：明德北街68号
……办公室：2014281

张家口市工业和信息化局
地址：明德南街169号
……办公室：8053986

张家口市市场监督管理局
地址：胜利中路35号
……办公室：4039990

张家口市水务局
地址：长青路51号
……办公室：8055854

张家口市气象局
地址：盛华东路2号
……办公室：4061747

张家口市公路路政管理处
地址：盛华东大街11号
……办公室：4057402

张家口市市直机关事务管理局
地址：长青路18号
……办公室：8051035

张家口市市政公用事业管理局
地址：建国路11号
办公室
……办公室：2109124

张家口市民政局
地址：长青路伯号
……办公室：8072018

张家口市民族宗教事务局
地址：滨河路51号
……办公室：2015389

张家口市地方税务局
地址：宝善小区26号
办公室
……办公室：2015688

张家口市地方税务局稽查局
地址：宝善街29号
……综合科：2050127

张家口市农业农村局
地址：长青路14号
……办公室：2014850

张家口市交通运输局
地址：世纪路16号
……总机：4013606

张家口市体育局
地址：滨河路49号
办公室
……办公室：2017844

张家口市住房和城乡建设局
地址：工业中横街24号
……办公室：5958800

张家口市财政局
地址：滨河东路49号
……办公室：2015571

张家口市国土资源局
地址：盛华西大街
……办公室：4083987

张家口市林业局
地址：朝阳大街林业大厦
……办公室：2013920

张家口市规划局
地址：东安大街67号
办公室
……办公室：2019934

张家口市物价局
地址：解放大街11号
办公室
……办公室：2046892

张家口市国家税务局
地址：汉桥街2号
……办公室：2120507

张家口市质量技术监督局
地址：朝阳西大街6号
……办公室：4190002

张家口市环境保护局
地址：朝阳大街6号
……办公室：4083123

张家口市统计局
地址：长青路14号
……办公室：2024774

张家口市科学技术和地震局
地址：清水河南路
……办公室：4025610

张家口市食品药品监督管理局
地址：南菜坊18号
……办公室/传真：2176357

张家口市畜牧水产局
地址：长青路14号
……办公室：2018780

张家口市烟草专卖局
地址：胜利中路237号
办公室
……办公室：4039098

张家口市档案局
地址：明德南街39号
……办公室/传真：8054121

张家口市文化和文化和旅游局
地址：长青路14号
……办公室：2037793

张家口市商务局
地址：清水河路45号
办公室
……办公室：2180033

张家口市教育局（教育工委）
地址：下蒙古营大街2号
……办公室：8025004

张家口市就业服务局
地址：五一大街85号
……办公室：2012854

张家口市粮食局
地址：工业路丙70号
办公室
……办公室：2212852

国家统计局张家口调查队
地址：长青路14号
……办公室：2016792

中国共产党张家口市委农村工作委员会
地址：长青路14号
……办公室：2014388

张家口市人口和计划生育委员会
地址：站前西大街42号
办公室
……值班室：4010288

张家口市发展和改革委员会
地址：长青路14号
……办公室：2012926

张家口市国有资产监督管理委员会
地址：解放大街2号
……办公室：2089601

张家口市散装水泥办公室
地址：明德南街25号
……办公室：8053313

张家口仲裁委员会
地址：长青路14号
……审理部：8026129

张家口市人民防空办公室
地址：南城壕2号
总机
……办公室：2182943

张家口市农业开发办公室
地址：滨河北路49号
……综合科：2024792

张家口市产业集聚区工作领导小组办公室
地址：西坝岗路付8号
……办公室：5981061

张家口市扶贫开发办公室
地址：滨河东路51号
……综合科：2017569

张家口市城市节约用水办公室
地址：钻石路
……办公室：4051218

张家口市防汛抗旱指挥部
地址：长青路51号
办公室
……办公室：8053000

张家口市行政审批服务中心
地址：胜利南路34号
……办公室：4069866

张家口市桥东区人民政府
地址：胜利中路195号
办公室
……秘书科：4038138

张家口市桥西区人民政府
地址：西坝岗路235号
……办公室：8189200

张家口市高新技术产业开发区管理委员会
地址：兴科街2号
……党政办公室：4060446

张家口市国土资源局桥西分局
地址：西沙河后街42号
……办公室：8052258

张家口市质量技术监督局桥东区分局
地址：菜园街1号市供销社2楼
……办公室：2018399

张家口市环境保护局桥西分局
地址：清水桥南街5号
……办公室：5986170

张家口市桥东区人力资源和社会保障局
地址：胜利南路丙39号
……办公室：4039381

张家口市桥东区人口和计划生育局
地址：胜利南路丙39号
……办公室：4038078

张家口市桥东区市场监督管理局
地址：五一大街14号
……办公室：2017236

张家口市桥东区民政和民族宗教事务局
地址：胜利南路31号
……办公室：4038663

张家口市桥东区发展改革局
地址：胜利中路195号
……办公室：4038498

张家口市桥东区地方税务局
地址：建国路68号
……办公室：2125790

张家口市桥东区国家税务局
地址：东兴街18－1号
……办公室：2120054

张家口市桥西区人力资源和社会保障局
地址：明德南街12号
……办公室：8045990

张家口市桥西区人口和计划生育局
地址：西坝岗路235号
……办室：8189117

张家口市桥西区卫生局
地址：通顺街17号
……办公室：5958277

张家口市桥西区市场监督管理局
地址：长青路甲32号
……办公室：8043300

张家口市桥西区民政和民族宗教事务局
地址：新华街刘家大门3号
……办公室：8022970

张家口市桥西区地方税务局
地址：清水桥中路37号
……办公室：2162601

张家口市桥西区住房保障和房产管理局
地址：白家沟7号
……办公室：8069385

张家口市桥西区财政局
地址：西坝岗路235号
……办公室：8189213

张家口市桥西区国家税务局
地址：西坝岗82号
办公室
……办公室：8040919

张家口市桥西区城乡建设局
地址：木瓜街22号
……办公室：5906456

张家口市桥西区统计局
地址：西坝岗路235号
……办公室：8189014

张家口市桥西区教育局
地址：清水河路3号
……办公室：2185320

张家口市高新技术产业开发区文教局
地址：朝阳大街林业大厦5楼
……办公室：4018519

张家口市高新技术产业开发区财政局
地址：盛华大街4号
……办公室：4061396

张家口市高新技术产业开发区经济发展局
地址：林业大厦
……办公室：4059218

张家口市高新技术产业开发区国家税务局
地址：高新路8号
……办公室：4054745

张家口市桥东区农业委员会
地址：胜利中路195号
……办公室：4039394

张家口市高新技术产业开发区农业委员会
地址：林业大厦
……办公室：4059881

张家口市桥东区城市建设重点工程指挥部
地址：胜利中路195号
办公室
……办公室：4039473

张家口市高新技术产业开发区后勤服务中心
地址：纬一中路4号
……Tel：4063400

张家口市桥西区东窑子镇人民政府
地址：大境门外
……办公室：8060564

张家口市高新技术产业开发区老鸦庄镇人民政府
地址：老鸦庄村
……办公室：4017935

张家口市高新技术产业开发区沈家屯镇人民政府
地址：沈家屯村
……办公室：4098181

张家口市高新技术产业开发区姚家庄乡人民政府
地址：姚家庄村
……办公室：4105775

张家口市桥东区工业路街道办事处
地址：工业路50号
……办公室：2089125

张家口市桥东区五一路街道办事处
地址：建国路付86号
……办公室：2319116

张家口市桥东区胜利北路街道办事处
地址：原七中校址
……办公室：2225608

张家口市桥西区大境门街道办事处
地址：大境门外正沟街20号
……大境门生产服务公司：8015631

张家口市桥西区明德北街道办事处
地址：明德北街383号
综合办公室
……办公室：80805190

张家口市桥西区明德南街道办事处
地址：明德南街20号
……综合办公室：8080520

张家口市桥西区南营坊街道办事处
地址：新营坊小区
……综合办公室：2181640

张家口市桥西区堡子里街道办事处
地址：马道底67号
……办公室：8013321

张家口市桥西区新华街街道办事处
地址：华新苑24号楼
……办公室：8187900

张家口市高新技术产业开发区马路东街道办事处
地址：马路东东街
……办公室：4087745

社会团体

工会

张家口市总工会
地址：五一大街80号
……办公室：2012461

张家口市桥东区总工会
地址：胜利南路丙39号

……办公室：4038964
张家口市桥西区总工会
地址：西坝岗路235号
……办公室：8189073
张家口市高新技术产业开发区总工会
地址：盛华大街中路4号
……办公室：4056695

共青团、青联、学联

中国共产主义青年团张家口市委员会
地址：滨河北路51号
……办公室：2015239
中国共产主义青年团张家口市桥东区委员会
地址：胜利中路195号
……办公室：一4038150

妇联

张家口市妇女联合会
地址：滨河北路51号
……办公室：2012290
张家口市桥西区妇女联合会
地址：西坝岗235号
……办公室：81890197

侨联

张家口市归国华侨联合会
地址：滨河北路51号
……办公室：2016562

文联

张家口市文学艺术界联合会
地址：滨河北路51号
……办公室：2015530

残联

张家口市残疾人联合会
地址：清水河路22号
……办公室/值班室：2161584
张家口市桥东区残疾人联合会
地址：东安大街68号
……办公室：2011796
张家口市桥西区残疾人联合会
地址：西坝岗路235号
……办公室：8189103

工商联

张家口市工商业联合会
地址：滨河北路51号
……办公室：8034607
张家口市高新技术产业开发区工商业联合会
地址：高新技术产业开发区
……办公室：4078315

协会

张家口市美发美容行业协会
地址：电子城C区21号
……办公室：2122722
张家口市科学技术协会
地址：五一大街119号
……办公室：2017387
张家口市野生动物保护协会
地址：朝阳大街林业大厦
……办公室：4011238
张家口市桥东区科学技术协会
地址：胜利南路
……办公室：4038468

学会

张家口市医学会
地址：明德北街56号
办公室
……办公室：8058626

红十字会

张家口市红十字会
地址：滨河路51号
……办公室：8010340

其他社会团体

张家口市工业经济联合会
地址：长青路48号
……办公室：8029897

承德市（0314）

人民政府

承德市人民政府
地址：府前路1号
……值班室：2023480
承德市人民政府外事办公室
地址：半壁山园林处5楼
……秘书科：2050168
承德市人民政府侨务办公室
地址：半壁山园林处5楼
……办公室：2050164
河北省地震局承德中心台
地址：殊像寺杨树沟
……值班室：2268011
河北省承德无线电管理局
地址：帝景因33层
……综合科：2050176
承德市人力资源和社会保障局
地址：都统府大街7号
办公室
……业务：2922263
承德市卫生局
地址：马市街路北8号
……办公室：2072179
承德市工业和信息化局
地址：南园路9号
……办公室：2050199
承德市市场监督管理局
地址：环城东路61号
……办公室：2259915
承德市水务局
地址：府前路1号
办公室
……办公室：2050046
承德市文物局
地址：山庄东路6号
……办公室：2023275
承德市气象局
地址：广电路78号
……办公室：2062545
承德市民政局
地址：府前路1号
……办公室：2050545
承德市地方税务局
地址：东环路南段
办公室
……办公室：2050009
承德市应急管理局
地址：南环路1号
……办公室：2055799
承德市农牧局
地址：大石庙
办公室
……科室：2536969
承德市交通运输局
地址：开发西区闫营子38号
……办公室：21271252
承德市地震局
地址：府前路1号
……办公室：23847168
承德市体育局
地址：山庄东路1号
……办公室：2023389
承德市住房和城乡建设局
地址：西大街路北60号
……办公室：2187287
承德市财政局
地址：开发西区霍神庙
……办公室：2255205
承德市国土资源局
地址：东环路南环大桥东侧
……办公室：2259855
承德市审计局
地址：府前路1号
……办公室：2050154
承德市林业局
地址：府前路1号
……办公室：2050134
承德市物价局
地址：温家沟路北1号
……办公室：2074594
承德市国家税务局
地址：西天街25号
……办公室：2024612
承德市质量技术监督局
地址：大石庙偏岭
……办公室：2037456
承德市环境保护局
地址：半壁山路16号
……办公室：2295925
承德市城乡规划局
地址：督统府大街30号
……办公室：2034718
承德市统计局
地址：府前路1号
……办公室、传真：2050081
承德市城市管理局
地址：武烈路67号
……办公室：2159712
承德市科学技术局
地址：府前路1号
……办公室：2050080
承德市食品药品监督管理局
地址：永安街6号
……办公室：2108135
承德市文化和文化和旅游局
地址：府前路1号
……办公室：2050020
承德市商务局
地址：半壁山路16号瀚明大厦
……办公室：2155894
承德市教育局
地址：桃李街26号
行政办公室
……传真：2131232
承德市粮食局
地址：府前路1号
……办公室：2022879
承德市人口和计划生育委员会
地址：府前路1号
……办公室：2050101
承德市人民政府国有资产监督管理委员会
地址：府前路1号
……办公室：2050211
承德市发展和改革委员会
地址：府前路1号
……办公室：2050116
承德市高新技术产业开发区管理委员会
地址：开发区
……办公室：2123448
承德市人民防空办公室
地址：流水沟3号
……总机：2022090
承德市工业经济联合会
地址：府前路1号
……办公室：2050476
承德市北区开发建设领导小组办公室
地址：太平洋保险公司10楼
……办公室：2136007
承德市行政审批服务中心
地址：南园紫晶花园D栋
……中心办：2151232
承德市扶贫开发领导小组办公室
地址：永兴大厦9楼
……秘书科：2065837
承德市住房公积金管理中心
地址：半壁山路16号瀚明大厦
……办公室：2297100
承德市金融工作办公室
地址：府前路1号
……办公室：2054833
承德市移民工作办公室
地址：府前路1号
……政策指导科：2028609
承德市双桥区人民政府
地址：中华路6号
……办公室：2056659
承德市双桥区人力资源和社会保障局
地址：中华路6号
……办公室：2056583
承德市双桥区人口和计划生育局
地址：中华路6号
……办公室：2056556
承德市双桥区卫生局
地址：翠桥西街213号
……办公室：2025255
承德市双桥区工业和信息化局
地址：虹桥组团1号楼
……办公室：2056521
承德市双桥区市场监督管理局
地址：新兴街8号
……办公室：2102100
承德市双桥区水务局
地址：中华路6号
……办公室、水利水保站：2056617
承德市双桥区民政局
地址：中隼路6号
……办公室：2056510
承德市双桥区发展改革局
地址：中华路6号
……办公室：2056605
承德市双桥区民族宗教事务局
地址：中华路6号
……办公室：2056520
承德市双桥区地方税务局
地址：火神庙综合楼
……办公室：2077737
承德市双桥区应急管理局
地址：信用社办公楼
……办公室：2022598
承德市双桥区农牧局
地址：中华路6号
……办公室：2056628
承德市双桥区财政局
地址：新华因B座三楼
……办公室、国资股：2109122
承德市双桥区国土资源局
地址：西大街路北64号大北沟口
……办公室：2136898
承德市双桥区审计局
地址：中华路6号
……办公室：2056569
承德市双桥区林业局
地址：中华路6号
……办公室：2056613
承德市双桥区物价局
地址：中华路6号
……办公室：2056621
承德市双桥区建设局
地址：中华路6号
……办公室：2056530
承德市双桥区国家税务局
地址：双柳小区9号楼
办公室
……办公室：2188222
承德市双桥区环境卫生管理局
地址：高庙
……党政办公室：2185307
承德市双桥区统计局
地址：中华路6号
……办公室：2056560
承德市双桥区城郊城管综合执法大队
地址：劳动大厦
……办公室：2025577
承德市双桥区商务局
地址：中华路6号
……办公室：2056533
承德市双桥区教育局
地址：翠桥路10号
……办公室：2066183
承德市质量技术监督局双桥区分局
地址：西大街路南57号
……办公室：2066286
承德市环境保护局双桥区分局
地址：北兴隆街路西3号
……办公室：2189056
承德市高新技术产业园区市场监督管理局
地址：开发区科技大厦18楼
……办公室：2120579
承德市双桥区交通管理办公室
地址：荣信大厦对面
……办公室：2083222
承德市双桥区空港城管委会办公室
地址：环宇宾馆3楼
……办公室：2133933
承德市双桥区城中村改造工作办公室
地址：翠桥天山房地产院内
……办公室：2054006
承德市双桥区政府人民防空办公室
地址：小佟沟祥业小区
……办公室：2072309
承德市双桥区大石庙镇人民政府
地址：双桥区开发东区中路
……办公室：2120865
承德市双桥区水泉沟镇人民政府
地址：狮子固村
……办公室：2263266
承德市双桥区双峰寺镇人民政府
地址：双峰寺镇小东沟村
……办公室：3040215
承德市双桥区牛圈子沟镇人民政府
地址：南园半壁山下
……办公室：2154420
承德市双桥区冯营子镇人民政府
地址：冯营子
……办公室：2200680
承德市双桥区狮子沟镇人民政府
地址：布达拉宫东侧
……办公室：2163363
承德市双桥区人民政府中华路街道办事处
地址：都统府大街路南2-4号
……办公室：2025956
承德市双桥区人民政府石洞子沟街道办事处
地址：富华2期8号楼西侧戚商
……办公室：2083801
承德市双桥区人民政府头道牌楼街道办事处
地址：小榛子沟
……办公室：2181284
承德市双桥区人民政府西大街街道办事处
地址：小溪沟
……办公室：2032266
承德市双桥区人民政府桥东街道办事处
地址：中居宅建筑段1楼
……办公室：2082221
承德市双桥区人民政府新华路街道办事处
地址：银领家因10号楼时面
……办公室：2077211
承德市双桥区人民政府潘家沟街道办事处
地址：万华小区A区15号楼
……办公室：2075123

社会团体

工会

承德市总工会
地址：裕华路1号
……办公室：2065527
承德市双桥区总工会
地址：中华路6号
……办公室：2056550

共青团、青联、学联

中国共产主义青年团承德市委员会
地址：府前路1号
……综合协调部、市青联：2023930
中国共产主义青年团承德市双桥区委员会
地址：中华路6号
……办公室：2056596

妇联

承德市妇女联合会
地址：府前路1号
……办公室：2050769
承德市双桥区妇女联合会
地址：中华路6号
……办公室：2056595

侨联

承德市归国华侨联合会
地址：府前路1号
……办公室：2023043

文联

承德市文学艺术界联合会
地址：府前路1号
……办公室：2023932

残联

承德市残疾人联合会
地址：半壁山路18号

……………………办公室：2156953
承德市双桥区残疾人联合会
地址：中华路6号
……………………办公室：2056566

工商联

承德市工商业联合会
地址：半壁山路5号
……………………办公室：2520704

协会

承德市可再生能源协会
地址：下二道河子街8号
……………………办公室：2125538
承德市矿业协会
地址：西大街路北84号
……………………办公室：2190899
承德市国际人才交流协会
地址：银领家园2-1-102室
……………………办公室：2299880
承德市科学技术协会
地址：府前路1号
……………………办公室：2025408
承德市保险行业协会
地址：石洞子沟人保公司7楼
……………………综合部：2039516

学会

承德市社会科学界联合会
地址：府前路1号
……………………办公室：2027591

红十字会

承德市红十字会
地址：牛圈子沟口
……………………办公室、传真：2159179

宗教组织

人民政府

沧州市人民政府
地址：解放西路39号
……………………值班室：2160536
沧州市人力资源和社会保障局
地址：迎宾西路
……………………办公室：3206362
沧州出入境检验检疫局
地址：解放西路66号
……………………办公室：2063088
沧州市卫生局
地址：朝阳大街11号
……………………办公室：2160807
沧州市市场监督管理局
地址：新华西路4号
……………………办公室：2030881
沧州市民政局
地址：光荣路18号
……………………办公室：5200801
沧州市农牧局
地址：解放东路55号
……………………办公室：5676567
沧州市交通局
地址：建设北大道9号
……………………办公室：8695551
沧州市体育局
地址：朝阳路7号
……………………办公室：2024151
沧州市住房和城乡建设局
地址：迎宾大道建业大厦
……………………办公室：8698600
沧州市国土资源局
地址：迎宾西路
……………………办公室：2024227
沧州市物价局
地址：新华西路4号
……………………办公室：2129088
沧州市国家税务局
地址：御河西路
……………………办公室：8692211
沧州市质量技术监督局
地址：解放西路
……………………办公室：5306002
沧州市城市管理局
地址：御河西路
……………………办公室：3208686
沧州市商务局
地址：建设南大道7号
……………………办公室：3057166
沧州市教育局
地址：迎宾大道与黄河路交叉口
……………………办公室：3170600
东光县人民政府
地址：东光县府前街66号
……………………办公室：7721732
任丘市人民政府
地址：任丘市政府街1号
……………………应急办公室：2266529
沧州市新华区人民政府
地址：维明路19号
……………………文秘科：3011402
吴桥县人民政府
地址：吴桥县府前街
……………………办公室：7341011
泊头市人民政府
地址：泊头市裕华路
……………………办公室：8181593
肃宁县人民政府
地址：肃宁县清园街
……………………办公室：5015163
青县人民政府
地址：青县迎宾路9号
……………………办公室：4022039
河间市人民政府
地址：河间市曙光路18号
……………………办公室：3222647
孟村回族自治县人民政府
地址：孟村回族自治县民族街
……………………办公室：6721550
南皮县人民政府
地址：南皮县正大路1号
……………………办公室：3851057
盐山县人民政府
地址：盐山县北大街
……………………办公室：6229589
海兴县人民政府
地址：海兴县海政路
……………………办公室：6621264
黄骅市人民政府
地址：黄骅市渤海路
……………………综合科：5320742
献县人民政府
地址：献县东大街
……………………办公室：4622222
东光县人力资源和社会保障局
地址：东光县东环
……………………办公室：7721832
东光县卫生局
地址：东光县建设路
……………………办公室：7721174
东光县地方税务局
地址：东光县府前街
……………………办公室：7722651
东光县应急管理局
地址：东光县府前街
……………………办公室：7695013
东光县财政局
地址：东光县府前街
……………………办公室：7723434
东光县国土资源局
地址：东光县府前街
……………………值班室：7899520
东光县审计局
地址：东光县府前街
……………………办公室：7721985
东光县国家税务局
地址：东光县府前街
……………………办公室：7721069
东光县房管局
地址：东光县房管局
……………………办公室：7819800
东光县统计局
地址：东光县府前街
……………………办公室：7729128
东光县城市管理局
地址：东光县城管委
……………………办公室：7694005
东光县商务局
地址：东光县北街
……………………办公室：7893937
东光县粮食局
地址：东光县府前街
……………………办公室：7721363
任丘市林业局
地址：任丘市北环路
……………………办公室：2223247
任丘市物价局
地址：任丘市政府前街
……………………办公室：2223674
任丘市质量技术监督局
地址：任丘市建设路
……………………办公室：2222895
任丘市环境保护局
地址：任丘市京开道
……………………办公室：2222206
任丘市科技局
地址：任丘市政府街3号
……………………办公室：2223205
任丘市食品药品监督管理局
地址：任丘市京开南道
……………………办公室：2256114
任丘市烟草专卖局
地址：任丘市建设东路
……………………办公室：2222505
任丘市商务局
地址：任丘市建设路3号
……………………办公室：2223199
沧州市市场监督管理局新华分局
地址：永济东路30号
……………………办公室：3569755
沧州市新华区文教局
地址：东风路129号
……………………办公室：7607292
沧州市新华区地方税务局
地址：解放东路
……………………办公室：3055260
吴桥县卫生局
地址：吴桥县长江路
……………………办公室：7341823
吴桥县地方税务局
地址：吴桥县黄河路1号
……………………办公室：7342342
肃宁县房地产管理局
地址：肃宁县清园北街
……………………办公室：5013517
肃宁县国家税务局
地址：肃宁县泽城路
……………………办公室：5168075
肃宁县统计局
地址：肃宁县政府大楼
……………………办公室：5015100
青县卫生健康局
地址：青县文化北街西侧
……………………办公室：4021637
青县市场监督管理局
地址：青县京福路180号
……………………办公室：4022877
青县统计局
地址：青县迎宾路9号
……………………办公室：4318995
南皮县人力资源和社会保障局
地址：南皮县北大街
……………………办公室：8851209
南皮县卫生局
地址：南皮县光明中路
……………………办公室：8851715
南皮县市场监督管理局
地址：南皮县北环
……………………办公室：8569569
南皮县计划局
地址：南皮县北迎宾路
……………………办公室：8869996
南皮县民政局
地址：南皮县东环
……………………办公室：8851330
南皮县地方税务局
地址：南皮县迎宾路
……………………办公室：8851450
南皮县农业农村局
地址：南皮县南招路
……………………办公室：8851526
南皮县应急管理局
地址：南皮县光明东路
……………………办公室：8865044
南皮县交通局
地址：南皮县光明西路
……………………办公室：8851179
南皮县财政局
地址：南皮县明槐大街
……………………办公室：8851177
南皮县国土资源局
地址：南皮县明槐大街
……………………办公室：8851426
南皮县审计局
地址：南皮县安顺路
……………………办公室：8561338
南皮县建设局
地址：南皮县南招路
……………………办公室：8851023
南皮县国家税务局
地址：南皮县东环路
……………………办公室：8851657
南皮县质量技术监督局
地址：南皮县北迎宾路
……………………办公室：8860089
南皮县商务局
地址：南皮县光明西路
……………………办公室：8851727
南皮县粮食局
地址：南皮县粮丰路
……………………总机：8851030
任丘市经济技术开发区管委会
地址：任丘市北环
……………………办公室：2296861
河北省白洋淀管理处淀东管理所
地址：任丘市燕山道
……………………办公室：2222139
南皮县住房制度改革办公室
地址：南皮县南环
……………………办公室：8861752
任丘市七间房乡人民政府
地址：任丘市七间房乡
……………………办公室：2889307
任丘市于村乡人民政府
地址：任丘市于村乡
……………………办公室：3352901
任丘市长丰镇人民政府
地址：任丘市长丰
……………………办公室：2961432
任丘市石门桥镇人民政府
地址：任丘市石门桥镇
……………………办公室：2801112
任丘市北汉乡人民政府
地址：任丘市北汉乡
……………………办公室：2871135
任丘市议论堡乡人民政府
地址：任丘市议论堡乡
……………………办公室：2856307
任丘市北辛庄乡人民政府
地址：任丘市北辛庄乡
……………………办公室：2811030
任丘市出岸镇人民政府
地址：任丘市出岸镇
……………………办公室：2697276
任丘市吕公堡镇人民政府
地址：任丘市吕公堡镇
……………………办公室：2833241
任丘市辛中驿镇人民政府
地址：任丘市辛中驿
……………………办公室：2926501
任丘市苟各庄镇人民政府
地址：任丘市苟各庄镇
……………………办公室：2931160
任丘市青塔乡人民政府
地址：任丘市青塔乡
……………………办公室：2991117
任丘市梁召镇人民政府
地址：任丘市梁召镇
……………………办公室：2915259
任丘市麻家坞镇人民政府
地址：任丘市麻家务镇
……………………办公室：2861231
任丘市鄚州镇人民政府
地址：任丘市　州镇
……………………办公室：2823148
吴桥县经济技术开发区
地址：吴桥县黄河路
……………………办公室：7365955
青县盘古镇人民政府
地址：青县盘古镇
……………………办公室：4261190
南皮县大浪淀乡人民政府
地址：南皮县大浪淀乡
……………………办公室：8776670
南皮县乌马营乡人民政府
地址：南皮县乌马营乡
……………………办公室：8616150
南皮县王寺镇人民政府
地址：南皮县王寺镇
……………………办公室：8663661
南皮县冯家口镇人民政府
地址：南皮县冯家口镇
……………………办公室：8781661
南皮县刘八里乡人民政府
地址：南皮县刘八里乡
……………………办公室：8896859
南皮县南皮镇人民政府
地址：南皮县光明路
……………………办公室：8851651
南皮县鲍官屯镇人民政府
地址：南皮县鲍官屯镇
……………………办公室：8671670
南皮县寨子镇人民政府
地址：南皮县寨子填
……………………办公室：8713150
南皮县潞灌乡人民政府
地址：南皮县潞灌乡
……………………办公室：8736323

社会团体

残联

南皮县残疾人联合会
地址：南皮县金刚中路21号
……………………办公室：8869971

驻在机构

本省驻在机构
河北省京沪高速公路管理处
地址：朝阳南路300米
……………………办公室：3170886

廊坊市（0316）

人民政府

廊坊市人民政府
地址：广阳道230号
……………………办公室：2331815
……………………传真：2012815
……………………农业产业化办公室：2331840
……………………市长专线电话：12345
……………………研究室：2331846
……………………应急办（值班室）：2331812
……………………政府机关事务管理局：2331999
廊坊无线电管理局
地址：迎春小区36号
……………………综合科：2112788
廊坊市人力资源和社会保障局
地址：广阳道19号
……………………办公室：2227364
廊坊市就业服务局
地址：广阳区广阳道144号
……………………办公室：2230595
农村社会养老保险管理中心
地址：广阳道19号
……………………Tel：2227720
廊坊市卫生健康委员会
地址：和平路121号
……………………办公室：2206301
廊坊市工业和信息化局
地址：金光道42号
……………………投诉电话：2330315
廊坊市市场监督管理局
地址：新华路t65号
……………………办公室：2122717
廊坊市水务局

地址：金光道26号
……总机：2013365

廊坊市市场监督管理局直属分局
地址：第一大街A座2号
……办公室：2234315

廊坊市气象局
地址：爱民东道32号
……办公室：2013751

廊坊市民政局
地址：新华路86号
……办公室：2339990

廊坊市民族宗教事务局
地址：新华路86号
……办公室：2123899

廊坊市地方税务局
地址：新源道18号
……办公室：2189666

廊坊市农业农村局
地址：金光道25号
……办公室：2266039

廊坊市应急管理局
地址：新华路41号
……办公室：2030338

廊坊市交通局
地址：广阳道53号
……办公室：2113424

廊坊市地方税务局征收局
地址：第四大街
……综合科：2311223

廊坊市地震局
地址：新华路华固里1号
……办公室：2133812

廊坊市体育局
地址：北凤路316号
……办公室：5909326

廊坊市住房保障和房产管理局
地址：新源道188号
……办公室：2238836

廊坊市园林绿化管理局
地址：新华路143号
……办公室：2014215

廊坊市财政局
地址：新华路209号
……办公室：2180400

廊坊市国土资源局
地址：广阳道39号
……办公室：2237130

廊坊市审计局
地址：康宁道4号
……办公室：2012626

廊坊市林业局
地址：新华路
……办公室：2350721

廊坊市建设局
地址：新华路141号
……办公室：2014756

廊坊市物价局
地址：广阳道43号
……办公室：2114351

廊坊市国家税务局
地址：和平路176号
……值班室：2237898

廊坊市质量技术监督局
地址：爱民东道34号
……办公室：2013985

廊坊市环境卫生管理局
地址：曙光道24号
……办公室：2114958

廊坊市环境保护局
地址：永丰道10号
……办公室：2034442

廊坊市城乡规划局
地址：康庄道8号
……办公室：2081678

廊坊市统计局
地址：金光道1号
……办公室：2317070

廊坊市城市管理综合执法局
地址：广阳道216号
……热线：2116592

廊坊市科学技术局
地址：新华路66号
……办公室：2317080

廊坊市食品药品监督管理局
地址：永华遭96号
……办公室：7803200

廊坊市烟草专卖局
地址：和平路169号
……办公室：2235880

廊坊市档案局
地址：金光道11号
……服务中心：2055609

廊坊市文化和文化和旅游局
地址：第五大街
……办公室：2190190

廊坊市商务局
地址：新华路56号
……办公室：2317100

廊坊市教育局
地址：广阳道300号
……办公室：5908601

廊坊市粮食局
地址：金光道41号
……办公室：2013088

廊坊市人口和计划生育委员会
地址：广阳道67号
……办公室：2113064

廊坊市人民政府国有资产监督管理委员会
地址：新华路215号
……办公室：2223888

廊坊市发展和改革委员会
地址：新华路66号
……办公室：2317000

廊坊市爱国卫生运动委员会
地址：新华路88号
……办公室：2152652

廊坊市国防教育办公室
地址：爱民东道30号
……办公室：2038464

廊坊市数字化城市管理办公室
地址：爱民东遭2号
……办公室：2141666

廊坊市公路管理处
地址：爱民东道40号
……办公室：2332157

廊坊市行政审批服务中心
地址：建设北路60号
……综合办公室：2090875

廊坊市住房公积金管理中心
地址：天利得益商务中心
……办公室：2118755

廊坊市运输管理处
地址：银河北路122号
……办公室：2332345

廊坊龙河高新技术产业区管理委员会
地址：建设南路
……办公室：2668991

大厂回族自治县人民政府
地址：大厂县东大街
……办公室：8822214
……办公室：8822114
……办公室：8822514
……防典办公室：8825900
……副主任室：8822714
……主任室：8826666
……总机：8822414

三河市人民政府
地址：三河市市府路
……办公室：3215274

大城县人民政府
地址：大城县永定大街1号
……办公室：5522115
……督察室：5568311
……法制室：5568236
……信息组：5568221
……综合八组：5568215
……综合二组：5568219
……综合六组：5568216
……综合七组：5568223
……综合三组：5568220
……综合四组：5568225
……综合五组：5568226
……综合一组：5523250

文安县人民政府
地址：文安县政通道
……办公室：5231644
……办公室：5221076
……办公室：5226019
……财务股：5231479
……传真：5280844
……地方志：5231092
……法制办：5281644
……高速办：5232257
……会议室：5228070
……机关事物局：5231900
……门卫：5228030
……小楼值班室：5231594
……信息办：5234444
……信息部：5280596
……综合二、三股：5231908
……综合七股、督查股：5222720
……综合四股：5231452
……综合五、六股：5221680
……综合一股：5231632

永清县人民政府
地址：永清县益昌路37号
……办公室：6627240
……办公室：6680651
……办公室：6680986

固安县人民政府
地址：固安县新中街
……办公室：6161249

香河县人民政府
地址：香河县府前街1号
……办公室：8311590
……二科：8312654
……副县长室：8320218
……六科：8316399
……四科：8319721
……五科：8312714
……县长公开电话：8311292
……行政科：8312668
……一科：8317876

廊坊市广阳区人民政府
地址：康宁街2号
……办公室：2014340

廊坊市安次区人民政府
地址：金光道14号
……办公室：2119111
……办公室：2122914
……总机：2133201

霸州市人民政府
地址：霸州市迎宾道
……办公室：7212478
……督查室：7867592
……秘书科：7212167
……农业开发办：7867610
……市长热线：7225111
……外事办：7867597
……信息科：7867599
……信息中心：7225576
……研究室：7867593
……综合八股：7867578
……综合二股：7867582
……综合六股：7867586
……综合七股：7867587
……综合二三股：7867583
……综合四、五股：7867585
……综合一股：7867581

大厂回族自治县人事劳动和社会保障局
地址：大厂县西环路
……办公室、干部股：8822224

大厂回族自治县卫生健康局
地址：大厂县东大街
……办公室：8822171

大厂回族自治县工业经济运行局
地址：大厂县西大街56号
……办公室：8822216

大厂回族自治县市场监督管理局
地址：大厂县西大街
……办公室：8822361

大厂回族自治县水务局
地址：大厂县西天街
……办公室：8822637

大厂回族自治县计划生育局
地址：大厂县东大街
……办公室：8958056

大厂回族自治县气象局
地址：大厂县夏安路
……办公室：8362a76

大厂回族自治县民政局
地址：大厂县永安路
……办公室：8822871

大厂回族自治县发展改革局
地址：大厂县东大街5号
……办公室：8822202

大厂回族自治县民族宗教事务局
地址：大厂县东大街
……办公室：8823644

大厂回族自治县地方税务局
地址：大厂县北展路
……办公室：8822851

大厂回族自治县农业农村局
地址：大厂县和平路
……办公室：8958370

大厂回族自治县应急管理局
地址：大厂县西大街
……办公室：8858919

大厂回族自治县农机局
地址：大厂县厂谭路
……办公室：8822954

大厂回族自治县交通局
地址：大厂县北大街
……办公室：8822449

大厂回族自治县财政局
地址：在厂县西戈街
……办公室：8822151

大厂回族自治县国土资源局
地址：大厂县北大街53号
……办公室：8822824

大厂回族自治县审计局
地址：大厂县
……办公室：8822694

大厂回族自治县房地产管理局
地址：大厂县北环路
……总机：8822451

大厂回族自治县建设局
地址：大厂县西大街61号
……总机：8822724

大厂回族自治县物价局
地址：大厂县北大街
……办公室：8822794

大厂回族自治县国家税务局
地址：大厂县西大街
……办公室：8851234

大厂回族自治县质量技术监督局
地址：大厂县北展路
……办公室：8822242

大厂回旗自治县环境保护局
地址：大厂县北大街
……办公室：8824975

大厂回族自治县统计局
地址：大厂县东大街
……办公室：8822594

大厂回族自治县科技局
地址：大厂县羊市街
……办公室：8822726

大厂回族自治县药品监督管理局
地址：大厂县东大街
……办公室：8850905

大厂回族自治县畜牧兽医局
地址：大厂县西大街
……办公室：8952737

大厂回族自治县烟草专卖局
地址：大厂县西环路
……办公室：8362348

大厂回族自治县档案局
地址：大厂县东大街
……办公室：8822123

大厂回族自治县商务局
地址：大厂县东大街
……办公室：8823604

大厂回族自治县综合执法局
地址：大厂县东大街58号
……办公室：8852725

大厂回族自治县教育局
地址：大厂县西大街
……办公室：8822126

大厂回族自治县粮食局
地址：大厂县东大街
……办公室：8822495

三河市人事劳动和社会保障局
地址：三河市市府路2号
……办公室：3212691

三河市卫生健康局
地址：三河市贤人西大街107号
……办公室：3152899

三河市工业经济运行局
地址：三河市 阳东大街28号
……办公室：3212313

三河市市场监督管理局
地址：三河市迎宾路
……办公室：3150300

三河市水务局
地址：三河市京哈路北侧
……办公室：3112749

三河市计划生育局
地址：三河市西环路5号
……办公室：3212771

三河市气象局
地址：三河市三环路8号
……办公室：3652493

三河市民政局
地址：三河市迎宾北路
……办公室：3112948

三河市地方税务局
地址：三河市迎宾北路
……办公室：3112385

三河市农业机械管理局
地址：三河市泃阳大街
……办公室：3112002

三河市农业农村局
地址：三河市京哈公路90号
……办公室：3156060

三河市交通局
地址：三河市桃园路4号
……办公室：3153685

三河市园林局
地址：三河市市府路
……办公室：3212990

三河市财政局
地址：三河市鼎盛西大街
……办公室：3212112

三河市环卫局
地址：三河市西环路1号
……办公室：3220711

三河市国土资源局
地址：三河市开发路
……办公室：3150026

三河市审计局
地址：三河市鼎盛东大街
……办公室：3212683

三河市建设局
地址：三河市102国道南侧
……办公室：3156001

三河市物价局
地址：三河市102国道
……办公室：3228339

三河市房产管理局
地址：三河市东贤人街
……办公室：3113716

三河市物资局
地址：三河市京哈路87号
……办公室：3112173

三河市国家税务局
地址：三河市西环岛
……办公室：3158245

三河市质量技术监督局
地址：三河市迎宾北路
……办公室：3112351

三河市环境保护局
地址：三河市京哈路
……办公室：3216131

三河市统计局
地址：三河市市府路
……办公室：3212347

三河市城市管理综合执法局
地址：三河市自来水公司院内
……办公室：3116620

三河市科学技术局
地址：三河市南外环
……办公室：3212189

三河市食品药品监督管理局
地址：三河市京哈路
……办公室：3122377

三河市畜牧水产局
地址：三河市东环路29号
……办公室：3217772

三河市档案局
地址：三河市市府路
……办公室：3212530

三河市文化和文化和旅游局
地址：三河市东方小区
……办公室：3218333

三河市商务局
地址：三河市泃阳东大街73号
……办公室：3214456

三河市教育局
地址：三河市东环路
……办公室：3212428

三河市粮食局
地址：三河市建设路10号
……办公室：3212218

大城县人事劳动和社会保障局
地址：大城县新风南路36号
……办公室：5500380

大城县卫生健康局
地址：大城县南环路
……办公室：5522134

大城县市场监督管理局
地址：大城县新城区
……办公室：5580100

大城县水务局
地址：大城县津保东路
……办公室：5582013

大城县计划生育局
地址：大城县东环路
……办公室：5522925

大城县气象局
地址：大城县新华西街176号
……办公室：5522428

大城县民政局
地址：大城县南环西路50号
……办公室：5577672

大城县市政管理局
地址：大城县南环东路2号
……办公室：5500340

大城县发展改革局
地址：大城县南环路
……办公室：5522832

大城县地方税务局
地址：大城县南环路
……办公室：5577313

大城县农业农村局
地址：大城县新华东街
……办公室：5522648

大城县应急管理局
地址：大城县永定大街
……办公室：5565569

大城县交通局
地址：大城县廊大路
……办公室：5516618

大城县技术监督局
地址：大城县南环东路16号
……办公室：5522975

大城县财政局
地址：大城县新华东街17号
……办公室：5522745

大城县国土资源局
地址：大城县南环路26号
……办公室：5522250

大城县审计局
地址：大城县新风南路68号
……办公室：5580713

大城县林业局
地址：大城县新华东街44号
……办公室：5520980

大城县规划办公室
地址：大城县永定大街
……办公室：5585900

大城县建设局
地址：大城县南环东路2号
……办公室：5877038

大城县物价局
地址：大城县新华东街
……办公室：5582850

大城县房产管理局
地址：大城县永定大街88号
……办公室：5585210

大城县经济运行局
地址：大城县新华东街94号
……办公室：5518683

大城县物资局
地址：大城县新华东街
……办公室：5522569

大城县国家税务局
地址：大城县永定大街
……办公室：5563665

大城县环境保护局
地址：大城县新城区
……办公室：5573057

大城县统计局
地址：大城县行政中心
……办公室：5568171

大城县食品药品监督管理局
地址：大城县新华东街77号
……办公室：5512813

大城县畜牧水产局
地址：大城县东环路
……办公室：5522203

大城县商务局
地址：大城县
……办公室：5568166

大城县教育局
地址：大城县新华东街98号
……办公室：5522603

大城县就业服务局
地址：大城县开发区
……办公室：5585283

大城县粮食局
地址：大城县新华东街
……办公室：5522665

文安县人事劳动和社会保障局
地址：文安县北环西路
……办公室：5231533

文安县卫生健康局
地址：卫生局
地址：北关防疫站3楼
……Tel:5231535

文安县工业经济贸易局
地址：文安县北环西路
……办公室：3224037

文安县市场监督管理局
地址：文安县西关外
……办公室：5231488

文安县水务局
地址：文安县政通道
……办公室：5231361

文安县计划生育局
地址：文安县西关外
……办公室：5231970

文安县气象局
地址：文安县麻各庄
……办公室：5231319

文安县民政局
地址：文安县北马路
……办公室：3255600

文安县发展和改革局
地址：文安县政通道
……办公室：5231243

文安县民族宗教事务局
地址：文安县北关外
……办公室：5231747

文安县地方税务局
地址：文安县西环路12号
……办公室：5255080

文安县农业农村局
地址：文安县西关外
……办公室：5231871

文安县应急管理局
地址：文安县西环路
……办公室：5255382

文安县交通局
地址：文安县北关外
……办公室：5233346

文安县地震局
地址：文安县行政中心
……办公室：5283609

文安县财政局
地址：文安县西关外
……办公室：5231237

文安县国土资源局
地址：文安县西环路
……总机：5221169

文安县审计局
地址：文安县政通道
……办公室：5231736

文安县林业局
地址：文安县西环路
……办公室：5233020

文安县建设局
地址：文安县北环西路
……办公室：52S5585

文安县物价局
地址：文安县行政中心
……办公室：5231269

文安县房产管理局
地址：文安县北环路
……总机：5231453

文安县国家税务局
地址：文安县北关外
……办公室：5281050

文安县质量技术监督局
地址：文安县北环西路
……办公室：5230633

文安县环境保护局
地址：文安县北环路
……办公室：5238358

文安县统计局
地址：文安县政通道
……办公室：5230067

文安县城区管理综合执法局
地址：文安县南环路
……办公室：5231320

文安县科学技术局
地址：文安县北环西路
……办公室：5231291

文安县药品监督管理局
地址：文安县政通道
……办公室：5225577

文安县畜牧水产局
地址：文安县北环西路
……办公室：5231709

文安县烟草专卖局
地址：文安县南环路
……办公室：5225255

文安县教育局
地址：文安县西关外
……办公室：5231760

文安县粮食局
地址：文安县西环路
……办公室：5231916

永清县人事劳动和社会保障局
地址：永清县武隆路157号
……办公室：6696986

永清县卫生局
地址：永清县永兴街3号
……办公室：6623569

永清县工业经济运行局
地址：永清县益昌路206号
……办公室：6681911

永清县市场监督管理局
地址：永清县会昌街95号
……办公室：6681100

永清县水务局
地址：永清县益昌路57号
……办公室：6623146

永清县计划生育局
地址：永清县金雀大街
……办公室：6681017

永清县气象局
地址：永清县小西关村
……办公室：6623575

永清县民政局
地址：永清县会昌街22号
……办公室：6624580

永清县发展改革局
地址：永清县裕华街6号
……办公室：6623186

永清县地方税务局
地址：永清县金雀大街
……办公室：6681585

永清县农业农村局
地址：永清县益昌路
……办公室：6623391

永清县应急管理局
地址：永清县益昌路206号
……办公室：6681903

永清县农机局
地址：永清县益昌路147号
……办公室：6624913

永清县交通局
地址：永清县益昌路182号
……办公室：6623055

永清县园林环卫局
地址：永清县益昌路150号
……办公室：6689973

永清县财政局
地址：永清县会昌街97号
……办公室：6623292

永清县国土资源局
地址：永清县团结道
……办公室：6680500

永清县审计局
地址：永清县文苑路5号
……办公室：6623550

永清县林业局
地址：永清县会昌大街
……办公室：6696556

永清县房地产管理局
地址：永清县会昌街
……办公室：6696696

永清县建设局
地址：永清县裕丰路6号
……办公室：6624452

永清县物价局
地址：永清县武隆路99号
……办公室：6626479

永清县国家税务局
地址：永清县武隆路209号
……办公室：6680750

永清县质量技术监督局
地址：永清县宏业道
……办公室：6686036

永清县环境保护局
地址：永清县会昌大街
……办公室：6696590

永清县城乡规划局
地址：永清县裕丰街6号
……办公室：6653003

永清县统计局
地址：永清县益昌街35号
……办公室：6623237

永清县科学技术局
地址：永清县会昌街86号
……办公室：6623460

永清县药品监督管理局
地址：永清县武隆路113号
……办公室：6628657

永清县畜牧水产局
地址：永清县益昌路61号
……办公室：6623582

永清县酒类专卖管理局
地址：永清县金雀大街21号
……办公室：6624188

永清县档案局
地址：永清县益昌路37号
……办公室：6623767

永清县商务局
地址：永清县裕丰街9号
……办公室：6623158

永清县教育局
地址：永清县益昌路41号
……办公室：6680300

永清县粮食局
地址：永清县府东街6号
……办公室：6681350

永清县蔬菜管理局
地址：永清县会昌街
……办公室：6623662

河北省大城烟草专卖局
地址：大城县新城区
……办公室：5522209

固安县人口和计划生育局
地址：固安县新源街
……办公室：5161652

固安县市场监督管理局
地址：固安县新中街
……办公室：6190638

固安县水务局
地址：固安县新中街夜市
……办公室：6162622

固安县民政局
地址：固安县新源街
……办公室：6192766

固安县农业农村局
地址：固安县新中街203号
……办公室：6161272

固安县国土资源局
地址：固安县廊涿路
……办公室：6213285

固安县审计局
地址：固安县新中街27号
……办公室：6162577

固安县林业局
地址：固安县新源街
……办公室：6211967

固安县建设局
地址：固安县新源街
……办公室：6162582

固安县物价局
地址：固安县北环路
……办公室：6161257

固安县经济贸易局
地址：固安县新昌西街
……办公室：6162619

固安县国家税务局
地址：固安县新中东街
……办公室：6161331

固安县质量技术监督局
地址：固安县育才路37号
……办公室：6162947

固安县环境保护局
地址：固安县新中街
……举报电话：12369

固安县烟草专卖局
地址：固安县新源街132号
……办公室：6162583

固安县教育局
地址：固安县惠文街
……办公室：6162573

固安县蔬菜管理局
地址：固安县新中街
……办公室：6166058

香河县人力和社会资源保障局
地址：新华大街香河便民服务中心1层
……办公室：8321632

香河县卫生健康局
地址：香河县新开街4号
……办公室：8311362

香河县工业经济运行局
地址：香河县新华大街13号
……办公室：8312815

香河县市场监督管理局
地址：香河县康宁路
……办公室：8330212

香河县水务局
地址：香河县淑阳大街14号

……办公室：8311358

香河县计划生育局
地址：香河县新华大街
……办公室：8311532

香河县气象局
地址：香河县新华大街1号
……办公室：8336453

香河县民政局
地址：香河县新开街
……办公室：8323359

香河县发展改革局
地址：香河县府前街1号
……办公室：8311144

香河县地方税务局
地址：香河县西小区
……办公室：8321466

香河县农业农村局
地址：香河县淑阳大街8号
……办公室：8311337

香河县应急管理局
地址：香河县新华大街
……办公室：8584345

香河县交通局
地址：香河县府前街25号
……办公室：8311399

香河县园林局
地址：香河县五一路西侧
……办公室：8264064

香河县财政局
地址：香河县府前街5号
……办公室：8312746

香河县国土资源局
地址：香河县新车站街
……办公室：3322857

香河县审计局
地址：香河县迎宾路
……办公室：3316700

香河县林业局
地址：香河县新华大街35号
……办公室：8589662

香河县房地产管理局
地址：香河县新华大街
……办公室：8321882

香河县建设局
地址：香河县新华大街
……办公室：8589811

香河县物价局
地址：香河县府前街1号
……办公室：8311296

香河县国家税务局
地址：香河县站西
……办公室：8321439

香河县质量技术监督局
地址：香河县康平路4号
……办公室：8311249

香河县环境保护局
地址：香河县文昌街4号
……办公室：8581137

香河县城乡规划局
地址：香河县府前街14号
……办公室：8312728

香河县统计局
地址：香河县府前街1号
……办公室：8312685

香河县城区管理综合执法局
地址：香河县迎宾路26号
……办公室：3312658

香河县科学技术局
地址：香河县文昌街4号
……办公室：8581356

香河县食品药品监督管理局
地址：香河县永明路
……办公室：8312377

香河县畜牧水产局
地址：香河县府前街23号
……办公室：3311335

香河县烟草专卖局
地址：香河县新开街
……办公室：8322404

香河县档案局
地址：香河县迎宾路1号
……办公室：3312663

香河县教育局
地址：香河县永明路
……办公室：3311361

香河县粮食局
地址：香河县淑阳大街1号
……办公室：8311225

廊坊出入境检验检疫局燕郊办事处
地址：三河市燕郊燕昌路2号
……综合检务科：3321682

廊坊出口加工区管理局
地址：开发区全兴路
……办公室：6061717

廊坊市广阳区二轻工业局
地址：银河南路140号
……办公室：2684759

廊坊市广阳区卫生健康局
地址：爱民东道39号
……办公室：2122558

廊坊市广阳区工业经济运行局
地址：永华西道115号
……办公室：2692696

廊坊市广阳区水务局
地址：银河南路121号
……办公室：2312109

廊坊市广阳区计划生育局
地址：曙光道3号
……办公室：2137391

廊坊市广阳区民政局
地址：裕华路228号
……办公室：2360515

廊坊市广阳区地方税务局
地址：新华路61号
……办公室：5906265

廊坊市广阳区农业农村局
地址：金光道2号
……办公室：2113897

廊坊市广阳区交通局
地址：光明西道27号
……办公室：2682037

廊坊市广阳区劳动和社会保障局
地址：新华路
……办公室：2114163

廊坊市广阳区财致局
地址：银河北路40号
……办公室：2112554

廊坊市广阳区审计局
地址：新华路144号
……办公室：2135589

廊坊市广阳区林业局
地址：银河北路29号
……办公室：2153204

廊坊市广阳区建设局
地址：建设路54号
……办公室：2054019

廊坊市广阳区物价局
地址：银河北路22号
……办公室：2115775

廊坊市广阳区房产管理局
地址：文明路甲1号
……办公室：2014320

廊坊市广阳区国家税务局
地址：新源道8号
……办公室：2125144

廊坊市广阳区环境保护局
地址：建设路54号
……办公室：2024334

廊坊市广阳区统计局
地址：新华路
……办公室：2112403

廊坊市广阳区科学技术局
地址：金光道80号
……办公室：2211429

廊坊市广阳区畜牧兽医局
地址：金光道2号
……办公室：2113226

廊坊市广阳区商务局
地址：金光道9号
……办公室：2014835

廊坊市广阳区教育局
地址：银河北路42号
……办公室：2115760

廊坊市广阳区粮食局
地址：爱民东道24号
……办公室：2117481

廊坊市市场监督管理局广阳区分局
地址：建设北路
……办公室：2112776

廊坊市开发区地方税务局
地址：金源道20号
……办公室：6087566

廊坊市开发区应急管理局
地址：开发区会展中心
……办公室：6088140

廊坊市安次区卫生局
地址：爱民东道39号
……办公室：2113341

廊坊市安次区市场监督管理局
地址：银河北路36号
……办公室：2155991

廊坊市安次区水务局
地址：银河南路121号
……办公室：2292312

廊坊市安次区计划生育局
地址：曙光道3号
……办公室：2112751

廊坊市安次区民政局
地址：永丰道48号
……办公室：2013316

廊坊市安次区发展计划局
地址：永兴路
……总机：2673226

廊坊市安次区地方税务局
地址：银河南路238号
……办公室：2291555

廊坊市安次区农业农村局
地址：金光道2号
……办公室：2114262

廊坊市安次区交通局
地址：银河南路4号
……办公室：2882016

廊坊市安次区劳动和社会保障局
地址：永兴南路
……办公室：5219832

廊坊市安次区财政局
地址：银河北路40号
……政办室：2152294

廊坊市安次区审计局
地址：永兴路
……办公室：2685296

廊坊市安次区林业局
地址：银河北路29号
……办公室：2113371

廊坊市安次区建设局
地址：永兴路
……办公室：2697068

廊坊市安次区经济贸易局
地址：永华西遵115号
……办公室：2692707

廊坊市安次区国家税务局
地址：新华路167号
……办公室：2119609

廊坊市安次区环境保护局
地址：建设路54号
……办公室：2011214

廊坊市安次区科学技术局
地址：金光道80号
……办公室：2012388

廊坊市安次区畜牧水产局
地址：金光道2号
……办公室：2131559

廊坊市安次区粮食局
地址：爱民东道24号
……办公室：2113259

廊坊市国土资源局广阳区分局
地址：丰盛路1号
……办公室：2338511

廊坊市国土资源局开发区分局
地址：开发区会展中心
……办公室：6087923

廊坊市国土资源局安次区分局
地址：永兴路
……办公室：2691065

国家税务总局廊坊经济技术开发区税务局
地址：景明道16号
……办公室：8089489

廊坊市质量技术监督局广阳区分局
地址：南尖塔南甸村南
……办公室：2125561

廊坊市质量技术监督局安次区分局
地址：永兴路
……值班室、代码证：2680079

廊坊市城市管理综合执法局开发区分局
地址：翠青路10号
……办公室：6070164

廊坊经济技术开发区市场监督管理局
地址：鸿润道10号
……办公室：6072626

廊坊经济技术开发区公用事业管理局
地址：创业路2号
……办公室：6089213

廊坊经济技术开发区财政局
地址：开发区会展中心
……办公室：6077072

霸州市人口和计划生育局
地址：霸州市金康道
……办公室：7212395

霸州市人事劳动和社会保障局
地址：霸州市行政中心
……办公室：7867860

霸州市卫生局
地址：霸州市益津中路260号
……党办室：7212772

霸州市工业经济运行局
地址：霸州市兴华南路
……办公室：7212502

霸州市市场监督管理局
地址：霸州市西环路
……办公室：7236600

霸州市水务局
地址：霸州市东门街
……办公室：7212340

霸州市气象局
地址：霸州市建设西路
……值班室：7212253

霸州市民政局
地址：霸州市行政中心楼
……办公证：7212207

霸州市发展改革局
地址：霸州市迎宾东道
……办公室：7212294

霸州市民族宗教事务局
地址：霸州市迎宾路
……办公室：7867215

霸州市地方税务局
地址：霸州市建设西道
……办公室：7212428

霸州市农业农村局
地址：霸州市迎宾东道
……办公室：7212223

霸州市应急管理局
地址：霸州市益津中路1438号
……办公室：7230100

霸州市交通局
地址：霸州市益津中路418号
……办公室：7211287

霸州市体育局
地址：霸州市益津路
……办公室：7213632

霸州市住房保障与房产管理局
地址：霸州市益津路
……办公室：7863286

霸州市财政局
地址：霸州市迎宾大厦
……办公室：7867055

霸州市国土资源局
地址：霸州市
……办公室：7212217

霸州市审计局
地址：霸州市迎宾路
……办公室：7867295

霸州市林业局
地址：霸州市迎宾东道
……办公室：7235659

霸州市建设局
地址：霸州市益津中路678号
……办公室：7236950

霸州市物价局
地址：霸州市迎宾东道
……办公室：7867900

霸州市国家税务局
地址：霸州市
……办公室：7212527

霸州市质量技术监督局
地址：霸州市金康道94号
……打假办：7230470

霸州市环境保护局
地址：霸州市益津北路
……办公室：7212538

霸州市统计局
地址：霸州市迎宾大厦
……办公室：7212274

霸州市城市管理局
地址：霸州市兴华北路
……办公室：7239708

霸州市科学技术局
地址：霸州市迎宾大厦
……办公室：7867484

霸州市食品药品监督管理局
地址：霸州市兴华北路
……办公室：7239922

霸州市畜牧兽医局
地址：霸州市兴华北路129号
……办公室：7288600

霸州市烟草专卖局
地址：霸州市益津北路
……办公室：7212932

霸州市档案局
地址：霸州市迎宾东道
……办公室：7212262

霸州市商务局
地址：霸州市行政中心三楼310
……办公室：7867908

霸州市教育局
地址：霸州市兴华北路187号
……办公室：7236997

霸州市粮食局
地址：霸州市迎宾大厦366
……办公室：7867778

大厂回族自治县工业园区管理委员会
地址：大厂县102国道
……办公室：8860366

三河市工业新区管理委员会
地址：三河市李旗庄镇
……综合办公室：3458188

三河市年鉴编辑委员会
地址：三河市世纪广场
……办公室：3212552

三河市福山经济新区管委会
地址：三河市黄土庄镇
……办公室：3180015

三河市燕郊开发区管委会
地址：燕郊行宫东大街1号
……党政办：3312796

大城县工业园区管理委员会
地址：大城县东阜村
……办公室：5813158

大城县旺村工业园区管理委员会
地址：大城县旺村镇流标村
……办公室：5615900

大城县旺村镇经济委员会
地址：大城县流标
……办公室：5614618

文安县西滩人民调解委员会
地址：文安县
……办公室：5103110

中国香河县家具城管理委员会
地址：香河县淑阳大街10号
……办公室：8320262

永清燃气工业区管理委员会
地址：永清县工业园区
……办公室：6691800

河北省摩配技术民营科技产业园区管委会

地址：东付市场
……办公室：5810559
香河现代产业园管理委员会
地址：淑阳镇站西
……办公室：8331888
香河经济技术开发区管委会
地址：香河县
……办公室：8217469
……基层建设股：8316311
廊坊市农业高新技术园区管理委员会
地址：和平路
……办公室：6086422
廊坊市经济技术开发区管理委员会
地址：友谊路
……管委办：6089343
廊坊农业高新技术引智示范园区管理委员会
地址：永清县益昌路68号
……办公室：6624707
霸州市东段乡经济联合委员会
地址：霸州市
……办公室：7513709
霸州市关心下一代工作委员会
地址：霸州市
……办公室：7232089
霸州市星光商城管理委员会
地址：霸州市胜芳
……办公室：7617570
霸州市胜芳经济协作区管理委员会
地址：霸州市
……办公室：7634681
大厂回族自治县农业区划办
地址：大厂县东大街
……办公室：8822793
三河市流动人口房屋租赁综合管理办公室
地址：三河市市府路
……办公室：3228268
大城县农业开发办公室
地址：大城县南环西路
……主任室：5529556
文安县支援油田铁路建设办公室
地址：文安县北环路
……办公室：5231987
文安县饲料工业办公室
地址：文安县北环路
……办公室：5238594
永清县曹家务乡支援油田建设办公室
地址：永清县曹家务乡
……办公室：6528808
永清县支援油田铁路建设办公室
地址：永清县府东街
……办公室：6624716
永清县农业开发办公室
地址：永清县益昌路37号
……办公室：6680667
固安县支援油田铁路建设办公室
地址：固安县新源街
……办公室：6161485
香河县农业开发办公室
地址：香河县府前街1号
……办公室：8311520
……办公室：8312293
廊坊市广阳区人民政府农业开发办公室
地址：银河北路22号
……综合科：2112215
廊坊市广阳区支援油田铁路建设办公室
地址：丰盛路1号
……办公室：2116208
廊坊市安次区支援油田铁路建设办公室
地址：光明西道206号
……办公室：2652068
廊坊市安次区城市改造办公室
地址：金光道7号
……办公室：2692608
霸州市人民政府支援油田建设办公室
地址：霸州市行政中心
……办公室：7212678
大厂回族自治县西关堤管所
地址：大厂县
……办公室：8963363
大厂回族自治县动物检疫站
地址：大厂县西环路
……Tel:8362050
三河市动检站
地址：三河市段甲岭
……办公室：3610314
三河市国土资源局燕郊国土资源所
地址：燕郊东方夏威夷A15号
……办公室：3390033
三河市段甲岭国土资源所
地址：三河市
……办公室：3615626
三河市养路费征稽站
地址：三河市西环岛
……办公室：3158655
大城县交警大队机动车检测中心
地址：大城县津保路
……业务大厅：5500071
大城县征稽站
地址：大城县廊大路2号
……办公室：5582607

大城县综合执法大队
地址：大城县南环东路2号
……办公室：5500338
文安县地震台
地址：文安县城南
……办公室：5231233
文安县商务局畜禽屠宰管理执法大队
地址：文安县南环路
……办公室：5259962
永定河河道管理处
地址：永清县韩台村
……办公室：6528358
永清县三圣口四道横扬水站
地址：永清县
……办公室：6551447
永清县养路费征稽站
地址：永清县武隆路121号
……业务室：6626777
香河县百家湾扬水站
地址：香河县蒋辛屯
……办公室：8222124
香河县吴村闸管理所
地址：香河县赶水坝
……办公室：8325141
香河县养路费征稽站
地址：香河县
……值班室：8321322
香河县赶水坝水文站
地址：香河县
……办公室：8325142
廊坊市开发区运管站
地址：四海路
……办公室：6082352
廊坊市安次区工伤保险事业管理所
地址：曙光道14号
……办公室：2113086
霸州市王泊扬水站
地址：霸州市
……办公室：7428451
霸州市婚姻登记处
地址：霸州市
……办公室：7236859
大厂回族自治县大厂镇人民政府
地址：大厂县北展街
……办公室：8950116
大厂回族自治县祁各庄乡人民政府
地址：大厂县
……办公室：8931506
大厂回族自治县邵府乡人民政府
地址：大厂县
……总机：8961984
大厂回族自治县陈府乡人民政府
地址：大厂县
……总机：8962830
大厂回族自治县夏垫镇人民政府
地址：大厂县
……办公室：8863013
三河市齐心庄镇人民政府
地址：三河市
……办公室：3710438
三河市李旗庄镇人民政府
地址：三河市
……办公室：3450005
三河市段甲岭镇人民政府
地址：三河市
……办公室：3612249
三河市皇庄镇人民政府
地址：三河市
……党政办：3512219
三河市南杨庄镇人民政府
地址：三河市
……办公室：3650711
三河市高楼镇人民政府
地址：三河市
……办公室：3412008
三河市黄土庄镇人民政府
地址：三河市
……办公室：3181066
三河市新集镇人民政府
地址：三河市
……办公室：3552451
三河市燕郊镇人民政府
地址：三河市
……党政办：3312313
大城县大广安乡人民政府
地址：大城县
……办公室：5950818
大城县大尚屯镇人民政府
地址：大城县
……办公室：5630123
大城县王屯乡办事处
地址：大城县
……办公室：5888589
大城县北位乡人民政府
地址：大城县
……办公室：5932152
大城县北位乡政府
地址：大城县
……办公室：5933494
大城县平舒镇人民政府
地址：大城县中心大街

……党政办：5522869
大城县权村乡人民政府
地址：大城县
……文教室：5799364
大城县里坦镇人民政府
地址：大城县
……党委办：5701538
大城县旺村乡人民政府
地址：大城县
……党政办：5612983
大城县南赵扶镇人民政府
地址：大城县
……镇长室：5655610
大城县留各庄镇人民政府
地址：大城县
……办公室：5788604
大城县臧屯乡人民政府
地址：大城县
……办公室：5732143
文安县大围河乡人民政府
地址：文安县
……办公室：5333467
文安县大柳河镇人民政府
地址：文安县
……镇办室：5377240
文安县大留镇人民政府
地址：文安县
……办公室：5391088
文安县文安镇人民政府
地址：文安县新开路
……办公室：5231667
文安县史各庄镇人民政府
地址：文安县
……办公室：5322155
文安县左各庄镇人民政府
地址：文安县
……办公室：5384125
文安县龙街乡人民政府
地址：文安县
……办公室：5070404
文安县刘么乡人民政府
地址：文安县
……办公室：5158063
文安县孙氏镇人民政府
地址：文安县
……办公室：5011128
文安县兴隆宫乡人民政府
地址：文安县
……办公室：5112224
文安县辛庄乡人民政府
地址：文安县
……办公室：5020006
文安县苏桥镇人民政府
地址：文安县
……办公室：5308001
文安县赵各庄镇人民政府
地址：文安县
……办公室：5062226
文安县急流口乡人民政府
地址：文安县
……办公室：5355158
文安县高头乡人民政府
地址：文安县
……办公室：5366260
文安县黄甫乡人民政府
地址：文安县
……办公室：5030218
文安县董村乡人民政府
地址：文安县
……办公室：5050031
文安县滩里镇人民政府
地址：文安县
……办公室：5104206
文安县新镇人民政府
地址：文安县
……办公室：5314284
文安县德归乡人民政府
地址：文安县
……办公室：5690007
永清县三圣口乡人民政府
地址：永清县
……党委办：6551302
永清县大辛阁乡人民政府
地址：永清县
……办公室：6501215
永清县北辛溜乡人民政府
地址：永清县
……办公室：6581006
永清县龙虎庄乡人民政府
地址：永清县
……办公室：6571303
永清县永清镇人民政府
地址：永清县南关二村
……办公室：6623976
永清县后奕乡人民政府
地址：永清县
……办公室：6541202
永清县刘街乡人民政府
地址：永清县
……党政办：6591304
永清县别古庄乡人民政府

地址：永清县
……办公室：6531206
永清县里澜城镇人民政府
地址：永清县
……党政办：6562086
永清县养马庄乡人民政府
地址：永清县
……办公室：6574700
永清县曹家务乡人民政府
地址：永清县
……办公室：6528078
永清县韩村乡人民政府
地址：永清县
……办公室：6517698
永清县管家务回族乡人民政府
地址：永清县
……办公室：6525245
固安县公主府乡人民政府
地址：固安县公主府
……办公室：6192010
固安县牛驼镇人民政府
地址：固安县
……办公室：6126908
固安县东湾乡人民政府
地址：固安县
……办公室：6215558
固安县宫村镇人民政府
地址：固安县
……办公室：6132666
香河县五百户镇人民政府
地址：香河县
……办公室：8591220
香河县安头屯镇人民政府
地址：香河县
……办公室：6598286
香河县安平镇人民政府
地址：香河县
……办公室：8217360
香河县刘宋镇人民政府
地址：香河县
……办公室：8693234
香河县钳屯乡人民政府
地址：香河县
……办公室：8411442
香河县钱旺乡人民政府
地址：香河县
……办公室：8391359
香河县渠口镇人民政府
地址：香河县渠口镇
……办公室：6511255
香河县淑阳镇人民政府
地址：香河县西小区
……办公室：8321216
香河县蒋辛屯镇人民政府
地址：香河县
……办公室：8711237
廊坊市九州镇人民政府
地址：广阳区九州镇政府
……党办室：2950123
廊坊市万庄镇人民政府
地址：广阳区工贸小区2正北方向120米
……办公室：6012170
廊坊市北史家务乡人民政府
地址：银河南路114号
……办公室：2682387
廊坊市北旺乡人民政府
地址：光明东道
……办公室：2830012
廊坊市东沽港人民政府
地址：安次区码杨线东沽港镇邮政支局对面
……办公室：2890214
廊坊市南尖塔镇人民政府
地址：广阳区银河北路198号
……办公室：2165486
廊坊市杨税务镇人民政府
地址：安次区杨税务镇政府
……办公室：2820008
廊坊市调河头乡人民政府
地址：春风道与东后巷交叉路口往西南约300米
……办公室：2521032
廊坊市落垡镇人民政府
地址：安次区落小线东张务村
……办公室：2851003
廊坊市葛渔城镇人民政府
地址：葛渔城镇
……办公室：2860254
霸州市王庄子乡人民政府
地址：霸州市
……办公室：7432304
霸州市东杨庄乡人民政府
地址：霸州市
……办公室：7376040
霸州市东段乡人民政府
地址：霸州市
……办公室：7511003
霸州市杨芬港人民政府
地址：霸州市
……办公室：7573042
霸州市岔河集乡人民政府

地址：霸州市
……办公室：7311040
霸州市辛章办事处
地址：霸州市
……办公室：7538154
霸州市信安镇人民政府
地址：霸州市
……办公室：7451093
霸州市胜芳镇人民政府
地址：霸州市胜芳镇
……办公室：7617404
霸州市南孟镇人民政府
地址：霸州市
……党委办：7291076
霸州市堂二里镇人民政府
地址：霸州市
……办公室：7493004
霸州市康仙庄人民政府
地址：霸州市
……党政办：7261290
霸州市煎茶铺镇人民政府
地址：霸州市
……党政办：7415211
霸州市霸州镇人民政府
地址：霸州市益津中路
……办公室：7212494
大厂回族自治县城区街道办事处
地址：大厂县
……办公室：8857979
三河市北城街道办事处
地址：三河市新世纪广场
……办公室：3113982
三河市南城街道办事处
地址：三河市东方小区7号楼
……办公室：3214015
永清县城区街道办事处
地址：永清县府东街
……办公室：6686722
香河县新开街道办事处
地址：香河县花园小区
……办公室：8323596
香河县新华街道办事处
地址：香河县康平路
……办公室：8312976
廊坊开发区耀华道办事处
地址：友谊路169号
……办公室：6073918
廊坊市广阳区爱民东道街道办事处
地址：爱民东道37号
……办公室：2113538
廊坊市广阳区解放道街道办事处
地址：解放道93号
……办公室：2013458
廊坊市安次区光明西道街道办事处
地址：南大街70号
……办公室：2682407
霸州市城区办事处
地址：霸州市东门街19号
……办公室：7215177

社会团体

工会

廊坊市总工会
地址：银河南路34号
……办公室：2682609
大厂回族自治县总工会
地址：大厂县金升街
……办公室：8822715
三河市总工会
地址：三河市鼎盛东大街63号
……办公室：3212848
大城县总工会
地址：大城县康复路18号
……办公室：5522835
文安县总工会
地址：文安县北环西路
办公室
地址：旧办公楼后新楼内
……Tel:5231656
永清县总工会
地址：永清县文苑路
……办公室：6624940
固安县总工会
地址：固安县玉泉路1号
……办公室：6184709
……值班室：6161241
香河县总工会
地址：香河县文昌街7号
……办公室：8322781
廊坊市广阳区总工会
地址：新华路18号
……主席室：2052588
廊坊市安次区总工会
地址：新华路26号
……办公室：2013834
霸州市总工会
地址：霸州市鼓楼街26号
……办公室：7212390

共青团、青联、学联

中国共产主义青年团廊坊市委员会
地址：文明路4号
……办公室：2014795
中国共产主义青年团大厂回族自治县委员会
地址：大厂县东大街
……办公室：8822815
中国共产主义青年团三河市委员会
地址：三河市鼎盛东大街
……办公室：3212753
中国共产主义青年团大城县委员会
地址：大城县采定大街
……办公室：5568158
中国共产主义青年团永清县委员会
地址：永清县府东街8号
……办公室：6623131
中国共产主义青年团香河县委员会
地址：香河县迎宾路1号
……办公室：8311286
中国共产主义青年团霸州市委员会
地址：霸州市行政中心
……办公室：7867366

妇联

廊坊市妇女联合会
地址：金光道18号
……办公室：2048602
大厂回族自治县妇女联合会
地址：大厂县东大街
……办公室：8822825
三河市妇女联合会
地址：三河市鼎盛东大街
……办公室：3212743
文安县妇女联合会
地址：文安县北环路
……办公室：5231694
永清县妇女联合会
地址：永清县府东街8号
……办公室：6623251
香河县妇女联合会
地址：香河县迎宾路1号
……办公室：8312808
……办公室：8581057
廊坊市广阳区妇女联合会
地址：康宁街2号
……办公室：2331737
廊坊市安次区妇女联合会
地址：解放道118号
……办公室：2311692
霸州市妇女联合会
地址：霸州市行政中心
……办公室：7867058

文联

廊坊市文学艺术界联合会
地址：爱民西道36号
……办公室：2112706
大厂回族自治县文学艺术界联合会
地址：大厂县西大街22号
……办公室：8822945
三河市文学艺术界联合会
地址：三河市政府街4号
……办公室：3212114

残联

廊坊市残疾人联合会
地址：新华路86号
……办公室：2125950
大厂回族自治县残疾人联合会
地址：大厂县西大街
……办公室：8822857
大城县残疾人联合会
地址：大城县南环西路50号
……办公室：5577923
文安县残疾人理事会
地址：文安县北关外
……办公室：5231458
永清县残疾人联合会
地址：永清县玉麟大街55号
……办公室：6624854
香河县残疾人联合会
地址：香河县永明路11号
……办公室：8312853
廊坊市广阳区残疾人联合会
地址：裕华路
……办公室：2360525
廊坊市安次区残疾人联合会
地址：爱民东道
……办公室：2152351

工商联

廊坊市工商业联合会
地址：新华路89号
……办公室：2098699
大厂同族自治县工商业联合会
地址：大厂县东大街
……办公室：8856803
三河市工商业联合会
地址：三河市世纪广场
……办公室：3212829
香河县工商业联合会
地址：香河县秀水街
……办公室：8333520

协会

廊坊市汇源机动车驾驶员服务中心
地址：吉祥小区22号楼
……办公室：2203305
廊坊市房地产业协会
地址：新源道165号
……办公室：2233876
廊坊市国际国内公共关系协会
地址：金光道11号
……办公室：2057140
廊坊市保险行业协会
地址：纪华大厦
……办公室：2089311
廊坊市畜牧业协会
地址：建设北路61号
……办公室：2082231
大厂回族自治县科学技术协会
地址：大厂县大安街5号
……办公室：8822826
三河市科学技术协会
地址：三河市市府路
……办公室：3227764
文安县人造板行业协会
地址：文安县左各庄东环路
左各庄人造板行业协会
地址：左各庄政府
……Tel:5388348
文安县驾驶员协会
地址：文安县西关外
……办公室：5227126
中国足球协会训练基地
地址：香河县北务屯
……办公室：8695818
永清县科学技术协会
地址：永清县永兴街8号
……办公室：6624278
香河县个体劳动者协会
地址：香河县康宁路
……办公室：8330130
香河县科学技术协会
地址：香河县迎宾路1号
……办公室：8311345
廊坊市机动车驾驶员协会香河县办事处
地址：香河县新华大街
……办公室：8261922
廊坊驾驶员协会开发区办事处
地址：花园道
……办公室：6075335
霸州市出租汽车协会
地址：霸州市迎宾西道
……办公室：7216380
霸州市老年体育协会
地址：霸州市盐水河北道
……办公室：7212792
霸州市科学技术协会
地址：霸州市
……办公室：7867585

学会

廊坊市会计学会
地址：新华路209号
……办公室：2187038
廊坊市诗词学会
地址：康宁街6号
……办公室：2115002
廊坊市法学会
地址：新华路116号
……办公室：2131171

其他社会团体

中国国际贸易促进委员会廊坊市支会
地址：第五大街
……办公室：2190663
廊坊市工业经济联合会
地址：金光道20号
……办公室：2331965
香河现代产业园管委会
地址：蒋辛屯镇
……办公室：8716992

衡水市（0318）

中国共产党中国共产党衡水市委员会
地址：育才南大街369号
办公室
……值班室：2024021
中国共产党衡水市桃城区委员会
地址：人民西路518号
……办公室：2613006

国家机构

人大常委会

衡水市人民代表大会常务委员会
地址：育才南大街369号
……办公室：2122092
衡水市桃城区人民代表大会常务委员会
地址：人民西路518号
……办公室：2812370

人民政府

衡水市财政局
地址：永兴路育才街交叉口
……办公室：2128811
衡水市科学技术局
地址：新华西路468号
……办公室：6010100
衡水市档案局
地址：新华中路64号
……办公室：6012626
中国国际贸易促进委员会衡水市支会
地址：新华东路351号
……办公室：2029963
河北省衡水湖国家级自然保护区管理委员会
地址：衡水湖
……办公室：2146317
衡水市人口和计划生育委员会
地址：新华西路610号
……办公室：2181800
衡水市发展和改革委员会
地址：新华西路568号
……办公室：2680648
衡水市国有资产监督管理委员会
地址：人民西路22号
……办公室：2104263
衡水仲裁委员会
地址：人民西路1723号
……综合部：2069306
衡水市人民政府外事旅游侨务办公室
地址：育才街369号市政府大楼
……办公室/秘书科/旅游科：2025041
衡水市农业开发扶贫办公室
地址：新华东路新发胡同1号
……综合科：2023401
衡水市机构编制委员会办公室
地址：红旗南大街与京大路交叉口
……综合科：2215222
衡水市市政工程管理处
地址：人民路世纪大厦
……办公室：2024026
衡水市住房公积金管理中心
地址：永兴中路18号
……办公室：2663916
衡水市园林管理局
地址：红旗大街618号
……办公室：2122853
衡水市直机关房管所
地址：育才南大街198号
……办公室：218t987
衡水市环境卫生管理处
地址：利民路与榕花街交叉口路南
……办公室：2173876
衡水市桃城区人民政府
地址：人民路568号
……办公室：2813008
衡水经济开发区管理委员会
地址：永兴路1988号
……综合办公室：2111250
衡水市经济技术开发区国家税务局
地址：永兴西路1988号
……办公室：2981901
衡水市质量技术监督局桃城区分局
地址：永兴西路2488号
……办公室：2232345
街水市桃城区市场监督管理局
地址：和平路与中心街交叉口
……办公室：2811600
衡水市桃城区地方税务局
地址：红旗大街957号
……办公室：2179190
衡水市桃城区劳动和社会保障局
地址：红旗大街791号
……办公室：2124757
衡水市桃城区财政局
地址：新华西路193号
……办公室：2692042
衡水市桃城区审计局
地址：人民西路1168号
……办公室：2324319
衡水市桃城区国家税务局
地址：新华东路22号
……办公室：2025280
衡水经济技术开发区地方税务局
地址：永兴西路1988号
……办公室：2981501
衡水市赵圈循环经济园管理委员会
地址：赵圈镇
……办公室：2088218
衡水市商贸中心物业管理处
地址：中心街商贸城
……办公室：2022194
衡水市桃城区农业开发办公室
地址：京大路58号
……办公室：2124177
衡水市桃城区住房制度改革办公室
地址：人民中路56号
……办公室：2812185
衡水市住房公积金管理中心桃城区管理部
地址：人民西路289号
……办公室：2076585
衡水市桃城区机关事业单位社会保险所
地址：红旗大街59号
……办公室：2108111
衡水市桃城区动物防疫站
地址：胜利东路1668号
……办公室：2134457
彭杜村乡人民政府
地址：彭通路1号
……办公室：8070001
衡水市桃城区大麻森乡人民政府
地址：大麻森乡
……办公室：2047026
衡水市桃城区邓庄乡人民政府

地址：邓庄乡
……办公室：2129021

衡水市桃城区何庄乡人民政府
地址：中华南大街669号
……办公室：2682817

衡水市桃城区郑家河沿镇人民政府
地址：河沿镇河沿村
……办公室：2029661

衡水市桃城区赵家圈镇人民政府
地址：人民西路西段20号
……办公室：2049813

衡水市桃城区人民政府河东街道办事处
地址：衡德路2392号
……办公室：2081050

衡水市桃城区人民政府河西街道办事处
地址：新华西路181号
……办公室：2124307

衡承市桃城区人民政府路北街道办事处
地址：大庆路
……办公室：2229901

社会团体

工会

衡水市总工会
地址：和平西路206号
……办公室：2819955

共青团、青联、学联

中国共产主义青年团衡水市委员会
地址：育才南大街379号
……办公室：2024023

妇联

衡水市妇女联合会
地址：育才南大街379号
……办公室：2025635

文联

衡水市文学艺术界联合会
地址：人民西路1428号
……办公室：2024696

残联

衡水市残疾人联合会
地址：育才南大街889号
……办公室：2176731

衡水市桃城区残疾人联合会
地址：胜利西路
……办公室：2141621

工商联

衡水市工商业联合会
地址：庆丰街388号
……办公室：2054615

协会

衡水市机械工业行业协会
地址：大庆西路103号
……办公室：2221558

衡水市医院协会
地址：榕花街
……办公室：2060171

衡水市青少年事业发展协会
地址：和平中路
……办公室：2815669

衡水市武术协会
地址：中心街
……办公室：2158088

衡水市桃城区科学技术协会
地址：人民西路518号
……办公室：2815446

学会

衡水市土地学会
地址：永兴东路
……办公室：2356608

红十字会

衡水市红十字会
地址：新华路榕花街
……办公室：2065676

衡水市红十字会卫生救护培训中心
地址：人民西路体育馆北区
……办公室：2682356

宗教组织

衡水市佛教协会
地址：京华大厦4楼404室
……办公室：2038359

衡水市桃城区佛教菩提苑
地址：南环路王庄菩提苑
……办公室：2106330
……传真：2107360

衡水市基督徒灵修院
地址：张团马村昌明大街
……办公室：2361119

其他社会团体
宜佳社会志愿者
地址：大庆路庆祥胡同
……办公室：13483713981

衡水市工业经济联合会
地址：庆丰街

山西省

人民政府

太原市人民政府
地址：新建路69号
……总值班室：4227229

山西省公路局太原分局
地址：平阳路37号
……办公室：7221684

山西省交通征费稽查局太原分局
地址：平阳路97号
……办公室：7242207

太原市人力资源部社会保障局
地址：新建路69号
……办公室：4030831

太原市卫生健康委员会
地址：望景路5号
……办公室：5625130

太原市中小企业局
地址：新建路桃园二巷西口73号
……办公室：2020987

太原市水务局
地址：新建路17号
……办公室：4074224

太原市文物局
地址：晋祠镇
……办公室：6020538

太原市气象局
地址：新建路69号
……办公室：4226049

太原市民政局
地址：半坡西街26号
……办公室：4250363

太原市市容环境卫生管理局
地址：旱西关街56号
……办公室：2680009

太原市农业机械管理局
地址：新建路69号
……办公室：4220251

太原市应急管理局
地址：菜园街26号
……办公室：7242105

太原市交通运输局
地址：青年路新南1条26号
……办公室：4047886

太原市防震减灾局
地址：新建路69号
……办公室：2020192

太原市劳动和社会保障局
地址：桃园三巷11号
……办公室：2020845

太原市体育局
地址：杏花岭2号
……办公室：2027247

太原市园林局
地址：市政府院内
……办公室：4224861

太原市国土资源局
地址：金刚堰路2号
……办公室：3586596

太原市审计局
地址：丰坡西街49号
……办公室：4170863

太原市房产管理局
地址：府西街88号房地大厦
……办公室：4942651

太原市知识产权局
地址：金刚里西巷11号
……办公室：3330915

太原市质量技术监督局
地址：并州北路130号
……办公室：4295519

太原市环境保护局
地址：府西街75号
……办公室：3087657

太原市城乡规划局
地址：新建路72号
……办公室：5679900

太原市统计局
地址：新建路69号
……办公室：2020007

太原市科学技术局
地址：新建路155号
……办公室：4227139

太原市盐务管理局
地址：长治路33号
……办公室：7320688

太原市档案局
地址：金刚堰路10号
……办公室：5629286

太原市文化和文化和旅游局
地址：新建路69号
……办公室：5679006

太原市商务局
地址：新建路69号
……办公室（党委办公室）：4221735

太原市教育局
地址：新建路69市政府院
……办公室：2020981

太原市道路运输管理局
地址：杏花岭区城墙花园2号
……办公室（传真）：7230137

太原市煤炭工业局
地址：菜园西街9号
……办公室：7337678

太原市粮食局
地址：小东门23号
……办公室：3072217

太原机场出入境检验检疫局
地址：武宿机场内
……办公室：7286787

太原市人口和计划生育委员会
地址：新建路69号
……办公室：4030023

太原市发展和改革委员会
地址：府西街75号
……办公室：3040809

太原市农业委员会
地址：市政府大楼主楼六层
……办公室：4223641

太原市住房和城乡建设委员会
地址：金刚堰路1号
……办公室：5625608

太原市经济和信息化委员会
地址：新建路69号
……办公室主任部：4223642

太原市总工会财贸工委
地址：新建南路115号
……办公室：4691056

太原市教育系统关心下一代工作委员会
地址：府西街162号
……办公室：6287700

太原市人民防空办公室
地址：新建路69号
……值班室：4220712

太原市人民政府外事侨务办公室
地址：新建路69号
……综合处：4225977

太原市人民政府军队转业干部安置工作小组办公室
地址：新建路155号
……办公室：4223207

太原市人民政府防汛抗旱指挥部办公室
地址：金刚堰路22号
……综合室：3586583

太原市人民政府经济发展研究中心
地址：旱西关街31号
……办公室：3586302

太原市人民政府复退军人安置办公室
地址：半坡西街26号
……办公室：4250312

太原市人民政府绿化东西山办公室
地址：南内环街南一巷6号
……市绿化办公室：7934741

太原市再生资源治安管理办公室
地址：胜利街135号
……办公室：3661285

太原市国防动员委员会经济动员办公室
地址：府西街75号
……办公室：3190273

太原市拥军优属拥政爱民工作领导组办公室
地址：市政府院内
……办公室：4030201

太原市城市燃气管理办公室
地址：金刚堰路22号
……办公室：3330688

太原市统筹办
地址：金刚堰路20号
……办公室：3336076

太原市精神文明建设委员会办公室
地址：新建路81号
……综合处：4223160

太原汽车客运管理办公室
地址：马道坡街29号
……办公室：4420761

太原市企业养老保险管理服务中心
地址：五一商厦
……办公室：5628060

太原市住房公积金管理中心
地址：府西街9号
……办公室：5266502

太原市招生考试管理中心
地址：旱西关南二条5号
……办公室：3031161

太原市烟草专卖局稽查中心
地址：和平北路13号
……办公室：6186117

太原安全生产信息调度中心
地址：菜园西街26号
……办公室：7248119

太原市小店区人民政府
地址：昌盛西街19号
……办公室：7176234

太原市万柏林区人民政府
地址：西矿街35号
……办公室：6065453

太原市杏花岭区人民政府
地址：胜利街99号
……办公室：3082369

太原市迎泽区人民政府
地址：云路街15号
……综合科：2028213

太原市晋源区人民政府
地址：晋源区晋源新城
……值班室：6592080

小店区人事局
地址：小店昌盛西街
……办公室：7176262

小店区民政局
地址：晨光西街3号
……婚姻登记处：7172435

小店区住房和城乡建设局
地址：人民南路6号
……办公室：7265303

万柏林区卫生健康和体育局
地址：众纺路8号
……办公室：6580677

万柏林区发展和改革局
地址：西矿街35号
……办公室：6066369

万柏林区劳动和社会保障局
地址：众纺路6号
……办公室：6581295

万柏林区质量技术监督局
地址：西矿街35号
……办公室：6173154

太原市国土资源局晋源分局
地址：晋源新城
……办公室：6592313

尖草坪区卫生健康和体育局
地址：柴村多福路10号
……办公室：5648930

尖草坪区民政局
地址：柴村
……办公室：5648490

尖草坪区农业农村局
地址：柴村
……办公室：5648644

尖草坪区机关事务管理局
地址：柴村
……办公室：5648293

尖草坪区园林绿化局
地址：柴村
……办公室：5648671

尖草坪区审计局
地址：柴村
……办公室：5648366

尖草坪区质量技术监督局
地址：多福路13号
……办公室：6030210

杏花岭区卫生局
地址：胜利街99号
……办公室：3382494

杏花岭区中小企业局
地址：北大街63号
……办公室：3085371

杏花岭区规划局
地址：后小河巷5号
……办公室：3525393

迎泽区民政局
地址：云路街15号
……办公室：2022677

迎泽区科学技术局
地址：云路街
……办公室：4033506

晋源区人力资源和社会保障局
地址：晋源新城
……办公室：6592009

晋源区卫生局
地址：晋源新城
……办公室：6592802

晋源区发展和改革局
地址：晋源新城
……办公室：6592071

晋源区教育局
地址：晋源新城
……办公室：6592515

小店区农业委员会
地址：小店汾东南路5号
……办公室：7176730

太原市尖草坪区柏板乡教育委员会
地址：柏板乡
……办公室：3927525

太原市朝阳街综合管理委员会
地址：朝阳街
……办公室：4396657

迎泽区机关工委
地址：云路街15号
……办公室：4033537

晋祠镇教育委员会
地址：晋祠镇人民政府
……办公会：6346214

晋源区农业委员会
地址：晋源新城
……办公室：6592040

晋源区金胜镇教育委员会
地址：晋祠路
……办公室：6320094

万柏林区人民防空办公室
地址：西矿街35号
……办公室：6062250

万柏林区爱国运动委员会办公室
地址：区委大院内
……办公室：6185300

小店区卫生局家庭医疗服务站
地址：小店益丰西街11号
……办公室：7176323

万柏林区劳动就业管理中心
地址：众纺路6号院

……办公室：6580338

小店区北格镇人民政府
地址：北格村
……办公室：7943987

万柏林区王封乡人民政府
地址：王封村
……办公室：6971232

迎泽区郝庄镇人民政府
地址：朝阳街68号
……办公室：4377645

万柏林区万柏林街道办事处
地址：西宫东街9号
……值班室：6263416

万柏林区千峰街道办事处
地址：公园路69号
……办公室：6190435

尖草坪区上兰街道办事处
地址：上兰村
……办公室：5649869

杏花岭区三桥街道办事处
地址：新建路100号
……办公室：3534335

迎泽区文庙街道办事处
地址：文庙巷21号
……办公室：4171435

晋源区义井街道办事处
地址：西峪东街19号
……办公室：6075763

社会团体

工会

山西省总工会
地址：东缉虎营1号
……总机：8826511

太原市总工会
地址：新建南路115号
……办公室：4691100

小店区总工会
地址：昌盛西街
……办公室：7176177

万柏林区总工会
地址：西矿街35号
……办公室：6065876

尖草坪区总工会
地址：柴村迎宾北路5号
……办公室：5648225

杏花岭区总工会
地址：胜利街99号
……办公室：3382187

迎泽区总工会
地址：云路街15号
……办公室：8285948

晋源区总工会
地址：晋源新城
……办公室：6592121

共青团　青联　学联

山西青年农村产业开发服务中心（青年创业指导服务中心）
地址：千峰南路鸿峰花园11号楼
……办公室：6581398

山西省青年联合会
地址：青年路8号
……办公室：4178340

共青团山西省委员会
地址：青年路8号
……办公室：4044482

共青团太原市委员会
地址：北大街中段42号
……办公室：3096510

共青团小店区委员会
地址：昌盛西街
……办公室：7176190

共青团万柏林区委员会
地址：西矿街35号
……办公室：6063120

共青团尖草坪区委员会
地址：柴村
……办公室：5648445

共青团杏花岭区委员会
地址：胜利街99号
……办公室：3382190

共青团迎泽区委员会
地址：云路街15号
……办公室：4033631

共青团晋源区委员会
地址：晋源新城
……办公室：6592122

妇联

山西省妇女联合会
地址：漪汾街50号
……办公室：6168156

太原市妇女联合会
地址：府西街38号
……办公室：5629002

太原市小店区妇女联合会
地址：小店昌盛西街19号
……办公室：7176187

太原市尖草坪区妇女联合会
地址：柴村
……办公室：5648443

太原市杏花岭区妇女联合会
地址：胜利街99号
……办公室：3382192

侨联

山西省归国华侨联合会
地址：迎泽大街100号
……办公室：6192907

文联

山西省文学艺术界联合会
地址：迎泽大街378号
……办公室：4042525

太原市文学艺术界联合会
地址：南肖墙2号
……办公室：2023552

小店区文学艺术界联合会
地址：昌盛西街
……办公室：7176183

杏花岭区文学艺术界联合会
地址：胜利街99号
……办公室：3382160

迎泽区文学艺术界联合会
地址：云路街15号
……办公室：2026014

残联

山西省残疾人联合会
地址：文源巷18号
……办公室：4043245

太原市残疾人联合会
地址：解放路东头道巷30号
……办公室：5658200

小店区残疾人联合会
地址：小店供销公司楼上
……办公室：7173342

万柏林区残疾人联合会
地址：西矿街35号
……办公室：6066721

尖草坪区残疾人联合会
地址：柴村
……办公室：5648190

杏花岭区残疾人联合会
地址：胜利街99号
……办公室：3382575

迎泽区残疾人联合会
地址：云路街15号
……办公室：4177454

晋源区残疾人联合会
地址：晋源区政府民政局东2楼
……办公室：6592590

工商联

山西省广东商会
地址：并州南路489号
……秘书处：7537426

山西省工商业联合会
地址：东缉虎营5号
……办公室：3043687

山西省代理商联合会
地址：桃园北路12号
……秘书处：4053882

山西省河南商会
地址：桃园南路66号
……办公室：5621296

山西省福建商会
地址：漪兴路1号904座
……办公室：6297768

太原市工商业联合会
地址：迎泽大街6号
……办公室：2021643

太原市南安商会
地址：旧晋祠路1段40号
……办公室：6338111

小店区工商业联合会
地址：昌盛西街
……办公室：7176237

万柏林区工商业联合会
地址：西矿街35号
……办公室：6063240

尖草坪区工商业联合会
地址：柴村
……办公室：5648176

晋源区工商业联合会
地址：晋源新城
……办公室：6592546

协会

山西电器工业协会
地址：并州北路39号
……办公室：4176440

山西省人民对外友好协会
地址：迎泽大街388号
……办公室：4031585

山西省书法家协会
地址：迎泽大街378号
……办公室：4047750

山西省出版工作者协会
地址：并州路
……办公室：2026645

山西省印刷行业协会
地址：并州北路31号
……办公室：4047883

山西省外商投资企业协会
地址：新建路1号
……办公室：4040123

山西省优生优育协会
地址：杏花巷8号
……办公室：4054132

山西省有色金属行业协会
地址：迎泽大街338号
……办公室：4063524

山西通用机械工业协会
地址：并州北路39号
……秘书处：4043402

太原市钓鱼协会
地址：杏花岭5号
……办公室：4171963

太原市科学技术协会
地址：府西街92号
……办公室：4236215

太原市信鸽协会
地址：杏花岭体育场
……办公室：4060343

太原市消费者协会
地址：长治路260号
……投诉热线：7032315

太原企业对外交流协会
地址：新建路69号
……秘书处：4221372

小店区科学技术协会
地址：昌盛西街
……办公室：7176178

尖草坪区科学技术协会
地址：柴村
……办公室：5648169

杏花岭区科学技术协会
地址：胜利街99号
……办公室：3382580

晋源区消费者协会
地址：晋源新区
……投诉电话：6593315

学会

山西省公路学会
地址：体育路223号
……办公室：7086220

山西省生产力学会
地址：文　巷18号
……办公室：4070573

山西省税务学会
地址：水西门街23号
……办公室：2024608

山西旅游学会
地址：旧城街29号
……办公室：4047533

太原市劳动和社会保障学会
地址：桃园三巷11号
……办公室：2020409

太原市医学会
地址：桃园四巷27号
……办公室：4050409

红十字会

山西省红十字会
地址：东华门23号
……办公室：3580561

太原市红十字会
地址：桃园四巷27号
……办公室：4073259

基金会

太原市扶贫基金会
地址：新建路桃园二巷8号
……办公室：4227971

福利会

山西省慈善总会
地址：漪汾街9号
……办公室、项目部：6387343

太原市慈善总会
地址：森园南街48号
……办公室：3095525

保护儿童委员会

太原市关心下一代工作委员会
地址：桃园一巷南二条5号
……办公室：4224922

老龄问题委员会

山西省老龄工作委员会办公室
地址：府东街95号
……宣传部：3041366

太原市老龄工作委员会办公室
地址：桃园北路60号
……发展处：4036829

小店区老龄工作委员会办公室
地址：昌盛西街
……办公室：7175401

万柏林区老龄工作委员会办公室
地址：西矿街35号
……办公室：6179964

其他社会团体

山西省社会科学界联合会
地址：迎春大街388号
……办公室：4046277

阳泉市（0353）国家机构

人民政府

阳泉市人民政府
地址：南大街23号
……Tel:2033317

山西省公路局阳泉分局
地址：北大街8号
……Tel:6668308

山西省交通征费稽查局阳泉分局
地址：南大街88号
……Tel:2165836

阳泉市人民政府机关事务管理局
地址：南大街23号
……Tel:2293100

阳泉市人事局
地址：南大街23号
……Tel:2293235

阳泉市卫生局
地址：南山南路11号
……Tel:2032247

阳泉市市场监督管理局……
地址：南大街
……Tel:3032011

阳泉市水利局
地址：开发区烟台路
……Tel:2911000

阳泉市气象局
地址：新华西街9号
……Tel:2032971

阳泉市民政局
地址：南大街23号
……Tel:2293777

阳泉市地方税务局
地址：北大街
……Tel:2030800

阳泉市农业农村局
地址：南大街197号
……Tel:2299213

阳泉市应急管理局
地址：德胜东街14号
……Tel:2032432

阳泉市交通局
地址：新泉路10号
……Tel:2022993

阳泉市劳动和社会保障局
地址：南大街60号
……Tel:2296804

阳泉市园林管理局
地址：南大街63号
……Tel:2033709

阳泉市财政局
地址：桃北中路
……Tel:2034061

阳泉市国土资源局
地址：南山南路11号
……Tel:2032928

阳泉市规划局
地址：南大街61号
……Tel:2033547

阳泉市物价局
地址：德胜街
……Tel:2032739

阳泉市质量技术监督局
地址：南大街355号
……Tel:3332010

阳泉市环境保护局
地址：南庄路5号
……Tel:2033065

阳泉市统计局
地址：南大街23号
……Tel:2293620

阳泉市科学技术局
地址：桃北中路28号
……Tel:6699007

阳泉市食品药品监督管理局
地址：开发区大连路
……Tel:2039109

阳泉市人口和计划生育委员会
地址：开发区大连路
……Tel:2290171

阳泉市经济技术开发区管委会
地址：开发区大连路
……Tel:2130251

阳泉市行政审批服务中心
地址：德胜街23号
……Tel:2010992

阳泉市住房公积金管理中心
地址：德胜东街
……Tel:2296081

平定县人民政府
地址：府新街
……Tel:6188711

阳泉市矿区人民政府
地址：北大西街
……Tel:4040377

阳泉市郊区人民政府
地址：荫营
……Tel:5052417

阳泉市城区人民政府
地址：南大街300号
……Tel:2168390

盂县人民政府
地址：秀水西街
……Tel:8085215

社会团体

工会

阳泉市总工会
地址：桃南东路
……Tel:2022724

共青团、青联、学联

共青团阳泉市委员会
地址：桃北中路
Tel:2296350

妇联

阳泉市妇女联合会
地址：桃北中路
Tel:2296981

侨联

阳泉市归国华侨联合会
地址：农业大厦
Tel:2163918

文联

阳泉市文学艺术界联合会
地址：南大东街
Tel:2164149

残联

阳泉市残疾人联合会
地址：南大街
Tel:2293760

工商联

阳泉市工商业联合会
地址：农业大厦
Tel:2160493

红十字会

阳泉市红十字会
地址：开发区宏苑二区
Tel:2136087

长治市（0355）

人民政府

长治市人民政府
地址：英雄中路68号
Tel:2024216

山西省盐务管理局长治盐务分局
地址：站前路47号
Tel:6052827

长治市人事局
地址：英雄中路68号
Tel:2021033

长治市二轻局
地址：英雄中路139号
Tel:2023272

长治市卫生健康委员会
地址：英雄北路46号
Tel:2054206

长治市气象局
地址：长兴中路31号
Tel:2046449

长治市公路局
地址：紫金东街64号
Tel:3523000

长治市出入境检验检疫局
地址：延安南路103号
Tel:3039724

长治市民政局
地址：东大街236号
Tel:3032340

长治市农业农村局
地址：延安南路96号
Tel:3033077

长治市交通局
地址：太行东街177号
Tel:2025630

长治市地震局
地址：新营街135号
Tel:2023444

长治市劳动和社会保障局
地址：英雄中路1号
Tel:2023231

长治市财政局
地址：英雄中路68号
Tel:2022122

长治市国土资源局
地址：府后西街355号
Tel:2045791

长治市审计局
地址：太行西街丰盛巷28号
Tel:6018502

长治市林业局
地址：延安南路179号
Tel:3032002

长治市物资局
地址：紫金西路40号
Tel:2023563

长治市质量技术监督局
地址：城西路22号
Tel:2024891

长治市城建局
地址：英雄中路81号
Tel:2022588

长治市畜牧局
地址：府后东街241号
Tel:2022566

长治市教育局
地址：紫金西街9号
Tel:2058503

长治重工局
地址：长兴中路33号
Tel:2021602

长治市计划生育委员会
地址：英雄中路68号
Tel:2023285

长治市计划委员会
地址：长兴街52号
Tel:3036211

长治市体委
地址：英雄中路122号
Tel:2022142

长治市经济委员会
地址：长兴南路70号
Tel:3036322

长治市科学技术委员会
地址：城西路28号
Tel:2023260

长治市郊区人民政府
地址：延安中路61号
Tel:2023502

长治市城区人民政府
地址：太行东街68号
Tel:2024485

长治市城区经贸局
地址：柏后村
Tel:2092301

社会团体

工会

长治市总工会
地址：英雄中路5号
Tel:2022521

长治市城区总工会
地址：太行东街66号
Tel:2027036

共青团、青联、学联

共青团长治市委员会
地址：英雄中路68号
Tel:2027296

妇联

长治市妇女联合会
地址：英雄中路68号
Tel:2025445

文联

长治市文联
地址：长兴南路70号
Tel:3010497

残联

长治市残疾人联合会
地址：长兴街68号
Tel:3027092

工商联

长治市工商业联合会
地址：长兴南路70号
Tel:3037157

协会

长治市工业经济联合会
地址：城西路37号
Tel:2084843

长治市专家协会
地址：市委5楼
Tel:2112815

长治市企业家协会
地址：铁香炉巷
Tel:2115500

长治市冶金工业协会
地址：新营街电子大楼3楼
Tel:2118504

长治市体育舞蹈协会
地址：体育局
Tel:2050086

长治市建筑协会
地址：紫金西路
Tel:2028220

长治市勘察设计协会
地址：英雄中路81号
Tel:2046605

学会

中华医学会长治分会
地址：府后街普通街口
Tel:2026464

红十字会

长治市红十字会
地址：英雄北路46号
Tel:2021503

长治市城区红十字会
地址：柏后村
Tel:2095206

基金会

山西省扶贫基金会长治工作委员会
地址：市委旧楼803室
Tel:2044603

长治市人民群众见义勇为基金会
地址：长兴南路70号
Tel:3031182

福利会

长治市慈善总会
地址：太行东路福中路1号
Tel:2095692

保护儿童委员会

长治市关心下一代工作委员会
地址：长兴街
Tel:2035576

老龄问题委员会

长治市老龄委员会
地址：英雄中路68号
Tel:2031799

长治市城区老龄工作委员会
地址：大庆路
Tel:2115059

宗教组织

长治市民族宗教事务局
地址：英雄中路149号
Tel:2020649

其他社会团体

长治市城区华东集体资产管理委员会
地址：和平东路28号
Tel:3150881

晋城市（0356）

人民政府

晋城市人民政府
地址：晋城市凤台西街
Tel:2023005

晋城市卫生健康委员会
地址：晋城市太行南路997号
Tel:2024661

晋城市国土资源局
地址：晋城市建设路83号
Tel:2024242

晋城市建设局
地址：晋城市泽州路
Tel:2229223

晋城市生态环境局
地址：晋城市凤台东街
Tel:2024998

晋城市教育局
地址：晋城市建设路363号
Tel:2026307

晋城市计划生育委员会
地址：晋城市凤台西街
Tel:2034240

晋城市发展和改革委员会
地址：晋城市红星东街
Tel:6999088

晋城市仲裁委员会
地址：晋城市新市东街168号
Tel:2036846

晋城市台湾事务办公室
地址：晋城市凤台西街
Tel:2054355

晋城市房屋拆迁管理办公室
地址：晋城市建设局8楼
Tel:2229386

晋城市移民办公室
地址：晋城市泽州路179号
Tel:2056409

晋城市医疗保险管理中心
地址：晋城市泽州路1298号
Tel:2055935

晋城市政府采购中心
地址：晋城市凤台街35号
Tel:2038763

晋城市残疾人劳动就业部
地址：晋城市泽州路
Tel:6995544

晋城市城区人民政府
地址：晋城市新市西街1号
Tel:2022495

社会团体

工会

晋城市总工会
地址：太行路凤鸣小区20号
Tel:2026403

共青团、青联、学联

晋城市共青团委员会
地址：晋城市凤台西街
Tel:2198851

妇联

晋城市妇女联合会
地址：晋城市凤台西街
Tel:2196456

晋城市城区妇女联合会
地址：晋城市新市西街2号
Tel:2022949

侨联

晋城市归国华侨联合会
地址：晋城市凤台西街
Tel:2198798

残联

晋城市残疾人联合会
地址：晋城市泽州路农业大厦
Tel:2039673

工商联

晋城市工商企业联合会
地址：晋城市凤台西街
Tel:2198587

晋城市城区工商企业联合会
地址：晋城市新市西街2号
Tel:2040623

协会

晋城市安全生产技术协会
地址：晋城市凤台西街
Tel:2060899

晋城市保险行业协会
地址：晋城市向阳街298号
Tel:2030693

晋城市集邮协会
地址：晋城市东大街
Tel:3038811

红十字会

晋城市红十字会
地址：泽州南路南端949号
Tel:6993920

基金会

山西省扶贫基金会晋城市工作委员会
地址：晋城市泽州路
Tel:2057676

晋城市城区扶贫基金会
地址：晋城市新市西街2号
Tel:2060613

老龄问题委员会

晋城市老龄工作委员会
地址：晋城市凤台西街
Tel:2198217

朔州市（0349）

人民政府

朔州市人民政府
地址：市府西街3号
Tel:2023555

朔州市人事局
地址：开发北路
Tel:2286399

朔州市公路局
地址：民福东街
Tel:2160761

朔州市外事文化和文化和旅游局
地址：市府西街3号
Tel:2022693

朔州市民政局
地址：大运路
Tel:2098397

朔州市园林局
地址：开发北路
Tel:6605823

山阴县人民政府
地址：新建路
Tel:7071273

右玉县人民政府
地址：大东街
Tel:8030052

平鲁区人民政府
地址：平阳街80号
Tel:6960506

怀仁县人民政府
地址：云州西街
Tel:3022741

应县人民政府
地址：三环路
Tel:5022838

人民政协和民主党派

人民政协

中国人民政治协商会议朔州市委员会
地址：振华西街1号
Tel:6886225

中国人民政治协商会议朔城区委员会
地址：鄯阳街
Tel:2023306

社会团体

工会

朔州市总工会
地址：开发南路
Tel:2020292

朔城区总工会
地址：鄯阳街
Tel:2023354

共青团、青联、学联

共青团朔州市委员会
地址：振华西街
Tel:2163482

共青团朔城区委员会
地址：鄯阳街137号
Tel:2022694

妇联

朔州市妇女联合会
地址：振华西街
Tel:2163736

朔城区妇女联合会
地址：鄯阳街
Tel:2023323

文联

朔州市文联
地址：振华街
Tel:2163517

残联

朔州市残联
地址：古北西街
Tel:2021453

吕梁市（0358）

吕梁市人民政府
地址：离石永宁中路
Tel:8222818

吕梁市人事局
地址：离石采宁中路
Tel:8222965

吕梁市卫生局
地址：离石建设北路
Tel:8222527

吕梁市水利水保局

地址：离石滨河北西路 …… Tel:8282854

吕梁市气象局
地址：离石滨河北东路 …… Tel:8248904

吕梁市民政局
地址：离石永宁中路 …… Tel:8222003

吕梁市处贸局
地址：离石滨河南东路 …… Tel:8222300

吕梁市会计局
地址：离石兴隆街 …… Tel:8229635

吕梁市农机局
地址：离石团结路 …… Tel:8282278

吕梁市交通局
地址：离石滨河北西路 …… Tel:2255600

吕梁市地震局
地址：离石永宁中路 …… Tel:8222722

吕梁市技术监督局
地址：离石永宁中路 …… Tel:8223487

吕梁市劳动局
地址：离石永宁中路 …… Tel:8235139

吕梁市审计局
地址：离石永宁中路 …… Tel:8222489

吕梁市林业局
地址：离石滨河北西路 …… Tel:8282283

吕梁市国地资源局
地址：离石永宁中路 …… Tel:8223839

吕梁市统计局
地址：离石永宁中路 …… Tel:8223317

吕梁市烟草公司
地址：离石龙凤太街 …… Tel:8211718

吕梁市档案局
地址：离石永宁中路 …… Tel:8222313

吕梁市教育局
地址：离石文化路 …… Tel:8223374

吕梁市教育体育局
地址：离石交通路 …… Tel:3383006

吕梁市粮食局
地址：离石八一路 …… Tel:8223769

吕梁市发展和改革委员会
地址：离石采宁中路 …… Tel:8223924

吕梁市老龄工作委员会
地址：离石市委大院 …… Tel:8224496

吕梁市经委、国资委
地址：离石永宁中路 …… Tel:8222589

吕梁市经济体制改革委员会
地址：离石永宁中路 …… Tel:8222960

吕梁市人民防空办
地址：离石市委大院 …… Tel:8229595

吕梁市扶贫开发项目办
地址：离石八一街 …… Tel:8229084

吕梁市委对台工作办
地址：离石永宁中路 …… Tel:8222985

吕梁市政府外事办
地址：离石永宁中路 …… Tel:8222042

吕梁市文化市场管理中心
地址：离石兴隆街 …… Tel:8224539

吕梁市失业保险管理中心
地址：离石滨河北西路 …… Tel:8283060

吕梁市住房公积金管理中心
地址：离石兴隆街 …… Tel:8221517

吕梁市质量技术监督检验测试所
地址：离石长活路 …… Tel:8292993

人民政府

晋中市人民政府
地址：新华街199号 …… Tel:2025112

晋中市人事局
地址：新华街199号 …… Tel:2638477

晋中市卫生局
地址：新华街 …… Tel:2638533

晋中市水利局
地址：砖窑街1巷 …… Tel:2024490

晋中市文物局
地址：东顺城街119号 …… Tel:2024698

晋中市文物管理局
地址：东顺城街131号 …… Tel:2029008

晋中市气象局
地址：锦纶东街东口 …… Tel:3205900

晋中市公路局
地址：窑新街 …… Tel:2660208

晋中市电业局
地址：迎宾路 …… Tel:3082216

晋中市史志院
地址：新华街199号 …… Tel:2636713

晋中市外事文化和文化和旅游局
地址：新华街199号 …… Tel:2636533

晋中市民政局
地址：新华街199号 …… Tel:2638497

晋中市市容环境卫生管理局
地址：思凤东街168号 …… Tel:2086711

晋中市农业农村局
地址：道北街32号 …… Tel:3022861

晋中市应急管理局
地址：王湖路 …… Tel:3039664

晋中市农机局
地址：王湖路东一巷4号 …… Tel:3277713

晋中市机关事务管理局
地址：新华街199号 …… Tel:2638257

晋中市农牧局
地址：北山路 …… Tel:3022860

晋中市地震局
地址：新华街199号 …… Tel:2636144

晋中市体育局
地址：锦纶东街 …… Tel:3205632

晋中市财政局
地址：锦纶路 …… Tel:3025817

晋中市国土资源局
地址：锦纶路 …… Tel:3200669

晋中市审计局
地址：锦纶路 …… Tel:3033052

晋中市林业局
地址：蕴华街 …… Tel:3024523

晋中市建设局
地址：迎宾路194号 …… Tel:3023417

晋中市物价局
地址：锦纶路85号 …… Tel:3026941

晋中市生态环境局
地址：校园路 …… Tel:3114005

晋中市招商局
地址：蕴华街 …… Tel:2423230

晋中市质量技术监督局
地址：锦纶路 …… Tel:3168062

晋中市环境保护局
地址：锦纶路 …… Tel:3026905

晋中市统计局
地址：迎宾路153号 …… Tel:3026214

晋中市科学技术局
地址：建东街 …… Tel:3024553

晋中市食品药品监督管理局
地址：粮店街61号 …… Tel:2025859

晋中市药品监督管理局
地址：龙湖大街468号 …… Tel:3077001

晋中市档案局
地址：新华街199号 …… Tel:3036256

晋中市畜牧兽医局
地址：锦纶东街423号 …… Tel:3205512

晋中市粮食局
地址：蕴华东街 …… Tel:3106208

晋中市计划发展委员会
地址：迎宾街153号 …… Tel:3024822

晋中市仲裁委员会
地址：锦纶路 …… Tel:3102966

晋中市经贸委
地址：新华街199号 …… Tel:2021138

晋中市节约用水办公室
地址：东顺城街59号 …… Tel:3965661

晋中市人民防空
地址：新华街50号 …… Tel:2024554

晋中市特种设备监督检验所
地址：荣复街34号 …… Tel:3200538

社会团体

工会

晋中市工会办事处
地址：迎宾街 …… Tel:3023095

妇联

晋中市妇联
地址：新华街199号 …… Tel:2636381

文联

晋中市文联
地址：新华街199号 …… Tel:2636654

残联

晋中市残联
地址：新华街 …… Tel:2636364

其他社会团体

晋中市社联
地址：新华街199号 …… Tel:2636392

临汾市（0357）

国家机构

人民政府

临汾市人民政府
地址：临汾市尧都区市府街 …… Tel:2091044

临汾市卫生健康委员会
地址：行署巷 …… Tel:2091042

临汾市市场监督管理局
地址：解放东路 …… Tel:2117200

临汾市文物局
地址：迎春南街蝶化巷口19号 …… Tel:2286061

临汾市公路局
地址：解放东路1段7号 …… Tel:2116523

临汾市民政局
地址：行署巷 …… Tel:2099388

临汾市农业农村局
地址：鼓楼东路段 …… Tel:2012120

临汾市交通局
地址：秦蜀路71号 …… Tel:2023738

临汾市地方税务局直属一分局
地址：鼓楼北地税大厦408号 …… Tel:2258105

临汾市财政局
地址：行署巷15号 …… Tel:2091792

临汾市林业局
地址：向阳路30号 …… Tel:2014061

国家税务总局临汾市税务局
地址：向阳西路郭家庄村 …… Tel:3380121

临汾市环境保护局
地址：鼓楼北大街588号 …… Tel:2223559

临汾市食品药品监督管理局
地址：解放西路58号 …… Tel:2011951

临汾市教育局
地址：解放西路一中大门东边 …… Tel:2683806

临汾市煤炭工业局
地址：五一西路 …… Tel:2589665

临汾市粮食局
地址：解放东路 …… Tel:2013538

临汾市计划生育委员会
地址：行署巷 …… Tel:2091121

临汾市发改委
地址：市政府大院东三楼 …… Tel:2091437

临汾市发展和改革委员会
地址：行署巷 …… Tel:2091435

临汾市科学技术委员会
地址：科委巷168号 …… Tel:20133180

临汾市农业开发办
地址：行署巷政府北二楼 …… Tel:2091631

临汾市尧都区中小企业局
地址：五一西路3号 …… Tel:2290875

临汾市尧都区地铁局
地址：屯里镇 …… Tel:3080151

临汾市尧都区交通运输管理局
地址：鼓楼南街1段39号 …… Tel:8296816

临汾市尧都区劳动和社会保障局
地址：鼓楼东路1段180号 …… Tel:2018103

临汾市尧都区林业局
地址：平阳北街13号 …… Tel:2036445

临汾市尧都区水资源管理委员会
地址：自来水公司 …… Tel:2685080

社会团体

工会

临汾市总工会
地址：市政府东大院 …… Tel:2013136

临汾市尧都区总工会
地址：广宜街 …… Tel:2596380

妇联

临汾市妇女联合会
地址：市委大院 …… Tel:2090263

文联

临汾市尧都区文联
地址：平阳南街115号 …… Tel:2312556

残联

临汾市残疾人联合会
地址：行署巷市政府办公楼4楼 …… Tel:2091064

工商联

临汾市工商联
地址：商会街行署二招院内 …… Tel:2028212

协会

临汾市科学技术协会
地址：解放西路1段科委院内 …… Tel:2013381

老龄问题委员会

临汾市老龄工作委员会
地址：行署巷市政府办公楼 …… Tel:2091772

运城市（0359）

人民政府

运城市人民政府
地址：河东东街248号 …… Tel:2660398

运城市卫生健康委员会
地址：河东东街248号 …… Tel:2660870

运城市水务局
地址：人民北路67号 …… Tel:2660611

运城市气象局
地址：河东东街268号 …… Tel:2282372

运城市民政局
地址：河东东街248号 …… Tel:2660811

运城市农业农村局
地址：河东东街159号 …… Tel:2088055

运城市交通局
地址：红旗西街676号 …… Tel:2050528

运城市地震局
地址：人民南路41号 …… Tel:2020466

运城市体育局
地址：大东海对面 …… Tel:2611685

运城市国土资源局
地址：河东东街3段 …… Tel:2288331

运城市审计局
地址：红旗东街397号 …… Tel:2665959

运城市林业局
地址：河东东街266号 …… Tel:2660026

运城市统计局
地址：河东东街480号 …… Tel:2091676

运城市科技局

地址：河东东街272号
……Tel:2282134
运城市文化和文化和旅游局
地址：红旗东街374号
……Tel:2022380
运城市教育局
地址：河东东街77号
……Tel:2022834
运城市粮食局
地址：潞村街162号
……Tel:2296007
运城市盐湖区民政局
地址：市府街13号
……Tel:2022711
运城市盐湖区交通局
地址：八一西路161号
……Tel:2020443

社会团体

工会

运城市总工会
地址：河东东街248号
……Tel:2660313
运城市盐湖区总工会
地址：解放中路46号
……Tel:2278265

妇联

运城市妇联
地址：河东东街248号
……Tel:2660814
运城市盐湖区妇联
地址：解放中路46号
……Tel:20211671

残联

运城市残联
地址：河东东街248号
……Tel:2660581
运城市盐湖区残联
地址：解放中路46号
……Tel:2278368

工商联

运城市工商联
地址：河东东街248号
……Tel:2665523
运城市盐湖区工商联
地址：解放中路46号
……Tel:2023782

协会

运城市科学技术协会
地址：河东东街272号
……Tel:2282060
运城市健康教育协会
地址：党校二号楼
……Tel:2098993
运城市盐湖区消费者协会
地址：人民北路267号
……Tel:2069315

红十字会

运城市红十字会
地址：河东东街248号
……Tel:2660412

老龄问题委员会

运城市老龄委
地址：河东街340号
……Tel:2660401

忻州市（0350）

人民政府

忻州市人民政府
地址：长征中街
……Tel:3034475
山西省公路局忻州分局
地址：新建北路10号
……Tel:3070890
山西省交通征费稽查局忻州分局
地址：新建北路23号
……Tel:3070010
忻州市人力资源和社会保障局
地址：长征西街25号
……Tel:3031997
忻州市人事局
地址：长征中街
……Tel:3039365
忻州市卫生局
地址：七一北路
……Tel:3301950
忻州市中小企业局
地址：长征中街26号
……Tel:3309030
忻州市水利局
地址：忻师北巷6号
……Tel:2020792
忻州市文物局
地址：忻师北巷
……Tel:2021885
忻州市气象局
地址：利民西街北三巷12号
……Tel:3031597
忻州市外事文化和文化和旅游局
地址：七一北路35号
……Tel:3031715
忻州市民政局
地址：长征街21号
……Tel:3039308
忻州市农业农村局
地址：七一北路48号
……Tel:3031625
忻州市机关事务管理局
地址：长征中街19号
……Tel:3039548
忻州市收费管理局
地址：利民西街
……Tel:3026757
忻州市安监局
地址：元遗山南路
……Tel:3021160
忻州市交通局
地址：七一北路迎宾街3号
……Tel:3169325
忻州市地震局
地址：利民西街16号
……Tel:3022941
忻州市就业服务中心
地址：长征西街25号
……Tel:3031844
忻州市体育局
地址：忻师北巷
……Tel:2020629
忻州市国土资源局
地址：长征后街6号
……Tel:3032426
忻州市审计局
地址：七一北路
……Tel:3020501
忻州市林业局
地址：长征北巷6号
……Tel:3034355
忻州市委老干部局
地址：七一北路3号
……Tel:3039700
忻州市房地产管理局
地址：新建南路5号
……Tel:2021323
忻州市建设局
地址：长征西街1号
……Tel:3033856
忻州市质量技术监督局
地址：健康街9号
……Tel:2020693
忻州市环境保护局
地址：开发区
……Tel:3122690
忻州市统计局
地址：长征中街
……Tel:3039585
忻州市食品、药品监督管理局
地址：长征西街25号
……Tel:3120202
忻州市烟草专卖局（公司）
地址：和平中街
……Tel:3033640
忻州市档案局
地址：长征西街
……Tel:3039400
忻州市教育局
地址：忻中北巷
……Tel:2020680
忻州市煤炭工业局
地址：元遗山路5号
……Tel:3142103
忻州市粮食局
地址：利民街20号
……Tel:3032241
忻州市发展和改革委员会
地址：和平西街6号
……Tel:3033997
忻州市机构编制委员会办公室
地址：长征中街
……Tel:3039366
忻州市扶贫办
地址：长征中街
……Tel:3039383
国家统计局忻州市调查队
地址：长征中街
……Tel:3039352
忻州市外商投资办公室
地址：和平西街
……Tel:3022048
忻州市建筑工程招标投标办公室
地址：长征西街45号
……Tel:3140717
忻州市交通局直属运输管理所
地址：七一北路
……Tel:3169070
忻府区医疗保险管理中心
地址：秀容街

内蒙古自治区

呼和浩特市（0471）

呼和浩特市人民政府
地址：新华东街
……三处：4606861
……办公室：4608219
……办公室：4608619
……办公室：4608639
……办公室：4608679
……办公室：4608697
……接待办公室：4608192
呼和浩特市市场监督管理局专业市场管理分局
地址：东库街
……办公室：6500063
……办公室：6500065
……财务室：6500051
……局长室：6526789
……投诉科：6512315
呼和浩特市大黑河管理局
地址：大学西路
……办公室：4933616
……办公室：4933614
呼和浩特市公用事业管理局
地址：艺术厅北街
……办公室：6911927
……财务科：6952304
……二科：6932374
……管理一科：6261393
……政策法规科：6283553
呼和浩特市文物事业管理处
地址：西五十家街
……办公室：6932742
……财神庙管理处：6302907
……财务室：6919569
……处长室：6932034
……多松年故居：6509803
……副处长室：6298757
……古建室：6939758
……书记室：6934647
……文物二科：6298193
……宣传科：6950867
呼和浩特市水资源管理局
地址：艺术厅北街
……Tel:6931649
呼和浩特市市政工程管理局
地址：如意开发区
……办公室：5971571
……党委办公室：4613695
……法规科：4612067
……服务中心：4612655
……工程科：4613577
……工会：4613761
……计划财务科：4612922
……人事科：4613677
……审计科：4613522
……市场科：4613422
……市政养护四处：5697217
……予制厂：5960629
……值班室：4612821
呼和浩特市民族事务委员会
地址：机场路
……Tel:4612287
呼和浩特市地方海事局
地址：新华东街
……书记室：4698852
……综合科：4698850
呼和浩特市农牧业局
地址：石东路
……传达室：5963510
呼和浩特市交通运输管理局
地址：机场路
……稽查大队：5975067
……稽查大队：5965487
呼和浩特市价格监督检查局
地址：昭乌达路
……办公室：4932239
……办公室：4951066
呼和浩特市地震局
地址：昭乌达路
……办公室：6621360
……震情值班室：6621367
呼和浩特市劳动和社会保障局
地址：新城北街
……办公室：4815434
……财务科：4816153
……监察科：4616515
……人事教育科（监督室）：4816625
……失业保险科：4616040
……仲裁科：4615909
呼和浩特市劳动就业服务局
地址：新城北街
……Tel:6287297
……办公室：4615265
……副主任室：4615428
……副主任室：4615107
……副主任室：4814708
……主任室：4616608
呼和浩特市体育局
地址：公园东路
……财务室：6980619
……传达室：6924978
……党办：6950182
……副主任室：6980615
……机关事务中心：8980652
……机关事务中心：6930527
……纪检监察室：6980612
……竞技体育科：6980623
……群众体育科：6980627
……体育经济科：6980629
……组织人事辩：6980613
呼和浩特市园林管理局
地址：海拉尔东路
……办公室：6555390
……办公室：6555389
……保安室：6555103
……绿化管理处：6555370
呼和浩特市财政局
地址：大学东街
……办公室：6956591
……会计科：4668421
……秘书室：6966094
……资产管理中心：6963541
……综合科：6951884
呼和浩特市审计局
地址：大学东路
……Tel:4929300
……农牧林水科：4929325
……商贸科：4929322
……综合科：4929339
呼和浩特市规划局
地址：呼伦南路
……财务室：4613007
……档案室：4613576
……信息规划中心：4613221
呼和浩特市房产管理局
地址：新城南街
……建设部：6928964
……经营管理处：6293636
呼和浩特市国家税务局
地址：大学东路
……办公室：5218876
……财务科：5218838
车辆购置税征收管理办公室
地址：会盟大道孟津区第二人民医院西南侧约50米
……Tel:3673121
车辆购置税征收管理办公室
……Tel:3673122
……国际税收：5218956
……机关党委：5218936
……监察室：5218929
……教育科：5103550
……金川管理局：3600845
……流转税：5218905
……票证中心：5218952
……如意管理局：4610068
……如意管理局：4610086
……所得税：5218984
……值班室：4962309
……注册税务：5103581
呼和浩特市国家税务局直属税务分局
地址：金桥开发区
……办公室：6639876
……办公室：6639877
……办税服务厅：6639884
……法规科：6639875
……机房：6639874
……税源二科：6639894
……税源二科：6639861
……税源二科：6639892
……税源二科：6639893
……税源一科：6639890
……税源一科：6639891
……税源一科：6639887
……税政管理科：6639872
……税政管理科：6639873
呼和浩特市招商局
地址：新华东街
……办公室：4621313
……财务室：4612790
……规划科：4612781
……司机室：4612787
……文印室：4612797
……项目科：4612786
……招商二科：4612782
……招商一科：4612785
……招商一科：4612783
呼和浩特市质量技术监督局
地址：鄂尔多斯西路
……办公室：3990799
……传达室：3990004
……纪检科室：3973618
……监督科：3990404
……人事教育科：3973995
呼和浩特市环境保护局
地址：新华大街
……办公室：4617896
……法规宣教科：4617812
……环保热线信访室：6980864
……机关事务中心：4617816
……污染监理科：4617808
……行政服务大厅：6621957
……政工科：4617802
……综合计划科：4617810
呼和浩特市科学技术局
地址：昭乌达路

办公室：6621301
财务科：6621379
传真：6621291
高新技术办公室：6621293
机关事务服务中心：6621388
计划科：6621151
局长室：6621286
农发科：6621292
政策法规办公室：6621295
知识产权科：6621287

呼和浩特市档案局
地址：世纪五路
查阅室：4505202
宣教科：4505207
业务二科：4505206
业务一科：4505205

呼和浩特市排水事业管理局
地址：昭君路
党委立交桥泵站：4815607
东立交桥泵站：6964364
副局长室：6926805
公主府泵站：6515673
局长室：6926019
生产基本建设科：6924374
污水处理厂：5698524
养护处：5903271
总工程师办公室：6927835

呼和浩特市商务局
地址：昭乌达路
办公室：6621220
办公室：6621213
商务网站：6621200

呼和浩特市教育局
地址：新华东街
办公室：4606415
财务科：4606417
传真：4606409
党办：4606422
督导室：4606410

关心下一代工作委员会
地址：回民区公园东路11号
Tel：6918151
基础教育科：4606405
机关事务中心：4606401
机关事务中心：4606425
监察室：4606420
民教科：4606402
人事科：4606412

师资培训与语言文字科
Tel：4605413
体卫艺术科：4606426
团委：4609237
政策法规科：4606421

职业与成人教育科
Tel：4606403

呼和浩特市粮食局
地址：中山路
办公室：6922607
财务基建科：6926935
传真：6922421
党委办公室：6926144
党委办公室：6923544
监察室：6922933
局长办公室：6926967
人事科：6927719
业务科：6922680
政工科：6922074
主任办公室：6964314

内蒙古呼和浩特出口加工区管理委员会
地址：经济技术开发
Tel：3602062

呼和浩特市文化市场管理委员会办公室
地址：大北街
办公室：6306517
行政办公室：5960285

呼和浩特市发展和改革委员会
地址：中山东路
办公室：4606322
党办：4606542
国土办：4606335
宏观科：4606155
稽查办公室：4606334
纪检监察室：4606541
外资科：4606318
西开办：4606329
政工科：4606332
助调室：4606154

呼和浩特市爱国卫生运动委员会
地址：昭乌达路
办公室：6626009
业务科：6626010
主任室：6626011

中国民族商品交易会组委会办公室
地址：新华东街
办公室：4607451
办公室：4607452
办公室：4607453

呼和浩特市人民政府金融工作办公室
地址：锡林南路
办公室：6965592
金融证券科：6965590
融资科：6965591

呼和浩特市农村改水项目办公室
地址：昭乌达路
办公室：6626110
财务室：6626109
书记办公室：6626107
主任办公室：6626108

呼和浩特市机构编制委员会办公室
地址：机场路
办公室：4606166
调研员室：4606158
副主任室：4606496

呼和浩特市体育市场管理办公室
地址：公园东路
办公室：6981196

呼和浩特市拆迁管理办公室
地址：北垣东街
办公室（传真）：4977477
法制科：4977735
管理科：4977701

呼和浩特市退伍军人和军队离退休干部安置办公室
地址：哲里禾路
办公室：6528669
办公室：6543183

呼和浩特市燃气管理办公室
地址：艺术厅北街
Tel：6282542

呼和浩特绕城高速公路建设监督管理办公室
地址：地质局南街
Tel：6260355
监察大队：4977737
政工科：4977712

呼和浩特海关
地址：如意开发压
办公室：4167211

中国电子口岸数据中心呼和浩特分中心
地址：赛罕区如意开发区如意和大街37号
4167200
缉私局：4166569
值班室：4167213
主任办：4167210

土默特左旗人民政府
地址：政府街
办公室：8112273
办公室副主任室：8112284
办公室主任室：8112261
法制科：8112311
秘书科：8113571

托克托县人民政府
地址：新建东路
机要室：8513787
接待办：8510113
秘书科：8521747
综合科：8513713

金山开发区管理委员会
地址：金山开发区
行政办公室：3620188
行政办公室：3620388

武川县人民政府
地址：南大街
秘书二科：8820802
秘书三科：8820855
秘书一科：8812203
值班室：8812046
综合科：8812102

和林县人民政府
地址：新民街
办公室：7196023
接待办：7199780
微机室：7191123

和林县盛乐经济园区管理委员会
地址：盛乐经济园区
办公室主任室：7390293
财务室：7390286
副主任室：7390289
后勤主任室：7391958
主任室：7390288
主任室：7390287

清水河县人民政府
地址：永安街
办公室：7912642
办公室副主任富：7912988
办公室主任室：7912826
值班室：7912237

土默特左旗卫生局
地址：向阳路
办公室：8140926
局长室：8141669
卫生监督所：8118193
业务科：8140935

土默特左旗市场监督管理局
地址：中山路
办公室：8112746
法制科：8121555
注册科：8122001

土默特左旗水务局
地址：呼包路
办公室：8112931
副局长室：8112361
局长室：8112634
书记室：8112833
水资源办公室：8112771

土默特左旗气象局
地址：新兴路
办公室：8112459
观察室：8112369

土默特左旗公路段
地址：大众路
办公室：8112786
财务室：8124949
段长室：8112981
微机室：8120841

土默特左旗发展和改革局
地址：呼包路
办公室：8121787
局长室：8122787

土默特左旗发展和改革局物价检查所
地址：向阳路
办公室：8125731
举报电话：8125447

土默特左旗民族宗教事务局
地址：政府东街
办公室：8112404
局长室：8126056

土默特左旗地方税务局
地址：政府街
办公室：8113201
会计科：8117367
人事科：8114020
有奖定额举报中心：8114014

土默特左旗农业农村局
地址：向阳路
办公室：8121440
局长室：8112831
书记室：8112617

土默特左旗农机局
地址：中山北路
局长室：8112793
书记室：8112547

土默特左旗交通局
地址：向阳路
办公室：8112741
工程师办公室：8124943
公路股股长室：8124953
运输股：8124957
征费稽查所：8150519

土默特左旗交警大队
地址：呼包路南
办公室：8141203
车宣股：8141338
二中队：8410008
三中队：8112204

事故值班报警电话
Tel：8141122
一中队：8210110

土默特左旗劳动局
地址：呼包路
办公室：8119688
办公室：8112580
办公室：8112505

土默特左旗财政局
地址：政府街
办公室：8113142
综合科：8112387

土默特左旗运输管理站
地址：呼包路
办公室：8125733
管理所：8151685
收费室：8112836
书记室：8112751
站长室：8123588

土默特左旗国土资源局
地址：化肥路
办公室：8152153

土默特左旗审计局
地址：全胜北路
办公室：8112315
办公室主任室：8119346
审价中心：8118524

土默特左旗林业局
地址：呼包路
办公室：8112934
防火办：8123000
退耕办：8123703

土默特左旗建设规划局
地址：政府街
Tel：8115409

土默特左旗征费稽查所
地址：向阳路
所长室：8115066
业务室：8112811

土默特左旗国家税务局
地址：向阳路
办公室：8112605
办税服务厅：8112761
办税服务厅：8123432
办税服务厅：8119634

土默特左旗质量技术监督局
地址：博彦路
办公室：8118800
副局长室：8121430
局长室：8112442

土默特左旗环境保护局
地址：全胜南路
办公室：8112213
副局长室：8123314
局长室：8112406

土默特左旗统计局
地址：政府街
局长室：8112327
农调队：8112980
农调队：8121644
普查办：8115717

土默特左旗科技局
地址：政府街
办公室：8112721
地震办：8112574

土默特左旗城建局
地址：金山开发区
Tel：3620466

土默特左旗畜牧局
地址：敕勒川
办公室：8121130
局长室：8112716
书记室：8112355

土默特左旗烟草专卖局
地址：政府街
副局长办公室：8123690
副局长办公室：8122543
局长办公室：8115910
客户服务部：8122419
门卫：8124924
专卖办：8122119
综合办公室：8116490

土默特左旗档案局
地址：呼包路
Tel：8112373

土默特左旗文化和文化和旅游局
地址：人民路
Tel：8122526

土默特左旗教育局
地址：人民路
办公室：8112216
办公室主任室：8124359

土默特左旗教育局勤工俭学办公室
地址：向阳路
Tel：8116371

土默特左旗粮食管理局
地址：呼包路
财务科：8119440
局长室：8112572
人秘股：8112644

土默特左旗察素齐收费处
地址：察素齐镇
Tel：8115110

内蒙古监管局托克托办事处
地址：新建中路
Tel：8512646

白庙子收费所
地址：白庙子镇
副所长室：8050196
副所长室：8050195
所长室：8050098

托克托县人事劳动和社会保障局
地址：新建东路
办公室：8513643
办公室：8516895
副局长室：8523350
局长室：8512794

托克托县卫生健康局
地址：新坪路
办公室：8513363
办公室：8521426

托克托县土地局
地址：双河北路
办公室：8514401
副局长室：8513297
局长室：8521208

托克托县乡镇企业管理局
地址：新建中路
办公室：8512776
副局长室：8522877
局长室：8513649

托克托县水利局
地址：双河北路
办公室：8523687
副局长室：8514851
副局长室：8523551
局长室：8513563
书记室：8518184
水政水资办：8516452
主任室：8513641

托克托县气象局
地址：文化路
测报值班室：8512208
局长室：8513239
人控室：8523293

托克托县民政局
地址：新坪路
办公室：8517250
副局长室：8516218
局长室：8513237

托克托县民族事务局
地址：新坪路
Tel:8516262

托克托县地方税务局
地址：新建东路
办公室：8512470
副局长室：8513270
副局长室：8513255
副局长室：8514661
警卫室：8513272
局长室：8513034

托克托县农业农村局
地址：云中南路
办公室：8512524
副局长室：8513462
局长室：8513757

托克托县防汛指挥部
地址：光明路
办公室：8512550
主任室：8512320

托克托县农牧局
地址：云中南路
Tel:8512254

托克托县交通局
地址：新建东路
办公室：8512446
副局长室：8520915
局长室：8512336

托克托县社会保险事业管理局
地址：云中南路
办公室：8514004
局长室：8520862

托克托县劳动就业服务局
地址：云中北路
办公室：8513763
办公室：8514266
局长室：8522815

托克托县财政局
地址：新建东路
办公室：8512618
企财科：8516765

托克托县审计局
地址：新建东路
办公室：8513705
副局长室：8523651
副局长室：8523652
局长室：8512708

托克托县林业局
地址：新建东路
办公室：8512276
副局长室：8520715
副局长室：8523501
局长室：8513769
书记室：8519107

托克托县物价局
地址：新建东路
办公室：8514733
举报电话：8515544

托克托县建设规划局
地址：新建东路
办公室：8512596
副局长室：8521693
局长室：8513695
书记室：8516269

托克托县国家税务局
地址：新建西路
计征科：8514040
检查执行科：8516141
综合业务科：8514846

托克托县建筑工程质量监督站
地址：新建东路
办公室：8515611
办公室：8521653

托克托县质量技术监督局
地址：新建东路
办公室：8513375
监察科：8520764
举报电话：12365
业务股：8519261

托克托县环境保护局
地址：云中南路
办公室：8515984
局长室：8521151
举报电话：8522004

托克托县统计局
地址：双河北路
办公室：8512476
副局长室：8510151
局长室：8512798
农调队：8519040

托克托县科学技术局
地址：新建中路
办公室：8523150
局长室：8512680
科协主席室：8513759

托克托县城镇管理所
地址：新建东路
办公室：8521510
办公室：8512012
办公室：8515905

托克托县畜牧局
地址：云中南路
办公室：8512462
局长室：8523889

托克托县档案局
地址：新建东路
Tel:8512412

托克托县文化和文化和旅游局
地址：云中南路
Tel:8518488

托克托县教育局
地址：双河北路
办公室：8513874
电教站：8516845
教研室：8514700
勤工办：8518504
人事股：8512312
招生办：8515047

托克托县粮食局
地址：新坪路
办公室：8512424
财会股：8512570
副局长室：8512574
书记室：8512571
业务股：8513573

武川县卫生局
地址：市场街
办公室：8812718
局长室：8812868

武川县乡镇企业局
地址：青山路
办公室：8812453
局长室：8819465

武川县水务局
地址：青山路
办公室：8812727
防汛办：8815324
局长室：8812980
水利实业总公司：8813983

武川县公共卫生监督所
地址：青山路
Tel:8812568

武川县计划生育局
地址：文化东街
办公室：8812104
局长室：8820588
书记室：8812548
微机室：8820568

武川县文物管理所
地址：南大街
Tel:8815001

武川县气象局
地址：影视西街
办公室：8812316
局长室：8812062

武川县民政局
地址：南大街
办公室：8812403
婚姻登记处：8821389
社救股：8822039

武川县发展计划局
地址：南大街
办公室：8812401
局长室：8812142
移民办公室：8814786

武川县地方税务局
地址：文化西街
个体科：8812763
管理科：8815159
计征科：8812242

武川县农业农村局
地址：青山路
办公室：8812520
局长室：8812579
书记室：8819413

武川县应急管理局
地址：青山路
Tel:8822999

武咱县农牧局
地址：青山路
办公室：8822689
办公室：8822820

武川县交通局
地址：健康街
办公室：8812429
微机室：8819710
征费办公室：8820938

武川县技术监督局
地址：工业街
办公室：8813507
微机室：8819400

武川县劳动人事局
地址：南大街
劳动办公室：8819224
人事办公室：8812305

武川县社会保险事业管理局
地址：健康街
办公室：8812012
财务室：8816812

武川县劳动就业服务局
地址：健康街
办公室：8812262
大厅：8821758

武川县财政局
地址：南大街
采购办公室：8814080
会计核算中心：8814081
会计核算中心：8814082
农业开发办公室：8812352
社保股：8813856
条法、护税、国资股：8812604

武川县国土资源局
地址：南大街
办公室：8812161
矿管科：8821262
收储中心：8821261

武川县审计局
地址：文化东街
办公室：8812018
局长室：8812335
书记室：8820881

武川县林业局
地址：军民东街
办公室：8812879
局长室：8812034
森防站：8819807
书记室：8815850
微机室：8821318

武川县物价市场监督管理局
地址：健康街
个协：8820856
价格举报投诉中心：8819440
消协：8816315

武川县建设规划局
地址：影视西街
办公室：8812714
纪检室：8812463
市容管理所：8813722
市政工程管理所：8812008

武川县生态环境局
地址：新西街
副局长室：8819725
局长室：8822136
书记室：8819872

武川县经济贸易局
地址：南大街
办公室：8812003
副局长室：8812180
局长室：8812196
书记室：8812420

武川县国家税务局
地址：南大街
发票管理科：8812005
信息中心：8815347
征收大厅：8812195

武川县建筑工程质量监督站
地址：文明街
Tel:8812371

武川县质量技术监督局
地址：工业西街
Tel:8822052

武川县统计局
地址：南大街
办公室：8812503
城调队：8816311
局长室：8812843
农调队：8815473

武川县科学技术局
地址：南大街
办公室：8812331
局长室：8813459

武川县药品监督管理局
地址：南大街
办公室：8818857
副局长室：8819136
局长室：8818854

武川县畜牧局
地址：青山路
草原站：8812261
改良站：8812970
兽医站：8812071
种羊厂：8801078

武川县烟草专卖局
地址：青山路
二楼值班室：8822352
访销电话：8811157
访销电话：8811549

武川县档案局
地址：南大街
Tel:8812903

武川县文化和文化和旅游局
地址：青山路
办公室：8821826
办公室：8821825

武川县教育局
地址：文化西街
办公室：8812512
电教仪器站：8820953
计财股：8812147
教研室：8820395
人事股：8812217
招生办：8812247

武川县粮食局
地址：青山路
办公室：8812581
财会科：8812825
局长室：8812776

呼包高等级公路管理局哈素海管理区
地址：小万家沟
办公室：8410075
办公室：8410067
办公室：8410332
哈素海收费站：8410376

矿产资源管理站
地址：永安街
Tel:7912028

和林县人事劳动局
地址：红卫街
办公室：7191455
副局长室：7191623
局长室：7191511

和林县人事劳动和社会保障局
地址：新民街
Tel:7181268

和林县卫生局
地址：新华街南
办公室：7191515
局长室：7191610

和林县卫生监督所
地址：新华街
Tel:7198395

和林县市场监督管理局
地址：新华街
办公室：7198109
财务科：7198801
投诉电话：7195315
信息中心：7195171

和林县乡镇企业局
地址：新民街
Tel:7191491

和林县水务局
地址：新华街
办公室：7191694
办公室：7199766
财务室：7196327
工程总公司：7192787
水政办：7194446

和林县文物管理所
地址：新华街
Tel:7193553

和林县气象局
地址：新华街
办公室：7191271
办公室：7199222

和林县民政局
地址：新民街
Tel:7191702

和林县发展计划局
地址：呼清路
Tel:7181513

和林县民族宗教事务局
地址：新民街
Tel:7191239

和林县地方税务局
地址：新民街
办公室：7190304
财务室：7181130
大厅：718T132
管理科：7181133
管理科：7197946
计征科：7181134
计征科科长室：7194646
值班室：7181131

和林县农业农村局
地址：新民街
办公室：7191621
经营管理站：7195884
局长室：7194470
书记室：7194490

和林县应急管理局
地址：呼清路
Tel:7190292

和林县交通局
地址：新华街
Tel:7191337

和林县技术监督局
地址：呼清路
办公室：7191439
办公室：7195039

和林县劳动事业管理局
地址：红卫街
Tel:7191512

和林县社会保险事业管理局
地址：新华街
办公室：7191772
局长室：7194480

和林县劳动就业服务局
地址：新民街
办公室：7181511
办公室：7181510

和林县财政局
地址：新华街
办公室：7193089
办公室：7199580

……………………综合股：7191544

和林县国土资源局
地址：新华街
……………………副局长室：7192398
……………………局长室：7198566
……………………书记室：7199838

和林县审计局
地址：新华街
……………………办公室：7191769
……………………局长室：7191628
……………………审计事务所：7193911

和林县林业局
地址：新民街
……………………办公室：7191467
……………………防火办：7190293
……………………副局长室：7199592
……………………局长室：7191602
……………………林业站：7198172
……………………天保站：7198170
……………………值班室：7198171

和林县国家税务局
地址：新民街
……………………办公室：7193091
……………………稽查室：7196579
……………………计征科：7196597
……………………信息中心：7193270
……………………行政部：7196028
……………………综合管理科：7191783

和林县招商局
地址：红旗街
……………………Tel:7181298

和林县环境保护局
地址：呼清路
……………………Tel:1194440

和林县城乡建设规划局
地址：新民街
……………………财会室：7195272
……………………规划股：7195275
……………………人防办：7195270
……………………设计室：7195276
……………………市政管理所：7195279
……………………质检站：7195274

和林县前天子水库工程建设管理局
地址：新店子街
……………………办公室：7102095
……………………局长室：7102118

和林县统计局
地址：新民街
……………………办公室：7191752
……………………局长室：7194488
……………………农调队：7191662

和林县科技局
地址：新华街
……………………Tel:7190671

和林县药品监督管理分局
地址：盛乐街
……………………办公室：7199201
……………………副局长室：7199120
……………………局长室：7199496

和林县盐务管理局
地址：红旗街
……………………Tel:7195922

和林县文化和文化和旅游局
地址：胜利南路
……………………办公室：7194698
……………………局长室：7190088
……………………售票室：7190962

和林县教育局
地址：新华街
……………………办公室：7191539
……………………局长室：7191782
……………………招生办：7191701

和林县粮食局
地址：新华街
……………………财会股：7191453
……………………局长室：7191598

和林格县农牧业局
地址：新华街
……………………办公室：7191813
……………………办公室：7191472

呼和浩特市药品监督管理局土默特左旗分局
地址：人民北路
……………………办公室：8124881
……………………局长室：8126102

呼和浩特市药品监督管理局托克托县分局
地址：文化西路
……………………办公室：8522601
……………………副局长室：8522602
……………………局长室：8522600

清水河县人事劳动和社会保障局
地址：永安街
……………………办公室：7911161
……………………劳动就业服务中心：7912874
……………………社会保险资金管理中心：7912009

清水河县卫生局
地址：永安街
……………………办公室：7912767
……………………办公室：7910409
……………………副局长室：7910017

清水河县市场监督管理局
地址：永安街
……………………城关所：7915502
……………………价格投诉：12358
……………………投诉电话：12315

清水河县乡镇局
地址：永安街
……………………Tel:7912325

清水河县水务局
地址：永安街
……………………办公室：7912081
……………………防汛办：7914470
……………………局长室：7912938
……………………世行办：7914471
……………………水政监察大队：7910623

清水河县计划生育局
地址：永安街
……………………办公室：7912043
……………………副局长办公室：7910592
……………………局长办公室：7910758

清水河县气象局
地址：永安街
……………………微机室：7912041
……………………值班室：7910214

清水河县民政局
地址：永安街
……………………办公室：7912253
……………………局长室：7910331

清水河县民族宗教事务局
地址：永安街
……………………办公室：7912924
……………………局长室：7915600

清水河县地方税务局
地址：永安街
……………………城关税务所：7932319
……………………管理科：7931153

清水河县农业农村局
地址：永安街
……………………办公室：7931702
……………………农业行政执法大队：7930221

清水河县应急管理局
地址：永安街
……………………Tel:7915958

清水河县交通局
地址：永安街
……………………办公室：7912802
……………………局长室：7912683

清水河县财政局
地址：永安街
……………………办公室：7912176
……………………会计股：7912474
……………………农财股：7912650
……………………社保股：7912527
……………………预算股：7912113
……………………综合股：7912227

清水河县审计局
地址：永安街
……………………办公室：7912660
……………………微机室：7913232

清水河县林业局
地址：永安街
……………………办公室：7932718
……………………林业工作站：7931821
……………………木检站：7932660
……………………森防站：7931011

清水河县建设规划局
地址：城关镇
……………………办公室：7930848
……………………局长室：7930666

清水河县经贸局
地址：永安街
……………………Tel:7912121

清水河县国家税务局
地址：永安街
……………………办公室：7912966
……………………计征科：7915500

清水河县质量技术监督局
地址：永安街
……………………办公室：7912159

清水河县环境保护局
地址：永安街
……………………办公室：7913234
……………………局长室：7913285

清水河县城乡建设土地管理局
地址：永安街
……………………办公室：7931876
……………………局长室：7931251

清水河县统计局
地址：永安街
……………………城调队：7912361
……………………农调队：7930553

清水河县药品监督管理分局
地址：永安街
……………………办公室：7913256
……………………办公室：7915880
……………………局长室：7913508

清水河县畜牧局
地址：永安街
……………………办公室：7932724
……………………局长室：7930476

清水河县档案局
地址：永安街
……………………Tel:7912217

清水河县文化和文化和旅游局
地址：永安街
……………………Tel:7910910

清水河县教育局
地址：永安街
……………………办公室：7912123
……………………局长室：7915468
……………………招生办：7912433

清水河县就业局
地址：城关镇
……………………Tel:7912118

清水河县粮食局
地址：永安街
……………………办公室：7912065
……………………财务室：7912748

土默特左旗人口和计划生育委员会
地址：全胜路
……………………Tel:8112692

土默特左旗哈素海索道管理处
地址：哈素海
……………………办公室：8312280
……………………办公室：8312267

土默特左旗爱国卫生运动委员会
地址：新建路
……………………Tel:8123633

托克托县文化教育委员会
地址：双河北路
……………………Tel:8518887

托克托县计划生育委员会
地址：新建东路
……………………办公室：8513393
……………………副主任室：8523300
……………………副主任室：8523200
……………………微机室：8512627
……………………主任室：8514904

托克托县计划委员会
地址：新建中路
……………………办公室：8513501
……………………副主任室：8519220
……………………主任室：8512598

托克托县关心下一代工作委员会
地址：新建东路
……………………Tel:8523373

托克托县体育委员会
地址：双河北路
……………………Tel:8513303

托克托县经济委员会
地址：文化路
……………………办公室：8512211
……………………副局长室：8512212
……………………局长室：8512394

武川县文明办
地址：新东街
……………………Tel:8822358

武川县农村改水项目办公室
地址：武中前街
……………………办公室：8820814
……………………办公室：8821581

武川县扶贫办
地址：南大街
……………………办公室：8812603
……………………主任室：8816286

武川县扶贫世行项目办公室
地址：南大街
……………………办公室：8815124
……………………管理中心：8819652
……………………主任室：8813644

武川县金三角开发区办公室
地址：金三角区
……………………Tel:8818266

清水河县计划委员会
地址：永安街
……………………办公室：7912111
……………………主任室：7912347

清水河县科学技术委员会
地址：永安街
……………………办公室：7912764
……………………局长室：7913282

土默特左旗计划生育办公室
地址：全胜路
……………………办公室：8119206
……………………办公室：8124926

土默特左旗对外经济贸易办公室
地址：全胜路
……………………办公室：8123746
……………………主任室：8125549

土默特左旗成教办
地址：向阳路
……………………Tel:8120102

土默特左旗扶贫开发领导小组办公室
地址：人民路
……………………Tel:8111691

土默特左旗职教办
地址：全胜路
……………………Tel:8112594

中国共产党土默特左旗机构编制办公室
地址：政府街
……………………Tel:8122448

托克托县人民政府对外经济协作办公室
地址：文化路
……………………Tel:8513311

托克托县3924项目办公室
地址：双河北路
……………………副主任室：8513302
……………………主任室：8512642

托克托县农业综合开发办公室
地址：新建东路
……………………办公室：8516092
……………………办公室：8515679
……………………办公室：8521744
……………………办公室：8513108
……………………办公室：8518078

托克托县农村改水项目办公室
地址：向阳路
……………………办公室：8513941
……………………主任室：8519823

托克托县机构编制委员会办公室
地址：新建东路
……………………Tel:8523521

托克托县扶贫开发领导小组办公室
地址：新建东路
……………………办公室：8515797
……………………副主任室：8522892
……………………副主任室：8522893
……………………主任室：8516901

托克托县第一次经济普查办公室
地址：新建东路
……………………Tel:8514559

武川县机构编制委员会办公室
地址：青山路
……………………Tel:8820511

和林县计划生育委员会
地址：新民街
……………………办公室：7191435
……………………办公室：7191513
……………………书记室：7195110
……………………主任室：7191341

和林县经济贸易委员会
地址：新华街
……………………Tel:7191727

和林县科学技术委员会
地址：新华街
……………………Tel:7191254

清水河县万家寨水库移民安置办公室
地址：永安街
……………………办公室：7913433
……………………财务室：7913422
……………………主任室：7915038

清水河县世界银行扶贫贷款项目领导小组办公室
地址：永安街
……………………办公室：7932123
……………………主任室：7932122

清水河县机构编制委员会办公室
地址：永安街
……………………办公室：7913100
……………………主任室：7911868

清水河县扶贫开发办公室
地址：永安街
……………………办公室：7931447
……………………主任室：7932098

清水河县招商引资办公室
地址：永安街
……………………Tel:7932458

清水河高载能工业园区办公室
地址：城关镇
……………………Tel:7910836

和林县对外协作办公室
地址：呼清路
……………………Tel:7191500

和林县石材产业领导小组办公室
地址：呼清路
……………………办公室：7190630
……………………办公室：7190631
……………………办公室：7190632

和林县农业综合开发办公室
地址：新华街南
……………………办公室：7191486
……………………书记室：719f1925
……………………主任室：7196960

和林县扶贫办公室
地址：新民街
……………………办公室：7191463
……………………主任室：7198881

社会团体

工会

内蒙古自治区总工会
地址：迎春巷
……………………办公室主任：5981596
……………………保障工作部：5981539
……………………部长室：5981529
……………………财务部：5981561
……………………管理科：5981534
……………………总值班室：5981530

呼和浩特市总工会
地址：中山西路
……………………办公室：6922859
……………………财务科：6924035
……………………财务室：6924161
……………………基层部：6964535

土默特左旗工会
地址：向阳路
Tel:8112822

托克托县工会
地址：新建中路
办公室：8512484
副主席室：8513931
主席室：8513133

武川县总工会
地址：健康街
办公室：8812618
办公室：8821160

和林县工会
地址：新华街
办公室：7191268
办公室：7198685

清水河县工会
地址：永安街
Tel:7912536

共青团、青联、学联

中国共产主义青年团呼和浩特市委员会
地址：昭乌达路
办公室：6621272
青少年服务部：6621401
青少年职业发展中心：6621271
文印室：6621311
学校少工委学联：6621270
学校少工委学联：6621402
组织，权益，宣传部：6621273

土默特左旗团委
地址：向阳路
Tel:8112374

托克托县团委
地址：新建东路
Tel:8513475

武川县团委
地址：青山路
Tel:8812014

和林县团委
地址：新民街
Tel:7191620

清水河县团委
地址：永安街
Tel:7912039

妇联

呼和浩特市妇女联合会
地址：昭乌达路
Tel:6621384

土默特左旗妇女联合会
地址：政府街
Tel:8112539

托克托县妇女联合会
地址：新建东路
Tel:8512508

武川县妇女联合会
地址：工业南街
办公室：8812341
主席室：8813541

和林县妇女联合会
地址：利民街
Tel:7191275

清水河县妇联
地址：永安街
Tel:7912638

文联

内蒙古自治区文学艺术界联合会
地址：机场辅路
办公室：4934352
办公室：4954757
打字室：4918577
机关事务中心：4963491
书记室：4961844
组联部：4961833

呼和浩特市文学艺术界联合会
地址：中山西路
创研室：6980839
副主席：8980834
副主席：6980842
组联部：6980837

残联

内蒙古自治区残疾人联合会
地址：呼伦北路
财务：6527496
党办：8519310
党办：6517449
党办：6518813
基金部：6519730
机关服务中心：6519339
教育就业部：6519987
康复部：6527456
康复部：6520497
劳动服务中心：6519485
权益部：6527113
宣文部：6519060
值班室：6519392
组联部：6518661

土默特左旗残疾人联合会
地址：全胜路
Tel:8115592

武川县残疾人联合会
地址：青山路
办公室：8812591
理事长室：8819546

和林县残疾人联合会
地址：新华街
Tel:7191492

清水河县残疾人联合会
地址：永安街
办公室：7913548
理事长室：7913278

工商联

内蒙古自治区工商业联合会
地址：新华大街
办公室：6612136
办公室：6611051
传真：6810075
经济部：6611052
民间商会：6610353
书记办公室：6611053

土默特左旗工商业联合会
地址：政府街
Tel:8122404

协会

中国美术家协会内蒙古分会
地址：新城西街
Tel:6268986

内蒙古奶业协会
地址：北垣西街
办公室：6931744
秘书长办公室：6931412
学生奶办公室：6931214

内蒙古自治区女企业家协会
地址：东影南路
Tel:4925139

内蒙古自治区个体劳动者协会
地址：新城东街
办公室：6937817
办公室：6950109
培训部：6937829

内蒙古自治区公共安全技术防范行业协会
地址：乌兰察布路
Tel:4915331

内蒙古自治区水利工程协会
地址：健康街
办公室：5259508
办公室：5259509

内蒙古自治区书法家协会
地址：如意开发区
Tel:4915341

内蒙古自治区电力行业协会
地址：五塔寺东街
Tel:5955255

内蒙古自治区民间文艺家协会
地址：机场辅路
Tel:4925595

内蒙古自治区电视艺术家协会
地址：乌兰察布西路
Tel:4925767

内蒙古自治区电影家协会
地址：机场辅路
Tel:4925247

内蒙古自治区老卫生科技工作者协会
地址：新华大街
办公室：6611002
办公室：6611003

内蒙古自治区成功人士协会
地址：新城北街
Tel:4816617

内蒙古自治区老年人体育协会
地址：新华大街
办公室：6926705
办公室：6944012
办公室：8944054
财务室：6944055
领导办公室：6944011

内蒙古自治区肉羊协会
地址：新城西街
Tel:8939209

内蒙古自治区老科学技术工作者协会
地址：新华大街
Tel:6289953

内蒙古自治区社会保障协会
地址：兴安南路
办公室：4965561
办公室：4965630

内蒙古自治区作家协会
地址：乌兰察布西路
办公室：4922826
办公室：4963585
办公室：4965313
主席办：4925287

内蒙古自治区纳税人协会
地址：乌兰察布西路
办公室：4904226
办公室：4913477

内蒙古自治区图书馆
地址：新城西街
Tel:6280735

内蒙古自治区注册会计师协会
地址：大学西路
办公室：6297261
副秘书长室：6915615

内蒙古自治区经纪人协会
地址：乌兰察布东路
办公室：4912661
办公室：4912683
办公室：4912665
副主任：4912662

内蒙古自治区软件行业协会
地址：迎宾北路
Tel:6610579

内蒙古自治区股份制企业管理协会
地址：新华大街
Tel:6945393

内蒙古自治区国际人才交流协会
地址：中山东路
Tel:6915912

内蒙古自治区饲料工业协会
地址：呼伦北路
Tel:6288457

内蒙古自治区室内装饰协会
地址：新华桥北街
会长室：6931240
业务室：6686615

内蒙古自治区律师协会
地址：公园西路
办公室：6261461
办公室：6261462
办公室：6261482
办公室：8261117
秘书长：6261136

内蒙古自治区保险行业协会
地址：新华大街
办公室：6902101
宣传部：6939527

内蒙古自治区城镇供热协会
地址：大学西路
Tel:6912242

内蒙古自治区酒业协会
地址：海拉尔东路
Tel:6555923

内蒙古自治区造纸协会
地址：海拉尔中路
Tel:6500310

内蒙古自治区特种设备协会
地址：新华大街
Tel:6555164

内蒙古自治区旅游协会
地址：艺术厅南街
Tel:6282633

内蒙古自治区粮食行业协会
地址：新华大街
Tel:6924626

内蒙古自治区舞蹈家协会
地址：机场辅路
Tel:4925471

内蒙古国际文化交流中心
地址：赛罕区四纬路2号
办公室：4616024
办公室：4616025
办公室：4616023
办公室：4616096

内蒙古质量管理协会
地址：新华大街
办公室：4920610
办公室：4920132

内蒙古素质教育协会
地址：艺术厅北街
Tel:6267488

内蒙古理财行业协会
地址：锡林南路
秘书长室：6687558
培训中心：6687771

内蒙古啤酒协会
地址：海拉尔东路
Tel:6555919

内蒙古甜菜糖业协会
地址：大学西路
Tel:6927131

内蒙古眼镜行业协会
地址：通道南街
Tel:26306727

内蒙古粮食财会研究会
地址：中山东路
Tel:6928450

内蒙古摄影家协会
地址：新城西街
Tel:6288720

呼和浩特市肢残人协会
地址：中山西路
传真：6305921
主席办公室：6305920

呼和浩特市室内装饰协会室内监测中心（分会）
地址：新城西街
Tel:6269014

呼和浩特市律师协会
地址：光华街
Tel:4976627

呼和浩特市科学技术协会
地址：昭乌达路
办公室：6621013
办公室：6621460
科普部：6621279
青少部：6621157
学会部：6621209
组宣部：6621276

呼和浩特市旅游协会
地址：中山西路
Tel:6299779

学会

中国蒙古文学学会
地址：大学路
Tel:4908178

内蒙古水利学会
地址：健康街
Tel:5259639

内蒙古电影放映收藏学会
地址：通道北街
副会长：6632565
秘书处：6632564

内蒙古自治区计量测试学会
地址：文化官街
Tel:6916351

内蒙古自治区地质学会
地址：乌兰察布东路
秘书处：4905196
秘书处：4967545

内蒙古自治区房地产估价师学会
地址：新华大街
Tel:6613886

内蒙古自治区国有资产管理学会
Tel:4965523

内蒙古自治区法学会
地址：新城东街
Tel:6915141

内蒙古自治区预算会计学会
地址：兴安南路
Tel:4965573

内蒙古自治区粮食经济学会
地址：新华大街
Tel:6927057

呼和浩特市医学会
地址：昭乌达路
Tel:6626012

红十字会

呼和浩特市红十字会
地址：新华东街
办公室：4607597
业务室：4607596

土默特左旗红十字会
地址：新建路
Tel:8123789

基金会

中国少年先锋队内蒙古自治区工作委员会
地址：乌兰察布东路
办公室：4906363
传真：4903767
副主任室：4902193
宣教部：4906365
主任室：4906361
组训部：4906364

内蒙古自治区人民教育基金会
地址：新城南街
办公室：6203779
办公室：6204211
会长室：8919008
会长室：6203806
主任室：6913430

内蒙古自治区乌兰夫基金会
地址：新华大街
办公室：6612166
办公室：6631206
办公室：6631208
办公室：6631212
办公室：6631213
事业部：6631211
主任室：6631216
综合部：6631210

内蒙古儿童基金会
地址：迎宾南路
Tel:6289615

保护儿童委员会

呼和浩特市关心下一代工作委员会
地址：公园东路
Tel:6916780

老龄问题委员会

内蒙古自治区老龄委员会
地址：新华大街
Tel:6610605

其他社会团体

内蒙古自治区企业联合会
地址：新华大街
Tel:6926949

内蒙古自治区社会科学联合会
地址：利民街
办公室：4968168
办公室：4964520
学会部：4964816
杂志社：4964965
咨询部：4962744

内蒙古自治区留学人员联合会

地址：新华大街
……Tel：6283951
内蒙古社会扶贫工作促进会
地址：如意开发区
……办公室：4611907
……杂志社：4613116
……综合办：4611916
内蒙古现代教育研究会
地址：新城南街
……办公室：6965487
……办公室：6965491
内蒙古自治区乌兰夫研究会
地址：新城东街
……办公室：4811859
……主任室：4811860

驻在机构
中央驻在机构

中华人民共和国内蒙古出入境检验检疫局
地址：电杆厂街
国际旅行卫生保健中心前台
……Tel：4344217
……机场办事处：4941550
……监控室：4343379
中检认证集团内蒙古分公司
地址：呼和浩特市赛罕区昭乌达路68号
……Tel：4340841
中国国际贸易促进委员会内蒙古自治区分会
地址：新华大街
……传真：6965404
……会长办：6281504

包头市（0472）

国家机构
人民政府

包头市人民政府
地址：钢铁大街
……保卫科：5148116
……督查：5148529
……市政府热线：12345
……总机：5152255
……总值班室：5148232
内蒙古自治区包头市水文勘测局
地址：幸福路
……财务科：3136002
……总机：3159214
内蒙古自治区包头市气象局
地址：康乐小区
……办公室：5153927
……结算中心：5175912
内蒙古自治区包头市国家税务局
地址：钢铁大街
……办公室：5168408
……传真：5168402
包头市卫生局
地址：乌兰道
……办公室：2529985
包头市市场监督管理局
地址：阿尔丁广场
……办公室：5105036
……办公室：5105032
包头市水务局
地址：富强中路
……总值班室：5919000
包头市民政局
地址：钢铁大街
……办公室：5149040
包头市交通局
地址：黄河大街
……办公室：5999026
……主任室：5999088
包头市价格监督检查局
地址：钢铁大街
……办公室：5153465
……综合办：5153754
包头市地震局
地址：阿尔丁北大街
……办公室：5155966
包头市档案局
地址：钢铁大街
……办公室：5148275
……办公室：5148282
……值班室：5148177
包头市财政局
地址：民族东路
……办公室：5226536
包头市审计局
地址：友谊大街
……办公室：5171956
……办公室：51719418
包头市林业局
地址：民族东路
……办公室：5185306
……办公室：5185305
包头市规划局
地址：富强路
……办公室：3316650
……办公室：3316652
包头市房产管理局
地址：乌兰小区
……办公室：5185566

……机关事务中心：5119165
包头市国家税务局直属分局
地址：青工南路
……税政科：5168746
……征管科：5168747
包头市国家税务局稽查局
地址：青工路
……举报中心：5168458
……执行科：5168449
包头市环境保护局
地址：富强路
……办公室：3337717
……传真：3333950
包头市统计局
地址：钢铁大街
……办公室：5148687
……传真：5148686
包头市科学技术局
地址：钢铁大街
……办公室：5148656
……合作处：5148670
包头市食品药品监督管理局
地址：友谊大街
……办公室：5918910
……值班室：5110862
包头市文化和文化和旅游局
地址：钢铁大街
……办公室：5148345
……办公室：5148456
包头市教育局
地址：友谊大街与劳动路路口
……办公室：5155149
……办公室：5155668
包头市稀土开发区地方税务局
地址：钢铁大街
……办公室：5168127
……税收科：5168150
包头市发展和改革委员会
地址：钢铁大街
……办公室：5109206
……人事处：5109204
包头市民族事务委员会
地址：钢铁大街
……办公室：5148809
……办公室主任室：5148804
包头市农牧业区划委员会
地址：钢铁大街
……办公室：5155217
……主任室：5156930
包头市经济和信息化委员会
地址：钢铁大街
……办公室：5148172
……办公室：5148760
包头仲裁委员会
地址：钢铁大街
……案件受理部：5148631
……综合部：5148630
包头市人民防空办公室
地址：乌兰道
……办公室：5363200
……总机：5363322
包头市人民政府外事办公室
地址：钢铁大街
……办公室：5148418
……主任室：5148409
包头市农业资源区划管理办公室
地址：钢铁大街
……Tel：5158932
包头市社会治安综合治理委员会办公室
地址：钢铁大街
……基层指导室：5161544
……综合协调室：5161845
包头市劳动和社会保障信息网络中心
地址：建华南路
……办公室：7909809
……主任室：7909808
包头市扶贫开发领导小组办公室
地址：民族东路
……传真：5122105
……综合科：5110200
包头市住房制度改革委员会办公室包头市住房公积金管理中心
地址：富强路
……办公室：3311576
……办公室：3329015
包头市城乡基本建设办公室
地址：幸福路
……财务室：3319023
……传达室：3319045
包头市城市建设拆迁安置办公室
地址：幸福路
……办公室：3148954
……管理科：3132854
包头市信息办公室
地址：钢铁大街
……办公室：5148355
……办公室：5148356
包头市人民政府行政审批服务中心
地址：阿尔丁大街
……办公室：5179138
……中心业务管理科：5179114

包头市价格认证中心
地址：钢铁大街
……车损鉴定办公室：5180843
……司法鉴定部：5167793
包头市财政性投资评审中心
地址：民族东路
……综合部：5110607
包头市国土资源产权管理与服务中心
地址：团结大街
……咨询电话：5170000
包头市规划技术中心
地址：富强路
……副主任室：3316679
……主任室：3316677
包头市建设项目服务中心
地址：钢铁大街
……办公室：5145272
……项目科：5176881
包头市昆都仑区白云路街道办事处
地址：白云路
……保障所：2114963
……经济科：2125491
……综治办：2165175
包头市昆都仑区市府东路街道办事处
地址：阿尔丁大街
……办公室：2150663
……办公室：2119818
……办公室：2119688
包头市昆都仑区阿尔丁大街街道办事处
地址：青松小区
……办公室：5153360
……书记室：5151062
……综治办公室：5163564
包头市昆都仑区林荫路街道办事处
地址：长青道
……副主任室：2125743
……书记室：2149246
……主任室：2123630
……综治办公室：2151667
包头市昆都仑区黄河西路街道办事处
地址：黄河西路
……办公室：2360313
……综合办公室：2360308

乌海市（0473）

人民政府
乌海市人民政府
地址：海勃湾区市府大道
……办公室：2999544
乌海市人事局
地址：滨河区
……办公室：2025034
乌海市审计局
地址：海拉北路
……办公室主任室：2033234
乌海市国家税务局
地址：狮城大街
……办公室：2668811

社会团体
工会

乌海市总工会
地址：人民北路
……办公室主任室：2021492

赤峰市（0476）

国家机构
人民政府

赤峰市人民政府
地址：玉龙大街
……市长公开电话：8337773
赤峰市行政审批中心
地址：玉龙大街
……业务科：8360023
赤峰市党委政府联合街访中心
地址：玉龙大街
……Tel：8282990
赤峰市接待办公室
地址：玉龙大街
……传真：8820005
……综合处：8820004
中华人民共和国赤峰出入境检验检疫局
地址：赤峰市新城区
……办公室：8821115
……办公室：8821119
赤峰市民政局
地址：玉龙大街
……办公室：8334252
赤峰市红山区水利局
地址：红山区园林路北段交警二大队院内
……办公室：8224860
赤峰市产品质量计量检测所
地址：松山区全宁街23号
……客户服务中心：8821193
……综合业务科：8825424
赤峰市质量技术监督局红山区分局
地址：红山区新华路123号
……办公室：8223959
赤峰市食品药品监督管理局
地址：长青街
……办公室：8368750
赤峰市文化和文化和旅游局
地址：玉龙大街

……旅游投诉电话：8380833
赤峰市仲裁委员会
地址：红山区哈达街
……办公室：8369302
……办公室：8389303
赤峰市红山区国土资源局
地址：长青街中段
……办公室：8251517
……值班室：8256300

社会团体
工会
赤峰市红山区总工会
地址：哈达街中段
……办公室：8223487
其他社会团体
赤峰市餐饮行业商会
地址：哈迭街中段
……办公富：8250877

通辽市（0475）

人民政府
通辽市人民政府
地址：开发区
……总值班室：8836666
通辽市人社局
地址：开发区
……办公室：8836253
通辽出入检验检疫局
地址：开发区
……办公室：8266006
通辽市卫生局
地址：开发区
……办公室：8212631
通辽市市场监督管理局
地址：开发区
……办公室：8219532
通辽市水务局
地址：开发区
……办公室：8239071
通辽市气象局
地址：开发区
……办公室：8212741
通辽市民政局
地址：开发区
……办公室：0835960
通辽市农牧业局
地址：开发区
……办公室：8233791
……值班室：8415729
通辽市安监局
地址：开发区
……办公室：8836737
通辽市交通运输局
地址：开发区
……办公室：8233722
国家税务总局通辽市税务局
地址：通辽市科尔沁区
……办公室：0833005
通辽市体育局
地址：开发区
……办公室：8835686
通辽市财政局
地址：开发区
……办公室：8836682
通辽市审计局
地址：开发区
……办公室：0836929
通辽市国地资源局
地址：开发区
……办公室：8240755
通辽市生态环境局
地址：开发区
……办公室：8235051
国家税务总局通辽市税务局
地址：开发区
……值班室：8217863
通辽市统计局
地址：开发区
……办公室：8835276
通辽市盐务局
地址：开发区
……办公室：8501035
通辽市文化和文化和旅游局
地址：开发区
……办公室：8836270
通辽市商务局
地址：开发区
……办公室：8835644
通辽市粮食局
地址：开发区
……办公室：8836816
通辽市计生委
地址：开发区
……办公室：8235645
通辽市住建委
地址：开发区
……办公室：8275546
通辽市人防办
地址：开发区
……办公室：8835368
通辽市扶贫办
地址：开发区

……办公室：8836765

人民政协和民主党派

人民政协

中国人民政治协商会议通辽市委员会
地址：开发区
……值班室：8835800

社会团体

工会

通辽市总工会
地址：开发区
……办公室：8233046

共青团、青联、学联

共青团通辽市委员会
地址：开发区
……办公室：8836500

妇联

通辽市妇联
地址：开发区
……办公室：8836537

文联

通辽市文联
地址：开发区
……办公室：8238527

工商联

通辽市工商联
地址：开发区
……办公室：8219970

红十字会

通辽市红十字会
地址：开发区
……办公室：8253722

呼伦贝尔市（0470）

国家机构

人民政府

呼伦贝尔市人民政府
地址：胜利大街24号
……总机：821Z777

内蒙古自治区呼伦贝尔盟交通局
地址：胜利三路
……Tel：8223110

呼伦贝尔市交通局
地址：满洲里路
……办公室：8222360

呼伦贝尔市劳动和社会保障局
地址：胜利大街
……纪检监察举报电话：8217585

呼伦贝尔市国土资源局
地址：阿蒙路17号
……办公室：8245149

呼伦贝尔市林业局
地址：胜利大街19号
……办公室：8295502

呼伦贝尔市生态环境局
地址：胜利大街
……环保举报热线：12369

呼伦贝尔市国家税务局
地址：阿荣路391号
……办公室：8241515

呼伦贝尔市国税局稽查局
地址：满洲里路
……办公室：8237026

呼伦贝尔市食品药品监督管理局
地址：满洲里路29号
……Tel：8217229

呼伦贝尔市就业服务局
地址：伊敏大街
……Tel：8230136

呼伦贝尔市人口计生委
地址：胜利大街24号
……办公室：8217690

呼伦贝尔市发展和改革委员会
地址：阿里河路
……办公室：8252231

呼伦贝尔市经济委员会
地址：阿荣路7号
……综合科：8293916

呼伦贝尔市中心城新区建设领导小组办公室
地址：成吉思汗路
……综合科：8818767

人民政协和民主党派

人民政协

中国人民政治协商会议呼伦贝尔市委员会
地址：河东阿里河路10号
……值班室：8263767

社会团体

共青团、青联、学联

共青团呼伦贝尔市委员会
地址：胜利大街15号
……办公室：8216384

呼伦贝尔市科学技术协会
地址：胜利大街2号
……副主席办公室：8221657
……主席办公室：8221792

兴安盟（0482）

乌兰浩特市（0482）

乌兰浩特市人民政府
地址：新桥东街
……秘书科：8299100
……综合科：8299025

乌兰浩特市人事劳动和社会保障局
地址：新桥东街
……党委行政办：8299055
……劳动仲裁办：8299117

乌兰浩特市民政局
地址：新桥东街
……办公室：8299363

乌兰浩特市民族宗教事务局
地址：新桥东街
……办公室：8299065
……副局长室：8299354

乌兰浩特市社会保险事业管理局
地址：乌兰东街
……办公室：8221713

乌兰浩特市史志档案局
地址：新桥东街
……办公室：8299266

乌兰浩特市财政局
地址：新桥东街
……办公室：8299161
……国库股：8299163

乌兰浩特市审计局
地址：新桥东街
……Tel：8299208

乌兰浩特市科学技术局
地址：和平街
……办公室：8299402

乌兰浩特市接待局
地址：新桥东街
……办公室：8299044
……副局长室：8299033

乌兰浩特市五一街办事处
地址：罕山中街
……综合办公室：8414806
……综合办公室：8412458

乌兰浩特市兴安街办事处
地址：富民北路
……办公室：8217018

乌兰浩特市爱国街办事处
地址：向阳街
……办公室：8220749
……主任室：8212716

人民政协和民主党派

人民政协

中国人民政治协商会议兴安盟委员会
地址：新盟委党政大楼
……后勤服务中心：8267720
……行政处：8267704

中国人民政治协商会议乌兰浩特市委员会
地址：新桥东街
……科教文卫办公室：8299322
……秘书长办公室：8299308

锡林郭勒盟（0479）

锡林浩特市（0479）

人民政府

锡林浩特市人民政府
地址：中央大街
……秘书处：8222041
……秘书处：8223340

锡林郭勒盟公署
地址：华油大街11号
……秘书一处：8272161
……综合处：8271510

锡林郭勒盟人口和计划生育局
地址：河西开发区
……办公室：8222189

锡林郭勒盟卫生局
地址：额尔敦北路62号
……爱卫办：8227121
……办公室：8222536

锡林郭勒盟工商物价行政管理局
地址：察哈尔大街23号
……办公室：8286638
……人教科：8286392

锡林郭勒盟档案局
地址：锡林大街29号
……办公室：8214056

锡林郭勒盟民政局
地址：杭盖路111号
……办公室：8222491

锡林郭勒盟民族事务局
地址：开发区
……Tel：8271314

锡林郭勒盟应急管理局
地址：开发区
……办公室：8219577
……二科：8213548
……一科：8213539

锡林郭勒盟地震局
地址：锡林大街
……Tel：8206880

锡林郭勒盟劳动和社会保障局
地址：开发区劳动大厦
……办公室：8271602

锡林郭勒盟社会保险事业管理局
地址：开发区
……办公室：8255859

锡林郭勒盟劳动就业管理局
地址：开发区
……办公室：8816987

锡林郭勒盟财政局
地址：开发区财政大楼
……办公室：8234943

锡林郭勒盟国土资源局
地址：华油大街3号
……办公室：8224193

锡林郭勒盟审计局
地址：河西开发区财政大楼
……办公室：8263654
……企业科：8260246
……审理科：8260252

锡林郭勒盟建设局
地址：华油大街
……办公室：8222775

锡林郭勒盟经济局
地址：开发区
……办公室：8214171

锡林郭勒盟质量技术监督局
地址：华油大街
……办公室：8222590

锡林郭勒盟环境保护局
地址：华油大街11号
……办公室：8238295
……规划科：8228970

锡林郭勒盟统计局
地址：河西党政大楼13楼
……办公室：8271677
……综合科：8275031

锡林郭勒盟文化和文化和旅游局
地址：宝登图街5组2号
……办公室：8268009
……质管科：8268051

锡林郭勒盟商务局
地址：那达幕大街
……办公室：8224836

锡林郭勒盟教育局
地址：开发区
……办公室：8261400

二连浩特市人民政府
地址：新华街21号
……办公室：8522635
……值班室：7524939

锡林浩特市市场监督管理局
地址：白音街3号
……办公室：8212405

锡林浩特市民政局
地址：孟柯街
……婚姻登记处：8231183
……敬老院：8271540
……殡仪馆：8826444

锡林浩特市发展和改革局
地址：开发区
……经协：8251290
……业务室：8251289
……综合办：8253116

锡林浩特市地方税务局
地址：开发区
……办公室：0221750

锡林浩特市技术监督局
地址：团结大街
……Tel：8219550

锡林浩特市社会保险事业管理局
地址：那达幕大街
……Tel：8228197

锡林浩特市财政局
地址：那达慕大街
……办公室：8225531

锡林浩特市环卫车队
地址：团结大街
……Tel：8222526

锡林浩特市规划局
地址：开发区
……Tel：8224170

锡林浩特市经济局
地址：开发区
……办公室：8229310
……计财科：8230808
……审计科：8222324

锡林浩特市国家税务局
地址：团结大街
……办公室文秘：8816330

锡林浩特市教育局
地址：那达慕大街
……办公室：8212779
……财务：8255538

社会团体

工会

二连浩特市总工会
地址：新华街
……Tel：7521449

乌兰察布市（0474）

人民政府

乌兰察布市人民政府
地址：乌兰察布路
……办公厅：8320163
……综合一科：8320196

乌兰察布市人事局
地址：乌兰察布路
……办公室：8320220

乌兰察布市民政局
地址：乌兰察布路
……办公室：8320821
……主任室：8320822

乌兰察布市劳动和社会保障局
地址：乌兰察布路
……办公室：8321080

乌兰察布市审计局
地址：乌兰察布路
……办公室：8323200
……社保科：8323234

乌兰察布市国家税务局
地址：乌兰察布路
……办公室：8325036

乌兰察布市环境保护局
地址：乌兰察布路
……办公室：8324519

乌兰察布市统计局
地址：榆树湾
……办公室：8320955
……企调队：8320849

乌兰察布市党政管理局
地址：榆树湾
……办公室：8326099
……办公室：8320185

乌兰察布市人口和计划生育委员会
地址：乌兰察布路
……办公室：8324039
……统计科：8324025

乌兰察布市发展计划委员会
地址：乌兰察布路
……办公室：8320939
……综合科：8320919

乌兰察布市民族事务委员会
地址：榆树湾5号
……办公室：8321014
……家教室：8320234

乌兰察布市经济贸易委员会
地址：乌兰察布路
……老干科：8321640
……企业科：8321656

丰镇市人民政府
地址：新丰大街
……主任室：3253537

社会团体

工会

乌兰察布市工会
地址：乌兰察布路
……办公室：8320330
……组宣部：8320333

丰镇市工会
地址：十字街
……办公室：3204957
……主席室：3206578

鄂尔多斯市（0477）

人民政府

鄂尔多斯市人民政府
地址：康巴什新区
……信息处：8589921
……综合处：8589901

鄂尔多斯市市场监督管理局
地址：宝日陶蛮街
……办公室：8324004

鄂尔多斯市气象局
地址：林荫路
……办公室：8322651
……后勤管理中心：8320634

鄂尔多斯市地方税务局
地址：乌审西街
……办公室：8351000
……办公室：8352668

鄂尔多斯市地震局
地址：准格尔南路
……办公室：8361360
……值班室：8361203

鄂尔多斯市劳动和社会保障局
地址：康巴什
……办公室：8588299
……培训就业科：8588298

鄂尔多斯市社会保险事业管理局
地址：准格尔南路
……办公室：8328267
……业务科：8337745

鄂尔多斯市质量技术监督局
地址：宝日陶亥东街
……办公室：8322465
……办公室：8326802

鄂尔多斯市环境保护局
地址：准格尔南路
……办公室：8340919

鄂尔多斯市药品监督管理局
地址：达拉特南路
……办公室：8580577
……药品监督稽查队：8580513

鄂尔多斯市教育局
地址：宝日陶亥东街
……秘书室：8320989
……秘书室：8323168

鄂尔多斯市发展和改革委员会
地址：康巴什新区
……规划科：8588063
……能源科：8588056
……综合科：8588062

鄂尔多斯市民族委员会
地址：康巴什
……办公室：8588371
……办公室：8588380
鄂尔多斯市仲裁委员会
地址：鄂托克西街
……财务室：8373493
……仲裁主任室：8373036
鄂尔多斯市老龄委员会
地址：康巴什
……Tel：8588242
鄂尔多斯市经济委员会
地址：康巴什新区
……副主任室：8588158
……主任室：8588168
鄂尔多斯市防汛指挥部办公室
地址：宝日陶亥街
……办公室：8323602
……主任室：8327135
鄂尔多斯市农牧业产业化办公室
地址：宝日陶亥西街
……项目科：8322461
……综合科：8323385
鄂尔多斯市扶贫开发领导小组办公室
地址：康巴什
……Tel：8588452
鄂尔多斯市东胜区人民政府
地址：鄂尔多斯西街
……Tel：8380599
……督查室：8380753
……督查室：8380558
鄂尔多斯市东胜区民政局
地址：迎宾路
……办公室：8380906
鄂尔多斯市东胜区劳动局
地址：迎宾路
……办公室：8380744
……局长室：8380764
鄂尔多斯市东胜区社会保险事业管理局
地址：宝日陶亥街
……社会管理服务室：3980659
……综合业务室：3980654
鄂尔多斯市东胜区房产管理局
地址：鄂尔多斯西街
……市场办公室：8323674
……行政办公室：8340924
鄂尔多斯市东胜区环境卫生事业局
地址：哈日路
……Tel：8502016
鄂尔多斯市东胜区统计局
地址：迎宾路
……办公室：8380617
……综合科：8380626

社会团体

工会

鄂尔多斯市总工会
地址：乌审东街
……组宣部：8345491
……组宣部：8343116

巴彦淖尔市（0478）

人民政府

巴彦淖尔市人民政府
地址：临河区新华西街金川大道1号
……办公室：8281806
巴彦淖尔市卫生局
地址：巴彦淖尔市临河区金沙路卫生大楼
……财务科：8213561
……副局长办公室：8213685
巴彦淖尔市市场监督管理局
地址：开发区
……办公室：8213125
巴彦淖尔市气象局
地址：开发区
……办公室：8215821
……气象台：8214723
……专业气象台：8215573
巴彦淖尔市公路管理局
地址：利民西街
……办公室：8212673
巴彦淖尔电业局
地址：开发区
……办公室：8201000
巴彦淖尔市民政局
地址：临河区先锋桥南
……儿童福利院：8207335
福利彩票发行管理中心
地址：临河区红铁街
……Tel：8217147
……救助管理站：8207332
……捐助中心：8207321
……社会福利院：8207351
巴彦淖尔市发展和改革委员会
地址：开发区
……办公室：8234449
巴彦淖尔市地方税务局
地址：临河区建设北路
……办公室：8232724
巴彦淖尔市农牧业局
地址：胜利北路
……办公室：8289008
……机关党委办公室：8289089
巴彦淖尔市地震局
地址：临河区前进路
……值班室：8213844
……综合办公室：8214893
巴彦淖尔市财政局
地址：新华东街22号
……办公室：8212858
……办公室：8212563
巴彦淖尔市财政资金局
地址：新华东街22号
……办公室主任室：8227547
……资金管理科：8234777
巴彦淖尔市财政监督检查局
地址：新华东街
……办公室：8299505
……办公室：8299551
巴彦淖尔市国土资源局
地址：开发区
……办公室：8985095
巴彦淖尔市房产管理局
地址：团结北路
……办公室：8298560
……办公室：8298500
巴彦淖尔市招商局
地址：临河区新华东街
……办公室：8212675
巴彦淖尔市质量技术监督局
地址：临五路
……办公室：8216035
……标准科：8231441
巴彦淖尔市环境保护局
地址：胜利北路
……办公室：8286081
……监督管理科：8272670
巴彦淖尔市统计局
地址：开发区
……办公室：8655370
……综合科：8655335
……综合科：8655376
巴彦淖尔市盐务管理局
地址：万丰东街
……办公室：8216014
巴彦淖尔市烟草专卖局
地址：曙光东街
……办公室：8270607
巴彦淖尔市档案局
地址：临河区胜利南路
……办公室：8213386
……档案馆：8234454
巴彦淖尔市文化和文化和旅游局
地址：开发区
……办公室：8655976
……旅游质量管理科：8655980
旅游质量监督管理所
地址：巴彦淖尔市国土大厦
……Tel：8655957
巴彦淖尔市新区建设办
地址：开发区
……办公室：8655246
巴彦淖尔市粮食局
地址：开发区西区
……值班电话：8234600
临河供电局
地址：临河区新华西街
……办公室：8212020
巴彦淖尔市人防办
地址：临河区西环路
……综合科：8652906
……综合科：8652958
巴彦淖尔市精神文明建设委员会办公室
地址：开发区
……综合处：8655852
……综合处：8655837
巴彦淖尔市临河区中小企业发展局
地址：临河区新华西街
……办公室：8214815
巴彦淖尔市临河区地方税务局
地址：临河区庆丰西街
……办公室：8325918
……总机：8245678
巴彦淖尔市临河区交警大队
地址：临河区北环路
……办公室：8316394
……门房值班室：8320122
巴彦淖尔市交通警察支队
地址：开发区
……车辆管理所：8611831
……车辆管理所：8611832
巴彦淖尔市产品质量计量检测所
地址：临河区临五路
……业务科：8213786
临河区园林局
地址：临河区解放街
……办公室：8289855

社会团体

共青团、青联、学联

中国共青团巴彦淖尔市委员会
地址：开发区西区
……办公室：8655946

侨联

巴彦淖尔市妇女联合会
地址：开发区
……办公室主任室：8655656

文联

巴彦淖尔市文学艺术界联合会
地址：开发区
……汉编部：8655780
……组联部：8655778

阿拉善盟（0483）

拉善左旗（0483）

国家机构

人民政府

阿拉善旗人民政府
地址：巴音浩特镇
……办公室：8180181
阿拉善电业局
地址：和硕特南路
……总机：8232222
阿拉善盟人力和社会保障局
地址：额鲁特东路
……办公室：8332267
……军转室：8351558
阿拉善盟卫生局
地址：额鲁特东路
……办公室：8331373
阿拉善盟市场监督管理局
地址：和硕特南路
消费者投诉、举报电话
……Tel：12315
……行政服务大厅：8345513
阿拉善盟计划生育局
地址：土尔扈特南路
全盟人口计生系统12356计生
……服务热线：12356
阿拉善盟公路管理局
地址：土尔扈特南路
……党群工作部：8336487
……行政办公室：8332146
阿拉善盟民政局
地址：吉兰泰路
……救灾科：8336387
优抚安置办（双拥办公室）
……Tel：8341760
阿拉善盟民族宗教事务局
地址：额鲁特东路
……办公室：8338503
……民旗科：8331192
阿拉善盟应急管理局
地址：土尔扈特南路
……办公室：8332780
……投诉举报热线：12350
阿拉善盟农牧业局
地址：额鲁特西路
……草原科：8332169
阿拉善盟交通运输局
地址：土尔扈特南路
……办公室：8333518
……办公室：8332210
阿拉善盟地震局
地址：额鲁特东路
……巴音浩特地震台：8222724
……办公室：8345093
阿拉善盟社会保险事业管理局
地址：额鲁特西路
……服务大厅：8331709
……农保科：8588290
阿拉善盟住房和城乡建设局
地址：额鲁特东路
……办公室：8331876
……规划科：8336402
阿拉善盟审计局
地址：额鲁特东路
……办公室：8340606
……主任室：8332040
阿拉善盟林业治沙局
地址：和硕特南路
……办公室：8335674
阿拉善盟生态环境局
地址：和硕特南路
……环境监察支队：8356260
……值班室：8341544
国家税务总局阿拉善盟税务局
地址：额鲁特东路
……办公室：8358900
……办公室：8332143
阿拉善盟质量技术监督局
地址：土尔扈特南路
……投诉举报电话：12365
……值班室：8350070
阿拉善盟统计局
地址：额鲁特东路
……普查科：8351006
……普查科：8351226
阿拉善盟科技局
地址：土尔扈特南路
……办公室：8331737
……计划科：8331189
阿拉善盟盐务管理局
地址：巴彦浩特镇
……办公室：8332527
……财务科：8332619
……业务科：8332856
阿拉善盟商务局
地址：额鲁特东路
……办公室：8355999
对外经济贸易合作科
……Tel：8595590
阿拉善盟教育体育局
地址：额鲁特东路
……发展规划与财务科：8332535
……人事与师资培训班：8332420
阿拉善盟粮食局
地址：雅布赖路
……综合业务科：8332919
阿拉善盟发展和改革委员会
地址：额鲁特西路
……办公室：8338770
……办公室：8331825

社会团体

工会

阿拉善盟工会
地址：额鲁特西路
……维权电话：12351

妇联

阿拉善盟妇女联合会
地址：额鲁特西路

辽宁省

沈阳市人民政府
地址：沈河区市府大路260号
……Tel：22721124
沈阳市人力资源和社会保障局
地址：沈河区北京街16号
……Tel：12333
沈阳市卫生局
地址：和平区北七马路13号
……Tel：23412843
沈阳市市场监督管理局
地址：沈河区南关路118号
……Tel：12315
沈阳市水利局
……Tel：88500128
沈阳市气象局
地址：浑南新区金辉街7号
……Tel：23825335
沈阳市对外贸易经济合作局
地址：沈河区青年大街35号
……Tel：22722005
沈阳市民政局
地址：和平区图们路20号
……Tel：23468039
沈阳市地方税务局
地址：沈河区南一经街113号
……Tel：22660230
沈阳市交通局
地址：和平区南三好街108号
……Tel：23911272
沈阳市地震局
地址：皇姑区华山路71号
……Tel：86427536
沈阳市财政局
地址：沈河区北一经街78号
……Tel：22828056
沈阳市劳教管理局
地址：和平区和平北大街23号
……Tel：22853527
沈阳市审计局
地址：和平区文化路3巷5号
……Tel：23884478
沈阳市房产局
地址：洗河区大西路325号
……Tel：22966612
沈阳市物价局
地址：沈河区小北关街158号
……Tel：88504312
沈阳市规划和国土资源局
地址：和平区南四经街149号
……Tel：23236914
沈阳市国家税务局
地址：沈河区惠工街126号
……Tel：22563040
沈阳市质量技术监督局
地址：和平区南八马路90号
……Tel：23242460
沈阳市环境保护局
地址：洙河区正阳街246号
……Tel：24841835
沈阳市统计局
地址：沈河区市府大路260号
……Tel：22739603
沈阳市城市建设管理局
地址：沈河区五爱街58号
……Tel：23987070
沈阳市城市管理行政执法局
地址：和平区绥化东街4-1号
……Tel：22516801
沈阳市科学技术局
地址：洗河区市府大路260号
……Tel：22722784

沈阳市食品药品监督管理局
地址：和平区总站路119号
……Tel:82510401

沈阳市信息产业局
地址：和平区中山路229号
……Tel:22517220

沈阳市消防局
地址：沈河区小北关街202巷
……Tel:88390000

沈阳市档案局
地址：和平区沈水路196号
……Tel:23347718

沈阳市文化和文化和旅游局
地址：皇姑区北陵大街49号
……Tel:86898222

沈阳市教育局
地址：沈河区北二经街55号
……Tel:22717964

沈阳市粮食局
地址：和平区十一纬路36号
……Tel:62250509

中国国际贸易促进委员会沈阳市分会
地址：世纪路1号二十一世纪大厦
……Tel:22729963

沈阳市发展和改革委员会
地址：沈河区市府大路260号
……Tel:22721604

沈阳市招生考试委员会办公室
地址：和平区北七马路37号
……Tel:22700975

沈阳市城乡建设委员会
地址：沈河区北站路138号
……Tel:22565020

沈阳仲裁委员会
地址：沈河区北一经街39-1号
……Tel:22707889

沈阳市城市节约用水管理办公室
地址：和平区南京南街182甲
……Tel:23392568

沈阳市酒类专卖管理办公室
地址：和平区总站路115号
……Tel:22534626

沈阳市接待办公室
地址：沈河区北三经街9号
……Tel:22835112

沈阳市住房公积金管理中心
地址：沈河区彩塔街17号
……Tel:96688

沈阳市大东区人民政府
地址：大东区津桥路20号
……Tel:88504053

沈阳市于洪区人民政府
地址：于洪区黄海路37号
……Tel:25833282

沈阳市辽中县人民政府
地址：辽中县政府路126号
……Tel:87882243

沈阳市东陵区人民政府
地址：浑南区同方世纪大厦
……Tel:24211254

沈阳市沈北新区人民政府
地址：沈北新区中央路64号
……Tel:89862465

沈阳市沈河区人民政府
地址：沈河区盛京路25号
……Tel:24849787

沈阳市苏家屯区人民政府
地址：苏家屯区翠柏路14号
……Tel:89812520

沈阳市和平区人民政府
地址：和平区十一纬路76号
……Tel:22829236

沈阳市法库县人民政府
地址：法库县兴法路200号
……Tel:87122921

沈阳市皇姑区人民政府
地址：皇姑区庐山路3号
……Tel:86841546

沈阳市铁西区人民政府
地址：铁西区兴华北街34甲
……Tel:25855287

沈阳市康平县人民政府
地址：康平县康平镇吴斌街
……Tel:87344140

人民政协和民主党派

人民政协

政协沈阳市委员会
地址：沈河区七纬路27号
……Tel:22879250

政协沈阳市大东区委员会
地址：大东区大北关街36-1
……Tel:88556808

政协沈阳市于洪区委员会
地址：于洪区黄海路48号
……Tel:25318615

政协沈阳市东陵区委员会
地址：世纪路13号
……Tel:24213497

政协沈阳市沈北新区委员会
地址：沈北新区中央路64号
……Tel:89606787

政协沈阳市沈河区委员会
地址：沈河区正阳街202号
……Tel:24847043

政协沈阳市苏家屯区委员会
地址：苏家屯区翠柏路14号
……Tel:89812651

政协沈阳市和平区委员会
地址：和平区十四纬路16丙
……Tel:23876511

政协沈阳市法库县委员会
地址：法库县团结街
……Tel:87118530

政协沈阳市铁西区委员会
地址：铁西区云峰北街5号
……Tel:25876949

政协沈阳市康平县委员会
地址：康平县迎宾路
……Tel:87343880

民主党派

九三学社辽宁省委员会
地址：和平区同泽南街124号
……Tel:23508313

中国民主同盟辽宁省委员会
地址：和平区九纬路22号
……Tel:22824249

中国民主建国会辽宁省委员会
地址：沈河区沈阳路68号
……Tel:24844515

中国民主促进会辽宁省委员会
地址：沈河区沈阳路68号
……Tel:24845901

中国农工民主党辽宁省委员会
地址：沈河区沈阳路68号
……Tel:24847300

中国国民党革命委员会辽宁省委员会
地址：和平区和平北大街17号
……Tel:22716289

中国致公党辽宁省委员会
地址：沈河区沈阳路68号
……Tel:24844725

台湾民主自治同盟辽宁省委员会
地址：沈河区沈阳路68号
……Tel:24845041

九三学社沈阳市委员会
地址：和平区十纬路14号
……Tel:22892402

中国民主同盟沈阳市委员会
地址：和平区十纬路14号
……Tel:22842435

中国民主建国会沈阳市委员会
地址：和平区十纬路14号
……Tel:22892336

中国民主促进会沈阳市委员会
地址：和平区十纬路14号
……Tel:22892391

中国农工民主党沈阳市委员会
地址：和平区十纬路14号
……Tel:22892382

中国国民党革命委员会沈阳市委员会
地址：和平区十纬路14号
……Tel:22892353

中国致公党沈阳市委员会
地址：和平区十纬路14号
……Tel:22892407

台湾民主自治同盟沈阳市委员会
地址：和平区十纬路14号
……Tel:22892379

社会团体

工会

辽宁省总工会
地址：洗河区北站路118号
……Tel:22581181

沈阳市总工会
地址：和平匠北四马路30号
……Tel:22852922

沈阳市大东区总工会
地址：大东区辽沈二街70号
……Tel:88515906

沈阳市于洪区总工会
地址：于洪区沈大路
……Tel:25319322

沈阳市辽中县总工会
地址：辽中县政府路
……Tel:87882312

沈阳市东陵区总工会
地址：浑南世纪路13号
……Tel:24821322

沈阳市沈北新区总工会
地址：沈北新区贵州路60号
……Tel:89862037

沈阳市沈河区总工会
地址：沈河区正阳街202号
……Tel:24843674

沈阳市苏家屯区总工会
地址：苏家屯区枫杨路78号
……Tel:89812363

沈阳市和平区总工会
地址：和平区砂山街37号
……Tel:31604575

沈阳市法库县总工会
地址：法库县吉祥街
……Tel:87123891

沈阳市经济技术开发区总工会
地址：经济技术开发区
……Tel:25815172

沈阳市皇姑区总工会
地址：皇姑区长江街14号
……Tel:86281653

沈阳市浑南新区总工会
地址：浑南产业区世纪路3号
……Tel:23787860

沈阳市铁西区总工会
地址：铁西区北二中路1号
……Tel:25850393

沈阳市康平县总工会
地址：康平县康平镇
……Tel:87344350

共青团、青联、学联

辽宁省学生联合会
地址：和平区北五经街21号
……Tel:22825447

辽宁省青年联合会
地址：和平区北五经街21号
……Tel:22827064

共青团辽宁省委员会
地址：和平区北五经街21号
……Tel:22829486

共青团沈阳市委员会
地址：和平区文化路6号
……Tel:23903665

共青团沈阳市大东区委员会
地址：大东区小河沿路22号
……Tel:24315180

共青团沈阳市于洪区委员会
地址：于洪区黄海路48号
……Tel:25319310

共青团沈阳市辽中县委员会
地址：辽中县中心街
……Tel:87882737

共青团沈阳市浑南区委员会
地址：浑南区
……Tel:24821321

共青团沈阳市沈北新区委员会
地址：沈北新区贵州路60号
……Tel:89862243

共青团沈阳市沈河区委员会
地址：沈河区正阳街202号
……Tel:24842831

共青团沈阳市苏家屯区委员会
地址：苏家屯区翠柏路14号
……Tel:89812293

共青团沈阳市和平区委员会
地址：和平区十一纬路74号
……Tel:22878456

共青团沈阳市法库县委员会
地址：法库县正阳街200号
……Tel:87123619

共青团沈阳市皇姑区委员会
地址：皇姑区岐山中路32号
……Tel:86855271

共青团沈阳市铁西区委员会
地址：铁西区云峰北街5号
……Tel:25126437

共青团沈阳市康平县委员会
地址：康平镇中心路
……Tel:87342914

妇联

辽宁省妇女联合会
地址：和平区中兴街20号
……Tel:23250060

沈阳市妇女会馆
地址：沈河区小南街166-3号
……Tel:24157948

沈阳市妇女联合会
地址：沈河区青年大街150号
……Tel:22701410

沈阳市大东区妇女联合会
地址：大东区小河沿路22号
……Tel:24834250

沈阳市于洪区妇女联合会
地址：于洪区黄海路48号
……Tel:25319305

沈阳市辽中县妇女联合会
地址：辽中镇中心街58号
……Tel:87882448

沈阳市浑南区妇女联合会
地址：世纪路沈阳市浑南区政府西侧
……Tel:24824250

沈阳市沈北新区妇女联合会
地址：沈北新区贵州路60号
……Tel:89862367

沈阳市沈河区妇女联合会
地址：沈河区正阳街202号
……Tel:24849948

沈阳市苏家屯区妇女联合会
地址：苏家屯区翠柏路14号
……Tel:89814150

沈阳市和平区妇女联合会
地址：和平区十一纬路74号
……Tel:22878326

沈阳市法库县妇女联合会
地址：法库县正阳街
……Tel:87122839

沈阳市皇姑区妇女联合会
地址：皇姑区岐山中路32号
……Tel:86855282

沈阳市铁西区妇女联合会
地址：铁西区北二中路41-1号
……Tel:25652783

沈阳市康平县妇女联合会
地址：康平县
……Tel:87343815

侨联

辽宁省归国华侨联合会
地址：沈河区沈阳路68号
……Tel:24846715

沈阳市归国华侨联合会
地址：和平区总站路115号
……Tel:22517732

文联

辽宁省文学艺术界联合会
地址：和平区八经街74号
……Tel:22822758

沈阳市文学艺术界联合会
地址：和平区北三经街66号
……Tel:22822485

残联

辽宁省残疾人联合会
地址：皇姑区陵东街121巷11号
……Tel:86932718

沈阳市残疾人服务热线
……Tel:96113

沈阳市残疾人联合会
地址：皇姑区北陵大街5号
……Tel:86213222

沈阳市于洪区残疾人联合会
地址：于洪区黄海路71号
……Tel:25835497

沈阳市辽中县残疾人联合会
地址：辽中县商业街30号
……Tel:87802719

沈阳市浑南区残疾人联合会
地址：浑南新区世纪路15号
……Tel:24821205

沈阳市沈北新区残疾人联合会
地址：沈北新区银河街30甲-11
……Tel:89863191

沈阳市沈河区残疾人联合会
地址：沈河区西顺城内街51-2号
……Tel:24841273

沈阳市苏家屯区残疾人联合会
地址：苏家屯区牡丹街63号
……Tel:89116334

沈阳市和平区残疾人联合会
地址：和平区十四纬路工学巷8号
……Tel:23872008

沈阳市法库县残疾人联合会
地址：法库县正阳街
……Tel:87119440

沈阳市皇姑区残疾人联合会
地址：皇姑区步云山路25号
……Tel:86422545

沈阳市铁西区残疾人联合会
地址：铁西区北二中路41-1号
……Tel:25847970

沈阳市康平县残疾人联合会
地址：康平镇中心路
……Tel:87343944

工商联

辽宁省工商业联合会
地址：沈河区沈阳路68号
……Tel:24846547

沈阳市工商业联合会
地址：沈河区朝阳街192号
……Tel:24861147

沈阳市大东区工商业联合会
地址：大东区天后宫路万寿巷5号
……Tel:88556560

沈阳市辽中县工商业联合会
地址：辽中县辽中镇政府路118号
……Tel:87883166

沈阳市东陵区工商业联合会
地址：浑南新区世纪路13号
……Tel:24234153

沈阳市沈北新区工商业联合会
地址：沈北新区贵州路60号
……Tel:89863389

沈阳市沈河区工商业联合会
地址：沈河区朝阳街192号
……Tel:24847218

沈阳市苏家屯区工商业联合会
地址：苏享屯区枫杨路42号
……Tel:89814292

沈阳市和平区工商业联合会
地址：和平区北市一街140号
……Tel:23504478

沈阳市法库县工商业联合会
地址：法库县团结街
……Tel:87101318

沈阳市皇姑区工商业联合会
地址：江街5号111附近
……Tel:26710006

沈阳市铁西区工商业联合会

地址：铁西区保工北街5号
Tel:25850050

协会

辽宁省卫生工作者协会
地址：和平区砂阳路252号
Tel:23382648

辽宁省个体劳动者协会
地址：皇姑区崇山中路55号
Tel:86253912

辽宁省计划生育协会
地址：和平区南九马路47号
Tel:23382556

辽宁省分析测试协会
地址：东陵区万柳塘路103号
Tel:24821648

辽宁省书法家协会
地址：和平区八经街74号
Tel:22863306

辽宁省电视艺术家协会
地址：和平区八经街74号
Tel:22859821

辽宁省印刷协会
地址：和平区北一马路108号
Tel:23254730

辽宁省包装联合会
地址：沈阳市和平区太原北街2号
Tel:88646633

辽宁省电影家协会
地址：和平区八经街74号
Tel:22857803

辽宁省曲艺家协会
地址：和平区八经街74号
Tel:22857802

辽宁省动物保健品协会
地址：沈河区小南街281号
Tel:24810160

辽宁省价格协会
地址：皇姑区宁山东路1号
Tel:86227198

辽宁省安装行业协会
地址：铁西区景星北街44号
Tel:25863088

辽宁省收藏家协会
地址：和平区丨三纬路39号
Tel:23928181

辽宁省扶贫协会
地址：于洪区长江北街39号
Tel:31521698

辽宁省作家协会
地址：大东区小北关街31号
Tel:88519022

辽宁省软件行业协会
地址：和平区三好街22-1号
Tel:23938625

辽宁省质量协会
地址：皇姑区北陵大街45-6号
Tel:86892249

辽宁省美术家协会
地址：和平区八经街74号
Tel:22857810

辽宁省音乐家协会
地址：和平区和平北大街94号
Tel:22857805

辽宁省律师协会
地址：皇姑区崇山东路38号甲
Tel:86894578

辽宁省科学技术协会
地址：沈河区文艺路44号
Tel:23221693

辽宁省消费者协会
地址：皇姑区崇山中路55号
Tel:23151315

辽宁省混凝土协会
地址：皇姑区北陵大街56号
Tel:86809036

辽宁省摄影家协会
地址：和平区八经街74号
Tel:22874704

辽宁省殡葬协会
地址：和平区充荣街26号甲
Tel:23245981

辽宁省舞蹈家协会
地址：和平区八经街74号
Tel:22827614

沈阳市计划生育协会
地址：小北关街202巷30号
Tel:88567860

沈阳市外商投资企业协会
地址：沈河区青年大街33号
Tel:22739649

沈阳市曲艺家协会
地址：和平区北三经街66号
Tel:22843328

沈阳市企业家协会
地址：和平区绥化东街2号
Tel:22517541

沈阳市老科学技术工作者协会
地址：沈河区小西路76号甲1
Tel:22738286

沈阳市戏剧家协会
地址：和平区北三经街66号
Tel:22861031

沈阳市技术创新协会
地址：和平区市府大路260号
Tel:22739469

沈阳市足球协会
地址：和平区南三马路71号
Tel:23879176

沈阳市房地产业协会
地址：沈河区热闹路8号甲
Tel:23878475

沈阳市国际人才交流协会
地址：沈河区西顺城街113号
Tel:24843004

沈阳市质量协会
地址：和平区绥化东街2号
Tel:22508133

沈阳市建筑装饰协会
地址：沈河区热闹路8号甲
Tel:22933530

沈阳市美术家协会
地址：和平区北三经街66号
Tel:22709437

沈阳市音乐家协会
地址：和平区北三经街66号
Tel:22707347

沈阳市科学技术协会
地址：沈河区小西路76号甲1
Tel:22739000

沈阳市标准化协会
地址：沈西区滑翔路24号
Tel:23223818

沈阳市摄影家协会
地址：和平区北三经街66号
Tel:22874008

沈阳市舞蹈家协会
地址：和平区北三经街66号
Tel:22703349

沈阳市癌症康复协会
地址：和平区振兴街44号
Tel:23218333

沈阳服装（服饰）行业协会
地址：皇姑区昆山中路26号甲
Tel:86271396

学会

辽宁省工商行政管理学会
地址：皇姑区崇山中路55号
Tel:86849553

辽宁省风景园林学会
地址：南五马路185巷3号
Tel:23224909

辽宁省法学会
地址：皇姑区黄河南大街106号
Tel:86122709

辽宁省食品学会
地址：皇姑区岐山中路26号
Tel:88273234

辽宁省营养学会
地址：和平区集贤街44-1号
Tel:23382259

辽宁省腐蚀与防护学会
地址：东陵区文萃路83号
Tel:24501195

辽宁省经济学会
地址：沈阳市沈北新区
Tel:22721514

沈阳市人力资源和社会保障学会
地址：和平北大街56号融信大厦
Tel:29826682

沈阳市法学会
地址：沈河区九纬路46号
Tel:22890091

沈阳市教育学会
地址：大东区联合路
Tel:23922462

沈阳医学会
地址：沈河区青年大街230-3号
Tel:22742755

红十字会

辽宁省红十字会
地址：和平区太原北街2号
Tel:23447158

沈阳市红十字会
地址：和平区中山路70号
Tel:31871599

基金会

辽宁省青少年发展基金会
地址：和平区北五经街21号
Tel:22822113

其他社会团体

辽宁省工业经济联合会
地址：于洪区崇山东路32号
Tel:88912137

辽宁省世界民族文化交流促进会
地址：皇姑区宁山中路15号
Tel:86244916

辽宁省台湾同胞联谊会
地址：和平区九纬路22号
Tel:22822751

辽宁省合同法研究会
地址：沈河区青年大街35号
Tel:22855782

辽宁省农村经济发展促进会
地址：皇姑区北陵大街45-6号
Tel:86912615

辽宁省经济文化发展促进会
地址：和平区南五马路228号
Tel:23268109

辽宁省城市经济研究会办公室
地址：皇姑区岐山中路1号
Tel:86202888

辽宁省黄埔军校同学会
地址：沈河区沈阳路68号
Tel:24845049

沈阳市台湾同胞联谊会
地址：和平区总站路115号
Tel:22514893

沈阳市体育总会
地址：和平区南三马路71号
Tel:23861082

沈阳市黄埔军校同学会
地址：和平区总站路115号
Tel:22514110

沈阳市温州商会
地址：沈河区热闹路10号
Tel:22959688

驻在机构

中央驻在机构

中华人民共和国沈阳出入境检验检疫局
地址：沈河区大南街433号
Tel:24192196

中华人民共和国沈阳边防检查站
Tel:89398335

中华人民共和国沈阳海关
地址：浑南
Tel:22695555

中国国际贸易促进委员会辽宁省分会
地址：和平区和平南大街43号
Tel:83210509

中国保险监督管理委员会辽宁监管局
地址：沈河区北京街29号
Tel:22596567

国家知识产权局专利局沈阳代办处
地址：皇姑区陵东街2号
Tel:86916061

煤炭工业部沈阳工程造价管理站
地址：沈河区先农坛路12号
Tel:24312210

外省驻在机构

广东省人民政府驻东北（沈阳）办事处
地址：和平区五里河街73号
Tel:23891848

山东省人民政府驻沈阳办事处
地址：沈河区热闹路
Tel:24801103

山西省人民政府驻沈阳办事处
地址：铁西区景星南街45号
Tel:25612469

内蒙古自治区人民政府驻沈阳办事处
地址：和平区营口西路70号
Tel:22525073

四川省人民政府驻沈阳办事处
地址：沈河区十三纬路70号
Tel:22706272

赤峰市人民政府驻沈阳办事处
地址：大东区联合路30号
Tel:88506979

河北省人民政府驻沈阳办事处
地址：皇姑区崇山东路58号
Tel:86890993

浙江省人民政府驻沈阳办事处
地址：铁西区腾飞一街12号
Tel:25893337

大连市（0411）

中国共产党大连市委员会
地址：中山区育才街
Tel:82758888

中国共产党大连市委员会老干部局
地址：中山区绿固街
Tel:82303295

国家机构

人大常委会

大连市人大常委会办公厅
地址：西岗区人民广场
Tel:83633171

大连市中山区人民代表大会常务委员会
地址：中山区一德街
Tel:82633211

大连市甘井子区人民代表大会常务委员会
地址：甘井子区虹韵路
Tel:86319868

大连市西岗区人民代表大会常务委员会
地址：西岗区北京街
Tel:83633753

大连市沙河口区人民代表大会常务委员会
地址：沙河口区中山路
Tel:94368949

人民政府

大连市人民政府办公厅
地址：西岗区人民广场
Tel:83686112

大连市人力资源和社会保障局
地址：沙河口区联合路
Tel:55139025

大连市卫生局
地址：西岗区新开路
Tel:83628264

大连市市场监督管理局
地址：沙河口区中山路
Tel:84312999

大连市中山区发展和改革局
地址：中山区白玉街
Tel:62637115

大连市气象局
地址：中山区气象街
Tel:82807944

大连市甘井子区发展和改革局
地址：甘井子区虹韵路
Tel:86319418

大连市对外贸易经济合作局
地址：西岗区黄河路
Tel:83698000

大连市民政局
地址：沙河口区万岁街
Tel:94319740

大连市西岗区发展和改革局
地址：西岗区北京街
Tel:83636090

大连市交通局
地址：沙河口区中山路
Tel:94340930

大连市地震局
地址：中山区绿山巷
Tel:83632612

大连市沙河口区发展和改革局
地址：沙河口区同泰街
Tel:84368718

大连市住房公积金管理中心
地址：中山区武汉街
Tel:82655568

大连市财政局
地址：中山区长江路
Tel:82816655

大连市审计局
地址：西岗区中山路
Tel:83638607

大连市林业局
地址：沙河口区西南路
Tel:84326881

大连市规划局
地址：西岗区长春路
Tel:83722685

大连市质量技术监督局
地址：中山区鲁迅路
Tel:82750599

大连市环境保护局
地址：中山区华乐街
Tel:82738099

大连市统计局
地址：西岗区新开路
Tel:83766897

大连市城市建设管理局
地址：西岗区高尔基路
Tel:83627567

大连市城市管理行政执法局
地址：沙河口区白山路
Tel:84349438

大连市科学技术局
地址：西岗区人民广场
Tel:83635517

大连市食品药品监督管理局
地址：沙河口区黄河路
Tel:84253000

大连市海洋与渔业局
地址：中山区吉庆街
Tel:82636217

大连市烟草专卖局
地址：西岗区五四路
Tel:83695599

大连市档案局（馆）
地址：中山区中南路
Tel:82881489

大连市文化和文化和旅游局
地址：西岗区人民广场
Tel:83621437

大连市商业局
地址：西岗区新开路
Tel:83600645

大连市教育局
地址：沙河口区联合路
Tel:84630839

辽宁省大连市国家税务局
地址：沙河口区高尔基路
Tel:84384007

辽宁省地方税务局大连分局
地址：中山区明泽街
Tel:82811958

大连市人口和计划生育委员会
地址：西岗区新开路
Tel:83631577

大连市发展和改革委员会
地址：西岗区人民广场

…………Tel:83631153
大连市农村经济委员会
地址：西岗区新开路
…………Tel:83688155
大连市经济委员会
地址：西岗区人民广场
…………Tel:83634067
大连市城乡建设委员会
地址：西岗区人民广场
…………Tel:83631422
大连市爱国卫生运动委员会
地址：西岗区新开路
…………Tel:83647709
大连国际服装节组织委员会
地址：西岗区长春路
…………Tel:82480789
辽宁省大连市民族委员会
地址：西岗区新开路
…………Tel:83767009
大连市人民防空办公室
地址：西岗区纪念街
…………Tel:83635650
大连市外事（侨务）办公室
地址：西岗区人民广场
…………Tel:83686902
大连市接待办公室
地址：西岗区新开路
…………Tel:83767599
大连市中山区人民政府
地址：中山区一德街
…………Tel:82637246
大连市甘井子区人民政府
地址：甘井子区虹韵路
…………Tel:86319618
大连市西岗区人民政府
地址：西岗区北京街
…………Tel:83676999
大连市沙河口区人民政府
地址：沙河口区中山路
…………Tel:94368436
大连市金州区人民政府办公室
地址：金州区斯大林路
…………Tel:87692400
大连市旅顺口区人民政府办公室
地址：旅顺口区新城大街
…………Tel:86395211
大连经济技术开发区管理委员会办公室
地址：开发区金马路
…………Tel:87611324
瓦房店市人民政府
地址：瓦房店市世纪广场
…………Tel:85612212
长海县人民政府办公室
地址：大长山岛镇东山街
…………Tel:89882869
庄河市人民政府办公室
地址：庄河市世纪广场
…………Tel:89706266
普兰店市人民政府
地址：普兰店市府前路
…………Tel:83112672

人民政协和民主党派

人民政协

中国人民政治协商会议辽宁省大连市委员会办公厅
地址：中山区南山路
…………Tel:82631600

社会团体

工会

大连市总工会
地址：中山区白玉街
…………Tel:82610213

共青团　青联　学联

中国共产主义青年团大连市委员会
地址：中山区南山街
…………Tel:82633985

妇联

大连市妇女联合会
地址：中山区南山路
…………Tel:82532983

侨联

大连市归国华侨联合会
地址：中山区鲁迅路
…………Tel:82750062
大连市台湾同胞联谊会
地址：中山区鲁迅路
…………Tel:82750122

文联

大连市文学艺术界联合会
地址：西岗区长白街
…………Tel:83638374

残联

大连市残疾人联合会
地址：西岗区新开路
…………Tel:83797601

工商联

大连市工商业联合会
地址：中山区人民路
…………Tel:82646555

红十字会

大连市红十字会
地址：西岗区唐山街
…………Tel:83693266

基金会

大连市残疾人福利基金会
地址：中山区中南路
…………Tel:84411077

福利会

大连市慈善总会
地址：中山区鲁迅路
…………Tel:39855666

驻在机构

中央驻在机构

中华人民共和国大连边防检查站
地址：中山区人民路
…………Tel:82634181
中华人民共和国大连海关
地址：中山区人民路
…………Tel:82618114
中华人民共和国辽宁出入境检验检疫局
地址：中山区人民路
…………Tel:82634945
中华人民共和国辽宁海事局
地址：中山区长江路
…………Tel:63644137
中华人民共和国辽宁渔业船舶检验局
地址：中山区滨海东路
…………Tel:82893258
中华人民共和国辽宁渔港监督局
地址：中山区滨海东路
…………Tel:82893959
国家海洋环境监测中心
地址：沙河口区凌河街
…………Tel:84783268

鞍山市（0412）

中国共产党鞍山市委员会
地址：铁东区胜利南路25号
…………Tel:5535472
中国共产党鞍山市委员会政策研究室
地址：铁东区胜利南路25号
…………Tel:5533021
中国共产党鞍山市委组织部
地址：铁东区胜利南路25号
…………Tel:5533077
中国共产党鞍山市委统一战线工作部
地址：铁东区胜利南路25号
…………Tel:5532827
中国共产党鞍山市直属机关工作委员会
地址：铁东区胜利南路25号
…………Tel:5532207

国家机构

人大常委会

鞍山市人民代表大会常务委员会
地址：铁东五道街10号
…………Tel:2230394

人民政府

鞍山市人民政府
地址：铁东区胜利南路36号
…………Tel:5535701
鞍山市人民政府研究室
地址：铁东区胜利南路36号
…………Tel:5535474
辽宁省鞍山市国家税务局
地址：铁东区园林路138号
…………Tel:5551168
鞍山市人力资源和社会保障局
地址：铁东区莘英路899号
…………Tel:5538216
鞍山市卫生局
地址：铁东区东山街58号
…………Tel:5534491
鞍山市市场监督管理局
地址：铁东区烈士山
…………Tel:2206012
鞍山市中小企业局
地址：铁东区一道街69号
…………Tel:2209212
鞍山市公用事业管理局
地址：铁东区文化街35号
…………Tel:5533225
鞍山市公共行政服务中心
地址：铁东区胜利南路49号
…………Tel:5591093
鞍山市水利局
地址：铁东区烈士山街3-5号
…………Tel:2935913
鞍山市气象局
地址：铁东区常青街16号
…………Tel:5830342
鞍山市对外贸易经济合作局
地址：铁东区湖南街
…………Tel:5899812
鞍山市外国专家局
地址：铁东区莘英路899号
…………Tel:5566112
鞍山市代码管理办公室
地址：铁东区常青街15号
…………Tel:5821140
鞍山市民政局
地址：铁东区园林路209甲
…………Tel:5570126
鞍山市地方税务局
地址：铁东区二一九路50号
…………Tel:5588110
鞍山市地名办公室
地址：铁东区1道街69号
…………Tel:5529500
鞍山市应急管理局
地址：铁东区长兴街60号
…………Tel:5892228
鞍山市农垦局
地址：铁东区胜利南路36号
…………Tel:5536860
鞍山市交通局
地址：铁东区解放东路134号
…………Tel:5893013
鞍山市地震局
地址：铁东区千山中路36号
…………Tel:5535213
鞍山市社会保险局
地址：铁西区三道街81号
…………Tel:5580303
鞍山市劳动教养管理所
地址：千山区月明山
…………Tel:2611947
鞍山市劳动就业服务局
地址：铁西区三道街81号
…………Tel:2229329
鞍山市住房公积金管理中心
地址：铁东区中华南路75号
…………Tel:5563006
鞍山市体育局
地址：铁东区园林路164号
…………Tel:5534905
鞍山市财政局
地址：铁东区胜利南路8号
…………Tel:2212126
鞍山市运输车辆管理处
地址：铁东区山南街52号
…………Tel:2617583
鞍山市国土资源局
地址：铁东区二一九路
…………Tel:5512411
鞍山市审计局
地址：铁东区前进路6号
…………Tel:2227761
鞍山市林业局
地址：铁东区一道街69号
…………Tel:2267007
鞍山市房地产交易中心
地址：铁西区一道街18号
…………Tel:8568088
鞍山市房产局
地址：铁东高新区科技路5号
…………Tel:2232389
鞍山市物价局
地址：铁东区前进路6号
…………Tel:2230894
鞍山市经济研究信息中心
地址：铁东区绿化街41号
…………Tel:5839681
鞍山市非税收入管理局
地址：铁东区前进路6号
…………Tel:2216057
鞍山市质量技术监督局
地址：铁东区常青街18-1号
…………Tel:5818501
鞍山市环境保护局
地址：铁东区千山中路155号
…………Tel:5234906
鞍山市统计局
地址：铁东区胜利南路36号
…………Tel:5536805
鞍山市城市管理综合行政执法局
地址：铁东区千山中路1号
…………Tel:5518526
鞍山市科学技术局
地址：铁东区千山中路280号
…………Tel:5217006
鞍山市食品药品监督管理局
地址：铁东区矿工路3号
…………Tel:5839596
鞍山市消防局
地址：铁东区园林路249号
…………Tel:5596206
鞍山市畜牧兽医局
地址：铁东区前进路6号
…………Tel:2288099
鞍山市监狱
地址：立山区灵山路102号
…………Tel:6226999
鞍山市烟草专卖局
地址：铁东区园林路209号
…………Tel:5516219
鞍山市档案局
地址：铁东区绿化街41-1号
…………Tel:5831273
鞍山市文化和文化和旅游局
地址：铁东区中华南路240甲
…………Tel:5514366
鞍山市教育局
地址：铁东区园林路
…………Tel:2693333
鞍山高新技术产业开发区管理委员会
地址：铁东区科技路7号
…………Tel:5211009
鞍山市千山风景名胜区管理委员会
地址：千山东路79号
…………Tel:5410231
鞍山市玉佛山风景名胜区管理委员会
地址：铁东区千山中路39号
…………Tel:5533425
鞍山市人口和计划生育委员会
地址：铁东区一道街69号
…………Tel:5559233
鞍山市民族事务委员会
地址：铁东区胜利南路36号
…………Tel:5537540
鞍山市地方铁路管理处
地址：铁西区千龙户2-4号
…………Tel:8518945
鞍山市农村经济委员会
地址：铁东区胜利南路1号
…………Tel:5533537
鞍山市经济和信息化委员会
地址：铁东区胜利南路36号
…………Tel:22900618
鞍山市建筑业管理处
地址：铁东区园林路95号乙
…………Tel:5833564
鞍山市城乡建设委员会
地址：铁东区胜利南路36号
…………Tel:5533603
鞍山市盐业有限公司
地址：铁西区兴盛南路254号
…………Tel:8216469
鞍山市商业委员会
地址：铁东区二一九路18号
…………Tel:2289015
鞍山仲裁委员会
地址：铁东区一道街69号
…………Tel:5538906
鞍山市老龄工作办公室
地址：铁东区一道街69-5号
…………Tel:5519718
鞍山市金融工作办公室
地址：铁东区胜利南路36号
…………Tel:5556770
鞍山市城市计划节约用水办公室
地址：铁东区民生路1号
…………Tel:5547277
鞍山市酒类管理办公室
地址：铁东区中华南路240甲-2
…………Tel:2259789
鞍山市接待办公室
地址：铁东区胜利南路47号
…………Tel:5582310

人民政协和民主党派

人民政协

中国人民政治协商会议辽宁省鞍山市委员会
地址：铁东区二一九路26号
…………Tel:2230046

社会团体

工会

鞍山市总工会
地址：铁东区建国南路189号
…………Tel:2266809

共青团　青联、学联

共青团鞍山市委员会
地址：铁东区胜利南路43号
…………Tel:5543002

妇联

鞍山市妇女联合会
地址：铁东区爱民街6号
…………Tel:5511667

文联

鞍山市文学艺术界联合会
地址：铁东区爱民街6号
…………Tel:5514026

残联

鞍山市残疾人联合会
地址：铁东区安乐街16甲
…………Tel:5517084

协会

鞍山市保险行业协会
地址：铁东区二一九路28号
…………Tel:2218676

驻在机构

中央驻在机构

中国国际贸易促进委员会鞍山市委员会
地址：铁东区前进路17号
…………Tel:2288029
中华人民共和国鞍山海关
地址：铁东区二一九路15号
…………Tel:5550245

抚顺市

国家机构

人大常委会

抚顺市人民代表大会常务委员会
地址：永安台街南二路1号
…………秘书处：52622543

人民政府

抚顺市人民政府
地址：顺城区临江路东段

……总值班室：57500300

辽宁省抚顺公路路政管理局
地址：新抚区礼泉路4号
……业务室：52420228

沈阳海关驻抚顺办事处
地址：浑河南路中段46号
……总机：52427088

抚顺市人力资源和社会保障局
地址：新抚区琥珀泉街7号
……办公室：52424388

抚顺市卫生局
地址：顺城区临江路东段
……办公室：57500670

抚顺市市场监督管理局
地址：顺城区临江路东段35号
……办公室：57505811

抚顺市水文局
地址：新抚区浑河南路46号
……水情处：52423623

抚顺市水务局
地址：新抚区浑河南路46号
……办公室：52423855

抚顺市水利水电工程移民局
地址：顺城区浑河北路26号
……办公室：57807636

抚顺市气象局
地址：顺城区临江路东段
……办公室：57500082

抚顺市对外贸易经济合作局
地址：顺城区临江路东段
……办公室：57500618

抚顺市民政局
地址：新抚区浑河南路中段72号
……办公室：52673808

抚顺市地方税务局
地址：顺城区新城路西段63号
……市民投诉中心：57133110

抚顺市地方煤炭工业管理局
地址：顺城区临江路东段
……办公室：57500308

抚顺市应急管理局
地址：顺城区临江路东段
……办公室：57500344

抚顺市文通局
地址：顺城区临江路东段1号
……办公室：57505012

抚顺市价格监督检查局
地址：新抚区东三路12号
……办公室：52645279

抚顺市地震局
地址：顺城区高山路13－2号
……办公室：57600373

抚顺市劳动就业管理局
地址：新抚区东十路3号
……办公室：52625316

抚顺市体育局
地址：顺城区临江路东段
……办公室：57500493

抚顺市财政局
地址：顺城区新华大街17号
……办公室主任室：57760011

抚顺市国土资源局
地址：顺城区临江路东段35号
……办公室：57555888

抚顺市审计局
地址：顺城区临江路东段
……办公室：57500510

抚顺市林业局
地址：顺城区德惠路1号
……办公室投诉：57696111

抚顺市物价局
地址：顺城区临江路东段
……办公室：57500438

抚顺市规划局
地址：顺城区临江路东段
……办公室：57500585

抚顺市房产管理局
地址：新抚区浑河南路中段30号
……办公室：52426148

抚顺市国家税务局
地址：新抚区永宁街北段1号
……办公室：52625709

抚顺市非税收入管理局
地址：顺城区新华大街17号
……办公室：57760213

抚顺市质量技术监督局
地址：顺城区新城路西段15号
……办公室（传真）：57737010

抚顺市环境保护局
地址：顺城区新华大街26号
……投诉电话：57577110

抚顺市统计局
地址：顺城区临江路东段
……办公室：57500360

抚顺市城市管理局
地址：顺城区临江路西段60号
……办公室：57739999

抚顺市科学技术局
地址：顺城区临江路东段
……办公室：57500489

抚顺市食品药品监督管理局
地址：新抚区西四街4－4号
……办公室：52791177

抚顺市畜牧兽医局
地址：顺城区临江路东段
……办公室：57500745

抚顺市烟草专卖局（公司）
地址：新抚区永安路2号
……综合管理办公室：52626878

抚顺市文化和文化和旅游局
地址：顺城区临江路东段
……办公室：57500526

抚顺市教育局
地址：顺城区临江路东段
……办公室：57500440

抚顺市人口和计划生育委员会
地址：顺城区临江路东段
……办公室：57500916

抚顺市人民政府国有资产监督管理委员会
地址：顺城区长春街4号
……委主任公开电话：57654110

抚顺市发展和改革委员会
地址：顺城区临江路东段
……办公室：57500310

抚顺市民族事务委员会
地址：抚顺市
……办公室：57500099

抚顺市关心下一代工作委员会
地址：新抚区北台一路1号
……办公室：52627475

抚顺市农村经济委员会
地址：顺城区临江路东段
……办公室：57500277

抚顺市机构编制委员会办公室
地址：顺城区临江路东段
……综合处（监督检查处）：57500425

抚顺市服务业委员会
地址：顺城区临江路东段
……办公室：57500710

抚顺市经济和信息化委员会
地址：顺城区临江路东段
……办公室：57500336

抚顺市城乡建设委员会
地址：顺城区临江路东段
……办公室：57500408

抚顺市爱国卫生运动委员会办公室
地址：顺城区临江路东段
……综合协调处：57500134

抚顺市铁路道口安全管理委员会
地址：新抚区裕民路1－1号
……办公室：52615049

抚顺市绿化委员会办公室
地址：顺城区德惠路1号
……办公室：57599236

抚顺仲裁委员会办公室
地址：新抚区十二道街5号
……综合部：52339089

抚顺市人民防空办公室
地址：新抚区琥珀街3号
……总值班室：57769000

抚顺市人民政府金融工作办公室
地址：顺城区临江路东段
……金融协调处：57500076

抚顺市水土保持办公室
地址：新抚区浑河南路46号
……办公室：52429566

抚顺市水资源办公室
地址：新抚区浑河南路中段46号
……办公室：52431103

抚顺市节约用水办公室
地址：新抚区裕民路1号
……办公室：52640322

抚顺市外事办公室
地址：顺城区临江路东段
……秘书处：57500546

抚顺市县区财源建设办公室
地址：顺城区新华大街17号
……综合科：57760355

抚顺市河务管理办公室
地址：顺城区浑河北路26号
……办公室：57707333

抚顺市国防教育办公室
地址：新抚区公园街6号
……办公室：52439542

抚顺市城东防洪工程办公室
地址：顺城区浑河北路26号
……办公室：57704088

抚顺市城市建设工程项目管理办公室
地址：顺城区长春街南段2号
……办公室：57719803

抚顺市城建资金管理办公室
地址：新抚区永宁街4号
……综合部：52443500

抚顺市酒类管理办公室
地址：新抚区十二道街5号
……办公室：52350915

抚顺市新型墙体材料建筑节能办公室
地址：顺城区乾安街7－4号
……综合科：57590988

人民政协和民主党派

人民政协

中国人民政治协商会议辽宁省抚顺市委员会
地址：顺城区滴翠路11号
……秘书处：57660030

民主党派

九三学社抚顺市委员会
地址：顺城区滴翠路11号
……办公室：57660091

中国民主同盟抚顺市委员会
地址：顺城区滴翠路11号
……办公室：57660074

中国民主建国会抚顺市委员会
地址：顺城区滴翠路11号
……办公室：57660076

中国民主促进会抚顺市委员会
地址：顺城区滴翠路11号
……办公室：57660081

中国农工民主党抚顺市委员会
地址：顺城区滴翠路11号
……办公室：57660097

中国国民党革命委员会抚顺市委员会
地址：顺城区滴翠路11号
……办公室：57660070

中国致公党抚顺市委员会
地址：顺城区滴翠路11号
……办公室：57660087

抚顺市民主党派机关管委会
地址：顺城区滴翠路11号
……总务室：57660094

抚顺市台湾同胞联谊会
地址：顺城区滴翠路11号
……办公室：57660069

抚顺市黄埔军校同学会
地址：顺城区滴翠路11号
……办公室：57660084

社会团体

工会

抚顺市总工会
地址：新抚区凤翔路43号
……文秘室：52424254

共青团、青联、学联

中国共产主义青年团抚顺市委员会
地址：新抚区永安路2号
……办公室：52900009

妇联

抚顺市妇女联合会
地址：新抚区永安路21号
……办公室：52650272

文联

抚顺市文学艺术界联合会
地址：新抚区东六路13号
……办公室：52622323

残联

抚顺市残疾人联合会
地址：顺城区浑河北路78号
……办公室：57714244

工商联

抚顺市工商业联合会
地址：顺城区抚顺城路西段22号
……办公室：57570006

协会

抚顺市老科学技术工作者协会
地址：新抚区北台一路1号
……办公室：52786842

红十字会

抚顺市红十字会
地址：新抚区十二道街5号
……办公室：52369118

驻在机构

中央驻在机构

中华人民共和国抚顺出入境检验检疫局
地址：顺城区浑河北路72号
……办公室：57711662

本溪市（024）

中国共产党本溪市委员会
地址：平山区胜利路34号
……Tel:42897621

中国共产党本溪市委员会老干部局
地址：平山区市府南街18号
……Tel:42218689

中共桓仁满族自治县委老干部局
地址：中心社区53号
……Tel:48822265

中共桓仁满族自治县委员会
地址：文化路29号
……Tel:48823283

中国共产党本溪市平山区委员会
地址：明山区胜利路30号
……Tel:42883018

中国共产党本溪市明山区委员会
地址：明山区小堡
……Tel:44599009

中国共产党本溪市南芬区委员会
地址：南芬区中心街145号
……Tel:43839345

中国共产党本溪市溪湖区委员会
地址：溪湖区民主路59号
……Tel:45836658

中国共产党本溪满族自治县委员会老干部局
地址：小市镇园林巷
……Tel:46823965

中国共产党本溪满族自治县委员会
地址：政府路69－5
……Tel:46823275

国家机构

人大常委会

本溪市人民代表大会常务委员会
地址：平山区人民路33号
……Tel:42868900

本溪市平山区人民代表大会常务委员会
地址：明山区胜利路30号
……Tel:42883029

本溪市明山区人民代表大会常务委员会
地址：明山区小堡
……Tel:44599022

本溪市南芬区人民代表大会常务委员会
地址：南芬区中心街145号
……Tel:43839318

本溪市溪湖区人民代表大会常务委员会
地址：溪湖区民主路59号
……Tel:45836776

本溪满族自治县人民代表大会常务委员会
地址：小市镇政府路69号
……Tel:46821536

桓仁满族自治县人民代表大会常务委员会
地址：文化路22号
……Tel:48822292

人民政府

本溪市人民政府
地址：平山区人民路18号
……Tel:42218062

辽宁省本溪公路路政管理局
地址：明山区解放北路40号
……Tel:42820986

辽宁省本溪市国家税务局
地址：明山区解放北路63号
……Tel:42896011

本溪市人事局
地址：平山区水塔路22号
……Tel:42808610

本溪市卫生局
地址：平山区胜利路31号
……Tel:43889312

本溪市市场监督管理局
地址：平山区解放南路44号
……Tel:42857736

本溪市水务局
地址：明山区峪明路
……Tel:44599161

本溪市气象局
地址：明山区胜光街
……Tel:44836813

本溪市对外贸易经济合作局
地址：平山区人民路31号
……Tel:42821269

本溪市民政局
地址：明山区新城路18号
……Tel:43841766

本溪市地方税务局
地址：平山区胜利路38号
……Tel:42818100

本溪市军用饮食供应站
地址：平山区站北街8号
……Tel:42843815

本溪市应急管理局
地址：明山区峪明路
……Tel:44516207

本溪市动物卫生监督管理局
地址：平山区东明路4号
……Tel:42808909

本溪市交通局
地址：明山区解放北路40号
……Tel:42818013

本溪市地震局
地址：明山区文化路
……Tel:44877291

本溪市社会保险事业管理局
地址：平山区解放南路38号
……Tel:42818097

本溪市体育局
地址：明山区新城路35号
……Tel:43862052

本溪市财政局
地址：平山区平山路3号
……Tel:42843051

本溪市国土资源局
地址：平山区东明路14号
……Tel:42806200

本溪市审计局
地址：平山区铁运街3号
……Tel:42818382

本溪市河务处
地址：明山区峪明路
……Tel:44599200

本溪市林业局
地址：平山区人民路31号
……Tel:42868510

本溪市房产局
地址：平山区东明三路25号

Tel:42804708

本溪市物价局
地址：明山区北光路2号
Tel:43887300

本溪市供销合作社联合社
地址：平山区解放南路9号
Tel:42809123

本溪市质量技术监督局
地址：平山区东明二路17号
Tel:42818911

本溪市环境保护局
地址：明山区胜利路89号
Tel:44871969

本溪市统计局
地址：平山区人民路18-3
Tel:42805209

本溪市城市管理综合执法局
地址：平山区东明三路6号
Tel:48242000

本溪市食品药品监督管理局
地址：平山区东明路4号
Tel:42808305

本溪市烟草专卖局
地址：明山区樱花街33号
Tel:44517002

本溪市档案局
地址：平山区胜利路34号
Tel:42824252

本溪市文化和文化和旅游局
地址：平山区人民路31号
Tel:42846962

本溪市商业局
地址：平山区平山路11号
Tel:42824129

本溪市教育局
地址：平山区市府路8号
Tel:42805800

本溪市就业服务局
地址：明山区胜利路68号
Tel:43886905

本溪市粮食局
地址：明山区解放北路45号
Tel:42805808

本溪市人口和计划生育委员会
地址：平山区人民路18号
Tel:42218163

本溪市发展和改革委员会
地址：平山区人民路18号
Tel:42218130

本溪市民族事务委员会
地址：平山区人民路31号
Tel:42822937

本溪市农村经济委员会
地址：平山区人民路22号
Tel:42218155

本溪市经济和信息化委员会
地址：平山区人民路18号
Tel:42218091

本溪市城乡规划建设委员会
地址：明山区峪明路336栋
Tel:44521016

本溪市爱国卫生运动委员会
地址：平山区人民路18号
Tel:42845548

本溪经济技术开发区管理委员会
地址：经济开发区
Tel:45858999

本溪市平山区人民政府
地址：明山区胜利路30号
Tel:42883119

本溪市明山区人民政府
地址：明山区小堡
Tel:44599025

本溪市南芬区人民政府
地址：南芬区政府
Tel:43839383

本溪市溪湖区人民政府
地址：溪湖区民主路59号
Tel:45836674

本溪满族自治县人民政府
地址：小市镇政府路69号
Tel:46822334

桓仁满族自治县人民政府
地址：中心街
Tel:48822467

桓仁镇人民政府
地址：黎明街
Tel:48822315

人民政协和民主党派

人民政协

中国人民政治协商会议本溪市委员会
地址：平山区市府南路20号
Tel:42818278

民主党派

九三学社本溪市委员会
地址：平山区市府南街20号
Tel:42820274

中国民主同盟本溪市委员会
地址：平山区市府
Tel:42845021

中国民主建国会本溪市委员会
地址：平山区市府南路20号
Tel:42820473

中国民主促进会本溪市委员会
地址：平山区市府南路20号
Tel:42824988

中国国民党革命委员会本溪市委员会
地址：平山区市府南街20号
Tel:42845183

社会团体

工会

本溪市总工会
地址：平山区东明路5号
Tel:42807261

本溪满族自治县总工会
地址：小市镇中兴街
Tel:46823282

桓仁满族自治县总工会
地址：中心街
Tel:48823862

共青团　青联、学联

共青团本溪市委员会
地址：平山区广裕路1号
Tel:42818606

共青团本溪满族自治县委员会
地址：小市镇政府路县委1楼
Tel:46823310

共青团桓仁满族自治县委员会
地址：文化路29号
Tel:48822523

妇联

本溪市妇女联合会
地址：平山区人民路31号6楼
Tel:42828221

侨联

本溪市归国华侨联合会
地址：平山区人民路31号
Tel:42822956

协会

本溪市科学技术协会
地址：平山区东明路4号
Tel:42824673

红十字会

本溪市红十字会
地址：明山区胜利路31号
Tel:43890348

丹东市（0415）

中国共产党丹东市委员会
地址：九纬路88号
Tel:2122090

中国共产党丹东市委员会老干部局
地址：八纬路20号
Tel:2122925

中国共产党丹东市元宝区委员会
地址：新柳街8号
Tel:2873377

中国共产党丹东市振安区委员会
地址：珍珠街339号
Tel:2890031

中国共产党丹东市振兴区委员会
地址：人民路56号
Tel:2237597

国家机构

人大常委会

丹东市人民代表大会常务委员会
地址：六纬路28号
Tel:2127052

丹东市元宝区人民代表大会常务委员会
地址：新柳街8号
Tel:2812023

丹东市振安区人民代表大会常务委员会
地址：珍珠街339号
Tel:2890056

丹东市振兴区人民代表大会常务委员会
地址：人民路56号
Tel:6183225

人民政府

丹东市人民政府
地址：锦山大街1号
Tel:2124609

丹东公路路政管理局
地址：三街六纬石油小区1号
Tel:2131536

丹东市人事局
地址：滨江西路6号
Tel:3192758

丹东市卫生局
地址：三经街13-12号
Tel:2122706

丹东市水利局
地址：滨江中路108号
Tel:3172088

丹东市元宝区国家税务局
地址：八街五纬
Tel:2135324

丹东市气象局
地址：山上街表厂路159号
Tel:2150808

丹东市对外经济贸易合作局
地址：开发区房坝1号
Tel:3166099

丹东市民政局
地址：三纬路2-2号
Tel:2170470

丹东市地方税务局
地址：江城大街198号
Tel:2815614

丹东市地方税务局元宝分局
地址：江城大街198号
Tel:2810601

丹东市地方税务局振兴分局
地址：振四街22号
Tel:3159210

丹东市交通局
地址：兴一路8号
Tel:3124260

丹东市价格监督检查分局
地址：兴五路39-3号
Tel:3177285

丹东市地震局
地址：锦山大街1号
Tel:2173283

丹东市劳动和社会保障局
地址：三经街16号
Tel:2124382

丹东市劳动就业服务管理局
地址：城建开发小区23号
Tel:2135508

丹东市体育局
地址：振七街52号
Tel:3458399

丹东市财政局
地址：锦山大街115号
Tel:2817892

丹东市国土资源局一分局
地址：珍珠街水源路10号
Tel:2890161

丹东市国土资源局二分局
地址：随缘大厦
Tel:2129332

丹东市审计局
地址：江沿路63号
Tel:2178998

丹东市物价局
地址：兴五路39-3号
Tel:3177207

丹东市房产局产权产籍管理处
地址：七纬路9-2号
Tel:2126068

丹东市国家保密局
地址：青年大街
Tel:3136113

丹东市国家税务局直属分局
地址：锦山大街83号
Tel:2817771

丹东市国家税务局第一稽查局
地址：锦山大街83号
Tel:2859028

丹东市国家税务局第二稽查局
地址：锦山大街83号
Tel:2818555

丹东市国家税务局稽查局
地址：锦山大街83号
Tel:2831538

丹东市招商局
地址：七经街新一百酒店7楼
Tel:2123488

丹东市供销合作社联合社
地址：开发区滨江中路
Tel:3139781

丹东市质量技术监督局
地址：六经街57号
Tel:2181261

丹东市环境保护局
地址：六纬路39-5号
Tel:2127528

丹东市城乡规划局
地址：开发区房坝10号
Tel:3452305

丹东市统计局
地址：锦山大街1号
Tel:2173261

丹东市城市管理综合行政执法局
地址：江城大街35号
Tel:2169010

丹东市科学技术局
地址：六纬路31号
Tel:2125538

丹东市振安区地方税务局
地址：东平大街71号
Tel:2895229

丹东市振安区国家税务局
地址：锦山大街83号
Tel:2812951

丹东市消防局
地址：临江后街8号
Tel:2891053

丹东市监狱
地址：经山街217号
Tel:41136825

丹东市海洋与渔业局
地址：兴一路南端10号
Tel:2163132

丹东市档案局
地址：兴七路3-1号
Tel:3177611

丹东市文化和文化和旅游局
地址：六纬路31-1号
Tel:2211062

丹东市教育局
地址：七经街108号
Tel:2123802

丹东市黄金管理局
地址：二纬路37号
Tel:2122654

丹东市粮食局
地址：兴一路9号
Tel:3124893

辽宁省丹东市国家税务局
地址：滨江中路139号
Tel:3177717

鸭绿江风景名胜区管理局
地址：兴一路南端10号
Tel:3124767

丹东市人民防空办公室
地址：山上街人防路6号
Tel:2155201

丹东市人民政府外事办公室
地址：六纬路31号
Tel:2173211

丹东市接待办公室
地址：山上街69号
Tel:2252162

丹东市公证处
地址：兴七路3-4号
Tel:3140208

丹东市元宝区人民政府
地址：新柳街8号
Tel:2813255

丹东市振安区人民政府
地址：珍珠街339号
Tel:2890065

丹东市振兴区人民政府
地址：人民路56号
Tel:6163637

人民政协和民主党派

人民政协

中国人民政治协商会议辽宁省丹东市委员会
地址：六纬路24号
Tel:2127981

民主党派

中国国民党革命委员会丹东市委员会
地址：六纬路24号
Tel:2127985

社会团体

工会

丹东市总工会
地址：六纬路12号
Tel:2125412

侨联

丹东市归国华侨联合会
地址：珍珠街339号
Tel:2890042

文联

丹东市文学艺术界联合会
地址：九纬路83号
Tel:2131322

残联

丹东市元宝区残疾人联合会
地址：官电街26号
Tel:2816306

丹东市残疾人联合会
地址：八街三纬101号
Tel:2129360

工商联

丹东市工商业联合会
地址：六纬路24号
Tel:2162702

协会

丹东市医药商业协会
地址：七经街108号
Tel:2127349

丹东市科学技术协会
地址：五纬路84号
Tel:2124432

学会

丹东市医学会
地址：春五路27号
Tel:6166148

红十字会

丹东市红十字会
地址：三经街
Tel:2131582

驻在机构

外省驻在机构

丹东市东亚经济文化交流中心
地址：双星大厦B座1404号
Tel:2179068

锦州市（0416）

中国共产党锦州市委员会
地址：凌河区解放路5段2号
Tel:2122436

中国共产党锦州市委员会对外宣传办公

室
地址：凌河区解放路5段2号
……Tel：2189912
中国共产党锦州市委员会台湾工作办公室
地址：凌河区解放路5段2号
……Tel：3168318
中国共产党锦州市委员会老干部局
地址：凌河区南宁路5段6号
……Tel：2126842
中国共产党锦州市委员会讲师团
地址：凌河区上海路4段12号
……Tel：2600328
中国共产党锦州市委员会组织部
地址：凌河区解放路5段2号
……Tel：2124590
中国共产党锦州市委员会统一战线工作部
地址：凌河区解放路5段2号
……Tel：2122430
中国共产党锦州市委员会政策研究室
地址：凌河区解放路5段2号
……Tel：2603928
中国共产党锦州市委员会党史研究室
地址：凌河区南宁路5段6号
……Tel：2676660
人民政府
锦州市人民政府
地址：市府路68号
……Tel：3882201
辽宁医巫闾山国家级自然保护区管理局
地址：北镇市西门外
……Tel：6623336
辽宁省烟草公司锦州市公司
地址：古塔区上海路2段134号
……Tel：2329516
辽宁省锦州渔政管理局
地址：中央大街2段46－85号
……Tel：3129181
锦州市人事局
地址：市府路68号
……Tel：3872300
锦州市卫生局
地址：市府路55号
……Tel：3122096
锦州市市场监督管理局
地址：古塔区解放路2段52号
……Tel：3858999
锦州市公用事业与房产局
地址：凌河区解放东路
……Tel：2896116
锦州市水利局
地址：市府路59号
……Tel：3317800
锦州市气象局
地址：古塔区人民街5段22乙
……Tel：4167281
锦州市对外贸易经济合作局
地址：市府路68号
……Tel：3872171
锦州市民政局
地址：凌河区延安路4段8号
……Tel：2188800
锦州市发展和改革委员会
地址：市府路68号
……Tel：3872200
锦州市地方税务局
地址：市府路58号
……Tel：3861010
锦州市地方税务局直属分局
地址：市府路58号
……Tel：3861124
锦州市地方税务局稽查局
地址：市府路58号
……Tel：3861104
锦州市农业机械化管理局
地址：古塔区解放路1段5号
……Tel：2691526
锦州市应急管理局
地址：凌河区解放路5段13号
……Tel：3195311
锦州市动物卫生监督管理局
地址：市府路68号
……Tel：3870200
锦州市交通局
地址：太和区凌南西里6号
……Tel：3880786
锦州市地震局
地址：凌河区解放路4段13－6号
……Tel：3150628
锦州市劳动和社会保障局
地址：市府路72号
……Tel：3885376
锦州市社会保险事业管理局
地址：市府路72号
……Tel：2665810
锦州市劳动就业管理局
地址：市府路72号
……Tel：2665880
锦州市体育局
地址：凌河区解放路5段26号
……Tel：2815084
锦州市财政局
地址：古塔区解放路嫩25号
……Tel：3162200
锦州市国土资源局
地址：松山新区市府东路10号
……Tel：2910066
锦州市审计局
地址：凌南东里宝地城B区1－3号
……Tel：3238601
锦州市林业局
地址：古塔区解放路1段5号
……Tel：2362545
锦州市物价局
地址：凌河区解放路4段1号
……Tel：3124589
锦州市规划管理局
地址：宝地城B区1－2号
……Tel：3707011
锦州市国家税务局
地址：古塔区解放路3段32号
……Tel：2123565
锦州市国家税务局直属税务分局
地址：中央南街凌南西里7号
……Tel：3885850
锦州市国家税务局第一稽查局
地址：中央南街凌南西里7号
……Tel：3889603
锦州市国家税务局稽查局
地址：古塔区解放路3段32号
……Tel：2139650
锦州市招商局
地址：市府路68号
……Tel：3866678
锦州市质量技术监督局
地址：中央大街2段11－1号
……Tel：3183000
锦州市环境保护局
地址：凌河区南京路5段25－1号
……Tel：2830275
锦州市统计局
地址：市府路68号
……Tel：3872890
锦州市城市管理综合行政执法局
地址：凌河区南京路5段
……Tel：3868665
锦州市科学技术局
地址：市府路68号
……Tel：3872155
锦州市食品药品监督管理局
地址：凌河区解放路4段1号
……Tel：3130157
锦州市盐务管理局
地址：凌河区解放路4段1号
……Tel：2653985
锦州市档案局
地址：凌河区上海路6段5号
……Tel：2843805
锦州市文化和文化和旅游局
地址：市府路68号
……Tel：3872067
锦州市教育局
地址：凌河区和平路5段1号
……Tel：2129039
锦州市港口与口岸局
地址：中央大街2段11－2号
……Tel：3199980
锦州市粮食局
地址：古塔区延安路3段7号
……Tel：2121643
锦州市关心下一代工作委员
地址：凌河区南宁路5段6号
……Tel：3199219
锦州市农村经济委员会
地址：市府路68号
……Tel：3862152
锦州市经济和信息化委员会
地址：市府路68号
……Tel：3898888
锦州市直属机关工作委员会
地址：凌河区和平路4段12号
……Tel：2168070
锦州市城乡规划建设委员会
地址：中央南街45号
……Tel：3880973
辽宁省锦州市高中等教育招生考试委员会办公室
地址：凌河区解放路5段24－1号
……Tel：2850993
锦州市人民防空办公室
地址：古塔区人民街5段30号
……Tel：4148999
锦州市人民政府行政审批管理办公室
地址：凌河区解放路5段39－2号
……Tel：2869990
锦州市文化市场管理办公室
地址：中央大街2段38号
……Tel：3120362
锦州市太和区女儿河乡人民政府
地址：太和区女儿河乡
……Tel：3092035
锦州市太和区大薛乡人民政府
地址：太和区大薛乡大薛村
……Tel：4668609
锦州市太和区营盘乡人民政府
地址：太和区营盘乡
……Tel：3817212
锦州市太和区新民乡人民政府
地址：太和区解放西路229号
……Tel：5178465
锦州市太和区太和街道办事处
地址：太和区福兴花苑11－148号
……Tel：5179605
锦州市古塔区站前街道办事处
地址：古塔区民族里6－1号
……Tel：2915161
锦州市松山新区松山街道办事处
地址：松山新区松山办事处
……Tel：3562311
锦州经济技术开发区杏山街道办事处
地址：锦港路1号
……Tel：3530053

人民政协和民主党派

人民政协

中国人民政治协商会议锦州市委员会
地址：市府路87号
……Tel：2123988
民主党派
中国民主同盟锦州市委员会
地址：市府路67号
……Tel：2126617
中国民主促进会锦州市委员会
地址：市府路67号
……Tel：3126614

社会团体

工会

锦州市总工会
地址：凌河区解放路4段8号
……Tel：2122380

共青团 青联 学联

中国共产主义青年团锦州市委员会
地址：凌河区徐州街
……Tel：2602911

妇联

锦州市妇女联合会
地址：凌河区解放路5段6号
……Tel：2124147
侨联
锦州市归国华侨联合会
地址：市府路68号
……Tel：3880666

文联

锦州市文学艺术界联合会
地址：古塔区和平路3陵82号
……Tel：2123631

残联

锦州市残疾人联合会
地址：古塔区平安里49－1号
……Tel：2333677

工商联

锦州市工商业联合会
地址：中央大街2段52号
……Tel：3131736
协会
锦州市科学技术协会
地址：凌河区解放路4段5号
……Tel：3122169
学会
锦州市法学会
地址：凌河区南宁路5段6号
……Tel：3194008
红十字会
锦州市红十字会
地址：市府路68号
……Tel：3862277

宗教组织

锦州市基督教会
地址：古塔区洛阳路3段32号
……Tel：3138216

驻在机构

中央驻在机构

中华人民共和国锦州出入境检验检疫局
地址：高新区学院东路18号
……Tel：3869607
中华人民共和国锦州海事局
地址：凌河区南京路4段20号
……Tel：3127120
营口市（0417）
中国共产党营口市委员会
地址：站前区辽河广场1号
……Tel：2669909

国家机构

人大常委会

营口市人民代表大会常务委员会
地址：站前区辽河广场2号
……Tel：2656112
人民政府
营口市人民政府
地址：站前区渤海大街西1号
……Tel：2998518
营口市对外贸易经济合作局
地址：站前区渤海大街西1号
……Tel：2998420
营口市城市公用事业管理局
地址：站前区东风路3号
……Tel：12319
营口市城市管理综合执法局
地址：清花大街西段19号
……Tel：2897002
辽宁省营口市国家税务局
地址：站前区南通街南通里12号
……Tel：2838381
营口市人力资源和社会保障局
地址：青花大街西28号
……Tel：2980155
营口市卫生局
地址：全牛山大街东12－1号
……Tel：2835129
营口市市场监督管理局
地址：站前区新兴大街东33号
……Tel：2666317
营口市水土保持局
地址：站前区东双桥里29号
……Tel：2605195
营口市水利局
地址：站前区东双桥里29号
……Tel：2635810
营口市气象局
地址：站前区新气象里44号
……Tel：3538314
营口市民政局
地址：清花大街西17号
……Tel：2946065
营口市地方税务局
地址：站前区渤海大街东28号
……Tel：2859013
营口市农业机械管理局
地址：站前区辽河大街东12号
……Tel：2601267
营口市应急管理局
地址：站前区辽河大街东12号
……Tel：2667755
营口市交通局
地址：站前区新地号里41号
……Tel：2833849
营口市地震局
地址：站前区渤海大街西1号
……Tel：2998585
营口市社会保险事业管理局
地址：青花大街西28号
……Tel：29801239
营口市劳动就业管理局
地址：青花大街西28号
……Tel：2980209
营口市体育局
地址：站前区体育里2－2号
……Tel：2836180
营口市财政局
地址：站前区渤海大街西6号
……Tel：2833347
营口市国土资源局
地址：辽河大街东14－5号
……Tel：2661507
营口市审计局
地址：站前区渤海大街西1号
……Tel：2998249
营口市林业局
地址：金牛山大街东20号
……Tel：2910981
营口市环境保护局
地址：站前区金牛山大街西3号
……Tel：2833685
营口市统计局
地址：站前区渤海大街西1号
……Tel：2998417
营口市科学技术局
地址：少年宫里学府园A4
……Tel：2833747
营口市海洋与渔业局
地址：站前区东双桥里29号
……Tel：2600205
营口市烟草专卖局
地址：站前区太和西里
……Tel：2815850
营口市文化和文化和旅游局
地址：站前区渤海大街西1号
……Tel：2998476
营口市教育局
地址：站前区渤海大街西1号
……Tel：2998320
辽宁省营口市西大庙复修委员会
地址：西市区西大庙东殿
……Tel：4817000
营口市人民政府国有资产监督管理委员会
地址：站前区渤海大街西15号
……Tel：2817099
营口市中小企业创业园区管理委员会
地址：金牛山大街东段
……Tel：2950101
营口市发展和改革委员会
地址：站前区渤海大街西1号
……Tel：2998537

营口市民族事务委员会
地址：站前区渤海大街西1号
……Tel:2998379

营口市规划建设委员会
地址：站前区建设大街1号
……Tel:2636481

营口市人民防空办公室
地址：站前区辽河大街东98甲
……Tel:3858009

营口市人民政府动迁安置办公室
地址：清花大街西19号
……Tel:2896101

营口市人民政府金融工作办公室
地址：站前区渤海大街西1号
……Tel:2998303

营口市人民政府接待办公室
地址：站前区渤海大街西1号
……Tel:2998221

营口市人事考试办公室
地址：站前区市府路南99号
……Tel:2856088

营口市文化市场管理办公室
地址：渤海大街西13号
……Tel:2836082

营口市水政水资源办公室
地址：站前区东双桥里29号
……Tel:2612775

营口市史志办公室
地址：站前区渤海大街东27号
……Tel:2821148

营口市外事（侨务）办公室
地址：站前区渤海大街西1号
……Tel:2998411

营口市劳动鉴定委员会办公室
地址：站前区三楼东里
……Tel:2601148

营口市财政周转金管理办公室
地址：站前区化工里1-1号
……Tel:2838515

营口市建设企业社会保险管理办公室
地址：站前区新开里8号
……Tel:2817002

营口市经济委员会国防工业办公室
地址：站前区兴隆里
……Tel:2836395

营口市城市建设综合开发办公室
地址：西市区得胜路31号
……Tel:2833617

营口市酒类管理办公室
地址：站前区辽河大街东12号
……Tel:22613117

营口市水利工程河道管理处
地址：站前区东双桥里29号
……Tel:2636487

营口市公证处
地址：金牛山大街西11号
……Tel:2990823

营口市军队转业干部培训中心
地址：站前区市府路南99号
……Tel:2869079

营口市产权交易中心
地址：站前区渤海大街西15号
……Tel:2824567

营口市动物疫病预防控制中心
地址：西市区渤海大街西64号
……Tel:4892026

营口市医疗保险管理中心
地址：青花大街西28号
……Tel:2980287

营口市住房公积金管理中心
地址：站前区盼盼路30号
……Tel:2635609

营口市财政收费管理处
地址：站前区化工里1-2号
……Tel:2849974

营口市建设工程质量监督站
地址：站前区学府路101号
……Tel:2827443

营口市环境监测中心站
地址：金牛山大街西3号
……Tel:2832675

营口市信息中心
地址：站前区渤海大街西1号
……Tel:2998429

营口市疾病预防控制中心
地址：西市区渤海大街
……Tel:4893511

人民政协和民主党派

人民政协

中国人民政治协商会议辽宁省营口市委员会
地址：站前区辽河广场6号
……Tel:2667111

民主党派

九三学社营口市委员会
地址：站前区中兴路4号
……Tel:2637124

中国民主同盟营口市委员会
地址：站前区中兴路4号
……Tel:2637902

中国民主建国会营口市委员会
地址：站前区中兴路4号
……Tel:2637166

中国民主促进会营口市委员会
地址：站前区中兴路4号
……Tel:2636805

中国农工民主党营口市委员会
地址：站前区中兴路4号
……Tel:2638566

社会团体

工会

营口市总工会
地址：站前区渤海大街东27号
……Tel:2892710

共青团、青联、学联

中国共产主义青年团营口市委员会
地址：站前区渤海大街东27号
……Tel:2892788

妇联

营口市妇女联合会
地址：站前区渤海大街东27号
……Tel:2892820

侨联

营口市归国华侨联合会
地址：站前区东双桥里29号
……Tel:2631814

文联

营口市文学艺术界联合会
地址：辽河大街西3号
……Tel:2636228

工商联

营口市工商联
地址：站前区辽河大街东2号
……Tel:2636047

协会

营口市科学技术协会
地址：站前区金牛山大街西5号
……Tel:2834920

学会

营口市医学会
地址：站前区东双桥里29号
……Tel:2633349

营口市航海学会
地址：站前区货场里59号
……Tel:3837843

红十字会

营口市红十字会
地址：站前区辽河广场5号
……Tel:2600024

老龄问题委员会

营口市老龄工作委员会
地址：站前区渤海大街西1号
……Tel:2998161

宗教组织

中国基督教会
地址：西市区延寿里1号
……Tel:4832852

营口市伊斯兰教协会
地址：西市区新华路北里31号
……Tel:2611371

营口市佛教协会
地址：站前区新兴大街西16号
……Tel:2836294

其他社会团体

营口市社会科学界联合会
地址：站前区渤海大街东27号
……Tel:2892803

驻在机构

中央驻在机构

中华人民共和国营口海事局
地址：钱塘江路10号
……Tel:6201385

阜新市（0418）

中国共产党阜新市机构编制委员会
地址：细河区中华路45号
……Tel:2812594

中国共产党阜新市委员会办公室
地址：细河区中华路45号
……Tel:2814345

中国共产党阜新市委员会老干部局
地址：细河区中华路45号
……Tel:6589900

中国共产党阜新市委员会讲师团
地址：细河区中华路45号
……Tel:2817343

中国共产党阜新市委员会组织部
地址：细河区中华路45号
……Tel:2815097

中国共产党阜新市委员会统战部
地址：细河区中华路45号
……Tel:2813856

中国共产党阜新市委员会政策研究室
地址：细河区中华路45号
……Tel:2815855

中国共产党阜新市委员会党史研究室
地址：细河区中华路45号
……Tel:2817920

中国共产党阜新市委员会党校
地址：细河区中华路45号
……Tel:3989010

中国共产党阜新市委档案局
地址：细河区中华路45号
……Tel:6536300

中国共产党阜新市直属机关工作委员会
地址：细河区中华路45号
……Tel:2814946

中国共产党阜新市太平区委员会
地址：太平区太平大街1号
……Tel:2483692

中国共产党阜新市细河区委员会
地址：细河区中华路25号
……Tel:3966066

中国共产党阜新市海州区委员会
地址：海州区街心路7号
……Tel:6228573

中国共产党阜新市清河门区委员会
地址：清河门区清河大街1号
……Tel:2782237

中国共产党阜新市新邱区委员会
地址：新邱区新邱大街53号
……Tel:2862362

中国共产党阜新蒙古族自治县委员会
地址：阜蒙县民主路145号
……Tel:8834181

中国共产党彰武县委员会
地址：彰武县人民大街15号
……Tel:7734573

国家机构

人大常委会

阜新市人民代表大会常务委员会
地址：海州区育红路31号
……Tel:2288216

人民政府

阜新市人民政府办公室
地址：细河区中华路45号
……Tel:2815320

阜新市人力资源和社会保障局
地址：细河区中华路东段
……Tel:2680000

阜新市卫生局
地址：海州区矿工大街25号
……Tel:2265160

阜新市市场监督管理局
地址：细河区新渠路1号
……Tel:6691509

阜新市气象局
地址：西山路西北段101-2号
……Tel:2286406

阜新市外事局
地址：海州区四合路34-2号
……Tel:3335381

阜新市民政局
地址：海州区解放大街33-3
……Tel:2822027

阜新市地方税务局
地址：细河区中华路27号
……Tel:3898000

阜新市农业机械局
地址：海州区中华路西段121号
……Tel:2288312

阜新市交通局
地址：海州区矿工大街38号
……Tel:6626989

阜新市社会保险局
地址：细河区西环路5号
……Tel:2911119

阜新市体育局
地址：海州区新华路120号
……Tel:2827915

阜新市财政局
地址：细河区中华路51-2
……Tel:2827820

阜新市国土资源局
地址：海州区人民大街48号
……Tel:2171166

阜新市审计局
地址：海州区矿工大街19号
……Tel:2166317

阜新市服务业委员会
地址：海州区新华路71号
……Tel:6675980

阜新市林业局
地址：海州区中华路28号
……Tel:3891302

阜新市物价局
地址：海州区中华路92号
……Tel:2824349

阜新市国家税务局
地址：细河区中华路55号
……Tel:3322127

阜新市供销合作社联合社
地址：海州区新华路62号
……Tel:2892106

阜新市质量技术监督局
地址：海州区解放大街34号
……Tel:2825948

阜新市环境保护局
地址：海州区滨河路11号
……Tel:6653606

阜新市统计局
地址：细河区中华路45号
……Tel:2815978

阜新市科学技术局
地址：海州区人民大街46号
……Tel:6696009

阜新市食品药品监督管理局
地址：海州区新华路119号
……Tel:2824126

阜新市烟草专卖局
地址：海州区文化街21号
……Tel:2823706

阜新市文化和文化和旅游局
地址：海州区矿工大街36号
……Tel:3324708

阜新市教育局
地址：海州区西山路73-2号
……Tel:3910000

阜新市就业服务局
地址：细河区中华路79号
……Tel:2826924

阜新市粮食局
地址：海州区西山路67号
……Tel:6535509

辽宁阜新经济开发区管理委员会
地址：海州区中华路143号
……Tel:2281306

辽宁阜新高新技术产业园区管理委员会
地址：细河区中华路东段
……Tel:2814222

阜新市人口和计划生育委员会
地址：细河区民族街35号
……Tel:2929305

阜新市人民政府国有资产监督管理委员会
地址：海州区前进路47号
……Tel:3391801

阜新市发展和改革委员会
地址：细河区中华路45号
……Tel:2815022

阜新市民族事务委员会
地址：细河区中华路45号
……Tel:2199755

阜新市农村经济委员会
地址：海州区西环路77号
……Tel:2822337

阜新市经济和信息化委员会
地址：细河区解放大街11号
……Tel:2821716

阜新市城乡规划建设委员会
地址：细河区中华路63号
……Tel:2825780

阜新市人民防空办公室
地址：细河区东风路76号
……Tel:2996101

阜新市人民政府地方志办公室
地址：细河区民族街35号
……Tel:2922376

阜新市化工医药行业管理办公室
地址：海州区新华路121号
……Tel:3897901

阜新市行政服务管理办公室
地址：细河区四合路17号
……Tel:6618501

阜新市扶贫开发办公室
地址：细河区中华路45号
……Tel:2815184

阜新市政府金融工作办公室
地址：细河区中华路45号
……Tel:2810059

阜新市太平区人民政府
地址：太平区太平大街1号
……Tel:2483805

阜新市细河区人民政府
地址：细河区中华路25号
……Tel:3965678

阜新市海州区人民政府
地址：海州区街心路7号
……Tel:2825477

阜新市清河门区人民政府
地址：清河门区清河大街1号
……Tel:2782218

阜新市新邱区人民政府
地址：新邱区新邱大街
……Tel:2862648

阜新蒙古族自治县人民政府
地址：阜蒙县文化路东段
……Tel:8822222

彰武县人民政府
地址：彰武县人民大街60号
……Tel:7734136

阜新市细河区四合镇人民政府
地址：细河区四合大街233号
……Tel:2980855

人民政协和民主党派

人民政协

中国人民政治协商会议辽宁省阜新市委员会
地址：海州区西山路30号
……Tel:2824026

民主党派

九三学社阜新市委员会
地址：海州区西山路30号
……Tel:2827641

中国民主同盟阜新市委员会

地址：海州区西山路30号
……Tel:2825231

中国民主建国会阜新市委员会
地址：海州区西山路30号
……Tel:2826250

中国民主促进会阜新市委员会
地址：海州区西山路30号
……Tel:2821620

中国农工民主党阜新市委员会
地址：海州区西山路30号
……Tel:2820379

社会团体

工会

阜新市总工会
地址：海州区迎宾大街60号
……Tel:2286700

共青团、青联、学联

中国共产主义青年团阜新市委员会
地址：海州区前进路58号
……Tel:3991557

妇联

阜新市妇女联合会
地址：海州区前进路58号
……Tel:2824165

残联

彰武县残疾人联合会
地址：彰武县人民大街
……Tel:7732478

工商联

阜新市工商业联合会
地址：海州区爱国街6号
……Tel:2827357

辽阳市（0419）

中国共产党辽阳市委员会办公室
地址：白塔区青年大街35号
……Tel:2309911

中国共产党辽阳县委老干部局
地址：辽阳县首山镇文化路
……Tel:7173610

中国共产党辽阳县委员会办公室
地址：辽阳县首山镇人民街
……Tel:7777058

中国共产党灯塔市老干部局
地址：灯塔市兆辟东路11号
……Tel:8284398

中国共产党灯塔市委员会办公室
地址：灯塔市烟台街道市府路
……Tel:8583040

国家机构

人大常委会

辽阳市人民代表大会常务委员会
地址：白塔区中华大街117号
……Tel:2124078

辽阳县人民代表大会常务委员会
地址：辽阳县首山镇人民斯
……Tel:7777115

灯塔市人民代表大会常务委员会
地址：灯塔市烟台街道市府路
……Tel:8583063

人民政府

辽阳市人民政府
地址：白塔区民主路38号
……Tel:2120003

辽宁省辽阳公路路政管理局
地址：白塔区新运大街14-3号
……Tel:2144013

辽阳市卫生局
地址：文圣区南新华路489号
……Tel:2123473

辽阳市市场监督管理局
地址：白塔区民主路32号
……Tel:2139853

辽阳市市场监督管理局经检分局
地址：白塔区民主路32号
……Tel:2139820

辽阳市水务局
地址：白塔区民主路34号
……Tel:2124197

辽阳市气象局
地址：太子河区南中心路
……Tel:4226619

辽阳市对外贸易经济合作局
地址：白搭区民主路38号
……Tel:2122396

辽阳市外国专家局
地址：太子河区南顺城路6号
……Tel:4124129

辽阳市民政局
地址：白塔区民主路43号
……Tel:2125454

辽阳市地方税务局
地址：白塔区民主路108号
……Tel:2255010

辽阳市应急管理局
地址：白塔区解放路8号
……Tel:2156656

辽阳市安全生产教育培训中心
地址：白塔区北新华路98号
……Tel:3152530

辽阳市动物卫生监督管理局
地址：白塔区民主路38号
……Tel:2144031

辽阳市交通局
地址：白塔区民主路74号
……Tel:2126806

辽阳市地震局
地址：白塔区民主路38号
……Tel:2122645

辽阳市社会保险事业管理局
地址：文圣区新华路502号
……Tel:2122620

辽阳市劳动就业局
地址：文圣区武圣路171号
……Tel:2124933

辽阳市体育局
地址：白塔区民主路41号
……Tel:2126102

辽阳市财政局
地址：白塔区中华大街63号
……Tel:2289017

辽阳市财政监督检查局
地址：白塔区中华大街63号
……Tel:2289203

辽阳市国土资源局
地址：白塔区新运大街79-1号
……Tel:2125746

辽阳市审计局
地址：白塔区劳动街33号
……Tel:2124171

辽阳市林业局
地址：文圣区东二道街133号
……Tel:3226000

辽阳市物价局
地址：文圣区新华路421号
……Tel:2125201

辽阳市国家税务局
地址：太子河区南郊街134号
……Tel:4227100

辽阳市国家税务局稽查局
地址：太子河区南郊街134号
……Tel:4227013

辽阳市非税收入管理局
地址：白塔区中华大街63号
……Tel:2289176

辽阳市质量技术监督局
地址：白塔区暗渠街30号
……Tel:2125050

辽阳市环境保护局
地址：白塔区民主路一段22号
……Tel:2125287

辽阳市统计局
地址：白塔区民主路38号
……Tel:2124022

辽阳市城市建设公用事业管理局
地址：文圣区中心路9号
……Tel:2258010

辽阳市城市建设档案馆
地址：文圣区武圣路149号
……Tel:2127281

辽阳市科学技术局
地址：白塔区民主路38号
……Tel:2254930

辽阳市食品药品监督管理局
地址：白塔区民主路二段41号
……Tel:2130669

辽阳市烟草专卖局
地址：文圣区文圣路206号
……Tel:4125340

辽阳市文化和文化和旅游局
地址：白塔区民主路38号
……Tel:2120598

辽阳县人民政府
地址：辽阳县首山镇人民街
……Tel:7777140

灯塔市人民政府
地址：灯塔市烟台街道市府路
……Tel:8583300

人民政协和民主党派

人民政协

中国人民政治协商会议辽宁省辽阳市委员会
地址：白塔区武圣路72号
……Tel:2125764

中国人民政治协商会议辽阳县委员会
地址：辽阳县首山镇人民街
……Tel:7777006

中国人民政治协商会议灯塔市委员会
地址：灯塔市烟台街道市府路
……Tel.8583004

社会团体

工会

辽阳市总工会
地址：白塔区武圣路160号
……Tel:2136948

辽阳县总工会
地址：辽阳县首山镇人民街
……Tel:7777291

灯塔市总工会
地址：灯塔市兆辟西路4号
……Tel:8283042

共青团、青联、学联

中国共产主义青年团辽阳市委员会
地址：白塔区青年大街35-2号
……Tel:2307682

中国共产主义青年团辽阳县委员会
地址：辽阳县首山镇人民街
……Tel:7777095

中国共产主义青年团灯塔市委员会
地址：灯塔市兆麟东路16号
……Tel:8186602

妇联

辽阳市妇女联合会
地址：白塔区青年大街35-2号
……Tel:2307093

辽阳县妇女联合会
地址：辽阳县首山镇人民街
……Tel:7777050

灯塔市妇女联合会
地址：灯塔市烟台街道市府路
……Tel:8583181

侨联

辽阳市归国华侨联合会
地址：白塔区陈家胡同18号
……Tel:2125085

灯塔市归国华侨联合会
地址：灯塔市烟台街道市府路
……Tel:8583165

文联

辽阳市文学艺术界联合会
地址：白塔区青年大街32-5号
……Tel:2307378

灯塔市文学艺术界联合会
地址：灯塔市烟台街道市府路
……Tel:8583161

残联

辽阳县残疾人联合会
地址：辽阳县首山镇新华路
……Tel:7373791

灯塔市残疾人联合会
地址：灯塔市兆辟东路
……Tel:8182525

工商联

辽阳市工商业联合会
地址：白塔区陈家胡同18号
……Tel:2123600

辽阳县工商业联合会
地址：辽阳县首山镇人民街
……Tel:7777322

灯塔市工商业联合会
地址：灯塔市烟台街道市府路
……Tel:8583168

协会

辽阳市科学技术协会
地址：文圣区西四道街99号
……Tel:2123596

辽阳县科学技术协会
地址：辽阳县首山镇人民街
……Tel:7777043

辽阳县卫生工作者协会
地址：辽阳县首山镇人民街
……Tel:7177768

红十字会

辽阳市红十字会
地址：白塔区民主路38号
……Tel:2146489

辽阳县红十字会
地址：辽阳县首山镇人民街
……Tel:7777499

灯塔市红十字会
地址：灯塔市光明路
……Tel:8581429

驻在机构

中央驻在机构

中华人民共和国辽阳出入境检验检疫局
地址：太子河区青年大街75号
……Tel:4121439

盘锦市（0427）

中共盘锦市委办公室
地址：兴隆台区中心大街16号
……Tel:2820473

中共盘锦市委组织部
地址：兴隆台区中心街16号
……Tel:2822076

中共盘锦市委统一战线工作部
地址：兴隆台区石油大街125号
……Tel:2822732

中共盘锦市委政策研究室
地址：兴隆台区中心街
……Tel:2822520

中共盘锦市委党史研究室
地址：兴隆台区中心街16号
……Tel:2825162

中共盘锦市直属机关工作委员会
地址：兴隆台区石油大街
……Tel:2822372

中共大洼县委老干部局
地址：大洼镇中心路119号
……Tel:6862981

中共盘山县委办公室
地址：盘山县太平镇
……Tel:3552333

中共盘山县委老干部局
地址：双台子区胜利街
……Tel:3833730

中共盘山县委组织部
地址：盘山县太平镇
……Tel:3552078

中共盘山县委直属机关工作委员会
地址：盘山县太平镇
……Tel:3552082

中共盘山县委统一战线工作部
地址：盘山县太平镇
……Tel:3552169

国家机构

人大常委会

盘锦市人民代表大会常务委员会
地址：兴隆台区石油大街123号
……Tel:2813811

盘山县人民代表大会常务委员会
地址：盘山县太平填
……Tel:3552040

人民政府

盘锦市人民政府
地址：辽东湾新区滨海大道与向海大道交叉口
……Tel:2922740

盘锦公路路政管理局
地址：兴隆台区惠宾大街西段
……Tel:2824509

盘锦市国家税务局
地址：兴隆台区市府大街37号
……Tel:2823881

盘锦市人口和计划生育委员会
地址：兴隆台区石油大街
……Tel:2822501

盘锦市人才服务局
地址：兴隆台区惠宾大街106号
……Tel:2834656

盘锦市卫生局
地址：兴隆台区市府大街
……Tel:2939006

盘锦市市场监督管理局
地址：兴隆台区惠宾大街
……Tel:2836074

盘锦市水利局
地址：兴隆台区市府大街26号
……Tel:2823992

盘锦市气象局
地址：兴隆台区石油大街143号
……Tel:2811601

盘锦市发展和改革委员会
地址：兴隆台区石油大街158号
……Tel:2822478

盘锦市地方税务局
地址：兴隆台区惠宾大街
……Tel:2837851

盘锦市应急管理局
地址：兴隆台区市府大街45号
……Tel:2912330

盘锦市农村经济委员会
地址：兴隆台区石油大街124号
……Tel:2822465

盘锦市交通局
地址：兴隆台区市府大街30号
……Tel:2822698

盘锦市地震局
地址：兴隆台区石油大街
……Tel:2680578

盘锦市住房公积金管理中心
地址：兴隆台区市府大街45号
……Tel:2680500

盘锦市体育局
地址：兴隆台区双兴南路153号
……Tel:2839706

盘锦市住房和城乡建设委员会
地址：兴隆台区惠宾大街112号
……Tel:2824706

盘锦市财政局
地址：兴隆台区惠宾大街117号
……Tel:2837245

盘锦市国土资源局
地址：兴隆台区惠宾大街109号
……Tel:2837001

盘锦市审计局
地址：兴隆台区中心街9号
……Tel:2822574

盘锦市招生考试办公室
地址：兴隆台区市府大街6号
……Tel:2827113

盘锦市规划局
地址：兴隆台区中心路
……Tel:2822697

盘锦市物价局
地址：兴隆台区中心街松阳路11号
……Tel:2822210

盘锦市经济委员会
地址：兴隆台区石油大街
……Tel:2820730

盘锦市环境保护局
地址：石油大街西147号
……Tel:2807866

盘锦市城市建设管理局
地址：兴隆台区惠宾大街116号
……Tel:2833182

盘锦市城市管理综合行政执法局
地址：兴隆台区辽河南路151号
…………Tel:2815569
盘锦市食品药品监督管理局
地址：兴隆台区双兴中路98号
…………Tel:2821212
盘锦市海洋与渔业局
地址：兴隆台区兴隆台街126号
…………Tel:2824088
盘锦市烟草专卖局
地址：兴隆台区惠宾大街105号
…………Tel:2836464
盘锦市档案局
地址：兴隆台区惠宾大街113号
…………Tel:2837241
盘锦市文化和文化和旅游局
地址：兴隆台区市府大街45号
…………Tel:2810663
盘锦市商业局
地址：兴隆台区石油大街135号
…………Tel:2283030
盘锦市教育局
地址：兴隆台区市府大街6号
…………Tel:2825769
盘锦市粮食局
地址：兴隆台区石油大街113号
…………Tel:2822817
盘锦市住房保障与房改办公室
地址：兴隆台区惠宾大街
…………Tel:2833535
盘山县人民政府办公室
地址：盘山县太平镇
…………Tel:3552567
盘锦市双台子区辽河街道办事处
地址：双台子区天河路
…………Tel:3685235
盘锦市双台子区胜利街道办事处
地址：双台子区辽河路
…………Tel:3389007
盘锦市兴隆台区兴海街道办事处
地址：兴隆台区泰山路226号
…………Tel:2884577
盘锦市兴隆台区兴隆街道办事处
地址：兴隆台区兴隆街
…………Tel:7848106
盘锦市兴隆台区兴盛街道办事处
地址：兴隆台区兴盛街
…………Tel:2804477
盘锦市兴隆台区创新街道办事处
地址：兴隆台区创新街
…………Tel:2811556
盘锦市兴隆台区振兴街道办事处
地址：兴隆台区振兴街
…………Tel:7281829
盘锦市兴隆台区新工街道办事处
地址：兴隆台区新工街
…………Tel:2854081

人民政协和民主党派

人民政协

盘锦市政协委员会
地址：兴隆台区惠宾大街110号
…………Tel:2822001

民主党派
九三学社盘锦市委员会
地址：兴隆台区市府大街
…………Tel:2802693
中国民主同盟盘锦市委员会
地址：兴隆台区石油大街
…………Tel:2825476
中国民主促进会盘锦市委员会
地址：兴隆台区石油大街174号
…………Tel:2823266
中国农工民主党盘锦市委员会
地址：兴隆台区石油大街
…………Tel:2833845
中国国民党革命委员会盘锦市委员会
地址：兴隆台区石油欠街
…………Tel:2812530

社会团体

共青团、青联、学联

共青团盘锦市委员会
地址：兴隆台区石油大街125号
…………Tel:2823251

妇联

盘锦市妇女联合会
地址：兴隆台区石油大街
…………Tel:2823719

侨联
盘锦市归国华侨联合会
地址：兴隆台区石油大街
…………Tel:2824344

残联

盘锦市残疾人联合会
地址：兴隆台区市府大街
…………Tel:2680599

工商联

盘锦市工商业联合会
地址：兴隆台区石油大街125号
…………Tel:2825647

协会
盘锦市大米协会
地址：兴隆台区石油大街113号
…………Tel:2826321
盘锦市个体私营企业协会
地址：兴隆台区惠宾大街
…………Tel:2836256
盘锦市作家协会
地址：兴隆台区文化大院
…………Tel:2889676
盘锦市建筑业协会
地址：兴隆台区惠宾大街
…………Tel:2815512
盘锦市音乐家协会
地址：经济开发区
…………Tel:2884418
盘锦市科学技术协会
地址：兴隆台区石油大街125号
…………Tel:2822601
盘锦市黑嘴鸥保护协会
地址：兴隆台区石油大街147号
…………Tel:2805699

学会
盘锦市诗词楹联学会
地址：兴隆台区石油大街
…………Tel:2822773
盘锦市法学会
地址：市交警支队院内
…………Tel:2833530

红十字会
盘锦市红十字会
地址：兴隆台区鹅翔路26号
…………Tel:2829922

宗教组织

盘锦市天主教会
地址：兴隆台区二十里
…………Tel:2910823
盘锦市清真寺
地址：兴隆台区双兴南路
…………Tel:2902036
盘锦市基督教三自爱国运动委员会
地址：兴隆台区泰山路
…………Tel:2879744

其他社会团体
盘锦市老科技工作者协会
地址：兴隆台区市府大街
…………Tel:2822381
盘锦市社会科学界联合会
地址：兴隆台区市府大街1号
…………Tel:2825293
盘锦市温州商会
地址：兴隆台区石油大街162号
…………Tel:2288900

驻在机构

中央驻在机构

中华人民共和国营口海关驻盘锦办事处
地址：兴隆台区市府大街58号
…………Tel:2802171
中华人民共和国盘锦出入境检验检疫局
地址：兴隆台区惠宾大街108号
…………Tel:2825398
中华人民共和国盘锦海事局
地址：盘锦港务局院内
…………Tel:8800883

铁岭市（024）
中国共产党中共铁岭市委员会
地址：凡河新区金沙江路28号
…………Tel:74846445
中共铁岭市委讲师团
地址：凡河新区
…………Tel:72680959
中共铁岭市委组织部
地址：凡河新区
…………Tel:74846013
中共铁岭市委政策研究室
地址：凡河新区
…………Tel:72680881
中共铁岭市委党史研究室
地址：凡河新区
…………Tel:72680966
中共开原市委员会
地址：富强街
…………Tel:73821315
中共开原市委组织部
地址：富强街
…………Tel:73823800
中共开原市委统战部
地址：富强街
…………Tel:73823611
中共开原市委党史研究室
地址：市委院内
…………Tel:73835822
中共开原市直属机关工作委员会
地址：富强街
…………Tel:73823361
中共西丰县委办公室
地址：红旗路
…………Tel:77844460
中共西丰县委组织部
地址：西丰镇
…………Tel:77843925
中共西丰县委统战部
地址：红旗路
…………Tel:77856034
中共西丰县直属机关工作委员会
地址：西丰镇
…………Tel:77844383
中共昌图县委办公室
地址：昌图镇
…………Tel:75824801
中共昌图县委组织部
地址：昌图镇
…………Tel:75823517
中共昌图县委统战部
地址：昌图镇
…………Tel:73823240
中共调兵山市委办公室
地址：红房
…………Tel:76961264
中共调兵山市委组织部
地址：红房
…………Tel:76960027
中共调兵山市委统战部
地址：红房
…………Tel:76960341
中共调兵山市直属机关工作委员会
地址：老房产局办公楼
…………Tel:76878787
中共铁岭市清河区委员会
地址：红旗街
…………Tel:72115009
中共铁岭县委办公室
地址：凡河新区
…………Tel:78833111
中共铁岭县委组织部
地址：凡河新区
…………Tel:78833060
中共铁岭县委统战部、
地址：凡河新区
…………Tel:78833097
中共清河区委组织部
地址：红旗街
…………Tel:72115204
中共清河区委党史研究室
地址：红旗街
…………Tel:72115085
开原市工业园区管理委员会
地址：文化西路
…………Tel:73718006
昌图县工业园区管理委员会
地址：光辉工业园区
…………Tel:75165111
铁岭市高新技术产业开发区管理委员会
地址：新台子镇
…………Tel:78778000
铁岭市清河区直属机关工作委员会
地址：昌盛路北
…………Tel:72115182
铁岭经济开发区管理委员会
地址：开发区
…………Tel:72690254
清河区工业园区管理委员会
地址：保险公司旁边
…………Tel:72170306

国家机构

人大常委会

铁岭市人民代表大会常务委员会
地址：铁岭县金沙江路26号
…………Tel:72680278
开原市人民代表大会常务委员会
地址：站前街
…………Tel:73822551
西丰县人民代表大会常务委员会
地址：红旗路
…………Tel:77843589
昌图县人民代表大会常务委员会
地址：昌图镇
…………Tel:75823382
调兵山市人民代表大会常务委员会
地址：溯源宾馆对过
…………Tel:76908107
铁岭县人民代表大会常务委员会
地址：凡河新区
…………Tel:78833139
清河区人民代表大会常务委员会
地址：红旗街
…………Tel:72115018

人民政府
铁岭市人民政府
地址：凡河新区市民服务中心
…………Tel:72680333
辽宁省铁岭市国家税务局
地址：银州区银州路25号
…………Tel:72850819
铁岭市卫生局
地址：凡河新区
…………Tel:72823425
铁岭市气象局
地址：银州区柴河街南段
…………Tel:72659973
铁岭市对外贸易经济合作局
地址：凡河新区
…………Tel:72682400
铁岭市民政局
地址：凡河新区
…………Tel:72681500
铁岭市地方税务局
地址：银州区柴河街南段20号
…………Tel:72654000
铁岭市应急管理局
地址：金沙江路政协接30号
…………Tel:72651317
铁岭市农机局
地址：凡河新区
…………Tel:72659909
铁岭市动物卫生监督管理局
地址：凡河新区
…………Tel:72683300
铁岭市交通局
地址：银州区市府路17号
…………Tel:72813003
铁岭市地震局
地址：凡河新区
…………Tel:74848785
铁岭市社会保险事业管理局
地址：银州区工人街人民路10号
…………Tel:74848284
铁岭市财政局
地址：凡河新区
…………Tel:72812115
铁岭市国土资源局
地址：银州区南环路16号
…………Tel:74847902
铁岭市审计局
地址：凡河新区全沙江路38号
…………Tel:72681701
铁岭市林业局
地址：凡河新区金沙江路28号
…………Tel:72683221
铁岭市招商局
地址：新城区金沙江路38号
…………Tel:72682477
铁岭市供销社
地址：凡河新区
…………Tel:72666001
铁岭市质量技术监督局
地址：银州区柴河街南段10号
…………Tel:72668916
铁岭市环境保护局
地址：凡河新区
…………Tel:73239011
铁岭市统计局
地址：凡河新区金沙江路38号
…………Tel:72681866
铁岭市科学科技局
地址：凡河新区金沙江路38号
…………Tel:72681310
铁岭市档案局
地址：银州区南马路
…………Tel:74844096
铁岭市文化和文化和旅游局
地址：凡河新区
…………Tel:72682160
铁岭市商业局
地址：凡河新区
…………Tel:72682518
铁岭市教育局
地址：凡河新区
…………Tel:74835170
铁岭市人口和计划生育委员会
地址：凡河新区
…………Tel:72683507
铁岭市发展和改革委员会
地址：凡河新区
…………Tel:72681222
铁岭市经济委员会
地址：凡河新区
…………Tel:72682311
铁岭市政府国有资产监督管理委员会
地址：凡河新区金沙江路38号
…………Tel:72681610
铁岭市公共行政服务中心管理办公室
地址：新城区金沙江路36号
…………Tel:72853250
开原市人民政府办公室
地址：新城街新华路28号
…………Tel:73822411
西丰县人民政府办公室
地址：西丰镇
…………Tel:77844615
昌图县人民政府办公室
地址：昌图镇
…………Tel:75822492
调兵山市人民政府办公室
地址：红房
…………Tel:76961303
铁岭市银州区人民政府办公室
地址：银州区市府路15号
…………Tel:72822410
铁岭市清河区人民政府办公室
地址：红旗街
…………Tel:72115058
铁岭县人民政府办公室
地址：凡河新区
…………Tel:74843627
开原市公共行政服务中心管理办公室

地址：新华路38号
Tel:73828310
西丰县公共行政服务中心管理办公室
地址：西丰镇
Tel:77855196
昌图县公共行政服务中心管理办公室
地址：政府路
Tel:75820301
铁岭县公共行政服务中心管理办公室
地址：凡河新区
Tel:72682202
铁岭经济开发区工业园区管理办公室
地址：银州区柴河街南段77号
Tel:72210193

社会团体

工会

铁岭市总工会
地址：银州区工人街49号
Tel:74840385

共青团、青联、学联

中国共产主义青年团铁岭市委员会
地址：凡河新区
Tel:72681000

文联

铁岭市文学艺术界联合会
地址：凡河新区
Tel:72896021

残联

铁岭市残疾人联合会
地址：凡河新区金沙江路
Tel:72681115

驻在机构

中央驻在机构

中华人民共和国铁岭出入境检验检疫局
地址：开发区富州路68号
Tel:72695158

本省驻在机构

辽宁省柴河水库管理局
地址：银州区光荣街
Tel:74893020
辽宁省清河水库管理局
地址：红旗街
Tel:72187025

朝阳市（0421）

中国共产党中国共产党朝阳市委员会
地址：文化路3段4号
Tel:2912860
中共朝阳市委组织部
地址：文化路3段4号
Tel:2915892
中共朝阳市委统一战线工作部
地址：文化路3段4号
Tel:2913750
中共朝阳县委员会
地址：朝阳大街2段73号
Tel:2815260
中共朝阳县委组织部
地址：朝阳大街2段73号
Tel:2815906
中共朝阳县委统一战线工作部
地址：朝阳大街2段73号
Tel:2812507
中共朝阳县直属机关工作委员会
地址：朝阳大街2段73号
Tel:2815653
中国共产党朝阳市龙城区委员会办公室
地址：中山大街2段8号
Tel:3814493
中国共产党朝阳市龙城区委员会组织部
地址：中山大街2段8号
Tel:3814497
中国共产党朝阳市龙城区委员会统一战线工作部
地址：中山大街2段8号
Tel:3814018
中国共产党朝阳市龙城区直属机关工作委员会
地址：中山大街2段8号
Tel:3814649
朝阳市龙城区档案局
地址：中山大街2段8号
Tel:3813530
朝阳县社会治安综合治理办公室
地址：朝阳大街2段73号
Tel:2819786

国家机构

人大常委会

朝阳市人民代表大会常务委员会
地址：朝阳大街4段5号
Tel:2916400
朝阳市双塔区人民代表大会常务委员会
地址：文化路2段5号
Tel:2617263
朝阳市龙城区人民代表大会常务委员会
地址：中山大街2段8号
Tel:3814013
朝阳县人民代表大会常务委员会
地址：朝阳大街2段73号
Tel:2812253

人民政府

朝阳市人民政府
地址：朝阳大街缎7号
Tel:2623226
朝阳市卫生局
地址：柳城路2段53号
Tel:2622416
朝阳市对外贸易经济合作局
地址：朝阳大街3段7号
Tel:2858008
朝阳市民政局
地址：柳城路2段49-1号
Tel:2813332
朝阳市交通局
地址：新华路3段16号
Tel:2615154
朝阳市体育局
地址：朝阳大街3段7号
Tel:2625505
朝阳市档案局
地址：长江路3段66号
Tel:2811623
朝阳市财政局
地址：朝阳大街3段7号
Tel:3608022
朝阳市审计局
地址：朝阳大街2段18号
Tel:2813090
朝阳市物价局
地址：朝阳大街3段7号
Tel:2625513
朝阳市城市规划局
地址：朝阳大街2段38号
Tel:2818330
朝阳市科学技术局
地址：朝阳大街3段7号
Tel:2625634
朝阳市教育局
地址：朝阳大街3段106号
Tel:2615410
朝阳市人口和计划生育委员会
地址：朝阳大街3段7号
Tel:2632172
朝阳市民族事务委员会
地址：南大街2号
Tel:2650274
朝阳市农村经济委员会
地址：友谊大街4段11号
Tel:2911214
朝阳市经济和信息委员会
地址：新华路1段88号
Tel:2927058
朝阳仲裁委员会
地址：南大街109号
Tel:2615340
朝阳经济技术开发区管理委员会
地址：长江路6段5号
Tel:3811330
朝阳市人民防空办公室
地址：朝阳大街3段50号
Tel:2615292
朝阳市人民政府金融工作办公室
地址：光明街3段3号
Tel:3609119
朝阳市扶贫开发办公室
地址：朝阳大街3段7号
Tel:2610486
朝阳市治理经济软环境办公室
地址：文化路3段4号
Tel:2917711
朝阳市史志办公室
地址：文化路3段5-2号
Tel:2628715
朝阳市知识产权办公室
地址：新华路2段华星大厦B座
Tel:2816981
朝阳市社会治安综合治理委员会办公室
地址：文化路3段5-2号
Tel:2628896
朝阳市接待工作办公室
地址：朝阳大街3段7号
Tel:2631977
朝阳市公共行政服务中心
地址：新华路2段6号
Tel:2651282
朝阳市非税收入征收管理处
地址：五一街2段
Tel:2818238
朝阳市政府采购中心
地址：光明街3段3号
Tel:2836526
朝阳市福利彩票发行中心
地址：朝阳大街4段19号
Tel:2923331
朝阳市龙城区人民政府办公室
地址：中山大街2段8号
Tel:3814549
朝阳县人民政府办公室
地址：朝阳大街2段73号
Tel:2815874
朝阳市双塔区交通局
地址：龙山街3段20-3号
Tel:2632004
朝阳市双塔区社会保险局
地址：朝阳大街3段112号
Tel:2630091
朝阳市双塔区粮食局
地址：龙山街龈12号
Tel:3819283
朝阳市龙城区教育局
地址：黄河路5段
Tel:3814035
朝阳县档案局
地址：朝阳大街2段73号
Tel:2812216
朝阳县教育局
地址：朝阳大街2段73号
Tel:2819648
朝阳市双塔区工业园区管理委员会
地址：友谊大街4段48号
Tel:2913637
朝阳市双塔区招生考试委员会办公室
地址：光明街4段4号
Tel:2913091
朝阳市龙城区经济贸易委员会
地址：中山大街2段8号
Tel:3810881
朝阳市龙城区国有资产管理办公室
地址：友谊大街3段14-1号
Tel:2628012
朝阳龙城现代农业园区管理办公室
地址：长江路6段588号
Tel:3828002
朝阳县柳城项目园区
地址：柳城特区1楼
Tel:2958898
朝阳市龙城区半拉山街道办事处
地址：半拉山街道
Tel:2951132

人民政协和民主党派

人民政协

中国人民政治协商会议辽宁省朝阳市委员会
地址：朝阳大街4段5号
Tel:2913310
中国人民政治协商会议辽宁省朝阳县委员会
地址：朝阳大街2段73号
Tel:2815097
中国人民政治协商会议朝阳市龙城区委员会办公室
地址：中山大街2段8号
Tel:3815252

民主党派

中国农工民主党朝阳市委员会
地址：朝阳大街4段5号
Tel:2917441

社会团体

工会

朝阳市总工会
地址：光明街3段21号
Tel:2625996
朝阳市双塔区总工会
地址：光明街3段21号
Tel:2622683
朝阳市龙城区总工会
地址：中山大街2段8号
Tel:3816011
朝阳县总工会
地址：竹林路3段5号
Tel:2813225

共青团、青联、学联

中国共产主义青年团朝阳市龙城区委员会
地址：中山大街2段8号
Tel:3815638

妇联

朝阳市龙城区妇女联合会
地址：中山大街2段8号
Tel:3814205

文联

朝阳市龙城区文学艺术界联合会
地址：中山大街2段8号
Tel:3813056

残联

朝阳市龙城区残疾人联合会
地址：中山大街2段8号
Tel:3819812

工商联

朝阳县工商业联合会
地址：朝阳大街2段73号
Tel:2818454

协会

朝阳市收藏家协会
地址：光明街3段3号
Tel:2632468
朝阳市龙城区信息协会
地址：中山大街2段8号
Tel:3819258

学会

辽宁省微生物学会
地址：龙山街4段820号
Tel:2914613

红十字会

朝阳市红十字会办公室
地址：南大街2-1号
Tel:2615672

福利会

朝阳市慈善总会
地址：新华路2段64-2号
Tel:2631795

宗教组织

朝阳市天主教爱国会
地址：北大街101号
Tel:2814181

葫芦岛市（0429）

中国共产党葫芦岛市委员会
地址：龙港区龙程路7号
Tel:3113597

国家机构

人大常委会

葫芦岛市人民代表大会常务委员会
地址：龙湾大街5号
Tel:3106662

人民政府

葫芦岛市人民政府
地址：龙湾大街15号
Tel:3110087
葫芦岛市卫生局
地址：龙湾大街甲1号
Tel:3113375
葫芦岛市市场监督管理局
地址：龙湾大街27号
Tel:3112393
葫芦岛市水利局
地址：海星路8号
Tel:3113021
葫芦岛市气象局
地址：海星路10号
Tel:3115571
葫芦岛市对外贸易经济合作局
地址：专利园区
Tel:3126168
葫芦岛市民政局
地址：海日路19号
Tel:6666815
葫芦岛市建设委员会
地址：龙警街12号
Tel:3113234
葫芦岛市服务业委员会
地址：龙湾大街20号
Tel:3110817
葫芦岛市发展和改革委员会
地址：龙湾大街13号
Tel:3113733
葫芦岛市仲裁委员会
地址：劳动大厦17楼
Tel:3158245
葫芦岛市经济委员会
地址：龙湾大街16号
Tel:3113985
葫芦岛市应急管理局
地址：高新技术园区
Tel:3105800
葫芦岛市农村经济委员会
地址：龙湾大街17号
Tel:3113554
葫芦岛市动物卫生监督管理局
地址：龙湾南大街7-9
Tel:3151099
葫芦岛市交通局
地址：龙湾大街2号
Tel:3129007
葫芦岛市地震局
地址：龙湾大街市政府10楼
Tel:3114756
葫芦岛市住房公积金管理中心
地址：龙湾大街31-2
Tel:3115676
葫芦岛市体育局
地址：龙湾大街甲1号
Tel:3114205
葫芦岛市国土资源局
地址：龙湾新区海月路4号
Tel:3116033
葫芦岛市林业局
地址：龙湾新区南延大街78号
Tel:3093011
葫芦岛市物价局
地址：龙湾大街19号
Tel:3108101
葫芦岛市经济技合作办公室（招商局）
地址：新区
Tel:3116465
葫芦岛市国家税务局
地址：海展路22号
Tel:3115001
葫芦岛市果蚕管理总站
地址：龙湾大街17号
Tel:3125665
葫芦岛市质量技术监督局
地址：海星路1号
Tel:3116557
葫芦岛市环境保护局
地址：龙湾大街24号

……………………………………Tel:6661196
葫芦岛市统计局
地址：龙湾大街15号
……………………………………Tel:3110739
葫芦岛市城市用水管理办公室
地址：龙湾新区建委办公楼
……………………………………Tel:3110196
葫芦岛市城市建设资金管理委员会
地址：龙警街12号
……………………………………Tel:3122799
葫芦岛市科学技术局
地址：龙湾大街15号
……………………………………Tel:3114547
葫芦岛市食品药品监督管理局
地址：龙湾大街
……………………………………Tel:3150161
葫芦岛市信息中心
地址：龙湾大街13号
……………………………………Tel:3114005
葫芦岛市盐务管理局
地址：海日路19号
……………………………………Tel:3015698
葫芦岛市海洋与渔业局
地址：龙湾大街17号
……………………………………Tel:3122257
葫芦岛市烟草专卖局
地址：高新技术园区
……………………………………Tel:3118303
葫芦岛市档案局
地址：龙湾大街31-1号
……………………………………Tel:3110330
葫芦岛市文化和文化和旅游局
地址：龙湾大街
……………………………………Tel:3126907
葫芦岛市海滨管理处
地址：龙湾海滨
……………………………………Tel:3132208
葫芦岛市墙体材料革新与建筑节能办公室
地址：龙港区龙警街
……………………………………Tel:3119441
葫芦岛经济开发区管委会
地址：经济开发区
……………………………………Tel:2076827
葫芦岛高新技术产业开发区
地址：新区海展路
……………………………………Tel:2925656
葫芦岛港口与口岸局
地址：口岸大厦4楼
……………………………………Tel:2662006
葫芦岛市人口和计划生育委员会
地址：龙警街5号
……………………………………Tel:3094999
葫芦岛市人民防空办公室
地址：龙湾大街甲1号
……………………………………Tel:3101633
葫芦岛市专利申请办公室
地址：海滨路中段
……………………………………Tel:3156305
葫芦岛市对外开放办公室
地址：海滨路中段
……………………………………Tel:3100385
葫芦岛市外事办公室
地址：龙港高新5路1号
……………………………………Tel:3114083
葫芦岛市工程建设造价管理处
地址：龙警街12号
……………………………………Tel:3152016
葫芦岛市民族事务委员会
地址：龙湾大街15号
……………………………………Tel:2990006
葫芦岛市机构编制委员会办公室
地址：龙湾大街15号
……………………………………Tel:2666199
葫芦岛市市场建设服务中心
地址：连山区滨河大道
……………………………………Tel:2166980
葫芦岛市消防支队
地址：海兴路6号
……………………………………Tel:3116006

人民政协和民主党派

人民政协

中国人民政治协商会议葫芦岛市委员会
地址：龙湾大街7号
……………………………………Tel:3114575

社会团体

工会

葫芦岛市总工会
地址：龙湾大街28号
……………………………………Tel:3113837

共青团　青联　学联

中国共产主义青年团葫芦岛市委员会
地址：龙湾大街42号
……………………………………Tel:3114456

妇联

葫芦岛市妇女联合会
地址：龙程路7号
……………………………………Tel:3113653

侨联

葫芦岛市归国华侨联合会
地址：龙湾大街
……………………………………Tel:3114259

文联

葫芦岛市文学艺术界联合会
地址：龙湾大街
……………………………………Tel:3114772

残联

葫芦岛市残疾人联合会
地址：连山法院对过
……………………………………Tel:2121527

工商联

葫芦岛市工商业联合会
地址：劳动大夏17楼
……………………………………Tel:3159901

协会

葫芦岛市个体劳动者协会
地址：龙湾大街27号
……………………………………Tel:3127993
葫芦岛市民间文艺家协会
地址：新华大街74号
……………………………………Tel:2821282
葫芦岛市老科技工作者协会
地址：望海公寓B座
……………………………………Tel:3120270
葫芦岛市戏剧家协会
地址：文化中心一楼
……………………………………Tel:3086116
葫芦岛市科学技术协会
地址：海星路3号
……………………………………Tel:3156299
葫芦岛市保险行业协会
地址：龙湾大街33-3号
……………………………………Tel:3127335

学会

葫芦岛市医学会
地址：海月路
……………………………………Tel:3100685
葫芦岛市环境科学学会科技开发中心
地址：龙湾大街24号
……………………………………Tel:3126762

红十字会

葫芦岛市红十字会
地址：龙湾大街15号
……………………………………Tel:3120511

宗教组织

葫芦岛市基督教会
地址：连山大街
……………………………………Tel:2602254

其他社会团体

葫芦岛市黄埔军校同学会
地址：龙湾大街
……………………………………Tel:2902475

驻在机构

中央驻在机构

中华人民共和国葫芦岛出入境检验检疫局
地址：龙湾大街37-3号
……………………………………Tel:3128701
中华人民共和国葫芦岛边防检查站
地址：龙湾大街
……………………………………Tel:3116638
中华人民共和国葫芦岛海关
地址：龙湾大街
……………………………………Tel:3116517
中华人民共和国葫芦岛海事局
地址：龙湾南大街9号
……………………………………Tel:3036722
国家海洋局葫芦岛海洋环境监测站
地址：岛里

吉林省

长春市人民政府
地址：人民大街10111号
……………………………………Tel:88777000
长春市卫生局
地址：东南湖大路1281号
……………………………………Tel:84692027
长春市市场监督管理局
地址：西安大路1788号
……………………………………Tel:88500114
长春市商务局
地址：人民大街1578号
……………………………………Tel:82777575
长春市粮食局
地址：人民大街10111号
……………………………………Tel:88777581
长春市发展和改革委员会
地址：人民大街10111号
……………………………………Tel:88777161
长春市人民防空办公室
地址：东民主大街519号
……………………………………Tel:88929941
长春市中小学德育工作办公室
地址：曙光路5号
……………………………………Tel:82701812
长春市城市出租汽车管理办公室
地址：景阳大路1599号
……………………………………Tel:87691902
长春市手工业合作联社
地址：人民大街1579号
……………………………………Tel:82724659
长春市中小企业服务中心
地址：升阳街1476号
……………………………………Tel:87649966
长春市文化市场稽查支队
地址：民康路676号
……………………………………Tel:88953740
长春市二道区人民政府
地址：自由大路5379号
……………………………………Tel:84643181
长春市南关区人民政府
地址：自由大路3388号
……………………………………Tel:85284399
长春市宽城区人民政府
地址：北人民大街3386号
……………………………………Tel:89991118
长春市绿园区人民政府
地址：和平大街2288号
……………………………………Tel:87605099
长春市朝阳区人民政府
地址：前进大街1855号
……………………………………Tel:85109086
长春市二道区民政局
地址：自由大路5379号
……………………………………Tel:84642236
长春市二道区地方税务局
地址：和顺街1303号
……………………………………Tel:84960399
长春市二道区城市管理行政执法局
地址：吉盛小区2-24栋
……………………………………Tel:84946616
长春市规划局宽城区管理分局
地址：白菊路752号
……………………………………Tel:82763531
长春市质量技术监督局宽城分局
地址：青岛路107号
……………………………………Tel:82709315
长春市南关区应急管理局
地址：自由大路3388号
……………………………………Tel:85288901
长春市绿园区民政局
地址：和平大街2288号
……………………………………Tel:87605357
长春市绿园区农业农村局
地址：和平大街2288号
……………………………………Tel:87605333
长春市绿园区应急管理局
地址：和平大街2288号
……………………………………Tel:87605324
长春市绿园区财政局
地址：和平大街2288号
……………………………………Tel:87605025
长春市绿园区统计局
地址：和平大街2288号
……………………………………Tel:87605054
长春市朝阳区应急管理局
地址：前进大街1855号
……………………………………Tel:85109019
长春市朝阳区劳动和社会保障局
地址：前进大街1855号
……………………………………Tel:85109092
长春市朝阳区就业服务局
地址：万宝街4号
……………………………………Tel:88583607

社会团体

工会

吉林省总工会
地址：人民大街7256号
……………………………………Tel:85375515
长春市总工会
地址：长春大街309号
……………………………………Tel:88912762
长春市二道区总工会
地址：自由大路179号
……………………………………Tel:84644238
长春市南关区总工会
地址：自由大路3388号
……………………………………Tel:85284732
长春市宽城区总工会
地址：青岛路107号
……………………………………Tel:82732311
长春市绿园区总工会
地址：和平大街2288号
……………………………………Tel:87605279
长春市朝阳区总工会
地址：前进大街1855号
……………………………………Tel:85109157

共青团　青联　学联

中国共产主义青年团吉林省委员会
地址：人民大街1571号
……………………………………Tel:85876667
中国共产主义青年团长春市委员会
地址：人民大街10111号
……………………………………Tel:85330397

妇联

吉林省妇女联合会
地址：人民大街1571号
……………………………………Tel:82726802
长春市妇女联合会
地址：长春大街243号
……………………………………Tel:88916532
中国共产党长春市南关区委员会妇女联合会
地址：自由大路3388号
……………………………………Tel:85284521
中国共产党长春市宽城区委员会妇女联合会
地址：北人民大街3366号
……………………………………Tel:89990338

侨联

吉林省归国华侨联合会
地址：工农大路21号
……………………………………Tel:85951101
长春市归国华侨联合会
地址：自由大路3708号
……………………………………Tel:85286491

文联

吉林省文学艺术界联合会
地址：人民大街6255号
……………………………………Tel:85684950
长春市文学艺术界联合会
地址：安选街801号
……………………………………Tel:85849763

残联

吉林省残疾人联合会
地址：文化胡同66号
……………………………………Tel:88905834
长春市残疾人联合会
地址：大经路1898号
……………………………………Tel:88651548

工商联

吉林省工商业联合会
地址：工农大路825号
……………………………………Tel:85957422
长春市工商业联合会
地址：长春大街698号
……………………………………Tel:88975486

协会

吉林省人力资源和社会保障协会
地址：人民大街1551A号
……………………………………Tel:88906076
吉林省卫生协会
地址：和光胡同20号
……………………………………Tel:85658539
吉林省女企业家协会
地址：人民大街1571号
……………………………………Tel:82721690
吉林省广告协会
地址：东南湖大路599号
……………………………………Tel:85279104
吉林省个体劳动者私营企业协会
地址：南湖大路599号
……………………………………Tel:85279133
吉林省中小企业国际合作协会
地址：解放大路87号
……………………………………Tel:88954111
吉林省少年儿童书画协会
地址：威尼新花园2号楼
……………………………………Tel:85385889
吉林省计划生育协会
地址：清华路甲4-2号
……………………………………Tel:85674978
吉林省水利工程协会
地址：人民大街8220号
……………………………………Tel:85350079
吉林省公证协会
地址：新发路992号
……………………………………Tel:82798788
吉林省化肥农药工业协会
地址：人民大街3727号
……………………………………Tel:85628821
吉林省内部审计协会
地址：亚泰大街6399号
……………………………………Tel:85265235
吉林省生态经济产业发展协会
地址：人民大街1485号
……………………………………Tel:88905396
吉林省市政工程协会
地址：自由大路5986号
……………………………………Tel:84655753
吉林省外商投资企业协会
地址：解放大路1562号
……………………………………Tel:88549411
吉林省包装技术协会
地址：东民主大街172号
……………………………………Tel:88983695
吉林省防伪协会
地址：民康路519号
……………………………………Tel:88978555
吉林省设备监理协会
地址：民康路522号
……………………………………Tel:88938586
吉林省合格评定管理协会
地址：民康路522号
……………………………………Tel:88958625
吉林省证券业协会
地址：西安大路699号
……………………………………Tel:88967871
吉林省投资协会
地址：清华路218号
……………………………………Tel:85651541
吉林省作家协会

地址：人民大街6255号
…… Tel:85604877

吉林省抗癌协会
地址：湖光路1018号
…… Tel:85523932

吉林省注册会计师协会
地址：北安路1080号
…… Tel:88591885

吉林省建设工程造价管理协会
地址：同志街900号
…… Tel:88945828

吉林省软件行业协会
地址：人民大街1486号
…… Tel:82734993

吉林省房地产业协会
地址：贵阳街287号
…… Tel:82752597

吉林省青年企业家协会
地址：亚泰大街3218号
…… Tel:88625016

吉林省建设安全协会
地址：贵阳街287号
…… Tel:82752570

吉林省股份制企业协会
地址：省政府综合楼
…… Tel:88906012

吉林省建设职业培训协会
地址：民康路519号
…… Tel:88952786

吉林省拍卖行业协会
地址：安达街982号
…… Tel:88549466

吉林省饲料工业协会
地址：人民大街1486号
…… Tel:88910154

吉林省质量技术监督协会
地址：银都大厦C座
…… Tel:82741116

吉林省美发美容行业协会
地址：深圳街6号
…… Tel:84647139

吉林省养生保健协会风湿专业委员会
地址：同志街2400号
…… Tel:85671999

吉林省音乐家协会
地址：自由大路509号
…… Tel:85660388

吉林省美术家机会
地址：自由大路509号
…… Tel:85643827

吉林省律师协会
地址：嫩江路72号
…… Tel:85085176

吉林省科学技术协会
地址：人民大街6255号
…… Tel:85682405

吉林省标准化协会
地址：民康路522号
…… Tel:88950667

吉林省养蛙技术协会
地址：临河街3528号
…… Tel:84620798

吉林省通信企业协会
地址：同志街733号
…… Tel:88925431

吉林省消费者协会
地址：东南湖大路599号
…… Tel:85279084

长春市卫生工作者协会
地址：东南湖大路1281号
…… Tel:84692062

长春市个体劳动者协会
地址：西安大路1788号
…… Tel:88528844

长春市中小学教材管理协会
地址：广州路27—79
…… Tel:82770717

长春市计划生育协会
地址：龙江路391号
…… Tel:82710270

长春市民营企业协会
地址：皓月大路1058号
…… Tel:87670848

长春市台商投资企业协会
地址：自由大路3708号
…… Tel:85217589

长春市包装技术协会
地址：安达街801号
…… Tel:88947030

长春市老年体育协会
地址：人民大街103号
…… Tel:88466665

长春市会展业协会
地址：自由大路5188号
…… Tel:82733558

长春市交通运输协会
地址：长春大街797号
…… Tel:88743361

长春市社会福利企业协会
地址：民康路1272号
…… Tel:88655381

长春市物业管理协会
地址：长春大街429号
…… Tel:88997677

长春市建设监理协会
地址：市政务中心9楼
…… Tel:87677070

长春市建筑业协会
地址：南阳路900号
…… Tel:87677970

长春市建筑装饰装修协会
地址：南阳路900号
…… Tel:88635402

长春市城市规划协会
地址：西安大路1819号
…… Tel:88593905

长春市科学技术协会
地址：东朝阳路428号
…… Tel:88989520

长春市食品工业协会
地址：人民大街1579号
…… Tel:82797868

长春医药协会
地址：胜利大街46号
…… Tel:82988778

长春房地产业协会
地址：长春大街797号
…… Tel:82729171

长春物流协会
地址：云鹤街273号
…… Tel:88583191

学会

吉林省土木建筑学会
地址：贵阳街287号
…… Tel:82752529

吉林省卫生经济学会
地址：建政路971号
…… Tel:88986734

吉林省工商行政管理学会
地址：东南湖大路599号
…… Tel:85279171

吉林省化工学会
地址：人民大街1237号
…… Tel:85629348

吉林省计量测试学会
地址：民康路522号
…… Tel:88938710

吉林省公路学会
地址：解放大路2518号
…… Tel:85851227

吉林省会计学会
地址：北安路1080号
…… Tel:88922604

吉林省医学会
地址：建政路971号
…… Tel:88925126

吉林省财政学会
地址：北安路1080号
…… Tel:88591818

吉林省审计学会
地址：亚泰大街6399号
…… Tel:86265450

吉林省制冷学会
地址：大经路559号
…… Tel:88959643

吉林省法学会
地址：人民大街1551A号
…… Tel:88905331

吉林省美学学会
地址：人民大街7520号
…… Tel:85350516

吉林省调查研究学会
地址：文化街48号
…… Tel:88905651

吉林省教育学会
地址：人民大街6795号
…… Tel:85321126

吉林省营养学会
地址：新民大街1163号
…… Tel:85850908

长春市机械工程学会
地址：青岛路190号
…… Tel:82770376

长春市社会治安综合治理学会
地址：人民大街2627号
…… Tel:88921903

长春市医药学会联合会
地址：新发路1198号
…… Tel:82722110

长春市法学会
地址：人民大街78号
…… Tel:88927177

长春市珠算会计学会
地址：锦水路1097号
…… Tel:88949977

红十字会

吉林省红十字会
地址：人民大街1486号
…… Tel:88919277

长春市红十字会
地址：近埠街4—2号
…… Tel:88911947

基金会

吉林省见义勇为基金会
地址：新发路806号
…… Tel:82739816

吉林省妇女儿童福利基金会
地址：人民大街1571号
…… Tel:82712511

吉林省教育基金会
地址：人民大街6795号
…… Tel:85381015

长春市见义勇为基金会
地址：人民大街2627号
…… Tel:88928954

长春市残疾人福利基金会
地址：大经路1898号
…… Tel:88610129

福利会

吉林省慈善总会
地址：新发路666号
…… Tel:87922568

长春市慈善会
地址：皓月大路1115号
…… Tel:87826649

老龄问题委员会

吉林省老龄工作委员会
地址：人民大街54号
…… Tel:88906363

长春市老龄工作委员会
地址：安达街801号
…… Tel:85676234

长春市绿园区老龄工作委员会
地址：和平大街2288号
…… Tel:87600398

其他社会团体

吉林省广东商会
地址：中岚公寓901室
…… Tel:85610031

吉林省农村财政研究会
地址：北安路1080号
…… Tel:88591830

吉林省社会信用体系建设促进会
地址：人民大街1485号
…… Tel:82738150

吉林省朝鲜族经济科学技术振兴总会
地址：普阳街2366号
…… Tel:87620648

吉林省福建商会
地址：民康路58号
…… Tel:88965311

长春市老年书画研究会
地址：东民主大街519号
…… Tel:88969891

长春市医药行业商会
地址：解放大路438号
…… Tel:88688870

吉林省长春市台湾同胞联谊会
地址：自由大路86号
…… Tel:85280087

吉林省黄埔军校同学会长春市分会
地址：自由大路3708号
…… Tel:85286496

吉林市国家机构

人民政府

吉林市人民政府
地址：松江路65号
…… Tel:62048114

吉林市人力资源和社会保障局
地址：松江路65号
…… Tel:62049310

吉林市卫生局
地址：松江路65号
…… Tel:62023081

吉林市工业和信息化局
地址：松江中路65号
…… Tel:62022268

吉林市市场监督管理局
地址：吉林大街319号
…… Tel:62522918

吉林市中小企业发展局（吉林市金融工作办公室）
地址：松江路65号
…… Tel:62049707

吉林市气象局
地址：吉林大街41号
…… Tel:64662574

吉林市市政公用局
地址：越山路11号
…… Tel:64805215

吉林市地方税务局
地址：松江东路1号
…… Tel:62161177

吉林市应急管理局
地址：越山路11号
…… Tel:64805681

吉林市交通运输局
地址：松江中路8号
…… Tel:62042177

吉林市住房公积金管理中心
地址：越山路11号
…… Tel:64805000

吉林市体育局
地址：松江中路65号
…… Tel:62091066

吉林市财政局
地址：松江路83号
…… Tel:62049017

吉林市国土资源局
地址：重庆路1800号
…… Tel:62469010

吉林市审计局
地址：北京路91号
…… Tel:62022791

吉林市规划局
地址：越山路11号
…… Tel:64805311

吉林市经济技术合作局
地址：松江中路65号
…… Tel:62049608

吉林市国家税务局
地址：三亚路33号
…… Tel:64567111

吉林市质量技术监督局
地址：深圳街108号
…… Tel:64630010

吉林市统计局
地址：松江路65号
…… Tel:62022082

吉林市城市管理行政执法局吉林市市容管理局
地址：越山路11号
…… Tel:64805199

吉林市科学技术局
地址：松江中路65号
…… Tel:62048900

吉林市食品药品监督管理局
地址：解放东路1号
…… Tel:62570910

吉林市畜牧业管理局
地址：松江中路65号
…… Tel:62049961

吉林市烟草专卖局吉林省烟草公司吉林分公司
地址：口升路1号
…… Tel:64606510

吉林市档案局
地址：吉林大街68号
…… Tel:64666916

吉林市商务局
地址：松江中路65号
…… Tel:62049918

吉林市教育局
地址：松江路65号
…… Tel:82024708

吉林市粮食局
地址：越山路11号
…… Tel:62025296

吉林省交通规费征收管理局吉林分局
地址：松江中路77号
…… Tel:64846107

吉林市人口和计划生育委员会
地址：越山路11号
…… Tel:64805798

吉林市发展和改革委员会
地址：松江中路65号
…… Tel:62048311

吉林市农业委员会
地址：松江中路65号
…… Tel:62049800

吉林市城乡建设委员会
地址：越山路11号
…… Tel:64805810

吉林市政务服务中心
地址：解放西路16号
…… Tel:64820010

吉林市体育彩票发行中心
地址：中兴街170号
…… Tel:62799288

永吉县人民政府
地址：滨北路379号
…… Tel:64239300

吉林市丰满区人民政府
地址：吉林大街76号
…… Tel:64661948

吉林市龙潭区人民政府
地址：遵义东路65号
…… Tel:63041988

吉林市昌邑区人民政府
地址：中兴街105号
…… Tel:62755127

吉林市船营区人民政府
地址：松江中路87号
…… Tel:64831158

桦甸市人民政府
地址：桦甸大街187号
…… Tel:66222307

舒兰市人民政府
地址：滨河大街2006号
…… Tel:68212345

蛟河市人民政府
地址：民主路11号
…… Tel:67250800

磐石市人民政府
地址：人民路1633号
…………Tel:65222322
吉林市市场监督管理局丰满分局
地址：吉林大街48号
…………Tel:64578069
吉林市丰满区人力资源和社会保障局
地址：吉林大街76号
…………Tel:64661463
吉林市龙潭区发展和改革局
地址：遵义东路65号
…………Tel:63041649
吉林市国土资源局龙潭分局
地址：汉阳南街6号
…………Tel:63041455
吉林市昌邑区民政局
地址：中兴街105号
…………Tel:62755102
吉林市昌邑区教育局
地址：林荫路22号
…………Tel:62755303
吉林市船营区发展和改革局
地址：松江中路87号
…………Tel:64831569
吉林市船营区国家税务局
地址：福绥街50号
…………Tel:64836006
吉林高新技术产业开发区管理委员会
地址：深圳街6号
…………Tel:64798019
吉林市船营区人民防空办公室
地址：松江中路87号
…………Tel:64831145
吉林市龙潭区乌托街满族镇人民政府
地址：乌拉街填
…………Tel:64918202
吉林市昌邑区孤店子镇人民政府
地址：孤店子镇
…………Tel:63453409
吉林市丰满区人民政府泰山街道办事处
地址：宝山路
…………Tel:64568057
吉林市龙潭区人民政府遵义街道办事处
地址：古川路6-1号
…………Tel:83093057
吉林市昌邑区人民政府东局子街道办事处
地址：新上海东路40号
…………Tel:62570670
吉林市船营区人民政府青岛街道办事处
地址：光华路180-10号
…………Tel:62022638

社会团体

工会

吉林市总工会
地址：松江中路47号
…………Tel:62031732
吉林市丰满区总工会
地址：吉林大街76号
…………Tel:64667143
吉林市船营区总工会
地址：松江中路87号
…………Tel:64831069

共青团、青联、学联

中国共产主义青年团吉林市委员会
地址：松江路86号
…………Tel:62010702
中国共产主义青年团吉林市昌邑区委员会
地址：中兴街105号
…………Tel:62755072

妇联

吉林市妇女联合会
地址：北京路82号
…………Tel:62022103
吉林市船营区妇女联合会
地址：松江中路87号
…………Tel:64831072

侨联

吉林市归国华侨联合会
地址：松江中路65号
…………Tel:62048699

文联

吉林市文学艺术界联合会
地址：北京路82号
…………Tel:62010359

残联

吉林市丰满区残疾人联合会
地址：吉林大街76号
…………Tel:64645993

工商联

吉林市工商业联合会（总商会）
地址：解放西路168号
…………Tel:62057886

红十字会

吉林市红十字会
地址：朝阳文化广场
…………Tel:62565928

福利会

吉林市慈善总会
地址：创业大厦305室
…………Tel:62564343

老龄问题委员会

吉林市老龄工作委员会办公室
地址：北京路86号
…………Tel:62060052

宗教组织

吉林市西清真寺民主管理委员会
地址：北大街
…………Tel:62067531

四平市（0434）

国家机构

人民政府

四平市人民政府
地址：铁西区市府路59号
…………Tel:3262469
四平市卫生局
地址：铁西区政新街1号
…………Tel:3266705
四平市水文水资源勘测局
地址：英雄大街
…………Tel:3624207
四平市公用事业局
地址：市府路财政大楼
…………Tel:3266230
四平市水利局
地址：四平市
…………Tel:3651036
四平市气象局
地址：海丰大路576号
…………Tel:3266900
四平市民政局
地址：铁西区市府路59号
…………Tel:3266395
四平市老干部局
地址：铁西区七道街
…………Tel:3622533
四平市地方税务局
地址：铁东区中央西路
…………Tel:3238242
四平市交通局
地址：站前街676号
…………Tel:3281200
四平市劳动和社会保障局
地址：铁西区政新街1号
…………Tel:3266188
四平市社会保险事业管理局
地址：铁西区公园北街
…………Tel:3226181
四平市体育局
地址：铁西区市府路1号
…………Tel:3266507
四平市财政局
地址：铁西区市府路1号
…………Tel:3268211
四平市审计局
地址：南湖大街941号
…………Tel:3244939
四平市林业局
地址：英雄大街2086号
…………Tel:3623656
四平市牧业管理局
地址：英雄大路2056号
…………Tel:3628412
四平市物价局
地址：英雄大路1752号
…………Tel:3653666
四平市房产管理局
地址：铁西区公园北街
…………Tel:3225859
四平市生态环境局
地址：铁西区市府路59号
…………Tel:3266550
四平市国家税务局
地址：铁西区市府路2号
…………Tel:3268171
四平市质量技术监督局
地址：英雄大街62号
…………Tel:3631058
四平市统计局
地址：铁西区市府路59号
…………Tel:3266728
四平市科学技术局
地址：中央西路60号
…………Tel:3225612
四平市档案局
地址：英雄大路1719号
…………Tel:3628661
四平市文化和文化和旅游局
地址：铁西区市府路59号
…………Tel:3268359
四平市商务局
地址：英雄大路1586号
…………Tel:3625501
四平市就业服务局
地址：海丰大路59号
…………Tel:3270699
四平市粮食局
地址：铁西迎宾路
…………Tel:3624847
四平市地方税务局铁西分局
地址：北建平街335号
…………Tel:3234197

辽源市（0437）

人民政府

辽源市人民政府
地址：人民大街217号
…………Tel:3512827
辽源市人力资源和社会保障局
地址：西宁大路67号
…………Tel:3168900
辽源市卫生局
地址：人民大街39号
…………Tel:3523708
辽源市市场监督管理局
地址：西宁大路176号
…………Tel:3206007
辽源市中小企业发展局
地址：龙山大街56号
…………Tel:3260032
辽源市水文水资源勘测局
地址：人民大街188号
…………Tel:3518855
辽源市水务局
地址：人民大街586号
…………Tel:3227317
辽源市公用和信息化局
地址：人民大街256号
…………Tel:3524362
辽源市气象局
地址：人民大街217号
…………Tel:3524342
辽源市地方税务局
地址：龙山大街255号
…………Tel:3225814
辽源市价格监督检查局
地址：富康街3号
…………Tel:3223789
辽源市地震局
地址：人民大街217号
…………Tel:3513659
辽源市劳动和社会保障局
地址：西宁大路67号
…………Tel:3244888
辽源市社会保险局
地址：长寿大街121号
…………Tel:3278900
辽源市住房和城乡建设局
地址：辽河大路209号
…………Tel:3225116
辽源市财政局
地址：人民大街524号
…………Tel:3252473
辽源市审计局
地址：辽河大路589号
…………Tel:3323311
辽源市林业局
地址：经康路261号
…………Tel:3222475
辽源市牧业管理局
地址：西宁大路143号
…………Tel:3258705
辽源市房产管理局
地址：人民大街335号
…………Tel:3196454
辽源市国家税务局
地址：辽河大路589号
…………Tel:3322901
辽源市非税收入管理局
地址：辽河大路363号
…………Tel:3195876
辽源市质量技术监督局
地址：东吉大路123号
…………Tel:3321006
辽源市环境保护局
地址：人民大街252号
…………Tel:3515701
辽源市统计局
地址：人民大街217号
…………Tel:3524290
辽源市档案局
地址：人民大街217号
…………Tel:3524383
辽源市文化和文化和旅游局
地址：人民大街217号
…………Tel:3515845
辽源市商务局
地址：新阳路13号
…………Tel:3527809
辽源市人口和计划生育委员会
地址：人民大街217号
…………Tel:3524389
辽源市发展和改革委员会
地址：人民大街217号
…………Tel:3516786
辽源市地方志编纂委员会
地址：人民大街217号
…………Tel:3512833
辽源市农业委员会
地址：新阳路18号
…………Tel:3522004
辽源市经济委员会
地址：人民大街217号
…………Tel:3513770
辽源市行政审批中心
地址：辽河大路363号
…………Tel:3195806

人民政协和民主党派

人民政协

中国人民政治协商会议辽源市委员会
地址：西宁大路1号
…………Tel:3225780

社会团体

工会

辽源市总工会
地址：西宁大路26号
…………Tel:3223740

通化市（0435）

人民政府

通化市人民政府
地址：玉泉路89号
…………Tel:3212974
通化市卫生局
地址：新华大街499号
…………Tel:3227718
通化市工业和信息化局
地址：新华大街499号
…………Tel:3213172
通化市市场监督管理局
地址：东昌路218号
…………Tel:3902626
通化市文化和体育局
地址：新华大街499号
…………Tel:3213617
通化市水利局
地址：新站路16号
…………Tel:3968013
通化市气象局
地址：文萃路255号
…………Tel:3314929
通化市民政局
地址：新华大街16号
…………Tel:3627575
通化市老干部局
地址：滨江西路3333号
…………Tel:3212075
通化市地方税务局
地址：滨江西路4655号
…………Tel:3206505
通化市农业农村局
地址：秀泉路578号
…………Tel:3243846
通化市安全生产监督局
地址：胜利路38号
…………Tel:3260067
通化市地矿局
地址：新华大街802号
…………Tel:3213363
通化市机要保密局
地址：秀泉路702号
…………Tel:3213545
通化市交通运输局
地址：新华大街166号
…………Tel:3213616
通化市地震局
地址：秀泉路580号
…………Tel:3212500
通化市社会医疗保险管理局
地址：滨江西路777号
…………Tel:3916696
通化市社会保险管理局
地址：新站路263号
…………Tel:3653697
通化市财政局
地址：滨江东路2819号
…………Tel:3652539
通化市国土资源局
地址：龙泉路999号
…………Tel:3913462
通化市审计局
地址：秀泉路568号
…………Tel:3222347
通化市林业局
地址：秀泉路702号
…………Tel:3213009
通化市牧业管理局
地址：新华大街华庆胡同26号
…………Tel:3310799
通化市物价局
地址：新华大街499号
…………Tel:3214342
通化市规划局
地址：建设大街5618号
…………Tel:3618093
通化市经济技术合作局
地址：建设大街5688号
…………Tel:3658198
国家税务总局通化市税务局
地址：滨江西路3477号
…………Tel:3203006
通化市环境保护局
地址：文明路336号
…………Tel:3671881
通化市城乡建设局

地址：滨江东路2829号
…………Tel:3618025

通化市统计局
地址：秀泉路580号
…………Tel:3916706

通化市科技局
地址：新华大街499号
…………Tel:3212977

通化市食品药品监督管理局
地址：新胜路331号
…………Tel:3653990

通化市盐业局
地址：保安路2278号
…………Tel:3660677

通化市档案局
地址：玉泉路135号
…………Tel:3508009

通化市文化和文化和旅游局
地址：新华大街449号
…………Tel:3212539

通化市商务局
地址：建设大街5688号
…………Tel:3650956

通化市教育局
地址：新华大街499号
…………Tel:3275708

通化市粮食局
地址：建设大街3779号
…………Tel:3652265

通化市计划省生育管理委员会
地址：新华大街华昌胡同3号
…………Tel:3214141

通化市发展计划委员会
地址：新华大街499号
…………Tel:3213109

通化市民族事务委员会
地址：秀泉路50号
…………Tel:3213068

通化市爱卫会
地址：新华大街499号
…………Tel:3212028

通化市人民防空办公室
地址：秀泉路702号
…………Tel:3213508

通化市人民政府公开协调办公室
地址：滨江西路5577号
…………Tel:3725802

通化市中小学德育工作办公室
地址：佟江路35号
…………Tel:3275765

通化市动迁办公室
地址：建设大街4629号
…………Tel:3739898

通化市校办产业管理办公室
地址：佟江路35号
…………Tel:3276087

通化市住房公积金管理中心
地址：新华大街1239号
…………Tel:3269066

通化市招生办
地址：佟江路288号
…………Tel:3275307

通化市建设工程招投标管理处
地址：滨江西路5777号
…………Tel:3620265

通化市建筑工程管理处
地址：滨江东路2829号
…………Tel:3661599

通化市政工程管理处
地址：建设大街5618号
…………Tel:3620808

通化市城市环境卫生管理处
地址：滨江西路5423号
…………Tel:3313272

通化市城市绿化管理处
地址：新胜北路1736号
…………Tel:3616809

通化市二道江区人民政府
地址：东通化大街336号
…………Tel:3713456

通化市二道江区地税局
地址：东通化大街259号
…………Tel:3712210

国家税务总局通化市二道江区税务局
地址：东通化大街538号
…………Tel:3708748

通化市二道江财政局
地址：东通化大街76号
…………Tel:3710586

通化市市场监督管理局市直企业规范管理分局
地址：宾江西路5777号
…………Tel:3628188

通化市市场监督管理局合同管理分局
地址：东昌路218号
…………Tel:3902642

通化市市场监督管理局经济开发区分局
地址：经开环路1168号
…………Tel:3650756

通化市市场监督管理局经济稽查支队
地址：东昌硌218号
…………Tel:3906663

通化市市场监督管理局食品流通监督管理分局
地址：东昌路218号
…………Tel:3239198

通化市市场监督管理局消费者申诉投诉管理分局
地址：东昌路218号
…………Tel:3926855

通化市市场监督管理局商标管理分局
地址：东昌路918号
…………Tel:3900085

通化市东昌区公路管理局
地址：靖宇路284号
…………Tel:3815252

通化市东昌区财政局
地址：滨江东路2570号
…………Tel:3967867

通化市东昌区国土资源局
地址：滨江西路4658号
…………Tel:3610043

通化市江东工商分局
地址：建设大街5688号
…………Tel:3526146

通化市光明工商分局
地址：新牛大街1642号
…………Tel:3909011

通化市新华工商分局
地址：新华天街1642号
…………Tel:3902646

通化县交通运输局
地址：光明路646号
…………Tel:3229228

通化县国税驻市内分局
地址：光明路580号
…………Tel:3214052

通化市东昌区校外教育办公室
地址：滨江东路2036号
…………Tel:3657818

通化市东昌区人民政府
地址：靖宇路288号
…………Tel:3967609

通化市江东乡人民政府
地址：和平路259号
…………Tel:3954166

通化市金厂镇人民政府
地址：金厂大街1599号
…………Tel:3461302

通化市环通乡人民政府
地址：新华大街300号
…………Tel:3312653

人民政协和民主党派

人民政协

中国人民政治协商会议通化市委员会
地址：秀泉路702号
…………Tel:3211911

社会团体

工会

通化市总工会
地址：秀泉路702号
…………Tel:3212907

共青团、青联、学联

中共通化共青团委员会
地址：秀泉路702号
…………Tel:3656616

文联

通化市文学艺术界联合会
地址：秀泉路702号
…………Tel:3213212

残联

通化市残疾人联合会
地址：建设大街5888号
…………Tel:3196868

协会

通化市技术科学协会
地址：秀泉路4号
…………Tel:3214865

通化市消费者协会
地址：东昌路218号
…………Tel:3230315

其他社会团体

通化市二轻工业总会
地址：胜利路129号
…………Tel:3617072

驻在机构

中央驻在机构

中华人民共和国通化出入境检验检疫局
地址：江南新区
…………Tel:3283050

本省驻在机构

吉林省通化国际交流中心
地址：翠泉路189号
…………Tel:3205209

白山市（0439）

人民政府

白山市人民政府
地址：浑江大街152号
…………Tel:3224503

白山市人力资源和社会保障局
地址：浑江大街152号
…………Tel:3224977

白山市卫生局
地址：浑江大街152号
…………Tel:3222804

白山市市场监督管理局
地址：新华路25号
…………Tel:3226685

白山市民政局
地址：浑江大街152号
…………Tel:3225429

白山市地方税务局
地址：长白山大街1066号
…………Tel:3388109

白山市交通局
地址：长白山大街1999号
…………Tel:3225831

白山市社会保险局
地址：浑江天街228号
…………Tel:3223182

白山市住房和城乡建设局
地址：长白山大街1818号
…………Tel:3271013

白山市财政局
地址：长白山太街888号
…………Tel:3224742

白山市国土资源局
地址：翠柏路1号
…………Tel:3223067

白山市审计局
地址：浑江太街114号
…………Tel:3226096

白山市林业局
地址：浑江大街34号
…………Tel:3328710

白山市国家税务局
地址：翠柏路2号
…………Tel:3598608

白山市教育局
地址：浑江太街152号
…………Tel:3224165

社会团体

工会

白山市总工会
地址：浑江大街150号
…………Tel:31224437

共青团、青联、学联

共青团白山市委员会
地址：浑江大街150号
…………Tel:3225010

妇联

白山市妇女联合会
地址：浑江大街150号
…………Tel:3227820

老龄问题委员会白山市老龄问题委员会

地址：浑江大街153号
…………Tel:3214576

松原市（0438）

人民政府

松原市人民政府
地址：沿江东路339号
…………Tel:2113020

松原市人力资源和社会保障局
地址：松原大路2790号
…………Tel:2601666

松原市市场监督管理局
地址：沿江西路729号
…………Tel:2125905

松原市公用事业局
地址：沿江东路988号
…………Tel:2605807

松原市水利局
地址：沿江西路935号
…………Tel:2285225

松原市气象局
地址：新区衡新兴胡同
…………Tel:3137375

松原市民防局
地址：青年大街3837号
…………Tel:2160060

松原市市政工程管理局
地址：青年大街3777号
…………Tel:2166910

松原市民政局
地址：乌兰大街3189号
…………Tel:2288909

松原市地方税务局
地址：沿江东路1122号
…………Tel:2129111

松原市交通运输局
地址：沿江西路275号
…………Tel:2103067

松原市住房和城乡建设局
地址：松原太路2855号
…………Tel:2124883

松原市财政局
地址：长宁南街2050号
…………Tel:3121320

松原市国土资源局
地址：沿江东路919号
…………Tel:2286010

松原市审计局
地址：松原大路3355号
…………Tel:5088008

松原市林业局
地址：滨江路696号
…………Tel:2161205

松原市国家税务局
地址：临江西路455号
…………Tel:3109111

松原市环境保护局
地址：沿江西路349号
…………Tel:2292503

松原市档案局
地址：沿江东路339号
…………Tel:2139078

松原市教育局
地址：沿江东路689号
…………Tel:2138745

松原市就业服务局
地址：松江大街23000号
…………Tel:2110768

松原市粮食局
地址：沿江西路469号
…………Tel:2124054

松原市农业委员会
地址：沿江东路339号
…………Tel:2113069

松原市人民政府开发区管理办公室
地址：沿江东路339号
…………Tel:2113016

松原市机构编制委员会办公室
地址：沿江东路339号
…………Tel:2280050

松原市宁江区人民政府
地址：文化路1号
…………Tel:3123279

前郭尔罗斯蒙古族自治县人民政府
地址：乌兰大街909号
…………Tel:2123449

前郭尔罗斯蒙古族自长岭县人民政府
地址：岭城西路1111号
…………Tel:7223988

乾安县人民政府
地址：安定东路
…………Tel:8237303

扶余县人民政府
地址：春华路
…………Tel:5870746

社会团体

工会

松原市总工会
地址：沿江东路
…………Tel:2160850

共青团、青联、学联

中国共产主义青年團松原市委员会
地址：沿江东路189号
…………Tel:2124375

妇联

松原市妇女联合会
地址：沿江东路189号
…………Tel:2123199

侨联

松原市归国华侨联合会
地址：沿江东路189号
…………Tel:2130742

残联

松原市残疾人联合会
地址：沿江东路1046号
…………Tel:5087006

学会

松原市医学会
地址：青年大街
…………Tel:2166892

红十字会

松原市红十字会
地址：沿江东路339号
…………Tel:2108320

保护儿童委员会

松原市关心下一代工作委员会
地址：沿江东路189号
…………Tel:2137042

白城市（0436）

中国共产党白城市委组织部
地址：文化袭路1号
…………Tel:3235166

中国共产党白城市委统战部
地址：文化东路1号
…………Tel:3223752

中国共产党白城市洮北区委办公室
地址：洮安东路67号
…………Tel:3247890

中国共产党白城市洮北区委组织部
地址：青年南大街14号
…………Tel:3232278

中国共产党白城市洮北区委统战部
地址：洮安东路67号
…………Tel:3223406

国家机构

人大常委会

白城市人民代表大会常务委员会
地址：文化东路1号
…………Tel:3267813

人民政府

白城市人民政府
地址：文化东路1号
Tel:3336008
办公室：3241311

白城市人民政府办应急管理办公室
地址：文化东路1号
Tel:3299999

白城市人民政府外事办公室
地址：文化东路1号
Tel:3223913

白城市人力资源和社会保障局
地址：中兴东大路6号
Tel:3329110

白城市人事局
地址：长庆南街8号
Tel:3347401

白城出入境检验检疫局
地址：胜利西路236号
Tel:3600066

白城市市场监督管理局
地址：光明南街
Tel:3609030

白城市地方税务局
地址：胜利西路139号
Tel:3685097

白城市财政局
地址：幸福南大街9号
Tel:3345111

白城市国土资源局
地址：白城市
Tel:3368024

白城市国家税务局
地址：白城市
Tel:3678037

白城市环境保护局
地址：中兴西大路41号
Tel:3687056

白城市人口和计划生育委员会
地址：文化东路1号
Tel:3208769

白城市计划经济委员会
地址：洮安东路69号
Tel:3224946

白城市发展和改革委员会
地址：文化东路1号
Tel:3229826

白城市人民政府接待办公室
地址：文化东路1号
Tel:3224583

白城市工资统一发放管理办公室
地址：中共东大路6号
Tel:3205011

白城市财政投资管理办公室
地址：中兴东大路6号
Tel:3222763

白城市财税监督检查办公室
地址：民生西路26号
Tel:3323909

白城市委办公室
地址：文化东路1号
Tel:3224688

白城市房屋拆迁办公室
地址：文化东路37号
Tel:3246884

白城市城镇住房制度改革领导小组办公室
地址：文化东路37号
Tel:3216003

白城市人民政府采购中心
地址：中兴东大路6号
Tel:3219877

白城市人民政府政务大厅
地址：中兴东大路2-21号
Tel:3209611

白城市洮北区委
地址：洮安东路67号
Tel:3223185

白城市工业园管理委员会
地址：淮河路
Tel:3687119

人民政协和民主党派

人民政协

中国人民政治协商会议吉林省白城市委员会
地址：文化东路1号
Tel:3266399

中国人民政治协商会议吉林省白城市洮北区委员会
地址：青年南大街14号
Tel:3248690

社会团体

共青团、青联、学联

中国共产主义青年团白城市委员会
地址：中兴东大路6号
Tel:3210068

中国共青团白城市洮北区委员会
地址：青年南大街14号
Tel:3248322

妇联

白城市妇女联合会
地址：文化东路1号
Tel:3228666

残联

白城市残疾人联合会
地址：海明东路67号
Tel:3233717

福利会

白城市慈善总会
地址：海明西路40-22号
Tel:3345379

保护儿童委员会

白城市关心下一代工作委员会
地址：中兴东大路15号
Tel:3227517

老龄问题委员会

白城市老龄工作委员会
地址：文化东路1号
Tel:3233887

延边朝鲜族自治州（0433）

延吉市（0433）

人民政府

延边朝鲜族自治州人民政府
地址：公园路2799号
Tel:2816113

延边出入境检验检疫局
地址：天池路3169号
Tel:2246811

延边朝鲜族自治州人民政府机关事务管理局
地址：公园路2799号
Tel:2855488

延边朝鲜族自治州外事办公室
地址：公园路2799号
Tel:2916255

龙井市人民政府
地址：安民街
Tel:3223683

延吉市人民政府
地址：河南街759号
Tel:2512824

图们市人民政府
地址：友谊路30号
Tel:3660010

和龙市人民政府
地址：文化路24号
Tel:4222612

珲春市人民政府
地址：新安路1991
Tel:7552677

敦化市人民政府
地址：新华西路1号
Tel:6223763

珲春出入境检验检疫局
地址：森林山路777号
Tel:7553999

图们市海关
地址：友谊斯159号
Tel:3626118

珲春海关
地址：河南西街155号
Tel:7511918

安图县政府办公室
地址：新区政府大楼
Tel:5890010

汪清县人民政府
地址：汪清街东196号
Tel:8813531

社会团体

工会

延边朝鲜族自治州总工会
地址：爱丹路延速世家
Tel:2902605

文联

延边州文学艺术界联合会
地址：公园路2799号
Tel:2812815

工商联

延边朝鲜族自治州工商业联合会
地址：公园路2799号
Tel:2260556

协会

延边朝鲜族自治州科学技术协会
地址：公园路2799号
Tel:2561408

红十字会

延边州红十字会
地址：公园路2799号
Tel:2814618

驻在机构

中央驻在机构

中华人民共和国海关
地址：天池路2021号

黑龙江省

哈尔滨市人民政府
地址：世纪大道1号
邮政编码：150021

总机
Tel:84664111

哈尔滨市人力资源和社会保障局
地址：友谊路425号
邮政编码：150010

咨询电话
12333

办公室（文书）
Tel:84628324

办公室（收发）
Tel:84871999

哈尔滨市卫生健康委员会
地址：松北区世纪大道1号市政府
Tel:84664926

哈尔滨市市场监督管理局
地址：道里区新阳路61号
Tel:84887616

哈尔滨市水务局
地址：道里区河山街138号
Tel:84897001

内河管理处
Tel:84618471

哈尔滨市水资源管理办公室
地址：南岗区满洲里街22号
53633751

哈尔滨市民族宗教事务局
地址：松北区世纪大道1号
Tel:84664573

哈尔滨市地方税务局
地址：友谊路280号
邮政编码：150010

税收政策咨询电话
12366

偷税举报中心
Tel:84882110

办公室
Tel:84271446

办公室（主任室）
Tel:84277766

办公室（副主任室）
Tel:84298210

值班室
Tel:84222774

哈尔滨市交通运输局
地址：世纪大道1号
邮政编码：150021

办公室
Tel:867729123

法规处
Tel:86772704

计划统计处
Tel:86772691

行政审批处
Tel:86772680

改革指导处
Tel:86772697

哈尔滨市体育局
地址：松北区江康路1999号
Tel:88020300

哈尔滨市住房保障和房产管理局
地址：松北区松北一路10号
Tel:84616938

哈尔滨市财政局
地址：友谊路421号
邮政编码：150010

办公室
Tel:84853246

办公室
Tel:84853250

综合处
Tel:84853302

法规税政处
Tel:84853294

预算处
Tel:84853370

国库处
Tel:84853261

教科文处
Tel:84853247

经济建设处
Tel:84853244

城建处
Tel:84853209

金融贸易处
Tel:84853342

农业处
Tel:84853330

社会保障处
Tel:84853263

企业处
Tel:84853382

哈尔滨市政府采购管理办公室
地址：道里区友谊路421号
Tel:84853260

黑龙江省财政厅会计管理局
地址：哈尔滨市南岗区民益街80号
Tel:84853225

黑龙江省财政厅监督检查局
地址：南岗区民益街80号
Tel:84853235

黑龙江省财政厅农村财政财务局
地址：哈尔滨市南岗区民益街80号
Tel:84853265

哈尔滨市行政事业单位资产运营管理中心
地址：道里区经纬五道街哈尔滨市经纬小学校东南侧约30米
Tel:84853229

财源办
Tel:84853352

黑龙江省政府投资项目建设管理中心
地址：哈尔滨市南岗区文明街11号
Tel:84853496

会计培训中心
Tel:84230441

哈尔滨市政府采购中心
地址：南岗区中山路181号
Tel:84273118

哈尔滨财政信息中心
地址：哈尔滨市道里区友谊路421号
Tel:84853273

黑龙江省注册会计师协会
地址：南岗区民益街80号
Tel:84285597

哈尔滨市国土资源局
地址：哈尔滨市南岗区一曼街173号
Tel:53646590

国源土地房地产估价有限公司
地址：道里区地段街163号
Tel:84639706

哈尔滨市审计局
地址：端街19号
邮政编码：150010

办公室
Tel:84617118

办公室
Tel:84611935

纪检组
Tel:84630901

收发室
Tel:84612184

哈尔滨市林业局
地址：松北区江康街1999号
Tel:84627894

哈尔滨市物价监督管理局
地址：道里区西六道街37号
Tel:84618609

国家税务总局哈尔滨市税务局
地址：道里区尚志大街178号
Tel:84585553

哈尔滨市环境保护局
地址：哈尔滨市松北区世纪大道1号
Tel:86772972

哈尔滨市城乡规划局
地址：松北区世纪大道1号
Tel:86772523

哈尔滨市统计局
地址：世纪大道1号
Tel:84664442

哈尔滨市城市管理局
地址：道里区四方台大道2091号
Tel:53645458

哈尔滨市科学技术局
地址：南岗区中山路181号市民大厦6楼
Tel:82363407

哈尔滨市食品药品监督管理局
地址：哈尔滨市松北区世纪大道1号
Tel:86776219

哈尔滨市烟草专卖局
地址：汉水路259号
邮政编码：150090

办公室
Tel:88620882

政工处
Tel:88620771

人劳处
Tel:88620676

财务处
Tel:88620967

专卖处
Tel:88620679

行政大厅
Tel:88620811

营销管理中心
Tel:88620668

订单部
Tel:88620518

物流中心
Tel:87830107

收发室
Tel:88620687

投诉举报
12313

投诉举报
Tel:88620816

哈尔滨市档案局
地址：南岗区学府小四道街29号
Tel:86689328

哈尔滨市文化和旅游局
地址：松北区世纪大道1号
Tel:84664600

哈尔滨市商务局
地址：世纪大道1号
Tel:86776347

哈尔滨市教育局
地址：道里区上游街69号
Tel:84617267

哈尔滨市粮食局
地址：松北区世纪大道1号
Tel:84664067

中国国际贸易促进委员会哈尔滨市分会
地址：世纪大道1号
邮政编码：150021

办公室
Tel:86772315

展览部
Tel:86772328

会务部
Tel:86772326

联络部
Tel:86772327

法律部
Tel:86772325

信息部
Tel:86772322

会展办
Tel:86776712

哈尔滨市人口和计划生育委员会
地址：世纪大道1号
Tel:84664530

哈尔滨市工业和信息化委员会
地址：世纪大道1号
Tel:84664195

哈尔滨市发展和改革委员会
地址：中山路181号
Tel:84664669

哈尔滨市农业委员会
地址：世纪大道1号
Tel:86772162

哈尔滨市人民政府国有资产监督管理委员会
地址：世纪大道1号
Tel:84664710

哈尔滨市住房和城乡建设委员会
地址：道里区友谊西路5888号
Tel:86772708

哈尔滨利民经济技术开发区管理委员会
地址：呼兰区北京路CBD大厦
Tel:87138889

哈尔滨经济技术开发区管理委员会
地址：南岗区长江路368号
Tel:82295163

哈尔滨市人民政府农业综合开发办公室
地址：道里区经纬十二道街52号
Tel:87630892

哈尔滨市平房区人民政府
地址：平房区友协大街98号
Tel:86501431

哈尔滨市阿城区人民政府
地址：阿城区上京大道66号
Tel:53722134

哈尔滨市松北区人民政府
地址：松北区创新一路618号
Tel:84010090

哈尔滨市呼兰区人民政府
地址：呼兰区南京路8号
Tel:57321989

哈尔滨市南岗区人民政府
地址：南岗区宣化街261号
Tel:82708064

哈尔滨市香坊区人民政府
地址：香坊区三合路229号
Tel:87280277

哈尔滨市道外区人民政府
地址：道外区北十四道街55号
Tel:88985296

哈尔滨市道里区人民政府
地址：道里区安化街103号
Tel:84501704

哈尔滨市呼兰区孟家乡人民政府
地址：呼兰区
Tel:55241036

哈尔滨市香坊区朝阳镇人民政府
地址：香坊区哈平路555号
Tel:86674247

哈尔滨市道里区群力乡人民政府
地址：洪湖街1号
Tel:84348168

人民政协和民主党派

人民政协

中国人民政治协商会议黑龙江省委员会
地址：香坊区中山路99号
Tel:85992008

中国人民政治协商会议哈尔滨市委员会
地址：大成街与宣化街交叉口东南100米
Tel:84617441

民主党派

九三学社黑龙江省委员会
地址：香坊区中山路99号
Tel:82308774

中国民主同盟黑龙江省委员会
地址：香坊区中山路99号1210室
Tel:85992067

中国民主建国会黑龙江省委员会
地址：香坊区中山路99号1210室
Tel:85992043

中国民主促进会黑龙江省委员会
地址：哈尔滨市香坊区中山路99号
Tel:82304922

中国农工民主党黑龙江省委员会
地址：哈尔滨市香坊区中山路97号
Tel:85992081

中国国民党革命委员会黑龙江省委员会
地址：香坊区中山路99号
Tel:85992077

社会团体

工会

黑龙江省总工会
地址：南岗区阿什河街9号
Tel:53637849

共青团　青联　学联

中国共产主义青年团黑龙江省委员会
地址：南岗区花园街294号
Tel:53638862

妇联

黑龙江省妇女联合会
地址：南岗区阿什河街9号
Tel:53623079

哈尔滨市妇女联合会
地址：道里区安宁街161号
Tel:84694837

侨联

黑龙江省归国华侨联合会
地址：香坊区中山路99号
Tel:82300868

黑龙江省台湾同胞联谊会
地址：香坊区中山路99号
Tel:82301952

文联

黑龙江省文学艺术界联合会
地址：香坊区文府街6－1号
Tel:82827500

黑龙江省社会科学界联合会
地址：南岗区
Tel:82808202

残联

黑龙江省残疾人联合会
地址：南岗区黄河路118号
Tel:82291727

哈尔滨市残疾人联合会
地址：松北区世纪大道1号
Tel:86772790

工商联

黑龙江省工商业联合会
地址：香坊区中山路99号
Tel:85992024

协会

黑龙江省市政工程协会
地址：道外区迎新二道街5号最左侧门
Tel:84641548

黑龙江省作家协会
地址：南岗区湘江路77号
Tel:53969903

黑龙江省私营企业协会
地址：南岗区哈尔滨大街金城蓝城3期深蓝杰座
Tel:84572312

黑龙江省物流行业协会
地址：哈尔滨市南岗区花园街380号
Tel:53638987

黑龙江省科学技术协会
地址：南岗区中山路204号
Tel:82626403

黑龙江省科普事业中心
地址：中山路204号
Tel:82650260

人民政府

黑龙江扎龙国家级自然保护区管理局
地址：龙沙区彩虹街道青云街221号
Tel:2441346

齐齐哈尔市人民政府
地址：建华区新明街27号
Tel:2790910

齐齐哈尔市人力资源和社会保障局
地址：龙沙区永安大街195号
Tel:2790504

齐齐哈尔市市场监督管理局
地址：龙沙区开发路101号
Tel:2475817

齐齐哈尔市水文局
地址：建华区中华西路47号
Tel:2436694

齐齐哈尔市水务局
地址：建华区中华西路47号
Tel:2741305

齐齐哈尔市气象局
地址：建华区党校街68号
Tel:2713955

齐齐哈尔市民政局
地址：建华区新明大街27号
Tel:2794402

齐齐哈尔市民族宗教事务局
地址：齐齐哈尔市
Tel:2791833

齐齐哈尔市地方税务局
地址：建华区中华西路191号
Tel:2462260

齐齐哈尔市交通局
地址：龙沙区安顺路202号
Tel:2813510

齐齐哈尔市劳动和社会保障局
地址：龙沙区
Tel:2419092

齐齐哈尔市公共就业和人才服务中心
地址：龙沙区永安大街195号
Tel:2419107

齐齐哈尔市医疗保险局
地址：齐齐哈尔市龙沙区
Tel:2419122

齐齐哈尔市体育局
地址：建华区新明大街27号
Tel:2792527

齐齐哈尔市财政局
地址：龙沙区永安大街113号
Tel:2400500

齐齐哈尔市国土资源局
地址：建华区中华西路147号
Tel:2714007

齐齐哈尔市审计局
地址：龙沙区中环路60号
Tel:2467836

齐齐哈尔市物价局
地址：新明大街27
Tel:2795421

齐齐哈尔市住房和城乡建设局
地址：建华区新明大街52号
Tel:2796502

齐齐哈尔市规划局
地址：新明大街27
Tel:2796766

国家税务总局齐齐哈尔市税务局
地址：建华区中华西路191号
Tel:2735905

齐齐哈尔市质量技术监督局
地址：建华区福金街
Tel:2457900

齐齐哈尔市统计局
地址：新明大街27
Tel:2795511

齐齐哈尔市城市管理行政执法局
地址：建华区新明大街52号
Tel:2796601

齐齐哈尔市城防工程建设局
地址：建华区沿江北街
Tel:2734466

齐齐哈尔市文化和文化和旅游局
地址：新明大街27
Tel:2793206

齐齐哈尔市人口和计划生育委员会
地址：新明大街27号
Tel:2794207

齐齐哈尔市开发咨询委员会
地址：龙沙区源地街26号
Tel:2426027

齐齐哈尔市发展和改革委员会
地址：新明大街27
Tel:2790600

齐齐哈尔市农业委员会
地址：齐齐哈尔市
Tel:2790700

齐齐哈尔市国有资产监督管理委员会
地址：新明大街27
Tel:2795328

齐齐哈尔市经济委员会
地址：永安大街１０８号
Tel:2790401

齐齐哈尔高新技术产业开发区管理委员会
地址：龙沙区卜奎南大街565号
Tel:2332603

齐齐哈尔市人民政府外事侨务办公室
地址：齐齐哈尔市建华区新明大街27号
Tel:2790209

齐齐哈尔市地方志办公室
地址：新明街27号
Tel:2790427

齐齐哈尔市农业开发办公室
地址：龙沙区龙门小区
Tel:2400702

齐齐哈尔市老龄工作委员会办公室
地址：齐齐哈尔市
Tel:2794341

齐齐哈尔市建筑材料管理办公室
地址：龙沙区永安大街204号
Tel:2428588

齐齐哈尔无线电监测站
地址：建华区浏园小区
Tel:2745503

齐齐哈尔市人民政府防汛抗旱指挥部
地址：齐齐哈尔市建华区
Tel:2733555

齐齐哈尔市失业保险管理处
地址：龙沙区永安大街159号
Tel:2419145

齐齐哈尔市住房公积金管理中心
地址：龙沙区文化大街7号
Tel:2717457

齐齐哈尔市建设工程造价管理站
地址：龙沙区源地街14号
Tel:2412273

齐齐哈尔市夏季运动项目管理中心
地址：文体街42号；龙沙区
Tel:2475738

齐齐哈尔市绿色食品发展中心
地址：齐齐哈尔市
Tel:2796916

齐齐哈尔市救助管理站
地址：铁锋区先锋街9号
Tel:2511065

黑龙江省工业和信息化委员会齐齐哈尔无线电管理处
地址：建华区党校街161号
Tel:2745777

人民政协和民主党派

人民政协

中国人民政治协商会议黑龙江省齐齐哈尔市委员会
地址：建华区新明大街27号
Tel:2793458

民主党派

九三学社齐齐哈尔市委员会
地址：齐齐哈尔市
Tel:2793531

中国民主同盟齐齐哈尔市委员会
地址：齐齐哈尔市
Tel:2793203

中国民主建国会齐齐哈尔市委员会
地址：齐齐哈尔市
Tel:2793525

中国农工民主党齐齐哈尔市委员会
地址：齐齐哈尔市
Tel:2793522

中国国民党革命委员会齐齐哈尔市委员会
地址：齐齐哈尔市
Tel:2793516

社会团体

工会

齐齐哈尔市总工会
地址：龙沙区源地街1号
Tel:2467656

共青团、青联、学联

中国共产主义青年团齐齐哈尔市委员会
地址：建华区新明大街27号
Tel:2791911

妇联

齐齐哈尔市妇女联合会
地址：新明大街27号
Tel:2797999

侨联

齐齐哈尔市归国华侨联合会
地址：建华区党政办公中心
Tel:2791719

齐齐哈尔市台胞台属联谊会
地址：齐齐哈尔市
Tel:2791804

文联

齐齐哈尔市文学艺术界联合会
地址：齐齐哈尔市
Tel:2791812

残联

齐齐哈尔市残疾人联合会
地址：建华区新明大街27号
Tel:2793113

工商联

齐齐哈尔市工商业联合会
地址：齐齐哈尔市
Tel:2793530

学会

齐齐哈尔市医学会
地址：齐齐哈尔市
Tel:2448955

红十字会

齐齐哈尔市红十字会
地址：齐齐哈尔市
Tel:2795113

共他社会团体

齐齐哈尔市社会科学界联合会
地址：齐齐哈尔市
Tel:2791808

驻在机构

中央驻在机构

中华人民共和国齐齐哈尔出入境检验检疫局
地址：齐齐哈尔市
Tel:2457809

中华人民共和国齐齐哈尔海关
地址：龙沙区永安大街124号
Tel:2456027

中华人民共和国齐齐哈尔海事局
地址：龙沙区奎南大街
Tel:2224605

鸡西市（0467）

人民政府

鸡西市人民政府
地址：鸡冠区红旗路18号
Tel:2352768

鸡西市人力资源和社会保障局

地址：鸡冠区和平北大街141号
……Tel:2386611

鸡西市卫生健康委员会
地址：鸡冠区向阳街道和平北大街85号
……Tel:2314001

鸡西市市场监督管理局
地址：永昌路鸡西市正大医院东北侧
……Tel:2355815

鸡西市民政局
地址：鸡冠区兴国中路99号
……Tel:2660687

鸡西市市容环境卫生管理局
地址：鸡冠区中心大街9号
……Tel:2656313

鸡西市民族宗教事务局
地址：鸡西市
……Tel:2356949

国家税务总局鸡西市税务局
地址：鸡冠区南山路35号
……Tel:2359467

鸡西市交通局
地址：鸡冠区兴国中路257号
……Tel:2665701

鸡西市人力资源和社会保障局
地址：鸡冠区和平北大街141号
……Tel:2352181

鸡西市财政局
地址：鸡冠区和平北大街118号
……Tel:2354015

鸡西市国土资源局
地址：鸡冠区西山路1号
……Tel:2621333

鸡西市审计局
地址：鸡冠区鸡兴东路39号
……Tel:2396118

鸡西市审计培训中心
地址：鸡西市
……Tel:2374160

鸡西市林业局
地址：鸡西市
……Tel:2353746

鸡西市物价局
地址：鸡西市
……Tel:2357153

鸡西市自然资源和规划局
地址：鸡冠区西山路1号
……Tel:2339000

鸡西市房产管理局
地址：鸡冠区和平北大街46号
……Tel:2355710

国家税务总局鸡西市税务局
地址：鸡冠区南山路35号
……Tel:2396604

鸡西市市场监督管理局
地址：鸡冠区永昌路
……Tel:2398177

鸡西市环境保护局
地址：鸡冠区迎宾街2号
……Tel:2386707

鸡西市统计局
地址：红军路街道红旗路18号
……Tel:2356294

鸡西市城市建设管理局
地址：鸡西市
……Tel:2351949

鸡西市食品药品监督管理局
地址：鸡冠区建安街13号
……Tel:2367701

鸡西市文体广电和旅游局
地址：鸡冠新区柳浪街
……Tel:2384266

鸡西市教育局
地址：鸡冠区南山路90号
……Tel:2887167

鸡西市粮食和物资储备局
地址：鸡冠区兴国中路99号
……Tel:2653407

中国共产党鸡西市委员会
地址：鸡冠区红旗路15号
……Tel:2356828

鸡西市鸡冠区人民政府
地址：鸡冠区兴国中路185号
……Tel:2652334

人民政协和民主党派

人民政协

中国人民政治协商会议鸡西市委员会
地址：鸡西市
……Tel:2888926

中国人民政治协商会议鸡西市鸡冠区委员会
地址：鸡西市
……Tel:2665299

鹤岗市（0468）

人民政府

鹤岗市人民政府
地址：向阳区红军路
……Tel:3216027

鹤岗市人力资源和社会保障局
地址：向阳区红军路
……Tel:3357037

鹤岗市卫生健康委员会
地址：工农区北红旗路117号
……Tel:3853878

鹤岗市市场监督管理局
地址：工农区北红旗路8号
……Tel:3225606

鹤岗市民政局
地址：工农区北红旗路35号
……Tel:3340967

国家税务总局鹤岗市税务局
地址：工农区铁西路
……Tel:3356363

鹤岗市交通局
地址：工农区北红旗路158号
……Tel:3355000

鹤岗市体育局
地址：工农区东解放路3号
……Tel:3222240

鹤岗市财政局
地址：工农区东解放路68号
……Tel:3450127

鹤岗市房地产管理局
地址：工农区华夏路39号
……Tel:3450378

鹤岗市物价局
地址：工农区东解放路
……Tel:3455211

鹤岗市市场监督管理局
地址：工农区北红旗路8号
……Tel:3356207

鹤岗市环境保护局
地址：鹤岗市
……Tel:3457857

鹤岗市文化和旅游局
地址：向阳区红军路27号
……Tel:3210817

鹤岗市教育局
地址：鹤岗市
……Tel:3126010

鹤岗市卫生和计划生育委员会
地址：鹤岗市
……Tel:3222546

鹤岗市发展和改革委员会
地址：鹤岗市
……Tel:3238055

鹤岗市农业委员会
地址：鹤岗市
……Tel:3330020

鹤岗市经济委员会
地址：鹤岗市
……Tel:3357539

人民政协和民主党派

人民政协

中国人民政治协商会议鹤岗市委员会
地址：鹤岗市
……Tel:3225688

社会团体

工会

鹤岗市总工会
地址：鹤岗市
……Tel:3350044

共青团、青联、学联

中国共产主义青年团鹤岗市委员会
地址：鹤岗市
……Tel:3350023

妇联

鹤岗市妇女联合会
地址：鹤岗市
……Tel:3350030

残联

鹤岗市残疾人联合会
地址：鹤岗市
……Tel:3343100

双鸭山市（0469）

人民政府

双鸭山市人民政府
地址：尖山区世纪大道70号
……Tel:4222718

双鸭山市市场监督管理局
地址：双鸭山市
……Tel:4291388

双鸭山市中小企业局
地址：尖山区新兴大街啤酒小区
……Tel:4275189

双鸭山市民族宗教事务局
地址：双鸭山市
……Tel:4270522

国家税务总局双鸭山市税务局
地址：双鸭山市尖山区九阳路33号
……Tel:4284441

双鸭山市农业机械管理局
地址：双鸭山市
……Tel:4285064

双鸭山市农业农村局
地址：双鸭山市
……Tel:4270537

双鸭山市交通运输局
地址：尖山区世纪大道129号
……Tel:4260721

双鸭山市体育局
地址：尖山区建设路108号
……Tel:4280928

双鸭山市财政局
地址：尖山区文化路61号
……Tel:4278395

双鸭山市审计局
地址：双鸭山市
……Tel:4277341

双鸭山市物价局
地址：双鸭山市
……Tel:4274206

双鸭山市供销合作社联合社
地址：双鸭山市
……Tel:4241619

双鸭山市质量技术监督局
地址：尖山区八马路3号
……Tel:4283113

双鸭山市生态环境局
地址：尖山区时代新城小区
……Tel:12369

双鸭山市统计局
地址：双鸭山市
……Tel:4222464

双鸭山市科学技术与信息产业局
地址：双鸭山市
……Tel:4222678

双鸭山市食品药品监督管理局
地址：尖山区新兴大街215号
……Tel:4290005

双鸭山市畜牧局
地址：双鸭山市
……Tel:4205305

双鸭山市档案局
地址：双鸭山市
……Tel:4272578

双鸭山市教育局
地址：双鸭山市
……Tel:4275833

双鸭山市煤炭生产安全管理局
地址：尖山区安全大厦
……Tel:4273841

双鸭山市发展和改革委员会
地址：双鸭山市
……Tel:4246081

双鸭山市仲裁委员会
地址：尖山区安邦花园小区
……Tel:4289123

双鸭山市招生办考试委员会
地址：尖山区西平行路430号
……Tel:4284151

双鸭山市军粮供应站
地址：双鸭山市
……Tel:4283478

人民政协和民主党派

人民政协

中国人民政治协商会议双鸭山市委员会
地址：尖山区九阳路116号
……Tel:4274789

社会团体

工会

双鸭山市总工会
地址：尖山区市委大楼
……Tel:4282574

大庆市（0459）

人民政府

大庆市人民政府
地址：萨尔图区东风路19号
……Tel:6373055

大庆市人力资源和社会保障局
地址：萨尔图区纬二路13号
……Tel:6364596

大庆市卫生局
地址：萨尔图区政西街1号
……Tel:6373311

大庆市市场监督管理局
地址：市萨尔图区晚报大街1号
……Tel:6186486

大庆市水务局
地址：大庆市
……Tel:6183914

大庆市气象局
地址：大庆市
……Tel:6283707

大庆市民政局
地址：大庆市
……Tel:6295010

大庆市地方税务局
地址：大庆市
……Tel:6394724

大庆市应急管理局
地址：大庆市
……Tel:6387656

大庆市机关事务管理局
地址：大庆市
……Tel:6378676

大庆市体育局
地址：萨尔图区萨尔图街道东风路3号
……Tel:6366617

大庆市财政支付局
地址：萨尔图区纬二路81号
……Tel:6375123

大庆市财政局
地址：萨尔图区政东街8号
……Tel:6363625

大庆市国土资源局
地址：大庆市
……Tel:6295097

大庆市审计局
地址：大庆市
……Tel:6363780

大庆市现代服务业发展局
地址：大庆市
……Tel:8100165

大庆市物价局
地址：大庆市
……Tel:6383942

大庆市建设局
地址：大庆市
……Tel:6293626

大庆市房产管理局
地址：大庆市
……Tel:6293580

大庆市环境保护局
地址：大庆市
……Tel:6281990

大庆市统计局
地址：东风路19号
……Tel:6363773

大庆市城市规划局
地址：大庆市
……Tel:6293416

大庆市城市管理行政执法局
地址：大庆市
……Tel:4688501

大庆市科学技术局
地址：大庆市
……Tel:6398051

大庆市食品药品监督管理局
地址：龙凤区龙兴路406号
……Tel:8291728

大庆市信息产业局
地址：大庆市
……Tel:6396177

大庆市畜牧兽医局
地址：萨尔图区东风新村育才路26号
……Tel:6396861

大庆市档案局
地址：龙凤区开发区发展路71号
……Tel:8364580

大庆市文化和文化和旅游局
地址：大庆市
……Tel:6377330

大庆市商务局
地址：大庆市
……Tel:6363184

大庆市教育局
地址：大庆市
……Tel:6100179

大庆市粮食局
地址：大庆市
……Tel:6316018

中华人民共和国大庆海关
地址：大庆市
……Tel:6392350

黑龙江省大庆公路路政管理处
地址：大庆市
……Tel:6349608

人民政协和民主党派

人民政协

中国人民政治协商会议大庆市委员会
地址：大庆市
……Tel:6376808

伊春市（0458）

人民政府

伊春市人民政府
地址：伊美区兴安街3号
……Tel:3878412

伊春市人力资源和社会保障局
地址：伊美区迎宾路5号
……Tel:3878528

伊春市卫生局
地址：伊美区普新小区3号楼
……Tel:3902184

伊春市市场监督管理局
地址：伊美区迎宾路30号
……Tel:3366058

伊春市水务局
地址：伊美区新兴西大街36号
……Tel:3602258

伊春市公用事业管理局（园林局）
地址：伊美区通河路88号
……Tel:3602423

伊春市木材经销局
地址：伊春市
……Tel:3878623

伊春市民政局
地址：伊春市
……Tel:3603946

国家税务总局伊春市税务局
地址：伊美区新兴中大街16号
……Tel:3645863

伊春市应急管理局
地址：伊春市
……Tel:3878907

伊春市人力资源和社会保障局
地址：伊美区迎宾路5号
…………Tel:3804010
伊春市社会保险事业管理局
地址：伊春市
…………Tel:3386005
伊春市体育局
地址：伊春市
…………Tel:3602427
伊春市财政局
地址：伊春市
…………Tel:3602396
伊春市国土资源局
地址：伊春市
…………Tel:3906915
伊春市审计局
地址：伊春市
…………Tel:3602150
伊春市林产工业局
地址：伊春市
…………Tel:3878637
伊春市物价局
地址：伊春市
…………Tel:3603311
伊春市建设局
地址：伊春市
…………Tel:3604372
伊春市质量技术监督局
地址：伊春市
…………Tel:3772000
伊春市环境保护局
地址：伊春市
…………Tel:3647695
伊春市城乡规划局
地址：伊春市
…………Tel:3969709
伊春市统计局
地址：伊春市
…………Tel:3878828
伊春市城市管理行政执法局
地址：伊春市
…………Tel:3878357
伊春市科学技术局
地址：伊春市
…………Tel:3607430
伊春市信息产业局
地址：伊春市
…………Tel:3878638
伊春市档案馆
地址：伊美区新兴西大街65号
…………Tel:3765180
伊春市资源林政局
地址：伊春市
…………Tel:3366801
伊春市教育局
地址：伊春市
…………Tel:3878465
伊春市粮食局
地址：伊春市
…………Tel:3603616
伊春林业管理局营林局
地址：伊美区新兴中大街183号
…………Tel:3878728
伊春市发展和改革委员会
地址：伊春市
…………Tel:3878739
伊春市经济委员会
地址：伊春市
…………Tel:3878223
伊春市旅游委员会
地址：伊春市
…………Tel:3878933

人民政协和民主党派
人民政协
中国人民政治协商会议伊春市委员会
地址：伊春市
…………Tel:3603342

社会团体
工会
伊春市总工会
地址：伊春市
…………Tel:3606062

共青团 青联 学联
中国共产主义青年团伊春市委员会
地址：伊春市
…………Tel:3879805

妇联
伊春市妇女联合会
地址：伊春市
…………Tel:3879689

工商联
伊春市工商业联合会
地址：伊美区新兴中大街183号
…………Tel:3879972

佳木斯市（0454）
人民政府
佳木斯市人民政府
地址：长安西路816号
…………Tel:8682560
佳木斯市人力资源和社会保障局
地址：长安西路816号
…………Tel:8245231
佳木斯市卫生局
地址：长安路2666号
…………Tel:8226703
佳木斯市市场监督管理局
地址：学院街1号市机关中心11号楼
…………Tel:8605300
佳木斯市不动产登记管理局
地址：佳木斯市
…………Tel:8608530
佳木斯市气象局
地址：佳木斯市
…………Tel:8597191
佳木斯市民政局
地址：佳木斯市
…………Tel:8511800
国家税务总局佳木斯市税务局
地址：向阳区杏林路407号
…………Tel:8665009
佳木斯市应急管理局
地址：佳木斯市
…………Tel:8225866
佳木斯市机关事务管理局
地址：佳木斯市
…………Tel:8511001
佳木斯市交通局
地址：佳木斯市
…………Tel:8633933
佳木斯市体育局
地址：佳木斯市
…………Tel:8787061
佳木斯市财政局
地址：佳木斯市
…………Tel:8226432
佳木斯市国土资源局
地址：佳木斯市
…………Tel:8246331
佳木斯市审计局
地址：向阳区杏林路
…………Tel:8635162
佳木斯市招生考试委员会
地址：佳木斯市
…………Tel:8635667
佳木斯市林业和草原局
地址：前进区育林街120号
…………Tel:8787218
佳木斯市房产局
地址：佳木斯市
…………Tel:8637100
佳木斯市规划局
地址：佳木斯市
…………Tel:7672011
佳木斯市物价监督管理局
地址：佳木斯市
…………Tel:8224092
佳木斯市市场监督管理局
地址：佳木斯市
…………Tel:8226697
佳木斯市环境保护局
地址：佳木斯市
…………Tel:7603012
佳木斯市城乡建设局
地址：佳木斯市
…………Tel:8289017
佳木斯市统计局
地址：佳木斯市
…………Tel:8222613
佳木斯市科学技术局
地址：佳木斯市
…………Tel:8550308
佳木斯市档案局
地址：长安西路818号
…………Tel:8246051
佳木斯市文化和文化和旅游局
地址：佳木斯市
…………Tel:8222769
佳木斯市商务局
地址：佳木斯市
…………Tel:8223977
佳木斯市教育局
地址：佳木斯市
…………Tel:8615770
佳木斯市粮食局
地址：佳木斯市
…………Tel:8225737
佳木斯市人口和计划生育委员会
地址：佳木斯市
…………Tel:8222024
佳木斯市工业和信息化委员会
地址：佳木斯市
…………Tel:8222315
佳木斯市口岸管理委员会
地址：佳木斯市
…………Tel:8698563
佳木斯市发展和改革委员会
地址：佳木斯市
…………Tel:8225662
佳木斯市农业委员会
地址：佳木斯市
…………Tel:8222439
佳木斯市绿化委员会
地址：佳木斯市
…………Tel:8807010
佳本斯高新技术产业开发区管理委员会
地址：佳木斯市
…………Tel:8366908

人民政协和民主党派
人民政协
中国人民政治协商会议佳木斯市委员会
地址：佳木斯市
…………Tel:8223938

社会团体
工会
佳木斯市总工会
地址：佳木斯市
…………Tel:8224237

共青团 青联 学联
中国共产主义青年团佳木斯市委员会
地址：佳木斯市
…………Tel:8224320

妇联
佳木斯市妇女联合会
地址：佳木斯市
…………Tel:8225072

七台河市（0464）
中国共产党七台河市委员会
地址：大同街45
…………Tel:8261130

国家机构
人大常委会
七台河市人民代表大会常务委员会
地址：大同街47号
…………Tel:8293611

人民政府
七台河市人民政府
地址：桃山区大同街45号
…………Tel:8263249
七台河市卫生局
地址：桃山区景丰路12号
…………Tel:8669010
七台河市市场监督管理局
地址：桃山区大同街22号
…………Tel:8263683
七台河市民政局
地址：七台河市
…………Tel:8293318
七台河市民族宗教事务局
地址：七台河市
…………Tel:8261346
七台河市地方税务局
地址：七台河市
…………Tel:8298408
七台河市劳动和社会保障局
地址：七台河市
…………Tel:8682406
七台河市社会保险事业管理局
地址：七台河市
…………Tel:8682506
七台河市体育局
地址：七台河市
…………Tel:8690710
七台河市财政局
地址：七台河市
…………Tel:8688101
七台河市审计局
地址：七台河市
…………Tel:8258108
七台河市招生办
地址：七台河市
…………Tel:8260368
七台河市物价局
地址：七台河市
…………Tel:8399008
国家税务总局七台河市税务局
地址：七台河市桃山区学府街1号
…………Tel:8291802
七台河市质量技术监督局
地址：桃山区大同街92号
…………Tel:8662320
七台河市环境保护局
地址：七台河市
…………Tel:8255608
七台河市统计局
地址：七台河市
…………Tel:8262557
七台河市科学技术与信息产业局
地址：七台河市
…………Tel:8292722
七台河市食品药品监督管理局
地址：七台河市
…………Tel:8285198
七台河市档案局
地址：七台河市
…………Tel:8277130
七台河市文化和文化和旅游局
地址：七台河市
…………Tel:8292218
七台河市商务局
地址：七台河市
…………Tel:8293101
七台河市教育局
地址：七台河市
…………Tel:8261354
七台河市就业局
地址：桃山区学府街165号
…………Tel:8682441

人民政协和民主党派
人民政协
中国人民政治协商会议七台河市委员会
地址：七台河市
…………Tel:8262603

牡丹江市（0453）
人民政府
牡丹江市人民政府
地址：东安区卧龙街12号
…………Tel:6171622
牡丹江市人力资源和社会保障局
地址：江南卧龙街1号
…………Tel:6171678
牡丹江市卫生局
地址：卧龙街率宾路交汇
…………Tel:6171117
牡丹江市市场监督管理局
地址：东安区八面通街99号
…………Tel:8229318
牡丹江市民政局
地址：牡丹江市
…………Tel:6278866
牡丹江市民族宗教事务局
地址：牡丹江市
…………Tel:6171743
牡丹江市地方税务局
地址：七星街43号
…………Tel:6993016
牡丹江市地震局
地址：牡丹江市
…………Tel:6956951
牡丹江市劳动和社会保障局
地址：牡丹江市
…………Tel:6277300
牡丹江市财政局
地址：牡丹江市
…………Tel:6229548
牡丹江市审计局
地址：牡丹江市
…………Tel:8225330
牡丹江市建设局
地址：牡丹江市
…………Tel:6171223
牡丹江市规划局
地址：牡丹江市
…………Tel:6928121
牡丹江市国家税务局
地址：牡丹江市
…………Tel:6290197
牡丹江市供销合作社联合社
地址：牡丹江市
…………Tel:6921185
牡丹江市统计局
地址：牡丹江市
…………Tel:6560789
牡丹江市科学技术协会
地址：西安区西小太平路
…………Tel:6171763
牡丹江市市场监督管理局
地址：东安区八面通街99号
…………Tel:8980010
牡丹江市畜牧局
地址：牡丹江市
…………Tel:6826512
牡丹江市档案局
地址：牡丹江市
…………Tel:6171098
牡丹江市教育局
地址：牡丹江市
…………Tel:6171787
牡丹江市就业局
地址：东安区江南卧龙街1号
…………Tel:6672061
牡丹江市人口和计划生育委员会
地址：牡丹江市
…………Tel:6171448
牡丹江市工业和信息化委员会
地址：牡丹江市
…………Tel:6171866
牡丹江市发展和改革委员会
地址：牡丹江市
…………Tel:6171277
牡丹江市农业委员会
地址：牡丹江市
…………Tel:6171495
牡丹江市老龄工作委员会办公室
地址：牡丹江市
…………Tel:6171712
牡丹江市住房公积金管理中心
地址：牡丹江市
…………Tel:6954933

人民政协和民主党派
民主党派
九三学社牡丹江市委员会
地址：牡丹江市
…………Tel:6171143

中国民主同盟牡丹江市委员会
地址：牡丹江市
……Tel:6171083

社会团体
共青团、青联、学联

中国共产主义青年团牡丹江市委员会
地址：牡丹江市
……Tel:6171780

妇联

牡丹江市妇女联合会
地址：东安区卧龙街率宾路交汇
……Tel:6171221

侨联

牡丹江市归国华侨联合会
地址：牡丹江市
……Tel:6171089

牡丹江市台湾同胞联谊会
地址：牡丹江市
……Tel:6916590

文联

牡丹江市文学艺术界联合会
地址：牡丹江市
……Tel:6171840

牡丹江市社会科学界联合会
地址：牡丹江市
……Tel:6171701

残联

牡丹江市科学技术协会
地址：牡丹江市
……Tel:6221848

红十字会

牡丹江红十字会
地址：牡丹江市
……Tel:6987876

宗教组织

牡丹江市圆通讲寺
地址：牡丹江市
……Tel:6583389

牡丹江市基督教三自爱国运动委员会
地址：牡丹江市
……Tel:8681244

牡丹江市基督教会天恩堂
地址：牡丹江市
……Tel:6581960

牡丹江清真寺民主管理委员会
地址：牡丹江市
……Tel:6229969

黑河市（0455）

人民政府

黑河市人民政府
地址：爱辉区通江路2号
……Tel:8223200

黑河市人力资源和社会保障局
地址：爱辉区通江路5号
……Tel:8260782

黑河市卫生局
地址：通江路2号
……Tel:8266719

黑河市市场监督管理局
地址：爱辉区海兰街173号
……Tel:8222752

黑河市水务局
地址：黑河市
……Tel:8206508

黑河市气象局
地址：爱辉区环城西路
……Tel:8278173

黑河市应急管理局
地址：黑河市
……Tel:6770887

黑河市地震局
地址：黑河市
……Tel:8227199

黑河市社会保险事业管理局
地址：黑河市
……Tel:8248207

黑河市财政局
地址：黑河市
……Tel:8224898

黑河市国土资源局
地址：黑河市
……Tel:8220682

黑河市审计局
地址：黑河市
……Tel:8223920

黑河市林业局
地址：黑河市
……Tel:8248608

黑河市物价局
地址：黑河市
……Tel:8281363

黑河市房产管理局
地址：黑河市
……Tel:8224776

国家税务总局黑河市税务局
地址：爱辉区电业街85号
……Tel:8278200

黑河市质量技术监督局
地址：黑河市
……Tel:8222205

黑河市统计局
地址：黑河市
……Tel:8228927

黑河市文化和旅游局
地址：爱辉区宏志街与通江路交叉口西80米
……Tel:8272322

黑河市商务局
地址：黑河市
……Tel:8223110

黑河市教育局
地址：黑河市
……Tel:8206614

黑河市发展和改革委员会
地址：黑河市
……Tel:8224034

黑河市接待办公室
地址：黑河市
……Tel:8231449

黑河市爱辉区人民政府
地址：黑河市
……Tel:8224367

黑河市爱辉区卫生局
地址：黑河市
……Tel:8225539

黑河市爱辉区气象局
地址：黑河市
……Tel:8285090

黑河市爱辉区财政局
地址：黑河市
……Tel:8296621

黑河市爱辉区物价局
地址：黑河市
……Tel:8296505

黑河市爱辉区国家税务局
地址：黑河市
……Tel:8276316

黑河市爱辉区教育局
地址：黑河市
……Tel:8248592

黑河边境经济合作区管理委员会
地址：爱辉区通江路82号
……Tel:8262339

社会团体
工会

黑河市总工会
地址：爱辉区海兰街138号
……Tel:8286140

工商联

黑河市工商业联合会
地址：黑河市
……Tel:8224135

妇联

黑河市妇女联合会
地址：黑河市
……Tel:8223318

驻在机构
中央驻在机构

中华人民共和国黑河出入境检验检疫局
地址：黑河市
……Tel:8291007

中华人民共和国黑河海关
地址：黑河市
……Tel:8221912

绥化市（0455）

国家机构
人民政府

绥化市人民政府
地址：北林区迎宾路2号
……Tel:8260769

绥化市人力资源和社会保障局
地址：北林区迎宾路2号
……Tel:8388775

绥化市卫生局
地址：迎宾路1号
……Tel:8388661

绥化市市场监督管理局
地址：北林区黄河北路320号
……Tel:8365958

绥化市气象局
地址：绥化市
……Tel:8388736

绥化市民政局
地址：绥化市
……Tel:8388280

绥化市应急管理局
地址：绥化市
……Tel:8388348

绥化市机关事业社会保险局
地址：绥化市
……Tel:8721619

绥化市机关事务管理局
地址：绥化市
……Tel:8388227

绥化市地震局
地址：绥化市
……Tel:8388712

绥化市体育局
地址：绥化市
……Tel:8388689

绥化市审计局
地址：北林区中兴西大街48号
……Tel:8312186

绥化市质量技术监督局
地址：北林区人和街6号
……Tel:8258978

绥化市环境保护局
地址：绥化市
……Tel:8388569

绥化市城乡规划局
地址：绥化市
……Tel:8388546

绥化市科学技术局
地址：绥化市
……Tel:8388624

绥化市档案局
地址：绥化市
……Tel:8388303

绥化市商务局
地址：绥化市
……Tel:8388523

绥化市工业和信息化委员会
地址：绥化市
……Tel:8388451

绥化市北林区民政局
地址：绥化市
……Tel:8782555

绥化市北林区应急管理局
地址：绥化市
……Tel:8771101

绥化市北林区物价局
地址：北林区中兴东大街177号
……Tel:8287770

绥化市北林区对外经济贸易局
地址：北林区祥和东路211号
……Tel:8315700

绥化市北林区统计局
地址：北林区人和街96号615室
……Tel:8315331

绥化市北林区食品监督管理局
地址：北二东路23号
……Tel:8720315

绥化市北林区档案局
地址：北林区人和街96号
……Tel:8315455

绥化市北林区教育局
地址：绥化市
……Tel:8225812

大兴安岭地区（0457）

国家机构
人民政府

大兴安岭地区人民政府
地址：大兴安岭地区
……Tel:2730606

大兴安岭地区市场监督管理局
地址：加格达奇区朝阳路1号
……Tel:2122466

大兴安岭地区气象局
地址：加格达奇区
……Tel:2731651

大兴安岭地区地方税务局
地址：加格达奇区
……Tel:2136867

大兴安岭地区行政公署卫生局
地址：加格达奇区
……Tel:2123231

大兴安岭地区行政公署水产局
地址：加格达奇区胜利路
……Tel:2133008

大兴安岭地区行政公署民政局
地址：加格达奇区人民路
……Tel:2123727

大兴安岭地区行政公署农业机械管理局
地址：加格达奇区
……Tel:2126018

大兴安岭地区行政公署应急管理局
地址：加格达奇区
……Tel:2123673

大兴安岭地区行政公署交通局
地址：加格达奇区
……Tel:2139637

大兴安岭地区行政公署劳动和社会保障局
地址：加格达奇区
……Tel:2756117

大兴安岭地区行政公署国土资源局
地址：加格达奇区
……Tel:2122391

大兴安岭地区行政公署审计局
地址：加格达奇区
……Tel:2125875

大兴安岭地区行政公署建设局
地址：加格达奇区
……Tel:2125033

大兴安岭地区行政公署房产管理处
地址：加格达奇区
……Tel:2711020

大兴安岭地区行政公署统计局
地址：加格达奇区
……Tel:2731154

大兴安岭地区行政公署科学技术与信息产业局
地址：加格达奇区
……Tel:2732000

大兴安岭地区行政公署畜牧局
地址：加格达奇区
……Tel:2123001

大兴安岭地区行政公署档案局
地址：加格达奇区
……Tel:2125878

大兴安岭地区行政公署文化和文化和旅游局
地址：加格达奇区
……Tel:2116905

大兴安岭地区行政公署商务局
地址：加格达奇区
……Tel:2730646

大兴安岭地区行政公署教育局
地址：加格达奇区
……Tel:2129718

大兴安岭地区行政公署营林局
地址：加格达奇区
……Tel:2731990

大兴安岭地区行政公署森林资源林政管理局
地址：加格达奇区
……Tel:2122802

大兴安岭地区社会保险事业管理局
地址：加格达奇区
……Tel:2713062

大兴安岭地区国家税务局
地址：加格达奇区
……Tel:2141228

大兴安岭地区供销合作社
地址：加格达奇区
……Tel:2123161

大兴安岭地区质量技术监督局
地址：加格达奇区
……Tel:2156768

大兴安岭地区食品药品监督管理局
地址：加格达奇区
……Tel:2121038

大兴安岭行政公署地震局
地址：加格达奇区
……Tel:2120503

大兴安岭物资总公司
地址：加格达奇区
……Tel:2125186

大兴安岭地区行政公署人口和计划生育委员会
地址：加格达奇区
……Tel:2123675

大兴安岭地区行政公署发展和改革委员会
地址：加格达奇区
……Tel:2730932

大兴安岭地区行政公署农业委员会
地址：加格达奇区
……Tel:2712726

黑龙江省无线电管理委员会办公室大兴安岭管理处
地址：加格达奇区
……Tel:2130005

大兴安岭地区行政公署外事侨务办公室
地址：加格达奇区
……Tel:2751772

大兴安岭地区行政公署防火办公室
地址：加格达奇区
……Tel:2712789

大兴安岭地区行政公署地方志编纂委员会
地址：加格达奇区
……Tel:2712082

加格达奇区人民政府
地址：加格达奇区
……Tel:2125285

加格达奇区人事局
地址：加格达奇区
……Tel:2123494

加格达奇区卫生局
地址：加格达奇区
……Tel:2125262

加格达奇区市场监督管理局
地址：加格达奇区
……Tel:2119611

加格达奇区水务局
地址：加格达奇区
……Tel:2166121

加格达奇区地方税务局
地址：加格达奇区
……Tel:2140500

加格达奇区交通局
地址：加格达奇区
……Tel:2115005

加格达奇区劳动和社会保障局
地址：加格达奇区
……Tel:2125719

加格达奇区房产局
地址：加格达奇区
……Tel:2183030

加格达奇区国家税务局
地址：加格达奇区
……Tel:2T41332

加格达奇区环境保护局

地址：加格达奇区
Tel:2126374
加格达奇区畜牧总站
地址：加格达奇区
Tel:2163495
加格达奇区档案局
地址：加格达奇区
Tel:2125249
加格达奇区教育局
地址：加格达奇区
Tel:2122981

人民政协和民主党派

人民政协

中国人民政治协商会议黑龙江大兴安岭地区工作委员会
地址：加格达奇区
Tel:2730812

江苏省

无锡市（0510）
中国共产党无锡市委员会
地址：滨湖区新金匮路
Tel:82749332
农村工作办公室
Tel:85015250
史志办公室
Tel:82733225
台湾事务办公室
Tel:82735261

国家机构

人大常委会

无锡市人民代表大会常务委员会
地址：无锡市
Tel:85036122
教科文卫工委
Tel:85017559
民宗侨工委
Tel:85020925
农经工委
Tel:85023515

人民政府

无锡市人民政府
地址：滨湖区新金匮路1号
Tel:82743133
信息处
Tel:82743137
无锡市人力资源开发培训中心
地址：无锡市广瑞路2号四楼
Tel:85727393
综合部
Tel:82918335
无锡市人力资源和社会保障局
地址：观山路199号
Tel:81009817
无锡市民政局
地址：滨湖区观山路199号
Tel:85038418
社会福利和社会事务处
Tel:85030080
社会救助管理中心
Tel:85018061
双拥办
Tel:85019981
无锡市人力资源和社会保障局
地址：观山路199号
Tel:85011673
举报电话
Tel:85011482
劳动仲裁咨询
Tel:82411222
无锡市财政局
地址：滨湖区观山路199号
Tel:82793163
财政投资评审中心
Tel:82797832
财政支付中心
Tel:82793159
基层财政管理局
Tel:82797877
预算审核中心
Tel:82791082
无锡市规划局
地址：滨湖区观山路199号
Tel:82729509
规划处
Tel:82715487
市政处
Tel:82713669
无锡市建设局
地址：观山路199号
Tel:81888008
无锡市学校卫生保健所
地址：梁溪区
Tel:82740531
主检室
Tel:82763057
无锡市科学技术局
地址：观山路199市民中心5号楼
Tel:81880868
知识产权部
Tel:82725712
无锡市教育局
地址：太湖新城观山路市民中心
Tel:81009807
无锡市发展和改革委员会
地址：观山路199号
Tel:82743500
服务业发展处
Tel:82706294
援建办
Tel:82743681
重大办
Tel:82743507
无锡市经济贸易委员会
地址：无锡市
Tel:82706735
服务业综合处
Tel:82749305
行政审批中心V81009805
综合管理处
Tel:85016601
无锡市人民政府拆迁管理办公室
地址：无锡市
Tel:85810437
项目管理科
Tel:85882616
协调裁决科
Tel:85882615
综合科
Tel:85868893
无锡市城市创建工作领导小组办公室
地址：无锡市
Tel:82709912
无锡市水利局
地址：无锡市
Tel:85044850
工程管理处
Tel:85044570
水利工程质量监督站
Tel:80109166
无锡市农林局
Tel:85017741
机械处农机推广站
Tel:85017946
无锡市劳动就业管理中心
地址：无锡市
Tel:85017468
办公室
Tel:85036792
失业保险科
Tel:85017792
无锡市国土资源局
地址：无锡市
Tel:82708652
地籍管理处
Tel:82709450
发证中心（咨询）
Tel:82753221
土地利用处
Tel:82716153
无锡市建设工程交易管理中心
地址：无锡市
Tel:82762374
无锡市建筑安装管理处
地址：无锡市
Tel:85803157
无锡市党员电化教育中心（两新办）
地址：无锡市
Tel:82722905
无锡市畜牧业兽医局
地址：无锡市
Tel:85036286
无锡市职工教育统筹经费征收办公室
地址：无锡市
Tel:85029201
江苏省水文水资源勘测局无锡分局
地址：无锡市
Tel:80109171
科技开发科
Tel:80109176
劳服企业与社会就业管理科
Tel:85017141
财务科
Tel:85013408

人民政协和民主党派

人民政协

中国人民政治协商会议江苏省无锡市委员会
地址：无锡市
Tel:82714851
城乡建设处
Tel:82730690
港澳台侨外事、民族宗教委员会
Tel:82713990
经济科技委员会
Tel:82706760
委员联络处
Tel:82706172
文教卫体委员会
Tel:82719390
宣传信息处
Tel:82721372

社会团体

基金会

无锡市社会保险基金管理中心
地址：无锡市
Tel:82761871
养老保险科
Tel:82755347
医疗保险科
Tel:82762201
征缴管理科
Tel:82762206

徐州市（0516）
中国共产党邳州市委员会
地址：邳州市长江路沙沟湖新区
Tel:86288500
徐州市老干部局
地址：云龙区昆仑大道1号
Tel:86221774
农村工作办公室
Tel:86288751
市直属机关工作委员会
地址：徐州市
Tel:86288709
统一战线工作部
地址：徐州市
Tel:86288706
组织部
地址：徐州市
Tel:86288770
中国共产党九里区委员会
地址：徐州市
Tel:85887935
档案局
地址：徐州市
Tel:85771546
农村工作办公室
地址：徐州市
Tel:85877025
中国共产党丰县委员会
地址：徐州市
Tel:89210300
组织部
地址：徐州市
Tel:89210367
中国共产党丰县委员会统一战线工作部
地址：徐州市
Tel:89222368
中国共产党沛县委员会
地址：徐州市
Tel:89632841
档案局
地址：徐州市
Tel:89633989
老干部局
地址：徐州市
Tel:89637876
农村工作办公室
地址：徐州市
Tel:89675820
组织部
地址：徐州市
Tel:89632707
中国共产党徐州市云龙区委员会
地址：徐州市
Tel:83664782
老干部局
地址：徐州市
Tel:85795681
台湾工作办公室
地址：徐州市
Tel:83664867
中国共产党徐州市委员会
地址：徐州市
Tel:83732500
老干部局
地址：徐州市
Tel:80800282
统一战线工作部
地址：徐州市
Tel:83850071
中国共产党贾汪区委员会
地址：徐州市
Tel:87715436
农村工作办公室
地址：徐州市
Tel:87714524
中国共产党铜山县委员会
地址：徐州市
Tel:83408110
党史办公室
地址：徐州市
Tel:83405162
档案局
地址：徐州市
Tel:83911579
老干部局
地址：徐州市
Tel:83840328
农村工作办公室
地址：徐州市
Tel:83405140
统一战线工作部
地址：徐州市
Tel:83405152
直属机关工作委员会
地址：徐州市
Tel:83405150
组织部
地址：徐州市
Tel:83405618
中国共产党睢宁县委员会
地址：睢宁县
Tel:88385396
老干部局
地址：徐州市
Tel:88395305
农村工作办公室
地址：徐州市
Tel:88333989
中国共产党新沂市委员会
地址：徐州市
Tel:88922842
老干部局
地址：徐州市
Tel:88922819
台湾工作办公室
地址：徐州市
Tel:88922125
统一战线工作部
地址：徐州市
Tel:88922118
中国共产党丰县大沙河镇委员会
地址：丰县果都路68号
Tel:89335008
中国共产党丰县王沟镇委员会
地址：丰县
Tel:8912001
中国共产党丰县华山镇委员会
地址：丰县
Tel:89301001
中国共产党丰县欢口镇委员会
地址：丰县
Tel:89531001
中国共产党丰县孙楼镇委员会
地址：丰县
Tel:89260000
中国共产党丰县师寨镇委员会
地址：丰县
Tel:89561944
中国共产党丰县范楼镇委员会
地址：丰县
Tel:89296502
中国共产党丰县赵庄镇委员会
地址：丰县
Tel:89161001
中国共产党丰县顺河镇委员会
地址：丰县
Tel:89181001
中国共产党丰县首羡镇委员会
地址：丰县
Tel:89522009
中国共产党丰县梁寨镇委员会
地址：丰县
Tel:89361001
中国共产党邳州市八路镇委员会
地址：邳州市
Tel:8601102
中国共产党邳州市车辐山镇委员会
地址：邳州市
Tel:8654102
中国共产党邳州市占城镇委员会
地址：邳州市
Tel:8602102
中国共产党邳州市议堂镇委员会
地址：邳州市
Tel:8659102
中国共产党邳州市邢楼镇委员会
地址：邳州市
Tel:86123102
中国共产党邳州市岔河镇委员会
地址：邳州市
Tel:86163268
中国共产党邳州市陈楼果园委员会
地址：邳州市
Tel:88415352
中国共产党邳州市宿羊镇委员会
地址：邳州市
Tel:8656102
中国共产党邳州市港上镇委员会
地址：邳州市
Tel:86451103
中国共产党沛县大屯镇委员会
地址：沛县
Tel:89941005
中国共产党沛县五段镇委员会
地址：沛县
Tel:89860366
中国共产党沛县龙固镇委员会
地址：沛县

Tel:89921028
中国共产党沛县沛城镇委员会
地址：沛县
Tel:89635592
中国共产党沛县河口镇委员会
地址：沛县
Tel:89755035
中国共产党沛县胡寨镇委员会
地址：沛县
Tel:89840838
中国共产党贾汪区大吴镇委员会
地址：贾汪区
Tel:87030210
中国共产党贾汪区汴塘镇委员会
地址：贾汪区
Tel:87105021
中国共产党贾汪区贾汪镇委员会
地址：贾汪区
Tel:87704030
中国共产党贾汪区紫庄镇委员会
地址：贾汪区
Tel:87346020
中国共产党铜山县大彭镇委员会
地址：铜山县
Tel:85155020
中国共产党铜山县刘集乡委员会
地址：铜山县
Tel:85095012
中国共产党铜山县张集镇委员会
地址：铜山县
Tel:83180013
中国共产党铜山县茅村镇委员会
地址：铜山县
Tel:87280387
中国共产党铜山县房村镇委员会
地址：铜山县
Tel:83070211
中国共产党铜山县棠张镇委员会统一战线工作部
地址：铜山县
Tel:83096856
中国共产党睢宁县王集镇委员会
地址：睢宁县
Tel:88111008
中国共产党睢宁县古邳镇委员会
地址：睢宁县
Tel:88441398
中国共产党睢宁县李集镇委员会
地址：睢宁县
Tel:88282447
中国共产党睢宁县梁集镇委员会
地址：睢宁县
Tel:88451012
中国共产党新沂市瓦窑镇委员会
地址：新沂市
Tel:8857158
中国共产党新沂市北沟镇委员会
地址：新沂市
Tel:8868708
中国共产党新沂市时集镇委员会
地址：新沂市
Tel:88891118
中国共产党新沂市草桥镇委员会
地址：新沂市
Tel:88521158
中国共产党新沂市唐店镇委员会
地址：新沂市
Tel:88781118
中国共产党新沂市高流镇委员会
地址：新沂市
Tel:88621158
中国共产党新沂市窑湾镇委员会
地址：新沂市
Tel:88551118
中国共产党新沂市新安镇委员会
地址：新沂市
Tel:88920651
中国共产党新沂市新店镇委员会
地址：新沂市
Tel:88751118
中国共产党鼓楼区委员会老干部局
地址：徐州市
Tel:87636112
安国镇党委办公室
地址：徐州市
Tel:89995417

国家机构
人大常委会

邳州市人民代表大会常务委员会
地址：徐州市
Tel:86288685
丰县人民代表大会常务委员会
地址：徐州市
Tel:89222570
沛县人民代表大会常务委员会
地址：徐州市
Tel:89632620
草桥镇人民代表大会委员会
地址：徐州市
Tel:88524520
徐州市九里区人民代表大会常务委员会
地址：徐州市
Tel:85771592
徐州市云龙区人民代表大会常务委员会
地址：徐州市
Tel:83864874
徐州市泉州区人民代表大会常务委员会
地址：徐州市
Tel:83861063
徐州市贾汪区人民代表大会常务委员会
地址：徐州市
Tel:87715604
徐州市鼓楼区人民代表大会常务委员会
地址：徐州市
Tel:87636218
睢宁县人民代表大会常务委员会
地址：徐州市
Tel:88388963

人民政府

徐州市人民政府
地址：徐州市
Tel:83724940
徐州市人民政府台湾事务办公室
地址：徐州市
Tel:83738257
徐州市人民政府行政服务中心
地址：徐州市
Tel:85806805
徐州市人民政府国有资产监督管理委员会
地址：徐州市
Tel:85806617
徐州市人民政府煤炭管理办公室
地址：徐州市
Tel:87731571
江苏省水文资源勘测局徐州分局
地址：徐州市
Tel:85791207
邳州市档案局
地址：徐州市
Tel:86222337
徐州市场监督管理局双生分局
地址：徐州市
Tel:83679892
徐州市场监督管理局经济开发区分局
地址：徐州市
Tel:87794053
纪查大队
Tel:87794057
监管科
Tel:87794052
综合科
Tel:87794056
徐州市场监督管理局城南经济技术开发区分局
地址：徐州市
Tel:83877238
徐州市人事局
地址：云龙区昆仑大道1号
Tel:83732450
徐州市卫生局
地址：云龙区汉风路1号
Tel:85583100
徐州市乡镇企业管理局
地址：徐州市
Tel:83861958
徐州市水利局
地址：徐州市
Tel:80802019
徐州市无线电管理局
地址：徐州市
Tel:83685000
徐州市气象局
地址：徐州市
Tel:85830140
徐州市对外贸易经济合作局
地址：徐州市
Tel:83825072
徐州市市级机关事务管理局
地址：徐州市
Tel:80800818
徐州市民政局
地址：徐州市
Tel:83686500
徐州市市容与城管行政执法局
地址：徐州市
Tel:85700331
徐州市地方海事局
地址：徐州市
Tel:85694901
徐州市地方税务局
地址：徐州市
51612366
审批中心
Tel:83613741
税务学会
Tel:83758240
征管处
Tel:83759675
徐州市地方税务局涉外税务分局
地址：徐州市
Tel:85801805
产权处
Tel:83670264
稽查局
Tel:85081633
稽核科
Tel:85801812
徐州市地方税务局第二税务分局
地址：徐州市
Tel:83739536
徐州市地方税务局第三税务分局
地址：徐州市
Tel:85795908
稽核科
Tel:85795738
检查科
Tel:85601493
徐州市农业机械管理局
地址：徐州市
Tel:85800783
办公室
Tel:85800795
农机安全监理所
Tel:85750542
农机技能鉴定站
Tel:85855789
农机推广站
Tel:85856871
农用航空站
Tel:85796072
徐州市农业农村局
地址：徐州市
Tel:85908596
徐州市企业调查局
地址：徐州市
Tel:83719324
徐州市农业资源开发局
地址：徐州市
Tel:85908338
徐州市应急管理局办公室
地址：徐州市
Tel:83739258
徐州市交通局
地址：徐州市
Tel:85692894
徐州市劳动和社会保障局
地址：徐州市
Tel:85805770
徐州市体育局
地址：徐州市
Tel:85826098
徐州市财政局
地址：徐州市
Tel:83732635
徐州市国土资源局
地址：徐州市
Tel:85803844
地籍处
Tel:85803833
耕保处
Tel:85803830
规划处
Tel:85803825
纪检处
Tel:85803817
矿管处
Tel:85803851
徐州市国土资源局经济开发区分局
地址：徐州市
Tel:87794903
徐州市审计局
地址：徐州市
Tel:83737388
徐州市物价局
地址：徐州市
Tel:83730459
徐州市建设局
地址：徐州市
Tel:83908018
城建处
Tel:83908028
房地产业处
Tel:83908266
招标办
Tel:83908899
徐州市规划局办公室
地址：徐州市
Tel:85735676
法规处
Tel:85732419
用地处
Tel:85737961
综合处
Tel:85586127
徐州市林牧渔业局
Tel:85807569
地址：徐州市
徐州市国家税务局
地址：徐州市
Tel:85708180
办公室
Tel:85709177
国际税务处
Tel:85709360
进出口处
Tel:85709176
徐州市质量技术监督局
地址：徐州市
Tel:85694003
徐州市质量技术监督局城区分局
地址：徐州市
Tel:87986001
徐州市统计局
地址：徐州市
Tel:83736751
徐州市科学技术局
地址：徐州市
Tel:83842236
徐州市食品药品监督管理局
地址：徐州市
Tel:83739281
徐州市档案局
地址：徐州市
Tel:83735588
保护技术处
Tel:83710876
监督指导处
Tel:83732586
徐州市文化和旅游局
地址：云龙区昆仑大道1号
Tel:83727991
徐州市商贸局
地址：徐州市
Tel:83722746
徐州市南水北调办公室
地址：徐州市
Tel:85657363
徐州市政府采购中心
地址：徐州市
Tel:85747257
徐州市接待办公室
地址：徐州市
Tel:83735574
徐州市文化市场管理处
稽查队
Tel:83682166
举报电话
Tel:83682077
徐州市发展和改革委员会
地址：徐州市
Tel:83726452
徐州市农村能源建设办公室
地址：徐州市
Tel:85908239
徐州市动物疫病预防控制中心徐州市畜牧兽医站
地址：徐州市
Tel:85755510
徐州市机构编制委员会办公室
地址：徐州市
Tel:83733059
徐州市社会保险基金管理中心
地址：徐州市
Tel:85805705
徐州市住房公积金管理中心
地址：徐州市
Tel:85706043
办公室
Tel:85707639
徐州市经济贸易委员会
地址：徐州市
Tel:83733285

宿迁市（0527）

中国共产党宿迁市委市级机关工作委员会
地址：南湖路1号
Tel:84368512
中国共产党宿迁市宿豫区委老干部局
地址：宿豫区
Tel:84465098
中国共产党宿豫区委农村工作办公室
地址：宿豫区
Tel:88202186
中国宿迁市宿豫区委办公室
地址：宿豫区
Tel:84465026

国家机构
人大常委会

宿豫区人民代表大会常务委员会
地址：宿豫区
Tel:84465011

人民政府

宿迁市人民政府
地址：宿城区南湖路1号
Tel:84368100
市党史工作办公室
地址：宿迁市
Tel:84368326
市委办公机要局
地址：宿迁市
Tel:84368438
市委员会秘书处
地址：宿迁市

…………………… Tel:84368460
宿迁市卫生局
地址：宿城区人民大道8号
…………………… Tel:84389300
宿迁市农业资源开发局
地址：宿迁市
…………………… Tel:84363258
宿迁市财政局
地址：宿城区人民大道2号
…………………… Tel:84368083
国家税务总局宿迁市税务局
地址：宿城区发展大道2609号
…………………… Tel:84387528
开发区分局
…………………… Tel:88859669
征收大厅
…………………… Tel:84387653
宿迁市畜牧局
地址：宿迁市
…………………… Tel:84375336
宿迁市文化和旅游局
地址：宿迁市
…………………… Tel:84338600
宿迁市港口管理局
地址：宿迁市
…………………… Tel:84381119
江苏苏州宿迁工业园区管理委员会
地址：宿迁市
…………………… Tel:82868505
财政局
地址：宿迁市
…………………… Tel:82868318
规划建设局
地址：宿迁市
…………………… Tel:82868307
国土房产局
地址：宿城区管委会3楼
…………………… Tel:82868310
生态环境局
地址：宿迁市
…………………… Tel:82868311
劳动保障和社会事业局
地址：宿迁市
…………………… Tel:82868412
招商与经济发展局
地址：宿迁市
…………………… Tel:82868407
江苏宿迁经济开发区管理委员会
地址：宿迁市
…………………… Tel:88859000
财政审计局
地址：宿迁市
…………………… Tel:88859888
城管大队
地址：宿迁市
…………………… Tel:88859726
地税分局
地址：宿迁市
…………………… Tel:88859679
工商分局
地址：宿迁市
…………………… Tel:88859700
规划局
地址：宿迁市
…………………… Tel:88859722
国税局
地址：宿迁市
…………………… Tel:88859699
国土分局
地址：宿迁市
…………………… Tel:88859708
建设局
地址：宿迁市
…………………… Tel:88859818
消防大队
地址：宿迁市
…………………… Tel:84354677
宿迁市发展和改革委员会
地址：宿城区太湖路181号2-3层
…………………… Tel:84338500
对外贸易经济合作局
地址：宿迁市
…………………… Tel:84338537
宿迁市经济贸易委员会
地址：宿迁市
…………………… Tel:84338530
宿迁市湖滨新城开发区管理委员会
地址：宿迁市
…………………… Tel:84837888
安监局
地址：宿迁市
…………………… Tel:84836969
财政审计局
地址：宿迁市
…………………… Tel:84837866
城管分局
地址：宿迁市
…………………… Tel:84837817
地税分局
地址：宿迁市
…………………… Tel:84837831
工商分局
地址：宿迁市
…………………… Tel:84832213
规划分局
地址：宿迁市
…………………… Tel:84837819
国土分局
地址：宿迁市
…………………… Tel:84834007
环保分局
地址：宿迁市
…………………… Tel:84839688
建设局
地址：宿迁市
…………………… Tel:84837730
经济发展局
地址：宿迁市
…………………… Tel:84837822
社会事业局
地址：宿迁市
…………………… Tel:84830666
园林环卫局
地址：宿迁市
…………………… Tel:84837837
国家统计局宿迁调查队
地址：宿迁市
…………………… Tel:84395921
骆马湖示范区办公室
地址：宿迁市
…………………… Tel:84837826
淮安出入境检验检疫局宿迁办事厅
地址：宿迁市
…………………… Tel:84355159
宿迁市水上交通行政服务中心
地址：宿迁市
…………………… Tel:84251078
宿迁市水产局
地址：宿迁市
…………………… Tel:84338570
宿迁市公路管理处
地址：宿迁市
…………………… Tel:84355229
宿迁市打假领导小组办公室
地址：宿迁市
…………………… Tel:84338661
宿迁市农业机械管理局
地址：宿迁市
…………………… Tel:84357507
宿迁市创业指导服务中心
地址：宿迁市
…………………… Tel:84392111
宿迁市农林局
地址：宿迁市
…………………… Tel:84374089
宿迁市行政服务中心
地址：宿迁市
…………………… Tel:84359391
宿迁市行政服务中心（市城市管理局）
地址：宿迁市
…………………… Tel:84387091
宿迁市交通局
地址：宿迁市
…………………… Tel:84355003
港口局
…………………… Tel:84381105
检查分局
…………………… Tel:84366853
认证中心
…………………… Tel:84366892
运管处
…………………… Tel:84355133
质量监督站
…………………… Tel:84355162
宿迁市医疗保险处
地址：宿迁市
…………………… Tel:84359023
宿迁市体育局
地址：宿迁市
…………………… Tel:84353067
宿迁市运输管理处
地址：宿迁市
…………………… Tel:88105560
交通服务中心
地址：宿迁市
…………………… Tel:84355018
宿迁市国土资源局宿城分局
地址：宿迁市
…………………… Tel:84381185
宿迁市林业局
地址：宿迁市
…………………… Tel:84389201
宿迁市规划局
地址：宿迁市
…………………… Tel:84387200
市机关事务管理局
地址：宿迁市
…………………… Tel:84368129
宿迁市质检所
地址：宿迁市
…………………… Tel:84358630
宿迁市环境保护局
地址：宿迁市
…………………… Tel:84338620
宿迁市城市管理行政执法大队
地址：宿迁市
…………………… Tel:84366063
宿迁市盐务管理局
地址：宿迁市
…………………… Tel:84357449
宿迁市航道维护队
地址：宿迁市
…………………… Tel:84251502
宿迁市宿城地方海事处
地址：宿迁市
…………………… Tel:84218068
宿迁国家粮食储备库
地址：宿迁市
…………………… Tel:84273001
骆马湖水利管理局
地址：宿城区富康大道350号
…………………… Tel:84318651
防汛办公室
地址：宿迁市
…………………… Tel:84318601
宿迁市宿豫区人民政府办公室行政服务中心
地址：宿迁市
…………………… Tel:84480011
应急办
…………………… Tel:84465135
宿豫区丁嘴镇人民政府
地址：宿迁市
…………………… Tel:84790003
宿豫区大兴镇人民政府
地址：宿迁市
…………………… Tel:84733633
财政所
…………………… Tel:84732004
计生办
…………………… Tel:84732599
劳保所
…………………… Tel:84734699
招商办
…………………… Tel:84731022
宿豫区关庙镇人民政府
地址：宿豫区
…………………… Tel:84720007
宿豫区陆集镇人民政府
地址：宿豫区
…………………… Tel:84752001
财政所
…………………… Tel:84752005
党政办
…………………… Tel:84752037
宿豫区新庄镇人民政府
地址：宿豫区
…………………… Tel:84878006
湖滨新城开发区晓店镇人民政府
地址：宿豫区
…………………… Tel:84830088
永阳社区人力资源和社会保障服务站
地址：饮马堤路16号
…………………… Tel:84210970
江苏宿豫经济开发区管委会
地址：宿豫区
…………………… Tel:84498042
财政分局
地址：宿豫区
…………………… Tel:84498006
党政办公室
地址：宿豫区
…………………… Tel:84498015
规划建设局
地址：宿豫区
…………………… Tel:84498031
经济发展局
地址：宿豫区
…………………… Tel:84498015
社会事业管理局
地址：宿豫区
…………………… Tel:84450201
综合服务局
地址：宿豫区
…………………… Tel:84498011
机械化学校
地址：宿豫区
…………………… Tel:84253028
幸福街道计划生育服务站
地址：宿城区
…………………… Tel:84210231
城东社区劳动保障工作站
地址：宿城区
…………………… Tel:84212415
项里街道办事处
…………………… Tel:84241590
宿迁市国土资源局宿豫分局
地址：宿城区黄河南路229号
…………………… Tel:84465106
宿迁市国土资源局宿豫分局丁嘴国土资源所
地址：宿豫区
…………………… Tel:84791886
宿迁市宿城区古城街道办事处劳动保障事务所
地址：宿城区
…………………… Tel:84392004
宿城区河滨街道办窑社区军民委员会
地址：宿城区
…………………… Tel:84245300
宿豫市场监督管理局皂河分局
地址：宿豫区
…………………… Tel:84511041
宿豫区人民防空办公室
地址：宿豫区
…………………… Tel:84332529
宿豫区市场监督管理局
地址：宿豫区
…………………… Tel:84456343
宿豫区水务局
地址：宿豫区
…………………… Tel:84465568
防办
…………………… Tel:84465572
宿豫区水产局
地址：宿豫区
…………………… Tel:88202129
宿豫区发展和改革局
地址：宿豫区
…………………… Tel:88202017
宿豫区产业规划投资服务中心
地址：珠江路1030号
…………………… Tel:88202016
宿豫区地方海事处
地址：宿豫区
…………………… Tel:84222330
宿豫区地方税务局第五分局
地址：宿豫区
…………………… Tel:84860098
宿豫区农业机械管理局
地址：宿豫区
…………………… Tel:84459133
宿豫区农业技术推广中心（农产品检测中心）
地址：宿豫区
…………………… Tel:84459602
宿豫区应急管理局
地址：宿豫区
…………………… Tel:84456676
宿豫区农林局
地址：宿豫区
…………………… Tel:84459563
宿豫区交通运输管理所
地址：宿泗线顺河客运站北侧
…………………… Tel:84460108
宿豫区安检局
地址：宿豫区
…………………… Tel:84456770
宿豫区来龙粮库
地址：宿豫区
…………………… Tel:84860128
宿豫区劳动局
地址：宿豫区
…………………… Tel:84485210
宿豫区劳动就业管理处
地址：宿豫区
…………………… Tel:84490398
宿豫区扶贫工作领导小组办公室
地址：宿豫区
…………………… Tel:84490770
宿豫区扶贫办
地址：宿豫区
…………………… Tel:88202169
宿豫区扶贫开发协会
地址：宿豫区
…………………… Tel:84239029
宿豫区运管所
地址：宿豫区
…………………… Tel:84460701
宿豫区国土分局大兴国土资源所
地址：宿豫区
…………………… Tel:84732797
宿豫区招生（自考）办
地址：宿豫区
…………………… Tel:84492715
考务办
地址：宿豫区
…………………… Tel:84492717
宿豫区建设局
地址：宿豫区
…………………… Tel:84465270
宿豫区物价局
地址：宿豫区
…………………… Tel:84465367
认证中心
…………………… Tel:88202378
宿豫区经济贸易局
地址：宿豫区
…………………… Tel:84465259
工业科
…………………… Tel:84465230
商贸科
…………………… Tel:84468060
乡企科

……Tel:84468133

宿豫区国家税务局
地址：宿豫区
……Tel:84465183

宿豫区国家税务局第五分局
地址：宿豫区
……Tel:84732375

宿豫区招商局
地址：宿豫区
……Tel:84498012

国家税务总局宿迁市宿豫区税务局
地址：宿豫区项王东路11号
……Tel:84465172

宿豫区质量技术监督局
地址：宿豫区
……Tel:88202668

标准计量科
……Tel:88202653

稽查大队
……Tel:88202663

质量食品科
……Tel:88202665

宿豫区环境保护局
地址：宿豫区
……Tel:84465261

宿豫区科学技术学协会
地址：宿豫区
……Tel:88202136

办公室
……Tel:88202137

宿豫区药监局
地址：宿豫区
……Tel:84468819

宿豫区教育局
地址：宿豫区
……Tel:84492600

宿豫劳动就业处
……Tel:84284005

宿豫县劳动就业管理处
……Tel:84456590

保安乡人民政府
地址：宿豫区人民路44
……Tel:84891149

蔡集国土资源中心所
地址：宿城区幸福小区1幢西北方向30米
……Tel:84559189

蔡集镇政府
地址：宿城区
……Tel:84553663

蔡集镇财政所
地址：宿城区
……Tel:84552006

计生办
地址：宿城区
……Tel:84550899

招商办
地址：宿城区
……Tel:84552159

人民政协和民主党派

人民政协

中国人民政治协商会议宿迁委员会
地址：宿迁市
……Tel:84368529

民主党派

中国民主同盟宿迁市委员会
地址：宿迁市
……Tel:84390121

宿城区古城街道办府前社区委员会
地址：宿迁市
……Tel:84130213

社会团体

工会

宿迁市总工会
地址：宿迁市
……Tel:84389456

共青团、青联、学联

中国共产主义青年团宿迁市委员会
地址：宿迁市
……Tel:84358354

工商联

宿迁市工商业联合会
地址：宿迁市
……Tel:84311820

经济联合处
地址：宿迁市
……Tel:84311850

宿迁市见义勇为基金会
地址：宿迁市
……Tel:84357500

宿迁市友好企业家协会
地址：宿迁市
……Tel:84839802

宿迁市苏洲商会
地址：宿迁市
……Tel:84387318

宿迁市招标投标造价协会
地址：宿迁市
……Tel:84387273

宿迁市银行业协会
地址：宿迁市
……Tel:84313216

宿迁市宿城区老科技工作委员会
地址：宿迁市
……Tel:84350015

宗教组织

宿迁市民族宗教局
地址：宿迁市
……Tel:84368849

宿迁市民族宗教事务局
地址：宿迁市
……Tel:84368851

扬州市（0514）

中国共产党中共扬州市委统一战线工作部
地址：扬州市
……Tel:83441401

中共扬州市委党史办公室
地址：扬州市
……Tel:83441515

中共扬州市委台湾工作办公室
地址：扬州市
……Tel:87864485

交流处
……Tel:87864763

台商服务处
……Tel:87780785

中共扬州市委农村工作办公室
地址：广陵区文昌中路460号
……Tel:87389796

农村发展与区划处
……Tel:87318408

农村经营管理处
……Tel:87318458

农民负担监督管理处
……Tel:87342617

农民经营管理站
……Tel:87384992

中共扬州市委党史办公室
地址：扬州市
……Tel:87956993

中共江都市委台湾工作办公室
地址：扬州市
……Tel:86553541

中共高邮市委市级机关工作委员会
地址：扬州市
……Tel:84815608

中国共产党扬州市委市级机关工作委员会
地址：扬州市
……Tel:83441040

中国共产党扬州市委台湾工作办公室
地址：扬州市
……Tel:83441820

中国共产党扬州市委老干部局
地址：扬州市
……Tel:83441886

中国共产党扬州市委农村工作办公室
地址：扬州市
……Tel:88433341

中国共产党扬州市委组织部
地址：扬州市
……Tel:83441220

中国共产党扬州委员会
地址：扬州市
……Tel:83441215

市廉政建设领导小组办公室
地址：扬州市
……Tel:87869696

中国共产党扬州市委员会
地址：扬州市
……Tel:87876363

市委组织部
地址：扬州市
……Tel:87866300

中国共产党扬州市委统一战线工作部
地址：扬州市
……Tel:87342811

党派处
……Tel:87347215

干部处
……Tel:87347441

中国联络处
……Tel:87930326

中国共产党扬州市江都区委老干部局
地址：江都区工农路33号
……Tel:86553329

中国共产党江都区委员会
地址：江都区
……Tel:86553326

中国共产党江都区统战部
地址：江都区
……Tel:86550610

市级机关工作委员会
地址：扬州市
……Tel:86552395

中国共产党高邮市委老干部局
地址：高邮市熙和巷68号
……Tel:84642867

中国共产党高邮市委农村工作办公室
地址：高邮市
……Tel:84688333

中国共产党高邮市委员会
地址：高邮市
……Tel:84612881

中国共产党高邮市委统战部
地址：高邮市
……Tel:84615552

中国共产党高邮政委宣传部
地址：高邮市
……Tel:84886302

中共扬州市邗江区委台湾工作办公室
地址：邗江区
……Tel:87862316

中共扬州市邗江区委老干部局
地址：邗江区
……Tel:87342116

中共扬州市邗江区委组织部
地址：邗江区
……Tel:87862179

中共扬州市邗江区委统一战线工作部
地址：邗江区
……Tel:87862159

扬州市民族宗教事务局
地址：广陵区文昌中路460号
……Tel:87863089

中共扬州市委新城西区工作委员会
地址：扬州市
……Tel:87698011

规划建设处
……Tel:87698012

社会事业处
……Tel:87898018

中共扬州市维扬区区委区级机关工作委员会
地址：维扬区
……Tel:87636200

中共扬州市维扬区委员会统一战线工作部
地址：维扬区
……Tel:87636148

中共宝应县委机要保密局
地址：宝应县
……Tel:88281085

中共维扬区委党史办公室
地址：维扬区
……Tel:87638551

中国共产党邗江区委区级机关工作委员会
地址：扬州市
……Tel:87862244

中国共产党扬州市广陵区委员会
地址：扬州市
……Tel:87342007

中国共产党扬州市邗江区委员会
地址：扬州市
……Tel:87862143

中国共产党扬州市维扬区委员会
地址：扬州市
……Tel:87636120

中国共产党宝应县委
地址：宝应县
……Tel:88222070

统战部
地址：扬州市
……Tel:88282784

中国共产党宝应县委办公室
地址：扬州市
……Tel:88280067

中国共产党宝应县委老干部局
地址：扬州市
……Tel:88222340

中国共产党宝应县委农村工作办公室
地址：扬州市
……Tel:88284219

中国共产党宝应县委县级机关工作委员会
地址：扬州市
……Tel:88282602

中国共产党维扬区委老干部局
地址：扬州市
……Tel:87342637

国家机构

人大常委会

扬州市人民代表大会常务委员会
地址：扬州市
……Tel:87872699

仪征市人民代表大会常务委员会
地址：扬州市
……Tel:83441619

江都区人民代表大会常务委员会
地址：扬州市
……Tel:86553327

高邮市人民代表大会常务委员会
地址：扬州市
……Tel:84612387

八里镇人民代表大会
地址：扬州市
……Tel:87521003

八桥镇人民代表大会
地址：扬州市
……Tel:84523138

小纪镇人民代表大会
地址：扬州市
……Tel:86594600

广陵区人民代表大会常务委员会
地址：扬州市
……Tel:8734760

大桥镇人民代表大会
地址：扬州市
……Tel:86445866

天山镇人民代表大会
地址：扬州市
……Tel:84223303

双桥乡人民代表大会
地址：扬州市
……Tel:87323362

车逻镇人民代表大会
地址：扬州市
……Tel:84562091

公道镇人民代表大会
地址：扬州市
……Tel:87395268

月塘乡人民代表大会
地址：扬州市
……Tel:83840896

邗江区人民代表大会常务委员会
地址：扬州市
……Tel:87862146

扬州市维扬区人民代表大会常务委员会
地址：扬州市
……Tel:87636178

汊河镇人民代表大会
地址：扬州市
……Tel:87841590

朴席镇人民代表大会
地址：扬州市
……Tel:83612700

西湖镇人民代表大会
地址：扬州市
……Tel:87303959

邵伯镇人民代表大会
地址：扬州市
……Tel:86783803

杨庙镇人民代表大会
地址：扬州市
……Tel:87831005

李典镇人民代表大会
地址：扬州市
……Tel:87557460

青山镇人民代表大会
地址：扬州市
……Tel:83683689

宝应县人民代表大会常务委员会
地址：扬州市
……Tel:88282685

泾河镇人民代表大会
地址：扬州市
……Tel:88381165

城北乡人民代表大会
地址：扬州市
……Tel:87611612

卸甲镇人民代表大会
地址：扬州市
……Tel:84738372

施桥镇人民代表大会
地址：扬州市
……Tel:87583121

真州镇人民代表大会
地址：扬州市
……Tel:83466912

高邮镇人民代表大会
地址：扬州市
……Tel:84545830

真武镇人民代表大会
地址：扬州市
……Tel:86278003

郭集镇人民代表大会
地址：扬州市
……Tel:84247807

黄塍镇人民代表大会
地址：扬州市
……Tel:88604881

湾头镇人民代表大会
地址：扬州市
……Tel:87291485

槐泗镇人民代表大会
地址：扬州市
……Tel:87657533

新集镇人民代表大会
地址：扬州市
……Tel:83626009

人民政府

扬州市人民政府
地址：邗江区文昌西路8号
……Tel:87876292

仪征市人民政府
地址：扬州市
……Tel:83441298

扬州市人民政府对外联络处
地址：扬州市
……Tel:87365301

扬州市建设社会主义新农村办公室督查处
地址：扬州市

Tel:87631082

业务指导处
Tel:87631216

扬州市接待办公室
地址：扬州市
Tel:87341754

扬州市蜀冈生态新区管理委员会办公室
地址：扬州市
Tel:87633945

招商局
地址：扬州市
Tel:87755100

扬州经济开发区管理委员会
地址：扬州市
Tel:87862900

财政局
地址：扬州市
Tel:87962163

城乡管理局
地址：扬州市
Tel:87962305

出口加工区管理局
地址：扬州市
Tel:87529080

服务业发展局
地址：扬州市
Tel:87862345

规划分局
地址：扬州市
Tel:87962235

建设局
地址：扬州市
Tel:87882935

经济发展局
地址：扬州市
Tel:87962276

审计局
地址：扬州市
Tel:82982673

投资服务局
地址：扬州市
Tel:87962337

招商局
地址：扬州市
Tel:87862925

江苏省高邮经济开发区管理委员会
地址：扬州市
Tel:84612212

开发区招商局
地址：扬州市
Tel:84611888

江都区人民政府
地址：扬州市
Tel:86553306

宝应县人民政府办公室
地址：扬州市
Tel:88282714

宝应县机关文印中心
地址：扬州市
Tel:88282818

高邮市人民政府
地址：扬州市
Tel:84612017

高邮市社会主义农村建设工作领导小组
地址：扬州市
Tel:84601214

高邮城南经济新区管理委员会党政办公室
地址：扬州市
Tel:84882680

食品加工产业招商分局
地址：扬州市
Tel:84608118

广陵区人民政府
地址：扬州市
Tel:87341045

邗江区人民政府
地址：扬州市
Tel:87882090

瓜洲镇人民政府
地址：扬州市
Tel:87501001

扬州市平山乡人民政府
地址：扬州市
Tel:87301801

招商办
地址：扬州市
Tel:87637677

扬州市邗江区头桥镇人民政府
地址：扬州市
Tel:87261001

宣传科
Tel:87268053

招商办
Tel:87261230

扬州市邗江区沙头镇人民政府
地址：扬州市
Tel:87531403

办公室
Tel:87538545

扬州市邗江区杨寿镇人民政府
地址：扬州市
Tel:87736003

农技站
Tel:87736050

企管站
Tel:87732802

扬州市邗江区杨庙镇人民政府
地址：扬州市
Tel:87831009

村镇建设办公室
地址：扬州市
Tel:87838004

合管办
Tel:87837016

农业服务站
Tel:87831035

企管站
Tel:87831007

扬州市邗江区杭集镇人民政府
地址：扬州市
Tel:87271003

党委办
Tel:87493879

企管站
Tel:87493839

扬州市邗江区泰安镇人民政府
地址：扬州市
Tel:87282843

党委书记室
Tel:87281001

企管站
Tel:87281364

招商办
Tel:87283698

政府办
Tel:87281113

扬州市邗江区槐泗镇人民政府
地址：扬州市
Tel:87651601

招商办
Tel:87651756

扬州市维扬区人民政府
地址：扬州市
Tel:87636052

督办科
Tel:87636043

机关事务管理局
地址：扬州市
Tel:87636085

综合科
Tel:87636051

扬州市维扬区城北乡人民政府
地址：扬州市
Tel:87610676

传真
Tel:87610786

扬州市湾头镇人民政府
地址：扬州市
Tel:87291268

值班室
Tel:87291581

汤汪乡人民政府
地址：扬州市
Tel:87814732

招商办
Tel:87828426

朴席镇人民政府
地址：扬州市
Tel:83612487

西湖镇人民政府
地址：扬州市
Tel:87301103

招商办
Tel:87303070

李典镇人民政府
地址：扬州市
Tel:87551001

施桥镇人民政府
地址：扬州市
Tel:87583117

八里镇人民政府
地址：扬州市
Tel:87521012

方巷镇人民政府
地址：扬州市
Tel:87381101

公道镇人民政府
地址：扬州市
Tel:87395222

扬州市双桥乡人民政府
地址：扬州市
Tel:87342904

妇联
Tel:87367248

计生科
Tel:87341397

劳动所
Tel:87939443

招商办
Tel:87364925

泰州市（0523）

中国共产党中国共产党靖江市委员会
地址：阳光大道1号
Tel:84839931

农村工作办公室
Tel:84839801

台湾工作办公室
Tel:84837164

统战部
Tel:84833158

组织部
Tel:84839309

国家机构

人民政府

泰州市人力资源和社会保障局
地址：海陵区洪泽湖路66号
Tel:86886151

市人才服务中心
地址：泰州市
Tel:86880062

泰州市市场监督管理局海陵分局
地址：泰州市
Tel:86835156

交通音乐频率
Tel:86891321

法律援助中心
Tel:86835039

公证处
Tel:86835051

泰州市民政局
地址：泰州市
Tel:86850310

福利彩票发行中心
Tel:86239830

救灾救济处
Tel:86850379

救助站
Tel:86082998

泰州市应急管理局
地址：泰州市
Tel:86895010

24小时举报电话
Tel:86895017

泰州市地震局
地址：泰州市
Tel:86892205

地震监测站
Tel:86883051

应急救援处
Tel:86895030

赈灾防御处
Tel:86895029

泰州市劳动和社会保障局
地址：泰州市
Tel:86552765

城北街道劳动保障事务所
地址：泰州市
Tel:86251405

城南街道劳动保障事务所
地址：泰州市
Tel:86830053

泰州市体育局
地址：海陵区鼓楼南路368号
Tel:86833376

老年体协
地址：泰州市
Tel:86832210

综合处
Tel:86833367

泰州市国土资源局白马国土资源所
地址：泰州市
Tel:86183625

泰州市建筑工程局
地址：泰州市
Tel:86882481

安监站
Tel:86882490

外管处
Tel:86882483

质安处
Tel:86882489

泰州市环境保护局海陵分局
地址：泰州市
Tel:86213580

泰州市食品药品监督管理局
地址：泰州市
Tel:86850095

泰州市信息产业局
地址：泰州市
Tel:86881091

软件处
Tel:88881062

推进处
Tel:86881063

综合处
Tel:86881061

泰州市海陵区财政局
地址：泰州市
Tel:86225401

泰州市海陵区服务业发展局
地址：泰州市
Tel:86224467

泰州市海陵区建筑业管理局
地址：泰州市
Tel:86611234

泰州市海陵区统计局
地址：泰州市
Tel:86611303

泰州市教育局
地址：泰州市
Tel:88999819

高教处
Tel:86999846

监督处
Tel:86999839

师资处
Tel:86999826

靖江市水利局
地址：泰州市
Tel:84863315

防汛指挥部
Tel:84861320

靖江市气象局
地址：泰州市
Tel:84928852

防雷安全监测站
Tel:84928859

气象台
Tel:84928868

靖江市老干部局
地址：泰州市
Tel:84821452

靖江市劳动和保障局
地址：泰州市
Tel:84916160

靖江市体育局
地址：泰州市
Tel:84853023

彩票中心
Tel:84931598

靖江市国土资源局
地址：泰州市
Tel:84236377

靖江市国土资源局一分局
地址：泰州市
Tel:84851642

办公室
Tel:84870225

靖江市物价局
地址：泰州市
Tel:52312358

价格认证中心
Tel:84838032

靖江市环境保护局
地址：泰州市
Tel:84815479

靖江市食品药品监督管理局
地址：泰州市
Tel:84862905

稽查科
Tel:84869111

泰州市白马镇财政所
地址：泰州市
Tel:86181161

泰州市东郊乡国土资源所
地址：泰州市
Tel:86611307

泰州市发展和改革委员会
地址：泰州市
Tel:86839232

对外经济处
Tel:86839219

发展规划处
Tel:86839617

固定资产投资处
Tel:86839235

交通能源处
Tel:86839234

重大项目办公室
Tel:86839285

泰州市海陵区工业行业管理
地址：泰州市
Tel:86211490

办公室
Tel:86223685

泰州市海陵区工商联合会
地址：泰州市
Tel:86224677

综合科
Tel:86235362

泰州市海陵区农业委员会
地址：泰州市
Tel:86228329

经管科
Tel:86214160

泰州市海陵区老年人体育协会
地址：泰州市
Tel:86215316

泰州市海陵区京泰路街道社会治安综合治理委员会
地址：泰州市
Tel:86298809

泰州市航道管理处

地址：海陵区鼓楼南路301号
Tel:86881860
泰州经济开发区招商
地址：泰州市
Tel:86881582
靖江市行政服务中心
地址：泰州市
Tel:84809333
咨询服务
Tel:84809300
靖江市房屋产权产籍管理处
地址：泰州市
Tel:84822139
靖江市经济协作办公室
地址：泰州市
Tel:84823752
靖江市经济贸易委员会
地址：泰州市
Tel:84863785
船舶办
Tel:84986941
技改科
Tel:84863759
泰州市刁铺镇人民政府
地址：泰州市
Tel:86161100
泰州市苏陈镇人民政府
地址：泰州市
Tel:89615404
泰州市海陵区人民政府京泰路街道双墩村村民委员会
地址：泰州市
Tel:86299299
泰州市海陵区人民政府城中街道办事处
地址：泰州市
Tel:82930178
党政办公室
Tel:82930326
泰州市海陵区人民政府城东街道办事处
地址：泰州市
Tel:86611301
泰州市海陵区人民政府城北街道办事处
地址：泰州市
Tel:82907900
泰州市海陵区人民政府城西街道办事处
地址：泰州市
Tel:86552124
招商办
Tel:86554329
泰州市海陵区城东街道高桥村村民委员会
地址：泰州市
Tel:86880669
泰州市海陵区城西街道九里村村民委员会
地址：泰州市
Tel:86558767
泰州市海陵区城西街道头营村村民委员会
地址：泰州市
Tel:86557748
泰州市海陵区城西街道朱庄村村民委员会
地址：泰州市
Tel:88596497
泰州市海陵区城西街道任景村村民委员会
地址：泰州市
Tel:86550671
泰州市海陵区城西街道森南村村民委员会
地址：泰州市
Tel:86559018
泰州市海陵区城南街道梅兰社区居民委员会
地址：泰州市
Tel:86801149
泰州市高港区人民政府刁铺街道办事处
地址：泰州市
Tel:86160125
泰州经济开发区鑫泰花园居委会
地址：泰州市
Tel:86828339

人民政协和民主党派
人民政协

中国人民政治协商会议江苏省泰州市委员会
地址：泰州市
Tel:86888200

社会团体
工会

靖江市总工会
地址：泰州市
Tel:84814417

驻在机构
中央驻在机构

中华人民共和国泰州边防检查站
地址：泰州市
Tel:86893030
中华人民共和国泰州海关
地址：泰州市
Tel:86687000
办公室
Tel:86887008
打私举报
Tel:86687101
中国船级社泰州办事处
地址：泰州市
Tel:86564466
镇江市（0511）
中国共产党中国共产党扬中市委员会
地址：镇江市
Tel:88355750

国家机构
人民政府

扬中市民政局
地址：镇江市扬中市永康路8号
Tel:88397008
扬中市审计局
地址：镇江市
Tel:88323220
扬中市烟草专卖局
地址：镇江市
Tel:88324518
办证大厅
Tel:83227185
举报电话
Tel:88359110
江苏省镇江质量技术监督局
地址：镇江市
Tel:85231060
稽查处
Tel:85242797
监督处
Tel:85231084
食品处
Tel:85231096
镇江市畜牧兽医局
地址：镇江市
Tel:84400467
监督科
Tel:88877816
兽医科
Tel:88877869
畜牧科
Tel:88877820
丹阳市练湖管理委员会
地址：镇江市
Tel:86586685
经济发展办公室
Tel:88872620
社会事务办公室
Tel:88872226
综合治理办公室
Tel:86872714
丹徒区上党镇工业园区集中管理委员会
地址：镇江市
Tel:84315123
办公室
Tel:84318336
招商办
Tel:84312148
江心洲生态农业园区管理委员会
地址：镇江市
Tel:83441001
财政所
Tel:83441407
旅游接待中心
Tel:83443006
镇江市丹徒新城管理委员会
地址：镇江市
Tel:88991312
拆迁办
Tel:85345990
规划部
Tel:88991293
农工部
Tel:88993027
镇江市南山风景名胜管理委员会
地址：镇江市
Tel:85241596
风景处
Tel:84410551
建设处
Tel:85245696
绿化处
Tel:85242391
镇江市绿化委员会
地址：镇江市
Tel:88877841
义务植树管理处
地址：镇江市
Tel:84422945
综合办
Tel:88877839
丹阳市行政审批服务中心
地址：镇江市
Tel:86969112
丹阳市抗震办
地址：镇江市
Tel:86573062
综合科
Tel:86523247
丹徒区史志办公室
地址：镇江市
Tel:88977320
副主任室
Tel:88977323
修志办
Tel:88977329
综合科
Tel:88977321
江苏省特种设备安全监督检验研究院镇江分院
地址：镇江市
Tel:88895387
培训科
Tel:88895321
综合科
Tel:88895322
镇江市人民防空工程管理处
地址：镇江市
Tel:85237968
工程质量管理科
地址：镇江市
Tel:85367880
综合科
Tel:85917730
镇江市人民政府蔬菜副食品办公室
地址：镇江市
Tel:88877846
稽征科
Tel:85293079
砂管科
Tel:85293078
镇江市农业机械安全监理所
地址：镇江市
Tel:88885710
办公室
Tel:85891268
镇江市抗洪排涝
地址：镇江市
Tel:85600732
防汛值班室
Tel:85800735
工程科
Tel:85600733
镇江市建设工程安全监督站
地址：镇江市
Tel:86090004
开票大厅
Tel:86090028
人秘科
Tel:86090005
镇江市建设工程交易中心
地址：镇江市
Tel:85025033
业务科
Tel:85026032
综合科
Tel:85026062
镇江市墙材革新与建筑节能管理办公室
地址：镇江市
Tel:85038879
丹阳市新桥镇人民政府
Tel:88357001
办公室
Tel:86357058
招商办
Tel:86308796
丹徒区宝堰镇人民政府
地址：镇江市
Tel:84481005
财政所
Tel:84481003
计划生育服务站
Tel:84484213
经委办公室
Tel:84484180
民政办公室
Tel:84481740
人大办公室
Tel:84483948
人武部
Tel:84482475
综治办公室
Tel:84480241
组织办公室
Tel:84481004
句容市宝华镇人民政府
地址：便民路1号
Tel:87780001
党政办公室
Tel:87781317
新坝镇人民政府
地址：镇江市
Tel:88410320
财政所
Tel:88411075
村建所
Tel:88413912
土管所
Tel:85128590
招商办
Tel:88412980
镇江丹徒区谷阳镇人民政府
地址：镇江市
Tel:84451006
财政所
Tel:84451005
多经办
Tel:84453438
妇联
Tel:84451548
计生办
Tel:84453458
民政办
Tel:84452448
人武部
Tel:84452438
镇江市润洲区蒋乔镇人民政府
地址：镇江市
Tel:84512534
经济服务中心
Tel:84513665
农业服务中心
Tel:84510171
社会事业服务中心
Tel:84514894

浙江省

杭州市（0571）
杭州市人民政府
地址：环城北路
Tel:85252801
杭州市无线电管理局
地址：建国北路707号
Tel:87915834
杭州市民政局
地址：戒坛寺巷
Tel:85151891
杭州市农业农村局
地址：南山路
Tel:87070747
杭州市交通局
地址：中河北路
Tel:85460100
杭州市社会保险服务局
地址：清吟街
Tel:87019855
杭州市体育局
地址：跑马场路
Tel:87978832
杭州市国土资源局
地址：文三路
Tel:88227480
杭州市审计局
地址：延安路
Tel:85156649
杭州市林业水利局
地址：德胜路
Tel:88393456
杭州市规划局
地址：文三路
Tel:88368328
杭州市房产管理局
地址：浣纱路
Tel:87020793
杭州市环境保护局
地址：新华路
Tel:87238565
杭州市人口计划生育委员会
地址：延安路
Tel:85063794
杭州市人民防空办公室
地址：粮道山
Tel:87265655
杭州市人民政府台湾事物办公室
地址：庆春路178号3楼
Tel:87229829
杭州市人民政府国内经济合作办公室
地址：延安路
Tel:85104205
杭州市人民政府侨务办公室
地址：庆春路
Tel:87229814
杭州市人民政府城市管理办公室
地址：体育场路
Tel:85808066
杭州市人民政府督查违法建筑办公室
地址：浣纱路
Tel:87082310
杭州市文化创意产业办公室
地址：环城北路
Tel:85251606
杭州市社会治安综合治理委员会办公室
地址：环城北路
Tel:85252414
杭州市住房制度改革办公室
地址：延安路
Tel:87709591
杭州市建设工程造价和投资管理办公室
地址：莫干山路
Tel:87011367

杭州市征兵办公室
地址：延安路
Tel:870174395

杭州市金融工作办公室
地址：环城北路
Tel:85253076

杭州市市民中心建设指挥部
地址：富春路
Tel:86752691

杭州市市级机关文印中心
地址：环城北路
Tel:85253877

杭州市建设工程质量安全监督总站
地址：莫干山路
Tel:88398968

杭州市版权保护管理中心
地址：文三路
Tel:88223215

杭州市环境监测中心站
地址：杭大路
Tel:87998239

人民政协和民主党派

人民政协

政协浙江省委员会
地址：杭州市西湖区仁谐路2号
Tel:87053810

政协杭州市委员会
地址：上城区新号市民中心G座
Tel:85781700

民主党派

中国人民政治协商会议杭州市萧山区委员会
地址：区行政中心
Tel:82898300

社会团体

工会

萧山区总工会
地址：城厢镇通惠中路
Tel:83712009

共青团、青联、学联

中国共产主义青年团杭州市萧山区委员会
地址：区行政中心
Tel:82898710

妇联

萧山区妇女联合会
地址：行政中心综合楼
Tel:82898507

侨联

浙江省台属联谊会
地址：省府行政中心5号楼
Tel:87053888

文联

萧山区文学艺术界联合会
地址：区行政中心
Tel:82898748

残联

萧山区残疾人联合会
地址：西河路
Tel:82669585

学会

萧山区科学技术协会
地址：行政中心综合楼
Tel:82898678

保护儿童委员会

萧山区关心下一代工作委员会
地址：萧山区行政中心
Tel:82898742

老龄问题委员会

萧山区老龄工作委员会办公室
地址：区行政中心
Tel:82898727

其他社会团体

萧山区个体劳动者协会商业城基层协会
地址：商业城
Tel:82720628

萧山区工商业联合会
地址：城厢镇金城路
Tel:82621289

萧山区再生资源行业协会
地址：萧然南路
Tel:82653773

萧山区自行车电动车配件行业总会
地址：原野汽配五金市场
Tel:82830789

萧山区机动车家是协会
地址：萧山区城镇厢镇
Tel:82705983

萧山区私营（民营）企业协会
地址：金城路
Tel:83899091

萧山区建筑业协会
地址：萧然南路
Tel:82632055

萧山区总商会萧山温州商会
地址：商业城机电市场
Tel:82758781

萧山区营养协会
地址：文化路
Tel:82768268

萧山区慈善总会
地址：萧然南路
Tel:82799609

萧山纸包装行业协会
地址：拱秀路
Tel:82769388

萧山集体建筑协会
地址：萧然南路
Tel:82735814

驻在机构

中央驻在机构

中华人民共和国浙江海事局
地址：叶青兜路
Tel:88372767

中国保险监督管理委员会浙江省监管局
地址：体育场路
Tel:85777085

中国煤炭地质总局浙江省煤炭地质局
地址：新塘路
Tel:86986479

宁波市（0574）

中国共产党中国共产党宁波市委员会办公厅
地址：县前街61号
Tel:87249932

中国共产党宁波市委员会政策研究室
地址：县前街61号
Tel:87182664

中国共产党宁波市直属机关工作委员会
地址：县前街61号
Tel:87182530

中国共产党宁波市江北区委员会
地址：新马路61弄
Tel:87356089

中国共产党江北区委员会统战部
地址：新马路61弄机关大院
Tel:87669427

国家机构

人民政府

宁波市人民政府
地址：县前街61号
Tel:87182617

宁渡市人事局
地址：解放北路91号
Tel:87186206

宁波出入境检验检疫局
地址：马园路9号
Tel:87022114

宁波出入境检验检疫局检验检疫技术中心
地址：马园路9号
Tel:87022860

宁波市卫生局
地址：永丰路237号
Tel:87362555

宁波市三江河道管理局
地址：郑州区四明西路699号
Tel:68216793

宁波市市场监督管理局海曙分局
地址：白云街255号
Tel:87365368

宁波市专用通信局
地址：环城西路北段225号
Tel:87201196

宁波市水利局
地址：卖鱼路64号
Tel:87285536

宁波市市级机关事务管理局
地址：县前街61号
Tel:87182413

宁波市江东区建设局
地址：江东彩虹南路15号
Tel:87875475

宁波市农业农村局
地址：宝善路220号
Tel:87134516

宁波市交通局
地址：兴宁路36号
Tel:87802500

宁波市劳动和社会保障局仲裁处
地址：解放南路257号
Tel:87301775

宁波市劳动和社会保障局医保中心政策咨询、值班
地址：解放南路257号
Tel:87324377

宁波市劳动和社会保障局养老中心政策咨询
地址：解放南路257号
Tel:87310003

宁波市劳动和社会保障局举报投诉政策咨询
地址：解放南路257号
Tel:12333

宁波市体育局
地址：解放北路91号
Tel:87186142

宁波市财政税务局
地址：中山西路19号
Tel:87188110

宁波市财政税务局会计事务办理咨询
地址：中山西路19号
Tel:87188230

宁波市财政税务局会计核算中心
地址：中山西路19号
Tel:87188257

宁波市财政税务局作风建设监督举报电话
地址：中山西路19号
Tel:87188474

宁波市财政税务局契税征管业务咨询
地址：中山西路19号
Tel:87313329

宁波市财政税务局涉税举报电话
地址：中山西路19号
Tel:87188237

宁波市国土资源局
地址：三市路1号
Tel:87328888

宁波市审计局办公室
地址：解放北路91号
Tel:87279980

宁波市审计局行政事业审计处
地址：解放北路91号
Tel:87186317

宁波市审计局财政审计处
地址：解放北路91号
Tel:87186302

宁波市审计局法规处
地址：解放北路91号
Tel:87186322

宁波市审计局经济责任审计处
地址：解放北路91号
Tel:871863107

宁波市审计局直属审计处
地址：解放北路91号
Tel:87186310

宁波市审计局金融外资审计处
地址：解放北路91号
Tel:87186119

宁波市审计局基本建设审计处
地址：解放北路91号
Tel:87186305

宁波市林业局
地址：解放北路91号
Tel:87186186

宁波市规划局
地址：江东大步街9号
Tel:87702544

宁波市国家税务局
地址：百丈路8号
Tel:67732059

宁波市环境保护局
地址：柳汀街545号（315012）
Tel:87114484

宁波市环境保护局海曙分局
地址：蓝天路201号
Tel:87148536

宁波市统计局
地址：解放北路91号
Tel:87186631

宁波市食品药品监督管理局
地址：柳汀街168号
Tel:87179116

宁波市信息产业局
地址：解放北路91号4号楼
Tel:87183435

宁波市畜牧兽医局
地址：环城西路南段920号
Tel:87462223

宁波市海洋与渔业局
地址：镇明路618号9层
Tel:87298103

宁波市档案局
地址：解放北路91号
Tel:87186999

宁波市文化和文化和旅游局
地址：长春路35号2–4层
Tel:87303356

宁波市教育局职成教教研室
地址：和义路129号
Tel:87344335

宁波市教育局教研室
地址：和义路129号
Tel:87680838

宁波市粮食局
地址：解放南路293弄1–1号
Tel:87312967

宁波渔船检验局
地址：槐树路38弄13
Tel:87351771

浙江省机械设备成套局宁波分局
地址：中山西路77号五层
Tel:87304971

宁波化学工业区管理委员会
地址：镇海宁波化工区
Tel:86509505

宁波市人口和计划生育委员会
地址：解放北路91号
Tel:87186261

宁波市建设委员会
地址：解放南路208号17楼
Tel:87191004

宁波市鄞州区云龙镇工业开发园区管理委员会
地址：云龙镇妙觉桥对面
Tel:88493143

浙江省信息产业厅宁波市无线电管理处
地址：解放南路65号21楼
Tel:87293117

宁波市人民政府口岸与打击走私办公室
地址：解放北路91号4号楼12楼
Tel:87275056

宁波市人民政府友好交流处
地址：解放北路91号
Tel:87186517

宁波市人民政府出国（港澳事务）管理处
地址：解放北路91号
Tel:87186508

宁波市人民政府外事办公室
地址：解放北路91号
Tel:87279844

宁波市人民政府国际交流服务中心
地址：解放北路91号
Tel:87279416

宁渡市人民政府经济技术协作办公室
地址：解放北路91号4号楼8楼
Tel:87183332

宁波市人民政府综合礼宾处
地址：解放北路91号
Tel:87279717

宁波市公共资源交易工作管理委员会办公室
地址：老实巷70号
Tel:87187067

宁波市对口扶贫协作工作领导小组办公室
地址：中山西路11号
Tel:87296021

宁渡市行政审批管理办公室
地址：老实巷70号
Tel:87187067

宁波市军警民共建国防教育办公室
地址：府桥街24号
Tel:87431271

宁波市人民政府发展研究中心
地址：解放北路128号
Tel:87277111

宁波市对外经济贸易培训中心
地址：中山西路11号
Tel:87313992

宁波市行政服务中心
地址：老实巷70号
Tel:87187501

宁波农村经济综合信息网络中心
地址：宁波市解放北路91号
Tel:87186298

宁波市江北区慈城镇人民政府
地址：慈城解放路8号
Tel:87590266

宁海县人民政府
地址：宁海县县前街18号
Tel:65562083

慈溪市政府
地址：宁波市慈溪市浒山街道
Tel:63981431

宁波市江北区财政局
地址：大庆南路181号
Tel:87388000

宁渡市江东区财政局
地址：宁穿路贤良巷26号
Tel:87370049

宁波市质量技术监督局
地址：鑑路28号
Tel:87876990

宁波市质量技术监督局海曙分局
地址：灵桥路229号
Tel:87329042

宁波市海曙区财政局
地址：大梁街48号天之海大厦
Tel:87190258

宁波国家高新区财政局
地址：江南路673号
Tel:87904995

江北区人民政府办公室
地址：新马路61弄
Tel:87355438

江北区人事局
地址：新马路61弄
Tel:87356423

江北区对外贸易经济合作局
地址：新马路61弄
Tel:87354546

江北区民政局
地址：新马路61弄
Tel:87356262

江北区发展和改革局
地址：新马路61弄
Tel:87356073

江北区交通局
地址：环城北路西段500号
Tel:87214334

江北区劳动和社会保障局

地址：新马路61弄
……Tel:87668416
江北区统计局
地址：新马路61弄
……Tel:87668168
江东地方税务局
地址：宁穿路贤良巷26号
……Tel:87332292
江北交警大队
地址：环城北路东段65弄38号
……Tel:87356701
慈溪市人事局
地址：三北大街655号
……Tel:63981419
慈溪市卫生局
地址：南二环东路1141号
……Tel:63829199
慈溪市规划局
地址：慈溪市三北大街428
……Tel:63893428
慈溪市建设局
地址：三北大街458
……Tel:63029033
慈溪市教育局
地址：慈溪市文二路288号
……Tel:63919000
宁海经济开发区管理委员会
地址：宁海县北斗北路221号
……Tel:65582701
宁波市江北区高等级公路建设指挥部
地址：镇海区九龙湖风景区
……Tel:87573826
宁海县机关事业保险办公室
地址：宁海县县前街
……Tel:65519119
江东区地名委员会办公室
地址：桑田路935号
……Tel:87848775
海曙区人民防空办公室
地址：苗圃路62号
……Tel:87134085
海曙区人民政府办公室
地址：灵桥路229号
……Tel:87295459
海曙区人民政府征兵办公室
地址：环城西路北段355号
……Tel:87431609
宁波市公路管理局
地址：姚隘路845号
……Tel:87929602
宁波市地方建筑材料管理处
地址：解放南路65号3楼C座
……Tel:87324521
宁波市江东区劳动和社会保障局
地址：姚隘路913弄88号
……Tel:87930726
宁波市江东区贸易局
地址：大戴街2号4楼
……Tel:87712817
宁波市应急管理局
地址：解放南路202号十一层
……Tel:87173550
宁波市规划局江东分局
地址：世纪大道北段555号
……Tel:87330618
宁波市规划局海曙分局
地址：柳汀街657号
……Tel:87141199
宁波市城市管理局
地址：解放南路208号13－15层
……Tel:87191888
宁波市科技园区人事劳动社会保障局
地址：广贤路997号
……Tel:87908516
宁波市海曙区建设局
地址：柳汀街641号
……Tel:87126383
宁波市海曙区科学技术局
地址：灵桥路229号
……Tel:87192552
宁波市港航管理局
地址：王隘路106
……Tel:87841732
宁波国土资源局鄞州分局
地址：鄞州区惠风东路228号
……Tel:28855613
宁波保税区（出口加工区）党员服务中心
地址：江东区中兴路269号
……Tel:87789307
宁波海事局
地址：人民路355
……Tel:81851429
江东区人口和计划生育局
地址：彩虹北路58号4楼
……Tel:87740736
江东区人事局
地址：彩虹北路58号
……Tel:87740730
江东区卫生局
地址：雷公巷113号
……Tel:87724685

江东区对外贸易经济合作局
地址：福明路511
……Tel:87989319
江东区民政局
地址：桑田路935号
……Tel:87848771
江东区发展和改革局
地址：江东区铸坊街35号
……Tel:87335162
江东区农村经济发展局
地址：百丈东路898
……Tel:87884892
江东区审计局
地址：福明路511
……Tel:87972924
江东区统计局
地址：宁穿路238号
……Tel:87372298
江东区政务办理中心
地址：桑田路935号
……Tel:87880000
江东区城市管理局
地址：江东区大步街38号
……Tel:87754959
江东区科学技术局
地址：江东区启新路167号4楼
……Tel:87929062
江东区教育局
地址：舟孟南路80号
……Tel:87879999
江东交警大队
地址：宁穿路291号
……Tel:87333638
海曙区人口和计划生育局
地址：中山西路298号
……Tel:87480823
海曙区人事局
地址：灵桥路229号
……Tel:87296452
海曙区卫生局
地址：中山西路298号
……Tel:87258907
海曙区民政局
地址：中山西路298号2楼
……Tel:87258766
海曙区发展和改革局
地址：宁波市中山西路298号
……Tel:87364693
海曙区应急管理局
地址：宁波市中山西路298号
……Tel:87258860
海曙区劳动和社会保障局
地址：海曙区顺德路136弄58号
……Tel:87258727
海曙区审计局
地址：灵桥路229号
……Tel:87317087
海曙区经济发展局
地址：海曙区中山西路298号
……Tel:87258935
海曙区教育局
地址：大梁街47号
……Tel:87195720
海曙交警大队
地址：鄞奉路380号
……Tel:87494333
宁波市江东区人民政府福明街道办事处
地址：江东区姚隘路1035号
……Tel:87921597

人民政协和民主党派

人民政协

中国人民政治协商会议宁波市委员会
地址：县前街61号
……Tel:87365134

社会团体

工商联

宁波市市场监督管理局江东分局
地址：甬港北路61号
……Tel:87339767

协会
宁波出入境检验检疫协会
地址：柳汀街318号
……Tel:87168333
宁波市知识产权保护协会
地址：海曙区环城西路南段
……Tel:87164289

宗教组织

鄞州区横街镇翠山寺
地址：鄞州区横街镇新洞山村
……Tel:88284788

驻在机构

中央驻在机构

中华人民共和国宁波海关
地址：马园路89号
……Tel:89090000
中国质量认证中心宁波评审中心
地址：马园路9号
……Tel:87136000

温州市（0577）
中国共产党温州市委台湾工作办公室
地址：绣山路行政管理中心
……Tel:88968616

中国共产党温州市委员会
地址：绣山路行政管理中心
……Tel:88969999
中国共产党温州市委员会农村工作办公室
地址：市府路500号
……Tel:88965111
中国共产党温州市委员会统战部
地址：绣山路行政管理中心
……Tel:88968956
中国共产党温州市委员会政策研究室
地址：绣山路行政管理中心
……Tel:88968806
中国共产党温州市委组织部
地址：绣山路行政管理中心
……Tel:88969090
中国共产党温州市直属机关工作委员会
地址：绣山路行政管理中心
……Tel:88968761
中国共产党龙湾区委员会
地址：龙湾区永中街道
……Tel:86968000
中国共产党龙湾区委员会组织部
地址：龙湾区永中街道
……Tel:86966606
中国共产党龙湾区直属机关工作委员会
地址：龙湾区永中街道
……Tel:86966835
中国共产党瓯海区委员会
地址：瓯海区景山街道
……Tel:88524229
中国共产党瓯海区委员会组织部
地址：温州瓯海区景山街道
……Tel:88529156
中国共产党瓯海区委员会统战部
地址：瓯海区景山街道
……Tel:88511976
中国共产党鹿城区委员会
地址：墨池坊1号
……Tel:88030102
中国共产党鹿城区委员会老干部局
地址：广场路188号
……Tel:88030633
中国共产党鹿城区委员会组织部
地址：广场路188号区委楼1楼
……Tel:88030180
中国共产党鹿城区委员会统战部
地址：广场路188号
……Tel:88030188
中国共产党鹿城区直属机关工作委员会
地址：广场路188号
……Tel:88030265

国家机构

人大常委会

温州市人民代表大会常务委员会
地址：绣山路行政管理中心
……Tel:88969810
龙湾区人民代表大会常务委员会
地址：龙湾区永中街道
……Tel:86968825
瓯海区人民代表大会常务委员会
地址：瓯海区景山街道
……Tel:88526160
鹿城区人民代表大会常务委员会
地址：广场路188号
……Tel:88030560

人民政府
温州市人民政府
地址：惠民路新市府大楼
……Tel:88966102
温州市人事局
地址：绣山路行政管理中心6楼
……Tel:88967806
温州市卫生局
地址：车站大道神力大厦
……Tel:88990577
温州市市场监督管理局
地址：十七中路15号
……Tel:88524451
温州市水利局
地址：河通桥2号水利大楼5楼
……Tel:88222252
温州市气象局
地址：鹿城区横河南新村1栋
……Tel:88338896
温州市对外贸易经济合作局
地址：黎明西路236号
……Tel:88844777
温州市市级机关事务管理局
地址：市府路500号
……Tel:88966688
温州市民间组织管理局
地址：锦绣路锦都花苑14幢2楼
……Tel:88635896
温州市民政局
地址：墨池坊1号
……Tel:89993699
温州市市政园林局
地址：墨池坊1号
……Tel:89995050
温州市发展和改革委员会
地址：绣山路行政管理中心5楼
……Tel:88968155
温州市民族宗教事务局
地址：圣池坊1号人大办公楼
……Tel:88226780
温州市地方税务局
地址：勤奋路59号
……Tel:88525378
温州市农业农村局
地址：绣山路行政管理中心
……Tel:88966708
温州市行政审批服务中心
地址：惠民路光明桥东首
……Tel:88926117
温州市交通局
地址：飞霞南路890号
……Tel:88860353
温州市地震局
地址：市府路科技馆南楼
……Tel:88962088
温州市劳动和社会保障局
地址：黎明西路307弄7号
……Tel:88820922
温州市住房公积金管理中心
地址：金城大厦2接
……Tel:88999061
温州市体育局
地址：鹿城路奥林匹克广场
……Tel:88202613
温州市国土资源局
地址：学院西路5号
……Tel:88367506
温州市审计局
地址：绣山路
……Tel:88967730
温州市林业局
地址：牛山北路54号
……Tel:88613768
温州市委老干部局
地址：市政府路500号
……Tel:88968727
温州市规划局
地址：黎明西路138号
……Tel:88368008
温州市建设局
地址：飞霞南路896号
……Tel:88825902
温州市国有资产营运管理有限公司
地址：新城大道
……Tel:89971800
温州市房产管理局
地址：九山南路7号
……Tel:88223384
温州市建材管理处
地址：飞霞南路896号
……Tel:88826451
温州市房屋登记中心
地址：鹿城区人民东路
……Tel:88864444
温州市国家税务局
地址：鹿城区吴桥路国税大楼
……Tel:88026000
温州市质量技术监督局
地址：汤家桥南路质检大楼
……Tel:88907796
温州市环境保护局
地址：学院中路299号
……Tel:88362963
温州市统计局
地址：市政府行政管理中心
……Tel:88967578
温州市城市管理行政执法局机动大队
地址：环城东路
……Tel:88338680
温州市科学技术局
地址：市府路科技馆行政大楼
……Tel:88962008
温州市测绘局
地址：黎明西路规划大楼3楼
……Tel:88363831
温州市食品药品监督管理局
地址：蝉街金信商厦4－5室
……Tel:88259095
温州市盐务管理局
地址：航标路盐业大楼
……Tel:88189631
温州市海事局
地址：江滨中路海事大楼
……Tel:88150000
温州市海洋与渔业局
地址：江滨西路聚鑫苑
……Tel:88840292
温州市教育局
地址：鹿城区划龙桥西路1号
……Tel:88636388
温州市教育局考试中心
地址：划龙桥西路
……Tel:88638072
温州市港航管理局
地址：站前东小区
……Tel:86061936

温州市温瑞塘河水系管理处
地址：望江东路迎潮大厦
Tel:88179683

温州市粮食局
地址：葡萄工业区宽带路15号
Tel:88865632

温州仲裁委员会
地址：府东路人民接待中心5楼
Tel:88965675

温州国际旅行卫生保健中心
地址：黎明西路307弄24号
Tel:88850462

温州市人民政府外事办公室
地址：市政府路500号
Tel:8866961

温州市人民政府防汛防旱指挥部办公室
地址：绣山路行政管理中心
Tel:88966900

温州市人民政府国内经济合作办公室
地址：市政府路500号
Tel:88967026

温州市人民政府侨务办公室
地址：绣山路行政管理中心
Tel:88967007

温州市公共资源交易管理委员会办公室
地址：民航路128号
Tel:88151211

温州市打击走私与海防口岸管理办公室
地址：绣山路
Tel:88969618

温州市地方志编纂委员会办公室
地址：绣山路
Tel:88969628

温州市企业思想政治工作领导小组办公室
地址：惠民路
Tel:88966230

温州市创建文明城市领导小组办公室
地址：绣山路
Tel:88968586

温州市住房制度改革办公室
地址：车站大道金城大厦2楼
Tel:88999020

温州市希望工程实施办公室
地址：学院东路与黎明东路交口
Tel:88060153

温州市城市拆迁管理办公室
地址：九山南路7号
Tel:88222281

温州市语言文字工作委员会办公室
地址：鼓楼街134号
Tel:88290536

温州市信息化管理办公室
地址：绣山路行政管理中心7楼
Tel:88967053

温州市移民安置办公室
地址：车站大道
Tel:88982613

温州市清产核资领导小组办公室
地址：鹿城后巷49号694室
Tel:88534689

温州市精神文明建设指导委员会办公室
地址：绣山路
Tel:88968585

温州市人民政府国有资产监督管理委员会
地址：新城大道中通大厦11A室
Tel:88901011

温州市无线电管理处
地址：人民东路国信大厦30楼
Tel:88813029

温州市渔业无线电管理站
地址：江滨西路聚鑫苑4幢
Tel:88840538

人民政协和民主党派

人民政协

中国人民政治协商会议温州市委员会
地址：绣山路
Tel:88969518

社会团体

工会

温州市总工会
地址：公园路145号
Tel:88826309

共青团、青联、学联

温州市社会科学界联合会
地址：绣山路行政管理中心
Tel:88968555

侨联

温州市归国华侨联合会
地址：绣山路行政管理中心
Tel:88968628

温州市台胞台属联谊会
地址：黎明西路15弄4号
Tel:88891131

残联

温州市残疾人联合会
地址：学院中路305弄1号
Tel:88316407

协会

温州市工艺美术行业协会
地址：马鞍池东路204号
Tel:88616961

温州市女企业家协会
地址：市府路500号
Tel:88965066

温州市个体劳动者协会
地址：温州大道瓯江大厦26楼
Tel:86783916

温州市化工行业协会
地址：黎明西路307弄12号
Tel:88835027

温州市公交协会
地址：花柳塘新村23幢103室
Tel:88834882

温州市电子信息产业协会
地址：黎明西路307弄12号
Tel:88835315

温州市打火机行业协会
地址：东港路外事大楼2楼
Tel:88891595

温州市市场营销协会
地址：车站大道诚信大厦
Tel:86071116

温州市印刷行业协会
地址：惠民路109号
Tel:88118607

温州市电镀协会
地址：人民东路13号
Tel:88843585

温州市地方报刊协会
地址：黎明西路307弄12号
Tel:88828525

温州市企业家协会
地址：车站大道金河大厦A幢
Tel:88832194

温州市会展业协会
地址：扬府山国际会展中心3楼
Tel:88139799

温州市交通运输协会
地址：牛山北路56号3楼
Tel:88637785

温州市汽车租赁行业协会
地址：划龙桥路
Tel:88552525

温州市饭店餐饮协会
地址：人民东路13号
Tel:88865061

温州市志愿者协会
地址：行政管理中心1342室
Tel:88968692

温州市注册会计师协会
地址：九山北路原财政大楼3楼
Tel:88288950

温州市房地产业协会
地址：飞霞南路896号
Tel:88832843

温州市青年企业家协会
地址：学院东路
Tel:88921487

温州市建筑材料协会
地址：飞霞南路896号
Tel:88826452

温州市服装商会针棉织品分会
地址：仓后街30号
Tel:88282322

温州市金融设备行业协会
地址：勤奋路
Tel:88727913

温州市科学技术协会
地址：市府路科技馆南楼
Tel:88962206

温州市剃须刀行业协会
地址：南浦住宅区碧波1幢
Tel:88651780

温州市泵阀工业协会
地址：水心住宅区杏9幢101室
Tel:88507231

温州市保险行业协会
地址：黎明西路342号5楼
Tel:88808183

温州市保健与营养协会
地址：墨池坊3号309室
Tel:88598315

温州市美容美发协会
地址：温州鹿城区五马街
Tel:88227028

温州市旅行社协会
地址：花柳塘新村34幢1楼
Tel:88818800

温州市消费者委员会
地址：十七中路15号
Tel:88596315

温州市陶瓷工业协会
地址：瓯海区瓯海大道518号
Tel:86720611

温州市银行业协会
地址：飞霞北路175号
Tel:88188444

温州市翻译协会
地址：金桥路
Tel:88311158

温州经济技术开发区企业家协会
地址：汤家桥南路
Tel:88929921

温州品牌协会
地址：车站大道学院大厦
Tel:88366318

学会

温州市市场经济学会
地址：龟湖路197弄23号
Tel:88151563

温州市财政学会
地址：勤奋路59号1号楼2楼
Tel:88502901

温州市护理学会
地址：学院路82号
Tel:88826719

温州市建筑学会
地址：马鞍池东路
Tel:80623728

温州市教育学会
地址：划龙桥西路1号
Tel:88611372

温州医学会
地址：学院西路82号
Tel:88816003

温州法学会
地址：学院中路291号
Tel:88315156

红十字会

温州市红十字会
地址：车站大道
Tel:88159605

福利会

温州市慈善总会
地址：鼓楼街134号
Tel:88229020

宗教组织

温州市天主教爱国会
地址：周宅祠巷38号
Tel:88232230

温州市佛教协会
地址：人民西路292号
Tel:88226496

温州市基督教三自爱国运动委员会
地址：城西街107号
Tel:88290015

温州市道教协会
地址：瓯海区景山街道
Tel:88529772

其他社会团体

温州市工商业联合会
地址：仓后街30号
Tel:88220934

温州市中小企业发展促进会
地址：学院西路82号
Tel:88831665

温州市五金商会
地址：马鞍池西路
Tel:88621291

温州市托运业商会
地址：新桥街道六虹桥路88号
Tel:88601176

温州市灯具商会
地址：矮凳桥路92号
Tel:88837783

温州市国际商会
地址：黎明西路
Tel:88288570

温州市食品商会
地址：鹿城路471号
Tel:88815593

温州市家具商会
地址：周宅祠巷3号3楼
Tel:88376586

温州市涂料商会
地址：周宅祠巷3号301室
Tel:88229600

温州市商业零售业商会
地址：蝉街23号
Tel:88221048

温州市鞋机商会
地址：人民西路
Tel:88250220

温州市鞋料商会
地址：过境公路1828号
Tel:88730673

温州房地产商会
地址：江滨西路
Tel:88318308

温州婚庆主持人委员会
地址：龙湾区温州经济开发区
Tel:88289255

驻在机构

中央驻在机构

中华人民共和国渔业船舶检验局温州检验处
地址：江滨西路聚鑫苑
Tel:88853813

中国国际贸易促进委员会温州市支会
地址：黎明西路国贸大厦11楼
Tel:88288581

交通运输部东海救助局温州基地
地址：航标路底
Tel:88336257

温州海关
地址：黎明西路143号
Tel:88377888

温州出入境检验检疫局
地址：鹿城区学院中路315号
Tel:88373309

外省驻在机构

上海海事局温州航标处
地址：航标路50号
Tel:88338038

嘉兴市（0573）

中国共产党中国共产党老干部局
地址：广场路1号行政中心
Tel:82521765

中国共产党嘉兴市委农业和农村工作办公室
地址：花园路
Tel:82521218

中国共产党嘉兴市委员会
地址：广场路
Tel:82521065

中国共产党嘉兴市委员会统战部办公室
地址：广场路
Tel:82521850

中国共产党嘉兴市组织部
地址：广场路1号
Tel:82521770

中国共产党嘉兴市直属机关工作委员会
地址：广场路1号行政中心
Tel:82521751

中国共产党嘉兴市统一战线工作部
地址：广场路1号
Tel:82521845

中国共产党平湖市委员会
地址：当湖街道胜利路380号
Tel:85060912

中国共产党桐乡市老干部局
地址：桐乡市梧桐街道振兴东路
Tel:88106500

中国共产党桐乡市委办公室
地址：梧桐街道振兴东路
Tel:88105045

中国共产党桐乡市组织部
地址：桐乡市梧桐街道振兴东路
Tel:88105141

中国共产党桐乡市统战部
地址：桐乡市梧桐街道振兴东路
Tel:88107585

中国共产党海宁市委员会
地址：海宁市行政中心1号楼
Tel:87288047

中国共产党嘉兴市秀洲区委机关党委
地址：中山西路
Tel:82076258

中国共产党嘉兴市南湖区委员会老干部局
地址：未兴南路
Tel:82070770

中国共产党嘉善县老干部局
地址：嘉善县魏塘镇花园路
Tel:84023035

中国共产党嘉善县组织部
地址：嘉善县嘉善大道
Tel:84228116

中国共产党嘉善县统战部
地址：嘉善县嘉善大道
Tel:84228147

国家机构

人大常委会

嘉兴市人民代表大会常务委员会
地址：广场路1号行政中心
Tel:82521152

人民政府

嘉兴市人民政府
地址：广场路
Tel:82521234

浙江省嘉兴市地方税务局稽查局
地址：中山东路559号
Tel:82770180

浙江省嘉兴市盐务管理局
地址：越秀北路161号
Tel:82083964

浙江省嘉兴市港航管理局
地址：栅堰路42号
Tel:82132401

嘉兴电力局南湖供电分局
地址：中山东路472号
Tel:82512021

嘉兴市市场监督管理局
地址：吉阳路
Tel:82718596

嘉兴市文化市场行政执法支队
地址：中山路
Tel:82159809

嘉兴市水利局
地址：吉水路303号
Tel:82061313

嘉兴市无线电管理局

地址：凯旋路88号
……Tel:82096663

嘉兴市对外贸易经济合作局
地址：勤俭路
……Tel:82089681

嘉兴市民防局
地址：中山西路977号
……Tel:82080326

嘉兴市民政局
地址：中山东路1006号
……Tel:82088206

嘉兴市农业经济局
地址：花园路
……Tel:82083316

嘉兴市机关事务管理局
地址：广场路
……Tel:82532525

嘉兴市交通局
地址：中山东路1005号
……Tel:82085014

嘉兴市技术监督局
地址：洪兴路
……Tel:82081628

嘉兴市劳动和社会保障局
地址：东升路
……Tel:82228900

嘉兴市社会保险事业局
地址：禾兴南路
……Tel:82054527

嘉兴市体育局
地址：东升路
……Tel:82221191

嘉兴市住房保障局
地址：花园路616号
……Tel:82872055

嘉兴市财政局
地址：环城西路
……Tel:82081369

嘉兴市国土资源局
地址：洪兴路65号
……Tel:82131061

嘉兴市审计局
地址：洪兴路217号
……Tel:82131104

嘉兴市规划局
地址：中环南路花园路口616号
……Tel:82872115

嘉兴市建设局
地址：中山路
……Tel:82097617

嘉兴市经济委员会
地址：花园路
……Tel:82521234

嘉兴市国家税务局
地址：城东路261号
……Tel:82320081

嘉兴市非税收入管理局
地址：杨柳湾路412号
……Tel:82032360

嘉兴市质量技术监督局
地址：中环南路祝家港66号
……Tel:82087117

嘉兴市环境保护局
地址：中山东路922号
……Tel:82159870

嘉兴市统计局
地址：市行政中心5号楼928室
……Tel:82521545

嘉兴市城市管理行政执法局
地址：洪波路
……Tel:82132830

嘉兴市科学技术局
地址：中山西路216号6楼
……Tel:82159925

嘉兴市食品药品监督管理局
地址：中山东路1177号
……Tel:82096311

嘉兴市海事局
地址：栅堰路
……Tel:82158888

嘉兴市烟草专卖局稽查大队
地址：嘉兴市环城西路1号
……Tel:02089778

嘉兴市档案局
地址：海盐塘路
……Tel:82532868

嘉兴市文化和文化和旅游局
地址：中山东路
……Tel:82159751

嘉兴市教育委员会
地址：中山西路
……Tel:82066118

嘉兴市就业管理服务局
地址：东升路
……Tel:82235976

嘉兴市粮食局
地址：中山路
……Tel:82085109

嘉兴工业区管理委员会
地址：中环南路
……Tel:82570521

嘉兴市人口和计划生育委员会
地址：吉水路12号
……Tel:82067838

嘉兴市人民政府建设咨询委员会
地址：广场路1号
……Tel:82521915

嘉兴市人民政府国有资产监督委员会
地址：广场路1号
……Tel:82521802

嘉兴市对外经济贸易委员会
地址：勤俭路
……Tel:82075977

嘉兴市发展和改革委员会
地址：广场路1号
……Tel:82521664

嘉兴市经济贸易委员会
地址：广场路1号
……Tel:82521891

嘉兴市南湖新区管理委员会
地址：富润路102号
……Tel:82570062

嘉兴市铁路建设领导小组办公室
地址：勤俭路
……Tel:82074298

嘉兴市精神文明建设委员会
地址：广场路1号
……Tel:82521824

嘉兴仲裁委员会
地址：中山东路1177号
……Tel:82062669

嘉兴经济开发区管理委员会
地址：嘉兴市东升西路1号
……Tel:82208114

嘉兴市人民政府外事办公室
地址：广场路
……Tel:82521630

嘉兴市人民政府台湾事务办公室
地址：广场路
……Tel:82521874

嘉兴市住房制度改革领导小组办公室
地址：少年路
……Tel:82083625

嘉兴市招标投标中心
地址：广场路
……Tel:82512029

嘉兴市精神文明建设委员会办公室
地址：行政中心
……Tel:82521798

嘉兴市公路运输管理处
地址：洪兴路1197号
……Tel:96520

嘉兴市机关事务服务中心
地址：广场路1号
……Tel:82521424

嘉兴市建设工程质量检测中心
地址：南湖经济园区一期
……Tel:82081508

嘉兴市审批办证服务中心
地址：行政中心
……Tel:82521087

嘉兴市城市开发办公室
地址：禾兴南路
……Tel:82085557

嘉兴市城市投资发展集团有限公司
地址：中环南路花园路口
……Tel:82871177

嘉兴市城市建设档案管理处
地址：中环南路花园路口
……Tel:82872192

秀洲区乡镇企业局
地址：道前街
……Tel:82054589

秀城区交通局
地址：吉杨路
……Tel:82192193

南湖区机关事务服务中心
地址：勤俭路
……Tel:82032962

南湖区建设局
地址：吉杨路
……Tel:82193875

嘉兴市秀洲区渔政管理站
地址：市区凌塘路渔政弄7号
……Tel:82315892

嘉善县劳动和社会保障局
地址：魏塘镇谈公北路135号
……Tel:84124930

嘉善县财政地税国资局
地址：魏塘街道解放东路
……Tel:84021482

嘉善县教育局
地址：魏塘镇陵园路33号
……Tel:84023497

秀洲区爱国卫生运动委员会
地址：南杨路
……Tel:82081857

嘉兴市计划委员会
地址：市府8号楼
……Tel:82082180

嘉兴市住房公积金管理中心嘉善县分中心
地址：嘉善县解放西路68号
……Tel:84228402

秀城区人民政府建设街道办事处
地址：中山路
……Tel:82083651

秀城区人民政府新嘉街道办事处
地址：东升中路
……Tel:82212000

秀洲区人民政府嘉北街道办事处
地址：东升西路
……Tel:82203321

秀城区人民政府嘉兴街道办事处
地址：吉杨路
……Tel:82083460

秀城区解放街道办事处
地址：东升东路
……Tel:82319298

南湖区人民政府街道办事处
地址：道前街
……Tel:82071717

南湖区人民政府新兴街道办事处
地址：吉杨路
……Tel:82070356

南湖区人民政府解放街道办事处
地址：东升东路
……Tel:82318935

南湖区人民政府新嘉街道办事处
地址：东升中路
……Tel:82225781

新加街道办事处
地址：东升路1405号
……Tel:82202887

新城街道办事处
地址：昌盛西路
……Tel:82712591

新嘉街道城市管理办公室
地址：东升中路
……Tel:82203861

人民政协和民主党派

民主党派

九三学社嘉兴市委员会
地址：行政中心
……Tel:82521859

中国民主同盟嘉兴市委员会
地址：广场路
……Tel:82521852

中国民主建国会嘉兴市委员会
地址：行政中心
……Tel:82521866

中国民主促进会嘉兴市委员会
地址：行政中心
……Tel:82521855

中国农工民主党浙江省嘉兴市委员会
地址：行政中心
……Tel:82521889

中国农工民主党嘉兴市委员会
地址：嘉兴市行政中心5号楼
……Tel:82521886

中国国民党革命委员会嘉兴市委员会
地址：市行政中心
……Tel:82521904

中国致公党嘉兴市支部委员会
地址：花园路
……Tel:82521487

社会团体

工会

嘉兴市总工会
地址：中山路47号
……Tel:82083244

共青团、青联、学联

中国共产主义青年团嘉兴市委员会
地址：广场路
……Tel:82521884

中国共产主义青年团嘉兴市秀洲区委员会
地址：洪兴西路
……Tel:82713228

妇联

嘉兴市妇女联合会
地址：广场路1号
……Tel:82521835

残联

嘉兴市残疾人联合会
地址：洪兴路628号
……Tel:82117325

嘉兴市工商业联合会
地址：嘉兴市姚家埭76号
……Tel:82073683

协会

嘉兴市水泥技术协会
地址：新马路
……Tel:82085517

嘉兴市市政工程协会
地址：天星河
……Tel:82080383

嘉兴市佛教协会
地址：勤俭路
……Tel:82053232

嘉兴市钓鱼协会
地址：吉水路
……Tel:82087478

嘉兴市质量管理协会
地址：建国中路
……Tel:82087352

嘉兴市食品工业协会
地址：新马路
……Tel:82081646

嘉兴市保险行业协会
地址：斜西街
……Tel:82080077

嘉兴市棋类运动协会
地址：勤俭路
……Tel:82083210

嘉兴海关职工技术协会
地址：越秀南路
……Tel:82193798

秀城区个体劳动者协会
地址：越秀北路
……Tel:82033123

嘉兴市节能协会
地址：新马路
……Tel:82079596

嘉兴市企业管理协会
地址：新马路
……Tel:82076131

嘉兴市机动车驾驶员协会
地址：城东路
……Tel:82311585

嘉兴市私营企业协会
地址：吉杨路
……Tel:82079464

嘉兴市建材工业协会
地址：友谊街道
……Tel:82117560

嘉兴市科学技术协会
地址：广场路1号
……Tel:82521777

嘉兴市标准化协会
地址：洪兴路
……Tel:82086738

嘉兴市职工技术协会
地址：中山路
……Tel:82065654

嘉兴市银行业协会
地址：中山西路
……Tel:82079121

嘉兴市新型墙体材料行业协会
地址：天河街
……Tel:82115611

嘉兴市餐饮行业协会
地址：中山东路
……Tel:82096039

嘉兴市篮球运动协会
地址：秀洲路新马路33号5楼
……Tel:82075295

学会

嘉兴市会计学会
地址：未兴北路
……Tel:82069314

嘉兴市行政管理学会
地址：城南花园
……Tel:82521518

嘉兴市医学会
地址：勤俭路1133号
……Tel:82067603

嘉兴市规划测绘学会
地址：中山西路
……Tel:82086740

嘉兴市教育学会
地址：栅堰路
……Tel:82099881

红十字会

嘉兴市卫生局红十字会
地址：勤俭路
……Tel:82084871

福利会

嘉兴市救助管理站
地址：大桥镇18里西街661号
……Tel:83010377

秀城区慈善总会
地址：勤俭路
……Tel:82062531

嘉兴市慈善总部
地址：吉杨路
……Tel:82075511

宗教组织

嘉兴市基督教三自爱国运动委员会
地址：未兴南路
……Tel:82086236

其他社会团体

中国共产党嘉兴市委政策研究室
地址：嘉兴市广场路1号
……Tel:82521723

秀城区退休教育工作者协会
地址：秀洲路
……Tel:82067735

嘉兴市老龄问题研究会
地址：吉杨路
……Tel:82032916

嘉兴市汽车行业商会
地址：中环南路
……Tel:82670858

嘉兴市汽车技术协会
地址：城东路56号
…… Tel:82319119

嘉兴市社会科学界联合会
地址：广场路
…… Tel:82521806

嘉兴市郊区机动车驾驶员协会
地址：二环西路
…… Tel:82613213

嘉兴市预算会计研究会
地址：少年路
…… Tel:82068586

嘉兴市新四军暨华中抗日根据地研究会
地址：行政中心
…… Tel:82521686

驻在机构

中央驻在机构

中华人民共和国嘉兴出入境检验检疫局
地址：中山西路
…… Tel:82075166

中华人民共和国嘉兴海关
地址：越秀南路
…… Tel:82201034

中华人民共和国嘉兴海关走私犯罪侦查支局
地址：城东路
…… Tel:82313692

中华人民共和国嘉兴海关缉私分局
地址：城东路大新路交叉口
…… Tel:82315927

中华人民共和国嘉兴海事局
地址：花园路790号
…… Tel:82873806

中国国际贸易促进委员会嘉兴市支会
地址：勤俭路
…… Tel:82078483

湖州市（0572）

湖州市委办公室
地址：湖州市行政中心3号楼
…… Tel:23988188

湖州市委台湾工作办公室
地址：湖州市行政中心1号楼
…… Tel:2398621

湖州市委老干部局
地址：湖州市行政中心3号楼
…… Tel:2398827

湖州市委组织部
地址：行政中心3号楼
…… Tel:2398883

湖州市委统战部
地址：湖州市行政中心1号楼
…… Tel:2398630

湖州市委党史研究室
地址：湖州市行政中心
…… Tel:2398235

湖州市委、市政府农业和农村工作办公室
地址：湖州市行政中心3号楼
…… Tel:2398861

湖州市委、市政府接待办公室
地址：湖州市行政中心6号楼
…… Tel:2398139

国家机构

人大常委会

湖州市人大农业环境保护委员会
地址：湖州市行政中心4号楼
…… Tel:2398356

湖州市人大财政经济委员会
地址：湖州市行政中心4号楼
…… Tel:2398352

湖州市人大常委会代表与选举任免工作委员会
地址：湖州市行政中心4号楼
…… Tel:2399679

湖州市人大常委会研究室
地址：行政中心4号楼
…… Tel:2399679

湖州市人大教科文卫民侨委员会
地址：湖州市行政中心4号楼
…… Tel:2398337

湖州市人民代表大会常务委员会
地址：行政中心4号楼
…… Tel:2663018

人民政府

湖州市人事局
地址：行政中心2号楼
…… Tel:2398725

湖州出入境检验检疫局
地址：凤凰路560号
…… Tel:2102767

湖州市卫生局
地址：青太路915号
…… Tel:2760018

湖州市市场监督管理局
地址：青铜路218号
…… Tel:2123027

湖州市水利局
地址：红旗路103号
…… Tel:2667909

湖州市气象局
地址：太湖路800号
…… Tel:2579772

湖州市太湖水利工程建设管理局
地址：红旗路103号
…… Tel:2667969

湖州市公路运输管理稽征处
地址：湖州杭长桥南路278号
…… Tel:96520

湖州市公路管理处
地址：龙溪北路290号
…… Tel:2110271

湖州市对外贸易经济合作局
地址：凤凰路137号
…… Tel:2122018

湖州市民政局
地址：青铜路99号
…… Tel:2113201

湖州市农业农村局
地址：湖州苕溪东路174号
…… Tel:2074496

湖州市应急管理局
地址：环城西路77号
…… Tel:2022576

湖州市机关事务管理局
地址：行政中心6号楼
…… Tel:2399320

湖州市行政服务中心（招投标中心）
地址：红旗路99号
…… Tel:2213598

湖州市交通局
地址：二环西路2008号
…… Tel:2023237

湖州市劳动和社会保障局
地址：湖州市行政中心2号楼
…… Tel:2398705

湖州市住房公积金管理中心
地址：湖州市府庙7号楼
…… Tel:2215364

湖州市体育局
地址：太湖路2221号
…… Tel:2059379

湖州市财政地税局
地址：龙王山路518号
…… Tel:2150022

湖州市劳教所
地址：开发区扬家埠镇
…… Tel:2207329

湖州市国土资源局
地址：开元路88号
…… Tel:2667792

湖州市审计局
地址：所前街4号
…… Tel:2031981

湖州市林业局
地址：环城西路451号
…… Tel:2056720

湖州市规划与建设局
地址：莲花庄路137号
…… Tel:2038574

湖州市国家税务局
地址：体育场路99号
…… Tel:2158059

湖州市招商局
地址：红丰四路8号
…… Tel:2668068

湖州市质量技术监督局
地址：安吉路299号
…… Tel:2523010

湖州市环境保护局
地址：长兴路128号
…… Tel:2668504

湖州市统计局
地址：湖州市行政中心2号楼
…… Tel:2398687

湖州市城市管理行政执法局
地址：龙溪北路336号
…… Tel:2111211

湖州市贸易与粮食局
地址：成莱大街142号
…… Tel:2665812

湖州市科学技术局
地址：龙王山路1236号
…… Tel:2667110

湖州市食品药品监督管理局
地址：陵阳路988号
…… Tel:2618940

湖州市档案局（档案馆）
地址：行政中心5号楼
…… Tel:2398080

湖州市文化和文化和旅游局
地址：行政中心2号楼
…… Tel:2399901

湖州市教育局
地址：湖州市行政中心1号楼
…… Tel:2398582

湖州市港航管理局
地址：南门外南墩
…… Tel:2506988

浙江湖州经济开发区管理委员会
地址：湖州市龙溪路208号
…… Tel:2101753

湖州太湖旅游度假区管理委员会
地址：湖州市太湖旅游度假区
…… Tel:2159922

湖州市人口和计划生育委员会
地址：湖州市行政中心4号楼
…… Tel:2398966

湖州市发展改革委员会（物价局）
地址：湖州市行政中心2号楼
…… Tel:2398776

湖州市国有资产监督管理委员会
地址：红丰路589号
…… Tel:2290009

湖州市经济委员会（中小企业局）
地址：龙凤路18号
…… Tel:2398559

湖州市直属机关工作委员会
地址：湖州市行政中心3号楼
…… Tel:2398805

湖州市人民防空办公室（民防局）
地址：湖州市环城东路333号
…… Tel:2775010

湖州市政府办公室
地址：湖州市行政中心2号楼
…… Tel:2398309

湖州市政府外事办公室
地址：湖州市行政中心2号楼
…… Tel:2398765

湖州市政府侨务办公室
地址：湖州市行政中心1号楼
…… Tel:2398609

湖州市信息化办公室（信息中心、党务信息中心）
地址：湖州市行政中心3号楼
…… Tel:2398812

人民政协和民主党派

人民政协

湖州市政协人口资源环境委员会
地址：湖州市行政中心1号楼
…… Tel:2398523

湖州市政协办公室
地址：湖州市行政中心1号接
…… Tel:2398515

湖州市政协文史资料委员会
地址：湖州市行政中心1号楼
…… Tel:2398528

湖州市政协教文卫体委员会
地址：湖州市行政中心1号楼
…… Tel:2398526

湖州市政协提案委员会
地址：湖州市行政中心1号楼
…… Tel:2398525

湖州市政协港澳台侨委员会
地址：湖州市行政中心1号楼
…… Tel:2398523

九三学社湖州市委员会
地址：湖州市行政中心1号楼
…… Tel:2398623

中国民主同盟湖州市委员会
地址：湖州市行政中心1号楼
…… Tel:2398565

中国民主建国会湖州市委员会
地址：湖州市行政中心1号楼
…… Tel:2662032

中国民主促进会湖州市委员会
地址：湖州市行政中心1号楼
…… Tel:2398568

中国农工民主党湖州市委员会
地址：湖州市行政中心1号楼
…… Tel:2398570

中国国民党革命委员会湖州市委员会
地址：湖州市行政中心1号楼
…… Tel:2398562

社会团体

工会

湖州市总工会
地址：湖州市滨河路315号
…… Tel:2022758

共青团、青联、学联

共青团湖州市委
地址：湖州市行政中心1号楼
…… Tel:2398068

妇联

湖州市妇女联合会
地址：湖州市行政中心4号楼
…… Tel:2399203

侨联

湖州市归国华侨联合会
地址：湖州市行政中心1号楼
…… Tel:2398609

文联

湖州市文学艺术界联合会
地址：湖州市新华路628号
…… Tel:2399693

残联

湖州市残疾人联合会
地址：湖州市凤凰路177号
…… Tel:2105947

工商联

湖州市工商业联合会（湖州市总商会）
地址：湖州市龙王山路518号
…… Tel:2039007

协会

湖州市科学技术协会
地址：湖州市科技馆内
…… Tel:2398696

红十字会

湖州市红十字会
地址：湖州市青太路915号
…… Tel:2760065

绍兴市（0575）

中国共产党绍兴市委员会
地址：曲屯路
…… Tel:85135209

中国共产党绍兴市委员会老干部局
地址：北后街
…… Tel:85119324

中国共产党绍兴市委员会统一战线工作部
地址：中兴南路94号
…… Tel:85141203

中国共产党绍兴市组织史资料编辑组
地址：解放北路
…… Tel:85118052

中国共产党绍兴市委组织部
地址：曲屯路
…… Tel:85132844

中国共产党绍兴市委政策研究室
…… Tel:85200100

国家机构

人大常委会

绍兴市人民代表大会常务委员会
地址：胜利西路
…… Tel:85141146

人民政府

绍兴市人民政府办公室
地址：曲屯路
…… Tel:85133311

绍兴市人事局
…… Tel:85117359

绍兴市卫生局
地址：东街
…… Tel:85080570

绍兴市市场监督管理局
地址：环城东路
…… Tel:88615217

绍兴市水利局
地址：马臻路
…… Tel:85164006

绍兴市文物管理局
地址：鲁迅中路
…… Tel:88625900

绍兴市气象局
地址：马臻路175号
…… Tel:85151174

绍兴市对外贸易经济合作局
地址：胜利东路
…… Tel:85132821

绍兴市市级机关事务管理局
地址：曲屯路
…… Tel:85132861

绍兴市民政局
地址：静宁巷
…… Tel:85133425

绍兴市地方税务局
地址：人民西路333号
…… Tel:85123333

绍兴市农业农村局
…… Tel:85132339

绍兴市应急管理局
地址：小禅法弄
…… Tel:85158948

绍兴市交通局
地址：胜利西路
…… Tel:85158607

绍兴市劳动和社会保障局
地址：胜利西路
…… Tel:85132866

绍兴市社会保险事业管理局
地址：铁甲营
…… Tel:85117754

绍兴市体育局
地址：绍兴市劳动路99号
…… Tel:85082700

绍兴市园林绿化管理局
地址：府横街
…… Tel:85115050

绍兴市财政局
地址：人民西路333号
…… Tel:85209620

绍兴市国土资源局
地址：龙山后街108号
…… Tel:85118790

绍兴市审计局
地址：中兴中路
…… Tel:85202219

绍兴市林业局
地址：新建北路248号
…… Tel:85117792

绍兴市居民身份证信息管理中心
地址：北海路
…… Tel:85173575

绍兴市建设局
地址：人民西路

Tel:85147985

绍兴市规划局
地址：龙山后街20号
Tel:85132570

绍兴市国家税务局
地址：鲁迅西路55号
Tel:85228013

绍兴市招商服务局
地址：延安东路
Tel:88619656

绍兴市建筑业管理局
地址：铁甲营
Tel:85135372

绍兴市质量技术监督局
地址：袍江工业区世纪街
Tel:88132771

绍兴市环境保护局
地址：树下王路
Tel:85131902

绍兴市统计局
地址：解放北路
Tel:85138031

绍兴市城市管理行政执法局
地址：解放北路35号
Tel:85129310

绍兴市科学技术局
地址：胜利西路53号
Tel:85133307

绍兴市食品药品监督管理局
地址：府山西路188号
Tel:85338755

绍兴市盐务管理局
地址：石家池河沿
Tel:85144507

绍兴市畜牧兽医局
地址：府山西路
Tel:85152768

绍兴市烟草专卖局
地址：人民东路485号
Tel:88658530

绍兴市档案局
地址：袍江工业区世纪东街
Tel:85225098

绍兴市文化和文化和旅游局
地址：龙山后街
Tel:85132711

绍兴市教育局
地址：开巷
Tel:85133214

绍兴市就业管理服务局
地址：马臻路
Tel:85162369

绍兴市港行管理局
地址：皋埠镇银城路
Tel:88002555

绍兴市人口和计划生育委员会
地址：府山西路
Tel:85153254

绍兴市人民政府国有资产监督管理委员会
地址：胜利西路
Tel:85201900

绍兴市发展和改革委员会
地址：人民西路
Tel:85135202

绍兴市国防教育委员会办公室
地址：铁甲营
Tel:85224319

绍兴市经济贸易委员会
地址：胜利西路657号
Tel:85157014

绍兴市消费者权益保护委员会
地址：环城东路1901号
Tel:88615074

绍兴市人民防空办公室
地址：石家池河沿
Tel:85150656

绍兴市人民政府对外联络办公室
地址：解放北路
Tel:85179286

绍兴市人民政府外事与侨务办公室
地址：府山西路360号
Tel:85172055

绍兴市人民政府台湾事务办公室
地址：中兴南路
Tel:85149552

绍兴市人民政府经济技术协作办公室
地址：西小路庙弄
Tel:85152932

绍兴市节约用水办公室
地址：人民西路
Tel:85225169

绍兴市地方志编撰委员会办公室
地址：曲屯路
Tel:85132590

绍兴市农业综合开发办公室
地址：人民中路
Tel:85225283

绍兴市老龄工作委员会办公室
地址：胜利西路
Tel:85358592

绍兴市服务业调查中心
地址：解放北路
Tel:85203067

绍兴市委市政府市节会办公室
地址：胜利西路
Tel:85208998

绍兴市环城河管理委员会办公室
地址：环城西路
Tel:85208965

绍兴市政府统一征地办公室
地址：环山路
Tel:85171709

绍兴市绿化委员会办公室
地址：新建北路248号
Tel:85128949

绍兴市森林防火指挥办公室
地址：府山西路
Tel:85170087

绍兴市墙体材料改革办公室
地址：府山西路140号
Tel:85158682

绍兴市精神文明建设委员会办公室
地址：曲屯路
Tel:85142123

绍兴市土地开发整理中心
地址：环山路
Tel:85157339

绍兴市土地交易中心
地址：车站路
Tel:88021446

绍兴市户外广告管理办公室
地址：龙山后街
Tel:85226283

绍兴市公共资源交易管理委员会办公室
地址：车站路
Tel:88012117

绍兴市区夜市综合管理办公室
地址：渔化桥河沿
Tel:85142656

绍兴市犬类管理办公室
地址：会稽路
Tel:88361422

绍兴市区新型农村合作医疗管理中心
地址：东街
Tel:85221538

绍兴市市场开发服务中心
地址：大江市场
Tel:85132176

绍兴市发展和改革委员会价格监督检查局
地址：人民中路
Tel:85146474

绍兴市农业行政执法支队
地址：环城西路
Tel:85168158

绍兴市价格认证中心
地址：人民西路
Tel:85119077

绍兴市社会福利中心
地址：胜利西路1239号
Tel:85337600

绍兴市住房公积金管理中心
地址：解放北路
Tel:85083121

绍兴市招投标中心
地址：车站路
Tel:88011684

绍兴市便民服务中心
地址：延安东路
Tel:88604900

绍兴市科技创新服务中心
地址：袍江工业区中心大道
Tel:88157561

绍兴市城建办证中心
地址：延安东路
Tel:88604922

绍兴市城建稽查队
地址：后观巷
Tel:85135086

绍兴市海塘河湖管理站
地址：马山镇海塘
Tel:88171279

绍兴市接待服务中心
地址：环山路
Tel:85337176

绍兴市曹娥江大闸建设管理委员会
地址：胜利西路855号
Tel:85150377

绍兴市职称评审中心
地址：胜利东路285号
Tel:88905188

绍兴市勤工俭学办公室
地址：渔化桥河沿
Tel:85134664

绍兴市精神病防治康复工作领导小组办公室
地址：胜利西路
Tel:85397828

绍兴仲裁委员会
地址：延安东路
Tel:88654482

绍兴经济开发区管理委员会
地址：延安东路
Tel:88644485

浙江省信息产业厅绍兴无线电管理处
地址：中兴中路
Tel:85226951

人民政协和民主党派

人民政协

中国人民政治协商会议浙江省绍兴市委员会
地址：胜利西路
Tel:85134119

民主党派

九三学社绍兴市委员会
地址：中兴南路94号
Tel:85135130

中国民主建国会绍兴市委员会
地址：中共南路94号
Tel:85125855

中国民主促进会绍兴市委员会
地址：中兴南路94号
Tel:85122202

中国民盟绍兴市委员会
地址：中兴南路94号
Tel:85224421

中国农工民主党浙江省绍兴市委员会
地址：中兴南路94号
Tel:85134062

中国国民党革命委员会绍兴市委员会
地址：中兴南路94号
Tel:85135145

社会团体

工会

绍兴市直属机关工会联合会
地址：胜利西路
Tel:85147299

绍兴市总工会
地址：绍兴市劳动路100号
Tel:85200273

共青团、青联、学联

中国共产主义青年团绍兴市委员会
地址：静宁巷
Tel:85132817

妇联

绍兴市妇女联合会
地址：中兴南路94号
Tel:85098169

文联

绍兴市文学艺术界联合会
地址：龙珠里
Tel:85134850

残联

绍兴市残疾人联合会
地址：城南东光路127号
Tel:88375005

工商联

绍兴市工商业联合会
地址：中兴南路94号
Tel:85098303

协会

绍兴市计划生育协会
地址：府山西路
Tel:851723317

绍兴市企业联合会
地址：胜利西路
Tel:85179720

绍兴市律师协会
地址：胜利西路
Tel:85156493

绍兴市科学技术协会
地址：人民中路611号
Tel:88648317

绍兴市银行协会
地址：中兴南路2号
Tel:88160045

学会

华夏文化研究会
地址：延安路
Tel:80326932

绍兴市社会科学界联合会
地址：胜利西路
Tel:85135956

绍兴市新四军研究会
地址：北后街
Tel:85141661

红十字会

绍兴市红十字会
地址：东街
Tel:85080564

福利会

绍兴市慈善总会
地址：胜利东路
Tel:85134343

驻在机构

中央驻在机构

中华人民共和国绍兴海关
地址：胜利东路
Tel:85126660

中华人民共和国绍兴海关缉私分局
地址：胜利东路
Tel:85229626

金华市（0579）

中国共产党中国共产党金华市委员会
地址：双龙南街801号
Tel:82489578

中国共产党金华市老干部局
地址：双龙南街801号
Tel:82469931

中国共产党金华市委员会组织部
地址：双龙南街801号
Tel:82489302

中国共产党金华市直属机关工作委员会
地址：李渔路801号
Tel:82469326

中国共产党义乌市委员会组织部
地址：义乌市县前街21号
Tel:85528506

中国共产党义乌市委员会统战部
地址：义乌市县前街21号
Tel:85535203

中国共产党东阳市老干部局
地址：江北行政中心14楼
Tel:86655508

中国共产党东阳市委员会统战部
地址：江北行政中心大楼
Tel:86655106

中国共产党永康市直属机关工作委员会
地址：永康市金城路25号
Tel:87101471

中国共产党兰溪市委员会
地址：兰溪市府前路81号
Tel:88899106

中国共产党金华市婺城区婺城区委员会统战部
地址：婺城区宾虹西路2666号
Tel:82339773

国家机构

人大常委会

金华市人民代表大会常务委员会
地址：双龙南街801号
Tel:82468496

义乌市人民代表大会常务委员会
地址：义乌市县前街21号
Tel:85524053

东阳市人民代表大会常务委员会
地址：东阳市江北行政中心
Tel:86655327

永康市人民代表大会常务委员会
地址：永康市金城路25号
Tel:8710116

兰溪市人民代表大会常务委员会
地址：兰溪市府前路81号
Tel:88899303

武义县人民代表大会常务委员会
地址：武义县明招大楼9楼
Tel:87661136

金东区人民代表大会常务委员会
地址：金东区光南路836号
Tel:02176715

浦江县人民代表大会常务委员会
地址：浦江县人民东路40号
Tel:84114760

婺城区人民代表大会常务委员会
地址：婺城区宾虹西路2666号
Tel:82306468

磐安县人民代表大会常务委员会
地址：磐安县龙山路1号
Tel:84661916

人民政府

义乌市人民政府
地址：义乌市县前街21号
Tel:85536381

义乌市财政地税局
地址：义乌市行政中心5号楼
Tel:85729996

义乌市国土资源局
地址：义乌市文东路131号
Tel:85589081

义乌市审计局
地址：义乌市稠州中路373号
Tel:85313599

义乌市建设局
地址：义乌市江滨北路281号
Tel:85580009

东阳市民政局
地址：东阳市江北行政中心
Tel:86622335

东阳市国家税务局
地址：东阳市人民路69号
Tel:86640644

东阳市统计局
地址：东阳市江北行政中心
Tel:88655738

永康市国家税务局
地址：永康市永富南路15号
Tel:87177538

兰溪市市场监督管理局
地址：兰溪市牵湮路161号
Tel:88200017

武义县财政局（地税局）
地址：武义县环城南路80号
Tel:87641630

武义县国家税务局
地址：武义县迎宾路口
…… Tel:87633625

中余乡人民政府
地址：浦江县中余乡兴仁路2号
…… Tel:84398336

郑宅镇人民政府
地址：浦江县郑宅镇东明村
…… Tel:84289023

人民政协和民主党派

人民政协

中国人民政治协商会议金华市委员会
地址：双龙南街801号
…… Tel:82469210

中国人民政治协商会议义乌市委员会
地址：义乌市县前街21号
…… Tel:85522692

中国人民政治协商会议东阳市委员会
地址：东阳市江北行政大楼
…… Tel:86655337

中国人民政治协商会议永康市委员会
地址：永康市金城路25号
…… Tel:87101219

中国人民政治协商会议兰溪市委员会
地址：兰溪市府前路81号
…… Tel:88899508

中国人民政治协商会议武义县委员会
地址：武义县明招大楼7楼
…… Tel:87661042

中国人民政治协商会议金华市金东区委员会
地址：金东区光南路836号
…… Tel:82176538

中国人民政治协商会议金华市婺城区婺城区委员会
地址：婺城区宾虹西路2666号
…… Tel:82225501

中国人民政治协商会议浙江省浦江县委员会
地址：浦江县人民东路40号
…… Tel:84118332

中国人民政治协商会议磐安县委员会
地址：磐安县龙山路1号
…… Tel:84661493

民主党派

九三学社金华市委员会
地址：芙苑路
…… Tel:82436093

中国民主同盟金华市委员会
地址：八一北街1119号
…… Tel:82437025

中国民主建国会金华市委员会
地址：八一北街1119号
…… Tel:82436405

中国农工民主党金华市委员会
地址：八一北街1119号
…… Tel:82437211

社会团体

工会

金华市总工会
地址：双龙南街811号
…… Tel:82466529

义乌市总工会
地址：义乌市保联西街8号
…… Tel:85100351

东阳市总工会
地址：东阳市江北行政中心
…… Tel:86655537

永康市总工会
地址：永康市九铃东路3002号
…… Tel:87115096

兰溪市总工会
地址：兰溪市府前路59号
…… Tel:88882393

武义县总工会
地址：武义县梅郎路5号
…… Tel:87647867

金东区总工会
地址：金东区康济南街368号
…… Tel:82365908

浦江县总工会
地址：浦江县水埂巷8号
…… Tel:84132876

婺城区总工会
地址：婺城区宾虹西路2666号
…… Tel:82303062

磐安县总工会
地址：磐安县安文镇城滨路2号
…… Tel:84667178

共青团、青联、学联

中国共产主义青年团金华市委员会
地址：双龙南街801号
…… Tel:82469250

中国共产主义青年团义乌市委员会
地址：义乌市南门街213号
…… Tel:85522472

中国共产主义青年团东阳市委员会
地址：东阳市江北行政中心
…… Tel:86655343

中国共产主义青年团永康市委员会
地址：永康市金城路25号
…… Tel:87101474

中国共产主义青年团兰溪市委员会
地址：兰溪市府前路234号
…… Tel:88899186

中国共产主义青年团武义县委员会
地址：武义县壶山下街128号
…… Tel:87667657

中国共产主义青年团金东区委员会
地址：金东区光南路836号
…… Tel:82176771

中国共产主义青年团浦江县委员会
地址：浦江县人民东路104号
…… Tel:84111227

中国共产主义青年团婺城区委员会
地址：婺城区宾虹西路2666号
…… Tel:82324275

中国共产主义青年团磐安县委员会
地址：磐安县龙山路1号
…… Tel:84662625

妇联

永康市妇女联合会
地址：永康市金城路25号
…… Tel:87101463

兰溪市妇女联合会
地址：兰溪市府前路81号
…… Tel:88899339

金华市妇女联合会
地址：双龙南街801号
…… Tel:82466319

义乌市妇女联合会
地址：义乌市南门街213号
…… Tel:85410552

东阳市妇女联合会
地址：东阳市江北行政中心
…… Tel:86655504

武义县妇女联合会
地址：武义县壶山下街128号
…… Tel:87660791

金东区妇女联合会
地址：金东区光南路836号
…… Tel:82176597

浦江县妇女联合会
地址：浦江县人民东路40号
…… Tel:84121330

婺城区妇女联合会
地址：婺城区宾虹西路2666号
…… Tel:82314087

磐安县妇女联合会
地址：磐安县龙山路1号
…… Tel:84665466

协会

金华市风景园林学会
地址：婺州街85号
…… Tel:83186686

金华市房地产业协会
地址：雅苑街118号
…… Tel:82068130

金华市保险行业协会
地址：李渔路1103号
…… Tel:82473217

金华市消费者协会
地址：青春路152号
…… Tel:82110313

义乌市皮革行业协会
地址：义乌市机场路74号
…… Tel:85102005

义乌市汽车用品行业协会
地址：义乌市长春三区35幢
…… Tel:85598506

义乌市服装行业协会
地址：义乌市机场路73号
…… Tel:85521093

义乌市建筑行业协会
地址：义乌市江滨北路281号
…… Tel:85580025

义乌市金融行业协会
地址：义乌市薑园路112号
…… Tel:85531136

东阳市个体劳动者协会
地址：东阳市人民北路3号
…… Tel:86623895

浦江县服装行业协会
地址：浦江县人民西路1号
…… Tel:84123873

宗教组织

义乌市佛教协会
地址：义乌市机场路60号2幢
…… Tel:85536822

义乌市城区基督教会
地址：义乌市宗泽东路237号
…… Tel:85381667

义乌市基督教三自爱国会
地址：义乌市宗泽东路237号
…… Tel:85381677

廿三里基督教会
地址：义乌市廿三里街道
…… Tel:85013796

东阳市佛教协会
地址：东阳市昊宁街道南寺塔
…… Tel:88889031

东阳市基督教三自爱国运动委员会
地址：东阳市东街95号
…… Tel:86629497

兰溪市基督教三自爱国会
地址：兰溪市云山街道
…… Tel:88825699

浦江县基督教协会
地址：浦江县仙华街道大许村
…… Tel:84191929

婺城区天主教爱国会
地址：婺城区将军路
…… Tel:82328215

衢州市（0570）

国家机构

人民政府

衢州市人民政府
地址：荷花三路
…… Tel:3024936

浙江省衢州市盐务管理局
地址：振兴街22号
…… Tel:3850198

衢州市人民政府防汛防旱指挥部
地址：荷花二路
…… Tel:3026988

衢衢州电力局
地址：荷花二路
…… Tel:3082132

衢州市人事劳动社会保障局
地址：荷花三路231号
…… Tel:3086905

衢州市卫生局
地址：荷花五路
…… Tel:8871169

衢州市市场监督管理局
地址：上街
…… Tel:3052432

衢州市市场监督管理局衢江分局
地址：樟潭路
…… Tel:2831931

衢州市水利局
地址：荷花二路
…… Tel:3082137

衢州市气象局
地址：新安路36号
…… Tel:3049722

衢州市乌溪江引水工程管理局
地址：柯城区石室乡
…… Tel:3060081

衢州市电力局
地址：荷花二路
…… Tel:95598

衢州市对外贸易经济合作局
地址：斗潭新安路
…… Tel:8056030

衢州市民用航空管理局
地址：机场内
…… Tel:8018707

衢州市民政局
地址：三衢路78号
…… Tel:3077073

衢州市民族宗教事务局
地址：下街
…… Tel:3031455

衢州市地方税务局
地址：水亭街38号
…… Tel:3020157

衢州市地方税务局衢江税务分局
地址：沈家新衢北路10号
…… Tel:2831768

衢州市农业农村局
地址：荷花三路
…… Tel:3084450

衢州市应急管理局
地址：荷四路
…… Tel:3080981

衢州市级机关会计核算中心
地址：荷花中路278号
…… Tel:3080810

衢州市机关事务管理局
地址：荷花三路
…… Tel:3081093

衢州市地名委员会办公室
地址：三衢路
…… Tel:3077673

衢州市交通局
地址：新桥街15号
…… Tel:3032105

衢州市地税局稽查局
地址：二桥街1号
…… Tel:3036290

衢州市社会保险事业管理局
地址：荷花三路
…… Tel:3079626

衢州市社会福利院
地址：三衢路88号
…… Tel:3077751

衢州市住房公积金管理中心
地址：东河沿
…… Tel:3042221

衢州市体育局
地址：经济开发区百汇路
…… Tel:3853906

衢州市国土资源局
地址：衢江南路
…… Tel:3862411

衢州市审计局
地址：荷花三路229号
…… Tel:3042808

衢州市林业局
地址：荷花三路
…… Tel:3089068

衢州市建设局
地址：环城东路
…… Tel:3025644

衢州市规划局
地址：文化路
…… Tel:8010196

衢州市物价局
地址：荷花三路
…… Tel:3081242

衢州市国家税务局
地址：新安路
…… Tel:8021085

衢州市国家税务局直属税务分局
地址：新安路
…… Tel:8021168

衢州市国家税务局稽查局
地址：新安路
…… Tel:8021139

衢州市质量技术监督局
地址：荷化中路
…… Tel:12365

衢州市质量技术监督局衢江分局
地址：沈家东迹大道
…… Tel:2831510

衢州市环境保护局
地址：荷花中路
…… Tel:3082905

衢州市统计局
地址：荷花三路
…… Tel:3082507

衢州市科学技术局
地址：浮石路88号
…… Tel:8810333

衢州市药品监督管理局
地址：荷花四路
…… Tel:3089539

衢州市消防支队
地址：衢化路
…… Tel:3080119

衢州市烟草专卖局
地址：通荷路
…… Tel:3071077

衢州市档案局
地址：荷花三路
…… Tel:3082605

衢州市高等教育自学考试办公室
地址：荷花中路
…… Tel:3089840

衢州市综合行政执法局
地址：环城东路
…… Tel:3037911

衢州市教育局
地址：荷花中路
…… Tel:3086631

衢州市就业管理服务局
地址：荷花三路
…… Tel:3086290

衢州市粮食与贸易局
地址：荷花中路131号
…… Tel:3081823

衢州市发展和改革委员会
地址：荷花中路
…… Tel:3081239

衢州市经济委员会衢州市中小企业局
地址：劳动路93号
…… Tel:3025936

柯城区人民防空办公室
地址：西安路
…… Tel:3026255

柯城区人民政府蔬菜办公室
地址：蛟池街
…… Tel:3027048

柯城区农业和农村工作办公室
地址：双港路
…… Tel:3860996

柯城区农业综合开发办公室
地址：市区体育场路2巷13号
…… Tel:3040808

衢江区农业和农村办公室
地址：樟潭火车站北
…… Tel:3838608

衢江区农业综合开发办公室
地址：樟潭火车站北
…… Tel:3838658

衢江区农民新村建设领导小组办公室
地址：衢江花园
…… Tel:3677186

衢江区农村能源办公室
地址：樟潭镇茶园综合楼
…… Tel:3838880

衢江区保持共产党员先进性教育办公室
地址：衢江区行政中心

Tel:3838019
衢江区移民工作办公室
地址：樟潭镇樟潭路
Tel:3838663
衢州市人民政府台湾各务办公室
地址：斗潭
Tel:8020068
衢州市人民政府研究室
地址：荷花三路
Tel:3087653
衢州市人民政府督察室
地址：荷花三路
Tel:3087418
衢州市外事与侨务办公室
地址：荷花三路
Tel:3086515
衢州市农业和农村工作办公室
地址：荷花三路
Tel:3088556
衢州市住房制度改革领导小组办公室
地址：东河沿
Tel:3023122
衢州市党员干部现代远程教育办公室
地址：荷花三路
Tel:3083435
浙江省信息产业厅衢州市无线电管理处
地址：荷花三路34号
Tel:3890077
衢州双港开发区管理委员会
地址：双港中路
Tel:3863792
衢州市人民防空办公室
地址：人防路
Tel:3040853
衢州市人民政府经济技术协作办公室（招商局）
地址：荷花三路34号
Tel:3899022
衢州市土地储备中心
地址：江滨南路
Tel:3860147
衢州市节约用水办公室
地址：中河沿
Tel:3023221
衢州市旧城改造指挥部办公室
地址：新轿街
Tel:3029980
衢州市东港工业园区柯城工业园
地址：衢州市柯城区
Tel:3830518
衢州市西区开发建设管理委员会
地址：白云小区时面
Tel:3017200
衢州市行政服务中心
地址：荷花三路
Tel:3890177
衢州市招投标中心
地址：荷花三路
Tel:8810088
衢州市统一征地办公室
地址：滨江路
Tel:3862441
衢州经济开发区双港管委会
地址：双港开发区双港中路1号
Tel:3863782
衢州经济开发区东港工业园区开发建设总指挥部
地址：东港二路
Tel:3832337
衢州经济开发区管理委员会
地址：世纪大道677号
Tel:3851409
柯城区人民政府办公室
地址：西安路
Tel:3026887
衢江区人民政府
地址：衢江区行政中心
Tel:3838066
柯城区人事劳动社会保障局
地址：斗潭
Tel:3024757
柯城区土地储备中心
地址：西安路
Tel:3030731
柯城区计划生育（卫生）局
地址：浮石路
Tel:3025094
柯城区水利局
地址：浮石路
Tel:3042325
柯城区民政局
地址：西安路
Tel:3021217
柯城区发展和改革局（统计局）
地址：水亭街
Tel:3025967
柯城区应急管理局
地址：双港路
Tel:3861336
柯城区机关事务管理局
地址：西安路
Tel:3023584
柯城区行政服务中心
地址：西安路
Tel:3042599
柯城区社会保险事业管理局
地址：县学街
Tel:3049499
柯城区财政局
地址：上街
Tel:3051638
柯城区审计局
地址：水亭街
Tel:3030839
柯城区林业局
地址：浮石路
Tel:3051221
柯城区建设（旅游）局
地址：讲舍街
Tel:3037966
柯城区经济贸易局
地址：西安路
Tel:3023597
柯城区招商局
地址：西安路
Tel:3023567
柯城区科学技术局
地址：水亭街
Tel:3041278
柯城区档案局
地址：西安路区政府
Tel:3021236
柯城区就业管理处
地址：西安路
Tel:3040596
衢江区人口和计划生育局
地址：衢江区行政中心大楼
Tel:3838238
衢江区人事劳动社会保障局
地址：衢江区政府行政中心
Tel:3838716
衢江区土地整理中心
地址：沈家振兴街
Tel:3879391
衢江区发展和改革局（物价局）
地址：衢江区行政中心
Tel:3838855
衢江区机关事务管理局
地址：衢江区行政中心
Tel:3838131
衢江区行政服务中心
地址：府前路
Tel:3838792
衢江区社会保险事业管理局
地址：樟潭
Tel:3838717
衢江区财政局
地址：衢江区行政中心
Tel:3838799
衢江区建设局
地址：沈家振兴中路
Tel:3878025
衢江区经济贸易局
地址：衢江区行政中心
Tel:3838981
衢江区统计局
地址：衢江区行政中心
Tel:3838168
衢江区就业管理服务局
地址：衢江区行政中心
Tel:3838731
衢州市国土资源局柯城分局
地址：西安路
Tel:3860156
衢州市国土资源局衢江分局
地址：沈家上埠路
Tel:3879291
衢州市规划局柯城分局
地址：双港路180号
Tel:3081862
衢州市规划局衢江分局
地址：樟潭中路
Tel:2831678
衢州市环境保护局柯城分局
地址：水亭街
Tel:3046576
衢州市环境保护局衢江分局
地址：沈家东速大道
Tel:2831332
衢州市柯城区农业农村局
地址：浮石路45号
Tel:3025456
衢州市消防支队柯山消防大队
地址：官庄
Tel:3083884
衢州市综合行政执法局柯城分局
地址：双港路
Tel:3861901
衢州市综合行政执法局衢江分局
地址：沈家振兴街兴丰路
Tel:3678976
衢州市衢江区民政局
地址：衢江区行政中心
Tel:3838638
衢州市衢江区局审计局
地址：衢江区行政中心
Tel:3838218
柯城区城市社区建设指导委员会办公室
地址：西安路
Tel:3036601
衢江区行政中心筹建领导小组办公室
地址：衢江区
Tel:3838938

人民政协和民主党派

人民政协

中国人民政治协商会议浙江省衢州市委员会
地址：荷花三路
Tel:3074436
中国人民政治协商会议衢州市柯城区委员会
地址：西安路
Tel:3051931
中国人民政治协商会议衢州市衢江区委员会
地址：衢江区行政中心
Tel:3838087
民主党派
九三学社衢州市委员会
地址：宁绍巷
Tel:3024908
中国民主同盟衢州市委员会
地址：宁绍巷
Tel:3024609
中国民主建国会衢州市委员会
地址：宁绍巷
Tel:3024786
中国民主促进会衢州市委员会
地址：宁绍巷
Tel:3024076
中国农工民主党浙江省衢州市委员会
地址：宁绍巷
Tel:3024897
中国国民党革命委员会浙江省衢州市委员会
地址：宁绍巷
Tel:3024587

社会团体

工会

衢州市总工会
地址：东河沿23号
Tel:3029488
柯城区总工会
地址：西安路
Tel:3036952

共青团、青联、学联

中国共产主义青年团衢州市委员会
地址：荷花三路
Tel:3081457
中国共产主义青年团衢州市柯城区委员会
地址：西安路
Tel:3025970
中国共产主义青年团衢州市衢江区委员会
地址：衢江区行政中心
Tel:3838156

妇联

衢州市妇女联合会
地址：荷花三路
Tel:3073577
柯城区妇女联合会
地址：西安路
Tel:3024800

残联

衢州市残疾人联合会
地址：仁德路
Tel:5023191
柯城区残疾人联合会
地址：水亭街
Tel:3051523
协会
衢州市企业联合会衢州市企业家协会
地址：劳动路93号
Tel:5024655

老龄问题委员会

柯城区老龄工作委员会
地址：西安路
Tel:3023994
衢州市老龄工作委员会办公室
地址：斗潭3035789
其他社会团体
衢州市山海协作企业联合促进会
地址：荷花三路
Tel:3899181
衢州市文学艺术界联合会
地址：县学街
Tel:3028285
衢州市归国华侨联合会
地址：荷花三路
Tel:3080122
衢州市民营经济研究会筹委会
地址：裕丰花园
Tel:8870181
衢州市农业龙头企业联合会
地址：上街
Tel:3021970
衢州市老年书画研究会
地址：斗潭
Tel:3023034
衢州市社会科学界联合会
地址：荷花三路
Tel:3081121

驻在机构

中央驻在机构

中华人民共和国衢州出入境检验检疫局
地址：荷花三路
Tel:3081394
本省驻在机构
舟山市（0580）
中国共产党中国共产党舟山市委员会办公室
地址：新城海天大道681号
Tel:2282222
中国共产党舟山市委员会组织部
地址：新城海天大道681号
Tel:2281001
中国共产党舟山市普陀区委员会
地址：沈家门北安路255号
Tel:3012221
岱山县委办公室
地址：岱山县高亭镇鱼山大道
Tel:4472733
普陀区委老干部局普陀区关工委办公室
地址：沈家门文军弄5号
Tel:3011212
嵊泗县委员会办公室
地址：嵊泗县菜园镇
Tel:5082474

国家机构

人大常委会

舟山市人民代表大会常务委员会
地址：新城海天大道681号
Tel:2280272
嵊泗县人民代表大会常务委员会
地址：嵊泗县菜园镇
Tel:5082792
人民政府
舟山市人民防空办公室
地址：腾坑湾路60号
Tel:2266637
舟山市人民政府外事与侨务办公室
地址：新城海天大道舶1号
Tel:2266639
舟山市人事劳动社会保障局
地址：定海区海天大道681号
Tel:2266605
舟山市卫生局
地址：定海区文化路26
Tel:2266616
舟山市市场监督管理局
地址：定海区环城南路426号
Tel:2266620
舟山市水利围垦局
地址：定海区文化路64号
Tel:2266060
舟山市公路管理局
地址：新城海天大道681号
Tel:2266638
舟山市对外贸易经济合作局
地址：新城海天大道681号
Tel:2266635
舟山市市场管理服务局
地址：东赢路121号
Tel:2266700
舟山市民政局
地址：定海区千岛路225号
Tel:2266651
舟山市民族宗教事务局
地址：新城海天大道601号
Tel:2266608
舟山市应急管理局
地址：新城海天大道681号
Tel:2280390
舟山市机关事务管理局
地址：新城海天大道681号
Tel:2266613
舟山市农林局
地址：定海区蟠洋山路16号
Tel:2266629
舟山市社会保险事业管理局
地址：定海区环城东路66号
Tel:2266627
舟山市体育局
地址：新城海天大道681号
Tel:2266655
舟山市财政（地税）局
地址：财政大楼
Tel:2266606
舟山市国土资源局
地址：新城千岛路159号
Tel:2266625
舟山市审计局
地址：新城海天大道681号
Tel:2266610

舟山市物价局
地址：新城海天大道681号
Tel:2266657

舟山市国家税务局
地址：新城海天大道681号
Tel:2266607

舟山市质量技术监督局
地址：新城千岛路257号
Tel:2266619

舟山市环境保护局
地址：新城海天大道681号
Tel:2266631

舟山市统计局
Tel:2266601

舟山市科学技术局
地址：新城海天大道681号
Tel:2266650

舟山市药品监督管理局
地址：昌国路东几里180号
Tel:2266630

舟山市海洋与渔业局
地址：定海区环城南路469号
Tel:2266623

舟山市文化和文化和旅游局
地址：定海区新城行政中心
Tel:2280817

舟山市教育局
地址：定海区环城南路359号
Tel:2266656

舟山市粮食局
地址：定海区环城东路40号
Tel:2266030

舟山市计划生育委员会
地址：定海区海山路43号
Tel:2266632

舟山市发展和改革委员会
地址：新城海天大道681号
Tel:2266609

舟山市交通委员会
地址：新城海天大道681号
Tel:2266617

舟山市经济贸易委员会
地址：定海区海天大道681号
Tel:2266628

舟山市城乡建设委员会
地址：新城海炙大道681号
Tel:2266618

舟山市审批办证服务中心
地址：人民南路126号
Tel:2266636

普陀山镇人民政府
地址：普陀山梅岑路119号
Tel:6091338

普陀区白沙乡人民政府
地址：普陀区白沙乡
Tel:6635328

普陀区东极镇人民政府驻沈家门办事处
地址：东港晨晖街185号
Tel:3018768

普陀区蚂蚁岛乡人民政府
地址：蚂蚁岛乡长沙塘路103号
Tel:6666970

普陀区虾峙镇人民政府
地址：普陀区虾峙镇大否村
Tel:6057252

普陀区桃花镇人民政府
地址：桃花镇公前街1号
Tel:6061239

普陀区登步乡人民政府
地址：登步乡永安村3号
Tel:6668103

舟山市住房公积金管理中心岱山县分中心
地址：高亭镇人民路156号
Tel:4475586

舟山市质量技术监督局普陀分局
地址：东港海莲路171号
Tel:3821208

舟山市普陀区财政局
地址：北安路88号
Tel:3062868

岱山县交通局
地址：高亭镇沿港中路8号
Tel:4372999

岱山县国土资源局
地址：高亭镇人民路48号
Tel:4481628

岱山县建设局
地址：岱山县高亭镇鱼山大道
Tel:4487211

岱山县科学技术局
地址：岱山县高亭镇壹山大道
Tel:4473406

岱山县海洋与渔业局
地址：岱山县高亭镇鱼山大道
Tel:4471407

嵊泗县人事劳动社会保障局
地址：嵊泗县菜园镇
Tel:5082694

嵊泗县交通局
地址：嵊泗县菜园镇
Tel:5082134

嵊泗县经济贸易局
地址：嵊泗县菜园镇
Tel:5181101

嵊泗县环境保护局
地址：嵊泗县菜园镇
Tel:5081150

嵊泗县教育局
地址：嵊泗县菜园沙河路
Tel:5081757

嵊泗县社会保险事业管理中心
地址：嵊泗县菜园云龙路2号
Tel:5083944

嵊泗县城市管理办公室
地址：嵊泗县菜园镇
Tel:5070486

岱山县长涂镇人民政府
地址：岱山县长涂镇
Tel:4712097

岱山县东沙镇人民政府
地址：岱山县东沙镇
Tel:4472278

岱山县秀山乡人民政府
地址：岱山县秀山乡
Tel:4735958

岱山县岱东镇人民政府
地址：岱山县岱东镇
Tel:7679361

岱山县岱西镇人民政府
地址：岱山县岱西镇长欣西路
Tel:7277328

岱山县衢山镇人民政府
地址：衢山镇人民路277号
Tel:4792201

嵊泗县五龙乡人民政府
地址：嵊泗县五龙乡边礁村
Tel:5101087

嵊泗县花鸟乡人民政府
地址：嵊泗县花鸟乡花鸟村
Tel:5261952

嵊泗县洋山镇人民政府
地址：嵊泗县洋山镇府前路1号
Tel:5051839

嵊泗县枸杞乡花人民政府
地址：嵊泗县枸杞乡大王村
Tel:5211015

嵊泗县黄龙乡人民政府
地址：嵊泗县黄龙乡南港村
Tel:5811015

社会团体

妇联

舟山市普陀区妇女联合会
地址：沈家门新开路115号5楼
Tel:3065535

侨联

岱山县归国华侨联合会
地址：岱山县高亭镇鱼山大道
Tel:4470416

残联

舟山市残疾人联合会
地址：临城新区临长路195号
Tel:2266659

宗教组织

岱山县民族宗教事务所
地址：岱山县高亭镇鱼山大道
Tel:4473085

驻在机构

外省驻在机构

上海海事处驻绿华办事处
地址：嵊泗县菜园镇
Tel:5271092

台州市（0576）

中国共产党台州市委员会办公室
地址：台州市市府大道
Tel:88510107

中国共产党台州市委员会老干部局
地址：台州市机场路
Tel:88818008

中国共产党台州市委员会组织部
地址：台州市市府大道
Tel:88510295

中国共产党台州市委员会统战部
地址：台州市市府大道
Tel:88510767

中国共产党台州市委员会政策研究室
地址：台州市市府大道
Tel:88510632

中国共产党台州市委员会党史研究室
地址：台州市市府大道
Tel:88510609

中国共产党台州市委接待办公室
地址：台州市市府大道
Tel:88510232

中国共产党台州市直属机关工作委员会
地址：台州市市府大道
Tel:88510553

中国共产党三门县委员会办公室
地址：三门县湫水大道
Tel:83335943

中国共产党三门县委员会组织部
地址：三门县湫水大道
Tel:83332535

中国共产党三门县委员会统战部
地址：三门县湫水大道
Tel:83335322

中国共产党天台县机关工作委员会
地址：天台县始丰街道玉龙路
Tel:83930267

中国共产党天台县委员会老干部局
地址：天台县始丰街道玉龙路
Tel:83930280

中国共产党天台县委员会统战部
地址：天台县始丰街道玉龙路
Tel:83930272

中国共产党玉环县机关工作委员会
地址：玉环县东城路
Tel:87221109

中国共产党仙居县机关工作委员会
地址：仙居县镇前路
Tel:87773764

中国共产党玉环县委员会办公室
地址：玉环县东城路
Tel:87222912

中国共产党仙居县委员会办公室
地址：仙居县环城西路
Tel:87816800

中国共产党玉环县委员会老干部局
地址：玉环县东城路
Tel:87221250

中国共产党仙居县委员会老干部局
地址：仙居县酒坊巷
Tel:87773924

中国共产党玉环县委员会组织部
地址：玉环县东城路
Tel:87221192

中国共产党仙居县委员会组织部
地址：仙居县环城西路
Tel:87816990

中国共产党玉环县委员会统战部
地址：玉环县东城路
Tel:87221218

中国共产党仙居县委员会统战部
地址：仙居县水阁路
Tel:87773765

中国共产党玉环县委员会党史研究室
地址：玉环县东城路
Tel:87221134

中国共产党临海市委员会办公室
地址：临海市东方大道
Tel:85112313

中国共产党临海市委员会组织部
地址：临海市东方大道
Tel:85112269

中国共产党临海市委员会统战部
地址：临海市东方大道
Tel:85112060

中国共产党黄岩区机关工作委员会
地址：黄岩区县前街
Tel:84120862

中国共产党黄岩区委员会老干部局
地址：路桥区金水路
Tel:84120925

中国共产党黄岩区委员会统战部
地址：黄岩区县前街
Tel:84120909

中国共产党黄岩区委员会党史研究室
地址：黄岩区县前街
Tel:84120836

中国共产党椒江区委员会办公室
地址：椒江区青年路
Tel:88830011

中国共产党椒江区委员会组织部
地址：椒江区青年路
Tel:88830058

中国共产党椒江区委员会统战部
地址：椒江区青年路
Tel:88223727

中国共产党温岭市机关工作委员会
地址：温岭市人民东路
Tel:86223085

中国共产党温岭市委员会办公室
地址：温岭市人民东路
Tel:86222032

中国共产党温岭市委员会老干部局
地址：温岭市人民东路
Tel:86222344

中国共产党温岭市委员会组织部
地址：温岭市人民东路
Tel:86223629

中国共产党温岭市委员会统战部
地址：温岭市人民东路
Tel:86223057

中国共产党温岭市委员会党史研究室
地址：温岭市人民东路
Tel:86223915

中国共产党路桥区机关工作委员会
地址：路桥区金水路
Tel:82461528

中国共产党路桥区委员会办公室
地址：路桥区金水路
Tel:82459002

中国共产党路桥区委员会老干部局
地址：路桥区金水路
Tel:82448929

中国共产党路桥区委员会组织部
地址：路桥区全水路
Tel:82445375

中国共产党路桥区委员会统战部
地址：路桥区金水路
Tel:82445701

国家机构

人大常委会

台州市人民代表大会常务委员会
地址：台州市府大道
Tel:88850155

三门县人民代表大会常务委员会
地址：三门县湫水大道
Tel:87772776

天台县人民代表大会常务委员会
地址：天台县始丰街道玉龙路
Tel:83930059

玉环县人民代表大会常务委员会
地址：玉环县东城路
Tel:87210332

仙居县人民代表大会常务委员会
地址：仙居县镇前路
Tel:83323200

临海市人民代表大会常务委员会
地址：临海市东方大道
Tel:85112249

黄岩区人民代表大会常务委员会
地址：黄岩区县前街
Tel:84121019

椒江区人民代表大会常务委员会
地址：椒江区青年路
Tel:88830308

温岭市人民代表大会常务委员会
地址：温岭市人民东路
Tel:86223261

路桥区人民代表大会常务委员会
地址：路桥区金水路
Tel:82452497

人民政府

台州市人民政府办公室
地址：市府大道市府大楼
Tel:88510210

台州市人民政府行政服务中心
地址：台州经济开发区爱华路
Tel:88207336

台州市人民政府直线电话受理中心
地址：台州市经济开发区
Tel:88513212

台州市水利局
地址：椒江区枫南小区
Tel:88209133

台州电业局
地址：临海市崇和路
Tel:85162038

台州市应急管理局
地址：台州市市府大道
Tel:88510733

台州市审计局
地址：台州市市府大道
Tel:88510859

台州市国家税务局稽查局黄岩税务分局
地址：黄岩区桔乡大道
Tel:34292018

台州市国家税务局稽查局椒江税务分局
地址：椒江区中山东路
Tel:88225058

台州市国家税务局稽查局路桥岩税务分局
地址：路桥区金水路1号
Tel:82430215

台州市贸易与粮食局
地址：台州市市府大道
Tel:88510835

台州市海洋与渔业局办公室
地址：台州市市府大楼西侧
Tel:88488101

浙江省台州市国家税务局
地址：台州市市府大道356号
Tel:88528015

台州市经济委员会
地址：台州市市府大道
Tel:88510037

台州市人民政府应急管理办公室
地址：台州市市府大道
Tel:88510081

台州市公路运输管理处
地址：中心人道
Tel:88325100

台州市公路管理处
地址：白云山南路
Tel:88552351

台州市出租汽车管理处
地址：中心大道
Tel:88325101

椒江区人民政府办公室
地址：椒江区青年路404号
Tel:88830100

路桥区人民政府办公室
地址：路桥区金水路
Tel:82445272

台州市分安局开发区分局
地址：台州经济开发区康平路
…………………… Tel:88212251
三门防汛防旱指挥部
地址：三门县海肆镇
…………………… Tel:83331390
三门县工业园区管理委员会
地址：三门县新港路
…………………… Tel:83324089
三门县水利局
地址：三门县蟹山路
…………………… Tel:83332125
三门县民政局
地址：三门县湫水大道
…………………… Tel:83381208
三门县地方税务局城区税务分局
地址：三门县上洋路
…………………… Tel:83376572
三门县地方税务局健跳税务分局
地址：三门县健跳镇南大街
…………………… Tel:83440801
三门县地方税务局稽查局
地址：三门县上洋路
…………………… Tel:83376552
三门县财政局
地址：三门县上洋路
…………………… Tel:83376508
三门县审计局
地址：三门县曙光路
…………………… Tel:83339358
三门县国家税务局
地址：三门县人民路
…………………… Tel:83337017
三门县海洋与渔业局
地址：三门县新港路
…………………… Tel:83332067
大麦屿经济开发区管理委员会
地址：玉环县陈屿兴港路
…………………… Tel:87330000
下岸水库管理局
地址：仙居县横溪镇
…………………… Tel:87057568
牛头山水库管理局
地址：临海市邵家渡街道
…………………… Tel:85631005
天台县水利水电局
地址：天台县赤城路
…………………… Tel:83990291
天台县民政局
地址：天台县姑丰街道玉龙路
…………………… Tel:83989115
天台县农业农村局
地址：天台县工人西路
…………………… Tel:83881821
天台县防汛防旱指挥部
地址：天台县赤城路
…………………… Tel:83990162
天台县审计局
地址：天台县始丰街道玉龙路
…………………… Tel:83930500
天台县国家税务局
地址：天台县秀园路
…………………… Tel:83891169
中国水利水电第一二工程局第一分局
地址：天台县赤城街道
…………………… Tel:83953419
长潭水库管理局
地址：黄岩区北洋镇
…………………… Tel:84982312
白水洋水利管理站
地址：临海市白水洋镇双港路
…………………… Tel:85881228
台州市盐务管理局台州市盐业有限公司
地址：台州经济开发区
…………………… Tel:88206890
台州市烟草专卖局浙江省烟草公司台州分公司
地址：台州市市府大道
…………………… Tel:88599018
台州市黄岩区人民政府直线电话受理中心
地址：黄岩区县前街
…………………… Tel:84112345
台州市椒江区人民政府直线电话受理中心
地址：椒江区青年路404号
…………………… Tel:88512345
台州市椒江区海洋与渔业局
地址：椒江区1人西路499号
…………………… Tel:88685716
台州市路桥区人民政府直线电话受理中心
地址：路桥区金水路
…………………… Tel:82512345
台州市路桥区应急管理局
地址：路桥区卖芝桥西路119号
…………………… Tel:82586021
头陀水利管理站
地址：黄岩区北洋镇北洋街
…………………… Tel:34961102
玉环县水利局
地址：玉环县玉兴西路
…………………… Tel:87222290
仙居县水利局
地址：仙居县安洲街道
…………………… Tel:87761810
玉环县民政局
地址：玉环县康育北路
…………………… Tel:87256665
仙居县民政局
地址：仙居县福应街道
…………………… Tel:87772242
仙居县农业区划办公室
地址：仙居县穿城中路
…………………… Tel:87772245
玉环县防汛防旱防台指挥部
地址：玉环县玉光西路
…………………… Tel:87222806
玉环县农村改水工作领导小组办公室
地址：玉环县县前路
…………………… Tel:87215750
玉环县审计局
地址：玉环县泰安路
…………………… Tel:87253617
玉环县林业特产局
地址：玉环县县前路
…………………… Tel:87222271
玉环县经济贸易局
地址：玉环县珠城东路
…………………… Tel:87222003
玉环县国家税务局
地址：玉环县泰安路
…………………… Tel:87251801
仙居县国家税务局
地址：仙居县工业路
…………………… Tel:87774643
仙居县穿城南路
地址：仙居县穿城南路
…………………… Tel:87758155
玉环县海洋与渔业执法大队
地址：玉环县坎门前街
…………………… Tel:87562421
玉环县海洋与渔业局
地址：玉环县珠城西路
…………………… Tel:87222837
玉环县烟草专卖局
地址：玉环县长兴路
…………………… Tel:87258152
玉环县商业管理办公室
地址：玉环县城中路
…………………… Tel:87221692
仙居县渔政管理站（水产技术推广站）
地址：仙居县穿城中路
…………………… Tel:87796535
里石门水库管理局
地址：天台县人民西路
…………………… Tel:83915901
临海市工业经济局
地址：临海市东方大道
…………………… Tel:65115996
临海市水利局（海洋与渔业局）
地址：临海市东方大道
…………………… Tel:65389991
临海市民政局
地址：临海市崇和路
…………………… Tel:65287017
临海市防汛防旱指挥部
地址：临海市白水洋镇
…………………… Tel:85802701
临海市农村改水管理站
地址：临海市古城街道
…………………… Tel:85282235
临海市审计局
地址：临海市回浦路
…………………… Tel:85322603
临海市贸易与粮食局
地址：临海市赤城路
…………………… Tel:85316650
临海市盐业公司
地址：临海市东方大道
…………………… Tel:85135944
浙江省临海市国家税务局
地址：临海市中山东路112号
…………………… Tel:85188511
浙江省烟草公司三门县公司
地址：三门县新兴街
…………………… Tel:83333002
浙江省烟草公司仙居县公司
地址：仙居县酒坊巷
…………………… Tel:87773876
望江门防洪办公室
地址：临海市赤诚路
…………………… Tel:85224498
黄岩区人民政府办公室
地址：黄岩区县前街区府大楼
…………………… Tel:84120200
黄岩区人民政府行政服务中心
地址：黄岩区劳动北路
…………………… Tel:84052008
黄岩区水利局
地址：黄岩区县前街
…………………… Tel:84120700
黄岩区交通局
地址：黄岩区环城东路
…………………… Tel:84274580
黄岩区审计局
地址：黄岩区横街西路
…………………… Tel:84222021
黄岩区经济开发区管理委员会
地址：黄岩区澄江路
…………………… Tel:84299298
黄岩区经济贸易局
地址：黄岩区方山路
…………………… Tel:84115502
黄岩供电局
地址：黄岩区天长北路
…………………… Tel:84272601
椒江区人民政府行政服务中心
地址：椒江区江城南路
…………………… Tel:88836699
椒江区水利局
地址：椒江区桔园路
…………………… Tel:88600018
椒江区应急管理局
地址：椒江区区府第二办公区
…………………… Tel:88884909
椒江区交通局
地址：椒江区青年路
…………………… Tel:88222994
椒江区社会福利工业办公室
地址：椒江区东枫山路
…………………… Tel:88222754
椒江区审计局
地址：椒江区东枫山路
…………………… Tel:88223407
椒江区经济贸易局
地址：椒江区青年路
…………………… Tel:88830280
温岭区交通局
地址：温岭市鹿城路
…………………… Tel:86105197
温岭市工业经济局
地址：温岭市人民东路
…………………… Tel:86222053
温岭市水利局
地址：温岭市人民东路
…………………… Tel:86101091
温岭市民政局
地址：温岭市万昌路
…………………… Tel:86141938
温岭市农业林业局
地址：温岭市鸣远北路
…………………… Tel:86223230
温岭市农业综合开发办公室
地址：温岭市人民东路
…………………… Tel:88129802
温岭市地名办公室
地址：温岭市人民东路
…………………… Tel:86222758
温岭市应急管理局
地址：温岭市人民东路
…………………… Tel:86120173
温岭市防汛防旱指挥部
地址：温岭市人民东路
…………………… Tel:86101111
温岭市农村改水管理站
地址：温岭市方城路
…………………… Tel:86223273
温岭市审计局
地址：温岭市人民东路
…………………… Tel:86223240
温岭市国家税务局
地址：温岭市锦屏路
…………………… Tel:86167811
温岭市贸易与粮食局
地址：温岭市人民东路
…………………… Tel:86115716
温岭市畜牧兽医局
地址：温岭市鸣远北路
…………………… Tel:86223224
温岭市海洋与渔业局
地址：温岭市人民西路
…………………… Tel:86223083
温岭市烟草专卖局
地址：温岭钟楼路
…………………… Tel:86222211
温岭市海洋渔业局松门渔业执法中队
地址：温岭市虎山路
…………………… Tel:86662640
路桥区人民政府行政服务中心
地址：路桥区文化路
…………………… Tel:82409008
路桥区工业经济局
地址：路桥区金水路
…………………… Tel:82518013
路桥区水利与海洋渔业局
地址：路桥区金水路
…………………… Tel:82455275
路桥区防汛办公室
地址：路桥区金水路
…………………… Tel:82457051
路桥区交通局
地址：路桥区金水路
…………………… Tel:82446770
路桥区审计局
地址：路桥区金水路
…………………… Tel:82445781
路桥区贸易与粮食局
地址：路桥区邮电路
…………………… Tel:82454096

驻在机构

中央驻在机构

中华人民共和国台州渔港监督处
地址：椒江区建设路
…………………… Tel:88896887
本省驻在机构

丽水市（0578）

地址：莲都区花园路1号
…………………… Tel:2091766
中国共产党丽水市委员会秘书处
地址：莲都区花园路1号
…………………… Tel:2098111
丽水市委党史研究室、地方志办公室
地址：莲都区花园路1号
…………………… Tel:2091866

国家机构

人大常委会

丽水市人民代表大会常务委员会综合调研处
地址：莲都区花园路1号
…………………… Tel:2098220
人民政府
丽水市人民政府秘书处
地址：莲都区花园路1号
…………………… Tel:2098309
丽水市人才中心交流开发部
地址：莲都区括苍路537号
…………………… Tel:2263628
丽水市人口和计划生育委员会
地址：莲都区花园路1号
…………………… Tel:2091317
丽水市人事劳动社会保障局
地址：莲都区花园路1号
…………………… Tel:2091213
丽水市卫生局
地址：莲都区花园路1号3楼
…………………… Tel:2091266
丽水市市场监督管理局
地址：莲都区丽青路
…………………… Tel:2151096
丽水市水利局
地址：莲都区城东路
…………………… Tel:2106615
丽水市气象局
地址：莲都区寿尔福路85号
…………………… Tel:2661600
丽水市民政局
地址：莲都区花园路1号
…………………… Tel:2091571
丽水市民族宗教事务局办公室
地址：莲都区花园路2号
…………………… Tel:2098752
丽水市地方海事局
地址：莲都区中山街
…………………… Tel:2132386
丽水市农业农村局
地址：莲都区灯塔街
…………………… Tel:2112539
丽水市交通局
地址：莲都区大洋路
…………………… Tel:2125802
丽水市社会保障事业管理中心
地址：莲都区大洋路
…………………… Tel:2266315
丽水市住房公积金管理中心
地址：莲都区灯塔街187号
…………………… Tel:2117325
丽水市体育局
地址：莲都区花园路1号
…………………… Tel:2090793
丽水市财政局地方税务局
地址：莲都区北苑路190号
…………………… Tel:2669002
丽水市国土资源局
地址：莲都区北苑路192号
…………………… Tel:2668180
丽水市国土资源局直属管理所
地址：莲都区银苑小区
…………………… Tel:2157498
丽水市审计局
地址：莲都区花园路
…………………… Tel:2091500
丽水市林业局
地址：莲都区括苍路158号
…………………… Tel:2175371
丽水市建设局
地址：莲都区城东路99号
…………………… Tel:2118774
丽水市国有资产经营有限公司
地址：莲都区灯塔街179号
…………………… Tel:2124125
丽水市国家税务局
地址：莲都区中山街
…………………… Tel:2293251

丽水市国家税务局直属分局
地址：莲都区中山街
Tel:2293223

丽水市供销合作社
地址：莲都区花园路1号
Tel:2091884

丽水市质量技术监督局
地址：莲都区中山街北395号
Tel:2119888

丽水市环境保护局
地址：莲都区解放街
Tel:2273587

丽水市统计局
地址：莲都区花园路1号
Tel:2091601

丽水市城市管理行政执法局
地址：莲都区大洋路186号
Tel:2781200

丽水市城市管理监督指挥中心
地址：莲都区白云小区
Tel:2180092

丽水市科学技术局
地址：莲都区灯塔街157号
Tel:2134635

丽水市城建档案馆
地址：莲都区花园路1号7楼
Tel:2090602

丽水市南明湖管理处
地址：莲都区丽青路
Tel:2174112

丽水市食品药品监督管理局
地址：莲都区灯塔街
Tel:2292475

丽水市烟草专家局（公司）
地址：莲都区丽青路153号
Tel:2782128

丽水市文化和文化和旅游局
地址：莲都区花园路1号
Tel:2091383

丽水市教育局
地址：莲都区万丰东路
Tel:2202390

丽水市就业管理服务局
地址：莲都区城东路99号
Tel:2122245

丽水市粮食收储有限公司
地址：莲都区解放街
Tel:2174099

丽水海关
地址：莲都区人民路
Tel:2675099

丽水教育局教研室
地址：莲都区灯塔街
Tel:2133758

浙江省手工业社联合社丽水办事处
地址：莲都区大洋路
Tel:2133841

浙江省无线电监测站
地址：莲都区白云山脚
Tel:2293561

森林资源与环境研究所
地址：莲都区城西村叶塘下
Tel:2293137

丽水市人民政府国有资产监督管理委员会
地址：莲都区花园路1号
Tel:2091727

丽水市发展和改革委员会
地址：莲都区花园路1号
Tel:2091125

丽水市农业综合开发办
地址：莲都区北苑路
Tel:2669267

丽水市经济开发区管理委员会
地址：莲都区中东路
Tel:2274132

丽水市经济贸易委员会
地址：莲都区继光街27号
Tel:2263713

丽水市革命老区开放建设促进会
地址：莲都区灯塔街
Tel:2121263

丽水市侨台办公室（外事办）
地址：莲都区花园路
Tel:2091801

丽水市政府行政审批中心
地址：莲都区花园路
Tel:2090333

丽水市信息中心
地址：莲都区丽青路
Tel:2090000

丽水市移民办
地址：莲都区花园路1号
Tel:2091716

丽水经济开发区天宁工业区综合管理办公室
地址：莲都区天宁工业区
Tel:2174956

丽水市人民政府防汛防旱指挥部办公室
地址：莲都区城东路
Tel:2106628

丽水市农村能源办公室
地址：莲都区灯塔街
Tel:2133028

丽水市环境监测中心站
地址：莲都区城东路188号
Tel:2124585

人民政协和民主党派

人民政协

中国人民政治协商会议丽水市委员会秘书处
地址：莲都区花园路1号
Tel:2098511

民主党派

九三学社丽水市委员会
地址：莲都区花园路1号
Tel:2091942

中国民主同盟丽水市委员会办公室
地址：莲都区花园路1号
Tel:2091916

中国民主建国丽水市委员会
地址：莲都区花园路1号
Tel:2091932

中国民主促进会丽水市委员会
地址：莲都区花园路
Tel:2091921

中国农工民主党丽水市委员会
地址：莲都区花园路
Tel:2091929

中国国民党革命委员丽永市委员会
地址：莲都区花因路1号
Tel:2091936

社会团体

工会

丽水市总工会
地址：莲都区中东路
Tel:2118181

共青团 青联 学联

中国共产主义青年团丽水市委员会
地址：莲都区花园路1号
Tel:2091753

妇联

丽水市妇女联合会
地址：莲都区花园路1号
Tel:2091870

工商联

丽水市工商业联合会（总商会）
地址：莲都区人民路
Tel:2679208

丽水市文学艺术界联合会
地址：莲都区花园路
Tel:2091742

丽水市归国华侨联合会
地址：莲都区花园路
Tel:2091946

丽水市社会科学界联合会
地址：莲都区花园路
Tel:2091903

丽水市残疾人联合会
地址：莲都区大众街3号
Tel:2168900

协会

丽水市企业联合会
地址：莲都区继光街
Tel:2263749

丽水市物流商会
地址：莲都区解放街89号
Tel:2185555

丽水市个私私营（民营）企业协会
地址：莲都区灯塔街
Tel:2122081

丽水市科学技术协会
地址：莲都区大众街3号
Tel:2168900

丽水市保险行业协会
地址：莲都区丽青路
Tel:2152663

丽水市警察协会
地址：莲都区人民路
Tel:2786407

学会

丽水市中医学会
地址：莲都区中山街
Tel:2123393

丽水市医学学术信息管理中心
地址：莲都区海关大楼
Tel:2264712

红十字会

丽水市红十字会
地址：莲都区花园路1号

安徽省

芜湖市（0553）

人民政府

芜湖市卫生局
地址：芜湖市渡春路2号
Tel:8823010

芜湖市马塘农林局
地址：芜湖市马塘区政府二楼
Tel:4814003

芜湖市外来投资者投诉受理中心投诉受理
地址：芜湖市
Tel:5017747

芜湖市民政局监督举报电话
地址：芜湖市
Tel:3835650

芜湖市地税局税务稽查举报电话
地址：芜湖市
Tel:5862642

芜湖市质量技术监督局行风监督电话
地址：芜湖市
Tel:5017107

芜湖市质量技术监督局行政执法投诉举报电话
地址：芜湖市
Tel:3865330

芜湖市国税局涉税举报
地址：芜湖市
Tel:3838433

芜湖市政府纠正行业不正之风办公室
地址：芜湖市
Tel:3817720

芜湖市消防三中队
地址：芜湖市粪坊路237号
Tel:3711522

芜湖市消防支队
地址：芜湖市黄山路186号
Tel:3811105

芜湖市消防支队特勤中队
地址：芜湖市利民路
Tel:4818142

芜湖市消防支队第四中队
地址：芜湖市
Tel:5111296

芜湖市旅游投诉电话
地址：芜湖市
Tel:4820956

芜湖市湾里工商所
地址：芜湖市
Tel:5815673

三山区婚姻登记
地址：芜湖市
Tel:4829863

弋江区婚姻登记
地址：芜湖市
Tel:5968336

芜湖市弋江区人民政府
地址：芜湖市弋江区利民路
Tel:4820938

芜湖市马塘区民政局监督举报电话
地址：芜湖市
Tel:5864862

芜湖市马塘镇政府
地址：芜湖市利民路70号
Tel:4112576

芜湖市民政局社会事务科
地址：芜湖市
Tel:3114862

芜湖市鸠江区民政局监督举报电话
地址：芜湖市
Tel:3878539

芜湖市劳动保障系统再就业监督举报电话
地址：芜湖市
Tel:3836043

芜湖市芜湖县民政局监督举报电话
地址：芜湖市
Tel:3833882

芜湖市南陵县民政局监督举报电话
地址：芜湖市
Tel:7872543

芜湖市湾里镇政府
地址：芜湖市
Tel:5811107

芜湖市新芜区民政局监督举报电话
地址：芜湖市
Tel:3833322

芜湖市镜湖区人民政府
地址：芜湖市镜湖区北京东路
Tel:3122012

芜湖市镜湖区民政局监督举报电话
地址：芜湖市
Tel:6823473

芜湖市繁昌县民政局监督举报电话
地址：芜湖市
Tel:8811491

芜湖机械工业园管理委员会
地址：芜湖县荆江东路21号
Tel:8823062

芜湖县人民政府
地址：芜湖县荆江东路21号
Tel:8811351

芜湖县人事局
地址：芜湖市芜湖县延安东路
Tel:8819458

芜湖县土地管理局
地址：芜湖市芜湖县环城南路
Tel:8811008

芜湖县市场监督管理局
地址：芜湖市芜湖县环城南路
Tel:8811898

芜湖县乡镇企业管理局
地址：芜湖环城南路26号
Tel:8811267

芜湖县计划生育委员会
地址：芜湖市芜湖县延安东路
Tel:8811243

芜湖县水产局
地址：芜湖市芜湖县荆江东路
Tel:8811471

芜湖县水利局
地址：芜湖县关屯北路1号
Tel:8812591

芜湖县六郎工商所
地址：芜湖市
Tel:8511033

芜湖县对外经济贸易局
地址：芜湖县芜湖北路8号
Tel:8814276

芜湖县市容管理局
地址：芜湖县荆江东路43号
Tel:8817017

芜湖县地方税务局
地址：芜湖市
Tel:8811388

芜湖县农业经济委员会
Tel:8821910

芜湖县地矿局
地址：芜湖县荆江西路8号
Tel:8821478

芜湖县农林局
地址：芜湖市芜湖县延安东路
Tel:8819368

芜湖县行政服务中心
地址：芜湖市芜湖县芜湖中路
Tel:8822789

芜湖县交通局
地址：芜湖县荆江东路19号
Tel:8811082

芜湖县地税局清水分局
地址：芜湖市芜湖县清水镇
Tel:8291201

芜湖县劳动局
地址：芜湖市芜湖县芜湖中路
Tel:8822918

芜湖县劳动就业管理所
地址：芜湖市芜湖县芜湖中路
Tel:8811394

芜湖县社保所
地址：芜湖县芜湖中路
Tel:8813244

芜湖县审计局
地址：芜湖县湾沚镇荆江东路
Tel:8811710

芜湖县房地产管理局
Tel:8811265

芜湖县物价局
地址：芜湖县芜湖中路46号
Tel:8810777

芜湖县经济计划委员会
Tel:8811940

芜湖县物资局
地址：芜湖市芜湖县芜南路
Tel:8811198

芜湖县质量技术监督局
地址：芜湖市芜湖县荆江东路
Tel:8811475

芜湖县国税局清水分局
地址：芜湖市芜湖县清水镇
Tel:8293582

芜湖县环境保护局芜湖路南校环保监测大楼
地址：芜湖市
Tel:8823220

芜湖县统计局
地址：芜湖市芜湖县延安东
Tel:8815146

芜湖县科委
地址：芜湖市
Tel:8811403

芜湖县城建委
地址：芜湖市芜湖县县城
Tel:8812981

芜湖县消防大队
地址：芜湖市
Tel:8811361

芜湖县档案局
地址：芜湖市
Tel:8811192

芜湖县婚姻登记
地址：芜湖市
Tel:3918130

芜湖县粮食局
地址：芜湖市
Tel:8811021

南陵县弋江工商所
地址：芜湖市南陵县新正街
Tel:6161128

南陵县弋江地税所
地址：芜湖市
Tel:6161079

南陵县三里工商所
地址：南陵县恒泰路
…… Tel:6381383
南陵县地方税务局监督电话
地址：芜湖市
…… Tel:3865802
南陵县地税局许镇地税分局
地址：芜湖市
…… Tel:6271093
南陵县国家税务局城关税务分局
地址：城关镇籍山路
…… Tel:8824482
南陵县国税局三里分局
地址：芜湖市南陵县健康路
…… Tel:6381324
国家税务总局南陵县税务局许镇税务分局
地址：芜湖市南陵县许镇
…… Tel:6271121
国家税务总局南陵县税务局第一税务分局
地址：芜湖市南陵县沿河路
…… Tel:6486279
湾星镇人民政府（芜湖市鸠江区）
地址：芜湖市齐落山路
…… Tel:5811328
镜湖区婚姻登记
地址：芜湖市
…… Tel:3814275
繁昌县人民政府办公室
地址：城关镇龙华路88号
…… Tel:7872790
繁昌县马坝乡政府
地址：芜湖市
…… Tel:7713111
繁昌县计划生育服务部
地址：繁昌县迎春西路52号
…… Tel:7872740
繁昌县计划生育委员会
地址：繁昌县迎春西路52号
…… Tel:7872162
繁昌县计划委员会
地址：芜湖市繁昌县龙华路96
…… Tel:7864471
繁昌县中沟乡政府
地址：芜湖市
…… Tel:7452533
繁昌县对外经济贸易委员会
地址：芜湖市繁昌县迎春路73号
…… Tel:7872172
繁昌县孙村镇人民政府
地址：芜湖市
…… Tel:7252049
繁昌县行政服务中心
地址：繁昌县城关环城西路
…… Tel:7864777
繁昌县城乡建设委员会
…… Tel:7872804
繁昌县城关镇政府
地址：繁昌县城关镇
…… Tel:7877010
繁昌县城关镇党政办公室
地址：芜湖市
…… Tel:7872625
繁昌县保定乡人民政府
地址：芜湖市
…… Tel:7431122
繁昌县统建办公室
地址：芜湖市
…… Tel:7872186
繁昌县科学技术委员会
地址：繁昌县城关西门13号
…… Tel:7872752
繁昌县峨山乡政府
地址：芜湖市
…… Tel:7771047
繁昌县教育委员会
地址：繁昌县城关迎春东路口
…… Tel:7872743
繁昌县新港镇人民政府
地址：芜湖市
…… Tel:7332403
繁昌县横山镇政府
地址：芜湖市
…… Tel:7411003

淮南市（0554）

国家机构

人民政府

安徽省淮南市人民政府
地址：淮南市
…… Tel:6644794
淮南市八公山区人民政府
地址：淮南市
…… Tel:5617927
淮南市人民防空办公室
地址：淮南市龙湖南路25号
…… Tel:2686222
淮南市人民政府外事（侨务）办公室、淮南市文化和文化和旅游局
…… Tel:6644191
淮南市大通区人民政府
地址：淮南市大通民主东路
…… Tel:2516633
淮南市出租车管理办公室
地址：淮南市陈洞路
…… Tel:6655733
淮南市防汛抗旱指挥部
地址：淮南市
…… Tel:6644229
淮南市社会商业管理办公室
地址：淮南市国庆中路15号
…… Tel:2683305
淮南市抗震办公室
地址：淮南市洞山中路
…… Tel:6644912
淮南市经济协作办公室
地址：淮南市
…… Tel:2675829
淮南市便民服务中心
地址：淮南市洞山中路
…… Tel:6656786
淮南市谢家集区人民政府
地址：淮南市
…… Tel:5677619
淮南市潘集区人民政府
地址：淮南市田集南路
…… Tel:4971071
淮南经济技术开发区管理委员会
地址：淮南市田东建设北路7号
…… Tel:3310080
淮南市农委
地址：淮南市洞山市政府大楼
…… Tel:6644706
淮南市体委
地址：淮南市人民南路体育场内
…… Tel:2695382
淮南市政府办公室
地址：淮南市洞山市政府大院
…… Tel:6678234
淮南市教育委员会
地址：淮南市
…… Tel:8644551
淮南仲裁委员会
地址：淮南市洞山中路
…… Tel:6653725

淮北市（0561）

国家机构

人民政府

淮北市人事局
地址：人民路208号
…… Tel:3198317
淮北市卫生局
地址：淮海路115号
…… Tel:3881794
淮北市工商业联合会
地址：花园路7号
…… Tel:3056869
淮北市市场监督管理局
地址：惠黎路138号
…… Tel:3022535
淮北市中小企业局
地址：人民路208号
…… Tel:3198553
淮北市水务局
地址：黎苑新村步行街
…… Tel:3196199
淮北市气象局
地址：相杜路9号
…… Tel:3952328
淮北市民政局
地址：花园路7号
…… Tel:3022518
淮北市市容管理局
地址：人民路208号
…… Tel:3198858
淮北市地方税务局
地址：古城路184号
…… Tel:3052808
淮北市交通局
地址：淮海路320号
…… Tel:3809676
淮北市地震局
地址：淮海路42号
…… Tel:3022705
淮北市劳动和社会保障局口
地址：孟山中路129号
…… Tel:3022031
淮北市体育局
地址：相山路166号
…… Tel:72-8000
淮北市财政局
地址：淮海路200号
…… Tel:3022172
淮北市国土资源局
地址：城路95号
…… Tel:3023092
淮北市审计局
地址：淮海路169号
…… Tel:3022547
淮北市林业局
地址：古城路157号
…… Tel:3052292
淮北市直机关事务管理局
地址：人民路208号
…… Tel:3198665
淮北市房地产管理局
地址：淮海路165号
…… Tel:3022467
淮北市物价局
地址：相山中路142号
…… Tel:3022894
淮北市国家税务局
地址：淮海西路110号
…… Tel:3022167
淮北市质量技术监督局
地址：淮海路109号
…… Tel:3022585
淮北市环境保护局
地址：淮海路361-1号
…… Tel:3027197
淮北市统计局
地址：人民路208号
…… Tel:3198326
淮北市城市规划局
地址：人民路238号
…… Tel:3027494
淮北市科学技术局
地址：淮海路42号
…… Tel:3022601
淮北市食品药品监督管理局
地址：花园路7号
…… Tel:3049480
淮北市盐务管理局
地址：惠黎路
…… Tel:3951485
淮北市烟草专卖局
地址：人民路
…… Tel:3222906
淮北市商务局
地址：淮南路365号
…… Tel:3040300
淮北市教育局
地址：洪山路
…… Tel:3883989
淮北市粮食局
地址：人民路238号
…… Tel:3022645
淮北市计划生育委员会
地址：花园路7号
…… Tel:3022464
淮北市发展和改革委员会
地址：人民路208号
…… Tel:3198755
淮北市民族事务委员会
地址：花园路7号
…… Tel:3023103
淮北市农业委员会
地址：相阳路111号
…… Tel:3112430
淮北市行政服务中心管委会
地址：人民路招商大厦
…… Tel:3115078
淮北市建设委员会
地址：相山路4号
…… Tel:3022575
淮北市经济技术开发区管理委员会
地址：人民路
…… Tel:3191847
淮北市经济委员会
地址：人民路208号
…… Tel:3198218
淮北市人民防空办公室
地址：洪山路29号
…… Tel:3021370
淮北市地方志办公室
地址：人民路208号
…… Tel:3198876
淮北市利用外资办公室
地址：人民路招商大厦
…… Tel:3112633
淮北市政府研究室
地址：人民路208号
…… Tel:3198734
淮北市公积金管理中心
地址：淮海路165号
…… Tel:3053976
淮北市棉花产业化促进中心
地址：淮北市
…… Tel:3112936

社会团体

工会

淮北市总工会
地址：淮海路
…… Tel:3887151

妇联

淮北市妇联联合会
地址：人民路208号
…… Tel:3198866

文联

淮北市文学艺术界联合会
地址：淮北市
…… Tel:3888634

残联

淮北市残疾人联合会
地址：花园路7号
…… Tel:3022079

协会

淮北市科学技术协会
地址：淮海路42号
…… Tel:3022112

其他社会团体

淮北市贸促会
地址：花园路7号
…… Tel:3024357
淮北市商业联合会
地址：淮北市
…… Tel:3022706

黄山市（0559）

国家机构

人民政府

黄山市卫生局
地址：屯溪区北海路174号
…… Tel:2353549
黄山市市场监督管理局
地址：屯溪区长干路127号
…… Tel:2538813
黄山市民政局
…… Tel:2355257
黄山市地震局
地址：黄山市
…… Tel:2575656
黄山市邮政局
地址：前园南路39号
…… Tel:2319003
黄山市国土资源局
地址：黄山市屯溪区长干中路
…… Tel:2355482
黄山市规划局
地址：黄山市屯溪区
…… Tel:2330663
黄山市物价局
地址：屯溪区滨江西路256号
…… Tel:2514773
黄山市知识产权局
地址：黄山市屯溪区北海路58号
…… Tel:2357763
黄山市质量技术监督局
地址：屯溪区滨江西路6号
…… Tel:2518059
黄山市房管局
地址：黄山市
…… Tel:2512330
黄山市科学技术局
地址：屯溪区北海路58号
…… Tel:2357170
黄山市食品药品监督管理局
地址：屯溪区黄山中路36号
…… Tel:2521155
黄山市档案局
地址：黄山市
…… Tel:2355027
黄山市教育局
地址：黄山市屯溪延安路83号
…… Tel:2512216
黄山林业局
地址：黄山市北海路
…… Tel:2512696
黄山市人口和计划生育委员会
地址：黄山市
…… Tel:2347890
黄山市农业委员会
地址：黄山市
…… Tel:23552487
黄山市建设委员会
地址：黄山市屯溪黄山东路
…… Tel:2353198
黄山市旅游委员会
地址：黄山市
…… Tel:2514019
黄山市行政服务中心
地址：黄山市
…… Tel:2355467

滁州市（0550）

国家机构

人民政府

滁州水文水资源局
地址：滁州市天长东路98号
…… Tel:3039070
滁州市土地房产局
地址：滁州市南谯分局
…… Tel:3067263
滁州市土地房产管理局
地址：滁州市
…… Tel:3067289
滁州市电业局
地址：滁州市凤凰路512号
…… Tel:3072222
滁州市市直机关事务管理局
地址：滁州市
…… Tel:3032416
滁州市农业农村局
地址：滁州市
…… Tel:3025919
滁州市地质矿产局

地址：滁州市
Tel:3032513

滁州市交通局
地址：滁州市琅琊西路84号
Tel:3022830

滁州市机械电子工业局
地址：滁州市
Tel:3023945

滁州市地震局
地址：滁州市
Tel:3522492

滁州市财政局
地址：滁州市天长路187号
Tel:3302372

滁州市物价局
地址：滁州市
Tel:3012318

滁州市规划局
地址：滁州市
Tel:3062034

滁州市国家税务局
地址：滁州市
Tel:3043336

滁州市质量技术监督局
地址：滁州市
Tel:3049024

滁州市建筑材料工业管理局
地址：滁州市来安北路7号
Tel:3057133

滁州市建筑管理局
地址：滁州市清流西路294号
Tel:3058639

滁州市统计局
地址：滁州市凤凰西路376号
Tel:3050438

滁州市航运管理局
地址：滁州市
Tel:3025104

滁州市畜牧局
地址：滁州市
Tel:3037870

滁州市文化和文化和旅游局
地址：滁州市
Tel:3041041

滁州市旅游事业管理局
地址：滁州市
Tel:3036369

滁州市第二轻工业局
地址：滁州市
Tel:3025878

滁州市乡镇企业委员会
地址：滁州市
Tel:3022725

滁州市计划生育委员会
地址：滁州市
Tel:3022462

滁州市计划委员会
地址：滁州市
Tel:3022352

滁州市教育委员会
地址：滁州市
Tel:3021971

滁州市建设委员会
地址：滁州市天长路163号
Tel:3025681

滁州市经济贸易委员会
地址：滁州市琅琊东路54号
Tel:3025802

滁州市土地房产管理局市区分局
地址：新世纪小区2号2楼
Tel:3013688

定远县仓镇人民政府
地址：滁州市定远县县仓镇
Tel:4705010

定远县程桥乡政府
地址：滁州市
Tel:4957188

社会团体

工会

滁州市总工会
地址：滁州市天长路119号
Tel:3023537

滁州市总工会南谯区办事处
地址：滁州市
Tel:3021244

共青团、青联、学联

中国共产主义青年团滁州市委员会
地址：滁州市
Tel:3022434

中国共产主义青年团滁州市南谯区委员会
地址：滁州市
Tel:3112123

中国共产主义青年团滁州市琅琊区委员会
地址：滁州市
Tel:3023241

妇联

滁州市妇女联合会
地址：滁州市
Tel:3023136

滁州市南谯区妇女联合会
地址：滁州市
Tel:3113089

协会

滁州市科学技术协会
地址：滁州市
Tel:3024671

滁州市消费者协会
地址：滁州市
Tel:3065315

红十字会

滁州市红十字会
地址：滁州市
Tel:3047282

宗教组织

滁州市基督教三自爱国运动委员会
地址：滁州市
Tel:3111043

阜阳市（0558）

国家机构

人民政府

阜阳市人民政府
地址：阜阳市
Tel:2264592

阜阳市人民政府办事处
地址：阜阳市
Tel:2265923

阜阳市人民政府地名办公室
地址：阜阳市
Tel:2265826

界首市水利局
地址：人民路
Tel:4812368

界首市气象局
地址：新阳路
Tel:4812811

界首市公路分局
地址：大桥北路31号
Tel:4812774

界首市民政局
地址：中原东路
Tel:4812351

界首市市容环境卫生管理局
地址：中原路120路
Tel:4820219

界首市农业农村局
地址：中原路
Tel:4812691

界首市交通局
地址：新阳路
Tel:4823097

界首市地税局
地址：富强路
Tel:4813001

界首市技术监督局
地址：新阳路
Tel:4812451

界首市医药管理局
地址：人民路
Tel:4815997

界首市林业局
地址：中原路
Tel:4812666

界首市房地产管理局
地址：人民路
Tel:4812179

界首市环境保护局
地址：五大街
Tel:4818229

界首市粮食局
地址：人民西路
Tel:4812554

安徽省阜阳市东北农业开发管理委员会
地址：阜王路晨光阁三接南
Tel:2291861

安徽省阜阳经济技术开发区委员会
地址：颍河西路159号
Tel:2261306

阜阳市计划生育委员会
地址：市委九楼
Tel:2262993

阜阳市计划委员会
地址：清河路
Tel:2263991

阜阳市民族事务委员会
地址：市委办公大楼
Tel:2264203

阜阳市农业委员会
地址：阜阳市市政府一楼
Tel:2234393

阜阳市建设委员会
地址：阜阳市
Tel:2237711

阜阳市国际工业管理委员会
地址：阜王路晨光阁四楼北侧
Tel:2272176

阜阳市建委办公室
地址：颍州北路城建巷12号
Tel:2237531

阜阳市经济贸易委员会
地址：政府大楼
Tel:2252017

阜阳市教育委员会
地址：胜利北路71号
Tel:2262894

阜阳市口岸管理办公室
地址：清河西路858号
Tel:2182795

阜阳市农村能源办公室
地址：市政府大楼办公楼
Tel:2263707

阜阳市社会治安综合治理办公室
地址：阜阳市
Tel:2234370

阜阳市财贸办公室
地址：市政府大楼
Tel:2269543

阜阳市房屋拆迁管理办公室
地址：人民西路284号
Tel:2238188

阜阳市爱国卫生运动委员会办公室
地址：清河路8号
Tel:2236390

阜阳市党政机关岗位责任制办公室
地址：阜阳市
Tel:2264923

阜阳市第五次人口普查领导小组办公室
地址：阜阳市
Tel:2270607

阜阳市精神文明建设指导委员会办公室
地址：阜王路奎星苑3号综合楼
Tel:2176951

界首市交警大队
地址：中原路
Tel:4812712

阜阳市财政监督处
地址：阜阳市
Tel:2236380

阜阳市建管处
地址：颍西镇五叉路市建管处
Tel:2563981

界首市地税局票管所
地址：富强路
Tel:4812258

阜阳市颍东区农村经济委员会
地址：北京东路
Tel:2318369

阜阳市颍州西湖风景名胜区管理委员会
地址：颍州南路房地产大厦
Tel:2260994

阜阳市颍泉区商贸委
地址：区政府大楼4楼
Tel:2268054

界首市教育委员会
地址：四大街
Tel:4812832

颍州区教育委员会
地址：人民东路58号
Tel:2266447

颍泉区外经贸委
地址：人民东路
Tel:2235835

六安市（0564）

中国共产党中国共产党六安市委员会
地址：六安市
Tel:3270059

中国共产党六安市委组织部
地址：六安市
Tel:3379729

中国共产党六安市委统战部
地址：六安市
Tel:3379951

中国共产党六安市委党校
地址：六安市
Tel:3212181

国家机构

人大常委会

六安市人民代表大会常务委员会
地址：六安市
Tel:3219175

舒城县人民代表大会常务委员会
地址：六安市
Tel:8621250

人民政府

六安市人事局
地址：六安市
Tel:3379551

六安市卫生局
地址：六安市
Tel:3379198

六安市水利局
地址：六安市
Tel:3213447

六安市对外贸易合作局
地址：六安市
Tel:3314118

六安市民政局
地址：六安市
Tel:3214827

六安市交通局
地址：六安市
Tel:3313125

六安市劳动社会保障局
地址：六安市
Tel:3379637

六安市体育局
地址：六安市
Tel:3314922

六安市财政局
地址：六安市
Tel:3312398

六安市审计局
地址：六安市
Tel:3212317

六安市供电局
地址：六安市
Tel:3313019

六安市林业局
地址：六安市
Tel:3212735

六安市环境保护局
地址：六安市
Tel:3312764

六安市统计局
地址：六安市
Tel:3319881

六安市科技局
地址：六安市
Tel:3379727

六安市文化和文化和旅游局
地址：六安市
Tel:3270083

六安市教育局
地址：六安市
Tel:3379700

六安市计划生育委员会
地址：六安市
Tel:3379630

六安市农业委员会
地址：六安市
Tel:3379725

六安市建设委员会
地址：六安市
Tel:3325739

六安市经贸委
地址：六安市
Tel:3379924

六安市外事办公室
地址：六安市
Tel:3379766

铜锣寨风景区
地址：六安市
Tel:5711716

舒城计委
地址：六安市
Tel:8621273

舒城气象局
地址：六安市
Tel:8621223

舒城农委
地址：六安市
Tel:8621202

舒城县政府办
地址：六安市
Tel:8621222

寿县文化和文化和旅游局
地址：六安市
Tel:4023183

金安区文化和文化和旅游局
地址：六安市
Tel:3332375

金寨县文化和文化和旅游局
地址：六安市
Tel:7062590

裕安区文化和文化和旅游局
地址：六安市
Tel:3214229

舒城人事局
地址：六安市
Tel:8621245

舒城水利局
地址：六安市
Tel:8621208

舒城外贸局
地址：六安市
Tel:8621982

舒城交通局
地址：六安市
Tel:8621191

舒城体育局
地址：六安市
Tel:8621331

舒城财政局
地址：六安市
Tel:8621242

舒城县文化和文化和旅游局
地址：六安市
Tel:8629690

舒城生态环境局
地址：六安市
Tel:8621859

舒城统计局
地址：六安市

…………Tel:8621254
舒城科技局
地址：六安市
…………Tel:8621151
舒城教育局
地址：六安市
…………Tel:8621209
霍山县文化和文化和旅游局
地址：六安市
…………Tel:5022706
霍邱县文化和文化和旅游局
地址：六安市
…………Tel:6026514

人民政协和民主党派

人民政协

中国人民政治协商会议六安市委员会
地址：六安市
…………Tel:3219563
中国人民政治协商会议舒城县委员会
地址：六安市
…………Tel:8621236

社会团体

妇联

六安市妇女联合会
地址：六安市
…………Tel:3379732
舒城县妇联
地址：六安市
…………Tel:8621412

福建省

人民政府

厦门市人民政府
地址：湖滨北路
…………Tel:5052330
厦门市人事局
地址：湖滨北路
…………Tel:5052352
厦门市卫生局
地址：同安路
…………Tel:2034212
厦门市市场监督管理局
地址：湖滨南路
…………Tel:2200536
厦门市专用通信局
地址：湖滨北路
…………Tel:5359697
厦门市无线电管理局
地址：湖滨东路11号
…………Tel:5806390
厦门市水路运输管理处
地址：思明北路
…………Tel:2028851
厦门市市场开发建设服务中心
地址：竹坑路
…………Tel:2205243
厦门市民政局
地址：文园路
…………Tel:2077551
厦门市市政园林局
地址：厦禾路
…………Tel:5181120
厦门市外商投资局
地址：湖滨北路
…………Tel:5054865
厦门市地方税务局
地址：湖滨北路
…………Tel:12366
厦门市地方税务局对外税务分局
地址：湖滨南路
…………Tel:2215817
厦门市地方税务局直征局
地址：湖滨北路
…………Tel:5318578
厦门市农业机械监理所
地址：莲前西路708号5F
…………Tel:5968360
厦门市企业离退休人员社会化管理中心
地址：湖滨北路
…………Tel:5395325
厦门市应急管理局
地址：湖滨南路
…………Tel:2035555
厦门市机关事务管理局
地址：湖滨北路
…………Tel:5052431
厦门市农村经济管理站
地址：公园南路
…………Tel:2072436
厦门市行政事业资产管理中心
地址：美湖路
…………Tel:2223271
厦门市劳动和保障局
地址：长青路
…………Tel:5327743
厦门市体育局
地址：体育路
…………Tel:5121239
厦门市财政局
地址：湖滨北路
…………Tel:5052363
厦门市财政审核中心
地址：同益路
…………Tel:2278281
厦门市国土资源与房产管理局
地址：莲岳路
…………Tel:5108070
厦门市审计局
地址：长青路
…………Tel:5396010
厦门市建设工程施工图审查所
地址：禾祥西路
…………Tel:2214297
厦门市建设工程造价管理站
地址：七星西路
…………Tel:5050127
厦门市建设与管理局
地址：厦禾路
…………Tel:2201615
厦门市物价局
地址：长青路
…………Tel:5140690
厦门市规划局
地址：体育路
…………Tel:2024287
厦门市知识产权局
地址：长青路
…………Tel:5059321
厦门市经济发展局
地址：湖滨北路
…………Tel:5052408
厦门市国家税务局
地址：湖滨北路
…………Tel:5315002
厦门市质量技术监督局
地址：湖滨南路
…………Tel:2699801
厦门市环境保护局
地址：湖滨南路
…………Tel:5182600
厦门市统计局
地址：长青路
…………Tel:5052388
厦门市城市管理行政执法局
地址：湖明路
…………Tel:5379376
厦门市贸易发展局
地址：湖滨北路
…………Tel:5302555
厦门市科学技术局
地址：虎园路
…………Tel:2021817
厦门市食品药品监督管理局
地址：湖滨南路
…………Tel:2699611
厦门市海洋与渔业局
地址：长青路
…………Tel:5396300
厦门市酒类专卖局
地址：湖滨北路
…………Tel:5086366
厦门市海洋综合行政执法支队
地址：蜂巢山路
…………Tel:2198110
厦门市通信管理局
地址：仙岳路
…………Tel:5099499
厦门市文化和文化和旅游局
地址：湖滨北路
…………Tel:5318858
厦门市航道管理站
地址：湖滨中路
…………Tel:2216401
厦门市渔业无线电管理站
地址：中埔路
…………Tel:2085279
厦门市教育局
地址：同安路
…………Tel:2135593
厦门市港务管理站
地址：禾祥西路
…………Tel:2396360
厦门市粮食局
地址：都仔尾路
…………Tel:2203045
厦门盐务局
地址：湖滨南路
…………Tel:2226118
厦门港口管理局
地址：东渡路
…………Tel:2658265
厦门港航道管理站
地址：同益路
…………Tel:2658321
福建省邮政管理局厦门办事处
地址：湖滨东路
…………Tel:5822837
福建省厦门市公路局
地址：莲前西路281号
…………Tel:8269983
厦门市人口和计划生育委员会
地址：薛岭南路
…………Tel:5281830
厦门市发展和改革委员会
地址：湖滨北路
…………Tel:5052372
厦门市国有资产监督管理委员会
地址：湖滨北路
…………Tel:5397600
厦门市人民防空办公室
地址：石泉路
…………Tel:2120158
厦门市人民政府口岸办公室
地址：小学路
…………Tel:2660600
厦门市人民政府外事办公室
地址：白鹭洲路
…………Tel:5052427
厦门市人民政府台湾事务办公室
地址：白鹭洲路
…………Tel:5057662
厦门市人民政府侨务办公室
地址：白鹭洲路
…………Tel:2023405
厦门市人民政府城市管理办公室
地址：湖滨中路
…………Tel:2270280
厦门市市容管理考评委员会办公室
地址：禾祥西路51号
…………Tel:2220664
厦门市住宅建设办公室
地址：故宫路
…………Tel:2201765
厦门市住房公积金管理中心
地址：莲岳路
…………Tel:5104492
厦门市海防管理委员会办公室
地址：湖滨东路
…………Tel:5092158
厦门市绿化委员会办公室
地址：厦禾路
…………Tel:5181232
厦门市绿化管理中心
地址：湖光路
…………Tel:5048552
厦门市接待办公室
地址：湖滨北路
…………Tel:2021767
厦门市接待车船队
地址：虎园路
…………Tel:2078347
厦门市森林防火指挥部办公室
地址：湖滨北路
…………Tel:5204119
厦门产权交易中心
地址：湖滨北路
…………Tel:5397680
国家统计局厦门调查队
地址：长青路
…………Tel:5323003
厦门国际旅行卫生保健中心
地址：全鼎路31号
…………Tel:5675915
同安区人民政府
地址：同安银湖中路
…………Tel:7022243
思明区人民政府
地址：民族路
…………Tel:2667003
海沧区人民政府
地址：海沧滨湖北路
…………Tel:6051068
翔安区人民政府
地址：翔安祥福路
…………Tel:7889999
湖里区人民政府
地址：枋湖南路
…………Tel:5722086
集美区人民政府
地址：集美岑东路
…………Tel:6068362
集美台商投资区管理委员会
地址：杏林月美路
…………Tel:6220929
马巷镇人民政府
地址：马巷镇巷南路
…………Tel:7061420
五显镇人民政府
地址：五显填五显街
…………Tel:7300944
内厝镇人民政府
地址：内厝镇
…………Tel:7076959
东孚镇人民政府
地址：东车镇莲花村
…………Tel:6312172
汀溪镇人民政府
地址：汀溪镇隘头村
…………Tel:7155798
西柯镇人民政府
地址：西柯镇
…………Tel:7110880
后溪镇人民政府
地址：后溪镇孙坂北路
…………Tel:6261167
洪塘镇人民政府
地址：洪塘镇
…………Tel:7255313
莲花镇人民政府
地址：莲花镇美埔村
…………Tel:7050096
新民镇人民政府
地址：新民镇城南开发区
…………Tel:7021117
新圩镇人民政府
地址：新圩镇镇口路
…………Tel:7070005
新店镇人民政府
地址：翔安区
…………Tel:7081151
灌口镇人民政府
地址：灌口镇大街头
…………Tel:6367088
大同街道办事处
地址：大同镇城西路
…………Tel:7026244
大嶝街道办事处
地址：大嶝镇阳塘村
…………Tel:7090008
开元街道办事处
地址：禾祥西路
…………Tel:2213356
中华街道办事处
地址：天一楼
…………Tel:2024314
禾山街道办事处
地址：枋湖东路
…………Tel:5794001
江头街道办事处
地址：台湾街
…………Tel:5521972
杏林街道办事处
地址：杏林杏南路
…………Tel:6288030
杏滨街道办事处
地址：杏林杏南路
…………Tel:6078182
祥平街道办事处
地址：同安银湖西路
…………Tel:7366333
海沧街道办事处
地址：海沧新大街
…………Tel:6081540
桥英街道办事处
地址：集美桥英路
…………Tel:6687239
莲前街道办事处
地址：莲前西路
…………Tel:5909600
梧村街道办事处
地址：东浦路
…………Tel:2330903
湖里街道办事处
地址：湖里大道
…………Tel:6032021
集美街道办事处
地址：集美石鼓路
…………Tel:6068330
厦港街道办事处
地址：思明南路
…………Tel:2085058
新阳街道办事处
地址：海沧新阳工业区
…………Tel:6889358
殿前街道办事处
地址：长浩路
…………Tel:5716176
鼓浪屿街道办事处
地址：鼓浪屿永春路
…………Tel:2063898
滨海街道办事处
地址：曾厝垵
…………Tel:2082644
嘉莲街道办事处
地址：莲花北路
…………Tel:5539293
鹭江街道办事处
地址：厦禾路
…………Tel:2077086
筼筜街道办事处
地址：莲滨里
…………Tel:5377200

人民政协和民主党派

人民政协

中国人民政治协商会议厦门市委员会
地址：湖滨北路
…………Tel:5397999
中国民主同盟厦门市委员会
地址：白鹭洲路
…………Tel:2699038
中国农工民主党厦门市委员会
地址：白鹭洲路

……Tel:2699068

中国国民党革命委员会厦门市委员会
地址：白鹭洲路
……Tel:2699030

中国致公党厦门市委员会
地址：白鹭洲路
……Tel:2699068

台湾民主自治同盟厦门市委员会
地址：白鹭洲路
……Tel:2699078

社会团体

工会

厦门市交通建设工会工作委员会
地址：体育路
……Tel:2103903

厦门市直属机关工会工作委员会
地址：体育路
……Tel:2661098

厦门市总工会
地址：体育路
……Tel:2661065

厦门市科文卫体工会工作委员会
地址：体育路
……Tel:2661097

厦门市教育工会
地址：后厅街
……Tel:2024343

共青团、青联、学联

中国共产主义青年团厦门市委员会
地址：天湖路
……Tel:202s397

妇联

厦门市妇女联合会
地址：百家村
……Tel:2033992

侨联

厦门市归国华侨联合会
地址：白鹭洲路
……Tel:2699090

文联

厦门市文学艺术界联合会
地址：曾厝安仓里社
……Tel:2519969

残联

厦门市残疾人联合会
地址：仙岳路
……Tel:5203679

工商联

厦门市电子信息产业商会
地址：固山南路
……Tel:2298137

厦门市机电产品进出口商会
地址：湖滨南路
……Tel:2291899

厦门市两岸小额贸易协会
地址：大嶝镇
……Tel:7095398

厦门市国际商会
地址：白鹭洲路
……Tel:2224509

厦门市商业联合会
地址：厦禾路
……Tel:2295531

厦门总商会
地址：槟榔路
……Tel:5392800

协会

厦门市社会科学界联合会
地址：思明西路
……Tel:2023296

厦门市科学技术协会
地址：湖滨南路
……Tel:2273505

厦门市消费者权益保护委员会
地址：湖滨南路
……Tel:2130315

红十字会

厦门市红十字会
地址：湖滨四里
……Tel:2028506

厦门市慈善总会
地址：文园路101号
……Tel:2046350

基金会

厦门市红十字基金会
地址：湖滨四里
……Tel:5033829

厦门市教育基金会
地址：湖滨南路
……Tel:2288483

福建省邓子基教育基金会
地址：厦禾路
……Tel:5155217

福利会

厦门残疾人福利基金会
地址：仙岳路
……Tel:5333791

老龄问题委员会

厦门市老年基金会
地址：虎园路
……Tel:2044866

厦门市老龄工作委员会办公室
地址：虎园路
……Tel:2106844

其他社会团体

厦门市关心下一代工作委员会
地址：鹤寿路
……Tel:2116914

驻在机构

中央驻在机构

中华人民共和国出入境边防检查总站
地址：海沧马青路
……Tel:6583500

中华人民共和国厦门出入境检验检疫局
地址：东渡路
……Tel:5675858

中华人民共和国厦门海关
地址：鹭江道
……Tel:2355555

中华人民共和国厦门海事局
地址：海沧大道19号
……Tel:6895123

水利部厦门农村水电培训基地
地址：集美浔江路
……Tel:6069941

中国人民银行厦门市中心支行国家外汇管理局厦门分局
地址：湖滨南路
……Tel:5890900

中国民用航空厦门安全监督管理局
地址：翔云三路
……Tel:5732096

中国民用航空厦门空中交通管理站
地址：翔云一路
……Tel:5708999

中国证券监督管理委员会厦门监督管理局
地址：湖滨南路
……Tel:5165620

中国银行业监督管理委员会厦门监管局
地址：同益路
……Tel:5892888

交通部东海救助局厦门基地
地址：民族路
……Tel:2092518

外省驻在机构

山西省人民政府驻厦门办事处
地址：厦禾路
……Tel:5851260

天津市人民政府驻厦门办事处
地址：湖滨北路
……Tel:5081252

甘肃省人民政府驻厦门办事处
地址：湖滨东路
……Tel:5052026

江西省人民政府驻福建办事处
地址：嘉禾路
……Tel:5137307

安徽省人民政府驻厦门办事处
地址：湖滨北路
……Tel:5068835

河南省人民政府驻厦门办事处
地址：湖滨四里
……Tel:5052610

南京市人民政府驻厦门办事处
地址：湖滨一里
……Tel:5065533

黑龙江省人民政府驻厦门办事处
地址：莲秀里
……Tel:5569314

湖北省人民政府驻厦门办事处
地址：嘉禾路
……Tel:5140350

本省驻在机构

三明市人民政府驻厦门办事处
地址：文园路
……Tel:2912058

龙岩市人民政府驻厦门办事处
地址：莲花南路
……Tel:5132796

安溪县人民政府驻厦门办事处
地址：吕岭里
……Tel:5523628

招商局中银漳州经济开发区驻厦门办事处
地址：东渡路
……Tel:6015871

泉州市人民政府驻厦门办事处
地址：湖滨四里
……Tel:5361306

福安市人民政府驻厦门办事处
地址：嘉禾路
……Tel:5072759

漳平市人民政府驻厦门办事处
地址：莲前西路
……Tel:5993618

莆田市（0594）

国家机构

人民政府

莆田市人民政府
地址：荔城中大道
接待处
……Tel:2780866

莆田电业局
地址：后巷路
……Tel:5263114

莆田市民政局
地址：学园南街
……Tel:2292031

莆田市民族与宗教事务局
地址：荔城中大道
……Tel:2292264

莆田市地方税务局
地址：荔城大道
……Tel:2692061

莆田市应急管理局
地址：荔城东大道
……Tel:2292259

莆田边防检查站
地址：后巷街1498号
……Tel:2516330

莆田市体育局
地址：荔城中大道
……Tel:2292841

莆田市审计局
地址：荔城中大道
……Tel:2293755

莆田市物价局
地址：胜利北街
……Tel:2799133

莆田市国家税务局
地址：荔城南大道
……Tel:2691756

莆田市国家税务局稽查局
地址：荔城南大道
……Tel:2692934

莆田市质量技术监督局
地址：石室路
……Tel:2693163

莆田市质量技术监督局直属分局
地址：石室路
……Tel:2689398

莆田市环境保护局
地址：荔城中大道
……Tel:2688968

莆田市统计局
地址：荔城中大道
……Tel:2292791

中共莆田市委市直机关工作委员会
地址：荔城中大道
……Tel:2381133

中共莆田市委机构编制委员会办公室
地址：荔城中大道
……Tel:2280376

中国共产主义青年团莆田市委员会
地址：石室路
……Tel:2292687

莆田市人民政府国有资产监督管理委员会
地址：筱塘北街
……Tel:2659128

莆田市口岸与海防管理委员会办公室
地址：荔城中大道
……Tel:2689601

莆田市社会治安综合治理委员会办公室
地址：荔城中大道
……Tel:2221955

莆田市禁毒委员会办公室
地址：南门路
……Tel:2882901

基督教莆田市管理委员会
地址：北大北街
……Tel:2395447

中共莆田市委台湾工作办公室
地址：荔城中大道
……Tel:2692623

中共莆田市精神建设办公室
地址：荔城中大道
……Tel:2829308

莆田市纠正行业不正之风办公室
地址：荔城中大道
……Tel:2294146

莆田市外事侨务办公室
地址：荔城中大道
……Tel:2692723

莆田市机关效能投诉中心
地址：荔城中大道
……Tel:2382211

莆田市机关效能建设领导小组办公室
地址：荔城中大道
……Tel:2385025

莆田监狱
地址：涵江区新涵街2089号
……Tel:3596078

仙游县地方税务局
地址：仙游县赖店镇土山村
……Tel:8593423

仙游县国家税务局
地址：仙游县城南东路附近
……Tel:8297191

仙游县质量技术监督局
地址：仙游县鲤城街道
……Tel:8599589

仙游县环境保护局
地址：鲤城公园西路1号
……Tel:8592552

秀屿区地方税务局
地址：笏石镇秀屿区
……Tel:5851068

秀屿区国家税务局
地址：秀屿区富民中路
……Tel:5891976

秀屿区环境保护局
……Tel:5851560

莆田出入境检验检疫局仙游办公室
地址：仙游县鲤南镇
……Tel:8290366

莆田市物价局检查分局
地址：胜利北街
……Tel:2797373

中共仙游县委县直机关工作委员会
地址：仙游县鲤城八二五大街
……Tel:8292266

中共秀屿区委区直机关工作委员会
地址：笏石镇太丘村
……Tel:5851518

中共仙游县委精神文明建设办公室
地址：仙游县鲤城镇
……Tel:8593987

中共秀屿区委精神文明建设办公室
地址：笏石镇
……Tel:5851326

仙游县外事侨务办公室
地址：仙游县
……Tel:8593963

社会团体

协会

福建省古典工艺家具协会
地址：仙游县榜头镇
……Tel:7777315

仙游县计划生育协会
地址：仙游县鲤城八二五大街
……Tel:8295824

荔城区计划生育协会
地址：胜利北街
……Tel:2338551

荔城区农村卫生协会
地址：县巷63号
……Tel:2296627

城厢区计划生育协会
地址：荔华东大道
……Tel:2680481

涵江区计划生育协会
地址：新涵街
……Tel:3396590

莆田市工艺美术协会
地址：黄石镇莆田工艺美术城
……Tel:2752139

莆田市计划生育协会
地址：文献西路
……Tel:2693494

莆田市台湾同胞投资企业协会
地址：荔城中大道
……Tel:2696919

莆田市羽毛球协会
地址：荔城中大道
……Tel:2610600

莆田市老科技工作者协会
地址：南门路
……Tel:2386825

莆田市进出口协会
地址：荔城大道
……Tel:2398150

莆田市扶贫开发协会
地址：坊巷199号
……Tel:2213915

莆田市烹饪协会
地址：荔城大道
……Tel:2606777

莆田市教育摄影协会
地址：东圳路
……Tel:2793138

莆田市登山协会
地址：荔城大道
……Tel:2621288

莆田保险行业协会
地址：荔城南大道
……Tel:2656952

莆团市老年人体育协会
地址、北大路
……Tel:2293599

莆团市城市建设协会
地址：学园南街
……Tel:2222833

福利会

莆田市福利院
地址：黄石镇丰石西路
……Tel:2197213

仙游县福利院
地址：仙游县鲤城街道
……Tel:8593299

驻在机构

中央驻在机构

中华人民共和国莆田出入境检验检疫局
地址：城厢区荔城南大道
Tel:2622009

三明市（0598）

国家机构

人民政府

尤溪县地方税务局西城分局
地址：尤溪县西城镇七口街
Tel:6393765

尤溪县地方税务局梅仙分局
地址：尤溪县梅仙镇
Tel:6262485

尤溪县地方税务局稽查分局
地址：尤溪县城关镇解放路
Tel:6325762

尤溪县应急管理局
地址：尤溪县城关镇升平路二
Tel:6320163

永安市地方税务局小陶分局
地址：永安市小陶镇解放南路
Tel:3700340

永安市地方税务局西洋分局
地址：永安市西洋镇兴洋路
Tel:3730638

永安市地方税务局槐南分局
地址：永安市槐南乡
Tel:3539031

将乐县城共建三优街协调委员会
地址：将乐县古镛镇三华北路
Tel:2324333

夏茂镇社会治安综合治理委员会
地址：沙县夏茂镇中山路
Tel:5504229

泉州市（0595）

中国共产党中国共产党石狮市委员会市委办公室
地址：石狮市公务大楼9层
Tel:88712828

中国共产党南安市委员会办公室
地址：南安市柳新路1号
Tel:86382285

中国共产党南安市委员会台工办
地址：南安市柳新路1号
Tel:86382251

中国共产党泉州市委员会市委值班室
地址：市区庄府巷
Tel:22282120

中国共产党南安市委员会组织部
地址：南安市柳新路1号
Tel:86382323

中国共产党晋江市委员会市委办值班室
地址：晋江市梅岭街道
Tel:85681365

中国共产党晋江市委员会统战部
地址：晋江市梅岭街道
Tel:85681160

中国共产党永春县委员会
地址：永春县桃城镇街口街1号
Tel:23882622

中国共产党安溪县委员会办公室
地址：安溪县凤城镇大同路1号
Tel:23232750

中国共产党泉州市鲤城区委员会办公室
地址：展览城区政府办公大楼
Tel:22355601

中国共产党泉州市鲤城区委员会组织部
地址：展览城区政府办公大楼
Tel:22355688

中国共产党惠安县委员会值班室
地址：螺城镇中山北路50号
Tel:87382126

中国共产党德化县委员会
地址：德化县浔中镇凤池街
Tel:23522741

国家机构

人大常委会

泉州市人民代表大会常务委员会人事科
地址：庄府巷24号机关大院内
Tel:22384882

泉州市人民代表大会常务委员会办公室
地址：庄府巷24号机关大院内
Tel:22385250

石狮市人民代表大会常务委员会办公室
地址：石狮市公务大楼16楼
Tel:88719339

永春县人民代表大会常务委员会办公室
地址：桃城镇湖滨路123号
Tel:23862983

安溪县人民代表大会常务委员会办公室
地址：安溪县凤城镇河滨北路
Tel:23232426

南安市人民代表大会常务委员会办公室
地址：南安市柳新路1号
Tel:86382229

泉州市泉港区人民代表大会常务委员会
地址：泉港区二街
Tel:87993356

泉州市鲤城区人民代表大会常务委员会
地址：展览城H幢三楼
Tel:22355625

晋江市人民代表大会常务委员会华侨委
地址：青阳南山路1号1幢
Tel:85667352

惠安县人民代表大会常务委员会办公室
地址：螺城镇中山北路50号
Tel:87382132

德化县人民代表大会常务委员会
地址：德化县凤池街10号
Tel:23522634

泉州市（0595）

人民政府

泉州市人民政府
地址：市区庄府巷
Tel:22285656

石狮市人民政府农业办公室
地址：石狮市公务大厦714室
Tel:88712996

石狮市侨台外事局
地址：石狮市七八路
Tel:88722038

石狮市经济局
地址：石狮市七八路
Tel:88712056

泉州市人民防空办公室
地址：市区齐云路
Tel:28985315

南安市交通局
地址：南安市柳城
Tel:86361266

泉州市经济委员会
地址：市区庄府巷
Tel:22285400

南安市经济贸易局
地址：南安市溪美街
Tel:86382226

南安市盐务局
地址：南安市成功东街
Tel:86369398

泉州市粮食局
地址：市区温陵路
Tel:22386070

晋江市经济发展局
地址：晋江市青阳东华街
Tel:85681572

晋江市商务局
地址：晋江市青阳泉安中路
Tel:85681641

石狮市人民政府办公室
地址：石狮市公务大厦8层
Tel:88715151

永春县人民政府办公室
地址：永春县桃城镇街口街1号
Tel:23882211

安溪县人民政府办公室
地址：安溪县大同路1号
Tel:23232751

南安市人民政府值班室
地址：南安市柳新路1号
Tel:86382201

泉州市丰泽区人民政府
地址：市区津淮街东段
Tel:22508830

泉州市洛江区人民政府
地址：万安开发区
Tel:22633381

泉州市泉港区人民政府
地址：泉港区二街公务大楼
Tel:87987108

晋江市人民政府
地址：世纪大道南1号
Tel:85681023

惠安县人民政府
地址：中山北路50号
Tel:87382143

德化县人民政府
地址：德化县凤池街10号
Tel:23522880

牛姆林保护区
地址：永春县下洋镇
Tel:23985986

永春县对外贸易经济合作局
地址：永春县桃城镇桃东路
Tel:23883472

永春县会计核算中心
地址：永春县桃城镇财政路
Tel:23892217

永春县经济贸易局
地址：永春县桃城镇街口街
Tel:23882262

永春县国家税务局
地址：永春县桃城镇
Tel:23898915

永春县环境保护局
地址：永春县桃城镇
Tel:23885443

永春县统计局
地址：永春县桃城镇街口街
Tel:23882359

永春县旅游事业局
地址：永春县桃城镇衙口街
Tel:23888599

永春县第二轻工业总会
地址：桃城镇八二三东路
Tel:23882484

永春县煤炭工业协调管理办公室
地址：永春县下洋镇
Tel:23982195

永春县粮食局
地址：永春县桃城镇
Tel:23882422

安溪县卫生局
地址：安溪县凤城镇八三一路
Tel:23232413

安溪县交通局
地址：安溪县凤城镇中山路
Tel:23232316

安溪县经济贸易局
地址：安溪县凤城镇大同路
Tel:23232415

安溪县科学技术局
地址：安溪县凤城镇联谊路
Tel:23232403

安溪县第二轻工业总会
地址：安溪县凤城镇解放路
Tel:23232010

惠安县水利局
地址：惠安县螺城镇中山北路
Tel:87382698

惠安县林业局
地址：惠安县螺城镇中山北路
Tel:87382713

惠安县规划建设局
地址：乐园街城堡巷
Tel:87391868

惠安县经济贸易局
地址：惠安县螺城镇中山北路
Tel:87382141

德化县卫生局
地址：德化县龙浔镇
Tel:23552979

德化县水利局
地址：德化县浔中镇凤池街
Tel:23522029

德化县民政局
地址：德化县龙浔镇
Tel:23522537

德化县农业农村局
地址：德化县龙浔镇凤池街
Tel:23522475

德化县审计局
地址：德化县浔中填凤池街
Tel:23522156

德化县林业局
地址：德化县龙浔镇龙鹏街
Tel:23588063

德化县经济贸易局
地址：德化县龙浔镇龙鹏街
Tel:23522079

东关镇人民政府
地址：永春县东关镇
Tel:23702654

石狮市永宁镇人民政府
地址：石狮市永宁镇永梅路
Tel:88480167

石狮市灵秀镇人民政府
地址：石狮市灵秀镇西环路
Tel:88581390

安溪县龙门镇人民政府
地址：安溪县龙门镇
Tel:23311186

安溪县西坪镇人民政府
地址：安溪县西坪镇安平路
Tel:23411002

安溪县湖头镇人民政府
地址：安溪县湖头镇湖美路
Tel:23401091

南安市九都镇人民政府
地址：南安市九都镇新东街
Tel:86501553

南安市乐峰镇人民政府
地址：南安市乐峰镇
Tel:86564101

晋江市内坑镇人民政府
地址：晋江市内坑镇
Tel:88386930

晋江市永和镇人民政府
地址：晋江市永和镇石街
Tel:88081185

晋江市陈埭镇人民政府
地址：晋江市陈埭镇七一中路
Tel:85180140

桃城镇人民政府
地址：永春县桃城镇城东街
Tel:23882898

桂洋镇人民政府
地址：永春县桂洋镇桂洋街
Tel:23961001

惠安县紫山镇人民政府
地址：惠安县紫山镇
Tel:87292233

惠安县螺城镇人民政府
地址：惠安县螺城镇东霞路
Tel:87382686

湖洋镇人民政府
地址：永春县湖洋镇丁字街
Tel:23752689

德化县三班镇人民政府
地址：德化县三班镇后房街
Tel:23578018

德化县龙浔镇人民政府
地址：德化县龙浔镇
Tel:23522755

德化县杨梅乡人民政府
地址：德化县杨梅乡杨梅街
Tel:23699618

德化县国宝乡人民政府
地址：德化县国宝乡佛岭街
Tel:236388191

德化县美湖乡人民政府
地址：德化县蔓湖乡小湖村
Tel:23668018

石狮市凤里镇街道办事处
地址：石狮市凤里长宁路
Tel:88781707

石狮市湖滨街道办事处
地址：石狮市长福路109号
Tel:88711520

泉州市东湖街道办事处
地址：东湖街东禅路
Tel:22985539

泉州市江南街道办事处
地址：市区兴贤路
Tel:22473032

泉州市城东街道办事处
地址：洛江区城东黄林
Tel:22686552

南安市柳城街道办事处
地址：南安市柳城南大路
Tel:86352022

泉州市海滨街道办事处
地址：市区新门街
Tel:22389695

南安市溪美街道办事处
地址：南安市溪美镇府巷
Tel:86382730

晋江市西园街道办事处
地址：晋江市西园
Tel:85602220

晋江市青阳街道办事处
地址：晋江市青阳南山路
Tel:85601021

人民政协和民主党派

人民政协

中国人民政治协商会议泉州市委员会
地址：市区丰泽区津淮街东段
Tel:22502072

中国人民政治协商会议石狮市委员会
地址：石狮市公务大厦17层
Tel:88713261

中国人民政治协商会议永春县委员会
地址：桃城镇桃溪路392号
Tel:23862072

中国人民政治协商会议安溪县委员会
地址：河滨北路322号
Tel:23232443

中国人民政治协商会议南安市委员会文史办
地址：南安市成功街
Tel:86385026

中国人民政治协商会议泉州市鲤城区委员会
地址：展览城H幢
Tel:22355639

中国人民政治协商会议晋江市委员会值班室
地址：世纪大道
Tel:85684421

中国人民政治协商会议惠安县委员会
地址：建设南路企塘岭
Tel:87330611

中国人民政治协商会议德化县委员会
地址：德化县凤池街10号
Tel:23522529

民主党派

中国国民党革命委员会泉州市委员会
地址：市区玉犀巷
Tel:22275697

中国致公党泉州市委员会
地址：市区田安路
Tel:22596728

九三学社晋江支社
地址：晋江市青阳新华街
Tel:85685693

中国民主同盟石狮支部
地址：石狮市延年路
Tel:88786549

中国民主同盟晋江市委员会
地址：晋江市青阳新华街
Tel:85669215

中国民主建国会南安市委员会
地址：南安市溪美柳城路
Tel:86373355

中国国民党革命委员会泉州市惠安支部
地址：惠安县螺城镇建设南街
Tel:87310686

中国国民党革命委员会晋江市委员会
地址：晋江市青阳新华街
Tel:85686531

中国致公党永春县委员会
地址：永春县桃城镇街口街
Tel:23887189

社会团体

工会

泉州市总工会
地址：市区九一街
Tel:22282127

石狮市总工会
地址：石狮市宝塘路
Tel:88717662

永春县总工会
地址：八二三中路
Tel:23882517

安海镇总工会
地址：晋江市安海镇成功东路
Tel:85759095

安溪县总工会
地址：安溪县凤城镇解放路
Tel:23260035

南安市总工会
地址：南安市柳城成功路
Tel:86355261

泉州市洛江区总工会
地址：洛江区万荣街
Tel:22631557

泉州国际海员俱乐部
地址：市区九一街
Tel:22284468

惠安县总工会
地址：八二三西街
Tel:87382170

德化县总工会
地址：德化县龙浔镇兴南街
Tel:23522543

共青团、青联、学联

中国共产主义青年团泉州市委员会
地址：市区庄府巷
Tel:22395801

中国共产主义青年团石狮市委员会
地址：石狮市七八路
Tel:88712418

中国共产主义青年团永春县委员会
地址：永春县桃城镇街口街
Tel:23882961

中国共产主义青年团安溪县委员会
地址：安溪县凤城镇河滨北路
Tel:23232411

中国共产主义青年团南安市委员会
地址：南安市柳城普莲路
Tel:86358281

中国共产主义青年团惠安县委员会
地址：惠安县螺城镇中山北路
Tel:87382711

中国共产主义青年团德化县委员会
地址：德化县浔中镇凤池街
Tel:23522160

晋江市青年志愿者协会
地址：晋江市青阳崇德路
Tel:85622532

妇联

泉州市妇女联合会
地址：市区庄府巷
Tel:22289590

泉州市泉港区妇女联合会
地址：泉港区人事局五楼
Tel:87988920

侨联

泉州市企业与企业家联合会
地址：市区温陵南路
Tel:22982935

石狮市商会
地址：石狮市七八路
Tel:88713765

安溪县工商业联合会
地址：安溪县凤城镇解放路
Tel:23232473

南安市归国华侨联合会
地址：南安市溪美新华街
Tel:86382252

惠安县归国华侨联合会
地址：惠安县螺城镇科山路
Tel:87382115

德化县工商业联合会
地址：德化县龙浔镇塔雁街
Tel:23522100

德化县归国华侨联合会
地址：德化县浔中镇龙津路
Tel:23522321

德化县企业与企业家联合会
地址：德化县龙浔镇龙鹏街
Tel:23511928

文联

泉州市文学艺术界联合会
地址：市区新府口
Tel:22278277

协会

石狮市私营企业协会
地址：石狮市八七路
Tel:88767585

石狮市新华片区老年人协会
地址：石狮市九二路
Tel:88887647

安溪县卫生协会
地址：安溪县凤城镇八三一路
Tel:23232124

安溪县茶叶协会
地址：安溪县城厢镇
Tel:23287689

南安市华侨体育协会
地址：南安市溪美柳城路
Tel:86373185

晋江市卫协会
地址：晋江市青阳新华街
Tel:85682081

惠安县计划生育协会
地址：惠安县螺城镇中山北路
Tel:87397201

德化县计划生育协会
地址：德化县浔中镇凤池街
Tel:23520189

德化县发电企业协会
地址：德化县浔中镇富东街
Tel:23594857

德化县老年人体育协会
地址：德化县浔中镇凤池街
Tel:23596536

德化县南音艺术家协会
地址：德化县龙浔镇寨头路
Tel:23522725

学会

晋江市老年学学会
地址：晋江市青阳南山路
Tel:82008250

红十字会

泉州市红十字会
地址：市政府机关大院
Tel:22253375

永春县红十字会
地址：永春县桃城镇街口街
Tel:23863266

泉州市丰泽区红十字会
地址：市区津淮街
Tel:22575882

宗教组织

石狮市基督教会
地址：石狮市新华路
Tel:88878959

安溪县龙藏岩筹建会
地址：安溪县西坪镇
Tel:26083889

南安市龙兴寺寺务委员会
地址：南安市梅山镇
Tel:86576671

晋江市东石基督教会
地址：晋江市东石镇石头街
Tel:85582004

晋江市佛教协会
地址：晋江市池店镇
Tel:85984444

惠安县道教协会
地址：惠安县螺城镇中山北路
Tel:87383669

德化县石壶祖殿管理委员会
地址：德化县水口镇
Tel:23627139

德化县龙湖寺管理委员会
地址：德化县美湖乡
Tel:23666636

德化县香林寺管理委员会
地址：德化县葛坑镇
Tel:23698984

德化县紫云洞管理委员会
地址：德化县三班镇
Tel:23578865

永春县文烈殿管理委员会
地址：永春县五里街镇
Tel:23870396

漳州市（0596）

人民政府

漳州市人民政府
地址：胜利西路
Tel:2027129

漳州市人事局
地址：胜利西路
Tel:2024442

漳州市卫生局
地址：钟法路
Tel:2052032

漳州市市场监督管理局
地址：胜利东路
Tel:2921399

漳州市文化与出版局
地址：胜利西路
Tel:2034833

漳州市对外贸易经济合作局
地址：胜利西路
Tel:2671588

漳州市民政局
地址：大通北路
Tel:2027192

漳州市发展计划委员会
地址：胜利西路
Tel:2029263

漳州市地方海事局
地址：延安北路
Tel:2028208

漳州市地方税务局
地址：元光南路
Tel:2873699

漳州市农业农村局
地址：大通北路
Tel:2663029

漳州市安全生产监督局
地址：胜利西路
Tel:2030032

漳州市交通局
地址：延安北路
Tel:2123601

漳州市劳动争议仲裁委员会办公室
地址：胜利西路
Tel:2529925

漳州市劳动和社会保障局
地址：胜利西路
Tel:2027884

漳州市住房制度改革委员会
地址：胜利东路
Tel:2995737

漳州市财政局
地址：南昌路
Tel:2022925

漳州市国土资源局
地址：胜利东路
Tel:2928463

漳州市审计局
地址：胜利东路
Tel:2925001

漳州市林业局
地址：胜利西路
Tel:2023715

漳州市建设局
地址：胜利西路6号
Tel:2933519

漳州市物价局
地址：胜利西路
Tel:2525391

漳州市经济贸易委员会
地址：胜利西路
Tel:2025511

漳州市国家保密局
地址：胜利西路
Tel:2028157

漳州市国家税务局
地址：水仙大街
Tel:2687333

漳州市环境保护局
地址：湖内路
Tel:2523222

漳州市总工会
地址：新华南路
Tel:2027193

漳州市统计局
地址：胜利西路
Tel:2032652

漳州市科学技术局
地址：胜利东路
Tel:2928213

漳州市食品药品监督管理局
地址：元光北路
Tel:2960319

漳州市海洋与渔业局
地址：元光南路
Tel:2878592

漳州市文化和文化和旅游局
地址：胜利西路
Tel:2023939

漳州市教育局
地址：胜利西路
Tel:2028923

漳州市港口管理局
地址：巷口建设管理站
Tel:2037853

漳州市粮食局
地址：胜利西路
Tel:2028071

漳州市人口和计划生育委员会
地址：胜利西路
Tel:2596146

漳州市行政服务中心
地址：胜南昌路
Tel:2026995

漳州市人民政府机关事务管理局
地址：胜利西路
Tel:2022619

长泰县人民政府
地址：长泰县武安镇
Tel:8322610

云霄县人民政府
地址：云霄县云陵镇
Tel:8532181

东山县人民政府
地址：白石街县府路
Tel:5835153

龙文区人民政府
地址：龙文区龙文南路
Tel:2128390

平和县人民政府
地址：平和县山城镇
Tel:5232211

龙海市人民政府
地址：龙海市石码镇
Tel:6563099

华安县人民政府
地址：华安县华丰镇
Tel:7362827

诏安县人民政府
地址：诏安县南诏镇
Tel:3322921

南靖县人民政府
地址：南靖县山城镇
Tel:7822518

漳浦县人民政府
地址：漳浦县绥安镇
Tel:3322068

人民政协和民主党派

人民政协

中国人民政治协商会议漳州市委员会
地址：胜利西路
Tel:2034940

社会团体

残联

漳州市残疾人联合会
地址：元光北路
Tel:2961214

驻在机构

中央驻在机构

中华人民共和国漳州海关缉私分局
地址：南昌路
Tel:2962008

南平市（0599）

国家机构

人民政府

南平市人民政府
Tel:8832830

大干镇人民政府
地址：顺昌县大干镇解放路
Tel:7543003

大历镇人民政府
地址：顺昌县大历镇
Tel:7663004

万安乡人民政府
地址：浦城县万安乡万新路
Tel:2829501

大竹镇人民政府
地址：邵武市大竹镇大竹街
Tel:6799066

下沙镇人民政府
地址：邵戒市下沙镇鹰山街
Tel:6611986

小松镇人民政府
地址：建瓯市小松镇小松街
Tel:3573101

卫闽镇人民政府
地址：邵武市卫闽镇竹佰路
Tel:6755105

小桥镇人民政府
地址：建瓯市小桥镇霞阳路
Tel:3513003

上梅乡人民政府
地址：武夷山市上梅乡下屯街
Tel:5482158

大埠岗镇人民政府
地址：邵武市大埠岗镇
Tel:8855046

小湖镇人民政府
地址：建阳市小湖镇兴湖路
Tel:5791049

大横镇人民政府
地址：大横镇前街
Tel:8416401

巨口乡人民政府
地址：巨口乡府前路
Tel:8496907

止马镇人民政府
地址：光泽县止马镇止马中路
Tel:7771106

五夫镇人民政府
地址：武夷山市五夫镇玉虹街
Tel:5406160

水北街镇人民政府
地址：浦城县水北斯镇新街
Tel:2613013

水北镇人民政府
地址：邵武市解放东路
Tel:6522841

王台镇人民政府
地址：王台镇王台街
Tel:8561616

仁寿镇人民政府
地址：顺昌县仁寿镇中心街
Tel:7573007

元坑镇人民政府

地址：顺昌县元境镇福秀街
Tel：7583018
水源乡人民政府
地址：建瓯市水源乡光明街
Tel：3633007
玉山镇人民政府
地址：硅匾市玉山镇书院路
Tel：3643169
外屯乡人民政府
地址：政和县外屯乡北兴路
Tel：3290623
石屯镇人民政府
地址：政和县石屯镇中昌街
Tel：3453197
东平镇人民政府
地址：政和县东平镇振东街
Tel：3265165
仙阳镇人民政府
地址：浦城县仙阳镇汉阳西路
Tel：2713108
永兴镇人民政府
地址：浦城县采兴镇西乡街
Tel：2683113
旧县乡人民政府
地址：松溪县旧县乡府前街
Tel：2233001
龙村乡人民政府
地址：建瓯市龙村乡龙村街
Tel：3613026
石陂镇人民政府
地址：浦城县石陂镇
Tel：2633109
司前乡人民政府
地址：光泽县司前乡司前街
Tel：7741789
东峰镇人民政府
地址：建瓯市东峰镇南桥街
Tel：3593005
东游镇人民政府
地址：建瓯市春游镇金狮路
Tel：3673179
古楼乡人民政府
地址：浦城县古楼乡古楼街
Tel：2693214
回龙乡人民政府
地址：建阳市回龙乡官井磺街
Tel：5728010
延平区人民政府
地址：滨江中路
Tel：8835758
兴田镇人民政府
地址：武夷山市兴田镇湖山路
Tel：5286524
西芹镇人民政府
地址：西芹镇前溪路
Tel：8500024
光泽县人民政府
地址：光泽县杭川镇二一七路
Tel：7922529
华桥乡人民政府
地址：光泽县华桥乡华桥村
Tel：7792456
赤门乡人民政府
地址：赤门乡保福路
Tel：8446604
岚下乡人民政府
地址：顺昌县岚下乡府前路
Tel：7673004
吴屯乡人民政府
地址：武夷山市是屯乡吴边街
Tel：5472006
来舟镇人民政府
地址：来舟镇桥南路
Tel：8558001
李坊乡人民政府
地址：光泽县李坊乡李坊街
Tel：7751956
岚谷乡人民政府
地址：武夷山市岚谷乡旧街
Tel：5456033
邵武市张厝乡政府
地址：张厝乡院内
Tel：6788014
邵武武市人民政府
地址：邵武市新建路
Tel：6322316
花桥多人民政府
地址：松溪县花桥乡花桥街
Tel：2273111
肖家坊镇人民政府
地址：邵武市肖家坊镇新建路
Tel：6877086
吴家塘镇人民政府
地址：邵武市昊家塘镇富盛街
Tel：6668088
杨源乡人民政府
地址：政和县杨源乡
Tel：3204061
迪口镇人民政府
地址：建瓯市迪口镇中政路
Tel：3665413
杭川镇人民政府
地址：光泽县杭川镇镇岭路
Tel：7922651
炉下镇人民政府
地址：炉下镇杜陵路
Tel：8456701
沿山镇人民政府
地址：邵武市沿山镇沿山街
Tel：6697003
河东乡人民政府
地址：河东乡河末路后巷铺
Tel：2322561
和平镇人民政府
地址：邵武市和平镇和平街
Tel：6811035
武夷山市人民政府
地址：武夷山市中山路
Tel：5302315
建阳市人民政府
地址：建阳市人民路
Tel：5822293
建阳市水吉镇人民政府
地址：水吉镇新华路81号
Tel：5771049
建阳市将口镇人民政府
地址：将口镇建崇路37号
Tel：5671049
建西镇人民政府
地址：顺昌县建西镇中心街
Tel：7653004
金坑乡人民政府
地址：邵武市全坑乡金坑街
Tel：6609094
郑坊乡人民政府
地址：顺昌县郑坊乡府前路
Tel：7593004
建瓯市人民政府
地址：建瓯市水西新区
Tel：3833071
忠信镇人民政府
地址：浦城县忠信镇中心街
Tel：2761063
房道镇人民政府
地址：建瓯市房道镇龙门路
Tel：3533373
枫溪乡人民政府
地址：浦城县枫溪乡枫溪街
Tel：2673015
岭腰乡人民政府
地址：政和县岭腰乡中心街
Tel：3272266
官路多人民政府
地址：浦城县官路乡官路街
Tel：2753121
松溪县人民政府
地址：松溪县松源镇大街
Tel：2321219
松源镇人民政府
地址：松溪县松源镇九曲巷
Tel：2321141
郑墩镇人民政府
地址：松溪县郜墩镇长盘路
Tel：2263003
南山镇人民政府
地址：南山镇迁乔路
Tel：8426501
洋口镇人民政府
地址：顺昌县洋口镇民主路
Tel：7613003
莒口镇人民政府
地址：建阳市莒口镇中兴路
Tel：5568181
顺阳乡人民政府
地址：建瓯市顺阳乡顺阳街
Tel：3583005
洋庄乡人民政府
地址：洋庄争洋庄村洋庄街
Tel：5426183
临江镇人民政府
地址：浦城县临江镇镇安路
Tel：2641002
峡阳镇人民政府
地址：峡阳镇前进街
Tel：8576010
洋后镇人民政府
地址：洋后镇洋后街
Tel：8436601
星村镇人民政府
地址：武夷山市星村镇洋头山
Tel：5262234
茶坪乡人民政府
地址：松溪县茶坪乡
Tel：2258001
顺昌县人民政府
地址：顺昌县双溪街道城中路
Tel：7822415
政和县人民政府
地址：政和县熊山镇解放街
Tel：3321321
城郊镇人民政府
地址：邵武市城郊镇廖家排
Tel：6304107
茫荡镇人民政府
地址：茫荡镇安丰街
Tel：8811836
南雅镇人民政府
地址：建瓯市南雅镇南雅大街
Tel：3523005
星溪多人民政府
地址：政和县星溪乡解放街
Tel：3321639
祖墩乡人民政府
地址：松溪县祖墩乡大街
Tel：2283001
洪墩镇人民政府
地址：邵武市洪墩镇商业街
Tel：6766077
拿口镇人民政府
地址：邵武市拿口镇拿口街
Tel：6711054
埔上镇人民政府
地址：顺昌县埔上镇中心南路
Tel：7513001
铁山镇人民政府
地址：政和县铁山镇中心街
Tel：3276916
徐市镇人民政府
地址：建阳市徐市镇庵后巷
Tel：5891010
高阳乡人民政府
地址：高阳村沿河路
Tel：7683003
桂林乡人民政府
地址：邵武市桂林乡府前街
Tel：6899089
浦城县人民政府
地址：南浦街道五一三路
Tel：2822321
浦城县山下乡人民政府
地址：山下街道
Tel：2663304
夏道镇人民政府
地址：夏道镇湖滨路
Tel：8466201
莲塘镇人民政府
地址：浦城县莲塘镇
Tel：2834458
徐墩镇人民政府
地址：建瓯市徐墩填中山路
Tel：3563239
崇仁乡人民政府
地址：崇仁街99号
Tel：7701105
鸾凤乡人民政府
地址：光泽县杭川镇镇岭路
Tel：7922157
麻沙镇人民政府
地址：麻沙缜麻沙西街
Tel：5551010
盘亭乡人民政府
地址：浦城县盘辛乡盘亭街
Tel：2733843
崇雒多人民政府
地址：建阳市崇雒乡雒新路
Tel：5691049
渭田镇人民政府
地址：松溪县渭田镇八岭路
Tel：2293001
富岭镇人民政府
地址：浦城县富岭镇富新路
Tel：2793199
塔前镇人民政府
地址：塔前镇塔前街
Tel：8546704
溪东乡人民政府
地址：松溪县溪东乡大街
Tel：2203001
寨里镇人民政府
地址：光泽县寨里镇寨里街
Tel：7721066
管厝乡人民政府
地址：浦城县管厝乡管厝街
Tel：2773070
漳墩镇人民政府
地址：建阳市漳墩镇漳新路
Tel：5718010
镇前镇人民政府
地址：政和县镇前镇西街
Tel：3287509
樟湖镇人民政府
地址：樟湖镇府前路
Tel：8481118
澄源乡人民政府
地址：政和县澄源乡街
Tel：3438002
濠村乡人民政府
地址：濠村村振濠街
Tel：2623789

社会团体

妇联

龙岩市妇女联合会
地址：龙岩大道1号
Tel：2323154
新罗区妇女联合会
地址：龙川东路
Tel：2320570

红十字会

永定县红十字会
地址：永定县风城镇沿河路
Tel：5834952

福利会

漳平市光荣院
地址：漳平市外环西路
Tel：7532070
漳平市福利院
地址：漳平市外环西路
Tel：7532740
上杭县光荣院
地址：上杭县亨一巷
Tel：3842357
上杭县社会福利院
地址：上杭县亨一巷
Tel：3842368
长汀县光荣院
地址：长汀县汀州镇兆征路
Tel：6831780
长汀县福利院
地址：长汀县大同镇黄屋
Tel：6828645
永定县光荣院
地址：凤城镇大路巷南片
Tel：5832539
连城县光荣院
地址：连城县新泉乡
Tel：8336030
连城县福利院
地址：连城县莲西南路
Tel：8922938
武平县光荣院
地址：武平县环城西路
Tel：4822436
新罗区光荣院
地址：幸福路
Tel：2320716
新罗区福利院
地址：幸福路
Tel：2336487

宁德市（0593）

国家机构

人民政府

宁德市人民政府
地址：蕉城区署前路14号
Tel：2822612
福安市人民政府
地址：宁德福安市中兴西路
Tel：6382569
福鼎市人民政府
地址：宁德福鼎市市府路
Tel：7853503
宁德市农业机械管理局
地址：蕉城区暑前路
Tel：2825814
宁德市农业农村局
地址：蕉城区天王路2号
Tel：2870510
宁德市林业局
地址：蕉城区八一五西路
Tel：2880833
宁德市海洋与渔业局
地址：蕉城区蕉城北路
Tel：2821757
福安市工业局
地址：宁德福安市中兴西路
Tel：6382850
福安市水土保持管理局
Tel：6382597
福安市水利局
地址：宁德福安市中兴西路
Tel：6383098
福安市气象局
地址：宁德福安市棠发洋
Tel：6382466
福安市农业机械管理局
地址：宁德福安市新华中路
Tel：6532527
福安市农业农村局
地址：宁德福安市新华中路
Tel：6382667
福安市林业局
地址：宁德福安市下城河
Tel：6583845
福安市经济贸易局
地址：宁德福安市中兴西路
Tel：6382003
福安市海洋与渔业局
地址：宁德福安市城北富春路
Tel：6383863
福鼎市水利局
地址：宁德福鼎市江滨南路
Tel：7879893
福鼎市气象局
地址：宁德福鼎市福全山
Tel：7853568
福鼎市农业机械管理局
地址：宁德福鼎市古城南路

…………Tel:7853075

福鼎市农业农村局
地址：宁德福鼎市太姥大道
…………Tel:7863130

福鼎市林业局
地址：宁德福鼎市南大路
…………Tel:7853136

福鼎市经济贸易局
地址：宁德福鼎市市府路
…………Tel:7858131

福鼎市海洋与渔业局
地址：宁德福鼎市太姥大道
…………Tel:7992661

闽东华侨经济开发区工作委员会
地址：东侨区闽东中路
…………Tel:2880968

中国共产党福鼎市委员会
地址：宁德福鼎市市府路
…………Tel:7853912

东侨经济开发区管理委员会
地址：东侨区闽东中路
…………Tel:2878616

古田县人民政府
地址：宁德古田县城东解放路
…………Tel:3882168

周宁县人民政府
地址：狮城镇北门路
…………Tel:5622130

柘荣县人民政府
地址：双城镇柳城南路
…………Tel:8358186

屏南县人民政府
地址：古峰镇县府路
…………Tel:3322146

蕉城区人民政府
地址：蕉城区八一五中路
…………Tel:2822691

古田县水利局
地址：东小区六一四中路
…………Tel:3882162

古田县气象局
地址：东六一四路6支路
…………Tel:3802658

古田县农业机械管理局
地址：古田县城东解放路
…………Tel:3882156

古田县农业农村局
地址：古田县新城镇解放路
…………Tel:3802172

古田县交通局
地址：古田县城西六一四路
…………Tel:3833153

古田县林业局
地址：古田县城东六一四路
…………Tel:3882551

古田县建设局
地址：城东六一四路7支路
…………Tel:3802427

古田县经济贸易局
地址：古田县城东解放路
…………Tel:3882951

寿宁县二轻工业总局
地址：整阳镇解放街
…………Tel:5522355

寿宁县乡镇企业管理局
地址：胜利街
…………Tel:5519463

寿宁县水利局
地址：胜利街
…………Tel:5522131

寿宁县气象局
地址：建兴路
…………Tel:5502268

寿宁县农业机械管理局
地址：胜利街
…………Tel:5526816

寿宁县农业农村局
地址：胜利街
…………Tel:5522193

寿宁县交通局
地址：胜利街
…………Tel:5522245

寿宁县林业局
地址：高厝下
…………Tel:5507589

寿宁县建设局
地址：胜利街
…………Tel:5522205

寿宁县经济贸易局
地址：胜利街
…………Tel:5522344

周宁县水利局
地址：周宁县狮城镇西街
…………Tel:5738006

周宁县气象局
地址：周宁县狮城镇红亭路
…………Tel:5622702

周宁县农业机械管理局
地址：周宁县狮城镇桥南街
…………Tel:5822007

周宁县农业农村局
地址：周宁县狮城镇兴业街
…………Tel:5622372

周宁县交通局
地址：周宁县狮城镇桥南街
…………Tel:5622373

周宁县林业局
地址：周宁县狮城镇桥南街
…………Tel:5622360

周宁县建设局
地址：周宁县狮城镇桥南街
…………Tel:5622522

周宁县经济贸易局
地址：周宁县狮城镇北门路
…………Tel:5632726

柘荣县水利局
地址：六一五西路
…………Tel:8352701

屏南县水利局
地址：屏南县古峰镇公园路
…………Tel:3322192

屏南县气象局
地址：屏南县古峰镇花亭路
…………Tel:3322363

柘荣县农业机械管理局
地址：双城镇前山新村路
…………Tel:8353092

柘荣县农业农村局
地址：柘荣县双城镇屿北路
…………Tel:8352293

屏南县农业农村局
地址：古峰镇文化路26号
…………Tel:3322131

柘荣县交通局
地址：双城镇六一五西路
…………Tel:8352077

屏南县林业局
地址：古峰镇宝山路中段
…………Tel:3322690

柘荣县建设局
地址：柘荣县柳城东路106号
…………Tel:8352211

屏南县建设局
地址：屏南县古峰镇文化路
…………Tel:3330226

柘荣县经济贸易局
地址：柘荣县柳城西路81号
…………Tel:8352218

屏南县经济贸易局
地址：屏南县古峰镇县府路
…………Tel:3322047

蕉城区农业机械管理局
地址：蕉城区和平路
…………Tel:2873361

蕉城区农业农村局
地址：蕉城区蕉城南路
…………Tel:2953226

蕉城区林业局
地址：蕉城区蕉城南路
…………Tel:2953225

蕉城区海洋与渔业局
地址：蕉城区蕉城南环路
…………Tel:2822449

霞浦县水利局
地址：山河路
…………Tel:8892369

霞浦县气象局
地址：宁德霞浦县松港街道
…………Tel:8881020

霞浦县公路局
地址：松城镇六一七路
…………Tel:8897013

霞浦县农业机械管理局
地址：宁德霞浦县松港道
…………Tel:8892324

霞浦县农业农村局
地址：松港街道二桥下
…………Tel:8831318

霞浦县交通局
地址：松城镇长溪路
…………Tel:8892308

霞浦县林业局
地址：松城镇太康路
…………Tel:8893403

霞浦县建设局
地址：松城镇太康路
…………Tel:8856036

霞浦县经济贸易局
地址：松城镇府前路
…………Tel:8893241

霞浦县海洋与渔业局
地址：松城镇共青路

江西省

南昌市（0791）
南昌市辖区（0791）

中国共产党南昌市委员会
地址：南昌市红谷滩雄州路市委大楼
…………Tel:83885968

中国共产党南昌市直属机关工作委员会
地址：南昌市红谷滩新区雄州路169号市委大楼北四楼
…………Tel:83885755

赣江公证处
地址：赣江中大道1218号
Tel:82219970、82219971、82219972

新建区人民政府
地址：新建区长　街道新建大道239号
…………Tel:0791-83702737

中共南昌市新建区委办公室
地址：新建区长　镇新建大道239号
…………Tel:0791-83702903

南昌市新建区人民代表大会常务委员会
地址：新建区新建大道239号
…………Tel:0791-83702830

中国人民政治协商会议江西省南昌市新建区委员会
地址：新建区长　镇新建大道239号
…………Tel:0791-83700296

中国南昌市新建区纪律检查委员会
地址：新建区新建大道238号
…………Tel:0791-83705926

中共南昌市新建区委组织部
地址：长　镇新建大道239号
…………Tel:0791-83702922

中共南昌市新建区委统一战线工作部
地址：长　镇新建大道239号
…………Tel:0791-83702871

中共南昌市新建区委宣传部
地址：新建大道239号
…………Tel:0791-83702826

中共南昌市新建区委政法委员会
地址：新建大道239号
…………Tel:0791-83704199

南昌市新建区人民法院
地址：长坪路668号
…………Tel:0791-83732132

南昌市新建区人民检察院
地址：新建大道481号
…………Tel:0791-83732968

南昌市公安局新建分局
地址：新建大道469号
…………Tel:0791-83099333

南昌市新建区科技和工业信息化分局
地址：礼步湖大道188号
…………Tel:0791-83752529

南昌市新建区司法局
地址：新建大道718号
…………Tel:0791-83750148

南昌市自然资源和规划局新建分局
地址：新建大道409号
…………Tel:0791-83732291

南昌市新建水利局
地址：兴华路254号
…………Tel:0791-83752904

南昌市新建区文化广电新闻出版旅游局
地址：礼步湖大道208号
…………Tel:0791-83752445

南昌市新建区应急管理局
地址：新建大道555号
…………Tel:0791-83756663

南昌市新建区市场监督管理局
地址：礼步湖大道408号
…………Tel:0791-83752118

南昌市新建区医疗保障局
地址：兴国路299号
…………Tel:0791-83706036

南昌市新建区统计局
地址：新建大道239号
…………Tel:0791-83702901

南昌市新建区审计局
地址：少华路10号
…………Tel:0791-83752166

南昌市新建区卫生健康委员会
地址：政法路36号
…………Tel:0791-83752356

南昌市新建区农业农村局
地址：文化大道159号
…………Tel:0791-83707879

南昌市新建区住房和城乡建设局
地址：文化大道838号
…………Tel:0791-83733921

南昌市新建区财政局
地址：新建大道426号
…………Tel:0791-8370333

南昌市新建区发展和改革委员会
地址：新建大道239号
…………Tel:0791-83700938

南昌市新建区教育体育局
地址：子实路
…………Tel:0791-83752519

南昌市新建区民政局
地址：新建大道290号
…………Tel:0791-83700933

南昌市新建区人力资源和社会保障局
地址：兴国路299号
…………Tel:0791-83702239

南昌市新建区交通运输局
地址：明矾路333号
…………Tel:0791-83751858

南昌市新建区商务局
地址：明矾路78号
…………Tel:0791-83637050

南昌市新建区退役军人事务局
地址：新建大道338号
…………Tel:0791-83700260

南昌市新建区林业局
地址：建设路28号
…………Tel:0791-83752314

国家税务总局南昌市新建区税务局
地址：长坪路790号
…………Tel:0791-83701000

南昌市新建区金融服务中心
地址：新建大道239号
…………Tel:0791-83702721

红谷滩区人民政府
地址：红谷滩区绿茵路669号
…………Tel:0791-83830525

中国共产党南昌市红谷滩区委员会办公室
地址：江西省南昌市红谷滩区绿茵路669号611室
…………Tel:0791-83839670

中共南昌市红谷滩区委组织部
地址：江西省南昌市红谷滩区绿茵路669号7楼706-721室
…………Tel:0791-83839617

中共南昌市红谷滩区委宣传部
地址：南昌市红谷滩区绿茵路669号
…………Tel:0791 83895239

中共南昌市红谷滩区委统一战线工作部
地址：南昌市红谷滩区绿茵路669号
…………Tel:0791-83878963

中共南昌市红谷滩区委政法委员会
地址：南昌市红谷滩区绿茵路669号
…………Tel:0791-83839610

南昌市红谷滩区监察委员会
地址：南昌市红谷滩区绿茵路669号
…………Tel:0791-83854900

南昌市红谷滩区人民法院
地址：江西省南昌市新建区梅岭大道450号
…………Tel:0791-83765802

南昌市红谷滩区人民检察院
地址：江西省南昌市新建区梅岭大道450号
…………Tel:0791-83831063

南昌市公安局红谷滩分局
地址：南昌市红谷滩区春晖路545号
…………Tel:0791-83856856

南昌市红谷滩区教育体育局
地址：红谷滩区赣江北大道1516号
…………Tel:0791-83950998

红谷滩区科技和工业信息化局
地址：红谷滩区赣江北大道1516号方大中心A座2013室
…………Tel:0791-83830395

红谷滩区民政局
地址：红谷滩区赣江北大道1516号方大中心A座915室
…………Tel:0791-83839020

红谷滩区司法局
地址：红谷滩区赣江北大道1516号方大中心A座
…………Tel:0791-83830592

红谷滩区人力资源和社会保障局
地址：红谷滩区赣江北大道1516号方大中心15楼
…………Tel:0791-83872720

红谷滩区住房和城乡建设局
地址：红谷滩区赣江北大道方大中心A座1916室
…………Tel:0791-83839645

红谷滩区城市管理和综合执法局
地址：红谷滩区赣江北大道方大中心A座1303室
…………Tel:0791-83839644

红谷滩区农业农村局
地址：红谷滩区赣江北大道1516号方大中心1号写字楼
…………Tel:0791-83831190

红谷滩区商务局
地址：红谷滩区赣江北大道1516号方大中心A座20楼2002室
…………Tel:0791-83839263

红谷滩区文化广电新闻出版旅游局
地址：红谷滩区赣江北大道1516号方大中心A座17楼1705室
…………Tel:0791-83839805

红谷滩区卫生健康委员会
地址：红谷滩区赣江北大道1516号方大中心16楼
…………Tel:0791-86285228

红谷滩区退役军人事务局
地址：红谷滩区赣江北大道1516号方大中心A座写字楼1206室
…………Tel:0791-83839739

红谷滩区审计局
地址：红谷滩区赣江北大道1516号方大中心A座1506室
……Tel:0791-87839820

红谷滩区市场监督管理局
地址：红谷滩区市民服务中心大楼18-21层
……Tel:0791-83855062

红谷滩区统计局
地址：南昌市赣江北大道1516号方大中心A座20楼
……Tel:0791-83886730

红谷滩区政务服务和数据管理局
地址：南昌市红谷滩区茶园路366号
……Tel:0791-83822733

红谷滩区财政局
地址：红谷滩区绿茵路669号
……Tel:0791-83860225

国家税务总局南昌市红谷滩区税务局
地址：江西省南昌市红谷滩区茶园路366号
……Tel:0791-83983917

湾里管理局办公室
地址：南昌市湾里岭秀街1号
……Tel:0791-83760989

南昌市自然资源和规划局湾里分局
地址：南昌市湾里管理局乐祖路262号
……Tel:0791-83769899

景区与城乡管理办公室
地址：南昌市湾里管理局岭秀街1号
……Tel:0791-83761967

南昌市湾里市场监督管理局
地址：南昌市湾里管理局岭秀街1号
……Tel:0791-83786095

卫生健康办公室
地址：南昌市湾里管理局岭秀街1号
……Tel:0791-83797628

社会事务办公室退役军人事务办公室
地址：南昌市湾里管理局岭秀街1号
……Tel:0791-83790588

景区与城乡建设办公室
地址：南昌市湾里梅岭大道人防大楼
……Tel:0791-83760563

人力资源和社会保障办公室
地址：南昌市湾里管理局岭秀街1号
……Tel:0791-83763133

农业农村与林业办
地址：南昌市湾里管理局便民服务中心3楼
……Tel:0791-83760266

进贤县卫生健康委员会
地址：进贤县民和镇人民大道北150米县卫生健康委员会大楼
……Tel:0791-85622500

进贤县科技和工业信息化局
地址：进贤县民和镇经委路5号
……Tel:0791-85663834

进贤县应急管理局
地址：进贤县人民政府政府大楼3楼
……Tel:0791-85622604

进贤县退役军人事务局
地址：进贤县大道153号
……Tel:0791-85621775

国家税务总局进贤县税务局
地址：进贤县进贤大道351号
……Tel:0791-85685296

庐山市（0792）

庐山市辖区（0792）

庐山市人民政府办公室
地址：庐山市南康镇紫阳南路45号
……Tel:0792-2673880

中国共产党庐山市委员会办公室
地址：庐山市南康镇紫阳南路45号
……Tel:0792-2666823

庐山市公安局
地址：庐山市迎宾大道6号
……Tel:0792-2662778

中国共产党庐山市纪律检查委员会
地址：庐山市紫阳南路45号
……Tel:0792-2666121

中国共产党庐山市委员会组织部
地址：庐山市紫阳南路45号
……Tel:0792-2666815

中国共产党庐山市委员会宣传部
地址：庐山市紫阳南路45号
……Tel:0792-26666812

中国共产党庐山市委员会政法委员会
地址：庐山市白鹿大道
……Tel:0792-2666817

中国人民政治协商会议江西省庐山市委员会
地址：庐山市白鹿大道
……Tel:0792-2666586

中共庐山市委统战部
地址：庐山市紫阳南路45号
……Tel:0792-2666808

庐山市人民法院
地址：庐山市峰德新区港西路
……Tel:0792-2666195

庐山市人民检察院
地址：庐山市桃源大道
……Tel:0792-2668468

庐山市财政局
地址：庐山市白鹿大道272号
……Tel:0792-26668056

庐山市工业和信息化局
地址：庐山市南康大道81号
……Tel:0792-2666325

庐山市发改委
地址：庐山市紫阳南路45号
……Tel:0792-2666612

庐山市人力资源和社会保障局
地址：庐山市沿山新区
……Tel:0792-2666542

庐山市民政局
地址：庐山市沿山新区
……Tel:0792-2666596

庐山市审计局
地址：庐山市南康大道155号
……Tel:0792-2666174

庐山市统计局
地址：庐山市紫阳南路
……Tel:0792-2666615

庐山市交通运输局
地址：庐山市秀峰大道3号
……Tel:0792-2666344

庐山市住房和城乡建设局
地址：庐山市沿山新区
……Tel:0792-2666546

庐山市水利局
地址：庐山市沿山新区
……Tel:0792-2557398

庐山市林业局
地址：庐山市沿山新区
……Tel:0792-2666060

庐山市教育体育局
地址：庐山市沿山新区
……Tel:0792-2666207

庐山市文广新局
地址：庐山市白鹿大道
……Tel:0792-2663010

庐山市卫生健康委员会
地址：庐山市南康大道97号
……Tel:0792-2666201

庐山市应急管理局
地址：庐山市沿山新区
……Tel:0792-2660131

庐山市司法局
地址：庐山市沿山新区经二路
……Tel:0792-2661955

庐山市政务服务管理局
地址：庐山市沿山新区上京路
……Tel:0792-2672110

庐山市供销社
地址：庐山市南康大道
……Tel:0792-2667368

庐山市医疗保障局
地址：庐山市沿山新区
……Tel:0792-2557996

庐山市自然资源局
地址：庐山市沿山新区
……Tel:0792-2666679

庐山市城市管理局
地址：庐山市星光大道
……Tel:0792-2675298

景德镇市（0798）

景德镇市辖区（0798）

中国共产党景德镇市委员会
地址：景德镇市市委大院内2楼
……Tel:8271359

中国共产党景德镇市直属机关工作委员会
地址：景德镇市市委大院
……Tel:8221150

萍乡市（0799）

萍乡市辖区（0799）

中国共产党萍乡市委员会
地址：萍乡市政府大院
……Tel:6832198

九江市（0792）

九江市辖区（0792）

中国共产党九江市委员会
地址：九江市浔阳区长虹大道66号
……Tel:8211815

中国共产党九江市直属机关工作委员会
地址：九江市浔阳区长虹大道
……Tel:8211667

九江市濂溪区人民政府
地址：九莲南路399号
……Tel:0792-8393991

中国共产党九江市濂溪区委员会
地址：九莲南路399号
……Tel:0792-8251046

中国共产党九江市濂溪区纪律检查委员会
地址：十里大道1388号
……Tel:0792-8251231

九江市濂溪区人民代表大会常务委员会
地址：九莲南路399号
……Tel:0792-8251225

中国人民政治协商会议九江市濂溪区委员会
地址：十里大道1388号
……Tel:0792-8251237

中国共产党九江市濂溪区委员会宣传部
地址：九莲南路399号
……Tel:8251229

中国共产党九江市濂溪区委员会组织部
地址：九莲南路399号
……Tel:0792-8251219

九江市濂溪区人民法院
地址：前进东路186号
……Tel:0792-8251429

九江市濂溪区人民检察院
地址：前进东路172号
……Tel:0792-8251759

九江市公安局濂溪区分局
地址：前进东路188号
……Tel:0792-8279087

九江市濂溪区生态环境局
地址：濂溪区木樨路2号
……Tel:0792-8176006

九江市濂溪区发改委
地址：九莲南路399号
……Tel:0792-8275552

九江市濂溪区教育体育局
地址：九莲南路399号
……Tel:0792-8251260

九江市濂溪区司法局
地址：九莲南路399号
……Tel:0792-7772280

九江市濂溪区政务服务管理局
地址：十里大道1494号
……Tel:0792-8252413

九江市濂溪区财政局
地址：九莲南路399号
……Tel:0792-8252411

九江市濂溪区人力资源和社会保障局
地址：十里大道1388号
……Tel:0792-8251502

九江市濂溪区交通运输局
地址：九莲南路399号
……Tel:0792-8252461

九江市濂溪区水利局
地址：九莲南路399号
……Tel:0792-8252050

九江市濂溪区卫生健康委员会
地址：九莲南路399号
……Tel:0792-8251369

九江市濂溪区文广新旅局
地址：九莲南路399号
……Tel:0792-8251899

九江市濂溪区住房和城乡建设局
地址：九莲南路399号
……Tel:0792-8251282

九江市柴桑区人民政府
地址：庐山北路168号
……Tel:0792-6812203

九江市柴桑区委委员办
地址：庐山北路168号
……Tel:0792-6812196

九江市柴桑区人大办
地址：庐山北路168号
……Tel:0792-6812205

九江市柴桑区政治协商会议委员办
地址：庐山北路170号
……Tel:0792-6812130

九江市柴桑区纪律检查委员会办
地址：公园南路1号
……Tel:0792-6812084

九江市柴桑区委员会组织部
地址：庐山北路168号
……Tel:0792-6812184

九江市柴桑区委员会宣传部
地址：庐山北路168号
……Tel:0792-6812187

九江市柴桑区委员会统战部
地址：庐山北路168号
……Tel:0792-6812895

九江市柴桑区检察院
地址：庐山北路109号
……Tel:0792-6812043

九江市柴桑区人民法院
地址：庐山北路168号
……Tel:0792-6812053

九江市柴桑区公司局
地址：冷水东路12号
……Tel:0792-6818313

九江市柴桑区工业和信息化局
地址：锦绣大道沙城工业园
……Tel:0792-6812085

九江市柴桑区民政局
地址：柴桑路163号
……Tel:0792-6812363

九江市柴桑区自然资源分局
地址：渊明大道6号
……Tel:0792-6818193

九江市柴桑区农业农村局
地址：柴桑路220号
……Tel:0792-6812139

九江市柴桑区应急管理局
地址：庐山西路64号
……Tel:0792-6810637

九江市柴桑区医疗保障局
地址：沿河北路98号
……Tel:0792-6827730

九江市柴桑区行政审批局
地址：渊明大道6号
……Tel:0792-6823335

九江市柴桑区乡村振兴局
地址：渊明大道7号
……Tel:0792-6816473

九江市柴桑区城市管理局
地址：樟树岭路2号
……Tel:0792-6817211

九江市柴桑区卫生健康委员会
地址：江州大道21号
……Tel:0792-6817970

九江市柴桑区水利局
地址：柴桑北路101号
……Tel:0792-6812134

九江市柴桑区人社局
地址：庐山西路22号
……Tel:0792-6812177

九江市柴桑区发改委
地址：庐山北路168号
……Tel:0792-6812623

九江市柴桑区审计局
地址：庐山西路136号
……Tel:0792-6812087

九江市柴桑区退役军人事务所
地址：沿河南路76号
……Tel:0792-6981899

九江市柴桑区市场监督管理局
地址：渊明大道7号
……Tel:0792-6812089

九江市柴桑区生态环境局
地址：江州大道12号
……Tel:0792-6812342

九江市柴桑区林业局
地址：柴桑北路78号
……Tel:0792-6812446

九江市柴桑区住房和城乡建设局
地址：庐山南路1号
……Tel:0792-6810293

九江市柴桑区司法局
地址：沿河南路50号
……Tel:0792-6810148

九江市柴桑区商务局
地址：庐山东路10号
……Tel:0792-6816936

九江市柴桑区审计局
地址：庐山西路136号
……Tel:0792-6812087

九江市柴桑区教体局
地址：柴桑南路90号
……Tel:0792-6812022

九江市柴桑区财政局
地址：庐山北路186号
……Tel:0792-6812146

九江市柴桑区交通运输局
地址：柴桑路149号
……Tel:0792-6812334

九江市柴桑区文广新旅局
地址：悠然路5号
……Tel:0792-6812132

九江市柴桑区统计局
地址：庐山北路168号
……Tel:0792-6812088

九江市柴桑区供销社
地址：庐山西路185号
……Tel:0792-6812069

彭泽县卫生健康委员会
地址：彭泽县双峰大道
……Tel:0792-5663878

彭泽县退役军人事务局
地址：彭泽县龙城公园旁
……Tel:0792-5628218

彭泽县工业和信息化局
地址：彭泽县龙城镇山南行政中心
……Tel:0792-5623530

彭泽县应急管理局
地址：彭泽县龙城大道1281号
……Tel:0792-5670605

彭泽县乡村振兴局
地址：彭泽县龙城镇山南行政中心
……Tel:0792-5623389

彭泽县生态环境局
地址：彭泽县龙城大道1172号
……Tel:0792-7190219

彭泽县自然资源局
地址：彭泽县龙兴路467号
……Tel:0792-5663703

国家税务总局彭泽县税务局
地址：彭泽县龙城大道
……Tel:0792-7192139

中国共产党武宁县委员会办公室
地址：武宁县沙田新区市民服务中心
……Tel:0792-2761279

武宁县人民政府办公室
地址：武宁县沙田新区市民服务中心
……Tel:0792-2761384

武宁县人民代表大会常务委员会办公室
地址：武宁县沙田新区市民服务中心
Tel:0792-2761396
中国人民政治协商会议江西省武宁县委员会办公室
地址：武宁县沙田新区市民服务中心
Tel:0792-2766328
武宁县卫生健康委员会
地址：武宁县沙田新区市民服务中心
Tel:0792-2763192
武宁县退役军人事务局
地址：武宁县沙田新区市民服务中心
Tel:0792-2866909
武宁县生态环境局
地址：武宁县沙田新区市民服务中心
Tel:0792-2767489
武宁县自然资源局
地址：武宁县沙田新区市民服务中心
Tel:0792-2761679
武宁县应急管理局
地址：武宁县沙田新区市民服务中心东区
Tel:0792-2762702
武宁县市场监督管理局
地址：武宁县西海大道9号
Tel:0792-2761493
武宁县政务服务中心
地址：武宁县沙田新区市民服务中心
Tel:0792-7705001
国家税务总局武宁县税务局
地址：武宁县西海大道29号
Tel:0792-2783485
武宁县乡村振兴局
地址：武宁县沙田新区市民服务中心
Tel:0792-2786265
武宁县工业和信息化局
地址：武宁县沙田新区市民服务中心
Tel:0792-7705057
武宁县农业农村局
地址：武宁县武陵岩大道
Tel:0792-2779075
武宁县教育体育局
地址：武宁县武陵岩大道17号
Tel:0792-2781466
新余市（0790）
新余市辖区（0790）
中国共产党新余市委员会
地址：新余市仙来中大道288号
Tel:6441318
鹰潭市（0701）
鹰潭市辖区（0701）
中国共产党鹰潭市委员会
地址：鹰潭市府前路1号
Tel:6441266
中国共产党鹰潭市直属机关工作委员会
地址：鹰潭市府前路
Tel:6431193
赣州市（0797）
赣州市辖区（0797）
中国共产党赣州市委员会
地址：赣州市厚德路赣南宾馆内
Tel:8225990
吉安市（0796）
吉安市辖区（0796）
中国共产党吉安市委员会
地址：吉安市鹭洲东路
Tel:8237899
中国共产党吉安市直属机关工作委员会
地址：吉安市鹭洲东路2号
Tel:8223592
宜春市（0795）
宜春市辖区（0795）
中国共产党宜春市委员会
地址：宜春市
Tel:3222061
中国共产党宜春市直属机关工作委员会
地址：宜春市
Tel:3223390
樟树赣江大桥管理处
地址：樟树市药都路19号（樟审大厦四楼）
Tel:7332519
抚州市（0794）
抚州市辖区（0794）
中国共产党抚州市委员会
地址：抚州市市行政中心
Tel:8282500
中国共产党抚州市直属机关工作委员会
地址：抚州市赣东大道大公段18号市委大院
Tel:8272003
上饶市（0793）
上饶市辖区（0793）
中国共产党上饶市委员会
地址：上饶市凤凰大道行政新区
Tel:8198112
中国共产党上饶市直属机关工作委员会
地址：上饶市凤凰大道
Tel:8295073
区、县党委
南昌市（0791）
南昌市场区（0791）
中国共产党东湖区委员会
地址：南昌市东湖区叠山路136号
Tel:86225140
中国共产党西湖区委员会
地址：南昌市西湖区抚生路369号
Tel:86616494
中国共产党青山湖区委员会
地址：南昌市南京东路669号
Tel:88102220
中国共产党青云谱区委员会
地址：南昌市广州路268号
Tel:88846100
中国共产党南昌市湾里区委员会
地址：南昌市湾里区洪崖路3号
Tel:83760055
南昌县（0791）
中国共产党南昌县直属机关工作委员会
地址：南昌县莲塘镇县政府大院内
Tel:85712567
新建县（0791）
中国共产党新建县委员会
地址：新建县新建大道239号
Tel:83702903
中国共产党新建县直属机关工作委员会
地址：新建县新建大道239号县委大楼3楼
Tel:83702845
安义县（0791）
中国共产党安义县委员会
地址：安义县解放路政府大楼
Tel:83410028
进贤县（0791）
中国共产党进贤县委员会
地址：进贤县行政新区省委大院
Tel:85622521
景德镇市（0798）
景德镇市辖区（0798）
中国共产党景德镇市珠山区直属 机关工作委员会
地址：景德镇市珠山区政府内
Tel:8524571
中国共产党景德镇市昌江区委员会
地址：景德镇市昌江区办公大楼
Tel:8331852
浮梁县（0798）
中国共产党浮梁县委员会
地址：浮梁县县委大楼三楼
Tel:2622375
萍乡市（0799）
革乡市辖区（0799）
中国共产党安源区委员会
地址：萍乡市安源新区
Tel:6661001
中国共产党湘东区委员会
地址：湘东区河洲村
Tel:3376888
莲花县（0799）
中国共产党莲花县委员会
地址：莲花县新建东路
Tel:7221217
上栗县（0799）
中国共产党上栗县委员会
地址：上栗县平安北路
Tel:3661101
中国共产党上栗县直属机关工作委员会
地址：上栗县平安北路县政府内5楼
Tel:3662691
芦溪县（0799）
中国共产党芦溪县委员会
地址：芦溪县
Tel:7556475
九江市（0792）
九江市辖区（_0792）
中国共产党浔阳区委员会
地址：九江市浔阳区庾亮北路1号
Tel:8216718
中国共产党庐山区委员会
地址：九江市庐山区十里大道1388号
Tel:8266171
修水县（0792）
中国共产党修水县委员会
地址：修水县凤凰山路51号
Tel:7221027
武宁县（0792）
中国共产党武宁县委员会
地址：武宁县人民路96号
Tel:2761279
瑞昌市（0792）
中国共产党瑞昌市委员会
地址：瑞昌市市府广场
Tel:4232116
永修县（0792）
中国共产党永修县委员会
地址：永修县新城大道县委大院
Tel:3223455
中国共产党永修县直属机关工作委员会
地址：永修县新城大道县委大院内
Tel:3221700
德安县（0792）
中国共产党德安县委员会
地址：德安县宝塔大道56号
Tel:4369560
九江县（0792）
中国共产党九江县委员会
地址：九江县庐山北路
Tel:6813233
星子县（0792）
中国共产党星子县委员会
地址：星子县紫阳路县委大院
Tel:2666823
中国共产党星子县直属机关工作委员会
地址：星子县紫阳路
Tel:2668460
都昌县（0792）
中国共产党都昌县委员会
地址：都昌县东风大道89号
Tel:5223137
湖口县（0ZS2）
中国共产党湖口县委员会
地址：湖口县大中路45号
Tel:6332713
彭泽县（0292）
中国共产党彭泽县委员会
地址：彭泽县东风路
Tel:5625460
中国共产党彭泽县直属机关工作委员会
地址：彭泽县东风路
Tel:5625756
新余市（0790）
新余市辖区（0790）
中国共产党渝水区委员会
地址：新余市抱石大道257号
Tel:6222874
分宜县（0790）
中国共产党分宜县委员会
地址：分宜县行政中心大楼
Tel:5881613
鹰潭市（0701）
鹰潭市辖区（0701）
中国共产党月湖区委员会
地址：鹰潭市胜利东路6号
Tel:6213773
中国共产党月湖区直属机关工作委员会
地址：鹰潭市胜利东路6号
Tel:6216997
余江县（0701）
中国共产党余江县委员会
地址：余江县白塔中路
Tel:5897999
贵溪市（0701）
中国共产党贵溪市委员会
地址：贵溪市冶金大道经济大楼
Tel:3311197
中国共产党贵溪市直属机关工作委员会
地址：贵溪市冶金大道经济大楼
Tel:3316309
赣州市（0797）
赣州市辖区（0797）
中国共产党章贡区委员会
地址：赣州市水南镇政府办公楼四楼
Tel:8386753
赣县（0797）
中国共产党赣县委员会
地址：赣县兴农路2号
Tel:4441671
中国共产党赣县直属机关工作委员会
地址：赣县梅林大街
Tel:4440096
信丰县（0797）
中国共产党信丰县委员会
地址：信丰县府前路
Tel:3336186
大余县（0797）
中国共产党大余县委员会
地址：大余县金莲山大道
Tel:8722389
中国共产党大余县直属机关工作委员会
地址：大余县金莲山大道
Tel:8722283
上犹县（0797）
中国共产党上犹县委员会
地址：上犹县下西村路县委院内
Tel:8521689
中国共产党上犹县直属机关工作委员会
地址：上犹县下西村路县委大楼8楼
Tel:8541233
崇义县（0797）
中国共产党崇义县委员会
地址：崇义县体育路1号公务大楼
Tel:3812783
中国共产党崇义县直属机关工作委员会
地址：崇义县体育路1号公务大楼
Tel:3812771
安远县（0797）
中国共产党安远县委员会
地址：安远县
Tel:3732217
中国共产党安远县直属机关工作委员会
地址：安远县
Tel:3725130
龙南县（0797）
中国共产党龙南县委员会
地址：龙南县文化街1号
Tel:3512110
中国共产党龙南县直属机关工作委员会
地址：龙南县文化街1号
Tel:3512989
定南县（0797）
中国共产党定南县委员会
地址：定南县
Tel:4291471
中国共产党定南县直属机关工作委员会
地址：定南县
Tel:4290081
全南县（0797）
中国共产党全南县委员会
地址：全南县寿梅路
Tel:2632459
宁都县（0797）
中国共产党宁都县委员会
地址：宁都县新党政大楼6楼
Tel:6833427
中国共产党宁都县直属机关工作委员会
地址：宁都县新党政大楼736室
Tel:6832595
于都县（0797）
中国共产党于都县委员会
地址：于都县红军大道108号
Tel:6232259
中国共产党于都县直属机关工作委员会
地址：于都县红军大道108号
Tel:6233207
兴国县（0797）
中国共产党兴国县委员会
地址：兴国县
Tel:5323611
中国共产党兴国县直属机关工作委员会
地址：兴国县县委办公楼四楼
Tel:5322097
会昌县（0797）
中国共产党会昌县直属机关工作委员会
地址：会昌县红旗大道1号
Tel:5622695
中国共产党会昌县委员会
地址：会昌县红旗大道1号
Tel:5629691
寻乌县（0797）
中国共产党寻乌县委员会
地址：寻乌县县委大院
Tel:2832008
中国共产党寻乌县直属机关工作委员会
地址：寻乌县
Tel:2843743
石城县（0797）
中国共产党石城县委员会
地址：石城县琴江镇清华大道东城武装部
Tel:5793051
瑞金市（0797）
中国共产党瑞金市委员会
地址：瑞金市金都大道公务大楼9搂904室
Tel:2525002
南康区（0797）
中国共产党南康区委员会
地址：南康区
Tel:6605286
吉安市（0796）
吉安市辖区（0796）
中国共产党吉州区委员会
地址：吉安市交通路
Tel:8213559
中国共产党吉州区直属机关工作委员会
地址：吉安市吉州区平安路1号
Tel:8222822
中国共产党袁州区委员会
地址：宜春市
Tel:3222320
吉安县（0796）
中国共产党吉安县委员会
地址：吉安县庐陵大道29号
Tel:8442330
奉新县（0795）
Tel:8106216
中国共产党奉新县委员会
奉新县城南行政中心大楼
Tel:4539898
Tel:8442330
中国共产县直属机关工作委员会
地址：吉安县庐陵大道29号
Tel:8442322
吉水县（0796）
中国共产党吉水县委员会
地址：吉水县城北新区万里大道行政中心南区
Tel:8689066
峡江县（0796）
中国共产党峡江县委员会
地址：峡江县县政委大楼
Tel:3695879
新干县（0796）
中国共产党新干县委员会

地址：新干县环城南路
Tel:2610110
中国共产党新干县直属机关工作委员会
地址：新干县环城南路
Tel:2609789
永丰县（0796）
中国共产党永丰县委员会
地址：永丰县跃进路27号
Tel:2511388
中国共产党永丰县直属机关工作委员会
地址：永丰县跃进路27号
Tel:2511349
泰和县（0796）
中国共产党泰和县委员会
地址：泰和县工兵大道5号
Tel:8638500
遂川县（0796）
中国共产党遂川县委员会
地址：遂川县
Tel:6322188
万安县（0796）
中国共产党万安县委员会
地址：万安县建国路1号
Tel:5702216
中国共产党万安县直属机关工作委员会
地址：万安县建国路1号
Tel:5701002
安福县（0796）
中国共产党安福县委员会
地址：安福县武功山大道
Tel:7630715
中国共产党安福县直属机关工作委员会
地址：安福县行政中心
Tel:7626581
永新县（0796）
中国共产党永新县委员会
地址：永新县禾川大道
Tel:7722052
井冈山市（0796）
中国共产党井冈山市委员会
地址：井冈山市新城区
Tel:6891666
万载县（0795）
中国共产党万载县委员会
地址：万载县党政大楼
Tel:8822245
上高县（0795）
中国共产党上高县委员会
地址：上高县沿江路政府大楼
Tel:2511498
宜丰县（0795）
中国共产党宜丰县委员会
地址：宜丰县新昌西大道
Tel:2765184
靖安县（0795）
中国共产党靖安县委员会
地址：靖安县新大街1号
Tel:4653333
中国共产党靖安县直属机关工作委员会
地址：靖安县新大街1号
Tel:4662235
铜鼓县（0795）
中国共产党铜鼓县委员会
地址：铜鼓县
丰城市（0795）
中国共产党丰城市委员会
地址：丰城市行政大楼
樟树县（0795）
中国共产党樟树市委员会
地址：樟树市药都南大道25号
Tel:733322
中国共产党樟树市直属机关工作委员会
地址：樟树市药都南大道25号
Tel:7333718
高安市（0795）
中国共产党高安市委员会
地址：高安市解放路
Tel:5212412
中国共产党高安市直属机关工作委员会
地址：高安市解放路
Tel:5212045
抚州市（0794）
临川区（0794）
中国共产党临川区委员会
地址：临川区新行政中心大楼
Tel:8430006
南城县（0794）
中国共产党南城县委员会
地址：南城县县委大院
Tel:254250
黎川县（0794）
中国共产党黎川县委员会
地址：黎川县金川大道
Tel:7566885
南丰县（0794）
中国共产党南丰县委员会
地址：南丰县桔都大道行政大厦
Tel:3226000
崇仁县（0794）
中国共产党崇仁县委员会
地址：崇仁县道南路
Tel:6319899
乐安县（0794）
中国共产党乐安县委员会
地址：乐安县北大道
Tel:6668202
宜黄县（0704）
中国共产党宜黄县委员会
地址：宜黄县河东开发区世纪大道
Tel:7602072
金溪县（0794）
中国共产党金溪县委员会
地址：金溪县秀谷中大道
Tel:5397776
资溪县（0794）
中国共产党资溪县委员会
地址：资溪县城西大道行政中心
Tel:5792104
东乡县（0794）
中国共产党东乡县委员会
地址：东乡县开发区行政大楼5楼
Tel:4223026
广昌县（0794）
中国共产党广昌县委员会
地址：广昌县建设西路
Tel:3622557
上饶市（0793）
上饶市辖区（0793）
中国共产党信州区委员会
地址：上饶市三江大道185号
Tel:8222820
中国共产党信州区直属机关工作委员会
地址：上饶市三江南大道3号
Tel:8223526
上饶县（0793）
中国共产党上饶县委员会
地址：上饶县吉阳大道县政府大楼东面三楼
Tel:8466562
广丰区（0793）
中国共产党广丰区委员会
地址：广丰区府前街
Tel:2652505
玉山县（0793）
中国共产党玉山县委员会
地址：玉山县行政大楼十楼
Tel:2552245
铅山县（0793）
中国共产党铅山县委员会
地址：铅山县黄岗山大道人民路68号县委院内
Tel:5332272
中国共产党铅山县直属机关工作委员会
地址：铅山县黄岗山大道人民路68号县委院内
Tel:5332285
横峰县（0793）
中国共产党横峰县委员会
地址：横峰县兴安大道政府大楼
Tel:5782471
中国共产党横峰县直属机关工作委员会
地址：横峰县兴安大道政府大楼
Tel:5782395
弋阳县（0793）
中国共产党弋阳县委员会
地址：弋阳县行政中心大楼
Tel:5820501
安义县（0791）
中国共产党弋阳县直属机关工作委员会
地址：弋阳县行政中心大楼
Tel:5821388
余干县（0793）
中国共产党余干县委员会
地址：余干县城北新区
Tel:3255767
中国共产党余干县直属机关工作委员会
地址：余干县
Tel:3398429
鄱阳县（0793）
中国共产党鄱阳县委员会
地址：鄱阳县科技大道县委大楼
Tel:6279700
中国共产党鄱阳县赢属机关工作委员会
地址：鄱阳县科技大道县委大楼
Tel:6279820
万年县（0793）
中国共产党万年县委员会
地址：万年县城六零北大道
Tel:3841001
中国共产党万年县直属机关工作委员会
地址：万年县城六零北大道
Tel:3841072
婺源县（0793）
中国共产党婺源县委员会
地址：婺源县蚺城路26号
Tel:7351221
德兴市（0793）
中国共产党德兴市委员会
地址：德兴市
Tel:7522780
进贤县（0791）
中国共产党进贤县委员会组织部
地址：进贤县行政新区
Tel:85622390
景德镇市（0798）
景德镇市辖区（0798）
中国共产党景德镇市委员会组织部
地址：景德镇市市委大院
Tel:8271890
中国共产党景德镇市昌江区委员会组织部
地址：景德镇市昌江区政府内
Tel:8335112
中国共产党景德镇市珠山区委员会组织部
地址：景德镇市珠山区政府大院内
Tel:8523172
浮梁县（0798）
中国共产党浮梁县委员会组织部
地址：浮梁县洪源
Tel:2811388
萍乡市（0799）
萍乡市辖区（0799）
中国共产党安源区委员会组织部
地址：萍乡市安源新区
Tel:6661011
中国共产党湘东区委员会组织部
地址：湘东区河洲村
Tel:3376701
莲花县（0799）
中国共产党莲花县委员会组织部
地址：莲花县新建街县政府大院内
Tel:7221237
上栗县（0799）
中国共产党上栗县委员会组织部
地址：上栗县平安北路
Tel:3661105
芦溪县（0799）
中国共产党芦溪县委员会组织部
地址：芦溪县
Tel:7551515
九江市（0792）
九江市辖区（0792）
中国共产党九江市委员会组织部
地址：九江市浔阳区长虹大道
Tel:8119558
中国共产党庐山区委员会组织部
地址：九江市庐山区政府老楼
Tel:8251219
中国共产党浔阳区委员会组织部
地址：九江市浔阳区庚亮北路
Tel:8233520
修水县（0792）
中国共产党修水县委员会组织部
地址：修水县凤凰山路51号
Tel:7221261
武宁县（0792）
中国共产党武宁县委员会组织部
地址：武宁县人民路96号
Tel:2761125
瑞昌市（0792）
中国共产党瑞昌市委员会组织部
地址：瑞昌市市府广场
Tel:4216493
永修县（0792）
中国共产党永修县委员会组织部
地址：永修县新城大道县委大院
Tel:3223105
德安县（0792）
中国共产党德安县委员会组织部
地址：德安县宝塔大道56号
Tel:4332303
九江县（0792）
中国共产党九江县委员会组织部
地址：九江县庐山北路
Tel:6812184
星子县（0792）
中国共产党星子县委员会组织部
地址：星子县紫阳路
Tel:2666815
都昌县（0792）
中国共产党都昌县委员会组织部
地址：都昌县芙蓉小区
Tel:5218652
湖口县（0792）
中国共产党湖口县委员会组织部
地址：湖口县大中路45号
Tel:6332361
彭泽县（0792）
中国共产党彭泽县委员会组织部
地址：彭泽县东风路
Tel:5625723
新余市（0790）
新余市辖区（0790）
中国共产党新余市委员会组织部
地址：新余市仙来中大道288号
Tel:6441262
中国共产党渝水区委员会组织部
地址：新余市渝水区政府大楼4楼
Tel:6222884
分宜县（0790）
中国共产党分宜县委员会组织部
地址：分宜县
Tel:5880639
鹰潭市（0701）
鹰潭市辖区（0701）
中国共产党鹰潭市委员会组织部
地址：鹰潭市府前路1号
Tel:6442161
中国共产党月湖区委员会组织部
地址：鹰潭市胜利东路6号
Tel:6220128
余江县（0701）
中国共产党余江县委员会组织部
地址：余江县白塔中路6号
Tel:5893592
贵溪市（0701）
中国共产党贵溪市委员会组织部
地址：贵溪市冶金大道经济大楼
Tel:3316567
赣州市（0797）
赣州市辖区（0797）
中国共产党章贡区委员会组织部
地址：赣州市水南镇政府院内
Tel:8383612
赣县（0797）
中国共产党赣县委员会组织部
地址：赣县兴农路2号
Tel:4441421
信丰县（0797）
中国共产党信丰县委员会组织部
地址：信丰县府前路
Tel:3332881
大余县（0797）
中国共产党大余县委员会组织部
地址：大余县
Tel:8723000
上犹县（0797）
中国共产党上犹县委员会组织部
地址：上犹县下西村路县委大楼7楼
Tel:8540318
崇义县（0797）
中国共产党崇义县委员会组织部
地址：崇义县公务大楼
Tel:3812235
安远县（0797）
中国共产党安远县委员会组织部
地址：安远县
Tel:3732107
龙南县（0797）
中国共产党龙南县委员会组织部
地址：龙南县文化街1号
Tel:3512050
定南县（0797）
中国共产党定南县委员会组织部
地址：定南县
Tel:4281301
全南县（0797）
中国共产党全南县委员会组织部
地址：全南县县委大院
Tel:2632330
宁都县（0797）
中国共产党宁都县委员会组织部
地址：宁都县县委办公大楼
Tel:6818776
于都县（0797）
中国共产党于都县委员会组织部
地址：于都县红军大道108号
Tel:6232904
兴国县（0797）
中国共产党兴国县委员会组织部
地址：兴国县县委办公二楼
Tel:5322092
会昌县（0797）
中国共产党会昌县委员会组织部
地址：会昌县委院内
Tel:5635179
寻乌县（0797）
中国共产党寻乌县委员会组织部
地址：寻乌县镇山路
Tel:2843510
石城县（0797）
中国共产党石城县委员会组织部
地址：石城县清华大道东城武装部
Tel:5793091
瑞金市（0797）
中国共产党瑞金市委员会组织部
地址：瑞金市金都大道公务大楼8楼812室
Tel:2522283
南康区（0797）
中国共产党南康区委员会组织部
地址：南康区市政办公大楼
Tel:660581
吉安市（0796）
吉安市辖区（0796）
中国共产党吉安市委员会组织部
地址：吉安市鹭洲东路2号
Tel:822431
中国共产党吉州区委员会组织部
地址：吉安市平安路1号
Tel:8222322
中国共产党青原区委员会组织部

地址：吉安市青原区文天祥大道9号
…………………………Tel:8105698
吉安县（0796）
中国共产党吉安县委员会组织部
地址：吉安县庐陵大道29号
…………………………Tel:8442325
吉水县（0796）
中国共产党吉水县委员会组织部
地址：吉水县城北新区万里大道行政中心南区
…………………………Tel:8689102
峡江县（0796）
中国共产党峡江县委员会组织部
地址：峡江县百花路政府大楼
…………………………Tel:3672668
永丰县（0796）
中国共产党永丰县委员会组织部
地址：永丰县县委院内
…………………………Tel:2511340
泰和县（0796）
中国共产党泰和县委员会组织部
地址：泰和县工兵大道3号
…………………………Tel:8638168
遂川县（0796）
中国共产党遂川县委员会组织部
地址：遂川县
…………………………Tel:6322245
万安县（0796）
中国共产党万安县委员会组织部
地址：万安县建国路1号
…………………………Tel:5701209
安福县（0796）
中国共产党安福县委员会组织部
地址：安福县
…………………………Tel:7621593
永新县（0796）
中国共产党永新县委员会组织部
地址：永新县禾川大道县委大院
…………………………Tel:7722073
井冈山市（0796）
中国共产党井冈山市委员会组织部
地址：井冈山市新城区党政办公大楼
…………………………Tel:6891805
宜春市（0795）
宜春市辖区（0795）
中国共产党宜春市委员会组织部
地址：宜春市秀江中路
…………………………Tel:3222515
中国共产党袁州区委员会组织部
地址：宜春市中山中路401号
…………………………Tel:3222394
奉新县（0795）
中国共产党奉新县委员会组织部
地址：奉新县城南行政中心大楼
…………………………Tel:4539808
万载县（0795）
中国共产党万载县委员会组织部
地址：万载县党政大楼
…………………………Tel:8822036
宜丰县（0795）
中国共产党宜丰县委员会组织部
地址：宜丰县新昌西大道
…………………………Tel:2765173
靖安县（0795）
中国共产党靖安县委员会组织部
地址：靖安县新大街1号
…………………………Tel:4662327
铜鼓县（0795）
中国共产党铜鼓县委员会组织部
地址：铜鼓县
…………………………Tel:8722928
丰城市（0795）
中国共产党丰城市委员会组织部
地址：丰城市行政大楼
…………………………Tel:6608726
樟树市（0795）
中国共产党樟树市委员会组织部
地址：樟树市药都南大道25号
…………………………Tel:7333626
机要局
萍乡市（0799）
萍乡市辖区（0799）
中国共产党萍乡市机要局
地址：萍乡镇政府大院
…………………………Tel:6834158
莲花县（0799）
中国共产党莲花县机要局
地址：莲花县新津街
…………………………Tel:7221232
上栗县（0799）
中国共产党上栗县机要局
地址：上栗县平安北路
…………………………Tel:3661127
芦溪县（0799）
中国共产党芦溪县机要局
地址：芦溪县
…………………………Tel:7551520
九江市（0792）
九江市辖区（0792）
中国共产党九江市机要局
地址：九江市浔阳区长虹大道
…………………………Tel:8211808
中国共产党浔阳区机要局
地址：九江市浔阳区庾亮北路2号
…………………………Tel:8225481
永修县（0792）
中国共产党永修县机要局
地址：永修县新城大道县委大院
…………………………Tel:3223348
都昌县（0792）
中国共产党都昌县机要局
地址：都昌县东风大道
…………………………Tel:5229324
湖口县（0792）
中国共产党湖13县机要局
地址：湖口县大中路45号县委大院内
…………………………Tel:6332587
彭泽县（0792）
中国共产党彭泽县机要局
地址：彭泽县东风路
…………………………Tel:5625794
新余市（0790）
分宜县（0790）
中国共产党分宜县机要局
地址：分宜县行政中心大楼
…………………………Tel:5884340
鹰潭市（0701）
余江县（0701）
中国共产党余江县机要局
地址：余江县白塔中路
…………………………Tel:5881401
贵溪市（0701）
中国共产党贵溪市机要局
地址：贵溪市冶金大道
…………………………Tel:3311168
赣州市（0797）
信丰县（0797）
中国共产党信丰县机要局
地址：信丰县府前路
…………………………Tel:3336733
大余县（0797）
中国共产党大余县机要局
地址：大余县金莲山大道
…………………………Tel:8722885
兴国县（0797）
中国共产党兴国县机要局
地址：兴国县县委办公楼四楼
…………………………Tel:5322295
会昌县（0797）
中国共 党会昌县机要局
地址：会昌县红旗大道县委院内
…………………………Tel:5622500
石城县（0797）
中国共产党石城县机要局
地址：石城县清华大道东城武装部
…………………………Tel:5793050
吉安市（0796）
吉安市辖区（0796）
中国共产党吉州区机要局
地址：吉安市平安路1号
…………………………Tel:8224112
中国共产党青原区机要局
地址：吉安市青原区区政府内
…………………………Tel:8100079
峡江县（0796）
中国共产党峡江县机要局
地址：峡江县百花路政府大楼
…………………………Tel:3672911
泰和县（0796）
中国共产党泰和县机要局
地址：泰和县工农兵大道3号
…………………………Tel:8638513
井冈山市（0796）
中国共产党井冈山市机要局
地址：井冈山市新城区
…………………………Tel:6891667
宜春市（0795）
樟树市（0795）
中国共产党樟树市机要局
地址：樟树市药都南大道25号
…………………………Tel:7332344
抚州市（0794）
抚州市辖区（0794）
中国共产党抚州市保密机要局
地址：抚州市行政中心大楼内
…………………………Tel:8288321
黎川县（0794）
中国共产党黎川县机要局
地址：黎川县金川大道
…………………………Tel:7566892
南丰县（0794）
中国共产党南丰县委机要局
地址：南丰县桔都大道行政大厦
…………………………Tel:3226098
崇仁县（0794）
中国共产党崇仁县机要局
地址：崇仁县道南路
…………………………Tel:6322259
宜黄县（0794）
中国共产党宜黄县机要局
地址：宜黄县新安路6号
…………………………Tel:7607865
金溪县（0794）
中国共产党金溪县机要局
地址：金溪县秀谷中大道
…………………………Tel:5397785
资溪县（0794）
资溪县保密机要局
地址：资溪县城西大道行政中心
…………………………Tel:5791399
上饶市（0793）
上饶市辖区（0793）
中国共产党上饶市委机要局
地址：上饶市凤凰大道行政新区
…………………………Tel:8222072
中国共产党信州区机要局
地址：上饶市三江南大道3号
…………………………Tel:8223200
上饶县（0793）
中国共产常
上饶县机要局
地址：上饶县吉阳大道县政府大楼北面三楼
…………………………Tel:8466549
广丰区（0793）
中国共产党广丰区机要局
地址：广丰区府前街
…………………………Tel:2659095
铅山县（0793）
中国共产党铅山县机要局
地址：铅山县黄岗山大道人民路68号县委院内
…………………………Tel:5332401
横峰县（0793）
中国共产党横峰县机要局
地址：横峰县兴安大道政府大楼
…………………………Tel:5782604
弋阳县（0793）
中国共产党弋阳县机要局
地址：弋阳县旭光大道
…………………………Tel:5820333
余干县（0793）
中国共产党余干县机要局
地址：余干县城北县委大院
…………………………Tel:3398454
鄱阳县（0793）
中国共产党鄱阳县机要局
地址：鄱阳县科技大道县委大楼
…………………………Tel:6279812
万年县（0793）
中国共产党万年县机要局
地址：万年县城六零北大道
…………………………Tel:3830953
组织部
南昌市（0791）
南昌市辖区（0791）
中国共产党南昌市委员会组织部
地址：南昌市红谷滩雄州路
…………………………Tel:83885699
中国共产党青山湖区委员会组织部
地址：南昌市南京东路699号
…………………………Tel:88102312
南昌县（0791）
中国共产党南昌县委员会组织部
地址：南昌县五一路117号
…………………………Tel:85712452
新建县（0791）
中国共产党新建县委员会组织部
地址：新建县新建大道239号
…………………………Tel:83702922
高安市（0795）
中国共产党高安市委员会组织部
地址：高安市碧落路
…………………………Tel:5212421
抚州市（0794）
抚州市辖区（0794）
中国共产党抚州市委员会组织部
地址：抚州市行政中心
…………………………Tel:8283449
临川区（0794）
中国共产党临川区委员会组织部
地址：临川区新行政中心大楼
…………………………Tel:8432828
南城县（0794）
中国共产党南城县委员会组织部
地址：南城县县委大院内
…………………………Tel:7254260
黎川县（0794）
中国共产党黎川县委员会组织部
地址，黎川县金川大道
…………………………Tel:7566858
南丰县（0794）
中国共产党南丰县委员会组织部
地址：南丰县桔都大道行政大厦
…………………………Tel:3226080
崇仁县（0794）
中国共产党崇仁县委员会组织部
地址：崇仁县道南路
…………………………Tel:6313913
乐安县（0794）
中国共产党乐安县委员会组织部
地址：乐安县北大道
…………………………Tel:6668260
宜黄县（0794）
中国共产党宜黄县委员会组织部
地址：宜黄县河东开发区
…………………………Tel:7609806
金溪县（0794）
中国共产党金溪县委员会组织部
地址：金溪县秀谷中大道县委大院内
…………………………Tel:5397537
资溪县（0794）
中国共产党资溪县委员会组织部
地址：资溪县城西大道行政中心
…………………………Tel:5792235
东乡县（0794）
中国共产党东乡县委员会组织部
地址：东乡县开发区行政大楼
…………………………Tel:4232817
广昌县（0794）
中国共产党广昌县委员会组织部
地址：广昌县建设西路
…………………………Tel:3622379
上饶市（0793）
上饶市辖区（0793）
中国共产党上饶市委员会组织部
地址：上饶市滨江东路2号
…………………………Tel:8222006
中国共产党信州区委员会组织部
地址：上饶市三江南大道3号
…………………………Tel:8223520
上饶县（0793）
中国共产党上饶县委员会组织部
地址：上饶县吉阳大道县政府大楼北面四楼
…………………………Tel:8466602
广丰区（0793）
中国共产党广丰区委员会组织部
地址：广丰区府前街
…………………………Tel:2652521
玉山县（0793）
中国共产党玉山县委员会组织部
地址：玉山县行政大楼十一楼
…………………………Tel:2552238
铅山县（0793）
中国共产党铅山县委员会组织部
地址：铅山县黄岗山大道人民路68号县委院内
…………………………Tel:5332192
横峰县（0793）
中国共产党横峰县委员会组织部
地址：横峰县兴安大道政府大楼
…………………………Tel:5793141
弋阳县（0793）
中国共产党弋阳县委员会组织部
地址：弋阳县行政中心大楼
…………………………Tel:5820009
余干县（0793）
中国共产党余干县委员会组织部
地址：余干县城北新区
…………………………Tel:3398359
鄱阳县（0793）
中国共产党鄱阳县委员会组织部
地址：鄱阳县科技大道县委大楼
…………………………Tel:6279777
婺源县（0793）
中国共产党婺源县委员会组织部
地址：婺源县蚺城路26号
…………………………Tel:7351695
德兴市（0793）
中国共产党德兴市委员会组织部
地址：德兴市
…………………………Tel:7522491
统战部
南昌市（0791）
南昌市辖区（0791）
中国共产党南昌市委员会统一战线工作部
地址：南昌市红谷滩行政中心市委大楼北三楼
…………………………Tel:83885672
中国共产党东湖区委员会统一战线工作部
地址：南昌市叠山路136号
…………………………Tel:86210568
中国共产党青山湖区委员会统一战线工作部
地址：南昌市南京东路669号
…………………………Tel:88109181
中国共产党湾里区委员会统一战线工作部
地址：南昌市湾里区洪崖路5号区委大楼
…………………………Tel:83760161
南昌县（0791）
中国共产党南昌县委员会统一战线工作部
地址：南昌县五一路县政府大楼1楼
…………………………Tel:85712479
新建县（0791）
中国共产党新建县委员会统一战线工作部
地址：新建县新建大道239号
…………………………Tel:83702871
安义县（0791）

中国共产党安义县委员会统一战线工作部
地址：安义县前进路农业农村局二楼 Tel:83413469

景德镇市（0798）
景德镇市辖区（0798）
中国共产党景德镇市统一战线工作部
地址：景德镇市市委院内 Tel:8224071
中国共产党景德镇市昌江区统一战线工作部
地址：景德镇市昌江区政府大院内 Tel:8332371
中国共产党景德镇市珠山区统一战线工作部
地址：景德镇市珠山区政府内 Tel:8522592

浮梁县（0798）
中国共产党浮梁县统一战线工作部
地址：浮梁县 Tel:2629308

萍乡市（0799）
萍乡市辖区（0799）
中国共产党萍乡市统一战线工作部
地址：萍乡市迎宾路市政府内 Tel:6855224
中国共产党安源区统一战线工作部
地址：萍乡市安源新区 Tel:6661000
中国共产党湘东区统一战线工作部
地址：湘东区 Tel:3376917

莲花县（0799）
中国共产党莲花县统一战线工作部
地址：莲花县新建街 Tel:72212417

上栗县（0799）
中国共产党上栗县统一战线工作部
地址：上栗县平安北路 Tel:3862655

芦溪县（0799）
中国共产党芦溪县统一战线工作部
地址：芦溪县 Tel:7551120

九江市（0792）
九江市辖区（0792）
中国共产党浔阳区统一战线工作部
地址：九江市浔阳区庾亮北路2号 Tel:8222296

武宁县（0792）
中国共产党武宁县统一战线工作部
地址：武宁县人民路 Tel:2761215

瑞昌市（0792）
中国共产党瑞昌市统一战线工作部
地址：瑞昌市市府广场 Tel:4222390

永修县（0792）
中国共产党永修县统一战线工作部
地址：永修县新城大道县委大院 Tel:3223176

德安县（0792）
中国共产党德安县统一战线工作部
地址：德安县宝塔大道56号 Tel:4332502

九江县（0792）
中国共产党九江县统一战线工作部
地址：九江县庐山北路 Tel:6812195

星子县（0792）
中国共产党星子县统一战线工作部
地址：星子县紫阳路县委大院 Tel:2666808

都昌县（0792）
中国共产党都昌县统一战线工作部
地址：都昌县县委大院内 Tel:5223112

湖口县（0792）
中国共产党湖口县统一战线工作部
地址：湖口县大中路45号 Tel:6332521

彭泽县（0792）
中国共产党彭泽县统一战线工作部
地址：彭泽县东风路 Tel:5625752

庐山风景区（0792）
中国共产党庐山统一战线工作部
地址：庐山橄榄山路849号 Tel:8282685

新余市（0790）
新余市辖区（0790）
中国共产党新余市统一战线工作部
地址：新余市仙来中大道88号 Tel:6449788
中国共产党渝水区委员会统一战线部
新余市抱石大道区政府办公大楼7楼 Tel:6222830

分宜县（0790）
中国共产党分宜县统一战线工作部
地址：分宜县行政中心大楼 Tel:5889318

鹰潭市（0701）
鹰潭市辖区（0701）
中国共产党鹰潭市统一战线工作部
地址：鹰潭市府前路1号 Tel:6430111
中国共产党月湖区统一战线工作部
地址：鹰潭市胜利东路6号 Tel:6221557

余江县（0701）
中国共产党余江县统一战线工作部
地址：余江县白塔中路6号 Tel:5881198

贵溪市（0701）
中国共产党贵溪市统一战线工作部
地址：贵溪市冶金大道经济大楼 Tel:3316616

赣州市（0797）
赣县（0797）
中国共产党赣县统一战线工作部
地址：赣县兴农路2号县委大院内 Tel:4441632

信丰县（0797）
中国共产党信丰县统一战线工作部
地址：信丰县府前路 Tel:3331339

大余县（0797）
中国共产党大余县委员会统一战线工作部
地址：大余县金莲山大道 Tel:8722762

上犹县（0797）
中国共产党上犹县统一战线工作部
地址：上犹县下西村路县委大楼4楼 Tel:8540978

崇义县（0797）
中国共产党崇义县统一战线工作部
地址：崇义县体育路1号公务大楼 Tel:3812663

安远县（0797）
中国共产党安远县统一战线工作部
地址：安远县 Tel:3729198

龙南县（0797）
中国共产党龙南县统一战线工作部
地址：龙南县文化街1号 Tel:3512228

定南县（0797）
中国共产党定南县统一战线工作部
地址：定南县 Tel:4289116

全南县（0797）
中国共产党全南县统一战线工作部
地址：全南县县委大院 Tel:2632916

宁都县（0797）
中国共产党宁都县统一战线工作部
宁都县新党政大楼8楼 Tel:6816265

兴国县（0797）
中国共产党兴国县统一战线工作部
地址：兴国县县委办公楼二楼 Tel:5322215

会昌县（9797）
中国共产党会昌县统一战线工作部
地址：会昌县县委院内 Tel:5622428

寻乌县（0797）
中国共产党寻乌县统一战线工作部
地址：寻乌县县委大院 Tel:2843703

石城县（0797）
中国共产党石城县统一战线工作部
地址：石城县东城南路588号 Tel:5793025

瑞金市（0797）
中国共产党瑞金市统一战线工作部
地址：瑞金市金都大道公务大楼10楼1003室 Tel:2522214

南康区（0797）
中国共产党南康区统一战线工作部
地址：南康区市政办公大楼 Tel:6605201

吉安市（0796）
吉安市辖区（0796）
中国共产党吉安市统一战线工作部
地址：吉安市鹭洲东路2号 Tel:8226180
中国共产党吉州区统一战线工作部
地址：吉安市平安路1号 Tel:8253916
中国共产党青原区统一战线工作部
地址：吉安市青原区政府院内 Tel:8109669

吉安县（0796）
中国共产党吉安县统一战线工作部
地址：吉安县庐陵大道29号 Tel:8442324

吉水县（0796）
中国共产党吉水县统一战线工作部
地址：吉水县城北新区万里大道行政中心南区 Tel:8689545

峡江县（0796）
中国共产党峡江县统一战线工作部
地址：峡江县百花路政府大楼 Tel:3672892

永丰县（0796）
中国共产党永丰县统一战线工作部
地址：永丰县跃进路 Tel:2511795

泰和县（0796）
中国共产党泰和县统一战线工作部
地址：泰和县工农兵大道5号 Tel:8638206

遂川县（0796）
中国共产党遂川县统一战线工作部
地址：遂川县 Tel:6328136

万安县（0796）
中国共产党万安县统一战线工作部
地址：万安县建国路1号 Tel:5701217

安福县（0796）
中国共产党安福县统一战线工作部
地址：安福县行政中心 Tel:7622101

井冈山市（0796）
中国共产党井冈山市统战线工作部
地址：井冈山市新城区党政办公大楼 Tel:6890881

宜春市（0795）
奉新县（0795）
中国共产党奉新县统一战线工作部
地址：奉新县城南行政中心大楼 Tel:4539865

上高县（0795）
中国共产党上高县统一战线工作部
地址：上高县沿江路政府大楼 Tel:2511653

宜丰县（0795）
中国共产党宜丰县统一战线工作部
地址：宜丰县新昌西大道 Tel:2765943

靖安县（0795）
中国共产党靖安县统一战线工作部
地址：靖安县新大街1号 Tel:4662545

铜鼓县（0795）
中国共产党铜鼓县统一战线工作部
地址：铜鼓县 Tel:8722670

丰城市（0795）
中国共产党丰城市统一战线工作部
地址：丰城市行政大楼 Tel:6608768

樟树市（0795）
中国共产党樟树市统一战线工作部
地址：樟树市药都南大道25号 Tel:7332665

高安市（0795）
中国共产党高安市统一战线工作部
地址：高安市解放路26号 Tel:5212448

抚州市（0794）
抚州市辖区（0794）
中国共产党抚州市统一战线工作部
地址：抚州市市行政中心 Tel:8282448

临川区（0794）
中国共产党临川区统一战线工作部
地址：临川区新行政中心大楼 Tel:8441245

南城县（0794）
中国共产党南城县统一战线工作部
地址：南城县政府大院内 Tel:7238188

黎川县（0794）
中国共产党黎川县统一战线工作部
地址：黎川县金川大道 Tel:7566878

乐安县（0794）
中国共产党乐安县统一战线工作部
地址：乐安县北大道 Tel:6668267

宜黄县（0794）
中国共产党宜黄县统一战线工作部
地址：宜黄县新安路6号 Tel:7602175

资溪县（0794）
中国共产党资溪县统一战线工作部
地址：资溪县城西大道行政中心 Tel:5797090

东乡县（0794）
中国共产党东乡县委员会统战部
地址：东乡县开发区行政大楼805室 Tel:4232723

广昌县（0794）
中国共产党广昌县统一战线工作部
地址：广昌县建设西路 Tel:3622274

上饶市（0793）
上饶市辖区（0793）
中国共产党上饶市统一战线工作部
地址：上饶市凤凰大道行政新区 Tel:8198512
中国共产党信州区统一战线工作部
地址：上饶市三江南大道3号 Tel:8222742

上饶县（0793）
中国共产党上饶县统一战线工作部
地址：上饶县吉阳大道县政府大楼北面一楼 Tel:8466616

广丰区（0793）
中国共产党广丰区统一战线工作部
地址：广丰区府前街 Tel:2612766

玉山县（0793）
中国共产党玉山县统一战线工作部
地址：玉山县行政大楼十三楼 Tel:2552429

铅山县（0793）
中国共产党铅山县委员会统一战线工作部
地址：铅山县黄岗山大道人民路68号县委院内 Tel:5332246

横峰县（0793）
中国共产党横峰县统一战线工作部
地址：横峰县兴安大道政府大楼 Tel:5782137

弋阳县（0793）
中国共产党弋阳县统一战线工作部
地址：弋阳县旭光大道 Tel:5821268

余干县（0793）
中国共产党余干县统一战线工作部
地址：余干县城北县委大院 Tel:3398425

鄱阳县（0793）
中国共产党鄱阳县统一战线工作部
地址：鄱阳县科技大道县委大楼 Tel:6279805

万年县（0793）
中国共产党万年县统一战线工作部
地址：万年县城六零北大道 Tel:3833172

婺源县（0793）
中国共产党婺源县统一战线工作部
地址：婺源县 Tel:7351490

德兴市（0793）
中国共产党德兴市统一战线工作部
地址：德兴市 Tel:7522292

农工部

南昌市（0791）
南昌市辖区（0791）
中国共产党南昌市委员会农村工作部
地址：南昌市红谷滩新区雄州路市委大楼北楼 Tel:83885090

南昌县（0791）
中国共产党南昌县委员会农村工作部
地址：南昌县县委大楼一楼 Tel:85712225

安义县（0791）
中国共产党安义县委员会农工部
地址：安义县解放路县政府大院 Tel:83422316

进贤县（0791）
中国共产党进贤县委员会农村工作部
地址：进贤县行政新区 Tel:85622267

景德镇市（0798）
景德镇市辖区（0798）
中国共产党景德镇市委员会农工部
地址：景德镇市人大五楼 Tel:8536675
中国共产党景德镇市昌江区委员会农村工作部
地址：景德镇市昌江区政府内 Tel:8337793

浮梁县（0798）
中国共产党浮梁县委员会农工部
地址：浮梁县 Tel:2622819

萍乡市（0799）
芦溪县（0799）
中国共产党芦溪县委员会农工部
地址：芦溪县 Tel:7582588

九江市（0792）
九江市辖区（0792）
中国共产党九江市委员会农工部
地址：九江市浔阳区长虹大道66号 Tel:8223548
中国共产党庐山区委员会农工部
地址：九江市庐山区十里大道1388号 Tel:8270650

修水县（0792）
中国共产党修水县委员会农工部

地址：修水县
…………………… Tel:7223518
武宁县（0792）
中国共产党武宁县委员会农村工作部
地址：武宁县县委内
…………………… Tel:2761296
永修县（0792）
中国共产党永修县委员会农村工作部
地址：永修县新城大道县委大院
…………………… Tel:3226046
德安县（0792）
中国共产党德安县委员会农工部
地址：德安县宝塔大道56号
…………………… Tel:4332104
九江县（0792）
中国共产党九江县委员会农工部
地址：九江县庐山北路
…………………… Tel:6812171
星子县（0792）
中国共产党星子县委员会农村工作部
地址：星子县紫阳路县委大院
…………………… Tel:2666608
都昌县（0792）
中国共产党都昌县委员会农工部
地址：都昌县东风大道69号
…………………… Tel:5223739
湖口县（0792）
中国共产党湖口县委员会农村工作部
地址：湖口县大中路45号县委大院内
…………………… Tel:6332015
彭泽县（0792）
中国共产党彭泽县委员会农工部
地址：彭泽县东风路
…………………… Tel:5625610
新余市（0790）
分宜县（0790）
中国共产党分宜县委员会农村工作部
地址：分宜县行政中心大楼
…………………… Tel:5881644
赣州市（0797）
信丰县（0797）
中国共产党信丰县委员会农工部
地址：信丰县府前路
…………………… Tel:3339098
上犹县（0797）
中国共产党上犹县委员会农村工作部
地址：上犹县水南犹江大桥头公路公司院内五楼
…………………… Tel:8543281
崇义县（0797）
中国共产党崇义县委员会农村工作部
地址：崇义县公务大楼
…………………… Tel:3812576
安远县（0797）
中国共产党安远县委员会农工部
地址：安远县
…………………… Tel:3732639
龙南县（0797）
中国共产党龙南县委员会农村工作部
地址：龙南县金水大道1号
…………………… Tel:3511275
全南县（0797）
中国共产党全南县委员会农村工作部
地址：全南县县委大院
…………………… Tel:2638669
宁都县（0797）
中国共产党宁都县委员会农工部
地址：宁都县县委办公大楼
…………………… Tel:6811319
于都县（0797）
中国共产党于都县委员会农工部
地址：于都县红军大道
…………………… Tel:6335419
兴国县（0797）
中国共产党兴国县委员会农村工作部
地址：兴国县县委办公楼
…………………… Tel:5320933
会昌县（0797）
中国共产党会昌县委员会农村工作部
地址：会昌县红旗大道1号
…………………… Tel:5633886
寻乌县（0797）
中国共产党寻乌县委员会农工部
地址：寻乌县县委大院
…………………… Tel:2843648
石城县（0797）
中国共产党石城县委员会农工部
地址：石城县清华大道东城武装部
…………………… Tel:5793335
瑞金市（0797）
中国共产党瑞金市委员会农村工作部
地址：瑞金市金都大道公务大楼11楼1116室
…………………… Tel:2522324
南康区（0797）
中国共产党南康区委员会农工部
地址：南康区市政办公大楼
…………………… Tel:6606031
吉安市（0796）
吉安市辖区（0796）
中国共产党吉安市委员会农村工作部
地址：吉安市鹭洲东路2号
…………………… Tel:8222013
中国共产党吉州区委员会农村工作部
地址：吉安市
…………………… Tel:8335063
吉安县（0796）
中国共产党吉安县委员会农村工作部
地址：吉安县庐陵大道27号
…………………… Tel:8442103
峡江县（0796）
中国共产党峡江县委员会农工部
地址：峡江县百花路政府大楼
…………………… Tel:3672873
永丰县（0796）
中国共产党永丰县委员会农村工作部
地址：永丰县跃进路
…………………… Tel:2520889
泰和县（0796）
中国共产党泰和县委员会农工部
地址：泰和县工农兵大道3号
…………………… Tel:8638222
遂川县（0796）
中国共产党遂川县委员会农工部
地址：遂川县
…………………… Tel:6322106
万安县（0796）
中国共产党万安县委员会农工部
地址：万安县仁德路
…………………… Tel:5701252
安福县（0796）
中国共产党安福县委员会农工部
地址：安福县行政中心
…………………… Tel:7632202
永新县（0796）
中国共产党永新县委员会农工部
地址：永新县农业农村局旁边
…………………… Tel:7717983
宜春市（0795）
奉新县（0795）
中国共产党奉新县委员会农工部
地址：奉新县城南行政中心大楼
…………………… Tel:4539896
万载县（0795）
中国共产党万载县委员会农工部
地址：万载县党政大楼
…………………… Tel:8822014
上高县（0795）
中国共产党上高县委员会农工部
地址：上高县沿江路政府大楼
…………………… Tel:2511605
宜丰县（0795）
中国共产党宜丰县委员会农工部
地址：宜丰县新昌西大道
…………………… Tel:2765379
靖安县（0795）
中国共产党靖安县委员会农工部
地址：靖安县新大街1号
…………………… Tel:4662218
铜鼓县（0795）
中国共产党铜鼓县委员会农工部
地址：铜鼓县
…………………… Tel:8722602
丰城市（0795）
中国共产党丰城市委员会农工部
地址：丰城市行政大楼
…………………… Tel:6608758
高安市（0795）
中国共产党高安市委员会农工部
地址：高安市解放路26号
…………………… Tel:5212780
抚州市（0794）
抚州市辖区（0794）
中国共产党抚州市委员会农工部
地址：抚州市行政中心大楼内
…………………… Tel:8283766
临川区（0794）
中国共产党临川区委员会农工部
地址：临川区新行政中心大楼
…………………… Tel:8449590
南城县（0794）
中国共产党南城县委员会农工部
地址：南城县建国路
…………………… Tel:7236310
黎川县（0794）
中国共产党黎川县委员会农工部
地址：黎川县新行政大楼
…………………… Tel:7566676
南丰县（0794）
中国共产党南丰县委员会农工部
地址：南丰县桔都大道行政大厦
…………………… Tel:3226027
乐安县（0794）
中国共产党乐安县委员会农工部
地址：乐安县北大道
…………………… Tel:6668316
金溪县（0794）
中国共产党金溪县委员会农工部
地址：金溪县秀谷中大道
…………………… Tel:5397512
资溪县（0794）
中国共产党资溪县委员会农工部
地址：资溪县城西大道行政中心
…………………… Tel:5799356
东乡县（0794）
中国共产党东乡县委员会农工部
地址：东乡县开发区行政大楼
…………………… Tel:4233855
广昌县（0794）
中国共产党广昌县委员会农工部
地址：广昌县解放北路
…………………… Tel:3622255
上饶市（0793）
上饶市辖区（0793）
中国共产党上饶市委员会农工部
地址：上饶市凤凰大道行政新区
…………………… Tel:8223458
中国共产党信州区委员会农村工作部
地址：上饶市丰溪路10号
…………………… Tel:8105713
上饶县（0793）
中国共产党上饶县委员会农工部
地址：上饶县吉阳大道县政府大楼
…………………… Tel:8466235
玉山县（0793）
中国共产党玉山县委员会农村工作部
地址：玉山县行政大楼十二楼
…………………… Tel:2552251
铅山县（0793）
中国共产党铅山县委员会农工部
地址：铅山县黄岗山大道人民路68号县委院内
…………………… Tel:5332132
弋阳县（0793）
中国共产党弋阳县委员会农工部
地址：弋阳县行政中心大楼
…………………… Tel:5821137
余干县（0793）
中国共产党余干县委员会农村工作部
地址：余干县县政府九楼
…………………… Tel:3398367
鄱阳县（0793）
中国共产党鄱阳县委员会农工部
地址：鄱阳县科技大道县委大楼
…………………… Tel:6279802
万年县（0793）
中国共产党万年县委员会农工部
地址：万年县城六零北大道
…………………… Tel:3831401
德兴市（0793）
中国共产党德兴市委员会农工部
地址：德兴市
…………………… Tel:7524241
南昌市（0791）
南昌市辖区（0791）
中国共产党江西省委老干部局
地址：南昌市东湖区豫章路72号
…………………… Tel:86242192
中国共产党南昌市委老干部局
地址：南昌市红谷滩雄州路市委大楼
…………………… Tel:83885521
中国共产党南昌市东湖区委老干部局
地址：南昌市东湖区叠山路136号
…………………… Tel:86221985
中国共产党南昌市西湖区委老干部局
地址：南昌市抚生路369号
…………………… Tel:86597845
中国共产党南昌市青云谱区委老干部局
地址：南昌市广州路268号
…………………… Tel:88461519
中国共产党南昌市湾里区委老干部局
地址：南昌市湾里区城交路12号
…………………… Tel:83763509
南昌县（0791）
中国共产党南昌县委老干部局
地址：南昌县五一路
…………………… Tel:85712171
进贤县（0791）
中国共产党进贤县委老干部局
地址：进贤县行政新区县政府内
…………………… Tel:85622383
景德镇市（0798）
景德镇市辖区（0798）
中国共产党景德镇市昌江区老干部局
地址：景德镇市昌江区政府内
…………………… Tel:8332704
中国共产党景德镇市珠山区老干部局
地址：景德镇市珠山区政府大院内
…………………… Tel:8527314
浮梁县（0798）
中国共产党浮梁县老干部局
地址：浮梁县重阳楼原体委办公楼
…………………… Tel:2627951
萍乡市（0799）
萍乡市辖区（0799）
中国共产党萍乡市老干部局
地址：萍乡市迎宾路市政府内
…………………… Tel:6857347
莲花县（0799）
中国共产党莲花县老干部局
地址：莲花县新建街政府大院
…………………… Tel:7221244
上栗县（0799）
中国共产党上栗县老干部局
地址：上栗县平安北路
…………………… Tel:3863709
九江市（0792）
九江市辖区（0792）
中国共产党九江市老干部局
地址：九江市浔阳区长虹大道
…………………… Tel:8211684
中国共产党庐山区老干部局
地址：九江市庐山区十里大道1388号
…………………… Tel:8254512
中国共产党浔阳区老干部局
地址：九江市浔阳区庾亮北路2号
…………………… Tel:8225506
修水县（0792）
中国共产党修水县老干部局
地址：修水县
…………………… Tel:7221974
武宁县（0792）
中国共产党武宁县老干部局
地址：武宁县朝阳路
…………………… Tel:2788486
瑞昌市（0792）
中国共产党瑞昌市老干部局
地址：瑞昌市市府广场
…………………… Tel:4222224
永修县（0792）
中国共产党永修县老干部局
地址：永修县县委大楼
…………………… Tel:3223351
德安县（0792）
中国共产党德安县老干部局
地址：德安县东风大道
…………………… Tel:4332774
九江县（0792）
中国共产党九江县老干部局
地址：九江县公园南路
…………………… Tel:6812454
星子县（0792）
中国共产党星子县老干部局
地址：星子县紫阳路
…………………… Tel:2666405
都昌县（0792）
中国共产党都昌县老干部局
地址：都昌县东风大道
…………………… Tel:5223440
湖口县（0792）
中国共产党湖口县老干部局
地址：湖口县县委大院
…………………… Tel:6332592
彭泽县（0792）
中国共产党彭泽县老干部局
地址：彭泽县东风路
…………………… Tel:5621128
新余市（0790）
新余市辖区（0790）
中国共产党新余市老干部局
地址：新余市北湖中路北湖公园内
…………………… Tel:6448891
中国共产党渝水区老干部局
地址：新余市抱石大道257号
…………………… Tel:6222053
分宜县（0790）
中国共产党分宜县老干部局
地址：分宜县府前路
…………………… Tel:5881629
鹰潭市（0701）
鹰潭市辖区（0701）
中国共产党鹰潭市老干部局
地址：鹰潭市环城东路地税局2楼
…………………… Tel:6222382
余江县（0701）
中国共产党余江县老干部局
地址：余江县站前南路
…………………… Tel:5881072
贵溪市（0701）
中国共产党贵溪市老干部局
地址：贵溪市沿江路
…………………… Tel:3786851
赣州市（0797）
赣州市辖区（0797）
中国共产党赣州市老干部局
地址：赣州市
…………………… Tel:8299256
赣县（0797）
中国共产党赣县老干部局
地址：赣县梅林大街
…………………… Tel:4441742
信丰县（0797）
中国共产党信丰县老干部局
地址：信丰县南山东路
…………………… Tel:3311710
大余县（0797）
中国共产党大余县老干部局
地址：大余县南安大道
…………………… Tel:8722106
上犹县（0797）
中国共产党上犹县老干部局
地址：上犹县解放路老年宫四楼
…………………… Tel:8541241
崇义县（0797）

中国共产党崇义县老干部局
地址：崇义县阳岭大道
…………………………Tel:3812021
安远县（0797）
中国共产党安远县老干部局
地址：安远县
…………………………Tel:3731016
龙南县（0797）
中国共产党龙南县老干部局
地址：龙南县龙翔广场
…………………………Tel:3512221
定南县（0797）
中国共产党定南县委老干部局
地址：定南县
…………………………Tel:4291469
全南县（0797）
中国共产党全南县老干部局
地址：全南县县委大院
…………………………Tel:2632717
宁都县（0797）
中国共产党宁都县老干部局
地址：宁都县环西路
…………………………Tel:6839446
兴国县（0797）
中国共产党兴国县老干部局
地址：兴国县背街鸡心岭
…………………………Tel:5308991
会昌县（0797）
中国共产党会昌县老干部局
地址：会昌县剧院边
…………………………Tel:5622011
寻乌县（0797）
中国共产党寻乌县老干部局
地址：寻乌县
…………………………Tel:2841147
石城县（0797）
中国共产党石城县老干部局
地址：石城县白莲城老干局
…………………………Tel:5712057
南康区（0797）
中国共产党南康区老干部局
地址：南康区市政办公大楼
…………………………Tel:6612224
吉安市（0796）
吉安市辖区（0796）
中国共产党吉安市老干部局
地址：吉安市鹭洲东路2号
…………………………Tel:8224371
中国共产党吉州区老干部局
地址：吉安市平安路1号
…………………………Tel:8223900
吉安县（0796）
中国共产党吉安县老干部局
地址：吉安县庐陵大道
…………………………Tel:8442286
吉水县（0796）
中国共产党吉水县老干部局
地址：吉水县行政中心南区I23室
…………………………Tel:8689096
峡江县（0796）
中国共产党峡江县老干部局
地址：峡江县巴邱镇
…………………………Tel:3663409
永丰县（0796）
中国共产党永丰县老干部局
地址：永丰县委院内
…………………………Tel:2511585
泰和县（0796）
中国共产党泰和县老干部局
地址：泰和县工农兵大道5号
…………………………Tel:8638527
遂川县（0796）
中国共产党遂川县委员会老干部局
地址：遂川县
…………………………Tel:6322600
万安县（0796）
中国共产党万安县委老干部局
地址：万安县建国路1号
…………………………Tel:5701215
安福县（0796）
中国共产党安福县老干部局
地址：安福县行政中心
…………………………Tel:7622502
井冈山市（0796）
中国共产党井冈山市老干部局
地址：井冈山市
…………………………Tel:6890900
宜春市（0795）
奉新县（0795）
中国共产党奉新县老干部局
地址：奉新县城南行政中心大楼
…………………………Tel:4539755
万载县（0795）
中国共产党万载县老干部局
地址：万载县党政大楼
…………………………Tel:8823504
上高县（0795）
中国共产党上高县老干部局
地址：上高县沿江路政府大楼
…………………………Tel:2511636
宜丰县（0795）
中国共产党宜丰县老干部局
地址：宜丰县新昌西大道
…………………………Tel:2765894
靖安县（0795）
中国共产党靖安县老干部局
地址：靖安县双溪大道21号
…………………………Tel:4662542
铜鼓县（0795）
中国共产党铜鼓县老干部局
地址：铜鼓县
…………………………Tel:8722917
丰城市（0795）
中国共产党丰城市老干部局
地址：丰城市新城区行政中心
…………………………Tel:6608096
樟树市（0795）
中国共产党樟树市老干部局
地址：樟树市药都南大道25号
…………………………Tel:7332049
高安市（0795）
中国共产党高安市老干部局
地址：高安市解放路26号
…………………………Tel:5212258
抚州市（0794）
抚州市辖压（0794）
中国共产党抚州市老干部局
地址：抚州市市行政中心
…………………………Tel:8282541
临川区（0794）
中国共产党临川区老干部局
地址：临川区新行政中心大楼
…………………………Tel:8441725
南城县（0794）
中国共产党南城县老干部局
地址：南城县生产路
…………………………Tel:7253051
黎川县（0794）
中国共产党黎川县老干部局
地址：黎川县东方红大道
…………………………Tel:7522504
南丰县（0794）
中国共产党南丰县老干部局
地址：南丰县桔都大道行政大厦
…………………………Tel:3226089
崇仁县（0794）
中国共产党崇仁县老干部局
地址：崇仁县中山路
…………………………Tel:6322742
金溪县（0794）
中国共产党金溪县老干部局
地址：金溪县秀谷中大道
…………………………Tel:5290223
资溪县（0794）
中国共产党资溪县老干部局
地址：资溪县繁华南街
…………………………Tel:5797708
广昌县（0794）
中国共产党广昌县老干部局
地址：广昌县建设西路
…………………………Tel:3622568
上饶市（0793）
上饶市辖区（0793）
中国共产党上饶市老干部局
地址：上饶市凤凰大道行政新区
…………………………Tel:8222026
中国共产党信州区老干部局
地址：上饶市三江南大道5号
…………………………Tel:8223216
上饶县（0793）
中国共产党上饶县老干部局
地址：上饶县前府路2号
…………………………Tel:8443427
广丰区（0793）
中国共产党广丰区老干部局
地址：广丰区府前街
…………………………Tel:2652515
玉山县（0793）
中国共产党玉山县委老干部局
地址：玉山县行政大楼旁
…………………………Tel:2552879
铅山县（0793）
中国共产党铅山县老干部局
地址：铅山县狮江大道
…………………………Tel:5332067
横峰县（0793）
中国共产党横峰县老干部局
地址：横峰县兴安大道政府大楼
…………………………Tel:5782773
弋阳县（0793）
中国共产党弋阳县老干部局
地址：弋阳县行政中心大楼
…………………………Tel:5821165
余干县（0793）
中国共产党余干县老干部局
地址：余干县城北新区
…………………………Tel:3398424
鄱阳县（0793）
中国共产党鄱阳县老干部局
地址：鄱阳县
…………………………Tel:6279816
万年县（0793）
中国共产党万年县老干部局
地址：万年县城石洋西路
…………………………Tel:3832663
婺源县（0793）
中国共产党婺源县老干部局
地址：婺源县星江东路28号
…………………………Tel:735290
人大党委会省人大党委会
南昌市（0791）
南昌市辖区（0791）
江西省人民代表大会常务委员会
地址：南昌市北京西路
…………………………Tel:88850070
市人大党委会
南昌市（0791）
南昌市辖区（0791）
南昌市人民代表大会常务委员会
地址：南昌市红谷滩行政中心
…………………………Tel:83885205
景德镇市（0798）
景德镇市辖区（0798）
景德镇市人民代表大会常务委员会
地址：号德镇市珠山西路2号
…………………………Tel:8523905
萍乡市（0799）
萍乡市辖区（0799）
萍乡市人民代表大会常务委员会
地址：萍乡市市政府大院
…………………………Tel:683555
九江市（0792）
九江市辖区（0792）
九江市人民代表大会常务委员会
地址：九江市浔阳区
…………………………Tel:8586351
新余市（0790）
新余市辖区（0790）
新余市人民代表大会常务委员会
地址：新余市仙来中大道288号
…………………………Tel:641962
吉安市（0796）
吉安市辖区（0796）
吉安市人民代表大会常务委员会
地址：吉安市鹭洲东路1号
…………………………Tel:8253572
抚州市（0794）
抚州市辖区（0794）
抚州市人民代表大会常务委员会
地址：抚州市市行政中心
…………………………Tel:829839
南昌市（0791）
南昌市辖（0791）
东湖区人民代表大会常务委员会
地址：南昌市东湖区叠山路156号
…………………………Tel:86227123
西湖区人民代表大会常务委员会
地址：南昌市西湖区抚生路369号
…………………………Tel:86616164
青山湖区人民代表大会常务委员会
地址：南昌市南京东路699号
…………………………Tel:88106741
青云谱区人民代表大会常务委员会
地址：南昌市广州路
…………………………Tel:88462801
湾里区人民代表大会常务委员会
地址：南昌市湾里区翠岩路5号
…………………………Tel:83760434
南昌县（0791）
南昌县人民代表大会常务委员会
地址：南昌县五一路县政府五楼
…………………………Tel:85712245
新建县（0791）
新建县人民代表大会常务委员会
地址：新建县长镇新建大道239号
…………………………Tel:83702830
安义县（0791）
安义县人民代表大会常务委员会
地址：安义县龙津镇政府大院内
…………………………Tel:83422209
进贤县（0791）
进贤县人民代表大会常务委员会
地址：进贤县行政新区
…………………………Tel:85622215
景德镇市（0798）
浮梁县（0798）
浮梁县人民代表大会常务委员会
地址：浮梁县
…………………………Tel:2621815
萍乡市（0799）
萍乡市辖区（0799）
安源区人民代表大会常务委员会
地址：萍乡市安源新区
…………………………Tel:6661031
湘东区人民代表大会常务委员会
地址：湘东区河洲村
…………………………Tel:3376301
莲花县（0799）
莲花县人民代表大会常务委员会
地址：莲花县新建街
…………………………Tel:7221135
上栗县（0799）
上栗县人民代表大会常务委员会
地址：上栗县平安北路
…………………………Tel:3661201
芦溪县（0799）
芦溪县人民代表大会常务委员会
地址：芦溪县
…………………………Tel:7588166
九江市（0792）
九江市辖区（0792）
庐山区人民代表大会常务委员会
地址：九江市庐山区十里
…………………………Tel:8251221
浔阳区人民代表大会常务委员会
地址：九江市浔阳区庚亮北路2号
…………………………Tel:8224610
修水县（0792）
修水县人民代表大会常务委员会
地址：修水县城南新区义宁大道县行政中心
…………………………Tel:7221330
武宁县（0792）
武宁县人民代表大会常务委员会
地址：武宁县人民路5号
…………………………Tel:2761396
瑞昌市（0792）
瑞昌市人民代表大会常务委员会
地址：瑞昌市市府广场
…………………………Tel:4222658
永修县（0792）
永修县人民代表大会常务委员会
地址：永修县新城大道县政府大楼内
…………………………Tel:3223116
德安县（0792）
德安县人民代表大会常务委员会
地址：德安县宝塔大道56号
…………………………Tel:4332304
九江县（0792）
九江县人民代表大会常务委员会
地址：九江县庐山北路
…………………………Tel:6812205
星子县（0792）
星子县人民代表大会常务委员会
地址：星子县紫阳路县政府内
…………………………Tel:2666580
都昌县（0792）
都昌县人民代表大会常务委员会
地址：都昌县东风大道126号
…………………………Tel:5232990
湖口县（0792）
湖口县人民代表大会常务委员会
地址：湖口县双钟镇大中路53号
…………………………Tel:6332623
新余市（0790）
新余市辖区（0790）
渝水区人民代表大会常务委员会
地址：新余市抱石大道257号
…………………………Tel:6222733
分宜县（0790）
分宜县人民代表大会常务委员会
地址：分宜县行政中心大楼
…………………………Tel:588544
鹰潭市（0701）
鹰潭市辖区（0701）
中国共产党月湖区人民代表大会 常务委员会
地址：鹰潭市胜利东路6号
…………………………Tel:6221633
余江县（0701）
余江县人民代表大会常务委员会
地址：余江县白塔中路6号新政府办公大楼
…………………………Tel:5881234
贵溪市（0701）
贵溪市人民代表大会常务委员会
地址：贵溪市冶金大道
…………………………Tel:3319791
赣州市（0797）
赣州市辖区（0797）
章贡区人民代表大会常务委员会
地址：赣州市阳明路
…………………………Tel:8296007
赣县（0797）
赣县人民代表大会常务委员会
地址：赣县梅林大街9号
…………………………Tel:4441888
信丰县（0797）
信丰县人民代表大会常务委员会
地址：信丰县府前路
…………………………Tel:3339996
大余县（0797）
大余县人民代表大会常务委员会
地址：大余县金莲山大道
…………………………Tel:8710308
上犹县（0797）
上犹县人民代表大会常务委员会
地址：上犹县下西村路县委大楼
…………………………Tel:8521636
崇义县（0797）
崇义县人民代表大会常务委员会
地址：崇义县公务大楼
…………………………Tel:3812521
安远县（0797）
安远县人民代表大会常务委员会

地址：安远县
…… Tel:3732242
龙南县（0797）
龙南县人民代表大会常务委员会
地址：龙南县庙前街18号
…… Tel:3525776
定南县（0797）
定南县人民代表大会常务委员会
地址：定南县
…… Tel:4291223
全南县（0797）
全南县人民代表大会常务委员会
地址：全南县含江路政府大院
…… Tel:2632451
宁都县（0797）
宁都县人民代表大会常务委员会
地址：宁都县新党政大楼4楼
…… Tel:6826051
于都县（0797）
于都县人民代表大会常务委员会
地址：于都县渡江大道42号
…… Tel:6233257
兴国县（0797）
兴国县人民代表大会常务委员会
地址：兴国县平川大道202号
…… Tel:5317992
会昌县（0797）
会昌县人民代表大会常务委员会
地址：会昌县东街9号
…… Tel:5630540
寻乌县（0797）
寻乌县人民代表大会常务委员会
地址：寻乌县镇山路
…… Tel:2841514
石城县（0797）
石城县人民代表大会常务委员会
地址：石城县东城南大道588号
…… Tel:5793739
瑞金市（0797）
瑞金市人民代表大会常务委员会
地址：瑞金市金都大道公务大楼A1楼109室
…… Tel:2522196
南康区（0797）
南康区人民代表大会常务委员会
地址：南康区市政办公大楼
…… Tel:6605131
吉安市（0796）
吉安市辖区（0796）
吉州区人民代表大会常务委员会
地址：吉安市石阳路10号
…… Tel:8335001
青原区人民代表大会常务委员会
地址：吉安市青原区文天祥大道51号
…… Tel:8106191
吉安县（0796）
吉安县人民代表大会常务委员会
地址：吉安县庐陵大道27号
…… Tel:8442338
吉水县（0796）
吉水县人民代表大会常务委员会
地址：吉水县城北新区万里大道
…… Tel:8689018
峡江县（0796）
峡江县人民代表大会常务委员会
地址：峡江县百花路政府大楼
…… Tel:3672835
永丰县（0796）
永丰县人民代表大会常务委员会
地址：永丰县跃进路
…… Tel:2511578
泰和县（0796）
泰和县人民代表大会常务委员会
地址：泰和县工农兵大道
…… Tel:8638762
遂川县（0796）
遂川县人民代表大会常务委员会
地址：遂川县
…… Tel:6322386
万安县（0796）
万安县人民代表大会常务委员会
地址：万安县凤凰路
…… Tel:5701216
安福县（0796）
安福县人民代表大会常务委员会
地址：安福县行政中心
…… Tel:7622652
永新县（0796）
永新县人民代表大会常务委员会
地址：永新县湘赣大道
…… Tel:7716145
井冈山市（0796）
井冈山市人民代表大会常务委员会
地址：井冈山市新城区党政办公大楼
…… Tel:6890800
宜春市（0795）
奉新县（0795）
奉新县人民代表大会常务委员会
地址：奉新县城南行政中心大楼
…… Tel:4539447
万载县（0795）
万载县人民代表大会常务委员会
地址：万载县党政大楼
…… Tel:8823128
上高县（0795）
上高县人民代表大会常务委员会
地址：上高县沿江路政府大楼
…… Tel:2511227
宜丰县（0795）
宜丰县人民代表大会常务委员会
地址：宜丰县新昌西大道
…… Tel:2765448
靖安县（0795）
靖安县人民代表大会常务委员会
地址：靖安县新大街1号
…… Tel:4662273
铜鼓县（0795）
铜鼓县人民代表大会常务委员会
地址：铜鼓县环城北路18号
…… Tel:8716185
丰城市（0795）
丰城市人民代表大会常务委员会
地址：丰城市行政大楼
…… Tel:6608212
樟树市（0795）
樟树市人民代表大会常务委员会
地址：樟树市药都南大道25号
…… Tel:7333967
高安市（0795）
高安市人民代表大会常务委员会
地址：高安市解放路
…… Tel:5222925
抚州市（0794）
临川区（0794）
临川区人民代表大会常务委员会
地址：临川区新行政中心大楼
…… Tel:8469100
南城县（0794）
南城县人民代表大会常务委员会
地址：南城县建国路县委院内
…… Tel:7233058
黎川县（0794）
黎川县人民代表大会常务委员会
地址：黎川县新行政大楼
…… Tel:7566689
南丰县（0794）
南丰县人民代表大会常务委员会
地址：南丰县桔都大道行政大厦
…… Tel:3226200
崇仁县（0794）
崇仁县人民代表大会常务委员会
地址：崇仁县县府西路5号
…… Tel:6332421
乐安县（0794）
乐安县人民代表大会常务委员会
地址：乐安县北大道
…… Tel:6668011
宜黄县（0794）
宜黄县人民代表大会常务委员会
地址：宜黄县河东开发区
…… Tel:7602034
金溪县（0794）
金溪县人民代表大会常务委员会
地址：金溪县秀谷大道
…… Tel:5397589
资溪县（0794）
资溪县人民代表大会常务委员会
地址：资溪县城西大道行政中心
…… Tel:5792453
东乡县（0794）
东乡县人民代表大会常务委员会
地址：东乡县开发区行政大楼
…… Tel:4232422
广昌县（0794）
广昌县人民代表大会常务委员会
地址：广昌县建设西路
…… Tel:3622181
上饶市（0793）
上饶市辖区（0793）
上饶市人民代表大会常务委员会
地址：上饶市凤凰大道行政新区
…… Tel:8226807
信州区人民代表大会常务委员会
地址：上饶市三江南大道3号
…… Tel:8223356
上饶县（0793）
上饶县人民代表大会常务委员会
地址：上饶县吉阳大道县政府大楼北面四楼
…… Tel:8466396
广丰区（0793）
广丰区人民代表大会常务委员会
地址：广丰区府前街
…… Tel:2618026
玉山县（0793）
玉山县人民代表大会常务委员会
地址：玉山县行政大楼九楼
…… Tel:255234
铅山县（0793）
铅山县人民代表大会常务委员会
地址：铅山县黄岗山大道人民路68号县委院内
…… Tel:5332168
横峰县（0793）
横峰县人民代表大会常务委员会
地址：横峰县兴安大道政府大楼
…… Tel:5786601
弋阳县（0793）
弋阳县人民代表大会常务委员会
地址：弋阳县行政中心大楼
…… Tel:5821362
余干县（0793）
余干县人民代表大会常务委员会
地址：余干县
…… Tel:3398604
鄱阳县（0793）
鄱阳县人民代表大会常务委员会
地址：鄱阳县科技大道县委大楼
…… Tel:6279919
人民政府
吉安市（0796）
吉安市辖区（796）
吉安市农业科技园管理委员会
地址：吉安市吉州区兴桥镇
…… Tel:8306286
宜春市（0795）
宜春市辖区（795）
宜春市人民政府
地址：宜春市秀江路市委办公楼
…… Tel:3215501
抚州市（0794）
抚州市辖区（0794）
抚州市人民政府
地址：抚州市市行政中心
…… Tel:8283591
区、县人民政府
南昌市（0791）
南昌市辖区（0791）
东湖区人民政府
地址：南昌市东湖区叠山路136号
…… Tel:86221407
西湖区人民政府
地址：南昌市西湖区抚生路369号1号楼
…… Tel:86616694
青山湖区人民政府
地址：南昌市南京东路699号
…… Tel:88106831
青云谱区人民政府
地址：南昌市广州路268号
…… Tel:88461693
湾里区人民政府
地址：南昌市湾里区工农路65号
…… Tel:83761110
南昌县（0791）
南昌县人民政府
地址：南昌县莲塘镇五一路458号
…… Tel:85712189
新建县（0791）
新建县人民政府
地址：新建县新建大道239号
…… Tel:83702737
安义县（0791）
安义县人民政府
地址：安义县解放大道
…… Tel:83422244
进贤县（0791）
进贤县人民政府
地址：进贤县
…… Tel:85622696
进贤县投资创业服务中心（进贤县工业开发区）
地址：进贤县进贤大道
…… Tel:85697005
景德镇市（0798）
景德镇市辖区（0798）
昌江区人民政府
地址：景德镇市昌江区政府内
…… Tel:8331271
珠山区人民政府
地址：景德镇市中华南路
…… Tel:8527145
浮梁县（0798）
浮梁县人民政府
地址：浮梁县
…… Tel:2626331
乐平市（0798）
地址：乐平市卫生健康委员会
…… Tel:6561287
景德镇市乐平市城北新区洪皓路
地址：乐平市生态环保局
…… Tel:6832269
景德镇市乐平市观音泉路
地址：乐平市农业农村局
…… Tel:6216180
景德镇市乐平市东风北路
地址：乐平市自然资源和规划局
…… Tel:6831940
乐平市凤凰大道
地址：乐平市退役军人事务局
…… Tel:65617172
景德镇市乐平市东风路131号
地址：乐平市医疗保障局
…… Tel:6561907
景德镇市乐平市洪皓路
地址：乐平市乡村振兴局
…… Tel:6568779
景德镇市乐平市东风北路
萍乡市（0799）
萍乡市辖区（13799）
湘东区人民政府
地址：湘东区河洲
…… Tel:3376201
安源区人民政府
地址：萍乡市安源新区
…… Tel:6661080
莲花县（0799）
莲花县人民政府
地址：莲花县新建街71号
…… Tel:7211066
上栗县（0799）
上栗县人民政府
地址：上栗县平安北路
…… Tel:3661301
芦溪县（0799）
芦溪县人民政府
地址：芦溪县人民西路
…… Tel:7588998
九江市（0792）
九江市辖区（0792）
九江经济技术开发区管理委员会
地址：九江市经济技术开发区西二路发展大楼内
…… Tel:8367100
庐山区人民政府
地址：九江市庐山区十里大道1388号
…… Tel:8253685
浔阳区人民政府
地址：九江市浔阳区庾亮北路2号
…… Tel:8224910
修水县（0792）
修水县人民政府
地址：修水县城南政府大楼
…… Tel:7221108
武宁县（0792）
武宁县人民政府
地址：武宁县樟树下88号
…… Tel:2773686
瑞昌市（0792）
瑞昌市人民政府
地址：瑞昌市市府广场
…… Tel:4222045
永修县（0792）
永修县人民政府
地址：永修县新城大道
…… Tel:3223145
德安县（0792）
德安县人民政府
地址：德安县宝塔大道56号
…… Tel:4332255
九江县（0792）
九江县人民政府
地址：九江县庐山北路
…… Tel:6829986
星子县（0792）
星子县人民政府
地址：星子县紫阳路
…… Tel:2673880
都昌县（0792）
都昌县人民政府
地址：都昌县东风大道
…… Tel:5223396
湖口县（0792）
湖口县人民政府
地址：湖口县大中路54号
…… Tel:6332113
彭泽县（0792）
彭泽县人民政府
地址：彭泽县东风路200号
…… Tel:5625644
庐山风景区（0792）
庐山园门管理局
地址：庐山小天池21号
…… Tel:8281734
新余市（0790）
新余市辖区（0790）
渝水区人民政府
地址：新余市抱石大道257号
…… Tel:6222772
分宜县（0790）
分宜县人民政府
地址：分宜县行政中心大楼
…… Tel:5896398
鹰潭市（0701）
鹰潭市辖区（0701）
月湖区人民政府
地址：鹰潭市胜利东路6号
…… Tel:6287872
余江县（0701）
余江县人民政府
地址：余江县白塔中路6号
…… Tel:5896669
贵溪市（0701）
贵溪市人民政府
地址：贵溪市

……………………………… Tel:3331101
赣州市（0797）
赣州市辖区（0797）
章贡区人民政府
地址：赣州市阳明路
……………………………… Tel:8293442
赣县（0797）
赣县人民政府
地址：赣县梅林大街9号
……………………………… Tel:4441466
信丰县（0797）
信丰县人民政府
地址：信丰县府前路
……………………………… Tel:3332511
大余县（0797）
大余县人民政府
地址：大余县金莲山大道
……………………………… Tel:8722833
上犹县（0797）
上犹县人民政府
地址：上犹县
……………………………… Tel:8595996
崇义县（0797）
崇义县人民政府
地址：崇义县体育路1号公务大楼
……………………………… Tel:3812129
安远县（0797）
安远县人民政府
地址：安远县
……………………………… Tel:3724065
龙南县（0797）
龙南县人民政府
地址：龙南县庙前街
……………………………… Tel:3521688
定南县（0797）
定南县人民政府
地址：定南县
……………………………… Tel:4299551
全南县（0797）
全南县人民政府
地址：全南县
……………………………… Tel:2638588
宁都县（0797）
宁都县人民政府
地址：宁都县新党政大楼5楼
……………………………… Tel:6832618
于都县（0797）
于都县人民政府于都县渡江大道
……………………………… Tel:6232278
兴国县（0797）
兴国县人民政府兴国县客家路
……………………………… Tel:5319228
会昌县（0797）
会昌县人民政府
地址：会昌县城东街1号
……………………………… Tel:5622792
寻乌县（0797）
寻乌县人民政府
地址：寻乌县长安大道国土大楼
……………………………… Tel:2845513
石城县（0797）
石城县人民政府
地址：石城县清华大道东城武装部
……………………………… Tel:5791866
瑞金市（0797）
瑞金市人民政府
地址：瑞金市金都大道公务大楼5楼516室
……………………………… Tel:2538456
南康区（0797）
南康区人民政府
地址：南康区市政办公大楼
……………………………… Tel:6605869
吉安市（0796）
吉安市辖区（0796）
吉州区人民政府
地址：吉安市石阳路5号
……………………………… Tel:8320180
青原区人民政府
地址：吉安市青原区金竹大道6号
……………………………… Tel:8100256
吉安县（0796）
吉安县人民政府
地址：吉安县庐陵大道27号
……………………………… Tel:8442400
吉水县（0796）
吉水县人民政府
地址：吉水县城北新区万里大道
……………………………… Tel:8689455
峡江县（0796）
峡江县人民政府
地址：峡江县百花路政府大楼
……………………………… Tel:3672963
峡江县信息中心
地址：峡江县政府大楼
……………………………… Tel:3696387
永丰县（0796）
永丰县人民政府
地址：永丰县跃进路
……………………………… Tel:2511953
泰和县（0796）
泰和县人民政府
地址：泰和县工农兵大道1号
……………………………… Tel:8638497
遂川县（0796）
遂川县人民政府
地址：遂川县
……………………………… Tel:6322241
万安县（0796）
万安县人民政府
地址：万安县东门县政府院内
……………………………… Tel:5710886
安福县（0796）
安福县人民政府
地址：安福县
……………………………… Tel:7624662
永新县（0796）
永新县人民政府
地址：永新县湘赣大道
……………………………… Tel:7722121
井冈山市（0798）
井冈山市人民政府
地址：井冈山市新城区红军大道
……………………………… Tel:6891866
宜春市（0795）
宜春市辖区（0795）
袁州区人民政府
地址：宜春市中山中路401号
……………………………… Tel:3222269
奉新县（0795）
奉新县人民政府
地址：奉新县城南行政中心大楼
……………………………… Tel:4539888
万载县（0795）
万载县人民政府
地址：万载县党政大楼
……………………………… Tel:8823317
上高县（0795）
上高县人民政府
地址：上高县沿江路政府大楼
……………………………… Tel:2511219
靖安县（0795）
靖安县人民政府
地址：靖安县新大街1号
……………………………… Tel:4662423
铜鼓县（0795）
铜鼓县人民政府
地址：铜鼓县定江东路386号
……………………………… Tel:8722104
丰城市（0795）
丰城市人民政府
地址：丰城市行政大楼
……………………………… Tel:6608016
樟树市（0795）
樟树市人民政府
地址：樟树市药都南大道25号
……………………………… Tel:7333129
高安市（0795）
高安市人民政府
地址：高安市解放路
……………………………… Tel:5210169
抚州市（0794）
临川区（0794）
临川区人民政府
地址：临川区新行政中心大楼
……………………………… Tel:8469000
南城县（0794）
南城县人民政府
地址：南城县生产路政府院内
……………………………… Tel:7210036
黎川县（0794）
黎川县人民政府
地址：黎川县金川大道
……………………………… Tel:7566611
南丰县（0794）
南丰县人民政府
地址：南丰县桔都大道行政大厦
……………………………… Tel:3226111
崇仁县（0794）
崇仁县人民政府
地址：崇仁县县府西路5号
……………………………… Tel:6332320
乐安县（0794）
乐安县人民政府
地址：乐安县乐安北大道
……………………………… Tel:6669009
宜黄县（0794）
宜黄县人民政府
地址：宜黄县河东开发区
……………………………… Tel:7602232
金溪县（0794）
金溪县人民政府
地址：金溪县秀谷中大道
……………………………… Tel:5397601
资溪县（0794）
资溪县人民政府
地址：资溪县城西大道行政中心
……………………………… Tel:5792909
东乡县（0794）
东乡县人民政府
地址：东乡县开发区行政大楼4楼
……………………………… Tel:4232150
广昌县（0794）
广昌县人民政府
地址：广昌县解放路
……………………………… Tel:3622141
上饶市（0793）
上饶市辖区（0793）
上饶市人民政府
地址：上饶市凤凰大道行政新区
……………………………… Tel:8223049
信州区人民政府
地址：上饶市三江南大道3号
……………………………… Tel:8222840
上饶县（0793）
上饶县人民政府
地址：上饶县吉阳大道县政府大楼南面二楼
……………………………… Tel:8466500
广丰区（0793）
广丰区人民政府
地址：广丰区府前街
……………………………… Tel:2652715
玉山县（0793）
玉山县人民政府
地址：玉山县行政大楼八楼
……………………………… Tel:2565670
铅山县（0793）
铅山县人民政府
地址：铅山县黄岗山大道人民路68号县委院内
……………………………… Tel:513们70
横峰县（0793）
横峰县人民政府
地址：横峰县兴安大道政府大楼
……………………………… Tel:5783226
弋阳县（0793）
弋阳县人民政府
地址：弋阳县行政中心大楼
……………………………… Tel:5821100
余干县（0793）
余干县人民政府
地址：余干县城北新区
……………………………… Tel:3398680
鄱阳县（0793）
鄱阳县人民政府
地址：鄱阳县鄱阳镇城北国土大厦
……………………………… Tel:6269733
万年县（0793）
万年县人民政府
地址：万年县城六零北大道
……………………………… Tel:3832433
婺源县（0793）
婺源县人民政府
地址：婺源县蚺城路26号
……………………………… Tel:7363880
德兴市（0793）
德兴市人民政府
地址：德兴市
……………………………… Tel:7522959
广信区（0793）
广信区人民政府
……………………………… Tel:8466500
广信区吉阳路1号
地址：中国共产党广信区委员会
……………………………… Tel:8466550
广信区人民代表大会常务委员会
……………………………… Tel:8466573
广信区政治协商会议委员会
地址：广信区吉阳西路
……………………………… Tel:8466599
广信区纪律检查委员会
地址：广信区吉阳西路1号
……………………………… Tel:8466922
中国共产党广信区委员会组织部
地址：广信区七六大道与旭日南大道交叉口西南100米
……………………………… Tel:8466026
中国共产党广信区委员会宣传部
地址：广信区吉阳西路
……………………………… Tel:8466022
中国共产党广信区委政法委员会
地址：广信区吉阳西路
……………………………… Tel:8466800
广信区人民法院
地址：广信区旭日北大道东50米
……………………………… Tel:8442707
广信区人民检察院
地址：广信区旭日北大道公安局隔壁
……………………………… Tel:7995209
广信区公安局
地址：旭日街道办旭日北大道666号
……………………………… Tel:8449867
广信区工业和信息化局
地址：吉阳西路1号
……………………………… Tel:8466492
广信区司法局
……………………………… Tel:8442843
地址：旭日北大道348号
广信区自然资源局
地址：旭日东大道30号
……………………………… Tel:8442561
广信区水利局
……………………………… Tel:8442232
地址：惟义路105号
广信区文化广电新闻出版局
地址：旭日街道七六路十二号
……………………………… Tel:8442910
广信区应急管理局
地址：旭日中大道87号
……………………………… Tel:8441896
广信区市场监督管理局
地址：广信区七六路12号
……………………………… Tel:8442533
广信区医疗保障局
……………………………… Tel:8443056
地址：旭日街道吉阳西路86号
广信区乡村振兴局
……………………………… Tel:8447709
地址：广信区七六路46号
广信区统计局
地址：吉阳西路1号
……………………………… Tel:846607
广信区审计局
地址：旭日大道北
……………………………… Tel:7982785
广信区卫生健康委员会
地址：广信区吉阳路1号
……………………………… Tel:8562339
广信区农业农村局
地址：广信区七六路10号
……………………………… Tel:8442802
广信区住房和城乡建设局
地址：旭日街道七六路9号
……………………………… Tel:7056006
广信区财政局
地址：惟义路97号
……………………………… Tel:8442360
广信区发改委
地址：吉阳西路1号
……………………………… Tel:8466159
广信区教育和体育局
地址：信美路5号
……………………………… Tel:8442544
广信区民政局
地址：旭日街道七六路16号
……………………………… Tel:8442061
广信区人力资源和社会保障局
地址：旭日街道七六路16号
……………………………… Tel:8466603
广信区交通运输局
地址：旭日南大道37号
……………………………… Tel:6191700
广信区商务局
地址：吉阳路1号
……………………………… Tel:8466466
广信区退役军人事务局
地址：吉阳西路86号
……………………………… Tel:8669770
广信区林业局
地址：惟义路107号
……………………………… Tel:8442337
广信区城市管理局
地址：吉阳西路118号
……………………………… Tel:8464887
经济管理部门
国防科工委
南昌市（0791）
南昌市辖区（0791）
江西省国防科学技术工业办公室
地址：南昌市北京西路省政府办公大楼2楼
……………………………… Tel:86224341
信息产业管理
南昌市辖区（0791）
江西省工业和信息化委员会
地址：南昌市北京西路69号
……………………………… Tel:86226228
地址：南昌市省政府大院北一路16号
……………………………… Tel:86218180
南昌市工业和信息化委员会
地址：南昌市红谷滩行政二路市政府大楼南五楼
……………………………… Tel:83884099
南昌县（0791）
南昌县工业和信息化委员会
地址：南昌县向阳路562号
……………………………… Tel:85712173
新建县（0791）
新建县工业贸易和信息化委员会
地址：新建县解放路188号
……………………………… Tel:83752529
安义县（0791）
安义县工业贸易和信息化委员会
地址：安义县前进路进修学校新办公楼一楼
……………………………… Tel:83416218
景德镇市（0798）
景德镇市辖区（0798）
景德镇市信息化工作办公室
地址：景德镇市迎宾大道交通大楼6楼农业综合开发办
……………………………… Tel:8586616
景德镇市无线电管理局
地址：景德镇市西山路

……………………………… Tel:8233638
萍乡市（0799）
萍乡市辖区（0799）
萍乡市无线电管理局
地址：萍乡市政府综合大楼
……………………………… Tel:6831698
九江市（0792）
九江市辖区（0792）
九江市无线电管理局
地址：九江市浔阳区长虹大道市政府大楼
……………………………… Tel:8211571
九江市政府信息化办公室
地址：九江市浔阳区庾亮南路181号
……………………………… Tel:8588184
新余市（0790）
新余市辖区（0790）
新余市无线电管理处局
地址：新余市劳动北路505号
……………………………… Tel:6442855
新余市信息化工作办公室
地址：新余市上路信息大楼
……………………………… Tel:6442872
鹰潭市（0701）
鹰潭市辖区（0701）
鹰潭市无线电管理局
地址：鹰潭市
……………………………… Tel:6226833
吉安市（0796）
吉安市辖区（0796）
吉安市无线电管理局
地址：吉安市鹭洲东路1号
……………………………… Tel:8231062
抚州市（0794）
抚州市辖区（0794）
抚州市工业和信息化委员会
地址：抚州市市行政中心
……………………………… Tel:8287955
抚州市无线电管理局
地址：抚州市赣东大道9号
……………………………… Tel:8283034
上饶市（0793）
上饶市辖区（0793）
上饶市无线电管理局
地址：上饶市滨江东路10号
……………………………… Tel:8295566
上饶县（0793）
上饶县无线电管理委员会
地址：上饶县吉阳大道县政府大楼东面一楼
……………………………… Tel:8466136
商务管理
南昌市（0791）
南昌市辖区（0791）
江西省公路机械工程局
地址：南昌市广场南路恒茂国际中心16号楼A座11楼
……………………………… Tel:86665100
江西省经济作物局
地址：南昌市省政府大院东二路农业厅
……………………………… Tel:86222137
江西省轻工行业管理办公室
地址：南昌市福州路197号
……………………………… Tel:86224918
江西省食品工业办公室
地址：南昌市赐福路8号
……………………………… Tel:86785346
江西省商务厅
地址：南昌市洪城路8号长青国贸大厦20层—25层
……………………………… Tel:86246666
江西省森林工业局
地址：南昌市东湖区三经路204号
……………………………… Tel:86817230
南昌市商业贸易委员会
地址：南昌市红谷滩市政府大楼7楼
……………………………… Tel:83884226
东湖区商务局
地址：南昌市县前街28号
……………………………… Tel:86289353
红谷滩新区经济贸易发展局
地址：南昌市绿茵路669号
……………………………… Tel:83839618
青山湖区对外贸易经济合作局
地址：南昌市南京东路699号
……………………………… Tel:88108423
湾里区商务局
地址：南昌市湾里区工农路63号
……………………………… Tel:83760473
南昌县（0791）
南昌县对外合作局
地址：南昌县小兰经济开发区富山大道1168号
……………………………… Tel:85775200
南昌县商业局
地址：南昌县莲塘镇向阳路95号
……………………………… Tel:85712462
新建县（0791）
新建县二轻工业局
地址：新建县解放路121号
……………………………… Tel:83752117
新建县对外贸易经济合作局
地址：新建县兴国路879号
……………………………… Tel:83707216
新建县商业局
地址：新建县解放路102号
……………………………… Tel:83752104
安义县（0791）
安义县商业局
地址：安义县潦河大市场商业局办公楼
……………………………… Tel:83422149
进贤县（0791）
进贤县商业贸易局
地址：进贤县岚湖路326号
……………………………… Tel:85664128
景德镇市（0798）
景德镇市辖区（0798）
景德镇市对外经济贸易局
地址：景德镇市瓷都大道571号
……………………………… Tel:8520784
景德镇市经济贸易委员会
地址：景德镇市
……………………………… Tel:8576556
景德镇市公路机械工程局
地址：景德镇市
……………………………… Tel:8581611
景德镇盐务局
地址：景德镇市
……………………………… Tel:8441918
昌江区经济贸易委员会
地址：景德镇市昌江区政府大院内
……………………………… Tel:8332243
珠山区对外经济合作办公室
地址：景德镇市珠山区政府内
……………………………… Tel:8506799
珠山区经济贸易委员会
地址：景德镇市珠山区政府内
……………………………… Tel:8523233
浮梁县（0798）
浮梁县经济贸易委员会
地址：浮梁县政府大楼七楼
……………………………… Tel:2625156
萍乡市（0799）
萍乡市辖区（0799）
萍乡市对外贸易经济合作局
地址：萍乡市跃进北路
……………………………… Tel:6333215
萍乡市经济贸易委员会
地址：萍乡市迎宾路市政府内
……………………………… Tel:6832272
萍乡市商业局
地址：萍乡市跃进南路
……………………………… Tel:6832573
萍乡市煤炭冶金局
地址：萍乡市丹江亭子下
……………………………… Tel:6681842
湘东区经济贸易委员会
地址：湘东区党政综合办公楼
……………………………… Tel:3376761
莲花县（0799）
莲花县经济贸易委员会
地址：莲花县政府大院
……………………………… Tel:7221352
上栗县（0799）
上栗县经济贸易委员会
地址：上栗县平安北路
……………………………… Tel:3866201
芦溪县（0799）
芦溪县经济贸易委员会
地址：芦溪县
……………………………… Tel:7551910
九江市（0792）
九江市辖区（0792）
九江市民营经济服务局
地址：九江市浔阳区庾亮南路172号
……………………………… Tel:8224020
九江市对外贸易经济合作委员会
地址：九江市浔阳区浔阳路2号
……………………………… Tel:8128039
九江市盐务局
地址：九江市浔阳区十里大道469号
……………………………… Tel:8224165
庐山区经济贸易委员会
地址：九江市庐山区十里大道710号
……………………………… Tel:8251376
庐山区商业管理办公室
九江市庐山区十里大道1260号
……………………………… Tel:8252761
浔阳区民营经济服务局
地址：九江市浔阳区庾亮北路2号
……………………………… Tel:8227109
浔阳区商业局
地址：九江市庾亮北路2号
……………………………… Tel:8233905
修水县（0792）
修水县二轻工业局
地址：修水县
……………………………… Tel:7221358
修水县民营经济服务局
地址：修水县
……………………………… Tel:7808532
修水县经济贸易委员会
地址：修水县城南行政中心
……………………………… Tel:7221141
修水县盐务局
地址：修水县
……………………………… Tel:7262072
修水县商业局
地址：修水县广场西二路
……………………………… Tel:7221063
武宁县（0792）
武宁县二轻局
地址：武宁县
……………………………… Tel:2761065
武宁县经济贸易委员会
地址：武宁县县政府一楼
……………………………… Tel:2761036
武宁县商业贸易局
地址：武宁县朝阳路
……………………………… Tel:2763593
武宁县商务执法大队
地址：武宁县
……………………………… Tel:2776329
瑞昌市（0792）
瑞昌市二轻工业局
地址：瑞昌市人民南路1号
……………………………… Tel:4222910
瑞昌市民营经济服务局
地址：瑞昌市赤乌中路9号
……………………………… Tel:4235759
瑞昌市治理商业贿赂办公室
地址：瑞昌市市府西路
……………………………… Tel:4212110
瑞昌市经济贸易委员会
地址：瑞昌市求智路27号
……………………………… Tel:4221418
瑞昌市商业管理办公室
地址：瑞昌市市府广场
……………………………… Tel:4222161
永修县（0792）
永修县经济贸易委员会
地址：永修县
……………………………… Tel:3223138
永修县商业贸易局
地址：永修县康乐路
……………………………… Tel:3223402
德安县（0792）
德安县民营经济服务局
地址：德安县义峰路
……………………………… Tel:4332811
德安县经济贸易委员会
地址：德安县工业园区
……………………………… Tel:4666506
德安县盐务局
地址：德安县桂林大道
……………………………… Tel:4366533
德安县商业管理办公室
地址：德安县建设路
……………………………… Tel:4332443
德安县商务局
地址：德安县工业园区
……………………………… Tel:4333496
九江县（0792）
九江县民营经济服务局
地址：九江县沿河南路232号
……………………………… Tel:6812615
九江县经济贸易委员会
地址：九江县柴桑北路105号
……………………………… Tel:6812085
九江县商业局
地址：九江县庐山西路258号
……………………………… Tel:6812064
九江县商务局
地址：九江县二中路
……………………………… Tel:6816936
星子县（0792）
星子县民营经济服务局
地址：星子县紫阳路
……………………………… Tel:2666617
星子县经济贸易委员会
地址：星子县紫阳路
……………………………… Tel:2667169
星子县商业局
地址：星子县紫阳路
……………………………… Tel:2666802
都昌县（0792）
都昌县民营经济服务局
地址：都昌县白洋路
……………………………… Tel:5223352
都昌县经济贸易委员会
地址：都昌县万里大道188号
……………………………… Tel:5212386
都昌县商业局
地址：都昌县东风大道29号
……………………………… Tel:5223175
湖口县（0792）
湖口县二轻工业局
地址：湖口县双钟镇云亭路19号
……………………………… Tel:6332214
湖口县民营经济服务局
地址：湖口县三里大道3号
……………………………… Tel:6332116
湖口县经济贸易委员会
地址：湖口县云亭路2号
……………………………… Tel:6332535
彭泽县（0792）
彭泽县招商协作办公室
地址：彭泽县东风路
……………………………… Tel:5625859
彭泽县经济贸易委员会
地址：彭泽县东风路
……………………………… Tel:5623530
彭泽县商业管理办公室
地址：彭泽县东风路
……………………………… Tel:5625529
庐山风景区（0792）
庐山经贸委企业科、手工业合作联社
地址：庐山窑洼路52号
……………………………… Tel:8282677
共青开发区（13792）
共青开放开发区经济发展局
地址：九江市共青城
……………………………… Tel:4346212
新余市（0790）
新余市辖区（0790）
渝水区经济贸易局
地址：新余市抱石大道16号
……………………………… Tel:6222658
新余市对外经济技术合作办公室
地址：新余市仙来西大道509号
……………………………… Tel:6351243
新余市对外经济贸易合作局
地址：新余市仙来中大道165号
……………………………… Tel:6441514
新余市经济开发区运行局
地址：新余市经济开发区管委会
……………………………… Tel:6860125
新余市经济贸易管理委员会
地址：新余市仙来中大道136号
……………………………… Tel:6442828
分宜县（0790）
分宜县对外经济技术合作办公室
地址：分宜县行政中心大楼
……………………………… Tel:5881303
分宜县改制企业国有资产营运有限公司
地址：分宜县钤阳东路296号
……………………………… Tel:5887762
分宜县经济贸易委员会
地址：分宜县行政中心大楼
……………………………… Tel:5897666
鹰潭市（0701）
鹰潭市辖区（0701）
鹰潭市商务局
地址：鹰潭市
……………………………… Tel:6431775
鹰潭市经济贸易委员会
地址：鹰潭市环城西路42号新办公楼二楼
……………………………… Tel:6221887
鹰潭市对外贸易经济合作局
地址：鹰潭市梅园大道新区综合大楼
……………………………… Tel:6441979
月湖区商务局
地址：鹰潭市胜利东路6号
……………………………… Tel:6227490
月湖区经济贸易局
地址：鹰潭市胜利东路6号
……………………………… Tel:6221730
月湖区对外经济技术合作办公室
地址：鹰潭市胜利东路4号
……………………………… Tel:6270019
余江县（0701）
余江县经济贸易局
地址：余江县白塔西路
……………………………… Tel:5881133
贵溪市（0701）
贵溪市商业局
地址：贵溪市信江路
……………………………… Tel:3776306
贵溪市经济贸易局
地址：贵溪市站前路
……………………………… Tel:3771048
贵溪市对外经济贸易合作局
地址：贵溪市站前路
……………………………… Tel:3775275
赣州市（0797）
赣州市辖区（0797）
章贡区二轻工业局
地址：赣州市东阳山路
……………………………… Tel:8224890
章贡区对外贸易经济合作局
地址：赣州市
……………………………… Tel:8296306
章贡区经济贸易委员会
地址：赣州市阳明路26号
……………………………… Tel:8293432
赣州市治理商业贿赂领导小组办公室
地址：赣州市新赣南路
……………………………… Tel:8292225
赣州市经济技术开发区经济发展局
地址：赣州市黄金
……………………………… Tel:8376211
赣州市商业局
地址：赣州市厚德路92号6

…………Tel:8222050

赣州市森林工业局
地址：赣州市
…………Tel:8226019

赣县（0797）
赣县二轻工业局
地址：赣县梅林大街46号
…………Tel:4441170

赣县经济贸易委员会
地址：赣县梅林大街42号
…………Tel:4442088

赣县商业局
地址：赣县双龙大道
…………Tel:4441136

信丰县（0797）
信丰县二轻工业局
地址：信丰县阳明路
…………Tel:3311378

信丰县对外贸易经济合作局
地址：信丰县府前路
…………Tel:3339867

信丰县经济贸易委员会
地址：信丰县府前路
…………Tel:3336539

信丰县商业行业管理办公室
地址：信丰县嘉定镇县政中心B栋四楼
…………Tel:3336379

大余县（0797）
大余县工业和信息化局
地址：大余县金莲山大道
…………Tel:8722038

大余县经济贸易委员会
地址：大余县金莲山大道4楼
…………Tel:8710468

大余县商务局
地址：大余县伯坚大道
…………Tel:8732191

大余县商务综合行政执法大队
地址：大余县金莲山大道
…………Tel:8723686

上犹县（0797）
上犹县对外经济贸易合作局
地址：上犹县下西村路54号
…………Tel:8541548

上犹县经济贸易委员会
地址：上犹县健康路11号
…………Tel:8541902

上犹县商业局
地址：上犹县中山路
…………Tel:8522231

崇义县（0797）
崇义县二轻工业局
地址：崇义县阳岭大道898号
…………Tel:3812425

崇义县对外经济贸易局
地址：崇义县章源大道
…………Tel:3815018

崇义县经济贸易委员会
地址：崇义县南新路
…………Tel:3823626

崇义县商业局
地址：崇义县农贸路
…………Tel:3818099

安远县（0797）
安远县经济贸易委员会
地址：安远县
…………Tel:3732617

龙南县（0797）
龙南县对外经济贸易局
地址：龙南县行政服务中心四楼
…………Tel:3529650

龙南县经济贸易委员会
地址：龙南县金水大道
…………Tel:3512623

龙南县商业局
地址：龙南县红旗大道
…………Tel:3511533

龙南县稀土工业管理局
地址：龙南县红旗大道25号
…………Tel:352921O

定南县（0797）
定南县对外贸易经济合作局
地址：定南县
…………Tel:4293801

定南县经济贸易局
地址：定南县
…………Tel:4291053

全南县（0797）
全南县对外经济贸易局
地址：全南县政府大院
…………Tel:2638248

全南县经济贸易委员会
地址：全南县含江路
…………Tel:2605812

宁都县（0797）
宁都县二轻工业局
地址：宁都县中山街
…………Tel:6815519

宁都县个体私营经济管理局
地址：宁都县中山北路
…………Tel:6826116

宁都县对外贸易经济合作局
地址：宁都县党政大楼
…………Tel:6832985

宁都县经济贸易委员会
地址：宁都县西厢村
…………Tel:6832580

宁都县轻工贸易公司
地址：宁都县解放路132号
…………Tel:6832023

宁都县商业局
地址：宁都县环西路
…………Tel:6832577

于都县（0797）
于都县工业和信息化局
地址：于都县星兴路33号
…………Tel:6233188

兴国县（0797）
兴国县二轻工业局
地址：兴国县凤凰大道粮食局对面
…………Tel:5319798

兴国县主攻工业小组办公室
地址：兴国县红军路
…………Tel:5318982

兴国县对外贸易经济合作局（兴国县招商局）
地址：兴国县洪门工业园
…………Tel:5342166

兴国县经济贸易委员会
地址：兴国县经贸委办公楼
…………Tel:5322040

兴国县商业局
地址：兴国县永福街76号
…………Tel:5322306

会昌县（0797）
会昌县对外贸易经济合作局
地址：会昌县湘青路
…………Tel:5632686

会昌县商业管理局
地址：会昌县城菜市厂旁
…………Tel:5637358

会昌县商务局
地址：会昌县上渡街
…………Tel:5622268

寻乌县（0797）
寻乌县对外经济贸易局
地址：寻乌县
…………Tel:2841318

寻乌县经济贸易局
地址：寻乌县
…………Tel:2842135

寻乌县商业局
地址：寻乌县岳家庄
…………Tel:2843317

石城县（0797）
石城县经济贸易委员会
地址：石城县西华中路
…………Tel:5703718

石城县商务局
地址：石城县东华路
…………Tel:5712558

瑞金市（0797）
瑞金市工业和信息化局
地址：瑞金市八一南路经贸委院内
…………Tel:2510895

瑞金市商务局
地址：瑞金市
…………Tel:2526929

南康区（0797）
南康区二轻工业局
地址：南康区
…………Tel:6633036

南康区对外经济贸易局
地址：南康区泰康东路商贸大厦十楼
…………Tel:6637519

南康区经济贸易委员会
地址：南康区泰康东路商贸大楼
…………Tel:6637516

南康区商业局
地址：南康区泰康东路
…………Tel:6637531

吉安市（0796）
吉安市辖区（0796）
吉州区民营经济发展管理局
地址：吉安市吉州区阳明西路30号
…………Tel:8222849

吉州区经济贸易委员会
地址：吉安市石阳路12号
…………Tel:8335030

吉安市工业和信息委员会
地址：吉安市鹭洲东路1号
…………Tel:8224142

吉安市对外贸易经济合作局
地址：吉安市井冈山大道155号
…………Tel:8212126

吉安市森林工业局
地址：吉安市青石街5号
…………Tel:8324303

青原区经济贸易委员会
地址：吉安市金竹大道南侧
…………Tel:8100592

吉安县（0796）
吉安县外贸局
地址：吉安县庐陵大道
…………Tel:8442466

吉安县经济贸易委员会
地址：吉安县庐陵大道
…………Tel:8442426

吉安县商业局
地址：吉安县庐陵大道
…………Tel:8442247

吉水县（0796）
吉水县工业经济贸易委员会
地址：吉水县文峰中大道
…………Tel:8680230

吉水县对外贸易经济合作局
地址：吉水县行政中心
…………Tel:3522111

峡江县（0796）
峡江县经济贸易委员会
地址：峡江县百花路政府大楼
…………Tel:3672875

新干县（0796）
新干县经济贸易委员会
地址：新干县二建大厦5楼
…………Tel:2601992

新干县商业局
地址：新干县南门街10号
…………Tel:2602679

永丰县（0796）
永丰县经济贸易委员会
地址：永丰县人民政府二楼
…………Tel:2511299

永丰县商业行业管理办公室
地址：永丰县恩江镇大园路
…………Tel:2511411

泰和县（0796）
泰和县对外经济贸易管理局
地址：泰和县外贸大厦
…………Tel:8638284

泰和县经济贸易委员会
地址：泰和县白凤大道
…………Tel:8638982

泰和县商业局
地址：泰和县下解放路
…………Tel:8638130

遂川县（0796）
遂川县经济贸易委员会
地址：遂川县东路大道
…………Tel:6322488

万安县（0796）
万安县经济贸易委员会
地址：万安县崇文西路
…………Tel:5701452

安福县（0796）
安福县经济贸易委员会
地址：安福县
…………Tel:7633338

永新县（0796）
永新县经济贸易委员会
地址：永新县湘赣大道
…………Tel:7723490

永新县商业局
地址：永新县湘赣大道
…………Tel:7717012

井冈山市（0796）
井冈山市经济贸易委员会
地址：井冈山市新城区
…………Tel:6891528

井冈山市商业局
地址：井冈山市新城区
…………Tel:6890992

宜春市（0795）
宜春市辖区（0795）
宜春市经济贸易委员会
地址：宜春市市政府办公大楼
…………Tel:3272608

奉新县（0795）
奉新县二轻工业局
地址：奉新县甘家巷
…………Tel:4622422

奉新县对外贸易经济合作局
地址：奉新县城南行政中心大楼
…………Tel:4539588

奉新县经济贸易委员会
地址：奉新县奉新大道北路
…………Tel:4622343

奉新商务局
地址：奉新县供销社办公楼
…………Tel:4624889

万载县（0795）
万载县对外贸易经济合作局
地址：万载县
…………Tel:8953958

万载县经济贸易委员会
地址：万载县阳乐大道22号
…………Tel:8823382

万载县商业局
地址：万载县
…………Tel:8822116

上高县（0795）
上高县经济贸易委员会
地址：上高县沿江路
…………Tel:2511359

宜丰县（0795）
宜丰县商业局
地址：宜丰县新昌西大道
…………Tel:2765750

靖安县（0795）
靖安县二轻纺织工业局
地址：靖安县中大街3号
…………Tel:4662392

靖安县招商协作办公室
地址：靖安县工业园管委会5楼
…………Tel:4662507

靖安县经济贸易委员会
地址：靖安县双溪大道4号
…………Tel:4657698

靖安县商业局
地址：靖安县仿古街
…………Tel:4662139

铜鼓县（0795）
铜鼓县经济贸易委员会
地址：铜鼓县定江东路
…………Tel:8722772

铜鼓县商务局
地址：铜鼓县三八路柳林街57号
…………Tel:8722452

丰城市（0795）
丰城市对外贸易经济合作局
地址：丰城市第二行政服务中心3楼
…………Tel:6298533

丰城市商业局
地址：丰城市第二行政服务中心三楼
…………Tel:6298130

樟树市（0795）
江西省盐务局樟树直属分局
地址：樟树市杏佛路
…………Tel:7362511

樟树市经济贸易委员会
地址：樟树市药都南大道
…………Tel:7333621

樟树市商业局
地址：樟树市药都路
…………Tel:7356879

高安市（0795）
高安市二轻局
地址：高安市民主路
…………Tel:5212511

高安市对外经济技术合作办公室
地址：高安市
…………Tel:5212593

高安市对外贸易经济合作局
地址：高安市中山路
…………Tel:5211203

高安市经济贸易委员会
地址：高安市瑞州中路
…………Tel:5297434

高安市盐务局
地址：高安市瑞阳大道
…………Tel:5288320

高安市商务局
地址：高安市中山路191号
…………Tel:5212841

抚州市（0794）
抚州市辖区（0794）
抚州市公路机械工程局
地址：抚州市抚北东路
…………Tel:8289653

抚州市对外贸易经济合作局
地址：抚州市市行政中心
…………Tel:8284050

抚州市机械电子工业企业转制管理办公室
地址：抚州市赣东大道666号
…………Tel:8222798

抚州市经济普查办公室
地址：抚州市赣东大道青云段政府大院内
…………Tel:8260382

抚州市轻化工业企业转制管理办公室
地址：抚州市抚北路
…………Tel:8280677

抚州市商业行业管理办公室
地址：抚州市市行政中心
…………Tel:8282842

抚州市森林工业局
地址：抚州市学府路163号
…………Tel:8273171

临川区（0794）
临川区对外经济技术合作办公室
地址：临川区赣东大道105号
…………Tel:8223192

临川区经济贸易委员会
地址：临川区
…………Tel:8430654

临川区商业局
地址：抚州市大公路117号
…………Tel:8282786

南城县（0794）
南城县对外贸易经济合作局
地址：南城县盱江大道519号
…………Tel:7253310

南城县经济贸易委员会

地址：南城县县委三楼
……Tel:7252759
南城县商业局
地址：南城县盱江道393号
……Tel:7253653
黎川县（0794）
黎川县二轻工业局
地址：黎川县东方红大道
……Tel:7522635
黎川县对外经济合作办公室
地址：黎川县东方红大道
……Tel:7522343
黎川县对外经济贸易局
地址：黎川县东方红大道1号
……Tel:7522888
黎川县经济贸易委员会
地址：黎川县东方红大道
……Tel:7522735
黎川县商业局
地址：黎川县东方红大道
……Tel:7522441
南丰县（0794）
南丰县对外经济技术合作办公室
地址：南丰县桔都大道
……Tel:3221829
南丰县经济贸易委员会
地址：南丰县胜利路
……Tel:3286337
崇仁县（0794）
崇仁县外贸局
地址：崇仁县县府东路3号
……Tel:6326776
崇仁县对外经济协作办公室
地址：崇仁县
……Tel:6332587
崇仁县农业经济贸易委员会
地址：崇仁县道南路
……Tel:6322223
崇仁县盐务局
地址：崇仁县人民大道
……Tel:6332330
崇仁县商业局
地址：崇仁县胜利大道51号
……Tel:6322220
乐安县（0794）
乐安县二轻工业局
地址：乐安县长征路
……Tel:6590693
乐安县经济贸易委员会
地址：乐安县长征路27号
……Tel:6592161
乐安县商业局
地址：乐安县长征路
……Tel:6592715
宜黄县（0794）
宜黄县对外经济合作办公室
地址：宜黄县学前街39号
……Tel:7604618
宜黄县经济贸易委员会
地址：宜黄县丰乐路
……Tel:7602489
宜黄县商业局
地址：宜黄县学前街
……Tel:7604599
金溪县（0794）
金溪县民营经济管理局
地址：金溪县秀谷中大道县政府大院内
……Tel:5391620
金溪县对外经济技术合作办公室（金溪县招商局）
地址：金溪县秀中大道
……Tel:5292142
金溪县对外经济贸易局
地址：金溪县秀谷中大道47号
……Tel:5292671
金溪县经济贸易委员会
地址：金溪县秀谷中大道县政府大院内
……Tel:5298023
金溪县商业局
地址：金溪县秀谷中大道
……Tel:5294667
资溪县（0794）
资溪县经济贸易委员会
地址：资溪县建设西路
……Tel:5793287
资溪县商业行业管理办公室
地址：资溪县建设中路46号
……Tel:5793175
资溪县森工局
地址：资溪县建设中路
……Tel:5799779
东乡县（0794）
东乡县经济贸易委员会
地址：东乡县恒安东路231号
……Tel:4232334
东乡县商业行业管理办公室
地址：东乡县交通局三楼
……Tel:4232336
广昌县（0794）
广昌县二轻工业局
地址：广昌县盱江路6号
……Tel:3622207
广昌县对外经济技术合作办公室
地址：广昌县
……Tel:3622251
广昌县经济贸易委员会
地址：广昌县解放路42号
……Tel:3622123
广昌县盐务局
地址：广昌县解放路
……Tel:3622230
广昌县商业局
地址：广昌县解放路
……Tel:3622110
上饶市（0793）
上饶市辖区（0793）
上饶市对外贸易经济合作委员会
地址：上饶市五三大道25号
……Tel:8303251
上饶市机械电子工业局
地址：上饶市五三大道44号
……Tel:8222598
上饶市经济贸易委员会
地址：上饶市东门路22号
……Tel:8306077
上饶市轻纺工业局
地址：上饶市赣东北大道
……Tel:8310907
上饶市森林工业局
地址：上饶市胜利路69号
……Tel:8202580
信州区对外经济贸易委员会
地址：上饶市滨江西路58号
……Tel:8222931
信州区经济贸易委员会
地址：上饶市体育馆18号
……Tel:8219106
信州区酒类流通管理办公室
地址：上饶市白鸥园市场5楼
……Tel:8222815
信州区流通领域食品安全管理办公室
地址：上饶市白鸥园市场4楼
……Tel:8217957
信州区商业局
地址：上饶市白鸥园市场3楼
……Tel:8222034
上饶县（0793）
上饶县二轻工业局
地址：上饶县前府路9号
……Tel:8441332
上饶县经济贸易委员会
地址：上饶县吉阳大道县政府大楼东面五楼
……Tel:8466491
上饶县商业局
地址：上饶县旭日镇
……Tel:8452647
广丰区（0793）
广丰区经济贸易委员会
地址：广丰区芦林管委会五楼
……Tel:2624378
广丰区商业局
地址：广丰区府前街
……Tel:2652619

广丰广信村镇银行……
0793-2631563
江西省上饶市广丰区永丰街道光明路17号

玉山县（0793）
玉山县经济贸易委员会
地址：玉山县行政大楼五楼
……Tel:2552321
玉山县商业局
地址：玉山县三清大道98号
……Tel:2552331
铅山县（0793）
铅山县二轻工业局
地址：铅山县信州西路61号
……Tel:5330885
铅山县对外贸易经济合作局
地址：铅山县人民路15号
……Tel:5131358
铅山县经济贸易委员会
地址：铅山县农贸街
……Tel:5332381
铅山县商业局
地址：铅山县
……Tel:5332135
横峰县（0793）
横峰县二轻工业局
地址：横峰县解放西路
……Tel:5783583
横峰县经济贸易委员会
地址：横峰县兴安大道政府大楼
……Tel:5793010
横峰县商业局
地址：横峰县解放中路
……Tel:5782991
弋阳县（0793）
弋阳县经济贸易委员会
地址：弋阳县行政中心大楼
……Tel:5821117
弋阳县商业局
地址：弋阳县
……Tel:5882472
余干县（0793）
余干县经济贸易委员会
地址：余干县县政府大楼五楼左边
……Tel:3398380
余干县商业局
地址：余干县
……Tel:3214732
鄱阳县（9793）
鄱阳县经济贸易委员会
地址：鄱阳县
……Tel:6262482
鄱阳县商业局
地址：鄱阳县
……Tel:6285237
万年县（0793）
万年县经济贸易委员会
地址：万年县城六零北大道
……Tel:3832759
婺源县（0793）
婺源县二轻工业局
地址：婺源县星江西路4号
……Tel:7352156
婺源县对外贸易经济合作局
地址：婺源县
……Tel:7363512
婺源县经济贸易委员会
地址：婺源县蚺城路26号
……Tel:7351710
婺源县商业局
地址：婺源县环城西路5号
……Tel:7351841
德兴市（0793）
德兴市经济贸易委员会
地址：德兴市
……Tel:7522611
德兴市商业局
地址：德兴市银城中路
……Tel:7522672
水利管理
南昌市（0791）
南昌市辖区（0791）
江西省水利厅
地址：南昌市中山西路68号
……Tel:88825678
江西省赣抚平原水利工程管理局
地址：南昌市发展路2号
……Tel:86156789
南昌市水利局
地址：南昌市红谷滩行政中心市政府大楼7楼
……Tel:83883965
青山湖区农水局
地址：南昌市南京东路699号青山湖区政府人大楼五楼
……Tel:88100308
南昌县（0791）
江西省鄱阳湖管理局南昌县分局
地址：南昌县莲塘镇
……Tel:85712508
江西省水电工程局
地址：向塘基地管理处南昌县向塘镇
……Tel:85032304
南昌县水利局
地址：南昌县五一路县政府大楼二楼西侧
……Tel:85712303
新建县（0791）
新建县水利局
地址：新建县兴华路254号
……Tel:83752904
安义县（0791）
安义县水务局
地址：安义县文峰路
……Tel:83422108
进贤县（0791）
江西省鄱阳湖管理局进贤县分局
地址：进贤县进贤大道426号
……Tel:85672372
军山湖堤坊管理局
地址：进贤县三阳乡
……Tel:85506206
景德镇市（0798）
景德镇市辖区（0798）
景德镇市水务局
地址：景德镇市
……Tel:8580729
昌江区水务局
地址：景德镇市昌江区政府内
……Tel:8331561
景德镇市水文分局
地址：景德镇市水文路
……Tel:8583855
浮梁县（0798）
浮梁县水务局
地址：浮梁县朝阳路
……Tel:2626583
鲇鱼山防汛办
地址：浮梁县鱼山
……Tel:2692477
萍乡市（0799）
萍乡市辖区（0799）
萍乡市水务局
地址：萍乡市金陵西路58号
……Tel:6782463
安源区水务局
地址：萍乡市安源新区政府
……Tel:6661075
莲花县（0799）
莲花县水务局
地址：莲花县金城大道513号
……Tel:7221121
上栗县（0799）
上栗县水务局
地址：上栗县府前路
……Tel:3669858
上栗县防汛抗旱总指挥部
地址：上栗县府前路
……Tel:3661124
芦溪县（0799）
芦溪县水务局
地址：芦溪县
……Tel:7551786
坪村水库管理局
地址：芦溪县南坑镇
……Tel:7523002
锅底潭水库管理局
地址：芦溪县
……Tel:7621329
九江市（0792）
九江市辖区（0792）
九江市水利局
地址：九江市浔阳区浔阳东路59号
……Tel:8553025
九江市水文局
地址：九江市浔阳区塔岭北路44号
……Tel:8582115
九江市防汛抗旱指挥部
地址：九江市浔阳区浔阳东路31号
……Tel:8584745
九江市河道湖泊管理局
地址：九江市浔阳区长虹北支路33号
……Tel:8562311
庐山区水务局
地址：九江市庐山区十里大道792号
……Tel:8255500
庐山区长江堤岸管理局
地址：九江市庐山区十里大道71O号
……Tel:8176289
修水县（0792）
修水县水利电力局
地址：修水县北门路9号
……Tel:7221242
修水县水土保持局
地址：修水县
……Tel:7232905
武宁县（0792）
武宁县水利局
地址：武宁县古艾路
……Tel:2779167
武宁县砂石管理办公室
地址：武宁县
……Tel:2763132
瑞昌市（0792）
瑞昌市水利局
地址：瑞昌市人民北路71号
……Tel:4222551
瑞昌市防汛抗旱指挥部
地址：瑞昌市建设路
……Tel:4222532
瑞昌市长江河道管理局
地址：瑞昌市码头镇
……Tel:4888448
永修县（0792）
永修县水务局
地址：永修县康乐路
……Tel:3223493
永修县移民局
地址：永修县新城大道176号
……Tel:3223588
江西省水电工程局柘林基地管理处
地址：永修县柘林镇
……Tel:3060028
柘林灌区管理局
地址：永修县新城人道102号
……Tel:3229179
德安县（0792）
德安县水务局
地址：德安县宝塔大道60号
……Tel:4668735
九江县（0792）
九江县水利局
地址：九江县柴桑北路101号
……Tel:6812134
九江县长江河道管理局
地址：九江县赛城湖
……Tel:6843120
星子县（0792）

星子县水利局
地址：星子县仿古街
…………Tel:2666204
星子县水文局
地址：星子县
…………Tel:2674434
星子县水土保持委员会
地址：星子县庐阳路27号
…………Tel:2672385
星子县防汛抗旱指挥部
地址：星子县匡庐路
…………Tel:2666212
鄱阳湖水文局
地址：星子县环城东路102号
…………Tel:2664035
都昌县（0792）
都昌县水利局
地址：都昌县万里大道
…………Tel:5218488
都昌县防汛指挥中心
地址：都昌县万里大道
…………Tel:5218481
鄱阳湖管理局都昌分局
地址：都昌县沿湖路
…………Tel:5223155
湖口县（0792）
湖口县河道管理局
地址：湖口县三里大道
…………Tel:6324259
彭泽县（0792）
彭泽县水利局
地址：彭泽县龙城大道
…………Tel:5661732
共青开发区（0792）
共青城水务局
地址：九江市共青城
…………Tel:4346440
共青城开放开发区农林水利局
地址：九江市共青城
…………Tel:4340036
新余市（0790）
新余市辖区（0790）
新余市水利局
地址：新余市仙来中大道225号
…………Tel:6441295
渝水区水利局
地址：新余市胜利北路14号
…………Tel:6222419
袁惠渠工程管理局
地址：新余市抱石大道35号
…………Tel:6222139
分宜县（0790）
分宜县水务局
地址：分宜县站前路
…………Tel:5881648
分宜县水库移民管理局
地址：分宜县铃山西路295号
…………Tel:5811645
鹰潭市（0701）
鹰潭市辖区（0701）
鹰潭市水利局
地址：鹰潭市梅园大道水利局办公楼
…………Tel:6447116
月湖区防汛抗旱指挥部
地址：鹰潭市胜利东路6号
…………Tel:6257331
余江县（0701）
余江县水利局
地址：余江县白塔中路
…………Tel:5881399
贵溪市（0701）
贵溪市水利局
地址：贵溪市解元坊
…………Tel:3771016
赣州市（0797）
赣州市辖区（0797）
赣州市水利局
地址：赣州市客家大道13号
…………Tel:8386210
赣州市水文局
地址：赣州市张家围路8号
…………Tel:8126704
章贡区水利局
地址：赣州市章江北大道
…………Tel:8358061
章贡区水土保持局
地址：赣州市阳明路16号
…………Tel:8293492
赣县（0797）
赣县水利局
地址：赣县梅林大街18号
…………Tel:4441730
赣县水土保持局
地址：赣县梅林大街东延74号
…………Tel:4434689
信丰县（0797）
信丰县水利局
地址：信丰县水东路
…………Tel:3361750
信丰县水土保持局
地址：信丰县嘉定镇府前路县政中心内
…………Tel:3335233
大余县（0797）
大余县水利局
地址：大余县南安大道
…………Tel:8722240
大余县水土保持局
地址：大余县南安大道
…………Tel:8715936
大余县防汛抗旱指挥部
地址：大余县南安大道
…………Tel:8724730
油罗口水库工程管理局
地址：大余县浮江乡
…………Tel:8759840
樟斗水库工程管理局
地址：大余县樟斗镇
…………Tel:8740026
上犹县（0797）
上犹县水务局
地址：上犹县文锦路
…………Tel:8541390
上犹县水土保持局
地址：上犹县解放路
…………Tel:8542776
崇义县（0797）
崇义县水电局
地址：崇义县文竹路
…………Tel:3812723
崇义县防汛抗旱指挥部
崇义县水电大楼
…………Tel:3812313
崇义县移民办
崇义县阳岭大道
…………Tel:3822868
安远县（0797）
安远县水务局
地址：安远县
…………Tel:3733980
安远县水土保持局
地址：安远县
…………Tel:3732139
安远县水库管理局
地址：安远县
…………Tel:3726926
龙南县（0797）
龙南县水务局
地址：龙南县中山街八一九4号
…………Tel:3512191
龙南县水土保持局
地址：龙南县庙前街
…………Tel:3512791
定南县（0797）
定南县水务局
地址：定南县
…………Tel:4291210
定南县水土保持局
地址：定南县
…………Tel:4291277
全南县（0797）
全南县水利局
地址：全南县寿梅路
…………Tel:2632057
全南县水土保持局
地址：全南县寿梅路
…………Tel:2635389
宁都县（0797）
宁都县水利局
地址：宁都县博生西路
…………Tel:6825260
宁都县水土保持局
地址：宁都县文乡东路
…………Tel:6832970
宁都县水利转制管委会
地址：宁都县博生西路
…………Tel:6820826
宁都县防汛抗旱指挥部
地址：宁都县博生西路
…………Tel:6832396
团结水库管理局
地址：宁都县洛口乡员布村
…………Tel:6961289
于都县（0797）
于都县水务局
地址：于都县长征大道5号
…………Tel:6233745
于都县水土保持局
地址：于都县新龙都
…………Tel:6336961
兴国县（0797）
兴国县水利局
地址：兴国县马岭路
…………Tel:5322434
兴国县水土保持局
地址：兴国县城西街
…………Tel:5322312
长岗水库工程管理局
地址：兴国县长岗乡石燕村
…………Tel:5327123
会昌县（0797）
会昌县水利局
地址：会昌县红旗大道13号
…………Tel:5630706
会昌县水土保持局
地址：会昌县南街234号
…………Tel:5622665
寻乌县（0797）
寻乌县水利局
地址：寻乌县长宁街
…………Tel:2848348
寻乌县水土保持局
地址：寻乌县岳家庄
…………Tel:2842979
石城县（0797）
石城县水务局
地址：石城县西华中路76号
…………Tel:5703602
石城县水土保持局
地址：石城县西华南路
…………Tel:5712811
瑞金市（0797）
瑞金市水务局
地址：瑞金市城西
…………Tel:2328002
瑞金市水土保持委员会
地址：瑞金市绵水路
…………Tel:2522183
南康区（0797）
南康区水利局
地址：南康区泰康中路水电大厦
…………Tel:6610038
南康区防汛抗旱指挥办公室
地址：南康区泰康中路
…………Tel:6621708
南康区水土保持办公室
地址：南康区
…………Tel:6612778
吉安市（0796）
吉安市辖区（0796）
吉安市水利局
地址：吉安市井冈山大道130号
…………Tel:8217326
吉安市防汛抗旱指挥部
地址：吉安市井冈山大道130号
…………Tel:8210700
吉安市水文局
地址：吉安市竹笋巷3号
…………Tel:8313939
吉州区水务局
地址：吉安市吉州区阳明西路30号
…………Tel:8223185
吉州区防汛抗旱指挥部
地址：吉安市吉州区阳明西路30号
…………Tel:8224633
青原区水务局
地址：吉安市青原区
…………Tel:8105059
青原区防汛抗旱指挥部
地址：吉安市青原区正气路
…………Tel:8107296
吉安县（0796）
吉安县水利局
地址：吉安县庐陵大道
…………Tel:8442414
吉水县（0796）
吉水县水务局
地址：吉水县中文峰路
…………Tel:8680733
峡江县（0796）
峡江县水利局
地址：峡江县百花路
…………Tel:3695230
峡江县移民局
地址：峡江县元阳路
…………Tel:3672176
新干县（0796）
新干县水利局
地址：新干县金川中大道99号
…………Tel:2682286
新干县防汛抗旱指挥部
地址：新干县金川中大道99号
…………Tel:2682964
赣江河道堤防管理局
地址：新干县大洋洲镇
…………Tel:2781223
永丰县（0796）
永丰县水务局
地址：永丰县时代广场
…………Tel:2511898
泰和县（0796）
泰和县水务局
地址：泰和县工农兵大道28号
…………Tel:8638219
老云盘水库管理局
地址：泰和县
…………Tel:8639127
老营盘水库管理局
地址：泰和县
…………Tel:8639999
南车水库工程管理局
地址：泰和县
…………Tel:5275003
遂川县（0796）
遂川县水利电力局
地址：遂川县工农兵大道
…………Tel:6322212
万安县（0796）
万安县水务局
地址：万安县开发路65号
…………Tel:5701022
万安县移民开发总公司
地址：万安县五云路99号
…………Tel:5701662
安福县（0796）
安福县水务局
地址：安福县武功山大道144号
…………Tel:7622236
社上水库管理局
地址：安福县
…………Tel:7368202
永新（0796）
永新县水务局
地址：永新县湘赣大道
…………Tel:7722441
井冈山市（0796）
井冈山市水务局
地址：井冈山市新城区
…………Tel:6891519
宜春市（0795）
奉新县（0795）
奉新县水务局
地址：奉新县城南新区
…………Tel:4622883
奉新县移民局
地址：奉新县城南新区
…………Tel:4618770
潦河九天阁水利管理所
地址：奉新县伟星小区
…………Tel:4593168
潦河管理工程管理局
地址：奉新县奉新大道145号
…………Tel:4622830
万载县（0795）
万载县水务局
地址：万载县
…………Tel:8823363
万载县防汛抗旱办公室
地址：万载县
…………Tel:8823144
上高县（0795）
上高县水电局
地址：上高县沿江路
…………Tel:2511197
上高县防汛抗旱指挥部
地址：上高县
…………Tel:2511259
宜丰县（0795）
宜丰县水务局
地址：宜丰县新昌西大道
…………Tel:2765253
宜丰县移民局
地址：宜丰县新昌西大道
…………Tel:2768786
靖安县（0796）
靖安县水务局
地址：靖安县沿河中路51号
…………Tel:4668195
铜鼓县（0795）
铜鼓县水务局
地址：铜鼓县定江东路400号
…………Tel:8722503
大段镇水库管理局
地址：铜鼓县
…………Tel:8745172
樟树市（0795）
宜春市赣江抚河河道堤防管理局
地址：樟树市林家园13号
…………Tel:7333827
吴城水库管理局
地址：樟树市药都南大道
…………Tel:7333811
高安市（0795）
高安市水利局
地址：高安市湘赣路
…………Tel:5287960
锦惠渠工程管理局
地址：高安市
…………Tel:5216023
抚州市（0794）
抚州市辖区（0794）
抚州市水利局
地址：抚州市学府路125号
…………Tel:8286680
抚州市水文局
地址：抚州市赣东大道
…………Tel:8230997
中国水利水电第五工程局第六分局
地址：抚州市鹏田乡
…………Tel:8868800
文昌桥河道堤防管理局
地址：抚州市若士路66号
…………Tel:8283041
临川区（0794）
临川区水电局

地址：临川区抚临大道
························Tel:8445773
上渡防洪指挥部
地址：临川区
························Tel:8431096
抚河河道管理局
地址：抚州市临川区罗湖镇
························Tel:8561176
廖坊水利枢纽管理局
地址：临川区学府路125号
························Tel:8227883
廖坊水库防护工程管理局
地址：临川区大公路106号物资大楼5楼
························Tel:8270285
南城县（0794）
南城县水务局
地址：南城县盱江大道
························Tel:7215318
南城县移民局
地址：南城县盱江大道移民局内
························Tel:7253151
南丰县（0794）
南丰县水利局
地址：南丰县桔都大道
························Tel:3223701
南丰县水土保持办公室
地址：南丰县桔都大道
························Tel:3223704
崇仁县（0794）
崇仁县水利局
地址：崇仁县县府东路
························Tel:6322420
乐安县（0794）
乐安县水电局
地址：乐安县乐安大道
························Tel:6599740
龙潭水库管理局
地址：乐安县
························Tel:6575599
宜黄县（0794）
宜黄县水利局
地址：宜黄县丰乐路2号
························Tel:7602449
金溪县（0794）
金溪县水电局
地址：金溪县学府路1号
························Tel:5212303
高坊水库管理局
地址：金溪县陆坊乡
························Tel:5372068
资溪县（0794）
资溪县水电局
地址：资溪县建设中路
························Tel:5792796
资溪县移民开发局
地址：资溪县建设中路45号
························Tel:5795223
东乡县（0794）
东乡县水务局
地址：东9县龙山北路179号
························Tel:4232131
何坊水库管理局
地址：东乡县
························Tel:4417822
广昌县（0794）
广昌县水利局
地址：广昌县解放北路
························Tel:3622368
广昌县水土保持局
地址：广昌县子瞻南路
························Tel:3622248
广昌县防汛抗旱指挥部
地址：广昌县建设路4号
························Tel:3622145
上饶市（0793）
上饶市辖区（0793）
上饶市水利局
地址：上饶市五三大道116号
························Tel:8307194
上饶市水文局
地址：上饶市上玉路18号
························Tel:8268606
上饶市沿河路防洪及改造工程指挥部
地址：上饶市沿河东路12号
························Tel:8316284
信州区农林水利局
地址：上饶市带湖路6号
························Tel:8267512
上饶县（0793）
上饶县水利局
地址：上饶县惟义路105号
························Tel:8442232
广丰区（0793）
广丰区水利局
地址：广丰区光明路
························Tel:2652547
关胜灌区管理局
地址：广丰区横山镇
························Tel:2602078
玉山县（0793）
玉山县水利局
地址：玉山县
························Tel:2553823
铅山县（0793）
铅山县水利局
地址：铅山县鹅湖大道
························Tel:5332255
丰产水库管理局
地址：铅山县汪二镇
························Tel:5152056
横峰县（0793）
横峰县水电局
地址：横峰县古窑路
························Tel:5787084
弋阳县（0793）
弋阳县水利局
地址：弋阳县志敏大道北路
························Tel:5882903
弋阳县水保局
地址：弋阳县
························Tel:5883354
弋阳县防讯抗旱指挥部
地址：弋阳县
························Tel:5884164
余干县（0793）
余干县水利局
地址：余干县余珠公路
························Tel:3227655
余干县防汛抗旱指挥部
地址：余干县东门小区水利大楼
························Tel:3227227
鄱阳县（0793）
鄱阳县水利局
地址：鄱阳县
························Tel:6286026
鄱阳县河道堤防管理局
地址：鄱阳县城北水利大厦8楼
························Tel:6217010
万年县（0793）
万年县水利局
地址：万年县城石洋东路
························Tel:3841820
婺源县（0793）
婺源县水利局
地址：婺源县天佑路
························Tel:7351750
德兴市（0793）
德兴市水务局
地址：德兴市
························Tel:7522313
（农林管理）
南昌市（0791）
南昌市辖区（0791）
江西省农业厅
地址：南昌市省政府大院东二路2号
························Tel:86225593
江西省林业厅
地址：南昌市红谷滩新区红角洲赣江南大道12号
························Tel:85269303
江西省农业综合开发办公室
地址：南昌市抚河北路39号银源大厦3楼
························Tel:86730664
江西省畜牧兽医局
地址：南昌市省政府大院东二路农业厅
························Tel:86225609
江西省水产局
地址：南昌市省政府大院东二路农业厅16楼
························Tel:86226858
江西省鄱阳湖渔政局
地址：南昌市省政府大院东二路2号
························Tel:86221508
江西省种子管理局
地址：南昌市省政府大院东二路
························Tel:86202317
江西省中小企业局
地址：南昌市东湖区省政府大院北二路92号
························Tel:86212771
江西省农业利用外资办公室
地址：南昌市省府大院西二路5号省发改委综和楼12层
························Tel:86212873
江西省林业经济技术开发公司
地址：南昌市丁公路158号
························Tel:86203532
江西省工业园区中小企业融资服务中心
地址：南昌市东湖区省政府大院北二路92号乡中小企业4201室
························Tel:86253346
南昌市农业农村局
地址：南昌市红谷滩新区会展路199号红谷大厦A座6楼
························Tel:83986810
南昌市林业局
地址：南昌市红谷滩新区会展路199号红谷大厦B座25楼
························Tel:83986591
湾里区林业局
地址：南昌市湾里区招贤路556号
························Tel:83769189
西湖区中小企业局
地址：南昌市抚生路西湖区政府内
························Tel:86565367
南昌县（0791）
南昌县农业开发办公室
地址：南昌县莲塘镇公园路69号
························Tel:85712991
南昌县农业农村局
地址：南昌县斗柏路489号
························Tel:85990369
南昌县林业局
地址：南昌县向阳路848号
························Tel:85995751
南昌县畜牧水产局
地址：南昌县莲安南路20号
························Tel:85990216
新建县（0791）
新建县农业开发办公室
地址：新建县立新路70号
························Tel:83742440
新建县农业农村局
地址：新建县文化大道西路口
························Tel:83707272
新建县社会主义新农村建设领导小组办公室
地址：新建县新建大道县政府大楼5楼
························Tel:83707513
新建县林业局
地址：新建县建设路28号
························Tel:83752314
新建县渔政局
地址：新建县新建大道179号
························Tel:83702953
新建县农业机械管理局
地址：新建县文化大道502号
························Tel:83706150
安义县（0791）
安义县农业农村局
地址：安义县文峰路322号
························Tel:83422144
安义县农机管理局
地址：安义县龙津镇文峰路
························Tel:83415908
安义县林业局
地址：安义县人民路19号
························Tel:83422245
进贤县（0791）
进贤县农业开发办公室
地址：进贤县胜利南路152号
························Tel:85664494
进贤县农业农村局
地址：进贤县胜利中路111号
························Tel:85663009
进贤县农机局
地址：进贤县五里垦殖场
························Tel:85683991
进贤县畜牧局
地址：进贤县进贤大道576号
························Tel:85663849
进贤县水产局
地址：进贤县进贤大道376号
························Tel:85699039
景德镇市（0798）
景德镇市辖区（0798）
景德镇市农业综合开发办公室
地址：景德镇市交通局六楼
························Tel:8588091
景德镇市农业农村局
地址：景德镇市珠山西路1号
························Tel:8521553
景德镇市林业局
地址：景德镇市瓷都大道992号
························Tel:8525301
景德镇市中小企业局
地址：景德镇市迎宾大道交通大楼五楼
························Tel:8572661
昌江区农业农村局
地址：景德镇市昌江区政府内
························Tel:8334295
昌江区林业局
地址：景德镇市昌江区政府内
························Tel:8331009
浮梁县（0798）
浮梁县农业开发办公室
地址：浮梁县
························Tel:2621160
浮梁县农业农村局
地址：浮梁县
························Tel:2626948
浮梁县农业机械管理局
地址：浮梁县
························Tel:2623323
浮梁县林业局
地址：浮梁县
························Tel:2620872
浮梁县防火办
地址：浮梁县
························Tel:2626516
浮梁县中小企业局
地址：浮梁县三龙
························Tel:2623316
浮梁县农村经营管理局
地址：浮梁县
························Tel:2620940
萍乡市（0799）
萍乡市辖区（0799）
萍乡市农业农村局
地址：萍乡市金陵东路6号
························Tel:6791600
萍乡市林业局
地址：萍乡市南环路233号—
························Tel:6832329
萍乡市扶贫开发办公室
地址：萍乡市西环路军供站内
························Tel:6857589
安源区农业农村局
地址：萍乡市平安大道安源大厦
························Tel:6661326
湘东区农业农村局
地址：湘东区湘东镇五里亭
························Tel:3434008
湘东区林业局
地址：湘东区泉湖垅
························Tel:3441251
莲花县（0799）
莲花县农业农村局
地址：莲花县
························Tel:7229933
莲花县农机局
地址：莲花县永安路43号
························Tel:7228117
莲花县林业局
地址：莲花县永安路
························Tel:7221656
莲花县畜牧局
地址：莲花县县城内
························Tel:7227046
莲花县扶贫开发办公室
地址：莲花县永安北路
························Tel:7221107
上栗县（0799）
上栗县农村工作办公室
地址：上栗县县政府
························Tel:3662659
上栗县农业农村局
地址：上栗县浏万东路
························Tel:3661341
上栗县林业局
地址：上栗县319国道旁边
························Tel:3661386
上栗县畜牧水产局
地址：上栗县浏万东路
························Tel:3868078
芦溪县（0799）
芦溪县农业综合开发办公室
地址：芦溪县
························Tel:7585035
芦溪县农业农村局
地址：芦溪县
························Tel:7588799
芦溪县农机局
地址：芦溪县
························Tel:7676889
芦溪县林业局
地址：芦溪县人民东路
························Tel:7551036
九江市（0792）
九江市辖区（0792）
九江市农业农村局
地址：九江市浔阳区南湖支路22号
························Tel:8582184
九江市林业局
地址：九江市浔阳区九龙街33号
························Tel:8211278
九江市水产局
地址：九江市浔阳区浔阳东路59号
························Tel:8556495
九江市扶贫办
地址：九江市浔阳区赣昌北路82号
························Tel:8578573
九江市种子管理局
地址：九江市浔阳区庐峰北路16号
························Tel:8565910
浔阳区农村工作办公室
地址：九江市浔阳区庚亮北路2号
························Tel:8233634
庐山区农业农村局
地址：九江市庐山区毛坊街
························Tel:8251053
庐山区林业局
地址：九江市庐山区十里大道119号
························Tel:8224373
修水县（0792）
修水县农业综合开发办公室
地址：修水县北门路25号
························Tel:7221931
修水县农业农村局
地址：修水县北门路7号
························Tel:7225898
修水县农机管理局
地址：修水县
························Tel:7260083

修水县林业局
地址：修水县
…… Tel:7221904
修水县森林防火指挥部
地址：侉水县
…… Tel:7237661
修水县畜牧兽医局
地址：修水县修江路25号
…… Tel:7234322
修水县扶贫开发办公室
地址：修水县百卉街33号
…… Tel:7224787
修水县移民扶贫工作领导小组办公室
地址：侉水县
…… Tel:7236163
修水县乡镇企业局
地址：修水县
…… Tel:7224031
修水县老区建设办公室
地址：修水县
…… Tel:7808625
修水县农业行政执法大队
地址：修水县
…… Tel:7233677
修水县新农村建设领导小组办公室
地址：修水县
…… Tel:7238173
武宁县（0792）
武宁县农村工作办公室
地址：武宁县人民路
…… Tel:2761295
武宁县农业农村局
地址：武宁县豫宁大道
…… Tel:2761487
武宁县林业局
地址：武宁县建设路9号
…… Tel:2761442
武宁县水产局
地址：武宁县古艾路
…… Tel:2761665
武宁县乡镇企业管理局
地址：武宁县豫宁大道13号
…… Tel:2768825
瑞昌市（0792）
瑞昌市农业农村局
地址：瑞昌市兵马垒45号
…… Tel:4222510
瑞昌市林业局
地址：瑞昌市赤乌中路8号
…… Tel:4222964
瑞昌市畜牧水产局
地址：瑞昌市赤乌中路
…… Tel:4222975
瑞昌市扶贫办
地址：瑞昌市市府广场
…… Tel:4218956
永修县（0792）
永修县农业综合开发办公室
地址：永修县新城大道县政府大院
…… Tel:3223137
永修县农业农村局
地址：永修县站前路
…… Tel:3223333
永修县农机局
地址：永修县西二路
…… Tel:3223052
永修县林业局
地址：永修县
…… Tel:3223398
永修县森林防火办公室
地址：永修县林业局内
…… Tel:3232992
永修县水产局
地址：永修县
…… Tel:3223772
江西省渔政局
地址：永修县分局
地址：永修县建昌大道新华路
…… Tel:3265712
永修县新农村建设办公室
地址：永修县政府大院内
…… Tel:3232180
德安县（0792）
德安县农业农村局
地址：德安县石桥路11号
…… Tel:4332930
德安县林业局
地址：德安县宝塔大道60号
…… Tel:4667186
德安县畜牧局
地址：德安县石桥路111号
…… Tel:4334711
德安县水产局
地址：德安县宝塔大道60号
…… Tel:4668895
德安县种子局
地址：德安县石桥路11号
…… Tel:4366526
九江县（0792）
九江县农业农村局
地址：九江县柴桑北路76号
…… Tel:6812139
九江县林业局
地址：九江县柴桑北路78号
…… Tel:6812446
九江县水产局
地址：九江县柴桑北路102号
…… Tel:6812090
九江县扶贫办公室
地址：九江县庐山北路
…… Tel:6816473
九江县经作局
地址：九江县沿河南路
…… Tel:6822157
星子县（0792）
星子县农业综合开发办公室
地址：星子县白鹿大道
…… Tel:2665190
星子县农机局
地址：星子县秀峰大道民政局西侧
…… Tel:2672201
星子县林业局
地址：星子县彭蠡路
…… Tel:2672627
星子县农业畜牧局
地址：星子县紫阳路
…… Tel:2666124
江西省渔政局星子县分局
地址：星子县冰玉路
…… Tel:2668353
星子县老区建设办公室
地址：星子县南康大道
…… Tel:2671955
都昌县（0792）
都昌县农业综合办公室
地址：都昌县
…… Tel:5221931
都昌县农业农村局
地址：都昌县万里大道
…… Tel:5218529
都昌县农机局
地址：都昌县沿湖路
…… Tel:5223306
都昌县林业局
地址：都昌县东风大道68号
…… Tel:5223151
都昌水产局
地址：都昌县沿湖路
…… Tel:5234545
湖口县（0792）
湖口农业综合开发办公室
地址：湖口县老建行办公室五楼
…… Tel:6339161
湖口县农业农村局
地址：湖口县石钟大道5号
…… Tel:6326069
湖口县农机管理局
地址：湖口县中山大道
…… Tel:6325987
湖口县林业局
地址：湖口县三里大道
…… Tel:6322198
湖口县水产局
地址：湖口县三里大道
…… Tel:6320577
江西省渔政局湖口县分局
地址：湖口县城德路51号
…… Tel:6332612
彭泽县（0792）
彭泽县农业农村局
地址：彭泽县龙城大道
…… Tel:5663428
彭泽县农机局
地址：彭泽县龙城大道
…… Tel:5663875
彭泽县林业局
地址：彭泽县沿江路
…… Tel:5625352彭泽县水产局
地址：彭泽县龙城大道
…… Tel:5671835
彭泽县老区建设办公室
地址：彭泽县东风路
…… Tel:5623389
庐山风景区（0792）
庐山森林防火大队
地址：庐山芦林19号
…… Tel:8297119
庐山森林防火指挥部
地址：庐山
…… Tel:8281056
共青开发区（0792）
共青城水产公司
九江市共青城
地址：共青城市
…… Tel:4342698
新余市（0790）
新余市辖区（0790）
新余市农业综合开发办公室
地址：新余市仙来中大道225号
…… Tel:6411038
新余市农业农村局
地址：新余市仙来中大道
…… Tel:6441442
新余市林业局
地址：新余市仙来中大道507号
…… Tel:6441421
新余市中小企业服务局
地址：新余市仙来东大道136号
…… Tel:6420679
新余市中小企业信用担保中心
地址：新余市仙来东大道136号
…… Tel:6435848
新余市经济开发区农村工作局
地址：新余市经济开发区
…… Tel:6862235
渝水区农业综合开发办公室
地址：新余市抱石东大道区政府大院内
…… Tel:6233211
渝水区农业农村局
地址：新余市抱石东大道367号
…… Tel:6226389
渝水区农机局
地址：新余市通济路40号
…… Tel:6222475
渝水区林业局
地址：新余市胜利南路76号
…… Tel:6222880
渝水区中小企业服务局
地址：新余市建设东路79号
…… Tel:6222822
分宜县（0790）
分宜县农业综合开发办公室
分宜县行政中心大楼
…… Tel:5881117
分宜县农业农村局
地址：分宜县铃山中路
…… Tel:5891388
分宜县林业局
地址：分宜县清宜公路
…… Tel:5881512
分宜县中小企业服务局
地址：分宜县行政中心大楼
…… Tel:5881959
鹰潭市（0701）
鹰潭市辖区（0701）
鹰潭市农业开发办公室
地址：鹰潭市
…… Tel:6441291
鹰潭市农业农村局
地址：鹰潭市环城西路6号
…… Tel:6226067
鹰潭市林业局
地址：鹰潭市府前路9号
…… Tel:6441286
鹰潭市政府农村工作办公室
地址：鹰潭市政府大院内
…… Tel:6442215
鹰潭市中小企业局
地址：鹰潭市
…… Tel:6441555
中国共产党鹰潭市委农村基层组 织建设办公室
地址：鹰潭市府前路1号
…… Tel:6441301
月湖区农村工作办公室
地址：鹰潭市胜利东路6号
…… Tel:6222346
月湖区农林局
地址：鹰潭市胜利东路6号
…… Tel:6221534
月湖区社会主义新农村建设办公室
地址：鹰潭市胜利东路6号
…… Tel:6210696
龙虎山农水局
地址：鹰潭市龙虎山大道1号
…… Tel:6656215
龙虎山林业局
地址：. 鹰潭市龙虎山镇
…… Tel:6656675
余江县（0701）
余江县农业开发办公室
地址：余江县站前路果喜大道
…… Tel:5898515
余江县农业农村局
地址：余江县站前北路43号
…… Tel:5881159
余江县农业机械管理局
地址：余江县站前北路
…… Tel:5880168
余江县林业局
地址：余江县站前中路9号
…… Tel:5881378
余江县农村工作办公室
地址：余江县白塔中路
…… Tel:5881037
余江县中小企业局
地址：余江县白塔中路
…… Tel:5881239
余江县农村小康社会建设和十大 民心工程办公室
地址：余江县十字街卫生局楼上
…… Tel:5898689
贵溪市（0701）
贵溪市农业农村局
地址：贵溪市沿河路
…… Tel:3771185
贵溪市林业局
地址：贵溪市冶金大道
…… Tel:3784094
贵溪市中小企业局
地址：贵溪市建设路
…… Tel:3771069
贵溪市农村基层组织建设办公室
地址：贵溪市冶金大道经济大楼
…… Tel:3311963
赣州市（0797）
赣州市辖区（0797）
赣州市农业综合开发办公室
地址：赣州市环城路6号
…… Tel:8213368
赣州市农业农村局
地址：赣州市红旗大道
…… Tel:8122633
赣州市农业机械局
地址：赣州市环城路22号
…… Tel:8224617
赣州市林业局
地址：赣州市红旗大道
…… Tel:8225109
赣州市乡镇企业管理局
地址：赣州市
…… Tel:8116608
赣州市困难职工帮扶中心
地址：赣州市红旗大道
…… Tel:8229055
赣州市林政管理稽查支队
地址：赣州市白塔
…… Tel:8233863
赣南老区扶贫开发中心
地址：赣地址：州市
…… Tel:8116760
章贡区农业综合开发办公室
地址：赣州市阳明路26号
…… Tel:8296565
章贡区农业农村局
地址：赣州市南河路16号4楼
…… Tel:8223338
章贡区农村工作办公室
地址：赣州市阳明路26号
…… Tel:8294471
章贡区农业机械局
地址：赣州市
…… Tel:8290494
章贡区林业局
地址：赣州市文明大道116号
…… Tel:8171888
章贡区中小企业局
地址：赣州市章江北大道
…… Tel:8358812
章贡区农民负担监督管理领导小组办公室
地址：赣州市南河路16号
…… Tel:8249705
赣县（0797）
赣县农业综合开发办公室
地址：赣县建安总公司六楼
…… Tel:4441736
赣县农业农村局
地址：赣县赣新大道
…… Tel:4441642
赣县农村工作办公室
地址：赣县梅林大街9号
…… Tel:4422969
赣县农机局
地址：赣县燕塘路1号
…… Tel:4441360
赣县林业局
地址：赣县燕塘南路2号
…… Tel:4441854
赣县森林防火指挥部
地址：赣县燕塘南路2号
…… Tel:4441667
赣县扶贫办公室
地址：赣县红金加油站旁
…… Tel:4439169
赣县畜牧水产局
地址：赣县赣新大道119号
…… Tel:4442826
赣县老区建设办公室
地址：赣县红金加油站旁
…… Tel:4441939
赣县中小企业局
地址：赣县赣新大道129号
…… Tel:4430608
赣县新农村建设工作领导小组办公室
地址：赣县梅林大街9号
…… Tel:4439869
赣县县委农村基层组织建设办公室
地址：赣县兴农路2号
…… Tel:4442484
信丰县（0797）
信丰县农业综合开发办公室
地址：信丰县水北路
…… Tel:3335916

信丰县农业农村局
地址：信丰县嘉定镇迎宾大道交警队对面
…………Tel:3330266

信丰县农村工作办公室
地址：信丰县迎宾大道
…………Tel:3336199

信丰县农机局
地址：信丰县阳明路
…………Tel:3316366

信丰县林业局
地址：信丰县嘉定镇水东路
…………Tel:3366552

信丰县森林防火指挥部
地址：信丰县嘉定镇水东路
…………Tel:3364555

信丰县农牧渔业局
地址：信丰县迎宾大道
…………Tel:3330837

信丰县扶贫办公室
地址：信丰县县政中心7楼
…………Tel:3336136

信丰县果茶局
地址：信丰县嘉定镇圣塔路
…………Tel:3311911

信丰县新农村建设领导小组办公室
地址：信丰县马鞍山加油站对面
…………Tel:3330868

大余县（0797）

大余县农业综合开发办公室
地址：大余县农贸市场对面
…………Tel:8722406

大余县农业农村局
地址：大余县建设路
…………Tel:8722611

大余县农机局
地址：大余县建设路
…………Tel:8732840

大余县林业局
地址：大余县白石寺
…………Tel:8722227

大余县扶贫办公室
地址：大余县南安大道
…………Tel:8725498

大余县新农村建设办公室
地址：大余县金莲山大道
…………Tel:8726007

上犹县（0797）

上犹县农业农村局
地址：上犹县下西村路188号
…………Tel:8541983

上犹县农机局
地址：上犹县上西村路58号
…………Tel:8542296

上犹县林业局
地址：上犹县犹江大道
…………Tel:8541536

上犹县森林防火指挥办公室
地址：上犹县犹江大道
…………Tel:8540047

上犹县畜牧水产局
地址：上犹县建设路20号
…………Tel:8541607

上犹县老区建设办公室
地址：上犹县沿江南路55号交通大厦
…………Tel:8541703

上犹县茶果局
地址：上犹县县委会议中心后侧家属楼
…………Tel:8549166

上犹县退耕还林建设办公室
地址：上犹县林业局办公楼1楼
…………Tel:8521580

崇义县（0797）

崇义县农业农村局
地址：崇义县阳岭大道1121号
…………Tel:3812409

崇义县农机局
地址：崇义县猪岭新村路32号
…………Tel:3812904

崇义县林业局
地址：崇义县章源大道
…………Tel:3820018

崇义县扶贫办公室
地址：崇义县阳岭大道
…………Tel:3812580

崇义县乡镇企业局
地址：崇义县健康路1号
…………Tel:3812910

崇义县茶桑局
地址：崇义县阳岭大道1122号
…………Tel:3819093

崇义县新农村建设办公室
地址：崇义县公务大楼
…………Tel:3821722

安远县（0797）

安远县农业综合开发办公室
地址：安远县
…………Tel:3730329

安远县农业农村局
地址：安远县
…………Tel:3727661

安远县农机局
地址：安远县
…………Tel:3732401

安远县林业局
地址：安远县
…………Tel:3722051

安远县森林防火指挥部
地址：安远县
…………Tel:3732072

安远县扶贫办公室
地址：安远县
…………Tel:3732697

安远县果茶桑局
地址：安远县九龙路
…………Tel:3732123

安远县新农村建设办公室
地址：安远县
…………Tel:3720210

龙南县（0797）

龙南县农业农村局
地址：龙南县金水大道中段
…………Tel:3513253

龙南县农机局
地址：龙南县民主街113号
…………Tel:3520160

龙南县林业局
地址：龙南县金水大道1号
…………Tel:3513322

龙南县扶贫办公室
地址：龙南县仙岩大道
…………Tel:3513904

龙南县中小企业管理局
地址：龙南县金水大道
…………Tel:3512872

定南县（0797）

定南县农业综合开发办公室
地址：定南县
…………Tel:4296102

定南县农业农村局
地址：定南县
…………Tel:4291217

定南县农机局
地址：定南县
…………Tel:4280866

定南县林业局
地址：定南县
…………Tel:4294509

定南县扶贫办公室
地址：定南县
…………Tel:4291257

全南县（0797）

全南县农业农村局
地址：全南县新城金龙大道
…………Tel:2608007

全南县农业机械局
地址：全南县含江路
…………Tel:2605574

全南县林业局
地址：全南县含江路
…………Tel:2605672

全南县扶贫办公室
地址：全南县含江路
…………Tel:2636837

全南县减轻农民负担办公室
地址：全南县新城金龙大道
…………Tel:2607659

宁都县（0797）

宁都县农业综合开发办公室
地址：宁都县博生西路164号
…………Tel:6822927

宁都县农业农村局
地址：宁都县博生西路164号
…………Tel:6832416

宁都县农业机械管理局
地址：宁都县桥背
…………Tel:6802628

宁都县林业局
地址：宁都县环西路
…………Tel:6832245

宁都县扶贫办公室
地址：宁都县北门雕像旁
…………Tel:6812233

宁都县中小企业局
地址：宁都县博生西路25号
…………Tel:6832556

宁都县果茶局
地址：宁都县中山大道
…………Tel:6833947

于都县（0797）

于都县农业机械管理局
地址：于都县长龙路
…………Tel:6233106

于都县农业农村局
地址：于都县建国路
…………Tel:6233708

于都县林业局
地址：于都县红旗大道8号
…………Tel:6233141

于都县果茶局
地址：于都县环城西路39号
…………Tel:6233073

兴国县（0797）

兴国县农村办公室
地址：兴国县县委四楼
…………Tel:5322099

兴国县农机局
地址：兴国县凤凰大道
…………Tel:5312187

兴国县林业局
地址：兴国县马岭路45号
…………Tel:5322420

兴国县扶贫办公室
地址：兴国县潋江大道
…………Tel:5313668

兴国县老区建设办公室
地址：兴国县潋江大道
…………Tel:5322218

兴国县乡镇企业局
地址：兴国县潋江大道
…………Tel:5322719

兴国县果茶局
地址：兴国县县政府大楼
…………Tel:5315493

兴国县新农村建设工作领导小组办公室
地址：兴国县县委办公楼四楼
…………Tel:5327718

会昌县（0797）

会昌县农业综合开发办公室
地址：会昌县县政府院内
…………Tel:5628665

会昌县农业农村局
地址：会昌县岚山路6号
…………Tel:5637131

会昌县农业机械局
地址：会昌县红旗大道
…………Tel:5622291

会昌县农牧局
地址：会昌县黄芳
…………Tel:5637125

会昌县农保局
地址：会昌县城湘江大桥南侧
…………Tel:5637399

会昌县林业局
地址：会昌县红旗大道375号
…………Tel:5622339

会昌县老区建设办公室
地址：会昌县政府院内四楼
…………Tel:5637056

会昌县扶贫办公室
地址：会昌县政府院内
…………Tel:5622642

会昌县新农村建设工作领导小组办公室
地址：会昌县县委院内
…………Tel:5637883

寻乌县（0797）

寻乌县农业综合开发办
地址：寻乌县岳家庄
…………Tel:2846288

寻乌县农业农村局
地址：寻乌县
…………Tel:2845052

寻乌县农机局
地址：寻乌县
…………Tel:2843369

寻乌县林业局
地址：寻乌县
…………Tel:2842033

寻乌县扶贫办公室
地址：寻乌县岳家庄
…………Tel:2842404

石城县（0797）

石城县农业开发办公室
地址：石城县清华大道东城武装部
…………Tel:5790792

石城县农业农村局
地址：石城县西华北路133号
…………Tel:5712133

石城县农机局
地址：石城县西华北路133号
…………Tel:5712433

石城县林业局
地址：石城县西华中路花果山
…………Tel:5711359

石城县森林防火指挥部
地址：石城县西华中路花果山
…………Tel:5710019

石城县扶贫办公室
地址：石城县清华大道东城武装部
…………Tel:5793363

石城县果茶局
地址：石城县西华南路
…………Tel:5713078

石城县新农村建设领导小组办公室
地址：石城县清华大道东城武装部
…………Tel:5791363

瑞金市（0797）

瑞金市农机管理局
地址：瑞金市新邮政局对面
…………Tel:2326389

瑞金市林业局
地址：瑞金市
…………Tel:2523509

瑞金市农牧渔业局
地址：瑞金市七里段红都大酒店3楼
…………Tel:2513049

瑞金市扶贫办公室
地址：瑞金市红都大道
…………Tel:2517363

瑞金市乡镇企业局
地址：瑞金市公务大楼3楼303室
…………Tel:2522365

瑞金市新农村建设领导小组办公室
地址：瑞金市公务大楼11楼1121室
…………Tel:2525233

南康区（0797）

南康区农业农村局
地址：南康区金鸡镇林业大厦
…………Tel:6633021

南康区林业局
地址：南康区金鸡镇林业大厦
…………Tel:6636803

南康区畜牧水产局
地址：南康区泰康中路
…………Tel:6614099

南康区扶贫办公室
地址：南康区市政办公大楼
…………Tel:6605350

南康区中小企业局
地址：南康区
…………Tel:6638931

南康区新农村建设工作领导小组办公室
地址：南康区市政办公大楼
…………Tel:6609866

南康区乡镇企业示范区管理委员会
地址：南康区
…………Tel:6634086

南康区农村能源项目办公室
地址：南康区
…………Tel:6632516

吉安市（0796）

吉安市辖区（0796）

吉安市农业综合开发办公室
地址：吉安市鹭洲东路1号
…………Tel:8211976

吉安市农业农村局
地址：吉安市鹭洲西路4号
…………Tel:8252891

吉安市农业机械化管理局
地址：吉安市韶山东路31号
…………Tel:8223619

吉安市林业局
地址：吉安市阳明东路13号
…………Tel:8289988

吉安市扶贫开发办公室
地址：吉安市鹭洲东路1号
…………Tel:8224199

吉安市中小企业管理局
地址：吉安市井冈山大道140号中天大厦旁五楼
…………Tel:8223132

吉州区农业综合开发办公室
地址：吉安市吉州区政府院内
…………Tel:8335061

吉州区农业农村局
地址：吉安市吉州区阳明西路30号
…………Tel:8231562

吉州区农业机械管理局
地址：吉安市吉州区阳明西路30号
…………Tel:8222878

吉州区特种水产管理局
地址：吉安市吉州区阳明西路30号
…………Tel:8239185

吉州区扶贫领导开发小组办公室
地址：吉安市吉州区长征路25号
…………Tel:8222336

吉州区新农村建设领导小组办公室
地址：吉安市行政中心
…………Tel:8319056

青原区农业综合开发办公室
地址：吉安市青原区正气路7号
…………Tel:8100158

青原区农业农村局
地址：吉安市青原大道
…………Tel:8100292

青原区林业局
地址：吉安市青原区
…………Tel:8186126

青原区中小企业管理局
地址：吉安市青原区原房地产交易所
…………Tel:8102029

吉安县（0796）

吉安县农业开发办公室
地址：吉安县庐陵大道
…………Tel:8442633

吉安县农业农村局
地址：吉安县文山路
…………Tel:8442142

吉安县农业机械局
地址：吉安县东昌路
…………Tel:8442223

吉安县林业局
地址：吉安县庐陵大道

……Tel:8442660

吉安县老区建设办公室
地址：吉安县庐陵大道卫生大厦9楼
……Tel:8446488

吉水县（0796）

吉水县农业开发办公室
地址：吉水县文峰大道
……Tel:8689481

吉水县农业农村局
地址：吉水县
……Tel:8680118

吉水县农村工作办公室
地址：吉水县文峰中大道
……Tel:8680625

吉水县农机局
地址：吉水县文峰大道
……Tel:8680652

吉水县林业局
地址：吉水县城南林业大楼
……Tel:8683172

吉水县老革命根据地建设委员会（县扶贫办）
地址：吉水县文峰中大道
……Tel:8689568

峡江县（0796）

峡江县农业综合开发办公室
地址：峡江县百花路政府大楼
……Tel:3673089

峡江县农业农村局
地址：峡江县玉笥大道
……Tel:3680316

峡江县农机局
地址：峡江县碧玉苑18号
……Tel:3696136

峡江县林业局
地址：峡江县百花路
……Tel:3695135

峡江县农业水产局
地址：峡江县工业园区
……Tel:3680787

峡江县中小企业局
地址：峡江县百花路
……Tel:3672845

峡江县老革命根据地办公室
地址：峡江县民政局对面锦玉花园
……Tel:3695896

新干县（0796）

新干县农业综合开发办公室
地址：新干县
……Tel:2611386

新干县农业农村局
地址：新干县金川中大道106号
……Tel:2608316

新干县农机局
地址：新干县金川中大道106号
……Tel:2602614

新干县林业局
地址：新干县金川中大道30号
……Tel:2603966

新干县畜牧局
地址：新干县金川中大道106号
……Tel:2601228

新干县老区建设办公室
地址：新干县
……Tel:2600202

永丰县（0796）

永丰县农业开发办公室
地址：永丰县政府院内
……Tel:2511409

永丰县农业农村局
地址：永丰县恩江北路
……Tel:2511303

永丰县林业局
地址：永丰县恩江南路
……Tel:2511984

永丰县扶贫办公室
地址：永丰县永叔路
……Tel:2522268

泰和县（0796）

泰和县农业综合开发办公室
地址：泰和县文田319国道边
……Tel:8636006

泰和县农业农村局
地址：泰和县工农兵大道26号
……Tel:8638012

泰和县农机局
地址：泰和县白凤大道
……Tel:5322901

泰和县林业局
地址：泰和县澄江大道
……Tel:8638533

泰和县畜牧兽医局
地址：泰和县白凤大道
……Tel:8638759

泰和县农村经营管理站
地址：泰和县工农兵大道
……Tel:5332225

泰和县新农村建设领导小组办公室
地址：泰和县工农兵大道3号
……Tel:8638077

遂川县（0796）

遂川县农业综合开发办公室
地址：遂川县行政办公大楼
……Tel:6324264

遂川县农业农村局
地址：遂川县工农兵大道
……Tel:6320118

遂川县林业局
地址：遂川县工农兵大道
……Tel:6322048

遂川县老区建设办公室
地址：遂川县行政办公大楼
……Tel:6322623

万安县（0796）

万安县农业综合开发办公室
地址：万安县凤凰路143号
……Tel:5708283

万安县农业农村局
地址：万安县东风路19号
……Tel:5701279

万安县林业局
地址：万安县建国路27号
……Tel:5712157

安福县（0796）

安福县农业开发办公室
地址：安福县
……Tel:7622626

安福县农业农村局
地址：安福县武功山大道25号
……Tel:7620610

安福县农机局
地址：安福县安平路178号
……Tel:7622527

安福县林业局
地址：安福县
……Tel:7633155

安福县老区建设办公室
地址：安福县行政中心
……Tel:7698166

安福县中小企业局
地址：安福县武功山大道109号
……Tel:7626332

安福县农业信息为民服务窗口
地址：安福县
……Tel:7633118

永新县（0796）

永新县林业局
地址：永新县湘赣大道
……Tel:7719684

永新县畜牧兽医局
地址：永新县义山路
……Tel:7722240

井冈山市（0796）

井冈山市农业开发办公室
地址：井冈山市新城区
……Tel:6891912

井冈山市农业农村局
地址：井冈山市新城区
……Tel:6890593

井冈山市农机局
地址：井冈山市新城区
……Tel:6890595

井冈山市林业局
地址：井冈山市新城区
……Tel:6890908

井冈山市扶贫办公室
地址：井冈山市新城区
……Tel:6890108

井冈山市老区建设办公室
地址：井冈山市新城区
……Tel:6890506

井冈山市中小企业局
地址：井冈山市新城区
……Tel:6891521

宜春市（0795）

宜春市辖区（0795）

宜春市林业局
地址：宜春市东风大街
……Tel:3223725

袁州区林业局
地址：宜春市中山东路
……Tel:3288203

奉新县（0795）

奉新县农业开发办公室
地址：奉新县广狮路
……Tel:4508129

奉新县农业农村局
地址：奉新县广狮路24号
……Tel:4622190

奉新县农机局
地址：奉新县应星路
……Tel:4622943

奉新县林业局
地址：奉新县奉新大道51号
……Tel:4508001

奉新县畜牧水产局
地址：奉新县奉新大道
……Tel:4622172

奉新县农业产业办公室
地址：奉新县
……Tel:4611016

万载县（0795）

万载县农业开发办公室
地址：万载县
……Tel:8824029

万载县农业农村局
地址：万载县
……Tel:8825017

万载县农业机械管理局
地址：万载县
……Tel:8822334

万载县林业局
地址：万载县
……Tel:8902360

万载县乡镇企业局
地址：万载县
……Tel:8903170

上高县（0795）

上高县农业综合开发办公室
地址：上高县敖山大道
……Tel:2513510

上高县农业农村局
地址：上高县建设北路
……Tel:2511849

上高县农机局
地址：上高县和平路
……Tel:2521696

上高县林业局
地址：上高县敖山大道
……Tel:2514910

上高县畜牧水产局
地址：上高县学园路
……Tel:2521920

宜丰县（0795）

宜丰县农业农村局
地址：宜丰县新昌西大道
……Tel:2765321

宜丰县林业局
地址：宜丰县新昌东大道
……Tel:2780007

宜丰县畜牧水产局
地址：宜丰县解放路
……Tel:2765445

靖安县（0795）

靖安县农业综合办公室
地址：靖安县新大街1号
……Tel:4663890

靖安县农业农村局
地址：靖安县新大街1号
……Tel:4662623

靖安县农机局
地址：靖安县项家
……Tel:4652467

靖安县林业局
地址：靖安县双溪大道52号
……Tel:4662127

靖安县水产局
地址：靖安县新大街1号
……Tel:4662075

靖安县乡镇企业局
地址：靖安县后港路
……Tel:4662382

铜鼓县（0795）

铜鼓县农业农村局
地址：铜鼓县定江东路525号
……Tel:8722344

铜鼓县农机局
地址：铜鼓县
……Tel:8722624

铜鼓县林业局
地址：铜鼓县定江东路659号
……Tel:8722707

铜鼓县畜牧水产局
地址：铜鼓县定江东路666-20号
……Tel:8722547

铜鼓县有机农业办公室
地址：铜鼓县定江东路523号
……Tel:8725001

丰城市（0795）

丰城市农业开发办公室
地址：丰城市行政大楼
……Tel:6608355

丰城市农业农村局
地址：丰城市第二行政服务中心2楼
……Tel:6298180

丰城市农机局
地址：丰城市第二行政服务中心2楼
……Tel:6298368

丰城市水产局
地址：丰城市第二行政服务中心3楼
……Tel:6298499

丰城市扶贫开发工作领导小组办公室
地址：丰城市第二行政服务中心3楼
……Tel:6298251

樟树市（0795）

樟树市农业开发办公室
地址：樟树市农业农村局院内
……Tel:7332975

樟树市农业农村局
地址：樟树市鹿江南路
……Tel:7811025

樟树市农业机械管理局
地址：樟树市共和东路5号
……Tel:7333554

樟树市林业局
地址：樟树市药都北大道24号
……Tel:7333835

樟树市畜牧水产局
地址：樟树市楼门前6号
……Tel:7332946

樟树市乡镇企业局
地址：樟树市药都路23号
……Tel:7332515

樟树市农村基层组织建设办公室
地址：樟树市药都南大道
……Tel:7332536

高安市（0795）

高安市农业综合开发办公室
地址：高安市湘赣路
……Tel:5282971

高安市农业农村局
地址：高安市桥北路
……Tel:5282350

高安市农业机械管理局
地址：高安市筠泉路
……Tel:5217453

高安市林业局
地址：高安市筠泉路28号
……Tel:5211171

高安市畜牧水产局
地址：高安市碧落路
……Tel:5215014

高安市乡镇企业局
地址：高安市
……Tel:5297742

高安市社会主义新农村建设领导小组办公室
地址：高安市筠泉路
……Tel:5223306

抚州市（0794）

抚州市辖区（0794）

抚州市农业开发办公室
地址：抚州市市行政中心
……Tel:8273100

抚州市农业农村局
地址：抚州市临川大道899号
……Tel:8215917

抚州市农业机械化管理局
地址：抚州市赣东大道青云段703号
……Tel:8222728

抚州市林业局
地址：抚州市学府路163号
……Tel:8283981

抚州市扶贫办公室
地址：抚州市抚临路
……Tel:8220765

抚州市中小企业局
地址：抚州市赣东大道
……Tel:8222750

抚州市种子管理局
地址：抚州市临川大道899号
……Tel:8261295

抚州市农垦局
地址：抚州市学府路
……Tel:8282318

抚州市林业利用外资项目办公室
地址：抚州市大公段31号
……Tel:8272395

临川区（0794）

临川区农业综合开发办公室
地址：临川区
……Tel:8421106

临川区农业农村局
地址：临川区龙津路57号
……Tel:8445488

临川区农机局
地址：临川区建设路30号
……Tel:8430377

南城县（0794）

南城县农业综合开发办公室
地址：南城县生产路县委坡下搬运公司内
……Tel:7213170

南城县农业农村局
地址：南城县建昌大道南段麻姑山牌坊旁农业大厦
……Tel:7253839

南城县农机局
地址：南城县
……Tel:7236772

南城县林业局
地址：南城县盱江大道232号
……Tel:7237368

南城县畜牧水产局
地址：南城县夫人田
……Tel:7253805

南城县中小企业局
地址：南城县盱江大道98号乡企局院内4楼
……Tel:7259386

黎川县（0794）

黎川县农业农村局
地址：黎川县东方红大道23号
……Tel:7522221

黎川县农业机械局
地址：黎川县职校路48号
……Tel:7522415

黎川县林业局
地址：黎川县东方红大道4号
……Tel:7503965

黎川县扶贫办公室
地址：黎川县新行政大楼
……Tel:7566769

黎川县乡镇企业管理局
地址：黎川县日峰路6号
……Tel:7522352

南丰县（0794）

南丰县农业开发办公室
地址：南丰县新建路29号
……Tel:3206159

南丰县农业农村局
地址：南丰县
……Tel:3202807

南丰县农机局
地址：南丰县大桥路3号
……Tel:3202202

南丰县林业局
地址：南丰县彩虹路3号
……Tel:3204798

南丰县扶贫开发领导小组办公室
地址：南丰县交通路22号
……Tel:3209029

景仁县农业综合开发办公室
地址：崇仁县县府西路红壤开发局二楼
……Tel:6332469

崇仁县农业农村局
地址：崇仁县县府西路8号
……Tel:6332418

崇仁县农村工作办公室
地址：崇仁县县府西路3号
……Tel:6324766

崇仁县农机局
地址：崇仁县县府西路9号
……Tel:6332482

崇仁县林业局
地址：崇仁县道南路
……Tel:6328214

崇仁县畜牧水产局
地址：崇仁县县府东路3号
……Tel:63211100

崇仁县红壤开发管理局
地址：崇仁县县府东路7号
……Tel:6332219

乐安县（0794）

乐安县农业综合开发办公室
地址：乐安县北大道
……Tel:6669091

乐安县农业农村局
地址：乐安县湖溪乡
……Tel:6561215

乐安县农机局
地址：乐安县毕力路10号
……Tel:6592530

乐安县林业局
地址：乐安县长征路
……Tel:6590541

乐安县畜牧水产局
地址：乐安县城墙路94号
……Tel:6591263

乐安县扶贫开发领导小组办公室
地址：乐安县
……Tel:6592885

乐安县中小企业局
地址：乐安县象山路2号
……Tel:6592478

宜黄县（0794）

宜黄县农业开发办公室
地址：宜黄县学前街39号
……Tel:7602183

宜黄县农业农村局
地址：宜黄县西马路87号
……Tel:7602027

宜黄县农机局
地址：宜黄县学前街39号
……Tel:7602459

宜黄县林业局
地址：宜黄县西马路49号
……Tel:7605737

宜黄县乡镇企业管理局
地址：宜黄县学前街107号
……Tel:7602158

金溪县（0794）

金溪县农业综合开发办公室
地址：金溪县秀谷中大道
……Tel:5291901

金溪县农业农村局
地址：金溪县秀谷中大道171号
……Tel:5292231

金溪县农机局
地址：金溪县象山北路407号
……Tel:5292840

金溪县林业局
地址：金溪县象山南路42号
……Tel:5292816

金溪县扶贫办公室
地址：金溪县秀谷中大道民政局楼上
……Tel:5397613

金溪县农业利用外资办公室
地址：金溪县象山南路
……Tel:5292466

金溪县农村基层组织建设办公室
地址：金溪县秀谷中大道
……Tel:5293254

资溪县（0794）

资溪县农机局
地址：资溪县金竹山3号
……Tel:5793119

资溪县林业局
地址：资溪县苗圃路21号
……Tel:5793693

资溪县中小企业局
地址：资溪县二小路4号
……Tel:5792337

资溪县扶贫开发领导小组办公室
地址：资溪县建设中路49号
……Tel:5793542

中国共产党资溪县委农村基层组 织建设办公室
地址：资溪县城西大道行政中心
……Tel:5630266

东乡县（0794）

东乡县农业开发办公室
地址：东乡县恒安西路财政局大楼7楼
……Tel:4225048

东乡县农业农村局
地址：东乡县荆公路
……Tel:4220146

东乡县农业机械管理局
地址：东乡县开发区
……Tel:4332001

东乡县林业局
地址：东乡县恒安西路
……Tel:4232859

东乡县畜牧水产局
地址：东乡县开发区交警队对面
……Tel:4332780

东乡县中小企业管理局
地址：东乡县开发区行政大楼5楼
……Tel:4221852

东乡县种子管理局
地址：东乡县环城东路21号
……Tel:4223029

广昌县（0794）

广昌县农业开发办公室
地址：广昌县解放路
……Tel:3611753

广昌县农业农村局
地址：广昌县解放路
……Tel:3622100

广昌县农业机械局
地址：广昌县盱江一路27号
……Tel:3622590

广昌县林业局
地址：广昌县顺化渡
……Tel:3622393

广昌县森林防火指挥中心
地址：广昌县顺化渡
……Tel:3611744

广昌县扶贫开发领导小组办公室
地址：广昌县盱江路
……Tel:3622349

上饶市（0793）

上饶市辖区（0793）

上饶市农业开发办公室
地址：上饶市中山路88号
……Tel:8213903

上饶市农业农村局
地址：上饶市五三大道80号
……Tel:8300882

上饶市林业局
地址：上饶市胜利路
……Tel:8225988

上饶市扶贫办公室
地址：上饶市沿河东路7号
……Tel:8223686

上饶市中小企业局
地址：上饶市三清路12号
……Tel:8208373

信州区中小企业局
地址：上饶市滨江西路38号
……Tel:8220880

江西省农业机械科工贸一体化促进中心上饶办事处
地址：上饶市凤凰大道
……Tel:8262627

上饶县（0793）

上饶县农业综合开发办公室
地址：上饶县旭日镇旭日大厦
……Tel:8466689

上饶县农业农村局
地址：上饶县七六路大道6号
……Tel:8442802

上饶县林业局
地址：上饶县惟义路107号
……Tel:8440942

上饶县中小企业局
地址：上饶县吉阳大道县政府大楼东面五楼
……Tel:8466486

广丰区（0793）

广丰区农业农村局
地址：广丰区光明路
……Tel:2654819

广丰区农村工作办公室
地址：广丰区府前街
……Tel:2637529

广丰区农机化管理局
地址：广丰区西关街
……Tel:2652562

广丰区林业局
地址：广丰区永丰大道实验学校门前路口
……Tel:2652983

广丰区老区建设办公室
地址：广丰区府前街
……Tel:2610092

玉山县（0793）

玉山县农业综合开发办公室
地址：玉山县行政大楼十二楼
……Tel:2553818

玉山县农业农村局
地址：玉山县三清东路4号
……Tel:2552826

玉山县林业局
地址：玉山县武安东路林业大厦
……Tel:2460171

玉山县乡镇企业管理局
地址：善山县三清大道113号
……Tel:2553440

铅山县（0793）

铅山县农业农村局
地址：铅山县黄岗山大道
……Tel:5130971

铅山县农业机械化管理局
地址：铅山县
……Tel:5332170

铅山县林业局
地址：铅山县人民路
……Tel:5332138

铅山县水产局
地址：铅山县
……Tel:5338233

铅山县扶贫办公室
地址：铅山县关帝庙弄23号
……Tel:5332341

铅山县中小企业管理局
地址：铅山县农贸街
……Tel:5332129

铅山县社会主义新农村建设工作小组办公室
地址：铅山县黄岗山大道人民路68号县委院内
……Tel:5169589

横峰县（0793）

横峰县农业开发办公室
地址：横峰县兴安大道政府大楼
……Tel:5793281

横峰县农业农村局
地址：横峰县解放西路48号
……Tel:5783357

横峰县林业局
地址：横峰县解放西路
……Tel:5782303

横峰县扶贫办公室
横峰县兴安大道政府大楼
……Tel:5785607

横峰县中小企业局
地址：横峰县解放东路131号
……Tel:5782238

弋阳县（0793）

弋阳县农业开发办公室
地址：弋阳县行政中心
……Tel:5821155

弋阳县农业农村局
地址：弋阳县志敏大道北路37号
……Tel:5883032

弋阳县农业经济委员会
地址：弋阳县
……Tel:5826915

弋阳县农机管理局
地址：弋阳县环城路
……Tel:5880951

弋阳县林业局
地址：弋阳县旭光大道
……Tel:5824528

弋阳县农牧渔业局
地址：弋阳县志敏大道
……Tel:5885135

弋阳县扶贫办公室
地址：弋阳县胜利路
……Tel:5881116

弋阳县中小企业局
地址：弋阳县杨桥路
……Tel:5883121

余干县（0793）

余干县农业开发办公室
地址：余干县城北开发区法院大楼
……Tel:3398418

余干县农业农村局
地址：余干县
……Tel:3395090

余干县农业机械管理局
地址：余干县
……Tel:3397581

余干县林业局
地址：余干县城北新区林业大楼
……Tel:3395100

余干县水产局
地址：余干县政府东元楼
……Tel:3398533

余干县扶贫办公室
地址：余干县政府大楼九楼
……Tel:3300000

余干县老区建设办公室
地址：余干县
……Tel:3398641

余干县中小企业局
地址：余干县政府大院七楼
……Tel:3398529

鄱阳县（0793）

鄱阳县农业开发办公室
地址：鄱阳县
……Tel:6268875

鄱阳县农业农村局
地址：鄱阳县
……Tel:6263308

鄱阳县林业局
地址：鄱阳县
……Tel:6272756

江西省渔政管理局鄱阳分局
地址：鄱阳县省九条巷
……Tel:6280903

鄱阳县扶贫开发领导小组办公室
地址：鄱阳县
……Tel:6279501

鄱阳县乡镇企业局
地址：鄱阳县
……Tel:6282245

鄱阳县新农村建设工作办公室
地址：鄱阳县
……Tel:6279985

鄱阳县农业产业化领导小组办公室
地址：鄱阳县
……Tel:6270136

万年县（0793）

万年县农业开发办公室
地址：万年县城六零北大道
……Tel:3848701

万年县农业农村局
地址：万年县城六零北大道
……Tel:3835998

万年县林业局
地址：万年县城六零北大道
……Tel:3833766

万年县水产局
地址：万年县城六零南大道
……Tel:3833166

万年县扶贫办公室
地址：万年县城石洋东路
……Tel:3832532

万年县中小企业局
地址：万年县城正大东街
……Tel:3834035

婺源县（0793）

婺源县农业综合开发办
地址：婺源县
……Tel:7360020

婺源县农业农村局
地址：婺源县农民街
……Tel:7416010

婺源县林业局
地址：婺源县城南路
……Tel:7352057

婺源县扶贫办
地址：婺源县
……Tel:7360279

婺源县老区建设办公室
地址：婺源县蚺城路26号
……Tel:7351380

婺源县中小企业管理局
地址：婺源县
……Tel:7362832

德兴市（0793）

德兴市农业农村局
地址：德兴市
……Tel:7522990

德兴市林业局
地址：德兴市
……Tel:7522485

德兴市中小企业局
地址：德兴市
……Tel:7522114

建设管理

南昌市（0791）

南昌市辖区（0791）

南昌市住房公积金管理中心
地址：南昌市西湖区孺子路223号房地产交易市场3楼

Tel:86222174

南昌市房产管理局
地址：南昌市西湖区孺子路223号
Tel:86279893

南昌市建筑行业安全管理监督站
地址：南昌市红谷滩建设大厦20楼
Tel:88535375

南昌市城乡规划局
地址：南昌市红谷滩红谷大厦B座22楼
Tel:83986502

南昌市城乡建设委员会
地址：南昌市红谷滩市政府大楼6楼
Tel:83884167

南昌市城市管理行政执法局东湖 区分局
地址：南昌市东湖区桂旺巷16-1号
Tel:86791318

南昌市城市管理行政执法局西湖 区分局
地址：南昌市西湖区康王路52号
Tel:86509090

南昌市城市管理行政执法局红谷 滩新区分局
地址：南昌市红谷滩庐山南大道157号
Tel:83855378

南昌市城市管理行政执法局青山 湖区分局
地址：南昌市高新大道1681号
Tel:88332780

南昌市城市管理行政执法局高新 区分局
地址：南昌市高新开发区创新路博微大厦
Tel:88169638

南昌市城市管理行政执法局桑海 分局
地址：南昌市桑海开发区
Tel:83825619

南昌市城市管理委员会
地址：南昌市会展路199号红谷大厦
Tel:83986622

东湖区城市建设局
地址：南昌市建德观358号
Tel:86776290

东湖区城市管理局
地址：南昌市阳明东路386号
Tel:88616883

西湖区房产管理局
地址：南昌市抚生路369号
Tel:86597334

西湖区城乡建设局
地址：南昌市抚生路369号七号楼三楼
Tel:86564550

西湖区城市规划建设领导小组办公室
地址：南昌市西湖区抚生路369号区政府
Tel:86565211

西湖区城市管理局
地址：南昌市抚生路369号7号楼5楼
Tel:86565330

青山湖区住房和城乡建设局
地址：南昌市南京东路699号
Tel:88102831

青山湖区城市管理委员会
地址：南昌市青山湖区学院路160号
Tel:88102024

青云谱区房产管理局
地址：南昌市广州路268号
Tel:88440089

青云谱区城乡建设局
地址：南昌市广州路268号
Tel:88462262

青云谱区城市管理局
地址：南昌市广州路268号
Tel:88455946

湾里区房地产管理局
地址：南昌市湾里区幸福路215号
Tel:83760879

南昌县（0791）
南昌县住房资金管理中心
地址：南昌县向阳路790号
Tel:85998634

南昌县房产管理局
地址：南昌县府前西路5号
Tel:85712328

南昌县城乡规划建设局
地址：南昌县公园路28号
Tel:85712678

南昌住房公积金管理中心南昌县办事处
地址：南昌县府前东路88号县建行2楼
Tel:85735683

新建县（0791）
南昌住房公积金管理中心新建县办事处
地址：新建县新建大道365号
Tel:83731607

新建县房地产管理局
地址：新建县文化大道858号
Tel:83733922

新建县城乡规划建设局
地址：新建县长镇文化大道838号
Tel:83733921

安义县（0791）
南昌住房公积金管理中心安义县办事处
地址：安义县龙津镇县建行三楼
Tel:83425677

安义县房地产管理局
地址：安义县龙津镇人民路
Tel:83422251

安义县建设工程招标投标办公室
地址：安义县解放路209号
Tel:83428210

安义县城乡规划建设局
地址：安义县解放路209号
Tel:83422176

进贤县（0791）
南昌住房公积金管理中心进贤办 事处
地址：进贤县校前路
Tel:85650835

进贤县房产管理局
地址：进贤县钟陵路280号
Tel:85671273

进贤县城乡规划建设局
地址：进贤县县政府大院内西侧
Tel:85663032

景德镇市（0798）
景德镇市辖区（0798）
景德镇市住房公积金管理中心
地址：景德镇市
Tel:8511818

景德镇市住房制度改革办公室
地址：景德镇市
Tel:8216366

景德镇市环境卫生管理局
地址：景德镇市瓷都大道1020号
Tel:8506628

景德镇市房产管理局
地址：景德镇市环城北路新市场监督管理局大楼内
Tel:8569136

景德镇市建设局
地址：景德镇市瓷都大道496号
Tel:8525112

景德镇市建筑工程招标投标办公室
地址：景德镇市里村花园物资大楼2栋
Tel:8493672

景德镇市城市规划局
地址：景德镇市阳光花苑写字楼
Tel:8290960

景德镇市廉租住房管理办公室
地址：景德镇市浙江路二手房交易中心边
Tel:8576719

昌江区环境卫生管理局
地址：景德镇市昌江区政府大院内
Tel:8336216

浮梁县（0798）
景德镇住房公积金管理中心浮梁办事处
地址：浮梁县朝阳大道
Tel:2623989

浮梁县房地产管理局
地址：浮梁县开源东路
Tel:2628032

浮梁县房改办 浮梁县开源东路
Tel:2626549

浮梁县建设生态环境局
地址：浮梁县
Tel:2622101

浮梁县城建局
地址：浮梁县
Tel:2629166

乐平市（0798）
乐平市房地产管理局
地址：乐平市
Tel:6821016

萍乡市（0799）
萍乡市辖区（0799）
萍乡市住房公积金管理中心
地址：萍乡市公园路富丽大厦
Tel:6814053

萍乡市规划局
地址：萍乡市韶山西路1号
Tel:6661900

萍乡市房产管理局
地址：萍乡市公园路富丽大厦8楼
Tel:6832161

萍乡市城建局
地址：萍乡市跃进北路98号
Tel:6333149

萍乡市重点工程建设办公室
地址：萍乡市迎宾路市政府内
Tel:6816359

萍乡经济开发区城市管理局
地址：萍乡市光丰铁路桥旁登丰巷29号
Tel:6782603

湘东区房产管理局
地址：湘东区泉湖垅
Tel:3441787

湘东区建设局
地址：湘东区泉湖垅东路59号
Tel:3435306

安源新区开发建设管理委员会
地址：萍乡市平安大道区政府综合大楼内
Tel:6661225

莲花县（0799）
萍乡市住房公积金管理中心驻莲 花办事处
地址：莲花县永安大道
Tel:7229673

莲花县住房制度改革领导小组 办公室
地址：莲花县新建街
Tel:7222412

莲花县城市管理局
地址：莲花县
Tel:7221347

莲花县城建局
地址：莲花县
Tel:7226228

上栗县（0799）
萍乡市住房公积金管理中心驻上栗县办事处
地址：上栗县朝阳路
Tel:3666406

上栗县房屋产权管理局
地址：上栗县栗江东路60号
Tel:3661423

上栗县建设规划局
地址：上栗县萍粟南路
Tel:3661381

芦溪县（0799）
萍乡市住房公积金管理中心驻芦溪办事处
地址：芦溪县
Tel:7585975

芦溪县房产管理局
地址：芦溪县
Tel:7554229

芦溪县建设局
地址：芦溪县武功大道
Tel:7551131

九江市（0792）
九江市辖区（0792）
九江市环境科学研究室
九江市浔阳区浔阳东路133号
Tel:8586746

九江市规划局
地址：九江市浔阳区南湖支路7号
Tel:8588177

九江市规划局开发区分局
地址：九江市经济技术开发区柴桑大市场西C102
Tel:8330569

九江市房产管理局
地址：九江市浔阳区浔阳东路11号10楼
Tel:8137271

九江市建设工程招标投标办公室
地址：九江市浔阳区长虹大道
Tel:8578486

九江市建设局
地址：九江市浔阳区长虹大道32号
Tel:8581320

九江市城市规划办公室
地址：九江市浔阳区南湖支路
Tel:8587382

九江市城市管理行政执法局
地址：九江市浔阳区九江航空宾馆
Tel:8586559

庐山区房产管理局
地址：九江市庐山区十里大道1478号
Tel:8252076

浔阳区市场建设服务局
地址：九江市浔阳区长虹北路17号京九大市场E栋
Tel:8550613

浔阳区市容环境卫生管理局
地址：九江市浔阳区浔阳路46号
Tel:8224002

浔阳区房产管理局
地址：九江市浔阳区庾亮北路2号
Tel:8136489

柴桑新城建设领导小组办公室
地址：九江市经济枝术开发区长江大道332-19号
Tel:8333605

修水县（0792）
九江市住房公积金管理中心修水 办事处
地址：修水县建行2楼
Tel:7237366

修水县房地产管理局
地址：修水县义宁镇修江路11号
Tel:7221926

修水县城乡规划局
地址：修水县政府新大楼
Tel:7221706

修水县城乡建设局
地址：修水县修江路6号
Tel:7232566

修水县城市管理执法局
地址：修水县
Tel:7238161

新城行政中心建设管理委员会
地址：修水县
Tel:7264149

武宁县（0792）
武宁县房地产管理局
地址：武宁县古艾路
Tel:2761073

武宁县城乡规划局
地址：武宁县豫宁大道90号
Tel:2782771

武宁县城市管理局
地址：武宁县豫宁大道
Tel:2777251

武宁县城建局
地址：武宁县豫宁大道90号
Tel:2781386

瑞昌市（0792）
瑞昌市市容监督管理局
地址：瑞昌市溪路
Tel:4211622

瑞昌市住房公积金管理中心
地址：瑞昌市赤乌中路
Tel:4228700

瑞昌市规划局
地址：瑞昌市人民南路32号
Tel:4222163

瑞昌市房地产管理局
地址：瑞昌市建设路16号
Tel:4220869

瑞昌市建设局
地址：瑞昌市人民南路52号
Tel:4222449

永修县（0792）
九江市住房公积金管理中心永修县办事处
地址：永修县
Tel:3228670

永修县市容环境卫生管理局
地址：永修县新城大道
Tel:3231311

永修县房产管理局
地址：永修县建昌大道
Tel:3222355

永修县建设局
地址：永修县建昌西路
Tel:3223593

德安县（0792）
德安县房地产管理局
地址：德安县开发区
Tel:4668828

德安县建设局
地址：德安县宝塔大道
Tel:4667885

九江县（0792）
九江市住房公积金管理中心九江县办事处
地址：九江县建行大厅一楼
Tel:6812262

九江县市容监督管理局
地址：九江县沿河南路16号
Tel:6817211

九江县房地产管理局
地址：九江县庐山东路25号
Tel:6812294
地址：九江县建设局扎江县庐山南路1号
Tel:6812391

星子县（0792）
九江市住房公积金管理中心星子县办事处
地址：星子县南康大道
Tel:2660977

星子县房地产管理局
地址：星子县柳絮路
Tel:2665015

星子县建设局
地址：星子县柳絮路
Tel:2672568

星子县城乡建设规划办公室
地址：星子县秀峰大道
Tel:2666555

都昌县（0792）
九江市住房公积金管理中心部昌办事处
地址：都昌县东风大道
Tel:5229318

都昌县规划建设局
地址：都昌县东风大道59号
Tel:5223311

都昌县房地产管理局
地址：都昌县东街步行街
Tel:5228188

都昌县城市规划建设管理领导小组办公室
地址：都昌县芙蓉路
Tel:5235368

都昌县城市管理行政执法局
地址：都昌县
Tel:5234086

都昌县城建局
地址：都昌县东风大道59号
Tel:5229858

湖口县（0792）
九江公积金中心湖口办事处
地址：湖口县县工商银行四楼
Tel:6338966

湖口县规划建设局
地址：湖口县三里大道
Tel:6322230

湖口县房地产管理局
地址：湖口县洋港路

……Tel:6336794

彭泽县（0792）
九江市住房公积金管理中心彭泽办事处
地址：彭泽县龙泉路
……Tel:5672006

彭泽县房产管理局
地址：彭泽县马湖路
……Tel:5661070

彭泽县建设局
地址：彭泽县
……Tel:5662657

庐山风景区（0792）
庐山风景名胜区管理局
地址：庐山橄榄山路2号
……Tel:8281040

庐山环保环卫局
地址：庐山电厂路969号
……Tel:8281459

庐山房产局
地址：庐山慧远路801号
……Tel:8281123

共青开发区（0792）
九江市住房公积金管理中心共青 办事处
地址：九江市共青城
……Tel:4342928

共青城城乡和环保建设局
地址：九江市共青城
……Tel:4357391

新余市（0790）
新余市辖区（0790）
渝水区建设局
地址：新余市站前西路121号
……Tel:6222581

新余市住房公积金管理中心
地址：新余市长青南路229号
……Tel:6436616

新余市规划局
地址：新余市长青北路527号
……Tel:6442132

新余市房产管理局
地址：新余市长青北路311号
……Tel:6449960

新余市建设局
地址：新余市仙来中大道148号
……Tel:6442140

新余市城市房屋改造服务中心
地址：新余市长青北路311号房管局10楼
……Tel:6452970

祈余市城市管理行政执法局
地址：新拿市青年路
……Tel:6416297

新余市廉租住房管理中心
地址：新余市长青北路511号房管局9楼
……Tel:6448955

分宜县（0790）
分宜县住房公积金管理中心
地址：分宜县铃山东路
……Tel:5811918

分宜县房地产管理局
地址：分宜县行政中心大楼
……Tel:5881387

分宜县城市建设局
地址：分宜县铃山西路
……Tel:5811663

鹰潭市（0701）
鹰潭市辖区（0701）
龙虎山风景建设规划局
地址：鹰潭市龙虎山镇
……Tel:6656386

鹰潭市住房公积金管理中心
地址：鹰潭市胜利西路1号2楼
……Tel:6232066

鹰潭市规划局
地址：鹰潭市环城东路33号
……Tel:6258269

鹰潭市房产管理局
地址：鹰潭市
……Tel:6221010

鹰潭市建设局
地址：鹰潭市林荫东路4号
……Tel:6224922

鹰潭市城市管理局
地址：鹰潭市
……Tel:6280808

余江县（0701）
余江县住房公积金管理中心
地址：余江县工行四楼
……Tel:5882035

余江县房产管理局
地址：余江县沿河北路
……Tel:5890236

贵溪市（0701）
贵溪市住房公积金管理中心
地址：贵溪市建设路冶金大道
……Tel:3310923

贵溪市房产管理局
地址：贵溪市沿河路
……Tel:3793959

贵溪市建设工程招标投标交易中心
地址：贵溪市四冶路
……Tel:3310119

贵溪市建设局
地址：贵溪市建设大道398号
……Tel:3315170

贵溪市城乡规划局
地址：贵溪市建设大道
……Tel:3310334

赣州市（0797）
赣州市辖区（0797）
通天岩风景名胜区管理局
地址：赣州市章贡区水西镇黄沙桥通天岩村
……Tel:8334911

赣区车辆停放管理大队
地址：赣州市东阳山路
……Tel:8270583

赣区建设局
地址：赣州市东阳山路5号
……Tel:8223825

赣州市园林局
地址：赣州市火车站旁边
……Tel:8181611

赣州市住房公积金管理中心
地址：赣州市健康路银顶花园
……Tel:8217753

赣州市房地产管理局
地址：赣州市文清路57号
……Tel:8209937

赣州市城乡规划建设局
地址：赣州市厚德路121号
……Tel:8225453

赣州市城市规划区绿化办公室
地址：赣州市环城路2号
……Tel:8236684

赣县（0797）
赣州市住房公积金管理中心赣县办事处
地址：赣县双龙大道
……Tel:4441031

赣县房地产抵押办公室
地址：赣县双龙大道北段
……Tel:4443294

赣县房地产管理局
地址：赣县双龙大道43号
……Tel:4436875

赣县建设局
地址：赣县梅林大街3号
……Tel:4441884

赣县城市管理局
地址：赣县红砖路
……Tel:4431370

信丰县（0797）
信丰县住房公积金管理中心
地址：信丰县水北路
……Tel:3316784

信丰县房产管理局
地址：信丰县阳明路
……Tel:3327009

信丰县建设局
地址：信丰县水北路
……Tel:3323201

信丰县城市管理局
地址：信丰县阳明路
……Tel:3321218

信丰县城建局
地址：信丰县阳明路
……Tel:3317034

信丰县南门旧城改造领导小组办公室
地址：信丰县南山中路
……Tel:3310018

大余县（0797）
大余县房地产管理局
地址：大余县中信广场
……Tel:8732051

大余县城乡规划建设局
地址：大余县南安大道
……Tel:8722169

大余县城市管理局
地址：大余县南安大道
……Tel:8722275

赣州市住房公积金管理中心大余 县办事处
地址：大余县建设路
……Tel:8722075

上犹县（0797）
上犹县住房公积金管理中心
地址：上犹县建筑公司三楼
……Tel:8521626

上犹县环境卫生管理局
地址：上犹县滨江路
……Tel:8549867

上犹县房地产管理局
地址：上犹县水南大道192号
……Tel:8548640

上犹县建设局
地址：上犹县自来水公司大楼
……Tel:8542463

上犹县城市管理局
地址：上犹县烟草公司后面
……Tel:8521086

崇义县（0797）
崇义县招标投标中心
地址：崇义县林业局院内
……Tel:3817880

崇义县房地产管理局
地址：崇义县章源大道961号
……Tel:3812365

崇义县建设局
地址：崇义县章源大道
……Tel:3822768

崇义县城市管理局
地址：崇义县阳岭大道
……Tel:3821536

赣州市住房公积金管理中心崇义 县办事处
地址：崇义县阳岭大道
……Tel:3812894

安远县（0797）
安远县房地产管理局
地址：安远县
……Tel:3732548

安远县建设局
地址：安远县
……Tel:3724078

安远县城市管理局
地址：安远县九龙商贸城内
……Tel:3726786

赣州市住房公积金管理中心安远 办事处
地址：安远县
……Tel:3726881

龙南县（0797）
龙南县环境卫生管理局
地址：龙南县人民大道中段
……Tel:3543117

龙南县房地产管理局
地址：龙南县民主街67号
……Tel:3515487

龙南县建设局
地址：龙南县龙翔大道
……Tel:3529090

龙南县城市管理局
地址：龙南县金水大道1号
……Tel:3513222

赣州市住房公积金管理中心龙南 办事处
地址：龙南县丰泽园对面农行二楼
……Tel:3523756

定南县（0797）
定南县房产管理局
地址：定南县
……Tel:4291129

定南县城市规划建设局
地址：定南县
……Tel:4290155

定南县城市管理局
地址：定南县
……Tel:4289738

赣州市住房公积金管理中心定南 县办事处
地址：定南县
……Tel:4261963

全南县（0797）
全南县规划建设局
地址：全南县新城A区金龙大道
……Tel:2605858

全南县房地产管理局
地址：全南县含江路
……Tel:2632697

全南县建设工程招标投标办公室
地址：全南县新城区金龙大道
……Tel:2608285

全南县城市管理局
地址：全南县经贸委大院内
……Tel:2608828

赣州市住房公积金管理中心全南 办事处
地址：全南县含江路
……Tel:2630139

宁都县（0797）
宁都县住房公积金管理中心
地址：宁都县梅江南路
……Tel:6830623

宁都县房地产管理局
地址：宁都县解放东路
……Tel:6832835

宁都县建设局
地址：宁都县文化广场旁
……Tel:6832828

宁都县清房办公室
地址：宁都县县委办公大楼
……Tel:6822864

于都县（0797）
于都县房地产管理局
地址：于都县红军大道
……Tel:6336798

于都县城乡规划建设局
地址：于都县红军大道街心花园
……Tel:6333000

于都县城市管理局
地址：于都县龙脑一段
……Tel:6239132

赣州市住房公积金管理中心于都 县办事处
地址：于都县长征大道22号
……Tel:6210066

兴国县（0797）
兴国县旧城修复收指挥部办公室
地址：兴国县治平观
……Tel:5318106

兴国县房地产管理局
地址：兴国县潋江大道房产大楼四楼
……Tel:5316986

兴国县建设局
地址：兴国县西街188号
……Tel:5322026

兴国县城市管理局
地址：兴国县瑶岗西路66号
……Tel:5315732

赣州市住房公积金管理中心兴国 县办事处
地址：兴国县建行三楼
……Tel:5326934

会昌县（0797）
会昌县市容环境卫生管理局
地址：会昌县城水西村口
……Tel:5639891

会昌县住房公积金管理中心
地址：会昌县延伸街中段
……Tel:5622491

会昌县房地产管理局
地址：会昌县城北街7号
……Tel:5626991

会昌县建设局
地址：会昌县南外街203号
……Tel:5637060

会昌县城市管理局
地址：会昌县广场老一中
……Tel:5636266

寻乌县（0797）
寻乌县房地产管理局
地址：寻乌县
……Tel:2841743

寻乌县建设局
地址：寻乌县
……Tel:2843471

寻乌县城乡规划局
地址：寻乌县
……Tel:2831269

赣州市仕房公积金管理中心寻乌 县办事处
地址：寻乌县
……Tel:2842024

石城县（0797）
石城县住房公积金管理中心
地址：石城县西华中路工行楼上
……Tel:5711747

石城县招标投标中心
地址：石城县西华北路251号
……Tel:5702816

石城县房地产管理局
地址：石城县琴江路99号
……Tel:5712716

石城县建设局
地址：石城县西华中路92号
……Tel:5711336

瑞金市（0797）
罗汉岩风景名胜区管理局
地址：瑞金市红都大道
……Tel:2351188

瑞金市抗震办公室
地址：瑞金市
……Tel:2521001

瑞金市园林路灯管理局
地址：瑞金市
……Tel:2518933

瑞金市招标投标中心
地址：瑞金市桦林南路公务大楼对面
……Tel:2515869

瑞金市房地产管理局
地址：瑞金市八一路老商业局对面
……Tel:2510461

瑞金市建筑工程招标投标办公室
地址：瑞金市建设局院内3楼
……Tel:2529738

瑞金市城市管理办公室
地址：瑞金市沿江路
……Tel:2514196

赣州市公积金管理中心瑞金办事处
地址：瑞金市建行二楼
……Tel:2518001

南康区（0797）
南水新城区开发建设管理委员会
地址：南康区芙蓉新城南边
……Tel:6606222

南康区创省级园林城市办公室
地址：南康区市政办公大楼
……Tel:6608488

南康区住房公积金管理中心
地址：南康区泰康中路
……Tel:6618581

南康区规划局唐江分局
地址：南康区唐江镇
……Tel:6662595

南康区房地产管理局
地址：南康区泰康中路
……Tel:6613270

南康区建设局

地址：南康区
Tel:6643261

南康区城区"一江两岸"建设管理办公室
地址：南康区
Tel:6616446

南康区政务信息中心
地址：南康区市政办公大楼
Tel:6605506

吉安市（0796）

吉安市辖区（0798）

吉州区住房制度改革办公室
地址：吉安市吉州区政府院内
Tel:8335043

吉州区建设局
地址：吉安市吉州区韶山东路50号
Tel:8269551

吉安市市容监督管理局
地址：吉安市解缙路67号
Tel:8221150

吉安市住房公积金管理中心
地址：吉安市北门街吉安市建设局4楼
Tel:8225341

吉安市房地产管理局
地址：吉安市人民路61号
Tel:8223417

吉安市建设局
地址：吉安市北门街
Tel:8220617

吉安市城市规划管理处
地址：吉安市韶山东路30号
Tel:8269146

吉安市城市管理局
地址：吉安市解缙路67号
Tel:8234968

吉安县（0796）

吉安市住房公积金管理中心吉安 县办事处
地址：吉安县庐陵大道
Tel:8441356

吉安县市容监督管理局
地址：吉安县凤凰路
Tel:8442694

吉安县规划建设局
地址：吉安县文山路
Tel:8431708

吉安县房地产管理局
地址：吉安县白云路
Tel:8442154

吉水县（0796）

吉水县市容监督管理局
地址：吉水县文峰大道
Tel:8680696

吉水县招标投标中心
地址：吉水县龙华中大道中国银行六楼
Tel:8680292

吉水县房地产管理局
地址：吉水县文化西路
Tel:3525796

吉水县建设局
地址：吉水县龙华北大道499号
Tel:3597598

吉安市住房公积金管理中心吉水 办事处
地址：吉水县文化西路
Tel:3526144

峡江县（0796）

吉安市住房公积金管理中心峡江 办事处
地址：峡江县百花路
Tel:3673950

峡江县房地产管理局
地址：峡江县百花路
Tel:3695917

峡江县建设局
地址：峡江县百花路
Tel:3695284

新干县（0796）

吉安市住房公积金管理中心新干 办事处
地址：新干县
Tel:2603087

新干县住房资金管理所
地址：新干县金川南大道
Tel:2685301

新干县规划建设局
地址：新干县京惠西路2号
Tel:2602172

新干县房地产管理局
地址：新干县川琴路20号
Tel:2611779

永丰县（0796）

永丰县住房公积金管理中心
地址：永丰县直街
Tel:2516576

永丰县规划建设局
地址：永丰县欧阳修大道欧阳修广场南路
Tel:2511263

永丰县房地产管理局
地址：永丰县恩江镇六一路
Tel:2511582

泰和县（0796）

吉安市住房公积金管理中心泰和办事
地址：泰和县工农兵大道建行2楼
Tel:5332281

泰和县规划建设局
地址：泰和县白凤大道
Tel:8638022

泰和县房地产管理局
地址：泰和县山谷路
Tel:8638350

泰和县城市管理局
地址：泰和县白凤大道
Tel:8639011

泰和县革命老根据地建设委员会
地址：泰和县白凤大道
Tel:8638648

遂川县（0796）

遂川县住房公积金管理中心
地址：遂川县龙川大道
Tel:6325221

遂川县房地产管理局
地址：遂川县龙川大道
Tel:6121849

遂川县建设局
地址：遂川县工农兵大道
Tel:6322276

遂川县城市管理局
地址：遂川县文献街
Tel:6323830

万安县（0796）

万安县住房公积金万安办事处
地址：万安县凤凰路
Tel:5705688

万安县房地产管理局
地址：万安县五云路342号
Tel:5707126

万安县建设工程招标技术管理办公室
地址：万安县崇文路12号
Tel:5707296

万安县建设局
地址：万安县崇文东路2号
Tel:5701588

万安县革命老根据地建设委员会
地址：万安县崇文西路
Tel:5701335

安福县（0796）

吉安市住房公积金中心安福办事处
地址：安福县文塔路50号
Tel:7621182

安福县房地产管理局
地址：安福县文塔路
Tel:7622024

安福县建设局
地址：安福县安平路186号
Tel:7631168

永新县（0796）

吉安住房公积金管理中心永新县 办事处
地址：永新县建行四楼
Tel:7717184

井冈山市（0796）

井冈山市规划局
地址：井冈山市
Tel:6559100

井冈山市房地产管理局
地址：井冈山市新城区
Tel:6890373

井冈山市建设局
地址：井冈山市新城区
Tel:6891608

井冈山市城市管理局
地址：井冈山市新城区
Tel:6890663

宜春市（0795）

宜春市辖区（0795）

宜春市城市规划局
地址：宜春市袁山大道中路215号
Tel:3576212

宜春市城建局
地址：宜春市袁山大道西
Tel:3550070

奉新县（0795）

奉新县房产管理局
地址：奉新县冯川西路36号
Tel:4622221

奉新县建设局
地址：奉新县狮山大道西路43号
Tel:4622763

奉新县城市管理局
地址：奉新县狮山西大道462号
Tel:4626258

万载县（0795）

万载县房地产管理局
地址：万载县后街路142号
Tel:8823758

万载县建设局
地址：万载县
Tel:8823207

万载县城市管理局
地址：万载县
Tel:8829059

宜春市住房公积金管理中心万载 办事处
地址：万载县
Tel:8823483

上高县（0795）

上高县建设局
地址：上高县交通路
Tel:2511924

上高县城市管理局
地址：上高县学园路
Tel:2529760

宜丰县（0795）

宜丰县房地产管理局
地址：宜丰县新昌西大道37号
Tel:2751389

宜丰县建设局
地址：宜丰县新昌中大道
Tel:2765170

靖安县（0795）

靖安县房地产管理局
地址：靖安县后港东路31号
Tel:4662264

靖安县建设局
地址：靖安县后港东路15号
Tel:4662152

靖安县城市管理局
地址：靖安县新大街
Tel:4664426

铜鼓县（0795）

宜春市住房公积金管理中心铜鼓 办事处
地址：铜鼓县
Tel:8712712

铜鼓县房地产管理局
地址：铜鼓县
Tel:8722042

铜鼓县建设局
地址：铜鼓县沿河路229路
Tel:8722961

铜鼓县城市管理局
地址：铜鼓县城南东路330－5号
Tel:8690791

丰城市（0795）

丰城市规划局
地址：丰城市建设大楼2楼
Tel:6609271

丰城市房地产管理局
地址：丰城市建设大楼
Tel:6609280

丰城市建设局
地址：丰城市建设大楼9楼
Tel:6609232

丰城市城市管理局
地址：丰城市建设大楼4楼
Tel:6609296

樟树市（0795）

宜春市住房公积金管理中心樟树 办事处
地址：樟树市杏佛路
Tel:7368969

樟树市房地产管理局
地址：樟树市药都南大道
Tel:7332681

樟树市建设局
地址：樟树市杏佛路67号
Tel:7362066

樟树市城市管理局
地址：樟树市四特大道
Tel:7364656

高安市（0795）

高安市住房公积金管理中心
地址：高安市桥北路
Tel:5285703

高安市房地产管理局
地址：高安市筠泉路
Tel:5211555

高安市建设局
地址：高安市瑞州中路
Tel:5282867

高安市城市管理局
地址：高安市桥北路
Tel:5283405

抚州市（0794）

抚州市辖区（0794）

抚州市住房公积金管理中心
地址：抚州市赣东大道30号
Tel:8221327

抚州市住房制度改革工作管理委员会
地址：抚州市赣东大道61O号
Tel:8224441

抚州市房产管理局
地址：抚州市大公路61号
Tel:8288099

抚州市建设局
地址：抚州市赣东大道756号
Tel:8238127

抚州市城市规划局
地址：抚州市大公路144号
Tel:8282172

抚州市城市建设综合开发办公室
地址：抚州市大公路61号九洲大厦
Tel:8273775

抚州市城市管理行政执法局
地址：抚州市学府路500号
Tel:8299689

抚州市城市管理局
地址：抚州市学府路78号
Tel:8298118

抚州市城市管理局第一分局
地址：抚州市临川大道
Tel:8230333

金巢开发区工程管理局
地址：抚州市伍塘路中段
Tel:8253399

临川区（0794）

临川区住房公积金管理中心
地址：临川区建行三楼
Tel:8430925

临川区住房管理委员会
地址：抚州市大公路86号
Tel:8286264

临川区房地产管理局
地址：临川区玉茗路35号
Tel:8447183

临川区建设局
地址：临川区新行政中心大楼
Tel:8430997

洋洲乡城镇规划所
临川区洋洲大道
Tel:8336185

南城县（0794）

抚州市住房公积金管理中心南城 办事处
地址：南城县盱江大道建行五楼
Tel:7257158

南城县房管局
地址：南城县夫人田房管局新大楼
Tel:7253148

南城县建设局
地址：南城县建昌大道
Tel:7254551

南城县城市管理局
地址：南城县建昌大道登高山脚下
Tel:7236806

黎川县（0794）

黎川县市容管理局
地址：黎川县物资局二楼
Tel:7529866

黎川县房地产管理局
地址：黎川县东方红大道
Tel:7521858

黎川县城市建设局
地址：黎川县日峰路42号
Tel:7522825

南丰县（0794）

南丰县住房公积金管理中心
地址：南丰县新建路工商银行四楼
Tel:3207981

南丰县房地产管理局
地址：南丰县交通路综合办事大楼
Tel:3200519

南丰县建设局
地址：南丰县城墙路1O号
Tel:3202049

南丰县城市管理局
地址：南丰县大桥路
Tel:3357671

崇仁县（0794）

崇仁县市容环境卫生管理局
地址：崇仁县中山路
Tel:6315178

崇仁县房产管理局
地址：崇仁县县府西路
Tel:6328790

崇仁县建设局
地址：崇仁县
Tel:6332329

崇仁县城市管理局
地址：崇仁县中山路
Tel:6326651

崇仁县城建局
地址：崇仁县府西路
Tel:6332226

乐安县（0794）

乐安县房地产管理局
地址：乐安县象山路300号
Tel:6592729

乐安县建设局
地址：乐安县敖溪路6号
Tel:6576061

抚州市住房公积金管理中心乐安 办事处
地址：乐安县敖溪路
Tel:6592731

宜黄县（0794）

宜黄县住房公积金管理中心
地址：宜黄县学前街
Tel:7607448

宜黄县城市建设局
地址：宜黄县
Tel:7612596

金溪县（0794）

金溪县住房资金管理所
地址：金溪县秀谷西大道780号
Tel:5290521

金溪县房地产管理局
地址：金溪县象山南路
Tel:5259800

金溪县城市建设局
地址：金溪县秀谷中大道117号

Tel:5259399

金溪县城市管理局
地址：金溪县秀谷中大道
Tel:5299689

周家山安居工程住房公积金管理 中心
地址：金溪县周家山
Tel:5291569

资溪县（0794）

抚州市住房公积金管理中心资溪 县办事处
地址：资溪县解放南路
Tel:5796489

资溪县房管局
地址：资溪县建设中路61号
Tel:5792409

资溪县建设局
地址：资溪县建设中路61号
Tel:5792782

东乡县（0794）

东乡县招投标中心
地址：东乡县恒安西路财政局对面
Tel:4239829

东乡县房地产管理局
地址：东乡县舒同西路
Tel:4224319

东乡县城市管理局
地址：东乡县开发区建材市场F幢
Tel:4278236

东乡县城建局
地址：东乡县供电局隔壁
Tel:4221908

抚州市住房公积金中心东乡办事处
地址：东乡县恒安西路建行二楼
Tel:4226326

广昌县（0794）

广昌县住房公积金管理中心
地址：广昌县盱江路
Tel:3615535

广昌县房产管理局
地址：广昌县子暄南路2号
Tel:3619016

广昌县建设局
地址：广昌县子暄南路2号
Tel:3622509

广昌县城市管理局
地址：广昌县团结一路11号
Tel:3612391

上饶市（0793）

上饶市辖区（0793）

三江新城区管理委员会
地址：上饶市五三大道
Tel:8152702

上饶市中心区建设委员会
地址：上饶市凤凰大道中心区新闻大楼四楼
Tel:8326080

上饶市地震办公室
地址：上饶市书院路110号市委党校内
Tel:8222403

上饶市园林绿化管理局
地址：上饶市庆丰路1号
Tel:8203949

上饶市住房公积金管理中心
地址：上饶市赣东北大道42号饶兴大厦
Tel:8236996

上饶市建设局
地址：上饶市赣东北大道42号
Tel:8223314

上饶市城市规划局
地址：上饶市赣东北大道42号
Tel:8223239

信州区工程建施工招标投标办公室
地址：上饶市胜利路47号
Tel:8300537

信州区住房公积金管理中心
地址：上饶市胜利路胜利公寓
Tel:8222759

信州区房改办
地址：上饶市赣东北大道42号
Tel:8238747

信州区建设局
地址：上饶市胜利路47号
Tel:8300985

上饶县（0793）

上饶县住房公积金管理中心
地址：上饶县凤凰西路亲亲家园1号楼201室
Tel:8452798

上饶县房地产管理局
地址：上饶县信美路11号
Tel:8452582

上饶县建设局
地址：上饶县
Tel:8464408

上饶县城乡规划局
地址：上饶县信美路4号
Tel:8464571

上饶县城市管理局
地址：上饶县吉阳大道
Tel:8464881

广丰区（0793）

上饶市住房公积金管理中心广丰 县办事处
地址：广丰区芦林大道
Tel:2615511

广丰区房地产管理局
地址：广丰区白鹤畈
Tel:2652587

广丰区建设局
地址：广丰区西广路
Tel:2652634

玉山县（0793）

玉山县住房公积金管理中心
地址：玉山县
Tel:2555382

玉山县房地产管理局
地址：玉山县三清大道59号
Tel:2552957

玉山县房改办
地址：玉山县
Tel:2557672

玉山县建设局
地址：玉山县人民大道148号
Tel:2553998

玉山县城乡规划局
地址：玉山县玉建大厦二楼
Tel:2567736

玉山县城市管理局
地址：玉山县人民大道148号
Tel:2560560

铅山县（0793）

铅山县住房公积金管理中心
地址：铅山县信州东路
Tel:5334419

铅山县房地产管理局
地址：铅山县人民路16号
Tel:5332027

铅山县建设局
地址：铅山县城东社区鹅湖大道88号
Tel:5332315

铅山县城市管理局
地址：铅山县城东社区鹅湖大道88号
Tel:5166789

横峰县（0793）

上饶市公积金管理中心横峰县办事处
地址：横峰县古窑路房管局二楼
Tel:5794572

横峰县房产管理局
地址：横峰县新建路
Tel:5794597

横峰县建设局
地址：横峰县岑阳镇下窑口
Tel:5794598

弋阳县（0793）

弋阳县住房公积金管理中心
地址：弋阳县
Tel:5880805

弋阳县住房资金管理所
地址：弋阳县旭光大道
Tel:5820484

弋阳县房地产管理局
地址：弋阳县城南新开发区
Tel:5820951

弋阳县建设局
地址：弋阳县志敏大道
Tel:5821720

弋阳县城乡规划建设局
地址：弋阳县志敏大道建安路建设大楼
Tel:5821263

弋阳县城区管理大队
地址：弋阳县
Tel:5883317

弋阳县城市管理局
地址：弋阳县志敏大道市府路
Tel:5821561

余干县（0793）

上饶市住房公积金管理中心余干 办事处
地址：余干县新建街
Tel:3204244

余干县市政管理局
地址：余干县
Tel:3201133

余干县房地产管理局
地址：余干县城北新区
Tel:3396660

余干县房改办公室
地址：余干县东门小区安居实业中心
Tel:3220089

余干县建设局
地址：余干县城北新区建设局大楼
Tel:3396377

余干县城乡规划局
地址：余干县美食一条街
Tel:3396385

余干县城建局
地址：余干县城北新区
Tel:3396369

鄱阳县（0793）

上饶市住房公积金管理中心鄱阳 县办事处
地址：鄱阳县城北新区房地产大厦4楼
Tel:6279253

鄱阳县房地产管理局
地址：鄱阳县城北
Tel:6218185

鄱阳县建设局
地址：鄱阳县鄱阳湖大道建设大厦
Tel:6279593

鄱阳县城乡规划局
地址：鄱阳县城北
Tel:6279630

鄱阳县城市管理局
地址：鄱阳县西门路52号
Tel:6285329

万年县（0793）

万年县规划局
地址：万年县城正大东街
Tel:3849122

万年县房产管理局
地址：万年县建德大街
Tel:3832075

万年县建设局
地址：万年县城正大东街
Tel:3833473

万年县城市管理局
地址：万年县城正大东街
Tel:3848537

上饶住房公积金管理中心万年办事处
地址：万年县城正大东街
Tel:3830440

婺源县（0793）

上饶住房公积金受理中心婺源办事处
地址：婺源县
Tel:7358969

婺源县规划局
地址：婺源县二环路
Tel:7367636

婺源县房地产管理局
地址：婺源县李桑坞路
Tel:7351629

婺源县建设局
地址：婺源县文公南路15号
Tel:7351462

婺源县城市重点建设办公室
地址：婺源县文公南路
Tel:7351156

德兴市（0793）

德兴市规划局
地址：德兴市
Tel:7525886

德兴市房地产管理局
地址：德兴市
Tel:7522819

交通管理

南昌市（0791）

南昌市辖区（0791）

江西省交通厅
地址：南昌市西湖区八一大道275号
Tel:86243533

江西省高等级公路管理局
地址：南昌市朝阳洲中路567号
Tel:86243645

江西省港航管理局
地址：南昌市抚河北路21号
Tel:86702905

南昌市交通局
地址：南昌市红谷滩红谷大厦B座九楼
Tel:83986220

南昌市交通局拖养费稽查征费所
地址：南昌市东湖区阳明路26号
Tel:86807921

青山湖区城乡建设交通局
地址：南昌市南京东路699号
Tel:88102520

湾里区交通局
地址：南昌市湾里区幸福路275号
Tel:83760050

南昌县（0791）

南昌市公路管理局高坊岭分局
地址：南昌县银三角桥旁
Tel:85705255

南昌县交通局
地址：南昌县莲塘中大道559号
Tel:85712196

新建县（0791）

南昌市公路管理局新建分局
地址：新建县长征东路118号
Tel:83752218

新建县交通局
地址：新建县长征路102号
Tel:83751858

安义县（0791）

南昌市公路管理局安义分局
地址：安义县文峰路162号
Tel:83422246

进贤县（0791）

南昌市公路管理局进贤分局
地址：进贤县进贤大道300号
Tel:85663831

进贤县交通局
地址：进贤县胜利南路219号
Tel:85663029

景德镇市（0798）

景德镇市辖区（0798）

景德镇市公路管理局
地址：景德镇市瓷都大道L392号
Tel:8565114

景德镇市交通局
地址：景德镇市迎宾大道汽车站西侧
Tel:8578002

景德镇市航务分局
地址：景德镇市景德大道枫树山小学旁
Tel:8582931

昌江区交通局
地址：景德镇市昌江区政府内
Tel:8329980

昌江交通稽查征费所
地址：景德镇市枫居园对面
Tel:833524

珠山交通稽查征费所
地址：景德镇市瓷都大道581号
Tel:8331193

浮梁县（0798）

景德镇市公路运输管理处
地址：浮梁县洪源
Tel:2812958

浮梁县交通局
地址：浮梁县城开源街老汽车站内
Tel:2620796

浮梁县交通稽查征费所
地址：浮梁县千岛湖隔壁
Tel:2629006

鱼山船闸管理站
地址：浮梁县鲇鱼山镇鱼山村
Tel:2691116

乐平市（0798）

景德镇市公路管理局乐平分局
地址：乐平市扬家岭大连路
Tel:6226932

萍乡市（0799）

萍乡市辖区（0799）

萍乡市交通局
地址：萍乡市金陵东路3号
Tel:6797159

萍乡市公路管理局
地址：萍乡市西环路
Tel:6881351

萍乡市地方海事局
地址：萍乡市金陵西路财会干部学校旁边
Tel:6762658

湘东区交通局
地址：湘东区泉湖垅
Tel:3442264

湘东区交通稽查征费所
地址：湘东区五里亭
Tel:3436876

湘东公路运输管理所
地址：湘东区泉湖垅
Tel:3441875

莲花县（0799）

莲花县交通局
地址：莲花县莲萍路
Tel:7221712

莲花县交通稽查征费所
地址：莲花县
Tel:7225103

莲花县客运管理办公室
地址：莲花县莲萍路
Tel:7221263

上栗县（0799）

上栗县交通局
地址：上栗县李畋大道
Tel:3661334

萍乡市公路管理局上栗分局
地址：上栗县李畋大道52号
Tel:3661426

上栗公路运输管理所
地址：上栗县浏万路
Tel:3661485

上栗县交通稽查征费所
地址：上栗县浏万中路119号
Tel:3661809

芦溪乡（0799）

芦溪县交通局
地址：芦溪县
Tel:7556518

萍乡市公路管理局芦溪分局
地址：芦溪县
Tel:7551609

芦溪县交通稽查征费所
地址：芦溪县
Tel:1560018

九江市（0792）

九江市辖区（0792）

九江长江大桥公路桥管理局
地址：九江市浔阳区桥南路5号
Tel:8553521

九江市公路运输管理处
地址：九江市浔阳区三里街号
Tel:8580741

九江市公路管理局
地址：九江市浔阳区浔阳东路167号
Tel:8585471

九江市交通局
地址：九江市浔阳区浔阳东路99号
······Tel:8584388
九江市郊区交通稽查征费所
地址：九江市庐山区十里大道乡企大厦3楼
······Tel:8261420
九江市港口管理局
地址：九江市浔阳区滨江路105号
······Tel:82247183
中华人民共和国九江海事局
地址：九江市浔阳区庾亮北路1号
······Tel:8210396
江西省交通厅航务管理局九江分局
地址：九江市浔阳区滨江路7173号
······Tel:8224485
江西省交通稽查征费局九江分局
地址：九江市经济技术开发区长江大道336号
······Tel:8364086
江西省高等级公路管理局庐岛管理所
地址：九江市浔阳区长虹北路18号
······Tel:8566243
庐山区水路运输服务站
地址：九江市庐山区海会镇蛤蟆石
······Tel:8771279
庐山区交通局
地址：九江市庐山区十里大道798号
······Tel:8255688
浔阳交通稽查征费所
地址：九江市经济技术开发区九江大道60号
······Tel:8366323
新港海事处
地址：九江市庐山区滨江东路101号
······Tel:8492726
修水乡（0792）
九江市公路管理局修水分局
地址：修水县罗桥路150号
······Tel:7260205
修水县地方海事处
地址：修水县沿江路
······Tel:7221625
修水县交通局
地址：修水县站前路50号
······Tel:1221232
修水县交通稽查征费所
地址：修水县林业大楼对面
······Tel:7221294
武宁县（0792）
九江市公路管理局武宁分局
地址：武宁县人民路
······Tel:2761219
武宁县地方海事处
地址：武宁县
······Tel:2761293
武宁县交通局
地址：武宁县人民路150号
······Tel:2761285
武宁县交通稽查征费所
地址：武宁县豫宁大道
······Tel:2761287
瑞昌市（0792）
九江市公路管理局瑞昌分局
地址：瑞昌市五里桥
······Tel:4213923
九江市港口管理局瑞昌分局
地址：瑞昌市码头镇通江路
······Tel:4886202
武穴海事处瑞昌办事处
地址：瑞昌市码头镇通江路
······Tel:4886204
瑞昌市交通局
地址：瑞昌市赤乌中路257号
······Tel:4214546
瑞昌市交通稽查征费所
地址：瑞昌市赤乌东路
······Tel:4212802
永修乡（0792）
九江市公路管理局永修分局
地址：永修县南山大道
······Tel:3229030
永修县地方海事处
地址：永修县环城北路
······Tel:3228837
永修县交通局
地址：永修县新城大道
······Tel:3223282
永修县交通稽查征费所
地址：永修县新城南山大道
······Tel:3230099
德安乡（0792）
德安县公路分局
地址：德安县石桥路
······Tel:4332405
德安县交通局
地址：德安县桂林大道
······Tel:4667982
九江县（0792）
九江县公路分局
地址：九江县庐山西路408号
······Tel:6812441
九江县交通局
地址：九江县柴桑西路51号
······Tel:6812334
九江县交通稽查征费所
地址：九江县柴桑路178号
······Tel:6812169
星子县（0792）
九江市公路管理局星子分局
地址：星子县紫阳路
······Tel:2674446
星子县地方海事处
地址：星子县南门码头
······Tel:2672990
星子县交通局
地址：星子县秀峰大道
······Tel:2666344
星子县交通稽查征费所
地址：星子县秀峰大道
······Tel:2668001
都昌县（0792）
九江市公路管理局都昌分局
地址：都昌县东风大道127号
······Tel:5235603
都昌县地方海事处
地址：都昌县沿湖路
······Tel:5223557
都昌县交通局
地址：都昌县东风大道
······Tel:5542399
都昌县交通稽查征费所
都昌县三公里
······Tel:5232033湖口（0792）
九江市公路管理局湖口分局
地址：湖口县大中路100号
······Tel:6330789
长江海事处
地址：湖口县象山路25号
······Tel:6332770
湖口县地方海事处
地址：湖口县三里大道
······Tel:6325575
湖口县交通局
地址：湖口县大岑路1号
······Tel:6332951
湖口县交通稽查征费所
地址：湖口县三里大道
······Tel:6322944
彭泽县（0792）
九江市公路管理局彭泽分局
地址：彭泽县龙城大道
······Tel:5665410
马当海事办事处
地址：彭泽县马当镇
······Tel:5820029
彭泽县交通局
地址：彭泽县塔桥路
······Tel:5665839
彭泽县运输管理所
地址：彭泽县塔桥路
······Tel:5661749
彭泽海事处
地址：彭泽县沿江路
······Tel:5624038
庐山风景区（0792）
九江市公路管理局庐山分局
地址：庐山小天池路33号
······Tel:8282227
庐山交通稽查征费所
地址：庐山枯岭街1号
······Tel:8282172
庐山经济贸易委员会（交通局）
地址：庐山
······Tel:8281658
共青开发区（0792）
共青交通稽查征费所
地址：九江市共青城
······Tel:4379378
新余市（0790）
新余市辖区（0790）
仙女湖地方海事处
地址：新余市仙女湖风景名胜区河下镇
······Tel:6850756
江西省交通厅稽查征费局新余分局
地址：新余市仙来西大道345号
······Tel:6341512
渝水区交通局
地址：新余市新亚新北路2号
······Tel:6222313
新余市公路运输管理处
地址：新余市仙来中大道157号
······Tel:6442129
新余市公路桥梁工程局
地址：新余市仙来东大道
······Tel:6420812
新余市公路管理局
地址：新余市仙来中大道65号
······Tel:6427330
新余市公路管理局渝水分局
地址：新余市抱石大道272号
······Tel:6203960
新余市地方海事局
地址：新余市五一南路
······Tel:6457112
新余市交通局
地址：新余市仙来中大道155号
······Tel:6441022-
分宜县（0790）
分宜县交通局
地址：分宜县钤山西路
······Tel:5811733
分宜县交通稽查征费所
地址：分宜县安仁路
······Tel:5811344
鹰潭市（0701）
鹰潭市辖区（0701）
月湖区交通稽查征费所
地址：鹰潭市交通路28号
······Tel:6224402
龙虎山公路分局
地址：鹰潭市龙虎山镇
······Tel:6659665
龙虎山交通局
地址：鹰潭市龙虎山镇
······Tel:6656167
龙虎山稽查征费所
地址：鹰潭市龙虎山镇
······Tel:6656876
江西省交通厅航务管理局鹰潭分局
地址：鹰潭市梅园大道
······Tel:6433676
江西省交通稽查征费局鹰潭分局
地址：鹰潭市交通路28号
······Tel:6229899
鹰潭市公路运输管理处
地址：鹰潭市胜利东路47号
······Tel:6278568
鹰潭市公路管理局
地址：鹰潭市岱宝山路30-1号
······Tel:6261189
鹰潭市交通局
地址：鹰潭市胜利东路47号
······Tel:6221768
余江县（0701）
余江县交通局
地址：余江县站前中路
······Tel:5897579
余江县交通稽查征费所
地址：余江县建设西路新邮政局隔壁
······Tel:5881050
鹰潭市公路管理局余江分局
地址：余江县站前北路51号
······Tel:5881145
贵溪市（0701）
贵溪市交通局
地址：贵溪市西后街55号
······Tel:3798348
贵溪市交通稽查征费所
地址：贵溪市北大街
······Tel:3771438
鹰潭市公路局
地址：贵溪市城南河背
······Tel:3771083
赣州市（0797）
赣州市辖区（0797）
江西省交通厅航务管理局赣州分局
地址：赣州市厚德路12号
······Tel:8362588
黄金交通稽查征费所
地址：赣州市金丰路
······Tel:8378189
章贡区交通局
地址：赣州市渡口路12号
······Tel:8112456
赣州市地方海事局
地址：赣州市厚德路
······Tel:8362016
赣州市交通局
地址：赣州市东阳山路15号
······Tel:8265828
赣州市交通稽查征费局
地址：赣州市渡口路
······Tel:8128577
赣县（0797）
赣州市公路管理局赣县分局
地址：赣县赣新大道252号
······Tel:4421045
赣州稽查征费分局直属稽查二大队
地址：赣县茅店镇
······Tel:4600698
赣县交通局
地址：赣县赣新大道91号
······Tel:4441189
赣县交通稽查征费所
地址：赣县赣新大道87号
······Tel:4441424
信丰县（0797）
信丰县交通局
地址：信丰县阳明路
······Tel:3311079
信丰县交通稽查征费所
地址：信丰县嘉定镇水东路
······Tel:3362704
大余县（0797）
大余县交通局
地址：大余县伯坚大道
······Tel:8701928
大余县高速公路建设领导小组办公室
地址：大余县伯坚大道石油公司院内
······Tel:8726001
赣州市公路局大余分局
地址：大余县南安大道
······Tel:8701933
上犹县（0797）
上犹县交通局
地址：上犹县沿江南路55号交通大厦
······Tel:8525809
上犹县交通稽查征费所
地址：上犹县犹江大道
······Tel:8542075
崇义县（0797）
崇义县交通局
地址：崇义县阳岭大道
······Tel:3811399
赣州公路管理局崇义分局
地址：崇义县南新路268号
······Tel:3812358
安远县（0797）
安远县交通局
地址：安远县
······Tel:3785085
安远县交通稽查所
地址：安远县
······Tel:3753000
龙南县（0797）
龙南交通稽查征费所
地址：龙南县金水大道41号
······Tel:3514200
龙南县地方海事处
地址：龙南县大罗
······Tel:3559559
龙南县交通局
地址：龙南县龙定大道247号
······Tel:3541113
赣州市公路局龙南分局
地址：龙南县滨江大道中山桥头
······Tel:3519910
定南县（0797）
定南县交通局
地址：定南县
······Tel:4291154
定南县交通稽查征费所
地址：定南县
······Tel:4291468
全南县（0797）
全南县交通局
地址：全南县车站东路
······Tel:2634065
全南县交通稽查征费所
地址：全南县车站西路
······Tel:2632340
宁都县（0797）
宁都县交通局
地址：宁都县沿江南路
······Tel:6832134
宁都县交通稽查征费所
地址：宁都县中山大道56号
······Tel:683998
于都县（0797）
于都县地方海事处
地址：于都县渡江大道
······Tel:6218556
于都县交通局
地址：于都县长征中道4号
······Tel:6233460
于都县交通稽查征费所
地址：于都县于银大道丽景嘉园隔壁六楼
······Tel:6333665
兴国县（0797）
兴国县交通局
地址：兴国县红军路15号
······Tel:5322407
兴国县稽查征费管理所
地址：兴国县环城西路146号
······Tel:5325156
会昌县（0797）
会昌县公路分局
地址：会昌县南外街32号
······Tel:5678248
会昌县地方海事处
地址：会昌县十字街
······Tel:5626959
会昌县交通运输局
地址：会昌县红旗大道
······Tel:5678236
寻乌县（0797）
寻乌县交通局
地址：寻乌县
······Tel:2830766
寻乌县交通稽查征费所
地址：寻乌县岳家庄
······Tel:2842668

石城县（0797）
石城县交通局
地址：石城县西华北路89号 ………… Tel:5729513
石城县交通稽查征费所
地址：石城县西华南路 ………… Tel:5711190
瑞金市（0797）
瑞金市交通局
地址：瑞金市绵水路 ………… Tel:2523569
南康区（0797）
南康区交通局
地址：南康区 ………… Tel:6625262
南康区交通稽查征费所
地址：南康区泰康中路 ………… Tel:6616776
南康区高速公路建设办公室
地址：南康区政大楼三楼 ………… Tel:6606526
吉安市（0796）
吉安市辖区（0796）
吉州区交通局
地址：吉安市友谊路5号 ………… Tel:8222841
吉州区交通稽查征费所
地址：吉安市石阳路95号 ………… Tel:8286066
吉安市公路局
地址：吉安市井冈山大道98号 ………… Tel:8356144
吉安市地方海事处
地址：吉安市滨江大道 ………… Tel:8223359
吉安市交通局
地址：吉安市韶山东路27号 ………… Tel:8227224
吉安市交通稽查征费分局
地址：吉安市塔前北路 ………… Tel:8286119
青原交通稽查征费所
地址：吉安市吉州路41号 ………… Tel:8101548
吉安县（0796）
吉安市公路局吉安分局
地址：吉安县庐陵大道 ………… Tel:8442416
吉安县地方海事处
地址：吉安县 ………… Tel:8402026
吉安县交通局
地址：吉安县庐陵大道 ………… Tel:8442136
吉安县交通稽查征费所
地址：吉安县庐陵大道 ………… Tel:8442153
吉水县（0796）
吉水县地方海事处
地址：吉水县圣潭 ………… Tel:8683661
吉安市公路局吉水分局
地址：吉水县文峰中大道 ………… Tel:8680436
峡江县（0796）
吉安市公路局峡江分局
地址：峡江县玉峡大道 ………… Tel:3690166
峡江县地方海事处
地址：峡江县巴邱镇人民北路 ………… Tel:3663657
峡江县交通局
地址：峡江县百花路8号 ………… Tel:3673205
峡江县交通稽查征费所
地址：峡江县玉峡大道 ………… Tel:3675375
新干县（0796）
吉安市公路局新干分局
地址：新干县川琴路4号 ………… Tel:2602147
永丰县（0796）
永丰县交通局
地址：永丰县恩江北路 ………… Tel:2511564
永丰县运输管理所
地址：永丰县恩江南路 ………… Tel:2511405
吉安市公路局永丰分局
地址：永丰县恩江镇跃进路 ………… Tel:2511322
泰和县（0796）
吉安市公路局泰和分局
地址：泰和县中山路 ………… Tel:8638216
泰和县交通局
地址：泰和县文田交通大厦 ………… Tel:8636293
泰和县交通稽查征费所
地址：泰和县工农兵大道 ………… Tel:5320219

泰和县海事处
地址：泰和县上田泰和大桥旁 ………… Tel:5387016
遂川县（0796）
遂川县公路分局
地址：遂川县川江北路 ………… Tel:6313363
遂川县交通局
地址：遂川县国道南路 ………… Tel:6112223
万安县（0796）
万安县地方海事处
地址：万安县河西行政区 ………… Tel:5701349
万安县交通局
地址：万安县五云路 ………… Tel:5701668
万安县航道段
地址：万安县河西开发区 ………… Tel:5839850
吉安市公路局万安分局
地址：万安县五云路254号 ………… Tel:5701305
安福县（0796）
吉安市公路局安福分局
地址：安福县洞渊阁 ………… Tel:7664084
安福县交通局
地址：安福县武功山大道 ………… Tel:7622295
安福县交通稽查征费所
地址：安福县安城南路 ………… Tel:7622107
井冈山市（0796）
井冈山市交通局
地址：井冈山市新城区 ………… Tel:6890989
泰井高速公路管理局
地址：井冈山市拿山乡 ………… Tel:6676927
宜春市（0795）
宜春市辖区（0795）
宜春市交通稽查征费分局
地址：宜春市袁山大道453号 ………… Tel:3289595
袁州区运输管理所
地址：宜春市环城东路15号 ………… Tel:3272094
奉新县（0795）
奉新县交通局
地址：奉新县沿河南路 ………… Tel:4508126
奉新县交通稽查征费所
地址：奉新县冯川中路23号 ………… Tel:4622887
宜春市公路管理局奉新分局
地址：奉新县城南新区 ………… Tel:4618535
万载县（0795）
万载县交通局
地址：万载县 ………… Tel:8822624
万载县交通稽查征费所
地址：万载县 ………… Tel:8900178
上高县（0795）
上高县公路管理分局
地址：上高县学院路 ………… Tel:2521874
上高县地方海事局
地址：上高县沿江路 ………… Tel:2518120
上高县交通局
地址：上高县 ………… Tel:2528980
上高县交通稽查征费所
地址：上高县 ………… Tel:2523806
宜丰县（0795）
宜丰县交通局
地址：宜丰县新昌中大道 ………… Tel:2765287
宜丰县交通稽查征费所
地址：宜丰县东郊路 ………… Tel:2755228
宜春市公路管理局宜丰县分局
地址：宜丰县东门路 ………… Tel:2765313
靖安县（0795）
宜春市公路局靖安分局
地址：靖安县后港东路2号 ………… Tel:4662751
靖安县交通局
地址：靖安县后港路26号 ………… Tel:4662624
靖安县交通稽查征费所
地址：靖安县清华社区双溪大道15号 ………… Tel:4653222
铜鼓县（0795）
宜春市公路管理局铜鼓县分局
地址：铜鼓县定江东路225号 ………… Tel:8722004
铜鼓县交通局
地址：铜鼓县定江东路205号 ………… Tel:8722256
铜鼓县交通稽查征费所
地址：铜鼓县城南东路1号 ………… Tel:8726357.
丰城市（0795）
丰城市交通稽查征费所
地址：丰城市剑邑大道509号 ………… Tel:6215907
樟树市（0795）
樟树市交通局
地址：樟树市杏佛路 ………… Tel:7332025
樟树市交通稽查征费所
地址：樟树市淦阳路 ………… Tel:7333095
高安市（0795）
沿江路渡口管理所
地址：高安市沿江路 ………… Tel:5212091
高安市发展运输领导小组办公室
地址：高安市汽运城内 ………… Tel:5288329
高安市地方海事处
地址：高安市七一四路 ………… Tel:5297397
高安市交通局
地址：高安市七一四路 ………… Tel:5217916
高安市交通稽查征费所
地址：高安市赤土板路 ………… Tel:5251150
抚州市（0794）
抚州市辖区（0794）
文昌桥交通稽查征费所
地址：抚州市赣东大道1252号 ………… Tel:8223884
文昌桥运管所
地址：抚州市南门路 ………… Tel:8233398
江西省交通厅航务管理局抚州分局
地址：抚州市下沿河路78号 ………… Tel:8282917
抚州市公路管理局
地址：抚州市赣东大道 ………… Tel:8357328
抚州市公路管理局直属分局
地址：抚州市抚临路19号 ………… Tel:8266291
抚州市交通局
地址：抚州市赣东大道704号 ………… Tel:8212913
抚州市交通稽查征费分局
地址：抚州市赣东大道1252号 ………… Tel:8224695
临川区（0794）
抚州市公路管理局临川分局
地址：临川区赣东大道1322号 ………… Tel:8235010
临川区民运管理站
地址：临川区 ………… Tel:8441602
临川区交通局
地址：临川区桥东路29号 ………… Tel:8441379
临川区交通稽查征费所
地址：临川区抚临路 ………… Tel:8422902
南城县（0794）
南城县公路分局
地址：南城县盱江大道 ………… Tel:7258228
南城县交通局
地址：南城县盱江大道 ………… Tel:7215088
南城县交通稽查征费所
地址：南城县建昌大道216号 ………… Tel:7255338
黎川县（0794）
抚州市公路管理局黎川分局
地址：黎川县东方红大道 ………… Tel:7503933
黎川县交通局
地址：黎川县日峰路 ………… Tel:7520850
黎川县交通稽查征费站
地址：黎川县船山路 ………… Tel:7522112
南丰县（0794）
抚州市公路管理局南丰分局
地址：南丰县交通路295号 ………… Tel:3202951
崇仁县（0794）
抚州市公路管理局崇仁分局
地址：崇仁县交通路2号 ………… Tel:6322489
崇仁县交通局
地址：崇仁县交通路8号 ………… Tel:6322101

乐安县（0794）
乐安县交通局
地址：乐安县站前路 ………… Tel:6598625
乐安县运输管理所
地址：乐安县 ………… Tel:6570114
抚州市公路管理局乐安分局
地址：乐安县乐安大道 ………… Tel:6592631
宜黄县（0794）
抚州市公路管理局宜黄分局
地址：宜黄县学前街 ………… Tel:7602239
宜黄县交通局
地址：宜黄县丰乐路 ………… Tel:7602575
宜黄县交通稽查征费所
地址：宜黄县龙凤路24号 ………… Tel:7602587
金溪县（0794）
抚州市公路管理局金溪分局
地址：金溪县秀谷东大道 ………… Tel:5292658
金溪县交通局
地址：金溪县象山南路86号 ………… Tel:5295353
金溪县交通稽查征费站
地址：金溪县秀谷东大道1号 ………… Tel:5292980
资溪县（0794）
抚州市公路管理局资溪分局
地址：资溪县泸水路89号 ………… Tel:5799798
资溪县交通局
地址：资溪县解放南路 ………… Tel:5792042
东乡县（0794）
东乡县公路局
地址：东乡县恒安西路 ………… Tel:4231806
东乡县交通局
地址：东乡县恒安中路交通大楼 ………… Tel:4232629
东乡县城市客运管理站
地址：东乡县岗上积停车场内 ………… Tel:4223396
广昌县（0794）
广昌县交通局
地址：广昌县团结路 ………… Tel:3622520
广昌县交通稽查征费所
地址：广昌县盱江路43号 ………… Tel:3626069
抚州市公路管理局广昌分局
地址：广昌县解放路 ………… Tel:3622317
上饶市（0793）
上饶市辖区（0793）
上饶市公路运输管理处
地址：上饶市带湖路15号 ………… Tel:8267300
上饶市地方海事处
地址：上饶市水南街168号 ………… Tel:8223835
上饶市交通局
地址：上饶市水南街171号 ………… Tel:8202185
上饶市交通稽查征费分局
地址：上饶市带湖路30号 ………… Tel:8268124
上饶市交通稽查征费所
地址：上饶市带湖路50号 ………… Tel:8259945
上饶县（0793）
上饶县交通局
地址：上饶县 ………… Tel:8440071
广丰区（0793）
广丰区公路分局
地址：广丰区西山区马肚公居1号 ………… Tel:2652592
广丰区交通局
地址：广丰区永丰大道254号 ………… Tel:2652734
玉山县（0793）
上饶市公路管理局玉山分局
地址：玉山县解放东路18号 ………… Tel:2552414
玉山县交通局
地址：玉山县行政大楼边 ………… Tel:2552456
玉山县交通稽查征费所
地址：玉山县人民北路150号 ………… Tel:2552403
铅山县（0793）
铅山县公路局
地址：铅山县鹅湖大道 ………… Tel:5131173
铅山县交通局
地址：铅山县鹅湖大道12号

…………Tel:5332882

铅山县交通稽查征费所
地址：铅山县新公路118号
…………Tel:5332052

铅山县城区车辆运输管理站
地址：铅山县新公路118号
…………Tel:5131558

横峰县（0793）
上饶市公路管理局横峰分局
地址：横峰县岑阳镇人民大道60号
…………Tel:5789837

横峰县交通局
地址：横峰县横姚路12号
…………Tel:5794159

横蜂县交通稽查征费所
地址：横峰县人民大道21号
…………Tel:5782007

弋阳县（0793）
弋阳县公路局
地址：弋阳县志敏大道中路
…………Tel:5821667

弋阳县交通局
地址：弋阳县
…………Tel:5884213

弋阳县交通稽查征费所
地址：弋阳县志敏大道
…………Tel:5824005

余干县（0793）
余干地方海事处
地址：余干县铭日宾馆对面
…………Tel:3220968

余干县交通局
地址：余干县城北新区交通大楼
…………Tel:3398331

余干县交通稽查征费所
地址：余干县交通稽征大楼
…………Tel:3222266

鄱阳县（0793）
上饶市公路管理局鄱阳分局
地址：鄱阳县
…………Tel:6272426

江西省交通厅航务管理局上饶分局（上饶市地方海事局）
地址：鄱阳县城北大道海事大楼
…………Tel:6219165

鄱阳县地方海事处
地址：鄱阳县沿河路东142号
…………Tel:6285116

鄱阳县交通局
地址：鄱阳县
…………Tel:6276797

鄱阳县交通稽查征费所
地址：鄱阳县
…………Tel:6272838

万年县（0793）
万年县交通局
地址：万年县城六零北大道
…………Tel:3842601

上饶市公路管理局万年分局
地址：万年县城六零北大道
…………Tel:3834087

婺源县（0793）
上饶市公路管理局婺源分局
地址：婺源县环城西路157号
…………Tel:7351184

婺源县地方海事处
地址：婺源县紫阳镇二环路景源大厦2楼
…………Tel:7367278

婺源县交通局
地址：婺源县文公北路
…………Tel:7367203

德兴市（0793）
上饶市公路管理局德兴市分局
地址：德兴市
…………Tel:7507755

德兴市交通局
地址：德兴市
…………Tel:7522411

南昌市（0791）
南昌市辖区（0791）
江西省铁路建设办公室
地址：南昌市北京西路88号江信国际大厦9楼
…………Tel:86310837

南昌铁路局
地址：南昌市西湖区站前路7号
…………Tel:86104037

景德镇市（0798）
景德镇市辖区（0798）
景德镇市地方铁路管理局
地址：景德镇市黄泥头
…………Tel:8499001

赣州市（0797）
大余县（0797）
大余县支援铁路建设领导小组办公室
地址：大余县伯坚大道
…………Tel:8732616

会昌县（0797）
会昌县支援赣龙铁路建设办公室
地址：会昌县物资大楼2楼
…………Tel:5636386

瑞金市（0797）
瑞金市支援赣龙铁路建设办公室
地址：瑞金市八一北路龙峰酒店旁
…………Tel:2525760

教科门卫、社会保障和资源（科学技术管理）
南昌市（0791）
南昌市辖区（0791）
江西省科学技术厅
地址：南昌市省政府大院北二路53号
…………Tel:86253313

江西省遥感信息系统中心
地址：南昌市省府大院北一路14号
…………Tel:86265563

南昌市科学技术局
地址：南昌市红谷滩行政中心市政府大楼西4楼
…………Tel:83884235

西湖区科学技术局
地址：南昌市抚生路569号
…………Tel:86564852

青山湖区科学技术局
地址：南昌市南京东路699号
…………Tel:88110736

南昌县（0791）
南昌县科学技术局
地址：南昌县县政府大楼9楼
…………Tel:85712321

新建县（0791）
新建县科学技术局
地址：新建县少华路8号
…………Tel:83752143

进贤县（0791）
进贤县科技局
地址：进贤县城新区县政府四楼
…………Tel:85622620

景德镇市（0798）
景德镇市辖区（0798）
珠山区科学技术局
地址：景德镇市中山北路277号
…………Tel:8521610

浮梁县（0798）
浮梁县科学技术局
地址：浮梁县政府大楼六楼西边
…………Tel:2622636

萍乡市（0799）
萍乡市辖区（0799）
萍乡市科技局
地址：萍乡市昭萍东路6号
…………Tel:6832116

上栗县（0799）
上栗县科学技术局
地址：上栗县平安北路
…………Tel:3661315

芦溪县（0799）
芦溪县科学技术委员会
地址：芦溪县
…………Tel:7551012

九江市（0792）
九江市辖区（0792）
九江市科学技术局
地址：九江市浔阳区青年路11号
…………Tel:8222004

庐山区科学技术局
地址：九江市庐山区十里大道1388号
…………Tel:8251209

浔阳区科学技术局
地址：九江市浔阳区庾亮北路2号
…………Tel:8224611

修水县（0792）
修水县科学技术局
地址：修啦县城南行政中心
…………Tel:7221071

武宁县（0792）
武宁县科学技术局
地址：武宁县豫宁大道老移民局办公楼五楼
…………Tel:2779313

武宁县科学技术委员会
地址：武宁县
…………Tel:2761223

瑞昌市（0792）
瑞昌市科学技术局
地址：瑞昌市杨林中路
…………Tel:4211354

永修县（0792）
永修县科学技术局
地址：永修县县政府大楼
…………Tel:3223133

德安县（0792）
德安县科学技术局
地址：德安县解放路
…………Tel:4332102

九江县（0792）
九江县科学技术局
地址：九江县柴桑北路
…………Tel:6812186

星子县（0792）
星子县科学技术局
地址：星子县紫阳路县政府大院
…………Tel:2666613

都昌县（0792）
都昌县科学技术局
地址：都昌县东风大道398号
…………Tel:5226170

湖口县（0792）
湖口县科学技术局
地址：湖口县大中路54号
…………Tel:6332123

彭泽县（0792）
彭泽县科学技术局
地址：彭泽县东风路
…………Tel:5625552

新余市（0790）
新余市辖区（0790）
新余市科学技术局
地址：新余市北湖西路66号
…………Tel:6441176

分宜县（0790）
分宜县科学技术委员会
地址：分宜县行政中心大楼
…………Tel:5881560

鹰潭市（0701）
鹰潭市辖区（0701）
鹰潭市科学技术局
地址：鹰潭市胜利西路27号
…………Tel:6232576

月湖区科学技术局
地址：鹰潭市胜利东路6号
…………Tel:6227284

余江县（0701）
余江县科学技术局
地址：余江县白塔中路12号
…………Tel:5881288

贵溪市（0701）
贵溪市科学技术局
地址：贵溪市
…………Tel:3315240

赣州市（0797）
赣州市辖区（0797）
赣州市科技局
地址：赣州市厚德路95号
…………Tel:8222608

章贡区科学技术局
地址：赣州市
…………Tel:8292188

赣县（0797）
赣县科学技术局
地址：赣县梅林大街9号
…………Tel:4441927

信丰县（0797）
信丰县科学技术局
地址：信丰县府前路
…………Tel:3334636

大余县（0797）
大余县科技局
地址：大余县伯坚大道
…………Tel:8711626

上犹县（0797）
上犹县科学技术委员会
地址：上犹县水南疾控中心1楼
…………Tel:8542203

崇义县（0797）
崇义县科学技术局
地址：崇义县中山路
…………Tel:3812461

安远县（0797）
安远县科学技术委员会
地址：安远县
…………Tel:3732629

龙南县（0797）
龙南县科技局
地址：龙南县庙前街
…………Tel:3512640

定南县（0797）
定南县科技局
地址：定南县
…………Tel:4290393

全南县（0797）
全南县科学技术局
地址：全南县含江路政府大院
…………Tel:2632066

宁都县（0797）
宁都县科学技术局
地址：宁都县党政大楼
…………Tel:6832128

于都县（0797）
于都县科学技术局
地址：于都县渡江大道县政府院内
…………Tel:6232255

兴国县（0797）
兴国县科学技术委员会
地址：兴国县凤凰大道
…………Tel:5322057

会昌县（0797）
会昌县科学技术委员会
地址：会昌县黄坊桥头
…………Tel:5622192

寻乌县（0797）
寻乌县科技局
地址：寻乌县
…………Tel:2842502

石城县（0797）
石城县科学技术局
地址：石城县琴江镇西华南路
…………Tel:5712317

瑞金市（0797）
瑞金市科技局
地址：瑞金市公务大楼4楼418室
…………Tel:2523417

南康区（0797）
南康区科学技术局
地址：南康区市政办公大楼
…………Tel:6606880

吉安市（0796）
吉安市辖区（0796）
吉州区科学技术局
地址：吉安市石阳路5号
…………Tel:8335025

吉安市科学技术局
地址：吉安市鹭洲东路1号
…………Tel:8225204

青原区科学技术局
地址：吉安市青原区法院大楼
…………Tel:8103568

吉安县（0796）
吉安县科学技术局
地址：吉安县庐陵大道
…………Tel:8442365

吉水县（0796）
吉水县科学技术委员会
地址：吉水县文峰中大道县政府院内
…………Tel:8689383

峡江县（0796）
峡江县科学技术局
地址：峡江县百花路政府大楼
…………Tel:3672853

永丰县（0796）
永丰县科学技术局
地址：永丰县政府院内
…………Tel:2511935

泰和县（0796）
泰和县科学技术局
地址：泰和县工农兵大道1号
…………Tel:8639515

遂川县（0796）
遂川县科学技术局
地址：遂川县行政办公大楼
…………Tel:6322357

万安县（0796）
万安县科学技术委员会
地址：万安县东风路11号
…………Tel:5701332

安福县（0796）
安福县科学技术局
地址：安福县行政中心
…………Tel:7622298

永新县（0796）
永新县科学技术局
地址：永新县湘赣大道
…………Tel:7722986

井冈山市（0796）
井冈山市科技局
地址：井冈山市
…………Tel:6890590

宜春市（0795）
奉新县（0795）
奉新县科学技术局
地址：奉新县狮山大道
…………Tel:4539536

万载县（0795）
万载县科学技术委员会
地址：万载县
…………Tel:8823368

上高县（0795）
上高县科学技术局
地址：上高县学园路
…………Tel:2521996

宜丰县（0795）
宜丰县科学技术局
地址：宜丰县新昌西大道
…………Tel:2765268

靖安县（0795）
靖安县科学技术委员会
地址：靖安县新大街1号
…………Tel:4662165

铜鼓县（0795）
铜鼓县科学技术局
地址：铜鼓县定江东路383号
…………Tel:8722064

樟树市（0795）
樟树市科学技术委员会
地址：樟树市药都南大道25号
…………Tel:7332921

高安市（0795）
高安市科学技术委员会
地址：高安市解放路
…………Tel:5212928

抚州市（0794）
抚州市辖区（0794）
抚州市科学技术局
地址：抚州市临川大道666号
…………Tel:8236985

南城县（0794）
南城县科学技术局
地址：南城县政府院内
……Tel:7231616
黎川县（0794）
黎川县科学技术局
地址：黎川县新行政大楼
……Tel:7566757
南丰县（0794）
南丰县科学技术局
地址：南丰县桔都大道行政大厦
……Tel:3226162
崇仁县（0794）
崇仁县科学技术局
地址：崇仁县府西路
……Tel:6322315
宜黄县（0794）
宜黄县科学技术局
地址：宜黄县世纪大道政府大楼
……Tel:7602411
金溪县（0794）
金溪县科学技术局
地址：金溪县秀谷中大道县政府大院内
……Tel:5397629
资溪县（0794）
资溪县科学技术局
地址：资溪县城西大道行政中心
……Tel:5792257
东乡县（0794）
东乡县科学技术局
地址：东乡县开发区行政大楼227室
……Tel:4232308
广昌县（0794）
广昌县科学技术局
地址：广昌县解放路58号
……Tel:3622235
上饶市（0793）
上饶市辖区（0793）
上饶市科学技术局
地址：上饶市沿河东路3号
……Tel:8200260
信州区科技局
地址：上饶市三江南大道3号
……Tel:8207057
上饶县（0793）
上饶县科学技术局
地址：上饶县吉阳大道县政府大楼南面六楼
……Tel:8466585
广丰区（0793）
广丰区科学技术委员会
地址：广丰区府前街
……Tel:2652523
玉山县（0793）
玉山县科技局
地址：玉山县行政大楼四楼
……Tel:2553568
铅山县（0793）
铅山县科学技术局
地址：铅山县黄岗山大道人民路68号县委院内
……Tel:5332195
横峰县（0793）
横峰县科学技术委员会
地址：横峰县兴安大道政府大楼
……Tel:5782686
弋阳县（0793）
弋阳县科学技术委员会
地址：弋阳县广场路
……Tel:5882454
余干县（0793）
余干县科学技术委员会
地址：余干县世纪大道
……Tel:3241664
鄱阳县（0793）
鄱阳县科技局
地址：鄱阳县大芝路387号
……Tel:6272235
万年县（0793）
万年县科学技术局
地址：万年县城六零北大道
……Tel:3848258
婺源县（0793）
婺源县科学技术委员会
地址：婺源县蚺城路26号
……Tel:7351432
德兴市（0793）
德兴市科技局
地址：德兴市
……Tel:7517423
教育管理
南昌市（0791）
南昌市辖区（0791）
南昌市中小学生活动中心
地址：南昌市井冈山大道鄱阳湖大酒店附近
……Tel:86490267
南昌市教育技术服务中心
地址：南昌市南湖路2号
……Tel:86793990
南昌市教育局
地址：南昌市红谷大厦B座21楼
……Tel:83986497
南昌经济技术开发区教育办公室
地址：南昌市枫林大道
……Tel:83821365
东湖区勤工俭学办公室
地址：南昌市肖公庙巷78号
……Tel:86734725
西湖区教育体育局
地址：南昌市西湖区抚生路369号
……Tel:86564801
红谷滩新区社会事业发展局
地址：南昌市绿茵路669号
……Tel:83839631
红谷滩新区教育体育工作办公室
地址：南昌市红谷滩新区实验学校内
……Tel:83950056
青山湖区教育体育局
地址：南昌市南京东路699号
……Tel:88102601
青云谱区科技教育体育局
地址：南昌市广州路268号
……Tel:88461807
南昌县（0791）
南昌县教育体育局
地址：南昌县澄湖东路338号
……Tel:85712148
新建县（0791）
新建县教育体育局
地址：新建县文教路163号
……Tel:83752519
安义县（0791）
龙津镇中心学校
地址：安义县龙津镇逸夫小学内
……Tel:83422505
东阳镇中心学校
地址：安义县东阳镇
……Tel:83490047
进贤县（0791）
进贤县教育体育局
地址：进贤县钟陵路118号
……Tel:85663448
景德镇市（0798）
景德镇市辖区（0798）
景德镇市教育局
地址：景德镇市瓷都大道景德镇电教考试中心大楼
……Tel:8576290
景德镇市教育学会
地址：景德镇教育局大楼
……Tel:8576269
景德镇市教育发展中心
地址：景德镇市教育局大楼
……Tel:8576262
景德镇市中小学教研所
地址：景德镇瓷都大道1369号
……Tel:8576237
景德镇市电教馆
地址：景德镇教育局大楼
……Tel:8576626
景德镇市勤工俭学办公室
地址：景德镇市教育局大楼
……Tel:8523479
昌江区教育局
地址：景德镇市中山南路二小内
……Tel:8522458
浮梁县（0798）
浮梁县教育局
地址：浮梁县
……Tel:2626436
王港教育办公室
地址：浮梁县王港
……Tel:2769558
西湖教育办公室
地址：浮梁县西湖乡西湖村
……Tel:2736173
庄湾教育办公室
地址：浮梁县庄湾乡庄湾村
……Tel:2766549
兴田教育办公室
地址：浮梁县兴田
……Tel:2786171
鱼山教育办公室
地址：浮梁县鱼山
……Tel:2693377
峙滩教育办公室
地址：浮梁县峙滩
……Tel:2781123
瑶里教育办公室
地址：浮梁县瑶里镇寺前村
……Tel:2601183
萍乡市（0799）
萍乡市辖区（0799）
萍乡市教育局
地址：萍乡市跃进北路82号
……Tel:6332553
萍乡市教学研究室
地址：萍乡市跃进北路188号
……Tel:6332413
萍乡市经济开发区教育教研室
地址：萍乡市开发区管委会大院内
……Tel:6792016
萍乡市电化教育馆
地址：萍乡市跃进三中门口教委楼七楼
……Tel:6331597
安源区教育局
地址：萍乡市安源大厦13楼
……Tel:6661317
湘东区教育局
地址：湘东区泉湖垅
……Tel:3441224
老关镇中心校
地址：湘东区老关镇
……Tel:3461065
莲花县（0799）
莲花县教育局
地址：莲花县
……Tel:7211659
升坊教育办公室
地址：莲花县升坊镇
……Tel:7266982
南岭教育办公室
地址：莲花县南岭乡
……Tel:7231060
上栗县（0799）
上栗县教育局
地址：上栗县平安北路71号
……Tel:3661331
芦溪县（0799）
芦溪县教育局
地址：芦溪县
……Tel:7550730
九江市（0792）
九江市辖区（0792）
九江市中小学教师继续教育办公室
地址：九江市浔阳区南湖路30号
……Tel:8223740
九江市电化教育馆
地址：九江市浔阳区大中路702号
……Tel:8126475
九江市教育局
地址：九江市浔阳区南湖路30号
……Tel:8222119
九江市教学研究室
地址：九江市浔阳区庾亮南路219号
……Tel:8584042
九江市勤工俭学办公室
地址：九江市浔阳区庾亮南路219号
……Tel:8582110
庐山区文化教育局
地址：九江市庐山区十里大道延伸线
……Tel:8254047
浔阳区文化教育局
地址：九江市浔阳区庾亮北路2号浔阳区政府院内3楼
……Tel:8222149
修水县（0792）
修水县教育局
地址：修水县衙前大道
……Tel:7221836
武宁县（0792）
武宁县教育局
地址：武宁县豫宁大道96号
……Tel:2781466
大洞乡教育办公室
地址：武宁县大洞乡
……Tel:2896166
石门楼镇教育办公室
地址：武宁县石门楼镇
……Tel:2881008
甫田教育办公室
地址：武宁县甫田乡
……Tel:2933069
官莲乡教育办公室
地址：武宁县官莲乡
……Tel:2877046
南市教育办公室
地址：武宁县南市乡
……Tel:2839008
清江乡教育办公室
地址：武宁县清江乡
……Tel:2895116
鲁溪镇教育办公室
地址：武宁县鲁溪镇
……Tel:2811019
横路乡教育办公室
地址：武宁县横路乡
……Tel:2863016
瑞昌市（0792）
瑞昌市教育局
地址：瑞昌市建设路4号
……Tel:4226079
永修县（0792）
永修县教育局
地址：永修县西二路
……Tel:3223274
三角乡教育办公室
地址：永修县三角水产场
……Tel:3266266
德安县（0792）
德安县教育局
地址：德安县朝阳路
……Tel:4332224
九江县（0792）
九江县教育局
地址：九江县柴桑大道80号
……Tel:6812022
星子县（0792）
星子县教育局
地址：星子县匡庐路55号
……Tel:2666207
都昌县（0792）
都昌县教育局
地址：都昌县广场路
……Tel:5225377
湖口县（0792）
湖口县教育局
地址：湖口县大中路37号
……Tel:6332010
彭泽县（0792）
彭泽县教育局
地址：彭泽县龙城大道1188号
……Tel:5662176
共青开发区（0792）
共青城社会发展局
地址：九江市共青城
……Tel:4357657
新余市（0790）
新余市辖区（0790）
新余市经济开发区社会事业局
地址：新余市经济开发区
……Tel:6860608
新余市教育局
地址：新余市上路272号
……Tel:6442420
河下镇中心学校
地址：新余市仙女湖风景名胜区河下镇
……Tel:6855228
分宜县（0790）
分宜县教育局
地址：分宜县
……Tel:5881273
双林镇教育办公室
地址：分宜县双林镇
……Tel:5775825
鹰潭市（0701）
鹰潭市辖区（0701）
鹰潭市教育局
地址：鹰潭市胜利东路
……Tel:6229015
鹰潭市教学研究室
地址：鹰潭市胜利东路36号
……Tel:6267321
月湖区教育体育局
地址：鹰潭市胜利东路9号
……Tel:6264053
余江县（0701）
余江县教育体育局
地址：余江县白塔中路18号
……Tel:5886596
余江县教育局
地址：余江县白塔中路18号
……Tel:5899139
锦江教育办公室
地址：余江县兴安街
……Tel:5812839
贵溪市（0701）
贵溪市教育体育局
地址：贵溪市建设路
……Tel:3771418
贵溪市教育局
地址：贵溪市建设路
……Tel:3528430
金屯教育办公室
地址：贵溪市金屯大桥村
……Tel:3712022
河潭乡教育办公室
地址：贵溪市余家
……Tel:3354905
鸿塘镇教育办公室
地址：贵溪市红塘
……Tel:3563070
彭湾乡教育办公室
地址：贵溪市彭湾乡
……Tel:3671008
塘湾教育办公室
地址：贵溪市塘湾中心小学内
……Tel:3713548
赣州市（0797）
赣州市辖区（0797）
赣州市电化教育馆
地址：赣州市
……Tel:8277433
赣州市教育技术装备站
地址：赣州市环城路5号
……Tel:8238879
赣州市教育局
地址：赣州市环城路5号
……Tel:8287789
水东镇教育办公室
地址：赣州市章贡区水东镇
……Tel:8464084

水西镇教育办公室
地址：赣州市
…… Tel:8251165
沙石镇教育办公室
地址：赣州市沙石镇
…… Tel:8481035
章贡区教育局
地址：赣州市大公路54号
…… Tel:8351755
章贡区教学研究室
地址：赣州市
…… Tel:8295492
赣县（0797）
大田教育办公室
地址：赣县大田乡
…… Tel:4500004
小坪教育办公室
地址：赣县小坪
…… Tel:4519102
王母渡教育办公室
地址：赣县大田乡
…… Tel:4460989
古田教育办公室
地址：赣县古田
…… Tel:4690049田
村镇教育办公室
地址：赣县田村镇
…… Tel:4623010
白石教育办公室
地址：赣县白石乡
…… Tel:4610008
攸镇教育办公室
地址：赣县攸镇
…… Tel:4660010
沙地教育办公室
地址：赣县沙地镇
…… Tel:4450013
湖新教育办公室
地址：赣县湖新乡
…… Tel:4692011
赣县教育局
地址：赣县梅林大街40号
…… Tel:4441307
信丰县（0797）
信丰县教育局
地址：信丰县县政中心
…… Tel:3313390
大余县（0797）
大余县教育局
地址：大余县城上路
…… Tel:8732134
新城镇教育委员会
地址：大余县新城镇
…… Tel:8789231
上饶县（0797）
上犹县教育局
地址：上犹县胜利路
…… Tel:8541289
崇义县（0797）
崇义县先进性教育办公室
地址：崇义县公务大楼
…… Tel:3811925
崇义县教育局
地址：崇义县阳岭大道52号
…… Tel:3812339
安远县（0797）
安远县教育局
地址：安远县
…… Tel:3732182
龙布教育办公室
地址：安远县
…… Tel:3760193
定南县（0797）
定南县教育体育局
地址：定南县
…… Tel:4291103
全南县（0797）
全南县教育局
地址：全南县含江路9号
…… Tel:2631201
宁都县（0797）
宁都县教育局
地址：宁都县环西路
…… Tel:6832196
于都县（0797）
于都县教育局
地址：于都县红军大道
…… Tel:6335321
兴国县（0797）
长冈乡教育办公室
地址：兴国县长冈乡
…… Tel:5350208
兴国县教育局
地址：兴国县凤凰大道276号
…… Tel:5316513
良村镇教育办公室
地址：兴国县良村镇
…… Tel:5250115
社富乡教育办公室
地址：兴国县社富乡
…… Tel:5293359
杰村教育办公室
地址：兴国县杰村乡
…… Tel:5265061
南坑乡教育办公室
地址：兴国县
…… Tel:5269005
崇贤乡教育办公室
地址：兴国县崇贤乡
…… Tel:5243093
会昌县（0797）
会昌县教育局
地址：会昌县城南街150号
…… Tel:5636269
寻乌县（0797）
丹溪乡教育办公室
地址：寻乌县丹溪乡
…… Tel:2898032
吉潭镇教育办公室
地址：寻乌县吉潭镇
…… Tel:2861037
项山乡教育办公室
地址：寻乌县项山乡
…… Tel:2884018
南桥镇教育办公室
地址：寻乌县南桥镇
…… Tel:2886187
留车镇教育办公室
地址：寻乌县留车镇
…… Tel:2866110
晨光镇教育办公室
地址：寻乌县晨光镇
…… Tel:2891053
石城县（0797）
石城县教育局
地址：石城县东城南大道
…… Tel:5791600
瑞金市（0797）
瑞金市教育局
地址：瑞金赤华塊路
…… Tel:2523260
南康区（0797）
南康区教育局
地址：南康区
…… Tel:6646380
南康区教研室
地址：南康区泰康中路
…… Tel:6792322
唐江教育办公室
地址：南康区唐江镇
…… Tel:6668182
吉安市（0796）
吉安市辖区（0796）
吉州区教育局
地址：吉安市吉州区阳明东路阳明路小学旁
…… Tel:8250523
吉安市教育局
地址：吉安市鹭洲东路1号
…… Tel:8224213
青原区教育体育局
地址：吉安市青原大道法院审判大楼
…… Tel:8186062
吉安县（0796）
吉安县教育局
地址：吉安县白云路52号
…… Tel:8442252
官田乡教育办公室
地址：吉安县官田乡
…… Tel:8710139
梅塘乡教育办公室
地址：吉安县梅塘乡
…… Tel:8610087
吉水县（0796）
吉水县教育局
地址：吉水县文化中路28号
…… Tel:8680708
峡江县（0796）
峡江县教育体育局
地址：峡江县玉峡大道
…… Tel:3690129
新干县（0796）
新干县教育局
地址：新干县环城南路
…… Tel:2602738
新干县教研室
地址：新干县凤凰路
…… Tel:2602204
永丰县（0796）
永丰县教育局
地址：永丰县恩江北路
…… Tel:2511644
泰和县（0796）
一泰和县教育体育局
地址：泰和县文田
…… Tel:8638209
万安县（0796）
万安县教育体育局
地址：万安县五云路
…… Tel:5710817
安福县（0796）
安福县教育体育局
地址：安福县安平路
…… Tel:7627123
平都教办
地址：安福县武功山大道
…… Tel:7667011
金田教育办公室
地址：安福县金田乡
…… Tel:7349015
钱山乡教育办公室
地址：安福县钱山乡
…… Tel:7312184
永新县（0796）
永新县教育体育局
地址：永新县湘赣大道
…… Tel:7730887
井冈山市（0796）
井冈山市教育局
地址：井冈山市新城区
…… Tel:6890561
宜春市（0795）
宜春市辖区（0795）
宜春市教育局
地址：宜春市昌黎路60号
…… Tel:3997837
奉新县（0795）
奉新县教育局
地址：奉新县解放路
…… Tel:4622324
上富镇教育办公室
地址：奉新县上富镇
…… Tel:4631422
石溪乡教育办公室
地址：奉新县石溪乡
…… Tel:4511125
冯川镇教育办公室
地址：奉新县建设南路
…… Tel:4622657
会埠镇教育办公室
地址：奉新县会埠镇
…… Tel:4581125
宋埠镇教育办公室
地址：奉新县宋埠镇
…… Tel:4401311
万载县（0795）
万载县教育委员会
地址：万载县大北关路95号
…… Tel:8823407
上高县（0795）
上高县教育局
地址：上高县
…… Tel:2507610
宜丰县（0795）
宜丰县文化教育局
地址：宜丰新昌中大道
…… Tel:2765137
靖安县（0795）
靖安县教育委员会
地址：靖安县西外街
…… Tel:4662668
铜鼓县（0795）
铜鼓县教育委员会
地址：铜鼓县环城北路1号
…… Tel:8722709
樟树市（0795）
樟树市城区教育委员会
地址：樟树市药都南大道
…… Tel:7333425
樟树市教育委员会
地址：樟树市药都南大道
…… Tel:7332952
临江教育办公室
地址：樟树市临江镇
…… Tel:7813697
高安下（0795）
高安市先进教育小组办公室
地址：高安市市宾馆办公楼4楼
…… Tel:5210286
高安市教育局
地址：高安市文教路
…… Tel:5295169
八景教育办公室
地址：高安市八景镇
…… Tel:5483200
太阳教育办公室
地址：高安市太阳镇
…… Tel:5382113
龙潭教育办公室
地址：高安市龙潭镇
…… Tel:5610265
田南教育办公室
地址：高安市田南镇
…… Tel:5422113
灰埠教育办公室
地址：高安市灰埠镇
…… Tel:5782137
村前镇教育办公室
地址：高安市村前镇
…… Tel:5672141
杨圩教育办公室
地址：高安市杨圩镇
…… Tel:5662427
汪家教育办公室
地址：高安市汪家乡
…… Tel:5762109
相城镇教育办公室
地址：高安市相城镇
…… Tel:5492126
独城镇教育办公室
地址：高安市独城镇
…… Tel:5462181
祥符教育办公室
地址：高安市祥符镇
…… Tel:5772106
黄沙教育办公室
地址：高安市黄沙岗镇
…… Tel:5622273
新街教育办公室
地址：高安市新街镇
…… Tel:5452345
抚州市（0794）
抚州市辖区（0794）
抚州市教育局
地址：抚州市赣东大道1543号
…… Tel:8263402
临川区（0794）
临川区教育局
地址：临川区建设路39号
…… Tel:8441860
南城县（0794）
南城县教育局
地址：南城县盱江大道255号实验中学隔壁
…… Tel:7254936
黎川县（0794）
黎川县教育局
地址：黎川县
…… Tel:7503398
南丰县（0794）
南丰县教育局
地址：南丰县仓山路1号
…… Tel:3202267
崇仁县（0794）
崇仁县教育局
地址：崇仁县坪头上
…… Tel:6322380
乐安县（0794）
乐安县教育局
地址：乐安县敖溪路
…… Tel:6594565
宜黄县（0794）
宜黄县教育局
地址：宜黄县文中路1号
…… Tel:7602680
金溪县（0794）
金溪县教育局
地址：金溪县建屏北路24号
…… Tel:5269739
资溪县（0794）
资溪县教育局
地址：资溪县二小路
…… Tel:5792746
东乡县（0794）
东乡县教育局
地址：东乡县恒安西路
…… Tel:4233956
广昌县（0794）
广昌县教育局
地址：广昌县解放路
…… Tel:3622553
赤水教育办公室
地址：广昌县赤水镇
…… Tel:3713685
盱江镇教育管理办公室
地址：广昌县盱江镇
…… Tel:3622381
上饶市（0793）
上饶市辖区（0793）
上饶市教育局
地址：上饶市抗建南路
…… Tel:8078746
上饶市教研室
地址：上饶市马皇庙86号
…… Tel:8313179
龙成教育服务中心
地址：上饶市沿河中路15号
…… Tel:8228159
信州区教育委员会
地址：上饶市中山西路168号
…… Tel:8201915
信州区教研室
地址：上饶市沿河中路9号
…… Tel:8222424
上饶县（0793）
上饶县教育局
地址：上饶县惟义路120号
…… Tel:8442493
广丰区（0793）
广丰区学生劳动生产教育基地
地址：广丰区西关街
…… Tel:2613741
广丰区教育局
地址：广丰区慧丰路

……Tel:2623288
玉山县（0793）
玉山县教育局
地址：玉山县三清大道178号
……Tel:2552381
铅山县（0793）
铅山县教育办公室
地址：铅山县鹅湖大道258号
……Tel:5332521
铅山县教育局
地址：铅山县上鹰公路
……Tel:5329925
横峰县（0793）
横峰县教育局
地址：横峰县解放中路
……Tel:5788720
弋阳县（0793）
弋阳县教育局
地址：弋阳县志敏大道
……Tel:5900169
余干县（0793）
余干县教育局
地址：余干县城北世纪大道
……Tel:3396069
鄱阳县（0793）
鄱阳县教育局
地址：鄱阳县
……Tel:6263796
万年县（0793）
万年县教育局
地址：万年县城八零南人道
……Tel:3889297
婺源县（0793）
婺源县教育局
地址：婺源县星江东路14号
……Tel:7342376
德兴市（0793）
德兴市教育局
地址：德兴市
……Tel:7510412

文化

南昌市（0791）
南昌市辖区（0791）
江西省木偶剧团
地址：南昌市子固路166号
……Tel:86710252
江西省文化厅
地址：南昌市省政府大院北二路89号
……Tel:86213953
江西省文化市场稽查总队
地址：南昌市八一大道365号艺术剧院演员公寓2楼
……Tel:86287711
江西省书刊批发市场管理办公室
地址：南昌市洪都北大道414号
……Tel:88592224
江西省地方志编纂委员会
地址：南昌市省政府大院北二路110号
……Tel:86215192
江西省杂技团
地址：南昌市东湖区火神庙3号
……Tel:86774137
江西省京剧团
地址：南昌市东湖区民德路337号
……Tel:86770197
江西省话剧团
地址：南昌市东湖区子固路136号
……Tel:86701691
江西省歌舞剧院
地址：南昌市东湖区章江路67号
……Tel:86701548
江西省赣剧团
地址：南昌市西湖区象山南路263号
……Tel:86268482
南昌市史志办公室
地址：南昌市红谷滩雄洲路市委大楼二楼
……Tel:83885955
南昌市地名委员会
地址：南昌市红谷滩新府路市政府大楼
……Tel:83883599
南昌市社会文化管理委员会
地址：南昌市东湖区中山路317号
……Tel:86641170
南昌市采茶剧团
地址：南昌市中山路323号老八一商场对面
……Tel:86623259
南昌市京剧团
地址：南昌市东湖区胜利路168号
……Tel:86702258
南昌市歌舞剧团
地址：南昌市东湖区胜利路168号
……Tel:86702764
南昌市精神文明建设指导委员会办公室
地址：南昌市红谷滩行政中心市委大楼北六楼
……Tel:83885842
行搜尔旅游文化发展有限公司
地址：南昌市火炬大街126号江山大厦A座401—404室
……Tel:88169300
南昌县（0791）
南昌县县志办公室
地址：南昌县莲塘镇县政府大楼
……Tel:85712886
新建县（0791）
南昌之星旅游文化发展有限公司
地址：新建县红角洲赣江南大道1号会展中心A区
……Tel:83722135
安义县（0791）
安义县文物管理所
地址：安义县文峰路66号—68号
……Tel:83427047
进贤县（0791）
进贤县文化市场稽查大队
地址：进贤县胜利路
……Tel:85682020
进贤县史志办公室
地址：进贤县城新区
……Tel:85622569
进贤县精神文明建设指导委员会办公室
地址：进贤县县委大楼
……Tel:85622293
景德镇市（0798）
景德镇市辖区（0798）
中国共产党景德镇市珠山区文明办公室
地址：景德镇市珠山区政府大院内
……Tel:8517004
景德镇市精神文明建设指导委员会办公室
地址：景德镇市市委大院内
……Tel:8222154
景德镇市地方志办公室
地址：景德镇市莲花塘人防办隔壁三楼
……Tel:8224946
景德镇市地名委员会
地址：景德镇市民政局5楼
……Tel:8223079
景德镇市京剧团
地址：景德镇市文化局
……Tel:8224172
景德镇市歌舞团
地址：景德镇市文化局
……Tel:8223908
景德镇市演出管理站
地址：景德镇市珠山中路10号
……Tel:8222976
景德镇国瓷文化艺术发展有限公司
地址：景德镇市城市名都国瓷花院
……Tel:8500888
新月文化发展有限公司
地址：景德镇市海慧游乐园右侧
……Tel:8261314
昌江区创建文明卫生城市活动指挥部办公室
地址：景德镇市昌江区政府内
……Tel:8310616
浮梁县（0798）
浮梁县精神文明办
地址：浮梁县
……Tel:2628225
浮梁县文化稽查大队
地址：浮梁县
……Tel:2620249
浮梁县地方志办公室
地址：浮梁县
……Tel:2626053
萍乡市（0799）
萍乡市辖区（0799）
萍乡市精神文明办公室
地址：萍乡市迎宾路市政府内
……Tel:6832569
萍乡市地名办公室
地址：萍乡市安源中大道
……Tel:6763629
湘东区文化稽查大队
地址：湘东区
……Tel:3376991
莲花县（0799）
莲花县文化稽查大队
地址：莲花县永安路
……Tel:7227904
芦溪县（0799）
芦溪县创建文明城市活动指挥部
地址：芦溪县
……Tel:7679786
九江市（0792）
九江市辖区（0792）
九江市文化实业总公司
地址：九江市浔阳区话剧团内
……Tel:8224596
九江市文物名胜管理处
地址：九江市浔阳区滨江路
……Tel:8567918
九江市话剧团
地址：九江市浔阳区莲花池76号
……Tel:8224499
九江市歌舞团
地址：九江市浔阳区濂溪路17号
……Tel:8224554
浔阳区文化市场稽查大队
地址：九江市浔阳区庾亮北路2号政府大院办公楼4楼
……Tel:8227383
锁江楼文物管理所
地址：九江市浔阳区滨江大道901号
……Tel:8551982
修水县（0792）
修水县文化市场稽查大队
地址：修水县北门二支路12号
……Tel:7238179
修水县县志办公室
地址：修水县政府招待所三楼
……Tel:7234533
心连心管乐队
地址：修水县白岭镇
……Tel:7333555
南坪乐队
地址：修水县黄港镇
……Tel:7999079
客家艺术团
地址：修水县黄沙镇
……Tel:7909118
武宁县（0792）
武宁县文化产业发展中心
地址：武宁县古艾路66号
……Tel:2767922
武宁县政府文明办公室
地址：武宁县人民路
……Tel:2767080
瑞昌市（0792）
瑞昌市铜岭遗址保护办公室
地址：瑞昌市人民北路
……Tel:4220901
瑞昌剧团
地址：瑞昌市赤乌中路
……Tel:4222143
永修县（0792）
永修县文物管理所
地址：永修县新城建昌西路
……Tel:3222265
永修县采茶剧团
地址：永修县
……Tel:3211133
永修县精神文明办公室
地址：永修县新城县委大楼
……Tel:3223171
德安县（0792）
德安县文明办公室
地址：德安县宝塔大道56号
……Tel:4669892
九江县（0792）
九江县县志办公室
地址：九江县庐山北路
……Tel:6812538
星子县（0792）
星子县文物管理所
地址：星子县紫阳路
……Tel:2670301
都昌县（0792）
都昌县县志办公室
地址：都昌县县政府大楼
……Tel:5231099
湖口县（0792）
湖口黄梅戏剧团
地址：湖口县钱家巷12号人民礼堂二楼
……Tel:6330961
彭泽县（0792）
彭泽县文物管理所
地址：彭泽县龙城大道
……Tel:5669313
庐山风景区（0792）
庐山文化稽查大队
地址：庐山合面街15号
……Tel:8283777
庐山文物管理所
地址：庐山窑洼路1号
……Tel:8282239
共青开发区（0792）
共青城文化市场举报热线
地址：九江市共青城
……Tel:4357291
新余市（0790）
新余市辖区（0790）
新余市文化管理行政执法支队
地址：新余市仙来中大道
……Tel:6446955
鹰潭市（0701）
鹰潭市辖区（0701）
鹰潭市艺术团
地址：鹰潭市胜利东路18号
……Tel:6221721
鹰潭市文化市场稽查支队
地址：鹰潭市站江路影剧院内
……Tel:6224800
鹰潭市精神文明建设办公室
地址：鹰潭市府前路1号
……Tel:6447008
余江县（0701）
余江县文化稽查支队
地址：余江县建设西路
……Tel:5882902
贵溪市（0701）
贵溪市史志办公室
地址：贵溪市冶金大道经济大楼
……Tel:3316763
贵溪市精神文明办公室
地址：贵溪市冶金大道经济大楼
……Tel:3316318
赣州市（0797）
赣州市辖区（0797）
赣州市文化艺术中心
地址：赣州市健康路
……Tel:8353114
赣州市文化市场稽查支队
地址：赣州市文清路3号
……Tel:8227147
赣州市文化发展公司
地址：赣州市文清路5号
……Tel:8239453
赣州市社会文化管理委员会
地址：赣州市
……Tel:8226890
赣州市音像管理站
地址：赣州市红旗大道56号
……Tel:8226949
赣南采茶歌舞剧团
地址：赣州市
……Tel:8222334
赣县（0797）
赣赣县采茶剧团
地址：赣县东延街文化大楼五楼
……Tel:4436375
赣县客家文化城管理局
地址：赣县客家文化城
……Tel:4431590
赣县精神文明建设办公室
地址：赣县县委大院
……Tel:4438969
信丰县（0797）
信丰县县志办公室
地址：信丰县城西路44号
……Tel:3332162
大余县（0797）
大余县地方志办公室
地址：大余县金莲山大道公务大楼
……Tel:8710368
大余县精神文明建设办公室
地址：大余县金莲山大道
……Tel:8711892
崇义县（0797）
崇义县文化市场稽查大队
地址：崇义县阳岭大道
……Tel:3822906
崇义县县志办公室
地址：崇义县体育路1号公务大楼
……Tel:3812371
崇义县歌舞剧团
地址：崇义县阳岭大道
……Tel:3812752
安远县（9797）
安远县县志办公室
地址：安远县东江源大道
……Tel:3732538
安远县采茶剧团
地址：安远县濂江路
……Tel:3729501
安远县精神文明建设办公室
地址：安远县
……Tel:3732543
定南县（0797）
定南县采茶剧团
地址：定南县
……Tel:4290926
全南县（0797）
全南县史志办公室
地址：全南县县委大院
……Tel:2632270
全南县精神文明创建办公室
地址：全南县新城区
……Tel:2608507
宁都县（0797）
宁都县采茶歌舞剧团
地址：宁都县中山北路84号
……Tel:6816311
于都县（0797）
于都县精神文明建设办公室
地址：于都县渡江大道
……Tel:6232543
兴国县（0797）
兴国县山歌剧团
地址：兴国县十字街
……Tel:5323034
兴国县精神文明建设办公室
地址：兴国县凤凰大道
……Tel:5322029
会昌县（0797）
会昌县县志办公室
地址：会昌县东街县政府院内五楼
……Tel:5622627

会昌县精神文明建设办公室
地址：会昌县人大四楼
Tel:5637936
寻乌县（0797）
寻乌县县志办公室
地址：寻乌县县政府大楼
Tel:2845520
石城县（0797）
地址：石城县地方志办公室
石城县西华中路交通局五楼
Tel:5713100
客家灯彩艺术团
地址：石城县西华中路
Tel:5712642
瑞金市（0797）
地址：叶坪旧址管理处
瑞金市叶坪乡
Tel:2303440
瑞金市文明办公室
地址：瑞金市金都大道公务大楼8楼819室
Tel:2557115
瑞金市志办
地址：瑞金市金都大道公务大楼4楼415室
Tel:2523638
瑞金市剧团
地址：瑞金市横烟叶巷
Tel:2522582
瑞金市歌舞剧团
地址：瑞金市
Tel:2530647
瑞金市精神文明建设指导委员会
地址：瑞金市内环路市场监督管理局二楼
Tel:2558829
南康区（0797）
南康区文化艺术中心
地址：南康区芙蓉新城
Tel:6609095
南康区地方志办公室
地址：南康区市政办公大楼
Tel:6605132
吉安市（0796）
吉安市辖区（0796）
吉州区文化市场稽查大队
地址：吉安市阳明东路5号
Tel:8225361
吉州区地方志编纂委员会
地址：吉安市吉州区政府内
Tel:8335093
吉州区精神文明建设指导委员会
地址：吉安市吉州区阳明西路50号
Tel:8223455
吉安市文化演出服务站
吉安市阳明东路2号
Tel:8222494
吉安市地方志编纂委员会
地址：吉安市鹭洲东路1号
Tel:8230884
吉安市歌舞团
地址：吉安市井冈山大道17号
Tel:8287208
吉安市精神文明建设指导委员会
地址：吉安市鹭洲东路2号
Tel:8225113
吉安县（0796）
吉安县地方志办公室
地址：吉安县庐陵大道28号
Tel:8442134
庐陵文化广场管理办公室
地址：吉安县庐陵大道
Tel:8431498
峡江县（0796）
峡江县文工团
地址：峡江县玉笥大道
Tel:3672633
新干县（0796）
新干县文化稽查大队
地址：新干县
Tel:2602380
永丰县（0796）
永丰县精神文明建设办公室
地址：永丰县县委院内
Tel:2511804
洋号乐队
地址：永丰县直街
Tel:2526153
泰和县（0796）
泰和县地方志办
地址：泰和县工农兵大道1号
Tel:8639121
泰和县县志办公室
地址：泰和县工农兵大道2号
Tel:5332593
泰和县精神文明建设指导委员会
地址：泰和县工农兵大道5号
Tel:8638553
连川县（0796）
遂川县县志办公室
地址：遂川县行政办公大楼
Tel:6322403
遂川县精神文明办公室
地址：遂川县行政办公大楼
Tel:6322115
万安县（0796）
万安县剧团
地址：万安县解放路21号
Tel:5701534
安福县（0796）
安福县文工团
地址：安福县武功山大道
Tel:7622854
安福县地方志办公室
地址：安福县行政中心
Tel:7622023
安福县精神文明办公室
地址：安福县行政中心
Tel:7622631
永新县（0796）
永新县采茶剧团
地址：永新县
Tel:7722057
宜春市（0795）
宜春市辖区（0795）
御景文化发展有限公司
地址：宜春市卫公路
Tel:3216666
万载县（0795）
万载县精神文明建设指导委员会
地址：万载县
Tel:8823543
宜丰县（0795）
宜丰县史志办
地址：宜丰县新昌西大道
Tel:2765552
宜丰县精神文明建设指导委员会
地址：宜丰县新昌西大道
Tel:2750936
靖安县（0795）
操都铜管乐队
地址：靖安县操都街常青东路信用社对面
Tel:4751120
操都管弦道士乐队
地址：靖安县操都街
Tel:4711451
丰城市（0795）
丰城市地方剧团
丰城市东方红大街265号
Tel:6423651
丰城市精神文明建设办公室
地址：丰城市行政大楼
Tel:6608225
樟树市（0795）
樟树市史志办公室
地址：樟树市药都南大道25号
Tel:7333080
樟树市精神文明建设指导委员会
地址：樟树市药都南大道
Tel:7332311
高安市（0795）
高安市史志办公室
地址：高安市解放路
Tel:5221205
抚州市（0794）
抚州市辖区（0794）
抚州市文物博物管理所
地址：抚州市赣东大道
Tel:8229960
抚州市社会文化管理委员会
地址：抚州市赣东大道
Tel:8269938
抚州市采茶剧团
抚州市泰山背5号
Tel:8283280
抚州市精神文明建设指导委员会
地址：抚州市赣东大道
Tel:8288130
才乡文化发展投资有限公司
地址：抚州市赣东大道1209号审计局隔壁
Tel:8206777
东华理工大学哈比英语乐团
抚州市学府路56号
Tel:8821568
汤显祖艺术实验剧团
抚州市抚临盘路
Tel:8223024
安石文化传媒有限公司
抚州市赣东大道80号
Tel:8235058
崇仁县文物博物管理所
地址：崇仁县中山路
Tel:6339269
崇仁县精神文明建设指导办公室
地址：崇仁县县府西路3号
Tel:6332775
宜黄县（0794）
宜黄县文化管理所
地址：宜黄县河东开发区宜黄戏大剧院内
Tel:7610729
东乡县（0794）
东乡县文工团
地址：东乡县交通路
Tel:4232304
东乡县文化市场稽查大队
地址：东乡县
Tel:4235792
广昌县（0794）
盱江镇社区文化艺术团
地址：广昌县解放南路208号
Tel:3698160
上饶市（0793）
上饶市辖区（0793）
上饶市文化艺术中心
地址：上饶市崭岭头9号
Tel:8231521
上饶市越剧团
地址：上饶市新建路89号
Tel:8224674
上饶市歌舞团
地址：上饶市新建路56号
Tel:8222420
上饶市精神文明建设办公室
地址：上饶市沿河东路2号
Tel:8223048
信州区精神文明建设办公室
地址：上饶市三江南大道3号
Tel:8222083
上饶县（0793）
上饶县精神文明建设指导办公室
地址：上饶县
Tel:8466543
广丰区（0793）
广丰区文物管理所
地址：广丰区府前街
Tel:2611345
玉山县（0793）
玉山县文明办
玉山县行政大楼十二楼
Tel:2563664
玉山县剧团
地址：玉山县
Tel:2553156
铅山县（0193）
铅山县文化市场稽查大队
地址：铅山县文化广场
Tel:5333313
铅山县史志办
地址：铅山县黄岗山大道人民路68号县委院内
Tel:5332883
铅山县精神文明办公室
地址：铅山县黄岗山大道人民路68号县委院内
Tel:5332069
横峰县（0793）
横峰县精神文明办公室
地址：横峰县兴安大道政府大楼
Tel:5780165
弋阳县（0793）
弋阳县县志办公室
地址：弋阳县行政中心大楼
Tel:5821186
鄱阳县（0793）
鄱阳县县志办公室
地址：鄱阳县
Tel:6261911
鄱阳县赣剧团
地址：鄱阳县五一路
Tel:6282310
万年县（0793）
万年县文化市场稽查大队
地址：万年县六零中路
Tel:3832822
苏桥外唱铜管乐队
地址：万年县苏桥乡
Tel:3894086
婺源县（0793）
婺源县文物局
地址：婺源县
Tel:7351599
婺源县地方志办公室
地址：婺源县
Tel:7357213
婺源县精神文明办公室
地址：婺源县
Tel:7361867
婺源县徽剧团
地址：婺源县环城北路25号
Tel:7351952
德兴市（0793）
德兴市地方志办公室
地址：德兴市
Tel:7522354
卫生 南昌市（0791）
南昌市辖区（0791）
江西省卫生厅
地址：南昌市省政府大院南一路11号
Tel:86221780
南昌市卫生局
地址：南昌市红谷滩新区会展路199号红谷大厦
Tel:83986755
南昌市爱国卫生运动委员会办公室
地址：南昌市红谷滩市政府大楼
Tel:83883663
青山湖区卫生局
地址：南昌市南京东路699号
Tel:88100494
青山湖区创建全国文明城市国家卫生城市活动指挥部办公室
地址：南昌市青山湖区区政府大楼
Tel:88102203
青山湖区新型农村合作医疗管理局
地址：南昌市顺外路677号
Tel:88307727
青云谱区卫生局
地址：南昌市广州路268号
Tel:88462891
湾里区卫生局
地址：南昌市湾里区招贤大道
Tel:83797628
南昌县（0791）
南昌县卫生局
地址：南昌县澄湖西路
Tel:85712459
南昌县新型农村合作医疗管理局
地址：南昌县团结南路1号4楼
Tel:85717363
塔城乡新型农村合作医疗办公室
地址：南昌县塔城乡
Tel:85790308
新建县（0791）
联圩乡农医所
地址：新建县联圩乡
Tel:83121100
新建县卫生局
地址：新建县政法路58号
Tel:83752356
新建县农医局
地址：新建县政法路
Tel:83757889
安义县（0791）
安义县卫生局
地址：安义县文峰路59号
Tel:83422229
进贤县（0791）
进贤县创建办公室
地址：进贤县政府大楼6楼
Tel:85622338
三阳乡农医所
地址：进贤县三阳乡
Tel:85509099
景德镇市（0798）
景德镇市辖区（0798）
景德镇市卫生局
地址：景德镇市沿河东路91号
Tel:8509855
昌江区卫生局
地址：景德镇市昌江区政府内
Tel:8333227
珠山区卫生局
地址：景德镇市中山北路278号
Tel:8524458
珠山区爱国运动委员会办公室
地址：景德镇市中山北路277号
Tel:8511642
浮梁县（0798）
浮梁县卫生局
地址：浮梁县政府四楼
Tel:2623800
浮梁县新型农村合作医疗管理局
地址：浮梁县政府四楼西边
Tel:2627060
江村乡农村合作医疗所
地址：浮梁县江村
Tel:2737181
庄湾乡农医所
地址：浮梁县庄湾
Tel:2766650
鱼山镇农医所
地址：浮梁县鱼山
Tel:2694491
洪源镇农医所
地址：浮梁县洪源
Tel:2819268
鹅湖农医所
地址：浮梁县鹅湖镇鹅湖村
Tel:2764545
萍乡市（0799）
萍乡市辖区（0799）
萍乡市卫生局
地址：萍乡市安源镇
Tel:6355855
安源区卫生局
地址：萍乡市平安大道安源大厦5楼
Tel:6661206
湘东区卫生局
地址：湘东区河洲新区综合大楼
Tel:3376857
湘东区农医中心

地址：湘东区泉湖垅农行3楼
……Tel:3441898
莲花县（0799）
莲花县卫生局
地址：莲花县解放路72号
……Tel:7221442
上栗县（0799）
上栗县卫生局
地址：上栗县李畋大道
……Tel:3862158
上栗镇农村合作医疗办公室
地址：上栗县兴盅大道
……Tel:3865339
芦溪县（0799）
芦溪县卫生局
地址：芦溪县
……Tel:1551001
芦溪县新型农村合作医疗管理局
地址：芦溪县
……Tel:1559559
宣风镇新型农村医疗管理办公室
地址：芦溪县
……Tel:7505777
九江市（0792）
九江市辖区（0792）
九江市卫生局
地址：九江市浔阳区滨江路7号
……Tel:8239535
九江市爱国卫生运动办公室
地址：九江市浔阳区滨湖路7号卫生局内
……Tel:8226308
庐山区卫生局
地址：九江市庐山区十里大道1480号
……Tel:8251369
浔阳区卫生局
地址：九江市浔阳区庾亮北路2号
……Tel:8115421
修水县（0792）
修水县卫生局
地址：修水县凤凰山路29号
……Tel:7221718
修水县农医局
地址：修水县
……Tel:7236870
修水县新型农村合作医疗管理局
地址：修水县
……Tel:7236871
武宁县（0792）
武宁县卫生局
地址：武宁县交通路
……Tel:2763192
武宁县新型农村合作医疗管理局
地址：武宁县
……Tel:2779228
瑞昌市（0792）
瑞昌市卫生局
地址：瑞昌市赤乌中路138号
……Tel:4222190
瑞昌市创建文明卫生城市办公室
地址：瑞昌市市府广场
……Tel:4235397
瑞昌市爱国卫生运动办公室
地址：瑞昌市赤乌中路
……Tel:4222716
瑞昌市新型农村合作医疗管理局
地址：瑞昌市卫生局院内三楼
……Tel:4226020
永修县（0792）
永修县卫生局
地址：永修县西二路
……Tel:3226903
永修县农医局
地址：永修县新城大道
……Tel:3226536
德安县（0792）
德安县卫生局
地址：德安县东风路172号
……Tel:4360712
德安县新型农村合作医疗管理局
地址：德安县东风路
……Tel:4366800
九江县（0792）
九江县卫生局
地址：九江县柴桑北路
……Tel:6812259
九江县农医局
地址：九江县柴桑路
……Tel:6820587
星子县（0792）
星子县卫生局
地址：星子县匡庐路
……Tel:2666201
星子县创建文明卫生城指挥部
地址：星子县
……Tel:2673019
都昌县（0792）
都昌县卫生局
地址：都昌县东风大道130号
……Tel:5223180
湖口县（0792）
湖口县卫生局
地址：湖口县三里大道
……Tel:6326710
湖口县新型农村合作医疗管理局
地址：湖口县教育北路
……Tel:6325899
彭泽县（0792）
彭泽县卫生局
地址：彭泽县龙城大道
……Tel:5664863
彭泽县农医局
地址：彭泽县
……Tel:5670536
彭泽县爱国卫生运动办公室
地址：彭泽县龙城大道
……Tel:5661382
新余市（0790）
新余市辖区（0790）
渝水区卫生局
地址：新余市抱石大道16号
……Tel:6222596
新余市卫生局
地址：新余市上路
……Tel:6442620
分宜县（0790）
分宜县卫生局
地址：分宜县保健巷
……Tel:5881369
分宜县爱国卫生运动委员会
地址：分宜县保健巷
……Tel:5881459
凤阳乡农医办
地址：分宜县凤阳乡
……Tel:5783336
高岚农医所
地址：分宜县高岚乡
……Tel:5698378
鹰潭市（0701）
鹰潭市辖区（0701）
月湖区卫生局
地址：鹰潭市胜利东路5号
……Tel:6221644
鹰潭市卫生局
地址：鹰潭市交通路22号
……Tel:6216069
余江县（0701）
余江县卫生局
地址：余江县站前中路
……Tel:5881132
贵溪市（0701）
贵溪市卫生局
地址：贵溪市交通路
……Tel:3315665
贵溪市爱国卫生运动委员会办公室
地址：贵溪市交通路
……Tel:3317862
赣州市（0797）
赣州市辖（0797）
章贡区卫生局
地址：赣州市阳明路
……Tel:8296113
章贡区农医办公室
地址：赣州市左营背
……Tel:8268878
赣州市卫生局
地址：赣州市水南新区兴国中路市政中心大门西行约1000米
……Tel:8169069
赣州市爱卫防治中心
地址：赣州市关刀坪路22号
……Tel:8101608
赣县（0797）
赣县卫生局
地址：赣县燕塘南路2号
……Tel:4441376
信丰县（0797）
信丰县卫生局
地址：信丰县广场巷
……Tel:3329219
信丰县爱国卫生运动委员会
地址：信丰县阳明路
……Tel:3311434
大余县（0797）
大余县卫生局
地址：大余县南安大道
……Tel:8722441
大余县新型农村合作医疗管理局
地址：大余县南安大道
……Tel:8720009
上犹县（0797）
上犹县卫生局
地址：上犹县犹江大道
……Tel:8549821
上犹县爱国卫生运动委员会
地址：上犹县沿河路党校对面
……Tel:8541542
崇义县（0797）
崇义县卫生局
地址：崇义县章源大道1511号
……Tel:3812459
安远县（0797）
安远县卫生局
地址：安远县
……Tel:3732028
安远县爱国卫生运动办公室
地址：安远县
……Tel:3722234
安远县新型农村合作医疗管理局
地址：安远县
……Tel:3726005
龙南县（0797）
龙南县卫生局
地址：龙南县上东门6号
……Tel:3512655
定南县（0797）
定南县卫生局
地址：定南县
……Tel:4291843
定南县新型农村合作医疗管理局
地址：定南县
……Tel:4260789
全南县（0797）
全南县卫生局
地址：全南县寿梅路
……Tel:2632293
宁都县（0797）
宁都县卫生局
地址：宁都县环西路农行对面
……Tel:6832029
宁都县农医局
地址：宁都县卫生局楼上
……Tel:6833228
小布镇农医所
地址：宁都县小布街上
……Tel:6866156
长胜农医所
地址：宁都县长胜街上
……Tel:6881228
石上农医所
地址：宁都县石上镇街上
……Tel:6840208
竹笮乡农医所
地址：宁都县竹笮乡大富叉路口乡政府院
……Tel:6949399
青塘农医所
地址：宁都县青塘镇
……Tel:6942231
钓峰乡农医所
地址：宁都县钓峰街上
……Tel:6863052
湛田农医所
地址：宁都县湛田乡湛田新街
……Tel:6849103
蔡江乡农医所
地址：宁都县蔡江街上
……Tel:6862911
于都县（0797）
于都县卫生局
地址：于都县红旗大道55号
……Tel:6232380
兴国县（0797）
兴国县卫生局
地址：兴国县凤凰大道105号
……Tel:5322715
兴国县农医局
地址：兴国县凤凰大道105号卫生局5楼
……Tel:5317533
兴国县爱国卫生运动委员会
地址：兴国县潋塘新村
……Tel:5300542
会昌县（0797）
会昌县卫生局
地址：会昌县老年活动中心三楼
……Tel:5622230
会昌县爱国卫生运动办公室
地址：会昌县大旗坪2号
……Tel:5622456
寻乌县（0797）
寻乌县卫生局
地址：寻乌县
……Tel:2842433
寻乌县农村合作医疗管理中心
地址：寻乌县
……Tel:2831523
石城县（0797）
石城县卫生局
地址：石城县西华中路77号
……Tel:5721775
石城县新型农村合作医疗管理中心
地址：石城县西华中路77号
……Tel:5721755
瑞金市（0797）
叶坪乡农医所
地址：瑞金市叶坪乡
……Tel:2304062
拔英乡农医所
地址：瑞金市拔英乡
……Tel:2313626
南康区（0797）
南康区卫生局
地址：南康区泰康中路
……Tel:6616022
吉安市（0796）
吉安市辖区（0796）
吉安市卫生局
地址：吉安市广场东路7号
……Tel:8224003
青原区卫生局
地址：吉安市青原区行政中心
……Tel:8185063
青原区新型农村医疗管理局
地址：吉安市青原区行政中心
……Tel:8185090
吉安县（0796）
吉安县卫生局
地址：吉安县庐陵大道18号
……Tel:8442126
吉水县（0796）
吉水县卫生局
地址：吉水县文化东路
……Tel:8680985
吉水县爱国卫生运动办公室
地址：吉水县卫生局六楼
……Tel:3520050
吉水县新型农村合作医疗管理局
地址：吉水县文化东路
……Tel:8680234
峡江县（0796）
峡江县卫生局
地址：峡江县
……Tel:3675581
福民乡农医所
峡江县福民乡
……Tel:3685696
新干县（0796）
新干县卫生局
地址：新干县京惠西路1号
……Tel:2603218
新干县创建卫生城市办公室
地址：新干县环城南路1号
……Tel:2611022
永丰县（0796）
永丰县卫生局
地址：永丰县天保村
……Tel:2511251
泰和县（0796）
泰和县卫生局
地址：泰和县白凤大道
……Tel:8638262
泰和县新型农村合作医疗管理局
地址：泰和县白凤大道
……Tel:5322590
遂川县（0796）
遂川县卫生局
地址：遂川县工农兵大道
……Tel:6322595
遂川县农医局
地址：遂川县工农兵大道
……Tel:6327585
万安县（0796）
万安县卫生局
地址：万安县五云路
……Tel:5701213
万安县农村合作医疗管理中心
地址：万安县
……Tel:5703469
安福县（0796）
安福县卫生局
地址：安福县
……Tel:76281
安福县爱国卫生运动办公室
地址：安福县阁后东路
……Tel:7622754
永新县（0796）
永新县卫生局
地址：永新县秀水路
……Tel:7722150
井冈山市（0796）
井冈山市卫生局
地址：井冈山市新城区笔架山路
……Tel:6891977
宜春市（0795）
宜春市辖区（0796）
宜春市卫生局
地址：宜春市中山璐151号
……Tel:3223435
奉新县（0795）
赤岸镇新型农村合作医疗管理所
地址：奉新县赤岸镇
……Tel:4612818
宋埠镇农医所
地址：奉新县宋埠镇
……Tel:4402718
奉新县卫生局
地址：奉新县冯川东路
……Tel:4629228
奉新县新型农村合作医疗管理局
地址：奉新县人民医院老门诊部一楼
……Tel:4621868
万载县（0795）
万载县卫生局
地址：万载县
……Tel:8981220

上高县（0795）
上高县卫生局
地址：上高县和平路
……Tel:2521795
宜丰县（0795）
宜丰县卫生局
地址：宜丰县环城南路
……Tel:2781262
靖安县（0795）
靖安县卫生局
地址：靖安县北大街3号
……Tel:4662710
铜鼓县（0795）
铜鼓县卫生局
地址：铜鼓县
……Tel:8722425
铜鼓县新型农村合作医疗管理局
地址：铜鼓县城南西路168号疾控大楼三楼
……Tel:8690868
丰城市（0795）
丰城市卫生局
地址：丰城市新城区
……Tel:6609129
丰城市农医局
地址：丰城市行政大楼
……Tel:6609260
丰城市爱国卫生运动委员会
地址：丰城市行政大楼
……Tel:6609053
孙渡街道农医所
地址：丰城市孙渡镇
……Tel:6590179
拖船镇农医所
地址：丰城市拖船镇
……Tel:6741899
樟树市（0795）
樟树市卫生局
地址：樟树市药都南大道
……Tel:7333539
高安市（0795）
高安市卫生局
地址：高安市桥北路
……Tel:5297629
高安市新型农村医疗合作管理局
地址：高安市桥北路卫生局院内
……Tel:5282396
抚州市（0794）
抚州市辖区（0794）
抚州市卫生局
地址：抚州市赣东大道679号
……Tel:8236170
临川区（0794）
临川区卫生局
地址：临川区上顿渡玉茗路延伸段
……Tel:8427131
南城县（0794）
南城县卫生局
地址：南城县盱江大道
……Tel:7251016
黎川县（0794）
黎川县卫生局
地址：黎川县东方红大道
……Tel:7529177
熊村镇农医所
地址：黎川县熊村镇
……Tel:7581360
南丰县（0794）
南丰县卫生局
地址：南丰县城墙路6号
……Tel:3202301
南丰县农医局
地址：南丰县城墙路6号
……Tel:3210989
崇仁县（0794）
崇仁县卫生局
地址：崇仁县胜利路60号
……Tel:6322391
乐安县（0794）
乐安县卫生局
地址：乐安县毕力路2号
……Tel:6576050
宜黄县（0794）
宜黄县卫生局
地址：宜黄县学前街92号
……Tel:7605221
宜黄县农村合作医疗管理中心
地址：宜黄县卫生局对面医药公司办公室二楼
……Tel:7601900
金溪县（0794）
金溪县卫生局
地址：金溪县
……Tel:5291583
资溪县（0794）
资溪县卫生局
地址：资溪县建设路6号
……Tel:5792711
东乡县（0794）
东乡县卫生局
地址：东乡县恒安西路
……Tel:4232322
东乡县爱国卫生运动办公室
地址：东乡县卫生局3楼
……Tel:4234586
黎圩镇农医所
东乡县黎圩镇
……Tel:4348048
广昌县（0794）
广昌县卫生局
地址：广昌县解放北路
……Tel:3622528
广昌县农医局
地址：广昌县防疫站三楼
……Tel:3617726
上饶市（0793）
上饶市辖区（0793）
上饶市卫生局
地址：上饶市书院路78号
……Tel:8223332
上饶市爱国卫生运动委员会
地址：上饶市五三大道25号
……Tel:8223446
信州区卫生局
地址：上饶市五三大道25号
……Tel:8214480
上饶县（0793）
上饶县卫生局
地址：上饶县文卫巷
……Tel:8443153
上饶县新型农村合作医疗管理局
地址：上饶县文卫巷46号
……Tel:8442663
广丰区（0793）
广丰区卫生局
地址：广丰区白鹤大街12号
……Tel:2638196
广丰区农医局
地址：广丰区永丰大道
……Tel:2651202
玉山县（0793）
玉山县卫生局
地址：玉山县玉虹园26号
……Tel:2569987
铅山县（0793）
铅山县卫生局
地址：铅山县鹅湖大道文卫大楼
……Tel:5332325
横峰县（0793）
横峰县卫生局
地址：横峰县人民大道181号
……Tel:5796162
横峰县新型农村合作医疗管理局
地址：横峰县人民大道
……Tel:5782169
弋阳县（0793）
弋阳县卫生局
地址：弋阳县城南行政中心旁边
……Tel:5821092
余干县（0793）
余干县卫生局
地址：余干县城北新区卫生局办公大楼
……Tel:3396117
余干县农村合作医疗中心
地址：余干县迎宾大道星空夜总会五楼
……Tel:3397895
鄱阳县（0793）
鄱阳县卫生局
地址：鄱阳县芝阳路242号
……Tel:6270630
鄱阳县农村合作医疗管理中心
地址：鄱阳县五一路89号
……Tel:6268506
万年县（0793）
万年县卫生局
地址：万年县城正大西街
……Tel:3832619
婺源县（0793）
婺源县卫生局
地址：婺源县环城北路35号
……Tel:7360860
德兴市（0793）
德兴市卫生局
地址：德兴市
……Tel:7529153
人口和计划生育
南昌市（0791）
南昌市辖区（0791）
江西省人口和计划生育委员会
地址：南昌市高新区高新一路239号
……Tel:88108990
江西省人口普查办公室
地址：南昌市省政府大院西二路
……Tel:86269228
南昌市人口和计划生育委员会
地址：南昌市红谷滩新区新府路118号
……Tel:83884252
南昌市人口和计划生育药具管理站
地址：南昌市民德路237号
……Tel:86776960
东湖区人口和计划生育委员会
地址：南昌市东湖区叠山路156号
……Tel:86221040
西湖区人口和计划生育委员会
地址：南昌市抚生路369号
……Tel:86597463
扬子洲镇计划生育办公室
地址：南昌市青山湖区扬子洲街
……Tel:88670542
青山湖区人口和计划生育委员会
地址：南昌市南京东路699号
……Tel:88100310
青云谱区人口和计划生育委员会
地址：南昌市广州路
……Tel:88462565
昌东镇计划生育办公室
地址：南昌市高新区昌东镇
……Tel:88251566
罗家镇计划生育办公室
地址：南昌市罗家镇
……Tel:88370479
湾里区人口和计划生育委员会
地址：南昌市湾里区幸福路229号
……Tel:83760552
南昌县（0791）
南昌县人口和计划生育委员会
地址：南昌县莲塘镇向阳路448号
……Tel:85712159
武阳镇计划生育办公室
地址：南昌县武阳镇
……Tel:85011129
进贤县（0791）
文港镇计划生育办公室
地址：进贤县文港镇晏殊北路
……Tel:85561147
钟陵乡计划生育办公室
地址：进贤县钟陵乡
……Tel:85512018
泉岭乡计划生育办公室
地址：进贤县泉岭乡
……Tel:85611106
梅庄镇计划生育办公室
地址：梅庄镇
……Tel:85492096
温圳镇计划生育办公室
地址：进贤县温圳镇
……Tel:85547456
景德镇市（0798）
景德镇市辖区（0798）
昌江区人口和计划生育委员会
地址：景德镇市瓷都大道昌江区政府大院内
……Tel:8335110
珠山区人口和计划生育委员会
地址：景德镇市珠山区政府内
……Tel:8529025
浮梁县（0798）
浮梁县人口和计划生育委员会
地址：浮梁县
……Tel:2628304
浮梁镇计划生育办公室
地址：浮梁县浮梁镇
……Tel:2623751
经公桥计划生育办公室
地址：浮梁县经公桥镇金桥路
……Tel:2732799
峙滩计划生育办公室
地址：浮梁县峙滩
……Tel:2781509
荷塘计划生育办公室
地址：浮梁县荷塘
……Tel:2694871
鹅湖计划生育办公室
地址：浮梁县鹅湖镇鹅湖村
……Tel:2761878
湘湖计划生育办公室
地址：浮梁县湘湖镇东安村
……Tel:2664513
瑶里计划生育办公室
地址：浮梁县瑶里
……Tel:2601538
萍乡市（0799）
萍乡市辖区（3799）
湘东区人口和计划生育委员会
地址：湘东区党政综合大楼
……Tel:3376289
五陂镇计划生育办公室
萍乡市五陂镇
……Tel:6311491
莲花县（0799）
莲花县人口和计划生育委员会
地址：莲花县永安大道25号
……Tel:7221224
升坊计划生育办公室
地址：莲花县升坊镇
……Tel:7267626
路口镇计划生育办公室
地址：莲花县
……Tel:7286433
上栗县（0799）
上栗县人口和计划生育委员会
地址：上栗县平安北路90号
……Tel:3661317
金山镇计划生育办公室
地址：上栗县金山镇
……Tel:3888202
桐木镇计划生育办公室
地址：上栗县桐木镇桐木村
……Tel:3654006
福田镇计划生育办公室
地址：上栗县福田镇
……Tel:3616204
芦溪县（0799）
芦溪县人口和计划生育委员会
地址：芦溪县
……Tel:7551331
芦溪镇计划生育办公室
地址：芦溪县
……Tel:7582776
宣风镇计划生育办公室
地址：芦溪县宣风镇
……Tel:7501906
银河镇计划生育办公室
地址：芦溪县银河镇
……Tel:7504696
九江市（0792）
九江市辖区（0792）
九江市人口和计划生育委员会
地址：九江市浔阳区长虹大道政府7楼
……Tel:8211562
庐山区人口和计划生育委员会
地址：九江市庐山区十里大道
……Tel:8251168
浔阳区人口和计划生育委员会
地址：九江市浔阳区庐峰北路57号
……Tel:8564686
虞家河乡计划生育办公室
地址：九江市虞家河院内
……Tel:8994939
新港镇计划生育办公室
地址：九江市庐山区新港镇
……Tel:8733853
修水县（0792）
三都计划生育办公室
地址：修水县三都镇
……Tel:7812465
大桥计划生育办公室
地址：修水县大桥镇
……Tel:7555425
大椿计划生育办公室
地址：修水县大椿乡
……Tel:1565595
上奉计划生育办公室
地址：修水县上奉镇
……Tel:7933333
上杭计划生育办公室
地址：修水县上杭乡
……Tel:7896300
山口镇计划生育办公室
地址：修水县山口镇
……Tel:7622741
义宁镇计划生育办公室
地址：修水县
……Tel:7229625
古市计划生育办公室
地址：修水县古市镇
……Tel:7366540
石坳计划生育办公室
地址：修水县石坳乡
……Tel:7670287
布甲计划生育办公室
地址：修水县布甲乡
……Tel:7592110
东港计划生育办公室
地址：修水县东港乡
……Tel:7690280
四都计划生育办公室
地址：修水县四都镇
……Tel:7826409
白岭计划生育办公室
地址：修水县白岭镇
……Tel:7339180
宁州计划生育办公室
地址：修水县
……Tel:7261500
西港计划生育办公室
地址：修水县西港镇
……Tel:7871807
全丰计划生育办公室
地址：修水县全丰镇
……Tel:7310311
何市镇计划生育办公室
地址：修水县何市镇
……Tel:7966362
杭口计划生育办公室
地址：修水县杭口镇
……Tel:7855445
征村乡计划生育办公室
地址：修水县征村乡
……Tel:7611167
庙岭乡计划生育办公室
地址：修水县庙岭乡
……Tel:7910268
复源乡计划生育办公室

地址：修水县复源乡
……Tel:7640100

修水县人口和计划生育委员会
地址：修水县百家汇
……Tel:7228579

修水县人口普查办公室
地址：修水县
……Tel:7233351

黄龙乡计划生育办公室
地址：修水县黄龙乡
……Tel:7510041

黄沙计划生育办公室
地址：修水县黄沙镇
……Tel:7908847

黄港计划生育办公室
地址：修水县黄港镇
……Tel:7999987

程坊乡计划生育办公室
地址：修水县程坊乡
……Tel:7680123

渣津镇计划生育办公室
地址：修水县渣津镇
……Tel:7666406

路口乡计划生育办公室
地址：修水县路口乡
……Tel:7320233

新湾计划生育办公室
地址：修水县新湾乡
……Tel:7890060

溪口计划生育办公室
地址：修水县溪口镇
……Tel:7501074

漫江计划生育办公室
地址：修水县漫江乡
……Tel:7629033

武宁县（0792）
武宁县人口和计划生育委员会
地址：武宁县人民路
……Tel:2761182

东林乡计划生育办公室
地址：武宁县东林乡
……Tel:2907134

杨洲乡计划生育办公室
地址：武宁县杨洲乡
……Tel:2982243

官莲乡计划生育办公室
地址：武宁县官莲乡
……Tel:2877114

南市计划生育办公室
地址：武宁县南市乡
……Tel:2838079

清江乡计划生育办公室
地址：武宁县清江乡
……Tel:2895404

新宁镇计划生育委员会
地址：武宁县新宁镇
……Tel:2769690

瑞昌市（0792）
瑞昌市人口和计划生育委员会
地址：瑞昌市湓城路
……Tel:4222557

洪一计划生育办公室
地址：瑞昌市洪一乡
……Tel:4821400

高丰镇计划生育办公室
地址：瑞昌市高丰镇
……Tel:4988843

永修县（0792）
永修县人口和计划生育委员会
地址：永修县开发大道
……Tel:3265217

马口镇计划生育办公室
地址：永修县马口镇镇政府院内
……Tel:3180512

云山镇计划生育办公室
地址：永修县云山镇
……Tel:3021204

立新乡计划生育办公室
地址：永修县立新乡
……Tel:3190399

江上乡计划生育办公室
地址：永修县江上乡
……Tel:3120668

吴城镇计划生育办公室
地址：永修县吴城镇
……Tel:3281160

涂埠镇计划生育办公室
地址：永修县涂埠镇
……Tel:3211692

梅棠镇计划生育办公室
地址：永修县梅棠镇大坪街
……Tel:3165030

燕坊镇计划生育办公室
地址：永修县燕坊镇
……Tel:3100701

德安县（0792）
德安县人口和计划生育委员会
地址：德安县永兴路
……Tel:4339083

九江县（0792）
九江县人口和计划生育委员会
地址：九江县东泉路
……Tel:6812513

港口计划生育办公室
地址：九江县港口镇集镇
……Tel:6951181

新塘乡计划生育办公室
地址：九江县新塘乡集镇双瑞路
……Tel:6962168

星子县（0792）
星子县人口和计划生育委员会
地址：星子县南康大道97号
……Tel:2666520

星子县人口普查办公室
地址：星子县
……Tel:2663887

白鹿镇计划生育办公室
地址：星子县白鹿镇
……Tel:2651466

苏家乡计划生育办公室
地址：星子县苏家乡
……Tel:2562388

泽泉乡计生办
地址：星子县泽泉乡
……Tel:2572996

横塘镇计划生育办公室
星子县横塘镇
……Tel:2597629

都昌县（0792）
都昌县人口和计划生育委员会
地址：都昌县万里大道
……Tel:5273142

蔡岭计划生育办公室
地址：都昌县蔡岭镇
……Tel:5362266

湖口县（0792）
湖口县人口和计划生育委员会
地址：湖口县大岭路
……Tel:6322246

舜德计划生育办公室
地址：湖口县舜德乡
……Tel:6461889

彭泽县（0792）
彭泽县人口和计划生育委员会
地址：彭泽县龙城大道
……Tel:5663878

上十岭乡计划生育办公室
地址：彭泽县上十岭乡
……Tel:5730373

太平乡计划生育办公室
地址：彭泽县太平乡
……Tel:5741432

共青开发区（0792）
共青城开放开发区人口和计划生 育委员会
地址：九江市共青城
……Tel:4341083

甘露镇计划生育办公室
地址：九江市共青城
……Tel:4372118

新余市（0790）
新余市辖区（0790）
新余市人口和计划生育委员会
地址：新余市文杏路69号
……Tel:6441223

渝水区人口和计划生育委员会
地址：新余市劳动北路
……Tel:6428796

水西镇计划生育办公室
地址：新余市城东经济开发区水西镇
……Tel:6769616

仙女湖风景名胜区计划生育办公室
地址：新余市仙女湖风景名胜区河下镇
……Tel:6855586

沙土乡计划生育办公室
地址：新余市渝水区赣新东路
……Tel:6443954

良山镇计划生育办公室
地址：新余市渝水区良山镇
……Tel:6919374

姚圩镇计划生育办公室
地址：新余市渝水区姚圩镇
……Tel:6751062

珠珊镇计划生育办公室
地址：新余市渝水区珠珊镇
……Tel:6240766

分宜县（0790）
分宜县人口和计划生育委员会
地址：分宜县万年北路51号
……Tel:5812377

凤阳乡计划生育办公室
地址：分宜县凤阳乡
……Tel:5782980

杨桥镇计划生育办公室
地址：分宜县杨桥镇
……Tel:5791252

洞村乡计划生育办公室
地址：分宜县洞村乡
……Tel:5653309

洋江镇计划生育办公室
地址：分宜县洋江镇
……Tel:5685094

高岚计划生育办公室
地址：分宜县高岚乡
……Tel:5697262

鹰潭市（0701）
鹰潭市辖区（0701）
鹰潭市人口和计划生育委员会
地址：鹰潭市胜利西路132号
……Tel:6233061

月湖区人口和计划生育委员会
地址：鹰潭市林荫东路127号
……Tel:6221719

龙虎山镇计划生育办公室
地址：鹰潭市龙虎山镇
……Tel:6656090

童家镇计划生育办公室
地址：鹰潭市童家镇
……Tel:6316959

余江县（0701）
杨溪乡计划生育办公室
地址：余江县杨溪乡政府院内
……Tel:5361426

余江县计划生育局
地址：余江县白塔中路
……Tel:5881102

画桥镇计划生育办公室
地址：余江县画桥镇
……Tel:5851091

锦江镇计划生育办公室
地址：余江县锦江镇
……Tel:5812500

潢溪镇计划生育办公室
地址：余江县潢溪镇
……Tel:5381032

贵溪市（0701）
贵溪市计划生育办公室
地址：贵溪市冶金大道经济大楼
……Tel:3782649

文坊镇计划生育办公室
地址：贵溪市文坊镇
……Tel:3761234

耳口计划生育办公室
地址：贵溪市耳口乡
……Tel:3681122

罗河计划生育办公室
地址：贵溪市罗河镇
……Tel:3731202

金屯镇计划生育办公室
地址：贵溪市三二零国道
……Tel:3712032

河潭镇计划生育办公室
地址：贵溪市520国道
……Tel:3354935

鸿塘计划生育办公室
地址：贵溪市鸿塘镇
……Tel:3563106

彭湾计划生育办公室
地址：贵溪市彭湾乡
……Tel:3671518

滨江乡计划生育办公室
地址：贵溪市滨江乡
……Tel:3770164

赣州市（0797）
赣州市辖区（0797）
赣州市人口和计划生育委员会
地址：赣州市市政中心
……Tel:8391508

水南镇计划生育办公室
地址：赣州市水南兴国路水南镇敬老院内
……Tel:8382385

沙石镇计划生育办公室
地址：赣州市沙石镇
……Tel:8481229

章贡区人口和计划生育委员会
地址：赣州市大公路120号
……Tel:8222753

湖边计划生育领导小组办公室
地址：赣州市章贡区湖边镇人民政府院内
……Tel:8259715

赣县（0797）
赣县人口和计划生育委员会
地址：赣县兴农路12号
……Tel:4441346

王母渡计划生育办公室
地址：赣县王母渡镇
……Tel:4460333

田村计划生育办公室
地址：赣县田村镇
……Tel:4623161

白鹭乡计划生育办公室
地址：赣县白鹭乡
……Tel:4560019

沙地计划生育办公室
地址：赣县沙地镇
……Tel:4450415

南塘计划生育办公室
地址：赣县南塘镇
……Tel:4491708

湖新计划生育办公室
地址：赣县湖新乡
……Tel:4692156

信丰县（0797）
信丰县人口和计划生育委员会
地址：信丰县嘉定镇水东路61号
……Tel:3363502

大余县（0797）
大余县人口和计划生育委员会
地址：大余县南安大道西华路89号
……Tel:8722826

上犹县（0797）
上犹县人口和计划生育委员会
地址：上犹县水南大道9号
……Tel:8542251

五指峰计划生育办公室
地址：上犹县五指峰乡
……Tel:8516806

双溪乡计划生育办公室
地址：上犹县双溪乡
……Tel:8558642

东山镇计划生育办公室
地址：上犹县东门路4号
……Tel:8544935

寺下计划生育办公室
地址：上犹县寺下街
……Tel:8551562

社溪计划生育办公室
地址：上犹县社溪街
……Tel:8581000

营前计划生育办公室
地址：上犹县营前街
……Tel:8561132

崇义县（0797）
崇义县人口和计划生育委员会
地址：崇义县阳岭大道905号
……Tel:3812272

长龙计划生育办公室
地址：崇义县长龙镇
……Tel:3892001

文英计划生育办公室
地址：崇义县文英乡
……Tel:3844132

安远县（0797）
安远县人口和计划生育委员会
地址：安远县
……Tel:3732363

龙南县（0797）
龙南县人口和计划生育委员会
地址：龙南县金水大道58号
……Tel:3512972

定南县（0797）
定南县人口和计划生育委员会
地址：定南县
……Tel:4291006

全南县（0797）
全南县人口和计划生育委员会
地址：全南县含江路
……Tel:2606725

宁都县（0797）
宁都县人口和计划生育委员会
地址：宁都县博生西路
……Tel:6812838

宁都县普查办公室
地址：宁都县沿江路
……Tel:6825365

长胜镇计划生育办公室
地址：宁都县长胜振兴路
……Tel:6883618

田埠计划生育办公室
地址：宁都县田埠老街
……Tel:6983229

对坊计划生育办公室
地址：宁都县对坊街
……Tel:6855400

竹笮乡计划生育办公室
地址：宁都县竹笮乡大富义路口乡政府院
……Tel:6949215

会同乡计划生育办公室
地址：宁都县会同乡街上
……Tel:6847021

肖田乡计划生育办公室
地址：宁都县肖田乡肖田河背
……Tel:6969765

固村计划生育办公室
地址：宁都县固村新街
……Tel:6987193

钓峰乡计划生育办公室
地址：宁都县钓峰街上
……Tel:6863303

黄石计划生育办公室
地址：宁都县黄石街
……Tel:6857008

黄陂镇计划生育办公室
地址：宁都县黄陂镇竹门前
……Tel:6861335

梅江镇计划生育办公室
地址：宁都县博生西路
……Tel:6820181

湛田计划生育办公室
地址：宁都县湛田乡湛田新街
……Tel:6849615

蔡江乡计划生育办公室
地址：宁都县蔡江街上
…………Tel:6862868
于都县（0797）
于都县人口和计划生育委员会
地址：于都县广场东路6号
…………Tel:6336813
禾丰计生办公室
地址：于都县禾丰圩上
…………Tel:6280032
兴国县（0797）
兴国县人口和计划生育委员会
地址：兴国县激江大道
…………Tel:5329281
兴江计划生育办公室
地址：兴国县兴江乡
…………Tel:5220801
梅窖计划生育办公室
地址：兴国县梅窖镇
…………Tel:5237772
激江镇计划生育办公室
地址：兴国县激江镇
…………Tel:5316892
会昌县（0797）
会昌县人口和计划生育委员会
地址：会县下渡街18号
…………Tel:5622631
寻乌县（0797）
寻乌县人口和计划生育委员会
地址：寻乌县
…………Tel:2843142
水源乡计划生育办公室
地址：寻乌县水源乡
…………Tel:2878380
石城县（0797）
石城县人口和计划生育委员会
地址：石城县西华中路312号
…………Tel:5713199
瑞金市（0797）
瑞金市人口和计划生育委员会
地址：瑞金市红都大道
…………Tel:2514421
丁陂计划生育办公室
地址：瑞金市丁陂乡
…………Tel:2321078
九堡计划生育办公室
地址：瑞金市九堡镇
…………Tel:2591029
大柏地计划生育办公室
地址：瑞金市大柏地乡
…………Tel:2345278
万田计划生育办公室
地址：瑞金市万田乡
…………Tel:2561128
云石山计划生育办公室
地址：瑞金市云石山乡
…………Tel:2566079
日东计划生育办公室
地址：瑞金市日东乡
…………Tel:2564148
壬田计划生育办公室
地址：瑞金市壬田镇
…………Tel:2331206
壬田镇计划生育办公室
地址：瑞金市壬田镇壬田大道上段
…………Tel:2330528
叶坪计划生育办公室
地址：瑞金市叶坪乡
…………Tel:2303216
岗面计划生育办公室
地址：瑞金市岗面乡
…………Tel:2324129
沙洲坝计划生育办公室
地址：瑞金市沙洲坝镇
…………Tel:2348108
武阳计划生育办公室
地址：瑞金市武阳镇
…………Tel:2315579
拔英计划生育办公室
地址：瑞金市拔英乡
…………Tel:2313079
泽潭计划生育办公室
地址：瑞金市泽潭乡
…………Tel:2335209
黄柏计划生育办公室
地址：瑞金市黄柏乡
…………Tel:2341506
谢坊计划生育办公室
地址：瑞金市谢坊镇
…………Tel:2318178
瑞林计划生育办公室
地址：瑞金市瑞林镇
…………Tel:2322308
南康区（0797）
南康区卫生和计划生育委员会
地址：南康区泰康中路92号
…………Tel:6605402
南康区人口普查办公室
地址：南康区市政办公大楼
…………Tel:6605345
龙华计划生育办公室
地址：南康区龙华乡
…………Tel:6575727
唐江计划生育办公室
地址：南康区唐江镇
…………Tel:6668358
浮石计划生育办公室
地址：南康区浮石乡
…………Tel:6558458
麻双计划生育办公室
地址：南康区麻双乡
…………Tel:6501456
吉安市（0796）
吉安市辖区（0796）
吉州区人口和计划生育委员会
地址：吉安市塔前南路
…………Tel:8336665
吉安市人口和计划生育委员会
地址：吉安市鹭洲东路1号
…………Tel:8228370
兴桥镇计划生育办公室
地址：吉安市兴桥镇
…………Tel:8300513
青原区人口和计划生育委员会
地址：吉安市青原区正气路
…………Tel:8101229
吉安县（0796）
吉安县人口和计划生育委员会
地址：吉安县庐陵大道
…………Tel:8442232
大冲乡计划生育办公室
地址：吉安县大冲乡
…………Tel:8538636
澧田乡计划生育站
地址：吉安县澧田街
…………Tel:8796034
吉水县（0796）
吉水县人口和计划生育委员会
地址：吉水县龙华北大道
…………Tel:8680370
八都镇计划生育办公室
地址：吉水县八都镇
…………Tel:3562622
乌江镇计划生育办公室
地址：吉水县乌江镇
…………Tel:3261217
白沙镇计划生育办公室
地址：吉水县白沙镇
…………Tel:3291512
枫江镇计划生育办公室
地址：吉水县枫江镇
…………Tel:3588711
阜田镇计划生育办公室
地址：吉水县阜田镇
…………Tel:3591987
金滩镇计划生育办公室
地址：吉水县金滩镇
…………Tel:3251599
黄桥镇计划生育办公室
地址：吉水县黄桥镇
…………Tel:8684885
醪桥镇计划生育办公室
地址：吉水县醪桥镇
…………Tel:3411078
峡江县（0796）
峡江县人口和计划生育委员会
地址：峡江县百花路政府大楼
…………Tel:3674674
戈坪乡计划生育办公室
峡江县戈坪乡
…………Tel:3753283
仁和镇计划生育办公室
峡江县
…………Tel:3750136
罗田镇计划生育办公室
峡江县罗田镇
…………Tel:3810384
金江乡计划生育办公室
地址：峡江县金江乡
…………Tel:3813561
桐林乡计划生育办公室
地址：峡江县桐林乡
…………Tel:3776561
福民计划生育办公室
地址：峡江县福民乡
…………Tel:3685554
新干县（0796）
新干县人口和计划生育委员会
地址：新干县川琴路26号
…………Tel:2602359
力江乡计划生育办公室
地址：新干县力江乡
…………Tel:2881261
三湖计划生育办公室
地址：新干县三湖镇
…………Tel:2711082
大洋洲镇计划生育办公室
地址：新干县大洋洲镇
…………Tel:2781413
沂江乡计划生育办公室
地址：新干县沂江乡
…………Tel:2692191
金川计划生育办公室
地址：新干县
…………Tel:2680715
城上乡计划生育办公室
地址：新干县城上乡
…………Tel:2801289
界埠乡计划生育办公室
地址：新干县界埠乡
…………Tel:2761859
神政桥乡计划生育办公室
地址：新干县神政桥乡
…………Tel:2691238
荷浦计划生育办公室
地址：新干县荷浦乡
…………Tel:2752183
桃溪乡计划生育办公室
地址：新干县桃溪乡
…………Tel:2741486
潭丘计划生育办公室
地址：新干县潭丘乡
…………Tel:2731165
永丰县（0796）
永丰县人口和计划生育委员会
地址：永丰县绿海大道
…………Tel:2511289
永丰县机关事业计生办公室
地址：永丰县绿海大道
…………Tel:2518973
泰和县（0796）
泰和县人口和计划生育委员会
地址：泰和县白凤路
…………Tel:8638826
遂川县（0796）
遂川县人口和计划生育委员会
地址：遂川县农民街
…………Tel:6311382
万安县（0796）
万安县人口和计划生育委员会
地址：万安县崇文西路
…………Tel:5706410
安福县（0796）
安福县人口和计划生育委员会
地址：安福县安平北路
…………Tel:7622338
平都镇计划生育办公室
地址：安福县安平南路
…………Tel:7620106
竹江乡计划生育办公室
地址：安福县竹江乡
…………Tel:7560406
赤谷计划生育办公室
地址：安福县赤谷乡
…………Tel:7390054
枫田镇计划生育办公室
地址：安福县枫田镇
…………Tel:7388570
章庄乡计划生育办公室
地址：安福县章庄乡
…………Tel:7325065
寮塘计划生育办公室
地址：安福县寮塘乡
…………Tel:7308876
永新县（0796）
永新县人口和计划生育委员会
地址：永新县湘赣大道
…………Tel:7729361
井冈山市（0796）
井冈山市人口和计划生育委员会
地址：井冈山市新城区
…………Tel:6890718
宜春市（0795）
奉新县（0795）
奉新县人口和计划生育委员会
地址：奉新县城南新区奉新大道69号
…………Tel:4618879
上富镇计划生育办公室
地址：奉新县上富镇河北街
…………Tel:4634508
赤岸乡计划生育办公室
地址：奉新县赤岸镇
…………Tel:4612145
澡溪乡计划生育办公室
地址：奉新县澡溪乡
…………Tel:4521176
万载县（0795）
万载县人口和计划生育委员会
地址：万载县阳乐大道
…………Tel:8823055
上高县（0795）
上高县人口和计划生育委员会
地址：上高县建设路
…………Tel:2511204
上甘山计划生育办公室
地址：上高县上甘山
…………Tel:2490070
田心计划生育办公室
地址：上高县田心镇
…………Tel:2545234
地址：上高县泗溪镇
…………Tel:2562499
敖山计划生育办公室
地址：上高县敖山
…………Tel:2592350
徐家渡计划生育办公室
地址：上高县徐家渡镇
…………Tel:2572686
宜丰县（0795）
石市镇计划生育办公室
地址：宜丰县石市镇
…………Tel:2946458
新庄镇计划生育办公室
地址：宜丰县新庄镇
…………Tel:2976016
澄塘镇计划生育办公室
地址：宜丰县澄塘镇
…………Tel:2907092
靖安县（0795）
靖安县人口和计划生育委员会
地址：靖安县石马中路11号
…………Tel:4662322
靖安县人口普查办公室
地址：靖安县后港中路46号
…………Tel:4651774
铜鼓县（0795）
铜鼓县人口和计划生育委员会
地址：铜鼓县定江中路
…………Tel:8722649
丰城市（0795）
丰城市人口和计划生育委员会
地址：丰城市新城区计生大楼
…………Tel:6609038
秀市镇计划生育办公室
地址：丰城市秀市镇集镇
…………Tel:6472710
荣塘镇计划生育办公室
地址：丰城市荣塘镇
…………Tel:6802022
泉港镇计划生育办公室
地址：丰城市泉港镇
…………Tel:6553968
樟树市（0795）
樟树市人口和计划生育委员会
地址：樟树市药都路
…………Tel:7333036
昌傅镇计划生育办公室
地址：樟树市昌傅镇
…………Tel:7833600
高安市（0795）
高安市人口和计划生育委员会
地址：高安市桥北路
…………Tel:5291176
高安市人口普查办公室
地址：高安市
…………Tel:5215141
汪家计划生育办公室
地址：高安市汪家乡
…………Tel:5762182
抚州市（0794）
抚州市辖区（0794）
抚州市人口和计划生育委员会
地址：抚州市临川大道770号
…………Tel:8215912
文昌桥计划生育办公室
地址：抚州市黄巢东路金家山
…………Tel:8221614
临川区（0794）
临川区人口和计划生育委员会
地址：临川区金巢大道5号
…………Tel:8228601
临川区第五次人口普查办公室
地址：抚州市赣东大道
…………Tel:8213063
腾桥计划生育办公室
地址：临川区腾桥镇
…………Tel:8828318
南城县（0794）
南城县人口和计划生育委员会
地址：南城县建昌北大道
…………Tel:7254558
黎川县（0794）
黎川县人口和计划生育委员会
地址：黎川县东方红大道
…………Tel:7522332
日峰镇计划生育办公室
地址：黎川县日峰镇
…………Tel:7503195
龙安镇计划生育办公室
地址：黎川县龙安镇龙安街
…………Tel:7511196
宏村镇计划生育办公室
地址：黎川县宏村镇
…………Tel:7546216
熊村镇计划生育办公室
地址：黎川县熊村镇
…………Tel:7581365
潭溪乡计划生育办公室
地址：黎川县潭溪乡
…………Tel:7586656
南丰县（0794）
南丰县人口和计划生育委员会
地址：南丰县城塘路20号
…………Tel:3202076

三溪计划生育办公室
地址：南丰
……Tel:3357788
太和计划生育办公室
地址：南丰县太和镇
……Tel:3370110
东坪乡人口和计划生育委员会
地址：南丰县东坪乡
……Tel:3388168
付坊乡人口和计划生育委员会
地址：南丰县付坊乡
……Tel:3391816
白舍镇人口和计划生育委员会
地址：南丰县白舍镇
……Tel:334157
治湾镇计划生育办公室
地址：南丰县治湾镇
……Tel:3380037
莱溪乡人口和计划生育委员会
地址：南丰县莱溪乡
……Tel:3260672
桑田计划生育办公室
地址：南丰县桑田镇
……Tel:3322021
琴城镇计划生育办公室
地址：南丰县琴城镇
……Tel:3202761
紫霄镇计划生育办公室
地址：南丰县紫霄镇
……Tel:3360760
崇仁县（0794）
崇仁县人口和计划生育委员会
地址：崇仁县坪头路
……Tel:6322392
乐安县（0794）
乐安县人口和计划生育委员会
地址：乐安县乐安大道1号
……Tel:6592534
七二一社区人口计划生育办公室
地址：乐安县
……Tel:6555264
大马头人口计划生育办公室
地址：乐安县
……Tel:6661086
万崇镇人口计划生育办公室
地址：乐安县万崇镇
……Tel:6681241
山砀镇人口计划生育办公室
地址：乐安县山砀镇
……Tel:6621451
牛田镇人口计划生育办公室
地址：乐安县
……Tel:6671504
公溪镇人口计划生育办公室
地址：乐安县
……Tel:6554658
谷岗乡人口计划生育办公室
地址：乐安县
……Tel:6721601
招携镇人口计划生育办公室
地址：乐安县
……Tel:6732911
罗陂乡人口计划生育办公室
地址：乐安县
……Tel:6685983
金竹畲族乡人口计划生育办公室
地址：乐安县金竹畲族乡
……Tel:6735233
南村乡人口计划生育办公室
地址：乐安县
……Tel:6741110
龚坊镇人口计划生育办公室
地址：乐安县
……Tel:6641548
湖坪乡人口计划生育办公室
地址：乐安县
……Tel:6683620
湖溪乡人口计划生育办公室
地址：乐安县
……Tel:6562008
增田镇人口计划生育办公室
地址：乐安县
……Tel:6761003
戴坊镇人口计划生育办公室
地址：乐安县
……Tel:6631442
宜黄县（0794）
宜黄县人口和计划生育委员会
地址：宜黄县西马路99号
……Tel:7614142
二都计划生育办公室
地址：宜黄县二都镇
……Tel:7798477
兰水乡计划生育办公室
地址：宜黄县兰水乡
……Tel:7748128
神岗计划生育办公室
地址：宜黄县神岗乡
……Tel:7718269
桃陂乡计划生育办公室
地址：宜黄县桃陂乡
……Tel:7648398
黄陂计划生育办公室
地址：宜黄县黄陂镇
……Tel:7768910
棠阴计划生育办公室
地址：宜黄县棠阴镇
……Tel:7678323
新丰乡计划生育办公室
地址：宜黄县新丰乡
……Tel:7728709
金溪县（0794）
金溪县人口和计划生育委员会
地址：金溪县秀谷西大道
……Tel:5269141
资溪县（0794）
资溪县人口和计划生育委员会
地址：资溪县解放南路27号
……Tel:5792536
马头山镇计划生育办公室
地址：资溪县马头山镇
……Tel:5612327
高田乡计划生育办公室
地址：资溪县高田乡
……Tel:5688770
嵩市镇计划生育办公室
地址：资溪县嵩市镇
……Tel:5666295
东乡县（0794）
东乡县人口和计划生育委员会
地址：东乡县恒安西路
……Tel:4226013
广昌县（0794）
广昌县人口和计划生育委员会
地址：广昌县北门
……Tel:3616516
千善计划生育办公室
地址：广昌县千善
……Tel:3679797
长桥乡计划生育办公室
地址：广昌县长桥乡
……Tel:3662907
甘竹镇计划生育办公室
地址：广昌县甘竹镇
……Tel:3675539
头陂镇计划生育办公室
地址：广昌县头陂镇
……Tel:3786517
尖峰计划生育办公室
地址：广昌县尖峰
……Tel:3691069
驿前镇计划生育办公室
地址：广昌县驿前镇
……Tel:3762234
上饶市（0793）
上饶市辖区（0793）
上饶市人口和计划生育委员会
地址：上饶市中山路186号
……Tel:8201608
茅家岭乡计划生育办公室
地址：上饶市
……Tel:8157200
信州区人口和计划生育委员会
地址：上饶市东门路28号
……Tel:8306073
上饶县（0793）
上饶县人口和计划生育委员会
地址：上饶县凤凰大道
……Tel:8442974
广丰区（0793）
广丰区人口和计划生育委员会
地址：广丰区永丰大道39号
……Tel:2652537
玉山县（0793）
玉山县人口和计划生育委员会
地址：玉山县解放东路11号
……Tel:2553383
铅山县（0793）
铅山县人口和计划生育委员会
地址：铅山县胜利路卫校对面
……Tel:5332328
横峰县（0793）
横峰县人口和计划生育委员会
地址：横峰县解放东路121号
……Tel:5782736
弋阳县（0793）
弋阳县人口和计划生育委员会
地址：弋阳县杨桥路
……Tel:5882433
余干县（0793）
余干县人口和计划生育委员会
地址：余干县得胜大道
……Tel:3398421
余干县直机关计划生育办公室
地址：余干县城北新区
……Tel:3398619
鄱阳县（0793）
鄱阳县人口和计划生育委员会
地址：鄱阳县
……Tel:6270092
万年县（0793）
万年县人口和计划生育委员会
地址：万年县城正大东街
……Tel:3833154
婺源县（0793）
婺源县人口和计划生育委员会
地址：婺源县
……Tel:7356095
德兴人市（0793）
德兴市人口和计划生育委员会
地址：德兴市
……Tel:7516093

人事管理
南昌市（0791）
南昌市辖区（0791）
江西省人事厅
地址：南昌市省政府大院南一路10号
……Tel:86386225
南昌市人事局
地址：南昌市红谷滩市政府大楼北七楼
……Tel:83884277
景德镇市（0798）
景德镇市辖区（0798）
景德镇市人事局
地址：景德镇市沿江路金鱼山57号
……Tel:8532173
萍乡市（0799）
萍乡市辖区（0799）
萍乡市人事局
地址：萍乡市市政府大院
……Tel:6832764
莲花县（0799）
莲花县劳动人事局
地址：莲花县新建东路
……Tel:7223224
九江市（0792）
九江市辖区（0792）
九江市人事局
地址：九江市浔阳区长虹大道市政府大楼
……Tel:8226104
九江市复员退伍安置办、军队离 退休干部安置办
地址：九江市浔阳区滨江路213号
……Tel:8583265
新余市（0790）
新余市辖区（0790）
新余市人事局
地址：新余市竹山中路
……Tel:6415117
渝水区劳动人事局
地址：新余市渝水区人事劳动和社会保障局办公楼
……Tel:6225806
鹰潭市（0701）
鹰潭市辖区（0701）
鹰潭市人事局
地址：鹰潭市府前路市政府经济大厦9楼
……Tel:6440386
赣州市（0797）
信丰县（0797）
信丰县劳动人事局
地址：信丰县府前路县政中心
……Tel:3339201
上犹县（0797）
上犹县劳动人事局
地址：上犹县水南大道交通大厦一楼东侧
……Tel:8542846
崇义县（0797）
崇义县劳动人事局
地址：崇义县阳岭大道
……Tel:3812036
安远县（0797）
安远县劳动人事局
地址：安远县
……Tel:3732361
兴国县（0797）
兴国县人事劳动和社会保险局
地址：兴国县农信社对面
……Tel:5322113
寻乌县（0797）
寻乌县劳动人事局
地址：寻乌县长安大道国土大楼
……Tel:2841437
吉安市（0796）
吉安市辖区（0796）
吉安市人事局
地址：吉安市鹭洲东路1号
……Tel:8230987
宜春市（0795）
上高县（0795）
上高县劳动人事局
地址：上高县沿江路
……Tel:2511947
丰城市（0795）
丰城市人事局
地址：丰城市新城区
……Tel:6298581
高安市（0795）
高安市人事局
地址：高安市筠泉路
……Tel:5211803
抚州市（0794）
抚州市辖区（0794）
抚州市人事局
地址：抚州市金巢大路296号
……Tel:8267336
临川区（0794）
临川区人事局
地址：临川区赣东大道105号
……Tel:8269025
崇仁县（0794）
崇仁县劳动人事局
地址：崇仁县
……Tel:6328054
金溪县（0794）
金溪县劳动人事局
地址：金溪县秀谷大道58号
……Tel:5259151
上饶市（0793）
上饶市辖区（13793）
上饶市人事局
地址：上饶市中山西路79号
……Tel:8223158
铅山县（0793）
铅山县退伍安置办公室
地址：铅山县狮江大道城南社区80号
……Tel:5332208
横峰县（0793）
横峰县劳动人事局
地址：横峰县兴安街
……Tel:5793895
婺源县（0793）
婺源县劳动人事局
地址：婺源县环城北路27号
……Tel:7351242

劳动和社会保障管理
南昌市（0791）
南昌市辖区（0791）
南昌市劳动和社会保障局
地址：南昌市会展路199号
……Tel:83986867
东湖区人事劳动和社会保障局
地址：南昌市小金台6号
……Tel:86221711
青山湖区人事劳动和社会保障局
地址：南昌市南京东路699号主楼4接
……Tel:88107025
东湖区劳动就业服务管理局
地址：南昌市小金台6号
……Tel:86768256
东湖区社会保险事业管理局
地址：南昌市建德观街113号
……Tel:86776346
西湖区劳动就业服务管理局
地址：南昌市三眼井街68号
……Tel:86281593
西湖区社会保险事业管理局
地址：南昌市抚生路369号
……Tel:86564790
青山湖区劳动就业服务管理局
地址：南昌市福州支路1号
……Tel:86362080
青山湖区医疗保险事业管理局
地址：南昌市高新大道2058号
……Tel:88382308
青山湖区社会保险事业管理局
地址：南昌市福州支路1号
……Tel:86361281
湾里区劳动就业服务管理局
地址：南昌市湾里区城交路1号
……Tel:83760567
湾里区社会保险事业管理局
地址：南昌市湾里区幸福路262号
……Tel:83760403
南昌县（0791）
南昌县人事劳动和社会保障局
地址：南昌县莲塘镇澄湖东路799号
……Tel:85712186
南昌县劳动就业服务管理局
地址：南昌县澄湖东路799号
……Tel:85712314
南昌县医疗保险事业管理局
地址：南昌县劳动人事局6楼
……Tel:85726097
南昌县社会保险事业管理局
地址：南昌县澄湖东路799号劳动大厦2楼
……Tel:85726930
新建县（0791）
新建县人事劳动和社会保障局
地址：新建县新建大道239号县政府西边一楼
……Tel:83702396
新建县医疗保险事业管理局
地址：新建县解放路
……Tel:83735600
新建县社会保险事业管理局
地址：新建县兴华路6号
……Tel:83751016
安义县（0791）
安义县社会保险事业管理局
地址：安义县龙津镇阳梅头

………………………………Tel:83422135
进贤县（0791）
进贤县人事劳动和社会保障局
地址：进贤县县政府大楼3楼
………………………………Tel:85622600
进贤县劳动和社会保障服务中心
地址：进贤县军湖路
………………………………Tel:85678586
进贤县社会保险事业管理局
地址：进贤县钟陵路206号
………………………………Tel:85664227
景德镇市（0798）
景德镇市辖区（0798）
景德镇市劳动就业服务局
地址：景德镇市沿江西路59号
………………………………Tel:8521326
景德镇市劳动和社会保障局
地址：景德镇市
………………………………Tel:8516736
景德镇市社会保险事业管理局
地址：景德镇市莲社北路
………………………………Tel:8271199
昌江区人事劳动和社会保障局
地址：景德镇市昌江区政府内
………………………………Tel:833826
昌江区劳动就业服务局
地址：景德镇市昌江区政府内
………………………………Tel:8333482
昌江区社会保险事业管理局
地址：景德镇市昌江区政府内
………………………………Tel:8528464

昌江区商务局……………………
0798-8223398
景德镇市昌江区紫晶路玖域壹品四期S2栋二楼

昌江区工信局……………………
0798-8330890
江西省景德镇市瓷都大道836号昌江区人民政府三楼

昌江区卫生健康委员会……………
0798-8333227
景德镇市昌江区新风路智慧停车场后

国家税务总局景德镇市昌江区税务局…
0798-8536691
景德镇市昌江区沿江西路56号

昌江区市场监督管理局……………
8500298
景德镇市昌江区沿江西路十八渡

昌江区应急管理局…………………
0798-8332080
景德镇市昌江区卫健委大楼三楼

昌江区农业农村水利局……………
0798-8337739
景德镇市瓷都大道836号
珠山区人事劳动和社会保障局
地址：景德镇市昌江区政府内
………………………………Tel:8521614
珠山区劳动就业服务局
地址：景德镇市通站路海豚公司旁边
………………………………Tel:8228026
珠山区社会保险事业管理局
地址：景德镇市麻石下弄84号2楼
………………………………Tel:8524981
浮梁县（0798）
浮梁县人事劳动局
地址：浮粟县
………………………………Tel:2626329
浮梁县公共就业人才服务局
地址：浮梁县朝阳大道花园边
………………………………Tel:2623161
浮梁县社会保险事业管理局
地址：浮梁县朝阳路49号
………………………………Tel:2620729
浮梁镇劳动和社会保障事务所
地址：浮梁县浮梁镇
………………………………Tel:2623762
萍乡市（0799）
萍乡市辖区（0799）
萍乡市劳动和社会保障局
地址：萍乡市建设中路2号
………………………………Tel:6234798
萍乡市社会保险事业管理局
地址：萍乡市公园路
………………………………Tel:6831780
萍乡经济开发区人事劳动和社会保障局
地址：萍乡市安源中大道9号
………………………………Tel:6782288
安源区医疗保障局
地址：萍乡市安源区政府综合大楼
………………………………Tel:6661281
湘东区人事劳动局
地址：湘东区泉湖垅
………………………………Tel:3445391
莲花县（0799）
莲花县人事劳动和社会保障局
地址：莲花县
………………………………Tel:7221240
莲花县劳动就业服务管理局
地址：莲花县解放路
………………………………Tel:7221304
莲花县医疗保障局
地址：莲花县金城大道
………………………………Tel:7212316
莲花县社会保险局
地址：莲花县新建街永安大道
………………………………Tel:7221334
上栗县（0799）
上栗县人事劳动和社会保障局
地址：上栗县浏万东路67号
………………………………Tel:3661351
上栗县劳动就业服务管理局
地址：上栗县府前路党校内
………………………………Tel:3661396
上栗县社会保险事业管理局
地址：上栗县平安北路
………………………………Tel:3661369
上栗县基本医疗保险事业管理局
地址：上栗县浏万东路
………………………………Tel:3862795
芦溪县（0799）
芦溪县人事劳动和社会保障局
地址：芦溪县
………………………………Tel:7551501
芦溪县劳动就业服务局
地址：芦溪县
………………………………Tel:7556167
芦溪县医疗保险局
地址：芦溪县人民东路
………………………………Tel:7550921
芦溪县社会保险事业管理局
地址：芦溪县田心阁
………………………………Tel:7557055
九江市（0792）
九江市辖区（0792）
九江市人事劳动和社会保障局
地址：九江市浔阳区浔阳东路87号
………………………………Tel:8584150
九江市行政事业单位职工医疗保 险局
地址：九江市浔阳区浔阳东路54号
………………………………Tel:8586309
九江市社会保险事业管理局
地址：九江市浔阳区浔阳东路
………………………………Tel:8588245
庐山区人事劳动和社会保障局
地址：九江市庐山区十里大道1388号
………………………………Tel:8251502
庐山区行政事业单位职工医疗保 险局
地址：九江市庐山区十里大道1388号
………………………………Tel:8251342
庐山区劳动就业服务局
地址：九江市庐山区十里大道1388号
………………………………Tel:8251508
庐山区社会事业保险管理局
地址：九江市庐山区前进西路25号
………………………………Tel:8251236
浔阳区人事劳动和社会保障局
地址：九江市浔阳区庚亮北路2号
………………………………Tel:8223865
浔阳区行政事业单位职工医疗保 险局
地址：九江市浔阳区庚亮北路2号
………………………………Tel:8139826
浔阳区劳动就业服务局
地址：九江市浔阳区庐峰路中段浔阳劳务市场
………………………………Tel:8573720
浔阳区社会保险事业管理局
地址：九江市浔阳区庚亮北路47-55号
………………………………Tel:8225823
修水县（0792）
修水县人事劳动和社会保障局
地址：修水县
………………………………Tel:7808293
修水县劳动就业服务管理局
地址：修水县修江路26号
………………………………Tel:7222477
修水县医疗保障局
地址：修水县
………………………………Tel:7237335
修水县社会保险事业管理局
地址：修水县沿江路54号
………………………………Tel:7221267
武宁县（0792）
武宁县人事劳动和社会保障局
地址：武宁县古艾路16号
………………………………Tel:2781343
武宁县劳动局
地址：武宁县人民路
………………………………Tel:2783015
武宁县劳动就业服务管理局
地址：武宁县新宁二小对面
………………………………Tel:2782520
武宁县医疗保障局
地址：武宁县交通路175号
………………………………Tel:2767556
武宁县社会保险事业管理局
地址：武宁县豫宁大道
………………………………Tel:2761592
瑞昌市（0792）
瑞昌市人事劳动和社会保障局
地址：瑞昌市建设路29号
………………………………Tel:4222233
瑞昌市劳动就业服务局
地址：瑞昌市建设路
………………………………Tel:4223009
瑞昌市社会保险事业管理局
地址：瑞昌市赤乌东路1号
………………………………Tel:4212091
永修县（0792）
永修县人事劳动和社会保障局
地址：永修县西一路
………………………………Tel:3223122
永修县行政事业单位职工医疗保 险局
地址：永修县建昌东路
………………………………Tel:3225853
永修县劳动就业服务局
地址：永修县新城大道
………………………………Tel:3223587
永修县社会保险事业管理局
地址：永修县新城大道南津路
………………………………Tel:3223601
德安县（0792）
德安县人事劳动和社会保障局
地址：德安县东风大道
………………………………Tel:4333101
德安县行政事业单位职工医疗保 险局
地址：德安县东风大道
………………………………Tel:4331800
德安县劳动就业服务局
地址：德安县东风大道
………………………………Tel:4332257
德安县人力资源和社会保障局
地址：德安县东风路185号
………………………………Tel:4333449
柴桑区（0792）
柴桑区人事劳动和社会保障局
地址：柴桑区庐山北路
………………………………Tel:6812177
柴桑区行政事业单位职工医疗保 险局
地址：柴桑区庐山西路
………………………………Tel:6814786
柴桑区公共就业人才服务局
地址：柴桑区庐山西路60号
………………………………Tel:6812330
柴桑区社会保险局
地址：柴桑区双瑞路6号
………………………………Tel:6812154
星子县（0792）
星子县人事劳动和社会保障局
地址：星子县紫阳路
………………………………Tel:2666542
星子县行政事业单位职工医疗保 险局
地址：星子县匡庐路
………………………………Tel:2671167
星子县劳动就业服务局
地址：星子县紫阳路159号
………………………………Tel:2666306
星子县社会保险事业管理局
地址：星子县紫阳路160号
………………………………Tel:2666301
都昌县（0792）
都昌县人事劳动和社会保障局
地址：都昌县东风大道108号
………………………………Tel:5223931
都昌县劳动就业服务局
地址：都昌县万里大道180号
………………………………Tel:5223057
都昌县医疗保障局
地址：都昌县万里大道180号
………………………………Tel:5223142
都昌县社会保险事业管理局
地址：都昌县万里大道178号
………………………………Tel:5211531
湖口县（0792）
湖口县人事劳动和社会保障局
地址：湖口县大中路60号
………………………………Tel:6332673
湖口县行政事业单位职工医疗保 险局
地址：湖口县鄱阳湖大市场
………………………………Tel:6329209
湖口县劳动就业服务局
地址：湖口县金砂湾工业园
………………………………Tel:6327396
湖口县社会保险事业管理局
地址：湖口县大中路60号县城西门体委旁
………………………………Tel:6332323
彭泽县（0792）
彭泽县人事劳动局
地址：彭泽县龙城大道
………………………………Tel:5666531
彭泽县行政事业单位职工医疗保 险局
地址：彭泽县龙泉路
………………………………Tel:5673122
彭泽县劳动就业服务局
地址：彭泽县龙城大道577号
………………………………Tel:5666503
彭泽县社会保险事业管理局
地址：彭泽县龙城大道
………………………………Tel:5667157
彭泽县就业局
地址：彭泽县龙城大道
………………………………Tel:5671010
庐山风景区（0792）
庐山行政事业单位职工医疗保险局
地址：庐山慧远路2号
………………………………Tel:8287786
庐山社会保险事业局
地址：庐山窑洼路44号
………………………………Tel:8287130
新余市（0790）
新余市辖区（0790）
新余市劳动保障局
地址：新余市仰天东大道人力资源市场
………………………………Tel:6736882
新余市劳动就业服务管理局
地址：新余市仰东大道
………………………………Tel:6221484
新余市医疗保险管理局
地址：新余市仰天东大道
………………………………Tel:6736778
新余市社会保险事业管理局
地址：新余市仰天东大道
………………………………Tel:6736312
新余市经济开发区劳动就业服务 管理局
地址：新余市经济开发区春龙商业街
………………………………Tel:6861289
渝水区人事劳动和社会保障局
地址：新余市抱石东大道
………………………………Tel:6222882
渝水区劳动就业服务局
地址：渝水区站前西路与天工北大道交叉口东280米
………………………………Tel:6202228
渝水区医疗保险管理局（农医局）
地址：人事局大楼
………………………………Tel:6216219
分宜县（0790）
分宜县人事劳动局
地址：分宜县钤阳西路
………………………………Tel:5881540
分宜县行政事业医疗保障局
地址：分宜县保健巷
………………………………Tel:5881683
分宜县劳动就业服务管理局
地址：分宜县钤阳西路
………………………………Tel:5881618
分宜县社会保险局
地址：分宜县钤阳西路
………………………………Tel:5881634
鹰潭市（0701）
鹰潭市辖区（0701）
鹰谭市机关事业单位社会保险局
地址：鹰潭市胜利东路30号
………………………………Tel:6283320
鹰谭市劳动局
地址：鹰潭市欣新路劳动局五楼办公室
………………………………Tel:6275301
鹰潭市劳动就业服务管理局
地址：月湖区胜利西路146号
………………………………Tel:6275332
鹰潭市社会保险事业管理局
地址：鹰潭市建设路4号
………………………………Tel:6222600
月湖区人事劳动和社会保障局
地址：鹰潭市胜利东路6号
………………………………Tel:6221639
月湖区社会保险事业管理局
地址：鹰潭市胜利东路区政府大院内
………………………………Tel:6221487
龙虎山人事劳动局
地址：鹰潭市龙虎山十六公里
………………………………Tel:6656227
余江县（0701）
余江县人事劳动和社会保障局
地址：余江县白塔中路
………………………………Tel:5881360
余江县劳动就业服务管理局
地址：余江县邓埠镇沿河南路
………………………………Tel:5881927
余江县社会保险事业管理局
地址：余江县桥东路
………………………………Tel:5881033
平溪县（0701）
贵溪市人事劳动和社会保障局
地址：贵溪市冶金大道经济大楼
………………………………Tel:3316601
贵溪市劳动就业服务局
地址：贵溪市雄石东路
………………………………Tel:3771330
贵溪市社会保险事业管理局
地址：贵溪市站前路
………………………………Tel:3771553
赣州市（0797）
赣州市辖区（0797）
赣州市劳动和社会保障局
地址：赣州市
………………………………Tel:8288638

赣州市劳动就业服务管理局
地址：赣州市青年路45号 ······ Tel:8223613
赣州市社会保险事业管理局
地址：赣州市文明大道 ······ Tel:8101985
章贡区人事劳动和社会保障局
地址：赣州市阳明路26号 ······ Tel:8293454
章贡区劳动就业服务管理局
地址：赣州市五龙岗107号 ······ Tel:8122877
章贡区社会保险事业管理局
地址：赣州市红旗大道 ······ Tel:8267371
赣县（0797）
赣县人事劳动和社会保障局
地址：赣县梅林大街 ······ Tel:4441431
赣县农村社会养老保险管理局
地址：赣县赣新大道103号 ······ Tel:4441916
赣县劳动就业服务管理局
地址：赣县梅林大街2号 ······ Tel:4441555
赣县社会保险管理局
地址：赣县章贡路2号 ······ Tel:4437366
赣县城镇职工医疗保险事业管理局
地址：赣县梅林大街原国税局办公楼 ······ Tel:4440869
信丰县（0797）
信丰县农村养老保险局
地址：信丰县水北路 ······ Tel:3316386
信丰县劳动就业服务管理局
地址：信丰县水东路 ······ Tel:3360663
信丰县医疗保险事业管理局
地址：信丰县阳明路 ······ Tel:3328361
信丰县社会保险管理局
地址：信丰县圣塔路 ······ Tel:3369316
大余县（0797）
大余县人力资源和社会保障局
地址：大余县金莲山大道 ······ Tel:8722521
大余县劳动就业服务管理局
地址：大余县服务中心三楼 ······ Tel:8715155
大余县医疗保障局
地址：大余县建设路 ······ Tel:8722435
大余县社会保险局
地址：大余县北门河路 ······ Tel:8722528
上犹县（0797）
上犹县劳动就业服务管理局
地址：上犹县水南大道 ······ Tel:8541927
上犹县社会保险事业管理局
地址：上犹县新上犹路 ······ Tel:8541415
崇义县（0797）
崇义县公共就业人才服务局
地址：崇义县文竹路 ······ Tel:3822991
崇义县社会保险局
地址：崇义县阳岭大道 ······ Tel:3812679
崇义县城镇职工医疗保险事业管理局
地址：崇义县阳岭大道 ······ Tel:3822962
安远县（0797）
安远县以工代赈办公室
地址：安远县 ······ Tel:3734886
安远县劳动就业服务管理局
地址：欣山镇九龙路138号 ······ Tel:3732669
安远县医疗保障局
地址：安远县九龙路 ······ Tel:3721229
安远县社会保险局
地址：安远县 ······ Tel:3733619
龙南县（0797）
龙南县人事劳动和社会保障局
地址：龙南县龙泉大道 ······ Tel:3512549
龙南县公共就业人才服务局
地址：龙翔大道赣州南部中心劳动力市场 ······ Tel:3525806
龙南县社会保险局
地址：龙南县金水大道 ······ Tel:3511172
龙南县城镇职工医疗保险事业管理局
地址：龙南县红旗大道农信社四楼 ······ Tel:3516699

定南县（0797）
定南县人事劳动和社会保障局
地址：定南县 ······ Tel:4290838
定南县劳动就业服务管理局
地址：胜利北路40号 ······ Tel:4292822
定南县社会保险事业管理局
地址：定南县 ······ Tel:4295178
定南县城镇职工医疗保险局
地址：定南县 ······ Tel:4290370
全南县（0797）
全南县人事劳动和社会保障局
地址：全南县政府大院 ······ Tel:2632029
全南县农村社会养老保险局
地址：全南县新城金龙大道 ······ Tel:2607738
全南县劳动就业服务管理局
地址：全南县含江路 ······ Tel:2632969
全南县医疗保险局
地址：全南县寿梅路 ······ Tel:2635568
全南县社会保险事业管理局
地址：全南县含江路 ······ Tel:2605967
宁都县（0797）
宁都县人事劳动和社会保障局
地址：宁都县博生东路 ······ Tel:6825147
宁都县人事劳动就业服务局
地址：宁都县博生东路 ······ Tel:6832761
宁都县再就业工作领导小组办公室
地址：宁都县博生东路 ······ Tel:6827562
宁都县农村社会养老保险事业管理局
地址：宁都县博生东路 ······ Tel:6822118
宁都县社会保险事业管理局
地址：宁都县博生东路 ······ Tel:6833310
宁都县招工领导小组办公室
地址：宁都县博生东路 ······ Tel:6811310
宁都县城镇职工医疗保险事业管理局
地址：宁都县 ······ Tel:6836228
于都县（0797）
于都县人事劳动和社会保障局
地址：于都县红军大道25号 ······ Tel:6335295
于都县农村社会养老保险事业管理局
地址：于都县民政大楼院内 ······ Tel:6216405
于都县公共就业人才服务局
地址：于都县振兴大道金银塘 ······ Tel:6336720
于都县医疗保障局
地址：于都县红旗大道 ······ Tel:6222139
于都县社会保险事业管理局
地址：于都县长征东路 ······ Tel:6238323
兴国县（0797）
兴国县劳动就业服务管理局
地址：兴国县兴国大道 ······ Tel:5316157
兴国县医疗保险事业管理局
地址：兴国县激江镇 ······ Tel:5322751
兴国县社会保险事业管理局
地址：兴国县人寿保险公司楼上 ······ Tel:5322529
会昌县（0797）
会昌县人事劳动和社会保障局
地址：会昌县政府院内 ······ Tel:5622640
会昌县劳动就业服务管理局
地址：会昌县黄坊桥头5号 ······ Tel:5622663
会昌县医疗保险局
地址：会昌县上渡街检察院隔壁 ······ Tel:5632632
会昌县社会保险局
地址：会昌县城湘江大桥南侧 ······ Tel:5631537
会昌县城镇职工医疗保险事业管理局
地址：会昌县东街提行储蓄所内 ······ Tel:5628090
文武坝劳动保障工作站 会昌县安盏修理厂边 ······ Tel:5634856
寻乌县（0797）
寻乌县农村社会养老保险局
地址：寻乌县 ······ Tel:2830319
寻乌县劳动就业服务管理局
地址：岳家庄大道153号 ······ Tel:2847213
寻乌县医疗保险局
地址：寻乌县 ······ Tel:2831238
寻乌县社会保险局
地址：寻乌县 ······ Tel:2840945
石城县（0797）
石城县人事劳动和社会保障局
地址：石城县琴江镇西华北路74号 ······ Tel:5700927
石城县农村社会养老保险管理局
地址：石城县东华路 ······ Tel:5713471
石城县劳动就业管理局
地址：石城县西华北路56号 ······ Tel:5710829
石城县医疗保障局
地址：石城县西华中路143号 ······ Tel:5721187
石城县社会保险事业管理局
地址：石城县琴江镇西华北路85号 ······ Tel:5701928
瑞金市（0797）
瑞金市人事劳动和社会保障局
地址：瑞金市公务大楼7楼704室 ······ Tel:2522093
瑞金市劳动就业服务管理局
地址：瑞金市 ······ Tel:2532353
瑞金市医疗保障局
地址：瑞金市红都大道110号中国银行二楼 ······ Tel:2520366
瑞金市社会保险事业管理局
地址：瑞金市 ······ Tel:2510299
南康区（0797）
南康区人事劳动和社会保障局
地址：南康区市政办公大楼 ······ Tel:6605439
南康区公共就业人才服务局
地址：南康区泰康西路 ······ Tel:6612669
南康区医疗保险局
地址：南康区 ······ Tel:6625069
南康区社会保险局
地址：南康区泰康中路 ······ Tel:6619131
吉安市（0796）
吉安市辖区（0796）
吉州区人事劳动和社会保障局
地址：吉安市下永叔路45号 ······ Tel:8226030
吉州区劳动就业服务管理局
地址：吉安市吉州区阳明西路44号 ······ Tel:8286361
吉州区社会保险事业管理局
地址：吉安市吉福路56号 ······ Tel:8332118
吉安市劳动和社会保障局
地址：吉安市鹭洲东路1号市政府5楼 ······ Tel:8253329
吉安市劳动就业服务管理局
地址：吉安市文山步行街20号 ······ Tel:8221001
吉安县（0796）
吉安市劳动和社会保障局开发区 分局
地址：吉安县井冈山经济技术开发区 ······ Tel:8403500
吉安县人事劳动局
地址：吉安县文山路 ······ Tel:8442336
吉安县劳动就业服务管理局
地址：吉安县兴华路 ······ Tel:8411597
吉安县医疗保险局
地址：吉安县兴华路 ······ Tel:8411330
吉安县低保局
地址：吉安县庐陵大道 ······ Tel:8442308
吉安县社会保险事业管理局
地址：吉安县庐陵大道 ······ Tel:8442425
吉水县（0796）
吉水县人事劳动和社会保障局
地址：吉水县 ······ Tel:3534026
吉水县劳动就业服务管理局
地址：吉水县龙华中大道 ······ Tel:8689284
吉水县医疗保险局
地址：吉水县文化东路 ······ Tel:8680425
吉水县社会保险事业管理局
地址：吉水县龙华中大道 ······ Tel:8680165
峡江县（0796）
峡江县人事劳动和社会保障局
地址：峡江县百花路政府大楼 ······ Tel:3672870
峡江县劳动就业服务管理局
地址：峡江县政府大楼 ······ Tel:3696279
峡江县医疗保障局
地址：峡江县百花园住宅区 ······ Tel:3695239
峡江县社会保险事业管理局
地址：峡江县百花路 ······ Tel:3695150
新干县（0796）
新干县人事劳动和社会保障局
地址：新干县川琴路75号 ······ Tel:2602692
新干县行政事业单位职工医疗保 险局
地址：新干县川琴路75号 ······ Tel:2602781
新干县劳动就业服务管理局
地址：新干县金川镇康王庙路 ······ Tel:2602372
新干县社会保险事业管理局
地址：新干县川琴路5号 ······ Tel:2601970
永丰县（0796）
永丰县人事劳动和社会保障局
地址：永丰县恩江镇永吉路 ······ Tel:2511287
永丰县劳动就业服务管理局
地址：永丰县恩江镇永吉路 ······ Tel:2511204
永丰县医疗保险局
地址：永丰县恩江镇永吉路 ······ Tel:2516977
永丰县社会保险局
地址：永丰县县城北街 ······ Tel:2511680
泰和县（0796）
泰和县人事劳动和社会保障局
地址：泰和县工农兵大道1号 ······ Tel:8639226
泰和县劳动就业服务管理局
地址：泰和县中山路41号友谊商城1楼 ······ Tel:8638907
泰和县医疗保险局
地址：泰和县工农兵大道1号 ······ Tel:8638858
泰和县社会保险局
地址：泰和县白凤大道 ······ Tel:8638196
遂川县（0796）
遂川县人事劳动和社会保障局
地址：遂川县井冈山大道 ······ Tel:6322535
遂川县工业园区管委会
遂川县砂子岭工业园区 ······ Tel:6233888
遂川县劳动就业服务管理局
地址：遂川县井冈山大道 ······ Tel:6322522
遂川县医疗保险局
地址：遂川县井冈山大道 ······ Tel:6325120
遂川县社会保险局
地址：遂川县井冈山大道 ······ Tel:6313701
万安县（0796）
万安县人事劳动和社会保障局
地址：万安县河西开发区 ······ Tel:5839805
万安县公共就业人才服务局
地址：万安县开发区 ······ Tel:5701409
万安县医疗保障局
地址：万安县凤凰路 ······ Tel:5709399
万安县社会保险局
地址：万安县凤凰路108号 ······ Tel:5708373
安福县（0796）
安福县人事劳动和社会保障局
地址：安福县行政中心 ······ Tel:1622242
安福县人事和劳动社会保障局
地址：安福县思成路 ······ Tel:7627717
安福县劳动就业服务管理局
地址：安福县武功山大道189号 ······ Tel:7622076
安福县医疗保险局
地址：安福县安城大市场城兴路15号 ······ Tel:7633289
安福县社会保险局
地址：安福县安平路467号 ······ Tel:7630721
永新县（0796）
永新县劳动就业服务管理局
地址：永新县三湾路袍田大道 ······ Tel:7734451
永新县医疗保险局

地址：永新县县政府大院二楼
……Tel:7718974

井冈山市（0796）

井冈山市人事劳动和社会保障局
地址：井冈山市新城区
……Tel:6890030

井冈山市劳动就业服务管理局
地址：井冈山市新城区
……Tel:6890513

井冈山市社会保险事业管理局
地址：井冈山市新城区
……Tel:6891598

宜春市（0795）

宜春市辖区（0795）

宜春市劳动和社会保障局
地址：宜春市平安路
……Tel:3220795

宜春市职工医疗保险局
地址：宜春市中山西路86号
……Tel:3219290

奉新县（0796）

奉新县人事劳动和社会保障局
地址：奉新县沿河南路广电附近
……Tel:4618907

奉新县再就业领导小组办公室
地址：奉新县劳动就业局内
……Tel:4605820

奉新县劳动就业管理局
地址：奉新县
……Tel:4605810

奉新县医疗保险局
地址：奉新县钱鸿花园
……Tel:4606865

奉新县社会保险事业管理局
地址：奉新县狮山大道45号
……Tel:4622404

奉新县实施公务员法领导小组办公室
地址：奉新县潦河西路
……Tel:4508099

万载县（0795）

万载县人事劳动和社会保障局
地址：万载县
……Tel:8821723

万载县劳动就业服务管理局
地址：万载县
……Tel:8823169

万载县医疗保险管理局
地址：万载县
……Tel:8821193

万载县社会保险事业管理局
地址：万载县
……Tel:8823527

上高县（0795）

上高县劳动就业服务管理局
地址：上高县敖山大道
……Tel:2521362

上高县医疗保险管理局
地址：上高县交通路
……Tel:2522950

上高县社会保险局
地址：上高县建设中路
……Tel:2513521

宜丰县（0795）

宜丰县人事劳动和社会保障局
地址：宜丰县城北路77号
……Tel:2758535

宜丰县劳动就业服务管理局
地址：宜丰县耶溪大道
……Tel:2765580

靖安县（0795）

靖安县人事劳动局
地址：靖安县新大街1号
……Tel:4662241

靖安县劳动就业管理局
地址：靖安县石马南路
……Tel:4662633

靖安县医疗保险管理局
地址：靖安县石马中路
……Tel:4666654

靖安县社会保险事业管理局
地址：靖安县石马南路
……Tel:4662343

铜鼓县（0795）

铜鼓县人事劳动和社会保障局
地址：铜鼓县定江东路386号
……Tel:8722802

铜鼓县行政事业单位职工医疗保 险局
地址：铜鼓县定江东路524号
……Tel:8722289

铜鼓县劳动就业管理局
地址：铜鼓县三八路
……Tel:8692052

铜鼓县医疗保险管理局
地址：铜鼓县城南西路劳动大厦2楼
……Tel:8691396

铜鼓县社会保险事业管理局
地址：铜鼓县城南东路159号
……Tel:8722718

丰城市（0795）

丰城市劳动局
地址：丰城市行政大楼
……Tel:6608708

丰城市劳动就业管理局
地址：丰城市新城大道劳动保障大厦三楼
……Tel:6298652

丰城市医疗保险管理局
地址：丰城市新城区劳动大楼9楼
……Tel:6298383

丰城市社会保险事业管理局
地址：丰城市劳动保障大楼七楼
……Tel:6298322

樟树市（0795）

樟树市人事劳动局
地址：樟树市杏佛路61号
……Tel:7362607

樟树市劳动就业管理局
地址：樟树市杏佛路61号
……Tel:7362810

樟树市医疗保险局
地址：樟树市杏佛路
……Tel:7362795

樟树市社会保险事业管理局
地址：樟树市杏佛路
……Tel:7362591

高安市（0795）

高安市行政事业单位职工医疗保 险局
地址：高安市桥北路劳动大厦2楼
……Tel:5289773

高安市劳动局
地址：高安市劳动大厦办公楼
……Tel:5281701

高安市劳动就业管理局
地址：高安市桥北路572号
……Tel:5282347

高安市医疗保险管理局
地址：高安市
……Tel:5288868

高安市社会保险事业管理局
地址：高安市瑞州中路
……Tel:5292816

抚州市（0794）

抚州市辖区（0794）

抚州市劳动就业服务管理局
地址：抚州市青云峰路
……Tel:8223061

抚州市社会保险事业管理局
地址：抚州市赣东大道
……Tel:8282329

临川区（0794）

临川区人事劳动和社会保障局
地址：临川区
……Tel:8236198

临川区劳动就业服务管理局
地址：临川区供销社办公楼三楼
……Tel:8441901

临川区社会保险事业管理局
地址：临川区赣东大道社保大楼
……Tel:8216765

南城县（0794）

南城县人事劳动和社会保险局
地址：南城县盱江大道
……Tel:7253243

南城县劳动就业服务局
地址：南城县盱江大道
……Tel:7252680

南城县社会保险事业管理局
地址：南城县政府大院内
……Tel:1252593

黎川县（0794）

黎川县人事劳动和社会保障局
地址：黎川县新行政大楼
……Tel:7566636

黎川县劳动就业服务管理局
地址：黎川县百货大楼对面
……Tel:7522636

黎川县社会保险局
地址：黎川县东方红大道
……Tel:7522122

南丰县（0794）

南丰县人事劳动和社会保障局
地址：南丰县桔都大道行政大厦
……Tel:3226129

南丰县劳动就业服务管理局
地址：南丰县琴城路
……Tel:3202460

南丰县社会保险事业管理局
地址：南丰县新建路中国银行楼下
……Tel:3211309

崇仁县（0794）

崇仁县劳动就业服务局
地址：崇仁县府西路
……Tel:6322593

崇仁县医保管理中心
地址：崇仁县府西路南
……Tel:6328990

崇仁县社会保险局
地址：崇仁县县府西路
……Tel:6322486

乐安县（0794）

乐安县人事劳动和社会保障局
地址：永安县广场路
……Tel:6577392

乐安县劳动就业服务管理局
地址：乐安县长征路
……Tel:6592757

乐安县社会保险事业管理局
地址：乐安县敖溪路13号
……Tel:6577935

宜黄县（0794）

宜黄县人事劳动和社会保障局
地址：宜黄县河东世纪大道
……Tel:7614153

宜黄县劳动就业服务管理局
地址：宜黄县世纪大道劳动局大楼
……Tel:7602953

宜黄县社会保险事业管理局
地址：宜黄县西马路
……Tel:7608596

金溪县（0794）

金溪县社会保险局
地址：金溪县秀谷中大道
……Tel:5259359

资溪县（0794）

资溪县人事劳动和社会保障局
地址：资溪县城西大道三江路口人力资源市场
……Tel:5799132

资溪县医疗保险事业管理局
地址：资溪县城西大道三江路口人力资源大楼
……Tel:5780208

资溪县社会保险事业管理局
地址：资溪县城西大道三江路口人力资源市场
……Tel:5793154

资溪县就业局
地址：资溪县城西大道三江路口人力资源市场
……Tel:5793043

东乡县（0794）

东乡县人事劳动和社会保障局
地址：东乡县昌景西路武装部隔壁
……Tel:4278030

东乡县劳动就业服务局
地址：东乡县昌景西路武装部隔壁
……Tel:4278029

广昌县（0794）

广昌县人事劳动和社会保障局
地址：广昌县下街1号
……Tel:3617708

广昌县劳动就业服务管理局
地址：广昌县
……Tel:3622192

广昌县社会保险事业管理局
地址：广昌县盱江路
……Tel:3622307

上饶市（0793）

上饶市辖区（0793）

上饶市人事劳动和社会保障局
地址：上饶市老火车站解放路551号
……Tel:8219131

上饶市再就业工作联席会议办公室
地址：上饶市老火车站劳动市场
……Tel:8224841

上饶市劳动就业服务管理局
地址：上饶市站前路9号
……Tel:8326098

上饶市医疗保险局
地址：上饶市抚建中路
……Tel:8202666

上饶市社会保险事业管理局
地址：上饶市中山西路170号
……Tel:8232885

信州区人事劳动和社会保障局
地址：上饶市五三大道45号
……Tel:8307030

信州区医疗保险局
地址：上饶市中山路
……Tel:8307038

信州区社会保险事业管理局
地址：上饶市带湖路19号
……Tel:8262990

上饶县（0793）

上饶县人事劳动和社会保障局
地址：上饶县
……Tel:8466430

上饶县劳动就业服务管理局
地址：上饶县南灵中路
……Tel:8450430

上饶县医疗保险局
地址：上饶县惟义路56号
……Tel:8443056

上饶县社会保险事业管理局
地址：上饶县南灵中路
……Tel:8442811

广丰区（0793）

广丰区劳动人事和社会保障局
地址：广丰区府前街
……Tel:2652557

广丰区劳动就业服务管理局
地址：广丰区县政府后面
……Tel:2613866

广丰区社会保险局
地址：广丰区永丰大道中段
……Tel:2638091

玉山县（0793）

玉山县劳动人事和社会保障局
地址：玉山县政府大楼
……Tel:2552810

玉山县劳动就业服务管理局
地址：玉山县人民大道178号
……Tel:2552460

玉山县医疗保障局
地址：玉山县人民北路178号
……Tel:2550263

玉山县社会保险局
地址：玉山县三清大道41号
……Tel:2569252

铅山县（0793）

铅山县人事劳动和社会保障局
地址：铅山县劳动大厦4楼
……Tel:5332262

铅山县农保局
地址：铅山县狮江大道城南社区80号
……Tel:5169607

铅山县劳动事务保障所
铅山县狮江大道
……Tel:5133606

铅山县劳动就业服务管理局
地址：铅山县劳动大厦4楼
……Tel:5332292

铅山县医疗保险局
地址：铅山县狮江大道城南社区52号
……Tel:5133878

铅山县低保局
地址：铅山县狮江大道城南社区80号
……Tel:5169600

铅山县社会保险局
地址：铅山县狮江路
……Tel:5332449

横峰县（0793）

横峰县劳动就业服务管理局
地址：横峰县兴安大道26号附近
……Tel:5780062

横峰县社会保险事业管理局
地址：横峰县岑阳镇解放西路1号
……Tel:5792053

横峰县社会福利保险事业局
地址：横峰县解放西路1号
……Tel:5782788

弋阳县（0793）

弋阳县人事劳动和社会保障局
地址：弋阳县劳动大厦
……Tel:5821689

弋阳县劳动就业服务管理局
地址：弋阳县劳动大厦
……Tel:5821575

弋阳县社会保险管理局
地址：弋阳县劳动大厦
……Tel:5821553

余干县（0793）

余干县人事劳动和社会保障局
地址：余干县县政府大楼六楼
……Tel:3398019

余干县医疗保险局
地址：余干县县工行二楼
……Tel:3201753

余干县社会保险局
地址：余干县城北新区社保办公大楼
……Tel:3397617

鄱阳县（0793）

鄱阳县人事劳动和社会保障局
地址：鄱阳县城北
……Tel:6270273

鄱阳县劳动就业服务管理局
地址：鄱阳县芝山路
……Tel:6279971

鄱阳县医疗保险局
地址：鄱阳县城北太子龙大楼1楼
……Tel:6282595

鄱阳县社会保险局
地址：鄱阳县七条巷路口
……Tel:6260290

万年县（0793）

万年县人事劳动和社会保障局
地址：万年县城石洋西路
……Tel:3833438

万年县医疗保障局
地址：万年县城石洋西路
……Tel:3833663

万年县社会保险事业管理局
地址：万年县正大中路
……Tel:3832691

婺源县（0793）

婺源县劳动就业服务管理局
地址：婺源县中云路
……Tel:7361203

婺源县医疗保险局
地址：婺源县
……Tel:7350259

婺源县社会保险事业管理局
地址：婺源县天佑路63号
……Tel:7361626

婺源县职工医疗社会保险管理局
地址：婺源县
Tel:7351269

德兴市（0793）
德兴市人事劳动和社会保障局
地址：德兴市
Tel:7522482

德兴市劳动就业服务管理局
地址：德兴市南门新区
Tel:7524937

国土资源管理

南昌市（0791）
南昌市辖区（0791）
南昌市国土资源局
地址：南昌市红谷大厦A座13层
Tel:83987198

南昌市国土资源局红谷滩分局
地址：南昌市红谷滩绿茵路669号
Tel:83839082

南昌市国土资源局青山湖分局
地址：南昌市京东鹿鼎家居旁何兴村委会
Tel:88622871

南昌市国土资源局青云谱分局
地址：南昌市青山北路51号
Tel:85207696

南昌市国土资源局高新分局
地址：南昌市高新开发区高新七路192号高迅大楼三楼
Tel:88194657

南昌市国土资源局桑海开发区分局
地址：南昌市北郊新祺周
Tel:83825660

南昌市国土资源局湾里分局
地址：南昌市湾里区城交路8号
Tel:83760157

南昌土地权属标志制造厂
地址：南昌市青山湖北大道民营科技园罗万村
Tel:86781998

丰城矿务局驻南昌办事处
地址：南昌市西湖区抚河北路29号
Tel:86709459

南昌县（0791）
南昌县国土资源局
地址：南昌县文卫路236号
Tel:85712545

南昌县国土资源局向塘分局
地址：南昌县向塘镇
Tel:85033586

新建县（0791）
新建县国土资源局
地址：新建县新建大道409号
Tel:83732291

安义县（0791）
安义县国土资源局
地址：安义县前进路国土大厦
Tel:83422468

进贤县（0791）
进贤县国土资源局
地址：进贤县县政府
Tel:85664193

景德镇市（0798）
景德镇市辖区（0798）
景德镇市国土资源局
地址：景德镇市昌南大道98号
Tel:8528138

景德镇市煤炭工业管理办公室
地址：景德镇市原政府大院内
Tel:8224569

乐平矿务局
地址：景德镇市新厂东路标89号
Tel:8488601

浮梁县（0798）
浮梁县国土资源局
地址：浮梁县
Tel:2625267

经公桥国土资源所
地址：浮梁县经公桥
Tel:2731858

萍乡市（0799）
萍乡市辖区（0799）
萍乡市经济开发区国土资源局
地址：萍乡市开发区大院内
Tel:6782576

萍乡市煤炭管理办公室
地址：萍乡市富丽大厦
Tel:6831105

萍乡市国土资源局湘东土地分局
地址：湘东区湘东镇河洲新区
Tel:3434144

安源区地质矿产局
地址：萍乡市平安大道安源大厦
Tel:6661306

湘东区地质矿产局
地址：湘东区
Tel:3446606

莲花县（0799）
莲花县国土资源局
地址：莲花县永安路
Tel:7221645

莲花县煤炭局
地址：莲花县金城大道
Tel:7221236

莲花县煤炭管理办公室
地址：莲花县康达西路
Tel:7221437

三板桥乡矿产品检查站
地址：莲花县三板桥乡
Tel:7271036

上栗县（0799）
上栗县地质矿产局
地址：上栗县平安北路75号
Tel:3683339

上栗县国土资源局
地址：上栗县李畋大道
Tel:3861376

上栗县煤炭安全监督管理局
地址：上栗县平安北路
Tel:3683299

芦溪县（0799）
芦溪县国土资源局
地址：芦溪县
Tel:7553150

芦溪县地质矿产局
地址：芦溪县
Tel:7551645

九江市（0792）
九江市辖区（0792）
江西省地矿局物化探大队704队
地址：九江市浔阳区滨湖路5号
Tel:8223440

江西省地矿局赣西北大队
地址：九江市浔阳区十里大道202号
Tel:8121414

九江市地质矿产局
地址：九江市浔阳区南湖支路
Tel:8567713

九江市国土资源局
地址：九江市庐山区十里大道1482号
Tel:8175088

九江市国土资源局开发区分局
地址：九江市经济技术开发区柴桑大市场c区102号3楼
Tel:8330659

九江市国土资源局庐山区分局
地址：九江市庐山区十里大道740号
Tel:8252619

九江市国土资源局浔阳区分局
地址：九江市浔阳区南湖路5号
Tel:8578538

九江市黄金公司
地址：九江市浔阳区长虹大道456号
Tel:8586283

修水县（0792）
修水县国土资源局
地址：修水县沿江路
Tel:7221541

修水县矿产资源管理局
地址：修水县南城新区E4地块
Tel:7236435

武宁县（0792）
武宁县国土资源局
地址：武宁县豫宁大道51号
Tel:2761679

胜利油田管理局第五大队
地址：武宁县豫宁大道147-6号四楼
Tel:2786163

瑞昌市（0792）
瑞昌市地质矿产局
地址：瑞昌市人民南路70号建设大厦6楼
Tel:4222348

瑞昌市国土资源局
地址：瑞昌市赤乌中路5号
Tel:4221466

瑞昌市土地整理中心
地址：瑞昌市赤乌中路
Tel:4221813

瑞昌市国土资源局武山分局
地址：瑞昌市白杨镇武山铜矿
Tel:4827699

瑞昌市国土资源局城区分局
地址：瑞昌市浔阳东路
Tel:4211040

永修县（0792）
永修县国土资源局
地址：永修县
Tel:3221625

德安县（0792）
德安县国土资源局
地址：德安县石桥路
Tel:4332319

九江县（0792）
九江县国土资源局
地址：九江县庐山北路
Tel:6812141

九江县土地矿产储备中心
地址：九江县庐山北路
Tel:6819005

九江县土地矿产交易中心
地址：九江县庐山西路
Tel:6816628

星子县（0792）
星子县国土资源局
地址：星子县
Tel:2674432

都昌县（0792）
都昌县国土资源局
地址：都昌县万里大道175号
Tel:5212646

蔡岭国土资源管理所
地址：都昌县蔡岭镇
Tel:5361969

湖口县（0792）
湖口县国土资源局
地址：湖口县三里大道59号
Tel:6322030

湖口县矿产资源管理局
地址：湖口县大岭居委会院内
Tel:6324686

大垅乡国土资源所 湖口县大垅乡
Tel:6531298

彭泽县（0792）
彭泽县矿产管理局
地址：彭泽县东风路
Tel:5667800

彭泽县国土资源局
地址：彭泽县龙城大道
Tel:5667002

共青开发区（0792）
共青城开放开发区国土资源局
地址：九江市共青城
Tel:4357343

新余市（0790）
新余市辖区（0790）
新余市国土资源局
地址：新余市仙来东大道622号
Tel:6441994

新余市国土资源局经济开发区分局
地址：新余市经济开发区
Tel:6860757

新余市国土资源局渝水分局
地址：新余市人民北路17号
Tel:6222476

新余土管局仙女湖分局
地址：新余市仙女湖区
Tel:6859387

分宜县（0790）
分宜县国土资源局
地址：分宜县天工大道
Tel:5816698

鹰潭市（0701）
鹰潭市辖区（0701）
鹰潭市国土资源局
地址：鹰潭市站江路6号
Tel:6229189

鹰潭市国土资源局月湖分局
地址：鹰潭市环城东路四青乡对面杏树园老楼
Tel:6221631

龙虎山国土资源局
地址：鹰潭市龙虎山镇
Tel:6656499

余江县（0701）
余江县国土资源局
地址：余江县白塔中路31号
Tel:5899689

贵溪市（0701）
贵溪市国土资源局
地址：贵溪市沿河路
Tel:3771562

赣州市（0797）
赣州市辖区（0797）
赣州市矿产资源管理局
地址：赣州市厚德路
Tel:8101766

赣州冶金煤炭工业局
地址：赣州市新赣南路
Tel:8293045

赣州市国土资源局
地址：赣州市章江北大道
Tel:8155066

赣州市土地价格中心
地址：赣州市章江北大道
Tel:8155080

赣州市土地收储中心
地址：赣州市章江北大道
Tel:8155065

赣州市土地整理中心
地址：赣州市章江北大道
Tel:8155076

赣州市国土资源局开发区分局
地址：赣州市黄金大道
Tel:8373359

赣州市国土资源局章贡分局
地址：赣州市
Tel:8288865

章贡区地质矿产局
地址：赣州市章贡路
Tel:8295326

赣县（0797）
赣县国土资源局
地址：赣县双龙大道35号
Tel:4441588

赣县矿产资源开发管理局
地址：赣县一中对面
Tel:4441968

赣县煤炭工业局
地址：赣县赣新大道140号
Tel:4444729

信丰县（0797）
信丰县煤炭工业局
地址：信丰县阳明路
Tel:3333739

信丰县地质矿产局
地址：信丰县水北路
Tel:3320552

信丰县国土资源局
地址：信丰县府前路
Tel:3338685

加定国土资源所
地址：信丰县南山西路
Tel:3313068

大余县（0797）
大余县地质矿产管理局
地址：大余县南安镇南安大道地矿局
Tel:8721869

大余县矿产品服务站
地址：大余县江滨大厦北边一楼东起第一间
Tel:8733200

大余县国土资源局
地址：大余县南安大道
Tel:8722423

下垄矿区管理委员会
地址：大余县樟斗镇
Tel:8750692

西华山矿区管理委员会
地址：大余县坝上路
Tel:8710795

荡坪矿区管理委员会
地址：大余县南安镇新民村荡坪小组
Tel:8756265

上犹县（0797）
上犹县地质矿产局
地址：上犹县新上犹路165号建行大楼
Tel:8541119

上犹县国土资源局
地址：上犹县水南大道251号
Tel:8546448

崇义县（0797）
崇义县国土资源局
地址：崇义县阳岭大道457号
Tel:3812881

崇义县矿产局
地址：崇义县阳岭大道
Tel:3812595

关田国土资源所
地址：崇义县关田镇
Tel:3858298

安远县（0797）
安远县国土资源局
地址：安远县
Tel:3753033

安远县矿产资源管理局
地址：安远县
Tel:3752013

龙南乡（0797）
龙南县国土资源局
地址：龙南县龙泉大道
Tel:3544780

定南县（0797）
定南县地质矿产局
地址：定南县
Tel:4294663

定南县国土资源局
地址：定南县
Tel:4291442

全南县（0797）
全南县矿产资源管理局
地址：全南县车站北路
Tel:2630892

全南县国土资源局
地址：全南县寿梅路
Tel:2632035

宁都县（0797）
宁都县矿产资源管理局
地址：宁都县长庚门
Tel:6826789

宁都县国土资源局
地址：宁都县胜利西路
Tel:6832634

东韶乡国土资源所
地址：宁都县东韶琳池街上
Tel:6967222

固村国土资源所
地址：宁都县固村开发区
Tel:6986038

黄陂镇国土资源所
地址：宁都县黄陂镇丁字街
Tel:686384

于都县（0797）
于都县冶金煤炭监督管理局
地址：于都县渡江大道
Tel:6233889

于都县矿产资源管理局

地址：于都县长征西路
Tel:6218353
于都县国土资源局
地址：于都县长征大道70号
Tel:6232978
光目县（0797）
兴国县矿产资源管理局
地址：兴国县中心花园赣州银行五楼
Tel:5308507
兴国县国土资源局
地址：兴国县凤凰大道49号
Tel:5322896
会昌县（0797）
会昌县矿产资源管理局
地址：会昌县湘江大道
Tel:5621375
会昌县矿产管理局
地址：会昌县城湘江大道国土资源局三楼
Tel:5630762
会昌县国土资源局
地址：会昌县湘青路
Tel:5629273
会昌县土地利用管理局
地址：会昌县西门
Tel:5633278
筠门岭矿管站
地址：会昌县筠门岭镇
Tel:5665672
寻乌县（0797）
文峰乡稀土综合执法队
地址：寻乌县文峰乡
Tel:2811483
寻乌县矿产资源管理局
地址：寻乌县石田心
Tel:2848324
寻乌县国土资源局
地址：寻乌县长安大道国土大楼
Tel:2847779
石城县（0797）
石城县矿产资源管理局
地址：石城县学前路
Tel:5718516
石城县国土资源局
地址：石城县西华北路农行三楼
Tel:5701779
石城钽铌矿区管理委员会
地址：石城县琴江镇坝口村
Tel:5745938
瑞金市（0797）
瑞金市土管局
地址：瑞金市华林路市政府后面
Tel:2557328
瑞金市矿产局
地址：瑞金市
Tel:2517669
南康区（0797）
南康区地质矿产局
地址：南康区泰康东路老自来水厂
Tel:6636583
南康区国土资源局
地址：南康区泰康中路
Tel:6623881
吉安市（0796）
吉安市辖区（0796）
吉安市煤炭行业管理办公室
地址：吉安市北门街186号
Tel:8269065
吉安市国土资源局
地址：吉安市吉州区韶山东路46号
Tel:8211558
吉安市土地开发储备交易中心
地址：吉安市吉州区韶山东路46号
Tel:8211557
吉安市国土资源局吉州分局
地址：吉安市西肖家巷1号
Tel:8253812
吉安市国土资源局青原分局
地址：吉安市青原区坪田路贸易广场
Tel:8101266
吉安县（0796）
吉安县国土资源局
地址：吉安县凤凰路
Tel:8442348
吉水县（0796）
吉水县国土资源局
地址：吉水县上文峰路64号
Tel:8680799
峡江县（0796）
峡江县国土资源局
地址：峡江县玉笥大道
Tel:3672952
新干县（0796）
新干县国土资源局
地址：新干县川南东路4号
Tel:2673656
永丰县（0796）
永丰县国土资源局
地址：永丰县欧阳修大道与永丰大道交叉路口
Tel:2524918

泰和县（0796）
泰和县国土资源局
地址：泰和县白凤大道
Tel:8638574
遂川县（0796）
遂川县国土资源局
地址：遂川县东路大道
Tel:12336
万安县（0796）
万安县国土资源局
地址：万安县崇文西路
Tel:5707666
万安县地产市场管理所
地址：万安县崇文西路50号
Tel:5701168
安福县（0796）
安福县国土资源局
地址：安福县安平路
Tel:7624353
永新县（0796）
永新县国土资源局
地址：永新县建设西路8号
Tel:7722953
井冈山市（0796）
井冈山市国土资源局
地址：井冈山市新城区红军大道
Tel:6890069
井冈山市国土资源局龙市分局
地址：井冈山市龙市镇
Tel:6862359
井冈山市国土资源局茨坪分局
地址：井冈山市茨坪镇
Tel:6552810
宜春市（0795）
奉新县（0795）
奉新县工业园区土地清理整顿办公室
地址：奉新县冯田开发区
Tel:4509700
奉新县国土资源局
地址：奉新县
Tel:4618466
奉新县土地收购储备交易中心
地址：奉新县富民街
Tel:4624598
万载县（0795）
万载县地质矿产局
地址：万载县
Tel:8823440
万载县国土资源局
地址：万载县
Tel:8817584
上高县（0795）
上高县国土资源局
地址：上高县敖山大道
Tel:2503320
宜丰县（0795）
宜丰县国土资源局
地址：宜丰县新昌西大道26号
Tel:2765723
宜丰县国土资源局黄岗分局
地址：宜丰县黄岗乡
Tel:2999191
靖安县（0795）
靖安县矿产局
地址：靖安县后港东路59号
Tel:4662497
靖安县国土资源局
地址：靖安县新大街4号
Tel:4662402
铜鼓县（0795）
铜鼓县国土资源局
地址：铜鼓县定江西路158号
Tel:8722077
丰城市（0795）
丰城市地质矿产局
地址：丰城市建设大楼1O楼
Tel:6609700
丰城市国土资源局
地址：丰城市新城区
Tel:6606500
丰城矿务局
地址：丰城市上塘镇
Tel:6688783
樟树市（0795）
樟树市地质矿产局
地址：樟树市新民路55号
Tel:7332734
樟树市国土资源局
地址：樟树市药都路21号
Tel:7333999
高安市（0795）
高安市地矿局
地址：高安市凤凰二路
Tel:5286223
高安市国土资源局
地址：高安市凤凰二路
Tel:5282724
高安市国家投资土地整理示范办公室
地址：高安市凤凰一路
Tel:5285932
英岗矿务局

地址：高安市建山镇
Tel:5641061
抚州市（0794）
抚州市辖区（0794）
抚州市国土资源局
地址：抚州市南门路
Tel:8222452
金巢经济开发区管委会国土资源局
地址：抚州市伍塘路中段
Tel:8235680
临川压（0794）
抚北国土资源所
地址：临川区抚北路
Tel:8351985
临川区国土资源局
地址：临川区临川大道415号
Tel:8219718
南城县（0794）
南城县国土资源局
地址：南城县夫人田土管局大楼
Tel:7258908
黎川县（0794）
黎川县国土资源局
地址：黎川县东方红大道
Tel:7522823
南丰县（0794）
南丰县国土资源局
地址：南丰县桔都大道
Tel:3221779
南丰县国土资源局太和分局
地址：南丰县太和镇
Tel:3370116
南丰县国土资源局白舍分局
地址：南丰县白舍镇
Tel:3340566
崇仁县（0794）
崇仁县国土资源局
地址：崇仁县县府东路5号
Tel:6326052
乐安县（0794）
乐安县地质矿产局
地址：乐安县商贸大道
Tel:6595389
乐安县国土资源局
地址：乐安县乐安大道
Tel:6598646
宜黄县（0794）
宜黄县国土资源局
地址：宜黄县河东土管大楼
Tel:7612399
金溪县（0794）
金溪县国土资源局
地址：金溪县象山北路258号
Tel:5259780
资溪县（0794）
资溪县国土资源局
地址：资溪县建设中路63号
Tel:5793656
东乡县（0794）
东乡县国土资源局
地址：东乡县恒安西路国土大厦6楼
Tel:4220831
广昌县（0794）
广昌县地质矿产局
地址：广昌县解放路42号
Tel:3622353
广昌县国土资源局
地址：广昌县建设东路159号
Tel:3622550
上饶市（0793）
上饶市辖区（0793）
上饶市煤炭冶金行业管理办公室
地址：上饶市中山路65号
Tel:8223134
上饶市国土资源局
地址：上饶市带湖路10号
Tel:8261378
信州区国土资源局
地址：上饶市滨江西路26号
Tel:8211752
上饶县（0793）
上饶县地质矿产局
地址：上饶县
Tel:8446932
上饶县国土资源局
地址：上饶县旭日中大道50号
Tel:8442561
上饶县煤炭局
地址：上饶县
Tel:8442608
广丰区（0793）
广丰区国土资源局
地址：广丰区商城南路
Tel:2652565
玉山县（0793）
玉山县国土资源局
地址：玉山县人民北路国土大楼
Tel:2552633
铅山县（0793）
铅山县地质矿产局
地址：铅山县农贸街

Tel:5169186
铅山县矿管局
地址：铅山县狮江大道45号
Tel:5332466
铅山县煤炭行业管理办公室
地址：铅山县胜利路二中门口
Tel:5339679
铅山县国土资源局
地址：铅山县狮江大道城南社区45号
Tel:5334730
横峰县（0793）
横峰县国土资源局
地址：横峰县兴安大道
Tel:5787620
弋阳县（0793）
弋阳县国土资源局
地址：弋阳县环城路24号
Tel:5821281
余干县（0793）
余干县国土资源局
地址：余干县迎宾大道
Tel:3395998
鄱阳县（0793）
鄱阳县国土资源局
地址：鄱阳县
Tel:6273666
万年县（0793）
万年县国土资源局
地址：万年县城万昌大道
Tel:3833572
婺源县（0793）
婺源县地矿局
地址：婺源县天佑路
Tel:7362852
婺源县国土资源局
地址：婺源县书乡路
Tel:7343043
德兴市（0793）
德兴市矿产黄金局
地址：德兴市河西
Tel:7517149
宏观调控部门 发展和改革
南昌市（0791）
南昌市辖区（0791）
江西省发展和改革委员会
地址：南昌市北京西路69号
Tel:86221103
南昌市发展和改革委员会
地址：南昌市红谷滩市政府大楼
Tel:83884001
青山湖区发展和改革委员会
地址：南昌市南京东路699号
Tel:88100439
东湖区发展和改革委员会
地址：南昌市小金台8号
Tel:86769591
西湖区发展和改革委员会
地址：南昌市西湖区抚生路369号
Tel:86564513
湾里区发展和改革委员会
地址：南昌市湾里区工农路63号
Tel:83760669
南昌县（0791）
南昌县发展和改革委员会
地址：南昌县县政府大楼内
Tel:85712142
进贤县（0791）
进贤县发展和改革委员会
地址：进贤县城新区
Tel:85622612
景德镇市（0798）
景德镇市辖区（0798）
昌江区发展和改革委员会
地址：景德镇市瓷都大道昌江区政府大院内
Tel:8331924
浮梁县（0798）
浮梁县发展和改革委员会
地址：浮梁县
Tel:2622286
萍乡市（0799）
萍乡市辖区（0799）
萍乡市发展与改革委员会
地址：萍乡市迎宾路市政府内
Tel:6832523
湘东区发展和改革委员会
地址：湘东区党政综合办公楼
Tel:3376548
莲花县（0799）
莲花县发展和改革委员会
地址：莲花县永安北路174号
Tel:7212861
上栗县（0799）
上栗县发展和改革委员会
地址：上栗县平安北路55号
Tel:3661305
芦溪县（0799）
芦溪县发展和改革委员会
地址：芦溪县
Tel:7551901
九江市（0792）

九江市辖区（0792）
九江市发展和改革委员会
地址：九江市浔阳区长虹大道政府4楼
Tel:8211510
浔阳区发展和改革委员会
地址：九江市浔阳区庾亮北路2号
Tel:8115992
修水县（0792）
修水县发展和改革委员会
地址：修水县凤凰山大道政府大院
Tel:7221762
武宁县（0792）
武宁县发展和改革委员会
地址：武宁县人民路88号
Tel:2761359
瑞昌市（0792）
瑞昌市发展和改革委员会
地址：瑞昌市建设路19号
Tel:4218971
永修县（0792）
永修县发展和改革委员会
地址：永修县南山大道
Tel:3231492
德安县（0792）
德安县发展和改革委员会
地址：德安县宝塔大道56号
Tel:4332325
九江县（0792）
九江县发展和改革委员会
地址：九江县庐山北路
Tel:6812623
星子县（0792）
星子县发展和改革委员会
地址：星子县紫阳路
Tel:2666612
都昌县（0792）
都昌县发展和改革委员会
地址：都昌县广源路2号
Tel:5230167
湖口县（0792）
湖口县发展和改革委员会
地址：湖口县大中路54号县政府大院内
Tel:6332110
共青开发区（0792）
共青城三产公司 九江市共青城
Tel:4341372
新余市（0790）
新余市辖区（0790）
新余市发展和改革委员会
地址：新余市仙来中大道
Tel:6441161
仙女湖区发展和改革局
地址：新余市仙女湖风景名胜区河下镇仙女湖管委会
Tel:6859526
渝水区发展和改革局
地址：新余市抱石东大道区政府大院行政大楼2楼
Tel:6221935
分宜县（0790）
分宜县发展和改革局
地址：分宜县行政中心大楼
Tel:5881631
鹰潭市（0701）
鹰潭市辖区（0701）
鹰潭市发展和改革委员会
地址：鹰潭市府前路5号
Tel:6431399
月湖区发展和改革委员会
地址：鹰潭市胜利东路6号
Tel:6221359
龙虎山发展和改革局
地址：鹰潭市龙虎山大道
Tel:6656220
余江县（0701）
余江县发展和改革委员会
地址：余江县建设西路
Tel:5881270
贵溪市（0701）
贵溪市发展和改革局
地址：贵溪市冶金大道政府大楼
Tel:3316379
赣州市（0797）
赣州市辖区（0797）
赣州市发展和改革委员会
地址：赣州市人民巷
Tel:8225363
章贡区发展和改革委员会
地址：赣州市阳明路26号
Tel:8293800
镕信丰县（0797）
信丰县发展和改革委员会
地址：信丰县县政中心
Tel:3336038
大余县（0797）
大余县发展和改革委员会
地址：大余县金莲山大道
Tel:8722819
上犹县（0797）
上犹县发展和改革委员会
地址：上犹县政府办公楼
Tel:8541879
崇义县（0797）
崇义县发展计划委员会
地址：崇义县政府办公大楼4楼
Tel:3812171
安远县（0797）
安远县发展和改革委员会
地址：安远县
Tel:3732196
龙南县（0797）
龙南县发展和改革委员会
地址：龙南县庙前街20号
Tel:3512289
定南县（0797）
定南县发展和改革委员会
地址：定南县
Tel:4292005
全南县（0797）
全南县发展和改革委员会
地址：全南县政府大院
Tel:2632436
宁都县（0797）
宁都县发展和改革委员会
地址：宁都县党政大楼3楼
Tel:6828608
于都县（0797）
于都县发展和改革委员会
地址：于都县渡江大道42号政府大院
Tel:6232213
兴国县（0797）
兴国县发展和改革委员会
地址：兴国县县政府内
Tel:5324222
会昌县（0797）
会昌县发展和改革委员会
地址：会昌县政府院内3楼
Tel:5622265
寻乌县（0797）
寻乌县发展和改革委员会
地址：寻乌县长安大道国土大楼
Tel:2848556
石城县（0797）
石城县发展和改革委员会
地址：石城县清华大道东城武装部
Tel:5793599
瑞金市（0797）
瑞金市发展和改革委员会
地址：瑞金市金都大道公务大楼5楼315室
Tel:2522359
南康区（0797）
南康区发展和改革委员会
地址：南康区市政办公大楼
Tel:6605599
吉安市（0796）
吉安市辖区（0796）
吉安市发展和改革委员会
地址：吉安市鹭洲东路
Tel:8223801
吉州区发展和改革委员会
地址：吉安市石阳路区政府院内
Tel:8335115
吉安县（0796）
吉安县发展和改革委员会
地址：吉安县庐陵大道
Tel:8442231
吉水县（0796）
吉水县发展和改革委员会
地址：吉水县城北行政中心
Tel:8689511
峡江县（0796）
峡江县发展和改革委员会
地址：峡江县百花路政府大楼
Tel:3672850
新干县（0796）
新干县发展和改革委员会
地址：新干县
Tel:2604401
永丰县（0796）
永丰县发展和改革委员会
地址：永丰县县政府院内
Tel:2511294
泰和县（0796）
泰和县发展和改革委员会
地址：泰和县工农兵大道1号政府大楼4楼
Tel:8638496
遂川县（0796）
遂川县发展和改革委员会
地址：遂川县行政办公大楼
Tel:6322195
万安县（0796）
万安县发展和改革委员会
地址：万安县凤凰路
Tel:5709096
安福县（0796）
安福县发展计划委员会
地址：安福县阁后东路
Tel:7625501
安福县发展和改革委员会
地址：安福县行政中心
Tel:7622943
井冈山市（0796）
井冈山市发展和改革委员会
地址：井冈山市新城区
Tel:6890993
宜春市（0795）
宜春市辖区（0795）
宜春市发展和改革委员会
地址：宜春市市政府办公大楼
Tel:3272741
奉新县（0795）
奉新县发展和改革委员会
地址：奉新县城南行政中心大楼
Tel:4539338
宜丰县（0795）
宜丰县发展和改革委员会
地址：宜丰县新昌西大道
Tel:2765523
靖安县（0795）
靖安县发展和改革委员会
地址：靖安县新大街1号
Tel:4662227
铜鼓县（0795）
铜鼓县发展和改革委员会
地址：铜鼓县定江东路586号
Tel:8722804
丰城市（0795）
丰城市发展和改革委员会
地址：丰城市行政大楼
Tel:6608283
樟树市（0795）
樟树市发展和改革委员会
地址：樟树市药都南大道
Tel:7333635
高安市（0795）
高安市发展和改革委员会
地址：高安市解放路26号
Tel:5212424
抚州市（0794）
抚州市辖区（0794）
抚州市发展和改革委员会
地址：抚州市金巢路金家山3号
Tel:8224172
临川区（0794）
临川区发展和改革委员会
地址：临川区新行政中心大楼
Tel:8469613
南城县（0794）
南城县发展和改革委员会
地址：南城县政府大院内
Tel:7253234
黎川县（0794）
黎川县发展和改革委员会
地址：黎川县新行政大楼
Tel:7566690
崇仁县（0794）
崇仁县发展和改革委员会
地址：崇仁县县府西路
Tel:6333469
乐安县（0794）
乐安县发展和改革委员会
地址：乐安县商贸南大道
Tel:6572035
宜黄县（0794）
宜黄县发展和改革委员会
地址：宜黄县世纪大道政府大楼
Tel:7612402
金溪县（0794）
金溪县发展和改革委员会
地址：金溪县秀谷中大道
Tel:5397515
资溪县（0794）
资溪县发展和改革委员会
地址：资溪县城西大道行政中心
Tel:5793834
东乡县（0794）
东乡县发展和改革委员会
地址：东乡县开发区行政大楼503室
Tel:4230267
广昌县（0794）
广昌县发展和改革委员会
地址：广昌县解放路58号
Tel:3622238
上饶市（0793）
上饶市辖区（0793）
上饶市发展和改革委员会
地址：上饶市信阳路7号
Tel:8223057
信州区发展和改革委员会
地址：上饶市中山路79号
Tel:8316105
上饶县（0793）
上饶县发展和改革委员会
地址：上饶县吉阳大道县政府大楼南面五楼
Tel:8466207
广丰区（0793）
广丰区发展和改革委员会
地址：广丰区府前街
Tel:2652527
玉山县（0793）
玉山县发展和改革委员会
地址：玉山县行政大楼三楼
Tel:2552823
铅山县（0793）
铅山县发展和改革委员会
地址：铅山县黄岗山大道人民路68号县委院内
Tel:5332276
横峰县（0793）
横峰县发展和改革委员会
地址：横峰县兴安大道政府大楼
Tel:5782576
弋阳县（0793）
弋阳县发展和改革委员会
地址：弋阳县行政中心大楼
Tel:5821255
余干县（0793）
余干县发展和改革委员会
地址：余干县政府大楼7楼
Tel:3398546
鄱阳县（0793）
鄱阳县发展和改革委员会
地址：鄱阳县
Tel:6271128
万年县（0793）
万年县发展和改革委员会
地址：万年县城六零北大道
Tel:3832387
婺源县（0793）
婺源县发展和改革委员会
地址：婺源县蚺城路26号
Tel:7351630
德兴市（0793）
德兴市发展和改革委员会
地址：德兴市
Tel:7522429
南昌市（0791）
南昌市辖区（0791）
江西省粮食局
地址：南昌市东湖区省政府大院南一路5号
Tel:86226107
南昌市粮食局
地址：南昌市红谷大厦B座15楼
Tel:83986331
青山湖区粮食局
地址：南昌市南京西路205号
Tel:86360184
南昌县（0791）
南昌县粮食局
地址：南昌县莲塘镇公园路29号
Tel:85712130
新建县（0791）
新建县粮食局
地址：新建县解放路292号
Tel:83752234
安义县（0791）
安义县粮食局
地址：安义县解放大道95号
Tel:83422107
进贤县（0791）
进贤县粮食局
地址：进贤县胜利东路170号
Tel:85664149
景德镇市（0798）
景德镇市辖区（0798）
景德镇市粮食局
地址：景德镇市森林公园50号
Tel:8333620
昌江区粮食局
地址：景德镇市瓷都大道
Tel:8296610
浮梁县（0798）
浮梁县粮食局
地址：浮梁县
Tel:2628118
萍乡市（0799）
萍乡市辖区（0799）
萍乡市粮食局
地址：萍乡市公园路168号
Tel:6832206
湘东区粮食局
地址：湘东区泉湖垅
Tel:3441337
莲花县（0799）
莲花县粮食局
地址：莲花县永安路49号
Tel:7221421
上栗县（0799）
上栗县粮食局
地址：上栗县浏万东路
Tel:3661495
芦溪县（0799）
芦溪县粮食局
地址：芦溪县
Tel:7558813
九江市（0792）
九江市辖区（0792）
九江市粮食局
地址：九江市浔阳区滨江路577号
Tel:8216609

庐山区粮食局
地址：九江市庐山区十里大道1448号
Tel:8268007
修水县（0792）
修水县粮食局
地址：修水县
Tel:7820012
武宁县（0792）
武宁县粮食局
地址：武宁县朝阳路98号
Tel:2761365
瑞昌市（0792）
瑞昌市粮食局
地址：瑞昌市浔阳西路
Tel:4217063
永修县（0792）
永修县粮食局
地址：永修县
Tel:3222680
德安县（0792）
德安县粮食局
地址：德安县桂林大道
Tel:4668875
九江县（0792）
九江县粮食局
地址：九江县庐山西路200号
Tel:6812120
星子县（0792）
星子县粮食局
地址：星子县秀峰大道
Tel:2666872
都昌县（0792）
都昌县粮食局
地址：都昌县沿湖路108号
Tel:5223506
湖口县（0792）
湖口县粮食局
地址：湖口县三里大道
Tel:6322189
彭泽县（0792）
彭泽县粮食局
地址：彭泽县龙城大道
Tel:5663507
共青开发区（0792）
共青城粮食局
地址：九江市共青城
Tel:4341352
新余市（0790）
新余市辖区（0790）
新余市粮食局
地址：新余市仙来中大道271号
Tel:6443143
分宜县（0790）
分宜县粮食局
地址：分宜县钤阳西路
Tel:5881411
鹰潭市（0701）
鹰潭市辖区（0701）
月湖区粮食局
地址：鹰潭市林荫东路55号
Tel:6222272
龙虎山粮食局
地址：鹰潭市十六公桩
Tel:6659555
鹰潭市粮食局
地址：鹰潭市环城东路27号
Tel:6211767
余江县（0701）
中童粮食管理局
地址：余江县白塔中路39号
Tel:5861079
余江县粮食局
地址：余江县白塔中路5号
Tel:5881371
贵溪市（0701）
贵溪市粮食局
地址：贵溪市交通路北大街
Tel:3771241
赣州市（0797）
赣州市辖区（0797）
赣州市粮食局
地址：赣州市红旗大道
Tel:8112085
赣县（0797）
赣县粮食局
地址：赣县新塘路1号
Tel:4441549
信丰县（0797）
信丰县粮食局
地址：信丰县阳明路
Tel:3311111
大余县（0797）
大余县粮食局
地址：大余县建设路
Tel:8729489
上犹县（0797）
上犹县粮食局
地址：上犹县下西村路粮食大厦
Tel:8542912
崇义县（0797）
崇义县粮食局
地址：崇义县章源大道
Tel:3820703
安远县（0797）
安远县粮食局
地址：安远县
Tel:3731323
龙南县（0797）
龙南县粮食局
地址：龙南县人民大道
Tel:3543701
定南县（0797）
定南县粮食局
地址：定南县
Tel:4291264
全南县（0797）
全南县粮食局
地址：全南县车站北路
Tel:2639778
宁都县（0797）
宁都县粮食局
地址：宁都县中山路
Tel:6818892
兴国县（0797）
兴国县粮食局
地址：兴国县凤凰大道
Tel:5322277
会昌县（0797）
会昌县农业和粮食局
地址：会昌县岚山路6号
Tel:5637132
会昌县粮食局
地址：会昌县南外街147号
Tel:5622170
寻乌县（0797）
寻乌县粮食局
地址：寻乌县石田心
Tel:2842060
石城县（0797）
石城县粮食局
地址：石城县西华中路
Tel:5712586
瑞金市（0797）
瑞金市粮食局
地址：瑞金市红军路61号
Tel:2524698
南康区（0797）
南康区粮食局
地址：南康区泰康东路
Tel:6606951
吉安市（0796）
吉安市辖区（0796）
吉州区粮食局
地址：吉安市上永叔路
Tel:8315807
吉安市粮食局
地址：吉安市鹭洲东路16号
Tel:8226124
青原区粮食局
地址：吉安市青原区正气路7号
Tel:8100137
吉安县（0796）
吉安县粮食局
地址：吉安县白云路5号
Tel:8442182
吉水县（0796）
吉水县粮食局
地址：吉水县文峰中大道
Tel:3522429
峡江县（0796）
峡江县粮食局
地址：峡江县百花路
Tel:3674560
新干县（0796）
新干县粮食局
地址：新干县金川大道
Tel:2620906
永丰县（0796）
永丰县粮食局
地址：永丰县恩江北路
Tel:2511368
泰和县（0796）
泰和县粮食局
地址：泰和县工农兵大道131号
Tel:8638467
遂川县（0796）
遂川县粮食局
地址：遂川县文献街
Tel:6322368
安福县（0796）
安福县粮食局
地址：安福县武功山大道286号
Tel:7629138
井冈山市（0796）
井冈山市粮食局
地址：井冈山市新城区
Tel:6891925
宜春市（0795）
宜春市辖区（0795）
宜春市粮食局
地址：宜春市东风大街
Tel:3274192
奉新县（0795）
奉新县粮食局
地址：奉新县冯川中路62号
Tel:4622397
万载县（0795）
万载县粮食局
地址：万载县
Tel:8823347
上高县（0795）
上高县粮食局
地址：上高县
Tel:2511215
宜丰县（0795）
宜丰县粮食局
地址：宜丰县新昌西大道246号
Tel:2765238
靖安县（0795）
靖安县粮食局
地址：靖安县后港东路1号
Tel:4665239
铜鼓县（0795）
铜鼓县粮食局（粮食购销公司）
地址：铜鼓县城南东路1号
Tel:8722706
丰城市（0795）
丰城市粮食局
地址：丰城市新城区
Tel:6298118
樟树市（0795）
樟树市粮食局
地址：樟树市大路口1号
Tel:7332614
高安市（0795）
高安市粮食局
地址：高安市碧落路
Tel:5292666
抚州市（0794）
抚州市辖区（0794）
抚州市粮食局
地址：抚州市临川大道
Tel:8237847
临川区（0794）
临川区粮食局
地址：临川区桥东路
Tel:8441912
南城县（0794）
南城县粮食局
地址：南城县建国路
Tel:7253324
黎川县（0794）
黎川县粮食局
地址：黎川县日峰路4号
Tel:7520087
崇仁县（0794）
崇仁县粮食局
地址：崇仁县县府西路
Tel:6322260
乐安县（0794）
乐安县粮食局
地址：乐安县广场路
Tel:6590868
宜黄县（0794）
宜黄县粮食局
地址：宜黄县学前街98号
Tel:7602172
金溪县（0794）
金溪县粮食局
地址：金溪县秀谷西大道
Tel:5295384
资溪县（0794）
资溪县粮食局
地址：资溪县建设中路58号
Tel:5792310
东乡县（0794）
东乡县粮食局
地址：东乡县粮食局
Tel:4232710
广昌县（0794）
广昌县粮食局
地址：广昌县建设东路
Tel:3622150
上饶市（0793）
上觉市辖区（0793）
上饶市粮油质量检验监督站
地址：上饶市解放路
Tel:8337584
信州区粮食局
地址：上饶市带湖路
Tel:8259277
上饶县（0793）
上饶县粮食局
地址：上饶县睢义路122号
Tel:8442284
广丰区（0793）
广丰区粮食局
地址：广丰区上二公路边
Tel:2652355
玉山县（0793）
玉山县粮食局
地址：玉山县友谊宾馆对面
Tel:2553154
铅山县（0793）
铅山县粮食局
地址：铅山县狮江大道城南社区80号民政大楼
Tel:5332220
横峰县（0793）
横峰县粮食局
地址：横峰县解放西路24号
Tel:5783495
弋阳县（0793）
弋阳县粮食局
地址：弋阳县旭光大道
Tel:5827705
余干县（0793）
余干县粮食局
地址：余干县城北开发区粮食办公大楼
Tel:3397201
鄱阳县（0793）
鄱阳县粮食局
地址：鄱阳县
Tel:6261066
万年县（0793）
万年县粮食局
地址：万年县城六零北大道
Tel:3833418
婺源县（0793）
婺源县粮食局
地址：婺源县天佑路2号
Tel:7352070
德兴市（0793）
德兴市粮食局
地址：德兴市
Tel:7516132
烟草专卖局
南昌市（0791）
南昌市辖区（0791）
江西省烟草专卖局驻南昌铁路烟 草专卖局
地址：南昌市西湖区天佑路7号
Tel:86114781
南昌县（0791）
南昌县烟草专卖局
地址：南昌县澄湖北路969号
Tel:85761788
安义县（0791）
安义县烟草专卖局（分公司）
地址：安义县文峰路497号
Tel:83422562
进货县（0791）
进贤县烟草专卖局
地址：进贤县人民大道
Tel:85664532
景德镇市（0798）
浮梁县（0798）
浮梁县烟草专卖局
地址：浮梁县蛟潭镇蛟潭村
Tel:2673005
萍乡市（0799）
萍乡市辖区（0799）
萍乡市烟草公司（烟草专卖局）
地址：萍乡市建设东路98号
Tel:6786509
湘东烟草专卖局
地址：湘东区泉湖垅
Tel:3448697
莲花县（0799）
莲花县烟草专卖局
地址：莲花县广场北路1号
Tel:7225205
上栗县（0799）
上栗县烟草专卖局
地址：上栗县平安北路县政府旁边
Tel:3862508
九江市（0792）
九江市辖区（0792）
九江市烟草专卖局
地址：九江市浔阳区浔阳东路258号
Tel:8584735
浔阳区烟草专卖管理局
地址：九江市浔阳区十里大道55号
Tel:8221751
修水县（0792）
修水县烟草专卖局
地址：修水县衙前大道
Tel:7227487
武宁县（0792）
武宁县烟草专卖局
地址：武宁县豫宁大道41号
Tel:2762715
瑞昌市（0792）
瑞昌市烟草专卖局
地址：瑞昌市溢城路
Tel:4232181
永修县（0792）
永修县烟草专卖局
地址：永修县
Tel:3222430
德安县（0792）
德安县烟草专卖局
地址：德安县开发区西区
Tel:4337540

九江县（0792）
九江县烟草专卖局
地址：九江县庐山大道
……Tel:6824917
都昌县（0792）
都昌县烟草专卖局
地址：都昌县城东风大道
……Tel:5223013
胡口县（0792）
湖口县烟草专卖局
地址：湖口县三里大道
……Tel:6322289
彭泽县（0792）
彭泽县烟草专卖局
地址：彭泽县龙城大道
……Tel:5660781
新余市（0790）
分宜县（0790）
分宜县烟草专卖局
地址：分宜县站前路
……Tel:5888977
鹰潭市（0701）
鹰潭市辖区（0701）
鹰潭市烟草专卖局
地址：鹰潭市东湖家园
……Tel:6447999
赣州市（0797）
赣州市辖区（0797）
章贡区烟草专卖局
地址：赣州市南河路12号
……Tel:8223710
赣县（0797）
赣县烟草专卖局
地址：赣县双龙大道45号
……Tel:4437623
信丰县（0797）
信丰县烟叶生产领导小组办公室
地址：信丰县农业农村局院内
……Tel:3336626
信丰县烟草专卖局
地址：信丰县水东路
……Tel:3364507
上犹县（0797）
上犹县烟草专卖局
地址：上犹县下西村路64号
……Tel:8542594
崇义县（0797）
崇义县烟草专卖局
地址：崇义县阳岭大道
……Tel:3811610
安远县（0797）
安远县烟草专卖局
地址：安远县
……Tel:3732394
龙南县（0797）
龙南县烟草专卖局
地址：龙南县金水大道51号
……Tel:3521683
定南县（0797）
定南县烟草专卖局
地址：定南县
……Tel:4291659
全南县（0797）
全南县烟草专卖局
地址：全南县桃江路
……Tel:2607275
宁都县（0797）
宁都县烟草专卖局
地址：宁都县环西路
……Tel:6831545
于都县（0797）
于部县烟草专卖局
地址：于都县红旗大道
……Tel:6237330
兴国县（0797）
兴国县烟草专卖局
地址：兴国县背街28号
……Tel:5322145
会昌县（0797）
会昌县烟草专卖局
地址：会昌县湘江大道221号
……Tel:5630363
寻乌县（0797）
寻乌县烟草专卖局
地址：寻乌县岳家庄
……Tel:2849612
石城县（0797）
石城县烟草专卖局
地址：石城县清华大道
……Tel:5793505
南康区（0797）
南康区烟草专卖局
地址：南康区泰康西路
……Tel:6612289
吉安市（0796）
吉安市辖区（0796）
吉安市烟草专卖局
地址：吉安市青原区青原大道456号
……Tel:8113006
吉安市烟草专卖局城区局
地址：吉安市韶山东路33号
……Tel:8224902
吉安县（0796）
吉安县烟草专卖局
地址：吉安县庐陵大道
……Tel:8446261
峡江县（0796）
峡江县烟草专卖局
地址：峡江县群玉路
……Tel:3680051
新干县（0796）
新干县烟草专卖局
地址：新干县
……Tel:2600582
永丰县（0796）
永丰县烟草专卖局
地址：永丰县欧阳修大道
……Tel:2527006
泰和县（0796）
泰和县烟草专卖局
地址：泰和县澄江大道
……Tel:5338215
遂川县（0796）
遂川县烟草专卖局
地址：遂川县站前路
……Tel:6322576
万安县（0796）
万安县烟草专卖局
地址：万安县凤凰路
……Tel:5701829
安福县（0796）
安福县烟草专卖局
地址：安福县安平路479号
……Tel:7623889
永新县（0796）
永新县烟草专卖局
地址：永新县城北路
……Tel:7719360
宜春市（0795）
宜春市辖区（0795）
宜春市烟草专卖局（分公司）
宜春市袁山大道489号
……Tel:3275103
万载县（0795）
万载县烟草专卖局
地址：万载县阳乐大道4号
……Tel:8827555
上高县（0795）
上高县烟草专卖局
地址：上高县
……Tel:2501093
宜丰县（0795）
宜丰县烟草专卖局
地址：宜丰县新昌中大道16号
……Tel:2767052
铜鼓县（0795）
铜鼓县烟草专卖局
地址：铜鼓县城中东路2号
……Tel:8722007
丰城市（0795）
丰城市烟草专卖局
地址：丰城市新城区烟草专卖大楼
……Tel:6298317
樟树市（0795）
樟树市烟草专卖局
地址：樟树市药都南大道49号
……Tel:7334815
抚州市（0794）
抚州市辖区（0794）
抚州市烟草专卖局
地址：抚州市金家山1号
……Tel:8237133
抚州市烟草专卖局直属分局
地址：抚州市临川大道烟草公司三楼
……Tel:8269809
临川区（0794）
临川区烟草专卖局
地址：临川区临川大道48号
……Tel:8219735
黎川县（0794）
黎川县烟草专卖局
地址：黎川县东方红大道28号
……Tel:7504448
乐安县（0794）
乐安县烟草专卖局
地址：乐安县沿河路
……Tel:6577774
东乡县（0794）
东乡县烟草专卖局
地址：东乡县恒安西路
……Tel:4226050
广昌县（0794）
广昌县烟草专卖局
地址：广昌县旴江路19号
……Tel:3618281
上饶市（0793）
上饶县（0793）
上饶县烟草专卖局
地址：上饶县旭日南大道80号
……Tel:8712137
玉山县（0793）
玉山县烟草专卖局
地址：玉山县三清大道102号
……Tel:2565406
铅山县（0793）
铅山县烟草专卖局
地址：铅山县信州东路150号
……Tel:5332828—
横峰县（0793）
横峰县烟草专卖局
地址：横峰县岑阳镇上茅坪1号
……Tel:5791490
鄱阳县（0793）
鄱阳县烟草专卖局
地址：鄱阳县
……Tel:6272517
婺源县（0793）
婺源县烟草专卖局
地址：婺源县蚺城路5号
……Tel:7351005
财政
南昌市（0791）
南昌市辖区（0791）
南昌市财政局
地址：南昌市红谷滩会展路199号红谷大厦B座16层
……Tel:83986379
东湖区财政局
地址：南昌市豫章后街27栋
……Tel:86812070
湾里区财政局
地址：南昌市湾里区磨盘山南路5号
……Tel:83798099
安义县（0791）
安义县财政局
地址：安义县解放大道280号
……Tel:83422629
景德镇市（0798）
景德镇市辖区（0798）
景德镇市财政局
地址：景德镇市新村北路71号
……Tel:8296828
景德镇市会计委派管理中心
地址：景德镇市广场北路
……Tel:8203316
景德镇市工业国有资产经营公司
地址：景德镇市瓷都大道551号
……Tel:8509736
昌江区财政局
地址：景德镇市昌江区政府内
……Tel:8331541
珠山区财政局
地址：景德镇市莲花山庄新村街道五楼
……Tel:8296991
浮梁县（0798）
浮梁县财政局
地址：浮梁县财政局大楼
……Tel:2625973
萍乡市（0799）
萍乡市辖区（0799）
萍乡市财政局
地址：萍乡市滨河东路
……Tel:6793635
萍乡经济开发区财政局
地址：萍乡市建设东路336号
……Tel:6783871
安源区财政局
地址：萍乡市安源新区
……Tel:6661566
湘东区财政局
地址：湘东区河洲
……Tel:3375805
莲花县（0799）
莲花县财政局
地址：莲花县永安北路158号
……Tel:7221434
上栗县（0799）
上栗县财政局
地址：上栗县浏万东路
……Tel:3661321
芦溪县（0799）
芦溪县财政局
地址：芦溪县
……Tel:7550125
九江市（0792）
九江市辖区（0792）
九江市财政局
地址：九江市浔阳区柴桑路56号
……Tel:8584169
九江市国有资产经营有限公司
地址：九江市浔阳区庐山路249号商行九龙支行5楼
……Tel:8231355
庐山区财政局
地址：九江市庐山区十里大道756号
……Tel:8252412
庐山区会计核算中心
地址：九江市庐山区十里大道756号
……Tel:8176070
浔阳区财政局
地址：九江市浔阳区学洲湖路1号
……Tel:8121151
浔阳区会计核算中心
地址：九江市庚亮南路2号浔阳区院内2楼
……Tel:8135860
修水县（0792）
修水县财政局
地址：修水县
……Tel:7221663
修水县会计核算中心
地址：修水县修江路
……Tel:7223383
修水县国有资产经营总公司
地址：修水县
……Tel:7235581
修水县预算外资金管理局
地址：修水县修江路
……Tel:7228795
武宁县（0792）
武宁县财政局
地址：武宁县古艾路5号
……Tel:2781199
武宁县预算外资金管理局
地址：武宁县豫宁大道电视大楼1楼
……Tel:2782034
瑞昌市（0792）
瑞昌市财政局
地址：瑞昌市市府广场
……Tel:4222057
瑞昌市预算外资金管理局
地址：瑞昌市
……Tel:4215762
瑞昌市教育会计核算中心
地址：瑞昌市
……Tel:4229349
永修乡（0792）
永修县财政局
地址：永修县
……Tel:3234317
永修县预算外资金管理局
地址：永修县兴隆路
……Tel:3234201
德安县（0792）
德安县财政局
地址：德安县桂林人道
……Tel:4668963
九江县（0792）
九江县财政局
地址：九江县庐山西路256号
……Tel:6812146
星子县（0792）
星子县财政局
地址：星子县白鹿大道
……Tel:2666805
都昌县（0792）
都昌县财政局
地址：都昌县万里大道
……Tel:5212112
湖口县（0792）
湖口县财政局
地址：湖口县三里街老2中旁
……Tel:6321529
湖口县国有资产经营有限责任公司
地址：湖口县农行办公大楼三楼
……Tel:6325526
湖口县预算外资金管理局
地址：湖口县大中路
……Tel:6338100
彭泽县（0792）
彭泽县财政局
地址：彭泽县龙城大道
……Tel:5670001
彭泽县预算外资金管理局
地址：彭泽县龙城大道736号
……Tel:5670012
庐山风景区（0792）
庐山会计核算中心
地址：庐山正街庐山饭店
……Tel:8297568
共青开发区（0792）
共青城开放开发区财政局
地址：九江市共青城
……Tel:4379960
新余市（0790）
新余市辖区（0790）
新余市财政局
地址：新余市北湖西路
……Tel:6436452
新余经济开发区财政局
地址：新余市经济开发区飞宇大道
……Tel:6861042
渝水区财政局
地址：新余市解放东路
……Tel:6222691
渝水区国有资产经营有限责任公司
地址：新余市站前东路物资局二楼
……Tel:6226105
鹰潭市（0701）
鹰潭市辖区（0701）
鹰潭市财政局
地址：鹰潭市爱民路15号
……Tel:6213688
鹰潭市预算外资金管理局

地址：鹰潭市府前路7号
…… Tel:6445251

月湖区财政局
地址：鹰潭市立新巷14号
…… Tel:6278269

月湖区会计核算中心
地址：鹰潭市胜利东路71号
…… Tel:6210096

龙虎山财政局
地址：鹰潭市龙虎山镇
…… Tel:6656026

余江县（0701）
余江县财政局
地址：余江县世纪阳光大道
…… Tel:5881215

贵溪市（0701）
贵溪市财政局
地址：贵溪市治金大道财政大楼
…… Tel:3315777

贵溪市会计核算中心
地址：贵溪市建设路
…… Tel:3779600

贵溪市预算外资金管理局
地址：贵溪市建设路
…… Tel:3311977

赣州市（0797）
赣州市辖区（0797）
赣州市财政局
地址：赣州市章贡区红旗大道51号
…… Tel:8123272

赣州市国有资产经营有限责任公司
地址：赣州市水南客家大道9号技术监督局大楼内
…… Tel:8389369

章贡区财政局
地址：赣州市新赣南路
…… Tel:8292699

赣县（0797）
赣县财政局
地址：赣县梅林大街51号
…… Tel:4432389

赣县预算外资金管理局
地址：赣县梅林大街51号
…… Tel:4445168

信丰县（0797）
信丰县财政局
地址：信丰县府前路
…… Tel:3339915

大余县（0797）
大余县财政局
地址：大余县建设路
…… Tel:8717102

大余县会计核算中心
地址：大余县工行二楼
…… Tel:8710056

大余县教育会计核算中心
地址：大余县南安大道中国银行三搂
…… Tel:8711328

上犹县（0797）
上犹县财政局
地址：上犹县健康路
…… Tel:8520290

崇义县（07g7）
世界银行贷款
崇义县综合农业现代化项目领导小组办公室
地址：崇义县阳岭大道
…… Tel:3818796

崇义县财政局
地址：崇义县阳岭大道1009号
…… Tel:3811541

安远县（0797）
安远县财政局
地址：安远县
…… Tel:3732136

龙南县（0797）
龙南县财政局
地址：龙南县金水大道
…… Tel:3527950

定南县（0797）
定南县财政局
地址：定南县
…… Tel:4291159

全南县（0797）
全南县财政局
地址：全南县新城金龙大道
…… Tel:2607922

宁都县（0797）
宁都县财政局
地址：宁都县财政大楼
…… Tel:6825212

宁都县会计核算中心
地址：宁都县沿江路
…… Tel:6811762

于都县（0797）
于都县财政局
地址：于都县红军大道
…… Tel:6339966

兴国县（0797）
兴国县财政局
地址：兴国县背街15号
…… Tel:5322340

会昌县（0797）
会昌县财政局
地址：会昌县红旗大道288号
…… Tel:5624392

会昌县乡镇财政管理局
地址：会昌县红旗大道
…… Tel:5637952

会昌县世界银行贷款综合农业现 代化项目领导小组办公室
地址：会昌县县政府三楼
…… Tel:5632178

寻乌县（0797）
丹溪乡财政所寻乌县丹溪乡
…… Tel:2898071

寻乌县财政局
地址：寻乌县岳家庄大道
…… Tel:2842309

石城县（0797）
石城县财政局
地址：石城县琴江镇西华中路278号
…… Tel:5712287

瑞金市（0797）
瑞金市财政局
地址：瑞金市绵水路财政局院内
…… Tel:2314888

瑞金市国有资产经营有限公司
地址：瑞金市城西工行6楼
…… Tel:2326377

南康区（0797）
南康区财政局
地址：南康区泰康西路
…… Tel:6610651

南康区会计核算中心
地址：南康区泰康西路
…… Tel:6619992

南康区国有资产经营公司
地址：南康区
…… Tel:6612062

南康区预算外资金管理局
地址：南康区泰康西路
…… Tel:6612322

吉安市（0796）
吉安市辖区（0796）
吉安市财政局
地址：吉安市井冈山大道126号
…… Tel:8233276

吉安市乡镇财政管理局
地址：吉安市井冈山大道126号
…… Tel:8210660

吉州区财政局
地址：吉安市吉州区阳明西路55号
…… Tel:8224395

青原区财政局
地址：吉安市正气路
…… Tel:8100117

天玉镇财政所
吉安县（0796）
吉安县财政局
地址：吉安县庐陵大道44号
…… Tel:8442139

吉安县会计核算中心
地址：吉安县庐陵大道
…… Tel:8446385

吉水县（0796）
吉水县财政局
地址：吉水县
…… Tel:8680051

吉水县会计核算中心
地址：吉水县文峰中大道
…… Tel:8680093

峡江县（0796）
峡江县财政局
地址：峡江县百花路
…… Tel:3690287

峡江县会计核算中心
地址：峡江县新县城百花路
…… Tel:3690001

峡江县教育会计核算中心
地址：峡江县教育局大楼
…… Tel:3690169

新干县（0796）
新干县财政局
地址：新干县金川南大道76号
…… Tel:2685299

永丰县（0796）
永丰县财政局
地址：永丰县迎宾大道
…… Tel:2511583

泰和县（0796）
泰和县财政局
地址：泰和县工农兵大道40号
…… Tel:8638198

泰和县国有物资资产运营有限公司
地址：泰和县白凤大道
…… Tel:8638190

遂川县（0796）
遂川县财政局
地址：遂川县商贸城
…… Tel:6115129

万安县（0796）
万安县财政局
地址：万安县东门
…… Tel:5701236

安福县（0796）
安福县财政局
地址：安福县武功山大道
…… Tel:7622558

安福县国有物质资产运营公司
地址：安福县武功山大道53号
…… Tel:7626829

安福县国有商业资产运营公司
地址：安福县王家巷
…… Tel:7622165

永新县（0796）
永新县财政局
地址：永新县义山路
…… Tel:7722017

永新县国有工业资产运营有限公司
地址：永新县禾川西大街
…… Tel:7723626

永新县国库集中收付核算中心
地址：永新县禾川大街
…… Tel:7717998

井冈山市（0796）
井冈山市财政局
地址：井冈山市新城区红军大道
…… Tel:6891569

井冈山市财政局会计核算中心
地址：井冈山市新城区
…… Tel:6891581

井冈山市预算外资金管理局
地址：井冈山市新城区
…… Tel:6891570

宜春市（0795）
宜春市辖区（0795）
宜春市财政局
地址：宜春市个体街
…… Tel:3567034

袁州区财政局
地址：宜春市袁山东大道
…… Tel:3587933

万载县（0795）
万载县财政局
地址：万载县
…… Tel:8824315

抚州市（0794）
抚州市辖区（0794）
抚州市会计核算中心
地址：抚州市赣东大道
…… Tel:8230026

抚州市财政局
地址：抚州市迎宾大道
…… Tel:8263308

抚州市财政国库支付中心
地址：抚州市迎宾大道
…… Tel:8238103

临川区（0794）
临川区财政局
地址：临川区龙津路54号
…… Tel:8448932

临川区预算外资金管理局
地址：临川区龙津路34号
…… Tel:8445508

南丰县（0794）
南丰县财政局
地址：南丰县交通路80号
…… Tel:3209656

崇仁县（0794）
崇仁县财政局
地址：崇仁县街口路
…… Tel:6331152

乐安县（0794）
乐安县财政局
地址：乐安县乐安大道
…… Tel:6598987

宜黄县（0794）
宜黄县财政局
地址：宜黄县沿江路48号
…… Tel:7613908

金溪县（0794）
金溪县财政局
地址：金溪县秀谷西大道780号
…… Tel:5292454

资溪县乡镇财政管理局
地址：资溪县建设中路47号
…… Tel:5790050

资溪县会计核算中心
地址：资溪县建设中路40号
…… Tel:5790229

资溪县财政局
地址：资溪县建设中路47号
…… Tel:5793941

东乡县（0794）
东乡县乡镇财政管理局
地址：东乡县恒安西路332号财政大楼
…… Tel:4232133

东乡县财政局
地址：东乡县恒安西路547号财政大楼
…… Tel:4227265

广昌县（0794）
广昌县乡镇财政管理局
地址：广昌县建设东路
…… Tel:3616710

上饶市（0793）
上饶市辖区（0793）
上饶市财政局
地址：上饶市水南街崭岭头16号
…… Tel:8221294

信州区财政局
地址：上饶市带湖路12号
…… Tel:8268127

信州区教育系统会计核算中心
地址：上饶市沿河中路9号
…… Tel:8215267

上饶县（0793）
上饶县会计核算中心
地址：上饶县旭日东路
…… Tel:8443905

上饶县财政局
地址：上饶县惟义路97号
…… Tel:8442360

广丰区（0793）
广丰区财政局
地址：广丰区金三角
…… Tel:2652556

广丰区教育系统会计核算中心
地址：广丰区广场边
…… Tel:2615539

玉山县（0793）
玉山县财政局
地址：玉山县俯前路三清广场边
…… Tel:2552952

铅山县（0793）
铅山县财政局
地址：铅山县鹅湖大道76号
…… Tel:5330690

铅山县住房资金管理局
地址：铅山县鹅湖大道城南76号
…… Tel:5332203

横峰县（0793）
横峰县财政局
地址：横峰县人民大道188号
…… Tel:5793935

弋阳县（0793）
弋阳县财政局
地址：弋阳县旭光大道
…… Tel:5820471

余干县（0793）
余干县财政局
地址：余干县城北开发区财政大楼
…… Tel:3398979

鄱阳县（0793）
鄱阳县财政局
地址：鄱阳县
…… Tel:6208125

万年县（0793）
万年县财政局
地址：万年县城石洋西路
…… Tel:3832677

婺源县（0793）
婺源县财政局
地址：婺源县东溪下江5号
…… Tel:7356336

德兴市（0793）
德兴市生发局
地址：德兴市铜都大道
…… Tel:7505439

德兴市财政局
地址：德兴市
…… Tel:7507947

德兴市预算外资金管理局
地址：德兴市
…… Tel:7507957

中国人民银行
南昌市（0791）
南昌市辖（0791）
中国人民银行南昌市中心支行
地址：南昌市铁街25号
…… Tel:86613095

中国人民银行南昌市湾里支行
地址：南昌市湾里区翠岩路159号
…… Tel:83763032

南昌县（0791）
中国人民银行南昌县支行
地址：南昌县向阳路277号
…… Tel:85712992

新建县（0791）
中国人民银行新建县支行
地址：新建县文教路5号
…… Tel:83752375

安义县（0791）
中国人民银行安义县支行
地址：安义县文峰路453号
…… Tel:83422454

进贤县（0791）
中国人民银行进贤县支行
地址：进贤县胜利南路168号
…… Tel:85664152

景德镇市（0798）
景德镇市辖区（0798）
中国人民银行景德镇市中心支行
地址：景德镇市瓷都大道926号

……………………Tel:8570261
乐平市（0798）
中国人民银行乐平市支行
地址：乐平市泊阳中路41号
……………………Tel:6833339
萍乡市（0799）
萍乡市辖区（0799）
中国人民银行萍乡市中心支行
地址：萍乡市跃进中路绿茵广场旁边
……………………Tel:6833521
莲花县（0799）
中国人民银行莲花县支行
地址：莲花县永安北路184号
……………………Tel:7225622
九江市（0792）
九江市辖区（0792）
中国人民银行九江市中心支行
地址：九江市浔阳区长虹大道100号
……………………Tel:8189695
修水县（0792）
中国人民银行修水县支行
地址：修水县凤凰山路110号
……………………Tel:7221637
武宁县（0792）
中国人民银行武宁县支行
地址：武宁县豫宁大道42号
……………………Tel:2781653
瑞昌市（0792）
中国人民银行瑞昌市支行
地址：瑞昌市赤乌中路386号
……………………Tel:4222082
永修县（0792）
中国人民银行永修县支行
地址：永修县
……………………Tel:3222905
九江县（0792）
中国人民银行九江县支行
地址：九江县柴桑南路144号
……………………Tel:6812332
星子县（0792）
中国人民银行星子县支行
地址：星子县南康大道
……………………Tel:2666685
都昌县（0792）
中国人民银行都昌县支行
地址：都昌县东风大道
……………………Tel:5223132
湖口县（0792）
中国人民银行湖口县支行
地址：湖口县三里街
……………………Tel:6326001
彭泽县（0792）
中国人民银行彭泽县支行
地址：彭泽县龙青路
……………………Tel:5663027
庐山风景区（0792）
中国人民银行庐山支行
地址：庐山汉口峡7号
……………………Tel:8281786
新余市（0790）
新余市辖区（0790）
中国人民银行新余市中心支行
地址：新余市仙来中大道1号
……………………Tel:6441214
分宜县（0790）
中国人民银行分宜县支行
地址：分宜县钤阳西路
……………………Tel:5881858
鹰潭市（0701）
鹰潭市辖区（0701）
中国人民银行鹰潭市中心支行
地址：鹰潭市林荫西路2号
……………………Tel:6212695
余江县（0701）
中国人民银行余江县支行
地址：余江县
……………………Tel:5881009
贵溪市（0701）
中国人民银行贵溪市支行
地址：贵溪市雄石东路
……………………Tel:3771011
赣州市（0797）
赣州市辖（0797）
中国人民银行赣州市中心支行
地址：赣州市红旗大道39号
……………………Tel:8221474
赣州市国家外汇管理局
地址：赣州市南门广场
……………………Tel:8227876
赣县（0797）
中国人民银行赣县支行
地址：赣县梅林大街21号
……………………Tel:4441919
锫信丰县（0797）
中国人民银行信丰县支行
地址：信丰县阳明中路
……………………Tel:3311067
大余县（0797）
中国人民银行大余县支行
地址：大余县南安大道
……………………Tel:8723322

上犹县（0797）
中国人民银行上犹县支行
地址：上犹县下西村路162号
……………………Tel:8543150
崇义县（0797）
中国人民银行崇义县支行
地址：崇义县南新路238号
……………………Tel:3812818
安远县（0797）
中国人民银行安远县支行
地址：安远县
……………………Tel:3752201
龙南县（0797）
中国人民银行龙南县支行
地址：龙南县金水大道
……………………Tel:3514363
定南县（0797）
中国人民银行定南县支行
地址：定南县
……………………Tel:4291667
全南县（0797）
中国人民银行全南县支行
地址：全南县含江路27号
……………………Tel:2606612
宁都县（0797）
中国人民银行宁都县支行
地址：宁都县刘城塘
……………………Tel:6800627
于都县（0797）
中国人民银行于都县支行
地址：于都县文教路
……………………Tel:8233620
兴国县（0797）
中国人民银行兴国县支行
地址：兴国县凤凰大道115号
……………………Tel:5323806
世界银行贷款兴国县综合农业现 代化领导小组办公室
地址：兴国县凤凰大道
……………………Tel:5311416
会昌县（0797）
中国人民银行会昌县支行
地址：会昌县红旗大道157号
……………………Tel:5622786
寻乌县（0797）
中国人民银行寻乌县支行
地址：寻乌县长宁街
……………………Tel:2841102
石城县（0797）
中国人民银行石城县支行
地址：石城县琴江镇西华北路86号
……………………Tel:5712922
瑞金市（0797）
中国人民银行瑞金市支行
地址：瑞金市绵水路中段
……………………Tel:2518328
南康区（0797）
中国人民银行南康区支行
地址：南康区泰康中路
……………………Tel:6613875
吉安市（0796）
吉安市辖区（0796）
中国人民银行吉安市中心支行
地址：吉安市永叔路211号
……………………Tel:8329116
吉安县（0796）
中国人民银行吉安县支行
地址：吉安县庐陵大道21号
……………………Tel:8442108
吉水县（0796）
中国人民银行吉水县支行
地址：吉水县龙华北大道
……………………Tel:8689358
峡江县（0796）
中国人民银行蛱江县支行
地址：峡江县群玉路
……………………Tel:3680500
新干县（0796）
中国人民银行新干县支行
地址：新干县金川镇滨阳路13号
……………………Tel:2602704
永丰县（0796）
中国人民银行永丰县支行
地址：永丰县跃进路
……………………Tel:2511954
泰和县（0796）
中国人民银行泰和县支行
地址：泰和县工农兵大道86号
……………………Tel:5332288
遂川县（0796）
中国人民银行遂川县支行
地址：遂川县工农兵大道
……………………Tel:6322252
万安县（0796）
中国人民银行万安县支行
地址：万安县五云路966号
……………………Tel:5706075
安福县（0796）
中国人民银行安福县支行
地址：安福县武功山大道
……………………Tel:7625585

永新县（0796）
中国人民银行永新县支行
地址：永新县湘赣大道
……………………Tel:7722328
井冈山市（0796）
中国人民银行井冈山市支行
地址：井冈山市新城区
……………………Tel:6891719
宜春市（0795）
宜春市辖区（0795）
中国人民银行宜春市分行
宜春市袁山大道西路52号
……………………Tel:3571013
奉新县（0795）
中国人民银行奉新支行
地址：奉新县奉新大道146号
……………………Tel:4622366
万载县（0795）
中国人民银行万载县支行
地址：万载县阳乐大道55号
……………………Tel:8822513
上高县（0795）
中国人民银行上高县支行
地址：上高县
……………………Tel:2511725
宜丰县（0795）
中国人民银行宜丰县支行
地址：宜丰县新昌中大道
……………………Tel:2765613
靖安县（0795）
中国人民银行靖安县支行
地址：靖安县石马中路8号
……………………Tel:4662544
铜鼓县（0795）
中国人民银行铜鼓县支行
地址：铜鼓县环城南路劳动就业局五楼
……………………Tel:8692106
丰城市（0795）
中国人民银行丰城市支行
地址：丰城市新城区新城大道
……………………Tel:6609162
樟树市（0795）
中国人民银行樟树市支行
地址：樟树市药都南大道
……………………Tel:7336021
高安市（0795）
中国人民银行高安市支行
地址：高安市瑞州中路
……………………Tel:5282053
抚州市（0794）
抚州市辖区（0794）
中国人民银行
抚州市中心支行
地址：抚州市临川大道558号
……………………Tel:8235707
临川区（0794）
中国人民银行临川支行
地址：临川区
……………………Tel:8444171
南城县（0794）
中国人民银行南城县支行
地址：南城县胜利西路新车站
……………………Tel:7265189
黎川县（0794）
中国人民银行黎川县支行
地址：黎川县日峰路
……………………Tel:7526710
南丰县（0794）
中国人民银行南丰县支行
地址：南丰县交通路
……………………Tel:3203491
崇仁县（0794）
中国人民银行崇仁县支行
地址：崇仁县县府东路
……………………Tel:6322378
乐安县（0794）
中国人民银行乐安县支行
地址：乐安县长征路
……………………Tel:6595780
宜黄县（0794）
中国人民银行宜黄县支行
地址：宜黄县学前街102号
……………………Tel:7603373
金溪县（0794）
中国人民银行金溪县支行
地址：金溪县秀谷大道115号
……………………Tel:5292174
资溪县（0794）
中国人民银行资溪县支行
地址：资溪县建设中路90号
……………………Tel:5793702
东乡县（0794）
中国人民银行东乡县支行
地址：东乡县荆公路
……………………Tel:4232503
广昌县（0794）
中国人民银行广昌县支行
地址：广昌县建设东路
……………………Tel:3625372
上饶市（0793）
上饶市辖区（0793）
中国人民银行上饶市中心支行
地址：上饶市滨江西路24号
……………………Tel:8227105
上饶县（0793）
中国人民银行上饶县支行
地址：上饶县惟义路118号
……………………Tel:8442124
玉山县（0793）
中国人民银行玉山县支行
地址：玉山县三清大道182号
……………………Tel:2552638
铅山县（0793）
中国人民银行铅山县支行
地址：铅山县黄岗山大道2号
……………………Tel:5330636
横峰县（0793）
中国人民银行横峰县支行
地址：横峰县解放西路
……………………Tel:5794140
弋阳县（0793）
中国人民银行弋阳县支行
地址：弋阳县解放路28号
……………………Tel:5882641
余干县（0793）
中国人民银行余干县支行
地址：余干县
……………………Tel:3203325
鄱阳县（0793）
中国人民银行鄱阳县支行
地址：鄱阳县建设路
……………………Tel:6283408
万年县（0793）
中国人民银行万年县支行
地址：万年县城万昌大道
……………………Tel:3834141
婺源县（0793）
中国人民银行婺源县支行
地址：婺源县环村路4号
……………………Tel:7351059
德兴市（0793）
中国人民银行德兴市支行
地址：德兴市河西
……………………Tel:7516228
政务部门 外事
赣州市（0797）
兴国县（0797）
兴国县侨务外事办公室
地址：兴国县凤凰大道
……………………Tel:5322800
国防
南昌市（0791）
南昌市辖区（0791）
南昌市人民防空办公室
地址：南昌市红谷滩新区绿茵路669号
……………………Tel:88533161
东湖区人民防空办公室
地址：南昌市县前街
……………………Tel:86221713
青山湖区人民防空办公室
地址：南昌市南京东路699号
……………………Tel:88111592
景德镇市（0798）
景德镇市辖区（0798）
景德镇市人民防空办公室
地址：景德镇市西客站人防大楼
……………………Tel:8573943
昌江区人民防空办公室
地址：景德镇市瓷都大道348号（昌江区政府大院）
……………………Tel:8337261
萍乡市（0799）
萍乡市辖区（0799）
萍乡市人民防空办公室
地址：萍乡市广场路
……………………Tel:6833686
九江市（0792）
九江市辖区（0792）
九江市人民防空办公室
地址：九江市浔阳区怡康路1号
……………………Tel:8449712
星子县（0792）
星子县人民防空办公室
地址：星子县南康大道
……………………Tel:2673668
新余市（0790）
新余市辖区（0790）
新余市人民防空办公室
地址：新余市仙来中大道
……………………Tel:6411457
鹰潭市（0701）
鹰潭市辖区（0701）
鹰潭市人民防空办公室
地址：鹰潭市胜利西路2号
……………………Tel:6210090
贵溪市（0701）
贵溪市人民防空办公室
地址：贵溪市冶金大道经济大楼15楼
……………………Tel:3316556
赣州市（0797）
精州市辖区（0797）
赣州市人民防空办公室

地址：赣州市健康路67号
…………………………Tel:8223626
信丰县（0797）
信丰县人民防空办公室
地址：信丰县府前路
…………………………Tel:3332611
大余县（0797）
大余县人民防空办公室
地址：大余县金莲山大道
…………………………Tel:8718488
龙南县（0797）
龙南县人民防空办公室
地址：龙南县龙翔大道东侧
…………………………Tel:3558901
定南县（0797）
定南县人民防空办公室
地址：定南县
…………………………Tel:4289005
于都县（0797）
于都县人民防空办公室
地址：于都县渡江大道
…………………………Tel:6214599
兴国县（0797）
兴国县人民防空办公室
地址：兴国县武装部预备役大楼四楼
…………………………Tel:5308828
会昌县（0797）
会昌县人民防空办公室
地址：会昌县上渡街1号自然资源局旁
…………………………Tel:5636091
石城县（0797）
石城县人民防空办公室
地址：石城县莲塘路
…………………………Tel:5701039
瑞金市（0797）
瑞金市人民防空办公室
地址：瑞金市原水电局办公楼
…………………………Tel:2536299
吉安市（0796）
吉安市辖区（0796）
吉安市人民防空办公室
地址：吉安市韶山东路50号
…………………………Tel:8269459
吉安县（0796）
吉安县人民防空办公室
地址：吉安县庐陵大道
…………………………Tel:8441327
泰和县（0796）
泰和县人民防空办公室
地址：泰和县工农兵大道
…………………………Tel:8639989
抚州市（0794）
抚州市辖区（0794）
抚州市人民防空办公室
地址：抚州市市行政中心
…………………………Tel:8283275
南城县（0794）
南城县人民防空办公室
地址：南城县生产路政府院内
…………………………Tel:7253230
上饶市（0793）
上饶市辖区（0793）
上饶市人民防空办公室
地址：上饶市岭头路6号
…………………………Tel:8233194
上饶县（0793）
上饶县人民防空办公室
地址：上饶县旭日东路
…………………………Tel:8442186
广丰区（0793）
广丰区人民防空办公室
地址：广丰区上二公路边
…………………………Tel:2679161
铅山县（0793）
铅山县防空办公室
地址：铅山县信州东路人武部内
…………………………Tel:5130081
横峰县（0793）
横峰县人民防空办公室
地址：横峰县解放西路1号
…………………………Tel:5781099
弋阳县（0793）
弋阳县人民防空办公室
地址：弋阳县行政中心大楼
…………………………Tel:5821338
余干县（0793）
余干县人民防空办公室
地址：会干县
…………………………Tel:3398227
鄱阳县（0793）
鄱阳县人民防空办公室
地址：鄱阳县科技大道房管局大楼
…………………………Tel:6271303
民族、宗教事务
南昌市（0791）
南昌市辖区（0791）
江西省民族宗教事务局
地址：南昌市省政府大院南一路10号16楼
…………………………Tel:86386072
南昌县（0791）
南昌县民族宗教事务局
地址：南昌县五一路
…………………………Tel:85716060
安义县（0791）
安义县民族宗教办公室
地址：安义县解放大道政府大院三楼
…………………………Tel:83415808
进贤县（0791）
进贤县民族宗教事务局
地址：进贤县行政新区政府大楼
…………………………Tel:85622531
萍乡市（0799）
萍乡市辖区（0799）
萍乡市民族宗教事务局
地址：萍乡市市政府大院5号楼3楼
…………………………Tel:6815700
九江市（0792）
九江市辖区（0792）
九江市民族宗教事务局
地址：九江市浔阳区庾亮南路172号
…………………………Tel:8211653
瑞昌市（0792）
瑞昌市民族宗教事务办公室
地址：瑞昌市人民南路城建局内
…………………………Tel:4225355
永修县（0792）
永修县民族宗教事务局
地址：永修县县政府大楼5楼
…………………………Tel:3230904
星子县（0792）
星子县民族宗教事务所
地址：星子县紫阳路
…………………………Tel:2666123
彭泽县（0792）
彭泽县宗教局
地址：彭泽县
…………………………Tel:5662690
新余市（0790）
新余市辖区（0790）
新余市民宗局
地址：新余市政法大院第三栋
…………………………Tel:6431955
鹰潭市（0701）
鹰潭市辖区（0701）
鹰潭市民族宗教事务局
地址：鹰潭市府前路市政府大楼12楼
…………………………Tel:6441527
赣州市（0797）
赣州市辖区（0797）
赣州市民族宗教办公室
地址：赣州市
…………………………Tel:8294272
大余县（0797）
大余县民族宗教事务局
地址：大余县金莲山大道
…………………………Tel:8719129
上犹县（0797）
上犹县民族宗教事务办公室
地址：上犹县县委办公大楼5楼
…………………………Tel:8521378
兴国县（0797）
兴国县宗教事务局
地址：兴国县
…………………………Tel:5320169
石城县（0797）
石城县民族宗教事务局
地址：石城县清华大道东城武装部
…………………………Tel:5793909
瑞金市（0797）
瑞金市民族宗教事务局
地址：瑞金市公务大楼10楼1007室
…………………………Tel:2557481
吉安市（0796）
吉安市辖区（0796）
吉安市民族宗教事务局
地址：吉安市鹭洲东路1号
…………………………Tel:8223798
泰和县（0796）
泰和县民族宗教局
地址：泰和县工农兵大道1号
…………………………Tel:8639878
宜春市（0795）
樟树市（0795）
樟树市民宗局
地址：樟树市药都南大道
…………………………Tel:7352155
抚州市（0794）
抚州市辖区（0794）
抚州市民族宗教事务局
地址：抚州市市行政中心
…………………………Tel:8288612
临川区（0794）
临川区宗教局
地址：临川区新行政中心大楼
…………………………Tel:8469352
黎川县（0794）
黎川县民族宗教局
地址：黎川县行政大楼
…………………………Tel:7566875
南丰县（0794）
南丰县民族宗教事务局
地址：南丰县桔都大道行政大厦
…………………………Tel:3226206
崇仁县（0794）
崇仁县民族宗教事务局
地址：崇仁县
…………………………Tel:6315850
资溪县（0794）
资溪县民族宗教事务暗
地址：资溪县城西大道行政中心
…………………………Tel:5790809
东乡县（0794）
东乡县民族宗教事务局
地址：东乡县开发区行政大楼811室
…………………………Tel:4279636
上饶市（0793）
上饶市辖区（0793）
上饶市民族宗教事务局
地址：上饶市中山西路88号市政府院内
…………………………Tel:8219739
铅山县（0793）
铅山县民族宗教事务局
地址：铅山县文卫大楼10楼
…………………………Tel:5168280
万年县（0793）
万年县民族宗教事务局
地址：万年县城六零北大道
…………………………Tel:3832422
民政 南昌市（0791）
南昌市辖区（0791）
南昌市民政局
地址：南昌市红谷大厦A座四楼
…………………………Tel:83986710
东湖区民政局
地址：南昌市子固路章江园
…………………………Tel:86785917
西湖区民政局
地址：南昌市抚生路369号
…………………………Tel:86621582
青山湖区民政局
地址：南昌市南京东路699号
…………………………Tel:88100152
青云谱区民政局
地址：南昌市广州路268号
…………………………Tel:88462681
湾里区民政局
地址：南昌市湾里区工农路65号
…………………………Tel:83760652
南昌县（0791）
南昌县民政局
地址：南昌县公园路10号
…………………………Tel:85712596
新建县（0791）
新建县民政局
地址：新建县长镇新建大道239号
…………………………Tel:83700933
安义县（0791）
安义县民政局
地址：安义县曹操山
…………………………Tel:83422157
进贤县（0791）
进贤县民政局
地址：进贤县城新区
…………………………Tel:85622507
景德镇市（0798）
景德镇市辖区（0798）
景德镇市民政局
地址：景德镇市
…………………………Tel:8224426
昌江区民政局
地址：景德镇市昌江区政府内
…………………………Tel:8334583
浮梁县（0798）
浮梁县民政局
地址：浮梁县
…………………………Tel:2626672
蛟潭镇民政办
地址：浮梁县蛟潭街
…………………………Tel:2670028
萍乡市（0799）
萍乡市辖区（0799）
萍乡市民政局
地址：萍乡市经济开发区安源大道
…………………………Tel:6763602
萍乡市社会救助管理局
地址：萍乡市经济开发区安源大道
…………………………Tel:6763623
安源区民政局
地址：萍乡市安源世纪广场安源大厦
…………………………Tel:6661516
湘东区民政局
地址：湘东区党政综合大楼
…………………………Tel:3376656
莲花县（0799）
莲花县民政局
地址：莲花县
…………………………Tel:212443
上栗县（0799）
上栗县民政局
地址：上栗县朝阳中路
…………………………Tel:3661134
芦溪县（0799）
芦溪县民政局
地址：芦溪县武功大道
…………………………Tel:7679760
九江市（0792）
九江市辖区（0792）
九江市民政局
地址：九江市浔阳区滨江路220号
…………………………Tel:8583239
庐山区民政局
地址：九江市庐山区十里大道1495号
…………………………Tel:8270032
浔阳区民政局
地址：九江市浔阳区庐峰36号
…………………………Tel:8227421
修水县（0792）
修水县民政局
地址：修水县宁红大道
…………………………Tel:7263012
武宁县（0792）
武宁县民政局
地址：武宁县豫宁大道54号
…………………………Tel:2782495
瑞昌市（0792）
瑞昌市民政局
地址：瑞昌市湓城路
…………………………Tel:4222538
永修县（0792）
永修县民政局
地址：永修县新城大道
…………………………Tel:3233598
德安县（0792）
德安县民政局
地址：德安县永兴路
…………………………Tel:4362379
九江县（0792）
九江县民政局
地址：九江县柴桑北路51号
…………………………Tel:6812363
星子县（0792）
星子县民政局
地址：星子县柳絮路
…………………………Tel:2660934
都昌县（0792）
都昌县民政局
地址：都昌县东风大道
…………………………Tel:5237988
湖口县（0792）
湖口县民政局
地址：湖口县钟山大道
…………………………Tel:6320387
彭泽县（0792）
彭泽县民政局
地址：彭泽县东风路
…………………………Tel:5664854
新余市（0790）
新余市辖区（0790）
新余市民政局
地址：新余市上路
…………………………Tel:6441126
渝水区民政局
地址：新余市团结东路区教育局办公大楼
…………………………Tel:6222848
分宜县（0790）
分宜县民政局
地址：分宜县铃山西路
…………………………Tel:5811646
鹰潭市（0701）
鹰潭市辖区（0701）
鹰潭市民政局
地址：鹰潭市百佳城民政局内
…………………………Tel:6219339
月湖区民政局
地址：鹰潭市胜利东路8号
…………………………Tel:6222102
龙虎山民政局
地址：鹰潭市百佳城民政局内
…………………………Tel:6656673
余江县（0701）
余江县民政局
地址：余江县白塔中路4号
…………………………Tel:5881379
贵溪市（0701）
贵溪市民政局
地址：贵溪市沿河路8号
…………………………Tel:3771038
赣州市（0797）
赣州市辖区（0797）
赣州市民政局
地址：赣州市行政服务中心
…………………………Tel:8390931
赣县（0797）
赣县民政局
地址：赣县赣新大道103号
…………………………Tel:4441443
信丰县（0797）
信丰县民政局
地址：信丰县嘉定镇阳明北路
…………………………Tel:3311412
大余县（0797）
大余县民政局

地址：大余县建设路198号
…………Tel:8711639

上犹县（0797）
上犹县民政局
地址：上犹县下西村路106号
…………Tel:8542610

上犹县抗洪救灾领导小组办公室
地址：上犹县交通大厦5楼
…………Tel:8525082

崇义县（0797）
崇义县民政局
地址：崇义县章源大道
…………Tel:3812735

安远县（0797）
安远县民政局
地址：安远县
…………Tel:3731202

龙南县（0797）
龙南县民政局
地址：龙南县仙岩大道
…………Tel:3512904

定南县（0797）
定南县民政局
地址：定南县
…………Tel:4291104

全南县（0797）
全南县民政局
地址：全南县新城金龙大道
…………Tel:2607919

宁都县（0797）
宁都县民政局
地址：宁都县沿江路5号
…………Tel:6832629

于都县（0797）
于都县民政局
地址：于都县长龙路2号
…………Tel:6232918

兴国县（0797）
兴国县民政局
地址：兴国县激江大道285号
…………Tel:5328630

会昌县（0797）
会昌县民政局
地址：会昌县红旗大道92号
…………Tel:5622231

寻乌县（0797）
寻乌县民政局
地址：寻乌县
…………Tel:2830308

石城县（0797）
石城县民政局
地址：石城县东华南路11号
…………Tel:5712320

瑞金市（0797）
瑞金市民政局
地址：瑞金市八一北路
…………Tel:2522437

南康区（0797）
南康区民政局
地址：南康区
…………Tel:6630631

吉安市（0796）
吉安市辖区（0796）
吉安市民政局
地址：吉安市井冈山大道156号
…………Tel:8223661

吉州区民政局
地址：吉安市吉州区广场南路1号
…………Tel:8222302

青原区民政局
地址：吉安市青原区法院5楼
…………Tel:8186990

吉安县（0796）
吉安县民政局
地址：吉安县庐陵大道25号
…………Tel:8442239

吉水县（0796）
吉水县民政局
地址：吉水县中文化路
…………Tel:8680267

峡江县（0796）
峡江县民政局
地址：峡江县玉华路
…………Tel:3673639

新干县（0796）
新干县民政局
地址：新干县川琴路57号
…………Tel:2606070

永丰县（0796）
永丰县民政局
地址：永丰县六一路
…………Tel:2511216

泰和县（0796）
泰和县民政局
地址：泰和县白凤大道
…………Tel:8636129

遂川县（0796）
遂川县民政局
地址：遂川县工农兵大道
…………Tel:6322625

万安县（0796）
万安县民政局
地址：万安县崇文西路96号
…………Tel:5701202

芙蓉镇民政所 万安县
…………Tel:5705668

安福县（0796）
安福县民政局
地址：安福县武功山大道229号
…………Tel:7698363

井冈山市（0796）
井冈山市民政局
地址：井冈山市新城区
…………Tel:6891856

宜春市（0795）
宜春市辖区（0795）
宜春市民政局
地址：宜春市秀江中路58号
…………Tel:3273899

奉新县（0795）
宋埠民政所
地址：奉新县宋埠镇
…………Tel:4402866

万载县（0795）
万载县民政局
地址：万载县
…………Tel:8823145

上高县（0795）
上高县民政局
地址：上高县人民路
…………Tel:2511829

宜丰县（0795）
宜丰县民政局
地址：宜丰县城北路1911
…………Tel:2787829

靖安县（0795）
靖安县民政局
地址：靖安县石马中路55号
…………Tel:4662927

铜鼓县（0795）
铜鼓县民政局
地址：铜鼓县定江东路178号
…………Tel:8722721

丰城市（0795）
丰城市民政局
地址：丰城市新城区
…………Tel:6609569

樟树市（0795）
樟树市民政局
地址：樟树市杏佛路
…………Tel:7362496

高安市（0795）
高安市民政局
地址：高安市赤土板路
…………Tel:5213386

抚州市（0794）
抚州市辖区（0794）
抚州市民政局
地址：抚州市赣东大道891号
…………Tel:8237136

临川区（0794）
临川区民政局
地址：临川区赣东大道
…………Tel:8266196

南城县（0794）
南城县民政局
地址：南城县登高山路民政局院内
…………Tel:7254238

黎川县（0794）
黎川县民政局
地址：黎川县
…………Tel:7526375

南丰县（0794）
南丰县民政局
地址：南丰县交通路
…………Tel:3202242

崇仁县（0794）
崇仁县民政局
地址：崇仁县县府西路3号
…………Tel:6365312

石庄乡民政所
地址：崇仁县石庄乡
…………Tel:6312009

乐安县（0794）
乐安县民政局
地址：乐安县乐安大道
…………Tel:6592204

宜黄县（0794）
宜黄县民政局
地址：宜黄县学前街9号
…………Tel:7602537

金溪县（0794）
金溪县民政局
地址：金溪县秀谷中大道
…………Tel:5292233

资溪县（0794）
地址：资溪县民政局资溪县建设中路49号
…………Tel:5793710

东乡县（0794）
东乡县民政局
地址：东乡恒安西路民政局大楼
…………Tel:4232335

广昌县（0794）
广昌县民政局
地址：广昌县解被路
…………Tel:3618819

上饶市（0793）
上饶市辖区（0793）
上饶市民政局
地址：上饶市中山东路2号
…………Tel:8223173

信州区民政局
地址：上饶市五三大道88号办公室
…………Tel:8300841

上饶县（0793）
上饶县民政局
地址：上饶县南灵中路37号
…………Tel:8447054

广丰区（0793）
广丰区民政局
地址：广丰区开源路
…………Tel:2659709

玉山县（0793）
玉山县民政局
地址：玉山县三清大道98号
…………Tel:2552423

铅山县（0793）
铅山县民政局
地址：铅山县狮江大道城南社区80号
…………Tel:5332811

铅山县民间组织管理局
地址：铅山县文卫大楼10楼
…………Tel:5169619

横峰县（0793）
横峰县民政局
地址：横峰县敬老路
…………Tel:5791781

弋阳县（0793）
弋阳县民政局
地址：弋阳县城南志敏大道
…………Tel:5822019

余干县（0793）
余干县民政局
地址：余干县竹根岭
…………Tel:3203073

鄱阳县（0793）
鄱阳县民政局
地址：鄱阳县
…………Tel:6289916

万年县（0793）
万年县民政局
地址：万年县城珠山桥
…………Tel:3832665

婺源县（0793）
婺源县民政局
地址：婺源县紫阳镇天佑西路22号
…………Tel:7363652

德兴市（0793）
德兴市民政局
地址：德兴市
…………Tel:7522419

审计 南昌市（0791）
南昌市辖区（0791）
南昌市审计局
地址：南昌市红谷大厦B座15楼、14楼
…………Tel:83986308

东湖区审计局
地址：南昌市东湖区叠山路136号
…………Tel:86277824

西湖区审计局
地址：南昌市西湖区抚生路369号
…………Tel:86589572

青云谱区审计局
地址：南昌市广州路268号
…………Tel:88461931

湾里区审计局
地址：南昌市湾里区翠岩路82号
…………Tel:83760258

南昌县（0791）
南昌县审计局
地址：南昌县文卫路199号
…………Tel:85712632

安义县（0791）
安义县审计局
地址：安义县人民路
…………Tel:83422351

景德镇市（0798）
景德镇市辖区（0798）
景德镇市审计局
地址：景德镇市环城北路审计大楼内
…………Tel:8289304

昌江区审计局
地址：景德镇市昌江区政府内
…………Tel:8331056

珠山区审计局
地址：景德镇市珠山区政府内
…………Tel:8521480

浮梁县（0798）
浮梁县审计局
地址：浮梁县
…………Tel:2628286

萍乡市（0799）
萍乡市辖区（0799）
安源区审计局
地址：萍乡市平安大道安源大厦
…………Tel:6661209

湘东区审计局
地址：湘东区泉湖垅
…………Tel:3435027

莲花县（0799）
莲花县审计局
地址：莲花县琴亭镇
…………Tel:7221343

上栗县（0799）
上栗县审计局
地址：上栗县平安路
…………Tel:3661753

芦溪县（0799）
芦溪县审计局
地址：芦溪县武功大道
…………Tel:7551151

九江市（0792）
九江市辖区（0792）
九江市审计局
地址：九江市浔阳区十里大道28号
…………Tel:8228004

庐山区审计局
地址：九江市庐山区十里大道724号
…………Tel:8251902

浔阳区审计局
地址：九江市浔阳区庚亮北路2号
…………Tel:8223240

修水县（0792）
修水县审计局
地址：修水县凤凰山路
…………Tel:7221872

武宁县（0792）
武宁县审计局
地址：武宁县豫宁大道39号
…………Tel:2761357

瑞昌市（0792）
瑞昌市审计局
地址：瑞昌市浔阳东路
…………Tel:4212286

永修县（0792）
永修县审计局
地址：永修县麒麟楼商会大楼五楼
…………Tel:323590

德安县（0792）
德安县审计局
地址：德安县东风路
…………Tel:4360297

九江县（0792）
九江县审计局
地址：九江县庐山西路212号
…………Tel:6812087

星子县（0792）
星子县审计局
地址：星子县南康大道
…………Tel:2674438

都昌县（0792）
都昌县审计局
地址：都昌县万里大道
…………Tel:5212231

湖口县（0792）
湖口县审计局
地址：湖口县三里大道
…………Tel:6321737

彭泽县（0792）
彭泽县审计局
地址：彭泽县龙城大道
…………Tel:5662575

新余市（0790）
新余市辖区（0790）
新余市审计局
地址：新余市长青北路416号
…………Tel:6441164

渝水区审计局
地址：新余市抱石东大道区政府大院
…………Tel:6222221

分宜县（0790）
分宜县审计局
地址：分宜县行政中心大楼
…………Tel:5881622

鹰潭市（0701）
鹰潭市辖区（0701）
鹰潭市审计局
地址：鹰潭市梅园大道9号
…………Tel:6445615

月湖区审计局
地址：鹰潭市胜利东路6号
…………Tel:6221233

余江县（0701）
余江县审计局
地址：余江县白塔中路
…………Tel:5881340

贵溪市（0701）
贵溪市审计局
地址：贵溪市冶金大道经济大楼
…………Tel:3316622

赣州市（0797）
赣州市辖区（0797）
赣州市审计局

地址：赣州市大公路95号
…………Tel:8222560
赣县（0797）
赣县审计局
地址：赣县赣新大道
…………Tel:4441608
信丰县（0797）
信丰县审计局
地址：信丰县嘉定镇府前路县政中心大楼
…………Tel:3332946
大余县（0797）
大余县审计局
地址：大余县建设路
…………Tel:8722309
上犹县（0797）
上犹县审计局
地址：上犹县东山大道
…………Tel:8541847
崇义县（0797）
崇义县审计局
地址：崇义县章源大道
…………Tel:3817363
安远县（0797）
安远县审计局
地址：安远县
…………Tel:3728308
龙南县（0797）
龙南县审计局
地址：龙南县龙泉大道40号
…………Tel:3541526
定南县（0797）
定南县审计局
地址：定南县
…………Tel:4295659
金南县（0797）
全南县审计局
地址：全南县含江路
…………Tel:2605641
宁都县（0797）
宁都县审计局
地址：宁都县环西路
…………Tel:6832568
于都县（0797）
于都县审计局
地址：于都县长征大道
…………Tel:6232903
兴国县（0797）
兴国县审计局
地址：兴国县潋江大道
…………Tel:5320827
会昌县（0797）
会昌县审计局
地址：会昌县水东街
…………Tel:5621940
寻乌县（0797）
寻乌县审计局
地址：寻乌县长安大道国土大楼
…………Tel:2843422
石城县（0797）
石城县审计局
地址：石城县莲塘北路
…………Tel:5700880
瑞金市（0797）
瑞金市审计局
地址：瑞金市二径路
…………Tel:2512050
南康区（0797）
南康区审计局
地址：南康区泰康中大道
…………Tel:6622855
吉安市（0796）
吉安市辖区（0796）
吉安市审计局
地址：吉安市安青路
…………Tel:8253176
吉州区审计局
地址：吉安市吉州区阳明西路40号
…………Tel:8286458
吉安县（0796）
吉安县审计局
地址：吉安县君山大道582号
…………Tel:8442380
吉水县（0796）
吉水县审计局
地址：吉水县城北新区万里大道
…………Tel:8680343
峡江县（0796）
峡江县审计局
地址：峡江县群玉路
…………Tel:3696301
新干县（0796）
新干县审计局
地址：新干县金川南大道
…………Tel:2680277
永丰县（0796）
永丰县审计局
地址：永丰县恩江南路
…………Tel:2511449
泰和县（0796）
泰和县审计局
地址：泰和县白凤路
…………Tel:8638019
遂川县（0796）
遂川县审计局
地址：遂川县文献街
…………Tel:6323418
万安县（0796）
万安县审计局
地址：万安县凤凰路
…………Tel:5701012
安福县（0796）
安福县审计局
地址：安福县铁井路217号
…………Tel:7627296
井冈山市（0796）
井冈山市审计局
地址：井冈山市新城区
…………Tel:6890669
宜春市（0795）
宜春市辖区（0795）
宜春市审计局
地址：宜春市环城西路124号
…………Tel:3563827
奉新县（0795）
奉新县审计局
地址：奉新县冯川东路
…………Tel:4622313
万载县（0795）
万载县审计局
地址：万载县
…………Tel:8825606上高4（0795）
上高县审计局
地址：上高县镜山大道9号
…………Tel:2509910
宜丰县（0795）
宜丰县审计局
地址：宜丰县新昌大道
…………Tel:2765298
靖安县（0795）
靖安县审计局
地址：靖安县石马中路27号
…………Tel:4662628
铜鼓县（0795）
铜鼓县审计局
地址：铜鼓县城北路1号
…………Tel:8722940
丰城市（0795）
丰城市审计局
地址：丰城市新城区第二行政中心
…………Tel:6298280
樟树市（0795）
樟树市审计局
地址：樟树市药都路
…………Tel:7333419
高安市（0795）
高安市审计局
地址：高安市瑞州中路
…………Tel:5281012
抚州市（0794）
抚州市辖区（0794）
抚州市审计局
地址：抚州市赣东大道1175号
…………Tel:8258899
临川区（0794）
临川区审计局
地址：临川区新行政中心大楼
…………Tel:8469699
南城县（0794）
南城县审计局
地址：南城县盱江大道审计局大楼
…………Tel:7252657
黎川县（0794）
黎川县审计局
地址：黎川县县大桥附近
…………Tel:7522743
南丰县（0794）
南丰县审计局
地址：南丰县新建路
…………Tel:3202162
崇仁县（0794）
崇仁县审计局
地址：崇仁县县府西路
…………Tel:6322316
乐安县（0794）
乐安县审计局
地址：乐安县
…………Tel:6592466
宜黄县（0794）
宜黄县审计局
地址：宜黄县龙风路24号
…………Tel:7602196
金溪县（0794）
金溪县审计局
地址：金溪县秀谷镇
…………Tel:5292140
资溪县（0794）
资溪县审计局
地址：资溪县建设东路16号
…………Tel:5783843
东乡县（0794）
东乡县审计局
地址：东乡县恒安西路
…………Tel:4232701
广昌县（0794）
广昌县审计局
地址：广昌县
…………Tel:3622373
上饶市（0793）
上饶市辖区（0793）
上饶市审计局
地址：上饶市滨江西路32号
…………Tel:8257701
信州区审计局
地址：上饶市滨江西路52号渡口南街2栋2楼
…………Tel:8223430
上饶县（0793）
上饶县审计局
地址：土饶县旭日镇
…………Tel:8488353
广丰区（0793）
广丰区审计局
地址：广丰区府前街
…………Tel:2652898
玉山县（0793）
玉山县审计局
地址：玉山县
…………Tel:2553244
铅山县（0793）
铅山县审计局
地址：铅山县狮江西路52号
…………Tel:5332164
横峰县（0793）
横峰县审计局
地址：横峰县兴安街104号
…………Tel:5719512
弋阳县（0793）
弋阳县审计局
地址：弋阳县志敏大道
…………Tel:5827732
余干县（0793）
余干县审计局
地址：余干县县政府八楼
…………Tel:3398126
鄱阳县（0793）
鄱阳县审计局
地址：鄱阳县城北
…………Tel:6279025
万年县（0793）
万年县审计局
地址：万年县城石洋西路
…………Tel:3832769
婺源县（0793）
婺源县审计局
地址：婺源县环城南路24号
…………Tel:7363926
德兴市（0793）
德兴市审计局
地址：德兴市银城中路
…………Tel:7517235
政府直属及办事机构
国有资产管理
南昌市（0791）
南昌市辖区（0791）
青山湖区国有资产管理局
地址：南昌市南京东路699号
…………Tel:88108835
景德镇市（0798）
景德镇市辖区（0798）
景德镇市国有资产管理局
地址：景德镇市新村北路71号
…………Tel:8295812
景德镇市国有资产监督管理委员会
地址：景德镇市瓷都大道992-1号
…………Tel:8509726
萍乡市（0799）
萍乡市辖区（0799）
萍乡市国有资产监督管理委员会
地址：萍乡市市政府内
…………Tel:6832801
九江市（0792）
九江市辖区（0792）
九江市国有资产监督管理委员会
地址：九江市浔阳区长虹大道66号市政府大楼1楼
…………Tel:8211505
九江县（0792）
九江县企业改制办公室
九江县柴桑路
…………Tel:6823779
共青开赶区（0792）
共青城企业改制办公室
地址：九江市共青城
…………Tel:4343486
新余市（0790）
新余额辖区（0790）
新余市国有资产监督管理委员会
地址：新余市北湖西路9号
…………Tel:6442478
鹰潭市（0701）
余江县（0701）
余江县国有资产管理局
地址：余江县白塔中路31号
…………Tel:5887538
贵溪市（0701）
贵溪市国有资产管理局
地址：贵溪市沿河路
…………Tel:3310217
赣州市（0797）
赣州市辖区（0797）
赣州市国有资产监督管理委员会
地址：赣州市文明大道
…………Tel:8120629
赣州市直商业企业改制管理办公室
地址：赣州市红旗大道原商业局内
…………Tel:8126362
赣县（0797）
赣县国有资产管理办公室
地址：赣县梅林大街51号
…………Tel:4442017
赣县林业产权制度改革工作领导 小组办公室
地址：赣县林业局院内
…………Tel:4440829
大余县（0797）
大余县国有资产监督管理局
地址：大余县金莲山大道公务大楼
…………Tel:8712367
崇义县（0797）
崇义县十大体系办公室
崇义县公务大楼
…………Tel:3813306
安远县（0797）
安远县国有资产管理局
地址：安远县
…………Tel:3732774
于都县（0797）
于都县十大体系办公室
地址：于都县渡江大道
…………Tel:6210259
寻乌县（0797）
寻乌县十大体系办公室
地址：寻乌县
…………Tel:2831280
石城县（0797）
石城县十大体系办公室
地址：石城县清华大道66号
…………Tel:5791033
南康区（0797）
南康区十大体系建设工作办公室
地址：南康区市政办公大楼
…………Tel:6609112
吉安市（0796）
吉安市辖区（0796）
吉安市国有资产监督管理委员会
地址：吉安市井冈山大道161号
…………Tel:8253301
泰和县（0796）
泰和县林业产权制度改革领导小 组办
地址：泰和县澄江大道
…………Tel:5388150
安福县（0796）
安福县林权制度改革办公室
地址：安福县武功山大道
…………Tel:7628663
宜春市（0795）
奉新县（0795）
奉新县国有资产管理局
地址：奉新县冯川东路
…………Tel:4622817
靖安县（0795）
靖安县国有资产管理局
地址：靖安县石马中路10号
…………Tel:4662349
抚州市（0794）
宜黄县（0794）
宜黄县国企改革办公室
地址：宜黄县丰乐路
…………Tel:7609370
上饶市（0793）
上饶市辖区（0793）
上饶市国有资产监督管理委员会
地址：上饶市信州区中山路88号4楼
…………Tel:8223642
信州区国有资产管理委员会
地址：上饶市中山东路
…………Tel:8236060
上饶市产权交易管理办公室
地址：上饶市中山路社保局五楼
…………Tel:8290626
铅山县（0793）
铅山县监督管理国资办公室
地址：铅山县鹅湖大道76号财税大楼10楼
…………Tel:5168260
余干县（0793）
余干县国有企业改制办公室
地址：余干县东山大街电信局院内四楼
…………Tel:3395803
鄱阳县（0793）
鄱阳县林业产权制度改革领导小组办公室
地址：鄱阳县

……Tel:6271115

婺源县（0793）
婺源县国有资产管理局
地址：婺源县
……Tel:7352858

崇义县委县政府接待科
地址：崇义县公务大楼
……Tel:3822969

机关事务管理

南昌市（0791）
南昌市辖区（0791）
南昌市机关事务管理局
地址：南昌市红谷滩政府大楼
……Tel:83883989

南昌高新区行政服务中心
地址：南昌市高新开发区高新七路998号
……Tel:88161256

东湖区机关事务管理局
地址：南昌市叠山路156号
……Tel:86214257

东湖区统一审批办证服务中心
地址：南昌市县前街28号
……Tel:86268257

西湖区机关事务管理局
地址：南昌市抚生路369号
……Tel:865654f2

西湖区行政服务中心
地址：南昌市抚生路369号
……Tel:86620110

青山湖区机关事务管理局
地址：南昌市南京东路699号
……Tel:88112521

青山湖区行政服务中心
地址：南昌市高新大道2058号
……Tel:88383135

青云谱区机关事务管理局
地址：南昌市广州路
……Tel:88461726

南昌县（0791）
南昌县行政服务中心
地址：南昌小兰经济开发区富山大道1128号
……Tel:85737501

安义县（0791）
安义县行政服务中心管理委员会
地址：安义县前进路166号
……Tel:83410329

进贤县（0791）
进贤县行政服务中心
地址：进贤县胜利中路2号
……Tel:85674000

进贤县直属机关事务管理局
地址：进贤县县政府大院内
……Tel:85622621

景德镇市（0798）
景德镇市辖区（0798）
景德镇市行政服务中心
地址：景德镇市瓷都大道618号市行政服务中心
……Tel:8337997

萍乡市（0799）
萍乡市辖区（0799）
萍乡市机关事务管理局
地址：萍乡市政府大院
……Tel:6832641

萍乡经济开发区综合办证服务中心
地址：萍乡市公园中路
……Tel:6794838

安源区综合办证服务中心
地址：萍乡市安源区综合大楼
……Tel:6661292

湘东区综合办证收费大厅
地址：湘东区泉湖垅
……Tel:3449578

莲花县（0799）
莲花县机关事务管理局
地址：莲花县新建街
……Tel:7221342

莲花县综合办证服务中心
地址：莲花县金城大道
……Tel:7226117

上栗县（0799）
上栗县机关事务管理局
地址：上栗县平安北路
……Tel:3661368

芦溪县（0799）
芦溪县机关事务管理局
地址：芦溪县
……Tel:7550171

九江市（0792）
九江市辖区（0792）
庐山区行政服务中心
地址：九江市十里大道756号
……Tel:8176768

浔阳区机关事务管理局
地址：九江市浔阳区庚芜北路2号
……Tel:8118302

修水县（0792）
修水县行政服务中心
地址：修水县工商银行二楼
……Tel:7230540

武宁县（0792）
武宁县行政服务中心
地址：武宁县
……Tel:2789110

永修县（0792）
永修县行政审批服务中心
地址：永修县站前路
……Tel:3232760

德安县（0792）
德安县行政服务中心
地址：德安县宝塔大道
……Tel:4666883

九江县（0792）
九江县机关事务管理局
地址：九江县庐山北路
……Tel:6813639

九江县行政服务中心
地址：九江县沁园商住楼2楼
……Tel:6823335

星子县（0792）
星子县行政服务中心
地址：星子县白鹿大道
……Tel:2672109

都昌县（0792）
都昌县办证收费服务中心
地址：都昌县人民广场
……Tel:5230301

湖口县（0792）
湖口县行政服务中心
地址：湖口县三里大道
……Tel:6324488

新余市（0790）
新余市辖区（0790）
新余市行政服务中心
地址：新余市北湖西路
……Tel:6422715

新余市办证（收费）服务中心
地址：新余市北湖西路
……Tel:6432288

新余市机关事务管理局
地址：新余市仙来中大道
……Tel:6441282

渝水区机关事务管理局
地址：新余市抱石东大道257号
……Tel:6222573

渝水区经济环境管理委员会
地址：新余市团结东路渝水商城二楼
……Tel:6222965

分宜县（0790）
分宜县机关事物管理局
地址：分宜县行政中心大楼
……Tel:5881610

鹰潭市（0701）
鹰潭市辖区（0701）
鹰潭市行政服务中心管理委员会
地址：鹰潭市交通路6号
……Tel:6264066

月湖区机关事务管理局
地址：鹰潭市胜利东路6号
……Tel:6221261

贵溪市（0701）
贵溪市人民政府机关事务管理局
地址：贵溪市冶金大道经济大楼
……Tel:3316198

贵溪市机关事务局
地址：贵溪市建设大道
……Tel:3316188

贵溪市联合办证暇务中心
地址：贵溪市雄石东路
……Tel:3795890

赣州市（0797）
赣州市辖区（0797）
赣州市机关事务管理局
地址：赣州市
……Tel:8291001

赣县（0797）
赣县行政服务中心
地址：赣县梅林大街26号
……Tel:4439868

赣县招标投标中心
地址：赣县梅林大街26号
……Tel:4439129

信丰县（0797）
信丰县机关事务管理局
地址：信丰县府前路
……Tel:3336609

信丰县行政服务中心
地址：信丰县马鞍山
……Tel:3339339

大余县（0797）
大余县行政服务中心
地址：大余县南安大道
……Tel:8719001

上犹县（0797）
上犹县行政服务中心
地址：上犹县文兴路寨纳左岸
……Tel:8524216

崇义县（0797）
崇义县行政服务中心
地址：崇义县章源大道
……Tel:3820516

龙南县（0797）
龙南县行政服务中心
地址：龙南县行政服务中心五楼
……Tel:3529662

定南县（0797）
定南县机关事务管理局
地址：定南县
……Tel:4289516

定南县行政服务中心
地址：定南县
……Tel:4295666

全南县（0797）
全南县行政服务中心
地址：全南县寿梅路
……Tel:2632716

宁都县（0797）
宁都县行政服务中心
地址：宁都县邮政大楼
……Tel:6816167

宁都县招投标中心
地址：宁都县翠微广场
……Tel:6832896

于都县（0797）
于都县行政服务中心（县招投标中心）
地址：于都县长征大道中国银行
……Tel:6215673

兴国县（0797）
兴国县行政服务中心
地址：兴国县潋江大道198号
……Tel:5305889

会昌县（0797）
会昌县行政服务中心管理办公室
地址：会昌县财政局3楼
……Tel:5629563

会昌县行政审批服务中心
地址：会昌县十字街
……Tel:5623563

寻乌县（0797）
寻乌县行政审批服务收费中心
地址：寻乌县
……Tel:2834567

石城县（0797）
石城县行政服务中心
地址：石城县西华中路251号
……Tel:5703556

瑞金市（0797）
瑞金市机关事务管理局
地址：瑞金市公务大楼A1楼109室
……Tel:2522590

瑞金市行政服务中心
地址：瑞金市梓林北路公务大楼对面
……Tel:2516019

南康区（0797）
南康区机关事务管理局
地址：南康区市政办公大楼
……Tel:6605323

吉安市（0796）
吉安市辖区（0796）
吉安市办证服务中心
地址：吉安市阳明东路
……Tel:8220018

青原区机关事务服务中心
地址：吉安市青原区政府内
……Tel:8106263

吉安县（0796）
吉安县办证收费服务中心
地址：吉安县庐陵大道
……Tel:8446688

吉水县（0796）
吉水县机关事务管理局
地址：吉水县新行政大楼县委一楼
……Tel:8680681

吉水县行政服务中心管理委员会
地址：吉水县龙华中大道563号
……Tel:8680611

峡江县（0796）
峡江县经济发展服务中心
地址：峡江县新县城
……Tel:3696798

永丰县（0796）
永丰县经济发展服务中心
地址：永丰县跃进路
……Tel:2512496

泰和县（0796）
泰和县人民政府经济发展服务中心
地址：泰和县白凤大道
……Tel:8638785

泰和县行政服务中心
地址：泰和县白凤大道251号
……Tel:8638698

遂川县（0796）
遂川县行政服务中心
地址：遂川县行政办公大楼
……Tel:6323233

万安县（0796）
万安县行政服务中心
地址：万安县凤凰路
……Tel:5705211

安福县（0796）
安福县机关事务管理局
地址：安福县行政中心
……Tel:7622025

永新县（0796）
永新县办证收费中心
地址：永新县
……Tel:7717609

井冈山市（0796）
井冈山市机关事务管理局
地址：井冈山市新城区
……Tel:6891993

井冈山市行政服务中心
地址：井冈山市新城区
……Tel:6890336

宜春市（0795）
宜春市辖区（0795）
宜春市机关事务管理局
地址：宜春市市委办公楼一楼
……Tel:3220666

奉新县（0795）
奉新县机关事务局
地址：奉新县城南行政中心大楼
……Tel:4539851

奉新县行政服务中心管理委员会
地址：奉新县冯田工业区劳动就业培训中心内
……Tel:4618170

万载县（0795）
万载县机关事务管理局
地址：万载县
……Tel:8819672

万载县行政服务中心
地址：万载县
……Tel:8829895

上高县（0795）
上高县机关事务局
地址：上高县沿江路
……Tel:2511247

上高县经济发展服务中心
地址：上高县
……Tel:2509339

宜丰县（0795）
宜丰县行政服务中心管理委员会
地址：宜丰县工商银行三楼
……Tel:2767746

靖安县（0795）
靖安县机关事务局
地址：靖安县新大街1号
……Tel:4662652

靖安综合办证服务（收费）大厅 靖安县新大街19号
……Tel:4653125

铜鼓县（0795）
铜鼓县机关事务管理局
地址：铜鼓县
……Tel:8722609

铜鼓县行政服务中心
地址：铜鼓县环城北路18号
……Tel:8716960

丰城市（0795）
丰城市机关事务管理局
地址：丰城市行政大楼
……Tel:6608716

樟树市（0795）
樟树市机关事务管理局
地址：樟树市药都南大道
……Tel:7333735

樟树市行政服务中心
地址：樟树市杏佛路61号
……Tel:7370038

高安市（0795）
高安市机关事务管理局
地址：高安市解放路
……Tel:5216329

高安市机关服务中心
地址：高安市解放路政府大院内
……Tel:5219825

高安市行政服务中心
地址：高安市桥北路劳动大厦
……Tel:5280998

高安市综合办证服务大厅
地址：高安市筠泉路
……Tel:5215883

抚州市（0794）
抚州市辖区（0794）
抚州市机关事务管理局
地址：抚州市行政中心大楼内
……Tel:8259761

抚州市行政服务中心
地址：抚州市行政中心大楼内
……Tel:8233543

临川区（0794）
临川区机关事务管理局
地址：临川区新行政中心大楼
……Tel:8469139

临川区集中办事大厅
地址：临川区临川大道
……Tel:8235236

南城县（0794）
南城县行政服务中心
地址：南城县盱江大道
……Tel:7210009

南丰县（0794）

南丰县机关事务局
地址：南丰县桔都大道行政大厦 ……Tel:3226151
崇仁县（0794）
崇仁县集中办事大厅
地址：崇仁县县府东路14号 ……Tel:6328224
金溪县（0794）
金溪县集中办事大厅
地址：金溪县秀谷东大道456号 ……Tel:5298049
资溪县（0794）
资溪县机关事务管理局
地址：资溪县城西大道行政中心 ……Tel:5792633
资溪县行政服务中心
地址：资溪县建设中路40号 ……Tel:5790701
东乡县（0794）
东乡县人民政府行政服务中心
地址：东乡县泰丰路邮政大楼2楼 ……Tel:4332963
东乡县办证收费中心
地址：东乡县正德路县财政局核标中心一楼 ……Tel:4227241
广昌县（0794）
广昌县综合收费办证服务中心
地址：广昌县解放路 ……Tel:3629199
上饶市（0793）
上饶市辖区（0793）
上饶市经济发展服务中心
地址：上饶市百大5楼 ……Tel:8231079
上饶市行政服务中心
地址：上饶市解百2楼 ……Tel:8202929
上饶县（0793）
上饶县行政服务中心
地址：上饶县旭日大道县汽车站内 ……Tel:8466505
广丰区（0793）
广丰区行政服务中心
地址：广丰区工业园区服务大楼 ……Tel:2620557
横峰县（0793）
横峰县经济发展服务中心
地址：横峰县解放中路 ……Tel:5783241
弋阳县（0793）
弋阳县机关事务管理局
地址：弋阳县行政中心大楼 ……Tel:5821132
弋阳县经济发展服务中心
地址：弋阳县行政中心大楼 ……Tel:5821389
余干县（0793）
余干县经济发展服务中心
地址：余干县沿湖路 ……Tel:3208316
鄱阳县（0793）
鄱阳县行政服务中心
地址：鄱阳县五一路 ……Tel:6218300
万年县（0793）
万年县经济发展服务中心
地址：万年县城财富步行街内 ……Tel:3840112
婺源县（0793）
婺源县经济发展服务中心
地址：婺源县天佑路 ……Tel:7362507
德兴市（0793）
德兴市经济发展服务中心
地址：德兴市 ……Tel:7514343
税务
南昌市（0791）
南昌市辖区（0791）
江西省地方税务局
地址：南昌市西湖区站前西路159号 ……Tel:86426520
江西省地方税务局直属分局
地址：南昌市省政府大院北二路100号 ……Tel:86296863
江西省国家税务局稽查局
地址：南昌市西湖区广场南路599号 ……Tel:86204535
南昌市国家税务局
地址：南昌市红谷滩区春晖路99号 ……Tel:88531812
南昌市国家税务局稽查局
地址：南昌市青山南路555号 ……Tel:88607253
东湖区国家税务局
地址：南昌市渊明北路186号 ……Tel:86735160
西湖区国家税务局
地址：南昌市西湖区解放西路5号 ……Tel:88452862
西湖区国家税务局洪城分局
地址：南昌市桃花一村工贸城D5栋 ……Tel:86506582
湾里区国家税务局
地址：南昌市湾里翠岩路127号 ……Tel:83789663
南昌市地方税务局
地址：南昌市团结路299号 ……Tel:86597012
南昌市地方税务局红谷滩新区分局
地址：南昌市红谷滩新区绿茵路799号 ……Tel:83837976
南昌市地方税务局直属分局
地址：南昌市团结路税务大厦 ……Tel:86597078
南昌市高新技术产业开发区国家 税务局
地址：南昌市高新开发区火炬大街89号 ……Tel:88109319
国家税务总局南昌经济技术开发区税务局
地址：南昌市昌北庐山中大道枫林东大街8号 ……Tel:83812896
南昌经济技术开发区地税局下罗分局
地址：南昌市昌北庐山中大道枫林东大街8号 ……Tel:83826363
东湖区地方税务局
地址：南昌市南京东路106号 ……Tel:88175636
青山湖区地方税务局
地址：南昌市洪都中大道89号 ……Tel:88212015
青山湖区地方税务局塘山分局
地址：南昌市洪都中大道99号 ……Tel:88200416
青山湖区国家税务局罗家分局
地址：南昌市罗家镇 ……Tel:88370753
青云谱区国家税务局
地址：南昌市广州路999号 ……Tel:88215655
蛟桥地方税务所
地址：南昌市 ……Tel:83808092
湾里区地方税务局
地址：南昌市湾里区翠岩路94号 ……Tel:83761426
湾里区地方税务局招贤分局
地址：南昌市翠岩路94号 ……Tel:83762668
湾里区地方税务局梅岭分局
地址：南昌市店前 ……Tel:83790672
南昌县（0791）
南昌县国家税务局
地址：南昌县向阳路508号 ……Tel:85712535
南昌县国家税务局武阳分局
地址：南昌县武阳镇 ……Tel:85011016
南昌县地方税务局三江分局
地址：南昌县三江镇 ……Tel:85101058
南昌县地方税务局武阳分局
地址：南昌县武阳镇 ……Tel:85011072
南昌县地方税务局城郊分局
地址：南昌县振兴大道 ……Tel:85750808
南昌县地方税务局莲塘分局
地址：南昌县向阳路601号 ……Tel:85717613
南昌县地方税务局蒋巷分局
地址：南昌县蒋巷镇为民路246号 ……Tel:85861110
新建县（0791）
新建县国家税务局
地址：新建县长征西路226号 ……Tel:83753841
新建县国家税务局乐化分局
地址：新建县乐化镇老街 ……Tel:83110108
新建县国家税务局新祺周分局
地址：新建县桑海南路 ……Tel:83061422
新建县地方税务局
地址：新建县新建大道358号 ……Tel:83701000
新建县地方税务局联圩分局
地址：新建县联圩乡新街 ……Tel:83120339
新祺周地方税务局
地址：新建县新祺周 ……Tel:83061315
安义县（0791）
安义县国家税务局
地址：安义县文峰路550号 ……Tel:83414191
安义县国家税务局万埠分局
地址：安义县文峰路162号 ……Tel:83416731
安义县国家税务局石鼻分局
地址：安义县石鼻镇老街 ……Tel:83372002
安义县地方税务局
地址：安义县解放大道127号 ……Tel:83410538
安义县地方税务局石鼻分局
地址：安义县石鼻街昌平路 ……Tel:83372726
安义县地方税务局龙津分局
地址：安义县解放大道 ……Tel:83429086
进贤县（0791）
进贤县国家税务局
地址：进贤县进贤大道351号 ……Tel:85664594
进贤县国家税务局七里分局
地址：进贤县七里乡七里街 ……Tel:85441288
进贤县国家税务局温圳分局
地址：进贤县温圳镇温圳街60号 ……Tel:85548587
进贤县地方税务局
地址：进贤县民和镇岚湖路338号 ……Tel:85666043
进贤县地方税务局七里分局
地址：进贤县七里乡七里街 ……Tel:85441358
进贤县地方税务局文港分局
地址：进贤县文港镇文港大道247号 ……Tel:85581800
进贤县地方税务局李渡分局
地址：进贤县李渡镇益康路 ……Tel:85638001
进贤县地方税务局城郊分局
地址：进贤县进贤大道 ……Tel:85676506
景德镇市（0798）
景德镇市辖区（0798）
景德镇市国家税务局
地址：景德镇市西山路国税新大楼 ……Tel:8526765
景德镇市国家税务局重点企业管理分局
地址：景德镇市 ……Tel:8526731
景德镇市国家税务局高新技术开 发区分局
地址：景德镇市 ……Tel:8339522
景德镇市国家税务局涉外分局
地址：景德镇市 ……Tel:8524613
景德镇市珠山昌江国家税务局
地址：景德镇市沿江西路56号 ……Tel:8536691
景德镇市地方税务局
地址：景德镇市瓷都大道1435号 ……Tel:8529799
昌江区地方税务局
地址：景德镇市瓷都大道253号 ……Tel:8330260
珠山区地方税务局
地址：景德镇市瓷都大道茶山路1号 ……Tel:8506011
浮梁县（0798）
浮梁县国家税务局
地址：浮梁县 ……Tel:2627826
浮梁县国家税务局洪源分局
地址：浮梁县洪源镇方家村 ……Tel:2812555
浮梁县地方税务局
地址：浮梁县 ……Tel:2629756
浮梁县地方税务局洪源分局
地址：浮梁县洪源镇商贸街 ……Tel:2811211
浮梁县地方税务局鹅湖分局
地址：浮梁县鹅湖镇鹅湖村 ……Tel:2761117
萍乡市（0799）
萍乡市辖区（0799）
萍乡市国家税务局
地址：萍乡市滨河路 ……Tel:6789186
萍乡市国家税务局直属税务分局
地址：萍乡市滨河路 ……Tel:6789151
萍乡市国家税务局高坑分局
地址：萍乡市高坑镇 ……Tel:6371343
萍乡市国家税务局稽查局
地址：萍乡市滨河路 ……Tel:6789103
湘东区国家税务局
地址：湘东区泉湖垅供电局对面 ……Tel:3440029
湘东区国家税务局下埠分局
地址：湘东区下埠镇 ……Tel:3411299
萍乡市地方税务局
地址：萍乡市公园中路27号 ……Tel:6767040
萍乡市地方税务局高坑分局
地址：萍乡市高坑镇高坑村隔壁 ……Tel:6371072
萍乡经济开发区地方税务分局
地址：萍乡市建设东路536号 ……Tel:6787789
湘东区地方税务局
地址：湘东区泉湖南路140号 ……Tel:3441069
湘东地方税务局稽查局
地址：湘东区泉湖南路140号 ……Tel:3443006
莲花县（0799）
莲花县国家税务局
地址：莲花县金城大道 ……Tel:7223774
莲花县国家税务局湖上分局
地址：莲花县湖上乡湖上村 ……Tel:7298056
莲花县地方税务局
地址：莲花县永安北路156号 ……Tel:7223546
莲花县地方税务局升坊分局
地址：莲花县升坊镇 ……Tel:7266594
莲花县地方税务局坊楼分局
地址：莲花县坊楼镇 ……Tel:7241036
莲花县地方税务局良坊分局
地址：莲花县良坊镇 ……Tel:7281225
莲花县地方税务局南岭分局
地址：莲花县南岭9檐边村 ……Tel:7232866
上栗县（0799）
上栗县国家税务局
地址：上栗县浏万东路 ……Tel:3661154
上栗县国家税务局赤山分局
地址：上栗县赤山镇赤山北街 ……Tel:3601215
上栗县国家税家局桐木分局
地址：上栗县浏万东路 ……Tel:3654456
上栗县地方税务局
地址：上栗县浏万东路 ……Tel:3661840
上栗县地方税务局赤山分局
地址：上栗县赤山镇 ……Tel:3603308
上栗县地方税务局金山分局
地址：上栗县金山镇 ……Tel:3889906
上栗县地方税务局桐木分局
地址：上栗县桐木镇 ……Tel:3653646
上栗县地方税务局粟江分局
地址：上栗县粟江路 ……Tel:3866970
上栗县地方税务局福田分局
地址：上栗县福田镇 ……Tel:3616686
上栗县农业税收征收管理局
地址：上栗县浏万东路 ……Tel:3863776
芦溪县（0799）
芦溪县国家税务局
地址：芦溪县 ……Tel:7551693
芦溪县国家税务局上埠分局
地址：芦溪县上埠镇 ……Tel:7511139
芦溪县国家税务局宣风分局
地址：芦溪县 ……Tel:7501012
芦溪县地方税务局
地址：芦溪县人民西路 ……Tel:7552001
芦溪县地方税务局上埠分局
地址：芦溪县 ……Tel:7619079
芦溪县地方税务局古城分局
地址：芦溪县 ……Tel:7550893
芦溪县地方税务局南坑分局
地址：芦溪县 ……Tel:7525837
芦溪县地方税务局宣风分局
地址：芦溪县 ……Tel:7502316
芦溪县地方税务局新泉分局
地址：芦溪县 ……Tel:7591036
九江市（0792）
九江市辖区（0792）
九江市国家税务局直属分局
地址：九江市浔阳区 ……Tel:8617046

九江市国家税务局驻市区分局
地址：九江市浔阳区庐峰东路27号
…………………………………… Tel:8584786
九江市国家税务局浔阳分局
地址：九江市浔阳区庐峰路23号
…………………………………… Tel:8585836
九江经济技术开发区国家税务局
地址：九江市经济技术开发区九江大道34号
…………………………………… Tel:8362208
九江市国家税务局西二路分局
地址：九江市经济技术开发区长江大道34号
…………………………………… Tel:8360915
庐山区国家税务局
地址：九江市庐山区十里大道1458号
…………………………………… Tel:8175678
庐山区国家税务局威家分局
地址：九江市庐山区威家镇
…………………………………… Tel:8752249
九江市地方税务局
地址：九江市浔阳区南湖路11号
…………………………………… Tel:8557721
九江市地方税务局甘棠分局
地址：九江市浔阳区甘棠南路
…………………………………… Tel:8225930
九江市地方税务局浔阳分局
地址：九江市浔阳区南湖支路19号
…………………………………… Tel:8575065
九江市地方税务局莲花分局
地址：九江市庐山区莲花镇
…………………………………… Tel:8903391
九江市地方税务局滨兴分局
地址：九江市浔阳区九龙街
…………………………………… Tel:8215710
九江市非税收入征收管理局
地址：九江市浔阳区庐峰路58号
…………………………………… Tel:8571664
庐山区地方税务局
地址：九江市庐山区前进东路255号
…………………………………… Tel:8254479
庐山区地方税务局五里分局
地址：九江市庐山区龙鑫花园
…………………………………… Tel:8533773
庐山区地方税务局威家分局
地址：九江市庐山区威家镇
…………………………………… Tel:8752266
浔阳区地方税务局人民路分局
地址：九江市浔阳区十里大道19号
…………………………………… Tel:8215712
浔阳区地方税务局金鸡坡分局
地址：九江市浔阳区滨江东路118号
…………………………………… Tel:8632280
溢浦地方税务所 九江市浔阳区
…………………………………… Tel:8211960
修水县（0792）
修水县国家税务局
地址：修水县凤凰山路15号
…………………………………… Tel:7221072
修水县国家税务局黄沙分局
地址：修水县黄沙镇
…………………………………… Tel:7908868
杭口国家税务所
地址：修水县杭口镇
…………………………………… Tel:7856026
白岭镇国家税务所
地址：修水县白岭镇
…………………………………… Tel:7333051
渣津国家税务所
地址：修水县渣津镇
…………………………………… Tel:7666005
修水县地方税务局
地址：修水县城南开发区
…………………………………… Tel:7275008
修水县地方税务局山口分局
地址：修水县山口镇
…………………………………… Tel:7622050
修水县地方税务局马坳分局
地址：修水县马坳镇
…………………………………… Tel:7888012
修水县地方税务局白岭分局
地址：修水县白岭镇
…………………………………… Tel:7333066
修水县地方税务局城南分局
地址：修水县
…………………………………… Tel:7262515
修水县地方税务局黄港分局
地址：修水县黄港镇
…………………………………… Tel:7999802
修水县地方税务局溪口分局
地址：修水县溪口镇
…………………………………… Tel:7501111
义宁镇地方税务所
地址：修水县
…………………………………… Tel:7223044
渣津地方税务所
地址：修水县渣津镇
…………………………………… Tel:7666133
三都地方税务所
地址：修水县三都镇
…………………………………… Tel:7811069
大桥镇地方税务所
地址：修水县大桥镇
…………………………………… Tel:7555034
武宁县（0792）
武宁县国家税务局
地址：武宁县豫宁大道36号
…………………………………… Tel:2783485
武宁县地方税务局
地址：武宁县豫宁大道18号
…………………………………… Tel:2782393
石门楼镇地方税务所
地址：武宁县石门楼镇
…………………………………… Tel:2881016
瑞昌市（0792）
瑞昌市国家税务局
地址：瑞昌市浔阳西路
…………………………………… Tel:4212743
瑞昌市国家税务局花园分局
地址：瑞昌市花园乡
…………………………………… Tel:4963016
瑞昌市国家税务局码头分局
地址：瑞昌市码头镇
…………………………………… Tel:4886230
瑞昌市国家税务局南义分局
地址：瑞昌市南义镇王家铺
…………………………………… Tel:4916006
瑞昌市地方税务局
地址：瑞昌市人民南路48号
…………………………………… Tel:4224532
瑞昌市地方税务局花园分局
地址：瑞昌市花园乡
…………………………………… Tel:4963111
瑞昌市地方税务局码头分局
地址：瑞昌市码头镇
…………………………………… Tel:4886286
瑞昌市地方税务局南义分局
地址：瑞昌市南义镇王家铺
…………………………………… Tel:4916107
瑞昌市地方税务局溢城分局
地址：瑞昌市人民南路66号
…………………………………… Tel:4220050
永修县（0792）
永修县国家税务局
地址：永修县建昌西路
…………………………………… Tel:3223684
永修县国家税务局三溪桥分局
地址：永修县三溪桥镇
…………………………………… Tel:3070027
永修县国家税务局云山分局
地址：永修县云山镇
…………………………………… Tel:3020358
永修县国家税务局艾城分局
地址：永修县艾城镇
…………………………………… Tel:3170015
永修县地方税务局
地址：永修县建昌东路
…………………………………… Tel:3221546
永修县地方税务局云山分局
地址：永修县周田街
…………………………………… Tel:3020869
永修县地方税务局艾城分局
地址：永修县艾城镇
…………………………………… Tel:3170166
永修县地方税务局虬津分局
地址：永修县虬津镇
…………………………………… Tel:3110356
永修县地方税务局郊区分局
地址：永修县康乐路
…………………………………… Tel:3220853
永修县地方税务局柘林分局
地址：永修县拓林镇
…………………………………… Tel:3060668
德安县（0792）
德安县国家税务局
地址：德安县宝塔大道
…………………………………… Tel:4667820
德安县地方税务局
地址：德安县桂林大道
…………………………………… Tel:4656600
九江县（0792）
九江县国家税务局
地址：九江县庐山东路47号
…………………………………… Tel:6812374
九江县国家税务局新合分局
地址：九江县新舍镇集镇
…………………………………… Tel:6981048
九江县地方税务局
地址：九江县庐山东路1号
…………………………………… Tel:6821253
九江县地方税务局马回岭分局
地址：九江县马回岭镇集镇
…………………………………… Tel:6921259
九江县地方税务局新合分局
地址：九江县新合镇集镇
…………………………………… Tel:6981049
九江县地方税务局赛城湖分局
地址：九江县赛城湖闸口
…………………………………… Tel:6846196
星子县（0792）
星子县国家税务局
地址：星子县秀峰大道
…………………………………… Tel:2671567
星子县国家税务局温泉分局
地址：星子县秀峰大道
…………………………………… Tel:2671151
星子县国家税务局横塘分局
地址：星子县
…………………………………… Tel:2672121
星子县地方税务局
地址：星子县南康大道
…………………………………… Tel:2664260
星子县地方税务局蛟塘分局
地址：星子县蛟塘镇
…………………………………… Tel:2635082
星子县地方税务局温泉分局
地址：星子县温泉镇归宗街
…………………………………… Tel:2611131
星子县地方税务局横塘分局
地址：星子县横塘镇商品街
…………………………………… Tel:2596096
都昌县（0792）
都昌县国家税务局
地址：都昌县人民路
…………………………………… Tel:5228211
都昌县国家税务局徐埠分局
地址：都昌县徐埠镇
…………………………………… Tel:5520099
都昌县国家税务局蔡岭分局
地址：都昌县蔡岭镇
…………………………………… Tel:5361017
都昌县地方税务局
地址：都昌县万里大道176号
…………………………………… Tel:5221988
都昌县地方税务局中馆分局
地址：都昌县中馆镇
…………………………………… Tel:5160091
都昌县地方税务局周溪分局
地址：都昌县周溪街
…………………………………… Tel:5271042
都昌县地方税务局都镇分局
地址：都昌县
…………………………………… Tel:5221948
都昌县地方税务局蔡岭分局
地址：都昌县蔡岭镇
…………………………………… Tel:5361112
湖口县（0792）
湖口县国家税务局
地址：湖口县三里大道
…………………………………… Tel:6321032
湖口县地方税务局
地址：湖口县三里大道
…………………………………… Tel:6326103
彭泽县（0792）
彭泽县国家税务局
地址：彭泽县龙青路
…………………………………… Tel:5666385
彭泽县国家税务局东升分局
地址：彭泽县东升乡
…………………………………… Tel:5930017
彭泽县地方税务局
地址：彭泽县龙城大道
…………………………………… Tel:5660756
彭泽县地方税务局马当分局
地址：彭泽县
…………………………………… Tel:5820772
彭泽县地方税务局龙城分局
地址：彭泽县
…………………………………… Tel:5670168
彭泽县地方税务局东升分局
地址：彭泽县
…………………………………… Tel:5930085
彭泽县地方税务局定山分局
地址：彭泽县
…………………………………… Tel:5860009
庐山风黄区（0792）
庐山风景名胜区国家税务局
地址：庐山河西路5号
…………………………………… Tel:8296737
共青开发区（0792）
共青城国家税务局
地址：九江市共青城
…………………………………… Tel:4357511
共青城地方税务局
地址：九江市共青城
…………………………………… Tel:4345188
共青开放开发区地方税务局
地址：九江市共青城长青大道1号
…………………………………… Tel:4344417
新余市（0790）
新余市辖区（0790）
新余市国家税务局
地址：新余市仙来东大道658号
…………………………………… Tel:6442182
新余市国家税务局经济开发区分局
地址：新余市渝东大道水西镇政府隔壁
…………………………………… Tel:6760173
渝水区国家税务局
地址：新余市劳动南路210号
…………………………………… Tel:6209902
渝水区国家税务局个体分局
地址：新余市站前西路
…………………………………… Tel:6221773
渝水区国家税务局仙女湖分局
地址：新余市仙女湖风景名胜区河下镇政府附楼
…………………………………… Tel:6859136
渝水区国家税务局良山分局
地址：新余市渝水区良山镇
…………………………………… Tel:6720676
新余市地方税务局
地址：新余市仙来西大道100号
…………………………………… Tel:6425366
新余市地方税务局下村分局
地址：新余市渝水区下村镇
…………………………………… Tel:6701006
新余市地方税务局水北分局
地址：新余市渝水区水北镇
…………………………………… Tel:6717589
新余市地方税务局水西分局
地址：新余市城东经济开发区水西镇
…………………………………… Tel:6767061
新余市地方税务局直属分局
地址：新余市仙来西大道100号
…………………………………… Tel:6429578
新余市地方税务局罗坊分局
地址：新余市渝水区罗坊镇
…………………………………… Tel:6747948
新余市地方税务局姚圩分局
地址：新余市渝水区姚圩镇
…………………………………… Tel:6751026
新余市经济开发区地方税务局
地址：新余市城东经济开发区
…………………………………… Tel:6865579
渝水区地方税务局
地址：新余市沙土街176号
…………………………………… Tel:6448421
仙女湖地方税务局
地址：新余市仙女湖风景名胜区河下镇叶家村旁
…………………………………… Tel:6857900
渝水区地方税务局观巢分局
地址：新余市渝水区观巢街
…………………………………… Tel:6795399
渝水区地方税务局袁河分局
地址：新余市站前西路粤新建材大市场
…………………………………… Tel:6203019
分宜县（0790）
分宜县国家税务局
地址：分宜县铃山西路82号
…………………………………… Tel:5811322
分宜县地方税务局
地址：分宜县钤阳西路
…………………………………… Tel:5883165
鹰潭市（0701）
鹰潭市辖区（0701）
鹰潭市国家税务局
地址：鹰潭市胜利东路188号
…………………………………… Tel:6436016
鹰潭市国家税务局涉外分局
地址：鹰潭市胜利东路188号
…………………………………… Tel:6436098
鹰潭市国家税务局工业园区分局
地址：鹰潭市工业园区管委会四楼
…………………………………… Tel:6317991
月湖区国家税务局
地址：鹰潭市林荫东路103号
…………………………………… Tel:6223067
龙虎山国家税务局
地址：鹰潭市龙虎山
…………………………………… Tel:6639079
鹰潭市地方税务局
地址：鹰潭市
…………………………………… Tel:6287337
鹰潭市地方税务局工业园区分局
地址：鹰潭市工业园区管理委会后1栋
…………………………………… Tel:6317568
鹰潭市地方税务局龙虎山分局
地址：鹰潭市龙虎山镇
…………………………………… Tel:6656597
月湖区地方税务局
地址：鹰潭市站江路17号
…………………………………… Tel:6221977
余江县（0701）
余江县国家税务局
地址：余江县白塔中路17号
…………………………………… Tel:5891648
余江县国家税务局刘家分局
地址：余江县刘家站
…………………………………… Tel:5321061
余江县国家税务局锦江分局
地址：余江县锦江镇
…………………………………… Tel:5811223
余江县地方税务局
地址：余江县白塔中路3号
…………………………………… Tel:5892200
余江县地方税务局锦北分局
地址：余江县锦江镇
…………………………………… Tel:5811069
贵溪市（0701）
贵溪市国家税务局
地址：贵溪市雄石东路
…………………………………… Tel:3779398
贵溪市地方税务局

地址：贵溪市冶金大道10号
……………………Tel:3310766
贵溪市地方税务局金屯分局
地址：贵溪市金屯镇
……………………Tel:3712134
贵溪市地方税务局城郊分局
地址：贵溪市雄石路南街沿城巷65-3号
……………………Tel:3316102
贵溪市地方税务局雄石分局
地址：贵溪市冶金大道10号
……………………Tel:3310798
贵溪市农业税征收管理局
地址：贵溪市雄石东路
……………………Tel:3782660
贵溪市农税局
地址：贵溪市冶金大道经济大楼
……………………Tel:3310650
赣州市（0797）
精州市辖区（13797）
赣州市国家税务局
地址：赣州市
……………………Tel:8136910
赣州市国家税务局直属税务分局
地址：赣州市文明大道
……………………Tel:8152375
章贡区国家税务局水东分局
地址：赣州市
……………………Tel:8462435
章贡区国家税务局湖边分局
地址：赣州市宋城路45号
……………………Tel:8253679
赣州市地方税务局
地址：赣州市文明大道
……………………Tel:8275088
章贡区农村税费改革领导小组办公室
地址：赣州市
……………………Tel:8292890
赣县（0797）
赣县国家税务局
地址：赣县章贡路11号
……………………Tel:4441552
江口国家税务所
地址：赣县江口镇
……………………Tel:4480084
信丰县（0797）
信丰县国家税务局
地址：信丰县圣塔路
……………………Tel:3326591
信丰县国家税务局城区分局
地址：信丰县阳明中路
……………………Tel:3326533
信丰县地方税务局
地址：信丰县阳明中路
……………………Tel:3328605
大阿地方税务所
地址：信丰县大阿镇
……………………Tel:3298055
西牛地方税务所
地址：信丰县西牛镇
……………………Tel:3281169
大余县（0797）
大余县国家税务局
地址：大余县南安大道
……………………Tel:8719013
大余县地方税务局
地址：大余县伯坚大道
……………………Tel:8723236
大余县农村税费领导小组
地址：大余县建设路
……………………Tel:8719310
上犹县（0797）
上犹县国家税务局
地址：上犹县犹江大道中段
……………………Tel:8521576
上犹县国家税务局营前分局
地址：上犹县营前街苏峰路
……………………Tel:8561229
上犹县地方税务局
地址：上犹县水南大道118号
……………………Tel:854598
上犹县地方税务局营前分局
地址：上犹县营前街苏峰路
……………………Tel:8561336
崇义县（0797）
崇义县国家税务局
地址：崇义县旗岭路93号
……………………Tel:3813684
崇义县地方税务局
地址：崇义县章源大道568号
……………………Tel:3814351
崇义县地方税务局古亭分局
地址：崇义县
……………………Tel:3823589
崇义县地方税务局扬眉分局
地址：崇义县
……………………Tel:3823586
崇义县地方税务局关田分局
地址：崇义县
……………………Tel:3821592
崇义县地方税务局横水分局
地址：崇义县
……………………Tel:3820564
关田镇地方税务所
地址：崇义县关田镇
……………………Tel:3858022
安远县（0797）
安远县国家税务局
地址：安远县
……………………Tel:3735875
安远县国家税务局孔田分局
地址：安远县
……………………Tel:3726066
安远县国家税务局版石分局
地址：安远县
……………………Tel:3726088
安远县地方税务局
地址：安远县城欣山镇濂江路274号
……………………Tel:3728063
安远县地方税务局版石分局
地址：安远县孔田镇
……………………Tel:3780319
龙南县（0797）
龙南县国家税务局
地址：龙南县金水大道
……………………Tel:3527798
龙南县地方税务局
地址：龙南县金水大道23号
……………………Tel:3527901
定南县（0797）
定南县国家税务局
地址：定南县
……………………Tel:4299777
定南县地方税务局
地址：定南县
……………………Tel:4283000
全南县（0797）
全南县国家税务局
地址：全南县车站北路
……………………Tel:2639626
全南县地方税务局
地址：全南县
……………………Tel:2638628
全南县地方税务局大吉山分局
地址：全南县大吉山镇
……………………Tel:2666270
宁都县（0797）
宁部县国家税务局
地址：宁都县北门雕像旁
……………………Tel:6832461
宁都县国家税务局长胜分局
地址：宁都县长胜镇
……………………Tel:6881092
宁都县国家税务局固村分局
地址：宁都县固村开发区
……………………Tel:6986013
宁都县国家税务局洛口分局
地址：宁都县洛口乡
……………………Tel:6961131
宁都县地方税务局
地址：宁都县老学坪2号
……………………Tel:6831698
宁都县地方税务局石上分局
地址：宁都县石上镇
……………………Tel:6840330
宁都县地方税务局固村分局
地址：宁都县固村开发区
……………………Tel:6986059
宁都县地方税务局洛口分局
地址：宁都县洛口乡
……………………Tel:6962088
宁都县地方税务局黄陂分局
地址：宁都县黄陂镇丁字街
……………………Tel:6860168
长胜镇地方税务所
宁都县长胜腾飞东路
……………………Tel:6881117
于都县（0797）
于都县国家税务局
地址：于都县长征大道
……………………Tel:6233502
于都县地方税务局
地址：于都县长征大道中段78号
……………………Tel:6235344
兴国县（0797）
兴国县国家税务局
地址：兴国县兴国大道4号
……………………Tel:5323053
兴国县国家税务局高兴分局
地址：兴国县高兴镇
……………………Tel:5200051
古龙岗国家税务所
兴国县古龙岗镇
……………………Tel:5216115
兴国县地方税务局
地址：兴国县横街26号
……………………Tel:5321231
兴国县地方税务局江背分局
地址：兴国县江背镇
……………………Tel:5247046
兴国县地方税务局潋江分局
地址：兴国普
……………………Tel:5323225
兴国县地方税务局稽查分局
地址：兴国县大井头
……………………Tel:5325530
古龙岗地方税务所
地址：兴国县古龙岗
……………………Tel:5216170
会昌县（0797）
会昌县国家税务局
地址：会昌县红旗大道67号
……………………Tel:5622238
会昌县国家税务局西江分局
地址：会昌县西江镇
……………………Tel:5676005
会昌县国家税务局周田分局
地址：会昌县周田镇
……………………Tel:5603022
会昌县地方税务局
地址：会昌县红旗大道322号
……………………Tel:5637995
会昌县农税局
地址：会昌县红旗大道288号财政局五楼
……………………Tel:5635662
寻乌县（0797）
寻乌县国家税务局
地址：寻乌县长安大道
……………………Tel:2852299
寻乌县国家税务局留车分局
地址：寻乌县
……………………Tel:2852278
寻乌县国家税务局澄江分局
地址：寻乌县澄江镇
……………………Tel:2852279
寻乌县地方税务局
地址：寻乌县城北
……………………Tel:2852619
石城县（0797）
石城县国家税务局
地址：石城县琴江镇学前路23号
……………………Tel:5712228
石城县地方税务局
地址：石城县东城南大道569号
……………………Tel:5793607
瑞金市（0797）
瑞金市国家税务局
地址：瑞金市金都大道192号
……………………Tel:2522016
瑞金市地方税务局
地址：瑞金市八一北路地税大楼
……………………Tel:2521301
南康区（0797）
南康区国家税务局
地址：南康区市政大楼后街
……………………Tel:6606320
南康区地方税务局
地址：南康区蓉康中路水电大厦
……………………Tel:6613110
南康区地方税务局东山分局
地址：南康区中国银行七楼
……………………Tel:6611488
南康区地方税务局蓉江分局
地址：南康区行政审批中心五楼
……………………Tel:6611098
南康区农村税费改革领导小组办公室
地址：南康区
……………………Tel:6619010
吉安市（0796）
吉安市辖区（0796）
吉安市国家税务局
地址：吉安市井冈山大道122号
……………………Tel:8210123
吉州区国家税务局
地址：吉安市大校场路1号
……………………Tel:8211953
青原区国家税务局
地址：吉安市青原区正气路
……………………Tel:8100777
吉安市地方税务局
地址：吉安市吉州大道26号
……………………Tel:8221716
吉州区地方税务局
地址：吉安市吉州区阳明西路2号
……………………Tel:8287172
吉州区地方税务局习溪桥分局
地址：吉安市
……………………Tel:8287166
吉州区地方税务局禾埠分局
地址：吉安市大巷口6567号
……………………Tel:8317819
吉州区地方税务局白塘分局
地址：吉安市白塘乡政府楼上
……………………Tel:8240999
吉州区地方税务局永叔分局
地址：吉安市
……………………Tel:8287075
吉州区地方税务局樟山分局
地址：吉安市吉州区工业园
……………………Tel:8251888
青原区地方税务局
地址：吉安市青原大道
…………Tel:8103522吉安乡（0796）
吉安市高新技术产业开发区地方 税务分局
地址：吉安县管委会大楼
……………………Tel:8403622
吉安县国家税务局
地址：吉安县敦厚镇富川路1号
……………………Tel:8442226
吉安县国家税务局高新技术产业 园区税务分局
地址：吉安县高新技术产业开发区
……………………Tel:8403861
吉安县地方税务局
地址：吉安县
……………………Tel:8435375
吉安县地方税务局安塘分局
地址：吉安县安塘乡
……………………Tel:8758035
吉安县地方税务局直属分局
地址：吉安县
……………………Tel:8441415
吉水县（0796）
吉水县国家税务局
地址：吉水县龙华北大道
……………………Tel:8680247
吉水县地方税务局
地址：吉水县城北新区
……………………Tel:8680628
吉水县地方税务局乌江镇分局
地址：吉水县乌江镇
……………………Tel:8683107
吉水县地方税务局园区分局
地址：吉水县城北新区
……………………Tel:8689637
吉水县地方税务局枫江镇分局
地址：吉水县枫江镇
……………………Tel:8684002
吉水县地方税务局金滩镇分局
地址：吉水县金滩镇
……………………Tel:8684024
峡江县（0796）
峡江县国家税务局
地址：峡江县玉笥大道
……………………Tel:3674719
蛱江县国家税务局巴邱分局
地址：峡江县巴邱镇人民北路
……………………Tel:3663616
峡江县地方税务局
地址：峡江县百花路5号
……………………Tel:3690292
峡江县地方税务局巴邱分局
地址：峡江县巴邱镇人民北露
……………………Tel:3666168
峡江县地方税务局水边分局
地址：峡江县集贸市场
……………………Tel:3690156
峡江县地方税务局稽查分局
地址：峡江县百花路
……………………Tel:3690293
新干县（0796）
新干县国家税务局
地址：新干县金川镇商贸中心
……………………Tel:2673402
新干县国家税务局力江分局
地址：新干县力江乡
……………………Tel:2881656
新干县国家税务局潭丘分局
地址：新干县
……………………Tel:2731003
新干县地方税务局
地址：新干县善政二路
……………………Tel:2680145
新干县地方税务局金川分局
地址：新干县
……………………Tel:2681072
永丰县（0796）
永丰县国家税务局
地址：永丰县绿海大道
……………………Tel:2511563
永丰县地方税务局
地址：永丰县绿海大道
……………………Tel:2512595
泰和县（0796）
泰和县国家税务局
地址：泰和县白凤大道
……………………Tel:8638097
泰和县地方税务局
地址：泰和县白凤大道
……………………Tel:8638359
遂川县（0796）
遂川县国家税务局
地址：遂川县东路大道
……………………Tel:6326921
遂川县地方税务局
地址：遂川县东路大道
……………………Tel:6322950
万安县（0796）
万安县国家税务局
地址：万安县五云路五丰新村店面
……………………Tel:5701367
万安县地方税务局
地址：万安县
……………………Tel:5701773

安福县（0796）
安福县国家税务局
地址：安福县武功山大道89号
…………………………Tel：1630305
枫田国家税务所
地址：安福县枫田镇
…………………………Tel：1388087
洲湖国家税务所
地址：安福县洲湖镇
…………………………Tel：7618115
安福县地方税务局
地址：安福县安平路189号
…………………………Tel：7623953
安福县地方税务局山庄分局
地址：安福县山庄乡
…………………………Tel：7398027
安福县地方税务局平都分局
地址：安福县安成南路
…………………………Tel：7622810
安福县地方税务局严田分局
地址：安福县严田镇
…………………………Tel：7368085
安福县地方税务局洲湖分局
地址：安福县洲湖镇
…………………………Tel：7618190
安福县地方税务局浒坑分局
地址：安福县浒坑镇
…………………………Tel：7358260
安福县地方税务局稽查分局
地址：安福县
…………………………Tel：7631806
井冈山市（0796）
井冈山市国家税务局
地址：井冈山市南山路
…………………………Tel：6552209
井冈山市地方税务局
地址：井冈山市南山路8号
…………………………Tel：6557719
井冈山市地方税务局龙市分局
地址：井冈山市龙市镇
…………………………Tel：6862781
井冈山市地方税务局茨坪分局
地址：井冈山市茨坪镇
…………………………Tel：6551435
井冈山市农业税收征收管理局
地址：井冈山市新城区
…………………………Tel：6891583
黄坳地方税务所
地址：井冈山市黄坳乡
…………………………Tel：6683036
宜春市（0795）
宜春市辖区（0795）
宜春市国家税务局
地址：宜春市化成路宜春中学东边门口
…………………………Tel：3997888
袁州区国家税务局
地址：宜春市中山东路160号
…………………………Tel：3272346
奉新县（0795）
奉新县国家税务局
地址：奉新县迎宾路
…………………………Tel：4615587
奉新县国家税务局上富分局
地址：奉新县上富镇
…………………………Tel：4631476
奉新县国家税务局冯川分局
地址：奉新县
…………………………Tel：4622678
奉新县国家税务局稽查分局
地址：奉新县迎宾路
…………………………Tel：4615399
会埠国家税务所
地址：奉新县会埠镇
…………………………Tel：4581026
柳溪国家税务所
地址：奉新县柳溪乡
…………………………Tel：4647256
澡下国家税务所
地址：奉新县澡下镇
…………………………Tel：4591011
奉新县地方税务局
地址：奉新县狮山大道中段93号
…………………………Tel：4622664
奉新县地方税务局干洲分局
地址：奉新县干洲镇
…………………………Tel：4531008
奉新县地方税务局甘坊分局
地址：奉新县甘坊乡
…………………………Tel：4649007
奉新县地方税务局冯川分局
地址：奉新县狮山大道中段93号
…………………………Tel：4622753
奉新县地方税务局会埠分局
地址：奉新县会埠镇
…………………………Tel：4581027
奉新县地方税务局赤田分局
地址：奉新县赤田镇
…………………………Tel：4571108
奉新县地方税务局稽查分局
地址：奉新县狮山大道中段93号
…………………………Tel：4611640

万载县（0795）
万载县国家税务局
地址：万载县金三角
…………………………Tel：8903269
万载县地方税务局
地址：万载县
…………………………Tel：8903230
上高县（0795）
上高县国家税务局
地址：上高县
…………………………Tel：2511626
上高县国家税务局泗溪分局
地址：上高县泗溪镇
…………………………Tel：2562034
上高县国家税务局南港分局
地址：上高县南港乡
…………………………Tel：2532062
上高县国家税务局徐家渡分局
地址：上高县徐家渡镇
…………………………Tel：2572038
上高县国家税务局墨山分局
地址：上高县墨山
…………………………Tel：2542220
上高县地方税务局
地址：上高县
…………………………Tel：2512062
泗溪地方税务所
地址：上高县泗溪镇
…………………………Tel：2562082
南港地方税务所
地址：上高县南港乡
…………………………Tel：2532112
宜丰县（0795）
宜丰县国家税务局
地址：宜丰县新昌中大道
…………………………Tel：2765296
新庄镇国家税务所
地址：宜丰县新庄镇
…………………………Tel：2976067
宜丰县地方税务局潭山分局
地址：宜丰县潭山镇
…………………………Tel：2923390
新庄镇地方税务所
地址：宜丰县新庄镇
…………………………Tel：2977027
靖安县（0795）
靖安县国家税务局
地址：靖安县后港西路1号
…………………………Tel：4662381
靖安县国家税务局宝峰分局
地址：靖安县宝峰镇
…………………………Tel：4728012
靖安县国家税务局稽查分局
地址：靖安县
…………………………Tel：4662383
靖安县国家税务局操都分局
地址：靖安县操都镇
…………………………Tel：4751070
靖安县地方税务局
地址：靖安县清华大道
…………………………Tel：4664962
靖安县地方税务局双溪分局
地址：靖安县清华大道
…………………………Tel：4664967
靖安县地方税务局罗湾分局
地址：靖安县罗湾乡
…………………………Tel：4786125
靖安县地方税务局宝峰分局
地址：靖安县宝峰镇
…………………………Tel：4727127
靖安县地方税务局高湖分局
地址：靖安县高湖镇
…………………………Tel：4742336
靖安县地方税务局稽查局
地址：靖安县
…………………………Tel：4665024
靖安县农业税收征收管理局
地址：靖安县
…………………………Tel：4658929
铜鼓县（0795）
铜鼓县国家税务局
地址：铜鼓县城南东路269号
…………………………Tel：8692995
铜鼓县国家税务局稽查局
地址：铜鼓县城南东路
…………………………Tel：8692998
铜鼓县国家税务局集贸税务分局
地址：铜鼓县
…………………………Tel：8692990
铜鼓县地方税务局
地址：铜鼓县定江东路438号
…………………………Tel：8724755
铜鼓县地方税务局稽查分局
地址：铜鼓县定江东路458号
…………………………Tel：8724760
铜鼓县地方税务局三都分局
地址：铜鼓县三都镇
…………………………Tel：8771143
铜鼓县地方税务局大段分局
地址：铜鼓县大段镇
…………………………Tel：8745273

铜鼓县地方税务局永宁分局
地址：铜鼓县
…………………………Tel：8716780
铜鼓县地方税务局棋坪分局
地址：铜鼓县棋坪镇
…………………………Tel：8755037
丰城市（0795）
丰城市国家税务局上塘分局
地址：丰城市上塘镇
…………………………Tel：6689283
丰城市国家税务局小港分局
地址：丰城市小港镇
…………………………Tel：6452168
丰城市国家税务局拖船分局
地址：丰城市拖船镇
…………………………Tel：6742399
丰城市地方税务局
地址：丰城市剑邑大道627号
…………………………Tel：6202770
丰城市地方税务局上塘分局
地址：丰城市上塘镇
…………………………Tel：6688777
丰城市地方税务局小港分局
地址：丰城市小港镇
…………………………Tel：6452080
丰城市地方税务局白土分局
地址：丰城市白土镇
…………………………Tel：6853169
丰城市地方税务局秀市分局
地址：丰城市秀市镇集镇
…………………………Tel：6472109
丰城市地方税务局荣塘分局
地址：丰城市荣塘镇
…………………………Tel：6803766
丰城市地方税务局铁路分局
地址：丰城市铁路集镇
…………………………Tel：6492178
樟树市（0795）
樟树市国家税务局
地址：樟树市杏佛路73号
…………………………Tel：7332182
樟树市国家税务局店下分局
地址：樟树市店下镇
…………………………Tel：7871012
樟树市国家税务局临江分局
地址：樟树市临江镇
…………………………Tel：7811019
樟树市国家税务局黄土岗分局
地址：樟树市黄土岗镇
…………………………Tel：7841016
樟树市地方税务局
地址：樟树市杏佛路71号
…………………………Tel：7373192
樟树市地方税务局张家山分局
地址：樟树市张家山
…………………………Tel：7851325
樟树市地方税务局昌傅分局
地址：樟树市昌傅镇
…………………………Tel：7831059
樟树市地方税务局临江分局
地址：樟树市临江镇
…………………………Tel：7811247
樟树市地方税务局黄岗分局
地址：樟树市黄土岗镇
…………………………Tel：7841051
樟树市地方税务局清江分局
地址：樟树市杏佛路71号
…………………………Tel：7373173
高安市（0795）
高安市国家税务局
地址：高安市西湖东路
…………………………Tel：5280640
高安市国家税务局八景分局
地址：高安市八景镇
…………………………Tel：5483102
大城国家税务所
地址：高安市大城镇
…………………………Tel：5792105
华林国家税务所
地址：高安市华林风景区
…………………………Tel：5682050
新街国家税务所
地址：高安市新街镇
…………………………Tel：5452340
高安市地方税务局
地址：高安市赤土板路135号
…………………………Tel：525738
高安市地方税务局八景分局
地址：高安市八景镇
…………………………Tel：5483202
高安市地方税务局大城分局
地址：高安市大城镇
…………………………Tel：5792202
高安市地方税务局黄沙分局
地址：高安市黄沙镇
…………………………Tel：5622271
高安市地方税务局瑞州分局
地址：高安市
…………………………Tel：5250296
高安市农村税费改革办公室
地址：高安市
…………………………Tel：5222213

蓝坊地方税务所
地址：高安市蓝坊镇
…………………………Tel：5715991
石脑地方税务所
地址：高安市石脑镇
…………………………Tel：5605783
新街地方税务所
地址：高安市新街镇
…………………………Tel：5452472
龙潭地方税务所
地址：高安市龙潭镇
…………………………Tel：5610257
抚州市（0794）
抚州市辖区（0794）
抚州市国家税务局
地址：抚州市临川大道28号
…………………………Tel：8222609
抚州市国家税务局直属分局
地址：抚州市临川大道28号
…………………………Tel：8231333
抚州市国家税务局稽查局
地址：抚州市临川大道239号
…………………………Tel：8224150
抚州市国家税务局金巢开发区分局
地址：抚州市玉茗大道12号
…………………………Tel：8269706
抚州市地方税务局
地址：抚州市玉茗大道246号
…………………………Tel：8233367
抚州市农税改革领导小组办公室
地址：抚州市迎宾大道
…………………………Tel：8269283
金巢经济开发区地方税务局
地址：抚州市玉茗大道
…………………………Tel：8261659
临川区（0794）
临川区国家税务局
地址：临川区赣东大道178号
…………………………Tel：8224021
临川区地方税务局
地址：抚州市临川大道508号
…………………………Tel：8253273
临川区地方税务局大岗分局
地址：临川区大岗镇
…………………………Tel：8628655
临川区地方税务局湖南分局
地址：临川区湖南乡
…………………………Tel：8573059
东馆地方税务所
地址：临川区
…………………………Tel：8817069
连源财税所
地址：临川区连源乡
…………………………Tel：8871090
腾桥镇财税所
地址：临川区腾桥镇
…………………………Tel：8828072
七里岗乡财税所
地址：瞄川区七里岗乡
…………………………Tel：8582088
南城县（0794）
南城县国家税务局
地址：南城县盱江大道国税局院内
…………………………Tel：7254997
南城县地方税务局
地址：南城县夫人田
…………………………Tel：7211567
黎川县（0794）
黎川县国家税务局
地址：黎川县金川大道
…………………………Tel：7566831
黎川县国家税务局稽查分局
地址：黎川县建设路
…………………………Tel：7522804
黎川县地方税务局
地址：黎川县东方红大道
…………………………Tel：7528288
黎川县地方税务局直属分局
地址：黎川县
…………………………Tel：7522631
黎川县地方税务局稽查分局
地址：黎川县
…………………………Tel：7502488
黎川县地方税务局日峰分局
地址：黎川县日峰路
…………………………Tel：7520060
黎川县地方税务局龙安分局
地址：黎川县龙安镇
…………………………Tel：7510178
黎川县地方税务局宏村分局
地址：黎川县宏村镇
…………………………Tel：7540317
黎川县地方税务局洵口分局
地址：黎川县洵口镇茶亭街
…………………………Tel：7570711
黎川县地方税务局熊村分局
地址：黎川县熊村镇
…………………………Tel：7580299
黎川县农村税费改革领导小组办公室
地址：黎川县东方红大道
…………………………Tel：7503139

南丰县（0794）
南丰县国家税务局
地址：南丰县桔都大道
Tel:3220368

南丰县国家税务局稽查分局
地址：南丰县桔都大道
Tel:3220226

南丰县国家税务局太和分局
地址：南丰县桔都大道
Tel:3227002

南丰县国家税务局白舍分局
地址：南丰县桔都大道
Tel:3221530

南丰县地方税务局
地址：南丰县桔都大道
Tel:3222028

南丰县地方税务局太和分局
地址：南丰县太和
Tel:3371919

南丰县地方税务局琴城分局
地址：南丰县桔都大道
Tel:3223188

崇仁县（0794）
崇仁县国家税务局
地址：崇仁县人民大道
Tel:6311299

崇仁县地方税务局
地址：崇仁县街口里3号
Tel:6335093

崇仁县地方税务局直属分局
地址：崇仁县
Tel:6333279

崇义县地方税务局航埠分局
地址：崇仁县航埠镇
Tel:6451451

崇仁县地方税务局马安分局
地址：崇仁县马安乡
Tel:6471371

崇仁县地方税务局孙坊分局
地址：崇仁县孙坊镇
Tel:6491591

崇仁县地方税务局河上分局
地址：崇仁县河上镇
Tel:6461381

崇仁县农村税费改革领导小组办公室
地址：崇仁县街口路财政局四楼
Tel:6331150

乐安县（0794）
乐安县国家税务局
地址：乐安县乐安北大道
Tel:6572192

乐安县国家税务局公溪分局
地址：乐安县公溪镇
Tel:6552201

乐安县国家税务局招携分局
地址：乐安县招携镇
Tel:6732015

乐安县国家税务局龚坊分局
地址：乐安县龚坊镇
Tel:6641070

乐安县地方税务局
地址：乐安县乐安大道
Tel:6593941

乐安县地方税务局万崇分局
地址：乐安县万崇镇
Tel:6681020

乐安县地方税务局公溪分局
地址：乐安县公溪镇
Tel:6552286

乐安县地方税务局招携分局
地址：乐安县招携镇
Tel:6732079

乐安县地方税务局敖溪分局
地址：乐安县敖溪路
Tel:6575122

乐安县地方税务局龚坊分局
地址：乐安县龚坊镇
Tel:6641568

山砀财税所
地址：乐安县山砀镇
Tel:6621486

宜黄县（0794）
宜黄县国家税务局
地址：宜黄县河东世纪大道
Tel:7616002

棠阴镇国家税务所
地址：宜黄县棠阴镇
Tel:7678126

宜黄县地方税务局
地址：宜黄县学前街54号
Tel:7611506

圳口乡地方税务所
地址：宜黄县圳口乡
Tel:7698018

二都地方税务所
地址：宜黄县二都镇
Tel:7798006

金溪县（0794）
金溪县国家税务局
地址：金溪县象山南路
Tel:5295056

金溪县国家税务局稽查局
地址：金溪县象山南路
Tel:5290441

金溪县国家税务局对桥分局
地址：金溪县对桥乡
Tel:5381034

金溪县国家税务局浒湾分局
地址：金溪县浒湾镇
Tel:5281063

金溪县地方税务局
地址：金溪县秀谷西大道
Tel:5290168

浒湾镇财税所
地址：金溪县浒湾镇
Tel:5287596

资溪县（0794）
资溪县国家税务局
地址：资溪县建设中路
Tel:5798633

资溪县地方税务局
地址：资溪县建设中路
Tel:5791918

资溪县地方税务局嵩市分局
地址：资溪县嵩市镇
Tel:5666748

资溪县非税收入征收管理局
地址：资溪县建设中路47号
Tel:5799659

东乡县（0794）
东乡县国家税务局
地址：东乡县恒安中路190号
Tel:4232259

东乡县地方税务局
地址：东乡县昌景西路
Tel:4278101

东乡县地方税务局开发区分局
地址：东乡县经济开发区
Tel:4417956

东乡县地方税务局邓家分局
地址：东乡县农民街
Tel:4230562

东乡县地方税务局圩上桥分局
地址：东乡县红星
Tel:4382089

东乡县地方税务局孝岗分局
地址：东乡县
Tel:4417952

东乡县地方税务局岗上积分局
地址：东乡县舒同西路
Tel:4230863

广昌县（0794）
广昌县国家税务局
地址：广昌县莲花大道
Tel:3610276

广昌县国家税务局稽查局
地址：广昌县
Tel:3622169

广昌县国家税务局农村分局
地址：广昌县
Tel:3615923

广昌县地方税务局
地址：广昌县盱江一路
Tel:3622814

广昌县地方税务局稽查分局
地址：广昌县
Tel:3622166

广昌县地方税务局直属分局
地址：广昌县
Tel:3623466

广昌县地方税务局甘竹分局
地址：广昌县甘竹镇
Tel:3678612

广昌县地方税务局头陂分局
地址：广昌县
Tel:3782991

广昌县地方税务局盱江分局
地址：广昌县盱江镇
Tel:3621311

长桥地方税务所
广昌县长桥乡
Tel:3662609

赤水地方税务所
广昌县赤水镇
Tel:3716996

广昌县税费改革领导小组办公室
地址：广昌县解放路
Tel:3612550

上饶市（0793）
上饶市辖区（0793）
上饶市国家税务局
地址：上饶市信州区中山西路20号
Tel:8223036

信州区国家税务局
地址：上饶市信州区五三大道50号
Tel:8222063

上饶市地方税务局
地址：上饶市信州区赣东北大道15号
Tel:8236905

上饶县（0793）
上饶县国家税务局
地址：上饶县惟义路101号
Tel:8442412

上饶县地方税务局
地址：上饶县信美路3号
Tel:8445956

上饶县地方税务局田墩分局
地址：上饶县田墩镇
Tel:8673266

上饶县地方税务局枫岭头分局
地址：上饶县枫岭头镇
Tel:8452469

上饶工业园区地方税务分局
地址：上饶县工业园区
Tel:8462573

广丰区（0793）
广丰区国家税务局
地址：广丰区白鹤路1号
Tel:2652775

广丰区地方税务局
地址：广丰区西街26号
Tel:2653403

玉山县（0793）
玉山县国家税务局
地址：玉山县冰溪中路21号
Tel:2566746

玉山县地方税务局
地址：玉山县玉华路
Tel:2552645

铅山县（0793）
铅山县国家税务局
地址：铅山县胜利路
Tel:5333388

铅山县国家税务局汪二分局
地址：铅山县汪二镇
Tel:5152007

铅山县国家税务局紫溪分局
地址：铅山县稼轩乡
Tel:5462097

铅山县地方税务局
地址：铅山县鹅湖大道76号
Tel:5334309

铅山县地方税务局紫溪分局
地址：铅山县稼轩乡
Tel:5462309

鹅湖地方税务所
地址：铅山县鹅湖镇
Tel:5432111

铅山县农村税费改革办公室
地址：铅山县黄岗山大道
Tel:5333980

横峰县（0793）
横峰县国家税务局
地址：横峰县解放中路
Tel:5782790

横峰县地方税务局
地址：横峰县人民大道188号
Tel:5794564

弋阳县（0793）
弋阳县国家税务局
地址：弋阳县胜利大道
Tel:5821828

弋阳县地方税务局
地址：弋阳县志敏大道
Tel:5820969

余干县（0793）
余干县国家税务局
地址：余干县城北开发区
Tel:3397001

余干县地方税务局
地址：余干县四衙路
Tel:3202202

余干县农业税收征收管理局
地址：余干县城北新区
Tel:3398976

鄱阳县（0793）
鄱阳县国家税务局
地址：鄱阳县
Tel:6270806

鄱阳县地方税务局
地址：鄱阳县城北
Tel:6279927

万年县（0793）
万年县国家税务局
地址：万年县城万昌大道
Tel:3833454

万年县地方税务局
地址：万年县城站前西路
Tel:3698197

婺源县（0793）
婺源县国家税务局
地址：婺源县紫阳镇书乡路
Tel:7342585

婺源县地方税务局
地址：婺源县紫阳镇文公南路1号
Tel:1352733

中云镇地方税务所
地址：婺源县中云镇
Tel:7312022

婺源县农税局
地址：婺源县
Tel:7350512

婺源县农村税费改革领导小组办公室
地址：婺源县东溪路
Tel:7358910

德兴市（0793）
德兴市国家税务局
地址：德兴市南门国税大楼
Tel:7585800

德兴市地方税务局
地址：德兴市
Tel:7518678

德兴市农业税收征收管理局
地址：德兴市
Tel:7505140

环保

南昌市（0791）
南昌市辖区（0791）
南昌市环境保护局
地址：南昌市会展路199号红谷大厦B座19楼
Tel:83986421

东湖区环境保护局
地址：南昌市民德路488号
Tel:86612281

西湖区环境保护局
地址：南昌市抚生路369号
Tel:86565039

青山湖区环境保护局
地址：南昌市南京东路699号
Tel:88107681

湾里区环境保护局
地址：南昌市湾里区城交路5号
Tel:83760814

鄱阳湖国家级自然保护区管理局
地址：南昌市红谷滩舞晖路490号
Tel:83856879

新建县（0791）
新建县环境保护局
地址：新建县建设路5号
Tel:83746592

安义县（0791）
安义县环境保护局
地址：安义县解放路209号
Tel:83429083

景德镇市（0798）
景德镇市辖区（0798）
景德镇市环境保护局
地址：景德镇市瓷都大道569号
Tel:8528473

景德镇市野生动植物保护管理站
地址：景德镇市瓷都大道922号
Tel:8525357

浮梁县（0798）
浮梁县环境生态环境局
地址：浮梁县
Tel:2621985

萍乡市（0799）
萍乡市辖区（0799）
萍乡市环境保护局
地址：萍乡市建设东路588号
Tel:6778209

萍乡经济开发区规划建设生态环境局
地址：萍乡市安源中大道
Tel:6782584

湘东区环境保护局
地址：湘东区
Tel:3435529

安源区环境保护局
地址：萍乡市安源新区综合大楼6楼
Tel:6661210

莲花县（0799）
莲花县环境保护局
地址：莲花县永安路
Tel:7228547

上栗县（0799）
上栗县环境保护局
地址：上栗县上栗镇平安南路
Tel:3867116

芦溪县（0799）
芦溪县环境保护局
地址：芦溪县
Tel:7585086

九江市（0792）
九江市辖区（0792）
九江市环境保护局
地址：九江市浔阳区
Tel:8580480

九江经济技术开发区建设生态环境局
地址：九江市经济技术开发区柴桑大市场
Tel:8330518

庐山区建设生态环境局
地址：九江市庐山区十里大道1476号
Tel:8251282

庐山自然保护区威家保护站
地址：九江市威家镇
Tel:8752211

庐山自然保护区海会保护管理站
地址：九江市庐山区海会镇
Tel:8792208

庐山自然保护区通远保护站
地址：九江市庐山区通远
Tel:8890036

浔阳区建设环境保护局
地址：九江市浔阳区三里街142号 ……Tel:8583976

修水县（0792）
修水县环境保护局
地址：修水县修江路6号 ……Tel:72211

武宁县（0792）
武宁县环境保护局
地址：武宁县新宁路61号（老城建局） ……Tel:2761489

瑞昌市（0792）
瑞昌市环境保护局
地址：瑞昌市建设路60号 ……Tel:4222135

永修县（0792）
永修县环境保护局
地址：永修县艾城镇星火工业园 ……Tel:3170051

吴城镇候鸟保护区
地址：永修县吴城镇 ……Tel:3280174

德安县（0792）
德安县环境保护局
地址：德安县桂林大道 ……Tel:4667668

九江县（0792）
九江县环境保护局
地址：九江县沿河南路252号 ……Tel:6812342

星子县（0792）
星子县环境保护局
地址：星子县南康大道 ……Tel:2670801

沙湖候鸟保护站
地址：星子县沙湖山乡中心村 ……Tel:3088111

都昌县（0792）
都昌县环境保护局
地址：都昌县东风大道 ……Tel:5223693

湖口县（0792）
湖口县环境保护局
地址：湖口县金砂湾工业园 ……Tel:6322117

彭泽县（0792）
彭泽县环境保护局
地址：彭泽县龙城大道 ……Tel:5660926

梅花鹿国家级自然保护区管理局
地址：彭泽县渊明路 ……Tel:5663330

共青开发区（0792）
共青城开放开发区国土环保建设局
地址：九江市共青城 ……Tel:4357728

新余市（0790）
新余市辖区（0790）
新余市环境保护局
地址：新余市上路86号 ……Tel:6422357

渝水区环境保护局
地址：新余市站前西路19号 ……Tel:6223708

分宜县（0790）
分宜县环境保护局
地址：分宜县安仁路 ……Tel:5815821

鹰潭市（0701）
鹰潭市辖区（0701）
鹰潭市环境保护局
地址：鹰潭市湖东路4号 ……Tel:6231708

余江县（0701）
余江县环境保护局
地址：余江县建设东路 ……Tel:5881391

余江县建设和环境保护局
地址：余江县站前中路 ……Tel:5881333

贵溪市（0701）
贵溪市环境保护局
地址：贵溪市雄石东路 ……Tel:3771296

赣州市（0797）
赣州市辖区（0797）
赣州市环境保护局
地址：赣州市 ……Tel:8126608

赣州市环境保护局章贡分局
地址：赣州市南河路11号 ……Tel:8172613

赣县（0797）
赣县环境保护局
地址：赣县梅林大街 ……Tel:4440076

信丰县（0797）
信丰县环境保护局
地址：信丰县嘉定镇水东路 ……Tel:3361751

大余县（0797）
大余县环境保护局
地址：大余县原经贸委大楼 ……Tel:8719029

大余县第一次全国污染源普查领 导小组办公室
地址：大余县上河边路 ……Tel:8723123

上犹县（0797）
上犹县环境保护局
地址：上犹县胜利路 ……Tel:8543490

崇义县（0797）
崇义县环境保护局
地址：崇义县南新路 ……Tel:3812573

阳岭自然保护区管理站
地址：崇义县阳岭 ……Tel:3812194

安远县（0797）
安远县环境保护局
地址：安远县 ……Tel:3723245

龙南县（0797）
龙南县环境保护局
地址：龙南县矿产局4楼 ……Tel:3519966

九连山国家级自然保护区管理局
地址：龙南县 ……Tel:3594126

定南县（0797）
定南县环境保护局
地址：定南县 ……Tel:4296123

全南县（0797）
全南县环境保护局
地址：全南县含江路 ……Tel:2636336

宁都县（0797）
宁都县环境保护局
地址：宁都县沿江路 ……Tel:6828579

于都县（0797）
于都县环境保护局
地址：于都县解放路祝捷巷53号 ……Tel:6233807

兴国县（0797）
兴国县环境保护局
地址：兴国县老检察院内 ……Tel:5319818

会昌县（0797）
会昌县环境保护局
地址：会昌县原糖厂招待所内 ……Tel:5632601

寻乌县（0797）
寻乌县环境保护局
地址：寻乌县 ……Tel:28146050

石城县（0797）
石城县环境保护局
地址：石城县莲塘北路 ……Tel:5711086

瑞金市（0797）
瑞金市环境保护局
地址：瑞金市二径路 ……Tel:2355622

吉安市（0796）
吉安市辖区（0796）
吉安市环境保护局
地址：吉安市大桥西路23号 ……Tel:8231046

吉州区环境保护局
地址：吉安市井冈山大道158号 ……Tel:8225340

吉安县（0796）
吉安县环境保护局
地址：吉安县庐陵大道 ……Tel:8411697

吉水县（0796）
吉水县环境保护局
地址：吉水县龙华北大道 ……Tel:8680187

峡江县（0796）
峡江县环境保护局
地址：峡江县百花路 ……Tel:3695832

新干县（0796）
新干县环境保护局
地址：新干县 ……Tel:2610699

永丰县（0796）
永丰县环境保护局
地址：永丰县规划建设大楼 ……Tel:2206655

泰和县（0796）
泰和县环境保护局
地址：泰和县工农兵大道1号 ……Tel:8638535

遂川县（0796）
遂川县环境保护局
地址：遂川县工农兵大道 ……Tel:6327785

万安县（0796）
万安县环境保护局
地址：万安县城崇文西路2号 ……Tel:5705343

安福县（0796）
安福县环境保护局
地址：安福县安平路441号 ……Tel:7633672

井冈山市（0796）
井冈山市自然保护处管理局
地址：井冈山市红军南路 ……Tel:6569180

井冈山市环境保护局
地址：井冈山市新城区 ……Tel:6891961

宜春市（0795）
奉新县（0795）
奉新县环境保护局
地址：泰新县城南林业局二楼 ……Tel:4622025

万载县（0795）
万载县环境保护局
地址：万载县 ……Tel:8828360

上高县（0795）
上高县环境保护局
地址：上高县和平路 ……Tel:2511680

宜丰县（0795）
宜丰县环境保护局
地址：宜丰县耶溪大道 ……Tel:2768555

靖安县（0795）
靖安县环境保护局
地址：靖安县后港东路15号 ……Tel:4657290

铜鼓县（0795）
铜鼓县环境保护局
地址：铜鼓县环城北路18号 ……Tel:8716970

丰城市（0795）
丰城市环境保护局
地址：丰城市第二行政服务中心8楼 ……Tel:6298196

樟树市（0795）
樟树市环境保护局
地址：樟树市药都路 ……Tel:7332977

高安市（0795）
高安市环境保护局
地址：高安市瑞州中路 ……Tel:5293669

抚州市（0794）
抚州市辖区（0794）
抚州市环境保护局
地址：抚州市赣东大道758号 ……Tel:8233273

金巢经济开发区管委会建设生态环境局
地址：抚州市伍塘路中段 ……Tel:8233039

临川区（0794）
临川区环境保护局
地址：临川新行政中心大楼 ……Tel:8469070

南城县（0794）
南城县环境保护局
地址：南城县建昌大道12号 ……Tel:7253957

南丰县（0794）
南丰县环境保护局
地址：南丰县老邮电局五楼 ……Tel:3205031

崇仁县（0794）
崇仁县环境保护局
地址：崇仁县府西路 ……Tel:6332461

乐安县（0794）
乐安县环境保护局
地址：乐安县沿河路 ……Tel:6575969

金溪县（0794）
金溪县城市环境保护局
地址：金溪县秀谷中大道 ……Tel:5298002

资溪县（0794）
资溪县马头山国家级自然保护区
地址：资溪县城西大道行政中心 ……Tel:5799133

资溪县华南虎野化放归管理办公室
地址：资溪县苗圃路21号 ……Tel:5790728

东乡县（0794）
东乡县环境保护局
地址：东乡县恒安西路 ……Tel:4232871

广昌县（0794）
广昌县环境保护局
地址：广昌县子暄南路2号 ……Tel:3610846

上饶市（0793）
上饶市辖区（0793）
上饶市环境保护局
地址：上饶市沿河东路 ……Tel:8316110

广丰区（0793）
广丰区环境保护局
地址：广丰区丰溪路 ……Tel:2618596

玉山县（0793）
玉山县环境保护局
地址：玉山县人民大道148号 ……Tel:2552971

铅山县（0793）
铅山县环境保护局
地址：铅山县城东社区鹅湖大道88号 ……Tel:5332256

横峰县（0793）
横峰县环境保护局
地址：横峰县上窑口 ……Tel:5785678

弋阳县（0793）
弋阳县环境保护局
地址：弋阳县弋江镇北门桥胜利路405号 ……Tel:5822270

余干县（0793）
余干县环境保护局
地址：余干县城北新区 ……Tel:3398335

鄱阳县（0793）
鄱阳县环境保护局
地址：鄱阳县城北 ……Tel:6279980

万年县（0793）
万年县环境保护局
地址：万年县城石洋西路 ……Tel:3832715

婺源县（0793）
婺源县环境保护局
地址：婺源县文公路 ……Tel:7352258

德兴市（0793）
德兴市环境保护局
地址：德兴市 ……Tel:7518697

旅游

南昌市（0791）
南昌市辖区（0791）
南昌市文化和文化和旅游局
地址：南昌市红谷滩新府路118号 ……Tel:83883355

萍乡市（0799）
萍乡市辖区（0799）
萍乡市文化和文化和旅游局
地址：萍乡市公园中路97号 ……Tel:6772595

安源区文化和文化和旅游局
地址：萍乡市安源新区安源大厦 ……Tel:6661092

芦溪县（0799）
芦溪县文化和文化和旅游局
地址：芦溪县 ……Tel:7560016

武功山旅游公路建设项目办公室
地址：芦溪县 ……Tel:7517114

九江市（0792）
九江市辖区（0792）
九江市文化和文化和旅游局
地址：九江市浔阳区长虹大道236号 ……Tel:8982268

庐山区文化和文化和旅游局
地址：九江市庐山区 ……Tel:8266608

浔阳区文化和文化和旅游局
地址：九江市浔阳区庾亮北路2号 ……Tel:8210133

修水县（0792）
修水县文化和文化和旅游局
地址：修水县 ……Tel:7225969

瑞昌市（0792）
瑞昌市文化和文化和旅游局
地址：瑞昌市市府广场 ……Tel:4235998

永修县（0792）
永修县文化和文化和旅游局
地址：永修县建昌西二路 ……Tel:3226507

九江县（0792）
九江县文化和文化和旅游局
地址：九江县庐山北路 ……Tel:6810829

星子县（0792）
星子县文化和文化和旅游局
地址：星子县南康大道 ……Tel:2666069

星子县庐山温泉渡假村管委会
星子县温泉镇 ……Tel:2611123

湖口县（0792）
湖口县文化和文化和旅游局
地址：湖口县大中路县政府大院内

…………………………………Tel:6331963
彭泽县(0792)
彭泽县文化和文化和旅游局
地址:彭泽县东风路
…………………………………Tel:5625675
新余市(0790)
新余市辖区(0790)
新余市文化和文化和旅游局
地址:新余市北湖西路55号
…………………………………Tel:6368999
分宜县(0790)
钤阳管理处
地址:分宜县山塘下
…………………………………Tel:5895188
鹰潭市(0701)
鹰潭市辖区(0701)
鹰潭市文化和文化和旅游局
地址:鹰潭市府前路市政府大楼12楼
…………………………………Tel:6433886
龙虎山文化和文化和旅游局
地址:鹰潭市龙虎山大道1号
…………………………………Tel:6656221
余江县(0701)
余江县文化和文化和旅游局
地址:余江县白塔中路6号
…………………………………Tel:5898716
贵溪市(0701)
贵溪市文化和文化和旅游局
地址:贵溪市治金大道
…………………………………Tel:3316006
赣州市(0797)
赣州市辖区(0797)
赣州市文化和文化和旅游局
地址:赣州市
…………………………………Tel:8392858
赣县(0797)
赣县文化和文化和旅游局
地址:赣县梅林大街9号
…………………………………Tel:4435266
信丰县(0797)
信丰县文化和文化和旅游局
地址:信丰县工业园
…………………………………Tel:3332936
大余县(0797)
大余县文化和文化和旅游局
地址:大余县金莲山大道
…………………………………Tel:8722063
上犹县(0797)
上犹县文化和文化和旅游局
地址:上犹县文兴路
…………………………………Tel:8543270
上犹县旅游项目开发指挥部办公室
地址:上犹县文兴路
…………………………………Tel:8542331
崇义县(0797)
崇义县文化和文化和旅游局
地址:崇义县体育路1号公务大楼
…………………………………Tel:3813866
安远县(0797)
安远县文化和文化和旅游局
地址:安远县
…………………………………Tel:3728330
龙南县(0797)
龙南县文化和文化和旅游局
地址:龙南县政府大楼一楼
…………………………………Tel:3511162
定南县(0797)
定南县文化和文化和旅游局
地址:定南县
…………………………………Tel:4292709
宁都县(0797)
宁都县文化和文化和旅游局
地址:宁都县胜利东路
…………………………………Tel:6832009
于都县(0797)
于都县文化和文化和旅游局
地址:于都县渡江大道
…………………………………Tel:6218781
兴国县(0797)
兴国县文化和文化和旅游局
地址:兴国县县政府大楼四楼
…………………………………Tel:5328823
会昌县(0797)
会昌县文化和文化和旅游局
地址:会昌县县政府院内
…………………………………Tel:5622662
寻乌县(0797)
寻乌县文化和文化和旅游局
地址:寻乌县长安大道国土大楼
…………………………………Tel:2831138
石城县(0797)
石城县文化和文化和旅游局
地址:石城县清华大道东城武装部
…………………………………Tel:5793308
瑞金市(0797)
瑞金市文化和文化和旅游局
地址:瑞金市公务大楼2楼212室
…………………………………Tel:2511611
吉安市(0796)
吉安市辖区(0796)
吉安市文化和文化和旅游局
地址:吉安市井冈山大道120号
…………………………………Tel:8253355
吉水县(0796)
吉水县文化和文化和旅游局
地址:吉水县行政中心
…………………………………Tel:8689352
永丰县(0796)
永丰县文化和文化和旅游局
地址:永丰县政府内
…………………………………Tel:2520236
永丰县国家森林公园管理局
地址:永丰县城恩江南路
…………………………………Tel:2514712
泰和县(0796)
泰和县文化和文化和旅游局
地址:泰和县工农兵大道1号1楼
…………………………………Tel:8638829
遂川县(0796)
遂川县文化和文化和旅游局
地址:遂川县行政办公大楼
…………………………………Tel:6327288
万安县(0796)
万安县文化和文化和旅游局
地址:万安县东风路县政府大院
…………………………………Tel:5709896
安福县(0796)
安福县文化和文化和旅游局
地址:安福县安平南路
…………………………………Tel:7625921
永新县(0796)
永新县文化和文化和旅游局
地址:永新县湘赣大道
…………………………………Tel:7727350
井冈山市(0796)
井冈山管理局旅游管理处
地址:井冈山市茨坪
…………………………………Tel:6565216
井冈山管理局门票管理处
地址:井冈山市茨坪镇
…………………………………Tel:6558307
宜春市(0795)
奉新县(0795)
奉新县文化和文化和旅游局
地址:奉新县冯川西路
…………………………………Tel:4613855
万载县(0795)
万载县文化和文化和旅游局
地址:万载县
…………………………………Tel:8828790
宜丰县(0795)
宜丰县文化和文化和旅游局
地址:宜丰县柏树北路
…………………………………Tel:2765828
靖安县(0795)
靖安县文化和文化和旅游局
地址:靖安县双溪大道森林大厦
…………………………………Tel:4651548
樟树市(0795)
樟树市文化和文化和旅游局
地址:樟树市药都路8号
…………………………………Tel:7332256
高安市(0795)
高安市文化和文化和旅游局
地址:高安市解放路26号
…………………………………Tel:5212967
抚州市(0794)
抚州市辖区(0794)
抚州市文化和文化和旅游局
地址:抚州市行政中心B121
…………………………………Tel:8212559
南城县(0794)
南城县文化和文化和旅游局
地址:南城县生产路县政院内
…………………………………Tel:7235186
黎川县(0794)
黎川县文化和文化和旅游局
地址:黎川县新行政大楼
…………………………………Tel:7566626
南丰县(0794)
南丰县文化和文化和旅游局
地址:南丰县桔都大道邮政局二楼
…………………………………Tel:3227076
乐安县(0794)
乐安县文化和文化和旅游局
地址:乐安县乐安北大道
…………………………………Tel:6669079
资溪县(0794)
资溪县文化和文化和旅游局
地址:资溪县城西行政中心
…………………………………Tel:5799688
东乡县(0794)
东乡县文化和文化和旅游局
地址:东乡县开发区行政大楼908室
…………………………………Tel:4279626
广昌县(0794)
广昌县文化和文化和旅游局
地址:广昌县解放路
…………………………………Tel:3629196
上饶市(0793)
上饶市辖区(0793)
上饶市文化和文化和旅游局
地址:上饶市中山路88号
…………………………………Tel:8219090
上饶县(0793)
上饶县文化和文化和旅游局
地址:上饶县旭日镇
…………………………………Tel:8466402
广丰区(0793)
广丰区文化和文化和旅游局
地址:广丰区府前街
…………………………………Tel:2636062
玉山县(0793)
玉山县文化和文化和旅游局
地址:玉山县行政大楼三楼
…………………………………Tel:2553880
玉山县三清山旅游度假区管理委员会
地址:玉山县日景现代城售楼部二楼
…………………………………Tel:2560666
铅山县(0793)
铅山县文化和文化和旅游局
地址:铅山县狮江大道
…………………………………Tel:5130189
弋阳县(0793)
圭峰文化和文化和旅游局
地址:弋阳县圭峰镇320国道
…………………………………Tel:5842560
鄱阳县(0793)
鄱阳县文化和文化和旅游局
地址:鄱阳县大芝路建行五楼
…………………………………Tel:6271039
万年县(0793)
万年县文化和文化和旅游局
地址:万年县城六零北大道
…………………………………Tel:3841028
婺源县(0793)
婺源县文化和文化和旅游局
地址:婺源县文公北路153号
…………………………………Tel:7343537
德兴市(0793)
德兴市文化和文化和旅游局
地址:德兴市政府大院内
…………………………………Tel:7522510

体育

南昌市(0791)
南昌市辖区(0791)
南昌市体育局
地址:南昌市红谷滩绿茵路广电大楼4楼
…………………………………Tel:83986915
安义县(0791)
安义县教育体育局
地址:安义县幸福路81号
…………………………………Tel:83422147
萍乡市(0799)
萍乡市辖区(0799)
萍乡市体育局
地址:萍乡市政府大楼5号楼
…………………………………Tel:6833254
萍乡经济开发区教育体育局
地址:萍乡市安源大道
…………………………………Tel:6788300
九江市(0792)
九江市辖区(0792)
九江市体育局
地址:九江市浔阳区庐峰路51号
…………………………………Tel:8586972
庐山区体育局
地址:九江市庐山区十里大道1521号
…………………………………Tel:8251899
浔阳区体育局
地址:九江市浔阳区庾亮北路2号
…………………………………Tel:8225735
武宁县(0792)
武宁县体育局
地址:武宁县人民路
…………………………………Tel:2761394
永修县(0792)
永修县体育局
地址:永修县
…………………………………Tel:3231352
德安县(0792)
德安县体育局
地址:德安县蒲塘路
…………………………………Tel:4335334
九江县(0792)
九江县体育局
地址:九江县庐山南路
…………………………………Tel:6826123
星子县(0792)
星子县体育局
地址:星子县紫阳路
…………………………………Tel:2666584
湖口县(0792)
湖口县体育局
地址:湖口县大中路64号
…………………………………Tel:6332371
彭泽县(0792)
彭泽县体育局
地址:彭泽县龙城大道
…………………………………Tel:5663601
庐山风景区(0792)
庐山教育科学体育局
地址:庐山慧远路7号
…………………………………Tel:8297698
共青开发区(0792)
共青城开放开发区体育局
地址:九江市共青城
…………………………………Tel:4379533
新余市(0790)
新余市辖区(0790)
新余市体育局
地址:新余市仰天大道新体育中心
…………………………………Tel:6736007
渝水区教育体育局
地址:新余市抱石东大道区政府大楼一楼111办公室
…………………………………Tel:6232516
鹰潭市(0701)
鹰潭市辖区(0701)
鹰潭市体育局
地址:鹰潭市龙虎山大道中段东侧体育馆
…………………………………Tel:6282505
赣州市(0797)
赣州市辖区(0797)
赣州市体育委员会
地址:赣州市水南京九大道市体育中心
…………………………………Tel:8404886
章贡区体育局
地址:赣州市章贡区大公路69号
…………………………………Tel:8222295
章贡区体育产业管理中心
地址:赣州市大公路12号
…………………………………Tel:8226337
赣县(0797)
赣县体育委员会
地址:赣县银河大道
…………………………………Tel:4441792
信丰县(0797)
信丰县体育局
地址:信丰县嘉定镇广场巷36号
…………………………………Tel:3311767
大余县(0797)
大余县体育局
地址:大余县白石寺新体育中心
…………………………………Tel:8710955
上犹县(0797)
上犹县体育运动委员会
地址:上犹县上西村路
…………………………………Tel:8542598
崇义县(0797)
崇义县体育局
地址:崇义县体育路1号公务大楼
…………………………………Tel:3814904
安远县(0797)
安远县体育局
地址:安远县
…………………………………Tel:3729581
龙南县(0797)
龙南县教育体育局
地址:龙南县红旗大道原师范内
…………………………………Tel:3521810
宁都县(0797)
宁都县体育局
地址:宁都县老年宫
…………………………………Tel:6811662
于都县(0797)
于都县体育局
地址:于都县红旗大道
…………………………………Tel:6232242
兴国县(0797)
兴国县体育运动委员会
地址:兴国县凤凰大道
…………………………………Tel:5322315
会昌县(0797)
会昌县体育局
地址:会昌县城水东街
…………………………………Tel:5622432
会昌县体育委员会
地址:会昌县水东街
…………………………………Tel:5621432
寻乌县(0797)
石城县(0797)
石城县体育局
地址:石城县东城大道
…………………………………Tel:5791216
瑞金市(0797)
瑞金市体育局
地址:瑞金市沿江路原水务局院内
…………………………………Tel:2522425
南康区(0797)
南康区体育局
地址:南康区蓉江中路
…………………………………Tel:6623668
吉安市(0796)
吉安市辖区(0796)
吉安市体育局
地址:吉安市田侯路19号
…………………………………Tel:8224389
吉州区体育局
地址:吉安市道署坪22号
…………………………………Tel:8224417
吉安县(0796)
吉安县体育局

地址：吉安县金钟路
Tel:8442334
吉水县（0796）
吉水县体育局
地址：吉水县文化路
Tel:3537378
新干县（0796）
新干县体育局
地址：新干县中山路
Tel:2602036
永丰县（0796）
永丰县体育局
地址：永丰县政府内
Tel:2511475
遂川县（0796）
遂川县教育体育局
地址：遂川县农市场
Tel:6322447
宜春市（0795）
宜春市辖区（0795）
宜春市体育局
地址：宜春市十运会
Tel:3267888
奉新县（0795）
奉新县体育委员会
地址：奉新县城南行政中心大楼
Tel:4539894
万载县（0795）
万载县体育运动委员会
地址：万载县康乐镇宝塔路20号
Tel:8823595
宜丰县（0795）
宜丰县体育局
地址：宜丰县新昌中大道
Tel:2765570
靖安县（0795）
靖安县体育委员会
地址：靖安县新大街
Tel:4662248
铜鼓县（0795）
铜鼓县体育局
地址：铜鼓县定江西路74号
Tel:8722803
丰城市（0795）
丰城市体育局
地址：丰城市第二行政服务中心8楼
Tel:6298121
樟树市（0795）
樟树市体育运动委员会
地址：樟树市马洲上
Tel:7332405
高安市（0795）
高安市体育委员会
地址：高安市凤凰一路
Tel:5285173
抚州市（0794）
抚州市辖区（0794）
抚州市体育局
地址：抚州市赣东大道
Tel:8210972
南城县（0794）
南城县体育运动委员会
地址：南城县
Tel:7254303
黎川县（0794）
黎川县体育运动委员会
地址：黎川县东方红大道一
Tel:7522846
宜黄县（0794）
宜黄县体育运动委员会
地址：宜黄县新安路3号
Tel:7602035
资溪县（0794）
资溪县体育运动委员会
地址：资溪县建设路
Tel:5793565
东乡县（0794）
东乡县体育运动委员会
地址：东乡县体育场
Tel:4232113
广昌县（0794）
广昌县体育运动委员会
地址：广昌县
Tel:3622536
上饶市（0793）
上饶市辖区（0793）
上饶市体育局
地址：上饶市体育中心30号
Tel:8239521
上饶县（0793）
上饶县体育局
地址：上饶县
Tel:8441603
广丰区（0793）
广丰区体育委员会
地址：广丰区博山路
Tel:2652510
铅山县（0793）
铅山县体育委员会
地址：铅山县狮江大道工会膈壁
Tel:5332183

弋阳县（0793）
弋阳县体育局
地址：弋阳县行政中心
Tel:5821223
余干县（0793）
余干县体育局
地址：余干县
Tel:3203413
鄱阳县（0793）
鄱阳县体育委员会
地址：鄱阳县
Tel:6285231
万年县（0793）
万年县体育局
地址：万年县城六零北大道
Tel:3833170
婺源县（0793）
婺源县体育运动委员会
地址：婺源县
Tel:7351054

统计
南昌市（0791）
南昌市辖区（0791）
南昌市统计局
地址：南昌市红谷滩新区会展路199号红谷大厦A座16楼
Tel:83884416
东湖区统计局
地址：南昌市东湖区叠山路156号
Tel:86221717
西湖区统计局
地址：南昌市西湖区抚生路569号
Tel:86564915
青山湖区统计局
地址：南昌市南京东路699号
Tel:88105538
湾里区统计局
地址：南昌市湾里区翠岩路
Tel:83760062
南昌县（0791）
南昌县统计局
地址：南昌县县政府大楼内
Tel:85716089
南昌县调查队
地址：南昌县府前路县政府大院
Tel:85712870
新建县（0791）
新建县统计局
地址：新建县新建大道239号
Tel:83702901
安义县（0791）
安义县统计局
地址：安义县龙津镇县政府大院内
Tel:83422152
进贤县（0791）
进贤县统计局
地址：进贤县行政新区
Tel:85622607
景德镇市（0798）
景德镇市辖区（0798）
景德镇市统计局
地址：景德镇市豪德贸易广场市政府2楼
Tel:8389920
珠山区统计局
地址：景德镇市珠山区政府内
Tel:8523668
昌江区统计局
地址：景德镇市昌江区政府内
Tel:8332859
浮梁县（0798）
浮梁县统计局
地址：浮梁县政法大楼六楼
Tel:2621617
萍乡市（0799）
萍乡市辖区（0799）
萍乡市统计局
地址：萍乡市政府大楼5号楼
Tel:6852879
安源区统计局
地址：萍乡市平安大道综合大楼4楼
Tel:6661048
湘东区统计局
地址：湘东区泉湖垅
Tel:3442398
莲花县（0799）
莲花县统计局
地址：莲花县新建街
Tel:7221222
上栗县（0799）
上栗县统计局
地址：上栗县平安北路55号
Tel:3866516
芦溪县（0799）
芦溪县统计局
地址：芦溪县
Tel:7582986
九江市（0792）
九江市辖区（0792）
九江市统计局
地址：九江市浔阳区长虹大道
Tel:8135802

庐山区统计局
地址：九江市庐山区十里大道1388号
Tel:8251207
浔阳区统计局
地址：九江市浔阳区政府大院
Tel:8223231
修水县（0792）
修水县统计局
地址：修水县
Tel:7808455
修水县农业普查办公室
地址：修水县林业大楼
Tel:7227116
国家统计局修水调查队
地址：修水县
Tel:7808846
武宁县（0792）
武宁县统计局
地址：武宁县人民路县政府大楼
Tel:2761347
瑞昌市（0792）
瑞昌市统计局
地址：瑞昌市市府广场
Tel:4222370
瑞昌市城市社会经济调查队
地址：瑞昌市市府广场
Tel:4225705
永修县（0792）
永修县统计局
地址：永修县新城大道县政府大院6楼
Tel:3223190
德安县（0792）
德安县统计局
地址：德安县宝塔大道56号
Tel:4332541
九江县（0792）
九江县统计局
地址：九江县庐山北路
Tel:6812088
九江县农村社会经济调查队
九江县庐山北路
Tel:6814192
星子县（0702）
星子县统计局
地址：星子县紫阳路
Tel:2666615
都昌县（0792）
都昌县统计局
地址：都昌县东风大道108号
Tel:5223375
湖口县（0792）
湖口县统计局
地址：湖口县大中路54号
Tel:6332910
彭泽县（0792）
彭泽县统计局
地址：彭泽县东风路
Tel:5625526
彭泽县农业普查办公室
地址：彭泽县龙城镇东风路
Tel:5622901
新余市（0790）
新余市辖区（0790）
新余市统计局
地址：新余市仙来中大道288号
Tel:6459075
渝水区统计局
地址：新余市抱石东大道区政府大院3楼
Tel:6222331
国家统计局渝水调查队
地址：新余市渝水区政府大院新楼
Tel:6738625
分宜县（0790）
分宜县统计局
地址：分宜县行政中心大楼
Tel:5881546
分宜县农调队
地址：分宜县
Tel:5881668
鹰潭市（0701）
鹰潭市辖区（0701）
鹰潭市统计局
地址：鹰潭市梅园大道6号
Tel:6443106
国家统计局鹰潭调查队
地址：鹰潭市梅园大道
Tel:6431868
月湖区统计局
地址：鹰潭市胜利东路6号
Tel:6221716
余江县（0701）
余江县统计局
地址：余江县白塔中路6号
Tel:5881196
贵溪市（0701）
贵溪市统计局
地址：贵溪市冶金大道
Tel:3316549
赣州市（0797）
赣州市辖区（0797）
赣州市统计局

地址：赣州市阳明路26号
Tel:8122931
章贡区统计局
地址：赣州市阳明路26号
Tel:8293452
赣县（0797）
赣县统计局
地址：赣县梅林大街
Tel:4441783
信丰县（0797）
信丰县统计局
地址：信丰县县政中心
Tel:3331089
信丰县城市社会经济调查队
地址：信丰县府前路
Tel:3335290
大余县（0797）
大余县统计局
地址：大余县金莲山大道
Tel:8722887
上犹县（0797）
上犹县统计局
地址：上犹县交通大厦
Tel:8522622
崇义县（0797）
崇义县统计局
地址：崇义县体育路1号公务大楼
Tel:3812601
安远县（0797）
安远县统计局
地址：安远县
Tel:3722298
龙南县（0797）
龙南县统计局
地址：龙南县庙前街
Tel:3511126
定南县（0797）
定南县统计局
地址：定南县
Tel:4291249
全南县（0797）
全南县统计局
地址：全南县政府人院
Tel:2631435
宁都县（0797）
宁都县统计局
地址：宁都县新党政大楼4楼
Tel:6839060
国家统计局宁都调查队
地址：宁都县党政大楼
Tel:6800895
于都县（0797）
于都县统计局
地址：于都县渡江大道42号政府大院
Tel:6232218
于都县农调队
地址：于都县渡江大道
Tel:6233264
兴国县（0797）
兴国县统计局
地址：兴国县政府大楼
Tel:5322083
兴国农调队
地址：兴国县政府大楼
Tel:5323731
会昌县（0797）
会昌县统计局
地址：会昌县县政府院内
Tel:5622645
国家统计局会昌调查队
地址：会昌县外贸大厦2楼
Tel:5622465
寻乌县（0797）
寻乌县统计局
地址：寻乌县长安大道国土大楼
Tel:2841372
石城县（0797）
石城县统计局
地址：石城县清华大道东城武装部
Tel:5793319
瑞金市（0797）
瑞金市统计局
地址：瑞金市公务大楼7楼720室
Tel:2522667
南康区（0797）
南康区统计局
地址：南康区市政办公大楼
Tel:6605343
吉安市（0796）
吉安市辖区（0796）
吉安市统计局
地址：吉安市鹭洲东路1号
Tel:8224102
吉州区统计局
地址：吉安市石阳路5号
Tel:8335012
青原区统计局
地址：吉安市青原区
Tel:8105956
国家统计局吉安调查队
地址：吉安市市政府办公大楼1楼

Tel:8222134

吉安县（0796）
吉安县统计局
地址：吉安县庐陵大道
Tel:8442237

吉安县农调队
地址：吉安县庐陵大道
Tel:8442269

吉水县（0796）
吉水县统计局
地址：吉水县县政府大楼
Tel:8689970

峡江县（0796）
峡江县统计局
地址：峡江县百花路政府大楼
Tel:3672871

国家统计局峡江调查队
地址：峡江县百花路
Tel:3695857

永丰县（0796）
永丰县统计局
地址：永丰县政府院内
Tel:2511281

国家统计局永丰调查队
地址：永丰县政府院内
Tel:2511595

泰和县（0796）
泰和县统计局
地址：泰和县白风大道
Tel:8639519

泰和县城市社会经济调查队
地址：泰和县白风大道
Tel:5337067

遂川县（0796）
遂川县统计局
地址：遂川县井冈山大道
Tel:6322181

遂川县农调队 遂川县银云路
Tel:6322380

万安县（0796）
万安县统计局
地址：万安县凤凰路
Tel:5701307

安福县（0796）
安福县统计局
地址：安福县行政中心
Tel:7622304

安福县农调队
地址：安福县行政中心
Tel:7634161

永新县（0796）
永新县统计局
地址：永新县湘赣大道
Tel:7722719

井冈山市（0796）
井冈山市统计局
地址：井冈山市新城区
Tel:6890688

宜春市（0795）
奉新县（0795）
奉新县统计局
地址：奉新县城南行政中心大楼
Tel:4539853

万载县（0795）
万载县统计局
地址：万载县党政大楼7号
Tel:8826821

上高县（0795）
上高县统计局
地址：上高县沿江路
Tel:2511049

上高县城市社会经济调查队
地址：上高县沿江路
Tel:2511736

靖安县（0795）
靖安县统计局
地址：靖安县新大街1号
Tel:4662283

铜鼓县（0795）
铜鼓县统计局
地址：铜鼓县城南西路
Tel:8687806

铜鼓县农调队
地址：铜鼓县城南西路
Tel:8688809

丰城市（0795）
丰城市统计局
地址：丰城市行政大楼
Tel:6608316

丰城市农村社会经济调查队
地址：丰城市行政大楼
Tel:6608360

樟树市（0795）
樟树市统计局
地址：樟树市药都南大道
Tel:7333996

高安市（0795）
高安市统计局
地址：高安市解放路
Tel:5212930

高安市农村社会经济调查队
地址：高安市解放路26号
Tel:5212867

抚州市（0794）
抚州市辖区（0794）
抚州市统计局
地址：抚州市市行政中心
Tel:8222313

国家统计局抚州调查队
地址：抚州市市行政中心810
Tel:8224693

临川区（0794）
临川区统计局
地址：临川区新行政中心大楼
Tel:8469466

临川区农村社会经济调查队
地址：临川区玉茗北路区委办公楼四楼
Tel:8441730

南城县（0794）
南城县统计局
地址：南城县建国路县政府院内
Tel:7254235

国家统计局南城调查队
地址：南城县政府大院
Tel:7253727

黎川县（0794）
黎川县统计局
地址：黎川县新行政大楼
Tel:7566706

南丰县（0794）
南丰县统计局
地址：南丰县桔都大道行政大厦
Tel:3226118

崇仁县（0794）
崇仁县统计局
地址：崇仁县府西路
Tel:6332581

乐安县（0794）
乐安县统计局
地址：乐安县乐安北大道
Tel:6669028

宜黄县（0794）
宜黄县统计局
地址：宜黄县学前街39号
Tel:7602148

金溪县（0794）
金溪县农村社会经济调查队
地址：金溪县秀谷中大道县政府大院内
Tel:5292144

资溪县（0794）
资溪县统计局
地址：资溪县城西大道行政中心
Tel:5793534

东乡县（0794）
东乡县统计局
地址：东乡县开发区行政人楼8楼
Tel:4232406

国家统计局东乡调查队
地址：东乡县开发区行政大楼832室
Tel:4232834

东乡县城市社会经济调查队
地址：东乡县开发区行政大楼827室
Tel:4232717

广昌县（0794）
广昌县统计局
地址：广昌县中山台
Tel:3622240

上饶市（0793）
上饶市辖区（0793）
上饶市统计局
地址：上饶市凤凰大道
Tel:8223081

信州区统计局
地址：上饶市三江大道86号区政府
Tel:8290712

上饶县（0793）
上饶县统计局
地址：上饶县吉阳大道县政府大楼南面六楼
Tel:8466607

广丰区（0793）
广丰区统计局
地址：广丰区府前街
Tel:2615456

玉山县（0793）
玉山县统计局
地址：玉山县行政大楼二楼
Tel:2552248

玉山县农村抽样调查队
地址：玉山县行政大楼二楼
Tel:2555045

铅山县（0793）
铅山县统计局
地址：铅山县
Tel:5332264

横峰县（0793）
横峰县统计局
地址：横峰县兴安大道政府大楼
Tel:5793231

弋阳县（0793）
弋阳县统计局
地址：弋阳县行政中心大楼
Tel:5821521

余干县（0793）
余干县统计局
地址：余干县新县政府大院
Tel:3398535

余干县农村社会经济调查队
地址：余干县
Tel:3398381

鄱阳县（0793）
鄱阳县统计局
地址：鄱阳县城北行政中心大楼
Tel:6284301

鄱阳县农村经济调查队
地址：鄱阳县
Tel:6282031

万年县（0793）
万年县统计局
地址：万年县城六零北大道
Tel:3699206

婺源县（0793）
婺源县统计局
地址：婺源县蚺城路26号
Tel:7351309

工商、物价
南昌市（0791）
南昌市辖区（0791）
南昌市市场监督管理局
地址：南昌市红谷滩丽景路666号
Tel:88560128

南昌市市场监督管理局洪城大市 场分局
地址：南昌市洪城大市场东路9号
Tel:86533751

南昌经济技术开发区市场监督管理局下罗分局
地址：南昌市经济技术开发区庐山中大道
Tel:83805069

南昌经济技术开发区市场监督管理局蛟桥分局
地址：南昌市庐山北大道
Tel:83876193

南昌高新技术产业开发区工商行 政管理局
地址：南昌市高新火炬大街89号高捷大楼2楼
Tel:88111503

东湖区市场监督管理局
地址：南昌市东湖区叠山路498号
Tel:86702424

东湖区市场监督管理局子固路分局
地址：南昌市叠山路东龙须巷18号
Tel:86705427

东湖区市场监督管理局公园分局
地址：南昌市皇殿侧14号
Tel:86221796

东湖区市场监督管理局永外分局
地址：南昌市南福路2号
Tel:86374601

东湖区市场监督管理局贤士湖分局
地址：南昌市永外正街237号
Tel:88617902

东湖区市场监督管理局建德观分局
地址：南昌市葡萄架19号
Tel:86799354

东湖区市场监督管理局省府大院 分局
地址：南昌市省政府大院北二路64号
Tel:86229771

东湖区市场监督管理局董家窑分局
地址：南昌市东湖区王家庄22号
Tel:86898867

东湖区市场监督管理局墩子塘分局
地址：南昌市右营街谌字巷6号三楼
Tel:86824146

东湖区市场监督管理局滕王阁分局
地址：南昌市仿古街9号二楼
Tel:86702426

东湖区市场监督管理局豫章分局
地址：南昌市滨江北路965号
Tel:86893369

西湖区市场监督管理局
地址：南昌市西湖区孺子路437号
Tel:86633296

西湖区市场监督管理局丁公路分局
地址：南昌市西湖区岔道口西路33号
Tel:86268164

西湖区市场监督管理局万寿宫分局
地址：南昌市西湖区清平巷6号
Tel:86628254

西湖区市场监督管理局广南分局
地址：南昌市西湖区广场南路50号
Tel:86250542

西湖区市场监督管理局中山分局
地址：南昌市西湖区孺子路81弄8号
Tel:86213296

西湖区市场监督管理局火车站分局
地址：南昌市西湖区二七南路1号
Tel:86370132

西湖区市场监督管理局西湖分局
地址：南昌市西湖区系马桩街49号
Tel:86266223

西湖区市场监督管理局抚河分局
地址：南昌市西湖区船山路669号
Tel:86621891

西湖区市场监督管理局南浦分局
地址：南昌市西湖区抚河中路23号
Tel:86621017

西湖区市场监督管理局桃花分局
地址：南昌市桃花路
Tel:86565287

西湖区市场监督管理局绳金塔分局
地址：南昌市站前西路小区34栋5楼
Tel:86422976

西湖区市场监督管理局朝阳分局
地址：南昌市西湖区子安路77号2单元202室
Tel:86528542

青山湖区市场监督管理局
地址：南昌市东湖区永外正街229号
Tel:88624311

青山湖区市场监督管理局上海路 分局
地址：南昌市上海路住宅小区
Tel:88226860

青山湖区市场监督管理局四交分局
地址：南昌市西湖区洪都中大道178号怡鑫花园
Tel:88514835

青山湖区市场监督管理局扬子洲 分局
地址：南昌市青扬路21号
Tel:88670414

青山湖区市场监督管理局京东分局
地址：南昌市南京东路青春家园东门
Tel:88187235

青山湖区市场监督管理局南大分局
地址：南昌市上海路橡胶厂内20米小巷
Tel:88309182

青山湖区市场监督管理局星光分局
地址：南昌市上海路老莱市场内
Tel:88201480

青山湖区市场监督管理局湖坊分局
地址：南昌市飞燕路
Tel:88331530

青云谱区市场监督管理局
地址：南昌市广州路1011号
Tel:88482556

青云谱区市场监督管理局一交分局
地址：南昌市朱桥东路99号
Tel:85290637

青云谱区市场监督管理局三交分局
地址：南昌市司马庙立交桥旁
Tel:86497216

青云谱区市场监督管理局三店分局
地址：南昌市南莲路69号
Tel:85215871

青云谱区市场监督管理局龙王庙 分局
地址：南昌市塔子桥南路1号
Tel:88223485

青云谱区市场监督管理局江铃分局
地址：南昌市迎宾北大道430号
Tel:85206674

青云谱区市场监督管理局京山分局
地址：南昌市迎宾北大道210号
Tel:85212404

青云谱区市场监督管理局洪都分局
地址：南昌市新溪桥路230号
Tel:88441298

青云谱区市场监督管理局徐坊分局
地址：南昌市建设路135号
Tel:85200790

南昌市物价局
地址：南昌市红谷滩会展路199号红谷大厦B座12楼
Tel:83986299

西湖区物价局
地址：南昌市西湖区抚生路569号
Tel:86564515

湾里区物价局
地址：南昌市湾里区工农路63号
Tel:83760958

南昌县（0791）
南昌县市场监督管理局
地址：南昌县莲塘镇澄湖东路508号
Tel:85712184

南昌县市场监督管理局向塘分局
地址：南昌县向塘镇站前路
Tel:85156186

南昌县市场监督管理局莲塘分局
地址：南昌县莲塘镇市场北巷8号
Tel:85712756

幽兰工商行政管理所
地址：南昌县幽兰镇农贸市场内
Tel:85131192

新建县（0791）
新建县市场监督管理局
地址：新建县解放路408号
Tel:83752118

新建县市场监督管理局乐化分局
地址：新建县乐化镇
Tel:83112076

新建县市场监督管理局城郊分局
地址：新建县长麦路202号
Tel:83707303

新建县市场监督管理局望城分局

地址：新建县望城镇
Tel:83680055

安义县（0791）

安义县市场监督管理局
地址：安义县龙津镇东门路108号
Tel:83422208

安义县市场监督管理局文峰分局
地址：安义县商城南门南巷
Tel:83413446

安义县市场监督管理局石鼻分局
地址：安义县石鼻老街
Tel:83372311

龙津工商行政管理所
地址：安义县龙津镇前进大道35号
Tel:83422455

安义县物价局
地址：安义县县政府大院
Tel:83422201

进贤县（0791）

进贤县市场监督管理局
地址：进贤县钟陵路135号
Tel:85661678

进贤县市场监督管理局下埠分局
地址：进贤县下埠乡
Tel:85472848

进贤县市场监督管理局文港分局
地址：进贤县文港镇农贸市场内
Tel:85585315

进贤县市场监督管理局温圳分局
地址：进贤县温圳镇
Tel:85548603

李渡工商行政管理所
地址：进贤县李渡镇
Tel:85638226

进贤县物价局
地址：进贤县城新区政府三楼
Tel:85622594

景德镇市（0798）

景德镇市辖区（0798）

景德镇市市场监督管理局
地址：景德镇市环城北路新市场监督管理局大楼内
Tel:8292677

昌江区市场监督管理局
地址：景德镇市工商林楼昌江分局五楼
Tel:8507190

景德镇市物价局
地址：景德镇市迎宾大道交通大楼三楼
Tel:8583456

珠山区市场监督管理局
地址：景德镇市新村西路40栋1号
Tel:8206929

昌江区物价局
地址：景德镇市昌江区政府内
Tel:8333731

珠山区物价局
地址：景德镇市珠山区政府
Tel:8503903

浮梁县（0798）

浮梁县市场监督管理局
地址：浮梁县城
Tel:2627935

浮梁县市场监督管理局洪源分局
地址：浮梁县商贸街
Tel:2810315

浮梁县市场监督管理局湘湖分局
地址：浮梁县湘湖政府大门口
Tel:2666315

浮梁县物价局
地址：浮梁县
Tel:2627778

经公桥工商行政管理所
地址：浮梁县经公桥镇经公桥村
Tel:2731163

鱼山工商行政管理所
地址：浮梁县鲇鱼山镇鱼山村
Tel:2691185

鹅湖工商行政管理所
地址：浮梁县鹅湖镇鹅湖村
Tel:2761315

瑶里工商行政管理所
地址：浮梁县瑶里镇瑶里村
Tel:2601393

萍乡市（0799）

萍乡市辖区（0799）

萍乡市市场监督管理局
地址：萍乡市跃进北路245号
Tel:6393788

萍乡市市场监督管理局东门分局
地址：萍乡市东门桥头
Tel:6834691

萍乡市市场监督管理局西门分局
地址：萍乡市西门新生路
Tel:6831359

萍乡市市场监督管理局经济开发 区分局
地址：萍乡市登丰巷27号
Tel:6782933

安源区市场监督管理局
地址：萍乡市安源大厦1楼
Tel:6661399

湘东区市场监督管理局
地址：湘东区新街
Tel:3435880

安源区物价局
地址：萍乡市平安大道综合大楼
Tel:6661070

莲花县（0799）

莲花县市场监督管理局
地址：莲花县解放街29号
Tel:7212662

莲花县市场监督管理局南岭分局
地址：莲花县南岭房檐边村
Tel:7232263

良坊工商行政管理所
地址：莲花县良坊镇
Tel:7281520

坪里工商行政管理所
地址：莲花县坪里乡
Tel:7271320

琴水工商行政管理所
地址：莲花县永安西路
Tel:7221415

路口工商行政管理所
地址：莲花县路口镇
Tel:7285003

莲花县物价局
地址：莲花县永安西路66号
Tel:7227638

上栗县（0799）

上栗县市场监督管理局
地址：上栗县府前路
Tel:3868358

上栗县市场监督管理局上栗分局
地址：上栗县上栗镇洲万路
Tel:3661189

上栗县市场监督管理局赤山分局
地址：上栗县赤山镇
Tel:3601013

上栗县市场监督管理局金山分局
地址：上栗县金山镇乡政府旁边
Tel:3889578

上栗县市场监督管理局桐木分局
地址：上栗县桐木镇
Tel:3651211

上栗县市场监督管理局彭高分局
地址：上栗县彭高镇
Tel:3671182

上栗县市场监督管理局福田分局
地址：上栗县福田镇
Tel:3615025

上栗县物价局
地址：上栗县平安北路55号
Tel:3866786

芦溪县（0799）

芦溪县市场监督管理局
地址：芦溪县凌云南路101号
Tel:7551741

芦溪县市场监督管理局上埠分局
地址：芦溪县
Tel:7617315

芦溪县市场监督管理局芦溪分局
地址：芦溪县芦溪镇
Tel:7556186

芦溪县市场监督管理局南坑分局
地址：芦溪县
Tel:7521036

芦溪县市场监督管理局宣风分局
地址：芦溪县
Tel:7501016

芦溪县市场监督管理局新泉分局
地址：芦溪县
Tel:7591019

芦溪县物价局
地址：芦溪县
Tel:7551810

九江市（0792）

九江市辖区（0792）

九江市市场监督管理局
地址：九江市浔阳区十里大道109号
Tel:8222885

九江市市场监督管理局大桥分局
地址：九江市浔阳区滨江东路168号
Tel:8632003

九江市市场监督管理局开发区分局
地址：九江市经济技术开发区向阳路8号
Tel:8362381

九江市市场监督管理局庐山区分局
地址：九江市庐山区十里大道658号
Tel:8251174

九江市开发区市场监督管理局向 阳分局
地址：九江市经济技术开发区向阳路8号
Tel:8362382

浔阳区市场监督管理局
地址：九江市浔阳区庐山路68号
Tel:8215335

浔阳区市场监督管理局人民路分局
地址：九江市浔阳区人民路立交桥南观景楼
Tel:8223728

浔阳区市场监督管理局九龙分局
地址：九江市浔阳区九龙街龙苑2单元201室
Tel:8136199

浔阳区市场监督管理局三里街分局
地址：九江市浔阳区环城东路
Tel:8581931

浔阳区市场监督管理局大树下分局
地址：九江市浔阳区十里大道319号
Tel:8226587

浔阳区市场监督管理局大桥分局
地址：九江市浔阳区
Tel:8596796

浔阳区市场监督管理局双峰分局
地址：九江市浔阳区庚亮路60号
Tel:8216262

浔阳区市场监督管理局白水湖分局
地址：九江市浔阳区京九大市场A1栋
Tel:8566646

浔阳区市场监督管理局南湖分局
地址：九江市浔阳区庐山路179号
Tel:8117537

浔阳区市场监督管理局塔岭分局
地址：九江市浔阳区甘棠北路157号
Tel:8227877

浔阳区市场监督管理局湓浦分局
地址：九江市浔阳区信华广场4楼
Tel:8223729

浔阳区市场监督管理局滨兴分局
地址：九江市浔阳区前纬路100号
Tel:8223722

九江市物价局
地址：九江市浔阳区浔阳路528号
Tel:8224267

九江市物价检查所
地址：九江市浔阳区浔阳路328号
Tel:8224516

庐山区物价局
地址：九江市庐山区十里大道1579号
Tel:8252030

浔阳区物价局
地址：九江市浔阳区庚亮北路2号
Tel:8216323

修水县（0792）

修水县市场监督管理局
地址：修水县沿江路9号
Tel:7221224

修水县市场监督管理局三都分局
地址：修水县三都镇
Tel:7811009

修水县市场监督管理局山口分局
地址：修水县山口镇
Tel:7622115

修水县市场监督管理局宁州分局
地址：修水县
Tel:7221254

修水县市场监督管理局杭口分局
地址：修水县杭口镇
Tel:7855125

修水县市场监督管理局城北分局
地址：修水县
Tel:7225446

修水县市场监督管理局城郊分局
地址：修水县宁红大道
Tel:7260596

黄港工商行政管理所
地址：修水县黄港镇
Tel:7999806

白岭工商行政管理所
地址：修水县白岭镇
Tel:7333020

渣津工商行政管理所
地址：修水县渣津镇
Tel:7666050

溪口工商行政管理所
地址：修水县溪口镇
Tel:7501044

大桥镇工商行政管理所
地址：修水县大桥镇
Tel:7555062

义宁镇工商行政管理所
地址：修水县
Tel:7221804

修水县物价局
地址：修水县沿江路
Tel:7231759

武宁县（0792）

武宁县市场监督管理局
地址：武宁县朝阳路68号
Tel:2761493

罗坪工商行政管理所
地址：武宁县罗坪镇
Tel:2961002

武宁县物价局
地址：武宁县朝阳路3号
Tel:2782790

瑞昌市（0792）

瑞昌市市场监督管理局
地址：瑞昌市浔阳路
Tel:4222660

瑞昌市市场监督管理局码头分局
地址：瑞昌市码头镇通江北路
Tel:4886232

瑞昌市市场监督管理局南义分局
地址：瑞昌市南义镇王家铺
Tel:4916085

瑞昌市市场监督管理局肇陈分局
地址：瑞昌市肇陈镇
Tel:4981006

横港工商行政管理所
地址：瑞昌市横港镇
Tel:4926070

武山工商行政管理所
地址：瑞昌市白杨镇
Tel:4896169

瑞昌市物价局
地址：瑞昌市市府广场
Tel:4222336

瑞昌市物价检查所
地址：瑞昌市市府广场
Tel:4231501

永修县（0792）

永修县市场监督管理局
地址：永修县南津路25号
Tel:3223406

永修县市场监督管理局白槎分局
地址：永修县白槎镇
Tel:3130133

永修县市场监督管理局立新分局
地址：永修县立新乡
Tel:3191037

永修县市场监督管理局虬津分局
地址：永修县虬津镇
Tel:3111816

永修县市场监督管理局涂埠分局
地址：永修县涂埠镇
Tel:3210601

永修县市场监督管理局新城分局
地址：永修县康乐路
Tel:3223603

永修县物价局
地址：永修县新城大道县政府大院
Tel:3223155

德安县（0792）

德安县市场监督管理局
地址：德安县桂林大道
Tel:4667701

德安县物价局
地址：德安县宝塔大道56号
Tel:4332543

九江县（0792）

九江县市场监督管理局
地址：九江县柴桑北路47号
Tel:6812158

九江县市场监督管理局赛城湖分局
地址：九江县九瑞路
Tel:6843053

江洲工商行政管理所
地址：九江县江洲镇集镇
Tel:6784600

港口工商行政管理所
地址：九江县港口镇
Tel:6951021

新塘工商行政管理所
九江县新塘乡集镇双瑞路
Tel:6961209

九江县物价局
地址：九江县庐山北路
Tel:6812202

九江县物价检查所
地址：九江县庐山北路
Tel:6824135

星子县（0792）

星子县市场监督管理局
地址：星子县匡庐路
Tel:2668190

星子县市场监督管理局白鹿分局
地址：星子县
Tel:2662112

星子县市场监督管理局南康分局
地址：星子县紫阳路
Tel:2666743

星子县市场监督管理局温泉分局
地址：星子县归宗街
Tel:2613013

星子县市场监督管理局蓼南分局
地址：星子县蓼南乡
Tel:2583315

星子县市场监督管理局横塘分局
地址：星子县横塘镇
Tel:2597309

横塘镇工商行政管理所
地址：星子县横塘镇
Tel:2635026

星子县物价局
地址：星子县南康大道
Tel:2674439

都昌县（0792）

都昌县市场监督管理局
地址：都昌县东风大道
Tel:5222550

都昌县市场监督管理局三汊港分局
地址：都昌县三汊港镇
Tel:5271035

都昌县市场监督管理局城郊分局

地址：都昌县广场路
…………Tel:5223540

徐埠工商行政管理所
地址：都昌县徐埠镇
…………Tel:5520050

蔡岭工商行政管理所
地址：都昌县蔡岭街
…………Tel:5361190

南丰工商行政管理所
地址：都昌县南丰街
…………Tel:5020132

左里工商行政管理所
地址：都昌县左里街
…………Tel:5560092

七里工商行政管理所
地址：都昌县七里街
…………Tel:5189396

都昌县物价局
地址：都昌县东风大道
…………Tel:5230532

都昌县物价检查所
地址：都昌县政府四楼一
…………Tel:5234324

湖口县（0792）

湖口县市场监督管理局
地址：湖口县三里大道
…………Tel:6328727

湖口县市场监督管理局大岭分局
地址：湖口县三里大道
…………Tel:6328909

湖口县市场监督管理局马影分局
地址：湖口县马影镇
…………Tel:6382088

湖口县市场监督管理局石钟山分局
地址：湖口县双钟镇
…………Tel:6332226

湖口县市场监督管理局均桥分局
地址：湖口县均桥镇
…………Tel:6552118

湖口县市场监督管理局流泗分局
地址：湖口县流泗镇
…………Tel:6511050

湖口县市场监督管理局新城分局
地址：湖口县鄱湖大市场
…………Tel:6320667

舜德工商行政管理所
地址：湖口县舜德乡
…………Tel:6461100

湖口县物价局
地址：湖口县县政府大院内
…………Tel:6332998

彭泽县（0792）

彭泽县市场监督管理局
地址：彭泽县沿000
…………Tel:5623701

彭泽县市场监督管理局城郊分局
地址：彭泽县
…………Tel:5620499

彭泽县市场监督管理局棉船分局
地址：彭泽县棉船镇
…………Tel:5810023

芙蓉工商行政管理所
地址：彭泽县芙蓉
…………Tel:5954102

马当工商行政管理所
地址：彭泽县马当
…………Tel:5823110

彭泽县物价局
地址：彭泽县龙青路
…………Tel:5663072

共青开发区（0792）

共青开放开发区市场监督管理局
地址：九江市共青城南湖大道2号
…………Tel:4341961

共青开放开发区市场监督管理局
地址：茶山分局
地址：九江市共青城
…………Tel:4340868

新余市（0790）

新余市辖区（0790）

新余市市场监督管理局
地址：新余市仙来中大道135号
…………Tel:6449743

新余市市场监督管理局仙女湖风 景名胜区分局
地址：新余市仙女湖风景名胜区河下镇
…………Tel:6856396

新余市市场监督管理局经济开发 区分局
地址：新余市新欣大道九鼎汽车大市场三楼
…………Tel:6661958

渝水区市场监督管理局
地址：新余市渝水区胜利南路4号
…………Tel:6222639

渝水区市场监督管理局下村分局
地址：新余市渝水区下村镇
…………Tel:6701023

渝水区市场监督管理局水北分局
地址：新余市渝水区水北镇
…………Tel:6716023

渝水区市场监督管理局团结分局
地址：新余市胜利南路
…………Tel:6223243

渝水区市场监督管理局观巢分局
地址：新余市渝水区观巢镇
…………Tel:6792008

渝水区市场监督管理局良山分局
地址：新余市渝水区良山镇
…………Tel:6918168

渝水区市场监督管理局罗坊分局
地址：新余市渝水区罗坊镇
…………Tel:6741012

渝水区市场监督管理局城东分局
地址：新余市仙来东大道
…………Tel:6442954

渝水区市场监督管理局城北分局
地址：新余市长青南路288号
…………Tel:6431279

渝水区市场监督管理局城西分局
地址：新余市抱石大道步行街路
…………Tel:6272063

渝水区市场监督管理局姚圩分局
地址：新余市渝水区姚圩镇
…………Tel:6751013

渝水区市场监督管理局解放分局
地址：新余市站前东路
…………Tel:6223078

渝水区市场监督管理局新亚新分局
地址：新余市亚新北路新亚新商务大酒店对面
…………Tel:6224315

新余市物价局
地址：新余市劳动北路505号
…………Tel:6412387

渝水区物价局
地址：新余市渝水区政府大院新楼
…………Tel:6738135

分宜县（0790）

分宜县市场监督管理局
地址：分宜县府前南路8号
…………Tel:5881874

分宜县物价局
地址：分宜县
…………Tel:5896316

鹰潭市（0701）

鹰潭市辖区（0701）

鹰潭市市场监督管理局
地址：鹰潭市胜利东路11号
…………Tel:6222620

鹰潭市市场监督管理局龙虎山分局
地址：鹰潭市龙虎山镇
…………Tel:6656315

月湖区市场监督管理局
地址：鹰潭市胜利东路11号
…………Tel:6221536

月湖区市场监督管理局东湖分局
地址：鹰潭市湖西路25号
…………Tel:6221915

月湖区市场监督管理局江边分局
地址：鹰潭市胜利东路18号
…………Tel:6221744

月湖区市场监督管理局梅园分局
地址：鹰潭市军民路6号
…………Tel:6260926

鹰潭市物价局
地址：鹰潭市府前路5号
…………Tel:6433227

月湖区物价局
地址：鹰潭市胜利东路大观园4楼
…………Tel:6222126

余江县（0701）

余江县市场监督管理局
地址：余江县白塔中路
…………Tel:5898290

余江县市场监督管理局邓埠分局
地址：余江县邓埠镇
…………Tel:5881018

余江县市场监督管理局锦江分局
地址：余江县锦江镇
…………Tel:5811221

余江县物价局
地址：余江县建设西路
…………Tel:5896044

贵溪市（0701）

贵溪市市场监督管理局
地址：贵溪市站前南路
…………Tel:3770525

贵溪市市场监督管理局耳口分局
地址：贵溪市耳口镇
…………Tel:6611106

贵溪市市场监督管理局志光分局
地址：贵溪市志光镇
…………Tel:3561002

贵溪市市场监督管理局信江分局
地址：贵溪市沿河路
…………Tel:3770804

贵溪市市场监督管理局雄石分局
地址：贵溪市站前路
…………Tel:3771480

贵溪市市场监督管理局滨江分局
地址：贵溪市站前路
…………Tel:3357661

贵溪市物价局
地址：贵溪市冶金大道
…………Tel:3796757

贵溪市公平交易局
地址：贵溪市站前南路
…………Tel:3779315

赣州市（0797）

赣州市辖区（0797）

赣州市市场监督管理局
地址：赣州市大公路
…………Tel:8225119

赣州经济技术开发区市场监督管理局
地址：赣州市
…………Tel:8375602

赣州经济技术开发区市场监督管理局黄金岭分局
地址：赣州市南北大市场21栋4号
…………Tel:8372138

章贡区市场监督管理局
地址：赣州市大公路91号
…………Tel:8276970

章贡区市场监督管理局水东分局
地址：赣州市水东镇
…………Tel:8464230

章贡区市场监督管理局水南分局
地址：赣州市水南镇
…………Tel:8382084

章贡区市场监督管理局沙石分局
地址：赣州市沙石镇
…………Tel:8481017

章贡区市场监督管理局南外分局
地址：赣州市东阳山大塘
…………Tel:8223473

章贡区市场监督管理局湖边分局
地址：赣州市湖边乡
…………Tel:8251091

章贡区市场监督管理局解放分局
地址：赣州市东北路
…………Tel:8351159

章贡区市场监督管理局赣江分局
地址：赣州市
…………Tel:8205169

赣州市物价检查所
地址：赣州市
…………Tel:8239014

赣县（0797）

赣县市场监督管理局
地址：赣县双龙大道39号
…………Tel:4438699

赣县市场监督管理局王母渡分局
地址：赣县王母渡镇
…………Tel:4460216

大田工商行政管理所
地址：赣县大田乡
…………Tel:4500049

大埠工商行政管理所
地址：赣县大埠乡
…………Tel:4696031

田村工商行政管理所
地址：赣县田村镇
…………Tel:4623033

江口工商行政管理所
地址：赣县江口镇
…………Tel:4480091

沙地工商行政管理所
地址：赣县沙地镇
…………Tel:4452199

茅店工商行政管理所
地址：赣县茅店镇
…………Tel:4600025

南塘工商行政管理所
地址：赣县南塘镇
…………Tel:4490023

韩坊工商行政管理所
地址：赣县韩坊乡
…………Tel:4666025

储谭工商行政管理所
地址：赣县储谭乡
…………Tel:4530088

湖江工商行政管理所
地址：赣县湖江乡
…………Tel:4566009

赣县物价局
地址：赣县菜市路物价局三楼
…………Tel:444973

信丰县（0797）

信丰县市场监督管理局
地址：信丰县嘉定镇水东街
…………Tel:3360528

信丰县市场监督管理局大桥分局
地址：信丰县大桥镇
…………Tel:3272817

信丰县市场监督管理局大塘埠分局
地址：信丰县大塘埠镇
…………Tel:3235315

信丰县物价局
地址：信丰县府前路
…………Tel:3338198

小江工商行政管理所
地址：信丰县小江镇
…………Tel:3226131

小河工商行政管理所
地址：信丰县小河镇
…………Tel:3264011

西牛工商行政管理所
地址：信丰县西牛镇
…………Tel:3281182

安西工商行政管理所
地址：信丰县安西镇
…………Tel:3285686

新田工商行政管理所
地址：信丰县新田镇
…………Tel:3247659

大余县（0797）

大余县市场监督管理局
地址：大余县胜利路
…………Tel:8720698

大余县物价局
地址：大余县建设路
…………Tel:8722367

上犹县（0797）

上犹县市场监督管理局
地址：上犹县犹江大道
…………Tel:8520039

上犹县市场监督管理局营前分局
地址：上犹县营前街新建路
…………Tel:8561159

上犹县物价局
地址：上犹县水南大道
…………Tel:8541348

五指峰工商行政管理所
地址：上犹县五指峰
…………Tel:8516116

社溪工商行政管理所
地址：上犹县社溪街
…………Tel:8581164

崇义县（0797）

崇义县市场监督管理局
地址：崇义县解放路
…………Tel:3812641

崇义县市场监督管理局古亭站
地址：崇义县
…………Tel:3841136

崇义县市场监督管理局横水分局
地址：崇义县阳岭大道
…………Tel:3812724

崇义县物价局
地址：崇义县中山路24号
…………Tel:3812824

文英工商行政管理所
地址：崇义县文英乡
…………Tel:3844169

扬眉工商行政管理所
地址：崇义县扬眉镇
…………Tel:3835108

过埠工商行政管理所
崇义县过埠镇
…………Tel:3871089

铅厂工商行政管理所
地址：崇义县铅厂镇
…………Tel:3881063

关田镇工商行政管理所
地址：崇义县关田镇
…………Tel:3858032

麟潭乡工商行政管理所
地址：崇义县麟潭乡
…………Tel:3861009

安远县（0797）

安远县市场监督管理局
地址：安远县工业园大道18号
…………Tel:3752689

安远县物价局
地址：安远县
…………Tel:3732486

龙南县（0797）

龙南县市场监督管理局
地址：龙南县龙全大道34号
…………Tel:3544856

龙南县市场监督管理局东江分局
地址：龙南县东江大稳马头岭
…………Tel:3535005

龙南县市场监督管理局杨村分局
地址：龙南县杨村
…………Tel:3591530

龙南县市场监督管理局里仁分局
地址：龙南县里仁东升新圩
…………Tel:3502286

龙南县市场监督管理局武当分局
地址：龙南县武当
…………Tel:3595117

龙南县市场监督管理局程龙分局
地址：龙南县渡江
…………Tel:3586288

龙南县工商行政管理所城关分局
地址：龙南县金钩批发市场
…………Tel:3522019

龙南县物价局
地址：龙南县县政府四楼
…………Tel:3512070

马牯塘工商行政管理所
地址：龙南县马牯塘边贸城
…………Tel:3556170

定南县（0797）
定南县市场监督管理局
地址：定南县 …………………………… Tel:4291219
定南县物价局
地址：定南县 …………………………… Tel:4293439
全南县（0797）
全南县市场监督管理局
地址：全南县含江路80号 …………………………… Tel:2605649
全南县物价局
地址：全南县含江路 …………………………… Tel:2630642
全南县物价检查所
地址：全南县含江路 …………………………… Tel:2605766
龙下工商行政管理所
地址：全南县龙下乡 …………………………… Tel:2661599
龙源坝工商行政管理所
地址：全南县龙源坝镇 …………………………… Tel:2692231
社迳工商行政管理所
全南县社迳乡 …………………………… Tel:2690111
宁都县（0797）
宁都县市场监督管理局
地址：宁都县中山大道 …………………………… Tel:6832182
宁都县市场监督管理局石上分局
地址：宁都县石上镇街上 …………………………… Tel:6840130
宁都县市场监督管理局固村分局
地址：宁都县固村新街 …………………………… Tel:6986035
宁都县市场监督管理局梅江分局
地址：宁都县解放东路 …………………………… Tel:6811002
宁都县物价局
地址：宁都县党政大楼 …………………………… Tel:6832027
宁都县物价检查所
地址：宁都县党政大楼 …………………………… Tel:6822506
宁都县城郊工商行政管理所
地址：宁都县新庄综合大市场南端 …………………………… Tel:6832803
大沽乡工商行政管理所
地址：宁都县大沽街上 …………………………… Tel:6864223
小布镇工商行政管理所
地址：宁都县小布街上 …………………………… Tel:6867057
长胜镇工商行政管理所
地址：宁都县长胜街上 …………………………… Tel:6881166
东山坝乡工商行政管理所
地址：宁都县东山坝镇溪边村街上 …………………………… Tel:6963126
东韶工商行政管理所
地址：宁都县东韶乡 …………………………… Tel:6967182
田头工商行政管理所
地址：宁都县田头镇电信所对面 …………………………… Tel:6853272
赖村工商行政管理所
地址：宁都县赖村街上 …………………………… Tel:6947010
洛口工商行政管理所
地址：宁都县洛口乡 …………………………… Tel:6961151
田埠工商行政管理所
地址：宁都县田埠新街 …………………………… Tel:6982200
对坊工商行政管理所
地址：宁都县对坊街 …………………………… Tel:6855098
固厚乡工商行政管理所
地址：宁都县固厚乡固厚街上 …………………………… Tel:6981008
蔡江乡工商行政管理所
地址：宁都县蔡江街上 …………………………… Tel:6862009
青塘镇工商行政管理所
地址：宁都县青塘镇老街 …………………………… Tel:6942036
黄陂镇工商行政管理所
地址：宁都县黄陂镇竹门前 …………………………… Tel:6861025
于都县（0797）
于都县市场监督管理局
地址：于都县长征广场西路 …………………………… Tel:6336750
于都县物价局
地址：于都县渡江大道42号政府大院 …………………………… Tel:6233225
禾丰工商行政管理所
地址：于都县禾丰镇 …………………………… Tel:6280169
宽田工商行政管理所
地址：于都县宽田路 …………………………… Tel:6356061
兴国县（0797）
兴国县市场监督管理局
地址：兴国县五福路68号 …………………………… Tel:5322415
兴国县市场监督管理局江背分局
地址：兴国县江背镇 …………………………… Tel:5241910
兴国县市场监督管理局红门分局
地址：兴国县红门工业园区 …………………………… Tel:5340751
兴国县市场监督管理局社富分局
地址：兴国县社富乡 …………………………… Tel:5293237
兴国县市场监督管理局城岗分局
地址：兴国县城岗乡 …………………………… Tel:5260389
兴国县市场监督管理局溆江分局
地址：兴国县马岭路 …………………………… Tel:5322246
兴国县物价局
地址：兴国县县政府大楼 …………………………… Tel:5322090
均村工商行政管理所
地址：兴国县均村乡 …………………………… Tel:5257046
良村工商行政管理所
地址：兴国县良村镇 …………………………… Tel:5250134
兴江工商行政管理所
地址：兴国县兴江乡 …………………………… Tel:5220280
高兴工商行政管理所
地址：兴国县高兴镇 …………………………… Tel:5200056
崇贤工商行政管理所
地址：兴国县崇贤 …………………………… Tel:5243095
鼎龙工商行政管理所
地址：兴国县鼎龙乡 …………………………… Tel:5278031
龙口工商行政管理所
地址：兴国县 …………………………… Tel:5271078
古龙岗工商行政管理所
地址：兴国县古龙岗镇 …………………………… Tel:5216070
永丰乡工商行政管理所
地址：兴国县永丰乡 …………………………… Tel:5288001
会昌县（0797）
会昌县市场监督管理局
地址：会昌县城水东街43号 …………………………… Tel:5623858
会昌县市场监督管理局麻州分局
地址：会昌县麻州镇 …………………………… Tel:5662012
会昌县市场监督管理局筠门岭分局
地址：会昌县筠门岭镇 …………………………… Tel:5665147
会昌县物价局
地址：会昌县南外街203号 …………………………… Tel:5622646
会昌县物价检查所
会昌县南外街203号 …………………………… Tel:5620358
庄口工商行政管理所
地址：会昌县庄口镇 …………………………… Tel:5686066
西江工商行政管理所
地址：会昌县西江镇 …………………………… Tel:5676768
右水工商行政管理所
会昌县右水乡 …………………………… Tel:5693098
珠兰工商行政管理所
地址：会昌县珠兰乡 …………………………… Tel:5681019
湘江镇工商行政管理所
地址：会昌县老菜市场 …………………………… Tel:5622270
寻乌县（0797）
寻乌县市场监督管理局
地址：寻乌县 …………………………… Tel:2830361
寻乌县市场监督管理局长宁分局
地址：寻乌县城北 …………………………… Tel:2851889
寻乌县市场监督管理局留车分局
地址：寻乌县留车镇 …………………………… Tel:2866004
寻乌县物价局
地址：寻乌县 …………………………… Tel:2841611
南桥工商行政管理所
地址：寻乌县南桥镇 …………………………… Tel:2886201
吉潭镇工商行政管理所
地址：寻乌县吉潭镇 …………………………… Tel:2861698
晨光镇工商行政管理所
地址：寻乌县晨光镇 …………………………… Tel:2891045
澄江镇工商行政管理所
地址：寻乌县澄江镇 …………………………… Tel:2871055
石城县（0797）
石城县市场监督管理局
地址：石城县东城体育馆对面 …………………………… Tel:5790351
石城县市场监督管理局琴江分局
地址：石城县东城体育馆对面 …………………………… Tel:5790610
石城县物价局
地址：石城县西华中路 …………………………… Tel:5701124
龙岗工商行政管理所
地址：石城县龙岗乡龙岗村街上 …………………………… Tel:5788024
丰山工商行政管理所
地址：石城县丰山乡街上 …………………………… Tel:5776007
屏山工商行政管理所
地址：石城县屏山镇屏山商贸城 …………………………… Tel:5760052
小松工商行政管理所
地址：石城县小松镇小松村街上 …………………………… Tel:5781052
高田工商行政管理所
地址：石城县高田镇高田村永兴街 …………………………… Tel:5777481
横江工商行政管理所
地址：石城县横江镇居委会街上 …………………………… Tel:5750035
瑞金市（0797）
瑞金市市场监督管理局
地址：瑞金市金都大道 …………………………… Tel:2506873
瑞金市市场监督管理局象湖分局
地址：瑞金市沿江路 …………………………… Tel:2522498
瑞金市物价局
地址：瑞金市公务人楼4楼405室 …………………………… Tel:2557988
九堡工商行政管理所
地址：瑞金市九堡圩镇 …………………………… Tel:2591013
叶坪工商行政管理所
地址：瑞金市叶坪乡乡政府过去200米 …………………………… Tel:2304666
沙洲工商行政管理所
地址：瑞金市沙洲镇 …………………………… Tel:2348456
黄柏工商行政管理所
地址：瑞金市黄柏乡 …………………………… Tel:2341379
谢坊工商行政管理所
地址：瑞金市谢坊 …………………………… Tel:2317028
瑞林工商行政管理所
地址：瑞金市瑞林乡 …………………………… Tel:2323016
南康区（0797）
南康区市场监督管理局
地址：南康区夜市南街 …………………………… Tel:6612875
南康区市场监督管理局凤岗分局
地址：南康区凤岗镇 …………………………… Tel:6561510
南康区市场监督管理局横市分局
地址：南康区横市镇 …………………………… Tel:6533252
南康区物价局
地址：南康区市政办公大楼 …………………………… Tel:6605135
南康区商贸城工商行政管理所
地址：南康区金鸡镇 …………………………… Tel:6631593
蓉江工商行政管理所
地址：南康区 …………………………… Tel:6612865
赤土工商行政管理所
地址：南康区赤土畲族乡 …………………………… Tel:6596106
龙华工商行政管理所
地址：南康区龙华乡 …………………………… Tel:6577594
龙回工商行政管理所
地址：南康区龙回镇 …………………………… Tel:6511121
潭口工商行政管理所
地址：南康区谭口镇 …………………………… Tel:6651156
镜坝工商行政管理所
地址：南康区镜坝镇 …………………………… Tel:6585210
吉安市（0796）
吉安市辖区（0796）
吉安市市场监督管理局
地址：吉安市井冈山大道152号 …………………………… Tel:8223147
吉安市物价局
地址：吉安市鹭洲东路1号 …………………………… Tel:8223259
吉州区市场监督管理局
地址：吉安市井冈山大道217号 …………………………… Tel:8243476
吉州区市场监督管理局五岳现分局
地址：吉安市吉福路46号 …………………………… Tel:8332764
吉州区市场监督管理局长岗北路 分局
地址：吉安市 …………………………… Tel:8287469
吉州区市场监督管理局文山分局
地址：吉安市 …………………………… Tel:8287787
吉州区市场监督管理局水沟前分局
地址：吉安市水沟前 …………………………… Tel:8323996
青原区市场监督管理局
地址：吉安市青原区开发区 …………………………… Tel:8100333
青原区市场监督管理局东固分局
地址：吉安市青原区东固畲族乡 …………………………… Tel:8500020
青原区市场监督管理局值夏分局
地址：吉安市青原区值夏镇 …………………………… Tel:8481067
青原区市场监督管理局新墟分局
地址：吉安市青原区新墟镇 …………………………… Tel:8685047
吉州区物价局
地址：吉安市 …………………………… Tel:8335079
青原区物价局
地址：吉安市青原区法院内 …………………………… Tel:8186220
吉安县（0796）
吉安县市场监督管理局
地址：吉安县君山大道319号 …………………………… Tel:8412881
敖城工商行政管理所
地址：吉安县敖城镇 …………………………… Tel:8731315
梅塘工商行政管理所
地址：吉安县梅塘乡 …………………………… Tel:8610134
吉安县物价局
地址：吉安县庐陵大道27号 …………………………… Tel:8442227
吉水县（0796）
吉水县市场监督管理局
地址：吉水县文化中路138号 …………………………… Tel:8689596
吉水县物价局
地址：吉水县城北新区万里大道 …………………………… Tel:8689098
峡江县（0796）
峡江县市场监督管理局
地址：峡江县玉笥大道 …………………………… Tel:3674430
峡江县市场监督管理局马埠分局
地址：峡江县马埠镇 …………………………… Tel:3770010
峡江县市场监督管理局巴邱分局
地址：峡江县巴邱镇人民南路 …………………………… Tel:3663561
峡江县市场监督管理局水边分局
地址：峡江县元阳路 …………………………… Tel:3673724
峡江县市场监督管理局砚溪分局
地址：峡江县砚溪镇 …………………………… Tel:3710087
金江工商行政管理所
地址：峡江县金江乡 …………………………… Tel:3813274
峡江县物价局
地址：峡江县百花路政府大楼 …………………………… Tel:3672858
新干县（0796）
新干县市场监督管理局
地址：新干县金川镇滨阳路8号 …………………………… Tel:2611281
新干县市场监督管理局七琴分局
地址：新干县七琴镇 …………………………… Tel:2661331
新干县市场监督管理局力江分局
地址：新干县力江乡 …………………………… Tel:2881002
新干县市场监督管理局三湖分局
地址：新干县 …………………………… Tel:2711015
新干县市场监督管理局大洋洲分局
地址：新干县大洋洲镇 …………………………… Tel:2781211
新干县市场监督管理局麦斜分局
地址：新干县麦斜镇 …………………………… Tel:2651202
新干县市场监督管理局金川分局
地址：新干县 …………………………… Tel:2602542
新干县市场监督管理局城南分局

地址：新干县
…………Tel:2673507
新干县市场监督管理局界埠分局
地址：新干县
…………Tel:2763315
新干县市场监督管理局潭丘分局
地址：新干县
…………Tel:2731009
永丰县（0796）
永丰县市场监督管理局
地址：永丰县迎宾大道
…………Tel:2511239
永丰县物价局
地址：永丰县政府院内
…………Tel:2517195
泰和县（0796）
泰和县市场监督管理局
地址：泰和县工农兵大道
…………Tel:8638225
泰和县物价局
地址：泰和县工农兵大道1号
…………Tel:8638062
遂川县（0796）
遂川县市场监督管理局
地址：遂川县工农兵大道
…………Tel:6322483
遂川县物价局
地址：遂川县行政办公大楼2楼
…………Tel:6322286
万安县（0796）
万安县市场监督管理局
地址：万安县人民路55号
…………Tel:5715922
万安县物价局
地址：万安县凤凰路143号
…………Tel:5701477
安福县（0796）
安福县市场监督管理局
地址：安福县安成北路
…………Tel:7624147
安福县市场监督管理局平都分局
地址：安福县安福大市场
…………Tel:7628220
枫田工商行政管理所
地址：安福县枫田镇
…………Tel:7388010
金田工商行政管理所
地址：安福县金田乡
…………Tel:7348015
山庄工商行政管理所
地址：安福县山庄乡
…………Tel:7398013
洲湖工商行政管理所
地址：安福县洲湖镇
…………Tel:7618123
浒坑工商行政管理所
地址：安福县浒坑镇
…………Tel:7358165
横龙工商行政管理所
地址：安福县横龙镇
…………Tel:7680551
安福县物价局
地址：安福县
…………Tel:7630068
井冈山市（0796）
井冈山市市场监督管理局
地址：井冈山市
…………Tel:6890359
井冈山市物价局
地址：井冈山市新城区
…………Tel:6890502
宜春市（0795）
宜春市辖区（0795）
袁州区市场监督管理局
地址：宜春市袁山大道中东10号
…………Tel:3261296
三阳工商行政管理所
地址：宜春市三阳镇
…………Tel:3850717
奉新县（0795）
奉新县市场监督管理局
地址：奉新县城南新区
…………Tel:4618183
奉新县市场监督管理局冯川分局
地址：奉新县商品大世界
…………Tel:4622878
罗市工商行政管理所
地址：奉新县罗市镇
…………Tel:4501026
赤岸工商行政管理所
地址：奉新县赤岸镇
…………Tel:4612488
甘坊工商行政管理所
地址：奉新县甘坊乡
…………Tel:4649015
干洲工商行政管理所
地址：奉新县干洲镇
…………Tel:4531007
奉新县物价局
地址：奉新县城南行政中心大楼
…………Tel:4539449

万载县（0795）
万载县市场监督管理局
地址：万载县
…………Tel:8823157
万载县物价局
地址：万载县
…………Tel:8823258
上高县（0795）
上高县市场监督管理局
地址：上高县
…………Tel:2511593
上高县市场监督管理局泗溪分局
地址：上高县泗溪镇
…………Tel:2562005
上高县市场监督管理局敖阳分局
地址：上高县敖阳镇
…………Tel:2522646
上高县市场监督管理局徐家渡分局
地址：上高县徐家渡镇
…………Tel:2572141
上高县市场监督管理局锦江分局
地址：上高县锦江镇
…………Tel:2521143
上高县市场监督管理局墨山分局
地址：上高县墨山
…………Tel:2542216
上高县市场监督管理局镜山分局
地址：上高县镜山
…………Tel:2501429
南港工商行政管理所
地址：上高县南港乡
…………Tel:2532099
塔下工商行政管理所
地址：上高县塔下乡
…………Tel:2492222
宜丰县（0795）
宜丰县市场监督管理局
地址：宜丰县柏树北巷
…………Tel:2765741
宜丰县市场监督管理局石市分局
地址：宜丰县石市镇
…………Tel:2946017
宜丰县市场监督管理局芳溪分局
地址：宜丰县芳溪镇
…………Tel:2961234
宜丰县市场监督管理局棠浦分局
地址：宜丰县棠浦镇
…………Tel:2933042
靖安县（0795）
靖安县市场监督管理局
地址：靖安县双溪大道55号
…………Tel:4662523
靖安县市场监督管理局直属工商所
地址：靖安县
…………Tel:4662445
官庄工商行政管理所
地址：靖安县官庄乡
…………Tel:4786266
靖安县物价局靖安县双溪大道53号
…………Tel:4651415
铜鼓县（0795）
铜鼓县市场监督管理局
地址：铜鼓县定江东路241号
…………Tel:8722253
铜鼓县市场监督管理局大段分局
地址：铜鼓县大段镇
…………Tel:8745178
铜鼓县市场监督管理局永宁分局
地址：铜鼓县城南路
…………Tel:8722012
铜鼓县市场监督管理局城东分局
地址：铜鼓县定江东路241号
…………Tel:8722453
铜鼓县市场监督管理局棋坪分局
地址：铜鼓县棋坪镇
…………Tel:8755135
铜鼓县市场监督管理局温泉分局
地址：铜鼓县温泉镇
…………Tel:8684314
铜鼓县物价局
地址：铜鼓县环城北路18号
…………Tel:8722835
丰城市（0795）
丰城市市场监督管理局
地址：丰城市新城区子龙路
…………Tel:6609185
丰城市市场监督管理局小港分局
地址：丰城市小港镇
…………Tel:6452118
丰城市市场监督管理局杜市镇分局
地址：丰城市杜市集镇
…………Tel:6872013
丰城市市场监督管理局秀市分局
地址：丰城市秀市镇集镇
…………Tel:6472011
丰城市市场监督管理局尚庄分局
地址：丰城市尚庄集镇
…………Tel:6792024
丰城市市场监督管理局荣塘镇分局
地址：丰城市荣塘镇
…………Tel:6802007

丰城市市场监督管理局桥东分局
地址：丰城市桥东镇
…………Tel:6512005
上塘工商行政管理所
地址：丰城市
…………Tel:6688379
拖船镇工商行政管理所
地址：丰城市拖船镇
…………Tel:6742012
淘沙镇工商行政管理所
地址：丰城市淘沙集镇
…………Tel:6502014
筱塘乡工商行政管理所
地址：丰城市筱塘乡
…………Tel:6702049
丰城市物价局
地址：丰城市行政大楼
…………Tel:6608313
樟树市（0795）
樟树市市场监督管理局
地址：樟树市商品大世界
…………Tel:7333549
樟树市市场监督管理局永泰分局
地址：樟树市永泰镇
…………Tel:7892650
樟树市市场监督管理局昌傅分局
地址：樟树市昌傅镇
…………Tel:7833669
樟树市市场监督管理局店下分局
地址：樟树市店下镇
…………Tel:7873315
樟树市市场监督管理局临江分局
地址：樟树市临江镇
…………Tel:7811267
淦阳工商行政管理所
地址：樟树市共和东路
…………Tel:7337829
府桥工商行政管理所
地址：樟树市府桥路
…………Tel:7332092
昌傅工商行政管理所
地址：樟树市昌傅镇
…………Tel:7831216
店下工商行政管理所
地址：樟树市店下镇
…………Tel:7871720
鹿江工商行政管理所
地址：樟树市药都北大道
…………Tel:7361493
黄土岗工商行政管理所
地址：樟树市黄土岗镇
…………Tel:7841012
张家山工商行政管理所
地址：樟树市张家山
…………Tel:7851315
樟树市物价局
地址：樟树市药都南大道74号
…………Tel:7333972
高安市（0795）
高安市市场监督管理局
地址：高安市西湖路
…………Tel:5216624
高安市市场监督管理局瑞州分局
地址：高安市
…………Tel:5282858
高安市城北工商行政管理所
地址：高安市西湖路
…………Tel:5283815
高安市城南工商行政管理所
地址：高安市锦江外滩
…………Tel:5212189
黄沙工商行政管理所
地址：高安市黄沙岗镇
…………Tel:5622216
蓝坊工商行政管理所
地址：高安市蓝坊镇
…………Tel:5715934
新街工商行政管理所
地址：高安市新街镇
…………Tel:5452347
石脑工商行政管理所
地址：高安市石脑镇
…………Tel:5605706
太阳工商行政管理所
地址：高安市太阳镇
…………Tel:5382105
大城工商行政管理所
地址：高安市大城镇
…………Tel:5792120
八景工商行政管理所
地址：高安市八号镇
…………Tel:5483107
灰埠工商行政管理所
地址：高安市灰埠镇
…………Tel:5782114
独城工商行政管理所
地址：高安市独城镇
…………Tel:5462106
村前工商行政管理所
地址：高安市村前镇
…………Tel:5672119

杨圩工商行政管理所
地址：高安市杨圩镇
…………Tel:5662431
伍桥工商行政管理所
地址：高安市伍桥镇
…………Tel:5752111
东方红工商行政管理所
地址：高安市东方红乡小珠桥头
…………Tel:5229983
高安市物价局
地址：高安市瑞州中路
…………Tel:5282034
抚州市（0794）
抚州市辖区（0794）
抚州市市场监督管理局
地址：抚州市体育路85号
…………Tel:8226433
抚州市市场监督管理局金巢经济 开发区分局
地址：抚州市豪德贸易广场南六街1号
…………Tel:8251922
抚州市物价局
地址：抚卅市金巢路
…………Tel:8282491
临川区（0794）
临川区市场监督管理局
地址：临川区建设路16号
…………Tel:8433336
临川区市场监督管理局上顿渡分局
地址：临川区建设路工商办公大楼
…………Tel:8441553
临川区市场监督管理局五皇殿分局
地址：临川区沿河路
…………Tel:8222135
临川区市场监督管理局文昌分局
地址：临川区抚昌路
…………Tel:8343889
临川区市场监督管理局玉茗分局
地址：临川区抚北路
…………Tel:8282922
临川区市场监督管理局西湖分局
地址：临川区大公路
…………Tel:8284010
临川区市场监督管理局抚临分局
地址：临川区
…………Tel:8223108
临川区市场监督管理局沿河分局
地址：临川区五皇殿内
…………Tel:8284443
临川区市场监督管理局轻纺城分局
地址：临川区轻纺城
…………Tel:8222736
临川区市场监督管理局高坪分局
地址：临川区高坪街
…………Tel:8648059
临川区市场监督管理局唱凯分局
地址：临川区唱凯街
…………Tel:8831021
临川区市场监督管理局崇岗分局
地址：临川区崇岗街
…………Tel:8718116
临川区市场监督管理局腾桥分局
地址：临川区腾桥街
…………Tel:8828030
七里岗工商行政管理所
地址：临川区七里岗乡
…………Tel:8582231
临川区物价局
地址：临川区赣东大道
…………Tel:8268317
临川区物价检查所
地址：临川区赣东大道青云段春天大药房隔壁3楼
…………Tel:8213779
南城县（0794）
南城县市场监督管理局
地址：南城县盱江大道市场监督管理局大楼
…………Tel:7252569
洪门工商行政管理所
地址：南城县
…………Tel:7361016
株良工商行政管理所
地址：南城县
…………Tel:7327363
徐家工商行政管理所
南城县
…………Tel:7311491
经贸工商行政管理所
地址：南城县
…………Tel:7348448
龙湖工商行政管理所
地址：南城县
…………Tel:7371248
万坊工商行政管理所
地址：南城县建昌大道
…………Tel:7272996
南城县物价局
地址：南城县土管局新办公大楼
…………Tel:7237358
黎川县（0794）

黎川县市场监督管理局
地址：黎川县东方红大道
…………Tel:7527326
黎川县市场监督管理局日峰分局
地址：黎川县日锋镇
…………Tel:7522153
黎川县市场监督管理局龙安分局
地址：黎川县龙安镇
…………Tel:7510009
黎川县市场监督管理局宏村分局
地址：黎川县宏村镇
…………Tel:7540080
黎川县市场监督管理局洵口分局
地址：黎川县洵口镇茶亭街
…………Tel:757019
黎川县市场监督管理局熊村分局
地址：黎川县熊村镇
…………Tel:7580016
黎川县市场监督管理局德胜分局
地址：黎川县德胜镇
…………Tel:7530103
黎川县物价局
地址：黎川县日峰路
…………Tel:7528644
南丰县（0794）
南丰县市场监督管理局
地址：南丰县步行街
…………Tel:3212315
南丰县物价局
地址：南丰县桔都大道
…………Tel:3227587
崇仁县（0794）
崇仁县市场监督管理局
地址：崇仁县县府西路18号
…………Tel:6328045
崇仁县市场监督管理局巴山分局
地址：崇仁县巴山镇
…………Tel:6327559
崇仁县市场监督管理局相山分局
地址：崇仁县相山镇
…………Tel:6401058
崇仁县物价局
地址：崇仁县县府西路
…………Tel:6332227
乐安县（0794）
乐安县市场监督管理局
地址：乐安县长征路
…………Tel:6592315
乐安县市场监督管理局万崇分局
地址：乐安县万崇镇
…………Tel:6681461
乐安县市场监督管理局牛田分局
地址：乐安县牛田镇
…………Tel:6671006
乐安县市场监督管理局公溪分局
地址：乐安县公溪镇
…………Tel:6552123
乐安县市场监督管理局谷岗分局
地址：乐安县谷岗乡
…………Tel:6721011
乐安县市场监督管理局招携分局
地址：乐安县招携镇
…………Tel:6732003
乐安县市场监督管理局南村分局
地址：乐安县南村乡
…………Tel:6741011
乐安县市场监督管理局敖溪分局
地址：乐安县敖溪镇
…………Tel:6592036
乐安县市场监督管理局龚坊分局
地址：乐安县龚坊镇
…………Tel:6641480
乐安县市场监督管理局戴坊分局
地址：乐安县戴坊镇
…………Tel:6631026
乐安县物价局
地址：乐安县广场路5号
…………Tel:6592139
宜黄县（0794）
宜黄县市场监督管理局
地址：宜黄县学前街8号
…………Tel:7602340
宜黄县市场监督管理局二都分局
地址：宜黄县二都镇
…………Tel:7798105
宜黄县市场监督管理局凤冈分局
地址：宜黄县凤冈镇
…………Tel:7602370
宜黄县市场监督管理局东陂分局
地址：宜黄县东陂乡
…………Tel:7778030
宜黄县市场监督管理局兰水分局
地址：宜黄县兰水乡
…………Tel:7748234
宜黄县市场监督管理局圳口分局
地址：宜黄县圳口乡
…………Tel:1698038
宜黄县市场监督管理局神岗分局
地址：宜黄县神岗乡
…………Tel:7718271
宜黄县市场监督管理局黄陂分局
地址：宜黄县黄陂镇
…………Tel:7768143
宜黄县市场监督管理局梨溪分局
地址：宜黄县梨溪乡
…………Tel:7668048
宜黄县市场监督管理局棠阴分局
地址：宜黄县棠阴镇
…………Tel:7678128
潭坊乡工商行政管理所
地址：宜黄县潭坊乡
…………Tel:7658019
宜黄县物价局
地址：宜黄县学前街109号
…………Tel:7609144
金溪县（0794）
金溪县市场监督管理局
地址：金溪县秀谷中大道
…………Tel:5294564
金溪县市场监督管理局双塘分局
地址：金溪县双塘镇
…………Tel:5411037
金溪县市场监督管理局左坊分局
地址：金溪县左坊镇
…………Tel:5311071
金溪县市场监督管理局枫山分局
地址：金溪县枫山街
…………Tel:5261098
金溪县市场监督管理局浒湾分局
地址：金溪县浒湾镇
…………Tel:5281242
资溪县（0794）
资溪县市场监督管理局
地址：资溪县建设中路45号
…………Tel:5793552
资溪县市场监督管理局马头山分局
地址：资溪县马头山镇
…………Tel:5611155
资溪县市场监督管理局高田分局
地址：资溪县高田乡
…………Tel:5688097
资溪县市场监督管理局高阜分局
地址：资溪县高阜镇
…………Tel:5633160
资溪县物价局
地址：资溪县城西大道行政中心
…………Tel:5790022
东乡县（0794）
东乡县市场监督管理局
地址：东乡县恒安西路330号
…………Tel:4233713
红星工商行政管理所
地址：东乡县红星
…………Tel:4382675
马圩工商行政管理所
地址：东乡县马圩镇
…………Tel:4283798
小璜工商行政管理所
地址：东乡县小璜镇
…………Tel:4467485
东乡县物价局
地址：东乡县开发区行政大楼533室
…………Tel:4224258
广昌县（0794）
广昌县市场监督管理局
地址：广昌县解放路
…………Tel:3622374
广昌县市场监督管理局甘竹分局
地址：广昌县甘竹镇
…………Tel:3676045
广昌县市场监督管理局头陂分局
地址：广昌县头陂镇
…………Tel:3781011
广昌县市场监督管理局赤水分局
地址：广昌县赤水镇
…………Tel:3713189
广昌县市场监督管理局盱江分局
地址：广昌县盱江镇
…………Tel:3622300
广昌县市场监督管理局驿前分局
地址：广昌县驿前镇
…………Tel:3763315
广昌县市场监督管理局塘坊分局
地址：广昌县塘坊乡
…………Tel:3771118
尖峰工商行政管理所
地址：广昌县尖峰乡
…………Tel:3691056
广昌县物价局
地址：广昌县子喧南路
…………Tel:3610557
上饶市（0793）
上饶市辖区（0793）
上饶市市场监督管理局
地址：上饶市信阳路15号
…………Tel:8316321
信州区市场监督管理局
地址：上饶市中山东路9号
…………Tel:8222663
信州区市场监督管理局车站分局
地址：上饶市带湖路60号
…………Tel:8267115
信州区市场监督管理局水南分局
地址：上饶市水南街230号铁路党校院内
…………Tel:8222252
信州区市场监督管理局白鸥园分局
地址：上饶市白鸥园市场内
…………Tel:8224623
信州区市场监督管理局宝泽楼分局
地址：上饶市解放路145号宝泽楼市场二楼
…………Tel:8225594
上饶市物价局
地址：上饶市中山路88号
…………Tel:8222030
信州区物价局
地址：上饶市中山路12号
…………Tel:8223782
上饶县（0793）
上饶县市场监督管理局
地址：上饶县旭日南大道78号
…………Tel:8442533
上饶县市场监督管理局五府山分局
地址：上饶县五府山镇
…………Tel:8648037
上饶县市场监督管理局应家分局
地址：上饶县应家乡
…………Tel:8668342
上饶县物价局
地址：上饶县前府路16号
…………Tel:8443258
广丰区（0793）
广丰区市场监督管理局
地址：广丰区商城内
…………Tel:2652570
广丰区物价局
地址：广丰区府前街
…………Tel:2638210
玉山县（0793）
玉山县市场监督管理局
地址：玉山县新建北路
…………Tel:2553012
玉山县物价局
地址：玉山县沿河路A区
…………Tel:2552231
铅山县（0793）
铅山县市场监督管理局
地址：铅山县信州东路21号
…………Tel:5130661
铅山县市场监督管理局河口分局
地址：铅山县信州东路21号
…………Tel:5338773
铅山县市场监督管理局城郊分局
地址：铅山县信州东路21号
…………Tel:53375t3
铅山县物价局
地址：铅山县狮江大道城南社区47号
…………Tel:5332329
横峰县（0793）
横峰县市场监督管理局
地址：横峰县解放中路148号
…………Tel:5742274
横峰县物价局
地址：横峰县岑阳镇兴安街新县政府大楼
…………Tel:5783340
弋阳县（0793）
弋阳县市场监督管理局
地址：弋阳县志敏中大道执羔路2号
…………Tel:5822076
弋阳县物价局
地址：弋阳县行政中心大楼
…………Tel:5821377
余干县（0793）
余干县市场监督管理局
地址：余干县城北新区
…………Tel:3398869
余干县物价局
地址：余干县县政府六楼
…………Tel:3398409
鄱阳县（0793）
鄱阳县市场监督管理局
地址：鄱阳县建设路
…………Tel:6284529
鄱阳县物价局
地址：鄱阳县城北
…………Tel:6282298
万年县（0793）
万年县市场监督管理局
地址：万年县城站前西路
…………Tel:3832453
万年县物价局
地址：万年县城万昌大道
…………Tel:3833424
婺源县（0793）
婺源县市场监督管理局
地址：婺源县东溪下江7号
…………Tel:7351438
婺源县物价局
地址：婺源县
…………Tel:7363680
德兴市（0793）
德兴市市场监督管理局
地址：德兴市
…………Tel:7516067
新岗山工商行政管理所
地址：德兴市新岗山镇
…………Tel:7790029
海口工商行政管理所
地址：德兴市海口镇
…………Tel:7730110
大乡工商行政管理所
地址：德兴市大乡
…………Tel:7770142
德兴市物价局
地址：德兴市
…………Tel:7529266
政府采购
上饶市（0793）
婺源县（0793）
婺源县政府采购中心
地址：婺源县蚺城路26号
…………Tel:7350530
质量监督
南昌市（0791）
南昌市辖区（0791）
南昌市质量技术监督局
地址：南昌市昌东大道6869号
…………Tel:88119900
南昌高新技术产业开发区质量技术监督分局
地址：南昌市高新开发区高新七路192号
…………Tel:88194627
西湖区质量技术监督分局
地址：南昌市八一大道96号华龙国际大厦
…………Tel:86260959
青山湖区质量技术监督分局
地址：南昌市南京东路699号青山湖区政府东一楼
…………Tel:88100159
青云谱区质量技术监督分局
地址：南昌市青云谱区井冈山大道269号
…………Tel:88442334
湾里区质量技术监督分局
地址：南昌市湾里区幸福景苑1栋201室
…………Tel:83760460
南昌县（0791）
南昌县质量技术监督局
地址：南昌县澄湖中路126号
…………Tel:85787021
新建县（0791）
新建县质量技术监督局
地址：新建县新建大道239号
…………Tel:83702664
安义县（0791）
安义县质量技术监督局
地址：安义县蔚蓝嘉园二区广场
…………Tel:83422461
进贤县（0791）
进贤县质量技术监督局
地址：进贤县胜利南路181号
…………Tel:85664687
景德镇市（0798）
景德镇市辖区（0798）
景德镇市质量技术监督局
地址：景德镇市
…………Tel:8290016
浮梁县（0798）
浮梁县质量技术监督局
地址：浮梁县
…………Tel:2627114
萍乡市（0799）
萍乡市辖区（0799）
萍乡市质量技术监督局湘东分局
地址：湘东区湘东镇沙里塘工业园
…………Tel:3434052
莲花县（0799）
莲花县质量技术监督局
地址：莲花县金城大道
…………Tel:7229942
上栗县（0799）
上栗县质量技术监督局
地址：上栗县浏万东路
…………Tel:3863693
芦溪县（0799）
芦溪县质量技术监督局
地址：芦溪县
…………Tel:7551365
九江市（0792）
九江市辖区（0792）
九江市质量技术监督局
地址：九江市浔阳区长虹大道248号
…………Tel:8535619
庐山区质量技术监督局
地址：九江市庐山区十里大道
…………Tel:8270805
中国船级社九江办事处
地址：九江市浔阳区丁官路59号
…………Tel:8121590
修水县（0792）
修水县质量技术监督局
地址：修水县沿江路
…………Tel:7229926

武宁县（0792）
武宁县质量技术监督局
地址：武宁县豫宁大道南端
…… Tel:2780336
瑞昌市（0792）
瑞昌市质量技术监督局
地址：瑞昌市建设路6号
…… Tel:4222468
永修县（0792）
永修县质量技术监督局
地址：永修县新城大道
…… Tel:3222795
德安县（0792）
德安县质量技术监督局
地址：德安县义峰路
…… Tel:4332849
九江县（0792）
九江县质量技术监督局
地址：九江县柴桑南路
…… Tel:6812089
星子县（0792）
星子县质量技术监督局
地址：星子县匡庐路
…… Tel:2666206
都昌县（0792）
都昌县质量技术监督局
地址：都昌县幸福路8号
…… Tel:5222046
湖口县（0792）
湖口县质量技术监督局
地址：湖口县洋港路1号凤鸣园南侧信用社旁
…… Tel:6332498
彭泽县（0792）
彭泽县质量技术监督局
地址：彭泽县龙城大道
…… Tel:5667182
共青开发区（0792）
九江市质量技术监督局共青办事处
地址：九江市共青城
…… Tel:4343806
共青城开放开发区质量技术监督局
地址：九江市共青城
…… Tel:4341201
新余市（0790）
新余市辖区（0790）
新余市质量技术监督局
地址：新余市劳动北路2；38号
…… Tel:6442818
分宜县（0790）
分宜县质量技术监督局
地址：分宜县祥山路8号
…… Tel:5881384
鹰潭市（0701）
鹰潭市辖区（0701）
鹰潭市质量技术监督局
地址：鹰潭市交通路5号
…… Tel:6228079
龙虎山技术监督管理局
地址：鹰潭市龙虎山镇
…… Tel:6656998
余江县（0701）
余江县质量技术监督局
地址：余江县站前路29号
…… Tel:5891827
贵溪市（0701）
贵溪市质量技术监督局
地址：贵溪市沿河路
…… Tel:3326508
赣州市（0797）
赣州市辖区（0797）
赣州市质量技术监督管理局
地址：赣州市章贡路21号
…… Tel:8293156
章贡区质量技术监督管理局
地址：赣州市章贡路21号
…… Tel:8293376
黄金开发区质量技术监督工作站
赣州市黄金开发区金岭路16号电信大院内
…… Tel:6376219
赣县（0797）
赣县质量技术监督局
地址：赣县红专路18号
…… Tel:4441728
信丰县（0797）
信丰县质量技术监督管理局
地址：信丰县阳明路
…… Tel:3331169
大余县（0797）
大余县质量技术监督管理局
地址：大余县粮食局院内
…… Tel:8719611
上犹县（0797）
上犹县质量技术监督局
地址：上犹县犹江大道15号
…… Tel:8546198
崇义县（0797）
崇义县质量技术监督局
地址：崇义县阳岭大道
…… Tel:3816371

安远县（0797）
安远县质量技术监督局
地址：安远县
…… Tel:3732048
龙南县（0797）
龙南县质量技术监督局
地址：龙南县人民大道
…… Tel:3512223
定南县（0797）
定南县质量技术监督局
地址：定南县
…… Tel:4292410
全南县（0797）
全南县质量技术监督管理局
地址：全南县含江路
…… Tel:2632336
宁都县（0797）
宁都县质量技术监督管理局
地址：宁都县沿江路
…… Tel:6830008
于都县（0797）
于都县质量技术监督管理局
地址：于都县红卫路59号
…… Tel:6415024
兴国县（0797）
兴国县质量技术监督管理局
地址：兴国县平固街58号
…… Tel:5322191
会昌县（0797）
会昌县质量技术监督局
地址：会昌县西街5号
…… Tel:5636100
寻乌县（0797）
寻乌县质量技术监督管理局
地址：寻乌县
…… Tel:2840127
石城县（0797）
石城县质量技术监督管理局
地址：石城县西华中路55号
…… Tel:5712464
瑞金市（0797）
瑞金市质量技术监督局
地址：瑞金市公园路
…… Tel:2326000
南康区（0797）
南康区质量技术监督管理局
地址：南康区
…… Tel:6618520
吉安市（0796）
吉安市辖区（0796）
吉安市质量技术监督局
地址：吉安市井冈山大道56号
…… Tel:8315058
吉安市船舶检验局
地址：吉安市大校场5号
…… Tel:8211992
吉州区质量技术监督分局
地址：吉安市大桥西路25号
…… Tel:8219360
青原区质量技术监督分局
地址：吉安市正气路7号
…… Tel:8102136
吉安县（0796）
吉安县质量技术监督局
地址：吉安县吉洲路
…… Tel:8442107
吉水县（0796）
吉水县质量技术监督局
地址：吉水县中文峰路
…… Tel:8689301
峡江县（0796）
峡江县质量技术监督局
地址：峡江县百花路
…… Tel:3675803
新干县（0796）
新干县质量技术监督局
地址：新干县金川镇滨阳路24号
…… Tel:2602893
永丰县（0796）
永丰县质量技术监督局
地址：永丰县跃进桥边
…… Tel:2511690
泰和县（0796）
泰和县质量技术监督局
地址：泰和县澄江大道
…… Tel:8638099
遂川县（0796）
遂川县质量技术监督局
地址：遂川县井冈山大道
…… Tel:6311715
万安县（0796）
万安县质量技术监督局
地址：万安县凤凰路
…… Tel:5701439
安福县（0796）
安福县质量技术监督局
地址：安福县
…… Tel:7628283
井冈山市（0796）
井冈山市质量技术监督局
地址：井冈山市龙市镇
…… Tel:6862538
宜春市（0795）
奉新县（0795）
奉新县质量技术监督局
地址：奉新县
…… Tel:4622314
万载县（0795）
万载县质量技术监督管理局
地址：万载县
…… Tel:8823265
上高县（0795）
上高县质量技术监督局
地址：上高县学园路
…… Tel:2521837
靖安县（0795）
靖安县质量技术监督管理局
地址：靖安县新大街20号
…… Tel:4662359
铜鼓县（0795）
铜鼓县质量技术监督局
地址：铜鼓县河滨路58号
…… Tel:8722074
高安市（0795）
高安市质量技术监督局
地址：高安市瑞州路
…… Tel:5286315
抚州市（0794）
抚州市辖区（0794）
抚州市质量技术监督局
地址：抚州市金巢大道
…… Tel:8210198
临川区（0794）
临川区质量技术监督局
地址：临川区赣东大道
…… Tel:8226527
南城县（0794）
南城县质量技术监督局
地址：南城县夫人田技术监督局新楼
…… Tel:7236897
黎川县（0794）
黎川县质量技术监督局
地址：黎川县药王殿13号
…… Tel:7522273
南丰县（0794）
南丰县质量技术监督局
地址：南丰县仓山路房产综合大楼
…… Tel:3202879
崇仁县（0794）
崇仁县质量技术监督局
地址：崇仁县
…… Tel:6328041.
乐安县（0794）
乐安县质量技术监督局
地址：乐安县北大道
…… Tel:6669081
宜黄县（0794）
宜黄县质量技术监督局
地址：宜黄县西马路
…… Tel:7602113
资溪县（0794）
资溪县质量技术监督局
地址：资溪县解放南路27号
…… Tel:5793865
东乡县（0794）
东乡县质量技术监督局
地址：东乡县大富工业园区大道
…… Tel:4332803
广昌县（0794）
广昌县质量技术监督局
地址：广昌县解放路南路
…… Tel:3618260
上饶市（0793）
上饶市辖区（0793）
上饶市质量技术监督局
地址：上饶市紫阳大道江南商贸城对面
…… Tel:8214778
上饶县（0793）
上饶县质量技术监督局
地址：上饶市经济开发区管委会斜对面
…… Tel:8462060
广丰区（0793）
广丰区质量技术监督管理局
地址：广丰区南山
…… Tel:2652090
玉山县（0793）
玉山县质量技术监督局
地址：玉山县行政大楼四楼
…… Tel:2552362
铅山县（0793）
铅山县质量技术监督局
地址：铅山县黄岗山兴隆街4号
…… Tel:5133026
横峰县（0793）
横峰县质量技术监督局
地址：横峰县解放西路
…… Tel:5782728
弋阳县（0793）
弋阳县质量技术监督局
地址：弋阳县
…… Tel:5822043
余干县（0793）

余干县质量技术监督局
地址：余干县城北新区
…… Tel:3398150
鄱阳县（0793）
鄱阳县质量技术监督局
地址：鄱阳县滨洲路19号
…… Tel:6285437
万年县（0793）
万年县质量技术监督局
地址：万年县城石洋西路
…… Tel:3841121
婺源县（0793）
婺源县质量技术监督局
地址：婺源县书乡路
…… Tel:7343268
德兴市（0793）
德兴市质量技术监督局
地址：德兴市
…… Tel:7522365
食（药）品监督
南昌市（0791）
南昌市辖区（0791）
南昌市食品药品监督管理局
地址：南昌市红谷滩新区碟子湖大道299号
…… Tel:83857769
南昌市食品药品监督管理局直属局
地址：南昌市红谷滩新区碟子湖大道299号
…… Tel:83855686
东湖区食品药品监督管理局
地址：南昌市大士院街95号
…… Tel:86801113
西湖区食品药品监督管理局
地址：南昌市朝阳中路124号
…… Tel:86583531
青山湖区食品药品监督管理局
地址：南昌市南京东路1388号
…… Tel:88287110
南昌县（0791）
南昌县食品药品监督管理局
地址：南昌县莲塘镇澄湖中路469号
…… Tel:85990033
新建县（0791）
新建县食品药品监督管理局
地址：新建县少华路8号
…… Tel:83752110
进贤县（0791）
进贤县食品药品监督管理局
地址：进贤县胜利北路1号
…… Tel:85675293
景德镇市（0798）
景德镇市辖区（0798）
景德镇市食品药品监督管理局
地址：景德镇市昌江大道东19号
…… Tel:8296965
萍乡市（0799）
莲花县（0799）
莲花县食品药品监督管理局
地址：莲花县解放路
…… Tel:7228058
上栗县（0799）
上栗县食品药品监督管理局
地址：上栗县栗江路
…… Tel:3666456
芦溪县（0799）
芦溪县食品药品监督管理局
地址：芦溪县
…… Tel:7585306
九江市（0792）
九江市辖区（0792）
九江市食品药品监督管理局
地址：九江市浔阳区浔阳东路248号
…… Tel:8585510
修水县（0792）
修水县食品药品监督管理局
地址：修水县城南新区山谷大道
…… Tel:7808276
武宁县（0792）
武宁县食品药品监督管理局
地址：武宁县豫宁大道104号
…… Tel:2789756
瑞昌市（0792）
瑞昌市食品药品监督管理局
地址：瑞昌市赤乌中路6号
…… Tel:4224306
永修县（0792）
永修县食品药品监督管理局
地址：永修县富民新村
…… Tel:3234563
德安县（0792）
德安县食品药品监督管理局
地址：德安县东风路
…… Tel:4366753
九江县（0792）
九江县食品药品监督管理局
地址：九江县庐山东路
…… Tel:6819779
星子县（0792）
星子县食品药品监督管理局
地址：星子县紫阳路

……………………Tel:2663818
都昌县（0792）
都昌县食品药品监督管理局
地址：都昌县东风大道
……………………Tel:5236722
湖口县（0792）
湖口县食品药品监督管理局
地址：湖口县三银路卫生局5楼
……………………Tel:632681
彭泽县（0792）
彭泽县食品药品监督管理局
地址：彭泽县龙青路
……………………Tel:5672988
新余市（0790）
新余市辖区（0790）
新余市食品药品监督管理局
地址：新余市上路442号
……………………Tel:6458018
分宜县（0790）
分宜县食品药品监督管理局
地址：分宜县铃山东路
……………………Tel:5815688
鹰潭市（0701）
鹰潭市辖区（0701）
鹰潭市食品药品监督管理局
地址：鹰潭市梅园大道89号
……………………Tel:6441886
余江县（0701）
余江县食品药品监督管理局
地址：余江县站前南路1号
……………………Tel:5897715
贵溪市（070l）
贵溪市食品药品监督管理局
地址：贵溪市交通路
……………………Tel:3776239
赣州市（0797）
赣州市辖区（0797）
赣州市食品药品监督管理局
地址：赣州市经济技术开发区金岭路12号
……………………Tel:8376613
赣县（0797）
赣县食品药品监督管理局
地址：赣县站前大道东段
……………………Tel:4441655
信丰县（0797）
信丰县食品药品监督管理局
地址：信丰县迎宾大道
……………………Tel:3319089
大余县（0797）
大余县食品药品监督管理局
地址：大余县伯坚大道
……………………Tel:8720478
上犹县（0797）
上犹县食品药品监督管理局
地址：上犹县健康路原银河大厦
……………………Tel:8521669
崇义县（0797）
崇义县食品药品监督管理局
地址：崇义县南中路
……………………Tel:3822928
安远县（0797）
安远县食品药品监督管理局
地址：安远县
……………………Tel:3726393
龙南县（0797）
龙南县食品药品监督管理局
地址：龙南县渥江明珠
……………………Tel:3512601
定南县（0797）
定南县食品药品监督管理局
地址：定南县
……………………Tel:4283989
全南县（0797）
全南县食品药品监督管理局
地址：全南县新城区金龙大道
……………………Tel:2608170
宁都县（0797）
宁都县食品药品监督管理局
地址：宁都县登峰大道30号
……………………Tel:6817917
于都县（0797）
于都县食品药品监督管理局
地址：于都县长征大道
……………………Tel:6218999
兴国县（0797）
兴国县食品药品监督管理局
地址：兴国县平川北路交警队对面
……………………Tel:5312190
会昌县（0797）
会昌县食品药品监督管理局
地址：会昌县燕子窝工业区
……………………Tel:5630193
寻乌县（0797）
寻乌县食品药品监督管理局
地址：寻乌县岳家庄
……………………Tel:2831186
石城县（0797）
石城县食品药品监督管理局
地址：石城县西华中路
……………………Tel:5700616
南康区（0797）
南康区食品药品监督管理局
地址：南康区蓉田大道
……………………Tel:6646409
吉安市（0796）
吉安县（0796）
吉安县食品药品监督管理局
地址：吉安县庐陵大道
……………………Tel:8435585
峡江县（0796）
峡江县食品药品监督管理局
地址：峡江县大秀路
……………………Tel:3675632
新干县（0796）
新干县药材局
地址：新干县环城南路2号
……………………Tel:2607509
永丰县（0796）
永丰县食品药品监督管理局
地址：永丰县恩江镇天保路
……………………Tel:2514088
泰和县（0796）
泰和县食品药品监督管理局
地址：泰和县开发区105国道126号
……………………Tel:8636123
遂川县（0796）
遂川县食品药品监督管理局
地址：遂川县文献街
……………………Tel:6313298
万安县（0798）
万安县食品药品监督管理局
地址：万安县五云路
……………………Tel:5706876
安福县（0796）
安福县食品药品监督管理局安福县人民医院对面
……………………Tel:7625503
采新县（0796）
永新县食品药品监督管理局
地址：永新县
……………………Tel:7717201
井冈山市（0796）
井冈山市食品药品监督管理局
地址：井冈山市
……………………Tel:6553893
宜春市（0795）
奉新县（0793）
奉新县食品药品监督管理局
地址：奉新县天工巷40号卫校内
……………………Tel:4629958
万载县（0795）
万载县食品药品监督管理局
地址：万载县
……………………Tel:8821818
上高县（0795）
上高县食品药品监督管理局
地址：上高县朝阳北路41号
……………………Tel:2513612
宜丰县（0795）
宜丰县食品药品监督管理局
地址：宜丰县城北路
……………………Tel:2756811
靖安县（0793）
靖安县食品药品监督管理局
地址：靖安县新大街1号
……………………Tel:4657578
铜鼓县（0795）
铜鼓县食品药品监督管理局
地址：铜鼓县定江东路
……………………Tel:8716219
樟树市（0793）
樟树市食品药品监督管理局
地址：樟树市药都路
……………………Tel:7356582
高安市（0793）
高安市食品药品监督管理局
地址：高安市
……………………Tel:5296305
抚州市（0794）
抚州市辖区（0794）
抚州市食品药品监督管理局
地址：抚州市伍塘路
……………………Tel:8211811
临川区（0794）
临川区食品药品监督管理局
地址：临川区新行政中心大楼
……………………Tel:8469869
南城县（0704）
南城县食品药品监督管理局
地址：南城县
……………………Tel:7265731
南丰县（0794）
南丰县食品药品监督管理局
地址：南丰县桔都大道于禧
……………………Tel:3218795
崇仁县（0794）
崇仁县食品药品监督管理局
地址：崇仁县府东路7号司法局二楼
……………………Tel:6322510
乐安县（0794）
乐安县食品药品监督管理局
地址：乐安县长征路152号
……………………Tel:6599878
宜黄县（0794）
宜黄县食品药品监督管理局
地址：宜黄县龙凤路26号
……………………Tel:7600729
金溪县（0794）
金溪县食品药品监督管理局
地址：金溪县秀谷中大道卫生局楼下
……………………Tel:5290280
资溪县（0794）
资溪县食品药品监督管理局
地址：资溪县鹤城镇建设路48号
……………………Tel:5799909
东乡县（0794）
东乡县食品药品监督管理局
地址：东乡县正德路四楼财会核算中心东侧
……………………Tel:4220408
广昌县（0794）
广昌县食品药品监督管理局
地址：广昌县白莲市场
……………………Tel:3613636
上饶市（0793）
上饶市辖区（0793）
上饶市食品药品监督管理局
地址：上饶市带湖路55号
……………………Tel:8260870
上饶县（0793）
上饶县食品药品监督管理局
地址：上饶县文卫巷44号
……………………Tel:8457065
广丰区（0793）
广丰区食品药品监督管理局
地址：广丰区裕丰大道
……………………Tel:2988176
玉山县（0793）
玉山县食品药品监督管理局
地址：玉山县金山大酒店二楼
……………………Tel:2562203
铅山县县（0793）
铅山县食品药品监督管理局
地址：铅山县
……………………Tel:5130191
横峰县（0793）
横峰县食品药品监督管理局
地址：横峰县国道东路90号
……………………Tel:5793119
弋阳县（0793）
弋阳县食品药品监督局
地址：弋阳县弋江镇杨家桥路2号
……………………Tel:5902215
余干县（0793）
余干县食品药品监督管理局
地址：余干县
……………………Tel:3212696
鄱阳县（0793）
鄱阳县食品药品监督管理局
地址：鄱阳县城北科技大道
……………………Tel:6270683
万年县（0793）
万年县食品药品监督局
地址：万年县城万昌大道
……………………Tel:3842797
婺源县（0793）
婺源县食品药品监督管理局
地址：婺源县天佑西路18号
……………………Tel:7344055
德兴市（0793）
德兴市食品药品监督管理局
地址：德兴市
……………………Tel:7512099

安全生产监督

南昌市（0791）
南昌市辖区（0791）
南昌市应急管理局
地址：南昌市红谷滩会展路199号B座6楼
……………………Tel:83986158
东湖区应急管理局
地址：南昌市叠山路136号
……………………Tel:86200381
西湖区应急管理局
地址：南昌市西湖区抚生路369号
……………………Tel:86503765
湾里区应急管理局
地址：南昌市工农路区政府内
……………………Tel:83760805
南昌县（0791）
南昌县应急管理局
地址：南昌县南井南路1039号
……………………Tel:85715663
新建县（0791）
新建县应急管理局
地址：新建县建设路178号
……………………Tel:83759108
安义县（0791）
安义县应急管理局
地址：安义县龙津镇向阳路新残联第一栋
……………………Tel:83415918
进贤县（0791）
进贤县应急管理局
地址：进贤县城新区
……………………Tel:85622604
景德镇市（0798）
景德镇市辖区（0798）
景德镇市应急管理局
地址：景德镇市瓷都大道686号
……………………Tel:8286216
浮梁县（0798）
浮梁县应急管理局
地址：浮梁县政府大楼一楼东北
……………………Tel:2620950
萍乡市（0799）
萍乡市辖区（0799）
湘东区应急管理局
地址：湘东区泉湖垅
……………………Tel:3435031
莲花县（0799）
莲花县应急管理局
地址：莲花县金城大道
……………………Tel:7229036
上栗县（0799）
上栗县应急管理局
地址：上栗县平安北路
……………………Tel:3866q01
上栗县烟花鞭炮安全生产监督 管理局
地址：上栗县府前路
……………………Tel:3661212
芦溪县（0700）
芦溪县应急管理局
地址：芦溪县
……………………Tel:7550555
九江市（0792）
九江市辖区（0792）
九江市应急管理局
地址：九江市浔阳区浔阳东路198—A
……………………Tel:8563035
庐山区应急管理局
地址：九江市庐山区十里大道1388号
……………………Tel:8256609
修水县（0792）
修水县应急管理局
地址：修水县凤凰山路51号
……………………Tel:7234131
武宁县（0792）
武宁县应急管理局
地址：武宁县豫宁大道南端
……………………Tel:2762702
瑞昌市（0792）
瑞昌市应急管理局
地址：瑞昌市市府广场
……………………Tel:4227171
永修县（0792）
永修县应急管理局
地址：永修县新城大道
……………………Tel:3227102
德安县（0792）
德安县应急管理局
地址：德安县工业园区
……………………Tel:4666862
九江县（0792）
九江县应急管理局
地址：九江县沿河北路57号
……………………Tel:6810637
星子县（0792）
星子县应急管理局
地址：星子县紫阳路
……………………Tel:2660131
都昌县（0792）
都昌县应急管理局
地址：都昌县万里大道
……………………Tel:5212883
湖口县（0792）
湖口县应急管理局
地址：湖口县中国银行四楼
……………………Tel:6329110
彭泽县（0792）
彭泽县应急管理局
地址：彭泽县龙城大道
……………………Tel:5671110
新余市（0790）
新余市辖区（0790）
渝水区应急管理局
地址：新余市解放东路
……………………Tel:6202638
新余市应急管理局
地址：新余市劳动南路280号
……………………Tel:6433797
分宜县（0790）
分宜县应急管理局
地址：分宜县安仁路
……………………Tel:5812819
鹰潭市（0701）
鹰潭市辖区（0701）
月湖区应急管理局
地址：鹰潭市胜利东路6号
……………………Tel:6215996
鹰潭市应急管理局
地址：鹰潭市梅园大道12号
……………………Tel:6446186
余江县（0701）

余江县安全生产监督局
地址：余江县沿河北路
Tel:5883133
贵溪市（0701）
贵溪市应急管理局
地址：贵溪市站前路商业局院内
Tel:3770966
赣州市（0797）
赣州市辖区（0797）
赣州市辖区应急管理局
地址：赣州市
Tel:8297952
赣州市应急管理局
地址：赣州市市政中心
Tel:8391176
赣县（0797）
赣县应急管理局
地址：赣县赣新大道150号
Tel:4440989
信丰县（0797）
信丰县应急管理局
地址：信丰县府前路
Tel:3339366
大余县（0797）
大余县应急管理局
地址：大余县金莲山大道
Tel:8717888
上犹县（0797）
上犹县应急管理局
地址：上犹县财保公司办公楼二楼
Tel:8521993
崇义县（0797）
崇义县应急管理局
地址：崇义县南新路
Tel:3821299
安远县（0797）
安远县应急管理局
地址：安远县
Tel:3720929
龙南县（0797）
龙南县应急管理局
地址：龙南县金水大道
Tel:3511865
定南县（0797）
定南县应急管理局
地址：定南县
Tel:4291383
全南县（0797）
全南县应急管理局
地址：全南县经委办公楼
Tel:2605463
宁都县（0797）
宁都县应急管理局
地址：宁都县老财政局4楼
Tel:6827196
于都县（0797）
于都县应急管理局
地址：于都县渡江大道
Tel:6218900
兴国县（0797）
兴国县应急管理局
地址：兴国县县政府6楼
Tel:5309399
会昌县（0797）
会昌县应急管理局
地址：会昌县城东街9号
Tel:5627703
寻乌县（0797）
寻乌县应急管理局
地址：寻乌县
Tel:2831185
石城县（0797）
石城县应急管理局
地址：石城县西华中路
Tel:5721878
瑞金市（0797）
瑞金市应急管理局
地址：瑞金市老水电局院内
Tel:2919379
南康区（0797）
南康区应急管理局
地址：南康区市政办公大楼
Tel:6608869
吉安市（0796）
吉安市辖区（0796）
吉州区应急管理局
地址：吉安市吉州区阳明西路55号
Tel:8213985
吉安市应急管理局
地址：吉安市鹭洲东路1号国土大厦三楼
Tel:8216018
吉安县（0796）
吉安县应急管理局
地址：吉安县吉洲路
Tel:8441239
吉水县（0796）
吉水县应急管理局
地址：吉水县文峰中大道288号
Tel:8689028
峡江县（0796）
峡江县应急管理局
地址：峡江县群玉路
Tel:3680607
新干县（0796）
新干县应急管理局
地址：新干县金川镇环城北路
Tel:2606120
永丰县（0796）
永丰县应急管理局
地址：永丰县政府院内
Tel:2511732
泰和县（0796）
泰和县应急管理局
地址：泰和县文田105国道侧
Tel:8636682
遂川县（0796）
遂川县应急管理局
地址：遂川县行政办公大楼2楼
Tel:6324652
万安县（0796）
万安县应急管理局
地址：万安县县城步行街
Tel:5702971
安福县（0796）
安福县应急管理局
地址：安福县阁后东路
Tel:7630478
井冈山市（0796）
井冈山市应急管理局
地址：井冈山市新城区
Tel:6890130
宜春市（0795）
奉新县（0795）
奉新县应急管理局
地址：奉新县南门路
Tel:4628846
万载县（0795）
万载县应急管理局
地址：万载县
Tel:8817262
上高县（0795）
上高县应急管理局
地址：上高县
Tel:2503628
宜丰县（0795）
宜丰县应急管理局
地址：宜丰县渊明北大道5号
Tel:2789118
靖安县（0795）
靖安县应急管理局
地址：靖安县后港路22号
Tel:4658700
铜鼓县（0795）
铜鼓县应急管理局
地址：铜鼓县城南中路14号
Tel:8723266
樟树市（0795）
樟树市应急管理局
地址：樟树市共和东路125号
Tel:7364506
高安市（0795）
高安市应急管理局
地址：高安市桥北路
Tel:5296188
抚州市（0794）
抚州市辖区（0794）
抚州市应急管理局
地址：抚州市市行政中心
Tel:8288023
临川区（0794）
临川区应急管理局
地址：临川区新行政中心大楼
Tel:8469396
南城县（0794）
南城县应急管理局
地址：南城县盱江大道林业局4楼
Tel:7210016
黎川县（0794）
黎川县应急管理局
地址：黎川县金川大道
Tel:7566759
南丰县（0794）
南丰县应急管理局
地址：南丰县桔都大道
Tel:3227196
崇仁县（0794）
崇仁县应急管理局
地址：崇仁县县府西路
Tel:6334188
乐安县（0794）
乐安县应急管理局
地址：乐安县
Tel:6571479
宜黄县（0794）
宜黄县应急管理局
地址：宜黄县世纪大道政府大楼
Tel:7601388
金溪县（0794）
金溪县应急管理局
地址：金溪县秀谷镇象山南路181号
Tel:5292011
资溪县（0794）
资溪县应急管理局
地址：资溪县城西大道行政中心
Tel:5799922
东乡县（0794）
东乡县应急管理局
地址：东乡县开发区行政大楼214室
Tel:4221310
广昌县（0794）
广昌县应急管理局
地址：广昌县建设路
Tel:3617813
上饶市（0793）
上饶市辖区（0793）
上饶市应急管理局
地址：上饶市中山路市政府大院内
Tel:8229349
信州区应急管理局
地址：上饶市三江南大道3号
Tel:8224069
上饶县（0793）
上饶县应急管理局
地址：上饶县商业街
Tel:8441896
广丰区（0793）
广丰区应急管理局
地址：广丰区上二公路边
Tel:2638871
玉山县（0793）
玉山县应急管理局
地址：玉山县行政大楼五楼
Tel:2551699
铅山县（0793）
铅山县应急管理局
地址：铅山县民政大楼7楼
Tel:5130056
横峰县（0793）
横峰县应急管理局
地址：横峰县兴安大道政府大楼
Tel:5791372
弋阳县（0793）
弋阳县应急管理局
地址：弋阳县行政中心大楼
Tel:5821977
余干县（0793）
余干县应急管理局
地址：余干县县政府八楼西
Tel:3398438
鄱阳县（0793）
鄱阳县应急管理局
地址：鄱阳县
Tel:6262225
万年县（0793）
万年县应急管理局
地址：万年县城正大东街
Tel:3835706
婺源县（0793）
婺源县应急管理局
地址：婺源县天佑路
Tel:7355989
德兴市（0793）
德兴市应急管理局
地址：德兴市
Tel:7526639
知识产权
南昌市（0791）
南昌市辖区（0791）
江西省知识产权局
地址：南昌市省政府大院南一路7号
Tel:86270551
萍乡市（0799）
萍乡市辖区（0799）
萍乡市知识产权局
地址：萍乡市昭萍东路6号
Tel:6833155
九江市（0792）
九江市辖区（0792）
九江市知识产权局
地址：九江市浔阳区庐山南路120号
Tel:8220346
鹰潭市（0701）
鹰潭市辖区（0701）
鹰潭市专利管理局
地址：鹰潭市胜利西路27号
Tel:6256500
抚州市（0794）
抚州市辖区（0794）
抚州市知识产权（专利）
地址：管理局缸州市临川大道
Tel:8232751
机构编制 南昌市（0791）
南昌市辖区（0791）
江西省机构编制委员会
地址：南昌市省政府大院南一路
Tel:86386297
新建县（0791）
新建县机构编制委员会
地址：新建县解放路370号
Tel:83754576
萍乡市（0799）
芦溪县（0799）
芦溪县机构编制委员会
地址：芦溪县
Tel:7583856
九江市（0792）
九江市辖区（1792）
九江市机构编制委员会
地址：九江市浔阳区长虹大道市政府大楼
Tel:8114855
庐山区机构编制委员会
地址：九江市庐山区十里大道1388号
Tel:8252965
瑞昌市（0792）
瑞昌市机构编制委员会
地址：瑞昌市建设路29号
Tel:4221191
永修县（0792）
永修县机构编制委员会
地址：永修县新城大道县政府大院
Tel:3223461
德安县（0792）
德安县机构编制委员会
地址：德安县宝塔大道56号
Tel:4332938
都昌县（0792）
都昌县机构编制委员会
地址：都昌县东风大道县政府内
Tel:5223933
湖口县（0792）
湖口县机构编制委员会
地址：湖口县大中路60号
Tel:6332179
新余市（0790）
新余市辖辖区（0790）
新余市机构编制委员会办公室
地址：新余市竹山路
Tel:6453860
鹰潭市（0701）
鹰潭市辖区（0701）
鹰潭市机构编制委员会
地址：鹰潭市府前路
Tel:6445665
贵溪市（0701）
贵溪市机构编制办公室
地址：贵溪市台金大道经济大楼
Tel:3316620
赣州市（0797）
赣州市辖区（0797）
章贡区机构编制委员会办公室
地址：赣州市阳明路26号
Tel:8296160
赣县（0797）
赣县机构编制委员会
地址：赣县梅林大街9号政府大院
Tel:4441633
信丰县（0797）
信丰县机构编制委员会
地址：信丰县广电大楼
Tel:3338389
大余县（0797）
大余县机构编制委员会
地址：大余县金莲山大道
Tel:8719663
上犹县（0797）
上犹县机构编制委员会
地址：上犹县财政局大楼7楼
Tel:8521233
龙南县（0797）
龙南县机构编制委员会
地址：龙南县劳动人事局大楼
Tel:3522820
宁都县（0797）
宁都县机构编制委员会
地址：宁都县沿江路
Tel:6832576
于都县（0797）
于都县机构编制委员会
地址：于都县渡江大道
Tel:6232590
兴国县（0797）
兴国县机构编制委员会
地址：兴国县县政府办公楼二楼
Tel:5323002
会昌县（0797）
会昌县机构编制委员会
地址：会昌县县委院内
Tel:5630231
寻乌县（0797）
寻乌县编制委员会办公室
地址：寻乌县
Tel:2831277
石城县（0797）
石城县机构编制委员会
地址：石城县清华大道66号
Tel:5793079
瑞金市（0797）
瑞金市机构编制委员会
地址：瑞金市金都大道公务大楼7楼714室
Tel:2525127
南康区（0797）
南康区机构编制委员会

地址：南康区市政办公大楼
……Tel:6605611

吉安市（0796）
吉安市辖区（0796）
吉安市机构编制委员会
地址：吉安市鹭洲东路1号
……Tel:8231037

遂川县（0796）
遂川县机构编制委员会
地址：遂川县井冈山大道
……Tel:6320879

宜春市（0795）
宜春市辖区（0795）
宜春市编制委员会办公室
地址：宜春市市政府办公大楼
……Tel:3272002

奉新县（0795）
奉新县机构编制委员会
地址：奉新县城南行政中心大楼
……Tel:4539128

上高县（0795）
上高县机构编制委员会
地址：上高县沿江路
……Tel:2511896

宜丰县（0795）
宜丰县机构编制委员会
地址：宜丰县城北路
……Tel:2758552

靖安县（0795）
靖安县机构编制委员会
地址：靖安县新大街1号
……Tel:4662613

铜鼓县（0795）
铜鼓县机构编制委员会
地址：铜鼓县定江东路386号
……Tel:8722204

丰城市（0795）
丰城市机构编制委员会
地址：丰城市行政中心
……Tel:6608278

樟树市（0795）
樟树市机构编制委员会
地址：樟树市药都南大道
……Tel:7332208

高安市（0795）
高安市机构编制委员会
地址：高安市解放路26号
……Tel:5212915

抚州市（0794）
抚州市辖区（0794）
抚州市机构编制委员会
地址：抚州市市行政中心
……Tel:8284776

临川区（0794）
临川区机构编制委员会
地址：临川区赣东大道
……Tel:8469316

东乡县（0794）
东乡县机构编制委员会
地址：东乡县新劳动人力市场五楼
……Tel:4278196

广昌县（0794）
广昌县机构编制委员会
地址：广昌县盱江路
……Tel:3622837

上饶市（0793）
鄱阳县（0793）
鄱阳县机构编制委员会
地址：鄱阳县
……Tel:6270391

经济体制和改革开放

鹰潭市（0701）
贵溪市（0701）
贵溪市经济体制改革办公室
地址：贵溪市治金大道经济大楼
……Tel:3316628

赣州市（0797）
赣县（0797）
赣县体改办
地址：赣县梅林大街
……Tel:4441861

宜春市（0795）
上高县（0795）
上高县体制改革委员会
地址：上高县和平路
……Tel:2511954

樟树市（0795）
樟树市经济体制改革委员会
地址：樟树市药都南大道
……Tel:7332048

高安市（0795）
高安市体制改革委员会
地址：高安市解放路26号
……Tel:5212427

抚州市（0794）
抚州市辖区（0794）
抚州市体制改革委员会
地址：抚州市赣东大道
……Tel:8282365

广昌县（0794）
广昌县体制改革办公室
地址：广昌县
……Tel:3622404

上饶市（0793）
上饶市辖区（0793）
上饶市经济体制改革办公室
地址：上饶市中山路
……Tel:8202189

上饶市经济体制改革委员会
地址：上饶市三江新村
……Tel:8209730

上饶县（0793）
上饶县体制改革委员会
地址：上饶县旭日镇
……Tel:8466515

弋阳县（0793）
弋阳县体制改革办公室
地址：弋阳县行政中心大楼
……Tel:5821258

余干县（0793）
余干县体制改革委员会
地址：余干县政府三楼
……Tel:3398277

婺源县（0793）
婺源县体审玎改革委员会
地址：婺源县
……Tel:7362680

德兴市（0793）
德兴市体制改革委员会德兴市
……Tel:7526298

侨务

南昌市（0791）
南昌市辖区（0791）
中国共产党江西省委员会台湾工 作办公室
地址：南昌市东湖区阳明路243号
……Tel:86802722

中国共产党南昌市东湖区台湾工 作办公室
地址：南昌市东湖区叠山路136号
……Tel:86238340

中国共产党南昌市委员会台湾工 作办公室
地址：南昌市红谷滩雄州路119号市委大楼
……Tel:83885550

江西省人民政府外事侨务办公室
地址：南昌市东湖区苏圃路157号
……Tel:86224669

江西省人民政府外事侨务办公室
地址：汽车队南昌市东湖区苏圃路187号
……Tel:86219640

南昌市人民政府外事侨务办公室
地址：南昌市红谷滩新府路市政府大楼4楼
……Tel:83884321

南昌县（0791）
中国共产党南昌县委员会台湾工 作办公室
地址：南昌县小兰经济开发区富山大道1168号
……Tel:85988603

进贤县（0791）
中国共产党进贤县台湾工作办公室
地址：进贤县新城区
……Tel:85622302

景德镇市（0798）
景德镇市辖（0798）
中国共产党景德镇市委台湾工作办公室
地址：景德镇市市委大院
……Tel:8223396

景德镇市人民政府外事侨务办公室
地址：景德镇市风景路莲花塘8号
……Tel:8222293

萍乡市（0799）
萍乡市辖区（0799）
萍乡市外事侨务办公室
地址：萍乡市金典城商铺4栋2楼
……Tel:6328315

萍乡市台湾工作办公室
地址：萍乡市金三角兴隆路99号
……Tel:6772915

九江市（0792）
九江市辖区（0792）
九江市人民政府外事侨务办公室
地址：九江市浔阳区十里大道225号
……Tel:8227212

修水县（0792）
修水县台湾工作办公室
地址：修水县
……Tel:7221279

永修县（0792）
永修县台湾工作办公室
地址：永修县新城大道县委大院
……Tel:3223150

德安县（0792）
中国共产党德安县委员会台湾工 作办公室
地址：德安县宝塔大道56号
……Tel:4339192

都昌县（0792）
都昌县台湾工作办公室
地址：都昌县东风大道
……Tel:5223314

彭泽县（0792）
彭泽县台湾工作办公室
地址：彭泽县东风路226号
……Tel:5625774

庐山风景区（0792）
庐山台湾工作办公室
地址：庐山橄榄山路849号
……Tel:8281187

新余市（0790）
新争市辖区（0790）
新余市台湾工作办公室
地址：新余市仙来中大道288号
……Tel:6433868

分宜县（0790）
分宜县台湾工作办公室
地址：分宜县行政中心大楼
……Tel:5888368

鹰潭市（0701）
鹰潭市辖区（07011）
鹰潭市外事侨务办公室
地址：鹰潭市府前路1号
……Tel:6443183

鹰潭市台湾工作办公室
地址：鹰潭市府前路1号
……Tel:6441412

贵溪市（0701）
贵溪市台湾工作办公室
地址：贵溪市冶金大道经济大楼
……Tel:3316759

赣州市（0797）
赣州市辖区（0797）
章贡区外事侨务办公室
地址：赣州市阳明路26号
……Tel:8298131

大余县（0797）
大余县外事侨务办公室
地址：大余县金莲山大道
……Tel:8713256

上犹县（0797）
上犹县台湾工作办公室
地址：上犹县下西村路县委院内
……Tel:8521190

崇义县（0797）
崇义县台湾工作办公室
地址：崇义县公务大楼
……Tel:3812865

于都县（0797）
于都县台湾工作办公室
地址：于都县红军大道
……Tel:6233945

兴国县（0797）
兴国县台湾工作办公室
地址：兴国县潋江大道
……Tel:5322209

会昌县（0797）
会昌县台湾工作办公室
地址：会昌县县委院内
……Tel:5622458

瑞金市（0797）
瑞金市外事侨务办公室
地址：瑞金市金都大道公务大楼6楼604室
……Tel:2557102

瑞金市台湾工作办公室
地址：瑞金市金都大道公务大楼10楼1006室
……Tel:2522252

南康区（0797）
南康区台湾工作办公室
地址：南康区市政办公大楼
……Tel:6605435

吉安市（0796）
吉安市辖区（0796）
吉州区台湾工作办公室
地址：吉安市吉州区委院内
……Tel:8222656

吉安市台湾工作办公室
地址：吉安市鹭洲东路2号
……Tel:8222228

吉安县（0796）
吉安县外事侨务办公室
地址：吉安县庐陵大道27号
……Tel:8442439

峡江县（0796）
峡江县台湾工作办公室
地址：峡江县百花路县委大楼
……Tel:3675867

泰和县（0796）
泰和县台湾工作办公室
地址：泰和县工农兵大道5号
……Tel:8638508

安福县（0796）
安福县台湾工作办公室
地址：安福县行政中心
……Tel:7622419

井冈山市（0796）
井冈山市台湾工作办公室
地址：井冈山市
……Tel:6891662

宜春市（0795）
丰城市（0795）
丰城市外事侨务办公室
地址：丰城市行政大楼
……Tel:6608429

丰城市台湾工作办公室
地址：丰城市行政大楼
……Tel:6608513

樟树市（0795）
樟树市外事侨务办公室
地址：樟树市药都南大道
……Tel:7333992

樟树市台湾工作办公室
地址：樟树市药都南大道
……Tel:7333647

高安市（0795）
高安市外事侨务办公室
地址：高安市
……Tel:5212617

高安市台湾工作办公室
地址：高安市解放路
……Tel:5212597

抚州市（07941）
抚州市辖区（0794）
地址：抚州市侨务办公室
抚州市市行政中心
……Tel:8283482

南城县（0794）
南城县台湾工作办公室
地址，南城县小岭头县委大院内
……Tel:7231680

黎川县（0794）
黎川县台湾工作办公室
地址：黎川县新行政大楼
……Tel:7566826

金溪县（0794）
金溪县台湾工作办公室
地址：金溪县秀谷中大道
……Tel:5292651

广昌县（0794）
广昌县台湾工作办公室
地址：广昌县建设西路
……Tel:3617055

上饶市（0793）
上饶市辖区（0793）
上饶市外事侨务办公室
地址：上饶市凤凰大道
……Tel:8223018

上饶市台湾工作办公室
地址：上饶市滨江东路2号市委大院
……Tel:8222028

上饶县（0793）
上饶县台湾工作办公室
地址：上饶县旭日镇
……Tel:8466483

广丰区（0793）
广丰区台湾工作办公室
地址：广丰区府前街
……Tel:2654134

玉山县（0793）
玉山县台湾作办公室
地址：玉山县行政大楼二楼
……Tel:2552630

铅山县（0793）
铅山县侨务办公室
地址：铅山县黄岗山大道人民路68号县委院内
……Tel:5332844

弋阳县（0793）
弋阳县外事侨务办公室
地址：弋阳县行政中心大楼
……Tel:5821218

弋阳县台湾工作办公室
地址：弋阳县行政中心大楼
……Tel:5821399

余干县（0793）
余干县台湾工作办公室
地址：余干县城北县委大院
……Tel:3398623

鄱阳县（0793）
鄱阳县台湾工作办公室
地址：鄱阳县科技大道县委大楼
……Tel:6279810

万年县（0793）
万年县台湾工作办公室
地址：万年县六零中路

山东省

济南市人民政府
……办公厅：86056888
……传真：86920031
……市长公开电话：12345

济南市人事局
地址：经二路193号
……毕业生就业处：87081629

济南市卫生局
地址：龙奥大厦F1107
……Tel:66601700

济南市市场监督管理局
……监察室：82569569
公开服务监督电话
……Tel:66608712

济南市水利局
地址：龙奥大厦
……Tel:66602110
……办公室：88920902

济南市气象局
地址：万寿路15号
……Tel:82792305

济南市公路管理局
地址：山大路149号
……Tel:86556088
……路政处：86556076

济南市对外贸易经济合作局
地址：龙奥大厦
……Tel:66602700
……传真：66602703

济南市市政公用事业局
地址：监督投诉电话
……12319
值班电话
……Tel:66605500

济南市民政局
地址：龙奥大厦
……Tel:66602500

济南市市容环境卫生管理局
地址：汽车厂东路27号
城肥清运管理一处
……Tel:85596051

济南市民族宗教事务局
地址：龙奥大厦
……Tel:66602970

济南市地方税务局
地址：经五路
……Tel:87949259
公开服务监督电话
……Tel:87949213
总值班室
……Tel:87949306

济南市农业农村局
地址：七里山
……Tel:82976784

济南市应急管理局
地址：龙奥大厦
……Tel:66608351

济南市交通局
地址：北园大街236号
……Tel:88968686
办公室
……Tel:88603854
交通服务热线
……96596

济南市地震局
地址：龙奥大厦
……Tel:66608818

济南市园林管理局
地址：龙奥大厦
……Tel:66605220

济南市财政局
地址：经五路
……Tel:87949114
公开服务电话
……Tel:87949063

济南市林业局
地址：龙奥大厦
……Tel:66608270

济南市规划局
地址：龙奥大厦
……Tel:66605281

济南市物价局
地址：龙奥大厦
……Tel:66608527
价格举报热线
……12358

济南市房产管理局
地址：经七路88号
……Tel:82077812

济南市国家税务局
地址：经五路
……Tel:87949320

济南市国家税务局稽查局
……Tel:86553096

济南市质量技术监督局
地址：英雄山路238号
……Tel:82568888

济南市产品质量监督检验所
……Tel:87169666

济南市计量检定所
……Tel:89738296

济南市环境保护局
地址：龙奥大厦
……Tel:66608600
环境保护110指挥中心
……12369

济南市环境保护产业技术开发服务站
……Tel:82065806

济南市统计局
地址：经二路166号
……Tel:86263600
公开服务监督电话
……Tel:86056590

济南市城市建设管理局
地址：建设路16号
……Tel:82059989

济南市档案局
地址：龙奥大厦
……Tel:66609357

济南市文化和文化和旅游局
……办公室：87030755

济南市教育局
地址：经二路195号
……监督电话：88023456

济南市黄河河务局
地址：济洛路67号
……Tel:85702085

济南市粮食局
地址：龙奥大厦
……Tel:66608200

济南市发展和改革委员会
地址：经二路193号
……Tel:86056314

济南市仲裁委员会
地址：经十路138号
……Tel:82023333

济南市建设委员会
地址：公和街4号
监督投诉电话
……Tel:86918426

济南市经济委员会
地址：西光明街5号
……Tel:86561747

济南市农村社会保险办公室
……Tel:82903006

济南市社会劳动保障保险事业办公室
地址：大纬二路82号
……Tel:86046069

济南市劳动就业办公室
地址：七里河路2号
……Tel:61317806

济南市城市计划节约用水办公室
地址：胜利大街49号
……Tel:82901190

济南市精神文明建设委员会办公室
地址：建国小经三路37号
……Tel:82062047

济南市历下区人民政府
地址：龙洞路8号
……Tel:88580908
……办公室：88150313
……婚姻登记处：86416467
……侨务办公室：88150812

济南市历城区人民政府
地址：山大北路47号
……Tel:88023799
……办公室：88023800
……法制办：88023864
……公开服务监督电话：88023875
……机要科：88023870

济南市天桥区人民政府
……政府办公室：85872555
……组织部：85872553

济南市市中区人民政府
……办公室：82078705

济南市槐荫区人民政府
地址：经十西路275号
……总机：87589000
公开服务监督电话
……Tel:87583600
公开服务监督电话
……Tel:87581007
侨务办公室
……Tel:87589915

济南市市场监督管理局历下分局
地址：燕子山路39号
……Tel:88557386
……财务科：88557359
……企业科：88557385

济南市市场监督管理局历城分局
地址：花园路33号
……Tel:88112800

济南市市场监督管理局天桥分局
地址：东西丹凤街4号楼
……Tel:85924118

济南市市场监督管理局市中分局
地址：3经十纬五路117号
……Tel:87033301

济南市市场监督管理局槐荫分局
地址：经七纬七路137号
……Tel:87063319

济南市历下区人口和计划生育局
地址：解放东路99号
……Tel:88150919
……监督电话：88150930
……信息中心：86555300

济南市历下区人事局
地址：解放东路99号
……Tel:88957248
……监督电话：88150712

济南市历下区卫生局
地址：历山路12号
……Tel:86952184

济南市历下区民政局
……办公室：88956538

济南市历下区应急管理局
地址：解放东路57号
……Tel:88542675

济南市历下区劳动和社会保障局
地址：东仓小区23号
……Tel:86993090

济南市历下区体育局
地址：下河崖街22号
……Tel:86957179

济南市历下区园林绿化管理局
……Tel:88938287
……办公室：86958310

济南市历下区财政局
地址：经十东路200号
……Tel:88583051

济南市所下区审计局
地址：解放东路99号
……Tel:88151112
……办公室：88951797

济南市历下区房产管理局
……办公室：86568220

济南市历下区国家税务局
地址：大明湖路88号
……Tel:86401985
……办公室：86401966

济南市历下区环境卫生管理局
地址：黄台南路67号
……Tel:86958354
……监督电话：86958394

济南市历下区环境保护局
……办公室：81852032

济南市历下区统计局
地址：解放东路99号
……Tel:88151120

济南市历下区城市管理行政执法局
地址：解放东路53号
……Tel:81791527
……公开电话：81791517

济南市历下区科学技术局
地址：解放东路99号
……Tel:88151017
……监督电话：88920933

济南市历下区档案局
地址：七家村19号
……Tel:86555814
……监督电话：86959842

济南市历下区商业贸易局
地址：解放东路99号
……Tel:88156616

济南市历下区教育局
地址：二环东路5617号
……Tel:86553600
监督电话
……Tel:86553601
人事科、物业中心
……Tel:86913325

济南市历城区人口和计划生育局
地址：洪西路45号
……Tel:88901383

济南市历城区卫生局
地址：洪楼南路5号
……Tel:88112850
公开服务监督电话
……Tel:88901873

济南市历城区水务局
地址：花园路130号
……Tel:88901424

济南市历城区民政局
地址：华信路13-1号
……Tel:88161216

济南市历城区市政管理局
地址：七里河路7号
……Tel:88112901

济南市历城区发展计划局
地址：洪楼南路1号
……Tel:88115230

济南市历城区农业农村局
地址：花园路136号
……Tel:88901412

济南市历城区交通局
地址：王舍人镇大辛村
……Tel:88683321
公开服务监督电话
……Tel:88683609

济南市历城区劳动和社会保障局
地址：花园路2-1号
……Tel:88112935

济南市历城区体育局
……办公室：88162648

济南市历城区财政局
……办公室：88023636

济南市历城区审计局
地址：洪楼南路1号
……Tel:88023780

济南市历城区林业局
地址：花园路24号
……Tel:88066966

济南市历城区房地产管理局
地址：七里河17-1号
……Tel:88112880

济南市历城区国家税务局
地址：七里河路3号
……Tel:88901896

济南市历城区环境保护局
地址：七里河路
……Tel:88901647

济南市历城区统计局
地址：洪楼南路1号
……Tel:88023776

济南市历城区城市管理行政执法局
地址：辛祝路44号
……Tel:88115097

济南市历城区科学技术局
地址：洪楼南路1号
……Tel:88023812

济南市历城区畜牧局
地址：花园路53号
……Tel:88115186

济南市历城区档案局
地址：山大北路47号
……Tel:88115266

济南市历城区商业局
地址：花园路18号
……Tel:88901470

济南市历城区教育局
……办公室：88023791

济南市天桥区人口和计划生育局
地址：天桥街13号
……Tel:85872851

济南市天桥区卫生局
地址：无影山中路90号
……Tel:85872728
卫生监督所
……Tel:85814873

济南市天桥区民政局
……办公室：85956346

济南市天桥区劳动和社会保障局
地址：无影山东路31号
……Tel:85872886

济南市天桥区体育局
地址：堤口路2号
……Tel:85872700

济南市天桥区财政局
……办公室：86922907

济南市天桥区国土资源局
地址：无影山中路104号
……Tel:85559930

济南市天桥区物价局
地址：西义合街42号
……Tel:85872731

济南市天桥区国家税务局
地址：东工商河路6号
……Tel:85924501

济南市天桥区环境保护局
地址：朝阳街7号
……Tel:86163270
……监测站：86163273

济南市天桥区统计局
地址：堤口路53号
……Tel:85813784

济南市天桥区教育局
地址：招生办公室
……Tel:86928280

济南市市中区卫生局
……办公室：82078374

济南市市中区民政局
地址：胜利大街55号
……Tel:82078629
婚姻登记处
……结婚：82078652
……离婚：82078653

济南市市中区市容环境卫生管理局
地址：岔路街38号
……Tel:87081126

济南市市中区农业经济发展局
地址：二环南路8216号
……Tel:87192855

济南市市中区应急管理局
……办公室：82078625

济南市市中区交通局
地址：经十路190号
……Tel:82078582

济南市市中医劳动和社会保障局
地址：胜利大街53号
……Tel:82078631

济南市市中区体育局
地址：胜利大街53号
……Tel:82078600

济南市市中区园林局
……办公室：82970947

济南市市中区财政局
地址：英雄山路14号
……Tel:82059660
……办公室：82059663

济南市市中区国土资源局
……办公室：82078862

济南市市中区审计局
地址：胜利大街55号
……Tel:82078606

济南市市中区物价局
地址：胜利大街55号
Tel:82078613

济南市市中区国有资产监督管理委员会
地址：胜利大街51号
办公室：82078333

济南市市中区经济发展计划局
办公室：82078352

济南市市中区国家税务局
地址：英雄山路128号
Tel:82746057

济南市市中区环境保护局
地址：二七中街29号
Tel:82746569

济南市市中区统计局
Tel:82078379

济南市市中区教育局
地址：行政科室（北院）
Tel:86913842

济南市地方税务局历下分局
地址：经十东路200号
Tel:81182168

济南市地方税务局历城分局
地址：洪楼西路37号
Tel:88023213

济南市地方税务局天桥分局
地址：黄屯小区4区18号楼
Tel:85801110

济南市地方税务局市中分局
地址：英雄山路84-6号
Tel:82867565

济南市地方税务局槐荫分局
地址：张庄路323号
Tel:81255800

济南市槐荫区人事局
地址：经十西路275号
Tel:87589172

济南市槐荫区卫生局
地址：段北东路2号
Tel:87513656

济南市槐荫区水务局
地址：经十西路275号
Tel:87510894

济南市槐荫区民政局
地址：经十西路275号
Tel:87589328

济南市槐荫区劳动和社会保障局
地址：公开服务监督电话
Tel:87953276

医疗保险管理办公室
Tel:87956068

济南市槐荫区体育局
地址：经十西路275号
Tel:87589368

济南市槐荫区国土资源局
地址：经十西路275号
Tel:87589403

公开服务监督电话
Tel:87589420

济南市槐荫区审计局
地址：经十西路275号
Tel:87528938

公开服务监督电话
Tel:87589542

济南市槐荫区物价局
地址：经十西路275号
Tel:87583122

济南市槐荫区房产管理局
地址：经一纬七路2号
Tel:87086038

济南市槐荫区国家税务局
地址：岔路街609号
Tel:87033821

济南市槐荫区环境保护局
地址：经十西路275号
Tel:87589268

环保110监督服务热线
Tel:87589255

济南市槐荫区教育局
地址：张庄路323号
Tel:81255510

教育科
Tel:81255851

招生办公室
Tel:87911336

济南市历下区发展和改革委员会
Tel:88542677

济南市历下区建设管理委员会
地址：解放东路99号
Tel:81791717

济南市历城区发展和改革委员会
地址：洪接南路1号
Tel:88023897

济南市历城区建设委员会
地址：山大北路87号
Tel:88023640

济南市天桥区建设委员会
办公室：85872739

济南市市中区贸易促进委员会
地址：济南大厦七楼
Tel:82078188

济南市槐荫区发展和改革委员会
地址：经十西路275号
Tel:87589574

济南市槐荫区建设委员会
张庄路321号
Tel:85665611

济南市历下区人民防空办公室
地址：解放东路
Tel:88150865

济南市历下区劳动就业办公室
地址：历山路99-1号
Tel:86960932

济南市历城区劳动就业办公室
办公室：88066041

济南市历城区医疗保险办公室
办公室：88112936

济南市天桥区劳动就业办公室
地址：无影山东路31号
Tel:85955162

济南市市中区劳动就业办公室
地址：经五小纬二路53-3号
Tel:82078488

济南市槐荫区人民防空办公室
地址：经十西路275号
Tel:87589474

公开服务监督电话
Tel:87586722

济南市槐荫区民族宗教办公室
地址：经十西路275号
Tel:87589734

公开服务监督电话
Tel:87589717

济南市槐荫区劳动就业办公室
地址：北小辛庄西街24号
Tel:87957286

济南市槐荫区拆迁办公室
地址：道德中街80号
Tel:87169569

公开服务监督电话
Tel:87169577

人民政协和民主党派

人民政协

中国人民政治协商会议山东省委员会
地址：泉城路73号
Tel:86092769

中国人民政治协商会议山东省济南市委员会：86159110

中国人民政治协商会议济南市历下区委员会
地址：解放东路99号
Tel:88953240

中国人民政治协商会议济南市历城区委员会
地址：山大北路47号
Tel:88023827

中国人民政治协商会议济南市天桥区委员会
地址：堤口路53号
Tel:85872605

中国人民政治协商会议济南市市中区委员会
地址：经八路122号
Tel:82078504

中国人民政治协商会议济南市槐荫区委员会
地址：经十西路275号
Tel:87589718

民主党派

九三学社山东省委员会
地址：经十路18262号
Tel:68608856

中国民主同盟山东省委员会
地址：院前街1号
Tel:82957707

中国民主促进会山东省委员会
地址：院前街1号
Tel:829535120

中国农工民主党山东省委员会
地址：院前街1号
Tel:82664630

中国国民党革命委员会山东省委员会
地址：院前街1号
Tel:68608965

中国致公党山东省委员会
地址：院前街1号
Tel:82955508

中国民主建国会济南市委员会
地址：纬八路101号
Tel:87060224

社会团体

工会

济南市台湾同胞投资企业协会
地址：洪楼南路2号
Tel:88905077

济南市企业法律顾问协会
地址：西工商河街33号
Tel:85060012

济南市机动车驾驶员协会
地址：济洛路56号
Tel:85761415

济南市机动车维修检测行业协会
地址：经十路21号
Tel:82660780

济南市机械设备协会技术服务部
Tel:87953173

济南市饮食业协会
地址：英雄山路24号
Tel:82976368

济南市现代物流协会
地址：泉城路147号
Tel:82881157

济南市经济师协会
地址：花园路276号
Tel:86416544

济南市建筑工程质量协会
地址：山太南路56号
Tel:86463512

济南市美发美容业协会
地址：经三路
Tel:86051605

济南市科学技术协会
地址：英雄山路53号
Tel:82746000

济南市保险行业协会
地址：岔路街
Tel:87905920

济南外商投资企业协会
地址：经二路164号
Tel:86056881

济南市教育工作者协会
地址：永庆街147号
Tel:86917428

济南市道路运输协会
地址：经一纬五路15号
Tel:87031068

济南市煤炭行业协会
地址：北园大街502号
Tel:85067526

济南市摄影器材行业协会
地址：饮虎池街33号
Tel:86049133

济南烹饪协会
地址：二七新村
Tel:82971665

济南装饰协会
地址：山大南路56号
Tel:86401877

学会

山东化学化工学会
地址：文化东路80号
Tel:82601227

山东生物医学工程学会
地址：解放路11号
Tel:88933885

山东制冷学会
地址：山师东路4号
Tel:86425717

山东建筑学会
地址：正觉寺小区一区1号
Tel:86161440

山东环境科学学会
地址：七里河路13号
Tel:88021167

山东省日本学会
地址：舜耕路56号
Tel:82706491

山东省台湾同胞联谊会
地址：院前街1号
Tel:82957260

山东省企业经营管理学会
地址：玉函路10号
Tel:82903941

山东省宏观经济学会
地址：顺河东街1号
Tel:86900921

山东省社会科学界联合会
地址：舜耕路46号
Tel:82866368

山东省茶文化研究会
地址：经七纬十二路734号
Tel:87910989

山东测绘学会
地址：文化东路23号
Tel:88588682

山东省药学会
地址：解放路11号
Tel:88562356

山东省教育会计学会
地址：文化东路88号
Tel:86180331

山东省粮食经济学会
地址：泺源大街3号
Tel:86403099

山东通信学会
咨询中心：86052369

山东硅酸盐学会
地址：经二路纬六路356号
Tel:87930975

济南市社会科学界联合会
地址：纬六路18号
Tel:87918066

济南市城郊经济研究会
地址：玉函路10号
Tel:82066682

济南纺织工程学会
地址：西工商河路33号
Tel:85924652

红十字会

山东省红十字会
培训中心：86938354

基金会

山东省人口关爱基金会
地址：玉函路75号
Tel:82561712

山东省见义勇为基金会
地址：纬一路482号
Tel:86904127

山东省青少年发展基金会
地址：英雄山路4号
Tel:82073842

山东省教育基金会
地址：青年东路1号
Tel:67898099

福利会

山东省慈善总会
地址：南新街64号
Tel:86924343

山东童年慈善会
地址：山大路240号
Tel:88556366

老龄问题委员会

山东省老龄工作委员会
地址：纬一路484号
Tel:82057892

济南市老龄工作委员会
办公室：66609387

济南市天桥区老龄委员会
地址：堤口路53号
Tel:85872621

宗教组织

山东省伊斯兰教协会
地址：宽厚所街75号
Tel:86912564

山东省佛教协会
地址：泉城路319号
Tel:86099224

山东神学院
地址：粟山路
Tel:85550299

山东省基督教协会
地址：粟山路
Tel:85550338

济南市伊斯兰教协会
地址：麟趾巷30号
Tel:86905860

济南市佛教协会
地址：经十一路18号
Tel:82609115

济南市清真北大寺民主管理委员会
地址：永长街81号
Tel:86921397

济南市基督教三自爱国运动委员会
地址：经二路67号
Tel:86922768

济南市市中区民族宗教办公室
地址：经八路122号
Tel:82078334

其他社会团体

山东省国际友好联络会
地址：纬七路74号
Tel:87923410

济南市福州投资企业商会
地址：泺源大街229号
Tel:86928877

济南泉州商会
地址：泺源大街229号
Tel:86162208

驻在机构

中央驻在机构

中华人民共和国济南出入境检验检疫局
地址：二环东路中段
Tel:88527200

中华人民共和国济南海美
地址：兴济河路18号
Tel:82777666

中华人民共和国济南海事局
地址：燕子山路8号
Tel:88925908

中国水利水电第十三工程局济南市办事处
地址：历山东路84号
Tel:86462804

中国证券监督管理委员会济南证券监管办公室
地址：千佛山西路16号
Tel:82607051

中国银行业监督管理委员会山东监管局
地址：经二路146号
Tel:86193500

外省驻在机构

巴中市建设局驻济南办事处

地址：花园庄东路6号
Tel:86982039

江苏省建设厅驻山东办事处
地址：历山路64号
Tel:88985666

秦皇岛开发区海湾安全技术有限公司驻济办事处
地址：泺源大街229号
Tel:86121312

瑞安市企业家协会驻济南办事处
地址：经十西路66号
Tel:87585556

福建省人民政府驻山东办事处
地址：东关大街101号
Tel:86464136

新疆维吾尔自治区人民政府驻山东省办事处
地址：文化东路27号
Tel:88547956

本省驻在机构

文登市人民政府驻济南办事处
地址：舜玉路舜玉花园
Tel:82952146

东营市人民政府驻济南办事处
地址：泺源大街
Tel:86909286

荣成市人民政府驻济南办事处
地址：千佛山西路30号
Tel:82956900

威海市人民政府驻济南办事处
地址：马鞍山路58号
Tel:82050348

蓬莱市人民政府驻济南办事处
地址：马鞍山路58号
Tel:82062312

嘉祥县人民政府驻济南办事处
地址：玉函路65号
Tel:82975227

青岛市（0532）

中国共产党青岛市委员会
地址：香港中路11号
Tel:85911876

中国共产党青岛市四方区委员会
地址：鞍山二路48号
Tel:83715211

中国共产党青岛市市北区委员会
地址：延吉路80号
Tel:85801264

中国共产党青岛市李沧区委员会
地址：308国道615号
Tel:87610808

中国共产党青岛市城阳区委员会
地址：正阳路201号
Tel:87868518

中国共产党青岛市崂山区委员会
地址：崂山区行政大厦
Tel:88996325

国家机构

人大常委会

青岛市人民代表大会常务委员会
地址：沂水路11号
Tel:82883794

青岛市四方区人民代表大会常务委员会
地址：鞍山二路48号
Tel:83731955

青岛市李沧区人民代表大会常务委员会
地址：308国道615号
Tel:87619537

青岛市城阳区人民代表大会常务委员会办公室
地址：正阳路201号
Tel:87868585

青岛市崂山区人民代表大会常务委员会
地址：崂山区行政大厦
Tel:88996681

人民政府

青岛市人民政府
地址：香港中路11
Tel:85911576

青岛市人力资源和社会保障局
地址：香港中路11号
Tel:85911280

青岛市卫生局
地址：香港中路11号
Tel:85912518

青岛市市场监督管理局
地址：漳浦路1号
Tel:85730890

青岛市文物局
地址：大学路7号
Tel:82876080

青岛市气象局
地址：伏龙山路4号
Tel:82792139

青岛市对外贸易经济合作局
地址：香港中路6号
Tel:85918108

青岛市市政公用局
地址：沂水路7号
Tel:82861384

青岛市民政局
地址：延安三路228号
Tel:85912379

青岛市地方税务局
地址：东海路6号
Tel:83870231

青岛市农业机械管理局
地址：福州南路99号
Tel:85761533

青岛市应急管理局
地址：香港中路17号
Tel:85913578

青岛市地震局
地址：李山东路17号
Tel:85696303

青岛市体育局
地址：东海西路15号
Tel:81977070

青岛市财政局
地址：宁夏路208号
Tel:85855881

青岛市国土资源和房屋管理局
地址：巫峡路6号
Tel:82663029

青岛市审计局
地址：山东路12号甲
Tel:83867785

青岛市林业局
地址：香港东路204号
Tel:88018300

青岛市物价局
地址：香港中路11号
Tel:85911422

青岛市规划局
地址：香港西路55号
Tel:83893277

青岛市知识产权局
地址：沂水路7号
Tel:82895008

青岛市国家税务局
地址：延安三路236号
Tel:83891110

青岛市宗教事务局
地址：闽江路7号
Tel:85912010

青岛市建筑工程管理局
地址：澳门路121号
Tel:85061916

青岛市质量技术监督局
地址：延安三路123号
Tel:83095590

青岛市环境保护局
地址：延安一路39号
Tel:82870402

青岛市统计局
地址：闽江路7号
Tel:85912232

青岛市城市园林局
地址：延安一路106号
Tel:82868684

青岛市科学技术局
地址：香港中路11号
Tel:85911345

青岛市盐务局
地址：观海一路16号
Tel:82936626

青岛市畜牧兽医局
地址：东海中路2号7楼
Tel:85065260

青岛市海洋与渔业局
地址：高雄路18号
Tel:85886981

青岛市档案局
地址：延古路148号
Tel:85838364

青岛市文化和文化和旅游局
地址：闽江路7号
Tel:85912030

青岛市教育局
地址：闽江路7号
Tel:85912901

青岛地质勘查开发局
地址：徐州路79号
Tel:85826156

青岛市人口和计划生育委员会
地址：闽江路7号
Tel:85912576

青岛市人民政府国有资产监督管理委员会
地址：东海西路15号
Tel:83786800

青岛市老龄工作委员会办公室
地址：香港中路17号
Tel:85912597

青岛市建设委员会
Tel:85062616

青岛市崂山风景区管理委员会
地址：崂山区梅岭路
Tel:88899000

青岛市人民防空办公室
地址：如东路9号
Tel:85841018

青岛市人民政府口岸办公室
地址：香港中路17
Tel:85911177

青岛市人民政府外事办公室
地址：香港中路17
Tel:85912621

青岛市史志办公室
地址：香港中路17号
Tel:85911626

青岛市国内经济合作办公室
地址：闽江路5号
Tel:85912862

青岛海港口岸检查检验单位联合办公室
地址：邱县路9号
Tel:82818933

青岛市四方区人民政府
地址：鞍山二路48号
Tel:83720816

青岛市市北区人民政府
地址：延吉路80号
Tel:85802000

青岛市市南区人民政府
地址：宁夏路288号A1号楼
Tel:88729001

青岛市李沧区人民政府
地址：308国道615号
Tel:87610755

青岛市城阳区人民政府
地址：正阳路201号
Tel:87868500

青岛市崂山区人民政府
地址：政府行政大厦
Tel:88996000

青岛市四方区水清沟街道办事处
地址：九江路
Tel:84850780

青岛市四方区兴隆路街道办事处
地址：兴隆路47号
Tel:83725431

青岛市四方区卓新路街道办事处
地址：鞍山一路33号
Tel:83791069

青岛市四方区海伦路街道办事处
地址：海伦路68号
Tel:85650202

青岛市市北区辽源路街道办事处
地址：辽源路279号
Tel:85621233

青岛市市北区即墨路街道办事处
地址：招远路7号
Tel:82820359

青岛市市南区八大关街道办事处
地址：荣成路7号
Tel:83882358

青岛市市南区八大峡街道办事处
地址：观音峡路23号
Tel:82662976

青岛市市南区八大湖街道办事处
地址：巢湖路2号
Tel:85763615

青岛市市南区中山路街道办事处
地址：湖北路2号
Tel:82868389

青岛市市南区云南路街道办事处
地址：四川路50号
Tel:82619433

青岛市市南区金门路街道办事处
地址：仙游路3号
Tel:85888785

青岛市市南区珠海路街道办事处
地址：珠海一路4号
Tel:85895754

青岛市李沧区永安路街道办事处
地址：兴华路30号
Tel:84657901

青岛市李沧区兴城路街道办事处
地址：兴城路9号
Tel:84685809

青岛市李沧区李村街道办事处
地址：果园路11号
Tel:87897791

青岛市李沧区浮山路街道办事处
地址：向阳路88号
Tel:87896638

青岛市李沧区楼山街道办事处
地址：娄山路13号
Tel:84820581

青岛市城阳医红岛街道办事处
地址：千佛山
Tel:87831021

青岛市城阳区河套街道办事处
Tel:87822240

青岛市城阳区城阳街道办事处
地址：城阳区308路21号
Tel:87860658

人民政协和民主党派

人民政协

中国人民政治协商会议青岛市委员会
地址：沂水路11号
Tel:82888286

中国人民政治协商会议青岛市四方区委员会
地址：鞍山二路42号
Tel:83720601

中国人民政治协商会议青岛市市北区委员会
地址：延吉路80号
Tel:85801031

中国人民政治协商会议青岛市李沧区委员会办公室
地址：区政府院内
Tel:87610776

中国人民政治协商会议青岛市城阳区委员会
地址：正阳路201号
Tel:87866546

中国人民政治协商会议青岛市崂山区委员会
地址：金家岭
Tel:88996570

民主党派

九三学社青岛市委员会
地址：武昌路9号
Tel:83868411

中国民主同盟青岛市委员会
地址：武昌路9号
Tel:83876775

中国民主建国会青岛市委员会
地址：武昌路9号
Tel:83868423

中国民主促进会青岛市委员会
地址：武昌路9号
Tel:83869963

中国农工民主党青岛市委员会
地址：武昌路9号
Tel:83868852

中国国民党革命委员会青岛市委员会
地址：武昌路9号
Tel:83868421

中国致公党青岛市委员会
地址：武昌路9号
Tel:83868933

社会团体

工会

青岛市总工会
地址：湛山一路18号
Tel:83894344

共青团　青联　学联

中国共产主义青年团青岛市委员会
地址：香港中路11号
Tel:85911651

妇联

青岛市妇女联合会
地址：香港中路11号
Tel:85911639

侨联

青岛市归国华侨联合会
地址：闽江路7号
Tel:85912367

工商联

青岛市工商业联合会
地址：东海路49号D座
Tel:85762225

淄博市（0533）

中国共产党淄博市委员会
地址：人民西路24号
Tel:3182789

国家机构

人大常委会

淄博市人民代表大会常务委员会
地址：人民西路13号
Tel:2301476

人民政府

中国银行业监督管理委员会淄博监管分局
地址：柳泉路250号
Tel:3588607

淄博水文水资源勘测局
地址：义乌小商品城西侧
Tel:2767700

淄博市人力资源和社会保障局
Tel:2793350

淄博出入境检验检疫局
地址：柳泉路北首63号
Tel:3181831

淄博市卫生局
地址：人民西路55号
Tel:2777991

淄博市卫生局卫生监督局
地址：三同大厦
Tel:2796164

淄博市市场监督管理局
地址：华光路96号
Tel:3110989

淄博市文化市场执法局
地址：义乌小商品城西侧
Tel:2763429

淄博市文化出版局
地址：人民东路6号
Tel:2287046

淄博市公用事业管理局
地址：新区市直综合楼

……………………Tel:2181308
淄博市水利与渔业局
地址：北西六路10号
……………………Tel:2779981
淄博市文物事业管理局
地址：商场西街153号
……………………Tel:2173292
淄博市气象局
地址：北西六路36号
……………………Tel:2778123
淄博市公路管理局
地址：共青团东路7号
……………………Tel:2181564
淄博市民政局
地址：新区市直综合办公楼
……………………Tel:3887711
淄博市民族宗教事务局
地址：三同大厦
……………………Tel:2793228
淄博市地方税务局
地址：柳泉路228号
……………………Tel:3188888
淄博市农业农村局
地址：新区市直综合办公楼
……………………Tel:3182117
淄博市应急管理局
地址：鲁泰大道57号
……………………Tel:3157402
淄博市交通运输局
地址：新村西路140号
……………………Tel:2184526
淄博市地震局
地址：新区市直综合楼
……………………Tel:2182872
淄博市体育局
……………………Tel:2806156
淄博市住房和城乡建设局
地址：人民西路17号
……………………Tel:2300504
淄博市园林管理局
地址：园林大厦六楼
……………………Tel:2163651
淄博市财政局
地址：新区市直综合楼
……………………Tel:3887006
淄博市国土资源局
地址：人民西路60号
……………………Tel:2771750
淄博市审计局
地址：新区市直综合楼
……………………Tel:3887311
淄博市林业局
地址：新区市直综合办公楼
……………………Tel:2182450
淄博市规划局
地址：人民西路与西四路交
……………………Tel:3170770
淄博市物价局
地址：新区市直综合办公楼
……………………Tel:2182846
淄博市房产管理局
地址：共青团西路23号
……………………Tel:2182489
淄博市物资局
地址：柳泉路57号
……………………Tel:3180246
淄博市国家税务局
地址：柳泉路248号
……………………Tel:3587128
淄博市招商局
地址：人民西路66号
……………………Tel:2777901
淄博市质量技术监督局
地址：共青团西路98号
……………………Tel:2315959
淄博市环境保护局
地址：人民西路16号
……………………Tel:2793461
淄博市统计局
地址：新区市直综合办公楼
……………………Tel:2186633
淄博市城市管理行政执法局
地址：世纪花园南门西邻
……………………Tel:2726956
淄博市科学技术局
地址：潘南西路18号甲1号
……………………Tel:3179658
淄博市食品药品监督管理局
地址：中心路东二街7号
……………………Tel:2182219
淄博市信息产业局
地址：共青团西路105号
……………………Tel:2180018
淄博市畜牧兽医局
……………………Tel:3887918
淄博市档案局
地址：人民西路24号
……………………Tel:3182029
淄博市文化和文化和旅游局
地址：中心路189号
……………………Tel:2150857
淄博市商务局
地址：柳泉路107号
……………………Tel:3190263
淄博市商业局
地址：中心路84号
……………………Tel:2284880
淄博市教育局
……………………Tel:2793312
淄博市黄河河务局
地址：联通路90号
……………………Tel:3113561
淄博市粮食局
地址：人民西路12号
……………………Tel:3183532
淄博市人口和计划生育委员会
……………………Tel:2183142
淄博市发展和改革委员会
地址：人民西路8号
……………………Tel:3182118
淄博市经济和信息化委员会
地址：人民西路8号
……………………Tel:3182068
淄博市精神文明建设委员会
地址：人民西路24号
……………………Tel:3173303
淄博仲裁委员会
地址：人民东路
……………………Tel:2163383
淄博市人民政府金融证券工作办公室
地址：人民西路8号
……………………Tel:3184041
淄博市化工行业管理办公室
地址：柳泉路51号
……………………Tel:3182409
淄博市水资源管理办公室
地址：太平路8号
……………………Tel:2215180
淄博市地方史志办公室
地址：政通路与西四路交叉
……………………Tel:3588932
淄博市机构编制委员会办公室
……………………Tel:2793417
淄博市油区工作办公室
地址：华光路272号
……………………Tel:2760867
淄博市房地产综合开发管理办公室
地址：人民西路建行东临
……………………Tel:3182666
淄博市建材冶金行业管理办公室
地址：潘南西路3号
……………………Tel:3182210
淄博市房屋拆迁管理办公室
地址：共青团西路25号
……………………Tel:2168900
淄博市铁路建设管理办公室
地址：中心路原海关大楼五
……………………Tel:2187325
淄博市散装水泥办公室
地址：昌国路
……………………Tel:2711447
淄博市行政服务中心
地址：人民西路西首
……………………Tel:2306916
淄博市住房公积金管理中心
地址：联通路306号
……………………Tel:2307177

人民政协和民主党派

人民政协

中国人民政治协商会议淄博市委员会
地址：人民西路19号
……………………Tel:3161862

民主党派
中国民主同盟会淄博市委员会
地址：人民西路
……………………Tel:3181995
中国民主建国会淄博市委员会
地址：人民西路
……………………Tel:3180139
中国致公党淄博市委员会
地址：人民西路19号
……………………Tel:3185296

社会团体

工会

淄博市总工会
地址：人民西路10号
……………………Tel:8488567

共青团 青联 学联

中国共产主义青年团淄博市委员会
地址：人民西路24号
……………………Tel:3180906

妇联

淄博市妇女联合会
地址：人民西路24号
……………………Tel:3171227

文联

淄博市文学艺术界联合会
地址：人民西路24号
……………………Tel:3182752
淄博市老年书画学会
地址：共青团西路86号
……………………Tel:2310807

残联

淄博市残疾人联合会
地址：中心路162号
……………………Tel:2166086

工商联

淄博市工商业联合会
地址：联通路金丽大厦
……………………Tel:3118730

协会
淄博市中小学心理健康研究会
地址：潘南西路12号
……………………Tel:3181357
淄博市纺织行业协会
地址：人民东路1号
……………………Tel:2160176
淄博市医药行业协会
地址：市展览馆办公楼四楼
……………………Tel:2161158
淄博市作家协会
地址：潘南西路20号
……………………Tel:3182777
淄博市科学技术协会
地址：人民西路科技巷1号
……………………Tel:2301620
淄博市保险行业协会
地址：柳泉路北海关西二楼
……………………Tel:3586282

红十字会
淄博市红十字会
……………………Tel:2761876

福利会

淄博市慈善总会
地址：潘南西路4号
……………………Tel:3181343

驻在机构
中央驻要机构
中华人民共和国淄博海关
地址：开发区
……………………Tel:3577777

枣庄市（0632）
中国共产党枣庄市委员会
地址：光明大道2621号
……………………Tel:3315573
枣庄市市委组织部
地址：光明大道2621号
……………………Tel:8685800
中国共产党枣庄市市中区委员会
地址：君山路313号
……………………Tel:3391502

国家机构

人大常委会

枣庄市人民代表大会常务委员会
地址：光明大道2731号
……………………Tel:3314497
枣庄市市中区人民代表大会常务委员会
地址：君山路321号
……………………Tel:3393257

人民政府
枣庄市人民政府
地址：光明大道2621号
……………………Tel:3314257
枣庄水文水资源勘测局
地址：新城嘉汇大厦
……………………Tel:3680128
枣庄市人事局
地址：光明大道2621号
……………………Tel:3314138
枣庄市卫生局
地址：光明大道嘉汇大厦
……………………Tel:3314381
枣庄市市场监督管理局
地址：市中区文化西路118
……………………Tel:3313205
枣庄市水利和渔业局
地址：新城民生路601号
……………………Tel:3344230
枣庄市气象局
地址：民生路497号
……………………Tel:3301522
枣庄市公路管理局
地址：光明大道2036号
……………………Tel:8160777
枣庄市出入境检验检疫局
地址：兴华路8号
……………………Tel:3313479
枣庄市市直机关事务管理局
地址：新城和谐路390号
……………………Tel:8685006
枣庄市民政局
地址：光明大道2621号
……………………Tel:3314161
枣庄市民族宗教事务局
地址：光明大道2621号
……………………Tel:3325131
枣庄市地方铁路管理局
地址：新城嘉汇大厦
……………………Tel:3202664
枣庄市地方税务局
地址：光明大道3285号
……………………Tel:3314408
枣庄市农业机械管理局
地址：新城嘉汇大厦5-8-30
……………………Tel:3314671
枣庄市农业农村局
地址：光明大道2621号
……………………Tel:3314269
枣庄市应急管理局
地址：新城嘉汇大厦
……………………Tel:8685726
枣庄市交通局
地址：光明大道1147号
……………………Tel:3367098
枣庄市地震局
地址：光明大道2621号
……………………Tel:3321692
枣庄市劳动和社会保障局
地址：明大道2621号
……………………Tel:3314268
枣庄市体育局
地址：光明大道2865号
……………………Tel:3311315
枣庄市财政局
地址：新城财政大厦
……………………Tel:3314369
枣庄市国土资源局
地址：新城武夷山路1866号
……………………Tel:3314221
枣庄市审计局
地址：新城财政大厦
……………………Tel:3311657
枣庄市林业局
地址：新城水利大厦
……………………Tel:3314728
枣庄市物价局
地址：光明大道1679号
……………………Tel:8686199
枣庄市房产管理局
地址：振兴中路16号
……………………Tel:3391446
枣庄市知识产权局
地址：光明大道1679号
……………………Tel:3310024
枣庄市国家税务局
地址：光明大道2155号
……………………Tel:8166057
枣庄市建筑业管理局
地址：光明大道3909号
……………………Tel:8665656
枣庄市质量技术监督局
地址：建华西路157号
……………………Tel:3317134
枣庄市环境保护局
地址：新城和谐路568号
……………………Tel:3312294
枣庄市统计局
地址：民生路629号
……………………Tel:3318952
枣庄市城市管理行政执法局
地址：新城嘉汇大厦
……………………Tel:3168999
枣庄市科学技术局
地址：光明大道2621号
……………………Tel:3314164
枣庄市食品药品监督管理局
地址：民生路492号
……………………Tel:3155609
枣庄市盐务局
地址：高新区茂源路582号
……………………Tel:3321831
枣庄市航运管理局
地址：光明大道1727号
……………………Tel:8689606
枣庄市畜牧局
地址：新城水利大厦
……………………Tel:3314510
枣庄市烟草专卖局
地址：学院路599号
……………………Tel:5501702
枣庄市文化和文化和旅游局
地址：新城财政大厦
……………………Tel:3355600
枣庄市商务局
地址：新城财政大厦
……………………Tel:3223899
枣庄市教育局
地址：新城和谐路690号
……………………Tel:3314910
枣庄市煤炭工业局
地址：新城嘉汇大厦
……………………Tel:3066600
枣庄市粮食局
地址：新城嘉汇大厦6楼A区
……………………Tel:3318225
枣庄市人口和计划生育委员会
地址：新城和谐路390号
……………………Tel:3314106
枣庄市人民政府国有资产监督管理委员会
地址：光明大道2621号
……………………Tel:3357299
枣庄市发展和改革委员会
地址：光明大道2621号

……Tel:3314181

枣庄市建设委员会
地址：光明大道1389号
……Tel:8665556

枣庄市经济贸易委员会
地址：光明太道2621号
……Tel:3312891

枣庄市政管理处
地址：振兴中路82号
……Tel:3311813

枣庄仲裁委员会
地址：新城财政大厦
……Tel:3352110

枣庄市政府外事办公室
地址：光明大道2621号
……Tel:8686220

枣庄市行政审批服务中心
地址：龙头路100号
……Tel:3168667

枣庄市住房公积金管理中心
地址：文化中路112号
……Tel:3319074

枣庄市市中区人民政府
地址：君山路321号
……Tel:3393527

人民政协和民主党派

人民政协

中国人民政治协商会议枣庄市委员会
地址：光明大道2511号
……Tel:3314481

社会团体

工会

枣庄市总工会
地址：光明大道2865号
……Tel:3360778

共青团、青联、学联

中国共产主义青年团枣庄市委员会
地址：光明大道2621号
……Tel:3318652

妇联

枣庄市妇女联合会
地址：光明大道2621号
……Tel:3156111

侨联
枣庄市归国华侨联合会
地址：光明大道2621号
……Tel:3313989

文联

枣庄市文学艺术界联合会
地址：新城生态环境局大楼
……Tel:3255619

东营市（0546）

中国共产党东营市委员会
地址：府前街
……Tel:8331208

国家机构

人大常委会

东营市人民代表大会常务委员会
地址：府前街81号
……Tel:8331129

人民政府
东营市人民政府
地址：府前街77号
……Tel:8331886

山东省胶东调水局东营分局
地址：兵圣路29号
……Tel:6920939

山东黄河三角洲国家级自然保护管理局
地址：沂河路258号
……Tel:8305239

中国银行业监督管理委员会东营监管分局
地址：东三路469号
……Tel:8328101

东营市人力资源和社会保障局
地址：府前大街77号
……Tel:8381226

东营市卫生局
地址：黄河路659号
……Tel:8331563

东营市卫生监督执法局
地址：兖州路128号
……Tel:8328552

东营市市场监督管理局
地址：辽河路118号
……Tel:8334541

东营市水利局
地址：沂河路436号
……Tel:8306121

东营市气象局
地址：胶州路102号
……Tel:8332232

东营市公路管理局
地址：府前街169号
……Tel:8085020

东营市出入境检验检疫局
地址：府前街101号
……Tel:8083070

东营市民政局
地址：东三路151号
……Tel:8333677

东营市地方税务局
地址：辽河路122号
……Tel:8334762

东营市农业农村局
地址：胶州路107号
……Tel:8331838

东营市应急管理局
地址：黄河路
……Tel:8336631

东营市交通局
地址：东城南一路359号
……Tel:8321888

东营市地震局
地址：东二路
……Tel:8082816

东营市财政局
地址：府前街209号
……Tel:8331235

东营市国土资源局
地址：府前街95号
……Tel:8081649

东营市审计局
地址：府前街132号
……Tel:8332217

东营市林业局
地址：府前街210号
……Tel:8331921

东营市物价局
地址：东城南一路1201号
……Tel:8308050

东营市规划局
地址：东城府前街105号
……Tel:8333246

东营市房产管理局
地址：东二路276号
……Tel:8081750

东营市知识产权局
地址：府前街77号
……Tel:8331615

东营市国家税务局
地址：东城兖州路113号
……Tel:8337072

东营市招商局
地址：黄河路218号
……Tel:8086789

东营市质量技术监督局
地址：府前街120号
……Tel:8331355

东营市环境保护局
地址：府前街100号
……Tel:8331789

东营市统计局
地址：南一路266号
……Tel:8308810

东营市城市管理行政执法局
地址：南一路1226号
……Tel:8330111

东营市城市管理局
地址：东城辽河路115号
……Tel:8333111

东营市科学技术局
地址：府前街77号
……Tel:8381692

东营市食品药品监督管理局
地址：东二路699号
……Tel:8087820

东营市盐务局
……Tel:8089916

东营市畜牧局
地址：黄河路31号
……Tel:8306941

东营市海洋与渔业局
地址：胶州路与黄河路叉路
……Tel:8331521

东营市档案局
……Tel:8337958

东营市文化和文化和旅游局
地址：南一路1226号
……Tel:8319875

东营市商务局
地址：南一路270号
……Tel:8082639

东营市黄河工程局
地址：府前街116号
……Tel:8319068

东营市教育局
……Tel:8331917

东营市粮食局
地址：曹州路78号
……Tel:8318360

东营市开发区管理委员会
地址：府前街68号
……Tel:8302819

东营市计划生育委员会
地址：府前街126号
……Tel:8331506

东营市无线电管理委员会
地址：府前街89号
……Tel:8336718

东营市仲裁委员会
地址：胶州路130号
……Tel:8339223

东营市经济和信息化委员会
……Tel:8331234

东营市精神文明建设委员会办公室
……Tel:8335092

东营港经济开发区管委会
地址：港一路
……Tel:8019899

人民政协和民主党派

人民政协

中国人民政治协商会议山东省东营市委员会
地址：府前街81号
……Tel:8335331

民主党派
九三学社东营市委员会
地址：东城府前街开发区
……Tel:8319393

中国民主建国会东营市委员会
地址：府前大街69号
……Tel:8327871

社会团体

工会

东营市总工会
地址：南一路辉煌庄园北侧约30米
……Tel:8381897

共青团、青联、学联

中国共产主义青年团东营市委员会
地址：东营区辽河路125号
……Tel:8381259

妇联

东营市妇女联合会
地址：东营市
……Tel:8381129

文联

东营市文学艺术界联合会
地址：东营市
……Tel:8308591

残联

东营市残疾人联合会
地址：运河路76号
……Tel:8336983

工商联

东营市工商业联合会
地址：东营市
……Tel:8331282

协会
东营市科学技术协会
地址：府前街100号
……Tel:8380023

学会
东营市社会科学界联合会
地址：东营市
……Tel:8081197

东营市胜利油田石油工程师学会
地址：胜泰路2号
……Tel:8224714

老龄问题委员会

东营市老龄工作委员会
地址：东三路
……Tel:8335629

烟台市（0535）

中国共产党中国共产党烟台市委员会
地址：莱山区芙蓉路6号
……Tel:6789811

中国共产党龙口市委员会办公室
地址：港城大道1001号
……Tel:8517270

中国共产党招远市委员会
地址：泉山路27号
……Tel:8213604

中国共产党莱阳市委员会
地址：金水路1号
……Tel:7212333

中国共产党莱州市委员会
地址：莱州市市委大院
……Tel:2222593

中国共产党海阳市委员会
地址：海政路44号
……Tel:3222148

中国共产党栖霞市委员会
地址：腾飞路
……Tel:5212011

中国共产党蓬莱市委员会办公室
地址：钟楼东路1号
……Tel:5642526

中国共产党长岛县委员会
地址：长岛县县府街163号
……Tel:3212213

中国共产党烟台市牟平区委员会
地址：牟平区政府大街196
……Tel:4219101

中国共产党烟台市芝罘区委员会
地址：市府街76号
……Tel:6224141

中国共产党烟台市委开发区工作委员会
地址：长江路1号
……Tel:6396676

中国共产党烟台市委保税港区工作委员会
……Tel:6822601

中国共产党烟台市莱山区委员会
地址：芝罘宾馆
……Tel:6891781

中国共产党福山区委员会
地址：福山区区府街185号
……Tel:6356318

国家机构

人大常委会

烟台市人民代表大会常务委员会
地址：通世路100号
……Tel:6283815

长岛县人民代表大会常务委员会
地址：长岛县县府街88号
……Tel:3212254

龙口市人民代表大会常务委员会
地址：港城大道1001号
……Tel:8517307

牟平区人民代表大会常务委员会
地址：阜平区政府大街196
……Tel:4219237

招远市人民代表大会常务委员会
地址：泉山路27号
……Tel:8213611

烟台市芝罘区人民代表大会常务委员会
地址：市府街76号
……Tel:6225305

烟台市莱山区人民代表大会常务委员会
地址：芝罘宾馆
……Tel:6091560

莱阳市人民代表大会常务委员会
地址：金水路1号
……Tel:7292017

莱州市人民代表大会常务委员会
地址：府前街96号
……Tel:2211261

海阳市人民代表大会常务委员会
地址：海政路44号
……Tel:3222002

栖霞市人民代表大会常务委
地址：腾飞路
……Tel:5212560

福山区人民代表大会常务委员会
地址：福山区区府街185号
……Tel:6356278

蓬莱市人民代表大会常务委员会
地址：钟楼东路1号
……Tel:5642008

人民政府
烟台市人民政府
地址：莱山区芙蓉路6号
……Tel:6789800

烟台市人民政府技术引进办公室
地址：环翠路2号
……Tel:6675551

山东省烟台市国家税务局
地址：二马路88号
……Tel:6591888

烟台水文水资源勘测局
地址：通世路95号
……Tel:6243878

烟台市卫生局
地址：毓璜顶西路7号
……Tel:6242695

烟台市市场监督管理局
地址：胜利路1号
……Tel:6081029

烟台市水利局
地址：西犁沟街25号
……Tel:6253417

烟台市公路管理局
地址：环山路196号
……Tel:6295086

烟台市应急管理局
地址：莱山区银海路23号
……Tel:6789790

烟台市芝罘区五进防火知识咨询中心
地址：建设路71号
……Tel:6655119

烟台市交通局
地址：南大街159号
……Tel:6243337

烟台市体育局
地址：友谊街29号
……Tel:6613429

烟台市国土资源局
地址：莱山区新苑路1号
……Tel:6719000

烟台市审计局
地址：毓璜顶西路8号
……Tel:6246285

烟台市林业局
地址：通世路90号
……Tel:6660119

烟台市房产交易中心
地址：华茂街21号
……Tel:6631520

烟台市物价局
地址：红旗里48号
……Tel:6246393

烟台市规划局
地址：莱山区府后路12号

………………………………Tel:6891921
烟台市质量技术监督局
地址：莱山区新苑路17号
………………………………Tel:6920101
烟台市统计局
地址：通世路90号
………………………………Tel:6692191
烟台市城市管理局
地址：环山路88号
………………………………Tel:6151712
烟台市食品药品监督管理局
地址：毓璜顶西路7-5号
………………………………Tel:6685697
烟台市海洋与渔业局
地址：莱山区迎春大街133
………………………………Tel:6920010
烟台市文化和文化和旅游局
地址：毓璜顶西路17号
………………………………Tel:6246929
烟台市商务局
地址：新苑路5号
………………………………Tel:6246491
烟台市人口和计划生育委员会
地址：环山路36号
………………………………Tel:6228936
烟台市发展和改革委员会
地址：府后路2号
………………………………Tel:6242893
烟台市行政审批中心管理办公室
地址：华茂街49号
………………………………Tel:6631390
烟台市产品质量监督检验所
地址：莱山区新苑路17号
………………………………Tel:6920123
长岛县人民政府
地址：长岛县县府街89号
………………………………Tel:3212215
龙口市人民政府
地址：港城大道1001号
………………………………Tel:8517257
牟平区人民政府
地址：牟平区政府大街196
………………………………Tel:4219117
招远市人民政府
地址：泉山路27号
………………………………Tel:8212518
烟台市芝罘区人民政府
地址：市府街76号
………………………………Tel:6222959
烟台市莱山区人民政府
地址：芝罘宾馆
………………………………Tel:6891543
烟台保税港区管理委员会
………………………………Tel:6809999
莱阳市人民政府
地址：金水路1号
………………………………Tel:7212567
莱州市人民政府
地址：府前街14号
………………………………Tel:2211546
海阳市人民政府
地址：海政路44号
………………………………Tel:3222521
栖霞市人民政府
地址：腾飞路
………………………………Tel:5212121
福山区人民政府
地址：福山区区府街185号
………………………………Tel:6356055
蓬莱市人民政府
地址：钟楼东路1号
………………………………Tel:5642911
烟台高新技术产业园区财政局
地址：高新区管委338
………………………………Tel:6922171
烟台高新技术产业园区规划国土建设局
地址：高新区政府431号
………………………………Tel:6922070
烟台经济技术开发区管理委员会
地址：长江路1号
………………………………Tel:6396111
烟台高新技术产业园区党群工作部
地址：高新区政府
………………………………Tel:6922131
烟台高新技术产业园区管理委员会办公室
地址：高新区政府102房间
………………………………Tel:6922001

人民政协和民主党派

人民政协

中国人民政治协商会议福山区委员会
地址：福山区区府街185号
………………………………Tel:6356136

驻在机构

中央驻在机构

中华人民共和国烟台海关
地址：北马路1号
………………………………Tel:6666389
中华人民共和国烟台海事局
地址：环海路8号
………………………………Tel:6683667
农业部黄渤海区渔政局
地址：杨家庄
………………………………Tel:6226217
交通部烟台打捞局
地址：芝罘岛东路100号
………………………………Tel:6596540

潍坊市（0536）

中国共产党潍坊市委员会
地址：潍坊市
………………………………办公室：8789000
潍坊市人民代表大会常务委员会
地址：潍坊市
………………………………办公室：8789562
潍坊市人民政府
地址：潍坊市
………………………………值班室：8789990
潍坊市人力资源和社会保障局
地址：潍坊市
………………………………办公室：8587820
潍坊市人口和计划生育委员会
地址：潍坊市
………………………………办公室：8789882
潍坊市卫生局
地址：潍坊市
………………………………办公室：8789948
潍坊市市场监督管理局
地址：潍坊市
………………………………办公室：8589680
潍坊市中小企业局
地址：潍坊市
………………………………办公室：8237287
潍坊市水文水资源勘测局
地址：中学街5号
………………………………Tel:8211580
潍坊市文化市场综合执法局
地址：潍坊市
………………………………办公室：8233359
潍坊市水利局
地址：潍坊市
………………………………办公室：8233653
潍坊市气象局
地址：潍坊市
………………………………办公室：8904389
潍坊市公路管理局
地址：潍坊市
………………………………热线电话：8863000
潍坊市民用航空管理局
地址：潍坊市
………………………………办公室：8586861
潍坊市民政局
地址：潍坊市
………………………………办公室：8789871
潍坊市地方税务局
地址：潍坊市
………………………………办公室：8879011
潍坊市农业机械管理局
地址：潍坊市
………………………………办公室：8211316
潍坊市农业农村局
地址：潍坊市
………………………………办公室：8232254
潍坊市应急管理局
地址：潍坊市
………………………………办公室：8261979
潍坊市级机关事务管理局
地址：潍坊市
………………………………办公室：8299306
潍坊市交通运输局
地址：潍坊市
………………………………办公室：8585007
潍坊市地震局
地址：潍坊市
………………………………办公室：8233012
潍坊市体育局
地址：潍坊市
………………………………办公室：8513517
潍坊市住房和城乡建设局
地址：潍坊市
………………………………办公室：8236713
潍坊市园林管理局
地址：潍坊市
………………………………办公室：8527306
潍坊市财政局
地址：潍坊市
………………………………办公室：8198115
潍坊市国土资源局
地址：潍坊市
………………………………办公室：8521278
潍坊市审计局
地址：潍坊市
………………………………办公室：8786001
潍坊市林业局
地址：潍坊市
………………………………办公室：8232150
潍坊市物价局
地址：潍坊市
………………………………办公室：8789782
潍坊市规划局
地址：潍坊市
………………………………办公室：8521262
潍坊市知识产权局
地址：胜利东街318号
………………………………Tel:8231887
潍坊市国家税务局
地址：潍坊市
………………………………办公室：8871000
潍坊市招商局
地址：潍坊市
………………………………办公室：8890011
潍坊市宗教局
地址：潍坊市
………………………………办公室：8789779
潍坊市环境卫生管理局
地址：潍坊市
………………………………办公室：8325460
潍坊市环境保护局
地址：潍坊市
………………………………办公室：8586195
潍坊市统计局
地址：潍坊市
………………………………办公室：8789831
潍坊市城市管理行政执法局
地址：潍坊市
………………………………办公室：8268550
潍坊市科学技术局
地址：潍坊市
………………………………办公室：8234407
潍坊市食品药品监督管理局
地址：潍坊市
………………………………办公室：8791026
潍坊市盐务局
地址：潍坊市
………………………………办公室：8324881
潍坊市畜牧局
地址：潍坊市
………………………………办公室：8235094
潍坊市海洋与渔业局
地址：潍坊市
………………………………办公室：8232568
潍坊市档案局
地址：潍坊市
………………………………办公室：8239138
潍坊市文化和文化和旅游局
地址：潍坊市
………………………………办公室：8226473
潍坊市商务局
地址：潍坊市
………………………………办公室：8262506
潍坊市教育局
地址：潍坊市
………………………………办公室：8799335
潍坊市港航局
地址：潍坊市
………………………………办公室：8530150
潍坊市粮食局
地址：潍坊市
………………………………办公室：8236500
潍坊市发展与改革委员会
地址：潍坊市
………………………………办公室：8789803
潍坊市仲裁委员会
地址：潍坊市
………………………………办公室：8251234
潍坊市经济和信息化委员会
地址：潍坊市
………………………………Tel:8538900
潍坊化工建材行业办公室
地址：民生东街90号
………………………………Tel:8588223
潍坊火车站广场开发管理办公室
………………………………办公室：8589533
潍坊市人民防空办公室
地址：福寿东街58号
………………………………Tel:8233836
潍坊市人民政府口岸办公室
………………………………办公室：8587826
潍坊市人民政府金融证券业发展协调
………………………………办公室：8789932
潍坊市人民政府重大项目办公室
地址：胜利东街
………………………………Tel:8789797
潍坊市无线电管理办公室
………………………………综合科：8281801
潍坊市外事与侨务办公室
………………………………Tel:8789858
潍坊市地方史志办公室
………………………………办公室：8789998
潍坊市农业区划办公室
………………………………办公室：8789907
潍坊市农业综合开发办公室
………………………………办公室：8789789
潍坊市企业管理办公室
地址：胜利东街326号
………………………………Tel:8237848
潍坊市机构编制委员会办公室
………………………………办公室：8789701

人民政协和民主党派

人民政协

中国人民政治协商会议潍坊市委员会
………………………………办公室：8789660

民主党派

九三学社潍坊市委员会
地址：行政街104号
………………………………Tel:8236357
中国民主同盟潍坊市委员会
地址：行政街104号
………………………………Tel:8236341
中国民主建国会潍坊市委员会
地址：行政街104号
………………………………Tel:8237298
中国民主促进会潍坊市委员会
地址：行政街104号
………………………………Tel:8237033
中国农工民主党潍坊市委员会
地址：行政街104号
………………………………Tel:8262879
中国国民党革命委员会潍坊市委员会
地址：行政街104号
………………………………Tel:8233787
致公党潍坊支部
地址：行政街104号
………………………………Tel:8201871
潍坊市民主党派机关服务中心
地址：行政街104号
………………………………Tel:8274123

社会团体

工会

潍坊市总工会
地址：胜利东街
………………………………Tel:8789158
潍城区总工会
………………………………办公室：8188397

共青团、青联、学联

中国共产主义青年团潍坊市委员会
………………………………办公室：8789171

妇联

潍坊市妇女联合会
地址：胜利东街99号
………………………………Tel:8789169

侨联

潍坊市归国华侨联合会
地址：潍坊市
………………………………办公室：8228259

文联

潍坊市文学艺术界联合会
地址：胜利东街
………………………………Tel:8789182

残联

潍坊市残疾人联合会
………………………………办公室：8238550

工商联

潍坊市工商业联合会
地址：行政街104号
………………………………Tel:8235375

宗教组织

潍坊市基督教三自爱国运动委员会
地址：后门街
………………………………Tel:8235403

驻在机构

中央驻在机构

中华人民共和国潍坊市出入境检验检疫局
地址：四平路
………………………………Tel:8582626
中华人民共和国潍坊海关
地址：北海路
………………………………Tel:6101359

济宁市（0537）

中国共产党济宁市委员会
地址：红星中路15号
办公室
………………………………Tel:2348000
保密委员会（市保密局）
………………………………Tel:2967055
档案局
………………………………Tel:2967638
对台工作办公室
………………………………Tel:2967648
机要局
………………………………Tel:2348431
讲师团
………………………………Tel:2348125
老干部局
………………………………Tel:2967465
市直机关工作委员会
………………………………Tel:2967086
统战部
………………………………Tel:2967669
外宣办
………………………………Tel:2348122
文明办
………………………………Tel:2967736
政策研究室
………………………………Tel:2967719
组织部
………………………………Tel:2967000
中国共产党济宁市市中区委员会
地址：建设路
保密局
………………………………Tel:2167026
党史委
………………………………Tel:2167017
档案局

……………………Tel:2167032
机关党委
……………………Tel:2167031
机要局
……………………Tel:2167013
老干部局
……………………Tel:2167196
区委研究室
……………………Tel:2167021
台办
……………………Tel:2167197
统战部
……………………Tel:2167234
值班室
……………………Tel:2167000
组织部
……………………Tel:2167215

国家机构

人大常委会

济宁市人民代表大会常务委员会
地址：红星中路19号
办公室
……………………Tel:2902700
人事代表工作室
……………………Tel:2348279
济宁市市中区人民代表大会常务委员会
地址：建设路
人事代表室
……………………Tel:2167213
值班室
……………………Tel:2167200

人民政府

济宁市人民政府
地址：红星中路19号
地方史志办公室
……………………Tel:2348340
人工影响天气工作领导小组
……………………Tel:2173399
行政审批中心
……………………Tel:2367828
综合科
……………………Tel:2348163
出东省机械设备成套局济宁分局
地址：樱花路
……………………Tel:2881346
山东省淮河流域水利管理局
地址：环城北路16号
……………………Tel:2347692
济宁水文水资源勘测局
地址：红星中路
……………………Tel:2325903
济宁市人力资源和社会保障局
……………………Tel:2967650
济宁市卫生局
地址：吴泰闸东路
……………………Tel:2319065
济宁市市场监督管理局
地址：红星中路43-1号
……………………Tel:2883817
济宁市中小企业局
地址：红星中路
……………………Tel:2076766
济宁市文化市场综合执法局
地址：浣笔采路
……………………Tel:2382096
济宁市文物管理局
……………………Tel:2314402
济宁市气象局
地址：南岱庄路3号
……………………Tel:2226371
济宁市公路管理局
地址：建设路62号
……………………Tel:2936919
济宁市民用航空管理局
地址：红星中路
……………………Tel:2371129
济宁市市级机关事务管理局
地址：红星中路
……………………Tel:2076217
济宁市外国专家局
地址：火炬路
……………………Tel:2967953
济宁市民政局
……………………Tel:2253929
济宁市民族宗教事务局
地址：红星中路
……………………Tel:2315462
济宁市地方海事局
地址：光河路
……………………Tel:2603816
济宁市地方税务局
……………………Tel:2397700
济宁市农业机械管理局
地址：红里中路19号
……………………Tel:2312659
济宁市农业农村局
地址：红星中路19号
……………………Tel:2967258
济宁市农业税收管理局
地址：吴泰闸路
……………………Tel:2606097
济宁市应急管理局
地址：红星中路
……………………Tel:2907716
济宁市交通局
地址：建设北路143号
……………………Tel:2357171
济宁市交通稽查支队
……………………Tel:2357015
济宁市地震局
地址：师专院内
……………………Tel:2076121
济宁市体育局
地址：红星路
……………………Tel:2967698
济宁市园林管理局
……………………Tel:2655669
济宁市财政局
地址：吴泰闸路
……………………Tel:2316224
济宁市国土资源局
……………………Tel:2312854
济宁市审计局
地址：火炬路24号
……………………Tel:2163100
济宁市林业局
地址：红星中路
……………………Tel:2967150
济宁市物价局
地址：红星中路
……………………Tel:2967766
济宁市规划局
地址：海关东路1号
……………………Tel:2609018
济宁市知识产权局
地址：金宇路52号
……………………Tel:2371860
济宁市国家税务局
地址：光河路
……………………Tel:2372616
济宁市招商局
……………………Tel:2907656
济宁市质量技术监督局
地址：鲁南质检中心大楼
……………………Tel:2369176
济宁市环境保护局
地址：琵琶山路
……………………Tel:2313237
济宁市南水北调工程建设管理局
地址：红星中路
……………………Tel:2356239
济宁市统计局
……………………Tel:2348665
济宁市南四湖水利管理局
地址：顺河门外街78号
……………………Tel:2210288
济宁市科学技术局
地址：红星东路129号
……………………Tel:2363780
济宁市食品药品监督管理局
地址：红星中路
……………………Tel:2363655
济宁市航运管理局
……………………Tel:2603877
济宁市畜牧局
地址：环城北站14号
……………………Tel:2341867
济宁市文化和文化和旅游局
地址：红星中路
……………………Tel:2225188
济宁市预算外资金管理局
地址：吴泰闸东路
……………………Tel:2606085
济宁市渔业局
……………………Tel:2987815
济宁市商业局
地址：古槐北路
……………………Tel:2215217
济宁市商务局
地址：仙营路16号
……………………Tel:2166356
济宁市综合行政执法局
地址：吴泰闸路
……………………Tel:2369266
济宁市教育局
地址：光河路358号
……………………Tel:2314365
济宁北湖省级旅游度假区经济发展局
地址：北湖尹营新2号楼
……………………Tel:2161139
济宁北湖省级旅游度假区管理委员会规划建设局
地址：北湖尹营新2号楼
……………………Tel:2292766
济宁市粮食局
地址：红星中路
……………………Tel:2313109
济宁海关缉私分局
……………………Tel:2961907
山东省南四湖环境管理委员会
地址：琵琶山路
……………………Tel:2316954
中国人民共和国第十一届运动会济宁赛区组织委员会
地址：光河路
……………………Tel:2073702
中国银行业监督管理委员会济宁监管分局
地址：东门大街3号
……………………Tel:2653501
济宁市人口和计划生育委员会
地址：光河路
……………………Tel:2313116
济宁市人民政府国有资产监督管理委员会
地址：济宁市
……………………Tel:2315087
济宁市人事争议仲裁委员会办公室
地址：火炬路
……………………Tel:2967972
济宁市无线电管理委员会
地址：市政府院内
……………………Tel:2348618
济宁市发展和改革委员会
地址：济宁市
……………………Tel:2348900
济宁市机构编制委员会办公室
地址：济宁市
……………………Tel:2967102
济宁市仲裁委员会
地址：师专院内
……………………Tel:2348323
济宁市住房和城乡建设委员会
地址： 河路仙营绿地对过
……………………Tel:2317685
济宁市经济和信息化委员会
地址：红星中路
……………………Tel:2967147
济宁北湖度假区招标管理委员会
地址：北湖理工大学
……………………Tel:2297399
济宁仲裁委员会
地址：师专院内
……………………Tel:2966108
南四湖环境管理委员会办公室
……………………Tel:2322009
济宁市市中区人民政府
地址：建设路94号
……………………Tel:2167186
山东省济宁市市区国家税务局
地址：济宁市
……………………Tel:2521838
济宁市市场监督管理局市中分局
地址：太白西路
……………………Tel:2283353
济宁市中区卫生局
地址：共青团路
……………………Tel:2102900
济宁市中区民营经济发展局
地址：光河路113号
……………………Tel:2312052
济宁市中区地方税务局
……………………Tel:2387881
济宁市中区财政局
地址：太白东路
……………………Tel:2314427
济宁市中区物价局
地址：济宁市
……………………Tel:2363670
济宁市中区经济贸易局
地址：济宁市
……………………Tel:2167063
济宁市中区粮食局
地址：王母阁路113号
……………………Tel:2212312
济宁市市中区人力资源和社会保障局
地址：建设路47号
……………………Tel:2312424
济宁市市中区人口和计划生育局
地址：典青团路
……………………Tel:2313512
济宁市市中区人事局
地址：济宁市
……………………Tel:2167146
济宁市市中区文化市场综合执法局
地址：建设路33号
……………………Tel:2651555
济宁市市中区水务局
地址：刘庄路
……………………Tel:2385969
济宁市市中区外经贸局
地址：济宁市
……………………Tel:2167065
济宁市市中区民政局
地址：济宁市
……………………Tel:2319093
济宁市市中区发展计划局
地址：济宁市
……………………Tel:2167097
济宁市市中区市容管理局
地址：石门口街5号
……………………Tel:2212297
济宁市市中区农业农村局
地址：刘庄路
……………………Tel:2312532
济宁市市中区交通局
地址：供销路
……………………Tel:2310955
济宁市市中区体育局
……………………Tel:2312705
济宁市市中区住房和城乡建设局
地址：刘庄路
……………………Tel:2310830
济宁市市中区财政局
地址：太白东路51号
……………………Tel:2382516
济宁市市中区审计局
地址：太白中路
……………………Tel:2167162
济宁市市中区环境保护局
地址：建设南路30号
……………………Tel:2600786
济宁市市中区统计局
地址：济宁市
……………………Tel:2167165
济宁市市中区科学技术局
地址：红星中路
……………………Tel:2310831
济宁市市中区食品药品监督管理局
地址：供销路
……………………Tel:2327337
济宁市市中区教育局
地址：清平巷街
……………………Tel:2214543
济宁市交通局市中区分局
地址：东五里营路
……………………Tel:2357576
济宁市国土资源局市中区分局
地址：供销路
……………………Tel:2311911
济宁市规划局市中区分局
地址：刘庄路
……………………Tel:2339000
济宁市质量技术监督局市中分局
地址：望湖小区12号
……………………Tel:2215271
济宁市市中区财政贸易委员会
地址：济宁市
……………………Tel:2167168
济宁市市中区爱国卫生运动委员会
地址：太白东路27号
……………………Tel:2316076
济宁市高新技术产业开发区管理委员会
地址：吴泰闸路
……………………Tel:2363137
济宁经济开发区管理委员会
地址：济宁市
……………………Tel:2162808

人民政协和民主党派

人民政协

中国人民政治协商会议济宁市委员会
地址：红星中路
……………………Tel:2348056
中国人民政治协商会议济宁市市中区委员会
地址：建设路
……………………Tel:2167S00

民主党派

九三学社济宁市委员会
地址：红星中路5号
……………………Tel:2332907
中国民主同盟会济宁市委员会
地址：红星中路5号
……………………Tel:2332932
中国民主建国会济宁市委员会
地址：红星中路5号
……………………Tel:2332913

社会团体

工会

济宁市总工会
地址：红星中路
……………………Tel:2603600
济宁市市中区总工会
地址：孙家街
……………………Tel:2214338

共青团、青联、学联

中国共产主义青年团济宁市委员会
地址：济宁市
……………………Tel:2348577
中国共产主义青年团济宁市市中区委员会
地址：建设路
……………………Tel:2167151

妇联

济宁市妇女联合会
地址：济宁市
……………………Tel:2967200
济宁市市中区妇女联合会
地址：济宁市
……………………Tel:2187156

侨联

济宁市归国华侨联合会
地址：济宁市
……………………Tel:2967844

济宁市市中区归国华侨联合会
地址：济宁市
…………Tel:2167067

文联

济宁市文学艺术界联合会
地址：红星中路
…………Tel:2967128

济宁市市中区文学艺术界联合会
地址：声远舞台对过
…………Tel:2162719

残联

济宁市残疾人联合会
地址：红星中路
…………Tel:2251057

济宁市市中区残疾人联合会
地址：琵琶山西路
…………Tel:2319203

工商联

济宁市工商业联合会
地址：红星中路5号
…………Tel:2332915

济宁市市中区工商联合会
地址：济宁市
…………Tel:2167068

协会

济宁市老年人体育协会
地址：济宁市
…………Tel:2217023

济宁市老科学技术工作者协会
地址：师专院内1号楼
…………Tel:2351450

济宁市华夏文化促进会
地址：济宁市
…………Tel:2321438

济宁市医患维权协会
地址：人民公园东门时过
…………Tel:2171011

济宁市奇石协会
地址：浣笔泉路17号
…………Tel:2357890

济宁市软件行业协会
地址：高新区金宇路54号
…………Tel:2168282

济宁市国际国内公共关系协会
地址：浣笔泉路52号
…………Tel:2328366

济宁市建筑业协会
地址：仙营绿地时过
…………Tel:2376288

济宁市科学技术协会
…………Tel:2966918

济宁市保险行业协会
地址：红星东路
…………Tel:2315686

济宁市消费者协会
地址：红星中路
…………Tel:2883315

济宁市烹饪餐饮业协会
地址：红星中路
…………Tel:2261208

济宁市港航协会
…………Tel:2603833

济宁市煤炭产销协会
地址：红星东路
…………Tel:2651898

济宁乳业协会
地址：火炬路
…………Tel:2602928

学会

济宁市土地学会
地址：共青团路53号
…………Tel:2938857

济宁市化学化工学会
地址：红星东路125号
…………Tel:2361121

济宁市社会科学联合会
地址：红星中路
…………Tel:2967612

红十字会

济宁市红十字会
地址：吴泰闸东路
…………Tel:2655159

老龄问题委员会

济宁市老龄委员会
地址：红星中路
…………Tel:2967819

济宁市市中区老龄委员会
…………Tel:2167055

宗教组织

济宁市黄家街基督教堂
地址：县前街
…………Tel:2216420

济宁市市中区伊斯兰教顺河清真东大寺民主管理委员会
地址：小闸口河西街4号
…………Tel:2266315

驻在机构

中央驻在机构

山东济宁车站国家粮食储备库
地址：接庄镇小郝村
…………Tel:2618309

中华人民共和国济宁出入境检验检疫局
…………Tel:5169021

本省驻在机构

山东里能六四农场有限公司
地址：车站南路
…………Tel:2913995

山东省任城监狱
地址：廿里铺于白矿
…………Tel:2913056

山东省监狱管理局里能分局（集团）
…………Tel:2912078

单县人民政府驻济宁办事处
地址：建设路44号
…………Tel:2380191

济宁监狱
地址：海关路8号
…………Tel:2109218

泰安市（0538）

中国共产党中国共产党泰安市委员会
地址：市政府大楼
…………Tel:6991023

国家机构

人大常委会

泰安市人民代表大会常务委员会
地址：东岳大街34号
…………Tel:6998601

人民政府

泰安市人民防空办公室
地址：青年路100号
…………Tel:6270052

泰安市人民政府外事（侨务）办公室
地址：市政府大楼
…………Tel:6991977

泰安市地方史志办公室
地址：市政府大楼
…………Tel:6991175

山东省泰安市农业机械管理局
地址：岱宗大街404号
…………Tel:8516361

泰安市人民政府国有资产监督管理委员会
地址：市政府大楼
…………Tel:6991632

山东省泰安市气象局
地址：泰莱路21号
…………Tel:8516426

泰安市卫生局
地址：市政大楼A区7楼
…………Tel:6991333

泰安市水利和渔业局
地址：岱岳区粥店办事处
…………Tel:8567702

泰安市公路局
地址：东岳大街19号
…………Tel:6226394

泰安市市区国家税务局
地址：东湖路东首
…………Tel:6138222

泰安市市直机关事务管理局
地址：泰安市
…………Tel:6992006

泰安市民政局
地址：市政府大楼
…………Tel:6991380

泰安市地方税务局
地址：东岳大街东首
…………Tel:6113529

泰安市应急管理局
地址：市政府大楼
…………Tel:6991585

泰安市交通运输局
地址：岱宗大街415号
…………Tel:8505080

泰安市地震局
地址：市政府大楼
…………Tel:6991257

泰安市劳动和社会保障局
地址：市政府大楼
…………Tel:6991838

泰安市财政局
地址：温泉路
…………Tel:8228770

泰安市国土资源局
地址：东岳大街115号
…………Tel:8297990

泰安市审计局
地址：市政府大楼
…………Tel:6991059

泰安市林业局
地址：东岳大街119号
…………Tel:8260297

泰安市物价局
地址：市政大楼
…………Tel:6991272

泰安市规划局
地址：东岳大街40号
…………Tel:8203431

泰安市房产管理局
地址：东岳大街115号
…………Tel:8228826

泰安市经济合作局
地址：市政大楼9楼A区
…………Tel:6990950

泰安市国家税务局
地址：迎暄大街218号
…………Tel:6113735

泰安市质量技术监督局
地址：东岳大街东段
…………Tel:6136875

泰安市环境保护局
地址：岱庙北路103号
…………Tel:8334018

泰安市统计局
地址：市政府大楼
…………Tel:6991776

泰安市城市管理行政执法局
地址：青年路100号
…………Tel:8538559

泰安市科学技术局
地址：市政府大楼
…………Tel:6991120

泰安市食品药品监督管理局
地址：财源大街200号
…………Tel:8229543

泰安市畜牧兽医局
地址：虎山东路8号
…………Tel:8259532

泰安市文化和文化和旅游局
地址：红门路22号
…………Tel:8209949

赤安市商务局
地址：市政府大楼
…………Tel:6991657

泰安市教育局
地址：市政府大楼
…………Tel:6991561

泰安市煤炭工业管理局
地址：青年路100号
…………Tel:8290193

泰安市粮食局
地址：岱宗大街317号
…………Tel:6236222

山东省泰安市爱国卫生运动委员会办公室
地址：市政府大楼
…………Tel:6991827

泰安市人口和计划生育委员会
地址：市政府大楼
…………Tel:6991147

泰安市发展和改革委员会
地址：市政府大楼
…………Tel:6991654

泰安市住房和城乡建设委员会
地址：长城路建工大厦16楼
…………Tel:8222196

泰安市经济和信息化委员会
地址：市政府大楼
…………Tel:6991554

泰安市泰山风景名胜区管理委员会
地址：红门路45号
…………Tel:8225841

泰安市商会
地址：青年路青年路100号
…………Tel:6269896

泰安仲裁委员会
地址：青年路100号
…………Tel:8262298

泰安市中小企业办公室
地址：泰安市
…………Tel:6999586

泰安市户外广告管理办公室
地址：东岳大街115号
…………Tel:8295700

泰安市农业综合开发办公室
地址：青年路100号
…………Tel:8220464

泰安市行业管理办公室
地址：青年路100号
…………Tel:8291533

泰安市老龄工作委员会办公室
地址：市政府大楼
…………Tel:6991611

泰安市重点建设项目办公室
地址：市政府大楼
…………Tel:6991852

泰安市住房公积金管理中心
地址：擂鼓石大街中段
…………Tel:6278097

泰安市国有资产经营有限公司
地址：虎山路158号
…………Tel:8538285

泰安市建筑工程质量监督站
地址：府前街10号
…………Tel:8226718

泰安市城建国有资产经营有限公司
地址：建设大厦
…………Tel:6296200

泰安市城信资产管理中心
地址：青年路100号
…………Tel:8295335

泰安市泰山知识产权信息中心
地址：老市府院内1号楼
…………Tel:6299860

人民政协和民主党派

民主党派

九三学社泰安市委员会
地址：市政协大楼
…………Tel:6997693

中国民主同盟泰安市委员会
地址：市政协大楼
…………Tel:6997852

中国民主建国会泰安市委员会
地址：行政中心政协大楼
…………Tel:6997667

中国民主促进会泰安市委员会
地址：东岳大街36号
…………Tel:6997851

中国农工民主党泰安市委员会
地址：市政协大楼
…………Tel:6997759

中国国民党革命委员会泰安市委员会
地址：市政协大楼
…………Tel:6997580

泰安市民主党派机关公共行政事务管理委员会
地址：市政协大楼
…………Tel:6997650

社会团体

工会

泰安市总工会
地址：市政府大楼
…………Tel:6991455

共青团　青联　学联

中国共产主义青年团泰安市委员会
地址：市政府大楼A区3接
…………Tel:6991185

威海市（0631）

中国共产党威海市委员会组织部
…………办公室：5231256

中国共产党威海市委员会统一战线工作部
…………办公室：5211705

中国共产党威海市环翠区委员会
地址：新威路75号
…………办公室：5223150

国家机构

人大常委会

威海市人民代表大会常务委员会
地址：威海市
…………办公室：5231830

人民政府

威海市人民政府
地址：威海市
…………办公室：5231236

威海市外事服务处
地址：威海市
…………办公室：5817946

威海市卫生局
地址：威海市
…………办公室：5300007

威海市市场监督管理局
地址：海滨南路49号
…………办公室：5231616

威海市中小企业局
地址：文化中路86号
…………办公室：5397716

威海市水利局
地址：威海市
…………值班室：5309511

威海市气象局
地址：威海市
…………办公室：5201179

威海市公路管理局
地址：威海市
…………值班室：5231494

威海市民用航空管理局
地址：青岛北路24-1号
…………办公室：5313755

威海市市级机关事务管理局
地址：威海市
…………办公室：5280017

威海市民政局
地址：威海市
…………办公室：5395580

威海市民族宗教事务局
地址：威海市
…………办公室：5224267

威海市地方铁路管理局
地址：威海市
…………办公室：5333003

威海市地方税务局
地址：威海市
…………办公室：5203710

威海市农业农村局
地址：新威路1号
…………办公室：5232736

威海市应急管理局
…………办公室：5225629

威海市交通局
地址：威海市
…………Tel:5276919

威海市机械工业局
地址：文化东路41-8号

……办公室：5225440

威海市地震局
地址：威海市
……办公室：5801819

威海市劳动和社会保障局
地址：胶州路7号
……Tel:5190825

威海市体育局
地址：文化中路78-2号
……办公室：5890629

威海市财政局
……办公室：5232551

威海市国土资源局
……办公室：5231760
地址：威海市林业局
……办公室：5231115

威海市规划局
地址：威海市
……办公室：5232785

威海市物价局
地址：威海市
……办公室：5186818

威海市知识产权局
地址：威海市
……办公室：5806045

威海市经济合作局
地址：高山街72号
……Tel:5167716

威海市质量技术监督局
地址：统一路416-A号
……Tel:5283157

威海市环境保护局
……办公室：5233063

威海市统计局
地址：威海市
……Tel:5187008

威海市城市管理行政执法局
地址：威海市
……办公室：5208941

威海市科学技术局
地址：文华路78号
……Tel:办公室：5819685

威海市食品药品监督管理局
地址：新威路52号
……Tel:5289157

威海市盐务局
地址：威海市
……办公室：5185968

威海市海洋与渔业局
地址：统一路420号
……Tel:5201939

威海市档案局
地址：威海市
……传真：5203245

威海市文化和文化和旅游局
地址：海滨中路26号
……Tel:5312301

威海市商务局
地址：文化中路86号
……Tel:5808216

威海市教育局
地址：威海市
……办公室：5819831

威海市港航管理局
地址：威海市
……办公室：5232990

威海市人口和计划生育委员会
地址：威海市
……办公室：5898263

威海市人民政府国有资产监督管理委员会
地址：新威路33号
……办公室：5187500

威海市发展和改革委员会
地址：威海市
……办公室：5231865

威海市城乡建设委员会
地址：光明路149号
……Tel:5233204

威海仲裁委员会
地址：文化中路59号
……办公室：5800627

威海市工业行业管理办公室
……办公室：5227073

威海市住房公积金管理中心
……办公室：5218885

威海市环翠区人民政府
地址：新威路75号
……办公室：5223120

威海市环翠区机关事务管理局
地址：新威路75号
区机关服务公司办公
……5222643

人民政协和民主党派

人民政协

中国人民政治协商会议威海市委员会
地址：威海市
……办公室：5231038

社会团体

工会

威海市总工会
地址：威海市
……5231770

妇联

威海市妇女联合会
地址：威海市
……办公室：5200196

残联

威海市残疾人联合会
地址：顺河街216号
维权服务热线
……5216117

工商联

威海市工商业联合会
地址：威海市
……办公室：5225710

红十字会
威海市红十字会
地址：威海市
……办公室：5300001

驻在机构

中央驻在机构

中华人民共和国山东海事局
地址：海埠路288号
……办公室：5902460

中华人民共和国威海出入境检验检疫局
地址：威海市
……办公室：5855000

中华人民共和国威海海关
地址：海滨北路47号
……Tel:5241013

中国国际贸易促进委员会威海市委员会
地址：文化中路86号
……Tel:5817133

本省驻在机构
山东省威海船舶检验局
地址：海滨北路39号
……Tel:5219556

日照市（0633）

中共日照市委组织部
地址：市政协办公楼5楼
……Tel:8781399

国家机构

人大常委会

日照市人民代表大会常务委员会
地址：北京路198号
……Tel:8781463

人民政府
日照市人民政府
地址：北京路198号
……Tel:8781001

日照市人民政府口岸办公室
……Tel:3319039

日照市金融工作办公室
地址：北京路198号
……Tel:8781178

日照市信息产业办公室
……Tel:8781126

日照市蓝色经济区规划建设工作推进协调小组办公室
地址：北京路农业银行大厦
……Tel:3317802

中华人民共和国日照海关
地址：烟台路
……Tel:3317000

日照市人力资源和社会保障局
地址：日照市
……Tel:8866128

日照市人事局
地址：北京路198号
……Tel:8781010

日照出入境检验检疫局
地址：连云港路99号
……Tel:8359999

日照市卫生局
地址：北京路178号
……Tel:8782803

日照市市场监督管理局
地址：北京路198号
……Tel:8816000

日照市水文水资源监测局
地址：北京路128号
……Tel:8886799

日照市水利局
地址：北京路128号
……Tel:8866518

日照市公路管理局
地址：泰安路98号
……Tel:8785688

日照市民政局
地址：日照大厦
……Tel:8816101

日照市民营经济发展局
地址：北京路128号
……Tel:8352286

日照市农业机械管理局
地址：北京路188号
……Tel:8816700

日照市应急管理局
地址：北京路188号
……Tel:8790691

日照市交通局
地址：山东路东首
……Tel:8779156

日照市机械化工局
地址：兴海路48号
……Tel:8221341

日照市地震局
地址：北京路198号
……Tel:8816389

日照市劳动和社会保障局
地址：北京路128号
……Tel:8866000

日照市财政局
地址：黄海二路13号
……Tel:8668000

日照市国土资源局
地址：泰安路59号
……Tel:8776901

日照市供水工程管理处
地址：奎山大岭刘石路
……Tel:8626288

日照市审计局
地址：日照市
……Tel:8816600

日照市林业局
地址：北京路188号
……Tel:8816312

日照市物价局
地址：威海路82号
……Tel:8787423

日照市招商局
地址：烟台路
……Tel:8717800

日照市环境保护局
地址：北京路168号
……Tel:8779208

日照市统计局
地址：北京路198号
……Tel:8781063

日照市城市建设房屋拆迁管理办公室
地址：烟台路
……Tel:8899901

日照市城市管理行政执法局
地址：烟台路
……Tel:8717108

日照市科学技术局
地址：日照市
……Tel:8777100

日照市食品药品监督管理局
地址：北京路劳动大厦
……Tel:8866901

日照市药品监督管理局
地址：北京略128号
……Tel:8866908

日照市药检所
……Tel:8866929

日照市盐务局
地址：北京路
……Tel:8816782

日照市畜牧局
地址：北京路188号
……Tel:8816360

日照市海洋与渔业局
地址：日照市
……Tel:8816652

日照市文化和文化和旅游局
地址：北京路188号
……Tel:8816280

日照市救助管理站
地址：昭阳路
……Tel:8206047

日照市教育局
地址：北京路
……Tel:8779302

日照市港航管理局
地址：航贸大厦3楼301室
……Tel:3319755

日照市粮食局
地址：海滨四路8号
……Tel:8334716

日照市仲裁委员会
地址：北京路188号
……Tel:8816335

日照市人民防空办公室（民防局）
地址：菏泽路369号
……Tel:8782916

日照市人民政府征兵接待站
……Tel:8780022

日照市委农村工作领导小组办公室
……Tel:8772895

中华人民共和国日照渔港监督处
地址：海滨一路
……Tel:8390200

国家海洋局日照海洋环境监测站
地址：国家海洋局
……Tel:8856522

社会团体

工会

日照市总工会
地址：北京路198号
……Tel:8781408

妇联

日照市妇女联合会
地址：北京路198号
……Tel:8781402

红十字会
日照市红十字会
地址：云海路48号
……Tel:8251084

驻在机构

中央驻在机构

中华人民共和国日照出入境检验检疫局
地址：日照市
……Tel:8359001

中华人民共和国日照边防检查站
地址：日照市
……Tel:3319266

中华人民共和国日照海事局
地址：北京路中段
……Tel:8385406

莱芜市（0634）

中国共产党莱芜市委员会
地址：文化北路001号
……办公室：6213021

国家机构

人大常委会

莱芜市人民代表大会常务委员会
地址：文化北路001号
……Tel:6216047

人民政府
莱芜市人民政府
地址：文化北路001号
……Tel:6213091

人民政协和民主党派

人民政协

中国人民政治协商会议莱芜市委员会
地址：文化北路001号
……Tel:6213374

民主党派
中国民主同盟莱芜市委员会
地址：文化北路001号
……Tel:6212118

社会团体

工会

莱芜市总工会
地址：龙潭东大街001号
……Tel:6213701

共青团、青联、学联

中国共产主义青年团莱芜市委员会
地址：文化北路001号
……Tel:6217248

妇联

莱芜市妇女联合会
地址：文化北路001号
……Tel:6212680

文联

莱芜市文学艺术界联合会
地址：龙潭东大街001号
……Tel:8895100

残联

莱芜市残疾人联合会
地址：龙潭东大街001号
……Tel:6223343

工商联

莱芜市工商业联合会
地址：文化北路001号
……Tel:6229504

协会
莱芜市中韩文化交流协会
地址：石花固西街66号
……Tel:6129111

学会
莱芜市社会科学界联合会
地址：文化北路001号
……Tel:6229824

老龄问题委员会

莱芜市老龄工作委员会
地址：龙潭东大街001号
……Tel:8890116

驻在机构

中央驻在机构

中央储备粮莱芜直属库
地址：赢牟西大街499号
……Tel:6273800

莱芜出入境检验检疫局
地址：文化北路仃号
……Tel:6286316

滨州市（0543）

中国共产党滨州市委员会
地址：黄河五路385号
……值班室：3162001

国家机构

人大常委会

滨州市人民代表大会常务委员会
地址：黄河五路385号
……办公室：3162002

人民政府
滨州市人民政府
地址：黄河五路385号
……办公室：3163001

山东省胶东调水局滨州分局
地址：黄河二路617号
……办公室：3263859

中国银行业监督管理委员会滨州监管分局
地址：渤海十八路669号
…………办公室：3185877
滨州水文水资源勘测局
地址：黄河三路506号
…………Tel:3385031
滨州市人力资源和社会保障局
地址：府右街37号
…………办公室：3162909
滨州市人民政府地震局
地址：黄河五路385号
…………办公室：3162681
滨州市小开河引黄灌溉管理局
地址：渤海五路338号
…………Tel:3181174
滨州市卫生局
地址：渤海八路519号
…………办公室：3361108
滨州市市场监督管理局
地址：黄河六路558号
…………办公室：3352000
滨州市文化市场综合执法局
地址：党校1号办公楼
…………办公室：3162731
滨州市气象局
地址：黄河一路504号
…………办公室：3265401
滨州市公路管理局
地址：黄河五路361号
…………办公室：3183126
滨州市市级机关事务管理局
地址：黄河五路385号
…………综合科：3162916
滨州市民政局
地址：渤海十八路667号
…………办公室：3188501
滨州市民族宗教事务局
地址：黄河五路385号
…………Tel:3162991
滨州市地方税务局
地址：黄河二路
…………办公室：3188577
滨州市农业机械管理局
地址：黄河六路528号
…………办公室：3362435
滨州市应急管理局
地址：黄河五路385号
…………办公室：3165000
滨州市体育局
地址：渤海十六路736号
…………办公室：3156902
滨州市住房和城乡建设局
地址：黄河五路355号
…………Tel:3356013
滨州市财政局
地址：黄河五路357号
…………办公室：3187670
滨州市国土资源局
地址：黄河四路287号
…………办公室：3186950
滨州市审计局
地址：黄河五路西首488号
…………办公室：3275630
滨州市林业局
地址：黄河三路508号
…………Tel:3382738
滨州市房地产管理局
地址：渤海十路897号
…………办公室：3367839
滨州市物价局
地址：黄河八路501号
…………办公室：3366625
滨州市规划局
地址：黄河八路355号
…………Tel:3186502
滨州市国家税务局
地址：黄河五路371号
…………办公室：3180360
滨州市招商局
地址：黄河五路385号
…………办公室：3162782
滨州市建筑工程管理局
地址：黄河五路531号
…………Tel:3213765
滨州市质量技术监督局
地址：黄河五路317号
…………办公室：3181787
滨州市环境保护局
地址：渤海十八路669号
…………办公室：3186800
滨州市统计局
地址：黄河五路385号
…………Tel:3162896
滨州市城市管理行政执法局
地址：黄河五路385号
…………Tel:3163063
滨州市科学技术局
地址：中海大厦
…………Tel:3187018
滨州市食品药品监督管理局
地址：渤海七路548号
…………办公室：3326208
滨州市盐务局
地址：黄河八路552号
…………办公室：3361664
滨州市畜牧兽医局
地址：黄河三路510号－17号
…………办公室：3386612
滨州市海河管理局
地址：黄河六路516号
…………Tel:3361445
滨州市海洋与渔业局
地址：黄河六路526号
…………办公室：3361704
滨州市烟草专卖局
地址：府前街府右路
…………值班室：3329518
滨州市文化和文化和旅游局
地址：黄河五路385号
…………办公室：3182838
滨州市商务局
地址：府前街177号
…………办公室：3365057
滨州市教育局
地址：渤海十六路699号
…………Tel:3188779
滨州市黄河河务局
地址：黄河七路331号
…………Tel:3307111
滨州市韩墩引黄灌溉管理局
地址：黄河十路650号
…………办公室：3373314
滨州市粮食局
地址：黄河三路574号
…………办公室：3324152
滨州市人口和计划生育委员会
地址：黄河五路496号
…………办公室：3325673
滨州市发展和改革委员会
地址：黄河五路385号
…………Tel:3162812
滨州市仲裁委员会
地址：黄河五路385号
…………办公室：3162655
滨州市经济贸易委员会
地址：黄河五路385号
…………Tel:3322455
推进黄河三角洲高效生态经济区建设办公室
地址：黄河五路385号
…………办公室：3163222
滨州市人民防空办公室
地址：渤海十五路689号
…………综合科：3168976
滨州市外事与侨务办公室
地址：黄河五路385号
…………办公室：3162998
滨州市地方史志办公室
地址：黄河五路385号
…………Tel:3162902
滨州市农业开发办公室
地址：黄河五路385号
…………Tel:3162972
滨州市油区工作办公室
地址：黄河六路531号
…………办公室：3183011
滨州市房地产开发管理办公室
地址：黄河五路531号
…………Tel:3212797
滨州市接待处
地址：黄河五路385号
…………办公室：3162996

人民政协和民主党派

人民政协

中国人民政治协商会议滨州市委员会
地址：黄河五路385号
…………值班电话：3162005
民主党派
中国民主同盟滨州市委员会
地址：黄河五路385号
…………Tel:3162055
中国民主促进会滨州市委员会
地址：黄河五路385号
…………Tel:3185893

社会团体

工会

滨州市总工会
地址：黄河五路385号
…………办公室：3162319

共青团、青联、学联

中国共产主义青年团滨州市委员会
地址：黄河五路305号
…………Tel:3162077

妇联

滨州市妇女联合会
地址：黄河五路385号
…………Tel:3162118

文联

滨州市文学艺术界联合会
地址：黄河五路385号
…………Tel:3162092

残联

滨州市残疾人联合会
地址：黄河五路385号
…………办公室：3168972

工商联

滨州市工商业联合会
地址：黄河五路385号
…………Tel:3162173
协会
滨州市石油化学工业协会
地址：黄河六路540号
…………Tel:3225166
滨州市纺织工业协会
地址：渤海三路511号
…………综合办：3295256
滨州市科学技术协会
地址：黄河五路385号
…………办公室：3162309
滨州市保险行业协会
地址：渤海九路516号
…………Tel:3322875
学会
滨州市社会科学界联合会
地址：黄河五路385号
…………办公室：3162128
红十字会
滨州市红十字会
地址：渤海十六路736号
…………办公室：3361719

老龄问题委员会

滨州市老龄工作委员会
地址：黄河五路385号
…………秘书科：3162662
驻在机构
中央驻要机构
中华人民共和国滨州海事处
地址：黄河十路606号
…………办公室：3355126
中国国际贸易促进委员会滨州支会
地址：黄河五路385号
…………办公室：3162085
本省驻在机构
青岛海关驻滨州办事处
地址：渤海十六路637号
…………海关办公室：3183311
德州市（0534）
中国共产党德州市委员会
地址：德州市
…………Tel:2687621

国家机构

人大常委会

德州市人民代表大会常务委员会
地址：德州市
…………Tel:2308207
人民政府
德州市人民政府
地址：德州市
…………Tel:2687038
山东省德州市国家税务局
地址：德州市
…………办公室：2383501
德州水文水资源勘测局
地址：德州市
…………办公室：2388726
德州市人事局
地址：德州市
…………办公室：2687125
德州市卫生局
地址：德州市
…………办公室：2628324
德州市市场监督管理局
地址：德州市
…………办公室：2323076
德州市文化市场综合执法局
地址：德州市
…………办公室：2231510
德州市计生局
地址：德州市
…………办公室：2687175
德州市公用事业管理局
地址：德州市
…………办公室：5015930
德州市水利局
地址：德州市
…………办公室：2673001
德州市水利勘察设计研究院
地址：德州市
…………办公室：2673225
德州市气象局
地址：德州市
…………办公室：2586622
德州市公路管理局
地址：德州市
…………办公室：2623418
德州市对外贸易经济合作局
地址：德州市
…………办公室：2231967
德州市民政局
地址：德州市
…………办公室：2687210
德州市民族宗教局
地址：德州市
…………办公室：2687225
德州市民族宗教事务局
地址：德州市
…………办公室：2607226
德州市老干部局
地址：德州市
…………办公室：2687819
德州市地方税务局
地址：德州市
…………办公室：2386200
德州市农业机械管理局
地址：德州市
…………办公室：2622373
德州市农业农村局
地址：德州市
…………办公室：2381999
德州市安监局
地址：德州市
…………办公室：2687162
德州市交通局
地址：德州市
…………办公室：2583166
德州市地震局
地址：德州市
…………办公室：2621021
德州市技术监督局
地址：德州市
…………办公室：2623481
德州市劳动局
地址：德州市
…………办公室：2687156
德州市劳动和社会保障局
地址：德州市
…………办公室：2623478
德州市教育和体育局
地址：德城区经济开发区康博大道888号
…………办公室：2621268
德州市住房管理中心
…………办公室：2265620
德州市财政局
地址：德州市
…………办公室：2381888
德州市国土资源局
地址：德州市
…………办公室：2693079
德州市审计局
地址：德州市
…………办公室：2312350
德州市服务业发展局
地址：德州市
…………办公室：2687219
德州市林业局
地址：德州市
…………办公室：2280034
德州市物价局
地址：德州市
…………办公室：2693606
德州市房产管理局
地址：德州市
…………办公室：2265655
德州市生态环境局
地址：德州市
…………办公室：2624217
德州市招商局
地址：德州市
…………办公室：2687140
德州市统计局
地址：德州市
…………办公室：2620627
德州市城市规划局
地址：德州市
…………办公室：2239800
德州市城市管理行政执法局
地址：德州市
…………办公室：2186976
德州市科学技术局
地址：德州市
…………办公室：2687112
德州市食品药品监督管理局
地址：德州市
…………办公室：2624260
德州市信息产业局
地址：德州市
…………办公室：2687383
德州市盐务局
地址：德州市
…………办公室：2493524
德州市畜牧局
地址：德州市
…………办公室：2323934
德州市档案局
地址：德州市
…………办公室：2327627
德州市文化和文化和旅游局
地址：德州市
…………办公室：2231610
德州市教育局
地址：德州市
…………办公室：2324939
德州市粮食局

地址：德州市
…………办公室：2483000
德州市蔬菜局
地址：德州市
…………办公室：2381944
德州市中小企业局
地址：德州市
…………办公室：2687552
德州市计划生育委员会
地址：德州市
…………办公室：2687260
德州市外经委员会
地址：德州市
…………办公室：2231968
德州市发展和改革委员会
地址：德州市
…………办公室：2623459
德州市机构编制委员会
地址：德州市
…………办公室：2231755
德州市建设委员会
地址：德州市
…………办公室：2239616
德州市经济委员会
地址：德州市
…………办公室：2687095

人民政协和民主党派

人民政协

中国人民政治协商会议德州市委员会
地址：德州市
…………办公室：2231816

社会团体

工会

德州市总工会
地址：德州市
…………办公室：2687776

共青团、青联、学联

中国共产主义青年团德州市委员会
地址：德州市
…………办公室：2687789

妇联

德州市妇女联合会
地址：德州市
…………办公室：2687782

侨联

德州市归国华侨联合会
地址：德州市
…………办公室：2687238

文联

德州市文学艺术界联合会
地址：德州市
…………办公室：2687717

残联

德州市残疾人联合会
地址：德州市
…………办公室：2231516

工商联

德州市工商业联合会
地址：德州市
…………办公室：2690349

聊城市（0635）

中国共产党聊城市委员会
地址：东昌东路101号
…………Tel:8262009
保密局
…………Tel:8262015
党史办
…………Tel:8261841
档案局
…………Tel:8262323
对台办
…………Tel:8262031
老干局
…………Tel:8262007
老龄委
…………Tel:8262043
市保持共产党员先进性教育丛书编辑委员会
…………Tel:8371496
市直机关工委
…………Tel:8262123
统战部
…………Tel:8262051
政策研究室
…………Tel:8262070

国家机构

人民政府

聊城市人民政府
地址：聊城市
…………Tel:8288501
聊城市人事局
地址：东昌西路
…………Tel:8210566
聊城市卫生局
地址：青年林街5号
…………Tel:8436502
聊城市市场监督管理局
地址：昌润路北段
…………Tel:8439204
聊城市水文水资源勘测局
地址：育新北街10号
…………Tel:8220067
聊城市水产局
地址：北郊路1号
…………Tel:8321624
聊城市水利局
地址：东昌东路76号
…………Tel:8227053
聊城市气象局
地址：新南环与光岳路交界
…………Tel:8573810
聊城市公路管理局
地址：聊堂路1号
…………Tel:8423360
聊城市民政局
地址：兴隼路
…………Tel:8320213
聊城市市政管理局
地址：东昌西路
…………Tel:8421697
聊城市民营经济发展局
地址：健康北路38号
…………Tel:8274115
聊城市民族宗教事务局
地址：东昌西路24号
…………Tel:8202733
聊城市地方税务局
地址：兴华西路
…………Tel:8271601
聊城市农业农村局
地址：财干路东首
…………Tel:8372636
聊城市应急管理局
地址：东昌东路55号
…………Tel:8210635
聊城市交通局
地址：湖西路中段
…………Tel:8433503
聊城市地震局
地址：东昌西路24号
…………Tel:8288711
聊城市体育局
地址：柳圆南路检察院对过
…………Tel:8903679
聊城市财政局
地址：东昌西路
…………Tel:8681010
聊城市国土资源局
地址：兴华东路54号
…………Tel:8322047
聊城市审计局
地址：兴华东路益民胡同
…………Tel:8321055
聊城市林业局
地址：兴华西路46号
…………Tel:8274056
聊城市房地产管理局
地址：东昌西路
…………Tel:8682810
聊城市物价局
地址：湖南路东首
…………Tel:8532959
聊城市知识产权局
地址：黄河路16号
…………Tel:8378991
聊城市经济合作局
地址：东昌西路24号
…………Tel:8212011
聊城市国家税务局
地址：兴华西路226号
…………Tel:8433075
聊城市质量技术监督局
地址：黄河路101号
…………Tel:8519811
聊城市环境保护局
地址：汇金街17号
…………Tel:8909868
聊城市统计局
地址：东昌西路24号
…………Tel:8223216
聊城市科学技术局
地址：开发区高新科技中心
…………Tel:8378980
聊城市食品药品监督管理局
地址：湖南路东首
…………Tel:8536109
聊城市盐务局
地址：花园南路
…………Tel:8210768
聊城市畜牧局
地址：北郊路1号
…………Tel:8320136
聊城市档案局
地址：东昌东路101号
…………Tel:8262321
聊城市文化和文化和旅游局
地址：东昌西路24号
…………Tel:8288872
聊城市教育局
地址：湖南路43号
…………Tel:8245506
聊城市粮食局
地址：昌润南路
…………Tel:8411137
聊城市人口和计划生育委员会
地址：东昌路76号
…………Tel:8510586
聊城市人民代表大会常务委员会
地址：东昌西路129号
…………Tel:8422085
聊城市人民政府国有资产监督管理委员会
地址：东昌西路
…………Tel:8206626
聊城市发展和改革委员会
地址：东昌西路24号
…………Tel:8288614
聊城市建设委员会
地址：东昌西路
…………Tel:8429395
聊城市经济贸易委员会
地址：东昌西路24号
…………Tel:8222958
聊城市行政服务中心管委会
地址：昌润南路153号
…………Tel:8902600
聊城市化工行业管理办公室
地址：兴华东路53号
…………Tel:8223536
聊城市节庆办公室
地址：人民政府院内
…………Tel:8288764
聊城市农业办公室
地址：东昌西路
…………Tel:8288609
聊城市油区工作办公室
地址：东昌西路24号
…………Tel:8288947
聊城市建设市场管理办公室
地址：前许街29号
…………Tel:8220569
聊城市信息办
地址：东昌西路市政府院内
…………Tel:8288091
地区纺织纤维检验所
地址：兴华西路
…………Tel:8428138
聊城市148法律服务中心
地址：兴华东路
…………Tel:8361148
聊城市土地储备中心
地址：兴华东路54号
…………Tel:8321753
聊城市公路产业开发中心
地址：北关街南首2号
…………Tel:8425671
聊城市建设工程质量监督站
地址：卫育路中段
…………Tel:8387293
聊城市药品检验所
地址：湖南路东首
…………Tel:8535399
聊城市济聊馆高速公路管理处
地址：西环路北首
…………Tel:8461352
聊城市旅游质量监督所
地址：东昌西路市政府院内
…………Tel:8201777

人民政协和民主党派

人民政协

中国人民政治协商会议山东省聊城市委员会
地址：东昌西路
…………Tel:8428215

民主党派

九二三学社聊城市委员会
地址：健康路8号
…………Tel:8222925
中国民主同盟聊城市委员会
地址：健康路8号
…………Tel:8223905
中国民主建国会聊城市委员会
地址：健康路8号
…………Tel:8223779
中国民主促进会聊城市委员会
地址：健康路8号
…………Tel:8225693
中国国民党革命委员会聊城市委员会
地址：健康路8号
…………Tel:8223980
聊城市科协伊斯兰教协会
地址：健康路8号
…………Tel:8201881

社会团体

工会

聊城市总工会
地址：东昌东路101号
…………Tel:8262040

共青团、青联、学联

中国共产主义青年团聊城市委员会
地址：东昌东路
…………Tel:8262044

妇联

聊城市妇女联合会
地址：市委院内
…………Tel:8262003

残联

聊城市残疾人联合会
地址：建设西路
…………Tel:8382795

协会

聊城市汽车流通行业协会
地址：昌润路市市场监督管理局
…………Tel:8430318
聊城市房地产业协会
地址：柳团南路聚源巷2号
…………Tel:8207926
聊城市信息协会
地址：园东街1号内19-6号
…………Tel:8893087
聊城市道路运输协会
地址：开发区黄河路
…………Tel:8517792

驻在机构

中央驻要机构

中华人民共和国聊城出入境检验检疫局
地址：东昌西路140号
…………Tel:8421720
中国国际贸易促进委员会聊城市支会
地址：卫育路6号
…………Tel:8278268

本省驻在机构

山东省国家安全厅驻聊城工作站
地址：建设西路安全局院内
…………Tel:8381449

临沂市（0539）

中国共产党临沂市委员会
地址：三合大街
临沂市委老干部局办公室
地址：临沂市
…………Tel:8727620
临沂市委台湾工作办公室
地址：人秘科
…………Tel:8727650
统战部
…………Tel:8138626
行政值班室
…………Tel:8312001
中共临沂市委610办公室
…………Tel:8727990
中共临沂市委党史资料征集委员会业务科
…………Tel:8727381
中共临沂市委机要局
地址：值班室
…………Tel:8726200
中共临沂市委市直机关工委办公室
…………Tel:8726611
中共临沂市委统战部办公室
…………Tel:8726369
中共临沂市委员会政策研究室
…………Tel:8727512
秘书科
…………Tel:8727500
中共临沂市委员会组织部办公室
…………Tel:8726197

国家机构

人大常委会

临沂市人民代表大会常务委员会
地址：三合大街
…………行政科：8316951

人民政府

临沂市人民政府
地址：三合大街
调查研究室
…………综合科：8726633
…………服务中心：8312132
临沂市无线电管理办公室
…………办公室：8101665
…………监测站：8315689
…………信息科：8120002
…………值班接待科：8314128
中共临沂市委市人民政府接待处
…………办公室：8312670
中国银行业监督管理委员会临沂监管分局
地址：金雀山路58号-1
…………Tel:8138612
临缶沂市卫生局
地址：沂蒙路208号
…………值班室：8314140
临沂市市场监督管理局
地址：解放路东首
…………办公室：8313065
临沂市文化市场管理执法局
地址：南坊
…………Tel:8615261
临沂市水利局
地址：全雀山一路39号
…………办公室：8312458
临沂市气象局
地址：金雀山路东段
…………Tel:8312119
临沂市公路局

地址：河东区双桥街
……办公室：8080988
临沂市对外贸易经济合作局
地址：银雀山路80号
……办公室：8315330
临沂市民政局
地址：沂州路
……办公室：8316907
临沂市民族宗教事务局
地址：三合大街
……Tel:8726660
临沂市地方税务局
……办公室：8123600
临沂市农业委员会
地址：三合大街
……办公室：8727900
临沂市应急管理局
地址：桃园路
……办公室：8038900
……值班室：8321234
临沂市地震局
地址：南坊
……值班室：8222375
临沂市劳动和社会保障局
地址：沂蒙路406号
临沂市社会劳动保险事业处
……办公室：8108445
临沂市医疗保险事业处
……办公室：8103717
临沂市沂沭河水利管理局
地址：金坛路5号
……办公室：8301755
……防汛办公室：8314991
临沂市财政局
……办公室：8113150
临沂市国土资源局
地址：三合大街
……统一征地办公室：8729127
临沂市审计局
地址：金雀山路43号
……办公室：8313945
临沂市矿务局
地址：临西路南段
……查号台：8286114
临沂市房地产管理局
地址：沂州路36号
……办公室：8217675
临沂市建设局
地址：海关路161号
……办公室：8112979
……主任室：8229582
临沂市物价局
地址：金雀山一路5
……局办公室：8727899
临沂市规划局
地址：三合大街
……办公室：8227860
临沂市国家外汇管理局
地址：金源路155号
……办公室：8312868
临沂市国家税务局
……办公室：8129010
临沂市招商局
地址：新华一路
……Tel:8053064
临沂市质量技术监督局
地址：海关路96号
……办公室：8316270
临沂市环境保护局
地址：新华一路
……Tel:8175901
临沂市统计局
地址：金雀山一路57号
……综合科：8727363
临沂市城市管理行政执法局
地址：市委大院4号楼
……办公室：8132208
……广告科：8179880
临沂市科学技术局
地址：启阳路3号
调研员室
……Tel:8138687
高新技术产业化科
……Tel:8818807
临沂市食品药品监督管理局
地址：银雀山路72号
……办公室：8315293
临沂市信息产业局
……信息化推进科：8727761
临沂市盐务局
地址：金雀山一路
……Tel:8362178
临沂市畜牧局
地址：沂州路
……检测中心：8127720
临沂市烟草专卖局
地址：新华一路48号
……办公室：8315236
……电访部：8172345
……纪委：8315344
临沂市档案局
地址：金雀山路
……办公室：8327941
临沂市文化和文化和旅游局
地址：金雀山路
……办公室：8112417
临沂市渔业局
地址：南坊
……人事老干科：8313827
临沂市教育局
地址：沂蒙路中段
……办公室：8313687
临沂市粮食局
地址：银雀山路131号
……办公室：8313050
山东省临沂市水土保持委员会
地址：金雀山一路
……办公室：8306678
……管理科：8129265
……综合科：8129269
临沂市人口和计划生育委员会
地址：三夸大街
……办公室：8727320
临沂市人民政府国有资产监督管理委员会
……办公室：8726800
临沂市计划生育委员会
地址：金雀山一路
……Tel:8073806
临沂市发展和改革委员会
地址：三合街
……办公室：8316267
临沂市交通局
地址：海关路79号
……办公室：8126008
临沂市经济贸易委员会
地址：三合大街
……办公室：8727968
临沂商城管理委员会
地址：临西八路
……办公室：2806003
临沂市人民防空办公室
地址：红旗路59号
……Tel:8222886
临沂市人民政府外事与侨务办公室
地址：三合大街
……人秘科：8726680
临沂市中小企业办公室
地址：红旗路104号
……办公室：8222967
临沂市化学工业协会
地址：沂蒙路207号
……Tel:8804249
……人事劳动科：8314817
临沂市农业机械管理办公室
地址：沂蒙路314号
……管理科：8126507
临沂市农业综合开发（扶贫）办公室
……人秘科：8727977
临沂市机械电子工业办公室
地址：金雀山一路73号
……后勤部：8827042
临沂市建设工程招标投标管理办公室
地址：金雀山五路161号
……综合科：8112022
临沂市房屋拆迁办公室
地址：沂蒙路135号
……Tel:8184162
临沂市城市出租客运管理办公室
地址：海关路79号
……办公室：8318082
临沂仲裁委员会办公室
地址：金雀山一路26号
……Tel:8109307
临沂市住房公积金管理中心
地址：沂蒙路171号
……Tel:8138716
临沂市运输管理处
地址：金雀山五路18号
……办公室：8126310
临沂市城市管理行政执法支队
地址：平安路185号
……综合科：8151300
临沂市救助管理站
地址：红旗路205号
……Tel:8354040

人民政协和民主党派

人民政协

中国人民政治协商会议临沂市委员会
地址：金雀山路57
……Tel:8727118
民主党派
中国农工民主党临沂市委员会
地址：沂蒙
……Tel:8302182

社会团体

工会

临沂市总工会
地址：三合大街
……办公室：8726713

共青团、青联、学联

中国共产主义青年团临沂市委员会
地址：三合大街1649
……办公室：8726976

妇联

临沂市妇女联合会
地址：三合大街
……办公室：8727688

文联

临沂市文学艺术界联合会
……办公室：8727707

残联

临沂市残疾人联合会
地址：三合大街
……办公室：8727658
协会
临沂市外商投资企业协会
地址：银雀山路55号
……业务科：8132339
临沂市纺织工业协会
地址：商城路108号
……秘书科：8226972
临沂市轻工业协会
地址：全一路
……联社办公室：8200329

驻在机构

中央驻在机构

中央储备粮临沂直属库
地址：金雀山六路440号
……Tel:8315925
中华人民共和国临沂海关
……办公室：8321123
中国国际贸易促进委员会临沂市委员会
地址：三合大街
……办公室：8112639
……招商联络科：8110712
临沂市出入境检验检疫局
地址：凤凰大街西段
……办公室：8097801
菏泽市（0530）
中国共产党菏泽市委员会
地址：中华路1111号
……Tel:5310315
中国共产党菏泽市牡丹区委员会
地址：东方红大街999号
……Tel:5622612

国家机构

人大常委会

菏泽市人民代表大会常务委员会
地址：曹州路13号
……Tel:5336197
人民政府
菏泽市人民政府
地址：中华路1009号
……Tel:5310822
菏泽市人力资源与社会保障局
地址：中华路916号
……Tel:6310860
菏泽市卫生局
地址：西安路888号
……Tel:5624680
菏泽市卫生局卫生监督局
地址：华英路288号
……Tel:5168588
菏泽市市场监督管理局
地址：中华路98号
……Tel:5333467
菏泽市水文水资源勘测局
地址：青年路730号
……Tel:5900917
菏泽市水利局
地址：解放南路399号
……Tel:总机：5508902
菏泽市气象局
地址：东方红西街365号
……Tel:5624771
菏泽市公路管理局
地址：人民路318号
……Tel:5969700
菏泽市民政局
地址：长江路799号
……Tel:5388790
菏泽市地方税务局
地址：中华路2518号
……Tel:5928219
菏泽市农业农村局
地址：双河路1021号
……Tel:5624859
菏泽市应急管理局
地址：中华路1009号
……Tel:5310886
菏泽市农机管理局
地址：双河路865号
……Tel:5623539
菏泽市机要局
地址：中华路1111号
……Tel:5310053
菏泽市交通局
地址：牡丹路639号
……Tel:5139911
菏泽市地震局
地址：曹州路9号
……Tel:5822722
菏泽市体育局
地址：八一街2106号
……Tel:5533129
菏泽市财政局
地址：中华路2626号
……Tel:5613931
菏泽市国土资源局
地址：中华路659号
……Tel:5334684
菏泽市审计局
地址：华英路512号
……Tel:5310653
菏泽市林业局
地址：牡丹北路秋菊巷1号
……Tel:总机：5613043
菏泽市规划局
地址：华英路1378号
……Tel:5899880
菏泽市建设局
地址：中华路1369号
……Tel:5166078
菏泽市物价局
地址：长江路999号
……Tel:5899500
菏泽市房产管理局
地址：长江路1101号
……Tel:5389861
菏泽市知识产权局
地址：中华西路1888号
……Tel:5622113
菏泽市生态环境局开发区分局
地址：菏泽开发区
……Tel:5329997
菏泽市国家税务局
地址：长江路中段966号
……Tel:5192602
菏泽市质量技术监督局
地址：中华路2538号
……Tel:5626067
菏泽市环境保护局
地址：人民路国贸大厦
……Tel:5622025
菏泽市统计局
地址：中华路1009号
……Tel:5310684
菏泽市城市管理局
地址：中华路2056号
……Tel:5624108
菏泽市科学技术局
地址：中华路1009号
……Tel:5310873
菏泽市食品药品监督管理局
地址：中华路2777号
……Tel:5623553
菏泽市盐务局
地址：丹阳路829号
……Tel:5334236
菏泽市畜牧局
地址：中华路98号
……Tel:5298965
菏泽市档案局
地址：中华路1389号
……Tel:5333013
菏泽市文化和文化和旅游局
地址：中华路1009号
……Tel:5310660
菏泽市教育局
地址：中华路1188号
……Tel:5332880
菏泽市粮食局
地址：人民路809号
……Tel:5335129
菏泽市煤炭管理局
地址：和平路原组织部培训
……Tel:5589660
菏泽黄河河务局
地址：长江路887号
……Tel:总机：5592131
菏泽市人口和计划生育委员会
地址：中华路1528号
……Tel:5334143
菏泽市经济贸易委员会
地址：中华路1009号
……Tel:5310834
菏泽市无线电管理办公室
地址：永昌路266号
……Tel:5336238
菏泽市牡丹区人民政府
地址：牡丹区公务大厦
……Tel:5928900

社会团体

工会

菏泽市总工会
地址：中华路1111号
……Tel:5336282
驻要机构
中央驻在机构
中华人民共和国菏泽出入境检验检疫局
地址：中华路1000号
……Tel:5338397

河南省

郑州市人民政府
地址：中原路233号
……办公室：67187114

郑州市人民政府外事侨务局
地址：中原西路233号
……办公室：67185463

郑州市人事局
地址：五助路73号
……办公室：67185476

郑州市卫生局
地址：桐柏南路8号
……办公室：67170909

郑州市市场监督管理局
地址：大学路16号
……办公室：66972970

郑州市中小企业局
地址：淮河路与兴华街交叉口
……办公室：67178710

郑州市水利局
地址：颖河路110号
……办公室：67448849

郑州市气象局
地址：冯庄路南段
……办公室：68173246

郑州市民政局
地址：嵩山路12号
……办公室：67449294

郑州市地方税务局
地址：政通路109号
……办公室：68813600

郑州市农业机械管理局
地址：嵩山南路1号
……办公室：67175765

郑州市农业农村局
地址：桐柏南路19号
……办公室：67170700

郑州市应急管理局
地址：工人南路16号
……办公室：67710000

郑州市交通局
地址：工人南路165号
……办公室：67178800

郑州市地震局
地址：沁河路1号
……办公室：67171178

郑州市劳动和社会保障局
地址：互助路68号
……办公室：67971976

郑州市社会保险事业管理局
地址：棉纺东路55号
……办公室：67430777

郑州市体育局
地址：商城路230号
……办公室：66228681

郑州市财政局
地址：兴华南街39号
……办公室：67160751

郑州市投资促进局
地址：互助路73号
……办公室：67185539

郑州市国土资源局
地址：淮河西路11号
……办公室：68810302

郑州市审计局
地址：嵩山路10号
……办公室：67181520

郑州市房地产管理局
地址：东新区
……办公室：67889806

郑州市知识产权局
地址：工人路与颖河路路西
……办公室：67446986

郑州市生态环境局
地址：中原路71号
……办公室：67189282

郑州市质量技术监督局
地址：开发区瑞达路62号
……办公室：67184800

郑州市统计局
地址：互助路74号
……办公室：67176787

郑州市城市规划局
地址：嵩山路6号
……办公室：67185465

郑州市科技局
地址：陇海路370号
……办公室：67174666

郑州市畜牧局
地址：民安路63号
……办公室：67178925

郑州市文化和文化和旅游局
地址：陇海西路370号
……办公室：67185056

郑州市商务局
地址：嵩山路4号
……办公室：67185645

郑州市教育局
地址：京广北路89号
……办公室：66965157

郑州市粮食局
地址：金水路85号
……办公室：66220747

郑州市煤炭管理局
地址：嵩山路与汝河路交叉口
……业务：67176808

郑州林业局
地址：郑密路50号
……办公室：68976312

河南省郑州市国家税务局
地址：陇海中路
……办公室：67712027

郑州市人民政府国有资产监督管理委员会
地址：嵩山南路1号
……办公室：67189022

郑州市发展和改革委员会
地址：中原233号
……办公室：67177796

郑州市民族事务委员会
地址：中原东路111号
……办公室：67181741

郑州市郑东新区管理委员会
地址：107国道
……办公室：67179626

郑州市建设委员会
地址：淮河路39号
……办公室：67188900

郑州市经济委员会
地址：互助路8号
……办公室：67950032

郑州市爱国卫生运动委员会
地址：中原东路111号
……办公室：67181710

郑州市绿化委员会
地址：郑密路50号
……主任办公室：67882837

郑州市人民政府台湾事务办公室
地址：嵩山北路12号
……办公室：67446286

郑州市地方史志办公室
地址：中原路27号3楼
……办公室：67170293

郑州市农业综合开发领导小组办公室
地址：中原区互助路
……传真：67185453

郑州市信息化工作办公室
地址：建设路121号
……办公室：67a05777

郑州市接待办公室
地址：互助路
……办公室：67185838

中牟县人民政府
地址：中牟县政府院内
……办公室：62160861

巩义市人民政府
地址：陇海路3号
……办公室：64353229

郑州市二七区人民政府
地址：政通路85号
……办公室：68989299

郑州市上街区人民政府
地址：中心路132号
……办公室：68921411

郑州市中原区人民政府
地址：桐柏路200号
……办公室：67627190

郑州市金水区人民政府
地址：东风路16号
……办公室：63526200

郑州市惠济区人民政府
地址：开元路8号
……办公室：63639668

郑州市管城回族区人民政府
地址：商城路217号
……办公室：68226293

荥阳市人民政府
地址：索河路32号
……办公室：64691666

登封市人民政府
地址：少林大道市委大院
……办公室：62862151

新郑市人民政府
地址：人民路124号
……办公室：62693032

新密市人民政府
地址：新密市青屏大街86号
……办公室：69822012

人民政协和民主党派

人民政协

中国人民政治协商会议河南省委员会
地址：花园路83号
……办公室：65506163

中国人民政治协商会议郑州市委员会
地址：二七路76号
……办公室：66228991

荥阳市政协
地址：索河路政府院内
……办公室：64672077

登封市政协
地址：登封少林路东段
……办公室：62862812

新郑市政协
地址：人民路
……办公室：62693005

新密市政协
地址：新密市行政路
……办公室：69822198

中牟县政协
地址：中牟县新城区政府楼
……办公室：62160808

巩义市政协
地址：东区新兴路政协办公楼
……办公室：64353322

郑州市二七区政协
地址：政通路85号
……办公室：68186004

郑州市上街区政协
地址：中心路132号1号楼
……办公室：68923551

郑州市中原区政协
地址：桐柏路200号
……办公室：67627678

郑州市金水区政协
地址：东风路16号
……办公室：63526300

郑州市惠济区政协
地址：开元路与天河路
……办公室：63639369

郑州市管城回族区政协
地址：商城路217号
……办公室：66206799

民主党派

九三学社河南省委员会
地址：金水大道14号
……办公室：65865202

中国民主同盟河南省委员会
地址：金水路14号
……办公室：65865326

中国民主建国会河南省委员会
地址：金水路14号
……办公室：65865226

中国民主促进会河南省委员会
地址：金水路14号
……办公室：65905245

中国农工民主党河南省委员会
地址：金水路14号
……办公室：63866899

民革河南省委
地址：金水大道14号
……办公室：65865256

九三学社郑州市委员会
地址：北二七路76号
……办公室：66245139

中国民主同盟郑州市委员会
地址：北二七路76号
……办公室：67183116

中国民主建国会郑州市委员会
地址：北二七路76号
……办公室：67183122

中国国民党革命委员会郑州委员会
地址：北二七路76号
……办公室：67183111

社会团体

工会

河南省总工会
地址：金水路
……办公室：65904360

郑州市总工会
地址：互助路73号
……办公室：67446366

荥阳市总工会
地址：康泰路与玉兰路
……办公室：64602212

新郑市总工会
地址：洧水路7号
……帮扶中心：69909123

中牟县总工会
地址：中牟县
……办公室：62160995

巩义市总工会
地址：东区总工会
……办公室：64585399

郑州市二七区总工会
地址：政通路11号
……办公室：68186045

郑州市上街区总工会
地址：上街区区委大院
……办公室：68923301

郑州市中原区总工会
地址：桐柏路200号
……办公室：67626177

郑州市惠济区总工会
地址：惠济区总工会A楼508
……办公室：63639192

郑州市管城回族区总工会
地址：商城路217号
……办公室：66233934

共青团、青联、学联

中国共产主义青年团河南省委员会
地址：金水路17号
……办公室：65904801

河南省社会科学界联合会
地址：丰产路23号
……办公室：63932118

中国共产主义青年团郑州市委员会
地址：互助路73号院
……办公室：67449872

郑州市社会科学界联合会
地址：嵩山南路
……办公室：68810685

妇联

河南省妇女联合会
地址：金水路15号省妇联
……办公室：65865300

郑州市妇女联合会
地址：互助路73号市委北院
……办公室：67187123

登封市妇女联合会
地址：登封县委大院
……办公室：62862215

新郑市妇女联合会
地址：委院
……办公室：62693088

新密市妇女联合会
地址：新密市
……办公室：69822277

郑州市二七区妇女联合会
地址：政通路6号
……办公室：68186049

郑州市上街区妇女联合会
地址：上街区政府大院
……办公室：68923449

侨联

河南省归国华侨联合会
地址：黄河路11号院
……办公室：65529865

文联

河南省文学艺术界联合会
地址：经七路34号
……办公室：63875965

河南省社会文化联合会
地址：政三街5号
……办公室：65953580

郑州市文学艺术界联合会
地址：伊河路12号
……办公室：67171081

荥阳市文学艺术界联合会
地址：蒙阳万山路2号
……办公室：64662253

登封市文联
地址：少林路213号
……办公室：62852562

新郑市文学艺术界联合会
地址：人民路90号
……办公室：69902966

残联

郑州市残疾人联合会
地址：淮河路53号
……办公室：87170022

工商联

河南省工商业联合会
地址：金水路14号
……办公室：65865608

郑州市工商业联合会
地址：北二七路76号
……办公室：67183135

协会

中国机床工具工业协会超硬分会
地址：华山路121号
……办公室：67650914

中国机床工具工业协会磨料分会
地址：中原西路183号楼
……办公室：67629800

河南省对外科教交流协会
地址：韩五路5号
……办公室：65904184

河南省注册会计师协会
地址：丰产路99号
……办公室：65745098

河南省注册造价工程师协会
地址：金水路101号
……办公室：66212285

河南省建设工程招标投标协会
地址：金水路103号
……办公室：66283091

河南省法律咨询协会
地址：丰产路99号
……办公室：65756112

河南省饲料工业协会
地址：经三路91号
……办公室：65778881

河南省科学技术协会
地址：花园路53号
……计划财务部传真：65735688

河南省勘察设计协会
地址：纬五路38号
……办公室：65950533

郑州市煤炭行业协会
地址：伊河路26号

……………………办公室：67178336
学会
河南省通信学会
地址：纬五路37号
……………………办公室：65922225
红十字会
河南省红十字会
地址：政七街32号
……………………办公室：65978868
郑州市红十字会
地址：嵩山南路
……………………办公室：67170800

驻在机构

中央驻在机构

中华人民共和国河南出入境检验检疫局
地址：机场路69号
……………………办公室：65685858
国家文物出境鉴定河南站
地址：人民路11号
……………………办公室：65866024
商务部驻郑州特派员办事处
地址：文化路115号
……………………办公室：63576205
黄河水利委员会
地址：金水路11号
……………………办公室：66022160

开封市（0378）

人民政府
开封市人民政府
地址：市政府前一楼122房
……………………Tel:3859672
开封市卫生局
地址：金明大道南段
……………………Tel:3861566
开封市市场监督管理局
地址：全明东街
……………………Tel:3861300
开封市文广新化局
地址：黄河大街北段5号
……………………Tel:3876171
开封市水利局
地址：黄河大街中段
……………………Tel:3853387
开封市气象局
地址：金明广场北侧
……………………Tel:3669735
开封市公路管理局
地址：宋城路9号
……………………Tel:3855785
开封市民政局
地址：内环东路中段245号
……………………Tel:5952474
开封市农林局
地址：梁北路1号
……………………Tel:3666216
开封市交通局
地址：宋城路1号
……………………Tel:3967819
开封市地震局
地址：公园路27号
……………………Tel:2950213
开封市劳动人事局
地址：大梁北路1号
……………………Tel:3666632
开封市体育局
地址：黄河大街北段
……………………Tel:3898300
开封市财政局
地址：大粱路西端
……………………Tel:3876004
开封市邮政局
地址：金明东街
……………………Tel:3880901
开封市国土资源局
地址：包公湖南路11号院
……………………Tel:3991062
开封市审计局
地址：开发区梁晋路
……………………Tel:3866873
开封市国家税务局
地址：金明大道
……………………Tel:3877011
开封市质量技术监督局
地址：宋城路2号
……………………Tel:3853221
开封市环境保护局
地址：万善街2号
……………………Tel:3150780
开封市统计局
地址：北土街9号老政府院内
……………………Tel:5952266
开封市城市管理局
地址：迎宾路2号
……………………Tel:3933438
开封市科学技术局
地址：汴京路85号
……………………Tel:5953543
开封市食品药品监督管理局
地址：自由路东段61号
……………………Tel:5987006
开封市文化和文化和旅游局
地址：迎宾路98号
……………………Tel:3934810
开封市教育局
地址：黄河路北段5号
……………………Tel:3886555
开封市粮食局
地址：自由路东段61号
……………………Tel:5952243
开封市建设委员会
地址：迎宾路2号
……………………Tel:3933425
开封市市政管理处
地址：劳动路北段9号
……………………Tel:2928283
开封市龙亭区政府
地址：西大街109号
……………………Tel:2883575
开封市鼓楼区人民政府
地址：南书店街18号
……………………Tel:5995217
开封县人民政府
地址：县府东街18号
……………………Tel:6661011
兰考县政府
地址：城关镇中山东街36号
……………………Tel:6998179
杞县人民政府
地址：杞县政府院内
……………………Tel:8991789
通许县县政府
地址：行政路西段
……………………Tel:4976213
尉氏县人民政府
地址：尉氏县渔市街11号
……………………Tel:7993505

社会团体

工会

开封市总工会
地址：中山中293号
……………………Tel:5665216

共青团、青联、学联

中国共产主义青年团开封市委员会
地址：北土街9号
……………………Tel:5998800

妇联

开封市妇女联合会
地址：西环路南段
……………………Tel:3980296

洛阳市（0379）

人民政府
洛阳市人民政府
地址：开元大道
……………………办公室：63938040
河南省洛阳市水文水资源勘测局
地址：开元大道
……………………办公室：65616057
河南省洛阳市国家税务局
地址：西工区行署路25号
……………………办公室：63345005
河南省洛阳市道路运输管理局
地址：九都东路88号
……………………办公室：63483582
洛阳市人力资源和社会保障局
地址：世纪大厦11楼
……………………办公室：63202331
洛阳市卫生局
地址：市政府办公大楼9楼
……………………办公室：63938274
洛阳市工业和信息化局
地址：市政府大楼12楼
……………………办公室：63938022
洛阳市市场监督管理局
地址：西工区解放路19号
……………………办公室：63933178
洛阳市水利局
地址：开元大道
……………………办公室：63330519
洛阳市气象局
地址：凯旋西路47号
……………………办公室：63330776
洛阳市公路管理局
地址：玻璃厂南路44号
……………………办公室：63228656
洛阳市市直机关事务管理局
地址：市党政办公大楼
……………………办公室：63913156
洛阳市民政局
地址：凯旋东路41号
……………………办公室：63938198
洛阳市地方税务局发票管理局
地址：涧西区联盟二路西段
……………………办公室：64911506
洛阳市农业机械管理局
地址：世纪大厦11楼
……………………办公室：63936408
洛阳市农业农村局
地址：太康路9号
……………………办公室：63330740
洛阳市应急管理局
地址：市政府大楼601室
……………………办公室：63910626
洛阳市交通局
地址：西工区丸都路6号
……………………办公室：63239979
洛阳市地震局
地址：市政办公大楼6楼
……………………办公室：63207936
洛阳市园林局
地址：龙门大道6号
……………………办公室：65520628
洛阳市财政局
地址：市府东街
……………………办公室：63259240
洛阳市国土资源局
地址：凯旋东路26号
……………………办公室：63300207
洛阳市审计局
地址：洛阳市黄梅路168号
……………………办公室：63465009
洛阳市林业局
地址：党政办公大楼13楼
……………………办公室：68322033
洛阳市规划局
地址：政府大楼9楼
……………………办公室：63225799
洛阳市知识产权局
地址：王城路
……………………办公室：63932961
洛阳市宗教局
地址：市政办公大楼6楼
……………………办公室：63226559
洛阳市质量技术监督局
地址：高新开发区卓飞路9号
……………………办公室：64335508
洛阳市国税局稽查局
地址：高新区洛宜路72号
……………………办公室：64338992
洛阳市房管局
地址：西工区纱厂南路33号
……………………值班室：63206533
洛阳市环境保护局
地址：九都路立交桥东北角
……………………办公室：63481040
洛阳市统计局
地址：市政府办公楼17楼
……………………办公室：63935248
洛阳市科学技术局
地址：新区市政府大楼
……………………办公室：63926668
洛阳市食品药品监督管理局
地址：政和路市府西街口
……………………办公室：63910350
洛阳市畜牧局
地址：太康路9号
……………………办公室：63330915
洛阳市档案局
地址：凯旋路老市委院
……………………办公室：63937417
洛阳市文化和文化和旅游局
地址：市政府14楼
……………………办公室：63322050
洛阳市商务局
地址：世纪大厦8楼
……………………办公室：63935693
洛阳市移民局
地址：市政府大楼13楼1322室
……………………综合科：63942370
洛阳市教育局
地址：凯旋东路51号
……………………办公室：63253276
洛阳市黄金管理局
地址：党政大楼1338号
……………………办公室：63322000
洛阳市煤炭工业局
地址：市政府大楼1204
……………………办公室：63332941
洛阳市粮食局
地址：荚才路32哥
……………………办公室：65913001
洛阳银监分局
地址：王城路22号
……………………办公室：63307570
洛阳市人口和计划生育委员会
地址：世纪大厦10楼
……………………办公室：63937236
洛阳市公用事业局
地址：涧西区南昌路
……………………办公室：65168920
洛阳市文物管理局
地址：开元大道232号
……………………办公室：65156380
洛阳市农村经济委员会
地址：人民政府办公楼十四楼
……………………办公室：63322078
洛阳市食品药品安全委员会
地址：政和路市府西街口
……………………办公室：63919078

人民政协和民主党派

人民政协

中国人民政治协商会议河南省洛阳市委员会
地址：太康路22号
……………………办公室：63911766
民主党派
中国民主同盟洛阳市委员会
地址：政协办公楼523房
……………………办公室：63920836
中国农工民主党洛阳市委员会
地址：太康路22号市政协大楼
……………………办公室：63256034

社会团体

工会

洛阳市总工会
地址：中州中路213号
……………………办公室：63340962

共青团、青联、学联

共青团市委洛阳市委员会
地址：政府大楼4楼
……………………办公室：63225071

妇联

洛阳市妇女联合会
地址：政府办公楼4楼
……………………办公室：63225660
侨联
洛阳市归国华侨联合会
地址：政和路市委院东楼
……………………办公室：63317355

文联

洛阳市文学艺术界联合会
地址：洛南市委院2号楼1楼
……………………办公室：63223777

残联

洛阳市残疾人联合会
地址：西工区凯旋东路
……………………办公室：63225023

工商联

洛阳市工商业联合会
地址：新区太康路
……………………办公室：63935195
红十字会
洛阳市红十字会
地址：中州西路30号
……………………办公室：63930639
其他社会团体
洛阳市企业联合会
地址：西工区八一路7号
……………………办公室：63333699
驻在机构中央驻在机构
中华人民共和国洛阳出入境检验检疫局
地址：涧西区周山路1号
……………………办公室：64313557

平顶山市（0375）

中国共产党平顶山市委
地址：新城区平安大道
……………………办公室：2662589
……………………秘书科：2662268
……………………值班室：2662261
中共郏县县委
地址：郏县行政路西段
……………………办公室：5161003
……………………办公室：5170858
石龙区区委
地址：石龙区人民路
……………………办公室：2527199
……………………办公室：2528480
叶县县委
地址：叶县文化路
……………………办公室：8053231
……………………接待办：8052852
……………………秘书科：8052568
平顶山市卫东区委
地址：建设路东段
……………………办公室：3992799
……………………办公室：3992677
平顶山市新华区委
地址：建设路
……………………办公室：4938879
……………………办公室：4936879
汝州市委
地址：汝州市丹阳中路
……………………办公室：6862052
……………………办公室：6880006
鲁山县县委
地址：鲁山县城关老城大街
……………………办公室：5091000
……………………办公室：5060567
……………………值班室：5091333
舞钢市委
地址：舞钢市垭口
……………………办公室：8122127

国家机构

人民政府

平顶山市人民政府
……………………办公室：2665891
汝州市人民政府
地址：汝州市丹阳路
……………………办公室：6862449
……………………办公室：6862215
郏县人民政府
地址：郏县西街
……………………办公室：5150939
……………………办公室：5161058
鲁山县政府

地址：鲁山县老城大街
……………………………办公室：5051301
……………………………办公室：5062111
舞钢市政府
地址：舞钢市垭口
……………………………办公室：8122173
郏县财政局
地址：郏县行政路东段
……………………………办公室：5152818
……………………………办公室：5152880
鲁山县财政局
地址：鲁山县顺城路
……………………………办公室：5052292
舞钢市财政局
地址：舞钢市温州路
……………………………办公室：8122053
……………………………监查科：8122733
安阳市（0372）
人民政府
安阳市地方税务局稽查局
地址：红旗路64号
……………………………Tel：5106022
安阳市国家税务局
地址：人民大道
……………………………办公室：5916160
北关郊巡防大队
地址：健康路东头
……………………………Tel：5118440
文峰区地税局办税服务厅
地址：东大街东头
……………………………Tel：5928715
国家税务总局安阳市税务局文峰区税务局
地址：东工路南段路东
……………………………Tel：2966987
龙安区地方税务局
地址：文峰大道
……………………………办公室：3995601
龙安区地税局办税服务大厅
地址：文峰大道
……………………………Tel：3995609
北关区地税局办税服务厅
地址：平原路北段
……………………………Tel：2263073
龙安区税务局
地址：彰德路三角湖北侧
……………………………办公室：5955658
殷都区地方税务局
地址：文峰大道
……………………………办公室：3995662
殷都区地税局办税服务大厅
地址：文峰大道
……………………………Tel：3995635
殷都区地税局打击涉税犯罪办公室
地址：文峰大道
……………………………Tel：3995657
殷都区地税局稽查分局
地址：文峰大道
……………………………Tel：3995659
文峰区地税局发票服务大厅
地址：东大街东头
……………………………Tel：5935517

社会团体
工会
安阳市总工会
地址：文峰路东段
……………………………办公室：2161608
文峰区总工会
地址：文峰区政府大院
……………………………Tel：5100136

共青团、青联、学联
文峰区团委
地址：文峰区政府大院
……………………………Tel：5100140
北关区团委
地址：北关区政府院内
……………………………Tel：2263976

妇联
安阳市妇联
地址：文峰东路
……………………………Tel：2550333

侨联
安阳市委侨联
地址：文峰东路
……………………………Tel：2550342

残联
北关区残联
地址：北关区政府
……………………………Tel：2263674
殷都区残疾
地址：梅东路
……………………………Tel：3996103

工商联
安阳市工商业联合会
地址：文源街与铁西路交叉口
……………………………Tel：2161898
殷都区工商联
地址：焦邵村
……………………………Tel：3152400
浚县县委组织部
地址：浚县黎阳路委院内
……………………………办公室：5523705
……………………………干部科：5530131

国家机构
人民政府
鹤壁市人民政府
地址：淇滨大道政府楼
……………………………值班室：3316999
浚县人民政府
地址：浚县黎阳路
……………………………办公室：5522232
淇县人民政府
地址：淇县红旗路
……………………………办公室：7222154
……………………………办公室：7230654
浚县招商局
地址：浚县黎阳镇
……………………………办公室：5522175
淇县应急管理局
地址：淇县政府西一楼
……………………………办公室：7232771
……………………………办公室：7222921
淇县招商局
地址：淇县红旗路
……………………………办公室：7225619
浚县编制委员会
地址：浚县政府一楼
……………………………办公室：5525126
农业结构调整办公室
……………………………Tel：5524348
……………………………司机班：5522117
……………………………通信员：5522202
浚县交警支队
地址：浚县黄河路
……………………………办公室：5522916
新乡市（0373）
人民政府
新乡市人民政府
地址：平原路
……………………………值班室：3696001
新乡市人事局
地址：平原路
……………………………办公室：3696597
新乡市卫生局
地址：健康路34号
……………………………办公室：2053999
新乡市工业经济发展局
地址：人民路甲1号
……………………………办公室：3696885
新乡市市场监督管理局
地址：和平大道134号
……………………………办公室：3041149
新乡市水利局
地址：自由路81号
……………………………办公室：2079600
新乡市气象局
地址：牌坊街1号
……………………………办公室：3052162
新乡市公路管理局
地址：胜利路298号
……………………………值班室：2811328
新乡市民政局
地址：平原路
……………………………办公室：3696655
新乡市民族宗教局
地址：平原路
……………………………办公室：3696681
新乡市地方史志局
地址：人民路1号
……………………………办公室：3076516
新乡市地方税务局
地址：新飞大道283号
……………………………办公室：3733130
新乡市农业农村局
地址：藏营西街465号
……………………………办公室：2851000
新乡市应急管理局
地址：平原路331号
……………………………办公室：3051632
新乡市机关事务管理局
地址：人民东路
……………………………办公室：3699960
新乡市交通局
地址：华兰大道
……………………………办公室：3523360
新乡市地震局
地址：规划路南关
……………………………办公室：3053778
新乡市劳务输出服务局
地址：人民路1号
……………………………办公室：3035855
新乡市劳动和社会保障局
地址：人民路1号
……………………………值班室：3026298
新乡市社会保险事业管理局
地址：人民路1号
……………………………办公室：3072730
新乡市劳动就业局
地址：人民中路甲1号
……………………………办公室：3078236
新乡市体育局
地址：南干道
……………………………办公室：3044854
新乡市财政局
地址：金穗大道东段
……………………………办公室：3688601
新乡市国土资源管理局
地址：健康路28号
……………………………办公室：2047742
新乡市审计局
地址：平原路
……………………………办公室：3696631
新乡市林业局
地址：五一路11号
……………………………办公室：2852361
新乡市房产管理局
地址：健康路28号
……………………………办公室：2827500
新乡市国家税务局
地址：化工路28号
……………………………办公室：5025100
新乡市质量技术监督管理局
地址：化工路436号
……………………………办公室：5061967
新乡市环境保护局
地址：和平大道236号
……………………………值班室：3063555
新乡市城乡规划局
地址：新飞大道139号
……………………………办公室：3833558
新乡市统计局
地址：人民路甲1号
……………………………办公室：3696988
新乡市城市管理局
地址：人民路1号
……………………………办公室：3079291
新乡市科技局
地址：金穗大道440号
……………………………办公室：5820668
新乡市食品药品监督管理局
地址：胜利路258号
……………………………办公室：2023868
新乡市盐业管理局
地址：胜利中街
……………………………办公室：2026129
新乡市畜牧局
地址：劳动南街153号
……………………………办公室：5031299
新乡市烟草专卖局
地址：和平大道89号
……………………………办公室：3052560
新乡市文化和文化和旅游局
地址：人民路1号
……………………………办公室：3079128
新乡市商务局
地址：人民路1号
……………………………值班室：3039001
新乡市教育局
地址：开发区创新路
……………………………办公室：3519009
新乡市粮食局
地址：胜利路南街111号
……………………………办公室：2024636
新乡市人口和计划生育委员会
地址：平原路
……………………………办公室：3696788
新乡市发展和改革委员会
地址：人民路甲1号
……………………………办公室：3696700
新乡市建设委员会
地址：平原路
……………………………办公室：3696558
新乡市国有资产监督管理委员会
地址：人民东路
……………………………办公室：3699220
人民政协和民主党派
民主党派
中国民主建国会新乡市委员会
地址：健康路28号
……………………………办公室：2025626
中国民主促进会新乡市委员会
地址：健康路28号
……………………………办公室：2028494
中国国民党革命委员会新乡市委员会
地址：健康路28号
……………………………办公室：2023054

社会团体
工会
新乡市总工会
地址：胜利路47号
……………………………办公室：2079139

共青团、青联、学联
新乡市团市委
地址：平原路
……………………………办公室：3696310

妇联
新乡市妇女联合会
地址：平原路
……………………………办公室：3696328

文联
新乡市文学艺术界联合会
地址：书店胡同
……………………………办公室：2071381

工商联
新乡市工商业联合会
地址：劳动路141号
……………………………办公室：3045028

协会
中国国际商会新乡商会
地址：行政服务中013层
……………………………办公室：3137796
市女企业家协会
地址：平原路
……………………………办公室：3696338
新乡市水产协会
地址：向阳路465号
……………………………办公室：2851029
新乡市老科技工作者协会
地址：平原路
……………………………办公室：3056085
新乡市过滤与分离行业协会
地址：宏力大道306号
……………………………办公室：3352891
新乡市注册会计师协会
地址：金穗大道
……………………………办公室：3688639
新乡市建设工程造价管理协会
地址：人民路114号
……………………………办公室：3076611
新乡市质量检验协会
地址：化工路436号
……………………………办公室：5061955
新乡市种子协会
地址：向阳路465号
……………………………办公室：2851057
新乡市科学技术协会
地址：金穗大道路443号
……………………………办公室：3053719
新乡市总商会
地址：劳动路141号
……………………………办公室：3048414
新乡市道路运输协会
地址：人民路406号
……………………………办公室：2029532
新乡市慈善协会
地址：中原路康复医院5楼
……………………………办公室：3050886
新乡市餐饮行业协会
地址：胜利路164号
……………………………办公室：3038916
学会
新乡市人民防空学会
地址：新飞大道87号
……………………………办公室：3030930
新乡市公路学会
地址：胜利路228号
……………………………办公室：2024612
新乡市老年学学会
地址：人民路老年大院三楼
……………………………办公室：2025955
新乡市医学会
地址：健康34号4楼
……………………………办公室：2208929
焦作市（0391）
国家机构
人民政府
焦作市人民政府
地址：焦作市人民路
……………………………办公室：3569610
焦作市人事局
地址：焦作市人民路
……………………………办公室：3569128
焦作市卫生局
地址：焦作市人民路
……………………………办公室：3569292
焦作市民政局
地址：焦作市人民路
……………………………办公室：3569161
焦作市民族宗教局
地址：焦作市人民路
……………………………办公室：3569329
焦作市企业发展服务局
地址：焦作市人民路
……………………………办公室：3569400
焦作市应急管理局
地址：焦作市人民路
……………………………办公室：3569520
焦作市农机局
地址：焦作市人民路
……………………………办公室：3568377
焦作市机关事务管理局
地址：焦作市人民路
……………………………办公室：3569380
焦作市地震局
地址：焦作市人民路
……………………………办公室：3569270
焦作市审计局
地址：焦作市人民路
……………………………办公室：3569188
焦作市规划局
地址：焦作市人民路
……………………………办公室：3569812
焦作市国家税务局

地址：焦作市丰收路1699号
……办公室：3559777
焦作市国家税务局稽查局
地址：焦作市丰收路1699号
……办公室：3559720
焦作市统计局
地址：焦作市人民路
……办公室：3569220
焦作市商务局
地址：焦作市人民路
……办公室：3569750
濮阳市（0393）
中国共产党中共濮阳市委
地址：人民路51号
……Tel:6666800
中共濮阳市委统战部
地址：人民路51号
……Tel:6669990
濮阳市委老干局
地址：市委办公楼三楼
……Tel:4414476
国家机构
人民政府
濮阳市人民政府
地址：人民路51号
……Tel:6666611
濮阳市气象局
地址：黄河路西段
……Tel:4678933
濮阳市民政局
地址：开州路北段
……Tel:6687159
濮阳市市政园林管理局
地址：市建委办公楼1楼
……Tel:6665018
濮阳市民族宗教局
地址：市人民路
……Tel:6668551
濮阳市农业农村局
地址：京开大道488号
……Tel:8154616
濮阳市应急管理局
地址：开州路中段
……Tel:6631101
濮阳市林业局
地址：综合楼5楼
……Tel:4415734
濮阳市直机关事物管理局
地址：市人民路51号
……Tel:4414917
濮阳市房地产管理局
地址：人民路198号
……Tel:6665102
濮阳市国家保密局
地址：人民路51号
……Tel:6666309
国家税务总局濮阳市税务局
地址：开州路南段
……Tel:4409073
濮阳市食品药品监督管理局
地址：人民路1202号
……Tel:4414205
濮阳市畜牧局
地址：市人民路51号
……Tel:4415587
濮阳市文化和文化和旅游局
地址：市人民路51号
……Tel:6666070
濮阳市粮食局
地址：综合楼东北角
……Tel:4414849
社会团体
工会
濮阳市总工会
地址：人民路51号
……Tel:4414353
共青团、青联、学联
共青团濮阳市委
地址：人民路51号
……Tel:6666339
妇联
濮阳市妇联
地址：人民路
……Tel:4414976
工商联
濮阳市工商联
地址：人民路
……Tel:6661278
许昌市（0374）
中国共产党中国共产党许昌市委员会
地址：健康大道
……值班室：2965681
中共许昌市委组织部
地址：东区市政府6号楼
……办公室：2965571
国家机构
人民政府
许昌市人民政府
地址：健康大道
……研究室：2965869
……一科：2965801

漯河市（0395）
人民政府
漯河市人民政府
地址：淮河路10号
……值班室：3133223
漯河市人事局
地址：黄河路647号
……办公室：3133149
漯河市卫生局
地址：天山路6号
……办公室：3132963
漯河市市场监督管理局
地址：嵩山路650号
……办公室：2921835
漯河市气象局
地址：许慎路
……办公室：3131001
……天气查询：12121
漯河市公路管理局
地址：黄河路中段
……行政办公室：3132567
漯河市民政局
地址：淮河路与黄山路交叉口
……办公室：3131662
漯河市地方税务局
地址：嵩山路
……Tel:24小时值班电话：2968110
……纳税服务热线：12366
漯河市应急管理局
地址：双龙法院
……值班室：2967110
漯河市体育局
地址：长江路
……办公室：2123736
漯河市财政局
地址：黄山路
……办公室：3132671
漯河市国土资源局
地址：淞江路中段
……值班室：3133844
漯河市审计局
地址：黄河路中段
……办公室：3133615
漯河市林业园艺局
地址：嵩山路北段
……办公室：3167122
漯河市房产管理局
地址：泰山路北段
……办公室：3105111
国家税务总局漯河市税务局
地址：淮河路
……值班室：3131049
漯河市质量技术监督局
地址：嵩山路
……办公室：3132984
漯河市统计局
地址：淮河路10号
……办公室：3133957
漯河市盐业管理局
地址：滨河路448号
……办公室：2121265
漯河市文化和文化和旅游局
地址：淮河路10号
……办公室：3139819
漯河市商务局
地址：嵩山路与黄河路交叉口
……办公室：3132859
漯河市教育局
地址：辽河路305号
……办公室：3132656
漯河市人口和计划生育委员会
地址：泰山路189号
……办公室：3167086
漯河市发展和改革委员会
地址：黄山路与黄河路交叉口
……办公室：3134575
漯河市建设委员会
地址：黄河路
……Tel:12319热线：3151586
人民政协和民主党派
人民政协
中国人民政治协商会议漯河市委员会
地址：沙北路63号
……办公室：3133001
社会团体
工会
漯河市总工会
地址：黄河路中段
……办公室：3131533
三门峡市（0398）
中国共产党三门峡市委
地址：崤山路中段
……Tel:2928202
……市委组织部：2822251
国家机构
人大常委会
三门峡市市人大
……Tel:2821051
人民政府
三门峡市人民政府
地址：崤山路中段

……Tel:2822710
……秘书科：2939658
……市长办公室：2811588
……三门峡市财政局：2905303
……三门峡市市直工委：2822837
三门峡市湖滨区区委办公室
地址：湖滨区法院楼上
……Tel:2821601
人民政协和民主党派
人民政协
三门峡市市政协
……Tel:2821032
社会团体
工会
三门峡市市委总工会：2928352
共青团、青联、学联
三门峡市团委
……Tel:2821253
妇联
三门峡市妇联
……Tel:2822278
文联
三门峡市文联
……Tel:2821798
济源市（0391）
中国共产党济源市市委
地址：行政区常委楼
……办公室：6633000
国家机构
人大常委会
济源市人民代表大会常务委员会
地址：第一行政区3号楼
……办公室：6835306
人民政府
济源市市政府
地址：行政区政府6号楼
……办公室：6633666
济源市人力资源和社会保障局
地址：黄河路
……办公室：6630963
济源市市场监督管理局
地址：沁源南路88号
……办公室：6612018
……人教科：6612798
济源市发展和改革委员会
地址：第二行政区9号楼
……办公室：6633222
济源市民族宗教局
地址：行政区政府楼
……办公室：6633085
济源市应急管理局
地址：第二行政区8号楼
……办公室：6633878
济源市地震局
地址：第二行政区8号
……办公室：6633827
济源市审计局
地址：第一行政区2号楼
……办公室：6633953
国家税务总局济源市税务局
地址：济源市黄河路
……办公室：6919103
济源市药品监督管理局
地址：济源市西街6号
……办公室：6689995
济源市各镇政府
思礼镇政府
地址：思礼镇思礼街
……Tel:6763059
亚桥镇政府
地址：亚桥镇政府院内
……Tel:6606070
社会团体
妇联
济源市妇女联合会
地址：第一行政区1号楼
……办公室：6636580
残联
济源市残疾人联合会
地址：综合行政区3号楼2楼
……办公室：6633984
协会
济源市消费协会
地址：沁源南路88号
……办公室：6616315
红十字会
济源市红十字会
地址：第二行政区3号楼
……办公室：6633447
南阳市（0377）
人民政府
南阳市人民政府
地址：中州中路291号
……值班室：63136238
南阳市市场监督管理局
地址：张衡路中段北侧
……办公室：63134112
南阳市民政局
地址：中州路中段
……办公室：63137055
南阳市应急管理局

地址：梅溪路4号
……办公室：63137666
南阳市财政局
地址：张衡路369号
……办公室：62376916
南阳市物价局
地址：文化官街31号
……办公室：62299600
南阳市房产管理局
地址：张衡路
……办公室：62262831
……油田办事处：63795059
南阳市国家税务局
地址：工业路568号
……办公室：67011902
南阳市教育局
地址：七一路409号
……办公室：63136321
南阳市道路运输管理局
地址：武侯路
……办公室：63165409
卧龙区民政局
地址：七一路东段
……办公室：63310561
……婚姻登记处：63163529
宛城区民政局
地址：建设路123号
……办公室：63227313
……婚姻登记处：63622389
人民政协和民主党派
人民政协
中国人民政治协商会议南阳市委员会
地址：人民路428号
……秘书科：63312801
……研究室：63312891
……值班室：63312900
社会团体
残联
南阳市残疾人联合会
地址：中州东路
……办公室（传真）：63237068
商丘市（0370）
人民政府
商丘市人民政府
地址：府前路市委1号楼
……综合科：3288201
商丘市人事局
地址：府前路市委办公楼
……办公室：3289818
商丘市卫生局
地址：长江东路109号
……办公室：3352167
商丘市水利局
地址：胜利东路179号
……办公室：2691335
商丘市市直机关事务管理局
地址：府前路市委3号楼
……办公室：3288155
……办公室：3288000
商丘市应急管理局
地址：文化路工行20层
……办公室：2696159
商丘市体育局
地址：神火大道
……办公室：3288879
……群众体育科：3288660
商丘市财政局
地址：归德南路21号
……办公室：2697831
商丘市国土资源局
地址：南京东路76号
……办公室：3285100
商丘市审计局
地址：南京路中段
……办公室：3271000
商丘市委老干部局
地址：神火大道
……办公室：3289222
商丘市国家税务局
地址：文化东路
……办公室：2697222
……值班电话：2697206
商丘市教育局
地址：神火大道与府前路交叉口
……办公室：3220929
商丘市发展和改革委员会
地址：政府1号楼4楼
……办公室：3288621
商丘市建设委员会
地址：神火大道南侧116号
……值班室：3390777
商丘市国有资产委员会
地址：府前路
……办公室：3289016
商丘市档案局
地址：府前路市委8号楼
……办公室：3289002
人民政协和民主党派
人民政协
中国人民政治协商会议商丘市委员会
地址：市委6号楼

……办公室：3288695

周口市（0394）

人民政府

周口市人民政府
地址：周口市七一路
……Tel:8223770

驻在机构

中央驻在机构

周口海关
地址：周口市太昊路
……Tel:8317006

驻马店市（0396）

中共驻马店市委
地址：新办公区5号楼
……办公室：2600111
……市委政策研究室：2600217

中共驻马店市委统战部
地址：市委统战部2号
……办公室：2601707

驻马店市委组织部
地址：委办公楼2310房间
……办公室：2600901

中共驻马店市驿城区委组织部
地址：解放路
……办公室：2828926

中共驻马店驿城区委员会
地址：解放路
……办公室：2828111
……秘书科：2828222
……综合科：2828028

驿城区纪委
地址：解放路西段驿城区委
……办公室：2828612

国家机构

人大常委会

中共驻马店市人大
地址：新办公区3号楼500室
……办公室：2601805

驻马店市驿城区人大
地址：解放路
……办公室：2828870

人民政府

驻马店市政府
地址：新办公区1号楼5楼
……办公室：2601630

驻马店市市场监督管理局
地址：解放路春晓街
……办公室：2816945

驻马店市公共事业管理局
地址：天中山大道北段
……办公室：2612533

驻马店市民族宗教局
地址：健康路西段
……办公室：2816304

驻马店市应急管理局
地址：文明路北段
……办公室：2601108

驻马店市地震局
地址：解放路市委综合楼
……办公室：2818496

驻马店市劳动和社会保障局
地址：解放路西段
……办公室：2834780

驻马店市体育局
地址：健康路西段
……办公室：2817399

驻马店市直机关事务管理局
地址：开源路
……办公室：2600003

驻马店市规划局
地址：淮海路中段
……办公室：2612551

驻马店市档案局
地址：开源大道
……办公室：2601060
……驻马店市教育局：2914771

驻马店市人口和计划生育委员会
地址：解放路市委综合楼
……办公室：2813108

驻马店市发展和改革委员会
地址：开潭大道
……办公室：2601155

驻马店市建设委员会
地址：天中山大道北段
……办公室：2612528
……办公室：2612529

驻马店市新区建设委员会
地址：天中山大道北段
……办公室：2628000

驻马店市四城联创办公室
地址：天中山大道北段
……办公室：2610110

驻马店市墙体改革办公室
地址：解放路西段
……办公室：2816503

驻马店市工程质量监督站
地址：健康路中段
……办公室：2931009

驻马店市物价检查所
地址：乐山路南段
……办公室：2913804

驻马店市政工程管理处
地址：白桥路中段
……办公室：2915975

驻马店市驿城区人民政府
地址：解放路
……办公室：2828800

驻马店市驿城区市场监督管理局
地址：健康路中段
……办公室：2913929

驿城区人事局
地址：解放路西段
……办公室：2828909

驿城区卫生局
地址：菜园街
……办公室：2913716

驿城区工商联

地址：解放路西段
……办公室：2828021

驿城区老干部局
地址：解放路西段
……办公室：28280810

驿城区机关事务局
地址：解放路西段
……办公室：2828325

驿城区劳动局
地址：解放路西段
……办公室：2828335

驿城区审计局
地址：解放路西段
……办公室：2828396

驿城区统计局
地址：解放路西段
……办公室：2828565

驿城区保密局
地址：解放路西段
……办公室：2828969

驿城区档案局
地址：解放路西段
……办公室：2828375

驻马店经济开发区管理委员会
地址：文明路北段
……办公室：2608818

驿城区人口和计划生育委员会
地址：文明路北段
……办公室：2627911

驿城区发改委
地址：解放路西段
……办公室：2828357

驿城区文明办
地址：解放路西段
……办公室：2828698

驿城区对台办
地址：解放路西段
……办公室：2828025

驿城区农办
地址：解放路西段
……办公室：2828051

驻马店市驿城区行政服务中心
地址：解放路西段
……办公室：2828122

驿城区群众工作部
地址：解放路西段
……办公室：2828233

人民政协和民主党派

人民政协

驻马店市政协委员会
地址：中共政协4号楼
……办公室：2600299

中国人民政治协商会议驻马店市驿城区委员会
地址：解放路
……办公室：2828976

社会团体

共青团、青联、学联

驿城区团委
地址：解放路西段
……办公室：2828190

妇联

河南省驻马店市妇女联合会
地址：开源大道市委1号楼
……办公室：2601361

驿城区妇联会
地址：解放路西段
……办公室：2828256

侨联

驿城区侨联
地址：解放路西段
……办公室：2828022

文联

驿城区文联

地址：解放路西段
……办公室：2828087

老龄问题委员会

驿城区老促会
地址：解放路西段
……办公室：2828005

信阳市（0376）

人民政府

信阳市人民政府
地址：羊山新区府前路
……Tel:63166208

信阳市卫生执法局
地址：贸易广场
……Tel:6609621

信阳市市场监督管理局
地址：羊山新区府前路
……Tel:6312119

信阳市水利局
地址：中山路与解放路交叉口
……Tel:6272202

信阳市气象局
地址：鸡公山大道
……Tel:6689207

信阳市民政局
地址：革山政府3号楼4楼
……Tel:6366456

信阳市民族宗教局
地址：羊山新区府前路
……Tel:6366886

信阳市地方税务局
地址：胜利中段
……Tel:6219014

信阳市农业农村局
地址：河南路
……Tel:6693777

信阳市机要局
地址：单山新区府前路
……Tel:6366192

信阳市地震局
地址：鸡公山大道
……Tel:6366541

信阳市技术监督局
地址：鸡公山大街中段
……Tel:6689001

信阳市体育局
地址：广场路
……Tel:6230755

信阳市财政局
地址：人防胡同
……Tel:6221979

信阳市国土资源局
地址：湖东大道
……Tel:6688695

信阳市审计局
地址：五星路
……Tel:6605151

信阳市林业局
地址：新华西路…6321501

信阳市物价局
地址：南湖路106号
……Tel:6320791

信阳市房产管理局
地址：四一路口和平大厦
……Tel:6225293

信阳市规划管理局
地址：五星路与行政路交叉口
……Tel:6686006

信阳市生态环境局
地址：南京路中段
……Tel:6530001

信阳市委保密局
地址：羊山新区府前路
……Tel:6366101

信阳市国家税务局
地址：大庆路中段
……Tel:6230000

信阳市环境卫生管理处
地址：大庆路中段
……Tel:6265711

信阳市科学技术局
地址：新华西路口
……Tel:6350650

信阳市食品药品监督管理局
地址：中山北路
……Tel:6221855

信阳市档案局
地址：羊山新区府前路
……Tel:6365155

信阳市粮食局
地址：新华西路
……Tel:6381580

信阳市外事办
地址：革山新区府前路
……Tel:6366307

信阳市狮河区政府
地址：行政路中段
……Tel:6604760

信阳市浉河区民政局
地址：新马路北京路交叉口
……Tel:6330523

信阳市狮河区地方税务局
地址：鸡公山大街中段
……Tel:6689100

信阳市狮河区机关事务管理局
地址：行政路中段
……Tel:6607270

信阳市狮河区房管局
地址：东方红大遭中段
……Tel:6222030

社会团体

共青团、青联、学联

信阳市团委
地址：革山新区府前路

湖北省

武汉市人民政府
地址：沿江大道188号
……Tel:82826114

武汉市人民政府外事值班室
地址：胜利街263号
……Tel:82827324

武汉市人民政府侨务办公室武汉市归国华侨联合会综合处
地址：发展大道176号
……Tel:85312951

武汉市人民政府侨务办公室武汉市归国华侨联合会联络处
地址：发展大道176号
……Tel:85601472

武汉市人民政府侨务办公室武汉市归国华侨联合会侨政处
地址：发展大道176号
……Tel:85605855

武汉市人民政府侨务办公室武汉市归国华侨联合会侨务处
地址：发展大道176号
……Tel:85604143

武汉市人民政府参事室综合处
地址：汇通路18号
……Tel:82812216

武汉市人民政府接待办公室
地址：惠济路38号
……Tel:82402258

武汉市人事局人才服务中心
地址：车站路1号
……Tel:82845016

武汉市人事局人事考试中心
地址：黄孝河路5号
……Tel:82618011

武汉市人事局工资福利与退休管理处
地址：黄孝河路5号
……Tel:82402026

武汉市人事局办公室
地址：黄孝河路5号
……Tel:82402011

武汉市人事局机关党委
地址：黄孝河路5号
……Tel:85732851

武汉市人事局军官转业安置处
地址：黄孝河路5号
……Tel:82614034

武汉市人事局军转培训中心
地址：黄孝河路5号
……Tel:82632559

武汉市人事局流动调配处
地址：黄孝河路5号
……Tel:82402019

武汉市人事局教育培训与对外交流处
地址：黄孝河路5号
……Tel:82402015

武汉市市场监督管理局汉阳分局办公室
地址：汉阳大道607号
……Tel:84870314

武汉市市场监督管理局江夏分局郑店工商所
地址：郑店街紫荆东路4号
……Tel:87978055

武汉市市场监督管理局洪山分局
地址：武汉市珞狮南路
……Tel:87387315

武汉市市场监督管理局硚口分局
地址：武汉市中山大道101号
……Tel:83784565

武汉市水务局武汉市防汛指挥部办公室局办公室
地址：沿江大道211号
……Tel:82811797

武汉市水务局武汉市防汛指挥部办公室局
地址：值班室
地址：沿江大道211号
……Tel:82832661

武汉市地方税务局
地址：武汉市澳门路106号
……Tel:82412254

武汉市应急管理局办公室
地址：农兵路111号
……Tel:82925326

武汉市应急管理局值班室
地址：工农兵路111号
……Tel:82922506

武汉市应急管理局监督一处
地址：工农兵路111号
……Tel:82924436

武汉市应急管理局监督二处
地址：工农兵路111号
……Tel:82925193

武汉市应急管理局监督三处
地址：工农兵路111号
……Tel:82894896

武汉市应急管理局监督四处

地址：工农兵路111号
Tel:82924301

武汉市劳动就业管理局办公室
地址：江汉区新华路25号
Tel:85792425

武汉市劳动就业管理局武汉劳动力市场
地址：江汉区新华路25号
Tel:85796444

武汉市住房保障和房屋管理局
地址：江岸区高雄路166号
Tel:85482100

武汉市财政局计算中心
地址：武汉市解放大道1499号
Tel:85733115

武汉市审计局
地址：武汉市胜利街
Tel:82831472

武汉市国家税务局
地址：武汉市建设大道909号
Tel:85492111

武汉市质量技术监督局
地址：武汉市青年路
Tel:83659376

武汉市质量技术监督局新洲分局
地址：永安大道312号
Tel:86921747

武汉市质量技术监督局硚口分局
地址：幸乐村特1号
Tel:83801377

武汉市环境保护局东湖风景分局
地址：武汉市黄鹂路80号
Tel:86775430

武汉市城市管理执法局
地址：胜利街305号
Tel:82715409

武汉市城市管理局月湖城管所
地址：武汉市外远路84号
Tel:84841383

武汉市城市管理局武汉市城市管理执法局
地址：投诉电话
地址：胜利街305号
Tel:85732110

武汉市城市管理局武汉市城市管理执法局
地址：综合协调处
地址：胜利街305号
Tel:82715415

武汉市食品药品监督管理局
地址：武汉市青年路28号
Tel:85711111

武汉市食品药品监督管理局硚口分局
地址：中山大道
Tel:83737311

武汉市烟草专卖局黄陂分局
地址：石阳街110号
Tel:85931573

武汉市档案局办公室
地址：一元路5号
Tel:82812716

武汉市档案局业务处
地址：一元路5号
Tel:82831749

武汉市档案局汉档公司
地址：一元路5号
Tel:82803736

武汉市档案局管理利用处
地址：一元路5号
Tel:82812709

武汉市文化和文化和旅游局
地址：沿江大道133号
Tel:82761223

武汉市商务局
地址：新华下路19号
Tel:85724674

武汉市粮食局
地址：江汉一路9号
Tel:82818261

武汉市粮食局武汉市粮油食品中心
地址：江汉一路9号
Tel:82818265

武汉经济技术开发区经济发展局
地址：武汉经济技术开发区
Tel:84891815

武汉经济技术开发区国家税务局
地址：开拓南路33号
Tel:84890877

武汉海事局青山海事处
地址：武汉市向阳路13号
Tel:86511659

武汉市人口和计划生育委员会武汉市计划生育宣教中心
地址：蔡家田8区68栋
Tel:82625305

武汉市人民政府国有资产监督管理委员会办公室
地址：香港路66号
Tel:82413273

武汉市发展和改革委员会办公室
地址：沿江大道188号
Tel:82796001

武汉市发展和改革委员会值班室
地址：沿江大道188号
Tel:82796200

武汉市地方志编纂委员会办公室出版发行部
地址：江岸区车站路2号
Tel:82827492

武汉市机构编制委员会办公室综合处
地址：沿江大道188号
Tel:82836369

武汉市建设委员会值班室
地址：宝丰二路443号
Tel:85730552

武汉市精神文明建设指导委员会办公室
地址：惠济二路
Tel:82402961

武汉市人民防空办公室报建中心
地址：发展大道267号
Tel:82700125

武汉汉口滩管理办公室
地址：沿江大道江滩33号
Tel:82822706

武汉市建设委员会武汉市装饰装修行业管理办公室
地址：胜利街300号
Tel:82720596

武汉市房屋安全鉴定站办公室
地址：建设大道965号
Tel:82856127

武汉市文化文物稽查大队
地址：解放大道1012号
Tel:82809046

武汉市公文销毁站
地址：惠济一路1号
Tel:82402787

武汉市东西湖辛安渡大桥大队
地址：辛安渡巴士终点站
Tel:83066166

武汉市老干部活动中心
地址：惠济路38号
Tel:82414484

武汉市劳动和社会保障检查大队
地址：青年路342号
Tel:85793357

武汉市房屋安全鉴定站办公室武汉市房安
建筑结构鉴定检测中心
地址：建设大道965号
Tel:82853060

武汉市房屋安全鉴定站办公室武汉市房安建筑设计所
地址：建设大道965号
Tel:82859704

武汉市国营走马岭金松大队
地址：走马岭三大队
Tel:83067456

武汉市客运出租汽车管理武汉市出租汽车暨汽车租赁协会
地址：黄孝河路97号
Tel:82631938

武汉市保密技术检查站
地址：解放公团路42号
Tel:82402718

武汉住房公积金管理中心省直分中心
地址：水果湖洪山路66号
Tel:87233629

武汉市汉阳区人民政府四新地区管委会党政办公室
地址：鲤鱼洲路特1号
Tel:84675108

武汉市汉阳区人民政府四新地区管委会值班室
地址：鲤鱼洲路特1号
Tel:84675112

武汉市江汉区人民政府
地址：新华下路15号
Tel:85481724

武汉市江夏区五里界镇人民政府
地址：江夏区五里界镇
Tel:97971028

武汉市汉阳区环境保护局
地址：汉桥村路特1号
Tel:84630319

武汉市汉阳区环境保护局检测站
地址：汉桥村路特1号
Tel:84625382

武汉市汉阳区城市管理局
地址：腰路堤路47号
Tel:84843231

武汉市东西湖区人民政府招商局一部
地址：吴家山五环路1号
Tel:83215619

武汉市东西湖区人民政府招商局二部
地址：吴家山五环路1号
Tel:83370495

武汉市江汉区商务局
地址：新华下路19号
Tel:85728012

武汉市江夏区气象局
地址：江夏区兴新街
Tel:87953897

武汉市江夏区农业农村局
地址：中兴街29号
Tel:87953383

武汉市江夏区文化和文化和旅游局
地址：复江道158号
Tel:87018018

武汉市青山区地方税务局
地址：和平大道939号
Tel:86530046

武汉市武昌区园林局办公室
地址：首义路198号
Tel:88085116

武汉市质量技术监督局江岸区分局
地址：九万方二村二号
Tel:82795097

武汉市新洲区技术监督局计量测试
地址：朱城街永安大道
Tel:86913273

武汉市新洲区技术监督局质检所
地址：永安大道312号
Tel:86921906

武汉市新洲区技术监督局稽查队
地址：朱城街永安大道
Tel:86913315

武汉市新洲区房地产管理局办公室
地址：衡州大道220号
Tel:86922009

武汉市新洲区物价局办公室
地址：解放道1号
Tel:86921444

武汉市新洲区科学技术局
地址：邾城红旗街9号
Tel:86921415

武汉市新洲区教育局教育技术装备站
地址：新洲大道3号
Tel:86921230

武汉市硚口区卫生局卫生监督所
地址：武汉市集贤路36号
Tel:83783139

武汉市硚口区民政局
地址：集贤路特1号
Tel:83803077

武汉市硚口区劳动局
地址：崇仁路65号
Tel:83783520

武汉市硚口区审计局
地址：沿河大道518号
Tel:83426330

武汉市硚口区房产局
地址：武胜西街1号
Tel:83781843

武汉市硚口区生态环境局
地址：武胜西街32号
Tel:83785579

武汉市硚口区城市管理局规费管理站
地址：崇仁路61号
Tel:83795703

武汉市硚口区城市管理局基建设备材料管理站
地址：崇仁路61号
Tel:83784263

武汉市硚口区科技局
地址：沿河大道518号
Tel:83426318

武汉市硚口区教育局
地址：武汉市京汉大道
Tel:63766777

武汉市硚口区教育局勤工俭学办公室
地址：武汉市集贤村77号
Tel:63789342

武汉市汉阳区计划生育委员会
地址：芳草路1号
Tel:84468734

武汉蔡甸经济开发区管理委员会
地址：珠山湖大街211号
Tel:84229441

武汉市东西湖区辛安渡东风大队
地址：武汉市新沟桥直走
Tel:83065016

武汉市东湖风景区听涛管理处
地址：黄鹂路88号
Tel:86794363

武汉市江岸区政务服务中心办公室
地址：一元路洞庭街139号
Tel:82831013

武汉市江夏区物价检查所
Tel:87953479

武汉市黄陂区植保站
地址：前川街人民路484号
Tel:85934342

武汉东湖风景区城市管理执法大队
地址：市中北东路
Tel:86776173

武汉市新洲区市场服务中心
地址：邾城齐安大道
Tel:86922156

武汉市新洲区阳逻财政所
地址：阳逻阳光路
Tel:86961364

武汉市新洲区城市社会经济调查队
地址：南新街区
Tel:86921321

武汉市硚口区汉水桥街经济发展统计站
地址：解放大道294号
Tel:83984627

武汉市硚口区宝丰街文化站
地址：宝丰街13号
Tel:83799124

武汉市人民政府葛化街办事处
地址：左岭正街117号
Tel:87600195

武汉市汉阳区人民政府翠微街街道办事处党政办
地址：汉阳区翠微路78号
Tel:84841363

武汉市汉阳区人民政府翠微街街道办事处社会事务管理科
地址：汉阳区翠微路78号
Tel:84845196

武汉市江汉区人民政府北湖街街道办事处
地址：长江日报路28号
Tel:85626467

武汉市江汉区万松街道办事处党政办公室
地址：万松园路19号
Tel:85808499

武汉市江夏区郑店街道办事处
地址：郑店街
Tel:87978023

武汉市洪山区人民政府梨园街办事处
地址：徐东大街
Tel:86816739

武汉市黄陂区人民政府前川街道办事处党政综合办公室
地址：前川大道116号
Tel:85932457

武汉市新洲区人民政府阳逻街道办事处计划生育办公室
地址：新洲区高新街
Tel:86962102

武汉市新洲区人民政府阳逻街道办事处党政综合办公室
地址：阳逻街汽渡路37号
Tel:86961136

武汉市新洲区邾城街道办事处计划生育办公室
地址：齐安大道352号
Tel:86921272

武汉市硚口区人民政府韩家墩街办事处财政所
地址：古田四路329号
Tel:838580145

武汉经济技术开发区军山街道办事处党政办公室
地址：黄陵矶中山湖168号
Tel:84973200

人民政协和民主党派

人民政协

中国人民政治协商会议湖北省委员会
Tel:87899663

中国人民政治协商会议武汉市委员会
Tel:82736380

民主党派

中国民主促进会武汉市委员会办公室
地址：鄱阳街柏号6楼
Tel:82834650

中国民主促进会武汉市委员会办公室调研室
地址：鄱阳街43号6楼
Tel:82780936

中国国民党革命委员会武汉市委员会调研室
地址：鄱阳街43号
Tel:82825216

中国国民党革命委员会武汉市委员会社服部
地址：鄱阳街43号
Tel:82853908

社会团体

工会

武汉市硚口区六角亭街工会委员会
地址：利济东街151号
Tel:85422215

协会

武汉市律师协会
地址：黄孝河路90号
Tel:82623816

学会

武汉市法学会
地址：建设大道903号
Tel:85793910

基金会

武汉市希望工程办公室武汉市青少年发展基金会秘书处
地址：江汉区天门墩91号
Tel:85499511

武汉市希望工程办公室武汉市青少年发展基金会希望工程捐赠中心
地址：江汉区天门墩91号
Tel:85499902

福利会

武汉市慈善总会
地址：江岸区高雄路105号
Tel:85729696

老龄问题委员会

武汉市老龄委
地址：洞庭街127号
Tel:82827471

武汉市新洲区老龄工作委员会办公室
地址：武汉市新洲区
Tel:86921872

驻在机构

中央驻在机构

中华人民个共和国武汉海关
地址：沿江大道95号
Tel:82768197

中华人民共和国武汉海事局阳逻海事处葛店办事处
地址：武汉市左岭镇
Tel:87605011

中国工商银行内部审计局武汉分局
地址：武汉市中南路
Tel:87322973

中国水利水电第八工程局武汉办事处
地址：武汉市解放大道224号
Tel:83887443

商务部驻武汉特派员办事处
地址：江汉北路8号
Tel:85774211

黄石市（0714）

国家机构

人民政府

黄石市劳动和社会保障局
地址：黄石市芜湖路9号
Tel:3800713

黄石市国土资源局
地址：黄石市亚光新村9号
Tel:6264587

黄石市房地产管理局
地址：黄石市劳动路74号
Tel:6226586

黄石市文化和文化和旅游局
地址：杭州路42号
Tel:6359555

黄石市经济委员会
地址：黄石市颐阳路125号
Tel:6225747

黄石市计划节约用水办公室
地址：黄石市芜湖路56号
Tel:6222929

黄石市散装水泥办公室
地址：沈下路55号
Tel:6226993

黄石市墙体材料革新办公室
地址：亚光鑫苑10号
Tel:6280967

黄石防汛旱指挥部
地址：黄石市南湖闸82号
Tel:6222010

黄石港区民政局婚姻服务中心
地址：黄石市沈家营
Tel:6516601

黄石港区劳动就业管理局
地址：黄石市芜湖路60号
Tel:6226000

黄石港区经济发展局
地址：黄石市新街口10号
Tel:6515493

十堰市（0719）

中国共产党中国共产党十堰市委员会
地址：柳林新村
Tel:8652741

国家机构

人民政府

十堰市人民政府口岸办公室
地址：十堰市柳林路68号
Tel:8688066

十堰市卫生监督局
地址：十堰市柳林路31号
Tel:8686085

十堰市水利水电局
地址：十堰市东山路
Tel:8116310

十堰市民政局
地址：十堰市宜昌路1号
Tel:8651357

十堰市市政园林绿化管理局
地址：人民北路20号
Tel:8665535

十堰市劳动和社会保障局
地址：十堰市市府路9号
Tel:8663245

十堰市劳动就业管理局
地址：人民北路15号
Tel:8651694

十堰市建设工程管理局
地址：十堰市柳林路70号
Tel:8663739

十堰市房地产管理局
地址：汉江路
Tel:8110801

十堰市移民局
地址：十堰市柳林路
Tel:8665784

十堰市商务局
地址：人民南路12号
Tel:8800200

十堰市建设委员会
地址：人民北路22号
Tel:8661148

十堰市人防直属工程管理处
地址：人民北路12号
Tel:8687242

十堰住房公积金管理中心房县办事处
地址：房陵大道
Tel:3249266

宜昌市（0717）

国家机构

人民政府

宜昌市人民政府
地址：沿江大道102号
Tel:6223217

宜昌市人民政府市长专线
地址：沿江大道102号
Tel:6223456

宜昌市人民政府接待处
地址：云集街云集路21号
Tel:6252498

长江宜昌航道局
地址：沿江大道41号
Tel:6744120

宜昌市卫生局
地址：宜昌市一马路
Tel:6243473

宜昌市卫生监督局
地址：宜昌市绿萝路4号
Tel:6446398

宜昌市公路管理局
地址：城东大道40号
Tel:6083918

宜昌市地方税务局三峡分局
地址：环城北路9号
Tel:6731428

宜昌市地方税务局西陵分局
地址：环城北路
Tel:6240380

宜昌市地方税务局伍家岗分局
地址：夷陵路259号
Tel:6354325

宜昌市交通局
地址：城东大道58号
Tel:6221235

宜昌市地震局
地址：西陵二路20号
Tel:6743172

宜昌市国土资源局
地址：北门外正街9号
Tel:6737932

宜昌市建设局
地址：夷陵路
Tel:6851537

宜昌市规划局伍家岗分局
地址：东山大道
Tel:6361890

宜昌市房产管理局
Tel:6744217

宜昌市国家税务局一分局
地址：东山大道102号
Tel:6740052

宜昌市国家税务局一分局西陵分局
地址：东山大道
Tel:6733474

宜昌市环境保护局
地址：胜利四路48号
Tel:6448003

宜昌市环境保护局污染防治科
地址：胜利四路48号
Tel:6458187

宜昌市环境保护局自然保护科
地址：胜利四路48号
Tel:6451824

宜昌市环境保护局规划财务科
地址：胜利四路48号
Tel:6441663

宜昌市环境保护局环境影响监督科
地址：胜利四路48号
Tel:6466351

宜昌市环境保护局辐射环境管理科
地址：胜利四路柏号
Tel:6446412

宜昌市城市管理行政执法局
地址：宜昌市西陵后路
Tel:6852481

宜昌市科学技术局
地址：西陵二路20号
Tel:6736847

宜昌市移民局
地址：桃花岭加油站旁边
Tel:6236441

宜昌市商务局
地址：宜昌市西陵一路
Tel:6441609

宜昌市人民政府国有资产监督管理委员会办公室
地址：桃花岭路
Tel:6221510

宜昌市建设委员会
地址：宜昌市袭陵路
Tel:6462963

宜昌市国有资产管理委员会国企改革办公室
地址：宜昌市康庄路
Tel:6244138

宜昌市绿化委员会
地址：发展太道48号
Tel:6343312

宜昌长江公路大桥建设管理处
地址：亭大道8号
Tel:6530339

宜昌市土地勘测规划队
地址：沿江大道49号
Tel:6770644

宜昌市土地储备中心
地址：沿江大道49号
Tel:6775793

宜昌市国土资源交易中心
地址：城东大造2号
Tel:6851802

宜昌市环境宣教中心
地址：胜利四路48号
Tel:6462047

宜昌市烟草专卖稽查支队
地址：游泳池巷2号
Tel:6446019

宜昌市殡仪管理所
地址：宜昌市港窖路
Tel:6349668

宜昌住房公积金管理中心
地址：一马路
Tel:6236717

宜昌市地方税务局经济技术开发区分局
地址：宜昌市深圳路6号
Tel:6333943

宜昌市地方税务局点军区分局
地址：江南大道
Tel:6671122

宜昌市夷陵区文化和文化和旅游局
地址：夷兴大道附20号
Tel:7854218

驻在机构

中央驻在机构

中华人民共和国宜昌港区海事处
地址：宜昌市西陵区
Tel:6966203

中国国际贸易促进委员会宜昌支会
地址：城中大道2号
Tel:6446705

宜昌出入境检验检疫局
地址：沿江大道160号
Tel:6225571

襄阳市（0710）

人民政府

襄阳市人民政府市长热线
地址：襄阳市檀溪路
Tel:3575820

湖北省襄阳市财政局
地址：檀溪路93号
Tel:3535313

襄阳市卫生局
地址：襄阳市铁佛寺路28号
Tel:3511459

襄阳市水利局
地址：襄阳市荆州街
Tel:3692077

襄阳市文物管理局
地址：襄阳市荆州街
Tel:3453196

襄阳市引滦工程管理局
地址：襄阳市航空路83号
Tel:8222963

襄阳市民政局
地址：襄阳市溪苑路12号
Tel:3629804

襄阳市交通局
地址：大庆东路利民巷4号
Tel:3490190

襄阳市地震局
地址：襄阳市解放路33号
Tel:3512765

襄阳出入境检验检疫局
地址：襄阳市春园路7号
Tel:3222061

襄阳市进出口商品检疫局
地址：春园路10号
Tel:3220284

襄阳市劳动就业管理局
地址：襄阳市檀溪路160号
Tel:3607205

襄阳市园林管理局
地址：襄阳市建华路10号
Tel:3212511

襄阳市国土资源局
地址：襄阳市西街13号
Tel:3534525

襄阳市物价局襄城分局
地址：西街43号
Tel:3513671

襄阳市房产管理局
地址：新华路38号
Tel:3220928

襄阳市国家税务局樊城分局
地址：襄阳市人民路中段
Tel:3457437

襄阳市质量技术监督局樊城分局
地址：春园西路
Tel:3222569

襄阳市环境保护局
地址：樊城区新华路9号
Tel:3272726

襄阳市城市规划管理局樊城分局
地址：樊城区长虹北路
Tel:3278096

襄阳市城市规划管理局襄城分局
地址：襄城区环山路
Tel:3557442

襄阳市科技局
地址：襄城区荆州街30号
Tel:3511223

襄阳市科学技术局
地址：樊城区行政中心
Tel:3279950

襄阳市科学信息管理局
地址：襄阳市春园路17号
Tel:3220637

襄阳市烟草专卖局
地址：襄阳市前进路5号
Tel:3811888

襄阳市铁路烟草专卖局
地址：樊城区新华路
Tel:3225878

襄阳市商务局
地址：大庆西路33号
Tel:3463071

襄阳市粮食局
地址：襄阳市荆州街10号
Tel:3511214

襄阳地方税务局樊城分局
地址：襄阳市东风路28号
Tel:3220797

襄阳市住房制度改革委员会资金管理中心
地址：襄阳市新街1号
Tel:3521525

襄阳市建设委员会
地址：襄阳市建华路15号
Tel:3222589

襄阳市经济委员会
地址：襄阳市春园西路4号
Tel:3221679

襄阳市城市建设委员会
地址：襄阳市建华路
Tel:3260475

襄阳市汽车工办公室
地址：襄阳市新街
Tel:3519165

襄阳市社会事务办公室
地址：东风汽车大道15号
Tel:3321062

襄阳市建设工程招标投标管理办公室
地址：春园路24-2号
Tel:3240322

襄阳勤工俭学办公室
地址：樊城区春园路32号
Tel:3253800

襄阳市土地交易中心
地址：襄阳市炮镝街
Tel:3489608

襄阳市大李沟防洪治理工程指挥部
地址：襄阳市建华路15号
Tel:3342071

襄阳市公路运输管理处
地址：长征东路65号
Tel:3406289

襄阳市电化教育馆
地址：襄阳市青山路口9号
Tel:3519959

襄阳市经济技术开发区工商分局
地址：东风汽车大道
Tel:3311874

襄阳市开发区国土规划建设局
地址：汽车产业开发区
Tel:3310696

襄阳市开发区城市建设管理局
地址：东风汽车大道15号
Tel:3310084

襄阳市国家税务局高新开发区分局
地址：长虹北路园林路2号
Tel:32262132

襄阳市高新技术开发区财政局
地址：高新技术开发区
Tel:3312542

襄阳市高新技术开发区经发局
地址：车城大道
Tel:3311958

枣阳市交警大队

地址：枣阳市建设路55号
………… Tel:6311129

襄阳市樊城区设施养护管理处
地址：襄阳市丹江路
………… Tel:3441431

驻在机构
中央驻在机构

中华人民共和国襄阳海关
地址：春园西路186号
………… Tel:3224922

鄂州市（0711）

中国共产党中国共产党鄂州市委员会鄂州市人民政府接待办公室
地址：鄂州市凤凰山庄
………… Tel:3838111

中国共产党鄂州市直属机关工作委员会
地址：滨湖北路
………… Tel:3830485

中国共产党华容区委员会
地址：市体育路
………… Tel:3581216

国家机构
人民政府

鄂州市地震局
地址：明塘后路
………… Tel:3257656

鄂州市劳动就业管理局
地址：滨湖北路15号
………… Tel:3858614

鄂州市国家税务局鄂城分局
地址：鄂州市古城路
………… Tel:3877072

鄂州市预算外资金管理局
地址：滨湖西路129号
………… Tel:3388816

鄂州市葛店经济技术开发区安全生态环境局
地址：葛店经济技术开发区
………… Tel:3813688

鄂州市葛店经济技术开发区保险事业管理局
地址：仁义路32号
………… Tel:3812002

荆门市（0724）
人民政府

荆门市人民政府
地址：荆门市象山大道53号
………… Tel:2376237

荆门市人事局
地址：荆门市金虾路11号
………… Tel:2348729

荆门市卫生局
地址：荆门市金虾路60号
………… Tel:2332114

荆门市卫生监督局
地址：长宁大道42号
………… Tel:2343336

荆门市水利局
地址：金虾路109号
………… Tel:2383526

荆门市文物事业管理局
地址：荆门市金虾路42号
………… Tel:2331162

荆门市民政局
地址：荆门市金宁路1号
………… Tel:2379887

荆门市民族宗教事务局
地址：象山大道41号
………… Tel:2379220

荆门市地方税务局
地址：荆门市金虾路19号
………… Tel:2337136

荆门市地方税务局石化分局税费服务科
地址：荆门市五一路13号
………… Tel:2211227

荆门市地方税务局石化分局税源管理三科
地址：荆门市五一路13号
………… Tel:2219252

荆门市地方税务局石化分局税源管理一科
地址：荆门市五一路13号
………… Tel:2211739

荆门市地方税务局东宝分局
地址：象山大道106号
………… Tel:2333354

荆门市地方税务局浏河分局办税服务部
地址：荆门市金虾路19号
………… Tel:2334138

荆门市地方税务局浏河分局管理科
地址：荆门市金虾路19号
………… Tel:2333392

荆门市劳动和社会保障局
地址：荆门市海慧路11号
………… Tel:2361548

荆门市物价局
地址：荆门市金虾路141号
………… Tel:2366915

荆门市规划管理局东宝分局
地址：象山大道
………… Tel:2366579

荆门市国家税务局东宝分局
地址：象山大道32号
………… Tel:2636006

荆门市国家税务局东宝分局财务室
地址：象山大道32号
………… Tel:2636088

荆门市科学技术局
地址：象山大道43号
………… Tel:2333183

荆门市商务局
地址：长宁大道36号
………… Tel:2333558

荆门市港航管理局
地址：地税路4号
………… Tel:2490079

荆门市粮食局
地址：全虾路29号
………… Tel:6031390

荆门市人民政府仲裁委员会
地址：象山大道53号
………… Tel:2376217

荆门市人民政府国有资产监督管理委员会
地址：海慧路27号
………… Tel:2632333

荆门市发展和改革委员会
地址：象山大道53号
………… Tel:2376066

荆门市机构编制委员会
地址：荆门市金虾路11号
………… Tel:2349851

荆门市行政服务管理委员会
地址：荆门市海慧路17号
………… Tel:2381613

荆门市经济委员会
地址：象山大道53号
………… Tel:2381631

荆门市精神文明建设委员会
地址：长宁大道
………… Tel:2361613

省无线电管理委员会办公室荆门市管理处
地址：象山大道101号
………… Tel:2320558

荆门市白庙财政所
地址：炼厂路17号
………… Tel:2219513

荆门市行政服务中心
地址：海慧路17号
………… Tel:2381624

荆门市渔政船检港监管理处
地址：荆门市金虾路58号
………… Tel:2342719

荆门市东宝区应急管理局
地址：泉口一路53号
………… Tel:2352603

荆门市东宝区劳动就业管理局
地址：泉口一路15号
………… Tel:2331036

荆门市掇刀区审计局
地址：龙井大道99号
………… Tel:2492232

荆门市掇刀区政府投资审计局
地址：龙井大道99号
………… Tel:2492107

荆门市东宝区龙泉街道办事处
地址：白云大道
………… Tel:2373772

荆门市东宝区泉口街道办事处
地址：泉口一路55号
………… Tel:2389905

驻在机构
中央驻在机构

中国银行业监督管理委员会荆门监管分局财务会计科
地址：金虾路41号
………… Tel:2381930

中国银行业监督管理委员会荆门监管分局监管二科
地址：金虾路41号
………… Tel:2331595

中国银行业监督管理委员会荆门监管分局监管科
地址：金虾路41号
………… Tel:2334634

中国银行业监督管理委员会荆门监管分局人事科
地址：金虾路41号
………… Tel:2381933

中国银行业监督管理委员会荆门监管分局统计信息科
地址：金虾路41号
………… Tel:2381935

孝感市（0712）
人民政府

孝感市人事局
地址：孝感市城站路71号
………… Tel:2823441

孝感市卫生局
地址：孝感市城站路75号
………… Tel:2834431

孝感市外事侨务文化和文化和旅游局
地址：孝感市城站路71号
………… Tel:2856885

孝感市民政局
地址：付通街1号
………… Tel:2823749

孝感市机关行政事务管理局
地址：孝感市城站路71号
………… Tel:2856329

孝感市机关事业单位社会保险局
地址：孝感市付通路7号
………… Tel:2326960

孝感市劳动保险局
地址：孝感市仙女路17号
………… Tel:2831870

孝感市劳动就业管理局
地址：孝感市城站路141号
………… Tel:2323475

孝感市质量技术监督局
地址：孝感市城站路216号
………… Tel:2888582

孝感市食品药品监督管理局
地址：孝感市变通中路6号
………… Tel:2326362

孝感市航务管理局
地址：孝感市城站路24号
………… Tel:2823009

孝感市商务局
地址：孝感市城站路
………… Tel:2823531

孝感市教育局
地址：变通大道266号
………… Tel:2327166

孝感市粮食局
地址：交通中路169号
………… Tel:2323607

孝感科技局
地址：孝感市圆北巷2号
………… Tel:2823242

孝感市人口和计划生育委员会
地址：孝感市交通大道
………… Tel:2326799

孝感市发展和改革委员会
地址：孝感市城站路71号
………… Tel:2823815

孝感市精神文明建设委员会
地址：孝感市城站路71号
………… Tel:2856570

孝感市经济技术协作引进办公室
地址：孝感市城站路71号
………… Tel:2823747

孝感市无线电管理处
地址：孝感市香澳路
………… Tel:2468637

孝感市行政服务中心
地址：孝感市城站路133号
………… Tel:2327006

孝感市国土资源局开发区分局
地址：孝感市交通西路391
………… Tel:2310220

孝感市国家税务局开发区分局
地址：孝感市傅冲路5号
………… Tel:2834743

黄冈市（0713）

中国共产党黄冈市委员会
地址：黄冈市七一路10号
………… Tel:8667907
………… 办公室：8613268

中国共产党黄冈市委员会值班室
地址：黄冈市七一路10号
………… Tel:8668000

中国共产党黄冈市委组织部
地址：黄冈市七一路4号
………… Tel:8613277

黄冈市黄州区委组织部
地址：清源门1号
………… Tel:8354644

国家机构
人民政府

黄冈市人民政府
地址：黄冈市七一路5号
………… Tel:8618816

黄冈市卫生监督局
地址：黄冈市考棚街
………… Tel:8670833

黄冈市民族宗教管理局
地址：黄冈市安国寺路
………… Tel:8618842

黄冈市机关事业单位社会保险局
地址：黄州大道96号
………… Tel:8352269

黄冈市社会劳动保险事业管理局
地址：黄冈市黄州大道
………… Tel:8695282

黄冈市劳动就业管理局
地址：黄州大道96号
………… Tel:8354130

黄冈市医疗保险管理局
地址：黄冈市黄州大道
………… Tel:8661500

黄冈市财政局
地址：黄冈市七一路3号
………… Tel:8352179

黄冈市国土资源管理局黄州分局
地址：黄州大道48号
………… Tel:8385993

黄冈市质量技术监督局
地址：黄冈市黄州大道
………… Tel:8386247

黄冈市质量技术监督局稽查分局
地址：黄州大道128号
………… Tel:8613078

黄冈市科学技术局
地址：黄冈市七一路
………… Tel:8353491

黄冈市档案局
地址：黄冈市七一路
………… Tel:8617215

黄冈市商务局
地址：黄州区十三坡8号
………… Tel:8352432

黄冈市教育局
地址：黄冈市赤壁大道
………… Tel:8813197

黄冈市粮食局
地址：黄冈市沙街1号
………… Tel:8352442

黄冈市经济协作办公室
地址：黄冈市七一路5号
………… Tel:8353194

黄冈市铁路经济建设办公室
地址：黄冈市东门路33号
………… Tel:8390708

黄冈市经济联合会
地址：黄冈市十三坡
………… Tel:8351193

黄冈住房公积金管理中心
地址：黄冈市东门路
………… Tel:8693889

黄冈市黄州区政府办
地址：宝塔路62号
………… Tel:8356655

人民政协和民主党派
人民政府

中国人民政治协商会议黄冈市委员会秘书科
地址：黄冈市七一路
………… Tel:8612642

中国人民政治协商会议黄冈市委员会
地址：黄冈市七一路8号
………… Tel:8666301

荆州市（0716）
人民政府

荆州市人民政府
地址：荆州市江津西路
………… Tel:8278109

荆州市人事局
地址：荆州市江津路
………… Tel:8278496

荆州市卫生局
地址：荆州市荆东路18号
………… Tel:8467669

荆州市土地管理局沙市分局解放托管所
地址：沙市区荆堤路
………… Tel:8233306

荆州市市场监督管理局玉桥分局
地址：荆州市玫湖路58号
………… Tel:8333791

荆州市文物局
地址：荆州市荆中路
………… Tel:8499349

荆州市电力局
地址：荆州市共青路1号
………… Tel:8276404

荆州市电力局沙市供电分局
地址：荆州市江津中路
………… Tel:8270481

荆州市外事侨务局
地址：荆州市荆东路
………… Tel:8468818

荆州市机关事业单位社会保险管理局
地址：荆州市江津西路
………… Tel:8261426

荆州市劳动和社会保障局
地址：江津西路20号
………… Tel:8257530

荆州市社会保险事业局
地址：江津西路422号
………… Tel:8514173

荆州市劳动就业管理局
地址：荆州市江津西路
………… Tel:8517186

荆州市财政局
地址：荆州市塔桥路
………… Tel:8258111

荆州市国土资源局荆州分局
地址：荆州市人民北路
………… Tel:8436180

荆州市国家税务局玉桥分局
地址：荆州市三湾路
………… Tel:8333565

荆州市质量技术监督局
地址：荆州市江津路 …… Tel:8252771

荆州市环境保护局荆州分局
地址：荆州市荆东路50号 …… Tel:8467559

荆州市科技局
地址：荆州市荆东路 …… Tel:8467162

荆州市科学技术局
地址：荆州市荆东路 …… Tel:8421420

荆州市药品监督管理局
地址：荆州市荆东路54号 …… Tel:8449644

荆州市档案局
地址：荆州市荆东路54号 …… Tel:8441099

荆州市文化和文化和旅游局
地址：荆州市临江路29号 …… Tel:8191332

荆州海事局
地址：荆州市临江路 …… Tel:8277159

荆州市计划生育委员会
地址：荆州市荆东路54号 …… Tel:8450273

荆州市发展和改革委员会
地址：荆州市荆东路 …… Tel:8455996

荆州市机构编制委员会
地址：荆州市荆东路54号 …… Tel:8456923

荆州市国有资产监督管理委员会
地址：荆州市江津西路 …… Tel:8511282

荆州市经济贸易委员会
地址：荆州市江津路 …… Tel:8514409

荆州市爱国卫生运动委员会
地址：荆州市荆东路 …… Tel:8421469

荆州市教育委员会
地址：荆州市屈原路 …… Tel:8441823

荆州市精神文明建设委员会
地址：荆州市荆东路30号 …… Tel:8465543

荆州市文物管理处
地址：荆州市荆东路 …… Tel:8421482

荆州市电化教育馆
地址：荆州市凤台坊附9号 …… Tel:8191665

荆州市社会医疗保险管理所
地址：荆州市江津西路 …… Tel:8255125

荆州市房地产产权市场管理处
地址：荆州市江津西路 …… Tel:8257383

荆州市殡葬管理一所
地址：荆州市江汉北路 …… Tel:8244444

荆州市殡葬管理所
地址：荆州市江汉北路 …… Tel:8404444

荆州住房公积金管理中心
地址：江津西路267号 …… Tel:8520007

荆州区人民政府
地址：荆州市区委大院 …… Tel:8466046

荆州区人事局
地址：荆州市荆北路 …… Tel:8498990

荆州区卫生局
地址：荆州市荆北路 …… Tel:8498804

荆州开发区机关行政事务管理局
地址：荆州市三湾路 …… Tel:8333098

荆州区地方税务局
地址：荆州市荆中路10号 …… Tel:8421541

荆州区农村社会保险管理局
地址：荆州市通会桥路 …… Tel:8464485

荆州区劳动就业管理局
地址：荆州区荆北路47号 …… Tel:8497757

荆州区财政局
地址：荆州市荆北路50号 …… Tel:8459409

荆州区审计局
地址：荆州市荆中路 …… Tel:8467211

荆州区林业局
地址：荆州市荆北路 …… Tel:8498302

荆州区房地产管理局
地址：南门大街58号 …… Tel:8439824

荆州区招商局
地址：荆州市荆中路 …… Tel:8452018

荆州区教育局
地址：荆州市荆北路 …… Tel:8468757

荆州市开发区劳动人事局
地址：荆州市豉湖路 …… Tel:8333756

荆州市地方税务局荆州开发区分局
地址：荆州市江津东路 …… Tel:8333764

荆州市国土资源局开发区分局
地址：荆州市鼓湖路 …… Tel:8333799

荆州高新技术产业开发区国家税务局
地址：沙市区三海路 …… Tel:8313885

荆州区防汛指挥部
地址：荆州市通会桥5号 …… Tel:8柏4410

驻在机构
中央驻在机构

荆州出入境检验检疫局
地址：太岳北路33号 …… Tel:8511528

随州市（0722）

国家机构
人民政府

广水市工业局
地址：广水市北正街96号 …… Tel:6232746

广水市市场监督管理局
地址：应十大道10号 …… Tel:6260247

广水市市场监督管理局注册分局
地址：应十大道10号 …… Tel:6260851

广水市市场监督管理局城郊分局
地址：环城东路 …… Tel:6244315

广水市计划生育局
地址：永阳大道34号 …… Tel:6232265

广水市发展和改革局
地址：广水市府前街8号 …… Tel:6232501

广水市农业农村局
地址：航空北路83号 …… Tel:6232819

广水市机关事务管理局
地址：广水市府前街8号 …… Tel:6232808

广水市劳动和社会保障局
地址：东大街168号 …… Tel:6232704

广水市劳动就业管理局
地址：航空南路17号 …… Tel:6232117

广水市国土资源局
地址：广水市三环路19号 …… Tel:6298360

广水市物资局
地址：广水市东大街121号 …… Tel:6232327

广水市招商局
地址：永阳大道40号 …… Tel:6261003

广水市质量技术监督局
地址：航空路180号 …… Tel:6234318

广水市环境保护局
地址：应十大道143号 …… Tel:6281448

广水市食品药品监督管理局
地址：广水市应山督察巷 …… Tel:6239455

广水市畜牧局
地址：广水市广安路78号 …… Tel:6232246

广水市烟草专卖局
地址：永阳大道22号 …… Tel:6232602

广水市职工医疗保险管理局
地址：东大街168号 …… Tel:6230640

广水市教育局
地址：广水市西正街29号 …… Tel:6245699

随州市人力资源和社会保障局
地址：随州市汉东路195号 …… Tel:3230696

随州市卫生监督局
地址：青年路 …… Tel:3324100

随州市应急管理局
地址：城南新区 …… Tel:3596101

随州市地震局
地址：城南新区 …… Tel:3596238

随州市劳动就业管理局
地址：随州市汉东路 …… Tel:3238536

随州市食品药品监督管理局
地址：随州市清河路中段 …… Tel:3311257

随州市烟草专卖局
地址：烈山大道149号 …… Tel:3223091

随州市文化和文化和旅游局
地址：迎宾大道 …… Tel:3596127

随州市商务局
地址：迎宾大道 …… Tel:3596391

随州市粮食局
地址：随州市粮食局 …… Tel:3596618

随州市人口和计划生育委员会
地址：随州市城南新区 …… Tel:3596800

随州市发展和改革委员会
地址：随州市城南新区 …… Tel:3596333

随州市机构编制委员会
地址：城南新区迎宾大道 …… Tel:3596151

随州市国有资产管理委员会
地址：迎宾大道 …… Tel:3596198

随州市支援铁路建设办公室
地址：烈山大道 …… Tel:3242460

广水市土地管理所
地址：广水市武胜路5号 …… Tel:6413701

随州市曾都区烟草专卖局
地址：舜井大道53号 …… Tel:3589206

咸宁市（0715）

国家机构
人民政府

咸宁市人民政府
地址：咸宁市成宁大道 …… Tel:3260159

咸宁市人民政府台湾事务办公室
地址：咸宁市十六潭路 …… Tel:8126209

咸宁市人民政府研究室
地址：咸宁大道 …… Tel:8126480

咸宁市人民政府接待办公室
地址：成宁大道 …… Tel:8126509

咸宁市卫生局
地址：咸宁市成宁大道9号 …… Tel:8133573

咸宁市民政局
地址：咸宁市茶花路27号 …… Tel:8270369

咸宁市民族宗教事务局
地址：咸宁市温采路21号 …… Tel:8126777

咸宁市地方海事局
地址：咸宁市交通巷3号 …… Tel:8253551

咸宁市地方税务局温泉分局
地址：淦河大道59号 …… Tel:8139085

咸宁市机关事务管理局
地址：咸宁市笔架山路1号 …… Tel:8126611

咸宁市地震局
地址：咸宁市温泉路92号 …… Tel:8256673

咸宁市审计局
地址：淦河大道72号 …… Tel:8256965

咸宁市物价局
地址：咸安区金桂路8号 …… Tel:8322769

咸宁市招商局
地址：温泉十六潭路1号 …… Tel:8126117

国家税务总局咸宁市税务局
地址：淦河大道76号 …… Tel:8265126

咸宁市质量技术监督局
地址：银泉大道539号 …… Tel:8134855

咸宁市科学技术局
地址：银泉大道628号 …… Tel:8132100

咸宁市药品监督管理局
地址：咸宁市金桂路10号 …… Tel:8315986

咸宁市烟草专卖局
地址：长安大道163号 …… Tel:8133320

咸宁市档案局
地址：咸宁市温泉路21号 …… Tel:8126560

咸宁市文化和文化和旅游局
地址：温泉笔架山街1号 …… Tel:8251996

咸宁市商务局
地址：淦河大道65号 …… Tel:8256593

咸宁市教育局
地址：笔架山路39号 …… Tel:8256168

咸宁市人口和计划生育委员会
地址：咸宁大道59号 …… Tel:8138136

咸宁市经济委员会
地址：咸宁市温泉路21号 …… Tel:8255383

咸宁市精神文明建设委员会
地址：咸宁大道 …… Tel:8126307

咸宁市无线电管理办公室
地址：咸宁市温泉路87号 …… Tel:8126279

咸宁市外事办公室
地址：咸宁市十六潭路 …… Tel:8126241

咸宁市维护廉政举报中心
地址：咸宁市咸宁大道 …… Tel:8139155

咸宁市区域发展局
地址：咸宁市温泉路 …… Tel:8126797

恩施土家族苗族自治州（0718）

恩施市（0718）

国家机构
人民政府

恩施土家族自治州人民政府
地址：舞阳大街十四巷 …… Tel:8222183

恩施市人民政府
地址：恩施市市府路 …… Tel:8211600

恩施州人民政府国有资产监督管理委员会
地址：恩施市新建街60号 …… Tel:8222386

恩施土家族苗族自治州粮食局
地址：舞阳大街一巷120号 …… Tel:8222922

恩施市水土保持局
地址：恩施市人民路44号 …… Tel:8283898

恩施市水利水产局
地址：恩施市人民路44号 …… Tel:8283894

恩施市发展和改革局
地址：恩施市市府路 …… Tel:8212370

恩施市民族宗教事务局
地址：恩施市民族路 …… Tel:8224536

恩施市应急管理局
地址：恩施市航空路 …… Tel:8224590

恩施市机关事务管理局
地址：恩施市市府路 …… Tel:8214399

恩施市社会劳动保险管理局
地址：恩施市施州大道 …… Tel:8230577

恩施市劳动和社会保障局
地址：施州大道170号 …… Tel:3224433

恩施市国土资源局
地址：施州大道222号 …… Tel:8416408

恩施市林业局
地址：民族路和大桥路交叉 …… Tel:8224294

恩施市信坊局
地址：恩施市市府路27号 …… Tel:8212384

恩施市科学技术局
地址：施州大道372号 …… Tel:8410097

恩施市食品药品监督管理局
地址：民族路3巷8号 …… Tel:8228051

恩施市烟草专卖局
地址：恩施市民族路23号 …… Tel:8224436

恩施市档案局
地址：市府路 …… Tel:8211554

恩施市教育局
地址：恩施市体育运动中心西侧 …… Tel:8414444

恩施州卫生局
地址：舞阳大街 …… Tel:8222912

恩施州民政局

地址：恩施市施州大道47号
Tel:8212857

恩施州地方海事局
地址：恩施市舞阳大街
Tel:8212635

恩施州社会保险管理局
地址：恩施市新建街
Tel:8223485

恩施自治州食品药品监督管理局
地址：舞阳大街213号
Tel:8222645

恩施州质量技术监督局
地址：施州大道208号
Tel:8416630

恩施州科学技术局
地址：施州大道372号
Tel:8417251

恩施州商务局
地址：恩施市清江东路
Tel:8221656

恩施州教育局
地址：清江东路8号
Tel:8222647

恩施市计划生育委员会
地址：恩施市沿江路
Tel:8223620

恩施州发展和改革委员会
地址：舞阳大道223号
Tel:8222091

恩施州民族宗教事务委员会
地址：舞阳大道50号
Tel:8223989

湖北省无线电管理委员会办公室恩施州管理处
地址：机场路151号
Tel:8215317

恩施市防汛抗旱指挥部
地址：恩施市人民路44号

湖南省

长沙市人民政府
地址：岳麓大道218号
Tel:88665000

长沙市人民政府企业管理指导
地址：岳麓大道208号
Tel:88665877

长沙市人民政府研究室
地址：岳麓大道218号
Tel:88665931

长沙市政务服务中心
地址：人民路29号
Tel:84116617

长沙市人事局
地址：岳麓大道218号
Tel:88666050

长沙市卫生局
地址：中心医院保健楼
Tel:85312315

长沙市市场监督管理局
地址：树木岭路
Tel:85475040

长沙市市场监督管理局外地驻长企业监督管理分局
地址：韶山中路172号
Tel:85553399

长沙市乡镇企业局
地址：劳动西路300号
Tel:85176660

长沙市公用事业管理局
地址：韭菜园路231号
Tel:82222884

长沙市水利局
地址：湘雅路油铺街48号
Tel:84498275

长沙市公路管理局
地址：新建西路76号
Tel:85601669

长沙市公路管理局城郊分局
地址：韶山中路732号
Tel:85579339

长沙市民政局
地址：五一路桐荫里51号
Tel:84442852

长沙市民族宗教事务局
地址：白沙路255号
Tel:85112208

长沙市价认证中心
地址：浏正街附53号
Tel:84403821

长沙市地方税务局
地址：长沙市白沙街1号
Tel:12366

长沙市地方税务局二分局书院路税务所
地址：下碧湘街
Tel:85146803

长沙市地方税务局二分局黑石铺税务所
地址：大托镇黑石村
Tel:85400446

长沙市地方税务局五分局雨花亭税务所
地址：中意一路345号
Tel:85684173

长沙市地方税务局五分局黎托税务所
地址：黎托乡
Tel:85950041

长沙市地方税务局稽查局
地址：白沙路206号
Tel:85183121

长沙市农业农村局
地址：长沙市政府13楼
Tel:88665649

长沙市应急管理局
地址：芙蓉中路一段394号
Tel:84140667

长沙市机关事务管理局
地址：岳麓大道218号
Tel:88665718

长沙市农村经济经营管理局
地址：岳麓大道218号
Tel:88665977

长沙市交通局
地址：湘春路290号
Tel:84313479

长沙市交通运输管理处
地址：枫林一路367号
Tel:88884182

长沙市地税涉外分局
地址：长沙市白沙路206号
Tel:85183189

长沙市劳动和社会保障局
地址：芙蓉中路二段57号
Tel:84424907

长沙市体育局
地址：劳动东路289号
Tel:82930666

长沙市园林管理局
地址：八一路239号
Tel:84462700

长沙市财政局
地址：芙蓉中路二段189号
Tel:85164908

长沙市国土管理局
地址：晚报大道150号
Tel:82180771

长沙市审计局
地址：岳麓大道218号
Tel:88665617

长沙市林业局
地址：雷锋大道夏家湾
Tel:88137733

长沙市物价局
地址：黄兴路63号
Tel:84111246

长沙市建设委员会
地址：市政府大楼丸楼
Tel:88665911

长沙市规划管理局
地址：岳麓大道218号
Tel:88666208

长沙市知识产权局
地址：人民中路308号
Tel:84123180

长沙市国库集中支付核算局
地址：建湘南路153号
Tel:84458227

长沙市房屋产权管理局
地址：德政园
Tel:84662179

长沙市国家税务局
地址：韶山北路269号
Tel:84185602

长沙市国家税务局二分局城南路税务所
地址：城南路
Tel:85812016

长沙市国家税务局三分局望月村税务所
地址：河西荣湾镇
Tel:80884971

长沙市国家税务局天心分局裕南街税务所
地址：裕南街
Tel:85153832

长沙市国家税务局直属税务分局
地址：韶山北路269号
Tel:84185038

长沙市国家税务局稽查局
地址：长沙市白沙路190号
Tel:85111168

长沙市非税收入管理局
地址：解放中路
Tel:82565537

长沙市质量技术监督局
地址：长沙市银双路288号
Tel:88635304

长沙市环境保护局
地址：朝阳路160号
Tel:84129654

长沙市统计局
地址：市政府大楼12楼
Tel:88666131

长沙市城市管理局
地址：长沙市政府八楼
Tel:88665965

长沙市科学技术局
地址：市政府11楼东
Tel:88666159

长沙市政府采购中心
地址：解放西路55号
Tel:84433111

长沙市食品药品监督管理局
地址：戥子桥69号
Tel:82581038

长沙市畜牧水产局
地址：曙光中路85号
Tel:84129441

长沙市文化和文化和旅游局
地址：岳麓大道218号
Tel:88666279

长沙市移民开发管理局
地址：市政府大院
Tel:88665270

长沙市商务局
地址：岳麓大道218号
Tel:88668012

长沙市教育局
地址：蔡锷中路
Tel:84416773

长沙市就业服务局
地址：芙蓉中路2段57号
Tel:84436657

长沙市湘湖管理局
地址：五里牌
Tel:82283060

长沙市粮食局
地址：五一大道492号
Tel:84427222

长沙港务局
地址：湘江大道
Tel:84861579

湖南省长沙市地方海事局
地址：芙蓉中路一段99号
Tel:82445210

湖南省轻工盐业有限责任公司长沙分公司长沙市盐务管理局
地址：黄金西路38号
Tel:88496061

长沙天心工业园管理委员会
地址：中意二路139号
Tel:85476610

长沙市人口和计划生育委员会
地址：岳麓大道218号
Tel:[illegible]666181

长沙市人民政府国有资产监督管理委员会
地址：城南东路67号
Tel:85480988

长沙市大河西先导区管理委员会
地址：长沙麓谷高新区
Tel:88799607

长沙市电工管理委员会
地址：解放四村
Tel:85132547

长沙市发展计划委员会
地址：成家湖市政府大楼
Tel:88665551

长沙市发展和改革委员会
地址：岳麓大道218号
Tel:88665530

长沙市地名委员会
地址：桐荫里150号
Tel:84454232

长沙市经济委员会
地址：政府大楼8接
Tel:88666111

长沙市教育技术装备处
地址：桂花路军培巷48号
Tel:85560791

长沙市教育学会心理健康教育专业委员会
地址：荷花园
Tel:04783691

长沙国家高新技术产业开发区管委会
地址：河西麓谷大道668号
Tel:88995488

长沙金霞经济开发区管理委员会
地址：开福区芙蓉北路
Tel:88482510

当代教育论坛刊物指导委员会
地址：八一路433号519室
Tel:82242207

隆平高科技园管理委员会
地址：东岸乡张公岭
Tel:84626828

长沙市人民防空办公室
地址：五一西路28号
Tel:84403593

长沙市人民政府外事侨务办公室
地址：岳麓大道218号
Tel:88665501

长沙市人民政府台湾事务办公室
地址：岳麓大道218号
Tel:88667410

长沙市化工医药行业管理办公室
地址：湘湖开发区展南一路
Tel:82290927

长沙市主房制度改革领导小组办公室
地址：邵阳坪18号
Tel:84411533

长沙市处理私房改造遗留问题领导小组办公室
地址：肇嘉坪38号
Tel:82241024

长沙市地方志办公室
地址：岳麓大道218号
Tel:88667528

长沙市各民主党派机关事务办公室
地址：白沙路255号
Tel:85112437

长沙市机构编制委员会办公室
地址：岳麓大道218号
Tel:88667449

长沙市会展工作管理办公室
地址：岳麓大道218号
Tel:88665188

长沙市机械行业管理办公室
地址：人民中路6号
Tel:85155685

长沙市汽车电子行业管理办公室
地址：劳动西路380号
Tel:85519797

长沙市革命老根据地经济开发促进会办公室
地址：桐茵里150号
Tel:84424030

长沙市信息中心长沙市信息化工作领导小组办公室
地址：岳麓大道218号
Tel:88665517

长沙市接待办公室
地址：岳麓大道218号
Tel:88667558

长沙市煤炭建材行业管理办公室
地址：芙蓉中路一段394号
Tel:84311024

长沙市土地整理中心
地址：晚报大道150号
Tel:82182492

长沙市机动车驾驶员培训管理处
地址：万家丽中路一段269号
Tel:88151285

长沙市交通规费征稽处
地址：长沙市荷花路7号
Tel:84761923

长沙市建设工程质量监督站
地址：德政街167号
Tel:84694028

长沙市建设工程造价管理站
地址：人民中路400号
Tel:84162905

长沙市直属机关服务中心
地址：岳麓大道218号
Tel:88668209

长沙市煤炭工业总公司
地址：八一路149号
Tel:84415979

长沙地区药品不良反应监测中心
地址：展览馆路
Tel:84667573

长沙仲裁委员会
地址：芙蓉中路二段80号
Tel:84412526

长沙住房公积金管理中心
地址：芙蓉中路二段128号
Tel:85164757

长沙市天心区人民政府
地址：湘府中路
Tel:85899000

长沙市开福区人民政府
地址：金霞大道
Tel:84558034

长沙市芙蓉区人民政府
地址：人民东路189号
Tel:84683088

长沙市雨花区人民政府
地址：万家丽路
Tel:85880049

长沙市岳麓区人民政府
地址：金星北路一段517号
Tel:88999998

天心区卫生局
地址：长沙大道
Tel:85899201

天心区计划生育局
地址：湘府中路
Tel:85899720

天心区市政工程管理局
地址：天鹅塘岭巷2号
Tel:85825337

天心区发展和改革局
地址：长沙大道
Tel:85899636

天心区市容环境卫生管理局
地址：新中路2号
Tel:85592242

天心区地方税务局
地址：学院街67号
Tel:85812595

天心区交通运输管理局
地址：长沙大道
Tel:85899715

天心区财政局
地址：湘府中路298号
Tel:85899805

天心区审计局
地址：湘府中路298号
Tel:85899416

天心区建设局
地址：长沙大道
Tel:85899614

天心区国家税务局
地址：向东园开发区
Tel:85133058

天心区科学技术局
地址：芙蓉南路
Tel:85899622

天心区商务局
地址：长沙大道
Tel:85899324

天心区教育局
地址：劳动路
Tel:85145414

长沙市市场监督管理局天心分局
地址：长沙大道
Tel:85890632

长沙市市场监督管理局芙蓉分局
地址：汉城路
Tel:84771358

长沙市市场监督管理局雨花区分局井湾子工商所
地址：井湾子
Tel:85683637

长沙市市场监督管理局雨花分局
地址：万家丽路
Tel:85958216

长沙市市场监督管理局雨花分局高桥工商所
地址：高桥大市场皮具城
Tel:85982505

长沙市市场监督管理局岳麓分局
地址：望城坡银杏路204号
Tel:88169920

长沙市市场监督管理局岳麓分局麓山所
地址：麓山路23号
Tel:88613160

长沙市天心区人事局
地址：长沙大道
Tel:85899321

长沙市天心区环境保护局
地址：湘府中路298号
Tel:85899736

长沙市天心区城市管理局
地址：湘府中路
Tel:85899308

长沙市开福区地方税务局
地址：芙蓉北路
Tel:84808880

长沙市开福区财政局
地址：芙蓉北路
Tel:84558133

长沙市开福区商业贸易局
地址：金霞大道
Tel:84558138

长沙市开福区教育局
地址：芙蓉北路
Tel:84817248

长沙市芙蓉区地方税务局
地址：荷花路15号
Tel:84783805

长沙市芙蓉区劳动和社会保障局
地址：人民东路189号
Tel:84683306

长沙市芙蓉区国家税务局
地址：晚报大道115号
Tel:82180979

长沙市国土资源局天心区分局
地址：湘府中路298号
Tel:85899213

长沙市国土资源局开福区分局
地址：芙蓉北路
Tel:84558154

长沙市国土资源局雨花区分局
地址：雨花区桔园小区
Tel:85662422

长沙市国土资源局岳麓区分局
地址：金星北路一段517号
Tel:88999218

长沙市规划管理局天心区分局
地址：赤岭路279号
Tel:85218230

长沙市规划管理局开福区分局
地址：华厦路
Tel:84371665

长沙市规划管理局芙蓉区分局
地址：车站北路
Tel:82194817

长沙市规划管理局岳麓区分局
地址：桐梓坡成嘉花园
Tel:82353267

长沙市雨花区人口和计划生育局
地址：万家丽路
Tel:85880271

长沙市雨花区人事局
地址：万家丽路
Tel:85880231

长沙市雨花区卫生局
地址：万家丽路
Tel:85800236

长沙市雨花区民政局
地址：曙光中路
Tel:85512206

长沙市雨花区发展和改革局
地址：万家丽路
Tel:85880310

长沙市雨花区地方税务局
地址：桂花路271号
Tel:85492370

长沙市雨花区农业林业水利局
地址：万家丽路
Tel:85880255

长沙市雨花区劳动和社会保障局
地址：万家丽路
Tel:85880224

长沙市雨花区建设局
地址：雨花区政府大院
Tel:85880282

长沙市雨花区国家税务局
地址：韶山中路483号
Tel:85668469

长沙市雨花区环境保护局
地址：万家丽路
Tel:85880140

长沙市雨花区统计局
地址：万家丽路
Tel:85880302

长沙市雨花区城市管理局
地址：万家丽路
Tel:85880293

长沙市雨花区商务局（招商局）
地址：万家丽路
Tel:85880218

长沙市雨花区教育局
地址：万家丽路
Tel:85880213

长沙市岳麓区地方税务局
地址：金星大道北一段19号
Tel:82368600

长沙市城市管理警察支队芙蓉区大队
地址：远大一路148号
Tel:84710986

长沙市高新区国家税务局
地址：河西麓谷
Tel:88992288

长沙市高新技术产业开发区地方税务局
地址：桐梓坡西路193号
Tel:88992990

开福区人口和计划生育局
地址：芙蓉北路
Tel:84558015

开福区卫生局
地址：芙蓉北路区政府内
Tel:84558233

开福区工业经济局
地址：金霞大道
Tel:84558246

开福区民政局
地址：开福区
Tel:84558071

开福区市政管理局
地址：大王家巷8号
Tel:84494245

开福区市容环境卫生管理局
地址：陈家湖长捞路
Tel:84470677

开福区农业林业水利局
地址：金霞大道
Tel:84558241

开福区应急管理局
地址：金霞大道
Tel:84558037

开福区机关事务管理局
地址：金霞大道
Tel:84558000

开福区交通运输管理局
地址：开福区政府金霞路
Tel:84558150

开福区劳动和社会保障局
地址：芙蓉北路
Tel:84558019

开福区园林管理局
地址：四方坪胜利村
Tel:84227438

开福区房地产管理局
地址：中山西路369号
Tel:84860526

开福区建设局
地址：芙蓉北路区
Tel:84558168

开福区国家税务局
地址：丽臣路114号
Tel:84370298

开福区国家税务局华夏路税务分局
地址：新河路75号
Tel:84825161

开福区环境保护局
地址：芙蓉北路
Tel:84558148

开福区统计局
地址：金霞大道
Tel:84558091

开福区城市管理局
地址：开福区
Tel:84558129

开福区科学技术局
地址：金霞大道
Tel:84558042

开福区商务局
地址：金霞大厦
Tel:84558013

芙蓉区卫生局
地址：火星大道
Tel:84683375

芙蓉区计划生育局
地址：人民东路
Tel:84683295

芙蓉区计划统计物价局
地址：人民东路189号
Tel:846832．10

芙蓉区市容环境卫生管理局
地址：文艺路12号
Tel:84423394

芙蓉区应急管理局
地址：人民东路189号
Tel:84683317

芙蓉区交通运输管理局
地址：戈星大道
Tel:84683377

芙蓉区园林管理局
地址：荷花园
Tel:84745252

芙蓉区审计局
地址：人民东路189号
Tel:84683272

芙蓉区建设局
地址：万家丽路东方新城
Tel:82201821

芙蓉区环境保护局
地址：人民东路189号
Tel:84683110

芙蓉区统计局
地址：人民东路189号
Tel:84683212

芙蓉区城市管理局
地址：火星大道
Tel:84683384

芙蓉区科技局
地址：人民东路189号
Tel:84683300

雨花区计生局
地址：万家丽路
Tel:85880278

雨花区市政工程管理局
地址：火星大道
Tel:85572838

雨花区民政局
地址：曙光南路
Tel:85535694

雨花区市容环境卫生管理局
Tel:85683020

雨花区应急管理局
地址：万家丽路
Tel:85880320

雨花区交通运输管理局
地址：香樟路
Tel:85880908

雨花区园林管理局
地址：树木岭
Tel:85676083

雨花区财政局
地址：万家丽南路
Tel:85880150

雨花区审计局
地址：万家丽路
Tel:85880172

雨花区房屋产权管理局
地址：曙光中路527号
Tel:85564014

雨花区经济贸易局
地址：万家丽路
Tel:85880361

雨花区国家税务局左家塘税务所
地址：曙光中路212号
Tel:85566115

雨花区科学技术局
地址：万家丽路
Tel:85880253

岳麓区计划生育局
地址：金星路
Tel:88999560

岳麓区计划统计物价局
地址：…岳麓区政府大院
Tel:88999785

岳麓区市政管理局
地址：枫林路257号
Tel:88882005

岳麓区市容环境卫生管理局
地址：银盆北路51号
Tel:88808300

岳麓区机关事务管理局
地址：金星大道
Tel:88999410

岳麓区劳动和社会保障局
地址：岳麓街
Tel:88654652

岳麓区园林管理局
地址：枫林路237号
Tel:88882788

岳麓区房屋产权管理局
地址：麓山南路
Tel:88882910

岳麓区国家税务局
地址：岳麓大道2号
Tel:88629014

岳麓区环境保护局
地址：金星北路一段517号
Tel:88999342

开福区精神文明建设指导委员会
地址：芙蓉北路
Tel:84558361

岳麓区绿化委员会
地址：枫林路口
Tel:88853961

岳麓区银盆岭小区开发建设管理委员会
地址：银盆岭村
Tel:88907017

天心区人民防空办公室
地址：长沙走道
Tel:85899311

长沙市天心区政务服务中心
地址：湘府中路
Tel:85898105

长沙市开福区政务服务中心
地址：东风路224号
Tel:84552320

长沙市雨花区直属机关后勤服务中心
地址：雨花区政府大院
Tel:85881000

长沙市雨花区政务服务中心
地址：万家丽路
Tel:85880345

长沙市岳麓区政务服务中心
地址：河西金星路
Tel:88999529

开福区人民防空办公室
地址：金霞路
Tel:84558186

开福区金霞路街道城市管理办
地址：金霞大道
Tel:84363753

左家垅工商所
地址：左家垅
Tel:88631550

芙蓉区人民防空办公室
地址：人民东路189号
Tel:84683323

芙蓉区文化体制改革领导小组办公室
地址：人民东路189号
Tel:84681585

芙蓉区史志档案局地方志办公室
地址：芙蓉区政府大院内
Tel:84683482

芙蓉区优化经济环境工作领导小组办公室
地址：人民东路189号
Tel:84212312

芙蓉区素质教育实践基地办公室
Tel:84692691

芙蓉区棚户区改造领导小组办公室
地址：浏正街
Tel:84436330

雨花区人民防空办公室
地址：万家丽路
Tel:85880122

雨花区黎托乡经济管理办公室
地址：黎托9合丰村
Tel:85951678

岳麓区人民防空办公室
地址：荣湾镇窑坡巷8号
Tel:88862592

岳麓区机关后勤服务中心
地址：河西金星路
Tel:88999456

岳麓区防汛抗旱指挥部
地址：成嘉湖路75号
Tel:88927977

岳麓区实施公务员法工作领导小组办公室
地址：岳麓区新区
Tel:80999619

岳麓区桔洲街道湘麓垸防汛指挥部
地址：新民路
Tel:88882185

洞井乡农业办公室
地址：洞井9新乡政府
Tel:85636113

天心区大托镇人民政府
地址：长沙大道南1号
Tel:85639622

芙蓉区东岸乡人民政府
地址：东岸9政府办公楼
Tel:84614866

雨花区洞井镇人民政府
地址：韶山路洞井铺
Tel:85636088

雨花区高桥乡人民政府
地址：高桥9
Tel:85717986

雨花区黎托乡人民政府
地址：机场高速
Tel:85950002

天心区书院路街道办事处
地址：下碧湘街
Tel:85123908

天心区城南路街道办事处
地址：城南路61号
Tel:85111989

天心区桂花坪街道办事处
地址：南郊石碑岭
Tel:85634281

开福区四方坪街道办事处
地址：德雅路645号3楼
Tel:84210426

开福区民主东街街道办事处
地址：左局街14号
Tel:84435346

开福区伍家岭街道办事处
地址：浏阳河路
Tel:84483973

开福区金霞路街道办事处
地址：金霞路街道办事处
Tel:84498291

开福区湘雅路街道办事处
地址：北站路文昌阁7号
Tel:84487464

开福区新河街道办事处
地址：凤咀路1号
Tel:84498054

东风路街道办事处
地址：东风路222号
Tel:84559952

芙蓉区马王堆街道办事处
地址：东二环920号
Tel:84715133

雨花区圭塘街道办事处
地址：体院下面公路边
Tel:85581206

雨花区砂子塘街道办事处
地址：王家冲白沙苑
Tel:85530958

雨花区高桥街道办事处
地址：高桥9号
Tel:85716589

金盆岭街道办事处
地址：金盆小区20栋
Tel:85213028

学院街街道办事处
地址：学院街67号
Tel:85818605

岳麓区成嘉湖街道办事处
地址：成嘉花园小区
Tel:88635110

岳麓区银盆岭街道办事处
地址：银盛南路
Tel:88801494

清水塘街道办事处
地址：清水塘路152号
Tel:84411008

清水塘街道迎宾路社区
地址：迎宾路113号
Tel:82227761

望麓园办事处
地址：稻谷仓23号
Tel:82222834

新开铺街道办事处
地址：韶山南路22号
Tel:85410664

人民政协和民工党派中国人民政治协商会议湖南省委员会
地址：营盘东路62号
Tel:82228523

中国人民政治协商会议湖南省委员会办公厅
地址：迎宾路165号
Tel:84892079

政协长沙市委员会
Tel:4307706

中国人民政治协商会议天心区委员会
地址：湘府路298号
Tel:85898717

中国人民政治协商会议长沙市开福区委员会
地址：芙蓉北路
Tel:84558086

中国人民政治协商会议长沙市芙蓉区委员会
地址：人民东路189号
Tel:84683100

中国人民政治协商会议长沙市雨花区委员会
地址：万家丽路
Tel:85880099

中国人民政治协商会议长沙市岳麓区委员会
地址：金星北路一段517号
Tel:88999060

民主党派

九三学社湖南省委员会
地址：长沙市爱民路35号
Tel:88883987

中国民主同盟湖南省委员会
地址：河西爱民路35号
Tel:88882233

中国民主建国会湖南省委员会
地址：砂子塘梨子山附1号
Tel:85505560

中国民主促进会湖南省委员会
地址：河西爱民路35号
Tel:85859966

中国农工民主党湖南省委员会
地址：爱民路35号
Tel:88883569

中国国民党革命委员会湖南省委员会
地址：爱民路35号
Tel:88882830

中国致公党湖南省委员会
地址：爱民路35号
Tel:88883687

九三学社长沙市委员会
地址：白沙路255号
Tel:85110957

中国民主同盟长沙市委员会
地址：长沙市白沙路255号
Tel:85110537

中国民主建国会长沙市委员会
地址：白沙路8号
Tel:85110532

中国民主促进会长沙市委员会
地址：白沙路255号
Tel:85118849

中国农工民主党长沙市委员会
长沙市白沙路255号
Tel:85111369

中国国民党革命委员会长沙市委员会
地址：长沙市白沙路255号
Tel:85116552

社会团体

工会

湖南省有色冶金工会
地址：书院路502号
Tel:85172695

湖南省国防工业工会
地址：营盘东路193号
Tel:82246415

湖南省总工会
地址：民主东街11号
Tel:84320183

湖南省教育工会
地址：教育街11号
Tel:82255576

长沙市总工会
地址：黎锷北路司马38号
Tel:84422089

长沙市天心区工会委员会
地址：湘府路
Tel:85898705

芙蓉区总工会
地址：人民东路189号
Tel:84683391

雨花区总工会
地址：万家丽路
Tel:85880146

共青团、青联、学联

中国共产主义青年团湖南省委员会
地址：上麻园岭巷289号
Tel:84471312

中国共产主义青年团湖南省委青工部
地址：土麻因岭289号
Tel:84496900

中国共产主义青年团长沙市委员会
地址：中山路2712号
Tel:84441376

中国共产主义青年团天心区委员会
地址：湘府中路
Tel:85898711

中国共产主义青年团长沙大学委员会
地址：洪山路98号
Tel:84261443

中国共产主义青年团中南大学委员会
地址：中南大学岳麓教区
Tel:88879802

妇联

湖南省妇女联合会
地址：韶山路1号
Tel:82217601

长沙市妇女联合会
地址：营盘路108号
Tel:84880310

天心区妇女联合会
地址：天心区区委大院
Tel:85898715

开福区妇女联合会
地址：金霞大道
Tel:84558058

侨联

湖南省归国华侨联合会
地址：迎宾路185号
Tel:84412145

长沙市归国华侨联合会
地址：长沙市白沙路255号
Tel:85112695

文联

湖南省文学艺术界联合会
地址：芙蓉区八一路227号
Tel:84582686

湖南省校园文学艺术联合会
地址：八一路227号
Tel:84138256

长沙市文学艺术界联合会
地址：中山路272号
Tel:82223192

残联

湖南省残疾人联合会
地址：纬二路89号
Tel:84714604

长沙市残疾人联合会
地址：劳动广场旭鸣里8号
Tel:85133007

天心区残疾人联合会
地址：芙蓉南路
Tel:85899106

开福区残疾人联合会
地址：金霞大道
Tel:84558226

芙蓉区残疾人联合会
地址：火星大道
Tel:84683399

雨花区残疾人联合会
地址：曙光南路21号
Tel:85525090

工商联

湖南省工商业联合会
地址：砂子塘梨子山
Tel:85551299

长沙市工商业联合会
地址：长沙市白沙路255号
Tel:85110097

天心区工商业联合会
地址：湘府路
Tel:85898215

开福区工商业联合会
地址：芙蓉北路
Tel:84558090

芙蓉区工商业联合会
地址：人民东路189号
Tel:84683402

雨花区工商业联合会
地址：万家丽路雨花区政府
Tel:85880267

协会

中国电视艺术家协会湖南分会
地址：德雅路
Tel:84512334

湖南诗词协会
地址：展览馆路2号
Tel:84437215

湖南省人像摄影行业协会
地址：五一东路附2号
Tel:82275391

湖南省个体劳动者私营企业协会
地址：河西谭家坪
Tel:88861730

湖南省水泥协会
地址：劳动西路499号
Tel:85527130

湖南省书法家协会
地址：八一路227号
Tel:84141858

湖南省计量协会
地址：新建西路41号
Tel:85354450

湖南省民办教育协会
地址：八一路417号
Tel:82231825

湖南省奶业协会
地址：畜牧兽医研究所内
Tel:84611810

湖南省印刷协会
地址：展览馆路66号
Tel:84302561

湖南省设计艺术家协会
地址：八一路227号
Tel:84466586

湖南省羽毛球运动协会
地址：体院路71号
Tel:85072806

湖南省农村卫生协会
地址：湘雅路
Tel:84811993

湖南省戏剧家协会
地址：八一路261号
Tel:84582638

湖南省机械工业质量管理协会
地址：东茅街20号
Tel:84406615

湖南省收藏协会
地址：八一路538号
Tel:84443953

湖南省园林绿化协会
地址：韶山北路92号
Tel:82230577

湖南省医药包装协会
地址：戥子桥26号
Tel:82256526

湖南省医院协会
地址：湘雅路30号
Tel:84822054

湖南省作家协会
地址：岳麓大道186号
Tel:84514080

湖南省连锁经营协会
地址：车站南路105号
Tel:84131132

湖南省建设工程招标投标协会
地址：顺天国际财富中心
Tel:84894656

湖南省建设工程造价管理协会
地址：桔園路125号
Tel:85657473

湖南省软件行业协会
地址：八一路407号
Tel:84461143

湖南省房地产业协会
地址：韶山北路398号
Tel:85568122

湖南省建设监理协会
地址：解放中路88号
Tel:84446302

湖南省建设教育协会
地址：解放中路86号
Tel:82231030

湖南省垂钓运动协会
地址：体育馆路
Tel:84411997

湖南省性病艾滋病防治协会
地址：芙蓉中路一段450号
Tel:84314576

湖南省建筑业协会
地址：蔡锷南路
Tel:84425101

湖南省建筑节能协会
地址：韶山北路39号
Tel:84119825

湖南省质量协会
地址：新建西路41号
Tel:85354446

湖南省质量检验协会
地址：新建西路41号
Tel:85351772

湖南省环境卫生工作协会
地址：韶山北路92号四楼
Tel:84445165

湖南省室内装饰协会
地址：五一大道549号
Tel:82242828

湖南省美发美容协会
地址：五一大道922号
Tel:84864492

湖南省城市道路照明管理协会
地址：迎宾路25号
Tel:82258962

湖南省城市照明协会
地址：迎宾路
Tel:82223307

湖南省律师协会
地址：粮贸大厦
Tel:84434965

湖南省咨询业协会
地址：芙蓉区解放中路276号
Tel:82227727

湖南省标准化协会
地址：新建西路41号
Tel:85551747

湖南省养殖业协会
地址：潇湘南路18号
Tel:88616083

湖南省城镇供水协会
地址：工农桥
Tel:85111243

湖南省消防协会
地址：枫林三路149号
Tel:88119878

湖南省珠宝玉石首饰行业协会
地址：城南中路290号

……………………Tel:85162651

湖南省家具协会
地址：韶山南路211号
……………………Tel:85655396

湖南省通信行业协会
地址：五一中路120号
……………………Tel:82261298

湖南省教学仪器设备行业协会
地址：韶山中路754号
……………………Tel:82466816

湖南省教育国际交流协会
地址：彭家井11号
……………………Tel:84314178

湖南省勘察设计协会
地址：韶山北路84号
……………………Tel:84424216

湖南省棉花协会
地址：五一大道618号
……………………Tel:82560097

湖南省棋类协会
地址：韶山路
……………………Tel:85519507

湖南省湖湘文化交流协会
地址：迎宾路
……………………Tel:82569869

湖南省粮食行业协会
地址：芙蓉中路一段2号
……………………Tel:84497356

湖南省演出娱乐行业协会
地址：蔡锷北路153号
……………………Tel:84444738

湖南省模具协会
地址：八一路417号大院
……………………Tel:82225570

湖南省篮球协会
地址：体育馆路
……………………Tel:84514302

长沙市个体劳动者私营企业协会
地址：西牌楼街55号
……………………Tel:84447827

长沙市中小企业信用与担保协会
地址：文化广场12楼
……………………Tel:84418775

长沙市书报刊发行业协会
地址：文化广场
……………………Tel:84422054

长沙市台湾同胞投资企业协会
地址：平和堂商务楼
……………………Tel:82568461

宗教组织

中国共产党湖南省委老干部局
地址：韶山路1号
……………………Tel:82217249

驻在机构

中央驻在机构

中华人民共和国长沙海关
地址：东二环一段678号
……………………Tel:84781688

中华人民共和国湖南出入境检验检疫局
地址：梨子山4号
……………………Tel:85549087

中国国际贸易促进委员会湖南省分会
地址：东二环路一段1139号
……………………Tel:84773305

中国教育工会长沙学院委员会
地址：洪山庙
……………………Tel:84261471

国家统计局长沙调查队长沙市人民政府社会调查办公室
……………………Tel:88666123

湖南出入境检验检疫局
地址：湘府中路188号

广东省

广州白云区新市镇人民政府教育委员会办公室
地址：广州市广花五路23号
……………………Tel:86627910

广州市天河区人民政府办公室
地址：天府路1号2号楼
……………………Tel:38622001

广州市天河区人民政府农业办公室
地址：员村天府路1号
……………………Tel:38622279

广州市天河区人民政府侨务办公室
地址：广州市天府路1号
……………………Tel:38622627

广州市天河区人民政府房地产开发办公室
地址：黄埔大道中166号
……………………Tel:85574399

广州市东山区人民政府外事办公室
地址：暑前路8号
……………………Tel:87755088

广州市东山区人民政府台湾事务办公室
地址：暑前路八号
……………………Tel:87753439

广州市芳村区人民政府台湾事务办公室
地址：芳村大道西2号
……………………Tel:81893543

广州市芳村区人民政府农业办公室
地址：芳村大道西2号
……………………Tel:81803014

广州市荔湾区人民政府办公室
地址：中山七路328号
……………………Tel:81814130

广州市荔湾区人民政府外事办公室
地址：中山七路328号
……………………Tel:81814129

广州市海珠区人民政府办公室
地址：宝岗大道1号
……………………Tel:84429819

广州市海珠区人民政府侨务外事办公室
地址：宝岗大道1号
……………………Tel:84414185

广州市黄埔区人民政府
地址：大沙东路333号
……………………Tel:82378877

广州市黄埔区人民政府侨务办公室
地址：大沙东路333号
……………………Tel:82378590

广州市越秀区人民政府办公室
地址：越华路183号
……………………Tel:83268321

广州市越秀区人民政府侨务外事办公室
地址：越华路183号
……………………Tel:83268397

广州市番禺区人民政府办公室
地址：清河东路319号
……………………Tel:84636032

广州市番禺区人民政府打击走私领导小组办
地址：清河东路319号
……………………Tel:84636893

广州市番禺区人民政府外事办公室
地址：清河东路319号
……………………Tel:84636296

广州市番禺区人民政府审批服务中心
地址：清河东路319号
……………………Tel:84690909

广州番禺人民政府口岸办公室
地址：市桥清河东路口岸大街
……………………Tel:84613403

从化市人民政府
地址：新城东路99号
……………………Tel:87922712

从化市人民政府三防指挥部办公室
地址：河东北路
……………………Tel:87976274

从化市人民政府口岸办公室
地址：街口106国道
……………………Tel:87960771

从化市人民政府农业办公室
地址：新城东路99号
……………………Tel:87926186

从化市人民政府投资服务中心
地址：街口镇河滨北路128号
……………………Tel:87956188

中共番禺区委员会广州市番禺区人民政府机关
地址：清河东路319号
……………………Tel:84636459

东山区人民政府行政会议办公室
地址：署前路8号420
……………………Tel:87611617

花都区人民政府
地址：新华镇公益路广场
……………………Tel:36899053

花都区人民政府口岸办公室
地址：新都大道
……………………Tel:316899132

花都区人民政府侨务办公室
地址：花城路36号
……………………Tel:86834275

番禺市人民政府农业办公室
地址：清河东路319号
……………………Tel:84636017

增城市人民政府口岸办公室
地址：新塘镇海关大道
……………………Tel:82769198

增城市人民政府办公室
地址：荔城镇文化路11号
……………………Tel:82755121

增城市人民政府侨务办公室
地址：荔城镇文化路11号
……………………Tel:82752369

广州市市场监督管理局从化分局
地址：街口中田东路41号
……………………Tel:87921775

广州市市场监督管理局专业市场管理分局
地址：中山一路一街10号
……………………Tel:87328339

广州市市场监督管理局天河分局
地址：黄埔大道183号
……………………Tel:85516006

广州市市场监督管理局东山分局
地址：白云路97号
……………………Tel:83859642

广州市市场监督管理局白云分局
地址：广源中路212号
……………………Tel:86577907

广州市市场监督管理局芳村分局
地址：芳村大道东170号
……………………Tel:81803874

广州市市场监督管理局花都分局
地址：新华花城南路5号
……………………Tel:86823055

广州市市场监督管理局经济技术开发区分局
地址：广州市青年路
……………………Tel:82214732

广州市市场监督管理局经济检查分局
地址：流花路中屣里60号
……………………Tel:86433123

广州市市场监督管理局保税区分局
地址：广保大道
……………………Tel:82221493

广州市市场监督管理局荔湾分局
地址：广州市宝华路
……………………Tel:81707059

广州市市场监督管理局珠江管理区分局
地址：珠江农场
……………………Tel:84947168

广州市市场监督管理局海珠分局
地址：广州大道南915号
……………………Tel:89000052

广州市市场监督管理局黄埔分局
地址：广州市大沙北路81号
……………………Tel:32399393

广州市市场监督管理局越秀分局
地址：解放北路813号
……………………Tel:83546960

广州市市场监督管理局番禺分局
地址：市桥兴泰路59号
……………………Tel:84621526

广州市市场监督管理局增城分局经济检查中队
地址：增城市荔城镇
……………………Tel:82637138

广州市市场监督管理局从化工商所
地址：从化市街口镇
……………………Tel:87989736

广州市市场监督管理局从化分局吕田工商所
地址：从化市吕田广新路
……………………Tel:87856129

广州市市场监督管理局天河分局天平工商
地址：兴华街马蹄岗88号
……………………Tel:87229957

广州市市场监督管理局天河分局登峰工商所
地址：广州市下塘西73号
……………………Tel:83504849

广州市市场监督管理局东山分局大东工商所
地址：东华东路385号
……………………Tel:87667337

广州市市场监督管理局东山分局白云工商所
地址：庙前西街仓园8号
……………………Tel:87777212

广州市市场监督管理局白云分局人和工商所
地址：人和大马路33号
……………………Tel:86450763

广州市市场监督管理局白云分局九佛工商所
地址：九佛镇建设路
……………………Tel:87488026

广州市市场监督管理局白云分局三元里工商所
地址：广州市机场路50
……………………Tel:86580196

广州市市场监督管理局白云分局太和工商所
地址：广州市太和镇联星
……………………Tel:87429025

广州市市场监督管理局白云分局龙归工商所
地址：广州市龙归镇
……………………Tel:86042347

广州市市场监督管理局白云分局石井工商所
地址：石潭路200号
……………………Tel:86418696

广州市市场监督管理局白云分局同和工商所
地址：同和大街15号
……………………Tel:37356061

广州市市场监督管理局白云分局江高工商所江高镇爱国西路
……………………Tel:86601587

广州市市场监督管理局白云分局竹料工商所
地址：竹料圩大街
……………………Tel:87712412

广州市市场监督管理局白云分局良田工商所
地址：广州市良田镇
……………………Tel:87448093

广州市市场监督管理局白云分局罗岗工商所
地址：罗岗大马路
……………………Tel:82245754

广州市市场监督管理局白云分局矿泉工商所
地址：广州市广花二路
……………………Tel:86595946

广州市市场监督管理局白云分局神山工商所
地址：广州市神山镇
……………………Tel:86060121

广州市市场监督管理局白云分局钟落潭工商所
地址：钟升东路
……………………Tel:87400016

广州市市场监督管理局白云分局蚌湖工商所
地址：展湖街39号
……………………Tel:86039783

广州市市场监督管理局白云分局景泰所
地址：广州市云苑直街11号
……………………Tel:86574241

广州市市场监督管理局白云分局雅瑶工商所
地址：雅瑶镇商业大街
……………………Tel:86609361

广州市市场监督管理局白云分局新市工商所
地址：棠景南大街23号
……………………Tel:86357590

广州市市场监督管理局花都分局丰华工商所
地址：新华镇新中路18号
……………………Tel:86831559

广州市市场监督管理局花都分局北兴工商所
地址：广州市北兴镇
……………………Tel:86799151

广州市市场监督管理局花都分局兴华工商所
地址：新华镇107国道
……………………Tel:86860175

广州市市场监督管理局花都分局赤坭工商所
地址：赤坭镇新兴路29号
……………………Tel:86841920

广州市市场监督管理局花都分局花山工商所
地址：花山镇
……………………Tel:35847528

广州市市场监督管理局花都分局花东工商所
地址：广州市花东镇
……………………Tel:35849970

广州市市场监督管理局花都分局芙蓉工商所
地址：旗岭走街126号
……………………Tel:86993477

广州市市场监督管理局花都分局昌华工商所
地址：商业大道66号
……………………Tel:86859716

广州市市场监督管理局花都分局炭步工商所
地址：广州市炭步镇
……………………Tel:86741806

广州市市场监督管理局花都分局狮岭工商所
地址：广州市狮岭镇
……………………Tel:86845251

广州市市场监督管理局花都分局梯面工商所
地址：广州市梯面镇
……………………Tel:86851514

广州市市场监督管理局花都分局裕华工商所
地址：宝华路26号…36807597

广州市市场监督管理局花都分局新华工商所
地址：新中路19号
……………………Tel:86832171

广州市市场监督管理局荔湾分局长寿工商所
地址：华贵路
……………………Tel:81265413

广州市市场监督管理局荔湾分局恩宁工商所
地址：龙津西路
……………………Tel:81264993

广州市市场监督管理局海珠分局江海工商所
地址：赤岗路186号
……………………Tel:84291913

广州市市场监督管理局海珠分局赤岗工商所
地址：新港西下渡路
……………………Tel:84462696

广州市市场监督管理局海珠分局滨江工商所
地址：小港路新云里37号
………………………… Tel:84491742
广州市市场监督管理局黄埔分局鱼珠工商所
地址：鱼珠市场三楼
………………………… Tel:82274763
广州市市场监督管理局越秀分局洪桥工商所
地址：越秀北路420号
………………………… Tel:83554053
广州市市场监督管理局番禺分局大石工商所
地址：朝阳路七号
………………………… Tel:84783704
广州市市场监督管理局番禺分局东城工商
地址：市桥清河东路一街
………………………… Tel:84615537
广州市市场监督管理局番禺分局北城工商所
地址：市桥繁华路185号
………………………… Tel:84811144
广州市市场监督管理局番禺分局石碁工商所
地址：石碁镇岐山路117号
………………………… Tel:84857924
广州市市场监督管理局番禺分局东涌工商所
地址：东涌祥和街2号
………………………… Tel:84905264
广州市市场监督管理局番禺分局西城工商所
地址：市桥大西路23号
………………………… Tel:84822940
广州市市场监督管理局番禺分局沙湾工商所
地址：大巷涌路91号
………………………… Tel:84731191
广州市市场监督管理局番禺分局沙头工商所
地址：市桥捷进二路20号
………………………… Tel:84877354
广州市市场监督管理局番禺分局南村工商所
地址：南村村市新路
………………………… Tel:64768546
广州市市场监督管理局番禺分局钟村工商所
地址：解放路5号
………………………… Tel:64771550
广州市市场监督管理局番禺分局南成工商所
地址：市桥走南路48号
………………………… Tel:64836771
广州市市场监督管理局番禺分局南沙工商所
地址：广州市珠江西路
………………………… Tel:64987105
广州市市场监督管理局番禺分局莲花山工商所
地址：莲花东路27号
………………………… Tel:64861710
广州市市场监督管理局番禺分局新垦工商所
地址：新垦长堤西路
………………………… Tel:64955410
广州市市场监督管理局番禺分局横沥工商所
地址：横沥镇兆丰路67号
………………………… Tel:64961564
广州市市场监督管理局增城分局小楼工商所
地址：小楼镇景源一街10号
………………………… Tel:82641292
广州市市场监督管理局增城分局三江工商所
地址：三江镇荔三路18号
………………………… Tel:82918800
广州市市场监督管理局增城分局中新工商所
地址：中新镇新市路
………………………… Tel:82866269
广州市市场监督管理局增城分局正果工商所
地址：正南街一号
………………………… Tel:82811002
广州市市场监督管理局增城分局石滩工商所
地址：增城市石滩镇开发区
………………………… Tel:82923202
广州市市场监督管理局增城分局仙村工商所
地址：沿江路北21号
………………………… Tel:82935235
广州市市场监督管理局增城分局永和工商所
地址：永和街
………………………… Tel:82973621
广州市市场监督管理局增城分局朱村工商所
地址：增城市朱村镇
………………………… Tel:82854288
广州市市场监督管理局增城分局沙庄工商所
地址：增城市沙庄
………………………… Tel:82917985
广州市市场监督管理局增城分局沙埔工商所
地址：沙埔镇沙埔街
………………………… Tel:82951129
广州市市场监督管理局增城分局和平工商所
地址：中北二巷25号
………………………… Tel:82762309
广州市市场监督管理局增城分局荔城工商所
地址：莲灯街30号
………………………… Tel:82759387
广州市市场监督管理局增城分局派潭工商所
地址：榕林路167号
………………………… Tel:82821135
广州市市场监督管理局增城分局富鹏工商所
地址：沙固中路65号
………………………… Tel:82753264
广州市市场监督管理局增城分局新洲工商所
地址：增城市新塘镇
………………………… Tel:82766574
广州市市场监督管理局增城分局新塘工商所
地址：宏达东路4号
………………………… Tel:82769045
广州市市场监督管理局增城分局新东工商所
地址：西宁路1号
………………………… Tel:82769503
广州市市场监督管理局增城分局福和工商所
地址：银河东路4号
………………………… Tel.82831287
广州市市场监督管理局增城分局增江工商所
地址：西园路
………………………… Tel:82743965
广州市市场监督管理局增城分局镇龙工商所
地址：市场北1号
………………………… Tel:82876064
广州市工商行政管理番禺分局鱼窝头工商所
地址：富裕路11号
………………………… Tel:84913578
广州市工商行政管理增城分局宁西工商所
地址：圆中路31号
………………………… Tel:82961205
广州市市场监督管理局开发区分局夏港工商所
地址：广州市青年路44号
………………………… Tel:82215977
广州市市场监督管理局黄埔分局大沙工商所
地址：大沙东路66号
………………………… Tel:82285397
广州市市场监督管理局黄埔分局长洲工商所
地址：广州市长洲下庄街
………………………… Tel:82201350
广州市市场监督管理局黄埔分局红山工商所
地址：广州市黄埔东路
………………………… Tel:32399205
广州市市场监督管理局黄埔分局南岗工商所
地址：南岗沙步商业街
………………………… Tel:82231814
从化分局太平工商所
地址：广从北路259号
………………………… Tel:87811120
从化分局民乐工商所
地址：新东东路12号
………………………… Tel:87871570
从化分局良口工商所
地址：良口镇新街41号
………………………… Tel:87851331
从化分局城郊工商所
地址：新城中路111号
………………………… Tel:87912707
从化分局街口工商所
地址：西宁中路三多镇2号
………………………… Tel:87920109
从化分局鳌头工商所
地址：前进路
………………………… Tel:87875343
从化分局灌村工商所
地址：从化市灌村镇石坑墟
………………………… Tel:87891097
广东省广州市花都区花侨镇人民政府
地址：侨北一路
………………………… Tel:86771088
广州市天河区沙河镇人民政府
地址：兴华直街38号
………………………… Tel:87229286
广州市白云区九佛镇人民政府
地址：九佛中路978号
………………………… Tel:87488323
广州市白云区人和镇人民政府
地址：人和大马路5号
………………………… Tel:86451936
广州市白云区太和镇人民政府
地址：朝亮南路22号
………………………… Tel:87429011
广州市白云区石井镇人民政府
地址：广州市石井镇政府
………………………… Tel:86409315
广州市白云区龙归镇人民政府
地址：兴龙路1号
………………………… Tel:86042330
广州市白云区良田镇人民政府
地址：良河北路3号
………………………… Tel:87445230
广州市白云区神山镇人民政府
地址：神山墟南街3号
………………………… Tel:86060803
广州市白云区钟落潭人民政府
地址：福龙大街94号
………………………… Tel:87404833
广州市白云区蚌湖镇人民政府
地址：蚌湖路3号
………………………… Tel:86031287
广州市白云区萝岗镇人民政府
地址：罗岗镇公路
………………………… Tel:82080922
广州市白云区雅瑶镇人民政府
地址：广花路
………………………… Tel:86449077
广州市白云区新市镇人民政府
地址：广花五路23号
………………………… Tel:86632334
广州市花都区花山镇人民政府
地址：西龙南街10号
………………………… Tel:86848293
广州市花都区赤坭镇人民政府
地址：沿江路21号
………………………… Tel:86841802
广州市花都区芙蓉镇人民政府
地址：广州市芙蓉镇旗岭
………………………… Tel:86854338
广州市花都区茶花东镇人民政府
地址：花都大道北33号
………………………… Tel:86849250
广州市花都区炭步镇人民政府
………………………… Tel:86843272
广州市花都区梯面镇人民政府
地址：金梯太道26号
………………………… Tel:86851489
广州市黄埔区长洲镇人民政府
长洲镇全洲路567号
………………………… Tel:82200453
广州市黄埔区南岗镇人民政府
地址：黄埔东路3731号
………………………… Tel:82232759
广州市番禺区大石镇人民政府
地址：朝阳西路51号
………………………… Tel:84783216
广州市番禺区大石镇人民政府农业办公室
地址：大石朝阳西路51号
………………………… Tel:84785228
广州市番禺区大岗镇人民政府
地址：大岗豪岗大道19号
………………………… Tel:84936325
广州市番禺区万顷沙镇人民政府
地址：光明路49号
………………………… Tel:84943206
广州市番禺区化龙镇人民政府
地址：龙源路88号
………………………… Tel:84755508
广州市番禺区市桥镇人民政府
地址：市桥富华中路2号
………………………… Tel:84872805
广州市番禺区东涌镇人民政府
地址：东涌培贤路1号
………………………… Tel:84907828
广州市番禺区石碁镇人民政府
地址：广州市石碁镇岐山路
………………………… Tel:84857552
广州市番禺区石楼镇人民政府
地址：广州市石楼镇
………………………… Tel:84861715
广州市番禺区灵山镇人民政府
地址：灵山环城南路6号
………………………… Tel:84936712
广州市番禺区沙湾镇人民政府
地址：中华大道371号
………………………… Tel:84731S81
广州市番禺区沙湾镇人民政府林矿办公室
地址：市良公路2号
………………………… Tel:84736887
广州市番禺区鱼窝头镇人民政府
地址：鱼丰大街48号
………………………… Tel:84913342
广州市番禺区南村镇人民政府
地址：广州市兴业路
………………………… Tel:84768212
广州市番禺区钟村镇人民政府
地址：广州市钟村毓秀路
………………………… Tel:84771701
广州市番禺区莲花山镇人民政府
地址：西门中路5号
………………………… Tel:84861201
广州市番禺区黄阁镇人民政府
地址：麒龙中路一号
………………………… Tel:84971989
广州市番禺区新造镇人民政府
地址：广州市新造镇
………………………… Tel:84726235
广州市番禺区横沥镇人民政府
地址：兆丰路3号
………………………… Tel:84961133
广州市番禺区潭洲镇人民政府
地址：博爱路19号
………………………… Tel:84936504
广州省广州市花都区狮岭镇人民政府
地址：东升中路83号
………………………… Tel:86845456
广州黄埔区大沙镇人民政府
地址：大沙东路313号
………………………… Tel:82389305
二三江镇人民政府
地址：中山路17号
………………………… Tel:82915546
从化市太平镇人民政府
地址：太平镇广从路3号
………………………… Tel:87811988
从化市民乐镇人民政府
地址：从化市民乐新车东路
………………………… Tel:87871008
从化市东明镇人民政府
地址：从化市东明镇政府内
………………………… Tel:87860026
从化市龙潭镇人民政府
地址：龙潭镇广韶路103号
………………………… Tel:87886411
从化市吕田镇人民政府
地址：从化市吕田北街10号
………………………… Tel:87856001
从化市良口镇人民政府
地址：从化
………………………… Tel:87851313
从化市良口镇人民政府计生办
地址：从化
………………………… Tel:87852312
从化市神岗镇人民政府
地址：神岗广从南路2号
………………………… Tel:87826118
从化市神岗镇人民政府计划生育办公室
地址：神岗广从南路2号
………………………… Tel:87826270
从化市神岗镇人民政府财政所
地址：神岗广从南路2号
………………………… Tel:87826183
从化市神岗镇人民政府国土管理所
地址：神岗广从南路2号
………………………… Tel:87826468
从化市神岗镇人民政府建设办公室
地址：神岗广从南路2号
………………………… Tel:87826129
从化市桃园镇人民政府
地址：桃园云星村105国道
………………………… Tel:87832392
从化市桃园镇人民政府经济发展办公室
地址：桃园云星村105国道
………………………… Tel:87832028
从化市街口镇人民政府
地址：街口河滨南路8号
………………………… Tel:87922459
从化市棋杆镇人民政府
地址：棋杆府前路13号
………………………… Tel:87861013
从化市温泉镇人民政府
地址：温泉东路32号
………………………… Tel:87838690
从化市鳌头镇人民政府
地址：鳌头前进东路
………………………… Tel:87873408
从化市灌村镇人民政府
地址：从化市灌村镇石坑墟
………………………… Tel:87891118
从化市灌村镇人民政府计生办
地址：从化市灌村石坑墟
………………………… Tel:87891168
从化市灌村镇人民政府民政办
地址：从化市灌村石坑墟
………………………… Tel:87891610
从化市灌村镇人民政府财政所
地址：从化市灌村石坑墟
………………………… Tel:87891133
石井镇人民政府

地址：石庆路1号
Tel:86409327
东圃镇人民政府
地址：东圃大马路1号
Tel:82300474
江高镇人民政府
地址：爱国东路61号
Tel:86606639
花都区新华镇人民政府
地址：建设路1号
Tel:86831666
番禺区新垦镇人民政府
地址：灵新公路新垦大道
Tel:84955511
增城市小楼镇人民政府
地址：增城市小楼镇
Tel:82841020
增城市中新镇人民政府
地址：中新中福路30号
Tel:82866201
增城市宁西镇人民政府
地址：镇前街25号
Tel:82961351
增城市正果镇人民政府
地址：增城市
Tel:82811022
增城市永和镇人民政府
地址：增城市永和镇荔香街
Tel:82971234
增城市石滩镇人民政府
地址：石滩镇解放南38号
Tel:82923326
增城市朱村镇人民政府
地址：民府路1号
Tel:82854256
增城市沙埔镇人民政府
地址：增城市沙埔镇公平
Tel:82951039
增城市荔城镇人民政府
地址：荔城大道148号
Tel:82612468
增城市派潭镇人民政府
地址：文政路20号
Tel:82821183
增城市福和镇人民政府
地址：福和镇月芳路73号
Tel:82831133
增城市镇龙镇人民政府
地址：镇龙政府前路
Tel:82876000
广州天河区人民政府五山街道办事处
地址：五山岳洲路39号
Tel:85286668
广州市天河区人民政府车陂街办事处
地址：湖边街88号
Tel:82307408
广州市天河区人民政府天园街道办事处
地址：黄埔大道锦明街83号
Tel:85523909
广州市天河区人民政府石牌街道办事处
地址：石牌东路127号
Tel:85512158
广州市天河区人民政府沙东街道办事处
地址：天平架涂屋38号
Tel:87712308
广州市天河区人民政府林和街道办事处
地址：天河东路205号
Tel:38811373
广州市天河区人民政府猎德街道办事处
地址：海心沙路3号
Tel:87546267
广州市天河区人民政府棠下街道办事处
地址：棠德东横路
Tel:85651730
广州市天河区人民政府登峰街道办事处
地址：麓景东路55号
Tel:83573959
广州市东山区人民政府大东街办事处
地址：东华东路东源东街
Tel:83827492
广州市东山区人民政府大塘街办事处
地址：中山三路东臬大道
Tel:83856516
广州市东山区人民政府白云街道办事处
地址：白云路38号4楼
Tel:83881285
广州市东山区人民政府华乐街办事处
地址：淘金路163号
Tel:83599481
广州市东山区人民政府农林街办事处
地址：竹丝岗四马路9号
Tel:87775467
广州市东山区人民政府建设街办事处
地址：建设五马路18号2
Tel:83845068
广州市东山区人民政府珠光街道办事处
地址：文明路244号二楼
Tel:83834969
广州市东山区人民政府梅花村街办事处
地址：梅花路21号
Tel:87628767
广州市东山区人民政府黄花岗街道办事处
地址：先烈中路84号
Tel:37616785
广州市白云区人民政府三元里街道办事处
地址：广州市机场路22号
Tel:86578007
广州市白云区人民政府永平街道办事处
地址：永平白云堡大道6号
Tel:86057722
广州市白云区人民政府同和街道办事处
地址：同和街道办事处
Tel:37377885
广州市白云区人民政府同德街道办事处
地址：广州市同德街
Tel:86283601
广州市白云区人民政府京溪街道办事处
地址：广州市同和中路
Tel:87281805
广州市白云区人民政府黄石街道办事处
地址：黄石东路137号
Tel:36300316
广州市白云区人民政府新景街道办事处
地址：汇侨中路28号
Tel:86263910
广州市芳村区人民政府冲口街道办事处
地址：聚兴大街5号
Tel:81892697
广州市芳村区人民政府茶滘街办事处
地址：茶　路茶香街1号
Tel:81569164
广州市荔湾区人民政府龙津街道办事处
地址：龙津东路752号
Tel:81862012
广州市荔湾区人民政府西村街道办事处
地址：广州市西湾路42号
Tel:86473072
广州市荔湾区人民政府沙面街道办事处
地址：广州市沙面大街8号
Tel:81889928
广州市荔湾区人民政府昌华街道办事处
地址：多宝大新街5号
Tel:81382919
广州市荔湾区人民政府金花街道办事处
地址：中山七路和安西28号
Tel:81863792
广州市荔湾区人民政府岭南街道办事处
地址：广州市珠玑路44号
Tel:81938421
广州市荔湾区人民政府南源街办事处
地址：南岸路马塘坊23号
Tel:81952348
广州市荔湾区人民政府站前街道办事处
地址：广州市流花路
Tel:86527074
广州市荔湾区人民政府逢源街道办事处
地址：华贵路华贵横25号
Tel:81950514
广州市荔湾区人民政府彩虹办事处
地址：周门街25号
Tel:81022777
广州市海珠区人民政府凤阳街道办事处
地址：广州市海珠区江泰路
Tel:84072854
广州市海珠区人民政府龙凤街道办事处
地址：工业大道北60号
Tel:84335482
广州市海珠区人民政府江海街道办事处
地址：赤岗聚德东路18号
Tel:84172521
广州市海珠区人民政府赤岗街道办事处
地址：下渡路128号
Tel:84193352
广州市海珠区人民政府沙园街道办事处
地址：昌岗中路83号
Tel:84363275
广州市海珠区人民政府昌岗街道办事处
地址：晓港中马路147号
Tel:84080445
广州市海珠区人民政府南石头街道办事处
地址：工业大道南箕路5号
Tel:84356204
广州市海珠区人民政府南华西街办事处
地址：同福西路兆龙里
Tel:84397630
广州市海珠区人民政府南洲街办事处
地址：南洲北路398号
Tel:84228733
广州市海珠区人民政府素社街道办事处
地址：前进路基立北街
Tel:84238002
广州市海珠区人民政府海幢街道办事处
地址：宝岗大道
Tel:84391429
广州市海珠区人民政府琶洲街道办事处
地址：新港东路86号
Tel:34135285
广州市海珠区人民政府滨江街道办事处
地址：滨江东选民里15号
Tel:34288637
广州市海珠区人民政府瑞宝街道办事处
地址：晓港湾文华街98号
Tel:84067729
广州市海珠区人民政府新港街道办事处
地址：新港西路93号
Tel:84186792
广州市黄埔区人民政府红山街道办事处
地址：广州市红山一路一号
Tel:82395112
广州市黄埔区人民政府黄埔街道办事处
地址：广州市海员路183号
Tel:82287412
广州市越秀区人民政府人民街道办事处
地址：一德路隆仁坊12号
Tel:83320098
广州市越秀区人民政府广卫街道办事处
地址：广州市越华路7号
Tel:83640026
广州市越秀区人民政府大新街道办事处
地址：广州市大新路278号
Tel:81884204
广州市越秀区人民政府六榕街道办事处
地址：广州市六榕路109号
Tel:83829595
广州市越秀区人民政府东风街道办事处
地址：广州市西华路
Tel:81082241
广州市越秀区人民政府北京街道办事处
地址：广州市惠福东路
Tel:83388439
广州市越秀区人民政府光塔街办事处
地址：云台里26号
Tel:83335179
广州市越秀区人民政府诗书街道办事处
地址：海珠中路206号
Tel:81903697
广州市越秀区人民政府洪桥街道办事处
地址：广州市小北路
Tel:83552094
广州市越秀区人民政府流花街道办事处
地址：桂花岗南街8号
Tel:86233851
广州市番禺区市桥镇东区街道办事处
地址：市桥东晖园4街7号
Tel:84616001
广州市番禺区市桥镇沙头区街道办事处
地址：捷进路6号
Tel:84878371
广州市番禺区市桥镇南区街道办事处
地址：市桥南堤西路27号
Tel:84814519
大埔县人民政府广州办事处
地址：景泰直街18号
Tel:86564934
荔湾区人民政府华林街道办事处
地址：下九路西来西13号
Tel:81395564
增城市人民政府沙庄街道办事处
地址：增城市沙庄街
Tel:82915165
人民政协和民主党派
人民政府
中国人民政治协商会议广东省委员会
Tel:8336664
中国人民政治协商会议广州市委员会
Tel:37595155
社会团体
工商联
广州市番禺区工商业联合会
地址：市桥清河东路319号
Tel:48635402
深圳市（0755）
人民政府
深圳市人民政府办公厅
地址：深圳市市府大院
Tel:82100000
深圳市人民政府计划生育办公室
地址：深圳市新洲路3009号
Tel:83868073
深圳市人民政府打击走私综合治理办公室
地址：深圳市解放路174号
Tel:83797324
深圳市人民政府外事办公室
地址：上步中路1023号
Tel:82104139
深圳市人民政府侨务办公室
地址：深圳南山桃园路
Tel:26665563
深圳市人民政府经济体制改革办公室
地址：深圳市益民路8号
Tel:82104148
深圳市人民政府法律顾问室秘书处
地址：深圳市上步中路8号
Tel:82106267
深圳市人民政府城市管理办公室
地址：深圳市莲花支路4号
Tel:83915857
深圳市市场监督管理局
地址：深圳市桂园路3号
Tel:25572604
深圳市计划生育服务中心
地址：深圳市上步路
Tel:82268000
深圳市肉类批发市场工商所
地址：深圳市清水河1路
Tel:82421687
深圳市龙岗区人民政府办公室
地址：深圳市政府大楼
Tel:28909834
深圳市龙岗区人民政府防范与处理邪教
地址：德政路8号
Tel:84468117
深圳市龙岗区人民政府采购中心
地址：深圳市龙岗镇建设路
Tel:28922213
深圳市龙岗区人民政府城市管理办公室
地址：深圳市龙岗镇德政路
Tel:28912232
深圳市罗湖区人民政府
地址：文锦中路1008号
Tel:25666151
深圳市罗湖区人民政府打击走私领导小组
地址：文锦中路1008号
Tel:25666453
深圳市罗湖区人民政府侨务办公室
地址：深圳市文锦中路1008
Tel:25666213
深圳市盐田区人民政府
地址：沙盐路3018号
Tel:25355306
深圳市盐田区人民政府侨务办公室
地址：沙盐路3018号
Tel:25361619
深圳市盐田区人民政府基本建设管理办公室
地址：深圳市沙头角镇
Tel:25361048
深圳市福田区人民政府
地址：深圳市福民路123号
Tel:82918138
深圳市福田区人民政府办公室
地址：深圳市福民路123号
Tel:82918518
深圳福田区人民政府打击走私领导小组办公室
地址：深圳市福民路123号
Tel:82918618
湖南永州市人民政府驻宝安工作站
地址：深圳市宝城9区
Tel:27750353
福田区人民政府防范与处理邪教问题办公室
地址：深圳市福民路123号
Tel:82918524
福田区人民政府侨务办公室
地址：深圳市福民路123号
Tel:829181456
深圳市市场监督管理局龙岗分局
地址：龙岗镇中心城行政路
Tel:28918233
深圳市市场监督管理局宝安分局
地址：深圳市宝城三区
Tel:27781457
深圳市市场监督管理局罗湖分局
地址：沿河北路2003号
Tel:25423345
深圳市市场监督管理局盐田分局
地址：田心东路5号
Tel:25251234
深圳市市场监督管理局福田分局
地址：深圳市松岭路69号
Tel:83635635
罗湖区人民政府城市管理办公室
地址：文锦中路1008号
Tel:25666538
深圳市龙岗区葵涌人民政府爱国卫生办公室
地址：葵涌镇葵政西路6号
Tel:84209956
市场监督管理局龙山冈岗分局坑梓工商所
地址：新发路54号
Tel:84134853
市场监督管理局龙岗分局大鹏工商所
地址：深圳市大鹏镇
Tel:84305246
市场监督管理局龙岗分局六约工商所
地址：六约村六和路39号
Tel:28506283
市场监督管理局龙岗分局布吉工商所
地址：布吉镇金利路38号
Tel:28273157
市场监督管理局龙岗分局龙岗工商所
地址：龙岗镇第一市场北侧
Tel:28836455
市场监督管理局龙岗分局平湖工商所
地址：深圳市平湖镇
Tel:28452532
市场监督管理局龙岗分局坂田工商所

地址：布吉镇坂田村
Tel:28890917

市场监督管理局龙岗分局沙湾工商所
地址：深圳市布吉镇
Tel:28751733

市场监督管理局龙岗分局坪山工商所
地址：东纵路364号
Tel:84600301

市场监督管理局龙岗分局坪地工商所
地址：榕华北街6号
Tel:84050359

市场监督管理局龙岗分局南澳工商所
地址：南澳镇金融路7号
Tel:84401257

市场监督管理局龙岗分局葵涌工商所
地址：葵涌镇葵政西路18号
Tel:84206992

龙岗区大鹏街道计划生育服务中心
地址：大鹏街道迎宾北路
Tel:84304150

龙岗区计划生育服务中心
地址：深圳市中心城爱心路
Tel:28932278

龙岗区布吉街道计划生育服务中心
地址：布吉街道金鹏路28号
Tel:84272765

龙岗区龙岗街道计划生育服务中心
地址：龙岗街道上街11号
Tel:84826705

龙岗区龙城街道计划生育服务中心
地址：沙园路38号
Tel:89629190

龙岗区平湖街道计划生育服务中心
地址：平湖街道上大街96号
Tel:28848493

龙岗区坂田街道计划生育服务中心
地址：吉华路574号
Tel:28893222

龙岗区坑梓街道计划生育服务中心
地址：人民西路158号
Tel:89992323

龙岗区坪山街道计划生育服务中心
地址：坪山街道团结路2号
Tel:28825815

龙岗区坪地街道计划生育服务中心
地址：新兴南街
Tel:84052882

龙岗区南澳街道计划生育服务中心
地址：南澳街道人民路
Tel:84400225

龙岗区葵涌街道计划生育服务中心
地址：葵兴东路12号
Tel:84208243

龙岗区横岗街道计划生育服务中心
地址：横岗街道深惠路
Tel:28689826

西丽计划生育服务站
地址：深圳市西丽留仙大道
Tel:26528540

沙河街道办事处计生服务所
Tel:26923028

宝安区计划生育服务中心
地址：深圳市九区创业一路
Tel:27780418

宝安区公明街道计划生育服务中心
地址：公明街道红花北路6号
Tel:27155507

宝安区龙华街道计划生育服务中心
地址：工业西路80号
Tel:27747338

宝安区石岩街道计划生育服务中心
地址：宝石南路
Tel:28093367

宝安区西乡街道计划生育服务中心
地址：河东路
Tel:27954215

宝安区光明街道计生服务中心
地址：滨河苑B栋
Tel:27406912

宝安区观澜街道计划生育服务中心
地址：观澜大道福民路
Tel:28020016

宝安区沙井街道计划生育服务中心
地址：沙井街道创新路
Tel:27686113

宝安区松岗街道计划生育服务中心
地址：松岗街道沿河北路
Tel:27717372

宝安区福永街道计划生育服务中心
地址：福永街道德丰路77号
Tel:27384060

宝安区新安街道计划生育服务中心
地址：洪浪北路21号
Tel:27848907

招商街道办事处计划生育服务所
地址：蛇口工业区7路51号
Tel:26828977

罗湖区计划生育中心
地址：深圳市东晓路
Tel:25789727

盐田区计划生育服务中心
Tel:25355091

盐田区沙头角街道服务所
地址：沙头角园林路25号
Tel:25356372

盐田区盐田街道服务所
地址：深圳市盐田四村
Tel:25253919

盐田区梅沙街道服务所
地址：梅沙街道成坑71号
Tel:25061313

蛇口街道办事处计生服务所
地址：蛇口荣村11栋2楼
Tel:26861143

深圳市市场监督管理局龙岗分局新城工商所
地址：深圳市龙岗镇中心城
Tel:28927821

深圳市市场监督管理局龙岗分局横岗工商所
地址：横岗镇松柏路79号
Tel:28600513

深圳市市场监督管理局沙头角分局梅沙工商所
地址：梅沙工商所
Tel:25060937

深圳市市场监督管理局宝安分局龙华工商所
地址：深圳市龙华镇沿河路
Tel:27748017

深圳市市场监督管理局宝安分局石岩工商所
地址：深圳市石岩镇官田村
Tel:27763630

深圳市市场监督管理局宝安分局光明工商所
地址：深圳市滨河苑A栋2楼
Tel:27403959

深圳市市场监督管理局宝安分局西乡工商所
地址：深圳市西乡镇
Tel:27955222

深圳市市场监督管理局宝安分局宝城工商所
地址：宝农南巷33号
Tel:27751100

深圳市市场监督管理局宝安分局前进工商所
地址：十九区31栋105号
Tel:27758389

深圳市市场监督管理局宝安分局海滨工商所
地址：深圳市宝城47区
Tel:27826271

深圳市市场监督管理局宝安分局黄田工商所
地址：深圳市西乡镇黄田村
Tel:27773822

深圳市市场监督管理局宝安分局新桥工商所
地址：上送村上北二路
Tel:27292218

深圳市市场监督管理局罗湖分局东湖工商所
地址：深圳市太白路1088号
Tel:25813937

深圳市市场监督管理局罗湖分局莲塘工商所
地址：深圳市聚宝路四号
Tel:25737801

深圳市市场监督管理局罗湖分局湖贝工商所
地址：深圳市城东街48号
Tel:82205477

深圳市市场监督管理局罗湖分局翠竹工商所
Tel:25505026

深圳市市场监督管理局盐田分局田心工商所
地址：沙头角镇沙盐路7号
Tel:25552189

深圳市市场监督管理局盐田分局盐田工商所
地址：盐田圩镇市场三楼
Tel:25202003

深圳市市场监督管理局盐田分局盐田港工商所
地址：井头东街2号
Tel:25353153

深圳市市场监督管理局福田分局一梅林式商所
地址：梅林路鸿远大楼C座
Tel:83318432

深圳市市场监督管理局福田分局白沙岭工商所
地址：深圳市华富路华富村
Tel:83202484

深圳市市场监督管理局福田分局园岭工商所
地址：园岭五街
Tel:82437659

深圳市市场监督管理局福田分局南园工商所
地址：深圳市同德路12号
Tel:82101507

深圳市市场监督管理局宝安分局福民工商所
地址：深圳市观澜镇福民
Tel:28019300

深圳市市场监督管理局罗湖口岸工商所
地址：和平路船步街15号
Tel:82113396

深圳市市场监督管理局罗湖分局南湖工商所
地址：深圳市文锦市场三楼
Tel:25112599

深圳市市场监督管理局罗湖分局南塘工商所
地址：解放路永新街57号
Tel:82175440

深圳市工商财政管理局罗湖分局黄贝工商所
地址：深圳市黄贝路2126号
Tel:25546068

深圳市市场监督管理局盐田分局镇内工商所
地址：深圳市沙头角镇
Tel:25550556

深圳市福田工商分局园岭工商所
地址：深圳市园岭市场三楼
Tel:82431924

深圳市福田工商分局佘沙工商所
地址：深圳市沙咀路53号
Tel:83404845

深圳市福田工商分局南园工商所
地址：深圳市同德路12号
Tel:82102610

深圳市福田工商分局皇岗工商所
地址：深圳市彩田路
Tel:83378230

深圳市福田工商分局保税工商所
Tel:83399003

深圳市福田工商分局香蜜湖工商所
地址：竹子林益华大厦
Tel:83542094

深圳市福田工商分局莲花工商所
地址：深圳市景田路66号
Tel:83918465

深圳市福田工商分局福田工商所
地址：华强南路3029号
Tel:83333573

深圳市福田工商分局新洲工商所
地址：深圳市忆新街25号
Tel:83585241

深圳市福田区工商分局下梅林工商所
地址：深圳市梅华路
Tel:83316405

福田工商分局新洲工商所
地址：深圳市新沙路忆新街
Tel:83303462

福田区计划生育服务中心
地址：新洲南路福桥街一号
Tel:83830057

福田区华富办事处计划生育服务站
地址：深圳市莲花一村
Tel:83263152

福田区沙头街道办事处计划生育服务站
地址：深圳市新沙路60号
Tel:83404086

福田区园岭街道办事处计划生育服务站
地址：团岭44栋105号
Tel:82424517

福田区南园办事处计划生育服务站
地址：深圳市南园街道
Tel:83625787

福田区香蜜湖街道办事处计生服务站
Tel:83700216

福田区莲花办事处计划生育服务站
地址：景田东路
Tel:83926405

福田区梅林办事处计划生育服务站
地址：深圳市梅华路124号
Tel:83113187

福田区福田办事处计划生育服务站
地址：深圳市金田路2006号
Tel:83802383

龙岗区龙岗镇人民政府科技文卫办公室
地址：龙岗镇龙岗路2号
Tel:84805877

龙岗区坪地镇人民政府城镇管理办公室
地址：教育中路22号
Tel:84053910

深圳市大鹏人民政府
地址：大鹏镇中山路5号
Tel:84301600

深圳市龙岗区布吉镇人民政府
地址：布吉镇政府大楼
Tel:28239308

深圳市龙岗区龙岗镇人民政府
地址：龙岗路2号
Tel:84804557

深圳市龙岗区龙岗镇人民政府办公室
地址：龙岗路2号
Tel:84800910

深圳市龙岗区龙岗镇人民政府农业办公室
地址：龙岗路2号
Tel:84807863

深圳市龙岗区平湖镇人民政府
地址：守珍街9号
Tel:23854896

深圳市龙岗区坑梓镇人民政府
地址：人民路1号
Tel:84132262

深圳市龙岗区坪山镇人民政府
地址：坪山镇建设路60号
Tel:28826305

深圳市龙岗区坪山镇人民政府城镇管理办公室
地址：深圳市坪山镇
Tel:28828564

深圳市龙岗区坪地镇人民政府
地址：深惠路
Tel:84093229

深圳市龙岗区南澳人民政府
地址：海滨路1号
Tel:84400382

深圳市龙岗区葵涌人民政府城镇管理办公室
地址：葵政西路6号
Tel:84208407

深圳市龙岗区葵涌镇人民政府
地址：葵政路38号
Tel:84207238

深圳市龙岗区横岗镇人民政府
地址：深圳市横岗镇
Tel:28698988

深圳市平湖人民政府消防队
地址：深圳市平湖镇
Tel:28454999

深圳市沙头角镇人民政府机关事务管理办公室
地址：深圳市沙头角镇
Tel:25551244

深圳市宝安区公明镇人民政府办公室
地址：深圳市居委会
Tel:27736919

深圳市宝安区龙华镇人民政府
地址：深圳市龙华镇人民路
Tel:27702888

深圳市宝安区石岩镇人民政府
地址：深圳市石岩镇
Tel:27760201

深圳市宝安区西乡镇人民政府
地址：深圳市西乡镇
Tel:27932008

深圳市宝安区西乡镇人民政府机关事务管理所
地址：深圳市西乡镇
Tel:27932002

深圳市宝安区观澜镇人民政府
地址：观澜新澜大街78号
Tel:28021221

深圳市宝安区沙井镇人民政府
地址：沙井镇新沙路488号
Tel:27207435

深圳市宝安区松岗镇人民政府
地址：深圳市广深路428号
Tel:27713933

深圳市宝安区福永镇人民政府
地址：深圳市福永镇
Tel:27391563

深圳市盐田区沙头角镇人民政府
地址：深圳市沙头角镇
Tel:25552483

深圳市盐田区人民政府盐田街道办事处
地址：深圳市盐田路
Tel:25203013

深圳市盐田区人民政府梅沙街道办事处
地址：深圳市金沙街2号
Tel:25050812

深圳市盐田区梅沙街道办事处工会工作委员会
Tel:25060679

佛山市（0757）

国家机构

人民政府府

佛山市人民政府办公室
地址：佛山市江湾三路28号
Tel:82272731

佛山市人民政府无线电管理办公室
地址：佛山市大福路14号
Tel:83336866

佛山市人民政府侨务办公室
地址：佛山市江湾三路28号
Tel:82272177

广东省佛山市市场监督管理局
地址：佛山市汾江南路166号
Tel:83351581

水市人民政府口岸办公室西南办事处
地址：西南镇西河路2号
Tel:87820133

三水市人民政府办公室
地址：西南人民三路139号

……………………………… Tel:87732205
三水市人民政府外事办公室
地址：西南人民三路185号
……………………………… Tel:87714141
三水市人民政府地震办公室
地址：西南人民三路139号
……………………………… Tel:87733265
水市人民政府侨务办公室
地址：西南人民四路26号
……………………………… Tel:87732678
广东省三水市人民政府口岸办公室
地址：三水市西南镇
……………………………… Tel:87835269
佛山市城区人民政府办公室
地址：佛山市大福南路6号
……………………………… Tel:83384821
佛山市城区人民政府侨务办公室
地址：佛山市大福南路6号
……………………………… Tel:83384908
南海市人民政府口岸办公室
地址：桂城市东下路69号
……………………………… Tel:86332392
南海市人民政府办公室
地址：桂城南海大道68号
……………………………… Tel:86332143
南海市人民政府外事办公室
地址：南海市桂城南海大道
……………………………… Tel:86332223
南海市人民政府住房资金管理中心
地址：南海市桂城南海大道
……………………………… Tel:86336590
南海市西樵山旅游度假区人民政府
地址：南海市西樵碧玉区
……………………………… Tel:86886355
顺德市人民政府办公室
地址：顺德市德民路
……………………………… Tel:22833887
高明市人民政府口岸办公室
地址：高明市沿江路276号
……………………………… Tel:88826184
高明市人民政府办公室
地址：高明市文汇路6号
……………………………… Tel:88822423
高明市人民政府公费医疗办公室
地址：高明市泰和路103号
……………………………… Tel:88823460
高明市人民政府外事办公室
地址：高明市文汇路6号
……………………………… Tel:88883253
高明市人民政府侨务办公室
地址：高明市沧江路3号1座
……………………………… Tel:88881491
三水市市场监督管理局
地址：西南文锋东路18号
……………………………… Tel:87728014
佛山市市场监督管理局石湾分局
地址：佛山市江湾一路
……………………………… Tel:82272461
南海市市场监督管理局
地址：桂城南新五路一号
……………………………… Tel:86337452
南海市市场监督管理局九江分局
地址：南海市九江江滨新区
……………………………… Tel:86561930
南海市市场监督管理局大沥分局
地址：南海市大沥沥西
……………………………… Tel:85562100
南海市市场监督管理局小塘分局
地址：南海市小塘镇永安
……………………………… Tel:86663466
南海市市场监督管理局丹灶分局
地址：南海市丹灶
……………………………… Tel:85442438
南海市市场监督管理局平洲分局
地址：南海市平洲大德
……………………………… Tel:86773652
南海市市场监督管理局西樵分局
地址：南海市西樵爱国
……………………………… Tel:86841668
南海市市场监督管理局里水分局
地址：南海市里水新兴
……………………………… Tel:85683818
南海市市场监督管理局沙头分局
地址：南海市沙头水南
……………………………… Tel:86917123
南海市市场监督管理局松岗分局
地址：南海市松岗城区
……………………………… Tel:85222183
南海市市场监督管理局罗村分局
地址：南海市罗村罗湖
……………………………… Tel:86443616
南海市市场监督管理局金沙分局
地址：南海市金沙新城区
……………………………… Tel:86611687
南海市市场监督管理局和顺分局
地址：南海市和顺金溪
……………………………… Tel:85112088
南海市市场监督管理局官窑分局
地址：南海市官窑七甫
……………………………… Tel:85881593
南海市市场监督管理局狮山分局
地址：南海市狮山狮城
……………………………… Tel:86660562
南海市市场监督管理局南庄分局
地址：南海市南庄
……………………………… Tel:85332800
南海市市场监督管理局桂江分局
地址：南海市大沥沥西
……………………………… Tel:85561581
南海市市场监督管理局盐步分局
地址：南海市盐步
……………………………… Tel:85772121
南海市市场监督管理局桂城分局
地址：南海市桂二
……………………………… Tel:86337004
南海市市场监督管理局黄岐分局
地址：南海市岐城
……………………………… Tel:85936895
顺德市市场监督管理局
地址：顺德市云良路71号
……………………………… Tel:22283010
顺德市市场监督管理局大良分局
地址：顺德市南国中路28号
……………………………… Tel:22338618
顺德市市场监督管理局乐从分局
地址：顺德市乐从镇荔中路
……………………………… Tel:28332218
顺德市市场监督管理局龙江分局
地址：顺德市龙江镇东华路
……………………………… Tel:23881328
顺德市市场监督管理局北窖分局
地址：北窖镇北窖大园路1号
……………………………… Tel:26332260
顺德市市场监督管理局伦教分局
地址：顺德市南苑路
……………………………… Tel:27753638
顺德市市场监督管理局均安分局
地址：顺德市均安镇永安路
……………………………… Tel:25571717
顺德市市场监督管理局陈村分局
地址：广珠北路7号
……………………………… Tel:23832103
顺德市市场监督管理局杏坛分局
地址：河东路25号
……………………………… Tel:27776862
顺德市市场监督管理局容桂分局
地址：容奇大道中78号
……………………………… Tel:26688908
高明市市场监督管理局
地址：高明市文明路136号
……………………………… Tel:88881446
高明市市场监督管理局三洲市场监督管理局
地址：高明市三洲
……………………………… Tel:88622759
高明市市场监督管理局合水市场监督管理局
地址：高明市合水镇
……………………………… Tel:88871574
高明市市场监督管理局西安市场监督管理局
地址：高明市西安
……………………………… Tel:88861283
高明市市场监督管理局荷城市场监督管理局
地址：高明市文明路
……………………………… Tel:88822933
高明市市场监督管理局富湾市场监督管理局
地址：高明市富湾镇
……………………………… Tel:88811539
勒流工商分局
地址：顺德市政和北路
……………………………… Tel:25566560
三水市市场监督管理局乐平工商站
地址：乐平乐华路12号
……………………………… Tel:87388481
三水市市场监督管理局园林工商站
地址：西南耀华路1号
……………………………… Tel:87718263
三水市市场监督管理局河口工商站
地址：河口文塔西路4座
……………………………… Tel:87673542
三水市市场监督管理局青歧工商站
地址：三水市青歧市场2楼
……………………………… Tel:87613343
三水市市场监督管理局行政管理局西南耕牛市场管理站
地址：三水市广海路
……………………………… Tel:87736836
广东省三水市场监督管理局金本工商所
地址：三水市进港路
……………………………… Tel:87518560
广东省三水市市场监督管理局大塘工商所
地址：大塘大布沙局业城
……………………………… Tel:87296813
广东省三水市市场监督管理局云秀工商所
地址：西南中山西路9号
……………………………… Tel:87708240
广东省三水市市场监督管理局六和工商所
地址：六和人民路16号
……………………………… Tel:87213434
广东省三水市市场监督管理局白坭工商所
地址：白坭府前路15号
……………………………… Tel:87568305
广东省三水市市场监督管理局西南工商所
地址：西南文锋东路14巷
……………………………… Tel:87705832
广东省三水市市场监督管理局芦苞工商所
地址：芦苞市场路3号
……………………………… Tel:87233339
广东省三水市市场监督管理局范湖工商所
地址：范湖金缸路51号
……………………………… Tel:87368276
广东省三水市市场监督管理局南边工商所
地址：三水市南边大道80号
……………………………… Tel:87318309
石湾工商分局石湾工商所
地址：佛山市忠信路6号
……………………………… Tel:82714567
石湾工商分局江湾工商所
地址：汾江南路
……………………………… Tel:83353089
石湾工商分局沙岗管理所
……………………………… Tel:82279977
石湾工商分局张槎工商所
地址：纯阳遭张槎市场2楼
……………………………… Tel:82215499
石湾工商分局环市工商所
地址：朝安路环市
……………………………… Tel:83263520
石湾工商分局河宕工商所
地址：石湾
……………………………… Tel:82710106
石湾工商分局陶城管理所
地址：佛山市石湾镇中二路
……………………………… Tel:82273216
石湾工商分局澜石工商所
地址：澜石聚龙阁街7巷4号
……………………………… Tel:83310226
佛山市市场监督管理局石湾分局城西工商所
地址：城西综合批发市场内
……………………………… Tel:82211106
高明市市场监督管理局人和工商所
地址：高明市人和镇
……………………………… Tel:88831408
高明市市场监督管理局杨梅工商所
地址：高明市杨梅镇振扬
……………………………… Tel:88851250
高明市市场监督管理局更楼工商所
地址：高明市更楼镇
……………………………… Tel:88841338
高明市市场监督管理局莲花工商所
地址：高明市莲花路
……………………………… Tel:88882115
高明市市场监督管理局新圩工商所
地址：高明市新圩镇
……………………………… Tel:88871285
三水市六和镇人民政府办公室
地址：三水市六和镇
……………………………… Tel:87213238
三水市乐平镇人民政府办公室
地址：乐平乐华路28号
……………………………… Tel:87388231
三水市白坭镇人民政府办公室
地址：三水市白坭府前路
……………………………… Tel:87563018
三水市芦苞镇人民政府办公室
地址：三水市芦苞镇体育路
……………………………… Tel:87233212
广东省顺德市陈村镇人民政府
……………………………… Tel:23830088
佛山市石湾镇人民政府
地址：佛山市忠信路13号
……………………………… Tel:82276327
佛山市环市镇人民政府
地址：环市朝安北路
……………………………… Tel:83370008
张槎镇人民政府
地址：佛山市张槎村
……………………………… Tel:82210575
和顺镇人民政府
地址：南海市和顺金溪
……………………………… Tel:85119210
南海市九江镇人民政府
地址：南海市九江江滨新区
……………………………… Tel:86558710
南海市小塘镇人民政府
地址：南海市小塘
……………………………… Tel:86662100
南海市丹灶镇人民政府
地址：南海市丹灶镇丹灶
……………………………… Tel:85442325
南海市里水镇人民政府
地址：南海市里水镇
……………………………… Tel:85663312
南海市沙头镇人民政府
地址：沙头镇城区二马路1号
……………………………… Tel:86910201
南海市金沙镇人民政府
地址：南海市金沙城区
……………………………… Tel:86610050
南害市官窑镇人民政府
地址：官窑驿园西路22号
……………………………… Tel:85886725
南海市南庄镇人民政府
地址：南庄镇南庄居委会
……………………………… Tel:85332425
顺德市乐从镇人民政府
地址：顺德市乐从镇
……………………………… Tel:28331141
顺德市龙江镇人民政府
地址：顺德市龙江镇
……………………………… Tel:23368778
顺德市伦教镇人民政府
……………………………… Tel:27757872
顺德市均安镇人民政府
地址：顺德市均安镇
……………………………… Tel:25576201
顺德市杏坛镇人民政府
地址：顺德市杏坛镇
……………………………… Tel:27771201
顺德市陈村镇人民政府国土管理所
地址：顺德市陈村镇
……………………………… Tel:23832218
顺德市陈村镇人民政府教育工作办公室
地址：顺德市陈村镇
……………………………… Tel:23830094
顺德市容桂镇人民政府
地址：顺德市容挂镇
……………………………… Tel:28886807
顺德市勒流镇人民政府
……………………………… Tel:25558117
高明市人和镇人民政府
地址：高明市人和镇和顺路
……………………………… Tel:88801581
高明市合水镇人民政府办公室
地址：高明市合水镇南水路
……………………………… Tel:88871166
高明市杨梅镇人民政府办公室
地址：高明市杨梅镇杜鹃路
……………………………… Tel:88851236
高明市更楼镇人民政府
地址：更楼镇工业大道
……………………………… Tel:88841288
高明市明城镇人民政府
地址：明城镇明七路388号
……………………………… Tel:88831239
高明市富湾镇人民政府
地址：高明市富湾镇江湾路
……………………………… Tel:88811520
高明市新圩镇人民政府
地址：高明市新圩镇
……………………………… Tel:88891319
勒流镇人民政府教育工作办公室
地址：勒流镇建文北路
……………………………… Tel:25566335
佛山市人民政府江海街道办事处
地址：佛山市同福大街2号
……………………………… Tel:83391379
佛山市人民政府城南街道办事处
地址：佛山市惠景三街22号
……………………………… Tel:83820885
佛山市城区人民政府升平街道办事处
地址：城区松风路36号
……………………………… Tel:82286882
佛山市城区人民政府永安街道办事处
地址：城区汾左街48号
……………………………… Tel:82287718
佛山市城区人民政府同济街道办事处
地址：城区同济路10号
……………………………… Tel:83362352
佛山市城区人民政府城门头街道办事处
地址：城区圣堂北街12号
……………………………… Tel:82233170
佛山市城区人民政府祖庙街道办事处
地址：城区莲花路69号
……………………………… Tel:82220926
佛山市城区人民政府普君街道办事处
地址：城区福宁路175号
……………………………… Tel:83355844
南海市罗村镇乐安街道办事处
地址：罗村乐安居委会
……………………………… Tel:86489907
顺德市人民政府中心沟办事处
地址：顺德市德民路
……………………………… Tel:22833215

东莞市（0769）

人民政府

中共东莞市委东莞市人民政府接待处
地址：万寿路36号
……………………………… Tel:22222673
东莞市人民政府办公室
地址：万寿路76号
……………………………… Tel:22221683

东莞市人民政府打击走私办公室
地址：东莞市城区东正
…………Tel:22222540
东莞市市场监督管理局
地址：东城区东城中路
…………Tel:22337605
东莞市市场监督管理局万江分局
地址：万江区万福路118
…………Tel:22271801
东莞市市场监督管理局大岭山分局
地址：大岭山镇振华路4号
…………Tel:83355187
东莞市市场监督管理局大朗分局
地址：大朗镇金丽大道8号
…………Tel:83311604
东莞市市场监督管理局长安分局
地址：长安镇长西路
…………Tel:85311779
东莞市市场监督管理局凤岗分局
地址：凤岗镇永盛大街
…………Tel:87751332
东莞市市场监督管理局中堂分局
地址：中堂镇中堂商业街
…………Tel:88888521
东莞市市场监督管理局石龙分局
地址：石龙镇大发街25号
…………Tel:86623392
东莞市市场监督管理局东坑分局
地址：东坑镇井美168
…………Tel:83565623
东莞市市场监督管理局东城分局
地址：东城区南城路一街
…………Tel:22110827
东莞市市场监督管理局石排分局
地址：石排镇石排大道
…………Tel:86653057
东莞市市场监督管理局石碣分局
地址：石碣镇新城荣华街
…………Tel:86310332
东莞市市场监督管理局沙田分局
地址：沙田镇横流大街8号
…………Tel:88865600
东莞市市场监督管理局虎门分局
地址：虎门镇沿江东路
…………Tel:85512158
东莞市市场监督管理局经检支队
地址：南城区银丰路6号
…………Tel:22412830
东莞市市场监督管理局茶山分局
地址：茶山镇怡华路23号
…………Tel:86640663
东莞市市场监督管理局南城分局
地址：南城区银丰路6号
…………Tel:22414232
东莞市市场监督管理局洪梅分局
地址：洪梅镇中兴路11号
…………Tel:88844838
东莞市市场监督管理局厚街分局
地址：厚街镇厚街大道
…………Tel:85587337
东莞市市场监督管理局桥头分局
地址：桥头镇文明路73号
…………Tel:83344343
东莞市市场监督管理局莞城分局
地址：城区振华路65号
…………Tel:22223449
东莞市市场监督管理局望牛墩分局
地址：望牛墩镇振兴路84
…………Tel:68851047
东莞市市场监督管理局常平分局
地址：常平镇新南街35号
…………Tel:83331103
东莞市市场监督管理局黄江分局
地址：黄江镇黄江大道30
…………Tel:83368470
东莞市市场监督管理局高埗分局
地址：高埗镇中0路
…………Tel:68870442
东莞市市场监督管理局麻涌分局
地址：麻涌镇麻涌市场二楼
…………Tel:68822044
东莞市市场监督管理局清溪分局
地址：清溪镇香芒中路
…………Tel:87711008
东莞市市场监督管理局谢岗分局
地址：谢岗镇光明路
…………Tel:87762822
东莞市市场监督管理局道滘分局
地址：道滘镇新城区
…………Tel:88831616
东莞市市场监督管理局塘厦分局
地址：塘厦镇塘龙路81号
…………Tel:87912300
东莞市市场监督管理局樟木头分局
地址：樟木头镇泰安路
…………Tel:87716913
东莞市市场监督管理局寮步分局
地址：寮步镇太博街101
…………Tel:83329078
东莞市市场监督管理局横沥分局
地址：横沥镇振兴路
…………Tel:83377312
东莞市清溪镇人民政府城镇建设规划办公室
地址：东莞市清溪镇
…………Tel:87310699
广东省东莞市望牛墩镇人民政府
地址：金丰路
…………Tel:68851181
东莞大朗镇人民政府
地址：太朗镇美景大道1号
…………Tel:83311401
东莞凤岗人民政府
地址：东莞市凤岗镇金凤路
…………Tel:87751228
东莞市大岭山镇人民政府
地址：振华路
…………Tel:83351126
东莞市大朗镇人民政府规划建设办公室
地址：东莞市大朗镇升平路
…………Tel:83311177
东莞市大朗镇人民政府科教办公室
地址：东莞市大朗镇政府内
…………Tel:83181714
东莞市长安镇人民政府
地址：长安中路
…………Tel:85533913
东莞市中堂镇人民政府
地址：新兴路98号
…………Tel:68811111
东莞市石龙镇人民政府
地址：东莞市石龙镇
…………Tel:86116146
东莞市东坑镇人民政府
地址：东莞市东坑镇井美
…………Tel:83381506
东莞市石排镇人民政府
地址：太和路1号
…………Tel:86651697
东莞市石碣镇人民政府
地址：新城区政丈路
…………Tel:86631001
东莞市企石镇人民政府
地址：宝石路1号
…………Tel:86661001
东莞市沙田镇人民政府
地址：横流大街
…………Tel:88861001
东莞市虎门镇人民政府
地址：港口路10号
…………Tel:85511290
东莞市虎门镇人民政府规划建设办公室
地址：运河路17号
…………Tel:85501706
东莞市虎门镇人民政府环境保护办公室
地址：行政小区7号
…………Tel:85189612
东莞市虎门镇人民政府科教办公室
地址：东莞市虎门镇
…………Tel:85511727
东莞市茶山镇人民政府
地址：东莞市石大路
…………Tel:86641002
东莞市洪梅镇人民政府
地址：府前街1号
…………Tel:68841448
东莞市桥头镇人民政府
地址：桥兴路1号
…………Tel:83341299
东莞市高埗镇人民政府
地址：振源路5号
…………Tel:68871005
东莞市常平镇人民政府
地址：申元街61号-83331422
东莞市黄江镇人民政府
地址：西进路23号
…………Tel:83361012
东莞市麻涌镇人民政府
地址：东莞市麻涌镇东太
…………Tel:68821899
东莞市清溪镇人民政府
地址：东莞市清溪镇
…………Tel:97731017
东莞市谢岗镇人民政府
地址：光明北路
…………Tel:87761282
东莞市道滘镇人民政府
地址：道滘镇花园大街
…………Tel:68831008
东莞市塘厦镇人民政府
地址：塘厦镇花园街45号
…………Tel:87725555
东莞市樟木头镇人民政府
地址：东莞市樟木头镇圩镇
…………Tel:87711001
东莞市寮步镇人民政府
地址：东莞市寮步镇石大路
…………Tel:83321303
东莞市横沥镇人民政府
地址：东莞市横沥镇中山路
…………Tel:83371099
东莞市石龙西区街道T作办公室
地址：石龙镇和平路49号
…………Tel:68611810
东莞市石龙镇东区街道工作办公室
地址：石龙镇人民广场8号
…………Tel:86612993
东莞市石龙镇兴龙街道工业办公室
地址：石龙镇宝龙路1号
…………Tel:贴612428
东莞市城区人民政府东正街道工作办公室
地址：城区万寿路60号
…………Tel:22223473
东莞市城区人民政府西隅街道工作办公室
地址：城区阮涌路75号2
…………Tel:22223463
东莞市城区人民政府细村街道工作办公室
地址：城区细村
…………Tel:22222165
东莞市城区人民政府博厦街道工作办公室
地址：城区博厦南桥坊6号
…………Tel:22224480
东莞市城区市桥街道办公室
地址：城区登桂里11号
…………Tel:船229034
东莞市城区北隅街道工作办公室
地址：城区旨亭街97号
…………Tel:22223670
城区罗沙街道工作办公室
地址：城区罗沙东兴路

广西壮族自治区

南宁市二轻集体工业联社
地址：古城路
…………Tel:5603278
…………Tel:5646361
南宁市人口和计划生育服务中心
地址：南宁市鲤湾路20号
综合门诊…………Tel:5856550
孕环查验…………Tel:5862922
优生优育咨询…………Tel:5871681
妇女体检中心…………Tel:5876033
检验室…………Tel:5890428
技术服务…………Tel:5884779
南宁市人口和计划生育委员会
地址：民族大道86-2号
…………Tel:5862505
南宁市人口和计划生育药具管理中心
地址：南宁市鲤湾路20号
…………Tel:5884330
南宁市人民防空办公室
地址：金湖北路
…………Tel:2803404
南宁市人民政府台湾事务办公室
地址：嘉宾路
…………Tel:5530406
南宁市人民政府发展研究中心
地址：嘉宾路
…………Tel:5532629
南宁市人民政府行政审批管理办公室
地址：科园东五路
…………Tel:3221221
南宁市人民政府志方志编纂力公室
地址：麻村路
…………Tel:5847659
南宁市人民政府征地拆迁办公室
地址：东宝路3号
…………Tel:5887796
南宁市人事局
地址：嘉宾路
…………Tel:5539829
南宁市卫生局
地址：新华路
…………Tel:2622242
南宁市卫生监督所
地址：友爱南路13号
…………Tel:2435214
南宁市市场监督管理局
地址：金湖路
…………Tel:5518882
南宁市市场监督管理局经检支队
地址：金湖路
…………Tel:5518810
南宁市市场监督管理局
地址：金湖路65号
…………Tel:5518886
南宁市土地储备中心
地址：东宝路
…………Tel:5892017
南宁市土地管理局
地址：东宝路
…………Tel:5886169
南宁市大型活动办公室
地址：竹溪大道会展中心行政综合楼北楼
…………Tel:2092376
南宁市公路管理处
地址：安吉大道28-2号
…………Tel:3921555
南宁市计划供水节约用水办公室
地址：体育路
…………Tel:4832025
南宁市开发区工作领导小组办公室
地址：嘉宾路
…………Tel:5533071
南宁市文化广场稽查支队
地址：教育路11号
…………Tel:5316778
南宁市文物办公室
地址：壮志路
…………Tel:2818225
南宁市水产畜牧兽医局
地址：嘉宾路
…………Tel:5594879
南宁市水库移民局
地址：江北大道河堤段20号
…………Tel:5673866
南宁市水利局
地址：友爱北路
…………Tel:3132305
南宁市“中国水城”建设工作指挥部
地址：嘉宾路1号
…………Tel:5536529
南宁市市政管理局
地址：嘉宾路
…………Tel:5530295
南宁市市政管理局
地址：嘉宾路
…………Tel:5530290
南宁市发展和改革委员会
地址：嘉宾路
…………Tel:5539229
南宁市失业保险事业管理所
地址：南宁市区桂春路南二里市劳动局大厦605号
…………Tel:5505336
南宁市外事办公室
地址：东葛路28号
秘书科…………Tel:5889201
涉外科…………Tel:5889225
南宁市民政局
地址：金洲路38号南宁市民政局新办公楼3楼
办公室…………Tel:5505917
传真…………Tel:5505912
退伍军人和军队离休干部安置办公室
…………Tel:5505943
低保中心…………Tel:5505913
南宁市民族事务委员会
地址：嘉宾路
…………Tel:5530425
南宁市民族经济发展资金管理局
地址：东葛路
…………Tel:2189362
南宁市价格认证中心
地址：南宁市新竹路21号
…………Tel:5852839
南宁市价格监督检查分局
地址：新竹路
…………Tel:5861917
南宁市交通局
地址：新竹路
…………Tel:5886423
南宁市农业农村局
地址：嘉宾路1号
…………Tel:5530255
南宁市农机安全监理所
地址：南宁市安吉路9-2号3楼
监理科…………Tel:3134289
…………Tel:3941797
南宁市防汛抗旱指挥部办公室
地址：友爱北路
…………Tel:3126212
南宁市地方税务局
地址：金湖路
…………Tel:12366
南宁市地方税务局第三稽查局
地址：平湖路
…………Tel:5701052
南宁市应急管理局
地址：嘉宾路
…………Tel:5530733
南宁市机关事务管理局
地址：嘉宾路
…………Tel:5533309
南宁市机构编制委员会办公室
地址：新民路
…………Tel:2805038
南宁市老龄工作委员会办公室
地址：鲤湾路4号
办公室…………Tel:5893560
优待证办证室…………Tel:5894645
南宁市住宅专项维修资金管理中心
地址：望园路
…………Tel:5620921
南宁市体育局
地址：桃源路
…………Tel:2191301

南宁市扶贫开发中心
地址：七星路
…………Tel:2109563

南宁市扶贫开发领导小组办公室
地址：嘉宾路1号
…………Tel:5531378

南宁市园林管理局
地址：葛村路3号
…………Tel:5884855

南宁市财政局
地址：东葛路
…………Tel:2189111

南宁市社会主义新农村建设试点工作领悟小组办公室
地址：嘉宾路
…………Tel:5555529

南宁市社会劳动保险事业管理所
地址：桂春路南二里4号
…………Tel:5505351

南宁市劳动和社会保障局
地址：桂春路南二里
…………Tel:5505397

南宁市良庆区卫生监督所
地址：大沙田区银海大道128号
…………Tel:4503620

南宁市侨务办公室
地址：教育路
…………Tel:5328325

南宁市质量技术监督局
地址：东葛路20号
…………Tel:2804844

南宁市事业单位登记管理局
地址：新民路
…………Tel:2616563

南宁市建设工程招标投标管理办公室
地址：南宁市
…………Tel:5501683

南宁市建设委员会
地址：滨湖路
…………Tel:5521500

南宁市国土资源局
地址：东宝路
…………Tel:5872801

南宁市国家税务局城东稽查局
地址：望园路
…………Tel:5706115

南宁市国家税务局涉外分局
地址：望园路
…………Tel:5706196

南宁市国家税务局第二稽查局
地址：望园路
…………Tel:5706231

南宁市国家税务局第三稽查局
地址：望园路
…………Tel:5706032

国家税务总局南宁市税务局
地址：望园路19号
…………Tel:5889611

南宁市审计局
地址：东葛路
…………Tel:5868717

南宁市经济委员会
地址：嘉宾路
…………Tel:5530158

南宁市环境保护局
地址：竹溪大道33号
…………Tel:5309012

南宁市林业局
地址：竹塘路
…………Tel:5855704

南宁市规划管理局
地址：东葛路
…………Tel:5701717

南宁市物价局
地址：嘉宾路
…………Tel:5539922

南宁市房产档案服务部
地址：园湖路
…………Tel:5620020

南宁市房产管理局
地址：园湖北路11-6号永华大厦A座9楼
…………Tel:5656818

南宁市信息化工作办公室
地址：嘉宾路
…………Tel:5539620

南宁市城市应急联动中心
地址：双拥路
…………Tel:5527911

南宁市城市环境项目日利用世界银行贷款办公室
地址：嘉宾路
…………Tel:5535881

南宁市城市管理局
地址：双拥路48号
…………Tel:5530296

南宁市统计局
地址：嘉宾路
…………Tel:5536628

南宁市政府集中采购中心
地址：金花路
…………Tel:5501610

南宁市科学技术局
地址：嘉宾路
…………Tel:5533808

南宁市食品药品监督管理局
地址：新竹路
…………Tel:5893080

南宁市邕江防洪排涝工程管理处
地址：河堤路71-3号
…………Tel:5326897

南宁市爱国卫生运动委员会办公室
地址：嘉宾路
…………Tel:5539802

南宁市文化和文化和旅游局
地址：嘉宾路
…………Tel:5589012

南宁市烟草专卖局
地址：望州路北二里
…………Tel:2108684

南宁市铁路局南宁市车辆段
地址：友爱南路
…………Tel:3138051

南宁市商务局
地址：嘉宾路1号
…………Tel:5531020

南宁市基本普及九年义务教育基本扫除青壮年文盲达标领导小组办公室
地址：民生路维新街南一里
…………Tel:2814310

南宁市教育局
地址：维新街南一里
…………Tel:2804643

南宁市教育局勤工俭学办公室
地址：白沙大道南四里
…………Tel:4922931

南宁市第二公路运输管理处
地址：明秀西路6号
…………Tel:3137951

南宁市植保植检站
南宁市农药检定管理所
地址：南宁市衡阳东路73号
…………Tel:3315715

南宁市粮食局
地址：新阳路
…………Tel:2810840

南宁市精测测绘评估有限公司
…………Tel:6123480

南宁市精神文明建设委员会办公室
地址：凤翔路
…………Tel:5529435

南宁市燃气管理处
地址：民乐路10号
…………Tel:2832744

南宁东盟经济开发区招商促进局
地址：南宁市东盟经济开发区
…………Tel:6301258

南宁交通征费稽查处直属所
地址：秀厢大道东段9号
…………Tel:5806133

南宁住房公积金管理中心
地址：望园路5号
…………Tel:5705927
传真…………Tel:5708040
财务科…………Tel:5705874
归集科…………Tel:5704739
信贷科…………Tel:5705837
支取科…………Tel:5709242
法规稽查科…………Tel:5705914
邕宁管理部…………Tel:4721247
武鸣县管理部…………Tel:6216675
宾阳县管理部…………Tel:8239952
横县管理部…………Tel:7238958
马山县管理部…………Tel:6824572
上林县管理部…………Tel:5211418
隆安县管理部…………Tel:6507390
公积金查询…………Tel:16822222

南宁住房公积金管理中心心铁路分中心
地址：衡阳东路
…………Tel:3296261

南宁住房制度改革委员会办公室
地址：望园路
…………Tel:5705956

南宁国际民歌艺术节组委会办公室
地址：嘉宾路
…………Tel:5531879

南宁青秀山风景名胜旅游区管理委员会
地址：南宁市青山路19号
…………Tel:5560611

南宁食品药品检验所
地址：明秀东路228号
…………Tel:3134061

南宁盐务管理局
地址：华西路
…………Tel:2425907

南宁航道管理局
地址：平西路
…………Tel:4841871

南宁警备区
地址：友爱南路33号
…………Tel:2081019

城市规划研究中心
地址：东葛路
…………Tel:8708046

县（区、市）人民政府及其所属机构

大沙田经济开发区人口和计划生育局
地址：大沙田先锋街
…………Tel:4500717

大明山国家级自然保护区管理局
地址：民族大道
…………Tel:6097010

永新区人民政府
地址：人民西路
…………Tel:2815135

兴宁区人民政府
地址：厢竹大道33号
…………Tel:3306236

兴宁区文化和体育局
地址：解放路
…………Tel:2845193

兴宁区水产畜牧局
地址：济南路
…………Tel:2420416

兴宁区地方税务局
地址：济南路
…………Tel:2431982

兴宁区应急管理局
地址：济南路25号5层
…………Tel:2439923

兴宁区扶贫开发领导小组办公室
地址：解放路
…………Tel:2834553

兴宁区国家税务局
地址：望园路
…………Tel:5706069

兴宁区经济贸易局
地址：济南路
…………Tel:2425384

兴宁区环境保护局
地址：济南路
…………Tel:2410107

兴宁区重点工程指挥部
地址：三塘镇
…………Tel:5820163

兴宁区统计局
地址：济南路
…………Tel:2410847

兴宁区教育局
地址：济南路
…………Tel:2411776

交通部珠江航务管理局西江力事处
地址：汇春路
…………Tel:5516552

江北公路局
地址：友爱南路
…………Tel:3133435

江南公路局
地址：友谊路
…………Tel:4831966

江南区人口和计划生育局
地址：壮锦大道
…………Tel:4833302

江南区人民防空办公室
地址：壮锦大道
…………Tel:4824443

江南区人民政府企业管理站
地址：壮锦大道
…………Tel:4805512

江南区卫生局
地址：壮锦大道
…………Tel:4804766

江南区市政管理局
地址：壮锦大道
…………Tel:4826617

江南区发展和改革局
地址：壮锦大道
…………Tel:4824149

江南区农林水利局
地址：壮锦大道
…………Tel:4855777

江南区防汛抗旱指挥部办公室
地址：壮锦路
…………Tel:4801829

江南区地方税务局
地址：五一中路
…………Tel:4810303

江南区应急管理局
地址：壮锦大道
…………Tel:4882784

江南区财政局
地址：壮锦大道1号。
…………Tel:4836897

江南区建设局
地址：壮锦大道
…………Tel:4832935

江南区国家税务局
地址：望园路
…………Tel:5706084

江南区审计局
地址：壮锦大道
…………Tel:4828243

江南区环境保护局
地址：壮锦大道
…………Tel:4883886

江南区规划建设局
地址：壮锦大道
…………Tel:4884621

江南区统计局
地址：壮锦大道
…………Tel:4823440

江南区教育局
地址：壮锦大道
…………Tel:4828240

江南区精神文明建设办公室
地址：壮锦大道
…………Tel:4837612

西乡塘区人口和计划生育局
地址：人民西路27号
…………Tel:2621312

西乡塘区人事劳动与社会保障局
地址：衡阳西路
…………Tel:3117338

西乡塘区工业发展办公室
地址：友爱北路
…………Tel:3135670

西乡塘区文化和体育局
地址：新阳路
…………Tel:2614830

西乡塘区水产畜牧局
地址：人民西路
…………Tel:2815035

西乡塘区市政管理局
地址：友爱北路
…………Tel:3121416

西乡塘区发展和改革局
地址：友爱北路
…………Tel:3941786

西乡塘区农林水利局
地址：人民西路17号
…………Tel:2815175

西乡塘区地方税务局
地址：衡阳西路
…………Tel:3121836

西乡塘区财政局
地址：衡阳西路
…………Tel:3939138

西乡塘区建设局
地址：友爱北路
…………Tel:3132894

西乡塘区经济贸易局
地址：友爱北路
…………Tel:3133102

西乡塘区南珠杯办公室
地址：友爱路
…………Tel:3944237

西乡塘区城镇企业管理站
地址：友爱北路
…………Tel:3113914

西乡塘区统计局
地址：衡阳路
…………Tel:3118872

西乡塘区政府
地址：衡阳西路11号
…………Tel:3134011

西乡塘区效能办公室
地址：衡阳路
…………Tel:3933668

西乡塘区税务代征处
地址：衡阳西路11号
…………Tel:3112522

西乡塘区精神文明建设办公室
地址：衡阳西路
…………Tel:3801383

良庆区人民政府
地址：德政路
…………Tel:4508787

良庆区二轻城镇集体工业联合社
地址：德政路
…………Tel:4506386

良庆区人口和计划生育局
地址：德政路
…………Tel:4509811

良庆区人民防空办公室
地址：德政路
…………Tel:4509233

良庆区人民政府调解处理土地山林水利纠纷办公室
地址：大沙田先锋街
…………Tel:4512989

良庆区人事劳动和社会保障局
地址：德政路
…………Tel:4509803

良庆区文化和体育局
地址：良庆区大沙田德政路
…………Tel:4510775

良庆区水产畜牧局
地址：公平街
…………Tel:4509628

良庆区水产畜牧兽医局
地址：大沙田公平街
…………Tel:4510581

良庆区水利局
地址：金象大道东二里

……Tel:4512978
良庆区市政管理局
地址：德政路
……Tel:4509976
良庆区发展和改革局
地址：德政路
……Tel:4503996
良庆区民政局
地址：大沙田区大沙田德政路
……Tel:4506536
良庆区农业农村局
地址：德政路
……Tel:4512993
良庆区地方税务局
地址：德政路
……Tel:4503908
良庆区财政局
地址：金沙大道
……Tel:4512986
良庆区国家税务局
地址：德政路
……Tel:4508553
良庆区审计局
地址：德政路
……Tel:4509852
良庆区经济贸易局
地址：德政路
……Tel:4506811
良庆区环境保护局
地址：德政路
……Tel:4509393
良庆区林业局
地址：德政路
……Tel:4506580
良庆区信息化工作办公室
地址：德政路
……Tel:4505656
良庆区城乡清洁工程领导小组办公室
地址：德政路
……Tel:4507838
良庆区统计局
地址：德政路
……Tel:4512938
良庆区政府集中采购中心
地址：德政路
……Tel:4504250
良庆区科学技术局
地址：良庆区
……Tel:4508869
良庆区烟草专卖局
地址：银海大道
……Tel:4502322
良庆区教育局
地址：大沙田区金象大道
……Tel:4503008
良庆建设局
地址：德政路
……Tel:4500107
良庆经济开发区管理委员会
地址：建业路
……Tel:4018268
良庆规划管理站
地址：良庆镇
……Tel:4750079
国家统计局邕宁调查队
地址：邕宁区红星路18号
……Tel:4712306
青秀区人民政府
地址：仙葫大道
……Tel:5566000
青秀区民政局
地址：仙葫大道
……Tel:5566031
青秀区地方税务局
地址：金湖路
……Tel:5533397
青秀区劳动争议仲裁所
地址：桃源路
……Tel:2834853
青秀区国家税务局
地址：望园路
……Tel:5706154
青秀区政府机关事务局星湖管理办公室
地址：星湖路
……Tel:5864986
南宁市场监督管理局双生分局第一管理所
地址：明秀东路
……Tel:3312814
南宁市场监督管理局双生分局第二管理所
地址：大学东路
……Tel:3823360
南宁市市场监督管理局兴宁分局
地址：明秀东路北四里
……Tel:3305785
南宁市市场监督管理局兴宁分局民族工商所
地址：民族商场
……Tel:2834946
南宁市市场监督管理局兴宁分局秀厢工商所
地址：安吉大道
……Tel:3112182
南宁市市场监督管理局兴宁分局朝阳工商所
地址：济南路
……Tel:2439704
南宁市市场监督管理局兴宁分局新华工商所
地址：南宁上海路59-1号上海商场四楼
……Tel:2430135
南宁市市场监督管理局兴宁区工商分局
地址：南宁市明秀东路北四里4号
……Tel:3305084
南宁市市场监督管理局交易场工商所
地址：济南路
……Tel:2438416
南宁市市场监督管理局江南分局
地址：淡村路
……Tel:4826809
南宁市市场监督管理局西乡塘分局
地址：衡阳路北一巷
……Tel:3135302
南宁市市场监督管理局西乡塘分局水街工商所
地址：人民西路
……Tel:2826685
南宁市市场监督管理局西乡塘分局华西工商所
地址：华西路
……Tel:2430379
南宁市市场监督管理局西乡塘分局唐山工商所
地址：南棉街
……Tel:3139791
南宁市市场监督管理局良庆分局
地址：金象大道
……Tel:4512809
南宁市市场监督管理局经济技术开发区分局园区正商所
地址：星光大道
……Tel:4841177
南宁市市场监督管理局和平工商所
地址：上海路
……Tel:2421181
南宁市市场监督管理局青秀分局
地址：金州路
……Tel:5523433
南宁市市场监督管理局青秀分局建政工商所
地址：建政路
……Tel:5624146
南宁市市场监督管理局青秀分局星湖工商所
地址：星湖路
……Tel:5852434
南宁市市场监督管理局青秀分局桃源工商所
地址：金浦路
……Tel:5537497
南宁市市场监督管理局邕宁分局
地址：莫村开发区
……Tel:4791813
南宁市市场监督管理局高新分局银达工商所
地址：秀灵路
……Tel:3900381
南宁市市场监督管理局高新技术产业开发区分局
地址：科园大道
……Tel:2310722
南宁市市场监督管理局江南分局白沙所亭子市场管理办公室
地址：亭子市场
……Tel:4914570
南宁市兴宁区民政局婚姻登记处
地址：南宁市区解放路54号原兴宁区政府大楼1楼左边第二间
……Tel:2615802
南宁市江南区人民政府
地址：南宁市壮锦大道19号
……Tel:4826077
南宁市江南区经济贸易局
地址：南宁市壮锦大道19号
……Tel:4827543
南宁西乡塘区国家税务局
地址：南宁望园路19号国税局大楼6楼
……Tel:5706053
南宁市良庆区交通局
地址：大沙田银海大道108号
……Tel:4506533
南宁市良庆区农业机械化管理中心
地址：大沙田德政路66号
办公室……Tel:4505819
办证大厅……Tel:4510700
南宁市良庆区应急管理局
地址：南宁市良庆区大沙田德政路55号
……Tel:4507281
南宁市良庆区机关事务管理局
地址：南宁市德政路20号
……Tel:4509700
南宁市良庆区机构编制委员会
地址：南宁市良庆区大沙田德政20号政府办公楼3楼
……Tel:4508895
南宁市良庆区物价局
地址：南宁市良庆区大沙田德政路20号良庆区人民政府办公室
……Tel:4512358
南宁市国土资源局兴宁分局
地址：新民路
……Tel:2100227
南宁市国土资源局江南分局
地址：星光大道
……Tel:4804227
南宁市国土资源局良庆分局
地址：金沙大道
……Tel:4512616
南宁市国土资源局青秀山风景区分局
地址：青山路
……Tel:5560630
南宁市国土资源局青秀分局
地址：园湖南路
……Tel:5887341
南宁市国土资源局邕宁分局
地址：五一路
……Tel:4712608
南宁市经济技术开发区国家税务局
地址：星光大道
……Tel:4517398
南宁市规划管理局兴宁分局
地址：民主路
……Tel:5600983
南宁市规划管理局江南分局
地址：福建路
……Tel:4810660
南宁市规划管理局良庆分局
地址：德政路
……Tel:4512852
南宁市规划管理局邕宁分局
地址：仙葫大道
……Tel:4792393
南宁市邕宁区人民政府办公室
地址：南宁市邕宁区红星路
……Tel:4712287
南宁市邕宁土地储备中心
地址：邕宁区迎风路32号
……Tel:4719933
南宁市邕宁区文化和体育局
地址：邕宁区蒲庙镇红星路18号
……Tel:4712283
南宁市邕宁区民政局
地址：邕宁区仙葫大道东145-1号
……Tel:4792280
南宁市邕宁区园林管理所
地址：邕宁区蒲庙镇蒲津公园银峰阁3楼
……Tel:4722249
南宁市邕宁区审计局
地址：邕宁区彩虹南路
……Tel:4712174
南宁市邕宁区林业局
地址：邕宁区蒲津路297号
……Tel:4712382
南宁市邕宁区科学技术局
地址：南宁市邕宁区红星路7号
……Tel:4712147
南宁市邕宁区教育局
地址：和美巷
……Tel:4712069
南宁地区交通局
地址：明秀西路
……Tel:3135745
南宁住房公积金管理中心区直分中心
地址：怡宾路6号自治区政务服务中心2楼
住房公积金业务咨询
……Tel:5595312
住房公积金贷款咨询
……Tel:5595319
地址：东葛路107号林海大厦10楼
财务会计科……Tel:5755639
法规稽查科……Tel:5755653
综合科……Tel:5755638
传真……Tel:5755637
住房公积金电话查询
……Tel:16822333
南宁住房公积金管理中心邕宁管理部
地址：邕宁区红星路35号
……Tel:4715571
……Tel:4721247
……Tel:4728898
南宁经济技术开发区地方税务局
地址：星光大道
……Tel:4518685
南宁高新区劳动人事局
地址：滨河路
……Tel:5816562
南宁高新区规划生态环境局
地址：滨河路
……Tel:5816980
南宁高新技术产业开发区应急管理局
地址：滨河路
……Tel:5816622
南宁高新技术产业开发区财政局
地址：滨河路
……Tel:5816599
南宁高新技术产业开发区社会事业局
地址：滨河路
……Tel:5816836
南宁高新技术产业开发区国家税务局
地址：滨河路
……Tel:5816727
南宁高新技术产业开发区经济发展局
地址：滨河路
……Tel:5816689
南宁高新技术产业开发区房产局
地址：滨河路
……Tel:5816518
南宁高新技术产业开发区管理委员会
地址：科园大道
……Tel:5816999
……Tel:5816888
传真……Tel:5816555
相思湖新区地方税务局
地址：鲁班路
……Tel:3860618
相思湖新区管理委员会
地址：大学西路
……Tel:3279881
柳州市阳和工业新区国家税务局
地址：望英路南一巷
……Tel:3511825
柳州市柳南区国家税务局
地址：河西路
……Tel:3718813
邕宁区二轻集体工业联社
地址：蒲京路
……Tel:4712137
邕宁区人口和计划生育局
地址：仙葫大道
……Tel:4712216
邕宁区人民防空办公室
地址：蒲庙镇红星路
……Tel:4727608
邕宁区人民政府调解处理土地山林水利纠纷办公室
地址：红星路
……Tel:4717309
邕宁区人事劳动和社会保障局
地址：仙葫大道
……Tel:4792308
邕宁区卫生局
地址：汉林街
……Tel:4722507
邕宁区水产畜牧兽医局
地址：五一路
……Tel:4712213
邕宁区水利局
地址：红星路
……Tel:4717389
邕宁区发展和改革局
地址：邕宁区红星路18号
……Tel:4712312
邕宁区民政局
地址：仙葫大道
……Tel:4791992
邕宁区企业改革办公室
地址：红星路
……Tel:4712140
邕宁区交通局
地址：南宁市仙葫大道中段192号
……Tel:4790310
邕宁区地方税务局
地址：仙葫大道
……Tel:4792055
邕宁区应急管理局
地址：蒲庙镇红星路
……Tel:4727568
邕宁区机关后勤服务中心
地址：蒲庙镇红星路
……Tel:4723872
邕宁区机构编制委员会办公室
地址：红星路
……Tel:4715100
邕宁区老龄工作委员会办公室
地址：仙葫大道
……Tel:4791526
邕宁区住房制度改革办公室
地址：红星路
……Tel:4725358
邕宁区住房制度改革委员会办公室
地址：红星路
……Tel:4712906
邕宁区扶贫开发领导小组办公室
地址：蒲庙镇红星路
……Tel:4727533
邕宁区财政局
地址：仙葫大道
……Tel:4790601
邕宁区社会主义新农村办公室
地址：蒲庙镇红星路
……Tel:4728699
邕宁区建设局

地址：仙葫大道
Tel:4792002

邕宁区招商促进局
地址：彩虹路
Tel:4791266

邕宁区国家税务局
地址：蒲庙镇茉莉大道
Tel:4781698

邕宁区经济贸易局
地址：红星路
Tel:4712322

邕宁区环境保护局
地址：仙葫大道
Tel:4790667

邕宁区林业局
地址：仙葫大道
Tel:4792630

邕宁区规划建设局
地址：莫村
Tel:4791991

邕宁区物价局
地址：红星路
Tel:4723885

邕宁区物价检查所
地址：蒲庙镇彩虹南路
Tel:4721276

邕宁区房屋和征地拆迁办公室
地址：蒲庙镇银峰路
Tel:4716321

邕宁区信息化工作办公室
地址：蒲庙镇红星路
Tel:4727628

邕宁区统计局
地址：邕宁区红星街18号
Tel:4712538

邕宁区烟草专卖局
地址：银峰路
Tel:4720606

邕宁区教育局
地址：和美巷
Tel:4712145

邕宁区精神文明建设委员会办公室
地址：蒲庙镇红星路
Tel:4714051

桂西公路管理局江南公路局
地址：友谊路
Tel:4880736

桂西公路管理局邕宁公路局
地址：金沙大道
Tel:4506690

高新技术产业开发区地方税务局
地址：滨河路
Tel:5816805

崇左市地方税务局
地址：明秀西路25号
Tel:3128168

蒲庙航道站
地址：南宁市仙葫区莫村路1号
Tel:4790688

新城区人民政府
地址：东葛路
Tel:2804727

武鸣县（0771）

党政、国家机构及社会团体

中国共产党及其所属机构

县（区、市）党委及其所属机构

中国共产党武鸣县委员会
地址：武鸣县建设街
Tel:6222110

中国共产党武鸣县直属机关工作委员会
地址：武鸣县解放社区
Tel:6222265

中国共产党武鸣县委员会老干部局
地址：武鸣县建设街
Tel:6222167

中国共产党武鸣县委员会组织部
地址：武鸣县建设街
Tel:6227707

中国共产党武鸣县委员会统一战线工作部
地址：武鸣县建设街
Tel:6217005

中国共产党武鸣县委员会统战部
地址：武鸣县建设街
Tel:6222246

中国一东盟经济园区南宁华侨投资区管理委员会办公室
地址：武鸣县南宁华侨投资区
Tel:6301333

武鸣县档案局
地址：武鸣县兴武路
Tel:6222612

人民政府及其所属机构

县（区、市）人民政府及其所属机构

武鸣县人民政府
地址：武鸣县兴武大道
Tel:6222313

工会、共青团、妇联

中国共产主义青年团武鸣县委员会
地址：武鸣县
Tel:6239465

武鸣县妇女联合会
地址：武鸣县建设街
Tel:6222250

武鸣县总工会
地址：武鸣县兴武大道
Tel:6222403

南宁华侨投资区总工会
地址：武鸣里建
Tel:6300048

科协、社联、文联、残联

武鸣县科学技术协会
地址：武鸣县兴武大道风水大道五楼
Tel:6223046

侨联、工商联、商会

武鸣县工商业联合会
地址：武鸣县和平街
Tel:6222917

南宁华侨投资区归国华侨联合会
地址：武鸣县中国一东盟经济园区
Tel:6305398

关心下一代委员会

武鸣县关心下一代工作委员会
地址：武鸣县建设街
Tel:6222633

隆安县（0771）

党政、国家机构及社会团体

中国共产党及其所属机构

县（区、市）党委及其所属机构

中国共产党隆安县委员会办公室
地址：隆安县城东开发区广场路8号
Tel:6522131

中国共产党隆安县委员会组织部
地址：隆安县城广场路8号
Tel:6525289

中国共产党隆安县直属机关工作委员会
地址：隆安县城西路
Tel:6522264

中国共产党隆安县委员会老干部局
地址：隆安县城西路
Tel:6521603

中国共产党隆安县委员会统战部
地址：隆安县城西路
Tel:6522445

中国共产党隆安县委员会党史研究室
地址：隆安县城西路
Tel:6521852

隆安县县长公开电话受理办公室
Tel:6530165

中国共产党隆安县委员会隆安县人民政府信息办公室
地址：隆安县
Tel:6521211

隆安县先进性教育活动办公室
地址：隆安县城西路
Tel:6531197

人民政府及其所属机构

县（区、市）人民政府及其所属机构

隆安县人民政府
地址：隆安县广场路
Tel:6531066

华侨工业区管理委员会财政分局
地址：隆安县那桐镇浪湾华侨农场
Tel:6877138

南宁住房公积金管理中心隆安县管理部
地址：隆安县城西路
Tel:6527390

桂西农村综合发展项目领导小组
地址：隆安县富兴巷
Tel:6529455

隆安华侨管理区（广西国营浪湾华侨农场）
地址：隆安县那桐镇浪湾大道1号
管委办 Tel:6673802
党委办 Tel:6673819
工业办 Tel:6677157
计生办 Tel:6675073

隆安县人力资源和社会保障局
地址：城南路人才交流中心4楼
Tel:6531570

隆安县人口和计划生育局
地址：隆安县蝶城西路
Tel:6522245

隆安县人民政府办公室
地址：隆安县城东开发区广场路8号
Tel:6522133

隆安县人民政府地方志编纂力公室
地址：隆安县城西路
Tel:6521719

隆安县卫生局
地址：隆安县蝶城路4号
办公室 Tel:6522191
新农合 Tel:6525406

隆安县市场监督管理局
地址：隆安县民安路
Tel:6522479

隆安县公路局
地址：隆安县城南路
Tel:6522215

隆安县水产畜牧局
地址：隆安县国泰街西一里
Tel:6522152

隆安县水利电力局
地址：隆安县民安街
Tel:6522012

隆安县水利局
地址：隆安县民安路53号
Tel:6529411

隆安县发展和改革局
地址：隆安县榕华街
Tel:6522169

隆安县民政局
地址：隆安县城西路
Tel:6522153

隆安县民族事务局
地址：隆安县城西路
Tel:6522279

隆安县民族语言委员会
地址：隆安县城西路
Tel:6522500

隆安县交通局
地址：隆安县蝶城东路
Tel:6522504

隆安县农业农村局
地址：隆安县富兴巷32、33号
Tel:6522219

隆安县农村改水项目办公室
地址：隆安县城西路
Tel:6522515

隆安县农村经济管理办公室
地址：隆安县国泰街
Tel:6521410

隆安县那桐镇华侨投资区管委会
地址：那桐镇
Tel:6670553

隆安县地方税务局
地址：隆安县城北开发区
Tel:6521502

隆安县地方税务局直属征收管理分局
地址：隆安县蝶城西路
Tel:6521936

隆安县地方税务局稽查局
地址：隆安县蝶城西路
Tel:6524376

隆安县机关事务后勤服务中心
地址：隆安县城西路
Tel:6522179

隆安县机构编制委员会办公室
地址：隆安县城西路
Tel:6521500

隆安县扶贫开发领导小组办公室
地址：隆安县城西路
Tel:6522156

隆安县财政局
地址：隆安县蝶城路398号
Tel:6522241

隆安县质量技术监督局
地址：隆安县城西路
Tel:6522065

隆安县建设局
地址：隆安县蝶城东路
Tel:6522144

隆安县国土资源局
地址：隆安县蝶城西路容华街
Tel:6522190

隆安县国家税务局
地址：隆安县蝶城路
Tel:6522253

隆安县国家税务局稽查局
地址：隆安县蝶城西路
Tel:6526054

隆安县审计局
地址：隆安县城西路
Tel:6522145

隆安县经济贸易局
地址：隆安县城东开发区广场8号
Tel:6530899

隆安县环境保护局
地址：隆安县文塔路
Tel:6521371

隆安县林业局
地址：隆安县民安路
Tel:6525611

隆安县规划建设局
地址：隆安县城厢镇
Tel:6529900

隆安县物价检查所
地址：隆安县城西路
Tel:6523771

隆安县信息化工作办公室
地址：隆安
Tel:6590643

隆安县城镇工业联社
地址：隆安县国泰街
Tel:6522049

隆安县统计局
地址：隆安县城西路
Tel:6522134

隆安县科学技术局
地址：隆安县榕华街
Tel:6522172

隆安县调解处理土地山林水利纠纷办公室
地址：隆安县城西路
Tel:6522302

隆安县旅游事业局
地址：隆安县城西路
Tel:6521815

隆安县教育局
地址：隆安县城内街
Tel:6522141

隆安县森林防火指挥部
地址：隆安县民安街56号
Tel:6522015

隆安县粮食局
地址：隆安县民安街
Tel:6522007

隆安县蔗糖生产指挥部办公室
地址：城西路18号
Tel:8524990

那桐工业集中管理办公室
地址：隆安县那桐镇
Tel:6670538

那桐财政所
地址：隆安县那桐镇那桐街
Tel:6673944

那桐镇工商行政管理所
地址：隆安县那桐镇
Tel:6673939

乔建财政所
地址：隆安县乔建镇环城街
Tel:6612043

乔建国土资源管理所
地址：隆安县乔建环城路
Tel:6613817

宝塔工业发展办公室
地址：隆安县宝塔村
Tel:6525755

南圩财政所
地址：隆安县南圩镇新宁街
Tel:6532637

南圩镇人民政府
地址：隆安县南圩镇新宁街
Tel:6532632

城厢工商行政管理所
地址：隆安县城厢镇
Tel:6522517

屏山乡人民政府
地址：隆安县屏山乡屏山街
Tel:6650025

屏山财政所
地址：隆安县屏山乡屏山街
Tel:6650023

都结乡人民政府
地址：隆安县都结
Tel:6560010

都结财政所
地址：隆安县都结乡
Tel:6560041

隆安县丁商行政管理局古潭分局
地址：隆安县古潭镇
Tel:6620040

隆安县布泉乡计划生育服务所
地址：隆安县布泉乡正街128号
Tel:6580601

隆安县那桐镇计生所
地址：那桐镇
Tel:6673943

隆安县南圩镇计划生育服务站
地址：隆安县南圩镇旧政府大院
Tel:6532575

雁江财政所
地址：隆安县雁江镇富兴街
Tel:6570022

雁江镇人民政府
地址：隆安县雁江镇雁江开发区一号街
Tel:6570016

雁江镇国土资源管理所
地址：隆安县雁江开发区
Tel:6570101

马山县（0771）

党政、国家机构及社会团体

中国共产党及其所属机构

县（区、市）党委及其所属机构

中国共产党马山县直属机关工作委员会
地址：马山县西华街263号
Tel:6822322

中国共产党马山县委员会老干部局
地址：马山县江滨路
Tel:6822032

中国共产党马山县委员会组织部
地址：马山县西华街
Tel:6824183

中国共产党马山县委员会统战部
地址：马山县西华街
Tel:6822041

中国共产党马山县委员会党史研究室
地址：马山县西华街
Tel:6825724

马山县档案局
地址：马山县西华街

Tel:6822357

人民政府及其所属机构

县（区、市）人民政府及其所属机构

马山县人民政府
地址：马山县西华街
Tel:6822888

广西壮族自治区马山县失业保险所
地址：马山县同富街养生保险所楼下
Tel:6820133

马山县人口和计划生育局
地址：马山县新兴街
Tel:6822024

马山县人民防空办公室
地址：马山县中学街
Tel:6826366

马山县人事劳动和社会保障局
地址：马山县白山镇西华街
Tel:6822303

马山县卫生局
地址：马山县中学街
Tel:6826765

马山县市场监督管理局
地址：马山县新兴街
Tel:6822121

马山县土地交易所
地址：马山县新兴街
Tel:6819513

马山县公路局
地址：马山县新兴街
Tel:6823832

马山县少数民族语言文字工作办公室
地址：马山县白山镇镇北街
Tel:6825702

马山县文化和体育局
地址：马山县中学街
Tel:6822193

马山县水产畜牧局
地址：马山县新兴街
Tel:6822177

马山县水利局
地址：马山县中学街
Tel:6821134

马山县发展和改革局
地址：马山县西华街
Tel:6822172

马山县民政局
地址：马山县西华街
Tel:6822021

马山县民族事务局
地址：马山县西华街
Tel:6822316

马山县交通局
地址：马山县同富街120号
Tel:6822100

马山县农业农村局
地址：马山县新兴街
Tel:6827816

马山县地方志编纂委员会办公室
地址：马山县西华街
Tel:6825701

马山县地方税力局直属征收管理分局
地址：马山县中学街
Tel:6821196

马山县地方税务局
地址：马山县中学街
Tel:6823028

马山县地方税务局直属分局
地址：马山县中学街
Tel:6823110

马山县安监局
地址：政务中心
Tel:6822141

马山县机关事务管理局
地址：马山县西华街
Tel:6822335

马山县机构编制委员会办公室
地址：马山县白山镇西华街
Tel:6822724

马山县扶贫开发领导小组办公室
地址：马山县江滨路
Tel:6823794

马山县库区移民开发局
地址：马山县新兴街
Tel:6829595

马山县财政局
地址：马山县新兴街
Tel:6822828

马山县依法治县办公室
地址：马山县江滨路
Tel:6827977

马山县质量技术监督局
地址：马山县巴更路
Tel:6822297

马山县建设局
地址：马山县江滨路
Tel:6829680

马山县国土资源局
地址：马山县白山镇新兴街233号
Tel:6822259

马山县国家税务局
地址：马山县中学街
Tel:6819990

马山县国家税务局稽查局
地址：马山县中学街
Tel:6823725

马山县审计局
地址：马山县新兴街
Tel:6822006

马山县经济贸易局
地址：马山县中学街
Tel:6822135

马山县环境保护局
地址：马山县江滨路
Tel:6818368

马山县林业局
地址：马山县城巴更路1号2楼左
Tel:6820001

马山县规划建设局
地址：马山县白山镇西华街202号
Tel:6822277

马山县物价局
地址：马山县江滨路
Tel:6826630

马山县政府采购中心
地址：马山县新兴街
Tel:6821913

马山县科学技术局
地址：马山县同富街新村
Tel:6822025

马山县食品药品监督管理局马山县分局
地址：马山县内昂路
Tel:6829538

马山县调解处理土地山林水利纠纷办公室
地址：马山县西华街
Tel:6822604

马山县文化和文化和旅游局
地址：马山县白山镇西华街
Tel:6825919

马山县烟草专卖局
地址：马山县同富街塘通路
Tel:6828119

马山县教育局
地址：马山县内昂路
Tel:6822175

马山县粮食局
地址：马山县中学街
Tel:6822055

中国西南扶贫世界银行贷款项目马山县办公室
地址：马山县白山镇巴更路178号
Tel:6822580

南宁市药品监督管理局马山县分局
地址：马山县白山镇内昂路
Tel:6827058

南宁住房公积金管理中心马山县管理部
地址：马山县同富街
Tel:6819231

南宁住房公积金管理中心马山管理部
地址：马山县同富街
Tel:6824572

上林县（0771）

党政、国家机构及社会团体

中国共产党及其所属机构

县（区、市）党委及其所属机构

中国共产党上林县委员会
地址：上林县政府路
Tel:5222307

中国共产党上林县直属机关工作委员会
地址：上林县政府路
Tel:5222324

中国共产党上林县委员会老干部局
地址：上林县政府路
Tel:5222014

中国共产党上林县委员会组织部
地址：上林县政府路
Tel:5222420

中国共产党上林县委员会统战部
地址：上林县政府路
Tel:5220732

中国共产党上林县委员会党史研究室
地址：上林县政府路
Tel:5220904

上林县档案局
地址：上林县明山大道
Tel:5222641

人民政府及其所属机构

县（区、市）人民政府及其所属机构

上林县人民政府
地址：上林县政府路
Tel:5210126

上林县二轻工业局
地址：上林县城西街
Tel:5222433

上林县人力资源和社会保障局
地址：上林县政府路
Tel:5222434

上林县人口和计划生育局
地址：上林县政府路
Tel:5222394

上林县人民防空办公室
地址：上林县政府路
Tel:5228809

上林县人民政府调解处理土地山林水利纠纷办公室
地址：上林县政府大院内政府办公大楼一楼东边最后一间
Tel:5222242

上林县卫生局
地址：上林县解放路
Tel:5222362

上林县市场监督管理局
地址：上林县大丰镇政府路
Tel:5222450

上林县公路局
地址：上林县丰岭路
Tel:5222296

上林县水电局
地址：上林县民族路
Tel:5220335

上林县水产畜牧局
地址：上林县区街二路
Tel:5222414

上林县水利局
地址：民族路6号
Tel:5228512

上林县发展和改革局
地址：上林县政府路
Tel:5222327

上林县民政局
地址：上林县政府路
Tel:5222474

上林县民族委员会
地址：上林县政府路
Tel:5222770

上林县交通局
地址：上林县明山大道
Tel:5222364

上林县农业农村局
地址：上林县银泉路
Tel:5222311

上林县地方税务局
地址：上林县丰岭路
Tel:5222902

上林县地方税务局直属征收管理分局
地址：上林县丰岭路
Tel:5220173

上林县应急管理局
地址：上林县霞客路
Tel:5222977

上林县机关事务管理局
地址：上林县区政府路政府大院招待所旧楼三楼
Tel:5228479

上林县机构编制委员会办公室
地址：上林县政府路
Tel:5222654

上林县老龄工作委员会办公室
地址：上林县政府路
Tel:5224437

上林县住房制度改革委员会力公室
地址：上林县政府路
Tel:5222627

上林县县志编写委员会办公室
地址：上林县政府路
Tel:5221741

上林县扶贫开发领导小组办公室
地址：上林县政府路
Tel:5222701

上林县财政局
地址：上林县大丰镇丰岭街
Tel:5222302

上林县质量技术监督局
地址：上林县新华路
Tel:5220271

上林县国土资源局
地址：上林县龙湖路
Tel:5222193

上林县国家税务局
地址：上林县八赛路马浦街
Tel:5222806

上林县国家税务局稽查局
地址：上林县大丰镇马浦街
Tel:5220209

上林县审计局
地址：上林县政府路
Tel:5222357

上林县经济贸易局
地址：上林县澄洲路
Tel:5222424

上林县环境保护局
地址：上林县霞客路
Tel:5222738

上林县林业局
地址：上林县大丰街
Tel:5220873

上林县规划建设局
地址：上林县霞客路153号
Tel:5222229

上林县物价局
地址：上林县政府路
Tel:5222249

上林县物价检查所
地址：上林县政府路
Tel:5226744

上林县房产管理所
上林县大丰镇二级公路云马路段县房
地址：产管理所办公楼
Tel:5222419

上林县统计局
地址：上林县政府路
Tel:5222192

上林县科学技术局
地址：上林县政府路
Tel:5222162

上林县文化和文化和旅游局
地址：上林县政府路
Tel:5226796

上林县旅游事业局
地址：上林县
Tel:5220230

上林县烟草专卖局
地址：上林县澄洲路
Tel:5224117

上林县教育局
地址：上林县政府路
Tel:5222776

上林县森林防火指挥部办公室
地址：上林县大丰街
Tel:5211676

上林县粮食局
地址：上林县丰岭路
Tel:5222323

龙山自治区级自然保护区管理处
地址：上林县大丰镇黄泥山
Tel:5223518

国家统计局上林调查队
地址：上林县政府路
Tel:5222245

南宁市食品药品监督管理局上林县分局
地址：上林县澄洲路
Tel:5220579

南宁住房公积金管理中心上林县管理部
地址：上林县霞客路
Tel:5211418

桂西公路管理局上林公路局
地址：上林县明山大道
Tel:5220036

宾阳县（0771）

党政、国家机构及社会团体

中国共产党及其所属机构

县（区、市）党委及其所属机构

中国共产党宾阳县委员会
地址：宾阳县永武街235号
Tel:8222349
Tel:8231083

中国共产党宾阳县直属机关工作委员会
地址：宾阳县永武街
Tel:8221351

中国共产党宾阳县委员会老干部局
地址：宾阳县永武四区
Tel:8221352

中国共产党宾阳县委员会组织部
地址：宾阳县永武路
Tel:8222496

中国共产党宾阳县委员会统一战线工作部
地址：宾阳县永武街235号
Tel:8222552

宾阳县纪委
地址：宾阳县
Tel:8222227

宾阳县人民代表大会常务委员会财经工作委员会
地址：宾阳县芦圩镇永武街
Tel:8220570

宾阳县人民代表大会常务委员会教科文卫工作委员会
地址：宾阳县永武街
Tel:8225912

人民政府及其所属机构

县（区、市）人民政府及其所属机构

宾阳县人民政府
地址：宾阳县永武街
Tel:8232224

南宁市食品药品监督管理局宾阳县分公局
地址：宾阳县芦圩镇中和街386号
Tel:8226800
政务接待窗口 Tel:8226811

南宁住房公积金管理中心宾阳县管理部
地址：宾阳县
Tel:8239952

宾阳公路局
地址：宾阳县仁爱街
Tel:8229640

宾阳县人口和计划生育局
地址：宾阳县永武街340号
Tel:8222433

宾阳县人民防空办公室

地址：宾阳县商贸城广场
……Tel:8234256
宾阳县人民政府接待办公室
地址：宾阳县永武街
……Tel:8259306
宾阳县人事局
地址：宾阳县永武路235号
……Tel:8222430
宾阳县卫生局
地址：宾阳县建设区
……Tel:8252315
宾阳县市场监督管理局
地址：宾阳县商贸城中区
……Tel:8237596
宾阳县大桥口水利工程管理所
地址：宾阳县大桥镇大桥街
……Tel:8111055
宾阳县文化和体育局
地址：宾阳县商贸城
……Tel:8236371
宾阳县总工会
地址：宾阳县仁爱街
……Tel:8222162
宾阳县水产畜牧局
地址：宾阳县芦圩镇建设区
……Tel:8250583
宾阳县水利局
地址：宾阳县枫江街
……Tel:8251745
宾阳县发展和改革局
地址：宾阳县
……Tel:8238577
宾阳县发展和改革局
地址：宾阳县商贸城
……Tel:8237995
宾阳县史志办公室
地址：宾阳县芦圩镇永武街
……Tel:8222559
宾阳县团县委
地址：宾阳县永武街
……Tel:8222361
宾阳县民政局
地址：宾阳县芦圩镇商贸城广场旁（地税局对面）
……Tel:8222322
宾阳县科协
地址：宾阳县永武街
……Tel:8254212
宾阳县政协
地址：宾阳县
……Tel:8222337
宾阳县交通局
地址：宾阳县芦圩镇临浦街
……Tel:8235674
宾阳县农业农村局
地址：宾阳县商贸城
……Tel:8237126
宾阳县组织部
地址：宾阳县芦圩镇利新东路
……Tel:8222496
宾阳县统战部
地址：宾阳县
……Tel:8222552
宾阳县农村基础设施建设三大会战指挥部办公室
地址：宾阳县芦圩镇
……Tel:8236320
宾阳县党史办公室
地址：宾阳县
……Tel:8222559
宾阳县地方税务局
地址：宾阳县区商贸城218号一楼
……Tel:8234765

宾阳县残联

地址：宾阳县
……Tel:8235955
宾阳县物价局
地址：宾阳县
……Tel:8234272
宾阳县经贸局
地址：宾阳县
……Tel:8236972
宾阳县自然资源局
地址：宾阳县
……Tel:8235970
宾阳县交通局
地址：宾阳县
……Tel:8235674
宾阳县生态环境局
地址：宾阳县
……Tel:8252624
宾阳县应急管理局
地址：宾阳县
……Tel:8222166
宾阳县文旅局
地址：宾阳县
……Tel:8223115
宾阳县发改局
地址：宾阳县
……Tel:8237995
宾阳县粮食局
地址：宾阳县
……Tel:8222292
宾阳县投资促进局
地址：宾阳县
……Tel:8237361

宾阳县妇联

地址：宾阳县
……Tel:8222634
宾阳县拆迁办
地址：宾阳县芦圩镇永武街383号
……Tel:8256115
宾阳县直属机关工委
地址：宾阳县政府大院
……Tel:8221381
宾阳县农业银行
地址：宾阳县
……Tel:8234359
宾阳县中国银行
地址：宾阳县
……Tel:8220445
宾阳县农发行
地址：宾阳县
……Tel:8238778
宾阳县农业农村局
地址：宾阳县
……Tel:8246615
宾阳县审计局
地址：宾阳县商贸城广场南面
……Tel:8237781
宾阳县经济贸易局
地址：宾阳县商贸城文化广场
……Tel:8239016
宾阳县经贸局
地址：宾阳县商贸城文化广场
……Tel:8236972
宾阳县环境保护局
地址：宾阳县芦圩镇枫江街238号
……Tel:8252624
宾阳县林业局
地址：宾阳县芦圩镇建设区
……Tel:8256360
宾阳县林业局防火办公室
地址：宾阳县芦圩镇建设区
……Tel:8252536
宾阳县规划建设局
地址：宾阳县建设区
……Tel:8252176
宾阳县物价局
地址：宾阳县商贸城文化广场
……Tel:8237672
宾阳县物检查所
地址：宾阳县文化广场
……Tel:8239391
宾阳县信息化工作办公室
地址：宾阳县永武街
……Tel:8259189
宾阳县统计局
地址：宾阳县永武街235号
办公室……Tel:8257780
传真……Tel:8222147
宾阳县政务服务中心
地址：宾阳县
……Tel:8240090
宾阳县政府集中采购中心
地址：宾阳县永武街
……Tel:8257760
宾阳县科学技术局
地址：宾阳县永武街
……Tel:8253360
宾阳县卫生健康局
地址：宾阳县
……Tel:8252315
宾阳县林业局
地址：宾阳县
……Tel:8252220
宾阳县烟草专卖局
地址：宾阳县建设区7号
……Tel:8252565
宾阳县教育局
地址：宾阳县芦圩镇镇安街333号
……Tel:8222311
宾阳县市场监督管理局
地址：宾阳县
……Tel:82234584
宾阳县税务局
地址：宾阳县
……Tel:8253590
宾阳县粮食局
地址：宾阳县永武街
……Tel:8222292
宾阳县委党校
地址：宾阳县
……Tel:8222440
宾阳县卫生健康局
地址：宾阳县
……Tel:8252315
宾阳县烟草局
地址：宾阳县
……Tel:8252565

横县（0771）

党政、国家机构及社会团体

中国共产党及其所属机构

县（区、市）党委及其所属机构

中国共产党横县委员会
地址：横县江滨西路
……Tel:7223638
中国共产党横县直属机关工作委员会
地址：横县横州镇江滨西路
……Tel:7223645
中国共产党横县委员会老干部局
地址：横县横州镇淮海路
……Tel:7223657
中国共产党横县委员会组织部
地址：横县江滨路
……Tel:7238919
中国共产党横县委员会统一战线工作部
地址：横县横州镇江滨西路9号
……Tel:7251533
……Tel:7223616
中国共产党横县委员会政委员会
地址：横县江滨西路
……Tel:7223540
中国共产党横县委员会横县人民政府接待办公室
地址：横县槎江路
……Tel:7213999
横县县委党史办公室
地址：横县横州镇江滨西路9号
办公室……Tel:7223665
主任室……Tel:7235696
纪念馆……Tel:7235876
横县档案局
地址：横县江滨西路
……Tel:7222400
百合镇人民代表大会主席团
地址：横县百合镇
……Tel:7415690
良圻镇人民代表大会常务委员会
地址：横县良圻镇
……Tel:7352166
镇龙乡人民代表大会主席团
地址：横县镇龙乡
……Tel:7132369

人民政府及其所属机构

县（区、市）人民政府及其所属机构

横县人民政府
地址：横县横州镇江滨西路
……Tel:7261803
六景工业园区规划建设局
地址：横县六景镇景园路
……Tel:7372730
南宁市食品药品监督管理局横县分局
地址：横县横州镇槎江路43号
……Tel:7232939
南宁住房公积金管理中心横县管理部
地址：横县横州镇柳明路
……Tel:7238958
横县二轻城镇集体工业联合社
地址：横县横州镇槎江路
……Tel:7222266
横县人口和计划生育局
地址：横县横洲镇淮海路82号
……Tel:7222131
横县人民防空办公室
地址：横县江滨西路
……Tel:7239689
横县人民政府调解处理土地山林水利纠纷办公室
地址：横县江滨西路
……Tel:7222333
横县人事局
地址：横县横州镇江滨西路
……Tel:7223593
横县卫生局
地址：横县槎江路
……Tel:7222206
横县工资改革办公室
地址：横县江滨西路
……Tel:7220469
横县市场监督管理局
地址：横县环城西路
……Tel:7220042
横县土地储备供应中心
地址：横县宝华西路5号
……Tel:7234198
横县公路局
地址：横县环城西路
……Tel:7222220
横县公路管理所
地址：横县横州镇龙池路70号
……Tel:7221500
横县无线电管理委员会
地址：横县江滨西路
……Tel:7260609
横县文化和体育局
地址：横县城司北路
……Tel:7223678
横县水产畜牧局
地址：横县江北路
……Tel:7203686
横县水库移民工作管理局
地址：横县西津大厦
……Tel:7222195
横县水利局
地址：横县宝华中路
……Tel:7223474
横县发展和改革局
地址：横县横州镇江滨西路
……Tel:7223639
横县民政局
地址：横县横州镇柳明路1311号
办公室……Tel:7223533
优抚股……Tel:7236060
救灾救济股……Tel:7233182
横县民族事务局
地址：横县江滨西路
……Tel:7210915
横县交通局
地址：横县横州镇龙池路
……Tel:7222411
横县农业机械化管理局
地址：横县横州镇长安路
……Tel:7202683
横县农业农村局
地址：横县横州镇宝华中路11号
……Tel:7226301
横县农机安全监理站
地址：横县长安路民政福利厂旁农机局新大楼二楼
……Tel:7202548
横县农村基层组织建设办公室
地址：横县横州镇江滨西路
……Tel:7215013
横县防汛抗旱指挥部办公室
地址：横县宝华中路
……Tel:7222405
横县地方志编纂委员会办公室
地址：横县江滨西路
……Tel:7223436
横县地方税务局
地址：横县宝华中路2号
……Tel:7220192
横县地方税务局稽查局
地址：横县宝华中路
……Tel:7225738
横县应急管理局
地址：横县柳明路157号
……Tel:7227742
横县机关事务管理局
地址：横县横州镇江滨西路9-1号
……Tel:7223564
横县机构编制委员会办公室
地址：横县横州镇江滨西路
……Tel:7222203
横县老龄工作委员会办公室
地址：横县江滨西路
……Tel:7223700
横县住房制度改革委员会办公室
地址：横县江滨西路
……Tel:7223127
横县扶贫开发领导小组办公室
地址：横县江滨西路
……Tel:7215007
横县库区移民开发局
地址：横县中学斜对面
……Tel:7236966
横县财政局
地址：横县柳明路
……Tel:7222970
横县财政国库支付管理中心
地址：柳明路财政局二栋办公楼二楼
……Tel:7218158
横县劳动和社会保障局
地址：横县横州镇西城路
……Tel:7222375
横县质量技术监督局
地址：横县横州镇公园路015号
办公室……Tel:7222290
办证大厅……Tel:7263936
横县茉莉花产业管理局
地址：横县长安路
……Tel:7210699
横县拆迁办
地址：宝华中路5号
……Tel:7237781
横县招商促进局
地址：横县横州镇环城西路
……Tel:7221480
横县国土资源局
地址：横县宝华西路5号
……Tel:7224017
横县国有资产管理中心
地址：横县柳明路
……Tel:7222410
横县国家税务局
地址：横县横州镇环城东路370号
办公室……Tel:7223576
办事服务厅……Tel:7222853
……Tel:7238066
横县国家税务局稽查局
地址：横县环城冻咱

……Tel:7239522
横县审计局
地址：横县横州镇环城西路
……Tel:7223426
横县经济委员会
地址：横县柳明路
……Tel:7223677
横县经济贸易局
地址：横县横州镇柳明路
……Tel:7235388
横县经贸局
地址：柳明路
……Tel:7222226
……Tel:7232833
横县生态环境局
地址：横县公园路
……Tel:7211591
横县林业局
地址：横县横州镇城司路
……Tel:7223501
横县规划建设局
地址：横县横州镇宝华中路
……Tel:7223801
横县物价局
地址：横县江滨
……Tel:7223469
横县物价检查所
地址：横县江滨西路
……Tel:7227100
横县信息化工作办公室
地址：横县江滨西路
……Tel:7232996
横县城镇土地征收与旧城改造工作领导小组办公室
地址：横县中山中路
……Tel:7207781
横县统计局
地址：横县江滨西路
……Tel:7222382
横县政务服务中心
地址：横县横州镇政府旁
……Tel:7263933
横县政务服务中心管理办公室
地址：横州镇新州东路57号
……Tel:7263976
横县科学技术局
地址：横县横州镇江滨西路9号县政府大院内
……Tel:7222138
横县文化和文化和旅游局
地址：横县淮海路
……Tel:7223246
横县清理整顿农村“两会一部”工作办公室
地址：横县西城路
……Tel:7220210
横县教育局
地址：横县横州镇洪德路
……Tel:7222299
横县港务所
地址：横县西津路
……Tel:7223525
横县粮食局
地址：横县横州镇公园路023号
办公室……Tel:7229558
横县储备粮管理公司
……Tel:7228528
横县蒙垌（广西）粮食储备库
……Tel:7222200
……Tel:7223472

柳州市（0772）

党政、国家机构及社会团体

中国共产党及其所属机构

市（地区、自治州）党委及其所属机构

中国共产党柳卅市委员会
地址：文昌路
……Tel:2825412
中国共产党柳州市直属机关委员会
地址：瑞康路
……Tel:2825192
中国共产党柳州市委员会讲师团
地址：文昌综合楼
……Tel:2820310
中国共产党柳州市委员会老干部局
地址：广雅路
……Tel:2824486
中国共产党柳州市委员会组织部
地址：文昌路
……Tel:2825584
中国共产党柳州市委员会统一战线工作部
地址：柳州市中山东路36号
……Tel:2818756
中国共产党柳州市委员会统战部
地址：三中路
……Tel:2818602
中国共产党柳州市委员会政策研究室
地址：三中路66号市委大楼11楼
……Tel:2825747
中国共产党柳州市委员会党史研究室
地址：文昌路新政府大楼
……Tel:2862627
柳卅市档案局
地址：三中路
……Tel:2825592
柳州市组织建设协调领导小组办公室
地址：三中路
……Tel:2852530

县（区、市）党委及其所属机构

中国共产党柳州市鱼峰区委员会组织部
地址：学院路10号
……Tel:3160082
中国共产党柳州市鱼峰区委员会统战部
地址：学院路
……Tel:3160156
中国共产党柳州市城中区委员会办公室
地址：龙城路西一巷
……Tel:2861846
中国共产党柳州市城中区委员会组织部
地址：龙城路西一巷
……Tel:2824948
中国共产党柳州市城中区委员会统站部
地址：龙城路西一巷
……Tel:2820296
中国共产党柳州市柳北区委员会
地址：胜利路
……Tel:2824184
中国共产党柳州市柳北区委员会组织部
地址：胜利路
……Tel:2811612
中国共产党柳州市柳北区委组织部办公室
地址：柳州市胜利路12-8号柳北区政府806号
……Tel:2869387
中国共产党柳州市柳南区委员会
地址：潭中西路
……Tel:3722873
中国共产党柳州市柳南区委员会组织部
地址：潭中西路
……Tel:3710306
中国共产党柳州市柳南区委员会统战部
地址：潭中西路
……Tel:3722043

人民政府及其所属机构

市（地区、自治州）人民政府及其所属机构

柳州市人民政府
地址：文昌路
……Tel:2818587
广西区水电工程局柳州管理分局
地址：柳州市桂中大道2号（广电中心对面）新办公楼
……Tel:2612730
广西地质矿产局柳州白莲洞基地
地址：柳石路
……Tel:3350500
广西壮族自治区柳州市农业机械化管理局
地址：达江路
……Tel:2629226
广西壮族自治区柳州市建设委员会
地址：柳州市八一路77号
……Tel:2825278
广西煤炭地质局柳州市分局
地址：柳石路
……Tel:3861360
国家统计局柳州市企业调查队
地址：潭中路
……Tel:2823719
柳州市二轻城镇集体工业联合社
地址：龙城路
……Tel:2824538
柳州市人力资源和社会保障局
地址：中山东路
……Tel:2610283
柳州市人口和计划生育委员会
地址：潭中路
……Tel:2614955
柳州市人民防空办公室
地址：柳州市乐群路131号
……Tel:3801732
柳州市人民政府发展研究中心
地址：三中路
……Tel:2825082
柳州市人民政府外事侨务办公室
地址：柳州市友谊路1号
……Tel:2816064
柳州市人民政府地方志编纂委员会办公室
地址：三中路
……Tel:2868641
柳州市人民政府调解处理土地山林水利纠纷办公室
地址：三中路
……Tel:2825414
柳州市人民政府接待办公室
地址：友谊路
……Tel:2859989
柳州市卫生局
地址：三申路
……Tel:2823113
柳州市工业和信息化委员会
地址：瑞康路
……Tel:2812820
柳州市市场监督管理局
地址：潭中东路
……Tel:2615331
柳州市市场监督管理局生产资料市场管理分局
地址：白云市场
……Tel:3138696
柳州市工程预决算审核所
地址：中山东路
……Tel:2800643
柳州市土地征用与整理办公室
地址：中山中路
……Tel:2861945
柳州市土地复垦开发整理中心
地址：中山中路
……Tel:2824644
柳州市计划用水节约用水办公室
地址：公园路
……Tel:2826553
柳州市双拥工作领导小组办公室
地址：八一路
……Tel:2801398
柳州市无线电管理处
地址：弯塘路
……Tel:2825459
柳州市引进国外智力与专业技术人员管理办公室
地址：三中路
……Tel:2863186
柳州市引进国外智力办公室
地址：三中路
……Tel:2822331
柳州市少数民族语言文字工作办公室
地址：潭中路
……Tel:2868152
柳州市中小企业服务中心
地址：海关路
……Tel:2809386
柳州市水产畜牧兽医局
地址：谭中路桂中大厦西面7楼
……Tel:2855026
柳州市水利局
地址：广雅路
……Tel:2822359
柳州市水利局驻柳州办事处
地址：广雅路
……Tel:2811662
柳州市水果生产办公室
地址：三中路
……Tel:2826654
柳州市市经济专业工程技术人员改革领导小组办公室
地址：文昌桥东文昌路
……Tel:2823316
柳州市发展和改革委员会
地址：瑞安路
……Tel:2811084
柳州市世行贷款水环境综合治理工作项目办
地址：跃进路
……Tel:2827625
柳州市民政局
地址：八一路
……Tel:2824759
柳州市民族事务委员会
地址：潭中东路
……Tel:2806182
柳州市民族经济发展资金管理局
地址：柳江路
……Tel:2803360
柳州市价格认证中心
地址：海关路6-2号大院3楼
……Tel:2617885
柳州市价格监督检查分局
地址：柳州市文惠路89号
……Tel:2830167
柳州市交通局
地址：解放北路
……Tel:2803678
柳州市农业农村局
地址：潭中东路
……Tel:2824033
柳州市防汛抗旱指挥部办公室
地址：三中路
……Tel:2812233
柳州市地方税务局
地址：潭中东路
……Tel:2611022
柳州市地方税务局直属税务分局
地址：潭中大道
……Tel:2610955
柳州市地方税务局第一稽查局
地址：潭中东路
……Tel:2611032
柳州市地方税务局第二稽查局
地址：潭中东路
……Tel:2628287
柳州市行政审批管理办公室
地址：文昌路
……Tel:2660319
柳州市安全生产委员会
柳州市应急管理局
地址：三中路
……Tel:2810914
柳州市应急管理局
地址：三中路
……Tel:2832015
柳州市机关事务管理局
地址：三中路
……Tel:2808782
柳州市产品质量监督检验所
……Tel:2812295
柳州市老龄工作委员会
地址：广雅路7号
……Tel:2822344
柳州市住房公积金管理中心
地址：中山东路
……Tel:2806177
柳州市住房制度改革领导小组办公室
地址：八一路
……Tel:2809430
柳州市体育局
地址：柳州市东环路体育中心内
……Tel:2616443
柳州市扶贫开发领导小组办公室
地址：三中路
……Tel:2824374
柳州市园林管理局
地址：三中路
……Tel:2822869
柳州市财务总监管理中心
地址：潭中东路
……Tel:2835855
柳州市财政局
地址：潭中东路
……Tel:2825074
柳州市质量技术监督局
地址：海关路
……Tel:2616398
柳州市直机关后勤服务中心
地址：三中路
……Tel:2820362
柳州市建设局
地址：八一路
……Tel:2824425
柳州市建设委员会
地址：八一路
……Tel:2824784
柳州1市国土资源局
地址：立新路
……Tel:2825279
柳州市国家税务局
地址：龙城路
……Tel:2839577
柳州市国家税务局稽查局
地址：公园路
……Tel:2805238
柳州市审计局
地址：高新一路
……Tel:2661880
柳州市经济委员会
地址：三中路
……Tel:2863828
柳州市经济实用住房发展中心
地址：中山东路
……Tel:2801348
柳州市经济和社会发展重大决策咨询委员会
地址：文昌路
……Tel:2825082
柳州市环境保护局
地址：高新南路
……Tel:2615235
柳州市林业局
地址：广雅路北一巷
……Tel:2825571
柳州市物价
地址：柳州市三中路66号市政府大院
……Tel:2811045
柳州市委精神文明建设委员会办公室
地址：三中路
……Tel:2811943
柳州市保持共产党员先进性教育活动领导小组办公室
柳州市基层组织建设办公室
地址：三中路
……Tel:2869362
柳州市信息化工作领导小组办公室
地址：三中路
……Tel:2805986
柳州市信息产业局
地址：三中路
……Tel:283903
柳州市重点项目建设办公室
地址：三中路
……Tel:2850066
柳州市城乡清洁办
地址：柳州跃进路100号柳北区司法局大

楼
…………………………Tel:2555060
柳州市城区公路管理局
地址：乐群路
…………………………Tel:3833697
柳州市城区防洪办公室
地址：柳江路
…………………………Tel:2824459
柳州市城区烟草专卖局
地址：三中路
…………………………Tel:2822930
柳州市城市居民最低生活保障服务中心
地址：三中路
…………………………Tel:2832975
柳州市城市规划局
地址：中山东路
…………………………Tel:2825238
柳州市城市管理行政执法局
地址：海关南路
…………………………Tel:2868716
柳州市城市管理行政执法直属大队
地址：东城路
…………………………Tel:2636323
柳州市城镇二轻工业联社
地址：三中路
…………………………Tel:2824451
柳州市退伍军人和军队离退休干部安置办公室
地址：文惠路
…………………………Tel:2805006
柳州市统计局
地址：文昌路
…………………………Tel:2824952
柳州市政务服务中心
地址：潭中大道
…………………………Tel:2613687
柳州市政府国有资产监督管理委员会
地址：长风路
…………………………Tel:2810760
柳州市科技局
地址：高新二路9号
…………………………Tel:2635705
柳州市科学技术局
地址：高新一路
…………………………Tel:2610311
柳州市食品药品监督管理局
地址：高新一路
…………………………Tel:2862552
柳州市爱国卫生运动委员会
地址：文惠路
…………………………Tel:2819561
柳州市文化和文化和旅游局
地址：三中路
…………………………Tel:2812508
柳州市烟草专卖局
地址：三中路
…………………………Tel:2835788
柳州市铁路建设办公室
地址：三中路
…………………………Tel:2660063
柳州市畜牧水产局
地址：三中路
…………………………Tel:2625229
柳州市航道管理局
地址：潭中西路
…………………………Tel:3718640
柳州市商务局
地址：潭中东路
…………………………Tel:2630805
柳州市商务委员会
地址：三中路
…………………………Tel:2613137
柳州市教育局
地址：文惠路87号
…………………………Tel:2811604
柳州市教育局教育岗站
地址：文惠路
…………………………Tel:2835626
柳州市职称改革工作领导小组办公室
地址：三中路
…………………………Tel:2823215
柳州市船舶检验局
地址：弯塘路
…………………………Tel:2820271
柳州市普查中心
地址：文昌路
…………………………Tel:2802514
柳州市奥因室内环境检测治理中心
地址：航二路17号宏城绿都17栋2单元5-2号
…………………………Tel:3031133
柳州市森林防火指挥部办公室
地址：广雅路北一巷
…………………………Tel:2834409
柳州市粮食局
地址：三中路
…………………………Tel:2809967
柳州市蔗糖生产办公室
地址：三中路
…………………………Tel:2850577
柳州市整顿和规范市场经济秩序工作领导小组办公室
地址：三中路
…………………………Tel:2865007
柳州地区外贸局
地址：八一路
…………………………Tel:2821230
柳州铁路局
地址：鹧山路三区
…………………………Tel:3610474
柳州铁路质量检测中心有限公司
地址：和平路138号
…………………………Tel:3692210
柳州预备役柳州炮团
地址：八一路2号
…………………………Tel:2086678
桂中公路管理局
地址：航银璐
…………………………Tel:3236630

县（区、市）
人民政府及其所属机构

古亭山经济技术开发区建设局
地址：古亭山
…………………………Tel:3511456
阳和工业新区人力资源和社会保障局
地址：长安路
…………………………Tel:3513776
阳和工业新区社会事务局
地址：长安路
…………………………Tel:3512909
阳和工业新区国家税务局
地址：阳和中路
…………………………Tel:3512231
河东私营经济区开发建设管理办公室
地址：河东私营经济开发区
…………………………Tel:2530870
鱼峰区人民政府
地址：学院路
…………………………Tel:3161087
鱼峰区人民政府发展经济局
地址：学院路
…………………………Tel:3160736
鱼峰区卫生局
地址：静兰路
…………………………Tel:3162460
鱼峰区计划生育局
地址：学院路
…………………………Tel:3162427
鱼峰区双拥工作领导小组办公室
地址：学院路
…………………………Tel:3161614
鱼峰区民政局
地址：映山街
…………………………Tel:3160309
鱼峰区财政局
地址：学院路
…………………………Tel:3160352
鱼峰区建设局
地址：柳石路
…………………………Tel:3161675
鱼峰区国家税务局
地址：屏山大道
…………………………Tel:3141808
鱼峰区城市管理行政执法局
地址：柳石路
…………………………Tel:3812775
鱼峰区统计局
地址：学院路
…………………………Tel:3163285
城中区人民政府
地址：龙城路西一巷
…………………………Tel:2819283
城中人口普查办公室
地址：龙城路
…………………………Tel:2627125
城中区人口和计划生育局
地址：东城路
…………………………Tel:2610611
城中区计划生育局
地址：东环大道
…………………………Tel:2616146
城中区双拥工作领导小组办公室
地址：东城路
…………………………Tel:2627976
城中区发改局
地址：雅儒路
…………………………Tel:2610017
城中区农林水利局
地址：东环路
…………………………Tel:2614744
城中区地方税务局
地址：雅儒路
…………………………Tel:2866768
城中区老龄问题委员会办公室
地址：龙城路西一巷
…………………………Tel:2826329
城中区国家税务局
地址：三中路
…………………………Tel:2804848
城中区城市管理行政执法局
地址：雅儒路
…………………………Tel:2803372
城中区统计局
地址：东城路
…………………………Tel:2610554
城中区政府教育委员会
地址：东城路
…………………………Tel:2614004
城中区婚姻登记处
地址：映山街
…………………………Tel:2835065
城中区教育局
地址：东城路
…………………………Tel:2616145
柳北区人民政府
地址：胜利路西
…………………………Tel:2562497
柳北区人力资源和社会保障局
地址：胜利路
…………………………Tel:2826037
柳北区人口和计划生育局
地址：胜利路
…………………………Tel:2821192
柳北区人民政府卫生局
地址：胜利路
…………………………Tel:2802642
柳北区人民政府环境保护局
地址：胜利路
…………………………Tel:2898059
柳北区人民政府林业局林业改造办公室
地址：胜利路
…………………………Tel:2551230
柳北区人民政府统计局
地址：胜利路
…………………………Tel:2808642
柳北区民政局
地址：胜利路
…………………………Tel:2804087
柳北区农业水利局
地址：胜利路
…………………………Tel:2804033
柳北区地方税务局
地址：三中路
…………………………Tel:2817131
柳北区老龄工作委员会办公室
地址：胜利路
…………………………Tel:2815661
柳北区财政局
地址：胜利路
…………………………Tel:2817734
柳北区建设局
地址：跃进路
…………………………Tel:2512643
柳北区国家税务局
地址：北雀路
…………………………Tel:2318174
柳北区审计局
地址：胜利路
…………………………Tel:2567295
柳北区环境保护局
地址：雅儒路
…………………………Tel:2898039
柳北区城市管理行政执法局
地址：跃进路
…………………………Tel:2533448
柳北区贸易发展局
地址：胜利路
…………………………Tel:2818706
柳北区政府物价所
地址：胜利路
…………………………Tel:2802643
柳北区科技局
地址：胜利路
…………………………Tel:2802624
柳北区商务局
地址：胜利路
…………………………Tel:2515295
柳北区教育局
地址：胜利路
…………………………Tel:2805621
柳北区森林防火指挥部办公室
地址：胜利路
…………………………Tel:2801161
柳州市市场监督管理局阳和分局
地址：古亭山路
…………………………Tel:3513303
柳州市市场监督管理局鱼峰区分局
地址：蝴蝶山西路
…………………………Tel:3114381
柳州市丁商行政管理局城中分局
地址：莲塘路
…………………………Tel:2811853
柳州市市场监督管理局城巾分局柳东工商所
地址：潭中大道
…………………………Tel:2618471
柳州市载商行政管理局柳北分局
地址：跃进路
…………………………Tel:2528014
柳州市市场监督管理局柳南分局
地址：红光小区
…………………………Tel:3614429
柳州市市场监督管理局高新分局
地址：高新一路
…………………………Tel:2610874
柳州市土地管理局鱼峰分局
地址：屏山大道
…………………………Tel:3871391
柳州市分安局城中交通警察大队
地址：中山中路
…………………………Tel:2825686
杉州市阳和工业新区计划生育服务站柳州市古亭山古亭大道民族商城独立
地址：商住户610号
…………………………Tel:3514138
柳州市阳和工业新区招商局
地址：柳州市阳和工业新区古亭大道333号
…………………………Tel:3510217
柳州市地方税务局阳和分局
地址：古亭山阳和大道
…………………………Tel:3513095
柳州市地方税务局鱼峰分局
地址：蝴蝶山路
…………………………Tel:3116072
柳州市地方税务局城中地方税务局分局
地址：雅儒路
…………………………Tel:2858320
柳州市地方税务局柳北分局
地址：三中路跃进村
…………………………Tel:2836021
柳州市地方税务局高新分局
地址：高新区
…………………………Tel:2623892
柳州市地税局柳南分局谷埠街办税大厅
地址：飞鹅二路
…………………………Tel:3610754
柳州市社区民政局委员会
地址：三中路
…………………………Tel:2808439
柳州市国土资源局阳和分局
地址：古亭大道
…………………………Tel:3510919
柳州市国土资源局鱼峰分局
地址：屏山大道
…………………………Tel:3811487
柳州市国土资源局城中分局
地址：东环路
…………………………Tel:2635530
柳州市国土资源局柳北分局
地址：柳州市区跃进路100号搪瓷厂办公楼
…………………………Tel:2512190
柳州市国土资源局柳东分局
地址：古亭山大道
…………………………Tel:3514319
柳州市国家税务局车辆购置税征收管理分局
地址：汇轮路
…………………………Tel:8803068
柳州市国家税务局沙塘税务所
地址：沙塘镇开发新区
…………………………Tel:2710170
柳州市国家税务局鱼峰稽查局
地址：公园路
…………………………Tel:2805537
柳州市国家税务局柳北稽查局
地址：公园路
…………………………Tel:2814747
柳州市国家税务局高新稽查局
地址：公园路
…………………………Tel:2833002
柳州市国家税务局雀儿山征收分局
地址：白雀路
…………………………Tel:2893263
柳州市国家税务局第一稽查局
地址：公园路
…………………………Tel:2805535
柳州市国家税务局鹅山征收分局
地址：河西路
…………………………Tel:3719645
柳州市物价局物价检查所
地址：文惠路
…………………………Tel:2817975
柳州市鱼峰区农林水利局
地址：学院路10号
…………………………Tel:3163402
柳州市鱼峰区政府物价所
柳州市学院路10号广西壮族自治区鱼
地址：峰区人民政府大楼一楼东边105房
…………………………Tel:3162931
柳州市鱼峰区教育局
地址：柳州市学院路10号
…………………………Tel:3162402
柳州市城区公路管理局
地址：乐群路
…………………………Tel:3833697
柳州市城中区人民政府
地址：龙城路西一巷
…………………………Tel:2824191
柳州市城中区征地办
地址：柳州市东城路4号
…………………………Tel:2612484
柳州市城中区审计局

地址：龙城路西一巷
……Tel:2822188
柳州市城市规划局阳和分局
地址：跃进路
……Tel:2530612
柳州市城市规划局鱼峰分局
地址：箭盘路
……Tel:3131701
柳州市城市规划局城中分局
地址：中山东路
……Tel:2812031
柳州市城市规划局柳北分局
地址：跃进路
……Tel:2530351
柳州市柳南区人口和计划生育局
地址：柳州市潭中西路10号
……Tel:3712530
柳州市杉喃区国家税务局鹅山征收分局
地址：河西路
……Tel:3718813
柳州市柳南区审计局
地址：柳州市潭中西路10号
……Tel:3722996
柳州市柳南区教育局
地址：柳州市潭中西路10号
……Tel:3715758
柳南区人民政府
地址：潭中西路
……Tel:3645968
柳南区人力资源和社会保障局
地址：胜利路
……Tel:3727301
柳南区人民政府河西办事处
地址：河西路
……Tel:3719614
柳南区文化与体育局
地址：潭中西路
……Tel:3722843
柳南区民政局
地址：潭中西路
……Tel:3720041
柳南区地方税务局
地址：飞鹅路
……Tel:3610366
柳南区财政局
地址：潭中西路
……Tel:3730629
柳南区建设局
地址：柳太路
……Tel:3728116
柳南区国家税务局
地址：河西路
……Tel:3719904
柳南区城乡清洁工程巡查督查室
地址：民泰路
……Tel:3232823
柳南区城市管理行政执法局
地址：民泰路
……Tel:3220293
柳南区统计局
地址：柳太路
……Tel:3725847
柳南区科技局
地址：潭中西路
……Tel:3722974
高新技术开发区财政局
地址：官塘工业新区
……Tel:2671102
高新技术开发区地方税务局
地址：高新区
……Tel:2620967
高新技术开发区国家税务局
地址：高新一路
……Tel:2618098

柳江县（0772）

党政、国家机构及社会团体

中国共产党及其所属机构

县（区、市）党委及其所属机构

中国共产党柳江县委员会
地址：柳江县柳北路
……Tel:7212624
中国共产党柳江县委员会台湾工作办公室
地址：柳江县柳北路
……Tel:7217711
中国共产党泖江县委员会老干部局
地址：柳江县柳北路
……Tel:7212617
中国共产党柳江县委员会组织部
地址：柳江县柳北路
……Tel:7211940
中国共产党柳江县委员会统战部
地址：柳江县柳北路
……Tel:7212634
中国共产党柳江县委员会党史办公室
地址：柳江县柳北路
……Tel:7223703
柳江县档案局
地址：柳江县柳北路
……Tel:7221721

人民政府及其所属机构

县（区、市）人民政府及其所属机构

柳江县人民政府
地址：柳江县柳北路
……Tel:7212473
柳江县人力资源和社会保障局
地址：柳江县柳东路
……Tel:7219233
柳江县人口与计划生育局
地址：柳江县塘兴街29号
……Tel:7213268
服务热线（24小时）……Tel:7215678
……Tel:7213668
柳江县人民政府地方志编纂委员会办公室
地址：柳江县拉堡镇柳北路
……Tel:7223806
柳江县卫生局
地址：柳江县柳南路
……Tel:7212279
柳江县卫生监督所
地址：柳江县柳南路63号一楼第二间
……Tel:7222826
柳江县市场监督管理局
地址：柳江县塘福路
……Tel:7212137
柳江县市场监督管理局政务中心办事处
地址：柳江县拉堡镇商贸街
……Tel:7223989
柳江县无线电管理处
地址：柳江县三中路
……Tel:2817927
柳江县文化和体育局
地址：柳江县拉堡镇
……Tel:7262380
柳江县水产畜牧兽医局
地址：柳江县塘福路
……Tel:7212156
柳江县水利局
地址：柳江县柳北路
……Tel:7221190
柳江县发展和改革局
地址：柳江县柳北路
……Tel:7217219
柳江县民政局
地址：柳江县柳北路45号
……Tel:7212245
柳江县民政局
地址：柳江县柳北路
……Tel:7210290
柳江县民族事务局
地址：柳江县柳北路
……Tel:7213724
柳江县价格认证中心
地址：柳江县建都机动车检测中心
……Tel:7223886
柳江县交通局
地址：柳江县柳堡路
……Tel:7212219
柳江县交通征费稽查所
地址：柳江县交通水费站
……Tel:7262164
柳江县农业行政执法大队
地址：柳江县柳堡路
……Tel:7221895
柳江县农业农村局
地址：柳江县柳堡路
……Tel:7212202
柳江县农村三项会战综合协调办公室
地址：柳江县柳堡路
……Tel:7223710
柳江县地方税务局
地址：柳江县南大街2号
办公室……Tel:7226139
征管股……Tel:7212670
税征股……Tel:7219876
稽查局……Tel:7212661
行政审批大厅……Tel:7223996
拉堡分局……Tel:7211772
进德分局……Tel:7223669
三都分局……Tel:7588305
柳江县行政审批管理办公室
地址：柳江县商贸街
……Tel:7224163
柳江县应急管理局
地址：柳江县柳堡路
……Tel:7212258
柳江县机构编制委员会办公室
地址：柳江县柳北路45号
……Tel:7212141
柳江县住房公积金管理中心柳江管理处
地址：柳江县柳东路
……Tel:7214866
柳江县住房制度改革领导小组办公室
地址：柳江县拉堡镇柳堡路
……Tel:7213099
柳江县扶贫开发领导小组办公室
地址：柳江县柳北路
……Tel:7217640
柳江县财政局
地址：柳江县柳北街
……Tel:7214301
柳江县依法治县办公室
地址：柳江县柳堡路
……Tel:7215703
柳江县质量技术监督局
地址：柳江县柳北路45号
办公室及传真……Tel:7212620
法规监督股……Tel:7222859
综合管理股……Tel:7219006
县标准计量所……Tel:7218448
……Tel:7213395
柳江县直属机关服务中心
地址：柳江县柳北路
……Tel:7215335
柳江县直属事务局
地址：柳江县柳北路
……Tel:7212647
柳江县建设局
地址：柳江县柳堡路
……Tel:7223917
柳江县国土资源局
地址：柳江县拉堡镇塘福路2号
办公室……Tel:7212122
传真机……Tel:7215185
土地收购储备交易中心
……Tel:7217072
国土资源执法监察大队
……Tel:7214475
土地征用与复垦整理服务中心
……Tel:7212930
国土勘查测绘所……Tel:7218630
柳江县国土资源局政务中心办事处
地址：柳江县拉堡镇商贸街
……Tel:7223987
柳江县国家水利局
地址：柳江县
……Tel:7223997
柳江县国家税务局
地址：柳江县柳北路42号
办公室……Tel:7214482
办税服务大厅……Tel:7213025
稽查局……Tel:7210812
拉堡分局……Tel:7224082
穿山分局……Tel:7213910
三都分局……Tel:7213870
综合业务股……Tel:7213184
征收管理股……Tel:7212971
柳江县国家税务局拉堡分局
地址：柳江县柳北路
……Tel:7224081
柳江县国家税务局征收分局
地址：柳江县柳北路
……Tel:7223131
柳江县宗教事务局
地址：柳江县县府大院
……Tel:7223721
柳江县审计局
地址：柳江县柳北路
……Tel:7214350
柳江县经济贸易局
地址：柳江县拉堡镇柳堡路265号
……Tel:7212422
柳江县环境保护局
地址：柳江县柳堡路452号
……Tel:7262786
柳江县林业局
地址：柳江县柳堡路
……Tel:7212206
柳江县物价局
地址：柳江县柳北路
……Tel:7212377
柳江县统计局
地址：柳江县塘福路
……Tel:7213414
柳江县科学技术局
地址：柳江县拉堡镇柳北路
……Tel:7223299
柳江县食品药品监督管理局柳江县分局
地址：柳江县柳南路
……Tel:7213930
柳江县爱国卫生运动委员会
地址：柳江县柳南路
……Tel:7212392
柳江县烟草专卖局
地址：柳江县拉堡镇柳堡路
……Tel:7265879
柳江县畜牧水产局
地址：塘福路
……Tel:7224450
柳江县粮食局
地址：柳江县柳堡路
……Tel:7262208

柳城县（0772）

党政、国家机构及社会团体

中国共产党及其所属机构

县（区、市）党委及其所属机构

中国共产党柳城县委员会
地址：柳城县大埔镇胜利东路7号
……Tel:7612393
中国共产党柳城县直属机关工作委员会
地址：柳城县大埔镇白阳中路
……Tel:7612177
中国共产党够城县委员会老干部局
地址：柳城县新城路
……Tel:7612345
中国共产党柳城县委员会组织部
地址：柳城县大埔向阳路
……Tel:7612364
中国共产党柳城县委员会统战部
地址：柳城县大埔镇白阳中路
……Tel:7612400
中国共产党柳城县委员会精神文明建设办公室
地址：柳城县大埔镇白阳中路
……Tel:7612304
柳城县史志办公室
地址：柳城县胜利东路
……Tel:7612183
柳城县档案局
地址：柳城县胜利东路
……Tel:7612204

人民政府及其所属机构

县（区、市）人民政府及其所属机构

柳城县人民政府
地址：柳城县大埔镇新城路1号
……Tel:7612362
柳州市住房公积金管理中心柳城管理部
地址：柳城县胜利东路
……Tel:7621101
柳城县人力资源和社会保障局
地址：柳城县大埔白阳南路
……Tel:7610647
柳城县人口和计划生育局
地址：柳城县湾塘路
……Tel:7612399
柳城县人民政府宗教事务局
地址：柳城县新城路
……Tel:7620356
柳城县人民政府调解处理土地山林水利纠纷办公室
地址：柳城县新城路
……Tel:7617136
柳城县卫生局
地址：柳城县大埔镇解放路四巷
……Tel:7612388
柳城县市场监督管理局
地址：柳城县新市场旁
……Tel:7612314
柳城县市场监督管理局消费者投诉举报中心
地址：柳城县大埔镇县城中路
……Tel:7614440
柳城县双拥工作领导小组办公室
地址：柳城县白阳中路
……Tel:7618560
柳城县水电局
地址：柳城县白阳中路
……Tel:7612600
柳城县水利局
地址：柳城县白阳中路
……Tel:7612218
柳城县发展和改革局
地址：柳城县胜利东路
……Tel:7612272
柳城县发展和改革委员会
地址：柳城县胜利东路
……Tel:7612307
柳城县外事侨务办公室
柳城县归国华侨联合会
地址：柳城县
……Tel:7612288
柳城县民政局
地址：柳城县白阳中路
……Tel:7612294
柳城县民族事务委员会
地址：柳城县新城路
……Tel:7612199
柳城县华侨经济管理区
地址：柳城县东泉镇华侨农场
……Tel:7968613
柳城县交通局
地址：柳城县大埔镇河东大道
……Tel:7618145
柳城县农业农村局
地址：柳城县大埔镇向阳路
……Tel:7611346
柳城县农村基层组织建设协调领导小组办公室
地址：柳城县向阳路
……Tel:7612295
柳城县地方税务局
地址：柳城县白阳中路
……Tel:7611883
柳城县地方税务局稽查局
地址：柳城县白阳中路
……Tel:7613694
柳城县行政审批办证大厅管理办公室
地址：柳城县大埔镇中回路
……Tel:7616997
柳城县应急管理局
地址：柳城县白阳中路

…………………………Tel:7618005
柳城县机关后勤服务中心
地址：柳城县新城路
…………………………Tel:7617879
柳城县机构编制委员会办公室
地址：柳城县胜利东路正街
…………………………Tel:7612150
柳城县扶贫开发领导小组办公室
地址：柳城县胜利东路
…………………………Tel:7612408
柳城县财政局
地址：柳城县白阳中路
…………………………Tel:7612269
柳城县质量技术监督局
地址：柳城县大埔镇胜利东路31号
…………………………Tel:7612495
柳城县建设局
地址：柳城县文昌路
…………………………Tel:7612213
柳城县国土资源局
地址：柳城县白阳中路
…………………………Tel:7612432
柳城县国家税务局
地址：柳城县大埔镇柳糖路
…………………………Tel:7612338
柳城县审计局
地址：柳城县大埔镇河东大道城中路
…………………………Tel:7612299
柳城县经济委员会
地址：柳城县大埔镇胜利东路
…………………………Tel:7612270
柳城县经济贸易局
地址：柳城县大埔镇胜利东路镇街
…………………………Tel:7614801
柳城县环境保护局
地址：柳城县文昌路
…………………………Tel:7612347
柳城县林业局
地址：柳城县大埔镇
…………………………Tel:7612091
柳城县林业局防火指挥部
地址：柳城县河西大道
…………………………Tel:7617119
柳城县物价局
地址：柳城县胜利东路
…………………………Tel:7612250
柳城县物价管理所
地址：柳城县盘龙路
…………………………Tel:7612786
柳城县房改办
地址：柳城县大埔镇向阳路
…………………………Tel:7614822
柳城县统计局
地址：柳城县胜利东路
…………………………Tel:7612311
柳城县科学技术局
地址：柳城县白阳南路
…………………………Tel:7612136
柳城县食品药品监督管理局
地址：柳城县大埔镇白阳南路
…………………………Tel:7621011
柳城县海事处
地址：柳城县大埔镇河东大道
…………………………Tel:7611353
柳城县爱国卫生运动委员会
地址：柳城县大埔镇解放路
…………………………Tel:7615750
柳城县文化和文化和旅游局
地址：柳城县胜利东路
…………………………Tel:7620632
柳城县烟草专卖局
地址：柳城县白阳中路102号
…………………………Tel:7612161
柳城县畜牧水产兽医局
地址：柳城县白阳北路
…………………………Tel:7612676
柳城县教育局
地址：柳城县文昌路
…………………………Tel:7611288
柳城县粮食局
地址：柳城县大埔镇柳糖路
…………………………Tel:7612164

鹿寨县（0772）

党政、国家机构及社会团体

中国共产党及其所属机构

县（区、市）党委及其所属机构

中国共产党鹿寨县委员会
地址：鹿寨县城南行政中心
…………………………Tel:6812431
中国共产党鹿寨县史志办公室
地址：鹿寨县城南创业路
…………………………Tel:6812683
中国共产党鹿寨县直属机关工作委员会
地址：鹿寨县城南区
…………………………Tel:6828113
中国共产党鹿寨县委员会老干部局
地址：鹿寨县建中北路
…………………………Tel:6819897
中国共产党鹿寨县委员会组织部
地址：鹿寨县城南新区
…………………………Tel:6822128
鹿寨县档案局
地址：鹿寨县政军路
…………………………Tel:6812074

人民政府及其所属机构

县（区、市）人民政府及其所属机构

鹿寨县人民政府
地址：鹿寨县城南行政中心
…………………………Tel:6812345
国家统计局鹿寨调查队
地址：鹿寨县建中西路
…………………………Tel:6817112
柳州市住房公积金管理中心鹿寨管理部
地址：鹿寨县西闸镇
…………………………Tel:6813609
柳州市食品药品监督管理局鹿寨县分局
地址：鹿寨县鹿寨镇太河街
…………………………Tel:6828865
鹿寨县二轻工业总公司
地址：鹿寨县建中西路
…………………………Tel:6812885
鹿寨县二轻工业联合社
地址：鹿寨县建中西路
…………………………Tel:6812644
鹿寨县人力资源和社会保障局
地址：鹿寨县创业路
…………………………Tel:6812463
鹿寨县人口和计划生育局
地址：鹿寨县飞鹿大道
…………………………Tel:6865031
鹿寨县人民政府人事局
地址：鹿寨县城南行政中心
…………………………Tel:6812838
鹿寨县人民政府调解处理土地山林水利纠纷办公室
地址：鹿寨县政军路
…………………………Tel:6812377
鹿寨县卫生局
地址：鹿寨县十字街64号
…………………………Tel:6812682
鹿寨县市场监督管理局
地址：鹿寨县西闸塘
…………………………Tel:6811748
鹿寨县公路管理局
地址：鹿寨县公路管理局
…………………………Tel:6819967
鹿寨县文化和体育局
地址：鹿寨县城南行政中心
…………………………Tel:6831500
鹿寨县水产畜牧兽医局
地址：鹿寨县金鸡路
…………………………Tel:6815017
鹿寨县水库移民工作管理局
地址：鹿寨县鹿寨镇政军路
…………………………Tel:6888731
鹿寨县水利局
地址：鹿寨县建中东路
…………………………Tel:6825011
鹿寨县水政水资源管理办公室
地址：鹿寨县鹿寨镇建中东路
…………………………Tel:6811042
鹿寨县发展和改革局
地址：鹿寨县城南新行政办公大楼二楼发展和改革局
…………………………Tel:6829127
鹿寨县民政局
地址：鹿寨县城南新区
…………………………Tel:6812596
鹿寨县民族事务委员会
地址：鹿寨县城南新区
…………………………Tel:6812851
鹿寨县交通局
地址：鹿寨县建中东路5号
…………………………Tel:6811392
鹿寨县交通局公路管理所
地址：鹿寨县公路所新办公楼
…………………………Tel:6811753
鹿寨县农业农村局
地址：鹿寨县建中东路
…………………………Tel:6812167
鹿寨县农村社会经济调查队
地址：鹿寨县城南新区
…………………………Tel:6811684
鹿寨县防汛抗旱指挥部办公室
地址：鹿寨县建中东路
…………………………Tel:6812602
鹿寨县动物卫生监督所
地址：鹿寨县金鸡路
…………………………Tel:6819330
鹿寨县地方税务局
地址：鹿寨县广场路9-3号
…………………………Tel:6811481
鹿寨县地方税务局直属征管分局
地址：鹿寨县广场路
…………………………Tel:6827588
鹿寨县地方税务局寨沙分局
地址：鹿寨县鹿州市场
…………………………Tel:6827588
鹿寨县地方税务局稽查分局
地址：鹿寨县广场路
…………………………Tel:6811855
鹿寨县执教中心
地址：鹿寨县鹿寨镇飞鹿大道
…………………………Tel:6812763
鹿寨县应急管理局
地址：鹿寨县太和街
…………………………Tel:6821917
鹿寨县机关行政事务管理中心
地址：鹿寨县城南行政中心
…………………………Tel:6812191
鹿寨县机关事务管理局
地址：鹿寨县城南新区
…………………………Tel:6821515
鹿寨县机构编制委员会办公室
地址：鹿寨县城南行政中心
…………………………Tel:6812082
鹿寨县住房和城乡建设局
地址：鹿寨县龙泉路
…………………………Tel:6811745
鹿寨县住房资金管理中心
地址：鹿寨县西闸塘
…………………………Tel:6813609
鹿寨县扶贫开发领导小组办公室
地址：鹿寨县城南行政中心
…………………………Tel:6818107
鹿寨县财政局
地址：鹿寨县城南创业路
…………………………Tel:6811717
鹿寨县财政国库支付中心
地址：鹿寨县金鸡路
…………………………Tel:6812419
鹿寨县质量技术监督局
地址：鹿寨县元宝小区
…………………………Tel:6812905
鹿寨县建设局
地址：鹿寨县龙泉路
…………………………Tel:6813242
鹿寨县国土资源局
地址：鹿寨县鹿寨镇南飞路大道
…………………………Tel:6812650
鹿寨县国家税务局
地址：鹿寨县迎宾大道
…………………………Tel:6860018
鹿寨县国家税务局稽查分局
地址：鹿寨县迎宾大道
…………………………Tel:6860097
鹿寨县审计局
地址：鹿寨县城南行政中心
…………………………Tel:6811313
鹿寨县经济贸易局
地址：鹿寨县交通街
…………………………Tel:6819029
鹿寨县环境保护局
地址：鹿寨县西闸塘
…………………………Tel:6821152
鹿寨县林业局
地址：鹿寨县建中东路
…………………………Tel:6818719
鹿寨县林业局防火指挥部
地址：鹿寨县建中东路
…………………………Tel:6812144
鹿寨县物价局
地址：鹿寨县建中南路
…………………………Tel:6811353
鹿寨县物价检查所
地址：鹿寨县建中南路
…………………………Tel:6811733
鹿寨县统计局
地址：鹿寨县城南新区
…………………………Tel:6801128
鹿寨县科技局
地址：鹿寨县西闸塘路
…………………………Tel:6825928
鹿寨县文化和文化和旅游局
地址：鹿寨县城南行政中心
…………………………Tel:6812032
鹿寨县烟草专卖局
地址：鹿寨县建中东路
…………………………Tel:6818904
鹿寨县盐务管理局
地址：鹿寨县建中东路
…………………………Tel:6812692
鹿寨县畜牧兽医站
地址：鹿寨县建中东路
…………………………Tel:6812401
鹿寨县商业局
地址：鹿寨县交通街
…………………………Tel:6812019
鹿寨县教育局
地址：鹿寨县交通街
…………………………Tel:6822817
鹿寨县森林防火指挥部办公室
地址：鹿寨县建中东路
…………………………Tel:6828474
鹿寨县粮食局
地址：建中南路
…………………………Tel:6813310

融安县（0772）

党政、国家机构及社会团体

中国共产党及其所属机构

县（区、市）党委及其所属机构

中国共产党融安县委员会
地址：融安县立新街
…………………………Tel:8135124
中国共产党融安县委员会组织部
地址：融安县长安镇立新街126号
…………………………Tel:8137196
中国共产党融安县直属机关工作委员会
地址：融安县立新街
…………………………Tel:8135264
中国共产党融安县委员会统战部
地址：融安县长安镇立新街
…………………………Tel:8139028
中国共产党融安县委员会党史资料征集领导小组办公室
地址：融安县立新街
…………………………Tel:8136310
融安县档案局
地址：融安县长安镇立新社区
…………………………Tel:8135278

人民政府及其所属机构

县（区、市）人民政府及其所属机构

融安县人民政府
地址：融安县立新街
…………………………Tel:8135120
世界银行贫困农村社区发展项目融安县办公室
地址：融安县长安镇
…………………………Tel:8156672
柳州市住房公积金管理中心融安管理部
地址：融安县桔香南路
…………………………Tel:8122255
柳州市食品药品监督管理局融安县分局
地址：融安县长安镇
…………………………Tel:8156682
融安县二轻城镇集体工业联合社
地址：融安县河东街
…………………………Tel:8113437
融安县人力资源和社会保障局
地址：融安县二路口
…………………………Tel:8138265
融安县人力资源和社会保障局（科室：劳动仲裁）
地址：融安县立新街
…………………………Tel:8137508
融安县人口和计划生育局
地址：融安县长安镇新民二区
…………………………Tel:8133159
融安县人民政府（秘书股）
地址：融安县长安镇立新街126号
…………………………Tel:8135485
融安县卫生局
地址：融安县长安镇新兴一区
…………………………Tel:8133323
融安县市场监督管理局
地址：融安县广场
…………………………Tel:8153655
融安县公路管理局
地址：融安县长安镇桔香南路
…………………………Tel:8112439
融安县少数民族语言文字工作委员会办公室
地址：融安县东兴街
…………………………Tel:8112514
融安县文化和体育局
地址：融安县立新街126号政府大院办公楼三楼
…………………………Tel:8135299
融安县水库移民工作管理局
地址：融安县水利局
…………………………Tel:8111289
融安县水利局
地址：融安县东兴街
…………………………Tel:8112456
融安县水果生产办公室
地址：融安县东兴街
…………………………Tel:8116720
融安县发展和改革局
地址：融安县开发区四十米大街
…………………………Tel:8151875
融安县民政局
地址：融安县立新街
…………………………Tel:8130281
融安县民族事务委员会
地址：融安县长安镇立新街
…………………………Tel:8136064
融安县交通局
地址：融安县长安镇融江北路
…………………………Tel:8150609
融安县交通局公路管理所
地址：融安县上面寨（综合批发市场对面）
…………………………Tel:8150581
融安县农业行政执法大队
地址：融安县东兴街
…………………………Tel:8122276
融安县农业农村局
地址：融安县东兴街
…………………………Tel:8113434
融安县农村沼气池建设大会战指挥部
地址：融安县长安镇高岭头

……Tel:8123090

融安县地方税务局
地址：融安县长安镇东兴街
……Tel:8113217

融安县地方税务局稽查局
地址：融安县东兴街
……Tel:8113287

融安县行政审批服务中心
地址：融安县综合批发市场
……Tel:8151592

融安县应急管理局
地址：融安县长安镇桔香南路
……Tel:8117272

融安县机关后勤服务中心
地址：立新街126号
……Tel:8139963

融安县机构编制委员会办公室
地址：融安县长安镇立新街
……Tel:8135170

融安县县志办公室
地址：融安县立新街
……Tel:8135200

融安县扶贫开发领导小组办公室
地址：融安县立新街
……Tel:8135301

融安县财政局
地址：融安县长安镇新民二区
……Tel:8137785

融安县质量技术监督局
地址：融安县新民开发区
……Tel:8120923

融安县直属机关计划生育办公室
地址：融安县新民二路
……Tel:8139638

融安县建设局
地址：融安县广场
……Tel:8135104

融安县国土资源局
地址：融安县桔香北路
……Tel:8113270

融安县国土资源局土地整理与交易储备中心
地址：融安县长安镇桔香北路
……Tel:8120136

融安县国土资源局地籍股
地址：融安县桔香北路
……Tel:8116080

融安县国土资源局执法大队
地址：融安县桔香北路
……Tel:8122625

融安县国土资源局矿管、地环股
地址：融安县桔香北路
……Tel:8112243

融安县国家税务局
地址：融安县长安镇融江南路
……Tel:8111148

融安县国家税务局直属征收分局
地址：融安县融江南路
……Tel:8111606

融安县国家税务局稽查局
地址：融安县长安镇融江路
……Tel:8111626

融安县审计局
地址：融安县新民二区19#
……Tel:8134319

融安县经济贸易局
地址：融安县政府大院
……Tel:8135197

融安县环境保护局
地址：融安县长安镇新民二区
……Tel:8136501

融安县林业局
地址：融安县长安镇高岭头
……Tel:8113253

融安县物价局
地址：融安县河东街
……Tel:8112290

融安县物价检查所
地址：融安县长安镇桔香路
……Tel:8114347

融安县房产管理局
地址：融安县立新街
……Tel:8134182

融安县重点工作督查办公室
地址：融安县县府大院
……Tel:8135518

融安县城镇住房制度改革委员会办公室
地址：融安县长安镇立新街
……Tel:8136204

融安县统计局
地址：融安县立新街126号政府办公楼三楼
……Tel:8135166

融安县科学技术局
地址：融安县长安广场北面（建设局综合楼）
……Tel:8134732

融安县文化和文化和旅游局
地址：融安县立新街126号
……Tel:8135597

融安县烟草专卖局
地址：融安县新民二区
……Tel:8133798

融安县基层组织建设协调领导小组办公室
地址：融安县立新街
……Tel:8130017

融安县教育局
地址：融安县立新街
……Tel:8133168

融安县森林防火指挥部办公室
地址：融安县长安镇高岭头
……Tel:8112465

融安县粮食局
地址：融安县东圩街
……Tel:8113149

融水苗族自治县（0772）

党政、国家机构及社会团体

中国共产党及其所属机构

县（区、市）党委及其所属机构

中国共产党融水苗族自治县委员会办公室
地址：融水县拱城街
……Tel:5123924

中国共产党融水苗族自治县委员会统战部
地址：融水县寿星中路
……Tel:5122407

中国共产党融水苗族自治县委员会老干部局
地址：融水县秀峰北路
……Tel:5122697

中国共产党融水苗族自治县委员会直属机关工作委员会
地址：融水县拱城街
……Tel:5122555

中国共产党融水苗族自治县委员会组织部
地址：融水县拱城街
……Tel:5129999

融水县档案局
地址：融水县拱城街
……Tel:5122600

人民政府及其所属机构

县（区、市）人民政府及其所属机构

融水县人民政府
地址：融水县融水镇拱城街
……Tel:5122412

柳州市药品监督管理局融水县分局
地址：融水县寿星北路
……Tel:5133647

融水至罗城二级公路柳州段工程建设办公室
地址：融水县香山北路
……Tel:5137581

融水县二轻城镇集体工业联社
地址：融水县朝阳西路
……Tel:5122316

融水县人口和计划生育局
地址：融水县寿星北路
……Tel:5122352

融水县卫生局
地址：融水县秀峰南路
……Tel:5122405

融水县丁商行政管理局
地址：融水县寿星北路
……Tel:12315

融水县市场监督管理局机关后勤部服务中心
地址：融水县寿星北路
……Tel:5130186

融水县公路局
地址：融水县香山北路
……Tel:5122961

融水县文化和体育局
地址：融水县寿星南路
……Tel:5132810

融水县水产畜牧管理中心
地址：融水县秀峰南路16号
……Tel:5122530

融水县水利局
地址：融水县融水镇望江路
……Tel:5121066

融水县水果生产办公室
地址：融水县玉华中路
……Tel:5122249

融水县发展和改革局
地址：政府大楼
……Tel:5122410

融水县民政局
地址：融水县香山北路
……Tel:5122349

融水县民族事务局
地址：融水县寿星中路
……Tel:5122626

融水县交通局
地址：融水县香山路
……Tel:5136396

融水县农业农村局
地址：融水县玉华中路
……Tel:5135218

融水县地方税务局
地址：融水县朝阳西路
……Tel:5121355

融水县地方税务局稽查局
地址：融水县朝阳西路
……Tel:5127982

融水县应急管理局
地址：融水县融水镇大南街
……Tel:5134856

融水县过程教育办公室
地址：融水县拱城街
……Tel:5126337

融水县机构编制委员会
地址：融水县香山北路
……Tel:5121530

融水县住房公积金管理中心融水管理部
地址：融水县民族商品街
……Tel:5135305

融水县住房制度改革委员会办公室
地址：融水县拱城街
……Tel:5125913

融水县两基攻坚指挥部
地址：融水县教育局二楼核算中心
……Tel:5125206

融水县扶贫开发领导小组办公室
地址：融水县寿星北路铁西一段扶贫开发办4楼
……Tel:5133980

融水县财政局
地址：融水县融水镇华强路
……Tel:5122408

融水县财政局资金管理所
地址：融水县华强路
……Tel:5130333

融水县劳动监查大队
地址：融水县铁西路
……Tel:5135856

融水县质量技术监督局
地址：融水县寿星北路
……Tel:5135928

融水县建设局
地址：融水县寿星路
……Tel:5123043

融水县国土资源局
地址：融水县寿星中路
……Tel:5136226

融水县国土资源局土地储备交易中心
地址：融水县
……Tel:5131098

融水县国家税务局
地址：融水县朝阳东路
……Tel:5136397

融水县国家税务局征收分局
地址：融水县朝阳东路
……Tel:5128983

融水县国家税务局稽查分局
地址：融水县朝阳东路
……Tel:5128924

融水县国家税务局融水分局
地址：融水县朝阳东路
……Tel:5128925

融水县法律服务热线
地址：融水县寿星中路一巷
……Tel:12348

融水县审计局
地址：融水县融水镇华强路
……Tel:5136273

融水县经济委员会
地址：融水县秀峰北路
……Tel:5123246

融水县经济贸易局
地址：融水县香山北路
……Tel:5122344

融水县环境保护局
地址：融水县铁西路
……Tel:5122823

融水县林业局
地址：融水县香山路
……Tel:5135811

融水县林业局防火指挥部
地址：融水县香山路10号
……Tel:5122250

融水县物价局
地址：融水县融水镇寿星北路
……Tel:5122443

融水县统计局
地址：融水县融水镇大南街
……Tel:5122421

融水县科学技术委员会
地址：融水县寿星中路一巷
……Tel:5133651

融水县文化和文化和旅游局
地址：融水县寿星中路
……Tel:5123613

融水县烟草专卖局
地址：融水县融水镇寿星北路
……Tel:5136190

融水县党史县志办公室
地址：融水县拱城街
……Tel:5126636

融水县商业局
地址：融水县商贸城
……Tel:5122451

融水县教育局
地址：融水县拱城街
……Tel:5129064

融水县救灾办公室
地址：融水县拱城街
……Tel:5123747

融水县粮食局
地址：融水县金冠路
……Tel:5133370

融水苗族自治县人力资源和社会保障局
地址：融水县铁西路
……Tel:5122402

三江侗族自治县（0772）

党政、国家机构及社会团体

中国共产党及其所属机构

县（区、市）党委及其所属机构

中国共产党三江侗族自治县委员会
地址：三江县古宜镇江峰街
……Tel:8612158

中国共产党三江侗族自治县委员会老干部局
地址：三江县江峰街
……Tel:8612010

中国共产党二三江侗族自治县委员会组织部
地址：三江县江峰街
……Tel:8612293

中国共产党三江侗族自治县委员会统战部
地址：三江县江峰街
……Tel:8612113

中国共产党三江侗族自治县委员会政策研究室
地址：三江县江峰街
……Tel:8612256

中国共产党三江侗族自治县委员会党史研究办公室
地址：三江县古宜镇江峰街
……Tel:8612012

三江侗族自治县档案局
地址：三江县古宜镇江峰街
……Tel:8617383

人民政府及其所属机构

县（区、市）人民政府及其所属机构

三江县人民政府
地址：三江县古宜镇江峰街7号
……Tel:8612234

三江县人口和计划生育局
地址：三江县古宜镇江峰街
……Tel:8617859

三江县人口普查办公室
地址：三江县古宜镇中长街
……Tel:8613382

三江县市场监督管理局
地址：三江县古宜镇兴宜街
……Tel:8612283

二三江县公路管理局
地址：三江县古宜镇
……Tel:8612246

三江县水电局水电水政站
地址：三江县江峰街2号
……Tel:8611532

三江县水利局
地址：三江县古宜镇江峰街
……Tel:8612180

三江县发展和改革局
地址：三江县古宜镇雅谷路
……Tel:8618069

三江县交通局
地址：三江县古宜镇观鱼路
……Tel:8625586

三江县农村基层组织建设办公室
地址：三江县古宜镇江峰街
……Tel:8614138

三江县地方税务局
地址：三江县雅谷路
……Tel:8612539

三江县地方税务局直属征收管理分局
地址：三江县古宜镇雅谷路
……Tel:8618032

三江县地方税务局稽查局
地址：三江县雅谷路
……Tel:8613676

三江县机关事务管理局
地址：三江县古宜镇江峰街
……Tel:8611566

三江县机构编制委员会办公室
地址：三江县古宜镇江峰街
……Tel:8615426

三江县住房制度改革领导小组办公室
地址：三江县江峰街
……Tel:8613558

三江县扶贫开发领导小组办公室
地址：三江县古宜镇雅谷路
……Tel:8612160

三江县库区移民开发办公事
地址：三江县古宜
……Tel:8617946

三江县财政局
地址：三江县峒乡大道
Tel:8612151
三江县建设局
地址：三江县古宜镇江峰街
Tel:8612163
三江县国家税务局
地址：三江县河东雅新路
Tel:8616306
三江县国家税务局古宜分局
地址：三江县河东国税小区
Tel:8625326
三江县国家税务局稽查局
地址：三江县雅谷路
Tel:8611222
三江县政务服务中心管理办公室
地址：三江县古宜镇侗乡大道
Tel:86279811
三江县烟草专卖局
地址：三江县雅谷街
Tel:8613925
三江县教育局
地址：三江县古宜镇中山路
Tel:8612229
三江侗族自治县人力资源和社会保障局
地址：三江县古宜镇江峰街
Tel:8612223
三江侗族自治县卫生局
地址：三江县古宜镇
Tel:8612210
三江侗族自治县文化和体育局
地址：三江县江峰街
Tel:8618181
三江侗族自治县水产畜牧局
地址：三江县古宜镇雅谷路
Tel:8618711
三江侗族自治县纠风办
地址：三江县江锋街
Tel:8618211
三江侗族自治县民政局
地址：三江县雅谷路
Tel:8612189
三江侗族自治县民族事务委员会
地址：三江县侗乡大道
Tel:8612241
三江侗族自治县农业农村局
地址：三江县古宜镇江峰街
Tel:8612425
三江侗族自治县应急管理局
地址：三江县古宜镇雅谷路
Tel:8618785
三江侗族自治县志编纂委员会办公室
地址：三江县中长街
Tel:8612123
三江侗族自治县质量技术监督局
地址：三江县古宜镇
Tel:8625277
三江侗族自治县国土资源局
地址：三江县古宜镇雅谷路
Tel:8611099
三江侗族自治县审计局
地址：三江县古宜镇中长街
Tel:8612121
三江侗族自治县经济贸易局
地址：三江县古宜镇雅谷路
Tel:8615785
三江侗族自治县环境保护局
地址：三江县雅谷路
Tel:8614219
三江侗族自治县林业局
地址：三江县中山路
Tel:8619966
三江侗族自治县物价局
地址：三江县江峰街
Tel:8612060
三江侗族自治县物价检查分局
地址：三江县古宜镇江峰街
Tel:8611104
三江侗族自治县统计局
地址：三江县古宜镇江峰街
Tel:8612513
三江侗族自治县科学技术局
地址：三江县古宜镇侗乡大道
Tel:8612621
三江侗族自治县粮食管理局
地址：三江县古宜镇兴宜街
Tel:8612197
柳州市住房公积金管理中心三江管理部
地址：三江县古宜镇雅古路
Tel:8612080
柳州市食品药品监督管理局三江县分局
地址：三江县雅谷路
Tel:8618877
桂林市（0773）
党政、国家机构及社会团体
中国共产党及其所属机构
市（地区、自治州）
党委及其所属机构
中国共产党桂林市委员会
地址：五美路
Tel:2824931
中国共产党桂林市直属机关工作委员会
地址：叠彩路
Tel:2822701
中国共产党桂林市委员会老干部局
地址：叠彩路
Tel:2818533
中国共产党桂林市委员会组织部
地址：叠彩路
Tel:2823314
中国共产党桂林市委员会统战部
地址：叠彩路
Tel:2848627
中国共产党桂林市委员会政策研究室
地址：五美路
Tel:2824516
中国共产党桂林市委员会党史研究室
地址：翊武路
Tel:2825273
中国共产党桂林市委员会督查办公室
地址：榕湖南路
Tel:2848758
桂林市档案局
地址：翊武路
Tel:2823052
县（区、市）党委及其所属机构
中国共产党桂林市七星区委员会
地址：骖鸾路
Tel:5813321
中国共产党桂林市七星区老干局
地址：高新开发大厦
Tel:5846621
中国共产党桂林市秀峰区委员会组织部
地址：西风路
Tel:2818245
中国共产党桂林市象山区委员会
地址：环城西二路5号
Tel:3833740
中国共产党桂林市雁山区委员会
地址：将军路南巷
Tel:3820062
人民政府及其所属机构
市（地区、自治州）人民政府及其所属机构
桂林市人民政府
地址：榕湖南路
Tel:2825219
广西区水文水资源桂林分局
地址：骝马山北巷
Tel:2823995
广西区信息产业局桂林市无线电管理处
地址：中山南路
Tel:3838292
广西黄金桂林物资公司
地址：中山北路157号
Tel:2602487
中铁二局汀桂铁路扩路工程Ⅳ标指挥部第二项目部
地址：中山路
Tel:3885373
中铁电气化集团有限公司湘桂铁璐扩改丁程站后标指挥部
地址：凯风路
Tel:3902290
国家统计局桂林调查队
地址：叠彩路
Tel:2898987
贵广铁路有限责任公司桂林指挥部
地址：相人山路
Tel:3903225
桂林公路管理局
地址：环城南二路
Tel:3833521
桂林水务局
地址：安新南路
Tel:3842664
桂林市人口和计划生育委员会
地址：叠彩路
Tel:2807047
桂林市人民防空办公室
地址：骝马山路
Tel:2801815
桂林市人民政府土地开发办公室
地址：崇善路湾塘一巷
Tel:2823062
桂林市人民政府口岸办公室
地址：临桂路
Tel:2809641
桂林市人民政府台湾事务办公室
地址：榕湖北路
Tel:2824941
桂林市人民政府发展研究中心
地址：榕湖北路
Tel:2848353
桂林市人民政府外事办公室
地址：榕湖南路
Tel:2825503
桂林市人民政府会议接待管理办公室
地址：榕湖北路
Tel:2848339
桂林市人民政府农村工作办公室
地址：解放东路
Tel:2848310
桂林市人民政府调解处理土地山林水利纠纷办公室
地址：中山北路
Tel:2821037
桂林市人民政府旅游产品开发领导小组办公室
地址：叠彩路
Tel:2816065
桂林市人民政府接待办公室
地址：榕湖北路
Tel:2824784
桂林市人事局
地址：叠彩路
Tel:2889936
桂林市卫生局
地址：桂林市区临桂路23号
Tel:2822765
桂林市工业合作联社（原第二轻化工业局）
地址：中山中路17号
Tel:2822428
桂林市工资改革办公室
地址：五美路
Tel:2825732
桂林市市场监督管理局
地址：桂林市三多路42号
办公室 Tel:2823377
公平交易与消费者权益保护科
Tel:2822967
市场与合同规范管理科
Tel:2580615
企业注册与个体私营经济管理科
Tel:2824099
外商投资企业注册管理科
Tel:2832307
商标广告管理科 Tel:2824605
监察室 Tel:2822025
经济检查支队 Tel:5879315
消费者权益保护委员会
Tel:2582315
12315指挥中心 Tel:12315
象山分局 Tel:3893010
秀峰分局 Tel:2815772
叠彩分局 Tel:2602505
七星分局 Tel:5812922
雁山分局 Tel:3603929
旅游分局 Tel:5876291
桂林市市场监督管理局二分局
地址：乐群路
Tel:2828530
桂林市市场监督管理局生资分局
地址：漓江路
Tel:5878692
桂林市市场监督管理局第六分局
地址：漓江路
Tel:5879516
桂林市土地储备交易管理中心
地址：中山南路17号
Tel:3836697
桂林市公路管理局路通工程建设公司
地址：翠竹路
Tel:3887935
桂林市计划生育服务中心
地址：桂林信义路7号
Tel:2838824
桂林市无线电管理处
地址：中山南路
Tel:3831501
桂林市中小企业局
地址：叠彩路
Tel:2816218
桂林市文物管理委员会
地址：滨江路
Tel:2828149
桂林市水产畜牧兽医局
地址：临江路
Tel:5889141
桂林市水库移民工作管理局
地址：榕城路
Tel:2850316
桂林市水利电力局
地址：骝马山北巷
Tel:2802064
桂林市水果生产办公室
地址：西山路
Tel:2898874
桂林市市政公用事业管理局
地址：翊武路
Tel:2800110
桂林市市政局公用事业管理局
地址：榕湖北路
Tel:2827051
桂林市市政热线服务中心
地址：龙隐路
Tel:5825959
桂林市台湾事务办公室
地址：榕湖北路
Tel:2854946
桂林市对外贸易经济合作局
地址：临桂路
Tel:2832845
桂林市发展和改革委员会
地址：叠彩路
Tel:2825856
桂林市生产力促进中心
地址：文明路
Tel:2839676
桂林市民政局
地址：凤北路
Tel:2830145
桂林市民族华侨委员会
地址：榕湖南路
Tel:2848457
桂林市民族事务委员会
地址：桂林市区八桂路机关大院办公大院21号房
Tel:2886769
桂林市民族经济发展资金管理处
地址：依仁路
Tel:2826466
桂林市价格认证中心
地址：福旺街3号
Tel:2812190
桂林市企业调查队
地址：叠彩路
Tel:2884582
桂林市交通局
地址：桂林市中山南路192号交通大厦
Tel:3555550
桂林市交通局作风效能办公室
地址：中山南路
Tel:3557909
桂林市交通征费稽查处
地址：桂林市翠竹路北巷
Tel:3559218
桂林市交通规费稽征所
地址：红岭路
Tel:2811069
桂林市军队转业十部安置办公室
地址：叠彩路
Tel:2813968
桂林市农业区划委员会
地址：螺狮山路
Tel:2832181
桂林市农业机械化管理局
地址：横塘路
主任办公室 Tel:5862789
办公室/传真 Tel:5886611
Tel:5885208
业务室 Tel:5861220
农机推广站办公室/传真
Tel:5861815
农机产品质量投诉站
Tel:5886365
Tel:5886699
桂林市农业农村局
地址：螺丝山路
Tel:2823286
桂林市农机安全监理站
地址：横塘路
Tel:5880018
桂林市防汛抗旱指挥部办公室
地址：骝马山北路
Tel:3832679
桂林市地方志编纂委员会办公室
地址：凤北路
Tel:2832195
桂林市地方税务局
地址：桂林市五美路i5号
Tel:2822273
办公室 Tel:2822676
监察室 Tel:2825480
稽查科 Tel:2851353
桂林市地方税务局直属税务分局
地址：中山北路20号
Tel:2883013
桂林市地方税务局第一稽查局
地址：太平路29号
Tel:2815111
桂林市地方税务局第二分局
地址：民族里
Tel:3829532
桂林市地方税务局第二稽查局
地址：民族路
Tel:2832729
桂林市地名办公室
地址：凤北路
Tel:2854548
桂林市应急管理局
地址：榕湖北路
Tel:2822005
桂林市机关车队
地址：五美路
Tel:2848211
桂林市机关事务管理局
地址：榕湖北路
Tel:2848625
桂林市产品质量监督检验所
地址：南环路15号
Tel:2826186
桂林市老龄工作委员会办公室

地址：南环路 ……Tel:2822355

桂林市西部大开发办公室
地址：叠彩路 ……Tel:2857399

桂林市住房公积金管理中心
地址：丽君路 ……Tel:2580876

桂林市住房制度改革委员会
地址：西城路 ……Tel:2836155

桂林市住房和城乡建设局
地址：临桂路 ……Tel:2806150

桂林市扶贫开发领导小组办公室
地址：榕湖南路 ……Tel:2848875

桂林市投资办证中心
地址：骖鸾路 ……Tel:5805632

桂林市园林管理局
地址：西山路南一里 ……Tel:2892022

桂林市财政局
地址：崇善路 ……Tel:2826170

桂林市社会医疗保障制度改革办公室
地址：丽君路 ……Tel:2812456

桂林市社会保障住房发展中心
地址：信义路 ……Tel:2569290

桂林市劳务派遣（代理）事务中心
地址：翊武路 ……Tel:2897833

桂林市劳动和社会保障局
地址：五美路 ……Tel:2848477

桂林市侨务办公室
地址：榕湖北路 ……Tel:2848947

桂林市质量技术监督局
地址：螺丝山路 ……Tel:2826403

桂林市事业单位登记管理局
地址：八桂路 ……Tel:2854770

桂林市郊区交通局
地址：普陀路 ……Tel:5816814

桂林市拥军优属拥政爱民工作领导小组办公室
地址：三多路 ……Tel:2829044

桂林市国土资源局
地址：崇善路 ……Tel:2823771

桂林市国土资源局耕地开发整理中心
地址：中山南路 ……Tel:3879696

桂林市国有资产监督管理委员会
地址：榕湖北路 ……Tel:2888820

桂林市国家安全局
……Tel:3831726

桂林市国家高新区管委会综合发展和改革局
地址：桂林市骖鸾路26号 ……Tel:5822447

桂林市国家税务局
地址：桂林市安新北路4号 ……Tel:3840147
局长办公室……Tel:3858845
办公室……Tel:3858745
财务科……Tel:3840170
人教科……Tel:3840154
计统科……Tel:3840150
流转税科……Tel:3841714
昕得税科……Tel:3841717
征管科……Tel:3840151
法规科……Tel:3840153
监察室……Tel:3840145
进出口税收管理辩……Tel:3826965
国际税务管理科……Tel:5804833
机关服务中心……Tel:3840171
稽查局……Tel:3890083
举报中心……Tel:966102
七星区国家税务局……Tel:5820065

高新技术产业开发区国家税务局
地址：七星区空明西路 ……Tel:5815252

广西区国税局桂林培训中心
地址：安新北路 ……Tel:3850288

桂林市国家税务局车辆购置力税服务厅
地址：翠竹路北巷 ……Tel:3856804

桂林市国家税务局北区稽查局
地址：中山北路 ……Tel:2818879

桂林市国家税务局南区稽查局
地址：环城西二路 ……Tel:3831732

桂林市国家税务局涉外分局
地址：空明西路 ……Tel:5819318

桂林市国家税务局第一稽查局
地址：环城西二路 ……Tel:3556023

桂林市国家税务局第二稽查局
地址：环城西二路 ……Tel:3831333

桂林市饲料工业办公室
地址：榕湖北路 ……Tel:2848305

桂林市宗教事务局
地址：榕湖北路 ……Tel:2832167

桂林市审计局
地址：文明路14号 ……Tel:2822209

桂林市经济贸易委员会
地址：叠彩路 ……Tel:2821680

桂林市环境保护局
地址：桂林市中山南路102号 ……Tel:3826045

桂林市环境保护监测站
地址：桂林市中山南路102号 ……Tel:3830557

桂林市林业局
地址：中山北路 ……Tel:2602859

桂林市林业局世界银行贷款项目办公室
地址：中山北路 ……Tel:2629649

桂林市林政管理站
地址：申山北路 ……Tel:2627399

桂林市规划局
地址：临桂路12号 ……Tel:2823526
……Tel:2850195

桂林市物价局
地址：叠彩路 ……Tel:12358

桂林市物价检查所
地址：文明路29号
办公室……Tel:2809173
综合检查科……Tel:2580011
行政事业性收费检查科……Tel:2809177
商品价格检查科……Tel:2819762
经营性收费检查科……Tel:2858831
基层复议科……Tel:2858905
旅游价格检查科……Tel:2857349
公用事业（房地产）价格检查科……Tel:2857348

工农商品成本调查队
……Tel:2812833

桂林市采购办公室
地址：中山北路 ……Tel:2829504

桂林市房产管理局
地址：三多路 ……Tel:2820050

桂林市房屋安全鉴定管理处
地址：三多路 ……Tel:2826115

桂林市房屋拆迁管理办公室
地址：榕荫路19号 ……Tel:2827455

桂林市鱼牧兽医局
地址：临江路 ……Tel:5881761

桂林市项目规划室
地址：正阳路 ……Tel:2810932

桂林市城市市容管理局
地址：上海路 ……Tel:3813649

桂林市城市节约用水计划用水办公室
地址：民主路 ……Tel:3891154

桂林市城市建设领导小组旧城改造办公室
地址：文明路 ……Tel:2817340

桂林市城镇住房制度改革委员会
地址：西城路 ……Tel:2811713

桂林市统计局
地址：中山路榕湖小区 ……Tel:2848628

桂林市残疾人康复工作办公室
地址：叠彩路 ……Tel:2837371

桂林市政务服务中心
地址：骖鸾路 ……Tel:5805630

桂林市政府非税收入管理局
地址：中山北路 ……Tel:2822431

桂林市科学技术局
地址：文明路2号
办公室……Tel:2828283
传真……Tel:2881595

桂林市食品药品监督管理局
地址：叠彩路 ……Tel:2839475

桂林市珠江流域防护林体系工程建设办公室
地址：中山北路 ……Tel:2622769

桂林市爱国卫生运动委员会办公室
地址：临桂路 ……Tel:2824484

桂林市文化和文化和旅游局
地址：榕湖北路 ……Tel:2825890

桂林市旅游服务质量投诉中心
地址：榕湖北路 ……Tel:2809974

桂林市烟草专卖局
地址：中山南路 ……Tel:3811931

桂林市高新技术产业开发区国家税务局
地址：高新开发区5号小区 ……Tel:5816212

桂林市商务局
地址：临桂路 ……Tel:2848326

桂林市基层组织建设联系会议领导小组办公室
地址：叠彩路 ……Tel:2809432

桂林市绿化委员会
地址：西山路南一里 ……Tel:2893892

桂林市教育局
地址：解放东路 ……Tel:2827180

桂林市救助管理站
地址：福利路2号 ……Tel:2560110

桂林市职工之家
地址：中山南路 ……Tel:3845984

桂林市职称改革办公室
地址：叠彩路 ……Tel:2822619

桂林市森林防火指挥部办公室
地址：中山北路159号 ……Tel:2606125

桂林市散装水泥办公室
地址：西凤路 ……Tel:2815023

桂林市集资建房办公室
地址：中山中路 ……Tel:2806781

桂林市漓江风景名胜区管理局
地址：榕城路 ……Tel:2888109

桂林市粮食局
地址：榕湖北路 ……Tel:2822623

桂林市精神文明建设指导委员会办公室
地址：榕湖北路 ……Tel:2848902

桂林地区农牧渔业局畜牧兽医站
地址：螺丝山 ……Tel:2821624

桂林地区生态环境局监理所
地址：老人山 ……Tel:2837942

桂林盐务管理局
地址：中山北路 ……Tel:2607932

桂林航道管理局
地址：桂林市瓦窑西路二巷
办公室……Tel:3603007
航空管理科……Tel:3609843

桂林航道管理局航道行政监督科
地址：滨江路9号 ……Tel:2819918

桂林船舶检验处
地址：上海路 ……Tel:3836115

县（区、市）人民政府及其所属机构

七星区人民政府
地址：骖鸾路 ……Tel:5813321

七星区计划生育局汇通社区
地址：六合路66－2号 ……Tel:5848032

七星区市政局会计室
地址：空明西路 ……Tel:5816102

七星区地方税务局
地址：新生街 ……Tel:5815707

七星区财政局
地址：骖鸾路 ……Tel:5846615

秀峰区人民政府
地址：西凤路 ……Tel:2822408

秀峰区人口和计划生育局
地址：西凤路 ……Tel:2826273

秀峰区卫生局
地址：西凤路 ……Tel:2809853

秀峰区发展和改革局
地址：西凤路 ……Tel:2812823

秀峰区民政局
地址：西凤路 ……Tel:2836345

秀峰区机关事务管理局
地址：西凤路 ……Tel:2848242

秀峰区财政局
地址：西凤路 ……Tel:2832058

秀峰区经济贸易局
地址：西凤路 ……Tel:2816820

秀峰区房产管理局
地址：西凤路 ……Tel:2852840

秀峰区政府审计局
地址：骝马山 ……Tel:2818241

秀峰区科学技术局
地址：西凤路 ……Tel:2826275

秀峰区教育局
地址：乐群路 ……Tel:2836347

秀峰区就业服务中心
地址：三多路 ……Tel:2818932

穿山企业管理局
地址：穿山路 ……Tel:5816394

桂北交通征费稽查所
地址：中山北路 ……Tel:2604658

桂东交通征费稽查所
地址：七里店路 ……Tel:5812405

桂林市七星区地方税务局
地址：桂林市新生路40号 ……Tel:5803981

桂林市地方税务局秀峰分局
地址：福棠巷 ……Tel:2822127

桂林市地方税务局高新七星分局
地址：新生路 ……Tel:5815909

桂林市地方税务局叠彩分局
地址：中山北路 ……Tel:2800068

桂林市地方税务象山分局
地址：民族路 ……Tel:3829533

桂林市秀峰区市容局
地址：甲山路 ……Tel:2582183

桂林市秀峰区地方税务局
地址：福棠巷 ……Tel:2808926

桂林市秀峰区建设局
地址：骝马山 ……Tel:2836344

桂林市秀峰区国家税务局
地址：依仁路 ……Tel:2883219

桂林市国土资源局七星分局
地址：普陀路 ……Tel:5812700

桂林市国土资源局秀峰分局
地址：翊武路 ……Tel:2856362

桂林市国土资源局象山分局
地址：交通路 ……Tel:2817048

桂林市国家税务局七星分局
地址：五里店路 ……Tel:5825427

桂林市国家税务局象山分局
地址：雉山路 ……Tel:3555255

桂林市国家税务局叠彩区分局
地址：中山中路 ……Tel:2818845

桂林市城区烟草专卖局
地址：中山南路 ……Tel:3811935

桂林市雁山区水利电力局
地址：雁山罗马街 ……Tel:3553352

桂林市雁山区市容环境卫生管理局
地址：罗马街
……Tel:3553333

桂林市叠彩区市容管理局
地址：中山北路
……Tel:2618803

象山区人民政府
地址：环城西二路
……Tel:3820546

象山区人口和计划生育局
地址：环城西二路
……Tel:3823668

象山区卫生局
地址：环城西二路
……Tel:3836291

象山区发展和改革局
地址：环城西二路
……Tel:3829939

象山区民政局
地址：环城西二路
……Tel:3836057

象山区地方税务局
地址：民族路民族里
……Tel:3828803

象山区应急管理局
地址：环城西二路
……Tel:3830155

象山区建设管理局
地址：环城西二路
……Tel:3840626

象山区国家税务局
地址：雉山路
……Tel:3555759

象山区经济贸易局
地址：环城西二路
……Tel:3822533

象山区统计局
地址：环城西二路
……Tel:3811729

象山区政务服务中心
地址：环城西二路
……Tel:3858737

象山区教育局
地址：瓦窑西路
……Tel:3615158

象山区集体土地管理办公室
地址：环城西二路
……Tel:3828155

雁山区人民政府
地址：将军路南巷
……Tel:3820076

雁山区人口与计划生育局
地址：雁山镇雁山街
……Tel:3550995

雁山区发展和改革局
地址：将军路南巷
……Tel:3825889

雁山区民政局
地址：雁山镇雁山街
……Tel:3551189

雁山区交通局
地址：雁山街
……Tel:3550938

雁山区地方税务局
地址：崇信路
……Tel:3835825

雁山区安全生产委员会
地址：将军路南巷
……Tel:3853748

雁山区建设局
地址：将军路南巷
……Tel:3820055

雁山区国土资源局
地址：将军路南巷
……Tel:3853778

雁山区经济贸易局
地址：雁山镇雁山街
……Tel:3550665

雁山区林业局
地址：漓江路
……Tel:5834878

雁山区统计局
地址：将军路南巷
……Tel:3819015

雁山区残疾人联合会
地址：雁山镇
……Tel:3552700

雁山区教育科技局
地址：施家园路
……Tel:5828890

雁山区教育局
地址：雁山镇
……Tel:3553015

叠彩区人民政府
地址：中山北路
……Tel:2681178

叠彩区发展和改革局
地址：中山北路
……Tel:2681129

叠彩区民政局
地址：中山北路
……Tel:2681052

叠彩区农村水利局
地址：中山北路
……Tel:2681191

叠彩区地方税务局
地址：复兴里
……Tel:2610065

叠彩区建设局
地址：中山北路
……Tel:2681150

叠彩区国家税务局
地址：中山北路
……Tel:2628159

叠彩区统计局
地址：中山北路
……Tel:2681131

叠彩区爱国卫生运动委员会
地址：中山北路
……Tel:2681159

叠彩区教育局
地址：中山北路
……Tel:2608538

侨联、工商联、商会

工商业联合会玉林商会
地址：上海路
……Tel:3878589

台州商会
地址：中山中路
……Tel:2853699

安徽商会
地址：骖鸾路
……Tel:5851555

桂林市工商业联合会、总商会
地址：依仁路16号
主席办公室……Tel:2813788
书记办公室……Tel:2813766
副主席办公室……Tel:2834430
……Tel:2813929
……Tel:2830407
秘书长办公室……Tel:2826541
办公室……Tel:2825679
调宣部办公室……Tel:2830409
经联部办公室……Tel:2865865

桂林市归国华侨联合会
地址：榕湖北路
……Tel:2848941

桂林市民主党派工商联合办公室

地址：八桂路
……Tel:2827448

桂林市湖南商会
地址：中山南路
……Tel:3850678

桂林江西商会筹备组
地址：漓江路
……Tel:5800166

桂林湘商商会
地址：中山中路
……Tel:2810018

桂林温州商会
地址：中山中路
……Tel:2857813

灌阳商会
地址：鑫海国际大楼
……Tel:2539879

校友会、同学会、联谊会

桂林市台湾同胞联谊会
地址：榕湖北路
……Tel:2827601

潮人海外联谊会
地址：解放西路
……Tel:2814455

研究会、促进会

中国国际贸易促进委员会桂林市委员会
地址：凤北路
……Tel:2880619

桂林市日友好书法研究会
地址：六合路
……Tel:5869346

桂林市休闲文化研究会
地址：六合路
……Tel:5836168

桂林市思想政治工作研究会
地址：叠彩路8号4号楼517室
……Tel:2824372

桂林市党建研究会
地址：叠彩路
……Tel:2818344

红十字会

桂林市红十字会
地址：临桂路
……Tel:2820848

关心下一代委员会

桂林市关心下一代工作委员会
地址：叠彩路
……Tel:2825110

专业学会、行业协会

中国橡胶工业协会乳胶分会
地址：巫山路
……Tel:2555015

桂林中日友好交流协会
地址：三多路
……Tel:2883320

桂林市个体劳动者协会
地址：漓江路
……Tel:5815755

桂林市公路学会
地址：凤北路
……Tel:2831362

桂林市日本语协会
地址：三多路
……Tel:2831417

桂林市台商投资企业协会
地址：榕荫路
……Tel:2850388

桂林市外商投资企业协会
地址：临桂路
……Tel:2830340

桂林市企业家协会
地址：西凤路
……Tel:2832168

桂林市企业家协会
地址：西凤路
……Tel:2808667

桂林市交通行业协会机动车驾驶员培训分会
地址：普陀路
……Tel:5800598

桂林市机动车驾驶员协会
地址：瓦窑西路
……Tel:3612088

桂林市老年人体育协会
地址：依仁路
……Tel:2816842

桂林市老科学技术工作者协会
地址：依仁路3号
……Tel:2811671

桂林市医学会
地址：临桂路
……Tel:2869007

桂林市医学会医疗事故鉴定工作办公室
地址：桂林市穿山小街15号
……Tel:5878353

桂林市劳动保障学会
地址：五美路
……Tel:2832277

桂林市建筑业协会
地址：临桂路
……Tel:2812720

桂林市建筑装饰协会
地址：中山中路
……Tel:2826600

桂林市国内旅行社协会
地址：榕荫路
……Tel:2861108

桂林市环境科学学会
地址：中山南路
……Tel:3832531

桂林市林业产业行业协会
地址：中山北路
……Tel:2608381

桂林市信鸽协会
地址：环城北二路
……Tel:2959748

桂林市律师协会
地址：凤北路
……Tel:2829290

桂林市室内设计学会
地址：普陀路
……Tel:5818582

桂林市消费者权益保护委员会
地址：九岗岭
……Tel:2583315

桂林市旅游景区和休闲购物企业协
地址：榕荫路
……Tel:2803630

桂林市高尔夫球协会
地址：花桥街
……Tel:5807888

桂林市职工对外交流中心
地址：瓦窑路
……Tel:3616665

桂林市职工技术协作站
地址：瓦窑路
……Tel:3606102

桂林市硬笔书法家协会
地址：桂林市
……Tel:6592160

桂林市集邮协会
地址：中山中路
……Tel:2850987

桂林市勤工俭学办公室
地址：四会路2号
……Tel:2825009

桂林保险行业协会
地址：银锭路
……Tel:3629969

宗教团体

伊斯兰教协会
地址：民族路
……Tel:3857216

西巷清真寺
……Tel:2887019

码砰清真寺
地址：七星公园
……Tel:5827347

桂林市天主教爱国委员会
地址：解放东路
……Tel:2822107

桂林市祝圣寺
地址：六合路灵剑路祝圣寺内
……Tel:5868661

桂林市基督教会
地址：中山中路
……Tel:2822604

崇善清真寺
地址：崇善路
……Tel:2858486

清真古寺
地址：民族路2号
……Tel:3829045

滇真女寺
……Tel:2819797

阳朔县（0773）

党政、国家机构及社会团体

中国共产党及其所属机构

县（区、市）党委及其所属机构

中国共产党阳朔县委员会
地址：阳朔县县前街
……Tel:8822297

中国共产党阳朔县老干部局
地址：宝泉路
……Tel:8822318

中国共产党阳朔县直属机关工作委员会
地址：阳朔县县前街
……Tel:8822179

中国共产党阳朔县委员会组织部
地址：阳朔县县前街
……Tel:8813499

中国共产党阳朔县委员会统一战线工作部
地址：阳朔县县前街
……Tel:8822163

中国共产党阳朔县委员会党史研究室
地址：阳朔县县前街
……Tel:8822610

阳朔县档案局
地址：阳朔县县前街
……Tel:8822348

人民政府及其所属机构

县（区、市）人民政府及其所属机构

阳朔县人民政府
地址：阳朔县县前街
……Tel:8813166

阳朔县人口和计划生育局
地址：阳朔县大村门开发区
……Tel:8822221

阳朔县人民政府调解处理土地山林水利纠纷办公室
地址：阳朔县政府大院
……Tel:8820116

阳朔县人事劳动和社会保障局
地址：阳朔县县前街
……Tel:8822413

阳朔县卫生局
地址：阳朔县城中路
……Tel:8822128

阳朔县工业普查办
地址：阳朔县县前街
……Tel:8822177

阳朔县市场监督管理局
地址：阳朔县宝泉路
……Tel:8822458

阳朔县土地管理局
地址：阳朔县大村门开发区
……Tel:8823931

阳朔县公路局
地址：阳朔县城西路
……Tel:8822169

阳朔县水电局
……Tel:8824196

阳朔县水产畜牧兽医局
地址：阳朔县蟠桃路
……Tel:8822172

阳朔县水库移民工作管理局
地址：阳朔县蟠桃路
……Tel:8827722

阳朔县水利电力局
地址：阳朔县蟠桃路
……Tel:8828695

阳朔县市容管理局
地址：阳朔县中心广场
……Tel:8812005

阳朔县对外开发办公室
地址：城中路
……Tel:8822874

阳朔县发展和改革局
地址：阳朔县县前街
……Tel:8822243

阳朔县外事办公室
地址：阳朔县政府大院
……Tel:8819567

阳朔县电教站

地址：阳朔县龙岳路
Tel:8821123

阳朔县民政局
地址：阳朔县蟠桃路
Tel:8822423

阳朔县民族宗教事务委员会
地址：阳朔县县前街
Tel:8822924

阳朔县会计核算中心
地址：阳朔县将军路
Tel:8811599

阳朔县交通局
地址：阳朔县抗战路
Tel:8822162

阳朔县农业农村局
地址：阳朔县蟠桃路
Tel:8820936

阳朔县防汛抗旱指挥部办公室
地址：阳朔县蟠桃路
Tel:8825160

阳朔县地方志编纂委员会办公室
地址：阳朔县城北路
Tel:8822620

阳朔县地方税务局
地址：阳朔县抗战路
Tel:8828618

阳朔县地方税务局直属税务分局
地址：阳朔县抗战路
Tel:8828786

阳朔县地方税务局高田税务分局
地址：阳朔县高田镇榕荫路
Tel:8776117

阳朔县地方税务局稽查分局
地址：阳朔县抗战路
Tel:8822134

阳朔县应急管理局
地址：阳朔县榕荫路
Tel:8824842

阳朔县机构编制委员会办公室
地址：阳朔县县前街
Tel:8822428

阳朔县体育委员会
地址：蟠桃路
Tel:8827996

阳朔县村镇规化设计室
地址：阳朔县大村门开发区
Tel:8819609

阳朔县财政局
地址：阳朔县将军路1号
Tel:8822280

阳朔县财政资金管理所
地址：阳朔县大村门开发区将军路
Tel:8820238

阳朔县质量技术监督局
地址：阳朔县大村门开发区
Tel:8811258

阳朔县建设局
地址：阳朔县龙岳路
Tel:8822223

阳朔县建设规化局
地址：阳朔县大村门开发区
Tel:8819880

阳朔县国土资源局
地址：阳朔县将军路
Tel:8822263

阳朔县国家税务局
地址：阳朔县荆凤路
Tel:8822184

阳朔县国家税务局阳朔税务分局
地址：阳朔县叠翠路
Tel:8822978

阳朔县国家税务局福利税务分局
地址：阳朔县福利镇
Tel:8942287

阳朔县国家税务局稽查分局
地址：阳朔县荆凤路
Tel:8821767

阳朔县审计局
地址：阳朔县宝泉路
Tel:8825176

阳朔县经济贸易局
地址：阳朔县城中路
Tel:8822346

阳朔县环境保护局
地址：阳朔县城中路
Tel:8822433

阳朔县林业局
地址：阳朔县龙岳路
Tel:8822131

阳朔县物价局
地址：阳朔县荆凤路
Tel:8822452

阳朔县物价检查所
地址：阳朔县荆凤路
Tel:8822607

阳朔县城区商所
地址：大村门开发区
Tel:8822478

阳朔县城市管理综合执法办公室
地址：阳朔县中心广场
Tel:8866100

阳朔县城镇住房用地登记发证办公室
地址：阳朔县大村门
Tel:8819719

阳朔县城镇集体手工业联社
地址：阳朔县叠翠路
Tel:8827286

阳朔县药品监督管理局阳朔分局
地址：将军路
Tel:8823969

阳朔县统计局
地址：阳朔县县前街
Tel:8822177

阳朔县科学技术局
地址：阳朔县叠翠路
Tel:8822482

阳朔县科学技术局
地址：阳朔县叠翠路
Tel:8822482

阳朔县文化和文化和旅游局
地址：阳朔县城中路
Tel:8822392

阳朔县烟草公司
地址：阳朔县抗站路
Tel:8814365

阳朔县烟草专卖局
地址：阳朔县抗战路
Tel:8822082

阳朔县预算外奖金管理局
地址：阳朔县宝泉路
Tel:8825072

阳朔县航监站
地址：阳朔县观莲路
Tel:8813158

阳朔县商业局
地址：阳朔县榕荫路
Tel:8822140

阳朔县教育局
地址：阳朔县抗战路
Tel:8822168

阳朔县道路车辆估损办公室
地址：阳朔县荆凤路
Tel:8820918

阳朔县森林防火指挥部办公室
地址：阳朔县龙岳路
Tel:8825119

阳朔县粮食局
地址：阳朔县西街
Tel:8822136

阳朔县精神文明建设委员会办公室
地址：阳朔县县前街
Tel:8825023

阳朔城市管理局
地址：阳朔县
Tel:8812031

国家统计局阳朔调查队
地址：阳朔县大村门开发区
Tel:8811079

桂林市住房公积金管理中心阳朔管理部
地址：阳朔县叠翠路
Tel:8827033

临桂县（0773）

党政、国家机构及社会团体

中国共产党及其所属机构

县（区、市）党委及其所属机构

中国共产党临桂县委员会
地址：临桂县世纪大道
Tel:3660859

中国共产党临桂县直属机关工作委员会
地址：临桂县临政路
Tel:5583269

中国共产党临桂县委员会老干部局
地址：临桂县临政路县委大院
Tel:5592134

中国共产党临桂县委员会组织部
地址：临桂县临政路
Tel:5592506

中国共产党临桂县委员会统战部
地址：临桂县临政路
Tel:5592201

中国共产党临桂县委员会党史办公室
地址：临桂县
Tel:5585518

临桂县直属党委
地址：临桂县世纪大道
Tel:5590678

人民政府及其所属机构

县（区、市）人民政府及其所属机构

临桂县人民政府
地址：临桂县临政路
Tel:5592330

中铁二局湘桂铁路第二项目部
地址：机场路
Tel:5590200

西城经济开发区管理委员会
地址：临桂县秧塘园路
Tel:5597915

花坪国家级自然保护区管理局
地址：临政路
Tel:5591757

临桂县人口和计划生育局
地址：临桂县临政路
Tel:5590507

临桂县人民防空办公室
地址：老县委大院
Tel:5591187

临桂县人民政府志编纂委员会
地址：临桂县临桂镇
Tel:5561920

临桂县人事劳动和社会保障局
地址：临桂县临政路
Tel:5585189

临桂县卫生局
地址：临桂县金水路
Tel:5597798

临桂县市场监督管理局
地址：临桂县金水路
Tel:5598556

临桂县市场监督管理局六塘工商所
地址：临桂县六塘镇
Tel:5262041

临桂县市场监督管理局五通工商所
地址：临桂县五通镇
Tel:5422859

临桂县市场监督管理局会仙工商所
地址：临桂县会仙镇饮安街
Tel:5222004

临桂县计划生育局流动人口管理站
地址：虎山路
Tel:5586376

临桂县文化和体育局
地址：临桂县虎山路
Tel:5597880

临桂县文化稽查队
地址：虎山路
Tel:5591177

临桂县水电局
地址：人民大道
Tel:5583606

临桂县水产畜牧兽医局
地址：临桂县人民路
Tel:5598451

临桂县水利局
地址：临桂县人民大道
Tel:5598477

临桂县市容管理局
地址：临桂县金水路
Tel:5599122

临桂县交通局
地址：临桂县世纪大道
Tel:5598853

临桂县农业农村局
地址：临桂县会元路
Tel:5592232

临桂县农机局
地址：临桂县
Tel:5593750

临桂县农村基层组织办公室
地址：临桂县临政路
Tel:5591713

临桂县地方税务局
地址：临桂县鲁湖路
Tel:5590410

临桂县地方税务局六塘分局
地址：临桂县六塘镇
Tel:5263208

临桂县地方税务局五通分局
地址：临桂县五通镇
Tel:5422157

临桂县地方税务局两江分局
地址：临桂县两江镇
Tel:5302084

临桂县地方税务局直属分局
地址：临桂县世纪大道
Tel:5590725

临桂县地方税务局临桂分局
地址：临桂县世纪大道
Tel:5592516

临桂县地方税务局稽查局
地址：临桂县鲁湖路
Tel:5581803

临桂县地震局
地址：政府大院
Tel:5581012

临桂县行政审批服务中心
地址：临桂县世纪大道
Tel:5580282

临桂县机关事务管理局
地址：临桂县兴临路
Tel:5592223

临桂县机构编制委员会办公室
地址：临桂县临政路
Tel:5592124

临桂县扶贫开发领导小组办公室
地址：临桂县临政路
Tel:5597523

临桂县财政局
地址：临桂县兴临路
Tel:5592385

临桂县质量技术监督局
地址：临桂县会元路8号
Tel:5592178

临桂县建设局
地址：临桂县临政路
Tel:5581685

临桂县国土资源局
地址：临桂县世纪大道
Tel:5592374

临桂县国家税务局
地址：临桂县世纪大道
Tel:5592245

临桂县国家税务局五通税务分局
地址：临桂县五通镇
Tel:5422656

临桂县国家税务局两江税务分局
地址：临桂县两江镇
Tel:5302908

临桂县国家税务局临桂税务分局
地址：临桂县榕山路粮贸楼下
Tel:5590561

临桂县国家税务局稽查局
地址：临桂县世纪大道
Tel:5594676

临桂县经济贸易局
地址：临桂县世纪大道
Tel:5583806

临桂县环境保护局
地址：临桂县临政路
Tel:55925155

临桂县林业局
地址：临桂县鲁山路
Tel:5597748

临桂县物价局
地址：临桂县临政路
Tel:5597216

临桂县物价检查所
地址：临桂县临政路
Tel:5591424

临桂县城镇集体工业联合社
地址：临桂县人民路
Tel:5592529

临桂县统计局
地址：临桂县临政路
Tel:5581067

临桂县政府非税收入管理局
地址：临桂县金源路
Tel:5590393

临桂县科学技术委员会
地址：临政路
Tel:5592141

临桂县爱国卫生运动委员会
地址：临桂县金水路
Tel:5592189

临桂县文化和文化和旅游局
地址：临桂县兴临路
Tel:5592487

临桂县烟草专卖局
地址：临桂县机场路
Tel:5598353

临桂县预算外奖金管理局
地址：临政路
Tel:5590955

临桂县商业局
地址：临桂县人民路113号
Tel:5592231

临桂县教育局
地址：临桂县人民路
Tel:5598626

临桂县移民局
地址：政府大院
Tel:5580220

临桂县粮食局
地址：临桂县临桂镇榕山路201号
Tel:5597976

桂林市住房公积金管理中心临桂县管理部
地址：临桂县世纪大道
Tel:5595217

桂林市食品药品监督管理局临桂县分局
地址：临桂县虎山路
Tel:5590911

桂林临桂公路管理局
地址：桂林市瓦窑西路5号
Tel:3602405

桂林鲁山基地管理处
地址：临桂县金水路19号
Tel:5581901

灵川县（0773）

党政、国家机构及社会团体

中国共产党及其所属机构

县（区、市）党委及其所属机构

中国共产党灵川县委员会
地址：灵川县灵南路
Tel:6812292

中国共产党灵川县直属机关工作委员会
地址：灵川县灵南路
Tel:6812141

中国共产：党灵川县委员会老干部局
地址：灵川县灵南路
Tel:6812148

中国共产党灵川县委员会灵川县人民政府接待办公室
地址：灵川县灵南路

……Tel:6811132

中国共产党灵川县委员会组织部
地址：灵川县灵南路
……Tel:6812452

中国共产党灵川县委员会统战部
地址：灵川县灵南路
……Tel:6812201

中国共产党灵川县委员会党史办公室
地址：灵川县灵南路
……Tel:6812419

灵川县档案局
地址：灵川县灵南路
……Tel:6812437

人民政府及其所属机构
县（区、市）
人民政府及其所属机构

灵川县人民政府
地址：灵川县灵南路
……Tel:6812516

灵川公路管理局
地址：灵川县灵川路
……Tel:6812543

灵川县76158部队
……Tel:2085601

灵川县二轻局
地址：灵川县灵川路
……Tel:6812640

灵川县人口和计划生育局
地址：灵川县灵南路
……Tel:6811698

灵川县人民政府调解处理土地山林水利纠纷办公室
地址：灵川县县委大院
……Tel:6812367

灵川县人事劳动和社会保障局
地址：灵川县灵南路
……Tel:6812672

灵川县卫生局
地址：灵川县灵东路
……Tel:6812349

灵川县工业用电办公室
地址：灵北路
……Tel:6812591

灵川县工业普查办公室
地址：灵南路
……Tel:6813162

灵川县市场监督管理局
地址：灵川县灵北路
……Tel:6812274

灵川县市场监督管理局八里街分局
地址：灵川县八里街纬五路
……Tel:6590346

灵川县市场监督管理局大圩工商所
地址：灵川县大圩镇解放街
……Tel:6350064

灵川县市场监督管理局三街工商所
地址：灵川县三街镇
……Tel:6324247

灵川县市场监督管理局灵田工商所
地址：灵川县灵田乡
……Tel:6323025

灵川县市场监督管理局城区工商所
地址：灵川县滨江路
……Tel:6812190

灵川县市场监督管理局潭下工商所
地址：灵川县潭下镇
……Tel:6305222

灵川县中小企业局
地址：灵川县灵南路
……Tel:6812399

灵川县水库存移民工作管理局
地址：灵东路地税局2楼
……Tel:6820168

灵川县水利电力局
地址：灵川县灵南路
……Tel:6812328

灵川县水果生产技术指导总站
地址：灵川县灵南路
……Tel:6812314

灵川县市政工程管理所
地址：灵东路
……Tel:6820022

灵川县市容管理局
地址：灵川县灵东路
……Tel:6810651

灵川县发展和改革局
地址：灵川县灵南路
……Tel:6812322

灵川县失业保险所
地址：青泽区
……Tel:6861600

灵川县民政局
地址：灵川县灵南路
……Tel:6812331

灵川县民族事务委员会
地址：灵川县灵南路
……Tel:6810378

灵川县企业委员会
地址：灵南路
……Tel:6811643

灵川县有线电视台
地址：灵北路
……Tel:6812614

灵川县交通局
地址：灵川县青泽区
……Tel:6862286

灵川县农业农村局
地址：灵川县灵川路
……Tel:6812588

灵川县防汛抗旱指挥部办公室
地址：灵川县灵南路
……Tel:6828630

灵川县地方志编纂委员会办公室
地址：灵川县灵南路
……Tel:6812143

灵川县地方税务局
地址：灵川县龙头岭
……Tel:6810901

灵川县地方税务局大圩税务分局
地址：灵川县大圩镇
……Tel:6351629

灵川县地方税务局灵川税务分局
地址：灵川县灵川镇
……Tel:6812435

灵川县地方税务局直属征收管理分局
地址：灵川县灵南路
……Tel:6814523

灵川县地方税务局定江分局
地址：灵川县广发路
……Tel:6592166

灵川县地方税务局潭下税务分局
地址：灵川县潭下镇
……Tel:6305196

灵川县地方税务局稽查局
地址：灵川县龙头岭
……Tel:6811855

灵川县应急管理局
地址：灵川县灵南路
……Tel:6822296

灵川县机关事务管理局
地址：灵川县灵南路
……Tel:6818123

灵川县机构编制委员会办公室
地址：灵南路
……Tel:6811934

灵川县老龄工作委员会办公室
地址：灵川县灵南路
……Tel:6810914

灵川县住房公积金管理中心灵川县管理部
地址：灵川县灵北路
……Tel:6815960

灵川县住房制度改革委员会办公室
地址：灵川县灵南路
……Tel:6819030

灵川县扶贫开发领导小组办公室
地址：灵川县灵南路
……Tel:6813633

灵川县财政局
地址：灵川县灵南路
……Tel:6812554

灵川县质量技术监督局
地址：灵川县龙头岭开发区
……Tel:6867889

灵川县直属机关计划生育工作管理站
地址：灵川县灵南路
……Tel:6821183

灵川县建设局
地址：灵川县灵南路
……Tel:6812493

灵川县国土资源局
地址：灵川县灵川路
……Tel:6861768

灵川县国家税务局
地址：灵川县灵南路
……Tel:6863656

灵川县国家税务局大圩税务分局
地址：灵川县大圩镇
……Tel:6351989

灵川县国家税务局潭下税务分局
地址：灵川县潭下镇
……Tel:6305525

灵川县国家税务局稽查局
地址：灵川县灵南路
……Tel:6813249

灵川县审计局
地址：灵川县灵南路
……Tel:6817569

灵川县经济委员会
地址：灵川县灵川镇
……Tel:6862460

灵川县经济贸易局
地址：灵川县建政街
……Tel:6812131

灵川县环境保护局
地址：灵川县
……Tel:6813312

灵川县环境保护监测站
地址：灵川县灵川路
……Tel:6812164

灵川县林业局
地址：灵川县灵西路
……Tel:6812303

灵川县物价局
地址：灵川县灵南路
……Tel:6812151

灵川县物价检查所
地址：灵川县灵南路
……Tel:6822773

灵川县城区市场管理所
地址：灵南菜市场
……Tel:6828616

灵川县药品检验所
地址：灵东路
……Tel:6810764

灵川县统计局
地址：灵川县灵南路
……Tel:6812136

灵川县政务服务中心
地址：八里街
……Tel:6590578

灵川县科学技术局
地址：灵川县灵南路
……Tel:6812599

灵川县资金管理所
地址：灵川县灵南路
……Tel:6822567

灵川县文化和文化和旅游局
地址：灵川县灵南路
……Tel:6812649

灵川县烟草专卖局
地址：灵川县灵西路13号
……Tel:6812235

灵川县畜牧兽医局
地址：灵川县灵川路
……Tel:6812147

灵川县教育局
地址：灵川县灵西路
……Tel:6812272

灵川县就业服务中心
地址：灵川县青泽小区
……Tel:6862135

灵川县森林防火指挥部办公室
地址：灵川县灵西路
……Tel:6812283

灵川县粮食局
地址：灵川县灵东路
……Tel:6812583

灵川县精神文明建设指导委员会办公室
地址：灵川县灵南路
……Tel:6812475

灵川镇计划生育办公室
地址：灵川县灵川镇
……Tel:6863980

桂林市食品药品监督管理局灵川县分局
地址：灵川县灵西路
……Tel:6817928

全州县（0773）

党政、国家机构及社会团体
中国共产党及其所属机构
县（区、市）党委及其所属机构

中国共产党全州县委员会
地址：全州县
……Tel:4827110

中国共产党全州县直属机关工作委员会
地址：全州县桂黄路
……Tel:4815386

中国共产党全州县委员会组织部
地址：全州县桂黄路
……Tel:4815311

中国共产党全州县委员会统战部
地址：全州县桂黄中路131号
……Tel:4815896

全州县档案局
地址：全州县桂黄中路
……Tel:4815735

人民政府及其所属机构
县（区、市）
人民政府及其所属机构

全州县人民政府
地址：全州县桂黄中路
……Tel:4815891

全州公路局
地址：全州县中心路
……Tel:4815489

全州县人口和计划生育局
地址：全州县中心路
……Tel:4815338

全州县人民政府办公室信息中心
地址：全州县桂黄中路132号
……Tel:4815230

全州县人民政府水利电力局
地址：全州县三江路
……Tel:4812065

全州县人民政府职工教育办公室
地址：江南路
……Tel:4815225

全州县人事局
地址：全州县桂黄路
……Tel:4815828

全州县人事局人才交流中心
地址：桂黄中路
……Tel:4817345

全州县卫生局
地址：全州县桂黄中路114号
……Tel:4815333

全州县市场监督管理局
地址：全州县桂黄中路
……Tel:4815469

全州县市场监督管理局城郊工商所
地址：全州县城南路
……Tel:4815825

全州县土地储备交易中心
地址：全州县
……Tel:4815236

全州县公费医疗办
地址：桂黄中路
……Tel:4811241

全州县计生委技术服务站
地址：城南路
……Tel:4815422

全州县中小企业局
地址：全州县桂黄路
……Tel:4815328

全州县水电局
地址：三江路
……Tel:1015391

全州县水电局防汛办公室
地址：三江路
……Tel:4815293

全州县水库移民工作管理局
地址：环城路
……Tel:4836698

全州县水利局
地址：全州县三江路
……Tel:4823755

全州县市场服务管理中心
地址：全州县
……Tel:4828628

全州县市容管理局
地址：桂黄北路
……Tel:4816899

全州县发展和改革局
地址：全州县桂黄路
……Tel:4815321

全州县民政局
地址：全州县全州镇西堤路
……Tel:4815331

全州县民族事务管理局
地址：全州县桂黄中路
……Tel:4816175

全州县交通局
地址：全州县民族路
……Tel:4815395

全州县农业农村局
地址：全州县朝阳路
……Tel:4815370

全州县农业综合开发办公室
地址：全州县江南路
……Tel:4821528

全州县农机局
地址：全州县三江路
……Tel:4815380

全州县农村社会养老保险所
地址：全州县环城公路
……Tel:4825399

全州县农村基层建设办
地址：桂黄中路
……Tel:4811415

全州县地方志编纂委员会办公室
地址：全州县
……Tel:4815284

全州县地方税务局
地址：全州县江南路
……Tel:4815795

全州县地方税务局全州分局
地址：全州县步行街
……Tel:4819659

全州县地方税务局直属征收管理分局
地址：全州县江南路
……Tel:4815794

全州县地方税务局稽查局
地址：全州县江南路
……Tel:4815704

全州县机关事务管理局
地址：全州县桂黄中路
……Tel:4820900

全州县机关事业保险所
地址：桂黄北路
……Tel:4823937

全州县机构编制委员会办公室
地址：全州县桂黄中路
……Tel:4818686

全州县老龄工作委员会办公室
地址：全州县桂黄中路
……Tel:4817475

全州县体育事业管理局
地址：全州县桂黄路
……Tel:4815560

全州县财政局
地址：全州县江南路
……Tel:4817407

全州县社会主义新农村建设办公室
地址：全州县桂黄路

Tel:8692332

全州县劳动失业保险所
地址：江南路
Tel:4818455

全州县劳动和社会保障局
地址：全州县江南路
Tel:4815330

全州县质量技术监督局
地址：全州县中心路
Tel:4815799

全州县建设局
地址：全州县桂黄北路
Tel:4815406

全州县国土资源局
地址：全州县桂黄北路
Tel:4815387

全州县国有土地管理所
地址：全州县民族路
Tel:4814246

全州县国家税务局
地址：全州县环城路
Tel:8691988

全州县审计局
地址：全州县桂黄路
Tel:4815548

全州县经济贸易局
地址：全州县湘园路
Tel:4815323

全州县环境保护局
地址：全州县江南路
Tel:4815022

全州县林业局
地址：全州县桂黄北路
Tel:4815448

全州县物价局
地址：全州县桂黄路
Tel:4815846

全州县物价检查所
地址：凌角塘
Tel:4815803

全州县房改办
地址：江南路
Tel:4815224

全州县城建站
地址：建设局
Tel:4825275

全州县城镇职工基本医疗保险管理中心
地址：全州县西堤路
Tel:8692306

全州县统计局
地址：全州县桂黄路
Tel:4815355

全州县科学技术局
地址：全州县江南路科技局宿舍楼门面一楼
Tel:4810960

全州县文化和文化和旅游局
地址：全州县桂黄中路
Tel:4816782

全州县烟草专卖局
地址：全州县迎宾路
Tel:4915762

全州县畜牧水产局
地址：全州县环城路
Tel:4815866

全州县教育局
地址：全州县桂黄路
Tel:4815332

全州县职称改革领导小组办公室
地址：县政府大院
Tel:4821619

全州县普职教育办公室
地址：桂黄中路
Tel:4819815

全州县森林防火指挥部
地址：桂黄北路
Tel:4815447

全州县粮食自给工程办公室
地址：全州县朝阳路
Tel:4823010

全州县粮食局
地址：全州县桂黄中路
Tel:4815411

全州财政所
地址：全州县全州镇民主路
Tel:4815924

全州盐务管理局
地址：全州县迎宾路
Tel:4915769

全州墙体材料改革办公室
地址：全州县桂黄北路
Tel:4819866

桂林市食品药品监督管理局全州县分局
地址：全州县全州镇民主路
Tel:4812173

兴安县（0773）

党政、国家机构及社会团体

中国共产党及其所属机构

县（区、市）党委及其所属机构

中国共产党兴安县委员会
地址：兴安县三台路
Tel:6213098

中国共产党兴安县直属机关工作委员会
地址：兴安县凤凰坡
Tel:6222465

中国共产党兴安县委员会老干部局
地址：兴安县桂善街
Tel:6222382

中国共产党兴安县委员会组织部
地址：三台路
Tel:6225733

中国共产党兴安县委员会统战部
地址：兴安县三台路
Tel:6222347

兴安农村党员干部现代远程教育兴安接收部兴安组织部点
地址：兴安县
Tel:6222317

兴安县档案局
地址：兴安县三台路
Tel:6222365

人民政府及其所属机构

县（区、市）人民政府及其所属机构

兴安县人民政府
地址：兴安县三台路
Tel:6226777

广西猫儿山国家级自然保护区管理局
地址：兴安县华江乡同仁村
Tel:6059106

兴安县人口普查办公室
地址：三台路
Tel:6098139

兴安县人民政府办公室
地址：兴安县严关乡人民政府
Tel:6062030

兴安县人事劳动和社会保障局
地址：兴安县向阳路
Tel:6222362

兴安县卫生局
地址：兴安县桂善街
Tel:6226780

兴安县卫生局
地址：兴安县桂善街
Tel:6222120

兴安县市场监督管理局
地址：兴安县双灵路
Tel:6222239

兴安县公积金管理部
地址：兴安县三台路
Tel:6220358

兴安县公路局
地址：兴安县兴桂路
Tel:6221541

兴安县计划生育委员会
地址：朝阳区
Tel:6222020

兴安县手工业联社
地址：兴安县三台路
Tel:6222448

兴安县水产畜牧兽医局
地址：兴安县志玲路五巷
Tel:6222136

兴安县水库移民工作管理局
地址：三将军铜像原农业农村局宾馆4楼
Tel:6098366

兴安县水利电力局
地址：兴安县兴桂路
Tel:6217328

兴安县水泥项目办公室
地址：兴安县三台路
Tel:6217163

兴安县发展和改革局
地址：兴安县志玲路
Tel:6225495

兴安县民政局
地址：兴安县湘江路
Tel:6222178

兴安县民族事务管理局
地址：兴安县三台路
Tel:6216056

兴安县会计资金管理局
地址：兴安县三台路
Tel:6216760

兴安县交通局
地址：兴安县兴桂路
Tel:6222217

兴安县交通规费稽查所
地址：灵湖路
Tel:6214666

兴安县农业农村局
地址：兴安县教育路
Tel:6222165

兴安县农业农村局农业专家咨询
地址：教育路
Tel:6222712

兴安县农业综合开发办公室
地址：兴安县三台路
Tel:6222063

兴安县农业普查办公室
地址：志玲路
Tel:6225945

兴安县防汛办
地址：兴安兴桂路5号
Tel:6221762

兴安县地方志编纂委员会办公室
地址：兴安县三台路
Tel:6222219

兴安县地方税务分局
地址：兴安县银杏广场
Tel:6217369

兴安县地方税务局分局
地址：兴安县兴安镇
Tel:6222161

兴安县地方税务局稽查分局
地址：兴安县银杏广场
Tel:6223976

兴安县应急管理局
地址：兴安县志玲路
Tel:6222522

兴安县红色旅游领导小组办公室
地址：兴安县三台路
Tel:6226207

兴安县红壤开发农业技术服务办公室
地址：兴安县灵渠南路
Tel:6223963

兴安县机关事务办公室
地址：兴安县三台路
Tel:6222235

兴安县机构编制委员会办公室
地址：兴安县三台路
Tel:6221045

兴安县体育运动委员会
地址：志玲路
Tel:6211518

兴安县体育管理中心
地址：兴安县志玲路
Tel:6224148

兴安县扶贫开发领导小组办公室
地址：兴安县三台路
Tel:6222590

兴安县财政局
地址：兴安县三台路
Tel:6222151

兴安县质量技术监督局
地址：兴安县志玲路
Tel:6218955

兴安县建设局
地址：兴安县三台路
Tel:6222391

兴安县国土资源局
地址：兴安县银杏广场
Tel:6221368

兴安县国家税务局
地址：兴安县志玲路
Tel:6222251

兴安县国家税务局稽查分局
地址：兴安县志玲路
Tel:6220461

兴安县审计局
地址：三台路
Tel:6222487

兴安县经济贸易局
地址：兴安县兴安镇志玲路
Tel:6222133

兴安县环境保护局
地址：兴安县城台路5f1号
Tel:6217723

兴安县环境保护监测站
地址：城台路
Tel:6215675

兴安县林业局
地址：兴安县湘江路
Tel:6222149

兴安县物价局
地址：兴安县志玲路
Tel:6218698

兴安县城乡市容管理局
地址：双灵路
Tel:6210208

兴安县城镇建没土地开发领导小组办公室
地址：双灵路
Tel:6216437

兴安县统计局
地址：兴安县志玲路
Tel:6220662

兴安县科学技术局
地址：兴安县志玲路
Tel:6222380

兴安县食品药品监督管理局
地址：兴安县桂善街
Tel:6222109

兴安县烟草专卖局
地址：兴安县志玲路
Tel:6212324

兴安县盐务局
地址：兴安县兴桂路
Tel:6222715

兴安县畜牧水产局
地址：兴安县志玲路五巷
Tel:6228151

兴安县商业局
地址：兴安县桂黄路
Tel:6227791

兴安县渔牧兽医局
地址：兴安县智玲路
Tel:6218987

兴安县婚姻登记处
地址：湘江路
Tel:6217837

兴安县综合治理办公室
地址：兴安县三台路
Tel:6218087

兴安县教育局
地址：兴安县教育路
Tel:6222201

兴安县就业服务中心
地址：兴安县朝阳区向阳路
Tel:6222542

兴安县森林防火指挥部
地址：兴安县湘江路
Tel:6222159

兴安县粮食局
地址：兴安县兴桂路
Tel:6222705

兴安县镇经济委员会
地址：兴安县志玲路
Tel:6222728

国家统计局兴安县调查队
地址：兴安县三台路
Tel:6222420

永福县（0773）

党政、国家机构及社会团体

中国共产党及其所属机构

县（区、市）党委及其所属机构

中国共产党永福县委员会
地址：永福县凤城路
Tel:8551758

中国共产党永福县老干部局
地址：永福县凤城路
Tel:8512549

中国共产党永福县直属机关工作委员会
地址：永福县凤城路
Tel:8512239

中国共产党永福县委员会组织部
地址：永福县永福镇凤城路
Tel:8512237

永福县档案局
地址：永福县永福镇凤城路
Tel:8550886

人民政府及其所属机构

县（区、市）人民政府及其所属机构

永福县人民政府
地址：永福县永福镇凤城路
Tel:8512230

永福县人口和计划生育局
地址：永福县永福镇东滨路
Tel:8512146

永福县人事局人才交流中心
地址：永福镇凤翔路
Tel:8551133

永福县人事劳动和社会保障局
地址：永福县凤翔路
Tel:8512241

永福县卫生局
地址：永福县永福镇凤城路
Tel:8512365

永福县市场监督管理局
地址：永福县五里桥开发区
Tel:8512268

永福县公路局
地址：永福县永福镇凤翔路
Tel:8512330

永福县水电施工队
地址：凤城路
Tel:8512926

永福县水利局
地址：永福县永福镇凤城路
Tel:8512364

永福县市容管理局
地址：永福县凤城路
Tel:8557158

永福县发展和改革局
地址：永福县永福镇凤阁路
Tel:8512238

永福县纠正不正之风办公室
地址：永福县永福镇凤城路
Tel:8511057

永福县民政局
地址：永福县商贸城
Tel:8512147

永福县民族事务管理局
地址：永福县永福镇凤城路
Tel:8512495

永福县企业局
地址：永福县永福镇凤城路
Tel:8512878

永福县交通局
地址：永福县永福镇凤城路
Tel:8512397

永福县交通局县乡公路所
地址：凤城路

…… Tel:8513144

永福县农业农村局
地址：永福县五里桥开发区
…… Tel:8512387

永福县农业农村局经管站
地址：永福县凤城路
…… Tel:8558630

永福县防汛抗旱指挥部办公室
地址：凤城路
…… Tel:8512202

永福县地方税务局
地址：永福县永福镇凤阁路
…… Tel:8512156

永福县地方税务局稽查分局
地址：永福县
…… Tel:8514184

永福县安监局
地址：凤阁路57号
…… Tel:8556358

永福县机构编制委员会办公室
地址：永福县永福镇凤城路
…… Tel:8512538

永福县扶贫办
地址：县政府大院
…… Tel:8551288

永福县财政局
地址：永福县永福镇凤阁路
…… Tel:8511027

永福县社会主义新农村领导小组办公室
地址：永福县凤城路
…… Tel:8556069

永福县质监局
地址：局烟草公司内
…… Tel:8510195

永福县建设局
地址：新建设局大楼
…… Tel:8556081

永福县建设局村镇规划管理股
地址：永福县高速路
…… Tel:8556887

永福县国土资源局
地址：永福县永福镇滨江路
…… Tel:8512249

永福县国家税务局
地址：永福县永福镇西滨路
…… Tel:8512393

永福县国家税务局永福分局
地址：永福县永福镇凤阁路
…… Tel:8512285

永福县宗教事务管理局
地址：永福县
…… Tel:8511619

永福县审计局
地址：永福县永福镇凤阁路
…… Tel:8512179

永福县经济贸易局
地址：永福县永福镇凤阁路
…… Tel:8513300

永福县环境保护局
地址：永福县凤翔路步行街
…… Tel:8558169

永福县林业局
地址：永福县永福镇凤城路
…… Tel:8512180

永福县物检查所
地址：永福县永福镇凤城路
…… Tel:8519001

永福县房产管理局
地址：永福县永福镇凤城路
…… Tel:8516605

永福县城乡清洁工程领导小组办公室
地址：永福县
…… Tel:8553958

永福县统计局
地址：永福县永福镇凤城路
…… Tel:8512463

永福县统战部
地址：政府办公楼
…… Tel:8510069

永福县科学技术局
地址：永福县永福镇东滨路
…… Tel:8512232

永福县科学技术研究所
地址：东滨路
…… Tel:8517230

永福县调处土地山林水利纠纷办公室
地址：永福县凤城路
…… Tel:8511545

永福县文化和文化和旅游局
地址：永福县永福镇凤城路
…… Tel:8518268

永福县烟草公司
地址：凤城路
…… Tel:8511555

永福县烟草专卖局
地址：永福县永福镇凤城路四岭街
…… Tel:8511704

永福县畜牧水产局
地址：上尧街
…… Tel:8556686

永福县航务管理所
地址：凤城路102号
…… Tel:8516995

永福县高校招生办公室
地址：凤阁路
…… Tel:8512355

永福县教育局
地址：永福县永福镇凤城路
…… Tel:8512276

永福县教育委员会
地址：凤阁路
…… Tel:8515359

永福县粮食局
地址：永福县永福镇连江路接官厅街
…… Tel:8512445

永福县墙体材料改革办公室
地址：永福县永兴大道
…… Tel:8515118

桂林市住房公积金管理中心永福县管理部
地址：永福县西滨路
…… Tel:8512360

桂林市食品药品监督管理局永福县分局
地址：永福县步行街
…… Tel:8551766

灌阳县（0773）

党政、国家机构及社会团体

中国共产党及其所属机构

县（区、市）党委及其所属机构

中国共产党灌阳县委员会
地址：灌阳县胜利路
…… Tel:4212071

中国共产党灌阳县直属机关工作委员会
地址：灌阳县胜利路
…… Tel:4212007

中国共产党灌阳县委员会组织部
地址：灌阳县胜利路
…… Tel:4212005

中国共产党灌阳县委员会统战部
地址：灌阳县胜利路
…… Tel:4212173

灌阳县老干部局
地址：兴灌路
…… Tel:4212192

灌阳县档案局
地址：灌阳县胜利路
…… Tel:4212248

人民政府及其所属机构

县（区、市）人民政府及其所属机构

灌阳县人民政府
地址：灌阳县胜利路
…… Tel:4212129

桂林市食品药品监督管理局灌阳县分局
地址：灌阳县兴灌路
…… Tel:4215709

灌阳县人口和计划生育局
地址：灌阳县建设路18号
…… Tel:4212125

灌阳县人民政府调解处理土地山林水利纠纷办公室
地址：灌阳县胜利路
…… Tel:4212841

灌阳县人民政府接待办公室
地址：胜利路
…… Tel:4212611

灌阳县卫生局
地址：灌阳县灌江北路
…… Tel:4216118

灌阳县卫生监督所
地址：灌江中路
…… Tel:4259126

灌阳县工业集巾区管理委员会办公室
地址：胜利路
…… Tel:4212029

灌阳县市场监督管理局
地址：灌阳县北市路1号
…… Tel:4212127

灌阳县土地储备交易巾心
地址：灌阳县兴建路
…… Tel:4210616

灌阳县公路局
地址：灌阳县灌江北路
…… Tel:4210590

灌阳县中小企业局
地址：胜利路
…… Tel:4217688

灌阳县水利电力局
地址：灌阳县胜利路
…… Tel:4212091

灌阳县水利局防汛抗旱指挥部
地址：灌阳县胜利路
…… Tel:4212337

灌阳县发展和改革局
地址：灌阳县胜利路
…… Tel:4212210

灌阳县民政局
地址：灌阳县城中开发区建设路
…… Tel:4212022

灌阳县民族事务管理局
地址：灌阳县胜利路
…… Tel:4212371

灌阳县交通局
地址：灌阳县灌江北路
…… Tel:4219793

灌阳县农业农村工作领导小组
地址：政府大院
…… Tel:4259696

灌阳县农业农村局
地址：灌阳县灌阳镇胜利路
…… Tel:4212203

灌阳县农机局
地址：灌阳县灌江北路
…… Tel:4212052

灌阳县农村基层组织建设领导小组办公室
地址：灌阳县胜利路
…… Tel:4210221

灌阳县防火指挥部
地址：胜利路
…… Tel:4212417

灌阳县地方志编纂委员会办公室
地址：灌阳县胜利路
…… Tel:4212351

灌阳县地方税务局
地址：灌阳县胜利路
…… Tel:4212239

灌阳县应急管理局
地址：政府大院
…… Tel:4214271

灌阳县机关事务管理局
地址：灌阳县胜利路
…… Tel:4212276

灌阳县机构编制委员会办公室
地址：灌阳县胜利路
…… Tel:4212149

灌阳县住房制度改革委员会力公室
地址：灌阳县胜利路
…… Tel:4212416

灌阳县医药管理局
地址：兴灌路
…… Tel:4219499

灌阳县扶贫开发领导小组办公室
地址：灌阳县灌江中路
…… Tel:4216998

灌阳县财政局
地址：灌阳县新华路
…… Tel:4212863

灌阳县质量技术监督局
地址：灌阳县新华路
…… Tel:4213386

灌阳县建设局
地址：灌阳县建设路
…… Tel:4216876

灌阳县国土资源局
地址：灌阳县兴建路
…… Tel:4212196

灌阳县国有企业改革领导小组办公室
地址：政府大院
…… Tel:4219939

灌阳县国家税务局
地址：灌阳县兴灌路
…… Tel:4212198

灌阳县宗教事务管理局
地址：灌阳县胜利路
…… Tel:4214713

灌阳县审计局
地址：灌阳县东华路
…… Tel:4256733

灌阳县经济贸易局
地址：灌阳县胜利路
…… Tel:4212015

灌阳县环境保护局
地址：灌阳县胜利路
…… Tel:4212298

灌阳县林业局
地址：灌阳县胜利路
…… Tel:4212095

灌阳县物价局
地址：灌阳县胜利路
…… Tel:4212241

灌阳县城市规划服务所
地址：建设路
…… Tel:4210642

灌阳县统计局
地址：灌阳县胜利路
…… Tel:4210016

灌阳县科学技术局
地址：灌阳县学洲水云区
…… Tel:4216097

灌阳县科学技术委员会
地址：灌阳县新华路
…… Tel:4212045

灌阳县文化和文化和旅游局
地址：灌阳县灌阳镇胜利路
…… Tel:4218120

灌阳县烟草专卖局
地址：灌阳县建设路
…… Tel:4213278

灌阳县畜牧水产局
地址：灌阳县胜利路
…… Tel:4212209

灌阳县渔牧兽医局
地址：灌阳县学洲区
…… Tel:6162617

灌阳县教育局
地址：胜利路
…… Tel:4215581

灌阳县森林防火指挥部
地址：灌阳县胜利路
…… Tel:4214700

灌阳县粮食局
地址：灌阳县胜利路
…… Tel:4212027

灌阳县精神文明建设委员会办公室
地址：灌江路
…… Tel:4217061

龙胜各族自治县（0773）

党政、国家机构及社会团体

中国共产党及其所属机构

县（区、市）党委及其所属机构

中国共产党龙胜各族自治县委员会
地址：龙胜县古龙街
…… Tel:7512101

中国共产党龙胜各族自治县直属机关工作委员会
地址：龙胜县龙胜镇盛园路
…… Tel:7512543

中国共产党龙胜各族自治县委员会组织部
地址：龙胜县古龙街
…… Tel:7512107

中国共产党龙胜各族自治县委员会统战部
地址：龙胜县盛园路
…… Tel:7512102

中国共产党龙胜各族自治县委员会老干部局
地址：龙胜县
…… Tel:7512549

龙胜各族自治县档案局（馆）
地址：盛园路6号
…… Tel:7512135

人民政府及其所属机构

县（区、市）人民政府及其所属机构

龙胜各族自治县人民政府
地址：龙胜县古龙街
…… Tel:7512120

中国西南扶贫世界银行贷款项目龙胜县办公室
地址：龙胜县
…… Tel:7518689

龙胜各族自治县卫生局
地址：龙胜县龙胜镇古龙街
…… Tel:7512321

龙胜各族自治县水库移民工作管理局
地址：兴龙西路
…… Tel:7510568

龙胜各族自治县发展和改革局
地址：龙胜县古龙街
…… Tel:7512123

龙胜各族自治县民族事务管理局
地址：龙胜县古龙街
…… Tel:7512127

龙胜各族自治县防汛抗旱指挥部办公室
地址：龙胜镇
…… Tel:7515305

龙胜各族自治县地方志编纂委员会
地址：龙胜县盛园路
…… Tel:7517064

龙胜各族自治县地方税务局
地址：龙胜县兴龙北路
…… Tel:7512176

龙胜各族自治县地方税务局龙胜分局
地址：龙胜县龙胜镇中心街
…… Tel:7512357

龙胜各族自治县体育事业管理中心
地址：龙胜县古龙北路
…… Tel:7512142

龙胜各族自治县国家税务局
地址：龙胜县兴龙北路
…… Tel:7512137

龙胜各族自治县林业局
地址：龙胜县兴龙西路
…… Tel:7512520

龙胜县二轻工业联社
地址：龙胜县桂龙路
…… Tel:7511398

龙胜县人力资源和社会保障局
地址：龙胜县兴龙南路
…… Tel:7517872

龙胜县人口和计划生育局
地址：龙胜县龙胜镇古龙街
…… Tel:7512156

龙胜县市场监督管理局
地址：零江路9号
…… Tel:7519308

龙胜县公路局
地址：龙胜县龙胜镇桂龙路
…… Tel:7514906

龙胜县计生办公室
地址：兴龙中师路
…… Tel:7519228

龙胜县计划生育指导服务站
地址：龙胜县滨江巷23号
……Tel:7512326

龙胜县水产畜牧兽医局
地址：龙胜县滨江巷
……Tel:7512519

龙胜县水利电力局
地址：龙胜县兴龙西路
……Tel:7512306

龙胜县民政局
地址：龙胜县兴龙南路
……Tel:7512132

龙胜县交通局
地址：龙胜县兴龙西路
……Tel:7512237

龙胜县农业农村局
地址：龙胜县华龙街
……Tel:7512523

龙胜县农业农村局执法大队
地址：兴龙南路
……Tel:7519173

龙胜县农机局
地址：县北路
……Tel:7519612

龙胜县地方税务局三门分局
地址：龙胜县三门镇
……Tel:7432374

龙胜县地方税务局瓢里分局
地址：龙胜县瓢里镇
……Tel:7452116

龙胜县应急管理局
地址：龙胜县古龙街
……Tel:7512159

龙胜县机构编制委员会办公室
地址：龙胜县盛园路
……Tel:7512305

龙胜县住房制度改革委员会力公室
地址：龙胜县兴龙北路
……Tel:7512017

龙胜县扶贫开发领导小组办公室
地址：龙胜县古龙街
……Tel:7512122

龙胜县运输管理所
地址：桂龙路
……Tel:7512238

龙胜县财政局
地址：龙胜县兴龙北路
……Tel:7512133

龙胜县质量技术监督局
地址：龙胜县兴龙南路
……Tel:7512110

龙胜县事业单位登记管理局
地址：龙胜县
……Tel:7517582

龙胜县建设局
地址：龙胜县兴龙北路
……Tel:7515360

龙胜县国土资源局
地址：龙胜县古龙街
……Tel:7512115

龙胜县国家税务局瓢里国税分局
地址：龙胜县瓢里镇
……Tel:7452144

龙胜县审计局
地址：龙胜县盛园路
……Tel:7512527

龙胜县经济贸易局
地址：龙胜县古龙街3号
……Tel:7512128

龙胜县环境保护局
地址：龙胜县盛园路
……Tel:7512250

龙胜县物价局
地址：龙胜县古龙街
……Tel:7513394

龙胜县语言文字办公室
地址：古龙街
……Tel:7517832

龙胜县城乡建设委员会
地址：兴龙北路
……Tel:7511555

龙胜县统计局
地址：龙胜县古龙街
……Tel:7512134

龙胜县政府农业普查办公室
地址：古龙街
……Tel:7513402

龙胜县科学技术局
地址：龙胜县龙胜镇滨江巷
……Tel:7512254

龙胜县文化和文化和旅游局
地址：龙胜县龙胜镇古龙街
……Tel:7512502

龙胜县烟草专卖局
地址：龙胜县兴龙南路
……Tel:7514343

龙胜县烟草专卖局第一专卖管理所
地址：龙胜县兴龙南路
……Tel:7511677

龙胜县教育局
地址：龙胜县古龙街
……Tel:7512327

龙胜县森林防火指挥部办公室
地址：龙胜县兴龙西路
……Tel:7510342

龙胜县粮食局
地址：龙胜县兴龙北路
……Tel:7511130

龙胜粮食管理局
地址：龙胜县兴龙北路
……Tel:7513291

花坪国家级自然保护区管理局
地址：龙胜县花坪
……Tel:7431018

桂林市住房公积金管理中心龙胜管理部
地址：龙胜县古龙街
……Tel:7518991

桂林市食品药品监督管理局龙胜县分局
地址：龙胜县桂龙路
……Tel:7518892

资源县（0773）

党政、国家机构及社会团体

中国共产党及其所属机构

县（区、市）党委及其所属机构

中国共产党资源县委员会
地址：资源县城北开发区行政中心
……Tel:4311148

中国共产党资源县直属机关工作委员会
地址：资源县城北开发区
……Tel:4311102

中国共产党资源县委员会组织部
地址：资源县城北开发区行政中心
……Tel:4311341

中国共产党资源县委员会统战部
地址：资源县城北开发区行政中心
……Tel:4311346

中国共产党资源县委员会党史办公室
地址：资源县城北开发区行政中心
……Tel:4313242

资源县老干部局
地址：资源县
……Tel:4319016

人民政府及其所属机构

县（区、市）

人民政府及其所属机构

资源县人民政府
地址：资源县城北开发区行政中心
……Tel:4311142

桂林市住房公积金管理中心资源县管理部
地址：资源县城北开发区行政中心
……Tel:4318997

桂林市食品药品监督管理局资源县分局
地址：资源县西延北路
……Tel:4314126

资源县人口和计划生育局
地址：资源县西延路
……Tel:4311347

资源县人办资源和社会保障局
地址：资源镇
……Tel:4319161

资源县卫生局
地址：资源县西延路
……Tel:4311159

资源县工产车船管理所
地址：城北新区
……Tel:4313788

资源县市场监督管理局
地址：资源县城北开发区
……Tel:4311216

资源县大合工商行政管理所
地址：城北新区
……Tel:4311093

资源县乡镇企业局
地址：资源县大埠街
……Tel:4311241

资源县公路局
地址：资源县河西路
……Tel:4311131

资源县水电局
地址：城中路
……Tel:4311129

资源县市容管理局
地址：资源县大塘湾
……Tel:4318597

资源县发展和改革局
地址：资源县城北开发区
……Tel:4366869

资源县民政局
地址：资源县镇中路
……Tel:4311011

资源县民族事务管理局
地址：资源县城北开发区行政中心
……Tel:4318069

资源县交通局
地址：资源县城北开发区
……Tel:4316288

资源县农业机械化管理局
地址：资源县城北开发区行政中心
……Tel:4366299

资源县农业农村局
地址：资源县城北开发区
……Tel:4311130

资源县地方交通规费征收稽查所
地址：资源县城北开发区行政中心
……Tel:4317382

资源县地方志编纂委员会办公室
地址：资源县城北开发区行政中心
……Tel:4314230

资源县地方税务局
地址：资源县镇中路
……Tel:4311659

资源县地方税务局稽查分局
地址：大埠街
……Tel:4313728

资源县应急管理局
地址：资源县城北开发区行政中心
……Tel:4319116

资源县机关事务管理局
地址：资源县城北开发区行政中心
……Tel:4311111

资源县机构编制委员会办公室
地址：资源县城北开发区行政中心
……Tel:4311070

资源县老龄工作委员会办公室
地址：资源县局老干部活动中心
……Tel:4315231

资源县竹木综合出口办公室
地址：资源县
……Tel:4313304

资源县扶贫开发领导小组办公室
地址：资源县城北开发区行政中心
……Tel:4315377

资源县财政局
地址：资源县城北开发区行政中心
……Tel:4311146

资源县质量技术监督局
地址：资源县镇中路
……Tel:4311126

资源县直属机关计生办
地址：西延北路
……Tel:4315824

资源县建设局
地址：城北开发区
……Tel:4368059

资源县建设规划局
地址：城北区
……Tel:4368139

资源县国土资源局
地址：资源县城北开发区
……Tel:4311160

资源县国家税务局
地址：资源县镇中路
……Tel:4311055

资源县审计局
地址：资源县河西北路
……Tel:4311122

资源县经济贸易局
地址：资源县大埠街
……Tel:4314618

资源县环境保护局
地址：资源县镇中路
……Tel:4311155

资源县林业局
地址：资源县大埠街
……Tel:4311323

资源县物价局
地址：资源县城北开发区行政中心
……Tel:4311054

资源县物价检查所
地址：资源县城北开发区行政中心
……Tel:4311037

资源县房产管理局
地址：资源县城北开发区行政中心
……Tel:4311312

资源县矿产资源领导小组办公室
地址：资源县城北开发区行政中心
……Tel:4319865

资源县城北畜牧局
地址：城北区
……Tel:4368099

资源县城北新城建设办公室
地址：资源县城中路
……Tel:4319078

资源县城建局
地址：城中路
……Tel:4311911

资源县统计局
地址：资源县城北开发区行政中心
……Tel:4313186

资源县科学技术局
地址：资源县城中路
……Tel:4311112

资源县文化和文化和旅游局
地址：资源县城北
……Tel:4311351

资源县烟草专卖局
地址：资源县西延北路
……Tel:4317822

资源县畜牧水产局
地址：资源县河西北路
……Tel:4311034

资源县教育局
地址：资源县城北开发区
……Tel:4311123

资源县就业服务中心
资源县人才交流中心
地址：资源县城北开发区
……Tel:4366606

资源县粮食局
地址：县粮贸综合市场
……Tel:4317978

平乐县（0773）

党政、国家机构及社会团体

中国共产党及其所属机构

县（区、市）党委及其所属机构

中国共产党平乐县委员会办公室
地址：中华街
……Tel:7896958

中国共产党平乐县直属机关工作委员会
地址：平乐县中华街
……Tel:7882662

中国共产党平乐县委员会老干部局
地址：平乐县中华街
……Tel:7882699

中国共产党平乐县委员会组织部
地址：平乐县平乐镇中华街
……Tel:7882285

中国共产党平乐县委员会党史研究室
地址：平乐县中华街
……Tel:7882661

平乐县档案局
地址：平乐县平乐镇中华街
……Tel:7882825

人民政府及其所属机构

县（区、市）

人民政府及其所属机构

平乐县人民政府
地址：平乐县中华街
……Tel:7882346

平乐县人力资源和社会保障局
地址：平乐县正北街
……Tel:7882814

平乐县人口和计划生育局
地址：黄浦路
……Tel:7891356

平乐县卫生局
地址：平乐县平乐镇正北街
……Tel:7882564

平乐县工资改革办公室
地址：平乐县正北街
……Tel:7882813

平乐县市场监督管理局
地址：平乐县平乐镇东泉街
……Tel:7882673

平乐县土地交易所
地址：平乐县正北街
……Tel:7895618

平乐县土地局
地址：平乐县正北街
……Tel:7883324

平乐县土地整理中心
地址：平乐县正北街
……Tel:7889138

平乐县公路管理局
地址：平乐县平乐镇安良街
……Tel:7882752

平乐县中小企业局
地址：中华街
……Tel:7882828

平乐县水库移我丁作管理局
地址：安良街
……Tel:7885856

平乐县水利电力局
地址：正西街
……Tel:7882232

平乐县市容管理局
地址：平乐县正北街
……Tel:7895992

平乐县发展和改革局
地址：平乐县平乐镇中华街
……Tel:7889299

平乐县发展和改革局
地址：平乐县平乐镇中华街
……Tel:7882658

平乐县民政局
地址：平乐县中华街
……Tel:7882536

平乐县民族事务管理局
地址：平乐县平乐镇中华街
……Tel:7882676

平乐县交通局
地址：平乐县平乐镇新安街
……Tel:7882733

平乐县农业区划办公室
地址：平乐县平乐镇中华街
……Tel:7882284

平乐县农业农村局
地址：平乐县平乐镇中华街
……Tel:7882565

平乐县农业项目办公室
地址：平乐县平乐镇中华街

……Tel:7886109
平乐县农业普查办
地址：中华街
……Tel:7885446
平乐县农机局
地址：平乐县平乐镇新安街
……Tel:7882576
平乐县农村能源办公室
地址：新安街
……Tel:7883747
平乐县防汛抗旱指挥部办公室
地址：平乐县平乐镇安良街
……Tel:7882901
平乐县地方税务局
地址：平乐县新安街
……Tel:7883913
平乐县地方税务局平乐分局
地址：平乐县平乐镇新安街
……Tel:7886713
平乐县地方税务局稽查局
地址：平乐县新安街
……Tel:7884033
平乐县行政审批服务中心
地址：平乐县平乐镇正北街
……Tel:7890992
平乐县应急管理局
地址：平乐县平乐镇中华街
……Tel:7889666
平乐县机关事务管理局
地址：平乐镇
……Tel:7882399
平乐县机构编制委员会办公室
地址：平乐县中华街
……Tel:7882665
平乐县老龄工作委员会办公室
地址：平乐县中华街
……Tel:7882698
平乐县住房制度改革委员会办公室
地址：平乐县平乐镇黄埔路
……Tel:7886163
平乐县体委
地址：平乐县平乐镇中华街
……Tel:7882534
平乐县县城新区建设管理委员会
地址：平乐镇
……Tel:7890260
平乐县扶贫开发领导小组办公室
地址：平乐县平乐镇中华街
……Tel:7888755
平乐县财政局
地址：平乐县平乐镇中华街
……Tel:7880639
平乐县社会主义新农村建设工作领导小组办公室
地址：平乐县平乐镇中华街
……Tel:7896580
平乐县质量技术监督局
地址：平乐县平乐镇黄埔街
……Tel:7882861
平乐县建设建委员会
地址：平乐县平乐镇正北街
……Tel:7888716
平乐县国土资源管理局
地址：平乐县平乐镇黄埔路正北街
……Tel:7882850
平乐县国家税务局
地址：平乐县平乐镇正西街
……Tel:7882396
平乐县国家税务局二塘税务分局
地址：平乐县二塘镇
……Tel:7622360
平乐县国家税务局平乐分局
地址：平乐县中华街
……Tel:7880801
平乐县国家税务局平乐税务分局
地址：平乐县中华街
……Tel:7882375
平乐县国家税务局源头税务分局
地址：平乐县源头镇
……Tel:7786104
平乐县国家税务局稽查局
地址：平乐县正西街
……Tel:7884761
平乐县征收土地办公室
地址：平乐县平乐镇中华街
……Tel:7881546
平乐县审计局
地址：平乐县平乐镇正西街
……Tel:7882214
平乐县经济项目办公室
地址：中华街
……Tel:7884005
平乐县经济贸易局
地址：平乐县平乐镇中华街
……Tel:7882677
平乐县环境保护局
地址：平乐县平乐镇安良街
……Tel:7882736
平乐县林业局
地址：平乐县平乐镇新安街
……Tel:7882553
平乐县物价局
地址：平乐县平乐镇中华街
……Tel:7882656
平乐县重大项目管理办公室
地址：平乐镇
……Tel:7897808
平乐县城区工商行政管理所
地址：平乐县平乐镇下关街
……Tel:7882957
平乐县统计局
地址：平乐县平乐镇中华街
……Tel:7882249
平乐县科学技术局
地址：平乐县平乐镇中华街
……Tel:7882830
平乐县桂江巴江口水电站库区移民安置管理处
地址：平乐县平乐镇中华街
……Tel:7893619
平乐县资金管理局
地址：平乐县中华街
……Tel:7882453
平乐县爱国卫生运动委员会办公室
地址：正北街
……Tel:7882458
平乐县烟草专卖局
地址：平乐县兴安街
……Tel:7894081
平乐县畜牧水产局
地址：平乐县平乐镇正北街
……Tel:7882561
平乐县商业局
地址：平乐县平乐镇东泉街
……Tel:7882390
平乐县教育局
地址：平乐县平乐镇新安街
……Tel:7882460
平乐县就业服务中心
地址：平乐县平乐镇正北街
……Tel:7895093
平乐县粮食局
地址：平乐县中华街
……Tel:7882286
平乐县墙体材料改革办公室
地址：平乐县正北街
……Tel:7896199
平乐县精神文明建设委员会
地址：平乐县平乐镇中华街
……Tel:7886696
国家统计局平乐调查队
地址：平乐县月城街
……Tel:7893370
桂江旅游景区开发建设工程指挥部办公室
地址：中华街
……Tel:7898366
桂林市住房公积金管理中心平乐管理部
地址：平乐县黄埔路
……Tel:7890168
桂林市食品药品监督管理局平乐县分局
地址：平乐县平乐镇正北街
……Tel:7880461
桂林航道管理局平乐分局
地址：马河开发区
……Tel:7882795

荔浦县（0773）

党政、国家机构及社会团体

中国共产党及其所属机构

县（区、市）党委及其所属机构

中国共产党荔浦县委员会
地址：荔浦县荔城镇荔柳路71号
……Tel:7225018
中国共产党荔浦县直属机关工作委员会
地址：荔浦县滨江路
……Tel:7213643
中国共产党荔浦县委员会老干部局
地址：荔浦县荔柳路
……Tel:7213681
中国共产党荔浦县委员会组织部
地址：荔浦县荔柳路
……Tel:7212134
中国共产党荔浦县委员会统一战线工作部
地址：荔浦县滨江路
……Tel:7211577
荔浦县委员会党史办公室
地址：荔浦县荔城
……Tel:7212771
荔浦县档案局
地址：荔浦县荔城镇
……Tel:7227963

人民政府及其所属机构

县（区、市）人民政府及其所属机构

荔浦县人民政府
地址：荔浦县滨江路
……Tel:7212135
荔浦公路局
地址：荔浦县荔桂路
……Tel:7213301
荔浦县二轻工业局
地址：荔浦县滨江路
……Tel:7212669
荔浦县人力资源和社会保障局
地址：荔浦县荔柳路244号
……Tel:7212345
荔浦县人口与计划生育局
地址：荔浦县荔柳路163号
办公室……Tel:7213630
……Tel:7213570
县计划生育服务站……Tel:7215297
荔浦县人民政府爱国卫生运动委员会
地址：荔柳路
……Tel:7212574
荔浦县人民政府职称改革办
地址：荔柳路
……Tel:7214977
荔浦县卫生局
地址：荔浦县荔柳路
……Tel:7211130
荔浦县市场监督管理局
地址：荔浦县滨江南岸开发区
……Tel:7212011
荔浦县土地建设房产清查办公室
地址：滨江路
……Tel:7215257
荔浦县三田建设办公室
地址：荔柳路
……Tel:7214545
荔浦县公路管理大队
地址：荔浦县交通局新大楼
……Tel:7216292
荔浦县中小企业局
地址：荔浦县滨江路
……Tel:7213752
荔浦县水务局
地址：荔浦县滨江路
……Tel:7213545
荔浦县水产畜牧兽医局
地址：荔浦县荔柳路
……Tel:7225127
荔浦县水库移民工作管理局
地址：荔浦县荔城镇
……Tel:7214658
荔浦县市容卫生管理局
地址：荔浦县荔桂路
……Tel:7221177
荔浦县市容局
地址：荔城镇
……Tel:7156970
荔浦县台湾事务办公室
地址：荔浦县荔城镇
……Tel:7225333
荔浦县发展和改革局
地址：荔浦县荔塔路
……Tel:7212247
荔浦县民政局
地址：荔浦县篓园社区滨江路6号
……Tel:7213474
荔浦县民族事务管理委员会
地址：荔浦县荔城镇
……Tel:7225953
荔浦县交通局
地址：荔浦县荔桂路
……Tel:7210418
荔浦县农业农村局
地址：荔浦县荔柳路
……Tel:7214806
荔浦县农村工作委员会
地址：荔柳路
……Tel:7213753
荔浦县防汛抗旱指挥部办公室
地址：荔城镇
……Tel:7212552
荔浦县地方税务局
地址：荔城镇荔桂路48号
办公室……Tel:7212013
稽查局……Tel:7221776
荔浦县地方税务局马岭税务分局
地址：马岭镇荔桂街
分局长室……Tel:7132628
分局办税服务厅……Tel:7132342
荔浦县地方税务局青山税务分局
地址：荔浦县青山街
分局长室……Tel:7125996
办税服务厅……Tel:7123364
荔浦县地方税务局荔城税务分局
地址：荔城镇荔桂路48号
分局长室……Tel:7220007
分局办税服务厅……Tel:7217831
荔浦县地名办公室
地址：荔浦县荔城镇
……Tel:7212156
荔浦县应急管理局
地址：滨江民政大楼
……Tel:7237891
荔浦县机关事务管理局
地址：荔浦县
……Tel:7237727
荔浦县机构编制委员会办公室
地址：荔浦县
……Tel:7213684
荔浦县体育委员会
地址：滨江路
……Tel:7224689
荔浦县志办
地址：县委大院
……Tel:7212762
荔浦县扶贫开发领导小组办公室
地址：荔城滨江
……Tel:7223027
荔浦县财贸金融领导小组办
地址：荔城镇
……Tel:7212333
荔浦县财政局
地址：滨江路中园桥头
……Tel:7213762
荔浦县财政局稽查股
地址：荔浦县荔城镇
……Tel:7219501
荔浦县质量技术监督局
地址：荔浦县城中路城西街
……Tel:7214628
荔浦县建设局
地址：荔浦县荔松路159号
办公室……Tel:7211806
规划股……Tel:7218813
荔浦县国土资源局
地址：荔浦县桂平路
……Tel:7212042
荔浦县国家税务局
地址：荔浦县荔柳路
……Tel:7213841
荔浦县国家税务局马岭分局
地址：荔浦县马岭镇荔桂路
……Tel:7132248
荔浦县国家税务局青山税务分局
地址：荔浦县青山镇
……Tel:7123215
荔浦县国家税务局荔城分局
地址：荔浦县中山路
……Tel:7212317
荔浦县经济贸易局
地址：荔浦县滨江路
……Tel:7213056
荔浦县环境保护局
地址：荔浦县荔城镇荔松路157号
……Tel:7213477
荔浦县林业局
地址：荔浦县荔城镇荔平路
……Tel:7213547
荔浦县林产工业管理办公室
地址：荔浦县荔城镇岭南路
……Tel:7216839
荔浦县物价局
地址：荔浦县
……Tel:7212373
荔浦县房地产管理局
地址：荔浦县城北街荔桂路
……Tel:7227066
荔浦县房地产管理所
地址：体育路
……Tel:7223818
荔浦县矿产局
地址：荔城镇
……Tel:7229376
荔浦县统计局
地址：荔浦县滨江路
……Tel:7212422
荔浦县科学技术局
地址：荔浦县荔柳路
……Tel:7213472
荔浦县资金管理局
地址：荔城镇
……Tel:7213158
荔浦县烟草专卖局
地址：荔浦县荔城镇桂平路
……Tel:7213882
荔浦县畜牧水产局
地址：荔浦县荔柳路
……Tel:7213554
荔浦县商业局
地址：荔浦县荔柳路
……Tel:7212243
荔浦县教育局
地址：荔浦县荔桂路5号
……Tel:7213641
荔浦县粮食自给工程办公室
地址：荔浦县
……Tel:7211707
荔浦县粮食局
地址：荔浦县荔柳路
……Tel:7212227
桂林市危险化学品烟花爆竹应急救援中队
地址：荔浦县荔塔路
……Tel:7199176
桂林市住房公积金管理中心荔浦县管理部
地址：荔浦县桂平路
……Tel:7212105
桂林市食品药品监督管理局荔浦县分局
地址：荔浦县荔塔路

……Tel:7222305

恭城瑶族自治县（0773）

党政、国家机构及社会团体

中国共产党及其所属机构

县（区、市）党委及其所属机构

中国共产党恭城瑶族自治县委员会
地址：恭城县茶南路
……Tel:8221658

中国共产党恭城县直属机关工作委员会
地址：恭城县茶南路
……Tel:8212403

中国共产党恭城瑶族自治县老干部局
地址：拱辰街
……Tel:8212165

中国共产党恭城瑶族自治县委员会组织部
地址：恭城县茶南路
……Tel:8212231

恭城瑶族自治县档案局
地址：恭城县拱辰街
……Tel:8212450

人民政府及其所属机构

县（区、市）人民政府及其所属机构

恭城瑶族自治县人民政府
地址：恭城县恭城镇拱辰街
……Tel:8212380

恭城县二轻城镇工业联社
地址：恭城县
……Tel:8212182

恭城县卫生局
地址：恭城县24米大街
……Tel:8212520

恭城县土地交易所
地址：恭城县
……Tel:8217219

恭城县公路管理局
地址：恭城县茶北路
……Tel:8212348

恭城县中小企业局
地址：恭城县吉祥街181号
……Tel:8218969

恭城县水电局
地址：茶南路
……Tel:8218061

恭城县水利局防汛办公室
地址：城中西路
……Tel:8212167

恭城县发票管理所
地址：西河路
……Tel:8212477

恭城县民政办公室
地址：恭城县恭城镇燕新路
……Tel:8210956

恭城县交通局农村公路建设管理办公室
地址：新县城行政办公室
……Tel:8215218

恭城县农业农村局
地址：恭城县印山街一巷33号
……Tel:8212218

恭城县农机局
地址：恭城县茶南路4号
……Tel:8212230

恭城县地方税务局栗木分局
地址：恭城县栗木镇
……Tel:8322139

恭城县地方税务局稽查局
地址：恭城县东路
……Tel:8211523

恭城县机关事务管理局
地址：恭城县拱辰街
……Tel:8210925

恭城县机构编制委员会办公室
地址：恭城县拱辰街
……Tel:8210617

恭城县扶贫开发领导小组办公室
地址：茶东路
……Tel:8218351

恭城县运输管理所
地址：行政办公区
……Tel:8212459

恭城县国家税务局稽查分局
地址：西河路
……Tel:8218018

恭城县宗教事务管理局
地址：茶南路
……Tel:8215519

恭城县经济委员会
地址：恭城县燕新路
……Tel:8212122

恭城县经济贸易局工业园局管委会
地址：恭城县燕兴路
……Tel:8218979

恭城县林业局防火办公室
地址：太平街
……Tel:8212619

恭城县统计局
地址：恭城县拱辰街
……Tel:8212219

恭城县科学技术局
地址：恭城县拱辰路
……Tel:8216091

恭城县爱国卫生运动委员会
地址：恭城县
……Tel:8217650

恭城县烟草专卖局第二专卖管理所
地址：恭城县加会乡
……Tel:8353058

恭城县综合治理办公室
地址：恭城县恭城镇燕新路
……Tel:8221956

恭城县教育局
地址：恭城县明秀路一巷
……Tel:8218639

恭城瑶族自治县人口和计划生育局
地址：恭城县二十四米大街
……Tel:8212188

恭城瑶族自治县人民政府调解处理土地山林水利纠纷办公室
地址：恭城县
……Tel:8212497

恭城瑶族自治县人民政府接待办公室
地址：恭城县
……Tel:8216519

恭城瑶族自治县人事劳动和社会保障局
地址：恭城县拱辰路
……Tel:8212394

恭城瑶族自治县市场监督管理局
地址：恭城县茶北路
……Tel:8216192

恭城瑶族自治县水产畜牧兽医局
地址：恭城县城中西路
……Tel:8217176

恭城瑶族自治县水库移民工作管理局
地址：恭城县
……Tel:8210058

恭城瑶族自治县水利局
地址：恭城县城中西路
……Tel:8212272

恭城瑶族自治县市容管理局
地址：恭城县城中西路
……Tel:8215750

恭城瑶族自治县发展和改革局
地址：恭城县城中西路
……Tel:8212366

恭城瑶族自治县民政局
地址：恭城县滨江苑
……Tel:8212198

恭城瑶族自治县民族事务管理局
地址：恭城县恭城镇二十四米街
……Tel:8212460

恭城瑶族自治县交通局
地址：恭城县城中西路
……Tel:8212327

恭城瑶族自治县地方税务局
地址：恭城县拱辰路
……Tel:8213172

恭城瑶族自治县地方税务局西岭税务所
地址：恭城县西岭乡
……Tel:8357132

恭城瑶族自治县地方税务局莲花税务分局
地址：恭城县莲花街
……Tel:8112185

恭城瑶族自治县老龄工作委员会办公室
地址：恭城县
……Tel:8216421

恭城瑶族自治县财政局
地址：恭城县恭城镇拱辰东路
……Tel:8212160

恭城瑶族自治县质量技术监督局
地址：恭城县拱辰路
……Tel:8212291

恭城瑶族自治县建设局
地址：恭城县城中西路
……Tel:8212185

恭城瑶族自治县国土资源局
地址：恭城县城中西路
……Tel:8212384

恭城瑶族自治县国家税务分局
地址：恭城县太平街
……Tel:8215493

恭城瑶族自治县国家税务局
地址：恭城县西河路
……Tel:8212154

恭城瑶族自治县国家税务局加会分局
地址：恭城县加会乡
……Tel:8352239

恭城瑶族自治县审计局
地址：恭城县拱辰路二十四米大街
……Tel:8212228

恭城瑶族自治县经济贸易局
地址：恭城县城中西路
……Tel:8212293

恭城瑶族自治县环境保护局
地址：恭城县拱辰街
……Tel:8210588

恭城瑶族自治县林业局
地址：恭城县恭城镇太平街
……Tel:8212209

恭城瑶族自治县物价局
地址：恭城县二十四米街
……Tel:8214241

恭城瑶族自治县科学技术局
地址：恭城县二十四米街
……Tel:8212335

恭城瑶族自治县粮食局
地址：恭城县太平街
……Tel:8219372

桂林市住房公积金管理中心恭城管理部
地址：恭城县滨江苑
……Tel:8210082

桂林市食品药品监督管理局恭城县分局
地址：恭城县印山街
……Tel:8218110

梧州市（0774）

党政、国家机构及社会团体

中国共产党及其所属机构

市（地区、自治州）党委及其所属机构

中国共产党梧州市委员会办公室
地址：梧州市迎宾路19号
第二秘书科……Tel:6021660
第一秘书科……Tel:6021602
行政科……Tel:6021888

中国共产党梧州市直属机关工作委员会
地址：迎宾路
……Tel:6022069

中国共产党梧州市委员会讲师团
地址：迎宾路
……Tel:6021861

中国共产党梧州市委员会老干部局
地址：迎宾路
……Tel:6021821

中国共产党梧州市委员会老干部局安置宣教
地址：迎宾路
……Tel:6021830

中国共产党梧州市委员会老干部局保健调研
地址：迎宾路
……Tel:6021829

中国共产党梧州市委员会组织部
地址：新兴三路
……Tel:6021667

中国共产党梧州市委员会统一战线工作部
地址：迎宾路19号
办公室……Tel:6021715
民族宗教科……Tel:6021720

中国共产党梧州市委员会政策研究室
地址：迎宾路
……Tel:6021878

中国共产党梧州市委员会党史研究室
地址：迎宾路
……Tel:6021913

中国共产党梧州市委员会梧州市人民政府接待办公室
地址：迎宾路
……Tel:6022826

梧州市保持共产党员先进性教育活动领导小组办公室
地址：和平路
……Tel:6021974

县（区、市）党委及其所属机构

中国共产党梧州市万秀区委员会
地址：梧州市阜民路18号万秀大厦
区委办公室……Tel:2023535
区纪委、监察局……Tel:2024563
区委组织部……Tel:2027847
区委统战部……Tel:2039376
区政法委、综治委……Tel:2024240

中国共产党梧州市万秀区档案局
地址：阜民路
……Tel:2024824

中国共产党梧州市长洲区委员会
地址：新兴二路
……Tel:3854115

中国共产党梧州市长洲区建设与规划委员会
地址：新兴二路
……Tel:3821003

中国共产党梧州市委员会郊区组织部
地址：新兴二路
……Tel:3828654

中国共产党梧州市蝶山区委员会办公室
地址：角嘴后路
……Tel:3868815

中国共产党梧州市蝶山区委员会组织部
地址：角嘴后路
……Tel:3827886

蝶山区档案局
地址：角嘴后路
……Tel:3821007

人民政府及其所属机构

市（地区、自治州）人民政府及其所属机构

梧州市人民政府
地址：长洲区新兴三路1号
文电科……Tel:3825848
行政科……Tel:3825885
档案科……Tel:3840997
财务科……Tel:3828284
值班室……Tel:3826884

广西壮族自治区水文水资源梧州分局
地址：新兴一路65号
办公室……Tel:3835819
办公室传真……Tel:3835470
水情科……Tel:3834581
水质监测科……Tel:2061694
站网监测科……Tel:3862722

广西壮族自治区桂东公路管理局
地址：梧州市桂林路冷水冲11号
……Tel:2024153

广西壮族自治区梧州航道管理局
地址：银湖南路27号
办公室……Tel:3823841
传真……Tel:3859396
航道管理科……Tel:3823713
航道行政监督科……Tel:3827622

广西壮族自治区梧州船舶检验局
地址：梧州市桂江二路4号
办公室……Tel:2836889
船检科……Tel:2820218

广西梧州工业园区管理委员会旺甫工业园区内
办公室……Tel:5819598
……Tel:5819580
……Tel:5819525

广西梧州市烟草专卖局（公司）
地址：新兴三路号
办公室……Tel:3815167
传真……Tel:3815614
举报电话……Tel:3815791
办证中心……Tel:3815106
服务投诉电话……Tel:8008798802

国家统计局梧州市企业调查队
地址：澳奇丽路
……Tel:3855716

国家统计局梧州市调查队
地址：新兴二路龙山里
……Tel:3866206

梧州市人力资源和社会保障局
地址：新兴三路
……Tel:6029383
办公室……Tel:3817887
工资福利与退休管理科
……Tel:3817583
综合管理科……Tel:3817222
公务员管理科……Tel:3817161
职称办……Tel:3814179
培训科……Tel:3817858
军转办……Tel:3817587
人才流动开发办……Tel:3817816
人才市场招聘部……Tel:3817878
人才市场代理部……Tel:3817998

梧州市人民防空办公室
地址：奥奇丽路
……Tel:3813218

梧州市人民政府台湾事务办公室
地址：迎宾路
……Tel:6021728

梧州市人民政府调解处理土地山林水利纠纷办公室
地址：和平路
……Tel:2820800

梧州市卫生局
地址：西环路中段116号
办公室……Tel:3888723
党委办公室……Tel:3888721
医政科……Tel:3888070

梧州市爱国卫生运动委员会办公室
……Tel:3888069

梧州市工业和信息化委员会
地址：新兴三路
……Tel:3815650

梧州市工商行政管理局
地址：居仁路
……Tel:2826138

梧州市口岸办公室
地址：西江四路
……Tel:2022938

梧州市计划生育委员会
地址：新兴三路
……Tel:3820851

梧州市无线电管理处
地址：和平路
……Tel:2820385

梧州市气象局
地址：梧州市大学路2号
……Tel:5824126
气象台……Tel:5835451
防雷中心……Tel:5836425
科技服务中心……Tel:5832212
恒浩公司……Tel:5836227
正天防雷公司……Tel:5831127

梧州市水力局防洪排捞管理处
地址：西堤一路
……Tel:3857726

梧州市水产畜牧兽医局
地址：三龙路18号
……Tel:3827284

梧州市水利局

地址：西堤一路
…………Tel:3827924

梧州市水果生产办公室
地址：新兴三路
…………Tel:3826234

梧州市市政管理局
地址：梧州市新兴3路6-1号
办公室…………Tel:6028651
市政服务热线、市客投诉电话
…………Tel:12319

梧州市发展和改革委员会
地址：新兴三路
…………Tel:3828343

梧州市发展和改革委员会
地址：梧州市新兴三路1号8楼
办公室…………Tel:3820896
行政大厅服务窗口…………Tel:6025089

梧州市外事侨务办公室
地址：迎宾路
…………Tel:6022043

梧州市民政局
地址：枣冲路
…………Tel:5827942

梧州市民政局安置办公室
地址：枣冲路
…………Tel:5815522

梧州市价格认证中心
地址：新兴二路
…………Tel:3828274

梧州市价格检查分局
地址：新兴一路胜隆里50号
…………Tel:3856966

梧州市交通局
地址：新兴二路120号
办公室1…………Tel:3866229
办公室2…………Tel:3858731
港航管理处…………Tel:3837398
运输管理处…………Tel:3860560
法规监察科…………Tel:3859973
征费办…………Tel:3860337
公路管理处…………Tel:3860305

梧州市交通局公路运输管理处
地址：梧州市新兴二路120号
…………Tel:3860561
…………Tel:3860560

梧州市农业机械化事业局
地址：新兴一路
…………Tel:3836321

梧州市农业农村局
地址：竹湾路
…………Tel:3868706

梧州市农村经济合作经营管理站
地址：竹湾路
…………Tel:3825378

梧州市农村基层组织建设办公室
地址：新兴三路
…………Tel:6022109

梧州市防汛抗旱指挥部
地址：西堤一路
…………Tel:3820837

梧州市防洪堤涝工程管理处
地址：西堤一路
…………Tel:3833333

梧州市地方志编纂委员会办公室
地址：新兴三路
联络指导科…………Tel:6022024
编辑出版科…………Tel:6021927

梧州市地方税务局
地址：新兴三路
办公室…………Tel:6022990
征收管理科…………Tel:6022966
所得税科…………Tel:6022967
税政科…………Tel:6022969
法规辩…………Tel:6022930
稽查局…………Tel:6022915
纳税服务热线…………Tel:12366
直属税务分局…………Tel:6022962
万秀区地税局…………Tel:2823488
蝶山区地税局…………Tel:3823383
长洲区地税局…………Tel:6022905

梧州市地方税务局直属征收管理分局
地址：新兴三路
…………Tel:6022956

梧州市应急管理局
地址：新兴三路
…………Tel:6025095

梧州市机构编制委员会办公室
地址：新兴三路
…………Tel:6022099

梧州市住房公积金管理中心
地址：梧州市新兴二路133号惠民小区2号楼
综合科…………Tel:6023200
归集管理科…………Tel:2838310
计划信贷科…………Tel:2838320
财务科…………Tel:2838889

梧州市住房制度改革委员会办公室
地址：迎宾路
…………Tel:6021900

梧州市体育局
地址：梧州市高地路南三巷2号
局办公室…………Tel:2029453
群体科…………Tel:2022730
训竞科…………Tel:2023913
市体校…………Tel:2026659
梧州体训基地…………Tel:2061622
市体育场…………Tel:2023468
游泳场…………Tel:5836256
市体育射击俱乐部…………Tel:2026864
市体育服务公司…………Tel:2041928

梧州市扶贫开发领导小组办公室
地址：新兴三路
…………Tel:3828384

梧州市财政局
地址：文澜路97号
办公室…………Tel:3844426
…………Tel:3823883
…………Tel:3866083
传真…………Tel:3824899
人监科…………Tel:3826691
农业科…………Tel:3854616
农发办…………Tel:3826538
企业科…………Tel:3825495
会计科…………Tel:3825977
服务办证大厅…………Tel:3824263
经建科…………Tel:3823681
社保科…………Tel:3820636
农税科…………Tel:3858185
契征所…………Tel:3840003
采购办…………Tel:3866434
投资证审中心…………Tel:3856683
中华会计函授学校…………Tel:3831239
金融办…………Tel:3855880
债务科…………Tel:3862663
监督办…………Tel:3823217
行政政法科…………Tel:3826961
教科文科…………Tel:3865580
预算科…………Tel:3865551
…………Tel:3823068
小汽车定编办…………Tel:3845826
综合科…………Tel:3855331
国库科…………Tel:3868181
国库支付中心…………Tel:3866992
信息科…………Tel:3858166
档案科…………Tel:3856429

梧州市社会劳动保险事业管理所
地址：新兴三路63号
企业征缴部…………Tel:6029080
个体征缴部…………Tel:6029101

梧州市社会福利有奖募捐委员会办公室
地址：枣冲路50号
…………Tel:5816583

梧州市劳动和社会保障局
地址：新兴三路63号
政策法规科…………Tel:6029389
劳动保障争议仲裁科
…………Tel:6029395
保险福利科…………Tel:6029362
培训就业科…………Tel:6029355
劳动保障监察科…………Tel:6029392
劳动工资科…………Tel:6029360
基金监督科…………Tel:6029363

梧州市质量技术监督局
地址：蝶山区江岭小区3号
…………Tel:3886061

梧州市质量技术监督局办证中心
地址：新兴二路
…………Tel:3889296

梧州市事业单位登记管理局
地址：新兴三路市政大厦737房
…………Tel:6022101

梧州市建设与规划委员会
地址：新兴二路118号
…………Tel:3880009

梧州市建筑安装工程招标站
地址：工厂一路山地里西巷2号2楼
…………Tel:3827499

梧州市国土资源局
地址：堞山一路
…………Tel:3827935

梧州市国土资源局地产发展公司
地址：银湖南路
…………Tel:6029211

梧州市国有资产监督管理委员会
地址：龙山里
…………Tel:3837105

梧州市国家税务局
地址：桂北路
…………Tel:2836516

梧州市国家税务局车辆购置税征收管理分局
地址：新兴二路
…………Tel:3823528

梧州市宝石发展局
地址：角嘴后路
…………Tel:3827050

梧州市宝石商会
地址：西环中段68号四楼
…………Tel:3882808

梧州市审计局
地址：新湖一路
…………Tel:6022223

梧州市经济委员会
地址：新兴三路18号
…………Tel:6025063

梧州市环境保护局
地址：新兴一路胜隆里
…………Tel:3829190

梧州市环境保监测站
地址：新兴一路胜隆里
…………Tel:3830426

梧州市林业局
地址：新兴珠宝路
…………Tel:3815505

梧州市林业苗圃场
地址：新兴珠宝路
…………Tel:6017808

梧州市林政稽查支队
地址：梧州市长州区珠宝路12号
…………Tel:6020326
…………Tel:6025533

梧州市物价局
地址：新兴三路1号9楼
价格科…………Tel:3820858
收费科…………Tel:3857320
综合科…………Tel:3828442

梧州市房产管理局
地址：四坊井路百合里
…………Tel:2821185

梧州市保密局
地址：新兴三路
…………Tel:6022103

梧州市城市社会经济调查队
地址：新兴三路
…………Tel:3828594

梧州市城镇集体工业联社
地址：文澜路
…………Tel:3827698

梧州市统计局
地址：新兴三路1号5楼
…………Tel:3828554

梧州市政府采购管理科
地址：文澜路
…………Tel:3856434

梧州市政府铁路办公室
地址：新兴三路
…………Tel:3820845

梧州市科学技术局
地址：新兴三路
…………Tel:3824858

梧州市食品药品监督管理局
地址：新兴三路
…………Tel:5830506

梧州市文化和文化和旅游局
地址：迎宾路
…………Tel:6021690

梧州市文化和文化和旅游局投诉监督管理科
地址：新兴一路
…………Tel:3856362

梧州市浆纸项目办公室
地址：新兴珠宝路
…………Tel:3816680

梧州市商务局
地址：新兴三路18号7楼
…………Tel:6021588

梧州市教育局
地址：文澜路98号
…………Tel:3824912

梧州市救助管理站
地址：梧州市枣冲路50号
…………Tel:5827104

梧州市移民工作领导小组办公室
地址：梧州市西堤一路38号
综合科…………Tel:3857233
移民安置管理科…………Tel:3858660

梧州市职工医疗保险管理所
地址：新兴三路63号
办公室…………Tel:6029125
医保业务自动服务电话
…………Tel:6029114

梧州市就业服务中心
地址：梧州市新兴三路63号
…………Tel:6029033
失业保险科…………Tel:6029019
劳动力市场管理科…………Tel:6029003
就业服务科…………Tel:6029035
培训科…………Tel:3828493
信息技术科…………Tel:6029032

梧州市森林防火指挥部办公室
地址：新兴珠宝路
…………Tel:3816119

梧州市粮食局
地址：东正路同园里
…………Tel:2823384

梧州国际宝石节组委会办公室
地址：梧州市新兴二路120号4楼
…………Tel:3856346
节庆活动科…………Tel:6020053
传真…………Tel:6017611

梧州食品药品检验所
地址：新兴二路3-1号
…………Tel:3823896

梧州海事局
地址：梧州市新兴三路17号
…………Tel:2823110

梧州盐务管理局
地址：富民一路华光巷
…………Tel:5826242

塘源国家粮食储备库
地址：塘源路10号
…………Tel:2061819

县（区、市）
人民政府及其所属机构

万秀区人民政府
地址：梧州市阜民路18号万秀大厦
区政府办公室…………Tel:2023242
政府服务中心…………Tel:2021819
发展和改革局…………Tel:2024839
教育局…………Tel:2023041
工业和信息化局…………Tel:2023725
监察局…………Tel:2024563
民政局…………Tel:2024726
司法局…………Tel:2042809
财政局…………Tel:2828020
人力资源和社会保障局
…………Tel:2024472
建设局、地质灾害整治办公室
…………Tel:2030308
交通运输局…………Tel:2039028
水利局…………Tel:2033670
农业农村局…………Tel:2023546
林业局…………Tel:2027973
商务局…………Tel:2031112
卫生局…………Tel:2020606
审计局…………Tel:2042441
应急管理局
…………Tel:2021999
统计局…………Tel:2029827
水产畜牧兽医局…………Tel:2020886
法制办公室…………Tel:2021161

万秀区人口和计划生育局
地址：和平路
…………Tel:2042894

万秀区发展和改革局
地址：阜民路
…………Tel:2024839

万秀区民政局
地址：阜民路
…………Tel:2024726

万秀区交通局
地址：阜民路
…………Tel:2039028

万秀区地方税务局
地址：西江一路11号
…………Tel:2821685
政策法规股…………Tel:2823488
计划征收服务股…………Tel:2822592

万秀区老龄工作委员会办公室
地址：阜民路
…………Tel:2039296

万秀区国家税务局
地址：桂江路
办公室…………Tel:2822828
综合业务股…………Tel:2837255
税源管理一股…………Tel:2826161
税源管理二股…………Tel:2836590
计划征收股…………Tel:2836390

万秀区审计局
地址：阜民路
…………Tel:2042441

长洲区人民政府
地址：新兴二路
…………Tel:3830499

长洲区人口和计划生育局
地址：新兴二路
…………Tel:3860678

长洲区人民政府兴龙办事处
地址：新兴二路
…………Tel:3828728

长洲区人民政府普查办公室
地址：新兴二路
…………Tel:3836472

长洲区人事劳动和社会保障局
地址：新兴二路
…………Tel:3857306

长洲区工业和信息化局
地址：新兴二路
…………Tel:3833839

长洲区水利局
地址：新兴二路
…………Tel:3825064

长洲区发展和改革局
地址：新兴二路
…………Tel:3836388

长洲区民政局
地址：新兴二路
…………Tel:3824495

长洲区民政局婚姻登记处
地址：新兴二路
…………Tel:3855910

长洲区交通局
地址：新兴二路
…………Tel:3824106

长洲区农牧渔业局
地址：新兴二路
……Tel:3859637

长洲区应急管理局
地址：新兴二路
……Tel:3851715

长洲区财政局
地址：新兴二路
……Tel:3825929

长洲区国家税务局
新兴二路
办公室……Tel:3839032
综合业务股……Tel:3830215
税源管理一股……Tel:3826933
税源管理二股……Tel:3832389
计划征收股……Tel:3830518

长洲区审计局
地址：新兴二路
……Tel:3846151

长洲区经济贸易局
地址：新兴二路
……Tel:3837205

长洲区林业局
地址：新兴二路
……Tel:3827904

长洲区科学委员会
地址：新兴二路
……Tel:3849047

长洲区教育局
地址：新兴二路
……Tel:3823707

郊区民族经济民族资金管理所
地址：新兴二路
……Tel:3858701

梧州市市场监督管理局万秀分局
地址：居仁路
……Tel:2836008

梧州市市场监督管理局双生分局
地址：居仁路
……Tel:2828411

梧州市市场监督管理局长洲分局
地址：新兴二路
……Tel:3853391

梧州市市场监督管理局蝶山分局
地址：西堤一路
……Tel:3863222

梧州市地方税务局长洲分局
地址：工厂一路九龙里
……Tel:6022903

梧州市地方税务局蝶山分局
地址：堞山二路
……Tel:3858363

梧州市住房和建设委员会力公室蝶山区分局
地址：新兴一路
……Tel:3821002

梧州市建设与规划委员会办公室蝶山区分局
地址：新兴一路
……Tel:3821002

梧州市国土资源局长洲分局
地址：蝶山一路
……Tel:3820897

梧州市城乡建设规划设计院万秀分局
地址：四坊路
……Tel:2828211

蝶山区人民政府
地址：角嘴后路
区委办公室……Tel:3823543
人大办公室……Tel:3849200
政府办公室……Tel:3823557
政协办公室……Tel:3837677
发展和改革局……Tel:3866006
农林永利局……Tel:3860065
机关值班室……Tel:3840774
招商局……Tel:3868916

蝶山区人事劳动和社会保障局
地址：角嘴后路
……Tel:3863922

蝶山区工业和信息化局
地址：角嘴后路
……Tel:3863110

蝶山区计划生育办公室
地址：角嘴后路
……Tel:3866595

蝶山区水产畜牧兽医局
地址：角嘴后路
……Tel:3833015

蝶山区发展和改革局
地址：角嘴后路
……Tel:3866363

蝶山区民政局
地址：西堤一路
……Tel:3823560

蝶山区地方志编纂委员会
地址：角嘴后路
……Tel:3859315

蝶山区地方税务局
地址：蝶山二路
……Tel:3838166

蝶山区应急管理局
地址：角嘴后路
……Tel:3823554

蝶山区财政局
地址：蝶山二路
……Tel:3842381

蝶山区国家税务局
地址：西环中路
办公室……Tel:3888030
综合业务股……Tel:3885233
税源管理一股……Tel:3886661
税源管理二股……Tel:3887959
计划征收股……Tel:3883416

蝶山区审计局
地址：角嘴后路
……Tel:3866526

蝶山区经济贸易局
地址：角嘴后路
……Tel:3833051

蝶山区统计局
地址：角嘴后路
……Tel:3866006

蝶山区教育局
地址：新兴一路60号
……Tel:3859952

西环社区居民委员会
地址：西环路
……Tel:3885639

枣冲社区居民委员会
地址：枣冲路
……Tel:5823767

傍山社区居民委员会
地址：文澜路
……Tel:5832780

富民社区居民委员会
地址：富民二路富东里
……Tel:5823674

富和社区居民委员会
地址：富民二路太和里
……Tel:5823594

新华社区居民委员会
地址：工厂一路
……Tel:3846485

村民委员会

双桥村民委员会
地址：城东镇双桥村
……Tel:5819883

龙平村民委员会
地址：长洲镇龙平村
……Tel:3899293

龙新村民委员会
地址：竹湾路
……Tel:3899238

河口村民委员会
地址：城东镇河口村
……Tel:5846418

旺步村民委员会
地址：龙湖镇旺步村
……Tel:2061212

藤县（0774）

党政、国家机构及社会团体

中国共产党及其所属机构

县（区、市）党委及其所属机构

中国共产党藤县委员会
地址：藤县登俊路
……Tel:7282433

中国共产党藤县直机关丁委
地址：登俊路
……Tel:7282397

中国共产党藤县委员会老干部局
地址：藤县登俊路
……Tel:7282993

中国共产党藤县委员会组织部
地址：藤县登俊路57号
……Tel:7282472

中国共产党藤县委员会统战部
地址：藤县俊登路57号
……Tel:7282571

中国共产党藤县党史县志办公室
地址：藤县登俊路
……Tel:7282943

人民政府及其所属机构

县（区、市）人民政府及其所属机构

国家统计局藤县调查队
地址：藤县登俊路57号
……Tel:7282182

容藤公路建设办公室
地址：藤县桥西路
……Tel:7289918

梧州水电六局
地址：藤县金川街
……Tel:7298950

梧州市住房公积金管理中心藤县管理部
地址：藤县旧财政局办公大楼一楼
……Tel:7281652

梧州市食品药品监督管理局藤县分局
地址：藤县河东东山路
……Tel:7299206

潭东粮所
地址：藤县河东区
……Tel:7294591

藤县人口和计划生育局
地址：藤县西江路北门巷78号
……Tel:7282492

藤县人民政府农民负担监督管理领导小组办公室
地址：藤县藤州大道
……Tel:7293070

藤县人民群众诉求中心
地址：藤州镇登俊路57号
……Tel:7289990

藤县人事局
地址：藤县登俊路57号
……Tel:7272777

藤县卫生局
地址：藤州镇登俊路92号
……Tel:7282425

藤县卫生监督所
地址：藤县藤州大道
……Tel:7290248

藤县工业和信息化局
地址：藤县西江路13号
……Tel:7282451

藤县工业集市区开发建设管理委员会
地址：藤县工业园区
……Tel:7270698

藤县工资改革办公室
地址：藤县登俊路
……Tel:7282992

藤县市场监督管理局
地址：藤县河东区政贤路7号
……Tel:7297320
消费者投诉电话……Tel:7297315
企个股（办证大厅）……Tel:7291363
藤城工商所……Tel:7282139
河东工商所……Tel:7293345

藤县土地开垦整理中心
地址：藤县河东区
……Tel:7298392

藤县土地储备和交易中心
地址：藤县藤州大道128号
……Tel:7296588

藤县公路运输管理所
地址：藤县津南路
……Tel:7296884

藤县公路局
地址：藤县津南路
……Tel:7296248

藤县计划生育服务站
地址：藤县西江路北门巷78号
……Tel:7282607

藤县文化和体育局
地址：藤县体育馆
……Tel:7293886

藤县水利局
地址：藤县绣江路9号
……Tel:7282757

藤县发展计划局
地址：藤县登俊路
……Tel:7282567

藤县发展和改革局
地址：藤县政府大院
……Tel:7280567

藤县龙源国有资产营运有限公司
地址：藤州镇西江路城基巷36号
……Tel:7287358

藤县民政局
地址：藤县河东区东山路22x号
……Tel:7293495
婚姻登记处……Tel:7297933
救灾救济股……Tel:7293496

藤县交通局
地址：藤县津南路150号
……Tel:7293558

藤县农业农村局土肥站
地址：藤县藤州大道农业办公楼三楼
……Tel:7293539

藤县农业综合开发办公室
地址：藤县藤城镇西江路
……Tel:7280549

藤县防汛抗旱指挥部办公室
地址：藤县河西绣江路
……Tel:7282410

藤县地方税务局
地址：藤州镇河东区民安路96号
办公室……Tel:7292823
监督电话……Tel:7292803

藤县地方税务局稽查局
……Tel:7292870
藤州分局……Tel:7273480
塘步分局……Tel:7183966
金鸡分局……Tel:7302095
蒙江分局……Tel:7503972
太平分局……Tel:7602638

藤县地方税务局稽查局
地址：藤县民安路
……Tel:7292870

藤县行政事业单位预算中心
地址：藤县政府大院内
……Tel:7273535

藤县应急管理局
地址：藤县藤州镇登俊路14号
……Tel:7282457

藤县机构编制委员会办公室
地址：藤县登俊路
……Tel:7282449

藤县扶贫开发领导小组办公室
地址：藤县藤城镇登俊路57号
……Tel:7272396

藤县财政局
地址：藤县藤州大道
……Tel:7291488

藤县质量技术监督局
地址：藤县藤州镇藤州大道天乐南路117号
……Tel:7296926

藤县直属机关服务中心
地址：藤县登俊路
……Tel:7280674

藤县建设局
地址：藤县藤州镇藤州大道
……Tel:7298222

藤县建筑材料试验室
地址：藤县藤州镇雷塘顶一坪
……Tel:7282604

藤县国土资源局
地址：藤县河东区
……Tel:7299666

藤县国家税务局
地址：藤县绣江路80号
办公室……Tel:7282368
办税服务厅……Tel:7283540
稽查局……Tel:7287277
藤城税务分局……Tel:7288571
金鸡税务分局……Tel:7302212
濛江税务分局……Tel:7502753
太平税务分局……Tel:7602249
监察室……Tel:7281836
……Tel:7283545
计征股……Tel:7282373
征管股……Tel:7288816
综合业务股……Tel:7288249

藤县林业局
地址：藤县藤州镇河东区政贤路
……Tel:7299500

藤县林业局林政府
地址：藤县林业局三楼
……Tel:7295926

藤县物价局
地址：藤县政贤路
……Tel:7297497

藤县统计局
地址：藤县登俊路
……Tel:7287268

藤县科技局
地址：藤县登俊路
……Tel:7282478

藤县畜牧水产管理中心
地址：藤县绣江路
……Tel:7282072

藤县教育局
地址：藤县河东政贤路
办公室……Tel:7299799
传真……Tel:7291383
局长办公室……Tel:7291618
书记办公室……Tel:7299536
副书记办公室……Tel:7299526
副局长办公室……Tel:7299682
……Tel:7299766
党委办公室……Tel:7291828
人事股……Tel:7299853
……Tel:7291626
教育股……Tel:7299529
……Tel:7299539
教研室……Tel:7291772
教研室高中组……Tel:7291770
教研室初中组……Tel:7299521
教研室小教组……Tel:7291818
财务室……Tel:7299530
纪委……Tel:7299535
招生办……Tel:7299525
电教站……Tel:7299519
成职教办……Tel:7291296
督导室……Tel:7291935
教育工会……Tel:7291887
项目办……Tel:7299513
……Tel:7299514
勤工俭学公司……Tel:7299516
打字室（内勤）……Tel:7291386
司机室……Tel:7299550

藤县第一次经济普查办公室
地址：藤县登俊路
……Tel:7287028

藤县新农村建设办公室
地址：藤县
……Tel:7293625

苍梧县（0774）

党政、国家机构及社会团体

中国共产党及其所属机构

县（区、市）党委及其所属机构

中国共产党苍梧县委员会
地址：苍梧县政贤路18号
……Tel:2682200

……Tel:2681123

中国共产党苍梧县直属机关工作委员会
地址：苍梧县龙圩镇政贤路18号
……Tel:2682814

中国共产党苍梧县委员会老干部局
地址：苍梧县龙城路
……Tel:2682499

中国共产党苍梧县委员会组织部
地址：苍梧县龙圩镇政贤路18号
……Tel:2682329

苍梧县委统战部
地址：苍梧县龙圩镇政贤路18号
……Tel:2682621

苍梧县档案局
地址：苍梧县龙圩镇政贤路18号
……Tel:2682575

县（区、市）人民政府及其所属机构

苍梧县人民政府办公室
地址：政贤路楼18号
办公室……Tel:2682388
……Tel:2681102
传真……Tel:2681903

苍梧县二轻集体工业联合会
地址：苍梧县龙圩镇凤岭街文化里
……Tel:2682236

苍梧县人口和计划生育局
地址：苍梧县龙圩镇龙兴路
……Tel:2672369

苍梧县人民防空办公室
地址：苍梧县龙圩镇龙城路
……Tel:2680197

苍梧县人事劳动和社会保障局
地址：苍梧县龙圩镇城西大道28号
……Tel:2663600

苍梧县卫生局
地址：苍梧县龙圩镇凤岭街21号
局长室……Tel:2680233
办公室……Tel:2682471
传真机……Tel:2683146
爱卫办……Tel:2682511
红十字会……Tel:2682371

苍梧县卫生监督所
地址：苍梧县龙圩镇凤岭街21号
办公室……Tel:2692263
办证窗口……Tel:2682303

苍梧县工业园区管理委员会（苍吾县招商局）
地址：苍梧县龙圩镇西南大道337号
办公室……Tel:2667358
招商部……Tel:2667328

苍梧县工业和信息化局
地址：苍梧县龙城路
……Tel:2682321

苍梧县市场监督管理局
地址：苍梧县城西大道
……Tel:2682451

苍梧县公路局
地址：苍梧县龙圩镇龙城路
……Tel:2680760

苍梧县文化和体育局
地址：苍梧县世纪广场
……Tel:2682395

苍梧县水产畜牧兽医局
地址：苍梧县龙圩镇龙城路80号
办公室……Tel:2682919
动物卫生监督所……Tel:2682408

苍梧县水利局
地址：苍梧县龙圩镇农林路
……Tel:2682368

苍梧县发展和改革局
地址：苍梧县政贤路18号
……Tel:2683322

苍梧县民政局
地址：苍梧县政贤路
……Tel:2682546

苍梧县交通局
地址：苍梧县政贤一路
……Tel:2682561

苍梧县交通局货物运输管理站
地址：苍梧县龙城南路
……Tel:2694418

苍梧县农业农村局
地址：苍梧县政贤路153号
……Tel:2682433

苍梧县农业综合开发办公室
地址：苍梧县龙兴路
……Tel:2673808

苍梧县农村税费改革领导小组办公室
地址：苍梧县龙城路
……Tel:2681618

苍梧县防汛抗旱指挥部办公室
地址：苍梧县农林路
……Tel:2687551

苍梧县地方志编纂委员会办公室
地址：苍梧县龙圩镇政贤路
……Tel:2682815

苍梧县地方税务局
地址：苍梧县龙圩镇政贤路
……Tel:2691332

苍梧县地方税务局石桥税务分局
地址：苍梧县石桥镇
……Tel:2930320

苍梧县地方税务局直属征收管理分局
地址：苍梧县龙圩镇龙城路
……Tel:2693199

苍梧县地方税务局稽查局
地址：苍梧县龙圩镇政贤路
……Tel:2686722

苍梧县应急管理局
地址：苍梧县政府大院
……Tel:2682537

苍梧县机关后勤服务中心
地址：苍梧县政贤路
……Tel:2682867

苍梧县机关事务管理局
地址：苍梧县龙圩镇
……Tel:2796222

苍梧县机构编制委员会办公室
地址：苍梧县政府大院
……Tel:2682866

苍梧县成人教育委员会办公室
地址：苍梧县龙圩镇凤岭街文化里
……Tel:2687342

苍梧县住房公积金管理中心苍梧县管理部
地址：苍梧县政贤路
……Tel:2682847

苍梧县住房制度改革办公室
地址：苍梧县政贤路
……Tel:2685071

苍梧县扶贫开发领导小组办公室
地址：苍梧县政贤路
……Tel:2682366

苍梧县改善中小学办学条件办公室
地址：苍梧县凤岭街文化里
……Tel:2684477

苍梧县财政局
地址：苍梧县龙圩镇政贤路
……Tel:2672139

苍梧县质量技术监督局
地址：苍梧县龙圩镇新塘东路
……Tel:2686088

苍梧县建设局
地址：苍梧县龙圩镇龙城路35号
……Tel:2682554

苍梧县建筑设计院
地址：苍梧县龙圩镇龙城路35号
……Tel:2694109

苍梧县国土资源局
地址：苍梧县龙圩镇政贤路136号
办公室……Tel:2681068
办证大厅……Tel:2682353
传真……Tel:2691671

苍梧县国家税务局
地址：苍梧县龙圩镇政贤路
办公室……Tel:2682175
监察室……Tel:2684746
计征股……Tel:2682480
征管股……Tel:2686048
综合业务股……Tel:2686148

苍梧县国家税务局龙圩分局
地址：苍梧县政贤路
……Tel:2683732

苍梧县国家税务局稽查局
地址：苍梧县龙圩镇政贤路
……Tel:2685547

苍梧县审计局
地址：苍梧县龙圩镇农林路126号
……Tel:2682526

苍梧县实施五大措施促进农民增收指挥部办公室
地址：苍梧县政贤路
……Tel:2680112

苍梧县经管中心站
地址：龙圩镇政贤路153号
……Tel:2682389

苍梧县环境卫生管理站
地址：苍梧县龙圩镇凤岭街20-1号
……Tel:26822611

苍梧县环境保护局
地址：苍梧县龙圩镇龙兴路
……Tel:2673670

苍梧县林业局
地址：苍梧县龙圩镇城西大道
……Tel:2682396

苍梧县林业局林政稽查大队
地址：苍梧县龙圩镇下廓街河堤里
……Tel:2682567

苍梧县物价局
地址：苍梧县政贤路
……Tel:2682645

苍梧县物价检查所
地址：苍梧县政贤路
……Tel:2682438

苍梧县房产管理所
地址：苍梧县城东五路33号
……Tel:2693126

苍梧县城乡清洁工程协调督查领导小组办公室
地址：苍梧县政贤路
……Tel:2680077

苍梧县统计局
地址：苍梧县龙圩镇政贤路18号
办公室……Tel:2682581
传真机……Tel:2683049

苍梧县科学技术局
地址：苍梧县峡顶街
……Tel:2682338

苍梧县烟草专卖局
地址：苍梧县龙圩镇龙兴路
……Tel:2682740

苍梧县教育局
地址：苍梧县龙圩镇政贤路
……Tel:2682482

苍梧县森林防火指挥部办公室
地址：苍梧县龙圩镇下廓街
……Tel:2681119

苍梧县赏干部教育办公室
地址：苍梧县龙圩镇政贤路
……Tel:2689626

苍梧县粮食局
地址：苍梧县龙圩镇下廓街
……Tel:2686851

苍梧县墙体材料改革办公室
地址：苍梧县龙城路35号2楼
……Tel:2689082

梧州市食品药品监督管理局苍梧县分局
地址：苍梧县龙圩镇政贤路130号
……Tel:2681581

苍梧县归国华侨联合会
地址：苍梧县龙圩镇凤岭街
……Tel:2682655

专业学会、行业协会

苍梧县市场监督管理局个体劳动者协会
地址：苍梧县龙圩镇政贤路
……Tel:2692341

苍梧县消费者协会
地址：苍梧县龙华街
……Tel:2680315

蒙山县（0774）

党政、国家机构及社会团体

中国共产党县（区、市）党委及其所属机构

中国共产党蒙山县委员会
地址：城南新区
……Tel:6281858

中国共产党蒙山县直属机关工作委员会
地址：蒙山县民主街
……Tel:6282954

中国共产党蒙山县委员会老干部局
地址：蒙山县永安街莲塘巷
……Tel:6282343

中国共产党蒙山县委员会组织部
地址：永安街旧县巷
……Tel:2349248

中国共产党蒙山县委员会统战部
地址：蒙山县民主街
……Tel:6282365

中国共产党蒙山县党史县志办公室
地址：蒙山县湄江路
……Tel:6282302

蒙山县档案局
地址：蒙山县民主街
……Tel:6282487

县（区、市）人民政府及其所属机构

蒙山县人民政府
地址：城南新区
……Tel:6281160

梧州市住房公积金管理中心蒙山县管理部
地址：蒙山县湄江街
……Tel:6281510

梧州市药品监督管理局蒙山县分局
地址：蒙山县蒙山镇湄江中路
……Tel:6280182

梧州市基建合同预算审计站蒙山分站
地址：蒙山县永安街旧县巷7号
……Tel:6284633

蒙山县人力资源和社会保障局
地址：湄讲中路
……Tel:6280358

蒙山县人口和计划生育局
地址：蒙山县蒙山镇漓江街
……Tel:6282361

蒙山县人民防空办公室
地址：蒙山县行政中心
……Tel:6280869

蒙山县卫生局
地址：蒙山县蒙山镇洲南村
……Tel:6282147

蒙山县市场监督管理局
地址：蒙山县永安街60号
办公室……Tel:6282163
市场、公消股……Tel:6284315
企业股……Tel:6283605

蒙山县土地勘测技术站
地址：蒙山县中学路
……Tel:6280207

蒙山县公路局
地址：蒙山县蒙山镇湄江北路
……Tel:6287977

蒙山县文化和体育局
地址：蒙山县湄江街
……Tel:6282306

蒙山县水利电力局
地址：蒙山县县城南新区五福桥往东200米行政办公室
……Tel:6290020
办公室……Tel:6280095
防汛办……Tel:6282096
工管站……Tel:6282902

蒙山县发展和改革局
地址：蒙山县蒙山镇
……Tel:6282026

蒙山县失业保险事业管理所
地址：蒙山县湄江中路
……Tel:6286648

蒙山县民政局
地址：蒙山县湄江街北路18号
……Tel:6282371

蒙山县民族事务局
地址：蒙山县民主街
……Tel:6282472

蒙山县交通运输局
地址：蒙山县湄江街南路
……Tel:6282239

蒙山县交通局
地址：蒙山县湄江街
……Tel:6282127

蒙山县农业农村局
地址：蒙山县城南开发区东环路
……Tel:6286115

蒙山县农业委员会
地址：蒙山县行政中心
……Tel:6282029

蒙山县农机局
地址：蒙山县湄江街
……Tel:6282187

蒙山县农村基层组织建设工作办公室
地址：蒙山县民主街
……Tel:6282103

蒙山县地方税务局
地址：蒙山县湄江路
……Tel:6283549

蒙山县应急管理局
地址：蒙山县行政中心
……Tel:6286859

蒙山县机关事务管理局
地址：蒙山县行政中心
……Tel:6282066

蒙山县机构编制委员会办公室
地址：蒙山县行政中心
……Tel:6288353

蒙山县自然保护区管理处
地址：蒙山县蒙山镇
……Tel:6288519

蒙山县住房制度改革委员会办公室
地址：蒙山县行政中心
……Tel:6282959

蒙山县医疗保险管理所
地址：蒙山县湄江中路
……Tel:6288105

蒙山县扶贫开发办公室
地址：蒙山县行政中心
办公室……Tel:6282013
副主任室……Tel:6283516
主任室……Tel:6286276

蒙山县质量技术监督局
地址：蒙山县湄江街
……Tel:6285662

蒙山县建设局
地址：蒙山县蒙山镇永安街旧现巷
……Tel:6282424

蒙山县国土资源局
地址：蒙山县湄江街中路
办公室……Tel:6282430
局长室……Tel:6285158

蒙山县国家税务局
地址：湄江南街
办公室……Tel:6282182
监察室……Tel:6288171
计征股……Tel:6282545
征管股……Tel:6288145
综合业务股……Tel:6287231

蒙山县审计局
地址：蒙山县永安新街
……Tel:6282273

蒙山县经济贸易局
地址：蒙山县新行政中心
办公室……Tel:6282153
招商股……Tel:6282363
领导办……Tel:6289086

蒙山县环境保护局
地址：蒙山县永安街旧现巷
……Tel:6283490

蒙山县林业局
地址：蒙山县蒙山镇湄江南路
……Tel:6282401

蒙山县物价局
地址：湄江路

Tel:6286518
蒙山县城管大队
地址：永安街旧县巷建设局新办公楼
Tel:6288829
蒙山县城镇环境卫生管理站
地址：蒙山县永安街旧县巷7号
Tel:6280902
蒙山县药品监督管理分局
地址：蒙山县城南新区东环路
Tel:6285506
蒙山县统计局
地址：蒙山县
Tel:6286980
蒙山县科学技术局
地址：蒙山县蒙山镇民主街
Tel:6282303
蒙山县桑蚕生产领导小组办公室
地址：蒙山县民主街
Tel:6286298
蒙山县畜牧水产管理中心
地址：蒙山县蒙山镇湄江路
Tel:6280753
蒙山县畜牧兽医局
地址：蒙山县湄江街
Tel:6287598
蒙山县清理整顿农村两会一部工作领导小组办公室
地址：蒙山县民主街
Tel:6284741
蒙山县教育局
地址：蒙山县永安街长墙巷
Tel:6285558
蒙山县教育局教育研究室
地址：蒙山县永安街长墙巷
Tel:6282168
蒙山县粮食局
地址：蒙山县湄江路
办公室 Tel:6282171
调控股 Tel:6282459
财会股 Tel:6287623

岑溪市（0774）

党政、国家机构及社会团体

中国共产党及其所属机构

县（区、市）党委及其所属机构

中国共产党岑溪市委员会
地址：岑溪市城中路
Tel:8222872
中国共产党岑溪市委员会老干部局
地址：岑溪市城中路
Tel:8222469
中国共产党岑溪市委员会组织部
地址：岑溪市城中路7号
Tel:8222760
中国共产党岑溪市委员会统战部
地址：岑溪市城中路
Tel:8213669
中国共产党岑溪市委员会党史办公室
地址：岑溪市城中路
Tel:8238032
岑溪市保持共产党员先进性教育活动领导小组办公室
地址：岑溪市城中路
Tel:8222794
岑溪市档案局
地址：岑溪市城中路
Tel:8222926

人民政府及其所属机构

县（区、市）人民政府及其所属机构

广西广电网络岑溪分公司
地址：岑溪市解放大道
Tel:8223007
岑溪市二轻工业局
地址：岑溪市工农路
Tel:8222894
岑溪市人口和计划生育局
地址：岑溪县区广南路计生局新办公楼
秘书股 Tel:8222502
财会股 Tel:8235166
人口计生行政执法监察大队
Tel:8230772
岑溪市人民防空办公室
地址：岑溪市大中46号
Tel:8228003
岑溪市人民政府机房
地址：义洲大道365号
Tel:8222536
岑溪市人事局
地址：岑溪市广南路
Tel:8222803
岑溪市卫生局
地址：岑溪市工农路
Tel:8222549
岑溪市市场监督管理局
地址：岑溪县义洲大道288号
办公室 Tel:8222825
财务室 Tel:8221910
人教股 Tel:8223591
岑溪市工程预算审计站
地址：岑溪市大中路46号建设局办公楼1楼
Tel:8232865
岑溪市公路局
地址：岑溪市北环大道299号
Tel:8222829
岑溪市公路管理所
地址：岑溪市大中路37号
办公室 Tel:8224339
所长室 Tel:8238709
岑溪市计划生育服务站
地址：岑溪市大中路41号
Tel:8222617
岑溪市文化市场管理办公室
地址：岑溪市工农路58号
Tel:8230336
岑溪市文化和体育局
地址：岑溪市工农路
Tel:8222062
岑溪市文化馆
地址：岑溪市工农路58号
Tel:8222063
岑溪市水利局
地址：岑溪市城东路60号
Tel:8222130
岑溪市市政工程管理所
地址：岑溪市大中路46号
Tel:8232856
岑溪市发展和改革局
地址：岑溪市城中路
Tel:8222231I
岑溪市外事侨务办公室
地址：岑溪市城中路
Tel:8222066
岑溪市民政局
地址：岑溪市城中路
Tel:8222212
岑溪市交通局
地址：岑溪市大中路
Tel:8222011
岑溪市交通规费稽查所
地址：岑溪市新兴路15号
Tel:8222808
岑溪市农业农村局
地址：岑溪市滨江二路82号
办公室 Tel:8222839
传真 Tel:8222366
岑溪市农机事业局
地址：岑溪市义洲一街
Tel:8222203
岑溪市防汛抗旱指挥部办公室
地址：岑溪市城东路
Tel:8222340
岑溪市地方税务局
地址：岑溪市工农路
Tel:8222092
岑溪市应急管理局
地址：岑溪市玉梧大道76号
办公室 Tel:8210922
传真 Tel:8213700
业务股室 Tel:8212692
岑溪市机构编制委员会办公室
地址：岑溪市城中路
Tel:8222550
岑溪市老龄工作委员会办公室
地址：岑溪市城中路
Tel:8222783
岑溪市住房制度改革委员会办公室
地址：岑溪市城中路
Tel:8223048
岑溪市志编纂委员会办公室
地址：岑溪市城中路
Tel:8222082
岑溪市扶贫开发领导小组办公室
地址：岑溪市城中路
Tel:8224800
岑溪市技术监督局
地址：岑溪市大中路
Tel:8222245
岑溪市运输管理所
地址：岑溪市大中路37号
Tel:8222095
岑溪市财政局
地址：岑溪市大中路
Tel:8222768
岑溪市劳动局
地址：岑溪市滨江路
Tel:8222784
岑溪市依法治市办公室
地址：岑溪市城中路
Tel:8222881
岑溪市建设局
地址：岑溪市大中路46号
Tel:8222601
岑溪市招商局
地址：岑溪市城中路2号
Tel:8222880
岑溪市国有资产经营有限公司
地址：岑溪市大中路58号
Tel:8231128
岑溪市国家税务局
办公室 Tel:8237718
监察室 Tel:8222595
计征股 Tel:8222227
征管股 Tel:8225406
综合业务股 Tel:8225405
岑溪市国家税务局稽查局
地址：岑溪市大中路
Tel:8220568
岑溪市审计局
地址：岑溪市城中路
Tel:8222073
岑溪市实施五大措施促进农民增收指挥部办公室
地址：岑溪市滨江二路
Tel:8229855
岑溪市经济贸易局
地址：岑溪市玉梧大道76号
Tel:8222800
岑溪市环境保护局
地址：岑溪市新兴路
Tel:8220581
岑溪市林业局
地址：岑溪市工农路
Tel:8222891
岑溪市物价局
地址：岑溪市城中路
Tel:8222779
岑溪市房产局
地址：岑溪市大中路53号
办公室 Tel:8222086
测绘队 Tel:8228944
白蚁防治所 Tel:8213055
办证大厅 Tel:8229862
租赁代理中心 Tel:8225889
岑溪市复退军人安置办公室
地址：岑溪市城中路
Tel:8222249
岑溪市城市建设开发有限公司
地址：岑溪市大中路46号
Tel:8210260
岑溪市药品管理领导小组办公室
地址：岑溪市城中路
Tel:8230206
岑溪市统计局
地址：岑溪市城中路
Tel:8222804
岑溪市政府办公室
地址：岑溪市城中路2号
Tel:8222468
岑溪市科学技术局
地址：岑溪市城中路
Tel:8222112
岑溪市资金管理局
地址：岑溪市大中路
Tel:8221720
岑溪市文化和文化和旅游局
地址：岑溪市工农路
Tel:8227882
岑溪市畜牧水产事业局
地址：岑溪市城北路
Tel:8220178
岑溪市航务管理所
地址：岑溪市大中路37号
Tel:8213437
岑溪市教育局
地址：岑溪市城东路1号
Tel:8222528
岑溪市第一次全国经济普查办公室
地址：岑溪市
Tel:8237447
岑溪市森林防火指挥部办公室
地址：岑溪市工农路
Tel:8235119
岑溪市廉租住房建设办公室
地址：岑溪市政府
Tel:8211132
岑溪市粮食局
地址：岑溪市大中路
Tel:8222318
南梧高速公路岑溪路段征地拆迁领导小组办公室
地址：岑溪市大中路76号
Tel:8211161
梧州市住房公积金管理中心岑溪市管理部
地址：岑溪市广南路
Tel:8220330

北海市（0779）

党政、国家机构及社会团体

中国共产党及其所属机构

市（地区、自治州）党委及其所属机构

中国共产党北海市委员会办公室
地址：东二巷市委办公楼
Tel:2020613
中国共产党北海市直属机关工作委员会
地址：和平路东二巷
Tel:2029825
中国共产党北海市委员会老干部局
地址：长青路
Tel:3035036
中国共产党北海市委员会组织部
地址：东二巷政府大院
Tel:2020533
中国共产党北海市委员会统战部
地址：和平路东二巷
Tel:2029133
中国共产党北海市委员会政策研究室
地址：东二巷
Tel:2022593
中国共产党北海市委员会党史研究室
地址：和平路东二巷
Tel:2020629-3344
北海市档案局
地址：东二巷
Tel:2020065

县（区、市）党委及其所属机构

中国共产党北海市海城区委员会办公室
地址：长青北路13号
Tel:3298009
中国共产党北海市海城区直属机关工作委员会
地址：长青北路
Tel:3032409
中国共产党北海市海城区委员会组织部
地址：长青北路
Tel:3034202
中国共产党北海市海城区委员会统战部
地址：长青路
Tel:3031510
中国共产党北海市铁山港区党委办公室
地址：铁山港区
Tel:8610010
中国共产党北海市铁山港区直属机关工作委员会
地址：铁山港区行政中心
Tel:8610609
中国共产党北海市铁山港区委员会组织部
地址：铁山港区行政中心
Tel:8610103
中国共产党北海市铁山港区委员会统战部
地址：铁山港区行政中心
Tel:8610003
中国共产党北海市银海区委员会办公室
地址：广东南路
Tel:3228367
中国共产党北海市银海区委员会组织部
地址：北海市区广东南路新世纪大道618室
Tel:3228377
中国共产党北海市银海区委员会统战部
地址：北海市区广东南路新世纪天道
Tel:3228396

人民政府及其所属机构

市（地区、自治州）人民政府及其所属机构

北海市人民政府
地址：东二巷市政府大院
Tel:2020692
山口红树林生态自然保护区管理处
地址：云南路
Tel:3832609
广西北海工业园区管理委员会
地址：中国广西北海市香港路
Tel:2083696
北部湾经济区规划建设委员会办公室
地址：贵州路
Tel:3079055
北海市二轻局联社
地址：广东路
Tel:2053549
北海市二轻城镇集体工业联合社
地址：北部湾东路
Tel:2053515
北海市人口和计划生育委员会
地址：和平路东二巷2号
Tel:2027291
北海市人民防空委员会办公室
地址：北部湾中路
Tel:2023141
北海市人民政府口岸办公室
地址：解放路
Tel:2034444
北海市人民政府市长热线电话
地址：和平路东二巷
Tel:2030123
北海市人民政府台湾事务办公室
地址：东二巷
Tel:2022465
北海市人民政府侨务办公室
地址：和平路
Tel:2025229
北海市人民政府国有资产监督管理委员会
地址：云南路
Tel:3901667
北海市人民政府接待办公室
地址：北部湾中路
Tel:2022335
北海市人民政府整顿和规范市场经济秩序领导小组办公室
地址：北海大道

Tel:2078013

北海市人事局
地址：和平路东二巷
Tel:2025667

北海市卫生局
地址：北部湾西路10号
Tel:3032631

北海市工业园区地方税务局
地址：北部湾东路
Tel:2071128

北海市工业和信息化委员会
地址：和平路东二巷
Tel:2029183

北海市市场监督管理局
地址：北海大道
Tel:3086505

北海市土地整理储备中心
地址：深圳路天乐酒店二楼
Tel:2050645

北海市公路管理局
地址：北京路与北海大道交叉路
Tel:3030555

北海市无线电监测站
地址：鸿海大厦16楼
Tel:3051902

北海市无线电管理处
地址：北海大道
Tel:3051903

北海市水产局
地址：云南路
Tel:3056232

北海市水产畜牧局
地址：云南路27号
Tel:3038700

北海市水产畜牧兽医局
地址：云南路27号
Tel:3059460

北海市水库移民工作管理局
地址：北海大道
Tel:3205915

北海市水利局
地址：广东路
Tel:2061107

北海市水政水资源管理办公室
地址：广东路
Tel:2063237

北海市发展和改革委员会
地址：长青东路
Tel:2055475

北海市世界银行货款项目办公室
地址：体育北路
Tel:2021177

北海市打击走私综合治理领导小组办公室
地址：北京路
Tel:3218316

北海市外事办公室
地址：和平路
Tel:2021801

北海市民政局
地址：东二巷
Tel:3961139

北海市民族经济发展资金管理局
地址：北部湾西路
Tel:3036417

北海市价格论证中心
地址：东二巷
Tel:2037506

北海市价格监督检查分局
地址：和平路
Tel:2033624

北海市交通工程质量监督站
地址：北海大道
Tel:2023077

北海市交通局
地址：北海大道
Tel:2033077

北海市交通部南海救助局北海基地
地址：地角下寮658号
Tel:3909319

北海市农业农村局
地址：广东南路
Tel:2057072

北海市农渔业经营管理指导站
地址：和平路东二巷
Tel:2038536

北海市防汛抗旱指挥部
地址：广东路
Tel:2053393

北海市地方志编纂委员会
地址：长青东路105号
Tel:2039450

北海市地方税务局
地址：新世纪大道
Tel:3887116

北海市地方税务局机关后勤服务中心
地址：新世纪大道
Tel:3887112

北海市地方税务局直属税务分局
地址：北部湾东路
Tel:20678311

北海市地方税务局稽查局
地址：新世纪大道
Tel:3887669

北海市应急管理局
地址：东二巷
Tel:2036882

北海市机关服务中心
地址：东二巷
Tel:2026355

北海市机构编制委员会办公室
地址：和平路东二巷
Tel:2020188

北海市住房公积金管理中心
地址：北京路
Tel:3087031

北海市体育厨
地址：公园路
Tel:2023727

北海市财政局
地址：北部湾西路19号
Tel:3068283
会计科 Tel:3035692

北海市劳动和社会保障局
地址：深圳路
Tel:2055426

北海市质量技术监督局
地址：北海大道35号东段
Tel:6813690
Tel:6813663

北海市事业单位登记管理局
地址：北海市东二巷市政府大院内
Tel:2028697

北海市招商促进局
地址：广东南路办证大厅二楼
Tel:3211151

北海市国土资源局
地址：深圳路88号
局办公室 Tel:2050752
办证大厅服务窗口 Tel:3211029

北海市国土资源信息中心
Tel:2059506

北海市国有资产监督管理委员会
地址：云南路
Tel:6811378

北海市国家安全教育馆
地址：北海市珠海中路104号
Tel:2039169

北海市国家税务局
地址：站前路
Tel:3201120

北海市国家税务局一分局
地址：站前路
Tel:3200213

北海市国家税务局车辆购置税办公室
地址：北海市北海大道中20号国税局一楼大厅
Tel:3037903

北海市国家税务局涉外分局
地址：站前路
Tel:3213606

北海市国家税务局稽查局
地址：站前路
Tel:3202109

北海市审计局
地址：北海市深圳路6号
Tel:2050369

北海市环境卫生管理处
地址：长青北路3号
Tel:3035125

北海市环境保护局
地址：北海市北海大道198号
Tel:3030059

北海市林业局
地址：长青路52号
Tel:6809968

北海市物价局
地址：和平路市政府大院内
Tel:2023239

北海市房产管理局
地址：北海大道
Tel:2033839

北海市非税收入管理局
地址：北部湾西路
Tel:3070916

北海市金融办
地址：北部湾西路
Tel:3063842

北海市语言文字工作委员会办公室
地址：广东南路
Tel:3210025

北海市城市社会经济调查队
地址：和平路东二巷
Tel:2030720

北海市城市规划局
地址：四川南路
Tel:3202924

北海市城镇住房制度改革委员会办公室
地址：深圳路
Tel:2066570

北海市统计局
地址：东二巷
Tel:2024836

北海市政府口岸办
地址：解放路
Tel:2039039

北海市政府采购中心
地址：北海大道
Tel:3069259

北海市政治服务中心卫生局窗口
地址：广东南路
Tel:3211024

北海市科学技术局
地址：北海大道
Tel:2023213

北海市食品药品监督管理局
地址：云南南路
Tel:3900490

北海市爱国卫生运动委员会办公室
地址：和平路东二巷2号市政府大院
Tel:2021466

北海市文化和文化和旅游局
地址：贵州路
Tel:3060140

北海市烟草专卖局
地址：火车站东站前路南
Tel:3223333

北海市党的建设和农村基层组织建设办公室
地址：东二巷
Tel:2026152

北海市商务局
地址：广东南路
Tel:3215778

北海市清理整顿农村“两会一部”领导小组办公室
地址：和平路东二巷
Tel:2030652

北海市教育局
地址：广东南路
Tel:3200921

北海市职称改革工作领导小组办公室
地址：深圳路
Tel:2024864

北海市储备粮管理有限公司
地址：云南南路
Tel:3921913

北海市港务管理局
地址：海角路
Tel:3922332

北海市粮食局
地址：云南南路
Tel:3921912

北海市精神文明建设委员会
地址：东二巷
Tel:2024821

北海同清环保工程有限公司
地址：北海市北海大道西18号生态环境局大楼一楼西厅
Tel:3033159

北海会计专业技术资格考试领导小组办公室
地址：北部湾西路
Tel:3037671

北海国家粮食储备库
地址：南万路
Tel:3905066

国家统计局北海市调查队
地址：东二巷
Tel:2036129

县（区、市）人民政府及其所属机构

北海市市场监督管理局海城分局
地址：三中南里二巷
Tel:3039545

北海市市场监督管理局铁山港分局
地址：南康镇朝阳大道
Tel:8602671

北海市市场监督管理局银海分局
地址：北部湾东路
Tel:2057060

北海市地方税务局铁山港分局
地址：南康镇朝阳大道北路
Tel:8605092

北海市地方税务局银海分局
地址：北海市金海岸大道
Tel:3887135

北海市质量技术监督局铁山港区办事处
地址：铁山港区政府大楼后面大楼
Tel:8612546

北海市国土资源局海城区分局
地址：湖海路
Tel:2069011

北海市国土资源局铁山港分局
地址：南康镇朝阳大道
Tel:8605989

北海市国土资源局银海区分局
地址：铜鼓岭
Tel:2051268

北海市环境保护局海城区分局
地址：北海大道
Tel:3030191

北海市环境保护局铁山港区分局
地址：铁山港区
Tel:8610506

北海市城市规划局海城区分局
地址：四川南路
Tel:3200710

北海市城市规划局银海区分局
地址：四川南路
Tel:3207210

海城区人民政府
地址：海城区环卫路
Tel:3034635

海城区“四害”消杀服务站
地址：北海市湖南路82号
Tel:2061993

海城区人口和计划生育局
地址：长青北路
Tel:3034864

海城区卫生局
地址：长青北路
Tel:3061981

海城区水产畜牧局
地址：长青北路
Tel:3065261

海城区水利局
地址：海城区
Tel:3052868

海城区民政局
地址：长青北路
Tel:3034894

海城区交通局
地址：长青北路
Tel:3064601

海城区农业农村局
地址：长青北路13号
Tel:3053463

海城区地方税务局
地址：北部湾西路
Tel:3065037

海城区应急管理局
地址：环卫路
Tel:3057182

海城区扶贫开发领导小组办公室
地址：海城区环卫路
Tel:3034747

海城区财政局
地址：长青路
Tel:3073430

海城区建设局
地址：长青北路
Tel:3066280

海城区拥军优属拥政爱民工作领导小组办公室
地址：长青北路
Tel:3058313

海城区国家税务局
地址：站前路
Tel:3202972

海城区审计局
地址：长青北路
Tel:3056053

海城区经济贸易局
地址：海城区
Tel:3075330

海城区林业局
地址：长青北路13号
Tel:3053463

海城区城市建设管理局
地址：环卫路
Tel:3066090

海城区统计局
地址：长青北路
Tel:3053007

海城区科学技术局
地址：长青北路
Tel:3052022

海城区基层组织建设协调领导小组
地址：长青北路
Tel:3032454

海城区教育局
地址：和平路104号
Tel:2023997

铁山港区人民政府
地址：铁山港区行政中心
Tel:8610583

铁山港区人口和计划生育局
地址：铁山港
Tel:8610004

铁山港区人事劳动和社会保障局
地址：铁山港区行政中心
Tel:8610097

铁山港区卫生局
地址：铁山港区
Tel:8610163

铁山港区水产畜牧局
地址：营盘镇南珠街
Tel:8702395

铁山港区水库移民工作管理局
地址：南康镇朝阳大道
Tel:8606659

铁山港区水利局
地址：南康镇三塘旧信用社旁边

……Tel:8527331

铁山港区发展和改革局
地址：铁山港区行政中心
……Tel:8610578

铁山港区民政局
地址：铁山港区
……Tel:8610057

铁山港区交通局
地址：铁山港区南康镇
……Tel:8602382

铁山港区农业水电局
地址：铁山港区朝阳大道
……Tel:8602667

铁山港区应急管理局
地址：北海市政府大院
……Tel:8610133

铁山港区机关事务管理局
地址：铁山港区
……Tel:8610167

铁山港区扶贫开发领导小组办公室
地址：铁山港区
……Tel:8610386

铁山港区财政局
地址：铁山港区
……Tel:8610552

铁山港区建设局
地址：铁山港区
……Tel:8610158

铁山港区国家税务局
地址：朝阳大道
……Tel:8602735

铁山港区审计局
地址：铁山港区行政中心
……Tel:8610268

铁山港区林业局
地址：铁山港区南康镇五一大道
……Tel:8607123

铁山港区重大项目协调服务办公室
地址：铁山港区行政中心
……Tel:8610653

铁山港区城市规划局
地址：铁山港区
……Tel:8610654

铁山港区统计局
地址：北铁一级公路
……Tel:8610186

铁山港区科学技术局
地址：北铁公路
……Tel:8610087

铁山港区教育局
地址：铁山港区行政中心
……Tel:8610040

铁山港区银海工业园区管委会
地址：铁山港银海工业园区
……Tel:8908029

银海区人民政府
地址：广东南路新世纪大道
……Tel:3228336

银海区人口和计划生育局
地址：广东南路
……Tel:3228343

银海区人民政府婚姻登记处
地址：广东南路
……Tel:3207379

银海区人事局
地址：广东南路世纪大道
……Tel:3228436

银海区卫生局
地址：广东南路世纪大楼
……Tel:3228301

银海区水产局
地址：广东南路斯世纪大道
……Tel:3228326

银海区发展和改革局
地址：广东南路
……Tel:3228370

银海区民政局
地址：广东南路新世纪大道
……Tel:3228315

银海区交通局
地址：广东南路
……Tel:3228306

银海区农业农村局
地址：广东南路新世纪大道
……Tel:3228321

银海区地方编纂委员会办公室
地址：广东南路
……Tel:3228437

银海区应急管理局
地址：广东南路
……Tel:3228355

银海区财政局
地址：广东南路新世纪大道
……Tel:3228362

银海区建设局
地址：广东南路新世纪大道
……Tel:3228356

银海区国家税务局
地址：北海大道
……Tel:3069282

银海区经济贸易局
地址：广东南路
……Tel:3228317

银海区林业局
地址：广东南路
……Tel:3228332

银海区统计局
地址：广东南路与世纪大道交汇处
……Tel:3228036

银海区科学技术局
地址：广东南路
……Tel:3228325

合浦县（0779）

党政、国家机构及社会团体

中国共产党及其所属机构

县（区、市）党委及其所属机构

中国共产党合浦县委员会
地址：合浦县廉州镇公园路81号
……Tel:7209686
……Tel:7205076

中国共产党合浦县直属机关委员会
地址：合浦县青云南路
……Tel:7284176

中国共产党合浦县委员会老干部局
地址：合浦县廉新路
……Tel:7284978

中国共产党合浦县委员会组织部
地址：舍浦县公园路
……Tel:7204208

中国共产党合浦县委员会统战部
地址：合浦县青云南路
……Tel:7285101

中国共产党合浦县委员会党史研究室
地址：合浦县廉州镇
……Tel:7284820

合浦县档案局
地址：合浦县康乐街
……Tel:7285517

人民政府及其所属机构

县（区、市）人民政府及其所属机构

合浦县人民政府
地址：合浦县廉州镇公园路
……Tel:7205367

北海市食品药品监督管理局合浦县分局
地址：合浦县廉州镇还珠南路
……Tel:7195808

合浦县二轻工业联社
地址：合浦县学宫街7号
……Tel:7284220

合浦县人口和计划生育局
地址：合浦县廉州镇沟坡路
……Tel:7284392

合浦县人民政府外事侨务办公室
地址：合浦县廉州镇车沟底16号
……Tel:7284876

合浦县人事局
地址：合浦县廉东大道198号
……Tel:7208101

合浦县卫生局
地址：合浦县廉州镇定海中路
……Tel:7285134

合浦县卫生监督所
地址：合浦县廉州镇定海北路91号
……Tel:7198125

合浦县市场监督管理局
地址：合浦县廉州镇南乐街
……Tel:7288229

合浦县土地储备管理中心
地址：合浦县还珠东路
……Tel:7263316

合浦县公路局
地址：舍浦县城基东路
……Tel:7284391

合浦县文化和体育局
地址：合浦县中山路
……Tel:7285528

合浦县水文水资源局
地址：合浦县南乐街
……Tel:7287118

合浦县水产畜牧局
地址：合浦县廉州镇丁头坡路
……Tel:7285323

合浦县水库工程管理局
地址：合浦县石康镇十字路
……Tel:5400349

合浦县水利局
地址：合浦县廉州镇南乐街
……Tel:7282044

合浦县台湾事务办公室
地址：合浦县青云南路
……Tel:7285217

合浦县发展和改革局
地址：合浦县爱卫东路
……Tel:7209108

合浦县民政局
地址：合浦县民园北路
……Tel:7193611

合浦县交通局
地址：合浦县廉州镇还珠中路85号
人秘股……Tel:7195229
综合股……Tel:7216533
人秘股……Tel:7216532
传真……Tel:7216535
基建股……Tel:7195866

合浦县农业农村局
地址：合浦县廉州镇南乐街
……Tel:7282005

合浦县农村社会经济调查队
地址：合浦县
……Tel:7204028

合浦县防汛抗旱指挥部办公室
地址：合浦县南乐街
……Tel:7285612

合浦县防震工作办公室
地址：合浦县还珠大道
……Tel:7298300

合浦县地方志编纂委员会办公室
地址：合浦县廉州镇
……Tel:7284086

合浦县地方税务局
地址：合浦县迎宾大道6号
……Tel:7204287

合浦县地方税务局稽查分局
地址：合浦县迎宾大道
……Tel:7209378

合浦县应急管理局
地址：舍浦县康乐街
……Tel:7262631

合浦县机关事务管理局
地址：舍浦县廉州镇康乐街
……Tel:7297885

合浦县机构编制委员会办公室
地址：合浦县青云南路2号
……Tel:7285579

合浦县住房公积金管理中心合浦管理部
地址：合浦县廉州大道
……Tel:7206278

合浦县住房制度改革委员会办公室
地址：合浦县廉州镇还珠东路
……Tel:7201981

合浦县扶贫开发领导小组办公室
地址：合浦县
……Tel:7203531

合浦县财政局
地址：合浦县廉州财政大道
……Tel:7205213

合浦县劳动和社会保障局
地址：合浦县金鸡大道
……Tel:7284676

合浦县质量技术监督局
地址：合浦县廉州镇东山路
……Tel:7285461

合浦县事业登记管理局
地址：合浦县青云南路
……Tel:7290902

合浦县建设局
地址：合浦县爱卫东路
……Tel:7205587

合浦县建设局质监站
地址：爱卫东路
……Tel:7207161

合浦县国土资源局
地址：合浦县金鸡路
……Tel:7284879

合浦县国家税务局
地址：合浦县迎宾大道
……Tel:7195066

合浦县国家税务局稽查局
地址：合浦县迎宾大道
……Tel:7193067

合浦县审计局
地址：合浦县还珠大道
……Tel:7285862

合浦县经济贸易局
地址：合浦县学宫街
……Tel:7284389

合浦县经济普查办公室
地址：合浦县公园路
……Tel:7192810

合浦县环境保护局
地址：舍浦县还珠大道
……Tel:7288980

合浦县林业局
地址：合浦县还珠南路
……Tel:7213660

合浦县林浆纸一体化项目办公室
地址：合浦县
……Tel:7206569

合浦县物价检查所
地址：合浦县爱卫东路
……Tel:7204810

合浦县房地产管理局
地址：合浦县学宫街
……Tel:7277956

合浦县房产管理局
地址：合浦县廉州镇学宫街
……Tel:7284780

合浦县统计局
地址：合浦县公园路
……Tel:7205769

合浦县政务服务中心
地址：合浦县廉州大道电信大楼
……Tel:7218466

合浦县科学技术局
地址：合浦县还珠大道27号
……Tel:7284596

合浦县调解处理土地山林水利纠纷办公室
地址：合浦县车沟底
……Tel:7262986

合浦县流动党员咨询服务热线
地址：北海市合浦县廉州镇公园路引号县委组织部
……Tel:7201991

合浦县文化和文化和旅游局
地址：合浦县南乐街1号
……Tel:7286290

合浦县烟草专卖局
地址：合浦县还珠大道
……Tel:7285541

合浦县党的建设和农村基层组织建设领导小组办公室
地址：合浦县廉州镇公园路
……Tel:7218755

合浦县盐务管理局
地址：合浦县定海中路
……Tel:7284937

合浦县航务管理所
地址：合浦县还珠中路85号
……Tel:7283527

合浦县教育局
地址：合浦县小北街
……Tel:7284668

合浦县就业和再就业领导小组办公室
地址：合浦县还珠大道
……Tel:7284944

合浦县森林防火指挥部办公室
地址：合浦县还珠南路
……Tel:7213661

合浦县粮食局
地址：合浦县阜民南路
……Tel:7289139

洪潮江水库工程管理局
地址：合浦县星岛湖旅游区
……Tel:7101008

防城港市（0770）

党政、国家机构及社会团体

中国共产党及其所属机构

市（地区、自治州）党委及其所属机构

中国共产党防城港市委员会
地址：行政中心区
……Tel:2822108

中国共产党防城港市直属机关工作委员会
地址：行政中心区
……Tel:2833708

中国共产党防城港市委员会老干部局
地址：行政中心区
……Tel:2834260

中国共产党防城港市委员会组织部
地址：行政中心区
……Tel:2822430

中国共产党防城港市委员会统战部
地址：港口区行政中心
……Tel:2818180

中国共产党防城港市委员会政策研究室
地址：行政中心区
……Tel:2831940

中国共产党防城港市委员会党史研究室
地址：行政中心区
……Tel:2834618

县（区、市）党委及其所属机构

中国共产党防城港市防城区委员会办公室
地址：政府大院党委楼二楼
……Tel:3262745
……Tel:3256268
……Tel:3231228

中国共产党防城港市防城区直属机关工作委员会
地址：防城区防北路
……Tel:3278685

中国共产党防城港市防城区委员会老干部局
地址：防城区同建路
……Tel:3252215

中国共产党防城港市防城区委员会组织部
地址：防城区防北路
……Tel:3252303

中国共产党防城港市港口区委员会
地址：渔洲坪
……Tel:2861328

中国共产党防城港市港口区委员会组织部
地址：港口区渔洲坪
……Tel:2861722

中国共产党防城港市港口区委员会党史研究室
地址：渔洲坪
……Tel:2861123

港口区保持共产党员先进性教育活动领

导小组办公室
地址：港口区
Tel:2862863
人民政府及其所属机构
市（地区、自治州）人民政府及其所属机构
防城港市人民政府
地址：港口区行政中心区
Tel:2823587
广西储备局防城港口办事处
地址：港口区兴港大道
Tel:2822019
长江武汉航道工程局
地址：港口区企沙镇德城大道
Tel:2716416
长江武汉航道工程局防城港项目部
地址：国税小区
Tel:2882897
Tel:2882657
中华人民共和国防城港市海事局
地址：港口区友谊大道
Tel:2825110
Tel:2718300
Tel:2718311
中交天津航道局有限公司防城港工程项目部经理部
地址：东兴大道
Tel:2826843
Tel:2826840
Tel:2828841
中国船级社防城办事处
地址：港口区富裕路
Tel:2823023
防城港市SGS通标公司
地址：港口区富裕路11号1楼
Tel:2830061
防城港市人口和计划生育委员会
地址：防城港市四川路
Tel:2822694
防城港市人民防空办公室
地址：港口区教育路
Tel:2833881
防城港市人民政府国有资产监督委员会
地址：四川路
Tel:2837206
Tel:2822728
防城港市人民政府金融工作力公室
地址：防城港市行政中心
Tel:2818883
Tel:2818818
防城港市人事局
地址：金花茶大道
Tel:2822611
Tel:2834805
Tel:2822216
防城港市卫生局
地址：港口区云南路
Tel:2828192
Tel:2828032
Tel:2822432
防城港市卫生监督所
地址：港口区凯乐路24号
Tel:2822411
防城港市工业和信息化委员会
地址：防城港市行政中心
Tel:2829249
防城港市市场监督管理局
地址：港口区桃花湾广场北面
Tel:2881105
防城港市工程督查工作办公室
地址：防城港市行政中心
Tel:2818533
防城港市土地储备中心
地址：港口区云南路自然资源局5楼
Tel:2820367
防城港市公路管理局
地址：防城区育才路
Tel:32511056
防城港市计划生育药具管理站
地址：兴港大道
Tel:2829451
防城港市无线电管理处
地址：内环路
Tel:2826026
防城港市水产局
地址：港口区
Tel:2822353
防城港市水产畜牧局
地址：港口区
Tel:2827988
防城港市水库移民工作管理局
地址：东兴大道
Tel:2836137
防城港市水利局
地址：港口区四川路
Tel:2820417
防城港市市政工程管理局
地址：中华路
Tel:2881968
Tel:2832186
Tel:2838266

防城港市市政管理局
地址：港口区中华大道
Tel:2827227
防城港市发展和改革委员会
地址：行政中心区
Tel:2822339
防城港市打击走私综合治理办公室
地址：港口区
Tel:2821380
防城港市外事侨务办公室
地址：港口区中华大道
Tel:2830398
防城港市边防检查站
地址：岭南路
Tel:2822376
Tel:2822475
防城港市民政局
地址：港口区中华路7号
Tel:2200801
防城港市民族事务委员会
地址：港口区云南路
Tel:2820415
防城港市民族事务管理局
地址：云南路
Tel:2825718
防城港市企业丁委
地址：邮电大道
Tel:2835609
防城港市交通局
地址：港口区东兴大道
Tel:2828153
防城港市农业机械化管理局
地址：滨海小区旁市农业农村局综合楼后楼三楼
Tel:2880728
防城港市农业农村局
地址：港口区兴港大道
Tel:2880798
防城港市地方税务局
地址：迎宾路
Tel:2818332
Tel:2818328
Tel:2818338
防城港市地方税务局稽查局
地址：港口区凯乐园路
Tel:2832447
防城港市行政服务中心
地址：防城港市行政服务中心
Tel:2881716
防城港市应急管理局
地址：港口区中华路
Tel:2820059
防城港市机关事务管理局
地址：港口区行政中心
Tel:2818058
防城港市机关效能建设办公室
地址：港口区兴港大道
Tel:2881303
防城港市机构编制委员会办公室
地址：行政中心区
Tel:2828300
防城港市住房公积金管理中心
地址：教育路
Tel:2833305
Tel:2828500
Tel:2826699
防城港市住房制度改革委员会办公室
地址：港口区中华大道
Tel:2828223
防城港市体育运动委员会
地址：港口区
Tel:2835661
防城港市体育局
地址：港口区天马大厦
Tel:2823097
防城港市县乡公路管理处
地址：港口区凯乐路36号
Tel:2826608
防城港市扶贫开发领导小级办力公室
地址：港口区
Tel:2821825
防城港市财政局
地址：港口区桃花湾广场
Tel:2881220
防城港市劳动和社会保障局
地址：港口区中华大道
Tel:2822346
防城港市质量技术监督局
地址：港口区凯乐园
Tel:2823365
防城港市事业单位登记管理局
地址：行政中心区
Tel:2828315
防城港市建设标准定额站
地址：港口区凯乐园路
Tel:2824100
防城港市国土资源局
地址：港口区云南路
Tel:2820085
Tel:2820107
Tel:2822725

防城港市国民经济动员办公室
地址：行政中心区
Tel:2828219
防城港市国有资产监督管理委员会
地址：港口区邮电大道
Tel:2828023
防城港市国家资源管理委员会
地址：邮电大道
Tel:2828836
Tel:2828083
Tel:2828038
防城港市国家税务局
地址：东兴大道
Tel:2821207
Tel:2821170
Tel:2822620
防城港市国家税务局稽查局
地址：港口区凯乐园路
Tel:2880106
防城港市宗教事务局
地址：港口区迎宾路
Tel:2834989
防城港市审计局
地址：港口区渔万路
Tel:2828653
防城港市实施公务员领导小组办公室
地址：港口区中华路西二里
Tel:2828010
防城港市经济委员会
地址：市港口行政中心区
Tel:2822844
防城港市环境保护局
地址：港口区云南路
Tel:2822097
防城港市林业局
地址：港口区云南路
Tel:2820578
防城港市规划局
地址：北部湾大道
Tel:2881276
Tel:2880861
防城港市物价局
地址：港口区云南路
Tel:2829657
防城港市物价检查所
地址：港口医云南路
Tel:2825319
防城港市城乡清洁办公室
地址：港口区桃花湾广场旁防城港市建设规划委员会一楼大厅
Tel:2881483
防城港市城市建设工程指挥部办公室
地址：港口区
Tel:2885899
防城港市城市道路改造工程建设办公室
地址：兴港大道
Tel:2837552
防城港市统计局
地址：中华路
Tel:2822555
防城港市政务服务中心管理叻公室
地址：防城港市行政服务中心
Tel:2883116
防城港市科技局
地址：港口区贵州路
Tel:2838688
防城港市科学技术委员会
地址：港口区云南路
Tel:2823191
防城港市食品药品监督管理局
地址：茶花路
Tel:2835782
Tel:2835766
Tel:2870156
防城港市档案局
地址：行政中心区
Tel:2834117
防城港市文化和文化和旅游局
地址：东兴大道
Tel:2820577
Tel:2820278
Tel:2822098
防城港市烟草专卖局
地址：渔峰路
Tel:2829414
Tel:2822719
Tel:2831979
防城港市商务局
地址：港口区友谊大道
Tel:2823565
防城港市基层组织建设协调领导小组
地址：防城港市行政中心
Tel:2826373
防城港市渔牧兽医局
地址：四川路
Tel:2823549
Tel:2822586
Tel:2831691
防城港市检验检疫技术中心
地址：望海路
Tel:2821965

Tel:2826693
防城港市教育委员会
地址：港口区邮电大道
Tel:2826911
防城港市港务局水电中心
地址：中华路
Tel:2892515
防城港市港务局信息中心
地址：防城港市港口区港务局
Tel:2892333
防城港市粮食局
地址：八公里大道
Tel:2825313
Tel:2822683
Tel:2823818
防城港盐务管理局
地址：防城区教育路
Tel:3252116
国家统计局防城港调查队
地址：中华路6号
Tel:2828373
金花茶国家级自然保护区管理处
地址：防城区防钦路
Tel:3252746
县（区、市）
人民政府及其所属机构
防城区人民政府
地址：防城区防北路
Tel:3252302
防城区二轻局
地址：防钦大道富康花园小区三栋
Tel:3252157
防城区人口和计划生育局
地址：防城区防北路
Tel:3276112
防城区人民防空办公室
地址：防城区防北路
Tel:3273478
防城区卫生局
地址：防城区防城镇防北路
Tel:3252315
防城区市场监督管理局
地址：防城区防港大道
Tel:3292088
防城区市场监督管理局城西工商所
地址：防城区人民路
Tel:3252443
防城区市场监督管理局城南工商所
地址：防城区中心市场
Tel:3272755
防城区土地局
地址：防城区防港大道
Tel:3278603
防城区公路局
地址：防城区防北路
Tel:3282718
防城区文化和体育局
地址：防城区建民路
Tel:3252319
防城区水电局
地址：防北路
Tel:3253427
Tel:3252735
Tel:3252260
防城区水产畜牧局
地址：防城区防邕大道北一巷
Tel:3252528
防城区水库移民工作管理局
地址：防北路
Tel:3263022
Tel:3262599
防城区水利局
地址：防城区防北路
Tel:3252258
防城区外事办公室
地址：防城区防东路
Tel:3255590
防城区外事侨务办公室
地址：防城区
Tel:3252217
防城区边贸局
地址：防北路
Tel:3253274
防城区民政局
地址：政府大院
Tel:3273776
防城区交通局
地址：防城区防邕路
Tel:3252250
防城区农业农村局
地址：防城区防东路
Tel:3282241
防城区农业综合开发办公室
地址：防城区财源路
Tel:3277686
防城区国家税务局 Tel:3270568
防城区农机局
地址：防东路
Tel:3281277
Tel:3281271
防城区农村能源办公室

地址：防城区防东路
…………Tel:3282777

防城区地方税务局
地址：防城区防钦路
…………Tel:3257350
…………Tel:3257538
…………Tel:3257390

防城区地方税务局直属征收管理分局
地址：防城区防钦路
…………Tel:3266691

防城区地方税务局稽查局
地址：防城区防钦路
…………Tel:3257538

防城区应急管理局
地址：防城区防北路
…………Tel:3273232

防城区机关事务管理局
地址：防城区防北路
…………Tel:3253347

防城区机关效能建设领导小组办公室
地址：防城区防北路
…………Tel:3271110

防城区机构编制委员会办公室
地址：防城区防北路
…………Tel:3271855

防城区扶贫开发领导小组办公室
地址：防城区防北路
…………Tel:3273878

防城区财政局
地址：防城区财源路
…………Tel:3251062

防城区质量技术监督局
地址：桃花湾工商大楼
…………Tel:6102012

防城区建设局
地址：防城区人民路
…………Tel:3272316

防城区国土资源局
地址：防港路
…………Tel:3258403
…………Tel:3252703

防城区国家税务局
地址：防城区防北路81号
…………Tel:6187777

防城区国家税务局稽查局
地址：防城区防北路
…………Tel:3270616

防城区审计局
地址：防城区防北路
…………Tel:3252306

防城区经济贸易局
地址：防城区防北路
…………Tel:3252856

防城区环境保护局
地址：防城区防北路
…………Tel:3253269

防城区林业局
地址：防城区防东路
…………Tel:3282418

防城区物价检查所
地址：防城区防北路
…………Tel:3265131

防城区城镇住房制度改革委员会办公室
地址：防城区防城镇灵秀小区
…………Tel:3252774

防城区统计局
地址：防城区防北路
…………Tel:3252316

防城区文化和文化和旅游局
地址：防城区防北路
…………Tel:2211169

防城区接待安置印支难民办公室
地址：防城区防城镇黄泥沟
…………Tel:3273728

防城区教育和科学技术局
地址：防城区防东路
…………Tel:3252372

防城区粮食局
地址：防城区防城镇防港路
…………Tel:3251333

防城港市市场监督管理局港口分局
地址：港口区东兴大道
…………Tel:2824985

防城港市市场监督管理局港口分局港口工商所
地址：港口区贵州路
…………Tel:2830315

防城港市交通局港口管理处
地址：港口区东兴大道
…………Tel:2823812

防城港市防城区人事劳动和社会保障局
地址：防城防北路政府大院政府办公楼三楼
…………Tel:3270912

防城港市防城区动物卫生监督所
地址：黄泥沟路一里一巷
…………Tel:3262660

防城港市防城区行政服务中心
地址：防城区防港路土地局一楼
…………Tel:3271099

防城港市防城区档案局
地址：防城区政府大院
…………Tel:3252323

防城港市地方税务局防城税务分局
地址：防城区防钦路
…………Tel:3252431
…………Tel:3257675

防城港市地方税务局港口分局
地址：东兴大道
…………Tel:2827938

防城港市自强社区服务中心
地址：港口区兴港大道港务集团
…………Tel:2891658

防城港市建设规划委员会防城管理办
地址：团结大道
…………Tel:3279082
…………Tel:3279081
…………Tel:3279083

防城港市规划局防城分局
地址：防城区防港路
…………Tel:3265996

防城港市城区烟草专卖局
地址：防城镇防东路
…………Tel:3279039

防城港市港口区地方税务局
地址：东兴大道
…………Tel:2820087

防城港市港口区经济适用住房中心
地址：港口区建政路
…………Tel:2861518

防城港市港口区政务服务中心
防城港市港口区东兴大道渔洲坪铁路
地址：道口旁港口区建设局办公楼一楼
…………Tel:2862312

港口区人民政府
地址：港口区渔洲坪
…………Tel:2861508

港口区人口和计划生育局
地址：港口区渔坪路
…………Tel:2861999

港口区人民防空办公室
地址：港口区渔洲坪
…………Tel:2861488

港口区人事局
地址：港口区渔洲坪
…………Tel:2861636

港口区人事劳动和社会保障局
地址：港口区渔洲坪
…………Tel:2861166

港口区卫生局
地址：港口区渔洲坪
…………Tel:2861493

港口区计划与经济局
地址：渔洲坪建政路
…………Tel:2861707

港口区双拥工作领导小组办公室
地址：港口区八公里大道
…………Tel:2861205

港口区中小企业局
地址：渔洲城工业园管委会办公室一楼
…………Tel:2862923

港口区文化和体育局
地址：港口区渔洲坪建政路
…………Tel:2861719

港口区水产畜牧局
地址：港口区渔洲坪
…………Tel:2861511

港口区水库移民工作管理局
地址：港口区
…………Tel:2829719
…………Tel:2861100

港口区水利局
地址：港口区建政路
…………Tel:2861710

港口区发展和改革局
地址：港口区渔洲坪建政路
…………Tel:2861727

港口区民政局
地址：白沙万街道
…………Tel:2861929
…………Tel:2861539
…………Tel:2861235

港口区民族华侨事务委员会
地址：沙万里
…………Tel:2861155

港口区交通局
地址：渔洲坪建政路
…………Tel:2828151
…………Tel:2861632

港口区农业农村局
地址：东兴大道
…………Tel:2862008

港口区应急管理局
地址：港口区沙万路
…………Tel:2832113

港口区机关事务管理局
地址：港口区渔洲坪
…………Tel:2861111

港口区机关效能建设办公室
地址：港口区渔洲坪建政路
…………Tel:2862023

港口区扶贫开发领导小组办公室
地址：港口区
…………Tel:2861165

港口区财政局
地址：港口区渔洲坪
…………Tel:2861113

港口区社会治安综合治理办公室
地址：政府大院
…………Tel:2861266

港口区建设局
地址：港口区渔洲坪
…………Tel:2862383

港口区国土资源局
地址：防城港市政府大院
…………Tel:2822661
…………Tel:2861492
…………Tel:2861032

港口区国家税务局
地址：港口区东兴大道
…………Tel:2821207

港口区审计局
地址：港口区渔洲坪
…………Tel:2861003

港口区官山疗水库管理所
地址：港口区
…………Tel:2632115

港口区经济贸易局
地址：港口区沙万路
…………Tel:2821770

港口区生态环境局
地址：港口区渔洲坪
…………Tel:2203063

港口区环境保护局
地址：渔洲城北环路
…………Tel:2871663

港口区林业局
地址：港口区渔洲坪
…………Tel:2861628

港口区房产管理局
地址：渔洲坪建政路
…………Tel:2861190

港口区城乡清洁工程管理委员会办公室
地址：港口区东兴大道
…………Tel:2861911

港口区统计局
地址：港口区渔洲坪
…………Tel:2861338

港口区档案局
地址：港口区渔洲坪
…………Tel:2861728

港口区文化和文化和旅游局
地址：港口区渔洲坪建政路
…………Tel:2862255

港口区商务局
地址：沙万路
…………Tel:2830289

港口区渔洲城工业园管理委员会
地址：港口区渔洲城工业园
…………Tel:2861132

港口区教育和科学技术局
地址：港口区
…………Tel:2861172

港口区粮食局
地址：港口区沙万路
…………Tel:2830611

上思县（0770）

党政、国家机构及社会团体

中国共产党及其所属机构

县（区、市）党委及其所属机构

中国共产党上思县委员会
地址：上思县民政路
…………Tel:8512290

中国共产党上思县直属机关工作委员会
地址：上思县民政路
…………Tel:8512206

中国共产党E思县委员会老干部局
地址：上思县民政路
…………Tel:8512360

中国共产党上思县委员会组织部
地址：上恩县民政路
…………Tel:8512288

中国共产党上思县委员会统战部
地址：上思县民政路
…………Tel:8512393

防城港市党史办公室
地址：上思县民政路
…………Tel:8512580

上思县档案局
地址：上恩县民政路
…………Tel:8512340

人民政府及其所属机构

县（区、市）

人民政府及其所属机构

上思县人民政府
地址：朝阳路
…………Tel:8512272

广西十万大山自然保护区管理处
地址：上思县环城东路
…………Tel:8511475

上思农村基层组织建设“三级联创”办公室
地址：上思县民政路
…………Tel:8518989

上思县人民防空办公室
地址：上思县中华路
…………Tel:8523019

上思县人事局
地址：上恩县
…………Tel:8512277

上思县人事劳动和社会保障局
地址：上思县民政路
…………Tel:8512384

上思县卫生局
地址：上恩县朝阳路
…………Tel:8522101

上思县市场监督管理局
地址：上思县思阳团结西路
…………Tel:8512165

上思县乡镇企业管理局
地址：上思县民政路
…………Tel:8512182

上思县公路局
地址：上思县团结东路
…………Tel:8512705

上思县计划生育局
地址：上思县更生路
…………Tel:8512367

上思县水产畜牧局
地址：上思县思阳镇东靖路42号
…………Tel:8512476

上思县水库移民工作管理局
地址：上思县东靖路
…………Tel:8520046
…………Tel:8523068
…………Tel:8520018

上思县水利局
地址：上思县东靖路
…………Tel:8512109

上思县发展计划局
地址：上思县民政路
…………Tel:8519056

上思县民政局
地址：上思县团结东路
…………Tel:8518512
…………Tel:8525155

上思县民族事务局
地址：上思县思阳镇民政路
…………Tel:8518053

上思县交通局
地址：上思县思阳镇民政路
…………Tel:8520102

上思县农业农村局
地址：上思县团结东路
…………Tel:8509175
…………Tel:8509177
…………Tel:8509176

上思县农业综合开发办公室
地址：上思县思阳镇更生路
…………Tel:8519930

上思县农村税费改革领导小组办公室
地址：上思县更生路
…………Tel:8522183

上思县防汛抗旱指挥部
地址：上思县东靖路
…………Tel:8510984

上思县那板水库灌区管理处
地址：上思县西安镇西安街2号
…………Tel:8512103

上思县地方税务局
地址：上思县更生路
…………Tel:8513302
…………Tel:8512001
…………Tel:8514802

上思县地方税务局直属征收管理分局
地址：上思县更生路
…………Tel:8520001

上思县地方税务局稽查局
地址：上思县团结东路
…………Tel:8512003

上思县应急管理局
地址：上思县民政路
…………Tel:8512296

上思县机关事务管理局
地址：上思县民政路
…………Tel:8512718

上思县机关效能建设领导小组办公室
地址：上思县史生路
…………Tel:8522588

上思县机构编制委员会办公室
地址：上思县民政路
…………Tel:8512493

上思县住房制度改革委员会力公室
地址：上思县
…………Tel:8510701

上思县住房和城乡建设局
地址：上思县中华路
…………Tel:8517493
…………Tel:8517495
…………Tel:8510017

上思县编纂委员会办公室
地址：上思县民政路
…………Tel:8512203

上思县扶贫开发领导小组办公室

地址：上思县中华路
……Tel:8510522
上思县财会中心
地址：上思县环城路
……Tel:8512251
上思县财会中心户
地址：上思县思阳镇团结东路
……Tel:8510106
……Tel:8510109
上思县财政局
地址：上思县更生路
……Tel:8512656
上思县质量技术监督局
地址：上思县北布路
……Tel:8512456
上思县贫困地区经济开发办公室
地址：上思县防北路
……Tel:3253442
上思县建设规划委员会
地址：上思县民政路
……Tel:8510017
上思县招标投标管理站
地址：上思县中华路
……Tel:8519368
上思县国土资源局
地址：上思县中华路
……Tel:8523785
……Tel:8516302
……Tel:8513963
上思县国家税务局
地址：西华路119号
……Tel:8516159
上思县审计局
地址：上思县更生路
……Tel:8512289
上思县经济贸易局
地址：上思县思阳镇民政路
……Tel:8512297
上思县环境保护局
地址：上思县思阳镇民政西路
……Tel:8512501
上思县林业局
地址：上思县环城东路
……Tel:8512515
上思县转变干部作风加强机关行政效能建设活动领导小组办公室
地址：上思县人民路
……Tel:8526987
上思县物价局
地址：上思县思阳镇民政路
……Tel:8512247
上思县物价检查所
地址：上思县民政路
……Tel:8517120
上思县统计局办公室
地址：上思县思阳镇民政路5号
……Tel:8512245
……Tel:8510009
……Tel:8521996
……Tel:8518809
……Tel:8511975
上思县科学技术局
地址：上思县更生路
……Tel:8512267
上思县食品药品监督管理局
地址：上思县团结西路
……Tel:8519338
……Tel:8519328
……Tel:8519489
上思县文化和文化和旅游局
地址：上思县民政路
……Tel:8513888
上思县烟草专卖局
地址：上思县中华路
……Tel:8511842
上思县教育局
地址：上思县更生路
……Tel:8513371
上思县森林防火指挥部办公室
地址：上思县思阳镇环城东路
……Tel:8527044
上思县粮食局
地址：上思县朝阳路
……Tel:8511322
上思县路政执法大队
地址：上思县团结东路
……Tel:8520002
……Tel:8511852
上思勤工俭学公司
地址：上思县更生路45号
……Tel:8514763
防城港市住房公积金管理中心上思县管理部
地址：上思县永泰街
……Tel:8521333
东兴市（0770）
党政、国家机构及社会团会
中国共产党及其所属机构
县（区、市）党委及其所属机构
中国共产党东兴市委员会
地址：东兴市兴东路
……Tel:7662698
中国共产党东兴市直属机关工作委员会
地址：东兴市兴东路
……Tel:7681585
中国共产党东兴市委员会东兴市人民政府接待办公室
地址：东兴市
……Tel:7699678
中国共产党东兴市委员会组织部
地址：东兴市兴东路
……Tel:7682876
中叶国共产党东兴市委员会统战部
地址：东兴市兴东路
……Tel:7681117
东兴市档案局
地址：东兴市兴东路
……Tel:7684803
人民政府及其所属机构
县（区、市）人民政府及其所属机构
东兴市人民政府
地址：东兴市兴东路
……Tel:7682537
广西水文水资源局东兴分局
地址：东兴市
……Tel:7694110
东兴市"三讲"教育办公室
地址：东兴市
……Tel:7665531
东兴市人力资源和社会保障局
地址：东兴市人力资源市场
……Tel:7689423
东兴市人口和计划生育局
地址：东兴市新华路
……Tel:7681668
东兴市人民防空办公室
地址：东兴市兴东路
……Tel:7694968
东兴市卫生局
地址：东兴市兴东路
……Tel:7686936
东兴市工业贸易和信息化局
地址：民族路
……Tel:7685046
东兴市市场监督管理局
地址：东兴市东盟大道
……Tel:7650331
……Tel:7650993
……Tel:7682852
东兴市市场监督管理局城北工商所
地址：东兴市国贸市场
……Tel:7687326
东兴市市场监督管理局城南工商所
地址：东兴市北园路
……Tel:7683372
东兴市土地储备整理中心
地址：东兴市北仑大道
……Tel:7685928
东兴市口岸改造二期工程项目领导小组办公室
地址：东兴市
……Tel:7680180
东兴市开发区扶贫开发领导小组办公室
地址：东兴市市政府大楼
……Tel:7681256
东兴市中小企业局
地址：东兴市
……Tel:7682884
东兴市文化和体育局
地址：东兴市永金街
……Tel:7682765
东兴市水电局
地址：东兴市兴东路
……Tel:7693877
东兴市水产畜牧局
地址：东兴市
……Tel:7684724
东兴市水库移民工作管理局
地址：东兴市新东路
……Tel:7663213
东兴市水利局
地址：东兴市兴东路
……Tel:7681051
东兴市外事侨务办公室
地址：东兴市
……Tel:7682919
东兴市边境经济贸易管理局
地址：东兴市北仑大道
……Tel:7690530
东兴市纠正行业不正之风领导小组
地址：东兴市
……Tel:7694977
东兴市民政局
地址：东兴市
……Tel:7681556
东兴市民族事务局
地址：东兴市政府办公楼
……Tel:7681760
东兴市交通局
地址：东兴市永金街
……Tel:7683512
东兴市农业农村局
地址：东兴市兴东路
……Tel:7682859
东兴市地方税务局
地址：东兴市北仑大道
……Tel:7689108
东兴市地方税务局东兴税务分局
地址：东兴市北仑大道
……Tel:7689993
东兴市行政审批管理办公室
地址：东兴市兴东路
……Tel:7662607
东兴市应急管理局
地址：东兴市兴东路
……Tel:7694936
东兴市机关事务管理局
地址：东兴市兴东路
……Tel:7681600
东兴市机构编制委员会办公室
地址：东兴市兴东路
……Tel:7684485
东兴市住房公积金管理中心
地址：东兴市永金街
……Tel:7691184
东兴市住房制度改革委员会办公室
地址：东兴市北仑大道
……Tel:7681739
东兴市财政局
地址：东兴市财源路
……Tel:7682423
东兴市质量技术监督局
地址：东兴市兴东路
……Tel:7672521
东兴市建设工程招标投标管理站
地址：东兴市民族大道
……Tel:7685608
东兴市建设局
地址：东兴市民族路北段
……Tel:7688106
……Tel:7668738
东兴市建设局建设工程交易中心
地址：东兴市中华大道
……Tel:7683250
东兴市拥军优属拥政爱民工作领导小组办公室
地址：东兴市
……Tel:7695050
东兴市国土资源局
地址：东兴市北仑大道
……Tel:7682871
东兴市国土资源勘测规划所
地址：东兴市北仑大道
……Tel:7662931
东兴市国农税务局发票管理所
地址：东兴市北仑大道
……Tel:7685132
东兴市国家税务局
地址：东兴市北仑大道
……Tel:7682851
东兴市审计局
地址：东兴市兴东路
……Tel:7682025
东兴市经济贸易局
地址：东兴市民族路
……Tel:7682887
东兴市环境保护局
地址：东兴市兴东路
……Tel:7682873
东兴市林业局
地址：东兴市兴东路
……Tel:7681881
东兴市物价局
地址：金冠路
……Tel:7685022
……Tel:7682992
东兴市知识产权局
地址：东兴市兴东路
……Tel:7661030
东兴市统计局
地址：东兴市兴东路
……Tel:7684275
东兴市食品药品监督管理局
地址：东兴市兴东路
……Tel:7669621
东兴市文化和文化和旅游局
地址：东兴市
……Tel:7684300
东兴市烟草专卖局
地址：东兴市北仑大道
……Tel:7686471
东兴市教育局
地址：东兴市兴东路
……Tel:7680693
东兴市教育和科学技术局
地址：东兴市兴东路
……Tel:7663030
东兴市粮食局
地址：东兴市四川路
……Tel:7681522
东兴市榕树头海堤管理所
地址：东兴市榕树头
……Tel:7698810
东兴对外经济技术协作总公司
地址：东兴市民主路41号
……Tel:7683261
京岛旅游开发领导小组办公室
地址：东兴市江平镇
……Tel:7222473
钦州市（0777）
党政、国家机构及社会团体
中国共产党及其所属机构
市（地区、自治州）
党委及其所属机构
中国共产党钦州市委员会
地址：富民路行政中心
……Tel:3688052
中国共产党钦州市直属机关丁作委员会
地址：永福东大街
……Tel:3688238
中国共产党钦州市委员会办公室
地址：永福大道富民路
……Tel:3688268
……Tel:2822792
中国共产党钦州市委员会台湾工作办公室
地址：行政中心
……Tel:3688039
中国共产党钦州市委员会老干部局
地址：行政中心
……Tel:2833052
中国共产党钦州市委员会组织部
地址：永福东大街
……Tel:3688123
中国共产党钦州市委员会统战部
地址：永福东大街
……Tel:2824481
中国共产党钦州市委员会政策研究室
地址：永福东大街
……Tel:3688827
中国共产党钦州市委员会党史研究室
地址：行政中心
……Tel:3688090
钦州市档案局
地址：鸡胸路
……Tel:3688466
县（区、市）党委及其所属机构
中国共产党钦州市钦北区委员会办公室
地址：钦北区行政中心
……Tel:3686901
中国共产党钦州开钦北区直属机关工作委员会
地址：钦北区行政信息中心
……Tel:3686769
中国共产党钦州市钦北区委员会老干部局
地址：钦北区行政信息中心
……Tel:3686072
中国共产党钦州市钦北区委员会组织部
地址：钦北区行政中心
……Tel:3686723
中国共产党钦州市钦北区委员会统战部
地址：钦北区行政中心
……Tel:3686879
中国共产党钦州市钦南区委员会办公室
地址：钦南区金海湾东大街行政中心
……Tel:2693536
中国共产党钦州市钦南区委员会老干部局
地址：南珠东大街
……Tel:2822320
中国共产党钦州市钦南区委员会组织部钦南区
办公室……Tel:2693590
……Tel:2693579
中国共产党钦州市钦南区委员会钦南区人民政府接待办公室
地址：广场路
……Tel:28295417
钦南区档案
地址：人民南路
……Tel:2828264
人民政府及其所属机构
市（地区、自治州）人民政府及其所属机构
钦州市人民政府
地址：永福东大街
……Tel:2820851
广西区水文水资源局钦州分局
地址：梅园路
……Tel:2823479
广西壮族自治区沿海公路管理局
地址：建设街通达巷
……Tel:2823887
……Tel:2825275
钦州市二轻城镇集体工业联合社
地址：南珠西大街
……Tel:2824452
钦州市人口和计划生育委员会
地址：新华路
……Tel:2829290
……Tel:2829502
钦州市人民防空办公室

地址：钦州湾大道
…………Tel:2860101

钦州市人民政府台湾工作办公室
地址：金海湾东大街
…………Tel:2693767

钦州市人民政府防治牲畜五号病指挥部
地址：永福西大街
…………Tel:2818778

钦州市人民政府防治牲畜五号病指挥部
地址：永福西大街
…………Tel:2818778

钦州市人民政府国有资产监督管理委员会
地址：钦州湾大道
…………Tel:2859566

钦州市人民政府征地拆迁工作办公室
地址：永福东大街
…………Tel:2822329

钦州市人民政府接待办公室
地址：文峰路
…………Tel:2818219

钦州市人事局
地址：永福东大街
…………Tel:2812698

钦州市卫生局
地址：永福西大街
…………Tel:2861865

钦州市工业和信息化委员会
地址：市政府大楼
…………Tel:3689638

钦州市市场监督管理局
地址：文峰北路
…………Tel:2825459

钦州市土地交易中心
地址：钦州市永福西大街12号
…………Tel:2820033

钦州市土地征收征用中心
地址：永福西大街
…………Tel:2835470

钦州市无线电管理委员会办公室
地址：龙墩路
…………Tel:2813909

钦州市水产畜牧局
地址：永福西大街
…………Tel:2825824

钦州市水利局
地址：滨江北路
…………Tel:2825467

钦州市发展和改革委员会
地址：永福东大街
…………Tel:2823491

钦州市打击走私综合治理领导小组办公室
地址：永福东大街
…………Tel:2825271

钦州市外事侨务办公室
新兴路
办公室…………Tel:2858255
…………Tel:2870529
…………Tel:2856851

钦州市民政局
地址：永福西大街
…………Tel:2851330

钦州市民族事务委员会
地址：钦州市永福东大街行政中心
…………Tel:3688156

钦州市民族经济发展资金管理所
地址：银河街
…………Tel:2895281

钦州市企业调查队
地址：永福东大街
…………Tel:2842362

钦州市交通局
地址：南珠西大街
…………Tel:2825320

钦州市农业农村局
地址：新兴街
…………Tel:2824881

钦州市农村改水项目办公室
地址：城中开发区
…………Tel:2822058

钦州市农村社会经济调查队
地址：永福东大街
…………Tel:2823898

钦州市防汛抗旱指挥部办公室
地址：滨江北路
…………Tel:2822495

钦州市地方志编纂委员会
地址：市行政中心
…………Tel:3688083

钦州市地方税务局
地址：子材西大街
…………Tel:2825329

钦州市地方税务局直属第一税务分局
地址：沙井大道
…………Tel:3693925

钦州市地方税务局直属第二税务分局
地址：南珠西大街
…………Tel:2844484

钦州市地方税务局稽查局
地址：子材西大街
…………Tel:2819092

钦州市应急管理局
地址：永福东大街
…………Tel:3688678

钦州市机关事务管理局
地址：永福东大街
…………Tel:3688639

钦州市机构编制委员会办公室
地址：市行政々心
…………Tel:3688085

钦州市老龄工作委员会办公室
地址：钦州市行政中心
…………Tel:2822417

钦州市住房公积金管理中心
地址：新兴街
…………Tel:2866036

钦州市住房制度改革委员会办公室
地址：新兴路
…………Tel:2824422

钦州市体育局
地址：一马路
…………Tel:2856356

钦州市扶贫开发领导小组办公室
地址：永福东大街
…………Tel:2835743

钦州市财政局
地址：钦州市银河街
…………Tel:2825458

钦州市财政局直属征收管理局
地址：钦州市龙墩巷41号
…………Tel:2820447

钦州市劳动和社会保障局
地址：永福东大街
…………Tel:2850859

钦州市侨务办公室
地址：新兴街
…………Tel:2825416

钦州市质量技术监督局
地址：向阳路
…………Tel:2825391
…………Tel:2853319

钦州市建设局
地址：钦州湾广场
…………Tel:2862023

钦州市建没规划委员会
地址：三沿路
…………Tel:2862199

钦州市国土资源局
地址：永福西大街
…………Tel:2843667

钦州市国家税务局
地址：钦州湾大道
办税服务大厅…………Tel:2833840
办事服务厅…………Tel:2880000
办公室…………Tel:2880033

钦州市国家税务局进出口税收管理分局
地址：文峰北路
…………Tel:2880128

钦州市国家税务局稽查局
地址：文峰北路
…………Tel:2880216

钦州市沿海公路局
地址：南珠西大街通达港
…………Tel:282。7570

钦州市审计局
地址：钦州市行政信息中心
办公室…………Tel:2810859
科办公室…………Tel:2838186
纪检组长办公室…………Tel:2838089

钦州市环境保护局
地址：钦州市金盛街2号
…………Tel:2832841

钦州市林业局
地址：新兴街
…………Tel:2825415

钦州市物价局
地址：兴业路
…………Tel:2825481

钦州市物价检查所
地址：兴业路
…………Tel:2817786

钦州市房改办
地址：锦绣花园3栋2楼
…………Tel:3685896

钦州市矿务局
地址：大垌镇稔子坪村
…………Tel:3213038

钦州市委机要局
地址：永福东大街
…………Tel:3688919

钦州市城区烟草专卖局
地址：子材西大街
…………Tel:2813381

钦州市城市社会经济调查队
地址：钦北区行政信息中心
…………Tel:2825890

钦州市统计局
地址：永福东大街
…………Tel:2824439

钦州市科学技术局
地址：建设路
…………Tel:2825438

钦州市食品药品监督管理局
地址：南珠西大街
…………Tel:2858098

钦州市调解处理土地山林水利纠纷办公室
地址：永福东大街
…………Tel:3688538

钦州市海防委员会办公室
地址：富民路新行政中心A325
…………Tel:2824407

钦州市海事局
地址：七里桥
…………Tel:2392882

钦州市爱国卫生运动委员会
地址：新兴路
…………Tel:2813209

钦州市文化和文化和旅游局
地址：永福东大街
…………Tel:3688758

钦州市烟草专卖局
地址：子材西大街238号
…………Tel:3693670
…………Tel:2825939

钦州市盐务管理局
地址：鸡胸路
…………Tel:2825393
…………Tel:2834107

钦州市预算外资金管理局
地址：银河街
…………Tel:2840603

钦州市商务局
地址：南珠西大街
办公室…………Tel:2836313
…………Tel:2811978
外贸科…………Tel:2824775

钦州市渔港监督处
地址：钦州市永福西大街18号
…………Tel:2825900

钦州市教育局
地址：新兴街
…………Tel:2822739

钦州市港口管理局
地址：钦州港经济开发区
…………Tel:3888511

钦州市粮食局
地址：钦州湾大道泥桥
…………Tel:2856508

县（区、市）
人民政府及其所属机构

钦北区人民政府
地址：钦北区行政中心
…………Tel:3686908

钦北区人口和计划生育局
地址：文峰北路
…………Tel:2856856

钦北区卫生局
地址：文峰南路
…………Tel:2822730

钦北区公路局
地址：南珠大道
…………Tel:2835260

钦北区少数民族语言办公室
地址：钦北区行政信息中心
…………Tel:3686797

钦北区水产畜牧兽医局
地址：钦州湾大道钦北区行政中心5楼
…………Tel:3686109

钦北区民政局
地址：钦州湾大道
…………Tel:2812716

钦北区民族事务局
地址：钦北区行政信息中心
…………Tel:2827796

钦北区农业农村局
地址：银河大街国泰路
…………Tel:2825342

钦北区农机局
地址：钦州市钦北区行政中心附近
…………Tel:3686137

钦北区应急管理局
地址：行政中心
…………Tel:3686946

钦北区住房制度改革委员会办公室
地址：钦北区行政信息中心
…………Tel:3686978

钦北区财政局
地址：钦州市钦北区行政信息中心
…………Tel:3686008

钦北区财政管理所
地址：文峰北路
…………Tel:2814590

钦北区劳动和社会保障局
地址：钦北区行政中心劳保大楼
…………Tel:3685606

钦北区侨务办公室
地址：钦北区行政信息中心
…………Tel:3686838

钦北区直属机关计划生育办公室
地址：文峰北路
…………Tel:2829970

钦北区建设局
地址：凤凰路
…………Tel:2822992

钦北区审计局
地址：钦北区行政中心
…………Tel:3686716

钦北区林业局
地址：钦北区行政中心
…………Tel:3686012

钦北区物价局
地址：钦北区行政中心
…………Tel:3686755

钦北区城区财政所
地址：钦北区
…………Tel:3686082

钦北区统计局
地址：行政中心
…………Tel:3686958

钦北区科学技术局
地址：钦北区行政中心
…………Tel:3686792

钦北区减灾扶贫服务中心
地址：钦州湾大道
…………Tel:2824235

钦北区接待办公室
地址：钦北区行政中心
…………Tel:3686997

钦北区教育局
…………Tel:3686255

钦北区粮食局
地址：钦北区行政中心
…………Tel:3686089
…………Tel:3686095

钦州市市场监督管理局钦北分局
地址：民福路
…………Tel:2822920

钦州市市场监督管理局钦州港分局
地址：钦州港市场
…………Tel:3888601

钦州市市场监督管理局钦南分局
地址：民福路
…………Tel:2822951

钦州市市场监督管理局钦城分局
地址：南珠西大街
…………Tel:2824731

钦州市地方税务局钦北分局
地址：子材西大街
…………Tel:2830382

钦州市地方税务局钦州港区分局
地址：钦州港柳州北路
…………Tel:3888439

钦州市财政局钦州港区分局
地址：钦州港柳州路
综合科…………Tel:3888359
…………Tel:3888904
…………Tel:3887010

钦州市国土资源局钦北分局
地址：育才路
…………Tel:2823069
…………Tel:2861819

钦州市国土资源局钦州港分局
地址：钦州港滨海小区
…………Tel:3885006

钦州市国土资源局钦南分局
地址：子材西大街
…………Tel:2831185

钦州市国家税务局钦北分局
地址：子材西大街
…………Tel:2830493

钦州市环境保护局钦北分局
地址：行政中心
…………Tel:3685590

钦州市环境保护局钦州港经济开发区分局
地址：钦州港
…………Tel:3883369

钦州市环境保护局钦南分局
地址：行政中心
…………Tel:2693731
…………Tel:2693796

钦州市海洋局钦州港分局
地址：钦州湾
…………Tel:3885007

钦州烟草专卖局钦城区分局
地址：文峰路
…………Tel:2817763

钦州港工委和管委办公室
地址：钦州港
…………Tel:3887561

钦州港市政管理处
地址：钦州港市场内
…………Tel:3883638

国家税务局中国(广西)自由贸易试验区钦州港片区税务局
地址：钦州港广场旁
…………Tel:3889628

钦州港经济开发区人事劳动和社会保障局
地址：钦州港区
办公室…………Tel:3883236
干部科…………Tel:3883286

组织科……Tel:3883233

钦州港经济开发区地方税务局
地址：钦州港经济开发区
……Tel:3888548

钦州港经济开发区社会工作局
地址：钦州港经济开发区
……Tel:3880396

钦州港经济开发区国家税务局
地址：钦州港逸仙路
……Tel:3889945

钦州港经济开发区经济发展局
地址：钦州湾招商大厦
……Tel:3887811

钦南区人民政府
地址：金海湾东大街
……Tel:2693633

钦南区二轻工业管理局
地址：一马路
……Tel:2823261

钦南区人力资源和社会保障局
地址：南珠东大街59号
……Tel:2102128

钦南区人口和计划生育局
地址：二马路
……Tel:2823543

钦南区卫生局
地址：沿水路
……Tel:2850171

钦南区工业和信息化局
地址：金海湾东大街
……Tel:2693641

钦南区公路管理局
地址：南珠西大街
……Tel:2822265
……Tel:2822619

钦南区中小企业局
地址：南珠东大街
……Tel:2825273

钦南区文化和体育局
地址：二马路
……Tel:2825127

钦南区水产畜牧局
地址：钦南区政府4楼
……Tel:2693758

钦南区水利局
地址：沙井大道89号
……Tel:2108006

钦南区发改局
……Tel:2693002

钦南区发展计划局
地址：南珠东大街
……Tel:2826189

钦南区民政局
地址：金海湾东大街
……Tel:2693771
……Tel:2836110

钦南区交通局
地址：文峰北路
……Tel:2810340

钦南区农业农村局
地址：钦州市南珠东大街155号
……Tel:2391713

钦南区农机局
地址：锦青路
……Tel:2396222

钦南区地方志编纂委员会
地址：区行政中心
……Tel:2693777

钦南区地方税务局
地址：子才西大街93号
……Tel:2838002

钦南区地方税务局大寺税务所
地址：大寺镇解放路
……Tel:5718230

钦南区地方税务局沙埠税务所
地址：南珠东大街
……Tel:2398896

钦南区地方税务局康熙岭税务所
地址：康熙岭镇
……Tel:3553159

钦南区应急管理局
地址：沙埠镇
……Tel:2857019

钦南区机关事务管理局
地址：人民南路
……Tel:2822372

钦南区机构编制委员会办公室
地址：南珠东大街
……Tel:2825451

钦南区住房制度改革委员会力公室
地址：民乐路
……Tel:2829540

钦南区扶贫开发领导小组办公室
地址：南珠东大街
……Tel:2820845

钦南区财政
地址：南珠西大街
……Tel:2823360

钦南区财政局资金管理所
地址：南珠西大街
……Tel:2810054

钦南区劳动和社会保障局
地址：人民南路
……Tel:2822370

钦南区侨务办公室
地址：人民南路
……Tel:2825368

钦南区建设局
地址：沿水路
……Tel:2859819

钦南区国家税务局
地址：梅园路
……Tel:2837722

钦南区国家税务局那丽税务分局
地址：那丽镇丽钦路
……Tel:3751533

钦南区国家税务局城中分局
地址：人民路
……Tel:2824196

钦南区审计局
地址：金海湾东大街
……Tel:2693706

钦南区经济贸易局
地址：广场路
……Tel:2856537

钦南区林业局
地址：钦南区
……Tel:2397219

钦南区物价局
地址：钦州湾富港新城
……Tel:2693775

钦南区统计局
地址：四马路
……Tel:2876891

钦南区科学技术局
地址：人民南路
……Tel:2693515

钦南区调解处理土地山林水利纠纷办公室
地址：钦南区行政信息中心
……Tel:2820024

钦南区海防委员会办公室
地址：育才路
……Tel:2825517

钦南区文化和文化和旅游局
地址：南珠东大街
……Tel:2397803

钦南区教育局
地址：新兴路
……Tel:2822381

钦南区黎合江工业园管理委员会
地址：黎合江开发区
主任办公室……Tel:2365518
办公室……Tel:2365508

灵山县（0777）

党政、国家机构及社会团体

中国共产党及其所属机构

县（区、市）党委及其所属机构

中国共产党灵山县委员会
地址：和平街
……Tel:6529338

中国共产党灵山县直属机关工作委员会
地址：灵山县和平路
……Tel:6523069

中国共产党灵山县委员会老干部局
地址：灵山县和平路
……Tel:6523064

中国共产党灵山县委员会组织部
地址：灵山县和平路
……Tel:6522254

灵山县档案局
地址：灵山县和平路
……Tel:6523092

人民政府及其所属机构

县（区、市）人民政府及其所属机构

灵山县人民政府
地址：灵山县广场路31号
……Tel:6516529

灵山县人口和计划生育局
地址：灵山县丰江路136号
……Tel:6522667

灵山县人才交流服务中心
地址：灵山县六峰路43号
……Tel:6519678

灵山县人事局
地址：灵山县广场路
……Tel:6519608

灵山县卫生局
地址：灵山县解放路
……Tel:6988350

灵山县工信局
地址：广场路县府
……Tel:6529318

灵山县市场监督管理局
地址：灵山县丰江路
……Tel:6522573

灵山县市场监督管理局
地址：丰江路
……Tel:6529068

灵山县乡镇企业局
地址：灵山县六峰路
……Tel:6523374

灵山县公路局
地址：灵山县丰江路
……Tel:6522724

灵山县计划委员会
地址：灵山县广场路
……Tel:6522032

灵山县中小企业局
地址：灵山县六峰路
……Tel:6523131

灵山县文化和体育局
地址：灵山县宝石大道
……Tel:6982355

灵山县水产畜牧兽医局
地址：灵山县友谊路
办公室……Tel:6519339
……Tel:6523526

灵山县水利电力局
地址：灵山县友谊路
……Tel:6523796

灵山县外事侨务办公室
地址：灵山县广场路
……Tel:6517866

灵山县民政局
地址：海峰路
……Tel:6427108

灵山县民族事务局
地址：灵山县和平路
……Tel:6513007

灵山县交通局
地址：灵山县江南路东段
……Tel:6501435

灵山县农业区划办公室
地址：灵山县江南路
……Tel:6425834

灵山县农业农村局
地址：灵山县江南大道
……Tel:6423006

灵山县地方税务局
地址：灵山县江南大道
……Tel:6429006

灵山县地方税务局直属税务分局
地址：灵山县进城大道
……Tel:6429299

灵山县应急管理局
地址：灵山县六峰路
……Tel:6525096

灵山县机动车辆报名处
地址：灵山县交警大门左边第三间
……Tel:6421239
……Tel:6422919

灵山县机构编制委员会办公室
地址：灵山县广场路
……Tel:6523204

灵山县县志编纂委员会
地址：灵山县和平路
……Tel:6524313

灵山县扶贫开发领导小组办公室
地址：灵山县六峰路
……Tel:6515210

灵山县财政局
地址：灵山县七星开发区
……Tel:6428529

灵山县劳动和社会保障局
地址：灵山县广场路
……Tel:6523033

灵山县质量技术监督局
地址：灵山县丰江路
……Tel:6522470

灵山县建设局
地址：灵山县江南路
……Tel:6522052

灵山县国土资源局
地址：灵山县文峰路
……Tel:6428308

灵山县国家税务局
地址：灵山县海峰路
……Tel:6425815

灵山县国家税务局稽查局
地址：灵山县和平路
……Tel:6525827
……Tel:6522524

灵山县审计局
地址：钦州市灵山县友谊路78号
……Tel:6523093

灵山县经济委员会
地址：灵山县
……Tel:6523956

灵山县经济贸易局
地址：灵山县广场路
……Tel:6522334

灵山县环境保护局
地址：灵山县丰江路
……Tel:6522345

灵山县林业局
地址：灵山县广场路
……Tel:6517333

灵山县物价局
地址：灵山县广场路
……Tel:6510058

灵山县房地产管理局
地址：灵山县丰江路
……Tel:6523319

灵山县房产管理局
地址：钦州市灵山县丰江路
……Tel:6529918

灵山县复退军人安置办公室
地址：灵山县广场路
……Tel:6522034

灵山县项目工作办公室
地址：灵山县灵城镇广场路县政府大院
……Tel:6521588

灵山县城镇住房制度改革委员会办公室
地址：灵山县广场路
……Tel:6513799

灵山县统计局
地址：政府大院
……Tel:5162682

灵山县政务服务中心管理办公室
地址：江南路华源大厦二楼
……Tel:6428810

灵山县科学技术局
地址：灵山县广场路
……Tel:6523034

灵山县文化和文化和旅游局
地址：灵山县广场路
……Tel:6522048

灵山县烟草专卖局
地址：灵山县江南路
……Tel:6522316

灵山县商务局
地址：灵山县灵城镇东门街10号
……Tel:6512929

灵山县教育局
地址：灵山县七星开发区
……Tel:6428366

灵山县道路运输管理所
地址：灵山县江南路东段
……Tel:6501133

灵山县粮食局
地址：灵山县灵中路
……Tel:6211066

国家统计局灵山调查队
地址：灵山县六峰路
……Tel:6523032

浦北县（0777）

党政、国家机构及社会团体

中国共产党及其所属机构

县（区、市）党委及其所属机构

中国共产党浦北县委员会办公室
地址：浦北县解放北路
……Tel:8212236

中国共产党浦北县直属机关工作委员会
地址：浦北县解放路
……Tel:8211214

中国共产党浦北县委员会老干部局
地址：浦北县解放路
……Tel:8212891

中国共产党浦北县委员会组织部
地址：浦北县解放路
……Tel:8313396

中国共产党浦北县委员会统战部
地址：浦北县解放路
……Tel:8212876

浦北县档案局
地址：浦北县江滨西路
……Tel:8212256

人民政府及其所属机构

县（区、市）人民政府及其所属机构

浦北县人民政府
地址：浦北县解放路
……Tel:8211079

浦北县人口和计划生育局
地址：浦北县江滨东路
……Tel:8212336

浦北县人事局
地址：浦北县解放北路
……Tel:8317428

浦北县卫生局
地址：浦北县江滨东路
……Tel:8212228

浦北县工资改革领导小组办公室
地址：浦北县解放路
……Tel:8211043

浦北县市场监督管理局
地址：县越州大道
……Tel:8212594

浦北县公路管理局
地址：浦北县小江镇越秀路
……Tel:8211032
……Tel:8218161

浦北县手工业联社
地址：浦北县光明路
……Tel:8316862

浦北县文化和体育局
地址：浦北县体育中心
……Tel:8212314

浦北县水利局
地址：浦北县民兴路
……Tel:8212218

浦北县发展计划局

地址：浦北县解放路
……Tel:8314601

浦北县发展和改革局
地址：浦北县政府大院
……Tel:8317000

浦北县民政局
地址：县政府大院
……Tel:8311813

浦北县交通局
地址：浦北县越州大道
……Tel:8212128

浦北县农业农村局
地址：浦北县民兴路
……Tel:8316385

浦北县农村基层组织建设办公室
地址：浦北县解放路
……Tel:8213320

浦北县地方税务局
地址：县城南区
……Tel:8212797

浦北县安监局
地址：解放路
……Tel:8313295

浦北县机构编制委员会办公室
地址：浦北县解放路
……Tel:8212917

浦北县住房制度改革委员会办公室
地址：浦北县解放路
……Tel:8316599

浦北县扶贫开发领导小组办公室
地址：浦北县解放路
……Tel:8213845

浦北县财政局
地址：浦北县解放中路
……Tel:8335889

浦北县财政局金融办
地址：新财政局一楼
……Tel:8319166

浦北县劳动和社会保障局
地址：浦北县解放路县政府大院
……Tel:8212224

浦北县质量技术监督局
地址：城西圹
……Tel:8212542

浦北县建设局
地址：浦北县六一路1号
……Tel:8211037

浦北县招商促进局
地址：解放路
……Tel:8216017

浦北县国土资源局
地址：浦北县城南区
……Tel:8317533

浦北县国家税务局
地址：浦北县小江镇
……Tel:8213616

浦北县经济局
地址：浦北县解放北路
办公室……Tel:8213655
综合股……Tel:8212429

浦北县经济贸易局
地址：浦北县浦北区小江镇光明路
……Tel:8213232

浦北县生态环境局
地址：浦北县东滨路
……Tel:8211137

浦北县林业局
地址：浦北县滨江路
……Tel:8312083

浦北县房产管理局
地址：浦北县解放路
……Tel:8213726
局长室……Tel:8313765

浦北县科学技术局
地址：浦北县文化路
……Tel:8212315

浦北县调解处理土地森林水利纠纷办公室
地址：浦北县解放路
……Tel:8213656

浦北县爱国卫生运动委员会
地址：浦北县解放中路
……Tel:8313518

浦北县文化和文化和旅游局
地址：浦北县计生局大院内
……Tel:8310693

浦北县烟草专卖局
地址：浦北县小江镇东风路
财务室……Tel:8313373
业务部……Tel:8212624
值班室……Tel:8217202

浦北县畜牧水产局
地址：浦北县城越州大道
……Tel:8213426

浦北县商务局
地址：浦北县光明路
……Tel:8212404

浦北县教育局
地址：浦北县小江镇民兴路
办公室……Tel:8212232
招生办……Tel:8212480

浦北县粮食管理局
地址：浦北县新兴路
……Tel:8211151

贵港市（0775）

党政、国家机构及社会团体

中国共产党及其所属机构

市（地区、自治州）党委及其所属机构

中国共产党贵港市委员会
地址：贵港市行政中心
……Tel:4563014
……Tel:4563015
……Tel:4563000
……Tel:4563017

中国共产党贵港市直属机关工作委员会
地址：贵港市行政中心A区1楼
……Tel:4555256

中国共产党贵港市委员会老干部局
地址：石羊塘开发区
……Tel:4524007

中国共产党贵港市委员会组织部
地址：中山北路
……Tel:4563080

中国共产党贵港市委员会统战部
地址：贵港市行政中心综合楼A区1楼
……Tel:4563213

中国共产党贵港市委员会贵港市人民政府接待办公室
地址：中山北路
……Tel:4563165

中国共产党贵港市委员会政策研究室
地址：行政中心
……Tel:4552837

中国共产党贵港市委员会党史办公室
地址：贵港市行政中心A区市委楼1楼
……Tel:4563112
副主任办公室……Tel:4563589
综合科……Tel:4563111
……Tel:4563110
编辑部……Tel:4563113

贵港市档案局
地址：江北大道
……Tel:4524518

县（区、市）党委及其所属机构

中国共产党贵港市港北区委员会办公室
地址：港北区行政中心
……Tel:4258001

中国共产党贵港市港北区直属机关工作委员会
地址：港北区行政中心
……Tel:4258312

中国共产党贵港市港北区委员会组织部
地址：港北区行政中心
……Tel:4258181

中国共产党贵港市港南区委员会
地址：港南区行政中心
……Tel:4332001

中国共产党贵港市港南区直属机关工作委员会
地址：江一路
……Tel:4325082

中国共产党贵港市港南区委员会组织部
地址：港南区行政中心
……Tel:4329588

中国共产党贵港市港南区委员会统战部
地址：港南区行政中心
……Tel:4332787

中国共产党贵港市港南区委员会港南区人民政府接待办公室
地址：港南区行政中心
……Tel:4332558

港南区档案局
地址：江南大道
……Tel:4331090

中国共产党贵港市覃塘区委员会
地址：覃塘区行政中心
……Tel:4861121

中国共产党贵港市覃塘区直属机关工作委员会
地址：覃塘区行政中心
……Tel:4861213

中国共产党贵港市覃塘区委员会组织部
地址：覃塘区行政中心主楼
……Tel:4861198

中国共产党贵港市覃塘区委员会统战部
地址：覃塘区行政中心
……Tel:4861157

中国共产党贵港市覃塘区委员会覃塘区档案局
地址：覃塘区
……Tel:4861352

人民政府及其所属机构

市（地区、自治州）人民政府及其所属机构

贵港市人民政府
地址：中山北路
……Tel:4563303

江南工业园开发建设管理委员会
地址：富士新城
……Tel:4569379

国家统计局贵港调查队
地址：江南大道江一路
……Tel:4861073

贵港市人力资源和社会保障局
地址：中山路
……Tel:4566162
……Tel:2936883
投诉……Tel:4565403

贵港市人口和计划生育局
地址：港北行政中心
……Tel:4258268

贵港市人民防空办公室
地址：解放路
……Tel:4240216

贵港市人民政府办证管理办公室
地址：邮政大厦
……Tel:4563276

贵港市卫生局
地址：龙床井巷10号
……Tel:4555006

贵港市卫生局防保科
地址：仙依路
……Tel:4555010

贵港市市场监督管理局城东工商所
地址：和平路
……Tel:4214692

贵港市市场监督管理局城西工商所
地址：石羊塘
……Tel:4520974

贵港市公路运输管理处
地址：三堆岭（一九一路）
……Tel:4553152

贵港市公路管理局
地址：金港大道
办公室……Tel:4569961
传真……Tel:4562231
值班室……Tel:4561974
路政管理处……Tel:4567412
公路通行费管理科……Tel:4565133
看护管理科……Tel:4560610
政治处……Tel:4565186

贵港市计划生育培训服务巾心
地址：石羊塘计生大楼
……Tel:4522055

贵港市无线电管理处
地址：和平路西汕塘8号楼
……Tel:4236209

贵港市无害化垃圾处理重点项目办公室
地址：江北大道
……Tel:4245898

贵港市水库移民工作管理局
地址：贵港市港北区金田路贵港市防汛抗旱调度中心大楼12楼
……Tel:4595871

贵港市发展和计划委员会
地址：贵港市行政中心
……Tel:4563433

贵港市发展和改革委员会
地址：行政中心
……Tel:4563438

贵港市外事侨务办公室
地址：行政中心c区
……Tel:4552136

贵港市民政局
地址：中山路
……Tel:4526700
民政办公室……Tel:4526300

贵港市民族事务委员会
地址：行政中心A区
……Tel:4563551

贵港市价格成本调查队
地址：贵港市行政中心
……Tel:4563445

贵港市交通局
地址：建设中路
办公室……Tel:4291528
综合科……Tel:4291526
公路处……Tel:4291709
运管处……Tel:4291732
港航处……Tel:4291570

贵港市交通征费稽查处
地址：贵港市中山路338号
……Tel:4551818

贵港市交通征费稽查处直属所
地址：中山路
……Tel:4550858

贵港市农业区划办公室
地址：贵港市行政中C座527室
……Tel:4563483

贵港市农业生产资料公司
地址：和平路
……Tel:4215654

贵港市农业行政执法支队
地址：中山路
……Tel:4214588

贵港市农业农村局
地址：中山路
……Tel:4232926
……Tel:4212926
……Tel:4215173
……Tel:4231619

贵港市农民负担监督管理办公室
地址：中山路行政中心
……Tel:4563351

贵港市农村改水办公室
地址：建设中路
……Tel:4226572

贵港市农村经济管理站
地址：贵港市行政中心C区543号
……Tel:4563350

贵港市防雷中心
地址：金港大道580号
……Tel:4588421

贵港市地方志编纂委员会办公室
地址：石羊塘
……Tel:4524528
……Tel:4523759
……Tel:4526005

贵港市地方税务局
地址：金港大道901号
……Tel:4566756

贵港市地方税务局直属征收管理局
地址：金广大道
……Tel:4558739

贵港市地方税务局直属税务分局
地址：金港大道中段
……Tel:4558737

贵港市地方税务局城东分局
……Tel:4241709

贵港市地方税务局城西分局
地址：石羊塘
……Tel:4523056

贵港市地方税务局稽查局
地址：市南梧路东森房地产地税
……Tel:4568640

贵港市应急管理局
地址：中山北路
……Tel:4567600

贵港市机关事务管理局
地址：行政中心C区1楼107室
……Tel:4563502
传真……Tel:4563511

贵港市机构编制委员会办公室
地址：中山北路
……Tel:4563223

贵港市产品质量监督检验所
地址：富士新城
……Tel:4567978
办公室……Tel:4554218
……Tel:4567108

贵港市住房公积金管理中心
地址：中山路
……Tel:4563382

贵港市住房制度改革委员会力公室
地址：中山路
……Tel:4563386

贵港市体育局
地址：贵港市行政中心大楼
……Tel:4563312

贵港市扶贫开发办公室
地址：贵港市港北区行政中心
……Tel:4258387

贵港市财政局
地址：金港大道902号
……Tel:4553600

贵港市劳动就业服务中心
地址：贵港市金港大道
……Tel:4569459
办公室……Tel:4567370

贵港市质量技术监督局
地址：中山路商检局大院内
……Tel:4565589

贵港市建设投资管理委员会办公室
地址：金港大道
……Tel:4553820

贵港市建设规划委员会
地址：解放路
……Tel:4214187

贵港市招商促进局
地址：中山北路9号邮政大厦2楼
……Tel:5900628

贵港市国土资源局
地址：友谊大道港宁花园
……Tel:4213122
……Tel:4293093
……Tel:4243542
……Tel:4222568
地产中心……Tel:4227883
交易中心……Tel:4223888
直属分局……Tel:4224653
政务中心……Tel:4212068
信息中心……Tel:4241351
测绘院……Tel:4216182
覃塘分局……Tel:4722097
储备中心……Tel:4295026
整理中心……Tel:4227671
港北分局……Tel:4561253
港南分局……Tel:4325316

贵港市国土资源局江南国土资源管理所
地址：港南区
……Tel:4329633

贵港市国土资源局直属分局
地址：友谊大道

……Tel:4224653
贵港市国土资源局覃塘分局
地址：南环路
……Tel:4722097
贵港市国有资产监督管理委员会
地址：贵港市行政中心
……Tel:4556113
贵港市国家生态工业园区项目领导小组办公室
地址：行政中心
……Tel:4563373
贵港市国家税务局
地址：贵港市中山中路
……Tel:4568619
贵港市国家税务局直属税务分局
地址：金港大道
……Tel:4569355
贵港市国家税务局稽查局
地址：江南大道
……Tel:4324756
贵港市审计局
地址：中山路
办公室……Tel:4566125
值班室……Tel:4552300
行政事业审计科……Tel:4569240
经济责任审计科……Tel:4567477
财政金融审计科……Tel:4566340
经贸审计科……Tel:4565140
固定资产投资审计科
……Tel:4566615
贵港市经济委员会
地址：行政中心
……Tel:4563408
贵港市环境保护局
地址：中山北路
……Tel:4563525
贵港市环境监测站
地址：建设西路
……Tel:4229615
贵港市林业局
地址：中山路
办公室……Tel:4213128
营林科……Tel:4243430
林政科……Tel:4221606
计财科……Tel:4234662
防火办……Tel:4215874
农业科……Tel:4226929
贵港市物价局
地址：行政中心C区
……Tel:4563429
收费管理科……Tel:4563430
……Tel:4554026
贵港市物价检查所
地址：行政中心
……Tel:4563446
贵港市房产管理局
地址：覃塘镇罗齐垌开发区
……Tel:4723707
贵港市城区公路运输管理所
地址：江北大道中段31号
……Tel:4231399
贵港市城区公路局
地址：江北大道中段
……Tel:4231348
贵港市城区劳动保障事务所
地址：富士新城开发劳动保障局南侧
……Tel:4552970
贵港市统计局
地址：市行政中心
……Tel:4565559
贵港市残疾人劳动就业服务指导中心
地址：金港大道中段
……Tel:4522815
贵港市科学技术局
地址：新世纪广场
……Tel:4563470
贵港市食品药品监督管理局
地址：江北大道
……Tel:4526170
稽查队……Tel:4521199
传真……Tel:4525658
人事教育传……Tel:4526112
市场监督科……Tel:4526171
贵港市债务管理局
地址：中山中路1号院
……Tel:4526035
贵港市资金局
地址：南梧路
……Tel:4561796
贵港市特种设备监督检验所
地址：金港大道
……Tel:4567201
贵港市文化和文化和旅游局
地址：人事局大院4楼
……Tel:4555990
贵港市商务局
地址：和平路312号
……Tel:4222005
贵港市基层办
地址：贵港市行政中心A区449号
……Tel:4568012

贵港市教育局
地址：金港大道
……Tel:4573578
贵港市黄金水道办
地址：金田路交通管理中心
……Tel:4291593
贵港市就业服务企业保险服务中心
地址：金港大道
……Tel:4566850
贵港市港澳台侨外事联谊委员会
地址：中山北路
……Tel:4563613
贵港市散装水泥办公室
地址：金港大道富士新城
……Tel:4550009
贵港市勤工俭学公司
地址：西江小学内
……Tel:4215737
贵港市粮食局
地址：石羊塘
……Tel:4528088
办公室……Tel:4528082
……Tel:4528085
……Tel:4528087
……Tel:4528080
贵港市墙体材料改革办公室
地址：解放路
……Tel:4228078

县（区、市）
人民政府及其所属机构

城北新区开发建设管理委员会
地址：中山中路
……Tel:4553967
贵港市市场监督管理局港北分局
地址：建设路
……Tel:4232158
贵港市市场监督管理局港北分局大圩工商所
地址：大圩镇大圩街
……Tel:4732034
贵港市市场监督管理局港北分局中里工商所
地址：中里乡中里街
……Tel:4208004
贵港市市场监督管理局港北分局庆丰工商所
地址：庆丰镇新圩街
……Tel:4622123
贵港市市场监督管理局港北分局武乐工商所
地址：港北区武乐乡
……Tel:4910040
贵港市丁商行政管理局港北分局城中工商所
地址：西汕塘
……Tel:4212125
贵港市市场监督管理局港北分局根竹工商所
地址：根竹乡
……Tel:4862232
贵港市市场监督管理局港北分局奇石工商所
地址：奇石乡
……Tel:4207028
贵港市_市场监督管理局港南分局
地址：江南大道
……Tel:4322336
贵港市市场监督管理局港南分局瓦塘工商所
地址：瓦塘乡
……Tel:4840032
贵港市市场监督管理局港南分局江南工商所
地址：江南大道（江一路）
……Tel:4331130
贵港市市场监督管理局港南分局桥圩工商所
地址：桥圩镇工农路
……Tel:4782064
贵港市市场监督管理局覃塘分局大岭工商所
地址：大岭乡
……Tel:4752010
贵港市市场监督管理局覃塘分局山北工商所
地址：山北孝
……Tel:4971037
贵港市市场监督管理局覃塘分局三里工商所
地址：三里镇
……Tel:4792064
贵港市市场监督管理局覃塘分局五里工商所
地址：五里镇
……Tel:4852093
贵港市市场监督管理局覃塘分局蒙公工商所
地址：覃塘区蒙公乡
……Tel:4652019
贵港市地方税务局港南分局直属税务所
地址：江南大道

……Tel:4328881
贵港市国土资源局侦查支队港北分局
地址：友谊大道港宁花园
……Tel:4552585
贵港市审计局港北区审计办事处
地址：荷城路
……Tel:4258508
贵港市审计局港南区审计办事处
地址：港南区行政中心
……Tel:4328297
贵港市审计局覃塘办事处
地址：覃塘镇
……Tel:4725660
港北区人民政府
地址：港北区行政中心
……Tel:4258320
港北区人力资源和社会保障局
地址：港北区行政中心
……Tel:4258023
港北区人口和计划生育局
地址：港北区行政中心A613
……Tel:4258283
办证室……Tel:4565219
港北区卫生局
地址：港北区行政中心办公大楼
……Tel:4258280
港北区三百工程项目建设办公室
地址：荷城路
……Tel:4258529
港北区文化和体育局
地址：港北区行政中心
……Tel:4258338
港北区水利局
地址：中山路
……Tel:4205320
港北区市国家税务局港城税务分局
地址：全港大道
……Tel:4526250
港北区发展和改革局
地址：中山北路
……Tel:4258121
港北区东华矿产分析检测站
地址：江北大道
……Tel:4239384
港北区民政局
地址：港北区石羊塘
……Tel:4520813
港北区交通局
地址：金港大道
……Tel:4568679
港北区农业农村局
地址：金港大道
……Tel:4569058
港北区农机局
地址：港北区
……Tel:4578103
港北区地方税务局
地址：金港大道德保建材街3-4-6号
……Tel:4567613
港北区地方税务局大圩税务分局
地址：大圩镇商业大街
……Tel:4732017
办证厅……Tel:4730093
港北区地方税务局城北分局
地址：金港大道
……Tel:4569262
港北区地方税务局城东分局
地址：和平路
……Tel:4241715
港北区地方税务局城思地方税务分局
地址：贵港市
……Tel:4521561
港北区应急管理局
地址：荷城路
……Tel:4258295
港北区机关事务管理局
地址：荷城路
……Tel:4258071
港北区机构编制委员会办公室
地址：港北区行政中心
……Tel:4258139
港北区财政局
地址：行政中心对面
……Tel:4258719
港北区建设局
地址：荷城路
……Tel:4258393
港北区国家税务局
地址：解放路
……Tel:4231032
港北区国家税务局港城分局城东组
地址：北门市场
……Tel:4225282
港北区经济贸易局
地址：港北区行政中心
……Tel:4258378
港北区林业局
地址：金港大道
……Tel:4258258
港北区统计局
地址：港北区行政中心

……Tel:4258500
港北区债务管理局
地址：港北区行政中心B409
……Tel:4258368
港北区畜牧水产局
地址：港北区城四路
……Tel:4556126
港北区教育和科技局
地址：建设西路
……Tel:4229155
港北区储备粮管理公司
地址：江北中路36号
……Tel:4247068
港北区新区开发办公室
地址：港北区行政中心
……Tel:4258170
港北区粮食局
地址：江北大道中段
……Tel:4221536
港南区人民政府
地址：江一路128号
……Tel:4331108
港南区人力资源和社会保障局
地址：江南大道
……Tel:4591712
港南区人口和计划生育局
地址：港南区江一路90号
……Tel:4325260
港南区人口和计划生育服务站
……Tel:4328522
港南区人民政府江南办事处
地址：港南区行政中心综合楼东1楼126室
……Tel:4327682
港南区卫生局
地址：木松岭
……Tel:4325850
港南区开发领导小组办公室
地址：港南行政中心
……Tel:4329209
港南区文化和体育局
地址：港南区行政中心
……Tel:4332613
港南区水产畜牧局
地址：港南区行政中心
……Tel:4330389
港南区水利局
地址：港南区行政中心
……Tel:4329501
港南区发展和改革局
地址：港南区行政中心综合楼
……Tel:4324487
港南区民政局
地址：江一路
……Tel:4332599
港南区交通局
地址：公正街8号
……Tel:4320818
港南区农业农村局
地址：港南区行政中心
……Tel:4332023
港南区农机局
地址：贵港市港南区政府办公楼2楼217号
……Tel:4332299
港南区农税局
地址：贵港市港南区财政局（函授站内）
……Tel:4324566
港南区防汛抗旱指挥部办公室
地址：港南区行政中心
……Tel:4329510
港南区地方税务局
地址：江南大道4号
……Tel:4324888
港南区应急管理局
地址：港南区行政中心
……Tel:4328102
港南区机构编制委员会办公室
地址：港南区行政中心综合楼
……Tel:4332708
港南区财政局
地址：江南大道
……Tel:4330313
港南区社会主义新农村建设领导小组办公室
地址：港南区行政中心
……Tel:4329258
港南区直属机关后勤服务中心
地址：江南大道江一路。
……Tel:4331009
港南区建设局
地址：江南行政中心综合楼1楼西侧
……Tel:4330260
港南区招商促进局
地址：港南区行政中心办公大楼
……Tel:4332729
港南区国家税务局
地址：江南大道
……Tel:4322102
港南区经济贸易局

地址：江南大道江一路128号
……Tel:4332293
港南区环境保护站
地址：江南大道
……Tel:4329271
港南区林业局
地址：港南区行政中心
……Tel:4332020
港南区城区计划生育管理站
地址：江一路
……Tel:4325298
港南区统计局
地址：港南区行政中心
……Tel:4331282
港南区调解处理土地山林水利纠纷办公室
地址：港南区行政中心
……Tel:4331106
港南区债务管理局
地址：江南大道
……Tel:4321085
港南区婚姻登记处
地址：港南区
……Tel:4329192
港南区粮食局
地址：南山路81号
……Tel:4329573
覃塘区人民政府
地址：覃塘区行政中心综合楼A区6楼
……Tel:4861050
覃塘区人力资源和社会保障局
地址：覃塘区行政中心
……Tel:4722938
覃塘区人口和计划生育局
地址：覃塘区行政中心综合楼316室
……Tel:4861075
覃塘区人民防空办公室
地址：行政中心
……Tel:4861289
覃塘区卫生局
地址：覃塘区教科局对面
……Tel:4723035
覃塘区计划生育服务所
地址：覃塘镇南区
……Tel:4721618
覃塘区文化和体育局
地址：覃塘区行政中心综合楼主楼
……Tel:4861303
覃塘区水产畜牧局
地址：覃塘区行政中心
……Tel:4861302
覃塘区水利局
地址：覃塘区行政中心
……Tel:4861150
覃塘区发展和改革局
地址：南环路
……Tel:4861605
覃塘区民政局
地址：覃塘区行政中心
……Tel:4861212
覃塘区交通局
地址：中山大道5号
……Tel:4861486
覃塘区农业机械化管理局
地址：覃塘镇南环路
……Tel:4722815
覃塘区农业农村局
地址：覃塘镇
……Tel:4723031
覃塘区防汛抗旱指挥部
地址：覃塘区行政中心综合楼
……Tel:4861080
覃塘区地方税务局
地址：覃塘区行政中心旁边
……Tel:4861590
覃塘区应急管理局
地址：覃塘区行政中心综合楼A区2楼
……Tel:4861263
覃塘区机构编制委员会办公室
地址：覃塘区行政中心综合楼
……Tel:4861369
覃塘区扶贫开发办公室
地址：覃塘区行政中心
……Tel:4861063
覃塘区财政局
地址：南环路
……Tel:4722748
覃塘区依法治理领导办公室
地址：覃塘区
……Tel:4861310
覃塘区建设局
地址：行政中心
……Tel:4861126
覃塘区国家税务局
地址：中华路
……Tel:4722783
覃塘区经济贸易局
地址：覃塘区行政中心综合楼
……Tel:4861209
覃塘区环境保护站
地址：覃塘区南开发区
……Tel:4723433
覃塘区林业局
地址：覃塘区
……Tel:4869559
覃塘区统计局
地址：覃塘区行政中心
……Tel:4861071
覃塘区调解处理土地山林水利纠纷办公室
覃塘区行政中心综合楼
……Tel:4861095
覃塘区债权债务管理局
地址：覃塘区行政中心
……Tel:4861090
覃塘区教育和科技局
地址：华西路
……Tel:4722767
办公室/传真……Tel:4721979
科技股……Tel:4860068
覃塘区教科局党委
地址：覃塘区
办公室……Tel:4725828
党委书记办公室……Tel:4725818

平南县（0775）

党政、国家机构及社会团体

中国共产党及其所属机构

县（区、市）党委及其所属机构

中国共产党平南县委员会
地址：平南县城东路
……Tel:7822345
中国共产党平南县老干部局
地址：平南县城东路3号
……Tel:7821778
中国共产党平南县直属机关工作委员会
地址：平南县城东路
……Tel:7822351
中国共产党平南县委员会组织部
地址：城东街
……Tel:7827866
中国共产党平南县委员会青年干部科办公室
地址：平南县城东路
……Tel:7821669
中国共产党平南县委员会统战部
地址：平南县城东街
……Tel:7833027
平南县保持共产党员先进性教育活动领导小组办公室
地址：平南县城东街
……Tel:7830712

人民政府及其所属机构

县（区、市）人民政府及其所属机构

平南县人民政府
地址：城东路
……Tel:7822113
……Tel:7822170
办公室……Tel:7827009
平南县人口普查办公室
地址：平南县城东街
……Tel:7828093
平南县人民政府接待办公室
地址：平南县城东路
……Tel:7835050
平南县人事局
地址：平南县朝阳路
……Tel:7862284
平南县卫生局
地址：平南县平南镇朝阳路
……Tel:7822325
平南县卫生监督所
地址：城湖路89号
……Tel:7837606
平南县市场监督管理局
地址：平南县朝阳路
……Tel:7822331
平南县土地交易所
地址：平南县二环路
……Tel:7833869
平南县土地储备中心
地址：平南县二环路
……Tel:7828509
平南县公路运输管理所
地址：平南县朝阳路
……Tel:7861258
平南县公路局
地址：平南县西山路1号
……Tel:7822108
平南县公路管理所
地址：朝阳大街东段
……Tel:7832058
平南县计划生育局
地址：平南县城东街
……Tel:7822684
平南县文化和体育局
地址：平南县城东路344号
……Tel:7822179
平南县水产畜牧局
地址：平南县城湖路
……Tel:7828778
平南县水库移民工作管理局
地址：朝阳大街
……Tel:7829906
平南县水利电力建设质量监督站
地址：平南县朝阳路水电局2楼
……Tel:7836436
平南县水利局
地址：平南县朝阳大街
……Tel:7822197
防汛指挥办……Tel:7822674
平南县水利移民管理局
地址：平南县平南镇朝阳路
……Tel:7821026
平南县市场开发服务中心
地址：平南县安怀路口中医院旁
办公室……Tel:7836728
副主任室……Tel:7822024
办公室……Tel:7822400
传真……Tel:7828440
财会……Tel:7831803
纪检室……Tel:7824000
市场经营股……Tel:7836000
城区综合办……Tel:7836660
平南县市政工程公司
地址：平南镇城湖路8号
……Tel:7833277
平南县发展和改革局
地址：平南县城东街
……Tel:7822107
平南县失业保险所
地址：平南县城区工商所
……Tel:7832172
平南县节能减排工作领导小组办公室
地址：城东路
……Tel:7829716
平南县外事侨务办公室
地址：县政府办公大楼1楼
办公室……Tel:7834335
……Tel:7820912
平南县民政局
平南县二环路
办公室……Tel:7822276
优抚安置股……Tel:7823841
社会服务股……Tel:7831107
救灾救济股……Tel:7831071
基层政权股……Tel:7831591
低保中心……Tel:7836707
婚姻登记处……Tel:7822567
县福利院……Tel:7835180
……Tel:7836331
县殡仪管……Tel:7822203
县殡管所……Tel:7822657
平南县民族事务委员会
地址：平南县平南镇城东街
……Tel:7822306
平南县民族经济发展资金管理所
地址：平南县二环路
……Tel:7822156
平南县交通局
地址：平南县朝阳路
……Tel:7837038
平南县交通征费稽查所
地址：平南
……Tel:7822563
平南县农业农村局
地址：平南县平南镇城湖路
……Tel:7822199
平南县农机局
地址：平南县平安镇平安街17号
……Tel:7808493
平南县农村社会经济调查队
地址：平南县冬笋塘
……Tel:7822250
平南县防汛抗旱指挥部办公室
地址：平南县城东路
……Tel:7835206
平南县地方税务局
地址：平南县朝阳路
……Tel:7860530
平南县地方税务局直属征收管理分局
地址：平南县城东路
……Tel:7861778
平南县地方税务局城区税务分局
地址：平南县朝东三街2号
……Tel:7860648
平南县地方税务局稽查局
地址：平南县朝东三街2号
……Tel:7860438
平南县行政服务中心林业局窗口
地址：平南县平南镇二环路
……Tel:7822010
平南县应急管理局
地址：平南县二环路中段
……Tel:7836780
平南县机关后勤服务中心
地址：平南县城东街344号
……Tel:7822595
平南县机关事务管理局
地址：平南县城东街
……Tel:7826925
平南县机构编制委员会办公室
地址：平南县城东街
……Tel:7823515
平南县成人教育委员会办公室
地址：平南县二环路
……Tel:7862422
平南县老龄工作委员会办公室
地址：平南县城东路
……Tel:7825320
平南县西江防洪排灌工程管理所
地址：平南县朝阳路
……Tel:7822143
平南县扶贫办
地址：县科委二楼
……Tel:7822955
平南县财政局
地址：平南镇二环路
……Tel:7822191
平南县财政所
地址：平南县兴平路
……Tel:7822680
平南县劳动局
地址：平南县朝东一街27号
……Tel:7822149
平南县质量技术监督局
地址：平南县朝阳路乌江桥西侧
……Tel:7809090
平南县建设局
地址：平南县城湖路
……Tel:7822405
平南县建筑安装工程劳动保险费管理站
地址：平南县城湖路8号
……Tel:7834799
平南县招商促进局
地址：平南县二环路行政服务大厅
……Tel:7820300
传真……Tel:7836898
平南县国土资源局
地址：平南县二环路
……Tel:7822134
平南县国土资源执法监察大队
……Tel:7823134
国土资源局门卫……Tel:7820076
平南县国库支付中心
地址：财政局二楼
……Tel:7830539
平南县国家税务局
地址：平南县二环路
……Tel:7822815
平南县审计局
地址：平南县冬笋塘
……Tel:7822171
平南县环境保护局
地址：平南县湖路8号
……Tel:7823579
平南县林业局
地址：平南县朝阳路
……Tel:7822109
平南县林科所
地址：平南县上渡镇大乙岭
……Tel:7816422
平南县物价局
地址：平南县平南镇城东街344号
……Tel:7822292
平南县物价检查所
地址：平南县城东路
……Tel:7831025
平南县房产管理所
地址：平南县二环路
办公室……Tel:7822532
所长室……Tel:7821763
平南县城区防洪排涝工程建设领导小组办公室
地址：城东路
……Tel:7830018
平南县城区环境卫生管理站
地址：城东街镇口路口
……Tel:7827476
平南县统计局
地址：平南县城东路
……Tel:7822299
平南县科技局
地址：局长室……Tel:7833002
副局长室……Tel:7833620
办公室……Tel:7822215
平南县科技教育集团
地址：平南县朝阳大街
……Tel:7860152
……Tel:6981338
……Tel:6981333
……Tel:7971133
平南县调解处理土地山林水利纠纷办公室
地址：平南县兴平路
……Tel:7822428
平南县债务管理局
地址：朝阳路381号
……Tel:7861860
平南县核电工作领导小组办公室
地址：朝东一街
……Tel:7828863
平南县烟草专卖局
地址：平南县平南镇冬笋塘

…………………………Tel:7824648
平南县盐业局
办公室…………………………Tel:7823439
运销股…………………………Tel:7823429
平南县渔牧畜牧局
地址：平南县城湖路25号
…………………………Tel:7822275
平南县教育局
…………………………Tel:7862277
平南县港航管理所
地址：朝阳路486号
…………………………Tel:7862622
传真…………………………Tel:7866552
平南县勤工俭学办公室
地址：新教育局
…………………………Tel:7862534
平南县禁毒委员会办公室
地址：平南县乌江街374号
…………………………Tel:7821092
平南县粮食局
地址：城东路
…………………………Tel:7829080
国家统计局平南调查队
地址：平南镇冬笋塘29号
…………………………Tel:7826611
贵港市住房公积金管理中心平南管理部
地址：平南县城西街95号
…………………………Tel:7823779
贵港市食品药品监督管理局平南分局
地址：平南县朝阳路899号
…………………………Tel:7835226

桂平市（0775）
党政、国家机构及社会团体中国共产党及其所属机构县（区、市）党委及其所属机构
中国共产党桂平市委员会
地址：桂平市城北街
…………………………Tel:3383745
中国共产党桂平市直属机关工作委员会
地址：桂平市市委
…………………………Tel:3383562
中国共产党桂平市委员会老干部局
地址：桂平市城北街
…………………………Tel:3385736
中国共产党桂平市委员会组织部
地址：桂平市城北街
…………………………Tel:3383751
中国共产党桂平市委员会统战部
地址：桂平市城北街
…………………………Tel:3382831
中国共产党桂平市委员会政策研究室
地址：桂平市城北街
…………………………Tel:3383072
桂平市档案局
地址：城北街
…………………………Tel:3382782
人民政府及其所属机构县（区、市）人民政府及其所属机构
桂平市人民政府
地址：桂平市城北街
…………………………Tel:3382271
大平山自然保护区管理处
地址：桂平市大平山
…………………………Tel:3380413
西山路项目建设办公室
地址：中山南路
…………………………Tel:3339722
国家统计局桂平市调查队
地址：桂平市西山二中路江南578号
…………………………Tel:3383999
贵港市住房公积金管理中心桂平管理部
地址：桂平市桂南中路
…………………………Tel:3362188
贵港市食品药品监督管理局桂平分局
地址：桂平市沙岗路
…………………………Tel:3362033
桂平市二轻城镇集体工业联合社
地址：桂平市人民路长泰宾馆旁
…………………………Tel:3382403
桂平市人力资源和社会保障局
地址：桂平市县府街
…………………………Tel:3383461
桂平市人口和计划生育局
地址：大成中路
…………………………Tel:3330329
桂平市人事局
地址：桂平市桂南路
…………………………Tel:3320538
桂平市卫生局
地址：桂平市桂南中路
…………………………Tel:3382092
桂平市市场监督管理局
地址：桂平市桂南路
…………………………Tel:3383709
桂平市市场监督管理局运输市场管理大队
地址：桂平市桂南路
…………………………Tel:3371988
桂平市公路局
地址：桂平村汽车总站对面
…………………………Tel:3383768
桂平市双文明建设办公室
地址：桂平市人民路
…………………………Tel:3383495
桂平市中小企业局
地址：桂平市桂南路
…………………………Tel:3382783
桂平市中小学改善办学条件办公室
地址：桂平市县府街
…………………………Tel:3381804
桂平市文化和体育局
地址：县府街
…………………………Tel:3383702
桂平市水产畜牧局
地址：桂平市人民西路
…………………………Tel:3382061
桂平市水利局
地址：桂平市大成北路
…………………………Tel:3382313
桂平市市政管理局
地址：桂平市桂南路
…………………………Tel:3325636
桂平市发展和改革局
地址：桂平市二中路
…………………………Tel:3382772
桂平市史志办公室
地址：桂平市县府街
…………………………Tel:3382012
桂平市外事侨务办公室
地址：桂平市县府街
…………………………Tel:3383599
桂平市民政局
地址：桂平市桂南路
…………………………Tel:3323290
桂平市民族事务委员会
地址：桂平市县府路
…………………………Tel:3383584
桂平市创"三城"暨"南珠杯"竞赛指挥部
地址：桂平市人民中路
…………………………Tel:3361218
桂平市交通局
地址：旧西街水港口
…………………………Tel:3384511
桂平市农业机械化管理中心
地址：桂贵路
…………………………Tel:3320939
桂平市农业农村局
地址：桂平市桂贵路汽车总站对面
…………………………Tel:3382321
桂平市防汛抗旱指挥部办公室
地址：桂平市县府街
…………………………Tel:3382062
桂平市防洪排涝工程指挥部
地址：桂平市县府街
…………………………Tel:3399905
桂平市地方税务局
地址：桂平市桂平中路
…………………………Tel:3385418
桂平市地方税务局直属征收管理分局
地址：桂平市桂南中路
…………………………Tel:3397588
桂平市地方税务局城区分局
地址：桂平市二中路
…………………………Tel:3393915
桂平市地方税务所稽查税务分局
地址：桂平市桂南路
…………………………Tel:3385585
桂平市行政服务中心
地址：桂平市郁江东路
…………………………Tel:3323525
桂平市应急管理局
地址：桂南路
…………………………Tel:3399339
桂平市机关事务局
地址：桂平市县府街
…………………………Tel:3387002
桂平市机关事业单位养老保险基金管理所
地址：县府街（市政府旧大院内）
…………………………Tel:3378939
桂平市机构编制委员会办公室
地址：桂平市城北街
…………………………Tel:3382284
桂平市成人教育委员会办公室
地址：桂平市县府街
…………………………Tel:3384673
桂平市老龄工作委员会办公室
地址：桂平市县府街
…………………………Tel:3382548
桂平市西部开发办公室
地址：桂平市西山镇大成北路
…………………………Tel:3396166
桂平市住房制度改革委员会办公室
地址：桂平市县府街
…………………………Tel:3398446
桂平市住房建设委员会
地址：沙岗路
…………………………Tel:3371938
桂平市扶贫开发领导小组办公室
地址：桂平市县府街
…………………………Tel:3383112
桂平市园林管理处
地址：西山镇兴宁街418号
…………………………Tel:3382701
桂平市财政局
地址：桂平市沙岗路
…………………………Tel:3382646
桂平市质量技术监督局
地址：桂平市桂贵路
…………………………Tel:3382113
桂平市建设工程招标投标管理站
地址：桂平市沙岗路
…………………………Tel:3371833
桂平市建设局
地址：新岗路
…………………………Tel:3382041
桂平市建设局城管大队
地址：桂平市西山镇沙岗路
…………………………Tel:3391966
桂平市招商促进局
地址：桂平市郁江东路
…………………………Tel:3362578
桂平市国土资源局
地址：西山路
…………………………Tel:3363315
桂平市国家税务局
地址：桂平市城中街
办公室…………………………Tel:3382282
值班室…………………………Tel:3382503
桂平市国家税务局二分局
地址：桂平市桂南路
…………………………Tel:3381724
桂平市国家税务局城区分局
地址：桂平市桂南路
…………………………Tel:3376728
桂平市国家税务局稽查局
地址：桂平市河南经济开发区
…………………………Tel:3353000
桂平市审计局
地址：桂平市二中路
…………………………Tel:3382483
桂平市经济贸易局
地址：桂平市沙岗东路
…………………………Tel:3382613
桂平市环境保护局
地址：广场路
…………………………Tel:3370889
桂平市林业局
地址：桂贵路
…………………………Tel:3386196
防火办公室…………………………Tel:3383401
桂平市物价局
地址：桂平市二中路
…………………………Tel:3382683
桂平市物价检查所
地址：桂平市二中路
…………………………Tel:3382361
桂平市城市建设大会战指挥部
地址：凤凰新区
…………………………Tel:3339390
桂平市统计局
地址：桂平市县府路
办公室…………………………Tel:3392931
业务股…………………………Tel:3383862
桂平市科学技术局
地址：桂平市县府街
…………………………Tel:3381497
桂平市食品安全协调委员会
地址：桂平市沙岗东路
…………………………Tel:3377300
桂平市调解处理土地山林水利纠纷办公室
地址：桂平市县政府
…………………………Tel:3382004
桂平市债务管理局
地址：桂平市光明西路
…………………………Tel:3374942
桂平市爱国卫生运动委员会办公室
地址：桂平市桂南路
…………………………Tel:3383886
桂平市文化和文化和旅游局
地址：县府街人民政府大门右侧
…………………………Tel:3381123
桂平市烟草专卖局
地址：桂平市桂南路
…………………………Tel:3388447
桂平市教育局
地址：县府街
…………………………Tel:3383031
桂平市教育局教研室
地址：桂平市西山镇县府街
…………………………Tel:3383412
桂平市森林防火指挥部办公室
地址：桂平市桂贵路
…………………………Tel:3389331
桂平市粮食局
地址：桂南中路
…………………………Tel:3382669
新山门项目建设办公室
地址：西山路
…………………………Tel:3376833

玉林市（0775）
党政、国家机构及社会团体
中国共产党及其所属机构
市（地区、自治州）党委及其所属机构
中国共产党玉林市委员会
地址：城东商务大厦
…………………………Tel:2852628
中国共产党玉林市直属机关工作委员会
地址：人民东路
…………………………Tel:2822299
中国共产党玉林市委员会《今日玉林》编辑部
地址：人民东路
…………………………Tel:2822193
中国共产党玉林市委员会台湾工作办公室
地址：城东商务大厦
…………………………Tel:2336900
中国共产党玉林市委员会玉林市人民政府接待办公室
地址：人民东路
…………………………Tel:2859777
中国共产党玉林市委员会老干部局
地址：人民东路
…………………………Tel:2824755
中国共产党玉林市委员会组织部
地址：人民东路
…………………………Tel:2825255
中国共产党玉林市委员会统战部
地址：人民东路
…………………………Tel:2822334
中国共产党玉林市委员会党史办公室
地址：人民东路
…………………………Tel:2822252
玉林市档案局
地址：人民东路
…………………………Tel:2825526
县（区、市）党委及其所属机构
中国共产党玉林市玉州区委员会
地址：玉州路
…………………………Tel:2823549
中国共产党玉林市玉州区直属机关工作委员会
地址：玉州路
…………………………Tel:2825815
中国共产党玉林市玉州区委员会老干部局
地址：玉州路
…………………………Tel:2823591
中国共产党玉林市玉州区委员会组织部
地址：玉州路
…………………………Tel:2823566
中国共产党玉林市玉州区委员会统战部
地址：玉州路
…………………………Tel:2823596
中国共产党玉林市玉州区委员会政策研究室
地址：玉州路
…………………………Tel:2825991
中国共产党玉林市玉州区委员会党员办公室
地址：玉州路
…………………………Tel:2823221
中国共产党玉林市玉州区保持共产党员先进性教育活动领导小组办公室
地址：玉州路
…………………………Tel:2856812
中国共产党玉林市玉州区精神文明建设委员会办公室
地址：玉州路
…………………………Tel:2824678
中国共产党玉林市福绵管理区工作委员会办公室
地址：福绵区
…………………………Tel:2210507
中国共产党玉林市福绵管理区工委组织部
地址：福绵管理区新桥镇田横村
…………………………Tel:2110542
中国共产党玉林市福绵管理区老干部局
地址：福绵区
…………………………Tel:2221078
中国共产党玉林市福绵管理区委员会统战部
地址：福绵开发区
…………………………Tel:2220830
中国共产党玉林市福绵管理区管理委员会
地址：福绵镇玉福路
…………………………Tel:2210515
中国共产党玉林市福绵管理区精神文明建设委员会办公室
地址：福绵区
…………………………Tel:2212662
玉州区档案局
地址：玉州路
…………………………Tel:2823335
福绵管理区档案局
地址：福绵管理区
…………………………Tel:2211002
人民政府及其所属机构

市（地区、自治州）人民政府及其所属机构

玉林市人民政府
地址：人民东路
Tel:2825627

广西水文水资源玉林分局
地址：人民东路167号
Tel:2683458

玉林市二团
地址：人民东路2号
Tel:2583402

玉林市二轻工业联社
地址：城站路
Tel:3835893

玉林市二轻供销公司
地址：城站路
Tel:3831577

玉林市人口和计划生育委员会
地址：一环北路18号
Tel:2665641
计划生育举报电话……Tel:2681235
计生服务咨询热线……Tel:2660086

玉林市人民防空办公室
地址：荔胜街
Tel:2802050

玉林市人民政府台湾事务办公室
地址：人民东路
Tel:2858894

玉林市人民政府国有资产监督管理委员会
地址：人民东路商务大厦
Tel:2859903

玉林市人民政府政务中心办公室
地址：人民东路
Tel:2853366

玉林市人事局
地址：香莞路
Tel:2684826

玉林市卫生局
地址：人民东路
Tel:2825493

玉林市工业园区基础设施大会战总指挥部办公室
地址：人民东路
Tel:2859695

玉林市工业和计划委员会
地址：城东商务大楼
Tel:2822791

玉林市工业和信息化委员会
地址：城东商务大楼
Tel:2824150

玉林市市场监督管理局
地址：人民东路
Tel:2695699

玉林市乡镇企业管理局
地址：人民东路
Tel:2811695

玉林市公开招考市直机关公务员办公室
地址：外环东路
Tel:2675700

玉林市公路局
地址：大北路
Tel:2817879

玉林市公路管理局
地址：大北路
Tel:2824482

玉林市计划供水节约用水办公室
地址：东校路
Tel:2815696

玉林市计量测试所
地址：王州路169号
Tel:2824492

玉林市开展工作落实年绩效攻坚年活动联合督察办公室
地址：玉东新区
Tel:2336803

玉林市无线电管理处
地址：一环东路
Tel:2682543

玉林市水产畜牧局
地址：人民东路449号
Tel:2818089

玉林市水库移民安置经济开发办公室
地址：人民东路
Tel:2835807

玉林市水利电力建筑_T程处
地址：中秀路83号
Tel:3895112

玉林市水利局
地址：人民东路
Tel:2822956

玉林市“二会一部”办公室
地址：人民东路
Tel:2819632

玉林市市政管理局
地址：人民东路
Tel:2836132

玉林市发展劳务经济办公室
地址：人民中路
Tel:2817296

玉林市发展服务业办公室
地址：人民中路834号3楼
Tel:2832092

玉林市发展和改革委员会
地址：人民东路
Tel:2815867

玉林市外事侨务办公室
地址：玉林市人民东路449号
Tel:2825622

玉林市纠正行业不正之风领导小组办公室
地址：城东商务大厦
Tel:2835048

玉林市电化教育站
地址：东明路
Tel:2825483

玉林市生产力促进中心
地址：玉林市教育东路师院斜对面（政府大院后门）
Tel:2810108

玉林市民间组织管理办公室
地址：凯旋路35号
Tel:2671790

玉林市民政局
地址：凯旋路
Tel:2692889

玉林市民族事务委员会
地址：人民东路
Tel:2802826

玉林市民族经济发展资金管理局
地址：建安街1号
Tel:2681558

玉林市价格成本调查队
地址：一环北路
Tel:2690291

玉林市价格监督检查分局
地址：人民中路
Tel:2826869−

玉林市再就业工作领导小组办公室
地址：广场东路
Tel:2823789

玉林市交通工程质量监督站
地址：玉林市一环东路192号
Tel:2836559

玉林市交通局
地址：一环东路
Tel:2306601

玉林市农业行政执法支队
地址：人民东路
Tel:2807555

玉林市农业农村局
地址：人民东路
Tel:2825429

玉林市农业委员会
地址：人民东路
Tel:2803377

玉林市农机安全监理所
地址：玉林市玉州区大北路西城里A125号
Tel:2088001

玉林市农机局
地址：人民东路
Tel:2825273

玉林市农产品检测中心
地址：人民东路112号
Tel:2662858

玉林市农村经济经营管理办公室
地址：大北路508号
Tel:2095325

玉林市农村基层组织建设领导小组办公室
地址：玉州路
Tel:2822110

玉林市防汛抗旱指挥部办公室
地址：人民东路
Tel:2825511

玉林市地方志编纂委员会办公室
地址：城东商务大厦
Tel:2833351

玉林市地方税务局
地址：一环北一路590号
Tel:2670697

玉林市地方税务局直属税务分局
地址：人民东路
Tel:2685464

玉林市地方税务局稽查局
地址：一环北路590号
Tel:3822800

玉林市地藏堂保管所
地址：十里长街
Tel:2897772

玉林市应急管理局
地址：人民东路
Tel:2859583

玉林市机关事务管理局
地址：人民东路
Tel:2825711

玉林市机关效能建设办公室
地址：人民东路
Tel:2803000

玉林市机构编制局
地址：玉林市区人民东路274号
Tel:2825946

玉林市产品质量监督检验所
地址：县前路
Tel:2823840

玉林市老龄工作委员会办公室
地址：凯旋路
Tel:2672840

玉林市住房公积金管理中心
地址：人民东路564号
Tel:2827996

玉林市住房制度改革委员会办公室
地址：人民东路
Tel:2822077

玉林市住房和城乡建设规划委员会
地址：人民东路
Tel:2671316

玉林市体育运动委员会
地址：人民东路
Tel:2809283

玉林市体育局
地址：人民东路
Tel:2822466

玉林市扶贫开发领导小组办公室
地址：人民东路
Tel:2836300

玉林市应急管理办公室
地址：城东商务大厦
Tel:2336778

玉林市财政局
地址：建安街1号
Tel:2687825

玉林市劳动和社会保障局
地址：人民东路
Tel:2825489

玉林市质量技术监督局
地址：人民东路449号
举报电话……Tel:12365
办公室……Tel:2825655
办证电话……Tel:2832802

玉林市事业单位登记管理局
地址：城东商务大厦4楼
Tel:2816958

玉林市建设工程造价站
地址：百利街11号5楼
Tel:2680890

玉林市建设局
地址：人民东路
Tel:2823392

玉林市建设规划委员会
地址：广场东路
Tel:2676513

玉林市拆迁办公室
地址：人民东路
Tel:2825953

玉林市招商促进局
地址：人民东路商务大厦
Tel:2835358

玉林市国土资源局
地址：一环东路62号
Tel:2825802

玉林市国防动员委员会交通战备办公室
地址：一环东路
Tel:2812858

玉林市国家税务局
地址：东方世纪大酒店
Tel:2886188

玉林市国家税务局办税服务厅（车辆购置税）
地址：金旺路
Tel:2678732

玉林市国家税务局直属税务分局
地址：民主中路
Tel:2835653

玉林市国家税务局稽查局
地址：民主中路
Tel:2822309

玉林市国税直属分局
地址：城北开发区
Tel:2880889

玉林市审计局
地址：人民东路
Tel:2832807

玉林市经济贸易局
地址：玉州路
Tel:2823791

玉林市环境卫生管理处
地址：玉林市教育中路595号
Tel:2827732

玉林市环境保护局
地址：玉林市人民东路200号
Tel:2386588

玉林市林业局
地址：人民东路
Tel:2830163

玉林市规划管理局
地址：人民东路
Tel:2811908

玉林市物价局
地址：一环北路31号
Tel:2690588

玉林市房产管理局
地址：人民中路
Tel:2823881

玉林市城市社会经济调查队
地址：人民东路
Tel:2826870

玉林市城市管理办公室
地址：人民东路
Tel:2825851

玉林市统计局计算站
地址：城东商务大厦
Tel:2824624

玉林市政工程管理处
地址：市政路市政工程处新大楼
Tel:2808667

玉林市政市容管理局
地址：人民中路775号
Tel:2820313

玉林市政府供信委
地址：城东商务大厦
Tel:2815203

玉林市科技特派员办公室
地址：人民东路
Tel:2819008

玉林市科学技术局
地址：人民东路
Tel:2825121

玉林市革命老区建设委员会办公室
地址：东门路
Tel:2802480

玉林市文化和文化和旅游局
地址：城东商务大厦
Tel:2816600
Tel:2832000
局长办公室……Tel:2806800
旅游质量监督所……Tel:2817339

玉林市烟草专卖局
地址：公园路
Tel:2824487

玉林市商务局
地址：人民东路
Tel:2828347

玉林市渔牧兽医局
地址：人民东路
Tel:2825580

玉林市教育局
地址：人民东路
Tel:2685466

玉林市第三次文物普查领导办公室
地址：五里桥
Tel:2696811

玉林市森林防火办公室
地址：东门路
Tel:2825545

玉林市粮食局
地址：玉林市东门路449号
Tel:2825866

玉林市精神文明办公室
地址：东门路
Tel:2501314

玉林地质环境监测站
地址：荔胜街26号
Tel:2832217

玉林郊区公路局
地址：城站路
Tel:3831529

玉林信息化工作办公室
地址：城北开发区
Tel:2399966

玉林盐务管理局
地址：中秀路281号
Tel:3832942

玉林铁路土地管理所
地址：中秀路
Tel:3823827

玉林博览事务局
地址：玉林市区人民东路553号
Tel:2833858

至桂平二级公路玉林段工程建设办公室
地址：一环东路
Tel:2829837

国家统计局玉林调查队
地址：荔安街6号
Tel:2858007

海峡两岸f广西玉术柄农业合作试验区管理委员会
地址：体育中心
Tel:2131818

县（区、市）人民政府及其所属机构

玉东新区财政局
地址：体育中心东看台1楼
Tel:2695503
Tel:2332189

玉东新区第六次全国人口普查领导小组办公室
地址：体育中心
Tel:2132960

玉州区人民政府
地址：玉州路1号
Tel:2822271

玉州区人口和计划生育局

地址：大北路
…………Tel:2823556
玉州区人民政府台湾事务办公室
地址：玉州路
…………Tel:2827397
玉州区人民政府投资项目评审中心
地址：玉州区
…………Tel:2819818
玉州区人民政府调解处理土地山林水利纠纷办公室
地址：玉州路
…………Tel:2823485
玉州区人事局
地址：人民中路
…………Tel:2825412
玉州区人事局职称改革领导小组办公室
地址：玉州路
…………Tel:2828341
玉州区卫生局
地址：玉林市玉州区政府县前路
…………Tel:2821283
玉州区计生技术指导站
地址：大北路
…………Tel:2800312
玉州区双拥办公室
地址：玉州路
…………Tel:2810716
玉州区文化和体育局
地址：玉州路1号
…………Tel:2823575
…………Tel:2811209
玉州区水产畜牧局
地址：一环北路
…………Tel:2683667
玉州区水利局
地址：教育中路
…………Tel:2826030
玉州区发展和改革局
地址：玉州路
…………Tel:2823548
玉州区民政局
地址：玉州路
…………Tel:2822585
玉州区交通局
地址：一环北路600号
…………Tel:2381373
玉州区农业区划委员会办公室
地址：玉州路
…………Tel:2825940
玉州区防汛抗旱指挥部
地址：教育中路
…………Tel:2825912
玉州区地方税务局
地址：民主中路
…………Tel:2839662
玉州区地方税务局玉城北区税务分局
地址：内环南路
…………Tel:2830692
玉州区地方税务局玉城南区分局
地址：玉林市内环南路
…………Tel:2824737
玉州区地方税务局名山分局
地址：一环北路
…………Tel:2678682
玉州区地方税务局直属税务分局
地址：内环南路253号
行政段…………Tel:2830869
重点税源股…………Tel:2830803
征管股…………Tel:2830086
玉州区地方税务局南江税务分局
地址：城站路
…………Tel:3128686
玉州区地方税务局城北分局
地址：清新路33号
…………Tel:2384997
玉州区地方税务局城西税务分局
地址：兴旺路
…………Tel:2085447
玉州区应急管理局
地址：大北路333号
…………Tel:2092206
玉州区机关事务管理局
地址：县前路1号
…………Tel:2855001
玉州区老龄工作委员会办公室
地址：玉州路
…………Tel:2822278
玉州区扶贫办
地址：玉林市区玉州区政府办公大楼五号楼五楼
…………Tel:2831687
玉州区扶贫开发领导小组办公室
地址：玉州路
…………Tel:2822731
玉州区财政局
地址：清淳路…………Tel:6号
…………Tel:2081869
…………Tel:2083915
玉州区劳动和社会保障局
地址：大北路333号
…………Tel:2089020

玉州区侨务办公室
地址：玉州路
…………Tel:2825518
玉州区建设局
地址：玉州路1号
…………Tel:2818066
玉州区招商促进局
地址：玉州路1号
…………Tel:2823226
…………Tel:2858888
…………Tel:2821680
玉州区国家税务局
地址：一环东路56号
…………Tel:2817980
玉州区国家税务局第一税务分局
地址：教育西路
…………Tel:2080122
玉州区国家税务局第二税务分局
地址：城站路
…………Tel:3828586
玉州区国家税务局第三税务分局
地址：一环北路
…………Tel:2676680
玉州区国家税务局稽查局
地址：一环东路
…………Tel:2811110
玉州区审计局
地址：一环北路943号
…………Tel:2083918
玉州区林业局
地址：玉州路
…………Tel:2823702
玉州区房改办
地址：玉林市人民中路77号玉州区政府司法楼2楼
…………Tel:2824209
玉州区统计局
地址：玉州路
…………Tel:2823530
玉州区科学技术局
地址：玉州路
…………Tel:2823547
玉州区流动人口计划生育管理办公室
地址：大北路
…………Tel:2856936
玉州区文化和文化和旅游局
地址：民主路
…………Tel:2825902
玉州区旅游接待办公室
地址：民主路
…………Tel:2822584
玉州区烟花爆竹专项整治领导小组办公室
地址：玉州路
…………Tel:2859799
玉州区教育局
地址：玉州路
…………Tel:2823558
玉州区教育局教研室
地址：县西路
…………Tel:2822070
玉州区就业服务中心劳动就业训练中心
地址：玉林市区大北路333号玉州区就业服务中心内前二楼
…………Tel:2082746
玉州区普法办公室
地址：人民中路
…………Tel:2825358
玉州区编制局
地址：玉州区
…………Tel:2823482
玉州区森林防火办公室
地址：县前路
…………Tel:2825676
玉州区粮食局
地址：教育中路
…………Tel:2823967
玉州区整风办公室
地址：玉州路
…………Tel:2819200
玉林市市场监督管理局工业品市场工商所
地址：工业品市场
…………Tel:2086082
玉林市市场监督管理局双生分局
地址：一环北路
…………Tel:2383299
玉林市市场监督管理局双生分局生资所
地址：外环北路
…………Tel:2389250
玉林市市场监督管理局玉东分局
地址：体育中心
…………Tel:2670278
玉林市市场监督管理局玉州分局
地址：一环北路
…………Tel:2388518
玉林市市场监督管理局玉州分局工商大厦工商所
地址：一环北路
…………Tel:2839509
玉林市市场监督管理局玉州分局玉州工商所
地址：教育中路
…………Tel:2833975
玉林市市场监督管理局环北工商所
地址：一环北路
…………Tel:2380640
玉林市市场监督管理局城站工商所
地址：民主南路
…………Tel:3836991
玉林市市场监督管理局城站工商所
地址：银丰中药港
…………Tel:3882855
玉林市市场监督管理局福绵分局
地址：人民中路
…………Tel:2896721
玉林市地方税务局新桥地税分局
地址：新桥镇
…………Tel:2113680
玉林市住房公积金管理中心玉州区管理部
地址：人民中路
…………Tel:2805521
玉林市国土资源玉州分局
地址：玉林市大北路556号
…………Tel:2091959
福绵管理区人民政府
地址：福绵开发区
…………Tel:2210515
…………Tel:2211403
福绵管理区人力资源和社会保障局
地址：福绵区
…………Tel:2210510
福绵管理区人口和计划生育局
地址：福绵开发区
…………Tel:2210518
福绵管理区卫生局
地址：福绵开发区
…………Tel:2210516
新农合办…………Tel:2213955
福绵管理区双文明办公室
地址：福绵区
…………Tel:2212661
福绵管理区水库移民工作管理部
地址：福绵镇
…………Tel:2209022
福绵管理区水利局
地址：福绵镇
…………Tel:2210580
福绵管理区水政水资源办公室
地址：福绵开发区
…………Tel:2219146
福绵管理区发展和改革局
地址：福绵管理区
…………Tel:2212222
福绵管理区民政局
地址：福绵镇洋桥村
…………Tel:2210630
福绵管理区交通局公路所
地址：福绵管理区客运中心
…………Tel:2210311
福绵管理区农业农村局
地址：福绵开发区
…………Tel:2210858
福绵管理区防汛抗旱指挥音办公室
地址：福绵圩
…………Tel:2210777
福绵管理区地方税务局福绵税务分局
地址：福绵大道
…………Tel:2202660
福绵管理区机关事务管理局
地址：福绵区
…………Tel:2211406
福绵管理区机构编制委员会办公室
地址：福绵开发区
…………Tel:2229900
福绵管理区扶贫开发领导小组办公室
地址：福绵
…………Tel:2210758
福绵管理区财政局
地址：福绵天河路工业大道
…………Tel:2210631
福绵管理区招商促进局
地址：福绵管理区
…………Tel:2213818
福绵管理区国家税务局
地址：福绵镇
…………Tel:2211031
福绵管理区国家税务局新桥分局
地址：福绵镇
…………Tel:2211040
福绵管理区征兵办公室
地址：福绵开发区
…………Tel:2210629
福绵管理区审计局
地址：福绵镇
…………Tel:2210992
福绵管理区经济贸易局
地址：福绵开发区
…………Tel:2217810
福绵管理区林业局
地址：福绵开发区
…………Tel:2210698
福绵管理区统计局
地址：福绵镇
…………Tel:2210652
福绵管理区接待（旅游）办公室
地址：福绵镇
…………Tel:2210522
福绵管理区教育局
地址：福绵开发区
…………Tel:2210658
福绵管理区粮食局
地址：中秀路226号
…………Tel:3836850
福绵管理局交通局
地址：福绵大道东侧
…………Tel:2210618
福绵管理局建设局
地址：福绵区政府大楼内
…………Tel:2201088

容县（0775）

党政、国家机构及社会团体

中国共产党及其所属机构

县（区、市）党委及其所属机构

中国共产党容县委员会
地址：客县城南街
…………Tel:5334757
中国共产党容县直属机关工作委员会
地址：容县城南街
…………Tel:5322003
中国共产党容县委员会老干部局
地址：容县城南街
…………Tel:5322051
中国共产党容县委员会组织部
地址：容县城南街
…………Tel:5322011
中国共产党容县委员会统战部
地址：容县城南街
…………Tel:5322021
中国共产党容县委员会改法委员会
地址：容县城南街
…………Tel:5339300
中国共产党容县委员会党史力公室
地址：容县城南街
…………Tel:5322080
容县档案局
地址：容县北门街
…………Tel:5322024

人民政府及其所属机构

县（区、市）人民政府及其所属机构

容县人民政府
地址：容县北门街
…………Tel:5322037
玉林市住房公积金管理中心容县管理部
地址：广西容县容州镇北门街87号
…………Tel:5329920
玉林市食品药品监督管理局容县分局
地址：容县北门街
…………Tel:5313310
容县人力资源社会保障局公务员股
地址：香莞路
…………Tel:2680809
容县人口和计划生育局
地址：容县北门街
…………Tel:5324131
容县人民防空办公室
地址：容县县政府办公楼七楼
…………Tel:5322112
容县人民政府地方办公室
地址：容县太爷巷
…………Tel:5322044
容县人民政府机关事务管理局
地址：容县北门街
…………Tel:5322018
容县人民政府接待办公室
地址：容县北门街
…………Tel:5323688
容县人事劳动和社会保障局
地址：客县容州镇河南中路41号
…………Tel:5117900
容县卫生局
地址：容县城西路97号
…………Tel:5316032
容县市场监督管理局
地址：容县国中路
…………Tel:5322186
容县公路管理所
地址：容县城西路29号办公楼五层
…………Tel:5332357
容县文化和体育局
地址：容县东外街
…………Tel:5323826
容县水产畜牧局
地址：容县兴容街
…………Tel:5322778
容县水利局
地址：容县西上街
…………Tel:5322236
容县发展和改革局
地址：容县北门街
…………Tel:5322093

容县外事侨务办公室
地址：容县北门街
……Tel:5322707

容县民政局
地址：容县人民政府1楼副局长室
……Tel:5328936

容县民政局婚姻登记处
地址：容县政务服务中心桂南路
……Tel:5312990

容县交通局
地址：容县城西路
……Tel:5322576

容县农业农村局
地址：北门街87号
……Tel:5316973

容县农业综合开发办公室
地址：容县沿江北街
……Tel:5328896

容县农机安全监理站
地址：容县河南狗蚤岭
……Tel:5111905

容县防汛抗旱指挥部办公室
地址：容县西上街
……Tel:5322241

容县危房改造办公室
地址：容县燕塘街
……Tel:5316959

容县地方交通规费征收所
地址：容县城西路29号
……Tel:5325868

容县地方税务局
地址：容县城南街
……Tel:5310266

容县地方税务局税政股
地址：容县城南街
……Tel:5327983

容县地方税务局稽查局
地址：容县城南街
……Tel:5313823

容县应急管理局
地址：容县北门街
……Tel:5322060

容县机构编制委员会办公室
地址：容县容州镇北门街
……Tel:5323437

容县老龄工作委员会办公室
地址：容县民政局
……Tel:5315881

容县住房制度改革办公室
地址：容县北门街
……Tel:5323395

容县住房和城乡建设局
地址：容县燕塘街
……Tel:5316360

容县扶贫开发领导小组办公室
地址：容县北门街
……Tel:5322041

容县财政局
地址：容县河堤街
……Tel:5316916

容县质量技术监督局
地址：容县城西路
……Tel:5163220

容县建设局
地址：容县燕塘街
……Tel:5322716

容县招商促进局
地址：容县人民政府大楼五楼
……Tel:5325009

容县国土开发储备管理中心
地址：容县兴容街
……Tel:5316189

容县国土资源局
地址：容县南门街
……Tel:5337899

容县国土资源管理所
地址：容县浪水乡
……Tel:5648708

容县国家税务局
地址：容县兴容街城南大道
……Tel:5136096

容县国家税务局稽查局
地址：容县兴容街
……Tel:5320756

容县审计局
地址：容县北门街
……Tel:5322064

容县经济贸易局
地址：容县北门街
……Tel:5322040

容县环境保护局
地址：容县桂南路
……Tel:5322400

容县林业局
地址：容县登高岭
……Tel:5322176

容县林业局山林纠纷处理办公室
地址：容县二市场
……Tel:5321522

容县物价局
地址：容县北门街
……Tel:5322345

容县物价检查所
地址：容县北门街
……Tel:5323006

容县统计局
地址：容县北门街
……Tel:5322095

容县政务服务中心管理办公室
地址：容县桂南路
……Tel:5338830

容县科学技术局
地址：容县城南街
……Tel:5322071

容县食品药品监督管理局
地址：容县城西大道
……Tel:5166361

容县文化和文化和旅游局
地址：容县北门街
……Tel:53363311

容县烟草专卖局
地址：客县国中路
……Tel:5321460

容县盐务管理局
地址：容县城西路
……Tel:5322525

容县教育局
地址：容县北大街
……Tel:5322043

容县森防检疫站
地址：容县容州镇城西大道银鹰巷
……Tel:5335569

容县森林防火指挥部办公室
地址：容县容州镇城西大道银鹰巷
……Tel:5334762

容县新农村建设办公室
地址：容县容州镇太爷巷
……Tel:5316539

容县粮食局
地址：容县容城镇国中路商业总公司办公楼4楼
……Tel:5334701

容县精神文明办公室
地址：容县城南街
……Tel:5330386

登高岭林业局
地址：容县登高岭
……Tel:5325639

陆川县（0775）

党政、国家机构及社会团体

中国共产党及其所属机构

县（区、市）党委及其所属机构

中国共产党陆川县委员会办公室
地址：陆川县通政街23号
……Tel:7222245

中国共产党陆川县直属机关工作委员会
地址：陆川县通政路
……Tel:7222505

中国共产党陆川县委员会老干部局
地址：陆川县通政街
……Tel:7222523

中国共产党陆川县委员会组织部
地址：陆川县通政路
……Tel:7222478

中国共产党陆川县委员会统战部
地址：陆川县通政路
……Tel:7233969

陆川县档案局
地址：陆川县通政街
……Tel:7222542

人民政府及其所属机构

县（区、市）人民政府及其所属机构

陆川县人民政府
地址：陆川县通政街23号
……Tel:7222186

玉林市住房公积金管理中心陆川管理部
地址：陆川县
……Tel:7220568

玉林市食品药品监督管理局陆川县分局
地址：陆川县东滨中路
……Tel:7330589

陆川县二轻工业联社
地址：陆川县陆兴路
……Tel:7220983

陆川县人口和计划生育局
地址：陆川县新兴街
……Tel:7222510

陆川县人民防空办公室
地址：陆川县通政路
……Tel:7235909

陆川县人事局
地址：陆川县通政路
……Tel:7222470

陆川县卫生局
地址：陆川县陆城镇学官巷20号
……Tel:7221235

陆川县市场监督管理局
地址：陆川县官田开发区
……Tel:7232310

陆川县土地收购储备中心
地址：陆川县沙坡路
……Tel:7236988

陆川县公路管理局
地址：陆川县绕城路
……Tel:7338122

陆川县文化和体育局
地址：陆川县政府大院内
……Tel:7222588

陆川县文物管理所
地址：陆川县新洲北路140号
……Tel:7221594

陆川县水库移民安置经济开发办公室
地址：陆川县汇丰街
……Tel:7234688

陆川县水利局
地址：陆川县汇丰街
……Tel:7222459

陆川县发展和改革局
地址：陆川县通政路23号
办公室……Tel:7222274
……Tel:7210685
……Tel:7212868

陆川县外事侨务办公室
地址：陆川县通政路
……Tel:72226211

陆川县民政局
地址：陆川县长安街
办公室……Tel:7310165
优抚安置股……Tel:7310223
救灾救济……Tel:7310233

陆川县民族经济发展资金管理局
地址：陆川县财政局右办公楼2楼
……Tel:7222727

陆川县交通局
地址：陆川县温汤路
……Tel:7332154

陆川县农业农村局
地址：陆川陆城镇学官巷41号
……Tel:7222277

陆川县农村税费改革试点工作领导小组办公室
地址：陆川县陆兴路
……Tel:7211110

陆川县地方志编纂委员会办公室
地址：陆川县通政街
……Tel:7222149

陆川县地方税务局
地址：陆川县温泉中路
办公室……Tel:7335179
……Tel:7331688

陆川县地方税务局直属税务分局
地址：陆川县温泉中路
……Tel:7335086

陆川县地方税务局稽查局
地址：陆川县红旗路
……Tel:7335028

陆川县应急管理局
地址：陆川县通政路
……Tel:7232892

陆川县机关事务管理局
地址：陆川县通政街43号
办公室……Tel:7222628
局长室……Tel:7215223
副局长室……Tel:7212628

陆川县机构编制委员会办公室
地址：陆川县通政路23号
……Tel:7222205

陆川县住房制度改革委员会办公室
地址：陆川县新洲路
……Tel:7222525
……Tel:7210708

陆川县扶贫开发领导小组办公室
地址：陆川县通政路23号
……Tel:7222142
……Tel:7238058

陆川县财政局
地址：陆川县陆兴路247号
办公室……Tel:7222432
农税股……Tel:7222741
预算股……Tel:7222282

陆川县社会医疗保险管理中心
地址：陆川县汇丰街工行三楼
……Tel:7216277

陆川县劳动和社会保障局
地址：陆川县新洲南路庆丰中巷
……Tel:7222279

陆川县质量技术监督局
地址：陆川县城北建材市场对面
……Tel:7334567

陆川县事业单位登记管理局
地址：陆川县通政路
……Tel:7228736

陆川县直属机关后勤服务中心
地址：陆川县通政路
……Tel:7212366

陆川县建设局
地址：陆川县广西桂川建筑公司里
办公室……Tel:7333106
办证大厅……Tel:7211632
财务科……Tel:7330369
陆川县通政街……Tel:7235839
陆川县政兴路……Tel:7220166

陆川县招商促进局
地址：陆川县通政路
……Tel:7222208

陆川县国土资源局
地址：玉林市陆川县
办公室……Tel:7221117
财务室……Tel:7221067
矿政股……Tel:7230346

陆川县国家税务局
地址：陆川县温泉中路
……Tel:7333962

陆川县国家税务局稽查局
陆川县环城路
办公室……Tel:7333990
……Tel:7332608

国家税务总局陆川县税务局
地址：陆川县沙坡路口上50米
……Tel:7333996

陆川县审计局
地址：陆川县祥和路68号
……Tel:7332493

陆川县经济贸易局
地址：陆川县通政路
……Tel:7222430

陆川县环境保护局
地址：陆川县环保巷
……Tel:7332127

陆川县林业局
地址：陆川县城东宾中路
……Tel:7336675

陆川县规划局
地址：陆川县
……Tel:7215168

陆川县物价局
地址：陆川县温泉镇官田垌开发区
……Tel:7337698

陆川县城区计划生育办公室
地址：陆川县新兴街
……Tel:7216599

陆川县统计局
地址：陆川县政府内西楼四楼
……Tel:7229817

陆川县科学技术局
地址：陆川县通政路
……Tel:7222555

陆川县流动人口计划生育管理办公室
地址：陆川县低街39号
……Tel:7212699

陆川县文化和文化和旅游局
地址：陆川县政府内
……Tel:7226912

陆川县烟草专卖局第二专卖管理所
地址：陆川县马坡北路70号
……Tel:7072839

陆川县破产还债清算组
地址：陆川县原老商业局4楼
……Tel:7216443

陆川县渔牧兽医局
地址：陆川县新洲路212号
……Tel:7222241

陆川县教育局
地址：陆川县东滨路
……Tel:7337189

陆川县粮食局
地址：陆川县友爱街
……Tel:7332551

博白县（0775）

党政、国家机构及社会团体

中国共产党及其所属机构

县（区、市）党委及其所属机构

中国共产党博白县委员会
地址：博白县博白镇大街
……Tel:8222258

中国共产党博白县直属机关工作委员会
地址：博白县大街
……Tel:8222451

中国共产党博白县委员会老干部局
地址：博白县博白镇大街
……Tel:8222801

中国共产党博白县委员会组织部
地址：博白县博白镇大街
……Tel:8239633

中国共产党博白县委员会统战部
地址：博白县博白镇大街
……Tel:8222919

博白县档案局
地址：博白县大街
……Tel:8222589

人民政府及其所属机构

县（区、市）人民政府及其所属机构

博白县人民政府
地址：博白县博白镇大街
……Tel:8222036

玉林市食品药品监督管理局博白县分局
地址：博白县文化路58号博白工会大厦四楼
……Tel:8236038

玉林药品监督管理局博白分局
地址：博白县工会大厦四楼

……Tel:8238238
博向县人力资源和社会保障局
地址：博白县委大楼八楼
……Tel:8239099
博白县人口和计划生育局
地址：博白县博白镇大街
……Tel:8222766
博白县人民防空办公室
地址：博白县政务中心
……Tel:8227899
博白县人民政府防汛抗旱指挥部
地址：博白县朝阳西路
……Tel:8234090
博白县人事局
地址：博白县博白镇大街
……Tel:8222648
博白县卫生局
地址：博白县兴隆东路11号
……Tel:8322895
博白县卫生监督所
地址：博白县兴隆东路2号
……Tel:8326037
博白县工业集中区管理委员会
地址：博白县委大楼三楼
……Tel:8223031
博白县市场监督管理局
地址：博白县振兴东路
……Tel:8333355
博白县土地储备中心
地址：博白县六十米大道
……Tel:8329730
博白县山林水利土地处理纠纷办公室
地址：博白县大街
……Tel:8222566
博白县公路局
地址：博白县南洲南路
……Tel:8332840
博白县水产畜牧局
地址：博白县人民南路
……Tel:8339618
博白县水库移民工作管理局
地址：博白县朝阳路
……Tel:8229813
博白县水库移民安置经济开发办公室
地址：博白县博白镇朝阳西路
……Tel:8229358
博向县水利局
地址：博白县朝阳西路
……Tel:8222922
博白县发展和改革局
地址：博白县博白镇大街
……Tel:8222619
博白县外事侨务办公室
地址：博白县大街
……Tel:8226856
博白县民政局
地址：博白县大街
……Tel:8222659
博白县交通局
地址：博白县文化路118号
……Tel:8222331
博白县农业农村局
地址：博白县博白镇振兴西路003号
……Tel:8323699
博白县农业农村局办事处
地址：博白县农业农村局内
……Tel:8338356
博白县农业规划办
地址：博白县政府
……Tel:8222965
博白县农村社会经济调查队
地址：博白县大街
……Tel:8225234
博白县地方税务局
地址：博白县博白镇大街
……Tel:8226969
博白县地方税务局直属税务分局
地址：博白县大街
……Tel:8229108
博白县地方税务局稽查局
地址：博白县大街62号
……Tel:8226963
博白县应急管理局
地址：博白县大街69号
……Tel:8222876
博白县机关事务管理局
地址：博白镇大街069号
……Tel:8222023
博白县机关事业单位养老保险管理所
地址：博白县人民中路城乡派出所旁
……Tel:8331532
……Tel:8331529
博白县机构编制委员会办公室
地址：博白县大街
……Tel:8227832
博白县老龄工作委员会办公室
地址：博白县大街
……Tel:8225492
博白县住房制度改革委员会
地址：博白房改办三楼301号
……Tel:8223655
博白县住房资金管理部门
地址：博白城关派出所对面
……Tel:8235513
博白县财政局
地址：博白县人民中路
……Tel:8332902
博白县质量技术监督局
地址：博白县博白镇大街
……Tel:8226315
博白县建设局
地址：博白县南洲南路8号
……Tel:8223502
博白县招商促进局
地址：博白县博白镇朝阳西路6号
……Tel:8239701
博白县国土资源局
地址：博白县六十米大道
……Tel:8339082
博白县国家税务局
地址：博白县人民北路
……Tel:8302238
博白县国家税务局稽查局
地址：博白县朝阳东路
……Tel:8228730
博白县审计局
地址：博白县大街
……Tel:8229756
博白县经济贸易局
地址：博白县博白镇文化路
……Tel:8236658
博白县物价局
地址：博白县大街
……Tel:8235935
博白县房地产管理所
地址：博白县南州南路6号二楼办公室
……Tel:8223609
博白县委县政府接待办公室
地址：博白县人民政府招待所
……Tel:8238111
博白县重大动物疫病防治指挥部办公室
地址：博白县人民中路
……Tel:8328986
博白县重点项目基础设施建设办公室
地址：博白县大街
……Tel:8223636
博白县药品质量管理协会
地址：博白县文化路工会大厦4楼
……Tel:8233266
博白县统计局
地址：博白县博白镇大街
……Tel:8222249
博白县科学技术局
地址：博白县朝阳东路31号
……Tel:8210332
博白县流动人口计划生育办公室
地址：博白县大街
……Tel:8223226
博白县文化和文化和旅游局
地址：博白县政府
……Tel:8229788
博白政府办公大楼二楼
……Tel:8227708
博白县教育局
地址：博白县人民中路
……Tel:8333020
博白县教育局教研室
地址：博白县南园路
……Tel:8222185
博白县移民安置办公室
地址：博白县博白镇朝阳西路
……Tel:8227608
博白县森林防火办公室
地址：博白县公园路
……Tel:8210758
博白县粮食局
地址：博白县博白镇大街
……Tel:8222316
博白县精神文明办公室
地址：博白县大街
……Tel:8222483

兴业县（0775）

党政、国家机构及社会团体

中国共产党及其所属机构

县（区、市）党委及其所属机构

中国共产党兴业县委员会办公室
地址：兴业县民主路
……Tel:3763760
中国共产党兴业县委员会组织部
地址：兴业县
……Tel:3763252
中国共产党兴业县委员会统一战线工作部
地址：兴业县行政办公中心四楼
……Tel:3763671
兴业县外事接待办公室
地址：兴业县
……Tel:3763723

人民政府及其所属机构

县（区、市）人民政府及其所属机构

兴业县人民政府
地址：兴业县石南镇
……Tel:3763259
玉林市药品监督管理局兴业分局
地址：兴业县东一街
……Tel:3778327
兴业县人口和计划生育局
地址：兴业县东三街计生局
……Tel:3763620
兴业县人民政府地方志编纂力公室
地址：兴业县政府
……Tel:3765700
兴业县人事劳动和社会保障局
地址：兴业县石南镇
……Tel:3763865
兴业县卫生局
地址：兴业县石南镇
……Tel:3763625
兴业县市场监督管理局
地址：兴业县市场监督管理局办公室
……Tel:3763038
兴业县文化和体育局
地址：兴业县解放路县政府大楼7楼
……Tel:3763883
兴业县水产畜牧局
地址：建设路
……Tel:3775889
兴业县水利局
地址：兴业县石南镇山川垌
……Tel:3761505
兴业县加强机关行政效能建设活动小组办公室
地址：兴业县
……Tel:3776170
兴业县发展和改革局
地址：兴业县
……Tel:3765268
兴业县民政局
地址：兴业县东三街民政局光荣楼二楼
婚姻登记处……Tel:3760800
办公室……Tel:3763809
兴业县先进性教育活动办公室
地址：兴业县
……Tel:3771807
兴业县交通局
地址：兴业县交通局四楼
……Tel:3761515
兴业县农业机械化管理局
地址：兴业县
……Tel:3776250
兴业县农业农村局
地址：兴业县石南镇环镇南路
……Tel:3763902
兴业县农机局
地址：兴业大道南
……Tel:3776636
兴业县防汛抗旱指挥部办公室
地址：兴业县山川北区
……Tel:3762771
兴业县地方税务局
地址：兴业县石南镇
……Tel:3763959
兴业县地方税务局直属分局
地址：玉石路
……Tel:3768180
兴业县机关事务管理局
地址：兴业县石南镇
……Tel:3763653
兴业县机构编制委员会
地址：兴业县石南镇
……Tel:3763673
兴业县老龄工作委员会办公室
地址：行政办公中心
……Tel:3778776
兴业县财政局
地址：兴业县财政局办公大楼一楼
……Tel:3763955
兴业县质量技术监督局
地址：兴业县石南镇玉石路
……Tel:3763891
兴业县拥军优属拥政爱民领导办公室
地址：兴业县
……Tel:3761477
兴业县招商促进局
地址：兴业县民主路
……Tel:3779180
兴业县国土资源局
地址：兴业大道
……Tel:3761317
兴业县国家税务局
地址：兴业县外环路
……Tel:3763522
兴业县国家税务局稽查局
地址：兴业县环南路
……Tel:3761537
兴业县审计局
地址：兴业县石南镇
……Tel:3776808
兴业县环境保护局
地址：兴业县石南镇山川垌
……Tel:3763979
兴业县林业局
地址：兴业县石南镇木鞋圩
……Tel:3763793
兴业县物价局
地址：兴业县兴业大道
……Tel:3761201
兴业县房产管理局
地址：兴业县石南镇解放路
……Tel:8816909
兴业县统计局
地址：兴业县政府办公中心4楼
……Tel:3768816
兴业县文化和文化和旅游局
地址：兴业县行政中心
……Tel:3775518
兴业县烟草专卖局
地址：兴业县六万林场
……Tel:3765379
兴业县教育局
地址：兴业县环西路
……Tel:3763581
兴业县粮食储备管理公司
地址：兴业县
……Tel:3772373
兴业县粮食管理局
地址：玉贵路
……Tel:3775218
兴业县精神文明建设委员会
地址：兴业县行政中心
……Tel:3767999

北流市（0775）

党政、国家机构及社会团体

中国共产党及其所属机构

县（区、市）党委及其所属机构

中国共产党北流市委员会
地址：北流市河东路1号
……Tel:6299001
……Tel:6299002
中国共产党北流市直属机关工作委员会
地址：北流市河东路
……Tel:6299388
中国共产党北流市委员会老干部局
地址：北流市河东路
……Tel:6299319
中国共产党北流市委员会组织部
地址：北流市河东路
……Tel:6299807
中国共产党北流市委员会统战部
地址：北流市陵宁路
……Tel:6223491
中国共产党北流市委员会党史办公室
地址：北流市陵宁路
……Tel:6223380
中国共产党北流市委员会督查办公室
地址：河东路1号市委大楼
……Tel:6299678
北流市档案局
地址：北流市河东路1号
……Tel:6298096
……Tel:6298860
……Tel:6299559

人民政府及其所属机构

县（区、市）人民政府及其所属机构

北流市人民政府
地址：北流市陵宁路
……Tel:6223345
北流市人口和计划生育局
地址：北流市陵宁路
……Tel:6223313
北流市人口和计划生育执法大队
地址：北流市河东路
……Tel:6299310
北流市人民防空办公室
地址：北流市一环西路
……Tel:6225985
北流市人民政府地方志编纂力公室
地址：北流市陵宁街
……Tel:6223549
北流市人民政府凋解处理土地山林水利纠纷办公室
地址：北流市新芝路
……Tel:6223293
北流市人事局
地址：北流市永安路
……Tel:6223235
北流市人事局工改办职改办
地址：北流市永顺区人事局新办公楼
……Tel:6399201
北流市卫生局
地址：北流市龙桥北路9号
……Tel:6223371
北流市市场监督管理局
地址：北流市永安路
……Tel:6235512
北流市公路管理局
地址：北流市城西一路
……Tel:6223434
北流市文化和体育局
地址：北流市城东一路
……Tel:6222128
北流市水产畜牧局

地址：北流市城南一路
…… Tel:6332243
北流市水利局
地址：北流市龙桥路
…… Tel:6223416
北流市发展和改革局
地址：北流市陵宁路
…… Tel:6225485
北流市民政局
北流市陵宁中路
地址：北流市陵宁路56号
…… Tel:6223347
北流市民政局婚姻登记处
地址：北流市旧商务楼
…… Tel:6223037
北流市交通局
地址：北流市荔丰路
…… Tel:6222688
北流市农业农村局
地址：北流市沿江路5号
…… Tel:6223373
…… Tel:6220015
…… Tel:6223595
北流市农业农村局农广校
地址：北流市沿江北路
…… Tel:6293916
北流市农村能源生态局
地址：北流市陵宁路8号
…… Tel:6236985
北流市农村税费改革试点工作领导小组办公室
地址：北流市永安路
…… Tel:6237579
北流市防汛抗旱指挥部办公室
地址：北流市龙桥路
…… Tel:6222409
北流市地方税务局
地址：北流市陵宁路
…… Tel:6223216
北流市地方税务局城区分局
地址：北流市陵宁路27号
…… Tel:6228359
北流市地方税务局稽查局
地址：北流市陵宁路
…… Tel:6228003
北流市地税局
地址：北流市陵宁路27号
…… Tel:6223261
北流市应急管理局
地址：北流市陵宁路
…… Tel:6236039
北流市机关事务管理局
地址：北流市陵宁路
…… Tel:6220086
…… Tel:6223160
…… Tel:6231365
北流市机关效能建设办公室
地址：北流市河东路
…… Tel:6299027
北流市机构编制委员会
地址：北流市陵宁路
…… Tel:6223723
北流市老龄工作委员会
地址：陵宁路
…… Tel:6223217
北流市扶贫开发领导小组办公室
地址：北流市陵宁路8号
…… Tel:6223310
北流市财政局
地址：北流市永安路225号
…… Tel:6223453
北流市财政局城区分局
地址：北流市永安路
…… Tel:6235058
北流市劳动和社会保障局
地址：北流市永安路57号
…… Tel:6223709
北流市侨务办公室
地址：北流市陵宁路
…… Tel:6223150
北流市质量技术监督局
地址：北流市荔丰路
…… Tel:6220248
北流市建设局
地址：北流市一环北路
…… Tel:6221678
北流市国土资源局
地址：北流市城南一路290号
…… Tel:6330111
…… Tel:6332499
…… Tel:6333364
北流市国家税务局
地址：北流市新松路
…… Tel:6220372
北流市国家税务局城区分局
地址：北流富丽华对面
…… Tel:6350005
…… Tel:6399426
北流市国家税务局税务分局
地址：北流市二环西路
…… Tel:6393077

北流市国家税务局稽查局
地址：北流市新松路
…… Tel:6228587
北流市审计局
地址：北流市石塘路
…… Tel:6399089
北流市经济贸易局
地址：北流市陵宁路
…… Tel:6223260
北流市环境保护局
地址：北流市北宝路
…… Tel:6352010
…… Tel:6352025
…… Tel:6352101
北流市林业局
地址：北流陵宁路12号
…… Tel:6223366
北流市规模工业领导小组办公室
地址：北流市陵宁路
…… Tel:6220010
北流市物价局
地址：北流市城东一路57号
办公室…… Tel:6223209
投诉电话…… Tel:12358
北流市城镇住房制度改革委员会办公室
地址：北流市城北一路一里15号西河分理处3楼
…… Tel:6227953
北流市统计局
地址：北流市陵宁路
…… Tel:6223259
北流市政务服务中心
地址：南站
…… Tel:6396029
北流市科学技术局
地址：北流市城东一路57号
…… Tel:6223483
北流市食品安全协调委员会办公室
地址：北流市永安西路
…… Tel:6331707
北流市流动人口计划生育管理办公室
地址：北流市六地坡
…… Tel:6299768
北流市爱国卫生运动委员会
地址：北流市城中路
…… Tel:6332282
北流市文化和文化和旅游局
地址：北流市陵宁路
…… Tel:6222873
北流市教育局
地址：北流市永安路
…… Tel:6222256
北流市森林防火指挥部
地址：北流市陵宁路
…… Tel:6222840
北流市粮食局
地址：北流市永安西路1号
…… Tel:6332358
北流市精神文明建设委员会办公室
地址：北流市河东路1号
…… Tel:6299161
北流国土资源管理局
地址：北流城东一路
…… Tel:6222501
北流植保站
地址：北流城西二路12号
…… Tel:6388218
玉林市食品药品监督管理局北流市分局
地址：北流市永安西路
…… Tel:6399822
百色市（0776）
党政、国家机构及社会团体
中国共产党及其所属机构
市（地区、自治州）
党委及其所属机构
中国共产党百色市委员会办公室
地址：向阳路
…… Tel:2825253
中同共产党百色市委员会办公室秘书科
地址：百色市向阳路市政府大院内
…… Tel:2824207
中国共产党百色市直属机关工作委员会
地址：百色市向阳路13号
办公室…… Tel:2824351
组织部…… Tel:2825370
中国共产党百色市委员会台湾工作办公室百色市人民政府台湾事务办公室
地址：向阳路13号
…… Tel:2829075
…… Tel:2825077
中国共产党百色市委员会老干部局
地址：向阳路
…… Tel:2824659
…… Tel:2831961
中国共产党百色市委员会组织部
地址：向阳路
…… Tel:2825367
…… Tel:2872369
中国共产党百色市委员会统战部
地址：向阳路
…… Tel:2829860

中国共产党百色市委员会党史办公室
地址：向阳路
…… Tel:2824521
…… Tel:2832100
百色市委政策研究室
地址：百色向阳路13号后礼堂
…… Tel:2851382
百色市档案局
地址：向阳路
…… Tel:2824468
县（区、市）党委及其所属机构
中国共产党百色市右江区委员会
地址：百色市向阳路19号
…… Tel:2824158
中国共产党百色市右江区直属机关工作委员会
地址：向阳路
…… Tel:2824422
中国共产党百色市右江区委员会组织部
地址：向阳路
…… Tel:2824405
中国共产党百色市有江区委员会统战部
地址：右江区向阳路
…… Tel:2824807
中国共产党百色市右江区委员会接待办公室
地址：向阳路
…… Tel:2829837
中国共产党百色市右江区党史办公室
地址：向阳路
…… Tel:2826045
右江区档案局
地址：向阳路
…… Tel:2824860
人民政府及其所属机构
市（地区、自治州）人民政府及其所属机构
百色市人民政府办公室
地址：百色市向阳路13号
…… Tel:2824938
工业和信息化委员会百色市无线电管理处
地址：城东路
…… Tel:2933899
…… Tel:2933399
广西水文水资源百色分局
地址：城北一路
…… Tel:2824161
…… Tel:2849278
广西水电工程局百色办事处
地址：中山二路
…… Tel:2839505
平吉至八书改建工程建设办
地址：城北二路
…… Tel:2824556
百色市二轻城镇集体工业联合社
地址：城北二路
…… Tel:2824478
…… Tel:2838186
百色市人力资源和社会保障局
地址：东合二路劳动力市场6楼办公室
办公室…… Tel:2828860
劳动保障监察科…… Tel:2827596
社会保险科…… Tel:2824450
劳动争议仲裁科…… Tel:2842942
百色市人口和计划生育委员会
地址：西园路计生委大楼三楼
…… Tel:2824060
百色市人民防空办公室
地址：向阳路13号
…… Tel:2871800
百色市人民政府发展研究中心
地址：向阳路
…… Tel:2855583
百色市人民政府国有资产监督管理委员会
地址：西园路
办公室…… Tel:2833663
传真…… Tel:2856161
百色市人事局
地址：向阳路13号
办公室…… Tel:2841705
工资福利与退休科…… Tel:2841707
专业技术人员管理科
…… Tel:2841709
公务员管理科…… Tel:2841711
政务中心服务窗口…… Tel:2851899
百色市卫生局
地址：太平街新隆巷75号
办公室…… Tel:2830575
传真…… Tel:2855031
财务室…… Tel:2860138
人事科…… Tel:2829722
门卫值班室…… Tel:2860538
法监科…… Tel:2830591
爱卫办…… Tel:2832351
医政科…… Tel:2829600
百色市工业和信息化委员会
地址：中山二路
…… Tel:2846433
…… Tel:2824286

百色市市场监督管理局
地址：城东路
…… Tel:2998858
百色市土地储备中心
地址：百色市右江区城东大道银监分局三楼
…… Tel:2996123
百色市公路局
地址：城北二路
…… Tel:2846966
百色市公路管理局
地址：百色市城北二路
…… Tel:2825793
主任室…… Tel:2833375
政治处…… Tel:2824301
设计室…… Tel:2831315
工委…… Tel:2825095
养护管理科…… Tel:2825213
百色市无线电监测站
地址：城东路
…… Tel:2933393
百色市少数民族语言文字委员会
地址：百色市西园路
…… Tel:2824995
百色市支援基层教育工作领导小组办公室
地址：向阳路
…… Tel:2834391
百色市水电局
地址：爱新街崇贤巷
…… Tel:2845675
百色市水产畜牧局
地址：中山一路东宁巷
…… Tel:2825565
…… Tel:2831069
百色市水产畜牧兽医局
地址：中山一路东宁巷
…… Tel:2820369
…… Tel:2855647
百色市水库移民工作管理局
地址：西园路
…… Tel:2825405
百色市水利局
地址：百色市右江区城北一路37号
办公室…… Tel:2824350
百色市市政工程管理局
地址：中山二路
…… Tel:2853183
百色市市政管理局
东合二路
办公室…… Tel:2824790
…… Tel:2842512
热线…… Tel:2860000
百色市发展水果生产办公室
地址：向阳路
…… Tel:2823362
百色市发展和改革局
地址：东合二路
…… Tel:2821699
百色市发展和改革委员会
地址：百色市右江区东合二路
…… Tel:2825176
百色市失业保险管理所
地址：东合二路
…… Tel:2822308
百色市外汇管理局
地址：中山二路
…… Tel:2825766
百色市外事侨务办公室
地址：西园路
…… Tel:2835168
…… Tel:2825850
百色市民政局
地址：城东路进站大道
办公室…… Tel:2989168
双拥办…… Tel:2989206
民间组织管理科…… Tel:2989158
优抚科…… Tel:2989195
安置办…… Tel:2989185
救灾救济科…… Tel:2989182
百色市募捐委员会办公室
…… Tel:2989183
基层政权科…… Tel:2989192
涉外婚姻登记处…… Tel:2989130
社会福利和社会事务科
…… Tel:2989187
募委办…… Tel:2989265
保卫处…… Tel:2998772
百色市民族事务委员会
地址：向阳路
…… Tel:2824262
百色市交通运输局
地址：城东路火车站站前大道
…… Tel:2998600
百色市农业机械化管理局
地址：西园路
…… Tel:2864885
百色市农业农村局
地址：百色市城北一路14号
办公室…… Tel:2824121
财务室…… Tel:2825266

计财室……Tel:2824920
经作站……Tel:2821821
科技站……Tel:2836921
粮作站……Tel:2824893

百色市防汛抗旱指挥部办公室
地址：百色市右江区城北一路37号
……Tel:2824339

百色市地方征稽处
地址：城东路火车站进站大道
……Tel:2998655

百色市地方税务局
地址：中山一路100号
……Tel:2852388

百色市地方税务局直属征收分局
地址：火车站进站大道
……Tel:2835558

百色市地方税务局直属税务分局
地址：中山一路100号
……Tel:2998589

百色市地方税务局稽查局
地址：百胜街169号
……Tel:2890513

税务违法案件举报中心
……Tel:2892704

百色市应急管理局
地址：城北二路1号
……Tel:2825811
……Tel:2832789

百色市机关事务管理局
地址：向阳路13号市机关事务管理局办公楼
……Tel:2821806

百色市机构编制委员会办公室
地址：百色市右江区向阳路13号
……Tel:2824136

百色市老龄工作委员会办公室
地址：市委内
……Tel:2822881

百色市西部大开发领导小组办公室
地址：东合二路
……Tel:2855136

百色市住房公积金管理中心
地址：中山二路16号建行大厦15楼
综合科……Tel:2821200
归集管理科……Tel:2830707
计划信贷科……Tel:2828511

百色市住房制度改革委员会办公室
地址：东合二路
……Tel:2860223

百色市扶贫开发领导小组办公室
地址：城东大道
……Tel:2932006

百色市财政局
地址：中山一路
办公室……Tel:2825267
……Tel:2835060

百色市社会主义新农村建设试点工作领导小组办公室
地址：向阳路
……Tel:2855702

百色市质量技术监督局
地址：百色市银海路1号
……Tel:2961060

百色市建设与规划委员会
地址：太平街新隆巷59号
……Tel:2833091

百色市招商引资局
地址：西园路
……Tel:2859666

百色市招商促进局
地址：百色市西园路政务中心六楼
……Tel:2838588

百色市国土资源局
地址：百色市中山二路金怡园1号
办公室……Tel:2824931
政务中心服务窗口……Tel:2849016
举报电话……Tel:12336

百色市国土资源局土地整理复垦中心
地址：百色市右江区中山二路金怡园1号国土资源局8楼
……Tel:2825488

百色市国土资源勘测所
地址：太平街新隆巷
……Tel:2853060

百色市国有资产监督管理委员会
地址：西园路
……Tel:2839598

百色市国家税务局
地址：百色市东合一路
办公室……Tel:2825865
政策法规科……Tel:2859599
货物和劳务税科……Tel:2824627
进出口税收管理科……Tel:2855388
所得税科……Tel:2829525
财务管理科……Tel:2826552
征收管理科……Tel:2859090
收入核算科……Tel:2824694
纳税服务科……Tel:2848863

稽查局举报电话（人工）
……Tel:2855071

稽查局举报电话（自动）
……Tel:966102
人事科……Tel:2842700
教育科……Tel:2824693
监察室……Tel:2822676
机关党办……Tel:2858878

大企业和国际税务管理科
……Tel:2859551
信息中心……Tel:2854602
机关服务中心……Tel:2859523

百色市国家税务局第一稽查分局
地址：西园路
……Tel:2825072

百色市国家税务局稽查局
地址：东合二路
……Tel:2829527
……Tel:2831005

百色市征兵办公室
地址：中山二路
……Tel:2825121

百色市审计局
地址：城东路
……Tel:2931630
……Tel:2932202

百色市实施农民下乡进城入谷工程领导小组办公室
地址：东合二路
……Tel:2852256

百色市经济委员会
中山二路
办公室……Tel:2825332
……Tel:2829127

百色市经济科技局
地址：中山二路
……Tel:2824241

百色市环境保护局
地址：百色市中山二路金怡园
办公室……Tel:2824392
……Tel:2845780
监督管理科……Tel:2825741
……Tel:2825741
污染控制科……Tel:2836044
科技标准规划科……Tel:2836044

百色市环境监测站百色市环境保护科学研究所
地址：中山二路金怡园巷35号
……Tel:2826572

百色市林业局
地址：百色市城北一路17号
……Tel:2825638
……Tel:2109119
防火办……Tel:2825618

百色市物价局
地址：东合二路
……Tel:2824256

百色市物价检查所
地址：东合二路
……Tel:2825037

百色市房地产管理局
地址：百色市解放街48号
……Tel:2825993
……Tel:2855980

百色市矿产资源管理站
地址：太平街新隆巷
……Tel:2825000

百色市非公有经济促进局
地址：西园路政务中心七楼
……Tel:2822088

百色市语言文字工作委员会办公室
地址：百色市城北二路33—2号
……Tel:2852706

百色市城市广场管理处
地址：新兴路22号
……Tel:2824791
……Tel:2837010

百色市统计局
地址：向阳路13号
……Tel:2824321
……Tel:2872866

百色市政府政务服务中心
地址：西园路市计生委大楼
……Tel:2861123

百色市科学技术局
地址：中山一路
……Tel:2824218
传真……Tel:2824720

百色市食品药品监督管理局
地址：新龙巷57—1号
……Tel:2847099

百色市调解处理土地山林水利纠纷办公室
地址：西园路
……Tel:2867551
……Tel:2852093

百色市消费者保护委员会
地址：城东路火车站进站大道
……Tel:2986315

百色市文化和文化和旅游局
地址：城东大道
……Tel:2939152
……Tel:2939301

百色市烟草专卖局（公司）
地址：城东路真龙大酒店14楼
办公室……Tel:2939326
专卖办……Tel:2929310
营销中心……Tel:2939328
烟叶部……Tel:2939358

百色市商务局
地址：百色市城北二路4号
……Tel:2824033

百色市基层组织建设联系会议领导小组办公室
地址：向阳路
……Tel:2825343

百色市教育局
地址：城北二路
……Tel:2820631
……Tel:2823551

百色市森林防火指挥部办公室
地址：城北一路
……Tel:2825618

百色市联席会议办公室
地址：向阳路
……Tel:2858058

百色市粮食局
地址：新兴路
……Tel:2824962
……Tel:2931223

百色交通征费稽查处
地址：百色市中山二路24号
……Tel:2821030

国家统计局百色调查队
地址：百色市右江区西园路市政务服务中心6楼
办公室……Tel:2827402
传真……Tel:2855112

澄碧河水库管理局
地址：永乐乡
……Tel:2940189

县（区、市）
人民政府及其所属机构

右江区人民政府
地址：向阳路19号
办公室……Tel:2824776
财务科……Tel:2822400

右江区二轻工业联社
地址：中华街
……Tel:2824096

右江区人力资源和社会保障局
地址：百色市中山二路
……Tel:2856909
……Tel:2824303

右江区人口和计划生育局
地址：向阳路
……Tel:2846452
……Tel:2931360

右江区人民政府台湾事务办公室
地址：向阳路
……Tel:2846323

右江区人民政府旧城开发改造办公室
地址：中华街
……Tel:2895255

右江区人事局
地址：向阳路19号
……Tel:2824681

右江区卫生局
地址：中华街
……Tel:2892283

右江区市场监督管理局
地址：东合二路
……Tel:2824234

右江区公路局
地址：中山一路
……Tel:2824206

右江区水产畜牧局
地址：中山一路东宁巷
……Tel:2854612
……Tel:2849039

右江区水利局
地址：百色市爱新街崇贤巷
……Tel:2824899
防汛办……Tel:2824192
……Tel:2845675
……Tel:2833914

右江区发展和改革局
地址：百色市向阳路
……Tel:2845592
……Tel:2851879

右江区纠正行业不正之风领导小组办公室
地址：向阳路
……Tel:2839057

右江区民政局
地址：中山二路
……Tel:2835979

右江区民族事务局
地址：向阳路
……Tel:2824503
……Tel:2825033

右江区交通局
地址：百色市中山一路104号
……Tel:2856655

右江区农业区划委员会办公室
地址：文明街
……Tel:2824800

右江区农业机械化管理局
地址：城西路
……Tel:2869289

右江区农业农村局
地址：城乡路80号
……Tel:2824378

右江区地方税务局
地址：百胜街
……Tel:2895405

右江区地方税务局百城分局
地址：百胜街
……Tel:2892195
……Tel:2894638

右江区应急管理局
地址：向阳路
……Tel:2856186

右江区机关事务管理局
地址：向阳路
……Tel:2824813

右江区机构编制委员会办公室
地址：向阳路
……Tel:2825167

右江区老龄工作委员会办公室
地址：向阳路
……Tel:2846946

右江区住房制度改革委员会办公室
地址：太平街新隆巷
……Tel:2825919
副主任室……Tel:2821638

右江区住房和城乡规划建设局
地址：太平街兴隆巷
……Tel:2848971
……Tel:2852101

右江区体育局
地址：百色市城北二路右江区教学科研楼六楼
……Tel:2824122

右江区扶贫开发领导小组办公室
地址：文明街
……Tel:2824019

有江区库区移民开发局
地址：向阳路19号
……Tel:2845998

右江区财政局
地址：城东路
……Tel:2823497

右江区财政局进驻政务中心
地址：城东路
……Tel:2996579
……Tel:2855879

右江区侨务办公室
地址：右江区向阳路
……Tel:2824619

右江区招商促进局
地址：向阳路19号
……Tel:2824003

右江区国家税务局
地址：西园路
办公室……Tel:2824838
政策法规股……Tel:2826288
办税大厅……Tel:2855715
征收管理股……Tel:2835063
鹅城税务分局……Tel:2843811
河东税务分局……Tel:2839608
平圩税务分局……Tel:2826667
永乐税务所……Tel:2839292

右江区国家税务局平圩征收分局
地址：西园路
……Tel:2822325

右江区国家税务局平圩税务分局
地址：西园路
……Tel:2834580

右江区国家税务局河东税务分局
地址：西园路
……Tel:2846262

右江区国家税务局信息中心
地址：西园路
……Tel:2828543

右江区国家税务局城区征收分局
地址：西园路
……Tel:2855715

右江区国家税务局鹅城税务分局
地址：西园路
……Tel:2822315

右江区国家税务局稽查局
地址：西园路
……Tel:2834040

右江区审计局
地址：百色市中山二路
……Tel:2852983
……Tel:2852989

右江区经济体制改革委员会
地址：向阳路
……Tel:2825749

右江区经济贸易局
地址：文明街
……Tel:2852589
……Tel:2824249

右江区环境保护局

地址：右江区向阳路19号
……Tel:2821299

右江区林业局
地址：城东路
……Tel:2849339

右江区规划建设管理局
地址：太平街新隆巷
……Tel:2849996

右江区物价局
地址：文明街
……Tel:2824651

右江区物价检查所
地址：文明街
……Tel:2853456

右江区统计局
地址：百色市向阳路19号
……Tel:2826508

右江区科学技术局
地址：向阳路19号
……Tel:2847980
……Tel:2823728

右江区食品药品监督管理局
地址：城北二路
……Tel:2828532

右江区文化和文化和旅游局
地址：向阳路
……Tel:2833878

右江区航务管理局
地址：玉屏巷1号
……Tel:2852582

右江区商务局
地址：文明街
……Tel:2845602
……Tel:2821617

右江区基层组织建设联系会议领导小组办公室
地址：向阳路
……Tel:2828007

右江区教育局
地址：百色市中山二路18号
办公室……Tel:2823517
传真……Tel:2855779

右江区教育局资源中心
地址：城北二路
……Tel:2850254

右江区粮食局
地址：百色市民生街96号
……Tel:2824795

右江区精神文明建设委员会
地址：向阳路
……Tel:2843063

百色市市场监督管理局右江分局
地址：东合二路
……Tel:2832374

百色市地税局右江分局
地址：城东路
……Tel:2998110

百色市国土资源局右江分局
地址：太平街新隆巷56号
办公室……Tel:2824012
调处股……Tel:2847892
地籍股、规划股……Tel:2847893
矿管股……Tel:2847002

百色市环境保护局右江分局
地址：城乡路
……Tel:2824205

田阳县（0776）

党政、国家机构及社会团体

中国共产党及其所属机构

县（区、市）党委及其所属机构

中国共产党田阳县委员会
地址：田阳县田州镇解放中路42-1号
……Tel:3212420
……Tel:3228310

中国共产党田阳县直属机关工作委员会
地址：田阳县解放街
……Tel:3212315

中国共产党田阳县委员会田阳县人民政府接待办公室
地址：田阳县解放中路
……Tel:3211953

中国共产党田阳县委员会老干部局
地址：田阳县高中路
……Tel:3212497

中国共产党田阳县委员会组织部
地址：田阳县解放中路
……Tel:3212312
……Tel:3219239

中国共产党田阳县委员会统战部
地址：田阳县解放中路42-36号
……Tel:3212032

中国共产党田阳县委员会党史办公室
地址：田阳县解放街
……Tel:3217289

中国共产党田阳县委员会接待科
地址：田阳县田州镇解放中路
……Tel:3228113

田阳县档案局
地址：田阳县解放中路
……Tel:3212405

人民政府及其所属机构

县（区、市）人民政府及其所属机构

田阳县人民政府办公室
地址：广西田阳县田州镇解放中路28号
……Tel:3212248

广西壮族自治区烟草公司百色市公司田阳县营销部
地址：田阳县田州镇金狮街
……Tel:3280190
……Tel:3280530

中国一东盟田阳县国际现代农业物流园项目办公室
地址：田阳县解放中路
……Tel:3229079
……Tel:3229208

田阳至定夜二级公路工程建设办公室
地址：田阳县解放西路
……Tel:3229025
……Tel:3228005

田阳县二轻城镇集体工业联社
地址：田阳县解放中路
……Tel:3212302

田阳县人口和计划生育局
地址：田阳县解放中路
……Tel:3212350

田阳县人民政府农业区划办公室
地址：田阳县解放中路
……Tel:3217361

田阳县人民政府侨务办公室
地址：田阳县解放中路
……Tel:3221538

田阳县人事劳动和社会保障局
地址：田阳县田州镇解放中路
……Tel:3212502

田阳县卫生局
地址：田阳县田州镇广场二路41号
……Tel:3212360

田阳县市场监督管理局
地址：田阳县田州镇金狮街
……Tel:3212334
……Tel:3219537

田阳县三大纠纷调解办
地址：田阳县解放中路
……Tel:3211356
……Tel:3228660

田阳县公路局
地址：田阳县田州镇解放中路
……Tel:3212453

田阳县公路管理局
地址：田阳县田州镇解放中路
……Tel:3215248

田阳县公路管理所
地址：田阳县解放东路
……Tel:3212340

田阳县少数民族语言文字工作委员会办公室
地址：田阳县田州镇解放中路
……Tel:3212183

田阳县文化和体育局
地址：田阳县田州镇广场一路
……Tel:3212160
……Tel:3214399

田阳县水产畜牧兽医局
地址：田阳县田州镇兴华路26号
局办……Tel:3213778
动物防疫……Tel:3226100
渔政……Tel:3222169

田阳县水利局
地址：田阳县田州镇中山街67号
……Tel:3212643
防汛办……Tel:3212211

田阳县市政管理局
地址：田阳县田州镇糖厂路
……Tel:3215283
……Tel:3227138

田阳县发展和改革局
地址：田阳县田州镇解放中路42-35号
……Tel:3212175

田阳县民政局
地址：田阳县田州镇解放中路42-19号
局办……Tel:3212109
局婚姻登记处……Tel:3218999

田阳县民族事务局
地址：田阳县田州镇解放中路
……Tel:3282563

田阳县交通局
地址：田阳县解放东路
……Tel:3212311

田阳县农业机械化管理局
地址：田阳县田州镇解放西路
……Tel:3212106

田阳县农业农村局
地址：田阳县田州镇兴华街17号
……Tel:3212421

田阳县农业农村局技术推广站
地址：田阳县兴华路
……Tel:3226190

田阳县农村合作经济经营管理指导站
地址：田阳县田州镇解放街
……Tel:3212305

田阳县农村社会经济调查队
地址：田阳县田州镇兴华街
……Tel:3212156

田阳县地方税务局
地址：田阳县解放东路
……Tel:3213600

田阳县地方税务局田州分局
地址：田阳县田州镇解放东路
……Tel:3211586

田阳县地方税务局稽查局
地址：田阳县田州镇解放东路
……Tel:3220596

田阳县应急管理局
地址：田阳县田州镇解放东路16号
……Tel:3226911
举报电话……Tel:3227778

田阳县机关后勤服务中心
地址：田阳县田州镇解放中路
……Tel:3212470

田阳县机关事务管理局
地址：田阳县田州镇解放中路
……Tel:3212255

田阳县机构编制委员会办公室
地址：田阳县解放街
……Tel:3212130
……Tel:3225000

田阳县老龄工作委员会办公室
地址：田阳县田州镇解放路
……Tel:3212144

田阳县住房制度改革委员会办公室
地址：田阳县田州镇解放中路42-40#
……Tel:3212507

田阳县“三个代表”重要思想讲习办公室
地址：田阳县解放路
……Tel:3222002

田阳县县志编纂委员会办公室
地址：田阳县解放中路
……Tel:3216697

田阳县扶贫开发领导小组办公室
地址：田阳县田州镇解放中路42-23号
……Tel:3212394

田阳县财政局
地址：田阳县田州镇金狮街6号
……Tel:3280688

田阳县质量技术监督局
地址：田阳县金狮路
……Tel:3230355
……Tel:3230390

田阳县建设局
地址：田阳县糖厂常安路3号
……Tel:3227338
……Tel:3214238

田阳县招商促进局
地址：田阳县田州镇解放中路42号
……Tel:3226518

田阳县国土资源局
地址：田阳县田州镇金狮街4号
办公室……Tel:3212339
国土资源举报电话……Tel:12336

田阳县国家税务局
地址：田阳县田州镇解放中路
……Tel:3212212

田阳县国家税务局稽查局
地址：田阳县解放路
……Tel:3212092

田阳县审计局
地址：田阳县田州镇金狮街
……Tel:3280000

田阳县经济贸易局
地址：田阳县田州镇解放中路42-7号
……Tel:3212423

田阳县环境保护局
地址：田阳县玉兰路西一巷
……Tel:3212731
……Tel:3225636

田阳县林业局
地址：田阳县田州镇解放东路
……Tel:3212513
……Tel:3225312

田阳县物价局
地址：田阳县田州镇解放中路42-15号
……Tel:3212375

田阳县重大项目移民安置办公室
地址：田阳县城东邮政大楼
……Tel:3213660

田阳县统计局
地址：田阳县田州镇解放中路42-40#
……Tel:3212146

田阳县政务服务中心管理办公室
地址：田阳县田州镇解放中路45号
……Tel:3211234

田阳县科学技术局
地址：田阳县田州镇解放中路34号
……Tel:3212166

田阳县文化和文化和旅游局
地址：田阳县田州镇解放中路
……Tel:3226214
……Tel:3223066

田阳县商务局
地址：田阳县田州镇解放中路7号
……Tel:3211796

田阳县基层组织建设协调领导小组办公室
地址：田阳县解放中路
……Tel:3213400

田阳县深化医药卫生体制办公室
地址：田阳县广场二路
……Tel:3219360

田阳县绩效考评领导小组办公室
地址：广西田阳县田州镇解放中路28号
……Tel:3225515

田阳县教育局
地址：田阳县田州镇长安路
……Tel:3223919

田阳县新农村办公室
地址：田阳县政府大院
……Tel:3222339

田阳县精神文明建设委员会办公室
地址：田阳县田州镇解放中路
……Tel:3216603
……Tel:3226664

百色市住房公积金管理中心田阳管理部
地址：田阳县解放街
……Tel:3215037

百色市食品药品监督管理局田阳县分局
地址：田阳县三雷农贸市场
……Tel:3228625

国家统计局田阳调查队
地址：田阳县田州镇兴华街
……Tel:3212156
……Tel:3228662

田东县（0776）

党政、国家机构及社会团体

中国共产党及其所属机构

县（区、市）党委及其所属机构

中国共产党田东县委员会
地址：平马镇庆平路东园巷6号
……Tel:5222333
……Tel:5220011

中国共产党田东县直属机关工作委员会
地址：田东县庆平路东园巷
……Tel:5222339

中国共产党田东县委员会机要局
地址：平马镇庆平路东园巷
……Tel:5222499

中国共产党田东县委员会老干部局
地址：田东县平马镇庆平路东园巷
……Tel:5222347

中国共产党田东县委员会组织部
地址：田东县平马镇庆平路东园巷
……Tel:5222210
……Tel:5222313

中国共产党田东县委员会统战部
地址：田东县平马镇庆平路东园巷
……Tel:5222509

中国共产党田东县委员会党史办公室
地址：田东县东园路
……Tel:5221876

中国共产党田东县委员会接待办公室
地址：田东县庆平路东园巷
……Tel:5222658

田东县档案局
地址：田东县庆平路东园巷
……Tel:5222589

人民政府及其所属机构

县（区、市）人民政府及其所属机构

田东县人民政府
地址：田东县人民路66号
……Tel:5222273

广西壮族自治区右江矿务局
地址：田东县新州村
办公室……Tel:5305008
值班室……Tel:5305001
销售处……Tel:5301013

田东县二轻城镇集体工业集体联合社
地址：人民路
……Tel:5222326

田东县人口和计划生育局
地址：田东县平马镇庆平路61号
办公室……Tel:5222583
办证大厅……Tel:5230565

田东县人民政府经济研究中心
地址：田东县平马镇人民路
……Tel:5222301

田东县人事劳动和社会保障局
地址：田东县油城路
……Tel:5222771
……Tel:5226829

田东县卫生局
地址：田东县朝阳路
……Tel:5232257

田东县工业集中区管理委员会
地址：田东县油城路
……Tel:5231386
……Tel:5228629

田东县市场监督管理局
地址：百色市田东县东港路28号
……Tel:5225290
……Tel:5222256

田东县公路局
地址：田东县平马镇东宁东路31号

Tel:5222272

田东县少数民族语言文字工作办公室
地址：田东县庆平路
Tel:5222402

田东县市小企业局
地址：田东县朝阳路
Tel:5222505

田东县文化和体育局
地址：田东县东宁西路
Tel:5234766
Tel:5222459

田东县水产畜牧局
地址：田东县朝阳路
Tel:5222476

田东县水产畜牧兽医局
地址：田东县朝阳路
Tel:5232390
Tel:5222476

田东县水库移民工作管理局
地址：田东县油城路
Tel:5229923
Tel:5232133

田东县水利局
地址：田东县庆平路38号
Tel:5232398

田东县市政管理局
地址：田东县平马镇
Tel:5229009

田东县发展和改革局
地址：田东县油城路
Tel:5201310

田东县民政局
地址：田东县人民路光荣巷
Tel:5233388

田东县民族事务局
地址：田东县人民路
Tel:5222513

田东县民族经济发展资金管理所
地址：田东县油城路
Tel:5222018

田东县交通局
地址：田东县东宁西路66号
Tel:5222330

田东县农业行政综合执法大队
地址：田东县朝阳路
Tel:5239315

田东县农业机械化管理局
地址：田东县庆平路
Tel:5230008
Tel:5227902

田东县农业农村局
地址：田东县朝阳路1号
Tel:5225711

出东县农村社会经济调查队
地址：田东县人民路
Tel:5222206

田东县农村基层组织建设办公室
地址：田东县庆平路
Tel:5231000

田东县防汛抗旱指挥部
地址：田东县平马镇庆平路
Tel:5222323

田东县地方税务局
地址：田东县东宁东路90号
Tel:5210507

田东县地方税务局直属征收管理分局
地址：田东县庆平路
Tel:5222011

田东县地方税务局稽查局
地址：田东县东宁东路
Tel:5210579

田东县应急管理局
地址：田东县朝阳路
Tel:5233718
Tel:5228389

田东县机构编制委员会办公室
地址：田东县人民路
Tel:5220109
Tel:5222516

田东县老龄工作委员会办公室
地址：田东县人民路光荣巷
Tel:5222607

田东县住房制度改革委员会办公室
地址：田东县广场路
Tel:5222196

田东县县志编纂委员会办公室
地址：平马镇人民路
Tel:5221134

田东县扶贫开发领导小组办公室
地址：田东县人民路
Tel:5222362
Tel:5229283

田东县财政局
地址：田东县油城路13号
Tel:5222555

田东县财政局转金清理整顿领导小组办公室
地址：田东县油城路
Tel:5223348

田东县社会主义新农村建设领导小组办公室
地址：田东县人民路
Tel:5226850

田东县社会劳动保险所
地址：百色市田东县人民路6号
Tel:5222613

田东县质量技术监督局
地址：田东县朝阳路8号
Tel:5222548
局长办 Tel:5239192
计量所 Tel:5228602
Tel:5239177

田东县建设工会工作委员会
地址：田东县人民路
Tel:5232301

田东县建设局
地址：百色市田东县人民路56号
Tel:5222529

田东县建筑没计院
地址：人民路56号
Tel:5222769

田东县建筑安装工程劳动保险费管理站
地址：田东县人民路
Tel:5231366

田东县招商促进局（经协办）
地址：田东县平马镇人民路66号
Tel:5227472
传真 Tel:5222926

田东县国土资源局
地址：田东县平马镇油城路150号
Tel:5236033
Tel:5237966

田东县国土资源局地产公司
地址：田东县平马镇油城路
Tel:5228150

田东县国家税务收入合算股
地址：田东县油城路
Tel:5223001

田东县国家税务局
地址：田东县油城路236号
Tel:5222229
Tel:5222405

田东县国家税务局矿区税务分局
地址：田东县油城路
Tel:5239289

田东县国家税务局稽查局
地址：田东县南华路
Tel:5225455

田东县审计局
地址：田东县油城路
Tel:5201438
Tel:5201435

田东县经济适用住房服务中心
地址：田东县广场路
Tel:5213999

田东县经济贸易局
地址：田东县朝阳路
Tel:5225216

田东县环境保护局
地址：田东县油城路8号
Tel:5222479

田东县林业局
地址：田东县东园巷
Tel:5222492
Tel:5227605

田东县物价局
地址：田东县平马镇人民路
办公室 Tel:5222370
价格举报中心 Tel:5238204
价格举报热线 Tel:12358

田东县物价检查所
地址：田东县人民路
Tel:5226752

田东县城乡建设管理办公室
地址：田东县平马镇人民路
Tel:5222554

田东县统计局
地址：田东县油城路
Tel:5201322
Tel:5201305

田东县科学技术局
地址：田东县平马镇朝阳路
Tel:5222507

田东县调解处理土地山林水利纠纷办公室
地址：田东县人民路
Tel:5222281

田东县爱国卫生运动委员会办公室
地址：田东县朝阳路2号
Tel:5227726

田东县文化和文化和旅游局
地址：田东县平马镇人民路
Tel:5238699

田东县烟草专卖局
地址：田东县平马镇东宁西路
Tel:5228530

田东县教育局
地址：田东县东宁东路52号
Tel:5222619

田东县新农合管理中心作登经办点
地址：田东县作登乡
Tel:5421020

田东县粮食局
地址：田东县朝阳路
Tel:5226968

田东县精神文明建设委员会办公室
地址：田东县平马镇庆平路东园巷
Tel:5223557

百色市住房公积金管理中心田东管理部
地址：田东县朝阳路
Tel:5237385
Tel:5236550

百色市食品药品监督管理局田东县分局
地址：田东县平马镇中和路
Tel:5229090
Tel:5235626

国家统计局田东调查队
地址：田东县人民路
Tel:5226999
Tel:5222206

平果县（0776）

党政、国家机构及社会团体

中国共产党及其所属机构

县（区、市）党委及其所属机构

中国共产党平果县委员会
地址：平果县行政信息中心
Tel:5821159

中国共产党平果县地方志编纂委员会办公室
地址：平果县行政信息中心
Tel:5821911

中国共产党平果县直属机关工作委员会
地址：平果县行政信息中心
Tel:5821926
Tel:5839068

中国共产党平果县委员会平果县人民政府接待办公室
地址：平果县行政信息中心
Tel:5821939

中国共产党平果县委员会老干部局
地址：平果县行政信息中心
Tel:5821401

中国共产党平果县委员会组织部
地址：平果县行政信息中心大楼
Tel:5821271
Tel:5889012

中国共产党平果县委员会统战部
地址：平果县行政信息中心
Tel:5821792
Tel:5886891

中国共产党平果县委员会党史办公室
地址：平果县行政信息中心
Tel:5821766
Tel:5886005

人民政府及其所属机构

县（区、市）人民政府及其所属机构

平果县人民政府
地址：平果县行政信息中心
Tel:5821371

中国西南扶贫世界银行贷款项目平果县办公室
地址：平果县教育路
Tel:5821400

平果县二轻城镇集体工业联合社
地址：平果县新兴街
Tel:5821333

平果县人力资源和社会保障局
地址：平果县行政信息中心大楼
Tel:5821363
Tel:5821426

平果县人口和计划生育局
地址：平果县行政信息大楼
Tel:5821273

平果县人民政府政务服务中心
地址：平果县教育路万冠商业广场一楼
Tel:5889129

平果县卫生局
地址：平果县马头镇东街
Tel:5825368
Tel:5821270

平果县市场监督管理局
地址：平果县铝城大道
Tel:5820662
Tel:5825303

平果县公路局
地址：平果县铝城大道
Tel:5821246

平果县计划和发展改革局
地址：平果县行政信息中心大楼
Tel:5886032

平果县少数民族语言文字工作办公室
地址：平果县行政信息中心
Tel:5821322

平果县文化和体育事业局
地址：平果县体育馆
Tel:5834168
Tel:5885004

平果县水产畜牧兽医局
地址：平果县马头镇新兴街
Tel:5821716

平果县水库移民工作管理局
地址：平果县行政大楼
Tel:5886759

平果县水利电业公司
地址：兴平路23号
Tel:5831550

平果县水利局
地址：平果县平中路3号
Tel:5821305
Tel:5834203

平果县市政管理局
地址：平果县行政信息中心大楼二楼
办公室 Tel:5886212
举报、投诉 Tel:5889685

平果县旧城区改造办公室
地址：平果县平中路
Tel:5829152

平果县民政局
地址：平果县富强路右二巷
Tel:5821213

平果县民族事务局
地址：平果县行政信息中心
Tel:5886353
Tel:5821907

平果县交通局
地址：平果县兴平路
Tel:5821254

平果县农业区划委员会办公室
地址：平果县行政信息中心
Tel:5821917

平果县农业农村局
地址：平果县行政信息中心
Tel:5828701

平果县农机事业局
地址：平果县
Tel:5886182

平果县农村改水项目办公室
地址：平果县行政信息中心
Tel:5886332
Tel:5829549

平果县农村基层组织建设办公室
地址：平果县行政信息中心大楼
Tel:5827870

平果县地方税务局
地址：平果县城龙路
Tel:5822394

平果县地方税务局稽查局
地址：平果县城龙路
Tel:5831970

平果县应急管理局
地址：平果县行政信息中心
Tel:5821117

平果县安监局
地址：行政中心
Tel:5835068

平果县机关后勤服务中心
地址：平果县
Tel:5825909

平果县机构编制委员会
地址：平果县行政信息中心
Tel:5837590

平果县老龄工作委员会办公室
地址：平果县行政信息中心
Tel:5821906
Tel:5886451

平果县扶贫开发领导小组办公室
地址：平果县行政信息中心
Tel:5886219
Tel:5821428

平果县园林管理站
地址：平果县教育路
Tel:5823981

平果县财政局
地址：平果县铝城大道
Tel:5835683
Tel:5821261

平果县侨务办公室
地址：平果县行政信息中心
Tel:5821900

平果县质量技术监督局
地址：平果县休行大道
Tel:5886135

平果县建设局
地址：平果县信息中心
Tel:5828753

平果县招商局
地址：平果县行政信息中心大楼
Tel:5820513

平果县国土资源局
地址：平果县铝城大道金土地8号
办公室 Tel:5821456
执法监察大队 Tel:5821914
监察股 Tel:5836103

平果县国家税务局
地址：平果县龙江路
Tel:5829201

平果县国家税务局稽查局
地址：平果县一巷
Tel:5831177
Tel:5823699

平果县审计局
地址：平果县行政信息中心
Tel:5886969

平果县经济贸易局
地址：平果县行政信息中心
…… Tel:5821712
…… Tel:5889521
平果县环境保护局
地址：平果县行政信息中心大楼
…… Tel:5822715
平果县林业局
地址：平果县铝城大道
…… Tel:5820380
…… Tel:5824220
平果县物价局
地址：平果县行政信息中心
…… Tel:5886362
…… Tel:5820520
平果县房管所
地址：平果县龙江房地产二楼
…… Tel:5821876
平果县矿产资源检查站管理办公室
地址：平果县行政大楼东侧司法局一楼
…… Tel:5889716
平果县城镇住房制度改革委员会
地址：平果县行政信息中心
…… Tel:5886095
平果县统计局
地址：平果县行政信息中心
…… Tel:5886365
…… Tel:5823979
平果县科学技术局
地址：平果县行政信息中心大楼
…… Tel:5886105
…… Tel:5823899
平果县食品药品监督管理局平果县分局
地址：平果县教育路
…… Tel:5824733
平果县调解处理土地山林水利纠纷办公室
地址：平果县行政信息中心
…… Tel:5886763
平果县资金管理所
地址：平果县教育路
…… Tel:5821735
平果县爱国卫生运动委员会办公室
地址：平果县马头镇东街
…… Tel:5821115
平果县文化和文化和旅游局
地址：平果县行政信息中心
…… Tel:5831521
平果县烟草局
地址：新兴街
…… Tel:5826208
平果县烟草专卖局营销部
地址：平果县新兴路
…… Tel:5839027
平果县商务局
地址：平果县东街
…… Tel:5824864
…… Tel:5821202
平果县商业服务中心
地址：平果县行政信息中心
…… Tel:5821202
平果县教育局
地址：平果县行政信息中心
办公室 …… Tel:5821307
招生办 …… Tel:5821696
核算中心 …… Tel:5820122
平果县粮食局
地址：平果县行政信息中心大楼
…… Tel:5821279
百色市住房公积金管理中心平果管理部
地址：平果县行政信息大楼
…… Tel:5821690
百色市食品药品监督管理局平果分局
地址：平果县新兴路
…… Tel:5821310

德保县（0776）

党政、国家机构及社会团体
中国共产党及其所属机构
县（区、市）党委及其所属机构

中国共产党德保县委员会办公室
地址：德保县莲城大街26号
…… Tel:3822688
中国共产党德保县直属机关工作委员会
地址：德保县莲城大街
…… Tel:3822254
中国共产党德保县委员会老干部局
地址：德保县莲城大街
…… Tel:3822628
中国共产党德保县委员会组织部
地址：德保县莲城大街
…… Tel:3825358
…… Tel:3822011
中国共产党德保县委员会统战部
地址：德保县莲城大街
…… Tel:3822525
中国共产党德保县委员会德保祖人民政府接待办公室
地址：德保县南隆清水街
…… Tel:3822277
德保县保持共产党员先进性教育活动领导小组办公室
地址：德保县莲城大街
…… Tel:3827198
德保县档案局
地址：德保县城关镇莲城大街
…… Tel:3826906

人民政府及其所属机构
县（区、市）
人民政府及其所属机构

德保县人民政府
地址：德保县城关镇莲城大街
…… Tel:3822102
中国西南扶贫世界银行贷款项目德保县办公室
地址：百色市德保县德盛路
…… Tel:3822846
百色市食品药品监督管理局德保县分局
地址：德保县隆盛街四巷
…… Tel:3825516
百色住房公积金管理中心德保管理部
地址：德保县莲城大街
…… Tel:3829838
德保县人力资源和社会保障局
地址：德保县南隆大街
…… Tel:3820229
…… Tel:3826809
德保县人民政府政务服务中心
地址：德保县德盛路245号
…… Tel:3831826
德保县人民政府调解处理土地山林水利纠纷办公室
地址：德保县莲城大街
…… Tel:3829260
德保县卫生局
地址：德保县东安社区象山街28号
局办 …… Tel:3822133
局办主任室 …… Tel:3830391
德保县市场监督管理局
地址：德保县城关镇云山大道
…… Tel:3833916
…… Tel:3833913
德保县公路管理局
地址：德保县城关镇上甲街
…… Tel:3822179
…… Tel:3827195
德保县计生服务站
地址：德保县东安狮子街
…… Tel:3828913
德保县文化和体育局
地址：德保县东安象山街
…… Tel:3822402
德保县水产畜牧兽医局
地址：德保县城关镇象山街48号
…… Tel:3821241
德保县水库移民工作管理办公室
地址：德保县南隆街
…… Tel:3830277
德保县水利局
地址：德保县城关镇南隆大街新隆路102号
…… Tel:3809663
…… Tel:3809566
德保县发展和改革局
地址：德保县莲城大街
…… Tel:3822020
德保县民政局
地址：德保县城关镇莲城大街26号
…… Tel:3822092
…… Tel:3830775
德保县民族事务局
地址：德保县莲城大街县政府5楼
…… Tel:3828662
…… Tel:3823662
德保县交通局
地址：德保县城关镇莲城大街58号
…… Tel:3824551
德保县农业机械化管理中心
地址：德保县莲城街
…… Tel:3822054
德保县农业农村局
地址：德保县东安象山街
…… Tel:3827312
德保县地方交通规费稽查所
地址：德保县莲城大街
…… Tel:3822494
德保县地方税务局
地址：德保县城关镇德盛路
…… Tel:3822957
德保县地方税务局城关分局
地址：德保县德胜路
…… Tel:3820387
德保县地方税务局稽查局
地址：德保县天保大街
…… Tel:3820390
德保县应急管理局
地址：德保县莲城大街26号
…… Tel:3821153
德保县机关后勤服务中心
地址：德保县莲城大街
…… Tel:3828484
德保县机构编制委员会办公室
地址：德保县莲城大街
…… Tel:3823439
…… Tel:3822677
德保县扶贫开发领导小组办公室
地址：德保县城关镇上甲街
…… Tel:3822266
德保县运输管理所
地址：德保县南隆大街
…… Tel:3822742
德保县财政局
地址：德保县东安象山街8号
…… Tel:3827277
德保县财政局农发办公室
地址：德保县城关镇城东社区象山街
…… Tel:3829039
德保县质量技术监督局
地址：德保县中兴北兴街42号
…… Tel:3822370
德保县建设局
地址：德保县莲城大街26号
…… Tel:3822358
…… Tel:3831961
德保县招商促进局
地址：德保县莲城大街26号
…… Tel:3830986
德保县武装部
…… Tel:3839098
德保县国土资源局
地址：城关镇南隆大街108号
…… Tel:3822143
德保县国家税务局
地址：德保县东安象山街
…… Tel:3822718
…… Tel:3827865
德保县国家税务局城关分局
地址：德保县东安街
…… Tel:3822154
德保县国家税务局稽查局
地址：德保县东安象山街
…… Tel:3822718
德保县审计局
地址：德保县南隆大街
…… Tel:3822107
…… Tel:3825159
德保县经济贸易局
地址：德保县莲城大街
…… Tel:3822019
…… Tel:3831363
德保县环境保护局
地址：德保县南隆新街
…… Tel:3824009
德保县林业局
地址：德保县城东社区象山街
…… Tel:3824047
…… Tel:3822306
德保县物价局
地址：德保县城关镇南隆大街
…… Tel:3824226
…… Tel:3828470
德保县物价检查所
地址：德保县新隆路
…… Tel:3828470
德保县城镇住房制度改革委员会办公室
地址：德保县莲城大街
…… Tel:3822441
德保县统计局
地址：德保县莲城大街
…… Tel:3822105
…… Tel:3822567
德保县科学技术局
地址：德保县象山街
…… Tel:3821213
德保县文化和文化和旅游局
地址：德保县城关镇莲城大街
…… Tel:3825803
德保县烟叶生产办公室
地址：百色市德保县莲城大街26号
…… Tel:3822362
德保县烟草专卖局
地址：德保县东安大街
…… Tel:3829319
德保县党史县志办公室
地址：德保县莲城大街
…… Tel:3824377
德保县基层组织建设办公室
地址：德保县莲城大街
…… Tel:3829879
德保县教育局
地址：德保县城关镇东安象山街18号
…… Tel:3822001
德保县教育和科技局
地址：德保县象山街
…… Tel:3829195
德保县教研室
地址：城东社区象山街18号
…… Tel:3824161
德保县就业服务中心办公室
地址：德保县南隆街南郊
…… Tel:3828918
德保县储备粮管理中心
地址：德保县东安狮子街28号
…… Tel:3822690
德保县粮食局
地址：德保县东安狮子街38号
…… Tel:3822071
…… Tel:3829231

靖西县（0776）

党政、国家机构及社会团体
中国共产党及其所属机构
县（区、市）党委及其所属机构

中国共产党靖西县委员会
地址：靖西县城中路
…… Tel:6211121
中国共产党靖西县直属机关工作委员会
地址：靖西县城中路
…… Tel:6212420
中国共产党靖西县宗教事务管理所
地址：靖西县城中路
…… Tel:6229560
中国共产党靖西县委员会老干部局
地址：靖西县城中路
…… Tel:6212319
中国共产党靖西县委员会组织部
地址：靖西县新靖镇城中路
…… Tel:6218809
…… Tel:6212333
中国共产党靖西县委员会统战部
地址：靖西县城中路
…… Tel:6212381
中国共产党靖西县委员会党史资料征集领导小组办公室
地址：靖西县城中路
…… Tel:6216051
靖西县档案局
地址：靖西县城中路
…… Tel:6231061

人民政府及其所属机构
县（区、市）
人民政府及其所属机构

靖西县人民政府
地址：靖西县新靖镇新华街
…… Tel:6212216
传真 …… Tel:6228137
中国人民解放军广西百色175846部队
…… Tel:6213230
中国西南扶贫世界银行贷款项目靖西县办公室
地址：靖西县人民街
…… Tel:6216369
百色市住房公积金管理中心靖西管理部
地址：靖西县
…… Tel:6226818
百色市食品药品临督管理局靖西县分局
地址：靖西县人民街
…… Tel:6226312
靖西县二轻城镇集体工业联合社
地址：百色市靖西县新靖镇学前街238号
…… Tel:6212302
靖西县人力资源和社会保障局
地址：靖西县新靖镇城东路
…… Tel:6212389
人才交流服务中心 …… Tel:6226987
机关事业养老保险所
…… Tel:6213166
城镇职工医疗保险管理中心
…… Tel:6211288
就业服务中心 …… Tel:6212430
靖西县人民政府口岸办公室
地址：靖西县人民街
…… Tel:6225550
靖西县卫生局
地址：靖西县民权街
…… Tel:6212358
靖西县市场监督管理局
地址：靖西县新靖镇学前街18-1号
…… Tel:6211313
…… Tel:6219314
靖西县公路局
地址：靖西县城西路
…… Tel:6212443
…… Tel:6231622
靖西县计划生育局
地址：靖西县凤凰街255号
…… Tel:6212166
靖西县少数民族语言文字工作办公室
地址：靖西县新华街
…… Tel:6216357
靖西县文化和体育局
地址：靖西县凤凰文化小区
…… Tel:6212477
靖西县水产畜牧兽医局
地址：靖西县新靖镇城东路金山街
…… Tel:6212361
…… Tel:6225769
靖西县水利局
地址：靖西县新靖镇城东路
…… Tel:6212149
…… Tel:6212432
靖西县发展和改革局
地址：靖西县城东路
…… Tel:6212104
靖西县世行扶贫项目办公室
地址：靖西县城中路

……Tel:6219390

靖西县边境经济贸易管理局
地址：靖西县城东路
……Tel:6212143

靖西县民族事务局
地址：靖西县新华街
……Tel:6212127
……Tel:6228828

靖西县交通局
地址：凤凰路
……Tel:6221308

靖西县农业机械化管理局
地址：靖西县凤凰路
……Tel:6212445

靖西县农业农村局
地址：靖西县新靖镇城东路
……Tel:6226444
……Tel:6231170

靖西县农业农村局新农办
地址：靖西县新靖镇城东路
……Tel:6213236

靖西县农村社会经济调查队
地址：靖西县城西路
……Tel:6229163

靖西县地方规费征收稽查所
地址：靖西县新公路
……Tel:6216483

靖西县地方税务局
地址：靖西县新靖镇凤凰路302号
……Tel:6221580
……Tel:6212410

靖西县地方税务局稽查局
地址：靖西县环城街
……Tel:6222226

靖西县应急管理局
地址：靖西县新华街
……Tel:6226606

靖西县机构编制委员会办公室
地址：靖西县新靖镇
……Tel:6211032

靖西县住房制度改革委员会办公室
地址：靖西县新靖镇新华街
……Tel:6212137
主任办公室……Tel:6228558

靖西县县志编纂委员会办公室
地址：靖西县新华路
……Tel:6212387

靖西县扶贫开发领导小组办公室
地址：靖西县城东路
……Tel:6212296

靖西县财政局
地址：靖西县新靖镇三元路102号
……Tel:6219571
……Tel:6216635

靖西县社会劳动保险事业管理所
地址：靖西县城东路人事劳动和社会保障局新办公楼
……Tel:6212244

靖西县质量技术监督局
地址：靖西县坡珠片
……Tel:6218955
……Tel:6212464

靖西县建设局
地址：靖西县城东路
……Tel:6255183
……Tel:6212293

靖西县招商促进局
地址：靖西县城中路
……Tel:6231555

靖西县国土资源局
地址：靖西县新靖镇金山街
……Tel:6221814

靖西县国家税务局
地址：靖西县新靖镇城东路
……Tel:6212184

靖西县国家税务局稽查局
地址：靖西县城东路
……Tel:6212720

靖西县经济适用住房发展中心
地址：靖西县新靖镇新华街
……Tel:6225633

靖西县经济贸易局
地址：靖西县新靖镇城中路
……Tel:6217981
……Tel:6212277

靖西县环境保护局
地址：靖西县新靖镇新华街
……Tel:6212200
……Tel:6221098

靖两县林业局
地址：靖西县城东路
……Tel:6212388

靖西县物价局
地址：靖西县新靖镇
……Tel:6223718
……Tel:6221770

靖西县城开发建设工作领导小组
地址：靖西县
……Tel:6219480

靖西县统计局
地址：靖西县新靖镇新华街
……Tel:6212146

靖西县贸易管理中心
地址：靖西县城西路
……Tel:6212187

靖西县政务服务中心
地址：靖西县人民政府大院
……Tel:6222985

靖西县科学技术局
地址：靖西县城东路
……Tel:6212353

靖西县文化和文化和旅游局
地址：靖西县新靖镇城西路473号
……Tel:6213073
……Tel:6229038
监督所……Tel:6222815

靖西县商务局
地址：城东路
……Tel:6217715

靖西县教育局
地址：靖西县新靖镇金山街
……Tel:6212472

靖西县锰矿开发和管理办公室
地址：靖西县新华街
……Tel:6229997

靖西县粮食局
地址：靖西县环城街
……Tel:6212654
储备粮管理中心……Tel:6120048
粮食购销管理中心……Tel:6228511
粮油贸易总公司……Tel:6219946
军粮供应站……Tel:6229070
米业公司……Tel:6228011
……Tel:6212182

靖西县精神文明建设委员会办公室
地址：靖西县新靖镇城中路
……Tel:6216571

那坡县（0776）

党政、国家机构及社会团体

中国共产党及其所属机构

县（区、市）党委及其所属机构

中国共产党那坡县委员会
地址：那坡县镇玉街
……Tel:6821758

中国共产党那坡县直属机关工作委员会
地址：那坡县开发二区行政中心
……Tel:6826081
……Tel:6825758

中国共产党耶坡县委员会老干部局
地址：那坡县开发二区行政中心
……Tel:6825567
……Tel:6825519

中国共产党那坡县委员会组织部
地址：那坡县城厢镇
……Tel:6805690

中国共产党那坡县委员会统战部
地址：那坡县睦边大道
……Tel:6805675

中国共产党那坡县委员会党史资料征集编纂委员会办公室
地址：那坡县镇玉街
……Tel:6823944

那坡县档案局
地址：那坡县城南开发二区
……Tel:6822106

人民政府及其所属机构

县（区、市）人民政府及其所属机构

那坡县人民政府
地址：那坡县城厢镇开发二区
……Tel:6823521

那坡交通征费稽查所
地址：那坡县长乐街
……Tel:6822276

那坡县人口和计划生育局
地址：那坡县城厢镇康乐街
……Tel:6822121

那坡县人民政府口岸办公室
地址：那坡县开发二区
……Tel:6823678

那坡县人民政府征兵办公室
地址：那坡县南街
……Tel:6809013

那坡县人民政府政务中心
地址：那坡县城南开发二区
……Tel:6805727

那坡县卫生局
地址：那坡县睦边大道
……Tel:6802819
……Tel:6821210

那坡县市场监督管理局
地址：那坡县沙街
……Tel:6823202
……Tel:6823270

那坡县市场监督管理局
地址：沙街
……Tel:2530880

那坡县公路管理局
地址：那坡那中路
……Tel:6822171

那坡县文化和体育局
地址：那坡县开发二区
……Tel:6805667

那坡县水利局
地址：那坡县城厢镇镇玉街
……Tel:6822172
……Tel:6822514

那坡县发展和改革局
地址：那坡县城厢镇城南开发二区
……Tel:6805519

那坡县外事侨务办公室
地址：那坡县城南开发区
……Tel:6680776

那坡县民政局
地址：那坡县城南开发区
……Tel:6821297
……Tel:6823940

那坡县民族事务局
地址：那坡县城南开发区镇玉街
……Tel:6805253

那坡县交通局
地址：那坡县康乐街
……Tel:6825578
……Tel:6822161

那坡县农业机械化管理局
地址：那坡县伏必街
……Tel:6822156

那坡县农业农村局
地址：那坡县城厢镇新街
……Tel:6825063
……Tel:6822165

那坡县地方税务局
地址：那坡县城厢镇军民路
……Tel:6824306
……Tel:6802360

那坡县地方税务局直属征收管理分局
地址：那坡县军民路
……Tel:6822547

那坡县地方税务局稽查局
地址：那坡县军民路
……Tel:6824714

那坡县应急管理局
地址：那坡县镇玉街
……Tel:6805529
……Tel:6805425

那坡县机关后勤服务中心
地址：那坡县城厢镇
……Tel:6823241

那坡县机关事务管理局
地址：那坡县开发二区
……Tel:6805267

那坡县机构编制委员会办公室
地址：那坡县开发二区行政办公中心
……Tel:6823191

那坡县老龄工作委员会办公室
地址：那坡县民政局办公后楼201号
……Tel:6802199

那坡县住房制度改革委员会办公室
地址：那坡县开发二区行政中心楼三楼
……Tel:6823086

那坡县县志编纂委员会办公室
地址：那坡县开发区行政办公中心
……Tel:6823632

那坡县扶贫开发领导小组办公室
地址：那坡县城厢镇镇玉街
……Tel:6820263

那坡县财政局
地址：那坡县城厢镇镇玉街110号
……Tel:6802602

那坡县财政局稽查分局
地址：那坡县南街
……Tel:6825386

那坡县劳动和社会保障局
地址：那坡县城南开发区
……Tel:6805306

那坡县质量技术监督局
地址：那坡县睦边大道
……Tel:6680748
……Tel:6680438

那坡县建设局
地址：那坡县城南开发二区
……Tel:6805532

那坡县国土资源局
地址：那坡县开发二区
……Tel:6805588
……Tel:6805585

那坡县国家税务局
地址：那坡县开发一区
……Tel:6821690

那坡县国家税务局稽查局
地址：那坡县城南开发区
……Tel:6823447

那坡县审计局
地址：那坡新街
……Tel:6822282
……Tel:6802827

那坡县经济贸易局
地址：那坡县城南开发二区
……Tel:6805536
……Tel:6805535

那坡县环境保护局
地址：那坡县城南开发区
……Tel:6805515

那坡县林业局
地址：那坡县城厢镇那坡村规硬屯
……Tel:6802707
……Tel:6822737

那坡县物价局
地址：那坡县镇玉街
……Tel:6805539
……Tel:6805514

那坡县统计局
地址：那坡县城南开发区行政中心
……Tel:6805492

那坡县资金管理所
地址：那坡县南街
……Tel:6820599

那坡县爱国卫生运动委员会办公室
地址：那坡县南街城南开发区
……Tel:6802830

那坡县文化和文化和旅游局
地址：那坡县城南开发二区
……Tel:6805688

那坡县烟草专卖局
地址：那坡县南街
……Tel:6822372

那坡县畜牧水产局
地址：那坡县伏必街
……Tel:6822166

那坡县教育局
地址：睦边大道
……Tel:6822113

那坡县铝T项目建设办公室
地址：那坡县永乐乡伦停屯
……Tel:6801258

那坡县粮食局
地址：那坡县城厢镇镇玉街
……Tel:6820187

百色市住房公积金管理中心那坡管理部
地址：那坡县城南开发区
……Tel:6680908

百色市食品药品监督管理局那坡分局
地址：那坡县城南开发二区滨河二路
……Tel:6821980

百色市食品药品监督管理局那坡县分局
地址：那坡县城南开发二区
……Tel:6821936
……Tel:6822611

桂西农村综合发展项目那坡县领导小组办公室
地址：那坡县新街
……Tel:6802381

凌云县（0776）

党政、国家机构及社会团体

中国共产党及其所属机构

县（区、市）党委及其所属机构

中国共产党凌云县委员会办公室
地址：凌云县泗城镇新秀社区西苑小区422号
……Tel:7612013

中国共产党凌云县直属机关工作委员会
地址：凌云县泗城镇新秀社区
……Tel:7612041

中国共产党凌云县委员会老干部局
地址：凌云县新秀社区
……Tel:7619675
……Tel:7612106

中国共产党凌云县委员会组织部
地址：凌云县泗城镇新秀社区西苑小区
……Tel:7612049
……Tel:7615150

中国共产党凌云县委员会统战部
地址：凌云县泗城镇西苑小区
……Tel:7619929
……Tel:7614166

凌云县档案局
地址：凌云县胜利街
……Tel:7612445

人民政府及其所属机构

县（区、市）人民政府及其所属机构

凌云县人民政府
地址：凌云县新秀社区西苑小区421号
……Tel:7612036

广西凌云县旅游有限公司
地址：凌云县行政大楼二楼205室
……Tel:7612011

中国西南扶贫世界银行贷款项目凌云县办公室
地址：凌云县泗城镇新秀社区西苑小区
……Tel:7612880

百色市住房公积金管理中心凌云管理部
地址：凌云县泗城镇前进路
……Tel:7618078

百色市食品药品监督管理局凌云县分局
地址：凌云县泗城镇前进社区迎辉小区
……Tel:7618566
……Tel:7616677

泗水河自然保护区管理处
地址：凌云县泗城镇胜利社区正中小区
……Tel:7612217

凌云县人口和计划生育局
地址：凌云县五灵路
……Tel:7618037

凌云县人事劳动和社会保障局
地址：凌云县泗城镇新秀社区溪西小区
……Tel:7619537

凌云县卫生局
地址：凌云县前进社区迎晖路
……Tel:7612026
……Tel:7615771D

凌云县卫生局新农合办公室
地址：凌云县前进社区迎晖路
……Tel:7617822

凌云县工业集中区管理委员会
地址：凌云县泗城镇新秀社区西苑小区
……Tel:7613560
……Tel:7613505

凌云县市场监督管理局
地址：凌云县泗城镇前进街
……Tel:7614624
……Tel:7615126

凌云县公路局
地址：凌云县腰马北路
……Tel:2610912

凌云县文化和体育局
地址：凌云县解放社区
……Tel:7612021

凌云县水产畜牧局
地址：凌云县泗城镇前进社区
……Tel:7612152

凌云县水产畜牧兽医局
地址：凌云县前进社区
……Tel:7615608

凌云县水利局
地址：凌云县泗城镇胜利社区
……Tel:7612054

凌云县发展和改革局
地址：凌云县泗城镇新秀社区西苑小区
……Tel:7619033

凌云县民政局
地址：凌云县泗城镇胜利社区
……Tel:7612169

凌云县民族事务局
地址：凌云县新秀社区
……Tel:7612277

凌云县交通局
地址：凌云县泗城镇新秀社区五灵路
……Tel:7617359
……Tel:7618780

凌云县农业农村局
地址：凌云县泗城镇新秀社区那新小区
……Tel:7612033

凌云县农村基层组织建设联合会议领导小组办公室
地址：凌云县新秀社区
……Tel:7616038

凌云县防汛抗旱指挥部办公室
地址：凌云县泗城镇
……Tel:7612224

凌云县地方税务局
地址：凌云县泗城镇新秀区
……Tel:7612203
……Tel:7619648

凌云县地方税务局稽查局
地址：凌云县新秀社区
……Tel:7612180

凌云县应急管理局
地址：凌云县泗城镇新秀社区西苑小区
……Tel:7614289
……Tel:7617931

凌云县机关后勤服务中心
地址：凌云县泗城镇
……Tel:7619892

凌云县机构编制委员会办公室
地址：凌云县新秀社区
……Tel:7613917

凌云县老龄工作委员会办公室
地址：凌云县解放社区
……Tel:7612948

凌云县住房制度改革委员会办公室
地址：凌云县泗城镇新秀社区西苑小区
……Tel:7616319
……Tel:7618569

凌云县扶贫开发领导小组办公室
地址：凌云县泗城镇前进社区营盘小区125号
……Tel:7612050

凌云县财政局
地址：凌云县泗城镇
……Tel:7613079
……Tel:7616655

凌云县依法治县领导小组办公室
地址：凌云县解放街
……Tel:7613456

凌云县质量技术监督局
地址：凌云县解放街
……Tel:7614358
……Tel:7618589

凌云县建设局
地址：凌麦云县泗城镇新秀社区
……Tel:7618772
……Tel:7613855
……Tel:7612038

凌云县建筑质量监督站
地址：凌云县前进街
……Tel:7613363

凌云县武装部
……Tel:7629001

凌云县国土资源局
地址：凌云县泗城镇新秀社区西灵小区21）7号
……Tel:7615208

凌云县国土资源局矿管股
地址：凌麦云县新秀社区
……Tel:7612002

凌云县国有资产管理办公室
地址：凌云县泗城镇新秀社区西灵小区
……Tel:7617345
……Tel:7618386

凌云县国家税务局
地址：凌云县泗城镇解放街新秀社区
……Tel:7617877

凌云县审计局
地址：凌云县泗城镇
……Tel:7616676
……Tel:7612142

凌云县经济贸易局
地址：凌云县前进街
……Tel:7612048
……Tel:7619628

凌云县环境保护局
地址：凌云县泗城镇新秀社区
……Tel:7613522

凌云县林业局
地址：凌云县泗城镇
……Tel:7612110
……Tel:7618408

凌云县物价局
地址：凌云县新秀社区
……Tel:7614261

凌云县物价检查所
地址：凌云县新秀社区
……Tel:7619909

凌云县房地产管理局
地址：凌云县泗城镇
……Tel:7612225

凌云县统计局
地址：凌云县泗城镇新秀社区西苑小区
……Tel:7612156

凌云县科技局
地址：前进社区
……Tel:7619468

凌云县科学技术局
地址：凌云县泗城镇前进社区营盘小区125号
……Tel:7615858

凌云县调解处理土地山林水利纠纷办公室
地址：凌云县胜利街
……Tel:7615791

凌云县爱国卫生运动委员会办公室
地址：凌云县前进街
……Tel:7615428
……Tel:7617551

凌云县烟草专卖局
地址：凌云县新秀社区
……Tel:7619262

凌云县教育局
地址：凌云县泗城镇新秀社区
……Tel:7612046
……Tel:7618396

凌云县教育和科技局
地址：凌云县新秀社区
……Tel:7615603

凌云县职业技术教育中心
地址：百色市凌云县泗城镇新秀社区盘龙小区115号
……Tel:7612297

凌云县粮食局
地址：凌云县凌霄路
……Tel:7612065

乐业县（0776）

党政、国家机构及社会团体

中国共产党及其所属机构

县（区、市）党委及其所属机构

中国共产党乐业县委员会
地址：三乐街
……Tel:7924119

中国共产党乐业县委员会老干部局
地址：乐业县同乐镇三乐街
……Tel:7923163

中国共产党乐业县委员会组织部
地址：三乐街
……Tel:7925972

中国共产党乐业县委员会统战部
地址：乐业县县府大院
……Tel:7922002

中国共产党乐业县委员会党史办公室
地址：乐业县三乐街
……Tel:7923045

乐业县档案局
地址：乐业县同乐镇三乐街
……Tel:7922296

人民政府及其所属机构

县（区、市）

人民政府及其所属机构

乐业县人口和计划生育局
地址：乐业县同乐镇三乐街
……Tel:7922181
……Tel:7928812

乐业县人事劳动和社会保障局
地址：乐业县同乐镇三乐街
……Tel:7925011
……Tel:7928926

乐业县卫生局
地址：乐业县城南开发区中路
……Tel:7922103

乐业县工商局
地址：乐业县新兴街107号

乐业县公路局
地址：乐业县同乐镇三乐街130号
……Tel:7922084

乐业县文化和体育局
地址：乐业县同乐镇三乐街政府办公楼三楼
……Tel:7922192
……Tel:7922957

乐业县水利局
地址：乐业县同乐镇三乐街169号
……Tel:7928186

乐业县发展和改革局
地址：乐业县同乐镇城南中路
……Tel:7926688
……Tel:7927190

乐业县民政局
地址：乐业县同乐镇三乐社区
……Tel:7922063
……Tel:7926597

乐业县民族事务局
地址：乐业县三乐街
……Tel:7928221
……Tel:7922186

乐业县交通局
地址：乐业县同乐镇三乐街103号
……Tel:7926240

乐业县农业农村局
地址：乐业县同乐镇三乐街173号
……Tel:79266011

乐业县农村经济经营管理指导站
地址：乐业县三乐街
……Tel:7924184

乐业县防汛抗旱指挥部
地址：乐业县三乐街
……Tel:7922160

乐业县应急管理局
地址：乐业县三乐街
……Tel:7926656

乐业县机关事务管理局
地址：乐业县同乐镇城南中路
……Tel:7926337
……Tel:7926327

乐业县机构编制委员会办公室
地址：乐业县罗妹四十米大道
……Tel:7924317
……Tel:7927718

乐业县扶贫开发领导小组办公室
地址：乐业县三乐街
……Tel:7922134

乐业县财政局
地址：新乐路
……Tel:7929789

乐业县质量技术监督局
地址：百色市乐业县同乐镇三乐街11fJ号
……Tel:7922372
……Tel:7925958

乐业县直属机关工委
地址：乐业县同乐镇三乐御004号县委办公楼一楼
……Tel:7927261

乐业县招商促进局
地址：乐业县同乐镇三乐街
……Tel:7928128

乐业县国土资源局
地址：乐业县同乐镇新兴街
……Tel:7924726

乐业县国有资产管理中心
地址：乐业县同乐镇兴业社区
……Tel:7928081
……Tel:7925961

乐业县国家税务局
地址：乐业县同乐镇三乐街
……Tel:7925089
……Tel:7926792

乐业县国家税务局稽查局
地址：乐业县三乐街
……Tel:7927042

乐业县审计局
地址：乐业县同乐镇兴乐社区
……Tel:7922276
……Tel:7922455

乐业县经济贸易局
地址：乐业县富丽山庄内
……Tel:7922318
……Tel:7928770

乐业县环境保护局
地址：乐业县三乐街
……Tel:7926977

乐业县林业局
地址：乐业县同乐镇三乐街174号
……Tel:7922140
……Tel:7922135

乐业县物价局
地址：乐业县同乐镇城南路
……Tel:7928978

乐业县物价局监督检查分局
地址：乐业县同乐镇三乐街
……Tel:7922128

乐业县城建局
地址：乐业县城南街
……Tel:7922026

乐业县城镇住房制度改革委员会办公室
地址：乐业县同乐镇三乐街
……Tel:7922302

乐业县统计局
地址：乐业县同乐镇城南中路
……Tel:7927976
……Tel:7928457

乐业县政府办
地址：乐业县同乐镇三乐街004号
……Tel:7922125

乐业县科学技术局
地址：乐业县教育局对面
……Tel:7923095

乐业县食品药品监督管理局
地址：乐业县城南路
……Tel:7928262
……Tel:7928266

乐业县调解处理土地山林水利纠纷办公室
地址：乐业县三乐街
……Tel:7924088

乐业县文化和文化和旅游局
地址：乐业县城南开发区
……Tel:7923615
……Tel:7927908

乐业县畜牧水产局
地址：乐业县同乐镇三乐街
……Tel:7922036

乐业县基层办公室
地址：乐业县同乐镇城南中路
……Tel:7925945

乐业县教育与科技局
地址：乐业县三乐街
……Tel:7922998

乐业县移民安置办公室
地址：乐业县同乐镇三乐街
……Tel:7922661

乐业县游客服务中心
地址：乐业县城南开发区24米
……Tel:7927899

乐业县粮食局
地址：乐业县同乐镇三乐街
……Tel:7922121

百色市住房公积金管理中心乐业管理部
地址：百色市乐业县同乐镇
……Tel:7923785
……Tel:7923857

百色市食品药品监督管理局乐业分局
地址：乐业县城南路
……Tel:7928264

田林县（0776）

党政、国家机构及社会团体

中国共产党及其所属机构

县（区、市）党委及其所属机构

中国共产党田林县委员会
田林县新市街
办公室……Tel:7212216
传真机……Tel:7212011
……Tel:7218088

中国共产党田林县直属机关工作委员会
地址：田林县里乐镇新市街
……Tel:7213203

中国共产党田林县委员会老干部局
地址：田林县新市街
……Tel:7212213

中国共产党田林县委员会组织部
地址：田林县新市街
……Tel:7212217

中国共产党田林县委员会统战部
地址：田林县乐里镇新市街
……Tel:7212719
……Tel:7216866

中国共产党田林县委员会党史办公室
地址：田林县新市街109号
……Tel:7212216

田林县档案局
地址：田林县乐里镇新市街
……Tel:7217489

人民政府及其所属机构

县（区、市）

人民政府及其所属机构

田林县人民政府办公室
地址：田林县新市街109号
办公室……Tel:7212215
……Tel:7218857
传真……Tel:7219165

田林至乐业公路工程建设办公室

地址：田林县乐里镇
……Tel:7217833
田林县人力资源和社会保障局
地址：田林县乐里镇新市街109号
……Tel:7218608
……Tel:7211815
田林县人口和计划生育局
地址：田林县河南片区
……Tel:7211652
田林县人民政府侨务办公室
地址：田林县新市街
……Tel:7217277
田林县人民政府采购中心
地址：田林县河南片十二区三十米大道
……Tel:7215056
田林县卫生局
地址：田林县乐里镇新市街
……Tel:7213002
田林县卫生监督所
地址：田林县南堤路
……Tel:7213731
田林县市场监督管理局
地址：田林县河滨路
……Tel:7211508
……Tel:7212410
田林县公路局
地址：田林县乐业镇新昌片
……Tel:7312588
田林县文化和体育局
地址：田林县乐里镇新安街
……Tel:7218991
田林县水产畜牧兽医局
地址：田林县乐里镇新市街
……Tel:7212012
……Tel:7213263
田林县水库移民工作管理局
地址：田林县河南片三十米大道
……Tel:7212070
田林县水利局
地址：田林县乐里镇新市街
……Tel:7215667
……Tel:7212612
田林县发展和改革局
地址：田林县乐里镇河南片
……Tel:7210848
……Tel:7219528
田林县民政局
地址：田林县新市街
……Tel:7212211
……Tel:7212626
田林县交通运输局
地址：田林县河滨路
……Tel:7212563
田林县农业机械化管理局
地址：田林县新市街
……Tel:7212516
田林县农业农村局
地址：田林县乐里镇新昌片31号
……Tel:7212013
……Tel:7215400
田林县农村经济经营管理站
地址：田林县新昌片
……Tel:7212312
田林县农村基层组织建设联系会议领导小组办公室
地址：田林县新市街
……Tel:7212672
田林县地方税务局
地址：田林县河南片
……Tel:7212150
……Tel:7210699
传真……Tel:7212761
田林县地方税务局直属征收管理分局
地址：田林县新地税局大厅
……Tel:7212096
田林县地方税务局稽查局
地址：田林县河南片
……Tel:7213045
田林县应急管理局
地址：田林县新市街109号
……Tel:7211790
田林县机关事务管理局
地址：田林县乐里镇新市街
……Tel:7218682
田林县机构编制委员会办公室
地址：田林县乐里镇新市街
……Tel:7212434
田林县老龄工作委员会办公室
地址：田林县新市街
……Tel:7213300
田林县住房制度改革委员会力公室
地址：田林县新市街
……Tel:7213116
田林县住房和城乡规划建设局
地址：田林县新市街
……Tel:7213336
田林县医药卫生体制改革工作办公室
地址：田林县河滨路
……Tel:7216508
……Tel:7216108
田林县志编纂委员会办公室
地址：田林县乐里镇新市街
……Tel:7210475
田林县扶贫开发领导小组办公室
地址：田林县新公路
……Tel:7211133
田林县财政局
地址：田林县乐里镇河南片
……Tel:7216311
……Tel:7212146
田林县财政局民族贷金管理所
地址：田林县河南片十二区三十大道
……Tel:7213980
田林县财政局资金管理所
地址：田林县河南片十二区三十米大道
……Tel:7213117
田林县社会劳动保险事业管理所
地址：田林县新市街
……Tel:7212336
田林县质量技术监督局
地址：田林县乐里镇环城路
……Tel:7212415
田林县建设局
地址：百色市田林县乐里镇新市街109号
……Tel:7216228
……Tel:7212818
田林县招商促进局
地址：田林县新市街
办公室……Tel:7213488
局长办……Tel:7210186
田林县国土资源局
地址：田林县乐里镇三十米大道河南片
……Tel:7216908
……Tel:7217336
田林县国家税务局
地址：田林县乐里镇河南片
……Tel:7218259
……Tel:7213503
田林县审计局
地址：田林县河南片三十米大道
……Tel:7212985
田林县经济技术协作办公室
地址：田林县新市街
……Tel:7212909
田林县经济贸易局
地址：田林县乐里镇新安街
……Tel:7212210
……Tel:7219210
田林县环境保护局
地址：田林县乐里镇新市街
……Tel:7212507
……Tel:7212686
田林县林业局
地址：田林县新昌片10号
办公室……Tel:7212917
森林防火办……Tel:7212061
田林县物价局
地址：田林县河南片
……Tel:7213216
……Tel:7218154
田林县物价检查所
地址：田林县河南片
……Tel:7213798
田林县城市管理办公室
地址：田林县乐里镇新市街
……Tel:7210453
田林县统计局
地址：田林县乐里镇新市街
……Tel:7219838
田林县贸易管理中心
地址：田林县新安街
……Tel:7212208
田林县桂西农村综合发展项目办公室
地址：田林县新昌片
……Tel:7216437
田林县爱国卫生运动委员会办公室
地址：田林县新市街
……Tel:7211234
田林县文化和文化和旅游局
地址：田林县乐里镇新安街
……Tel:7218166
田林县烟草专卖局
地址：百色市田林县
……Tel:7215709
田林县教育局
地址：田林县风貌街
办公室……Tel:7212304
招生办……Tel:7216493
田林县粮食局
地址：田林县乐里镇新市街
……Tel:7213803
百色市住房公积金管理中心田林管理部
地址：田林县新市街109号
……Tel:7211810
百色食品药品监督管理局田林县分局
地址：田林县新市街
……Tel:7219000
国家统计局田林调查队
地址：田林县新市街
……Tel:7212207

西林县（0776）

党政、国家机构及社会团体

中国共产党及其所属机构

县（区、市）党委及其所属机构

中国共产党西林县委员会办公室
地址：百色市西林县八达镇新西路016号
……Tel:8682048
中国共产党西林县直属机关工作委员会
地址：西林县新西路
……Tel:8682342
中国共产党西林县委员会老干部局
地址：西林县八达镇新西路
……Tel:8682451
中国共产党西林县委员会西林县人民政府接待办公室
地址：西林县新西路
……Tel:8686335
中国共产党西林县委员会组织部
地址：西林县新西路
……Tel:8686058
中国共产党西林县委员会统战部
地址：西林县新西路
……Tel:8682274
……Tel:8680386
中国共产党西林县委员会党史办公室
地址：西林县八达镇新西路
……Tel:8688676
西林县档案局
地址：西林县新西路
……Tel:8682010

人民政府及其所属机构

县（区、市）人民政府及其所属机构

西林县人民政府
地址：西林县八迭镇新西路016号
……Tel:8682112
百色市食品药品监督管理局西林县分局
地址：西林县八达镇新建路
……Tel:8688700
……Tel:8687909
西林县人力资源和社会保障局
地址：西林县城北中巷
……Tel:8682141
西林县人口和计划生育局
地址：西林县八达镇公园路
……Tel:8682715
西林县卫生局
地址：西林县八达镇新西路
……Tel:8682125
……Tel:8688929
西林县市场监督管理局
地址：西林县迎宾路
……Tel:8682083
……Tel:8680001
西林县乡镇企业局
地址：西林县八达镇新西路
……Tel:8682200
西林县公路管理局
地址：西林县八达镇鲤城路
……Tel:8680897
西林县计划生育技术指导站办公室
地址：西林县城北中路
……Tel:8682715
西林县计划生育委员会
地址：西林县新兴路
……Tel:8682015
西林县文化和体育局
地址：西林县八达镇鲤城路
……Tel:8685330
……Tel:8684115
西林县水文水源局
地址：西林县八这镇新建路
……Tel:8682201
西林县水产畜牧局
地址：西林县火亮山路
……Tel:8687508
西林县水产畜牧兽医局
地址：西林县火亮山路
……Tel:8682012
西林县水库移民工作管理局
地址：西林县八达镇新西路
……Tel:8682214
……Tel:8682621
西林县水利局
地址：西林县八达镇新建路
……Tel:8682054
……Tel:8684867
西林县发展和改革局
地址：西林县八达镇新西路016号
……Tel:8682147
西林县外贸局
地址：西林县火亮山路
……Tel:8682122
西林县民政局
地址：西林县城北街12号
……Tel:8682177
西林县民族事务局
地址：西林县新西路
……Tel:8682194
……Tel:8687965
西林县交通局
地址：西林县八达镇鲤城路
……Tel:8682033
西林县农业农村局
地址：西林县八达镇火亮山路农业农村局
……Tel:8682049
西林县防汛抗旱指挥部
地址：西林县新建路
……Tel:8682608
西林县地方税务局
地址：西林县迎宾路
……Tel:8682185
西林县地方税务局直属管理分局
地址：西林县迎宾路
……Tel:8682525
西林县应急管理局
地址：西林县八达镇新西路
……Tel:8687918
西林县机关后勤服务中心
地址：西林县新西路
……Tel:8682002
西林县机构编制委员会办公室
地址：西林县八达镇新西路
……Tel:8688788
……Tel:8682870
西林县志编纂委员会办公室
地址：西林县新兴路
……Tel:8685690
西林县扶贫开发领导小组办公室
地址：西林县新西路
……Tel:8682152
……Tel:8688246
西林县财政局
地址：西林县八达镇新兴路
……Tel:8682497
西林县质量技术监督局
地址：西林县八达镇新建路013号
……Tel:8682184
西林县建设局
地址：西林县八达镇
……Tel:8685770
……Tel:8680859
西林县招商促进局
地址：西林县八达镇新西路16号
……Tel:8685046
西林县国土资源局
地址：西林县城北街
……Tel:8682175
西林县国土资源局勘测站
地址：西林县第二开发区
……Tel:8683836
西林县国家税务局
地址：西林县迎宾路
……Tel:8682264
西林县审计局
地址：西林县八达镇鲤城路99号
……Tel:8682191
西林县经济贸易局
地址：西林县八达镇新西路16号
……Tel:8682057
……Tel:8682145
西林县环境保护局
地址：西林县八迭镇
……Tel:8680331
……Tel:8686995
西林县林业局
地址：西林县八这镇火亮山路
……Tel:8684487
西林县林业局退耕办公室
地址：西林县八达镇火亮山路
……Tel:8683525
西林县物价所
地址：西林县八达镇新兴路
……Tel:8682011
……Tel:8687044
西林县城镇住房制度改革委员会办公室
地址：西林县建设局办公楼五楼
……Tel:8682313
西林县统计局
地址：西林县新西路
……Tel:8684166
……Tel:8682153
西林县贸易局
地址：西林县八达镇新兴路
……Tel:8682163
西林县食品药品监督局
地址：西林县八达镇新建路
……Tel:8688700
西林县文化和文化和旅游局
地址：西林县八迭镇新西路
……Tel:8686022
西林县烟草专卖局
地址：民族路
……Tel:8680687
西林县商务局
地址：西林县八达镇新共路
……Tel:8685312
……Tel:8682163
西林县教育局
地址：西林县八达镇新建路
……Tel:8682056
……Tel:8686186
西林县教育和科技局

地址：西林县新建路
……Tel:8682056

西林县移民安置办公室
地址：西林县八达镇新西路
……Tel:8684063

西林县粮食局
地址：西林县八达镇新兴路44号
……Tel:8682096

隆林各族自治县（0776）

党政、国家机构及社会团体

中国共产党及其所属机构

县（区、市）党委及其所属机构

中国共产党隆林县委员会
地址：隆林县民权街200号
……Tel:8207716

中国共产党降林县直属机关工作委员会
地址：隆林县民权街
……Tel:8202321

中国共产党隆林县委员会老干部局
地址：隆林县民权街
……Tel:8201976

中国共产党隆林县委员会组织部
地址：隆林县新州镇民权街
……Tel:8202171

中国共产党隆林县委员会统战部
地址：隆林县民权街200号
……Tel:8202194
……Tel:8211016

中国共产党隆林县委员会党史办公室
地址：隆林县民权街
……Tel:8202202

隆林县档案局
地址：隆林县民权街
……Tel:8202274

人民政府及其所属机构

县（区、市）人民政府及其所属机构

隆林各族自治县人民政府
地址：隆林县新州镇民权街200号
……Tel:8202193
……Tel:8209938

百色市住房公积金管理中心隆林管理部
地址：隆林县新州镇兴隆街
……Tel:8206898
……Tel:8206288

百色市食品药品监督管理局隆林分局
地址：隆林县新州镇迎宾路西段
……Tel:8203086

金钟山自治区级自然保护区
地址：隆林县金钟山乡
……Tel:8510085

隆林各族自治县工商管理局
地址：隆林县迎宾路
……Tel:8202143

隆林各族自治县公共卫生监督所
地址：民生街236号
……Tel:8205516

隆林各族自治县水产畜牧局
地址：隆林县民族街
……Tel:8210395

隆林各族自治县民政局
地址：隆林县新州镇民权街200号
……Tel:8202141

隆林各族自治县地方税务局
地址：隆林县城南区
……Tel:8203973
……Tel:8205715

隆林各族自治县质量技术监督局
地址：隆林县城西路
……Tel:8202297
……Tel:8200671

隆林各族自治县招商局
地址：百色市隆林县民权街200号
……Tel:8203459

隆林各族自治县国家税务局
地址：隆林县龙山路龙山街
……Tel:8206153
……Tel:8203099

隆林各族自治县审计局
地址：隆林县新州镇迎宾路
……Tel:8202129
……Tel:8216211

隆林各族自治县环境保护局
地址：隆林县民权街200号
……Tel:8202298
……Tel:8209656

隆林各族自治县林业局
地址：隆林县迎宾路
……Tel:8202187

隆林各族自治县物价局
地址：隆林县新州镇民权街200号
……Tel:8202212

隆林各族自治县统计局
地址：隆林县民权街200号
……Tel:8202186
……Tel:8201015

隆林各族自治县文化和文化和旅游局
地址：隆林县新州镇民族街
……Tel:8208948

隆林县人力资源和社会保障局
地址：隆林县新州镇龙山街
……Tel:8202258

隆林县人口和计划生育局
地址：隆林县民权街200号
……Tel:8202352

隆林县卫生局
地址：民权街
……Tel:8205779

隆林县公路局
地址：隆林县新州镇民族路
办公室……Tel:8202308
路政大队……Tel:8209416

隆林县公路管理所
地址：百色市隆林县民族街
……Tel:8202443

隆林县计生局
地址：隆林县民族街
……Tel:8200295
……Tel:8200215

隆林县少数民族语言文字工作办公室
地址：隆林县民权街
……Tel:8202237

隆林县水利局
地址：隆林县新州镇民权街185号
……Tel:8206411
……Tel:8202879

隆林县发展和改革局
地址：隆林县民权街200号
……Tel:8202378
……Tel:8202358

隆林县民族事务局
地址：隆林县新州镇民权街
……Tel:8202233
……Tel:8211347

隆林县交通局
地址：隆林县新州镇民族路216号
……Tel:8202307

隆林县农业机械化管理局
地址：隆林县民权街
……Tel:8202753

隆林县农业农村局
地址：隆林县新州镇民生街249号
……Tel:8202118

隆林县地方税务局稽查局
地址：隆林县城南区
……Tel:8212090

隆林县应急管理局
地址：隆林县新州镇民权街200号
……Tel:8204219

隆林县机关事务管理局
地址：隆林县政府综合楼
……Tel:8210368

隆林县机构编制委员会办公室
地址：隆林县民权街
……Tel:8202273

隆林县县志编纂委员会办公室
地址：隆林县民权街
……Tel:8202201

隆林县扶贫开发领导小组办公室
地址：隆林各族自治县民生街
……Tel:8202128
……Tel:8208195

隆林县财政局
地址：隆林县迎宾路721号
……Tel:8205706
……Tel:8202955

隆林县劳动局
地址：隆林县龙山街
……Tel:8203350

隆林县依法治县领导小组办公室
地址：隆林县
……Tel:8202485

隆林县建设局
地址：隆林县新州镇兴隆街68号
……Tel:8202215

隆林县国土资源管理局
地址：隆林县新州镇龙山街
……Tel:8202259

隆林县国家税务局稽查分局
地址：隆林县龙山街
……Tel:8201872

隆林县经济贸易局
地址：隆林县新州镇民权街200号
……Tel:8203472
……Tel:8202124

隆林县林业局设计队
地址：新州镇迎宾路
……Tel:8200083

隆林县物价检查监督分局
地址：隆林县民权街
……Tel:8210394
……Tel:8204860

隆林县房产管理局
地址：隆林县新州镇民生街
……Tel:8205622
……Tel:8200087

隆林县房产管理所
地址：隆林县新州镇南环路
……Tel:8205928

隆林县房改办
地址：隆林县民生街
……Tel:8205928
……Tel:8202492

隆林县科学技术局
地址：隆林县民族街
……Tel:8202331

隆林县调解处理土地山林水利纠纷办公室
地址：隆林县民生街
……Tel:8203376

隆林县爱国卫生运动委员会办公室
地址：隆林县民权街
……Tel:8202523

隆林县勘界工作领导小组办公室
地址：隆林县民权街
……Tel:8206985

隆林县教育局
地址：隆林县新州镇民权街2115号
……Tel:8206406
……Tel:8205682

隆林县移民安置办公室
……Tel:隆林县民生街
……Tel:8209429

隆林县移民局
地址：隆林县新州镇兴隆街
……Tel:8206660
……Tel:8216410

隆林县森林防火指挥部办公室
地址：隆林县民生街
……Tel:8202755

隆林县粮食局
地址：隆林县新州镇民族街1号
……Tel:8211063
……Tel:8202200

贺州市（0774）

党政、国家机构及社会团体

中国共产党及其所属机构

市（地区、自治州）

党委及其所属机构

中国共产党贺州市委员会
地址：贺州大道1号
……Tel:5123618
……Tel:5123370

中国共产党贺州市直属机关工作委员会
地址：贺州大道1号
……Tel:5123232

中国共产党贺州市委员会老干部局
地址：贺州大道1号
……Tel:5136609

中国共产党贺州市委员会组织部
地址：贺州大道1号
……Tel:5123921

中国共产党贺州市委员会统战部
地址：贺州大道1号
……Tel:5123253

中国共产党贺州市委员会贺州市人民政府接待办公室
地址：贺州大道1号
……Tel:5123401

中国共产党贺州市委员会政策研究室
地址：贺州大道1号
……Tel:5123102

贺州市档案局
地址：贺州大道
……Tel:5138085

县（区、市）党委及其所属机构

中国共产党贺州市八步区委员会
地址：向阳路1号
……Tel:5283383

中国共产党贺州市八步区直属机关工作委员会
地址：向阳路
……Tel:5281208

中国共产党贺州市八步区委员会老干部局
地址：灵峰北路
……Tel:5600531

中国共产党贺州市八步区委员会组织部
地址：向阳路
……Tel:5282375

中国共产党贺州市八步区委员会统一战线部
地址：向阳路1号
……Tel:5281599

八步区档案局
地址：向阳路
……Tel:5281025

中国共产党贺州市平桂管理区委员会
地址：贺州市平桂南路33号
……Tel:8832158

中国共产党贺州市平桂管理区委员会组织部
地址：贺州市平桂南路33号
……Tel:8831381
……Tel:8831985

贺州市平桂管理区编制委员会办公室
……Tel:8836882

中共贺州币平桂管理区直属机关工委
……Tel:8836649

中国共产党贺州市平桂管理区委员会党史研究室
地址：贺州市平桂南路33号
……Tel:8836861

人民政府及其所属机构

市（地区、自治州）人民政府及其所属机构

贺州市人民政府
地址：贺州大道
……Tel:5135996

上程水电站移民搬迁安置办公室
地址：建设东路
……Tel:5123039

中国统计局贺州调查队
地址：向阳路
……Tel:5272926

贺州市人力资源和社会保障局
地址：平安西路253号
……Tel:5123322

贺州市人口和计划生育委员会
地址：星光路
……Tel:5213822

贺州市人民防空办公室
地址：贺州大道1号
……Tel:5135658

贺州市人民政府国有资产监督管理委员会
地址：建设东路
……Tel:5139691

贺州市人事局
地址：平安西路
……Tel:5136526

贺州市卫生局
地址：八达中路龙兴巷
……Tel:5275928

贺州市市场监督管理局
地址：建设东路9号
……Tel:5122468
人事教育科……Tel:5127010
监察室……Tel:5121008
公平交易与消费者权益保护科
……Tel:5121522
市场与合同规范管理科
……Tel:5120333
企业注册与个体私营经济管理科
……Tel:5125529
商标广告科……Tel:5129131
财务科……Tel:5127120
法规科……Tel:5125310
后勤中心……Tel:5128817
政务中心工商窗口……Tel:5136816

贺州市无线电管理处
地址：建设东路3号
……Tel:5602868

贺州市市场建设管理中心
地址：贺州市八步中心市场三楼市场建设管理中心
……Tel:5285722

贺州市市政管理局
地址：贺州大道
……Tel:5136867

贺州市台湾事务办公室
地址：贺州大道
……Tel:5123137

贺州市发展和改革委员会
地址：江北东路
……Tel:5135920

贺州市外事侨务办公室
地址：贺州大道
……Tel:5123799

贺州市民政局
地址：贺州市贺州大道32号
……Tel:5135638

贺州市民族事务委员会
地址：建设东路
地址：办公室传真……Tel:5122556
办公室……Tel:5127625
……Tel:5120812

贺州市交通局
地址：贺州市贺州大道3号
……Tel:5123001

贺州市农业农村局
地址：建设东路
……Tel:5129768

贺州市农业税征收管理局
地址：贺州市政务中心5楼
……Tel:5122886

贺州市农机安全监理所
地址：贺州市城西路8号
……Tel:5220632

贺州市地方税务局
地址：江北东路
……Tel:5138969

贺州市应急管理局
地址：贺州大道
……Tel:5123498

贺州市机关事务管理局
地址：贺州大道1号
……Tel:5123363

贺州市机构编制委员会办公室
地址：贺州市
……Tel:5123238
……Tel:5123553

贺州市西湾矿区管理处
地址：贺州市八步区西湾街道平湾北路

23号
……Tel:8831278

贺州市住房公积管理中心
地址：新风街
……Tel:5124809

贺州市住房和城乡建设局
地址：新风街46号
……Tel:5124795

贺州市医疗保险管理中心
地址：平安西路253号
办公室……Tel:5138662
征缴……Tel:5123349

贺州市体育局
地址：建设西路
……Tel:5200103

贺州市财政局
地址：贺州大道5号
……Tel:5135501
国库支付中心……Tel:5135516
农税局……Tel:5135802
会计科……Tel:5135538

市政务中心财政窗口
……Tel:5136895

贺州市财政局信息中心
地址：贺州市
办公室……Tel:5135532
局长室……Tel:5135566

贺州市社会劳动保险事业管理所
地址：平安西路253号
办公室……Tel:5123909
业务办公室……Tel:5123577

贺州市质量技术监督局
地址：灵峰北路
……Tel:5273381

贺州市建设与规划委员会
地址：贺州市将军山新风街46号
……Tel:5137891

贺州市国土资源局
地址：贺州大道7号
……Tel:5136823

贺州市国家税务局
地址：贺州市八步镇星光路30号
……Tel:5136001
传真……Tel:5136000
法规科……Tel:5136101
流转税科……Tel:5136011
所得税科……Tel:5136078
进出口科……Tel:5136038
征营科……Tel:5136063
稽查局……Tel:5136119
车购办……Tel:5126639

贺州市审计局
地址：贺州市新风街28号
……Tel:5129381

贺州市经济目标责任制和机关效能责任制办公室
地址：贺州大道
……Tel:5139555

贺州市经济委员会
地址：贺州市向阳路
……Tel:5292238

贺州市环境卫生管理处
地址：八达中路36号
……Tel:5283173

贺州市环境保护局
地址：贺州市新风街50号
……Tel:5130083

贺州市林业局
地址：平安西路
……Tel:5123637

贺州市物价局
地址：星光路
……Tel:5123608

贺州市统计局
地址：贺州大道1号
……Tel:5123307

贺州市政务中心管理办公室
地址：贺州大道1-3号
……Tel:5136870

贺州市政府采购中心
地址：贺州大道
……Tel:5137828

贺州市政府第三秘书科
地址：贺州大道
……Tel:5123111

贺州市食品药品监督管理局
地址：贺州市建设中路3号
……Tel:5283390
食品安全协调科……Tel:5297781
综合业务科……Tel:5297558
市场监督科……Tel:5297877
稽查队……Tel:5291337

贺州市文化和文化和旅游局
地址：贺州大道
……Tel:5123189

贺州市烟草专卖局
地址：灵峰北路
……Tel:5291573

贺州市商务局
地址：贺州大道
……Tel:5123522

贺州市教育局
地址：贺州大道50号
……Tel:5139548

贺州市就业服务中心
地址：平安路253号
……Tel:5120111
……Tel:5129451

贺州市道路运输管理处
地址：贺州大道3号
……Tel:5123059

贺州市粮食局
地址：平安西路266-1号
……Tel:5136368

县（区、市）
人民政府及其所属机构

八步区人民政府
地址：向阳路
……Tel:5282383

八步区二轻集体工业合作联社
地址：向阳路
……Tel:5282449

八步区人力资源和社会保障局
地址：八达中路7号
……Tel:5282436

八步区人口和计划生育局
地址：平安西路
……Tel:5271633

八步区人民政府企业办公室
地址：建设中路
……Tel:5223668

八步区人民政府侨务办公室
地址：向阳路1号
……Tel:5283126

八步区卫生局
地址：贺州市建设中路43号
……Tel:5282546

八步区文化和体育局
地址：人民路
……Tel:5286085

八步区水库移民局
地址：贺州大道建宁街57号
……Tel:5130248

八步区发展和改革局
地址：向阳路1号
……Tel:5282227

八步区失业保险事业管理所
地址：八达中路7号
……Tel:5279223

八步区民政局
地址：贺州市建设中路7号
……Tel:5282376

八步区交通局
地址：贺州市江北东路
……Tel:5126077

八步区农机事业局
地址：八达中路
……Tel:5135671

八步区防汛抗旱指挥部办公室
地址：建设中路39号
……Tel:5280120

八步区地方税务局
地址：平安西路
……Tel:5138819

八步区应急管理局
地址：向阳路
……Tel:5280803

八步区机关事务管理局
地址：向阳路
办公室……Tel:5283929
门卫……Tel:5298916

八步区机构编制委员会办公室
地址：向阳路
……Tel:5270268

八步区住房制度改革委员会办公室
地址：新兴北路
……Tel:5273378

八步区住房和建设局
地址：新风街46号
……Tel:5137823
……Tel:5137835

八步区扶贫开发领导小组办公室
地址：向阳路11号
……Tel:5282736

八步区财政局
地址：建设中路60号
……Tel:5282431

八步区社会劳动保险事业管理所
地址：八达中路7号
……Tel:5121363

八步区国家税务局
地址：广西贺州市灵峰北路3号
……Tel:5282992
局长室……Tel:5296086
办公室传真……Tel:5283731
财务室……Tel:5282612
监察股……Tel:5285133
人教股……Tel:5296291
计征股……Tel:5282515
信息中心……Tel:5286463
征管股……Tel:5282657
综合股……Tel:5283202
稽查局……Tel:5283793
八步分局……Tel:5127772
……Tel:5127770
……Tel:5127771
……Tel:5121777
……Tel:5127779
……Tel:5127996
八步分局传真……Tel:5129881
政务中心……Tel:5136826
桂岭分局……Tel:5531154
信都分局……Tel:5081254

八步区经济普查办公室
地址：向阳路
……Tel:5272293

八步区经贸局
地址：向阳路1号
……Tel:5280086

八步区林业局
地址：广西贺州市建设西路2号
……Tel:5222633

八步区统计局
地址：向阳路1号
……Tel:5282600

八步区科学技术局
地址：建设中路
……Tel:5282257

八步区调解处理土地山林水利纠纷办公室
地址：建设西路
……Tel:5220040

八步区畜牧水产事业局
地址：迎宾大道爱民路
……Tel:5222978

八步区教育局
地址：贺州市新兴南路62号
……Tel:5212594

八步区职业教育中心筹建办公室
地址：新兴南路
……Tel:5211108

八步区编修区志委员会办公室
地址：向阳路1号
……Tel:5281067

八步区税务局西海税务分局
地址：西湾镇
……Tel:8831598

八步区新农村建设办公室
地址：向阳路1号
……Tel:5289980

八步区粮食局
地址：贺州市平安西路6号
……Tel:5282520

贺州市市场监督管理局八步分局
地址：贺州市建设东路9号
……Tel:5139611

贺州市市场监督管理局平桂管理区分局
地址：贺州市西湾西发街
……Tel:8836626

贺州市平桂管理区人力资源和社会保障局
地址：贺州市平桂管理区平桂南路33号
办公室……Tel:8836808
劳动就业服务中心……Tel:8836889
社会保险管理中心……Tel:8836880

贺州市平桂管理区人口和计划生育局
地址：贺州市西湾平桂区交警队对面
……Tel:8836836
……Tel:8836936

贺州市平桂管理区卫生局
地址：平桂冶炼厂大门旁
……Tel:8836800
……Tel:8836825

贺州市平桂管理区乡镇规划建设管理局
地址：贺州市平桂管理区西湾西发街19号
……Tel:8832816

贺州市平桂管理区文化和体育局
地址：兴发街30号
……Tel:8831028
……Tel:8831008

贺州市平桂管理区水利电力局
地址：贺州市平桂管理区电厂街93号
……Tel:8832905
……Tel:8836603

贺州市平桂管理区水果办
地址：贺州市平桂南路33号
……Tel:8836821

贺州市平桂管理区发展和改革局
地址：贺州市平桂一南路33号
……Tel:8836916
办公室……Tel:8836817
经济发展规划股……Tel:8836818
统计业务股……Tel:8836812

贺州市平桂管理区外事文化和文化和旅游局
地址：贺州市平桂南路33号
……Tel:8836869

贺州市平桂管理区民政局
地址：贺州市平桂南路33号
……Tel:8836683

贺州市平桂管理区民政婚姻登记处
地址：贺州市平桂管理区西湾街道街道办事处
……Tel:8832183

贺州市平桂管理区交通局
地址：贺州市平桂管理区西湾西发街28号
……Tel:8832838
……Tel:8832868
办公室……Tel:8832866
公路所……Tel:8832863
港航所……Tel:8832853

贺州市平桂管理区农业农村局
地址：贺州市西湾电厂北路2号
……Tel:8836133

贺州市平桂管理区农业委员会
地址：贺州市平桂南路33号
……Tel:8836660

贺州市平桂管理区农机事业局
地址：贺州市平桂管理区黄田镇黄田新街
……Tel:5230163

贺州市平桂管理区防汛抗旱指挥部办公室
地址：贺州市平桂南路33号
……Tel:8831669

贺州市平桂管理区地方税局
地址：西湾镇西发街
……Tel:8831588

贺州市平桂管理区应急管理局
地址：贺州市平桂南路33号
……Tel:8833118

贺州市平桂管理区住房和城乡建设局
地址：贺州市平桂管理区
……Tel:8836788

贺州市平桂管理区扶贫领导小组办公室
地址：贺州市平桂南路33号
……Tel:8836893

贺州市平桂管理区应急管理办公室
地址：贺州市平桂南路33号
……Tel:8836833

贺州市平桂管理区财政局
地址：贺州市平桂管理区西湾街道办事处大院
……Tel:8833166
……Tel:8832198

贺州市平桂管理区招商促进局
地址：贺州市平桂南路33号
……Tel:8836803

贺州市平桂管理区国土资源局
地址：贺州市平桂管理区
……Tel:8831965

贺州市平桂管理区国家税务局
地址：西湾镇电厂南路
……Tel:8832006
……Tel:8832381
……Tel:8832019

贺州市平桂管理区审计局
地址：贺州市平桂南路33号
……Tel:8836819

贺州市平桂管理区经济贸易局
地址：贺州市平桂南路33号
……Tel:8836341

贺州市平桂管理区林业局
地址：贺州市西湾电厂街93号
……Tel:8831976

贺州市平桂管理区药监局
地址：兴发街
……Tel:8836790
……Tel:8836796

贺州市平桂管理区统计局
地址：东发路
……Tel:8835957
……Tel:8835229

贺州市平棒管理区科学技术局
地址：平桂南路33号
……Tel:5237843

贺州市平桂管理区调处办公室
地址：贺州市平桂南路33号
……Tel:8836857

贺州市平桂管理区能源办
地址：贺州市平桂南路33号
……Tel:8836863

贺州市平桂管理区档案方志办公室
地址：贺州市平桂南路33号
……Tel:8836861

贺州市平桂管理区渔牧兽医局
地址：贺州市平桂南路33号
……Tel:8836839

贺州市平桂管理区教育局
地址：贺州市平桂管理区
……Tel:8836950
……Tel:8833722

贺州市平桂管理区森林防火指挥部办公室
地址：贺州市西湾电厂街93号
……Tel:8833119

贺州市平桂管理区群团部
地址：贺州市平桂南路33号
……Tel:8836687

贺州市平桂管理区粮食局
地址：贺州市平桂南路33号
……Tel:8836865

昭平县（0774）

党政　国家机构及社会团体
中国共产党及其所属机构
县（区、市）党委及其所属机构

中国共产党昭平县委员会
地址：昭平县昭平镇北秀街7号
……Tel：6682151

中国共产党昭平县直属机关工作委员会
地址：昭平县昭平镇东宁南路
……Tel：6682570

中国共产党昭平县委员会史县志编纂办公室
地址：昭平县东宁南路
……Tel：6682245

中国共产党昭平县委员会老干部局
地址：昭平县昭平镇北秀街
……Tel：6682164

中国共产党昭平县委员会组织部
地址：昭平县东宁南路16号
……Tel：6682361

中国共产党昭平县委员会统战部
地址：昭平县东宁南路
……Tel：6682337

昭平县先进性教育活动办公室
地址：昭平县昭平镇北秀街
……Tel：6695600

昭平县档案局
地址：昭平县昭平镇南华街
……Tel：6682238

人民政府及其所属机构
县（区、市）
人民政府及其所属机构

昭平县人民政府
地址：昭平县昭平镇北秀街7号
……Tel：66823211

昭平县人口和计划生育局
地址：昭平镇河西东路24号
……Tel：6682746

昭平县人事劳动和社会保障局
地址：昭平县昭平镇东宁南路16号
……Tel：6693601

昭平县卫生局
地址：昭平县北秀街1号
……Tel：6697001

昭平县卫生监督所
地址：昭平镇北秀街
……Tel：6690525

昭平县市场监督管理局
地址：昭平县城江滨路
……Tel：6682724

昭平县工程质量监督站
地址：昭平县昭平镇西宁北路
……Tel：6682628

昭平县土地交易所
地址：昭平县昭平镇河西东路
……Tel：6688283

昭平县公路局
地址：昭平县河西东路
……Tel：6682218

昭平县公路管理局
地址：贺州市昭平县新交通局办公楼
……Tel：6697091

昭平县文化和体育局
地址：昭平县东宁中路
……Tel：6691363

昭平县发展和改革局
地址：昭平县北秀街7号
……Tel：6682876

昭平县民政局
地址：昭平县昭平镇河西东路183号
……Tel：6695633

昭平县交通局
地址：昭平县凉亭路
……Tel：6697080

昭平县农业机械化管理事业局
地址：昭平县昭平镇东宁北路55号
……Tel：6682751

昭平县农业农村局
地址：昭平县镇凉亭西路31号
……Tel：6682251

昭平县地方税务局
地址：昭平县河西东路13号
……Tel：6682037

昭平县地方税务局昭平税务分局
地址：昭平县河西东路13号
地址：办税大厅……Tel：6685160
局长办……Tel：6682417

昭平县地方税务局稽查局
地址：昭平县河西东路
……Tel：6688210

昭平县应急管理局
地址：昭平县昭平镇东宁南路
……Tel：6693678

昭平县机关事务管理局
地址：昭平县北秀街
……Tel：6682322

昭平县机构编制委员会办公室
地址：昭平县北秀街7号
……Tel：6682513

昭平县住房制度改革委员会办公室
地址：昭平县北秀街7号
……Tel：6689733

昭平县扶贫开发领导小组办公室
地址：昭平县北秀街7号
……Tel：6682567

昭平县财政局
地址：永安街
……Tel：6689708

昭平县质量技术监督局
地址：昭平县新华街2号
……Tel：6682727

昭平县建设工程招标事务所
地址：昭平县西宁北路新民街
……Tel：6687258

昭平县建设局
地址：昭平县西宁北路新民街1号
……Tel：6682416

昭平县招商局
地址：北秀路
……Tel：6697027

昭平县国土资源局
地址：昭平县河西东路66－1号
……Tel：6682134

昭平县国家税务局
地址：昭平县向阳街7号
……Tel：6697061

昭平县国家税务局昭平税务分局
地址：昭平县东宁中路
……Tel：6691883

昭平县审计局
地址：贺州市昭平县昭平镇西宁北路
秘书股……Tel：6682716
固定资产投资审计股
……Tel：6695328

昭平县经济贸易局
地址：昭平镇东宁中路30号
……Tel：6682301

昭平县环境保护局
地址：昭平县河西东路213号
……Tel：6682430
……Tel：6688879

昭平县林业局
地址：昭平县昭平镇西堤南路2号
……Tel：6682910

昭平县物价局
地址：昭平县昭平镇北秀街
……Tel：6682726

昭平县物价检查所
地址：昭平县昭平镇北秀街
……Tel：6682661

昭平县统计局
地址：昭平县昭平镇北秀街
……Tel：6682418

昭平县科学技术局
地址：昭平县昭平镇新兴街
……Tel：6695689

昭平县文化和文化和旅游局
地址：昭平县昭平镇北秀街
……Tel：6682625

昭平县烟草专卖局
地址：昭平县昭平镇河西东路33号
……Tel：6682388

昭平县畜牧水产事业局
地址：昭平县昭平镇
……Tel：6692331

昭平县教育局
地址：昭平县西宁中路
……Tel：6682176

昭平县就业服务中心
地址：昭平县昭平镇东宁北路1号
……Tel：6695188

昭平县粮食局
地址：昭平县昭平镇河西东路
……Tel：6682305

贺州市住房公积金管理中心昭平管理部
地址：昭平县东宁中路
……Tel：6688447

贺州市食品药品监督管理局昭平县分局
地址：昭平县北秀街3号
……Tel：6693539

钟山县（0774）

党政　国家机构及社会团体
中国共产党及其所属机构
县（区、市）党委及其所属机构

中国共产党钟山县委员会
地址：钟山县兴钟中路
……Tel：8982448

中国共产党钟山县直属机关工作委员会
地址：钟山县兴钟中路
……Tel：8982259

中国共产党钟山县委员会老干部局
地址：钟山县西路
……Tel：8982480

中国共产党钟山县委员会组织部
地址：钟山县兴钟中路
……Tel：8985687

中国共产党钟山县委员会统战部
地址：钟山县兴钟中路
……Tel：8982745

中国共产党钟山县委员会钟山县人民政府接待办公室
地址：钟山县广场路
……Tel：8987843

中国共产党钟山县委员会党史办公室
地址：钟山县兴钟中路
……Tel：8982656

人民政府及其所属机构
县（区、市）
人民政府及其所属机构

钟山县人民政府
地址：钟山县兴钟中路
……Tel：8982447

贺州市住房公积金管理中心钟山管理部
地址：钟山县兴钟中路2号
……Tel：8986989

贺州市食品药品监督管理局钟山县分局
地址：钟山县北路
……Tel：8983992

钟山县人口和计划生育局
地址：钟山县广场路59号
……Tel：8983460

钟山县人事劳动和社会保障局
地址：钟山县兴钟中路
……Tel：8988897

钟山县卫生局
地址：钟山县西路
……Tel：8972041

钟山县市场监督管理局
地址：钟山县西路
……Tel：8982230

钟山县文化和体育局
地址：钟山县南路21号
……Tel：8982585

钟山县水电局
地址：钟山县中路
……Tel：8982818

钟山县发展和改革局
地址：钟山县兴钟中路
……Tel：8982598

钟山县民政局
地址：钟山县西路
……Tel：8983831

钟山县交通局
地址：钟山县钟山镇西路32号
……Tel：8984181

钟山县农业农村局
地址：钟山县北路
……Tel：8982470

钟山县农业综合开发办公室
地址：钟山县北路
……Tel：8986786

钟山县地方税务局
地址：钟山县书香路10号
……Tel：8981478

钟山县应急管理局
地址：钟山县兴钟中路
……Tel：8971332

钟山县机关事务管理局
地址：钟山县钟山中路
值班室……Tel：8987317
……Tel：8987307
……Tel：8987309

钟山县机构编辑委员会办公室
地址：钟山县钟山镇兴中路4号
……Tel：8982061

钟山县医疗保险管理中心
地址：钟山县兴钟中路4号
……Tel：8972089

钟山县财政局
地址：钟山县兴钟中路10号
……Tel：8982809

钟山县社会劳动保险事业管理所
地址：钟山县兴钟中路
……Tel：8982233

钟山县龟石东西干水利工程管理所
地址：钟山县北环东路285号
……Tel：8982607

钟山县质量技术监督局
地址：钟山县书香西路27号
……Tel：8982481

钟山县建设局
地址：钟山县广场路
……Tel：8986718

钟山县建筑设计室
地址：钟山县广场路12号
……Tel：8982387

钟山县招商促进局
地址：钟山县兴钟中路4号
……Tel：8972788

钟山县国土资源局
地址：钟山县兴钟中路27号
……Tel：8986248

钟山县国家税务局
地址：钟山县兴钟中路21号
……Tel：8982248

钟山县国家税务局钟山分局
地址：钟山县北环路
……Tel：8987382

钟山县国家税务局稽查局
地址：钟山县北环路
……Tel：8982347

钟山县审计局
地址：钟山县一中路
……Tel：8982976
……Tel：8972243
……Tel：8989870

钟山县经济普查办公室
地址：钟山县兴钟中路
……Tel：8980711

钟山县环境保护局
地址：钟山县书香西路
……Tel：8982576

钟山县林业局
地址：钟山县河东路1号
……Tel：8988692

钟山县物价局
地址：钟山县广场路
……Tel：8982575

钟山县房地产管理所
地址：钟山县广场路12号
……Tel：8982306

钟山县统计局
地址：钟山县兴钟中路4号
……Tel：8982702

钟山县科学技术局
地址：钟山县兴钟南路
……Tel：8982616

钟山县资金管理局
地址：钟山县书香东路
……Tel：8982849

钟山县烟草专卖局
地址：钟山县城西环路
……Tel：8974165

钟山县畜牧水产事业局
地址：钟山县广场路
……Tel：8982721

钟山县勘界工作领导小组办公室
地址：钟山县兴钟中路
……Tel：8985727

钟山县望高工业区管理委员会
地址：望高工业区
……Tel：8812008

钟山县望高工业经济发展与招商局
地址：望高工业区
……Tel：8812188

钟山县教育局
地址：钟山县南路
……Tel：8982618

钟山县就业服务中心
地址：钟山县兴钟南路10号
钟山县失业保险所
……Tel：8989977

钟山县人力资源市场
……Tel：8982792

钟山县粮食局
地址：钟山县兴钟中路
……Tel：8986810

富川瑶族自治县（0774）

党政　国家机构及社会团体
中国共产党及其所属机构
县（区、市）党委及其所属机构

中国共产党富川县委员会办公室
地址：富川县新建路33号
……Tel：7882521

中国共产党富川县直属机关工作委员会
地址：富川县新建路33号
……Tel：7882589

中国共产党富川县委员会老干部局
地址：富川县新建路
……Tel：7882705

中国共产党富川县委员会组织部
地址：富川县新建路
……Tel：7892996

中国共产党富川县委员会统战部
地址：富川县新建路
……Tel：7893551

中国共产党富川县委员会党史研究室
地址：富川县新建路
……Tel：7882870

富川县档案局
地址：富川县新建路33号县委大院
……Tel：7882727

人民政府及其所属机构
县（区、市）
人民政府及其所属机构

富川瑶族自治县人民政府办公室
地址：富川县新建路28号
……Tel：7882337
……Tel：7888091
……Tel：7886491

贺州市食品药品监督管理局富川县分局
地址：富川县凤凰路
……Tel：7892542

富川县人事劳动和社会保障局
地址：富川县凤凰路
……Tel：7893639

富川县卫生局
地址：富川县凤凰路
……Tel：7882452

富川县水利电力局
地址：富川县凤凰路
……Tel：7882450

富川县外事侨务办公室

地址：富川县政府大院侨办
…………Tel:7882887
富川县外事接待办公室
地址：富川县新建路
…………Tel:7886455
富川县地方税务局
地址：园艺路四区2号
…………Tel:7887730
富川县机关事务管理局
地址：富川县新建路
…………Tel:7893322
富川县武装部
…………Tel:2554902
富川县环境卫生管理局
地址：富川县瑞光路3区4号
…………Tel:7882211
富川县物价局
地址：富川县新建路
…………Tel:7882654
富川县烟草专卖局
地址：富川县凤凰路
…………Tel:7882882
富川县商业局
地址：富川县新建路
…………Tel:7882371
富川瑶族自治县人口和计划生育局
地址：富川县富阳镇新建路
…………Tel:7882473
…………Tel:7887178
…………Tel:7887168
富川瑶族自治县市场监督管理局
地址：富川县民族路
…………Tel:7882585
富川瑶族自治县文化和体育局
地址：富川县凤凰路
…………Tel:7889899
富川瑶族自治县发展和改革局
地址：富川县新建路28
…………Tel:7882346
富川瑶族自治县电影发行放映公司
地址：富川县新永路
…………Tel:7882744
富川瑶族自治县民政局
地址：富川县城东开发区
…………Tel:7882483
富川瑶族自治县民族事务局
地址：富川县瑞光公园内
…………Tel:7882658
…………Tel:7892709
富川瑶族自治县交通局
地址：富川县凤凰路
…………Tel:7882569
富川瑶族自治县农业农村局
地址：富川县新建路
办公室…………Tel:7882423
法规股…………Tel:7887368
经管办…………Tel:7881163
富川瑶族自治县农机事业局
地址：富川县贸易路
办公室…………Tel:7882490
…………Tel:7887008
国家税务总局富川瑶族自治县税务局
地址：富川县园艺路四区2号
…………Tel:7881798
富川瑶族自治县应急管理局
地址：富川县富阳镇新建路20号
…………Tel:7893297
…………Tel:7881366
富川瑶族自治县机构编制委员会办公室
地址：富川县新建路33号
…………Tel:7882830
富川瑶族自治县老龄工作委员会办公室
地址：富川县新建路33号
…………Tel:7882776
富川瑶族自治县扶贫开发领导小组办公室
地址：富川县新建路28号
…………Tel:7890055
主任室…………Tel:7885313
富川瑶族自治县财政局
地址：富川县朝阳路11号
…………Tel:7882566
…………Tel:7893096
…………Tel:7886679
富川瑶族自治县质量技术监督局
地址：富川县城东开发区
…………Tel:7882441
富川瑶族自治县建设局
地址：富川县凤凰路
…………Tel:7882356
…………Tel:7882127
传真…………Tel:7892100
富川瑶族自治县招商促进局
地址：富川县富阳镇新建路18号
…………Tel:7882948
富川瑶族自治县国土资源局
地址：富川县凤凰路
…………Tel:7893081
…………Tel:7888871
富川瑶族自治县国家税务局
地址：富川县凤凰路203号
…………Tel:7893988
富川瑶族自治县审计局
地址：富川县新建路27号
…………Tel:7882562
…………Tel:7892960
富川瑶族自治县经济贸易局
地址：富川县新建路20号
局长办…………Tel:7885640
办公室…………Tel:7882405
富川瑶族自治县环境保护局
地址：富川县民族路
…………Tel:7882766
富川瑶族自治县林业局
地址：富川县文教路
办公室…………Tel:7882493
林政股…………Tel:7884257
营林股…………Tel:7888037
富川瑶族自治县统计局
地址：富川县新建路28号
…………Tel:7882355
富川瑶族自治县文化和文化和旅游局
地址：富川县新建路28号
…………Tel:7886289
富川瑶族自治县渔牧兽医局
地址：富川县凤凰路
…………Tel:7882492
富川瑶族自治县教育和科技局
地址：富川县新建路19号
…………Tel:7882437
…………Tel:7882602
富川瑶族自治县森林防火指挥部办公室
地址：富川县富阳镇文教路
…………Tel:7882765
富川瑶族自治县粮食局
地址：富川县凤凰路
…………Tel:7882317
…………Tel:7885908
…………Tel:7886207

河池市（0778）
党政、国家机构及社会团体
中国共产党及其所属机构
市（地区、自治州）
党委及其所属机构
中周共产党河池市委员会办公室
地址：河池市新建东路13号
第一秘书科…………Tel:2284317
第二秘书科…………Tel:2307699
信息科…………Tel:2308955
综合科…………Tel:2307667
人事科…………Tel:2308318
督查室…………Tel:2308311
…………Tel:2308306
中国共产党河池市直属机关工作委员会
地址：新建路
…………Tel:2283313
中国共产党河池市委员会台湾工作办公室
地址：新建路
…………Tel:2284644
中国共产党河池市委员会机要局
地址：新建东路
…………Tel:2308601
中国共产党河池市委员会老干部局
地址：新建路85号
…………Tel:2103086
中国共产党河池市委员会组织部
地址：新建东路13号
办公室…………Tel:2307769
调研科…………Tel:2306712
组织科…………Tel:2307233
干部科…………Tel:2307122
青年干部科…………Tel:2307665
干部教育科…………Tel:2306906
人才工作科…………Tel:2306929
干部监督科…………Tel:2305512
公务员管理科…………Tel:2307316
电教办…………Tel:2307633
中国共产党河池市委员会保密局
地址：河池市
…………Tel:2306806
中国共产党河池市委员会统战部
地址：新建路地委大院12层
…………Tel:2307359
中国共产党河池市委员会政策研究室
地址：新建东路
…………Tel:2307280
中国共产党河池市委员会党史研究室
地址：新建路
…………Tel:2283897
县（区、市）党委及其所属机构
中国共产党河池市金城江区委员会办公室
地址：新建西路13号
秘书股…………Tel:2111720
传真…………Tel:2111721
综合信息股…………Tel:2111724
区委督查室…………Tel:2111673
…………Tel:2113819
中国共产党河池市金城江区直属机关工作委员会
地址：新建西路
…………Tel:2113212
中国共产党河池市金城江区委员会机要局
地址：西环路
…………Tel:2111303
中国共产党河池市金城江区委员会老干部局
地址：金城江区
…………Tel:25620611
中国共产党河池市金城江区委员会组织部
地址：新建路
…………Tel:2115080
中国共产党河池市金城江区委员会统战部
地址：新建路
…………Tel:2113271
人民政府及其所属机构
市（地区、自治州）人民政府及其所属机构
河池市人民政府
地址：新建东路13号
办公室…………Tel:2308901
传真…………Tel:2308798
应急办…………Tel:2308338
…………Tel:2307986
广西水文水资源河池分局
地址：江滨路
…………Tel:2235178
…………Tel:2285497
水情科…………Tel:2285417
水质监测科…………Tel:2234787
站网监测科…………Tel:2238203
东巴凤基础设施建设大会战力公室
地址：新建路
…………Tel:2110883
圭地开发整理中心
地址：颐园路
…………Tel:2103903
国家统计局河池调查队
地址：河池市新建路A88号
办公室…………Tel:2285809
企业祷…………Tel:2289238
传真…………Tel:2297338
河池市人力资源和社会保障局
地址：新建路
…………Tel:2104858
河池市人口与计划生育委员会
地址：思源路
…………Tel:2289870
河池市人口和计划生育局
地址：思源路
…………Tel:2250728
河池市人民防空办公室
地址，新建路
…………Tel:2290239
河池市人民政府国有资产监督管理委员会
地址：新建路A88号
办公室…………Tel:2113363
纪监室、人事科…………Tel:2112938
产权科…………Tel:2112700
企业科…………Tel:2112595
河池市人事局
地址：金城江区金城中路296号
办公室…………Tel:2285617
局长室…………Tel:2204236
副局长室…………Tel:2108327
…………Tel:2299177
培训与奖惩科…………Tel:2108168
工资福利与退休科…………Tel:2108326
专技科…………Tel:2284487
公务员管理科…………Tel:2108329
人才开发科…………Tel:2108325
河池市卫生局
地址：新建路82号
…………Tel:2284178
河池市工业和信息化委员会
地址：新建路
…………Tel:2110012
河池市市场监督管理局
地址：新建西路21号
办公室…………Tel:2116111
企业科办照大厅…………Tel:2116119
河池市市场监督管理局12315指挥中心
地址：新建西路
…………Tel:2116551
河池市土地储备中心
地址：西环路107号
…………Tel:2103881
河池市乡镇建设办公室
地址：南新西路
…………Tel:2291076
河池市公路管理局
地址：民族路2号
办公室…………Tel:2284219
养护管理科…………Tel:2283152
路政管理处…………Tel:2292573
公路通行费管理科…………Tel:2299260
河池市无线电管理处
地址：金福路29号
综合室…………Tel:2287115
处长室…………Tel:2285095
监测站…………Tel:2283018
河池市水产畜牧局
地址：南新西路78号
…………Tel:2251766
河池市水利局
地址：南新西路
…………Tel:2283287
河池市市政工程公司
地址：南新西路
…………Tel:2251993
河池市市政管理局
地址：翠竹路51号
…………Tel:2282469
河池市台湾事务办公室
地址：新建路
…………Tel:2281690
河池市对外贸易经济合作局
地址：新建路
…………Tel:2298776
河池市发展和改革委员会
地址：新建东路63号
…………Tel:2284319
河池市纠风办
地址：新建路
…………Tel:2307690
…………Tel:2307691
河池市民政局
地址：金福路22号
…………Tel:2288324
安置办…………Tel:2112503
优抚科…………Tel:2281229
救灾科…………Tel:2202522
河池市民族事务委员会
地址：新建路
…………Tel:2282227
河池市民族语言委员会
地址：新建路
…………Tel:2284448
河池市交通运输局
地址：新建路A55号
…………Tel:2116816
河池市交通局
地址：新建路53号
…………Tel:2282547
河池市交通征费稽查处
地址：南新东路466号
…………Tel:2305253
办公室…………Tel:2306601
处长室…………Tel:2308858
政工科…………Tel:2301110
财务科…………Tel:2302526
征管科…………Tel:2301385
稽查科…………Tel:2301250
清欠大队…………Tel:2305200
车籍中心…………Tel:2306670
直属征稽…………Tel:2284459
河池市交通路桥工程公司
地址：新建路
…………Tel:2101789
河池市农业农村局
地址：南新西路
…………Tel:2289965
河池市农民负担监督管理领导小组办公室
地址：新建路
…………Tel:2297372
河池市农机事业局
地址：西环路
…………Tel:2110922
河池市农村经济管理办公室
地址：新建路
…………Tel:2108323
河池市农村税费改革试点工作领导小组办公室
地址：金城东路
…………Tel:2303372
河池市防汛抗旱指挥部办公室
地址：南新西路
…………Tel:2285448
河池市地方税务局
地址：富华路21号
办公室…………Tel:2108881
机关党委…………Tel:2291882
妇委会…………Tel:2291892
机关工会…………Tel:2293797
法规科…………Tel:2107350
监察室…………Tel:2107631
信息中心…………Tel:2110558
人教科…………Tel:2102883
税政科…………Tel:2102845
征管科…………Tel:2107765
计财科…………Tel:2111283
所得税科…………Tel:2116971
后勤中心…………Tel:2110139
办税服务中心…………Tel:2293070
纳税服务热线…………Tel:2112366
…………Tel:2116580
河池市地方税务局直属税务分局
地址：富华路

……Tel:2297141

河池市地方税务局稽查局
地址：颐园路
……Tel:2116856

河池市地税一分局
地址：南新西路
……Tel:2251599

河池市地税二分局
地址：南新西路
……Tel:2201748

河池市行政服务中心
地址：新建路
……Tel:2309228

河池市应急管理局
地址：拥政路13号
……Tel:2283660
办证窗口……Tel:2306602

河池市机关事务管理局
地址：百旺开发区
……Tel:2108110

河池市机构编制委员会办公室
地址：新建路
……Tel:2108046

河池市住房公积金管理中心
地址：新建路
……Tel:2299886

河池市住房和城乡建设局
地址：新建东路
……Tel:2309135

河池市医疗事故技术鉴定工作办公室
地址：新建路
……Tel:2291480

河池市体育局
地址：新建路117号
办公室……Tel:2106358
群体科……Tel:2250411

河池市扶贫开发领导小组办公室
地址：新建西路23号
……Tel:2115878

河池市抗旱救灾领导协调小组办公室
地址：新建路
……Tel:2100022

河池市财政局
地址：新建西路25号
办公室……Tel:2284761
会计管理科……Tel:2285833
政府采购科……Tel:2103396
小汽车定编办……Tel:2282955

河池市财政局食堂
地址：新建路
……Tel:2116711

河池市社会主义新农村建设试点工作领导小组办公室
地址：新建路
……Tel:2110719

河池市侨务办公室
地址：新建路
……Tel:2284801

河池市质量技术监督局
地址：思源路
……Tel:2284340

河池市质量技术监督局稽查支队
地址：南新西路
……Tel:2286132

河池市质量技术监督所
地址：金城西路
……Tel:2298558

河池市建设工程交易中心
地址：新建路
……Tel:2283807

河池市建设与规划委员会
地址：新建路
……Tel:2285571

河池市招商局
地址：新建路
……Tel:2598598

河池市招商促进局
地址：新建路
……Tel:2286860

河池市国土资源局
地址：颐园路120号
……Tel:2109502

河池市国土资源局土地整理中心
地址：颐园路
……Tel:2109603

河池市国土资源局城区分局
地址：恩源路
……Tel:2106990

河池市国有企业改革办公室
地址：江南西路
……Tel:2250786

河池市国家税务局
地址：新建路
……Tel:2289013

河池市国家税务局郊区分局
地址：金城东路
……Tel:2308020

河池市国家税务局金税工程
地址：文安路
……Tel:2251336

河池市宗教事务局
地址：新建路A88号老委大楼11楼
……Tel:2203243

河池市审计局
地址：四桥拉登开发区
办公室……Tel:2259357
法规科……Tel:2259365
财政金融审计科……Tel:2259367
行政事业与社会保障审计科
……Tel:2259361
经贸审计科……Tel:2259359
农业与资源环保审计科
……Tel:2259362
固定资产投资审计科
……Tel:2259370
……Tel:2259663

河池市经济技术协作办公室
地址：新建路
……Tel:2284715

河池市经济委员会
地址：新建路48号
办公室……Tel:2284176
政策法规科……Tel:2102943
经济运行科……Tel:2285379
工业规划科……Tel:2293195
技术改造投资科……Tel:2283689
能源资源科……Tel:2295112
轻重工业科……Tel:2202942
人事培训科……Tel:2285334
中小企业科……Tel:2282187
后勤服务中心……Tel:2296617

河池市经济贸易局
地址：新建路
……Tel:2293157

河池市环境保护局
地址：环保路
……Tel:2288919

河池市林业局
地址：拥政路6号
……Tel:2285245

河池市物价局
地址：新建路
……Tel:2290393

河池市物价检查所
地址：新建东路
……Tel:2297728

河池市房产管理局
地址：百旺开发区拉登片区
……Tel:2287336

河池市城市规划管理站
地址：新建路
……Tel:2280005

河池市统计局
地址：新建路
……Tel:2285387

河池市贸易行业管理办公室
地址：新建路
……Tel:2285170

河池市政府集中采购中心
地址：新建路
……Tel:2298073

河池市科技局
地址：南新西路127号
……Tel:2112218

河池市食品药品监督管理局
地址：新建路
……Tel:2287885

河池市爱国卫生运动委员会
地址：新建路
……Tel:2286251

河池市文化和文化和旅游局外事办
地址：新建路A88号
办公室……Tel:2286661
旅游科……Tel:2286665
涉外科……Tel:2295008
旅游服务中心……Tel:2282886
……Tel:2286606

河池市烟草专卖局
地址：南新东路
……Tel:2297930

河池市党员干部现代远程教育管理办公室
地址：市委党校教会议中心四楼
……Tel:2307663

河池市盐务局
地址：江南西路
……Tel:2293637
……Tel:2284714

河池市商务局
地址：南新东路
办公室……Tel:2283392
市场科……Tel:2293781
对外贸易科……Tel:2285160
办证大厅……Tel:2282787

河池市兽医卫生监督所
地址：南新西路
……Tel:2299353

河池市清产核资办公室
地址：新建路
……Tel:2297284

河池市教育局
地址：新建路77号
办公室……Tel:2111691

河池市野生动物保护站
地址：拥政路
……Tel:2296435

河池市就业局
地址：西环路三巷
……Tel:2112302

河池市粮食局
地址：新建路45号
……Tel:2284284

河池市精神文明办
地址：新建东路
……Tel:2308279

河池地区国农税务局稽查局
地址：新建路
……Tel:2259132

河池地区资金管理局
地址：新建路
……Tel:2289104

金柳二级路改建工程总指挥部
地址：新建路
……Tel:2281424

县（区、市）
人民政府及其所属机构

金城江区人民政府
地址：新建西路23号
……Tel:2111452

河池市市场监督管理局金城江分局
地址：南新西路
……Tel:2284153

河池市国土资源局金城江区分局
地址：南新西路
……Tel:2283677

金城江公路局
地址：金城江区
……Tel:2584398
养护股……Tel:2568191
路政管理大队……Tel:2584396

金城江公路管理局
地址：西环路106号
……Tel:2286199

金城江区二轻局
地址：南新西路
……Tel:2283496

金城江区人力资源和社会保障局
地址：新建西路
……Tel:2113250

金城江区人口和计划生育局
地址：新建西路
……Tel:2113291

金城江区人事局
地址：金城江区
……Tel:2113282

金城江区卫生局
地址：金城东路
……Tel:2283243

金城江区乡镇建设办公室
地址：南新西路
……Tel:2285945

金城江区五圩工业集中区管理委员会
地址：南新西路
……Tel:2292603

金城江区对外贸易经济合作局
地址：民族路
……Tel:2113167

金城江区发展和改革委员会
地址：南桥
……Tel:2113099

金城江区民政局
地址：南新西路
……Tel:2297796

金城江区民营企业办公室
地址：新建路
……Tel:2111645

金城江区交通局
地址：南新西路56号
办公室……Tel:2282900
规费站……Tel:2286073
公路所……Tel:2284454
路政队……Tel:2288200

金城江区农业农村局
地址：南新西路
……Tel:2283235

金城江区农村经济经营管理站
地址：文苑路
……Tel:2250330

金城江区地方税务局
地址：南新西路6号
办公室……Tel:2281578
政策法规股……Tel:2290575

金城江区地方税务局六圩分局
地址：乾胥路
……Tel:2211190

金城江区地方税务局东江分局
地址：百旺开发区
……Tel:2292620

金城江区地方税务局河池分局
地址：和平街
……Tel:2710329

金城江区地方税务局城区分局
地址：河池市富华路21号
局长室……Tel:2292005

金城江区应急管理局
地址：行政办公中心
……Tel:2111432

金城江区机关事务管理局
地址：新建西路
……Tel:2299017

金城江区机构编制委员会办公室
地址：新建西路
……Tel:2116998

金城江区体育局
地址：南新西路
……Tel:2282434

金城江区扶贫开发领导组办公室
地址：新建西路
……Tel:2113236

金城江区财政局
地址：新建东路69号
办公室……Tel:2303377
综合股……Tel:2303382
文教行政股……Tel:2303419
会计管理股……Tel:2303363
预算股……Tel:2303397
农业股……Tel:2303391
社会保障股……Tel:2309596
企业股……Tel:2303425

金城江区财政局稽查分局
地址：金城江路
……Tel:2303396

金城江区建设局
地址：南新西路
……Tel:2283799

金城江区国家税务局
地址：南新西路
办公室……Tel:2259737

金城江区国家税务局办税服务厅
……Tel:2298603

河池市政务服务中心国税窗口
……Tel:2203637
综合业务股……Tel:2259677

金城江区国家税务局城区分局
地址：南新西路
……Tel:2297870

金城江区国家税务局第一分局
地址：金城东路
……Tel:2305154

金城江区组织部远程教育办公室
地址：南新西路
……Tel:2250399

金城江区经济贸易局
地址：会城江区
……Tel:2113276

金城江区林业局
地址：南新西路
……Tel:2113583

金城江区物价检查所
地址：金城江区
……Tel:2112395

金城江区城镇住房制度改革委员会办公室
地址：南新西路
……Tel:2112620

金城江区统计局
地址：金城江区
……Tel:2113182

金城江区科技局
地址：金福路
……Tel:2285512

金城江区科学技术局
地址：南新西路
……Tel:2282122

金城江区文化和文化和旅游局
地址：金城江区
……Tel:2112666

金城江区教育局
地址：新建路
……Tel:2283572

金城江区第二轻工业局
地址：南新东路
……Tel:2284572

金城江区粮食局
地址：解放南路
……Tel:2284456

金城江区精神文明建设办公室
地址：新建路
……Tel:2112528

金城江区糖业办公室
地址：河池市金城江区政府新办公楼2楼
……Tel:2111979

南丹县（0778）

党政、国家机构及社会团体
中国共产党及其所属机构
县（区、市）党委及其所属机构

中国共产党南丹县委员会办公室
地址：南丹县民生街
……Tel:7232059

中国共产党南丹县直属机关工作委员会
地址：南丹县民生街
……Tel:7232763

中国共产党南丹县委员会台湾工作办公

室
地址：南丹县
……Tel:7233965

中国共产党南丹县委员会机要局
地址：南丹县民生街
……Tel:7232409

中国共产党南丹县委员会老干部局
地址：南丹县民治街
……Tel:7232538

中国共产党南丹县委员会组织部
地址：南丹县民生街
……Tel:7232620

中国共产党南丹县委员会保密局
地址：南丹县民生街
……Tel:7232452

中国共产党南丹县委员会统战部
地址：南丹县民生街
……Tel:7232814

人民政府及其所属机构
县（区、市）
人民政府及其所属机构

南丹县人民政府
……Tel:7232095

河池市食品药品监督管理局南丹县分公司
地址：南丹县民行路
……Tel:7237029

河池市烟草公司南丹烟草生产股
地址：南丹县民行北路
……Tel:7213308

南丹县人力资源和社会保障局
地址：锡都路
……Tel:7212833

南丹县人口和计划生育局
地址：南丹县城关镇铜江路
……Tel:7212003

南丹县人办资源和社会保障局
……Tel:7215666

南丹县人民武装部
……Tel:7970161

南丹县卫生局
地址：南丹县
办公室……Tel:7212434
红十字会……Tel:7215594

南丹县市场监督管理局
地址：南丹县
……Tel:7212127
财务股……Tel:7212120
人事教育股……Tel:7211250
市场与合同规范管理股
……Tel:7212530
公平交易、商标广告与消费者权益保
地址：护股……Tel:7212530
企业注册与个体私营经济管理股
……Tel:7212370
城关工商所……Tel:7213446
小场工商行政管理所
……Tel:7557009
大厂工商所……Tel:7577065
车河工商行政管理所
……Tel:7366014
六寨工商所……Tel:7482032
罗富工商所……Tel:7410570
消费者投诉举报电话
……Tel:7215315

南丹县丁程质量监督站
……Tel:7233772

南丹县土地储备巾心
地址：城关镇
……Tel:7232866

南丹县大厂镇企业办公室
地址：南丹大厂镇
……Tel:7577097

南丹县公路局
地址：南丹县环城路
……Tel:7232416
养护股……Tel:7236831
路政管理大队……Tel:7233266

南丹县少数民族异地安置管理委员会
地址：丹东路
……Tel:7238615

南丹县文明办
地址：城关镇
……Tel:7232741

南丹县水利工程管理站
地址：城关镇民生街
……Tel:7233120

南丹县水利局
地址：南丹县民行街
……Tel:7232422

南丹县水利局防汛办
地址：城关镇民生街
……Tel:7232437

南丹县水果生产管理局
地址：城关镇
……Tel:7232129

南丹县发展和改革局
地址：南丹县
……Tel:7232143

南丹县外事接待办公室
……Tel:7235777

南丹县民政局
地址：丹东路
办公室……Tel:7232122
婚姻登记处……Tel:7280277

南丹县民族事务委员会
地址：政府大院
……Tel:7232723

南丹县交通局
地址：南丹县民行街
……Tel:7232613

南丹县交通局路政大队
地址：南丹县民行街
……Tel:7282993

南丹县农业区划委员会办公室
地址：南丹县民行街
……Tel:7212851

南丹县农业农村局
地址：南丹县民行街
……Tel:7212426

南丹县农村社会经济调查队
地址：南丹县丹东路
……Tel:7232724

南丹县农村经济管理局
地址：城关镇
……Tel:7236511

南丹县地方税务局
地址：南丹县龙滩大道金南海酒店
办公室……Tel:7212257
局长室……Tel:7211555
副局长室……Tel:7211313
……Tel:7214503
纪检组长室……Tel:7212136
人教、监察股……Tel:7212333
征管股……Tel:7214502
副局长室……Tel:7213617
税政股……Tel:7214504
计会股……Tel:7213717
稽查分局……Tel:7214369
大厂分局……Tel:7577332
车河分局……Tel:7360192
六寨分局……Tel:7482028

南丹县地方税务局大厂分局
地址：大厂镇
……Tel:7572525

南丹县地方税务局直属征收管理分局
地址：南丹县城关镇
……Tel:7283350

南丹县地方税务局城关分局
地址：环城路
……Tel:7233453

南丹县应急管理局
地址：南丹县新城区
……Tel:7281731

南丹县扶贫办
地址：南丹县丹东路
……Tel:7232642

南丹县财政局
办公室……Tel:7211535
预算股……Tel:7213509
国库股……Tel:7212095
税费征收分局……Tel:7211590
会管股……Tel:7212953
国库集中支付中心……Tel:7211767
政府性投资评审中心
……Tel:7213736

南丹县质量技术监督局
地址：南丹县河西街
……Tel:7232742

南丹县建设局
地址：南丹县民生街
办公室……Tel:7232519
局长办公室……Tel:7238429
副局长办公室……Tel:7232414
财务室……Tel:7232534
规划股……Tel:7232731
县建筑设计院……Tel:7239498
县建星建筑材料实验有限公司
……Tel:7235384
建管股……Tel:7231711

南丹县招商促进局
地址：南丹县国土资源局8楼
……Tel:7235877
……Tel:7232877

南丹县国土资源局
地址：南丹县
……Tel:7232148

南丹县国家税务局
地址：南丹县
……Tel:7232167
稽查局……Tel:7235679
城关分局……Tel:7283522
大厂分局……Tel:7577232

南丹县审计局
地址：城关镇锡都路
……Tel:7236652

南丹县经济贸易局
地址：南丹县金叶街
……Tel:7212002

南丹县环境保护局
地址：南丹县河东路
……Tel:7232240

南丹县林业局
地址：城关镇
……Tel:7214191

南丹县物价局
地址：南丹县
……Tel:7238548

南丹县矿产品经营管理办公室
地址：南丹县城关镇
……Tel:7211071

南丹县统计局
地址：南丹县丹东路
办公室……Tel:7232106
普查中心……Tel:7239121
城调队……Tel:7230183

南丹县政府机关后勤服务中心
地址：南丹县
……Tel:7232429

南丹县科学技术局
地址：南丹县河西街
……Tel:7232611

南丹县爱国卫生运动委员会
地址：新城区卫生大楼
……Tel:7212731

南丹县畜牧水产事业局
地址：南丹县民生街
……Tel:7212166

南丹县商务局
地址：城关镇民生街
……Tel:7232514

南丹县教育局
地址：南丹县民生街
……Tel:7232017

南丹县粮食局
地址：南丹县民行路
……Tel:7232026

桂西农村综合发展项目南丹领导小组办公室
地址：南丹县民行中路
……Tel:7211629

天峨县（0778）

党政、国家机构及社会团体
中国共产党及其所属机构
县（区、市）党委及其所属机构

中国共产党天峨县委办公室
地址：天峨县六排镇城东路121号
……Tel:7822219

中国共产党天峨县直属机关丁作委员会
地址：天峨县老街
……Tel:7822206

中国共产党天峨县委员会机要局
地址：天峨县小河街
……Tel:7822043

中国共产党天峨县委员会老干部局
地址：天峨县
……Tel:7821506

中国共产党天峨县委员会组织部
地址：天峨县老街
……Tel:7822203

中国共产党天峨县委员会统战部
地址：天峨县
……Tel:7830528

人民政府及其所属机构
县（区、市）
人民政府及其所属机构

天峨县人民政府
地址：天峨县六排镇城东路121号
……Tel:7822403

天峨县人口和计划生育局
地址：天峨县六排镇老街
……Tel:7827765

天峨县人民政府侨务办公室
地址：天峨县城东路
……Tel:7829683

天峨县人民政府调解处理土地山林水利纠纷办公室
地址：天峨县城东路
……Tel:7821949

天峨县人力资源和社会保障局
地址：天峨县六排镇
……Tel:7822423

天峨县卫生局
地址：天峨县六排镇新民街
……Tel:7822817

天峨县市场监督管理局
地址：天峨县六排镇老街
……Tel:7822707

天峨县公路局
地址：天峨县六排镇
……Tel:7822062
路政管理大队……Tel:7825014

天峨县水电局
地址：天峨县六排镇小河街
……Tel:7828092

天峨县水产局
地址：天峨县小河街
……Tel:7826697

天峨县水库移民工作管理局
地址：天峨县六排镇向阳路
……Tel:7828919

天峨县发展和改革局
地址：天峨县人民政府办公楼二楼
……Tel:7821779
……Tel:7826861
……Tel:7829098

天峨县外事接待办公室
地址：天峨县六排镇
……Tel:7826777

天峨县民政局
地址：天峨县六排镇大桥路45号
……Tel:7822426

天峨县民族事务办公室
地址：天峨县六排镇老街
……Tel:7827091

天峨县交通局
地址：城东路
……Tel:4827667

天峨县交通局路政大队
地址：天峨县六排镇老街
……Tel:7826551

天峨县农业农村局
地址：天峨县六排镇小河街
……Tel:7822302

天峨县农村经济经营管理局
地址：天峨县
……Tel:7830178

天峨县农村能源管理站
地址：天峨县老街
……Tel:7826377

天峨县地方税务局
地址：天峨县六排镇
……Tel:7823865

天峨县地方税务局六排分局
地址：天峨县塘英开发区
……Tel:7822541

天峨县地方税务局龙滩税务分局
地址：天峨县塘英
……Tel:7825559

天峨县地方税务局稽查局
地址：天峨县六排镇
……Tel:7821604

天峨县应急管理局
地址：天峨县老街
……Tel:7829711

天峨县机构编制委员会办公室
地址：天峨县
……Tel:7822425

天峨县老龄工作委员会办公室
地址：天峨县六排镇
……Tel:7822437

天峨县住房制度改革委员会办公室
地址：天峨县六排镇
……Tel:7822003

天峨县扶贫开发领导小组办公室
地址：天峨县
……Tel:7830557

天峨县库区移民开发局
地址：天峨县
……Tel:7826875

天峨县运输管理局
地址：天峨县
……Tel:7826731

天峨县财政局
地址：天峨县六排镇老街
……Tel:7822433

天峨县质量技术监督局
地址：天峨县六排镇老街98号
……Tel:7822563

天峨县建设局
地址：天峨县六排镇老街
……Tel:78286311

天峨县国土资源局
地址：天峨县塘英开发区
……Tel:7822430

天峨县国家税务局
地址：天峨县六排镇塘英开发区
……Tel:7822522

天峨县国家税务局六排分局
地址：天峨县
……Tel:7822523

天峨县国家税务局向阳分局
地址：天峨县
……Tel:7821064

天峨县审计局
地址：天峨县塘英开发区
……Tel:7822442

天峨县经济贸易局
地址：天峨县六排镇老街
……Tel:7822420

天峨县环境保护局
地址：天峨县六排镇小河街
……Tel:7822409

天峨县林业局
地址：天峨县六排镇老街
……Tel:7822626

天峨县物价局
地址：天峨县六排镇老街
……Tel:7830519

天峨县物价检查所
地址：天峨县六排镇老街
……Tel:7824441

天峨县物资局
地址：天峨县民族街

……Tel:7822331

天峨县统计局
地址：天峨县六排镇
……Tel:7822427

天峨县政务服务中心
地址：天峨县人民大礼堂2楼209室
……Tel:7832709

天峨县科学技术局
地址：天峨县
……Tel:7822364

天峨县食品药品监督管理分局
地址：天峨县六排镇民族街
……Tel:7826978

天峨县文化和文化和旅游局
地址：天峨县塘英开发区
……Tel:7828066

天峨县烟草专卖局
地址：天峨县塘英开发区
……Tel:7826660

天峨县教育局
地址：天峨县六排镇老街
……Tel:7822617

天峨县粮食局
地址：天峨县六排镇
……Tel:7822502

桂西农村综合发展项目办公室
地址：天峨县六排镇小河街
……Tel:7825095

凤山县（0778）

党政、国家机构及社会团体

中国共产党及其所属机构

县（区、市）党委及其所属机构

中国共产党凤山县委员会办公室
地址：凤山县委办公大楼3楼
……Tel:6812171

中国共产党凤山县直属机关委员会办公室
地址：凤山县凤城镇东棚开发区
……Tel:6812179

中国共产党凤山县委员会机要局
地址：凤山县凤城镇河东街
……Tel:6818552

中国共产党凤山县委员会老干部局
地址：西环路
……Tel:6812256

中国共产党凤山县委员会组织部
地址：凤山县县委办公大楼2楼
……Tel:6821262

中国共产党凤山县委员会统战部
地址：凤山县县委办公大楼
……Tel:6813672

中国共产党凤山县委员会党史研究室
地址：凤山县凤城镇
……Tel:6813177

人民政府及其所属机构

县（区、市）人民政府及其所属机构

凤山县人民政府
地址：凤山县凤城镇河东街
……Tel:6814136

凤山县人口和计划生育局
地址：凤山县中山路
……Tel:6816951

凤山县人民政府调解处理土地山林水利纠纷办公室
地址：凤阳街
……Tel:6814035

凤山县人力资源和和社会保障局
地址：凤山县政府新办公大楼
……Tel:6812399

凤山县卫生局
地址：凤山县那马新区卫生局办公楼
……Tel:6812225

凤山县市场监督管理局
地址：凤山县中山路
……Tel:6811116

凤山县公路局
地址：凤山县教育路
……Tel:6813003
路政管理大队……Tel:6814589

凤山县水库移民管理局
地址：凤山县凤城镇东环路
……Tel:6811348

凤山县水利局
地址：凤山县凤城镇
……Tel:6812293

凤山县发展和改革局
地址：凤山县那马新区35米大道旁
……Tel:6812169

凤山县民政局
地址：凤山县
……Tel:6812156

凤山县交通局
地址：凤山县凤城镇
……Tel:6813663

凤山县农业农村局
地址：凤山县凤阳路
……Tel:6812332

凤山县农村经济经营管理局
地址：凤山县东棚开发区
……Tel:6813710

凤山县地方税务局
地址：凤山县凤城镇
……Tel:6812487

凤山县地方税务局直属征收管理分局
地址：凤山县民安路
……Tel:6815348

凤山县地方税务局稽查局
地址：凤山县民安路
……Tel:6813870

凤山县行政服务中心
地址：那马开发区
……Tel:6818040

凤山县应急管理局
地址：凤山县凤城镇
……Tel:6817629

凤山县机关事务局
地址：凤山县县行政中心一楼
……Tel:6818932

凤山县机械编制委员会办公室
地址：凤山县凤城镇
……Tel:6812453

凤山县住房和城乡建设局
地址：凤城镇中山路
……Tel:6815311

凤山县住房资金管理分中心
地址：凤山县那马镇新政府办公中心4楼
……Tel:6812626

凤山县志编纂委员会办公室
地址：凤山县凤城镇河东街
……Tel:6813299

凤山县扶贫开发领导小组办公室
地址：凤山县县府大楼
……Tel:6818095

凤山县运输管理局
地址：凤山县民安路
……Tel:6812543

凤山县财政所
地址：凤山县凤山镇凤阳街
……Tel:6813152

凤山县社会主义新农村建设工作领导小组办公室
地址：凤山县县委办公大楼2F
……Tel:6813826

凤山县质量技术监督局
地址：凤山县三十五米大道
……Tel:6812219

凤山县招商局
地址：凤山县县府大楼
……Tel:6817505

凤山县国土资源局
地址：凤山县民安路
……Tel:6812223

凤山县国有企业改革与工业发展领导小组办公室
地址：凤山县河东街
……Tel:6814232

凤山县国家税务局
地址：凤山县东鹏路
……Tel:6812331

凤山县审计局
地址：凤山县那马新区
……Tel:6812180

凤山县经济贸易局
地址：凤山县凤城镇凤阳街
……Tel:6812103

凤山县环境保护局
地址：凤山县凤城镇东棚开发区
……Tel:6815557

凤山县林业局
地址：凤山县凤城镇
……Tel:6812221

凤山县物价局
地址：凤山县东棚开发区
……Tel:6812167

凤山县房改办
地址：凤山县行政办公中心四楼
……Tel:6818050

凤山县统计局
地址：凤山县县府大楼
……Tel:6812163

凤山县科学技术局
地址：凤山县凤城镇那马新区
……Tel:6814976

凤山县文化和文化和旅游局
地址：凤山县那马新区政府大楼2楼
……Tel:6814191

凤山县畜牧水产局
地址：凤山县凤城镇东棚开发区
……Tel:6812296

凤山县教育局
地址：凤山县河曲路
……Tel:6812159

凤山县粮食局
地址：凤山县凤阳街
……Tel:6812105

凤山镇建设局
地址：凤山县中山路
……Tel:6812143

中国西南扶贫世界银行贷款项目凤山县办公室
地址：朝阳大道
……Tel:6812731

河池市食品药品监督管理局凤山县分局
地址：凤山县凤城镇凤阳街
……Tel:6816412

桂西农村综合发展项目凤山力公室
地址：凤山县凤城镇凤阳街
……Tel:6814151

东兰县（0778）

党政、国家机构及社会团体

中国共产党及其所属机构

县（区、市）党委及其所属机构

中国共产党东兰县委员会
地址：东兰县
……Tel:6322232

中国共产党东兰县直属机关工作委员会
地址：东兰县
……Tel:6322406

中国共产党东兰县委员会机要局
地址：东兰县陵园路
……Tel:6322290

中国共产党东兰县委员会老干部局
地址：东兰县陵园街59号
局长办……Tel:6329687
办公室……Tel:6322604

中国共产党东兰县委员会组织部
地址：东兰县东兰镇陵园路
……Tel:6322833

中国共产党东兰县委员会统战部
地址：东兰县五峰路
……Tel:6322780

中国共产党东兰县委员会党史研究室
地址：东兰县陵园街
……Tel:6322068

东兰县国家保密局
地址：东兰县陵园路
……Tel:6322790

人民政府及其所属机构

县（区、市）人民政府及其所属机构

东兰县人民政府
地址：东兰县陵园街65号
值班室……Tel:6322320
……Tel:6326322
行政复议办……Tel:6328275

中国西南扶贫世界银行贷款项目东兰县办公室
地址：东院镇
……Tel:6321372

东兰公路局
地址：东兰县新城路182号
……Tel:6322806
养护股……Tel:6328771
路政管理大队……Tel:6323313

东兰县二轻局
地址：东兰县陵园街
……Tel:6322786

东兰县人民政府人口和计划生育局
地址：东兰县东兰镇陵园路
办公室……Tel:6322381
流管站办公室……Tel:6328627

东兰县人民政府水库工程移民安置局
地址：东兰县
……Tel:6321027

东兰县人民政府民政局
地址：东兰县东兰镇陵园街65号
……Tel:6322901

东兰县人民政府交通局
地址：东兰县五峰路
……Tel:6322879

东兰县人民政府农业农村局
地址：东兰县东兰镇第四开发区
……Tel:6329288

东兰县人民政府财政局
地址：东兰县曲汪路206号
……Tel:6326778

东兰县人民政府建设局
地址：东兰县五峰路141号
局办公室……Tel:6322294
施工管理股……Tel:6323320
房地产管理所……Tel:6322584
燃气管理办公室……Tel:6327959
行政许可服务中心……Tel:6326085

东兰县建设工程质量安全监督站
……Tel:6322165
东兰县建筑设计室……Tel:6322384

东兰县人民政府统计局
地址：东兰县陵园街65号
……Tel:6322909

东兰县人民政府科学技术局
地址：东兰县陵园街
……Tel:6322990

东兰县人民政府教育局
地址：东兰县虎头街
……Tel:6328837

东兰县人民政府粮食局
地址：东兰县曲江路
……Tel:6322623

东兰县人事劳动和社会保障局
地址：东兰县陵园路
……Tel:6322672

东兰县卫生局
地址：东兰县龙头街
……Tel:6322756

东兰县工业集中区管理委员会
新财政局八楼
地址：东兰县经济贸易局……Tel:6322460

东兰县工业集中区办公室
……Tel:6323337

东兰县市场监督管理局
地址：东兰县西园路
……Tel:6322540

东兰县市场监督管理局车辆管理所
地址：东兰县西园路
……Tel:6322286

东兰县少数民族语言文字工作办公室
地址：东兰县陵园路
……Tel:6322745

东兰县文化和体育局
地址：东兰县东兰镇
……Tel:6328177

东兰县水产畜牧局
地址：东兰县东兰镇
……Tel:6322543

东兰县水库人民工作管理局
地址：东兰县陵园街
……Tel:6322722

东兰县水利局
地址：东兰县曲江路1路
……Tel:6325492
……Tel:6322659

防汛抗旱指挥部办公室
……Tel:6327730

东兰县市政管理局
地址：东兰县
……Tel:6328862

东兰县发改局
地址：东兰县陵园街61号
……Tel:6322749

东兰县东兰镇城东社区居民委员会
地址：东兰县东兰镇
……Tel:6322361

东兰县外事办公室
地址：东兰县东兰镇陵园街
……Tel:6323505

东兰县民族事务委员会
地址：东兰县陵园路
……Tel:6322653

东兰县农机局
地址：东兰县
……Tel:6322136

东兰县地方志办公室
地址：东兰县
……Tel:6322210

东兰县地方税务局
地址：东兰县西园路21号
局长室……Tel:6326608
副局长室……Tel:6326528
……Tel:6328261
纪检组长室……Tel:6329688
办公室……Tel:6322007
人事教育股……Tel:6326975
监察室……Tel:6328262
征管股……Tel:6326015
税政股……Tel:6326970
计划财务股……Tel:6321980
值班室……Tel:6326971

东兰县地方税务局东院税务分局
地址：东兰县曲江路
……Tel:6322194

东兰县地方税务局稽查局
地址：东兰县西园路
……Tel:6324589

东兰县行政机关事业单位会计核算中心
地址：东兰县曲江路
……Tel:6329211

东兰县应急管理局
地址：东兰县陵园街
……Tel:6321440

东兰县机构编制委员会办公室
地址：东兰县东兰镇陵园街
……Tel:6322961

东兰县扶贫开发领导小组办公室
地址：东兰县陵园街59号
主任办公室……Tel:6321593
副主任办公室……Tel:6321793
综合股办公室……Tel:6322070

东兰县运输管理局
地址：东兰县东兰镇五峰路
……Tel:6322438

东兰县财政局
地址：东兰县财政局
……Tel:6327559

东兰县财政局稽查分局
地址：东兰县曲江路
……Tel:6322012

东兰县质量技术监督局
地址：东兰县第三开发区
……Tel:6322074

东兰县国土资源局
地址：东兰县陵园街
……Tel:6322916

东兰县国土资源局直属征收分局

地址：东兰县五峰路
……Tel:6321561

东兰县国家税务局
地址：东兰县东兰镇五峰路
办公室……Tel:6322860
值班室……Tel:6324997
办税服务厅……Tel:6323200
东院分局……Tel:6328366

税务违法案件举报电话
……Tel:966102

东兰县国家税务局直属征收分局
地址：东兰县五峰路
……Tel:6324928

东兰县国家税务局稽查局
地址：东兰县五峰路
……Tel:6323548

东兰县审计局
地址：东兰县五峰路
……Tel:6322101

东兰县经济贸易局
地址：东兰县财贸大厦
……Tel:6322352

东兰县环境保护局
地址：东兰县五峰路87号
……Tel:6322442

东兰县林业局
地址：东兰县五峰路三巷36号
办公室……Tel:6322715
防火办……Tel:6322052
林政办……Tel:6322304
营林股……Tel:6321384
能源站……Tel:6325821
财务室……Tel:6325822
山林纠纷调处股……Tel:6327436

东兰县物价局
地址：八角街2号
办公室……Tel:6322188
价格举报电话……Tel:6325244

东兰县退耕还林工程领导小组办公室
地址：东兰县五峰路
……Tel:6326977

东兰县政务服务中心
地址：新财政局一楼
……Tel:6328155

东兰县文化和文化和旅游局
地址：县政府大院内
……Tel:6329603

东兰县基础设施建设大会战指挥部办公室
地址：东兰县陵园路
……Tel:6320080

东兰县储备粮管理公司
地址：县粮食局办公楼
……Tel:6324877

东兰县新型农村合作医疗管理中心
地址：龙头街
……Tel:6325856

河池市食品药品监督管理局东兰县分局
地址：东兰县东兰镇曲江路40号
……Tel:6327735

罗城仫佬族自治县（0778）

党政、国家机构及社会团体

中国共产党及其所属机构

县（区、市）党委及其所属机构

中国共产党罗城仫佬族自治县委员会办公室
地址：罗城县朝阳路
办公室……Tel:8212171
传真……Tel:8225198

中国共产党罗城仫佬族自治县直属机关丁作委员会
地址：罗城县朝阳路
……Tel:8222288

中国共产党罗城仫佬族自治县委员会机要局
地址：罗城县解放路
……Tel:8212360

中国共产党罗城仫佬族自治县委员会老干部局
地址：罗城县解放路
……Tel:8212409

中国共产党罗城仫佬族自治县委员会组织部
地址：罗城县解放路
……Tel:8212170

中国共产党罗城仫佬族自治县委员会统战部
地址：罗城县朝阳路
……Tel:8212357

人民政府及其所属机构

县（区、市）人民政府及其所属机构

罗城仫佬族自治县人民政府
地址：罗城县朝阳路
第一秘书股……Tel:8212456
第二秘书股……Tel:8221336
传真……Tel:8218638

九万山自然保护区管理局罗城管理站
地址：罗城县火车站路
……Tel:8216665

中国西南扶贫世界银行代款项目罗城县办公室
地址：朝阳路
……Tel:8225762

河池市住房公积金管理中心罗城管理部
地址：人民政府大院
……Tel:8225191

罗城仫佬族自治县人民政府采购中心
地址：罗城县长春路
……Tel:8223188

罗城仫佬族自治县人民政府调解处理土地山林水利纠纷办公室
地址：罗城县朝阳路
……Tel:8212328

罗城仫佬族自治县水利局
地址：罗城县解放路
水利局防汛办公室……Tel:8224660
水利局防汛办……Tel:8212133
水利局局长室……Tel:8215148

罗城仫佬族自治县农业农村局
地址：罗城县朝阳路
……Tel:8212248

罗城仫佬族自治县县应急管理局
地址：罗城县朝阳路
……Tel:8219598

罗城仫佬族自治县财政局
地址：罗城县东门镇长春路26号
财政局办公室……Tel:8212151
会计核算中心……Tel:8225597

罗城仫佬族自治县建设局
地址：罗城县德山路
……Tel:8212178

罗城仫佬族自治县生态环境局
地址：朝阳路92号
……Tel:8212617

罗城仫佬族自治县林业局
地址：罗城县解放路89号
办公室……Tel:8212217
传真……Tel:8215929

罗城仫佬族自治县矿产品税费统一征收管理中心
地址：罗城县地税大厅
……Tel:8217178

罗城县人口和计划生育局
地址：罗城县解放路
……Tel:8222083

罗城县人事劳动和社会保障局
地址：罗城县朝阳路
……Tel:8212122

罗城县卫生局
地址：罗城县一平路
……Tel:8221017

罗城县市场监督管理局
地址：罗城县天宝路
……Tel:8212345

罗城县公路局
地址：罗城县一平路
……Tel:8212136
养护股……Tel:8216028
路政管理大队……Tel:8222537
……Tel:8217064

罗城县中小企业局
地址：罗城县朝阳路
……Tel:8212349

罗城县水电局
地址：解放路
……Tel:8212227

罗城县市政管理局
地址：罗城县朝阳路
……Tel:8225521

罗城县发展和改革局
地址：罗城县朝阳路
……Tel:8212195

罗城县民政局
地址：罗城县一平路
……Tel:8212339

罗城县民族事务局
地址：朝阳路
……Tel:8212340

罗城县交通局
地址：罗城县解放路
……Tel:8212117

罗城县农业区划办公室
地址：罗城县朝阳路
……Tel:8212455

罗城县农业产业结构调整办公室
地址：罗城县朝阳路
……Tel:8221533

罗城县地方税务局
地址：罗城县天宝路
……Tel:8211559

罗城县地方税务局直属征收管理分局
地址：罗城县天宝路
……Tel:8215190

罗城县地方税务局稽查分局
地址：罗城县天宝路
……Tel:8213107

罗城县行政复议办公室
地址：县府大院
……Tel:8218191

罗城县机关事务管理局
……Tel:8221877

罗城县机构编制委员会办公室
地址：罗城县朝阳路
……Tel:8212121

罗城县住房制度改革委员会办公室
地址：罗城县
……Tel:8215980

罗城县县志编纂委员会办公室
地址：罗城县解放路
……Tel:8212264

罗城县扶贫开发领导小组办公室
地址：罗城县朝阳路
……Tel:8216898

罗城县运输管理所
地址：环城路
……Tel:8212305

罗城县财政局稽查局
地址：罗城县长春路
……Tel:5212204

罗城县依法治县领导小组办公室
地址：罗城县朝阳路
……Tel:8221223

罗城县质量技术监督局
地址：罗城县一平路
……Tel:8212432

罗城县招商促进局
地址：罗城县解放路
……Tel:8212343

罗城县国土资源局
地址：罗城县西江路
……Tel:8212332

罗城县国有资产管理局
地址：长春路
……Tel:8217077

罗城县国家税务局
地址：罗城县东门镇解放路
办税大厅……Tel:8211330
办公室……Tel:8212573

罗城县国家税务局稽查局
地址：罗城县解放路
……Tel:8219671

罗城县审计局
地址：长春路
……Tel:8212398

罗城县经济贸易局
地址：罗城县朝阳路
……Tel:8222600

罗城县物价局
地址：罗城县朝阳路
……Tel:8212362

罗城县物资局
地址：罗城县一平路
……Tel:8212120

罗城县房产管理所
地址：朝阳路
……Tel:8215161

罗城县统计局
地址：罗城县朝阳路
……Tel:8212158

罗城县科学技术局
地址：罗城县解放路
……Tel:8212229

罗城县烟草专卖局
地址：罗城县朝阳路
……Tel:8216944

罗城县畜牧水产局
地址：罗城县朝阳路
……Tel:8212458

罗城县商业局
地址：解放路
……Tel:8212154

罗城县教育局
地址：罗城县东门镇解放路6号
办公室……Tel:8212314
招生办……Tel:8212284

罗城县粮食局
地址：罗城县解放路
……Tel:8216698

罗城矿务局
地址：罗城县东门镇
……Tel:8281566

罗城资金管理所
地址：罗城县
……Tel:8216590

环江毛南族自治县（0778）

党政、国家机构及社会团体

中国共产党及其所属机构

县（区、市）党委及其所属机构

中国共产党环江毛南族自治县委员会办公室
地址：环江县思恩镇
……Tel:8823996

中国共产党环江毛南族自治县企业丁作委员会
地址：环江县
……Tel:8821380

中国共产党环江毛南族自治县直属机关工作委员会
地址：环江县桥东路
……Tel:8821335

中国共产党环江毛南族自治县委员会机要局
地址：环江县桥东路
……Tel:8821349

中国共产党环江毛南族自治县委员会老干部局
地址：环江县新建路
……Tel:8821485

中国共产党环江毛南族自治县委员会组织部
地址：环江县桥东路
……Tel:8821284

中国共产党环江毛南族自治县委员会保密局
地址：环江县桥东路
……Tel:8821940

中国共产党环江毛南族自治县委员会统战部
地址：环江县桥东路
……Tel:8821344

中国共产党环江毛南族自治县委员会党史办公室
地址：环江县
……Tel:8826368

人民政府及其所属机构

县（区、市）人民政府及其所属机构

环江毛南族自治县人民政府
地址：环江县桥东路
……Tel:8821455

广西木论国家级自然保护区管理局
地址：环江县思恩镇新建东路
……Tel:8821626
……Tel:8986699

河池市食品药品监督管理局环江分局
地址：桥东路
……Tel:8825179

环江毛南族自治县少数民族语言文字工作局
地址：桥西路
……Tel:8870357

环江毛南族自治县应急管理局
地址：环江县新建路24号
……Tel:8829790

环江县二轻联社
地址：环江县桥东路
……Tel:8821297

环江县人事劳动和社会保障局
地址：环江县桥东路
……Tel:8825678

环江县卫生局
……Tel:8826838

环江县卫生监督所
地址：桥东路
……Tel:8829806

环江县市场监督管理局
地址：环江县桥东路
……Tel:8821353

环江县土地局地产公司
地址：思恩镇
……Tel:8821473

环江县土地储备交易管理中心
地址：环江县新建路
……Tel:8821921

环江县公路局
地址：环江县桥西路
……Tel:8871313
养护股……Tel:8871092
路政管理大队……Tel:8870496

环江县计划生育局
地址：环江县大安路
……Tel:8821486

环江县文化和体育局
地址：环江县桥东路
……Tel:8821342

环江县水利局
地址：环江县桥东路
……Tel:8821232

环江县发展和改革局
地址：环江县桥东路
……Tel:8820378

环江县外事办、文化和文化和旅游局
地址：环江县
……Tel:8821498

环江县民政局
地址：环江县桥东路
……Tel:8821253

环江县民族事务局
地址：环江县桥东路
……Tel:8820299

环江县交通局
地址：环江县大安路一巷
……Tel:8821287

环江县农业区划办公室
地址：环江县桥东路
……Tel:8822142

环江县农业农村局
地址：环江县桥东路
……Tel:8821491

环江县农业农村局中心推广站
地址：环江县
……Tel:8827400

环江县农机局
地址：环江县西一街
……Tel:8821256
环江县农村社会经济调查队
地址：环江县桥东路
……Tel:8822806
环江县农村经济管理局
地址：环江县思恩镇桥东路
……Tel:8821540
环江县地方税务局
地址：环江县新建路
……Tel:8823110
环江县地方税务局稽查局
地址：环江县思恩镇
……Tel:8827918
环江县行政事务管理局
地址：环江县桥东路
……Tel:8821215
环江县行政服务中心
地址：环江县桥东路
……Tel:8820228
环江县安监局
地址：新建路
……Tel:8826226
……Tel:8822599
环江县机构编制委员会办公室
地址：环江县桥东路
……Tel:8821205
环江县住房制度改革办公室
地址：环江县桥东路
……Tel:8821634
环江县县志编纂委员会办公室
地址：桥东路
……Tel:8821461
环江县运输管理局
地址：环江县大安路
……Tel:8828655
环江县财政局
地址：环江县桥东路
……Tel:8821261
环江县财政局预算股
地址：桥东路
……Tel:8820226
环江县质量技术监督局
地址：环江县大安路
……Tel:8821310
环江县建设局
地址：环江县思恩镇城北开发区
……Tel:8870242
环江县招商促进局
地址：环江县桥东路
……Tel:8821950
环江县武装部
……Tel:8821249
环江县国土资源局
地址：环江县新建路
……Tel:8821285
环江县国家税务局
地址：环江县桥东路
……Tel:8821201
环江县国家税务局稽查局
地址：环江县桥东路
……Tel:8822747
环江县审计局
地址：环江县
……Tel:8821337
环江县经济贸易局
地址：环江县桥东路
……Tel:8821299
环江县环境保护局
地址：环江县思恩镇开发区
……Tel:8871626
环江县林业局
地址：环江县思恩镇桥西路12号
办公室……Tel:8870260
局长室……Tel:8870706
书记室……Tel:8870603
营林站（退耕办）……Tel:8870250
林政办……Tel:8870182
防火办……Tel:8870407
能源办……Tel:8870503
处纠股……Tel:8871152
……Tel:8870090
种苗站……Tel:8870614
环江县物价局
地址：环江县桥东路
……Tel:8821400
环江县物价检查所
地址：环江县桥东路
……Tel:8829216
环江县统计局
地址：环江县桥东路
……Tel:8821302
环江县科学技术局
地址：环江县桥西路
……Tel:8872576
环江县调解处理土地山林水利纠纷办公室
地址：环江县桥东路
……Tel:8829759
环江县畜牧水产局
地址：环江县桥东路
……Tel:8827626
环江县教育局
地址：环东县桥东路
……Tel:8821237
环江县粮食局
地址：环江县桥东路
……Tel:8821243
环江县糖蔗发展指挥部
地址：迎宾路
……Tel:8827896

巴马瑶族自治县（0778）

党政、国家机构及社会团体

中国共产党及其所属机构

县（区、市）党委及其所属机构

中国共产党巴马瑶族自治县委员会
地址：巴马县新兴街
……Tel:6215556
中国共产党巴马瑶族自治县直属机关委员会
地址：巴马县
……Tel:6212347
中国共产党巴马瑶族自治县委员会机要局
地址：新建路
……Tel:6212060
中国共产党巴马瑶族自治县委员会老干部局
地址：巴马县政府办公楼10楼
……Tel:6214379
中国共产党巴马瑶族自治县委员会组织部
地址：巴马县新兴街
……Tel:6221327
中国共产党巴马瑶族自治县委员会统战部
地址：巴马县新兴街
……Tel:6221268
巴马县保密局
地址：巴马县巴马镇新兴路
……Tel:6211612
巴马瑶族自治县党史资料征集领导小组办公室
地址：巴马县新兴街
……Tel:6211143

人民政府及其所属机构

县（区、市）人民政府及其所属机构

巴马县人民政府接待办公室
地址：新建路
……Tel:6212717
广西电力设计院岩滩移民留问题处理规划设计代表处
地址：城东广场
……Tel:6271500
巴马县人力资源和社会保障局
地址：新建路
……Tel:6213806
办公室……Tel:6212137
人才交流服务中心……Tel:6219066
巴马县卫生局
地址：巴马县新兴街
……Tel:6212195
巴马县卫生监督所
地址：巴马县
……Tel:6211643
巴马县市场监督管理局
……Tel:6216356
巴马县乡镇企业管理局
地址：巴马县巴马镇新建路
……Tel:6220398
巴马县公共机构节能办公室
地址：新建路
……Tel:6220433
巴马县公路局
地址：巴马县
……Tel:6212271
养护股……Tel:6214041
路政管理大队……Tel:6214033
巴马县计划生育委员会
地址：巴马县
……Tel:6218417
巴马县水库移民工作管理局
地址：新建路
……Tel:6211565
巴马县水利电力局
地址：巴马县新建路
……Tel:6212024
巴马县民政局
地址：巴马县城东体育广场旁
……Tel:6212252
巴马县民族事务局
地址：巴马县新兴街
……Tel:6221028
巴马县交通局
地址：巴马县民族路
……Tel:6212054
巴马县交通局路政大队
地址：巴马县
……Tel:6221320
巴马县农业机械管理局
地址：民族路
……Tel:6212076
巴马县农村经济经营管理局
地址：巴马县
……Tel:6211385
巴马县地方税务局
地址：巴马县南环路7号
……Tel:6211252
巴马县地方税务局直属征收分局
地址：巴马县南环路
……Tel:6213665
巴马县应急管理局
地址：巴马县新兴街
……Tel:6218302
巴马县机关事务管理局
地址：巴马县新兴街
……Tel:6212116
巴马县机构编制委员会办公室
地址：巴马县巴马镇新兴街
……Tel:6212086
巴马县老龄问题委员会
地址：新建路
……Tel:6211142
巴马县县志编纂委员会办公室
地址：巴马县新兴街
……Tel:6218458
巴马县扶贫开发领导小组办公室巴马县
……Tel:6214133
巴马县旱地浇灌工程建设指挥部
地址：新兴街
……Tel:6215320
巴马县财政局
地址：巴马县寿乡大道
办公室……Tel:6212092
值班室……Tel:6217301
巴马县建设局
地址：巴马县寿乡大道
……Tel:6212151
巴马县武装部
……Tel:2420282
巴马县国土资源局
地址：巴马县寿乡大道
……Tel:6212483
巴马县国家税务局
地址：巴马县公园路74号
……Tel:6212033
巴马县国家税务局甲篆分局
地址：巴马县公园路
……Tel:6219805
巴马县国家税务局城关分局
地址：巴马县公园路
……Tel:6211047
巴马县国家税务局稽查分局
地址：巴马县
……Tel:6212403
巴马县审计局
地址：巴马县新兴街
……Tel:6212144
巴马县林业局
……Tel:6211371
巴马县统计局
地址：新建路368号
……Tel:6212755
巴马县科学技术局
地址：巴马县
……Tel:6212197
巴马县调解处理土地山林水利纠纷办公室
地址：巴马县
……Tel:6217997
巴马县畜牧水产局
地址：巴马县新建路
……Tel:6212172
巴马县商务局
地址：古城路
……Tel:6222353
巴马县商业行业办公室
地址：巴马县古城路
……Tel:6212021
巴马县教育局
地址：巴马县文化街
……Tel:6212023
巴马县移民安置局
地址：巴马县巴马镇新建路
……Tel:6212189
巴马县粮食局
地址：巴马县寿乡大道
……Tel.6221281
巴马瑶族自治县人口和计划生育局
地址：巴马县
……Tel:6218427
巴马瑶族自治县工商行政管理所
地址：巴马县文化街
……Tel:6212355
巴马瑶族自治县农业区划办公室
地址：巴马县
……Tel:6215091
巴马瑶族自治县住房公积金管理部
地址：寿乡大道
……Tel:6213322
巴马瑶族自治县住房制度改革委员会办公室
地址：巴马县新建路168号
……Tel:6212311
巴马瑶族自治县技术监督局
地址：巴马县新建路
……Tel:6212166
巴马瑶族自治县运输管理局
地址：巴马县民族路
……Tel:6212266
巴马瑶族自治县招商促进局
地址：巴马县
……Tel:6220828
巴马瑶族自治县环境保护局
地址：巴马县新兴街
……Tel:6212577
巴马瑶族自治县林业局
地址：巴马县寿乡大道
……Tel:6212079
巴马瑶族自治县物价局
……Tel:6213966
巴马瑶族自治县文化和文化和旅游局
办公室……Tel:6218152
局长室……Tel:6218521
河池市食品药品监督管理局巴马县分局
地址：巴马县城东小区
……Tel:6220667

都安瑶族自治县（0778）

党政、国家机构及社会团体

中国共产党及其所属机构

县（区、市）党委及其所属机构

中国共产党都安瑶族自治县委员会办公室
地址：县府行政办公6楼13号
……Tel:5212343
中国共产党都安瑶族自治县直属机关委员会办公室
地址：都安县安阳镇大桥街
……Tel:5212474
中国共产党都安瑶族自治县委员会机要局
地址：都安县安阳镇
……Tel:5215847
中国共产党都安瑶族自治县委员会老干部局
地址：都安县安阳镇
……Tel:5212199
中国共产党都安瑶族自治县委员会组织部
地址：安阳镇大桥路33号
……Tel:5212178
中国共产党都安瑶族自治县委员会统战部
地址：都安县安阳镇大桥路
……Tel:5212270
中国共产党都安瑶族自治县委员会党史办公室
地址：大桥街
……Tel:5215844

县（区、市）
人民政府及其所属机构

都安瑶族自治县人民政府
地址：都安县大桥路
……Tel:5212158
中英西南基础教育都安县项目办公室
地址：都安县
……Tel:5295019
中国西南扶贫世界银行贷款项目都安县办公室
地址：都安县安阳镇
……Tel:5212557
国家统计局都安调查队
地址：都安县屏中街26号
……Tel:5212449
队长室……Tel:5223399
河池市食品药品监督管理局都安瑶族自治县分局
地址：都安县镇安街
办公室……Tel:5225119
局长室……Tel:5223758
都安县二轻工业联社
地址：都安县迎晖街464号
……Tel:5212212
都安县人口和计划生育局
地址：都安县安阳镇大桥路27号
……Tel:5212317
都安县人事劳动和社会保障局
地址：都安县大桥路
……Tel:5224411
都安县卫生局
地址：都安县学荣街
……Tel:5226599
都安县市场监督管理局
地址：都安县安阳镇大桥路
……Tel:5212293
都安县市场监督管理局安阳分局
地址：都安县大桥路
……Tel:5214217
都安县公路局
地址：都安县安阳镇大桥路
……Tel:5212110
养护股……Tel:5220761

路政管理大队…………………Tel:5217193

都安县少数民族语言文字工作局
地址：瑶中小区
……………………………Tel:5216548

都安县文化市场综合执法大队
地址：屏山中路
……………………………Tel:5214971

都安县水电工程移民安置局
地址：都安县大桥街
……………………………Tel:5225161

都安县水产畜牧局
地址：都安县安阳镇新屏路
……………………………Tel:5212133

都安县水库移民管理局
地址：都安县安阳镇平山路1号
……………………………Tel:5212946

都安县水利电力局
地址：都安县
……………………………Tel:5219812

都安县水果生产办公室
地址：都安县大桥街33号县府大院内旧办公楼2楼
……………………………Tel:5212456

都安县发展和改革局
地址：都安县大桥路
……………………………Tel:5212359

都安县民政局
地址：部安县迎晖街461号
……………………………Tel:5212428

都安县民族事务局
地址：都安县安阳镇
……………………………Tel:5212651

都安县交通局
地址：都安县百才街
……………………………Tel:5212328

都安县农业区划规划办公室
地址：屏中街
……………………………Tel:5212292

都安县农业机械化管理中心
地址：都安县屏中街
……………………………Tel:5225330

都安县农业农村局
地址：都安县百才街
……………………………Tel:5212285

都安县农村合作基金联合会资产管理办公室
地址：都安县大桥路
……………………………Tel:5211588

都安县农村改水项目办公室
地址：安阳镇
……………………………Tel:5229578

都安县农村经济经营管理局
地址：都安县大桥路
……………………………Tel:5220107

都安县地方税务局
地址：都安县安阳镇地罗小区14排九号
……………………………Tel:5212325

都安县地方税务局直属征收分局
地址：部安县安阳镇地罗小区
……………………………Tel:5212296

都安县应急管理局
地址：都安县大桥路
……………………………Tel:5223910

都安县机构编制委员会
地址：行政服务中心
……………………………Tel:5228859

都安县县志编纂委员会办公室
地址：都安县大桥街
……………………………Tel:5213070

都安县扶贫开发领导小组办公室
地址：都安县源江路
……………………………Tel:5212268

都安县财政局
地址：都安县安阳镇大桥路
……………………………Tel:5212350

都安县财政局稽查分局
地址：都安县安阳镇
……………………………Tel:5223356

都安县依法治县办公室
地址：都安县司法局2楼
……………………………Tel:5220831

都安县质量技术监督局
地址：都安县民和街287号
……………………………Tel:5166180

都安县招商促进局
地址：都安县沿江路
……………………………Tel:5226558

都安县国土资源局
地址：都安县安阳镇地罗小区
……………………………Tel:5212439

都安县国土资源局地产公司
地址：屏中街
……………………………Tel:5225539

都安县国家税务局
地址：国税大院
……………………………Tel:5211256

都安县国家税务局稽查局
地址：都安县屏南街
……………………………Tel:5224926

都安县审计局
地址：都安县屏北路
……………………………Tel:5212266

都安县经济贸易局
地址：都安县大桥路
……………………………Tel:5212463

都安县环境保护局
地址：都安县安阳镇翠屏路
……………………………Tel:5219314

都安县林业局
地址：都安县安阳镇百才街
……………………………Tel:5219085

都安县物价局
地址：都安县大桥路
……………………………Tel:5220095

都安县物价检查所
地址：都安县大桥路
……………………………Tel:5217843

都安县房产管理局
地址：都安县安阳镇屏山南路
……………………………Tel:5222411

都安县房改办
地址：都安县大桥路33号
……………………………Tel:5226314

都安县矿产局
地址：都安县沿江路
……………………………Tel:5220577

都安县贸易行业管理办公室
地址：都安县民和街
……………………………Tel:5212261

都安县科学技术局
地址：都安县安阳镇
……………………………Tel:5220036

都安县调解处理土地山林水利纠纷办公室
地址：都安县屏南街
……………………………Tel:5218563

都安县教育局
地址：都安县屏中街
……………………………Tel:5212396

都安县精神文明建设委员会办公室
地址：行政办公中心
……………………………Tel:5226879

都安运输管理局
地址：都安县屏山南路
……………………………Tel:5220466

都安瑶族自治县企业局（纺织公司）
地址：都安县大桥街
……………………………Tel:5213937

都安瑶族自治县地方志办公室
地址：都安县大桥街
……………………………Tel:5213070

都安瑶族自治县统计局
地址：都安县安阳镇大桥街33号
……………………………Tel:5212246

都安瑶族自治县粮食局
地址：都安县安阳镇学荣街
……………………………Tel:5212353

大化瑶族自治县（0778）

党政、国家机构及社会团体

中国共产党及其所属机构

县（区、市）党委及其所属机构

中国共产党大化瑶族自治县委员会
地址：大化县新化东路
……………………………Tel:5825769

中国共产党大化瑶族自治县直属机关工作委员会
地址：大化县
……………………………Tel:5812282

中国共产党大化瑶族自治县委员会机要局
地址：大化县
……………………………Tel:5825515

中国共产党大化瑶族自治县委员会老干部局
地址：大化县新化路
……………………………Tel:5814029

中国共产党大化瑶族自治县委员会组织部
地址：大化县新化东路
……………………………Tel:5823689

中国共产党大化瑶族自治县委员会组织部科学发展观办公室
地址：民族广场
……………………………Tel:5829887

中国共产党大化瑶族自治县委员会保密局
地址：大化县
……………………………Tel:5812205

中国共产党大化瑶族自治县委员会统战部
地址：都安县安阳镇大桥路
……………………………Tel:5212270

中国共产党大化瑶族自治县委员会党史办公室
地址：红河北路
……………………………Tel:5812155

大化县保持共产党员先进性教育活动领导小组办公室
地址：大化县
……………………………Tel:5812651

人民政府及其所属机构

县（区、市）人民政府及其所属机构

大化瑶族自治县人民政府
地址：大化县新化东路
……………………………Tel:5826833

大化县人力劳动和社会保障局
地址：大化县新化东路
……………………………Tel:5812125

大化县人民政府政务服务中心
地址：大化县河北路167号
……………………………Tel:5827970

大化县人事劳动局失业保险所
地址：新民路
……………………………Tel:5815671

大化县卫生局
地址：大化县文昌西路
……………………………Tel:5812319

大化县卫生监督所
地址：新化东路
……………………………Tel:5829117

大化县市场监督管理局
地址：大化县新民路
……………………………Tel:5813748

大化县市场监督管理局
地址：新民路
……………………………Tel:5820199

大化县文物管理所
地址：文化广场
……………………………Tel:5829698

大化县水电工程移民安置局
地址：大化县红河北路116号
……………………………Tel:5812135

大化县水库移民局
地址：红河北路
……………………………Tel:5812091

大化县水利局
地址：大化县建丰北路东五巷
……………………………Tel:5812163

大化县台湾事务办公室
地址：县府大院
……………………………Tel:5826489

大化县发展和改革局
地址：大化县
……………………………Tel:5821114

大化县外事办
地址：大化县建丰北路1号
……………………………Tel:5813219

大化县外事接待办公室
地址：大化县建丰路
……………………………Tel:5828487

大化县民政局
地址：红河北路
……………………………Tel:5813614

大化县会计核算中心
地址：大化县文昌路
……………………………Tel:5827676

大化县农业区划委员会办公室
地址：巴马县新化东路
……………………………Tel:5813575

大化县农业农村局
地址：大化县文昌东路
……………………………Tel:58137&7

大化县农机局
地址：大化县红河北路原国税局旧楼
……………………………Tel:5825252

大化县农村能源办公室
地址：大化县新民路
……………………………Tel:5821777

大化县防汛抗旱指挥部办公室
地址：大化县建丰路
……………………………Tel:5813660

大化县地方税务局
地址：大化县红河北路
……………………………Tel:5813511

大化县地方税务局稽查局
地址：大化县红河北路
……………………………Tel:5812212

大化县应急管理局
地址：大化县
……………………………Tel:5827979

大化县机构编制委员会办公室
地址：大化县
……………………………Tel:5813915

大化县住房公积金管理中心
地址：红河北路
……………………………Tel:5818518

大化县县志编纂委员会办公室
地址：大化县新化东路
……………………………Tel:5819081

大化县扶贫开发领导小组办公室
地址：大化县建丰路
……………………………Tel:5824336

大化县财政局
地址：大化县新化西路
……………………………Tel:5813655

大化县侨务办公室
地址：大化县
……………………………Tel:5825359

大化县质量技术监督局
地址：大化县兴化路
……………………………Tel:5826082

大化县建设局
地址：大化县文昌东路
……………………………Tel:5812142

大化县建设局廉租住房办
地址：文昌东路
……………………………Tel:5822546

大化县招商促进局
地址：大化县兴化路
……………………………Tel:5828588

大化县国土资源局
地址：大化县建丰路
……………………………Tel:5824957

大化县国家税务局
地址：大化县大化镇红河北路167号
……………………………Tel:5812161

大化县国家税务局大化分局
地址：大化县红河路
……………………………Tel:5819868

大化县国家税务局稽查局
地址：大化县红河北路
……………………………Tel:5820336

大化县环境保护局
地址：大化县文昌西路
……………………………Tel:5814555

大化县林业局
地址：大化县新民路
……………………………Tel:5812126

大化县物价局
地址：大化县南石巷10号
……………………………Tel:5812210

大化县物价局检查所
地址：新化西路
……………………………Tel:5826819

大化县统计局
地址：大化县新化路
……………………………Tel:5812130

大化县科学技术局
地址：大化县文昌路
……………………………Tel:5814334

大化县文化和文化和旅游局
地址：大化县新化西路
……………………………Tel:5825971

大化县商业局
地址：财政局大院
……………………………Tel:5812153

大化县教育局
地址：大化县文昌东路
……………………………Tel:5816697

大化城郊扶贫开发区管理委员会办公室
地址：大化县建丰路
……………………………Tel:5813635

大化瑶族自治县人口和计划生育局
地址：大化县大化镇南红河南路45号
……………………………Tel:5806036

大化瑶族自治县人民政府调解处理土地山林水利纠纷办公室
地址：大化县文昌西路
……………………………Tel:5827499

大化瑶族自治县土地收购储备交易中心
地址：大化县大化镇文昌东路41号
……………………………Tel:5828775

大化瑶族自治县土地审理中心
地址：大化县文昌6路
……………………………Tel:5812279

大化瑶族自治县公路局
地址：大化县大化镇北西路
……………………………Tel:5812185
养护股……………………Tel:5812128

大化瑶族自治县水产畜牧局
地址：大化县新化路
……………………………Tel:5812225

大化瑶族自治县交通局
地址：大化县建丰路365号
……………………………Tel:5812172

大化瑶族自治县地方税务局
地址：大化县大化镇北红河北路
……………………………Tel:5813411

大化瑶族自治县机关事务管理局
地址：大化县大化镇北新化东路县府大院二楼
……………………………Tel:5812113

大化瑶族自治县住房制度改革办公室
地址：大化县
……………………………Tel:5813891

大化瑶族自治县运输管理局
地址：大化县文昌东路92号
……………………………Tel:5812515

大化瑶族自治县审计局
地址：大化县大化镇北文昌东路
……………………………Tel:5813613

大化瑶族自治县经济贸易局
地址：大化县大化镇北南石巷10号
……………………………Tel:5813720

大化瑶族自治县联合国扶贫项目综合管理办公室
地址：大化县文昌西路
……………………………Tel:5815297

广西水电工程局大化分局
地址：大化县红河北路
……………………………Tel:5828067

中国西南扶贫世界银行贷款项目大化县办公室

地址：大化县建丰路
……Tel:5813535

西南水运出海通道工程建设力公室
地址：新化西路
……Tel:5823290

河池市食品药品监督管理局大化县分局
地址：大化县文昌东路（自来水公司4楼）
……Tel:5826096

大化县宣传部
地址：金北路17号
……Tel:5812156

宜州市（0778）

党政、国家机构及社会团体

中国共产党及其所属机构

县（区、市）党委及其所属机构

中国共产党宜州市委员会办公室
地址：宜州区中山大道
秘书股……Tel:3188001
……Tel:3188355

中国共产党宜州市直属机关工作委员会
地址：宜州市县前街
……Tel:3212683

中国共产党宜州市委员会台湾工作办公室
地址：宜州市县前街
……Tel:3221938

中国共产党宜州市委员会机要局
地址：宜州市县前街
……Tel:3212123

中国共产党宜州市委员会组织部
地址：宜州市县前街
……Tel:3188219

宜州市委老干部局
地址：宜州市新市政大楼
……Tel:3188050

宜州市保持共产党员先进性教育活动领导小组办公室
地址：市行政服务中心
……Tel:3188221

宜州市统战部
地址：宜州市县前街
……Tel:3188265

市社会治安综合治理办公室
……Tel:3188193

人民政府及其所属机构

县（区、市）人民政府及其所属机构

宜州市人民政府
地址：行政大楼
……Tel:3188255

宜州市人口和计划生育局
地址：中山大道
……Tel:3211600

宜州市人民防空办公室
地址：宜州市公园东路
……Tel:3188017

宜州市人民政府办公室
……Tel:3188100

宜州市人民政府外事办公室
地址：宜州市
……Tel:3188023

宜州市人事局
地址：宜州市城中西路
……Tel:3212560

宜州市卫生局
地址：宜州市城中西路
办公室……Tel:3188120
传真……Tel:3188129
医政股……Tel:3188011

宜州市卫生监督所
地址：宜州市公园东路
……Tel:3146453

宜州市工业经济委员会
地址：中山大道
……Tel:3188087

宜州市市场监督管理局
地址：宜州市山谷路
……Tel:3212355

宜州市工商局
地址：行政大楼
……Tel:3221478

宜州市土地储备中心
地址：宜州市城西开发区山谷路
……Tel:3227056

宜州市公路局
地址：宜州市山谷路
……Tel:3212538

宜州市水产畜牧局
地址：宜州市城中西路
……Tel:3214296

宜州市水利局
地址：宜州市龙岗路
……Tel:3211560

宜州市水利局防汛办公室
地址：龙岗路
……Tel:3212131

宜州市市志编纂委员会办公室
地址：宜州市城中西路
……Tel:3212247

宜州市市政管理局
地址：香山路
……Tel:3188817

宜州市发展和改革局
地址：宜州市城中西路
……Tel:3212236

宜州市失业保险事业管理所
地址：宜州市公园西路
……Tel:3142480

宜州市外贸局
地址：城中西路
……Tel:3188371

宜州市民政局
地址：宜州市
……Tel:3188345

宜州市民族事务委员会
地址：宜州市庆远镇县前街
……Tel:3212710

宜州市交通局
地址：宜州市山谷路
……Tel:3227078

宜州市农业区划办公室
地址：宜州市城中西路
……Tel:3211145

宜州市农业产业结构调整办公室
地址：宜州市龙江路
……Tel:3141909

宜州市农业农村局
地址：宜州市龙江路
……Tel:3142642

宜州市农村社会经济调查队
地址：宜州市城中西路
……Tel:3188013

宜州市农村经济管理局
地址：宜州市城中西路
……Tel:3219679

宜州市地方志办公室
地址：宜州市新市政大楼
……Tel:3188172

宜州市地方税务局
地址：宜州市山谷路68-1号
办公室……Tel:3213601
……Tel:3213602
单位总机……Tel:3217933

宜州市地方税务局稽查局
地址：宜州市山谷路
……Tel:3218933

宜州市行政服务中心
地址：中山大道
……Tel:3188579

宜州市应急管理局办公室
地址：宜州市新市政大楼
……Tel:3188170

宜州市机关事务管理所
地址：城中西路
……Tel:3217731

宜州市机构编制委员会办公室
地址：宜州市城中西路
……Tel:3188090

宜州市住房制度改革委员会办公室
地址：宜州市城中西路
……Tel:3188112
……Tel:3188376

宜州市扶贫开发领导小组办公室
地址：宜州市城中西路
……Tel:3183418

宜州市运输管理所
地址：解放路
……Tel:3212437

宜州市财政局
地址：宜州市城中西路
……Tel:3188433

宜州市财政局会计管理所
地址：宜州市城中西路
……Tel:3215489

宜州市劳动和社会保障局
地址：宜州市城中西路
……Tel:3188033

宜州市劳动保险管理所
地址：市府院
……Tel:3143080

宜州市劳动就业服务中心
地址：公园西路
……Tel:3143968

宜州市质量技术监督局
地址：宜州市城中西路
……Tel:3212124

宜州市建设工程质量监督管理局
地址：宜州市
……Tel:3182606

宜州市建设局
地址：宜州市公园东路4号
……Tel:3146268
……Tel:3142161

宜州市招商促进局
地址：宜州市庆远镇中山大道市政中心2区121号
……Tel:3188373

宜州市国土资源局
地址：宜州市永丰路
……Tel:3182605

宜州市国家税务局
地址：宜州市冯京路
……Tel:3144179

宜州市国家税务局稽查分局
地址：宜州市冯金路
……Tel:3146169

宜州市审计局
地址：宜州市公园东路
……Tel:3142516

宜州市经济体制改革办
地址：城中西路
……Tel:3212521

宜州市经济贸易局
地址：宜州市新市政大楼二区4楼
……Tel:3188147

宜州市经济管理局
地址：城南中山大道
……Tel:3188995

宜州市环境保护局
地址：宜州市公园东路
……Tel:3142144

宜州市林业局
地址：宜州市城中西路
……Tel:3212362

宜州市物价局
地址：宜州市公园东路
……Tel:3143001

宜州市房地产管理局
地址：宜州市城中东路
……Tel:3188516

宜州市统计局
地址：宜州市城中西路
……Tel:3212510

宜州市科学技术局
地址：宜州市公园东路
……Tel:3142618

宜州市食品药品监督管理局宜州分局
地址：宜州市公园东路
……Tel:3147213

宜州市流浪乞讨人员救助管理站办公室
地址：公园东路
……Tel:3141016

宜州市文化和文化和旅游局
地址：宜州市龙江路
……Tel:3146918

宜州市教育局
地址：宜州市龙江路
……Tel:3188187

宜州市移民局
地址：宜州市城南中山大道
……Tel:3188101

宜州市粮食局
地址：宜州市城中西路
……Tel:3212666

宜州盐务管理局
地址：宜州市车江路
……Tel:3215094

宜州市气象局
地址：刘三姐大道
……Tel:3231281

来宾市（0772）

党政、国家机构及社会团体

中国共产党及其所属机构

市（地区、自治州）党委及其所属机构

中国共产党来宾市委员会办公室
地址：来宾市人民路一号
……Tel:4278003

中国共产党来宾市委员会讲师团
地址：行政中心
……Tel:4278229

中国共产党来宾市委员会老干部局
地址：友谊路
……Tel:2825946

中国共产党来宾市委员会组织部
地址：行政中心
……Tel:4278058

中国共产党来宾市委员会统战部
地址：人民路行政大楼
……Tel:4278083

中国共产党来宾市委员会政策研究室
地址：大桥路
……Tel:4292080

县（区、市）党委及其所属机构

中国共产党来宾市兴宾区委员会办公室
地址：前卫路
……Tel:4218997

中国共产党来宾市兴宾区直属机关工作委员会
地址：前卫路
……Tel:4212470

中国共产党来宾市兴宾区委员会老干部局
地址：前卫路
……Tel:4212689

中国共产党来宾市兴宾区委员会
地址：组织部前卫路
……Tel:4228555

中国共产党来宾市兴宾区委员会统战部
地址：前卫路
……Tel:4212121

中国共产党来宾市兴宾区委员会党史办公室
地址：前卫路
……Tel:4213777

中国共产党来宾市兴宾区档案局
地址：前卫路13号
……Tel:4212165

人民政府及其所属机构

市（地区、自治州）人民政府及其所属机构

来宾市人民政府
地址：凤凰镇
……Tel:4812077

广西壮族自治区来宾市烟草专卖局
广西壮族自治区烟草公司来宾市公司
地址：广西来宾市维林大道办证审批中心旁
……Tel:4228861
投诉电话……Tel:4222177

来宾市人口和计划生育局
地址：城东街
……Tel:4212369

来宾市人口和计划生育委员会
地址：柳来路
……Tel:4233382

来宾市人事局
地址：迎宾路228号
考试中心……Tel:4271588
办公室……Tel:4275153

来宾市卫生局
地址：来宾市人民路1号工楼二楼
……Tel:4292296

来宾市市场监督管理局
地址：柳来路
……Tel:6699913

来宾市水产畜牧兽医局
地址：来宾市人民路1号
……Tel:4233223

来宾市水利局
地址：柳来路
……Tel:4233032

来宾市发展和改革委员会
地址：来宾市人民路1号四楼后楼
……Tel:4278788

来宾市外事侨务办公室
地址：行政中心大楼
……Tel:4228737

来宾市民政局
地址：来宾市人民路1号行政中心主楼一楼后楼
……Tel:4293607

来宾市民族事务委员会
地址：来宾市人民路1号
……Tel:4278712

来宾市交通局
地址：柳来路
……Tel:4233379

来宾市农机局
地址：行政中心大楼
……Tel:4228636

来宾市农村基层组织建设领导小组办公室
地址：来宾市行政中心
……Tel:4278721

来宾市防汛抗旱指挥部
地址：柳来路
……Tel:4232076

来宾市地方税务局
地址：来宾市维林大道
……Tel:4236111

来宾市地方税务局八一地税分局
地址：八一矿区
……Tel:4811299

来宾市地方税务局凤凰税务分局
地址：八一矿区
……Tel:4812055

来宾市地方税务局兴宾分局
地址：北二路
……Tel:4214075

来宾市地方税务局直属税务分局
地址：北二路
……Tel:4221665

来宾市地方税务局稽查局
地址：柳来路
……Tel:4214931

来宾市应急管理局办公室
地址：来宾市人民路一号
……Tel:42752211

来宾市机关事务管理局
地址：人民路
保卫科……Tel:4236332
传真……Tel:4221869

来宾市机构编制委员会办公室
地址：北四路
……Tel:4228233

来宾市老龄工作委员会办公室
地址：大桥路
……Tel:4292151

来宾市住房公积金管理中心
地址：前卫路
……Tel:4220102

来宾市体育局

地址：行政中心大楼
……Tel:4233462

来宾市财政局
地址：北二路
……Tel:4233376

来宾市劳动和社会保障局办公室
地址：柳来路243号
……Tel:4233252

来宾市质量技术监督局办公室
地址：中南路305号
……Tel:4238038
……Tel:4238035

来宾市建设工程招标投标办公室
地址：北二路
……Tel:4217789

来宾市建设与规划委员会
地址：北二路
……Tel:4233355

来宾市建设局
地址：合山路
纪检组长办公室……Tel:4223700
财务室……Tel:4219500
办公室……Tel:4225600

来宾市建设规划委员会
地址：北二路
……Tel:4233189

来宾市招商促进局
地址：维林大道
……Tel:4273355

来宾市国土资源局
地址：大桥路144号
……Tel:4282692

来宾市国家税务局
地址：人民路1号
……Tel:4290298

来宾市审计局
地址：前卫路
……Tel:4215305

来宾市环境保护局
地址：来宾市人民路1号
……Tel:4278670

来宾市林业局
地址：河西文化路56号
……Tel:4292108

来宾市物价局
地址：来宾市麒麟路
……Tel:4218131

来宾市统计局
地址：人民路1号行政中心大楼
……Tel:6686806

来宾市政服务中心
地址：维林大道419号
……Tel:4272737

来宾市食品药品监督管理局
地址：北二路
……Tel:4225268

来宾市文化和文化和旅游局
地址：行政中心
……Tel:4221490

来宾市商务局
地址：行政中心大楼
……Tel:4272700

来宾市接待办公室
地址：行政中心大楼
……Tel:4278795

来宾市教育局
地址：来宾市人民路1号行政中心五楼后楼
……Tel:4236002
……Tel:4228338
基础教育科……Tel:4228096
职成科……Tel:4228326
人事师范科……Tel:4228526
监察室……Tel:4228238
招生考试院……Tel:4228279

来宾市救灾服务中心
地址：行政中心大楼
……Tel:4283237

来宾市粮食局
地址：维林新城一巷
……Tel:4272867

来宾市精神文明建设委员会办公室
地址：人民路
……Tel:4278219

来宾扶贫开发领导小组办公室
地址：新兴北路
……Tel:4272787

来宾盐务管理局
地址：中南路
……Tel:4212835

来宾港航管理处
地址：人民路交通局大楼
……Tel:4227208

国家统计局来宾调查队
地址：兴宾区
……Tel:4212068

县（区、市）
人民政府及其所属机构

兴宾区人民政府
地址：前卫路
……Tel:4212766

兴宾区人口和计划生育局
地址：合山路
……Tel:4214076

兴宾区人事局
地址：前卫路
……Tel:4212287
……Tel:4222376

兴宾区卫生局
地址：柳来路
……Tel:4212231

兴宾区乡镇规划建设管理办公室
地址：合山路
……Tel:4210568

兴宾区水产畜牧局
地址：北二路
……Tel:4212635

兴宾区水利局
地址：柳来路
……Tel:4215107

兴宾区发展和改革局
地址：前卫路
……Tel:4212381

兴宾区民政局
地址：前卫路
……Tel:4212176

兴宾区交通局
地址：柳来路
……Tel:4236755

兴宾区交通局路政大队
地址：柳来路
……Tel:4220330

兴宾区农业农村局
地址：北二路
……Tel:4212179

兴宾区农业普查领导小组办公室
地址：柳来路
……Tel:4214847

兴宾区地方志编纂委员会办公室
地址：前卫路
……Tel:4212214

兴宾区地方税务局
地址：中南路
……Tel:4226286

兴宾区机关后勤服务中心
地址：前卫路
……Tel:4223437

兴宾区机关事务管理局
地址：前卫路
……Tel:4212276

兴宾区机构编制委员会办公室
地址：前卫路
……Tel:4212490

兴宾区体育事业局
地址：北二路
……Tel:4212131

兴宾区扶贫开发领导小组办公室
地址：前卫路
……Tel:4226289

兴宾区财政局
地址：柳采路9号
……Tel:4233253

兴宾区劳动和社会保障局
地址：前卫路
……Tel:4212684

兴宾区招促进局
地址：前卫路13号
……Tel:4213571

兴宾区国家税务局
地址：大桥路
……Tel:4283959

兴宾区审计局
地址：北二路
……Tel:4221732

兴宾区经济贸易局
地址：合山路
……Tel:4212498

兴宾区林业局
地址：文化路56号
秘书股……Tel:4287896
森林指挥部办公室……Tel:4287885
林政办……Tel:4288337
农村能源办公室……Tel:4288338

兴宾区统计局
地址：前卫路
……Tel:4212532

兴宾区科学技术局
……Tel:4212320

兴宾区教育局
地址：北二路
……Tel:4212208

兴宾区粮食局
地址：中南路15号
……Tel:4212965

来宾市地方税务局兴宾区小平阳地税分局
地址：小平阳镇
……Tel:4192002

城区烟草专卖局
地址：来宾市兴宾区东南三路44号
……Tel:4253753

忻城县（0772）

党政、国家机构及社会团体
中国共产党及其所属机构
县（区、市）党委及其所属机构

中国共产党忻城县委员会
地址：忻城县芝州一路7号县委新办公楼二层
……Tel:5512001

中国共产党忻城县委员会组织部
地址：忻城县芝州一路
……Tel:5512701

中国共产党忻城县委员会统战部
地址：忻城县芝州一路7号县委旧办公楼
……Tel:5512010

中共产党忻城县委员会党史办公室
地址：忻城县芝州一路7号县府办公楼
……Tel:5512014

忻城县档案局
地址：忻城县芝州一路
……Tel:5512703

忻城县深入学习实践科学发展观活动领导小组办公室
地址：忻城县芝州一路
办公室……Tel:5518608
……Tel:5516552

人民政府及其所属机构
县（区、市）
人民政府及其所属机构

忻城县人民政府
地址：忻城县芝州一路7号县府办公楼五层
……Tel:5512679

忻城县人口和计划生育局
地址：忻城县芝州二路
……Tel:5511200

忻城县人事局
地址：忻城县芝州一路
……Tel:5512114

忻城县卫生局
地址：忻城县鞍山路
……Tel:5511030
……Tel:5511809

忻城县市场监督管理局
地址：忻城县芝州二路
……Tel:5516315

忻城县公路管理局
地址：忻城县鞍山路
……Tel:5511635

忻城县文化和体育局
地址：忻城县芝州二路
……Tel:5511024

忻城县水利局
地址：忻城县古学路
……Tel:5511560

忻城县发展和改革局
地址：忻城县芝州一路
……Tel:5512113

忻城县民政局
地址：忻城县翠屏西路婚姻登记所
……Tel:5512131

忻城县民族事务局
地址：忻城县芝州一路
……Tel:5512047

忻城县交通局
地址：忻城县芝州一路15号
……Tel:5511707

忻城县农业农村局
地址：忻城县芝州一路
……Tel:5511446

忻城县防汛抗洪指挥部办公室
地址：忻城县古学路
……Tel:5511561

忻城县地方税务局
地址：忻城县鞍山路
……Tel:5511736

忻城县地方税务局稽查局
地址：忻城县鞍山路
……Tel:5511331

忻城县地震办公室
地址：忻城县城中路科技局6号
……Tel:5516154

忻城县应急管理局
地址：忻城县芝州一路
……Tel:5512121

忻城县机关后勤服务中心
地址：忻城芝州一路县府大院三栋
……Tel:5516433

忻城县县志编纂委员会办公室
地址：忻城县芝州一路
……Tel:5516072

忻城县扶贫开发领导小组办公室
地址：忻城县芝州一路
……Tel:5512123

忻城县财政局
地址：忻城县芝州一路
……Tel:5511232

忻城县劳动和社会保障局
地址：忻城县芝州一路
……Tel:5512115

忻城县质量技术监督局
地址：忻城县翠屏西路
……Tel:5512511

忻城县建设局
地址：忻城县芝州一路
……Tel:5512353

忻城县国土资源局
地址：忻城县芝州二路土地管理局
……Tel:5512125

忻城县国家税务局
地址：忻城县芝州一路18号
……Tel:5511720

忻城县国家税务局稽查局
地址：忻城县芝州一路
……Tel:5518625

忻城县审计局
地址：忻城县城中路
……Tel:5511230

忻城县经济贸易局
地址：忻城县芝州一路7号县府办公楼四层
……Tel:5512132

忻城县环境保护局
地址：忻城县城中中路
……Tel:5511210

忻城县林业局
地址：翠屏北路
……Tel:5511454

忻城县物价局
地址：忻城县芝州一路
……Tel:5512133

忻城县物价检查所
地址：忻城县芝州一路
……Tel:5512150

忻城县房改办公室
地址：忻城县芝州一路
……Tel:5512312

忻城县统计局
地址：忻城县芝州一路
……Tel:5512116

忻城县科学技术局
地址：忻城县榕湖路
……Tel:5511703

忻城县文化和文化和旅游局
地址：芝州一路县府大院内
……Tel:5511557

忻城县烟草专卖局
地址：忻城县芝州二路93号
……Tel:5518672

忻城县教育和科技局
地址：忻城县芝州二路教育局
……Tel:5511026

忻城县粮食局
地址：忻城县芝州二路88号
……Tel:5512626

忻城县澳援项目办公室
地址：忻城县翠屏北路
……Tel:5518592

国家统计局忻城调查队
地址：忻城县芝州一路
……Tel:5512124

象州县（0772）

党政、国家机构及社会团体
中国共产党及其所属机构
县（区、市）党委及其所属机构

中国共产党象州县委员会
地址：象州县光明路
……Tel:4361967
……Tel:4361933

中国共产党象州县直属机关工作委员会
地址：象州县光明路
……Tel:4362326

中国共产党象州县委员会老干部局
地址：象州县光明路
……Tel:4362415

中国共产党象州县委员会组织部
地址：象州县光明路
……Tel:4362294

中国共产党象州县委员会统战部
地址：象州县光明路
……Tel:4364502

人民政府及其所属机构
县（区、市）
人民政府及其所属机构

象州县人民政府
地址：象州县温泉大道
……Tel:4362215

中国统计局象州调查队
地址：象州县温泉大道
……Tel:4368511
办公室……Tel:4362327

来宾市住房公积金管理中心象州管理部
地址：象州朝南路5号
……Tel:4363885

来宾市食品药品监督管理局象州县分局
地址：象州县光明路
……Tel:4369506

象山县物价局
地址：象州县温泉大道
……Tel:4362329

象州公路管理局
地址：象州县温泉大道
……Tel:4362258

象州县二轻工业联社

地址：象州县建新路刘家巷
……Tel:4362301

象州县人口和计划生育局
地址：象州县外环路
……Tel:4362342

象州县人事局
地址：象州县光明路
……Tel:4362395

象州县卫生局
地址：象州县朝阳路
……Tel:4362017

象州县市场监督管理局
地址：象州县建新路
……Tel:4362213

象州县土地开发整理服务中心
地址：象州县光明路
……Tel:4362734

象州县土地交易所
地址：象州县象桐路
……Tel:4369519

象州县文化和体育局
地址：象州县温泉大道
……Tel:4362243

象州县水产畜牧兽医局
地址：象州县金象路
……Tel:4362216

象州县水利局
地址：象州县光明路31号
……Tel:4362289

象州县水果生产领导小组办公室
地址：象州县象桐路
……Tel:4362376

象州县发展和改革局
地址：新象路
……Tel:4363916

象州县民政局
地址：象州县象桐路
……Tel:4362273

象州县交通局
地址：象州县莲城路68号
……Tel:4362308

象州县农业农村局
地址：象州县温泉大道
……Tel:4362210

象州县防汛抗洪指挥部
地址：象州县光明路
……Tel:4362443

象州县地方志编纂委员会办公室
地址：象州县朝阳路
……Tel:4362405

象州县地方税务局
地址：花山大道
……Tel:4362768
……Tel:4365999
象州分局……Tel:4368488
直属分局……Tel:4363727
罗秀分局……Tel:4368519
办税中心……Tel:4360355
稽查局……Tel:4360633

象州县地方税务局稽查局
地址：象州县金象路
……Tel:4365996

象州县应急管理局
地址：象州县象江路
……Tel:4362352

象州县机构编制委员会办公室
地址：象州县光明路
……Tel:4361471

象州县住房制度改革委员会力公室
地址：象州县温泉大道
……Tel:4362806

象州县扶贫开发领导小组办公室
地址：象州县朝南路西四巷
……Tel:4362363

象州县财政局
地址：金象路
……Tel:4369606

象州县劳动和社会保障局
地址：象州县温泉大道68号
……Tel:4362251
……Tel:4365861

象州县质量技术监督局
地址：象州县象桐路
……Tel:4362369

象州县建设局
地址：象州县银象路
办公室……Tel:4362195
……Tel:4366766

象州县国土资源局
地址：象州县光明路187号
……Tel:4362323
地籍股……Tel:4367958
规划与利用股……Tel:4360005
矿管股……Tel:4363473
耕保股……Tel:4362141
执法监察股……Tel:4363023
纠纷调处股……Tel:4363675
执法大队……Tel:4361440

象州县国家税务局
地址：象州县温泉大道
……Tel:4362331

象州县国家税务局城镇分局
地址：象州县温泉路
……Tel:4362102

象州县审计局
地址：象州县建新路
……Tel:4362247

象州县经济贸易局
地址：象州县温泉大道
……Tel:4362439

象州县环境保护局
地址：象州县光明路九巷
……Tel:4362404

象州县林业局
地址：象州县平安大道
……Tel:4362021
……Tel:4360818

象州县物价检查所
地址：象州县建新路
……Tel:4361593

象州县统计局
地址：象州县温泉大道
……Tel:4362140

象州县科学技术局
地址：象州县平安大道
……Tel:4362319

象州县食品卫生监督所
地址：北山路
……Tel:4367517

象州县文化和文化和旅游局
地址：象州县温泉大道
……Tel:4362818

象州县烟草专卖局
地址：象州县象州镇文明路19号
……Tel:4367812

象州县教育局
地址：象州县温泉大道
……Tel:4362337

象卅1县粮食局
地址：象州县象江路
……Tel:4360143

武宣县（0772）

党政、国家机构及社会团体

中国共产党及其所属机构

县（区、市）党委及其所属机构

中国共产党武宣县委员会办公室
地址：武宣县城东路9号
……Tel:5212291
传真……Tel:5218630

中国共产党武宣县直属机关工作委员会
地址：武宣县城东路
……Tel:5212282

中国共产党武宣县委员会武宣县人民政府接待办公室
地址：武宣县城东路
……Tel:5226271

中国共产党武宣县委员会组织部
地址：武宣县城东路9号
……Tel:5212399
基层办……Tel:5218672
流动党员咨询……Tel:5226647

武宣县保持共产党员先进性教育活动办公室
地址：武宣县城东路
……Tel:5213547

人民政府及其所属机构

县（区、市）人民政府及其所属机构

武宣县人民政府
地址：武宣县城东路9号
办公室……Tel:5212281
传真……Tel:5215667

来宾市住房公积金管理中心武宣县管理部
地址：武宣县高立路
……Tel:5217041

来宾市食品药品监督管理局武宣县分局
地址：武宣县城南路
……Tel:5225487

武宣公路局
地址：武宣县城北路
……Tel:5212473

武宣县人口和计划生育局
地址：武宣县城南路9号
……Tel:5211105
办公室……Tel:5225458

武宣县人事局
地址：武宣县城东路
……Tel:5226335

武宣县卫生局
地址：仙密路
……Tel:5213378

武宣县市场监督管理局
地址：武宣县城北路137号
……Tel:5212433

武宣县市场监督管理局生产资料生产要素市场管理分局
地址：武宣县鞍山路
……Tel:5218822

武宣县土地交易所
地址：武宣县城北路
……Tel:5215828

武宣县土地储备中心
地址：武宣县鞍山路
……Tel:5217378

武宣县公证处
地址：武宣县城中路7号
……Tel:5212007

武宣县文化和体育局
地址：武宣县城北路
……Tel:5212419

武宣县水产畜牧兽医局
地址：武宣县城北路232号
……Tel:5212451

武宣县水利局
地址：武宣县水电路
……Tel:5292400

武宣县发展和改革局
地址：武宣县城东路
……Tel:5212226

武宣县民政局
地址：武宣县城东路23号
……Tel:5211019

武宣县民族事务局
地址：武宣县县府大楼内
……Tel:5212819

武宣县民族经济发展资金管理所
地址：武宣县城东路
……Tel:5211613

武宣县交通局
地址：武宣县城北路110号
……Tel:5212484

武宣县农业区划委员会办公室
地址：武宣县城东路
……Tel:5212831

武宣县农业机械化管理局
地址：武宣县仙蚕路
办公室……Tel:5292645
副局长室……Tel:5292200
局长室……Tel:5291673

武宣县农业农村局
地址：武宣县城北路52号
……Tel:5212336

武宣县防洪抗旱指挥办公室
地址：武宣县水电路
……Tel:5291800

武宣县地方税务局
地址：武宣县城北路
办公室……Tel:5212060
服务厅……Tel:5213242
人教股……Tel:5215187

武宣县地方税务局稽查局
地址：武宣县城北路351-1号
……Tel:5212029

武宣县应急管理局
地址：武宣县城东路9号
……Tel:5215909
……Tel:5215808

武宣县机构编制委员会办公室
地址：武宣县城东路
……Tel:5226310

武宣县扶贫开发领导小组办公室
地址：武宣县城东路
……Tel:5212939

武宣县财政局
地址：武宣县武宣镇城东路5号
……Tel:5212279

武宣县财政所
地址：武宣县城黔路
……Tel:5212561

武宣县劳动和社会保障局
地址：武宣县城东路
……Tel:5212434

武宣县质量技术监督局
地址：武宣县城北路西三巷
……Tel:5212512

武宣县事业单位登记管理局
地址：武宣县城东路
……Tel:5226310

武宣县建设局
地址：武宣县城北路230号
……Tel:5212396

武宣县国土资源局
地址：武宣县城北路
……Tel:5212489

武宣县国家税务局
地址：武宣县鞍山路
……Tel:5212140

武宣县国家税务局三里分局
地址：武宣县三里镇
……Tel:5473618

武宣县国家税务局稽查局
地址：武宣县鞍山路
……Tel:5212582

武宣县审计局
地址：武宣县城东路7号
……Tel:5212432

武宣县经济贸易局
地址：武宣县城东路
……Tel:5212505

武宣县环境保护局
地址：武宣县头窝十八米街
……Tel:5291084

武宣县林业局
地址：武宣县城中路
……Tel:5225996

武宣县物价局
地址：武宣县鞍山路
……Tel:5212320

武宣县统计局
地址：武宣县城东路
……Tel:5212416

武宣县调解处理土地山林水利纠纷办公室
地址：式宣县城东路
……Tel:5212637

武宣县教育和科技局
地址：武宣县武宣镇城东路
办公室……Tel:5212298
督导办公室……Tel:5213483
改善办……Tel:5225254

武宣县粮食局
地址：武宣县东街
……Tel:5212110

柳州航道管理局武宣分局
地址：武宣县城北路
局长办……Tel:5226317
副局长办……Tel:5291050

金秀瑶族自治县（0772）

党政、国家机构及社会团体

中国共产党及其所属机构

县（区、市）党委及其所属机构

中国共产党金秀瑶族自治县委员会
地址：金秀县功德路37号
……Tel:6212408

中国共产党金秀瑶族自治县直属工作委员会
地址：金秀县功德路
……Tel:6212287

中国共产党金秀瑶族自治县委员会老干部局
地址：金秀县功德路
……Tel:6212790

中国共产党金秀瑶族自治县委员会组织部
地址：金秀县功德路37号
……Tel:6212127

中国共产党金秀瑶族自治县委员会统战部
地址：金秀县功德路37号
办公室……Tel:6212748
传真……Tel:6212319

金秀瑶族自治县档案局（馆）
地址：金秀县功德路37号
……Tel:6212371

人民政府及其所属机构

县（区、市）人民政府及其所属机构

金秀县人民政府
地址：金秀县功德路37号
……Tel:6212121

广西大瑶山国家级自然保护区管理局
地址：金秀县金秀镇夏园小区
……Tel:6213039

来宾市住房公积金管理中心金秀县管理部
地址：金秀县平安路
……Tel:6212380

来宾市食品药品监督管理局金秀县分局
地址：金秀县公园路7号
……Tel:6213827

金秀县人口和计划生育局
地址：金秀县荣兴路
……Tel:6212151

金秀县人事劳动和社会保障局
地址：金秀镇夏园小区
办公室……Tel:6212682
人才交流服务中心……Tel:6212853

金秀县卫生局
地址：金秀县功德路15号
……Tel:6212169

金秀县市场监督管理局
地址：金秀县荣兴路19号
……Tel:6212323

金秀县计划生育办公室
地址：金秀县金秀镇
……Tel:6212595

金秀县文化和体育局
地址：金秀县金秀镇功德路37号
……Tel:6212137

金秀县水产畜牧局
地址：金秀县解放路
……Tel:6218562

金秀县水利局
地址：金秀县大寨垌
……Tel:6213008

金秀县发展和改革局
地址：金秀县功德路37号
……Tel:6216892

金秀县史志办公室
地址：金秀镇功德路37号
……Tel:6215436

金秀县民族事务局
地址：金秀县民乐路19号

…………Tel:6212605
金秀县交通局
地址：金秀县平安路
…………Tel:6212315
金秀县农业区划委员会办公室
地址：金秀县解放路
…………Tel:6212126
金秀县农业农村局
地址：金秀县解放路167号
…………Tel:6212167
金秀县地方税务局
地址：金秀县荣兴路21号
办公室…………Tel:6212505
金秀县地方税务局稽查局
…………Tel:6215136
税政股…………Tel:6216595
金秀分局…………Tel:6218263
桐木分局…………Tel:6351946
金秀县地方税务局稽查局
地址：金秀县荣兴路
…………Tel:6215136
金秀县应急管理局
地址：金秀镇解放路60号
…………Tel:6218321
金秀县机构编制委员会办公室
地址：金秀县功德路
…………Tel:6212387
金秀县扶贫开发领导小组办公室
地址：金秀县金秀镇平安路44号
办公室…………Tel:6215558
…………Tel:6215568
…………Tel:6218626
金秀县财政局
地址：金秀镇解放路126号
办公室…………Tel:6212296
预算股…………Tel:6213319
综合股…………Tel:6213201
会计管理段…………Tel:6212113
国库集中支付中心…………Tel:6218766
工资统发中心…………Tel:6218367
农业股…………Tel:6212153
金秀县社会劳动保险事业管理
地址：金秀县平安路40号
…………Tel:6212346
金秀县质量技术监督局
地址：全秀县功德路3号
…………Tel:6212207
金秀县建设局
地址：金秀县民安路
…………Tel:6212382
金秀县国土资源局
地址：金秀县解放路137号
…………Tel:6212908
金秀县国家税务局
地址：金秀县功德路3号
办公室…………Tel:6212512
办税大厅…………Tel:6212273
金秀县国家税务局桐木税务分局
地址：金秀县桐木镇
…………Tel:6351356
金秀县经济贸易局
地址：金秀县功德路37号
…………Tel:6215021
金秀县环境保护局
地址：金秀县功德路37号
…………Tel:6212390
金秀县林业局
地址：金秀县平安路48号
…………Tel:6212801
金秀县物价局
地址：金秀县民乐路19号
…………Tel:6213620
金秀县统计局
地址：金秀县功德路
…………Tel:6212131
金秀县科学技术局
地址：金秀镇夏园小区
…………Tel:6212129
金秀县旅游管理局
地址：金秀县功德路64号
…………Tel:6215238
金秀县烟草专卖局
地址：金秀县桐木镇桐惠路109号
办公室…………Tel:6351943
营销部…………Tel:6351392
局长室…………Tel:6355388
金秀县教育局
地址：金秀县民乐路
…………Tel:6213858
金秀县教育和科技局
地址：金秀县民乐路
办公室…………Tel:6212132
教究室…………Tel:6212285
金秀县新型农村合作医疗管理委员会办公室
地址：金秀县功德路15号
…………Tel:6218765
金秀县粮食局
地址：金秀县解放路50号
…………Tel:6212163
金秀县精神文明建设委员会办公室
地址：金秀县功德路
…………Tel:6212125

合山市（0772）

党政、国家机构及社会团体
中国共产党及其所属机构
县（区、市）党委及其所属机构

中国共产党合山市委员会
地址：合山市人民中路1号
…………Tel:8912392
中国共产党合山市委员会组织部
地址：合山市人民中路
…………Tel:8912356
中国共产党合山市委员会统战部
地址：合山市人民中路
…………Tel:8912181
合山市保持共产党员先进性教育活动办公室
地址：合山市人民中路
…………Tel:8917103

人民政府及其所属机构
县（区、市）
人民政府及其所属机构

合山市人民政府
地址：合山市人民中路1号
…………Tel:8912380
合山市人口和计划生育局
地址：合山市人民中路401号
…………Tel:8917096
合山市人事局
地址：合山市人民中路
…………Tel:8912154
合山市卫生局
地址：合山市人民北路27号
…………Tel:8912342
合山市市场监督管理局
地址：合山市人民中路62号
…………Tel:8912592
合山市公路管理局
地址：合山市金山中路
…………Tel:8915819
合山市文化和体育局
地址：合山市市府大院机要楼1楼
…………Tel:8912406
合山市水产畜牧局
地址：合山市人民中路
…………Tel:8918962
合山市水利局
地址：合山市人民中路
…………Tel:8912200
合山市发展和改革局
地址：合山市市府大院
…………Tel:8915784
合山市民政局
地址：合山市二级路口
…………Tel:8989212
合山市交通局
地址：合山市人民中路283号
…………Tel:8911371
合山市地方税务局
地址：合山市红河路
…………Tel:8912009
合山市地方税务局岭南分局
地址：合山市电北路
…………Tel:8911102
合山市地方税务局稽查局
地址：合山市人民中路
…………Tel:8911322
合山市应急管理局
地址：合山市人民北路400号
…………Tel:8916586
合山市机关后勤服务中心
地址：合山市市府大院新办公楼
…………Tel:8916606
合山市机关事务管理局
地址：合山市人民中路
…………Tel:8912584
合山市机构编制委员会办公室
地址：合山市人民中路
…………Tel:8917269
合山市住房公积金管理中心
地址：合山市人民中路
…………Tel:8911670
合山市扶贫办
地址：合山市市府大院
…………Tel:8911733
合山市扶贫开发领导小组办公室
地址：合山市人民中路
…………Tel:8918080
合山市财政局
地址：合山市人民中路43号
…………Tel:8911511
合山市社会主义新农村建设力公室
地址：合山市人民中路
…………Tel:8911658
合山市劳动局
地址：合山市人民中路505号
…………Tel:8912422
合山市质量技术监督局
地址：合山市人民北路400号
…………Tel:8912338
合山市建设局
地址：合山市人民中路
…………Tel:8912402
合山市国土资源局
地址：合山市建安路3号
…………Tel:8919051
合山市国家税务局
地址：合山市人民中路381号
…………Tel:8917618
合山市审计局
地址：合山市人民中路1号
…………Tel:8919692
合山市经济贸易局
地址：合山市人民北路
…………Tel:8912166
合山市环境保护局
地址：合山市人民中路85号
…………Tel:8912502
合山市林业局
地址：合山市人民中路155号
…………Tel:8912442
合山市物价局
地址：合山市实验小学旁
…………Tel:8912282
合山市矿务局
地址：里兰管理区
…………Tel:8988888
合山市统计局
地址：合山市人民中路
…………Tel:8919836
合山市烟草专卖局
地址：合山市城站路31号
…………Tel:8911652
合山市教育局
地址：合山市教育路25号
…………Tel:8912522
合山市粮食局
地址：合山市人民北路133号
…………Tel:8912263
合山市精神文明建设委员会办公室
地址：合山市人民中路
…………Tel:8917980
来宾市食品药品监督管理局合山分局
地址：合山市人民中路45号
…………Tel:8919005

崇左市（0771）

党政、国家机构及社会团体
中国共产党及其所属机构
市（地区、自治州）
党委及其所属机构

中国共产党崇左市委员会
地址：石林大道市委办公室
…………Tel:7968016
中国共产党崇左市直属机关工作委员会
地址：崇左市新城路1号行政中心市委办公区1楼125号
…………Tel:7969601
中国共产党崇左市委员会老干部局
地址：明秀东路
…………Tel:3133702
中国共产党崇左市委员会组织部
地址：石林大道
…………Tel:7969809
中国共产党崇左市委员会统战部
地址：市行政中心
…………Tel:7969310
中国共产党崇左市委员会党史研究室
地址：石林大道
…………Tel:7969363
中国共产党崇左市委员会崇左市人民政府接待办公室
地址：新民路
…………Tel:7822608
崇左市档案局
地址：新民路
…………Tel:7841690

县（区、市）党委及其所属机构

中国共产党崇左市江州区委员会办公室
地址：新民路
…………Tel:7820013
中国共产党崇左市江州区委员会组织部
地址：新民路
…………Tel:7836428
中国共产党崇左市江州区委员会统战部
地址：新民路10号
…………Tel:7820017
中国共产党崇左市江州区委员会党史研究室
地址：新民路
…………Tel:7820945
中国共产党崇左市江州直属机关工作委员会
地址：新民路
…………Tel:7820034
中国共产党崇左市委员会政策研究室
地址：新城路
…………Tel:7969195
江州区老干部局
地址：崇左市建设路15号
…………Tel:7820425
江州区档案局
地址：新民路
…………Tel:7820045

人民政府及其所属机构
市（地区、自治州）人民政府及其所属机构

崇左市人民政府
地址：石林大道
…………Tel:7968266
广西区烟草公司崇左市公司
地址：江南路
…………Tel:7807700
广西银监局崇左监管办事处
地址：友谊大道
…………Tel:7827706
国家统计局崇左调查队
地址：友谊大道
…………Tel:7968800
…………Tel:7968988
…………Tel:7968567
信息产业局崇左市无线电管理处
地址：太平路
…………Tel:7822358
…………Tel:7827588
崇左市二轻城镇集体工业联合社
地址：新城路
…………Tel:7969163
崇左市人口和计划生育局
地址：新城街
…………Tel:7968248
崇左市人民防空办公室
地址：江南路
…………Tel:7847570
…………Tel:7847569
崇左市人民政府台湾事务办公室
地址：新民路
…………Tel:7822567
崇左市人民政府征兵办公室
地址：友爱路
…………Tel:3939590
崇左市人事局
地址：新城路
…………Tel:7968338
崇左市卫生局
地址：丽江路
…………Tel:7969608
崇左市卫生监督所
地址：丽江路
…………Tel:7835808
…………Tel:7837370
崇左市工业区公路建设办公室
地址：友谊大道
…………Tel:7964196
…………Tel:7964296
崇左市市场监督管理局
地址：崇左县城西路
…………Tel:7836315
崇左市公路局
地址：丽江路
…………Tel:7826028
崇左市计划生育服务站
地址：崇左市江南路83号
…………Tel:7824703
崇左市文物管理局
地址：太平镇城西路
…………Tel:7829490
崇左市水产畜牧局
地址：沿山路
…………Tel:7835520
崇左市水利局
地址：新民路
…………Tel:7835563
崇左市发展和改革委员会
地址：建设路
…………Tel:7835732
崇左市外事侨务办公室
地址：石林大道
…………Tel:7968525
崇左市边防委员会办公室
地址：崇左市行政中心
…………Tel:7969032
崇左市民政局
地址：沿山路
…………Tel:7834657
崇左市民族事务委员会
地址：新城区行政中心政协区1楼
…………Tel:7968935
崇左市皮防站
地址：平阳路19号
…………Tel:7823120
崇左市交通运输局
地址：友谊大道
…………Tel:7836333
…………Tel:7843615
…………Tel:7843613
崇左市交通局
地址：友谊大道
…………Tel:7836308
崇左市农业机械化事业局
地址：城西路
…………Tel:7836068
崇左市农业农村局

地址：友谊大道
……Tel:7965569
……Tel:7965001
……Tel:7965651

崇左市农田水利丁作管理站
地址：新民路
……Tel:7837668

崇左市地方志编纂委员会办公室
地址：明秀东路
……Tel:3142640

崇左市地方税务局
地址：友谊大道
……Tel:7835868
……Tel:7831198
……Tel:7961191

崇左市地方税务局直属税务分局
地址：环江西路
……Tel:7831198

崇左市应急管理局
地址：新城路1号
……Tel:7968114

崇左市安监局
地址：石林大道政协区4楼
……Tel:7968116

崇左市机关事务管理局
地址：行政中心政府区
……Tel:7968598

崇左市机构编制委员会办公室
地址：行政中心市委区
……Tel:7969009

崇左市老龄工作委员会办公室
地址：明秀东路
……Tel:3934733

崇左市住房公积金管理中心
地址：崇左市江南路73号建行2楼
……Tel:7840628

崇左市住房制度改革委员会办公室
地址：友谊大道
……Tel:7968323

崇左市医药公司管理局
地址：崇左市丽江路2号
……Tel:7827108

崇左市体育局
地址：石林大道政协区
……Tel:7835985

崇左市志方志编纂委员会办公室
地址：新城路
……Tel:7969136

崇左市扶贫开发领导小组办公室
地址：石林大道
……Tel:7803288

崇左市财政
地址：城西路
……Tel:7836166

崇左市财政投资评审中心
地址：崇左市城西路
……Tel:7822158

崇左市财政局
地址：友谊大道
……Tel:7963700

崇左市社会主义新农村建设办公室
地址：崇左市新民路23号
……Tel:7820091

崇左市劳动和社会保障局
地址：沿山路（福利院内）
……Tel:7834898

崇左市依法治市领导小组办公室
地址：崇左市行政中心A区
……Tel:7968768

崇左市质量技术监督局
地址：建设路
……Tel:7841578

崇左市建没与市政管理委员会
地址：城西路
……Tel:7827217

崇左市建设招标投标管理办公室
地址：建设路2号
……Tel:7837991

崇左市国土资源局
地址：友谊大道
……Tel:7961916

崇左市国有资产监督管理委员会
地址：石林大道
……Tel:7968605

崇左市国家税务局
地址：友谊大道
……Tel:7837968

崇左市国家税务局车辆购置税办公室
地址：明秀东路
……Tel:3317655

崇左市国家税务局稽查局
地址：江南路
……Tel:7842953

崇左市审计局
地址：江南路
……Tel:7835672

崇左市经济委员会
地址：崇左市行政中心政府区二楼
……Tel:7968595

崇左市生态环境局
地址：崇左市建设路2号
……Tel:7836108

崇左市林业局
地址：友谊大道
……Tel:7834672
……Tel:7834900
……Tel:7965629

崇左市林科研究所
地址：崇左市友谊大道
……Tel:7833226

崇左市物价局
地址：行政中心
……Tel:7968612

崇左市房产管理局
地址：崇左市新民路31-1号
……Tel:7828100

崇左市非典型肺炎防治工作领导小组办公室
地址：新民路
……Tel:7834398

崇左市统计局
地址：石林大道政协办公区
……Tel:7968239
……Tel:7968153
……Tel:7968156

崇左市政务服务中心管理办公室
地址：崇左市新民路16号政府楼二楼
……Tel:7837880

崇左市科技局
地址：新城路
……Tel:7968759

崇左市科技局IPTV项目
地址：驮声镇岜白村
……Tel:7953981

崇左市食品药品监督管理局
地址：建设路
……Tel:7833879
……Tel:7843082
……Tel:7520111

崇左市流动党员咨询服务热线电话
地址：崇左市行政中心
……Tel:7969898

崇左市文化和文化和旅游局
地址：石林大道
……Tel:7968161

崇左市烟草专卖局
崇左市烟草公司
地址：江南路
……Tel:7826710

崇左市商务局
地址：建设路
……Tel:7835560

崇左市基层办
地址：行政中心人大区
……Tel:7969889

崇左市教育局
地址：丽川路大学城
……Tel:7835759
……Tel:7820828

崇左市森林防火指挥部办公室
地址：沿山路
……Tel:7834900

崇左市楼宇防盗系统办事处
地址：崇左市沿山路8号
……Tel:7842555

崇左市粮食局
地址：新城路
……Tel:7968576

崇左市粮食储备库
地址：崇左市友谊大道
……Tel:7821099

县（区、市）
人民政府及其所属机构

江州区人民政府
地址：新民路
……Tel:7820028
……Tel:7836610

江州区二轻丁业局
地址：江南路
……Tel:7821562

江州区人口和计划生育局
地址：江南路
……Tel:7820615

江州区人民政府防汛抗旱指挥部办公室
地址：新民路
……Tel:7825788

江州区人民政府蔗糖生产协调领导小组
地址：崇左市江南路197号蔗糖局办公室
……Tel:7821643

江州区人事劳动和社会保障局
地址：新华路一巷
……Tel:7821058

江州区卫生局
地址：新民路
……Tel:7820318

江州区公路管理局
地址：丽江路
……Tel:7830097
……Tel:7824273

江州区水库移民工作管理局
地址：建设路
……Tel:7826562

江州区水利电力局
地址：新民路
……Tel:7825538

江州区发展和改革局
地址：新民路
……Tel:7821722

江州区民政局
地址：崇左市江州区政府大院内
……Tel:7826312

江州区民族事务局
地址：新民路
……Tel:7820031

江州区交通局
地址：崇左市太平镇江南路124号
……Tel:7821531

江州区军粮供应站
地址：崇左市石林路14号
……Tel:7821188

江州区农业农村局
地址：太平镇新民路
……Tel:7820708
……Tel:7806029

江州区地方编纂委员会办公室
地址：新民路
……Tel:7820943

江州区地方税务局
地址：环江西路23号
……Tel:7823588

江州区应急管理局
地址：新民路
……Tel:7833298

江州区安监局
地址：新民路10号
……Tel:7827989

江州区机关事务管理局
地址：新民路
……Tel:7820672

江州区机构编制委员会办公室
地址：新民路
……Tel:7820049

江州区老龄_丁作委员会办公室
地址：新民路
……Tel:7821008

江州区村镇建设局
地址：崇左市建设路2号
……Tel:7820648

江州区财政局
地址：新民路15号
……Tel:7821251

江州区国家税务局
地址：江南路114号
……Tel:7821108

江州区国家税务局稽查局
地址：江南路
……Tel:7823418

江州区经济贸易局
地址：新民路
……Tel:7820572
……Tel:7820128
……Tel:7820186

江州区林业局
地址：沿山路五巷
……Tel:7820278

江州区城市社会经济调查队
地址：新民路
……Tel:7820373

江州区统计局
地址：新民路
……Tel:7820047

江州区科学技术局
地址：崇左市江州区太平镇新华路12号
……Tel:7821046

江州区教育局
地址：新华路
……Tel:7823696

江州区移民办公室
地址：新民路
……Tel:7840885

江州区森林防火指挥部
地址：新民路
……Tel:7835025

江州区粮食局
地址：新民路
……Tel:7820212

崇左市市场监督管理局江州分局
地址：崇左市江南路68号
……Tel:7820115

崇左市国土资源局江州分局
地址：江南路
……Tel:7831176

崇左市生态环境局江州区分局
地址：崇左市江州区建设路4号
……Tel:7820902

扶绥县（0771）

党政、国家机构及社会团体
中国共产党及其所属机构
县（区、市）党委及其所属机构

中国共产党扶绥县委员会
地址：扶绥县新宁街2号
……Tel:7530016
传真……Tel:7530443

中国共产党扶绥县直属机关工作委员会
地址：扶绥县新宁街
……Tel:7530553

中国共产党扶绥县委员会老干部局
地址：扶绥县新宁街
……Tel:7530029

中国共产党扶绥县委员会组织部
地址：扶绥县新宁街2号
……Tel:7530405

中国共产党扶绥县委员会统战部
地址：扶绥县新宁街
……Tel:7530407

中国共产党扶绥县委员会党史研究办公室
地址：扶绥县经贸局大院
……Tel:7530176

扶绥县档案局
地址：扶绥县新宁街
……Tel:7530053

人民政府及其所属机构
县（区、市）
人民政府及其所属机构

扶绥县人民政府
地址：扶绥县新宁街2号
……Tel:7530010
传真……Tel:7530307
……Tel:7530518

扶绥县二轻工业局
地址：扶绥县新华街
……Tel:7530054

扶绥县人口和计划生育局
地址：扶绥县南密路东四巷
……Tel:7530060

扶绥县人民政府侨务办公室
地址：扶绥县南密路东三巷
……Tel:7530725

扶绥县人事劳动和社会保障局
地址：扶绥县城新华街178号
……Tel:7530030

扶绥县人事劳动和社会保障局行政审批办公室
地址：扶绥县松江街
……Tel:7525656

扶绥县卫生局
地址：扶绥县松江街488号
……Tel:7530050

扶绥县工业贸易和信息化局
地址：扶绥县新华街
……Tel:7536391

扶绥县市场监督管理局
地址：进城大道
……Tel:7534375

扶绥县山秀水电站建设指挥部
地址：扶绥县城
……Tel:7522358

扶绥县公路局
地址：扶绥县新华街
……Tel:7530366

扶绥县公路管理所
地址：扶绥县新华街159号
……Tel:7525339

扶绥县计划生育服务站
……Tel:7523830

扶绥县水电局水利站
地址：扶绥县南密路
……Tel:7539530

扶绥县水产畜牧局
地址：扶绥县松江街
……Tel:7530049

扶绥县水利电力局
地址：扶绥县南密路92号
……Tel:7530005

扶绥县水政水资源站
地址：扶绥县南蜜路
……Tel:7520869

扶绥县发展和改革局
地址：扶绥县松江街
……Tel:7530015

扶绥县民政局
地址：扶绥县新宁镇南密路3号
……Tel:7525768

扶绥县民族事务局
地址：扶绥县新华路
……Tel:7530453

扶绥县交通局
地址：扶绥县新华街
……Tel:7530063

扶绥县军粮供应站
地址：扶绥县
……Tel:7537563

扶绥县农业农村局
地址：扶绥县松江街
……Tel:7539688

扶绥县农业综合开发办公室
地址：扶绥县松江街
……Tel:7533942

扶绥县农村改水项目办公室
地址：扶绥县南密路东三巷
……Tel:7530004

扶绥县农村社会经济调查队
地址：扶绥县松江街

……Tel:7530071
扶绥县农村税费改革领导小组办公室
地址：扶绥县松江街
……Tel:7525152
扶绥县防汛抗旱指挥部
地址：扶绥县南密路
……Tel:7520422
扶绥县地方税务局渠黎分局
地址：扶绥县思贤路东三巷
……Tel:7539882
国家税务总局扶绥县税务局
地址：扶绥县花街
……Tel:7530033
……Tel:7510818
……Tel:7666187
……Tel:7650073
……Tel:7534131
……Tel:7561056
扶绥县行政审批服务中心
地址：扶绥县松江街147号
……Tel:7523828
扶绥县应急管理局
地址：扶绥县新华街
……Tel:7521105
扶绥县机关事务管理局
地址：扶绥县新宁路1号
……Tel:7530011
扶绥县机关效能建设工作领导小组办公室
地址：扶绥县松江街
……Tel:7510117
扶绥县老龄工作委员会办公室
地址：扶绥县新宁街
……Tel:7530429
扶绥县住房制度改革委员会办公室
地址：扶绥县新华街
……Tel:7531303
扶绥县住房资金管理中心
地址：扶绥县新华街
……Tel:7533458
扶绥县扶贫开发办公室
地址：扶绥县松江街
……Tel:7530322
扶绥县技术监督局
地址：扶绥县松江路
……Tel:7539033
……Tel:7538616
扶绥县财政局
地址：扶绥县城松江街132号
……Tel:7530755
扶绥县质量技术监督局
地址：扶绥县松江街
……Tel:7530055
扶绥县建设局
地址：扶绥县松江街2号
……Tel:7510388
……Tel:7534529
……Tel:7521999
扶绥县招生办公室
地址：扶绥县新华街150号
……Tel:7513221
扶绥县国土资源收储交易所
地址：扶绥县松江街
……Tel:7523944
……Tel:7525990
……Tel:7538206
扶绥县国土资源局
地址：扶绥县城松江街
……Tel:7530041
扶绥县国家税务局
地址：扶绥县松江街
办公室……Tel:7532588
办税大厅……Tel:7530035
扶绥县审计局
地址：扶绥县松江街362号
……Tel:7522799
……Tel:7523138
……Tel:7520055
扶绥县经济贸易局
地址：扶绥县新华街
……Tel:7530012
扶绥县环境卫生管理站
地址：扶绥县新宁镇松江街10号
……Tel:7530052
扶绥县环境保护局
地址：扶绥县新华街一巷
……Tel:7530051
扶绥县林业局
地址：扶绥县新宁镇邑晓路68号
……Tel:7530066
扶绥县物价局
地址：扶绥县松江街
……Tel:7520099
……Tel:7530045
……Tel:7535152
扶绥县房产管理所
地址：扶绥县新宁镇新华街182号
……Tel:7537308
扶绥县城乡清洁工程指挥部
地址：扶绥县区临江街
……Tel:7513208

扶绥县统计局
地址：扶绥县松江街
……Tel:7530043
扶绥县政府采购领导小组办公室
地址：扶绥县松江路
……Tel:7536611
扶绥县政府调处办
地址：扶绥县政府大院内
……Tel:7530859
扶绥县科学技术局
地址：扶绥县松秀路2号
……Tel:7530020
扶绥县科教文化园管理委员会
地址：广西城市职业学院内
……Tel:7515966
扶绥县桂安机动车辆综合陛能检测有限公司
地址：扶绥县南密路旧汽车站内
……Tel:7521818
扶绥县文化和文化和旅游局
地址：扶绥县新华街
……Tel:7531579
扶绥县烟草专卖局
地址：扶绥县南密路
……Tel:7531148
扶绥县教育局办公室
扶绥县青少年学生校外活动中心
地址：扶绥县新华街150号
……Tel:7530079
扶绥县移民局
地址：南密路
……Tel:7526266
扶绥县富民水果科技服务部
地址：扶绥县南密路43号
……Tel:7533483
扶绥县道路运输管理所
地址：扶绥县新华街155号
……Tel:7530426
扶绥县编制办
地址：扶绥县新宁街1号
……Tel:7530323
扶绥县粮食局
地址：扶绥县思贤路
……Tel:7530062
城南工业集中区管理委员会
地址：扶绥县新宁镇进城大道贤仕路
……Tel:7525296
崇左市食品药品监督管理局扶绥县分局
地址：扶绥县新宁镇松江街
……Tel:7523200

宁明县（0771）

党政、国家机构及社会团体

中国共产党及其所属机构

县（区、市）党委及其所属机构

中国共产党宁明县委员会
地址：宁明县
……Tel:8620104
中国共产党宁明县直属机关工作委员会
地址：宁明县城中镇县政府大院
……Tel:8620393
中国共产党宁明县委员会老干部局
地址：宁明县德华街
……Tel:8636199
……Tel:8621024
中国共产党宁明县委员会组织部
地址：宁明县江滨大道政府大院
……Tel:8620012
中国共产党宁明县委员会统战部
地址：宁明县政府大院
……Tel:8620511
中国共产党宁明县委员会党史研究室
地址：宁明县政府大院
……Tel:8620391
宁明县档案局
地址：宁明县政府大院
……Tel:8620171

县（区、市）人民政府及其所属机构

宁明县人民政府
地址：宁明县
……Tel:8620610
宁明县二轻城镇集体工业联合社
地址：宁明县福仁西街
……Tel:8635928
宁明县人口和计划生育局
地址：宁明县明阳街
……Tel:8621228
宁明县人民防空办公室
地址：宁明县政府大院
……Tel:8688531
……Tel:8631531
宁明县人民政府地方志编纂办公室
地址：宁明县
……Tel:8620107
宁明县人民政府调解处理土地山林水利纠纷办公室
地址：宁明县
……Tel:8620285
宁明县人民政府接待处
地址：宁明县

……Tel:8621050
宁明县人事劳动和社会保障局
地址：宁明县兴宁大道
……Tel:8620147
宁明县卫生局
地址：宁明县明阳路
……Tel:8621491
宁明县卫生监督所
地址：宁明县福仁街
……Tel:8634315
宁明县工业园区管理委员会办公室
地址：江滨路政府大楼
……Tel:8633318
宁明县市场监督管理局
地址：宁明县城中镇南华街
……Tel:8621444
宁明县公路局
地址：宁明县德华街1号
……Tel:8621193
宁明县公路管理所
地址：宁明县吉祥开发区
……Tel:8621276
宁明县计划局
地址：宁明县政府大院
……Tel:8621991
宁明县少数民族语言文字工作办公室
地址：宁明县
……Tel:8635697
宁明县水产畜牧事业局
地址：宁明县桥东路
……Tel:8621222
宁明县水利局
地址：宁明县兴宁大道4楼
……Tel:8621406
宁明县市政工程有限责任公司
地址：宁明县桥东路
……Tel:8628313
宁明县发展和改革局
地址：宁明县
……Tel:8620861
宁明县外事办
地址：宁明县江滨路县人民政府大院
……Tel:8620964
宁明县外贸局
地址：宁明县南华街
……Tel:8621371
宁明县民政局
地址：宁明县城中镇江滨大道
……Tel:8620726
宁明县民族事务局
地址：宁明县
……Tel:8620244
宁明县民族经济发展资金管理局
地址：宁明县中华街
……Tel:8621012
……Tel:8621443
宁明县交通局
地址：宁明县明祥路
……Tel:8621710
宁明县农业农村局
地址：宁明县南华街138号
……Tel:8621090
……Tel:8633449
……Tel:8633435
宁明县农机局
地址：宁明县城中镇南华街241号
……Tel:8620940
宁明县农村经济调查队
地址：宁明县江滨路
……Tel:8623896
宁明县防汛抗旱指挥部
地址：宁明县城中镇
……Tel:8635677
……Tel:8626976
……Tel:8631732
宁明县地方税务局
地址：宁明县兴宁大道
……Tel:8621120
宁明县行政服务中心管理办公室
地址：宁明县桥东路
……Tel:8688598
……Tel:8688887
宁明县应急管理局
地址：宁明县兴宁大道
……Tel:8632207
宁明县机关单位养老保险所
地址：宁明县劳动大厦
……Tel:8621861
宁明县机关事务管理局
地址：宁明县
……Tel:8631788
宁明县机关效能建设领导小组办公室
地址：宁明县江滨路
……Tel:8636878
宁明县机构编制委员会办公室
地址：宁明县
……Tel:8620106
宁明县老龄工作委员会办公室
地址：宁明城中镇新宁街
……Tel:8621018
宁明县住房制度改革委员会办公室

地址：宁明县
……Tel:8621521
宁明县扶贫开发领导小组办公室
地址：政府大院
……Tel:8621788
宁明县财政局
地址：宁明县城中镇南华街
……Tel:8621365
宁明县劳动服务公司
地址：宁明县城中镇兴宁路劳动大厦
……Tel:8621844
宁明县质量技术监督局
地址：宁明县城中镇东麟街33号
……Tel:8620974
宁明县建设局
地址：宁明县兴宁大道
……Tel:8629601
宁明县国土资源局
地址：宁明县桥东路
……Tel:8621108
宁明县国家税务局
地址：宁明县城中镇新民大道
……Tel:8623560
宁明县法律服务中心
地址：宁明县城中镇荷城街24号
……Tel:8627148
宁明县审计局
地址：宁明县中华街
……Tel:8621075
宁明县实施“城乡清洁工程”活动协调领导小组办公室
地址：宁明县
……Tel:8636928
宁明县经济贸易局
地址：宁明县德华街
……Tel:8620845
宁明县生态环境局
地址：宁明县
……Tel:8621453
宁明县林业局
地址：宁明县城中镇
……Tel:8621253
宁明县物价局
地址：宁明县
……Tel:8625378
宁明县统计局
地址：宁明县
……Tel:8620177
宁明县科学技术局
地址：宁明县南华街
……Tel:8633830
宁明县资金管理局
地址：宁明县中华街
……Tel:8621521
……Tel:8625006
宁明县预算外资金管理局
地址：宁明县中华街
……Tel:8621329
……Tel:8623144
宁明县商业局
地址：宁明县中华街
……Tel:8620308
宁明县教育局
地址：新宁路
……Tel:8621006
宁明县就业服务中心
地址：宁明县城中镇兴宁路劳动大厦
……Tel:8621664
宁明县粮食局
地址：宁明县中华街
……Tel:8621513
宁明旅游事业局
地址：宁明县
……Tel:8620003
南宁交通征费稽查处宁明稽查所
地址：宁明县兴宁大道
……Tel:8626496
崇左市食品药品监督管理局宁明县分局
地址：宁明县阳明路
……Tel:8622829

龙州县（0771）

党政、国家机构及社会团体

中国共产党及其所属机构

县（区、市）党委及其所属机构

中国共产党龙州县委员会
地址：龙州县兴龙路5号
……Tel:8812694
中国共产党龙州县直属机关工作委员会
地址：龙州县兴龙路
……Tel:8818386
中国共产党龙州县委员会龙州县人民政府接待办公室
地址：龙州县兴龙路
……Tel:8817397
中国共产党龙州县委员会老干部局
地址：龙州县兴龙路
……Tel:8812581
中国共产党龙州县委员会组织部
地址：兴龙路
……Tel:8812668
中国共产党龙州县委员会统战部

地址：龙州县兴龙路
……Tel:8815186
中国共产党龙州县委员会党史研究室
地址：龙州县兴龙路
……Tel:8812766
中国共产党龙州县精神文明建设委员会
地址：龙州县兴龙路
……Tel:8812331
龙州县机关党委
地址：龙州县兴龙路
……Tel:8812474
龙州县档案局
地址：龙州县兴龙路
……Tel:8812336

人民政府及其所属机构
县（区、市）人民政府及其所属机构

龙州县人民政府
地址：龙州县康平街
……Tel:8812634
龙州市场监督管理局
地址：龙州县独山路
……Tel:8817315
龙州县二轻城镇工业联合社
地址：龙州县兴龙路
……Tel:8812775
龙州县人口和计划生育局
地址：康平街28号政府大院
……Tel:8812631
龙州县人民防空办公室
地址：龙州县龙州镇城北路
……Tel:8810218
……Tel:8832528
龙州县人民政府调解处理土地山林水利纠纷办公室
地址：龙州县康平街
……Tel:8811157
龙州县人事局
地址：龙州县独山路
……Tel:8830023
龙州县人事劳动和社会保障局
地址：龙州县独山路41号
……Tel:8830006
龙州县卫生局
地址：龙州县龙州镇城北路38号
……Tel:8812662
龙州县市场监督管理局
地址：龙州县独山路
……Tel:8812783
龙州县土地交易所
地址：龙州县独山路
……Tel:8810168
龙州县土地城镇开发建设领导小组办公室
地址：龙州县
……Tel:8810199
龙州县口岸边境经济管理合作委员会
地址：龙州县城北路
……Tel:8819222
龙州县个体经济协调领导小组办公室
地址：龙州县兴龙路
……Tel:8816483
龙州县公路局
地址：龙州县城北路20号
……Tel:8812637
龙州县公路管理所
地址：龙州县城北路22号
……Tel:8813631
龙州县计划生育服务站
地址：龙州县城北路12-1号
……Tel:8812335
龙州县计划局
地址：龙州县康平街
……Tel:8823383
……Tel:8820900
……Tel:8817688
龙州县中心水文站
地址：龙州县龙州镇利民街1号
……Tel:8812534
龙州县水利电力局
地址：龙州县城北路
……Tel:8812509
龙州县发展和改革局
地址：龙州县康平街28号
……Tel:8812428
龙州县外事侨务办公室
地址：龙州县兴龙路
……Tel:8812576
龙州县边防文工团
地址：龙州县兴龙路21号
……Tel:8815820
龙州县边境贸易服务中心
地址：龙州县康平街粮食局二楼
……Tel:8811822
龙州县民政局
地址：龙州县独山路96号
……Tel:8812607
龙州县民族事务局
地址：龙州县康平街
……Tel:8823782
龙州县交通局
地址：龙州县城北路
……Tel:8831238
龙州县农业农村局
地址：龙州县城北路
……Tel:8812674
龙州县农村党员干部现代远程教育管理办公室
地址：龙州县兴龙路
……Tel:8813989
龙州县农村税费改革工作领导小组办公室
地址：龙州县大塘路
……Tel:8831297
龙州县防汛抗旱指挥部
地址：龙州县城北路
……Tel:8812399
龙州县地方志编纂委员会办公室
地址：龙州县康平街28号
……Tel:8812464
龙州县地方税务局
地址：独山路
……Tel:8811612
龙州县地方税务局稽查局
地址：龙州县独山路
……Tel:8813833
龙州县地税分局
地址：龙州县独山路
……Tel:8812843
龙州县应急管理局
地址：龙州县龙州镇康平街28号政府大院内
……Tel:8812541
龙州县机关行政管理局
地址：龙州县政府大院
……Tel:8811462
龙州县机关效能建设工作领导小组办公室
地址：龙州县南街
……Tel:8810011
龙州县机构编制委员会办公室
地址：龙州县康平街
……Tel:8812517
龙州县老龄委员会办公室
地址：龙州县康平街
……Tel:8812360
龙州县住房制度改革委员会
地址：龙州县政府大院内
……Tel:8822481
龙州县扶贫开发领导小组办公室
地址：龙州县康平街
……Tel:8812471
龙州县弄岗自然保护区
地址：龙州县独山路2号
……Tel:8812621
龙州县财政局
地址：龙州县城北路58-2号
……Tel:8812644
国库支付中心……Tel:8831960
龙州县质量技术监督局
地址：龙州县兴龙路
……Tel:8812347
龙州县建设局
地址：龙州县康平街28号政府大院二栋三楼
……Tel:8812427
……Tel:8823870
龙州县国土资源局
地址：龙州县独山路151-1号
……Tel:8812380
龙州县国家税务局
地址：龙州县独山路6号
……Tel:8812547
传真……Tel:8814044
征收大厅……Tel:8812573
龙州县国家税务局水口税务分局
地址：龙州县独山路
……Tel:8816868
龙州县国家税务局稽查局
地址：龙州县独山路
……Tel:8811789
龙州县审计局
地址：龙州县城北路北二巷
……Tel:8812448
龙州县经济局
地址：龙州县康平街28号
……Tel:8812577
龙州县经济贸易局
地址：康平路
……Tel:8812618
龙州县环境保护局
地址：龙州县独山路高祥小区c座18号
……Tel:8822538
龙州县林业局
地址：龙州县城北路36号
……Tel:8812661
龙州县物价局
地址：龙州县城北路北二巷
……Tel:8812782
龙州县统计局
地址：龙州县康平路
……Tel:8812441
龙州县政府计划生育工作办公室
地址：龙州县城南路镇政府文化站
……Tel:8816890
龙州县科技局
地址：兴龙路29号
……Tel:8823299
龙州县科学技术局
地址：龙州县兴龙路29号
……Tel:8812728
龙州县旅游事业局
地址：龙州县兴龙路44号
……Tel:8814083
龙州县烟草专卖局
地址：龙州县城北路
……Tel:8812572
龙州县航务管理所
地址：龙州县城北路22号
……Tel:8825158
龙州县商务局
地址：龙州县康平街
……Tel:8833777
龙州县教育局
地址：龙州县城北路34号
……Tel:8812635
龙州县道路运输管理所
地址：龙州县龙州镇白沙街35号
……Tel:8812445
龙州县粮食局
地址：龙州县康平街
……Tel:8818035
……Tel:8823698
……Tel:8818219
龙州县糖业工作领导小组办公室
地址：康平街
……Tel:8822080
……Tel:8811678
南宁建兴监理公司龙州办事处
地址：龙州县独山路178号
……Tel:8823801
崇左市住房公积金管理中心龙州县管理部
地址：龙州县龙江街工行办公楼二楼
……Tel:8822860
……Tel:8810148
崇左市食品药品监督管理局龙州县分局
地址：龙州县城北路
……Tel:8825100

大新县（0771）

党政、国家机构及社会团体
中国共产党及其所属机构
县（区、市）党委及其所属机构

中国共产党大新县委员会办公室
地址：大新县桃城镇民生路9号
……Tel:3622235
中国共产党大新县台湾工作办公室
地址：大新县民生街
……Tel:3626959
中国共产党大新县直属机关工作委员会
地址：大新县桃城镇民生街9号
……Tel:3624571
中国共产党大新县委员会老干部局
地址：大新县桃城镇
……Tel:3631310
中国共产党大新县委员会组织部
地址：大新县桃城镇民生街9号
办公室……Tel:3622026
传真……Tel:3624526
中国共产党大新县委员会统战部
地址：大新县民生街政府大院县委新办公楼四楼11号房
……Tel:3626269
中国共产党大新县委员会党史征集小组办公室
地址：大新县民生街
……Tel:3624169
大新县地方志编纂委员会办公室
地址：大新县桃城镇民生街9号
……Tel:3625446
大新县档案局
地址：大新县桃城镇民生街
……Tel:3626184

人民政府及其所属机构
县（区、市）人民政府及其所属机构

大新县人民政府办公室
地址：大新县桃城镇民生路9号
办公室……Tel:3622771
传真……Tel:3632836
大新县人口和计划生育局
地址：大新县桃城镇养利路441号
办公室……Tel:3622045
桃城计生办……Tel:3621557
全茗计生办……Tel:3640017
五山计生办……Tel:3650361
昌明计生办……Tel:3670019
龙门计生办……Tel:3660123
那岭计生办……Tel:3700014
恩城计生办……Tel:3710017
榄圩计生办……Tel:3696096
雷平计生办……Tel:3723986
宝圩计生办……Tel:3750414
堪圩计生办……Tel:3750325
硕龙计生办……Tel:3773121
大新县人民防空办公室
地址：大新县新北路
……Tel:3627572
大新县人民政府调解处理土地山林水利纠纷办公室
地址：大新县民生街
……Tel:3631252
……Tel:3656057
……Tel:3622299
大新县人民政府糖业工作领导小组办公室
地址：大新县桃城镇民生街11号
……Tel:3626366
……Tel:3621206
大新县人事劳动和社会保障局
地址：大新县桃城镇民生街9号
……Tel:3622147
大新县卫生局
地址：大新县桃城镇伦理路178号
……Tel:3622156
大新县市场监督管理局
地址：大新县桃城镇伦那街126号
……Tel:3622912
大新县水库移民工作管理局
地址：大新县桃城镇民生街
……Tel:3630807
……Tel:3630808
大新县水利电力局
地址：大新县桃城镇养利路458号
……Tel:3622064
大新县水利电业有限公司
地址：大新县桃城镇民族路241号
……Tel:3623478
大新县市场开发服务中心
地址：大新县桃城镇古榕路
……Tel:3625515
交易场……Tel:3622063
大新县发展计划局
地址：大新县桃城镇民生路09号
……Tel:3622173
大新县发展和改革局
地址：民生街
……Tel:3628573
大新县失业保险所
地址：大新县桃城镇民生街9号
……Tel:3622274
大新县外事办
地址：大新县民生街
……Tel:3622199
大新县外贸局
地址：大新县西城街
……Tel:3622137
大新县边境贸易管理办公室
地址：大新县桃城镇民生街9号（县政府大院内）
……Tel:3632227
大新县民政局
地址：大新县桃城镇民生街9号
……Tel:3622118
大新县民政局婚姻登记处
地址：大新县桃城镇民生街9号
……Tel:3622116
大新县民族事务管理局
地址：大新县民生街
……Tel:3622357
大新县华侨经济管理区
地址：华侨农场
……Tel:3622401
大新县交通局
地址：大新县桃城镇养利路462号
……Tel:3622142
大新县交通规费征稽所
地址：大新县德天大道
……Tel:3622590
大新县农业农村局
地址：大新县桃城镇养利路450号
……Tel:3622248
大新县农业经济管理站
地址：大新县新城街
……Tel:3622155
大新县农村社会经济调查队
地址：大新县桃城镇
……Tel:3623584
大新县防汛抗旱指挥部办公室
地址：大新县桃城镇
……Tel:3622990
大新县地方税务局
地址：复康路92号
……Tel:3622701
大新县应急管理局
地址：大新县桃城镇民生路9号
……Tel:3630729
大新县机关行政事务管理局
地址：大新县桃城镇民生街9号
……Tel:3622963
大新县机关效能建设领导小组办公室
地址：大新县桃城镇民生路9号
……Tel:3628928
大新县机构编制委员会办公室

地址：大新县民生街
……Tel:3622708

大新县住房制度改革委员会办公室
地址：大新县桃城镇民生街
……Tel:3622710
……Tel:3631610

大新县住房和城乡建设局
地址：大新县桃城镇富康路11n号
办公室……Tel:3622184

大新县扶贫开发领导小组办公室
地址：大新县桃城镇民生街9号政府大院
……Tel:3622171

大新县财政局
地址：大新县桃城镇民生街32号
……Tel:3622252

大新县社会劳动保险事业管理所
地址：大新县桃城镇民生街9号
……Tel:3622160

大新县质量技术监督局
地址：大新县桃城镇养利路267号
……Tel:3622120

大新县国土资源局
地址：大新县桃城镇富康路96号
……Tel:3622091

大新县国家税务局
地址：大新县桃城镇富康路65号
办公室……Tel:3622004
稽查分局……Tel:3631663
城关分局……Tel:3622008
下雷分局……Tel:3783289

大新县审计局
地址：大新县民生街9号
……Tel:3622177

大新县审计事务所
地址：大新县政府大院内
……Tel:3622735

大新县生态环境局
地址：大新县桃城镇民主路84号
……Tel:3622096

大新县林业局
地址：大新县桃城镇养利路473号
办公室……Tel:3627299
防火办……Tel:3622152

大新县物价局
地址：大新县人民政府大院内
……Tel:3622197

大新县房产管理所
地址：大新县桃城镇新城社区民主路81号
……Tel:3622221

大新县矿产管理局
地址：大新县民生街
……Tel:3622202

大新县城乡建设工程公司
地址：大新县桃城镇富康路110号
……Tel:3623877

大新县统计局
地址：大新县桃城镇民生路9号
办公室……Tel:3623625
农业股……Tel:3622046

大新县政务服务中心管理办公室
地址：大新县桃城富康路96号
……Tel:3628190

大新县科技协会
地址：大新县桃城镇民生路9号
……Tel:3622256

大新县科技局
地址：民生街9号
……Tel:3623585

大新县科学技术局
地址：大新县民生街9号
……Tel:3622034

大新县食品药品监督管理局大新县分局
地址：大新县桃城镇民乐路94—1号
……Tel:3630428

大新县桃城机械工业化管理委员会办公室
地址：大新县养利路1号
……Tel:3622866

大新县旅游事业局
地址：大新县桃城镇民生街……Tel:号
……Tel:3622409

大新县教育局
地址：大新县桃城镇养利路141号
办公室……Tel:3622949
招生办公室……Tel:3622974
教研室……Tel:3622111

大新县就业服务中心
地址：大新县桃城镇民生路95号
……Tel:3622526

大新县黑水河水电有限公司
地址：大新县桃城镇德天大道177号
……Tel:3633085

大新县粮食局
地址：大新县桃城镇养利南路
……Tel:3622213

大新县精神文明办公室
地址：大新县民生街
……Tel:3629636

大新县德天旅游发展有限公司
地址：大新县民生街4号
办公室……Tel:3627088
德天山庄……Tel:3773570
德天宾馆……Tel:3773254
德天餐厅……Tel:3775099
硕龙山庄……Tel:3773239
硕龙宾馆……Tel:3773384
硕龙餐厅……Tel:3614448
爱江山庄……Tel:3775039

南宁交通征费稽查处大新征稽所
地址：大新县德天大道4号
……Tel:3622204

崇左市住房公积金管理中心大新县管理部
地址：大新县桃城镇伦那路105号
……Tel:3632833

天等县（0771）

党政、国家机构及社会团体

中国共产党及其所属机构

县（区、市）党委及其所属机构

中国共产党天等县委员会
地址：天等县和平街27号
……Tel:3521111

中国共产党天等县委员会老干部局
地址：天等县天桃路
……Tel:3521434
……Tel:3532068
……Tel:3523369

中国共产党天等县委员会直属机关工作委员会
地址：天等县和平街
……Tel:3521300

中国共产党天等县委员会组织部
地址：天等县和平街
……Tel:3521075

中国共产党天等县委员会统战部
地址：天等县和平街
……Tel:3521213

中国共产党天等县委员会党史研究室
地址：天等县和平街
……Tel:3526984

天等县档案局
地址：天等县和平街
……Tel:3521117

人民政府及其所属机构

县（区、市）人民政府及其所属机构

天等县人民政府
地址：天等县天等镇胜利街
……Tel:3521123

广西银监局天等监管办事处
地址：天等县和平路28号
……Tel:3533918

天等县人口和计划生育局
地址：天等县教育局
……Tel:3527509

天等县人民防空办公室
地址：天等县天等镇和平街
……Tel:3533096
……Tel:3530738

天等县人民政府凋解处理土地山林水利纠纷办公室
地址：天等县和平街
……Tel:3521860

天等县人事劳动和社会保障局
地址：天等县和平街
……Tel:3526708

天等县卫生局
地址：天等县新兴街
……Tel:3521508

天等县卫生局防非典办公室
地址：天等县新兴街
……Tel:3528544

天等县市场监督管理局
地址：天等县天宝南路
……Tel:3521315

天等县水库移民工作管理局
地址：天等县天等镇朝阳西路
……Tel:3523135
……Tel:3523125

天等县水利电力局
地址：天等县天等镇朝阳西路58号
……Tel:3522768

天等县发展和改革局
地址：天等县和平街
……Tel:3521101

天等县民政局
地址：天等县天桃路
……Tel:3521159

天等县民族艺术团
地址：天等县天等镇和平街15号
……Tel:3521210

天等县交通局
地址：天等县城南街
……Tel:3521179

天等县农业农村局
地址：天等县天德路
……Tel:3521152

天等县农机局
地址：天等县新兴街
……Tel:3531152

天等县农村基层组织建设办公室
地址：天等县和平街
……Tel:3522605

天等县防汛办公室
地址：天等县天等镇星群街
……Tel:3533925

天等县地方税务局
地址：天等县天丽街
……Tel:3521077

天等县地方税务局稽查局
地址：天等县天丽街
……Tel:3524141

天等县地质矿产局
地址：天等县和平街
……Tel:3521237
……Tel:3521247

天等县应急管理局
地址：天等县和平街
……Tel:3531979

天等县机关后勤服务中心
地址：天等县和平街
……Tel:3530006

天等县机关效能建设工作领导小组办公室
地址：天等县和平街
……Tel:3527777

天等县机构编制委员会办公室
地址：天等县和平街
……Tel:3521353

天等县老龄办
地址：天等县区教育路大众火锅城二层
……Tel:3533799

天等县住房制度改革委员会办公室
地址：天等县和平街
……Tel:3521430

天等县扶贫开发领导小组办公室
地址：天等县和平街
……Tel:3521246

天等县财政局
地址：天等县和平街
……Tel:3521686

天等县质量技术监督局
地址：天等县天城街
……Tel:3521121

天等县建设局
地址：天等县和平街
……Tel:3521287

天等县国土资源局
地址：天等县天桃路
……Tel:3525198

天等县国家税务局
地址：天等县天丽街
……Tel:3521050

天等县国家税务局稽查局
地址：天等县天丽街
……Tel:3524190

天等县审计局
地址：天等县天桃路75号
……Tel:3521267

天等县经济贸易局
地址：天等县和平街
……Tel:3521193

天等县环境保护局
地址：天等县和平街
……Tel:3527685

天等县林业局
地址：天等县朝阳西路107号
防火办……Tel:3521016
办公室……Tel:3527226
防火热线……Tel:12119

天等县物价局
地址：天等县天城街
……Tel:3521150

天等县城乡清洁工程领导小组办公室
地址：天等县和平街
……Tel:3532988

天等县统计局
地址：天等县和平街天桃路
……Tel:3531912

天等县政府办公室
地址：天等县和平街27号
……Tel:3521197

天等县科学技术局
地址：天等县和平街
……Tel:3521285

天等县文化和文化和旅游局
地址：天等县和平街
……Tel:3526880

天等县烟草专卖局
地址：天等县天宝北路
……Tel:3523161

天等县教育局
地址：天等县中山街
……Tel:3521180

天等县粮食局
地址：天等县朝阳西路
……Tel:3521130

天等县粮食储备库
地址：天等县朝阳西路
……Tel:3528939

中国西南扶贫世界银行货款项目天等县办公室
地址：天等县政府大院内
……Tel:3521916

南宁交通征费稽查处天等征稽所
地址：天等县天等镇城南路266号
……Tel:3521047

桂西农村综合发展项目办公室
地址：天等县朝阳西路
……Tel:3530271

崇左市食品药品监督管理局天等县分公司
地址：天等县天宝南路
……Tel:3530428
……Tel:3522881
……Tel:3536027

凭祥市（0771）

党政、国家机构及社会团体

中国共产党及其所属机构

县（区、市）党委及其所属机构

中国共产党凭祥市委员会
地址：凭祥市南大路7号
……Tel:8520500

中国共产党凭祥市直属机关工作委员会
地址：凭祥市南大路
……Tel:8520535

中国共产党凭祥市委员会老干部局
地址：凭祥市南大路7号
……Tel:8520505

中国共产党凭祥市委员会组织部
地址：凭祥市南大路
……Tel:8520501

凭祥市档案局
地址：凭祥市南大路
……Tel:8520507

人民政府及其所属机构

县（区、市）人民政府及其所属机构

广越市场开发有限公司
地址：凭祥市南大路南站货场门口
……Tel:8551193

凭祥市二轻工业联合社
地址：凭祥市北大路一支
……Tel:8521786

凭祥市人力资源和社会保障局
地址：凭祥市南大路7号
……Tel:8534695

凭祥市人口和计划生育局
地址：凭祥市北大路连塘小区402号
……Tel:8520269

凭祥市人才交流服务中心
地址：凭祥市南大路21号
……Tel:8530376

凭祥市卫生局
地址：凭祥市北大路五巷38号
……Tel:8520111

凭祥市市场监督管理局
地址：凭祥市北环路
……Tel:8520678

凭祥市土地局储备中心
地址：凭祥市北大路自然资源局储备中心平房
……Tel:8529581

凭祥市计划局
地址：凭祥市政府行政中心
……Tel:8531871

凭祥市水电局
地址：凭祥市南大路一支4号
……Tel:8536980

凭祥市发展和改革局
地址：凭祥市南大路
……Tel:8520523

凭祥市边民互市点开发建设管理服务中心
地址：凭祥市南大路7号边防委员会2楼
……Tel:8530098

凭祥市边防民族歌舞团
地址：凭祥市南大路18号
……Tel:8520529

凭祥市边防贸易服务管理所
地址：商务局里面
……Tel:8536186

凭祥市边贸农业特产税征收管理所
地址：凭祥市北大路
……Tel:8536126

凭祥市边境贸易服务管理所
地址：凭祥市西园小区a40
……Tel:8535489

凭祥市民政局
地址：凭祥市南大路
……Tel:8521008

凭祥市民族事务局
地址：凭祥市白云景观大道
……Tel:8520625
……Tel:8530018

凭祥市民族经济发展资金管理所
地址：凭祥市北环路
……Tel:8524001

凭祥市交通局
地址：凭祥市南大路
……Tel:8536167

凭祥市农业农村局

地址：凭祥市南大路一支
……Tel:8521521

妩祥市农机局
地址：凭祥市南大路
……Tel:8521348

凭祥市农村基层组织建设
地址：凭祥市南大路
……Tel:8525970

凭祥市地方志编纂委员会办公室
地址：凭祥市南大路
……Tel:8520591

凭祥市地方税务局
地址：凭祥市北大路410号
……Tel:8537813

凭祥市地方税务局凭祥税务分局
地址：凭祥市北大路
……Tel:8522975

凭祥市地方税务局稽查局
地址：凭祥市北大路
……Tel:8527091

凭祥市应急管理局
地址：凭祥市北大路一支31号
……Tel:8533969

凭祥市安监局
地址：新政府办公楼
……Tel:8531048

凭祥市机关后勤服务中心
地址：凭祥市南大路7号
……Tel:8520515

凭祥市机关事务管理局
地址：凭祥市南大路
……Tel:8535628

凭祥市机关效能建设工作领导小组办公室
地址：凭祥市南大路
……Tel:8538183

凭祥市机构编制委员会办公室
地址：凭祥市南大路
……Tel:8520626

凭祥市老龄工作委员会办公室
地址：凭祥市南大路
……Tel:8527473

凭祥市扶贫办公室
地址：市政府行政中心大楼二楼
……Tel:8532696

凭祥市扶贫开发领导小组办公室
地址：凭祥市南大路
……Tel:8521708

凭祥市弄尧管理委员会
地址：弄怀商贸街
……Tel:8565183

凭祥市财政局
地址：北环路65号
……Tel:8523499

凭祥市质量技术监督局
地址：南站南大路
……Tel:8551400

凭祥市建设局
地址：凭祥市南大路
……Tel:8520682

凭祥市拥军优属拥政爱民工作领导小组办公室
地址：凭祥市南大路
……Tel:8529006

凭祥市国土资源规划局
地址：凭祥市北大路三支
……Tel:8525633
……Tel:8523501
……Tel:8525721

凭祥市国家税务局
地址：凭祥市南大路
……Tel:8521199

凭祥市国家税务局稽查局
地址：凭祥市北环路
……Tel:8529744

凭祥市实施城乡清洁工程协调领导小组办公室
地址：凭祥市南大路
……Tel:8538336

凭祥市经济贸易局
地址：凭祥市北大路
……Tel:8520521

凭祥市环境保护局
地址：凭祥市南大路
……Tel:8524384

凭祥市林业局
地址：凭祥市南大路
……Tel:8587585
……Tel:8588536
……Tel:8539281

凭祥市物价局
地址：凭祥市南大路
……Tel:8531447

凭祥市房改办
地址：凭祥市南大路7号
……Tel:8533180

凭祥市城投公司
地址：北环路
……Tel:8532968

凭祥市统计局
地址：凭祥市南大路
……Tel:8520510

凭祥市政府
地址：凭祥市南大路7号
……Tel:8538719

凭祥市科学技术局
地址：凭祥市南大路
……Tel:8520975

凭祥市文化和文化和旅游局
地址：凭祥市南大路
……Tel:8527194

凭祥市烟草专卖局
地址：凭祥市南大路8号
……Tel:8522514

凭祥市商务局
地址：凭祥市南大路
……Tel:8520857
……Tel:8533869

凭祥市商贸局
地址：凭祥市南大路
……Tel:8525749

凭祥市教育局
地址：北大路
……Tel:8530521

凭祥市粮食局
地址：凭祥市新华路
……Tel:8520362

国家外汇管理局凭祥市支局
地址：凭祥市北环路
……Tel:8531310

南宁交通征费稽查处凭祥征稽所
地址：凭祥市环城路连全小学旁
……Tel:8522904

浦寨边境贸易区管理委员会
地址：凭祥市浦寨边境贸易区
……Tel:8563863

崇左市食品药品监督管理局凭祥市分局
地址：凭祥南大路

四川省

成都市人民政府
地址：成都市人民西路2号
……Tel:86636113

成都市防震减灾局
地址：天府大道蜀锦路68号
……Tel:61885777

成都市劳动和社会保障局
地址：二环路北一段4号
……Tel:87706993

成都市物价局
地址：一环路东三段148号
……Tel:84312944

成都市人民政府火车北站地区管理委员会
地址：北站西一路108号
……Tel:83177591

成都市石化基地管理委员会
地址：成都市金家坝街7号
……Tel:86698350

成都市农业委员会
地址：蜀锦路68号
……Tel:61883500

成都市仲裁委员会
地址：大慈寺路17号
……Tel:86715747

成都市投资促进委员会
地址：高新区蜀锦路68号
……Tel:61885500

成都市建设委员会
地址：成都市八宝街111号
……Tel:86632515

成都市国有资产监督管理委员会
地址：天府大道北段966号
……Tel:61885690

成都市人民防空办公室
地址：民丰大道西段321号
……Tel:61885939

成都市人民政府外事办公室
地址：成都市西华门街19号
……Tel:86637972

成都市民用建筑统一建设办公室
地址：西玉龙街6号
……Tel:86582222

成都市建设工程招标投标监督办公室
地址：成都市八宝街111号
……Tel:86244233

成都市城市节约用水办公室
地址：成都市多子巷8号
……Tel:86600314

成都市精神文明建设办公室
地址：成都市羊市街19号
……Tel:86635069

成都市人防平战结合管理处
地址：永陵路7号附1号
……Tel:87775307

成都市归国藏胞接待站
地址：成都市永陵路15号
……Tel:87768009

成都市成华区人民政府
地址：一环路东三段148号
……Tel:84313400

成都市青羊区人民政府
地址：江汉路224号
政务中心……Tel:86263864
值班室……Tel:86637379

成都市锦江区人民政府
地址：达大慈寺路48号
……Tel:86626188

四川省成都市锦江区国家税务局
地址：成都市福字街88号
……Tel:65567600

成都市成华区人力资源和社会保障局
地址：一环路东三段148号
……Tel:84310104

成都市成华区市场监督管理局
地址：一环路东二段96号
……Tel:68919000

成都市成华区民政局
地址：成华区新鸿南路56号
……Tel:84319500

成都市成华区机关事务管理局
地址：一环路东三段148号
……Tel:84312677

成都市成华区审计局
地址：一环路东三段148号
……Tel:84312024

成都市成华区经济发展和改革局
地址：一环路东三段118号
……Tel:84312991

成都市成华区国家税务局
地址：成都市东风路2号
……Tel:84470459

成都市金牛区安全生产监督管理委员会
地址：成都市沙湾路65号
……Tel:87705395

成都市金牛区人民防空办公室
地址：金牛区沙湾路65号
……Tel:87705803

成都市金牛区信息化办公室
地址：成都市沙湾路65号
……Tel:87705795

成都市青羊区双拥领导小组办公室
地址：成都市西华门街19号
……Tel:86252105

成都市青羊区地方志编纂委员会办公室
地址：成都市西华门街19号
……Tel:86249773

成都市青羊区精神文明办公室
地址：江汉路224号
……Tel:86240857

成都市锦江区信息化办公室
地址：成都市书院南街41号
……Tel:86622413

成都市青羊区人民政府少城街道办事处
地址：青羊区东门街69号
……Tel:86630279

成都市锦江区人民政府莲新街道办事处
地址：莲花西路146号
……Tel:84510092

人民政协和民主党派

人民政协

中国人民政治协商会议四川省委员会
地址：锦里东路
……Tel:86167281

中国人民政治协商会议成都市委员会
地址：东胜街
……Tel:86262239

民主党派
中国民主建国会成都市委员会
地址：青羊区斌升街9号
……Tel:86661175

社会团体

共青团、青联、学联

中国共产主义青年团成都市青羊区委员会
地址：成都市西华门街19号
……Tel:86269387

中国共产主义青年团成都市锦江区委员会
地址：成都市书院南街41号
……Tel:86781334

协会
四川省食品工业协会
地址：东城根南街30号
……Tel:86138980

成都市物业管理协会
地址：东城根上街11号5楼
……Tel:61515315

宗教组织

成都市伊斯兰教协会经济发展管理中心
地址：西御街西御大厦B座
……Tel:86131699

自贡市（0813）

国家机构

人民政府

自贡市人民政府
地址：自流井区丹桂大街443号
……Tel:8201309

自贡市人事局
地址：自贡交通路
……Tel:2202733

自贡市市场监督管理局
地址：自贡汇东路中段
……Tel:8100139

自贡市大安区市场监督管理局注册登记科
地址：自贡长远塘
……Tel:5101274

自贡市大安区水利农机局
地址：自贡凉水井
……Tel:5806397

自贡市大安区地方税务局
地址：自贡广华路
……Tel:5803396

自贡市大安区地方税务局二分局
地址：自贡大山铺
……Tel:5801288

自贡市大安区劳动和社会保障局
地址：自贡仁和路
……Tel:2210600

自贡市大安区社会保险事业管理局
地址：自贡大街
……Tel:2210620

自贡市大安区国家税务局
地址：自贡荆花湾路
……Tel:5101255

自贡市大安区食品药品监督管理局
地址：白贡龙井街广华路
……Tel:2400927

自贡市大安区就业服务管理局
地址：自市仁和路
……Tel:2210610

自贡市市场监督管理局自流井分局
地址：自贡彩灯街
……Tel:2108005

攀枝花市（0812）
人民政府
攀枝花市人民政府
地址：攀枝花市炳草岗大街
……Tel:3332828

攀枝花市人口和计划生育委员会
地址：良金大厦D座B栋
……Tel:3356122

攀枝花市东区人民政府
地址：攀枝花市大河北路
……Tel:2222301

攀枝花市西区人民政府
地址：攀枝花市大水井
……Tel:5558259

人民政协和民主党派

人民政协

中国人民政治协商会议攀枝花市委员会
地址：攀枝花市
……Tel:2911813

泸州市（0830）
人民政府
泸州市人民政府
地址：泸州市江阳西路
……Tel:3190751

泸州市人口和计划生育委员会
地址：泸州市江阳西路
……Tel:3190745

泸州市发展和改革委员会
地址：泸州市江阳西路1号
……Tel:3190074

泸州市机构编制委员会
地址：泸州市江阳西路
……Tel:3191943

泸州市仲裁委员会
地址：泸州市江阳南路30号
……Tel:3195695

泸州市住房委员会
地址：泸州市白招牌
……Tel:2391653

泸州市政府国有资产监督管理委员会
地址：泸州市江阳区星光路
……Tel:3121052

泸州市住房制度改革领导小组办公室
地址：泸州市白招牌
……Tel:2394501

泸州市人民政府政务服务中心
地址：泸州市江阳西路
……Tel:3114628

泸州市龙马潭区人民政府
地址：泸州市龙马大道三段
……Tel:2522011

泸州市龙马潭区人民政府政务服务中心
地址：龙马大道三段九号
……Tel:2508507

泸州市龙马潭区金龙乡人民政府
地址：泸州市金龙街
……Tel:2640444

泸州市龙马潭区特兴镇人民政府
地址：泸州市新二街
……Tel:2750201

泸州市江阳区人民政府
地址：泸州市星光路
……Tel:3123999

泸州市江阳区人民政府张坝景区办事处
地址：泸州市茜草街道
……Tel:3589068

泸州市江阳区方山镇人民政府

地址：泸州市政府街
…………………………Tel:3710129
泸州市江阳区丹林乡人民政府
地址：泸州市马岭街
…………………………Tel:3770051
泸州市江阳区石寨乡人民政府
地址：泸州市朝阳路
…………………………Tel:3750161
泸州市江阳区况场镇人民政府
地址：泸州市中大街
…………………………Tel:3720002
泸州市江阳区弥陀镇人民政府
地址：泸州市东胜街
…………………………Tel:3600201
泸州市江阳区政务服务中心
地址：泸州市康宁路
…………………………Tel:3213555
泸州市江阳区泰安镇人民政府
地址：泸州市平安路
…………………………Tel:3590319
泸州市江阳区黄舣镇人民政府
地址：泸州市红来街
…………………………Tel:3650272
泸州市江阳区江南轻工业集中发展区管理委员会
地址：泸州市蓝安西路
…………………………Tel:3998863

人民政协和民主党派
人民政协

中国人民政协协商会议泸州市委员会
地址：城北新区南光路
…………………………Tel:2588576

社会团体
共青团、青联、学联

中国共产主义青年团泸州市委员会
地址：大山坪市委办公楼
…………………………Tel:3190599

德阳市（0838）
人民政府
德阳市人民政府
地址：德阳市长江西路
…………………………Tel:2201699
德阳市人口和计划生育委员会
地址：德阳市庐山北路
…………………………Tel:2552706
德阳市经济委员会
地址：德阳市长江东路
…………………………Tel:2503939
德阳市精神建设委员会
地址：德阳市长江西路一段
…………………………Tel:2202515
德阳市精神文明办公室
地址：德阳市长江西路一段
…………………………Tel:2205701
德阳市扬嘉镇人民政府
地址：德阳市扬嘉镇正街
…………………………Tel:3640263
德阳市孝泉镇人民政府
地址：德阳市孝泉镇
…………………………Tel:3601101
德阳市旌阳区人民政府
地址：德阳市黄河路
…………………………Tel:2556463
德阳市旌阳区八角井镇人民政府
地址：德阳市全沙江路
…………………………Tel:2600043
德阳市旌阳区双东镇人民政府
地址：德阳市美女庙街
…………………………Tel:2585409
德阳市旌阳区东太乡人民政府
地址：德阳市东太乡
…………………………Tel:3840056
德阳市旌阳区东湖乡人民政府
地址：德阳市玉泉路
…………………………Tel:2552492
德阳市旌阳区德新镇人民政府
地址：德阳市德新镇
…………………………Tel:3860760
德阳市旌阳区孝感镇人民政府
地址：德阳市正街
…………………………Tel:2440706
德阳市旌阳区柏隆镇人民政府
地址：德阳市柏隆镇
…………………………Tel:3664835
德阳市旌阳区新中镇人民政府
地址：德阳市新中场镇
…………………………Tel:2580088
德阳秒新乡人民政府党委
地址：德阳市和新乡场镇
…………………………Tel:2690076

绵阳市（0816）
人民政府
编阳市人民政府
地址：绵阳高新区绵兴东路
…………………………Tel:2538003
绵阳市涪城区人民政府
地址：绵阳文庙街
…………………………Tel:2263021
绵阳市涪城区丰谷镇人民政府
地址：绵阳丰谷镇谷团结路
…………………………Tel:2810201
绵阳市游仙区人民政府
地址：绵阳一环路东段
…………………………Tel:2282594
绵阳市游仙区游仙镇人民政府
地址：绵阳游仙路
…………………………Tel:2281096
绵阳市游仙区游仙镇人民政府主任办公室
地址：绵阳游仙路
…………………………Tel:2281403
绵阳市游仙区魏城镇人民政府
地址：绵阳魏城镇正兴街
…………………………Tel:2744122
绵阳市河边镇财政所
地址：绵阳河边镇场镇
…………………………Tel:2587321
绵阳市石塘镇创建办
地址：绵阳绵绢路
…………………………Tel:2383019
绵阳市河边镇企业办
地址：磨家师院内
…………………………Tel:2587396
绵阳涪城区环境整治办
地址：绵阳文庙街
…………………………Tel:2265462
绵阳市龙门镇人民政府
地址：绵江公路旁边
…………………………Tel:26400b47
绵阳市石马镇人民政府
地址：绵阳石马镇通江街
…………………………Tel:2660121
绵阳市东林乡人民政府
地址：绵阳东林乡场镇
…………………………Tel:2666133
绵阳市吴家镇人民政府
地址：绵阳吴家镇源龙街
…………………………Tel:2891791
绵阳市河边镇人民政府
地址：绵阳河边镇场镇上
…………………………Tel:2587211
绵阳市朝真乡人民政府
地址：绵阳朝真乡场镇上
…………………………Tel:2784092
绵阳市磨家镇人民政府
地址：绵阳绵兴西路
…………………………Tel:2584292

人民政协和民主党派
人民政协

中国人民政协协商会议绵阳市委员会
…………………………Tel:2214122

广元市（0839）
人民政府
广元市人民政府
地址：利州区人民路北段24号
…………………………Tel:3263224
广元市人事局
地址：广元人民路北段
…………………………Tel:3266317
广元市卫生局办公室
地址：广元利州东路
…………………………Tel:3260287
广元市市场监督管理局经济开发区分局财务科
地址：广元西安路
…………………………Tel:3503243
广元市劳动和社会保障局劳动能力鉴定中心
地址：广元电子路
…………………………Tel:3304921
广元市元坝区人口和计划生育局
地址：广元京兆路
…………………………Tel:8722065
广元市元坝区人事局人才交流中心
地址：广元战神路
…………………………Tel:8724607
广元市元坝区人事局工资股
地址：广元战神路
…………………………Tel:8725245
广元市元坝区人事局公务员管理股
地址：广元战神路
…………………………Tel:8723982
广元市元坝区人事局编办公室
地址：广元战神路
…………………………Tel:8725242
广元市元坝区市场监督管理局办公室
地址：广元青梅路
…………………………Tel:8725202
广元市元坝区市场监督管理局消协
地址：广元青梅路
…………………………Tel:8722315
广元市元坝区劳动和社会保障局
地址：广元葭萌路
…………………………Tel:8722075
广元市元坝区劳动和社会保障局工会办公室
地址：广元葭萌路
…………………………Tel:8723206
广元市元坝区劳动和社会保障局医保大厅
地址：广元葭萌路
…………………………Tel:8725231
广元市元坝区劳动和社会保障局退管股
地址：广元葭萌路
…………………………Tel:8723654
广元市元坝区劳动和社会保障局基保局
地址：广元葭萌路
…………………………Tel:8722076
广元市元坝区劳动和社会保障局就业医保大厅
地址：广元葭萌路
…………………………Tel:8722292

人民政协和民主党派
人民政协

中国人民政协协商会议广元市委员会
地址：广元市
…………………………Tel:3262724

内江市（0832）
人民政府
内江市人民政府
地址：市中区新华路20号
…………………………Tel:2022121

人民政协和民主党派
人民政协

中国人民政协协商会议内江市委员会
地址：市中区翔龙路82号
…………………………Tel:2032336

乐山市（0833）
人民政府
乐山市人民政府
地址：乐山市滨江路
…………………………Tel:2132231
乐山市市人民政府督办室
地址：泊水街市政府1楼
…………………………Tel:2135363
乐山市市中区人民政府
地址：乐山市县街
…………………………Tel:2131231
乐山市九龙乡政府
地址：乐山市九龙乡莲井街
…………………………Tel:2582017
乐山市九峰政府
地址：乐山市九峰乡九峰街
…………………………Tel:2301030
乐山市土主童家乡政府
地址：乐山市土主童家乡
…………………………Tel:2660017
乐山市土主镇政府
地址：乐山市土主镇
…………………………Tel:2578513
乐山市车子镇政府
地址：乐山市车子居民新区
…………………………Tel:2599799
乐山市中区九峰镇人民政府
地址：乐山市九峰镇九峰路
…………………………Tel:2301395
乐山市中区白马镇政府
地址：乐山市白马镇向泉街
…………………………Tel:2640062
乐山市中区安谷镇人民政府
地址：乐山市安谷镇
…………………………Tel:2590221
乐山市中区全福镇人民政府
地址：乐山市全福镇裕民街
…………………………Tel:2571039
乐山市石龙乡人民政府
地址：乐山市石龙乡榕树街
…………………………Tel:2570001
乐山市平兴乡政府
地址：乐山市滑石街
…………………………Tel:2670002

南充市（0817）
人民政府
南充市人民政府
地址：南充市涪江路
…………………………Tel:2225293
南充市人口和计划生育委员会
地址：南充市驻春路
…………………………Tel:2321969
南充市国有资产监督管理委员会
地址：南充市涪江路
…………………………Tel:2224295
南充市经济委员会
地址：南克市果城路
…………………………Tel:2233276
南充市经济贸易委员会信息中心
地址：南充市丝绸大厦
…………………………Tel:2800559
南充市城市规划管理委员会
地址：南充市文化路
…………………………Tel:2228756
南充市高坪区人民政府
地址：南克市松林大道
…………………………Tel:3344415
南充市嘉陵区人民政府
地址：南充市都尉路
…………………………Tel:3638818
南充市嘉陵区土门乡人民政府
地址：南充市嘉陵区榕荫街
…………………………Tel:3894069
南充市嘉陵区自家乡人民政府
地址：南充市白家乡正街
…………………………Tel:3815057
南充市长乐镇交警中队
地址：南充市工业街
…………………………Tel:3418122
南充市顺庆区农业工作委员会
地址：南充市果城路
…………………………Tel:2243171
南充市三会乡人民政府
地址：南充市负正街
…………………………Tel:3735838
南充市龙桥乡人民政府
地址：南充市龙桥乡
…………………………Tel:3845094
南充市临江乡人民政府
地址：南充市正临街
…………………………Tel:3895102
南充市嘉陵区李渡镇人民政府
地址：南充市正安街
…………………………Tel:3898101

社会团体
共青团、青联、学联

中国共产主义青年团南充市委员会
地址：南充市北湖路88号
…………………………Tel:2224086

广安市（0826）
广安市人民政府
地址：广安区思源大道2号
…………………………Tel:2333812
广安市人口和计划生育委员会
地址：广安市建安中路
…………………………Tel:2332152
广安市发展计划委员会以工代赈办公室
地址：广安市兴安街
…………………………Tel:2321680
广安市机构编翩委员会
地址：广安市公园街
…………………………Tel:2332893
广安市国有资产监督管理委员会
地址：广安市思源大道
…………………………Tel:2399092
广安市人民政府应急管理办公室
地址：广安市思源大道
…………………………Tel:2335077
广安市广安区人民政府
地址：广安市人民路
…………………………Tel:2222712
广安市广安区人民政府扶贫开发办公室
地址：广安市人民路
…………………………Tel:2222510
广安市广安区前锋工业集中区管理委员会
地址：广安市前锋镇
…………………………Tel:2813336

眉山市（028）
国家机构
人民政府
眉山市人民政府
地址：东坡区眉州大道西一段2号
…………………………Tel:38168456
眉山市人事局
地址：眉山市红星路
…………………………Tel:38168533
眉山市人事局考试中心
地址：眉山市红星路
…………………………Tel:38197202
眉山市市场监督管理局
地址：眉山市大北街
…………………………Tel:38188903
眉山市市场监督管理局一二三一五指挥中心
地址：眉山市大北街
…………………………Tel:38195453
眉山市市场监督管理局消费者权益保护科
地址：眉山市大北街
…………………………Tel:38197426
眉山市水利局
地址：眉洲大道西三段
…………………………Tel:38166000
眉山市长途线路局
地址：眉山市诗书路
…………………………Tel:38101030
眉山市东坡区人事局
地址：眉山市红星东路
…………………………Tel:38193281
眉山市东坡区卫生局
地址：眉山市育才东街
…………………………Tel:38296051
眉山市东坡区市场监督管理局
地址：眉山市三苏大道
…………………………Tel:38116600
眉山市东坡区水电局
地址：眉山市蓬莱路
…………………………Tel:38220546
眉山市东坡区水利局
地址：眉山市蓬莱北路
…………………………Tel:38221508
眉山市东坡区民政局
地址：眉山市一环北路
…………………………Tel:38109180
眉山市东坡区民族宗教事务局
地址：眉山市通惠街

Tel:38101043

眉山市东坡区地方税务局
地址：眉山市苏祠路
Tel:38299916

眉山市东坡区农业农村局
地址：眉山市诗书路
Tel:38293509

眉山市东坡区农机实业管理局
地址：眉山市蓬莱南路
Tel:38298786

眉山市东坡区交通局
地址：眉山市永通南街
Tel:38298155

宜宾市（0831）

人民政府

宜宾市人民政府
地址：宜宾市蜀南大道8号
Tel:2339000

宜宾市国有资产监督管理委员会
地址：宜宾市酒都路
Tel:2311510

宜宾市经济委员会
地址：宜宾市成熙街
Tel:8221163

宜宾市经济贸易委员会
地址：宜宾市南岸
Tel:2339268

宜宾市精神文野建设办公室
地址：宜宾市中山街
Tel:8224463

宜宾市明威乡人民政府
地址：宜宾市明清街
Tel:3722758

宜宾市翠屏区人民政府
地址：宜宾市人民路
Tel:8224645

宜宾市翠屏区李庄镇人民政府
地址：宜宾市文星街
Tel:2440000

宜宾市翠屏区宋家乡人民政府
地址：宜宾市工农街
Tel:2450974

宜宾市翠屏区赵场镇人民政府
地址：宜宾市草燕街
Tel:2479027

宜宾市翠屏区菜坝镇人民政府
地址：宜宾市爱民街
Tel:8101599

宜宾市翠屏区发展与改革局
地址：宜宾市蜀南大道
Tel:2339245

宜宾市翠屏区发展和改革局
地址：宜宾市人民路
Tel:8226188

宜宾市翠屏区住房制度改革领导小姐办公室
地址：宜宾市人民路
Tel:8245444

宜宾市翠屏区人民政府北城街道办事处
地址：宜宾市水井街
Tel:8225207

达州市（0818）

人民政府

达州市人民政府
地址：达州市永兴路
Tel:2123882

达州市人民政府外事办公室
地址：达州市采兴路
Tel:2137048

达州市人民政府政务服务中心
地址：达州市全兰路
Tel:2523735

达州市人民政府政务服务中心机办党委
地址：达州市金兰路
Tel:2527856

达州市人民政府政务服务中心劳动局窗口
地址：达州市金兰路
Tel:2523213

达州市人民政府政务服务中心生态环境局窗口
地址：达州市金兰路
Tel:2523190

达州市人民政府群众接待中心
地址：达州市永兴路
Tel:2152782

达县人民政府办公室
地址：达州市通达东路
Tel:5123008

达州市马家乡人民政府
地址：达州市正街
Tel:3390039

达州市大堰乡人民政府
地址：达州市政府街
Tel:3564050

达州市大滩乡人民政府
地址：达州市交通路
Tel:3208020

雅安市（0835）

国家机构

人民政府

雅安市人事局办公室
地址：雅安桃花巷
Tel:2224564

雅安市卫生局办公室
地址：雅安小北街
Tel:2222127

雅安市大型水电工程移民局
地址：雅安上坝路
Tel:2299947

雅安市乡镇企业管理局
地址：雅安小北街
Tel:2223809

雅安市水文水资源勘测局办公室
地址：雅安绿洲路
Tel:2223678

雅安市水利局
地址：雅安友谊路
Tel:2222130

雅安市公路局办公室
地址：雅安城后路
Tel:2223338

雅安市民政局办公室
地址：雅安建新路
Tel:2227337

雅安市民族宗教事务局办公室
地址：雅安上坝路
Tel:2223891

雅安市民族宗教事务局民族科
地址：雅安上坝路
Tel:2224400

雅安市民族宗教事务局宗教科
地址：雅安上坝路
Tel:2239545

雅安市粮食局办公室
地址：雅安八一路53号
Tel:2351780

凉山彝族自治州（0834）

西昌市（0834）

国家机构

人民政府

凉山彝族自治州人民政府
地址：西昌三岔路口南路
Tel:3865999

西昌市人民政府市政府办公室
地址：大水井12号
Tel:3222406

西昌市大兴乡人民政府
地址：西昌大兴乡
Tel:3793431

西昌市川兴镇人民政府
地址：西昌老鱼市
Tel:3782162

西昌市马道镇人民政府
地址：西昌北街
Tel:3773878

西昌市月华乡人民政府
地址：西昌新街
Tel:3820168

西昌市中坝乡人民政府
地址：西昌大树村
Tel:3620399

西昌市四合乡人民政府
地址：西昌四合村
Tel:3301192

西昌市礼州镇人民政府
地址：西昌礼州镇
Tel:3800168

西昌市安宁镇人民政府
地址：西昌桃园西路
Tel:3442628

西昌市西郊乡人民政府
地址：西昌风情固路
Tel:2191815

西昌市兴胜乡人民政府
地址：西昌兴胜乡
Tel:3084827

西昌市佑君人民政府
地址：西昌佑君镇
Tel:3600068

西昌市经久乡人民政府
地址：西昌合营村
Tel:3630295

西昌市洛古乡人民政府
地址：西昌洛古坡乡
Tel:3762197

西昌市黄水乡人民政府
地址：西昌黄水乡
Tel:3766013

西昌市黄联镇人民政府
地址：西昌黄联冠镇
Tel:3767010

西昌樟木庆乡人民政府
地址：西昌字库村
Tel:3400088

巴中市（0827）

中国共产党中国共产党巴中市委员会
地址：巴中市江北大道西段
Tel:5281111

中国共产党巴中市委员会老干部局
地址：巴中市江北市政大楼
Tel:5261367

中国共产党巴中市委员会组织部
地址：巴中市江北大道
Tel:5261369

资阳市（028）

国家机构

人民政府

资阳市人民政府
地址：雁江区广场路9号
Tel:22655501

资阳市人民政府行政服务中心
地址：娇子大道
Tel:26110221

资阳市人事局
地址：娇子大道
Tel:26110973

资阳市卫生局人事科
地址：雁江区广场路9号
Tel:26110922

资阳市卫生局办公室
地址：雁江区广场路9号
Tel:26110927

资阳市市场监督管理局人教科
地址：雁江区新城路48号
Tel:26639352

资阳市市场监督管理局工会
地址：雁江区新城路48号
Tel:26632509

资阳市市场监督管理局个私协
地址：雁江区新城路48号
Tel:26639365

资阳市市场监督管理局个体科
地址：雁江区新城路48号
Tel:26639368

资阳市市场监督管理局办公室
地址：雁江区新城路柏号
Tel:26630253

资阳市市场监督管理局市场科
地址：雁江区新城路48号
Tel:26639383

资阳市市场监督管理局外贸科
地址：雁江区新城路48号
Tel:266393189

资阳市市场监督管理局老干科
地址：雁江区新城路48号
Tel:26639351

资阳市市场监督管理局企业科
地址：雁江区新城路48号
Tel:26689388

资阳市市场监督管理局财务科
地址：雁江区新城路48号
Tel:26689372

资阳市市场监督管理局经验支队
地址：雁江区新城路48号
Tel:26639357

资阳市市场监督管理局信息中心
地址：雁江区新城路48号
Tel:36630106

资阳市市场监督管理局党办
地址：雁江区新城路48号
Tel:26639356

资阳市市场监督管理局消委会
地址：雁江区新城路48号
Tel:26630071

资阳市市场监督管理局消保科
地址：雁江区新城路48号
Tel:26639385

资阳市市场监督管理局商广科
地址：雁江区新城路48号

贵州省

贵阳市人民政府
地址：贵阳市
Tel:7989006

贵阳市人事局
地址：贵阳市
Tel:7989180

贵阳市民政局
地址：指月街9号–GZ
Tel:8658095

贵阳市财政局
地址：贵阳市
Tel:5806805

贵阳市经贸委
地址：贵阳市
Tel:7989051

贵阳市国资委
地址：贵阳市
Tel:7988103

都匀市统计局
地址：市区剑江中路
Tel:7101766

人民政协和民主党派

人民政协

中国人民政治协商会议贵州省委员会
地址：北京路
Tel:6527090

中国人民政治协商会议贵阳市委员会
地址：全阳行政中心
Tel:7989878

民主党派

中国民主同盟贵阳市委员会
地址：金阳新区
Tel:7987261

社会团体

共青团 青联、学联

共青团贵州省委员会
地址：延安中路
Tel:6577029

妇联

贵州省妇女联合会
地址：延安中路
Tel:6571475

贵阳市妇女联合会
地址：金阳行政中心
Tel:7988679

侨联

贵州省归国华侨联合会
地址：中华北路
Tel:6822627

协会

贵州省保健科技协会
地址：黔灵西路
Tel:6823141

学会

中国矿物岩石地球化学学会
地址：观水路
Tel:5895599

贵州省红楼梦研究学会
地址：太子桥
Tel:5118097

贵州省审计学会
地址：市北路78号
Tel:6613239

基金会

贵州省青少年发展基金会
地址：延安申路
Tel:6576254

宗教组织

贵州省天主教预备修院
地址：和平路
Tel:6781804

贵阳市天丰教爱国会
地址：陕西路
Tel:6788461

贵阳市基督教三自爱国运动委员会
地址：黔灵西路31号
Tel:6823713

其他社会团体

贵阳生产力促进中心
地址：青云路
Tel:5567359

驻在机构

外省驻在机构

广东省湛江市人民政府驻贵阳办事处
地址：延安东路
Tel:6811193

广西壮族自治区人民政府驻贵阳办事处
地址：北新区路
Tel:6507776

成都军区房地产管理局贵州分局
地址：南厂路
Tel:5796992

湛江港务局驻贵州办事处
Tel:5812313

本省驻在机构

习水县人民政府驻贵阳联络处
地址：贵乌北路
Tel:6772501

六枝特区人民政府驻贵阳办事处
地址：遵义路
Tel:5664543

六枝特区政府驻贵办事处
地址：遵义路32号
Tel:5663841

六盘水市人民政府驻贵阳办事处
地址：威清路
Tel:6571514

石阡县人民政府驻贵阳办事处
地址：盐务街
Tel:6620100

正安县人民政府驻贵阳联络处
地址：解放路
Tel:5986828

毕节市人民政府驻贵阳办事处
地址：罗汉营路177号
Tel:5974264

毕节地区行政公署驻贵阳办事处
地址：贵溪路
Tel:5945884

织金县人民政府驻贵阳办事处
地址：瑞金北路
Tel:6571658

铜仁地区行政公署驻贵阳办事外
地址：宅吉路
Tel:6616657

盘江矿务局贵阳办事处
地址：黔灵西路146号
Tel:6577492

黔西南州人民政府驻贵阳办事处
地址：护国路

………………………………Tel:5863352
黔南布依族苗族自治州人民政府驻贵阳办事处
地址：通衢街
………………………………Tel:5831393
六盘水市（0858）
人民政府
六盘水市人民政府
………………………………Tel:8223541
六盘永市水文水资源局
地址：钟山西路
………………………………Tel:8322397
六盘水市交通局
地址：民族路
………………………………Tel:8332946
六盘水市统计局
地址：钟山西路
………………………………Tel:8222585
六盘水市煤炭工业局
地址：钟山西路
………………………………Tel:8222382
六盘水劳动保障局
地址：市明湖路25号
………………………………Tel:8222272
人民政协和民主党派
人民政协
中国人民政治协商会议六盘水市委员会
地址：钟山西路
………………………………Tel:8221346
社会团体
工会
六盘水市总工会
地址：钟山西路
………………………………Tel:8222140
妇联
六盘水妇女联合会
地址：钟山区向阳南路
………………………………Tel:82020181
遵义市（0852）
人民政府
遵义市地方税务局
地址：解放梨
………………………………Tel:8250054
遵义市国家税务局
地址：民主路
………………………………Tel:8224139
仁怀市地方税务局
地址：中枢国酒南路
………………………………Tel:2225171
仁怀市社会保障局
地址：中枢南大街
………………………………Tel:2223611
赤水市审计局
地址：人民街25号
………………………………Tel:2861250
赤水市粮食局
地址：西内环路6号
………………………………Tel:2861652
遵义市水文永资源局
地址：遵义市红花岗区
………………………………Tel:8223234
遵义市气象局
地址：上海路
………………………………Tel:8923382
遵义市财政局
地址：老城官井路
………………………………Tel:8264120
遵义市房产管理局
地址：红花岗区公园路
………………………………Tel:8265159
遵义市物价检查所
地址：红花岗区玉屏路
………………………………Tel:8232159
正安县农业农村局
地址：凤仪镇新民街
………………………………Tel:6421040
红花岗区环境保护局
地址：红花岗区沙盐路
………………………………Tel:8222146
桐梓县民宗局
地址：娄山关武胜路
………………………………Tel:6625816
人民政协和民主党派
中国人民政治协商会议遵义市委员会
地址：解放路29号
………………………………Tel:8639181
社会团体
遵义市老龄委员会
地址：官井路40号
………………………………Tel:8224805
其他社会团体
遵义市老年书画研究会
地址：老城区原市人大楼
………………………………Tel:8225622
铜仁地区（0856）
铜仁市（0856）
人民政府
铜仁市人民政府
地址：环西路93号
………………………………Tel:5222047

铜仁市民政局
地址：环西路93号
………………………………Tel:5223330
铜仁市审计局
地址：环西路93号
………………………………Tel:5222749
铜仁市招商局
地址：铜江大道20号
………………………………Tel:5253676
铜仁市质量技术监督局
地址：环西路93号
………………………………Tel:5212365
铜仁地区发展和改革局
地址：花果路
………………………………Tel:5223480
铜仁地区环境保护局
地址：专署路
………………………………Tel:5226377
铜仁地区海事局
地址：东太大道
………………………………Tel:5222356
铜仁市机构编制委员会
地址：环西路93号
………………………………Tel:5233011
铜仁地区民族事务委员会
地址：梵净大道
………………………………Tel:5280046
铜仁地区家业资源区划委员会
地址：花果路21号
………………………………Tel:5222523
铜仁地区地方志办公室
地址：花果中路
………………………………Tel:5223638
铜仁地区扶贫开发办公室
地址：花果中路
………………………………Tel:5228312
人民政协和民主党派
中国人民政治协商会议铜仁市委员会
地址：大江北路
………………………………Tel:52513192
民主党派
中国国民党委员会铜仁市委员会
地址：环西路97号
………………………………Tel:5232587
社会团体
共青团　青联、学联
共青团铜仁市委员会
地址：环西路
………………………………Tel:5222133
妇联
铜仁市妇女联合会
地址：环西路
………………………………Tel:5223202
黔西南布依族苗族（0859）
兴义市（0859）
人民政府
黔西南州人民政府
地址：沙井街
………………………………Tel:3222707
黔西南州机要局
地址：兴义市沙井街
………………………………Tel:8700670
黔西南州市场监督管理局
地址：湖南街
………………………………Tel:3222336
黔西南州水利局
地址：盘江西路
………………………………Tel:3222348
黔西南州气象局
地址：兴义市建设北路
………………………………Tel:3222487
黔西南州民政局
地址：烈士陵园路
………………………………Tel:3222291
黔西南州科学技术局
地址：币山路
………………………………Tel:3223188
黔西南州食品药品监督管理局
地址：盘江东路
………………………………Tel:3241255
兴义市人民政府
地址：市府路
………………………………Tel:3224230
兴义市人事局
地址：市府路
………………………………Tel:3220144
兴义市社会保险事业局
地址：盘江东路
………………………………Tel:3229973
兴义市国土资源局
地址：云南路
………………………………Tel:3222797
册亨县人民政府
地址：拥军路
………………………………Tel:4211245
办公室
………………………………Tel:4214138
人民政协和民主党派
人民政协
中国人民政治协商会议兴义市委员会
地址：延安路

………………………………Tel:3222527
社会团体
黔西南州工会
地址：沙井路州委大院内
………………………………Tel:3222279
共青团　青联、学联
中国共青团兴义市委员会
地址：市府路
………………………………Tel:3222231
残联
黔西南州残联
地址：兴义市园林路
………………………………Tel:3222994
协会
黔西南州老体协
地址：沙井街老年活动中心
………………………………Tel:3222146
老龄问题委员会
黔西南州老龄工作委员会
地址：工会路州委大院
………………………………Tel:3222156
毕节地区（0857）
毕节市（0857）
人民政府
毕节地区文化和文化和旅游局
地址：毕节地区行署大院
………………………………Tel:8223528
毕节市档案局
地址：解放路政府大院内
………………………………Tel:8222832
毕节市教育局
地址：松山路9号
………………………………Tel:8221457
毕节市粮食局
地址：单节路清单路
………………………………Tel:7109845
毕节地区社会科学技术局
地址：桂花路
………………………………Tel:8223465
毕节地区国家税务局
地址：天河路
………………………………Tel:8223837
织金县民政局
地址：城关新华北路5号
………………………………Tel:7626473
安顺市（0853）
人民政府
安顺市人民政府
地址：西秀区市东路
………………………………Tel:3281495
安顺市卫生健康局
地址：综合服务中心11楼
………………………………Tel:3281271
安顺市委机构编制委员会
地址：安顺市西秀金钟西路
………………………………Tel:3283603
人民政协和民主党派
人民政协
中国人民政治协商会议安顺市委员会
地址：东郊路
………………………………Tel:3282710
民主党派
中国国民党委员会安顺市委员会
地址：南水路
………………………………Tel:3225742
黔东南苗族侗族
自治州（0855）
觊里市（0855）
人民政府
凯里市人民政府
地址：博南新区
………………………………Tel:8065700
凯里市市场监督管理局
地址：北京西路
………………………………Tel:8225200
黔东南苗族侗族自治州国土资源局
地址：行政中心东楼
………………………………Tel:2102216
凯里市水电局
地址：市府路
………………………………Tel:8061689
凯里市商务局
地址：文化北路
………………………………Tel:8501633
凯里市粮食局
地址：博南路新区行政中心
………………………………Tel:8223615
凯里公路管理局
地址：凯里市北京西路
………………………………Tel:8223369
黔东南州住房公积金管理中心
地址：黔东南州
………………………………Tel:8250923
凯里市水资源办公室市府路
………………………………Tel:8222045
人民政协和民主党派
中国人民政治协商会议凯里市委员会
地址：博南新区行政中心
………………………………Tel:8063510
社会团体
共青团、青联、学联

共青团黔东南州委员会
地址：营盘路
………………………………Tel:8223113
工会
凯里市总工会北京西路
地址：凯里市
………………………………Tel:8223040
工商联
凯里市工商联博南路行政中心
地址：凯里市
………………………………Tel:8061625
协会
凯里市个体劳动者协会
地址：北京西路
………………………………Tel:8251331
黔南布依族苗族
自治州（0854）
都匀市（0854）
人民政府
黔南州人民政府
地址：文化路
………………………………Tel:8231382
贵州省平塘县会计管理局
地址：平塘县平湖新舟
………………………………Tel:7227692
贵州省都匀市乡镇企业局
地址：都匀市普安路
………………………………Tel:8223116
贵州省都匀市公用事业管理局
地址：都匀市剑江中路
………………………………Tel:8222006
贵州省都匀市体育事业局
地址：都匀市民族路
………………………………Tel:8222474
贵州省都匀市林业局
地址：都匀市剑江中路
………………………………Tel:8223021
贵州省都匀市生态环境局
地址：都匀市剑江中路
………………………………Tel:8224796
贵州省都匀市经济委员会
地址：都匀市广惠路
………………………………Tel:8224568
贵州省都匀市统计局
地址：广惠路442号
………………………………Tel:8222367
贵州省都匀市粮食局
地址：都匀市工人路33号
………………………………Tel:8222236
贵州省黔南州卫生局
地址：都匀市环东路
………………………………Tel:8223490
贵州省黔南州乡镇企业管理局
地址：都匀市普安路
………………………………Tel:8224210
贵州省黔南州计量局
地址：都匀市文化路
………………………………Tel:8223163
贵州省黔南州体育事业局
地址：都匀市民族路
………………………………Tel:822396|2
贵州省黔南州财政局
地址：都匀市文峰路
………………………………Tel:8224501
贵州省黔南州林业局
地址：文峰路1号
………………………………Tel:8223618
贵州省黔南州经贸局
地址：都匀市文峰路
………………………………Tel:8222658
贵州省黔南州物资局
地址：都匀市剑江中路
………………………………Tel:8222636
贵州省黔南州城乡建设环境保护局
地址：都匀市文峰路
………………………………Tel:8221062
贵州省黔南州统计局
地址：都匀市龙潭口
………………………………Tel:8221452
贵州省黔南州退休干部局
地址：都匀市环东中路
………………………………Tel:8223144
贵州省黔南州保密局
地址：都匀市文化路
………………………………Tel:8223238
贵州省黔南州教育委员会
地址：都匀市文峰路
………………………………Tel:8224320
都匀公路管理局
地址：剑江北路
………………………………Tel:8333416
都匀市人民政府
地址：文明路
………………………………Tel:8225613
都匀市市场监督管理局
地址：工人路世纪大厦
………………………………Tel:8224348
都匀市发展和改革委员会
地址：文明路
………………………………Tel:8222779
都匀市农村社会经济抽样调查队

地址：剑江中路广惠大厦
…… Tel:8223565
都匀市劳动和社会保障局
地址：新华西巷
…… Tel:6222466
都匀市体育事业局
地址：民族路
…… Tel:8255701
都匀市委档案局
地址：文明路
…… Tel:8222493
都匀市物资管理局
地址：都匀市新华路
…… Tel:8223364
都匀市城建档案馆
地址：都匀市民族路
…… Tel:8223373
黔南州人大常委会
地址：黔南州人大
…… Tel:8222337
黔南州民政局
地址：环东中路
…… Tel:8261218
黔南州民族事务局
地址：都匀市大会场
…… Tel:8226514
黔南州劳动和社会保障局
地址：文峰路
…… Tel:8236208
黔南州科学技术局
地址：文峰路
…… Tel:8238359
贵州省长顺县卫生局
地址：长寨长广路
…… Tel:6821371
贵州省长顺县自然资源局广顺国土所
地址：广顺北场
…… Tel:6860359
贵州省长顺县自然资源局凯佐国土所
地址：贵州省长顺县凯佐
…… Tel:6874052
贵州省惠水县建设局
地址：和平县府路
…… Tel:6221264
贵州储备物资管理局五五O处
地址：贵州省都匀市墨冲
…… Tel:8428294
社会团体

妇联

贵定县妇女联合会
地址：贵定县城关镇
…… Tel:5221501

工商联

地址：都匀市工商联
地址：广惠大厦6楼
…… Tel:7101105

云南省

昆明市人民政府
地址：东风东路
应急办
…… Tel:3135514
昆明市人民政府外事侨务办公室
地址：环城东路
…… Tel:3310207
晋宁县人事劳动和社会保障局
地址：昆阳镇
…… Tel:7892377
传真
…… Tel:7800875
昆明市盘龙区人民政府双龙街道办事处
地址：前卫屯村
…… Tel:7339039

人民政协和民主党派

人民政协

中国人民政治协商会议云南省委员会
…… Tel:4604666
中国人民政治协商会议昆明市委员会
…… Tel:4604666

社会团体

共青团 青联 学联

中国共产主义青年团昆明市盘龙区委员会
地址：北京路481号
…… Tel:3167517
昭通市（0070）
中国共产党昭阳区委组织部
地址：海楼路
办公室
…… Tel:2832436
干部科 …… Tel:2832432
组织科 …… Tel:2832431
中国共产党昭阳区委政策研究室
地址：海楼路
…… Tel:2832492
中国共产党昭阳区直属机关工作委员会
地址：海楼路
…… Tel:2832341
中国共产党威信县县委政策研究室
地址：人民路3号
办公室
…… Tel:6121942
办公室
…… Tel:6122539
办公室
…… Tel:6121943
中国共产党威信县委员会
地址：人民路3号
办公室
…… Tel:6124261
办公室
…… Tel:6122184
主任室
…… Tel:6120642
中国共产党威信县委组织部
地址：人民路3号
办公室
…… Tel:6120234
干部股
…… Tel:6120281
组织股
…… Tel:6129386
中国共产党威信县委统一战线工作部
地址：人民路3号
…… Tel:6120359
中国共产党绥江县委员会组织部
地址：凤池新区
办公室
…… Tel:7622329
干部股
…… Tel:7622403
组织科 …… Tel:7625981
中国共产党绥江县委员会统一战线工作部
地址：凤池新区
办公室
…… Tel:7622390
部长办
…… Tel:7621171
副部长办
…… Tel:7622135
中国共产党绥江县委政策研究室
地址：凤池新区
…… Tel:7622259
中国共产党盐津县委员会
地址：新区
副主任办
…… Tel:6631591
秘书科
…… Tel:6631593
主任班
…… Tel:6631595
中国共产党盐津县委组织部
地址：新区
办公室
…… Tel:6631556
副部长办
…… Tel:6631210
干部科 …… Tel:6631353
中国共产党盐津县委统一战线工作部
地址：新区
办公室
…… Tel:6631351
部长办
…… Tel:6631352
中国共产党盐津县委政策研究室
地址：新区
…… Tel:6631610
中国共产党盐津县党史研究室
地址：盐津县
…… Tel:6632197
主任办
…… Tel:6631012
中国共产党鲁甸县委老干部局
地址：文化广场内
…… Tel:8121357
中国共产党鲁甸县委员会
地址：县委大院内
办公室
…… Tel:8121554
办公室
…… Tel:8126070
书记室
…… Tel:8121455
中国共产党鲁甸县委政策研究室
地址：县委大院内
办公室
…… Tel:8121223
鲁甸县新村建设办公室
…… Tel:8121496
中国共产党镇雄县委员会
地址：中山路19号
督察室
…… Tel:3124113
秘书科
…… Tel:3120333
秘书科
…… Tel:3121934
中国共产党镇雄县委员会组织部
地址：中山路伯号
办公室
…… Tel:3120322
副部长办
…… Tel:3124405
副部长办
…… Tel:3126662
中国共产党镇雄县委政策研究室
地址：中山路19号
办公室
…… Tel:3120347
副主任办
…… Tel:3120535
主任办
…… Tel:3126024
中国共产党彝良县委员会
地址：人民街
秘书股
…… Tel:5120520
中国共产党彝良县委员会组织部
地址：人民街
办公室
…… Tel:5120537
部长办
…… Tel:5126399
副部长办
…… Tel:5121268
中国共产党彝良县委员会统一战线工作部
地址：人民街
…… Tel:5120357
中国共产党彝良县委政策研究室
地址：人民街
…… Tel:5120530
中国共产党彝良县党史研究室
地址：人民街
…… Tel:5120141

国家机构

人大常委会

昭通市人民代表大会常务委员会
地址：迎丰路
办公室
…… Tel:2157634
办公室
…… Tel:2157649
办公室
…… Tel:2159126
大关县人民代表大会常务委员会
地址：园门街
主任办
…… Tel:5628366
主任办
…… Tel:5629918
综合办
…… Tel:5622133
水富县人民代表大会常务委员会
地址：人民东路
办公室
…… Tel:8633843
副主任办
…… Tel:8633850
主任办
…… Tel:8636808
巧家县人民代表大会常务委员会
地址：新华路
办公室
…… Tel:7121107
选联委
…… Tel:7120450
主任办
…… Tel:7121457
昭阳区人民代表大会常务委员会
地址：行政办公中心
办公室
…… Tel:2832478
传真
…… Tel:2832479
选联委办
…… Tel:2832475
威信县人民代表大会常务委员会
地址：保健街5号
办公室
…… Tel:6124714
办公室
…… Tel:6125208
主任办
…… Tel:6120001
绥江县人民代表大会常务委员会
地址：凤池新区
办公室
…… Tel:7622291
办公室
…… Tel:7627945
主任办
…… Tel:7627954
盐津县人民代表大会常务委员会
地址：黄葛槽
办公室
…… Tel:5631620
传真
…… Tel:6631636
主任办
…… Tel:6631638
鲁甸县人民代表大会常务委员会
地址：新区
选联委
…… Tel:8123442
综合办
…… Tel:8126030
镇雄县人民代表大会常务委员会
地址：中山路
办公室
…… Tel:3120327
办公室
…… Tel:3132399
办公室
…… Tel:3131951
彝良县人民代表大会常务委员会
地址：人民街
办公室
…… Tel:5120570
办公室
…… Tel:5120578
副主任办
…… Tel:5124911
曲靖市（0874）
中国共产党中国共产党曲靖市委员会
地址：文昌街
秘书科
…… Tel:3124273
秘书科
…… Tel:3110618
值班室
…… Tel:3122192
中共曲靖市委组织部
地址：文昌街
办公室
…… Tel:3122397
干教科 …… Tel:3122425
组织科 …… Tel:3122377
曲靖市老干部局
地址：文昌街
办公室
…… Tel:3111357
办公室
…… Tel:3111857
党风廉政建设室
…… Tel:3123162
中共曲靖市麒麟区委统战部
地址：南宁西路
对台办
…… Tel:3124728
秘书科
…… Tel:3123525
侨办
…… Tel:3130016
中国共产党曲靖市麒麟区委员会
地址：玄坛路
秘书科
…… Tel:3133776
综合科
…… Tel:3136776
综合科
…… Tel:3122771
中共共产党马龙县委组织部
地址：龙泉路
办公室
…… Tel:8880103
中共沾益县委组织部
地址：政府大楼
办公室
…… Tel:3166799
办公室
…… Tel:3164590
部长办
…… Tel:3161668
中共宣威市委组织部
地址：振兴街
组织科 …… Tel:7162451
中国共产党马龙县委员会
地址：龙泉路
办公室
…… Tel:8880019
稽查科 …… Tel:8889435
信息科 …… Tel:8880013
中国共产党会泽县委员会
地址：钟屏东路
接待室
…… Tel:5129066
秘书股
…… Tel:5688800
收发室
…… Tel:5688619
中国共产党陆良县委员会
地址：东门街
办公室
…… Tel:6222309
办公室
…… Tel:6222806
办公室
…… Tel:6226058
中国共产党陆良县委员会组织部
地址：东门街
办公室

……Tel:6213669
干审科……Tel:6227127
组织科……Tel:6226591
中国共产党沾益县委员会
地址：内环路
办文科……Tel:3167909
秘书科
……Tel:3169001
信息科……Tel:3164911
中国共产党富源县委员会
地址：太和街
财务室
……Tel:4512002
行政科
……Tel:4512003
综合科
……Tel:4612001
师宗县老龄工作委员会
地址：南通路
办公室
……Tel:5752383

国家机构
人大常委会

曲靖市人大常委会
地址：文昌街
办公室
……Tel:3122500
办文科……Tel:3125816
财经工作委员会
……Tel:3123421
曲靖市麒麟区人大常委会
地址：南宁东路
办公室
……Tel:3122727
选举联络工作委员会
……Tel:3134150
主任室
……Tel:3139121
宣威市人大常委会
地址：建设街
财经委
……Tel:7162291
法师委员会
……Tel:7162297
民委
……Tel:7162284
师宗县人大常委会
地址：南通街
办公室
……Tel:5752339
办公室
……Tel:5759552
办公室
……Tel:5752648
陆良县人大常委会
地址：东门街
办公室
……Tel:6222308
法工委
……Tel:6211119
副主任办
……Tel:6222580
罗平县人大常委会
地址：振兴街
办公室
……Tel:8212464
主任办
……Tel:8216915
沾益县人大常委会
地址：玉棘山
办公室
……Tel:3164649
农工委办公室
……Tel:3166266
富源县人大常务委员会
地址：太和街
办公室
……Tel:4612034
财经委
……Tel:4612117
代工委
……Tel:4612115
楚雄彝族自治州（0878）
楚雄市（0878）
中国共产党中国共产党楚雄州委员会
地址：丰胜路
综合科
……Tel:3389990
综合科
……Tel:3389988

国家机构
人大常委会

楚雄州人民代表大会常务委员会
地址：丰胜路
秘书科
……Tel:3389730
楚雄市人民代表大会常务委员会
地址：复兴巷
办公室
……Tel:3123992
大姚县人民代表大会常务委员会
地址：民兴街
办公室
……Tel:6222282
选联委
……Tel:6222180
双柏县人民代表大会常务委员会
地址：兴贸路
办公室
……Tel:7712037
元谋县人民代表大会常务委员会
地址：开发区中心街
办公室
……Tel:8214658
永仁县人民代表大会常务委员会
地址：如安街
办公室
……Tel:6711771
牟定县人民代表大会常务委员会
地址：茅阳路
办公室
……Tel:5211557
武定县人民大表达会常务委员会
地址：108国道旁
办公室
……Tel:8712134
南华县人民代表大会常务委员会
地址：龙泉东路
办公室
……Tel:7221729
姚安县人民代表大会常务委员会
地址：环城南路
办公室
……Tel:5712194
禄丰县人民代表大会常务委员会
地址：全山南路
办公室
……Tel:4130557
玉溪市（0877）
中国共产党中国共产党玉溪市委员会
地址：聂耳路31号
办公厅保卫科
……Tel:2026262
办公厅车队
……Tel:2035889
办公厅传真
……Tel:2025508
中国共产党玉溪市红塔区委员会
地址：聂耳路18号
财务室
……Tel:2025464
秘书科
……Tel:2023309
中共易门县老干部局
局办公室
……Tel:4961565
局长室
……Tel:4968646
县老干部活动中心
……Tel:4969398
中共易门县纪委
地址：西门村1号
案检室
……Tel:4962866
办公室
……Tel:4961071
党风室
……Tel:4960123
中共新平彝族傣族自治县委员会
地址：育新路3号
督察室
……Tel:7013976
门卫值班室
……Tel:7011419
信息科……Tel:7011557
中国共产党元江县委员会
地址：新城区1号
办公室
……Tel:6011101
财务室
……Tel:6515232
中国共产党江川县委员会
地址：振兴街21号
办公室
……Tel:8011101
中国共产党江川县委员会统战部
地址：振兴街21号
办公室
……Tel:8011161
中国共产党华宁县委员会
地址：宁秀街148号
办公室
……Tel:5012607
办公室
……Tel:5012551
史志编纂办公室
……Tel:5011922
中国共产党易门县委员会
地址：西门街1号
办公室
……Tel:4961924
财务室
……Tel:4961400
党史研究室办公室
……Tel:4961762
中国共产党峨山县委员会
地址：桂峰路30号
办公室
……Tel:4011101
财务室
……Tel:4011532
调研科……Tel:4011411
中国共产党通海县委员会
地址：秀麓写字楼
办公室
……Tel:3011101

工商联

……Tel:3017000
机关党委办公室
……Tel:3016930
中国共产党澄江县委员会
地址：人民路48号
办公室、总值班室
……Tel:6911101
综治维稳办
……Tel:6911560
通海县委老干部局
地址：崇文街25号
……Tel:3012403
澄江县老干部局
地址：环城北路38号
……Tel:6914055

国家机构
人大常委会

玉溪市人民代表大会常务委员会
地址：棋阳路延长线
办公厅
……Tel:2612114
秘书科
……Tel:2022001
行政接待科
……Tel:2613983
元江哈尼族彝族傣族自治县人大常委会
地址：文化路
办公室
……Tel:6516462
财政经济工作委员会
……Tel:6515175
华宁县人大常委会
地址：宁锦街西段
财政经济工委办公室
……Tel:5012465
副主任办公室
……Tel:5013472
主任室
……Tel:5021629
易门县人民代表大会常务委员会
地址：龙泉西路
办公室
……Tel:4961262
财经工委
……Tel:4961299
城建环资工委
……Tel:4966126
峨山县人民代表大会常务委员会
地址：挂峰路
办公室
……Tel:4011462
财经工作委员会
……Tel:4011127
代表联络委、民族宗教委
……Tel:4011474
通海县人民代表大会常务委员会
地址：北街42号
办公室
……Tel:3029204
财经工委
……Tel:3012458
法工委
……Tel:3018073
新平县人民代表大会常务委员会
地址：育新路
办公室
……Tel:7011462
财经工作委员会
……Tel:7011814
红河哈尼族彝族
自治州（0873）
蒙自县（0873）

国家机构
人大常委会

红河哈尼族彝族自治州人民代表大会常委会
地址：凤凰路行政中心
法工委
……Tel:3730871
秘书科
……Tel:3730882
开远市人民代表大会常务委员会
地址：东兴路行政中心
行政科
……Tel:7127833
元阳县人民代表大会常务委员会
地址：元桂路12号
办公室主任办
……Tel:5642323
秘书股
……Tel:5645027
河口县人民代表大会常务委员会
地址：北山行政中心
办公室
……Tel:3451159
法工委
……Tel:3451386
金平县人民代表大会常务委员会
地址：文化路5号
办公室
……Tel:5221227
教科文卫工委
……Tel:5226391
泸西县人民代表大会常务委员会
地址：人民路8号
办公室
……Tel:6621910
弥勒县人民代表大会常务委员会
地址：行政中心
办公室
……Tel:6122503
屏边县人民代表大会常务委员会
地址：建设路35号
办公室
……Tel:3221402
绿春县人民代表大会常务委员会
地址：行政中心
办公室
……Tel:4221651
蒙自县人民代表大会常务委员会
地址：天马路行政中心
办公室
……Tel:3723640
法工委
……Tel:3812108
文山壮族苗族
自治州（0876）
文山县（0876）
中国共产党文山县老干局
地址：开化镇罕供大厦
办公室
……Tel:2122509
中国共产党马关县委员会
地址：马白镇骏城路
办公室
……Tel:7121565
办公室
……Tel:7122024
值班室
……Tel:71220Q2
中国共产党广南县委员会
地址：莲城镇莲湖边
……Tel:5159139
档案局办公室
……Tel:5150323
防范和处理邪教问题领导小组办公室
……Tel:5157566
中国共产党丘北县委员会
地址：锦屏镇人民路
办公室
……Tel:4121001
值班室
……Tel:4121146
中国共产党西畴县委员会
地址：西洒镇花果山村
办公室
……Tel:7622652
值班室
……Tel:7622207
中国共产党砚山县委员会
地址：江那镇砚华西路
……Tel:3120790
值班室
……Tel:3122509
综合科
……Tel:3122705
中国共产党麻栗坡县委员会
地址：麻栗镇河滨路
办公室
……Tel:6622240
党史研究室办公室
……Tel:6622508
中国共产党富宁县委员会
地址：新华镇县委办公楼
办公室
……Tel:6122309
地方志办公室
……Tel:6123343
砚山县委老干局
地址：汪那镇砚华西路
……Tel:3124706

国家机构
人大常委会

文山壮族苗族自治州人民代表大会常务委员会
地址：罕供大厦
财工委

……Tel:2122193
法工委
……Tel:2122524
马关县人民代表大会常务委员会
地址：马白镇骏城路
……Tel:7123962
广南县人民代表大会常务委员会
地址：莲城镇北宁路
……Tel:5150440
值班室
……Tel:5153840
文山县人民代表大会常务委员会
地址：军供大厦
办公室
……Tel:2136412
选工委
……Tel:2122909
丘北县人民代表大会常务委员会
地址：锦屏镇重阳街
办公室
……Tel:4121161
民工委办公室
……Tel:4125678
西畴县人民代表大会常务委员会
办公室
……Tel:7625711
办公室
……Tel:7628186
砚山县人民代表大会常务委员会
地址：建设路10号
办公室
……Tel:3122022
办公室
……Tel:3121606
麻栗坡县人民代表大会常务委员会
地址：向阳路公务大楼
……Tel:6622918
富宁县人民代表大会常务委员会
地址：富宁县
办公室
……Tel:6122301
法工委
……Tel:6127180
普洱市（0879）
中国共产党中国共产党普洱市委员会
地址：民航路18号
办公室
……Tel:2122739
传真
……Tel:2150662
普洱市委组织部
地址：民航路18号
办公室
……Tel:2141929
传真
……Tel:2144913
中国共产党宁洱县委员会
地址：城南中心
办公室
……Tel:3316022
传真
……Tel:3209736
中国共产党西盟县委员会
地址：勐卡路
信息科……Tel:8344419
中国共产党思茅区委员会
地址：过街楼45号
传真
……Tel:2144004
值班室
……Tel:2124450
中国共产党景谷县委员会
地址：人民路12号
传真
……Tel:5221519
值班室
……Tel:5221409
中国共产党墨江县委员会
地址：南正街
传真
……Tel:4232001
中国共产党镇沅县委员会
地址：人民路政府大院
传真
……Tel:5811316
中国共产党澜沧县委员会
地址：建设路
办公室
……Tel:7222309
传真
……Tel:7225941
宁洱县组织部
地址：城南中心
传真
……Tel:3232418
江城县组织部
地址：惠民路
部长办
……Tel:3721880
传真
……Tel:3721023
江城县统战部
地址：惠民路
传真
……Tel:372247T
西盟县组织部
地址：勐卡路
传真
……Tel:8342274
西盟县统战部
地址：勐卡路
传真
……Tel:8342264
孟连县老干局
地址：大街政府大院
办公室
……Tel:8721492
孟连县委员会
地址：大街政府大院
办公室
……Tel:8720018
景东县老干局
地址：河东街体育馆
……Tel:6221921
景东县县委组织部
地址：玉屏路
传真
……Tel:6228012
景谷县委组织部
地址：人民路12号
办公室
……Tel:5221449
传真
……Tel:5116149
普洱市思茅区组织部
地址：过街楼45号
传真
……Tel:2122337
墨江县老干局
地址：运动场内
……Tel:4238704
墨江县组织部
地址：南正街
传真
……Tel:—4232573
墨江县委统战部
地址：南正街
……Tel:4232848
镇沅县老干局
地址：人民路政府大院
办公室
……Tel:5811318
澜沧县委老干局
地址：建设路
……Tel:7222361
镇沅县组织部
地址：人民路政府大院
传真
……Tel:5811311
镇沅县统战部
地址：人民路政府大院
办公室
……Tel:5811326
澜沧县统战部
地址：建设路
……Tel:7234253

国家机构
人大常委会

普洱市人民代表大会常务委员会
地址：茶苑路
传真
……Tel:2311778
值班室
……Tel:2310877
宁洱县人民代表大会常务委员会
地址：城南行政中心
传真
……Tel:3232260
江城县人民代表大会常务委员会
地址：惠民路政府大院
传真
……Tel:3721078
主任办
……Tel:3721665
西盟县人民代表大会常务委员会
地址：勐卡路1号
传真
……Tel:8342034
孟连县人大常务委员会
地址：孟连县
办公室
……Tel:8721497
思茅区人民代表大会常务委员会
地址：过街楼
办公室
……Tel:2122684
传真
……Tel:2141520
景谷县人民代表大会常务委员会
地址：人民路
办公室
……Tel:5221439
传真
……Tel:5227001
墨江县人民代表大会常务委员会
地址：墨江县
办公室
……Tel:4238669
传真
……Tel:4232625
镇沅县人民代表大会常务委员会
地址：镇沅县
办公室
……Tel:5811234
澜沧县人民代表大会常务委员会
地址：县委大院
传真
……Tel:7222445
西双版纳傣族自治州（0691）
景洪市（0691）
中国共产党西双版纳州委员会
地址：景洪宣慰大道
办公室
……Tel:2122419
西双版纳州委老干部局
地址：景洪宣慰大道
办公室
……Tel:2136245
中国共产党景洪市委员会
地址：景洪宣慰大道
办公室
……Tel:2122092
中国共产党西双版纳州委组织部
地址：景洪宣慰大道
办公室
……Tel:2123841
中国共产党西双版纳州委统战部
地址：景洪宣慰大道
办公室
……Tel:2122709
中国共产党西双版纳州委党史研究室
地址：景洪宣慰大道
办公室
……Tel:2122259
中国共产党勐海县委员会
地址：勐海景管路
办公室
……Tel:5122350
中国共产党勐海县组织部
地址：勐海景管路
办公室
……Tel:5128968
中国共产党勐腊县委员会
地址：勐腊正街
办公室
……Tel:8122390
中国共产党勐腊县委组织部
地址：勐腊正街
办公室
……Tel:8122388
中国共产党勐腊县委统战部
地址：勐腊正街
办公室
……Tel:8122755

国家机构
人大常委会

西双版纳州人大常委会
地址：景洪宣慰大道
办公室
……Tel:2122085
景洪市人大常委会
地址：景洪嘎兰中路
秘书长办公室
……Tel:2146494
勐海县人大常务委员会
地址：勐海景管路
办公室
……Tel:5120943
勐腊县人大常务委员会
地址：勐腊南路
办公室
……Tel:8122790
大理白族自治州（0872）
大理市（0872）
中国共产党中国共产党大理白族自治州委员会
地址：行政办公区
调研科……Tel:2319762
组织部办公室
……Tel:2319759
组织部办公室
……Tel:2319761
中国共产党大理州委老干部局
地址：行政办公区
安置福利科……Tel:2319650
办公室
……Tel:2319648
保健活动科……Tel:2319647
中国共产党大理州直属机关委员会
地址：行政办公区
办公室
……Tel:2319723
办公室
……Tel:2319731
办公室
……Tel:2319732
中国共产党大理市委员会
地址：富海路
办公室
……Tel:2311196
办公室
……Tel:2321196
中国共产党弥渡县委员会
地址：政通街
办公室
……Tel:8161257
老干局
……Tel:8161135
中国共产党云龙县委员会
地址：人民路
办公室
……Tel:5524888
党史办
……Tel:5522845
督察室
……Tel:5521813
中国共产党永平县委员会
地址：博南路
办公室
……Tel:6520053
传真
……Tel:6525828
行政股
……Tel:6520224
中国共产党剑川县委员会
地址：全华镇风营小区
办公室
……Tel:4521309
传真
……Tel:4521223
中国共产党南涧县委员会
地址：彩云路
办公室
……Tel:8522619
中国共产党洱源县委员会组织部
地址：腾飞路中段
办公室
……Tel:5127253
副部长办公室
……Tel:5127252
中国共产党宾川县委员会
地址：中心街
绿色产业办公室
……Tel:7141468
秘书室
……Tel:7142605
中国共产党祥云县委员会
地址：府前街
办公室
……Tel:3121232
党史办公室
……Tel:3121460
督察信息室
……Tel:3122173
中国共产党漾濞县委员会
地址：苍山西路
党史研究室
……Tel:7520971
地方志办公室
……Tel:7520920
统战部
……Tel:7520895
中国共产党巍山县委员会
地址：巍山县
办公室
……Tel:6122340
洱源县老干局
地址：腾飞路中段
局办公室
……Tel:5127250
祥云县老干部局
地址：府前街
办公室
……Tel:3121084
局长办公室
……Tel:3121585
老干部活动中心
……Tel:3127245
巍山县老干局
地址：巍山县
……Tel:6122030
局长办公室
……Tel:6123025

国家机构
人大常委会

大理州人大常委会
地址：龙山行政办公区
财政经济委员会
……Tel:2319870
教育科学文化卫生工作委员会
……Tel:2319867
大理市人民代表大会常务委员会
地址：洱河南路
……Tel:2131268

城乡建设环境保护委员会
…………………… Tel:2191010
云龙县人民代表大会常务委员会
地址：人民路
…………………… Tel:5520256
农环工委
…………………… Tel:5522903
永平县人民代表大会常务委员会
地址：博南路
…………………… Tel:6521241
财工委、农环委
…………………… Tel:6522542
选联委、教工委
…………………… Tel:6521242
弥渡县人民代表大会常务委员会
地址：文笔北路
…………………… Tel:8161452
选举联络委员会
…………………… Tel:8168067
值班室
…………………… Tel:8168068
剑川县人民代表大会常务委员会
地址：凤营小区
办公室
…………………… Tel:4521233
办公室
…………………… Tel:4525708
财工委
…………………… Tel:4525955
南涧县人民代表大会常务委员会
地址：正义路6号
办公室
…………………… Tel:8521439
办公室
…………………… Tel:8525261
财务室
…………………… Tel:8525758
宾川县人民代表大会常务委员会
地址：中心街1号
办公室
…………………… Tel:7140258
教工委
…………………… Tel:7148194
祥云县人民代表大会常务委员会
地址：府前街4号
办公室
…………………… Tel:3121010
财工委
…………………… Tel:3123837
主任办
…………………… Tel:3126543
漾濞县人民代表大会常务委员会
地址：苍山中路
…………………… Tel:7524751
财政经济、科教文卫工作委员会
…………………… Tel:7524761
鹤庆县人民代表大会常务委员会
地址：北门街
办公室
…………………… Tel:4124626
依法治县办公室
…………………… Tel:4124065
巍山县人民代表大会常务委员会
地址：大水沟
办公室
…………………… Tel:6121921
办公室
…………………… Tel:6123337
财经工作委员会
…………………… Tel:6121575
保山市（0875）
中国共产党中国共产党保山市委员会
地址：正阳北路256号
保卫科
…………………… Tel:2120992
督察室
…………………… Tel:2122628
房管科…………………… Tel:2161895
中国共产党保山市委市直机关工作委员会
地址：正阳北路256号
办公室
…………………… Tel:2210875
打印室
…………………… Tel:2122955
中国共产党保山市委员会统一战线工作部
地址：正阳北路256号
办公室
…………………… Tel:2122449
联络科…………………… Tel:2120762
台办
…………………… Tel:2145226
中国共产党保山市委组织部
地址：正阳北路256号
办公室
…………………… Tel:2122459
中国共产党保山市委政策研究室
地址：正阳北路256号
办公室
…………………… Tel:2120967

综合科
…………………… Tel:2210176
中国共产党龙陵县委员会
地址：龙山路131号
办公室
…………………… Tel:6121121
办公室
…………………… Tel:6128644
行政科
…………………… Tel:6128611
中国共产党龙陵县委员会组织部
地址：龙山路131号
办公室
…………………… Tel:6121955
中国共产党龙陵县委员会统战部
地址：龙山路131号
办公室
…………………… Tel:6121206
部长室
…………………… Tel:6127256
中国共产党昌宁县委员老干部局
地址：南门街8号
办公室
…………………… Tel:7130986
中国共产党昌宁县委组织部
地址：南门街8号
办公室
…………………… Tel:7130230
干部监督科…………………… Tel:7131971
干部科…………………… Tel:7130361
中国共产党昌宁县委统战部
地址：南门街8号
办公室
…………………… Tel:7130194
中国共产党保山市隆阳区委员会
地址：同仁路33号
保卫科
…………………… Tel:2121098
车辆科
…………………… Tel:2122622
中国共产党保山市隆阳区委组织部
地址：同仁路33号
办公室
…………………… Tel:2122632
中国共产党保山市隆阳区委统一战线工作部
地址：同仁路33号
办公室
…………………… Tel:2122656
联络股
…………………… Tel:2121433
中国共产党施甸县委老干部局
地址：甸阳中路
办公室传真
…………………… Tel:8121101
中国共产党施甸县委员会
地址：甸阳东路32号
办公室
…………………… Tel:8121771
办公室
…………………… Tel:8125436
中国共产党施甸县委员会组织部
地址：甸阳东路32号
办公室
…………………… Tel:8121233
干部二科…………………… Tel:8126533
干部监督科…………………… Tel:8127382
中国共产党施甸县委员会统战部
地址：甸阳东路32．号
办公室
…………………… Tel:8121326
中国共产党腾冲县委员会
地址：官厅小区80号
办公室
…………………… Tel:5181888
干部股
…………………… Tel:5183144
干部监督股
…………………… Tel:5165147
龙陵县老干局
地址：龙山路131号
…………………… Tel:6128660
办公室
…………………… Tel:6121703
昌宁县委政策研究室
地址：北门街24号
办公室
…………………… Tel:7130227
腾冲县委政策研究室
地址：官厅小区80号
办公室
…………………… Tel:5189044
国家机构
从大常委会
保山市人民代表大会常务委员会
地址：人大办公楼
保卫科
…………………… Tel:2220671
财经委办公室
…………………… Tel:2221523
法工委办公室

…………………… Tel:2221532
龙陵县人民代表大会常务委员会
地址：兴农路
办公室
…………………… Tel:6121257
财经委办公室
…………………… Tel:6122876
副主任室
…………………… Tel:6121367
昌宁县人民代表大会常务委员会
地址：顺城街
办公室
…………………… Tel:7130204
财工委
…………………… Tel:7131192
法工委办公室
…………………… Tel:7131195
保山市隆阳区人民代表大会常务委员会
地址：上巷街
办公室
…………………… Tel:2120478
办公室
…………………… Tel:2122778
施甸县人民代表大会常务委员会
地址：城北开发区
办公室
…………………… Tel:8121125
法工委
…………………… Tel:8122363
副主任办公室
…………………… Tel:8121693
腾冲县人民代表大会常务委员会
地址：红星小区
秘书科
…………………… Tel:5139588
值班室
…………………… Tel:5139579
德宏傣族景颇族自治州（0692）
潞西市（0692）
中国共产党德宏州委统战部
地址：建国路
办公室
…………………… Tel:2121742
台办
…………………… Tel:2133125
中共盈江县县委组织部
地址：永胜路
办公室
…………………… Tel:8180401
中共盈江县县委统战部
地址：永胜路
办公室
…………………… Tel:8180405
陇川县委老干部局
地址：章凤镇
…………………… Tel:7176476
陇川县委组织部
地址：章凤镇
办公室
…………………… Tel:7仃3040
部长室
…………………… Tel:7173615
档案室
…………………… Tel:7176667
陇川县委统战部
地址：章凤镇
…………………… Tel:7175967
梁河县委组织部
地址：县委办公楼
办公室
…………………… Tel:6161367
梁河县委统战部
地址：县委办公楼
…………………… Tel:6161311
德宏州委政策研究室
地址：建国路
…………………… Tel:2130976
国家机构
人大常委会
德宏州人民代表大会常务委员会
地址：胞波路
办公室
…………………… Tel:2129943
值班室
…………………… Tel:2111744
潞西市人民代表大会常务委员会
地址：锦华路
办公室
…………………… Tel:2211006
法工委
…………………… Tel:2211009
值班室
…………………… Tel:2211000
陇川县人大常委会
地址：县政府大楼
财经委
…………………… Tel:7175032
盈江县人民代表大会
地址：永胜路
办公室
…………………… Tel:8183525

梁河县人民代表大会常务委员会
地址：一号路下段
办公室
…………………… Tel:6161321
丽江市（0888）
中国共产党中国共产党丽江市委员会
地址：古城区福慧路
督察科…………………… Tel:5128329
关公委
…………………… Tel:5120869
中国共产党丽江古城区委员会
地址：古城区福慧路
办公室
…………………… Tel:5121082
老干部活动中心
…………………… Tel:5160505
老干部局办公室
…………………… Tel:5123367
中国共产党玉龙纳西族自治县委员会
地址：城政府办公区
办公室
…………………… Tel:5105863
中国共产党永胜县委员会
地址：文明南路40号
办公室
…………………… Tel:6701399
办公室
…………………… Tel:6521011
办公室
…………………… Tel:6703588
中国共产党宁蒗县委员会
地址：县中街
办公室
…………………… Tel:5591666
关工委办
…………………… Tel:5528006
书记办公室
…………………… Tel:5521799
中国共产党华坪县委员会
地址：中心镇东街
档案局
…………………… Tel:6121170
起委会办公室
…………………… Tel:6127222
永胜县委统战部
地址：文明南路40号
…………………… Tel:6701458
宁蒗县党史办
地址：县中街
办公室
…………………… Tel:5521346
主任办公室
…………………… Tel:5528629
国家机构
人大常委会
丽江市人民代表大会常务委员会
地址：政府大院
办公室
…………………… Tel:5109275
古城区办公室
…………………… Tel:5115099
玉龙纳西族自治县人民代表大会常务委员会
地址：政府办公区
办公室
…………………… Tel:5112866
财经工委
…………………… Tel:5108761
法工委
…………………… Tel:5391008
永胜县人民代表大会常务委员会
地址：文明南路
办公室
…………………… Tel:6521049
主任办公室
…………………… Tel:6521099
宁蒗县人民代表大会常务委员会
地址：赤格阿龙路
办公室
…………………… Tel:5521620
主任办公室
…………………… Tel:5529299
华坪县人大工作委员会
地址：中心镇东街
办公室
…………………… Tel:6121061
财经教科文卫办
…………………… Tel:6122213
代表工委
…………………… Tel:6126578
怒江傈僳族自治州（0886）
泸水县（0886）
中国共产党怒江州州委组织部
地址：六库镇人民路
…………………… Tel:3623512
怒江州州委统战部
地址：六库镇人民路
…………………… Tel:3622832
兰坪县老干部局
地址：人民路
…………………… Tel:3212030

兰坪县县委组织部
地址：人民路
干部监督室
…………Tel:3215226
干部室
…………Tel:3213217
云岭先锋办公室
…………Tel:3215250
兰坪县统战部
地址：人民路
办公室
…………Tel:3211195
贡山县老干部局
地址：茨开路
…………Tel:3513699
贡山县县委组织部
地址：茨开路
干部室
…………Tel:3513890
干部室
…………Tel:3513895
干部室
…………Tel:3511670
泸水县老干部局
地址：六库镇赖茂
…………Tel:3629645
泸水县县委统战部
地址：六库镇赖茂
…………Tel:3629481

国家机构
人大常委会

怒江州人民代表大会常务委员会
地址：怒江州
…………Tel:3626420
兰坪县人民代表大会常务委员会
地址：人民路2号
办公室
…………Tel:3214997
贡山县人民代表大会常务委员会
地址：茨开路248号
办公室
…………Tel:3511372
办公室
…………Tel:3512229
泸水县人民代表大会常务委员会
地址：泸水县
…………Tel:3628150
福贡县人民代表大会常务委员会
地址：人大办公楼二楼
…………Tel:3413465
迪庆藏族自治州（0887）
香格里拉县（0887）
中国共产党中国共产党迪庆藏族自治州委员会
地址：康珠大道
办公室
…………Tel:8289856
中国共产党迪庆州委员会老干部局
地址：康珠大道
…………Tel:8222901
迪庆州老年大学8881072
中国共产党迪庆州委员会州直机关工作委员会
地址：康珠大道
…………Tel:8222502
办公室
…………Tel:8224231
中国共产党迪庆州委员会组织部
地址：康珠大道
办公室
…………Tel:8222430
办公室
…………Tel:8222104
中国共产党迪庆州委员会统战部
地址：康珠大道
办公室
…………Tel:8222432
财务档案室
…………Tel:8233532
藏办
…………Tel:8233533
中国共产党迪庆州委员会党史研究室
地址：康珠大道
…………Tel:8233989
中国共产党香格里拉县委员会
地址：建塘东路
办公室
…………Tel:8224201
办公室
…………Tel:8222334
残疾人联合会
…………Tel:8223736
中国共产党香格里拉县委员会老干部局
地址：建塘东路
…………Tel:8225036
中国共产党香格里拉县委员会县直机关工
作委员会
地址：建塘东路
…………Tel:8222062
中国共产党香格里拉县委员会组织部
地址：建塘东路
…………Tel:8223663
中国共产党香格里拉县委员会统战部
地址：建塘东路
…………Tel:8224934
中国共产党维西傈僳族自治县委员会
地址：保和镇南箭道县
办公室
…………Tel:8626053
财务室
…………Tel:862.7047
传真室
…………Tel:8626637
中国共产党维系傈僳族自治县委员会组织部
地址：保和镇南箭道县
办公室
…………Tel:8626123
办公室
…………Tel:8628847
老干局
…………Tel:8628491
中国共产党德钦县老干局
地址：南坪街纪委办公楼
…………Tel:8412481
中国共产党德钦县委员会统战部
地址：南坪街纪委办公楼
…………Tel:8412353
部长办
…………Tel:8412508

国家机构
人大常委会

迪庆州人民代表大会常务委员会
地址：州委大楼8222828
香格里拉县人民代表大会常务委员会
地址：县委办公楼左侧
…………Tel:8230689
办公室
…………Tel:8227137
财经委法工委
…………Tel:8289623
维西傈僳族自治县人民代表大会
地址：人大二楼办公室
办公室
…………Tel:8626273
选联委
…………Tel:8627283
德钦县人民代表大会常务委员会
地址：南坪街3号
…………Tel:8412519
临沧市（0883）
临沧市委员组织部
地址：南屏西路
办公室
…………Tel:2122025
中共凤庆县委员会
地址：二号路
办公室
…………Tel:4211130
机关事物股
…………Tel:4211131
中共双江县委员会
地址：双江县
办公室
…………Tel:7621380
办公室一股
…………Tel:7621390
综合办公室
…………Tel:7621400
中共凤庆县委组织部
地址：二号路
…………Tel:4211123
中共云县委员会
地址：二号路
精神文明办公室
…………Tel:3211176
双江县老干局
地址：双江县
办公室
…………Tel:7621346
办公室
…………Tel:7621403
双江县县委统战部
地址：双江县
…………Tel:7621393
双江县委组织部
地址：双江县
办公室
…………Tel:7621396
党员电教中心
…………Tel:7626335
中共沧源县委员会
地址：广场路
财会室
…………Tel:7121881
秘书二科…………Tel:7121003
政研室
…………Tel:7122956
中共沧源县委组织部
地址：广场路
办公室
…………Tel:7121040
干部股
…………Tel:7123234
组织股
…………Tel:7124225
中共临翔区委组织部
地址：滨河路
…………Tel:2166348
中共耿马县委组织部
地址：甘东西路
办公室
…………Tel:6125234
部长办
…………Tel:6122028
副部长办
…………Tel:6124966
中共镇康县委员会
地址：泰和路
副书记办公室
…………Tel:6630005
副书记办公室
…………Tel:6630007
书记办公室
…………Tel:6630001
中共镇康县委组织部
地址：泰和路
办公室
…………Tel:6630178
办公室
…………Tel:6630227
办公室
…………Tel:6630085
中共镇康县委统战部
地址：泰和路
副部长办公室
…………Tel:6630094
综合办公室
…………Tel:6630095
云县县委组织部
地址：东大街
办公室
…………Tel:3211023
电教股
…………Tel:32.25171
老干局
…………Tel:3211031
云县县委统战部
地址：东大街
办公室
…………Tel:3211027
永德县老干局
地址：开发区
办公室
…………Tel:5211382
永德县委组织部
地址：开发区
办公室
…………Tel:5211502
耿马县委老干局
地址：甘东西路
办公室
…………Tel:6121547
镇康县老干局
地址：泰和路
办公室
…………Tel:6630086
档案室
…………Tel:6630087

国家机构
人大常委会

双江县人大常务委员会
地址：双江县
办公室
…………Tel:7621421
办公室
…………Tel:7627379
凤庆县人民代表大会常务委员会
地址：甘家田
办公室
…………Tel:4212115
副主任办
…………Tel:4212341
主任办
…………Tel:4219061
云县人民代表大会常务委员会
地址：东大街
办公室
…………Tel:3211429
主任办
…………Tel:3211042
永德县人民代表大会常务委员会
地址：开发区
办公室
…………Tel:5220784
副主任办
…………Tel:5220782
副主任办
…………Tel:5220783
临翔区人大常务委员会
地址：临翔区
调研员办公室
…………Tel:2166320
调研员办公室
…………Tel:2166322
人大办公室
…………Tel:2166311
耿马县人大常委会
地址：振兴路
办公室
…………Tel:6121011
副主任办
…………Tel:6121234
主任办公室
…………Tel:6121714
镇康县人民代表大会常务委员会
地址：泰和路
主任办

西藏自治区

拉萨市人民政府
地址：中和国际城B型
办公室
…………Tel:6871297
拉萨市市场监督管理局城关分局八廓街工商所
地址：八廓街
办公室
…………Tel:6324752
拉萨市市场监督管理局城关分局城西工商所
地址：天海夜市路
办公室
…………Tel:6324757
拉萨市市场监督管理局城关分局措美林工商所
地址：北京东路23号
办公室
…………Tel:6324758
拉萨市交通局
地址：全珠中路80号
办公室
…………Tel:6811071
拉萨市劳动和社会保障局
地址：夺底路3号
办公室
…………Tel:6322074
医疗保险管理中心收费大厅
…………Tel:6361584
拉萨市审计局
地址：江苏东路
办公室
…………Tel:6350157
拉萨市建设局
地址：朵森格路44号
办公室
…………Tel:6324225
门卫
…………Tel:6323353
拉萨市国家税务局
地址：江苏路34号
收发室
…………Tel:6361102
征收大厅
…………Tel:6323420
拉萨市国家税务局东城分局
地址：纳金路39号
冲赛康所
…………Tel:6352757
东郊所
…………Tel:6351017
文秘室
…………Tel:6353853
拉萨市国家税务局西城分局
地址：北京西路99号
办公室打字室
…………Tel:6839121
文秘办公室
…………Tel:6834201
西郊二所
…………Tel:6815254
拉萨市房管局
地址：宇拓路12号
办公室
…………Tel:6326826
房产科…………Tel:6339793
拉萨市城市管理综合执法局
地址：当热路4号
办公室
…………Tel:6324808
拉萨市科学技术局办公室
地址：夺底路
办公室
…………Tel:6323130
拉萨市科学技术局科技管理科
地址：夺底路
办公室
…………Tel:6320640
拉萨市教育体育局
地址：林聚路25号
门卫值班室

…………………………… Tel:6324168
招生办公室
…………………………… Tel:6348554
值班室
…………………………… Tel:6327879
拉萨市编译局
地址：江苏路
办公室
…………………………… Tel:6323566
拉萨市人口和计划生育委员会
地址：拉萨市政公司商品房
办公室
…………………………… Tel:6331210
拉萨市人民政府国有资产监督管理委员会
安全生产监督科
地址：色拉路
办公室
…………………………… Tel:6388598
拉萨市人民政府国有资产监督管理委员会
地址：色拉路25号
办公室
…………………………… Tel:6386135
拉萨市人民政府国有资产监督管理委员会办公室
地址：色拉路
办公室
…………………………… Tel:6385351
布达拉宫管理处
地址：北京中路35号
办公室
…………………………… Tel:6834362
保卫科
…………………………… Tel:6822753
罗布林卡管理处
地址：罗布林卡路21号
门卫
…………………………… Tel:6824787
行政办公室
…………………………… Tel:6826274
值班室
…………………………… Tel:6822157
拉萨市市政养护处
地址：色拉路4号
办公室
…………………………… Tel:6324806
门卫
…………………………… Tel:6324807
拉萨市发展和改革委员会
地址：江苏东路30号
值班室
…………………………… Tel:6323100
综合科
…………………………… Tel:6323568
拉萨市民族宗教事务局
地址：江苏路28号
值班室
…………………………… Tel:6324032
拉萨市农牧开发建设办公室
地址：江苏路22号
办公室
…………………………… Tel:6353754
中国共产党曲水镇人民政府
地址：曲水县沿河路
办公室
…………………………… Tel:6162020
尼木县人民政府
地址：尼木县人民路
办公室
…………………………… Tel:6172219
曲水县茶巴拉乡人民政府
地址：曲水县茶巴拉乡
办公室
…………………………… Tel:6160725
达孜县人民政府总值班室
地址：达孜县德庆路
办公室
…………………………… Tel:6142200
达孜县帮堆乡人民政府办公室
地址：达孜县德庆路
办公室
…………………………… Tel:6142788
城关区人民政府办公室
地址：北京东路
办公室
…………………………… Tel:6323768
堆龙德庆县人民政府
地址：堆龙德庆县团结路
办公室
…………………………… Tel:6151699
墨竹工卡县人民政府办公室
地址：墨竹工卡县工卡镇
办公室
…………………………… Tel:6132140
尼木县卫生局
地址：尼木县
办公室
…………………………… Tel:6172378
尼木县市场监督管理局
地址：尼木县
办公室
…………………………… Tel:6172317
尼木县乡镇企业管理局
地址：尼木县
办公室
…………………………… Tel:6172211
尼木县水电局
地址：尼木县
办公室
…………………………… Tel:6172065
尼木县民政局
地址：尼木县人民路1号
办公室
…………………………… Tel:6172216
尼木县安全生产监督局
地址：尼木县
办公室
…………………………… Tel:6172168
尼木县农牧局
地址：尼木县
办公室
…………………………… Tel:6172218
尼木县劳动和社会保障局
地址：尼木县人民路1号
办公室
…………………………… Tel:6172278
尼木县财政局
地址：尼木县
办公室
…………………………… Tel:6172215
尼木县林业局
地址：尼木县
办公室
…………………………… Tel:6172161
尼木县国家税务局
地址：尼木县
办公室
…………………………… Tel:6172213
尼木县城乡建设生态环境局
地址：尼木县
办公室
…………………………… Tel:6172643
尼木县教育局
地址：尼木县
办公室
…………………………… Tel:6172210
曲水县卫生局办公室
地址：曲水县扬州路
办公室
…………………………… Tel:6162498
曲水县市场监督管理局办公室
地址：曲水县沿河路
办公室
…………………………… Tel:6162140
曲水县乡镇企业管理局
地址：政府办公大楼3栋
办公室
…………………………… Tel:6162184
曲水县水电局办公室
地址：曲水县扬州路
办公室
…………………………… Tel:6162169
曲水县民政局办公室
地址：曲水县扬州路
办公室
…………………………… Tel:6162221
曲水县农牧局办公室
地址：曲水县扬州路
办公室
…………………………… Tel:6162336
曲水县劳动和社会保障局
地址：曲水县政府办公大楼
办公室
…………………………… Tel:6162497
曲水县财政局办公室
地址：曲水县扬州路
办公室
…………………………… Tel:6162163
曲水县林业局办公室
地址：曲水县扬州路
办公室
…………………………… Tel:6162356
曲水县国家税务局
地址：曲水县沿河路38号
办公室
…………………………… Tel:6162183
曲水县城建局
地址：曲水县政府办公大楼
办公室
…………………………… Tel:6162586
曲水县教育局办公室
地址：曲水县扬州路
办公室
…………………………… Tel:6162150
达孜县民政局
地址：达孜县德庆路16号
办公室
…………………………… Tel:6142130
达孜县财政局会管中心
地址：达孜县德庆路
办公室
…………………………… Tel:6142028
达孜县财政局财务室
地址：达孜县德庆路
办公室
…………………………… Tel:6142156
达孜县国家税务局
地址：达孜县德庆路16号
办公室
…………………………… Tel:6142137
达孜县编译局办公室
地址：达孜县德庆路
办公室
…………………………… Tel:6142126
当雄县市场监督管理局办公室
地址：当雄县
办公室
…………………………… Tel:6112230
当雄县乡镇企业管理局
地址：当雄县当雄河西路镇
办公室
…………………………… Tel:6112127
当雄县乡镇企业管理局办公室
地址：当雄县
办公室
…………………………… Tel:6112787
当雄县民政局
地址：当雄县
办公室
…………………………… Tel:6112180
当雄县应急管理局
地址：当雄县
办公室
…………………………… Tel:6112126
当雄县财政局
地址：当雄县
办公室
…………………………… Tel:6112531
当雄县国土资源规划局办公室
地址：当雄县
办公室
…………………………… Tel:6112607
当雄县国家税务局
地址：当雄县
办公室
…………………………… Tel:6112216
当雄县国家税务局办公室
地址：当雄县
办公室
…………………………… Tel:6112161
当雄县畜牧局办公室
地址：当雄县
办公室
…………………………… Tel:6112115
当雄县教体局办公室
地址：当雄县
办公室
…………………………… Tel:6112502
当雄县编译局办公室
地址：当雄县
办公室
…………………………… Tel:6112563
林周县乡镇企业管理局
地址：林周县甘曲路1号
办公室
…………………………… Tel:6122145
林周县民政局
地址：林周县甘曲路3号
办公室
…………………………… Tel:6122121
林周县国家税务局
地址：林周县甘曲路67号
办公室
…………………………… Tel:6122108
城关区民族宗教事务局
地址：北京东路16号
办公室
…………………………… Tel:6325963
城关区劳动和社会保障局
地址：北京东路16号
办公室
…………………………… Tel:6333591
堆龙德庆县土地管理局
地址：堆龙德庆县政府路
办公室
…………………………… Tel:6151393
堆龙德庆县市场监督管理局办公室
地址：堆龙德庆县青藏路
办公室
…………………………… Tel:6152259
堆龙德庆县水电局
地址：堆龙德庆县团结路
办公室
…………………………… Tel:6152455
堆龙德庆县劳动和社会保障局
地址：堆龙德庆县政府路
办公室
…………………………… Tel:6150719
堆龙德庆县国家税务局
地址：堆龙德庆县青藏路
征收大厅
…………………………… Tel:6152334
堆龙德庆县国家税务局办公室
地址：堆龙德庆县青藏路
办公室
…………………………… Tel:6152072
堆龙德庆县教体局办公室
地址：堆龙德庆县政府路
办公室
…………………………… Tel:6152116
墨竹工卡县民族宗教事务局
地址：墨竹工卡县
办公室
…………………………… Tel:6132324
墨竹工卡县劳动和社会保障局
地址：墨竹工卡县工卡镇
办公室
…………………………… Tel:6132160
墨竹工卡县财政局办公室
地址：墨竹工卡县工卡镇
办公室
…………………………… Tel:6132117
墨竹工卡县国家税务局
地址：墨竹工卡县工卡镇
办公室
…………………………… Tel:6132120
曲水县发展和改革委员会办公室
地址：曲水县扬州路
办公室
…………………………… Tel:6162139
达孜县发展和改革委员会办公室
达孜县德庆路
办公室
…………………………… Tel:6142118
堆龙德庆县政治协商委员会办公室
地址：堆龙德庆县团结路
办公室
…………………………… Tel:6152143
尼木县一江两河办公室
地址：尼木县
办公室
…………………………… Tel:6172343
尼木县发展和改革委员会
地址：尼木县人民路10号
办公室
…………………………… Tel:6172212
曲水县发展和改革委员会
地址：曲水县政府办公楼2号
办公室
…………………………… Tel:6162309
达孜县人目与计划生育委员会
地址：达孜县
办公室
…………………………… Tel:6142980
当雄县发展改革委员会
地址：当雄县
办公室
…………………………… Tel:6112113
当雄县当曲卡镇办公室
地址：当雄县
办公室
…………………………… Tel:6112601
当雄县农牧开展办
地址：当雄县
办公室
…………………………… Tel:6112457
当雄县劳动和社会保障局办公室
地址：当雄县
办公室
…………………………… Tel:6112349
当雄县护路办
地址：当雄县
办公室
…………………………… Tel:6112999
林周县一江两河办公室
地址：林周县甘曲路
办公室
…………………………… Tel:6122120
林周县人口和计划生育委员会
地址：林周县甘曲路17号
办公室
…………………………… Tel:6122112
林周县人民政府办公室
地址：林周县甘曲路
办公室
…………………………… Tel:6122123
林周县发展和改革委员会
地址：林周县苏州路1号
办公室
…………………………… Tel:6122127
林周县发展和改革委员会办公室
地址：林周县苏州路
办公室
…………………………… Tel:6122688
城关区人民政府地方制办公室
地址：北京东路
办公室
…………………………… Tel:6348517
城关区发展和改革委员会
地址：城关区政府大院
办公室
…………………………… Tel:6333039
城关区蔡公堂乡人民政府

地址：蔡公堂乡
办公室 …… Tel:6356680
堆龙德庆县支铁办办公室
地址：堆龙德庆县团结路
办公室 …… Tel:6150641
堆龙德庆县应急管理局办公室
地址：堆龙德庆县团结路
办公室 …… Tel:6153669
堆龙德庆县劳动社会保障局办公室
地址：堆龙德庆县团结路
办公室 …… Tel:6153332
堆龙德庆县护路办
地址：堆龙德庆县团结路
办公室 …… Tel:6150858
墨竹工卡县人口和计划生育委员会
地址：墨竹工卡县工卡镇
办公室 …… Tel:6132377
墨竹工卡县市场监督管理局办公室
地址：墨竹工卡县
办公室 …… Tel:6132233
墨竹工卡县乡镇企业管理局办公室
地址：墨竹工卡县
办公室 …… Tel:6132131
墨竹工卡县发展和改革委员会项目办公室
地址：墨竹工卡县工卡镇
办公室 …… Tel:6132202
尼木县人民政府来信来访办
地址：尼木县
办公室 …… Tel:6172227
尼木县尼木乡人民政府
地址：尼木县尼木路
办公室 …… Tel:6172399
尼木县卡如乡人民政府
地址：尼木县
办公室 …… Tel:8170144
尼木县吞巴乡人民政府
地址：尼木县
办公室 …… Tel:6170048
尼木县帕古乡人民政府
地址：尼木县
办公室 …… Tel:6170096
尼木县续迈乡人民政府
地址：尼木县
办公室 …… Tel:6170336
尼木县麻江乡人民政府
地址：尼木县
办公室 …… Tel:6170000
尼木县普松乡人民政府
地址：尼木县
办公室 …… Tel:6170192
尼木县塔荣镇人民政府
地址：尼木县
办公室 …… Tel:6172375
曲水县乡镇企业管理局办公室
地址：曲水县扬州路
办公室 …… Tel:6162789
曲水县达嘎乡人民政府办公室
地址：曲水县达嘎乡
办公室 …… Tel:6162700
曲水县聂当乡人民政府办公室
地址：曲水县聂当乡
办公室 …… Tel:6167006
达孜县唐嘎乡人民政府办公室
地址：达孜县唐嘎乡
办公室 …… Tel:6140500
达孜县唐嘎乡人民政府财务室
地址：达孜县唐嘎乡
办公室 …… Tel:6140522
达孜县雪乡人民政府办公室
地址：达孜县雪乡
办公室 …… Tel:6140358
达孜县章多乡人民政府办公室
地址：达孜县章多乡
办公室 …… Tel:6140088
达孜县塔杰乡人民政府办公室
地址：达孜县塔杰乡
办公室 …… Tel:6142065
达孜县德庆镇人民政府财务室
地址：达在孜县德庆路
办公室 …… Tel:6142606
当雄县乌玛乡人民政府办公室
地址：当雄县
办公室 …… Tel:6110171
当雄县公塘乡人民政府办公室
地址：当雄县
办公室 …… Tel:6112206
当雄县宁中乡人民政府办公室
地址：当雄县
办公室 …… Tel:6110020
当雄县龙仁乡人民政府办公室
地址：当雄县
办公室 …… Tel:6110090
当雄县纳木乡人民政府办公室
地址：当雄县
办公室 …… Tel:6110336
林周县甘曲镇人民政府办公室
地址：林周县甘曲路
办公室 …… Tel:6122027
林周县边角林乡人民政府办公室
地址：林周县边角林乡
办公室 …… Tel:6122035
林周县阿朗乡人民政府办公室
地址：林周县
办公室 …… Tel:6585027
林周县春堆乡人民政府
地址：林周县
办公室 …… Tel:6585016
林周县旁多乡人民政府
地址：林周县旁多乡
办公室 …… Tel:6585023
城关区夺底乡人民政府
地址：扎基路
办公室 …… Tel:6381353
城关区纳金乡人民政府
地址：城关区纳金路
办公室 …… Tel:6321972
城关区娘热乡人民政府
地址：城关区娘热路
办公室 …… Tel:6826755
堆龙德庆县人民政府办公室
地址：堆龙德庆县政府路
办公室 …… Tel:6154934
堆龙德庆县乃琼镇人民政府办公室
地址：堆龙德庆县乃琼镇
办公室 …… Tel:6157732
堆龙德庆县东嘎镇人民政府办公室
地址：堆龙德庆县东嘎镇
办公室 …… Tel:6152263
堆龙德庆县羊达乡人民政府办公室
地址：堆龙德庆县羊达乡
办公室 …… Tel:6152280
墨竹工卡县门巴乡人民政府乡长办公室
地址：墨竹工卡县门巴乡
办公室 …… Tel:6132249
墨竹工卡县工卡镇人民政府办公室
地址：墨竹工卡县工卡镇
办公室 …… Tel:6132052
墨竹工卡县日多乡人民政府办公室
地址：墨竹工卡县日多乡
办公室 …… Tel:6132273
墨竹工卡县扎西岗乡人民政府办公室
地址：墨竹工卡县扎西岗乡
办公室 …… Tel:6137763
墨竹工卡县扎雪乡人民政府
地址：墨竹工卡县扎雪乡
办公室 …… Tel:6130000
墨竹工卡县甲玛乡人民政府办公室
地址：墨竹工卡县甲玛乡
办公室 …… Tel:6137358
墨竹工卡县唐加乡人民政府办公室
地址：墨竹工卡县唐加乡
办公室 …… Tel:6132266
拉萨市人民政府八角街办事处
地址：八角街南街吉维路
办公室 …… Tel:6323529
城关区吉日办事处办公室
地址：翁堆兴卡路
办公室 …… Tel:6323530

人民政协和民主党派

人民政协

中国人民政治协商会议西藏自治区委员会
地址：林廓北路26号
值班室 …… Tel:6824905
中国人民政治协商会议拉萨市委员会
地址：林聚路
办公室 …… Tel:6325852

社会团体

工会

西藏自治区工会
地址：江苏路18号
办公室 …… Tel:6333994
门卫 …… Tel:6345096
拉萨市总工会
地址：林廓西路
生保部 …… Tel:6839736
尼木县工会
地址：尼木县人民路
办公室 …… Tel:6172307
当雄县工会
地址：当雄县
办公室 …… Tel:6501500
堆龙德庆县工会
地址：堆龙德庆且团结路
办公室 …… Tel:6152123
墨竹工卡县工会
地址：墨竹工卡县
办公室 …… Tel:6132204

共青团、青联、学联

中国共产主义青年团西藏自治区委员会
地址：江苏路16号
办公室 …… Tel:6332283
组宣部 …… Tel:6325731
中国共产主义青年团拉萨市委员会行政办公室
地址：北京中路
办公室 …… Tel:6327741
中国共产主义青年团办公室当雄县委员会办公室
地址：当雄县
办公室 …… Tel:6112245
中国共产主义青年团曲水县委员会办公室
地址：曲水县扬州路
办公室 …… Tel:6162121
中国共产主义青年团达孜县委员会办公室
地址：达孜县德庆路
办公室 …… Tel:6142127
中国共产主义青年团城关区委员会行政办公室
地址：北京东路
办公室 …… Tel:6332919
中国共产主义青年团堆龙德庆县委员会办公室
地址：堆龙德庆县团结路
办公室 …… Tel:6152211
中国共产主义青年团墨竹工卡县委员会办公室
地址：墨竹工卡县工卡镇
办公室 …… Tel:8132123

妇联

西藏自治区妇女联合会
地址：巴尔库南路4号
办公室 …… Tel:6835294
行政办公室 …… Tel:6824902
拉萨市妇女联合会
地址：金珠东路
办公室 …… Tel:6323299
尼木县妇女联合会工青妇联办公室
地址：尼未县人民路
办公室 …… Tel:6172238
达孜县工会妇女联合会
地址：达孜县德庆路
办公室 …… Tel:6142115
当雄县妇女联合会办公室
地址：当雄县
办公室 …… Tel:6112232
城关区妇女联合会办公室
地址：北京东路
办公室 …… Tel:6323475
堆龙德庆县妇女联合会办公室
地址：堆龙德庆县团结路
办公室 …… Tel:6150720
墨竹工卡县妇女联合会办公室
地址：墨竹工卡县工卡镇
办公室 …… Tel:6132157

工商联

西藏自治区工商业联合会
地址：林廓北路12号
办公室 …… Tel:6327504
传达室 …… Tel:6344407
拉萨市工商业联合会
地址：林廓东路22号
行政办公室 …… Tel:6333630
城关区工商业联合会
地址：北京东路5号
办公室 …… Tel:6337134

红十字会

西藏自治区红十字协会
地址：鲁定路25号
办公室 …… Tel:6860686
服务员室 …… Tel:6329461
救灾培训中心 …… Tel:6329462
门卫 …… Tel:6864215

基金会

英国救助儿童基金会
地址：北京东路83号
卫生科 …… Tel:6348631
西藏项目办 …… Tel:6334854
援助西藏发展基金会
地址：林廓西路36号
门卫 …… Tel:6835945

老龄问题委员会

拉萨市老龄工作委员会
地址：全珠西路40号
办公室 …… Tel:6816240
中国佛教协会西藏自治区分会
地址：娘热南路19号
办公室 …… Tel:6824962
值班室 …… Tel:6936979

驻在机构

中央驻在机构

中华人民共和国西藏出入境检验检疫局
地址：北京西路267号
机关门卫 …… Tel:6839301
中华人民共和国拉萨海关
地址：北京中路72号
办公室 …… Tel:6811566
值班室 …… Tel:6822715
中国民航西藏自治区管理局
地址：贡嘎机场民航办公楼
办公室 …… Tel:6182325
总机 …… Tel:6246114
总值班室 …… Tel:6182260

外省驻在机构

四川省建设委员会驻拉萨办事处
地址：扎基东路
办公室 …… Tel:6380243
青藏公路管理分局拉萨工程处
地址：北京西路250号
财务处

Tel:6324784

本省驻在机构

那曲地区行政公署驻拉萨办事处
地址：团结新村23-1号
办公室 Tel:6329747
老干部服务中心 Tel:6336543

安多县人民政府驻拉萨办事处
地址：环路藏医学院对面
服务台 Tel:6336994
门卫 Tel:6337259

当雄县驻拉萨办事处
地址：当雄县
办公室 Tel:6336690

阿里地区行政公署驻拉萨办事处
地址：娘热路37号
值班室 Tel:6810149

阿里交通局驻拉萨办事处
地址：夺底路86号
办公室 Tel:6381383
总台 Tel:6381333

贡嘎县甲竹林乡人民政府驻拉萨办事处
地址：林廓西路区中行侧面
办公室 Tel:6835063

陕西省

西安市人民政府
地址：北院门 Tel:87295151

西安市人事局
地址：北院门 Tel:87295707

西安市市场监督管理局
地址：友谊东路 Tel:87823148

西安市永务局
地址：北院门 Tel:87295206

西安市民政局
地址：北院门 Tel:87295794

西安市财政局
地址：南大街 Tel:87279720

西安市财政局行政处
地址：南大街 Tel:87279685

西安市财政局社保处
地址：南大街 Tel:87286756

西安市财政局法规处
地址：南大街 Tel:87279726

西安市财政局综合处
地址：南大街头 Tel:87279700

西安市财政局控购办
地址：南大街 Tel:87279670

西安市房地产管理局第一分局
地址：端履门 Tel:87217687

西安市房地产管理局第二分局
地址：红埠街 Tel:87349402

西安市房地产管理局第三分局
地址：西七路 Tel:87424924

西安市规划局未央分局
地址：枣园南岭 Tel:86252850

西安市规划局临潼分局
地址：临潼区人民东路 Tel:83823093

西安市规划局莲湖分局
地址：桃园路 Tel:88648844

西安市规划局阎良分局
地址：阎良区延安街北段 Tel:86875202

西安市规划局阎良分局办公室
地址：阎良区延安街北段 Tel:86875203

西安市规划局雁塔分局
地址：雁南一路 Tel:85599035

西安市规划局碑林分局
地址：东县门 Tel:87514704

西安市规划局碑林分局规划科
地址：东县门 Tel:87515446

西安市规划局新城分局
地址：西五路 Tel:87446457

西安市规划局灞桥分局
地址：纺一路 Tel:83521192

西安市教育局高中毕业会考办公室
地址：翠华南路 Tel:85217634

西安绕城高速公路生态林带建设管理局
地址：西铜路 Tel:86512735

西安市发展和改革委员会
地址：北院门 Tel:87210540

西安市语言文字委员会
地址：北院门粮道巷 Tel:87216256

西安仲裁委员会
地址：北关正街 Tel:86268091

长安区王曲镇人民政府
地址：长安区王曲镇 Tel:85940333

长安区五星镇人民政府
地址：长安区人五星镇 Tel:85860304

长安区细柳镇人民政府
地址：长安区细柳镇 Tel:85962302

长安区魏寨乡人民政府
地址：长安区魏寨乡 Tel:85831071

临潼区北田镇人民政府
地址：临潼区北田镇 Tel:83989005

临潼区交口镇人民政府
地址：临潼区交口镇 Tel:83986268

临潼区油槐镇人民政府
地址：临潼区油槐镇 Tel:83965006

长安区民政局
地址：长安区东长安街 Tel:85292360

长安区国土资源局马王国土资源所
地址：长安区马王 Tel:85851681

长安区国土资源局子午国土资源所
地址：长安区子午镇 Tel:85954444

长安区国土资源局韦曲国土资源所
地址：长安区韦曲镇 Tel:85889236

未央区水务局
地址：龙首北路西段 Tel:86262024

未央区民政局
地址：龙首北路西段 Tel:86267984

未央区交通局
地址：纬二十八街中段 Tel:86254216

未央区劳动和社会保障局
地址：龙首北路西段 Tel:86259848

未央区财政局
地址：方新村 Tel:86252809

未央区就业服务局
地址：纬二十九街 Tel:86255141

西安市沣惠渠管理局
地址：沣惠南路 Tel:84245307

西安曲江新区管理委员会社会事业局
地址：雁南一路 Tel:85599102

西安曲江新区管理委员会财政局
地址：雁南一路 Tel:85599110

西安高新技术产业开发区管理委员会社会事业局
地址：科技路 Tel:88333612

临潼区水务局
地址：临潼区秦陵南路 Tel:83818123

临潼区水务局办公室
地址：临潼区秦陵南路 Tel:83812346

临潼区民政局
地址：临潼区桃园路中段 Tel:83873860

临潼区民政局办公室
地址：临潼区桃园路中段 Tel:83873863

临潼区教育局
地址：临潼区人民东路 Tel:87292261

临潼区教育局办公室
地址：临潼区人民东路 Tel:83812034

莲湖区计划生育局
地址：团结东路 Tel:88619538

莲湖区民政局
地址：红埠街 Tel:87326277

莲湖区民政局社会事务科
地址：红埠街 Tel:87330741

莲湖区民政局社会保障科
地址：红埠街 Tel:87315142

莲湖区民政局婚姻登记处
地址：红埠街 Tel:88626474

莲湖区教育局
地址：西大街 Tel:87623822

阎良区计划生育局
地址：阎良区延安街 Tel:86207314

阎良区交通局
地址：阎良区前进路 Tel:86202596

阎良区教育局
地址：阎良区凤凰北路 Tel:86866060

雁塔区人事局
地址：小寨东路 Tel:85381978

雁塔区计划生育局
地址：小寨东路 Tel:85381833

雁塔区教育局
地址：小寨东路 Tel:85381181

碑林区环境保护局
地址：成宁西路 Tel:82498016

碑林区教育局
地址：卫华巷 Tel:87518027

新城区人事局
地址：尚德路 Tel:87424213

新城区市容环境卫生管理局
地址：红花巷 Tel:83255610

灞桥区人事局
地址：纺一路 Tel:83510716

灞桥区就业服务局
地址：新医路 Tel:83519403

长安区发展计划委员会
地址：长安区东长安街 Tel:85292366

未央区发展和改革委员会
地址：龙首北路西段 Tel:86259746

莲湖区禁毒委员会
地址：南二环西桃园村 Tel:84270876

西安市防讯指挥部办公室
地址：北院门 Tel:87295233

西安市城市防讯指挥部办公室
地址：社会路 Tel:87213711

西安市复员退伍军人安置办公室
地址：北院门 Tel:87295715

西安市教育志编纂办公室
地址：文艺北路 Tel:87883343

西安市职称改革办公室
地址：振兴路 Tel:88404454

临潼区成人教育办公室
地址：临潼区周家场 Tel:83819747

临潼区教学研究室办公室
地址：临潼区文化路中段 Tel:87627332

临潼区零口镇计划生育办公室
地址：临潼区零口镇 Tel:83903172

莲湖区防汛指挥部办公室
地址：龙渠湾 Tel:87623287

雁塔区住房制度改革委员会办公室
地址：翠华南路 Tel:85247299

碑林区防汛指挥部办公室
地址：南二环西段 Tel:85350289

长安区鸣犊镇教育组
地址：长安区鸣犊镇 Tel:85835424

长安区郭杜教育组
地址：长安区郭杜街道南街 Tel:85843695

长安区婚姻登记管理所
地址：长安区东长安街 Tel:85290422

长安区魏寨乡教育组
地址：长安区魏寨乡 Tel:85831074

西安市水利水土保持工作总站
地址：凤城南路东段 Tel:86263663

西安市经济技术开发区管理委员会
地址：凤城九路 Tel:82245858

临潼区水土保持工作站
地址：临潼区秦陵南路 Tel:83812480

临潼区教学研究室
地址：临潼区文化路中段 Tel:83884302

长安区子午街道办事处
地址：长安区子午镇 Tel:85954301

长安区太乙宫镇街道办事处
地址：长安区太乙镇 Tel:85891769

长安区斗门镇街道办事处
地址：长安区斗门镇北街 Tel:85908326

长安区韦曲街道办事处
地址：长安区新华街 Tel:85292321

长安区王寺街道办事处
地址：长安区王寺镇 Tel:85808251

长安区引镇街道办事处
地址：长安区引镇 Tel:85886382

长安区东大街道办事处
地址：长安区东大镇 Tel:85925898

未央区汉城街道办事处
地址：汉城街道 Tel:86609440

未央区辛家庙街道办事处
地址：辛家庙矿山路 Tel:86712015

阎良区凤凰路街道办事处
地址：阎良区凤凰北街 Tel:86202654

阎良区北屯街道办事处
地址：阎良区北屯 Tel:86824126

人民政协和民主党派

人民政协

中国人民政治协商会议陕西省委员会 Tel:8749091

中国人民政治协商会议西安市委员会
地址：西一路 Tel:87212879

中国人民政协商会议西安市阎良区委员会
地址：阎良区延安街 Tel:86202685

中国人民政治协商会议西安市长安区委员会
地址：长安区东长安街 Tel:85292186

中国人民政治协商会议西安市临潼区委员会（东大街）
地址：临潼区东大街 Tel:83821673

中国人民政治协商会议西安市临潼区委员会
地址：龙首北路西段 Tel:86253727

中国人民政治协商会议西安市莲湖区委员会
地址：红埠街 Tel:87343851

中国人民政治协商会议西安市雁塔区委员会
地址：小寨东路 Tel:85381838

中国人民政治协商会议西安市霸桥区委员会
地址：纺一路 Tel:83519040

中国人民政治协商会议西安碑林区委员会
地址：南二环西段 Tel:85350204

中国人民政治协商会议西安新城区委员会
地址：南新街 Tel:87458208

民主党派

九三学社陕西省委员会
地址：西新街 Tel:87272581

中国民主同盟陕西省委员会
地址：西新街

Tel:87277420

中国民主建国会陕西省委员会
地址：西新街
Tel:87277778

中国民主促进会陕西省委员会
地址：西新街
Tel:87277753

中国国民党革命委员会陕西省委员会
地址：西新街
Tel:87277154

台湾民主自治同盟陕西省委员会
地址：西新街
Tel:87277516

九三学社西安市委员会
地址：西新街
Tel:87277525

中国民主同盟西安市委员会
地址：西新街
Tel:87277838

中国民主建国会西安市委员会
地址：西新街
Tel:8727T793

中国民主促进会西安市委员会
地址：西新街
Tel:87277729

中国农工民主党西安市委员会
地址：西新街
Tel:87277481

中国农工民主党西安市委员会办公室
地址：西新街
Tel:87277509

中国农工民主党陕西委员会
地址：西新街
Tel:87277505

中国国民党革命委员会西安市委员会
地址：西一路
Tel:87277151

中国致公党西安市委员会
地址：西新街
Tel:87277577

社会团体

工会

陕西省总工会
地址：莲湖路
Tel:87329888

陕西省总工会组织部
地址：莲湖路
Tel:87329837

西安市总工会
地址：西新街
Tel:87268105

西安市总工会机关党委
地址：西新街
Tel:87264572

西安市总工会行政处
地址：西新街
Tel:87266020

西安市总工会机械冶金建材工会
地址：西新街
Tel:87264778

西安市总工会财务部
地址：西新街
Tel:87265262

西安市总工会技协办公室
地址：西新街
Tel:84263454

西安市总工会财贸工会
地址：西新衡
Tel:87264673

西安市总工会建设交通工会
地址：西新街
Tel:87264775

西安市总工会经审办
地址：西新街
Tel:87264615

西安市总工会组织民管部
地址：西新街
Tel:87264576

西安市总工会法律工作部、企事业发展部
地址：西新街
Tel:87264571

西安市总工会经济技术劳动保护部
地址：西新街
Tel:87266851

西安市总工会轻工工会
地址：西新街
Tel:87264749

西安市总工会政治处
地址：西新街
Tel:87266010

西安市总工会保障工作部
地址：西新街
Tel:87264578

西安市总工会值班室
地址：西新街
Tel:87264761

西安市总工会教科文卫工会
地址：西新街
Tel:87264774

临潼区总工会
地址：临潼区东大街
Tel:83812841

莲湖区总工会
地址：红埠街
Tel:87326232

阎良区总工会
地址：阎良区凤凰东路
Tel:86202460

共青团、青联、学联

中国共产主义青年团西安市委员会
地址：青年路
Tel:87212982

协会

陕西省武术协会
地址：建西街
Tel:87860378

驻在机构

中央驻在机构

中华人民共和国陕西出入境检验检疫局
地址：含光北路
Tel:84245981

中华人民共和国陕西出入境检验检疫局商检公司
地址：含光北路
Tel:85263321

中华人民共和国陕西出入境检验检疫局协会
地址：含光北路
Tel:85365748

中华人民共和国陕西出入境检验检疫局机关服务中心
地址：含光北路
Tel:85365754

中华人民共和国陕西出入境检验检疫局咸阳国际机场办事处
地址：含光北路
Tel:88705022

西安海关
地址：唐延路
Tel:88336014

西安海关打私举报
地址：唐延路
Tel:88336125

西安海关总值班室
地址：唐延路
Tel:88336022

西安海关缉私局报警电话
地址：唐延路

甘肃省

兰州市人民政府
Tel:8833501

兰州市劳动局
地址：武都路112号
Tel:8487060

兰州市人民政府国有资产监督管理委员会
地址：五泉西路16号
Tel:8113005

市西固区城市管理行政执法局
地址：单联超市对面
Tel:2135156

兰州高新区管委会
地址：雁滩路高新开发区
Tel:2160658

永登县审计局
地址：民主街78号
Tel:6423818

红古区农林局
地址：海石湾中和路
Tel:6211453

红古区交通局
地址：海石湾七号路口
Tel:6221069

人民政协和民主党派

人民政协

中国人民政治协商会议甘肃省委员会
地址：皋兰路110号
Tel:8825135

社会团体

共青团、青联、学联

共青团甘肃省委员会
地址：民主西路198号
Tel:4868538

共青团兰州市委员会
地址：滨河东路589号
Tel:8431138

共青团兰州市城关区委员会
地址：南滨河东路514号
Tel:2158383

妇联

兰州市七里河妇联
地址：西津西路498号
Tel:2660959

妇联

甘肃省质量管理协会
地址：南昌路701号
Tel:8824183

甘肃省旅游协会
地址：城关区农民巷2号
Tel:8417208

甘肃省联合国教科文组织协会
地址：城关区农民巷8号
Tel:8720972

甘肃省老龄工作委员会

老龄问题委员会

甘肃省老龄工作委员会
地址：南昌路1718号
Tel:9824043

宗教组织

甘肃省民族事务委员会省宗教局
地址：农民巷69号
Tel:8824956

甘肃省民族事务委员会省宗教局佛道教处
地址：农民巷69号
Tel:8824340

白银市（0943）
中国共产党中国共产党白银区委统战部办公室
地址：红星街292号
Tel:8222821

中国共产党白银市委员会
地址：广场北路1号
Tel:8221761

中国共产党白银市委政策研究室
地址：广场北路1号
Tel:8221613

国家机构

人大常委会

白银市人民代表大会常务委员会
地址：红星街292号
Tel:8224410

人民政府
白银市人民政府
Tel:8221551

甘肃省无线电管理委员会办公室白银管理处
地址：人民路100号
Tel:8224720

白银区粮食局
地址：人民路56号
Tel:8223757

白银市民政局
地址：人民路100号
Tel:8221548

白银市财政局
地址：人民路122号
Tel:8223851

白银市国土资源局
地址：北京路436号
Tel:8222350

白银市商务局
地址：人民路100号
Tel:8224059

白银市人民政府行政审批中心
地址：广场北路1号
Tel:8221566

白银市住房公积金管理中心
地址：北京路369号
Tel:8221190

中国人民政治协商会议白银市委员会
地址：人民路100号
Tel:8223204

天水市（0938）
中国共产党中国共产党天水市委员会
Tel:8271343

国家机构

人大常委会

天水市人民代表大会常务委员会
Tel:8218721

人民政府
天水市人民政府
Tel:8212269

天水市体育局
地址：建设路263号
Tel:6818181

天水市财政局
地址：建设路263号
Tel:8210164

天水市统计局
地址：建设路263号
Tel:5618008

天水市档案局
地址：民主西路34号
Tel:6811918

天水市文化和文化和旅游局
地址：青年北路445号
Tel:6811860

天水市文化和文化和旅游局质监所
地址：青年北路445号
Tel:6811873

天水市行政审批服务中心
地址：泰州区自由路
Tel:8210038

人民政协和民主党派

人民政协

中国人民政治协商会议天水市委员会
Tel:8212130

社会团体
协会
天水市科学技术协会
地址：环城中路21号
Tel:6825216

天水市科学技术协会主席
地址：环城中路21号
Tel:6825228

其他社会团体
天水市社科联
地址：环城中路6号
Tel:6825568

天水市伏羲文化研究中心
地址：环城中路6号
Tel:6825329

酒泉市（0937）
中国共产党中国共产党酒泉市委员会
Tel:2660390

国家机构

人大常委会

酒泉市人民代表大会常务委员会
地址：市政大厦
Tel:2614156

肃州区人民代表大会常务委员会
地址：西大街15号
Tel:2613521

人民政府
酒泉市人民政府
地址：世纪大道55号
Tel:2612996

文档科
Tel:2612881

操作室
Tel:2613216

肃州区教育局人事股
地址：肃园街8号
Tel:2612586

肃州区教育局行政室
地址：肃园街8号
Tel:2612236

酒泉市卫生局疾控科
地址：宝泉东路1—3号
Tel:2612558

酒泉市市场监督管理局
地址：盘旋东路13号
Tel:2613252

酒泉市市场监督管理局肃州分局
地址：盘旋东路49号
Tel:2613622

酒泉市文化出版局
地址：世纪大道55号
Tel:2613854

酒泉市文化出版局艺术科
地址：世纪大道55号
Tel:2612955

酒泉市气象局
地址：西关路7号
Tel:2611425

酒泉市气象局气象科技服务中心
地址：西关路7号
Tel:2611424

酒泉市民政局
地址：区世纪大道55号
Tel:2613180

酒泉市地震局震情值班室
地址：酒泉市
Tel:2611121

酒泉市劳动和社会保障局
地址：酒泉市新城区
Tel:2612998

酒泉市社会保险事业局
地址：玉门东路5号
Tel:2613876

酒泉市肃州区文化和文化和旅游局
地址：世纪大道55号
Tel:2613364

酒泉市环境保护局
地址：新城区玉门东路
Tel:2612107

酒泉市城关规划局
地址：宝泉东路1号
Tel:2613362

酒泉市科技局工业科
地址：市政大厦16层
Tel:2612508

酒泉市科技局情报所
地址：市政大厦
Tel:2612253

酒泉市档案局
地址：盘旋西路6号
Tel:2612890

酒泉市商务局
地址：世纪大道55号
Tel:2613502

酒泉市教育局
地址：市政大厦15楼
Tel:2612244

酒泉市接待局
地址：酒泉市
Tel:2612215

酒泉市就业服务局
地址：北大街39号
Tel:2613634

酒泉市人口和计划生育委员会
地址：新城区市政大厦
…… Tel:2612815
酒泉市发展和改革委员会
地址：肃州区市政大厦
…… Tel:2611895
肃北县市场监督管理局
地址：肃北县北街
…… Tel:8122194
张掖市（0936）
中国共产党中国共产党张掖市委员会
…… Tel:8214667
国家机构
人大常委会
张掖市人民代表大会常务委员会
…… Tel:82966231
人民政府
张掖市人民政府
…… Tel:8212156
民乐县市场监督管理局
地址：民乐县北环路东段
…… Tel:4411555
民乐县机关事业保险局
地址：民乐县县府西街9号
…… Tel:4411052
民乐县财政局
地址：氏乐县西大街12号
…… Tel:4281416
民乐县林业局
地址：民乐县南街6号
…… Tel:4411507
民乐县林业局开发区林业站
地址：民乐县南街6号
…… Tel:4281404
民乐县经济贸易
地址：县府西街9号
…… Tel:4411546
民乐县国家税务局
地址：民乐县东大街66号
…… Tel:4411275
民乐县国家税务局计划统计股
地址：民乐县东大街66号
…… Tel:4412010
民乐县质量技术监督局
地址：世纪大道北段
…… Tel:4411817
民乐县统计局
地址：民乐县县府西街9号
…… Tel:4411129
民乐县统计局办公室
…… Tel:4412223
民乐县畜牧局
地址：民乐县县府衡3号
…… Tel:4411744
民乐县烟草专卖局
地址：解放北路15号
…… Tel:4412007
民乐县市场监督管理局开发区工商所
地址：民乐县开发区
…… Tel:4282315
人民政协和民主党派
人民政协
中国人民政治协商会议张掖市委员会
…… Tel:82129221
武威市（0935）
中国共产党中国共产党武碱市委员会
地址：北关中路64号
…… Tel:2218031
中国共产党武威市委员会组织部
地址：北关中路64号
…… Tel:2215900
国家机构
人民政协
武威市人民代表大会常务委员会
…… Tel:2210954
人民政府
武威市人民政府
地址：武威市东大街
…… Tel:2232599
武威市卫生局
地址：东大街118号
…… Tel:2225067
武威市卫生监督所凉州分所
地址：北关西路72号
…… Tel:2214588
武威市乡镇企业管理局
地址：西大街167号
…… Tel:2214077
武威市乡镇企业管理局纪检组
地址：西大街167号
…… Tel:2228691
武威市市水利局
地址：武威市东街
…… Tel:2220054
武威市民政局
地址：东大街118号
…… Tel:2216376
武威市民政局城市低保科
地址：东大街118号
…… Tel:2217142
武威市劳动和社会保障局
地址：东大街118号
…… Tel:2213757
武威市劳动和社会保障局仲裁科
地址：东大街118号
…… Tel:2214117
武威市劳动和社会保障局职技中心
地址：东大街1佰号
…… Tel:2219244
武威市财政局
地址：胜利街文化巷27号
…… Tel:2253337
武威市物价局
地址：东大街118号
…… Tel:2223929
武威市物价局价格检查科
地址：东大街118号
…… Tel:2231672
武威市物价局法规复议科
地址：东大街118号
…… Tel:2214026
武威市物价局综合科
地址：东大街118号
…… Tel:2231675
武威市生态环境局
地址：武威市西大街
…… Tel:2215825
武威市凉州区人事局
地址：武威市东大街
…… Tel:2234507
武威市文化和文化和旅游局
地址：东大街118号
…… Tel:2220257
武威市商务局
地址：西环南路10号
…… Tel:2222127
武威市教育局
地址：凉州区西大街86号
…… Tel:2213464
武威市教育局电教馆
地址：西大街86号
…… Tel:2214100
武威市粮食局
地址：胜利街前进巷2号
…… Tel:2214175
武威市粮食局军供站
地址：胜利街前进巷2号
…… Tel:2214928
武威市粮食局接待室
地址：胜利街前进巷2号
…… Tel:2215254
凉州区粮食局
地址：胜利街前进巷1号
…… Tel:2214945
武威市经济委员会
地址：胜利街64号
…… Tel:2216441
民勤县交通局
地址：民勤县民湖路64号
…… Tel:4120118
民勤县财政局
地址：民勤县西大街3号
…… Tel:4120352
民勤县国土资源局
地址：民勤县东大街13号
…… Tel:4120651
武威市发展计划委员会
地址：东大街50号
…… Tel:2214578
武威市发展计划委员会经动办
地址：东大街50号
…… Tel:2224335
武威市建设委员会
地址：政府大院118号
…… Tel:2252989
人民政协和民主党派
人民政协
中国人民政治协商会议武威市委员会
…… Tel:2251136
中国人民政治协商会议武威市凉州区委员会
地址：东大街66号
…… Tel:2228133
社会团体
妇联
天祝县妇女联合会
地址：团结路84号
…… Tel:3125252
工商联
天祝县工商业联合会
地址：团结路84号
…… Tel:3125210
协会
天祝县消费者协会
地址：祝贡路77号
…… Tel:3127620
定西市（0932）
中国共产党定西市委员会
…… Tel:8227370
国家机构
人大常委会
定西市人民代表大会常务委员会
…… Tel:8221703
人民政府
定西市人民政府
…… Tel:8912109
临洮洗县人事局
地址：东大街6号
…… Tel:2242501
临洮县民政局
地址：东大街6号
…… Tel:2245967
临洮县民政局办公室
地址：东大街6号
…… Tel:2242418
临洮县发展和改革局
地址：东大街6号
…… Tel:2244005
临洮县交通局
地址：北大街35号
…… Tel:2242323
临洮县劳动和社会保障局
地址：东大街6号
…… Tel:2242543
临洮县财政局
地址：广场路1号
…… Tel:2242123
临洮县国土资源局办公室
地址：西关2号
…… Tel:2242420
临洮县国土资源局收发室
地址：西关2号
…… Tel:2242215
临洮县国土资源局局长室
地址：西关2号
…… Tel:2242586
临洮县审计局
地址：北大街93号
…… Tel:2242301
临洮县审计局值班室
地址：北大街93号
…… Tel:2242747
临洮县统计局
地址：东大街6号
…… Tel:2246049
临洮县统计局办公室
地址：东大街6号
…… Tel:2242242
临洮县教育局办公室
地址：西关5号
…… Tel:2242532
人民政协和民主党派
人民政协
中国人民政治协商会议定西市委员会
…… Tel:8222049
陇南市（0939）
中国共产党中国共产党陇南市委员会
…… Tel:8213526
国家机构
人大党委会
陇南市人民代表大会常务委员会
…… Tel:11263936
人民政府
陇南市人民政府
…… Tel:8213841
康县人民政府
地址：城关中街9号
…… Tel:5121130
康县人事劳动保障局
地址：城关中街9号
…… Tel:5121233
康县计划发展局
地址：城关中街9号
…… Tel:5121178
康县民政局
地址：城关中街9号
…… Tel:5121125
康县地方税务局
地址：城关南街7号
…… Tel:5121201
康县国土资源局
地址：城关中街6号
…… Tel:5121225
康县审计局
地址：城关中街9号
…… Tel:5121194
康县物价局
地址：城关中街6号
…… Tel:5121162
康县统计局
地址：城关中街9号
…… Tel:5121128
人民政协和民主党派
人民政协
中国人民政治协商会议陇南市委员会
…… Tel:8263813
社会团体
工会
康县总工会
地址：城关中街11号
…… Tel:5121122
妇联
康县妇女联合会
地址：城关中街11号
…… Tel:5121145
残联
康县残疾人联合会
地址：城关中街9号
…… Tel:5121138
宗教组织
康县民族宗教局
地址：城关中街9号
…… Tel:5121215
平凉市（0933）
中国共产党中国共产党平凉市委员会
…… Tel:8251301
中共静宁县委
地址：阿阳路67号
…… Tel:2521184
国家机构
人大常委会
平凉市人民代表大会常务委员会
…… Tel:8216250
人民政府
平凉市人民政府
…… Tel:8227575
静宁县卫生局
地址：静宁县人民巷19号
…… Tel:2521148
静宁县乡镇企业管理局
地址：阿阳路9号
…… Tel:2521174
静宁县气象局
地址：庙川气象局1楼
…… Tel:2521161
静宁县电力工业局
地址：静宁县静庄路47号
…… Tel:2521178
静宁县农牧局
地址：北环路28号
…… Tel:2521150
静宁县林业局
地址：东街201号
…… Tel:2521157
人民政协和民主党派
人民政协
中国人民政治协商会议平凉市委员会
…… Tel:8219423
庆阳市（0934）
中国共产党中国共产党庆阳市委员会
…… Tel:8215710
国家机构
人大常委会
庆阳市人民代表大会常务委员会
…… Tel:8213744
人民政府
庆阳市人民政府
…… Tel:8612323
华池县交通警察支队
地址：南街61号
…… Tel:5121010
人民政协和民主党派
人民政协
中国人民政治协商会议庆阳市委员会
…… Tel:8211012

西宁市审计局
地址：市黄河路90号
…… Tel:6142278
西宁市房地产管理局
地址：黄河路142号
…… Tel:6130168
西宁市生态环境局
地址：海晏路5号
…… Tel:6306375
西宁市国家税务局城中分局
地址：东大街34号
…… Tel:8248794
西宁市城乡规划建设局
地址：五四大街28号
…… Tel:6145734
西宁市发展和改革委员会
地址：西山一巷12号
…… Tel:6133455
西宁市经济贸易委员会
地址：七一路461号
…… Tel:8238163
西宁市大堡子镇人民政府
地址：柴达木路西路534号
…… Tel:5201993
西宁市城北区人民政府统战部
地址：朝阳西路17号
…… Tel:5500687
西宁市城东区韵家口镇人民政府
地址：互助中路170号
…… Tel:8083877
西宁市城西区彭家寨人民政府
地址：西川南路113号
…… Tel:6314767
西宁城北二十里铺人民政府
地址：宁张路81号
…… Tel:5310540

湟中县人民政府
地址：和平路133号
…………Tel：2232176
西宁市城中区发展计划局
地址：大同街57号
…………Tel：8248635
西宁市城中区会计核算中心城中市管理局
地址：南关街2号
…………Tel：8213984
西宁市城中区劳动和社会保障局
地址：北大街37号
…………Tel：8252535
西宁市城中区社会保险事业管理局
地址：石坡街5号
…………Tel：8213136
西宁市城中区劳动就业服务局
地址：昆仑路28号
…………Tel：8238440
西宁市城中区审计局
地址：北大街37号
…………Tel：8248752
西宁市城中区经济贸易局
地址：石坡街2号
…………Tel：8248571
西宁市城中区统计局
地址：北大街37号
…………Tel：8243365
西宁市城中区城市管理局
地址：南关街2号
…………Tel：8225927
西宁市城东区人事局
地址：昆仑未路188号
…………Tel：8175107
西宁市城西区发展计划局
地址：五四大街21号
…………Tel：6145051
西宁城中区计划生育局
地址：南川东路92号
…………Tel：6254906
西宁城中区民政局
地址：奉青路15-27号
…………Tel：6513156
西宁城中区劳动就业服务局
地址：北大街37号4楼
…………Tel：8248183
职业介绍所
…………Tel：8222341
西宁城中农林局
地址：南京路165号
…………Tel：6510846
西宁城中社会发展局（南关街）
地址：南关街2号
…………Tel：8244180
西宁市城东区计划生育委员会
地址：德令哈路198号
…………Tel：8176213
西宁市城西区计划生育委员会
地址：五四大街21号
…………Tel：6117367
西宁市城南新区管理委员会
地址：新城大道166号
…………Tel：6510366
西宁市城南新区管理委员会计划经济局
地址：新城大道165号
…………Tel：8269007
西宁市城南新区管理委员会农林文化和文化和旅游局
地址：新城大道165号
…………Tel：8289019
西宁市城南新区管理委员会社会事业局
地址：新城大道166号
…………Tel：8269039
西宁市城南新区管理委员会财政局
地址：新城大道166号
…………Tel：8269009
西宁市城南新区管理委员会国土资源管理分局
地址：新城大遗166号
…………Tel：8269068
西宁市城南新区管理委员会规划建设局
地址：新城大道165号
…………Tel：8269002
甘河滩人民政府
地址：甘河滩工业园
…………Tel：2291254
青海省西宁市湟中县李家山镇乡政府
地址：牵家山镇
…………Tel：2271613
湟中县大才乡人民政府
地址：湟中县大才乡
…………Tel：2219222
湟中县土门关乡人民政府
地址：湟中县土九关乡
…………Tel：2263012
湟中县上五庄镇人民政府
地址：湟中县友爱村
…………Tel：2260155
湟中县上新庄镇人民政府
地址：湟中县上新庄镇
…………Tel：2228348

湟中县汉东乡人民政府
地址：湟中县汉东
…………Tel：2268148
湟中县田家寨镇人民政府
地址：湟中县田家寨镇
…………Tel：2294067
湟中县共和镇人民政府
地址：前营村2号
…………Tel：2295633
湟中县西堡镇人民政府
地址：湟中县西堡镇
…………Tel：2293001
社会团体
宗教组织
青海省国外藏胞工作办公室
地址：解放路24号
…………Tel：8247720
驻在机构
本省驻在机构
青海省玛多县人民政府驻西宁办事处
地址：南川西路22号
…………Tel：8259210
海西蒙古族藏族自治州（0977）
德令哈市（0977）
国家机构
人民政府
海西州人民政府
地址：乌兰东路16号
…………Tel：8211273
德令哈市人民政府
地址：格尔木西路18号
…………Tel：8226593
海西州劳动和社会保障局
地址：格尔本东路13号
…………Tel：8211026
海西州国土资源局
地址：格尔木东路5号
…………Tel：8212367
海西州审计局
地址：祁连3号
…………Tel：8227765
海西州统计局
地址：乌兰东路16号
…………Tel：8226097
海西州人中和计划生育委员会
地址：乌兰东路19号
…………Tel：8222706
海西州发展和改革委员会
地址：格尔禾东路6号
…………Tel：8225732
海西州住房公积金管理中心
地址：柯鲁柯湖硌1号
…………Tel：8224338

宁夏回族自治区

银川市人民政府
地址：北京中路
…………Tel：6888231
银川市卫生局
地址：北京中路
…………Tel：6889062
银川市农牧局
地址：北京中路
…………Tel：6889009
银川市行政管理局个体私营企业协会
地址：金凤区宁安大街82号
…………Tel：7865310
银川市行政管理局市场监督管理科
地址：金凤区宁安大街82号
…………Tel：7865309
银川市行政管理局西苑工商所
地址：全凤区宁安大街82号
…………Tel：7865316
银川市行政管理局注册科
地址：全凤区宁安大街82号
…………Tel：7865308
银川市行政管理局经济检查大队
地址：全凤区宁安大街82号
…………Tel：7865311
银川市行政管理局神州工商所
地址：金凤区宁安大街82号
…………Tel：7865319
银川市行政管理局商标广告监督管理科
地址：全凤区宁安大街82号
…………Tel：7865355
银川市交通局
地址：北京中路
…………Tel：6888950
银川市体育局
地址：湖滨西街
…………Tel：6726432
银川市财政局
地址：北京中路
…………Tel：6888851
银川市国土资源局
地址：解放东街
…………Tel：6014820
银川市建设局
地址：解放东街143号
…………Tel：6018745
银川市统计局
地址：北京中路
…………Tel：6889180
银川市商务局北京中路
…………Tel：6889223
银川市教育局北京中路
…………Tel：6888707
银川市粮食局
地址：文化东街65号
…………Tel：6033103
银川市郊区民政局
地址：郊区银新乡开发区
…………Tel：5055568
银川市城区民政局
地址：玉皇阁北街上海东路
…………Tel：6719103
银川市城区地方税务局
地址：城区文化东街50号
…………Tel：6019445
永宁县人民政府
地址：橱和大街20号
…………Tel：8011380
兴庆区人民政府
地址：北京东路471号
…………Tel：6719973
兴庆区民政局
地址：北京东路
…………Tel：6738151
兴庆区财政局
地址：北京东路
…………Tel：6734075
灵武市人民政府
地址：灵洲大道
…………Tel：4021179
贺兰县人民政府
地址：银河东路
…………Tel：8061399
石嘴山市（0952）
中国共产党中国共产党石嘴山市委员会老干部局
地址：石嘴山市新区
…………Tel：2017604
中国共产党石嘴山市委员会
地址：石嘴山市新区
…………Tel：2218001
中国共产党石嘴山市委员会组织部
地址：石嘴山市新区
…………Tel：2218088
中国共产党石嘴山市委员会统战部
地址：石嘴山市新区
…………Tel：2218186
国家机构
人大常委会
石嘴山市人民代表大会常务委员会
地址：石嘴山市新区
…………Tel：2218256
人民政府
石嘴山市人民政府
地址：石嘴山市新区2218329
石嘴山市市场监督管理局
地址：朝阳西街181号
…………Tel：2012652
石嘴山市民政局
地址：贺兰山南路69号
…………Tel：2012714
石嘴山市地方税务局
地址：朝阳西街地方税务
…………Tel：2051775
石嘴山市地震局
地址：贺兰山南路54号
…………Tel：2029575
石嘴山市园林局
地址：游艺西街178号
…………Tel：2012808
石嘴山市财政局
地址：朝阳西街36号
…………Tel：2012879
石嘴山市生态环境局
地址：朝阳西街26号
…………Tel：2012655
石嘴山市国家税务局
地址：朝阳西街42号
…………Tel：2014437
石嘴山市商务局
地址：贺兰山南路54号
…………Tel：2031033
石嘴山市教育局
地址：朝阳西街248号
…………Tel：2012761
石嘴山市发展和改革委员会
地址：石嘴山市新区
…………Tel：2219562
石嘴山市政务大厅管理办公室
地址：朝阳西街39号
…………Tel：2010265
石嘴山市教育考试中心自考办
地址：朝阳西街287号
…………Tel：2021403
石嘴山市教育考试中心招生办
地址：朝阳西街287号
…………Tel：2013461
吴忠市（0953）
中国共产党吴忠市市纪委
地址：吴忠市明珠东路
…………Tel：2039160
吴忠市市直机关工委
地址：吴忠市明珠东路
…………Tel：2039290
吴忠市市委组织部
地址：吴忠市明珠东路
…………Tel：2039159
吴忠市市委政研室
…………Tel：2039278
吴忠市市委统战部
地址：吴忠市明珠东路
…………Tel：2039187
青铜峡市市委
地址：古峡东街政府
…………Tel：3051367
吴忠市利通区区委
地址：利通区政府办公接
…………Tel：2666687
国家机构
人大常委会
吴忠市利通区人大
地址：利通区政府办公楼
…………Tel：2666699
人民政府
青铜峡市市政府
地址：古峡东街政府
…………Tel：3051314
吴忠市民族宗教事务局
…………Tel：2013816
青铜峡市工业和商务局
地址：古峡东街政府四楼
…………Tel：6565315
青铜峡市民政局
地址：银河街
…………Tel：3051303
青铜峡市老干部局
地址：怡心园院内
…………Tel：6565186
青铜峡市社会保险事业管理局
地址：银河街
…………Tel：6563056
青铜峡市财政局
地址：古峡东街
…………Tel：3051196
青铜峡安监局
地址：古峡东街政协楼
…………Tel：6565313
吴忠市文史和学习委员会
地址：吴忠市明珠东路
…………Tel：2039903
吴忠市代表联络与先举委员会
地址：吴忠市明珠东路
…………Tel：2039234
吴忠市发展和改革委员会
地址：吴忠市明珠东路
…………Tel：2039371
吴忠市民族宗教外事侨务工作委员
地址：吴忠市明珠东路
…………Tel：2039211
吴忠市民族宗教委员会
地址：吴忠市明珠东路
…………Tel：2039685
吴忠市农业环境与资源保护工作委
地址：吴忠市明珠东路
…………Tel：2039236
吴忠市财经工作委员会
地址：吴忠市明珠东路
…………Tel：2039225
吴忠市教育科学文化卫生工作委员
地址：吴忠市明珠东路
…………Tel：2039229
吴忠市教科文卫体委员会
地址：吴忠市明珠东路
…………Tel：2039683
吴忠市提案委员会
地址：吴忠市明珠东路
…………Tel：2039681
吴忠市市编委办
地址：吴忠市明珠东路
…………Tel：2039283
吴忠市利通区政府
地址：利通区政府办公楼
…………Tel：2666688
人民政协和民主党派
人民政协
吴忠市利通区政协
地址：刺通区政府办公楼
…………Tel：2666661
固原市（0954）
中国共产党中国共产党固原市委员会
地址：小川子行政中心4楼2068757
固原市老干部局
地址：原州区政府街47号
…………Tel：2032907
固原市委组织部
地址：小川子行政中心3楼
…………Tel：2088300

中共固原市原州区委组织部
地址：原州区政府街9号
……Tel:2031425

西吉县组织部
地址：西吉县政府街
……Tel:3012635

隆德县组织部
……Tel:6016258

国家机构

人大常委会

固原市人民代表大会常务委员会
地址：小川子行政中心
……Tel:2088080

人民政府

固原市人民政府
地址：小川子行政中心
……Tel:2088879

固原市卫生局
地址：小川子行政中心2088109

固原市城市管理局
地址：原州区五中旁
……Tel:2082444

西吉县人民政府
地址：西吉县政府街
……Tel:3012401

隆德县人民政府
地址：隆德县人民路
……Tel:6016055

彭阳县人民政府
地址：白阳镇兴彭路
……Tel:7012302

隆德县财政局
地址：隆德县人民路西
……Tel:6016491

隆德县国家税务局
地址：隆德县人民路
……Tel:6011898

彭阳县人事劳动保障局
地址：彭阳县白阳镇兴彭路
……Tel:7012386

彭阳县国家税务局
地址：彭阳县国税局办公楼
……Tel:7012645

社会团体

残联

固原市残疾人联合会
地址：小川子行政中心
……Tel:2088024

红十字会

固原市红十字会
地址：市行政中心办公楼
……Tel:2088991

中卫市（0955）

中国共产党中卫市老干部局
地址：新区行政中心
……Tel:7068750

中卫市委组织部
地址：新区行政中心
……Tel:7068970

中卫市人民政府
地址：新区行政中心
……Tel:7068850

中卫市工业和信息化局
地址：新区行政中心
……Tel:7068675

中卫市民政局
地址：沙坡头区鼓楼西街
……Tel:7037171

中卫市劳动就业服务局
地址：沙坡头区文萃南路
……Tel:7063931

中卫市财政局
地址：新区行政中心
……Tel:7067858

中卫市科学技术局
地址：沙坡头区文萃南路
……Tel:7063893

中卫市教育局
地址：沙坡头区鼓楼东街
……Tel:7012332

中卫市发展和改革委员会
地址：新区行政中心办公楼
……Tel:7068760

中卫市社会保险事业管理
地址：沙坡头区鼓楼西街
……Tel:7063926

社会团体

宗教组织

中卫市民族宗教事务局
地址：新区行政中心办公楼
……Tel:7068630

新疆维吾尔自治区

乌鲁木齐市（0991）

中国共产党中国共产党新疆维吾尔自治区委员会
地址：天山区健康路2号
……Tel:2813304

中国共产党新疆维吾尔自治区委员会老干局
地址：健康路
……Tel:2391065

中国共产党乌鲁木齐市委员会
地址：南湖东路30
……Tel:2842182

中国共产党乌鲁木齐市委老干部局
地址：南湖路
……Tel:4693693

国家机构

人大常委会

新疆维吾尔自治区人民代表大会常务
地址：委员会
……Tel:5192405

乌鲁木齐市人民代表大会常务委员会
地址：水磨沟区南湖南路127号
……Tel:2314760

人民政府

新疆维吾尔自治区人民政府
地址：中山路
……Tel:2803115

新疆维吾尔自治区科技厅
地址：北京南路
……Tel:3830884

新疆维吾尔自治区气象局
地址：建国路
……Tel:2611281

新疆维吾尔自治区统计局
地址：幸福路
……Tel:2620310

新疆维吾尔自治区食品药品监督管理局
地址：新民路
……Tel:2620420

乌鲁木齐市人民政府
……Tel:4689017

乌鲁木齐市人事局
地址：西虹东路
……Tel:4656129

乌鲁木齐市卫生局
地址：健康路
……Tel:2351677

乌鲁木齐市水务局
地址：南湖南路西一巷
……Tel:4889113

乌鲁木齐市气象局
地址：幸福路
……Tel:2619632

乌鲁木齐市市政市容管理局
地址：昆仑路
……Tel:4600008

乌鲁木齐市民政局
地址：西虹东路
……Tel:4634440

乌鲁木齐市应急管理局
地址：人民路
……Tel:2321165

乌鲁木齐市农牧局
地址：西虹东路
……Tel:4629396

国家税务总局乌鲁木齐市税务局
地址：人民路
……Tel:2832702

乌鲁木齐市技术监督局
地址：南湖路
……Tel:4643143

乌鲁木齐市劳动和社会保障局
地址：南湖西路
……Tel:4680770

乌鲁木齐市体育局
地址：新华北路
……Tel:4613302

乌鲁木齐市园林管理局
地址：公园北街
……Tel:5801804

乌鲁木齐市财政局
地址：人民路
……Tel:2309313

乌鲁木齐市林业局
地址：公园北街
……Tel:5801642

乌鲁木齐市房地产管理局
地址：西虹东路
……Tel:4603586

乌鲁木齐市城市规划管理局
地址：新兴街
……Tel:4629838

乌鲁木齐市科学技术局
地址：新华南路
……Tel:2825049

乌鲁木齐市教育局
地址：青年路
……Tel:8810210

乌鲁木齐市商检局
地址：南湖路
……Tel:4644292

乌鲁木齐市计划节约用水办公室
地址：南湖路西一巷
……Tel:4696381

天山区安全生产监督局
地址：碱泉二街
……Tel:2610715

乌鲁木齐市天山区物价局
地址：碱泉二街
……Tel:2627485

乌鲁木齐市天山区国家税务局
地址：民主路
……Tel:2313014

乌鲁木齐市天山区统计局
地址：碱泉二街
……Tel:2634143

乌鲁木齐市天山区科技局
地址：碱泉街
……Tel:2658094

乌鲁木齐市水磨沟区地方税务局
地址：新民西街
……Tel:4685201

乌鲁木齐市水磨沟区审计局
地址：温泉西路
……Tel:4684723

乌鲁木齐市水磨沟区文化和文化和旅游局
地址：温泉西路
……Tel:4684296

乌鲁木齐市米东区气象局
地址：万和街北二巷
……Tel:3358412

乌鲁木齐市米东新区建设局
地址：稻香中路
……Tel:3352530

乌鲁木齐市沙依巴克区国家税务局
地址：西虹西路
……Tel:4547391

乌鲁木齐市沙依巴克区城建局
地址：宝山路
……Tel:4504026

乌鲁木齐市经济技术开发区财政局
地址：中山街
……Tel:3766099

乌鲁木齐新市区教育局
地址：北京南路
……Tel:3811054

水磨沟区科学技术局
地址：温泉西路
……Tel:4684707

米东区建设局
地址：稻香中路
……Tel:3357707

米东新区质量技术监督局
地址：文化南路
……Tel:6556607

达坂城区气象局
地址：达坂城街
……Tel:5940104

达坂城区农牧局
地址：达坂城街
……Tel:5919080

兵团工一师民政局
地址：河滩北路
……Tel:6686490

兵团工一师审计局
地址：河滩北路
……Tel:6694634

兵团工一师统计局
地址：河津北路
……Tel:6686447

兵团工一师商贸局
地址：河滩北路
……Tel:6686437

兵团土地管理局
地址：建设路
……Tel:2890679

兵团外事侨务文化和文化和旅游局
地址：光明路
……Tel:2896650

兵团民政局
地址：光明路
……Tel:2896507

兵团农十二师畜牧局
地址：百园路常州街
……Tel:3830375

兵团劳教局
地址：先明路
……Tel:2358337

兵团审计局
地址：光明路
……Tel:2890243

兵团生态环境局
地址：光明路
……Tel:2890218

兵团统计局
地址：光明路
……Tel:2896837

兵团监狱管理局
地址：体育馆路
……Tel:8832793

沙依巴克区土地管理局
地址：扬子江路
……Tel:4500199

沙依巴克区文化和文化和旅游局
地址：宝山路
……Tel:4561192

新市区招商局
地址：北京南路
……Tel:3680600

新疆区黄金管理局
地址：友好南路
……Tel:4530693

新疆生产建设兵团外事局
地址：光明路
……Tel:2890530

新疆生产建设兵团交通局
地址：建设路
……Tel:2831271

新疆生产建设兵团监狱管理局
地址：体育馆路
……Tel:2625624

社会团体

残联

沙区残疾人联合会委员会
地址：仓房沟路
……Tel:5637355

驻在机构

中央驻在机构

中国新疆出入境检验检疫局
地址：南湖北站
……Tel:4640479

克拉玛依市（0990）

国家机构

克拉玛依区人民政府
地址：天山路
……Tel:6224496

白碱滩人事局
地址：门户路
……Tel:68285575

白碱滩区安全生产监督局
地址：三环
……Tel:6916021

白碱滩区执法局
地址：北兴路
……Tel:6984110

白碱滩区财政局
地址：门户路
……Tel:6982715

白碱滩区教育局
地址：门户路
……Tel:6984890

白碱滩劳动人事保障局
地址：中兴路
……Tel:6918867

白碱滩环境保护局
地址：中兴路
……Tel:6985200

白碱滩统计局
地址：门户路
……Tel:6827590

克拉玛依区应急管理局
地址：天山路
……Tel:6231849

克拉玛依区机关事务局
地址：通讯路
……Tel:6237191

克拉玛依区农林水牧局
地址：永红路
……Tel:6220153

国家税务总局克拉玛依市税务局
地址：迎宾路
……Tel:6236755

克拉玛依区质量技术监督局
地址：永红路
……Tel:6234895

克拉玛依市机关事务管理局
地址：迎宾路
……Tel:6223045

克拉玛依市档案局
地址：友谊路
……Tel:6226104

克拉玛依白碱滩民族宗教事务局
地址：中兴路
……Tel:6981883

克拉玛依白碱滩环境保护局
地址：北星路55号
……Tel:6916920

克拉玛依劳动和社会保障局
地址：迎宾路
……Tel:6233133

克拉玛依社会保险管理局
地址：友谊
……Tel:6232768

独山子区民族宗教事务局
地址：独山子十区
……Tel:3683531

石河子市（0993）

国家机构

五家渠市林业局
地址：长征东街
……Tel:5805647

五家渠市人事局
地址：长征东街
……Tel:5800263

五家渠市工业局
地址：长征东街
……Tel:5801081

五家渠市市场监督管理局
地址：向阳路

……Tel:5804023

五家渠市农六师生态环境局
地址：北海东街
……Tel:5672507

五家渠市机关事务管理局
地址：长征东街
……Tel:5800019

五家渠市交通局
地址：长征东街
……Tel:5828121

国家税务总局五家渠税务局
地址：长安路
……Tel:5800250

五家渠市地震局
地址：天山北路
……Tel:5818068

五家渠市供电局
地址：长征西街
……Tel:5818094

五家渠市房产管理局
地址：天山南路
……Tel:5814819

五家渠市统计局
地址：长征东街
……Tel:5803221

五家渠市科技局
地址：长征东街
……Tel:5807248

五家渠市畜牧兽医局
地址：人民路东街
……Tel:5800629

五家渠市粮食局
地址：友谊路
……Tel:5801459

五家渠财务局
地址：农六师机关办公
……Tel:5804655

五家渠国家税务局
地址：振兴东街
……Tel:5808074

五家渠房管局
地址：军垦北路
……Tel:5808976

石河子地震局
地址：北三东路
……Tel:2068207

阿拉尔市市场监督管理局
地址：军垦大道
……Tel:4611900

阿拉尔市统计局
地址：市政府办公大楼
……Tel:4618028

阿拉尔地区城市建设局
地址：胜利路
……Tel:4618063

阿拉尔社保局
地址：军垦大道
……Tel:6350952

图木舒克质量技术监督局
地址：前海西街
……Tel:6187763

喀什图木舒克市地方稽查局
地址：前海东路
……Tel:6296006

五家渠市101团社保所
地址：一零一团前进西
……Tel:5520707

石河子市疾控中心
地址：北四路
……Tel:2012583

社会团体

残联

五家渠市残联
地址：天山路
……Tel:5813755

驻在机构

中央驻在机构

中国银行业监督管理委员会石河子监管分局
地址：东幸福路
……Tel:2629006

吐鲁番地区（0995）
吐鲁番市（0995）

国家机构

人民政府

吐鲁番地区农业农村局
地址：绿洲东路
……Tel:8520981

吐鲁番地区统计局
地址：行署综合大楼
……Tel:8522590

吐鲁番地区文化和文化和旅游局
地址：青年路
……Tel:8535422

吐鲁番公路局吐鲁番分局
地址：高昌路
……Tel:8522527

吐鲁番市招商管理局
地址：老城路
……Tel:8660266

吐鲁番市机构编制委员会办公室
地址：老城路
……Tel:8522045

吐鲁番地区计划生育指导所
地址：青年路
……Tel:6263121

吐鲁番地区住房公积金管理中心
地址：绿洲路
……Tel:8521635

吐鲁番地区疾病预防控制中心
地址：高昌北路
……Tel:6267790

达浪坎乡人民政府
地址：这浪坎乡
……Tel:8341338

吐鲁番市高昌路街道办事处绿洲社区
地址：青年路
……Tel:6263096

社会团体

工会

吐鲁番地区工会
地址：高昌路
……Tel:8523415

红十字会

吐鲁番地区红十字会
地址：绿洲中路
……Tel:6262628

哈密地区（0902）
哈密市（0902）

国家机构

人民政府

哈密地区人事局
地址：建国南路
……Tel:2232734

哈密地区卫生局
地址：解放东路
……Tel:2237017

哈密地区市场监督管理局
地址：广东路
……Tel:2251069

哈密地区气象局
地址：天山北路
……Tel:2361445

哈密地区石油基地地方税务局
地址：石油基地支油路
……Tel:2370376

哈密地区石油新城国家税务局
地址：石油基地众望路
……Tel:2370444

哈密地区民政局
地址：建国南路
……Tel:2232491

哈密地区地方税务局
地址：建国南路
……Tel:2237853

哈密地区地方税务局稽查局
地址：胜利路
……Tel:2263673

哈密地区应急管理局
地址：光明路
……Tel:6999205

哈密地区机关事务管理局
地址：建国南路
……Tel:2235224

哈密地区农经局
地址：八一路
……Tel:6988757

哈密地区价格监督局
地址：中山北路
……Tel:2265307

哈密地区地震局
地址：建国南路
……Tel:6994003

哈密地区劳动和社会保障局
地址：前进西路
……Tel:2257157

哈密地区劳动和社会保障局办公室
地址：前进西路
……Tel:2237352

哈密地区劳动和社会保障局值班室
地址：火车站
……Tel:2260007

哈密地区财政局
地址：文化路
……Tel:2251351

哈密地区林业局
地址：建国南路
……Tel:2233991

哈密地区建设局
地址：光明路
……Tel:2263173

哈密地区知识产权局
地址：建国南路
……Tel:6983973

哈密地区国家税务局稽查局
地址：天山北路
……Tel:2311919

哈密地区招商局
地址：融合路
……Tel:2322599

哈密地区质量技术监督局
地址：建国南路
……Tel:2256697

哈密地区环境保护局
地址：建国南路
……Tel:2264167

哈密地区统计局
地址：建国南路
……Tel:2250515

哈密地区科学技术局
地址：建国南路
……Tel:2232245

哈密地区畜牧兽医局
地址：解放东
……Tel:2232914

哈密地区文化和文化和旅游局
地址：天山西路
……Tel:6986650

哈密地区教育局
地址：建国南路
……Tel:2233440

哈密地区银监哈密分局
地址：文化西路
……Tel:2233022

哈密市地方税务局
地址：天山北路
……Tel:2362297

哈密市农机局
地址：广东路
……Tel:2260811

哈密市机关事务管理局
地址：广东路
……Tel:2237324

哈密市地震局
地址：广东路
……Tel:2255834

哈密市财政局
地址：中山北路
……Tel:2239301

哈密市国土资源局
地址：爱国南路
……Tel:2257186

哈密市审计局
地址：中山北路
……Tel:2234583

哈密市房地产管理局
地址：胜利路
……Tel:2232204

哈密市规划局
地址：光明路
……Tel:2239603

哈密市国家税务局
地址：天山北路
……Tel:2312616

哈密市招商局
地址：融合路
……Tel:2260226

国家税务总局哈密市税务局
地址：天山北路
……Tel:2312031

哈密市环境保护局
地址：建国北路
……Tel:2237378

哈密市食品药品监督管理局
地址：天山北路
……Tel:2318050

哈密市档案局
地址：广东路
……Tel:2252841

哈密农十三师劳动和社会保障局
地址：百花路
……Tel:2566611

巴里坤县人事局
地址：汉城东街
……Tel:6822084

巴里坤县民政局
地址：军民团结路
……Tel:6821777

巴里坤县发展计划委物价局
地址：汉城南街
……Tel:6822226

巴里坤县应急管理局
地址：天山路汉城东街
……Tel:6822458

巴里坤县劳动人事和社会保障局
地址：军民团结路
……Tel:6822373

巴里坤县审计局
地址：汉城东街
……Tel.6821105

巴里坤县生态环境局
地址：军民团结路
……Tel:6826367

巴里坤县食品药品监督管理局
地址：汉城南街
……Tel:6826186

巴里坤县畜牧局
地址：军民团结路
……Tel:6823500

伊吾县卫生局
地址：振兴路
……Tel:6721030

伊吾县劳动人事和社会保障局
地址：振兴路
……Tel:6721782

哈密三道岭地方税务局
地址：人民北路
……Tel:6310626

新疆生产建设兵团农十三师劳动和社会保障局
地址：幸福路
……Tel:2566399

巴里坤县人口和计划生育委员会
地址：汉城东街
……Tel:6822347

社会团体

残联

伊吾县残联
地址：振兴路
……Tel:6721534

新疆生产建设兵团农十三师师残联
地址：白桦路
……Tel:2565134

昌吉回族自治州（0994）
昌吉市（0994）

国家机构

人民政府

昌吉州卫生局
地址：长征东街
……Tel:5800839

昌吉州市场监督管理局
地址：北京南路
……Tel:2514117

昌吉州五零零水库受水区配水工程建设管理局
地址：建设路
……Tel:2366338

昌吉州民政局
地址：乌伊东路
……Tel:2359263

昌吉州农牧机械局
地址：延安北路
……Tel:2345170

昌吉州安检局
地址：红星东路
……Tel:2320170

昌吉州国土资源局
地址：建设路
……Tel:23148914

昌吉州审计局
地址：建国西路
……Tel:2342179

昌吉自治州地方税务局
地址：北京南路
……Tel:6561723

昌吉州国家税务局
地址：乌伊西路
……Tel:2364877

昌吉州环境保护局
地址：红星西路
……Tel:2267821

昌吉州科学技术局
地址：延安北路
……Tel:2345627

昌吉州食品药品监督管理局
地址：健康西路
……Tel:2327650

昌吉州药品监督管理局
地址：健康西路
……Tel:2267815

昌吉州消防局
地址：世纪大道
……Tel:2292220

昌吉州档案局
地址：红星西路
……Tel:2345734

昌吉州粮食局
地址：延安北路
……Tel:2344259

昌吉国家农业科技园区国家税务局
地址：乌伊东路
……Tel:6539980

昌吉国家农业科技园区质量技术监督局
地址：五一路
……Tel:6512365

阜康市人民政府
地址：博峰街
……Tel:31222541

昌吉市卫生局
地址：建国西路
……Tel:2596728

昌吉市气象局
地址：红星西路
……Tel:2320275

昌吉市民族宗教事务管理局
地址：建国西路
……Tel:2596793

昌吉市农机械局
地址：宁边西路
……Tel:2283438

昌吉市交通管理局
地址：宁边西路
……Tel:2267939

昌吉市劳动人事局

地址：红星西路
…………………… Tel:2346257

昌吉市园林绿化局
地址：鸟伊末路
…………………… Tel:2359998

昌吉市园林绿化管理局
地址：鸟伊东路
…………………… Tel:2322892

昌吉市财政局
地址：长宁南路
…………………… Tel:2527818

昌吉市社会保险管理局
地址：昌吉市Y019昌吉回族自治州科技馆
…………………… Tel:2351760

昌吉市环卫局
地址：北京南路
…………………… Tel:6569012

昌吉市房地产管理局
地址：红星西路
…………………… Tel:2336247

昌吉市国家农业园区市场监督管理局
地址：乌伊东路
…………………… Tel:2330373

昌吉市国家税务局
地址：长宁路
…………………… Tel:2514489

昌吉市招商局
地址：宁边西路
…………………… Tel:2596859

昌吉市政务中心交通局
地址：宁边西路
…………………… Tel:2267919

昌吉市文化和文化和旅游局
地址：建国西路
…………………… Tel:2596729

昌吉市教育工委教育局
地址：青年北路
…………………… Tel:2333159

昌吉市煤炭工业管理局
地址：建国西路
…………………… Tel:2596767

阜康市交通局
地址：天池南街
…………………… Tel:3222230

阜康市社会保险事业管理局
地址：阜康市桃园路320号
…………………… Tel:3221573

阜康市审计局
地址：博峰街
…………………… Tel:3222245

阜康市规划局
地址：天山街
…………………… Tel:3229091

阜康市建设局
地址：阜新街
…………………… Tel:3222418

阜康市物价局
地址：博峰街
…………………… Tel:3233024

阜康市宗教局
地址：老党校楼
…………………… Tel:32227182

阜康市统计局
地址：博峰街
…………………… Tel:3221474

阜康市食品药品监督管理局
地址：阜新街
…………………… Tel:3235121

阜康市畜牧局
地址：天山街
…………………… Tel:3230682

阜康市文化和文化和旅游局
地址：博峰街
…………………… Tel:3222422

吉木萨尔县民政局
地址：城新区
…………………… Tel:6855900

吉木萨尔审计局
地址：文明西路
…………………… Tel:6922235

博尔塔拉蒙古自治州（0909）
博乐市（0909）

国家机构
人民政府

博州地方税务局
地址：金光大道
…………………… Tel:2284081

博州农经局
地址：青得里大街
…………………… Tel:2312698

博州财政局
地址：文化路
…………………… Tel:2310405

博州财政局阿拉山口财政分局
地址：天山街
…………………… Tel:6993130

博州国土资源局
地址：团结路
…………………… Tel:6288006

山口地税局
地址：博尔塔拉街
…………………… Tel:6993516

五师劳动局
地址：红星路
…………………… Tel:7696769

五师社会保险管理局
地址：农五师社保局楼
…………………… Tel:7671098

五师统计局
地址：红星路
…………………… Tel:2296681

阿拉山口畜牧兽医局
地址：博雄公司商住楼
…………………… Tel:6268068

博乐市生态环境局
地址：联通路
…………………… Tel:6288593

新疆生产建设兵团农五师土地管理局
地址：农五师红星路
…………………… Tel:7671002

巴音郭楞蒙古自治州（0996）
库尔勒市（0996）

国家机构
人民政府

巴州气象局
地址：石化大路
…………………… Tel:2161937

巴州机关事务管理局
地址：百川大厦
…………………… Tel:2023272

巴州地震局
地址：文化路
…………………… Tel:2226275

巴州科学技术局
地址：人民东路
…………………… Tel:2037690

巴州煤炭工业管理局
地址：文化西路
…………………… Tel:2287213

库尔勒开发区地方税务局
地址：白鹭河旁
…………………… Tel:2273016

库尔勒市人事局
地址：延安路
…………………… Tel:2168527

库尔勒市民政局
地址：延安路
…………………… Tel:2168275

库尔勒市民族宗教事务局
地址：延安路
…………………… Tel:2168580

库尔勒市社会保险管理局
地址：巴音东路
…………………… Tel:2276853

库尔勒市政工程管理局
地址：交通西路
…………………… Tel:2075026

库尔勒市教育局
地址：延安路
…………………… Tel:2168235

库尔勒市煤炭工业管理局
地址：延安路
…………………… Tel:2168189

焉耆回族自治县食品药品管理局
地址：解放路
…………………… Tel:6012766

焉耆消防局
地址：交警队
…………………… Tel:6016672

新疆生产建设兵团农二师卫生局
地址：人民西路
…………………… Tel:2022167

新疆生产建设兵团农二师水利局
地址：人民西路
…………………… Tel:2022177

新疆生产建设兵团农二师交通局
地址：人民西路
…………………… Tel:2022669

新疆生产建设兵团农二师科学技术局
地址：人民西路
…………………… Tel:2022327

新疆生产建设兵团农二师教育局
地址：人民西路
…………………… Tel:20122169

阿克苏地区（0997）
阿克苏市（0997）

国家机构
人民政府

阿克苏地区人事局
地址：新华东路
…………………… Tel:2283121

阿克苏地区市场监督管理局
地址：人民南路
…………………… Tel:2155731

阿克苏地区财政局
地址：北大街
…………………… Tel:2124928

国家税务总局阿克苏地区税务局
地址：文化路
…………………… Tel:2659062

阿克苏地区质量技术监督局
地址：东大街
…………………… Tel:2123087

阿克苏市农牧业机械管理局
地址：英巴格路
…………………… Tel:2190148

阿克苏市社会保险管理局
地址：南大街
…………………… Tel:2612203

阿克苏市档案局
地址：团结西路
…………………… Tel:2121034

阿克苏市粮食局
地址：南大街
…………………… Tel:2122137

克孜尔水库管理局
地址：克孜尔
…………………… Tel:8932012

沙雅民政局
地址：沙依巴克路
…………………… Tel:8329064

拜城民族宗教事务管理局
地址：解放路
…………………… Tel:8628676

拜城交通局
地址：解放路
…………………… Tel:8622216

新疆生产建设兵团农一师交通局
地址：东大街
…………………… Tel:2132134

喀什地区（0998）
喀什市（0998）

中国共产党中国共产党喀什地区委员会统一战线工作部
地址：解放南路
…………………… Tel:2522059

中国共产党麦盖提县委员会老干部工作局
地址：人民路
…………………… Tel:7842450

国家机构
人民政府

喀什地区水利局
地址：克孜都维路
…………………… Tel:2525747

喀什地区对外贸易经济合作局
地址：解放北路
…………………… Tel:2825117

喀什地区地方税务局
地址：克孜都堆路
…………………… Tel:2531625

喀什地区农业机械管理局
地址：夏马力巴格路
…………………… Tel:2582411

喀什地区农业农村局
地址：克孜都维路
…………………… Tel:2523508

喀什地区社会保险管理局
地址：文化路
…………………… Tel:21537604

喀什地区国土资源局
地址：解放北路
…………………… Tel:2824149

喀什地区审计局
地址：解放北路
…………………… Tel:2822894

喀什地区林业局
地址：人民西路
…………………… Tel:2821042

喀什地区国家税务局
地址：克孜都维路
…………………… Tel:2502610

喀什地区科技局
地址：解放南路
…………………… Tel:2522627

喀什地区畜牧兽医局
地址：帕克太克里路
…………………… Tel:2523998

喀什地区文化和文化和旅游局
地址：解放北路
…………………… Tel:2837794

喀什地区国有资产监督管理委员会
地址：解放北路
…………………… Tel:2823034

喀什市市场监督管理局
地址：解放北路
…………………… Tel:2833315

喀什市水利局
地址：人民东路
…………………… Tel:2834398

喀什市民政局
地址：人民东路
…………………… Tel:2835619

喀什市农业机械管理局
地址：天南路
…………………… Tel:2823155

喀什市农业农村局
地址：天南路
…………………… Tel:6400515

喀什市应急管理局
地址：人民东路
…………………… Tel:2825949

喀什市林业局
地址：帕依那普路
…………………… Tel:2536895

喀什市建设局
地址：人民东路
…………………… Tel:2824414

喀什市发展和改革委员会
地址：人民东路
…………………… Tel:2822387

喀什市老龄工作委员会办公室
地址：人民东路
…………………… Tel:2836330

麦盖提县水利局
地址：文化路
…………………… Tel:7842190

麦盖提县统计局
地址：人民路
…………………… Tel:7852342

麦盖提县教育局
地址：刀郎路
…………………… Tel:7842198

喀什地区住房公积金管理中心巴楚县管理部
地址：英买里西路
…………………… Tel:6211908

喀什地区住房公积金管理中心盖提县管理部
地址：文化路
…………………… Tel:7846082

新疆生产建设兵团农三师卫生局
地址：克都维路
…………………… Tel:2533815

新疆生产建设兵团农三师统计局
地址：克孜都维路
…………………… Tel:2531612

新疆生产建设兵团农三师商务局
地址：克孜都维路
…………………… Tel:2530323

新疆生产建设兵团农三师教育局
地址：克孜都维路
…………………… Tel:2525975

麦盖提县发展和改革委员会
地址：人民路
…………………… Tel:7842395

社会团体
工会

喀什市总工会
地址：人民东路
…………………… Tel:2822187

共青团、青联、学联

中国共产主义青年团喀什市委员会
地址：人民东路
…………………… Tel:2822447

残联

喀什地区残疾人联合会
地址：解放北路
…………………… Tel:2834381

喀什市工商业联合会
地址：天南路
…………………… Tel:2823257

麦盖提县残疾人联合会
地址：人民路
…………………… Tel:7843304

和田地区（0903）
和田市（0903）

国家机构
人民政府

和田市人民政府
地址：乌鲁木齐北路
…………………… Tel:2513952

和田地区卫生局
地址：纳瓦格路
…………………… Tel:2028457

和田地区市场监督管理局
地址：友谊路
…………………… Tel:6181018

办公室
…………………… Tel:6181016

和田地区水利电力局
地址：乌鲁木齐北路
…………………… Tel:2568953

和田地区地方税务局
地址：纳瓦格路
…………………… Tel:2563173

和田地区和田河流域管理局
地址：乌鲁禾齐南路
…………………… Tel:2513051

和田地区国家保密局
地址：昆仑路
…………………… Tel:2023210

和田地区国家税务局
地址：乌鲁未齐北路
…………………… Tel:2562611

和田地区质量技术监督局
地址：迎宾路
…………………… Tel:2038515

和田地区统计局
地址：塔乃依北路
…………………… Tel:2023298

和田地区城市建设管理局

地址：纳瓦格路
Tel:2567189

和田地区食品药品监督管理局
地址：迎宾路
Tel:2068026

和田地区消防局
地址：东巴格路
Tel:2053109

和田地区畜牧局
地址：乌鲁木齐北路
Tel:2512104

和田地区档案局
地址：屯垦路
Tel:2038726

和田地区文化和文化和旅游局
地址：屯垦西路
Tel:2511891

和田地区教育局
地址：乌鲁木齐北路
Tel:2022606

和田市市场监督管理局
地址：乌鲁木齐北路
Tel:2518672

和田市水利局
地址：北京西路
Tel:2058156

和田市地方税务局
地址：乌鲁木齐北路
Tel:2562461

和田市农牧机械局
地址：唐巴克路
Tel:2516245

和田市农经局
地址：夏玛勒巴格路
Tel:2054539

和田市社会保险管理局
地址：北京西路
Tel:2512506

和田市房地产管理局
地址：夏玛勒巴格路
Tel:2054280

和田市规划局
地址：夏玛勒巴格路
Tel:2064188

和田市生态环境局
地址：乌鲁齐北路
Tel:2519253

和田市国家税务局
地址：乌鲁齐北路
Tel:2517498

和田市招商局
地址：北京东路
Tel:6188568

和田市科技局
地址：杭州大道
Tel:2526077

和田市银监局
地址：乌鲁木齐南路
Tel:2059375

民丰县水电局
地址：索大路
Tel:6754628

民丰县交通局
地址：博斯坦路
Tel:6750070

洛浦县国家税务局
地址：和田路
Tel:6621452

新疆生产建设兵团农十四师民政局
地址：屯垦西路
Tel:2566034

新疆生产建设兵团农十四师统计局
地址：屯垦西路
Tel:2566041

新疆生产建设兵团农十四师科技局
地址：屯垦路
Tel:2566163

伊犁哈萨克自治区（0999）
伊宁市（0999）

国家机构
人民政府

伊宁市民族宗教事务局
地址：新华西路
Tel:8359290

伊宁市农林局
地址：新华西路
Tel:8359572

伊宁市煤炭工业管理局
地址：飞机场路
Tel:8223558

农四师民政局
地址：解放路
Tel:8182807

农四师劳动局
地址：解放路
Tel:8182415

农四师国土资源局
地址：解放路
Tel:8182642

农四师统计局
地址：解放西路
Tel:8182447

清水河地税局
地址：北京西路
Tel:3293211

霍尔果斯口岸文化和文化和旅游局
地址：亚欧路
Tel:8791745

霍尔果斯市场监督管理局
地址：亚欧路
Tel:8793138

霍尔果斯气象局
地址：亚欧路
Tel:8791652

霍尔果斯民政局
地址：亚欧路
Tel:8794200

霍尔果斯交通局
地址：亚欧路
Tel:8792207

霍尔果斯管委会核算中心
地址：管委会
Tel:8793009

巩留县民族宗教事务局
地址：新华东路
Tel:5622332

社会团体

残联
农四师残联
地址：解放西路
Tel:8182812

驻在机构
中央驻在机构

霍尔果斯出入境检验检疫局
地址：神州路
Tel:8793060

霍尔果斯海关
地址：亚欧路
Tel:7858000

塔城地区（0901）
塔城市（0901）

中国共产党中国共产党塔城地区老干部工作局
地址：新华路
Tel:6267361

国家机构
人民政府

塔城地区气象局
地址：体育馆斜对面
Tel:62227187

塔城地区地方税务局
地址：光明路
Tel:6224067

塔城地区技术监督局
地址：光明路
Tel:6222410

塔城地区社会保障局
地址：建设街
Tel:6223134

塔城地区医药监督管理局
地址：新华街
Tel:6239789

塔城地区建设局
地址：光明路
Tel:6234970

塔城地区国家税务局稽查局
地址：新华路
Tel:6222582

塔城地区质量监督局
地址：光明路
Tel:6238299

塔城地区环境保护局
地址：团结路
Tel:6283381

塔城地区食品药品监督管理局
地址：新华路
Tel:6223662

塔城地区畜牧局
地址：红桥酒店
Tel:6239733

塔城地区粮食局
地址：杜别克街
Tel:6226747

塔城地区煤炭管理局
地址：新华路
Tel:6227785

塔城市地方税务局
地址：光明路
Tel:6222256

塔城市农业农村局
地址：杜别克街
Tel:6223403

塔城市交通局
地址：伊宁路
Tel:6235290

塔城市劳动人事局
地址：文青路
Tel:6239907

塔城市社会保险管理局
地址：解放路
Tel:6223515

塔城市邮政局
地址：塔城市商业街
Tel:6222538

塔城市建设局
地址：杜别克街
Tel:6223039

塔城市招商局
地址：团结路
Tel:6281152

塔城市质量技术监督局
地址：光明路
Tel:6239580

塔城市统计局
地址：文化路
Tel:6223208

塔城市档案局
地址：市委政府综合楼
Tel:6223301

乌苏市国土资源局
地址：乌鲁木齐南路
Tel:8502652

托里县国土资源局
地址：国土资源执法大
Tel:3681379

托里县生态环境局
地址：移动公司
Tel:3687363

和丰民政局
地址：新世纪广场
Tel:6712222

和丰县国土资源局
地址：赛尔东街
Tel:6716875

裕民县科技局
地址：巴尔鲁克路
Tel:6528331

裕民县文化和文化和旅游局
地址：巴尔鲁克西路
Tel:6521442

新疆生产建设兵团农九师外事局
地址：朝阳区
Tel:3384628

新疆生产建设兵团农九师交通局
地址：朝阳区
Tel:3384351

新疆生产建设兵团农九师审计局
地址：朝阳区
Tel:3384581

驻在机构
中央驻在机构

中华人民共和国塔城出入境检验检疫局
地址：巴克图口岸
Tel:6225125

阿勒泰地区（0906）
阿勒泰市（0906）

国家机构
人民政府

阿勒泰地区水文水资源勘测局
地址：解放路
Tel:2123956

阿勒泰地区气象局
地址：金山路八道巷
Tel:2124262

阿勒泰地区对外经济贸易合作局
地址：解放路
Tel:2127730

阿勒泰地区农业农村局
地址：解放南路
Tel:2123966

阿勒泰地区机关事务管理局
地址：解放路
Tel:2129521

阿勒泰地区农牧业机械管理局
地址：解放南路
Tel:2122926

阿勒泰地区地震局
地址：园林路
Tel:2152094

阿勒泰地区技术监督局
地址：解放北路
Tel:2123817

阿勒泰地区审计局
地址：解放路
Tel:2127394

阿勒泰地区招商局
地址：解放路
Tel:2123575

阿勒泰地区环境保护局
地址：解放南路
Tel:2126310

阿勒泰地区统计局
地址：解放路
Tel:2123920

阿勒泰地区药品监督管理局
地址：解放路
Tel:2138201

阿勒泰地区文化和文化和旅游局
地址：解放路
Tel:2122882

阿勒泰地区粮食局
地址：行署旧楼
Tel:2122398

阿勒泰市水利局
地址：团结路
Tel:2131365

阿勒泰市民族宗教事务局
地址：团结路
Tel:2122452

阿勒泰市农业农村局
地址：解放北路
Tel:2133601

阿勒泰市机关事务管理局
地址：团结路
Tel:21238126

阿勒泰市财政局
地址：文化路四道巷
Tel:2124525

阿勒泰市审计局
地址：团结二路
Tel:2124026

阿勒泰市林业局
地址：金山路
Tel:2127735

阿勒泰市房地产管理局
地址：文化路
Tel:2123005

阿勒泰市建设局北屯分局
地址：西北路
Tel:3375478

阿勒泰市招商局
地址：团结二路
Tel:2132171

阿勒泰市质量技术监督局
地址：解放北路
Tel:2123893

阿勒泰市统计局
地址：团结二路
Tel:2133727

阿勒泰市科学技术局
地址：团结二路
Tel:2316830

阿勒泰市保密局
地址：团结二路
Tel:2122135

阿勒泰市档案局
地址：团结路
Tel:2123417

阿勒泰市文化和文化和旅游局
地址：团结路
Tel:2134117

北屯市场监督管理局
地址：北一路
Tel:3374760

北屯乡镇企业管理局
地址：团结路
Tel:3377940

北屯农十师民政局
地址：团结路
Tel:3370096

北屯农十师农业农村局
地址：团结路
Tel:3376833

北屯农十师劳动局
地址：团结路
Tel:3370827

北屯农十师教育局
地址：团结路
Tel:3367089

北屯地方税务局
地址：文明路
Tel:3368852

北屯国家税务局
地址：团结路
Tel:3375261

农十师国土资源局
地址：团结路
Tel:3378097

新疆生产建设兵团农十师审计局
地址：团结路
Tel:3378765

新疆生产建设兵团农十师建设局
地址：团结路
Tel:3378230

新疆生产建设兵团农十师统计局
地址：团结路
Tel:3372097

新疆生产建设兵团农十师科学技术局
地址：团结路
Tel:3377981

新疆生产建设兵团农十师教育局
地址：团结路
Tel:3373360

新疆建设兵团农十师审计局
地址：团结路
Tel:3372140

新疆建设兵团农十师林业局
地址：团结路

海口市

市人民政府
海口市人民政府办公厅

地址：长滨路行政中心政府六楼
Tel:68725099

海口市人民政府研究室
地址：长滨路
办公室：68722927
Tel:68722944

海口市政府服务中心·12345政府服务热线
地址：滨海大道42号
Tel:60812345
咨询热线：60812345
政府服务热线：12345

海口市人民政府接待办公室
地址：长滨路
Tel:68720283
接待办公室：68720291
接待处：68720292

海口市信息中心
地址：长滨路
Tel:68710000
Tel:68725660

海口市琼山区政府服务中心
地址：文庄路20号
Tel:65813100
Tel:65813500

区人民政府

海口市龙华区人民政府办公室
地址：龙昆北路
Tel:66569916
Tel:66569798

海口市秀英区人民政府
地址：秀华路2号
政府办公室：68663092
副区长办公室：68625360

海口市美兰区人民政府
地址：振兴路
Tel:65364730

海口市琼山区人民政府
地址：建国路1号
Tel:65884012
办公室：65891921

乡镇人民政府

海口市龙华区龙泉镇人民政府
地址：龙泉镇
党政办：65520008

海口市龙华区龙桥镇人民政府
地址：龙桥镇
Tel:65501006

海口市龙华区城西镇人民政府
地址：南海大道
Tel:66988250
Tel:66986256

海口市龙华区新坡镇人民政府
地址：新坡镇
Tel:65540689
Tel:65540996

海口市龙华区遵谭镇人民政府
地址：遵谭镇
Tel:65480233
传真：65480122

海口市秀英区长流镇人民政府
地址：长生路
Tel:68712011
顾问办公室：68711154
人大办公室：68711182
纪检办公室：68711143

海口市秀英区石山镇人民政府
地址：石山镇
Tel:65469033
计划生育办公室：65468118

海口市秀英区东山镇人民政府
地址：东山镇
Tel:65569033
Tel:65568659
Tel:65569555

海口市秀英区永兴镇人民政府
地址：永兴镇
Tel:65483033
镇长办公室：65483387
书记办公室：65483529

海口市秀英区西秀镇人民政府
地址：西秀镇
Tel:68701121
Tel:68712012
Tel:68711376
计划生育办：68712572

海口市秀英区海秀镇人民政府
地址：南海大道
人大：66822461
武装部：66827667

海口市美兰区三江镇人民政府
地址：三江镇
Tel:65774033
民政办：65776619
计划生育办公室：65776126

海口市美兰区大致坡镇人民政府
地址：大致坡镇
镇长办公室：65798858
书记办公室：65799789

海口市美兰区大致坡镇人民政府咸来办事处
地址：咸来镇
Tel:65774833

海口市美兰区灵山镇人民政府办公室
地址：灵山镇
Tel:65723551
Tel:65722072
Tel:65720337
计划生育办：65721111

海口市美兰区演丰镇人民政府
地址：演丰镇
Tel:65743033

海口市琼山区三门坡镇人民政府
地址：三门坡镇
Tel:65683318
Tel:65682188

海口市琼山区三门坡镇人民政府谭文办事处
地址：谭文镇
Tel:65680633

海口市琼山区大坡镇人民政府
地址：大坡镇横街
Tel:65679899
Tel:65679977
Tel:65679997

海口市琼山区云龙镇政府民政办公室
地址：云龙镇文明东路
Tel:65621880

海口市琼山区龙塘镇人民政府
地址：龙塘镇机关大道
Tel:65512568

海口市琼山区旧州镇人民政府
地址：旧州镇
Tel:65656033

海口市琼山区甲子镇人民政府
地址：甲子镇
Tel:65660133
Tel:65660889

海口市琼山区红旗镇人民政府
地址：红旗镇
Tel:65630933
计划生育办公室：65639633

海口市琼山区府城镇人民政府
地址：大园路
党政办：65907715
民政办：65929622
计生办：65957759

海口市琼山区新民乡人民政府
地址：新民乡
Tel:63800971

海口市商务局
地址：长滨路
Tel:68721009
市场秩序处：68721063
投资促进处：68721068

海口市龙华区招商引资和项目开发服务中心
地址：龙昆北路
Tel:66569303

海口市龙华区商务局
地址：龙昆北路
Tel:66569305

海口市秀英区商务局
地址：秀华路
Tel:68663178
Tel:68663179

海口市美兰区招商引资和项目开发服务中心
地址：振兴路8号区政府办公楼一楼
Tel:65380880
Tel:65380885
Tel:65380886

海口市美兰区商务局
地址：振兴路
Tel:65321295
Tel:65370652

海口市琼山区商业集团
地址：文庄路
总经理室：65872351
副总经理室：65861007
办公室：65873220

海口市琼山区商务局
地址：琼州大道
Tel:65864915

海南省盐业总公司海口分公司
地址：大同路
办公室：66251079
盐政稽查科：66275444
送货：66271694

海南省盐务局
地址：大同路财富广场14楼
办公室：66259964
Tel:66259105
Tel:66259059
Tel:66259172
规划发展处：66251278
专营管理处：66259921
监察审计处：66259284
盐政稽查大队：66260826
组织人事处：66259490

海口市二轻工业联社
地址：解放西路
财务部：66224689
劳动服务公司：66221680

水利管理部门

海南省水务局
地址：海府路
Tel:65239108

海南省水务建设质量监督定额局
地址：琼山大道
Tel:65969862

海口市水资源管理中心（海口市节水办公室）
地址：海甸五西路万恒路48号
主任室：66259336
副任室：66279910
Tel:66278150
综合科：66269796
财务室：66269291
计量征管科：66269273
工程技术科：66183908
水文监测科：66269275
值班室：66271865

海口市水资源管理办公室
主任：66191030
副主任：66192210

海口市水务局
地址：长滨路
办公室：68723626
Tel:68724683
Tel:68723468

海口市龙华区水务局
地址：龙昆北路
Tel:66569019
Tel:66569016

海口市龙华区防汛防风防旱指挥部办公室
地址：龙昆北路
Tel:66569028
Tel:66569022

海口市防汛防风防旱指挥部办公室
地址：长滨路
主任办公室：68723769
综合处：68723770
应急处：68723771
Tel:68723772

海口市秀英区水务局
地址：海秀路
办公室：68659316
Tel:68663187

海口市美兰区水务局
地址：振兴路
Tel:65325153

海口市琼山区水务局
地址：凤翔路
Tel:65915889
Tel:65915822
Tel:65910473

海口市琼山区防汛防风防旱指挥部
地址：凤翔路
Tel:65915055
Tel:65919918

农林管理部门

海口市龙华区农林局
地址：龙昆北路
Tel:66567739
Tel:66567749

海口市农业农村局
地址：长滨路
Tel:68723600
Tel:68724733

海口市农业综合开发办公室
地址：长滨路
Tel:68723154
Tel:68723153

海口市扶贫工作办公室
地址：长滨路
Tel:68724053
Tel:68724055
Tel:68724050

海口市秀英区农林局
地址：秀华路
Tel:68666990
局长办公室：68663090

海口市秀英区蔬菜局
地址：秀华路
Tel:68663182

海口市林业局
地址：长滨路
办公室：68724509
Tel:68725470
Tel:68725469

海口市美兰区农林局
地址：振兴路8号区政府办公楼四楼
Tel:65374154
Tel:65373261
Tel:65304622

海口市美兰区园林管理局
地址：振兴路8号区政府办公楼5楼
Tel:65325102

海口市美兰区海洋与渔业局
地址：振兴路
Tel:65380269
Tel:65380229

海口市海洋与渔业局
地址：长滨路
Tel:68723550
Tel:68723540

海口市琼山区农业农村局
地址：建国路
Tel:65882231

海口市琼山区农林局
地址：建国路
Tel:65882241
Tel:65883149

海口市琼山区扶贫办公室
地址：文庄路
Tel:65893824

海口市森林防火指挥部办公室
地址：长滨路
Tel:68724009
Tel:68724006

西海岸开发建设管理委员会
地址：滨海大道
Tel:68682259

秀英区重点项目协调服务办公室
地址：秀华路
Tel:68660446

海口市人民防空办公室值班室
地址：滨海大道
Tel:66701425

海口市人民政府落实侨房政策办公室
地址：龙昆北路
Tel:66503096
Tel:66503089
Tel:66753387

海口市龙华区玉沙村改造指挥部办公室
地址：玉沙路
Tel:68528201

海口市龙华区园林管理局
地址：龙昆北路
Tel:66567900
Tel:66567908

海口市龙华区住房和城乡建设局
地址：龙昆北路
Tel:66527289
Tel:66527290

海口市龙华构房屋租赁管理所
地址：海甸岛二西路
Tel:66282218

海口市市政管理委员会（海口市城市管理行政执法局）
地址：长滨路
办公室：68723635
Tel:68723650

海口市市政管理局
地址：长滨路
Tel:68723924
Tel:68725303

海口市园林管理局
地址：长滨路
办公室：68720518
园林工程管理处：68722500
Tel:68722530

海口市秀英区园林管理局
地址：秀华路
Tel:68663180

海口市秀英区环境卫生管理局
地址：秀华路
Tel:68663136
Tel:68661746

海口市秀英区规划建设局
地址：丘海大道
Tel:68663193

海口市秀英区林业和园林局
地址：秀华路
Tel:68656591

海口市秀英区房产管理局
地址：海甸二西路
Tel:66264015

海口市秀英区城市管理行政执法大队
地址：美俗路
Tel:68663606

海口市秀英区城市管理行政执法局
地址：秀华路
Tel:68669428

海口市住房制度改办公室
地址：龙华路
Tel:66704399

海口市住房和城乡建设局
地址：长滨路
办公室：68724538
Tel:68724566

海口市环境卫生管理局
地址：长滨路
办公室：68723500
Tel:68723506

海口市规划局
地址：长滨路
Tel:68725480
美兰分局：66275955
龙华分局：66768624
秀英分局：68920724
琼山分局：65800991

海口市规划局龙华分局
地址：金宇路27号二楼
…… Tel:68724383
…… Tel:66758739
…… Tel:66768627
…… Tel:66785662
海口市房地产评估管理所
地址：怡心路
…… 所长办：66264435
…… 房地产过户评估窗口：66264433
海口市房屋产权交易登记中心
地址：海甸五西路
…… 所长办：66264022
…… 房地产过户评估窗口：66261365
海口市城市管理行政执法支队
地址：南沙路
…… Tel:66760200
…… Tel:66500717
海口市城市管理行政执法管理局
地址：南沙路
…… Tel:66725439
海口市美兰区旧城改造工程指挥部
地址：海甸岛二东路
…… Tel:66165898
海口市美兰区环境卫生管理一站
地址：青年路
…… Tel:65339674
海口市美兰区环境卫生管理局
地址：振兴路
…… Tel:65374155
…… Tel:65374510
海口市美兰区环境卫生管理局美兰队
地址：万华路
…… Tel:66223949
海口市美兰区规划建设局
地址：振兴路
…… Tel:65374307
…… Tel:65374306
海口市美兰区房产管理局
地址：水巷口
…… Tel:66228660
海口市美兰区城市环境综合整治办公室
地址：振兴南路
…… Tel:65202195
海口市美兰区城市管理行政执法局
地址：白龙南路
…… Tel:65225598
…… Tel:65226568
…… Tel:65225589
…… Tel:65225638
海口市琼山区环境卫生管理局
地址：凤翔路
…… Tel:65915886
…… Tel:65951301
海口市琼山区规划建设局
地址：新城路
…… Tel:65893676
…… 人防：65893259
海口市琼山区房产管理局
地址：中山北路
…… Tel:65894302
海口市琼山区城市管理行政执法大队
地址：凤翔路
…… Tel:65905788
…… 举报：65916066
海口市琼山区城市管理行政执法局
地址：凤翔路
…… Tel:65906206
海口市琼山区城市管理局
地址：凤翔路
…… Tel:65909338
海南国际旅游岛先行试验区管理委员会
地址：国兴大道
…… Tel:65390003
…… Tel:65390006
琼山区房产管理局
地址：中山北路
…… Tel:65812955

交通管理部门
海南省交通运输厅
地址：海府路
…… 值班总机：60868686
…… 办公室：65343827
…… 财务处：65332158
…… 国防交通处：65371099
…… 建设处：65220159
…… 安全管理处：65342876
…… 综合规划处：65343647
…… 运输处：65383603
…… 绿色通道办：65220129
海南省交通规费征稽局
地址：杜鹃路
…… 业务大厅：68682081
…… 办公室：68682066
…… 征收科：68682080
……监察审计科(党委办)：68682087
…… 稽查科：68682093
…… 技术科：68682078
海南省交通工程质量监督站
地址：凤翔东路
…… Tel:65909124
…… 工程质量监督科：65902780
…… 中心试验室：65902705
海南省琼州海峡轮渡运输管理办公室
地址：南沙路
…… Tel:66526838
…… Tel:66526836
…… Tel:66526833
…… Tel:66520308
海南省道路运输局
地址：渡海路
…… 办公室：66112611
…… 培训科：66119155
海南省港航管理局
地址：渡海路
…… Tel:66210823
…… 人事教育科：66210822
…… 规划财务科：66210835
中交天津航道局有限公司
地址：长流镇
…… Tel:68705813
…… Tel:68705873
交通部南海救助局海口救助基地
地址：滨海大道
…… Tel:68653679
…… Tel:68649311
…… Tel:68651979
海口市机动车驾驶员培训行业管理办公室
地址：南沙路
…… Tel:66750203
海口市交通局
地址：长滨路
…… 办公室：68724445
…… 值班室：68720145
海口市交通规费征稽所
地址：南沙路
…… Tel:66565920
…… 业务大厅：66565921
海口市汽车维修行业管理办公室
地址：滨海大道
…… Tel:66226003
…… Tel:66232301
海口市城市道路交通协调联席会议办公室
地址：长滨路
…… Tel:68722595
海口交通拯救队
地址：丘海大道
…… Tel:68651167
…… Tel:68625816
海南省公路材料供应站
地址：大同路
…… Tel:66774304
…… 危险运输车队：66756439
…… 站长办公室：66793826
…… 传真机：66727934
…… 站长助理：66798216
海南省公路管理局
地址：东方洋东区
…… Tel:66775731
…… 路政科：66517556
…… 养护科：66775727
海南省公路管理局海口公路局
地址：海府路146号
…… 办公室：65872501
…… 路政科：65336506
琼山交通规费征稽所
地址：琼州大厦
…… Tel:65988802
…… 征收股：65988813

教科文、社会保障和资源
国土资源管理部门
海口市国土环境资源局
地址：文庄路
…… Tel:65801086
…… 办公室：68720538
…… 办公室：68725477
…… 办公室：68725340
…… 美兰分局：65360879
…… 琼山分局：65800556
…… 秀英分局：68926286
海口市土地交易中心
地址：国贸二横路国土大厦
…… Tel:68529389
…… Tel:68530396
…… Tel:68530691
海口市土地储备整理中心
地址：长滨路
…… Tel:68723738
…… Tel:68723736
海口市羊山地区土地整理和生态恢复项目工程指挥部办公室
地址：紫荆路
…… Tel:68509370
…… Tel:68509371

人事管理部门
海口市人力资源和社会保障局
地址：长滨路
…… 办公室：68724159
…… 工资福利处：68724210
…… 劳动保障监察处：68724230
…… 政策法规处：68724196
海口市龙华区退伍军人安置
地址：龙昆北路
…… Tel:66569390
海口市自主择业军队转业干部管理办公室
地址：大同一横路
…… Tel:66733272
…… Tel:66775746
海口市劳动争议仲裁办公室
地址：西沙路
…… Tel:66775828
海口市秀英区人事劳动保障局
地址：秀华路人民政府服务中心三楼
…… Tel:68663114
…… Tel:68667401
劳动和社会保障管理中心
…… Tel:68662149

劳动和社会保障管理部门
海南省人力资源开发局(海南省就业局)
地址：白龙南路53号
…… 综合处行政组：65334170
…… 省人力资源市场：65332260
…… 就业贷款担保中心：65301428
… 就业指导处失业保险与再就业中心：65332598
人才管理服务处毕业生就业指导中心：65351699
…… 人才管理服务处人事档案托管：65355140
…… 职称考试处：65375001
…… 职业技能鉴定处：65365312
… 海南省人力资源培训中心：65346519
…… 省劳务管理所：65367692
…… 留学回国人员工作站：65371942
…… 海南天涯人力资源管理服务有限公司：65355143
海口市人力资源开发局
地址：嘉华路2号
…… Tel:65230672
…… 办公室：65231958
…… 失业保险管理科：65231576
…… 就业指导科：65231575
…… 人才劳动力管理科：65232216
…… 职业技能开发科：65231679
…… 随军家属管理科：65230670
(海口市随军家属劳动和社会保障服务中心)
… 市企业职工档案托管中心：65231543
市人才劳动力交流服务中心：65231544
…… 毕业生服务：65230165
……人才服务(人事代理)：65230737
海南众合人力资源开发有限公司：65231155
…… 现场招聘：65231542
…… 人才培训：65231546
…… 人才派遣：65231537
永兴镇劳动和社会保障管理所
地址：永兴镇
…… Tel:65482578
秀英区农村社会养老保险事业管理处
地址：秀华路
…… Tel:68669449
美兰区邦墩社区劳动和社会保障管理站
地址：海甸三西路
…… Tel:66267920
美兰区银甸社区劳动和社会保障管理站
地址：海甸三西路
…… Tel:66180042
美兰区最低生活保障服务中心
地址：晋江村
…… Tel:65327933
海口市龙华区劳动和社会保障管理中心
海口市龙华区人才劳动力市场
地址：国贸二横路
…… Tel:68555348
海口市社会保险事业局
地址：大同一横路3号
…… Tel:66522312
…… 咨询：66522312
…… 美兰所：66357926
…… 秀英所：68626576
…… 琼山所：65879032
…… 龙华所：66973155
海山市美兰区人力资源和社会保障局
地址：振兴路8号
…… Tel:65374379
海口市美兰区劳动保障监察大队
…… Tel:65374425
美兰区农村养老保障事业管理处
…… Tel:65368352
美兰区劳动就业和社会保障管理中心
…… Tel:65303335
海口市秀英区劳动和社会保障管理中心
地址：秀华路4号税务大楼3楼
…… Tel:68661725
海门市美兰区三江镇劳动和社会保障管理所
地址：三江镇
…… Tel:65774127
海口市美兰区白龙街道千家社区劳动和社会保障管理站
地址：青年路
…… Tel:653017824
海口市美兰区白龙街道五贤社区劳动和社会保障管理站
地址：美祥路
…… Tel:65232823
…… 居委会：65371522
海口市美兰区白龙街道流水坡社区劳动和社会保障管理站
地址：流水坡路
…… Tel:65379143
海口市美兰区白沙街道白龙社区劳动和社会保障管理站
地址：椰园二里
…… Tel:65221624
海口市美兰区白沙街道岭下社区劳动和社会保障管理站
地址：文明东路
…… Tel:65346043
海口市美兰区劳动就业和社会保障管理中心
地址：晋江路433号（美兰区政府旁）
…… Tel:65303335
…… Tel:65332120
海口市美兰区和平南街道文明社区劳动和社会保障管理站
地址：美舍下村
…… Tel:65239264
海口市美兰区和平南街道琼苑社区劳动和社会保障管理站
地址：琼苑路
…… Tel:65308324
海口市美兰区海府路街道龙峰社区劳动和社会保障管理站
地址：龙舌坡
…… Tel:65308314
海口市美兰区海府路街道白坡里社区劳动和社会保障管理站
地址：白坡里
…… Tel:66520513
海口市美兰区新埠街道三联社区劳动和社会保障管理站
地址：新埠街
…… Tel:66248371
海口市美兰区演丰镇演丰社区劳动和社会保障管理站
地址：演丰镇新华街
…… Tel:65742412
海口市琼山区农村社会养老保险事业管理处
地址：中山路
…… Tel:65893291
…… Tel:65810992
海口市琼山区劳动和社会保障管理中心
地址：文庄路
…… Tel:65879900
…… 社管·军转：65855796

教育管理部门
海口市教育局
地址：长滨路
…… 行政办公室：68724579
…… 基教处：68724609
…… 民基教办：68724629
…… 职业成人教育处：68724621
海口市教育研究培训院
地址：海甸三西路15号
…… 办公室：66277512
…… 教科研部：66293117
…… 培训部：66259897
…… 信息部：66256353
海口市龙华区教育局
地址：龙昆北路
…… Tel:66568638
…… Tel:66568639
海口市秀英区教育局
地址：秀华路
…… Tel:68666104
海口市兰区关心下一代工作委员会
地址：振兴路
…… Tel:65358257
海口市美兰区教育科技局
地址：振兴路8号
…… Tel:65321276
海口市教育局考试中心办公室
地址：海甸三西路
…… Tel:66293137
海南中华职业教育社办公室
地址：国兴大道
…… Tel:65394708
海南省教育厅勤工检学办公室
地址：海秀路
…… Tel:66512261

科学技术管理部门
海口市科技情报研究所
地址：长滨路
…… Tel:68725055
…… Tel:68725056
海口市科学技术和信息产业局
地址：长滨路

……办公室：68724652
海口市琼山区科技和信息产业局
地址：府城镇草牙巷
……Tel:65801898
……Tel:65803330
海口市琼山区教育科技局
地址：凤翔东路
……Tel:65882232
海南科诚技术服务中心
地址：海府路
……Tel:65374688
……Tel:65354531

宏观调控部门

海口市发展和改革委员会
地址：长滨路
……办公室：68724311
……投资处：68724314
……综合科：68724285
海口市龙华区发展和改革委员会
地址：龙昆北路
……Tel:66567998
海口市秀英区发展和改革局
地址：秀华路
……Tel:68640958
……Tel:68652033
海口市社会经济发展研究所
地址：长滨路
……Tel:68723969
……Tel:68723970
海口市政府投资项目管理中心
地址：长滨路
……Tel:68724839
……Tel:68724838
……Tel:68724100
海口市美兰区发展和改革局
地址：振兴路
……Tel:65362622
……Tel:65383598
海口市琼山区发展和改革局
地址：建国路
……Tel:65882299
……Tel:65884536
海口粮食局
地址：长滨路
……办公室：68725338
……Tel:68725339
……Tel:68725336
海口市粮食局（红旗粮食储备库）
地址：高登街三峰路
……Tel:65956882
……Tel:65956883
……Tel:65956885

财政、政府采购

海口市财政局
地址：长滨路
……办公室：68722584
……Tel:68722764
……Tel:68722760
海口市政府采购中心
地址：长滨路
……办公室：68724004
……Tel:68724003
……Tel:68724002
海口市财政国库支付局
地址：海甸一西路
……Tel:66270366
……Tel:66273737
三门坡财政所
地址：三门坡镇
……Tel:65680035
大坡镇财政所
地址：大坡镇
……Tel:65678825
石山镇财政所
地址：石山镇
……Tel:65469034
龙桥镇财政所
地址：龙桥镇
……Tel:65501029
龙塘镇财政所
地址：龙塘镇
……Tel:65513122
东山镇财政所
地址：东山镇
……Tel:65569593
甲子镇财政所
地址：甲子镇
……Tel:65660072
永兴镇财政所
地址：永兴镇
……Tel:65483568
红旗镇财政所
地址：红旗镇
……Tel:65639026
灵山镇财政所
地址：灵山镇
……Tel:65721102
美兰区三江镇财政所
地址：三江镇
……Tel:65774446
海口市龙华区财政局
地址：龙昆北路
……Tel:66568689
……Tel:66568789
……Tel:66568786
海口市秀英区财政局
地址：秀华路4号
……Tel:68625277
……Tel:68663091
海口市秀英区会计核算中心
地址：秀华路4号税务楼7楼
……Tel:68625885
……Tel:68663651
海口市秀英区财政局海秀财政所
地址：海秀乡
……Tel:66822971
海口市美兰区大致坡镇财政所
地址：大致坡镇
……Tel:65797070
……Tel:65797878
海口市美兰区财政局
地址：振兴路8号区政府办公楼7楼
……Tel:65375651
海口市琼山区财政局
地址：高登街
……Tel:65873493
……值班室：65873546
海口保税区财政局
地址：南海大道
……Tel:66814018
……Tel:66815163
……综合业务室：66817969
……办税大厅：66813526
……一所：66805759
……二所：66831151
海南省体育彩票管理中心
地址：白龙南路
……Tel:65371227
……Tel:65687871
……发行科：65343268
海南省彩票管理中心
地址：海府路
……Tel:65334643
海南省彩票管理中心海口彩票部
地址：海甸四西路
……Tel:66251800
……Tel:66251802
琼山区府城财政所
地址：文庄路
……Tel:65874075
新华区域西乡财政所
地址：南海大道
……Tel:66987210
新坡镇财政所
地址：新谊街
……Tel:65540296
……Tel:65540998
新埠街道办事处财政所
地址：新埠镇
……Tel:66214521
演丰镇财政所
地址：演丰镇
……Tel:65743031
遵谭镇财政所
地址：遵谭镇
……Tel:65483825

政府政务部门

文化、体育

海口市文物局
地址：海府路
……Tel:65305577
……Tel:65318928
海口市地方史志办公室
地址：长滨路
……综合科：68721172
……Tel:68721538
海口市美兰区文化市场稽查队
地址：振兴路
……Tel:65350087
……Tel:65373121
海口市美兰区文化体育局
地址：振兴路
……Tel:65321580
……Tel:65350087

卫生、人口和计划生育

海口市人口和计划生育委员会
地址：长滨路
……办公室：68723832
……Tel:68723856
……Tel:68723855
海口市龙华区人口和计划生育委员会
地址：龙昆北路
……Tel:66569258
海口市龙华区卫生局
地址：龙昆北路
……Tel:66567730
……Tel:66567732
海口市龙华区爱国卫生运动委员会办公室
地址：国贸二横路
……Tel:68530705
……Tel:68536203
海口市秀英区人口和计划生育局
地址：秀华路
……Tel:68665121
……Tel:68653396
海口市秀英区卫生局
地址：秀华路
……Tel:68663106
……Tel:68641565
海口市美兰区人口和计划生育局
地址：振兴路
……Tel:65372392
海口市美兰区除四害服务站
地址：海府路
……Tel:65379474
海口市美兰区卫生局
地址：振兴路8号
……办公室：65374500
……窗口：65236218
海口市美兰区爱国卫生运动委员会办公室
地址：振兴路8号区政府办公楼4楼
……Tel:65374323
……主任办公室：65351097
海口市爱国卫生运动委员会办公室
地址：滨海大道长滨路市政府第二办公区
……Tel:68723793
海口市琼山区人口和计划生育局
地址：琼州大道
……Tel:65981803
……Tel:65981322
海口市琼山区卫生局
地址：建国路
……办公室：65883428
海口市琼山区爱国卫生运动委员会
地址：建国路
……Tel:65894528
海南农垦总局卫生局
地址：海垦路
……Tel:68914907

民族、宗教事务

海口市民族宗教事务局
地址：长滨路
……Tel:66723750
……Tel:66723758

民政

海南省民政厅
地址：海府路59号省政府海府办公大楼一、二层
……办公室：65337129
……人事处(机关党委、工会)：65342580
……计财处：65334794
……Tel:65339494
……民间组织管理局：65339496
……优抚处（省双拥办、省维权办）：65332604
……救灾处：65332607
……社会救助处：65328332
……基层政权和社区建设处：65332605
……区划地名处：65390879
……社会福利处和社会事务处：65337606
省退伍军人和离退休军官安置办公室：65343508
…省老龄工作委员会办公室：65311817
……政策法规处：65318891
龙华区拥军优属拥政爱民工作领导小组办公室
地址：龙昆北路
……Tel:66568580
……Tel:66568581
秀英区拥军优属拥政爱民领导小组办公室
地址：海盛路
……Tel:68645494
海口市龙华区民政局
地址：龙昆北路
……Tel:66569080
海口市民政局
地址：长滨路
……Tel:68723696
……办公室：68723712
海口市秀英区民政局
地址：秀华路
……Tel:68656511
……Tel:68623125
海口市美兰区民政局
地址：振兴路
……Tel:65330055
……婚姻登记处：65390558
海口市福利彩票发行中心
地址：广场路
……主任办：66200911
……办公室：66226384
……Tel:66223228
……财务：66211022
……传真：66113086
海口市琼出区民政局
地址：文庄路
……办公室（传真)：65895365
……婚姻登记处：65899705
……琼山区双拥办：65892928
……优抚安置：65898341
……低保中心：65891518
琼山区拥军优属拥政爱民工作领导小组办公室
地址：文庄路
……Tel:65892928
海口市龙华区审计局
地址：龙昆北路
……Tel:66568266
……Tel:66568270
海口市秀英区审计局
地址：秀华路
……Tel:68640976
海口市秀英区审计局
地址：秀华路2号政府办公楼7楼
……Tel:68640976
海口市审计局
地址：长滨路市政府第二办区5号楼三楼
……Tel:68723010
……法规处：68722953
……行政处：68722982
……农资处：68722981
……财政处：68722976
……投资处：68722964
……办公室：68723020
……经营处：68722962
……企业处：68722975
……社保处：68722972
海口市美兰区审计局
地址：振兴路8号区政府办公楼5楼
……Tel:65374335
海口市琼山区审计局
地址：建国路
……Tel:65883268

政府直属及办事机构

国有资产管理

海口市政府国有资产监督管理委员会
地址：滨海大道
……Tel:68606033
……Tel:68606002
……Tel:68663099
海南测绘局
地址：白龙南路55号测绘太厦
……办公室：65336590
……传真：65339738
……人事处：65339731
……机关党委：65339741
……财务处：65360356
……行管处：65339739
……国土处：65381678
……成果处：65339742
……后勤中心(文昌基地)：65399552
……测绘学会：65355924
……值班室(办公区)：65339740
……值班室(宿舍区)：65376054
海南省接待办公室
地址：国兴大道
……Tel:65348040
……Tel:65335531
……Tel:65342071
海南省台湾同胞接待咨询服务中心
地址：海府路
……Tel:65357249
……Tel:65338401
……Tel:65349182

机关事务管理

秀英区机关事务管理局
地址：秀华路
……Tel:68665044
海口市龙华区重点项目指挥部办公室
地址：龙昆北路
……Tel:66568895
……Tel:66568896
海口市秀英区机关事务管理局
地址：秀华路
……Tel:68669957
……Tel:68663084
……Tel:68665044
海口市直属机关事务管理局
地址：长滨路
……Tel:68720658
……Tel:68720657
海口市美兰区机关事务管理局
地址：振兴路
……办公室：65365463
……Tel:65364496
……Tel:65303510
海口市琼山区机关事务管理局
地址：建国路委综合办公楼二楼
……Tel:65807899
……Tel:65895311
海南省以工代赈办公室
地址：国兴大道
……Tel:65348004
海南省西沙群岛、南沙群岛、中沙群岛驻海口办事处
地址：泰华路
……Tel:66774847
……Tel:66526729
海南省直属机关事务管理局
地址：海府路

办公室：65342794
组织人事处：65342310
财务管理处：65342021
国有资产管理处：65342779

海南省接待安置印支难民办公室
地址：太同路
Tel：66772689

税务

海口市龙华区国家税务局龙象税务分局
地址：十字路镇
Tel：65520030

海口市秀英区国家税务局
地址：秀华路
办公室：68625166
业务综合科：68625164
永兴税务分局：65483289
长流税务所：68711015

海口市国家税务局
地址：滨海大道
Tel：68531281

海口市图家税务局稽查局
地址：滨海大道
举报中心：68537315

海口市美兰区国家税务局
地址：海甸二东路
业务综合科：66152181

海口市琼山区国家税务局
地址：凤翔路
Tel：65874410

海口保税区国家税务局
地址：南海大道
Tel：66818009
传真：66825084
办税服务大厅：66816119

海南省国税大厦
地址：沿江二东路
Tel：66250730

海口市龙华区协税办公室
地址：龙昆北路
Tel：66568887
Tel：66569098

海口市美兰区地方税务局
地址：振兴南路11号
业务室：65339646
传真：65356704
征税大厅：65309150
房地产一所：65309165
房地产二所：65356693
个体一所：65309167
个体二所：65362418
海甸所：65362416
海府所：65309163
国兴所：65362419
文明所：65352940
博爱所：65332449
桂林洋乡镇税务所：65710061

海口市美兰区税收工作协调办公室
地址：振兴路8号区政府办公楼4楼
Tel：65321228
Tel：65328286

海口地方税务局龙华分局
地址：世贸东路
一所：68532925
二所：68531813
三所：68595953
龙泉所：65520023
新坡所：65540141
遵谭所：65483826
征税大厅：68520422

海口地方税务局秀英分局
地址：丘海大道
综合业务室：68648725
Tel：68659817
Tel：68663070
征税大厅：68648690
东山所：65568018
永兴所：65483063

海口地方税务局长流税务所
地址：长康路
Tel：68719061

海口地方税务局社会保险费征稽局
地址：海府路
征收大厅：65382180
稽查科(举报中心)：65382172

海口地方税务局琼山分局
地址：琼州大道
综合室：65870305
办税大厅：65982266

海口地方税务局琼山分局云龙税务所
地址：云龙镇
Tel：65623037

海口地方税务局琼山分局甲子税务所
地址：甲子镇
Tel：65660073

海口地方税务局琼山分局第一税务所
地址：琼洲大道
Tel：65870389

海口地方税务局琼山分局第二税务所
地址：城东大道
Tel：65862977

海口地方税务局琼山分局第三税务所
地址：中山南路
Tel：65956558

海口地方税务局遵谭税务所
地址：遵谭镇
Tel：65483826

海南省海口地方税务局稽查局
地址：华信路
举报电话：66770306

塔光农工商公司税务代征处
地址：海府路
Tel：65346056

环保

海口市美兰区环境保护局
地址：振兴路
Tel：65326829

海口市琼山区环境保护局
地址：龙昆南路
Tel：65904266
Tel：65904299

民航

中国民用航空中南地区空中交通管理局海南分局
地址：南沙路
Tel：66783899

旅游

海口市旅游发展委员会
地址：长滨路
Tel：68723586
Tel：68723590

海口市琼山区文化和文化和旅游局
地址：文庄路
Tel：65886400

统计

海口市龙华区统计局
地址：龙昆北路
Tel：66568255
Tel：66568256

海口市秀英区统计局
地址：秀华路
Tel：68620032

海口市美兰区统计局
地址：振兴路8号
Tel：65322389
Tel：65322332

海口市统计局
地址：长滨路市政府第二办公区5号楼2楼
办公室：68722189
综合统计处：68722532
固定资产投资统计处：68722537
社会科技与商贸统计处：68722561
工业交通能源统计处：68722565
农业统计处：68722560
数据管理中心：88722576
普查中心：68722571
社情民意调查中心：68723759

工商、物价

海港工商所
地址：滨海大道
Tel：68661883

演丰镇工商所
地址：演丰镇新华街79号
Tel：65743035

海口市物价局
地址：长滨路
Tel：68723532
价格管理科：68723522
收费管理科：68723233
12358举报中心：66723535
地址：12358

海口市价格认证中心
地址：大同二里53号7楼
受理室：66778205
监证室：66705938

海口市价格调节基金管理委员会办公室
地址：义龙东路大同二里
Tel：66775706

海口市物价检查所
地址：大同二里
Tel：66776772
标价监制室：66724040
价格举报专线：12358

质量监督

海口质量技术监督局
地址：义龙东路
办公室：66772705
稽查队：66789365
法规科：66716786
食品监督科：66524135
特种设备安全科：66738936

海口城建建筑质量安全鉴定中心
地址：金宇东路
Tel：66522313
Tel：66511233

食(药)品监督

海口市食品药品监督管理局
地址：长滨路
Tel：68723400
Tel：68723380
Tel：68723390

安全生产监督

海口市应急管理局
地址：长滨路
办公室：68723816
Tel：68723817
Tel：66723818

海口市龙华区应急管理局
地址：龙昆北路19号
Tel：66569206

海口市秀英区应急管理局
地址：秀华路2号政府办公大楼三楼
Tel：68624935

海口市美兰区应急管理局
地址：振兴路8号
Tel：65309272

海口市琼山区安全生产监督管理局
地址：建国路
Tel：65866828
传真：65810363

驻在机构

国务院各部委驻在机构

中国船级社海南分社
地址：西沙路20号
行政处：66775165
总经理室：66779065
副总经理室：66779458
检验处：66779066
乡镇船舶处：66770002
实业公司海南分公司：66768963
Tel：66762144

国家林业局驻海口森林资源监督专员办事处
地址：和平大道
Tel：66166108

各地政府驻在机构

山东省人民政府驻海南办事处
地址：和平大道
Tel：66272600
Tel：66296663

山西省人民政府驻海南办事处
地址：海甸四西路
Tel：66259762
Tel：66258273

广东省汕头市人民政府驻海口办事处
地址：龙昆南路
Tel：66987735

广东省劳动厅驻琼劳务办事处
地址：南沙路
Tel：66756708

广东省信宜市人民政府驻海口办事处
地址：义龙路
Tel：66774967

甘肃省人民政府驻海南办事处
地址：五指山路
Tel：65354775
业务室：65340793

四川省人民政府驻海南办事处
地址：海甸三东路中新商务大厦9楼B座
劳务工作站：66262223
办公室：66258826
经济合作处：66281855
企业劳务处：66260090
海南省四川商会秘书处：66290889
Tel：66298289

辽宁省总工会驻海口办事处
地址：华海路
Tel：66766348

安徽省人民政府驻海南办事处
地址：银湖路
Tel：66708920

武汉市人民政府驻海南办事处
地址：新港路
Tel：66226499

湖南省人民政府驻海南办事处
地址：龙昆北路13号
Tel：66533018
传真：66533068

河北省枣强县人民政府驻海口办事处
地址：文明东路
Tel：65336879

陕西省人民政府驻海口办事处
地址：海秀中路
Tel：6891205l

贵州省人民政府驻海南办事处
地址：龙华路
Tel：66230411
Tel：66230405

黑龙江省大庆市人民政府驻海口办事处
地址：沿江三东路
Tel：66250165

湛江市人民政府驻海口办事处
地址：龙昆南路
Tel：66795746

湖北省人民政府驻海南办事处
地址：华海路
Tel：66776876

新疆维吾尔族自治区哈密市人民政府驻海口办事处
地址：金贸区
Tel：68513725

福建省人民政府驻海南办事处
地址：五指山路康业花园C栋三楼
Tel：65365624
Tel：65314617

福建省古田县人民政府驻海口办事处
地址：海秀路
Tel：68917154

福建省龙岩市人民政府驻海口办事处
地址：人民大道
Tel：66252959

福建省宁德市人民政府驻海口办事处
地址：滨海大道
Tel：66227600

民主党派

海口市民主党派机关行政服务处
地址：长滨路
Tel：68721518
Tel：68722805

中国国民党革命委员会

中国国民党革命委员会海口市委员会
地址：长滨路
Tel：68721110
Tel：68721101

中国民主同盟

中国民主同盟海南省委员会
地址：国兴大道
Tel：65364904

中国民主同盟海口市委员会
地址：长滨路
办公室：68724640
Tel：68724641
Tel：68724638

中国民主建国会

中国民主建国会海南省委员会
地址：国兴大道69号人大楼五楼
主委办公室：65359687
副主委办公室：65365392
办公室：65365139
组织处：65314851

中国民主建国会海口市委员会
地址：长滨路
办公室：68821113
Tel：68721170

中国民主促进会

中国民主促进会海南省委员会
地址：国兴大道
办公室：65364390
参政代政：65328313
社会服务处：65392316

中国民主促进会海口市委员会
地址：长滨路
Tel：68720310
Tel：68720312
Tel：68720313

中国农工民主党

中国农工民主党海南省委员会
地址：国兴大道
办公室：65373977
专职副主委：65228977
秘书长办公室：65365257
咨询联络处：65365272

中国农工民主党海口市委员会
地址：长滨路
Tel：68720320
Tel：68720317

中国致公党

中国致公党海口市委员会
地址：长滨路
Tel：68720307
Tel：68720308
Tel：68720309

中国致公党海南省委员会
地址：国兴大道
组织处：65222619
传真：65346512

九三学社

九三学社海口市委员会
地址：长滨路
Tel：68720293
Tel：68720593
Tel：68722193

九三学社海南省委员会
地址：国兴大道
办公室组织处：65374253
研究室：65374257

台湾民主自治同盟

台湾民主自治同盟海口市委员会
地址：长滨路
Tel：68720300
Tel：68720302

台湾民主自治同盟海南省委员会
地址：国兴大道
传真电话：65313473
办公室电话：65343116
组宣处电话：65376694
联络处电话：65376684

社会和宗教团体

社会团体

中国共产主义青年团海口市委员会
地址：长滨路
办公室：68713550
副书记办公室：68725258

……Tel:68725255

中国共产主义青年团海口市龙华区委员会
地址：滨海大道
……Tel:68530545

中国共产主义青年团海口市秀英区委员会
地址：秀华路
……Tel:68663225

中国共产主义青年团海口市美兰区委员会
地址：振兴路
……Tel:65336264
……Tel:65323815

中国共产主义青年团海口市琼山区委员会
地址：建国路
……Tel:65882054
……Tel:65802054

中国国际贸易促进委员会海南省分会
地址：国兴大道
……Tel:65325165
……办公室：65362986
……Tel:65372778
……法律部(调解中心)：65397952
……展览部：65371328
……会务联络部：65367217
……Tel:65367272

世界华商联合总会海南代表处世界华商投资有限公司海南代表处
地址：龙华路
……Tel:66243528
……Tel:66231873

龙华区工商业联合会(总商会)
地址：民声东路
……Tel:68531446

海口市工商业联合会(总商会)
地址：民声东路
……Tel:68531335
……会员工作部：68531420
……经济联络部：68531384

海口市口岸管理处
地址：长滨路
……Tel:68724338
……Tel:68724355

海口市文学艺术界联合会
地址：玉沙路
……Tel:68581078
……Tel:68589787
……组联部：68589727

海口市龙华区工商业联合会
地址：龙昆北路
……Tel:66568289

海口市龙华区科学技术协会
地址：龙昆北路
……Tel:66569298

海口市归国华侨联合会
地址：滨海大道
……Tel:68532306
……主席办公室(传真)：68513306
……助理调研员办公室：66533010
……宣传经济联络权益部：68548048

海口市台湾同胞联谊会
地址：民声东路
……主任办公室：68530137
……办公室：66531371

海口市老年书画研究会
地址：大同一横路
……Tel:66772833

海口市企业联合会海口市企业家协会
地址：白龙南路42号万福大厦1205室
网址：www.hkqyj.com
……Tel:65367118
……Tel:65366358

海日市妇女联合会
地址：长滨路
……Tel:68722853
……Tel:68722858
……Tel:66719889
……权益部：66722860

海口市关心下一代工作委员会办公室
地址：长滨路
……Tel:66722845
……Tel:68722844

海口市红十字会
地址：白龙南路
……Tel:65201955
……办公室：65376576

海口市秀英区工商业联合会(总商会)
地址：先烈路
……Tel:68666071

海口市秀英区归国华侨联合会
地址：秀华路
……办公室：68663979

海口市秀英区妇女联合会
地址：秀华路
……Tel:68683219
……Tel:68660746

海口市秀英区残疾人联合会
地址：秀华路
……Tel:68653817

海口市秀英区科学技术协会
地址：秀华路
……Tel:68621648

海口市秀英区总工会
地址：秀华路
……Tel:68663231

海口市社会科学界联合会
地址：玉沙路
……Tel:68536020
……Tel:68537225

海口市残疾人联合会
地址：广场路
……Tel:65210235

海口市科学技术协会
地址：义龙东路
……办公室：66794454
……科普部：66751005
……学会部：66729793
……科技协作中心：66789271

海口市信用建设促进会
地址：国贸大道
……Tel:68535368
……Tel:68537889

海口市贸促会(海口交易中心)
地址：海口市国贸路CMEC大厦
……Tel:68553349
……联络部：68530737

海口市美兰区工商业联合会(总商会)
地址：振兴路8号美兰区办公楼8楼
……Tel:65362217

海口市美兰区归国华侨联合会
地址：振兴路
……Tel:65383141

海口市美兰区妇女联合会
地址：振兴路
……Tel:65351359
……办公室：65379284

海口市美兰区残疾人联合会
地址：振兴路
……Tel:65356844
……Tel:65351744

海口市美兰区总工会
地址：振兴路
……Tel:65336373

海口市总工会
地址：解放西路
……Tel:66226449
……Tel:66223492

海口市教育工会
地址：解放西路
……Tel:66237274

海口市琼山区工商业联合会
地址：建国1号
……Tel:65801675

海口市琼山区归国华侨联合会
地址：中山北路
……Tel:65882544

海口市琼山区妇女联合会
地址：建国路
……Tel:65882038

海口市琼山区红十字会
地址：中山路
……Tel:65898075

海口市琼山区残疾人联合会
地址：文庄路
……Tel:65897053
……Tel:65800855
……残疾人就业服务站：65882340

海口市琼山区科学技术协会
地址：中山北路
……Tel:65884372

海口市琼山区总工会
地址：文庄路
……Tel:65874251
……Tel:65872461

海口市中华职业教育社
地址：南海大道
……Tel:66827528
……Tel:66815775

海南生产力发展促进会
地址：大同路
……Tel:68560064

海南成美慈善基金会
地址：滨海大道
……Tel:68536726

海南省工业经济联合会(海南省经济技术合作促进会)
地址：蓝天路
……办公室：65344065
……对外联络部：65311951

海南省工业促进会
地址：大同路
……Tel:66753185

海南省工商业联合会(总商会)
地址：国兴大道
……办公室：65360481

海南省万泉河文化研究会
地址：五指山路
……Tel:65351733
……Tel:65390183

海南省上海商会
地址：海甸四东路
……Tel:66256679

海南省山东商会
地址：海甸五东路
……Tel:66298668

海南省中小企业联合会
地址：海府路16号亚希大厦7楼
……Tel:36680722
……办公室：36680722
……传真：65230303

海南省见义勇为基金会
地址：海府路
……Tel:65335516

海南省文学艺术界联合会
地址：白龙南路
……办公室：65367472
……省书协：65367473
……省舞协：65228820
……省摄协：65228821
……省美协：65367471
……省音协：65342790
……省书画院：65228829
……省影视协：65358113
……省曲协·剧协：65228819
……省民协：65367471

海南省归国华侨联合会
地址：海府路
……办公室：65330959
……外联经济部：65339160

海南省四川商会
地址：海甸三路口中新商务大厦9层
……Tel:66290889

海南省生态文化研究会
地址：海府路
……总机：65381099

海南省市场建设促进会
地址：龙昆北路
……Tel:66713038

海南省民营经济协会
地址：海府路
……秘书长室：65316655
……Tel:65231291
……副秘书长室：65362890
……党支部：65383381
……办公室：65379975
……企业帮扶中心：65381036
……企业维权中心：65383382
……交流中心：65379978
……《海南社会组织》编辑部：65379398
……财务室：65365753
……会员发展部：65329799
……网络服务部：65343119
……外联部：65397821
……传真：65365753

海南省对外经济合作交流促进会
地址：西沙路
……Tel:66747288

海南省台湾同胞联谊会
地址：国兴大道
……办公室：65332480
……经济联络部：65322824

海南省吉林商会
地址：滨海大道
……Tel:66533162

海南省老区建设促进会办公室
地址：海府路
……Tel:65337848

海南省达人心理教育研究所
地址：国贸大道
……Tel:68556078

海南省企业文化促进会
地址：玉沙路
……Tel:68520580

海南省企业社会责任研究会
地址：大同路29号汇锦名城D座
……Tel:66762540
……Tel:66762542

海南省关心下一代工作委员会
地址：国兴大道
……Tel:65359822
……Tel:65332358

海南省江苏商会
地址：国贸路
……Tel:68531033

海南省安徽商会
地址：国贸路
……Tel:68521100

海南省农民专业合作社联合会
地址：金贸西路
……Tel:68577360

海南省农垦残疾人联合会
地址：海垦路
……Tel:68920308
……残疾人就业服务中心：68928368

海南省妇女联合会
地址：国兴大道
……办公室：65347665
……妇儿工委办：65349554

海南省红十字会
地址：海府路
……Tel:65338419
……办公室：65331824
……事业发展部：65359682
……赈济救护部：65331817
……造血干细胞库办公室：65366647

海南省进出口商会
地址：国贸路
……Tel:66785941

海南省医疗纠纷人民调解委员会
地址：龙昆北路
……Tel:66533008
……专家管理部：66533011

海南省投资促进会
地址：国贸路
……项目融资部：66568208

海南省投资商会
地址：玉沙路
……秘书处：68591099

海南省社会科学界联合会
地址：海府路49号原省委第二办公楼三楼
……办公室：65333713
……普及咨询部：65356702
……学会部：65361358
……机关党委：65361853
……国际旅游岛讲坛：65365081
……琼州学堂办：65365081

海南省青少年希望基金会
地址：文明东路
……支助部：65357770
……办公室：65355017
……Tel:65379281
……希望小学部(传真)：65320239

海南省国际文化交流中心
地址：国兴大道
……办公室：65373967
……传真：65365590
……文艺处：65373984

海南省知识产权联合会
地址：大同路
……Tel:66755572

海南省和谐社区建设研究会筹备组
地址：海府路
……Tel:65313486

海南省供应商联合会
地址：五指山路
……Tel:65225918

海南省侨联服务中心
地址：大同路
……Tel:66736833

海南省依法行政研究会
地址：国兴大道
……Tel:65383125

海南省河北商会
地址：国贸大道
……Tel:68531135
……传真：68531135

海南省河南商会筹备组
地址：滨海大道
……Tel:68558002

海南省宗教慈善基金会
地址：海甸五西路
……Tel:66279502

海南省科学技术协会
地址：青年路
……Tel:65343372
……办公室：65365319
……科技活动中心：65343936

海南省贵州商会
地址：海秀中路
……Tel:68919498

海南省科技教育发展促进会
地址：白龙南路
……Tel:65331477

海南省残疾人联合会
地址：海府路24号
……办公室：65343078

海南省残疾人劳动就业服务中心
地址：海府路38号银都大厦5楼
……办公室：65349173
……就业监督科：65353041
……培训就业科：65357145
……信息网络中心：65336829
……盲人按摩指导中心：65377409

海南省重庆商会(重庆市政府驻海南联络处)
地址：紫荆路2-1号紫荆花园信息公寓10B
……Tel:68512928

海南省信用建设促进会
地址：国贸路
……Tel:68583673
……Tel:68537374

海南省总工会
地址：大同路
……办公室：65343375
……组织部：66553612

海南省爱国拥军促进会
地址：国贸路
……Tel:66770082

海南省高新技术企业发展促进会
地址：海府路

……Tel:65226982
……Tel:65323068
海南省海外交流协会海南人教育专项基金管理委员会
地址：大同路
……Tel:66751785
海南省预防犯罪研究会
地址：文明东路
……Tel:65314577
……传真：65337004
海南省黄埔军校同学会
地址：国兴大道
……Tel:65356163
海南省聋儿康复中心
地址：美群路
……办公室：65341959
……语训部：65352916
……传真：65352356
海南省绿色产业发展促进会
地址：国贸大道
……Tel:68503116
……Tel:68570448
……Tel:68502911
海南省绿色农产品出口产销促进会
地址：海府路
……办公室：65236887
……传真：65236890
海南省琼剧基金会
地址：国兴大道
……Tel:65365556
海南省博士 院士产业促进会
地址：国贸路
……Tel:68583673
海南省循环经济研究会
地址：白龙南路
……Tel:65362577
海南省湖北商会
地址：华海路
……Tel:66750565
海南省零售与供应商工会联合会
地址：五指山路
……Tel:65221468
……Tel:65221311
海南省新疆商会
地址：玉沙路
……Tel:68555209
海南省慈善总会
地址：龙昆北路
……Tel:68502818
……Tel:68502819
海南省福建商会
地址：五指山路康业花园C栋
……Tel:65393161
……Tel:65355119
琼山老区建设促进会
地址：中山南路
……Tel:65896208
琼港经济合作发展促进会
地址：世贸东路
……Tel:68521039
……传真：68521059
温州商会
地址：金龙中路
……Tel:68525608
……Tel:68526226
……Tel:68529258
宗教团体
海口从龙历史研究会
地址：义兴街
……Tel:66233003
……Tel:66249162
海口市天主教爱国会
地址：振东街
……Tel:66223477
……Tel:66238367
海口市基督教海口堂
地址：义兴街
……Tel:66242810
……Tel:66119852
海口市基督教道客聚会点
地址：道客路
……Tel:66756613
海南省天主教爱国会
地址：振东街
……Tel:66246589
海南省基督教两会办公室
地址：洗马桥路
……办公室：65921256
……Tel:65921255
海南符氏大厦
地址：新民东路
……Tel:66223153
海南潘氏懋德别墅管理委员会
地址：新华南路
……Tel:66226515

三亚市

中国共产党
中国共产党机关
市委
中国共产党三亚市委员会
地址：港门路
……Tel:88270003
中国共产党三亚直属机关工作委员会
地址：榆亚路
……副书记室：88268893
中国共产党所属机构
组织部
中国共产党三亚市委组织部
地址：榆亚路
……办公室：88272605
……干部一科：88353008
……干部二科：88251149
……干审科：88266352
……调研科：88271964
……电教科：88269837
……培训科：88268244
……人才科：88270017
统战部
中国共产党三亚市委员会统一战线工作部
地址：榆亚路
……党派干部科：88266909
人大常委会
市人大常委会
三亚市人民代表大会常务委员会
地址：新风路
……秘书科：88268925
……调研科：88272449
……行政科：88272379
……车队：88264236
……财经工作委员会：88274486
……民族宗教外事华侨工作委员会：88274487
……选举任免联络工作室：88268665
……教科文卫工作委员会：88274273
……法制工作委员会：88274480
……城建环保工作委员会：88256328
……值班室：88272180
人民政府及其管理机构人民政府
市人民政府
三亚市人民政府
地址：河东路政府第一办公楼
秘书科：88272364
一科：88272314
二科：88257338
三科：88271236
……四科：88268867
……五科：88257499
……六科：88272720
……七科：88259733
……组织人事科：88274460
……行政保卫科：88272261
……车队：88273703
……保密室：88274515
……研究室：88282338
……督查室：88274463
……收发室：88361075
……行政保卫科二办管理室：88266400
三亚市三亚湾管理委员会
地址：河东路海康商务大楼
……Tel:88595225
……Tel:88595223
……Tel:88595224
三亚市人民政府政务服务中心
地址：新凤街
……Tel:38860182
区人民政府
三亚市河西区管理委员会
地址：解放路
……办公室：88272675
……传真：88368909
……服务大厅社保：88367906
……服务大厅计生：88257694
……服务大厅国土：88257284
三亚市河东区工作委员会
地址：榆亚大道
……办公室：31898100
……传真：31898101
……计生服务中心：31898168
乡镇人民政府
三亚市天涯镇人民政府
地址：天涯镇
……Tel:88831500
……计生服务中心：88911020
……社会治安综合办公室：88910482
……红塘小学：88913017
三亚市凤凰镇人民政府
地址：凤凰镇
……组织办公室：88344085
……Tel:88341579
三亚市吉阳镇人民政府
地址：吉阳镇
……社会事务所：88713090
……人事办：88712986
三亚市育才镇人民政府
地址：育才镇
……Tel:88952709
……Tel:88953133
……Tel:88953113
三亚市海棠湾镇人民政府
地址：海棠湾镇
……Tel:88810493
……Tel:88810777
……社会事务管理办公室：88811545
海棠湾管理委员会
地址：林旺
……Tel:88680133
政府经济管理部门
信息产业管理部门
海南省无线电管理三亚管理处
地址：西河西路
……Tel:88274401
商务管理部门
三亚市商务局
地址：河西路
……Tel:88278188
水利管理部门
三亚市水务局
地址：新凤西路
……办公室：88271904
……三防指挥办公室：88271824
……三防办主任室：88273449
农林管理部门
三亚市乡镇企业管理局
地址：西河西路
……办公室：88256635
三亚市农业机械化管理局
地址：解放二路
……Tel:88272798
……财务室：88275996
三亚市农业技术推广服务中心
地址：三亚湾路
……主任办公室：88268169
……副主任办公室：88272300
……植保植检站：88268474
三亚市农业局
地址：新风路
……Tel:88257049
三亚市农业综合开发办公室
地址：迎宾路
……主任办公室：88869990
……副主任办公室：88869940
三亚市农业综合执法支队
地址：解放二路
……Tel:88268603
三亚市林业局
地址：迎宾路总工会办公大楼
……Tel:88689039
……Tel:88689160
……防火办：88689110
……林政科：88689578
三亚市海洋与渔业局
地址：河西路
……办公室：88273741
……海洋资源保护科：88259073
……海域和海岛管理科：88270792
……渔业开发科：88264259
……渔业安全生产监督管理科：88366223
三亚市渔政渔港监督管理处
地址：胜利路
……Tel:88360793
农业部南海区渔政局三亚渔政站
地址：凤凰路与金鸡岭交汇处丽苑别墅
……Tel:88248386
建设管理部门
三亚市园林环卫管理局
地址：凤凰路
……Tel:88666110
三亚住房公积金管理局
地址：河西路政府第二办公楼
……Tel:88271537
……Tel:88274565
……Tel:88277972
……Tel:88363003
……Tel:88363006
三亚住房和城乡建设局
地址：河西路182号
……Tel:88258191
……Tel:88267699
……Tel:88279026
……Tel:88279937
……Tel:88275959
三亚市规划建设局
地址：凤凰镇镇政府一楼
……Tel:88341449
……Tel:88271877
三亚市房产组赁管理所
地址：解放四路
……Tel:88293751
三亚市保障性住房建设工作领导小组办公室
地址：海堤路
……Tel:88265108
……Tel:88265208
三亚市散装水泥推广办公室（三亚市墙体材料革新办公室）
地址：河西路
……Tel:88277469
……Tel:88251096
海南省建设标准定额站三亚分站
地址：新风路
……Tel:88256039
交通管理部门
三亚市交通运输局
地址：临春河路
……Tel:88667706
……交管处办证大厅：88667845
三亚市交通规费征稽所
地址：二环路
……Tel:88868061
……Tel:88868760
交通运输部南海第一救助飞行队
地址：凤凰镇
……Tel:88330946
……Tel:88334399
海南省三亚航道所
地址：河东一路
……Tel:88985059
教科文、社会保障和资源
国土资源管理部门
三亚市国土环境资源局
地址：河东路
……Tel:88266071
……Tel:88275038
……Tel:88273363
三亚市土地房产权属调查办公室
地址：河东一路
……Tel:88266408
……Tel:88362590
三亚市国土环境资源信息中心
地址：河东路
……Tel:88262856
人事管理部门
三亚市人事劳动保障局
地址：迎宾路
……办公室：88869197
……企事业人事科：88869365
劳动和社会保障管理部门
三亚市人力资源开发局
地址：迎宾路
……办公室：88689906
……转移就业科：88689558
……就业指导科：88688212
……失业保险科：88688862
……人力资源市场：88688093
……人事代理服务窗口：88688193
……再就业援助窗口：88688282
小额贷款担保中心
……（友谊路122号）：88399066
创业就业指导中心
……（友谊路122号）：88399158
职业技能培训中心
……（友谊路122号）：88292173
三亚市社会保险事业局
地址：迎宾路
……咨询电话：88689985
……办公室：88689528
……养老保险科：88689263
……医疗保险科：88689768
……保险关系科：88689718
……工伤生育科：88689308
……基金管理科：88689655
……城乡居民医保中心：88688378
三亚市农村社会养老保险局
地址：迎宾路
……Tel:88259726
……综合科：88689831
教育管理部门
三亚市教育局
地址：河东路
……Tel:88657800
……Tel:88657808
科学技术管理部门
三亚市科技工业信息化局
地址：河西路
……办公室：88272677
……信息化：88273661
……发展计算科：88275285
宏观调控部门
发展和改革
三亚市发展和改革委员会
地址：河西路
……办公室：88272244
……综合科：88260477
……固定资产投资科：88363380
……产业一科：88274344
……产业二科：88363385
……重点项目科：88268133
三亚市粮食局
地址：解放二路
……办公室：88261330
财政、政府采购
三亚市财政局
地址：迎宾路
……办公室：88869900
……人教科：88869911
……预算科：88869912
……国库科：88869913
……行财科：88869914
……经建科：88869915

……农业科：88869917
三亚市财政局国库支付局
地址：迎宾路
……支付科：88869939
三亚市政府采购中心
地址：河西路
……Tel:88250116
……Tel:88251766
三亚市崖城财政所
地址：崖城镇
……Tel:88832829
……Tel:88834285
……Tel:88832823
天涯财政所
地址：天涯镇
……Tel:88910628
凤凰财政所
地址：凤凰镇
……Tel:88341659
吉阳财政所
地址：吉阳镇
……Tel:88710788
育才财政所
地址：育才镇
……Tel:88953168
政府政务部门
外交、外事
三亚市人民政府外事侨务办公室
地下：河东路
……外事管理科：88296438
国防
三亚市人民防空办公室三亚市民防办公室
地址：解放二路
……Tel:88282181
卫生、人口和计划生育
三亚市人口和计划生育局
地址：河西路市政府第二办公大楼
……Tel:88271790
……办公室：88272714
……法规流动人口科：88361823
……计生协会：88265938
……流动人口管理科：88254665
……宣教科技科：88260533
三亚市卫生局
地址：解放三路
……Tel:88272814
……医教科：88260612
……人事科：88256080
……防保科：88361692
……红十字会：88361557
……三亚医学会：88361691
三亚市爱国卫生运动委员会办公室
地址：文明路
……Tel:88272608
……Tel:88275608
……Tel:88259461
……Tel:88266830
民族、宗教事务
三亚市民族宗教事务局
地址：河西路
……办公室：88273171
……经济发展科：88262120
……宗教事务科：88279281
……政策法宣文教科：88271800
……传真：88277067
民政
三亚市民政局
地址：文明路
……婚姻登记处：38860138
……办公室：88272832
……仙逸园(殡仪馆)：88711196
……荔仙园(公墓)：88384232
三亚市流浪乞讨人员救助站
地址：吉阳镇
……Tel:88384179
政府直属及办事机构
国有资产管理
三亚市政府国有资产监督管理委员会
地址：榆亚大道
……办公室：88277078
……监事会办公室：88366928
……人事科：88269826
……产权管理科：88283202
……党群科：88260662
……法规科：88365209
……监察科：88363153
……预算审计科：88253559
……财务室：88361880
三亚市南繁科学技术研究院(国家863海南研发基地)
地址：海润路
……办公室：88347080
……传真：88348716
税务
三亚市国家税务局
地址：解放三路
……Tel:88271957
……Tel:88268888
……税政科：88264457
……征收管理科：88257169

……河东区局：88273675
三亚地方税务局社会保险费征稽局
地址：迎宾路人力资源市场丈楼5楼
……Tel:88296986
……Tel:88298698
海南省三亚地方税务局
地址：迎宾路
……办公室(传真)：88869661
……办公室：88869660
……人事科：88869602
……监察室：88869630
……征管科：88869609
……发票办：88869636
……河东分局：88672078
……河西第二分局：88668633
……建筑安装税务局：88869651
……天涯税务所：88911578
……第二稽查局：88246690
……红沙税务所：88711289
民航
三亚民航管理站
地址：解放四路143号
……Tel:88290698
旅游
三亚市旅游产业发展局
地址：河西路
……Tel:88272439
……质量管理科：88268453
……市场科：88271737
……规划科：88253583
……协调科：88271460
……导游管理中心：88298210
……旅游监督所：88392211
……旅游信息中心：88292666
统计
三亚市统计局
地址：西河路市人政府第二办公楼
……Tel:88257628
……Tel:88284883
……Tel:88360219
……Tel:88366887
……信息室：88282552
工商、物价
海南省三亚市场监督管理局
地址：解放路
……办公室：88272277
……企业档案室：88271134
……商标广告科：88270746
……内资企业科：88274897
……个体私营科：88252321
……审批办：38860132
公平交易与消费者保护局
……Tel:88265210
……河东局：88365572
……河西局：88365580
……东城工商所：88281177
……大东海工商所：88210155
……荔枝沟工商所：88388209
……海棠湾工商所：88811147
……田独工商所：88713818
……红旗工商所：88238080
……光明工商所：88252636
……东方工商所：88899035
……凤凰工商所：88341315
……天涯工商所：88910189
……崖城工商所：88823986
三亚市物价局
地址：文明路
……价格与收费管理科：88279050
价格调节基金征管办公室
……(14楼)：88360550
质量监督
海南省三亚质量技术监督局
地址：西河西路
……办公室：88273791
……质量监督管理科：88360802
……技术所：88274642
食（药）品监督
海南省三亚市食品药品监督管理局
地址：迎宾路
……办公室：88688377
……药品医疗器械稽查科：88689567
保健食品与化妆品稽查科
……Tel:88688522
安全生产监督
三亚市应急管理局
地址：西河西路
……局长办：88365686
……应急救援科：88362592
……政策法规科：88361821
……危险化学科：88361820
机构编制
三亚市机构编制委员会办公室
地址：榆亚路
……主任办：88360796
……综合科：88276267
……机关事业编制科：88362386
……监督科：88360769
……登记管理科：88363832
参考文史
三亚市梅山革命史馆

地址：崖城镇
……Tel:88890689
侨务
三亚市人民政府台湾事务办公室
……市台办：88282669
社会和宗教团体
社会团体
三亚市工商联(总商会)
地址：河西路
……常务副主席：88881988
……秘书处：88257039
……办公室：88271436
……传真：88368508
……经济联络科：88261522
三亚市归国华侨联合会
地址：西河西路
……Tel:88270599
三亚市台湾同胞联谊会(三亚市台联)
地址：榆亚路
……Tel:88270067
三亚市社会科学界联合会
地址：河东路
……Tel:88366670
……Tel:88366680
三亚市科学技术协会
地址：榆亚大道
……Tel:88272452
三亚市总工会
地址：迎宾路
……办公室：88869232
……组宣部：88869239
……保障与女工部：88869358
三亚国际文化交流中心
地址：河西路
……Tel:88277539
中国共产主义青年团三亚市委员会
地址：榆亚路
……办公室：88272911
……青联秘书处：88279833
海南三亚南山功德基金会
地址：解放四路
……Tel:88663510
海南省凤凰动漫研究院
地址：吉阳镇高新路99号
……Tel:88700039
海南爱心基金会
地址：凤凰路
……Tel:88881122
专业学会、行业协会
三亚个体私营企业协会
地址：解放三路
……Tel:88268558
三亚市老年人体育协会
地址：河东路
……Tel:88274762
三亚市企业家协会
地址：解放一路261号一方百货广场9楼
……Tel:88669328
……Tel:88669558
……Tel:88669568
……Tel:88669569
……Tel:88669628
三亚市质量协会
地址：解放二路
……Tel:88273381
三亚市房地产业协会
地址：河东一路
……Tel:88756772
三亚市旅游协会
地址：解放四路
……Tel:88672268
……Tel:88672678
海南省民营企业家协会三亚办事处
地址：榆亚大道
……Tel:88366511
基层群众自治组织
居民委员会
三亚市鹿回头居委会
地址：鹿回头
……Tel:88226082
河东区下洋田社区居委会
地址：下洋田一路
……办公室：88672886
……社保服务站：88672552
三亚市港门上村居委会
地址：港门上村路
……Tel:88281515
……Tel:88987033
大东海社区居民委员会
地址：海韵路
……Tel:88210939
丹州小区居委会
地址：凤凰路
……Tel:88245296
河东区红沙社区居民委员会
地址：人民街
……Tel:88221759
河东区春光社区居民委员会
地址：春光路
……Tel:88630292
……Tel:88630503

河东区鹿回头社区居民委员会
地址：鹿回头
……Tel:88226648
河东区商品街社区居民委员会
地址：商品街二巷
……Tel:88667273
河西区机场路社区居民委员会
地址：机场路
……Tel:88290055
河西区光明社区居民委员会
地址：光明路
……Tel:88364039
河西区岭北社区居民委员会
地址：金鸡岭街
……Tel:88290657
河西区和平社区居民委员会
地址：胜利路
……Tel:88256842
河西区金鸡岭路社区居委会
地址：金鸡岭街
……Tel:88240621
河西区春园社区居民委员会
地址：西河西路
……Tel:88365895
河西区鸭仔塘社区居民委员会
地址：海润路
……Tel:88612227
河西区榆港社区居委会
地址：建港路
……Tel:88237001
……Tel:88237005
河西区儋州村社区居民委员会
地址：解放三路
……Tel:88363353
……Tel:88284711
……办公室：88363352
荔枝沟居民委员会
地址：吉阳镇
……Tel:88758699
……Tel:88758799
村民委员会
吉阳镇红土坎村民委员会
地址：吉阳镇
……Tel:88713620
监督、投诉及热线电话
投诉热线
三亚市文化市场和扫黄打非举报电话
地址：西河西路
……Tel:12318
三亚市价格举报
地址：西河西路
……Tel:12358
三亚市环保投诉热线
地址：西河东路
……Tel:12369
服务热线
三亚民生劳动争议咨询服务中心
地址：金鸡岭街
……Tel:88398849
中国电信客户服务热线
地址：解放三路

五指山市

中国共产党
中国共产党机关
市委
中国共产党五指山市委办公室
地址：国兴路
……Tel:86623036
中国共产党五指山市直属单位工作委员会
地址：国兴路
……Tel:86622428
中国共产党所属机构
组织部
中国共产党五指山市委员会组织部
地址：国兴路
……副部长办公室：86635986
……干部室：86635856
……组织室：86639450
……办公室：86622536
统战部
中国共产党五指山委员会统一战线工作部
地址：国兴路
……Tel:86622131
……办公室：86622275
人大常委会
市人大常委会
五指山市人民代表大会常务委员会
地址：国兴路
……Tel:86623591
……法制工作委员会：86637590
……财经工作委员会：86638301
民族宗教与教科文卫
……工作委员会：86622535
人民政府及其
管理机构
人民政府

市人民政府
五指山市人民政府
地址：国兴路5号
……Tel：86632939
……值班室：86631436
……秘书长办公室：86627763
……副秘书长办公室：86622313
……副秘书长办公室：86633360
……秘书组：86622436
……收发室：86623665
……综合组：86623048
……保密室：86622047
……行政组：86633332
……外事侨务办公室：86633032
……法制办公室：86629810
五指山市人民政府政务服务中心
地址：三月三大道
……Tel：86628258
……Tel：86635500
乡镇人民政府
五指山市五指山乡人民政府
地址：水满乡
……Tel：86550269
五指山市毛阳镇人民政府
地址：毛阳镇
……Tel：86720245
……Tel：86720368
五指山市毛道乡人民政府
地址：毛道乡
……Tel：86755118
五指山市水满乡人民政府
地址：水满乡
……Tel：86550066
五指山市冲山镇人民政府
地址：沿河北路
……Tel：86622109
五指山市畅好乡人民政府
地址：畅好乡
……办公室：86510156
五指山市南圣镇人民政府
地址：南圣镇
……Tel：86830217
五指山市番阳镇人民政府
地址：番阳镇
……Tel：86730192
……Tel：86730191
政府经济管理部门
信息产业管理部门
五指山市科学技术和信息产业局
地址：国兴路
……Tel：86633077
水利管理部门
五指山市三防指挥部办公室
地址：海榆北路
……Tel：86622637
……办公室：86627582
五指山市水务局
地址：海榆北路
……Tel：86622634
……副局长办公室：86625318
……Tel：86637685
农林管理部门
五指山市农业农村局
地址：爱民路
……Tel：86622366
……Tel：86622361
五指山市农业综合开发领导小组办公室
地址：三月三大道
……Tel：86629152
五指山市扶贫开发办公室
地址：海榆北路
……Tel：86623547
……Tel：86638700
……Tel：86638566
五指山市林业局
地址：沿河北路
……Tel：86633355
……Tel：86622196
……局长办公室：86623519
五指山市畜牧兽医局
地址：奥雅路
……Tel：86626260
海南省农垦总局驻五指山市办事处
地址：沿河北路
……Tel：86622630
建设管理部门
五指山市住房制度改革办公室
地址：爱民路
……Tel：86624193
……主任办公室：86631955
五指山市环保监测与监理服务中心
地址：沿河北路
…资源局监测站主任办公室：86622946
五指山市房产管理局
地址：海榆南路
……Tel：86622011
五指山市城市建设与规划局
地址：海榆北路
……Tel：86622574
……Tel：86636148
五指山市城市管理局
地址：广场路
……Tel：86629029
交通管理部门
五指山市机动车驾驶员培训行业管理办公室
地址：国兴路
……Tel：86627983
五指山市交通局
地址：国兴路
……Tel：86622439
……交管站站长办：86630346
……交通运输管理站：86627513
五指山市交通规费征稽所
地址：迎宾大道
……Tel：86636680
……营业厅：86622290
海南省公路局五指山市分局
地址：海榆北路
……Tel：86622602
教科文、社会保障和资源
国土资源管理部门
五指山市国土环境资源局
地址：国兴路
……Tel：86622742
……局长办公室：86628690
……用地和地籍股：86630997
……副局长办公室：86630018
……污控、矿产生太股：86630220
人事管理部门
五指山市人力资源和社会保障局
地址：越丰路
……Tel：86622031
……副局长办公室：86623543
劳动和社会保障管理部门
五指山市农村养老保险管理局
地址：理文路
……Tel：86637891
五指山市社会保险事业局
地址：广场路
……Tel：86625636
……Tel：86625686
五指山市社会保障事业局
地址：广场路
……Tel：86622676
五指山市就业局
地址：新民路
……办公室：86630777
教育管理部门
五指山市教育局
地址：海榆北路
……Tel：86622183
……副局长办：86622165
……党组办：86623305
……普教股：86639635
……高招办：86623364
……自考办：86628389
……教研室：86631211
宏观调控部门
发展和改革
五指山市发展和改革局
地址：国兴路
……局长室：86622531
……副局长室：86631889
……Tel：86631866
……办公室传真：86636360
……综合岗：86624243
……投资岗：86631658
五指山市粮食局
地址：海榆南路
……Tel：86622567
财政、政府采购
五指山市财政局
地址：迎宾大道
……Tel：86622629
……Tel：86632869
……冲山镇财政所：86630840
……毛道乡财政所：86755062
……水满乡财政所：86550061
……畅好乡财政所：86510028
……南圣镇财政所：86830222
……番阳镇财政所：86730083
五指山市会计事务管理中心
地址：水满乡
……Tel：86550004
五指山市财政局毛阳镇财政所
地址：毛阳镇
……Tel：86720231
政府政务部门
文化、体育
五指山市史志办公室
地址：国兴路
……Tel：86623457
五指山市精神文明建设指导委员会办公室
地址：国兴路
……Tel：86631293
卫生、人口和计划生育
五指山市人口和计划生育局
地址：国兴路5号
……Tel：86629176
……Tel：86622367
五指山市卫生局
地址：奥雅路
……Tel：86623124
……传真：86634799
……局长办公室：86638118
民族、宗教事务
五指山市民族宗教事务局
地址：国兴路
……Tel：86623022
政府直属及办事机构
税务
五指山市国家税务局
地址：三月三大道
……Tel：86623986
……综合股：86626751
……监察室：86624378
海南省五指山地方税务局
地址：山庄路
……Tel：86624747
……纪检监察室：86628540
……税政室：86629567
……征管室：86624743
……办税服务大厅：86627488
稽查局
……综合办公室：86622012
……检查二队：86637172
……执行队：86637717
……毛阳税务所：86720003
……冲山税务所：86622280
…建筑安装房屋出租税务所：86625433
……河南税务所：86622845
海南省五指山地方税务局社会保险费征稽局
地址：山庄路
……征收股：86626908
环保
海南五指山国家级自然保护区管理局
地址：迎宾大道
……Tel：86627528
……Tel：86639988
海南鹦哥岭省级自然保护区管理站
地址：金盘路
……Tel：86730963
旅游
五指山市文化和文化和旅游局
地址：奥雅路
……Tel：86623023
统计
五指山市统计局
地址：爱民路
……办公室：86622770
……Tel：86629350
……Tel：86631334
……农业股：86623385
工商、物价
海南省五指山市场监督管理局
地址：海榆南路
……Tel：86622537
……副局长办公室：86626571
……局长办公室：86622206
……个体劳动者办会：86633325
毛阳工商所
地址：毛阳镇
……Tel：86720235
河北工商所
地址：雅畜路
……Tel：86623959
……Tel：86633352
南圣工商所
地址：南圣镇
……Tel：86831356
五指山市物价局
地址：爱民路
……办公室：86622016
……检查所：86622316
……价格举报中心：86629577
质量监督
海南省五指山质量技术监督局
地址：国兴路
……Tel：86622032
……技术所：86635614
……代码室：86638148
……局长办公室：86635364
……传真：86627089
食（药）品监督
海南省五指山食品药品监督管理局
地址：奥雅路
……Tel：86636507
……Tel：86636986
……Tel：86635050
安全生产监督
五指山市应急管理局
地址：国兴路
……Tel：86637709
机构编制
五指山市事业单位登记管理局
地址：国兴路
……Tel：86632776
政协、民主党派
政协
中国人民政治协商会议五指山市委员会
地址：国兴路
……办公室：86626261
……专委会：86633583
……Tel：86633593
中国人民政治协商会议五指山委员会
地址：国兴路
……Tel：86626261
社会和宗教团体
社会团体
五指山市工商联(总商会)
地址：山兰路
……Tel：86635468
五指山市文学艺术界联合会
地址：迎宾大道
……Tel：86627680
五指山市妇女联合会
地址：国兴路
……Tel：86622270
……主席办公室：86638538
五指山市残疾人联合会
地址：国兴路
……Tel：86631827
……Tel：86636296
五指山市科学技术协会
地址：国兴路
……Tel：86622980
五指山市总工会
地址：解放路
……Tel：86622709
……主席办公室：86623303
中国共产主义青年团五指山市委员会
地址：国兴路
……Tel：86622127
……Tel：86636898
畅好农场工会
地址：海榆中路
……Tel：86862248

琼海市

中国共产党
中国共产党机关
市委
中国共产党琼海市委员会
地址：兴海北路
……Tel：62932715
……传真：62938122
……调研室：62930389
……行政组：62934670
……组织部：62934767
……组织部：62939939
……组织部：62931929
……宣传部：62932738
……宣传部：62920389
……统战部：62932463
……机要局：62932266
……机要局：62936201
……保密局：62934734
……党史研究室：62931235
……接待办公室：62816465
……接待办公室：62824295
中国共产党琼海市直属单位工作委员会
地址：兴海北路
……Tel：62930320
……Tel：62932230
中国共产党所属机构
组织部
中国共产党琼海市委组织部
地址：兴海北路
……Tel：62920923
……Tel：62932145
……Tel：62934767
……Tel：62939939
老干部局
中国共产党琼海市委老干部局
地址：东风路10号
……Tel：62824765
……Tel：62822288
……Tel：62830788
……Tel：62928160
……Tel：62939389
……Tel：62930247
……老干部活动中心：62810223
人大常委会
市人大常委会
琼海市人民代表大会常务委员会
地址：兴海北路
……Tel：62932363
……Tel：62929363
……工委办公室：62937908
人民政府及其管理机构
人民政府
市人民政府
琼海市人民政府办公室
地址：兴海北路
……Tel：62922963
……Tel：62932136
……Tel：62934327
……值班室：62932724

办公室：62932362
综合组：62926108
行政组：62930436
机要室：62932242
市长热线：62932423

琼海市人民政府政务服务中心
地址：兴海北路
Tel：62926002
督察室：62920011
传真：62920022

乡镇人民政府

琼海市大路镇人民政府
地址：大路镇
Tel：62730228
办公室：62732100
书记办公室：62731908
传真：62730400

琼海市万泉镇人民政府
地址：万泉镇
Tel：62880305
传真：62880001
事务办：62881705

琼海市中原镇人民政府
地址：中原镇
党政办公室：62685641
传真：62686179
书记办公室：62685472
Tel：62686145

琼海市长坡镇人民政府
地址：长坡镇琼文路
Tel：62711113
办公室：62711641
镇委书记：62711642
镇长办公室：62711672

琼海市石壁镇人民政府
地址：石壁镇
Tel：62605192
Tel：62605276
计生办：62605670

琼海市加积镇人民政府
地址：爱华东路
Tel：62920055
传真：62920030
值班室：62920078
民政办：62920010

琼海市龙江镇人民政府
地址：银龙街
Tel：62620080
计生办公室：62621009
传真：62620540

琼海市会山镇人民政府
地址：会山镇
Tel：62619961
传真：62619941

琼海市阳江镇人民政府
地址：红色街
Tel：62630241
书记办公室：62630281
镇长办公室：62630401
传真机：62630025
计划生育办公室：62630400

琼海市塔洋镇人民政府
地址：塔洋镇
Tel：62910351
Tel：62910226

琼海市博鳌镇人民政府
地址：博鳌镇
Tel：62778241
书记办公室：62778236

琼海市潭门镇人民政府
地址：潭门镇
党政办公室：62768241
劳动保障局服务中心：62767316
福田敬老院：62767907

政府经济管理部门

商务管理部门

琼海市审计局
地址：兴海北路
Tel：62932204
传真：62931220

琼海市商务局
地址：兴海北路
Tel：62932455
Tel：62939055
局长室：62932292

水利管理部门

琼海市水务局
地址：富海路
Tel：62932408
三防指挥部：62932644
副局长室：62932150

农林管理部门

琼海市农业综合开发办公室
地址：兴海北路
Tel：62933140

琼海市农业综合行政执法大队
地址：富海路
Tel：62922110
大队长办公室：62922533

琼海市农林局
地址：琼文路
Tel：62923239
Tel：62925582
Tel：62932249
Tel：62932744
Tel：62938433
办公室：62925510
防火股：62925531
林政股：62925612
检疫站：62925620

琼海市扶贫开发办公室
地址：兴海北路
Tel：62932284

琼海市热带作物服务中心
地址：前进街
Tel：62822514

琼海市畜牧兽医局
地址：富海路
Tel：62932513
传真：62937920
诊断室：62937769

琼海市海洋与渔业局
地址：珠江路
Tel：62822411
传真：62828127
渔港监督：62768252

琼海渔港监督站
地址：谭门镇
Tel：62768149

建设管理部门

琼海住房公积金管理局
地址：东风路
Tel：62933131
Tel：62921689

琼海市规划建设局
地址：银海东路
拆迁股：62824075
市政股：62825494
建工股：62833170
值班室：62834717
办公室：62925937
财务室：62925983
建设局柜台：62932966
村镇股：62925996
人防办：62824072

琼海市房产管理局
地址：金海路
Tel：62920252
Tel：62921216
Tel：62920281
Tel：62920271
Tel：62920251

交通管理部门

海南省公路局琼海市分局
地址：银海路
Tel：62929153
Tel：62923996
局长办公室：62922053
副局长办公室：62922868
副局长办公室：62922768
值班室：62928980
办公室：62922051

琼海市交通局
地址：富海路
投诉电话：62922211

琼海市交通规费征稽所
地址：银海路
Tel：62935030
Tel：62935003

教科文、社会保障和资源

国土资源管理部门

琼海市国土环境资源局
地址：爱华路
用地股：62838299
储备中心：62811911

琼海市土地储备整理交易中心
地址：爱华路
Tel：62811911

人事管理部门

琼海市人力资源和社会保障局
地址：爱华东路
Tel：62921165
Tel：62925096
Tel：62928069
Tel：62928323
Tel：62928363
Tel：62928553
Tel：62928559
Tel：62928906
Tel：62930920
办公室：62930484
人事职称室：62928586
服务窗口：62922313
监察大队：62930921

劳动和社会保障管理部门

琼海市社会保险事业局
地址：爱华东路
养老保险：62939285
医疗工伤生育保险：62937110
农村养老保险：62936297

琼海市就业局
地址：爱华东路
咨询电话：62822225

琼海地方税务局社会保险费征稽局
地址：爱华路社会保障大楼
Tel：62931188
Tel：62938403
Tel：62937222
申报缴费股：62937008
稽查审计股：62937228
Tel：62938403
Tel：62928007
Tel：62928009
Tel：62928019
Tel：62929103
Tel：62929105

教育管理部门

琼海市教育局
地址：文明街2号
Tel：62819690
Tel：62819963
Tel：62831151
Tel：62836496
Tel：62819692
副局长室：62819609
工委办公室：62819812
党委：62819912
收发室：62822447
督导室：62831430
普教股：62833015
人事股：62835439
教研室：62822448
高招办：62822775
成招办：62832582
中招办：62833238

科学技术管理部门

琼海市科学技术与信息产业局
地址：人民路65号
Tel：62811188
副局长室：62811968
Tel：62822219
Tel：62831009

宏观调控部门

发展和改革

琼海市发展和改革委员会
地址：兴海北路
服务窗口：62925083
传真：62930033
Tel：62931959
Tel：62932735

琼海市发展和改革委员会
地址：兴海北路
Tel：62925083
Tel：62930033
Tel：62931959
Tel：62932735

琼海市粮食局
地址：内环街
Tel：62822674
军粮供应站：62934549
局长办公室：62823420
大路镇粮所：62730251
塔洋镇粮所：62910364

财政、政府采购

琼海市财政局
地址：南门二路
Tel：62822387
Tel：62828053
加积财政所：62822378
长坡财政所：62711800
塔洋财政所：62910354
会山财政所：62619977
潭门财政所：62768247

琼海市财政局大路财政所
地址：大路镇
Tel：62730232

琼海市财政局中原财政所
地址：中原镇
Tel：62685647

琼海市财政局石壁财政所
地址：石壁镇
Tel：62605186

琼海市财政局阳江财政所
地址：阳江镇
Tel：62631118

琼海市财政局博鳌财政所
地址：博鳌镇
Tel：62778247

琼海市财政局潭门财政所
地址：潭门镇
Tel：62768247

政府政务部门

文化、体育

琼海市体育管理局
地址：富海路3号
Tel：62819089
办公室：62822473
服务中心：62831288

卫生、人口和计划生育

琼海市人口和计划生育委员会
地址：爱华路
Tel：62822486
法规股：62810286

琼海市人口和计划生育局
地址：爱华路
局长室：62828425
规统股：62810486
宣教股：62831386
科技股：62831396
流管股：62839150
协会：62824660
服务站：62823024

琼海市卫生局
地址：爱华路
Tel：62823430
副局长办公室：62820373
科教办：62820797
非典办：62824081
防保股：62820133
人事股（中、医科教）：62822474
财务室：62823907
卫生监督所：62831250

琼海市爱国卫生运动委员会办公室
地址：金海路
Tel：62826295
Tel：62933113

民族、宗教事务

琼海市民族宗教事务局
地址：玉海南路市委大楼
Tel：62933043

民政

琼海市民政局
地址：兴海北路市政府大楼一楼
Tel：62929383
Tel：62932497
基层政权股：62932645
双拥办公室：62934480
办公室：62930227
局长办公室：62931539
光荣院：62932269

政府直属及办事机构

税务

琼海市国家税务局
地址：东风路
Tel：62822389
Tel：62817318
征管股：62828307
计划征收股：62829271
政策法规股：62817134
税政管理股：62823671
人事教育股：62817214
监察室：62817224
审理股：62823672
办税服务厅：62827588

琼海市国家税务局大路税务分局
地址：大路镇
Tel：62730223

海南省地方税务局第四稽查局
地址：银海路
Tel：62921155
Tel：62922808
Tel：62936199
Tel：62936818
Tel：62939838

海南省琼海地方税务局
地址：银海路
Tel：62921997
Tel：62925820
监察室：62921036
第四稽查局：62922808
信息中心：62925980
办税服务厅：62921980
城北税务所：62921886
城区中心税务所：62921993
塔洋税务所：62910200
龙江税务所：62620072

旅游

琼海市旅游发展委员会
地址：兴海北路市政府大楼215室
Tel：62935042
Tel：62937043
Tel：62938900
旅游投诉：62932299

统计

琼海市统计局
地址：兴海北路
Tel：62931823
Tel：62935203
Tel：62935502
Tel：62935660
Tel：62937320

工商、物价

琼海市场监督管理局
地址：银海路
Tel：62929293
Tel：62929523
Tel：62929802

琼海市物价局
地址：兴海北路政府大楼410房
Tel：62932361
Tel：62931897
检查所：62932226
价格举报：62934994
价格认证中心：62938240

质量监督
海南省琼海质量技术监督局
地址：兴海北路
…………Tel:62923020
…………Tel:62923021
…………Tel:62923022
…………Tel:62923023
…………Tel:62928212
…………Tel:62928230
…………Tel:62928231
…………Tel:62928232
…………传真：62923026
…………窗口服务电话：62930663
食（药）口监督
海南省琼海食品药品监督管理局
…………朝标西路：62925123
…………Tel:62925128
机构编制
琼海市机构编制委员会办公室
地址：爱华东路
…………Tel:62931369
侨务
琼海市外事侨务办公室
地址：人民路
…………Tel:62822476
…………Tel:62817164
政协、民主党派
政协
中国人民政治协商会议琼海市委员会
地址：兴海北路
…………Tel:62934899
…………Tel:62922038
…………Tel:62924433
…………Tel:62924533
…………Tel:62926386
…………Tel:62932227
…………Tel:62932364
民主党派
中国民主同盟
中国民主同盟琼海市委员会
地址：豪华路
…………Tel:62823712
中国致公党
中国致公党海南省琼海市委员会
地址：豪华路
…………Tel:62820110
社会和宗教团体
社会团体
中国共产主义青年团琼海市委员会
地址：兴海北路政府楼
…………Tel:62924411
…………Tel:62932246
世界琼海同乡联谊会
地址：加博路
…………Tel:62922033
琼海市工商业联合会(总商会)
地址：富海路
…………Tel:62927839
琼海市归国华侨联合会
地址：新民街202号侨联酒店5楼
…………Tel:62822406
琼海市妇女联合会
地址：兴海北路政府大楼2楼
…………Tel:62937495
…………Tel:62932245
琼海市红十字会
地址：爱华路
…………Tel:62810070
琼海市残疾人联合会
地址：朝标东路(银海度假中心侧门旁)
…………Tel:62927733
…………Tel:62938623
琼海市科学技术协会
地址：人民一横街
…………Tel:62822523
琼海市总工会
地址：东风路
…………Tel:62822495
…………传真：62824495
…………文化宫：62815727
宗教团体
琼海市嘉积基督教会
地址：富海路
…………Tel:62835894

儋州市

中国共产党
中国共产党机关
市委
中国共产党儋州市委办公室
地址：中兴大道
…………Tel:23323128
…………秘书组：23322128
…………市委办：23338966
…………办公室：23329520
中国共产党儋州市直属单位工作委员会
地址：中兴大道
…………Tel:66622220
中国共产党所属机构
组织部
中国共产党儋州市委员会组织部
地址：中兴大道
…………Tel:23322142
老干部局
中国共产党儋州市委老干部局
地址：中兴大道
…………局长办公室：23321018
统战部
中国共产党儋州市委员会统一战线工作部
地址：中兴大道
…………Tel:23322268
…………Tel:23326720
人大常委会
市人大常委会
儋州市人民代表大会常务委员会
地址：中兴大道
…………市人大办公室：23322212
…人大教科文卫工作委员会：23324849
…………人大法制工作委员会：23312878
人民政府及其管理机构
人民政府
市人民政府
儋州市人民政府办公室
地址：中兴大道
…………行政秘书科：23334567
…………Tel:23326092
…………传真：23321106
……市政府政策研究督查室：23322615
…………Tel:23316618
…………市政府法制办公室：23322022
…………Tel:23322033
…………市外事侨务办公室：23322109
…………Tel:36925656
……市政府应急办公室(市政府总值班室)：23322019
…………Tel:23322019
…………Tel:23331216
儋州市人民政府政务服务中心
地址：中兴大道
…………综合科：23333181
…………主任办公室：23329192
…………业务咨询科：23335006
……督查科(兴报投诉中心)：23333083
儋州市社会主义新农村建设领导小组办公室
地址：中兴大道
…………Tel:23328959
乡镇人民政府
中和镇人民政府
地址：中和镇
…………Tel:23572421
儋州市木棠镇人民政府
地址：木棠镇
…………Tel:23256938
儋州市白马井镇人民政府
地址：白马井镇
…………Tel:23651693
…………Tel:23653651
儋州市兰洋镇人民政府
地址：兰洋镇
…………Tel:23356811
儋州市那大镇人民政府
地址：工业大道
…………工会：23862983
…………团委：23862836
…………武装部：23862811
…………民政办公室：23862969
…………纪委：23862233
…………爱卫办公室：23862985
…………财务室：23862973
…………房产开发公司：23862880
…………计生办公室：23862990
…………劳保服务中心：23862997
…………农业办公室：23862883
…………文化站：23862986
…………政法办公室：23862893
儋州市光村镇人民政府
地址：光村镇
…………Tel:23521108
儋州市和庆镇人民政府
地址：和庆镇
…………Tel:23360808
儋州市南丰镇人民政府
地址：南丰镇
…………Tel:23712006
儋州市海头镇人民政府
地址：海头镇
…………Tel:23611347
儋州市排浦镇人民政府
地址：排浦镇
…………Tel:23601174
儋州市雅星镇人民政府
地址：雅星镇
…………党政办：23782202
…………计生办：23782298
政府经济管理部门
信息产业管理部门
海南省无线电管理办公室儋州管理处
地址：文化中路
…………Tel:23310266
商务管理部门
海南省盐务局儋州盐务分局
地址：东坡路
…………Tel:23392336
…………局长办：23392806
…………盐政稽查队：23392822
儋州市二轻局
地址：东风路
…………Tel:23322765
儋州市工业和信息化局
地址：中兴大道
…………办公室：23326166
…………高新产业科：23311500
…………中小企业科：23334166
…………信息中心：23330666
…………Tel:23335533
儋州市商务局
地址：中兴大道
…………行政办：23322316
…………传真：23312013
…………商务执法大队：23322376
水利管理部门
松涛水利工程管理局
地址：人民中路
…………Tel:23323907
海南省松涛管理局那大管理区
地址：前进路
…………Tel:23390320
儋州市三防指挥办公室
地址：中兴大道
…………Tel:23310065
儋州市水务局
地址：中兴大道
…………办公室：23322441
儋州市水务局燎原水电站
…………牙拉河农场：23757849
农林管理部门
儋州市农业工作委员会
地址：中兴大道
…………Tel:23880731
儋州市农业综合开发办公室
地址：中兴大道
…………办公室：23323167
…………传真：23318672
…………Tel:23313860
…………项目科：23313850
儋州市农业综合执法大队
地址：中兴大道
…………大队长：23508775
海南省农垦总局驻儋州市办事处
地址：中兴大道
…………行政办公室：23880213
…………政工组：23880212
…………生产组：23880211
儋州市扶贫办
地址：中兴大道
…………Tel:23319653
儋州市林业局
地址：中兴大道
…………森林植物检疫站：23383199
儋州市畜牧兽医局
地址：中心大道
…………局长办：23332358
…………副局长办：23327869
儋州市海洋与渔业局
地址：中兴大道
…………Tel:60861616
建设管理部门
儋州住房公积金管理局
地址：东坡路
…………Tel:23680189
儋州市市政园林管理处
地址：东风路
…………主任办公室：23320159
…………副主任办公室：23331935
…………办公室：23332402
…………传真：23316001
…………园林规划设计院：23881867
儋州市住房和城乡建设局
地址：中兴大道
…………Tel:23325717
…………Tel:23336658
儋州市环境卫生管理局
地址：东风路
…………Tel:23311301
…………业务股：36970186
…………第一环卫队：36931721
…………第三环卫队：36972683
…………第四环卫队：36973269
…………垃圾清运车队：23334159
…………渣土所：36975906
…………市客队：36975395
儋州市房产管理局
地址：东风路
…………Tel:23329955
儋州市建设局
地址：中兴大道
…………市政管理处：23881283
儋州市城市建设投资有限公司
地址：中兴大道
…………Tel:23884968
…………传真：23883450
…………投资部：23881523
…………市场开发部：23883930
交通管理部门
儋州市公路分局
地址：人民中路
…………路政股：23312346
…………工会：23312342
…………机料股：23312343
儋州市交通局
地址：建设路
…………Tel:23396910
儋州市交通规费征稽所
地址：中兴大道
…………Tel:23882021
…………营业大厅：23882020
…………所长：23882026
…………副所长：23882023
教科文、社会保障和资源
国土资源管理部门
儋州市国土环境资源局
地址：中兴大道
…………Tel:23882398
…………局长办公室：23882389
…………环保投诉热线：12369
海南省儋州市国土环境资源局土地开发整理储备中心
地址：中兴大道
…………Tel:23883163
儋州市测绘服务中心
地址：中兴大道
…………主任办：23882229
…………办公室：23881112
…………财务办：23883211
人事管理部门
儋州市人事劳动保障局
地址：中兴大道
…………Tel:23322650
…………劳动仲裁办：23311212
…………劳动监察大队：23320779
…………社保局：23312166
…………就业局：23392526
劳动和社会保障管理部门
毕业生就业指导中心
地址：热作两院
…………Tel:23306428
儋州市社会保险事业局
地址：东风路
…………Tel:23338016
儋州市就业局
地址：东风路
…………Tel:23392526
…………服务大厅：23392627
…………职业介绍：23390913
…………档案室：23391459
教育管理部门
儋州市关心下一代工作委员会
地址：中兴大道
…………Tel:23323963
儋州市教育局
地址：中兴大道
…………Tel:23322214
…………局长办：23325462
…………副局长办：23338215
…………人事股：23334285
科学技术管理部门
儋州市科学技术局
地址：中兴大道
…………Tel:23322377
…………科技股：23339796
…………信息中心：23335533
宏观调控部门
发展和改革
儋州市发展和改革委员会
地址：中兴大道
…………Tel:23323197
财政、政府采购
儋州市财政局
地址：中兴大道
…………Tel:23326633
…………Tel:23326159
…………副局长：23335098
…………产权管理科：23508825
三都财政所
地址：三都镇
…………Tel:23260571
大成财政所
地址：大成镇
…………Tel:23776017
王五财政所
地址：王五镇
…………Tel:23631253
木棠财政所
地址：木棠镇
…………Tel:23256235
光村财政所
地址：光村镇
…………Tel:23521151
和庆财政所

地址：和庆镇
…… Tel:23360527

南丰财政所
地址：南丰镇
…… Tel:23711503

峨曼财政所
地址：峨曼镇
…… Tel:23262187

海头财政所
地址：海头镇
…… Tel:23611377

新州财政所
地址：新州镇
…… Tel:23583813

儋州市会计事务管理中心
地址：中兴大道
…… 主任办公室：23335319
…… 副主任办公室：23508869
…… 业务室：23508851

儋州市体育彩票管理中心
地址：中兴大道
…… Tel:23508823

政府政务部门
文化、体育
儋州市委史志办公室
地址：中兴大道
…… Tel:23310320

卫生、人口和计划生育
儋州市人口和计划生育委员会
地址：中兴大道
…… 主任办：23329133
…… 副主任办：23322423
…… 办公室：23322367
…… 技术服务中心：23860124
…… 发展规划科：23331567
…… 政策法规科：23335123
…… 宣传教育科：23329263
…… 技术科：23329263
…… 流动人口管理科：23331567

儋州市人口和计划生育局人口和计划生育服务中心
地址：人民西路
…… Tel:23861385

儋州市卫生局
地址：中兴大道
…… Tel:23315854

儋州市爱国卫生运动委员会办公室
地址：中兴大道
…… Tel:23336117

政府直属及办事机构
机关事务管理
儋州市直属机关事务管理局
地址：中兴大道
…… 办公室：23320896

税务
儋州市国家税务局
地址：中兴大道
…… Tel:23323666
…… Tel:23335777
…… 计征股：23330489
…… 稽查局：23330619

儋州市国家税务局稽查分局
…… 中兴大道：23331385

儋州市地方税务局
地址：中兴大道
…… Tel:23883360
…… Tel:23884969
…… 局长办公室：23880009

海南省儋州市地方税务局第三稽查局
地址：中兴大道
…… Tel:23881096

儋州市地方税务局和庆税务所
地址：和庆镇
…… Tel:23360549

儋州市农税局
地址：中兴大道
…… Tel:23336007
…… 计财室：23314738
…… 征管室：23336686
…… 办税大厅：23337608

儋州地方税务局白马井税务所
地址：白马井镇
…… Tel:23651280

儋州地方税务局社会保险费征稽局
地址：农垦中路
…… Tel:23311536
…… Tel:23318765

旅游
儋州市文化和文化和旅游局
地址：中兴大道
…… 咨询投诉：23315151
…… 副局长办：36978033
…… 办公室：23318789
…… 市场开发办：36978055
…… 传真：23331566

统计
儋州市统计局
地址：中兴大道
…… 办公室：23322665
…… 综合科：23325038
…… 工业科：23322147
…… 农业科：23338567
…… 社会经济调查队综合科：23320113
…… 社会经济调查队城乡住户科：23322056
…… 儋州市普查中心：23317009

机构编制
儋州市机构编制委员会
地址：中兴大道
…… Tel:23889364
…… Tel:23325550

政协、民主党派
政协
中国人民政治协商会议儋州市委员会
地址：中兴大道

教科文卫文史委员会
…… 经济人口委员会：23339828

提案与法制委员会
…… 民族宗教委员会：23338788

社会和宗教团体
社会团体
中国共产主义青年团儋州市委员会
地址：中兴大道
…… Tel:23311388
…… Tel:23327621

儋州市工商业联合会(总商会)
地址：中兴大道
…… Tel:23326556

儋州市归国华侨联合会
地址：东风路
…… 办公室：23883990

儋州市妇女联合会
地址：中兴大街
…… Tel:23326061

儋州市红十字会
地址：人民中路
…… Tel:23313306

儋州市残疾人联合会
地址：东风路
…… 理事长：23337919
…… 副理事长：23337909
…… 所长办：23333236
…… 服务所：23338319

儋州市科学技术协会
地址：中兴大道
…… Tel:23328133

儋州市总工会
地址：中兴大道
…… 主席办公室：23337265
…… 副主席办公室：23332676
…… 组宣部、经济部：23322966
…… 女工部、帮扶中心：23319965
…… 财务室：23332336
…… 职工书屋：23800351

专业学会、行业协会
儋州市机动车驾驶协会
地址：人民中路
…… Tel:23337368

儋州市再生资源行业协会
地址：人民中路
…… Tel:23319456

文昌市

中国共产党
中国共产党机关
市委
中国共产党文昌市委员会
地址：清澜开发区
…… 市委总值班室：63330135

中国共产党文昌市直属单位工作委员会
地址：文清大道
…… Tel:63330131
…… 传真：63331070

乡（镇）党委
中国共产党文昌市文城镇委员会
地址：文岭里
…… Tel:63222210

中国共产党文昌市东郊镇委员会
地址：东郊镇
…… Tel:63528150
…… 镇委书记：63528136

中国共产党文昌市东阁镇委员会
地址：东阁镇
…… Tel:63421878
…… Tel:63421456

中国共产党文昌市迈号镇委员会
地址：迈号墟
…… Tel:63402106

中国共产党文昌市抱罗镇委员会
地址：抱罗镇
…… Tel:63661079

中国共产党文昌市宝芳乡委员会
地址：宝芳墟
…… Tel:63411004

中国共产党文昌市蓬莱镇委员会
地址：蓬莱镇
…… Tel:63451100

中国共产党文昌市潭牛镇委员会
地址：潭牛镇
…… Tel:63626393

中国共产党所属机构
组织部
中国共产党文昌市委组织部
地址：海澜开发区
…… 办公室：63330630
…… 干部科：63335566
…… 组织科：63330769
…… 党建巡回办公室：63332122
…… 人才培训科：63335539
…… 电教中心：63335538

老干部局
中国共产党文昌市老干部局
地址：文岭里
…… Tel:63222507

统战部
中共文昌市委统一战线工作部
地址：清澜开发区
…… 办公室：63330776
…… 传真：63330761

人大常委会
市人大常委会
文昌市人民代表大会常务委员会
地址：清澜开发区
…… 办公室：63330431

人民政府及其管理机构
人民政府
市人民政府
文昌市人民政府办公室
地址：清澜开发区
…… 办公室：63331153
…… 传真：63330069

文昌市人民政府政务服务中心
地址：文蔚路
…… 办公室：63261185
…… 中心咨询台：63260089
…… 投诉电话：63281119

乡镇人民政府
文昌市公坡镇人民政府
地址：公坡墟
…… Tel:63671031

文昌市文教镇人民政府
地址：文教镇
…… Tel:63501032
…… Tel:63501532

文昌市龙马乡人民政府
地址：龙马墟
…… Tel:63591060

文昌市龙楼镇人民政府
地址：龙楼镇
…… Tel:63561187
…… Tel:63212971

文昌市东郊镇人民政府
地址：东郊镇
…… Tel:63527332
…… Tel:63527619

文昌市东阁镇人民政府
地址：东阁镇
…… Tel:63421821
…… Tel:63422395

文昌市东路镇人民政府
地址：东路镇
…… Tel:63610465
…… Tel:63610469

文昌市头苑镇人民政府
地址：头苑墟
…… Tel:63290091

文昌市冯坡镇人民政府
地址：冯坡镇
…… Tel:63601091

文昌市迈号镇人民政府
地址：迈号墟
…… Tel:63402133

文昌市会文镇人民政府
地址：会文镇
…… Tel:63462203
…… 计划生育办：63462777

文昌市抱罗镇人民政府
地址：抱罗镇
…… Tel:63661191

文昌市昌洒镇人民政府
地址：昌洒镇
…… Tel:63580109

文昌市南阳镇人民政府
地址：新合墟
…… Tel:63499218

文昌市重兴镇人民政府
地址：重兴镇
…… Tel:63481030

文昌市翁田镇人民政府
地址：翁田镇
…… Tel:63631090

文昌市铺前镇人民政府
地址：铺前镇
…… Tel:63653281
…… Tel:63653444

文昌市蓬莱镇人民政府
地址：蓬莱镇
…… Tel:63451011

文昌市锦山镇人民政府
地址：锦山镇
…… Tel:63691122
…… 传真：63692846

文昌市新桥镇人民政府
地址：新桥墟
…… Tel:63443229

文昌市潭牛镇人民政府
地址：潭牛镇
…… Tel:63626242

政府经济管理部门
商务管理部门
文昌市商务局
地址：清澜开发区
…… Tel:63330458
…… 传真：63330241

文昌市盐务局
地址：文清大道
…… 凌村食盐仓库：63280172

海南省盐业总公司文昌分公司(盐务分局)
地址：文清大道
…… Tel:63282029
…… 盐政稽查队：63280922
…… 运销股：63280172
…… 传真：63282029

水利管理部门
文昌市水务局
地址：庆龄路
…… 办公室：63222165
…… 供水节水股：63222168
…… 建设与管理股：63222168
…… 综合股：63225512

文昌市人民政府“三防”办公室
地址：文清大道
…… 办公室：63330982
…… 值班室：63331052
…… 办公室主任：63330592
…… 传真机：63330762

农林管理部门
文昌市农业农村局
地址：清澜开发区
…… 办公室：63330349
…… 农村经营管理股(传真)：63330138
…… 副局长办公室：63330232
…… 市场信息股：63331518

文昌市农业综合开发办公室
地址：清澜开发区
…… 主任办公室：63330880
…… 办公室：63330480

文昌市林业局
地址：文建路
…… 办公室：63222166
…… 传真：63221059
…… Tel:63223860
…… 市政府林业服务窗：63282374
…… 森林防火办公室：63222166
…… 林业科学研究所：63216516

文昌市贫困地区经济开发服务中心
地址：文建路
…… Tel:63292651

文昌市畜牧兽医局
地址：新风路
…… Tel:63225107
…… 传真：63226420

文昌市海洋与渔业局
地址：清澜开发区
…… 办公室：63330953
…… 养殖与捕捞股：63330952
…… 海岛管理股：63330450

会文镇农工商总公司
地址：会文镇
…… Tel:63462232

清澜海洋站
地址：清澜镇
…… Tel:63329525
…… Tel:63329497

建设管理部门
文昌市住房和城乡建设局
地址：清澜开发区
…… 办公室：63330265
…… 建管股：63330604
…… 城建股：63330856
…… 村镇股：63332006
…… 人防办：63330956

文昌市住房资金管理中心
地址：文岭里
…… Tel:63232805

文昌市环境卫生管理局
地址：文岭里
…… Tel:63221853

文昌市规划局
地址：清澜开发区
…… 办公室：63332108
…… 规划报建股：63332018
…… 用地市政股：63332128
…… 技术法规股：63332108
…… 勘察测绘中心：63332158

文昌市房产管理局
地址：文岭里
…… 办公室：63224052
…… Tel:63232805
…… 房产管理中心：63223440

文昌市重点项目办公室
地址：清澜开发区
…… Tel:63330008

文昌园林管理局
地址：文卫路
…… Tel:63216876
文昌住房公积金管理局
地址：文建路
…… Tel:63399556
交通管理部门
中华人民共和国清澜海事局铺前海事处
地址：铺前镇
…… Tel:63653033
文昌市公路分局
地址：新风路
…… Tel:63222091
文昌市交通运输局
地址：新风路
…… 办公室：63222296
…… 传真：63237859
文昌市交通规费征稽所
地址：迎宾路
…… 办公室：63286191
…… 传真：63286026
文昌市港航管理局
地址：清澜镇
…… Tel:63328093
海南省公路管理局文昌市分局
地址：新风街
…… Tel:63225691
教科文、社会保障和资源
国土资源管理部门
文昌市土地开发整理储备交易中心
地址：清澜开发区
…… Tel:63330685
文昌市矿务管理站
地址：文新路
…… Tel:63222251
文昌市国土环境资源局
地址：文清大道
…… 办公室：63330435
…… 监察大队：63330390
土地开发管理储备交易中心
…… Tel:63330685
人事管理部门
文昌市人力资源和社会保障局
地址：清澜新市区
…… 办公室：63330171
…… 就业调配股：63330057
…… 技能职称股：63331001
…… 社保工资福利股：63330471
…… 劳动督察大队：63330257
…… 人才交流中心：63331071
文昌市军队离退休干部管理所
地址：城新里
…… Tel:63223549
劳动和社会保障管理部门
文昌市农村社会养老保险局
地址：文蔚路
…… Tel:63227767
…… 业务股：63220382
…… 档案管理股：36903205
…… 失地保险股：36903207
文昌市社会保险事业局
地址：文蔚路
…… 办公室：63233005
…… 养老保险股：63223923
…… 医疗保险股：63231220
文昌市就业局
地址：文蔚路
…… 办公室：63222283
…… 失业保险股：63260022
…… 就业指导股：63260077
…… 职业技能鉴定股：63260055
教育管理部门
文昌市教育局
地址：文岭里
…… 办公室：63229396
…… Tel:63222249
…… 党委办：63226335
…… 教育股：63225636
…… 计财股：63220853
…… 人事股：63220821
…… 积成教股：63229011
…… 监察股：63227892
…… 体卫艺股：63225256
…… 教育工会：63224525
…… 市人民政府教育督导室：63230816
科学技术管理部门
文昌市工业和科技信息化局
地址：清澜开发区
…… 行政秘书股：63330675
…… 综合技术股：63331090
…… 知识产权股：63331096
…… 信息推进股：63330675
…… 工业经济股：63332308
…… 信息管理中心：63331090
宏观调控部门
发展和改革
文昌市发展和改革委员会
地址：清澜开发区
…… 办公室：63330236
…… 规划和体制改革综合股：63336029
…… 固定资产投资股：63330751
文昌市粮食局
地址：城新里5号
…… Tel:63222225
…… 粮食征购办：63222218
…… 粮食购销中心：63282069
…… 军粮供应管理中心：63280302
文昌清澜国家粮食储备库
地址：文清大道
…… Tel:63282329
财政、政府采购
文昌市财政局
地址：文清大道
…… 办公室：63330392
…… 机关服务股：63330266
…… 行财股：63330512
…… 监督检查股：63330938
…… 社保股：63330030
…… 企业股：63330736
…… 会计股：63330185
…… 预算股：63330946
…… 国资股：63330125
文昌市会计管理中心
地址：清澜开发区
…… 综合股：63330202
…… 会计委派股：63330085
…… 工资统发股：63330566
…… 电算股：63330009
…… 第一核算站：63237550
…… 第二核算站：63237601
…… 第三核算站：63237370
…… 第四核算站：63237570
…… 第五核算站：63260032
…… 第六核算站：63330500
…… 第七核算站：63330577
文昌市财政局耕地占用管理所
地址：文清路
…… Tel:63330064
文城财政所
地址：新合圩
…… Tel:63499160
公坡财政所
地址：公坡墟
…… Tel:63671042
文教财政所
地址：文教镇
…… Tel:63501001
龙楼财政所
地址：龙楼镇
…… Tel:63561139
东阁财政所
地址：东阁镇
…… Tel:63421842
冯坡财政所
地址：冯坡镇
…… Tel:63601080
抱罗财政所
地址：抱罗镇
…… Tel:63661069
昌洒财政所
地址：昌洒镇
…… Tel:63580042
宝芳财政所
地址：宝芳墟
…… Tel:63411072
重兴财政所
地址：重兴镇
…… Tel:63481041
翁田财政所
地址：翁田镇
…… Tel:63631109
铺前财政所
地址：铺前镇
…… Tel:63653127
…… Tel:63653997
蓬莱财政所
地址：蓬莱镇
…… Tel:63451043
锦山财政所
地址：锦山镇
…… Tel:63691135
潭牛财政所
地址：潭牛镇
…… Tel:63626263
政府政务部门
体育
文昌市体育管理局
地址：文岭里44号
…… Tel:63235768
…… Tel:63235798
…… Tel:63238098
卫生、人口和计划生育
文昌市人口和计划生育委员会
地址：文城镇
…… 行政秘书股：63222341
…… 政策法规股：63299082
…… 规划统计股：63299355
…… 宣传教育股：63299056
…… 科技股：63226263
…… 流动人口股：63299085
…… 计划生育协会：63233885
…… 计划生育服务站：63222983
文昌市卫生局
地址：文新路
…… Tel:63222277
…… 传真：63237937
文昌市爱国卫生运动委员会办公室
地址：文新路
…… Tel:63222477
…… Tel:63221630
东郊计划生育办
地址：东郊镇
…… Tel:63528001
锦山镇计划生育办公室
地址：锦山镇
…… Tel:63691181
政府直属及办事机构
文昌市接待办
地址：清澜开发区
…… Tel:63330584
机关事务管理
文昌市机关事务管理局
地址：清澜开发区
…… 办公室：63330774
…… 保卫股：63331425
税务
文昌市国家税务局
地址：清澜经济开发区
…… 办公室(传真)：63327678
…… 政策法规科：63327189
…… 收入核算科：63328466
…… 人事教育科：63327026
…… 监察室：63327183
…… 纳税服务中心：63327193
…… 值班室：63327211
…… 第一税务分局：63329721
…… 第二税务分局：63327138
…… 第三税务分局：63328797
…… 第四税务分局
…… 锦山办税大厅：63691518
…… 第五税务分局
…… 龙楼办税大厅：63562033
…… 第六税务分局
…… 会文办税大厅：63462796
…… 清澜办税大厅：63327193
海南省文昌地方税务局
地址：清澜开发区
…… 办公室：63330521
…… 税政法规室：63330495
…… 征收管理室：63330451
…… 组织人事室：63330601
…… 统计室：63330460
…… 财务装备室：63330754
…… 监察内审室：63330771
…… 电子税务管理中心：63330992
…… 社保费征管局：63281934
…… 直属分局：63330947
…… 纳税服务管理局：63332833
…… 纳税评估管理局：63332219
…… 第一税务分局：63280959
…… Tel:63281017
…… 第二税务分局：63331081
…… 第三税务分局：63561202
…… 第四税务分局：63653295
…… 纳税服务所：63281621
海南省文昌地方税务局办税服务厅
地址：文清大道
…… Tel:63281262
海南省文昌地方税务局龙楼税务所
地址：龙楼镇
…… Tel:63561202
海南省文昌地方税务局迈号税务所
地址：迈号墟
…… Tel:63402131
海南省文昌地方税务局会文税务所
地址：会文镇
…… Tel:63462291
海南省文昌地方税务局抱罗税务所
地址：抱罗镇
…… Tel:63661059
海南省文昌地方税务局罗豆税务所
地址：锦山镇
…… Tel:63698119
海南省文昌地方税务局城北税务所
地址：文清大道
…… Tel:63280959
海南省文昌地方税务局城南税务所
地址：文清大道
…… Tel:63281017
海南省文昌地方税务局翁田税务所
地址：翁田镇
…… Tel:63631037
海南省文昌地方税务局清澜税务所
地址：文清大道
…… Tel:63331081
海南省文昌地方税务局铺前税务所
地址：铺前镇
…… Tel:63653295
海南省文昌地方税务局蓬莱税务所
地址：蓬莱镇
…… Tel:63451045
海南省文昌地方税务局潭牛税务所
地址：潭牛镇
…… Tel:63626251
环保
海南清澜省级自然保护区管理站
地址：清澜镇
…… Tel:63328823
旅游
文昌市旅游发展委员会
地址：清澜开发区
…… 办公室：63330169
…… 稽查大队：63332011
…… 市场开发股：63332028
统计
文昌市统计局
地址：文清大道
…… 办公室：63330466
…… 普查中心：63231700
…… 电脑室：63332283
国家统计局文昌调查队
地址：文清大道
…… 办公室：63331858
…… 城市调查股：63331308
…… 农村调查股：63331558
工商、物价
海南省文昌市市场监督管理局
地址：清澜新市区
…… 办公室(传真)：63331069
…… 沿江工商所：63222326
…… 文建工商所：63225845
…… 清澜工商所：63329278
…… 会文工商所：63462212
…… 重兴工商所：63481073
…… 蓬莱工商所：63451041
…… 潭牛工商所：63626143
…… 抱罗工商所：63661055
…… 锦山工商所：63691129
…… 铺前工商所：63653059
…… 翁田工商所：63632089
…… 昌洒工商所：63580834
…… 文教工商所：63501052
…… 东阁工商所：63421780
…… 龙楼工商所：63561227
…… 东郊工商所：63528148
清澜工商所
地址：清澜开发区
…… Tel:63329278
文昌市物价局
地址：清澜开发区
…… Tel:63330478
质量监督
海南省文昌质量技术监督局
地址：文城镇
…… Tel:63223103
食（药）品监督
文昌市食品药品监督管理局
地址：文清大道
…… 办公室：63239633
…… 财务室：63227716
…… 稽查队：63213911
…… 药品股：63213908
…… 餐饮股：63213910
…… 医疗器械股：63213902
…… 保化股：63213900
安全生产监督
文昌市安全生产协会
地址：文建路
…… Tel:63392006
文昌市应急管理局
地址：清澜开发区
…… 办公室：63330075
…… 监管股：63330075
侨务
文昌市人民政府外事侨务办公室
地址：清澜开发区
…… Tel:63330139
…… 传真：63330321
法院、检察院
法院、法庭
文昌市人民法院
地址：文清大道
…… Tel:63330005
…… 办公室：63330319
…… 政工室：63330253
检察院
文昌市人民检察院
地址：文清大道
…… 办公室：63331192
…… 举报中心：63332000
…… 值班室：63330395

万宁市

中国共产党
中国共产党机关
市委
中国共产党万宁市委员会
地址：红专中路
…… Tel:62222219

………………… 市委办公室：62222056
………………… 总值班室：62229871
中国共产党万宁市委员会政策研究室
地址：红专中路
………………………… Tel:62238738
………………… 第二办公室：62235519
中国共产党万宁市委党史研究室
地址：红专中街
………………… 主任办公室：62235188
………………… 副主任办公室：62235858
乡（镇）党委
中国共产党万宁市东澳镇委员会
地址：东澳镇
………………………… Tel:62275118
中国共产党所属机构
组织部
中国共产党万宁市委组织部
地址：红专中路
………………………… Tel:62221869
………………………… Tel:62223542
老干部局
中国共产党万宁市委员会老干部局
地址：红专中路
………………………… Tel:62223549
统战部
中国共产党万宁市委员会统一战线工作部
地址：红专中路
………………………… Tel:62222244
人大常委会
市人大常委会
万宁市人民代表大会常务委员会
地址：红专中路
………………………… Tel:62223223
………………… 教科文卫工委：62226260
………………… 财经工委：62222133
………………… 主任办公室：62237868
人民政府及其管理机构
人民政府
市人民政府
万宁市人民政府
地址：红专中路
………………… 秘书组：62223345
………………… 综合组：62222955
……… 信息与办公自动化组：62223529
……… 政府办直属机关党委：62226484
万宁市人民政府政务服务中心
地址：红专中路
………………………… Tel:62132328
乡镇人民政府
万宁市三更罗镇人民政府
地址：三更罗镇
………………………… Tel:62533012
万宁市大茂镇人民政府
地址：大茂镇
………………………… Tel:62268218
万宁市万城镇人民政府
地址：万昌街
………………………… Tel:62217368
………………………… Tel:62223395
………………………… Tel:62217928
万宁市山根镇人民政府
地址：山根镇
………………………… Tel:62395081
………………… 计生办：62395499
万宁市长丰镇人民政府
地址：长丰镇
………………………… Tel:62246699
………………… 镇长办公室：62245933
………………… 书记办公室：62245519
万宁市龙滚镇人民政府
地址：龙滚镇
………………………… Tel:62383217
………… 计划生育办公室：62384995
万宁市东澳镇人民政府
地址：东澳镇
………………………… Tel:62275205
………… 计划生育办公室：62276779
………… 文化宣传中心：62276826
万宁市北大镇人民政府
地址：北大镇
………………………… Tel:62332158
万宁市礼纪镇人民政府
地址：礼纪镇
………………………… Tel:62295268
万宁市后安镇人民政府
地址：后安镇
………………………… Tel:62168439
万宁市和乐镇人民政府
地址：和乐镇
………………………… Tel:62355217
………… 计划生育办公室：62358686
万宁市南桥镇人民政府
地址：南桥镇
………………………… Tel:62522016
政府经济管理部门
信息产业管理部门
海南省通信管理局
地址：东澳镇
………………………… Tel:62273256
商务管理部门
万宁市商务局
地址：红专中路
………………………… Tel:62218827
………………… 局长办公室：62138588
水利管理部门
万宁市水务局
地址：人民西路
………………………… Tel:62222510
………………… 局长办公室：62238168
万宁市防汛防风防旱指挥部
地址：红专中路
………………………… Tel:62222326
农林管理部门
万宁市农业农村局
地址：红专中路
………………… 办公室：62222322
………………… 局长办公室：62223191
………………… 副局长办公室：62217868
………………… 市场股：62237119
万宁市农村经营管理总站
地址：文明中街
………………………… Tel:62221211
万宁市林业局
地址：西门西街
………………… 林业局办公室：62221918
………………… 防火办公室：62223415
万宁市畜牧兽医总站
地址：红专中路
………………………… Tel:62223409
………………………… Tel:62233409
万宁市海洋与渔业局
地址：红专中街
………………………… Tel:62221808
………………………… Tel:62223485
海南省农垦总局驻万宁办事处
地址：人民中路
………………………… Tel:62222533
建设管理部门
万宁市住房保障与房产管理局
地址：人民中路
………………… 办公室：62217232
… 房地产市场与物业监管股：62217235
………………… 产权发证股：62217355
………… 住房保障与房改股：62217383
………………… 档案室：62217126
万宁市建设局
地址：人民中路
………………………… Tel:62225138
………………… 规划股：62230171
………………… 施工股：62227198
………… 质量安全监督站：62223290
中国城市建设控股集团海南有限公司
地址：万州大道
………… 总经理办公室：62286688
………………………… Tel:62181777
………………………… Tel:62221177
交通管理部门
万宁市交通局
地址：红专中路
………………………… Tel:62229580
万宁市交通规费征稽所
地址：万州大道
………………………… Tel:62223597
海南省公路管理局万宁分局
地址：西门西街
………………………… Tel:62223337
………………… 局长办公室：62231128
………………… 副局长办公室：62226197
………………………… Tel:62219958
………………… 工会：62219533
………………… 路政股：62219733
………………… 机料股：62219133
………………… 计财股：62238500
………………… 技术股：62219633
教科文、社会保障和资源
国土资源管理部门
万宁国土环境资源局
地址：文明中路
………………… 办公室：62223455
………………… 值班室：62217005
………………… 局长办公室：62130138
………………… 副局长办公室：62228042
………… 矿产资源管理：股：62223295
………………… 耕保股：62228047
………………… 用地管理股：62217899
………………… 地籍管理股：62217016
………………… 污染控制管理股：62217026
…… 土地开发整理储备中心：62236111
………………… 执法监察股：62217006
………… 生态环境保护股：62229781
…… 国土环境资源监察大队：62238001
………………… 环境监测站：62222418
………………… 矿务站：62217766
人事管理部门
万宁市人力资源和社会保障局
地址：文明中路
………………………… Tel:62231081
万宁市人事劳动保障局
地址：红专中路
………………………… Tel:62220050
………………………… Tel:62237035
………………………… Tel:62221117
劳动和社会保障管理部门
万宁市就业局
地址：文明中路
………………………… Tel:62218066
………………… 人才劳动力市场：62219376
………………… 局长办：62218166
海南省万宁市社会保障局
地址：红专中路
………………………… Tel:62223106
教育管理部门
万宁市教育局
地址：万海路教育局新办公楼
………………………… Tel:62223475
………………………… Tel:62229289
………………………… Tel:62220168
………………………… Tel:62229280
………………………… Tel:62229309
………………………… Tel:62229120
………………………… Tel:62225168
………………………… Tel:62228929
………………………… Tel:62229330
………………… 党委办公室：62229673
………………… 高招办公室：62229290
………………… 成招办公室：62233081
………………… 中招办：62229276
科学技术管理部门
万宁市工业和科技信息产业局
地址：文明中路
………………………… Tel:62130099
………………………… Tel:62222228
………………………… Tel:62217329
宏观调控部门
发展和改革
万宁市发展和改革局
地址：红专中路
………………………… Tel:62230582
………………………… Tel:62239018
万宁市国有工业管理中心
地址：红专中路
………………………… Tel:62222199
万宁市粮食局
地址：人民中街
………………………… Tel:62221790
………………… 办公室62223565
财政、政府采购
大茂镇财政所
地址：大茂镇
………………………… Tel:62268227
万宁市会计事务管理服务中心
地址：人民中路
………………………… Tel:62239386
万宁市财政局
地址：人民中街133号
………………………… Tel:62228938
………………………… Tel:62228933
………………… 综合股：62228998
………………… 财股：62229398
………………… 计股：62228208
………………… 业股：62228618
………………… 算股：62131388
………………… 保股：62219298
………………… 资股：62226133
………………… 综办：62234938
………… 府采购股(中心)：62229168
………… 督稽查办(大队)：62220180
………………… 帐票据中心：62218798
………………… 计中心：62222841
万城镇财政所
地址：红专中路
………………………… Tel:62223213
长丰镇财政所
地址：长丰镇
………………………… Tel:62245185
龙滚镇财政所
地址：龙滚镇
………………………… Tel:62383227
东澳镇财政所
地址：东澳镇
………………………… Tel:62275175
后安镇财政所
地址：后安镇
………………………… Tel:62168218
和乐镇财政所
地址：和乐镇
………………………… Tel:62353058
南桥镇财政所
地址：南桥镇
………………………… Tel:62522017
政府政务部门
外交、外事
万宁市外事侨务办公室
地址：红专中路
………………………… Tel:62223142
………………… 办公室：62222446
卫生、人口和计划生育
三更罗计划生育办公室
地址：三更罗
………………………… Tel:62533138
万宁市人口与计划生育局
地址：红专西路
………………………… Tel:62183527
………………… 传真：62186123
万宁市卫生局
地址：光明南路
………………………… Tel:62223575
………………… 传真：62227811
东澳镇计划生育办公室
地址：东澳镇
………………………… Tel:62276779
民族、宗教事务
万宁市民族宗教事务局
地址：红专中路
………………………… Tel:62223245
民主党派
中国民主同盟
中国民主同盟万宁市委员会
地址：红专中路
………………………… Tel:62220951
社会和宗教团体
社会团体
万宁市工商业联合会(总商会)
地址：红专中路
………………… 办公室：62223453
万宁市文学艺术界联合会
地址：红专中街
………………………… Tel:62238658
万宁市归国华侨联合会
地址：文明中路
………………………… Tel:62224201
万宁市妇女联合会
地址：红专中街市政府办公楼二楼.
………………………… Tel:62239738
万宁市红十字会
地址：光明南街
………………………… Tel:62135178
万宁市残疾人联合会
地址：人民中路
………………………… Tel:62225089
万宁市科学技术协会
地址：红专中路
………………………… Tel:62222526
万宁市总工会
地址：红专东路
………………………… Tel:62222546
………………… 主席办：62222132
中国共产主义青年团万宁市委员会
地址：红专中路
………………………… Tel:62222248
专业学会、行业协会
万宁市信用协会
地址：红专中街
………………………… Tel:62132128

东方市

中国共产党
中国共产党机关
市委
中国共产党东方市委办公室
地址：东府路
………………………… Tel:25517550
………………………… Tel:25500888
………………… 秘书长：25529688
中国共产党东方市直属单位工作委员会
地址：东府路
………………………… Tel:25500088
………………… 副书记办公室：25500168
………………… 办公室：25522345
中国共产党所属机构
组织部
中国共产党东方市委组织部
地址：东府路
………………… 办公室：25522721
………………… 干部组：25510510
………………… 调研组：25500318
统战部
中国共产党东方市委员会统一战线工作部
地址：东府路
………………… 部长办：25520603
………………… 副部长办：25520602
人大常委会
市人大常委会
东方市人民代表大会常务委员会
地址：东府路
………………………… Tel:25526827
人民政府及其管理机构
人民政府
市人民政府
东方市人民政府
地址：东府路
………………………… Tel:25522719
………………………… Tel:25522220
东方市人民政府政务服务中心
地址：东府路
………………………… Tel:25505528
乡镇人民政府
东方市八所镇人民政府
地址：八所镇

…… Tel:25583988
…… Tel:25589333
…… Tel:25582988
东方市三家镇人民政府
地址：三家镇
…… Tel:25681939
…… 计生办：25681987
东方市天安乡人民政府
地址：天安乡
…… Tel:25730188
东方市东河镇人民政府
地址：东河镇
…… Tel:25729288
…… Tel:25729318
东方市四更镇人民政府
地址：四更镇
…… Tel:25675288
…… Tel:25672985
东方市江边乡人民政府
地址：江边乡
…… Tel:25731425
东方市板桥镇人民政府
地址：板桥镇
…… Tel:25830033
…… Tel:25831158
…… Tel:25830223
东方市感城镇人民政府
地址：感城镇
…… Tel:25829558
东方市新龙镇人民政府
地址：新龙镇
…… Tel:25886031
…… Tel:25886336
政府经济管理部门
信息产业管理部门
海南省无线电管理办公室东方市管理处
地址：解放路
…… Tel:25510938
商务管理部门
东方市商务局
地址：东府路
…… 办公室：25515803
…… 局长办公室：25515810
…… 副局长办公室：25515802
…… 电脑室：25505810
水利管理部门
东方市水务局
地址：东海路
…… Tel:25522806
…… 局长办公室：25512699
农林管理部门
东方市农业农村局
地址：东府路
…… 执法办：25500098
…… 局长办：25530066
东方市农业综合行政执法局
地址：农科路
…… Tel:25520898
东方市海洋与渔业局
地址：滨海路
…… 办公室：25510789
东方市海洋站
地址：疏港大道
…… Tel:25522216
…… Tel:25534010
海南省东方市林业局
地址：东海路
…… Tel:25522415
…… 营林股：25530913
…… 林政股：25501008
…… 防火办公室：25515305
建设管理部门
东方市环境卫生管理局
地址：东府路
…… Tel:25507333
东方市房地产管理所
地址：东港路
…… Tel:25500883
…… Tel:25526566
东方市建设局
地址：东方大道
…… 办公室：25519263
交通管理部门
东方市交通局
地址：东海路
…… Tel:25508588
…… Tel:25508066
东方市交通规费征稽所
地址：东方大道
…… 征费大厅：25595818
…… 所长办公室：25599828
…… 副所长办公室：25592565
…… 财务办公室：25598158
教科文、社会保障和资源
国土资源管理部门
东方市土地开发整理中心
地址：东海路
…… 办公室：25535323
东方市土地事务管理所
地址：东方大道
…… Tel:25585580
东方市国土环境资源局
地址：东方大道
…… Tel:25505208
人事管理部门
东方市人力资源和社会保障局
地址：东府路
…… Tel:25505218
劳动和社会保障管理部门
东方市社会保险事业局
地址：东方大道
…… 办公室：25599290
…… Tel:25599293
…… 局长办公室：25582968
东方市农村社会养老保险局
地址：东海路
…… Tel:25515106
教育管理部门
东方市教育局
地址：解放路
…… Tel:25501156
…… Tel:25501300
…… Tel:25501303
…… Tel:25501339
…… Tel:25501377
…… Tel:25501395
…… Tel:25506136
…… Tel:25532368
…… Tel:25522651
…… 普教股：25521917
科学技术管理部门
东方市科学技术与信息产业局
地址：东府路
…… Tel:25506696
宏观调控部门
发展和改革
东方市发展和改革委员会
地址：东府路
…… 副局长办公室：25529582
…… 办公室：25522011
…… 财务室：25510590
东方市粮食局
地址：解放路
…… 办公室：25522143
…… 局长办公室：25522685
财政、政府采购
东方市财政局
地址：东海路
…… Tel:25523034
…… Tel:25522892
…… Tel:25507736
八所财政所
地址：二环路
…… Tel:25580280
大田财政所
地址：大田镇
…… Tel:25870049
东方市会计事务管理服务中心
地址：解放路
…… Tel:25509511
东方市收费管理中心
地址：东海路
…… Tel:25521246
东河财政所
地址：东河镇
…… Tel:25728949
政府政务部门
文化、体育
东方市史志办公室
地址：东府路
…… Tel:25514532
卫生、人口和计划生育
东方市人口和计划生育局
地址：东府路
…… 生育股：25518755
…… Tel:25581983
…… 服务站：25587699
东方市卫生局
地址：东府路
…… 合作医疗办：25501918
…… 行政办：25528735
…… 医疗办：25531523
东方市爱国卫生运动委员会
地址：东府路
…… Tel:25500368
民族、宗教事务
东方市民族宗教事务局
地址：东府路
…… 副局长办公室：25519150
中国共产党
中国共产党机关
县委
中国共产党定安县委员会
地址：见龙大道
…… Tel:63822751
…… 办公室：63822755
乡（镇）党委
定安仙沟社区党支部
地址：仙沟镇
…… Tel:63801650
定城大众社区党支部
地址：大众西路
…… Tel:63828419
定城山椒社区党支部
地址：山椒社区
…… Tel:63801437
定城见龙社区党支部
地址：见龙大道
…… Tel:63828416
定城东北门社区党支部
地址：东门街
…… Tel:63828324
定城西门社区党支部
地址：南门路
…… Tel:63825493
定城后山社区党支部
地址：后山村
…… Tel:63822524
定城江南社区党支部
地址：经贸路
…… Tel:63825490
定城沿江社区党支部
地址：沿江二路
…… Tel:63828354
定城南珠社区党支部
地址：大众西路
…… Tel:63822541
定城美钗坡村党支部
地址：见龙大道
…… Tel:63832164
定城草村社区党支部
地址：莫村
…… Tel:63828517
中国共产党所属机构
组织部
中国共产党定安县委组织部
地址：见龙大道
…… Tel:63832829
…… Tel:63832851
…… Tel:63832861
…… Tel:63832863
…… Tel:63832873
…… Tel:63832891
…… Tel:63832916
…… Tel:63832955
…… Tel:63836933
…… Tel:63809119
老干部局
定安县老干部局
地址：见龙大道
…… Tel:63823553
统战部
中国共产党定安县委员会统一战线工作部
地址：人民南路
…… Tel:63823830
…… Tel:63826030
人大常委会
县人大常委会
定安县人民代表大会常务委员会
地址：见龙大道
…… Tel:63828344
…… Tel:63822557
人民政府及其管理机构
人民政府
县人民政府
定安县人民政府办公室
地址：见龙大道
…… 副主任室：63823897
…… 台湾事务办公室：63825639
…… 秘书组：63822885
…… 综合组：63839885
…… 财务室：63822209
…… 传真室：63830531
…… 计生办：63800095
定安县人民政府政务服务中心
地址：见龙大道
…… Tel:63830100
乡镇人民政府
定安县龙门镇人民政府
地址：龙门镇
…… Tel:63762212
定安县龙河镇人民政府
地址：龙河镇
…… Tel:63772219
定安县龙湖镇人民政府
地址：龙湖镇
…… Tel:63732108
定安县龙塘镇人民政府
地址：龙塘镇
…… Tel:63772419
定安县仙沟镇人民政府
地址：仙沟镇
…… Tel:63800837
…… Tel:63806228
定安县岭口镇人民政府
地址：岭口镇
…… Tel:63792123
定安县黄竹镇人民政府
地址：黄竹镇
…… Tel:63752404
定安县富文镇人民政府
地址：富文镇
…… Tel:63896323
定安县雷鸣镇人民政府
地址：雷鸣镇
…… Tel:63782105
定安县新竹镇人民政府
地址：新竹镇
…… Tel:63872153
定安县翰林镇人民政府
地址：翰林镇
…… Tel:63712807
政府经济管理部门
信息产业管理部门
定安县工业和信息化局
地址：塔岭新区政府办公大楼
…… Tel:63826858
…… Tel:63832960
商务管理部门
定安县商务局
地址：见龙大道
…… Tel:63836397
…… Tel:63832298
水利管理部门
定安县水务局
地址：岳崧路
…… Tel:63822170
定安县防汛防风防旱指挥部办公室
地址：岳松路
…… Tel:63822069
农林管理部门
定安县农业农村局
地址：岳松路
…… Tel:63821421
…… Tel:63825465
…… 农药监督举报热线：63822664
…… 农业技术与科学信息：63831600
定安县农业综合开发办公室
地址：见龙大道
…… Tel:63823245
定安县扶贫服务中心
地址：岳松路
…… Tel:63822726
定安县林业局
地址：岳崧路
…… Tel:63823145
定安县畜牧兽医局
地址：见龙大道
…… Tel:63831122
定安县渔业局
地址：岳崧路
…… Tel:63826176
海南农垦总局驻定安县办事处
地址：文明路
…… Tel:63823026
…… Tel:63837990
建设管理部门
定安县住房和城乡建设局
地址：岳崧路政府第二办公区
…… Tel:63830934
…… 执法监察股：63821842
定安县住房保障与房产管理局
地址：岳崧路
…… Tel:63823236
…… Tel:63837855
定安县环境卫生园林局
地址：人民南路
…… 环卫股：63825227
…… 局长室：63820822
…… 副局长室：63836800
定安县城市管理局
地址：人民南路
…… Tel:63822790
…… Tel:63831450
定安住房公积金管理局
地址：大众东路
…… Tel:63826568
…… 办公厅：63829568
交通管理部门
定安县交通规费征稽所
地址：定雷路
…… Tel:63831107
…… Tel:63822157
…… Tel:63830987
…… Tel:63831855
定安县交通局
地址：见龙大道
…… Tel:63837165
海南省公路局定安县分局
地址：大众东路
…… Tel:63824240
…… 机料股：63830876
…… 工会办公室：63824716
…… 生产股：63830906
教科文、社会保障和资源
国土资源管理部门
定安县国土环境资源局
地址：见龙大道
…… Tel:63838166
…… 地籍股：63827449
…… 用地股：63822430

……规划股：63823732
人事管理部门
定安县人事劳动保障局
地址：见龙大道
……Tel:63823560
……Tel:63809189
劳动和社会保障管理部门
定安县社会保险事业局
地址：见龙大道
……Tel:63831178
……Tel:63830615
……Tel:63831435
……医疗保险股：63830616
……业务大厅：63822875
定安县就业局
地址：见龙大道
……Tel:63823073
……Tel:63830303
教育管理部门
定安县教育与科学技术局
地址：见龙大道
……Tel:63832986
定安县教育局
地址：见龙大道
……Tel:63823672
……人事管理股：63831818
……招生管理股：63831880
……电教站：63831068
……学生资助管理中心：63806108
……教学研究培训中心：63831062
宏观调控部门
发展和改革
定安县发展和改革局
地址：见龙大道
……Tel:63822489
……Tel:63820898
……Tel:63832886
定安县粮食局
地址：沿江一路
……行政办公室：63822662
……局长办公室：63838188
财政、政府采购
定安县财政局
地址：见龙大道
……Tel:63830309
……值班室：63822652
……预算股：63823480
……行财股：63823436
……企财股：63823432
龙门镇财政所
地址：龙门镇
……Tel:63762245
岭口镇财政所
地址：岭口镇
……Tel:63792110
定安县会计管理中心
地址：见龙大道
……办公室：63830110
……Tel:63830663
定城镇财政所
地址：人民北路
……Tel:63829885
居丁财政所
地址：居丁镇
……Tel:63732103
黄竹镇财政所
地址：黄竹镇
……Tel:63752309
雷鸣镇财政所
地址：雷鸣镇
……Tel:63782129
新竹镇财政所
地址：新竹镇
……Tel:63872139
翰林镇财政所
地址：翰林镇
……Tel:63712827
政府政务部门
文化、体育
中国共产党定安县委党史研究室
地址：见龙大道
……Tel:63822203
卫生、人口和计划生育
定安县人口计划和生育局
地址：见龙大道
……办公室：63822371
……电脑室：63831371
……政策法规股：63831521
定安县卫生局
地址：见龙大道中医院5楼
……Tel:63833812
……Tel:63823791
……局长办公室：63826283
定安县爱国卫生委员会
地址：人民南路
……Tel:63825645
民政
定安县民政局
地址：岳崧路
……Tel:63828022
……婚姻登记所：63828005

政府直属及办事机构
机关事务管理
定安县直属机关事务管理局
地址：见龙大道
……Tel:63824731
税务
定安县国家税务局
地址：见龙大道
……Tel:63831680
……征管股：63830651
……税政股：63831581
……计财股：63831580
……人事股：63831582
……监察室：63831583
……信息中心：63830660
……服务台：63831585
定安县国家税务局黄竹税务所
地址：黄竹镇
……Tel:63752609
定安县国家税务局稽查分局
地址：见龙大道
……Tel:63830680
定安地方税务局社会保险征稽局
地址：见龙大道
……Tel:63830448
……Tel:63820922
海南省定安地方税务局
地址：见龙大道
……城南税务所：63831590
……城北税务所：63831592
……建筑安装车辆税务所：63831185
……征收管理室：63824133
……法规税政室：63830166
……办税服务厅：63824399
……稽查局：63824035
……城东税务所：63831106
……城西税务所：63831591
……龙湖税务所：63732135
……翰林税务所：63712899
……龙河税务所：63772211
黄竹镇地方税务所
地址：黄竹镇
……Tel:63752097
海南省地方税务局第四稽查局三科
地址：见龙大道
……Tel:63831103
旅游
定安县旅游发展委员会
地址：定安县
……Tel:63982889
……Tel:63832558
定安县文化和文化和旅游局
地址：见龙大道
……Tel:63831243
……Tel:63832558
统计
定安县统计局
地址：见龙大道
……Tel:63823976
……Tel:63832228
……Tel:63832108
……Tel:63832559
工商、物价
海南省定安市场监督管理局
地址：人民南路
……办公室：63823022
……传真：63821509
……人事监察股：63820190
……Tel:63829088
……财务室传真：63820186
……法制股：63820187
……市场规范管理股：63820188
……传真：63820189
……企业注册股：63820191
……定城工商所：63823051
……龙湖工商所：63732106
……新竹工商所：63872133
……城东工商所：63820633
……黄竹工商所：63753602
……岭口工商所：63793575
……龙河工商所：63772257
……雷鸣工商所：63782258
……富文工商所：63896433
……龙门工商所：63762203
……翰林工商所：63713241
质监监督
海南省定安质量技术监督局
地址：人民南路
……Tel:63823756
食（药）品监督
海南省定安食品药品监督管理局
地址：大众中路
……Tel:63823834
……Tel:63836508
安全生产监督
定安县应急管理局
地址：兴安路
……Tel:63832915
……办公室：63831326
……Tel:63832919
侨务

定安县人民政府外事侨务办公室
地址：见龙大道
……Tel:63833215
政协、民主党派
政协
中国人民政治协商会议定安县委员会
地址：见龙大道
……Tel:63823130
社会和宗教团体
社会团体
中国共产主义青年团定安县委员会
地址：见龙大道
……63823627
定安县工商业联合会(总商会)
地址：见龙大道
……Tel:63825486
定安县关心下一代工作委员会
地址：见龙大道
……Tel:63806369
定安县妇女联合会
地址：见龙大道
……Tel:63823091
……Tel:63832808
定安县残疾人联合会
地址：文明路
……Tel:63824782
定安县科学技术协会
地址：岳崧路
……Tel:63822746
定安县总工会
地址：东门街
……Tel:63823147
专业学会、行业协会
定安县中小企业信用协会
地址：塔岭工业开发区
……Tel:63830035
中国共产党
中国共产党机关
县委
中国共产党屯昌县委
地址：昌盛路
……Tel:67818301
……办公室：67818303
……Tel:67818310
……财会室：67813172
中国共产党屯昌县直属单位工作委员会
地址：昌盛三路
……Tel:67837708
乡（镇）党委
中国共产党屯昌县屯昌镇委员会
地址：双拥路
……Tel:67818136
……Tel:67818767
中国共产党所属机关
组织部
中国共产党屯昌县委员会组织部
地址：昌盛路
……Tel:67830520
统战部
中国共产党白沙县委员会统一战线工作部
地址：桥北路
……Tel:27723025
人民政府及
其管理机构人民政府
县人民政府
屯昌县人民政府
地址：昌盛路
……Tel:67837891
……Tel:67837352
……Tel:67812214
……Tel:67812571
……Tel:67830108
屯昌县人民政府政务服务中心
地址：昌盛中路
……Tel:67838366
乡镇人民政府
屯昌县乌坡镇人民政府
地址：乌坡镇
……Tel:67955224
……Tel:67955488
屯昌县西昌镇人民政府
地址：西昌镇
……Tel:67866333
屯昌县枫木镇人民政府
地址：枫木镇
……Tel:67985062
……Tel:67985162
屯昌县南吕镇人民政府
地址：南吕镇
……Tel:67941125
屯昌县新兴镇人民政府
地址：新兴镇
……Tel:67890905
政府经济管理部门
商务管理部门
屯昌县科技和工业信息化局
地址：昌盛路
……Tel:67839316
屯昌县商务局
地址：昌盛路

……Tel:67812828
水利管理部门
屯昌县水务局
地址：环东二路
……三防办公室：67818356
……农水股：67825190
农林管理部门
屯昌县农业农村局
地址：环东二路
……Tel:67819336
……Tel:67839819
屯昌县农业综合开发办公室
地址：槟榔大道
……Tel:67835753
屯昌县扶贫办公室
地址：昌盛路
……Tel:67817120
屯昌县林业局
地址：环东二路
……林业服务中心：67808199
……局长办公室：67839688
建设管理部门
屯昌县土地和规划建设综合执法局
地址：昌盛路
……Tel:67819848
屯昌县市政管理局
地址：新华路
……Tel:67833199
……Tel:67816599
屯昌县建设局
地址：昌盛路
……Tel:67812684
……局长办公室：67839699
……副局长办公室：67839288
屯昌住房公积金管理局
地址：新建三路
……Tel:67833488
……Tel:67838588
交通管理部门
屯昌县交通局
地址：昌盛路
……Tel:67812800
屯昌县交通规费征稽所
地址：昌志路
……所长办公室：67819331
……营业大厅：67832331
海南省公路局屯昌县分局
地址：新建一路
……Tel:67816695
……Tel:67836119
教科文、社会
保障和资源
人事管理部门
屯昌县人事劳动保障局
地址：昌盛路
……Tel:67831595
劳动和社会保障管理部门
屯昌县农村社会养老保险局
地址：昌盛路
……Tel:67812321
屯昌县劳动就业管理局
地址：红旗路
……Tel:67818210
……Tel:67816091
科学技术管理部门
屯昌县教育与科学技术局
地址：文化路
……办公室：67819116
宏观调控部门
发展和改革
屯昌县发展和改革委员会
地址：昌盛三路
……副局长：67830659
……办公室：67818609
屯昌县粮食局
地址：昌盛路
……粮食储备库：67891108
财政、政府采购
屯昌县财政局
地址：昌盛三路
……乡财室：67818901
……行财室：67818257
屯昌县镇财税所
地址：东风中路
……Tel:67812618
政府政务部门
文化、体育
屯昌县精神文明建设指导委员会办公室
地址：昌盛路
……Tel:67831601
卫生、人口和计划生育
屯昌县人口和计划生育局
地址：昌盛路
……副局长办公室：67817981
……服务站：67830477
屯昌县卫生局
地址：解放路
……局长室：67817272
……办公室：67816662
屯昌县爱国卫生运动委员会
地址：解放路

……Tel:67817329

民政
屯昌县民政局
地址：文化路
……局长办公室：67819935

政府直属及办事机构
机关事务管理
屯昌县机关事务管理局
地址：昌盛路
……Tel:67819138
……Tel:67835938

税务
屯昌县国家税务局
地址：昌盛路
……监察室：67838050

海南省屯昌地方税务局
地址：昌盛南路
……Tel:67818590
……办税服务厅：67812590
……税征室：67813902

屯昌县地方税务局西昌镇税务所
地址：西昌镇
……Tel:67866607

屯昌县地方税务局农税分局
地址：昌盛中路
……Tel:67817660
……局长室：67818390
……副局长室：67834848

屯昌县地方税务局社会保险费征稽局
地址：昌盛中路
……Tel:67819345

屯昌县地方税务局坡心镇税务所
地址：坡心镇
……Tel:67910937

屯昌县地方税务局枫木镇税务所
地址：枫木镇
……Tel:67985191

屯昌县地方税务局城北税务所
地址：东风中路
……Tel:67835716

屯昌县地方税务局南吕镇税务所
地址：南吕镇
……Tel:67940230

屯昌县地方税务局南坤所
地址：南坤镇
……Tel:67969433

屯昌县地方税务局新兴镇税务所
地址：新兴镇
……Tel:67891099

旅游
屯昌县文化和文化和旅游局
地址：昌盛三路
……Tel:67836213

统计
屯昌县统计局
地址：昌盛路
……Tel:67835965
……Tel:67811008
……Tel:67811609

工商、物价
海南省屯昌市场监督管理局
地址：环东二路
……Tel:67819392
……办公室：67833130

屯城工商所
地址：昌盛中路
……Tel:67812366
……所长室：67838136

中心市场工商所
地址：昌盛路
……Tel:67835520

乌坡工商所
地址：乌坡镇
……Tel:67955910

西昌工商所
地址：西昌镇
……Tel:67866833

枫木工商所
地址：枫木镇
……Tel:67985015

南坤工商所
地址：南坤镇
……Tel:67968662

屯昌县物价局
地址：昌盛三路
……Tel:67831671

屯昌县物价检查所
地址：昌盛三路
……Tel:67819070

质量监督
海南省屯昌质量技术监督局
地址：昌盛路
……Tel:67817332

食（药）品监督
海南省屯昌食品药品监督管理局
地址：槟榔大道
……Tel:67832289
……Tel:67831238

机构编制
屯昌县机构编制委员会办公室
地址：昌盛路
……Tel:67815550

社会和宗教团体
社会团体
屯昌县妇女联合会
地址：昌盛路
……Tel:67836929

屯昌县残疾人联合会
地址：昌盛路
……Tel:67838239

屯昌县总工会
地址：昌盛路
……Tel:67833655
……办公室：67830103

中国共产党
中国共产党机关
县委
中国共产党澄迈县委员会
地址：文化北路
……Tel:67622606
……Tel:67623207
……Tel:67633771
……应急办(总值班室)：67633772
……办公室：67629033
……主任办：67622481
……宣传部：67611603

中国共产党澄迈县直属单位工作委员会
地址：文化北路
……Tel:67622208

中国共产党所属机构
组织部
中国共产党澄迈县委员会组织部
地址：文化北路
……Tel:67622238
……Tel:67622239

老干部局
中国共产党澄迈县老干部局
地址：文化北路
……Tel:67622389

统战部
中国共产党澄迈县委员会统一战线工作部
地址：文化北路
……Tel:67622220

澄迈县社会治安综合治理委员会办公室
地址：文化北路
……Tel:67622940

人大常委会
县人大常委会
澄迈县人民代表大会常务委员会
地址：文化北路县委大院
……值班室：67623478
……Tel:67622292

人民政府及其管理机构人民政府
县人民政府
澄迈县人民政府
地址：文化北路
……Tel:67631028
……办公室：67625969
……秘书组：67622196
……督查室：67626949
……保安室：67600572
……财务室：67620883
……行政组：67622296

澄迈县人民政府政务服务中心
地址：解放东路
……Tel:67629881
……主任办公室：67629883

乡镇人民政府
澄迈县大丰镇人民政府
地址：大丰镇
……Tel:67518809

澄迈县中兴镇人民政府
地址：中兴镇
……Tel:67351380

澄迈县仁兴镇人民政府
地址：仁兴镇
……Tel:67338011

澄迈县文儒镇人民政府
地址：文儒镇
……Tel:67379039

澄迈县永发镇人民政府
地址：永发镇
……Tel:67663119

澄迈县加乐镇人民政府
地址：加乐镇
……Tel:67368123

澄迈县老城镇人民政府
地址：老城镇
……Tel:67488300
……办公室：67487889

澄迈县金江镇人民政府
地址：文化北路
……Tel:67630713
……Tel:67623149
……Tel:67620388

澄迈县桥头镇人民政府
地址：桥头镇
……Tel:67509388
……办公室：67509443

澄迈县瑞溪镇人民政府
地址：瑞溪镇
……Tel:67686033
……纪检会：67687628

澄迈县福山镇人民政府
地址：福山镇
……Tel:67583345

政府经济管理部门
商务管理部门
澄迈县商务局
地址：解放东路
……Tel:67622200
……Tel:67628858

水利管理部门
澄迈县水务局
地址：文化北路
……Tel:67615253
……传真：67613281
……办公室：67601566
……副局长办公室：67602599
……三防办公室：67613282

澄迈县三防指挥部
地址：文化北路
……Tel:67613281

农林管理部门
海南省农垦总局驻澄迈县办事处
地址：文化北路
……Tel:67622148
……Tel:67633336

澄迈县农业行政综合执法大队
地址：金江镇
……Tel:67621552

澄迈县农业农村局
地址：文明路
……Tel:67623239
……Tel:67623408

澄迈县农业综合开发办公室
地址：文明北路
……Tel:67611711
……Tel:67611390

澄迈县农机局
地址：文明路
……Tel:67610857
……Tel:67612435

澄迈县农村两个文明建设工作办公室
地址：文明路
……Tel:67626871

澄迈县扶贫开发领导小组办公室
地址：解放东路
……办公室：67623331

澄迈县林业局
地址：环城西路
……办公室：67616993
……林政股：67616919

澄迈县海洋与渔业局
地址：解放东路
……Tel:67623639

建设管理部门
澄迈住房公积金管理局
地址：文化北路
……Tel:67622375

福山咖啡文化风情镇建设管理委员会
地址：福山镇
……Tel:67204389

澄迈县土坯房改造工作领导小组办公室
地址：文化北路
……Tel:67616633

澄迈县住房和城乡建设局
地址：华成路
……Tel:67620307
……规划股：67625437
……综合股：67610223
工会、妇联：67623273
……人防办：67610139

澄迈县住房保障与房产管理局
地址：解放东路老县委二楼
……Tel:67621012
……Tel:67623070
……Tel:67600837
……业务窗口：67629766

澄迈县城市管理局
地址：华成路
……Tel:67611413
……办公室：67610575
……综合执法大队：67612518

交通管理部门
澄迈县公路分局
地址：陆通路
……Tel:67622546

澄迈县交通局
地址：环城西路
……Tel:67616659
……Tel:67610815

澄迈县交通规费征稽所
地址：金马路
……Tel:67622737
……所长办公室：67613239
……副所长办公室：67613039
……Tel:67613829
……财务股：67610839

教科文、社会保障和资源
国土资源管理部门
澄迈县土地交易所
地址：解放东路
……Tel:67629052

澄迈县处理农村土地纠纷确定权属工作领导小组
地址：金马路
……Tel:67629018

澄迈县国土环境资源局
地址：金马大道
……办公室：67629301
……规划岗：67623076
……地籍岗：67629320
……用地岗：67629310
……耕保岗：67611751
……生态岗·核与辐射安全岗：67620293
……矿管岗：67611725
……污控岗：67628746
……土地交易所：67629052
……测绘所：67629325
……土地确权办：67628922
……国土环境资源监察大队：67630336
……老城分局办公室：67486198
……环境保护监测站：67623425
……矿务与自然保护站：67624927
……政务中心服务窗口：67629858
……地籍岗：67629320
……土地储备整理中心：67629558

澄迈县清理农用地流转办
地址：解放东路
……Tel:67629363

人事管理部门
澄迈县人事劳动保障局
地址：文明路124号
……Tel:67615388
……Tel:67615385
……Tel:67626366
……书记办公室：67630686

澄迈县机构编制委员会
地址：文明路
……Tel:67615422

劳动和社会保障管理部门
金江工业园就业再就业基地工作办公室
地址：华兴路
……Tel:67613738

澄迈县小额贷款担保公司
地址：解放东路
……Tel:67612728

澄迈县地方税务局稽查分局
地址：文化北路
……Tel:67620889

澄迈县农村社会养老保险局
地址：金马路
……Tel:67623581

澄迈县社会保险事业局
地址：解放路财政局二楼
……Tel:67620718
……Tel:67620728

澄迈县就业局
地址：文明路
……Tel:67615373
……Tel:67613166

教育管理部门
澄迈县教育局
地址：文明路
……Tel:67622690
……基教股：67620690

科学技术管理部门
澄迈县科学技术与信息产业局
地址：文化北路
……Tel:67623427
……Tel:67620426

宏观调控部门
发展和改革
澄迈县发展和改革局
地址：华成路
……Tel:67622198
……Tel:67620257

澄迈县粮食局
地址：文化北路
……Tel:67621653

财政、政府采购
澄迈县财政局
地址：华成路
……Tel:67622604
……国库股：67622554
……预算股：67620629
……局长办公室：67613389
……行财股：67623339
……农财股：67623413
……会计股：67625710
……国资办：67625020
……社保股：67625700
……政府采购：67615905
……企业股：67625760
……监督股：67626531
……基层股：67620538
……综合股：67627803
……彩票部：67633766
……长安财政所：67651045
……加乐财政所：67368003

政府政务部门
文化、体育
中国共产党澄迈县委党史研究室
地址：解放东路
…… Tel:67621898
卫生、人口和计划生育
瑞溪计生办
地址：瑞溪镇
…… Tel:67687860
澄迈县人口和计划生育局
地址：环城西路
…… Tel:67611944
…… Tel:67611614
澄迈县卫生局
地址：文明路110号
…… Tel:67601090
…… Tel:67623286
…… Tel:67630036
…… Tel:67630630
…… Tel:67633663
…… Tel:67623303
…… Tel:67627008
澄迈县爱国卫生运动委员会
地址：文明路
…… Tel:67627510
民政
澄迈县民政局
地址：华城路
…… Tel:67601200
…… Tel:67612392
…… 局长办公室：67611530
政府直属及办事机构
税务
澄迈县国家税务局
地址：文化北路
…… 计征股：67615478
…… 税政股：67615532
…… 办税服务大厅：67615510
…… 永发分局：67663058
…… 福山分局：67583691
澄迈县地方税务局
地址：文化北路
…… Tel:67626984
…… 征管股：67620186
…… 税务直属所：67622264
澄迈地方税务局瑞溪镇税务所
地址：瑞溪镇
…… Tel:67686220
…… Tel:67686939
澄迈县地方税务局长安税务所
地址：长安墟
…… Tel:67651198
澄迈县地方税务局仁兴镇税务所
地址：仁兴镇
…… Tel:67338006
澄迈县地方税务局白莲税务所
地址：白莲墟
…… Tel:67401998
澄迈县地方税务局永发镇税务所
地址：永发镇
…… Tel:67662265
澄迈县地方税务局加乐税务所
地址：加乐镇
…… Tel:67368138
澄迈县地方税务局老城税务所
地址：老城镇
…… Tel:67488963
澄迈县地方税务局农税分局
地址：文化北路
…… Tel:67623393
…… 副局长办公室：67627096
澄迈县地方税务局社会保险费征稽局
地址：解放中路
…… Tel:67625519
…… Tel:67621385
…… Tel:67621386
…… Tel:67627716
…… Tel:67627606
澄迈县地方税务局和岭税务所
地址：和岭农场
…… Tel:67309023
澄迈县地方税务局建筑安装车辆税务所
地址：华成路
…… Tel:67621072
澄迈县地方税务局美亭税务所
地址：美亭墟
…… Tel:67561918
澄迈县地方税务局桥头镇税务所
地址：桥头镇
…… Tel:67509415
澄迈县地方税务局福山镇税务所
地址：福山镇
…… Tel:67581125
环保
澄迈县生态环境局
地址：金马路
…… Tel:67623425
旅游
澄迈县旅游发展委员会
地址：文明路10号
…… Tel:67611278
…… 办公室：67611278
…… 业务室：67611279
…… 传真：67610798
…… 旅游咨询电话：67588588
统计
澄迈县统计局
地址：文化北路
…… Tel:67633638
…… 副局长办公室：67620327
…… 专业股室：67623247
…… 城调队：67631898
…… 农调队：67626670
…… 传真：67628190
工商、物价
澄迈县市场监督管理局
地址：金马大道
…… Tel:67607331
…… Tel:67607332
…… Tel:67607335
…… Tel:676G7337
…… Tel:67607339
…… Tel:67607345
…… Tel:67607358
…… Tel:67607359
…… Tel:67628393
…… Tel:67628551
…… Tel:67630788
…… Tel:67623939
…… 办公室：67627838
…… 法制股：67628393
…… 企业注册股：67628502
…… 市场规范管理股：67628316
…… 注册登记窗口：67629879
中兴镇工商所
地址：中兴镇
…… Tel:67352315
文儒工商所
地址：文儒镇
…… Tel:67378228
白莲工商所
地址：老城镇
…… Tel:67401216
永发工商所
地址：永发镇
…… Tel:67661010
加乐工商所
地址：加乐镇
…… Tel:67369595
老城工商所
地址：老城镇
…… Tel:67488385
美亭工商所
地址：华侨农场
…… Tel:67561967
福山镇工商所
地址：福山镇
…… Tel:67585437
澄城工商所
地址：人民中路
…… Tel:67622913
…… Tel:67623535
澄迈县物价局
地址：华成路
…… Tel:67623197
…… 检查所：67625134
…… 举报电话：12358
质量监督
海南省澄迈质量技术监督局
地址：文化北路
…… Tel:67623620
食（药）品监督
海南省澄迈食品药品监督管理局
地址：文明路
…… Tel:67633882
…… 办公室：67630880
…… Tel:67625318
安全生产监督
澄迈县应急管理局
地址：解放东路老县委办公大楼三楼
…… Tel:67633088
…… Tel:67633366
…… Tel:67633700
…… Tel:67633990
侨务
澄迈县人民政府台湾事务办公室
地址：文化北路
…… Tel:67621959
海关、海事、
出入境检疫、边检
海事
海口海事局马村海事处
地址：马村
…… Tel:67428165
…… 办公室：67428167
政协、民主党派
政协
中国人民政治协商会议澄迈县委员会
地址：文化北路
…… Tel:67600613
…… Tel:67611108
…… Tel:67622324
民主党派
中国民主促进会
中国民主促进会澄迈县委员会
地址：解放路
…… Tel:67623143
社会和宗教团体
社会团体
中国共产主义青年团澄迈县委员会
地址：解放路
…… Tel:67631011
长寿研究会
地址：文化北路
…… Tel:67629100
澄迈县工商业联合会(总商会)
地址：解放中路
…… Tel：67620929
澄迈县妇女联合会
地址：解放路
…… Tel:67623229
澄迈县残疾人联合会
地址：解放东路
…… Tel:67633969
…… Tel:67622982
澄迈县科学技术协会
地址：解放中路
…… Tel:67623325
…… 办公室：67630608
澄迈县总工会
地址：文化北路157号
…… Tel:67630739
…… Tel:67623345
…… 组宣部办：67629783
…… 主席办：67629786
澄迈县教育科技发展基金会
地址：文化北路
…… Tel:67601238
专业学会、行业协会
澄迈县个体劳动者协会
地址：人民中路
…… Tel:67628593
澄迈县果菜运销协会
地址：文明路(原边防局大楼)
…… Tel:67629178
澄迈县城乡信用协会
地址：华成路
…… Tel:67631180
中国共产党
中国共产党机关
县委
中国共产党临高县委员会
地址：行政路县委办公大楼
…… Tel:28270133
…… Tel:28270166
…… Tel:28284557
…… 秘书组：28284284
…… 书记办：28260399
…… 办公室：28278000
…… 办公室：28279000
…… 督查组：28283233
乡（镇）党委
中国共产党临城镇委员会
地址：临美美路
…… Tel:28277161
…… Tel:28280077
中国共产党临高县和合镇委员会
地址：和舍镇
…… Tel:28433556
中国共产党所属机构
组织部
中国共产党临高县委组织部
地址：行政路
…… Tel:28287663
…… Tel:28284809
老干部局
临高县老干部局
地址：沿江北路
…… Tel:28284470
…… Tel:28270008
统战部
中国共产党临高县委员会统一战线工作部
地址：行政路
…… Tel:28284569
…… 部长室：28276895
人大常委会
县人大常委会
临高县人民代表大会常务委员会
地址：行政路
…… Tel:28276462
…… Tel:28283351
…… 教科文卫工委：28283845
人民政府及其管理机构
人民政府
县人民政府
临高县人民政府
地址：行政路
…… 秘书组：28284230
…… 副主任室：28286363
…… 综合组：28289198
…… 稽查组法制办：28286998
…… 招待所：28278538
临高县人民政府政务服务中心
地址：解放路
…… Tel:28278333
…… Tel:36287000
乡镇人民政府
临高县东英镇人民政府
地址：东英镇
…… 计生办：28380996
临高县和舍镇人民政府
地址：和舍镇
…… Tel:28432106
临高县波莲镇人民政府
地址：波莲镇
…… Tel:28510827
…… Tel:28511588
临高县南宝镇人民政府
地址：南宝镇
…… Tel:28423008
临高县临城镇人民政府
地址：临美路
…… 副书记室：28280206
临高县皇桐镇人民政府
地址：皇桐镇
…… Tel:28492010
临高县调楼镇人民政府
地址：调楼镇
…… Tel:28327169
临高县博厚镇人民政府
地址：博厚镇
…… Tel:28540199
…… 计生站：28541258
临高县新盈镇人民政府
地址：新盈镇
…… Tel:28315699
政府经济管理部门
信息产业管理部门
临高县工业经济与信息产业局
地址：文明中路
…… Tel:28266677
商务管理部门
临高县商务局
地址：文明东路
…… Tel:28278456
…… Tel:28271043
海南省盐务局临高盐务分局
地址：临美路
…… Tel:28274660
水利管理部门
临高县三防指挥部
地址：解放路水利局5楼
…… Tel:28270521
临高县水务局
地址：解放路
…… 三防办公室：28283686
农林管理部门
临高县农业机械服务中心
地址：解放路
…… Tel:28284420
…… Tel:28284340
临高县农业农村局
地址：临海路
…… Tel:28284335
临高县扶贫办公室
地址：行政路
…… Tel:28285176
临高县林业局
地址：解放路
…… Tel:28284382
…… 防火办公室：28284695
临高县畜牧局
地址：解放西路
…… Tel:28282978
…… Tel:28272618
临高县畜牧兽医局
地址：解放西路
…… Tel:28281171
临高县海洋与渔业局
地址：跃进路66号
…… Tel:28260229
…… Tel:28260239
…… Tel:28260249
…… Tel:28260259
…… Tel:28284282
…… Tel:28260269
临高渔港监督局
地址：临高新盈规化街邮政旁
…… Tel:28312646
…… Tel:28312010
海南省农垦总局驻临高县办事处
地址：行政路
…… Tel:28284214
建设管理部门
临高县市政园林管理局
地址：文明中路
…… Tel:28260008
临高县房产管理局
地址：行政路原法院大楼
…… Tel:28275009

Tel:28278198
临高县建设局
地址：文明路
办公室：28271318
传真：28263819
Tel:28287758
临高住房公积金管理局
地址：文明中路
Tel:28268999
Tel:28269266
交通管理部门
临高县交通局
地址：跃进路
Tel:28284320
财务室：28279108
交管站：28274167
运输股、传真：28273707
临高县交通规费征稽所
地址：解放路
所长室：28289881
电脑室：28285209
办公室：28282345
临高县公路分局
地址：新镇街
办公室：28286665
教科文、社会
保障和资源
国土资源管理部门
临高县国土环境资源局
地址：行政路
Tel:28284491
办证大厅：28284535
监察大队：28282536
整理中心：28275289
人事管理部门
临高县人事劳动保障局
地址：行政路
办公室：28284451
传真：28273680
劳动监察大队：28273820
劳动和社会保障管理部门
临高县人力资源开发局(就业局)
地址：文明东路
Tel:28278182
Tel:28281199
临高县社会保险事业局
地址：文明路
综合股：28284037
教育管理部门
临高县教育局
地址：龙力路
Tel:28261399
Tel:28267188
Tel:28267399
Tel:28284239
计财股：28281770
宏观调控部门
发展和改革
临高县发展和改革委员会
地址：行政路
传真：28284410
局长室：28275068
临高县粮食局
地址：解放路
局长办公室：28285889
业务股：36286439
财政、政府采购
临高县财政局
地址：解放路
社保股：28275786
国资股：28272157
采购办公室：28276260
监督室：28276265
服务窗口：28275833
营业大厅：28282809
博厚财政所
地址：博厚镇
办公室：28540222
新盈财政所
地址：新盈镇
Tel:28312221
政府政务部门
外交、外事
临高县外事侨务办公室
地址：文明中路
Tel:28285491
文化、体育
临高县体育委员会
地址：临海路
Tel:28284216
卫生、人口和计划生育
东英镇计划生育办
地址：东英镇
Tel:28380996
临高县人口和计划生育局
地址：文明路
办公室：28284526
计统股：28275526
服务站：28283352
传真：28279526
临高县卫生局
地址：红旗街
Tel:28284523
临高县爱国卫生运动委员会办公室
地址：红旗东街
Tel:28270596
调楼镇计生办
地址：调楼镇政府办公大楼
Tel:28328359
民政
临高县民政局
地址：红旗东路
Tel:28284380
办公室：28281011
低保办：28270065
优抚安置股、军休站：28280061
救灾救济股：28280062
婚姻登记处：28286561
政府直属及办事机构
机关事务管理
临高县直属机关事务管理局
地址：行政路
Tel:28265699
Tel:28289600
Tel:28284254
Tel:28279866
Tel:28283358
Tel:28283398
税务
临高县国家税务局
地址：解放路
Tel:28284332
监察室：28288035
加来镇税务所：28414300
新盈镇税务所：28316300
临高地方税务局
地址：临美路
Tel:28287550
南宝地方税务所
地址：新市场路
Tel:28422318
临高地方税务局社会保险费征稽局
地址：解放路
Tel:28273949
临高县地方税务局东门税务所
地址：江北长堤路
Tel:28284117
临高县农业税征收管理局
地址：临美路
办公室：28287356
书记室：28279938
临高县地方税务局西门税务所
地址：临美路
Tel:28284504
临高县地方税务局博厚税务所
地址：博厚镇
Tel:28541052
海南省临高地方税务局社会保险费征稽局
地址：临城镇
Tel:28271216
新盈地方税务所
地址：新盈镇
Tel:28312200
环保
临高县生态环境局
地址：文明路
Tel:28269886
旅游
临高县文化和文化和旅游局
地址：行政路
Tel:28260588
Tel:28288389
临高角旅游区管理委员会
地址：临高角旅游区
Tel:28370777
临高角旅游度假区管理委员会
地址：临昌路
Tel:28370366
统计
临高县农村社会经济调查队
地址：行政路
Tel:28283310
临高县统计局
地址：文明东路
Tel:28287598
工商、物价
海南省临高市场监督管理局
地址：临美路
Tel:28288336
东门工商所：28284871
波莲工商所：28510966
加来工商所：28412685
皇桐工商所：28492656
东英工商所：28380988
临高县物价局
地址：行政路
Tel:28284258
价格举报：12358
质量监督
海南省临高质量技术监督局
地址：行政路
Tel:28284010
机构编制
临高县机构编制委员会办公室
地址：行政路
Tel:28284465
政协、民主党派
政协
中国人民政治协商会议临高县委员会
地址：行政路
提案法制委：28272469
教科文卫体委：28274259
社会和宗教团体
社会团体
中国共产主义青年团临高县委员会
地址：行政路
Tel:28280016
临高县关心下一代工作委员会
地址：沿江北路
Tel:28265288
临高县妇女联合会
地址：文明东路
Tel:28277318
Tel:28284376
临高县残疾人联合会
地址：行政路
Tel:28275858
临高县科学技术协会
地址：新镇北街
办公室：28283262
临高县总工会
地址：解放路
Tel:28284304
Tel:28278908
专业学会、行业协会
临高县信用协会
地址：解放路
Tel:28270138
人民政府
县人民政府
白沙黎族自治县人民政府
地址：牙叉中路
Tel:27723279
行政组：27723232
总值班室：27723134
副主任办公室：27723226
秘书室：27723173
秘书综合组：27723253
财务室：27723242
白沙县人民政府政务服务中心
牙叉中路
Tel:27728100
Tel:27728103
乡镇人民政府
白沙县七坊镇人民政府
地址：七坊镇
林改办：27661081
白沙县牙叉镇人民政府
地址：桥南路
桥南居委会：27727067
城东居委会：27727068
城西居委会：27727069
白沙县可任乡政府
地址：阜龙乡
Tel:27591025
白沙县打安镇人民政府
地址：打安镇
Tel:27531500
白沙县邦溪镇人民政府
地址：邦溪镇
Tel:27881904
白沙县青松乡人民政府
地址：青松乡
办公室：27606158
白沙县金波乡人民政府
地址：金波乡
Tel:27622234
Tel:27622345
Tel:27622070
白沙县南开乡人民政府
地址：南开乡
党政办公室：27559001
政府经济管理部门
商务管理部门
白沙县商务局
地址：牙叉中路
Tel:27723376
水利管理部门
白沙县水务局
地址：牙叉中路
Tel:27727721
水利普查办：27722580
农林管理部门
白沙县三防中心
地址：牙叉中路
Tel:27721132
白沙县农业农村局
地址：石油路
办公室：27723213
Tel:27723713
白沙县农业综合开发办公室
地址：牙叉中路
Tel:27722180
Tel:27726480
白沙县林业局
地址：牙叉中路
Tel:27726720
森林防火办公室：27724875
白沙县畜牧服务中心
地址：石油路
Tel:27723383
办公室：27727138
白沙黎族自治县水产局
地址：牙叉中路
Tel:27723560
白沙黎族自治县扶贫开发办公室
地址：乐叉中路
办公室：27726676
白沙黎族自治县科学信息和农业技术局
地址：桥南路
副局长：27726745
建设管理部门
白沙县建设与国土环境资源局
地址：桥南路
办公室：27722906
党委办：27729876
地震办：27723412
白沙黎族自治县住房保障与房产管理局
地址：牙叉东路
Tel:27725758
Tel:27727708
白沙黎族自治县建设局
地址：牙叉镇桥南路建设局公办楼
Tel:27727118
白沙住房公积金管理局
地址：牙叉镇牙叉中路
Tel:27729992
Tel:27729993
交通管理部门
白沙县公路局
地址：牙叉中路
Tel:27726669
局长办：27724999
计财股：27727747
白沙县交通局
地址：石油路
Tel:27728489
Tel:27728482
白沙县交通规费征稽所
地址：牙叉中路
Tel:27722738
办公室：27726711
所长室：27725511
计财室：27726611
教科文、社会
保障和资源
国土资源管理部门
白沙县国土环境资源局
地址：桥南路
Tel:27722672
12369环保投诉：27726004
环境监察大队：27722100
Tel:27725626
人事管理部门
白沙黎族自治县人事劳动保障局
地址：桥北路
工资福利岗：27729135
副局长办公室：27727031
劳动和社会保障管理部门
白沙黎族自治县社会保障局
地址：牙叉中路
Tel:27722426
Tel:27728363
Tel:27728759
白沙黎族自治县就业局
地址：桥南路
传真：27724865
教育管理部门
白沙黎族自治县教育局
地址：桥南路
Tel:27722237
办公室：27723287
人事股：27726008
教研室：27725180
中招办公室：27724882
宏观调控部门
发展和改革
白沙县粮食局
地址：卫生路
Tel:27721490
白沙黎族自治县发展和改革局
地址：牙叉中路
Tel:27726288
传真：27727007
招商办公室：27728601
物价局办公室：27723442
物价检查所：27723170
财政、政府采购
元门财政所
地址：元门乡

…… Tel:27551215
牙叉财政所
地址：牙叉镇
…… 所长办公室：27726189
…… 办公室：27722713
打安镇财政所
地址：打安镇
…… Tel:27531109
白沙黎族自治县会计事务管理服务中心
地址：牙叉中路
…… 办公室：27726112
…… 第一核算站：27729608
…… 第二核算站：27722653
…… 第三核算站：27722765
…… 第四核算站：27723859
白沙黎族自治县财政局
地址：牙叉中路
…… Tel:27723346
…… Tel:27727884
…… 经建股：27727952
芙蓉田财政所
地址：芙蓉田农场
…… Tel:27891267
青松乡财政所
地址：青松乡
…… Tel:27606504
阜龙乡财政所
地址：阜龙乡
Tel:27591006
南开乡财政所
地址：南开乡
…… Tel:27559008
政府政务部门
文化、体育
白沙县地方史志办办公室
地址：桥南路
…… Tel:27729229
卫生、人口和计划生育
白沙县卫生局
地址：卫生路
…… Tel:27729167
…… 传真：27725222
白沙黎族自治县人口和计划生育局办公室
地址：卫生路
…… Tel:27723491
…… 服务站：27722591
白沙黎族自治县爱国卫生运动委员会
地址：卫生路
…… Tel:27723496
…… Tel:27725620
白沙黎族自治县爱国卫生运动委员会
地址：卫生路
…… Tel:27723496
…… Tel:27725620
民族、宗教事务
白沙县民族宗教事务局
地址：牙叉中路
…… Tel:27724261
政府直属及办事机构
机关事务管理
白沙县机关事务管理局
地址：桥北路
…… Tel:27723189
税务
白沙县国家税务局七坊税务所
地址：七坊镇
…… Tel:27662980
白沙县国家税务局稽查分局
地址：牙叉中路
…… Tel:27725554
白沙黎族自治县国家税务局
地址：牙叉中路
…… 监察室：27727975
…… 征收管理股：27727970
…… 稽查局(举报中心)：27725554
白沙县地方税务局邦溪税务所
地址：邦溪镇
…… Tel:27881702
白沙县地方税务局社会保险费征稽局
地址：牙叉中路
…… Tel:27725631
…… Tel:27729333
白沙县地方税务局城镇税务所
地址：牙叉中路
…… Tel:27723410
白沙县农业税征收管理局
地址：牙叉中路
…… Tel:27725543
…… Tel:27726696
白沙黎族自治县地方税务局
地址：桥南路
…… Tel:27722091
…… Tel:27726743
…… Tel:27725009
…… 副局长办：27728507
白沙黎族自治县地方税务局
地址：牙叉地税所
地址：桥南路
…… Tel:27724788
环保
海南省鹦哥岭省级自然保护区管理站
地址：桥南路牙叉派出所对面
…… Tel:27729506
…… Tel:27721978
…… Tel:27723959
…… Tel:27725188
旅游
白沙县文化和文化和旅游局
地址：牙叉中路
…… Tel:27723807
统计
白沙黎族自治县统计局
地址：牙叉中路
…… Tel:27721480
工商、物价
桥南工商所
地址：桥南路
…… Tel:27723718
打安工商所
地址：打安镇
…… Tel:27531202
白沙黎族自治县市场监督管理局
地址：环城路
…… Tel:27726811
…… Tel:27729802
…… Tel:27729806
…… Tel:27729811
白沙县物价局
地址：牙叉中路
…… Tel:27723442
白沙县物价检查所
地址：牙叉中路
…… Tel:27723170
食（药）品监督
海南省白沙食品药品监督管理局
地址：牙叉中路
…… Tel:27727136
…… 局长办公室：27727133
安全生产监督
白沙黎族自治县应急管理局
地址：桥北路
…… Tel:27723839
机构编制
白沙黎族自治县编制委员会办公室
地址：牙叉镇桥南路老年人活动中心大楼旁民政局新办公二楼第3间
…… Tel:27726524
政协、民主党派
政协
中国人民政治协商会议白沙黎族自治县委员会
地址：牙叉中路
…… 提案与法制委员会：27721629
…… 文史资料委员会：27724629
社会和宗教团体
社会团体
白沙县残疾人联合会
地址：牙叉中路
…… Tel:27728461
白沙县总工会
地址：牙叉南路
…… Tel:27724928
白沙黎族自治县工商业联合会
地址：桥南路
…… Tel:27721954
白沙黎族自治县妇女联合会
地址：桥南路
…… Tel:27723102
白沙黎族自治县红十字会
地址：牙叉中路
…… Tel:27721763
白沙黎族自治县科学技术协会
地址：桥北路
…… Tel:27726191
…… Tel:27726193
专业学会、行业协会
白沙县个体劳动者协会
地址：牙叉中路
…… Tel:27727241
白沙黎族自治县老年人体育协会
地址：牙叉镇
…… Tel:27729141
白沙黎族自治县信用协会
地址：牙叉中路
…… Tel:27723111
中国共产党
中国共产党机关
县委
中国共产党昌江黎族自治县委办公室
地址：昌江大道
…… Tel:26699503
…… 县委办公室：26699503
…… 主任办公室：26699222
…… 副主任办公室：26699536
…… 常委秘书办公室：26699502
…… 综合组：26699504
…… 信息组：26699505
…… 督察室：26699506
…… 财务室：26699511
…… 接待办：26699788
…… 机要局：26699319
…… 保密局：26699513
…… 县委总值班室：26699266
中共昌江黎族自治县委党史研究室
地址：昌江大道
…… 办公室：26699368
中国共产党昌江黎族自治县直属单位工作委员会
地址：昌江大道
…… 办公室：26699828
…… 专职副书记办：26699678
…… 副书记办：26699168
…… Tel:26699169
…… 宣传组：26699858
昌江黎族自治县企事业工作委员会
地址：昌江大道
…… Tel:26699118
…… 专职副书记：26699398
…… 副书记：26699358
乡（镇）党委
十月田镇王炸村支部委员会
地址：王炸村
…… Tel:26561692
十月田镇姜园村支部委员会
地址：姜园新村
…… Tel:26558252
叉河镇红阳村支部委员会
地址：叉河镇
…… Tel:26558195
乌烈镇道隆村支部委员会
地址：道隆村
…… Tel:26694485
石碌镇水头村支部委员会
地址：石碌镇
…… Tel:26687320
石碌镇保梅村支部委员会
地址：保梅村
…… Tel:26651072
昌化镇旧县村支部委员会
地址：旧县村
…… Tel:26691463
昌化镇先田村支部委员会
地址：昌化镇
…… Tel:26692950
昌化镇浪炳村支部委员会
地址：浪炳村
…… Tel:26691523
昌化镇新城村支部委员会
地址：新城村
…… Tel:26694813
海尾镇三联村支部委员会
地址：三联村
…… Tel:26510685
海尾镇五大村支部委员会
地址：海尾镇
…… Tel:26695205
海尾镇五联村支部委员会
地址：五联村
…… Tel:26510690
海尾镇白沙村支部委员会
地址：白沙村
…… Tel:26526631
中国共产党所属机构
组织部
中国共产党昌江黎族自治县委组织部
地址：昌江大道
…… 办公室：26699555
…… 干部研究室：26699887
…… 组织科：26699882
…… 干部科：26699886
…… 干部监督科：26699885
…… 培训科：26699883
…… 人才工作科：26699890
…… 电脑室：26699889
老干部局
中国共产党昌江黎族自治县委老干部局
地址：昌江大道
…… 关心下一代工作委员会：26699869
…… 医疗费审核报销办公室：26630549
统战局
中国共产党昌江黎族自治县委员会统一战线工作部
地址：人民北路
…… 办公室：26699181
…… 对台事务办公室：26699189
人大常委会
县人大常委会
昌江黎族自治县人民代表大会常务委员会
地址：昌江大道
…… Tel:26698288
…… 人大办公室：26698288
…… 主任办公室：26699688
…… 副主任办公室：26698088
…… 秘书室：26699866
…… 选举任免联络工作委员会：26698388
…… 农经工委：26699388
…… 法制工委：26699188
…… 民族宗教与教科文卫工委：26698188
…… 打字室：26699866
…… 接待室：26698366
人民政府及其管理机构
人民政府
县人民政府
昌江黎族自治县人民政府办公室
地址：昌江大道
…… 办公室：26699306
…… 文秘管理室：26699308
…… 信息综合室：26699309
…… 法制办：26699303
昌江县人民政府政务服务中心
地址：昌江大道
…… Tel:26698038
乡镇人民政府
昌江县十月田镇人民政府
地址：十月田镇
…… Tel:26561386
…… 行政部门：26561009
…… 农保办：26561856
昌江县七叉镇人民政府
地址：七叉镇
…… Tel:26891038
…… 计生办公室：26891106
昌江县七差镇人民政府
地址：七差镇
…… Tel:26891116
…… Tel:26891005
昌江县叉河镇人民政府
地址：叉河镇
…… 行政部门：26818040
昌江县王下乡人民政府
地址：王下乡
…… Tel:26881558
昌江县乌烈镇人民政府
地址：乌烈镇
…… Tel:26712800
…… Tel:26712790
昌江县石碌镇人民政府
地址：人民北路
…… Tel:26651416
昌江县昌化镇人民政府
地址：昌化镇
…… Tel:26771628
…… 镇委员会：26771732
昌江县海尾镇人民政府
地址：海尾镇
…… Tel:26521103
…… 镇委员会：26521713
政府经济管理部门
信息产业管理部门
昌江黎族自治县工业和信息化局
地址：昌江大道
昌江循环经济工业区管理委员会
…… 办公室：26698616
…… 信息技术岗：26699123
…… 乡镇企业岗：26698969
商务管理部门
昌江黎族自治县商务局
地址：昌江大道
…… Tel:26698668
水利管理部门
昌江县三防指挥部
地址：东风路
…… Tel:26622052
…… 传真：26629498
昌江县水利局
地址：东风路
…… Tel:26630089
…… 财务股：26631766
昌江县石碌水库工程管理局
地址：东风路
…… Tel:26680300
…… 水文站：26680333
昌江县农村供水项目办公室
地址：生态街
…… Tel:26698838
昌江黎族自治县水务局
地址：东风路
…… Tel:26622813
农林管理部门
石碌镇农工商联合公司
地址：人民北路
…… Tel:26622093
昌江县农业综合开发办
地址：昌江大道
…… Tel:26698788
…… 传真：26699900
昌江县海洋与渔业局
地址：昌江大道
…… Tel:26699066
…… 渔政·渔监股：26698398
…… 传真：26698118
昌江黎族自治县扶贫开发办
地址：昌江大道
…… 办公室：26698816
…… 副主任办：26698817
…… 老区办培训股：26698815
昌江黎族自治县乡镇企业管理局
地址：生态街
…… Tel:26698969
昌江黎族自治县农业与科学技术局
地址：昌江大道行政办公大楼
…… Tel:26698028

……Tel:26698555
……Tel:26698889
……副局长：26698339
……执法大队：26698338

昌江黎族自治县林业局
地址：东风路
……办公室：26622815
……营林股：26637750
……林政股：26637760
……防火办：26630119

昌江黎族自治县畜牧兽医局
地址：昌江大道
……Tel:26698336

海南省农垦总局驻昌江办事处
地址：东风路
……Tel:26622013

海南省霸王岭林业局
地址：霸王岭
……防火办公室：26881919

建设管理部门

昌江黎族自治县住房和城乡建设局
地址：东风路
……办公室：26633018
……副局长办公室：26635318
……建筑管理股：26632836
……住房保障股：26633276
……城乡规划局：26633010
……城市建设股：26633012

昌江黎族自治县住房保障与房产管理局
地址：人民北路
……Tel:26652916

昌江黎族自治县建设工程质量安全监督站
地址：东风路
……Tel:26623378

昌江住房公积金管理局
地址：人民北路
……Tel:26633599
……服务窗口：26631509

交通管理部门

昌江黎族自治县交通局
地址：人民北路
……咨询办公室：26622315
……局长办公室：26634038
……昌江县交通战备办公室：26622752
……昌江县公路管理站：26622064
……航务管理所：26622494
……驾培办：26622993

昌江黎族自治县交通规费征稽所
地址：人民北路
……所长办公室：26652148
……征收股：26651857

昌江县地方公路管理站
地址：人民北路
……办公室：26622064
……站长办公室：26638388

海南省公路管理局昌江黎族自治县分局
地址：人民北路
……行政办：26622549
……局长办公室：26637222
……书记办：26636601
……路政股：26633863

教科文、社会保障和资源

国土资源管理部门

十月田镇国土环境资源管理所
地址：十月田镇
……Tel:26561923

七叉镇国土环境资源管理所
地址：七叉镇
……Tel:26891189

昌江黎族自治县土地管理局
地址：人民北路
……Tel:26630334

昌江黎族自治县环境资源监测站
地址：建设西路
……Tel:26622240

昌江黎族自治县国土环境资源局
地址：人民北路
……Tel:26622158
……监察执法大队：26622135
……环保举报电话：12369

劳动和社会保障管理部门

昌江黎族自治县人力资源和社会保障局
地址：昌江大道
……办公室：26698356
……局长办公室：26698358
……副局长办公室：26698357
……工资福利股：26698359
……仲裁·社保·职改：26698360
……劳动监察：26698361

昌江县农村社会养老保险局
地址：生态街
……Tel:26698113
……Tel:26699117

昌江黎族自治县社会保障局
地址：人民北路
……Tel:26622358
……Tel:26639358

昌江黎族自治县就业局
地址：建设西路
……Tel:26622047

教育管理部门

昌江黎族自治县教育局
地址：东风路
……办公室：26622029
……传真：26630991
……人事股：26630505
……普教股、体卫股：26628397
……教研室：26622588
……党委办：26635008
……勤工办：26622342
……高招办：26627600
……电教站：26623528
……成教股：26626885
……督导室：26633553
……少年宫：26632599

昌江县学生资助管理中心
地址：东风路
……Tel:26623198

宏观调控部门

发展和改革

昌江黎族自治县发展和改革局
地址：昌江大道
……办公室：26698869
……副局长：26698868
……Tel:26698518
……综合股：26698955
……物价局：26698861
……物价检查所：26698883
……价格认证中心：26698863

昌江黎族自治县粮食局
地址：东风路
……Tel:26622814
……局长办公室：26622193
……副局长办公室：26629733

财政、政府采购

昌江黎族自治县财政局
地址：市民广场二路
……综合股：26691929
……办公室：26691906
……会计股：26691977
……票据中心：26692000
……经建股：26691949
……企业股：26691948
……建帐中心：26691923
……政府采购办公室：26691956
……社保股：26691929
……行财股：26691932
……预算股：26691979
……农业股：26691985
……国库股：26691908
……监督股：26691963
……叉河镇财政所：26818050
……乌烈镇财政所：26712232
……石碌镇财政所：26651607
……所长办公室：26651513
……昌化镇财政所：26771303
……海尾镇财政所：26522606
……七叉财政所：26891111
……十月田财政所：26561016

叉河镇财政所
地址：叉河镇
……Tel:26818050

乌烈镇财政所
地址：乌烈镇
……Tel:26712232

石碌镇财政所
地址：人民北路
……Tel:26651607
……所长办公室：26651513

昌化镇财政所
地址：昌化镇
……Tel:26771303

昌江黎族自治县会计事务管理服务中心
地址：昌江大道市民广场二路
……办公室：26691997
……第一核算组：26691991
……第二核算组：26691992
……第三核算组：26691993
……第四核算组：26691994
……第五核算组：26691995
……统发工资股：26691918

海尾镇财政所
地址：海尾镇
……Tel:26522007

政府政务部门

文化、体育

昌江县县志办
地址：昌江大道
……Tel:26699606
……Tel:26699608

卫生、人口和计划生育

叉河镇计划生育办
地址：叉河镇
……Tel:26818135

昌江黎族自治县人口和计划生育局
地址：东风路
……Tel:26622072

昌江黎族自治县卫生局
地址：人民北路
……Tel:26622202
……局长办公室：26637687
……副局长办公室：26623202
……医政初保股：26636202
……传真：26636102

昌江黎族自治县卫生监督所
地址：人民北路
……Tel:26638352

昌江黎族自治县合作医疗办公室
地址：人民北路
……Tel:26631069
……Tel:26631059

昌江黎族自治县爱国卫生运动委员会
地址：昌江大道
……Tel:26698839

民族、宗教事务

昌江黎族自治县民族宗教事务委员会
地址：昌江大道
……Tel:26698298

民政

昌江县民政局
地址：东风路
办公室、财务室、救灾救济股
……Tel:26633620
……婚姻登记处：26622420
退伍安置办、优抚股、民间组织股、
……城市低保股：26633820

政府直属及办事机构

机关事务管理

昌江黎族自治县机关事务管理局
地址：昌江大道
……值班室：26698068
……局长办：26698069
……副局长办：26698067
……Tel:26698808

税务

昌江县国家税务局
地址：人民北路
……Tel:26651289
……Tel:26651775
……人教股：26651462
……税政股：26651418
……计征股：26652583
……征管股：26651500
……法规股：26652408
……监察室：26652212

昌江县国家税务局河北税务所
地址：人民北路
……Tel:26626498

昌江县国家税务局第三分局
地址：人民北路
……矿建征收站：26623725

海南省昌江地方税务局
地址：环城东路
……办公室：26656088
……举报电话：26656090
……Tel:26656086
……直属分局：26691982
……纳税服务管理局：26656138
……纳税评估管理局：26651523
……第一税务分局：26638966
……第二税务分局：26656866
……第三税务分局：26622407
……第四税务分局：26561800
……社会保险征管局：26630231

昌江县地方税务局社会保险费征稽局
地址：石碌镇
……Tel:26624291

昌江黎族自治县农业税征收管理局
地址：昌江大道
……办公室：26691982

环保

海南霸王岭国家级自然保护区管理局
地址：霸王岭
……行政办：26881279
……计划财务科：26881883
……科研教育科：26881881
……宣传保护科：26881880
……局长助理：26881776

旅游

昌江黎族自治县旅游产业发展局
地址：人民大道
……办公室：26698242
……旅游事务工作室：26698240

统计

昌江县社会经济调查队
地址：生态街
……Tel:26698858

昌江黎族自治县统计局
地址：昌江大道
……Tel:26699008
……Tel:26698858

工商、物价

昌江黎族自治县市场监督管理局
地址：东风路
……Tel:26622851
……七叉工商所：26881718

七叉工商所
地址：七叉镇
……Tel:26881718

叉河工商所
地址：叉河镇
……Tel:26818025

石南工商所
地址：人民南路
……Tel:26670781
……3·15投诉热线：26671315

石碌工商所
地址：人民北路
……Tel:26622840
……3·15投诉热线：26630315

昌化工商所
地址：昌化镇
……Tel:26771966

海尾工商所
地址：海尾镇
……Tel:26521491

昌江县物价局
地址：生态街
……Tel:26698881

昌江县物价检查所
地址：昌江大道
……Tel:26698883

质量监督

海南省昌江质量技术监督局
地址：昌江大道
……办公室：26698767
……Tel:26698919
……副局长办：26698768
……技术所：26698769

食（药）品监督

海南省昌江食品药品监督管理局
地址：人民北路
……局长：26652056
……办公室：26651982
……药品稽查办公室：26652055
……医疗器械稽查办公室：26651983

安全生产监督

昌江黎族自治县应急管理局
地址：昌江大道
……办公室(值班)：26698126
……矿山危化股：26698125

机构编制

昌江黎族自治县机构编制委员会办公室
地址：昌江大道
……Tel:26698599

侨务

昌江黎族自治县人民政府台湾事务办公室
地址：人民北路
……Tel:26699189

昌江黎族自治县外事侨务办公室
地址：昌江大道
……Tel:26699068
……主任办：26699006

检察院

昌江黎族自治县人民检察院
地址：人民北路
……Tel:26651019
……反贪局：26651945
……举报中心：26622000
……公诉科：26652791

政协、民主党派

政协

中国人民政治协商会议昌江黎族自治县委员会
地址：昌江大道
……Tel:26699698
……办公室：26699698
……主任办公室：26699689
……副主任办公室：26699618
……提案与法制委：26699668
……科教文卫与学习委：26699696
……经济与环境资源委：26699588
……民族宗教与外事侨务委：26699978

社会和宗教团体

社会团体

中国共产党昌江黎族自治县委员会
地址：生态街
……团政委：26699199

昌江县工商业联合会(总商会)
地址：东风路
……Tel:26699836

昌江县关心下一代工作委员会
地址：石碌镇
……Tel:26629818

昌江县妇女联合会
地址：东风路
……Tel:26699808
……Tel:26699813

昌江县红十字会
地址：生态街
……Tel:26698186
……Tel:26698189

昌江县残疾人联合会
地址：生态街
……Tel:26698200

昌江县科学技术协会
地址：生态街
……Tel:26699968

昌江黎族自治县文学艺术界联合会
地址：昌江大道
……Tel:26699600

昌江黎族自治县总工会
地址：东风路
…… Tel:26622129

专业学会、行业协会
昌江县个体劳动者协会
地址：东风路
…… Tel:26624515

基层群众自治组织
居民委员会
东风居民委员会
地址：东风路
…… Tel:26628730

矿建居民委员会
地址：石碌镇
…… Tel:26686765

河北居民委员会
地址：石碌镇
…… Tel:26673839

河南居民委员会
地址：石碌镇
…… Tel:26624850

中国共产党
中国共产党机关
县委
中国共产党乐东黎族自治县委员会办公室
地址：人民路
…… 督查室：85530746
…… 保密局：85523164

中国共产党乐东县直属单位工作委员会
地址：人民路
…… 计生办公室：85530760

中国共产党乐东黎族自治县委员会组织部
地址：人民路
…… 办公室：85523400
…… 组织组：85526050
…… 人才办：85525468

中国共产党所属机构
人大常委会
县人大常委会
乐东黎族自治县人民代表大会常务委员会
地址：人民路
…… Tel:85530068

人民政府及其管理机构
人民政府
县人民政府
乐东黎族自治县人民政府办公室
地址：人民路
…… 综合岗：85530020
…… 法制办：85531023
…… 副主任办公室：85531126
…… 副县长办公室：85526866

乐东县人民政府政务服务中心
地址：九所新区
…… Tel:85821927

乡镇人民政府
乐东县九所镇人民政府
地址：九所镇
…… 委员会：85826511

乐东县大安镇人民政府
地址：大安镇
…… Tel:85592066

乐东县万冲镇人民政府
地址：万冲镇
…… Tel:85600249
…… 计生办公室：85601496

乐东县千家镇人民政府
地址：千家镇
…… Tel:85620076
…… 计生办公室：85620563

乐东县冲坡镇人民政府
地址：冲坡镇
…… Tel:85802205

乐东县利国镇人民政府
地址：利国镇
…… Tel:85806610

乐东县佛罗镇人民政府
地址：佛罗镇
…… Tel:85702400
…… 计生办公室：85701506

乐东县抱由镇人民政府
地址：抱由镇
…… 人大办公室：85522896
…… 计生办公室：85530790

乐东县莺歌海镇人民政府
地址：莺歌海镇
…… Tel:85866125

乐东县黄流镇人民政府
地址：黄流镇
…… Tel:85855089

政府经济管理部门
商务管理部门
乐东县盐务分局
地址：黄流镇
…… Tel:85852489

乐东县商务局
地址：乐强路
…… Tel:85532583
…… 副局长办公室：85523683

…… 办公室：85530822

水利管理部门
乐东县水务局
地址：育才路
…… Tel:85523271
…… 局长办公室：85525825

乐东县移民办公室
地址：育才路
…… Tel:85531923
…… Tel:85528870

海南省水电响水发电有限公司
地址：三角路
…… Tel:85529590

农林管理部门
乐东县农业农村局
地址：乐安路
…… Tel:85531996

乐东县林业局
地址：乐安路
…… Tel:85529302
…… Tel:85529321

乐东县林业局尖峰分局
地址：尖峰镇
…… Tel:85720026
…… 副局长办公室：85720025

乐东县海洋与渔业局
地址：人民路
…… 办公室.传真：85523367
…… 局长办公室：85526369

乐东黎族自治县畜牧兽医局
地址：乐安路
…… Tel:85530720
…… Tel:85528335

建设管理部门
乐东县房地产管理所
地址：乐强路
…… 办公室：85523619
…… Tel:85521674

乐东县建设局
地址：人民路
…… Tel:85530818
…… Tel:85530928

乐东住房公积金管理局
地址：乐安路
…… Tel:85526308

交通管理部门
乐东县交通局
地址：乐安路
…… Tel:85530561

乐东县交通规费征稽所
地址：乐安路
…… 黄流站：85855335

海南省公路管理局乐东分局
地址：乐安路
…… 财务股：85531702
…… 生产技术股：85532584

教科文、社会保障和资源
国土资源管理部门
乐东县土地储备整理中心
地址：人民路
…… Tel:85531814
…… Tel:85531427

乐东县国土环境资源局
地址：人民路
…… 综合办公室：85523278
…… 局长办公室：85531066

劳动和社会保障管理部门
乐东县人事劳动局
地址：人民路
…… Tel:85523454
…… 局长办公室：85522376
…… 编委办公室：85523441
…… 财会工资办公室：85523404

乐东县公费医疗办公室
地址：乐强路
…… Tel:85523147

乐东县社会保障局
地址：江北新区
…… Tel:85523596
…… Tel:85523147

乐东黎族自治县就业局
地址：乐安路
…… Tel:85523042
…… Tel:85528650
…… Tel:85529058
…… 人力资源市场服务中心：85529606

教育管理部门
乐东县教育局
地址：乐安路
…… 中招办：85526884

宏观调控部门
发展和改革
乐东县发展和改革局
地址：人民路
…… Tel:85526030

乐东县粮食局
地址：乐安路
…… Tel:85532172

抱由粮所第二门市部
地址：乐安路
…… Tel:85528149

财政、政府采购
千家财政所
地址：千家镇
…… Tel:85620225

乐东县会计管理中心
地址：乐安路
…… Tel:85529908

乐东县财政局
地址：三角路
…… Tel:85531262

尖峰财政所稽查分队
地址：尖峰镇
…… Tel:85720815

冲坡财政所
地址：冲坡镇
…… Tel:85801096

利国财政所
地址：利国镇
…… Tel:85801478

佛罗财政所
地址：佛罗镇
…… Tel:85703184

黄流财政所
地址：黄流镇
…… Tel:85855093

政府政务部门
文化、体育
乐东县地方志编纂委员会
地址：人民路
…… Tel:85527459

卫生、人口和计划生育
九所镇计划生育办公室
地址：九所镇
…… Tel:85826155

乐东县卫生局
地址：光明路
…… Tel:85536453
…… Tel:85536322

乐东黎族自治县人口和计划生育局
地址：卫生路
…… 局长办公室：85527951
…… 规划统计室：85531631

尖峰镇计划生育办公室
地址：尖峰镇
…… Tel:85720036

民族、宗教事务
乐东县民族宗教事务局
地址：乐祥路
…… Tel:85523597
…… Tel:85532103

民政
乐东县民政局
地址：人民路
…… 局长办公室：85527182

政府直属及办事机构
机关事务管理
九所新区管理委员会
地址：九所新区
…… Tel:85826039

乐东黎族自治县机关事务管理局
地址：人民路
…… Tel:85522032
…… 局长办公室：85531338
…… 值班室：85523396

税务
乐东县国家税务局
地址：人民路
…… Tel:85525877

乐东县国家税务局立国税务所
地址：立国镇
…… Tel:85801825

乐东县国家税务局尖峰税务所
地址：尖峰镇
…… Tel:85721502

乐东县国家税务局黄流税务所
地址：黄流镇
…… Tel:85855146

乐东黎族自治县国家税务局
地址：人民路
…… 办税服务厅：85525936
…… 稽查局：85525877

乐东县地方税务局
地址：人民路
…… 财会股：85529329
…… 计财股：85531080
…… 值班室：85530936
…… 征税服务大厅：85527739

乐东县地方税务局九所税务所
地址：一环路西
…… Tel:85821403

乐东县地方税务局佛罗税务所
地址：佛罗镇
…… Tel:85701062

乐东县地方税务局稽查分局
地址：人民路
…… Tel:85526170

海南省乐东地方税务局社会保险费征稽局
地址：永明桥方向
…… Tel:85531682

…… Tel:85528523

环保
海南尖峰岭国家级自然保护区管理局
地址：尖峰镇
…… Tel:85721866

旅游
乐东黎族自治县文化和文化和旅游局
地址：吉祥路
…… Tel:85532306
…… Tel:85536334

统计
乐东县统计局
地址：吉祥路
…… Tel:85536442
…… 局长办公室：85530831
…… 农调队：85529050

工商、物价
海南省乐东市场监督管理局
地址：乐富南路
…… 局长办公室：85528308
…… 人事监察室：85531245

万冲工商所
地址：万冲镇
…… Tel:85600903

千家工商所
地址：千家镇
…… Tel:85620766

利国工商所
地址：利国镇
…… Tel:85805566

乐东县物价局
地址：人民路
…… Tel:85521051
…… 价格投诉举报电话：12358

质量监督
海南省乐东质量技术监督局
地址：三角路
…… Tel:85523248

食（药）品监督
海南省乐东食品药品监督管理局
地址：江北新区
…… Tel:85532142
…… 局长办公室：85531366
…… 传真：85531566

安全生产监督
乐东黎族自治县安全监督管理局
地址：三角路
…… Tel:85523656

机构编制
乐东县机构编制委员会办公室
地址：三角路
…… Tel:85530895

政协、民主党派
政协
中国人民政治协商会议乐东黎族自治县委员会
地址：人民路
…… 办公室：85523285
…… 民族宗教委：85530941
…… 文史科教文卫体委：85530942

社会和宗教团体
社会团体
中国共产主义青年团乐东黎族自治县委员会
地址：吉祥路
…… Tel:85523432

乐东县工商业联合会(总商会)
地址：人民路
…… Tel:85531766

乐东县归国华侨联合会
地址：人民路
…… 办公室：85532511

乐东县妇女联合会
地址：人民路
…… Tel:85523470
…… Tel:85532329

乐东县残疾人联合会
地址：感恩路
…… Tel:85522804

乐东县科学技术协会
地址：人民二横路
…… 办公室：85523337

乐东县总商会
地址：人民路
…… Tel:85531766

专业学会、行业协会
乐东黎族自治县老年人体育协会
地址：人民路
…… Tel:85529385

海南道路运输协会黄流办事处
地址：黄流镇
…… Tel:85858254

中国共产党
中国共产党机关
县委
中国共产党陵水黎族自治县委员会
地址：建设路
…… Tel:83327461
…… 办公室：83322251
…… 组织部：83332719
…… Tel:83322720

…… Tel:83312016
…… 宣传部：83322359
…… Tel:83311661
中国共产党陵水县直属机关工作委员会
地址：建设路政府办公大楼
…… Tel:83322319
中国共产党所属机构
老干部局
陵水县老干部局
地址：中心大道
…… Tel:83322638
统战部
中国共产党陵水县委员会统一战线工作部
地址：建设路
…… Tel:83311996
人大常委会
县人大常委会
陵水黎族自治县人民代表大会常务委员会
地址：建设路
…… 办公室：83322232
…… 选举联络工作室：83318835
人民政府及其管理机构
人民政府
县人民政府
陵水黎族自治县人民政府
地址：建设路
…… Tel:83327097
…… 办公室：83322315
…… 综合办公室：83322075
…… 政务服务中心：83323012
陵水县人民政府政务服务中心
地址：建设路
…… Tel:83313310
乡镇人民政府
文罗镇人民政府
地址：文罗镇
…… Tel:83412033
陵水县三才镇人民政府
地址：三才镇
…… Tel:83350368
陵水县本号镇人民政府
地址：本号镇
…… Tel:83400949
…… 计划生育办公室：83400383
陵水县光坡镇人民政府
地址：光坡镇
…… Tel:83341098
陵水县英州镇人民政府
地址：英州镇
…… Tel:83470061
…… 办公室：83471458
陵水县椰林镇人民政府
地址：椰林镇
…… Tel:83317867
陵水县提蒙乡人民政府
地址：提蒙乡
…… Tel:83331215
…… Tel:83330556
陵水县新村镇人民政府
地址：新村镇
…… Tel:83361116
…… Tel:83360119
陵水县群英乡人民政府
地址：群英乡
…… Tel:83439001
陵水县黎安镇人民政府
地址：黎安镇
…… Tel:83339066
…… 旅游开发区管理委员会：83339955
政府经济管理部门
商务管理部门
陵水县商务局
地址：建设路
…… Tel:83317620
…… 传真：83318151
水利管理部门
陵水县水务局
地址：北斗路17号
…… Tel:83322070
…… 水政股：83318161
农林管理部门
吊罗林业局
地址：吊罗山
…… Tel:83421611
海南省农垦总局驻陵水黎族自治县办事处
地址：双拥路
…… Tel:83322068
陵水农业农村局
地址：中心大道
…… Tel:83322224
陵水县农业综合开发办公室
地址：中心大道
…… Tel:83311185
…… Tel:83316184
…… 执法大队：83322806
陵水县农机局
地址：建设路
…… Tel:83322155

陵水县扶贫办公室
地址：中心大道
…… Tel:83322522
…… Tel:83318399
陵水县林业局
地址：建设路
…… 防火办公室：83322866
…… 政秘股：83321749
…… Tel:83322822
陵水县海洋与渔业局
地址：中心大道老县委办公楼
…… Tel:83311363
…… Tel:83310737
…… Tel:83322781
陵水县畜牧兽医局
地址：双拥路
…… Tel:83322372
建设管理部门
陵水住房公积金管理局
地址：财源路
…… Tel:83310290
陵水县建设局(陵水县地震局、人防办)
地址：建设路
…… Tel:83322332
…… 服务窗口：83317759
…… 设计室：83312205
…… 质检站：83321364
陵水县重点项目建设办公室
地址：建设路
…… Tel:83318333
陵水黎族自治县住房制度改革办公室
地址：建设路
…… Tel:83321483
陵水黎族自治县住房保障与房产管理局
地址：建设路
…… 办公室：83322479
…… 住房发展股：83321483
…… 办事窗口：83338513
陵水黎族自治县城市管理局
地址：建设路
…… Tel:83323524
交通管理部门
海南省公路局陵水县分局
地址：建设路
…… Tel:83316936
…… Tel:83323143
…… 行政办公室：83328149
陵水县交通局
地址：文化路
…… 办公室：83326494
…… 局长办公室：83332266
…… 运政大厅：83326383
陵水县交通规费征稽所
地址：北斗路
…… Tel:83323145
…… 所长办公室：83327498
…… 副所长办公室：83327380
教科文、社会保障和资源
国土资源管理部门
陵水县土地储备开发整理中心
地址：架场田路
…… Tel:83318003
…… Tel:83326111
陵水县国土环境资源局
地址：建设路
…… 办公室：83322713
…… 传真：83313162
…… 窗口服务中心：83313766
人事管理部门
陵水县人力资源和社会保障局
地址：中心大道庆隆达后面就业局培训中心四楼
…… Tel:83338803
…… Tel:83318965
…… Tel:83318801
劳动和社会保障管理部门
陵水地方税务局社会保险费征管局
地址：中心大道
…… Tel:83313039
…… Tel:83313129
…… Tel:83313583
…… Tel:83313621
…… Tel:83322309
…… Tel:83323178
…… Tel:83340031
…… Tel:83470686
…… Tel:83471309
…… Tel:83316951
陵水县社会保障局
地址：双拥路
…… Tel:83322589
…… 局长办公室：83328419
…… 副局长办公室：83327749
…… 椰林镇劳动保障中心：83318997
陵水县就业局
地址：陵黎大道
…… Tel:83317740
陵水黎族自治县农村社会养老保险局
地址：文教路
…… Tel:83316050

…… Tel:83313060
教育管理部门
陵水县教育与科学技术局
地址：新丰路
…… Tel:83322335
…… Tel:83315018
科学技术管理部门
陵水县信息化产业局
地址：建设路
…… Tel:83312816
宏观调控部门
发展和改革
陵水县发展计划局
地址：建设路
…… 局长办公室：83322967
…… Tel:83322247
…… 副局长办公室：83322375
陵水黎族自治县粮食局
地址：架场田路计生委左侧四层楼
…… Tel:83323124
…… Tel:83322352
财政、政府采购
陵水县财政局
地址：中心大道
…… 预算股：83322968
…… 农财股：83322801
…… 会计股：83316856
政府政务部门
国防
陵水县人民防空办公室
地址：建设路
…… Tel:83316694
文化、体育
陵水县史志办公室
地址：中心大道
…… Tel:83311758
卫生、人口和计划生育
岭门农场计划生育办公室
地址：州门农场
…… Tel:83451256
陵水县卫生局
地址：建设路
…… Tel:83323213
…… 局长办公室：83313795
…… 副局长办公室：83310811
…… 传真机：83310816
陵水县计划生育服务站
地址：建设路
…… Tel:83322166
…… Tel:83310118
民族、宗教事务
陵水县民族宗教事务局
地址：建设路
…… Tel:83322508
政府直属及办事机构
机关事务管理
陵水县机关事务管理局
地址：建设路县机关大楼
…… Tel:83315223
…… Tel:83315660
…… Tel:83315662
…… Tel:83323452
…… Tel:83307999
…… Tel:83310222
…… Tel:83300688
税务
陵水县国家税务局
地址：建设路
…… Tel:83323179
…… 国税分局：83319328
…… 稽查分局：83326140
…… 局长办公室：83328698
…… 副局长办公室：83328555
…… 纪检组长办公室：83316966
…… 计划征收股：83323066
…… 信息中心：83328598
…… 征收管理股：83323027
…… 综合业务股：83318558
…… 监察室：83328608
…… 人事教育股：83312560
陵水县地方税务局
地址：中心大道
…… Tel:83323963
…… Tel:83313053
陵水县地方税务局文罗税务所
地址：文罗镇
…… Tel:83412669
陵水县地方税务局光坡税务所
地址：光坡镇
…… Tel:83340039
陵水县地方税务局英州税务所
地址：英州镇
…… Tel:83470961
陵水县地方税务局建筑安装车辆税务所
地址：中心大道
…… Tel:83326157
陵水县地方税务局陵城税务所
地址：中心大道
…… Tel:83322030
陵水县地方税务局椰林税务所
地址：中心大道

…… Tel:83317849
陵水县地方税务局新村税务所
地址：新村镇
…… Tel:83361175
环保
吊罗山省级自然保护区管理总站
地址：吊罗山
…… Tel:83421333
旅游
陵水县文化和文化和旅游局
地址：建设路建行5楼
…… Tel:83310956
…… Tel:83322680
黎安旅游开发区管理委员会
地址：黎安镇
…… Tel:83339900
统计
陵水县统计局
地址：建设路
…… Tel:83327225
…… Tel:83322614
工商、物价
海南省陵水市场监督管理局
地址：中心大道
…… Tel:83314996
…… Tel:83323087
…… 12315投诉电话：83325240
文罗工商所
地址：文罗镇
…… Tel:83412833
北斗工商所
地址：中心大道
…… Tel:83318285
英州工商所
地址：英州镇
…… Tel:83471808
椰林工商所
地址：椰林
…… Tel:83319462
提蒙工商所
地址：提蒙乡
…… Tel:83331093
新村工商所
地址：新村镇
…… Tel:83363699
黎安工商所
地址：黎安镇
…… Tel:83339656
陵水县物价检查所
地址：建设路
…… Tel:83312505
质量监督
海南省陵水质量技术监督局
地址：建设路工行大楼三楼
…… Tel:83310748
…… Tel:83316686
…… Tel:83317592
…… Tel:83322702
食（药）品监督
海南省陵水食品药品监督管理局
地址：财源路
…… Tel:83312111
安全生产监督
陵水黎族自治县应急管理局
地址：中心大道
…… Tel:83318802
机构编制
陵水自治县机构编制委员会办公室
地址：中心大道
…… Tel:83318803
中国共产党
中国共产党机关
县委
中国共产党保亭黎族苗族自治县委员会
地址：新民路
…… 秘书室：83668230
…… 政策研究室：83661560
…… 保密局：83668324
…… 机要局：83668250
…… Tel:83663319
中国共产党保亭县直属单位工作委员会
地址：新民路
…… Tel:83668256
中国共产党所属机构
组织部
中共保亭县委组织部
地址：新民路
…… 组织部：83666323
…… 办公室：83668425
…… 干部组：83667525
…… 干部监督组：83666083
老干部局
保亭县老干部局
地址：保兴东路
…… Tel:83668349
统战部
中国共产党保亭县委员会统一战线工作部
地址：新民路
…… Tel:83666019
人大常委会

县人大常委会
保亭黎族苗族自治县人民代表大会常务委员会
地址：新民路
…… Tel:83668280
…… Tel:83669639
人民政府及其管理机构
人民政府
县人民政府
保亭黎族苗族自治县人民政府
地址：新民路
…… 办公室秘书组：83668376
…… Tel:83668388
…… Tel:83666090
…… 值班室：83668387
…… 秘书办：83669255
…… 值班秘书：83669836
…… 接待办公室：83662459
乡镇人民政府
保亭县三道镇人民政府
地址：三道镇
…… Tel:83881873
…… 企业办：83825559
保亭县毛感乡人民政府
地址：毛感乡
…… Tel:83820177
保亭县什玲镇人民政府
地址：什玲镇
…… Tel:83606709
保亭县六弓乡人民政府
地址：六弓乡
…… Tel:83860235
保亭县加茂镇人民政府
地址：加茂镇
…… Tel:83866583
保亭县南林乡人民政府
地址：南林乡
…… Tel:83889206
…… 计生办：83889508
保亭县响水镇人民政府
地址：响水镇
…… Tel:83827186
保亭县保城镇人民政府
地址：温泉北路
…… Tel:83668460
…… 书记办公室：83662660
…… Tel:83662604
…… 计生办公室：83669316
…… 镇委：83661331
保亭县新政镇人民政府
地址：新政镇
…… Tel:83886166
政府经济管理部门
信息产业管理部门
保亭黎族苗族自治县科技和工业信息产业局
地址：新民路县委大楼
…… Tel:83666322
…… Tel:83666700
商务管理部门
保亭县商务局
地址：保兴东路
…… Tel:83661978
…… Tel:83662798
水利管理部门
保亭县水务局
地址：文明中路
…… 局长办公室：83661837
保亭黎族苗族自治县水务局三防指挥部
地址：文明中路
…… Tel:83662695
农林管理部门
保亭农村合作经济管理服务中心
地址：保兴东路
…… Tel:83668470
保亭县农业农村局
地址：保兴东路
…… Tel:83667798
…… Tel:83663876
…… Tel:83668335
保亭县农业综合开发办公室
地址：保兴东路
…… Tel:83668946
保亭县林业局
地址：保兴西路
…… Tel:83668382
…… 局长办公室：83661373
…… 防火办公室：83668383
…… 森检站：83662940
保亭黎族苗族自治县扶贫办公室
地址：新民路
…… 主任办：83668588
…… 办公室：83667358
海南省农垦总局驻保亭县办事处
地址：温泉北路
…… Tel:83668350
建设管理部门
保亭黎族苗族自治县住房保障与房产管理局
地址：温泉北路
…… Tel:83602798
…… Tel:83602598
保亭黎族苗族自治县建设局
地址：团结南路
…… Tel:83664728
…… 传真：83664738
…… 质量监督站：83668033
…… 保亭设计室：83668031
保亭黎族苗族自治县城市管理局
地址：保兴西路
…… Tel:83662880
…… 爱卫办公室：83661701
…… 城管大队：83666213
…… 城监大队办证大厅：83666582
保亭住房公积金管理局
地址：保兴西路
…… Tel:83662057
…… Tel:83667606
交通管理部门
保亭县交通局
地址：保兴西路
…… Tel:83669320
保亭县交通规费征稽所
地址：保兴东路
…… Tel:83662775
…… Tel:83666967
海南省公路局保亭公路分局
地址：保兴东路
…… Tel:83669374
教科文、社会保障和资源
国土资源管理部门
保亭县国土环境资源局
地址：保兴东路
…… 办公室：83666228
…… 土地开发整理中心：83666693
…… 保城国土环境资源所：83663701
…… 加茂国土环境资源所：83865705
…… 响水国土环境资源所：83826702
人事管理部门
保亭县人事劳动保障局
地址：新民路
…… 办公室：83668451
…… 编委办：83668228
…… 安全生产监督局：83666063
劳动和社会保障管理部门
保亭县农村社会养老保险局
地址：保兴西路
…… Tel:83667297
保亭县社会保障局
地址：保兴东路
…… Tel:83667711
保亭黎族苗族自治县就业局
地址：保兴东路
…… Tel:83663978
…… Tel:83668156
教育管理部门
保亭县关心下一代工作委员会
地址：保兴东路
…… Tel:83666611
保亭县教育与科学技术局
地址：新兴路
…… 副局长办公室：83666987
…… 人事股：83666810
…… 教研室：83667748
…… 小学教研室：83662202
…… 教仪站：83669267
保亭黎族苗族自治县教育局招生办
地址：保兴东路工商银行办公楼4楼
…… Tel:83661006
…… 办公室：83668263
宏观调控部门
发展和改革
保亭县发展和改革局
地址：新民路
…… Tel:83666812
…… 主任办公室：83667028
保亭县烟草专卖局(营销部)
地址：保兴东路
…… 综合办公室：83668531
稽查大队
……(打私打假举报电话)：83668516
保亭县粮食局
地址：保兴西路
…… 局长办公室：83669001
…… 办公室：83669483
财政、政府采购
保亭县财政局
地址：保兴东路
…… 办公室：83669220
…… 农税局：83668730
…… 企财股：83669213
…… 综合社保股：83662351
…… 会计中心一站：83668607
…… 会计中心二站：83664512
…… 会计中心办公室：83668002
…… 国资办：83664646
…… 行财股：83668616
…… 国库股：83661177
…… 会计股：83664448
…… 财务室：83664446
…… 农财股：83669393
保城财政所
地址：新民路
…… Tel:83664522
什玲镇财政所
地址：什玲镇
…… Tel:83606710
加茂镇财政所
地址：加茂镇
…… Tel:83866236
保亭黎族苗族自治县体育彩票管理中心
地址：保兴东路
…… Tel:83661828
新政镇财政所
地址：新政镇
…… Tel:8388632 1
政府政务部门
文化、体育
卫生、人口和计划生育
响水镇计划生育办
地址：响水镇
…… Tel:83826776
保亭县卫生局
地址：新兴东路
…… Tel:83669059
保亭县计划生育局
地址：新兴中路
…… Tel:83663439
…… Tel:83606686
…… 指导站：83668529
新政镇计划生育办公室
地址：新政镇
…… Tel:83886128
民族、宗教事务
保亭县民族宗教事务局民委
地址：保兴东路政务服务中心一楼
…… Tel:83661206
…… Tel:83661306
…… Tel:83668377
…… Tel:83664789
民政
保亭县民政局
地址：文明北路
…… Tel:83668380
政府直属及办事机构
机关事务管理
保亭县机关事务管理局
地址：新民路
…… Tel:83668254
税务
保亭县国家税务局
地址：文明北路国税大楼
…… Tel:83667726
…… 局长办公室：83669210
…… 副局长办公室：83669212
…… 办公室：83669211
…… 人教股·监察室：83668735
…… 计征股：83669582
…… 综合业务股：83667692
…… 信息中心：83669217
…… 征管股：83667671
…… 稽查局：83663208
…… 办税服务厅：83669493
…… 响水分局：83826564
保亭县地方税务局
地址：文明北路
…… 办税服务厅：83662272
…… 法规税政室：83669581
…… 征管室：83669570
保亭县地方税务局三道镇税务所
地址：三道镇
…… Tel:83881222
保亭县地方税务局什玲镇税务所
地址：什玲镇
…… Tel:83606776
保亭县地方税务局加茂镇税务所
地址：加茂镇
…… Tel:83866440
保亭县地方税务局响水镇税务所
地址：响水镇
…… Tel:83826223
保亭县地方税务局保城税务所
地址：文明北路
…… Tel:83663729
保亭县地方税务局新政镇税务所
地址：新政镇
…… Tel:83886323
海南省地方税务局第二稽查局
地址：文明北路地税小区1栋
…… 检查四科：83663354
海南省保亭地方税务局社会保险费征管局
地址：文明北路
…… 征管局：83666525
海南省保亭地方税务局社会保险费征稽局
地址：保兴东路
…… Tel:83661447
…… 局长办：83668977
海南省保亭地税局社会保障费征稽局
地址：保兴东路
…… Tel:83667865
统计
保亭县统计局
地址：新民路
…… 办公室：83668331
…… 局长办公室：83664763
工商、物价
海南省保亭市场监督管理局
地址：保兴东路
…… Tel:83668503
三道农场工商所
地址：三道农场
…… Tel:83882777
什玲工商所
地址：什玲镇
…… Tel:83606713
加茂工商所
地址：加茂镇
…… Tel:83866264
金江工商所
地址：金江农场
…… Tel:83827125
新政工商所
地址：新政镇
…… Tel:83886248
保亭县物价局
地址：文明中路
…… Tel:83669434
质量监督
海南省保亭质量技术监督局
地址：保兴东路
…… Tel:83666313
…… Tel:83668372
食（药）品监督
保亭县药品监督管理局办公室
地址：新兴东路
…… Tel:83664681
…… Tel:83663308
…… 稽查大队：83668628
安全生产监督
保亭黎族苗族自治县应急管理局
地址：新民路
…… Tel:83662248
机构编制
保亭县事业单位登记管理局
地址：新民路
…… Tel:83661395
政协、民主党派
政协
中国人民政治协商会议保亭黎族苗族自治县委员会
地址：新民路
…… 主席办公室：83661719
…… 副主席办公室：83667240
…… 政协办公室：83663783
…… 政协专委会办公室：83668285
社会和宗教团队
社会团队
中国共产主义青年团保亭县委员会
地址：文明中路
…… Tel:83668330
保亭县妇女联合会
地址：新民路
…… Tel:83668200
保亭县残疾人联合会
地址：新民路
…… Tel:83668069
…… Tel:83663517
保亭县科学技术协会
地址：文明路
…… Tel:83669534
保亭县总工会
地址：新兴东路
…… Tel:83668304
…… Tel:83666892
保亭黎族苗族自治县红十字会
地址：保兴东路
…… Tel:83668689
中国共产党
中国共产党机关
县委
中国共产党琼中黎族苗族自治县委员会机要局
地址：营根路95号
…… Tel:86223993
中国共产党琼中黎族苗族自治县委员会组织部
地址：营根路95号
…… Tel:86222156
…… 组织部：86226183
中国共产党所属机构
统战部
中国共产党琼中县统一战线工作部
地址：营根路
…… Tel:86225366
机要局
琼中县委机要局
地址：营根路
…… Tel:86223993
人大常委会
县人大常委会
琼中黎族苗族自治县人民代表大会常务

委员会
地址：营根路
……办公室：86227855
……Tel:86229532

人民政府及其管理机构
人民政府
县人民政府
琼中黎族苗族自治县人民政府
地址：营根路
……法制办：86225528
……传真：86226896

乡镇人民政府
琼中县中平镇人民政府
地址：中平镇
……Tel:86388013
……办公室：86388155

琼中县什运乡人民政府
地址：什运乡
……Tel:86280189

琼中县吊罗山乡人民政府
地址：吊罗山乡
……Tel:86396288

琼中县红毛镇人民政府
地址：红毛镇
……Tel:86298599
……Tel:86298036

琼中县营根镇人民政府
地址：海榆路
……办公室：86226117

琼中县黎母山镇人民政府
地址：黎母山镇
……Tel:86320233

政府经济管理部门
商务管理部门
琼中县商务局
地址：营根路
……Tel:86229010
……Tel:86229316

水利管理部门
琼中水务局
地址：虎头路
……副局长办公室：86227873
……传真：86227871

琼中县水利水电发展有限公司
地址：虎头路
……Tel:86229833

农林管理部门
琼中县农业农村局
地址：海榆路
……Tel:86238732

琼中县农业综合开发办公室
地址：海榆路
……Tel:86238029

琼中县扶贫办公室
地址：海榆路
……Tel:86239269
……Tel:86235195

琼中县林业局
地址：海榆中线
……局长办公室：86227613
……服务中心：86227195

琼中县畜牧兽医局
地址：教育路
……办公室：86226434

琼中县黎族苗族自治县乡镇企业服务中心
地址：营根路
……Tel:86225851

黎母山国家森林公园管理委员会
地址：黎母山林场
……事务管理办公室：86308000

建设管理部门
琼中县住房和城乡建设局
地址：虎头路
……Tel:86229579

交通管理部门
琼中黎族苗族自治县交通局
地址：海榆路
……征稽站：86239177
……副局长办公室：86238373

教科文、社会
保障和资源
国土资源管理部门
琼中县国土环境资源局
地址：虎头路
……办公室：86228586
……法规监察股：86222602
……用地股：86225309

琼中县土地管理储备中心
地址：虎头路
……Tel:86222016

劳动和社会保障管理部门
县城社区劳动和社会保障管理站
地址：海榆路县
……Tel:86236200

琼中县人力资源和社会保障局
地址：海榆路
……办公室：86236512
……Tel:86236005
……Tel:86236003

琼中县农村社会养老保险局
地址：海榆路
……Tel:86239655

琼中县社会保险事业局
地址：海榆路
……医疗保险：86235511

琼中县就业管理局
地址：新二区
……Tel:86236166

教育管理部门
琼中黎族苗族自治县教育与科学技术局
地址：虎头路
……办公室：86227866

科学技术管理部门
琼中县科技信息产业局
地址：营根路
……Tel:86220039
……Tel:86229387

琼中县科学技术局
地址：营根路
……Tel:86229266

宏观调控部门
发展和改革
琼中县发展和改革局
地址：营根路
……Tel:86228809

琼中县粮食局
地址：海榆路
……Tel:86221519

财政、政府采购
琼中县财政局
地址：海榆路
……会计股：86238309
……副局长办公室：86238766
……会计管理中心：86236911

长征财政所
地址：长征镇
……Tel:86398322

什运乡财政所
地址：什运乡
……Tel:86280037

吊罗山乡财政所
地址：吊罗山乡
……Tel:86396024

政府政务部门
卫生、人口和计划生育
琼中县卫生局
地址：虎卫路
……Tel:86227161
……Tel:86229508

琼中黎族苗族自治县人口和计划生育局
地址：海榆路
……Tel:86237308

民政
琼中县民政局
地址：海榆路
……Tel:86239219
……Tel:86238826
……Tel:86238636

政府直属及办事机构
税务
琼中县国家税务局
地址：虎头路
……Tel:86228022
……监察室：86229385

海南省琼中县地方税务局
地址：海榆路地税局新办公大楼
……Tel:86236270
……Tel:86236271
……Tel:86236272
……Tel:86236273
……Tel:86236275
……Tel:86236278
……办税大厅：86238512
……县城征税站：86238811

琼中县地方税务局中平镇税务所
地址：中平镇
……Tel:86388122

琼中县地方税务局长征镇税务所
地址：长征镇
……Tel:86398615
……Tel:86398620

琼中县地方税务局乌石农场税务所
地址：湾岭镇
……Tel:86305682
……Tel:86305672

琼中县地方税务局社会保险费征管局
地址：海榆路
……Tel:86220868
……Tel:86220866

琼中县地方税务局稽查分局
地址：海榆路
……Tel:86236386

琼中县农税局
地址：海榆路
……局长办公室：86238836
……征管股：86238353

环保
海南吊罗山国家级自然保护区吊罗山乡管理站
地址：太平农场
……Tel:86396082

旅游
琼中黎族苗族自治县文化和文化和旅游局
地址：营根路
……Tel:86226065
……Tel:86220006

统计
琼中县统计局
地址：虎头路
……Tel:86226956
……Tel:86226761

工商、物价
大丰工商所
地址：大丰农场
……Tel:86363310

乌石工商所
地址：乌石镇
……Tel:86305892

海南省琼中市场监督管理局
地址：营工巷
……市场办公室：86236286

新进农场工商行政管理所
……Tel:86318838

营根工商所
地址：海榆路
……Tel:86238778

琼中县物价局
地址：营根路
……价格举报热线：12358

质量监督
海南省琼中质量技术监督局
地址：海榆路
……Tel:86238923

食（药）品监督
琼中黎族苗族自治县食品药品监督管理局
地址：虎头路
……Tel:86227490
……Tel:86227654
……Tel:86227618

安全生产监督
琼中县应急管理局
地址：海榆路
……Tel:86236268

机构编制
琼中县事业单位登记管理局
地址：营根路
……Tel:86238227

社会和宗教团体
社会团体
中国共产主义青年团琼中黎族苗族自治县委员会
地址：营根路
……Tel:86222830

琼中县工商业联合会(总商会)
地址：营根路
……Tel:86228538

琼中县归国华侨联合会
地址：营根路
……Tel:86229739
……Tel:86222810

琼中县关心下一代工作委员会
地址：营根路
……Tel:86229516

琼中县委员会妇女联合会
地址：营根路
……Tel:86225885

琼中县残疾人联合会
地址：营根路
……Tel:86222180

琼中县科学技术协会
地址：营根路
……Tel:86223553
……Tel:86222302

琼中县总工会
地址：营工巷
……Tel:86226001
……Tel:86229102

琼中黎族苗族自治县慈善会
地址：海榆路
……Tel:86238193

农林牧渔

一、行业综合分析

农林牧渔业综合分析

新中国成立60多年来，农业经济快速发展的同时，农业生产结构逐步优化，实现了由单一以种植业为主的传统农业向农林牧渔业全面发展的现代农业转变。国民经济从农业支持工业过渡到工业反哺农业、城市带动农村发展的新阶段，工农关系实现历史性的转变，标志着中国传统农业经济时代的结束，崭新的现代农业时代到来。经过多年的发展和逐步调整，我国农林牧渔业结构已经实现由单一的种植业为主的传统农业向农林牧渔业全面发展的现代农业转变，种植业产值占农林牧渔业产值的比重下降，林牧渔业比重不断上升。2013年银行重点支持的行业中，农林牧渔业首次成为最受关注的行业，占比达到59.3%。

随着经济增速阶段性放缓、资源环境约束趋紧，我国农业增速已经步入下行区间，呈整体回落趋势。2004-2008年，我国第一产业增加值实际增速平均为5.1%，2009年以来平均增速下滑到4.3%，近几年一直保持在4%-4.5%的增长区间，2013年增速下滑至4%，达到近年新低，这一趋势在2014年不会发生大的改变。生态友好是我国新型农业现代化的重要标志之一。多年来，特别是“十一五”以来，在我国政府的大力支持下，生态农业相关技术研究取得较大进展，支撑了我国农业生态建设与环境保护。在政府扶植、农业技术不断革新以及食品安全意识逐渐提升的背景下，以环保、生态为主要特征的新农业已经成为创业投资界的“新宠”。2014年的中央一号文件强调，“努力走出一条生产技术先进、经营规模适度、市场竞争力强、生态环境可持续的中国特色新型农业现代化道路”，“促进生态友好型农业发展”。我们应进一步认识农业发展的规律与趋势，积极迎接新的农业产业革命，发展生态友好型农业，进而谋划现代生态农业建设。

林业是循环经济、绿色经济和低碳经济的复合体，在国家生态安全、粮食安全、新能源战略、绿色增长、应对气候变化和区域协调发展中均具有重要战略地位。自2001年以来，我国林业产业总产值的平均增速达到22.88%，2013年，全国林业产业总产值达4.46万亿元。近年来，中央投资补助涉及林木种苗、造林、森林抚育经营、生态补偿、林业机具等林业生态建设的各个生产环节，全国每年以9000万亩的造林计划任务大规模推进，收效显著。随着人们对林业地位和作用认识的不断深化，以及人类社会对林业功能需求的多样化，我国林业正在发生由以木材生产为主向以生态建设为主的“五大”历史性转变，即由传统林业向现代林业的转变。“十二五”是发展现代林业、建设生态文明、推动科学发展的关键时期，加快林业科技发展，提高科技支撑能力，对更好地完善林业体系建设、凸显林业地位、履行林业使命、发挥林业功能，有着特殊重要的意义。

新中国成立以来，我国畜牧业的生产规模不断扩大，综合生产能力稳步提高。畜牧业为改善我国居民的膳食结构和营养水平、增加农民收入、促进农村劳动力就业做出了重大贡献。畜牧业持续稳定发展，为经济社会平稳健康发展和生态文明建设提供了重要支撑。当前，我国畜牧业正处于转型升级的关键时期，保障畜产品有效供给、确保畜产品质量安全、维护草原生态安全面临新的任务和要求。新形势下加快推进现代畜牧业建设，必须坚持稳中求进，保持政策的稳定性与连续性，推动可持续发展。2013年9月24日国家发改委公布了《全国牛羊肉生产发展规划》（2013-2020年）。规划提出，到2020年，全国牛羊肉总产量达1304万吨，其中，牛肉产量达786万吨。

改革开放以来，我国渔业发展迅速，水产品产量连续二十多年位居世界第一。近年来，中国海洋渔业生产总体稳定，海水养殖产量稳步增长，远洋渔业综合实力不断增强，是仅次于滨海旅游业和海洋交通运输业的第三大海洋产业。2012年11月6日我国再次公布国务院就上海、广东、海南3省市海洋功能区划的批复。至此，覆盖我国全部11个沿海省（区、市）的地方海洋功能区划已悉数出台。在各类支持海洋经济发展的政策实施下，坐拥1.8万公里海岸线的沿海11个省（区、市）的海洋经济规模不断扩大，对相关渔业开发等行业构成利好。如今海洋功能区划获批，发展海洋经济在“十二五”期间将被摆上更加重要的位置，加快现代渔业建设，已成为国家发展现代产业体系的重要内容之一。2013年我国发布《国务院关于促进海洋渔业持续健康发展的若干意见》提出：到2015年，海水产品产量稳定在3000万吨左右，海水养殖面积稳定在220万公顷左右，其中海上养殖面积控制在115万公顷以内。

我国农林牧渔行业相关政府管理机构主要有：中华人民共和国农业部、中华人民共和国国家林业局、中国畜牧业协会、中国渔业协会。中华人民共和国农业部为中华人民共和国国务院主管农业与农村经济发展的组成部门，也是中华人民共和国成立最早，并一直保留至今的政府部门之一。中华人民共和国国家林业局是根据《国务院关于机构设置的通知》（国发[2008]11号）设立的，为国务院直属机构，设11个内设机构，主要职责之一为：负责全国林业及其生态建设的监督管理；中国畜牧业协会是由从事畜牧业及相关行业的企业、事业单位和个人组成的全国性行业联合组织，是具有独立法人资格的非营利性的国家5A级社会组织；中国渔业协会是经中华人民共和国民政部批准注册登记的全国性渔业行业社团组织，是渔业生产、经营、加工、机械制造及相关企业与科研、院校、地方社团自愿结成的非营利性的具有法人资格的全国性社会团体。

2014年，农林牧渔业相关企业将迎来政策利好。农业部网站发布2014年国家深化农村改革、支持粮食生产、促进农民增收的50条政策措施有望提振整个农林牧渔业。农业部提出多条措施支持龙头种业上市公司发展，包括良种补贴政策、做大做强育繁推一体化种子企业支持政策等。丰乐种业、登海种业、敦煌种业、隆平高科、神农大丰等公司将受益；畜禽养殖方面，提出畜牧标准化规模养殖扶持政策、生猪大县奖励政策等多项措施，相关龙头受益企业有罗牛山、益生股份、雏鹰农牧、新五丰、大康牧业等；经国家发改委批准，农产品质量安全追溯体系建设正式纳入《全国农产品质量安全检验检测体系建设规划（2011年至2015年）》，总投资4985万元，航天信息、远望谷、新大陆、华宇软件、中瑞思创、达华智能等企业将分食政策蛋糕。

“十二五”期间，农业产业中渔业、畜牧业、林业、农垦业都将迎来长期发展利好，行业规模将持续扩大，其中部分企业将以上市为目标，所以在产业链方面更加注重成本因素。而农林牧渔服务业能够有效缓解企业在产业链简化中的成本困扰。以当前的市场发展潜力来看，未来我国的农林牧渔服务行业发展将趋于资源整合，行业发展更加健全。

本文由中投顾问供稿

二、行业法规

中华人民共和国农业法

（1993年7月2日第八届全国人民代表大会常务委员会第二次会议通过　2002年12月28日第九届全国人民代表大会常务委员会第三十一次会议修订　根据2009年8月27日第十一届全国人民代表大会常务委员会第十次会议《关于修改部分法律的决定》第一次修正　根据2012年12月28日第十一届全国人民代表大会常务委员会第三十次会议《关于修改〈中华人民共和国农业法〉的决定》第二次修正）

第一章　总则

第一条　为了巩固和加强农业在国民经济中的基础地位，深化农村改革，发展农业生产力，推进农业现代化，维护农民和农业生产经营组织的合法权益，增加农民收入，提高农民科学文化素质，促进农业和农村经济的持续、稳定、健康发展，实现全面建设小康社会的目标，制定本法。

第二条　本法所称农业，是指种植业、林业、畜牧业和渔业等产业，包括与其直接相关的产前、产中、产后服务。本法所称农业生产经营组织，是指农村集体经济组织、农民专业合作经济组织、农业企业和其他从事农业生产经营的组织。

本法所称农业生产经营组织，是指农村集体经济组织、农民专业合作经济组织、农业企业和其他从事农业生产经营的组织。

第三条　国家把农业放在发展国民经济的首位。农业和农村经济发展的基本目标是:建立适应发展社会主义市场经济要求的农村经济体制，不断解放和发展农村生产力，提高农业的整体素质和效益，确保农产品供应和质量，满足国民经济发展和人口增长、生活改善的需求，提高农民的收入和生活水平，促进农村富余劳动力向非农产业和城镇转移，缩小城乡差别和区域差别，建设富裕、民主、文明的社会主义新农村，逐步实现农业和农村现代化。

第四条　国家采取措施，保障农业更好地发挥在提供食物、工业原料和其他农产品，维护和改善生态环境，促进农村经济社会发展等多方面的作用。

第五条　国家坚持和完善公有制为主体、多种所有制经济共同发展的基本经济制度，振兴农村经济。国家长期稳定农村以家庭承包经营为基础、统分结合的双层经营体制，发展社会化服务体系，壮大集体经济实力，引导农民走共同富裕的道路。国家在农村坚持和完善以按劳分配为主体、多种分配方式并存的分配制度。

第六条　国家坚持科教兴农和农业可持续发展的方针。国家采取措施加强农业和农村基础设施建设，调整、优化农业和农村经济结构，推进农业产业化经营，发展农业科技、教育事业，保护农业生态环境，促进农业机械化和信息化，提高农业综合生产能力。

第七条　国家保护农民和农业生产经营组织的财产及其他合法权益不受侵犯。各级人民政府及其有关部门应当采取措施增加农民收入，切实减轻农民负担。

第八条　全社会应当高度重视农业，支持农业发展。国家对发展农业和农村经济有显著成绩的单位和个人，给予奖励。

第九条　各级人民政府对农业和农村经济发展工作统一负责，组织各有关部门和全社会做好发展农业和为发展农业服务的各项工作。国务院农业行政主管部门主管全国农业和农村经济发展工作，国务院林业行政主管部门和其他有关部门在各自的职责范围内，负责有关的农业和农村经济发展工作。县级以上地方人民政府各农业行政主管部门负责本行政区域内的种植业、畜牧业、渔业等农业和农村经济发展工作，林业行政主管部门负责本行政区域内的林业工作。县级以上地方人民政府其他有关部门在各自的职责范围内，负责本行政区域内有关的为农业生产经营服务的工作。

第二章 农业生产经营体制

第十条 国家实行农村土地承包经营制度，依法保障农村土地承包关系的长期稳定，保护农民对承包土地的使用权。农村土地承包经营的方式、期限、发包方和承包方的权利义务、土地承包经营权的保护和流转等，适用《中华人民共和国土地管理法》和《中华人民共和国农村土地承包法》。农村集体经济组织应当在家庭承包经营的基础上，依法管理集体资产，为其成员提供生产、技术、信息等服务，组织合理开发、利用集体资源，壮大经济实力。

第十一条 国家鼓励农民在家庭承包经营的基础上自愿组成各类专业合作经济组织。农民专业合作经济组织应当坚持为成员服务的宗旨，按照加入自愿、退出自由、民主管理、盈余返还的原则，依法在其章程规定的范围内开展农业生产经营和服务活动。农民专业合作经济组织可以有多种形式，依法成立、依法登记。任何组织和个人不得侵犯农民专业合作经济组织的财产和经营自主权。

第十二条 农民和农业生产经营组织可以自愿按照民主管理、按劳分配和按股分红相结合的原则，以资金、技术、实物等入股，依法兴办各类企业。

第十三条 国家采取措施发展多种形式的农业产业化经营，鼓励和支持农民和农业生产经营组织发展生产、加工、销售一体化经营。国家引导和支持从事农产品生产、加工、流通服务的企业、科研单位和其他组织，通过与农民或者农民专业合作经济组织订立合同或者建立各类企业等形式，形成收益共享、风险共担的利益共同体，推进农业产业化经营，带动农业发展。

第十四条 农民和农业生产经营组织可以按照法律、行政法规成立各种农产品行业协会，为成员提供生产、营销、信息、技术、培训等服务，发挥协调和自律作用，提出农产品贸易救济措施的申请，维护成员和行业的利益。

第三章 农业生产

第十五条 县级以上人民政府根据国民经济和社会发展的中长期规划、农业和农村经济发展的基本目标和农业资源区划，制定农业发展规划。省级以上人民政府农业行政主管部门根据农业发展规划，采取措施发挥区域优势，促进形成合理的农业生产区域布局，指导和协调农业和农村经济结构调整。

第十六条 国家引导和支持农民和农业生产经营组织结合本地实际按照市场需求，调整和优化农业生产结构，协调发展种植业、林业、畜牧业和渔业，发展优质、高产、高效益的农业，提高农产品国际竞争力。种植业以优化品种、提高质量、增加效益为中心，调整作物结构、品种结构和品质结构。加强林业生态建设，实施天然林保护、退耕还林和防沙治沙工程，加强防护林体系建设，加速营造速生丰产林、工业原料林和薪炭林。加强草原保护和建设，加快发展畜牧业，推广圈养和舍饲，改良畜禽品种，积极发展饲料工业和畜禽产品加工业。渔业生产应当保护和合理利用渔业资源，调整捕捞结构，积极发展水产养殖业、远洋渔业和水产品加工业。县级以上人民政府应当制定政策，安排资金，引导和支持农业结构调整。

第十七条　各级人民政府应当采取措施，加强农业综合开发和农田水利、农业生态环境保护、乡村道路、农村能源和电网、农产品仓储和流通、渔港、草原围栏、动植物原种良种基地等农业和农村基础设施建设，改善农业生产条件，保护和提高农业综合生产能力。

第十八条　国家扶持动植物品种的选育、生产、更新和良种的推广使用，鼓励品种选育和生产、经营相结合，实施种子工程和畜禽良种工程。国务院和省、自治区、直辖市人民政府设立专项资金，用于扶持动植物良种的选育和推广工作。

第十九条　各级人民政府和农业生产经营组织应当加强农田水利设施建设，建立健全农田水利设施的管理制度，节约用水，发展节水型农业，严格依法控制非农业建设占用灌溉水源，禁止任何组织和个人非法占用或者毁损农田水利设施。国家对缺水地区发展节水型农业给予重点扶持。

第二十条　国家鼓励和支持农民和农业生产经营组织使用先进、适用的农业机械，加强农业机械安全管理，提高农业机械化水平。国家对农民和农业生产经营组织购买先进农业机械给予扶持。

第二十一条　各级人民政府应当支持为农业服务的气象事业的发展，提高对气象灾害的监测和预报水平。

第二十二条　国家采取措施提高农产品的质量，建立健全农产品质量标准体系和质量检验检测监督体系，按照有关技术规范、操作规程和质量卫生安全标准，组织农产品的生产经营，保障农产品质量安全。

第二十三条　国家支持依法建立健全优质农产品认证和标志制度。国家鼓励和扶持发展优质农产品生产。县级以上地方人民政府应当结合本地情况，按照国家有关规定采取措施，发展优质农产品生产。符合国家规定标准的优质农产品可以依照法律或者行政法规的规定申请使用有关的标志。符合规定产地及生产规范要求的农产品可以依照有关法律或者行政法规的规定申请使用农产品地理标志。

第二十四条　国家实行动植物防疫、检疫制度，健全动植物防疫、检疫体系，加强对动物疫病和植物病、虫、杂草、鼠害的监测、预警、防治，建立重大动物疫情和植物病虫害的快速扑灭机制，建设动物无规定疫病区，实施植物保护工程。

第二十五条　农药、兽药、饲料和饲料添加剂、肥料、种子、农业机械等可能危害人畜安全的农业生产资料的生产经营，依照相关法律、行政法规的规定实行登记或者许可制度。各级人民政府应当建立健全农业生产资料的安全使用制度，农民和农业生产经营组织不得使用国家明令淘汰和禁止使用的农药、兽药、饲料添加剂等农业生产资料和其他禁止使用的产品。农业生产资料的生产者、销售者应当对其生产、销售的产品的质量负责，禁止以次充好、以假充真、以不合格的产品冒充合格的产品；禁止生产和销售国家明令淘汰的农药、兽药、饲料添加剂、农业机械等农业生产资料。

第四章　农产品流通与加工

第二十六条　农产品的购销实行市场调节。国家对关系国计民生的重要农产品的购销活动实行必要的宏观调控，建立中央和地方分级储备调节制度，完善仓储运输体系，做到保证供应，稳定市场。

第二十七条　国家逐步建立统一、开放、竞争、有序的农产品市场体系，制定农产品批发市场发展规划。对农村集体经济组织和农民专业合作经济组织建立农产品批发市场和农产品集贸市场，国家给予扶持。县级以上人民政府工商行政管理部门和其他有关部门按照各自的职责，依法管理农产品批发市场，规范交易秩序，防止地方保护与不正当竞争。

第二十八条　国家鼓励和支持发展多种形式的农产品流通活动。支持农民和农民专业合作经济组织按照国家有关规定从事农产品收购、批发、贮藏、运输、零售和中介活动。鼓励供销合作社和其他从事农产品购销的农业生产经营组织提供市场信息，开拓农产品流通渠道，为农产品销售服务。县级以上人民政府应当采取措施，督促有关部门保障农产品运输畅通，降低农产品流通成本。有关行政管理部门应当简化手续，方便鲜活农产品的运输，除法律、行政法规另有规定外，不得扣押鲜活农产品的运输工具。

第二十九条 国家支持发展农产品加工业和食品工业，增加农产品的附加值。县级以上人民政府应当制定农产品加工业和食品工业发展规划，引导农产品加工企业形成合理的区域布局和规模结构，扶持农民专业合作经济组织和乡镇企业从事农产品加工和综合开发利用。国家建立健全农产品加工制品质量标准，完善检测手段，加强农产品加工过程中的质量安全管理和监督，保障食品安全。

第三十条 国家鼓励发展农产品进出口贸易。国家采取加强国际市场研究、提供信息和营销服务等措施，促进农产品出口。为维护农产品产销秩序和公平贸易，建立农产品进口预警制度，当某些进口农产品已经或者可能对国内相关农产品的生产造成重大的不利影响时，国家可以采取必要的措施。

第五章 粮食安全

第三十一条 国家采取措施保护和提高粮食综合生产能力，稳步提高粮食生产水平，保障粮食安全。国家建立耕地保护制度，对基本农田依法实行特殊保护。

第三十二条 国家在政策、资金、技术等方面对粮食主产区给予重点扶持，建设稳定的商品粮生产基地，改善粮食收贮及加工设施，提高粮食主产区的粮食生产、加工水平和经济效益。国家支持粮食主产区与主销区建立稳定的购销合作关系。

第三十三条 在粮食的市场价格过低时，国务院可以决定对部分粮食品种实行保护价制度。保护价应当根据有利于保护农民利益、稳定粮食生产的原则确定。农民按保护价制度出售粮食，国家委托的收购单位不得拒收。县级以上人民政府应当组织财政、金融等部门以及国家委托的收购单位及时筹足粮食收购资金，任何部门、单位或者个人不得截留或者挪用。

第三十四条 国家建立粮食安全预警制度，采取措施保障粮食供给。国务院应当制定粮食安全保障目标与粮食储备数量指标，并根据需要组织有关主管部门进行耕地、粮食库存情况的核查。国家对粮食实行中央和地方分级储备调节制度，建设仓储运输体系。承担国家粮食储备任务的企业应当按照国家规定保证储备粮的数量和质量。

第三十五条 国家建立粮食风险基金，用于支持粮食储备、稳定粮食市场和保护农民利益。

第三十六条 国家提倡珍惜和节约粮食，并采取措施改善人民的食物营养结构。

第六章 农业投入与支持保护

第三十七条 国家建立和完善农业支持保护体系，采取财政投入、税收优惠、金融支持等措施，从资金投入、科研与技术推广、教育培训、农业生产资料供应、市场信息、质量标准、检验检疫、社会化服务以及灾害救助等方面扶持农民和农业生产经营组织发展农业生产，提高农民的收入水平。在不与我国缔结或加入的有关国际条约相抵触的情况下，国家对农民实施收入支持政策，具体办法由国务院制定。

第三十八条 国家逐步提高农业投入的总体水平。中央和县级以上地方财政每年对农业总投入的增长幅度应当高于其财政经常性收入的增长幅度。各级人民政府在财政预算内安排的各项用于农业的资金应当主要用于:加强农业基础设施建设；支持农业结构调整，促进农业产业化经营；保护粮食综合生产能力，保障国家粮食安全；健全动植物检疫、防疫体系，加强动物疫病和植物病、虫、杂草、鼠害防治；建立健全农产品质量标准和检验检测监督体系、农产品市场及信息服务体系；支持农业科研教育、农业技术推广和农民培训；加强农业生态环境保护建设；扶持贫困地区发展；保障农民收入水平等。县级以上各级财政用于种植业、林业、畜牧业、渔业、农田水利的农业基本建设投入应当统筹安排，协调增长。国家为加快西部开发，增加对西部地区农业发展和生态环境保护的投入。

第三十九条　县级以上人民政府每年财政预算内安排的各项用于农业的资金应当及时足额拨付。各级人民政府应当加强对国家各项农业资金分配、使用过程的监督管理，保证资金安全，提高资金的使用效率。任何单位和个人不得截留、挪用用于农业的财政资金和信贷资金。审计机关应当依法加强对用于农业的财政和信贷等资金的审计监督。

第四十条　国家运用税收、价格、信贷等手段，鼓励和引导农民和农业生产经营组织增加农业生产经营性投入和小型农田水利等基本建设投入。国家鼓励和支持农民和农业生产经营组织在自愿的基础上依法采取多种形式，筹集农业资金。

第四十一条　国家鼓励社会资金投向农业，鼓励企业事业单位、社会团体和个人捐资设立各种农业建设和农业科技、教育基金。国家采取措施，促进农业扩大利用外资。

第四十二条　各级人民政府应当鼓励和支持企业事业单位及其他各类经济组织开展农业信息服务。县级以上人民政府农业行政主管部门及其他有关部门应当建立农业信息搜集、整理和发布制度，及时向农民和农业生产经营组织提供市场信息等服务。

第四十三条　国家鼓励和扶持农用工业的发展。国家采取税收、信贷等手段鼓励和扶持农业生产资料的生产和贸易，为农业生产稳定增长提供物质保障。国家采取宏观调控措施，使化肥、农药、农用薄膜、农业机械和农用柴油等主要农业生产资料和农产品之间保持合理的比价。

第四十四条　国家鼓励供销合作社、农村集体经济组织、农民专业合作经济组织、其他组织和个人发展多种形式的农业生产产前、产中、产后的社会化服务事业。县级以上人民政府及其各有关部门应当采取措施对农业社会化服务事业给予支持。对跨地区从事农业社会化服务的，农业、工商管理、交通运输、公安等有关部门应当采取措施给予支持。

第四十五条　国家建立健全农村金融体系，加强农村信用制度建设，加强农村金融监管。有关金融机构应当采取措施增加信贷投入，改善农村金融服务，对农民和农业生产经营组织的农业生产经营活动提供信贷支持。农村信用合作社应当坚持为农业、农民和农村经济发展服务的宗旨，优先为当地农民的生产经营活动提供信贷服务。国家通过贴息等措施，鼓励金融机构向农民和农业生产经营组织的农业生产经营活动提供贷款。

第四十六条　国家建立和完善农业保险制度。国家逐步建立和完善政策性农业保险制度。鼓励和扶持农民和农业生产经营组织建立为农业生产经营活动服务的互助合作保险组织，鼓励商业性保险公司开展农业保险业务。农业保险实行自愿原则。任何组织和个人不得强制农民和农业生产经营组织参加农业保险。

第四十七条　各级人民政府应当采取措施，提高农业防御自然灾害的能力，做好防灾、抗灾和救灾工作，帮助灾民恢复生产，组织生产自救，开展社会互助互济；对没有基本生活保障的灾民给予救济和扶持。

第七章　农业科技与农业教育

第四十八条　国务院和省级人民政府应当制定农业科技、农业教育发展规划，发展农业科技、教育事业。县级以上人民政府应当按照国家有关规定逐步增加农业科技经费和农业教育经费。国家鼓励、吸引企业等社会力量增加农业科技投入，鼓励农民、农业生产经营组织、企业事业单位等依法举办农业科技、教育事业。

第四十九条 国家保护植物新品种、农产品地理标志等知识产权，鼓励和引导农业科研、教育单位加强农业科学技术的基础研究和应用研究，传播和普及农业科学技术知识，加速科技成果转化与产业化，促进农业科学技术进步。国务院有关部门应当组织农业重大关键技术的科技攻关。国家采取措施促进国际农业科技、教育合作与交流，鼓励引进国外先进技术。

第五十条 国家扶持农业技术推广事业，建立政府扶持和市场引导相结合，有偿与无偿服务相结合，国家农业技术推广机构和社会力量相结合的农业技术推广体系，促使先进的农业技术尽快应用于农业生产。

第五十一条 国家设立的农业技术推广机构应当以农业技术试验示范基地为依托，承担公共所需的关键性技术的推广和示范等公益性职责，为农民和农业生产经营组织提供无偿农业技术服务。县级以上人民政府应当根据农业生产发展需要，稳定和加强农业技术推广队伍，保障农业技术推广机构的工作经费。各级人民政府应当采取措施，按照国家规定保障和改善从事农业技术推广工作的专业科技人员的工作条件、工资待遇和生活条件，鼓励他们为农业服务。

第五十二条 农业科研单位、有关学校、农民专业合作社、涉农企业、群众性科技组织及有关科技人员，根据农民和农业生产经营组织的需要，可以提供无偿服务，也可以通过技术转让、技术服务、技术承包、技术咨询和技术入股等形式，提供有偿服务，取得合法收益。农业科研单位、有关学校、农民专业合作社、涉农企业、群众性科技组织及有关科技人员应当提高服务水平，保证服务质量。对农业科研单位、有关学校、农业技术推广机构举办的为农业服务的企业，国家在税收、信贷等方面给予优惠。国家鼓励和支持农民、供销合作社、其他企业事业单位等参与农业技术推广工作。

第五十三条 国家建立农业专业技术人员继续教育制度。县级以上人民政府农业行政主管部门会同教育、人事等有关部门制定农业专业技术人员继续教育计划，并组织实施。

第五十四条 国家在农村依法实施义务教育，并保障义务教育经费。国家在农村举办的普通中小学校教职工工资由县级人民政府按照国家规定统一发放，校舍等教学设施的建设和维护经费由县级人民政府按照国家规定统一安排。

第五十五条 国家发展农业职业教育。国务院有关部门按照国家职业资格证书制度的统一规定，开展农业行业的职业分类、职业技能鉴定工作，管理农业行业的职业资格证书。

第五十六条 国家采取措施鼓励农民采用先进的农业技术，支持农民举办各种科技组织，开展农业实用技术培训、农民绿色证书培训和其他就业培训，提高农民的文化技术素质。

第八章 农业资源与农业环境保护

第五十七条 发展农业和农村经济必须合理利用和保护土地、水、森林、草原、野生动植物等自然资源，合理开发和利用水能、沼气、太阳能、风能等可再生能源和清洁能源，发展生态农业，保护和改善生态环境。县级以上人民政府应当制定农业资源区划或者农业资源合理利用和保护的区划，建立农业资源监测制度。

第五十八条 农民和农业生产经营组织应当保养耕地，合理使用化肥、农药、农用薄膜，增加使用有机肥料，采用先进技术，保护和提高地力，防止农用地的污染、破坏和地力衰退。县级以上人民政府农业行政主管部门应当采取措施，支持农民和农业生产经营组织加强耕地质量建设，并对耕地质量进行定期监测。

第五十九条 各级人民政府应当采取措施，加强小流域综合治理，预防和治理水土流失。从事可能引起水土流失的生产建设活动的单位和个人，必须采取预防措施，并负责治理因生产建设活动造成的水土流失。各级人民政府应当采取措施，预防土地沙化，治理沙化土地。国务院和沙化土地所在地区的县级以上地方人民政府应当按照法律规定制定防沙治沙规划，并组织实施。

第六十条 国家实行全民义务植树制度。各级人民政府应当采取措施，组织群众植树造林，保护林地和林木，预防森林火灾，防治森林病虫害，制止滥伐、盗伐林木，提高森林覆盖率。国家在天然林保护区域实行禁伐或者限伐制度，加强造林护林。

第六十一条 有关地方人民政府，应当加强草原的保护、建设和管理，指导、组织农（牧）民和农（牧）业生产经营组织建设人工草场、饲草饲料基地和改良天然草原，实行以草定畜，控制载畜量，推行划区轮牧、休牧和禁牧制度，保护草原植被，防止草原退化沙化和盐渍化。

第六十二条 禁止毁林毁草开垦、烧山开垦以及开垦国家禁止开垦的陡坡地，已经开垦的应当逐步退耕还林、还草。禁止围湖造田以及围垦国家禁止围垦的湿地。已经围垦的，应当逐步退耕还湖、还湿地。对在国务院批准规划范围内实施退耕的农民，应当按照国家规定予以补助。

第六十三条 各级人民政府应当采取措施，依法执行捕捞限额和禁渔、休渔制度，增殖渔业资源，保护渔业水域生态环境。国家引导、支持从事捕捞业的农（渔）民和农（渔）业生产经营组织从事水产养殖业或者其他职业，对根据当地人民政府统一规划转产转业的农（渔）民，应当按照国家规定予以补助。

第六十四条 国家建立与农业生产有关的生物物种资源保护制度，保护生物多样性，对稀有、濒危、珍贵生物资源及其原生地实行重点保护。从境外引进生物物种资源应当依法进行登记或者审批，并采取相应安全控制措施。农业转基因生物的研究、试验、生产、加工、经营及其他应用，必须依照国家规定严格实行各项安全控制措施。

第六十五条 各级农业行政主管部门应当引导农民和农业生产经营组织采取生物措施或者使用高效低毒低残留农药、兽药，防治动植物病、虫、杂草、鼠害。农产品采收后的秸秆及其他剩余物质应当综合利用，妥善处理，防止造成环境污染和生态破坏。从事畜禽等动物规模养殖的单位和个人应当对粪便、废水及其他废弃物进行无害化处理或者综合利用，从事水产养殖的单位和个人应当合理投饵、施肥、使用药物，防止造成环境污染和生态破坏。

第六十六条 县级以上人民政府应当采取措施，督促有关单位进行治理，防治废水、废气和固体废弃物对农业生态环境的污染。排放废水、废气和固体废弃物造成农业生态环境污染事故的，由环境保护行政主管部门或者农业行政主管部门依法调查处理；给农民和农业生产经营组织造成损失的，有关责任者应当依法赔偿。

第九章 农民权益保护

第六十七条 任何机关或者单位向农民或者农业生产经营组织收取行政、事业性费用必须依据法律、法规的规定。收费的项目、范围和标准应当公布。没有法律、法规依据的收费，农民和农业生产经营组织有权拒绝。任何机关或者单位对农民或者农业生产经营组织进行罚款处罚必须依据法律、法规、规章的规定。没有法律、法规、规章依据的罚款，农民和农业生产经营组织有权拒绝。任何机关或者单位不得以任何方式向农民或者农业生产经营组织进行摊派。除法律、法规另有规定外，任何机关或者单位以任何方式要求农民或者农业生产经营组织提供人力、财力、物力的，属于摊派。农民和农业生产经营组织有权拒绝任何方式的摊派。

第六十八条 各级人民政府及其有关部门和所属单位不得以任何方式向农民或者农业生产经营组织集

资。没有法律、法规依据或者未经国务院批准，任何机关或者单位不得在农村进行任何形式的达标、升级、验收活动。

第六十九条　农民和农业生产经营组织依照法律、行政法规的规定承担纳税义务。税务机关及代扣、代收税款的单位应当依法征税，不得违法摊派税款及以其他违法方法征税。

第七十条　农村义务教育除按国务院规定收取的费用外，不得向农民和学生收取其他费用。禁止任何机关或者单位通过农村中小学校向农民收费。

第七十一条　国家依法征收农民集体所有的土地，应当保护农民和农村集体经济组织的合法权益，依法给予农民和农村集体经济组织征地补偿，任何单位和个人不得截留、挪用征地补偿费用。

第七十二条　各级人民政府、农村集体经济组织或者村民委员会在农业和农村经济结构调整、农业产业化经营和土地承包经营权流转等过程中，不得侵犯农民的土地承包经营权，不得干涉农民自主安排的生产经营项目，不得强迫农民购买指定的生产资料或者按指定的渠道销售农产品。

第七十三条　农村集体经济组织或者村民委员会为发展生产或者兴办公益事业，需要向其成员（村民）筹资筹劳的，应当经成员（村民）会议或者成员（村民）代表会议过半数通过后，方可进行。农村集体经济组织或者村民委员会依照前款规定筹资筹劳的，不得超过省级以上人民政府规定的上限控制标准，禁止强行以资代劳。农村集体经济组织和村民委员会对涉及农民利益的重要事项，应当向农民公开，并定期公布财务账目，接受农民的监督。

第七十四条　任何单位和个人向农民或者农业生产经营组织提供生产、技术、信息、文化、保险等有偿服务，必须坚持自愿原则，不得强迫农民和农业生产经营组织接受服务。

第七十五条　农产品收购单位在收购农产品时，不得压级压价，不得在支付的价款中扣缴任何费用。法律、行政法规规定代扣、代收税款的，依照法律、行政法规的规定办理。农产品收购单位与农产品销售者因农产品的质量等级发生争议的，可以委托具有法定资质的农产品质量检验机构检验。

第七十六条　农业生产资料使用者因生产资料质量问题遭受损失的，出售该生产资料的经营者应当予以赔偿，赔偿额包括购货价款、有关费用和可得利益损失。

第七十七条　农民或者农业生产经营组织为维护自身的合法权益，有向各级人民政府及其有关部门反映情况和提出合法要求的权利，人民政府及其有关部门对农民或者农业生产经营组织提出的合理要求，应当按照国家规定及时给予答复。

第七十八条　违反法律规定，侵犯农民权益的，农民或者农业生产经营组织可以依法申请行政复议或者向人民法院提起诉讼，有关人民政府及其有关部门或者人民法院应当依法受理。人民法院和司法行政主管机关应当依照有关规定为农民提供法律援助。

第十章　农村经济发展

第七十九条　国家坚持城乡协调发展的方针，扶持农村第二、第三产业发展，调整和优化农村经济结构，增加农民收入，促进农村经济全面发展，逐步缩小城乡差别。

第八十条　各级人民政府应当采取措施，发展乡镇企业，支持农业的发展，转移富余的农业劳动力。国家完善乡镇企业发展的支持措施，引导乡镇企业优化结构，更新技术，提高素质。

第八十一条　县级以上地方人民政府应当根据当地的经济发展水平、区位优势和资源条件，按照合理布局、科学规划、节约用地的原则，有重点地推进农村小城镇建设。地方各级人民政府应当注重运用市场机制，完善相应政策，吸引农民和社会资金投资小城镇开发建设，发展第二、第三产业，引导乡镇企业相对集中发展。

第八十二条　国家采取措施引导农村富余劳动力在城乡、地区间合理有序流动。地方各级人民政府依法保护进入城镇就业的农村劳动力的合法权益，不得设置不合理限制，已经设置的应当取消。

第八十三条　国家逐步完善农村社会救济制度，保障农村五保户、贫困残疾农民、贫困老年农民和其他丧失劳动能力的农民的基本生活。

第八十四条　国家鼓励、支持农民巩固和发展农村合作医疗和其他医疗保障形式，提高农民健康水平。

第八十五条　国家扶持贫困地区改善经济发展条件，帮助进行经济开发。省级人民政府根据国家关于扶持贫困地区的总体目标和要求，制定扶贫开发规划，并组织实施。各级人民政府应当坚持开发式扶贫方针，组织贫困地区的农民和农业生产经营组织合理使用扶贫资金，依靠自身力量改变贫穷落后面貌，引导贫困地区的农民调整经济结构、开发当地资源。扶贫开发应当坚持与资源保护、生态建设相结合，促进贫困地区经济、社会的协调发展和全面进步。

第八十六条　中央和省级财政应当把扶贫开发投入列入年度财政预算，并逐年增加，加大对贫困地区的财政转移支付和建设资金投入。国家鼓励和扶持金融机构、其他企业事业单位和个人投入资金支持贫困地区开发建设。禁止任何单位和个人截留、挪用扶贫资金。审计机关应当加强扶贫资金的审计监督。

第十一章　执法监督

第八十七条　县级以上人民政府应当采取措施逐步完善适应社会主义市场经济发展要求的农业行政管理体制。县级以上人民政府农业行政主管部门和有关行政主管部门应当加强规划、指导、管理、协调、监督、服务职责，依法行政，公正执法。县级以上地方人民政府农业行政主管部门应当在其职责范围内健全行政执法队伍，实行综合执法，提高执法效率和水平。

第八十八条　县级以上人民政府农业行政主管部门及其执法人员履行执法监督检查职责时，有权采取下列措施:

（一）要求被检查单位或者个人说明情况，提供有关文件、证照、资料;

（二）责令被检查单位或者个人停止违反本法的行为，履行法定义务。

农业行政执法人员在履行监督检查职责时，应当向被检查单位或者个人出示行政执法证件，遵守执法程序。有关单位或者个人应当配合农业行政执法人员依法执行职务，不得拒绝和阻碍。

第八十九条　农业行政主管部门与农业生产、经营单位必须在机构、人员、财务上彻底分离。农业行政主管部门及其工作人员不得参与和从事农业生产经营活动。

第十二章　法律责任

第九十条　违反本法规定，侵害农民和农业生产经营组织的土地承包经营权等财产权或者其他合法权益的，应当停止侵害，恢复原状；造成损失、损害的，依法承担赔偿责任。国家工作人员利用职务便利或者以其他名义侵害农民和农业生产经营组织的合法权益的，应当赔偿损失，并由其所在单位或者上级主管机关给予行政处分。

第九十一条　违反本法第十九条、第二十五条、第六十二条、第七十一条规定的，依照相关法律或者行政法规的规定予以处罚。

第九十二条　有下列行为之一的，由上级主管机关责令限期归还被截留、挪用的资金，没收非法所得，并由上级主管机关或者所在单位给予直接负责的主管人员和其他直接责任人员行政处分；构成犯罪的，依法追究刑事责任：

（一）违反本法第三十三条第三款规定，截留、挪用粮食收购资金的；

（二）违反本法第三十九条第二款规定，截留、挪用用于农业的财政资金和信贷资金的；

（三）违反本法第八十六条第三款规定，截留、挪用扶贫资金的。

第九十三条　违反本法第六十七条规定，向农民或者农业生产经营组织违法收费、罚款、摊派的，上级主管机关应当予以制止，并予公告；已经收取钱款或者已经使用人力、物力的，由上级主管机关责令限期归还已经收取的钱款或者折价偿还已经使用的人力、物力，并由上级主管机关或者所在单位给予直接负责的主管人员和其他直接责任人员行政处分；情节严重，构成犯罪的，依法追究刑事责任。

第九十四条　有下列行为之一的，由上级主管机关责令停止违法行为，并给予直接负责的主管人员和其他直接责任人员行政处分，责令退还违法收取的集资款、税款或者费用：

（一）违反本法第六十八条规定，非法在农村进行集资、达标、升级、验收活动的；

（二）违反本法第六十九条规定，以违法方法向农民征税的；

（三）违反本法第七十条规定，通过农村中小学校向农民超额、超项目收费的。

第九十五条　违反本法第七十三条第二款规定，强迫农民以资代劳的，由乡（镇）人民政府责令改正，并退还违法收取的资金。

第九十六条　违反本法第七十四条规定，强迫农民和农业生产经营组织接受有偿服务的，由有关人民政府责令改正，并返还其违法收取的费用；情节严重的，给予直接负责的主管人员和其他直接责任人员行政处分；造成农民和农业生产经营组织损失的，依法承担赔偿责任。

第九十七条　县级以上人民政府农业行政主管部门的工作人员违反本法规定参与和从事农业生产经营活动的，依法给予行政处分；构成犯罪的，依法追究刑事责任。

第十三章　附则

第九十八条　本法有关农民的规定，适用于国有农场、牧场、林场、渔场等企业事业单位实行承包经营的职工。

第九十九条　本法自2003年3月1日起施行。

中华人民共和国森林法（修正）

(1984年9月20日第六届全国人民代表大会常务委员会第七次会议通过 1984年9月20日 中华人民共和国主席令第十七号公布 根据1998年4月29日第九届全国人民代表大会常务委员会第二次会议《关于修改<中华人民共和国森林法>的决定》第一次修正 根据2009年8月27日第十一届全国人民代表大会常务委员会第十次会议《关于修改部分法律的决定》第二次修正)

第一章 总则

第一条 为了保护、培育和合理利用森林资源，加快国土绿化，发挥森林蓄水保土、调节气候、改善环境和提供林产品的作用，适应社会主义建设和人民生活的需要，特制定本法。

第二条 在中华人民共和国领域内从事森林、林木的培育种植、采伐利用和森林、林木、林地的经营管理活动，都必须遵守本法。

第三条 森林资源属于国家所有，由法律规定属于集体所有的除外。国家所有的和集体所有的森林、林木和林地，个人所有的林木和使用的林地，由县级以上地方人民政府登记造册，发放证书，确认所有权或者使用权。国务院可以授权国务院林业主管部门，对国务院确定的国家所有的重点林区的森林、林木和林地登记造册，发放证书，并通知有关地方人民政府。森林、林木、林地的所有者和使用者的合法权益，受法律保护，任何单位和个人不得侵犯。

第四条 森林分为以下五类:

（一）防护林:以防护为主要目的的森林、林木和灌木丛，包括水源涵养林，水土保持林，防风固沙林，农田、牧场防护林，护岸林，护路林；

（二）用材林:以生产木材为主要目的的森林和林木，包括以生产竹材为主要目的的竹林；

（三）经济林:以生产果品，食用油料、饮料、调料，工业原料和药材等为主要目的的林木；

（四）薪炭林:以生产燃料为主要目的的林木；

（五）特种用途林:以国防、环境保护、科学实验等为主要目的的森林和林木，包括国防林、实验林、母树林、环境保护林、风景林，名胜古迹和革命纪念地的林木，自然保护区的森林。

第五条 林业建设实行以营林为基础，普遍护林，大力造林，采育结合，永续利用的方针。

第六条 国家鼓励林业科学研究，推广林业先进技术，提高林业科学技术水平。

第七条 国家保护林农的合法权益，依法减轻林农的负担，禁止向林农违法收费、罚款，禁止向林农进行摊派和强制集资。国家保护承包造林的集体和个人的合法权益，任何单位和个人不得侵犯承包造林的集体和个人依法享有的林木所有权和其他合法权益。

第八条 国家对森林资源实行以下保护性措施:

（一）对森林实行限额采伐，鼓励植树造林、封山育林，扩大森林覆盖面积；

（二）根据国家和地方人民政府有关规定，对集体和个人造林、育林给予经济扶持或者长期贷款；

（三）提倡木材综合利用和节约使用木材，鼓励开发、利用木材代用品；

（四）征收育林费，专门用于造林育林；

（五）煤炭、造纸等部门，按照煤炭和木浆纸张等产品的产量提取一定数额的资金，专门用于营造坑木、造纸等用材林；

（六）建立林业基金制度。国家设立森林生态效益补偿基金，用于提供生态效益的防护林和特种用途林的森林资源、林木的营造、抚育、保护和管理。森林生态效益补偿基金必须专款专用，不得挪作他用。具体办法由国务院规定。

第九条　国家和省、自治区人民政府，对民族自治地方的林业生产建设，依照国家对民族自治地方自治权的规定，在森林开发、木材分配和林业基金使用方面，给予比一般地区更多的自主权和经济利益。

第十条　国务院林业主管部门主管全国林业工作。县级以上地方人民政府林业主管部门，主管本地区的林业工作。乡级人民政府设专职或者兼职人员负责林业工作。

第十一条　植树造林、保护森林，是公民应尽的义务。各级人民政府应当组织全民义务植树，开展植树造林活动。

第十二条　在植树造林、保护森林、森林管理以及林业科学研究等方面成绩显著的单位或者个人，由各级人民政府给予奖励。

第二章 森林经营管理

第十三条　各级林业主管部门依照本法规定，对森林资源的保护、利用、更新，实行管理和监督。

第十四条　各级林业主管部门负责组织森林资源清查，建立资源档案制度，掌握资源变化情况。

第十五条　下列森林、林木、林地使用权可以依法转让，也可以依法作价入股或者作为合资、合作造林、经营林木的出资、合作条件，但不得将林地改为非林地：

（一）用材林、经济林、薪炭林；

（二）用材林、经济林、薪炭林的林地使用权；

（三）用材林、经济林、薪炭林的采伐迹地、火烧迹地的林地使用权；

（四）国务院规定的其他森林、林木和其他林地使用权。

依照前款规定转让、作价入股或者作为合资、合作造林、经营林木的出资、合作条件的，已经取得的林木采伐许可证可以同时转让，同时转让双方都必须遵守本法关于森林、林木采伐和更新造林的规定。

除本条第一款规定的情形外，其他森林、林木和其他林地使用权不得转让。

具体办法由国务院规定。

第十六条　各级人民政府应当制定林业长远规划。国有林业企业事业单位和自然保护区，应当根据林业长远规划，编制森林经营方案，报上级主管部门批准后实行。林业主管部门应当指导农村集体经济组织和国有的农场、牧场、工矿企业等单位编制森林经营方案。

第十七条　单位之间发生的林木、林地所有权和使用权争议，由县级以上人民政府依法处理。个人之间、个人与单位之间发生的林木所有权和林地使用权争议，由当地县级或者乡级人民政府依法处理。

当事人对人民政府的处理决定不服的，可以在接到通知之日起一个月内，向人民法院起诉。

在林木、林地权属争议解决以前，任何一方不得砍伐有争议的林木。

第十八条　进行勘查、开采矿藏和各项建设工程，应当不占或者少占林地；必须占用或者征收、征用林地的，经县级以上人民政府林业主管部门审核同意后，依照有关土地管理的法律、行政法规办理建设用地审批手续，并由用地单位依照国务院有关规定缴纳森林植被恢复费。森林植被恢复费专款专用，由林业主管部门依照有关规定统一安排植树造林，恢复森林植被，植树造林面积不得少于因占用、征收、征用林地而减少的森林植被面积。上级林业主管部门应当定期督促、检查下级林业主管部门组织植树造林、恢复森林植被的情况。任何单位和个人不得挪用森林植被恢复费。县级以上人民政府审计机关应当加强对森林植被恢复费使用情况的监督。

第三章　森林保护

第十九条　地方各级人民政府应当组织有关部门建立护林组织，负责护林工作；根据实际需要在大面积林区增加护林设施，加强森林保护；督促有林的和林区的基层单位，订立护林公约，组织群众护林，划定护林责任区，配备专职或者兼职护林员。

护林员可以由县级或者乡级人民政府委任。护林员的主要职责是:巡护森林，制止破坏森林资源的行为。对造成森林资源破坏的，护林员有权要求当地有关部门处理。

第二十条　依照国家有关规定在林区设立的森林公安机关，负责维护辖区社会治安秩序，保护辖区内的森林资源，并可以依照本法规定，在国务院林业主管部门授权的范围内，代第三十九条、第四十二条、第四十三条、第四十四条规定的行政处罚权。

武装森林警察部队执行国家赋予的预防和扑救森林火灾的任务。

第二十一条　地方各级人民政府应当切实做好森林火灾的预防和扑救工作:

（一）规定森林防火期，在森林防火期内，禁止在林区野外用火；因特殊情况需要用火的，必须经过县级人民政府或者县级人民政府授权的机关批准；

（二）在林区设置防火设施；

（三）发生森林火灾，必须立即组织当地军民和有关部门扑救；

（四）因扑救森林火灾负伤、致残、牺牲的，国家职工由所在单位给予医疗、抚恤；非国家职工由起火单位按照国务院有关主管部门的规定给予医疗、抚恤，起火单位对起火没有责任或者确实无力负担的，由当地人民政府给予医疗、抚恤。

第二十二条　各级林业主管部门负责组织森林病虫害防治工作。林业主管部门负责规定林木种苗的检疫对象，划定疫区和保护区，对林木种苗进行检疫。

第二十三条　禁止毁林开垦和毁林采石、采砂、采土以及其他毁林行为。

禁止在幼林地和特种用途林内砍柴、放牧。

进入森林和森林边缘地区的人员，不得擅自移动或者损坏为林业服务的标志。

第二十四条　国务院林业主管部门和省、自治区、直辖市人民政府，应当在不同自然地带的典型森林生态地区、珍贵动物和植物生长繁殖的林区、天然热带雨林区和具有特殊保护价值的其他天然林区，划定自然保护区，加强保护管理。

自然保护区的管理办法，由国务院林业主管部门制定，报国务院批准施行。

对自然保护区以外的珍贵树木和林区内具有特殊价值的植物资源，应当认真保护；未经省、自治区、直辖市林业主管部门批准，不得采伐和采集。

第二十五条　林区内列为国家保护的野生动物，禁止猎捕；因特殊需要猎捕的，按照国家有关法规办理。

第四章　植树造林

第二十六条　各级人民政府应当制定植树造林规划，因地制宜地确定本地区提高森林覆盖率的奋斗目标。各级人民政府应当组织各行各业和城乡居民完成植树造林规划确定的任务。宜林荒山荒地，属于国家所有的，由林业主管部门和其他主管部门组织造林；属于集体所有的，由集体经济组织组织造林。铁路公路两旁、江河两侧、湖泊水库周围，由各有关主管单位因地制宜地组织造林；工矿区，机关、学校用地，部队营区以及农场、牧场、渔场经营地区，由各该单位负责造林。国家所有和集体所有的宜林荒山荒地可以由集体或者个人承包造林。

第二十七条　国有企业事业单位、机关、团体、部队营造的林木，由营造单位经营并按照国家规定支配林木收益。集体所有制单位营造的林木，归该单位所有。农村居民在房前屋后、自留地、自留山种植的林木，归个人所有。城镇居民和职工在自有房屋的庭院内种植的林木，归个人所有。集体或者个人承包国家所有和集体所有的宜林荒山荒地造林的，承包后种植的林木归承包的集体或者个人所有；承包合同另有规定的，按照承包合同的规定执行。

第二十八条　新造幼林地和其他必须封山育林的地方，由当地人民政府组织封山育林。

第五章　森林采伐

第二十九条　国家根据用材林的消耗量低于生长量的原则，严格控制森林年采伐量。国家所有的森林和林木以国有林业企业事业单位、农场、厂矿为单位，集体所有的森林和林木、个人所有的林木以县为单位，制定年采伐限额，由省、自治区、直辖市林业主管部门汇总，经同级人民政府审核后，报国务院批准。

第三十条　国家制定统一的年度木材生产计划。年度木材生产计划不得超过批准的年采伐限额。计划管理的范围由国务院规定。

第三十一条　采伐森林和林木必须遵守下列规定：

（一）成熟的用材林应当根据不同情况，分别采取择伐、皆伐和渐伐方式，皆伐应当严格控制，并在采伐的当年或者次年内完成更新造林；

（二）防护林和特种用途林中的国防林、母树林、环境保护林、风景林，只准进行抚育和更新性质的采伐；

（三）特种用途林中的名胜古迹和革命纪念地的林木、自然保护区的森林，严禁采伐。

第三十二条　采伐林木必须申请采伐许可证，按许可证的规定进行采伐；农村居民采伐自留地和房前屋后个人所有的零星林木除外。

国有林业企业事业单位、机关、团体、部队、学校和其他国有企业事业单位采伐林木，由所在地县级以上林业主管部门依照有关规定审核发放采伐许可证。

铁路、公路的护路林和城镇林木的更新采伐，由有关主管部门依照有关规定审核发放采伐许可证。

农村集体经济组织采伐林木，由县级林业主管部门依照有关规定审核发放采伐许可证。

农村居民采伐自留山和个人承包集体的林木，由县级林业主管部门或者其委托的乡、镇人民政府依照有关规定审核发放采伐许可证。

采伐以生产竹材为主要目的的竹林，适用以上各款规定。

第三十三条　审核发放采伐许可证的部门，不得超过批准的年采伐限额发放采伐许可证。

第三十四条　国有林业企业事业单位申请采伐许可证时，必须提出伐区调查设计文件。其他单位申请采伐许可证时，必须提出有关采伐的目的、地点、林种、林况、面积、蓄积、方式和更新措施等内容的文件。对伐区作业不符合规定的单位，发放采伐许可证的部门有权收缴采伐许可证，中止其采伐，直到纠正为止。

第三十五条　采伐林木的单位或者个人，必须按照采伐许可证规定的面积、株数、树种、期限完成更新造林任务，更新造林的面积和株数不得少于采伐的面积和株数。

第三十六条　林区木材的经营和监督管理办法，由国务院另行规定。

第三十七条　从林区运出木材，必须持有林业主管部门发给的运输证件，国家统一调拨的木材除外。依法取得采伐许可证后，按照许可证的规定采伐的木材，从林区运出时，林业主管部门应当发给运输证件。经省、自治区、直辖市人民政府批准，可以在林区设立木材检查站，负责检查木材运输。对未取得运输证件或者物资主管部门发给的调拨通知书运输木材的，木材检查站有权制止。

第三十八条　国家禁止、限制出口珍贵树木及其制品、衍生物。禁止、限制出口的珍贵树木及其制品、衍生物的名录和年度限制出口总量，由国务院林业主管部门会同国务院有关部门制定，报国务院批准。出口前款规定限制出口的珍贵树木或者其制品、衍生物的，必须经出口人所在地省、自治区、直辖市人民政府林业主管部门审核，报国务院林业主管部门批准，海关凭国务院林业主管部门的批准文件放行。进出口的树木或者其制品、衍生物属于中国参加的国际公约限制进出口的濒危物种的，并必须向国家濒危物种进出口管理机构申请办理允许进出口证明书，海关并凭允许进出口证明书放行。

第六章　法律责任

第三十九条　盗伐森林或者其他林木的，依法赔偿损失；由林业主管部门责令补种盗伐株数十倍的树木，没收盗伐的林木或者变卖所得，并处盗伐林木价值三倍以上十倍以下的罚款。滥伐森林或者其他林木，由林业主管部门责令补种滥伐株数五倍的树木，并处滥伐林木价值二倍以上五倍以下的罚款。拒不补种树木或者补种不符合国家有关规定的，由林业主管部门代为补种，所需费用由违法者支付。盗伐、滥伐森林或者其他林木，构成犯罪的，依法追究刑事责任。

第四十条　违反本法规定，非法采伐、毁坏珍贵树木的，依法追究刑事责任。

第四十一条　违反本法规定，超过批准的年采伐限额发放林木采伐许可证或者超越职权发放林木采伐许可证、木材运输证件、批准出口文件、允许进出口证明书的，由上一级人民政府林业主管部门责令纠正，对直接负责的主管人员和其他直接责任人员依法给予行政处分；有关人民政府林业主管部门未予纠正的，国务院林业主管部门可以直接处理；构成犯罪的，依法追究刑事责任。

第四十二条　违反本法规定，买卖林木采伐许可证、木材运输证件、批准出口文件、允许进出口证明书的，由林业主管部门没收违法买卖的证件、文件和违法所得，并处违法买卖证件、文件的价款一倍以上三倍以下的罚款；构成犯罪的，依法追究刑事责任。伪造林木采伐许可证、木材运输证件、批准出口文件、允许进出口证明书的，依法追究刑事责任。

第四十三条　在林区非法收购明知是盗伐、滥伐的林木的，由林业主管部门责令停止违法行为，没收违法收购的盗伐、滥伐的林木或者变卖所得，可以并处违法收购林木的价款一倍以上三倍以下的罚款；构成犯罪的，依法追究刑事责任。

第四十四条　违反本法规定，进行开垦、采石、采砂、采土、采种、采脂和其他活动，致使森林、林木受到毁坏的，依法赔偿损失；由林业主管部门责令停止违法行为，补种毁坏株数一倍以上三倍以下的树木，可以处毁坏林木价值一倍以上五倍以下的罚款。违反本法规定，在幼林地和特种用途林内砍柴、放牧致使森林、林木受到毁坏的，依法赔偿损失；由林业主管部门责令停止违法行为，补种毁坏株数一倍以上三倍以下的树木。拒不补种树木或者补种不符合国家有关规定的，由林业主管部门代为补种，所需费用由违法者支付。

第四十五条　采伐林木的单位或者个人没有按照规定完成更新造林任务的，发放采伐许可证的部门有权不再发给采伐许可证，直到完成更新造林任务为止；情节严重的，可以由林业主管部门处以罚款，对直接责任人员由所在单位或者上级主管机关给予行政处分。

第四十六条　从事森林资源保护、林业监督管理工作的林业主管部门的工作人员和其他国家机关的有关工作人员滥用职权、玩忽职守、徇私舞弊，构成犯罪的，依法追究刑事责任；尚不构成犯罪的，依法给予行政处分。

第七章　附则

第四十七条　国务院林业主管部门根据本法制定实施办法，报国务院批准施行。

第四十八条　民族自治地方不能全部适用本法规定的，自治机关可以根据本法的原则，结合民族自治地方的特点，制定变通或者补充规定，依照法定程序报省、自治区或者全国人民代表大会常务委员会批准施行。

第四十九条　本法自1985年1月1日起施行。

中华人民共和国畜牧法

(2005年12月29日第十届全国人民代表大会常务委员会第十九次会议通过 根据2015年4月24日第十二届全国人民代表大会常务委员会第十四次会议《关于修改〈中华人民共和国计量法〉等五部法律的决定》修正)

第一章 总则

第一条 为了规范畜牧业生产经营行为，保障畜禽产品质量安全，保护和合理利用畜禽遗传资源，维护畜牧业生产经营者的合法权益，促进畜牧业持续健康发展，制定本法。

第二条 在中华人民共和国境内从事畜禽的遗传资源保护利用、繁育、饲养、经营、运输等活动，适用本法。本法所称畜禽，是指列入依照本法第十一条规定公布的畜禽遗传资源目录的畜禽。蜂、蚕的资源保护利用和生产经营，适用本法有关规定。

第三条 国家支持畜牧业发展，发挥畜牧业在发展农业、农村经济和增加农民收入中的作用。县级以上人民政府应当采取措施，加强畜牧业基础设施建设，鼓励和扶持发展规模化养殖，推进畜牧产业化经营，提高畜牧业综合生产能力，发展优质、高效、生态、安全的畜牧业。国家帮助和扶持少数民族地区、贫困地区畜牧业的发展，保护和合理利用草原，改善畜牧业生产条件。

第四条 国家采取措施，培养畜牧兽医专业人才，发展畜牧兽医科学技术研究和推广事业，开展畜牧兽医科学技术知识的教育宣传工作和畜牧兽医信息服务，推进畜牧业科技进步。

第五条 畜牧业生产经营者可以依法自愿成立行业协会，为成员提供信息、技术、营销、培训等服务，加强行业自律，维护成员和行业利益。

第六条 畜牧业生产经营者应当依法履行动物防疫和环境保护义务，接受有关主管部门依法实施的监督检查。

第七条 国务院畜牧兽医行政主管部门负责全国畜牧业的监督管理工作。县级以上地方人民政府畜牧兽医行政主管部门负责本行政区域内的畜牧业监督管理工作。县级以上人民政府有关主管部门在各自的职责范围内，负责有关促进畜牧业发展的工作。

第八条 国务院畜牧兽医行政主管部门应当指导畜牧业生产经营者改善畜禽繁育、饲养、运输的条件和环境

第二章 畜禽遗传资源保护

第九条 国家建立畜禽遗传资源保护制度。各级人民政府应当采取措施，加强畜禽遗传资源保护，畜禽遗传资源保护经费列入财政预算。畜禽遗传资源保护以国家为主，鼓励和支持有关单位、个人依法发展畜禽遗传资源保护事业。

第十条 国务院畜牧兽医行政主管部门设立由专业人员组成的国家畜禽遗传资源委员会，负责畜禽遗传资源的鉴定、评估和畜禽新品种、配套系的审定，承担畜禽遗传资源保护和利用规划论证及有关畜禽遗传资源保护的咨询工作。

第十一条 国务院畜牧兽医行政主管部门负责组织畜禽遗传资源的调查工作，发布国家畜禽遗传资源状况报告，公布经国务院批准的畜禽遗传资源目录。

第十二条　国务院畜牧兽医行政主管部门根据畜禽遗传资源分布状况，制定全国畜禽遗传资源保护和利用规划，制定并公布国家级畜禽遗传资源保护名录，对原产我国的珍贵、稀有、濒危的畜禽遗传资源实行重点保护。省级人民政府畜牧兽医行政主管部门根据全国畜禽遗传资源保护和利用规划及本行政区域内畜禽遗传资源状况，制定和公布省级畜禽遗传资源保护名录，并报国务院畜牧兽医行政主管部门备案。

第十三条　国务院畜牧兽医行政主管部门根据全国畜禽遗传资源保护和利用规划及国家级畜禽遗传资源保护名录，省级人民政府畜牧兽医行政主管部门根据省级畜禽遗传资源保护名录，分别建立或者确定畜禽遗传资源保种场、保护区和基因库，承担畜禽遗传资源保护任务。享受中央和省级财政资金支持的畜禽遗传资源保种场、保护区和基因库，未经国务院畜牧兽医行政主管部门或者省级人民政府畜牧兽医行政主管部门批准，不得擅自处理受保护的畜禽遗传资源。畜禽遗传资源基因库应当按照国务院畜牧兽医行政主管部门或者省级人民政府畜牧兽医行政主管部门的规定，定期采集和更新畜禽遗传材料。有关单位、个人应当配合畜禽遗传资源基因库采集畜禽遗传材料，并有权获得适当的经济补偿。畜禽遗传资源保种场、保护区和基因库的管理办法由国务院畜牧兽医行政主管部门制定。

第十四条　新发现的畜禽遗传资源在国家畜禽遗传资源委员会鉴定前，省级人民政府畜牧兽医行政主管部门应当制定保护方案，采取临时保护措施，并报国务院畜牧兽医行政主管部门备案。

第十五条　从境外引进畜禽遗传资源的，应当向省级人民政府畜牧兽医行政主管部门提出申请；受理申请的畜牧兽医行政主管部门经审核，报国务院畜牧兽医行政主管部门经评估论证后批准。经批准的，依照《中华人民共和国进出境动植物检疫法》的规定办理相关手续并实施检疫。从境外引进的畜禽遗传资源被发现对境内畜禽遗传资源、生态环境有危害或者可能产生危害的，国务院畜牧兽医行政主管部门应当商有关主管部门，采取相应的安全控制措施。

第十六条　向境外输出或者在境内与境外机构、个人合作研究利用列入保护名录的畜禽遗传资源的，应当向省级人民政府畜牧兽医行政主管部门提出申请，同时提出国家共享惠益的方案；受理申请的畜牧兽医行政主管部门经审核，报国务院畜牧兽医行政主管部门批准。向境外输出畜禽遗传资源的，还应当依照《中华人民共和国进出境动植物检疫法》的规定办理相关手续并实施检疫。新发现的畜禽遗传资源在国家畜禽遗传资源委员会鉴定前，不得向境外输出，不得与境外机构、个人合作研究利用。

第十七条　畜禽遗传资源的进出境和对外合作研究利用的审批办法由国务院规定。

第三章　种畜禽品种选育与生产经营

第十八条　国家扶持畜禽品种的选育和优良品种的推广使用，支持企业、院校、科研机构和技术推广单位开展联合育种，建立畜禽良种繁育体系。

第十九条　培育的畜禽新品种、配套系和新发现的畜禽遗传资源在推广前，应当通过国家畜禽遗传资源委员会审定或者鉴定，并由国务院畜牧兽医行政主管部门公告。畜禽新品种、配套系的审定办法和畜禽遗传资源的鉴定办法，由国务院畜牧兽医行政主管部门制定。审定或者鉴定所需的试验、检测等费用由申请者承担，收费办法由国务院财政、价格部门会同国务院畜牧兽医行政主管部门制定。培育新的畜禽品种、配套系进行中间试验，应当经试验所在地省级人民政府畜牧兽医行政主管部门批准。畜禽新品种、配套系培育者的合法权益受法律保护。

第二十条　转基因畜禽品种的培育、试验、审定和推广，应当符合国家有关农业转基因生物管理的规定。

第二十一条　省级以上畜牧兽医技术推广机构可以组织开展种畜优良个体登记，向社会推荐优良种畜。

优良种畜登记规则由国务院畜牧兽医行政主管部门制定。

第二十二条　从事种畜禽生产经营或者生产商品代仔畜、雏禽的单位、个人，应当取得种畜禽生产经营许可证。申请取得种畜禽生产经营许可证，应当具备下列条件：

（一）生产经营的种畜禽必须是通过国家畜禽遗传资源委员会审定或者鉴定的品种、配套系，或者是经批准引进的境外品种、配套系；

（二）有与生产经营规模相适应的畜牧兽医技术人员；

（三）有与生产经营规模相适应的繁育设施设备；

（四）具备法律、行政法规和国务院畜牧兽医行政主管部门规定的种畜禽防疫条件；

（五）有完善的质量管理和育种记录制度；

（六）具备法律、行政法规规定的其他条件。

第二十三条　申请取得生产家畜卵子、冷冻精液、胚胎等遗传材料的生产经营许可证，除应当符合本法第二十二条第二款规定的条件外，还应当具备下列条件：

（一）符合国务院畜牧兽医行政主管部门规定的实验室、保存和运输条件；

（二）符合国务院畜牧兽医行政主管部门规定的种畜数量和质量要求；

（三）体外授精取得的胚胎、使用的卵子来源明确，供体畜符合国家规定的种畜健康标准和质量要求；

（四）符合国务院畜牧兽医行政主管部门规定的其他技术要求。

第二十四条　申请取得生产家畜卵子、冷冻精液、胚胎等遗传材料的生产经营许可证，应当向省级人民政府畜牧兽医行政主管部门提出申请。受理申请的畜牧兽医行政主管部门应当自收到申请之日起六十个工作日内依法决定是否发给生产经营许可证。其他种畜禽的生产经营许可证由县级以上地方人民政府畜牧兽医行政主管部门审核发放，具体审核发放办法由省级人民政府规定。种畜禽生产经营许可证样式由国务院畜牧兽医行政主管部门制定，许可证有效期为三年。发放种畜禽生产经营许可证可以收取工本费，具体收费管理办法由国务院财政、价格部门制定。

第二十五条　种畜禽生产经营许可证应当注明生产经营者名称、场（厂）址、生产经营范围及许可证有效期的起止日期等。禁止任何单位、个人无种畜禽生产经营许可证或者违反种畜禽生产经营许可证的规定生产经营种畜禽。禁止伪造、变造、转让、租借种畜禽生产经营许可证。

第二十六条　农户饲养的种畜禽用于自繁自养和有少量剩余仔畜、雏禽出售的，农户饲养种公畜进行互助配种的，不需要办理种畜禽生产经营许可证。

第二十七条　专门从事家畜人工授精、胚胎移植等繁殖工作的人员，应当取得相应的国家职业资格证书。

第二十八条　发布种畜禽广告的，广告主应当提供种畜禽生产经营许可证和营业执照。广告内容应当符合有关法律、行政法规的规定，并注明种畜禽品种、配套系的审定或者鉴定名称；对主要性状的描述应当符合该品种、配套系的标准。

第二十九条　销售的种畜禽和家畜配种站（点）使用的种公畜，必须符合种用标准。销售种畜禽时，应当附具种畜禽场出具的种畜禽合格证明、动物防疫监督机构出具的检疫合格证明，销售的种畜还应当附具种畜禽场出具的家畜系谱。生产家畜卵子、冷冻精液、胚胎等遗传材料，应当有完整的采集、销售、移植等记录，记录应当保存二年。

第三十条　销售种畜禽，不得有下列行为：

（一）以其他畜禽品种、配套系冒充所销售的种畜禽品种、配套系；

（二）以低代别种畜禽冒充高代别种畜禽；

（三）以不符合种用标准的畜禽冒充种畜禽；

（四）销售未经批准进口的种畜禽；

（五）销售未附具本法第二十九条规定的种畜禽合格证明、检疫合格证明的种畜禽或者未附具家畜系谱的种畜；

（六）销售未经审定或者鉴定的种畜禽品种、配套系。

第三十一条　申请进口种畜禽的，应当持有种畜禽生产经营许可证。进口种畜禽的批准文件有效期为六个月。进口的种畜禽应当符合国务院畜牧兽医行政主管部门规定的技术要求。首次进口的种畜禽还应当由国家畜禽遗传资源委员会进行种用性能的评估。种畜禽的进出口管理除适用前两款的规定外，还适用本法第十五条和第十六条的相关规定。国家鼓励畜禽养殖者对进口的畜禽进行新品种、配套系的选育；选育的新品种、配套系在推广前，应当经国家畜禽遗传资源委员会审定。

第三十二条　种畜禽场和孵化场（厂）销售商品代仔畜、雏禽的，应当向购买者提供其销售的商品代仔畜、雏禽的主要生产性能指标、免疫情况、饲养技术要求和有关咨询服务，并附具动物防疫监督机构出具的检疫合格证明。销售种畜禽和商品代仔畜、雏禽，因质量问题给畜禽养殖者造成损失的，应当依法赔偿损失。

第三十三条　县级以上人民政府畜牧兽医行政主管部门负责种畜禽质量安全的监督管理工作。种畜禽质量安全的监督检验应当委托具有法定资质的种畜禽质量检验机构进行；所需检验费用按照国务院规定列支，不得向被检验人收取。

第三十四条　蚕种的资源保护、新品种选育、生产经营和推广适用本法有关规定，具体管理办法由国务院农业行政主管部门制定。

第四章　畜禽养殖

第三十五条　县级以上人民政府畜牧兽医行政主管部门应当根据畜牧业发展规划和市场需求，引导和支持畜牧业结构调整，发展优势畜禽生产，提高畜禽产品市场竞争力。国家支持草原牧区开展草原围栏、草原水利、草原改良、饲草饲料基地等草原基本建设，优化畜群结构，改良牲畜品种，转变生产方式，发展舍饲圈养、划区轮牧，逐步实现畜草平衡，改善草原生态环境。

第三十六条　国务院和省级人民政府应当在其财政预算内安排支持畜牧业发展的良种补贴、贴息补助等资金，并鼓励有关金融机构通过提供贷款、保险服务等形式，支持畜禽养殖者购买优良畜禽、繁育良种、改善生产设施、扩大养殖规模，提高养殖效益。

第三十七条　国家支持农村集体经济组织、农民和畜牧业合作经济组织建立畜禽养殖场、养殖小区，发展规模化、标准化养殖。乡（镇）土地利用总体规划应当根据本地实际情况安排畜禽养殖用地。农村集体经济组织、农民、畜牧业合作经济组织按照乡（镇）土地利用总体规划建立的畜禽养殖场、养殖小区用地按农业用地管理。畜禽养殖场、养殖小区用地使用权期限届满，需要恢复为原用途的，由畜禽养殖场、养殖小区土地使用权人负责恢复。在畜禽养殖场、养殖小区用地范围内需要兴建永久性建（构）筑物，涉及农用地转用的，依照《中华人民共和国土地管理法》的规定办理。

第三十八条　国家设立的畜牧兽医技术推广机构，应当向农民提供畜禽养殖技术培训、良种推广、疫病防治等服务。县级以上人民政府应当保障国家设立的畜牧兽医技术推广机构从事公益性技术服务的工作经费。国家鼓励畜禽产品加工企业和其他相关生产经营者为畜禽养殖者提供所需的服务。

第三十九条　畜禽养殖场、养殖小区应当具备下列条件：

（一）有与其饲养规模相适应的生产场所和配套的生产设施；

（二）有为其服务的畜牧兽医技术人员；

（三）具备法律、行政法规和国务院畜牧兽医行政主管部门规定的防疫条件；

（四）有对畜禽粪便、废水和其他固体废弃物进行综合利用的沼气池等设施或者其他无害化处理设施；

（五）具备法律、行政法规规定的其他条件。养殖场、养殖小区兴办者应当将养殖场、养殖小区的名称、养殖地址、畜禽品种和养殖规模，向养殖场、养殖小区所在地县级人民政府畜牧兽医行政主管部门备案，取得畜禽标识代码。省级人民政府根据本行政区域畜牧业发展状况制定畜禽养殖场、养殖小区的规模标准和备案程序。

第四十条　禁止在下列区域内建设畜禽养殖场、养殖小区：

（一）生活饮用水的水源保护区，风景名胜区，以及自然保护区的核心区和缓冲区；

（二）城镇居民区、文化教育科学研究区等人口集中区域；

（三）法律、法规规定的其他禁养区域。

第四十一条　畜禽养殖场应当建立养殖档案，载明以下内容：

（一）畜禽的品种、数量、繁殖记录、标识情况、来源和进出场日期；

（二）饲料、饲料添加剂、兽药等投入品的来源、名称、使用对象、时间和用量；

（三）检疫、免疫、消毒情况；

（四）畜禽发病、死亡和无害化处理情况；

（五）国务院畜牧兽医行政主管部门规定的其他内容。

第四十二条　畜禽养殖场应当为其饲养的畜禽提供适当的繁殖条件和生存、生长环境。

第四十三条　从事畜禽养殖，不得有下列行为：

（一）违反法律、行政法规的规定和国家技术规范的强制性要求使用饲料、饲料添加剂、兽药；

（二）使用未经高温处理的餐馆、食堂的泔水饲喂家畜；

（三）在垃圾场或者使用垃圾场中的物质饲养畜禽；

（四）法律、行政法规和国务院畜牧兽医行政主管部门规定的危害人和畜禽健康的其他行为。

第四十四条　从事畜禽养殖，应当依照《中华人民共和国动物防疫法》的规定，做好畜禽疫病的防治工作。

第四十五条　畜禽养殖者应当按照国家关于畜禽标识管理的规定，在应当加施标识的畜禽的指定部位加施标识。畜牧兽医行政主管部门提供标识不得收费，所需费用列入省级人民政府财政预算。畜禽标识不得重复使用。

第四十六条　畜禽养殖场、养殖小区应当保证畜禽粪便、废水及其他固体废弃物综合利用或者无害化处理设施的正常运转，保证污染物达标排放，防止污染环境。畜禽养殖场、养殖小区违法排放畜禽粪便、废水及其他固体废弃物，造成环境污染危害的，应当排除危害，依法赔偿损失。国家支持畜禽养殖场、养殖小区建设畜禽粪便、废水及其他固体废弃物的综合利用设施。

第四十七条　国家鼓励发展养蜂业，维护养蜂生产者的合法权益。有关部门应当积极宣传和推广蜜蜂授粉农艺措施。

第四十八条　养蜂生产者在生产过程中，不得使用危害蜂产品质量安全的药品和容器，确保蜂产品质量。养蜂器具应当符合国家技术规范的强制性要求。

第四十九条　养蜂生产者在转地放蜂时，当地公安、交通运输、畜牧兽医等有关部门应当为其提供必要的便利。养蜂生产者在国内转地放蜂，凭国务院畜牧兽医行政主管部门统一格式印制的检疫合格证明运输蜂群，在检疫合格证明有效期内不得重复检疫。

第五章　畜禽交易与运输

第五十条　县级以上人民政府应当促进开放统一、竞争有序的畜禽交易市场建设。县级以上人民政府畜牧兽医行政主管部门和其他有关主管部门应当组织搜集、整理、发布畜禽产销信息，为生产者提供信息服务。

第五十一条　县级以上地方人民政府根据农产品批发市场发展规划，对在畜禽集散地建立畜禽批发市场给予扶持。畜禽批发市场选址，应当符合法律、行政法规和国务院畜牧兽医行政主管部门规定的动物防疫条件，并距离种畜禽场和大型畜禽养殖场三公里以外。

第五十二条　进行交易的畜禽必须符合国家技术规范的强制性要求。国务院畜牧兽医行政主管部门规定应当加施标识而没有标识的畜禽，不得销售和收购。

第五十三条　运输畜禽，必须符合法律、行政法规和国务院畜牧兽医行政主管部门规定的动物防疫条件，采取措施保护畜禽安全，并为运输的畜禽提供必要的空间和饲喂饮水条件。有关部门对运输中的畜禽进行检查，应当有法律、行政法规的依据。

第六章　质量安全保障

第五十四条　县级以上人民政府应当组织畜牧兽医行政主管部门和其他有关主管部门，依照本法和有关法律、行政法规的规定，加强对畜禽饲养环境、种畜禽质量、饲料和兽药等投入品的使用以及畜禽交易与运输的监督管理。

第五十五条　国务院畜牧兽医行政主管部门应当制定畜禽标识和养殖档案管理办法，采取措施落实畜禽产品质量责任追究制度。

第五十六条　县级以上人民政府畜牧兽医行政主管部门应当制定畜禽质量安全监督检查计划，按计划开展监督抽查工作。

第五十七条　省级以上人民政府畜牧兽医行政主管部门应当组织制定畜禽生产规范，指导畜禽的安全生产。

第七章　法律责任

第五十八条　违反本法第十三条第二款规定，擅自处理受保护的畜禽遗传资源，造成畜禽遗传资源损失的，由省级以上人民政府畜牧兽医行政主管部门处五万元以上五十万元以下罚款。

第五十九条　违反本法有关规定，有下列行为之一的，由省级以上人民政府畜牧兽医行政主管部门责令停止违法行为，没收畜禽遗传资源和违法所得，并处一万元以上五万元以下罚款：

（一）未经审核批准，从境外引进畜禽遗传资源的；

（二）未经审核批准，在境内与境外机构、个人合作研究利用列入保护名录的畜禽遗传资源的；

（三）在境内与境外机构、个人合作研究利用未经国家畜禽遗传资源委员会鉴定的新发现的畜禽遗传资源的。

第六十条　未经国务院畜牧兽医行政主管部门批准，向境外输出畜禽遗传资源的，依照《中华人民共和国海关法》的有关规定追究法律责任。海关应当将扣留的畜禽遗传资源移送省级人民政府畜牧兽医行政主管部门处理。

第六十一条　违反本法有关规定，销售、推广未经审定或者鉴定的畜禽品种的，由县级以上人民政府畜牧兽医行政主管部门责令停止违法行为，没收畜禽和违法所得；违法所得在五万元以上的，并处违法所得一倍以上三倍以下罚款；没有违法所得或者违法所得不足五万元的，并处五千元以上五万元以下罚款。

第六十二条　违反本法有关规定，无种畜禽生产经营许可证或者违反种畜禽生产经营许可证的规定生产经营种畜禽的，转让、租借种畜禽生产经营许可证的，由县级以上人民政府畜牧兽医行政主管部门责令停止违法行为，没收违法所得；违法所得在三万元以上的，并处违法所得一倍以上三倍以下罚款；没有违法所得或者违法所得不足三万元的，并处三千元以上三万元以下罚款。违反种畜禽生产经营许可证的规定生产经营种畜禽或者转让、租借种畜禽生产经营许可证，情节严重的，并处吊销种畜禽生产经营许可证。

第六十三条　违反本法第二十八条规定的，依照《中华人民共和国广告法》的有关规定追究法律责任。

第六十四条　违反本法有关规定，使用的种畜禽不符合种用标准的，由县级以上地方人民政府畜牧兽医行政主管部门责令停止违法行为，没收违法所得；违法所得在五千元以上的，并处违法所得一倍以上二倍以下罚款；没有违法所得或者违法所得不足五千元的，并处一千元以上五千元以下罚款。

第六十五条　销售种畜禽有本法第三十条第一项至第四项违法行为之一的，由县级以上人民政府畜牧兽医行政主管部门或者工商行政管理部门责令停止销售，没收违法销售的畜禽和违法所得；违法所得在五万元以上的，并处违法所得一倍以上五倍以下罚款；没有违法所得或者违法所得不足五万元的，并处五千元以上五万元以下罚款；情节严重的，并处吊销种畜禽生产经营许可证或者营业执照。

第六十六条　违反本法第四十一条规定，畜禽养殖场未建立养殖档案的，或者未按照规定保存养殖档案的，由县级以上人民政府畜牧兽医行政主管部门责令限期改正，可以处一万元以下罚款。

第六十七条　违反本法第四十三条规定养殖畜禽的，依照有关法律、行政法规的规定处罚。

第六十八条　违反本法有关规定，销售的种畜禽未附具种畜禽合格证明、检疫合格证明、家畜系谱的，销售、收购国务院畜牧兽医行政主管部门规定应当加施标识而没有标识的畜禽的，或者重复使用畜禽标识的，由县级以上地方人民政府畜牧兽医行政主管部门或者工商行政管理部门责令改正，可以处二千元以下罚款。违反本法有关规定，使用伪造、变造的畜禽标识的，由县级以上人民政府畜牧兽医行政主管部门没收伪造、变造的畜禽标识和违法所得，并处三千元以上三万元以下罚款。

第六十九条　销售不符合国家技术规范的强制性要求的畜禽的，由县级以上地方人民政府畜牧兽医行政主管部门或者工商行政管理部门责令停止违法行为，没收违法销售的畜禽和违法所得，并处违法所得一倍以上三倍以下罚款；情节严重的，由工商行政管理部门并处吊销营业执照。

第七十条　畜牧兽医行政主管部门的工作人员利用职务上的便利，收受他人财物或者谋取其他利益，对不符合法定条件的单位、个人核发许可证或者有关批准文件，不履行监督职责，或者发现违法行为不予查处的，依法给予行政处分。

第七十一条　违反本法规定，构成犯罪的，依法追究刑事责任。

第八章　附则

第七十二条　本法所称畜禽遗传资源，是指畜禽及其卵子（蛋）、胚胎、精液、基因物质等遗传材料。

本法所称种畜禽，是指经过选育、具有种用价值、适于繁殖后代的畜禽及其卵子（蛋）、胚胎、精液等。

第七十三条　本法自2006年7月1日起施行。

中华人民共和国渔业法（第四次修正）

(1986年1月20日第六届全国人民代表大会常务委员会第十四次会议通过 根据2000年10月31日第九届全国人民代表大会常务委员会第十八次会议《关于修改<中华人民共和国渔业法>的决定》第一次修正 根据2004年8月28日第十届全国人民代表大会常务委员会第十一次会议《关于修改<中华人民共和国渔业法>的决定》第二次修正 根据2009年8月27日第十一届全国人民代表大会常务委员会第十次会议《关于修改部分法律的决定》第三次修正 根据2013年12月28日第十二届全国人民代表大会常务委员会第六次会议《关于修改<中华人民共和国海洋环境保护法>等七部法律的决定》第四次修正)

第一章　总则

第一条　为了加强渔业资源的保护、增殖、开发和合理利用，发展人工养殖，保障渔业生产者的合法权益，促进渔业生产的发展，适应社会主义建设和人民生活的需要，特制定本法。

第二条　在中华人民共和国的内水、滩涂、领海、专属经济区以及中华人民共和国管辖的一切其他海域从事养殖和捕捞水生动物、水生植物等渔业生产活动，都必须遵守本法。

第三条　国家对渔业生产实行以养殖为主，养殖、捕捞、加工并举，因地制宜，各有侧重的方针。各级人民政府应当把渔业生产纳入国民经济发展计划，采取措施，加强水域的统一规划和综合利用。

第四条　国家鼓励渔业科学技术研究，推广先进技术，提高渔业科学技术水平。

第五条　在增殖和保护渔业资源、发展渔业生产、进行渔业科学技术研究等方面成绩显著的单位和个人，由各级人民政府给予精神的或者物质的奖励。

第六条　国务院渔业行政主管部门主管全国的渔业工作。县级以上地方人民政府渔业行政主管部门主管本行政区域内的渔业工作。县级以上人民政府渔业行政主管部门可以在重要渔业水域、渔港设渔政监督管理机构。县级以上人民政府渔业行政主管部门及其所属的渔政监督管理机构可以设渔政检查人员。渔政检查人员执行渔业行政主管部门及其所属的渔政监督管理机构交付的任务。

第七条　国家对渔业的监督管理，实行统一领导、分级管理。海洋渔业，除国务院划定由国务院渔业行政主管部门及其所属的渔政监督管理机构监督管理的海域和特定渔业资源渔场外，由毗邻海域的省、自治区、直辖市人民政府渔业行政主管部门监督管理。江河、湖泊等水域的渔业，按照行政区划由有关县级以上人民政府渔业行政主管部门监督管理；跨行政区域的，由有关县级以上地方人民政府协商制定管理办法，或者由上一级人民政府渔业行政主管部门及其所属的渔政监督管理机构监督管理。

第八条　外国人、外国渔业船舶进入中华人民共和国管辖水域，从事渔业生产或者渔业资源调查活动，必须经国务院有关主管部门批准，并遵守本法和中华人民共和国其他有关法律、法规的规定；同中华人民共和国订有条约、协定的，按照条约、协定办理。国家渔政渔港监督管理机构对外行使渔政渔港监督管理权。

第九条　渔业行政主管部门和其所属的渔政监督管理机构及其工作人员不得参与和从事渔业生产经营活动。

第二章 养殖业

第十条 国家鼓励全民所有制单位、集体所有制单位和个人充分利用适于养殖的水域、滩涂，发展养殖业。

第十一条 国家对水域利用进行统一规划，确定可以用于养殖业的水域和滩涂。单位和个人使用国家规划确定用于养殖业的全民所有的水域、滩涂的，使用者应当向县级以上地方人民政府渔业行政主管部门提出申请，由本级人民政府核发养殖证，许可其使用该水域、滩涂从事养殖生产。核发养殖证的具体办法由国务院规定。集体所有的或者全民所有由农业集体经济组织使用的水域、滩涂，可以由个人或者集体承包，从事养殖生产。

第十二条 县级以上地方人民政府在核发养殖证时，应当优先安排当地的渔业生产者。

第十三条 当事人因使用国家规划确定用于养殖业的水域、滩涂从事养殖生产发生争议的，按照有关法律规定的程序处理。在争议解决以前，任何一方不得破坏养殖生产。

第十四条 国家建设征用集体所有的水域、滩涂，按照《中华人民共和国土地管理法》有关征地的规定办理。

第十五条 县级以上地方人民政府应当采取措施，加强对商品鱼生产基地和城市郊区重要养殖水域的保护。

第十六条 国家鼓励和支持水产优良品种的选育、培育和推广。水产新品种必须经全国水产原种和良种审定委员会审定，由国务院渔业行政主管部门公告后推广。水产苗种的进口、出口由国务院渔业行政主管部门或者省、自治区、直辖市人民政府渔业行政主管部门审批。水产苗种的生产由县级以上地方人民政府渔业行政主管部门审批。但是，渔业生产者自育、自用水产苗种的除外。

第十七条 水产苗种的进口、出口必须实施检疫，防止病害传入境内和传出境外，具体检疫工作按照有关动植物进出境检疫法律、行政法规的规定执行。引进转基因水产苗种必须进行安全性评价，具体管理工作按照国务院有关规定执行。

第十八条 县级以上人民政府渔业行政主管部门应当加强对养殖生产的技术指导和病害防治工作。

第十九条 从事养殖生产不得使用含有毒有害物质的饵料、饲料。

第二十条 从事养殖生产应当保护水域生态环境，科学确定养殖密度，合理投饵、施肥、使用药物，不得造成水域的环境污染。

第三章 捕捞业

第二十一条 国家在财政、信贷和税收等方面采取措施，鼓励、扶持远洋捕捞业的发展，并根据渔业资源的可捕捞量，安排内水和近海捕捞力量。

第二十二条 国家根据捕捞量低于渔业资源增长量的原则，确定渔业资源的总可捕捞量，实行捕捞限额制度。国务院渔业行政主管部门负责组织渔业资源的调查和评估，为实行捕捞限额制度提供科学依据。中华人民共和国内海、领海、专属经济区和其他管辖海域的捕捞限额总量由国务院渔业行政主管部门确定，报国务院批准后逐级分解下达；国家确定的重要江河、湖泊的捕捞限额总量由有关省、自治区、直辖市人民政府确定或者协商确定，逐级分解下达。捕捞限额总量的分配应当体现公平、公正的原则，分配办法和分配结果必须向社会公开，并接受监督。国务院渔业行政主管部门和省、自治区、直辖市人民政府渔业行政主管部门应当加强对捕捞限额制度实施情况的监督检查，对超过上级下达的捕捞限额指标的，应当在其次年捕捞限额指标中予以核减。

第二十三条 国家对捕捞业实行捕捞许可证制度。到中华人民共和国与有关国家缔结的协定确定的共同管理的渔区或者公海从事捕捞作业的捕捞许可证，由国务院渔业行政主管部门批准发放。海洋大型拖网、围网作业的捕捞许可证，由省、自治区、直辖市人民政府渔业行政主管部门批准发放。其他作业的捕捞许可证，由县级以上地方人民政府渔业行政主管部门批准发放；但是，批准发放海洋作业的捕捞许可证不得超过国家下达的船网工具控制指标，具体办法由省、自治区、直辖市人民政府规定。捕捞许可证不得买卖、出租和以其他形式转让，不得涂改、伪造、变造。到他国管辖海域从事捕捞作业的，应当经国务院渔业行政主管部门批准，并遵守中华人民共和国缔结的或者参加的有关条约、协定和有关国家的法律。

第二十四条 具备下列条件的，方可发给捕捞许可证:

（一）有渔业船舶检验证书；

（二）有渔业船舶登记证书；

（三）符合国务院渔业行政主管部门规定的其他条件。县级以上地方人民政府渔业行政主管部门批准发放的捕捞许可证，应当与上级人民政府渔业行政主管部门下达的捕捞限额指标相适应。

第二十五条 从事捕捞作业的单位和个人，必须按照捕捞许可证关于作业类型、场所、时限、渔具数量和捕捞限额的规定进行作业，并遵守国家有关保护渔业资源的规定，大中型渔船应当填写渔捞日志。

第二十六条 制造、更新改造、购置、进口的从事捕捞作业的船舶必须经渔业船舶检验部门检验合格后，方可下水作业。具体管理办法由国务院规定。

第二十七条 渔港建设应当遵守国家的统一规划，实行谁投资谁受益的原则。县级以上地方人民政府应当对位于本行政区域内的渔港加强监督管理，维护渔港的正常秩序。

第四章 渔业资源的增殖和保护

第二十八条 县级以上人民政府渔业行政主管部门应当对其管理的渔业水域统一规划，采取措施，增殖渔业资源。县级以上人民政府渔业行政主管部门可以向受益的单位和个人征收渔业资源增殖保护费，专门用于增殖和保护渔业资源。渔业资源增殖保护费的征收办法由国务院渔业行政主管部门会同财政部门制定，报国务院批准后施行。

第二十九条 国家保护水产种质资源及其生存环境，并在具有较高经济价值和遗传育种价值的水产种质资源的主要生长繁育区域建立水产种质资源保护区。未经国务院渔业行政主管部门批准，任何单位或者个人不得在水产种质资源保护区内从事捕捞活动。

第三十条 禁止使用炸鱼、毒鱼、电鱼等破坏渔业资源的方法进行捕捞。禁止制造、销售、使用禁用的渔具。禁止在禁渔区、禁渔期进行捕捞。禁止使用小于最小网目尺寸的网具进行捕捞。捕捞的渔获物中幼鱼不得超过规定的比例。在禁渔区或者禁渔期内禁止销售非法捕捞的渔获物。重点保护的渔业资源品种及其可捕捞标准，禁渔区和禁渔期，禁止使用或者限制使用的渔具和捕捞方法，最小网目尺寸以及其他保护渔业资源的措施，由国务院渔业行政主管部门或者省、自治区、直辖市人民政府渔业行政主管部门规定。

第三十一条 禁止捕捞有重要经济价值的水生动物苗种。因养殖或者其他特殊需要，捕捞有重要经济价值的苗种或者禁捕的怀卵亲体的，必须经国务院渔业行政主管部门或者省、自治区、直辖市人民政府渔业行政主管部门批准，在指定的区域和时间内，按照限额捕捞。在水生动物苗种重点产区引水用水时，应当采取措施，保护苗种。

第三十二条 在鱼、虾、蟹洄游通道建闸、筑坝，对渔业资源有严重影响的，建设单位应当建造过鱼设施或者采取其他补救措施。

第三十三条　用于渔业并兼有调蓄、灌溉等功能的水体，有关主管部门应当确定渔业生产所需的最低水位线。

第三十四条　禁止围湖造田。沿海滩涂未经县级以上人民政府批准，不得围垦；重要的苗种基地和养殖场所不得围垦。

第三十五条　进行水下爆破、勘探、施工作业，对渔业资源有严重影响的，作业单位应当事先同有关县级以上人民政府渔业行政主管部门协商，采取措施，防止或者减少对渔业资源的损害；造成渔业资源损失的，由有关县级以上人民政府责令赔偿。

第三十六条　各级人民政府应当采取措施，保护和改善渔业水域的生态环境，防治污染。渔业水域生态环境的监督管理和渔业污染事故的调查处理，依照《中华人民共和国海洋环境保护法》和《中华人民共和国水污染防治法》的有关规定执行。

第三十七条　国家对白鳍豚等珍贵、濒危水生野生动物实行重点保护，防止其灭绝。禁止捕杀、伤害国家重点保护的水生野生动物。因科学研究、驯养繁殖、展览或者其他特殊情况，需要捕捞国家重点保护的水生野生动物的，依照《中华人民共和国野生动物保护法》的规定执行。

第五章　法律责任

第三十八条　使用炸鱼、毒鱼、电鱼等破坏渔业资源方法进行捕捞的，违反关于禁渔区、禁渔期的规定进行捕捞的，或者使用禁用的渔具、捕捞方法和小于最小网目尺寸的网具进行捕捞或者渔获物中幼鱼超过规定比例的，没收渔获物和违法所得，处五万元以下的罚款；情节严重的，没收渔具，吊销捕捞许可证；情节特别严重的，可以没收渔船；构成犯罪的，依法追究刑事责任。在禁渔区或者禁渔期内销售非法捕捞的渔获物的，县级以上地方人民政府渔业行政主管部门应当及时进行调查处理。制造、销售禁用的渔具的，没收非法制造、销售的渔具和违法所得，并处一万元以下的罚款。

第三十九条　偷捕、抢夺他人养殖的水产品的，或者破坏他人养殖水体、养殖设施的，责令改正，可以处二万元以下的罚款；造成他人损失的，依法承担赔偿责任；构成犯罪的，依法追究刑事责任。

第四十条　使用全民所有的水域、滩涂从事养殖生产，无正当理由使水域、滩涂荒芜满一年的，由发放养殖证的机关责令限期开发利用；逾期未开发利用的，吊销养殖证，可以并处一万元以下的罚款。未依法取得养殖证擅自在全民所有的水域从事养殖生产的，责令改正，补办养殖证或者限期拆除养殖设施。未依法取得养殖证或者超越养殖证许可范围在全民所有的水域从事养殖生产，妨碍航运、行洪的，责令限期拆除养殖设施，可以并处一万元以下的罚款。

第四十一条　未依法取得捕捞许可证擅自进行捕捞的，没收渔获物和违法所得，并处十万元以下的罚款；情节严重的，并可以没收渔具和渔船。

第四十二条　违反捕捞许可证关于作业类型、场所、时限和渔具数量的规定进行捕捞的，没收渔获物和违法所得，可以并处五万元以下的罚款；情节严重的，并可以没收渔具，吊销捕捞许可证。

第四十三条　涂改、买卖、出租或者以其他形式转让捕捞许可证的，没收违法所得，吊销捕捞许可证，可以并处一万元以下的罚款；伪造、变造、买卖捕捞许可证，构成犯罪的，依法追究刑事责任。

第四十四条　非法生产、进口、出口水产苗种的，没收苗种和违法所得，并处五万元以下的罚款。经营未经审定的水产苗种的，责令立即停止经营，没收违法所得，可以并处五万元以下的罚款。

第四十五条　未经批准在水产种质资源保护区内从事捕捞活动的，责令立即停止捕捞，没收渔获物和渔具，可以并处一万元以下的罚款。

第四十六条　外国人、外国渔船违反本法规定，擅自进入中华人民共和国管辖水域从事渔业生产和渔业资源调查活动的，责令其离开或者将其驱逐，可以没收渔获物、渔具，并处五十万元以下的罚款；情节严重的，可以没收渔船；构成犯罪的，依法追究刑事责任。

第四十七条　造成渔业水域生态环境破坏或者渔业污染事故的，依照《中华人民共和国海洋环境保护法》和《中华人民共和国水污染防治法》的规定追究法律责任。

第四十八条　本法规定的行政处罚，由县级以上人民政府渔业行政主管部门或者其所属的渔政监督管理机构决定。但是，本法已对处罚机关作出规定的除外。在海上执法时，对违反禁渔区、禁渔期的规定或者使用禁用的渔具、捕捞方法进行捕捞，以及未取得捕捞许可证进行捕捞的，事实清楚、证据充分，但是当场不能按照法定程序作出和执行行政处罚决定的，可以先暂时扣押捕捞许可证、渔具或者渔船，回港后依法作出和执行行政处罚决定。

第四十九条　渔业行政主管部门和其所属的渔政监督管理机构及其工作人员违反本法规定核发许可证、分配捕捞限额或者从事渔业生产经营活动的，或者有其他玩忽职守不履行法定义务、滥用职权、徇私舞弊的行为的，依法给予行政处分；构成犯罪的，依法追究刑事责任。

第六章　附则

第五十条　本法自1986年7月1日起施行。

三、相关企业介绍

天津市

天津知青村科技发展有限公司
地址：天津市宝坻区史各庄镇产业功能区规划一号路18号
……Tel：022-22528020

天津市西青区诚信友善办公用品有限公司
地址：天津西青汽车工业区（张家窝工业区）丰泽道9号底商3号
……Tel：022-23819188

天津西青区诚善办公用品有限公司
地址：天津西青汽车工业区（张家窝工业区）丰泽道9号底商5号
……Tel：022-23819188

天津行道投资集团有限公司
地址：西青区西营门街泰和大厦516-3室
……Tel：022-23831831

天津中建装饰工程有限公司
地址：天津市东丽区腾飞路18号3楼3023室
……Tel：022-24827167

天津梦得集团有限公司
地址：天津市北辰区引河桥北经济开发区内
……Tel：022-27240038

日月同辉投资集团有限公司
地址：天津市和平区大理道92号
……Tel：022-27338903

天津双达保洁服务有限公司
地址：天津自贸试验区（中心商务区）汇津街62号燕赵大厦7层701
……Tel：022-65570839

天津宏亚投资集团有限公司
地址：天津市蓟州区中昌南路鸿昌广场6号
……Tel：022-82310815

天津融达投资有限公司
地址：天津市蓟县杨津庄人民政府（原大　上乡政府院内）平房107室
……Tel：022-82855678

天津市创捷投资有限公司
地址：南开区宾水西道与凌宾路交口西南侧奥城商业广场13-505
……Tel：022-87831335

天津市龙腾投资发展有限公司
地址：天津自贸试验区（空港经济区）西二道82号丽港大厦2-420室
……Tel：022-87935666

重庆市

重庆景旭实业有限公司
地址：重庆市合川区南津街街道南园东路99号14层
……Tel：023-42829579

重庆极峰园林景观工程有限公司
地址：重庆市江津区几江街道津西花园A座
……Tel：023-47517147

重庆博涛凯心生态农业发展有限公司
地址：重庆市永川区南大街办事处大南村砖房院子村民小组
……Tel：023-49830751

重庆市开州区传农农业开发有限公司
地址：重庆市开州区汉丰街道凤凰社区凤凰路55号
……Tel：023-52608177

云阳县明天菌业有限公司
地址：重庆市云阳县盘龙街道长安社区5组
……Tel：023-55383381

重庆安耕农业有限公司
地址：重庆市巫山县高唐街道平湖西路514号电商服务中心五楼（工位编号：01）
……Tel：023-57536660

重庆市汇富置业有限公司
地址：重庆市彭水县靛水街道场上（新街）
……Tel：023-61649668

重庆立创家业贸易有限公司
地址：重庆市北部新区栖霞路18号7幢1单元22-6、22-7
……Tel：023-63424675

重庆曾家起点投资有限公司
地址：重庆市沙坪坝区曾家镇中兴街2-3-1号
……Tel：023-65750201

重庆亿铸机械制造有限公司
地址：重庆市巴南区鱼洞金竹街3号
……Tel：023-66238232

重庆新空间文创设计有限公司
地址：重庆市渝北区龙溪松牌路100号学府小区D幢
……Tel：023-67706763

重庆市农鑫农业咨询有限公司
地址：重庆市北部新区星光大道90号18
……Tel：023-67727579

重庆斯硕生物科技有限公司
地址：重庆市九龙坡区渝州路156号11-3号
……Tel：023-68721117

重庆云朵农业开发有限公司
地址：重庆市北碚区歇马镇歇马路195号
……Tel：023-68861686

重庆丰都农业科技发展集团有限公司
地址：重庆市丰都县三合街道平都大道西段58号第六层
……Tel：023-70706916

重庆市酉阳县铜鼓乡供销合作社有限公司
地址：重庆市酉阳县铜鼓乡清泉村八组
……Tel：023-75763113

重庆福冠投资有限公司
地址：重庆市彭水县绍庆街道滨江路178号.龙庭汇景3号楼第3、10、11、13、14层
……Tel：023-784496382

重庆鸿木农机有限公司
地址：重庆市黔江区城东街道下坝居委雄鹰大道5号
……Tel：023-79253678

重庆乐朴农业发展有限公司
地址：重庆市南川区西城街道办事处隆化大道12号（总商会大厦）1幢2-10-2
……Tel：023-81116999

重庆丰凯生态农业开发有限公司
地址：重庆市江津区几江东部新城A6-2地块
……Tel：023-85576666

重庆酷熊科技有限公司
地址：重庆市北部新区黄山大道中段9号5-厂房1
……Tel：023-86788041

重庆渝全农业科技股份有限公司
地址：重庆市忠县双桂镇龙桥村八组8号
……Tel：023-86836573

重庆科悦病虫害防治有限公司
地址：重庆市涪陵区新城区聚龙大道56号
……Tel：023-87883908

重庆谷百奥生物研究院有限公司
地址：重庆市璧山区璧泉街道东林大道92号(52号厂房)
……Tel：023-88522061

河北省

保定市盈汇投资有限公司
地址：河北省保定市竞秀区韩村乡韩村
……Tel：0312-3123372

河北森德投资有限公司
地址：保定市风帆路115号二层203室
……Tel：0312-3158883

河北森禾投资有限公司
地址：保定市风帆路115号二层203室
……Tel：0312-3158883

涞水县华伟投资有限公司
地址：河北省保定市涞水县涞阳路西侧富民小区
……Tel：0312-4899877

阜平县敏静投资有限公司
地址：河北省保定市阜平县阜平镇安庄村
……Tel：0312-7237281

阜平县融翔投资有限公司
地址：河北省保定市阜平县阜平镇东寺大街
……Tel：0312-7283333

锦益实业张家口有限公司
地址：河北省张家口市桥西区清水桥西街副1号8层09
……Tel：0313-2012356

河北龙苏实业有限公司
地址：河北省张家口市桥东区胜利北路169号1号
……Tel：0313-2035888

河北红石投资集团有限公司
地址：张家口市桥东区建设东街27号
……Tel：0313-2127777

张家口乐信融投资有限公司
地址：张家口市桥东区察哈尔市场东区电子城二层C23
……Tel：0313-2562665

张家口鸿福投资有限公司
地址：河北省张家口市宣化区西城前街二号
……Tel：0313-3382883

张家口双盛投资有限公司
地址：河北省张家口经济开发区富强路2号瑞麟轩小区4号楼96号
……Tel：0313-3685999

张家口市时利和投资集团有限公司
地址：河北省张家口经济开发区西河沿新村南路30号南海公寓3号楼301室
……Tel：0313-4034545

张家口德联投资管理有限公司
地址：河北省张家口市高新区纬二路市府西大街3号财富中心A座7层98号
……Tel：0313-4075888

张家口华亿投资有限公司
地址：宣化县江家屯乡闫家堡村（原闫家堡乡政府院内）
……Tel：0313-5068053

张家口富融投资有限公司
地址：张家口市桥西区中新村利恒家园3号楼2层16、1层16
……Tel：0313-5907797

张家口金元投资有限公司
地址：张家口市怀来县龙潭路
……Tel：0313-7959888

张家口国和投资有限公司
地址：张家口市桥东区建设东街27号富海广场商业1号楼1416号
……Tel：0313-8071287

张家口市垣融投资有限公司
地址：张家口市桥西区北瓦盆窑副42号2号楼201
……Tel：0313-8212380

张家口维德投资有限公司
地址：张家口市桥东区花园小区9号楼1单元2层14（办公场所）
……Tel：0313-8215443

廊坊嘉恒实业有限公司
地址：河北省廊坊市经济技术开发区廊坊市开发区新源东道18号3幢201室
……Tel：0316-2393903

河北紫业投资有限公司
地址：邢台市桥西区中华大街988号红星美凯龙综合体B座2101室
……Tel：0319-2605569

邢台九惠投资有限公司
地址：邢台市桥东区清林雅筑9号楼2单元802室
……Tel：0319-8840301

青龙满族自治县腾飞投资有限责任公司
地址：河北省秦皇岛市青龙满族自治县青龙镇燕山路269号
……Tel：0335-2699589

河北多信投资有限公司
地址：秦皇岛市海港区道德街34号1212号
……Tel：0335-3041128

河北达信投资有限公司
地址：河北省秦皇岛市海港区文化路277号7楼
……Tel：0335-3053228

秦皇岛市创聚投资有限公司
地址：秦皇岛市海港区园明山文化旅游产业聚集区北港镇人民政府大楼302号
……Tel：0335-3226628

秦皇岛杰森投资管理有限公司
地址：河北省秦皇岛市北戴河区联峰北路30-5号
……Tel：0335-5317296

秦皇岛远东金控投资有限公司
地址：秦皇岛市经济技术开发区秦皇西大街69号701室
……Tel：0335-5903666

秦皇岛嘉佑长实投资有限公司
地址：秦皇岛市经济技术开发区秦皇西大街69号613室
……Tel：0335-5903666

秦皇岛恒益投资合伙企业（有限合伙）
地址：秦皇岛市经济技术开发区乐山路5号一楼西侧第五间
……Tel：0335-5917300

秦皇岛市坤丰生态农业开发有限公司
地址：河北省秦皇岛市抚宁区洋河大街洋河左岸商业楼3栋307号
……Tel：0335-6028998

秦皇岛市抚宁区融顺投资发展有限公司
地址：河北省秦皇岛市抚宁区抚宁镇迎宾路政务中心楼
……Tel：0335-6685051

秦皇岛市鼎硕投资有限公司
地址：河北省秦皇岛市抚宁县抚宁镇北商业街
……Tel：0335-6685177

青龙满族自治县万隆农业综合开发中心（普通合伙）
地址：青龙满族自治县青龙镇西街
……Tel：0335-7995908

秦皇岛晟丰投资有限公司
地址：秦皇岛市海港区秦皇东大街155号二楼
……Tel：0335-8589788

秦皇岛若通投资有限公司
地址：秦皇岛市经济技术开发区黑龙江西道31号二楼206室
……Tel：0335-8596305

河北王老祥投资有限公司秦皇岛分公司
地址：河北省秦皇岛市海港区安居东路7号1层大厅
……Tel：0335-8816666

山西省

山西省省级机关服务中心
地址：太原市小店区坞城南路50号
……Tel：0351-7080983

山西鼎承千源园林有限公司
地址：阳泉经济技术开发区驼岭头汽车服务中心综合楼203、205号
……Tel：0353-4368755

榆社县两河口农林渔牧专业合作社
地址：山西省晋中市榆社县社城镇两河口村东南街15号
……Tel：0354-6628889

山西森道尔投资有限公司
地址：临汾市尧都区屯里镇贾村(马随记住宅)
……Tel：0357-2991650

山西海纳达鑫投资集团有限公司
地址：运城永济市河东大道世纪花园拐角楼14号
……Tel：0359-8090866

内蒙古自治区

内蒙古卓信财富投资管理有限公司
地址：内蒙古自治区呼和浩特市新城区东街41号云和综合楼1层西起2号
……Tel：0471-2535689

内蒙古富恒投资有限责任公司
地址：内蒙古自治区呼和浩特市新城区海拉尔东街南侧东MALL中心1号楼8层8002
……Tel：0471-3284601

中健科技集团有限公司
地址：内蒙古自治区呼和浩特市赛罕区新建东街世华大厦C区4楼C420
……Tel：0471-3307626

呼和浩特市七巧国投资有限公司
地址：内蒙古自治区呼和浩特市赛罕区世纪六路万豪长隆湾泽园21-2-102
……Tel：0471-3372077

内蒙古科达投资有限公司
地址：内蒙古自治区呼和浩特市和林格尔县盛乐经济园区食园街的办公楼201号
……Tel：0471-3971855

内蒙古豫商投资有限责任公司
地址：内蒙古自治区呼和浩特市回民区中山西路22号城发大厦1005室
……Tel：0471-5103515

内蒙古中联时代投资有限责任公司
地址：内蒙古自治区呼和浩特市金桥开发区陶利东街宇泰大厦A座1402室
……Tel：0471-5232824

内蒙古同济肉羊养殖有限公司
地址：内蒙古巴彦淖尔市乌拉特中旗牧羊海牧场蒙羊肉羊产业园区
……Tel：0471-6311213

内蒙古盛凯源农牧业科技有限公司
地址：内蒙古呼和浩特市科尔沁南路69号留学人员创业园创新创业大厦0624号
……Tel：0471-6513476

内蒙古利通投资有限责任公司
地址：内蒙古自治区呼和浩特市新城区构件街幸福小区综合楼一、二层
……Tel：0471-6563176

金宇保灵生物药品有限公司
地址：内蒙古自治区呼和浩特市经济技

术开发区沙尔沁工业园区金宇大街1号
……Tel：0471－8166957

内蒙古资盛投资有限责任公司
地址：内蒙古巴彦淖尔市临河区解放办庆丰街阳光购物广场17号
……Tel：0471－8276142

阿荣旗大轱辘自动化科技有限公司
地址：阿荣旗大轱辘车屯11万变电所西侧
……Tel：0472－4213487

内蒙古北药药材集团有限公司
地址：内蒙古自治区呼和浩特市如意工业园区沙尔沁工业区开放大街图审中心主楼3009－1
……Tel：0472－6513476

包头市古城生态园有限公司
地址：内蒙古自治区包头市九原区麻池镇古城村
……Tel：0472－6866883

内蒙古九源投资管理有限公司
地址：内蒙古自治区呼和浩特市新城区锡林南路东侧金翡丽广场B座1610号
……Tel：0472－8113641

内蒙古亚太农牧业科技有限公司
地址：内蒙古自治区乌兰察布市集宁区数码大厦2219
……Tel：0474－8300046

巴林左旗辽韵丹风文化旅游投资有限公司
地址：内蒙古自治区赤峰市巴林左旗林东西城安东路261号201室、202室、204室、206室、210室、213室
……Tel：0476－7868822

赤峰泽润生态环境科技有限公司
地址：内蒙古自治区赤峰市松山区物流园区A2－119厅
……Tel：0476－8178737

鄂尔多斯市佳奇城市建设投资开发有限责任公司
地址：内蒙古自治区鄂尔多斯市东胜区装备制造基地佳奇综合服务大楼
……Tel：0477－2775079

内蒙古聚祥控股有限公司
地址：内蒙古自治区鄂尔多斯市准格尔旗纳日松镇
……Tel：0477－3141888

鄂尔多斯市弘基炜业控股集团有限公司
地址：鄂尔多斯市东胜区杭锦北路42号写字楼
……Tel：0477－3154508

内蒙古众汇鑫医疗器械有限公司
地址：内蒙古自治区鄂尔多斯市准格尔旗布尔陶亥苏木王府大道西104号
……Tel：0477－3867968

内蒙古泰和实业集团有限公司
地址：内蒙古自治区鄂尔多斯市东胜区天骄路国贸大厦１７层
……Tel：0477－3877568

鄂尔多斯市东胜区亨福中小企业投资有限责任公司
地址：内蒙古自治区鄂尔多斯市东胜区铁西华世隆大酒店8楼
……Tel：0477－3879568

准格尔旗天之盛商贸有限公司
地址：内蒙古自治区鄂尔多斯市准格尔旗友谊街道唐公塔村鑫河湾小区1号楼七号底商
……Tel：0477－4898998

鄂尔多斯市东胜城市建设开发投资集团有限责任公司
地址：内蒙古自治区鄂尔多斯市东胜区那日松南路11号世纪华庭6号楼7－15层
……Tel：0477－5116207

内蒙古库布齐沙漠光伏能源有限公司
地址：内蒙古自治区鄂尔多斯市达拉特旗昭君镇
……Tel：0477－5212345

绿能碳汇（集团）有限公司
地址：内蒙古自治区鄂尔多斯市达拉特旗昭君镇柴登嘎查小召西社达拉特旗光伏领跑者基地202室
……Tel：0477－5219997

内蒙古丁圣懿农林牧有限责任公司
地址：内蒙古自治区鄂尔多斯市鄂托克旗乌兰镇苏里格街西万国商业广场B301
……Tel：0477－6287777

昌盛宏业集团有限公司
地址：内蒙古自治区鄂尔多斯市东胜区乌审东街工业园区１２８号
……Tel：0477－8105276

中誉控股集团有限责任公司
地址：内蒙古自治区鄂尔多斯市东胜区东环路2号街坊铁牛大厦C座
……Tel：0477－8115739

中誉资源控股有限公司
地址：内蒙古自治区鄂尔多斯市东胜区铁西迎宾路东广场街北
……Tel：0477－8115739

内蒙古大东联实业有限公司
地址：内蒙古自治区鄂尔多斯市东胜区铜川镇109北辅路天骏汽车修配市场A11号楼
……Tel：0477－8128066

鄂尔多斯市翊创能源投资有限公司
地址：内蒙古自治区鄂尔多斯市东胜区那日松南路11号世纪华庭6号楼9层
……Tel：0477－8182684

鄂尔多斯市万德龙实业集团有限公司
地址：内蒙古自治区东胜区鄂尔多斯市街１２号通九大厦１号楼１４06
……Tel：0477－8315776

鄂尔多斯市新杰投资有限责任公司
地址：内蒙古自治区鄂尔多斯市东胜区铜川镇割舍壕镇
……Tel：0477－8370012

鄂尔多斯市双剑投资有限责任公司
地址：内蒙古自治区鄂尔多斯市东胜区杭锦南路６号
……Tel：0477－8374592

鄂尔多斯市旭东升农林牧开发有限公司
地址：东胜区伊化南路10号街坊鑫牛商务大厦5号楼
……Tel：0477－8387211

鄂尔多斯市万鼎鑫房地产开发有限公司
地址：内蒙古自治区鄂尔多斯市东胜区那日松南路５号
……Tel：0477－8505171

鄂尔多斯市东胜区万元置业有限公司
地址：内蒙古自治区鄂尔多斯市东胜区天骄北路５８号Ｃ区Ｄ座
……Tel：0477－8533977

鄂尔多斯市东胜区万宇置业有限公司
地址：内蒙古自治区鄂尔多斯市东胜区伊化南路天佑大厦７层
……Tel：0477－8533977

鄂尔多斯市东胜区万恒元置业有限公司
地址：内蒙古自治区鄂尔多斯市东胜区天骄北路５８号Ｃ区Ｄ座
……Tel：0477－8533977

内蒙古蓝景生态旅游产业发展有限公司
地址：鄂托克前旗上海庙镇特布德嘎查（敖银线53公里处）
……Tel：0477－8861155

内蒙古北纬四十度草原牧业有限公司
地址：鄂尔多斯市康巴什新区巨力广场1－1－6015号
……Tel：0477－8891024

鄂尔多斯文化产业投资有限公司
地址：伊旗阿镇北环路鄂尔多斯文化产业园
……Tel：0477－8966668

内蒙古能建恒达新能源有限公司
地址：达拉特旗昭君镇柴登嘎查
……Tel：0477－8966668

辽宁省

本溪青山绿水生态林业有限公司
地址：辽宁省本溪市本溪满族自治县小市镇滨河东路172－02
……Tel：024－23412166

沈阳市华农林牧渔专业合作社
地址：沈阳市于洪区光辉畜牧场四分场
……Tel：024－25155599

辽宁德沁软件科技发展有限公司
地址：辽宁省抚顺市新宾满族自治县北四平乡北四平村
……Tel：024－56799888

铁岭市三江口农垦有限公司
地址：昌图县三江口镇街内
……Tel：024－75190082

铁岭市两家子农垦有限公司
地址：昌图县两家子镇街内
……Tel：024－75203628

中博大展（辽宁）企业发展有限公司
地址：辽宁省铁岭市昌图县通江口镇长岭子村三组（第三生产队）
……Tel：024－75600888

沈阳神也爱生物科技有限公司
地址：中国（辽宁）自由贸易试验区沈阳片区机场路1005号G4026室
……Tel：024－86612728

大连技嘉科技有限公司
地址：辽宁省大连高新技术产业园区爱贤街20号一层北侧
……Tel：0411－66885236

大连交运客运汽车站有限公司
地址：辽宁省大连市西岗区香炉礁物流园区内沿海街与群力街交汇处（有效期至2023年12月31日）
……Tel：0411－83670369

海城市众享创业投资中心（有限合伙）
地址：辽宁省鞍山市海城市耿庄镇北耿村四组
……Tel：0412－5065161

鞍山市福斯特商贸有限公司
地址：鞍山市千山区汤岗子镇汤岗子村
……Tel：0412－6386878

海城东新农林牧渔专业合作社
地址：海城市腾鳌镇东新村
……Tel：0412－8322000

辽宁农帮电商创业投资有限公司
地址：辽宁省辽阳市白塔区胜利路86号
……Tel：0419－2891688

辽阳第地嘉农产品有限公司
地址：辽宁省辽阳市太子河区铁西路4号1－6层
……Tel：0419－3990066

盘锦辽河油田晟发资本管理有限公司
地址：盘锦市兴隆台区振兴街机关委
……Tel：0427－7299826

葫芦岛芃宇晟业生物科技有限公司
地址：辽宁省葫芦岛市连山区渤海农资17－1－2、3号
……Tel：0429－3387788

葫芦岛芃宇晟业生物科技有限公司南票分公司
地址：辽宁省葫芦岛市南票区高桥镇朱家洼村
……Tel：0429－3387788

凤城市东跃农业生物科技有限公司
地址：辽宁省丹东凤城市草河区保卫村四组
……Tel：0459－6882887

吉林省

吉林省全息自然生态农业有限公司
地址：长春市朝阳区延安大路777号（南郡水云天16栋2门604室）
……Tel：0431－3290077

吉林在德堂农业有限公司
地址：吉林省长春市朝阳区前进大街繁荣路24号一号楼2层219室
……Tel：0431－80543023

吉林汉帮农业有限公司
地址：长春市南关区西五马路10号永春商居广场A座第A幢座3单元A1318号房
……Tel：0431－80543023

吉林省国诺投资有限公司
地址：辽源市龙山区东吉街029楼001号2楼(百花厅后小区内)
……Tel：0431－88905955

延吉吉峰金桥农机有限公司
地址：延吉市长白山东路4539号
……Tel：0433－2837829

汪清县振发投资有限公司
地址：汪清县汪清镇汪清街东392号
……Tel：0433－68296533

吉林振兴投资发展有限公司
地址：汪清县汪清镇汪清街东103号
……Tel：0433－8812249

延边金润投资有限公司
地址：延吉市局子街1558－18号
……Tel：0433－8908888

四平市硕原农民专业合作社联合社
地址：四平市铁西区平西乡条子河村外环
……Tel：0434－3635050

白城吉峰广联农机有限公司
地址：白城市洮北区经济开发区起步区
……Tel：0436－3221996

辽源市东信投资有限公司
地址：吉林省辽源市龙山区隆基宝典37号楼103门市
……Tel：0437－3116039

辽源市开拓投资有限责任公司
地址：吉林省辽源市西安区仙城小区110、111号楼
……Tel：0437－3120989

辽源市宝通投资有限公司
地址：吉林省辽源市龙山区龙腾景　小区院内
……Tel：0437－3231122

辽源隆盛投资有限公司
地址：辽源市龙山区向阳路2号（原辽源得亨院内）
……Tel：0437－5030007

辽源富隆投资股份有限公司
地址：辽源市龙山区福兴路3号
……Tel：0437－5030007

吉林省惠宇投资管理有限公司
地址：吉林省东丰县东丰镇西环路（天星现代城16号门企）
……Tel：0437－6330000

吉林省德森投资有限公司
地址：辽源市龙山区西宁大路160号（中医院西门对过）
……Tel：0437－6685888

扶余市东旭现代农业发展有限公司
地址：扶余市工业园区
……Tel：0438－5559906

黑龙江省

齐齐哈尔东远石油机械设备制造有限公司
地址：黑龙江省齐齐哈尔市铁锋区铁锋镇向阳村炮台屯
……Tel：0421－2641130

讷河市鑫聚财投资中心
地址：讷河市铁路街大兴综合楼
……Tel：0421－3363041

克东县志永奶牛饲养农民专业合作社
地址：黑龙江省齐齐哈尔市克东县金城乡永进村三组
……Tel：0421－4320777

黑龙江省农投资本管理有限公司
地址：哈尔滨经开区哈平路集中区星海路20号A栋419室
……Tel：0451－51536176

黑龙江省农投产业融合发展有限公司
地址：哈尔滨市松北区智谷二街3043号哈尔滨松北（深圳龙岗）科技创新产业园13栋2楼206室
……Tel：0451－51536192

哈尔滨鸿林韬博投资有限公司
地址：阿城区金城街金河铭苑一期高层4＃楼一层11门
……Tel：0451－51723167

黑龙江中睿沃达新能源科技有限公司
地址：黑龙江省哈尔滨高新技术产业开发区科技创新城创新创业广场18号楼科技一街99号A407室
……Tel：0451－51854033

哈尔滨市新业农民工实训基地有限公司
地址：双城市兰棱镇石家村
……Tel：0451－53165458

哈尔滨五加白农业发展有限公司
地址：哈尔滨市双城区永和村
……Tel：0451－53986671

哈尔滨鸿泰投资有限公司
地址：哈尔滨市香坊区顺水街61－15号
……Tel：0451－55151125

黑龙江嘉林苗圃有限公司
地址：哈尔滨市松北区乐业镇青年村
……Tel：0451－57350055

黑龙江瑞农金安农业发展有限公司
地址：哈尔滨经开区南岗集中区嵩山路31号5－6层9－16轴，B－G轴511室
……Tel：0451－58567866－801

哈尔滨韩卓科技发展有限公司
地址：哈尔滨市南岗区长江路129号世纪广场F栋5层门市
……Tel：0451－58976130

哈尔滨索能投资管理有限公司
地址：阿城区金都街绿波华园56＃1－1－12
……Tel：0451－82306978

哈尔滨市松北区源田大鹅养殖农民专业合作社
地址：哈尔滨市松北区对青山镇建设街
……Tel：0451－82510828

哈尔滨立德投资有限公司
地址：哈尔滨市南岗区隆顺街11号3层302室
……Tel：0451－82641115

哈尔滨隆顺投资有限公司
地址：哈尔滨市南岗区隆顺街11号303室
……Tel：0451－82641115

哈尔滨市万禄农业科技有限公司
地址：哈尔滨市松北区万宝镇后城村王棚铺屯
……Tel：0451－86075177

黑龙江八柒汇投资有限公司
地址：哈尔滨市香坊区珠江俊景第7栋2－1号门市
……Tel：0451－86317655

哈尔滨铁路投资管理集团有限公司
地址：哈尔滨市平房区平新路3号
……Tel：0451－86445438

春夏秋冬投资集团有限公司
地址：哈尔滨市道里区友谊路４２８号交银大厦２５层
……Tel：0451－86499678

黑龙江慧然科技有限公司
地址：哈尔滨市松北区祥安北大街1377号欧美亚阳光家园BH31号楼1层5号
……Tel：0451－86621309

哈尔滨汇吉投资有限责任公司
地址：哈尔滨市香坊区和平路145－3号
……Tel：0451－87005278

哈尔滨中科盈江科技有限公司
地址：哈尔滨高新技术产业开发区科技创新城创新创业广场１８号楼科技一街９９号Ｅ４０５室
……Tel：0451－87192381

哈尔滨海丰投资有限公司
地址：哈尔滨市南岗区长江路28号（长江国际大厦）802室
……Tel：0451－87705225

黑龙江谷实粮食仓储有限公司
地址：黑龙江省哈尔滨市松北区万宝镇化家村化家屯272号
……Tel：0451－88115389

哈尔滨市松北区振涛养殖场
地址：哈尔滨市松北区万宝镇后城村施小铺屯
……Tel：0451－88116028

黑龙江北大荒农垦集团总公司齐齐哈尔分公司
地址：黑龙江省齐齐哈尔市龙沙区鹤城路99号
……Tel：0452－2891355

齐齐哈尔农垦长信投资有限公司
地址：黑龙江省齐齐哈尔市龙沙区通江

路北侧12号501室
…………Tel：0452-28919888

克东县永福大豆种植农民专业合作社
地址：黑龙江省齐齐哈尔市克东县千丰镇福建村
…………Tel：0452-4150788

克东县宝泉镇中兴奶牛养殖专业合作社
地址：黑龙江省齐齐哈尔市克东县宝泉镇中兴村
…………Tel：0452-4320777

克东县兴久生猪饲养农民专业合作社
地址：黑龙江省齐齐哈尔市克东县润津乡建设村4组
…………Tel：0452-4323510

克东县宝泉河邻奶牛养殖专业合作社
地址：黑龙江省齐齐哈尔市克东县宝泉镇河临村
…………Tel：0452-4646101

齐齐哈尔农垦龙江易贷投资咨询有限公司
地址：黑龙江省甘南县查哈阳农场丽景3#105室商服
…………Tel：0452-5563789

穆棱市鑫润农业发展有限公司
地址：穆棱市八面通镇长征路139号
…………Tel：0453-3189195

牡丹江市阳明区五林镇兴旺养殖场
地址：五林镇五河村
…………Tel：0453-3351270

牡丹江市阳明区五林镇五岗村大鸣养殖场
地址：五林镇五岗村
…………Tel：0453-3361706

牡丹江市阳明区五林镇北国春养鸡场
地址：阳明区五林镇北甸村
…………Tel：0453-6448118

牡丹江市东安区志广养殖场
地址：江南新区江南村江南七队北500米
…………Tel：0453-6528877

牡丹江市东安区红日东升养殖场
地址：东安区兴隆镇东胜村
…………Tel：0453-8816350

黑龙江省建三江农垦创胜劳务服务有限公司
地址：黑龙江省佳木斯市富锦市建三江创业农场经济实用住宅区楼2号-10#
…………Tel：0454-5466332

黑龙江省八五九农场
地址：黑龙江省双鸭山市饶河县建三江八五九农场
…………Tel：0454-5701207

黑龙江北大荒农垦集团总公司建三江分公司
地址：黑龙江省佳木斯市富锦市建三江铁北区迎宾路东段北侧建三江分局办公楼
…………Tel：0454-5790242

葵花集团有限公司
地址：五常市葵花大街１００号
…………Tel：0454-87690550

黑龙江农垦柳河实业总公司
地址：黑龙江省绥化市庆安县柳河农场
…………Tel：0455-4459266

黑龙江省农垦红光实业总公司
地址：黑龙江省绥化市海伦市红光农场
…………Tel：0455-5506990

望奎县四海渔业开发有限公司
地址：黑龙江省绥化市望奎县先锋镇沿江村李家屯
…………Tel：0455-6467970

黑龙江煦隆非融资投资担保有限公司
地址：黑龙江省安达市二公里半明珠逸景楼下（新兴街3委1-383）
…………Tel：0455-7655678

黑龙江省庆达实业总公司
地址：黑龙江省绥化市安达市安达牧场
…………Tel：0455-7691052

绥化心语机械制造有限公司
地址：黑龙江省绥化市北林区长江北路果品公司148号商服（仅限办公地点）
…………Tel：0455-8125653

北安市东民村志国农民种植专业合作社
地址：北安市东胜乡东民村
…………Tel：0456-6238866

北安市通北永丰农产品种植专业合作社
地址：北安市通北林业局卫东林场
…………Tel：0456-6787135

黑龙江省建边农场林业站
地址：黑龙江省黑河市嫩江县建边农场直B区一委1号一层103室、104室
…………Tel：0456-7895013

黑龙江省建边农场
地址：黑龙江省黑河市嫩江县建边农垦社区B区一委1号
…………Tel：0456-7895016

黑龙江北大荒农垦集团总公司九三分公司
地址：黑龙江省黑河市嫩江县九三管理局九三路298号
…………Tel：0456-7898576

嫩江市骏祥粮食烘干服务部
地址：黑龙江省黑河市嫩江市山河农场场直六区四栋七门综合市场道东
…………Tel：0456-7899103

黑龙江北大荒农垦集团铁力农场有限公司
地址：黑龙江省伊春市铁力市农场路铁力农场机关办公楼
…………Tel：0458-2811503

伊春市凯威投资有限公司
地址：黑龙江省伊春市南岔区浩良河恒发3#1层115厅
…………Tel：0458-8853888

黑龙江乾灏通元投资管理有限公司
地址：黑龙江省大庆市高新区双聚街6号
…………Tel：0459-4616778

大庆市丰盈投资管理有限公司
地址：黑龙江省大庆市高新区中科创业园B座1205、1206房间
…………Tel：0459-5353618

大庆市天通盛世投资管理有限公司
地址：黑龙江省大庆市高新区科技孵化器一期工程1号孵化器9-803
…………Tel：0459-5885443

大庆市富凯捷建筑劳务分包有限公司
地址：黑龙江省大庆市萨尔图区东风路15-6号万达广场2号写字楼818
…………Tel：0459-5986266

大庆东阳投资咨询有限公司
地址：黑龙江省大庆市高新区南湖景苑居住小区8号楼商服8门2号
…………Tel：0459-6288201

大庆市华隆财富投资管理有限公司
地址：黑龙江省大庆市龙凤区凤阳小区1-01二层5-201
…………Tel：0459-6793681

黑龙江省农垦和平实业总公司
地址：黑龙江省大庆市大同区和平牧场
…………Tel：0459-6951346

大庆市开远盛大投资管理有限公司
地址：黑龙江省大庆市让胡路区阳光佳苑四期25号楼公寓311
…………Tel：0459-8986543

七台河矿业精煤（集团）有限责任公司
地址：黑龙江省七台河市桃山区东进路143号
…………Tel：0464-8790535

黑龙江北大荒农垦集团总公司牡丹江分公司
地址：黑龙江省鸡西市密山市裴德镇农垦牡丹江管理局局直
…………Tel：0467-5062765

黑龙江北大荒农垦集团总公司宝泉岭分公司
地址：黑龙江省鹤岗市萝北县宝泉岭管理局宝泉大街25号
…………Tel：0468-3762310

饶河县润昌农业发展有限公司
地址：黑龙江省双鸭山市饶河县饶河镇镇北村
…………Tel：0469-2663123

双鸭山市岭东区钢联志国养殖场
地址：双鸭山市岭东区70委钢联石灰窑-70委/01
…………Tel：0469-4013899

垦区红兴隆红旗岭农场红梅园林花木中心
地址：黑龙江省双鸭山市饶河县红旗岭农场机关1区29栋15号
…………Tel：0469-5560945

垦区红兴隆红旗岭农场天蓬园特种猪养殖场
地址：黑龙江省饶河县红旗岭农场八队9号地东侧
…………Tel：0469-5561369

垦区红兴隆红旗岭农场王三养猪厂
地址：黑龙江省饶河县红旗岭农场加油站东侧
…………Tel：0469-5563166

饶河县东宏粮食贸易有限公司
地址：黑龙江省双鸭山市饶河县西林子乡西川村
…………Tel：0469-5570288

黑龙江省东北黑蜂开发有限责任公司
地址：黑龙江省双鸭山市饶河县饶河镇通江路西段
…………Tel：0469-5629077

黑龙江省宝山农场
地址：黑龙江省佳木斯市桦川县宝山农垦社区B区2委2栋002号
…………Tel：0469-5850756

黑龙江北大荒农垦集团总公司红兴隆分公司
地址：黑龙江省双鸭山市友谊县红兴隆管理局局直红兴隆大街8号
…………Tel：0469-5860272

江苏省

江苏丰皋农业发展有限公司
地址：南京市秦淮区来凤街17号-2
…………Tel：025-52163306

江苏卫岗集团有限公司
地址：南京市江宁开发区将军大道139号
…………Tel：025-52785977

南京金优生物科技有限公司
地址：南京市溧水区永阳街道秦淮大道288号
…………Tel：025-84396072

南京小冰砖农业科技有限公司
地址：南京市秦淮区光华路150号南京农业大学创业指导中心
…………Tel：025-84525598

江苏天盾农业发展有限公司
地址：南京市江宁区横溪街道横云路188号
…………Tel：025-84605380

南京宝隆再生资源利用有限公司
地址：南京经济技术开发区恒泰路7号
…………Tel：025-86750567

南京运顺新型建筑材料有限公司
地址：南京市江宁区东山街道外港街42-718
…………Tel：025-87138313

标优美生态工程股份有限公司
地址：镇江市扬中市西来桥镇港北东路32号
…………Tel：025-87775616

江苏练湖经济实业总公司
地址：丹阳西门外练湖农场场部
…………Tel：0511-86881078

江苏迪宁生物环保科技有限公司
地址：句容市后白镇芦江村西侧开发区1号
…………Tel：0511-88698086

苏州天合鑫源投资有限公司
地址：苏州市吴中区金庭镇大桥路8-2号
…………Tel：0512-50163986

苏州市沙家浜旅游产品开发有限公司
地址：常熟市沙家浜风景区商贸城
…………Tel：0512-52507352

昆山市千灯水质净化有限公司
地址：昆山市千灯镇景唐南路399号4号房
…………Tel：0512-57279913

苏州瑞尔丰农牧科技有限公司
地址：张家港市大新镇龙潭村11-12组
…………Tel：0512-58768668

艾卡湄（苏州）生态农业有限公司
地址：苏州工业园区新平街388号腾飞科技园23幢3层05单元
…………Tel：0512-65930920

苏州盛万欣贸易有限公司
地址：苏州高新区浒墅关镇新浒商业街1幢537室
…………Tel：0512-66325852

盐城市沿海水利工程有限公司
地址：盐城市大丰区海丰农场
…………Tel：0515-83265230

大丰市南阳镇农技经营服务站农旺经营部
地址：大丰市南阳镇祥西村宏大砖厂路南
…………Tel：0515-83332033

大丰市南阳镇农技经营服务站广丰经营部
地址：大丰市南阳镇广丰村老村部路口
…………Tel：0515-83332033

大丰市南阳镇农技经营服务站城乡经营部
地址：大丰市南阳镇城乡村部桥口
…………Tel：0515-83332033

大丰市南阳镇农技经营服务站新区经营部
地址：大丰市南阳镇祥北村村部南
…………Tel：0515-83332033

大丰市南阳镇农技经营服务站中西经营部
地址：大丰市南阳镇广丰村部前门市
…………Tel：0515-83332033

江苏乾宝有机肥有限公司
地址：盐城市亭湖区盐东镇生建村五组（19）
…………Tel：0515-88231988

盐城爱乐科智能装备科技股份有限公司
地址：盐城市盐都区盐龙街道办事处益民居委会、方向居委会研创大厦十六层（D）
…………Tel：0515-88331115

丰县聚源土地整理有限公司
地址：丰县凤城镇工农南路49号
…………Tel：0516-68890002

中耕（江苏）牧业有限公司
地址：邳州市官湖镇下沟村木头汪6号
…………Tel：0516-83993866

邳州新供销现代农业发展有限公司
地址：徐州市邳州市长江路行政中心6号楼
…………Tel：0516-86222026

徐州神工工程机械有限公司
地址：沛县徐丰公路敬安段北侧
…………Tel：0516-89776166

江苏龙盘港农业综合开发有限公司
地址：盱眙县盱城十里营街道
…………Tel：0517-83358884

淮安柴米河农业科技股份有限公司
地址：淮安市宁连路清浦段177号
…………Tel：0517-83786600

淮安市德力农业机械有限公司
地址：淮安市淮阴区王营镇杜庄村
…………Tel：0517-84913529

江苏耕云种月休闲观光农业有限公司
地址：淮安经济技术开发区徐杨路99号
…………Tel：0517-89080677

连云港市上修建设工程有限公司
地址：连云港市海州区盐河巷文化商业街二期108号-6号
…………Tel：0518-81080887

江苏肥之星生物科技有限公司
地址：连云港市海州区新浦经济开发区创新路6号
…………Tel：0518-85862718

常州市天绿生态有机肥有限公司
地址：武进区洛阳镇管城村
…………Tel：0519-88558356

江苏南农高科动物药业有限公司
地址：泰州市姜堰区姜官路北首（天目山街道官庄村）
…………Tel：0523-88662988

泗洪向阳湖现代农业发展有限公司
地址：泗洪县上塘镇上塘街
…………Tel：0527-86341088

浙江省

浙江省龙游深迪设备制造厂
地址：龙游县东华街道城南工业区凌云路32号
…………Tel：0570-7255126

杭州木木生物科技有限公司
地址：浙江省杭州市临安区锦北街道湖塘下97-1（1幢1楼）
…………Tel：0571-61060654

浙江方亿环境科技集团有限公司
地址：浙江省杭州市富阳区富春街道金秋大道828号302室
…………Tel：0571-63250909

原起科技（杭州）有限公司
地址：浙江省杭州市上城区紫金观巷26号109室
…………Tel：0571-85370517

浙江绿度生态农业科技有限公司
地址：浙江省杭州市萧山区宁围街道祥腾财富中心1幢2407室
…………Tel：0571-86922296

杭州西湖风景名胜区物业服务有限公司
地址：浙江省杭州市玉皇山路1号林海亭管理房104室
…………Tel：0571-87393953

安吉天池家禽专业合作社
地址：浙江省湖州市安吉县天荒坪镇五鹤村
…………Tel：0572-5209232

宁波德易信息科技有限公司
地址：宁波市镇海区蛟川街道镇宁西路123号B座105
…………Tel：0574-55836510

宁波山里向农业科技发展有限公司
地址：宁海县黄坛镇中央山村
…………Tel：0574-65297085

宁波市镇海农业小额信用（融资）担保有限公司
地址：宁波市镇海区南大街281号
…………Tel：0574-86251956

宁波天韵生态产业集团有限公司
地址：宁波市鄞州中心区嵩江中路955号
…………Tel：0574-88267090

中和兰贸易发展中心
地址：浙江省温州市龙湾区蒲州街道文昌路209号C幢201B室
…………Tel：0577-62513939

缙云县新碧生态强村集体经济发展有限公司
地址：浙江省丽水市缙云县新碧街道新华西路69号
…………Tel：0578-3189528

浙江遂昌利民药业有限公司
地址：浙江省丽水市遂昌县云峰街道长濂
…………Tel：0578-8195668

金华市拂晓村镇开发建设有限公司
地址：浙江省金东经济开发区管委会办公大楼301室
…………Tel：0579-82980036

浦江县低丘缓坡开发有限公司
地址：浙江省浦江县东山路76号
…………Tel：0579-84101296

舟山赛莱特海洋科技有限公司
地址：浙江省舟山市普陀区东港街道观头工业小区（原哈得公司厂房办公楼236号）
…………Tel：0580-3023803

安徽省

合肥美好家园生态农业科技有限公司
地址：长丰县双墩镇尚岗村
…………Tel：0551-62937107

安徽瀛鼎创业投资有限公司
地址：安徽省合肥市庐阳区城区沿河西路228号世纪别墅2号楼

…………………… Tel：0551-65951981

安徽春生农业科技有限公司
地址：安徽省合肥市庐江县同大镇薛家圩村薛桥片区
…………………… Tel：0551-87901606

蚌埠禹风家庭农场
地址：安徽省蚌埠市秦集镇宗洼村
…………………… Tel：0552-2881313

蚌埠禹福农业专业合作社
地址：安徽省蚌埠市禹会区秦集镇宗洼村
…………………… Tel：0552-2881313

蚌埠禹王农业发展有限公司
地址：安徽省蚌埠市禹会区秦集镇宗洼村
…………………… Tel：0552-2881313

马鞍山飞马农业开发有限公司
地址：安徽省马鞍山市花山区霍里镇凤山村
…………………… Tel：0555-2108816

安庆巴力弘和环保科技有限公司
地址：安庆市开发区天柱山路80号科技创业园
…………………… Tel：0556-5317445

安徽强盛生物科技有限公司
地址：安徽省安庆市桐城市金神镇金神工业园腾飞路9路
…………………… Tel：0556-64477289

铜陵展宇商贸有限公司
地址：安徽省铜陵市义安区五松镇滨湖北路226号
…………………… Tel：0562-8826265

安徽六安花木城投资发展有限公司
地址：安徽省六安市金安区先生店乡碳石村
…………………… Tel：0564-3831234

安徽云下耕生物科技有限公司
地址：安徽省池州经济技术开发区金安工业园
…………………… Tel：0566-3395106

安徽富景垚农业发展有限公司
地址：安徽省池州市贵池区涓桥镇四联村
…………………… Tel：0566-5262666

福建省

福建恒德源投资发展有限公司
地址：福建省福州市平潭县潭城镇城中村东门庄东方明珠2幢206号
…………………… Tel：0591-2111111

欧联伯爵夫人（福建）投资发展有限公司
地址：福建省福州市平潭县潭城镇西航路南段康德别墅A区101
…………………… Tel：0591-2111111

福建伯爵夫人投资管理有限公司
地址：福建省福州市平潭县潭城镇西航路南段康德别墅A区306
…………………… Tel：0591-2111111

平潭腾达投资咨询有限公司
地址：平潭县澳前镇深溪底万豪名城（二期B区）4幢302室
…………………… Tel：0591-2111111

福建省港华投资发展有限公司
地址：平潭县潭城镇鑫鑫名苑1号楼503
…………………… Tel：0591-2111111

平潭融亿信业投资管理有限公司
地址：平潭县潭城镇西航路中段(丘地号T50-385)
…………………… Tel：0591-2111111

雄昌（平潭）实业有限公司
地址：平潭县潭城镇万宝路中段北侧（康德花园）地号T69-421
…………………… Tel：0591-23112277

平潭综合实验区滕润实业有限公司
地址：平潭县城关海坛东路东段北侧(豪香御景)15B幢703室
…………………… Tel：0591-23130222

畅源（平潭）实业有限公司
地址：福建省福州市平潭县潭城镇万宝路中段北侧（康德花园）（地号T69-421）
…………………… Tel：0591-23138757

福建省中台华汇投资管理有限公司
地址：福建省福州市平潭县潭城镇万得福花园三号楼204室
…………………… Tel：0591-23156555

世纪鑫冠投资集团有限公司
地址：福州市台江区广达路108号世茂国际中心58层
…………………… Tel：0591-23359999

福建北斗时空科技有限公司
地址：福建省闽侯县上街镇高新大道15号2#楼3层301-1室
…………………… Tel：0591-23537621

平潭综合实验区四海投资发展有限公司
地址：福建省福州市平潭县潭城镇西航白鹭社壹号楼
…………………… Tel：0591-24110520

福建巨广大实业有限公司
地址：平潭综合实验区金井湾片区台湾创业园
…………………… Tel：0591-24111111

福建省亚伟投资发展有限公司
地址：平潭县城关万宝路南侧万宝小区（万宝嘉华）3幢105室-A
…………………… Tel：0591-24111111

留余（平潭）投资合伙企业（有限合伙）
地址：平潭综合实验区金井湾片区台湾创业园
…………………… Tel：0591-24131313

家美贸易发展（平潭）有限公司
地址：平潭县潭城镇瑞垅居委会瑞山75号
…………………… Tel：0591-24262222

平潭洪天实业有限公司
地址：福建省福州市平潭县潭城镇建设路南侧海锦嘉园1幢07号B区
…………………… Tel：0591-24311111

福建省岚誉天华信息咨询有限公司
地址：平潭县潭城镇龙里工区农业局北侧明珠公寓5幢702室
…………………… Tel：0591-24311111

恒坤实业（平潭）有限公司
地址：福建省福州市平潭县潭城镇城东居委会泰元花园（丘地号：52-66-B）
…………………… Tel：0591-24334389

洪茂润实业（平潭）有限公司
地址：福建省福州市平潭县潭城镇龙里路西侧伟盛花园C幢西502
…………………… Tel：0591-24360660

连江鼎晨贸易有限公司
地址：福建省福州市连江县凤城镇马祖西路10号万家城市广场一区5#楼10层1016室
…………………… Tel：0591-26109599

福州新西岸投资有限公司
地址：连江县凤城镇玉荷西路建行大楼1#六楼
…………………… Tel：0591-26157725

福建新兴业投资有限责任公司
地址：连江县凤城镇华光西路2号凤凰城11号楼2层29店面
…………………… Tel：0591-26365666

福建鼎宸建设集团有限公司
地址：连江县凤城镇丹凤东路30号办公大楼11层
…………………… Tel：0591-26598333

福州翰捷投资有限公司
地址：福建省福州市马尾区马尾镇儒江东路78号滨江广场1#楼2层174室（自贸试验区内）
…………………… Tel：0591-26722793

福建日兴置业有限公司
地址：连江县筱埕镇大埕村1#
…………………… Tel：0591-26771688

罗源邻家购电子商务有限公司
地址：福建省福州市罗源县中房镇满盾村9-1
…………………… Tel：0591-26942090

福建及成投资有限公司
地址：福州市马尾区儒江东路78号滨江广场1#楼2层153室（自贸试验区内）
…………………… Tel：0591-28368999

福州市长乐区隆汇投资有限公司
地址：福州市长乐区金峰镇三星村金福路99-28号
…………………… Tel：0591-28671908

福州市马尾区荣坤投资管理有限公司
地址：福建省福州市马尾区马尾镇儒江东路78号滨江广场1#楼20层16A室（自贸试验区内）
…………………… Tel：0591-38070045

福州市辉庄投资有限责任公司
地址：连江县潘渡乡东雁村贵安新天地贵荣苑商业街5#-9#楼20店面
…………………… Tel：0591-38180895

福州凯恩投资管理有限公司
地址：福建省福州市仓山区金山街道浦上大道216号福州仓山万达广场C区C3号楼18层05办公
…………………… Tel：0591-38300013

福建宇宏鑫建筑工程有限公司
地址：福建省福州市平潭县澳前镇前进村前进小区（地号11/75/070）
…………………… Tel：0591-38363666

长杰（福建）实业集团有限公司
地址：平潭县潭城镇东门庄105号东方明珠6幢701室
…………………… Tel：0591-38363666

平潭洪天投资有限公司
地址：福建省福州市平潭县潭城镇建设路南侧海锦嘉园1幢07号
…………………… Tel：0591-38385566

平潭鼎恒投资管理有限公司
地址：福建平潭县潭城镇红山居委会莲花庄111号
…………………… Tel：0591-38385868

福建省千益贸易有限公司
地址：平潭县潭城镇宝湖居委会南门庄康德花园（地号67-782）
…………………… Tel：0591-4311111

福建联鑫担保有限公司
地址：连江县凤城镇北门街816北路14号楼（中国银行四楼）
…………………… Tel：0591-62133338

平潭中天旭诚投资有限公司
地址：福建省平潭县翠园南路与环岛路交叉口北侧，海坛古城衙门一楼
…………………… Tel：0591-62525677

平潭综合实验区谨信投资有限公司
地址：福建省平潭县翠园南路与环岛路交叉口北侧海坛古城衙门一楼
…………………… Tel：0591-63196999

福建福大人网络科技有限公司
地址：福建省福州市仓山区建新镇金榕南路10号金山碧水榕城广场7#楼2层11店面-1
…………………… Tel：0591-83051127

海恒（平潭）资产管理有限公司
地址：平潭县潭城镇城南星庄104号（原交通运输公司）4层
…………………… Tel：0591-83108001

福建九野小镇投资发展有限公司
地址：福建省福州市晋安区鼓山镇福新东路478号盛丰物流集团办公楼五层501室
…………………… Tel：0591-83209700

福建天象环保科技有限公司
地址：福州市台江区义洲街道北兴横路北兴园4号楼2层323室
…………………… Tel：0591-83283337

福州明昱健康科技有限公司
地址：福建省福州市鼓楼区华大街道华林路246号永鸿城（现鸿源大厦）1#、2#楼连接体3层11室-2
…………………… Tel：0591-83322488

振华重工海上福州建设有限公司
地址：福建省福州市连江县潘渡沿江大道1号贵安新天地写字楼3号楼5层501-510
…………………… Tel：0591-83325317

福建省树海建材贸易有限公司
地址：平潭综合实验区金井湾片区台湾创业园
…………………… Tel：0591-83332789

福建美城置业有限公司
地址：福州市连江县敖江镇岱云村海云路1号
…………………… Tel：0591-83370885

福州安远智能装备有限公司霞浦分公司
地址：霞浦县三沙镇陇头村工业园区台北路1号办公楼
…………………… Tel：0591-83548955

福建雪松岭林业有限公司
地址：福州市晋安区新店镇西庄路233号3#楼3208店面—2
…………………… Tel：0591-83549795

福建品象贸易有限公司
地址：平潭县北厝镇天山路6号平潭海峡如意城G001地块1幢1501号
…………………… Tel：0591-83579899

福建润宝置业有限公司
地址：福州市鼓楼区五四路151号华都大厦1515单元
…………………… Tel：0591-83579977

福州安远智能装备有限公司
地址：福建省福州市仓山区盖山镇盘屿路869号金山工业集中区福湾片标准厂房10#楼第二、第三层
…………………… Tel：0591-83593880

福州安远智能装备有限公司长乐区分公司
地址：福州市长乐区文岭镇文岭村河里212号
…………………… Tel：0591-83593880

福建龙亿环境科技有限公司
地址：福州市马尾区罗星西路68号阳光花都9#楼1层05店面（自贸试验区内）
…………………… Tel：0591-83638877

福建中量智汇科技有限公司
地址：福建省福州市马尾区兆锵路33号金澜大厦B区6层（自贸试验区内）
…………………… Tel：0591-83680656

福建省永亨财富管理有限公司
地址：福建省福州市台江区茶亭街道群众路198号汇福大厦五层02室-4
…………………… Tel：0591-83777536

福建荣林机械有限公司
地址：福州高新区海西高新技术产业园创业大厦附属楼3楼304-A1
…………………… Tel：0591-83801217

福建恒冠投资有限公司
地址：福州市晋安区茶园街道北环中路297号鑫梦园1层10商业
…………………… Tel：0591-83810321

福建省致青生态环保有限公司
地址：福建省福州市仓山区科技园高盛路3号活力大厦三层南3
…………………… Tel：0591-83812001

福建省震原生物技术有限公司
地址：福建省福州市仓山区南江滨西大道157号—20三层—05室
…………………… Tel：0591-83850396

福建省鑫茂投资有限公司
地址：福建省福州市福清市宏路街道福人路中联·江滨御景1号702
…………………… Tel：0591-85229896

福建融大投资有限公司
地址：福清市石竹街道宏兴村宏信综合楼206
…………………… Tel：0591-85370399

福建诚大投资有限公司
地址：福清市石竹街道宏兴村宏信综合楼206
…………………… Tel：0591-85370399

福建山阁投资有限公司
地址：福建省福州市福清市音西街道霞盛村景观豪庭1号楼1层06店面
…………………… Tel：0591-85525266

福建省融桂投资有限公司
地址：福清市渔溪镇渔溪村苏田村锦绣豪园16号楼113店面
…………………… Tel：0591-85670000

福清市龙鑫能源投资有限公司
地址：福清市龙田镇上薛村278号
…………………… Tel：0591-85775372

宝利通达（平潭）实业有限公司
地址：福建省福州市平潭县潭城镇东大街84号A幢304号
…………………… Tel：0591-86160919

平潭源洪实业有限公司
地址：福建省福州市平潭县潭城镇万宝路东段北侧开门山小区（地号11/70/535）
…………………… Tel：0591-86166363

福建前峰置业有限公司
地址：福州市鼓楼区五四路157号新天地大厦14层1407
…………………… Tel：0591-86211801

亘古（平潭）投资管理有限公司
地址：平潭万宝路中段北侧合亚岚新城二楼（地号：11/70/1）
…………………… Tel：0591-86291985

一元久（平潭）投资管理有限公司
地址：平潭万宝路中段北侧合亚岚新城二楼（地号：11/70/1）-2
…………………… Tel：0591-86291985

福建本位资产管理有限公司
地址：福建省长乐市古槐镇中街村直街98号（福建章诚隆建设工程有限公司内）
…………………… Tel：0591-86291985

福建巨祺工贸有限公司
地址：福建省福州市福清市阳下街道办事处福长路大楼一层
…………………… Tel：0591-86557599

福州前诚置业有限公司
地址：福州市琅岐经济区琅岐镇吴庄村幸福楼116房
…………………… Tel：0591-87278688

福州优益尚贸易有限公司
地址：福建省福州市晋安区岳峰镇横屿路19号（原连江北路与化工路交叉处）东二环泰禾城市广场（一期）8#楼8层19办公
…………………… Tel：0591-87319660

福建鼎业建筑劳务有限公司
地址：福建省福州市晋安区岳峰镇化工路北侧东二环泰禾城市广场东区C地块5#楼8层810办公
…………………… Tel：0591-87322292

福建华冉投资有限公司
地址：平潭县潭城镇东大街11号6层G区
…………………… Tel：0591-87330571

福建省华嵩投资发展有限公司
地址：福州市晋安区鼓山镇连江北路487号晋都酒店配套楼3楼302号
…………………… Tel：0591-87389688

福建省世纪华奥投资有限公司
地址：福建省福州连江潘渡乡贵安科技大楼
…………………… Tel：0591-87522811

福建省成长线投资有限公司
地址：福建省福州市仓山区橘园洲工业园仓山园8号楼
…………………… Tel：0591-87538000

南亚建设集团有限公司
地址：福建省福州市鼓楼区东大路88号建闽大厦四层A区01开间
…………………… Tel：0591-87557555

福州华立广餐饮管理有限公司
地址：福建省福州市鼓楼区东街街道东泰路246号东泰综合楼1座二层店面-1
…………………… Tel：0591-87559260

福建省煜恒金控信息咨询有限公司
地址：福建省福州市仓山区金山街道浦上大道216号福州仓山万达广场C区C2号楼20层03办公
…………………… Tel：0591-87571135

福建省美嘉资产管理有限公司
地址：福建省福州市仓山区金山街道浦上大道216号福州仓山万达广场C区C2号楼20层01办公

……………………Tel：0591-87571135

福州筑成投资有限公司晋安区分公司
地址：福建省福州市晋安区岳峰镇长乐北路116号立洲集团总部大厦22层05单元
……………………Tel：0591-87571703

同威科技股份有限公司
地址：福建省福州市闽侯县上街镇乌龙江大道7＃创新园二期17号楼3层336室
……………………Tel：0591-87591999

福州官田贸易有限公司
地址：福州市晋安区新店镇秀山路198号绿园明居（现名源达小区二期）6＃、7＃楼连体1层01店面
……………………Tel：0591-87597636

福建汇源投资有限公司
地址：福州市台江区苍霞路13号青年会大楼
……………………Tel：0591-87601912

福州馨慧科技有限公司
地址：福州市仓山区金山街道金山大道413号丽景天成16号楼405单元
……………………Tel：0591-87622898

平潭自贸区善达投资有限公司
地址：平潭综合实验区金井湾片区商务营运中心6号楼5层511室-3996（集群注册）
……………………Tel：0591-87628835

福州筑成投资有限公司
地址：福建省福州市连江县凤城镇丹凤东路15号丹凤花园38＃楼11号店面
……………………Tel：0591-87661806

福州市和乐汽车贸易有限公司
地址：福建省福州市连江县凤城镇文汇路3号凤翔名仕6＃楼1层3店面
……………………Tel：0591-87661806

保达实业集团（平潭）股份有限公司
地址：平潭综合实验区翠园北路777号保达实业集团大厦3楼
……………………Tel：0591-87719000

福建中鹏投资有限公司
地址：福州市晋安区新店镇秀山路245号1号楼4层4D单元
……………………Tel：0591-87766597

福建省城乡建设股份有限公司
地址：福建省福州市台江区鳌峰街道曙光支路16号恒丰大厦2513-35
……………………Tel：0591-87803028

福州宏泰投资有限公司
地址：福州市鼓楼区五四路159号30层C4单元
……………………Tel：0591-87803157

福州旅福文化发展有限公司
地址：福建省福州市鼓楼区古田路7号东升楼8楼C室
……………………Tel：0591-87806310

福州大用生物应用科技有限公司
地址：福州市仓山区建新镇金洲北路7号2号楼标准厂房一层03号
……………………Tel：0591-87808566

福州星韵信息科技有限公司
地址：福建省福州市鼓楼区工业路611号福建高新技术创业园1号楼五层北6室
……………………Tel：0591-87808566

福建弘金投资有限公司
地址：福州市鼓楼区古田支路40号501
……………………Tel：0591-87808669

福建米多堡贸易有限公司
地址：福建省福州市晋安区宦溪镇牛项村民委员会办公楼139室
……………………Tel：0591-87811501

福州穿行捷升贸易有限公司
地址：福建省福州市晋安区宦溪镇降虎村民委员会办公楼170室
……………………Tel：0591-87811501

福建齐达科技服务有限公司
地址：福建省福州市鼓楼区温泉街道五四路89号置地广场26层03室-8
……………………Tel：0591-87817812

福州金苗种业有限公司
地址：福建省福州市鼓楼区温泉街道六一北路256号1＃楼5层522-523
……………………Tel：0591-87822336

福建华贸投资发展有限公司
地址：平潭县潭城镇城中村盛林庄
……………………Tel：0591-8786664

福建省农科环保设备有限公司
地址：福建省福州市仓山区盖山镇中山村观音亭35号
……………………Tel：0591-87881255

福建大新华旅游有限公司
地址：福建省福州市马尾区马尾镇宗棠路18号（原创安路18号）凯隆广场1＃楼28层15公寓式办公（自贸试验区内）
……………………Tel：0591-87883735

维特拉（福建）科技有限公司
地址：福建省福州市晋安区岳峰镇横屿路25号东二环泰禾城市广场三期11＃楼10层27办公
……………………Tel：0591-87892801

福建厚荣投资管理有限公司
地址：平潭综合实验区芦洋乡产业服务中心
……………………Tel：0591-87956749

福建省丰盛佳园农林科技集团有限公司
地址：福建省福州市永泰县嵩口镇嵩口街道54号
……………………Tel：0591-88005833

福州利亚经济发展有限公司
地址：福州市台江区新港街道五一中路169号利嘉城二期16＃楼综合4层4＃室
……………………Tel：0591-88058292

中基农业（福建）有限公司
地址：福建省福州市鼓楼区北环中路150号福苑花园1＃楼5层04室
……………………Tel：0591-88068199

福建邦恒环境科学有限公司
地址：福州市台江区白马南路浦前新村沿街二层北侧（白马南路321号）
……………………Tel：0591-88198819

平潭香樟林投资管理有限公司
地址：平潭综合实验区金井湾片区商务营运中心6号楼5层511室-4409（集群注册）
……………………Tel：0591-88256400

今辰尚品（福州）企业管理咨询有限公司
地址：福建省福州市马尾区湖里路27号2＃楼2X-10Z室（自贸试验区内）
……………………Tel：0591-88260226

福建颐乐投资有限公司
地址：平潭综合实验区芦洋乡产业服务中心
……………………Tel：0591-88524881

平潭综合实验区互信信息服务有限公司
地址：平潭综合实验区金井湾台创园
……………………Tel：0591-88775188

福州友联生态农业发展有限公司
地址：福建省福州市台江区鳌峰街道鳌江路8号福州金融街万达广场二期C1＃写字楼22层15室
……………………Tel：0591-88997825

厦门海洋本草绿色科技有限公司
地址：厦门市翔安区鸿翔西路1888号2＃大楼十四层F室
……………………Tel：0592-2195677

厦门历思科技服务有限公司
地址：中国（福建）自由贸易区试验区厦门片区湖里大道33号第七层西侧之一
……………………Tel：0592-2283132

厦门欧达科技有限公司
地址：厦门市集美区苑亭路139号201室
……………………Tel：0592-2518000

厦门金泰海洋产业投资有限公司
地址：厦门市翔安区大嶝街道小嶝社区望金路208号
……………………Tel：0592-2625204

厦门快测传感器技术有限公司
地址：厦门市思明区龙山南路251号之五201室A区326单元
……………………Tel：0592-3166736

万校恒业（厦门）科技有限公司
地址：中国(福建)自由贸易试验区厦门片区象屿路97号厦门国际航运中心D栋8层03单元G
……………………Tel：0592-3558053

厦门众叒科技有限公司
地址：厦门市思明区前埔二里217号1003室
……………………Tel：0592-5131175

厦门顺达诚仪器设备有限公司
地址：厦门市思明区湖滨北路255号301室
……………………Tel：0592-5161337

厦门炜博能源科技有限公司
地址：厦门市湖里区禾山镇钟宅村钟宅社B幢301
……………………Tel：0592-5285673

厦门沁和工贸有限公司
地址：厦门市湖里区长岸路2398号E栋1楼
……………………Tel：0592-5285673

厦门迈信智农物联科技股份有限公司
地址：厦门火炬高新区创业园创业大厦772室
……………………Tel：0592-5658912

厦门迈信光生物科技有限公司
地址：厦门市集美区锦园西路469号厂房一第五层南面A1区
……………………Tel：0592-5658912

厦门边信物联科技股份有限公司集美分公司
地址：厦门市集美区锦园西路469号厂房一第五层厂房南面B
……………………Tel：0592-5658912

厦门日华机电成套有限公司
地址：厦门火炬高新区（翔安）产业区翔虹路27号404单元
……………………Tel：0592-5701778

厦门科瑞声科技有限公司
地址：厦门市湖里区禾山路266-268号联谊大厦第4层421、423单元
……………………Tel：0592-5758060

厦门市绿蔓信息科技有限公司
地址：厦门市集美区杏林湾路496号401单元
……………………Tel：0592-5791001

厦门市时创自动控制工程有限公司
地址：厦门市思明区塔埔东路（观音山国际商务营运中心）167号3层304A室
……………………Tel：0592-5805283

厦门市吉龙德环境工程有限公司
地址：厦门市思明区前埔二里57号605室
……………………Tel：0592-5914855

厦门斯坦道科学仪器股份有限公司
地址：厦门火炬高新区软件园创新大厦C区3F-A420
……………………Tel：0592-5931520

厦门山海农林牧渔实业有限公司
地址：厦门市海沧区新阳街道新光路253号四层415室
……………………Tel：0592-5936060

厦门乐洲农林牧渔实业有限公司
地址：厦门市思明区育秀里38号C-19
……………………Tel：0592-5936060

厦门沧海园科技有限公司
地址：中国（福建）自由贸易试验区厦门片区海沧新大街27号389室
……………………Tel：0592-6058210

厦门市抚远科技有限公司
地址：厦门市集美区集美街道银亭路10号3楼308室
……………………Tel：0592-6212249

厦门永人橡塑五金工业有限公司
地址：厦门市集美区杏林董任路2号之一
……………………Tel：0592-6277206

厦门新颖佳生物科技有限公司
地址：厦门市海沧区阳泰路23号（1号楼）一楼108单元
……………………Tel：0592-6532088

厦门为正生物科技股份有限公司
地址：厦门市海沧区新阳街道翁角西路2030号海沧生物医药通用厂房16号厂房3-4层
……………………Tel：0592-6808278

厦门诚锐通自动化设备有限公司
地址：厦门火炬高新区（翔安）产业区边南路336-2号第二层之2
……………………Tel：0592-7180810

厦门保沃温室工程有限公司
地址：厦门市同安区祥桥社区三香里68号之二
……………………Tel：0592-8325555

宁德市原野投资有限公司
地址：古田县城西街道新华3支路1弄23号
……………………Tel：0593-2200888

福建海上渔城食品有限公司
地址：福建省宁德市蕉城区城南镇国税花苑33号101D
……………………Tel：0593-2567018

福建雪丰制冷设备有限公司
地址：宁德市蕉城区单石碑路189号
……………………Tel：0593-2815088

宁德市日月星农业发展有限公司
地址：宁德市蕉城区青山路1号伯爵郦城别墅15幢1单元
……………………Tel：0593-2819555

大牧丰（宁德）农业有限公司
地址：宁德市东侨经济开发区万安东路2号（金港名都B区）14-15裙楼1层116
……………………Tel：0593-2962566

古田县移民创业园投资有限公司
地址：古田县解放路143号县政府大院3号楼五层501室
……………………Tel：0593-3831821

福建省古田县川旭贸易有限公司
地址：古田县鹤塘镇西洋村五八路60号七层702室
……………………Tel：0593-3884187

七岁的我设计管理与咨询（周宁县）有限责任公司
地址：福建省宁德市周宁县狮城镇商贸路60号306室
……………………Tel：0593-5627273

福建绿奎农业综合开发有限责任公司
地址：福建省宁德市周宁县狮城镇虎岗工业园区金钟路2号
……………………Tel：0593-5735555

宁德市芹洋农业发展有限公司
地址：宁德市蕉城区青山路5-16号104D
……………………Tel：0593-6106118

福安市百悦投资有限公司
地址：福建省宁德市福安市城北新华中路129号闽东世纪城5号楼二层13号店面
……………………Tel：0593-6208866

福建农垦茶业有限公司
地址：福安市城南街道南湖解放路15号（生产场所：福安市松罗乡王家茶场）
……………………Tel：0593-6561773

福建米颉车业股份有限公司
地址：福建省宁德市东侨经济开发区疏港路11号
……………………Tel：0593-6896028

福鼎市施猎自然生物有限公司
地址：福建省宁德市福鼎市桥头村高滩51号原水文站
……………………Tel：0593-7652699

福建省乐开发现代化农业有限公司
地址：福建省莆田市仙游县枫亭镇枫亭经济开发区园中路
……………………Tel：0594-6975077

莆田市香田园电子商务有限公司
地址：福建省莆田市仙游县鲤城街道龙吟亭路289号
……………………Tel：0594-8290777

德化县锦鑫农林牧渔专业合作社
地址：福建省泉州市德化县三班镇锦山村
……………………Tel：0595-23547677

福建省南安辉雅投资有限公司
地址：南安市省新镇省身村A1幢5号
……………………Tel：0595-26998588

福建豪新食品市场股份有限公司
地址：福建省泉州市晋江经济开发区食品园（罗山樟井）
……………………Tel：0595-28906666

泉州市佩玖贸易有限公司
地址：福建省泉州市晋江市池店镇屿崁村屿尾9号
……………………Tel：0595-82956678

泉州尔菲贸易有限公司
地址：福建省泉州市晋江市池店镇浯潭工业区
……………………Tel：0595-82956678

晋江东远进出口贸易有限公司
地址：晋江市青阳阳光社区三排一号
……………………Tel：0595-85007129

晋江企发贸易有限公司
地址：晋江市陈埭鞋都C幢44号三号楼
……………………Tel：0595-85007129

福建建西投资管理有限公司
地址：晋江市青阳街道莲屿尾透386号
……………………Tel：0595-85007129

晋江星际贸易有限公司
地址：晋江市梅岭街道竹树下社区东区65号
……………………Tel：0595-85008101

闽台实业发展有限公司
地址：晋江市陈埭镇江头工业区
……………………Tel：0595-85198181

晋江市龙园村旧村改造建设管理有限公司
地址：晋江市龙湖镇龙园村委会二楼
……………………Tel：0595-85298955

晋江盈发投资有限公司
地址：晋江市龙湖镇英厝头龙富港大厦A栋401
……………………Tel：0595-85299907

晋江市益杰投资企业（有限合伙）
地址：晋江市龙湖镇龙富港豪庭B幢201
……………………Tel：0595-85299907

晋江市古安投资发展有限公司
地址：晋江市金井镇古安村村委会
……………………Tel：0595-85385113

晋江市福全投资发展有限公司
地址：晋江市金井镇福全村委会
……………………Tel：0595-85390595

泉州市华辉投资发展有限公司
地址：南安市水头镇建材市场大道
……………………Tel：0595-86993381

泉州宇光投资有限公司
地址：福建省泉州市晋江市池店镇仕春村10-1号5栋5
……………………Tel：0595-88005008

晋江万顺纸业有限公司
地址：晋江市磁灶钱坡村
……………………Tel：0595-88133555

晋江市明珠岛贸易有限公司
地址：福建省晋江市罗山福埔
……………………Tel：0595-88172211

漳州市龙文英格尔农业科技有限公司
地址：福建省漳州市龙文区蓝田开发区梧桥中路12号科能科技园2栋2楼
……………………Tel：0596-2666716

福建日鑫担保有限公司
地址：漳州市芗城区江滨路江滨花园沿江2幢407号
……………………Tel：0596-2861386

漳州市科沁农业科技有限公司
地址：福建省漳州市芗城区漳福路1号冠成国际2幢1702室
……………………Tel：0596-2936131

佰凌集团有限公司
地址：福建省漳州市芗城区新浦路45号
……………………Tel：0596-2957525

福建龙睿投资有限公司
地址：福建省漳州市漳浦县绥安镇金浦大道新都广场华景楼27层
……………………Tel：0596-3185555

漳州益智乐教育咨询有限公司
地址：福建省漳州市漳浦县绥安镇青少年宫一楼D01号
……………………Tel：0596-3909630

平和县柚享尼果业有限公司
地址：福建省漳州市平和县南胜镇龙心村下 96号电子商务公共服务中心二楼

2203
……………………Tel：0596-5222677

漳州闽旺食品有限公司
地址：福建省漳州高新区靖城镇草前村南行143号
……………………Tel：0596-7654321

漳州市百康农业科技有限公司
地址：福建省漳州市长泰县岩溪镇湖珠村前坂12号
……………………Tel：0596-8281770

福建浩钧农业发展有限公司
地址：福建省龙岩市新罗区西陂街道莲西路319号桃源小区3号楼3层303室
……………………Tel：0597-2115235

龙岩市海博工程机械有限公司
地址：新罗区龙洲工业园内
……………………Tel：0597-2528219

龙岩市鲜味达电子商务有限公司
地址：福建省龙岩市新罗区西陂街道西山村福云楼南巷9号104D
……………………Tel：0597-2821919

福建仁益农业发展有限公司
地址：福建省龙岩市新罗区曹溪街道东山村巽峰南路28号
……………………Tel：0597-2887758

福建绿杭园农业有限公司
地址：福建省龙岩市上杭县临城镇城北村北环中路新一巷3号
……………………Tel：0597-2895852

龙岩农业发展有限公司
地址：福建省龙岩市新罗区登高东路169号农业农村大厦1-3楼
……………………Tel：0597-3389989

见见农业发展（福建）有限公司
地址：上杭县临城镇农副产品加工园区7号
……………………Tel：0597-3835168

福建腾川环保科技有限公司
地址：上杭县临城镇黄竹村工业区黄竹大路15号
……………………Tel：0597-3851001

福建三丫生态农业股份有限公司
地址：龙岩市上杭县临城镇琴岗路108号
……………………Tel：0597-3990222

龙岩市和诚银丰投资有限公司
地址：长汀县汀州镇添丁下一路213号
……………………Tel：0597-6806666

福建金森碳汇科技有限公司
地址：将乐县水南镇三华南路50号
……………………Tel：0598-2338696

福建浩丰生态农业开发有限公司
地址：建宁县濉溪镇中山北路5号B幢2层203
……………………Tel：0598-3989959

三明市叁鼎投资有限责任公司
地址：沙县国安风情街凤凰阁13号
……………………Tel：0598-5508336

福建天翔实业有限公司
地址：三明市梅列区和仁新村16幢一层47号
……………………Tel：0598-8211555

福建明兴投资有限公司
地址：三明市梅列区沪明新村197幢八层
……………………Tel：0598-8277386

福建省臻美环保科技有限公司
地址：福建省三明市三元区荆东路69号
……………………Tel：0598-8291111

三明市森宇环保科技有限公司
地址：三明市三元区崇荣路15幢西侧五层
……………………Tel：0598-8320887

三明市千合投资集团有限责任公司
地址：三明市梅列区列东街86号供销大厦605室
……………………Tel：0598-8589688

福建三明森鸿环保技术有限公司
地址：福建省三明市梅列区陈大镇陈墩村3号
……………………Tel：0598-8667799

三明市嘉盛贸易有限公司
地址：三明市阳光城时代广场1077、1078、1079号
……………………Tel：0598-8668999

福建省秦溪建设工程有限公司
地址：福建省建瓯市小松镇小松街4号207-208
……………………Tel：0599-3866555

福建南平贵福生态科技有限公司
地址：福建省邵武市大埠岗镇河源村江富下坊64号
……………………Tel：0599-6857678

福建南平恒搏投资管理有限公司
地址：南平市江滨南路124、122号（西门岭安置区）3幢3层301室
……………………Tel：0599-8501833

福建金石投资管理有限公司
地址：南平市东山路2号金辉广场2003室
……………………Tel：0599-8802778

江西省

江西锦程农业开发有限公司
地址：江西省贵溪市万和城一期商铺5S-2（110、111）
……………………Tel：0701-3716888

江西鑫润物流有限公司
地址：江西省南昌市新建区望城新区管委会
……………………Tel：0791-86521266

江西丰源实业集团有限公司
地址：江西省南昌市南昌高新技术产业开发区火炬大街188号淳和大厦23楼北侧
……………………Tel：0791-88113742

江西正汇华实业集团有限公司
地址：福建省福州市鼓楼区水部街道五一北路129号榕城商贸中心十八层04室
……………………Tel：0791-88116077

南昌环工环保科技有限公司
地址：南昌高新区昌东大道9999号昌大瑞丰七楼
……………………Tel：0791-88368556

江西新光实业集团有限公司
地址：江西省九江市浔阳区庐山南路27号
……………………Tel：0792-8228373

江西省抚州市路神车辆贸易有限责任公司
地址：江西省抚州市临川区文昌大道（原抚昌路）
……………………Tel：0794-2189888

安福北辰德农业开发有限公司
地址：安福县平都镇宝成南路A区24号
……………………Tel：0796-7698788

山东省

泰安汇东蔬菜专业合作社
地址：泰安市岱岳区祝阳镇姚中村
……………………Tel：0523-8799146

菏泽丰唐资产管理有限公司
地址：山东省菏泽市高新区中华西路2059号
……………………Tel：0530-6162266

山东贾氏伟业农牧开发有限公司
地址：济宁市机电二路北火炬路西龙源建材综合楼
……………………Tel：0530-8613886

济南市赢城投资有限公司
地址：山东省济南市莱芜区口镇澳门南路中段(赢城集团大厦)
……………………Tel：0531-75878869

三朵云国际商品市场管理有限公司
地址：山东省济南市历城区东风街道华信路3号鑫苑鑫中心7号楼历城金融大厦20层
……………………Tel：0531-80992869

山东国松资本管理集团有限公司
地址：山东省济南市市中区英雄山路129号山东新金融产业园9号楼405-8
……………………Tel：0531-82399789

青岛胶南环海实业总公司
地址：青岛市黄岛区灵山卫街道办事处北街
……………………Tel：0532-83181101

青岛万盛通投资有限公司
地址：青岛市黄岛区双珠路338号
……………………Tel：0532-85183278

青岛京世投资有限公司
地址：青岛市黄岛区铁山街道办事处平湖路68号
……………………Tel：0532-86113809

青岛鑫顺投资有限公司
地址：青岛胶南市珠海路文体大厦1301（珠海办事处）
……………………Tel：0532-86166887

山东黄三角高青黑牛投资股份有限公司
地址：山东省淄博市高青县芦湖街道高苑东路9号
……………………Tel：0533-6965196

山东齐力新农业服务有限公司
地址：山东省德州市齐河县焦庙镇周庄村华焦路南首
……………………Tel：0534-5697717

烟台杰瑞石油装备技术有限公司
地址：莱山区杰瑞路27号
……………………Tel：0535-6766386

山东鹏越实业有限公司
地址：山东省烟台市莱山区迎春大街425号美迎美家家具广场3楼北区
……………………Tel：0535-6901988

烟台兴国投资有限公司
地址：烟台高新区纬三路35号
……………………Tel：0535-6919586

招远市地坤投资有限公司
地址：山东省招远市阜山镇政府驻地
……………………Tel：0535-8080701

山东敬姜恒昌农业科技有限公司
地址：山东省潍坊市昌邑市奎聚街道城里东街407号
……………………Tel：0536-2170088

诸城市会元农林科技有限公司
地址：山东省潍坊市诸城市皇华镇青墩社区北马家崖头村
……………………Tel：0536-6357633

潍坊食品谷畜牧科学院有限公司
地址：山东省潍坊市寒亭区海港路45000号中凯兴业贸易广场1号商务楼12层1220房间
……………………Tel：0536-7626688

山东潍坊百货集团股份有限公司安丘中百佳乐家超市
地址：安丘市商场路中段
……………………Tel：0536-8120096

山东潍坊百货集团股份有限公司永安路佳乐家超市
地址：安丘市潍徐路以南永安路以西
……………………Tel：0536-8120096

山东中科智慧城市运营管理有限公司
地址：山东省济宁市任城区阜桥街道太白中路4号原任城区政府院内6318房间
……………………Tel：0537-2310111

山东大佳机械有限公司
地址：山东省济宁市汶上县康驿镇康北村西南2518米
……………………Tel：0537-2550292

山东罗姆森机械制造有限公司
地址：山东省济宁市汶上县康驿镇康北村西南2518米
……………………Tel：0537-2550292

山东鲁抗三叶城市建设开发有限公司
地址：山东省济宁市任城区太白西路三叶公司院内三层307室
……………………Tel：0537-5999999

山东任城融鑫发展有限公司
地址：济宁市光河路105号(任城区财政局)
……………………Tel：0537-6772772

山东达信农牧科技股份有限公司
地址：无棣县西城工业园
……………………Tel：0543-6671789

山东尚能投资控股集团有限公司
地址：广饶县开发区8号路北侧
……………………Tel：0546-2956958

东营市荣丰肥料有限公司
地址：广饶县花官镇门圈村
……………………Tel：0546-7072000

荣成市和鑫投资有限公司
地址：荣成市黄海南路
……………………Tel：0631-2412534

威海融泰投资有限公司
地址：山东省威海市环翠区鲸园街道文化东路33-7号
……………………Tel：0631-5299628

威海齐东投资有限公司
地址：山东省威海市环翠区鲸园街道海滨北路53-19号
……………………Tel：0631-5351038

建龙科技集团有限公司
地址：威海市高区沈阳路108号创业大厦212
……………………Tel：0631-5890932

荣成市银通投资有限公司
地址：荣成市石岛黄海南路渔人码头136号楼1114室
……………………Tel：0631-7288807

荣成市中瑞信达投资有限公司
地址：山东省荣成市黄海中路
……………………Tel：0631-7333688

滕州市瑞晨农牧科技有限公司
地址：滕州市鲍沟镇鲍沟北村
……………………Tel：0632-2657315

日照市岚山大瀚农业科技有限公司
地址：日照市岚山区黄墩镇驻地
……………………Tel：0633-3222266

齐鲁财金投资集团有限公司
地址：山东省济南市莱芜区龙潭东大街29号
……………………Tel：0634-6168878

山东经桥商务集团有限公司
地址：莱芜经济开发区张家洼街道办事处赢牟东大街99号莲河置业大厦15楼
……………………Tel：0634-6317069

山东亚信投资有限公司
地址：山东省济南市莱芜区口镇工业园亿祥路1号
……………………Tel：0634-8880888

临清兴业投资有限公司
地址：山东省聊城市临清市新华办事处古楼街
……………………Tel：0635-2428368

临清润林牧业有限公司
地址：山东省聊城市临清市戴湾镇温庄村
……………………Tel：0635-2652788

河南省

鑫霖投资集团有限公司
地址：郑州市管城区南曹乡尚庄168号
……………………Tel：0371-66871218

河南中原铁道投资管理集团有限公司
地址：郑州市保全街49号
……………………Tel：0371-68323373

河南中原铁道投资管理集团有限公司豫晋分公司
地址：郑州市二七区京广中路39号
……………………Tel：0371-68356073

长垣市乡村振兴投资有限公司
地址：长垣市蒲西区人民路67号
……………………Tel：0373-8858006

河南香颂投资有限公司
地址：信阳市南淇路1号（建业森林半岛5栋1单元）
……………………Tel：0376-2120175

新县金兰山旅行社有限公司
地址：河南新县城关向阳路173号
……………………Tel：0376-2955518

南阳天统投资有限公司
地址：南阳市北京大道23号
……………………Tel：0377-63556111

南阳市泰龙商务服务有限公司
地址：南阳市孔明路与312国道交叉口南300米路东翰龙公司一楼
……………………Tel：0377-66160588

新野泰兴投资有限公司
地址：新野县西环路南段龙川南区35号
……………………Tel：0377-66566789

洛阳悦坤农业发展有限公司
地址：洛阳市　河区杨文办事处马沟社区二组
……………………Tel：0379-63999669

河南中原铁道投资管理集团有限公司黄河分公司
地址：郑州市二七区西中和路6号
……………………Tel：0379-68350053

河南瑞德森投资有限公司
地址：郑州市金水路299号浦发国际金融中心9号楼11层1103号、1104号
……………………Tel：0379-80888806

鹤壁市鹤山区经济建设投资有限公司
地址：鹤山区中山路（财政局楼）
……………………Tel：0392-2319993

鹤壁市鹤山区韩林涧产业园投资有限公司
地址：鹤山区中山路地税局院内
……………………Tel：0392-2319993

河南省翰吉星农业开发有限公司
地址：沈丘县行政新区尚德路北端
……………………Tel：0394-8731536

湖北省

武汉中晟达投资有限公司
地址：武汉市武昌区中北路31号第23层
……………………Tel：027-59889511

广信科教集团有限公司
地址：武汉市江夏区庙山经济开发区江夏大道16号
……………………Tel：027-81652073

武汉皇臣太阳能工业有限公司
地址：东西湖区吴家山五金机电城24栋1号（1）
……………………Tel：027-83265950

武汉鼎象建设工程有限公司
地址：武汉市青山区青宜居5栋商网15（1-2）
……………………Tel：027-86383544

湖北瑞吉特作物科学有限公司
地址：洪山区狮子山珞狮路362号湖北农业科技楼1204室
……………………Tel：027-87056866

武汉知禾农业有限公司
地址：武汉市洪山区关山一路74号保利花园25幢1301号
……………………Tel：027-87662290

武汉嘉弘盛世投资中心（有限合伙）
地址：武汉市东西湖区五环大道31号（8）
……………………Tel：027-88875177

武汉嘉弘盛华投资中心（有限合伙）
地址：武汉市东西湖区五环大道31号（8）
……………………Tel：027-88875177

武汉嘉弘盛誉投资中心（有限合伙）
地址：武汉市东西湖区五环大道31号（8）
……………………Tel：027-88875177

武汉嘉弘盛业投资中心（有限合伙）
地址：武汉市东西湖区五环大道31号（8）
……………………Tel：027-88875177

湖北金九鼎盛股权投资管理有限公司
地址：襄阳市樊城区丹江路11号（市航运总公司）2幢1单元2层左室
……………………Tel：0710-3158186

湖北盛源汉江商业投资有限公司
地址：襄阳市襄州区钻石大道78号（义乌小商品市场内）
……………………Tel：0710-3223553

湖北智赢天下商业投资有限公司
地址：襄阳市樊城区长虹路56号海润名都
……………………Tel：0710-3227788

长宏品成控股有限公司
地址：襄阳市高新区长虹北路56号长虹

官邸4楼
…………………………Tel：0710-3256001

襄阳市鼎华投资管理有限责任公司
地址：襄阳市高新区春园西路8号现代城国际公寓1幢A单元7层右室
…………………………Tel：0710-3274788

襄阳市创新投资有限公司
地址：襄阳市樊城区江汉路东方墨尔本H栋4楼402室
…………………………Tel：0710-3311835

湖北盐业集团有限公司襄阳配送中心
地址：襄阳市樊城区旭东路15号
…………………………Tel：0710-3440975

湖北盐业集团有限公司襄阳分公司
地址：襄阳市樊城区旭东路15号
…………………………Tel：0710-3443783

湖北言成健康产业投资有限公司
地址：襄阳市高新区长虹北路长虹首府2栋16层2号
…………………………Tel：0710-3450756

湖北天晖达企业管理有限公司
地址：襄阳市樊城区人民广场豪门新天地
…………………………Tel：0710-3489245

湖北润谷春酒业有限公司
地址：襄阳市樊城区卧龙大道86号环球金融城2号楼2单元20层003号房屋
…………………………Tel：0710-3535939

保康聚宝泉投资有限公司
地址：保康县城关镇清溪路359号（金龙汽配公司院内）
…………………………Tel：0710-5103888

湖北盐业集团有限公司南漳分公司
地址：南漳县城关镇水镜大道207号
…………………………Tel：0710-5266574

湖北盐业集团有限公司枣阳分公司
地址：湖北省枣阳市前进路中段
…………………………Tel：0710-6163119

湖北无边界商业投资有限公司
地址：襄阳市高新区春园路8号现代城二期1幢1单元21层3室
…………………………Tel：0710-7695558

襄阳长虹食品城集团投资有限公司
地址：襄阳市高新区长虹路民发天地8栋102号
…………………………Tel：0710-7999888

湖北盐业集团有限公司老河口分公司
地址：湖北省老河口市汉口路南端
…………………………Tel：0710-8223200

湖北建和置业有限公司
地址：湖北省孝感市孝南区肖港镇富康路盛大华府4栋1-29号
…………………………Tel：0712-2596839

浠水德兴建筑装饰有限公司
地址：浠水经济开发区安时大道5号
…………………………Tel：0713-4265118

湖北三昊投资有限公司
地址：武穴市刊江办事处张竹林村村委会三楼
…………………………Tel：0713-6291398

武穴创益投资有限公司
地址：武穴市民主路东侧203号
…………………………Tel：0713-6585348

湖北吉田生物科技有限公司
地址：湖北省武穴市万居乐建材城大学生孵化基地3039室
…………………………Tel：0713-6682548

湖北润百家投资有限公司
地址：武穴市明珠大道210号香江广场
…………………………Tel：0713-87654321

黄石市益民投资有限公司
地址：黄石市黄金山工业新区
…………………………Tel：0714-6393112

咸宁市神童牧业有限责任公司
地址：咸宁市咸安区官埠桥镇河背村
…………………………Tel：0715-8312619

华彬金桂湖（湖北）绿色农业开发有限公司
地址：咸宁市咸安区南川水库
…………………………Tel：0715-8910797

湖北美久投资有限公司
地址：利川市都亭办事处教场村五组
…………………………Tel：0718-7261313

湖北广茂综合物流有限公司
地址：湖北省广水市应山大道盘龙岗6号
…………………………Tel：0722-6888888

湖北联茂置业有限公司
地址：广水市应山大道777号
…………………………Tel：0722-6888888

湖北嘉和特色农业有限公司
地址：广水市十里街道办事处十里社区照壁湾18号
…………………………Tel：0722-6888888

中荆投资控股集团有限公司
地址：荆门市漳河新区天山路1号（国华汇金中心1幢8楼）
…………………………Tel：0724-6037001

湖北江汉产业发展投资有限公司
地址：潜江市园林办事处章华南路34号
…………………………Tel：0728-6291312

湖南省

湖南天下粮仓科技有限公司
地址：湖南省株洲市芦淞区人民中路758号京鹰华府8号楼
…………………………Tel：0731-28863709

韶山农业发展有限责任公司
地址：韶山市清溪镇枣园路14号
…………………………Tel：0731-55690818

湖南山河美生物环保科技股份有限公司
地址：湖南省长沙市宁乡经济技术开发区谐园北路玉屏山国际产业城D组团D5栋201
…………………………Tel：0731-81812376

湖南省农业生产资料总公司
地址：长沙市芙蓉区韶山北路186号
…………………………Tel：0731-82224717

湖南中旺生物科技有限公司
地址：长沙市雨花区万家丽中路三段36号喜盈门商业广场1、2栋及地下室26009号
…………………………Tel：0731-82273943

湖南金拇指环保设备有限公司
地址：浏阳市环保科技示范园
…………………………Tel：0731-83102988

湖南中净生物科技有限公司
地址：湖南省长沙市宁乡高新技术产业园区新阳大道1038号
…………………………Tel：0731-84021009

湖南顺天园林绿化有限公司
地址：长沙市开福区芙蓉北路顺天北国风光20栋201
…………………………Tel：0731-84527999

湖南湖湘生物科技有限公司
地址：长沙市望城经济技术开发区杨家湾路499号办公楼三层
…………………………Tel：0731-84617715

湖南乔水国际会展有限公司
地址：长沙经济技术开发区星沙街道办事处东三线以东、凉塘路以南全部三一汽车制造有限公司研发楼（魔豆仓一楼）
…………………………Tel：0731-85468460

湖南和乐生态农业科技有限公司
地址：湖南省长沙经济技术开发区泉塘街道人民东路二段189号中部智谷8栋505
…………………………Tel：0731-86207568

湖南良典农业科技有限公司
地址：宁乡市巷子口镇104县道268号（原直田量具厂）
…………………………Tel：0731-87301128

湖南真科生物技术有限公司
地址：湖南省长沙市宁乡经济技术开发区谐园北路玉屏山国际产业城D组团
…………………………Tel：0731-88592513

湖南科义生物科技有限公司
地址：湖南省长沙市宁乡经济技术开发区谐园北路玉屏山国际产业城D组团
…………………………Tel：0731-88592513

湖南中本智能科技发展有限公司
地址：长沙高新开发区文轩路27号麓谷钰园A1栋207室
…………………………Tel：0731-88906278

湖南国发北欧实业发展有限公司
地址：湖南省长沙市天心区书院路9号保利国际广场B3栋1025房
…………………………Tel：0731-89908955

湖南福满地农业股份有限公司
地址：湖南省衡阳市衡山县萱洲镇里石村原小学学校
…………………………Tel：0734-2868217

衡南枫林农林牧渔业生产专业合作社
地址：衡南县铁丝塘镇上枫林村
…………………………Tel：0734-8848678

湖南华昌盛农业发展合伙企业（有限合伙）
地址：益阳市赫山区康富南路福中福六栋五楼
…………………………Tel：0737-2681128

湖南众鑫农业科技有限公司
地址：涟源市蓝田办事处民光村
…………………………Tel：0738-4431888

湖南乐诺商贸科技发展有限公司
地址：湖南省邵阳市邵东县宋家塘街道办事处皮具工贸园皮革区12栋802号
…………………………Tel：0739-2666329

永州市农业生产资料总公司农资批发市场
地址：湖南省永州市冷水滩区零陵南路1599号
…………………………Tel：0746-8450230

广东省

广州海豹光电科技有限公司
地址：广州市黄埔区科学大道121号201室（仅限办公）
…………………………Tel：020-32037186

广州瑞森生物科技股份有限公司
地址：广州市番禺区大龙街市新路新水坑段6号2栋501
…………………………Tel：020-34697803

广州乔科农牧科技有限公司
地址：广州市天河区广汕一路710号首层114档
…………………………Tel：020-37206236

广州市帝勋信息科技有限公司
地址：广州市天河区燕岭路120号998房（仅限办公）（不可作厂房使用）
…………………………Tel：020-37281009

广州正远科技有限公司
地址：广州市黄埔区瑞发路1号自编（1栋）四层008室
…………………………Tel：020-37611206

广东达元食品药品安全技术有限公司
地址：广州高新技术产业开发区科学城开源大道11号A1栋六层
…………………………Tel：020-38296688

广州卡杰仕汽车设备有限公司
地址：广州市白云区白云湖街夏茅村一社工业区自编28号四楼
…………………………Tel：020-38680076

广州食源生物科技有限公司
地址：广州市黄埔区新瑞路6号二栋5层A509房，二栋5层A510房
…………………………Tel：020-61720890

广州讯动网络科技有限公司
地址：广州市黄埔区起云路8号5栋315房
…………………………Tel：020-62882688

深圳海茂资源控股有限公司
地址：深圳市前海深港合作区前湾一路1号A栋201室（入驻深圳市前海商务秘书有限公司）
…………………………Tel：020-66811168

广州海睿信息科技有限公司
地址：广州高新技术产业开发区科学城光谱西路69号TCL文化产业园创意中心B208-211室（仅限办公用途）
…………………………Tel：020-82109055

广州达元食品安全技术有限公司
地址：广州高新技术产业开发区科学城开源大道11号A1栋第六层602房
…………………………Tel：020-82185433

广州安食通信息科技有限公司
地址：广州高新技术产业开发区科学城科研路3号自编A5栋401、402房
…………………………Tel：020-82517202

广州吉源生物科技有限公司
地址：广州市黄埔区锐丰三街4号617房
…………………………Tel：020-82528365

广州市智慧农业服务有限公司
地址：广州市番禺区沙头街银平路98号厂房C6楼
…………………………Tel：020-84661895

广州赛通科技有限公司
地址：广州市天河区祥圃街31号之二317房（不可作厂房使用）
…………………………Tel：020-84661895

广州晶智科技有限公司
地址：广州市番禺区沙头街银平路98号1栋306
…………………………Tel：020-84661895

清远金沣生物药品有限公司
地址：清远市高新区科技工业园8号鹰堡厂仓-仓储（1）整栋、仓储（2）二层
…………………………Tel：020-85163791

广州金鸽子牧业科技发展有限公司
地址：广州市白云区人和镇南方村工业大道街二号
…………………………Tel：020-87372619

广东东俊瑞成机械科技有限公司
地址：广州市天河区黄埔大道西路118号勤建大厦1104室（不可作厂房）
…………………………Tel：020-87587729

广州上诺生物技术有限公司
地址：广州市黄埔区中新广州知识城腾飞一街2号907、908房
…………………………Tel：020-87659826

东莞市禾海环境技术有限公司
地址：东莞市东城街道岗贝社区东城大道世纪广场4层S30号
…………………………Tel：0459-22361181

广东沃林投资发展有限公司
地址：广东省东莞市东城街道东城光明路8号1栋403室
…………………………Tel：0459-23301288

广东粤森生态农业科技有限公司
地址：阳江市阳东区北惯镇平地村116号（住所申报）
…………………………Tel：0662-2288382

阳江市瑞丰投资有限公司
地址：阳江市江城区创业路129号
…………………………Tel：0662-8896818

广东盛晟奥特莱斯置业集团有限公司
地址：珠海市横琴新区兴澳路9号1301办公
…………………………Tel：0731-8858702

恩平市合璟节能环保科技有限公司
地址：恩平市恩城街道米仓四路59号（设备车间）
…………………………Tel：0750-7826111

广东瑞丰源科技农业综合开发有限公司
地址：南雄市珠玑镇长迳村委会二塘村小组南雄市汇东实业投资有限公司办公楼一层01房
…………………………Tel：0751-3828866

瀚蓝驼王生物科技（韶关）有限公司
地址：乐昌市西门口街30号乐昌市青年就业创业孵化基地5号办公室
…………………………Tel：0751-5569792

广东昌恒农业开发有限公司
地址：梅州市嘉应东路侨联大厦四楼
…………………………Tel：0753-2271222

梅州市怡尚山水园艺有限公司
地址：梅州市梅县区丙村镇红光开发区
…………………………Tel：0753-2858080

梅州市绿品香农业开发有限公司
地址：丰顺县汤坑镇环城路公安分局上侧（原工商A栋12、13号）
…………………………Tel：0753-6188636

广东旺达亿集团有限公司
地址：陆丰市湖东南山工业开发区
…………………………Tel：0754-8274444

汕头市贵屿工业园区再生资源实业有限公司
地址：汕头市潮阳区贵屿镇贵屿电子市场附楼三楼
…………………………Tel：0754-84462400

汕头市贵屿工业园区亿生开发投资有限公司
地址：汕头市潮阳区贵屿镇贵屿电子市场附楼三楼
…………………………Tel：0754-84462400

广东群兴投资有限公司
地址：广东省汕头市澄海区莱美工业区兴业南路
…………………………Tel：0754-85516666

汕头市汇业投资有限公司
地址：汕头市澄海区凤翔街道金鸿公路东侧恒源冷链物流园第一幢2楼办公室210房
…………………………Tel：0754-85517200

汕头市广商投资有限公司
地址：汕头市澄海区益民路金融大厦八楼
…………………………Tel：0754-86813222

广东京汕泰安投资管理有限公司
地址：汕头市金平区龙眼路9号122、222号房
…………………………Tel：0754-88579014

梅州鹏顺实业发展有限公司
地址：梅州市梅县区城东镇石下村金盘桥一横街
…………………………Tel：0755-2161812

深圳市城央集团有限公司
地址：深圳市前海深港合作区前湾一路1号A栋201室（入驻深圳市前海商务秘书有限公司）
…………………………Tel：0755-26713812

深圳市沸蓝仪器有限公司
地址：深圳市龙华新区大浪街道同富裕工业园30栋507室
…………………………Tel：0755-28106561

深圳市多绿科技有限公司
地址：深圳市龙华新区大浪街道同富裕商业中心时代广场504
…………………………Tel：0755-28106561

深圳森士科技有限公司
地址：深圳市宝安区西乡街道宝源路宝安互联网产业基地A区7栋201室
…………………………Tel：0755-28106561

深圳市麦斐贸易有限公司
地址：深圳市龙岗区布吉街道可园社区可园花园五期14号楼D栋506
…………………………Tel：0755-28219873

贝子实业（深圳）有限公司
地址：深圳市前海深港合作区前湾一路1号A栋201室（入驻深圳市前海商务秘书有限公司）
…………………………Tel：0755-36309360

深圳市鼎坤投资发展有限公司
地址：深圳市南山区西丽街道大　村王京坑路48号A2
…………………………Tel：0755-36957448

深圳市如虹贸易有限公司
地址：深圳市龙华区民治街道民新社区碧水龙庭9栋7B
…………………………Tel：0755-66659827

深圳市恒大互联网农业有限公司
地址：深圳市南山区粤海街道海德三道1126号卓越后海金融中心3503房
…………………………Tel：0755-81995555

中贸投资发展有限公司
地址：深圳市福田区华强北路赛格广场3904A、3904B室
…………………………Tel：0755-82357201

深圳市盛世顺意旅游文化合伙企业（有限合伙）
地址：深圳市福田区莲花街道福新社区益田路6009号新世界商务中心51层5101
…………………………Tel：0755-82532593

深圳市大百莘生态农业科技有限公司
地址：深圳市福田区金田路与福华路交汇处现代商务大厦2804C
…………………………Tel：0755-83752152

深圳万众商业管理有限公司
地址：深圳市前海深港合作区前湾一路1号A栋201室（入驻深圳市前海商务秘书有限公司）
……………………… Tel：0755-88250548
深圳市农商营农业科技发展有限公司
地址：深圳市罗湖区东湖街道东乐社区布心路1023号东乐花园112栋6A
……………………… Tel：0755-89266785
珠海聚兴投资有限公司
地址：珠海市横琴新区宝华路6号105室-20892（集中办公区）
……………………… Tel：0756-6267192
西部控股（广东）有限公司
地址：佛山市顺德区伦教街道办事处三洲居委会德政路10号311室
……………………… Tel：0757-27332280
佛山市合璟节能环保科技股份有限公司
地址：佛山市禅城区魁奇二路2号内4号楼六层自编660房
……………………… Tel：0757-29391391
佛山市合璟节能环保科技股份有限公司顺德分公司
地址：佛山市顺德区陈村镇永兴居委会环镇西路7号自编04号铺
……………………… Tel：0757-29392391
广东蔬源农产品有限公司
地址：佛山市南海区大沥谢边货站路（土名：大田）自编A59-60档（住所申报）
……………………… Tel：0757-81033370
广东和一工贸发展有限公司
地址：佛山市南海区狮山镇小塘新境花岗顶13号（车间A）第二、三层（住所申报）
……………………… Tel：0757-81779979
广东锦瑞网络科技有限公司
地址：佛山市南海区大沥镇广云路1-2号通发大厦九楼自编号28号（住所申报）
……………………… Tel：0757-81827777
广东宝景赛斯网络科技有限公司
地址：佛山市南海区大沥镇广云路1-2号通发大厦九楼自编号26号（住所申报）
……………………… Tel：0757-81827777
佛山市协华实业有限公司
地址：佛山市禅城区人民路101号二楼210室（住所申报）
……………………… Tel：0757-82228928
日丰企业集团有限公司
地址：佛山市祖庙路16号日丰大厦8楼
……………………… Tel：0757-82302827
广东日丰投资控股有限公司
地址：佛山市禅城区祖庙路16号日丰大厦9楼902室（住所申报）
……………………… Tel：0757-82302827
佛山市南海区里水上恩园艺场
地址：佛山市南海区里水镇小布村小北土名“田责仔路西”自编1号
……………………… Tel：0757-85120846
佛山通威饲料有限公司
地址：佛山市南海区里水镇和顺鲁岗村
……………………… Tel：0757-85121518
广东省宝华动物保健有限公司
地址：佛山市南海区狮山镇横岗村委会虹岭路旁（金属加工车间及展示中心）A区首层自编10号商铺（住所申报）
……………………… Tel：0757-85565520
佛山市美味园餐饮管理服务有限公司
地址：佛山市南海区桂城街道宝石西路1号C时代南海互联网产业载体1座综合办公楼418A单元（住所申报）
……………………… Tel：0757-85575529
广东飞天神鹿科技有限公司
地址：佛山市南海区大沥镇盐步河西村岳利沙涌教口北工业区5号用地（住所申报）
……………………… Tel：0757-85771107
广州瑞森生物科技股份有限公司佛山分公司
地址：佛山市南海区桂城街平西上海村东平路北侧瀚天科技城B区产业区3号楼604-2单元（住所申报）
……………………… Tel：0757-86257531
佛山市绿林爬宠农业发展有限公司
地址：佛山市南海区九江镇下东村卫群406号2楼-3楼（住所申报）
……………………… Tel：0757-86512966
佛山市吉裕润达渔业科技有限公司
地址：佛山市南海区九江镇新龙龙涌村西约43号（住所申报）
……………………… Tel：0757-86550132
广东通威饲料有限公司
地址：广东省佛山市南海区狮山镇小塘新境工业开发区
……………………… Tel：0757-86667851
广东农智生物工程有限公司
地址：佛山市南海区狮山镇桃园东路99号力合科技产业中心12栋603室（住所申报）
……………………… Tel：0757-86691793
广东天农食品有限公司佛山三水分公司
地址：佛山市三水区南山镇六和村委会禾生榄树塘（又名猪头浦）
……………………… Tel：0757-87217398
湘商中荣控股有限公司
地址：佛山市三水区云东海大道大学路云东海街道办事处301室之一（仅作办公场所使用，住所申报）
……………………… Tel：0757-87783613
广东悦鸿园林绿化工程有限公司
地址：佛山市南海区大沥镇黄岐广佛路97号美嘉广场1804室（住所申报）
……………………… Tel：0757-88778818
清远市木百年农业科技有限公司
地址：清远市清新区龙颈镇水口上坑茶场自编101号
……………………… Tel：0757-89816988
四会市雄伟明发饲料农牧发展有限公司
地址：四会市龙甫镇燕岭村委会大江边村白沙堀（堀口至堀尾）
……………………… Tel：0758-3811228
四会市绿色中天农牧动保发展有限公司
地址：四会市城中区城中区府背后济广路西侧第一幢三到五卡
……………………… Tel：0758-3812456
中海油能源发展股份有限公司湛江南海西部物资分公司
地址：湛江市坡头区[南油公司第一生活区（办）海外联检楼]
……………………… Tel：0759-3900744
广东力谷投资集团有限公司
地址：吴川市黄坡镇海关楼工区新圩岭（办公场所）（一址多照）
……………………… Tel：0759-5873222
圆梦集团股份有限公司
地址：中山市东区博爱六路28号远洋广场2幢办公楼502号之十三
……………………… Tel：0760-88666199
广东盛世实业控股有限公司
地址：中山市神湾镇商业南街22号
……………………… Tel：0760-89898889
中山市政通基建投资有限公司
地址：中山市神湾镇商业南街25号
……………………… Tel：0760-89898889
紫金县经济开发试验区开发总公司
地址：紫金县古竹镇古竹开发综合办公大楼
……………………… Tel：0762-7182974
连平天农牧业有限公司
地址：广东省河源市连平县绣缎镇忠定路066号
……………………… Tel：0763-2313682
英德天农食品有限公司
地址：英德市大站镇浈阳东路以北、京广铁路以西
……………………… Tel：0763-2313682
田野（佛冈）休闲农牧有限公司
地址：佛冈县龙南镇小潭里水铺岭
……………………… Tel：0763-3172999
佛冈天农牧业有限公司
地址：佛冈县高岗镇三联村张屋山塘
……………………… Tel：0763-3213333
广东天农食品有限公司
地址：清远市清城区飞来峡镇　江口天农食品有限公司1号办公楼
……………………… Tel：0763-3213509
清远市柚益生态科技发展有限公司
地址：清远市人民三路31号清远富荣农副产品批发中心四号商业楼1-2层006号
……………………… Tel：0763-3299383
清远市和美置业有限公司
地址：清远市清城区龙塘镇太石路368号嘉美花园八号楼首层商铺03号
……………………… Tel：0763-3516259
清远市盛和农业发展有限公司
地址：清远市清城区飞来峡镇旧岭村委会大迳村上仓咀（土名）
……………………… Tel：0763-3568240
广东天农生态食品有限公司
地址：清远市清城区横荷街道办事处横荷村委会52号区屠宰车间
……………………… Tel：0763-3638032
清远市葡丰生态农业发展有限公司
地址：清远市清城区石角镇塘基村委会下寮村民小组（地号：H0820053地址：1）
……………………… Tel：0763-3737180
清远市广清园林绿化有限公司
地址：清远市清城金碧路2号金碧湾花园小区25号楼首层商铺17号之二
……………………… Tel：0763-3839156
清远市檀香林业有限公司
地址：清远市清城桥北一路牛皇庙西五座港澳大厦三楼B区
……………………… Tel：0763-3906353
清远市龙檀林业有限公司
地址：清远市清城桥北一路牛皇庙西五座港澳大厦三楼A区
……………………… Tel：0763-3906353
清远市优源农业有限公司
地址：清远市清新区太和镇明霞大道中48号B7幢5号铺
……………………… Tel：0763-5200305
清远市天兴农牧有限公司
地址：清远市清新区浸潭镇S114线公路旁的六甲洞道班房（仅作办公）
……………………… Tel：0763-5636808
广东天农食品有限公司阳山分公司
地址：清远市阳山县黎埠镇大塘村(原凤埠镇旧办公楼）
……………………… Tel：0763-7481111
广东蕃薯藤山下农业发展有限公司
地址：英德市英红镇红光居委走马坪路94号
……………………… Tel：0763-83622725
云浮市蓝钻石材有限公司
地址：云浮市云安区南乡村委五官塘厂房三车间（云安新联益石材公司旁）
……………………… Tel：0766-6781829
郁南县桂圩镇农业发展服务中心
地址：桂圩镇人民政府大院办公楼
……………………… Tel：0766-7452288
广东国康检测技术有限公司
地址：东莞市莞城街道东正社区运河东一路183号A座15楼
……………………… Tel：0769-23668190

广西壮族自治区

北海湘坤投资置业有限公司
地址：北海市银滩恒利旅游度假中心豪华区别墅６型1号
……………………… Tel：0731-88768070
东兴市金源百和贸易有限公司
地址：东兴市新华路398号
……………………… Tel：0770-7653797
东兴金百和进出口贸易有限公司
地址：东兴市新华路398号（金源·天鹅湖）1栋121商铺
……………………… Tel：0770-7653797
广西南宁春俞腾飞绿源投资有限公司
地址：南宁市青秀区枫林路16号中铁·凤岭山语城23号楼A单元2801号
……………………… Tel：0771-1234567
广西南宁鸿轩实业投资有限公司
地址：南宁市青秀区长湖路52号城市印象B单元B-1504号房
……………………… Tel：0771-1234567
广西天达投资有限公司
地址：南宁市青秀区民族大道４９号广西民族宫商业中心Ｂ区综合楼２３０３号
……………………… Tel：0771-2187324
广西燊岳投资有限公司
地址：南宁市青秀区东葛路８６号星和园办公楼（皓月大厦）５０５号房
……………………… Tel：0771-2231879
广西卓航投资集团有限公司
地址：南宁市青秀区民族大道136-5号南宁华润中心南写字楼3205号
……………………… Tel：0771-2427711
广西轩泽投资有限公司
地址：广西南宁市民主路6-6号阳光新都C栋24号2417号房
……………………… Tel：0771-2442417
广西青创金控管理咨询中心（有限合伙）
地址：南宁市西乡塘区友爱北路67号16层
……………………… Tel：0771-2614922
广西金航财富投资管理有限公司
地址：南宁市友爱北路１１－１号锦霞花苑Ｂ栋１单元２楼２０２座
……………………… Tel：0771-2633911
广西瀚天实业开发有限公司
地址：南宁市高新大道106号25楼
……………………… Tel：0771-2758199
广西大道金融资产管理股份有限公司
地址：南宁市青秀区东葛路27号银宇大厦B座第六层619号房
……………………… Tel：0771-2759851
广西桂贸资产管理有限公司
地址：南宁市青秀区长湖路琅东村二组A区44栋4号
……………………… Tel：0771-2785688
广西金广康商贸有限公司
地址：南宁市青秀区竹溪大道36号青湖中心1405号
……………………… Tel：0771-2833099
广西斯格莱斯投资有限公司
地址：南宁市青秀区桂花路9号香港园区1号楼B1010号商铺
……………………… Tel：0771-2864115
广西诚宏投资有限公司
地址：南宁市青秀区民族大道12号丽原·天际A2108室
……………………… Tel：0771-2871594
广西横县恒创生农业投资有限公司
地址：横县横州镇城司路219号（同顾莉香花园11栋202号）
……………………… Tel：0771-3102280
广西德颐众鑫投资有限公司
地址：南宁市兴宁区三塘镇松柏路31号兴工标准厂房研发3号楼2层203号
……………………… Tel：0771-3118168
广西桂川贸易有限公司
地址：南宁市青秀区凤翔路6号蓝山上城2号楼2单元0103号房
……………………… Tel：0771-3118168
广西骏宸投资有限公司
地址：南宁市青秀区民族大道155号荣和山水美地东盟国际A座17-G号
……………………… Tel：0771-3118168
南宁顺谊商贸有限公司
地址：南宁市青秀区中柬路9号利海　亚洲国际1号楼1单元1-1-1613号
……………………… Tel：0771-3118168
广西百联晟置业投资有限公司
地址：南宁市青秀区桃源路59号29栋1单元1-4号房
……………………… Tel：0771-3118168
广西柳盛科技有限责任公司
地址：南宁市江南区下津路20号弘信（南宁）移动互联产业园19号楼
……………………… Tel：0771-3122001
广西新厦投资有限公司
地址：中国（广西）自由贸易试验区南宁片区五象大道403号富雅国际金融中心G1栋十九层1902号
……………………… Tel：0771-3122766
广西华芬现代农业有限公司
地址：南宁市西乡塘区安吉大道35号F0栋
……………………… Tel：0771-3147668
广西龙哲天餐饮服务有限公司
地址：南宁市兴宁区共和路99号格兰云天15层15A号
……………………… Tel：0771-3164787
广西铁投产业投资集团有限公司
地址：南宁市青秀区民族大道152号铁投大厦2606室
……………………… Tel：0771-3194786
广西大学科技园投资管理有限责任公司
地址：南宁市高新技术开发区高新二路1号
……………………… Tel：0771-3216239
广西皇氏甲天下投资集团有限公司
地址：南宁市槎路12号万泰隆综合办公楼第11层1112房
……………………… Tel：0771-3218319
广西晟锦交通能源投资有限公司
地址：南宁市西乡塘区安园东路北面南大物流市场第一栋8号铺面
……………………… Tel：0771-3225126
广西天之裕农业开发有限公司
地址：南宁市青秀区金浦路6号金湖帝景2号楼B2806号
……………………… Tel：0771-3259758
广西昌宝丰农旅观科技股份有限公司
地址：南宁市青秀区桂雅路1号联盟新城1号楼1101号房
……………………… Tel：0771-3264787
广西南宁颂今农业技术开发有限公司
地址：南宁市兴宁区五塘镇邕梧路519号生产冷冻车间二楼
……………………… Tel：0771-3336778
广西亚投行建设有限公司
地址：钦州市钦北区皇马工业园一区办公大楼四楼405室
……………………… Tel：0771-3360836
广西伟顺投资集团有限公司
地址：南宁市青秀区民族大道38-2号泰安大厦26层15号
……………………… Tel：0771-3383733
广西淡远投资有限公司
地址：南宁市青秀区民族大道155号荣和山水美地二组团27号楼A座302号房
……………………… Tel：0771-3397501
广西大新安平投资集团有限公司
地址：大新县桃城镇桂圆路人和新都8栋
……………………… Tel：0771-3629966
广西艺欣农业投资发展有限公司
地址：南宁市青秀区金湖路５９号地王国际商会中心４８１７号
……………………… Tel：0771-3819567
广西财富铜鼓投资有限公司
地址：南宁市青秀区东葛路６２－１号
……………………… Tel：0771-3826888
广西中石石材贸易有限公司
地址：南宁市西乡塘区安吉大道47-2号南宁大商汇商贸物流中心国际建材城B地块2期6号楼108号商铺
……………………… Tel：0771-3865311
广西涌善贝壳商贸有限公司
地址：南宁市兴宁区昆仑大道1号长旺装饰材料市场8栋2层A13B-15号
……………………… Tel：0771-3909001
广西新厦投资集团有限公司
地址：中国（广西）自由贸易试验区南宁片区五象大道403号富雅国际金融中心G1栋十九层1913号
……………………… Tel：0771-4113117
广西玥阳投资有限公司
地址：贵港市港南区江一路130号南郡名

邸2幢马可波罗国际大酒店1106号房
……………………Tel：0771-4220008
贵港市鸿富全商贸有限公司
地址：贵港市港北区贵城马胖岭开发区2854号302室
……………………Tel：0771-4263675
广西旺盛新港投资有限公司
地址：贵港市港北区江北中路226-48号（新港商贸城内）
……………………Tel：0771-4520950
南宁市淑环商贸有限公司
地址：南宁市青秀区中柬路9号利海·亚洲国际2号楼2-2110号
……………………Tel：0771-4567890
广西丰瑞宝农业发展有限公司
地址：南宁市青秀区金浦路16号汇东国际E座E1908号
……………………Tel：0771-4758023
广西南宁巨鲸贸易有限公司
地址：南宁市良庆区银沙大道１１号新加坡城高层１号商住楼２号商住楼３号商住楼３２５号
……………………Tel：0771-4842006
广西莆商投资有限公司
地址：南宁市青秀区凤岭南路１号邕州阁１３层１３０１室
……………………Tel：0771-4851938
南宁升顺投资咨询有限公司
地址：南宁市青秀区植物路50号广西区气象局植物路生活小区12栋第413房
……………………Tel：0771-4885998
广西荣耀资产管理有限公司
地址：南宁市国凯大道19号金凯工业园4栋第三层
……………………Tel：0771-4917564
广西懒族生活科技有限公司
地址：中国（广西）自由贸易试验区南宁片区凯旋路9号海尔青啤东盟联合广场3号楼3201号
……………………Tel：0771-4976737
凭祥市中顺投资有限公司
地址：凭祥市友谊关大道9号西南大厦20楼2003、2004、2005、2006、2010室
……………………Tel：0771-5093999
广西楚瑞投资管理有限公司
地址：南宁市青秀区竹溪大道2号荣恒国际名都写字楼A栋4层1、2、3、4、5、6、11、12号房
……………………Tel：0771-5304410
广西睿兴投资有限公司
地址：南宁市青秀区琅西村三组桂春路琅西１１栋３号
……………………Tel：0771-5323153
广西丰毅投资有限公司
地址：南宁市青秀区竹溪大道３６号青湖中心１６１９号
……………………Tel：0771-5345588
广西南宁京绿森能源科技有限责任公司
地址：南宁市青秀区民族大道１３７号春晖花园Ａ区办公楼八层８０６号房
……………………Tel：0771-5348166
广西众通和投资有限公司
地址：南宁市兴宁区秀厢大道大鸡村八队四号一楼
……………………Tel：0771-5353906
广西桂威投资股份有限公司
地址：南宁市青秀区金湖路58号建兴苑A座0306室
……………………Tel：0771-5380097
广西益嘉禾投资有限公司
地址：南宁市青秀区民族大道136-5号南宁华润中心南写字楼第2801-2802号房
……………………Tel：0771-5383289
南宁市驰荣贸易有限公司
地址：南宁市西乡塘区安园东路9号桃花源B组团2号楼1单元204号
……………………Tel：0771-5386725
广西笑博商贸有限公司
地址：南宁市青秀区东葛路74号绿城小筑商住综合楼309号
……………………Tel：0771-5389701
广西七洲商贸有限公司
地址：南宁市青秀区民族大道166号上东国际T3栋2601号
……………………Tel：0771-5389701
广西南宁市沃地生态农业科技有限公司
地址：南宁市青秀区朱槿路5号东盟商务区韩国园区1号楼603号
……………………Tel：0771-5481388
南宁尚万榀贸易有限公司
地址：南宁市江南区星光大道西一里25号4栋1单元204号房
……………………Tel：0771-5481388
广西南宁唯特贸易有限责任公司
地址：南宁市青秀区东葛路99号华亿大厦1005号房
……………………Tel：0771-5481388
南宁确逸进出口贸易有限公司
地址：南宁市星光大道２１３号金康天和时代第８号楼２２０５号房
……………………Tel：0771-5481388
崇左市银兴商贸有限责任公司
地址：崇左市丽川路中段北侧中渡新苑D区D27地块
……………………Tel：0771-5481399
广西实上商贸有限公司
地址：南宁市兴宁区鸡村大鸡3队13号201室
……………………Tel：0771-5488388
南宁市骏马投资合伙企业（有限合伙）
地址：南宁市青秀区双拥路40号汇金苑21E号房
……………………Tel：0771-5502112
广西世泽投资有限公司
地址：南宁市青秀区金湖路59号地王国际商会中心3125号
……………………Tel：0771-5502115
中商鸿程（广西）实业有限公司
地址：南宁市青秀区东葛路118号南宁青秀万达广场西1栋2017号
……………………Tel：0771-5503596
广西南宁市金海投资理财中心（有限合伙）
地址：南宁市青秀区东葛路118号南宁青秀万达广场西1栋4016号
……………………Tel：0771-5505808
广西长林实业发展有限公司
地址：南宁市青秀区东葛路118号南宁青秀万达广场西1栋4016号
……………………Tel：0771-5505808
广西中港实业有限公司
地址：南宁市青秀区东葛路118号南宁青秀万达广场西1栋4016号
……………………Tel：0771-5505818
广西金利桥非融资性担保有限公司
地址：南宁市友谊路48-18号25栋3层2号房屋
……………………Tel：0771-5507539
南宁市信泽汇通投资中心（有限合伙）
地址：南宁市青秀区东葛路118号南宁青秀万达广场东7-2栋107号二楼
……………………Tel：0771-5510603
广西一带一路健康产业投资有限公司
地址：南宁市国凯大道东19号金凯工业园南区标准厂房2号楼
……………………Tel：0771-5512416
广西品鑫投资有限公司
地址：南宁市青秀区双拥路36-1号绿城画卷A座23层A2508号房
……………………Tel：0771-5518997
广西八斗才投资有限公司
地址：贵港市金港大道世纪经典住宅小区世纪经典1-5号
……………………Tel：0771-5520986
广西青创环境治理业股权投资中心（有限合伙）
地址：中国（广西）自由贸易试验区南宁片区五象大道399号龙光国际2号楼九层925号办公
……………………Tel：0771-5534441
南宁市阿凡达投资咨询有限公司
地址：南宁市青秀区中柬路9号利海·亚洲国际4号楼4-1010号办公用房
……………………Tel：0771-5534441
广西天运时行投资理财有限公司
地址：南宁市青秀区金洲路３６号金洲大厦４１６室
……………………Tel：0771-5550129
广西绿地文化投资有限公司
地址：南宁市西乡塘区科德西路7号嘉士涌金广场２２０３号
……………………Tel：0771-5555522
广西优越农业有限公司
地址：南宁市青秀区教育路１９号第一层１９－１号商铺
……………………Tel：0771-5555533
广西谷大农业科技有限公司
地址：南宁市青秀区金湖路59号地王国际商会中心4714号
……………………Tel：0771-5555577
广西钱氏商贸有限公司
地址：南宁市青秀区金浦路６号金湖帝景３号楼Ｃ６１３号
……………………Tel：0771-5557655
广西灏人农业发展有限公司
地址：南宁市青秀区中山路66号外滩新城二区金外滩大厦23层2308号
……………………Tel：0771-5557655
广西和灏天下实业有限公司
地址：南宁市青秀区中山路66号外滩新城二区金外滩大厦23层2307号
……………………Tel：0771-5557655
广西启运投资有限公司
地址：南宁市青秀区金湖路57号金湖商住小区北楼16层03号
……………………Tel：0771-5584288
广西锦远建设投资有限公司
地址：南宁市青秀区金湖路２６－１号东方国际商务港３Ｂ３号
……………………Tel：0771-5586709
广西弘信投资有限公司
地址：南宁市青秀区金湖路５９号地王国际商会中心５１１２号
……………………Tel：0771-5593156
广西农家乐投资管理有限公司
地址：南宁市青秀区民族大道１６６号上东国际Ｔ３栋１６层１６０６号房
……………………Tel：0771-5594427
广西钧润投资有限公司
地址：南宁市良庆区德政路223号
……………………Tel：0771-5638206
广西荣健豪建筑工程有限公司
地址：南宁市青秀区民主路3-1号51栋3单元3-5-9号房
……………………Tel：0771-5655739
广西南宁优曼辉国际贸易有限公司
地址：南宁市青秀区朱槿路５号东盟商务区韩国园区１号楼４０１号
……………………Tel：0771-5675878
南宁国恒投资有限责任公司
地址：南宁市西乡塘区相思湖东路2号西建·水岸华府5号楼1405号
……………………Tel：0771-5679426
广西尼尔森投资有限公司
地址：南宁市青秀区青秀路10号天广和花园5号楼1单元1D号
……………………Tel：0771-5679658
广西慈昌投资有限公司
地址：南宁市青秀区金湖路59号地王国际商会中心2618号
……………………Tel：0771-5687088
广西亚盟市场管理有限公司
地址：南宁市青秀区中越路７号金旺角·ＣＡＳＡ国际公馆Ｂ栋６０１号房
……………………Tel：0771-5687088
广西杰谈贸易有限公司
地址：南宁市青秀区民族大道82号嘉和·南湖之都15层1520号
……………………Tel：0771-5687346
广西大凌武农业开发有限公司
地址：南宁市白沙大道３５号南国花园商城Ｄ５栋１层Ｄ５－１号商铺
……………………Tel：0771-5708865
广西鑫之汇实业有限公司
地址：南宁市青秀区仙葫大道西329号新隆·青年城2310号
……………………Tel：0771-5711332
广西金庚投资有限公司
地址：南宁市青秀区滨湖路42号宁汇大厦2301F号房
……………………Tel：0771-5717579
广西世伟投资有限公司
地址：南宁市青秀区双拥路30号南湖名都广场B座C单元2003号房
……………………Tel：0771-5718113
广西格仁商贸有限公司
地址：南宁市青秀区中新路８号中新国际４号楼１６０１号
……………………Tel：0771-5718176
广西益华投资发展有限公司
地址：南宁市青秀区双拥路30号南湖名都广场B-B-801号房
……………………Tel：0771-5757747
广西能英商贸有限公司
地址：南宁市青秀区金浦路7号世纪商都714号房
……………………Tel：0771-5785606
广西圣森投资有限公司
地址：南宁市青秀区竹溪大道36号青湖中心1105号
……………………Tel：0771-5785981
广西明德天成投资管理有限公司
地址：南宁市青秀区民族大道155号荣和山水美地四组团2号楼A座12C号 南宁市青秀区合作路6号五洲国际H栋401号
……………………Tel：0771-5819195
广西泽坤投资有限公司
地址：南宁市青秀区金湖路63号金源现代城925号
……………………Tel：0771-5824967
广西永宸投资有限责任公司
地址：南宁市青秀区民族大道１６６号阳光１００上东国际Ｔ２－２３１６
……………………Tel：0771-5825613
广西信钰泓商贸有限公司
地址：南宁市青秀区星湖路南一里18号8607号房
……………………Tel：0771-5827319
广西茂天房地产开发有限公司
地址：南宁市青秀区会展南路6号
……………………Tel：0771-5828696
广西德艺投资管理有限公司
地址：南宁市青秀区民族大道143号德瑞花园6号楼618号
……………………Tel：0771-5829103
广西汇之城投资有限公司
地址：南宁市青秀区金湖路61号佳得鑫水晶城三层C16号商铺
……………………Tel：0771-5848096
广西信悦投资有限公司
地址：南宁市槎路12号万泰隆公司综合办公楼第9层
……………………Tel：0771-5870888
广西永丰余生物科技有限公司
地址：南宁市青秀区青山路18号青秀山庄D29栋2楼
……………………Tel：0771-5877669
广西儒春堂投资有限公司
地址：南宁市仙葫开发区县土地局住宅小区３２号一层铺面
……………………Tel：0771-5896799
广西武鸣县广丰农业科技有限公司
地址：武鸣县城厢镇灵源村十一队４号
……………………Tel：0771-6301983
广西艾美农业发展有限公司
地址：南宁市隆安县那桐镇浪湾大道129号
……………………Tel：0771-6507280
广西吉飞投资有限公司
地址：南宁市青秀区金洲路11号金旺角商住楼A栋A2405号
……………………Tel：0771-6725424
广西马山荣平农林牧渔业综合开发有限公司
地址：马山县白山镇巴更路193-5号
……………………Tel：0771-6823740
广西横县百年行贸易有限公司
地址：横县横州镇茉莉花大道南侧（龙池新城龙翔苑2栋1层9号商铺）
……………………Tel：0771-7085518
横县永利易贷投资管理有限公司
地址：横县横州镇茉莉花大道213号二楼
……………………Tel：0771-7206188
广西横县强农农业投资发展有限公司
地址：横县横州镇港口路6号农业局办公楼四楼403室
……………………Tel：0771-7222182
广西武鸣武福源生态农业发展有限公司
地址：武鸣县新兴社区兴武大道嘉利商住城６１号
……………………Tel：0771-7373628
广西必昌投资有限责任公司
地址：崇左市新城路嘉苑小区L-07号
……………………Tel：0771-7821333
广西震颖投资有限公司
地址：横县横州镇茉莉花大道莲州路口旁横县横州国际大酒店五楼503房
……………………Tel：0771-8074394
宾阳县亿联建材家居五金城有限公司
地址：宾阳县县城城东新区
……………………Tel：0771-8226999
凭祥旺达投资有限公司
地址：凭祥市祥龙小区14栋154号
……………………Tel：0771-8528618
广西佛蓝德文化产业有限公司
地址：广西凭祥综合保税区行政联检大楼七楼７１２－５室
……………………Tel：0771-8531550
广西毅龙舍投资有限责任公司
地址：中国（广西）自由贸易试验区南宁片区金海路20号南宁综合保税区商务中心1号楼6层6-07号
……………………Tel：0771-85351189
凭祥市皇品世家红木有限公司
地址：凭祥市南山工业园标准厂房2号楼7楼
……………………Tel：0771-8551007
凭祥市光富商贸有限公司
地址：凭祥市南山经济合作区（南山王朝红木成品交易市场D栋33号）
……………………Tel：0771-8551007
凭祥市金凯商贸有限责任公司
地址：中国（广西）自由贸易试验区崇左片区凭祥市南山王朝红木成品交易市场D栋11-2号六楼2号（南山经济合作区广东阳江五金城7号综合楼）
……………………Tel：0771-8551007
凭祥市翰逸轩投资有限公司
地址：凭祥市南山工业园标准厂房2号楼
……………………Tel：0771-8551007
凭祥市美幸进出口贸易有限公司
地址：凭祥市友谊大道9号西南大厦11楼1101-1104室
……………………Tel：0771-8563668
凭祥市融海投资有限公司
地址：凭祥市南大路时代天城天翰城8幢A02号
……………………Tel：0771-8588048
广西荣明投资有限公司
地址：凭祥市西园小区C-37号
……………………Tel：0771-8588048
广西凭祥中升红木家具有限公司
地址：凭祥市南大路世贸天城1栋109号
……………………Tel：0771-8871111
广西凭祥市万山红商贸有限公司
地址：凭祥市南大路世贸天城第2栋1层108号
……………………Tel：0771-8871111
广西凭祥市东利商贸有限公司
地址：凭祥市南大路世贸天城第2栋1层111号
……………………Tel：0771-8871111
凭祥市鼎全红木贸易有限责任公司
地址：凭祥市南山经济合作区（广东阳

江五金城6号综合楼）（南山王朝红木成品交易市场4栋30−31号）
……Tel：0771−8871111

柳城县桂丰园生态农业科技有限公司
地址：柳城县大埔镇河东大道151号
……Tel：0772−3211899

广西好丰年农化有限公司
地址：柳州市阳和工业新区阳泰路东2号办公楼301室
……Tel：0772−3216276

广西好丰年农化有限公司柳州分公司
地址：柳州市雒容镇广场路36号
……Tel：0772−3216276

广西柳州市普领企业管理咨询有限公司
地址：柳州市融水县融水镇新安村小博屯
……Tel：0772−5818801

金秀县锦远建设投资有限公司
地址：金秀县桐木镇梧桐大道189号
……Tel：0772−6355333

融安县创鑫矿业有限公司
地址：融安县长安镇新兴路165号
……Tel：0772−8112866

广西中雪投资管理有限公司
地址：灵川县八里街纬六路新菜市1号门面
……Tel：0773−2637397

广西方硕建设有限公司
地址：临桂区西城南路1号花样年·花样城5幢A单元16层08号
……Tel：0773−5595216

兴安县农机局司门加油站
地址：兴安县溶江司门
……Tel：0773−6053937

广西德贝利实业投资有限公司
地址：兴安县兴安镇秦皇路延伸段湘水帝苑4栋一楼2−2号
……Tel：0773−6238866

平乐县德亿投资有限责任公司
地址：平乐县平乐镇枫木塘13号
……Tel：0773−7886178

平乐县金通非融资性担保投资有限责任公司
地址：平乐县平乐镇东泉街2号
……Tel：0773−7896618

广西亿瀛投资有限公司
地址：梧州市西堤三路19号3层301号房
……Tel：0774−3880088

广西盈嘉投资有限公司
地址：梧州市西堤三路19号3层326号房
……Tel：0774−3893588

岑溪市鸿和科技发展有限公司
地址：岑溪市马路镇昙容社区五星村141号
……Tel：0774−4561568

广西宏富建设有限公司
地址：贺州市平桂区平桂大道19号新兴小区3＃105号商铺
……Tel：0774−5210668

岑溪市思孟农业有限公司
地址：岑溪市岑城镇思孟村村民委员会办公楼一楼
……Tel：0774−8516428

玉林市丰隆种养有限公司
地址：玉林市玉州区城西街道玉豸村鱼场
……Tel：0775−2200930

广西玉林市茂展农业投资有限公司
地址：玉林市玉州区仁东镇鹤林村鹤林至旺卢公路边
……Tel：0775−2231666

广西农贝贝农牧集团有限公司
地址：玉林市玉州区沙圳里B区3号
……Tel：0775−2250528

桂平市桂达益科技有限公司
地址：广西桂平市凤凰新区金贵花苑34栋商铺二层
……Tel：0775−2797882

广西长港建设集团有限公司
地址：贵港市港北区金港大道962号（时代新城）2幢13号
……Tel：0775−4266692

广西聚德仁实业有限公司
地址：贵港市港南区中山南路58号（南湖商业广场）第9幢8号房
……Tel：0775−4277888

贵港市妙莲贸易有限公司
地址：广西贵港市港北区达开路1199号（龙湾丽水）11−1幢1单元1001号
……Tel：0775−4365874

广西乐峰置业投资有限公司
地址：贵港市港南区中山南路58号（南湖商业广场）3幢3号
……Tel：0775−4522288

广西华泰建设集团有限公司
地址：贵港市港北区金港大道万港城6幢1301号
……Tel：0775−4567988

广西华泰建设集团有限公司覃塘分公司
地址：贵港市覃塘区覃塘镇国道324线与209线交汇处东南面B16号
……Tel：0775−4567988

北流市亿联商贸城有限公司
地址：北流市北流镇新松路0047号
……Tel：0775−6208005

广西戴德建设有限公司
地址：北流镇一环南路32号三楼303
……Tel：0775−6366882

广西际联置业投资有限公司
地址：北流市沿江北路桂南 阳光华府小区6A栋103号房
……Tel：0775−6528888

广西御桂苑投资有限公司
地址：北流市沿江北路桂南·阳光华府小区6A栋102号房
……Tel：0775−6528888

北流市鼎诚贸易有限公司
地址：北流市沿江路桂南阳光华府小区6A栋101号房
……Tel：0775−6599999

桂南实业发展有限公司
地址：北流市城南一路0332号
……Tel：0775−6622888

广西振兴陆川猪产业发展集团有限公司
地址：陆川县温泉镇三峰东路南侧龙腾嘉园以西
……Tel：0775−7330808

广西良田农业投资有限公司
地址：平南县镇隆镇二级公路边河山置业一楼3室（旧新桥路口）
……Tel：0775−7818222

平南县武林现代特色农业产业园
地址：平南县工业园区河山置业城一期厂房13＃五楼
……Tel：0775−7818222

广西浔江教育投资有限公司
地址：平南县工业园区河山置业城一期厂房11号楼1楼9室
……Tel：0775−7929922

广西泓丰投资有限公司
地址：广西百色市右江区东旦小区光华苑J4号第五层
……Tel：0776−2556888

广西中翔控股有限责任公司
地址：广西百色市右江区龙景纬五路莲塘村第一居民小组综合楼
……Tel：0776−2567777

广西百色一号农业发展有限公司
地址：广西百色市四塘镇南昆铁路旁（百东新区BD02−07−02）地块
……Tel：0776−2805583

广西百盛源贸易有限责任公司
地址：靖西市龙邦镇界邦村（靖西市龙邦镇万生隆国际商贸物流中心综合楼2楼）
……Tel：0776−2805583

百色嘉美源农业开发有限公司
地址：广西百色市右江区大旺路1−1号C区01座
……Tel：0776−2805583

广西万璞投资集团有限责任公司
地址：广西百色市右江区东旦路万宁几米大酒店二楼
……Tel：0776−2807770

百色右江开发投资有限公司
地址：广西百色市右江区中山一路和平街7号
……Tel：0776−2820805

广西百色一号南菜北运有限公司
地址：广西百色市右江区东笋路23号第6栋
……Tel：0776−2876833

广西百色一盛投资有限责任公司
地址：百色市右江区向阳路11号第四层
……Tel：0776−2983458

百色市宜悦农业科技有限公司
地址：广西百色市右江区城北一路29号金都美食城二期A段商务楼11楼1123室
……Tel：0776−2983672

广西诚茂农业科技有限公司
地址：平果县坡造镇龙马村二队
……Tel：0776−5720999

田林百旺畜牧业有限公司
地址：田林县乐里镇新昌花园F地块28号17楼（龙广杰出租铺面）
……Tel：0776−7220888

广西田林县亿源科技木业有限公司
地址：田林县乐里镇新昌花园F地块28号（韦艳妮出租房）
……Tel：0776−7220888

广西田林龙富天成投资有限公司
地址：田林县乐里镇新昌花园F地块28号
……Tel：0776−7221777

广西凌云县骞盛投资有限公司
地址：广西凌云县泗城镇新秀社区西苑小区661号
……Tel：0776−7534358

广西国金财富投资有限公司凌云县分公司
地址：广西百色市凌云县泗城镇新秀村西灵小区095号
……Tel：0776−7619598

农垦东兴京岛海水养殖有限公司
地址：东兴市江平沙尾二十二队
……Tel：0777−2821041

广西鑫邦电子科技有限公司
地址：浦北县县城金浦新区（二馆三中心西向）容桂 新浦时代1幢1−6号商铺
……Tel：0777−8211168

广西亨泽置业有限公司
地址：河池市金城江区下任1组生活安置区58号
……Tel：0778−2320278

广西瑶山绿源生态投资有限公司
地址：南宁市青秀区滨湖路48号南湖聚宝苑1层商场3号
……Tel：0778−5277666

广西亚盟市场管理有限公司南丹分公司
地址：南丹县城关镇新城区农贸市场三楼
……Tel：0778−7215608

海南省

海南省华菲茂通进出口贸易有限责任公司
地址：海南省三亚市吉阳区三亚恒大御府4号楼1406室
……Tel：0459−3323188

福建省城乡建设股份有限公司海南分公司
地址：海南省保亭县城区电视塔东侧上观园小区2幢1002号（仅当办公场所使用）
……Tel：0591−87803028

海南熙颐实业有限公司
地址：海南省海口市琼山区琼州大道5号明珠大厦十楼1010房
……Tel：0731−82800126

海南维它生物科技有限公司
地址：海南省定安县黄竹镇文明中路196号
……Tel：0898−32130120

海南一号庄园管理有限公司
地址：海南省澄迈县福山镇侯臣村福山1号庄园
……Tel：0898−32875199

链上渔（海南）渔业发展有限公司
地址：海口市玉沙路5号国贸中心第14层15A房
……Tel：0898−36339333

海南星河生态科技有限公司
地址：海南省老城高新技术产业示范区海南生态软件园
……Tel：0898−36392738

鸿东生态科技（海南自贸区）有限公司
地址：海南省海口市美兰区青年路千家新村9栋3−105号
……Tel：0898−36393979

海南华夏椰城置业有限公司
地址：海南省海口市琼山区龙昆南路89号汇隆广场三单元3−2002−3房
……Tel：0898−36683288

海南益源农业发展有限公司
地址：海南省乐东黎族自治县尖峰镇黑眉村3队
……Tel：08983824234

五指山联科林业开发有限公司
地址：五指山市新华路冲山镇政府宿舍楼104房
……Tel：0898−38628988

海南瑞枫农业有限公司
地址：海口市琼山区三门坡镇谭文田头队
……Tel：0898−6228817

海南中辰农业开发有限公司
地址：海南省琼海市国营东红农场办公楼
……Tel：0898−62736368

海南绿松源生物环保科技有限公司
地址：海南省省直辖县级行政单位琼海市嘉积镇嘉博路西侧鸿信·御景湾B幢B4号二楼
……Tel：0898−62939499

海口康牧源农业科技有限公司
地址：海南省海口市秀英区秀英街道向荣路2号西城秀舍英秀城商铺1002房
……Tel：0898−63691719

海南龙仙泉置业有限公司
地址：海南省海口市龙华路月朗新村110号
……Tel：0898−65305051

国隆（海南自贸区）生态农业科技发展有限公司
地址：海南省海口市美兰区海府街道海府路58号
……Tel：0898−65331569

海南石头城旅游开发有限公司
地址：海南省海口市美兰区新埠街道新世界花园绿悠轩一座一B
……Tel：0898−66221506

海南省荣焕农业发展有限公司
地址：海南省临高县临城镇解放路19号商业总公司房改楼
……Tel：0898−66265964

海南招标拍卖有限公司
地址：海口市龙昆北路2号龙珠大厦6楼A座
……Tel：0898−66500777

海南星油藤科技发展有限公司
地址：海南省美兰区琼山大道172号创业村江东电子商务产业园
……Tel：0898−66515877

美丽渔村电子商务有限公司
地址：洋浦经济开发区盐田路8号政务服务中心大楼东区2−11−308
……Tel：0898−66661666

世诺（定安）生态农业有限公司
地址：海南省定安县定城镇塔北路119−2号
……Tel：0898−66711289

海南宏鑫力实业有限公司
地址：海南省海口市美兰区人民大道28号海甸大厦7H1房
……Tel：0898−66736255

海南恒美源农业综合开发有限公司
地址：海南省海口市龙华区海秀中路120号顺发新村36幢702房
……Tel：0898−66736255

海南陆冠生物科技有限公司
地址：海南省海口市龙华区华海路15号海口经贸大厦十一楼（北面办公部分）
……Tel：0898−66772249

海南英姿飒爽科技有限责任公司
地址：海南省海口市秀英区永万路5号君悦府小区3号楼2单元601号
……Tel：0898−66793693

海南亩丰农业科技有限公司
地址：海南省澄迈县福山镇敦茶村敦马路40号
……Tel：0898−68513269

文昌藏宝农业开发农民专业合作社
地址：海南省文昌市会文镇龙家村委会藏宝坑村文化室
……Tel：0898−68513309

海南国药海鸿医药有限公司
地址：海南省海口市龙华区海垦街道海垦路119号海南GSP医药物流商城副楼4层403房
……Tel：0898−68525978

海南浩驰贸易有限公司
地址：海南省海口市龙华区金贸街道玉沙路23号海岸金城商住楼A座30层30A房
……Tel：0898−68528649

海南为农服务中心有限公司
地址：海南省海口市秀英区长流镇滨海大道140号红燕堂A栋2层
……Tel：0898−68530636

明宇天华（海南）科技有限公司
地址：海南省海口市龙华区滨海大道丽晶路2号宝安滨海豪庭201号房
……Tel：0898−68533085

海南正宝实业有限公司
地址：海口市和平大道安信大厦A幢19层
……Tel：0898−68536511

海南盈泰投资有限公司
地址：海口市金贸区半山花园1808室
……Tel：0898−68554838

海南古柏农业发展有限公司
地址：海南省临高县临城镇江南路88号
……Tel：0898−68554838

海南蓝天农业发展有限公司
地址：海南省海口市龙华区紫荆路2−1号，紫荆信息公寓18C房
……Tel：0898−68615226

海南盛禾珍农业科技有限公司
地址：海南省海口市秀英区西秀镇海盛路64号翠玉园4B101
……Tel：0898−68664723

海南莲韵环境治理管理有限公司
地址：海南省海口市龙华区滨海街道滨涯村一区一幢一单元2002室
……Tel：0898−68921935

海茶行（海南）实业有限公司
地址：海南省海口市龙华区滨海大道117号海南滨海国际金融中心A座3002房
……Tel：0898−82910656

五指山华信农业开发有限公司
地址：五指山市总工会旁小榜301号
……Tel：0898−86630168

三亚天润投资有限公司
地址：三亚市解放路和糖酒贸易有限公司综合楼308
……Tel：0898−88222205

海南普庆市政工程有限公司
地址：海南省三亚市吉阳区迎宾路迎宾路壹号1栋1号楼7层707号房（仅限办公场所使用）
……Tel：0898−88701919

海南新甫里旅游开发有限公司
地址：海南省三亚市天涯区水城路12号
……Tel：0898−88982958

四川省

眉山永邦农业发展有限公司
地址：洪雅县洪川镇新村11组（民生街安置门市6号）
………………………Tel：028-37485858

甘洛森谷畜牧科技有限公司
地址：甘洛县斯觉镇挖里乌村以曲组
………………………Tel：028-6578612

四川吉峰农机连锁有限公司
地址：成都市郫县成都现代工业港北片区港通北二路219号
………………………Tel：028-67518932

四川省铁路产业投资集团有限责任公司
地址：成都市高新区天府一街两江国际535号1栋
………………………Tel：028-85139812

通威股份有限公司
地址：中国（四川）自由贸易试验区成都市高新区天府大道中段588号
………………………Tel：028-85188888

成都蓉联祥医疗科技有限公司
地址：成都市锦江区天涯石北街156号2栋1单元3层楼3号和4号
………………………Tel：028-86528299

四川鹿鸣丘高原生态农业科技有限公司
地址：四川省阿坝藏族羌族自治州若尔盖县达扎寺镇麦溪路8号、曙光街草原春熙路
………………………Tel：028-87544438

四川馨润景观工程有限公司
地址：攀枝花市仁和区布德镇中心村火烧桥组
………………………Tel：0812-2298666

四川东汇投资有限公司
地址：东区江南三路50号
………………………Tel：0812-2901691

绵阳树高房地产开发有限公司经开区分公司
地址：四川省绵阳市经开区涪滨路北段5号树高.威尼斯城5幢1楼1号
………………………Tel：0816-2531348

绵阳市乡悦农业科技有限公司
地址：四川省绵阳市游仙区律华乡石垭村五组
………………………Tel：0816-2692998

绵阳市万亿科技有限公司
地址：绵阳市涪城区花园路9号6栋2单元11楼3号
………………………Tel：0816-2999258

江油市九顶科技有限公司
地址：四川省绵阳市江油市工业园区铁东路西段
………………………Tel：0816-3652990

四川建元天地环保科技有限公司
地址：江油市高新区大鹏路东段1号楼15层
………………………Tel：0816-3833997

四川酉机科技有限公司
地址：绵阳高新区绵兴东路133号B204-7
………………………Tel：0816-5101000

绵阳同安农业科技有限公司
地址：四川省绵阳市涪城区青义镇青羊小区5号附3-6号
………………………Tel：0816-6385788

平武县汇美尚品商贸有限公司
地址：平武县龙安镇北街66号
………………………Tel：0816-8898816

四川亚汇机械制造有限公司
地址：四川省南充市南部县工业集中区管委会办公室
………………………Tel：0817-5716667

阆中市铭悦宏商贸有限公司
地址：阆中市保宁醋东路（春天苑3单元）
………………………Tel：0817-6253263

四川金瑞果网络科技有限公司
地址：四川省达州市大竹县经济开发区永顺路中国西部皮鞋城15号楼2-10号
………………………Tel：0818-6888678

岳池梦然农业有限公司
地址：四川省广安市岳池县九龙镇公园路
………………………Tel：0826-6231425

四川兰子馨景观园林绿化工程有限公司
地址：成都市青羊区北大街19号3栋5层504号
………………………Tel：082-86936016

宜宾竹海镇双溪旅游开发有限公司
地址：宜宾市长宁县竹海镇万里街1幢1单元1-1号
………………………Tel：0831-4977999

蓝田建发有限责任公司
地址：宜宾市叙州区柏溪街道迎宾路
………………………Tel：0831-6208105

四川两山竹业科技有限公司
地址：兴文县太平镇顺龙大道33号（四川兴文苗族工业园区）
………………………Tel：0831-8825733

乐山绿创科技园区发展有限责任公司
地址：四川省乐山高新区南新大道1166号
………………………Tel：0833-2765123

越西善道现代农业发展有限公司
地址：越西县越城镇新大街南段210号
………………………Tel：0834-2232625

凉山州金绿源农业开发有限公司
地址：四川省凉山彝族自治州西昌市健康路一环路东段3楼3号(仅作办公用)
………………………Tel：0834-2896363

西昌市金地绿色蔬菜有限公司
地址：四川省凉山彝族自治州西昌市一环路团结安置新村11栋
………………………Tel：0834-6967718

雅安市东耀科技有限公司
地址：四川省雅安市宝兴县灵关镇宝灵路11号7栋3单元
………………………Tel：0835-6840550

四川和海鑫网络有限公司
地址：四川省雅安市宝兴县灵关镇工业集中区上坝工业组团
………………………Tel：0835-6858888

炉霍雪域俄色有限责任公司
地址：炉霍县新都镇建设路218号
………………………Tel：0836-7323988

九寨沟县农旅农业科技有限责任公司
地址：九寨沟县文荟路100号
………………………Tel：0837-7732067

四川鼎虹投资管理有限公司
地址：四川省德阳市岷山南路二段57号
………………………Tel：0838-2366633

四川剑南春股份有限公司
地址：四川省绵竹市春溢街699号
………………………Tel：0838-6202206

绵竹和盛投资有限公司
地址：绵竹市剑南镇春溢街289号5楼
………………Tel：0838-6202206-3592

四川琪琳广告科技有限公司
地址：什邡市小花园街（蓝剑盛世华庭A区）9幢2-4-1号
………………………Tel：0838-8320566

四川凯尔丰农业科技有限公司
地址：什邡市师古镇九里埂村
………………………Tel：0838-8665188

四川同圣金田地生物科技有限公司
地址：广元市利州区万源新区胤国路377号国投大厦16楼
………………………Tel：0839-6183310

贵州省

贵州贵安新区兴业投资有限责任公司
地址：贵州省安顺市平坝区安平办事处平黎大道和谐小区A栋二楼
………………………Tel：0851-34610111

贵州贵安新区鑫源开发投资有限公司
地址：贵州省安顺市平坝区安平办事处平黎大道和谐小区A栋二楼
………………………Tel：0851-34610111

贵阳蓬莱城乡发展有限公司
地址：贵阳市白云区七一路47号3栋负一层25号
………………………Tel：0851-84619082

贵州云开投资有限公司
地址：贵州省贵阳市贵州双龙航空港经济区龙洞社区服务中心云关乡云关村笋子林
………………………Tel：0851-85536277

贵州天润生态产业开发有限责任公司
地址：贵州省黔南布依族苗族自治州独山县上司镇学庄村学庄组
………………………Tel：0854-3238887

广西兴邦建设有限公司荔波分公司
地址：贵州省黔南布依族苗族自治州荔波县玉屏街道时来县政府第二办公区6楼
………………………Tel：0854-3613773

榕江县国有资产管理经营有限责任公司
地址：贵州省黔东南苗族侗族自治州榕江县财政局
………………………Tel：0854-6620538

思南中天投资开发有限责任公司
地址：贵州省铜仁市思南县思唐镇江东社区
………………………Tel：0856-7222308

贵州鹏卿投资有限公司
地址：兴义市桔山办汇金中心A栋19楼
………………………Tel：0859-3190499

云南省

德宏聚力农机有限公司
地址：云南省德宏州芒市大街98号
………………………Tel：0692-2128534

河口瑶族自治县农垦集团有限责任公司
地址：云南省红河州河口县人民路88号(红桥大厦7楼)
………………………Tel：0873-3052203

河口坝洒农场有限责任公司
地址：云南省红河州河口县坝洒农场场部
………………………Tel：0873-3069037

河口南溪农场有限责任公司
地址：云南省红河州河口县南溪镇
………………………Tel：0873-3124909

河口农场有限责任公司
地址：云南省红河州河口县人民路88号
………………………Tel：0873-3124926

河口蚂蝗堡农场有限责任公司
地址：云南省红河州河口县蚂蝗堡
………………………Tel：0873-3581518

金平农场有限责任公司
地址：云南省红河州金平县勐拉镇
………………………Tel：0873-5430070

云南滇粹商城商贸有限公司
地址：云南省保山市隆阳区永昌街道建设路45号
………………………Tel：0875-2228822

双江发鹏商贸有限公司
地址：云南省临沧市双江县允俸连接线北侧（临双二级路边）
………………………Tel：0883-7621867

西藏自治区

西藏易藏生物科技有限公司
地址：拉萨市仙足岛生态小区2区1排1号
………………………Tel：0891-6386440

西藏瑞今农业发展有限责任公司
地址：西藏自治区林芝市巴宜区八一镇色定村土司山庄
………………………Tel：0898-61886133

西藏瑞今农业产业化开发有限责任公司
地址：西藏自治区林芝市工布江达县巴河镇叮当村藏猪产业园
………………………Tel：0898-61886133

陕西省

咸阳新元农业有限责任公司
地址：陕西省咸阳市乾县城关镇贵阳村16号
………………………Tel：029-35533553

陕西鑫联投资有限公司
地址：西安市碑林区南二环东段295号曼城国际1幢1单元10302室
………………………Tel：029-68726000

西安汇盈投资管理有限公司
地址：西安市高新区高新路33号新汇大厦1幢A0802号房
………………………Tel：029-85249915

陕西景泰环保科技有限公司
地址：西安经济技术开发区凤城九路南侧白桦林间第1幢1单元2805号房
………………………Tel：029-86357704

陕西杨凌瑞祺生物科技有限公司
地址：陕西省杨凌示范区东新路北段
………………………Tel：029-87033358

杨凌国农浚源农业高新技术有限公司
地址：陕西省杨凌示范区渭惠路中段汽车客运站西场地
………………………Tel：029-87088878

陕西嘉正投资有限公司西安曲江池东路第一分公司
地址：西安曲江新区曲江池东路金地广场二层F222号
………………………Tel：029-88410011

陕西吉电能源有限公司
地址：西安曲江新区雁塔南路292号曲江文化大厦9楼
………………………Tel：029-89551777

陕西俊杰农业发展有限公司
地址：陕西省榆林市清涧县新城区电信大楼
………………………Tel：0912-5263996

渭南隆盛生态农业科技有限公司
地址：陕西省渭南市临渭区　西村七组93号
………………………Tel：0913-8100000

商洛锦都农业林业科技发展有限公司柞水分公司
地址：陕西省商洛市柞水县下梁镇马坪村
………………………Tel：0914-4355222

安康文旅农业旅游发展有限公司
地址：陕西省安康市汉滨区瀛湖镇瀛湖码头游客中心
………………………Tel：0915-3012757

汉中华升农林发展有限公司
地址：陕西省汉中市汉台区黄家塘十字东南角
………………………Tel：0916-2521009

宝鸡西岐肥业有限公司
地址：陕西省宝鸡市岐山县益店镇化工园区
………………………Tel：0917-8447618

甘肃省

临夏州凯润农牧投资发展集团有限公司
地址：甘肃省临夏州临夏市西关路205号B204室
………………………Tel：0930-6220907

东乡族自治县东沃农牧投资发展集团有限公司
地址：甘肃省临夏州东乡族自治县锁南镇统办4号楼
………………………Tel：0930-7172777

甘肃黄河农谷扶贫开发有限公司
地址：甘肃省临夏州永靖县刘家峡镇古城路居委会古城路111号
………………………Tel：0930-8872699

甘肃洛蓝农业科技发展有限责任公司
地址：甘肃省兰州市城关区雁南路445号1单元26层2605、2606室
………………………Tel：0931-4518086

甘肃华清农牧科技有限公司
地址：甘肃省兰州市皋兰县黑石镇和平村
………………………Tel：0931-8500708

甘肃宇林生态农业综合开发有限公司
地址：甘肃省兰州市兰州新区西槽乡宗家梁村一社
………………………Tel：0931-8865208

平凉正邦项目投资有限公司
地址：甘肃省平凉市崆峒区星泰广场a座1706室
………………………Tel：0933-8579388

平凉天合项目投资有限责任公司
地址：甘肃省平凉市崆峒区甘沟路31号天通苑小区2号门面房
………………………Tel：0933-8889998

甘肃清大聚能商务有限公司
地址：甘肃省张掖市临泽县电子商务孵化园2号楼
………………………Tel：0936-5582099

金塔青耕生态草牧有限公司
地址：甘肃省酒泉市金塔县红墩子农场
………………………Tel：0937-2715271

敦煌市万盛商贸有限责任公司
地址：甘肃省酒泉市敦煌市转渠口镇漳县村二组（万盛家居精品楼）
………………………Tel：0937-8899669

夏河县达哇央宗有机肥料加工销售有限责任公司
地址：甘肃省甘南州夏河县王格尔塘镇上草口村（乃格贡玛村）
………………………Tel：0941-7222279

甘肃恒业材料新科技有限公司
地址：甘肃省白银市白银区甘肃白银高技术产业园电池园区
………………………Tel：0943-8302168

宁夏回族自治区

银川市汇杰农资商贸有限公司新城分公司
地址：银川市金凤区北京中路658号
………………………Tel：0950-3072077

宁夏互成发展有限公司
地址：银川市兴庆区在水一方A区2号商业楼3号办公用房
………………………Tel：0950-5138666

宁夏农林科学院枸杞研究所（有限公司）
地址：宁夏西夏区芦花台北
………………………Tel：0951-2158451

中扶宏业（宁夏）生态农业科技有限公司
地址：宁夏回族自治区银川市兴庆区民族北街北苑小区牡丹园13号楼3单元301室
………………………Tel：0951-3877856

宁夏宝中投资有限公司
地址：宁夏银川市兴庆区文化东街5号楼
………………………Tel：0951-3892099

宁夏阳光林草产业有限责任公司
地址：银川市兴庆区文化东街98号415室
………………………Tel：0951-4010626

上鲲（宁夏）农业科技有限公司
地址：宁夏银川市兴庆区新华东街4号金泰大厦A座8号楼805室
………………………Tel：0951-4108255

银川市汇杰农资商贸有限公司配送中心
地址：银川市兴庆区通贵乡通东村
………………………Tel：0951-5039629

银川市汇杰农资商贸有限公司
地址：银川市兴庆区新华东街208号
………………………Tel：0951-5039659

宁夏联邦信达投资有限公司
地址：宁夏银川市金凤区银川金凤万达广场4号楼2806室
………………………Tel：0951-5076660

宁夏革诺万盛科技服务有限公司
地址：宁夏银川市兴庆区云开苑1号楼901号公寓
………………………Tel：0951-5632123

中扶高科（宁夏）现代农业有限公司
地址：宁夏银川市兴庆区丽景北街穆斯林商贸城东楼四楼4F3-18、20、22室
………………………Tel：0951-6047085

银川市汇杰农资商贸有限公司满春生资分公司
地址：银川市兴庆区丽景街440号
………………………Tel：0951-6158560

银川市汇杰农资商贸有限公司小南门分公司
地址：银川市城区利民街102号

……………………Tel：0951-6158560
宁夏嘉汇投资置业有限公司
地址：银川市兴庆区丽景南街友爱一队
……………………Tel：0951-6159303
宁夏银隆达投资有限公司
地址：银川市兴庆区高尔夫商业街4号楼13A号
……………………Tel：0951-6197116
宁夏农垦前进农场有限公司
地址：宁夏回族自治区宁夏前进农场
……………………Tel：0951-6685881
宁夏农林科学院科技开发公司
地址：宁夏回族自治区银川市三一支沟
……………………Tel：0951-6886879
宁夏华朋幸福农业开发有限公司
地址：银川市金凤区新昌西路以北17号路易大紫荆花商务中心B座2103室
……………………Tel：0951-7695558
宁夏道合农业发展有限公司
地址：银川市金凤区新新家园6号楼九楼1、2号房
……………………Tel：0951-7878585
宁夏农垦西夏王实业有限公司葡萄苗木分公司
地址：宁夏永宁县玉泉营农场永黄公路旁
……………………Tel：0951-8451060
宁夏农垦西夏王实业有限公司
地址：宁夏回族自治区宁夏农垦玉泉营农场
……………………Tel：0951-8451095
银川园博园农业科技有限公司
地址：银川高新区一号厂房四层402室
……………………Tel：0951-8860186
宁夏鉴融源投资有限公司
地址：宁夏回族自治区平罗县城西大街
……………………Tel：0952-6625055
宁夏全盛资产管理有限公司
地址：中卫市沙坡头区鼓楼东街中医院西侧
……………………Tel：0955-6558296
宁夏鑫磊投资发展有限责任公司
地址：中卫市沙坡头区黄河花园95号楼
……………………Tel：0955-7062661
中卫市中信鼎投资有限公司
地址：中卫市沙坡头区鼓楼南街美利城市风景A座商住楼3单元1层1C01-2号营业房
……………………Tel：0955-7068090
宁夏汇恒创业投资管理有限公司
地址：中卫市沙坡头区蔡桥新村27号楼
……………………Tel：0955-7642211

青海省

青海国立药业有限公司
地址：青海省海东市互助县威远镇班彦东路东侧永盛路北侧（绿色产业园区内）
……………………Tel：0971-5317768
青海太和科技开发有限责任公司
地址：西宁市城西区胜利路59号（申宝大厦806室）
……………………Tel：0971-6164096
青海柴达木生物科技开发有限公司
地址：德令哈市河西区格尔木西路商务楼312室
……………………Tel：0971-8111063
青海甲丙农业开发有限公司
地址：青海省海东市互助土族自治县沙塘川镇新元村197号
……………………Tel：0972-8312880
青海省柴达木农垦集团有限公司
地址：德令哈市河东区格尔木东路2号（海西州公安局刑警支队办公楼）
……………………Tel：0977-8225210

新疆维吾尔自治区

塔城红塔投资有限责任公司
地址：新疆塔城地区塔城市南环路华宝国际综合楼
……………………Tel：0901-6116878
哈密市建营康成资产管理有限公司
地址：新疆哈密市伊州区天山大道哈密摆氏清真食品配送中心综合办公楼
……………………Tel：0902-2251588
福海县绿丰农业开发有限公司
地址：新疆阿勒泰地区福海县人民路1号（原药监局办公楼）
……………………Tel：0906-3472085
福海杨凌现代农业发展有限公司
地址：新疆阿勒泰地区福海县城镇人民东路
……………………Tel：0906-3472085
新疆晟瑞商贸有限公司
地址：新疆阿勒泰地区福海县华韵小区2号地附属小二楼1层5号门面
……………………Tel：0906-3668666
福海县福晟农牧发展有限公司
地址：新疆阿勒泰地区福海县团结南路四区（原法院办公楼）
……………………Tel：0906-3668666
哈巴河县途乐帕尔马业有限公司
地址：新疆阿勒泰哈巴河县加依勒玛乡塔木齐村42号
……………………Tel：0906-6416999
新疆蓿之花草源生态有限公司
地址：新疆阿勒泰哈巴河县阿克齐镇民主路南至过境路东川市场地上二层起第22号门面房
……………………Tel：0906-6811368
克拉玛依绿成农业开发有限责任公司
地址：新疆克拉玛依市胜利路138号
……………………Tel：0990-6846108
新疆石油管理局有限公司造林减排作业区
地址：新疆克拉玛依市友谊路98号
……………………Tel：0990-6883286
新疆丰湖原生态农业科技有限公司
地址：新疆乌鲁木齐市沙依巴克区西山农牧场绿盛街2号
……………………Tel：0991-2630186
新疆华油荣盛工程技术有限公司
地址：新疆巴州库尔勒市塔指东路12号1栋15层1单元1503室
……………………Tel：0991-3985890
新疆辰博致盛环保科技服务有限公司
地址：新疆乌鲁木齐市沙依巴克区友好南路508号1栋5层1单元503室
……………………Tel：0991-4815696
新疆天成百昌林业科技有限公司
地址：新疆乌鲁木齐市沙依巴克区黄河路304号达兴商务大厦1栋9层
……………………Tel：0991-5855140
阿勒泰华凌农牧科技开发有限公司
地址：新疆阿勒泰地区福海县福海镇人民西路21号福海县农村信用合作联社办公楼64幢3层5室
……………………Tel：0991-6825018
阿勒泰华凌市场投资管理有限公司
地址：新疆阿勒泰福海县福海镇人民西路21号福海县农村信用合作联社办公楼64幢3层8室
……………………Tel：0991-6825018
中国检验认证集团新疆有限公司
地址：新疆乌鲁木齐市高新技术产业开发区昆明路158号1栋A座8层写字间
……………………Tel：0991-6992000
新疆天蕴有机农业有限公司乌鲁木齐天山跃出三文鱼专卖店
地址：新疆乌鲁木齐市天山区碱泉三街375号6号楼一层四号
……………………Tel：0991-8850210
乌鲁木齐城南经贸合作区投资开发有限责任公司
地址：新疆乌鲁木齐市天山区燕儿窝路436号3楼2号
……………………Tel：0991-8871369
乌鲁木齐天山区城市发展投资管理有限公司
地址：新疆乌鲁木齐市天山区大湾北路187号5栋1层
……………………Tel：0991-8872369
新疆天蕴有机农业有限公司乌鲁木齐销售分公司
地址：新疆乌鲁木齐市沙依巴克区西城街505号青建‘荣和城’14栋3号商铺
……………………Tel：0991-8897275
新疆农垦现代农业有限公司
地址：新疆克拉玛依市共青镇130团（三十八公里路口4号商业楼5号）
……………………Tel：0992-3212890
新疆锦硕源农业科技有限公司
地址：新疆生产建设兵团胡杨河市124团古尔图水管所新柳干以东付业队以南
……………………Tel：0992-3312198
新疆生产建设兵团第七师一三0团农业经营有限公司
地址：新疆克拉玛依市共青镇130团
……………………Tel：0992-3939035
新疆生产建设兵团第七师一三0团国有资产投资有限公司
地址：新疆克拉玛依市共青镇一三0团机关楼二楼
……………………Tel：0992-3939600
新疆永康恒达农业科技发展有限公司
地址：新疆塔城地区乌苏市新市区办事处长征东路华府商业街403号
……………………Tel：0992-8010118
新疆五丰农业机械有限公司
地址：新疆昌吉州昌吉市三工镇仓储物流园区10-53号
……………………Tel：0994-2208036
新疆中农绿科科技有限公司
地址：新疆昌吉州昌吉市农业博览园二楼科技孵化办公室18号工位
……………………Tel：0994-2236489
昌吉市北门农副产品交易批发市场（有限公司）
地址：新疆昌吉州昌吉市北京北路北门村
……………………Tel：0994-2286668
昌吉市瑞邦机械制造有限公司
地址：新疆昌吉州昌吉市乌伊西路北侧光捷加油站旁86号一层（119区1丘2栋）
……………………Tel：0994-2367503
新疆亚中农产品供应链科技有限公司
地址：新疆昌吉州昌吉市乌伊东路时代广场A座1126号
……………………Tel：0994-2521863
新疆亮剑恒丰农业有限公司
地址：新疆五家渠市蔡家湖镇胜利西街166号
……………………Tel：0994-5618017
新疆中兴龙丰机械设备制造有限公司
地址：新疆昌吉州昌吉市高新技术产业开发区创业大道1号中亚农机物流港11-010号（昌高区31丘11幢）
……………………Tel：0994-8163685
新疆昌大建筑安装工程有限责任公司准东经济技术开发区分公司
地址：新疆昌吉州准东经济技术开发区瑞阳停车场门面房
……………………Tel：0994-8382397
巴州广厚商贸有限公司
地址：新疆巴州库尔勒市迎宾路康居小区20号楼电子商务双创孵化基地4楼401室
……………………Tel：0996-2028267
新疆疆域百果香商贸有限责任公司
地址：新疆巴州和静县和静镇友好路凯源福城1号楼一层4号门面
……………………Tel：0996-2622889
新疆科牧华科技发展有限公司
地址：新疆铁门关市三十团迎宾路2号
……………………Tel：0996-2702392
新疆兵二十四葡萄酒业有限公司
地址：新疆铁门关市库西工业园纬五路1号河北创业服务大厦251号
……………………Tel：0996-5945619
新疆吉尔格勒资产经营有限责任公司
地址：新疆铁门关市库西工业园纬五路1号河北创业服务大厦261号
……………………Tel：0996-6332177
新疆生产建设兵团第二师二十五团
地址：新疆巴州博湖县湖光镇
……………………Tel：0996-6992030
新疆生产建设兵团第二师三十八团
地址：新疆巴州且末县苏塘（三十八团）
……………………Tel：0996-7938837
阿克苏市创业盛世科技有限责任公司
地址：新疆阿克苏地区阿克苏市栏杆路3号2层尚东国际中信数码城2-68号
……………………Tel：0997-2283320
沙雅县古勒巴格新农村发展有限公司
地址：新疆阿克苏地区沙雅县古勒巴格镇政府
……………………Tel：0997-7990333
巴楚县丰和畜牧业发展有限公司
地址：新疆喀什地区巴楚县夏马勒牧场
……………………Tel：0998-6130908
疏附县仁泰农牧科技有限公司
地址：新疆喀什地区疏附县现代畜牧业产业园区动物防疫站办公楼
……………………Tel：0998-6478610
新疆生产建设兵团第四师六十三团
地址：新疆维吾尔自治区伊犁哈萨克自治州霍城县六十三团幸福东街1号
……………………Tel：0999-3275017
新疆天蕴有机农业有限公司
地址：新疆伊犁州尼勒克县喀拉苏乡（三文鱼基地）
……………………Tel：0999-4621606
新疆景沃农业科技有限责任公司
地址：新疆伊犁州霍尔果斯友谊路客运站商住楼1栋20室
……………………Tel：0999-8798987

通信网络

计算机

消防

一、行业综合分析

通信网络、计算机、消防行业综合分析

通信设备行业是信息技术业的重要组成部分，体现了某一国家和地区信息技术的综合发展水平，是现代微电子技术、微波技术、计算机技术和软件技术的综合应用。中国通信设备制造业是随着中国改革开放而逐步成长起来的新兴产业。我国电信行业自改革开放以来，经历了高速的发展，其发展速度已超过国外同行，目前，该行业仍具有非常广阔的市场前景，这为通信设备制造业的发展提供了良好的客观环境。

2013年7月12日，国务院常务会议研究部署促进信息消费，明确提出要实施“宽带中国”战略，加快网络、通信基础设施建设和升级。2014年3月“宽带中国2014专项行动”的主要引导目标：新增FTTH覆盖家庭3000万户，建设完成TD-LTE基站30万个，新增1.38万个行政村通宽带；新增固定宽带接入用户2500万户，发展TD-LTE用户3000万户；使用8M及以上接入速率的固定宽带用户占比达到30%，其中东部地区力争达到40%，鼓励有条件的地区推广50M、100M等高带宽接入服务。通信设备行业将在我国信息化基础设施建设中充分受益，我国实施宽带中国战略，以宽带普及提速和网络融合为重点，加快构建宽带、融合、安全、泛在的下一代国家信息基础设施，核心网、传输网、城域网等方面的设备需求将快速增长。

2013年12月4日，国家工信部向中国移动、中国电信和中国通颁发了4G TD-LTE牌照。三家企业都在积极推进4G网络建设，截至2014年3月底，4G基站建设总规模已经超过25万个。包括系统设备、终端芯片和手机软件在内的整个4G移动通信产业链得到快速发展。受4G建设加快推动影响，2013年我国通信设备行业完成投资897亿元，同比增长37%，增速高于上年16个百分点。2014年1-4月，我国通信设备行业500万元以上项目完成投资233.3亿元，同比增长16.1%。

卫星导航产业是我国战略性新兴产业的重要组成部分，在当今信息时代，其基础性和先导性的作用十分明显，正在深刻改变着人们的生产生活方式，孕育着新的经济增长点。随着现代信息社会快速发展，行业和社会公众对创新性和综合性的时空信息服务需求日益强烈，融合移动通信、互联网技术的位置服务应用，将有力推动卫星导航应用产业结构升级，释放出更加广阔的市场空间。发展卫星导航产业对于推动产业结构调整、提高社会生产效率、改善人民生活质量、提升国家核心竞争力具有重要的现实意义和长远的战略意义。我国北斗卫星导航系统建设目前已取得突破性进展，卫星导航产业发展取得长足进步，导航芯片、天线等关键技术取得重大突破并实现了产品化。2013年我国卫星导航与位置服务产业总体产值超过1040亿元，相比2012年增加了28.4%，其中北斗产值（含投资）超过100亿元，占比9.8%。截至2013年年底，我国北斗终端社会持有量已超过130万套。北斗产业将迎来快速的发展。2013年10月，国务院办公厅印发关于《国家卫星导航产业中长期发展规划》的通知，根据规划的发展目标，到2020年，我国卫星导航产业创新发展格局基本形成，产业应用规模和国际化水平大幅提升，产业规模超过4000亿元。根据《规划》，到2020年，北斗卫星导航系统及其兼容产品在国民经济重要行业和关键领域得到广泛应用，在大众消费市场逐步推广普及，对国内卫星导航应用市场的贡献率达到60%，重要应用领域达到80%以上，在全球市场具有较强的国际竞争力。

通信设备制造行业需求主要来源于电信运营商的资本开支，近年来随着无线通信技术升级、光纤入户等项目推进电信网络投资规模不断增长。长期来看随着社会信息化进程的推进，数据规模和传输流量将会对电信网络通信能力提出更高要求，通信设备面临确定性的行业需求增长。短期内LTE通信技术大规模升级建

设已经开始，将会释放对通信设备的旺盛需求。通信设备市场全球化特征明显，全球通信设备需求呈现温和波动增长态势，但是中国通信设备制造行业整体国际竞争力较弱。由于对于通信速度和稳定性的要求不断提高，通信技术持续升级。目前无线通信技术正处于LTE商用前期，光通信则呈现多种技术混合组网、融合升级的特征。

中国通信设备行业市场格局呈现东部地区平稳增长，中、西部地区增势突出的态势。在新技术、新业务的强力带动下，宽带网络、移动互联网、新一代移动通信、云计算、物联网等新业态的发展正在推动信息通信业加速转型，行业纵向整合、横向渗透的态势进一步加剧，大发展、大变革、大融合成为行业主旋律。政府有关部门近年来陆续推出行业规划等文件，主要政策内容集中于提升科研能力、推动技术升级和鼓励参与国际竞争等方面。随着国家对三网融合、工业信息化、物联网、电子政务等领域利好政策导向，通信设备制造业将迎来新一轮的发展机遇。

2014年通信业有望成为投资亮点，投资额有望超过3500亿元，其中4G投资达到1000亿元。同时，2014年底前，4G商用城市将超过300个，用户超过3000万。同时，落实“三网融合”推广阶段实施方案，加快将业务双向进入扩大至全国，力争IPTV用户数突破3300万。推进军民融合深度发展，加快军工核心能力建设，拓宽军民技术信息交流渠道，推进军民用技术双向转移，促进军工与地方经济融合。全面落实“宽带中国”战略，推进宽带网络基础设施建设，继续实施“核高基”、新一代宽带无线移动通信网重大专项，增强信息产业核心竞争力。

本文由中投顾问供稿

二、行业法规

全国人民代表大会常务委员会关于加强网络信息保护的决定

（2012年12月28日第十一届全国人民代表大会常务委员会第三十次会议通过）

为了保护网络信息安全，保障公民、法人和其他组织的合法权益，维护国家安全和社会公共利益，特作如下决定：

一、国家保护能够识别公民个人身份和涉及公民个人隐私的电子信息。

任何组织和个人不得窃取或者以其他非法方式获取公民个人电子信息，不得出售或者非法向他人提供公民个人电子信息。

二、网络服务提供者和其他企业事业单位在业务活动中收集、使用公民个人电子信息，应当遵循合法、正当、必要的原则，明示收集、使用信息的目的、方式和范围，并经被收集者同意，不得违反法律、法规的规定和双方的约定收集、使用信息。

网络服务提供者和其他企业事业单位收集、使用公民个人电子信息，应当公开其收集、使用规则。

三、网络服务提供者和其他企业事业单位及其工作人员对在业务活动中收集的公民个人电子信息必须严格保密，不得泄露、篡改、毁损，不得出售或者非法向他人提供。

四、网络服务提供者和其他企业事业单位应当采取技术措施和其他必要措施，确保信息安全，防止在业务活动中收集的公民个人电子信息泄露、毁损、丢失。在发生或者可能发生信息泄露、毁损、丢失的情况时，应当立即采取补救措施。

五、网络服务提供者应当加强对其用户发布的信息的管理，发现法律、法规禁止发布或者传输的信息的，应当立即停止传输该信息，采取消除等处置措施，保存有关记录，并向有关主管部门报告。

六、网络服务提供者为用户办理网站接入服务，办理固定电话、移动电话等入网手续，或者为用户提供信息发布服务，应当在与用户签订协议或者确认提供服务时，要求用户提供真实身份信息。

七、任何组织和个人未经电子信息接收者同意或者请求，或者电子信息接收者明确表示拒绝的，不得向其固定电话、移动电话或者个人电子邮箱发送商业性电子信息。

八、公民发现泄露个人身份、散布个人隐私等侵害其合法权益的网络信息，或者受到商业性电子信息侵扰的，有权要求网络服务提供者删除有关信息或者采取其他必要措施予以制止。

九、任何组织和个人对窃取或者以其他非法方式获取、出售或者非法向他人提供公民个人电子信息的违法犯罪行为以及其他网络信息违法犯罪行为，有权向有关主管部门举报、控告；接到举报、控告的部门应当依法及时处理。被侵权人可以依法提起诉讼。

十、有关主管部门应当在各自职权范围内依法履行职责，采取技术措施和其他必要措施，防范、制止和查处窃取或者以其他非法方式获取、出售或者非法向他人提供公民个人电子信息的违法犯罪行为以及其他网络信息违法犯罪行为。有关主管部门依法履行职责时，网络服务提供者应当予以配合，提供技术支持。

国家机关及其工作人员对在履行职责中知悉的公民个人电子信息应当予以保密，不得泄露、篡改、毁损，不得出售或者非法向他人提供。

十一、对有违反本决定行为的，依法给予警告、罚款、没收违法所得、吊销许可证或者取消备案、关闭网站、禁止有关责任人员从事网络服务业务等处罚，记入社会信用档案并予以公布；构成违反治安管理行为的，依法给予治安管理处罚。构成犯罪的，依法追究刑事责任。侵害他人民事权益的，依法承担民事责任。

十二、本决定自公布之日起施行。

三、相关企业介绍

北京市

中移动金融科技有限公司
地址：北京市西城区阜成门外大街31号4层411B
……………………Tel：010-21355008

北京旭桐网络科技有限公司
地址：北京市海淀区大钟寺东路9号1幢A座0533
……………………Tel：010-2356958

北京全路通信信号研究设计院集团有限公司
地址：北京市丰台区丰台科技园汽车博物馆南路1号院B座7层
……………………Tel：010-50805636

北京简变快乐信息技术有限公司
地址：北京市海淀区远大路39号1号楼6层621C号
……………………Tel：010-50828508

北京弘合柏基金融信息服务有限责任公司
地址：北京市海淀区丹棱街1号院1号楼2层201-1室
……………………Tel：010-50828818

中城国际智慧城市投资控股有限公司
地址：北京市朝阳区东四环中路41号9层907-908
……………………Tel：010-50829988

中城华兴国际文化产业有限公司
地址：北京市朝阳区东四环中路41号9层915室
……………………Tel：010-50829988

中商启航实业集团有限公司
地址：北京市东城区珠市口东大街11号甲11号四层411B
……………………Tel：010-50851199

中辆新能源轨道交通装备有限公司
地址：北京市海淀区西三旗沁春家园1号楼、2号楼、3号楼2层201-2051室
……………………Tel：010-50868679

北京源兴智泽科技有限公司
地址：北京市海淀区紫竹院路69号4层裙房4051号
……………………Tel：010-50873879

北京中禾金盛实业发展有限责任公司
地址：北京市海淀区白家疃尚峰园1号楼3层306
……………………Tel：010-50916870

神州付（北京）软件技术有限公司
地址：北京市海淀区太月园1号楼3层3005室
……………………Tel：010-50917027

资和信电子支付有限公司
地址：北京市海淀区东北旺北京中关村软件园孵化器1 号楼B座1109、1110
……………………Tel：010-50919188

北京精诚铂阳光电设备有限公司
地址：北京市北京经济技术开发区兴盛街17号1幢1-2层
……………………Tel：010-50943000

中通服供应链股份有限公司
地址：深圳市福田区华富街道莲花一村社区皇岗路5001号深业上城（南区）T2栋1908
……………………Tel：010-50949000

北京紫光智业信息科技有限公司
地址：北京市通州区潞苑南大街1093号3-299号
……………………Tel：010-50950333

海上丝绸之路医疗控股集团有限公司
地址：北京市昌平区生命园路8号院一区9号-1至5层101(9号楼101)
……………………Tel：010-50955581

北京善义善美科技有限公司
地址：北京市朝阳区创远路34号院1号楼5层501室
……………………Tel：010-50959111

央视频融媒体发展有限公司
地址：北京市朝阳区八里庄东里1号CN05
……………………Tel：010-50961399

西伯尔联合通信科技（北京）有限公司
地址：北京市海淀区学院南路68号19号楼6183室
……………………Tel：010-50962635

博彦科技股份有限公司
地址：北京市海淀区西北旺东路10号院东区7号楼(博彦科技大厦)
……………………Tel：010-50965888

银河航天（北京）通信技术有限公司
地址：北京市海淀区黑泉路8号1幢3层101-10号
……………………Tel：010-51077025

北京易讯通信息技术股份有限公司
地址：北京市海淀区苏州街79号5层南部501室
……………………Tel：010-51289959

北京今目标信息技术有限公司
地址：北京市海淀区蓝靛厂金源时代购物中心B区2#B座901、909
……………………Tel：010-51293899

北京升华电梯集团有限公司
地址：北京市顺义区牛汇北四街7号
……………………Tel：010-51298877

北京华胜天成信息技术发展有限公司
地址：北京市通州区云景南大街12号3层
……………………Tel：010-51519800

丽睿客信息科技（北京）有限公司
地址：北京市海淀区中关村大街1号17层E14号
……………………Tel：010-51627892

北京同力信通软件有限公司
地址：北京市海淀区定慧西里33号楼305
……………………Tel：010-51656977

北京宏天信业信息技术股份有限公司
地址：北京市海淀区高梁桥斜街59号院1号楼市长大厦8层0809号
……………………Tel：010-51663106

北斗聚合（北京）数据科技有限公司
地址：北京市海淀区北太平庄路18号3层C3-0597
……………………Tel：010-51668531

北京星网锐捷网络技术有限公司
地址：北京市海淀区复兴路29号中意鹏奥酒店东塔A座12层
……………………Tel：010-51715999

铁总服务有限公司
地址：北京市海淀区复兴路10号综合楼三层
……………………Tel：010-51843991

南车投资管理有限公司
地址：北京市海淀区羊坊店路11号
……………………Tel：010-51862172

中移铁通有限公司
地址：北京市西城区广宁伯街2号
……………………Tel：010-51890836

北京中联利合房地产开发有限公司
地址：北京市门头沟区石龙经济开发区永安路20号3号楼A-3313室
……………………Tel：010-51994074

北京金盛奥业工贸有限公司
地址：北京市顺义区南法信镇顺高路北法信段2号
……………………Tel：010-52134852

北京小朋游戏科技发展有限公司
地址：北京市石景山区实兴大街30号院3号楼2层A-1818房间
……………………Tel：010-52206872

北京小朋互联科技发展有限公司
地址：北京市石景山区实兴大街30号院3号楼2层A-1419房间
……………………Tel：010-52206872

北京中卓时代消防装备科技有限公司
地址：北京市顺义区马坡镇聚源中路18号
……………………Tel：010-52271174

北京普惠联盟商贸有限公司
地址：北京市北京经济技术开发区地盛南街甲1号4号楼6层606室
……………………Tel：010-52402337

中圣明达控股集团有限公司
地址：北京市丰台区贾家花园15号院7号楼1547室
……………………Tel：010-52423260

北京中联润通信息技术有限公司
地址：北京市海淀区彩和坊路8号6层606-1
……………………Tel：010-52436586

车易拍（北京）汽车技术服务有限公司
地址：北京市大兴区金星路30号院5号楼5层502
……………………Tel：010-52591567

北京爱因生教育投资有限责任公司
地址：北京市平谷区大华山镇大华山大街269号
……………………Tel：010-52601271

国网电动汽车服务有限公司
地址：北京市西城区白广路二条1号1幢812室
……………………Tel：010-52617696

国网汇通金财（北京）信息科技有限公司
地址：北京市海淀区北清路68号院21号楼三层311室
……………………Tel：010-52617799

中移动信息技术有限公司
地址：北京市昌平区未来科学城英才北三街16号院16号楼1006室
……………………Tel：010-52686688-2886

乐元互动（北京）游戏技术有限公司
地址：北京市朝阳区霞光里15号楼4层2单元505
……………………Tel：010-52817668

中深建设工程有限公司
地址：北京市海淀区东北旺南路29号院3号楼3层3295室
……………………Tel：010-52895668

美丽说（北京）网络科技有限公司
地址：北京市海淀区中关村大街15-11号B2-C07
……………………Tel：010-53184310-801

北京华通人商用信息有限公司
地址：北京市丰台区南四环西路188号一区31号楼1层101-5
……………………Tel：010-53213288

北京嘉和一品企业管理有限公司
地址：北京市顺义区南陈路南法信段29号
……………………Tel：010-53216688-6130

北京贝瑞和康生物技术有限公司
地址：北京市昌平区科技园区生命园路4号院5号楼8层801
……………………Tel：010-53259188

魔利互通（北京）信息技术有限公司
地址：北京市北京经济技术开发区荣华南路10号院3号楼807室
……………………Tel：010-53269767

北京京西供应链管理有限公司
地址：北京市石景山区八大处路49号院4号楼5层5113
……………………Tel：010-53273754

正元地理信息集团股份有限公司
地址：北京市顺义区国门商务区机场东路2号
……………………Tel：010-53296122

北京能链环宇科技有限公司
地址：北京市朝阳区东坝河甲2号1幢等6幢3幢2层211
……………………Tel：010-53313363

北京纷扬科技有限责任公司
地址：北京市东城区和平里东街11号8号楼一层1-B10号
……………………Tel：010-53342373

北京元光智行信息技术有限公司
地址：北京市东城区东四十条94号10-2号楼一层103号
……………………Tel：010-53343546

星美新能源科技有限公司
地址：北京市海淀区上地信息路1号(北京实创高科技发展总公司1-1号，1-2号)1-1幢2层A栋02-110号
……………………Tel：010-53353010

北京梦想城堡信息技术有限公司
地址：北京市海淀区高里掌路3号院17号楼1单元201-A085号
……………………Tel：010-53362891

北京捷锐通信息技术有限公司
地址：北京市北京经济技术开发区隆庆街18号1幢四层401A室
……………………Tel：010-53390993

世纪融合（北京）科技发展有限公司
地址：北京市怀柔区雁栖经济开发区杨雁路88号一层北侧11号
……………………Tel：010-53605288

大唐国投环保有限公司
地址：北京市通州区光华路5号2幢2层202室
……………………Tel：010-53822155

宜人信息咨询（北京）有限公司
地址：北京市房山区阎村镇阎富路1号11号楼3层310
……………………Tel：010-53953685

北京赢销通软件技术有限公司
地址：北京市海淀区西小口路66号中关村东升科技园·北领地D-1楼4层401、402室
……………………Tel：010-56081900

中国华力控股集团有限公司
地址：北京市密云区西田各庄镇雁密路99号601室-1864
……………………Tel：010-56087600

北京惠朗时代科技有限公司
地址：北京市大兴区经济开发区盛坊路2号5号楼3层301室
……………………Tel：010-56106802

北京卓泰联合生物科技有限公司
地址：北京市朝阳区广渠路36号院5号楼8层806室
……………………Tel：010-56130400

华浩信联（北京）科贸有限公司
地址：北京市东城区东长安街1号东方广场东方经贸城西办公楼二层6B室
……………………Tel：010-56130608

北京世纪力宏计算机软件科技有限公司
地址：北京市海淀区创业路8号4号楼5层4-2-506号
……………………Tel：010-56130613

北京首航直升机股份有限公司
地址：北京市顺义区天竺镇府前一街17号1号楼102-105
……………………Tel：010-56152000

北京数字政通科技股份有限公司
地址：北京市海淀区西直门北大街32号枫蓝国际中心A座18层1805室
……………………Tel：010-56161666

北京中通云网信息技术有限公司
地址：北京市海淀区魏公村街1号韦伯豪家园4号楼2204室
……………………Tel：010-56183547

乐趣家（北京）信息技术有限公司
地址：北京市海淀区龙岗路51号院6号楼2层6216室
……………………Tel：010-56299058

鞍钢集团北京研究院有限公司
地址：北京市昌平区北京未来科技城北区鞍钢未来钢铁研究院内
……………………Tel：010-56352776

北京建工建筑产业化投资建设发展有限公司
地址：北京市顺义区李遂镇南孙路13号
……………………Tel：010-56419790

北京蓝色光标数据科技股份有限公司
地址：北京市朝阳区酒仙桥北路9号(厂区)10幢二层A5-01
……………………Tel：010-56478345

奇安信安全技术（北京）集团有限公司
地址：北京市西城区新街口外大街28号102号楼3层334号
……………………Tel：010-56509182

网神信息技术（北京）股份有限公司
地址：北京市海淀区昆明湖南路51号D座二层202、203、205、206、207、208号
……………………Tel：010-56509182

北京百利买科技有限公司
地址：北京市通州区梨园镇云景东路80号东配楼257室
……………………Tel：010-56519588

北京搜狐新媒体信息技术有限公司
地址：北京市海淀区科学院南路2号院3号楼12层1201
……………………Tel：010-56602612

达飞云贷科技（北京）有限公司
地址：北京市朝阳区慈云寺北里118号楼11层1101
……………………Tel：010-56613000

北京裕山阳科技发展有限公司
地址：北京市海淀区信息路甲28号7层D座07A
……………………Tel：010-56617999

北京惠买在线网络科技有限公司
地址：北京市北京经济技术开发区同济南路19号1幢3层A区
……………………Tel：010-56657179

北京惠买在线网络科技有限公司
地址：北京市北京经济技术开发区同济南路19号1幢3层A区
……………………Tel：010-56657179

人人行科技股份有限公司
地址：北京市石景山区鲁谷路74号中国瑞达大厦7层F707房间
……………………Tel：010-56658000

九信投资管理有限公司
地址：北京市丰台区丽泽路18号院1号楼1001-28室
……………………Tel：010-56658500

北京同益中新材料科技股份有限公司
地址：北京市北京经济技术开发区中和街16号901厂房
……………………Tel：010-56710356

拉卡拉支付股份有限公司
地址：北京市海淀区北清路中关村壹号D1座6层606
……………………Tel：010-56710999

中石化炼化工程（集团）股份有限公司
地址：北京市朝阳区胜古家园8号楼1至5层101
……………………Tel：010-56730522

开金能源有限公司
地址：北京市朝阳区安定路5号院1号楼19层05室
……………………Tel：010-56736300

北京万裕国际房地产开发有限公司
地址：北京市通州区砖厂北里141号楼4层2402
Tel：010-56762080

北京高鼎通信息科技有限公司
地址：北京市石景山区苹果园西小街19号院1号楼12层1201
Tel：010-56902081

北京原杰电子有限责任公司
地址：北京市通州区中关村科技园区通州园金桥科技产业基地景盛南二街15号9号楼二层A
Tel：010-56940132

记录国际文化有限公司
地址：北京市海淀区中关村东路18号1号楼3层C-307-054号
Tel：010-57035708

北京奥城四季商业发展有限公司
地址：北京市朝阳区安定路5号院5号楼6层101号16层05单元
Tel：010-57040660

北京兴汉网际股份有限公司
地址：北京市海淀区高里掌路3号院15号楼2单元二层201
Tel：010-57042680

培翼（北京）科技有限公司
地址：北京市朝阳区望京西园425号楼三层3208室
Tel：010-57076090

北京一人一亩田网络科技有限公司
地址：北京市海淀区西小口路66号中关村东升科技园B-6号楼A座六层A602A室
Tel：010-57086605

中民蓝卡医疗科技有限公司
地址：北京市海淀区西三环中路10号望海楼B座二层202室
Tel：010-57086970

北京乐语世纪科技集团有限公司
地址：北京市海淀区复兴路61号院30号楼一层102室
Tel：010-57091111

蘑菇车联信息科技有限公司
地址：北京市东城区北三环东路36号1号楼6层B603
Tel：010-57101625

三态电子商务股份有限公司
地址：北京市海淀区花园路2号牡丹科技楼3层305室
Tel：010-57106561

铁甲信息技术（北京）有限公司
地址：北京市朝阳区麦子店街39号二层Y208-1
Tel：010-57109013

北京杰代艺网软件开发有限公司
地址：北京市顺义区木林镇顺焦路木林段83号
Tel：010-57165781

德盈润泰实业有限公司
地址：北京市海淀区上地东路5-2号7层705室
Tel：010-57174087

趣分期（北京）信息技术有限公司
地址：北京市海淀区海淀北二街8号12层1507-2
Tel：010-57201954

北京丽都时代医疗投资管理有限公司
地址：北京市朝阳区慧忠里103楼三层301
Tel：010-57230111

远赫控股集团有限公司
地址：北京市海淀区上地十街1号院2号楼16层1606
Tel：010-57256111

远东中旺（北京）投资担保有限公司
地址：北京市海淀区清河嘉园东区2号楼-1层-103室-81
Tel：010-57267213

高伟达软件股份有限公司
地址：北京市海淀区大慧寺8号北区20栋604房间
Tel：010-57321188

利吾家健康管理有限公司
地址：北京市海淀区燕西台嘉苑甲15号楼二层2038、2039、2040室
Tel：010-57327855

北京兆芯电子科技有限公司
地址：北京市海淀区中关村东路一号院七号楼7-9层
Tel：010-57350601

北京三快科技有限公司
地址：北京市海淀区海淀苏州街18号院2楼507
Tel：010-57376600

北京华联事农农产品技术有限公司
地址：北京市大兴区青云店镇祥云路北四条208号1幢205室
Tel：010-57391688

北京科空亿海网络工程有限公司
地址：北京市平谷区林荫北街13号信息大厦802室
Tel：010-57432971

北京云测信息技术有限公司
地址：北京市朝阳区酒仙桥52号院4301号
Tel：010-57499017

万诚联鑫（北京）投资有限公司
地址：北京市朝阳区东大桥路8号院1号楼2层210室
Tel：010-57508646

北京华源热力管网有限公司
地址：北京市朝阳区高碑店乡八里庄村陈家林9号院(华腾世纪总部公园)项目7号楼3、5、6、7层
Tel：010-57512756

优哥（北京）科技股份有限公司
地址：北京市门头沟区石龙经济开发区永安路20号3号楼A-5598室
Tel：010-57524763

华迪计算机集团有限公司
地址：北京市海淀区阜成路甲8号中国航天大厦五、六层
Tel：010-57552861

神华信息技术有限公司
地址：北京市海淀区彩和坊路6号1905室
Tel：010-57595382

普信恒业科技发展（北京）有限公司
地址：北京市朝阳区西大望路1号1号楼9层
Tel：010-57644554

北京纬地经天科技有限公司
地址：北京市北京经济技术开发区荣华中路8号院2号楼903室
Tel：010-57694990

中国建设科技集团股份有限公司
地址：北京市西城区德胜门外大街36号德胜凯旋大厦A座
Tel：010-57700800

玖锡科技（北京）有限公司
地址：北京市房山区阎村镇阎富路1号38号楼3层315
Tel：010-57717793

家园网络科技有限公司
地址：北京市东城区灯市口大街12、14号2层8229
Tel：010-57789188

第一视频信息工程集团有限公司
地址：北京市海淀区上地佳园1号楼裙房2段二层2024室
Tel：010-57839055

北京第一彩信息技术有限公司
地址：北京市海淀区知春路51号慎昌大厦565室
Tel：010-57839055

国能中电能源集团有限责任公司
地址：北京市朝阳区通惠河北路69号院5号楼5层501A
Tel：010-57839977

北京九次方数字城市大数据科技有限公司
地址：北京市房山区良乡凯旋大街建设路18号-D2068
Tel：010-57892053

宝塔盛华商贸集团有限公司
地址：北京市朝阳区慧忠路5号C506室
Tel：010-57902751

北京宝塔石化有限责任公司
地址：北京市朝阳区慧忠路5号5层C501
Tel：010-57902751

北京康迪建设监理咨询有限公司
地址：北京市东城区和平里九区甲4号A602室
Tel：010-57953573

北京弘高建筑装饰设计工程有限公司
地址：北京市昌平区延寿镇长九路469号院3号楼
Tel：010-57963389

钱包金服（北京）科技有限公司
地址：北京市朝阳区酒仙桥路52号院1号楼A座5层501室
Tel：010-57993888

途趣咨询服务（北京）有限公司
地址：北京市朝阳区东三环中路5号楼3层07-01A号单元
Tel：010-57994899

北京航天拓扑高科技有限责任公司
地址：北京市北京经济技术开发区永昌南路21号
Tel：010-58080916

北京国华荣网络科技有限公司
地址：北京市朝阳区和平里东街东土城路12号怡和阳光大厦19层1901室
Tel：010-58102620

北京濠江房地产开发有限公司
地址：北京市东城区王府井东街8号澳门中心写字楼6层601室
Tel：010-58138888

北京翼城精彩科技有限公司
地址：北京市朝阳区建国路93号院9号楼11层1108室
Tel：010-58208555

北京达飞安评管理顾问有限公司
地址：北京市朝阳区北苑路168号1号楼15层1502号
Tel：010-58246025

熵零新材料技术创造工程院（北京）有限公司
地址：北京市朝阳区北苑路168号1号楼2402号
Tel：010-58246611

北京沃尔玛山姆会员商店有限公司
地址：北京市顺义区后沙峪镇安平街5号院2号楼1-2层
Tel：010-58251082

阿里健康科技（中国）有限公司
地址：北京市朝阳区望京东园四区7号楼15层1506室
Tel：010-58259000

北京品极通达通信服务有限公司
地址：北京市房山区良乡凯旋大街建设路18号—D4084
Tel：010-58290000

北京中能康健生物科技有限公司
地址：北京市朝阳区安定门外大街1号1幢9层917室
Tel：010-58295686

中远海运国际贸易有限公司
地址：北京市朝阳区安贞西里五区仟村商务大楼A座12A层
Tel：010-58341609

北京光锥之外科技有限公司
地址：北京市海淀区紫金数码园4号楼8层803
Tel：010-58341796

北京拓扑之源置业有限公司
地址：北京市海淀区紫金数码园四号楼5层501
Tel：010-58341796

北京有竹居网络技术有限公司
地址：北京市平谷区林荫北街13号信息大厦802室
Tel：010-58341796

大唐环境产业集团股份有限公司
地址：北京市海淀区紫竹院路120号
Tel：010-58389999

中国电信股份有限公司
地址：北京市西城区金融大街31号
Tel：010-58501688

中国通信服务股份有限公司
地址：北京市西城区复兴门南大街2号及乙五层
Tel：010-58502010

蓝慧振兴乡村建设（北京）有限公司
地址：北京市通州区恒业八街6号院26号1层101-10863
Tel：010-58562050

高等教育出版社有限公司
地址：北京市西城区德胜门外大街4号
Tel：010-58581867

中国长江电力股份有限公司
地址：北京市海淀区玉渊潭南路1号B座
Tel：010-58688900

北京宽广智通信息技术有限公司
地址：北京市海淀区知春路甲48号2号楼7A
Tel：010-58732750

人民教育电子音像出版社有限公司
地址：北京市海淀区中关村南大街17号1号楼
Tel：010-58759688

北京精英远洋科技发展有限公司
地址：北京市石景山区八大处高科技园区西井路3号3号楼4075房间
Tel：010-58761626

天润德智（北京）科技有限公司
地址：北京市密云区经济开发区兴盛南路8号开发区办公楼501室-2396(经济开发区集中办公区)
Tel：010-58779944

泰戈特（北京）工程技术有限公司
地址：北京市朝阳区永安东里甲3号院1号楼808C
Tel：010-58793030

中农惠民天汇集团有限公司
地址：北京市朝阳区永安东里甲3号院1号楼9层901
Tel：010-58793458

北京电信通畅达信息有限公司
地址：北京市北京经济技术开发区同济中路10号4幢101-2
Tel：010-58841888

卓易畅想（北京）科技有限公司
地址：北京市海淀区西小口路66号中关村东升科技园·北领地B-6座A座7层A702
Tel：010-58851881

优酷网络技术（北京）有限公司
地址：北京市海淀区西小口路66号中关村东升科技园·北领地B-6楼A座7层A707。
Tel：010-58851881

北京华赢凯来资产管理有限公司
地址：北京市朝阳区十八里店乡大洋路168号院A091
Tel：010-58890381

大唐电信科技股份有限公司
地址：北京市海淀区永嘉北路6号5幢
Tel：010-58919537

北京北斗中兴企业管理集团有限公司
地址：北京市朝阳区芍药居北里101号1幢19层2座2218
Tel：010-58931951

中国教育出版传媒股份有限公司
地址：北京市海淀区学院路30号科大天工大厦B座15层
Tel：010-58938581

中国教育出版传媒集团有限公司
地址：北京市东城区沙滩后街55号
Tel：010-58938581

北京伯凯科技有限公司
地址：北京市朝阳区广顺南大街8号院1号楼2层B01、D01单元,4层A01、B01、C01、D01单元
Tel：010-58969882

北京金牛山通讯设备有限责任公司
地址：北京市海淀区厂洼中路1号欣正大厦588室
Tel：010-59000631

北京欧应信息技术有限公司
地址：北京市朝阳区光华路9号楼7层702室
Tel：010-59007121

北京窝窝世界信息技术有限公司
地址：北京市朝阳区枣营北里27号楼南侧(托儿所)一层107室
Tel：010-59065059

万众联动通信技术（北京）有限公司
地址：北京市海淀区清河三街72号23号楼2层46室
Tel：010-59065270

北京康诚尚德通信技术有限公司
地址：北京市朝阳区东四环中路62号楼10层1004-1005
Tel：010-59139615

海航冷链控股股份有限公司
地址：北京市大兴区庆祥北路3号院1号楼503室
Tel：010-59156711

微软移动通信有限公司
地址：北京市北京经济技术开发区宏达北路12号A幢802
Tel：010-59178888

北京北汽鹏龙汽车服务贸易股份有限公司
地址：北京市朝阳区华威里10号楼18层
Tel：010-59199499

泰科（北京）安装工程有限公司
地址：北京市朝阳区地铁八通线指挥中心(四惠京通大厦)B2区5层511号
Tel：010-59281888

中国石油化学有限公司
地址：北京市西城区六铺炕
Tel：010-59285928

国美电器有限公司
地址：北京市通州区潞城镇胡郎路80号1205室
Tel：010-59288789

北京玛斯特系统工程有限公司
地址：北京市平谷区中关村科技园区平谷园兴谷A区6号-1903
Tel：010-59333200

中化国际物业酒店管理有限公司
地址：北京市西城区复兴门外大街A2号
Tel：010-59368103

薰衣草（北京）投资基金有限公司
地址：北京市朝阳区光华路丙12号2306室
Tel：010-59442615

北京富国工程咨询集团有限公司
地址：北京市朝阳区石佛营东里130号3幢5层513室
Tel：010-59450381

中船电子科技有限公司
地址：北京市大兴区中关村科技园区大兴生物医药产业基地天河西路19号230室
Tel：010-59515510

北京博瑞霖医疗管理咨询有限公司
地址：北京市朝阳区利泽西街6号院3号楼12层1201内1
Tel：010-59520865

诚和致远商业集团有限公司
地址：北京市东城区管村12号院3号楼3层0303
Tel：010-59564788

北京五八信息技术有限公司
地址：北京市海淀区学清路甲18号中关村东升科技园学院园三层301室
Tel：010-59565858

中化石油销售有限公司
地址：北京市西城区复兴门内大街28号4层
Tel：010-59569338

中核控制系统工程有限公司
地址：北京市北京经济技术开发区宏达南路3号
Tel：010-59573333

恒邦汇融实业有限公司
地址：北京市东城区南竹杆胡同2号1幢7层10807
Tel：010-59576252

中国力源控股有限公司

地址：北京市朝阳区霄云路27号708室
…………Tel：010-59623088
北京神州新桥科技有限公司
地址：北京市海淀区西三环北路89号12层B-08号
…………Tel：010-59639388
三井物产（中国）有限公司
地址：北京市朝阳区建国门外大街1号国贸大厦8层
…………Tel：010-59653331
北京城市网邻信息技术有限公司
地址：北京市朝阳区酒仙桥北路甲10号院101号楼1-7层内1层103室
…………Tel：010-59695858
信华厚德（北京）国际贸易有限公司
地址：北京市平谷区平谷镇府前西街40号205室
…………Tel：010-59696040
北京华电思普信息系统有限公司
地址：北京市昌平区科技园区创新路11号创业大厦516室
…………Tel：010-59704600
北京永辉云创科技有限公司
地址：北京市石景山区鲁谷大街东侧永辉超市一层W2号
…………Tel：010-59704875
北京岳梧科技有限公司
地址：北京市朝阳区创远路34号院6号楼21层2101内2102室
…………Tel：010-59725999
北京播思软件技术有限公司
地址：北京市海淀区闵庄路3号27栋A101室
…………Tel：010-59756336
北京中佳信科技发展有限公司
地址：北京市朝阳区酒仙桥路10号院22号楼一层102室
…………Tel：010-59756818
中电智行技术有限公司
地址：北京市朝阳区高家园一号
…………Tel：010-59832000
中国电信集团卫星通信有限公司
地址：北京市海淀区学院路42号4-11层
…………Tel：010-59835918
北京时间有限公司
地址：北京市海淀区西三环北路3号一区1号楼7层710
…………Tel：010-59837106
北京科摩仕捷科技有限公司
地址：北京市海淀区丹棱街3号B座11层1115、1116
…………Tel：010-59857001
创想空间软件技术（北京）有限公司
地址：北京市朝阳区酒仙桥北路甲十号院402楼二层
…………Tel：010-59933639
润家商业科技（北京）有限公司
地址：北京市顺义区李桥镇龙塘路西段1号206室
…………Tel：010-59953454
中国石化集团国际石油工程有限公司
地址：北京市朝阳区惠新东街甲6号
…………Tel：010-59965556
中石化石油工程地球物理有限公司
地址：北京市朝阳区惠新东街甲六号第十一层(第四栋)-1126
…………Tel：010-59965737
中石化石油工程技术服务股份有限公司
地址：北京市朝阳区朝阳门北大街22号1202房间
…………Tel：010-59965998
中石化石油工程技术服务股份有限公司
地址：北京市朝阳区朝阳门北大街22号1202房间
…………Tel：010-59965998
北京中油瑞飞信息技术有限责任公司
地址：北京市东城区青龙胡同1号歌华大厦1501室
…………Tel：010-59981010
中军军弘保安服务有限公司
地址：北京市大兴区金苑路32号3幢3层301室
…………Tel：010-60202957
北京申城集团有限公司
地址：北京市朝阳区建国路91号院8号楼15层1506单元
…………Tel：010-60222226
北京英格卡购物中心有限公司
地址：北京市大兴区欣宁街15号
…………Tel：010-60285600
北京冠华东方玻璃科技有限公司
地址：北京市房山区长阳镇葫芦垡村西黄良路南侧
…………Tel：010-60308968
北京中科知创电器有限公司
地址：北京市顺义区南彩镇彩达三街一号茂华工场4号楼2层201
…………Tel：010-60400964
北京潮白环保科技股份有限公司
地址：北京市顺义区木林镇马坊村委会东500米
…………Tel：010-60448886
中能东道集团有限公司
地址：北京市海淀区西小口路66号中关村东升科技园·北领地B-6楼B座3层B301
…………Tel：010-60603253
北京仁晖新能源有限责任公司
地址：北京市海淀区东北旺南路29号院3号楼4层4505室
…………Tel：010-60607865
华安物流有限公司
地址：北京市怀柔区雁栖工业开发区五区59号153室
…………Tel：010-60681080
北京中车重工机械有限公司
地址：北京市昌平区昌平火车站西
…………Tel：010-60751292
北京宝之谷农业科技开发有限公司
地址：北京市昌平区十三陵镇北新村
…………Tel：010-60761999
飞利信投资控股有限公司
地址：北京市海淀区丰慧中路7号新材料创业大厦10层北侧办公1010室
…………Tel：010-60958191
北京长城电子工程技术有限公司
地址：北京市海淀区北四环中路229号海泰大厦十一层1112-A
…………Tel：010-61057133
鑫然昊晟有限公司
地址：北京市密云区阳光街775幢12号(一层北门)
…………Tel：010-61092191
北京东方京安消防工程有限公司
地址：北京市西城区马连道南街6号院1号楼6层6B-15号
…………Tel：010-61190088
保全世纪（北京）保安服务有限公司
地址：北京市大兴区北兴路(东段)2号1幢1层116房间
…………Tel：010-61288022
北京金汉王技术有限公司
地址：北京市顺义区临空经济核心区天柱西路8号1幢
…………Tel：010-61438321
飓安冠软通信技术（北京）有限公司
地址：北京市朝阳区东直门外万红西街2号21栋A3006
…………Tel：010-61842267
虫极科技（北京）有限公司
地址：北京市朝阳区酒仙桥路10号院20号楼三层301室
…………Tel：010-61845888
便利蜂科技有限公司
地址：北京市通州区经济开发区东区靓丽三街9号-186
…………Tel：010-61845888
北京畅游天下网络技术有限公司
地址：北京市石景山区八角东街65号院主楼南座3号楼10层1007
…………Tel：010-61927447
北京千方科技股份有限公司
地址：北京市海淀区东北旺西路8号中关村软件园一期27号楼B座501室
…………Tel：010-61959999
北京华油鑫业工程技术有限公司
地址：北京市昌平区科技园区超前路5号4幢A座4层412室
…………Tel：010-62067043
北京晓通宏志科技有限公司
地址：北京市昌平区科技园区超前路9号3号楼2383室
…………Tel：010-62108600
北京丝绸之旅展览展示服务有限公司
地址：北京市海淀区坡上村12号
…………Tel：010-62125866
西部发展控股集团有限公司
地址：北京市丰台区南四环西路188号五区6号楼6层608室
…………Tel：010-62165778
宝利信通（北京）软件股份有限公司
地址：北京市海淀区中关村东路18号1号楼10(9)层C-1012
…………Tel：010-62165858
北京长城电子装备有限责任公司
地址：北京市海淀区学院南路30号
…………Tel：010-62250747
北京金通时代信息技术有限责任公司
地址：北京市昌平区十三陵镇西山口村247号
…………Tel：010-62256683
北京大唐高鸿软件技术有限公司
地址：北京市海淀区学院路40号一区研六楼三层
…………Tel：010-62303100
大唐联诚信息系统技术有限公司
地址：北京市海淀区学院路40号
…………Tel：010-62307777
创新科技术有限公司
地址：北京市海淀区花园东路11号泰兴大厦五层505室
…………Tel：010-62309966
北京熙诚紫光科技有限公司
地址：北京市西城区新街口外大街28号A座3层300号
…………Tel：010-62359881
北京通软联合信息技术有限公司
地址：北京市海淀区西小口路66号东升科技园北领地C1-102
…………Tel：010-62398850
畅捷通信息技术股份有限公司
地址：北京市海淀区永丰路9号院3号楼3层
…………Tel：010-62434888
丝路华创（北京）有限公司
地址：北京市海淀区北四环西路58号八层808
…………Tel：010-62576737
爱国者（北京）置业有限公司
地址：北京市海淀区永澄北路2号院1号楼C座三层357室
…………Tel：010-62606437
北京易艾斯德科技有限公司
地址：北京市朝阳区霞光里15号楼16层1单元1909
…………Tel：010-62628008
中科方德软件有限公司
地址：北京市海淀区中关村南四街4号3号楼
…………Tel：010-62661900
中科创达软件股份有限公司
地址：北京市海淀区清华东路9号创达大厦1层101-105室(东升地区)
…………Tel：010-62662686
北京微网通联股份有限公司
地址：北京市海淀区西北旺东路10号院东区10号楼4层4-15室
…………Tel：010-62668888
北京汇通阳光信息技术有限公司
地址：北京市海淀区学院路30号科群大厦西五层508室
…………Tel：010-62681584
零氪信息技术（北京）有限公司
地址：北京市海淀区海淀大街8号A座11层D区
…………Tel：010-62686250
零氪智能科技（北京）有限公司
地址：北京市海淀区海淀大街8号A座11层A、C区
…………Tel：010-62686255
北京方正延中信息系统有限公司
地址：北京市海淀区科学院南路2号C座8层N801
…………Tel：010-62691978
北京九五智驾信息技术股份有限公司
地址：北京市海淀区上园村3号知行大厦九层901室
…………Tel：010-62695190
浩云星空信息技术（北京）有限公司
地址：北京市海淀区成府路45号中关村智造大街B座二层202
…………Tel：010-62702998
紫光电子商务有限公司
地址：北京市海淀区中关村东路1号院2号楼4层405室
…………Tel：010-62705898
北京炎强通信技术有限公司
地址：北京市石景山区八大处高科技园区西井路3号3号楼4980房间
…………Tel：010-62719602
厚益控股管理有限公司
地址：北京市昌平区未来科技城定泗路237号都市绿洲108B室
…………Tel：010-62754128
北京北大青鸟安全系统工程技术有限公司
地址：北京市平谷区城关镇府前大街36号
…………Tel：010-62760118
北京诚志利华科技发展有限公司
地址：北京市海淀区清华科技园创新大厦B座14层
…………Tel：010-62780066
紫光软件系统有限公司
地址：北京市海淀区中关村东路1号院2号楼318室
…………Tel：010-62789255
北京天骄建设产业投资有限公司
地址：北京市海淀区知春路7号致真大厦C座24层2402室
…………Tel：010-62802689
北京易正系统集成有限公司
地址：北京市海淀区温泉镇创客小镇社区配套商业楼15＃楼一层110室
…………Tel：010-62827996
北京中超伟业信息安全技术股份有限公司
地址：北京市昌平区科技园区超前路甲1号10号楼302室
…………Tel：010-62877139
北京亚都环保科技有限公司
地址：北京市昌平区流村镇政府北侧北京亚都室内环保科技股份有限公司院内
…………Tel：010-62975500
北京妙境界信息技术有限公司
地址：北京市海淀区上地四街一号一号楼六层610室
…………Tel：010-62982175
北京山石网科信息技术有限公司
地址：北京市海淀区宝盛南路1号院20号楼5层101-01室
…………Tel：010-62997288
北京北汽摩有限公司
地址：北京市密云区经济开发区科技路67号
…………Tel：010-63179187
北京华南设备安装公司
地址：北京市怀柔区雁栖经济开发区雁栖大街13号
…………Tel：010-63268034
北京郊区电信实业有限公司
地址：北京市密云区工业开发区大盛路168号
…………Tel：010-63330815
北京美女房地产开发集团有限公司
地址：北京市密云区溪翁庄镇环湖路66号镇政府1号楼110室-2281(溪翁庄镇集中办公区)
…………Tel：010-63361738
北京天虹商业管理有限公司
地址：北京市西城区广安门外大街168号地下一层至地上二层
…………Tel：010-63381661
国网新源控股有限公司
地址：北京市西城区白广路二条一号
…………Tel：010-63416515
北京东方毅拓展文化发展集团有限公司
地址：北京市西城区平原里21号楼2层21030
…………Tel：010-63554012
北京美力马消防设备有限公司
地址：北京市丰台区南四环西路188号5区18号楼(园区)
…………Tel：010-63701005
旭阳供应链管理有限公司
地址：北京市房山区房山工业园区西区顾八路甲1号-G47
…………Tel：010-63701616
润银国际投资集团有限公司
地址：北京市丰台区南四环西路188号五区27号楼
…………Tel：010-63702435
北京三兴汽车有限公司
地址：北京市丰台区新村一里15号
…………Tel：010-63716231
北京丰台工程机械修造厂
地址：北京市丰台区丰台镇游泳场北路9号
…………Tel：010-63832163
国富商通信息技术发展股份有限公司
地址：北京市朝阳区建华南路11号1幢
…………Tel：010-63853116-8085
北京中鼎兆通信息科技中心
地址：北京市丰台区西四环南路8号院内东南侧二楼
…………Tel：010-63864841
国泰瑞安股份有限公司
地址：北京市丰台区郭公庄中街20号院3号楼8层809
…………Tel：010-63898691
北京通顺金融服务外包有限公司
地址：北京市海淀区东黄家坟甲一号院北京金兆丰宾馆218室
…………Tel：010-63957312
北京泓毅怡创信息技术有限公司
地址：北京市石景山区城通街26号院4号楼6层620
…………Tel：010-64013250
北京盛德科技有限公司
地址：北京市东城区朝阳门南小街2号楼3层321-A
…………Tel：010-64035107
北京华祺洋消防安全有限公司
地址：北京市北京经济技术开发区天华北街11号院2号楼15层1507
…………Tel：010-64036047
华润医药商业集团有限公司
地址：北京市东城区安定门内大街257号
…………Tel：010-64057801
北京禾田雨橡互联网科技有限公司
地址：北京市东城区建国门内大街18号9层办公楼三座906
…………Tel：010-64074518
北京大唐华夏电力燃料有限公司
地址：北京市延庆区康庄镇天华路1号院2号1层101-107
…………Tel：010-64082229
保华网络空间安全产业有限公司
地址：北京市东城区朝阳门北大街1号11层C办公室A1区
…………Tel：010-64082329
保华航天科技有限公司
地址：北京市东城区朝阳门北大街1号9层A办公室A8区
…………Tel：010-64082329
保华联合资产管理有限公司
地址：北京市东城区朝阳门北大街1号11层C办公室A10区

………………Tel：010-64082396

北京卡路里信息技术有限公司
地址：北京市东城区后永康胡同17号10号楼1层1284室
………………Tel：010-64087223

北京卓世恒立科技发展有限公司
地址：北京市朝阳区工人体育场北路8号院1号楼13层01-1602
………………Tel：010-64087500

北京微智信业科技有限公司
地址：北京市海淀区中关村南大街2号1号楼19层A座2201
………………Tel：010-64135099

柒一拾壹（中国）投资有限公司
地址：北京市东城区东中街9号东环广场北写字楼(A座写字楼)第六层A号
………………Tel：010-64160711

中交路桥建设有限公司
地址：北京市通州区潞城镇通胡大街8号1层001室
………………Tel：010-64181166

分享通信集团有限公司
地址：北京市海淀区北坞村路23号北坞创新园北区6号楼
………………Tel：010-64183996

北京利华消防工程有限公司
地址：北京市东城区和平里七区18号楼
………………Tel：010-64225617

中国交通物资有限公司
地址：北京市东城区安外大街甲88号
………………Tel：010-64247919

学成世纪（北京）信息技术有限公司
地址：北京市石景山区实兴大街30号院3号楼2层A-0267房间
………………Tel：010-64278899

北京大成饭店有限公司
地址：北京市朝阳区丽都花园路5号
………………Tel：010-64335555

北京老兵安卫保安服务有限公司
地址：北京市怀柔区杨宋镇凤翔东大街9号102室
………………Tel：010-64359196

北京互联港湾科技有限公司
地址：北京市朝阳区酒仙桥东路1号院7号厂房01-03层
………………Tel：010-64370088

乐天信息技术（北京）有限公司
地址：北京市朝阳区望京街4号楼7层716
………………Tel：010-64372503

人谷科技（北京）有限责任公司
地址：北京市丰台区南四环西路186号三区4号楼1层11-12室
………………Tel：010-64453021

北京天和正通信息技术有限公司
地址：北京市东城区王府井大街176号6层0615-A005
………………Tel：010-64465135

北京宜家家居有限公司
地址：北京市朝阳区阜通东大街59号
………………Tel：010-64504532-5024

北京布局未来教育科技有限公司
地址：北京市海淀区海淀中街6号8层806
………………Tel：010-64610275

北京天下秀科技股份有限公司
地址：北京市朝阳区三里屯西五街5号3层
………………Tel：010-64660106

亚洲互联科技集团有限公司
地址：北京市东城区朝阳门北大街2号1幢13层1302-88室
………………Tel：010-64688628

北京中建华威建设发展有限公司
地址：北京市朝阳区望花路西里15号楼
………………Tel：010-64718733

拼途（北京）信息技术有限公司
地址：北京市海淀区知春路51号五层5495室
………………Tel：010-64788862

中兴文物建筑装饰工程集团有限公司
地址：北京市怀柔区北房镇幸福西街1号301室
………………Tel：010-64790891

北京鲁能恒信实业投资有限公司
地址：北京市朝阳区清华东路南沙滩甲1号5号楼(京辰大厦)东楼三层B309
………………Tel：010-64880277

北京卓众出版有限公司
地址：北京市朝阳区德外北沙滩1号
………………Tel：010-64882606

北京龙禹石油化工有限公司
地址：北京市平谷区山东庄镇桥头营大街31号
………………Tel：010-64906980

中大承泽（北京）资产管理有限公司
地址：北京市平谷区林荫北街13号信息大厦802室
………………Tel：010-64918888

中科投资有限公司
地址：北京市门头沟区石龙经济开发区永安路20号3号楼1-0001室
………………Tel：010-64921009

北京中睿致行科技有限公司
地址：北京市朝阳区阜通东大街1号院3号楼5层3单元130608
………………Tel：010-65000036

双得力（北京）科技发展有限公司
地址：北京市密云区西大桥路69号密云区投资促进局办公楼305室-1272
………………Tel：010-65012787

中亿城建设发展（中国）有限公司
地址：北京市昌平区沙河镇北街家园五区2号楼11层3单元1137
………………Tel：010-65068807

中天云通电子商务有限公司
地址：北京市朝阳区光华路丙12号1号楼7层804-1
………………Tel：010-65071669

中信国安信息产业股份有限公司
地址：北京市海淀区宝盛南路1号院11号楼三层101-01室
………………Tel：010-65082288

北京华清飞扬网络股份有限公司
地址：北京市东城区建国门内大街7号5层16号
………………Tel：010-65101801

北京中安科技发展有限公司
地址：北京市东城区东交民巷28号A502
………………Tel：010-65130282

嘉德投资控股有限公司
地址：北京市东城区建国门内大街18号6层办公楼二座601
………………Tel：010-65189968

北京众信通联科技有限公司
地址：北京市东城区南竹杆胡同2号银河搜候中心9层51025室
………………Tel：010-65206589

北京信时通信息技术有限公司
地址：北京市朝阳区建国路93号9号楼1306
………………Tel：010-65229660

北京金时通信息技术有限公司
地址：北京市朝阳区阜通东大街12号楼12层1201室内009
………………Tel：010-65229660

中隆国源建设工程有限公司
地址：北京市密云区西田各庄镇雁密路99号601室-1818(西田各庄镇集中办公区)
………………Tel：010-65260113

中控建设投资有限公司
地址：北京市东城区王府井大街138号T2写字楼10层1007室
………………Tel：010-65272887

北京天街集团有限公司
地址：北京市东城区王府井西街9号五层
………………Tel：010-65281128

华夏出行有限公司
地址：北京市朝阳区向军北里28号院1号楼5层502-5号
………………Tel：010-65389808

北京中城基建设发展有限公司
地址：北京市房山区城关街道顾八路1区1号-L425
………………Tel：010-65393599

中通讯杰通信集团有限公司
地址：北京市朝阳区汤立路218号5层623
………………Tel：010-65428181

北京印天网真科技有限公司
地址：北京市朝阳区盛昌路9号院6号楼1至4层三层A348室
………………Tel：010-65505066

北京通产投资集团有限公司
地址：北京市朝阳区朝外大街3号院铂宫国际中心2号楼1102单元
………………Tel：010-65520368

北京梦想加信息技术有限公司
地址：北京市东城区青龙胡同1号13层1304-9
………………Tel：010-65527361

北京京棉纺织集团有限责任公司
地址：北京市朝阳区八里庄东里1号
………………Tel：010-65584499

家乡好（集团）有限公司
地址：北京市朝阳区红军营东路18号院78号楼2层207
………………Tel：010-65627086

中民嘉熙集团有限公司
地址：北京市西城区鼓楼西大街150号1号楼3层301室
………………Tel：010-65688884

北京百佑科技有限公司
地址：北京市门头沟区石龙经济开发区永安路20号3号楼A-2576室
………………Tel：010-65766589

北京佳仁谊华信息技术有限公司
地址：北京市朝阳区三丰北里1号楼A座8层B037室
………………Tel：010-65815368

北京安迪盛安全系统自动化有限公司
地址：北京市朝阳区五里桥一街1号院23号楼4层401号A401室
………………Tel：010-65869810

库天下（北京）信息技术有限公司
地址：北京市西城区阜成门外大街31号4层429A
………………Tel：010-65880135

北京时代天拓通讯技术有限公司
地址：北京市房山区长阳万兴路86号F-241
………………Tel：010-65903388-413

宝帝投资股份有限公司
地址：北京市朝阳区呼家楼新苑4号楼1302室
………………Tel：010-65907799

五洲大气社工程有限公司
地址：北京市朝阳区东三环北路5号北京发展大厦1110室
………………Tel：010-65908255

北京天智通达信息技术有限公司
地址：北京市朝阳区光华路15号院1号楼四层404内B058室
………………Tel：010-65912901

北京光华五洲纺织集团公司
地址：北京市东城区葱店西街27号
………………Tel：010-65923880

中科胜投资有限公司
地址：北京市朝阳区东四环南路53号院3号楼8层916
………………Tel：010-65969918

北京盒马网络科技有限公司
地址：北京市朝阳区望京东园四区9号楼11层1101号
………………Tel：010-65985888

国风因特软件（北京）有限公司
地址：北京市海淀区上地七街1号汇众科技大厦203室
………………Tel：010-65985888

华润置地弘景（北京）房地产开发有限公司
地址：北京市密云区滨河路178号
………………Tel：010-66001188-2216

联通宽带业务应用国家工程实验室有限公司
地址：北京市北京经济技术开发区中和街1号
………………Tel：010-66027100

德升科技有限公司
地址：北京市西城区油坊胡同2号楼1层101D
………………Tel：010-66069766

领先未来科技集团有限公司
地址：北京市东城区永定门外大街86号5号楼一层111室
………………Tel：010-66123123

中邮普泰通信服务股份有限公司
地址：北京市西城区复兴门内大街156号D座6层
………………Tel：010-66426993

联通系统集成有限公司
地址：北京市北京经济技术开发区中和街1号
………………Tel：010-66504363

联通华盛通信有限公司
地址：北京市东城区建国门内大街18号恒基中心办公楼三座六层612、613、615室
………………Tel：010-66504457

中广有线信息网络有限公司
地址：北京市海淀区西三环中路11号B-01
………………Tel：010-66573165

中国银行股份有限公司
地址：北京市西城区复兴门内大街1号
………………Tel：010-66596688

中投振华（北京）科技股份有限公司
地址：北京市海淀区万寿路西街2号六层615室
………………Tel：010-66860103

北京市亚太安设备安装有限责任公司
地址：北京市东城区龙潭路3号28号楼c-01
………………Tel：010-67111116

紫光海阔集团有限公司
地址：北京市顺义区天竺地区府前一街60号1号楼303室
………………Tel：010-67177097

龙玺科技集团有限公司
地址：北京市东城区东单三条8号-2八层
………………Tel：010-67177097

北京通正信息技术有限公司
地址：北京市东城区广渠门内大街16号905室
………………Tel：010-67186899

国药控股北京有限公司
地址：北京市东城区三元西巷甲12号
………………Tel：010-67241347

国药集团药业股份有限公司
地址：北京市东城区永定门西滨河路8号院7楼西塔6-9层
………………Tel：010-67275666

北京三元石油有限公司
地址：北京市大兴区旧宫西路15号301-310室
………………Tel：010-67374467

北京首开方庄物业服务有限公司
地址：北京市丰台区方庄住宅区芳群园二区12号楼
………………Tel：010-67653678

戎威远保安服务（北京）有限公司
地址：北京市丰台区顶秀欣园东院3号
………………Tel：010-67685995

北京亿开通信息技术有限公司
地址：北京市朝阳区东三环南路58号3号(住宅)楼505室
………………Tel：010-67727155

北京泽尚阳光贸易有限公司
地址：北京市平谷区大兴庄镇陈良屯村北街9号
………………Tel：010-67776692

北京万邦世纪商贸有限公司
地址：北京市平谷区大兴庄镇东柏店村大街北二巷15号
………………Tel：010-67776692

北京睿为云计算科技有限公司
地址：北京市北京经济技术开发区科创九街32号院1号楼二层201室
………………Tel：010-67820019

北京京东方光电科技有限公司
地址：北京市北京经济技术开发区西环中路8号
………………Tel：010-67855688-8214

富泰京精密电子（北京）有限公司
地址：北京市北京经济技术开发区锦绣街9号
………………Tel：010-67869988-28244

北讯电信股份有限公司
地址：北京市北京经济技术开发区万源街22号1栋3层
………………Tel：010-67872489

北京华鑫杰瑞计算机系统工程有限公司
地址：北京市丰台区游泳场北路九号A座606室
………………Tel：010-68000318

北京中航弱电系统工程有限公司
地址：北京市朝阳区霞光里9号11层1101房间
………………Tel：010-68002626

北京万氏医疗科技有限公司
地址：北京市石景山区实兴大街30号院3号楼2层A-2020房间
………………Tel：010-68053175

央广幸福购物（北京）有限公司
地址：北京市大兴区北兴路(东段)2号院17号楼6层618号
………………Tel：010-68082299

华金信息产业投资有限公司
地址：北京市西城区月坛北街2号月坛大厦22层
………………Tel：010-68085522

中国北方车辆有限公司
地址：北京市石景山区政达路6号院3号楼9层901-904、10层1001-1004、11层1101-1104
………………Tel：010-68137128

北京市保障性住房建设投资中心
地址：北京市通州区宋庄镇小堡村南街甲1号1116室
………………Tel：010-68158980

恒银通信息技术有限公司
地址：北京市海淀区首体南路9号7号楼301室
………………Tel：010-68161166

北京长城护卫保安有限公司
地址：北京市昌平区南口镇马坊村西一号院2幢109室
………………Tel：010-68181827

中国中安消防安全工程有限公司
地址：北京市海淀区复兴路33号翠微大厦七层C段
………………Tel：010-68214329

中国电子系统技术有限公司
地址：北京市海淀区复兴路四十九号
………………Tel：010-68269466

中旭建筑设计有限责任公司
地址：北京市石景山区实兴大街30号院3号楼2层B-0107房间
………………Tel：010-68292010

北京航天兴华科技有限公司
地址：北京市大兴区海鑫路8号院6号楼2层205室
………………Tel：010-68385981

中国昆仑工程有限公司
地址：北京市海淀区增光路21号
………………Tel：010-68395277

北京巴士传媒股份有限公司
地址：北京市海淀区紫竹院路32号
………………Tel：010-68429295

北京理工雷科电子信息技术有限公司
地址：北京市海淀区中关村南大街5号2区683号楼理工科技大厦401
………………Tel：010-68429855

绿盟科技集团股份有限公司
地址：北京市海淀区北洼路4号益泰大厦5层
………………Tel：010-68438880

北京晓程科技股份有限公司
地址：北京市海淀区西三环北路87号国际

财经中心D座503
…… Tel：010-68459012

北京公交广安商贸集团
地址：北京市西城区核桃园1号
…… Tel：010-68487024

北京聚融优合技术有限公司
地址：北京市朝阳区霄云里8号楼1单元13层1601室050
…… Tel：010-68550660

北京盈溢互联网科技有限公司
地址：北京市石景山区实兴大街7号2幢1层2126号
…… Tel：010-68608900

北京信保信息技术有限公司
地址：北京市海淀区西直门外大街168号腾达大厦03层05号
…… Tel：010-68616666

北京易车互联信息技术有限公司
地址：北京市海淀区首都体育馆南路6号新世纪饭店3号写字楼十层D、E、F、G、H、J、单元
…… Tel：010-68616666

北京中铁天瑞机械设备有限公司
地址：北京市石景山区银河大街6号院1号楼2层南塔203
…… Tel：010-68635150

太通建设有限公司
地址：北京市怀柔区庙城镇庙城299号201室
…… Tel：010-68690356

北京影音通信息技术有限公司
地址：北京市海淀区大柳树富海中心3号楼1103室
…… Tel：010-68700136

中国航天建设集团有限公司
地址：北京市丰台区西四环南路83号
…… Tel：010-68749901

趣智富（北京）资产管理有限公司
地址：北京市石景山区城通街26号院2号楼17层1724
…… Tel：010-68813719

北京中邮资产管理有限公司
地址：北京市西城区金融大街3号，甲3号13层甲3-1301
…… Tel：010-68859578

北京理工中兴科技股份有限公司
地址：北京市海淀区中关村南大街5号
…… Tel：010-68943812

北京八达岭金宸建筑有限公司
地址：北京市延庆区中关村延庆园风谷四路8号院27号楼2245
…… Tel：010-69143922

北京场道市政工程集团有限公司
地址：北京市大兴区科苑路13号院1号楼B座509室
…… Tel：010-69251668

北京天宇兴达建筑工程有限公司
地址：北京市房山区城关街道九洲兴达家园A区3号楼6-502
…… Tel：010-69322456

北京中燕信息技术有限公司
地址：北京市房山区燕山迎风街2号
…… Tel：010-69346678

拼图易集团股份公司
地址：北京市房山区卓秀北街6号院6号楼11层1108
…… Tel：010-69381352

先健集团股份公司
地址：北京市房山区卓秀北街6号院6号楼15层1508
…… Tel：010-69381352

智兴有限公司
地址：北京市房山区良乡长虹西路翠柳东街1号-2825
…… Tel：010-69381352

中际联合（北京）科技股份有限公司
地址：北京市通州区创益东二路15号院1号楼
…… Tel：010-69597866

北京一州永胜科技有限公司
地址：北京市怀柔区怀北镇怀北路308号
…… Tel：010-69608122

北京中电普华信息技术有限公司
地址：北京市海淀区清河小营东路15号科研楼710室
…… Tel：010-69617801

北京天安卫士保安服务有限公司
地址：北京市昌平区回龙观镇通达园2号楼2-2-03
…… Tel：010-69738981

北京英特莱科技有限公司
地址：北京市昌平区西环路76号
…… Tel：010-69742480

北京市昌平新世纪商城
地址：北京市昌平区城区镇鼓楼南大街
…… Tel：010-69748458

北京顺厚寓商务有限公司
地址：北京市昌平区北七家镇王府街32号
…… Tel：010-69756667

北京金卫伟业保安服务有限公司
地址：北京市昌平区十三陵镇涧头村涧南路路北150米
…… Tel：010-80111496

北京石油机械有限公司
地址：北京市昌平区沙河镇创新基地能源南街9号院3号楼215室
…… Tel：010-80165825

北京西红门宜家家居有限公司
地址：北京市大兴区西红门宏福西路临2号
…… Tel：010-80254532

北京首创奥特莱斯房山置业有限公司
地址：北京市房山区长阳镇悦盛路6号院1号楼、2号楼(商业部分)、3号楼
…… Tel：010-80368332

中外运跨境电商物流有限公司
地址：北京市顺义区临空经济核心区天柱路20号园区1号楼5层
…… Tel：010-80418808

北京仁科互动网络技术有限公司
地址：北京市朝阳区朝阳北路237号楼18层2101-2103、2105-2107
…… Tel：010-80455088

北京雪迪龙科技股份有限公司
地址：北京市昌平区高新三街3号
…… Tel：010-80735700

华胜信泰信息产业发展有限公司
地址：北京市海淀区西北旺东路10号院东区23号楼四层402室
…… Tel：010-80987164

北京安龙特种车辆有限公司
地址：北京市房山区顾八路三区1号院7号1层101
…… Tel：010-81368766

北京市朝航冷气设备有限公司
地址：北京市朝阳区首都机场宿舍区西平街甲1号(首都机场内)
…… Tel：010-81461360

首安工业消防有限公司
地址：北京市顺义区李桥镇南半壁店工业区
…… Tel：010-81463816

北京港洁物业管理有限公司
地址：北京市顺义区临空经济核心区汇海南路1号院5号楼6层5-702
…… Tel：010-81465496

北京企信通信息技术有限公司
地址：北京市房山区良乡长虹西路翠柳东街1号-1196
…… Tel：010-81597377

中国交通信息科技集团有限公司
地址：北京市顺义区临空经济核心区融慧园6号楼3-63
…… Tel：010-82016308

中国交通信息科技集团有限公司
地址：北京市顺义区临空经济核心区融慧园6号楼3-63
…… Tel：010-82016308

北京市研祥兴业国际智能科技有限公司
地址：北京市丰台区西四环中路78号院7号楼3层301内F301室
…… Tel：010-82027878

数贸科技（北京）有限公司
地址：北京市海淀区成府路28号七层1-701-1
…… Tel：010-82028870

北京北控环境科技有限公司
地址：北京市海淀区北三环西路43号2号楼2层03C室
…… Tel：010-82102600

北京金网普成信息科技有限公司
地址：北京市海淀区上地十街1号院5号楼19层1910室
…… Tel：010-82146228

北京启迪数字科技集团有限公司
地址：北京市海淀区中关村东路1号院1号楼A座15层1530
…… Tel：010-82150784

中科通软（北京）信息技术有限公司
地址：北京市海淀区大柳树富海中心2号楼12层1208-070
…… Tel：010-82207983

中通金域（北京）通信网络有限公司
地址：北京市石景山区八大处高科技园区西井路3号3号楼4249房间
…… Tel：010-82210388

北京丽贝亚幕墙工程有限公司
地址：北京市房山区拱辰街道月华大街1号A8-R153
…… Tel：010-82212385

北京筑邦建筑装饰工程有限公司
地址：北京市密云区西滨河路科技服务楼三层304室
…… Tel：010-82212385

神州奥美网络有限公司
地址：北京市朝阳区裕民路12号E1座1036房间
…… Tel：010-82253099-3401

北京牡丹电子集团有限责任公司
地址：北京市海淀区花园路2号
…… Tel：010-82282649

北京牡丹电子集团有限责任公司
地址：北京市海淀区花园路2号
…… Tel：010-82282649

中国电力工程顾问集团新能源有限公司
地址：北京市西城区安德路65号516房间
…… Tel：010-82286300

北京九恒星科技股份有限公司
地址：北京市海淀区北三环西路43号院2号楼11层
…… Tel：010-82291220

中国首钢国际贸易工程有限公司
地址：北京市海淀区西直门北大街60号
…… Tel：010-82295024

铭泰投资发展集团有限公司
地址：北京市通州区外郎营村北2号院22号楼1至4层101
…… Tel：010-82330066

北京慕亚管理技术有限公司
地址：北京市昌平区兴寿镇香屯村草莓博览园院内培训中心601室
…… Tel：010-82336006

方正国际大数据（北京）有限公司
地址：北京市海淀区北四环西路52号5层501室
…… Tel：010-82343620

至德信通（北京）科技有限公司
地址：北京市海淀区中关村大街18号11层1128-27
…… Tel：010-82345056

北京中星博远信息技术有限公司
地址：北京市昌平区科学园路7号院1号楼6层601
…… Tel：010-82349595

乐乐启航（北京）教育科技有限公司
地址：北京市海淀区花园路甲13号院7号楼12层1203-1
…… Tel：010-82355091

北京通建泰利特智能系统工程技术有限公司
地址：北京市海淀区中关村南大街1号北京友谊宾馆62033房间
…… Tel：010-82380699

北京京西网城科技有限公司
地址：北京市平谷区林荫北街13号信息大厦802室
…… Tel：010-82388311

北京有孚云计算科技有限公司
地址：北京市海淀区丰慧中路11号院1号楼4层101-405
…… Tel：010-82475822

北京环球万合信息技术有限公司
地址：北京市海淀区北四环西路66号第三极大厦A座1705-1707、1712
…… Tel：010-82487512

人大世纪科技发展有限公司
地址：北京市海淀区中关村大街59号
…… Tel：010-82503027

中国高科集团股份有限公司
地址：北京市顺义区李遂镇龙泰路1-118号
…… Tel：010-82524016

方正产业控股有限公司
地址：北京市海淀区成府路298号方正大厦927室
…… Tel：010-82529966

北大方正信息产业集团有限公司
地址：北京市海淀区成府路298号方正大厦6层
…… Tel：010-82532068

中科实业集团（控股）有限公司
地址：北京市海淀区苏州街3号南座1302室
…… Tel：010-82569888

北京百通无限信息技术有限公司
地址：北京市海淀区知春路1号15层1501
…… Tel：010-82600700

北京中天康讯科技有限公司
地址：北京市石景山区八大处路49号院4号楼6层6040
…… Tel：010-82610308

易智付科技（北京）有限公司
地址：北京市朝阳区建国路91号院8号楼22层2201单元
…… Tel：010-82652626

华夏大通科技集团有限公司
地址：北京市平谷区平谷镇府前西街40号205室
…… Tel：010-82662980

中国化工农化有限公司
地址：北京市海淀区北四环西路62号
…… Tel：010-82677203

大唐高鸿信息技术有限公司
地址：北京市海淀区学院路40号3区3幢2层201、202房间
…… Tel：010-82697788

京华日钢控股集团有限公司
地址：北京市海淀区清河路155号
…… Tel：010-82740785

北京天融信网络安全技术有限公司
地址：北京市海淀区上地东路1号院3号楼四层
…… Tel：010-82776666

北京恒泰通力信息技术有限公司
地址：北京市海淀区北清路68号院21号楼2层18室
…… Tel：010-82783839

北京全景客信息技术有限公司
地址：北京市海淀区上地信息路2号1号楼7A
…… Tel：010-82825520

北京中关村软件园发展有限责任公司
地址：北京市海淀区东北旺中关村软件园信息中心C座
…… Tel：010-82825690

梦境成真网络技术（北京）有限公司
地址：北京市海淀区创业中路36号五层502A01室
…… Tel：010-82825982

北京天行汇通信息技术有限公司
地址：北京市海淀区东北旺北京中关村软件园孵化器2号楼一层2115室
…… Tel：010-8282686

青鸟驿站（北京）网络通信技术有限公司
地址：北京市海淀区西杉创意园四区3号楼三层143号
…… Tel：010-82828445

北京欧代蓝江科技有限公司
地址：北京市西城区北纬路9号206P室
…… Tel：010-82864161

北京科技园置地有限公司
地址：北京市怀柔区王化村临时门牌1037号北侧一层1008室
…… Tel：010-82885890

北京莱盛高新技术有限公司
地址：北京市海淀区农大南路1号院5号楼705室
…… Tel：010-82886188-323

赛酷特（北京）信息技术有限公司
地址：北京市海淀区东北旺西路58号院东侧C楼一层1015
…… Tel：010-82888835

北京时代凌宇科技股份有限公司
地址：北京市朝阳区容创路17号楼701室
…… Tel：010-82933988

北京华力创通科技股份有限公司
地址：北京市海淀区东北旺西路8号院乙18号楼
…… Tel：010-82966300

美利车（北京）网络技术有限公司
地址：北京市朝阳区望京东园四区11号楼20层2003
…… Tel：010-83030906

北京通达无限科技有限公司
地址：北京市海淀区东北旺西路8号院34号楼二层219室
…… Tel：010-83043726

北京立思辰科技股份有限公司
地址：北京市门头沟区石龙南路6号1幢6-206室
…… Tel：010-83058284

建信融通有限责任公司
地址：北京市海淀区清华东路35号北林学研中心C栋3层314房间
…… Tel：010-83142036

北京壹人壹本信息科技有限公司
地址：北京市通州区聚富南路8号1幢1层01
…… Tel：010-83189192

智慧足迹数据科技有限公司
地址：北京市东城区王府井大街138号新东安办公楼2座732号
…… Tel：010-83271000

汇中祥合（北京）建设有限公司
地址：北京市门头沟区石龙经济开发区平安路5号4幢DY007
…… Tel：010-83388081

福瑞车美科技（北京）有限公司
地址：北京市海淀区中关村大街甲38号1号楼B座6层057号
…… Tel：010-83494459

北京仁东信息技术有限公司
地址：北京市朝阳区朝阳门外大街甲10号2层2053室
…… Tel：010-83533333

北京甲骨铭天文化发展有限公司
地址：北京市朝阳区朝阳公园南路8号院14号01层01号1020
…… Tel：010-83533333

松子家（北京）科技有限公司
地址：北京市朝阳区呼家楼(京广中心)10层商务单元1043
…… Tel：010-83533333

京晋日盛（北京）科技发展有限公司
地址：北京市朝阳区光熙门北里15号6幢四层4102
…… Tel：010-83533333

北京汇金投资集团有限公司
地址：北京市西城区南菜园街甲68号
…… Tel：010-83550028

吉艾科技集团股份公司
地址：北京市丰台区海鹰路1号院2号楼2层201室
…… Tel：010-83613106

中启兴业集团有限公司
地址：北京市朝阳区常通路3号院1号楼23层1单元2701-4
……Tel：010-83619131

北京中盛蓝源物业管理有限公司
地址：北京市丰台区西局南街21号
……Tel：010-83669006

北京市尧舜建材供应站
地址：北京市丰台区万兴路1号院1号楼12层1207
……Tel：010-83796905

吉运集团股份有限公司
地址：北京市丰台区南四环西路188号十六区5号楼9-12层101房间
……Tel：010-83816711

北京永晖智能科技有限公司
地址：北京市通州区工业开发区云彬路18号
……Tel：010-83914567

北京汉能薄膜太阳能电力工程有限公司
地址：北京市西城区建功西里1号楼16层1805
……Tel：010-83914567

躺平设计家（北京）科技有限公司
地址：北京市东城区东直门南大街甲3号20层2011室
……Tel：010-84098692

北京银畅福投资有限公司
地址：北京市东城区后永康胡同17号院c座211房间
……Tel：010-84129835

北京歌利沃夫企业管理有限公司
地址：北京市朝阳区太阳宫中路16号院1号楼3层303
……Tel：010-84150633

北京申哲伙伴科技有限公司
地址：北京市海淀区创业路8号3号楼6层3-8-35号
……Tel：010-84161077

蓝港在线（北京）网络科技有限公司
地址：北京市石景山区八大处高科技园区西井路3号3号楼551房间
……Tel：010-84170099

北京天桐互动信息技术有限公司
地址：北京市海淀区西三旗建材城中路12号17号平房108
……Tel：010-84177797

北京燃气能源发展有限公司
地址：北京市通州区中关村科技园区通州园金桥科技产业基地景盛中街13号1幢2层201
……Tel：010-84204660

煤炭科学研究总院有限公司
地址：北京市朝阳区和平里青年沟东路5号
……Tel：010-84263017

中煤科工清洁能源股份有限公司
地址：北京市朝阳区酒仙桥路甲12号1号楼908A室
……Tel：010-84263727

悉地（北京）国际建筑设计顾问有限公司
地址：北京市朝阳区东土城路12号院3号楼一层
……Tel：010-84265555

北京二六三企业通信有限公司
地址：北京市昌平区昌平镇超前路13号1201室
……Tel：010-84291263

中电科光电科技有限公司
地址：北京市顺义区中关村科技园区顺义园临空二路1号
……Tel：010-84321051

国药集团联合医疗器械有限公司
地址：北京市顺义区金航中路3号院天竺万科中心1号楼3单元2层201(北京天竺综合保税区)
……Tel：010-84438206

欧斯皑自动化软件系统（北京）有限公司
地址：北京市朝阳区东三环北路丙2号天元港中心(A区)B座603室
……Tel：010-84464699

北京芯杰科技有限公司
地址：北京市朝阳区霄云路36号1幢第11层01号房间
……Tel：010-84475928

千橡世纪科技发展（北京）有限公司
地址：北京市海淀区志新村小区30号楼一层006室
……Tel：010-84481818

高砂建筑工程（中国）有限公司
地址：北京市东城区东直门外大街48号1幢23层办公楼26H
……Tel：010-84549488

三盛智慧教育科技股份有限公司
地址：北京市海淀区西北旺东路10号院东区21号楼6层101-601
……Tel：010-84573471

应急管理出版社有限公司
地址：北京市朝阳区芍药居35号
……Tel：010-84628468

中青旅物资贸易有限公司
地址：北京市大兴区旧宫镇宣颐路7号2号楼2层447室
……Tel：010-84629921

北京奥信建筑工程设备安装有限公司
地址：北京市朝阳区来广营西路5号院诚盈中心5号楼902、903、904单元
……Tel：010-84630667

北京森德保安服务有限公司
地址：北京市朝阳区望京中环南路甲2号7至8层A705
……Tel：010-84721157

北京神州优通科技发展有限公司
地址：北京市朝阳区望京中环南路甲2号25层A2801
……Tel：010-84721229

华润医药商业集团医疗器械有限公司
地址：北京市东城区安定门内大街257号
……Tel：010-84745393

开联信息技术有限公司
地址：北京市海淀区知春路51号慎昌大厦5246室
……Tel：010-84783217

元鼎（北京）科技有限公司
地址：北京市朝阳区广顺北大街33号院1号楼14层1单元1701内1701-7室
……Tel：010-84827058

北京华林枫源国际贸易有限公司
地址：北京市朝阳区安苑路20号605-607
……Tel：010-84897571

北京京奥港房地产开发有限责任公司
地址：北京市朝阳区鼎成路九号裙房1-6内3层3051
……Tel：010-84899966

数字之光智慧科技集团有限公司
地址：北京市顺义区高丽营镇文化营村北(临空二路1号)
……Tel：010-84913272

人民国肽集团有限公司
地址：北京市东城区王府井大街99号A611F
……Tel：010-85119511

家和众信科技集团有限公司
地址：北京市朝阳区久文路6号院86号楼1至3层103
……Tel：010-85164966

泰禾医院管理有限公司
地址：北京市朝阳区建国路118号32层G单元
……Tel：010-85175560

北京汉唐资产管理集团有限公司
地址：北京市朝阳区东三环中路20号楼11层1107单元
……Tel：010-85187800

万联信息技术（北京）有限公司
地址：北京市西城区北三环中路甲29号院3号楼101号内104室
……Tel：010-85199309

中新清源科技有限公司
地址：北京市海淀区苏州街3号503-40
……Tel：010-85200550

爱普生（中国）有限公司
地址：北京市朝阳区建国路81号4办公1T01内02-08室、9办公1T01、10办公1T01
……Tel：010-85221199

中国国际旅行社总社有限公司
地址：北京市东城区东单北大街1号1号楼
……Tel：010-85228888

特斯联科技集团有限公司
地址：北京市通州区滨惠北一街3号院1号楼1层1-6室
……Tel：010-85240200

北京风网信息技术有限公司
地址：北京市朝阳区五里桥一街1号院22号楼4层401-01
……Tel：010-85262222

北京数智联银科技有限公司
地址：北京市房山区阎富路69号院59号楼-1至3层101-一层01
……Tel：010-85276996

北京北方安恒利数码技术有限公司
地址：北京市海淀区中关村东路66号2号楼1008室
……Tel：010-85360242

首创投资发展有限公司
地址：北京市海淀区知春路51号二层
……Tel：010-85402000

易派客电子商务有限公司
地址：北京市朝阳区朝阳门北大街22号1幢6层628室
……Tel：010-85539018

亚马逊信息服务（北京）有限公司
地址：北京市朝阳区东四环中路56号楼10层1001单元1010房间
……Tel：010-85568888

万达电影股份有限公司
地址：北京市朝阳区建国路93号万达广场B座11层
……Tel：010-85587336

北京腾踔文化传媒有限公司
地址：北京市朝阳区朝阳门外大街18号15层1512单元
……Tel：010-85633633

北京网秦移动科技有限公司
地址：北京市北京经济技术开发区科创十三街18号院6号楼1层107
……Tel：010-85655555

网秦无限（北京）科技有限公司
地址：北京市海淀区东北旺西路8号院4号楼三层317室
……Tel：010-85655555

中安华夏能源集团有限公司
地址：北京市朝阳区向军北里甲22楼一层A101室
……Tel：010-85656815

彬创控股集团有限公司
地址：北京市朝阳区朝外大街乙6号3层03091
……Tel：010-85660918

中物汇通支付清算信息股份有限公司
地址：北京市朝阳区高碑店乡半壁店村惠河南街1091号四层403室
……Tel：010-85725358

华夏国鼎（北京）商贸有限公司
地址：北京市朝阳区建国路93号院万达广场1号楼3层302
……Tel：010-85725951

中健博达国际投资基金管理（北京）有限公司
地址：北京市海淀区高梁桥斜街40号13楼一层158号
……Tel：010-85766776

九源供应链管理有限公司
地址：北京市平谷区中关村科技园区平谷园物流基地5号-5110
……Tel：010-85823779

金舟消防工程（北京）股份有限公司
地址：北京市朝阳区八里庄西里61号楼22层2207、2208、2209
……Tel：010-85861500

北京京盾西科姆电子安全有限公司
地址：北京市朝阳区八里庄西里100号住邦2000商务中心东区5层
……Tel：010-85862933

国能桓联数据有限公司
地址：北京市朝阳区工人体育场东路甲2号13层1301
……Tel：010-85871616-804

北京北控健康产业投资管理有限公司
地址：北京市朝阳区广渠路38号楼4层401
……Tel：010-85879557

中新房坤龙投资有限公司
地址：北京市海淀区北清路164号28-38号院163号
……Tel：010-85884064

中稻集团股份有限公司
地址：北京市朝阳区高碑店乡半壁店村惠河南街1069号2号楼4层401
……Tel：010-85891157

北京途牛科技有限公司
地址：北京市海淀区上地十街1号院4号楼10层1006
……Tel：010-85910779

天和商业集团有限公司
地址：北京市朝阳区朝阳公园南路10号院2号楼11层1101-01
……Tel：010-85952019

财富联合实业集团有限公司
地址：北京市朝阳区康营中街9号院1号楼一层1108室
……Tel：010-85970999

中民粮垦物资集团有限公司
地址：北京市朝阳区北三环东路19号2号楼13层1317
……Tel：010-86203673

北京枫叶汽车租赁有限公司
地址：北京市朝阳区东三环中路24号楼19层1901单元
……Tel：010-86395053

北京豪威科技有限公司
地址：北京市北京经济技术开发区中和街14号1号楼1层B-103室
……Tel：010-86424275

北京淘友天下技术有限公司
地址：北京市海淀区学院路甲5号2幢平房B-3202室
……Tel：010-86485788

北京通瑞万华置业有限公司
地址：北京市顺义区牛栏山镇顺安路8号
……Tel：010-86499317

中云智慧（北京）科技有限公司
地址：北京市房山区燕山岗南路东一巷6号C座218房间
……Tel：010-87120268

新网华通信息技术有限公司
地址：北京市北京经济技术开发区地盛西路1号1幢A区5层A2-503室
……Tel：010-87127776

北京中航信柏润科技有限公司
地址：北京市北京经济技术开发区运成街2号1幢三层306
……Tel：010-87163966

石榴置业集团股份有限公司
地址：北京市房山区良乡长虹西路翠柳东街1号-952
……Tel：010-87213030

北京集电控股有限公司
地址：北京市北京经济技术开发区景园北街2号52幢4层401-10
……Tel：010-87227800

中国邮电器材北京有限公司
地址：北京市丰台区西罗园北路12号
……Tel：010-87250160

光环锐通（北京）信息技术有限公司
地址：北京市大兴区庞各庄镇隆华大街49号院12号楼2层215室
……Tel：010-87328399

中农华开城镇发展建设有限公司
地址：北京市门头沟区清水镇台上村TSC006号
……Tel：010-87385567

中升（中国）企业管理有限公司
地址：北京市朝阳区王四营马房寺路333号
……Tel：010-87391111

新财道财富管理股份有限公司
地址：北京市平谷区马昌营镇北定福路96号
……Tel：010-87403008

北京心电智能科技有限公司
地址：北京市朝阳区望京街10号院3号楼8层802室
……Tel：010-87427209

中电华通数据网络有限公司
地址：北京市北京经济技术开发区景园北街2号60幢12层
……Tel：010-87521666

引力传媒股份有限公司
地址：北京市海淀区阜外亮甲店1号中水园乙3号楼105室
……Tel：010-87521889

鸿博昊天科技有限公司
地址：北京市北京经济技术开发区博兴七路5号院1号楼208室
……Tel：010-87563766

北京市正天齐消防设备有限公司
地址：北京市怀柔区雁栖经济开发区雁栖东二路8号1幢2号
……Tel：010-87607940

北京国泰怡安电子有限公司
地址：北京市密云区经济开发区汇通街17号1号楼
……Tel：010-87636372

北京市澳际智能消防安全工程有限责任公司
地址：北京市东城区东打磨厂街3号楼7层701室
……Tel：010-87639627

北京富九集团股份有限公司
地址：北京市朝阳区酒仙桥东路18号1号楼四层B458
……Tel：010-87706812

乐华梅兰装饰建材有限公司
地址：北京市朝阳区光华路15号院1号楼17层1705室07号
……Tel：010-87722888

华文盛视（北京）文化发展有限公司
地址：北京市朝阳区东四环四惠桥南侧伊莎文心广场主楼二层A01
……Tel：010-87729542

北京万联同创网络科技有限公司
地址：北京市朝阳区东三环南路甲52楼17层20B
……Tel：010-87733835

北京讯屏光电网络科技有限公司
地址：北京市密云区石城镇政府办公楼402室-327号
……Tel：010-87758809

北京信富通非融资性担保有限公司
地址：北京市朝阳区劲松南路1号2幢5层2516房间
……Tel：010-87927100

北京好还科技有限公司
地址：北京市朝阳区曙光西里甲5号院16号楼6层601内606B单元
……Tel：010-87943992

北京更快互联网技术有限公司
地址：北京市东城区东直门北小街青龙胡同1号歌华大厦B619室
……Tel：010-87945123

北京三网通联技术有限公司
地址：北京市东城区青龙胡同1号歌华大厦B619室
……Tel：010-87945123

北京华安北海机电工程有限公司
地址：北京市东城区永定门内东街中里9-17号楼274室
……Tel：010-87952391

北京太平机电设备安装有限责任公司
地址：北京市石景山区五里坨车站路1号
……Tel：010-87952748

北京国发投房地产开发有限公司
地址：北京市北京经济技术开发区荣京东

街3号1幢14层2单元1222
…………………… Tel：010-87968643
国投新能源投资有限公司
地址：北京市西城区阜成门北大街6号1号楼10层1016
…………………… Tel：010-88006381
北京明月软件技术有限公司
地址：北京市海淀区上地六街26号4层405
…………………… Tel：010-88029889
大象联盟（北京）科技有限责任公司
地址：北京市海淀区北三环西路甲18号院2号楼6层605-2
…………………… Tel：010-88082421
北京中山消防保安技术有限公司
地址：北京市密云区穆家峪镇穆峪南街1号镇政府办公楼401室-32(穆家峪镇集中办公区)
…………………… Tel：010-88086632
北京金融街投资管理有限公司
地址：北京市西城区金融大街33号通泰大厦B座11层
…………………… Tel：010-88088638
中国长城工业集团有限公司
地址：北京市海淀区杏石口路甲18号2幢
…………………… Tel：010-88102000
中国航天时代电子有限公司
地址：北京市海淀区永丰产业基地永捷北路3号
…………………… Tel：010-88104013
北京海纳汇通信息技术有限公司
地址：北京市房山区良乡长虹西路翠柳东街1号-833
…………………… Tel：010-88129779
北京京能恒星能源科技有限公司
地址：北京市丰台区太平桥小区8号楼甲1号二幢309
…………………… Tel：010-88136916
中科云网科技集团股份有限公司
地址：北京市海淀区马甸东路19号9层1017
…………………… Tel：010-88137599
北京新中新诚通信息技术股份有限公司
地址：北京市丰台区南四环西路186号三区5号楼9层09室(园区)
…………………… Tel：010-88151660
北京熙捷科技有限公司
地址：北京市丰台区大成路6号院1号楼10层1017
…………………… Tel：010-88177501
北京锦绣大地农产品有限责任公司
地址：北京市海淀区阜石路69号
…………………… Tel：010-88207979
北京金宝山投资管理公司
地址：北京市石景山区八宝山路口西150米路北院内
…………………… Tel：010-88255265
国泰路安资产管理集团有限公司
地址：北京市海淀区西杉创意园三区1号楼1层3单元102
…………………… Tel：010-88333262
中盾控股集团有限公司
地址：北京市海淀区显龙山路19号1幢3层2座322
…………………… Tel：010-88355306
北京费尔消防技术工程有限公司
地址：北京市海淀区三里河路17号甘家口大厦805室
…………………… Tel：010-88392131
北京悦信瑞通软件技术有限公司
地址：北京市海淀区蓝靛厂南路25号1幢12层22号
…………………… Tel：010-88400933
北京融通汇宝信息技术有限公司
地址：北京市海淀区阜成路67号银都大厦908室
…………………… Tel：010-88414037
华诚高科技产业有限公司
地址：海淀区海淀路19-1号
…………………… Tel：010-88498923
首都信息科技发展有限公司
地址：北京市海淀区知春路23号量子银座1207
…………………… Tel：010-88511155
北京经纶投资有限公司
地址：北京市朝阳区东三环中路甲10号15层1803内10
…………………… Tel：010-88517450
北京久其政务软件股份有限公司
地址：北京市北京经济技术开发区西环中路6号
…………………… Tel：010-88551199
乾道投资控股集团有限公司
地址：北京市西城区大觉胡同20号
…………………… Tel：010-88589007
中国宝原投资有限公司
地址：北京市西城区南礼士路3A号
…………………… Tel：010-88635017
国讯招标集团有限公司
地址：北京市西城区广安门外大街168号1幢18层1-18B01A
…………… Tel：010-88805800-8011
北京美餐巧达科技有限公司
地址：北京市海淀区西三环北路89号10层B-01、B-02、B-09
…………………… Tel：010-88820557
北京青牛易通信息技术有限公司
地址：北京市海淀区阜成路73号37号楼七层G0701A室
…………………… Tel：010-88822080
北京惟泰安全设备有限公司
地址：北京市海淀区闵庄路3号26号楼地下一层、一层、二层东侧
…………………… Tel：010-88850858
汇永控股集团有限公司
地址：北京市海淀区闵庄路3号3号楼
…………………… Tel：010-88851688
华安星科（北京）信息技术有限公司
地址：北京市海淀区玉泉山闵庄路3号清华科技园玉泉慧谷12号楼1202
…………………… Tel：010-88852450
北京京鸿志科技有限公司
地址：北京市海淀区蓝靛厂东路2号院金源时代商务中心2号楼B座9D
…………………… Tel：010-88861753
北京安达信通系统集成有限公司
地址：北京市海淀区蓝靛厂东路2号金源时代商务中心A座12C
…………………… Tel：010-88862266
中电太极（集团）有限公司
地址：北京市海淀区北四环中路211号
…………………… Tel：010-89055481
北京龙脉天地通信设备技术有限公司
地址：北京市密云区质量技术监督局505室
…………………… Tel：010-89056029
北京京邦达贸易有限公司
地址：北京市海淀区苏州街20号院2号楼一层101
…………………… Tel：010-89127365
京东数字科技控股股份有限公司
地址：北京市北京经济技术开发区科创十一街18号C座2层221室
…………………… Tel：010-89187660
北京中资燕京汽车有限公司
地址：北京市房山区阎村镇燕房工业园区519号
…………………… Tel：010-89313148
北京中保伟业保安服务有限公司
地址：北京市通州区新华西街61号3层8-1-21
…………………… Tel：010-89501115
北京永松网络技术有限公司
地址：北京市昌平区科技园区超前路37号院6号楼B单元706室
…………………… Tel：010-89707931
摩根大通亚洲咨询（北京）有限公司
地址：北京市西城区金融大街7号英蓝国际金融中心F2001A，F2002-F2006，F2008，F2021-F2028单元
…………………… Tel：010-52002502

天津市

天津卡尔斯阀门股份有限公司
地址：天津市宝坻区大白街道九园工业园3号路
…………………… Tel：022-22401700
天津跃宝建筑工程有限公司
地址：天津市宝坻区霍各庄镇注册型企业基地1008室
…………………… Tel：022-22458661
中铁二十五局集团房地产开发有限公司
地址：天津市宝坻区钰华街道钰华街198号
…………………… Tel：022-22530735
天津市泰达国际控股（集团）有限公司
地址：天津经济技术开发区盛达街9号泰达金融广场11层
……………… Tel：022-23202292-810
金地（集团）天津投资发展有限公司
地址：天津市河东区津滨大道55号-2413
…………………… Tel：022-23262688
天津住总机电设备安装有限公司
地址：天津市河西区珠江道55号增3号
…………………… Tel：022-23333666
天津医药集团太平医药有限公司
地址：天津市和平区新华路201号
…………………… Tel：022-23390088
天津物产国际物流有限公司
地址：天津市和平区五大道街睦南道111号
…………………… Tel：022-23393605
天津市自来水集团有限公司
地址：和平区建设路54号
…………………… Tel：022-23393887
天津宏远旺能石油化工科技有限公司
地址：天津开发区信环西路19号泰达服务外包产业园4号楼4302-2
…………………… Tel：022-23416666
天津市天房科技发展股份有限公司
地址：天津市南开区南马路1241号
…………………… Tel：022-23666688
天津中网基业智能系统工程有限公司
地址：天津华苑产业区兰苑路五号A座317室
…………………… Tel：022-23707030
施耐德万高（天津）电气设备有限公司
地址：天津滨海高新技术产业开发区华苑产业区（环外）海泰创新六路11号
…………………… Tel：022-23748816
中科曙光国家先进计算产业创新中心有限公司
地址：天津华苑产业区（环外）海泰华科大街15号1-3层
…………………… Tel：022-23785586
天津市铭泰天程科技有限公司
地址：天津市滨海高新区华苑产业区(环外）海泰创新六路2号1-1-1806
…………………… Tel：022-23859782
中建华恒（天津）建筑安装工程股份有限公司
地址：西青区李七庄街天祥工业区
…………………… Tel：022-23962676
天津利福特电梯部件有限公司
地址：西青区南河工业区鑫谷路2号
…………………… Tel：022-23989090
天津远洋运输有限公司
地址：天津自贸试验区（空港经济区）中心大道与东七道交口远航商务中心12号楼306室
…………………… Tel：022-24206666
天津一冶建设工程有限公司
地址：天津市东丽区无瑕道2号
…………………… Tel：022-24361754
国网天津市电力公司
地址：天津市河北区五经路39号
…………………… Tel：022-24408600
史泰博电子商务（天津）有限公司
地址：天津自贸区（空港经济区）空港国际物流区第二大街1号312室
…………………… Tel：022-24415836
恒银金融科技股份有限公司
地址：天津自贸试验区（空港经济区）西八道30号
…………………… Tel：022-24828888
天津鑫方盛电子商务有限公司
地址：天津市津南区小站镇工业区8号路111号
…………………… Tel：022-24981892
天津市奥瑞克电梯有限公司
地址：天津市东丽区五纬路27号
…………………… Tel：022-24998118
天津港航安装工程有限公司
地址：天津滨海高新区塘沽海洋科技园新北路5793号
…………………… Tel：022-25211101
崇泰科技发展（天津）有限公司
地址：中新天津生态城动漫中路334号创展大厦1号楼601
…………………… Tel：022-25295687
天津津利堡消防装饰工程有限公司
地址：天津开发区黄海路3号G502室
…………………… Tel：022-25326048
一汽智行科技（天津）有限公司
地址：天津自贸试验区（东疆保税港区）鄂尔多斯路599号东疆商务中心A3楼5层
…………………… Tel：022-25600195
神华天津煤炭码头有限责任公司
地址：天津市滨海新区塘沽南港路6201号
…………………… Tel：022-25605951
渤海石油航务建筑工程有限责任公司
地址：天津市滨海新区塘沽渤海石油路688号
…………………… Tel：022-25801731
天津巨川投资集团有限公司
地址：天津自贸试验区（中心商务区）中海大厦-501
…………………… Tel：022-25867777
天津大港油田滨海新能油气有限公司
地址：天津大港油田三号院北区希望路南
…………………… Tel：022-25979127
天津市富海人力资源顾问有限公司
地址：天津市滨海新区塘沽大连道2111号7-商2
…………………… Tel：022-25985515
中船重工七所科技控股有限公司
地址：天津市北辰区天津高端装备制造产业园永进道与万河路交口
…………………… Tel：022-26033138
天津铁三院实业有限公司
地址：天津市河北区满江道88号
…………………… Tel：022-26178383
天津市福莱特建筑工程有限公司
地址：天津市河北区鸿顺里街四马路158号201室
…………………… Tel：022-26219890
天津市益海通汇科技发展有限公司
地址：北辰区京津公路东（天穆镇政府内）
…………………… Tel：022-26271777
天津泵业机械集团有限公司
地址：北辰区果园南道10号
…………………… Tel：022-26393701
天津市北辰区北方实业发展有限公司
地址：天津市北辰区双街镇汉沟村以东智谷园1号楼1门
…………………… Tel：022-26981192
天津市华水自来水建设有限公司
地址：天津市红桥区海源道2号
…………………… Tel：022-27042803
天津六建建筑工程有限公司
地址：天津市和平区多伦道274号
…………………… Tel：022-27220043
天津市新中国现代文化用品有限责任公司
地址：天津市和平区和平路270-274号
…………………… Tel：022-27229830
天津电信建设工程有限公司
地址：天津自贸试验区（空港经济区）中环西路与西二道交口丽港大厦2-809
…………………… Tel：022-27315534
天津艺点意创科技有限公司
地址：天津市红桥区咸阳路19号中投保大厦三层
…………………… Tel：022-27327158
中铁隧道勘测设计院有限公司
地址：红桥区桥南东路
…………………… Tel：022-27353639
天津京雄科技工程发展有限公司
地址：天津自贸试验区（空港经济区）环河南路88号2-3156号
……………… Tel：022-27376810-060
天津陆津房地产开发有限公司
地址：天津市红桥区北马路170号陆家嘴金融大厦A座38层01室
…………………… Tel：022-27570277
天津东方奥特建设集团有限公司
地址：天津开发区鲲鹏街9号5门302室
…………………… Tel：022-27826966
天津中北宜家家居有限公司
地址：天津市西青区中北镇万卉路7号
…………………… Tel：022-27922345
天津鑫裕建设发展股份有限公司
地址：天津市东丽区华明高新技术产业区华丰路6号E座1-4142室
…………………… Tel：022-28010201
天津报传媒网络发展有限公司
地址：天津开发区第四大街80号天大科技园A2楼6层6010室
…………………… Tel：022-28201045
天津市百利溢通电泵有限公司
地址：天津市西青经济技术开发区赛达三支路10号
…………………… Tel：022-28324520
天津市浩物机电汽车贸易有限公司
地址：河北区真理道54号
…………………… Tel：022-28325231
中国机房设施工程有限公司
地址：天津市河西区解放南路西江道1号
…………………… Tel：022-28355696
天津华惠安信装饰工程有限公司
地址：南开区鼓楼东街东4-3-301
…………………… Tel：022-28372504
津易（天津）数据湖信息技术有限公司
地址：天津市津南区八里台镇八里台工业园区中鼎创意园7号楼
…………………… Tel：022-28669988
天津甘泉集团有限公司
地址：天津市津南区葛沽镇三合村
…………………… Tel：022-28690118
天津环海通达建设工程有限公司
地址：天津市蓟州区桑梓镇政府东商贸楼29号
…………………… Tel：022-29119189
天津泉州建设工程集团有限公司
地址：天津市宝坻区京津温泉城上京别墅嵘园1号楼
…………………… Tel：022-29992898
中远海运（天津）有限公司
地址：天津自贸试验区（空港经济区）中心大道与东七道交口远航商务中心12号楼
…………………… Tel：022-4206666
天津送变电建设有限公司
地址：河东区卫国道122号
…………………… Tel：022-58037146
天津宜家家居有限公司
地址：天津市东丽区津塘公路433号
…………………… Tel：022-58092345
天津天航实业有限公司
地址：天津空港国际物流区第三大街8号大津空港华宇航空货运站有限公司409室
…………………… Tel：022-58208307
天津航空旅游有限公司
地址：天津自贸试验区（空港经济区）中心大道与东二道交口东北侧瑞航广场20-4-702
…………………… Tel：022-58208326
天津安捷物联科技股份有限公司
地址：天津滨海高新区华苑产业区（环外）海泰华科五路1号-1
…………………… Tel：022-58221086
中国能源建设集团天津电力建设有限公司
地址：天津市河东区七纬路3号
…………………… Tel：022-58225609

霍尼韦尔（天津）有限公司
地址：天津经济技术开发区南海路156号通厂20号厂房
……Tel：022-58556419

天津朗源电力工程有限公司
地址：天津市西青经济技术开发区赛达新兴产业园C座6层6-187
……Tel：022-58595288

天津开发区先特网络系统有限公司
地址：天津开发区第十三大街与洞庭路交口东北侧润枫广场3-704
……Tel：022-58595599

天津天大求实电力新技术股份有限公司
地址：天津市滨海高新区华苑产业区（环外）海泰西路6号
……Tel：022-58596500

天津祥顺科技发展有限公司
地址：武清区石各庄镇福兴路30号
……Tel：022-58627511

天津晟信通达科技有限公司
地址：天津市和平区贵州路4号4034
……Tel：022-58635555

天津弘野建设集团有限公司
地址：天津市西青经济开发区赛达物流园当杨路977号401室
……Tel：022-58662529

中科软（天津）信息技术有限公司
地址：天津自贸试验区（空港经济区）环河北路与中心大道交口空港商务园西区2号楼3楼310-311
……Tel：022-58676387

天津市北航通信网络工程有限公司
地址：北辰科技园区（宜兴埠）
……Tel：022-58695658

天津万峰环保科技有限公司
地址：天津自贸试验区（空港经济区）航海路206号
……Tel：022-58702596

天津住总建设工程总承包有限公司
地址：天津市和平区同安道13号
……Tel：022-58711555

大唐终端技术有限公司
地址：天津自贸试验区（空港经济区）西三道158号金融中心4号楼1单元602-3
……Tel：022-58775000

天津中兴软件有限责任公司
地址：天津自贸试验区（空港经济区）东七道2号4-707室
……Tel：022-59002631

滴滴（中国）科技有限公司
地址：天津经济技术开发区南港工业区综合服务区办公楼D座二层219-22室
……Tel：022-59002850

壳牌华北石油集团有限公司
地址：天津市武清开发区福源道18号开发区管委会大楼5楼
……Tel：022-59083666

中开金（天津）实业有限公司
地址：天津自贸试验区（空港经济区）中心大道汇津广场4号楼214室
……Tel：022-59097206

天津市首安消防工程有限公司
地址：天津市津南区双港镇双港工业区梨双路与鄱阳南路交口锦商科技园18-2
……Tel：022-59656866

天津中冀建设集团有限公司
地址：天津市河东区鼎泰大厦-2701
……Tel：022-59661166

天津市星盛达实业有限公司
地址：天津华苑产业区开华道20号南开科技大厦主楼1910
……Tel：022-59799888

天津钜宝电子有限公司
地址：天津滨海高新区滨海科技园日新道196号
……Tel：022-59803077

华为海洋网络有限公司
地址：天津经济技术开发区第二大街62号泰达MSD-B2区5-6层
……Tel：022-59837850

中国石油集团渤海石油装备制造有限公司
地址：天津经济技术开发区第二大街83号中国石油天津大厦16层
……Tel：022-59839191

中星电子股份有限公司
地址：天津经济技术开发区信环南街31号
……Tel：022-59861000

天津启明通海信息技术有限公司
地址：天津开发区信环西路19号五号楼5701-6
……Tel：022-59861060

天津市塘沽永利工程有限公司
地址：天津市滨海新区临港经济区渤海十路3369号
……Tel：022-59865277

天津德升酒店管理有限公司
地址：天津市蓟州区迎宾大街北侧龙庭庄园景园110号楼108
……Tel：022-59886618

天津立中合金集团有限公司
地址：天津开发区西区泰民路58号
……Tel：022-59889002

沃尔玛（天津）商业零售有限公司
地址：天津市西青区汇川路221号一层
……Tel：022-59907265

天津星际驰舟科技有限公司
地址：天津市武清开发区福源道北侧创业总部基地C02号楼708室
……Tel：022-60181199

天津市通洁高压泵制造有限公司
地址：天津市西青经济技术开发区兴华二支路15号
……Tel：022-60182121

国鼎企业管理集团有限公司
地址：天津市滨海新区中新天津生态城动漫中路334号创展大厦第B座3层312、313单元（天津信至和商务秘书有限公司托管第073号）
……Tel：022-60767550

天津三维保安服务有限责任公司
地址：天津自贸试验区（空港经济区）中环西路与西二道交口丽港大厦3-418
……Tel：022-60810128

天津市安联物业管理有限公司
地址：河西区台儿庄路津名园4号楼9门202室
……Tel：022-60820116

天津一商友谊精品广场有限公司
地址：天津市和平区曲阜道38号负一至六层
……Tel：022-60828999

中集世联达物流科技（集团）股份有限公司
地址：天津经济技术开发区南港工业区综合服务区办公楼C座二层213-01室
……Tel：022-60977770

易泰达科技有限公司
地址：天津开发区宏达街19号投资服务中心C座4楼西侧展厅
……Tel：022-62002000

天津精英卫士人力资源有限公司
地址：天津市滨海新区大港街永明路103号
……Tel：022-62091918

天津海盛石化建筑安装工程有限公司
地址：天津市滨海新区大港世纪大道198号
……Tel：022-63804588

天津众业建设工程有限公司
地址：天津市滨海新区大港世纪大道194号
……Tel：022-63862450

天津冠杰石化工程有限公司
地址：天津市滨海新区大港世纪大道北侧
……Tel：022-63862635

天津泽泓迅泰科技发展有限公司
地址：天津自贸试验区（天津港保税区）通达广场1号A2-217
……Tel：022-65296598

天津友阿奥特莱斯商业投资有限公司
地址：天津滨海高新区塘沽海洋科技园宁海路1792号奥特莱斯1668号
……Tel：022-65610608

天津转转世界科技有限责任公司
地址：天津经济技术开发区第四大街12号106室
……Tel：022-65625858

天津泰润科技有限公司
地址：天津自贸试验区（中心商务区）旷世国际大厦1栋-1430
……Tel：022-65770089

天津泰达城市轨道投资发展有限公司
地址：天津市滨海新区旅游区滨旅产业园13号楼五层第558-7房间
……Tel：022-65832579

天津力高阳光健康管理有限公司
地址：天津市中新天津生态城湖滨路力高阳光海岸会所一楼
……Tel：022-66200222

天津维斯达通商贸有限公司
地址：天津经济技术开发区黄海路8号海盈公寓501
……Tel：022-66202842

域适都智能装备（天津）有限公司
地址：天津经济技术开发区南海路156号津滨发展通厂21栋
……Tel：022-66299292

华强方特（天津）文化科技有限公司
地址：天津生态城中生大道4888号
……Tel：022-66325665

中石油天津天然气管道有限公司
地址：天津经济技术开发区第二大街83号中国石油天津大厦10层
……Tel：022-66338510

天津鑫浩宇科技有限公司
地址：天津自贸试验区（中心商务区）滨海华贸中心-1118（天津华商商务秘书有限公司托管第367号）
……Tel：022-66366777

中国海洋石油渤海有限公司
地址：天津市滨海新区渤海石油路688号
……Tel：022-66502753

天津环投数字科技有限公司
地址：天津市滨海新区临港经济区1号
……Tel：022-66621878

天津滨海国际港口海洋装备交易服务有限公司
地址：天津市滨海新区临港经济区1号1号楼3030室
……Tel：022-66625163

中海石油环保服务（天津）有限公司
地址：天津自贸试验区（天津港保税区）东方大道88号1-105-2室
……Tel：022-66903126

中海石油环保服务（天津）有限公司
地址：天津自贸试验区（天津港保税区）东方大道88号1-105-2室
……Tel：022-66903126

天津中海油能源发展油田设施管理有限公司
地址：天津开发区南海路12号新天地华庭A3座408
……Tel：022-66909693

天津冶金集团轧三钢铁有限公司
地址：天津市静海区大邱庄镇津王支路东1号
……Tel：022-68582023

天津津能股份有限公司
地址：天津市和平区睦南道3号
……Tel：022-81267896

中天高科特种车辆有限公司
地址：天津市武清开发区泉发路30号
……Tel：022-82120407

中交四公局第六工程有限公司
地址：天津市武清开发区福源道北侧创业总部基地馨凯广场1号楼
……Tel：022-82144218

天津市海达家乐超市有限公司
地址：武清区泉旺路
……Tel：022-82162825

天津市津协建筑安装工程有限公司
地址：武清区石各庄
……Tel：022-82176737

天津市胜宇通信技术服务有限公司
地址：天津市宝坻区黄庄镇产业功能区1号路21号
……Tel：022-82685775

天津中和胶业股份有限公司
地址：武清区汉沽港镇天津自行车王国产业园区和园道81号
……Tel：022-82967261

西门子楼宇科技（天津）有限公司
地址：天津市和平区南京路189号津汇广场写字楼1401室
……Tel：022-83191666

天津荣尧智慧科技股份有限公司
地址：河东区新开路与华龙道交口城市星座大厦5-2405
……Tel：022-83217666

天津衡信科技发展有限公司
地址：天津自贸试验区（东疆保税港区）亚洲路6975号金融贸易中心南区1-1-1313（天津互贸通商务秘书服务有限公司托管第050号）
……Tel：022-83552356

中发建筑技术集团有限公司
地址：天津滨海高新区华苑产业区（环外）海泰发展五道6号A座
……Tel：022-83702266

天津市北海通信技术有限公司
地址：华苑产业区竹苑路6号创新基地D座401室
……Tel：022-83710256

天津航联迪克科技有限公司
地址：天津滨海高新区华苑产业区海泰发展六道6号海泰绿色产业基地A座4层
……Tel：022-83712816

天津泽通产业园发展有限公司
地址：天津滨海高新区华苑产业区梅苑路5号金座广场-702
……Tel：022-83716825-8018

汉柏科技有限公司
地址：天津新技术产业园区海泰西路18号中南楼-205
……Tel：022-83945126

天津市百利电气有限公司
地址：天津市西青经济开发区民和道12号
……Tel：022-83963710

天津三星通信技术有限公司
地址：天津经济技术开发区微电子区
……Tel：022-83969600

中国通用航空有限责任公司
地址：天津自贸试验区（东疆保税港区）海铁三路288号201室-12
……Tel：022-84392139

天津军星管业集团建设工程有限公司
地址：天津市东丽区华明街李明庄工业园路9号
……Tel：022-84758050

天津颐顺科技发展有限公司
地址：天津自贸试验区（空港经济区）西四路168号融和广场6-2-505-1
……Tel：022-84841633

天津百利二通机械有限公司
地址：天津自贸试验区（空港经济区）航海路180号B座
……Tel：022-84911826

天津同融电子商务有限公司
地址：天津滨海高新区华苑产业区海泰发展六道6号海泰绿色产业基地K2座1门602-1
……Tel：022-85196006

天津中科蓝鲸信息技术有限公司
地址：天津新技术产业园区华苑产业区海泰发展6道6号海泰绿色产业基地F座5门201号
……Tel：022-85689593

天津韩家墅海吉星农产品物流有限公司
地址：北辰区韩家墅农产品批发市场
……Tel：022-86886119

天津晨天自动化设备工程有限公司
地址：天津市南开区东马路与北城街交口西南侧静德花园11-2-1701（科技园）
……Tel：022-86996275

天津途牛国际旅行社有限公司
地址：天津滨海高新区滨海科技园日新道188号3-A-01室
……Tel：022-87528290

天津物美未来商贸发展有限公司
地址：天津市南开区黄河道507号A区101号
……Tel：022-87786933

天津市安通科技有限公司
地址：天津自贸试验区（空港经济区）中心大道与东七道交口远航商务中心33-2-8-4层
……Tel：022-88303527

中顺达科技（天津）有限公司
地址：天津市滨海新区临港经济区怡湾广场渤海十二南路1-202号（惠强（天津）商务秘书服务有限公司托管第012号）
……Tel：022-88303760

兴昂（天津）科技发展有限公司
地址：天津市河西区陈塘庄街道洞庭路与怒江道交口西北侧美年广场2号楼-504-24
……Tel：022-88303760

天津嘉链实业有限公司
地址：天津市河西区洞庭路与怒江道交口西北侧美年广场2号楼-504-13
……Tel：022-88303760

天津文华天海实业有限公司
地址：天津自贸试验区（空港经济区）环河北路80号空港商务园东区8号楼B318房间
……Tel：022-88379566

天津阡轩商贸有限公司
地址：天津自贸试验区（空港经济区）西三道158号5幢902-B
……Tel：022-88379566

天津瀚晟同创科技发展有限公司
地址：天津生态城国家动漫园文三路105号读者新媒体大厦第三层办公室A区311房间（TG第510号）
……Tel：022-88379700

天津仁延商贸有限公司
地址：天津市津南区长青科工贸园区（微山路）聚福园19号
……Tel：022-88379700

天津天河伟业建设工程有限公司
地址：天津市津南区北闸口电子工业区俊凌路9号经济发展中心3003-58
……Tel：022-88537513

天津市翔凯建筑安装工程有限公司
地址：天津小站工业区六号路17号328室
……Tel：022-88611777

天津市南洋建设集团有限公司
地址：天津市津南区咸水沽镇海河科技园聚兴道9号
……Tel：022-88912316

上海市

上海海怡建设（集团）有限公司
地址：中国（上海）自由贸易试验区临港新片区临港大道3500弄5号
……Tel：021-20231008

上海邦诺实业发展集团有限公司
地址：上海市崇明区长江农场长江大街161号2幢8608室（上海长江经济园区）
……Tel：021-20234058

上海松婷实业发展有限公司
地址：上海市浦东新区兰花路203号一层A室
……Tel：021-20289398

上海普长数据科技有限公司
地址：中国（上海）自由贸易试验区西里路55号第10层1020A室
……Tel：021-20292200

上海锦江联采供应链有限公司
地址：上海市浦东新区南汇新城镇环湖西二路888号A楼291室
……Tel：021-20375276

天府管理（集团）有限公司
地址：中国（上海）自由贸易试验区崮山路648号7幢425室
……Tel：021-20509999
上海河姆渡实业发展有限公司
地址：中国（上海）自由贸易试验区西里路55号1263室
……Tel：021-20531300
上海安客迅商贸有限公司
地址：上海市奉贤区庄行镇叶家643号1097室
……Tel：021-20535777
上海先烁信息科技有限公司
地址：中国（上海）自由贸易试验区德堡路38号1幢3层307-18室
……Tel：021-20579888
佳化化学（上海）有限公司
地址：中国（上海）自由贸易试验区加太路39号1幢三层47室
……Tel：021-20670888
天翼智慧家庭科技有限公司
地址：上海市青浦区双联路158号3层
……Tel：021-20785769
上海飞机制造有限公司
地址：上海市浦东新区上飞路919号
……Tel：021-20855703
上海航空工业（集团）有限公司
地址：上海市浦东新区张江高科技园区郭守敬路351号2号楼A619室
……Tel：021-20867000
上海飞机客户服务有限公司
地址：上海市闵行区江川东路100号
……Tel：021-20870000
浦杜实业（上海）有限公司
地址：上海市奉贤区柘林镇浦卫公路6301号第八幢427室
……Tel：021-20921632
上海东沙建筑工程有限公司
地址：浦东新区南汇新城镇芦潮港路1750弄6号2幢3343室
……Tel：021-20986078
中国电力工程顾问集团华东电力设计院有限公司
地址：上海市普陀区武宁路409号
……Tel：021-22015888
上海市保安服务（集团）有限公司
地址：上海市皋兰路24号
……Tel：021-22042709
中安银盾实业有限公司
地址：上海市宝山区逸仙路2816号1幢9层A0266室
……Tel：021-22119669
上海申丰地质新技术应用研究所有限公司
地址：上海市黄浦区制造局路787号二幢514室
……Tel：021-22130088
上海嘉正通讯技术有限公司
地址：上海市崇明区竖新镇响椿路58号西一楼101室（上海竖新经济开发区）
……Tel：021-22210808
思爱普（中国）有限公司
地址：上海市静安区南京西路1717号47楼01单位
……Tel：021-22213000
上海承大网络科技服务有限公司
地址：上海市青浦区练塘镇章练塘路588弄15号1幢一层7区019室
……Tel：021-22250200
统一超商（上海）便利有限公司
地址：上海市黄浦区蒙自路45-47号
……Tel：021-22271188
上海淘旅行网络科技有限公司
地址：上海市浦东新区川宏路528号
……Tel：021-22389275
上海菲信通信服务股份有限公司
地址：上海市崇明区堡镇财贸村1309号2幢215室
……Tel：021-22816688
柏宜照明（上海）股份有限公司
地址：上海市青浦区久业路1188号
……Tel：021-22819718
顺哲科技发展有限公司
地址：上海市杨浦区长阳路1687号西1168幢（C楼）C4座501室
……Tel：021-23053333
新思投资（中国）有限公司
地址：上海市杨浦区凤城路1号123幢324室
……Tel：021-23072058
第一资讯（中国）有限公司
地址：中国（上海）自由贸易试验区郭守敬路498号浦东软件园14幢22301-108室
……Tel：021-23086000
上海复星产业投资有限公司
地址：浦东新区康桥镇康士路25号269室（康桥）
……Tel：021-23151565
法利投资（上海）有限公司
地址：上海市黄浦区外马路1288号综合楼二层A室
……Tel：021-23190001

东航金控有限责任公司
地址：上海市闵行区吴中路686弄3号
……Tel：021-23502624
上海华信金融服务有限公司
地址：中国（上海）自由贸易试验区浦电路438号702-E室
……Tel：021-23576871
必胜（上海）食品有限公司
地址：上海市普陀区金迎路78号2号仓库
……Tel：021-24077777
上海莘宝企业管理有限公司
地址：上海市闵行区漕宝路3366号L122B-1室
……Tel：021-24088888
万达信息股份有限公司
地址：上海市桂平路481号20号楼5层
……Tel：021-24178888
上海研祥智能科技有限公司
地址：上海市徐汇区古美路1528号4幢301室
……Tel：021-24215799
极之索信息技术（上海）有限公司
地址：上海市徐汇区华泾路507号4幢215室
……Tel：021-24227399
上海云宿科技有限公司
地址：嘉定区兴贤路1388号3幢1371室
……Tel：021-24261717
超电（上海）信息科技有限公司
地址：上海市杨浦区国定支路24号2002A室
……Tel：021-25099255
上海闸电东海电力工程有限公司
地址：上海市杨浦区军工路4000号
……Tel：021-25252222
上海申通地铁资产经营管理有限公司
地址：上海市徐汇区沪闵路8075号2层、3层东侧
……Tel：021-26011651
上海宝山宜家家居有限公司
地址：上海市宝山区沪太路1818号
……Tel：021-26064532
上海市机械施工集团有限公司
地址：上海市嘉定区顺达路615号
……Tel：021-26101999
欧尚（中国）投资有限公司
地址：上海市杨浦区龙口路165号5层
……Tel：021-26106000
上海搜尔信息科技有限公司
地址：上海市浦东新区樱花路868号2101室（名义2301室）
……Tel：021-26135826
上海金艺检测技术有限公司
地址：宝山区牡丹江路1508号航运大厦五楼2201室
……Tel：021-26641463
上海磁浮交通发展有限公司
地址：上海市浦东新区龙阳路2100号
……Tel：021-28907700
美银宝信息技术（上海）有限公司
地址：中国（上海）自由贸易试验区东方路1217号19层（实际楼层17层）1901室
……Tel：021-28913333
国网上海市电力公司
地址：中国（上海）自由贸易试验区源深路1122号
……Tel：021-28925222
上海邮乐网络技术有限公司
地址：上海市浦东新区张杨路2899号10层
……Tel：021-28943666
上海文汇新民实业有限公司
地址：上海市闵行区中春路7001号2幢3楼3026室
……Tel：021-28999999
马上诺餐饮（上海）有限公司
地址：上海市黄浦区黄陂南路700号A207室
……Tel：021-31007088
上海永辉云创科技有限公司
地址：上海市黄浦区丽园路700号506室
……Tel：021-31018860
上海山灏图像传输科技有限公司
地址：上海市松江区中山街道茸梅路204号A区
……Tel：021-31020684
爱吉（上海）房地产经纪有限公司
地址：上海市普陀区宜昌路458弄8号3楼366室
……Tel：021-31027300
上海巨寿集团有限公司
地址：中国（上海）自由贸易试验区富特北路277号5层574室
……Tel：021-31038800
中移智行网络科技有限公司
地址：中国（上海）自由贸易试验区川桥路399弄3号5层
……Tel：021-31080809
上海思纳建筑规划设计股份有限公司
地址：上海市金山区亭卫公路1000号一层1008室
……Tel：021-31089299

上海艾力克新能源有限公司
地址：上海市奉贤区环城西路3111弄111号
……Tel：021-31155518
中民信商业有限公司
地址：浦东新区南汇新城镇环湖西二路888号2幢2区2052室
……Tel：021-31156199
上海信而富企业管理有限公司
地址：上海市嘉定区南翔镇银翔路819弄1号7层705室
……Tel：021-31156909
斐讯信息科技（上海）有限公司
地址：上海市静安区陕西北路80号501室
……Tel：021-31183118
上海中儒航空材料有限公司
地址：浦东新区南汇新城镇环湖西二路888号C楼
……Tel：021-31187862
上海格拉曼国际消防装备有限公司
地址：上海市松江区申港路3332号
……Tel：021-31196661
上海晨光科力普办公用品有限公司
地址：上海市徐汇区古美路1528号2幢11层
……Tel：021-31216888
上海德川网络科技有限公司
地址：上海市金山区亭林镇车亭公路3398弄8号1067室
……Tel：021-31240788
上海建周信息科技有限公司
地址：上海市金山区亭林镇南亭公路6188号3幢217室
……Tel：021-31268545
上海嘉展建筑装潢工程有限公司
地址：上海市崇明区港沿镇港沿公路1700号5幢2303室（上海港沿经济小区）
……Tel：021-31270888-501
上海石化金艺工业建设有限公司
地址：上海市金山区板桥东路488号
……Tel：021-31583300
上海万达网络金融服务有限公司
地址：中国（上海）自由贸易试验区乳山路227号3楼D-953室
……Tel：021-31656666
上海京东到家元信信息技术有限公司
地址：上海市杨浦区杨树浦路1088号2201单元
……Tel：021-31657167
中油海科燃气有限公司
地址：上海市杨浦区永吉路9号2H-29室
……Tel：021-31770177
上海精测半导体技术有限公司
地址：上海市青浦区徐泾镇双浜路269、299号1幢1、3层
……Tel：021-31776688
上海积成慧集信息技术有限公司
地址：上海市松江区佘山镇天马东街88号202室
……Tel：021-32087310
上海天雅鑫识别软件技术有限公司
地址：中国（上海）自由贸易试验区芳春路400号1幢3层
……Tel：021-32125570
上海志略能源有限公司
地址：上海市崇明区新海镇星村公路700号12幢108－10室（上海新海经济开发区）
……Tel：021-32206291
上海珂鸣实业发展有限公司
地址：上海市静安区南京西路758号7楼B室
……Tel：021-32231602
上海凯盟投资发展有限公司
地址：上海市静安区南京西路1486号2层243室
……Tel：021-32231816
劲霸男装（上海）有限公司
地址：上海市普陀区云岭东路599弄19号6层
……Tel：021-32508999
上海十方生态园林股份有限公司
地址：上海市闵行区元江路525号17号楼104室
……Tel：021-33180382
上海电气集团股份有限公司
地址：上海市兴义路8号30层
……Tel：021-33261888
奥乐齐（中国）投资有限公司
地址：上海市徐汇区淮海中路1045号9幢楼303-304室
……Tel：021-33264800
奥乐齐商业（上海）有限公司
地址：上海市徐汇区淮海中路1045号9幢楼301室
……Tel：021-33264800
都客梦（上海）通信技术有限公司
地址：上海市黄浦区黄河路21号1501室（名义楼层16层）
……Tel：021-33303111
米金科技（上海）有限公司
地址：上海市徐汇区永嘉路698号516室
……Tel：021-33323999
电通安吉斯（上海）投资有限公司
地址：上海市长宁区定西路650号6236室
……Tel：021-33350888
中民新光有限公司
地址：上海市长宁区宣化路3号二层2528室
……Tel：021-33353260
中民新时代通用航空有限公司
地址：上海市青浦区五厍浜路201号13幢一层106室
……Tel：021-33353550
上海嘉翎实业有限公司
地址：上海市崇明区新村乡耀洲路741号5幢1182室（上海新村经济小区）
……Tel：021-33356900
上海铂赢物业管理有限公司
地址：上海市黄浦区中山南路100号25层006单元
……Tel：021-33357056
点点客信息技术股份有限公司
地址：中国（上海）自由贸易试验区郭守敬路498号19号楼3楼
……Tel：021-33375400
绿地众选（上海）国际贸易有限公司
地址：中国（上海）自由贸易试验区菲拉路55号二幢703室
……Tel：021-33386200
海兴顿惠金融信息服务（上海）股份有限公司
地址：中国（上海）自由贸易试验区富特东一路146号2幢1层194室
……Tel：021-33391886
东方明珠新媒体股份有限公司
地址：上海市徐汇区宜山路757号
……Tel：021-33396666
上海金原子软件科技有限公司
地址：上海市松江区新桥镇莘砖公路668号207室
……Tel：021-33526712
上海宅米贸易有限公司
地址：上海市徐汇区虹漕路88号A栋10楼AD单元
……Tel：021-33565301
上海绿地宝岛置业有限公司
地址：上海市崇明区城桥镇秀山路8号3幢1层F区2033室（崇明工业园区）
……Tel：021-33580600
上海维宏电子科技股份有限公司
地址：上海市闵行区颛兴东路1277弄29号四楼
……Tel：021-33587550
明基电通有限公司
地址：上海市长宁区凇虹路207号D栋1楼
……Tel：021-33600022
上海其约特电子科技有限公司
地址：上海市奉贤区望园路1698弄30号21幢2层2501室
……Tel：021-33616583
上海河仓实业有限公司
地址：浦东新区宣桥镇沪南公路8881号21幢
……Tel：021-33617970
上海蚨光实业有限公司
地址：中国（上海）自由贸易试验区业盛路188号A-858A室
……Tel：021-33617970
新智认知数据服务有限公司
地址：上海市浦东新区川沙路955号11幢221室
……Tel：021-33637763
上海盛丘实业发展有限公司
地址：上海市青浦区外青松公路7548弄588号2幢1层区144室
……Tel：021-33663333
上海易往信息技术有限公司
地址：上海市青浦区外青松公路7888号7051室
……Tel：021-33676166
上海相泰投资管理有限公司
地址：中国（上海）自由贸易试验区耀华路251号一幢一层
……Tel：021-33682165
上海欣辰通金融电子科技有限公司
地址：宝山区月罗路559号P-366室
……Tel：021-33685076
上海鸿义网络信息工程有限公司
地址：上海市金山工业区朱漕公路889号5幢109室
……Tel：021-33712778
上海圣昶通信技术有限公司
地址：浦东新区万祥镇宏祥北路83弄1-42号20幢B区603室
……Tel：021-33756123
上海胜宝汽车修理有限公司
地址：宝山区宝杨路2076号
……Tel：021-33790801
上海和莘实业有限公司
地址：中国（上海）自由贸易试验区加枫路26号108室

…………………… Tel：021-33826185

上海黎峰保安服务集团有限公司
地址：上海市浦东新区华东路4111号
…………………… Tel：021-33826567

上海西科姆保安服务有限公司
地址：中国（上海）自由贸易试验区峨山路91弄20号北塔6楼
…………………… Tel：021-33848500

上海中成自来水配套服务有限公司
地址：浦东新区宣桥镇沪南公路8666弄2号4楼
…………………… Tel：021-33895102

捷普科技（上海）有限公司
地址：上海市徐汇区田林路600号
…………………… Tel：021-33958888

买无忧超市有限公司
地址：上海市静安区中山北路1034号1层
…………………… Tel：021-33975033

上海复星医药（集团）股份有限公司
地址：曹杨路510号9楼
…………………… Tel：021-33987000

上海帕科软件科技股份有限公司
地址：上海市徐汇区定安路55号501A室
…………………… Tel：021-34010858

上海电力设计院有限公司
地址：上海市波阳路16号8号楼232室
…………………… Tel：021-34014518

新力科技集团有限公司
地址：上海市闵行区申长路988弄6号楼6、7层
…………………… Tel：021-34031888

携程旅游信息技术（上海）有限公司
地址：中国（上海）自由贸易试验区碧波路518号302室
…………………… Tel：021-34064880

傲程信息技术（上海）有限公司
地址：上海市长宁区金钟路968号12号楼703室
…………………… Tel：021-34064880

上海珩苡实业有限公司
地址：上海市崇明区长兴镇石沙路523号203室（上海泰和经济发展区）
…………………… Tel：021-34075638

上海妙威建筑科技有限公司
地址：上海市奉贤区庄行镇叶庄公路135号2幢1075室
…………………… Tel：021-34118800

上海兴铨市政建设工程有限公司
地址：上海市崇明工业园区秀山路78号
…………………… Tel：021-34150115

上海佳怡实业有限公司
地址：上海市金山区廊下镇景乐路228号7幢Q650室
…………………… Tel：021-34246220

上海恩际恩网络科技有限公司
地址：青浦区工业园区郏一工业区7号4幢8023室
…………………… Tel：021-34311061

上海勤道建筑劳务有限公司
地址：上海市金山区枫泾镇朱枫公路9850号107室
…………………… Tel：021-34621632

上海普适导航科技股份有限公司
地址：上海市青浦区高光路215弄2号楼
…………………… Tel：021-34637600

上海仪电电子（集团）有限公司
地址：田林路168号1号楼三层
…………………… Tel：021-34699090

上海银龙建筑装饰绿化有限公司
地址：上海市宝山区菊泉街502号A楼107室
…………………… Tel：021-34711130

上海载德信息科技股份有限公司
地址：上海市闵行区集心路168号8幢4楼
…………………… Tel：021-34720918

上海宏图三胞电脑发展有限公司
地址：上海市徐汇区肇嘉浜路979号1层
…………………… Tel：021-34766700

上海策迪实业发展有限公司
地址：上海市浦东新区川宏路528号二楼东区
…………………… Tel：021-34780899

上海四雍信息科技有限公司
地址：上海市虹口区物华路73号1号楼四层8606室
…………………… Tel：021-35307058

上海志佳消防工程技术有限公司
地址：上海市奉贤区望园路2165弄2号353室
…………………… Tel：021-35367116

银河德睿资本管理有限公司
地址：上海市虹口区东长治路359号1601室
…………………… Tel：021-35870621

上海贝锐信息科技股份有限公司
地址：上海市杨浦区国定路335号5008C室
…………………… Tel：021-35906789

优卡实业（上海）有限公司
地址：上海市虹口区中山北一路9号1幢8层（集中登记地）
…………………… Tel：021-35909020

上海溧泰建设发展有限公司
地址：崇明区庙镇合作公路2597号5幢109室（上海庙镇经济开发区）
…………………… Tel：021-36053399

上海逸刻新零售网络科技有限公司
地址：上海市静安区广中西路699号1幢10层
…………………… Tel：021-36058888

上海能电电力工程有限公司
地址：上海市普陀区交通路4621弄10号401室
…………………… Tel：021-36361377

上海鹤阳通信工程有限公司
地址：崇明区庙镇宏海公路263号1幢145室（上海庙镇经济开发区）
…………………… Tel：021-36362918

瓯尚盈特诺（上海）国际贸易有限公司
地址：上海市虹口区同心路723号2幢230室
…………………… Tel：021-36364018

上海陆上货运交易中心有限公司
地址：上海市普陀区金迈路1号1幢12层
…………………… Tel：021-36366030

上海劲豪建设工程有限公司
地址：上海市崇明区庙镇宏海公路555号1幢105室
…………………… Tel：021-36375918

上海复宝软件科技发展有限公司
地址：上海市宝山区长逸路188号1幢D0028室
…………………… Tel：021-36411670

上海蓬勃实业有限公司
地址：宝山区市一路200号A-6
…………………… Tel：021-36412313

上海申苏船舶修造有限公司
地址：上海市宝山区月浦镇盛桥三村48号F4室
…………………… Tel：021-36551088

上海万臣信息科技发展有限公司
地址：上海市崇明区城桥镇鳌山路附2号10幢102室-10（崇明森林旅游园区）
…………………… Tel：021-36566301

宝汽易造汽车电机制造有限公司
地址：上海市宝山区漠河路600弄1号1202室
…………………… Tel：021-36625266

上海飞牛集达电子商务有限公司
地址：上海市静安区江场西路255号6楼
…………………… Tel：021-36695998

上海创图网络科技股份有限公司
地址：上海市静安区广中西路777弄12号二楼A-27室
…………………… Tel：021-36696098

好买财富管理股份有限公司
地址：中国（上海）自由贸易试验区浦东南路1118号9楼902室
…………………… Tel：021-36696200

上海昌鹭智能技术有限公司
地址：上海市松江区中创路68号18幢401室-1
…………………… Tel：021-37036662

上海咏苓保安服务有限公司
地址：上海市奉贤区南桥镇富邦路2-3号
…………………… Tel：021-37100511

上海域邦建设集团有限公司
地址：上海市奉贤区奉浦开发区灵芝村943号5幢128室
…………………… Tel：021-37198660

上海远羿实业有限公司
地址：上海市金山区亭林镇兴工路225号1幢273室
…………………… Tel：021-37330000

商赢电子商务有限公司
地址：上海市奉贤区南桥环城西路3333号2幢2层201室
…………………… Tel：021-37563035

上海神机软件有限公司
地址：上海市松江区车墩镇泖亭路188弄4号101室
…………………… Tel：021-37620408

上海开天建设（集团）有限公司
地址：上海市松江区广富林路255号23-25层
…………………… Tel：021-37628582

上海锦湾电力设备工程有限公司
地址：上海市金山区金山大道3898弄1072号301室
…………………… Tel：021-37900053

花椒树远程医学网络科技（上海）有限公司
地址：上海市崇明区堡镇堡镇南路58号16幢1楼111-2室（上海堡镇经济小区）
…………………… Tel：021-38019300-218

昌硕科技（上海）有限公司
地址：上海市浦东新区秀沿路3768号
…………………… Tel：021-38113768

上海海博车辆修理有限公司
地址：上海市浦东新区康桥镇康凌路39号
…………………… Tel：021-38121002

环维电子（上海）有限公司
地址：上海市浦东新区金桥出口加工区龙桂路501号
…………………… Tel：021-38136668

上海船用曲轴有限公司
地址：浦东新区南汇新城镇倚天路177号
…………………… Tel：021-38220800

国网上海能源互联网研究院有限公司
地址：中国（上海）自由贸易试验区李冰路251号、法拉第路28号1幢4层、5层
…………………… Tel：021-38281009

上海临港桃浦智创城经济发展有限公司
地址：上海市普陀区真南路1288号16层1601室
…………………… Tel：021-38294900

上海临港创新经济发展服务有限公司
地址：上海市奉贤区岚丰路1150号1幢3019室
…………………… Tel：021-38298424

上海临港云廊企业发展有限公司
地址：上海市松江区莘砖公路668号202室-102
…………………… Tel：021-38298855

上海怡亚通供应链有限公司
地址：中国（上海）自由贸易试验区金粤路202号1幢5楼A座
…………………… Tel：021-38575555

上海猜趣网络科技有限公司
地址：中国（上海）自由贸易试验区罗山路1502弄14号203-7室
…………………… Tel：021-38586999

盛乐信息技术（上海）有限公司
地址：中国（上海）自由贸易试验区郭守敬路356号3幢102室
…………………… Tel：021-38586999

上海世源建材贸易有限公司
地址：上海市浦东新区张杨北路5509号5012室
…………………… Tel：021-38611188-8801

平安普惠房产服务有限公司
地址：上海市徐汇区龙腾大道2879号3楼3950室
…………………… Tel：021-38643520

云丰供应链管理（上海）有限公司
地址：上海市浦东新区港城路2008号1幢202室
…………………… Tel：021-38685881

诺埃蒂信息科技（上海）有限公司
地址：中国（上海）自由贸易试验区新金桥路201号1001室
…………………… Tel：021-38726710

上海佰擎市政工程有限公司
地址：上海市嘉定工业区叶城路912号J893室
…………………… Tel：021-38921133

上海金仕达软件科技有限公司
地址：中国（上海）自由贸易试验区亮景路210号
…………………… Tel：021-38954588

中银金融科技有限公司
地址：中国（上海）自由贸易试验区银城中路200号4层408室
…………………… Tel：021-38973874

上海蔚来汽车销售服务有限公司
地址：上海市嘉定区安晓路51号
…………………… Tel：021-39130691

上海晟达元信息技术有限公司
地址：上海市嘉定工业区兴邦路1111号1幢301室
…………………… Tel：021-39159508

上海乐研电气有限公司
地址：上海市嘉定区南翔镇 北公路1755弄35号-1一层A区、三层
…………………… Tel：021-39170766

上海一片天餐饮管理股份有限公司
地址：上海市嘉定区百安公路538号1幢2层217室
…………………… Tel：021-39197275

日立电梯（上海）有限公司
地址：上海市青浦工业园区崧泽大道10388号
…………………… Tel：021-39203333

上海智臻智能网络科技股份有限公司
地址：上海市嘉定区金沙江西路1555弄398号7层
…………………… Tel：021-39518811

上海禛宏实业有限责任公司
地址：上海市崇明区陈家镇瀛东村53号3幢501室（上海智慧岛数据产业园）
…………………… Tel：021-39887855

上海加汇消防安全设备工程有限公司
地址：上海市嘉定区劳动路707弄68号1幢A区
…………………… Tel：021-39972236

中科鑫宝产业投资控股有限公司
地址：上海市崇明区长兴镇江南大道1333弄1号楼158室3座（上海长兴海洋装备产业基地）
…………………… Tel：021-50125693

润通航运服务有限公司
地址：中国（上海）自由贸易试验区泰谷路169号A楼四层402室
…………………… Tel：021-50171617

喜茂（上海）网络科技有限公司
地址：中国（上海）自由贸易试验区丹桂路799号2幢4层
…………………… Tel：021-50179079

上海河畔商贸发展有限公司
地址：上海市浦东新区三林路338号2幢101室
…………………… Tel：021-50181818

上海百胜翼商网络科技有限公司
地址：浦东新区上丰西路55号6幢112室
…………………… Tel：021-50184188

上海可鲁系统软件有限公司
地址：中国（上海）自由贸易试验区祖冲之路887弄82号二楼北
…………………… Tel：021-50275520

上海可鲁信息技术有限公司
地址：浦东新区上丰西路55号2幢114室
…………………… Tel：021-50275520

上海韦尔半导体股份有限公司
地址：中国（上海）自由贸易试验区龙东大道3000号1幢C楼7层
…………………… Tel：021-50278110

伍尔特（中国）有限公司
地址：中国（上海）自由贸易试验区台中南路2号三层336室
…………………… Tel：021-50297666

上海点积实业有限公司
地址：浦东新区南汇新城镇环湖西二路888号
…………………… Tel：021-50316980

茂盟（上海）工程技术股份有限公司
地址：上海崇明庙镇经济开发区（宏海公路681号）
…………………… Tel：021-50323966

上海浩泽净水科技发展有限公司
地址：中国（上海）自由贸易试验区桂桥路60号3幢220、221、222室
…………………… Tel：021-50325092

翔游企业管理有限公司
地址：上海市金山区枫泾镇曹黎路38弄25号1588室
…………………… Tel：021-50342211

医讯通信息科技有限公司
地址：上海市徐汇区虹桥路628号501-5室
…………………… Tel：021-50429991

上海盛展网络科技有限公司
地址：中国（上海）自由贸易试验区孙环路733号2幢103室
…………………… Tel：021-50504740

日日顺（上海）投资有限公司
地址：中国（上海）自由贸易试验区陆家嘴环路958号华能联合大厦2902室
…………………… Tel：021-50544567

上海诺基亚贝尔股份有限公司
地址：中国（上海）自由贸易试验区宁桥路388号
…………………… Tel：021-50554550

上海恒大集团投资有限公司
地址：中国（上海）自由贸易试验区日京路35号4层4128室
…………………… Tel：021 50568898

国检测试控股集团上海有限公司
地址：浦东新区新场镇古丹路7-11号（单）2幢全幢、3幢全幢
…………………… Tel：021-50680061

上海陆发新能源汽车有限公司
地址：中国（上海）自由贸易试验区华申路180号1幢七层726室
…………………… Tel：021-50687337

上海诗坛金啼实业有限公司
地址：中国（上海）自由贸易试验区富特西一路155号B幢底层119部位
…………………… Tel：021-50687337

上海互软信息科技有限公司
地址：上海市杨浦区控江路2061号6楼（集中登记地）
…………………… Tel：021-50706888

上海汇君信息科技发展有限公司
地址：上海市虹口区周家嘴路901号1幢419室
…………………… Tel：021-50780077

上海浦东软件园汇智软件发展有限公司
地址：中国（上海）自由贸易试验区亮秀路112号1号楼205室
…………………… Tel：021-50800825

上海数桑信息科技有限公司
地址：中国（上海）自由贸易试验区金科路2889弄6号6层03单元
…………………… Tel：021-50801627

上海摩恩融资租赁股份有限公司
地址：上海市浦东新区金桥路1389号301-302室
…………………… Tel：021-50803195

智格网信息科技（上海）有限公司
地址：中国（上海）自由贸易试验区郭守敬路351号2幢508室
…………………… Tel：021-50803375

上海飞旗网络技术股份有限公司
地址：中国（上海）自由贸易试验区祖冲之路1505弄100号3幢2层K单元

…………………… Tel：021-50805192
远鼎实业（上海）有限公司
地址：上海市浦东新区成山路855弄17号303B室
…………………… Tel：021-50817623
上海天元锰业国际贸易有限公司
地址：上海市宝山区同济路2号1幢1G01室
…………………… Tel：021-50855700
上海帅琼实业有限公司
地址：浦东新区祝桥镇亭中村凌路114号
…………………… Tel：021-50888708
上海保集智能科技发展有限公司
地址：上海市宝山区富联二路99号5幢309室
…………………… Tel：021-50900888
中溧建设集团有限公司
地址：上海市崇明区横沙乡富民支路58号2968室
…………………… Tel：021-50906808
上海兰坤投资发展有限公司
地址：中国（上海）自由贸易试验区富特东一路146号三幢楼1层A区A131室
…………………… Tel：021-50908668
上海市室内装潢工程有限公司
地址：上海市云南南路293号
…………………… Tel：021-50909580
上海杨润市政工程有限公司
地址：浦东新区绿科路90号1幢406D室
…………………… Tel：021-50913540
沃尔玛华东百货有限公司
地址：中国（上海）自由贸易试验区临沂北路252－262号由由－沃尔玛购物广场地上一层和地上二层
…………………… Tel：021-50945855
上海逸合投资管理有限公司
地址：上海市黄浦区广东路689号3201室
…………………… Tel：021-51001617
上海位一信息科技有限公司
地址：上海市徐汇区钦州路100号1号楼108室
…………………… Tel：021-51001950
上海畅赢智能科技有限公司
地址：上海市金山区枫泾镇曹黎路38弄26号1010室
…………………… Tel：021-51030588
上海文华财经资讯股份有限公司
地址：中国（上海）自由贸易试验区郭守敬路351号2号楼A604－06室
…………………… Tel：021-51035867
上海艾临科智能科技有限公司
地址：上海市嘉定区嘉罗公路1719号45幢
…………………… Tel：021-51036168
上海喜安便利有限公司
地址：上海市闸北区江场三路301号502室
…………………… Tel：021-51060018
上海慧亮网络科技有限公司
地址：上海市奉贤区四团镇宜盛路285号第四幢115室
…………………… Tel：021-51061555
上海儒鸣投资管理咨询有限公司
地址：上海市闵行区光华路2118号第7幢F094室
…………………… Tel：021-51065166
上海伦明建设（集团）有限公司
地址：上海市长宁区中山西路1065号511室
…………………… Tel：021-51080888
上海朝越信息科技有限公司
地址：上海市普陀区同普路1220号2楼
…………………… Tel：021-51083263
上海海志建设工程有限公司
地址：上海市虹口区车站北路612号1304室
…………………… Tel：021-51088388
浩德科技股份有限公司
地址：上海市长宁区协和路1158号217－5室
…………………… Tel：021-51098680
触动多媒体技术（上海）有限公司
地址：上海市闸北区天目中路585号1901－A室
…………………… Tel：021-51098699
上海新树实业有限公司
地址：浦东新区联明路586号1幢102室
…………………… Tel：021-51150713
上海弘韬建设发展有限公司
地址：崇明区工业园区秀山路32号130室
…………………… Tel：021-51172837
上海景山实业有限公司
地址：上海市闵行区莘松路380号406室
…………………… Tel：021-51187578
上海信畅智能信息技术有限公司
地址：上海市嘉定区菊园新区环城路2222号1幢J281室
…………………… Tel：021-51195119
上海河图工程股份有限公司
地址：上海市闵行区金都路4299号D幢392号
…………………… Tel：021-51371099
上海龙象建设集团有限公司
地址：上海市浦东新区云山路666号
…………………… Tel：021-51377102
玖彤实业（上海）有限公司
地址：上海市奉贤区西闸公路1036号1幢
…………………… Tel：021-51381135
上海怡蓝网络工程有限公司
地址：青浦区练塘镇朱枫公路3035号152－16室
…………………… Tel：021-51502956
新蛋贸易（中国）有限公司
地址：上海市嘉定工业区汇发路99号第2幢
…………………… Tel：021-51530888
新蛋信息技术（上海）有限公司
地址：上海市嘉定区嘉唐路2260号第6幢
…………………… Tel：021-51530888
上海大旺医疗科技有限公司
地址：上海市崇明区长兴镇潘园公路1800号3号楼23523室（上海泰和经济发展区）
…………………… Tel：021-51557759
上海傲融软件技术有限公司
地址：上海市浦东新区恒大路62号19幢19305室
…………………… Tel：021-51695988
上海颂良网络工程有限公司
地址：上海市奉贤区奉城镇南奉公路1478号2号综合楼2406室
…………………… Tel：021-51697587
国药集团上海医疗器械有限公司
地址：上海市宝山区江杨南路880号厂房7幢V008
…………………… Tel：021-51699722
上海永为信息科技有限公司
地址：上海市浦东新区龙东大道5177号5幢106室
…………………… Tel：021-51721278
上海来伊份股份有限公司
地址：上海市松江区九亭镇久富路300号
…………………… Tel：021-51760999
鼎捷软件股份有限公司
地址：上海市静安区江场路1377弄7号20层
…………………… Tel：021-51791688-6142
完美世界征奇（上海）多媒体科技有限公司
地址：中国（上海）自由贸易试验区芳春路400号1幢3层
…………………… Tel：021-51796766
华鼎建筑装饰工程有限公司
地址：上海市普陀区曹杨路2009弄68号1601室
…………………… Tel：021-51860096
上海英摩信息技术有限公司
地址：上海堡镇工业区（崇明区大通路529号—128室）
…………………… Tel：021-51870865
我查查信息技术（上海）有限公司
地址：中国（上海）自由贸易试验区盛夏路560号7层
…………………… Tel：021-51873131
上海茂碧信息科技有限公司
地址：中国（上海）自由贸易试验区博霞路50号505室
…………………… Tel：021-51875122
上海凌脉网络科技股份有限公司
地址：上海市嘉定区嘉罗公路1661弄8号601－25
…………………… Tel：021-51875848
宏源恒利（上海）实业有限公司
地址：上海市虹口区汶水东路351号2号楼三层309室
…………………… Tel：021-51878077
上海融通易信电子商务有限公司
地址：上海市杨浦区武东路198号1204－3室
…………………… Tel：021-51918597
上海帝文科技发展有限公司
地址：上海市长宁区镇宁路465弄161号3号楼307室
…………………… Tel：021-52004422
上海帝文企业集团有限公司
地址：上海市长宁区愚园路753号E栋248室
…………………… Tel：021-52004422
上海中梁企业发展有限公司
地址：上海市普陀区云岭东路235号1103室
…………………… Tel：021-52036333
上海荣庆保安服务有限公司
地址：上海市普陀区梅川路1247号4幢2楼2093室
…………………… Tel：021-52047976
上海崇和实业集团有限公司
地址：上海市浦东新区川沙路6999号29幢250室
…………………… Tel：021-52121186
上海虹桥国际科技产业联合发展有限公司
地址：上海市长宁区北翟路1178号1号楼南幢203G座
…………………… Tel：021-52198007
上海星玥国际旅行社有限公司
地址：上海市奉贤区望园路1698弄31号22幢320室
…………………… Tel：021-52218188
中融民信（上海）金融信息服务有限公司
地址：上海市嘉定区真南路4268号2幢J454室
…………………… Tel：021-52283507
上海恒龙信息网络发展有限公司
地址：宝山区逸仙路1980号3238室
…………………… Tel：021-52300067
上海浩元集成系统有限公司
地址：上海市青浦区沪青平公路5251号二楼G区262室
…………………… Tel：021-52301656
上海维龙信息科技有限公司
地址：上海市宝山区河曲路118号5866室
…………………… Tel：021-52352087
上海钧智电子科技有限公司
地址：上海市普陀区长寿路1118号A楼22层D
…………………… Tel：021-52376301
上海昂征网络通信有限公司
地址：上海市奉贤区岚丰路1150号1幢2457室
…………………… Tel：021-52398352
上海望海大数据信息有限公司
地址：上海市普陀区金沙江路1977弄3号701室
…………………… Tel：021-52585968
上药控股有限公司
地址：中国（上海）自由贸易试验区美盛路56号406室
…………………… Tel：021-52588888
史泰博（上海）有限公司
地址：上海市长宁区通协路269号5号楼3楼
…………………… Tel：021-52609020
上海耀盛实业发展有限公司
地址：上海市青浦区双联路158号2层W区289室
…………………… Tel：021-52637220
上海吉鑫通信科技有限公司
地址：上海市金山工业区立新村横泾2109号A幢215室
…………………… Tel：021-52653029
上海波导科技有限公司
地址：上海市宝山区沪太路2999弄16－17号5楼501室
…………………… Tel：021-52660697
上海莹嘉科技有限公司
地址：上海市青浦区青赵公路4989号1楼8028室
…………………… Tel：021-52663636
上海暴雨信息科技有限公司
地址：上海市徐汇区中山南二路857号2幢109室
…………………… Tel：021-52715702
上海北盛建设工程发展有限公司
地址：上海市普陀区金沙江路588号四楼
…………………… Tel：021-52716695
兴容（上海）信息技术股份有限公司
地址：上海市长宁区延安西路2299号10G27室
…………………… Tel：021-52730788
上海科东实业有限公司
地址：上海市虹口区四平路710号718－M室
…………………… Tel：021-52799665
上海莱克汽车维修有限公司
地址：上海市普陀区绥德路555号5号楼
…………………… Tel：021-52801812
上海东辰工程建设有限公司
地址：嘉定区马陆镇丰登路1028弄7号313室
…………………… Tel：021-52811462
上海东虹实业（集团）有限公司
地址：上海市普陀区大渡河路1718号B区301－6室
…………………… Tel：021-52856937
慧云新科技股份有限公司
地址：上海市宝山区富联一路19号8幢305室
…………………… Tel：021-52891096
上海中通瑞德投资集团有限公司
地址：上海市虹口区新建路203号底层（集中登记地）
…………………… Tel：021-52899998
中商亚太股份有限公司
地址：上海市浦东新区川宏路528号
…………………… Tel：021-52899998
上海新炬网络技术有限公司
地址：青浦区外青松公路7548弄588号1幢1层Y区141室
…………………… Tel：021-52900808
狮子王（集团）有限公司
地址：中国（上海）自由贸易试验区耀华路251号一幢一层
…………………… Tel：021-52913044
上海垚宇能源有限公司
地址：上海市崇明区新海镇星村公路700号12幢117－11室（上海新海经济开发区）
…………………… Tel：021-52980621
上海软素科技有限公司
地址：中国（上海）自由贸易试验区峨山路111号4幢118室
…………………… Tel：021-52989805
上海国动网络通信有限公司
地址：中国（上海）自由贸易试验区浦东大道2123号三层
…………………… Tel：021-52989988
国动泽为网络（上海）有限公司
地址：上海市闵行区庙泾路66号N431室
…………………… Tel：021-52999789
上海绿投磐徵商务服务有限公司
地址：中国（上海）自由贸易试验区美盛路177号三幢6层643室
…………………… Tel：021-53017999
上海眼控科技股份有限公司
地址：上海市徐汇区中山南二路107号1幢20层I单元
…………………… Tel：021-53086185
上海勤上节能照明有限公司
地址：上海市黄浦区中华路1359号3楼A361室
…………………… Tel：021-53189086
上海魔算金信息科技有限公司
地址：上海市黄浦区广东路500号4楼415室
…………………… Tel：021-53313666
牛住网络科技有限公司
地址：上海市浦东新区南汇新城镇海洋一路333号1号楼、2号楼
…………………… Tel：021-5335066
芮沛实业（上海）有限公司
地址：上海市奉贤区光泰路1899号2幢1596室
…………………… Tel：021-53398600-8000
中驹系统工程（上海）有限公司
地址：上海永冠经济开发区（崇明区向化公路1391号）
…………………… Tel：021-53521318
上海小魅科技有限公司
地址：上海市普陀区云岭东路89号2113－C室
…………………… Tel：021-53529900
互怡信息技术（上海）有限公司
地址：上海市徐汇区桂平路92号202－59室
…………………… Tel：021-53559777
汉海信息技术（上海）有限公司
地址：上海市长宁区天山西路18号2号楼404室
…………………… Tel：021-53559777
上海舟基实业有限公司
地址：上海市青浦区双联路158号2层H区286室
…………………… Tel：021-53858929
光控特斯联（上海）信息科技有限公司
地址：上海市徐汇区龙兰路277号2幢18层
…………………… Tel：021-53890666
上海宜家家居有限公司
地址：上海市漕溪路126、128号
…………………… Tel：021-53892570
国网（上海）新能源汽车服务有限公司
地址：上海市徐汇区虹漕路25－1号二层97室
…………………… Tel：021-53893515
上海石化消防工程有限公司
地址：上海市崇明区建设镇建设公路2028号1幢172室（上海建设经济小区）
…………………… Tel：021-53930799
上海景文同安机电消防工程有限公司
地址：上海市崇明县城桥镇一江山路501号709室
…………………… Tel：021-54012999
上海商汤智能科技有限公司
地址：上海市徐汇区桂平路391号3号楼1605A室
…………………… Tel：021-54016606
上海太曼尔数码技术有限公司
地址：上海市金山区枫泾镇建贡路183弄7号底楼105室
…………………… Tel：021-54042113
上海西舸玛实业有限公司
地址：上海市杨浦区翔殷路128号11号楼B座315室
…………………… Tel：021-54076120
上海华谊建设有限公司
地址：上海市虹口区曲阳路930号5幢8楼
…………………… Tel：021-54084570
百发（中国）投资有限公司
地址：中国（上海）自由贸易试验区白莲泾路28号5楼A区
…………………… Tel：021-54250505
上海皓科建设集团有限公司
地址：上海市崇明区城桥镇聚训村258号11幢113室
…………………… Tel：021-54254693
上海易汇信息科技有限公司
地址：上海市嘉定区澄浏公路52号39幢2楼J1769室
…………………… Tel：021-54273585
上海漕河泾开发区物业管理有限公司
地址：上海市徐汇区漕宝路509号4幢2楼

……Tel：021-54275018

上海中盛实业集团有限公司
地址：青浦区练塘镇朱枫公路6186弄8幢5号
……Tel：021-54277852

上海景策信息科技发展有限公司
地址：上海市金山区朱泾镇金龙新街528弄1118号-416
……Tel：021-54299086

上海朗脉洁净技术股份有限公司
地址：上海市闵行区集心路168号7号楼5层
……Tel：021-54306717

上海奕霆智能系统工程有限公司
地址：上海市松江区车墩镇南乐路288号10幢二楼A31室
……Tel：021-54320560

上海红神信息技术有限公司
地址：上海市闵行区浦江镇联航路1588号
……Tel：021-54326067

上海久阳网络科技有限公司
地址：上海市金山区金山卫镇八一村1006号204室
……Tel：021-54377737

上海移柯通信技术股份有限公司
地址：中国（上海）自由贸易试验区希雅路33号17号厂房6H3部位
……Tel：021-54453657

上海矩驰网络科技有限公司
地址：上海市闵行区庙泾路66号1339室
……Tel：021-54460252

上海联之承电子系统集成有限公司
地址：上海市普陀区新村路501甲号208室
……Tel：021-54489961

保格马特（上海）贸易有限公司
地址：上海市静安区共和新路4666弄11号5楼512室
……Tel：021-54509588

上海众源网络有限公司
地址：上海市长宁区临虹路365号9座501室
……Tel：021-54519520

上海灏裕信息科技有限公司
地址：上海市徐汇区龙腾大道2879号3楼3020室
……Tel：021-54569595

腾讯科技（上海）有限公司
地址：上海市徐汇区虹梅路1801号C区五层
……Tel：021-54569595-22531

广联达数字科技（上海）有限公司
地址：上海市闵行区申虹路666弄2号楼105室
……Tel：021-54582000

付临门支付有限公司
地址：上海市宝山区爱辉路201号3幢501室
……Tel：021-54655699

华人优米影院管理（上海）有限公司
地址：上海市徐汇区龙腾大道2879号3楼3540室
……Tel：021-54668282

上海紫燕食品股份有限公司
地址：上海市闵行区申南路215号
……Tel：021-54832178

上海卜硕电子科技有限公司
地址：上海市松江区莘砖公路668号704室-3
……Tel：021-54833183

上海鲁汇电力设备安装有限公司
地址：上海市闵行区浦江镇东方经济城
……Tel：021-54845998

上海启首计算机系统工程有限公司
地址：上海市金山区枫泾镇环东一路65弄13号2294室
……Tel：021-54873962

上海华燕消防工程有限公司
地址：上海市崇明区城桥镇秀山路101号5号楼C区5103室
……Tel：021-54950016

泾东实业集团有限公司
地址：上海市徐汇区钦州路201号506室
……Tel：021-54970347

上海南华兰陵电气有限公司
地址：上海闵行区光华路2118号
……Tel：021-54980500

上海纳杰电气成套有限公司
地址：上海市闵行区光华路2118号
……Tel：021-54980587

上海市政工程设计研究总院（集团）有限公司
地址：上海市杨浦区中山北二路901号
……Tel：021-55000000

上海颐景建筑设计有限公司
地址：上海市青浦区北青公路9138号1幢3层M区332室
……Tel：021-55053918

上海智亮投资管理有限公司
地址：上海市奉贤区望园路2351弄1号364室
……Tel：021-55079532

上海三艾信息技术有限公司
地址：上海市长宁区中山西路1055号1503B室
……Tel：021-55121600

上海金安泰建筑安装工程有限公司
地址：上海市崇明区城桥镇西门路518号05室（上海市崇明工业园区）
……Tel：021-55128660

上海第一建筑服务有限公司
地址：上海市崇明区长兴镇凤滨路77号（上海泰和经济开发区）
……Tel：021-55156735

上海欧萨评价咨询股份有限公司
地址：上海市杨浦区平凉路720号6幢5楼
……Tel：021-55217751

上海城建水务工程有限公司
地址：上海市汶水东路291号
……Tel：021-55219929

中轨建设集团有限公司
地址：上海市嘉定区浏翔公路955号7幢3层A区307室
……Tel：021-55507770

上海绿色环保能源有限公司
地址：上海市崇明区新河镇新申路921号
……Tel：021-55579555

爱驰汽车（上海）有限公司
地址：上海市嘉定区叶城路1288号6幢J871室
……Tel：021-55580971

上海爱投金融信息服务有限公司
地址：上海市杨浦区武东路188号13002-1室
……Tel：021-55581307

上海电气通讯技术有限公司
地址：上海市杨浦区春江路655号
……Tel：021-55631001

华平信息技术股份有限公司
地址：上海市杨浦区国权北路1688弄69号
……Tel：021-55666588

华平信息技术股份有限公司
地址：上海市杨浦区国权北路1688弄69号
……Tel：021-55666588

上海蓝天房屋装饰工程有限公司
地址：上海市杨浦区黄兴路1599号五楼（507-513室、515室、516室）
……Tel：021-55669673

鸥游酒店管理（上海）有限公司
地址：上海市崇明区港西镇三双公路1021号12幢W1226室
……Tel：021-55697723

上海一建安装工程有限公司
地址：上海市宝山区蕴川路5475号2383室
……Tel：021-55880375

上海日钢物流有限公司
地址：上海市杨浦区国权路525号402-41室
……Tel：021-55895621

上海钢港物流有限公司
地址：上海市宝山区顾北东路575弄1-17号A区122-11
……Tel：021-55895621

上海通兴建设集团有限公司
地址：上海市杨浦区兰州路1100弄1号2101室
……Tel：021-55911797

上海海兰劳雷海洋科技有限公司
地址：中国（上海）自由贸易试验区新金桥路27号13号楼2层
……Tel：021-55955330

上海威腾信息科技有限公司
地址：上海市宝山区锦乐路947号1幢1033室
……Tel：021-56022608

上海人谷信息科技有限公司
地址：上海市虹口区纪念路500号1幢328室
……Tel：021-56055555

上海中星微高科技有限公司
地址：中国（上海）自由贸易试验区申江路5005弄1-3号
……Tel：021-56069666

百佳通信息技术（上海）有限公司
地址：中国（上海）自由贸易试验区盛荣路388弄4号101室
……Tel：021-56069666-827

上海福盛建设集团有限公司
地址：上海市崇明区港西镇三双公路1021号12幢B1218室（上海津桥经济开发区）
……Tel：021-56099221

钥持科技（上海）有限公司
地址：上海市闵行区莘浜路89号2幢3302座C12室
……Tel：021-56128008

上海广亚百货商业有限公司
地址：上海市宝山区聚丰园路205号
……Tel：021-56130530

上海长浩工程建设集团有限公司
地址：上海市宝山区水产路507号201室
……Tel：021-56164172

上海土能智能科技有限公司
地址：上海市宝山区富锦路1588号-A
……Tel：021-56190125

国商投实业有限公司
地址：上海市杨浦区国定支路26号3316室
……Tel：021-56319787

上海古月财吉科技投资有限公司
地址：中国（上海）自由贸易试验区乳山路227号3楼E-270室
……Tel：021-56352115

上海良工阀门厂有限公司
地址：上海市宝山区锦宏路68号
……Tel：021-56391000

上海宝建集团宝山建筑发展有限公司
地址：上海市宝山区顾北路601弄1号1808室
……Tel：021-56580631

上海豪港网络信息科技有限公司
地址：上海市青浦区漕盈路1789号
……Tel：021-56622555

上海靖丰建设集团有限公司
地址：上海市崇明区港西镇三双公路987号9幢303室
……Tel：021-56703506

上海城建建设实业（集团）有限公司
地址：上海市嘉定区众仁路535号1号楼
……Tel：021-56722288

上海三青实业有限公司
地址：上海市青浦区练塘镇章练塘路588弄15号1幢一层7区100室
……Tel：021-56728868

上海市北高新（集团）有限公司
地址：上海市闸北区江场三路238号16楼
……Tel：021-56770133

上海市北高新集团不动产经营管理有限公司
地址：上海市静安区江场三路250号305室
……Tel：021-56770133

上海创辉企业管理有限公司
地址：江场三路219号101室
……Tel：021-56770133

上海文宇建设集团有限公司
地址：上海市崇明区庙镇大街13号1幢109室
……Tel：021-56942293

上海众合检测应用技术研究所有限公司
地址：上海市宝山区上大路668号1幢551R
……Tel：021-56943940

上海永磐建设工程有限公司
地址：上海市金山区板桥东路429号
……Tel：021-57245522

上海晋能建筑工程有限公司
地址：上海市金山区卫昌路293号2幢2310室
……Tel：021-57245522

上海畅茵广告有限公司
地址：上海市金山区朱泾镇临源街750号5幢158A
……Tel：021-57346000

上海博雅建筑工程有限公司
地址：上海市金山区石化隆安路452号
……Tel：021-57356950

上海航星通用电器有限公司
地址：上海市奉贤区莘奉公路奉金大道1号
……Tel：021-57430000

上海海德隆流体设备制造有限公司
地址：上海市奉贤区钜庭路1279号
……Tel：021-57432276

上海赟铭通信工程有限公司
地址：上海市奉贤区庄行镇庄南路24号312室
……Tel：021-57460593

上海蓝盾实业有限公司
地址：上海市奉贤区庄行镇南亭公路3458号
……Tel：021-57469577

上海晨光办公用品有限公司
地址：上海市松江区中心路1158号1幢102室
……Tel：021-57475621

上海上塑控股（集团）有限公司
地址：上海市奉贤区青村镇青港经济园区上塑路88号
……Tel：021-57567890

远望睿科技（上海）有限公司
地址：上海市奉贤区海坤路1号1幢
……Tel：021-57568701

上海起重运输机械厂有限公司
地址：上海市奉贤区青村镇奉村路99号
……Tel：021-57569333

上海林伟建筑工程有限公司
地址：上海市松江区泗泾镇古楼公路462号4楼8401室
……Tel：021-57625777

上海惠亚铝合金制品有限公司
地址：上海市松江工业区华铁路826号C区
……Tel：021-57641770

上海捷胜智能科技有限公司
地址：上海市奉贤区海湾镇五四公路4399号93幢1093室
……Tel：021-57647371

上海腾茸电气有限公司
地址：上海市松江区洞泾镇沈砖公路5398弄7、8号三层301-306室
……Tel：021-57670512

上海迪探节能科技有限公司
地址：上海市松江区洞泾镇振业路199号
……Tel：021-57670779

上海飞弘电气有限公司
地址：上海松江科技园区港德路68号8号标准厂房
……Tel：021-57701910

上海振威保安服务有限公司
地址：上海市松江区广富林路699弄20号10楼
……Tel：021-57787722

上海隆古建筑装饰工程有限公司
地址：上海市松江区石湖荡镇长塔路945弄18号2楼Q-10
……Tel：021-57815088

上海众达信息产业有限公司
地址：上海市金山区石化北随塘河路108号
……Tel：021-57932412

上海世方建筑工程有限公司
地址：上海市青浦区外青松公路5045号508室Y区36号
……Tel：021-58111616

上海乾雁电力建设有限公司
地址：浦东新区惠南镇城南路41号26幢307室
……Tel：021-58126507

诺氏信息科技（上海）有限公司
地址：中国（上海）自由贸易试验区郭守敬路351号2号楼696-20室
……Tel：021-58156480

上海金盾特种车辆装备有限公司
地址：中国（上海）自由贸易试验区临港新片区书院镇丽正路1515号
……Tel：021-58197777

融天下互联网科技（上海）有限公司
地址：上海市浦东新区沈梅路99弄1-9号1幢6868室
……Tel：021-58208322

上海骏恺环境工程股份有限公司
地址：上海市宝山区长川路353号9幢
……Tel：021-58301958

上海甚喆实业有限公司
地址：上海市长宁区天山路18号901-338室
……Tel：021-58302001

上海量悦投资咨询有限公司
地址：中国（上海）自由贸易试验区创新西路778号
……Tel：021-58356586

上海危网信息科技有限公司
地址：上海市浦东新区杨高北路528号14幢101室
……Tel：021-58365700

环荣网络系统服务（上海）有限公司
地址：上海市长宁区安化路44号9栋617室
……Tel：021-58389817

上海九瀚网络科技有限公司
地址：上海市宝山区牡丹江路1508号2205-D座
……Tel：021-58394136

互盛（中国）有限公司
地址：上海市嘉定区马陆镇嘉新公路399号4幢3楼
……Tel：021-58408888

上海锦宝信息技术有限公司
地址：上海市虹口区水电路180号1幢305室
……Tel：021-58413972

上海豫宙信息科技有限公司
地址：青浦区金泽镇莲湖路53号317室A座
……Tel：021-58434266

上海诗惠实业发展有限公司
地址：上海市宝山区双城路803弄11号1602A-3233室
……Tel：021-58437131

上海召脉通信工程有限公司
地址：上海市崇明区横沙乡富民支路58号5581室（上海横泰经济开发区）
……Tel：021-58450500

上海仁台信息科技有限公司
地址：上海市嘉定区真南路4268号2幢J5175室
……Tel：021-58513191

上海天洲电器集团有限公司
地址：上海市宝山区共悦路415号1幢
……Tel：021-58522222

上海秋元华林建设集团有限公司
地址：浦东新区书院镇人民政府内
……Tel：021-58528281

上海界龙实业集团股份有限公司
地址：浦东新区川周公路7111号
……Tel：021-58600836

上海港城建筑安装工程有限公司
地址：浦东新区草高支路777号
……Tel：021-58671096

信都泓投资管理（上海）有限公司
地址：中国（上海）自由贸易试验区富特

北路81号2幢楼一层1193室
……Tel：021-58691608

上海神策网络科技有限公司
地址：沪太路799号4幢201－15室
……Tel：021-58732888

上海仁政信息科技有限公司
地址：上海市金山区海丰路65号1147室
……Tel：021-58750075

上海拓明信息咨询服务有限公司
地址：上海市普陀区谈家渡路28号832室
……Tel：021-58752705

东和昌集团（上海）实业有限公司
地址：中国（上海）自由贸易试验区陆家嘴环路1288号3楼306室
……Tel：021-58756868

上海义程实业发展有限公司
地址：中国（上海）自由贸易试验区乳山路227号3楼E－525室
……Tel：021-58756868

东和昌集团有限公司
地址：中国（上海）自由贸易试验区陆家嘴环路1288号3楼318室
……Tel：021-58756888

金方通信科技（上海）有限公司
地址：上海市闵行区梅陇西路413号308室
……Tel：021-58795909

上海纵睿智能科技有限公司
地址：上海市崇明区城桥镇秀山路101号12幢J区5108室（崇明工业园区）
……Tel：021-58832419

上海置诚城市管网工程技术股份有限公司
地址：嘉定区恒永路518弄1号B区503－2
……Tel：021-58855866

上海起冀投资有限公司
地址：上海市浦东新区川沙路520号355－5室
……Tel：021-58858550

上海齐籍实业有限公司
地址：中国（上海）自由贸易试验区张杨路707号1103室
……Tel：021-58858550

上海华业建设集团有限公司
地址：上海市闵行区闵北路88弄1－30号104幢1层A区
……Tel：021-58861799

每平每屋（上海）科技有限公司
地址：中国（上海）自由贸易试验区环龙路65弄1号三层、四层
……Tel：021-58890960

上海佳友电力有限公司
地址：浦东新区花木镇芳草路273号
……Tel：021-58910091

中产经投资有限公司
地址：上海市静安区胶州路58号1306室Q座
……Tel：021-58923577

见见面摩尔投资有限公司
地址：中国（上海）自由贸易试验区正定路530号A5库区集中辅助区三层374室
……Tel：021-58957121

环旭电子股份有限公司
地址：上海市张江高科技园区集成电路产业区张东路1558号
……Tel：021-58966996

华值集慧（上海）实业有限公司
地址：中国（上海）自由贸易试验区罗山路1502弄14号
……Tel：021-58998896

上海甲由电力科技有限公司
地址：嘉定区南翔镇静唐路277号1幢1036室
……Tel：021-59121805

上海冠龙阀门机械股份有限公司
地址：上海市嘉定区南翔镇德园路815号
……Tel：021-59129279

上海雷诺尔科技股份有限公司
地址：上海市嘉定区城北路3968弄188号1幢
……Tel：021-59160000

上海汽车工业活动中心有限公司
地址：上海市嘉定区博乐南路125号
……Tel：021-59161825

上海宝康瀛鑫资产管理有限公司
地址：上海市崇明县港西镇三双公路1021号12幢C1253室（上海津桥经济开发区）
……Tel：021-59392705

上海良怡通信工程有限公司
地址：上海市崇明区长江农场长江大街161号1幢2045室（上海长江经济园区）
……Tel：021-59452026

上海智慧岛数据产业园投资发展有限公司
地址：上海市崇明区陈家镇层海路888号3号楼A－1818室（上海智慧岛数据产业园）
……Tel：021-59470118

上海协通警弗保安服务有限公司
地址：上海市嘉定区安亭镇安驰路558号1幢2层
……Tel：021-59505906

上海大众联合发展有限公司
地址：上海市嘉定区安亭镇昌吉路188号
……Tel：021-59560695

上海海陆丰船用阀门有限公司
地址：青浦区白鹤镇鹤民路66号第2、3幢
……Tel：021-59745785

上海青浦赵巷建筑工程有限公司
地址：上海市青浦区赵巷镇沪青平公路3398号1幢2层M区264室
……Tel：021-59750529

上海万界资产管理有限公司
地址：青浦区朱枫公路3424号1幢2层D区254室
……Tel：021-59753853

上海交大电气（集团）昱银实业有限公司
地址：上海市闵行区东川路2818号
……Tel：021-59760795

上海成峰流体设备有限公司
地址：上海市松江区小昆山镇新港路1号1幢
……Tel：021-59775196

上海西虹桥仲谋企业发展有限公司
地址：上海市青浦区双联路158号2层L区213室
……Tel：021-59886988

上海玖行能源科技有限公司
地址：上海市嘉定区永盛路2201号5幢1层C区
……Tel：021-59923613

上海碧漪网络通信工程有限公司
地址：嘉定区华亭镇浏翔公路6899号7号楼430室
……Tel：021-59982690

上海洋宁实业有限公司
地址：中国（上海）自由贸易试验区富特北路211号302部位368室
……Tel：021-60137844

逐梦空间（中国）住房服务有限公司
地址：中国（上海）自由贸易试验区临港新片区环湖西二路888号C楼
……Tel：021-60145718

希迪凯环球信息技术服务（中国）有限公司
地址：上海市黄浦区淮海中路222号1006A室
……Tel：021-60217931

泰科安全设备（上海）有限公司
地址：中国（上海）自由贸易试验区临港新片区万松路88号8幢401室
……Tel：021-60230650

上海江村市隐投资发展有限公司
地址：中国（上海）自由贸易试验区牛顿路421号6幢103部位312室
……Tel：021-60259188

上海松投实业有限公司
地址：上海市松江区小昆山镇文翔路5016号
……Tel：021-60259270

卡得万利信息技术（上海）有限公司
地址：上海市张江高科技园区碧波路328号D座106室
……Tel：021-60280628

上海优高雅建筑装饰有限公司
地址：中国（上海）自由贸易试验区峨山路77号金牛大厦南楼405－406室
……Tel：021-60291271

上海建溧建设集团有限公司
地址：上海市崇明区兴工路18号2号楼385室
……Tel：021-60295530

申都设计集团有限公司
地址：上海市虹口区沽源路110弄15号（集中登记地）
……Tel：021-60295668

上海恒鼎股权投资有限公司
地址：中国（上海）自由贸易试验区浦东南路500号14层B室
……Tel：021-60317891

景泰新能源（上海）有限公司
地址：上海市长宁区天山路18号901－388室
……Tel：021-60318000

上海德梅柯智能技术有限公司
地址：上海市嘉定工业区世盛路968号2号车间一层E区
……Tel：021-60321888

上海米哈游网络科技股份有限公司
地址：上海市徐汇区钦州路100号一号楼1104 6室
……Tel：021-60331122

上海博泰悦臻网络技术服务有限公司
地址：嘉定工业区叶城路1630号10幢1153室
……Tel：021-60372001

上海云峰锦虹实业发展有限公司
地址：上海市闵行区吴中路478号10楼1002室
……Tel：021-60406163

上海甬臻金融信息服务有限公司
地址：中国（上海）自由贸易试验区华申路215号2幢2012部位
……Tel：021-60489176

犇享科技（上海）有限公司
地址：上海市长宁区天山西路799号601室
……Tel：021-60503535

上海建开国际贸易有限公司
地址：中国（上海）自由贸易试验区浦东大道2123号3038室
……Tel：021-60511863

上海民爵互联网金融信息服务有限公司
地址：上海市嘉定区菊园新区永靖路1188号3幢3099室
……Tel：021-60513550

上海川缘投资股份有限公司
地址：中国（上海）自由贸易试验区美盛路55号2幢1层118室
……Tel：021-60538729

唯仁信息技术（上海）有限公司
地址：中国（上海）自由贸易试验区张杨路707号二层西区205室
……Tel：021-60549580

兴亚鼎泰资产管理（上海）有限公司
地址：中国（上海）自由贸易试验区德堡路38号1幢楼二层204－09室
……Tel：021-60589126

上海柯慧网络科技有限公司
地址：上海市长宁区愚园路1118号4楼B座
……Tel：021-60641756

上海互森实业有限公司
地址：上海市金山区张堰镇松金公路2758号1幢A2497室
……Tel：021-60649711

上海杰漓信息科技有限公司
地址：上海市崇明区陈家镇瀛东村53号3幢1455室（上海智慧岛数据产业园）
……Tel：021-60672918

上海通联金融服务有限公司
地址：上海市虹口区汶水东路351号1号楼2层276室
……Tel：021-60677228

奇鑫（上海）金融信息服务有限公司
地址：中国（上海）自由贸易试验区郭守敬路351号2号楼665－12室
……Tel：021-60678053

上海盛部实业有限公司
地址：上海市奉贤区奉城镇川南奉公路9198号1幢1098室
……Tel：021-60701001

华泰长城投资管理有限公司
地址：中国（上海）自由贸易试验区世纪大道1788号、1800号T1第29层03单元
……Tel：021-60702084

上海湖旭房地产有限公司
地址：上海市徐汇区华泾路459号
……Tel：021-60709888

上海湖邦房地产有限公司
地址：上海市闵行区银春路2221弄1－6号
……Tel：021-60709888

巨力环球控股有限公司
地址：上海市浦东新区川沙路151号1幢2136室
……Tel：021-60712203

上海新空间工程设计管理有限公司
地址：上海市嘉定区澄浏公路52号39幢2楼J555室
……Tel：021-60726365

上海延恒国际贸易有限公司
地址：中国（上海）自由贸易试验区富特北路211号302部位368室
……Tel：021-60728295

上海誉童建设集团有限公司
地址：上海市崇明区港西镇三双公路987号9幢101室
……Tel：021-60733207

上海湛钢科技集团股份有限公司
地址：中国（上海）自由贸易试验区金沪路99弄1905室
……Tel：021-60751979

上海道勤软件有限公司
地址：上海市松江区洞泾镇周家浜路255号1幢507室
……Tel：021-60752361

上海智库网络科技有限公司
地址：上海市徐汇区肇嘉浜路249号317室
……Tel：021-60768007

上海增鑫信息科技有限公司
地址：上海市长宁区广顺路33号8幢1层1907室
……Tel：021-60773200

上海汇玺国际贸易有限公司
地址：上海市宝山区逸仙路2816号1幢1层E0077室
……Tel：021-60791884

上海富欣信息通信有限公司
地址：上海市虹口区邯郸路173号4号楼4层4036单元
……Tel：021-60792550

上海齐煜信息科技有限公司
地址：上海市嘉定区真新街道金沙江路3131号5幢南区233室
……Tel：021-60797391

上海华地建设工程有限公司
地址：上海市崇明区新河镇新申路921弄2号（商务大楼）A区175室
……Tel：021-60821850

上海伍德保网络科技股份有限公司
地址：上海市漕宝路509号9幢101－13室
……Tel：021-60826728

上海维致信息技术有限公司
地址：上海市崇明区横沙乡富民支路58号D1－431室（上海横泰经济开发区）
……Tel：021-60835818

上海烈龙信息工程有限公司
地址：上海市奉贤区南桥镇宁富路288号1幢6层
……Tel：021-60837138

上海时盈环保节能科技服务有限公司
地址：上海市虹口区霍山路170号10－151室
……Tel：021-60837555

中机国能电力工程有限公司
地址：浦东新区老港镇南港公路1765号153室
……Tel：021-60837777

上海明宝建设工程有限公司
地址：上海市奉贤区目华北路388号455室
……Tel：021-60839988

上海仲璇电子科技有限公司
地址：上海市静安区威海路696号9幢302－032室
……Tel：021-60859350

上海易居房地产交易服务有限公司
地址：上海市普陀区真北路958号20幢1320室
……Tel：021-60868223

上海杉融供应链管理有限公司
地址：上海市浦东新区老港镇老芦公路536号
……Tel：021-60875966

上海翰鑫信息科技有限公司
地址：上海市浦东新区东方路3601号2号楼413室
……Tel：021-60880628

招新能源投资（上海）有限公司
地址：中国（上海）自由贸易试验区马吉路2号1101室
……Tel：021-60893088

胡桃街（上海）信息技术有限公司
地址：上海市长宁区娄山关路533号2902室
……Tel：021-60900597

上海楷泰信息科技有限公司
地址：上海市普陀区江宁路1306弄7号2307－8室
……Tel：021-60908348

上海鑫电电力工程有限公司
地址：上海市杨浦区平凉路1730号2B062室
……Tel：021-60909951

上海聚一信息科技有限公司
地址：浦东张江镇微捷路236号1幢103室
……Tel：021-60917725

上海嘉龙日日煮信息科技有限公司
地址：上海市徐汇区虹梅路1535号2幢11层1101室
……Tel：021-60932639

上海艾能电力工程有限公司
地址：上海市黄浦区南塘浜路103号287室C座
……Tel：021-60932883

上海万宽信息科技有限公司
地址：上海市嘉定区嘉定镇西大街172弄10号4幢303室
……Tel：021-60948166

上海凯畅信息技术有限公司
地址：上海市普陀区光新路88号1603室
……Tel：021-60956722

鑫纪元资本管理有限公司
地址：上海市虹口区中山北一路9号1幢404室
……Tel：021-60968861

上海抗体药物国家工程研究中心有限公司
地址：中国（上海）自由贸易试验区李冰路399号3幢
……Tel：021-60970099

上海方盒子贸易有限公司
地址：上海市普陀区真南路1809弄69号17幢114室
……Tel：021-61005055

卓胜微电子（上海）有限公司
地址：中国（上海）自由贸易试验区芳春路400号1幢3层
……Tel：021-61006488

上海春竹集团有限公司
地址：上海市静安区北京西路833号209室
……Tel：021-61031122

上海红声网络通信有限公司
地址：上海市静安区延平路121号15楼F室
……Tel：021-61032230

上海立可芯半导体科技有限公司
地址：中国（上海）自由贸易试验区张东路1761号2幢1层、6层、7层
……Tel：021-61053355

乐鑫信息科技（上海）股份有限公司
地址：中国（上海）自由贸易试验区碧波

路690号2号楼204室
……………………Tel：021-61065218
上海安保设备开发工程有限公司
地址：上海市虹口区汶水东路937号1幢4楼C区405-407室
……………………Tel：021-61069797
上海上卓信息科技有限公司
地址：上海市静安区江场三路26、28号314室
……………………Tel：021-61070357
上海宽频科技股份有限公司
地址：上海市浦东新区民夏路100号2幢304室
……………………Tel：021-61079899
迈威迩电子科技（上海）有限公司
地址：上海市张江高科技园区科苑路399号4幢
……………………Tel：021-61092800
上海润唐信息技术有限公司
地址：上海市金山区吕巷镇干巷金张公路2548号C座102室
……………………Tel：021-61096018
欣橙（上海）信息科技有限公司
地址：上海市浦东新区上丰路977号1幢一层
……………………Tel：021-61096226
上海寒武纪信息科技有限公司
地址：浦东新区南汇新城镇环湖西二路888号
……………………Tel：021-61099921
微领地创客空间运营管理集团股份有限公司
地址：上海市静安区汶水路697号101室
……………………Tel：021-61101999
上海凯玲消防工程有限公司
地址：上海市崇明区堡镇堡镇南路58号16幢1楼111-2室（上海堡镇经济小区）
……………………Tel：021-61131977
上海紫竹数字创意港有限公司
地址：上海市闵行区紫星路588号2幢2188室
……………………Tel：021-61169034
德持建设集团有限公司
地址：崇明工业园区秀山路68号317室
……………………Tel：021-61172655
上海中广传播有限公司
地址：中国（上海）自由贸易试验区祖冲之路1559号2幢1002-06室
……………………Tel：021-61176668
上海东方富联科技有限公司
地址：上海市虹口区水电路1388号1701室
……………………Tel：021-61176668
上海衣脉信息科技有限公司
地址：上海市宝山区上大路668号208W室
……………………Tel：021-61176670
上海大唐移动通信设备有限公司
地址：上海市徐汇区钦江路333号41幢5、6楼
……………………Tel：021-61195500
上海领昱公寓管理有限公司
地址：上海市奉贤区奉城镇唐城街28弄7号3065室
……………………Tel：021-61200933
上海科泰华捷科技有限公司
地址：中国（上海）自由贸易试验区居里路123号4幢505室
……………………Tel：021-61206688
上海兴企软件信息技术有限公司
地址：上海市崇明区北沿公路3366号4幢4152室
……………………Tel：021-61217168
上海鹏博士数据技术有限公司
地址：上海市青浦区天辰路2801-2809号5幢3层A区350室
……………………Tel：021-61226060
上海迅希网络科技集团有限公司
地址：上海市静安区洛川中路840号3幢108室
……………………Tel：021-61237559
普华基础软件股份有限公司
地址：上海市徐汇区虹漕路448号1幢12楼
……………………Tel：021-61246999
普华基础软件股份有限公司
地址：上海市徐汇区虹漕路448号1幢12楼
……………………Tel：021-61246999
正荣（上海）投资有限公司
地址：上海市嘉定区封周路655号14幢3层313室
……………………Tel：021-61253299
上海今杰家居用品有限公司
地址：上海市嘉定区鹤望路733弄3号7层708室
……………………Tel：021-61257837
神玺商贸（上海）有限公司
地址：上海市徐汇区桂平路471号10幢4层409室
……………………Tel：021-61259512
上海竞道广告有限公司
地址：中国（上海）自由贸易试验区日樱南路15号二幢楼五层A30室
……………………Tel：021-61261190
上海亿动信息技术有限公司
地址：上海市徐汇区中山西路2020号501A121室
……………………Tel：021-61261190
上海盛彩信息技术有限公司
地址：上海市徐汇区宜山路829号6幢506室
……………………Tel：021-61265445
上海尚腾信息科技有限公司
地址：上海市金山区枫泾镇新兴路879号4幢310室
……………………Tel：021-61271511
上海小农网络科技有限公司
地址：中国（上海）自由贸易试验区德堡路38号1幢楼三层301-17室
……………………Tel：021-61275059
三井仓库（中国）投资有限公司
地址：中国（上海）自由贸易试验区加枫路28号2423室
……………………Tel：021-61275177
上海会畅通讯股份有限公司
地址：上海市金山区吕巷镇红光路4200-4201号2757室
……………………Tel：021-61321868
上海微点信息科技有限公司
地址：中国（上海）自由贸易试验区业盛路188号A-778H室
……………………Tel：021-61330809
上海畅铭保安服务有限公司
地址：上海市杨浦区安波路533弄2号502、503室
……………………Tel：021-61395808
上海科原工程技术有限公司
地址：嘉定区马陆镇封周路655号203室
……………………Tel：021-61405812
恩士迅信息科技（上海）有限公司
地址：上海市杨浦区政学路51号2号楼303、304室
……………………Tel：021-61415511
上海辰劭企业发展有限公司
地址：上海市宝山区河曲路118号243室
……………………Tel：021-61425713
上海宝原体育用品商贸有限公司
地址：上海市虹口区吴淞路469号1403室
……………………Tel：021-61438111
拜耳（中国）有限公司
地址：中国（上海）自由贸易试验区海阳西路399号前滩时代广场第6层
……………………Tel：021-61468282
上海众托科技有限公司
地址：中国（上海）自由贸易试验区沈梅路99弄1-9号1幢4楼
……………………Tel：021-61473551
上海牧龙国际贸易有限公司
地址：中国（上海）自由贸易试验区耀华路251号一幢一层
……………………Tel：021-61522919
三旦（上海）信息科技有限公司
地址：中国（上海）自由贸易试验区马吉路28号22层2207D室
……………………Tel：021-61550035
捷豹路虎（中国）投资有限公司
地址：中国（上海）自由贸易试验区基隆路6号（C1区001地块）7楼713室
……………………Tel：021-61562010
上海一芯智能科技有限公司
地址：上海市浦东新区南汇工业园区园中路55号1幢4楼
……………………Tel：021-61600518
上海动联信息技术股份有限公司
地址：中国（上海）自由贸易试验区五星路707弄1号楼501室
……………………Tel：021-61609088
鼎亿数码科技（上海）有限公司
地址：中国（上海）自由贸易试验区郭守敬路498号6幢14208-3室
……………………Tel：021-61609616
上海凯长信息科技有限公司
地址：上海市虹口区海宁路137号7层F座795W室
……………………Tel：021-61611866
友励科软件（上海）有限公司
地址：中国（上海）自由贸易试验区宁桥路615号第1幢通用厂房第七层及第2幢通用厂房第七层
……………………Tel：021-6163800
上海嘉航保安服务有限公司
地址：上海市崇明区东风农场东风公路399号215室
……………………Tel：021-61652691
上海歆通信息技术有限公司
地址：上海市嘉定区马陆镇思义路1689号第1幢101室
……………………Tel：021-61677887
上海嘉定乐购生活购物有限公司
地址：上海市嘉定区嘉定镇城中路2号
……………………Tel：021-61680982
上海康仁乐购超市贸易有限公司
地址：上海市普陀区真南路708号518室
……………………Tel：021-61680982
中译语通信息科技（上海）有限公司
地址：上海市静安区江场三路168号1层
……………………Tel：021-61730877
上海维祥信息技术有限公司
地址：上海市虹口区霍山路170号10-195室
……………………Tel：021-61731985
海航科技集团有限公司
地址：上海市浦东新区秀浦路2388号3幢384室
……………………Tel：021-61757000
车多多实业（上海）有限公司
地址：上海市静安区沪太路951号1幢四层435室
……………………Tel：021-61799710
国药集团先进（上海）医疗器械有限公司
地址：上海市奉贤区柘林镇新寺沪杭公路2518号2幢1层107、108室
……………………Tel：021-61801988
比诺控股股份有限公司
地址：上海市宝山区云天路48号1幢204室
……………………Tel：021-61815531
上海延华智能科技（集团）股份有限公司
地址：上海市普陀区西康路1255号6楼602室
……………………Tel：021-61818686
上海雁塔科技有限公司
地址：上海市普陀区宜昌路458弄8号2楼266室
……………………Tel：021-61818686
上海延华智能科技（集团）股份有限公司
地址：上海市普陀区西康路1255号6楼602室
……………………Tel：021-61818686
凯捷咨询（中国）有限公司
地址：中国（上海）自由贸易试验区浦东南路2250号3幢二层A256室
……………………Tel：021-61823948
上海梁熠商贸有限公司
地址：中国（上海）自由贸易试验区临港新片区云汉路979号2号楼
……………………Tel：021-61840626
上海航空电器有限公司
地址：上海市闵行区中春路6629号
……………………Tel：021-61867000
安华高半导体科技（上海）有限公司
地址：上海市黄浦区河南南路33号7楼N座
……………………Tel：021-61867958
阅霆信息技术（上海）有限公司
地址：中国（上海）自由贸易试验区环科路999弄1号709室
……………………Tel：021-61870500
璞勒仕建筑工程（上海）股份有限公司
地址：上海市宝山区逸仙路2816号1幢9层H920室
……………………Tel：021-61905333
穆氏建筑设计（上海）有限公司
地址：上海市静安区南山路100号南山大厦8层04座
……………………Tel：021-61915777
上海克省司贸易有限公司
地址：中国（上海）自由贸易试验区耀华路251号一幢一层
……………………Tel：021-61919584
上海期芭久网络科技有限公司
地址：上海市虹口区物华路58号223室
……………………Tel：021-61921332
上海高亓信息科技有限公司
地址：上海市青浦区天辰路2801-2809号5幢3层P区309室
……………………Tel：021-61921332
易谷网络科技股份有限公司
地址：上海市嘉定区江桥镇沙河路337号1_203室J1588
……………………Tel：021-61934408
上海兆程网络科技有限公司
地址：青浦区外青松公路7888号311-3室
……………………Tel：021-61951166
上海东凰信息技术服务有限公司
地址：上海市宝山区沪太路8885号B1343室
……………………Tel：021-61979323
上海华源投资发展（集团）有限公司
地址：中国（上海）自由贸易试验区陆家嘴东路161号3108-3120室
……………………Tel：021-62039298
上海华豚企业管理有限公司
地址：上海市崇明区庙镇庙中路46号2幢1088室（上海庙镇经济开发区）
……………………Tel：021-62086208
华豚（集团）有限公司
地址：上海市长宁区哈密路1955号5F-20室
……………………Tel：021-62086208
彤程新材料集团股份有限公司
地址：中国（上海）自由贸易试验区银城中路501号上海中心25层2501室
……………………Tel：021-62109966
上海冠军贸易有限公司
地址：上海市普陀区金通路199号2号楼底层
……………………Tel：021-62115398
上海正狮实业有限公司
地址：上海市普陀区常和路100号1号厂房2楼230室
……………………Tel：021-62126910
上海海直建设工程有限公司
地址：广灵四路341弄2号
……………………Tel：021-62150011
上海维方建筑装饰工程有限公司
地址：上海市崇明区城桥镇秀山路101号12幢C区5115室（上海市崇明工业园区）
……………………Tel：021-62156111
上海晟伊信息网络有限公司
地址：上海市崇明区城桥镇官山路2号6幢B区111室（上海市崇明工业园区）
……………………Tel：021-62176163
开店宝支付服务有限公司
地址：上海市长宁区伊犁路152号2幢201-203室
……………………Tel：021-62199175
上海电子艺术发展有限公司
地址：嘉定区沪宜公路1188号20幢102室
……………………Tel：021-62199996
上海基旭能源工程技术有限公司
地址：上海市嘉定区众仁路399号1幢2层J1832室
……………………Tel：021-62200353
上海钟亿资产管理有限公司
地址：上海市闵行区虹梅南路1755号一幢一层EE1001室
……………………Tel：021-62226292
上海南晓消防工程设备有限公司
地址：嘉定区金沙江路3131号3幢西区118室
……………………Tel：021-62229119
太平洋机电（集团）有限公司
地址：上海市凯旋路554号
……………………Tel：021-62251010
上海盛源实业（集团）有限公司
地址：上海市城桥镇秀山路1号6号楼303室
……………………Tel：021-62258811
上海威煌消防工程设备有限公司
地址：上海市延安西路1431弄50号512室
……………………Tel：021-62275154
上海众鸣供应链管理有限公司
地址：中国（上海）自由贸易试验区富特东一路350号1幢楼2层278室
……………………Tel：021-62277068
上海中锦建设集团股份有限公司
地址：上海市松江区泖港镇叶新支路708号
……………………Tel：021-62277098
上海唐诚建筑装潢工程有限公司
地址：上海市松江区石湖荡镇长塔路775弄1-7号9幢2层
……………………Tel：021-62310177
上海工程勘察设计有限公司
地址：上海市静安区武宁南路318号六楼
……………………Tel：021-62317082
不二（中国）投资有限公司
地址：上海市长宁区延安西路2299号上海世贸大厦2405室
……………………Tel：021-62363171
上海翰典金融信息服务有限公司
地址：上海市长宁区虹桥路1438号1幢2201室（实际楼层19楼）
……………………Tel：021-62370886
汉予森（上海）家居有限公司
地址：上海市长宁区长宁路88号一层1-19室、二层2-20室
……………………Tel：021-62372558
上海兰博卫医疗科技有限公司
地址：上海市长宁区临新路268弄1号5层
……………………Tel：021-62385566
上海瀚讯信息技术股份有限公司
地址：上海市长宁区金钟路999号4幢601室
……………………Tel：021-62386622
上海金鹿建设（集团）有限公司
地址：上海市长宁区武夷路84号
……………………Tel：021-62392588
金目灵信息科技（上海）有限公司
地址：上海市长宁区广顺路33号7幢6楼B室
……………………Tel：021-62393138
上海估家网络科技有限公司
地址：上海市长宁区协和路1033号B栋10楼1001、1004室
……………………Tel：021-62393138
上海艺潭科技发展有限公司
地址：上海市闵行区庙泾路58号2B
……………………Tel：021-62400533
上海艺潭科技发展有限公司
地址：上海市闵行区庙泾路58号2B
……………………Tel：021-62400533
上海嘉春装饰设计工程有限公司
地址：上海市虹口区凉城路465弄60号（集中登记地）
……………………Tel：021-62401100
中稷通信（上海）有限公司

地址：上海市崇明县三星镇宏海公路4588号23号楼113室（上海三星经济小区）
…………………………Tel：021-62429611
上海电力高压实业有限公司
地址：上海市普陀区常和路613弄1-2号
…………………………Tel：021-62507000
上海志先信息科技有限公司
地址：上海市闵行区联航路1188号9幢1层102-4单元
…………………………Tel：021-62507565
上海市静安区市政养护工程有限公司
地址：上海市静安区延平路435号底层
…………………………Tel：021-62513709
上海柯麦特实业有限公司
地址：上海市松江科技园区崇南路6号B区402号厂房
…………………………Tel：021-62522287
上海建筑装饰（集团）有限公司
地址：延安中路632弄50号
…………………………Tel：021-62533796
五富珑行有限公司
地址：上海市普陀区丹巴路99号A2座701室
…………………………Tel：021-62560039
上海船人投资管理有限公司
地址：浦东新区南汇新城镇芦潮港路1758号1幢A-8106室
…………………………Tel：021-62560377
上海闵行开市客贸易有限公司
地址：上海市闵行区朱建路235号
…………………………Tel：021-62577025
上海沪翱信息技术有限公司
地址：上海市金山工业区亭卫公路6558号8幢145室
…………………………Tel：021-62660066
上海湫钍管理顾问有限公司
地址：上海市沪太路7258号
…………………………Tel：021-62663820
上海千江月实业集团有限公司
地址：上海市浦东新区黄赵路318号109A9室
…………………Tel：021-62689889-8010
上海容大投资（集团）有限公司
地址：上海市静安区北京西路780号3楼
…………………………Tel：021-62729888
新国脉数字文化股份有限公司
地址：上海市普陀区江宁路1207号4、18、20-21楼
…………………………Tel：021-62760000
上海商宇实业有限公司
地址：上海市宝山区陆翔路111弄1号1201室-A
…………………………Tel：021-62765500
上海消防技术工程有限公司
地址：上海市普陀区梅川路1209号212室
…………………………Tel：021-62773717
上海赞迪信息技术有限公司
地址：上海市青浦区白鹤镇外青松公路3560号1号楼2层D区2301室
…………………………Tel：021-62804597
上海华算信息科技有限公司
地址：上海市长宁区新华路365弄6号2号楼2层2G室
…………………………Tel：021-62809115
上海畅圣计算机科技有限公司
地址：上海市杨浦区黄兴路2005弄2号（B楼）706-9室
…………………………Tel：021-62829966
上海迈外迪网络科技有限公司
地址：上海市杨浦区控江路1142号23幢5051室
…………………………Tel：021-62838830
云计划软件科技（上海）有限公司
地址：上海市崇明区城桥镇运粮小区288号1幢401-2（上海崇明森林旅游园区）
…………………………Tel：021-62850991
上海亭树科技发展有限公司
地址：上海市金山区亭林镇兴工路225号1幢B370室
…………………………Tel：021-62888280
上海昊言信息科技有限公司
地址：青浦区练塘镇朱枫公路3035号122-25室
…………………………Tel：021-62888506
上海天阔投资有限公司
地址：中国（上海）自由贸易试验区浦东南路2250号3幢1层A115室
…………………………Tel：021-62898177
上海世瑞实业发展有限公司
地址：中国（上海）自由贸易试验区临港新片区新鹏路28号5幢B区138室
…………………………Tel：021-62951000
上海经地集团有限公司
地址：上海市崇明区城桥镇秀山路8号3幢2层B区260室（上海市崇明工业园区）
…………………………Tel：021-63010777
上海电气自动化设计研究所有限公司
地址：上海市黄浦区蒙自路360号
…………………………Tel：021-63018345
上海永达投资控股集团有限公司
地址：中国（上海）自由贸易试验区加枫路26号七层721室
…………………………Tel：021-63026789
上海旋荣科技股份有限公司
地址：上海市奉贤区海拓路79号2幢515室
…………………………Tel：021-63087666
上海杰东系统工程控制有限公司
地址：青浦区联民路1881号1幢3层B区311室
…………………………Tel：021-63121668
百联全渠道电子商务有限公司
地址：中国（上海）自由贸易试验区芳春路400号1幢301-627室
…………………………Tel：021-63122222
光环新网（上海）信息服务有限公司
地址：嘉定工业区兴顺路1000号
…………………………Tel：021-63130815
上海继轩置业有限公司
地址：上海市宝山区德都路266号D-08室
…………………………Tel：021-63166161
上海商银资讯有限公司
地址：上海市普陀区中江路879弄15号楼3层
…………………………Tel：021-63179955
中城建物业管理有限公司
地址：上海市黄浦区外马路974号17楼
…………………………Tel：021-63181000
上海东方数据广播有限公司
地址：上海市静安区大田路129弄1号7层G室
…………………………Tel：021-63215172
上海星橙实业发展有限公司
地址：上海市崇明区城桥镇秀山路8号3幢二层L区247室（上海市崇明工业园区）
…………………………Tel：021-63218835
国药集团化学试剂有限公司
地址：上海市静安区沪太路801号1幢
…………………………Tel：021-63219651
上海锦江国际实业投资股份有限公司
地址：上海市黄浦区延安东路100号联谊大厦28层
…………………Tel：021-63264000-704
上海华晨汽车租赁有限公司
地址：上海市杨浦区凤城路1号123幢402室
…………………………Tel：021-63280200
上海华颂商旅汽车租赁服务有限公司
地址：上海市杨浦区控江路1142号23幢4楼（集中登记地）
…………………………Tel：021-63280200
上海艺恒信息技术有限公司
地址：上海市青浦区外青松公路5045号508室W区28号
…………………………Tel：021-63291104
东亿资本控股有限公司
地址：上海市崇明区长兴镇潘园公路1800号2号楼6316室（上海泰和经济发展区）
…………………………Tel：021-63307332
上海久事体育产业发展（集团）有限公司
地址：上海市黄浦区中山南路28号31楼
…………………………Tel：021-63308818
东证润和资本管理有限公司
地址：中国（上海）自由贸易试验区临港新片区业盛路188号国贸大厦A-817室
…………………………Tel：021-63325888
上海齐网工业技术服务有限公司
地址：上海市松江区洞泾镇洞薛路168号1幢1层101室
…………………………Tel：021-63333990
上海明鹏建设集团有限公司
地址：上海市崇明区城桥镇中津桥路22号410室
…………………………Tel：021-63356700
佰路得信息技术（上海）有限公司
地址：上海市静安区康定路1147号9幢1002室
…………………………Tel：021-63373677
康博控股集团有限公司
地址：上海市河南南路33号25楼
…………………………Tel：021-63375806
上海封疆实业有限公司
地址：上海市奉贤区奉城镇新奉公路2013号3幢3053室
…………………………Tel：021-63531239
上海琛昌企业管理有限公司
地址：上海市金山区卫昌路293号2幢10804室
…………………………Tel：021-63531239
上海新世界信息产业股份有限公司
地址：上海市黄浦区汉口路581号一楼
…………………………Tel：021-63555555
上海公信实业有限公司
地址：上海市闵行区光华路2118号C-489
…………………………Tel：021-63610310
号百信息服务有限公司
地址：上海市四川北路61号13-19楼
…………………………Tel：021-63632005
上海通贸国际供应链管理有限公司
地址：中国（上海）自由贸易试验区世纪大道211号2202室
…………………………Tel：021-63641808
上海世家装饰实业股份有限公司
地址：上海市黄浦区北京西路126号107室F座
…………………………Tel：021-63759025
公航旅（上海）供应链管理有限公司
地址：上海市崇明区横沙乡富民支路58号D2-8109室（上海横泰经济开发区）
…………………………Tel：021-63809958
上海天安金谷科技园企业发展有限公司
地址：上海市松江区荣乐东路301号
…………………………Tel：021-63869666
睿银金控（上海）有限公司
地址：中国（上海）自由贸易试验区陆家嘴环路1288号3楼301室
…………………………Tel：021-63897666
上海东沃实业发展有限公司
地址：上海市徐汇区天钥桥路329号1009-33室
…………………………Tel：021-63897666
上海申能能创能源发展有限公司
地址：中国（上海）自由贸易试验区东环龙路181弄35号2幢1层
…………………………Tel：021-63900800
上海凯迪迪爱通信技术有限公司
地址：上海市黄浦区福州路666号16层D单元
…………………………Tel：021-63917777
吉旗物联科技（上海）有限公司
地址：中国（上海）自由贸易试验区富特北路211号302部位368室
…………………………Tel：021-64058562
上海亚朵商业管理（集团）股份有限公司
地址：上海市浦东新区牡丹路60号10-11层
…………………………Tel：021-64059928
上海东方申信科技发展有限公司
地址：上海市闵行区元江路5500号第1幢
…………………………Tel：021-64085060
上海豪承信息技术有限公司
地址：中国（上海）自由贸易试验区盛夏路399弄1号903室
…………………………Tel：021-64088898
宽岱睿保（上海）信息技术有限公司
地址：上海市金山区泾商路99弄3107号204室
…………………………Tel：021-64108666
上海龙亘实业有限公司
地址：上海市奉贤区奉金路469号4幢3层1578室
…………………………Tel：021-64135991
上海景泰建设股份有限公司
地址：上海市金山区枫泾镇建安路18号
…………………………Tel：021-64142231
上海青客投资咨询有限公司
地址：中国（上海）自由贸易试验区美桂北路317号二幢二层C4室
…………………………Tel：021-64179625
上海广电（集团）有限公司
地址：上海市徐汇区枫林路269弄1、2号裙房二层202室223房间
…………………………Tel：021-64188817
上海名图软件有限公司
地址：中国（上海）自由贸易试验区郭守敬路498号浦东软件园14幢22301-1044座
…………………………Tel：021-64200717
上海极星网络信息有限公司
地址：上海市徐汇区虹桥路772弄2号2层B01室
…………………………Tel：021-64281633
英源达科技有限公司
地址：上海市闵行区浦星公路789号（浦江镇105街坊5/1丘）2幢
…………………………Tel：021-64298888
英业达科技有限公司
地址：上海市闵行区浦星公路789号（浦江镇106街坊2/2丘）6幢
…………………………Tel：021-64298888
上海辛辣网络科技有限公司
地址：上海市徐汇区钦州北路1198号82幢19层04室
…………………………Tel：021-64311803
上海市住安建设发展股份有限公司
地址：上海市浦东新区万祥镇宏祥北路83弄1-42号20幢B区88室
…………………………Tel：021-64312608
上海锐至信息技术股份有限公司
地址：上海市虹口区汶水东路291号新楼338室
…………………………Tel：021-64327250
中煤科工集团上海有限公司
地址：上海市徐汇区天钥桥路1号19幢18层A座
…………………………Tel：021-64388442
上海沪安保安服务有限公司
地址：上海市徐汇区乐山路115号六楼
…………………………Tel：021-64399785
上海丰之沃电子商务科技股份有限公司
地址：上海市嘉定区嘉行公路222号1幢3层311室
…………………………Tel：021-64418698
上海倍安实业有限公司
地址：上海市徐汇区中山南二路601号
…………………………Tel：021-64436799
中光富泰投资有限公司
地址：上海市奉贤区青村镇姚家村848号5幢1065室
…………………………Tel：021-64477088
上海天地仁合置业集团有限公司
地址：上海市崇明区长兴镇潘园公路1800号3号楼15289室（上海泰和经济发展区）
…………………………Tel：021-64519302
上海网奇计算机科技有限公司
地址：上海市奉贤区肖塘路255弄10号2层
…………………………Tel：021-64571628
上海市能水电集成有限公司
地址：上海市黄浦区傅家街65号302室F座
…………………………Tel：021-64598469
上海恒实环境科技有限公司
地址：上海市闵行区光华路79号3幢A座
…………………………Tel：021-64608755
上海建科检验有限公司
地址：上海市闵行区申旺路519号2幢A座
…………………………Tel：021-64688940
上海海隆软件有限公司
地址：上海市徐汇区宜山路700号85幢12楼
…………………………Tel：021-64689626
上海神洁环保科技股份有限公司
地址：上海市奉贤区望园路1698弄31号22幢208室
…………………………Tel：021-64696658
维迈科建集团有限公司
地址：上海市徐汇区石龙路345弄27号1幢201室
…………………………Tel：021-64707511
上海游久游戏股份有限公司
地址：上海市静安区石门二路333弄3号
…………………………Tel：021-64710022
上海金茂建筑装饰有限公司
地址：上海市杨浦区沧州路138号206-2室
…………………………Tel：021-64731010
上海三吉电子工程有限公司
地址：上海市逸仙路458弄6号2003室
…………………………Tel：021-64739193
上海邓鼎实业有限公司
地址：上海市闵行区闵虹路166弄3号2512室
…………………………Tel：021-64761812
上海新九星企业发展股份有限公司
地址：上海市闵行区虹莘路2795号2幢103室
…………………………Tel：021-64791113
上海中电电子系统科技股份有限公司
地址：上海市长宁区宣化路3号2242室
…………………………Tel：021-64853111
智祺通信技术（上海）有限公司
地址：上海市徐汇区虹漕路421号66号楼2楼
…………………………Tel：021-64859922
上海威禹通信技术有限公司
地址：上海市金山区亭林镇金展路2229号4号楼105室
…………………………Tel：021-64860909
上海隆森网络技术有限公司
地址：上海市金山区亭林镇金展路2229号3号楼120室
…………………………Tel：021-64860909
上海贝庆环保科技有限公司
地址：上海市闵行区吴宝路255号6楼612室
…………………………Tel：021-64885026
上海稀田实业集团有限公司
地址：上海市宝山区月罗路559号Q-114室
…………………………Tel：021-64889501
上海莘盛网络科技有限公司
地址：上海市闵行区七莘路889号2幢177室
…………………………Tel：021-64929999
上海仰邦科技股份有限公司
地址：上海市徐汇区钦州北路1199号88幢701部位-02室
…………………………Tel：021-64955065
上海弘视通信技术有限公司
地址：上海市徐汇区桂平路418号1606C室
…………………………Tel：021-64956070
上海锦都建设（集团）有限公司
地址：上海市松江区石湖荡镇长塔路775弄177号9幢3楼N-9
…………………………Tel：021-64959960
上海能美西科姆消防设备有限公司
地址：上海市闵行区莲花南路1971弄98号
…………………………Tel：021-64975595
上海家树建筑工程有限公司
地址：上海市闵行区虹梅南路2638弄333号
…………………………Tel：021-64979292
上海良相智能化工程有限公司
地址：上海市闵行区都会路909号第4幢
…………………………Tel：021-64988811

上海谨信信息科技有限公司
地址：上海市金山区朱泾镇万安街345号103室
Tel：021-65011667

上海同济室内设计工程有限公司
地址：上海市杨浦区中山北二路1121号12楼
Tel：021-65012020

上海汉开科技股份有限公司
地址：上海市虹口区柳营路125号16楼1608-7室
Tel：021-65017878

上海环昱建设（集团）有限公司
地址：浦东新区书院镇丽正路1628号4幢1-2层
Tel：021-65024580

上海临港检验检测科技产业园有限公司
地址：中国（上海）自由贸易试验区临港新片区云端路1566弄7号210室
Tel：021-65045665

上海有里集团有限公司
地址：中国（上海）自由贸易试验区耀华路251号一幢一层
Tel：021-65061575

上海干纤网络通信技术有限公司
地址：上海市崇明区堡镇财贸村1309号4幢114室（上海堡镇工业区）
Tel：021-65101602

上海联能物资有限公司
地址：上海市宝山区铁力路785号9幢A1016室
Tel：021-65150166

上海欣浩业网络科技有限公司
地址：嘉定区新成路500号128室
Tel：021-65152316

上海虹创科技发展（集团）有限公司
地址：上海市虹口区水电路1388号705-A室
Tel：021-65160606-822

上海星翼网络信息有限公司
地址：青浦区华纺路69号3397室
Tel：021-65255298

进华物业服务集团有限公司
地址：上海市杨浦区控江路1142号23幢5071-21室
Tel：021-65321100

上海华义晋嘉企业发展有限公司
地址：上海市杨浦区国权路525号207-3室
Tel：021-65390055

通乾信息科技（上海）有限公司
地址：上海市虹口区四川北路2261、2263号1202室
Tel：021-65406716

上海盈硕消防工程有限公司
地址：上海市浦东新区历城路70号甲二楼
Tel：021-65418559

上海合立建设工程有限公司
地址：上海市松江区叶榭镇金家村张星路2号
Tel：021-65425051

上海蓝箭电控设备成套有限公司
地址：宝山区园新路219号
Tel：021-65442001

上海龙宇建设集团股份有限公司
地址：上海市金山区金山大道4298号
Tel：021-65444582

上海易达通信有限公司
地址：吴淞路560号
Tel：021-65462233

上海建安化工设计有限公司
地址：永和路318弄1号401－404室
Tel：021-65536899

上海推浪贸易有限公司
地址：上海市杨浦区临青路277号302室
Tel：021-65630875

畅诺网络科技（上海）有限公司
地址：上海市崇明区新河镇新申路921弄2号E区130室（上海富盛经济开发区）
Tel：021-65667199

上海远至实业有限公司
地址：上海市宝山区牡丹江路1325号3303-M室
Tel：021-65668636

上海卜勒能源技术有限公司
地址：中国（上海）自由贸易试验区祥科路111号2号楼211室
Tel：021-65670286

上海亚泰建设集团有限公司
地址：上海市杨浦区隆昌路588_1号25楼2505-8室
Tel：021-65687030

上海远洋运输有限公司
地址：上海市虹口区东大名路378号
Tel：021-65701888

上海联克信息科技有限公司
地址：上海市东大名路391号－393号2幢2018室
Tel：021-65951581

上海兆马电子商务有限公司
地址：上海市嘉定区安亭镇宝安公路4229号509室
Tel：021-65966292

合城设计集团有限公司
地址：上海市杨浦区国权北路1688弄68号201007室
Tel：021-65983186

上海同济检测技术有限公司
地址：上海市杨浦区阜新路281号
Tel：021-65987878

上海联家超市有限公司
地址：上海市普陀区曹杨路1888弄11号2楼202室-E、202室-F、202室-G、202室-H
Tel：021-66097083

聚宽网络科技（上海）有限公司
地址：上海市崇明区长兴镇潘园公路1800号3号楼1963室（上海泰和经济发展区）
Tel：021-66110000

泛海通联（上海）信息技术有限公司
地址：中国（上海）自由贸易试验区郭守敬路351号2号楼528室
Tel：021-66180725

宝钢集团上海第一钢铁有限公司
地址：上海市宝山区长江路868号
Tel：021-66186195

上海迪启信息科技有限公司
地址：上海市宝山区长江西路1180号4楼402-149
Tel：021-66220713

上海东园建筑装饰有限公司
地址：中国（上海）自由贸易试验区临港新片区环湖西一路333号C座314室
Tel：021-66285458

上海高新建设开发有限公司
地址：上海市崇明区中兴镇兴工路18号2号楼355室（上海广福经济开发区）
Tel：021-66288354

上海新兴媒体信息传播有限公司
地址：广中西路757号13楼
Tel：021-66303366

傲信通讯系统（上海）有限公司
地址：上海市广中西路757号9楼
Tel：021-66313666

上海志诚泰和信息技术有限公司
地址：上海市静安区共和新路1346号201-1室
Tel：021-66317152

上海龙赛建设实业有限公司
地址：上海市宝山区上大路668号1幢567E
Tel：021-66351155

上海濑江建设工程有限公司
地址：上海市崇明区城桥镇秀山路68号405室（上海市崇明工业园区）
Tel：021-66351776

上海书瀚网络科技有限公司
地址：中国（上海）自由贸易试验区奥纳路55号1幢607室
Tel：021-66352681

上海普宏建设工程有限公司
地址：崇明工业园区秀山路68号
Tel：021-66369782

上海乾溪物业管理有限公司
地址：上海市宝山区环镇北路400弄18号101室
Tel：021-66620153

上海一核阀门股份有限公司
地址：上海市嘉定区宝钱公路5888弄8号
Tel：021-66696668

中成万禾有限公司
地址：上海市宝山区沪太路5018号3幢1层B0130
Tel：021-66775700

宝钢工程建设有限公司
地址：上海市宝山区同济路525号
Tel：021-66792222

上海宝冶建筑装饰有限公司
地址：上海市宝山区罗店开发区（市一路102号A－150）
Tel：021-66799953

上海路坤信息科技有限公司
地址：上海城桥经济开发区（崇明区城桥镇长兴路8号2号楼102室）
Tel：021-66985717

上海锦炜保安服务有限公司
地址：上海市静安区广中西路191号107、113、209、210室
Tel：021-66986663

华瑞科学仪器（上海）有限公司
地址：上海市嘉定工业区汇旺东路990号
Tel：021-67090952

中晶（上海）新材料有限公司
地址：上海市黄浦区黄河路333号201室A区096单元
Tel：021-67100136

上海雪榕生物科技股份有限公司
地址：上海市奉贤区现代农业园区高丰路999号
Tel：021-67104620

上海东富龙德惠净化空调工程安装有限公司
地址：上海市奉贤区沪杭公路1377号1幢二层
Tel：021-67155131

上海维卓建设发展有限公司
地址：上海市奉贤区金汇镇工业路1399号2幢1352室
Tel：021-67181209

上海艺迈实业有限公司
地址：上海市金山工业区金百路466号
Tel：021-67227600

上海柯衍建设发展有限公司
地址：上海市徐汇区建华路36号101室
Tel：021-67283078

上海金安保安服务有限公司
地址：上海市金山区亭林镇立新街9号
Tel：021-67323110

华东一号控股集团有限公司
地址：中国（上海）自由贸易试验区富特北路211号302部位368室
Tel：021-67558855

上海保杰创新建设集团有限公司
地址：上海市松江区泗泾镇望东南路111号
Tel：021-67675666

捷锐企业（上海）有限公司
地址：上海市松江区文吉路499号
Tel：021-67727123

爱海企业管理咨询（上海）有限公司
地址：上海市杨浦区国定路346号四楼0720室
Tel：021-67750335

上海骏合投资控股集团有限公司
地址：上海市松江区新松江路909号20层2001室-1
Tel：021-67752500

上海振渠腾通信科技发展有限公司
地址：上海市松江科技园区青云街58号A区
Tel：021-67812408

上海恒敬电力科技有限公司
地址：上海市松江区茸梅路139号1幢
Tel：021-67871631

上海锦翱建筑工程有限公司
地址：浦东新区大团镇东大公路2458号
Tel：021-68006728

上海南汇建工建设（集团）有限公司
地址：浦东新区惠南镇沪南路9999号
Tel：021-68009820

上海金盾消防智能科技有限公司
地址：中国（上海）自由贸易试验区临港新片区万松路88号8幢
Tel：021-68131899

上海中发能源科技集团有限公司
地址：浦东新区周浦镇沪南路3758号4幢A区
Tel：021-68189058

上海老港申菱电子电缆有限公司
地址：浦东新区老港镇同强路8号
Tel：021-68291608

上海益邦智能技术股份有限公司
地址：上海市松江区李塔汇镇延寿路8号
Tel：021-68406202

上海恒晨实业发展有限公司
地址：上海市天津路195弄21号
Tel：021-68499399

上海融德机电工程设备有限公司
地址：中国（上海）自由贸易试验区浦东大道2123号1203室
Tel：021-68532791

上海新觉信息科技有限公司
地址：上海市青浦区华腾路1288号1幢4层C区413室
Tel：021-68547700

上海衡诚电力工程技术有限公司
地址：上海市奉贤区柘林镇东海中兴路8号第6幢34车间
Tel：021-68582798

上海壹园贸易有限公司
地址：中国（上海）自由贸易试验区正定路530号A5库区集中辅助区三层318室
Tel：021-68596968

德又达网络通讯科技（上海）有限公司
地址：上海市浦东新区华东路1675号第一幢6层西侧
Tel：021-68619090

上海大承网络技术有限公司
地址：上海市奉贤区金汇镇金闸公路818号1幢
Tel：021-68619509

汇纳科技股份有限公司
地址：上海市金山区亭林镇亭枫公路333号216室
Tel：021-68640278

上海欧本钢结构有限公司
地址：上海市金山区亭林镇兴亭路55号2幢
Tel：021-68641250

上海研亚软件信息技术有限公司
地址：上海市浦东新区沪南路2218号西楼18层
Tel：021-68733559

上海琨越信息科技有限公司
地址：浦东新区大团镇东大公路2458号1幢5116室
Tel：021-68762460

上海瑞林化工有限公司
地址：中国（上海）自由贸易试验区东方路989号9楼
Tel：021-68767627

上海鲁华实业发展有限公司
地址：上海市杨浦区国定路323号702-31室
Tel：021-68776098

上海三浪立杰通信科技有限公司
地址：浦东新区康桥镇秀浦路2388号3幢302-9室
Tel：021-68799058

上海宏啸科技有限公司
地址：中国（上海）自由贸易试验区美盛路177号3幢楼3层316室
Tel：021-68813398

新宜达投资集团有限公司
地址：上海市浦东新区兰花路333号1207室（实际楼层第11层1107室）
Tel：021-68815589

上海中京电子标签集成技术有限公司
地址：中国（上海）自由贸易试验区盛夏路500弄5号401室
Tel：021-68825159

西域供应链（上海）有限公司
地址：中国（上海）自由贸易试验区张江路665号三层
Tel：021-68828866

上海易迪爱网络工程有限公司
地址：上海市虹口区塘沽路309号14层C室（集中登记地）
Tel：021-68853683

上海宁玺国际贸易有限公司
地址：上海市浦东新区耀华路488号2008A室
Tel：021-68864212

上海华庆新能源投资有限公司
地址：中国（上海）自由贸易试验区浦东南路256号2505室
Tel：021-68865331

上海瀚银信息技术有限公司
地址：上海市黄浦区蒙自路763号401室
Tel：021-68866000

上海华虹科技发展有限公司
地址：中国（上海）自由贸易试验区锦绣东路2777弄28号503室
Tel：021-68878788

上海财融世通信息技术有限公司
地址：上海市奉贤区青村镇星火公路188号1幢
Tel：021-68883919

上海中兴软件有限责任公司
地址：中国（上海）自由贸易试验区碧波路889号B座205
Tel：021-68896563

上海东捷建设（集团）有限公司
地址：上海市黄浦区江西中路255号一层
Tel：021-68898639

岚桥国际商业有限公司
地址：中国（上海）自由贸易试验区源深路355号、商城路1418号三层310-2单元
Tel：021-68912087

上海龙能投资管理有限公司
地址：中国（上海）自由贸易试验区耀华路251号一幢一层
Tel：021-69119200

上海大华电器设备有限公司
地址：上海市嘉定区翔江路2000号
Tel：021-69132663

奥利机械（集团）有限公司
地址：上海市嘉定区外冈镇汇旺路1888号1幢1层A区
Tel：021-69172008

上海华新丽华电力电缆有限公司
地址：上海市嘉定区南翔镇浏翔路1128号
Tel：021-69177599

均胜均安汽车电子（上海）有限公司
地址：上海市青浦区崧泽大道8000号3幢一层东侧
Tel：021-69212880

上海浦西投资有限公司
地址：青浦区外青松公路5399号B室
Tel：021-69228073

上海舜庆资产管理有限公司
地址：上海市嘉定工业区叶城路912号J417室
Tel：021-69526252

上海腾洲建设集团股份有限公司
地址：上海市嘉定区兴贤路1180号1幢3层304室
Tel：021-69581666

上海艾克森集团有限公司
地址：上海市嘉定区谢春路1458号
Tel：021-69585555

上海嘉实（集团）有限公司
地址：嘉定区江桥镇江桥路15号
Tel：021-69589518

黄渡春申有限公司
地址：上海市嘉定区墨玉南路888号601室

…………………………Tel：021-69591212
上海姚记科技股份有限公司
地址：上海市嘉定区黄渡镇曹安路4218号
…………………………Tel：021-69595008
上海恺远实业有限公司
地址：上海市崇明区城桥镇秀山路101号5号楼E区5218室
…………………………Tel：021-69610202
上海友海建设工程有限公司
地址：上海市崇明区新海镇星村公路700号6幢（上海新海经济开发区）
…………………………Tel：021-69691889
上海舒沁保安服务有限公司
地址：上海市青浦区金泽镇商榻北路19号1幢2层A区201室
…………………………Tel：021-69721428
上海科泰电源股份有限公司
地址：上海市青浦区天辰路1633号
…………………………Tel：021-69758651
上海圆钧国际贸易有限公司
地址：中国（上海）自由贸易试验区富特北路211号302部位368室
…………………………Tel：021-69770318
上海斛韦建设有限公司
地址：上海市金山区卫清西路421号三楼A-2203
…………………………Tel：021-69776876
金博建工集团有限公司
地址：上海市青浦区久业路998号
…………………………Tel：021-69799999
蓝硕文化科技（上海）有限公司
地址：上海市嘉定区南翔镇嘉美路955号5幢
…………………………Tel：021-69927038
上海启源保安服务有限公司
地址：上海市松江区松汇中路1099号201室
…………………………Tel：021-7828888
上海宥升汽车销售有限公司
地址：中国（上海）自由贸易试验区创新西路778号
…………………………Tel：021 80102353
善林（上海）金融信息服务有限公司
地址：中国（上海）自由贸易试验区基隆路1号裙楼3层B部位
…………………………Tel：021-80109888
纽海信息技术（上海）有限公司
地址：中国（上海）自由贸易试验区碧波路888号1幢1层103-151室
…………………………Tel：021-80126327
上海创斐贸易有限公司
地址：中国（上海）自由贸易试验区德堡路38号2幢4层403-07室
…………………………Tel：021-80133208
上海兮裕贸易有限公司
地址：上海市奉贤区庄行镇光明中心路68号1幢6层623室
…………………………Tel：021-80133208
上海敦赢资产管理有限公司
地址：中国（上海）自由贸易试验区德堡路38号1幢楼3层301-44室
…………………………Tel：021-80133208
上海喆赢资产管理有限公司
地址：中国（上海）自由贸易试验区德堡路38号1幢楼6层601-13室
…………………………Tel：021-80133208
国际商业机器融资租赁有限公司
地址：中国（上海）自由贸易试验区川和路55弄1号A1楼第二层203单元
…………………………Tel：021-80138839
上海国际商业机器工程技术有限公司
地址：中国（上海）自由贸易试验区加枫路26号108室
…………………………Tel：021-80138839
国远实业发展（上海）有限公司
地址：上海市普陀区大渡河路452号3层A区313室
…………………………Tel：021-80161881
迪卡侬（上海）投资有限公司
地址：中国（上海）自由贸易试验区富特北路458号3层355号
…………………………Tel：021-80180000
久兴信息技术（上海）有限公司
地址：上海市张江高科技园区郭守敬路351号2号楼692-02室
…………………………Tel：021-80197150
上海欧菲智能车联科技有限公司
地址：上海市嘉定区菊园新区环城路2222号6幢101室JT2107
…………………………Tel：021-80210090-8503
上海方付通商务服务有限公司
地址：上海市徐汇区钦州路201号646室
…………………………Tel：021-80211698
上海中彦信息科技股份有限公司
地址：上海市崇明区北沿公路2111号25幢106室-2（崇明森林旅游园区）
…………………………Tel：021-80231199
上海剑桥科技股份有限公司
地址：上海市闵行区陈行公路2388号8幢501室
…………………………Tel：021-80233300
上海通服网络技术有限公司
地址：上海市闵行区金都路4299号6幢1楼F92室
…………………………Tel：021-80235566
上海宝尊电子商务有限公司
地址：上海市静安区万荣路1188弄1、2、3号108室
…………………………Tel：021-80266000
上海谨茸贸易有限公司
地址：上海市奉贤区庄行镇光明中心路68号1幢6层625室
…………………………Tel：021-80313208
卫宁健康科技集团股份有限公司
地址：上海市浦东新区东育路255弄4号3楼B29
…………………………Tel：021-80331000
上海连连看数字娱乐有限公司
地址：上海市静安区万荣路700号7幢A182室
…………………………Tel：021-80357777
国梁实业发展集团有限公司
地址：上海市奉贤区南桥镇金海路3369弄5幢315室
…………………………Tel：021-80362909
旗天科技集团股份有限公司
地址：上海市浦东新区川大路555号
…………………………Tel：021-80391588
魔纷娱乐发展（上海）有限公司
地址：上海市徐汇区龙漕路299号2幢1-10层南部第三层302室
…………………………Tel：021-80394981
阿里软件（上海）有限公司
地址：中国（上海）自由贸易试验区金科路2966号1幢611室
…………………………Tel：021-81111362

重庆市

重庆市茂田实业（集团）有限公司
地址：重庆市合川区南办处梨园路建材市场5区3号
…………………………Tel：023-42752700
重庆市合川区广播电视网络有限公司
地址：重庆市合川区南办处振兴路246号
…………………………Tel：023-42755022
重庆龙珠电力股份有限公司
地址：重庆市铜梁区巴川镇滨河东路34号
…………………………Tel：023-45643825
重庆鼎晖建筑科技（集团）有限公司
地址：重庆市荣昌区昌州街道富安南路56号
…………………………Tel：023-46740626
重庆大恒消防科技股份有限公司
地址：重庆市荣昌区昌元街道花园街207号、209号、225号、227号、229号
…………………………Tel：023-46749099
重庆臻迈科技有限公司
地址：重庆市江津区几江滨江中路60栋B栋
…………………………Tel：023-47223538
重庆祥瑞建筑安装工程有限公司
地址：重庆市江津区鼎山街道鼎山大道518号祥瑞大厦1幢15-1号
…………………………Tel：023-47512129
重庆九厦建筑安装工程有限公司
地址：重庆市江津区双福街道状元路58号附26号3-3
…………………………Tel：023-47555230
重庆津北贵福建设集团有限公司
地址：重庆市江津区鼎山街道鼎山大道518号祥瑞大厦1幢8-7号
…………………………Tel：023-47579800
重庆先特服务外包产业有限公司
地址：重庆市永川区和顺大道799号（永川区软件与信息服务外包产业园B区10号楼1层）
…………………………Tel：023-49212993
重庆德为通信技术有限公司
地址：重庆市永川区凤凰湖工业园区凤凰二街31号
…………………………Tel：023-49688880
重庆吉隆建筑有限公司
地址：重庆市永川区渝西大道中段1198号1-2号
…………………………Tel：023-49855158
重庆市辰河建筑工程有限公司
地址：重庆市忠县忠州镇新华路27号7楼
…………………………Tel：023-54210938
重庆黄金建设（集团）有限公司
地址：重庆市忠县忠州街道州屏环路52号
…………………………Tel：023-54231698
重庆旭凯建设集团有限公司
地址：重庆市忠县忠州大道红星路3号
…………………………Tel：023-54450387
中海外开发建设集团有限公司
地址：重庆市云阳县双江镇滨江大道2918号
…………………………Tel：023-55123111
重庆市亚东建设工程集团有限公司
地址：重庆市万州区钟办渝东大花园
…………………………Tel：023-58601611
重庆子悦保安服务有限公司
地址：重庆市北部新区金开大道68号4幢18-3
…………………………Tel：023-60391331
重庆源通电器设备制造有限责任公司
地址：重庆市永川区探花路497号
…………………………Tel：023-61163590
光控特斯联（重庆）信息技术有限公司
地址：重庆市渝中区大坪正街19号50-6号
…………………………Tel：023-61300660
重庆久久物流有限责任公司
地址：重庆市长寿区晏家街道育才路5号3-1
…………………………Tel：023-61510667
重庆东银实业集团有限公司
地址：重庆市南岸区南坪街道南城大道199号正联大厦22楼
…………………………Tel：023-61521855
重庆市擎天博元科技有限公司
地址：重庆市九龙坡区石桥铺科园一路3号渝高大厦7-2
…………………………Tel：023-61578388
中国移动通信集团有限公司重庆分公司
地址：重庆市北部新区高新园星光3路2号
…………………………Tel：023-61670068
重庆市渝中区第九建筑工程公司
地址：重庆市渝中区中山二路182号
…………………………Tel：023-61681731
重庆谊品弘科技有限公司
地址：重庆市南岸区玉马路8号科技创业中心融英楼（经开区拓展区内）
…………………………Tel：023-61752831
重庆钢结构产业有限公司
地址：重庆市大渡口区大堰三村1栋1号
…………………………Tel：023-61847200
重庆嘉陵全域机动车辆有限公司
地址：重庆市璧山区璧泉街道永嘉大道111号
…………………………Tel：023-61951651
重庆耐德山花特种车有限责任公司
地址：重庆市巴南区界石镇石佛路6号
…………………………Tel：023-61963215
重庆华润万家生活超市有限公司
地址：重庆市沙坪坝区小龙坎正街3号
…………………………Tel：023-62383285
重庆九州通医药有限公司
地址：重庆市南岸区长江工业园江桥路2号
…………………………Tel：023-62456360
重庆宋唐网络科技传媒有限公司
地址：重庆市南岸区南坪街道响水路11号3-1-1号
…………………………Tel：023-62542178
重庆市南城建筑工程有限公司
地址：重庆市巴南区花溪镇先锋村
…………………………Tel：023-62573708
招商局重庆交通科研设计院有限公司
地址：重庆市南岸区学府大道33号
…………………………Tel：023-62653000
重庆城鹏建筑工程有限公司
地址：重庆市南岸区迎龙镇正街186号
…………………………Tel：023-62797137
重庆盛海科技发展有限公司
地址：重庆市南岸区江南大道7号4栋11-11号
…………………………Tel：023-62815555
重庆好又多百货商业有限公司
地址：重庆市南岸区南坪街道南坪正街1号
…………………………Tel：023-62828858
重庆竞盟建筑工程（集团）有限公司
地址：重庆市巴南区南泉镇自由村1社
…………………………Tel：023-62848676
重庆洪峰工业设备安装有限公司
地址：重庆市巴南区李家沱其龙村四社
…………………………Tel：023-62866824
重庆昇通科技有限公司
地址：重庆市渝中区上清寺路9号第7层B附楼F-1开间
…………………………Tel：023-62909365
重庆厦安消防设备有限责任公司
地址：重庆市南岸区蔷薇路19号
…………………………Tel：023-62919900
重庆云网科技股份有限公司
地址：重庆市南岸区花园路街道明佳路29号2单元11层2号
…………………………Tel：023-62970900
重庆海博建设有限公司
地址：重庆市渝北区龙溪街道新牌坊一路139号北城绿景D幢4-13-4、4-13-6
…………………………Tel：023-63010976
重庆五彩建设工程有限公司
地址：重庆市渝中区医学院路9号1幢2单元3楼4#
…………………………Tel：023-63020965
重庆融谷信息技术有限公司
地址：重庆市渝中区公园路19号20-2#
…………………………Tel：023-63050891
重庆宜家家居有限公司
地址：重庆市北部新区汇流路2号
…………………………Tel：023-63052345
重庆莱谷科技有限公司
地址：重庆市北部新区杨柳路2号A座七楼
…………………………Tel：023-63056269
重庆汉特信息技术有限公司
地址：重庆市北部新区洪湖西路22号17-20
…………………………Tel：023-63059551
陕建（重庆）建设发展有限公司
地址：重庆市九龙坡区金凤镇高新大道6号高新区西区孵化楼4栋427房间
…………………………Tel：023-63088115
重庆华唐云树科技有限公司
地址：重庆市渝中区上清寺路9号环球广场24楼A1C1
…………………………Tel：023-6319575
金稷通（重庆）建设有限公司
地址：重庆市渝北区黄山大道中段56号B1幢15-1
…………………………Tel：023-63205138
重庆冠方科技有限公司
地址：重庆市北部新区高新园黄山大道中段3号A区2层商业房1-5
…………………………Tel：023-63211158
重庆安驰电力工程有限公司
地址：重庆市渝中区人民路26号附1号1至4层
…………………………Tel：023-63231386
重庆朗欧电子有限责任公司
地址：重庆市九龙坡区渝州路126号附154-9号
…………………………Tel：023-63261700
重庆博达建设集团股份有限公司
地址：重庆市江津区几江大什字街
…………………………Tel：023-63426521
重庆银鑫科技（集团）有限公司
地址：重庆市九龙坡区西彭镇西竹路2栋33号
…………………………Tel：023-63466680
重庆工业设备安装集团有限公司
地址：重庆市渝中区中山二路99号
…………………………Tel：023-63511154
重庆煜能科技有限公司
地址：重庆市沙坪坝区西双大道16号附83号
…………………………Tel：023-63528838
重庆好又多百货商业有限公司大礼堂店
地址：重庆市渝中区人民路131号-1层
…………………………Tel：023-63601498
重庆文商投资控股集团有限公司
地址：重庆市渝中区中山二路174号负一楼6号
…………………………Tel：023-63609322
重庆德远物流有限公司
地址：重庆市九龙坡区白市驿镇白欣路81号1栋
…………………………Tel：023-63638811
重庆外滩易商科技有限公司
地址：重庆市渝中区南区路169号
…………………………Tel：023-63660666
重庆中航建设（集团）有限公司
地址：重庆市潼南区梓潼街道办事处创业大道6号
…………………………Tel：023-63672322
国网重庆市电力公司
地址：重庆市渝中区中山三路21号
…………………………Tel：023-63681538
重庆红蜻蜓油脂有限责任公司
地址：重庆市渝中区九尺坎66号
…………………………Tel：023-63703638
重庆康斯韦尔科技有限公司
地址：重庆市渝中区新华路220号21-8#
…………………………Tel：023-63705395
欧菲斯办公伙伴控股有限公司
地址：重庆市渝北区金开大道西段106号1幢
…………………………Tel：023-63739609
重庆长江轮船有限公司
地址：重庆市渝中区陕西路22号
…………………………Tel：023-63772078
重庆两江新区建设有限公司
地址：重庆市渝北区龙兴镇两江大道618号
…………………………Tel：023-63775956
欧菲斯办公伙伴重庆有限公司
地址：重庆两江新区人和街道龙湖西路49号4-1-105
…………………………Tel：023-63803381
中京恒瑞重庆商贸有限公司
地址：重庆市渝中区和平路3号5楼
…………………………Tel：023-63828886
重庆君盾科技有限公司
地址：重庆市渝中区上清寺路9号12楼
…………………………Tel：023-63837705
重庆德生鼎盛实业发展有限公司
地址：重庆市江北区金港新区4号11-5
…………………………Tel：023-63838802
重庆百货大楼股份有限公司
地址：重庆市渝中区民权路28号（英利国际金融中心）第30、31、32层
…………………………Tel：023-63845206

重庆港庆建筑装饰有限公司
地址：重庆市渝中区人和街31号
……Tel：023-63854975
重庆渝烟卷烟连锁有限责任公司
地址：重庆市江北区庆业巴蜀城B区7号楼门厅
……Tel：023-63890522
重庆万赢商贸有限公司
地址：重庆市万州区白岩路659号
……Tel：023-64857778
重庆联万科贸发展有限公司
地址：重庆市沙坪坝区渝碚路五四村18-1-6-1号
……Tel：023-65080018
重庆马行远科技有限公司
地址：重庆市沙坪坝区沙中路210号附4号
……Tel：023-65111676
重庆大学建筑规划设计研究总院有限公司
地址：重庆市沙坪坝区沙北街83号
……Tel：023-65120920
重庆金华电器成套有限公司
地址：重庆市沙坪坝区井口工业园井盛路006号
……Tel：023-65307381
重庆帆恩科技有限公司
地址：重庆市北部新区星光大道62号海王星科技大厦B区2楼1#
……Tel：023-65366650
英业达（重庆）有限公司
地址：重庆市沙坪坝区西区二路66号
……Tel：023-65398888
重庆好又多百货商业有限公司欣阳店
地址：重庆市沙坪坝区沙正街8号附1号
……Tel：023-65472729
重庆银桥工程设计（集团）有限公司
地址：重庆市沙坪坝区天马路12号C-9-1
……Tel：023-65484301
通正（重庆）实业集团有限公司
地址：重庆市沙坪坝区汇泉路1号附19号
……Tel：023-65621236
重庆西永服务贸易发展有限公司
地址：重庆市沙坪坝区学城大道62-1号
……Tel：023-65666622
重庆市西永电子支付服务有限公司
地址：重庆市沙坪坝区学城大道62-1号
……Tel：023-65666622
重庆方正高密电子有限公司
地址：重庆市沙坪坝区西永大道5号附1-9号
……Tel：023-65687605
北斗（重庆）产业集团有限公司
地址：重庆市沙坪坝区土主镇土主中路199号附668号
……Tel：023-65707215
重庆西南铝装饰工程有限公司
地址：重庆市九龙坡区西彭镇
……Tel：023-65808066
重庆西南铝机电设备工程有限公司
地址：重庆市万盛经济技术开发区万东北路46号
……Tel：023-65809792
重庆光明消防设备厂
地址：重庆市巴南区鱼洞丰华园302号附5号
……Tel：023-66290591
重庆宗申汽车进气系统制造有限公司
地址：重庆市巴南区宗申工业园
……Tel：023-66372998
重庆龙禹石油有限公司
地址：重庆市北部新区高新园星光大道60号
……Tel：023-67030105
重庆川仪自动化股份有限公司技术中心
地址：重庆市北碚区人民村1号
……Tel：023-67032286
重庆洪源建筑集团有限公司
地址：重庆市涪陵区兴华中路59号
……Tel：023-67036115
重庆渝防通讯科技有限公司
地址：重庆市江北区鸿恩丽舍7号负1层附2号
……Tel：023-67050009
重庆荣达建设（集团）有限公司
地址：重庆市江北区电仪村62号11-5
……Tel：023-67082198
重庆普作科技有限公司
地址：重庆市渝北区两港大道299号附46号
……Tel：023-67108274
重庆市精深贸易有限公司
地址：重庆市江北区红石路2号1单元15-17
……Tel：023-67124503
重庆众启鸿皓建筑劳务有限公司
地址：重庆市北部新区金渝大道68号3幢1单元9-2
……Tel：023-67128037
重庆中燃城市燃气发展有限公司
地址：重庆市渝北区双龙湖街道锦湖路48号
……Tel：023-67177791-802

重庆市天实精工科技有限公司
地址：重庆市渝北区工业园区100号地块标准厂房14号楼
……Tel：023-67270599
重庆重邮汇测通信技术有限公司
地址：重庆市长寿区新市街道新民路6号
……Tel：023-67300207
天来酒店有限公司
地址：重庆市北部新区高新园金开大道7号第一层
……Tel：023-67395577
重庆渝速科技有限公司
地址：重庆市九龙坡区科园一路210号D-11-8号
……Tel：023-67487325
永辉物流有限公司
地址：重庆市沙坪坝区土主镇土主中路199号附1-51号
……Tel：023-67503666
重庆彩食鲜供应链发展有限公司
地址：重庆市沙坪坝区垄安大道X30-01/01地块
……Tel：023-67503666
重庆港鑫建筑装饰设计工程有限公司
地址：重庆市南岸区江峡路2号
……Tel：023-67505005
重庆民信建设（集团）有限公司
地址：重庆市长寿区凤城向阳路16号
……Tel：023-67506805
重庆建设工程质量监督检测中心有限公司
地址：重庆市南岸区茶花路29号6幢1-1号、1-2号、2-2号、3-2号、4-2号、5-1号、5-2号、6-1号、6-2号
……Tel：023-67536019
重庆速彩信息技术有限公司
地址：重庆市九龙坡区科创路65号2-16-6号
……Tel：023-67539532
新光天地百货（重庆）有限公司
地址：重庆市渝北区龙溪街道红锦大道89号
……Tel：023-67601188
重庆天网高新技术有限公司
地址：重庆市渝北区龙溪街道龙华大道1873号建典大厦1幢2-1
……Tel：023-67625918
重庆伟仕佳杰电子有限公司
地址：重庆市江北区北滨二路462号7-5
……Tel：023-67628802
重庆中辅建设工程有限公司
地址：重庆市北部新区金开大道68号3幢20-2
……Tel：023-67633655
重庆聚购科技发展有限公司
地址：重庆市江北区杨河三村5号21-6
……Tel：023-67635118
重庆策略科技有限责任公司
地址：重庆市北部新区高新园黄山大道5号（水星科技发展中心中部后楼写字楼5楼1号）
……Tel：023-67640787
重庆盛浩士建筑工程有限公司
地址：重庆市涪陵区新城区鹤凤大道38号
……Tel：023-67643812
重庆华渝电气集团有限公司
地址：重庆市渝北区龙山路68号
……Tel：023-67660402
重庆明星建筑装饰有限公司
地址：重庆市渝北区红金街2号重庆市总商会大厦
……Tel：023-67662758
重庆力杰消防工程有限公司
地址：重庆市巴南区鱼洞金竹街25号
……Tel：023-67674201
重庆索能建设有限公司
地址：重庆市渝北区龙溪街道佳园路53号北城·阳光今典3幢2-3
……Tel：023-67705722
重庆龙湖成恒地产开发有限公司
地址：重庆市渝中区枇杷山正街136号名义层第13层整层
……Tel：023-67732268
重庆北龙湖置地发展有限公司
地址：重庆市江北区洋河路4号北岸星座7层
……Tel：023-67732268
重庆旭佳机电设备安装工程有限公司
地址：重庆市九龙坡区石桥铺华宇名都小区1号7-2号
……Tel：023-67753333
重庆市真源医药信息有限公司
地址：重庆市渝北区龙塔街道尚品路27号公园.置尚（云尚）B-d幢第1商业2-2、2-3
……Tel：023-67759912
重庆永辉云创科技有限公司
地址：重庆市江北区盘溪七支路11号10楼1号
……Tel：023-67769882
重庆市奇叶信息技术有限公司
地址：重庆市江北区红石路5号北部都市广场A幢24-18号
……Tel：023-67775009
重庆趣味科技有限公司
地址：重庆市北部新区高新园黄山大道中段5号B2-2-7
……Tel：023-67775454
重庆环联科技有限公司
地址：重庆市渝中区中山二路200号12-6号
……Tel：023-67786001
业兴实业集团有限公司
地址：重庆市渝北区舟济路36号18-1、18-2
……Tel：023-67825049
重庆有友食品销售有限公司
地址：重庆市渝北区回兴街道宝环一路13号1幢整幢（研发中心）
……Tel：023-67867335
重庆赛特思德科技发展有限公司
地址：重庆市沙坪坝区小龙坎新街49号
……Tel：023-67889131
重庆华邦制药有限公司
地址：重庆市渝北区人和星光大道69号
……Tel：023-67889222
重庆市银隆中安卫保安服务有限责任公司
地址：重庆市沙坪坝区沙滨路9号附9号
……Tel：023-67899789
重庆至善信息技术有限公司
地址：重庆市北碚区天生路79号附1号701室
……Tel：023-67960461
重庆疆商实业集团股份有限公司
地址：重庆市渝北区双龙湖街道百果路99号
……Tel：023-67980444
重庆西江建设（集团）有限公司
地址：重庆市江北区港安二路16号附3号14-1
……Tel：023-67996677
重庆珑宸医疗管理有限公司
地址：重庆市九龙坡区科园二路137号25层2-6号
……Tel：023-68061387
重庆盈福物流有限公司
地址：重庆市巴南区东城大道333号
……Tel：023-68106003
重庆顺国保安服务有限责任公司
地址：重庆市九龙坡区九龙科技园区盘龙5社A栋
……Tel：023-68125233
恒亦明（重庆）科技有限公司
地址：重庆市两江新区金渝大道22号5栋6层
……Tel：023-68152784
重庆扬讯软件技术股份有限公司
地址：重庆市渝北区金开大道西段106号4幢3层1、2号
……Tel：023-68161560
重庆尤廉数字信息技术有限公司
地址：重庆市渝中区嘉陵江滨江路219号一单元42楼5室
……Tel：023-68195212
重庆坤飞建设（集团）有限公司
地址：重庆市北碚区歇马镇歇马路198号
……Tel：023-68202813
重庆材料研究院有限公司
地址：重庆市北碚区蔡家岗镇嘉德大道8号
……Tel：023-68263921
重庆迅控电子科技有限公司
地址：重庆市九龙坡区渝州路8号第12层B-10号
……Tel：023-68506138
重庆丹南电子工程有限公司
地址：重庆市九龙坡区奥体路1号附6-24-15号
……Tel：023-68519992
重庆杰勇科贸有限公司
地址：重庆市江北区北城天街15号负3号102号
……Tel：023-68528849
重庆固恒科技有限公司
地址：重庆市九龙坡区科城路68号13-1号
……Tel：023-68602658
重庆晟锐科技有限公司
地址：重庆市九龙坡区石桥铺渝州路27号11-11、12、13、14号
……Tel：023-68606681
重庆品网科技有限公司
地址：重庆市南岸区丹龙路7号丹桂苑A栋第二层东部
……Tel：023-68611127
重庆萨罗科技有限公司
地址：重庆市九龙坡区科园三路5-1-5-4#
……Tel：023-68614366
重庆松荣信息技术有限公司
地址：重庆市九龙坡区石桥铺渝州路33-28-4-1号
……Tel：023-68616671
重庆迅耀科技有限公司
地址：重庆市九龙坡区科创路4号附13-1号
……Tel：023-68618807
重庆千开科技有限公司
地址：重庆市九龙坡区石桥铺渝州路27号12-6号
……Tel：023-68621034
重庆雅翔科技有限公司
地址：重庆市九龙坡区科园一街25号B座10-3号
……Tel：023-68621643
重庆建工第十一建筑工程有限责任公司
地址：重庆市九龙坡区石桥铺石小路164号
……Tel：023-68624634
重庆迪灿科技有限公司
地址：重庆市九龙坡区科园一路166-1号12-1号
……Tel：023-68627997
重庆山顿科技有限公司
地址：重庆市九龙坡区石桥铺华宇名都小区20号1-1号
……Tel：023-68630202
重庆群瑞科技有限公司
地址：重庆市九龙坡杨家坪西郊二村57栋2-4号
……Tel：023-68635368
重庆业远实业有限公司
地址：重庆市渝北区泰山大道东段118号附12号
……Tel：023-68650105
重庆华宇业和实业有限公司
地址：重庆市渝北区泰山大道东段118号4-7号
……Tel：023-68650105
重庆华宇业玺实业有限公司
地址：重庆市渝北区泰山大道东段118号6-5号
……Tel：023-68650105
重庆红星美凯龙博览家居生活广场有限责任公司
地址：重庆市九龙坡区迎宾大道11号
……Tel：023-68681876
重庆悟空科技有限公司
地址：重庆市九龙坡区杨家坪珠江路48号4幢30-12#
……Tel：023-68689298
重庆才德科技有限公司
地址：重庆市九龙坡区科创路8号附15-7号
……Tel：023-68692395
重庆曜正科技有限责任公司
地址：重庆市九龙坡区渝州路街道石桥铺渝州路18号第9层908室
……Tel：023-68695649
重庆中铁信计算机工程有限公司
地址：重庆市九龙坡区石桥铺科园一路3号渝高大厦5-10
……Tel：023-68696136
重庆电信系统集成有限公司
地址：重庆市渝中区大坪正街51号
……Tel：023-68721432
重庆市通信建设有限公司
地址：重庆市九龙坡区歇台子科园四路257号3、4层
……Tel：023-68721696
重庆亮博科技有限公司
地址：重庆市渝北区红锦大道498号佳乐紫光1幢29-1
……Tel：023-68791597
重庆丰耘科技有限公司
地址：重庆市九龙坡区石小路195号（渝景新天地）4幢25-1号
……Tel：023-68791691
重庆旭永科技发展有限公司
地址：重庆市九龙坡区火炬大道69号重庆启迪科技园2号楼1层104室、105室、106室及前厅
……Tel：023-68797828
国药集团重庆医药设计院有限公司
地址：重庆市渝中区大坪正街8号
……Tel：023-68811174
重庆巨能建设集团建筑安装工程有限公司
地址：重庆市渝中区长江二路177号附11号6幢
……Tel：023-68811698
重庆建工渝远建筑装饰有限公司
地址：重庆市两江新区金开大道1596号（办公楼）10层
……Tel：023-68824249
重庆金凤建筑（集团）有限公司
地址：重庆市九龙坡区金凤镇正街98号
……Tel：023-68962168
重庆新洲建筑工程有限公司
地址：重庆市南川区金山大道19号1幢
……Tel：023-71451999
华通电脑（重庆）有限公司
地址：重庆市涪陵区盘龙路21号
……Tel：023-72131111
重庆新一兴建设工程有限公司
地址：重庆市涪陵区高笋塘路18号

…………………… Tel：023-72233750

重庆市吉力建设集团有限公司
地址：重庆市涪陵区滨江大道二段216号1幢第4层
…………………… Tel：023-72259332

重庆群洲实业集团有限公司
地址：重庆市涪陵区万汇路66号3幢涪陵建筑业大厦21楼1-6
…………………… Tel：023-72725111

重庆市量劲科技有限公司
地址：重庆市石柱土家族自治县下路街道金溪路21号
…………………… Tel：023-73316377

重庆暹钭实业集团有限公司
地址：重庆市黔江区城东街道办事处解放路杨柳街
…………………… Tel：023-79226333

东原房地产开发集团有限公司
地址：重庆市南岸区南坪镇白鹤路108号负1层商业202室
…………………… Tel：023-81155566

中移物联网有限公司
地址：重庆市南岸区玉马路8号科技创业中心融英楼4楼56号（经开区拓展区内）
…………………… Tel：023-81390022

重庆世纪九鑫实业集团有限公司
地址：重庆市北部新区栖霞路18号24幢1单元1-1
…………………… Tel：023-85063999

重庆九永高速公路建设有限公司
地址：重庆市永川区永和大道666号
…………………… Tel：023-85352602

重庆建工工业有限公司
地址：重庆市江津区珞璜工业园B区
…………………… Tel：023-85556100

重庆市丰泰箱包制造有限公司
地址：重庆市丰都工业园区水天坪工业园14#标准厂房
…………………… Tel：023-85599889

重庆渝视科技发展有限公司
地址：重庆市经开区南坪西路66号1幢18-2号
…………………… Tel：023-86119057

重庆罡立科技有限责任公司
地址：重庆市九龙坡区科园一路6号16-1
…………………… Tel：023-86158878

重庆圆刚智能工程有限公司
地址：重庆市南岸区丹龙路78号3A23-2
…………………… Tel：023-86171731

重庆软汇科技股份有限公司
地址：重庆市九龙坡区科园一路73号附14-7号
…………………… Tel：023-86186608

重庆奇派电子有限公司
地址：重庆市九龙坡区渝州路126号1-8-1号
…………………… Tel：023-86197888

中国联合网络通信有限公司重庆市大渡口区分公司
地址：重庆市大渡口区春晖路街道翠柏路101号4幢5-3
…………………… Tel：023-86661624

重庆两江水务有限公司
地址：重庆市江北区鱼嘴镇东风路146号
…………………… Tel：023-86729016

重庆硕远科技有限公司
地址：重庆市渝北区龙溪街道金龙路259号财信.城市国际10幢26-8
…………………… Tel：023-86789637

重庆正德科技股份有限公司
地址：重庆市渝中区青年路7号39-7#
…………………… Tel：023-86793888

重庆思源建筑技术有限公司
地址：重庆市北部新区高新园木星科技发展中心（木星科技大厦厂房二区3-1#）
…………………… Tel：023-86817000

重庆天之旺网络科技有限公司
地址：重庆市沙坪坝区金沙国际商务公寓B-2-8号
…………………… Tel：023-86875000

重庆市万州区恒丰水电设备工程有限公司
地址：重庆市万州区鸽子沟72号
…………………… Tel：023-87682055

重庆兴达实业（集团）有限公司
地址：重庆市涪陵区太极大道3号4-1
…………………… Tel：023-87809910

重庆三峰卡万塔环境产业有限公司
地址：重庆市大渡口区建桥工业园建桥大道5号
…………………… Tel：023-88055000

重庆卡典科技发展有限公司
地址：重庆市九龙坡区石新路156号2单元25-8号
…………………… Tel：023-88115290

重庆金融后援服务有限公司
地址：重庆市江津区双福镇双福工业园区拆迁安置综合楼A区1幢2-2号
…………………… Tel：023-88125803

北京京邦达贸易有限公司石柱分公司
地址：重庆市石柱县南宾街道双庆社区人民小区第一栋第二单元底楼
…………………… Tel：023-88176315

重庆彩强智能科技有限公司
地址：重庆市九龙坡区杨家坪珠江路48号4幢26-9号
…………………… Tel：023-88194680

重庆乾曙丰实业有限公司
地址：重庆市九龙坡区火炬大道101号9-13号
…………………… Tel：023-88239693

重庆中感乾元实业有限公司
地址：重庆市南岸区玉马路8号科技创业中心融英楼8楼48号（经开区拓展区内）
…………………… Tel：023-88327266

重庆航空有限责任公司
地址：重庆市渝北区双凤桥街道江北机场内
…………………… Tel：023-88358001

重庆启程援助科技有限公司
地址：重庆市渝中区中山三路161号13层整层
…………………… Tel：023-88366811

重庆紫光华山智安科技有限公司
地址：重庆市北碚区云汉大道117号附386号
…………………… Tel：023-88500666

重庆国梦科技有限公司
地址：重庆市南岸区玉马路8号科技创业中心融慧楼1-4、6号
…………………… Tel：023-88608733

艺真文化产业集团有限公司
地址：重庆市渝中区新华路4号附1号2110#
…………………… Tel：023-88658987

重庆先迈通信技术有限公司
地址：重庆市江津区几江街道金钗井2号楼
…………………… Tel：023-88672602

重庆麦金科技有限公司
地址：重庆市九龙坡区火炬大道69号启迪科技园3号楼3F-Q004,3F-Q005
…………………… Tel：023-88717501

重庆航星实业有限公司
地址：重庆市渝北区回兴街道食品城大道18号重庆广告产业园3幢2-1底楼
…………………… Tel：023-88726151

重庆快星新能源汽车有限公司
地址：重庆市北部新区云竹路21号2号楼B栋1-6层
…………………… Tel：023-88793003

中国联合网络通信有限公司重庆市江北区分公司
地址：重庆市江北区观音桥街道杨河一村78号
…………………… Tel：023-88880114

润生药业有限公司
地址：重庆市北碚区水土高新技术产业园云汉大道5号附190号
…………………… Tel：023-88938261

重庆优标通信技术有限公司
地址：重庆市北部新区黄山大道中段杨柳路2号重科院B区B3-0405
…………………… Tel：023-88956698

重庆威斯登科技有限公司
地址：重庆市北部新区黄山大道中段56号渝兴广场B1幢18楼
…………………… Tel：023-88956839

重庆泰之睿建筑工程有限公司
地址：重庆市南岸区南滨路83号附5号3-8
…………………… Tel：023-89027443

重庆苏宁易购销售有限公司
地址：重庆市渝中区八一路177号雨田商务大厦
…………………… Tel：023-89068800

重庆硕德信息技术有限公司
地址：重庆市九龙坡区石新路2号1幢1单元15-9号
…………………… Tel：023-89128455

重庆市江北区惠中小额贷款股份有限公司
地址：重庆市江北区永平门街14号13-1-1
…………………… Tel：023-89197706

重庆王一科技有限公司
地址：重庆市九龙坡区兰美路752号附2-4-3
…………………… Tel：023-89663452

河北省

邯郸市第二建筑安装有限公司
地址：邯郸市邯山区邯山南大街83号
…………………… Tel：0310-3065299

河北翘楚电子科技有限公司
地址：邯郸经济开发区中船路南侧
…………………… Tel：0310-3131313

河北毅臻保安服务有限公司
地址：河北省邯郸市峰峰矿区滏阳东路54号2楼200-201室
…………………… Tel：0310-3156665

邯郸市安装工程有限公司
地址：邯郸市丛台区中华北大街268号
…………………… Tel：0310-3286982

邯郸市利思发尔电子科技有限公司
地址：河北省邯郸市魏县经济开发区创业大街1号
…………………… Tel：0310-3568696

河北新武安钢铁集团有限公司
地址：河北省武安市桥西路6 4号
…………………… Tel：0310-3716769

邯郸人和新天地公共设施有限公司
地址：邯郸市邯山区陵西大街与和平路交叉口地下一层
…………………… Tel：0310-4097022

河北中基建业建设有限公司
地址：河北省邯郸市成安工业园区聚良大道北7号
…………………… Tel：0310-5509688

河北智谷电子科技有限责任公司
地址：邯郸开发区联通南路16号25层2506房间
…………………… Tel：0310-56297777

万合集团股份有限公司
地址：邯郸市邯山区邯马大街与古城纬三路交叉口东北角
…………………… Tel：0310-5801180

冀中能源国际物流集团有限公司
地址：河北省邯郸市经济开发区美的路88号
…………………… Tel：0310-5801894

邯郸市邯钢集团汇达汽车运输有限公司
地址：邯郸市复兴区车营路七十号
…………………… Tel：0310-6072361

河北电力装备有限公司
地址：邯郸市丛台区电厂街80号
…………………… Tel：0310-6262275

邯郸市荣达房地产开发有限公司
地址：河北省邯郸市丛台区丛东路201号
…………………… Tel：0310-7101009

河北汉光重工有限责任公司
地址：河北省邯郸市经济开发区和谐大街8号
…………………… Tel：0310-7208799

河北辰翔建筑安装集团有限公司
地址：河北省邯郸市东柳西街3号
…………………… Tel：0310-8011171

河北华际航空科技有限公司
地址：河北省邯郸市经济开发区文明路11号北洋科技大厦A座515室
…………………… Tel：0310-8011199

邯郸市恒升建安有限公司
地址：曲周县曲周镇胜利路472号
…………………… Tel：0310-8892478

河北未名信息技术有限公司
地址：河北省石家庄市新华区石获北路36号2号楼B座1501室
…………………… Tel：0311-60820002

河北启天电子技术有限公司
地址：石家庄桥西区裕华西路乐活时尚广场B座20层
…………………… Tel：0311-66030737

石家庄启原和科技有限公司
地址：石家庄新华区民族路69号女人世界721室
…………………… Tel：0311-66043636

河北迎帆通信股份有限公司
地址：河北省石家庄市裕华区方文路2号众美商务公馆28B-1-3楼
…………………… Tel：0311-66500001

河北广电信息网络集团股份有限公司
地址：河北省石家庄市裕华区黄河大道118号
…………………… Tel：0311-66681566

河北广电信息网络集团股份有限公司
地址：河北省石家庄市裕华区黄河大道118号
…………………… Tel：0311-66681566

河北艾维通信有限公司
地址：河北省石家庄市长安区胜利北街350号院内3楼
…………………… Tel：0311-66683111

中绎建设科技集团有限公司
地址：石家庄高新区天山大街266号方大科技园8号楼201室
…………………… Tel：0311-66685096

人天通信集团有限公司
地址：石家庄高新区黄河大道136号科技中心2号楼9层
…………………… Tel：0311-66685588

河钢股份有限公司
地址：石家庄市体育南大街385号
…………………… Tel：0311-66770709

河北新磁信息技术有限公司
地址：河北省石家庄市长安区建设南大街29号众鑫大厦0713室
…………………… Tel：0311-67667969

河北信通致远信息技术有限公司
地址：石家庄市长安区广安大街29号新建3-2-1603
…………………… Tel：0311-67690602

石家庄爱信科技有限公司
地址：石家庄裕华区东岗路150号尚东绿洲2-2-601
…………………… Tel：0311-67695505

石家庄格林赛尔科技有限公司
地址：石家庄市新石北路395号爱普大厦10层1005
…………………… Tel：0311-67795132

河北瀚洋科技股份有限公司
地址：石家庄市新石北路368号金石工业园4号楼南配楼8号屋
…………………… Tel：0311-67798688

河北建工集团装饰工程有限公司
地址：河北省石家庄市桥西区石获南路66号建工大厦A座13、14楼
…………………… Tel：0311-67903380

河北同发铁路工程集团有限公司
地址：河北省石家庄市桥西区南二环西路31号昊邦大厦22层B2212室
…………………… Tel：0311-68025099

中京建设集团有限公司
地址：河北省石家庄市桥西区维明南大街389号中京国际25层
…………………… Tel：0311-68098818

河北新宇宙电动车有限公司
地址：元氏县段村(石家庄装备制造基地元氏区)
…………………… Tel：0311-68105355

石家庄集思信息技术有限公司
地址：石家庄长安区建华北大街19号
…………………… Tel：0311-69005440

卓信通信股份有限公司
地址：石家庄长安区育园街33号
…………………… Tel：0311-69039946

瑞和安惠项目管理集团有限公司
地址：石家庄市建设南大街269号河北师大科技园综合楼B座11层
…………………… Tel：0311-69052096

石家庄建工集团有限公司
地址：石家庄桥西区中华南大街517号
…………………… Tel：0311-69092631

河北海畅通信技术有限公司
地址：河北省石家庄市桥西区建设南大街150号国富华庭2栋5单元402号
…………………… Tel：0311-69113318

右家庄赛维斯通信信息咨询有限公司
地址：石家庄市裕华区翟营南大街49号4楼
…………………… Tel：0311-80695289

河北英创科技有限公司
地址：河北省石家庄市长安区向阳路2号盛阳门大厦2-2207
…………………… Tel：0311-80720098

河北兴陌科技有限公司
地址：石家庄高新区湘江道1号
…………………… Tel：0311-80792778

河北弗斯德信息技术有限公司
地址：石家庄市长安区建华南大街82号
…………………… Tel：0311-80855508

河北三佳润尚商贸有限责任公司
地址：石家庄市裕华区槐安东路166号金马商业街2号楼4层
…………………… Tel：0311-80970200

石家庄吉晟科技有限公司
地址：石家庄裕华区翟营南大街66号
…………………… Tel：0311-80979550

河北交投智能交通技术有限责任公司
地址：石家庄市桥西区新石北路52号
…………………… Tel：0311-80982308

河北德创检测服务有限公司
地址：河北省石家庄市鹿泉区鹿岛V谷科技工业园15号楼三层
…………………… Tel：0311-82197788

河北华讯通信工程有限公司
地址：石家庄市鹿泉区上庄镇富丽花园联体住宅楼7号别墅
…………………… Tel：0311-82223333

河北恒讯达信息科技有限公司
地址：河北省石家庄市桥西区裕华西路128号乐活大厦B座20层2009室
…………………… Tel：0311-83035128

河北耀盈通信技术有限公司
地址：河北省石家庄市长安区中山东路600号谈固新村3-1-102
…………………… Tel：0311-83117666

石家庄邦讯信息系统有限公司
地址：石家庄市桥西区中华南大街412号新石小区1号楼2单元401号
…………………… Tel：0311-83606483

石家庄耐斯特科技有限公司
地址：河北省石家庄市桥西区师范街与槐安路交叉口西北角
…………………… Tel：0311-83608556

石家庄久源科技有限公司
地址：石家庄市桥西区新石北路380号1-3-301号
…………………… Tel：0311-83665818

河北中核石辐科技有限责任公司
地址：石家庄市鹿泉区大河镇北故城村
…………………… Tel：0311-83801396

河北海鹰环境安全科技股份有限公司
地址：石家庄高新区裕华东路311号星际中心A座1001室
…………………… Tel：0311-83806119

石家庄鼎瑞通力科技有限公司
地址：石家庄市新华区西三庄西街4号1-1-401号
Tel：0311-83812288

河北星河科技开发有限公司
地址：石家庄市桥西区汇丰路68-1号
Tel：0311-83821558

中海外交通建设有限公司
地址：中国（河北）自由贸易试验区曹妃甸片区曹妃甸新城御景湾B区201号楼1单元106-582室
Tel：0311-83836785

河北信科通信工程有限公司
地址：河北省石家庄市鹿泉区获鹿镇杨庄村西
Tel：0311-83884922

河北神通光电科技有限公司
地址：石家庄市鹿泉开发区昌盛大街21号
Tel：0311-83933022

中电科工程建设有限公司
地址：石家庄市鹿泉高新区昌盛大街信息产业园
Tel：0311-83933200

河北建通消防设施技术有限公司
地址：河北省石家庄市桥西区槐安西路88号卓达商务大厦B-411室
Tel：0311-83997255

中建一局集团第六建筑有限公司
地址：河北省石家庄市长安区中山东路４３２号
Tel：0311-85051077

石家庄市万维通信技术有限公司
地址：河北省石家庄市裕华区塔南路39号
Tel：0311-85055109

石家庄友信科技有限公司
地址：河北省石家庄市裕华区东岗路299号蓝郡名邸A区9-102
Tel：0311-85085880

石家庄市华正恒通通信有限公司
地址：河北省石家庄市长安区建设北大街228号东海国际31C2
Tel：0311-85085959

金大陆展览装饰有限公司
地址：石家庄市高新区珠峰大街１２０号
Tel：0311-85093833

中盛弘宇建设科技有限公司
地址：河北省石家庄市桥西区南二环与维明大街交口盛世大厦A座24层
Tel：0311-85236260

河北万宇建设工程集团有限公司
地址：石家庄市新华区新苑小区73号楼综合服务大楼3层
Tel：0311-85272229

河北启普同鑫科技有限公司
地址：石家庄高新区信工路18号4号楼2单元1702室
Tel：0311-85280016

河北鸿雁金融服务有限公司
地址：石家庄市桥西区友谊大街87号一楼
Tel：0311-85365773

河北斯博思创新科技有限公司
地址：河北省石家庄市长安区裕华东路207号石上大厦8层
Tel：0311-85367800

石家庄市住宅开发建设公司
地址：石家庄市长安区平安北大街3号
Tel：0311-85369788

河北天山实业集团建筑工程有限公司
地址：石家庄高新区天山大街109号
Tel：0311-85382622

河北润达通信工程有限公司
地址：石家庄市栾城区惠源路
Tel：0311-85503584

石家庄市益邦通信服务有限公司
地址：石家庄桥西区经纬胡同3号
Tel：0311-85831150

河北通讯科技有限公司
地址：河北省石家庄市长安区和平东路336-2号时代方舟A-1-601
Tel：0311-85857810

石家庄世纪朝阳实业有限责任公司
地址：石家庄裕华区青园街２７５号
Tel：0311-85871594

求实科技集团有限公司
地址：河北省石家庄市桥西区胜利南街118号塔坛国际商贸城5号写字楼2406室
Tel：0311-85880368

河北信通通信工程有限公司
地址：石家庄长安区十二化建宿舍5-201室
Tel：0311-85893355

河北仁方计算机科技有限公司
地址：新石北路368号2号楼211室
Tel：0311-86020733

石家庄正德众合信息技术有限公司
地址：石家庄市桥西区建设南大街80号恒辉大厦
Tel：0311-86021337

石家庄中诚建筑集团有限公司
地址：石家庄市长安区北二环东路78号天洲国际中心22层
Tel：0311-86063602

河北国控国际物流有限公司
地址：河北省石家庄市桥西区站前街10号主楼8层
Tel：0311-86273379

河北长宽网络服务有限公司
地址：河北省石家庄市高新区黄河大道136号科技中心2号楼11层1区
Tel：0311-86576660

河北力达峰通信技术有限公司
地址：石家庄长安区建设北大街47号富邦大厦532室
Tel：0311-86669111

石家庄常山北明科技股份有限公司
地址：石家庄市长安区和平东路183号
Tel：0311-86673856

河北杰科通信有限公司
地址：河北省石家庄市长安区中山东路508号东胜广场B座1308
Tel：0311-86691930

河北科创明达信息科技有限公司
地址：河北省石家庄市桥西区休门街1号滨江国际A座
Tel：0311-86975332

河北力人科贸有限公司
地址：石家庄长安区建设北大街223号中浩商务楼21B
Tel：0311-86988260

石家庄思度科技有限公司
地址：石家庄高新区学苑路30号副6号傲湖铂岸底商6号商业B-06
Tel：0311-86992273

河北现代远程教育网络有限责任公司
地址：石家庄市中华北大街122号
Tel：0311-87063424

石家庄合创科技有限公司
地址：河北省石家庄市新华区中华北大街68号鹿诚商务6号楼1101
Tel：0311-87085508

石家庄市宇信通信工程有限公司
地址：河北省石家庄市桥西区环城花园生活小区16-2-101号
Tel：0311-87108303

河北天森建工集团有限公司
地址：石家庄市桥西区槐安西路88号
Tel：0311-87162769

石家庄登科自动化科技有限公司
地址：石家庄长安区北外环古城东路98号
Tel：0311-87187626

河北辰星飞宇网络技术有限公司
地址：石家庄市新石中路盛世御城一期7-2-701室
Tel：0311-87266018

河北信翔电子有限公司
地址：石家庄高新区湘江道319号天山科技园6栋601、602室
Tel：0311-87319125

河北国峰通信科技有限公司
地址：河北省石家庄市裕华区建设南大街168号阳光水岸A-1101
Tel：0311-87626666

石家庄永泰银信网络工程有限公司
地址：石家庄新华区红星街56号红星花园10-3-102
Tel：0311-87720008

石家庄建设集团有限公司
地址：石家庄新华区新合街２０号
Tel：0311-87883168

京铁建设集团有限公司
地址：河北省石家庄市桥西区站前街79号
Tel：0311-87927026

河北瑞天经贸有限公司
地址：正定县常山东路１号
Tel：0311-88020285

中通建工城建集团有限公司
地址：石家庄市新华区合作路328号
Tel：0311-88802001

河北网星软件有限公司
地址：石家庄市新石北路368号金石工业园区一号加速器三层
Tel：0311-88867979

河北烽联信息技术有限公司
地址：河北省石家庄市桥西区平安南大街116号雅园商务503室
Tel：0311-88995569

石家庄九派科技有限公司
地址：石家庄桥西区中山东路166号如意商务大厦00单元0914
Tel：0311-89104435

石家庄嘉诚联信科技开发有限公司
地址：河北省石家庄市桥西区槐安西路260号乐橙商务广场B座1216室
Tel：0311-89246126-801

中科恒运股份有限公司
地址：石家庄市新石北路368号物联网大厦北楼1001-1020室
Tel：0311-89257300

河北瑞业通电子科技有限公司
地址：石家庄市长安区和平东路360号广和大厦A-4-1504
Tel：0311-89619121

海湾工程有限公司
地址：石家庄市桥西区友谊南大街38号百度空间大厦20层
Tel：0311-89633866

石家庄互通电子科技有限公司
地址：河北省石家庄市长安区中山东路583号万达广场商务综合楼1F1051号
Tel：0311-89635326

石家庄常宏建筑装饰工程有限公司
地址：河北省石家庄市新华区康乐街8号尚德国际26层
Tel：0311-89659288

河北博岳通信技术股份有限公司
地址：河北省石家庄市长安区中山东路598号融通财金大厦4层
Tel：0311-89665065

河北信泰信息技术有限公司
地址：河北省石家庄市裕华区翟营南大街50号和平大厦B-601
Tel：0311-89667565

石家庄盛业天翔网络科技有限公司
地址：石家庄裕华区体育南大街维多利亚时代小区10-2-703
Tel：0311-89683999

石家庄泛安科技开发有限公司
地址：河北省石家庄市裕华区裕东街道金马路与雅清街交叉口西美MOCO大厦16层
Tel：0311-89698566

诚业工程科技集团有限公司
地址：石家庄长安区中山东路528号荣国花园12-3-402.302
Tel：0311-89699306

京鑫建设集团有限公司
地址：石家庄市裕华区嘉华路9号
Tel：0311-89860528

河北诚道通信技术有限公司
地址：河北省石家庄市长安区河纺街12号012幢
Tel：0311-89881889

河北国能信息技术有限公司
地址：石家庄长安区和平东路333号和平世家物业楼1楼东120室
Tel：0311-89893066

河北建研科技有限公司
地址：石家庄市裕华区槐中路244号
Tel：0311-89919593

河北坤展博宏科技有限公司
地址：河北省石家庄市桥西区槐安西路260号乐橙商务广场C座1601室
Tel：0311-89919678

石家庄保安服务集团国润有限公司
地址：河北省石家庄市桥西区胜利南街118号塔坛国际商贸城1号楼
Tel：0311-89921669

保定市爱城置业有限公司
地址：河北省保定市莲池区朝阳南大街2066号
Tel：0312-2194219

保定市长城实业有限公司
地址：河北省保定市莲池区朝阳南大街2066号
Tel：0312-2194219

保定市爱情智能科技有限公司
地址：河北省保定市莲池区朝阳南大街2066号
Tel：0312-2194219

欧拉信息服务有限公司
地址：河北省保定市徐水区朝阳北大街（徐）199号
Tel：0312-2198576

高碑店市建筑企业（集团）公司
地址：高碑店市迎宾路广场北１号
Tel：0312-2912017

河北中创盈和通信科技有限公司
地址：保定市天鹅西路333号世纪大厦11层1103号
Tel：0312-3100326

保定市天河电子技术有限公司
地址：保定市恒滨路99号
Tel：0312-3100882

保定国家高新技术产业开发区发展有限公司
地址：保定市创业路１１８号
Tel：0312-3108896

河北鼎点网络技术有限公司
地址：保定市复兴中路3108号康泰国际9层1单元1号房
Tel：0312-3131331

河北鑫鸿通讯科技有限公司
地址：保定市朝阳北大街899号沃豪星城A座7层720室
Tel：0312-3280816

中为建筑工程有限公司
地址：保定市五四西路139号
Tel：0312-3300733

河北白云建工集团有限公司
地址：保定市东风西路11号
Tel：0312-3310780

河北建设集团装饰工程有限公司
地址：河北省保定市清苑区发展西路388号
Tel：0312-3311005

伟创控股有限公司
地址：保定市竞秀区向阳南大街859号商办综合楼513室
Tel：0312-33255996

保定华创电气有限公司
地址：保定市风能街550号
Tel：0312-3336706

雄安振华有限公司
地址：河北省保定市容城县容城镇北关村罗萨大街118-1号
Tel：0312-5676980

中国通信建设第五工程局有限公司保定分公司
地址：保定市东风中路铁塔胡同88号车队楼
Tel：0312-5885365

保定变压器配件有限公司
地址：保定市竞秀区江城路339号
Tel：0312-5900528

保定市中联通信技术有限公司
地址：保定市东风西路16号保定竞秀大学生创新基地内410-2室
Tel：0312-5958900

河北恒东文化发展集团有限公司
地址：保定市裕华路华创广场555号写字楼1404室
Tel：0312-6778000

河北康城建设集团有限公司
地址：河北省定兴县东城开发区
Tel：0312-6929801

河北虹银泵业股份有限公司
地址：河北省保定市满城区工业街713号
Tel：0312-7071336

保定市贝尔电子有限公司
地址：保定市裕华西路245号
Tel：0312-7510810

河北九华勘查测绘有限责任公司
地址：保定市天鹅中路９９９号
Tel：0312-7519801

中铁建电气化局集团科技有限公司
地址：高碑店市西大街建国胡同9号
Tel：0312-7938598

张家口建筑工程集团有限公司
地址：张家口桥东区建设东街６２号
Tel：0313-2015181

张家口三和路桥有限公司
地址：张北县张北镇汽配城8号楼三楼
Tel：0313-2732380

张家口市第五建筑有限责任公司
地址：张家口市宣化区大西街39号
Tel：0313-3163180

中能华源大数据有限公司
地址：河北省张家口市经济开发区奥林星城小区25幢1-1104号
Tel：0313-3585456

河北广电网络集团宣广有限公司
地址：河北省张家口市宣化区永安街4号
Tel：0313-3885988

张家口家东科技有限公司
地址：河北省张家口市桥东区站前东大街28号河北国控北方硅谷高科新城11号楼三层南侧3-3
Tel：0313-4038783

中煤张家口煤矿机械有限责任公司配件制造有限公司
地址：张家口市桥东区胜利中路6号
Tel：0313-4082977

张北云联数据服务有限责任公司
地址：张北县宏昊路1号经济开发区办公楼408房间
Tel：0313-5300199

张家口市鑫盛建筑工程有限公司
地址：张家口桥东区张宣公路２１号１号楼
Tel：0313-5808995

张家口城通网络工程投资有限公司
地址：张家口市桥东区站前东大街28号河北国控北方硅谷高科新城1号楼
Tel：0313-5866766

张家口家晟实业发展有限公司
地址：河北省张家口市高新区钻石南路17号丰泰风光苑小区4号
Tel：0313-5882009

张家口通泰大数据信息服务有限公司
地址：张家口市桥东区站前东大街28号河北国控硅谷高科新城6号楼
Tel：0313-5889987

张家口市国泰通信有限公司
地址：张家口高新区纬三路世纪豪园小区20号辽海国际308室
Tel：0313-5903301

张家口市第四建筑工程有限责任公司
地址：张家口市宣化区东马道２号
Tel：0313-5972929

河北鸿翔建工集团有限责任公司
地址：怀来县沙城镇府前东街鸿翔大厦B座6楼
Tel：0313-6216546

河北台康通信技术有限公司
地址：张家口市怀来县沙城经济开发区

……Tel：0313－6809194

怀来秦淮数据技术有限公司
地址：怀来县桑园镇黄营村村委会院内
……Tel：0313－7055146

承德市政建设集团有限公司
地址：河北省承德市双桥区机场新区南段嘉和广场第11幢22层A2201号办公
……Tel：0314－2065529

承德长城建设集团有限公司
地址：河北省承德市承德县下板城镇迎宾路文体活动三馆两中心B座办公楼
……Tel：0314－3011683

承德广通信息网络有限公司
地址：承德市开发区南区数字电视传输中心
……Tel：0314－5921009

承德天工建筑安装工程有限公司
地址：河北省承德市双滦经济开发区滦河新街25号
……Tel：0314－7559396

北旺建设集团有限公司
地址：河北省承德市丰宁满族自治县经济开发区开发区路28号
……Tel：0314－8069988

唐山永进科技有限公司
地址：河北省唐山市路北区建华西道25－1号6层
……Tel：0315－2020929

唐山市智科建筑安装工程有限公司
地址：河北省唐山市曹妃甸区唐海镇长丰路69号
……Tel：0315－2212031

中益诚达建设集团有限公司
地址：曹妃甸工业区中日生态工业园区
……Tel：0315－2382620

河北钢铁集团矿业有限公司
地址：唐山路北区建设北路81号
……Tel：0315－2793140

方舟建设集团有限公司
地址：唐山路北区煤医道46号
……Tel：0315－2819453

唐山市全泰建筑安装工程有限公司
地址：唐山路南区唐古路立交桥西南侧
……Tel：0315－2861333

唐山电力建筑安装有限公司
地址：河北省唐山市路北区贾庵道南侧
……Tel：0315－2905426

河北唐山广厦建设（集团）有限责任公司
地址：唐山开平区新苑路67号
……Tel：0315－3366699

河北华发教育科技股份有限公司
地址：唐山高新技术产业开发区大庆西道633号－4号楼2层
……Tel：0315－3438868

鼎石物流股份有限公司
地址：河北省唐山市古冶区林西道南马东路东
……Tel：0315－3450005

唐山不锈钢有限责任公司
地址：唐山古冶区唐家庄
……Tel：0315－3768801

河钢乐亭钢铁有限公司
地址：河北乐亭经济开发区
……Tel：0315－4058016

唐山开用网络信息服务有限公司
地址：唐山高新技术产业园区庆北道39号
……Tel：0315－5068388

唐山盛华世家仓储购物有限公司
地址：高新区老庄子村
……Tel：0315－5398838

唐山建设集团有限责任公司
地址：唐山路南区国防道２１号
……Tel：0315－5526095

唐山市燕南制锹有限公司
地址：河北省唐山市滦南县城东王土村南
……Tel：0315－5608562

唐山友利焦化有限公司
地址：迁西县经济开发区东区（迁西县尹庄乡忍字口村南）
……Tel：0315－5687766

河北壳牌石油销售有限公司
地址：河北省石家庄市新华区西三庄街256号格澜商务办公楼17层1713室
……Tel：0315－5781003

河北玉核科技有限公司
地址：河北省唐山市玉田县彩亭桥镇彩河东村
……Tel：0315－6166808

遵化建龙节能环保机械有限公司
地址：河北省唐山市遵化市遵化镇建设南路32号
……Tel：0315－6640161

中信重工开诚智能装备有限公司
地址：高新区火炬路183号
……Tel：0315－6712209

水山建筑工程有限公司
地址：唐山开平区开平建材市场
……Tel：0315－6735522

唐山亚特专用汽车有限公司
地址：高新区贾庵道
……Tel：0315－7729517

唐山城市建筑工程集团有限公司
地址：唐山市建设北路39号
……Tel：0315－7877780

华能曹妃甸港口有限公司
地址：中国（河北）自由贸易试验区曹妃甸片区曹妃甸区置业道5号港口贸易大厦B7013
……Tel：0315－8836138

华能曹妃甸港口有限公司
地址：中国（河北）自由贸易试验区曹妃甸片区曹妃甸区置业道5号港口贸易大厦B7013
……Tel：0315－8836138

源顺相合（唐山）科技发展集团有限公司
地址：河北省唐山市路北区大理街道办事处北新西道
……Tel：0315－8990189

河北佳峰网络技术有限公司
地址：廊坊市新世纪步行街第二大街B座11号
……Tel：0316－2089799

冀北中原园林有限公司
地址：廊坊开发区耀华道27号2幢2层
……Tel：0316－2090299

河北东百通信工程有限公司
地址：廊坊市广阳区凯悦花园第13－14#楼1单元6层602号房
……Tel：0316－2168168

河北乐聪网络科技股份有限公司
地址：廊坊市广阳区天利得益商务中心一期1－1－1008
……Tel：0316－2197222

中太建设集团股份有限公司
地址：廊坊市广阳道20号
……Tel：0316－2228111

廊坊开发区景城网络有限公司
地址：廊坊开发区凤仪道香邑廊桥B区C1幢1102号房
……Tel：0316－2235710

远通建工集团有限公司
地址：廊坊市广阳区和平路９３号
……Tel：0316－2236928

新奥集团股份有限公司
地址：河北省廊坊市经济技术开发区廊坊经济技术开发区华祥路
……Tel：0316－2599875

廊坊发展股份有限公司
地址：廊坊市广阳区凯创大厦第1幢2单元22层2－2208
……Tel：0316－2766199

河北讯成网络科技有限公司
地址：河北省廊坊市经济技术开发区金源道56－1号2幢、3幢
……Tel：0316－2771111

廊坊智慧环境生态产业研究院有限公司
地址：河北省廊坊市经济技术开发区三号路8号8幢
……Tel：0316－2809732

光环云谷科技有限公司
地址：三河市燕郊高新区创意谷街454岩峰高新产业园
……Tel：0316－3090081

河北泰盈通信外包服务有限公司
地址：三河市燕郊迎宾北路西侧、孤山西路北侧百世金谷燕郊国际产业基地X04－B
……Tel：0316－3091145

河北拓为工程设计有限公司
地址：廊坊市广阳区新华路50号万达广场C座16层
……Tel：0316－5213688

河北霞光电力工程集团有限公司
地址：河北省廊坊市广阳区爱民东道328甲
……Tel：0316－5218880

河北军勤科技发展有限公司
地址：廊坊市广阳区北旺乡西村村025号廊坊市圆企梦创业孵化器有限公司内B区008号(限办公)
……Tel：0316－5550978

霸州市云谷电子科技有限公司
地址：河北省廊坊市霸州市经济开发区电子信息产业园泰山路东
……Tel：0316－5689882

长城重型机械制造有限公司
地址：河北省廊坊市三河市燕郊高新区迎宾北路852号
……Tel：0316－5759977

荣盛建筑设计有限公司
地址：香河现代产业园和园路2号
……Tel：0316－5765668

富智康精密电子（廊坊）有限公司
地址：廊坊市安次区建设南路369号
……Tel：0316－5898888

云谷（固安）科技有限公司
地址：河北省廊坊市固安县新兴产业示范区
……Tel：0316－5926622

峰杰技术有限公司
地址：廊坊市广阳区新华路115号
……Tel：0316－6061866

中油管道建设工程有限公司
地址：河北省廊坊市广阳区爱民东道158号
……Tel：0316－6070422

威卢克斯（中国）有限公司
地址：河北省廊坊市经济技术开发区百合道21号
……Tel：0316－6072737

润泽科技发展有限公司
地址：廊坊经济技术开发区楼庄路9号
……Tel：0316－6075858

中海金城（廊坊）建设工程有限公司
地址：河北省廊坊市广阳区华夏奥韵第23幢1单元7层702号房
……Tel：0316－6517888

东之乔科技有限公司
地址：河北省廊坊市经济技术开发区创业路东侧、云鹏道南侧联东U谷－廊坊科技企业园（A区）11#－C厂房207
……Tel：0316－7166666

廊坊市朝辉建筑工程有限公司
地址：廊坊市广阳区新世界中心第2幢1单元5层514号房
……Tel：0316－8111116

河北腾达新秀科技股份有限公司
地址：沧州市运河区西环南大街新闻大厦5楼
……Tel：0317－2109699

瑞安达电缆有限公司
地址：任丘市开发区金华路
……Tel：0317－2297180

河北华北石油商业有限公司
地址：任丘市会战道
……Tel：0317－2723451

宝石花华北医疗健康管理有限公司
地址：河北省沧州市任丘市会战道路西
……Tel：0317－2751037

河北北洋电子有限公司
地址：沧州市新华区交通大街天成门市301号
……Tel：0317－3077560

河北世窗信息技术股份有限公司
地址：河北省沧州市高新技术产业开发区河北工业大学科技园2号楼418室
……Tel：0317－3079991

河北磊刚建设工程集团有限公司
地址：沧州市运河区御河路金鼎大厦A座二楼
……Tel：0317－3207877

任丘市金盾保安服务有限公司
地址：华油综合五处科研小区电视台小区24号楼1单元
……Tel：0317－3333096

河北天昕建设集团有限公司
地址：河北省沧州市运河区北京路天昕大厦九层
……Tel：0317－5301212

河北海滨建工集团有限公司
地址：黄骅市西环路
……Tel：0317－5335535

神华黄骅港务有限责任公司
地址：沧州渤海新区神华集团黄骅港生活区
……Tel：0317－5388502

黄骅港勤裕劳动服务有限公司
地址：沧州渤海新区千吨码头
……Tel：0317－5767850

河北金品建筑工程集团有限责任公司
地址：沧州市运河区朝阳南路7号
……Tel：0317－7972977

联塑市政管道（河北）有限公司
地址：河北省任丘市北辛庄乡牛村工业区
……Tel：0317－8158168

河北方泽建筑工程集团有限公司
地址：沧州市运河区迎宾大道建业大厦1901
……Tel：0317－8698209

河北盛德建筑工程有限公司
地址：河北省沧州市南皮县南皮镇西环路
……Tel：0317－8854957

河钢集团衡水板业有限公司
地址：武邑县新区（欢龙庄村西南）
……Tel：0318－2123762

河北冀领科技有限公司
地址：河北省石家庄市长安区北华街8号光华里小区6号住宅楼01单元1203
……Tel：0318－2152986

河北莺阵智能化工程有限公司
地址：河北省衡水市桃城区中华南大街1588号恒大绿洲19号写字楼1402室
……Tel：0318－5109000

河北中京电器有限公司
地址：武邑经济开发区欢龙路与文昌街西北角
……Tel：0318－5236866

中国电信集团有限公司武邑分公司
地址：武邑县建设东路北侧
……Tel：0318－5877477

河北金鼎建筑工程集团有限责任公司
地址：衡水市桃城区中华南大街165号
……Tel：0318－6012736

安平县网之都公共交通有限公司
地址：安平县保衡路与兴安大道交叉口西南角
……Tel：0318－7567788

河北华强科技开发有限公司
地址：河北省衡水市枣强县城东环北路
……Tel：0318－8265106

河北空调工程安装有限公司
地址：枣强县胜利北路1199号
……Tel：0318－8565899

河北广电网络集团冀州有限公司
地址：衡水市冀州区金鸡北大街1199号
……Tel：0318－8610656

冀州中意复合材料股份有限公司
地址：冀州市南桥大街１４号
……Tel：0318－8638100

河北时代电子有限公司
地址：邢台市桥西区中兴西大街4号1#楼
……Tel：0319－2020555

中钢集团邢台机械轧辊有限公司
地址：河北省邢台市信都区新兴西大街1号
……Tel：0319－2116229

中基华工程管理集团有限公司
地址：邢台市桥西区泉北西大街500－1号
……Tel：0319－2299188

邢台中燃能源发展有限公司
地址：邢台县龙冈经济开发区
……Tel：0319－2568811

河北信玉通信工程有限公司
地址：邢台经济开发区中兴东大街1889号河北工业大学科技园（邢台）园区14号楼02房间
……Tel：0319－3979777

垫富宝投资有限公司
地址：河北省邢台市新河县新兴街西侧、和谐路北侧
……Tel：0319－4986728

河北韩一电缆有限公司
地址：邢台市大曹庄管理区工业园区
……Tel：0319－5562499

宁晋县远通安装工程有限公司
地址：宁晋县城西环路２０号
……Tel：0319－5888681

河北省内丘县天厦建设工程有限公司
地址：内丘县城解放路41号
……Tel：0319－6861964

移联网信电子商务有限公司
地址：邢台县南石门镇小陈庄村
……Tel：0319－7320091

河北智博网络技术有限公司
地址：邢台市平乡县丰州镇左冯马村北
……Tel：0319－7968666

漫弘集团有限公司
地址：河北省邢台市邢东新区东裕产业园（龙岗大街以南、振兴二路以东）6号楼3层
……Tel：0319－8206802

河北港口集团检测技术有限公司
地址：秦皇岛市海港区海滨路48号
……Tel：0335－3099688

秦皇岛丹鼎科技开发有限公司
地址：秦皇岛市海港区秦新自由港1公寓1－606号
……Tel：0335－3226752

河北信成联合科技开发有限公司
地址：秦皇岛市海港区河北大街194号203房间
……Tel：0335－3230977

秦皇岛家兴公共设施管理有限公司
地址：河北省秦皇岛市海港区文化北路副48号
……Tel：0335－3250673

秦皇岛茂业控股有限公司
地址：秦皇岛市海港区河北大街中段146号27层
……Tel：0335－3280601

秦皇岛泛亚实业有限公司
地址：秦皇岛市海港区迎宾路83号
……Tel：0335－3418099

尼特西普消防技术有限公司
地址：秦皇岛市海港区西港北路６６号
……Tel：0335－3660378

秦皇岛中油华奥销售有限公司
地址：北戴河经济技术开发区管委楼内
……Tel：0335－4029585

秦皇岛市一建建设集团有限公司
地址：秦皇岛市海港区河北大街２７０号
……Tel：0335－7669516

秦皇岛茂业房地产开发有限公司
地址：秦皇岛市海港区河北大街146号
……Tel：0335－8086982

秦皇岛中冠环保工程有限公司
地址：秦皇岛市经济技术开发区峨嵋山中路8号2楼211号
……Tel：0335－8391158

中豪金山投资控股集团有限公司
地址：秦皇岛市经济技术开发区峨嵋山中路8号501－526号
……Tel：0335－8391198

河北联技安全系统有限公司
地址：河北省秦皇岛开发区长江东道80号

……………………Tel：0335－8502315
秦皇岛市泰德管业科技有限公司
地址：秦皇岛市经济技术开发区永定河道5号
……………………Tel：0335－8586151
恒业世纪安全技术有限公司
地址：秦皇岛市经济技术开发区龙海道82号
……………………Tel：0335－8691165

山西省

朔州市神头电力劳动服务公司
地址：朔州市朔城区神头镇司马泊村
……………………Tel：0349－2047496
朔州市鼎恒网络技术有限公司
地址：朔州市开发北路（华兴文化广场对面）
……………………Tel：0349－2226116
山西鸿兴软件工程有限公司
地址：忻州市开发区项目孵化基地401室
……………………Tel：0350－3121685
原平市二轻建筑工程有限公司
地址：忻州原平市平安大街
……………………Tel：0350－8277276
山西太钢不锈钢股份有限公司
地址：太原市尖草坪区尖草坪街2号
……………………Tel：0351－2134955
山西万通宏辉科技有限公司
地址：太原市小店区平阳路18号5幢1单元7层13号
……………………Tel：0351－2280158
昌陆建筑工程集团有限公司
地址：太原市万柏林区千峰南路81号1幢5层C区
……………………Tel：0351－2329900
山西卓利达科技有限公司
地址：太原市小店区南中环街265号光信国信2幢B座0901
……………………Tel：0351－2345051
山西品位文化传播有限公司
地址：太原市杏花岭区敦化南路127号87号楼1单元7号
……………………Tel：0351－2351760
国恒建设有限公司
地址：太原市杏花岭区西羊市街11号院
……………………Tel：0351－2352666
北京建工集团山西建设有限公司
地址：山西转型综合改革示范区唐槐产业园龙盛街孵化基地3号楼116室
……………………Tel：0351－2352681
山西广谐科技有限公司
地址：太原市杏花岭区五龙口街113号1幢G1006号
……………………Tel：0351－2363573
太原达德通信息技术开发有限公司
地址：太原市杏花岭区奶生堂17号1幢9层902室
……………………Tel：0351－2396111
太原工业园区民汇劳务派遣有限公司
地址：山西综改示范区太原阳曲园区锦绣大街小微企业园二期综合办公楼202
……………………Tel：0351－2413903
太原恒通和信商贸有限公司
地址：太原市小店区长风街113号B座裙楼四至六层
……………………Tel：0351－2507973
太原市宇腾物业管理有限公司
地址：太原市迎泽区滨河东路9号
……………………Tel：0351－2508005
中车太原机车车辆有限公司
地址：太原市万柏林区兴华西街129号
……………………Tel：0351－2649450
太原迅联科技有限公司
地址：太原市杏花岭区涧河路125号敦化坊综合市场二楼028号
……………………Tel：0351－3070603
山西省古建筑集团工程有限公司
地址：大同市经济技术开发区装备园区氢都北一街3号
……………………Tel：0351－3188808
山西省建筑设计研究院有限公司
地址：太原市杏花岭区府东街5号.
……………………Tel：0351－3285380
盛玖建设集团有限公司
地址：山西综改示范区太原唐槐园区龙盛街52号
……………………Tel：0351－3572958
山西广视通工程技术有限公司
地址：太原市杏花岭区解放北路16号南楼201室
……………………Tel：0351－3579162
山西省宏图建设集团有限公司
地址：太原市杏花岭区建设北路235号
……………………Tel：0351－3580193
山西乔氏实业控股集团有限公司
地址：太原市尖草坪区大同路龙康华庭青年城5号楼29层西9号
……………………Tel：0351－3667668
山西朋通建设项目管理有限公司
地址：太原市南肖墙１２号
……………………Tel：0351－3722142
山西转型综合改革示范区投资开发控股集团有限公司
地址：山西综改示范区太原唐槐园区龙城街孵化基地5号楼801室
……………………Tel：0351－3867992
山西仲凯天翔通信科技有限公司
地址：山西综改示范区太原唐槐园区龙城街5号锡和大厦8－806室
……………………Tel：0351－4070282
太原安装工程集团有限公司
地址：太原市迎泽区双塔西街111号
……………………Tel：0351－4091412
山西捷华科技有限公司
地址：山西综改示范区太原唐槐园区唐华路15号综合楼五层东
……………………Tel：0351－4115378
太原宇捷通信息科技有限公司
地址：太原市小店区亲贤北街72号金泽苑小区甲单元1902号
……………………Tel：0351－4118902
山西建投集团装饰有限公司
地址：山西综改示范区太原唐槐园区大昌路69号宇翔大厦5层
……………………Tel：0351－4120647
蓝泰物业集团有限公司
地址：太原市万柏林区长兴路1号3幢9层T3－917
……………………Tel：0351－4123899
山西博龙科技有限公司
地址：太原市杏花岭区敦化南路104号
……………………Tel：0351－4236199
国药集团山西有限公司
地址：太原市迎泽区双塔寺街18号
……………………Tel：0351－4291618
山西天镁实业有限公司
地址：山西综改示范区太原学府园区长治路227号高新国际A座1206室
……………………Tel：0351－4727212
山西思软科技有限公司
地址：山西综改示范区太原学府园区南中环街401号电子数码港A座A区4层
……………………Tel：0351－4949003
山西云时代技术有限公司
地址：山西示范区太原学府园区长治路345号
……………………Tel：0351－5221910
太原市泰瑞捷电子有限公司
地址：太原市杏花岭区五一路190号雅典金座0814
……………………Tel：0351－5228680
太原建工集团有限公司
地址：太原市杏花岭区新建路76号1幢
……………………Tel：0351－5228782
山西海捷同欣科技有限公司
地址：太原市小店区南内环街302号青龙院内A－107
……………………Tel：0351－5258338
誉海建设工程有限公司
地址：太原市杏花岭区三墙路坝陵北街裕德西里10号盛世华庭A2号楼26层
……………………Tel：0351－5262939
山西誉骋电力工程有限公司
地址：山西综改示范区太原阳曲园区府东街东段68号园区总部基地12层1201室
……………………Tel：0351－5265326
博浩科技有限公司
地址：山西综改示范区太原学府园区南中环街529号清控创新基地C座2501室
……………………Tel：0351－5289222
山西中景设工程有限公司
地址：山西综改示范区太原学府园区创业街19号方大创新园6号楼11层
……………………Tel：0351－5600654
山西蓝海鑫科技有限公司
地址：太原高新区创业街19号方大创新园1号楼702室
……………………Tel：0351－5600999
长治市智能终端产业园发展有限公司
地址：山西省长治市北一环路9号（长治国家高新区科技孵化园）
……………………Tel：0351－5603988
山西科泰航天防务技术股份有限公司
地址：太原市高新区数码路3号
……………………Tel：0351－5618610
山西省投资集团有限公司
地址：山西省太原市示范区晋阳街91号山投大厦十三层
……………………Tel：0351－5620072
山西晋美万联网络技术有限公司
地址：山西综改示范区太原唐槐园区龙盛街18号孵化基地5号楼5层530号
……………………Tel：0351－5666166
山西永辉超市有限公司
地址：太原市杏花岭区解放路175号太原龙湖万达广场B1F
……………………Tel：0351－5680986
山西中港银泰科技有限公司
地址：山西综改示范区太原学府园区长治路266号416室
……………………Tel：0351－5697275
山西梗阳新能源有限公司
地址：山西省太原市清徐县南营留焦化厂办公楼2层
……………………Tel：0351－5789825
山西诚泰建筑工程有限公司
地址：太原市万柏林区和平北路56号金域阅山小区综合办公楼1号楼2001号
……………………Tel：0351－6011589
太原理工大学建筑设计研究院
地址：太原市万柏林区迎泽西大街79号科学楼
……………………Tel：0351－6018269
山西瑞源电力工程有限公司
地址：太原市万柏林区长风西街50号晋联国际中心1303室
……………………Tel：0351－6081990
豪佳电力建设集团股份有限公司
地址：太原市万柏林区长风西街50号晋联国际中心13楼
……………………Tel：0351－6094909
山西沃泰丰科技有限公司
地址：山西综改示范区太原学府园区技术路10号1层102室
……………………Tel：0351－6138000
山西精英机电设备有限公司
地址：太原市万柏林区后王南街87号1幢5层141号
……………………Tel：0351－6187617
山西鑫博盛园林绿化工程有限公司
地址：太原市万柏林区千峰南路移村南街鸿峰花园小区10号7层701室
……………………Tel：0351－6197197
山西长城保安服务有限公司
地址：太原市迎泽区迎泽大街289号天龙大厦二层
……………………Tel：0351－6521165
山西晋西精密机械有限责任公司
地址：山西省太原市万柏林区和平北路北巷4号
……………………Tel：0351－6628516
中国太原煤炭交易中心有限公司
地址：山西省太原市万柏林区长风西街6号
……………………Tel：0351－6819888
山西科达自控股份有限公司
地址：山西综改示范区太原学府园区开拓巷12号10幢（创业大楼B座三层、一层东部）
……………………Tel：0351－7021780
山西四和交通工程有限责任公司
地址：山西示范区亚日街4号
……………………Tel：0351－7028684
山西三丰科技有限公司
地址：太原市小店区通达街万豪财富中心6号楼2608、2609室
……………………Tel：0351－7029015
太原信创通信技术有限公司
地址：山西转型综合改革示范区学府产业园产业路48号1号楼1单元3层2室
……………………Tel：0351－7029640
山西恒信基智能科技集团有限公司
地址：山西转型综合改革示范区唐槐产业园山西安泰信科技产业园C8栋801号5层
……………………Tel：0351－7030234
山西海煜盛世科技有限公司
地址：山西综改示范区太原学府园区产业路48号6幢301室
……………………Tel：0351－7030510
山西晋缘电力化学清洗中心有限公司
地址：山西综改示范区太原学府园区高新街36号
……………………Tel：0351－7031792
太原理工天成电子信息技术有限公司
地址：山西综改示范区太原学府园区理工天成信息工业园
……………………Tel：0351－7035726
山西嘉毅自动化设备股份有限公司
地址：山西综改示范区太原学府园区科技街9号3幢1602室
……………………Tel：0351－7036806
山西鑫慧林通信科技有限公司
地址：山西综改示范区太原学府园区科技街9号3幢1902A室
……………………Tel：0351－7037205
太原中铁轨道交通建设运营有限公司
地址：山西省太原市小店区长治路327号
……………………Tel：0351－7037299
山西振中电力软件有限公司
地址：太原市万柏林区长兴北街1号华润大厦T3号楼22层
……………………Tel：0351－7037635
山西和信恒通科技有限公司
地址：山西综改示范区太原学府园区发展路2号联合大厦B座1单元1502室
……………………Tel：0351－7037688
山西中交远洲鑫泽信息工程有限公司
地址：山西综改示范区太原学府园区晋阳街202号安悦广场4号楼15层1508号
……………………Tel：0351－7037707
太原优联科技有限公司
地址：山西综改示范区太原学府园区南中环街402号数码港B座6层B602号、B611号
……………………Tel：0351－7037850
山西广业建设工程有限公司
地址：太原市小店区并州南路西二巷8号
……………………Tel：0351－7055536
欧菲斯办公伙伴太原有限公司
地址：太原市迎泽区南内环东街158号（互联网＋智慧产业园D座201号）
……………………Tel：0351－7072422
国弘建设有限公司
地址：山西综改示范区太原学府园区创业街27号时代广场1709室
……………………Tel：0351－7091809
山西高科众创企业管理服务有限公司
地址：山西综改示范区太原学府园区振兴街11号1416号L室
……………………Tel：0351－7117311
太原国投商业运营管理有限公司
地址：山西省太原市晋源区新晋祠路269号泰鑫大厦7层
……………………Tel：0351－7176666
山西省邮电建设工程有限公司
地址：太原市小店区建设南路207号
……………………Tel：0351－7187343
太原市恒晋隆实业有限公司
地址：山西省太原市迎泽区朝阳街58号太原日化城二层201
……………………Tel：0351－7193502
太原市梗阳实业集团有限公司
地址：清徐县清源镇南营留村1号楼
……………………Tel：0351－7219653
山西久联网络科技有限公司
地址：太原市小店区南内环街98号颐高数码广场6036号
……………………Tel：0351－7320580
安正达电力工程有限公司
地址：山西综改示范区太原唐槐园区龙盛街高新技术企业孵化基地1号楼6层17－16
……………………Tel：0351－7326878
山西省交通信息通信有限公司
地址：山西转型综合改革示范区学府产业园南中环街529号B座1918室
……………………Tel：0351－7338053
山西省轻工建设有限责任公司
地址：太原市小店区长治路寇庄北街12号
……………………Tel：0351－7342585
山西兴电电力工程有限公司
地址：山西综改示范区太原学府园区龙兴街190号1幢B座17层1709室
……………………Tel：0351－7531708
山西直闻科技有限公司
地址：山西综改示范区太原学府园区科技街9号丹阳科技大厦805室
……………………Tel：0351－7555503
山西宁达科技有限公司
地址：太原经济技术开发区唐明路40号
……………………Tel：0351－7560299
中电科鹏跃电子科技有限公司
地址：山西综改示范区太原唐槐园区工业园彩虹街1号
……………………Tel：0351－7588389
山西宇翔信息技术有限公司
地址：山西综改示范区太原唐槐园区大昌路69号
……………………Tel：0351－7631020
山西华栋科技有限公司
地址：山西省太原市小店区南中环街200号企联大厦18层及7层703（入驻太原众孵企业孵化园服务有限公司B－76）
……………………Tel：0351－7657807
博泰建设集团有限公司
地址：山西综改示范区太原学府园区亚日街7号A座904室
……………………Tel：0351－7770771
山西光远科技有限公司
地址：山西综改示范区太原学府园区数码路3号A区
……………………Tel：0351－7778422
山西大昌汽车集团有限公司
地址：太原市小店区平阳南路88号
……………………Tel：0351－7998866
山西博玮电力工程有限公司
地址：太原市迎泽区新建路133号
……………………Tel：0351－8065585
中国能源建设集团山西省电力勘测设计院有限公司
地址：太原市迎泽区迎泽大街255号
……………………Tel：0351－8233897
山西安洽科技股份有限公司
地址：山西综改示范区太原学府园区东渠路西二巷6号智创城A座1708－1710室
……………………Tel：0351－8338223
山西极点科技有限公司
地址：太原市万柏林区西铭村南街11号
……………………Tel：0351－8339670
容海川城乡规划设计有限公司
地址：太原市尖草坪区滨河西路3号中创新大厦五、六层
……………………Tel：0351－8395095
山西海之韵信息技术有限公司
地址：山西综改示范区太原学府园区南中

环街529号C座9层0908、0909室
…………………… Tel：0351－8398701
山西友利华科技有限公司
地址：太原市小店区寇庄西路58号1幢9层23号
…………………… Tel：0351－8710148
山西晋通送变电有限公司
地址：山西综改示范区太原唐槐园区紫气东街38号
…………………… Tel：0351－8783372
山西际翱送变电安装有限公司
地址：大同市平城区恒安街北侧东方名城领域3B商业楼
…………………… Tel：0352－2104438
大同市三建集团有限公司
地址：山西省大同市平城区水泊寺街道金贸国际中心A座12层
…………………… Tel：0352－5021714
大同泰瑞集团建设有限公司
地址：山西省大同市开发区纬二路
…………………… Tel：0352－6129212
山西森腾再生物资回收有限公司
地址：山西省阳泉市经济技术开发区义白路驼岭头村段（亚美水泥厂以南）
…………………… Tel：0353－5085777
阳泉煤业集团物资经销有限责任公司
地址：山西省阳泉市矿区桃南中路87号
…………………… Tel：0353－7028042
阳泉阳煤五矿华旺建筑安装有限公司
地址：山西省阳泉市矿区贵石沟街道小河滩
…………………… Tel：0353－7052165
盂县大盂物资有限公司
地址：阳泉盂县县城站前街
…………………… Tel：0353－8013444
山西晋盂煤业（集团）有限公司
地址：阳泉盂县藏山北路
…………………… Tel：0353－8265123
山西晋建集团有限公司
地址：山西省晋中市榆次区锦纶北路95号
…………………… Tel：0354－2035808
山西泰宁环保科技有限公司
地址：山西省晋中市山西示范区晋中开发区汇通产业园园区建业街3号
…………………… Tel：0354－2666505
山西利民机电有限责任公司
地址：山西省晋中市太谷县新村
…………………… Tel：0354－6207746
山西利民车辆配件有限责任公司
地址：山西省晋中市太谷县阳邑乡新村
…………………… Tel：0354－6207746
山西龙成玛钢有限公司
地址：山西省晋中市太谷区韩村乌马河桥南
…………………… Tel：0354－6221032
山西吉隆斯商贸股份有限公司
地址：山西省介休市新建西路324号
…………………… Tel：0354－7223394
海纳通讯技术有限公司
地址：山西省晋中市山西综改示范区晋中开发区汇通产业园园区二期八号路北寇村段
…………………… Tel：0354－8564985
山西华龙国兵商务集团有限公司
地址：山西综改示范区太原学府园区长治路227号高新国际大厦A座28层大厅
…………………… Tel：0355－2117818
山西三建集团建安工程有限公司
地址：山西省长治市长治高新技术产业开发区太行北路197号（山西三建科技发展中心5楼501室）
…………………… Tel：0355－2175062
山西铭轩建设工程有限公司
地址：长治市太行东街266号山西三建商务大厦1幢5层501号
…………………… Tel：0355－2175622
长治市淮海建筑有限公司
地址：长治市城东路102号
…………………… Tel：0355－3042432
山西中星北斗导航数据服务集团有限公司
地址：山西省综改示范区唐槐路98号三层301室
…………………… Tel：0355－3045789
山西荣威科技有限公司
地址：长治市延安中路439号6号楼2单元202号
…………………… Tel：0355－3156260
山西潞安矿业（集团）有限责任公司
地址：山西省长治市襄垣县侯堡镇
…………………… Tel：0355－5921114
诚杰建设集团有限公司
地址：山西省晋中市榆次区安宁街道巨燕财富广场三号楼二层
…………………… Tel：0355－8586996
晋城市丹河天云智慧科技有限公司
地址：山西省晋城市泽州县金村镇孟匠村弘泽街鑫农欣大厦503室
…………………… Tel：0356－2019601
晋城市昶旭商贸有限公司
地址：山西省泽州县川底乡下麓村
…………………… Tel：0356－2020300
晋城市公共交通有限公司
地址：山西省晋城市城区泽州北路
…………………… Tel：0356－2633335
晋城市瑞麒建筑工程有限公司
地址：山西省泽州县金村镇霍秀村
…………………… Tel：0356－3058588
晋城宇光实业有限公司
地址：山西省晋城市城区北石店镇王台铺矿办公楼
…………………… Tel：0356－3622009
山西晋煤集团晟泰能源投资有限公司
地址：山西省晋城市城区书院街1261号
…………………… Tel：0356－3648250
晋城市金建建筑有限公司
地址：山西省晋城市城区新市西街596号
…………………… Tel：0356－6965593
山西汇和盛科技有限公司
地址：山西省临汾经济开发区河汾一路1号清控创新基地1001—1009室
…………………… Tel：0357－2218009
霍州煤电集团辛置实业有限公司
地址：霍州市辛置矿区
…………………… Tel：0357－5630824
中临建设集团有限公司
地址：临汾市尧都区西关社区农培中心九层
…………………… Tel：0357－6765102
山西昊富实业有限公司
地址：山西省太原市万柏林区北中环街西段84号大泓华郡南楼1层
…………………… Tel：0358－5071777
吕梁建设工程集团有限公司
地址：吕梁市离石区久安路61号
…………………… Tel：0358－8288497
山西运能电力科技有限公司
地址：运城市盐湖区河东东街3666号
…………………… Tel：0359－2016561
运城市城通网络工程投资有限公司
地址：运城市盐湖区铺安街金马小区6层西户
…………………… Tel：0359－2192325
山西海泰电子材料有限公司
地址：山西省风陵渡开发区工业大道南段东侧
…………………… Tel：0359－3388444
山西笃瑞达建工集团有限公司
地址：临猗县华晋大道9号
…………………… Tel：0359－4022324
山西安华建设工程有限公司
地址：河津市新耿南街52号
…………………… Tel：0359－5022290
中铝山西铝业有限公司
地址：山西省运城市河津市清涧街道龙门大道北段10号
…………………… Tel：0359－5041675
霍州煤电集团晋南煤业有限公司
地址：运城市河津市樊村镇西　村
…………………… Tel：0359－5250813
山西省新绛县海泉五交化有限责任公司
地址：运城市新绛县汾河湾社区108国道北
…………………… Tel：0359－7602078

内蒙古自治区

内蒙古电力集团综合能源有限责任公司
地址：内蒙古自治区呼和浩特市玉泉区五塔寺东街1号
…………………… Tel：0417－6220120
呼伦贝尔市华盖网络科技有限公司
地址：呼伦贝尔市海拉尔区胜利一路财政小二楼7号
…………………… Tel：0470－3999119
呼伦贝尔驰宏矿业有限公司
地址：内蒙古呼伦贝尔市经济开发区创业大街9号
…………………… Tel：0470－8318888
呼伦贝尔市大雁勘测规划设计有限责任公司
地址：内蒙古呼伦贝尔市鄂温克族自治旗大雁矿区
…………………… Tel：0470－8646724
内蒙古中移通信技术工程有限公司
地址：内蒙古自治区呼和浩特市新城区呼伦贝尔南路四千米巷
…………………… Tel：0471－2208289
内蒙古巨华集团大华建筑安装有限公司
地址：内蒙古自治区呼和浩特市新城区海拉尔东路４７３号
…………………… Tel：0471－2336567
中网信通科技股份有限公司
地址：内蒙古自治区呼和浩特市鸿盛工业园区管委会201
…………………… Tel：0471－3240246
内蒙古科电数据服务有限公司
地址：内蒙古自治区呼和浩特市和林格尔县盛乐经济园区盛乐现代服务业集聚区企业总部西三楼、西四楼
…………………… Tel：0471－3242222
内蒙古华娜科技有限公司
地址：内蒙古自治区呼和浩特市赛罕区呼伦南路四千米巷宏业楼３－３－１２
…………………… Tel：0471－3386837
内蒙古绰勒水利水电有限责任公司
地址：内蒙古自治区兴安盟扎赉特旗音德尔镇音德尔北路43号
…………………… Tel：0471－3671711
西部国际文化产业股份有限公司
地址：内蒙古自治区呼和浩特市玉泉区小黑河路段滨河南内大北侧4间房
…………………… Tel：0471－3915411
内蒙古汉凯科技有限责任公司
地址：内蒙古自治区呼和浩特市新城区成吉思汗大街琦琳北辰B座８０７室
…………………… Tel：0471－3971357
内蒙古科达铝业装饰工程有限公司
地址：内蒙古自治区呼和浩特市和林格尔县盛乐经济园区二农场
…………………… Tel：0471－3971855
内蒙古众志伟业科技有限公司
地址：内蒙古自治区呼和浩特市赛罕区昭乌达路师大商居楼１号２层（中行南门外支行对面）
…………………… Tel：0471－4317700
内蒙古昊鼎科技有限公司
地址：内蒙古自治区呼和浩特市赛罕区东影南路邮电长乐小区办公楼1－2层
…………………… Tel：0471－4694014
内蒙古友德信息技术有限公司
地址：内蒙古自治区呼和浩特市新城区成吉思汗东街内蒙古自治区大学科技园7号楼301室
…………………… Tel：0471－4923655
内蒙古众鑫伟业科技有限公司
地址：内蒙古自治区呼和浩特市赛罕区东影南路昭君花园G座1号
…………………… Tel：0471－4924919
翱华工程技术股份有限公司
地址：内蒙古自治区呼和浩特市赛罕区乌兰察布西街财富时代B座翱华大厦
…………………… Tel：0471－4962766
内蒙古电力勘测设计院有限责任公司
地址：内蒙古自治区呼和浩特市赛罕区鄂尔多斯东街巨海城八区5号、6号写字楼
…………………… Tel：0471－5320082
呼和浩特市建筑工程有限责任公司
地址：内蒙古自治区呼和浩特市玉泉区锡林南路甲２３号
…………………… Tel：0471－5976880
内蒙古滨海投资股份有限公司
地址：内蒙古自治区呼和浩特市新城区政府西配楼２１６－２１７
…………………… Tel：0471－6523610
内蒙古蒙盐盐业集团有限公司
地址：内蒙古自治区呼和浩特金桥开发区世纪六路北侧
…………………… Tel：0471－6627007
内蒙古同城网讯技术有限公司
地址：内蒙古自治区呼和浩特市新城区鸿盛园区办公楼１１９室
…………………… Tel：0471－6632778
内蒙古誉铭科技发展有限公司
地址：内蒙古自治区呼和浩特市赛罕区大学东路97号亚辰商务中心7层
…………………… Tel：0471－6688002
内蒙古筑友建筑设计咨询有限责任公司
地址：内蒙古自治区呼和浩特市新城区财神庙街２９号商务楼４楼
…………………… Tel：0471－6900065
内蒙古雷蒙科技有限公司
地址：内蒙古自治区包头市昆区民族西路４３号向阳家园公寓楼２０２房间
…………………… Tel：0472－2107788
包钢集团工业与民用建筑工程有限公司
地址：内蒙古自治区包头市昆区白云路99号
…………………… Tel：0472－2127479
包头市冶通电信工程有限责任公司
地址：内蒙古自治区包头市昆都仑区河西工业区
…………………… Tel：0472－2185155
包头铁路万众建筑工程有限责任公司
地址：包头市东河区巴彦塔拉大街中段
…………………… Tel：0472－2204045
包钢集团设计研究院（有限公司）
地址：内蒙古自治区包头市昆区钢铁大街85号
…………………… Tel：0472－2291969
内蒙古包钢西创集团有限责任公司
地址：内蒙古自治区包头市昆区钢铁大街38号华和园9号楼
…………………… Tel：0472－2620161
内蒙古新开元建设有限公司
地址：内蒙古自治区包头市东河区铁西区居然警苑5号楼106
…………………… Tel：0472－2623713
内蒙古隆升建筑安装工程有限公司
地址：内蒙古自治区包头市青山区呼得木林大街61号
…………………… Tel：0472－3103647
内蒙古第一机械集团股份有限公司
地址：内蒙古自治区包头市青山区民主路
…………………… Tel：0472－3117182
内蒙古第一机械集团有限公司
地址：内蒙古自治区包头市青山区民主路
…………………… Tel：0472－3117308
内蒙古金辉稀矿股份有限公司
地址：内蒙古自治区巴彦淖尔市乌拉特前旗工业园区
…………………… Tel：0472－5216653
中盾置业有限公司
地址：内蒙古自治区包头市稀土开发区稀土大街33号4层
…………………… Tel：0472－6237753
内蒙古时机天成科技有限公司
地址：内蒙古通辽经济技术开发区水城蓝湾小区D23#－103
…………………… Tel：0475－2888188
通辽市威远护卫有限责任公司
地址：内蒙古自治区通辽市科尔沁区霍林河大街3858号（红星派出所对过）
…………………… Tel：0475－8421306
赤峰正翔建筑工程有限公司
地址：赤峰市松山区桥西大街西段６３号
…………………… Tel：0476－2391871
内蒙古方圆建设工程有限公司
地址：内蒙古自治区赤峰市喀喇沁旗锦山镇河南西南环小区1#楼3号厅
…………………… Tel：0476－8263878
赤峰东联建筑工程有限责任公司
地址：赤峰市新城区中天·御园峰会商业C－1－1106号
…………………… Tel：0476－8283889
赤峰汇成建筑工程有限公司
地址：内蒙古自治区赤峰市松山区桥西大街东段路南三印集资楼
…………………… Tel：0476－8426677
赤峰兴业建筑有限公司
地址：赤峰市松山区英金路中段路东
…………………… Tel：0476－8451188
内蒙古润得建设集团有限公司
地址：内蒙古自治区赤峰市松山区松山物流园区蒙东农机市场内8号楼02021
…………………… Tel：0476－8831068
赤峰添柱建筑工程有限公司
地址：内蒙古自治区赤峰市红山区小新地组团学院北路北、金石矿业广场1号楼2－1508
…………………… Tel：0476－8878337
赤峰鑫盛隆建筑工程有限责任公司
地址：内蒙古自治区赤峰市红山区站前办事处松州园小区２８号楼
…………………… Tel：0476－8881081
内蒙古天润化肥股份有限公司
地址：内蒙古自治区鄂尔多斯市准格尔旗大路工业园区南煤化工基地世纪大道东侧
…………………… Tel：0477－3956127
内蒙古维邦物业服务股份有限公司
地址：东胜区经济技术开发区松山路２号街坊
…………………… Tel：0477－5118517
内蒙古淮矿西部煤炭贸易有限公司
地址：内蒙古自治区鄂尔多斯市东胜区铁西鄂尔多斯西街与万正路交汇处淮矿大楼
…………………… Tel：0477－5119053
鄂尔多斯市乾佑网络科技有限公司
地址：东胜区杭锦北路西凤凰城综合楼１４０２号
…………………… Tel：0477－8107117
兴泰建设集团有限公司
地址：内蒙古自治区鄂尔多斯市东胜区伊金霍洛东街７号
…………………… Tel：0477－8160080
鄂尔多斯市物流配送中心有限公司
地址：内蒙古自治区鄂尔多斯市东胜区罕台镇布日都村
…………………… Tel：0477－8572913
鄂尔多斯市民卡建设有限公司
地址：内蒙古自治区鄂尔多斯市东胜区政务服务中心９０１室
…………………… Tel：0477－8575958
内蒙古维邦建筑集团有限责任公司
地址：鄂尔多斯市东胜区维邦金融广场F座维邦大厦9层、10层
…………………… Tel：0477－8593065
鄂尔多斯市综合保税区投资建设管理有限公司
地址：鄂尔多斯市空港物流园区
…………………… Tel：0477－8901960
鄂尔多斯市空港生态环境建设有限公司
地址：鄂尔多斯空港物流园区
…………………… Tel：0477－8968101
内蒙古经纬建设有限公司
地址：内蒙古自治区巴彦淖尔市临河区新华东街２６号
…………………… Tel：0478－2256042
内蒙古鑫泰建筑安装（集团）有限公司
地址：内蒙古自治区兴安盟突泉县突泉镇华丰街
…………………… Tel：0482－5122926

辽宁省

辽宁智慧小镇企业管理有限公司
地址：辽宁省沈阳市于洪区沙岭镇沙岭村
…………Tel：024-21012362
辽宁北方报业传媒股份有限公司
地址：沈阳市沈河区中山路339号
…………Tel：024-22698199
辽宁日报传媒集团有限公司
地址：沈阳市沈河区中山路339号
…………Tel：024-22698199
辽宁星桥科技有限公司
地址：沈阳市沈河区青年大街168号
…………Tel：024-22852775
罗森（沈阳）便利有限公司
地址：辽宁省沈阳市和平区天津南街46号0601、0602、0603、0606、0607、0608、0609、0610
…………Tel：024-22861063
沈阳华益电子工程有限公司
地址：沈阳市沈河区望云寺路40-3号（3-1-1）-2室
…………Tel：024-22924290
中联互通（沈阳）科技有限公司
地址：沈阳市沈河区奉天街113号602室
…………Tel：024-22945517
辽宁众诚道勤建设有限公司
地址：沈阳市沈河区西滨河路62号
…………Tel：024-22952945
东北石油管道有限公司
地址：沈阳市皇姑区岐山中路39号
…………Tel：024-22982646
辽宁电力能源发展集团有限公司
地址：沈河区惠工街169号
…………Tel：024-23138500
沈阳鑫傲援通信网络工程有限公司
地址：沈阳市铁西区北四东路19-1号
…………Tel：024-23145474
国网辽宁综合能源服务有限公司
地址：沈阳市浑南新区世纪路18号
…………Tel：024-23147221
辽宁国科实业有限公司
地址：辽宁省沈阳市浑南区塔东路7-6号（4-5-1）
…………Tel：024-23182550
沈阳港华建设集团股份有限公司
地址：康平县康平镇朝阳街
…………Tel：024-23270221
辽宁奇杰投资股份有限公司
地址：中国（辽宁）自由贸易试验区沈阳片区全运路109-1号（109-1号）2层247-10754室
…………Tel：024-23351635
长信泰康（沈阳）通信技术有限公司
地址：辽宁省沈阳市和平区南京南街147-10号331
…………Tel：024-23390425
辽宁欣科电气股份有限公司
地址：沈阳经济技术开发区沈西三东路16号甲
…………Tel：024-23390877
沈阳安达信通系统集成有限公司
地址：辽宁省沈阳市和平区三好街89-1号（301）
…………Tel：024-23396688
沈阳信普电子技术有限公司
地址：沈阳市皇姑区岐山中路57号503房间
…………Tel：024-23586057
金麒麟建设科技股份有限公司
地址：辽宁省沈阳市皇姑区巴山路48-2号
…………Tel：024-23605333
辽宁力康职业卫生与安全技术咨询服务有限公司　中国（辽宁）自由贸易试验区沈阳片区全运五路33号安拓国际智能制造产业园A33-2（69号2门）
…………Tel：024-23664952
沈阳飞驰电气工程有限公司
地址：辽宁省沈阳市浑南区沈营大街988-2号一层全部
…………Tel：024-23665042
沈阳汇腾嘉业系统工程有限公司
地址：辽宁省沈阳市浑南新区新秀街2-G1号（2-5-1）
…………Tel：024-23751119
中国能源建设集团辽宁电力勘测设计院有限公司
地址：沈阳市和平区太原南街224号
…………Tel：024-23778003
沈阳华维工程技术有限公司
地址：辽宁省沈阳市浑南新区远航中路17-1号
…………Tel：024-23812299
沈阳建安科技有限公司
地址：沈阳市和平区三好街89-1号802
…………Tel：024-23880800
沈阳市建设工程质量检测中心有限公司
地址：沈阳市沈河区文萃路33号
…………Tel：024-23911933
辽宁省石油化工规划设计院有限公司
地址：沈阳市和平区青年大街306号
…………Tel：024-23924466
中航星北斗沈阳科技有限公司
地址：沈阳市沈河区泉园二路16巷4号
…………Tel：024-24216363
亿宏技术有限公司
地址：沈阳市沈河区万柳塘路53号
…………Tel：024-24228883
沃尔玛（辽宁）百货有限公司
地址：沈阳市沈河区长青街121号沈阳阳光新生活广场地上第二层
…………Tel：024-24255907
沈阳兴隆大家庭购物中心有限公司
地址：沈阳市沈河区中街路115号
…………Tel：024-24863425
辽宁鼎汉奇辉电子系统工程有限公司
地址：辽宁省沈阳市铁西区北一西路52甲号（1001）
…………Tel：024-25189000
沈阳精力传动设备有限公司
地址：沈阳经济技术开发区开发大路17甲1-8号
…………Tel：024-25190470
沈阳宜家家居有限公司
地址：沈阳市铁西区兴华北街20号
…………Tel：024-25622345
沈阳金谷产业发展有限公司
地址：辽宁省沈阳市铁西区北一西路52甲号A802
…………Tel：024-25635393
沈阳祺鹏集团有限公司
地址：沈阳经济技术开发区莫愁湖街18号
…………Tel：024-25818737
中交煤气热力研究设计院有限公司
地址：沈阳市铁西区肇工北街三十三号
…………Tel：024-25822166
辽宁城投建设工程有限公司
地址：沈阳市浑南新区彩霞街36-10号262室
…………Tel：024-31010013
辽宁国储科技发展有限公司
地址：沈阳市浑南新区三义街28-4号606室
…………Tel：024-31010750
中农批（辽宁）农产品经营有限公司
地址：辽宁省沈阳市和平区南堤西路905号1503
…………Tel：024-31077029
沈阳静态交通投资建设管理有限公司
地址：辽宁省沈阳市和平区南京南街241-11号11门
…………Tel：024-31098126
沈阳茂业置业有限公司
地址：沈阳市沈河区青年大街185-2号沈阳茂业中心7楼
…………Tel：024-31211708
沈阳华宁实业有限公司
地址：东陵区前进乡榆林村
…………Tel：024-31252401
沈阳博润投资有限公司
地址：辽宁省沈阳市沈河区青年大街268号105
…………Tel：024-31258527
辽宁恒隆地产有限公司
地址：沈阳市沈河区青年大街1号
…………Tel：024-31280111
辽宁佰增实业有限公司
地址：辽宁省沈阳市铁西区建设东路75号（6门）
…………Tel：024-31500678
沈阳北方交通重工集团有限公司
地址：沈阳经济技术开发区中央大街16号
…………Tel：024-31813100
北方联合广播电视网络股份有限公司
地址：沈阳市沈河区中街路2号
…………Tel：024-31855089
康鼎惠尔全球（辽宁）电子商务有限公司
地址：辽宁省沈阳市铁西区兴华北街1-1号（全部）
…………Tel：024-31898351
沈阳大东兴隆百货有限公司
地址：沈阳市大东区东陵西路37号
…………Tel：024-31988305
本钢板材股份有限公司
地址：辽宁省本溪市平山区人民路16号
…………Tel：024-42843889
本溪港华燃气有限公司
地址：本溪市明山区贵宾街67号
…………Tel：024-43282002
本溪钢铁（集团）矿山建设工程有限公司
地址：平山区千金路21号
…………Tel：024-47820020
本钢汽车运输有限责任公司
地址：本溪市平山区石子街
…………Tel：024-47824675
本钢电气有限责任公司
地址：本溪市溪湖区铁厂街2号
…………Tel：024-48539222
抚顺顺达消防设备制造有限公司
地址：辽宁省沈抚新区沈东四路67号
…………Tel：024-53838134
辽宁龙宇建设工程有限公司
地址：辽宁省抚顺市清原满族自治县南口前镇新市镇
…………Tel：024-54402633
辽宁美托科技股份有限公司
地址：辽宁省沈抚新区中兴大街7号路（B1b区）
…………Tel：024-56598672
抚顺中煤科工安全仪器有限公司
地址：抚顺经济开发区滨河路3号
…………Tel：024-56616909
辽宁中宇建设（集团）有限责任公司
地址：辽宁省抚顺市开发区李石街阳光丽景二期13-14号-M1
…………Tel：024-56626688
辽宁华丰民用化工发展有限公司
地址：抚顺市顺城区前甸镇台山堡
…………Tel：024-56702016
山推抚起机械有限公司
地址：抚顺经济开发区沈东七路33号
…………Tel：024-57600360
辽宁抚挖重工机械股份有限公司
地址：抚顺市顺城区双阳路2号
…………Tel：024-57644001
中国石油天然气第八建设有限公司
地址：抚顺市顺城区高山路114号
…………Tel：024-57737989
沈阳铁道勘察设计院有限公司
地址：沈阳市沈河区北站路110甲2号
…………Tel：024-62041057
东北金城建设股份有限公司
地址：沈阳市铁西区凌空二街四号甲
…………Tel：024-62386160
沈阳华晨专用车有限公司
地址：辽宁省沈阳市沈北新区沈北路80号
…………Tel：024-62617282
辽宁永辉超市有限公司
地址：沈阳市于洪区汪河路99号
…………Tel：024-62833000
沈阳麟龙科技股份有限公司
地址：辽宁省沈阳市浑南区白塔二南街18-2号
…………Tel：024-62838200
沈阳睿凡公共设施管理有限公司
地址：辽宁省沈阳市沈河区中街路6号
…………Tel：024-66600990
辽宁海博建设集团有限公司
地址：辽宁省沈阳市皇姑区汾河街15号（1-1-3）
…………Tel：024-66755266
沈阳建业建筑工程有限公司
地址：辽宁省沈阳市皇姑区北陵大街20号甲710
…………Tel：024-66878605
辽宁大通公路工程有限公司
地址：沈阳市和平区砂山街42号
…………Tel：024-67856510
铁岭市清河区鑫源发展有限公司
地址：辽宁省铁岭市清河区虹光街19-1号
…………Tel：024-72113388
辽宁通用重型机械股份有限公司
地址：辽宁省铁岭市调兵山市工业园区
…………Tel：024-76831942
铁法煤业（集团）有限责任公司
地址：调兵山市人民路
…………Tel：024-76835167
铁岭电力安装有限责任公司
地址：铁岭市银州区铁西街4委7组
…………Tel：024-77418752
辽宁省鸿翔通信工程有限公司
地址：辽宁省铁岭市西丰镇胜利街解放委2128号
…………Tel：024-79791789
沈阳中达建筑工程有限公司
地址：新民市辽河大街20号甲
…………Tel：024-82570911
沈阳众智网络科技有限公司
地址：沈阳市浑南新区金辉街1号15层
…………Tel：024-83602358
东软睿驰汽车技术（沈阳）有限公司
地址：辽宁省沈抚新区金枫街75-1号
…………Tel：024-83660308
辽宁保安有限公司
地址：辽宁省沈阳市皇姑区崇山东路32号
…………Tel：024-83783377
沈阳中凯恒达电力工程有限公司
地址：辽宁省沈阳市浑南区新隆街1-37号8门
…………Tel：024-83893678
沈阳奥迅科技有限公司
地址：沈阳市和平区南三经街20号
…………Tel：024-83962272
辽宁华夏天通科技股份有限公司
地址：沈阳市和平区三好街90甲5号
…………Tel：024-83990000
沈阳讯网网络科技有限公司
地址：辽宁省沈阳市浑南区上深沟村863-9号沈阳国际软件园内D09座315室
…………Tel：024-83991123
沈阳汇丰源装饰工程有限公司
地址：沈阳市铁西区建设东路35号（2505）
…………Tel：024-85612700
沈阳兴隆大天地购物中心有限公司
地址：沈阳市铁西区沈辽西路27号
…………Tel：024-85727539
辽宁政信电子工程有限公司
地址：辽宁省沈阳市浑南区华园东路99-27号212
…………Tel：024-86117006
辽宁联创数维科技有限公司
地址：沈阳市皇姑区黄河南大街3号111-2
…………Tel：024-86230660
辽宁省辽勤集团建设发展有限公司
地址：辽宁省沈阳市皇姑区鸭绿江街18号
…………Tel：024-86267123
辽宁润德发展集团有限公司
地址：辽宁省沈阳市皇姑区金沙江街39号
…………Tel：024-86278555
沈阳二四五厂有限责任公司
地址：辽宁省沈阳市沈北新区八达路5号
…………Tel：024-86294000
万众建设集团有限公司
地址：康平县康平镇向阳街
…………Tel：024-87332661
辽宁先创通信有限公司
地址：辽宁省沈阳市皇姑区华山路71号
…………Tel：024-88135995
沈阳北方建设股份有限公司
地址：沈阳市大东区东北大马路143号
…………Tel：024-88156199
中铁物资集团东北有限公司
地址：沈阳市大东区东北大马路337号
…………Tel：024-88227016
沈阳中科瑞智科技有限公司
地址：沈阳市大东区联合路50号5楼（沈阳大学南门科技园）
…………Tel：024-88565166
辽宁瀚元通信技术服务有限公司
地址：辽宁省沈阳市皇姑区崇山西路12-5号1-6-5
…………Tel：024-88575558
中冶东北建设（沈阳）工程技术有限公司
地址：沈阳市东陵区全运北路109-2号（109-2）B座（2区）9、10层
…………Tel：024-88592001
沈阳市大东政信保安服务有限责任公司
地址：沈阳市大东区上园路48甲
…………Tel：024-88730549
沈阳市创奇游乐设备有限公司
地址：辽宁省沈阳市沈北新区乐业街98号
…………Tel：024-89313488
沈阳欧施盾新材料科技有限公司
地址：沈阳市沈北新区正良五路37号
…………Tel：024-89725101
沈阳兰宇电子信息工程有限公司
地址：沈阳市于洪区黄海路5-21号
…………Tel：025-25609708
唯特利管道设备（大连）有限公司
地址：辽宁省大连经济技术开发区铁山东二路13号
…………Tel：0411-39213600
大连中远海运海事工程技术有限公司
地址：辽宁省大连经济技术开发区东北大街37号-A
…………Tel：0411-39226505
利昌盛科技（大连）有限公司
地址：辽宁省大连经济技术开发区鸿府苑3-8号
…………Tel：0411-39240178
都市发展设计有限公司
地址：辽宁省大连市西岗区长春路186号地下室1层5、6层各一部
…………Tel：0411-39663688
大连启明海通信息技术有限公司
地址：辽宁省大连高新技术产业园区七贤岭信达街57号
…………Tel：0411-39704883
大连恒隆地产有限公司
地址：辽宁省大连市西岗区五四路66号
…………Tel：0411-39717111
大连恒隆地产有限公司
地址：辽宁省大连市西岗区五四路66号
…………Tel：0411-39717111
软通动力信息技术集团（大连）有限公司
地址：辽宁省大连市沙河口区数码广场5号4层401-2号
…………Tel：0411-39751788
大连中核凯利企业管理有限责任公司
地址：辽宁省瓦房店市红沿河镇沟口村
…………Tel：0411-39922159
中阔浩瀚（大连）建设有限公司
地址：辽宁省大连市甘井子区泉水H3区15号3单元2层2号
…………Tel：0411-39930001
大连金普新区保安服务有限公司
地址：辽宁省大连经济技术开发区龙滨路7号
…………Tel：0411-39966898
亿达发展有限公司
地址：辽宁省大连市沙河口区东北路93号
…………Tel：0411-65859111
大连市市政设计研究院有限责任公司
地址：辽宁省大连市西岗区晨光街8号

Tel：0411－82127368

大连电瓷集团股份有限公司
地址：辽宁省大连经济技术开发区双D港辽河东路88号
Tel：0411－82168888

锦联控股集团有限公司
地址：辽宁省大连市中山区祝贺街35号
Tel：0411－82218819

宇宙电子科技（大连）有限公司
地址：辽宁省大连市沙河口区西南路755号－17号
Tel：0411－82289536

中冶焦耐工程技术有限公司
地址：辽宁省鞍山市千山中路153号
Tel：0411－82460023

辽宁国融投资有限公司
地址：辽宁省大连市高新园区信达街57号3号楼208室
Tel：0411－82506029

大连公交客运集团有限公司
地址：辽宁省大连市沙河口区高尔基路320号
Tel：0411－82532655

中能立合石化（大连）有限公司
地址：辽宁省大连长兴岛经济区三堂中心街5－7号
Tel：0411－82588031

大连罗森便利店有限公司
地址：辽宁省大连市中山区长江路280号大连中心·裕景5号楼ST2大厦8层一单元01、02，09~13号房间、二单元01号房间
Tel：0411－82655195

大连新世界大厦有限公司
地址：辽宁省大连市中山区人民路41号
Tel：0411－82820111

大连三川建设集团股份有限公司
地址：辽宁省大连市普兰店区南山路302号
Tel：0411－83112765

大连西科姆电子安全有限公司
地址：辽宁省大连经济技术开发区金马路128号9层4号
Tel：0411－83603411

大连嘉运电子科技有限公司
地址：辽宁省大连市普兰店区兴中路5号办公楼402室
Tel：0411－83729586

紫煜通联（大连）科技发展有限公司
地址：辽宁省大连市西岗区民开巷36号4单元4层1号
Tel：0411－83793089

大商股份有限公司
地址：辽宁省大连市中山区青三街一号
Tel：0411－83880989

大连思博康达实业发展有限公司
地址：辽宁省大连市沙河口区中龙园4号1单元3层16号
Tel：0411－83893606

华泰建筑工程（大连）有限公司
地址：辽宁省大连市甘井子区万福园24号3单元1层2号
Tel：0411－84024516

大连耀中贸易有限公司
地址：辽宁省大连长兴岛经济区楼亭街295号－217－64
Tel：0411－84071609

中车大连机车车辆有限公司
地址：辽宁省大连市沙河口区中长街５１号
Tel：0411－84198254

大连亿星特工程有限公司
地址：辽宁省大连市西岗区香秀街6号104室
Tel：0411－84248777

六环景观（辽宁）股份有限公司
地址：辽宁省大连市甘井子区凌水镇栾金村
Tel：0411－84337555

大连宜家家居有限公司
地址：辽宁省大连市西岗区海达南街51号
Tel：0411－8444234

软银科技有限公司
地址：辽宁省大连高新技术产业园区汇贤园1号6层
Tel：0411－84459031

大连盈帆建设工程有限公司
地址：辽宁省大连市甘井子区大连门广场1号5层1号
Tel：0411－84619055－912

大连市建筑工程质量检测中心有限公司
地址：辽宁省大连市沙河口区黄河路760号
Tel：0411－84633002

大连建工机电安装工程有限公司
地址：辽宁省大连市中山区友好街13号
Tel：0411－84650552

原鸿环保科技集团有限公司
地址：辽宁省大连市沙河口区中山路688号209号房间
Tel：0411－84697755

大连路明发光科技股份有限公司
地址：辽宁省大连高新技术产业园区七贤岭火炬路10号
Tel：0411－84755888

大连云创发展有限公司
地址：辽宁省大连高新技术产业园区爱贤街8号19层2号
Tel：0411－84820193

东软集团（大连）有限公司
地址：辽宁省大连市甘井子区黄浦路901－7号
Tel：0411－84835393

东软集团（大连）有限公司
地址：辽宁省大连市甘井子区黄浦路901－7号
Tel：0411－84835393

大连东软软件园产业发展有限公司
地址：辽宁省大连高新技术产业园区软件园东路2号
Tel：0411－84835919

大连东方广视网络科技有限公司
地址：辽宁省大连高新技术产业园区世达街19号－1－17－5号
Tel：0411－84979107

康福达集团有限公司
地址：辽宁省大连市旅顺口区长城街道大房身村畅达路326号
Tel：0411－86273378

大连宜顺机电有限公司
地址：辽宁省大连高新技术产业园区七贤岭学子街2－3号4层1号
Tel：0411－86286656

大连力和公路工程有限公司
地址：辽宁省大连市甘井子区新水泥路680号
Tel：0411－86302381

大连金帝建设工程有限公司
地址：辽宁省大连市沙河口区香周路299号
Tel：0411－86666924

艾思葳（大连）有限公司
地址：辽宁省大连市甘井子区春田园C－5号201室
Tel：0411－86693190

泰通建设集团有限公司
地址：辽宁省大连市沙河口区中山路682号
Tel：0411－86778151

大连冰山金属技术有限公司
地址：辽宁省大连经济技术开发区东北七街9号
Tel：0411－87542237

中城建东北建设发展有限公司
地址：辽宁省大连经济技术开发区红梅小区81栋－1－28－2号
Tel：0411－87587188

大连港埠机电有限公司
地址：辽宁省大连市中山区港湾街１号
Tel：0411－87589966

大连长之琳科技发展有限公司
地址：辽宁省大连经济技术开发区福泉北路22号
Tel：0411－87615706

英之杰建设工程有限公司
地址：辽宁省大连保税区黄海西四路201号国商大厦6层15号～18号
Tel：0411－87921638

大连乾通科技发展有限公司
地址：辽宁省大连高新技术产业园区宏川东路33号金槐楼2层202A室
Tel：0411－88007777

大连嘉道科技发展有限公司
地址：辽宁省大连高新技术产业园区宏川东路26号二层202J室
Tel：0411－88007796

联合创业集团有限公司
地址：辽宁省大连高新技术产业园区高新街2号
Tel：0411－88009333－832

大连宝原核设备有限公司
地址：辽宁省大连保税区填海区IIID－11
Tel：0411－88013578

国彪电源集团有限公司
地址：辽宁省大连市甘井子区辛寨子镇砬子山村
Tel：0411－88125688

大连大河集团有限公司
地址：辽宁省大连市甘井子区大连湾镇李家村
Tel：0411－88128180

大连福佳发展集团有限公司
地址：中国（辽宁）自由贸易试验区大连经济技术开发区金窑路38－7－1号1层
Tel：0411－88891865

大连中煤国际贸易有限公司
地址：辽宁省大连保税区市场大厦423Ｅ
Tel：0411－95961691

辽宁惠智科技有限公司
地址：辽宁省鞍山市高新区越岭路263号
Tel：0412－2235511

荣信汇科电气技术有限责任公司
地址：辽宁省鞍山市铁东区越岭路212号
Tel：0412－2300083

辽宁鞍矿建筑总公司
地址：鞍山市铁东区科技路26号
Tel：0412－2517405

鞍山华信重工机械有限公司
地址：海城经济开发区世纪大道南侧
Tel：0412－3626011

海城市石油机械制造有限公司
地址：海城市西四镇西四村
Tel：0412－3671571

鞍山拜尔自控有限公司
地址：鞍山高新区（东区）科技路58号
Tel：0412－5207755

立信德通信技术服务有限公司
地址：鞍山市千山路368号
Tel：0412－5217296

鞍山市排水有限责任公司
地址：鞍山市铁东区汪峪路1号
Tel：0412－5511229

鞍钢矿山附企大选工业公司
地址：鞍山市千山区大孤山
Tel：0412－5711350

鞍山市水务工程有限公司
地址：鞍山市铁东区建国路154号
Tel：0412－6300221

通用鞍钢医院管理有限公司
地址：辽宁省鞍山市铁东区健身街3号
Tel：0412－6726677

鞍钢实业集团有限公司
地址：鞍山市铁东区和平路46号
Tel：0412－6727157

鞍钢房地产开发集团有限公司
地址：鞍山市立山区光明街44号
Tel：0412－6729506

辽宁丰达信息网络技术有限公司
地址：鞍山市铁东区爱国街129栋甲1单元1号
Tel：0412－7103351

辽宁金源矿建工程有限公司
地址：辽宁省鞍山市千山区唐家房镇唐家房村
Tel：0412－7133543

梦网荣信科技集团股份有限公司
地址：辽宁省鞍山市铁东区科技路108号
Tel：0412－7213690

辽宁冠泉实业有限公司
地址：辽宁省鞍山市立山区中华路七宿舍东侧2号楼
Tel：0412－8266666

丹东隆宇建设工程有限公司
地址：辽宁省丹东市元宝区金水街1－2－9号
Tel：0415－2773488

丹东市金盾保安服务有限公司
地址：沿江开发区C区24号楼101号
Tel：0415－3133185

丹东黄海特种专用车有限责任公司
地址：丹东市元宝区古城路8号
Tel：0415－4153450

丹东华通测控有限公司
地址：丹东临港产业园区甘泉路19号（金泉工业区3BL－24号）
Tel：0415－6279931

中联万国置业集团有限公司
地址：辽宁省丹东凤城市邓铁梅路80－10号
Tel：0415－8201986

锦州市太和区建筑工程公司
地址：太和区大薛乡三屯村
Tel：0416－3767766

锦州城市供水工程建设有限公司
地址：太和区凌南东里６３号
Tel：0416－3862180

辽宁维森信息技术股份有限公司
地址：辽宁省锦州市古塔区汉口街中融国际1－15号、1－16号、1－17号
Tel：0416－4120000

锦州华兴实业有限责任公司
地址：锦州市凌河区华兴里139－112号
Tel：0416－717345

辽宁紫光建筑工程有限公司
地址：辽宁省锦州市凌海市金城镇东街
Tel：0416－8115801

辽宁戎翔军鹰通信有限责任公司
地址：营口市站前区东双桥里23号
Tel：0417－2663115

营口辽河机械管件有限公司
地址：辽宁省营口市老边区太和庄村
Tel：0417－2951222

营口天成消防设备有限公司
地址：中国（辽宁）自由贸易试验区营口市西市区客车场西里11－2号
Tel：0417－4811565

辽宁红伟建筑工程有限公司
地址：中国（辽宁）自由贸易试验区营口市西市区宏升街27号
Tel：0417－4881199

营口新山鹰报警设备有限公司
地址：中国（辽宁）自由贸易试验区营口市西市区荣华路9号
Tel：0417－4893119

营口兆一物产有限公司
地址：辽宁省营口市鲅鱼圈区01－港房产临天山大街2#网点楼－13#门市
Tel：0417－6210111

辽宁喆诚国际贸易有限公司
地址：中国（辽宁）自由贸易试验区营口市西市区澄湖西路91甲－90号
Tel：0417－6237377

辽宁爱维尔金属成型科技股份有限公司
地址：盖州市市府大街7号
Tel：0417－6578899

营口临潼维宁科技有限公司
地址：营口市西市区宏升街33号
Tel：0417－6615345

辽宁蓝盾保安服务有限公司
地址：辽宁省营口大石桥市金屯村（金桥管理区旭华小区1号楼东门市）
Tel：0417－6681117

营口象新环保科技有限公司
地址：辽宁省营口市老边区中意路17号（中小企业园内）
Tel：0417－8202299

大唐阜新能源化工工程有限公司
地址：辽宁省阜新高新技术产业开发区东风路175号
Tel：0418－2282202

辽宁开大建设集团有限公司
地址：阜新市海州区矿工大街４２号
Tel：0418－2827264

阜新四方建设工程有限公司
地址：阜新市海州区经纬路２号
Tel：0418－5928558

朝阳市慧铭达电子科技有限责任公司
地址：辽宁省朝阳市双塔区凤凰大街二段53号1层110号
Tel：0421－2651212

朝阳正达电力建设有限责任公司
地址：朝阳市双塔区凌河街三段5号
Tel：0421－2826383

喀喇沁左翼蒙古族自治县建筑工程公司
地址：喀左县大城子镇青年街３号
Tel：0421－4822943

朝阳市威远保安服务有限责任公司
地址：辽宁省朝阳市建平县泰安路7段6号
Tel：0421－7802429

辽宁事事灵物业有限公司
地址：大洼县王家乡旭东村
Tel：0427－2818440

盘锦天马物业管理有限公司
地址：辽宁省盘锦市兴隆台区水木清华C2－0－103
Tel：0427－2820606

辽宁兴隆百货集团有限公司
地址：盘锦市兴隆台区中兴路１０３号
Tel：0427－2825798

东跃建设有限公司
地址：辽宁省盘锦市兴隆台区辽河中路59号
Tel：0427－2882899

辽宁新时代长寿乐生态科技有限公司
地址：辽宁省盘锦市大洼区大洼街道富盈温泉国际小区1－101
Tel：0427－5698802

盘锦辽河油田金东实业有限公司
地址：盘锦市兴隆台区兴隆街油气委
Tel：0427－7653228

盘锦辽河油田通信实业有限公司
地址：盘锦市兴隆台区振兴街胜利小区
Tel：0427－7802760

盘锦晨宇建安有限公司
地址：盘锦市兴隆台区渤海街
Tel：0427－7813983

辽宁奉和信息科技有限公司
地址：辽宁省盘锦市兴隆台区辽河南路西工业街南互联网创业大厦TL－422号
Tel：0427－7891351

盘锦北方通信工程有限公司
地址：盘锦市大洼县新园社区
Tel：0427－8833555

辽宁大唐国际葫芦岛热电有限责任公司
地址：辽宁省葫芦岛经济开发区北港工业区汉江路515号
Tel：0429－3273044

辽宁三强建设集团有限公司
地址：辽宁省葫芦岛市绥中县绥中镇新兴街二段60－５号
Tel：0429－6184289

渤海船舶重工有限责任公司
地址：辽宁省葫芦岛市龙港区锦葫路１３２号
Tel：0429－8886666

吉林省

长春国欧仓储物流贸易有限公司
地址：吉林省长春市绿园区青岗路63号
Tel：0431－81087968

龙翔投资控股集团有限公司
地址：吉林省长春市高新北区吉星大厦2301室

…………………… Tel：0431-81269303
吉林省达仁科技有限公司
地址：朝阳区大禹城邦5栋4单元208室
…………………… Tel：0431-81333333
吉林省神州智能系统有限公司
地址：吉林省长春市高新开发区蔚山路2499号科技园大厦A 座六层625室
…………………… Tel：0431-81702419
长光卫星技术有限公司
地址：长春市北湖科技开发区明溪路1299号
…………………… Tel：0431-81785191
长春地利农副产品有限公司
地址：吉林省长春市宽城区凯旋路3525号1号楼
…………………… Tel：0431-81871077
长春伍陆柒捌集团有限公司
地址：高新区卓越大街881号
…………………… Tel：0431-81904062
吉林东奥建设集团有限公司
地址：南关区西五马路10号
…………………… Tel：0431-81909901
长春联塑实业有限公司
地址：经济开发区玉米工业园区绵阳路583号
…………………… Tel：0431-81952808
吉林热电检修安装工程有限公司
地址：长春市工农大路3088号
…………………… Tel：0431-81977028
长春中交投资建设有限公司
地址：吉林省长春市净月开发区金碧街750号
…………………… Tel：0431-81988007
吉林爱信诺航天信息有限公司
地址：高新区前进大街2326号服务外包大厦16层
…………………… Tel：0431-82008806
吉林省鹰之眼通信技术有限公司
地址：长春市朝阳区建政路815号
…………………… Tel：0431-82536385
中洺泽信技术服务有限公司
地址：二道区吉盛小区4-28栋210室
…………………… Tel：0431-82625757
吉林省森祥科技有限公司
地址：吉林省长春市高新CBD·栖乐荟创新创业版块号字间11号楼16层1613号
…………………… Tel：0431-82626111
吉林华能电气安装有限公司
地址：吉林省长春市北湖科技开发区光机路与盛北大街交汇
…………………… Tel：0431-82645555
吉林省松苑宾馆
地址：长春市新发路1169号
…………………… Tel：0431-82727001
吉林省建苑设计集团有限公司
地址：长春市正阳街4326号
…………………… Tel：0431-82727494
长春世茂明发房地产开发有限公司
地址：长春市二道区长吉南线劝农街道888号
…………………… Tel：0431-82987000
长春市宏图房地产开发有限公司
地址：吉林省长春市朝阳区工农大路1035号（海航荣御）36楼
…………………… Tel：0431-84452697
吉林医药食品工程有限公司
地址：吉林省长春市九台市经济开发区卡伦北区华信路636号（清新伟业院内）
…………………… Tel：0431-84590818
吉林省跻强建工集团有限责任公司
地址：双阳区奢岭镇街道
…………………… Tel：0431-84644778
吉林省开天通信网络技术有限公司
地址：长春市经济技术开发区临河街长电时代小区1栋
…………………… Tel：0431-84666188
长春市康达智控电子有限公司
地址：高新开发区硅谷大街3355号16栋3楼306室
…………………… Tel：0431-84670117
中国城市建设控股集团吉林有限公司
地址：吉林省长春市朝阳区宽平大路与进化街交汇交通花园小区101室
…………………… Tel：0431-84870488
欧菲斯办公伙伴长春有限公司
地址：吉林省长春市二道区安乐路382号
…………………… Tel：0431-84923083
吉林省松江路桥建筑有限责任公司
地址：九台市纪家镇
…………………… Tel：0431-85023726
吉林省宝利信息技术有限公司
地址：吉林省长春市高新区硅谷大街3355号超达创业园18栋416室
…………………… Tel：0431-85090996
长春建工新吉润建设有限公司
地址：朝阳区铁塔路1900号
…………………… Tel：0431-85177434
吉林省鸿联建设集团有限公司
地址：长春净月高新技术产业开发区南环城路与和融路交汇证大立方大厦1号楼1702-24室
…………………… Tel：0431-85286628
吉林省迅华科贸有限公司
地址：朝阳区富锦小区20号二楼
…………………… Tel：0431-85654558
大唐吉林发电有限公司
地址：长春市人民大街6077号
…………………… Tel：0431-85796660
吉林安装集团股份有限公司
地址：长春莲花山生态旅游度假区雾九路1号管委会A区111-1室
…………………… Tel：0431-85810631
吉林威光信息技术有限公司
地址：长春市朝阳区双德乡前进村腰丁屯
…………………… Tel：0431-85825588
一汽模具制造有限公司
地址：长春汽车经济技术开发区捷达大路1999号
…………………… Tel：0431-85901462
吉林中源石油销售有限公司
地址：长春净月高新技术产业开发区生态大街7888号
…………………… Tel：0431-86007567
长春市博易博科贸有限公司
地址：高新开发区硅谷大街3355号超达磐谷国际商务港9栋314室
…………………… Tel：0431-86881737
长春欧亚超市连锁经营有限公司
地址：绿园区春城大街万鑫花园3号楼
…………………… Tel：0431-87655393
长春欧亚净月购物中心有限公司
地址：长春市净月高新技术产业开发区净月大街2950号民生大厦5235室
…………………… Tel：0431-87655393
中车长春轨道客车股份有限公司
地址：长春市长客路2001号
…………………… Tel：0431-87902301
长春市城建维护集团股份有限公司
地址：吉林省长春市绿园区万福街688号
…………………… Tel：0431-87972375
长春建设集团股份有限公司
地址：朝阳区安达街951号
…………………… Tel：0431-88527479
吉林省路博科技有限公司
地址：南关区大经路18号鑫鹏大厦7楼3号
…………………… Tel：0431-88527523
长春中东广场房地产开发有限公司
地址：宽城区兰家镇兰家大街155号
…………………… Tel：0431-88603291
吉林省妍科通信工程有限公司
地址：长春市云鹤街1号
…………………… Tel：0431-88606222
吉林省易智科技有限公司
地址：吉林省长春市朝阳区南湖中街15号46栋2门205室
…………………… Tel：0431-88752888
吉林省宇信建筑工程有限公司
地址：长春市南关区西三道街481号
…………………… Tel：0431-88953169
长春市华业通信科技开发有限公司
地址：长江路经济开发区68号双龙大厦B座9楼907室
…………………… Tel：0431-88962797
吉林省巨盛网络科技有限公司
地址：吉林省长春市朝阳区工农大路1035号宏亿数码广场1211室
…………………… Tel：0431-89814666
长春市柏巢建设有限责任公司
地址：长江路经济开发区长江路57号五层075段
…………………… Tel：0431-89871507
吉林省洁仕物业服务有限公司
地址：长春市朝阳区南湖大路23-1号
…………………… Tel：0431-89877477
大商吉林百货大楼有限公司
地址：吉林市吉林大街179号
…………………… Tel：0432-62401825
鼎基电力工程有限公司
地址：吉林市吉林经济技术开发区建新路80号
…………………… Tel：0432-63051717
吉林市铁路投资开发有限公司
地址：吉林省吉林市高新开发区深圳街98号
…………………… Tel：0432-63295672
吉林欧亚置业有限公司
地址：吉林市丰满区吉林大街1-2号
…………………… Tel：0432-63368177
吉林市森晟房地产开发有限责任公司
地址：吉林市昌邑区天津街文庙胡同11号2号楼
…………………… Tel：0432-63681105
吉化集团信息网络技术有限公司
地址：吉林省吉林市昌邑区解放北路16号
…………………… Tel：0432-63955808
吉林联力工贸有限责任公司
地址：吉林市龙潭区遵义东路14号
…………………… Tel：0432-63992919
磐石市国泰保安服务有限公司
地址：吉林省吉林市磐石市经济开发区仙人路（磐石市看守所东楼）
…………………… Tel：0432-65252206
大洋众城集团股份有限公司
地址：吉林省吉林市船营区迎宾大路11号（吉林市高创投资管理有限责任公司船营总部大厦409室）
…………………… Tel：0432-66082715
吉林吉化华强建设有限责任公司
地址：吉林省吉林市吉林大街7-32
…………………… Tel：0432-66551962
蛟河市安顺保安有限公司
地址：吉林省蛟河市新区广州路C区24栋1-9门
…………………… Tel：0432-67000087
一汽吉林汽车有限公司
地址：吉林省吉林市高新开发区东山街2888号
…………………… Tel：0432-68198058
吉林省华兴工程建设集团有限公司
地址：延吉市站前街500号
…………………… Tel：0433-2919519
吉林敖建建工集团有限公司
地址：敦化市胜利南大街
…………………… Tel：0433-6221310
吉林省恒信建设集团有限公司
地址：汪清镇南山街林东胡同2号
…………………… Tel：0433-8812443
四平市奋进专用汽车有限公司
地址：四平铁东开发区汽车产业园区
…………………… Tel：0434-3353977
四平昊华化工有限公司
地址：四平市铁东区北二经街936号
…………………… Tel：0434-3536121
四平昊华化工有限公司
地址：四平市铁东区北二经街936号
…………………… Tel：0434-3536121
通化万丰华宇通信工程有限公司
地址：吉林省通化市东昌区新华大街盛世花都14号楼1-5号
…………………… Tel：0435-3727776
通化一建实业有限责任公司
地址：通化市前兴路281号
…………………… Tel：0435-3948890
通化市二建实业有限公司
地址：通化市建设大街4093号
…………………… Tel：0435-5862999
辽源泵业有限责任公司
地址：辽源市西安区东梅街西福路20号
…………………… Tel：0437-5035299
吉林省鸿源亿鑫科技开发有限公司
地址：抚松县抚松镇香江路196号
…………………… Tel：0439-5090029

黑龙江省

黑龙江省六建建筑工程有限责任公司
地址：哈尔滨市香坊区松海路86号
…………………… Tel：0451-51097619
哈尔滨宜家家居有限公司
地址：哈尔滨市南岗区复旦街48号
…………………… Tel：0451-51164532
哈尔滨嘉维科技有限公司
地址：哈尔滨经开区南岗集中区嵩山路18号超高压局综合楼C1号楼11层3号
…………………… Tel：0451-51942699
哈尔滨宝力通市场开发管理有限公司
地址：哈尔滨市道外区长江路1608号
…………………… Tel：0451-51978888
黑龙江普联通讯科技有限公司
地址：哈尔滨经开区南岗集中区高新技术开发区18栋四层400号
…………………… Tel：0451-51996588-112
哈尔滨市诚德软件开发有限公司
地址：哈尔滨经开区南岗集中区先锋路469号哈尔滨经济技术开发区广告产业园13号楼1层
…………………… Tel：0451-51996588-112
哈尔滨苏宁易购销售有限公司
地址：哈尔滨市南岗区花园街310号F栋
…………………… Tel：0451-53996555
黑龙江新港建筑工程有限责任公司
地址：黑龙江省哈尔滨市南岗区清明小区C栋1-3层2号
…………………… Tel：0451-55059555
黑龙江信恒建筑工程有限公司
地址：哈尔滨市道外区民主镇后五凤楼
…………………… Tel：0451-55128321
北大荒通用航空有限公司
地址：黑龙江省哈尔滨市松北区创新一路1721号
…………………… Tel：0451-55393288
黑龙江垦区龙垦建设工程总公司
地址：黑龙江省哈尔滨市香坊区公滨路441号
…………………… Tel：0451-55399965
黑龙江化工建设有限责任公司
地址：黑龙江省哈尔滨市道外区红旗大街629号
…………………… Tel：0451-57819430
黑龙江星海建设工程发展有限公司
地址：黑龙江省哈尔滨市香坊区哈平路73-1号院内1栋
…………………… Tel：0451-58568668
黑龙江省龙安第五安装工程有限责任公司
地址：哈尔滨市香坊区进乡街122号
…………………… Tel：0451-58629155
黑龙江迅腾建设工程有限公司
地址：哈尔滨市松北区祥安南大街1699号宜和园20号楼1单元1层1号
…………………… Tel：0451-58648226
黑龙江省龙安第三安装工程有限责任公司
地址：哈尔滨市香坊区联草街52号
…………………… Tel：0451-58679077
哈尔滨九洲集团股份有限公司
地址：哈尔滨市松北区九洲路609号1#厂房
…………………… Tel：0451-58771888
黑龙江创信市场研究有限公司
地址：哈尔滨开发区南岗集中区创业中心17号楼322室
…………………… Tel：0451-58855597
黑龙江中移通信技术工程有限公司
地址：黑龙江省哈尔滨市哈南工业新城核心区哈南五路8号5栋
…………………… Tel：0451-58933988
哈尔滨红星美凯龙国际家居有限公司
地址：哈尔滨市道里区城乡路与和谐大道交角
…………………… Tel：0451-81036666
黑龙江省冶金建设总公司
地址：黑龙江省哈尔滨市香坊区文治头道街32号
…………………… Tel：0451-82111642
黑龙江省龙安第二安装工程有限责任公司
地址：哈尔滨市香坊区松新街23号
…………………… Tel：0451-82124941
哈尔滨哈锅锅炉容器工程有限责任公司
地址：哈尔滨市香坊区保健路与松梅路交口处第1栋1单元7层706号707号
…………………… Tel：0451-82199802
哈尔滨顺康科技发展有限公司
地址：哈尔滨高新技术产业开发区高科技创业中心南岗26号楼红旗大街180号801室
…………………… Tel：0451-82290966
黑龙江太平洋科技有限公司
地址：哈尔滨经开区南岗集中区盟科视界11栋1-2层5号商服
…………………… Tel：0451-82291618
黑龙江省华富电力投资有限公司
地址：哈尔滨市香坊区高新技术开发区12号楼
…………………… Tel：0451-82308803
黑龙江傲立辅龙科技开发有限公司
地址：哈尔滨经开区南岗集中区湘江路92号8层
…………………… Tel：0451-82326604
哈尔滨铁路科研所科技有限公司
地址：哈尔滨市南岗区高新技术产业开发区35-2栋
…………………… Tel：0451-82334604
黑龙江省龙安第六安装工程有限责任公司
地址：哈尔滨市香坊区动源街23号
…………………… Tel：0451-82344091
哈尔滨凯纳科技股份有限公司
地址：哈尔滨市松北区智谷二街3043号哈尔滨松北（深圳龙岗）科技创新产业园9B栋
…………………… Tel：0451-82547888
哈尔滨汇成通信技术有限公司
地址：哈尔滨市香坊区（原动力区）和平路87号金房小区6栋2单元1层2号（住宅）
…………………… Tel：0451-82615068
哈尔滨宇龙自动化有限公司
地址：哈尔滨市南岗区一曼街副2号泰山电子城1栋5层4号
…………………… Tel：0451-82827278
黑龙江广视新媒体有限公司
地址：黑龙江省哈尔滨市松北区太阳岛月亮湾第1栋3层303、304室
…………………… Tel：0451-82893430
哈尔滨鸿聚通贸易有限公司
地址：哈尔滨经开区南岗集中区永久商厦A栋14层1号（住宅）
…………………… Tel：0451-82990297
黑龙江省龙泰建筑安装工程有限责任公司
地址：黑龙江省哈尔滨市香坊区文景二道街7号
…………………… Tel：0451-83162962
哈尔滨市堡旭建筑工程有限公司
地址：哈尔滨市双城区奋斗街双粮小区住宅楼院内1-3层
…………………… Tel：0451-83203282
黑龙江省黑建一建筑工程有限责任公司
地址：黑龙江省哈尔滨市香坊区哈平路7号
…………………… Tel：0451-83338171
哈尔滨三建工程有限责任公司
地址：哈尔滨市道里区通达街292号
…………………… Tel：0451-84213033-201
哈尔滨大东集团股份有限公司
地址：哈尔滨市道里区民安小区17号楼
…………………… Tel：0451-84501885

宝宇建设集团有限公司
地址：南京市高淳区东坝镇信息新材料产业园506号
……………… Tel：0451－84517101

哈尔滨市第二建筑工程公司
地址：哈尔滨市道里区新阳路４５３号
……………… Tel：0451－84601777－310

哈尔滨电力工程安装公司
地址：哈尔滨市道里区新阳路２６７号
……………… Tel：0451－84666810

大唐黑龙江发电有限公司
地址：黑龙江省哈尔滨市松北区怡园街18号
……………… Tel：0451－85557723

黑龙江中广信网络科技有限公司
地址：哈尔滨市道里区紫园路12号112号
……………… Tel：0451－86046199

黑龙江华电网络信息产业集团股份有限公司
地址：哈尔滨经开区南岗集中区先锋路469号1号楼4楼
……………… Tel：0451－86269238

哈尔滨市铁房建筑工程有限公司
地址：哈尔滨市南岗区曲线街７５号（住宅）
……………… Tel：0451－86428137

哈尔滨凌之迅网络信息技术股份有限公司
地址：哈尔滨经开区哈平路集中区松花路9号中国云谷软件园A8－A10楼2楼
……………… Tel：0451－86508882

黑龙江昌隆科技开发有限责任公司
地址：哈尔滨市道外区滨江街６１号
……………… Tel：0451－86524888

哈尔滨哈飞建筑安装工程有限责任公司
地址：哈尔滨市平房区友协街１５号
……………… Tel：0451－86582247

黑龙江乾达基础设施建设工程有限公司
地址：哈尔滨市香坊区（原动力区）健康路60号1层1号（住宅）
……………… Tel：0451－86635955

黑龙江省龙安第四安装工程有限责任公司
地址：哈尔滨市香坊区哈平路副179号
……………… Tel：0451－86665175

哈尔滨光宇电源股份有限公司
地址：黑龙江省哈尔滨市道里区迎宾路集中区太湖南路8号.
……………… Tel：0451－86677972－6402

哈尔滨玺瑞智能科技有限公司
地址：哈尔滨经开区南岗集中区长江路368号2606室
……………… Tel：0451－87000479

华联新世界（黑龙江）松花江国际小镇建设开发有限公司
地址：哈尔滨市道外区北十四道街55号639室
……………… Tel：0451－87015666

哈尔滨东安建筑工程有限公司
地址：哈尔滨市平房区保国街１号
……………… Tel：0451－87109112

哈尔滨龙之润科技有限公司
地址：哈尔滨经开区南岗集中区玉山路51号龙马公寓5－6层5号（住宅）
……………… Tel：0451－87115379

哈尔滨哈工智慧嘉利通科技股份有限公司
地址：哈尔滨市松北区智谷大街288号深圳（哈尔滨）产业园区科创总部1号楼
……………… Tel：0451－87116820

航天海鹰（哈尔滨）钛业有限公司
地址：哈尔滨高新技术产业开发区科技创新城智谷四街4158号
……………… Tel：0451－87199239

哈尔滨华天鼎信科技开发有限公司
地址：哈尔滨市南岗区宣普街22号电脑市场41号
……………… Tel：0451－87575155

黑龙江国脉通信集团有限公司
地址：黑龙江省哈尔滨市南岗区通达街69号
……………… Tel：0451－87962303

黑龙江华鼎建筑集团有限公司
地址：哈尔滨市道外区南九道街35号1－2层
……………… Tel：0451－87967609

黑龙江省城镇住宅建筑工程有限公司
地址：哈尔滨市松北区中源大道14523号
……………… Tel：0451－87980338

黑龙江省数字证书认证有限公司
地址：黑龙江省哈尔滨市香坊区公滨路483号
……………… Tel：0451－88812315

齐齐哈尔市华宇建筑工程有限公司
地址：黑龙江省齐齐哈尔市建华区西园安居小区43＃楼00单元01层05号
……………… Tel：0452－2632225

齐齐哈尔哈铁装备制造有限公司
地址：黑龙江省齐齐哈尔市铁锋区南站东街3号
……………… Tel：0452－2925275

中鼎睿智建设发展股份有限公司
地址：黑龙江省齐齐哈尔市龙沙区民祥小区11＃楼02单元05层01号
……………… Tel：0452－6173339

齐翔建工集团翔宇建筑工程有限公司
地址：黑龙江省齐齐哈尔市龙沙区如意人家小区18号楼
……………… Tel：0452－6178507

黑龙江天懋劳务派遣有限公司
地址：黑龙江省牡丹江市东安区平安街159号
……………… Tel：0453－5967788

牡丹江中辉大鹏数字电视有限公司
地址：黑龙江省牡丹江市西安区太平路138号
……………… Tel：0453－6278130

黑龙江牡安建设集团有限公司
地址：黑龙江省牡丹江市爱民区东新荣街69号
……………… Tel：0453－6367627

黑龙江万瑞物业管理有限公司
地址：黑龙江省哈尔滨市高新技术产业开发区科技创新城创新创业广场14号楼（明月街236号）605－612室
……………… Tel：0453－6950101

黑龙江省柴河林业局有限公司
地址：黑龙江省牡丹江市海林市柴河镇
……………… Tel：0453－7520521

黑龙江省三江路桥工程有限公司
地址：黑龙江省佳木斯市富锦市建三江信合大厦1单元2101号房
……………… Tel：0454－5790991

京粮龙江生物工程有限公司
地址：青冈县中央大街西段消防大队对过
……………… Tel：0455－3376015

京电能源工程集团有限公司
地址：海口国家高新区美安科技新城科创中心一栋369房
……………… Tel：0455－3582023

黑龙江省农垦北安建筑安装总公司
地址：黑龙江省黑河市北安市东繁荣街
……………… Tel：0456－6401933

大庆油田创业集团有限公司
地址：黑龙江省大庆市高新区宏伟化工园区
……………… Tel：0459－5182199

大庆油田昆仑涂料有限公司
地址：黑龙江省大庆市红岗区图强西街
……………… Tel：0459－5795521

大庆华建通信工程有限公司
地址：黑龙江省大庆市萨尔图区友谊大街236号
……………… Tel：0459－5893666

大庆石油管理局有限公司
地址：黑龙江省大庆市让胡路区龙南
……………… Tel：0459－5990801

大庆建筑安装集团有限责任公司
地址：黑龙江省大庆市龙凤区凤阳路3－1号办公楼
……………… Tel：0459－6243394

中城开（大庆）建筑安装工程有限公司
地址：黑龙江省大庆市高新区10－28－7
……………… Tel：0459－6285967

大商大庆新玛特购物休闲广场有限公司
地址：黑龙江省大庆市高新区纬二路214号
……………… Tel：0459－6296001

大庆石油化工工程检测技术有限公司
地址：黑龙江省大庆市龙凤区兴化北街－1号
……………… Tel：0459－6400916

庆丰农业生产资料集团有限责任公司
地址：黑龙江省大庆市龙凤区卧里屯大街55号
……………… Tel：0459－6555112

大庆筑安建工集团有限公司
地址：黑龙江省大庆市龙凤区卧里屯市建二公司521
……………… Tel：0459－6557739

大庆五金总汇有限公司
地址：黑龙江省大庆市萨尔图区五金大街100号
……………… Tel：0459－6655615－8000

大庆市百杰同辉建筑安装工程有限公司
地址：黑龙江省大庆高新区北国之春梦幻城休闲居住区G1区G1－5号商业楼商服8室
……………… Tel：0459－6679922

中国石油大庆石油化工有限公司
地址：黑龙江省大庆市龙凤区兴化村
……………… Tel：0459－6763987

大庆石油化工机械厂有限公司
地址：黑龙江省大庆市高新区兴化园区化工路95号
……………… Tel：0459－6764056

大庆龙化新实业总公司
地址：黑龙江省大庆市龙凤区卧里屯兴化村
……………… Tel：0459－6764901

大庆中欧亚石油工程技术服务有限公司
地址：黑龙江省大庆市高新区高端装备制造园A－15号厂房
……………… Tel：0459－6816766

鲲鹏环球建设工程集团有限公司
地址：黑龙江省大庆市萨尔图区友谊大街商服楼4－2
……………… Tel：0459－6891999

大庆鑫百瑞科技有限公司
地址：黑龙江省大庆市高新区科技孵化器一期工程5号孵化器606室
……………… Tel：0459－8163288

江苏省

国电南京自动化股份有限公司
地址：南京市江宁开发区水阁路39号
……………… Tel：025－51183000

南京熊猫信息产业有限公司
地址：南京经济技术开发区恒通大道1号
……………… Tel：025－51802621

南京第一建筑工程集团有限公司
地址：南京市鼓楼区建宁路2号
……………… Tel：025－51806708

南京诚迈物联网科技有限公司
地址：南京市雨花台区宁双路19号4幢801室
……………… Tel：025－51887700

南京恒永建设工程有限责任公司
地址：南京市江宁经济技术开发区庄排路99号
……………… Tel：025－52105555

南京苏比尔信息技术有限公司
地址：南京市江宁区东山街道丰泽路66号华脉国际广场B幢401－9
……………… Tel：025－52108312

江苏天茂建设有限公司
地址：南京市江宁区秣陵街道百家湖科技产业园
……………… Tel：025－52173972

南京昂宵科技有限公司
地址：南京市秦淮区集庆路123号0305室
……………… Tel：025－52212523

南京宜家家居有限公司
地址：南京市秦淮区明匙路99号
……………… Tel：025－52254532

江苏地华实业集团有限公司
地址：南京市高淳区东坝信息新材料产业园866号
……………… Tel：025－52277000

苏豪弘业股份有限公司
地址：南京市中华路50号
……………… Tel：025－52278888

南京市江宁区水电设备安装有限公司
地址：南京市江宁区秣陵街道爱陵路58号01幢
……………… Tel：025－52281280

南京宏亚建设集团有限公司
地址：南京市江宁区湖熟镇周岗
……………… Tel：025－52285068

江苏神州信源系统工程有限公司
地址：南京市浦口区江浦街道瑞韵路3号
……………… Tel：025－52288867

江苏富达电力安装有限公司
地址：南京市江宁区东山街道城北路9号
……………… Tel：025－52292855

江苏海通通信技术有限公司
地址：南京市鼓楼区汉中门大街1号22层H座
……………… Tel：025－52336142

南京如燕信息科技有限公司
地址：南京市雨花台区宁双路19号云密城10号楼10楼先锋创业071
……………… Tel：025－52366216

南京欣网通信科技股份有限公司
地址：南京市江北新区软件园二号楼A座
……………… Tel：025－52368286

南京中新赛克科技有限责任公司
地址：南京市雨花台区宁双路19号2幢1501室
……………… Tel：025－52393880

南京中新赛克科技有限责任公司
地址：南京市雨花台区宁双路19号2幢1501室
……………… Tel：025－52393880

江苏金岛国际贸易有限公司
地址：南京市玄武区珠江路687号2幢
……………… Tel：025－52396618

江苏户传科技有限公司
地址：南京市雨花台区大周路32号D2幢18楼02－05室
……………… Tel：025－52429993

江苏龙润科技发展有限公司
地址：南京市中央路302号
……………… Tel：025－52456282

新立讯科技股份有限公司
地址：南京市雨花台区安德门大街57号7幢8楼801－810室
……………… Tel：025－52466518

南京大基信息科技有限公司
地址：南京市浦口区江浦街道仁山路1号园区2号楼
……………… Tel：025－52602898

南京金鸿装饰工程有限公司
地址：南京市秦淮区苜蓿园大街99号
……………… Tel：025－52638811

江苏麦瑞克信息产业有限公司
地址：句容市宝华镇仙林东路18－8号
……………… Tel：025－52665877

江苏润和软件股份有限公司
地址：南京市雨花台区软件大道168号
……………… Tel：025－52668870

南京华讯科技有限公司
地址：南京市江宁区高桥工业集中区润发路11号
……………… Tel：025－52708392

南京安诺电梯有限公司
地址：南京市江宁经济技术开发区梅林街83号
……………… Tel：025－52721533

江苏三翼工程机械有限公司
地址：南京市空港开发区信诚大道55号
……………… Tel：025－52777316

南京福青科技发展有限公司
地址：南京高新区团结路100号101室
……………… Tel：025－52839600

南京装饰工程有限公司
地址：南京市建邺区奥体大街69号3幢105室
……………… Tel：025－52866080

中通服咨询设计研究院有限公司
地址：南京市楠溪江东街58号
……………… Tel：025－52868530

中博信息技术研究院有限公司
地址：南京市雨花台区小行尤家凹08号
……………… Tel：025－52869865

中兴通讯（南京）有限责任公司
地址：南京市江宁区滨江经济开发区盛安大道739号
……………… Tel：025－52870577

南京中兴新软件有限责任公司
地址：南京市雨花台区紫荆花路68号
……………… Tel：025－52872472

江苏国药兴康科技发展有限公司
地址：南京市雨花台区花神大道27－1号
……………… Tel：025－52873007

南京禾浩通信科技有限公司
地址：南京市江宁经济技术开发区水长街8号
……………… Tel：025－52873007

红石国际健康产业有限公司
地址：南京市栖霞区马群大道10号
……………… Tel：025－52886088

南京东部路桥工程有限公司
地址：南京市栖霞区友谊路9号
……………… Tel：025－52889999

南京天泉建筑安装工程有限公司
地址：南京市溧水区晶桥镇
……………… Tel：025－56205699

南京顾家投资有限公司
地址：南京市溧水区永阳镇秦淮路159－21号
……………… Tel：025－56216069

赛莱默（南京）有限公司
地址：南京市六合区龙池街道龙杨路18号
……………… Tel：025－56301001

南京江北新城投资发展有限公司
地址：南京市浦口区卓溪路12号
……………… Tel：025－56675049

南京远古水业股份有限公司
地址：南京市六合区大厂新华西路70号
……………… Tel：025－57059559

江苏全业信建设有限公司
地址：南京市溧水区永阳镇栖凤路18号
……………… Tel：025－57215606

南京市第八建筑安装工程有限公司
地址：南京市溧水区永阳镇南门口巷9号
……………… Tel：025－57227055

江苏宁玺建设有限公司
地址：南京市溧水区永阳镇栖凤中路18号
……………… Tel：025－57227182

江苏宏马建设有限公司
地址：南京市溧水区永阳镇栖凤路
……………… Tel：025－57227690

南京和创建设工程有限公司
地址：南京市溧水区晶桥镇笪村刘家山村88号龙吟湾生态园
……………… Tel：025－57281158

江苏环盛建设工程有限公司
地址：南京市高淳区经济开发区古檀大道20号
……………… Tel：025－57350090

昆山国集芯半导体科技有限公司
地址：昆山市玉山镇萧林路2008号
……………… Tel：025－57648573

南京创元中央空调有限公司
地址：南京市江北新区中山科技园和鑫路18号
……………… Tel：025－57673939

南京融佳置业有限公司
地址：南京市栖霞区燕子矶街道和燕路408号晓庄国际广场1幢2016室
……………… Tel：025－57715880

南京洛尧智慧信息技术有限公司
地址：南京市雨花台区花神庙10号2栋409室
……………… Tel：025－57720755

南京禾诚石化装备工程有限公司
地址：南京市江北新区大厂街道毕洼路123号
………………………… Tel：025-57769852
南京扬子动力工程有限责任公司
地址：南京市江北新区大厂动力路
………………………… Tel：025-57786623
南京嘉年建设工程集团有限公司
地址：南京市高淳区漆桥镇新港西路文化中心大楼
………………………… Tel：025-57857598
江苏高鸿鼎恒信息技术有限公司
地址：南京市玄武区玄武大道699-19号5幢
………………………… Tel：025-57901999
南京未来网络产业创新有限公司
地址：南京市江宁经济技术开发区将军大道37号1幢
………………………… Tel：025-57926671
南京江峰水电设备安装有限公司
地址：南京市江宁区东山街道新润路6号
………………………… Tel：025-57927795
江苏量为石科技股份有限公司
地址：南京市栖霞区马群街道紫东路2号
………………………… Tel：025-57931380
南京名都智能科技有限公司
地址：南京市江宁区滨江经济开发区闻莺路2号
………………………… Tel：025-58017201
凯易讯网络技术开发（南京）有限公司
地址：南京市雨花台区花神大道21号3楼
………………………… Tel：025-58018188
普天高新科技产业有限公司
地址：南京市普天路1号
………………………… Tel：025-58061812
迪天环境技术南京股份有限公司
地址：南京市雨花台区凤集大道15号创业创新城东橙05栋1号楼
………………………… Tel：025-58063818
南京博森科技有限公司
地址：南京市江宁区湖熟镇桥北马路
………………………… Tel：025-58073257
南京红星美凯龙国际家居有限责任公司
地址：南京市江北新区浦口大道18号
………………………… Tel：025-58100906
南京斯威特集团有限公司
地址：南京经济技术开发区（秦淮区集庆路198号）
………………………… Tel：025-58118501
江苏永辉云创科技有限公司
地址：南京市江宁区高新园吉印大道3789号
………………………… Tel：025-58180003
南京智能制造产业园建设发展有限公司
地址：南京市江北新区智达路6号智城园区2号楼708室
………………………… Tel：025-58183390
南京维百科技有限公司
地址：南京市江北新区研创园团结路99号孵鹰大厦649室
………………………… Tel：025-58213934
江苏博路电气集团有限公司
地址：南京市浦口区永宁街道竹园南路9号
………………………… Tel：025-58226565
南京际华五三零二服饰装具有限责任公司
地址：南京市浦口区浦珠中路209号
………………………… Tel：025-58302009
江苏飞旗网络技术有限公司
地址：南京市江东中路303号03幢2单元1704室
………………………… Tel：025-58437923
江苏通联万商信息科技有限公司
地址：南京市建邺区江东中路311号1606室
………………………… Tel：025-58522096
南京工大建设工程技术有限公司
地址：南京市鼓楼区中山北路200号2幢104室
………………………… Tel：025-58539837
南京研创开发建设有限公司
地址：中国（江苏）自由贸易试验区南京片区团结路99号
………………………… Tel：025-58556207
南京港（集团）有限公司
地址：南京市鼓楼区江边路19号
………………………… Tel：025-58582642
南京长江油运有限公司
地址：南京市鼓楼区中山北路324号
………………………… Tel：025-58586821
南京洛普科技有限公司
地址：南京市江北新区高科二路9号B幢
………………………… Tel：025-58601155
航天科工微系统技术有限公司
地址：南京市江北新区星火路14号长峰大厦1号楼13层
………………………… Tel：025-58660670
南京造币有限公司
地址：南京市江宁区天印大道919号
………………………… Tel：025-58678878
南京日日顺物流有限公司
地址：南京市浦口经济开发区龙港路21号
………………………… Tel：025-58746395
南京国忠建筑工程有限公司
地址：南京市雨花台区春江路49号6幢106室
………………………… Tel：025-58760676
南京南大安高智能科技发展有限公司
地址：南京市鼓楼区汉中门大街301号1002室
………………………… Tel：025-58764670
南京奥联信息技术有限公司
地址：南京市秦淮区永智路6号南京白下高新技术产业园区四号楼B栋711室
………………………… Tel：025-58769038
江苏大美天第文化产业有限公司
地址：南京市栖霞区马群街道紫东路2号紫东国际创意园C2栋
………………………… Tel：025-58782979
南京华讯方舟通信设备有限公司
地址：南京市鼓楼区汉中门大街301号1002室
………………………… Tel：025-58810565
南京华讯方舟通信设备有限公司
地址：南京市鼓楼区汉中门大街301号1002室
………………………… Tel：025-58810565
南京广博装饰股份有限公司
地址：南京市建邺区嘉陵江东街99号金融城1号楼9层
………………………… Tel：025-58822309
富士康（南京）软件有限公司
地址：南京市浦口经济开发区天浦路1号3FA199
………………………… Tel：025-58869688
南京晶谷鼎科技有限公司
地址：南京市江北新区研创园团结路99号孵鹰大厦A座803、804室
………………………… Tel：025-58871900
南京长发九通科技有限责任公司
地址：南京市雨花台区龙盛路45号
………………………… Tel：025-58990678
南京长江船服电子商务科技有限公司
地址：南京市鼓楼区中山北路550号
………………………… Tel：025-58996677
南京中央商场投资管理有限公司
地址：南京市鼓楼区中山北路86号
………………………… Tel：025-66008197
南京志世科技有限公司
地址：南京市玄武区玄武大道699号-22号12幢
………………………… Tel：025-66080966
南京深圳装饰安装工程有限公司
地址：南京市秦淮区中山东路448号
………………………… Tel：025-66086189
南京市易联技术软件有限公司
地址：南京市雨花台区花神大道27号-1
………………… Tel：025-66606665-6634
南京电研电力自动化股份有限公司
地址：南京江宁区开源路298号
………………………… Tel：025-66629801
江苏恒业人力资源服务集团有限公司
地址：南京市鼓楼区中央路399号A幢502室
………………………… Tel：025-66660966
江苏隆创信息技术有限公司
地址：南京市雨花台区宁双路19号云密城F栋十二层
………………………… Tel：025-66678988
齐丰科技股份有限公司
地址：南京市江宁区东山国际企业研发园兴苑路108号01幢
………………………… Tel：025-66683388
江苏苏宁物流有限公司
地址：南京市雨花台区龙藏大道2号
………………………… Tel：025-66996699
苏宁体育产业有限公司
地址：南京江宁空港经济开发区飞天大道69号（江宁开发区）
………………………… Tel：025-66996699
南京苏宁电子信息技术有限公司
地址：南京市玄武区苏宁大道1-9号
………………………… Tel：025-66996699
苏宁智能科技服务有限公司
地址：南京市雨花台区龙藏大道2号
………………………… Tel：025-66996699
南京玄武苏宁置业有限公司
地址：南京市玄武区玄武大道699-1号6楼
………………………… Tel：025-66996699
江苏长天智远交通科技有限公司
地址：南京市汉中路89号17楼D1、D2、D3座
………………………… Tel：025-68156868
南京丰盛大族科技股份有限公司
地址：南京市雨花台区软件大道109号1幢
………………………… Tel：025-68199553
南京建工产业集团有限公司
地址：南京市软件大道188号
………………………… Tel：025-68199916
南京景泉科技集团有限公司
地址：南京市雨花台区软件大道119号
………………………… Tel：025-68199952
江苏冠亚建设工程有限公司
地址：南京市溧水区东屏镇工业集中区
………………………… Tel：025-68201888
傲拓科技股份有限公司
地址：南京市雨花台区宁双路19号云密城D栋8层
………………………… Tel：025-68530188
南京信雅达通信工程有限公司
地址：南京市栖霞区仙林街道仙林大学城仙霞路北，312国道南
………………………… Tel：025-68536732
南京天溯自动化控制系统有限公司
地址：南京市雨花台区宁双路28号5层518室
………………………… Tel：025-68552201
南京斯坦德云科技股份有限公司
地址：南京市秦淮区光华路1号
………………………… Tel：025-68563816
江苏移动信息系统集成有限公司
地址：南京市虎踞路59号
………………………… Tel：025-68564292
南京市龙马通信工程有限公司
地址：南京市溧水经济开发区红光东路17号
………………………… Tel：025-68577856
江苏创一佳照明股份有限公司
地址：南京市建邺区江东中路311号512室
………………………… Tel：025-68591818
南京文思海辉信息技术有限公司
地址：南京市雨花台区宁双路28号11层1107-6室
………………………… Tel：025-68716385
南京合纵电力实业有限公司
地址：南京市栖霞区迈皋桥街道寅春路12号
………………………… Tel：025-68800199
南京溧水广电网络有限公司
地址：南京市溧水区永阳镇珍珠南路111号
………………………… Tel：025-68815008
江苏上元正信水电设备工程有限公司
地址：南京市溧水区石湫街道工业集中区
………………………… Tel：025-68817013
江苏南大金利得网络服务有限公司
地址：南京市江北新区研创园团结路99号孵鹰大厦166室
………………………… Tel：025-68903888
南京南大智慧城市规划设计股份有限公司
地址：中国（江苏）自由贸易试验区南京片区研创园团结路99号孵鹰大厦A座11层
………………………… Tel：025-68903888
江苏华叶跨域教育科技发展股份有限公司
地址：南京市秦淮区石门坎104号11号楼
………………………… Tel：025-68996899
南京麦伦思科技有限公司
地址：南京市鼓楼区汉中门大街301号南京国际服务外包大厦01幢14层B座
………………………… Tel：025-69652126
南京市第四建筑工程有限公司
地址：南京市江宁区秣陵街道秣周东路11号
………………………… Tel：025-69691811
南京兴拓投资有限公司
地址：南京市江宁区万安南路6号
………………………… Tel：025-69776558
南京朗睿软件科技有限公司
地址：南京市建邺区江心洲贤坤路1号科创中心2楼220-356号
………………………… Tel：025-69815735
乐采商贸（南京）有限公司
地址：南京经济技术开发区恒飞路28号
………………………… Tel：025-81026306
江苏中郡建设有限公司
地址：南京市江宁区禄口街道神舟路37号科创中心B区69号
………………………… Tel：025-81030865
南京远达信息技术有限公司
地址：南京市江宁经济技术开发区秣周东路9号
………………………… Tel：025-81032960
南瑞联研半导体有限责任公司
地址：南京市江宁经济技术开发区诚信大道19号2幢（江宁开发区）
………………………… Tel：025-81086000
亿嘉和科技股份有限公司
地址：南京市雨花台区安德门大街57号5幢1楼至3楼、8楼至12楼
………………………… Tel：025-8168166
南京远能电力工程有限公司
地址：南京市鼓楼区中山路251号
………………………… Tel：025-82217676
京东五星电器集团有限公司
地址：南京市中山北路241号一层部分、二层部分
………………………… Tel：025-83119151
江苏苏商建设集团有限公司
地址：南京市鼓楼区清江南路70号河海科技研发大厦第13层
………………………… Tel：025-83132977
南京钟明益志信息科技有限公司
地址：南京市龙蟠路173号主楼318室
………………………… Tel：025-83158595
江苏朗伦物联网科技有限公司
地址：南京市雨花台区小行路16号万谷移动互联科技园8号楼4楼
………………………… Tel：025-83176563
南京翰宏科技信息有限公司
地址：南京市浦口区汤泉街道智汇产业园36号B座301办公室
………………………… Tel：025-83179188
江苏南瑞通驰自动化系统有限公司
地址：南京高新区柳州北路22号
………………………… Tel：025-83179218
江苏省广电有线信息网络股份有限公司
地址：南京市麒麟科创园运粮河西路101号江苏有线三网融合枢纽中心
………………………… Tel：025-83187799
江苏威航建筑劳务有限公司
地址：南京市玄武区红山南路53号
………………………… Tel：025-83201328
江苏东大建设集团有限公司
地址：南京市雨花台区长虹路222号
………………………… Tel：025-83201328
南京腾楷网络股份有限公司
地址：南京市高淳县淳溪镇镇兴路208号
………………………… Tel：025-83209996
南京稼禾建设工程有限公司
地址：南京市秦淮区中华路50号20楼
………………………… Tel：025-83218885
芯启源（南京）半导体科技有限公司
地址：南京经济技术开发区兴智路兴智科技园A栋7层
………………………… Tel：025-83219988
江苏万泽信息系统有限公司
地址：南京市浦口区桥林工业园区
………………………… Tel：025-83228814
南京市消防工程有限公司
地址：南京市鼓楼区湖南路199号
………………………… Tel：025-83229800
南京苏宁房地产开发有限公司
地址：南京市鼓楼区广州路188号16楼
………………………… Tel：025-83240888
南京炯炯电子科技有限公司
地址：南京市雨花台区花神大道8号
………………………… Tel：025-83267163
三胞新零售有限公司
地址：南京市雨花台区软件大道68号01幢5楼506
………………………… Tel：025-83267310
江苏省医药有限公司
地址：南京市玄武区中央路258号-28五、八、十、十一、十五层
………………………… Tel：025-83272668
三胞集团有限公司
地址：南京市雨花台区软件大道68号01幢
………………………… Tel：025-83274891
南京华坤汉鹏科技有限公司
地址：南京市雨花台区软件大道68号01幢
………………………… Tel：025-83274891
南京颐尚天元商务管理有限公司
地址：南京市江宁区汤山街道温泉路8号10幢
………………………… Tel：025-83274991
江苏省邮政速递物流有限公司
地址：南京市中山路362号2410室
………………………… Tel：025-83276789
江苏东方建筑设计有限公司
地址：南京市鼓楼区北京西路12号
………………………… Tel：025-83278629
南京唐贤科技有限公司
地址：南京市建邺区恒山路6号-4
………………………… Tel：025-83300336
江苏大地益源环境修复有限公司
地址：南京市六合区程桥街道编钟路95号
………………………… Tel：025-83302008
南京欣威视通信息科技股份有限公司
地址：南京市雨花台区凤展路30号1幢8层802室
………………………… Tel：025-83317121
钟星建设集团有限公司
地址：南京市雨花台区雨花经济开发区三鸿路6号数字大厦12楼
………………………… Tel：025-83319119
能拓能源股份有限公司
地址：南京市江北新区星火路17号创智大厦B座6C-R室
………………………… Tel：025-83321036
远江信息技术有限公司
地址：南京市高淳区经济开发区古檀大道1号3幢
………………………… Tel：025-83340839
江苏通信置业管理有限公司
地址：南京市江北新区团结路99号孵鹰大厦2808室
………………………… Tel：025-83343818
江苏朗恩通讯科技有限公司
地址：南京市溧水经济开发区幸福路18号
………………………… Tel：025-83351339
南京笃行计算机科技有限公司
地址：南京市雨花台区西春路1号创智大厦北楼6层606-2室
………………………… Tel：025-83353878

江苏省建安建设集团有限公司
地址：南京市定淮门大街11号B座5层
…………………… Tel：025-83375389

江苏普天万通科技发展有限公司
地址：南京市雨花台区宁双路28号汇智大厦1楼109室
…………………… Tel：025-83379464

南京坤极信息科技有限公司
地址：南京市雨花台区凤集大道15号创业创新城B区69栋1层101、102
…………………… Tel：025-83408885

南京佳普科技有限公司
地址：南京市雨花台区宁双路28号汇智大厦11楼1103室
…………………… Tel：025-83420667

南京金三力橡塑有限公司
地址：南京市江北新区龙泰路6号
…………………… Tel：025-83436383

南京酷奇信息科技有限公司
地址：南京市栖霞区尧化街道科创路1号二期7幢1101室
…………………… Tel：025-83517331

东华汽车实业有限公司
地址：南京市鼓楼区芦席营68号
…………………… Tel：025-83556080

南京德乐科技有限公司
地址：南京市玄武区玄武大道699-1号徐庄软件产业基地
…………………… Tel：025-83585688

江苏海河集创科技发展有限公司
地址：南京市高淳区砖墙镇四园村竹园里138号1幢
…………………… Tel：025-83603949

江苏倚天通信科技发展有限公司
地址：南京市六合区雄州街道峨嵋路300号2803室
…………………… Tel：025-83616969

南京大学建筑规划设计研究院有限公司
地址：南京市汉口路22号蒙民伟楼10楼1005、1006
…………………… Tel：025-83621560

江苏浩之瀚信息科技有限公司
地址：南京市玄武区墨香路30号墨香山庄23幢604室
…………………… Tel：025-83650195

江苏凤凰数字传媒有限公司
地址：南京市湖南路1号
…………………… Tel：025-83657839

江苏凤凰教育出版社有限公司
地址：南京市湖南路1号A楼
…………………… Tel：025-83658818

南京六九零二科技有限公司
地址：南京市鼓楼区三步两桥１２号
…………………… Tel：025-83700825

南京三惠建设工程股份有限公司
地址：南京市浦口区珠江工业区东华北路15号
…………………… Tel：025-83736290

南京安盾保安服务有限公司
地址：南京市浦口区桥林街道步月路29号12幢436室
…………………… Tel：025-83750550

江苏省盛世广宏无线科技传播有限公司
地址：南京市珠江路185号
…………………… Tel：025-83757676

江苏元畅网络科技有限公司
地址：南京市江北新区新科二路18号15号楼105-9室
…………………… Tel：025-8400858

江苏颐和电力科技有限公司
地址：南京市江宁区天元中路29号（江宁高新园）
…………………… Tel：025-84038059

南京亚派科技股份有限公司
地址：南京江北新区新科四路4-8号
…………………… Tel：025-84201378

南京视高物联科技有限公司
地址：南京市鼓楼区集庆门大街268号2幢2701室
…………………… Tel：025-84260009

南京中电熊猫家电有限公司
地址：南京经济技术开发区恒通大道1号
…………………… Tel：025-84326399

南京运达通信息发展有限公司
地址：南京市玄武区后宰门东村88-1号101室
…………………… Tel：025-84356666

江苏五峰山大桥有限公司
地址：镇江市新区港南路401号
…………………… Tel：025-84362700

南京弘楠建设工程有限公司
地址：南京市玄武区长江后街6号东大科技园1号楼
…………………… Tel：025-84406809

南京东卡软件科技有限公司
地址：南京市玄武区长江后街6号
…………………… Tel：025-84408813

南京国领电子科技有限公司
地址：南京市建邺区南湖路1号6FD616-1
…………………… Tel：025-84419986

江苏琵琶生态环境建设有限公司
地址：南京市玄武区玄武大道699-18号9幢201室
…………………… Tel：025-84436969

南京大安建设工程有限公司
地址：南京市秦淮区马府新村16-1号东
…………………… Tel：025-84440853

欧菲斯办公伙伴南京有限公司
地址：南京市建邺区奥体大街68号国际研发总部园5B幢6层601
…………………… Tel：025-84455828

南京长岛建设工程有限公司
地址：南京市栖霞区仙林街道文枢东路2号商住综合楼五楼539室
…………………… Tel：025-84510888

江苏华博创意产业有限公司
地址：南京市雨花台区软件大道172号五层
…………………… Tel：025-84515690

江苏锦华建设发展有限责任公司
地址：南京市鼓楼区汉中路180号星汉大厦23楼
…………………… Tel：025-84515831

南京广播电视系统集成有限公司
地址：南京市秦淮区标营4号紫荆大厦6楼
…………………… Tel：025-84544514

江苏东驰信息科技有限公司
地址：南京市玄武区珠江路435号
…………………… Tel：025-84560928

南京金陵建筑装饰有限责任公司
地址：南京市秦淮区苜蓿园大街31号21幢
…………………… Tel：025-84611644

南京中廷网络信息技术有限公司
地址：南京市鼓楼区东宝路8号3幢1114室
…………………… Tel：025-84629887

朗高科技有限公司
地址：南京市鼓楼区中央路389号01幢1003室
…………………… Tel：025-84639399

南京思德展示科技股份有限公司
地址：南京市高淳区固城镇工业园区
…………………… Tel：025-84650011

江苏汇鸿国际集团股份有限公司
地址：南京市白下路91号
…………………… Tel：025-84691000

江苏汇鸿国际集团土产进出口股份有限公司
地址：南京市白下路９１号
…………………… Tel：025-84692710

南京百可网络科技有限公司
地址：南京市鼓楼区宝地园22幢301室
…………………… Tel：025-84700323

南京金鹰工程建设有限公司
地址：南京市栖霞区仙林街道学海路1号3幢
…………………… Tel：025-84708898

金陵饭店股份有限公司
地址：南京市汉中路2号金陵饭店4层
…………………… Tel：025-84711888

南京云声信息技术有限公司
地址：南京市建邺区汉中门大街151号西城广场A座6楼6222室
…………………… Tel：025-84715602

爱思开建设（南京）有限公司
地址：南京市栖霞区马群科技园马群大道3号
…………………… Tel：025-84721223

曙光信息产业江苏有限公司
地址：南京市江宁区秣陵街道诚信大道519号（江宁开发区）
…………………… Tel：025-84721630

江苏达科信息科技有限公司
地址：南京市紫东路2号1幢
…………………… Tel：025-84730010

江苏恒安信息技术有限公司
地址：南京市鼓楼区牡丹里18号2单元604室
…………………… Tel：025-84731016

南京亚太嘉园智慧空间营造有限公司
地址：南京市雨花台区软件大道170-1号2幢3层
…………………… Tel：025-84739160

江苏省住建集团有限公司
地址：南京市秦淮区石杨路116号
…………………… Tel：025-84780107

南京维能信息技术有限公司
地址：南京市六合区新集镇新街新东路
…………………… Tel：025-84780123

江苏苏豪建设集团有限公司
地址：南京市软件大道48号
…………………… Tel：025-84785120

鸿国实业集团有限公司
地址：南京市秦淮区中山东路18号31层
…………………… Tel：025-84791001

南京海康威视数字技术有限公司
地址：南京市江宁区苏源大道19号九龙湖国际企业总部园A1座十、十一楼（江宁开发区）
…………………… Tel：025-84798215

南京东大智能化系统有限公司
地址：南京市玄武区玄武大道699-27号
…………………… Tel：025-84813363

江苏擎天信息科技有限公司
地址：南京市江北新区经济开发区天浦路26号
…………………… Tel：025-84815959

南京海泰医疗信息系统有限公司
地址：南京市玄武区玄武大道699-22号江苏软件园徐庄孵化研发中心国际研发区1号楼3-4层
…………………… Tel：025-84822262

江苏中中电力工程有限公司
地址：南京市汤山高新技术产业园汤山片区纬二路11号
…………………… Tel：025-84843318

江苏省苏舜集团有限公司
地址：南京市建邺区恒山路136号
…………………… Tel：025-84843377

南京普建维思信息技术有限公司
地址：南京市秦淮区御道街29号D楼210-1室
…………………… Tel：025-84890650

南京佳力图机房环境技术股份有限公司
地址：南京市江宁经济技术开发区苏源大道88号
…………………… Tel：025-84916613

南京睿实消防安全设备有限公司
地址：南京市江宁区湖熟街道工业集中区金桥工业园
…………………… Tel：025-84956308

南京睿颖弘通信技术有限公司
地址：南京市鼓楼区北四卫头4号24层D座
…………………… Tel：025-85235447

南京三五〇三投资发展有限公司
地址：南京市鼓楼区中山北路279号
…………………… Tel：025-85283503

江苏慧居建筑科技有限公司
地址：南京市栖霞区马群街道紫东路2号A4栋5楼
…………………… Tel：025-85355299

南京里恩特电子科技有限公司
地址：南京市玄武区龙蟠路173号
…………………… Tel：025-85361048

江苏富信予通信息技术有限公司
地址：南京市秦淮区夹岗门123号206室
…………………… Tel：025-85415269

江苏君立华域信息安全技术股份有限公司
地址：南京市江宁经济技术开发区正方中路199号
…………………… Tel：025-85505988

中通服网盈科技有限公司
地址：南京市建邺区奥体大街68号4幢10层
…………………… Tel：025-85522798

南京新德宁照明工程有限公司
地址：南京市江宁区高新园南汽一号路以东，规划道路以南
…………………… Tel：025-85561136

南京倍特建设有限公司
地址：南京市溧水区东屏街道工业集中区金港路20-776号
…………………… Tel：025-85564061

南京新气象信息工程有限公司
地址：南京市建邺区南苑话园15幢58号502室
…………………… Tel：025-85577177

速度时空信息科技股份有限公司
地址：南京市玄武区玄武大道699号-22号8幢
…………………… Tel：025-85581101

江苏华水水务工程有限公司
地址：南京市鼓楼区汉中路180号28层
…………………… Tel：025-85581907

南京玄武高新技术产业集团有限公司
地址：南京市玄武区玄武大道699-1号
…………………… Tel：025-85582012

江苏吾能智能化科技有限公司
地址：南京市江北新区浦东北路5号5幢801室
…………………… Tel：025-85693210

南京慧和建筑技术有限公司
地址：南京市雨花台区凤集大道15号16幢C区11栋102、202室
…………………… Tel：025-85729899

江苏天脉科技实业有限公司
地址：南京市秦淮区永智路6号四号楼B栋401B
…………………… Tel：025-85767958

江苏省建筑工程质量检测中心有限公司
地址：南京市栖霞区元化路8号49幢，50幢，51幢1-4层
…………………… Tel：025-85800097

南京长江电子信息产业集团有限公司
地址：南京经济技术开发区恒谊路9号
…………………… Tel：025-85800240

江苏阳光紫金电子有限公司
地址：南京经济技术开发区恒竞路58号
…………………… Tel：025-85800320

江苏卡思迪莱服饰有限公司
地址：南京经济技术开发区恒达路11号
…………………… Tel：025-85800520

南京瀚宇彩欣科技有限责任公司
地址：南京经济技术开发区恒飞路18号
…………………… Tel：025-85803888

城投网用江苏传媒科技有限公司
地址：南京市栖霞区马群科技园天马路一号
…………………… Tel：025-85809366

南京北斗雅迅网络科技有限公司
地址：南京市六合区龙池街道雄州南路399号恒盛园区422幢三单元302室
…………………… Tel：025-85867890

江苏紫东环亚信息科技有限公司
地址：南京市建邺区奥体大街69号新城科技大厦01幢
…………………… Tel：025-85868528

南京新港红枫建设发展有限公司
地址：南京经济技术开发区兴智路10号5楼
…………………… Tel：025-85879906

南京道域网络科技有限公司
地址：南京市玄武区珠江路88号1幢4305室
…………………… Tel：025-85990875

南京新联电子股份有限公司
地址：南京市江宁经济技术开发区利源北路66号
…………………… Tel：025-86105959

江苏中核华兴装饰有限公司
地址：南京市江宁经济技术开发区胜利路38号
…………………… Tel：025-86110569

景占环境建设股份有限公司
地址：南京市江宁区东山街道竹山路68号江宁万达广场（西区）6幢904
…………………… Tel：025-86112230

南京牧信科技有限公司
地址：南京市江宁区天元东路288号南京义乌小商品城A区
…………………… Tel：025-86169828

江苏小桥流水科技股份有限公司
地址：南京市溧水区柘宁东路368号
…………………… Tel：025-86228512

江苏华清物业管理有限公司
地址：南京市玄武区中央路42号
…………………… Tel：025-86276626

南京瑞玥科技有限公司
地址：南京市鼓楼区中山北路212号永昌大厦1000号1018室
…………………… Tel：025-86291964

布鲁诺科技发展（江苏）有限公司
地址：南京市玄武区丹凤街39号2单元801室
…………………… Tel：025-86293966

耀星（北京）国际旅行社有限公司南京分公司
地址：南京市玄武区龙蟠路155号5幢404室
…………………… Tel：025-86303176

南京高华科技股份有限公司
地址：南京经济技术开发区栖霞大道66号
…………………… Tel：025-86372106

江苏天威虎建筑装饰有限公司
地址：无锡市滨湖区太湖西大道2166-1-1501
…………………… Tel：025-86380000

南京阳宽网络科技有限公司
地址：南京市建邺区庐山路188号南京新地中心4306室
…………………… Tel：025-86382118

南京际华三五〇三服装有限公司
地址：南京市建邺区南湖路40号
…………………… Tel：025-86383503

江苏炯源装饰幕墙工程有限公司
地址：南京市建邺区白龙江东街19号舜禹大厦12楼
…………………… Tel：025-86406019

南京市漆桥建筑安装工程有限公司
地址：南京市高淳区漆桥镇双牌石大街39号
…………………… Tel：025-86415531

南京市第六建筑安装工程有限公司
地址：南京市高淳区淳溪街道镇北路29号
…………………… Tel：025-86462601

江苏臻云科技有限公司
地址：南京市鼓楼区广州路37号第一层08-1室
…………………… Tel：025-86507181

南京步步高置业有限公司
地址：南京市秦淮区永智路6号南京白下高新技术产业开发区四号楼B栋201室
…………………… Tel：025-86509900

江苏银达通信息技术有限公司
地址：南京市鼓楼区汉中路180号星汉大厦1907室
…………………… Tel：025-86535766

江苏智雅科技发展有限公司
地址：句容市宝华镇汤龙路18号
…………………… Tel：025-86569500

江苏盛华系统集成工程技术有限公司
地址：南京市鼓楼区汉中路168号
…………………… Tel：025-86578500

南京欧尚超市有限公司
地址：南京市建邺区汉中门大街151号

…………………………Tel：025—86580282

南京昌讯信息科技有限公司
地址：南京市秦淮区普天路1号B02幢308室
…………………………Tel：025—86603398

博智安全科技股份有限公司
地址：南京市雨花台区软件大道168号3栋5层
…………………………Tel：025—86603700

南京市住宅建设总公司
地址：南京市秦淮区延龄巷2号
…………………………Tel：025—86643502

友联工程安装集团有限公司
地址：南京市秦淮区大光路118号8幢804室
…………………………Tel：025—86647119

中安建设安装集团有限公司
地址：南京市鼓楼区清江南路70号水资源科技大厦一楼西区
…………………………Tel：025—86691680

南京板桥消防设备有限责任公司
地址：南京雨花经济开发区凤集大道20—3号
…………………………Tel：025—86722417

象塔（江苏）科技发展有限公司
地址：南京市江北新区葛塘街道浦六北路216号A1栋5275室
…………………………Tel：025—86727309

南京金麒麟云技术服务有限公司
地址：南京市麒麟科技创新园（生态科技城）东麒路666号
…………………………Tel：025—86731567

江苏富源信息技术有限公司
地址：南京市建邺区集庆门大街北侧、江东路西侧、燕山路东侧、福园街南侧万达广场西地贰街区16幢1403室
…………………………Tel：025—86733633

中电鸿信信息科技有限公司
地址：南京市玄武大道699—1号
…………………………Tel：025—86788345

江苏恒宝智能系统技术有限公司
地址：南京市建邺区奥体大街68号国际研发总部园4A幢8层801
…………………………Tel：025—86808871

江苏正翔智能化系统有限公司
地址：南京市高淳区砖墙经济园260号
…………………………Tel：025—86814977

默泓科技有限公司
地址：南京市鼓楼区五所村406号—4
…………………………Tel：025—86870021

江苏南工科技集团有限公司
地址：南京市建邺区应天大街780号（应天智汇产业园3幢503—507、517—518）
…………………………Tel：025—86957888

江苏汉唐国际贸易集团有限公司
地址：南京市北京东路22号18楼
…………………………Tel：025—86967929

江苏业事成软件科技有限公司
地址：南京市玄武区珠江路655号601室
…………………………Tel：025—86981195

南京恒天伟智能技术有限公司
地址：南京市雨花经济开发区凤集大道12—2号
…………………………Tel：025—86981701

迈拓仪表股份有限公司
地址：南京江宁滨江经济开发区喜燕路5号
…………………………Tel：025—86981988

中冶华天南京工程技术有限公司
地址：南京市建邺区富春江东街18号
…………………………Tel：025—86990781

南京普杰物联网技术有限公司
地址：南京市江宁区秣陵街道秣周东路12号
…………………………Tel：025—87136846

南京南瑞继保工程技术有限公司
地址：南京江宁经济技术开发区苏源大道69号
…………………………Tel：025—87178707

南京南瑞继保电气有限公司
地址：南京江宁经济技术开发区苏源大道69号
…………………………Tel：025—87178707

江苏亿发华兴科技有限公司
地址：南京市江宁区东山街道永胜路99号
…………………………Tel：025—87189999

南京软核科技有限公司
地址：南京市雨花台区软件大道106号A幢3层
…………………………Tel：025—87707317

南京合冠机电工程有限公司
地址：南京市鼓楼区中山北路399号601、603室
…………………………Tel：025—87716229

南京国资绿地金融中心有限公司
地址：南京市鼓楼区中山北路2号
…………………………Tel：025—87727696

江苏建泰供应链管理有限公司
地址：南京市建邺区云龙山路99号省建大厦五层
…………………………Tel：025—87753193

南京合众伟业智能系统科技有限公司
地址：南京市高淳县淳溪镇春东路1号华天商贸城3区308
…………………………Tel：025—87763590

南京魔盒信息科技有限公司
地址：南京市建邺区白龙江东街19号舜禹大厦23层
…………………………Tel：025—87775901

中核华纬工程设计研究有限公司
地址：南京市建邺区云龙山路79号
…………………………Tel：025—87796280

南京中燃城市燃气发展有限公司
地址：南京市六合区龙池街道雄州南路399号恒盛园区412幢五单元301室
…………………………Tel：025—89600812

南京金桥市场管理有限公司
地址：南京市建宁路12号
…………………………Tel：025—89611030

江苏尔讯智能科技股份有限公司
地址：南京市建邺区云龙山路100号1106室
…………………………Tel：025—89665691

华君集团有限公司
地址：辽宁省营口市鲅鱼圈区创业大街东、蝴蝶泉路南
…………………………Tel：0417—55155301

无锡易买得购物中心有限公司
地址：无锡市锡山区东亭锡沪中路2号
…………………………Tel：0510—66101234

江苏精享裕建工有限公司
地址：无锡市南湖大道588号扬名奕淳大厦9楼
…………………………Tel：0510—66107888

江苏太湖云计算信息技术股份有限公司
地址：无锡市蠡湖大道2008号蠡湖商务园45—46号
…………………………Tel：0510—66110215

江苏滨建集团有限公司
地址：江阴市银桂路27号
…………………………Tel：0510—66210878

无锡悦家商业有限公司
地址：无锡市清扬路39号
…………………………Tel：0510—66616980

感知控股集团有限公司
地址：无锡市新区震泽路18号无锡软件园双子座A栋8楼
…………………………Tel：0510—66687666

无锡华卫医疗科技有限公司
地址：无锡市新吴区汉江路10号
…………………………Tel：0510—66898597

江苏金风软件技术有限公司
地址：无锡市新吴区菱湖大道111号无锡软件园天鹅座D幢26楼
…………………………Tel：0510—66929007

江苏九隆保安服务有限公司
地址：无锡市滨湖区太湖街道周新中路188—1—1112
…………………………Tel：0510—68001588

无锡欧尚超市有限公司
地址：无锡市长江北路288号
…………………………Tel：0510—68006552

江苏凡润电子有限公司
地址：无锡市新吴区梅育路118
…………………………Tel：0510—68780600

华仁建设集团有限公司
地址：宜兴市周铁镇分水人民路147号
…………………………Tel：0510—80188555

江苏新桥建工有限公司
地址：江阴市新桥镇东环路21号
…………………………Tel：0510—80627328

江苏中宜环科生态环境有限公司
地址：宜兴市高塍镇胥井村
…………………………Tel：0510—80711115

无锡市盛达建筑安装工程有限公司
地址：宜兴市丁蜀镇湖光路51号
…………………………Tel：0510—80739000

紫光软件（无锡）集团有限公司
地址：无锡市新区菱湖大道180—32—101
…………………………Tel：0510—81026002

江苏尚博信息科技有限公司
地址：无锡市滨湖区滴翠路100号1号房第三层
…………………………Tel：0510—81026222

无锡威孚力达催化净化器有限责任公司
地址：无锡惠山经济开发区欣惠路559号
…………………………Tel：0510—81136660

江苏中电创新环境科技有限公司
地址：无锡市新吴区具区路88号
…………………………Tel：0510—81180016

易视腾科技股份有限公司
地址：无锡菱湖大道97—1号大学科技园立业楼C区4楼
…………………………Tel：0510—81193489

江阴紫光软件有限公司
地址：江阴市金山路201号智慧坊A栋5楼520
…………………………Tel：0510—81602987

远景能源有限公司
地址：江阴市申港街道申庄路3号
…………………………Tel：0510—81652666

宜兴汇通信息技术有限公司
地址：宜兴环科园绿园路48号
…………………………Tel：0510—81702618

无锡市斯卡伊物业服务有限公司
地址：无锡市新吴区星光商业中心6—1707
…………………………Tel：0510—81813052

无锡市斯卡伊保安服务有限公司
地址：无锡市新吴区星光商业中心6—1702、1703、1704、1705、1706
…………………………Tel：0510—81813052

江苏西维斯信息技术有限公司
地址：无锡市梁溪区广益路188号1008室
…………………………Tel：0510—81850110

无锡地铁资源开发有限公司
地址：无锡市清扬路228号
…………………………Tel：0510—81966377

无锡金科利润房地产开发有限公司
地址：无锡市新区米兰花园43—250
…………………………Tel：0510—82021161

无锡北大建筑工程有限公司
地址：无锡市锡山经济技术开发区芙蓉中三路99—8号
…………………………Tel：0510—82135168

江苏振发控股集团有限公司
地址：无锡市滨湖区建筑西路99号第36层
…………………………Tel：0510—82706662

无锡澳融实业有限公司
地址：无锡市新吴区梅村新洲路228号
…………………………Tel：0510—82713688

无锡欧谱纳燃气轮机科技有限公司
地址：无锡惠山工业转型集聚区北惠路99号
…………………………Tel：0510—82738130

无锡锡山建筑实业有限公司
地址：无锡市锡山经济开发区云林街道凤威路2号
…………………………Tel：0510—82821850

无锡宜家家居零售有限公司
地址：无锡市锡山经济开发区团结中路1号及连桥
…………………………Tel：0510—82824532

江苏省科佳工程设计有限公司
地址：无锡市解放北路21—14A
…………………………Tel：0510—82835901

无锡恒笙鼎汇科技有限公司
地址：无锡市惠山区永泰路8—87号（城铁惠山站区）
…………………………Tel：0510—83088388

无锡红旗船厂有限公司
地址：无锡市惠山区钱桥工业集中区伟业路12号
…………………………Tel：0510—83202228

无锡市新兴建筑工程有限公司
地址：无锡市惠山区钱桥钱洛路12号
…………………………Tel：0510—83291213

天奇自动化工程股份有限公司
地址：江苏省无锡市惠山区洛社镇洛藕路288号
…………………………Tel：0510—83313751

无锡蓝天电子股份有限公司
地址：江苏省无锡市惠山区洛社镇312国道旁张镇段
…………………………Tel：0510—83319606

无锡市金沙田科技有限公司
地址：无锡惠山经济开发区前洲配套区宝露路
…………………………Tel：0510—83501678

无锡市锡西电力安装有限公司
地址：无锡市惠山区堰桥街道西漳西业路10号
…………………………Tel：0510—8375200

江苏华方建设有限公司
地址：无锡市锡山区东北塘街道农石路88号
…………………………Tel：0510—83778758

无锡市锡山三建实业有限公司
地址：锡山区锡北镇张泾锡港路107号
…………………………Tel：0510—83792860

无锡豪思纺织品有限公司
地址：无锡惠山经济开发区玉祁配套区（顺祁路9号）
…………………………Tel：0510—83880077

江苏世昌电力工程有限公司
地址：无锡市高浪路999号—2—608室
…………………………Tel：0510—85028813

无锡能创物联网科技有限公司
地址：无锡新吴区太科园大学科技园立业楼C楼310室
…………………………Tel：0510—85047922

江苏天亿建设工程有限公司
地址：无锡市隐秀路901号1101室
…………………………Tel：0510—85103000

无锡市亨利富建设发展有限公司
地址：无锡市滨湖区绣溪路58—22—501
…………………………Tel：0510—85105880

无锡市给排水工程有限责任公司
地址：无锡市中桥水厂路1号
…………………………Tel：0510—85116263

江苏蓝创智能科技股份有限公司
地址：无锡市蠡湖大道2018号8号楼1—5层
…………………………Tel：0510—85126279

银城物业有限公司
地址：无锡市滨湖区梁溪路998—2—302
…………………………Tel：0510—85128890

江苏易通电力建设有限公司
地址：无锡市滨湖区蠡湖街道经贸路77—83号
…………………………Tel：0510—85130936

江苏开元物业服务有限公司
地址：无锡市蠡园开发区鸿桥路801号无锡现代国际工业设计大厦25楼10室
…………………………Tel：0510—85166221

江苏锡安建设有限公司
地址：宜兴市官林东虹路
…………………………Tel：0510—85169296

江苏冠杰建设集团有限公司
地址：无锡市南长区南湖大道588号10楼
…………………………Tel：0510—85169999

无锡市创新投资集团有限公司
地址：无锡市太湖新城金融八街1号无锡商会大厦18楼
…………………………Tel：0510—85189576

无锡太湖创意产业投资发展有限公司
地址：无锡市滨湖区太湖镇浪溪路
…………………………Tel：0510—85190538

江苏华御信息技术有限公司
地址：无锡市滨湖区绣溪路58—1—501
…………………………Tel：0510—85191550

软通动力信息系统服务有限公司
地址：无锡市滨湖区绣溪路55号
…………………………Tel：0510—85191777

敦南科技（无锡）有限公司
地址：无锡国家高新技术产业开发区70号地块
…………………………Tel：0510—85207000

无锡市锡旺物业环境工程管理有限公司
地址：无锡市新吴区新光路2号
…………………………Tel：0510—85214463

永中软件股份有限公司
地址：无锡市震泽路18号无锡（国家）软件园飞鱼座D幢
…………………………Tel：0510—85381608

江苏埃克森德软件科技有限公司
地址：无锡惠山经济开发区智慧路18号
…………………………Tel：0510—85400103

江苏统一安装集团有限公司
地址：无锡市滨湖区绣溪路58—51
…………………………Tel：0510—85506888

无锡雪浪建设集团有限公司
地址：无锡太湖新城科教产业园震泽路27号
…………………………Tel：0510—85550239

无锡雪浪产城发展有限公司
地址：无锡太湖新城科教产业园震泽路（浪溪）路27号
…………………………Tel：0510—85550239

无锡东旭通信系统设备有限公司
地址：无锡市滨湖区胡埭镇丁香东路1号
…………………………Tel：0510—85580251

江苏正方园建设集团有限公司
地址：溧阳市昆仑街道创智路33号
…………………………Tel：0510—85618080

无锡滨湖经济技术开发区有限公司
地址：无锡市滨湖区华庄华清路
…………………………Tel：0510—85622122

锦汇建设集团有限公司
地址：无锡市滨湖开发区立业路1号
…………………………Tel：0510—85706809

江苏无锡二建建设集团有限公司
地址：无锡市梁青路56号（建工大厦）7—9楼
…………………………Tel：0510—85802376

无锡市金佳物业管理有限公司
地址：无锡市五星家园326号
…………………………Tel：0510—85855001

无锡市工业设备安装有限公司
地址：无锡市经贸路18号
…………………………Tel：0510—85866403

江苏鑫达建设工程有限公司
地址：无锡市滨湖区隐秀路901—1806
…………………………Tel：0510—85898555

江苏隆天软件有限公司
地址：江阴市滨江西路2号1幢601—603室
…………………………Tel：0510—86023351

江苏安科瑞电器制造有限公司
地址：江阴市南闸街道东盟路5号
…………………………Tel：0510—86179957

江苏斯菲尔电气股份有限公司
地址：江阴市东定路1号
…………………………Tel：0510—86199100

江苏华邦建设有限公司
地址：江阴市滨江西路2号6幢207室
…………………………Tel：0510—86265051

江阴南方建设集团有限公司
地址：江阴市新华路285号
…………………………Tel：0510—86288822

江苏博阳智慧电气股份有限公司
地址：江阴市澄江街道斜泾路45号
…………………………Tel：0510—86299271

江苏三维信息科技发展有限公司
地址：江阴市南闸街道白玉路817号
…………………………Tel：0510—86401777

国润金华江苏新能源科技有限公司

地址：江阴市长江路201号1714室
…………………… Tel：0510-86599703
江阴通恒信息科技有限公司
地址：江阴市华士镇新华路58号
…………………… Tel：0510-86700300
江阴市华厦建设工程有限公司
地址：江阴市澄江西路182号
…………………… Tel：0510-86805316
江阴滨江澄源投资集团有限公司
地址：江阴市长江路201号
…………………… Tel：0510-86869715
江阴市创杰科技有限公司
地址：江阴市国际汽车文化城117号
…………………… Tel：0510-86881860
圣华盾防护科技股份有限公司
地址：江阴市顾山镇锡张路180号
…………………… Tel：0510-86925977
华虹建筑安装工程集团有限公司
地址：宜兴经济技术开发区边庄村
…………………… Tel：0510-87076096
宜兴市富丽华消防器材有限公司
地址：宜兴市新街街道新街街
…………………… Tel：0510-87139002
宜兴市建工建筑安装有限责任公司
地址：宜兴环科园茶泉路6号
…………………… Tel：0510-87221008
江苏富源广建设发展有限公司
地址：宜兴市官林镇都山村
…………………… Tel：0510-87231300
无锡市华美电缆有限公司
地址：宜兴市官林镇工业集中区华都路18号
…………………… Tel：0510-87235139
远东电池江苏有限公司
地址：宜兴市高塍镇科技大道8号
…………………… Tel：0510-87240286
江苏瑞鼎环境工程有限公司
地址：宜兴市新庄街道新庄工业集中区
…………………… Tel：0510-87418884
江苏嘉力电力建设有限公司
地址：宜兴经济技术开发区袁桥支路
…………………… Tel：0510-87666803
江苏中超电缆股份有限公司
地址：宜兴市徐舍镇振丰东路999号
…………………… Tel：0510-87697123
无锡市金正电缆有限公司
地址：宜兴市高塍镇博大路57号
…………………… Tel：0510-87723666
无锡华润上华科技有限公司
地址：无锡国家高新技术产业开发区86.87号地块
…………………… Tel：0510-88115081
无锡华润上华半导体有限公司
地址：无锡市新区新洲路8号
…………………… Tel：0510-88118888
无锡百年通工业输送有限公司
地址：无锡市新吴区张公路19号
…………………… Tel：0510-88155778
江苏航天大为科技股份有限公司
地址：无锡锡山经济开发区科技工业园1号
…………………… Tel：0510-88201111
无锡锡东科技投资控股有限公司
地址：无锡市锡山经济开发区友谊南路88号
…………………… Tel：0510-88218090
江苏成宏半导体技术有限公司
地址：无锡市锡山经济技术开发区凤威路2号
…………………… Tel：0510-88250286
施乐泰科科技（无锡）有限公司
地址：无锡市锡山经济技术开发区大通路509号
…………………… Tel：0510-88266111
无锡市鸣腾建设工程股份有限公司
地址：无锡市新吴区金城东路333-19-101、102号
…………………… Tel：0510-88552817
万力控股有限公司
地址：无锡市锡山经济开发区友谊北路300号（东方国际轻纺城3号楼、4号楼）
…………………… Tel：0510-88658888
海鹰企业集团有限责任公司
地址：无锡市运河西路3000号
…………………… Tel：0510-88669397
无锡日日顺供应链有限公司
地址：无锡市锡山经济技术开发区云林街道坊达路255号
…………………… Tel：0510-88770089
邦威防护科技股份有限公司
地址：锡山区东港镇（港下）湖塘桥村
…………………… Tel：0510-88773781
江苏广兴集团有限公司
地址：江苏省句容经济开发区洪武路44号
…………………… Tel：0511-80783017
镇江金陵风景城邦大酒店有限公司
地址：镇江市丹徒新城华山路88号
…………………… Tel：0511-80896888
镇江市振兴电力工程有限责任公司
地址：镇江市丹徒区高资街道陈丰村168号
…………………… Tel：0511-80900280
镇江威信模块建筑有限公司
地址：镇江新区大港安港路46号
…………………… Tel：0511-81989495
孟家港国际储运发展有限公司
地址：镇江市丹徒区高桥镇南街西5号110室
…………………… Tel：0511-83306999
镇江新宇固体废物处置有限公司
地址：镇江新区新材料产业园越河街208号
…………………… Tel：0511-83354281
镇江华特电力设备工程有限公司
地址：镇江市谏壁镇于北村
…………………… Tel：0511-83367709
江苏天海特种装备有限公司
地址：镇江市京口区谏壁街道雩龙公路铁道口旁
…………………… Tel：0511-83661111
镇江大照电力建设有限公司
地址：镇江市黄山南路15号
…………………… Tel：0511-84028660
江苏润祥建设集团有限公司
地址：镇江市丹徒新城谷阳大道16号
…………………… Tel：0511-84517666
江苏赛达电子科技有限公司
地址：句容经济开发区致远路37号01幢（1-3）层
…………………… Tel：0511-85099333
江苏南徐中天物业管理有限公司
地址：镇江市中山西路59号
…………………… Tel：0511-85273300
江苏镇江建设集团有限公司
地址：镇江市北府路108号
…………………… Tel：0511-85340778
江苏镇江四建建设集团有限公司
地址：镇江市丹徒区谷阳镇
…………………… Tel：0511-85373910
江苏怡通智能科技有限公司
地址：镇江市学府路56号学府华庭35幢第3层314室
…………………… Tel：0511-85582230
镇江市欧菱电气自动化系统设备有限公司
地址：镇江市丹徒新城工业园区瑞山路1号
…………………… Tel：0511-85586603
镇江市建设工程质量检测中心有限公司
地址：镇江市檀山路8号B座
…………………… Tel：0511-85613388
江苏名通信息科技有限公司
地址：镇江市新民洲政府大楼701室
…………………… Tel：0511-85885552
镇江第二建筑工程有限公司
地址：镇江市丹徒区兴园路257号
…………………… Tel：0511-86107388
骏浩科技（中国）有限公司
地址：江苏省丹阳市云阳镇永兴路
…………………… Tel：0511-86138803
镇江欧尚超市有限公司
地址：丹阳市南环路1号
…………………… Tel：0511-86168210
江苏丹凤集团有限公司
地址：丹阳市振兴路688号
…………………… Tel：0511-86571016
大亚圣象家居股份有限公司
地址：江苏省丹阳经济开发区齐梁路99号
…………………… Tel：0511-86882222
巨宝精密加工（江苏）有限公司
地址：江苏省句容经济开发区巨宝路18号
…………………… Tel：0511-87188888
句容顺萱浩商贸有限公司
地址：句容市经济开发区容宁创业园
…………………… Tel：0511-87265026
江苏拓科集团有限公司
地址：句容市文昌西路北侧、富源路西侧拓科大厦（8-10层）
…………………… Tel：0511-87306333
江苏山水环境建设集团股份有限公司
地址：句容市长江路399号
…………………… Tel：0511-87709488
江苏华燕船舶装备有限公司
地址：丹阳市开发区黄金塘西路8号
…………………… Tel：0511-88035596
扬中市广电信息网络有限责任公司
地址：扬中市扬子中路120号
…………………… Tel：0511-88181901
苏果超市（扬中）有限公司
地址：扬中市扬子中路与明珠湾交界处的房屋1-3层
…………………… Tel：0511-88218101
扬中市保安服务公司
地址：扬中市三茅街道三丰广场
…………………… Tel：0511-88227900
镇江市江洲电气有限公司
地址：扬中市三茅街道扬子中路87号
…………………… Tel：0511-88286399
复旦科技园扬中有限公司
地址：镇江市扬中市三茅街道长江路192号
…………………… Tel：0511-88288020
江苏士林智能电气股份有限公司
地址：镇江市扬中市新坝镇江城路28号
…………………… Tel：0511-88414040
江苏士林电气设备有限公司
地址：扬中市新坝镇江城路28号
…………………… Tel：0511-88414040
镇江中福马机械有限公司
地址：镇江市丹徒新区兴园路1号
…………………… Tel：0511-88781320
镇江蓝舶科技股份有限公司
地址：镇江市禹山路338号
…………………… Tel：0511-88825558
镇江同舟螺旋桨有限公司
地址：镇江新区南纬四路7号1幢
…………………… Tel：0511-88892196
镇江市润馨物业管理有限公司
地址：镇江市润州区京儿路5号
…………………… Tel：0511-88968168
江苏超创信息软件发展股份有限公司
地址：镇江南纬四路39号
…………………… Tel：0511-89980999
江苏大秦电气有限公司
地址：镇江新区金港大道82号
…………………… Tel：0511-89986189
太仓市金盾特种守押保安服务有限公司
地址：太仓市娄江北路128号（太仓公安警务中心内）
…………………… Tel：0512-33055775
昆山及成通讯科技有限公司
地址：江苏省昆山经济技术开发区洪湖路1288号
…………………… Tel：0512-36630998
江苏中康建设有限公司
地址：昆山开发区郁金香路499号B栋4-5层
…………………… Tel：0512-36808301
江苏控华建工有限公司
地址：陆家镇童泾路333号
…………………… Tel：0512-36862948
昆山嘉宝网尚文化投资有限公司
地址：昆山市花桥镇兆丰路8号
…………………… Tel：0512-36885798
宏鑫建设集团有限公司
地址：昆山开发区珠海路5号7号房
…………………… Tel：0512-50120696
昆山市大金盾保安服务有限公司
地址：昆山开发区新都银座3号楼401室
…………………… Tel：0512-50337725
海光环境建设集团有限公司
地址：昆山市周庄镇秀海路188号
…………………… Tel：0512-50377557
常熟市海鑫船舶机械制造有限公司
地址：常熟市虞山镇莫城三塘村
…………………… Tel：0512-52499128
江苏锦宏保安服务有限公司
地址：常熟市新世纪大道75号B座904室
…………………… Tel：0512-52640078
江苏原创精英动漫科技有限公司
地址：苏州高新区科灵路2号
…………………… Tel：0512-52708888
常熟建工建设集团有限公司
地址：常熟市尚湖镇永安路56号和美家园5幢102
…………………… Tel：0512-52738000
江苏常建集团有限公司
地址：江苏省常熟经济开发区高新技术产业园建业路9号
…………………… Tel：0512-52810586
常熟神州通智能科技有限公司
地址：常熟市经济开发区通港路88号四层
…………………… Tel：0512-52813183
江苏亿通高科技股份有限公司
地址：常熟市通林路28号
…………………… Tel：0512-52818000
常熟开关制造有限公司（原常熟开关厂）
地址：江苏省常熟市建业路8号
…………………… Tel：0512-52842237
江苏汇丰建筑安装工程有限公司
地址：常熟经济技术开发区高新技术产业园三亚路6号
…………………… Tel：0512-52845677
夏普办公设备（常熟）有限公司
地址：江苏省常熟经济开发区黄河路
…………………… Tel：0512-52856404
苏州华亭建设工程有限公司
地址：常熟市梅李镇赵市东街
…………………… Tel：0512-52878137
常熟古建园林股份有限公司
地址：常熟市古里镇金湖路
…………………… Tel：0512-52881957
江苏永丰建设集团有限公司
地址：常熟市董浜镇董徐大道259号
…………………… Tel：0512-52896268
江苏强盛功能化学股份有限公司
地址：常熟市白茆工业经济开发区
…………………… Tel：0512-52915032
环琪（太仓）塑胶工业有限公司
地址：江苏省太仓市沙溪镇民营科技园区
…………………… Tel：0512-53229088
江苏新鑫物业管理有限公司
地址：太仓市娄东街道上海东路333号1101、1102、1103室
…………………… Tel：0512-53281731
江苏敦邦钢结构工程有限公司
地址：太仓港港口开发区银港路98号
…………………… Tel：0512-53376118
江苏通力建设集团有限公司
地址：太仓市经济开发区半泾北路106号
…………………… Tel：0512-5352252
苏州沿江物业管理有限公司
地址：太仓市开发区太平路西，宁波路南3幢太仓市汽车运输服务总公司主楼4楼南半部分
…………………… Tel：0512-53585151
苏州联天智能科技有限公司
地址：太仓市城厢镇世纪广场财富商务大厦1519室
…………………… Tel：0512-53588383
新中联物流设施（苏州）有限公司
地址：太仓市城厢镇高新技术产业园
…………………… Tel：0512-53836937
博弘环境建设有限公司
地址：昆山市玉山镇民新路139号1幢
…………………… Tel：0512-55190199
江苏比高机电设备有限公司
地址：昆山市玉山镇登云路288号海创大厦2号楼2001室
…………………… Tel：0512-55212329
江苏一通信息科技有限公司
地址：昆山市周市镇花都艺墅103号楼1902室
…………………… Tel：0512 55213186
亚融企业管理（苏州）有限公司
地址：张家港市杨舍镇华昌路28号（新鸿基大厦514室）
…………………… Tel：0512-55397005
张家港华兴电力工程检修有限公司
地址：张家港保税区三力大厦212室
…………………… Tel：0512-56728688
张家港市建业建筑安装工程有限公司
地址：张家港经济开发区（杨舍范港村）
…………………… Tel：0512-56728703
张家港吉祥物流有限公司
地址：张家港市金港镇港华路500-4号
…………………… Tel：0512-56935083
张家港市港源电力实业有限公司
地址：张家港经济开发区
…………………… Tel：0512-56983518
圣美精密工业（昆山）有限公司
地址：江苏省昆山市周市镇青阳北路209号
…………………… Tel：0512-57063659
新江建设集团有限公司
地址：昆山市花桥镇兆丰路8号
…………………… Tel：0512-57166018
翼捷安全设备（昆山）有限公司
地址：昆山市周庄镇敏锐路6号
…………………… Tel：0512-57207818
昆山市华鼎装饰有限公司
地址：昆山开发区前进东路707号1501号房
…………………… Tel：0512-57339919
江苏网进科技股份有限公司
地址：昆山市玉山镇登云路288号
…………………… Tel：0512-57364001
江苏尚坤电能科技有限公司
地址：巴城镇迎宾西路2001号
…………………… Tel：0512-57364588
江苏城南建设集团有限公司
地址：玉山镇汉浦路889号
…………………… Tel：0512-57381604
江苏勇茂建设安装集团有限公司
地址：玉山镇玉杨路777号22号楼
…………………… Tel：0512-57382108
昆山英建机电工程有限公司
地址：江苏省昆山开发区弘基财富广场4号楼67室
…………………… Tel：0512-57383084
江苏凯翔建设集团有限公司
地址：昆山开发区黄河南路323号新鼎岸商务大厦1403室
…………………… Tel：0512-57396078
昆山晶科微电子材料有限公司
地址：千灯镇致威路259号
…………………… Tel：0512-57468758
昆山鼎豪装饰工程有限公司
地址：玉山镇城北柏芦北路162号
…………………… Tel：0512-57567988
昆山市经协建筑装璜有限责任公司
地址：玉山镇中山路377号
…………………… Tel：0512-57577258
昆山市银桥领创时代有限公司
地址：昆山市花桥镇远创路600号
…………………… Tel：0512-57608507
江苏实达迪美数据处理有限公司
地址：昆山市花桥镇商务大道99号3号楼508室
…………………… Tel：0512-57608899
金都建工集团有限公司
地址：昆山市花桥镇曹新路152号
…………………… Tel：0512-57609666
昆山宝唯信息科技有限公司
地址：昆山开发区强巷路8号

…………………… Tel：0512－57639088
苏州中设建设集团有限公司
地址：苏州市高新区恒轩街9号
…………………… Tel：0512－57699060
昆山市长江电线电缆厂
地址：周市镇长江北路1355号
…………………… Tel：0512－57718526
江苏昆山通用电气有限公司
地址：昆山开发区青阳南路161号
…………………… Tel：0512－57719867
山富纸业（昆山）有限公司
地址：江苏省昆山综合保税区桂林路98号
…………………… Tel：0512－57721188
启佳通讯（昆山）有限公司
地址：江苏省昆山综合保税区中央大道88号
…………………… Tel：0512－57722688
江苏兴业建设有限公司
地址：昆山开发区同丰东路1099号
…………………… Tel：0512－57723132
江苏振侨建设工程有限公司
地址：昆山开发区庆丰西路669号2号房中天大厦八楼
…………………… Tel：0512－57725028
天合建设集团有限公司
地址：玉山镇城北柏庐北路500号
…………………… Tel：0512－57736690
江苏五环建工集团有限公司
地址：昆山市巴城镇正仪瑞香路119号
…………………… Tel：0512－57768051
江苏卉友物业服务有限公司
地址：昆山市玉山镇城北花园路1440号
…………………… Tel：0512－57768855
研华科技（中国）有限公司
地址：江苏省昆山市玉山镇汉浦路600号
…………………… Tel：0512－57775666
昆山市建设工程质量检测中心
地址：昆山市周市镇长江北路108号
…………………… Tel：0512－57786328
富扬电子科技（常熟）有限公司
地址：江苏省常熟东南经济开发区黄浦江路
…………………… Tel：0512－57790998
振华集团（昆山）建设工程股份有限公司
地址：玉山镇城北萧林西路1158号
…………………… Tel：0512－57791288
亿科检测认证有限公司
地址：昆山市陆家镇 溪路23号
…………………… Tel：0512－57871003
苏州金沃智能技术有限公司
地址：昆山市巴城镇学院路88号
…………………… Tel：0512－57882688
江苏阳澄电力建设有限公司
地址：昆山开发区金沙江北路1878号
…………………… Tel：0512－57898388
至和中皓建设集团有限公司
地址：花桥镇花安路171号1号楼2008室
…………………… Tel：0512－57931313
江苏金厦建设集团有限公司
地址：张家港经济开发区悦丰大厦
…………………… Tel：0512－58224063
江苏省中油泰富石油集团有限公司
地址：张家港市大新镇新闸村1幢
…………………… Tel：0512－58281070
张家港德盈建设工程有限公司
地址：张家港市杨舍镇乘杨路1号
…………………… Tel：0512－58298888
张家港保税港区港务有限公司
地址：张家港保税港区西区南京路55号
…………………… Tel：0512－58322608
江苏鹿苑建设集团有限公司
地址：张家港市塘桥镇周巷村
…………………… Tel：0512－58353550
江苏顺力工业设备安装有限公司
地址：张家港保税区纺织原料市场515G室
…………………… Tel：0512－58385088
张家港保税区长江国际港务有限公司
地址：张家港保税物流园区内
…………………… Tel：0512－58387686
张家港翔博贸易有限公司
地址：锦丰镇江苏扬子江国际冶金工业园锦绣路1号（玖隆物流园）
…………………… Tel：0512－58568823
江苏永联保安服务有限公司
地址：张家港市南丰镇永联村
…………………… Tel：0512－58619591
江苏兴安建设集团有限公司
地址：杨舍镇省经济开发区悦丰路东侧兴安大厦
…………………… Tel：0512－58682683
江苏德丰建设集团有限公司
地址：张家港保税区鸿发大厦507D室
…………………… Tel：0512－58757172
张家港市后塍建筑安装工程有限公司
地址：金港镇后塍人民路1号
…………………… Tel：0512－58771086
江苏环宇建设工程有限公司
地址：江苏省苏州市张家港市大新镇新创路8号
…………………… Tel：0512－58981679
捷达消防科技（苏州）股份有限公司
地址：苏州工业园区唐庄路180号
…………………… Tel：0512－62376119
江苏中科慧创信息安全技术有限公司
地址：苏州高新区培源路2号微系统园M3－102
…………………… Tel：0512－62399339
江苏嘉利诚电力科技发展有限公司
地址：苏州吴中经济开发区郭巷街道九盛港路699号
…………………… Tel：0512－62521223
卡特彼勒（苏州）有限公司
地址：苏州工业园区综合保税区启明路58号
…………………… Tel：0512－62553271
苏州益高电动车辆制造有限公司
地址：苏州工业园区新庆东路8号
…………………… Tel：0512－62605688
苏州工业园区国际科技园产业管理有限公司
地址：苏州工业园区星湖街328号创意产业园11栋602室
…………………… Tel：0512－62620600
苏州麦迪斯顿医疗科技股份有限公司
地址：苏州工业园区归家巷222号
…………………… Tel：0512－62621268
苏州市唐人营造建筑装饰工程有限公司
地址：苏州市相城区元和街道聚茂街185号A栋0260室
…………………… Tel：0512－62623066
苏州同元软控信息技术有限公司
地址：苏州工业园区若水路388号纳米大学科技园E1701、E1702、E1703室
…………………… Tel：0512－62720716
代斯米泵业技术（苏州）有限公司
地址：苏州工业园区后戴街108号第4栋一层、二层及三层办公楼、第5栋
…………………… Tel：0512－62740400
苏州悦家超市有限公司
地址：苏州工业园区葑谊街266号
…………………… Tel：0512－62761382
苏州净化工程安装有限公司
地址：苏州工业园区唯新路2号
…………………… Tel：0512－62793467
江苏银狐信息技术有限公司
地址：苏州工业园区金鸡湖大道1355号国际科技园C401
…………………… Tel：0512－62807668
苏州锦富技术股份有限公司
地址：江苏省苏州工业园区江浦路39号
…………………… Tel：0512－62825818
坚永机电工程（苏州）有限公司
地址：苏州工业园区万前巷28号
…………………… Tel：0512－62833900
苏州工业园区恒泰科技产业发展有限公司
地址：苏州工业园区唯亭双马街2号星华产业园
…………………… Tel：0512－62862730
飞依诺科技（苏州）有限公司
地址：苏州工业园区新发路27号A栋5楼、C栋4楼
…………………… Tel：0512－62873616
日立工程建设（中国）有限公司
地址：苏州工业园区中新大道西128号
…………………… Tel：0512－62882700
苏州建大建设有限公司
地址：苏州吴中经济开发区越溪街道绿憬商务广场1幢2610室
…………………… Tel：0512－62888020
致良知建设集团有限公司
地址：苏州工业园区东环路1518号新苏大厦207室
…………………… Tel：0512－62890836
苏州市伏泰信息科技股份有限公司
地址：苏州市高新区科技城培源路1号软件大厦5号楼7楼
…………………… Tel：0512－62928535
苏州捷泰科信息技术有限公司
地址：苏州工业园区星湖街218号生物纳米园A4幢505室
…………………… Tel：0512－62956219－806
苏州光格设备有限公司
地址：苏州工业园区东平街270号澳洋顺昌大厦3C，3D
…………………… Tel：0512－62957715
江苏川流信息科技有限公司
地址：苏州工业园区新平街388号23幢5层01－5室
…………………… Tel：0512－62963612
苏州天虹商场有限公司
地址：苏州工业园区苏雅路388号
…………………… Tel：0512－62990188
苏州国贸嘉和建筑工程有限公司
地址：苏州工业园区唯亭镇唯文路5号
…………………… Tel：0512－62990852
苏州镁天创想科技有限公司
地址：苏州工业园区金鸡湖大道1355号国际科技园5B3单元
…………………… Tel：0512－62993881
苏州华新国际物业管理有限公司
地址：苏州工业园区金鸡湖大道1655号2号楼301室
…………………… Tel：0512－62999000
吴江市中泰建筑工程有限公司
地址：吴江经济技术开发区江陵东路820号101、201
…………………… Tel：0512－63029802
吴江市建设工程（集团）有限公司
地址：吴江经济开发区江陵东路58号
…………………… Tel：0512－63165978
苏州海星海事装备股份有限公司
地址：江苏省苏州市吴江区汾湖高新技术产业开发区越秀路588号
…………………… Tel：0512－63182729
苏州台菱电梯有限公司
地址：吴江区汾湖镇松杨路东侧
…………………… Tel：0512－63212089
苏州新里程电控系统有限公司
地址：吴江区黎里镇莘塔康力大道799号
…………………… Tel：0512－63291213
苏州铃木电梯有限公司
地址：江苏省苏州市吴江区黎里镇莘塔社区府时路北侧
…………………… Tel：0512－63295859
苏州同里国际旅游开发有限公司
地址：江苏省吴江区同里镇中川南路1号
…………………… Tel：0512－63326987
苏州德奥电梯有限公司
地址：吴江经济技术开发区仪塔路588号
…………………… Tel：0512－63328777
中达电子零组件（吴江）有限公司
地址：吴江经济技术开发区江兴东路1688号
…………………… Tel：0512－63406008
中达电子（江苏）有限公司
地址：吴江经济技术开发区江兴东路1688号
…………………… Tel：0512－63406008
苏州市达胜网络工程有限公司
地址：吴江经济技术开发区屯村严舍12组（农村住宅）
…………………… Tel：0512－63425692
江苏广昊建设园林有限公司
地址：松陵镇交通南路25号
…………………… Tel：0512－63468775
新黎明科技股份有限公司
地址：苏州市相城区阳澄湖镇西横港街15号
…………………… Tel：0512－63577777
吴江市舜新建筑工程有限公司
地址：吴江区盛泽镇坛丘新兴路18号
…………………… Tel：0512－63601578
江苏亨通线缆科技有限公司
地址：苏州市吴江区七都镇亨通大道88号
…………………… Tel：0512－63802613
苏州欧普照明有限公司
地址：吴江市汾湖经济开发区汾杨路东侧
…………………… Tel：0512－63828888
普元电力发展有限公司
地址：吴江经济技术开发区泉源路68号
…………………… Tel：0512－63855999
苏州宏展信息科技有限公司
地址：苏州市吴中区长蠡路99号吴中科技创业园8楼804室
…………………… Tel：0512－65013810
苏州建设（集团）有限责任公司
地址：苏州市姑苏区五卅路29号
…………………… Tel：0512－65111786
苏州建筑工程集团有限公司
地址：苏州工业园区娄阳路18号
…………………… Tel：0512－65118837
苏州市国泰实业公司
地址：苏州市通关坊28号
…………………… Tel：0512－65119353
苏州嘉盛建设工程有限公司
地址：苏州市吴中区太湖街道雷山路8号
…………………… Tel：0512－65131698
苏州市投资有限公司
地址：苏州工业园区娄葑北摆宴街华成大厦1幢114室
…………………… Tel：0512－65185179
江苏省中电华通网络服务有限责任公司
地址：苏州工业园区金鸡湖大道1355号国际科技园142A单元
…………………… Tel：0512－65196386
苏州竹辉兴业有限公司
地址：苏州工业园区苏州大道西9号苏州国际财富广场1幢4701室
…………………… Tel：0512－65205601
江苏常诚润保安服务有限公司
地址：苏州市吴中区苏蠡路财智商务广场1幢2002－2007室
…………………… Tel：0512－65288185
中道旅游产业发展股份有限公司
地址：江苏省苏州市虎丘区金山路78号
…………………… Tel：0512－65336612
苏州厚利春塑胶工业股份有限公司
地址：苏州市相城区北桥街道希望工业园
…………………… Tel：0512－65366918
苏州市苏网建设工程有限公司
地址：苏州市相城区黄埭镇东桥春旺路1号
…………………… Tel：0512－65377498
江苏雾龙消防科技有限公司
地址：苏州吴中经济开发区兴南路13号第2栋
…………………… Tel：0512－65477781
江苏吴中建设集团有限公司
地址：苏州吴中经济开发区越溪街道北官渡路85号2幢
…………………… Tel：0512－65642035
中证金控（苏州）商业发展有限公司
地址：苏州市朱家湾街8号姑苏云谷5号楼1001室
…………………… Tel：0512－65649735
苏州适新金属科技有限公司
地址：苏州市吴中经济开发区天灵路16号
…………………… Tel：0512－65656111
苏州朴拙实业投资有限公司
地址：苏州市吴中区木渎镇珠江南路211号1幢1358室
…………………… Tel：0512－65658097
苏州盛景信息科技股份有限公司
地址：苏州工业园区金鸡湖大道1355号国际科技园内B101－2单元
…………………… Tel：0512－65762930
苏州市兴鲁空分设备科技发展有限公司
地址：苏州相城经济开发区澄波路989号
…………………… Tel：0512－65768683
江苏泽丰建设集团有限公司
地址：苏州吴中经济开发区城南街道东吴南路125号3幢1305室
…………………… Tel：0512－65859280
苏州伦科思电子科技有限公司
地址：苏州工业园区仁爱路150号
…………………… Tel：0512－65933955
德胜（苏州）洋楼有限公司
地址：苏州工业园区淞江路3号
…………………… Tel：0512－65935649
苏州工品汇信息科技有限公司
地址：苏州工业园区金鸡湖大道1355号国际科技园A0201/A0202单元
…………………… Tel：0512－65974565
苏州飞腾电器有限公司
地址：苏州市相城区北桥镇灵峰村（锦峰工业园）永昊路
…………………… Tel：0512－65991729
苏州市台群机械有限公司
地址：苏州市相城区黄埭镇太东路3000号
…………………… Tel：0512－66026499
新松机器人产业发展（苏州）有限公司
地址：苏州市高铁新城南天成路58号
…………………… Tel：0512－66106665
江苏省建筑工程集团第二工程有限公司
地址：苏州市相城区高铁新城南天成路88号天成信息大厦601－A64室
…………………… Tel：0512－66150891
江苏云之树科技有限公司
地址：苏州吴中经济开发区吴中银座大厦A座十六层1805－1室
…………………… Tel：0512－66175187
魔门塔（苏州）科技有限公司
地址：苏州市相城区高铁新城青龙港路66号领寓商务广场1幢24层
…………………… Tel：0512－66182558
魔图（苏州）科技有限公司
地址：苏州市相城区高铁新城青龙港路66号领寓商务广场1幢21层2101室
…………………… Tel：0512－66182558
苏州健生源医药连锁有限公司
地址：苏州市吴中区横泾街道木东路7603号
…………………… Tel：0512－66306256
江苏国立联合工程有限公司
地址：苏州市人民路1718号
…………………… Tel：0512－66501718
江苏随易信息科技有限公司
地址：苏州高新区竹园路209号
…………………… Tel：0512－66587658
苏州食行生鲜电子商务有限公司
地址：苏州高新区竹园路209号
…………………… Tel：0512－66587658
苏州技泰精密部件有限公司
地址：江苏省苏州市苏州新区华山路158－50号
…………………… Tel：0512－66610032
苏州建鑫建设集团有限公司
地址：苏州高新区长江路211号天都商业广场3幢611室
…………………… Tel：0512－66653520
苏州佳世达电通有限公司
地址：江苏省苏州市新区珠江路169号
…………………… Tel：0512－66658800
苏州市广茂电力设备安装工程有限公司
地址：苏州市相城区望亭镇华阳村锦阳路398号
…………………… Tel：0512－66703026
苏州高新智泰创新发展有限公司
地址：苏州高新区枫桥街道泰山路599号
…………………… Tel：0512－66800885
苏州阳澄湖数字文化创意园投资有限公司
地址：苏州市相城区太平街道聚金路
…………………… Tel：0512－66831092
苏州金螳螂文化发展股份有限公司

地址：苏州工业园区民生路5号
……………………Tel：0512-66833838

鑫控集团有限公司
地址：苏州吴中经济开发区郭巷街道双银国际金融城122幢201室
……………………Tel：0512-66983733

亚翔系统集成科技（苏州）股份有限公司
地址：中国（江苏）自由贸易试验区苏州片区苏州工业园区方达街33号
……………………Tel：0512-67027000

江苏沙湖科技发展有限公司
地址：苏州工业园区汀兰巷183号
……………………Tel：0512-67060626

妥思空调设备（苏州）有限公司
地址：苏州工业园区阳澄湖大道创投工业坊46幢
……………………Tel：0512-67168869

苏州恒基机电工程有限公司
地址：苏州工业园区苏州大道东381号商旅大厦6幢1605室
……………………Tel：0512-67258866

江苏营财安保股份有限公司
地址：苏州市金阊区金门路1299号
……………………Tel：0512-67523132

欧菲斯办公伙伴（苏州）贸易有限公司
地址：苏州市友新路6号
……………………Tel：0512-67551518

江苏海清通信科技有限公司
地址：中国（江苏）自由贸易试验区苏州片区苏州工业园区汀兰巷192号A1幢402室
……………………Tel：0512-67586679

齐家居美（苏州）精装科技有限公司
地址：苏州市相城区元和街道春申湖中路393号武珞科技园1501室（原采莲大厦）
……………………Tel：0512-67586996

苏州工业园区百明建设有限公司
地址：苏州工业园区东长路88号E1幢3F301、4F401室
……………………Tel：0512-67621005

苏州兴瑞通智能科技有限公司
地址：苏州高新区昆仑山路189号（苏州科技城3号厂房302室）
……………………Tel：0512-67679986

苏州科技城科创中心有限公司
地址：苏州高新区科灵路2号（软件园）12栋
……………………Tel：0512-67681437

江苏中元控股集团有限公司
地址：苏州市吴中区吴中大道1338号
……………………Tel：0512-67682095

苏州工业园区迪锐信信息科技有限责任公司
地址：苏州工业园区星湖街328号创意产业园6-8A0-1单元
……………………Tel：0512-67706677

伟创力电脑（苏州）有限公司
地址：苏州市吴中区郭巷街道官浦路1号
……………………Tel：0512-67868800

长顺建设集团有限公司
地址：张浦镇民营开发区
……………………Tel：0512-67902888

苏州工业园区公租房管理有限公司
地址：苏州工业园区翠微街9号月亮湾国际中心3楼
……………………Tel：0512-67996385

苏州开元集团有限公司
地址：苏州高新区狮山路35号1幢2700室
……………………Tel：0512-68079999

江苏天创科技有限公司
地址：苏州市十梓街327号
……………………Tel：0512-68093277

苏州水木清华设计营造有限公司
地址：苏州市高铁新城南天成路77号
……………………Tel：0512-68098429

苏州宜家家居有限公司
地址：苏州高新区浒墅关镇城际路17号
……………………Tel：0512-68134532

苏州曼凯系统集成科技有限公司
地址：苏州高新区锦峰路158号22幢302室
……………………Tel：0512-68137691

江苏中顺友聚诉讼保全担保有限公司
地址：苏州市吴中区东吴北路98号701室331号
……………………Tel：0512-68182720

江苏屹耘智能工程有限公司
地址：苏州工业园区科营路2号中新生态大厦3层315室
……………………Tel：0512-68186661

苏州第五建筑集团有限公司
地址：苏州市福运路198号常润大厦14-16楼
……………………Tel：0512-68222438

苏州市华丽美登装饰装璜有限公司
地址：苏州工业园区娄葑镇东旺路30号
……………………Tel：0512-68256155

苏州高新区自来水有限公司
地址：苏州高新区竹园路300号
……………………Tel：0512-68258368

苏州工业设备安装集团有限公司
地址：苏州市彩香路3号
……………………Tel：0512-68273246

苏州创捷传媒展览股份有限公司
地址：苏州市高新区向阳路67号
……………………Tel：0512-68277288

苏州金螳螂建设投资有限公司
地址：苏州工业园区金尚路89号
……………………Tel：0512-68282740

江苏振翔车辆装备股份有限公司
地址：苏州高新区浒关镇永安路28号
……………………Tel：0512-68323866

苏州朗捷通智能科技有限公司
地址：苏州高新区邓尉路109号1幢狮山街道办公楼211室
……………………Tel：0512-68508652

苏州诺金投资有限公司
地址：苏州工业园区金尚路89号
……………………Tel：0512-68509170

苏州冠辰计算机信息技术有限公司
地址：苏州市吴中区长蠡路99号吴中科技创业园内216室
……………………Tel：0512-68560002

中之兆建设有限公司
地址：阜宁县现代服务业园区昆仑路南、希望路东润泽商务中心1号总部大厦第10、11层（D）
……………………Tel：0512-68708719

恒隆通信技术有限公司
地址：苏州高新区火炬路57号23厂房
……………………Tel：0512-68787944

苏州广林建设有限责任公司
地址：苏州高新区泰山路129号
……………………Tel：0512-69000599

苏州华造建筑设计有限公司
地址：苏州吴中经济开发区越溪街道吴中大道1368号1幢
……………………Tel：0512-69331115

苏州朗威电子机械股份有限公司
地址：苏州市相城区黄埭镇潘阳工业园住友电装路
……………………Tel：0512-69399072

阔地教育科技有限公司
地址：苏州工业园区金鸡湖大道1355号国际科技园21A0-A6、21C
……………………Tel：0512-69567776

罗氏诊断产品（苏州）有限公司
地址：苏州工业园区钟园路259号
……………………Tel：0512-69998200

东吴服务产业集团（江苏）有限公司
地址：苏州市干将东路178号
……………………Tel：0512-80683815

苏州园林设计院有限公司
地址：苏州市胥江路202号
……………………Tel：0512-80783000

新越百货（苏州）有限公司
地址：苏州工业园区苏州大道东456号
……………………Tel：0512-80788888

苏州欧菲光科技有限公司
地址：苏州市相城区黄埭镇康阳路233号
……………………Tel：0512-80809990

苏州精濑光电有限公司
地址：苏州市吴中区郭巷街道吴淞路892号2幢
……………………Tel：0512-80903768

苏州市富尔达科技股份有限公司
地址：太仓市双凤镇温州工业园
……………………Tel：0512-81600818

中傲智能科技（苏州）有限公司
地址：苏州工业园区仁爱路99号D612室
……………………Tel：0512-81666902

苏州锐云通信息科技有限公司
地址：昆山开发区柏庐南路1003号博悦电脑城C-1072、1073
……………………Tel：0512-81861072

锋宏机械制造集团有限公司
地址：江苏省昆山市千灯镇玉峰大道北侧、炎武大道西侧
……………………Tel：0512-81868119

大垚互联网技术（苏州）有限公司
地址：苏州市相城区高铁新城南天成路88号天成信息大厦601-001室
……………………Tel：0512-82259716

江苏华为建设有限公司
地址：中国（江苏）自由贸易试验区苏州片区苏州工业园区东长路18号中节能产业园6幢
……………………Tel：0512-82272790

苏州恒久光电科技股份有限公司
地址：苏州市高新区火炬路38号
……………………Tel：0512-82276818

苏州科陆东自电气有限公司
地址：淀山湖镇北苑路26号
……………………Tel：0512-82611555

大唐苏州热电有限责任公司
地址：吴江区黎里镇北厍社区沈家港村
……………………Tel：0512-82880209

康准电子科技（昆山）有限公司
地址：江苏省昆山市玉山镇紫竹路880号
……………………Tel：0512-83666888

圣晖系统集成集团股份有限公司
地址：苏州高新区浒墅关经济开发区石林路189号
……………………Tel：0512-85186368

美达科技（苏州）有限公司
地址：苏州相城经济开发区
……………………Tel：0512-85188899

江苏新弈软件有限公司
地址：苏州市吴中区长蠡路99号科技创业园内7楼701室
……………………Tel：0512-85189619

江苏华润万家超市有限公司
地址：苏州工业园区津梁街172号
……………………Tel：0512-85559550

苏州万邦置业发展有限公司
地址：苏州工业园区阳澄环路199号
……………………Tel：0512-85661945

锋宏机械工业（昆山）有限公司
地址：江苏省昆山市蓬朗镇新华路南侧
……………………Tel：0512-86168931

苏州桦汉科技有限公司
地址：江苏省昆山市玉山镇南淞路299号1号房
……………………Tel：0512-86183888

江苏微酷信息科技有限公司
地址：苏州工业园区金鸡湖大道1355号国际科技园A1901
……………………Tel：0512-86667950

苏州第壹制药有限公司
地址：苏州工业园区华凌街1号
……………………Tel：0512-87169555

苏州全亿健康药房连锁有限公司
地址：苏州工业园区星湖街218号生物纳米园A1南座503室
……………………Tel：0512-87663988

方正信息产业研究院（苏州）集团有限公司
地址：中国（江苏）自由贸易试验区苏州片区苏州工业园区苏虹东路155号7号楼2191室
……………………Tel：0512-88189111

中材科技（苏州）有限公司
地址：苏州工业园区长阳街68号
……………………Tel：0512-88189375

江苏未至科技股份有限公司
地址：苏州高新区竹园路209号3号楼901、903间
……………………Tel：0512-88880880

苏州新星核电技术服务有限公司
地址：苏州工业园区苏州大道西313号嘉实大厦1幢305室
……………………Tel：0512-88967156

江苏信捷智能科技有限公司
地址：南通市濠西路266号百安谊家B1301、B1302、B1307室
……………………Tel：0513-55881262

南通东联信息技术有限公司
地址：南通市港闸区永和路933号3幢601、602、603、610室
……………………Tel：0513-59006628

江苏恒太照明股份有限公司
地址：南通市经济技术开发区复兴路18号
……………………Tel：0513-68223333

南通市永川建设工程有限公司
地址：海安市城东镇晓星大道8号1幢301室
……………………Tel：0513-68521286

江苏中南建设装饰有限公司
地址：海门市常乐镇北首300米
……………………Tel：0513-68702670

江苏陆地方舟新能源车辆股份有限公司
地址：如皋市城北街道花城大道188号
……………………Tel：0513-68778900

南通欧尚超市有限公司
地址：江苏省海门市海门镇黄海中路530号
……………………Tel：0513-68905032

南通北达信科技发展有限公司
地址：南通高新区世纪大道998号江海圆梦谷
……………………Tel：0513-68912916

江苏通州二建建设工程集团有限公司
地址：南通市通州区金沙街道金霞路900号
……………………Tel：0513-68977692

江苏安通保全保安服务有限公司
地址：南通市人民西路499号
……………………Tel：0513-68991058

江苏华兴化学工程建设有限公司
地址：南通市崇海路6号
……………………Tel：0513-80108990

南通铁军建设监理咨询服务有限公司
地址：南通高新区世纪大道299号皇都名尚城1幢0933室
……………………Tel：0513-80233822

江苏普腾停车设备有限公司
地址：南通市经济技术开发区通盛南路32-9号
……………………Tel：0513-80770518

江苏宾城电力建设有限公司
地址：如东经济开发区友谊西路南侧
……………………Tel：0513-80860660

南通新欧尚超市有限公司
地址：南通市港闸区长平路26号
……………………Tel：0513-80985259

江苏安泰安全技术有限公司
地址：南通市人民中路211号大达国际商业广场1号楼401、402室
……………………Tel：0513-81020615

南通宜家家居有限公司
地址：南通市港闸区黄海路66号
……………………Tel：0513-81155100

南通诚友信息技术有限公司
地址：南通市崇川区世纪大道18号恒隆国际大厦B座1001室
……………………Tel：0513-81187218

链睿信息服务（南通）有限公司
地址：南通市崇川区紫琅路120号4幢三楼
……………………Tel：0513-81187660

江苏原本信息科技有限公司
地址：南通市跃龙南路西、糖库对面（崇川科技创业园内）
……………………Tel：0513-81193086

上海爱登堡电梯江苏有限公司
地址：海安经济开发区南海大道
……………………Tel：0513-81806208

江苏省浩辰科技股份有限公司
地址：海安县海安镇中坝中路56-2室
……………………Tel：0513-81855566

江苏高格信息技术有限公司
地址：南通市崇川区太平北路1008号文峰工业园20号楼
……………………Tel：0513-82122222

南通德胜建筑工程有限公司
地址：海门市海门街道丝绸西路365号海西花苑27幢1号
……………………Tel：0513-82188170

龙信建设集团江苏机电安装工程有限公司
地址：海门市海门镇北京东路1号
……………………Tel：0513-82210335

南通市裕成建设有限公司
地址：海门市滨海新区南京路888号
……………………Tel：0513-82266371

江苏南通三建建筑装饰有限公司
地址：海门市海门街道解放东路86号
……………………Tel：0513-82315977

海门市中智网络科技有限公司
地址：海门市王浩镇桥闸村8组
……………………Tel：0513-82695020

江苏允博信息科技有限公司
地址：南京市鼓楼区古平岗4号智梦园D座505-506室
……………………Tel：0513-82920008

苏果超市（启东）有限公司
地址：启东市汇龙镇人民中路608号
……………………Tel：0513-8312175

启东市华武保安服务有限公司
地址：启东市汇龙镇金融中心5幢907-910室
……………………Tel：0513-83122198

江苏银洲建设集团有限公司
地址：启东市金融中心5幢25层
……………………Tel：0513-83217999

长裕建设有限公司
地址：启东经济开发区纬一路118号
……………………Tel：0513-83314788

南通苏通机电安装有限公司
地址：南通市城港路116号兴亿达大厦五楼
……………………Tel：0513-83564809

南通森田消防装备有限公司
地址：江苏省启东市汇龙工业园区杨沙路10号
……………………Tel：0513-83639100

江苏宏强船舶重工有限公司
地址：启东市惠萍镇宏强大道1号
……………………Tel：0513-83832000

南通五建智能工程有限公司
地址：如东县掘港镇友谊西路北侧
……………………Tel：0513-84167000

江苏新源建筑工程有限公司
地址：如东县马塘镇仁和南路58号
……………………Tel：0513-84541949

南通五建跃进建筑安装工程有限公司
地址：如东县　茶镇虹桥路七号
……………………Tel：0513-84821051

南通正盈永益信息技术有限公司
地址：南通市崇川区中南世纪城15幢1301-1302室
……………………Tel：0513-85019961

南通月光宝盒信息技术有限公司
地址：南通市中南世纪城14幢1009室
……………………Tel：0513-85039007

通富微电子股份有限公司
地址：南通市崇川路288号
……………………Tel：0513-85058888

南通清华建设工程有限公司
地址：南通市濠东路48号
……………………Tel：0513-85100590

江苏百瑞信息工程有限公司
地址：南通市濠西路82号603室
……………………Tel：0513-85108539

南通通明投资实业有限公司
地址：南通市青年中路111号
……………………Tel：0513-85163510

南通泉水装饰工程有限公司

地址：南通市学田北苑35幢206室
…………………… Tel：0513-85211422
南通安装集团股份有限公司
地址：南通市港闸区科达路58号
…………………… Tel：0513-85232307
江苏中房电力安装工程有限公司
地址：南通市崇川区太平北路1008号11幢
…………………… Tel：0513-85233880
江苏海盟金网信息技术有限公司
地址：南通市崇川路58号6幢楼A2005-A2008室
…………………… Tel：0513-85357001
江苏东保建设集团有限公司
地址：江苏省南通市港闸区新宁路1号市北建科园1号楼
…………………… Tel：0513-85515218
江苏卓茂智能科技有限公司
地址：南通市经济技术开发区通富南路45-1号
…………………… Tel：0513-85516128
江苏幸福物业管理有限公司
地址：南通市通宁大道158号
…………………… Tel：0513-85577835
南通幸福建设集团股份有限公司
地址：南通市通刘路388号
…………………… Tel：0513-85579980
南通十建集团有限公司
地址：江苏省南通市崇川区中新一路6号
…………………… Tel：0513-85590639
江苏金宗盛系统集成有限公司
地址：南通市崇川区惠泽苑3幢202室
…………………… Tel：0513-85613211
南通宏华建筑安装有限公司
地址：南通市崇川区陈桥街道河口村
…………………… Tel：0513-85695351
江苏通州一建建设集团有限公司
地址：南通高新区朝霞路369号（南通桑夏阳光硅谷科技园4号楼）
…………………… Tel：0513-86108300
南通承悦装饰集团有限公司
地址：南通市通州经济开发区世纪大道999号12楼
…………………… Tel：0513-86120827
南通华美网络科技有限公司
地址：南通高新区新世纪大道198号财富中心703室
…………………… Tel：0513-86122808
南通长城建设集团有限公司
地址：南通市通州区金沙镇建设路68号
…………………… Tel：0513-86511575
南通苏迅建筑安装工程有限公司
地址：南通市通州区金沙镇新金路34号建工大厦
…………………… Tel：0513-86529131
江苏综艺股份有限公司
地址：江苏省南通市通州区兴东镇黄金村
…………………… Tel：0513-86639999
南通长江设备安装工程有限公司
地址：南通市通州区平潮镇赵坊村
…………………… Tel：0513-86720058
南通扬子设备安装有限公司
地址：南通市通州区平东镇工业园区林桥路18号
…………………… Tel：0513-86792998
南通华宇建筑装饰有限公司
地址：南通市通州区石港镇米市桥西路8号
…………………… Tel：0513-86827710
江苏太平洋通信科技有限公司
地址：南通市崇川区通甲路6号中江国际广场3幢1108室
…………………… Tel：0513-87100100
南通市戴庄建筑安装工程有限公司
地址：如皋市城北街道鹿门路888号
…………………… Tel：0513-8720517
南通泛华建设有限公司
地址：如皋市如城街道顾庄生态园北商业街1幢
…………………… Tel：0513-87310795
江苏元辰安装集团有限公司
地址：如皋市白蒲镇月旦社区15组
…………………… Tel：0513-87514041
南通鑫途建设工程有限公司
地址：如皋市如城街道中山路568号三楼
…………………… Tel：0513-87536969
如皋港务集团有限公司
地址：江苏省如皋市长江镇（如皋港区）疏港路6号
…………………… Tel：0513-87588268
南通市金柜信息技术有限公司
地址：如皋市城南街道万寿南路999号（如皋高新区8号楼1102室）
…………………… Tel：0513-87620058
如皋市自来水厂有限公司
地址：如皋市如城镇中山西路188号
…………………… Tel：0513-87623986
南通世睿电力科技有限公司
地址：如皋市城南街道海阳南路2号
…………………… Tel：0513-87877966
江苏隆辉建设股份有限公司
地址：海安县城东镇新生村三组
…………………… Tel：0513-88352031
南通工泰建设有限公司
地址：海安市大公镇古贲村一组
…………………… Tel：0513-88742040
南通澳龙投资管理有限公司
地址：南通市崇川区跃龙路38号国际大厦302室
…………………… Tel：0513-88775566
南通丰汇建设有限公司
地址：海安市海安镇永安南路151号1幢
…………………… Tel：0513-88800458
江苏河马机电工程有限公司
地址：海安开发区鑫来路64号
…………………… Tel：0513-88912800
南通华东建设有限公司
地址：江苏省南通市海安开发区迎宾路8号
…………………… Tel：0513-88918318
南通安邦信息技术有限公司
地址：南通市港闸区深南路9号万达广场4幢18层1828室
…………………… Tel：0513-89029200
江苏东方宏达电力发展有限公司
地址：南通市科润路299号7幢
…………………… Tel：0513-89061288
南通鑫金建设集团有限公司
地址：南通港闸开发区长和路128号1幢
…………………… Tel：0513-89066605
南通通程信息技术有限公司
地址：南通市经济技术开发区长川路1号第2层25室
…………………… Tel：0513-89186000
携程信息技术（南通）有限公司
地址：江苏省南通经济技术开发区长川路1号
…………………… Tel：0513-89186000
中天通信技术有限公司
地址：南通市开发区齐心路
…………………… Tel：0513-89191350
南通中房建设工程集团有限公司
地址：南通市科泽路3号
…………………… Tel：0513-89199991
江苏华东文化科技融资租赁有限公司
地址：扬州市瘦西湖路48号扬州迎宾馆5号楼公寓5303室
…………………… Tel：0514-80362281
江苏润扬建设工程集团有限公司
地址：高邮市城南经济新区中心大道
…………………… Tel：0514-80366166
扬州泰利特种装备有限公司
地址：江苏扬州维扬经济开发区大官桥西路
…………………… Tel：0514-80383212
扬州新盛建筑装饰有限公司
地址：扬州市维扬路243号1-日座1301室
…………………… Tel：0514-80827300
江苏省建筑工程集团第一工程有限公司
地址：扬州市邗江区绿杨路596号
…………………… Tel：0514-82191999
仪征怡华商贸发展有限公司
地址：仪征化纤生活区环南路32号
…………………… Tel：0514-83222628
中国石化仪征化纤有限责任公司
地址：仪征市长江西路1号
…………………… Tel：0514-83232235
扬州同力建设有限公司
地址：仪征市铜山办事处铜山街道
…………………… Tel：0514-83417556
江苏仪征苏中建设有限公司
地址：江苏省仪征经济开发区科研二路1号
…………………… Tel：0514-83466016
扬州一建集团有限公司
地址：仪征市真州镇石桥河北路99号
…………………… Tel：0514-83580388
仪征大众联合发展有限公司
地址：扬州（仪征）汽车工业园习武大楼108号
…………………… Tel：0514-83740239
国泰消防科技股份有限公司
地址：江苏省仪征经济开发区科泰路99号
…………………… Tel：0514-83936600
江苏弘盛建设工程集团有限公司
地址：高邮市城南经济新区南环路88号
…………………… Tel：0514-84069125
江苏弘发建设工程有限公司
地址：高邮市文游中路138号
…………………… Tel：0514-84069319
神州交通工程集团有限公司
地址：扬州市邗江区汽车产业园神州路16号
…………………… Tel：0514-84216333
扬州市红旗电缆制造有限公司
地址：高邮市菱塘工业集中区
…………………… Tel：0514-84232078
江苏赛特电气有限公司
地址：高邮市菱塘工业集中区
…………………… Tel：0514-84238888
江苏弘扬建设工程有限公司
地址：高邮市送桥镇郭集金柳大道66-1号
…………………… Tel：0514-84249176
江苏华坤建设工程有限公司
地址：高邮市八桥镇河东街
…………………… Tel：0514-84522154
华富（江苏）锂电新技术有限公司
地址：高邮经济开发区洞庭湖路科技创业中心A2栋
…………………… Tel：0514-84540600
扬州市润泽建设工程有限公司
地址：高邮市临泽镇安乐寺街98号
…………………… Tel：0514-84586378
江苏瑞沃建设集团有限公司
地址：高邮市菱塘回族乡邮天路
…………………… Tel：0514-84605108
高邮市保安服务公司
地址：高邮市中山路451号
…………………… Tel：0514-84641188
江苏建宇建设集团有限公司
地址：高邮市海潮东路38号
…………………… Tel：0514-84665878
江苏协和装饰工程有限公司
地址：扬州市邗江区方巷镇朝阳东路2号
…………………… Tel：0514-85068882
江苏承煦电气集团有限公司
地址：高邮市天山镇工业园区
…………………… Tel：0514-85085265
江苏华发装饰有限公司
地址：扬州市文峰路11号
…………………… Tel：0514-85108019
江苏空间新盛建设工程有限公司
地址：扬州市江都区黄山路618号世纪景园25幢101室
…………………… Tel：0514-85188233
扬州润邗商业有限公司
地址：扬州市邗沟路与黄金坝路交汇处东北角
…………………… Tel：0514-8558966
江苏福星建设工程有限公司
地址：仪征市月塘镇中兴路68号
…………………… Tel：0514-85707094
扬州盾轩安全设备有限公司
地址：仪征市经济开发区闽泰大道1号502室
…………………… Tel：0514-85773279
江苏沪武建设集团有限公司
地址：扬州市江都区舜天路建工大厦
…………………… Tel：0514-86260699
江苏鑫圣建设工程有限公司
地址：扬州市江都区丁沟镇腾飞路1号、扬州市江都区新都路188号6楼
…………………… Tel：0514-86381122
江苏亚新石化建设集团有限公司
地址：扬州市江都区新区南苑路79号
…………………… Tel：0514-86561156
扬州神舟汽车内饰件有限公司
地址：扬州市江都区小纪镇宗村宜武路1号
…………………… Tel：0514-86631138
江苏龙川保安服务有限公司
地址：扬州市江都区仙女镇三和村顾庄组
…………………… Tel：0514-86663028
江苏省金鑫安防设备有限公司
地址：扬州市江都区邵伯镇工业园内
…………………… Tel：0514-86783555
扬州市第五建筑安装工程有限公司
地址：扬州市江都区邵伯镇工农路28号
…………………… Tel：0514-86788039
江苏华江建设集团有限公司
地址：扬州市江都区乐和东路188号
…………………… Tel：0514-86809148
江苏龙腾坤鑫建设发展有限公司
地址：扬州市江都区仙女镇新都路185号
…………………… Tel：0514-86833802
江苏威达建设有限公司
地址：扬州市江都区仙城工业园宝来路6号
…………………… Tel：0514-86868911
扬州市建设安装工程有限公司
地址：扬州市江都区舜天路建工大厦十楼
…………………… Tel：0514-86887765
江苏扬州建工建设集团有限公司
地址：扬州市江都区浦江路55号
…………………… Tel：0514-86889710
扬州市方圆建筑工程有限公司
地址：扬州市江都区龙城路208号
…………………… Tel：0514-86889731
江苏联通智能控制技术股份有限公司
地址：扬州市广陵产业园沙湾南路3号
…………………… Tel：0514-87253388
江苏天润环境建设集团有限公司
地址：扬州市汶河北路65号
…………………… Tel：0514-87335008
江苏苏维工程管理有限公司
地址：扬州市翠岗路48号121-418
…………………… Tel：0514-87364929
江苏朗格电子信息技术有限公司
地址：扬州市开发区金港路128号1-
…………………… Tel：0514-87520305
扬州润扬物流装备有限公司
地址：扬州市施桥南路6号
…………………… Tel：0514-87576699
扬州日模邗沟装饰工程有限公司
地址：扬州市物港路8号
…………………… Tel：0514-87613451
江苏兴业环境集团有限公司
地址：扬州市邗江区杨柳青路169号
…………………… Tel：0514-87615728
中国石化集团江苏石油勘探局有限公司
地址：江苏省扬州市经济开发区文汇西路1号
…………………… Tel：0514-87762061
扬州裕元建设有限公司
地址：扬州市百祥路恒祥苑8幢15室
…………………… Tel：0514-87782767
扬州北辰电气集团有限公司
地址：鸿大路58号
…………………… Tel：0514-87852819
扬州市上善建设工程有限公司
地址：扬州市立新路14号
…………………… Tel：0514-87877777
江苏伟业安装集团有限公司
地址：扬州市业恒生活广场20-21楼
…………………… Tel：0514-87881200
扬州新菱电器有限公司
地址：兴扬路29号
…………………… Tel：0514-87888152
江苏同源跃阁机电工程有限公司
地址：扬州经济技术开发区扬子江中路186号智谷科技综合体二期A3座12楼
…………………… Tel：0514-87969119
宝应粤海水务有限公司
地址：江苏省宝应县安宜镇运河路411号
…………………… Tel：0514-88222747
江苏天宇建设集团有限公司
地址：宝应县苏中北路41号
…………………… Tel：0514-88222996
中航宝胜电气股份有限公司
地址：江苏省宝应县东阳北路666号
…………………… Tel：0514-88249595
宝胜系统集成科技股份有限公司
地址：宝应县　水镇工业集中区
…………………… Tel：0514-88429666
江苏宝乐实业有限公司
地址：宝应县曹甸工业园区
…………………… Tel：0514-88628888
中航机载系统共性技术有限公司
地址：扬州市广陵区广陵新城江苏信息服务产业基地内28号楼B栋11层
…………………… Tel：0514-89968000
盐城信崇资产管理有限公司
地址：盐城市解放南路15号南门华府1号楼116、117门市
…………………… Tel：0515-66691779
江苏世通通信工程有限公司
地址：盐城市亭湖区新盐路18-1号（7）
…………………… Tel：0515-66698866
江苏盐新汽车产业投资发展有限公司
地址：盐城经济技术开发区东环南路69号1幢309室
…………………… Tel：0515-68036116
江苏茂源电气有限公司
地址：东台市开发区纬一路24号
…………………… Tel：0515-68188105
江苏盐城格莱宝装备科技有限公司
地址：盐城市亭湖区南洋镇三尖居委会二组2、3、4、5幢（8）
…………………… Tel：0515-69089111
江苏恒盛航空座椅有限公司
地址：建湖县高新技术产业园区内
…………………… Tel：0515-80609066
江苏中柢建设集团有限公司
地址：盐城市城南新区新都街道盐渎路26号（CND）
…………………… Tel：0515-80991680
江苏凯德建设工程有限公司
地址：盐城市盐南高新区大数据产业园B-2幢106室（CNK）
…………………… Tel：0515-81613333
江苏晟功建设集团有限公司
地址：阜宁县阜城香港路499号（C）
…………………… Tel：0515-81899189
江苏鸿基金属制品有限公司
地址：盐城市大丰区常州高新区团结路5号1幢
…………………… Tel：0515-83368689
江苏国安建筑安装工程有限公司
地址：盐城市大丰高新技术区五一路1号
…………………… Tel：0515-83812237
江苏宏远建设集团有限公司
地址：滨海县八巨镇财源路12号101-102室
…………………… Tel：0515-84108022
江苏新大地建设工程有限公司
地址：盐城市滨海县界牌镇全民创业园98号
…………………… Tel：0515-84198369
东台市东方船舶装配有限公司
地址：东台市新街镇人民中路70号
…………………… Tel：0515-85751187
江苏铭星供水设备有限公司
地址：建湖县科技创业园铭星北路1号
…………………… Tel：0515-86153222
江苏雷诺时装有限公司

地址：建湖县城湖中南路666号
……………… Tel：0515-86292948
盐城市路桥建设工程有限公司
地址：盐城市人民中路29号
……………… Tel：0515-88177792
江苏金贸建设集团有限公司
地址：盐城市盐都区盐龙街道龙乘路98号
……………… Tel：0515-88240179
盐城市苏厦建设集团有限公司
地址：盐城市盐马路288号附3幢502
……………… Tel：0515-88247092
蓝盾建设集团有限公司
地址：盐城市青年中路59号钱江财富广场1幢2601-2603室
……………… Tel：0515-88248858
盐城利之咏贸易有限公司
地址：盐城市盐都区盐龙街道办事处益民居委会、方向居委会研创大厦13楼1306室（D）
……………… Tel：0515-88285880
江苏恒源物业管理有限公司
地址：盐城市盐南高新区人民南路33号新都商务楼16楼1606室（CND）
……………… Tel：0515-88312688
江苏中远建设工程集团有限公司
地址：盐城市西环中路192号广益来大厦1307室
……………… Tel：0515-88322950
江苏建兴建工集团有限公司
地址：盐城市大庆东路8号
……………… Tel：0515-88334335
江苏明华建设有限公司
地址：盐城市盐都区潘黄街道杨坝居委会杨东路2号（E）
……………… Tel：0515-88350112
盐城市康居物业管理有限公司
地址：盐城经济技术开发区希望大道南路5号1幢602室
……………… Tel：0515-88403323
江苏昆华建设工程有限公司
地址：盐城市城南新区新都街道人民南路5号国际创投中心南楼9011室（CND）
……………… Tel：0515-88555060
江苏鑫丞电力科技发展有限公司
地址：盐城市城南新区新都街道解放南路268号金鹰天地广场2幢1710室（CND）
……………… Tel：0515-88828008
江苏联合建设有限公司
地址：盐城市亭湖经济开发区兴洋大道4号
……………… Tel：0515-88872106
江苏江动集团有限公司
地址：盐城市开放大道92号
……………… Tel：0515-88881766
江苏农华智慧农业科技股份有限公司
地址：盐城经济技术开发区希望大道南路58号
……………… Tel：0515-88881882
中电盐城信息港发展有限公司
地址：盐城经济技术开发区希望大道南路5号4幢1201-2、1201-3室
……………… Tel：0515-88931888
江苏华实市政建设集团有限公司
地址：江苏省盐城市滨海县海滨大道碧水绿都商办楼901-912室
……………… Tel：0515-89106667
江苏华源医疗科技股份有限公司
地址：东台高新技术产业开发区南庄路36号
……………… Tel：0515-89503111
江苏和润科技发展有限公司
地址：徐州经济开发区软件产业园内
……………… Tel：0516-66692628
江苏万融工程科技有限公司
地址：徐州高新技术产业开发区珠江东路11号办公大楼503、506室
……………… Tel：0516-67016688
江苏汉皇安装集团有限公司
地址：沛县经济开发区沛公路北侧、汉润路东侧科创园一号楼
……………… Tel：0516-67060918
徐州海伦哲专用车辆股份有限公司
地址：徐州经济开发区螺山路19号
……………… Tel：0516-68782700
江苏大汉建设实业集团有限责任公司
地址：江苏省徐州市沛县新城区张良路3号
……………… Tel：0516-68863545
徐州江煤科技有限公司
地址：丰县丰沛公路北经十路东侧
……………… Tel：0516-80392579
徐州大通建设集团有限公司
地址：徐州市云龙区三环东路西侧黄山停车场综合楼401室
……………… Tel：0516-82020228
江苏泰耀建设工程有限公司
地址：徐州泉山经济开发区腾飞路6号泉山经济开发区管委会1-240室
……………… Tel：0516-82637899
江苏壹方城企业管理有限公司
地址：徐州市铜山区汉泉山庄2B-2-06
……………… Tel：0516-83138888
徐州淮海金融招商发展有限公司
地址：徐州市云龙区汉风街道汉风路9号淮海金融大厦2201
……………… Tel：0516-83309908
徐州宜家家居有限公司
地址：徐州经济技术开发区和平路128号
……………… Tel：0516-83664532
江苏集慧建设集团有限公司
地址：徐州市铜山区府中东路4号
……………… Tel：0516-83702977
大江控股集团电力科技有限公司
地址：江苏省徐州市经济技术开发区高新路11号
……………… Tel：0516-83771681
江苏茂华系统集成有限公司
地址：徐州市泉山区科技大道科技大厦7层702室
……………… Tel：0516-83815109
格利尔数码科技股份有限公司
地址：徐州市铜山经济开发区昆仑路格利尔数码科技工业园（现昆仑路西、钱江路南）
……………… Tel：0516-85157857
徐州市铜山区自来水有限公司
地址：铜山新区北京路
……………… Tel：0516-85252777
江苏华旭建筑安装工程有限公司
地址：沛县张庄镇徐沛路西
……………… Tel：0516-85720899
徐州市工业设备安装有限责任公司
地址：徐州市二环西路160号
……………… Tel：0516-85758616
邳州市建筑安装工程公司
地址：邳州市海河路16号欧洲半导体海归人才创业园2#楼
……………… Tel：0516-86221036
徐州阳光送变电有限公司
地址：睢宁县睢城镇八一西路72号
……………… Tel：0516-86392788
徐州华苏电力实业总公司
地址：徐州市铜山区茅村镇（电厂路1号国能徐州发电有限公司院内）
……………… Tel：0516-87257256
徐州新健康老年病医院有限公司
地址：徐州市鼓楼区奔腾大道108号
……………… Tel：0516-87537117
徐州市淮海消防器材有限公司
地址：二环北路1号
……………… Tel：0516-87621574
江苏省淮海建设集团有限公司
地址：徐州市轻工路43#
……………… Tel：0516-87761598
徐州冠宇供用电工程有限公司
地址：徐州经济开发区杨山路15号
……………… Tel：0516-87870222
江苏徐电建设集团有限公司
地址：徐州市鼓楼区淮海东路141号
……………… Tel：0516-88018801
新沂钟吾网络科技有限公司
地址：新沂市新安镇南京路永利步行街401-1
……………… Tel：0516-88785222
江苏中阳建设集团有限公司
地址：丰县解放西路23号
……………… Tel：0516-89222354
徐州东大钢结构建筑有限公司
地址：丰县工业园区
……………… Tel：0516-89322585
双信建设集团有限公司
地址：沛县经济开发区韩信路北侧
……………… Tel：0516-89631465
江苏帝邦建设工程有限公司
地址：沛县经济开发区沛公路科创园一号楼
……………… Tel：0516-89634739
江苏元润建设有限公司
地址：涟水县涟城镇安东路146号（涟水县农业生产资料总公司院内）
……………… Tel：0517-80325501
江苏智淮信息产业有限公司
地址：淮安市生态新城福地路66号山阳湾花园1号商业商铺1-05室
……………… Tel：0517-80901502
淮安芯存集成电路有限公司
地址：淮安市淮阴区长江东路601号
……………… Tel：0517-81567762
淮安市江淮智慧出行有限公司
地址：淮安经济技术开发区承德南路266号（淮安软件园）2号楼409室
……………… Tel：0517-83332999
淮安运河文创置业有限公司
地址：淮安市清江浦区北京北路56号院内
……………… Tel：0517-83576666
江苏恒龙装饰工程有限公司
地址：淮安经济技术开发区飞耀南路90-1号
……………… Tel：0517-83645930
江苏迪达科技有限公司
地址：淮安经济技术开发区承德南路266号（淮安软件园）1#楼4层
……………… Tel：0517-83661629
江苏九天建设集团有限公司
地址：淮安经济技术开发区海口路9号3号楼407室
……………… Tel：0517-83666708
江苏兴盛工程咨询监理有限公司
地址：淮安经济技术开发区珠海路69号A幢201室、202室、205室
……………… Tel：0517-83711518
江苏长城消防有限公司
地址：淮安经济技术开发区富准路88号
……………… Tel：0517-83762169
江苏鸿升建设集团有限公司
地址：淮安经济技术开发区深圳东路87-1号
……………… Tel：0517-83779902
庆鼎精密电子（淮安）有限公司
地址：淮安经济技术开发区鹏鼎路8号
……………… Tel：0517-83858888
江苏大科科技有限公司
地址：淮安市深圳路11号东方曼哈顿大厦10楼
……………… Tel：0517-83906676
淮安国奥泛能源有限公司
地址：淮安市清河区旺旺家缘小区商铺二商铺47室
……………… Tel：0517-83981430
江苏建航工程有限公司
地址：淮安市淮安区季桥镇同心路西首
……………… Tel：0517-85809333
江苏镇淮建设集团有限公司
地址：淮安市淮安区华西路98号办公楼
……………… Tel：0517-85823518
江苏天成建设集团有限公司
地址：淮安市健康西路85号
……………… Tel：0517-86289222
江苏建通科技有限公司
地址：盱眙经济开发区合欢大道30-8号
……………… Tel：0517-88270388
江苏齐天电力建设集团有限公司
地址：连云港市海州区新浦经济开发区204国道西侧
……………… Tel：0518-80189536
江苏天马网络科技集团有限公司
地址：连云港市海州区浦南镇许安大道100号
……………… Tel：0518-81883839
江苏万象建工集团有限公司
地址：江苏省赣榆经济开发区永安路6号
……………… Tel：0518-81889821
江苏万年达建设集团有限公司
地址：灌南县新安镇人民西路99号
……………… Tel：0518-83227188
连云港连鑫玻璃钢有限公司
地址：连云港市海州开发区三家村路11号
……………… Tel：0518-85383316
江苏中建工程设计研究院有限公司
地址：中国（江苏）自由贸易试验区连云港片区经济技术开发区综合保税区综合楼418-222号
……………… Tel：0518-85836528
江苏元启网络信息技术有限公司
地址：连云港市海州区瀛洲路28-8号楼110号
……………… Tel：0518-85838761
江苏鲁匠建设科技有限公司
地址：连云港经济技术开发区大浦工业区映月路8号
……………… Tel：0518-85853077
中船重工杰瑞科技控股有限公司
地址：连云港市海州区圣湖路18号102号楼
……………… Tel：0518-85981027
连云港市泰卓新材料有限公司
地址：赣榆经济开发区
……………… Tel：0518-86299331
江苏新时代新材料科技集团有限公司
地址：溧阳经济开发区泓枫路8号2幢
……………… Tel：0519-67180808
江苏广亚建设集团有限公司
地址：江苏武进经济开发区腾龙路2号
……………… Tel：0519-67897968
江苏大禹水务股份有限公司
地址：常州市武进区延政路武进水利局大院405-408室
……………… Tel：0519-67898861
江苏海鸥冷却塔股份有限公司
地址：常州市武进经济开发区祥云路16号
……………… Tel：0519-68022018
江苏广泽建设有限公司
地址：常州市金坛区儒林镇园区西路12号
……………… Tel：0519-68081329
常州市金坛区保安服务公司
地址：常州市金坛区华城路1668号
……………… Tel：0519-68088110
常州网胜软件科技有限公司
地址：天宁区新世界花苑15-2幢1815室
……………… Tel：0519-68232280
江苏万远建设有限公司
地址：溧阳市戴埠镇杨树垛路6号3幢
……………… Tel：0519-68691896
波士顿电池（江苏）有限公司
地址：江苏省溧阳市江苏中关村科技产业园上上路38号
……………… Tel：0519-68693536
江苏春为全过程工程咨询有限公司
地址：江苏武进经济开发区腾龙路2号
……………… Tel：0519-68865670
江苏索派科技产业集团有限公司
地址：常州市新北区太湖东路9-2号1407室
……………… Tel：0519-68915360
江苏建控股集团有限公司
地址：常州市钟楼区新闸镇新龙路23号
……………… Tel：0519-68972113
江苏赞奇科技股份有限公司
地址：常州市新北区太湖东路9-2号23楼
……………… Tel：0519-69862019
江苏溧阳城建集团有限公司
地址：溧阳市昆仑街道泓口路218号
……………… Tel：0519-80952010
常州朗脉洁净技术有限公司
地址：江苏武进经济开发区长扬路11号
……………… Tel：0519-81090566
江苏德威系统集成有限公司
地址：常州市天宁区凤凰路38号
……………… Tel：0519-81188292
江苏城东建设工程有限公司
地址：常州市金坛区金城东环二路49号
……………… Tel：0519-82366386
中景博道城市规划发展有限公司
地址：常州市金坛区中景商务中心2幢2001室
……………… Tel：0519-82590666
常州金沙科技投资有限公司
地址：常州市金坛区金坛大道88号
……………… Tel：0519-82690301
常州金坛金盛物业管理有限公司
地址：常州市金坛区金河花园30号二层
……………… Tel：0519-82795060
江苏金坛第一建筑安装工程有限公司
地址：常州市金坛区金城镇益港中路69号9幢
……………… Tel：0519-82822228
江苏金祥建设工程有限公司
地址：常州市金坛区金城镇西门大街333号
……………… Tel：0519-82850307
小熊云（江苏）网络科技有限公司
地址：常州市金坛区丹阳门北路9-N号
……………… Tel：0519-82881234
溧阳市保安服务有限公司
地址：溧阳市溧城镇丁园路6号
……………… Tel：0519-83106080
江苏华宇建设有限公司
地址：常州市新北区奔牛镇运南新村迎宾路
……………… Tel：0519-83218918
常州市中大建设工程有限公司
地址：新闸镇新龙路
……………… Tel：0519-83258979
江苏通达建设集团有限公司
地址：钟楼区邹区镇常金东路170号
……………… Tel：0519-83311888
江苏金腾园林建设有限公司
地址：武进区嘉泽镇花汇路29号
……………… Tel：0519-83680888
江苏皓盛建设发展有限公司
地址：钟楼区邹区镇前王村
……………… Tel：0519-83835668
库柏裕华（常州）电子设备制造有限公司
地址：常州市新北区浏阳河路189号
……………… Tel：0519-83978952
江苏和诚保安服务有限公司
地址：武进国家高新技术产业开发区常武南路588号天安数码城B幢甲1601号
……………… Tel：0519-85552575
常州欧尚超市有限公司
地址：常州市天宁区永宁北路18号
……………… Tel：0519-85577517
江苏省中瑞设备安装有限公司
地址：常州市新北区春江镇振兴路82号
……………… Tel：0519-85975666
常州泽洲城镇建设发展有限公司
地址：钟楼区邹区镇会灵东路9号
……………… Tel：0519-86026857
常州众创汇置业有限公司
地址：武进国家高新技术产业开发区新雅路18号243室
……………… Tel：0519-86229012
常州市通润建设工程有限公司
地址：常州市新北区春江镇安家振兴路1号
……………… Tel：0519-86508528
中绿建欣达建设工程有限公司
地址：武进高新技术产业开发区人民东路158号
……………… Tel：0519-86520072
江苏中盈高科智能信息股份有限公司
地址：武进国家高新技术产业开发区新雅路18号164室
……………… Tel：0519-86520503

常州振武建设发展有限公司
地址：常州市武进区牛塘镇大通西路16号
…………………… Tel：0519－86580786

常州绿颖国际贸易有限公司
地址：武进区湖塘镇鸣新西路130号2幢301号
…………………… Tel：0519－86580875

江苏华盛建设工程有限公司
地址：武进区雪堰镇潘家潘中路4号
…………………… Tel：0519－86596509

江苏鑫洋装饰工程有限公司
地址：江苏省常州市武进区西太湖科技产业园长扬路17号
…………………… Tel：0519－86612568

新纶电子材料（常州）有限公司
地址：常州西太湖科技产业园长扬路20号
…………………… Tel：0519－86628888

江苏网擎信息技术有限公司
地址：常州市钟楼区关河西路119号1406室
…………………… Tel：0519－86629957

江苏天晟通信设备有限公司
地址：天宁区光华路驴场头105号
…………………… Tel：0519－86905000

江苏晋陵建设发展有限公司
地址：常州市新北区晋陵北路15号
…………………… Tel：0519－86927715

江苏武进建工集团有限公司
地址：武进高新技术产业开发区湖塘人民东路158号
…………………… Tel：0519－86929122

江苏新有建设集团有限公司
地址：常州市钟楼区清潭木梳路11号
…………………… Tel：0519－86960415

常州市建筑科学研究院集团股份有限公司
地址：常州市木梳路10号
…………………… Tel：0519－86971651

常州二建建设有限公司
地址：常州市钟楼区木梳路9号
…………………… Tel：0519－86971698

江苏五星建设集团有限公司
地址：溧阳市南渡镇永安路217号
…………………… Tel：0519－87018809

江苏汉宇建筑有限公司
地址：溧阳市上兴镇永兴大道56号
…………………… Tel：0519－87037578

江苏茂盛建设集团有限公司
地址：溧阳市溧城镇燕山路65号
…………………… Tel：0519－87210818

江苏溧鸿建设有限公司
地址：溧阳市溧城镇煤建路37号2幢
…………………… Tel：0519－87216555

江苏金马工程有限公司
地址：溧阳市昆仑街道腾飞路3号
…………………… Tel：0519－87222787

江苏溧阳建设集团有限公司
地址：江苏省溧阳经济开发区北山工业园光武路88号
…………………… Tel：0519－87223576

安顺集团建设有限公司
地址：溧阳市溧城镇永平大道88号1幢
…………………… Tel：0519－87260198

中易建设有限公司
地址：溧阳市天目湖镇兴业街68号6楼
…………………… Tel：0519－87288303

龙海建设集团有限公司
地址：溧阳市天目湖镇溪缘东路2号
…………………… Tel：0519－87290928

江苏金桥市场发展有限公司
地址：溧阳市昆仑街道泓口路218号C幢326室
…………………… Tel：0519－87298100

申芝电梯有限公司
地址：溧阳市上黄镇山下桥村
…………………… Tel：0519－87390468

江苏希通机械设备有限公司
地址：常州市武进国家高新技术产业开发区新雅路18号258室
…………………… Tel：0519－88220070

江苏中天市政工程有限公司
地址：溧阳市溧城朝阳街188－17号
…………………… Tel：0519－88301007

常州太平通讯科技有限公司
地址：江苏省常州市高新区新科路3号
…………………… Tel：0519－88400828

江苏兰陵涂装工程有限公司
地址：常州市武进区横山桥镇五一村
…………………… Tel：0519－88601528

江苏亚示照明集团有限公司
地址：武进区横山桥镇西崦村
…………………… Tel：0519－88608128

常州钜苓铸造有限公司
地址：天宁区郑陆镇三河口村
…………………… Tel：0519－88670303

常嘉建设集团有限公司
地址：常州市天宁区光华路1号
…………………… Tel：0519－88808605

常州三建建设有限公司
地址：天宁区雕庄街道采菱地块
…………………… Tel：0519－88852858

长江龙城科技有限公司
地址：江苏省常州市武进区常武中路801号（常州科教城创研港1号楼A2001－A2010）
…………………… Tel：0519－89192211

天铂电力有限公司
地址：武进国家高新技术产业开发区龙庆路26号
…………………… Tel：0519－89620090

常州市给排水工程有限公司
地址：常州市天宁区和平中路449号
…………………… Tel：0519－89850597

江苏华昊建设集团有限公司
地址：靖江市城南园区城西大道66号
…………………… Tel：0523－80681111

巨腾电子科技（泰州）有限公司
地址：泰州医药高新区祥龙路28号
…………………… Tel：0523－80711111

江苏星光发电设备有限公司
地址：泰兴市古溪镇星光路2号
…………………… Tel：0523－80737389

泰州市云联网络信息系统有限公司
地址：泰州市药城大道799－2号（数据大厦B幢602室）
…………………… Tel：0523－80811266

江苏振华海科装备科技股份有限公司
地址：姜堰经济开发区姜堰大道9号
…………………… Tel：0523－82072060

江苏广宇建设集团有限公司
地址：靖江市江平路230号
…………………… Tel：0523－82669058

江苏惠洋信息科技有限公司
地址：泰州市海陵区青年北路41号（入驻泰州青联商务秘书有限公司－1008号）
…………………… Tel：0523－82835113

无畏警用装备有限公司
地址：靖江市无畏路1号
…………………… Tel：0523－82856509

江苏苏兴建设工程有限公司
地址：兴化市英武南路188号
…………………… Tel：0523－83329909

春意环境科技有限公司
地址：靖江经济开发区城北园区新三路62号（经营场所：靖江市孤山镇清河路2号、靖江经济开发区城北园区富前路68号）
…………………… Tel：0523－84553690

江苏金秋竹集团有限公司
地址：靖江经济开发区罗家港桥货站南路9号
…………………… Tel：0523－84628603

江苏骏豪建设工程有限公司
地址：靖江市东兴镇二道堤路2号
…………………… Tel：0523－84652515

江苏华明实业有限公司
地址：靖江市城南园区江防东路1号
…………………… Tel：0523－84955180

中城建第十三工程局有限公司
地址：江苏省泰州市海陵区凤凰东路56号
…………………… Tel：0523－86085699

泰州市华通消防装备厂有限公司
地址：泰州市高港区科技创业园区
…………………… Tel：0523－86106838

泰州鼎鑫智能产业园投资发展有限公司
地址：泰州市海陵区永吉路66号海陵工业园区北楼303、304室。
…………………… Tel：0523－86298198

泰州鑫宝三维科技产业园发展有限公司
地址：江苏省泰州市海陵区凤凰东路60号文创大厦主楼第二层277号
…………………… Tel：0523－86298198

江苏林海动力机械集团有限公司
地址：江苏省泰州市迎春西路199号
…………………… Tel：0523－86551888

江苏泰建建设集团有限公司
地址：泰州市农业开发区中桥路9号
…………………… Tel：0523－86658906

泰州市三江消防器材有限公司
地址：泰州市寺巷镇人民路西首
…………………… Tel：0523－86811758

江苏省第一建筑安装集团股份有限公司
地址：南京市栖霞区紫东路2号1幢
…………………… Tel：0523－86883458

江苏盛泰科技集团有限公司
地址：泰州市华润国际花园10幢508－511
…………………… Tel：0523－86896850

泰州新滨江实业投资有限公司
地址：泰州市泰镇路东侧、疏港路北侧3栋2004－6
…………………… Tel：0523－86970260

江苏祥和项目管理有限公司
地址：吴江区黎里镇汾湖大道558号
…………………… Tel：0523－86984566

江苏星月星建筑安装工程有限公司
地址：泰兴市农产品加工园区古高路
…………………… Tel：0523－87096920

金龙建设集团有限公司
地址：泰兴市黄桥镇南沙西路
…………………… Tel：0523－87236038

源丰建设有限公司
地址：泰兴市江平中路68号
…………………… Tel：0523－87631669

江苏奥体家政服务有限公司
地址：泰兴市国庆二村一区18幢03室、18－04号
…………………… Tel：0523－87639944

泰兴市安泰水务集团有限公司
地址：泰兴市国庆西路48号
…………………… Tel：0523－87657616

江苏幸运宝贝安全装置制造有限公司
地址：泰兴市虹桥工业园区
…………………… Tel：0523－87983676

泰兴市安能电力工程有限公司
地址：泰兴高新技术产业开发区科新路66号
…………………… Tel：0523－87992229

泰州易华录数据湖信息技术有限公司
地址：泰州市姜堰区罗塘街道高教路1019号
…………………… Tel：0523－88080968

江苏正裕建筑安装工程有限公司
地址：泰州市姜堰区姜堰镇姜堰大道869号
…………………… Tel：0523－88082086

锦宸集团有限公司
地址：江苏省姜堰经济开发区通扬西路126号
…………………… Tel：0523－88209109

泰州市建工集团有限公司
地址：泰州市姜堰区罗塘街道南环西路888号
…………………… Tel：0523－88229600

泰州市天目山石刻文化发展有限公司
地址：泰州市姜堰区罗塘街道天目东路688号
…………………… Tel：0523－88242811

江苏远望仪器集团有限公司
地址：江苏省泰州市姜堰区溱潼镇西工业区
…………………… Tel：0523－88616191

正威科技集团有限公司
地址：江苏省泰州市姜堰区罗塘街道姜官路165号
…………………… Tel：0523－88802806

五行科技股份有限公司
地址：姜堰区经济开发区姜溱路16号
…………………… Tel：0523－88817755

中裕软管科技股份有限公司
地址：姜堰经济开发区开阳路88号
…………………… Tel：0523－88865188

江苏爱索新材料科技有限公司
地址：泰州市海陵区苏陈镇工业南园
…………………… Tel：0523－89600128

江苏利远建设工程有限公司
地址：泰州市海陵区紫荆城君悦园商业117室
…………………… Tel：0523－89605998

泰州锋陵特种电站装备有限公司
地址：泰州市经济开发区祥泰路401号
…………………… Tel：0523－89999305

江苏宙际杰智能科技股份有限公司
地址：江苏省宿迁市宿豫高新区漓江路99号
…………………… Tel：0527－80602002

江苏如是地球空间信息科技有限公司
地址：宿迁市宿城经济开发区激光产业园A2栋北楼
…………………… Tel：0527－80976081

江苏旺玛庆贸易有限公司
地址：江苏省宿迁市宿豫区工业园区江山大道113号
…………………… Tel：0527－81180598

江苏志诚送变电工程有限公司
地址：沭阳县经济开发区瑞声大道东萧山路北
…………………… Tel：0527－81886861

江苏奥光智慧信息科技有限公司
地址：沭阳县经济技术开发区温州路10号
…………………… Tel：0527－83599980

可发科技（宿迁）有限公司
地址：宿迁市苏州宿迁工业园区古城路21号
…………………… Tel：0527－84675858

江苏网鸿网络科技有限公司
地址：泗洪县青阳镇体育路东侧
…………………… Tel：0527－86232425

江苏华邦智慧城市信息技术有限公司
地址：沭阳县软件产业园大厦C栋402室
…………………… Tel：0527－87887799

宿迁市盛邦信息科技有限公司
地址：宿迁市软件与服务外包产业园水杉大道1号
…………………… Tel：0527－88751900

江苏天园项目管理集团有限公司
地址：宿迁市西湖路308号（万源商厦八楼）
…………………… Tel：0527－88811016

江苏金宇通建设科技集团有限公司
地址：宿迁经济技术开发区三棵树乡前周居委会办公用房101室
…………………… Tel：0527－88858686

浙江省

浙江象网科技有限公司
地址：浙江省衢州市柯城区白云街道芹江东路288号1号楼17层1717室
…………………… Tel：0570－2880888

卓越市政园林建设集团有限公司
地址：浙江省衢州市九华北大道353幢7层
…………………… Tel：0570－3037028

浙江信安数智科技有限公司
地址：浙江省衢州市柯城区白云街道芹江东路288号1幢10楼
…………………… Tel：0570－3359003

浙江超亿消防装备有限公司
地址：浙江省衢州市江山市经济开发区山海协作区汇源路16－1号
…………………… Tel：0570－4119366

浙江江山华宁电器有限公司
地址：江山经济开发区山海协作区汇源路9号
…………………… Tel：0570－4210528

浙江昊博门业科技有限公司
地址：江山市贺村镇实业路2号
…………………… Tel：0570－4555186

信实环境建设集团有限公司
地址：浙江省衢州市开化县芹阳办事处解放街73号
…………………… Tel：0570－6024268

开化县金盾保安服务有限公司
地址：浙江省衢州市开化县芹阳办事处桃溪路62号
…………………… Tel：0570－6520199

浙江日新电气有限公司
地址：衢州市衢江区春苑中路5号
…………………… Tel：0570－8270086

金瑞泓科技（衢州）有限公司
地址：浙江省衢州市绿色产业集聚区盘龙南路52号
…………………… Tel：0570－8588888

杭州中车车辆有限公司
地址：浙江省杭州市萧山区靖江街道宏业路299号
…………………… Tel：0571－22668383

杭州亿美实业有限公司
地址：浙江省杭州市萧山区萧山经济技术开发区桥南区块鸿达路356号
…………………… Tel：0571－22819158

新奇点智能科技集团有限公司
地址：浙江省杭州市萧山区萧山经济技术开发区金一路79号A座353
…………………… Tel：0571－22831003

杭州大中泊奥科技股份有限公司
地址：浙江省萧山区经济技术开发区桥南4号区块
…………………… Tel：0571－22867622

浙江冠旭建设工程有限公司
地址：浙江省杭州市富阳区东洲街道建华村
…………………… Tel：0571－23259066

富春金泰（浙江）工程材料采购有限公司
地址：浙江省杭州市富阳区富春街道育才西路1119号第1幢107室
…………………… Tel：0571－23262898

淳安华数数字电视有限公司
地址：浙江省杭州市淳安县千岛湖镇新安东路489号
…………………… Tel：0571－24820557

杭州博盾习言科技有限公司
地址：浙江省杭州市余杭区五常街道文一西路998号18幢210室
…………………… Tel：0571－26206500

杭州农副产品物流网络科技有限公司
地址：浙江省余杭区良渚街道博园路28号（杭州农副产品物流中心粮油批发交易市场办公楼4楼）
…………………… Tel：0571－26271806

中铝智能科技发展有限公司
地址：浙江省杭州市余杭区南苑街道新城路108号801室
…………………… Tel：0571－26280875

杭州棠颂控股有限公司
地址：浙江省杭州市余杭区仓前街道景兴路999号6号楼209－2－076
…………………… Tel：0571－26309565

浙江苏宁易购商贸有限公司
地址：浙江省杭州经济技术开发区白杨街道15号大街10号2幢1－4层
…………………… Tel：0571－26890000

杭州苏宁易购物流有限公司
地址：浙江省杭州经济技术开发区白杨街道15号大街10号1幢
…………………… Tel：0571－26890000

浙江华是科技股份有限公司
地址：浙江省杭州市余杭区闲林街道嘉企路16号3幢1楼
…………………… Tel：0571－28000066

浙江众安建设集团有限公司
地址：浙江省杭州市江干区九环路7号鑫牛大厦B座10楼
…………………… Tel：0571－28006856

天尚设计集团有限公司
地址：浙江省杭州市余杭区良渚街道莫干山路2988号2号楼2－3

……Tel：0571-28022190

浙江省环境工程有限公司
地址：浙江省杭州市黄姑山路9号6-7层
……Tel：0571-28068202

常升建设集团有限公司
地址：杭州市余杭区瓶窑镇新兴路90号-6
……Tel：0571-28118907

葡萄科技有限公司
地址：浙江省杭州市滨江区滨安路1197号6幢512室
……Tel：0571-28121323

杭州控客电气工程有限公司
地址：浙江省杭州市江干区华峰国际商务大厦101室-231
……Tel：0571-28130870

浙江恒宸建设集团有限公司
地址：浙江省杭州市余杭区仓前街道海创科技中心4幢902室-3
……Tel：0571-28221180

浙江大派智能科技有限公司
地址：杭州市江干区九环路9号4号楼12楼1250室
……Tel：0571-28253896

世界包装中心集团有限公司
地址：浙江省杭州市上城区钱江路639号609室
……Tel：0571-28277382

杭州顶仁乐购超市有限公司
地址：浙江省杭州市下城区德胜路28号
……Tel：0571-28295916

浙江中天智汇安装工程有限公司
地址：杭州市拱墅区南北商务港大厦2幢701室
……Tel：0571-28807688

浙江联亿家科技有限公司
地址：拱墅区湖墅南路260号综合楼四、五层
……Tel：0571-28821616-8009

杭州向上网络科技有限公司
地址：浙江省杭州市江干区九盛路9号A03幢502室
……Tel：0571-28821818

杭州一涵科技有限公司
地址：浙江省杭州市江干区创智绿谷发展中心2幢1204室-2
……Tel：0571-28825222

浙江银建装饰工程有限公司
地址：浙江省杭州市拱墅区中联大厦2幢1001室
……Tel：0571-28826578

电联工程技术股份有限公司
地址：浙江省杭州市钱塘新区杭州江东工业园区江东五路7589号
……Tel：0571-28903333

杭州七友通信科技有限公司
地址：浙江省杭州市滨江区长河街道聚才路500号B306、B206室
……Tel：0571-28915677

浙江华坤建筑设计院有限公司
地址：浙江省杭州市西溪路525号浙江大学科技园A楼东区509室
……Tel：0571-28928061

杭州华安无损检测技术有限公司
地址：浙江省杭州市西湖区留和路56号1号厂房
……Tel：0571-28936001

思创医惠科技股份有限公司
地址：浙江省杭州市拱墅区莫干山路1418—25号（上城科技经济园）
……Tel：0571-28975273

浙江宏兴建设有限公司
地址：桐庐县横村镇
……Tel：0571-29605510

国网浙江综合能源服务有限公司
地址：浙江省杭州市余杭区仓前镇科技创业中心6幢6单元1001室
……Tel：0571-51216537

浙江泰源科技有限公司
地址：浙江省杭州市西湖区天目山路248号华鸿大厦2号楼304室
……Tel：0571-56030066

浙江泰源科技有限公司
地址：浙江省杭州市西湖区天目山路248号华鸿大厦2号楼304室
……Tel：0571-56030066

浙江乾浩实业有限公司
地址：浙江省杭州市江干区鑫运时代金座4幢404室-A
……Tel：0571-56053540

连连数字科技有限公司
地址：杭州市滨江区越达巷79号1号楼12楼B3
……Tel：0571-56072600

浙江龙舜科技有限公司
地址：西湖区留下街118号713室
……Tel：0571-56075667

杭州掌游科技有限公司
地址：浙江省杭州市西湖区黄姑山路9号305室
……Tel：0571-56080237

杭州掌道科技有限公司
地址：杭州市西湖区文三路508号908室
……Tel：0571-56080237

挂号网（杭州）科技有限公司
地址：浙江省杭州市萧山区萧山经济技术开发区明星路371号3幢23层2303室
……Tel：0571-56171057

浙江华尔达建设有限公司
地址：萧山区金城路458号杭州萧山国际商务中心2幢1601、1602号
……Tel：0571-56177033

杭州千程信息技术有限公司
地址：萧山区北干街道金城路1038号
……Tel：0571-56178609

浙江东雪科技发展有限公司
地址：杭州余杭区乔司街道方桥村
……Tel：0571-56187099

杭州百世伽信息科技有限公司
地址：浙江省杭州市滨江区长河街道滨安路688号5幢10层1001室
……Tel：0571-56234717

浙江耀华建设集团有限公司
地址：浙江省杭州市西湖区紫荆花路2号1幢305室
……Tel：0571-56332892

杭州中恒云能源互联网技术有限公司
地址：浙江省杭州市滨江区高新区之江科技工业园东信大道69号2幢2层
……Tel：0571-56532188

浙江埃顿保安服务有限公司
地址：杭州经济技术开发区白杨街道学府街515号1幢301
……Tel：0571-56665218

浙江康源装饰有限公司
地址：浙江省杭州市拱墅区登云路518号恒策西城时代中心1幢2002室-C
……Tel：0571-56668688

杭州掌维科技有限公司
地址：杭州市滨江区南环路4028号3号楼C座101室
……Tel：0571-56680191

浙江宝扬网络科技有限公司
地址：浙江省杭州市滨江区浦沿街道火炬大道581号C座601、606室
……Tel：0571-56751888

浙江掌聪网络科技有限公司
地址：浙江省杭州市西湖区西港发展中心西4幢1402室
……Tel：0571-56758260

浙江深腾信息科技有限公司
地址：浙江省杭州市西湖区文三西路2号204室
……Tel：0571-56770866

浙江城建煤气热电设计院有限公司
地址：浙江省杭州市西湖区三墩镇清池路81号
……Tel：0571-56811878

浙江起点网络科技有限公司
地址：杭州市转塘街道双流643号B8-307
……Tel：0571-56818998

浙江风途科技有限公司
地址：浙江省杭州市西湖区学院路64号3幢207室
……Tel：0571-56889328

杭州汇创技术有限公司
地址：浙江省杭州市西湖区文一西路98数娱大厦607室
……Tel：0571-56891197

盘石软件（浙江湖州）有限公司
地址：浙江省湖州市吴兴区八里店镇区府路1188号湖州市东部新城总部自由港B幢8楼
……Tel：0571-56926175

宁波盘石信息技术有限公司
地址：浙江省宁波高新区创苑路750号软件产业园2幢4楼
……Tel：0571-56926175

浙江群硕电子有限公司
地址：浙江省杭州市萧山区萧山经济技术开发区启迪路198号A-B102-1244室
……Tel：0571-56979228

浙江图维科技股份有限公司
地址：杭州市余杭区五常街道文一西路998号4幢412室
……Tel：0571-57898593

浙江久拓科技有限公司
地址：杭州市滨江区长河街道秋溢路288号1幢1层112室
……Tel：0571-58105336

明康汇健康食品集团有限公司
地址：杭州市滨江区西兴街道滨盛路1508号海亮大厦23楼2301室
……Tel：0571-58121021

浙江大华建设集团有限公司
地址：浙江省杭州市临安区锦城街道钱王大街751号
……Tel：0571-58121111

杭州艺派网络科技有限公司
地址：杭州市西湖区三墩镇吉鸿路与郑家路交叉口九玺天城西区6幢828室
……Tel：0571-58123906

杭州驷铃铃网络科技有限公司
地址：浙江省杭州市西湖区星艺街39-1号（入驻天诚商务秘书托管244号）
……Tel：0571-58300192

浙江荣硕建设有限公司
地址：建德市莲花镇莲花村
……Tel：0571-58308899

浙江宏拓建设有限公司
地址：浙江省杭州市富阳区环山乡环一村
……Tel：0571-63121986

浙江大同建设工程有限公司
地址：浙江省杭州市富阳区大源镇大桥南631号
……Tel：0571-63322731

浙江邦竣建设有限公司
地址：浙江省杭州市富阳区富春街道金苑路515号
……Tel：0571-63337552

杭州奥克光电设备有限公司
地址：浙江省杭州市富阳区东洲街道高尔夫路197号
……Tel：0571-63369873

杭州伟业通信有限公司
地址：浙江省杭州市富阳区鹿山街道谢家溪
……Tel：0571-63377888

浙江华特装饰股份有限公司
地址：浙江省杭州市下城区绍兴路536号1305室
……Tel：0571-63720623

杭州春江阀门有限公司
地址：浙江省杭州市桐庐县桐庐经济开发区宝心路369号
……Tel：0571-64618336

浙江中鹰建筑有限公司
地址：浙江省杭州市桐庐县城阆苑路55号
……Tel：0571-64618511

浙江旭光电子科技股份有限公司
地址：浙江省淳安县千岛湖镇永兴路121号
……Tel：0571-64805478

淳安县恒邦物业管理股份有限公司
地址：浙江省杭州市淳安县千岛湖镇鼓山大道379号五楼
……Tel：0571-64818828

杭州友声科技股份有限公司
地址：杭州市西湖区文一西路98号数娱大厦1201室
……Tel：0571-81020002

杭州恒通云信息科技股份有限公司
地址：杭州市西湖区西斗门路3号天堂软件园A幢10楼A座
……Tel：0571-81020301

浙江华云清洁能源有限公司
地址：浙江省杭州市上城区水澄大厦2幢1711室
……Tel：0571-81104454

杭州益唐科技有限公司
地址：西湖区留和路129号318室
……Tel：0571-81529078

杭州雅胜信息技术有限公司
地址：浙江省杭州市西湖区西溪世纪中心5号楼523室
……Tel：0571-81566822

松下家电（中国）有限公司
地址：浙江省杭州市钱塘区松乔街2号
……Tel：0571-81632785

浙江协力建设有限公司
地址：浙江省杭州市西湖区三墩镇西园八路一号浙创园D3-2单元一楼
……Tel：0571-81909879

浙江睿康投资有限公司
地址：杭州市滨江区六和路368号一幢（北）四楼A4130室
……Tel：0571-81951216

杭州金硕信息技术有限公司
地址：杭州市西湖区文三路90号71幢10层东1001-1004房间
……Tel：0571-81951330

杭州纵横通信股份有限公司
地址：浙江省杭州市滨江区阡陌路459号B座24层
……Tel：0571-81951957

杭州爱纬斯电子有限公司
地址：萧山区闻堰街道湘滨路1711号
……Tel：0571-82309537

嘉兴市恒光电力建设有限责任公司
地址：浙江省嘉兴市经济技术开发区东升西路88号
……Tel：0571-82421599

浙江吉祥建设集团有限公司
地址：浙江省杭州市萧山区萧山经济技术开发区启迪路198号A-B102-1298室
……Tel：0571-82688966

杭州银剑保安服务有限公司
地址：萧山区新塘街道东京钱村
……Tel：0571-82752768

杭州萧发环境建设工程有限公司
地址：浙江省杭州市萧山区北干街道中栋国际银座2幢305室
……Tel：0571-82800219

杭州西斯特姆微电子科技有限公司
地址：浙江省杭州市萧山区北干街道永久路288号904室
……Tel：0571-82820369

阿童木云端医药（杭州）有限公司
地址：浙江省杭州市余杭区余杭经济开发区南公河路1号8幢4楼401室
……Tel：0571-82832321

万向钱潮股份有限公司
地址：浙江省杭州市萧山区万向路
……Tel：0571-82832999

杭州泰康网络科技有限公司
地址：浙江省杭州市萧山区蜀山街道桥头陈村
……Tel：0571-82836798

大立建设集团有限公司
地址：浙江省杭州市萧山区经济技术开发区市心北路297号永泰丰广场1幢601室
……Tel：0571-82866707

潮峰钢构集团有限公司
地址：浙江省杭州市萧山区经济技术开发区北塘路38号
……Tel：0571-82875552

浙江银天智能系统工程有限公司
地址：萧山区宁围街道恒瑞名座2幢3单元2402室
……Tel：0571-82998891

杭州恒俊钢构有限公司
地址：萧山区靖江街道和顺村
……Tel：0571-82999621

宁波嵩邑墙企业管理有限公司
地址：浙江省宁波市宁海县桃源街道时代大道160号25-3（自主申报）
……Tel：0571-83517777

杭州路顺环境建设有限公司
地址：浙江省杭州市萧山区党湾镇德北村
……Tel：0571-83733937

浙江九州量子信息技术股份有限公司
地址：浙江省杭州市萧山区经济技术开发区北塘路436号-1
……Tel：0571-83735771

传化集团有限公司
地址：浙江省杭州萧山宁围街道
……Tel：0571-83781789

杭州中燃城市燃气发展有限公司
地址：浙江省杭州市萧山区宁围街道宁泰路27号江宁大厦1幢10层
……Tel：0571-83813981

杭州聚光物联科技有限公司
地址：浙江省杭州市临安区青山湖街道科技大道2466-2号
……Tel：0571-85012188

杭州魅投信息技术有限公司
地址：杭州市滨江区网商路699号1号楼3楼302室
……Tel：0571-85022088

钉钉（中国）信息技术有限公司
地址：浙江省杭州市余杭区五常街道文一西路969号3幢5层527室
……Tel：0571-85022088

阿里云工业互联网有限公司
地址：浙江省杭州市余杭区南苑街道新丰路199号余杭商会大厦1号楼1层
……Tel：0571-85022088

浙江淘宝科技有限公司
地址：浙江省杭州市余杭区五常街道文一西路969号3幢5层557室
……Tel：0571-85022088

传益（杭州）科技有限公司
地址：浙江省杭州市余杭区文一西路969号1幢7楼027室
……Tel：0571-85022088

浙江阿里巴巴机器人有限公司
地址：杭州市滨江区网商路699号1号楼3楼304室
……Tel：0571-85022088

传嘉科技（杭州）有限公司
地址：浙江省杭州市余杭区五常街道文一西路969号3幢5层552室
……Tel：0571-85022088

浙江同洲项目管理有限公司
地址：浙江省杭州市江干区太平门直街260号三新银座1506室
……Tel：0571-85096805

杭州香江科技有限公司
地址：杭州市下城区环城北路141号西楼2103室
……Tel：0571-85098928

杭州观澜建筑装饰工程有限公司
地址：浙江省杭州市拱墅区湖州街599号天邑国际大厦3幢1310-1318室
……Tel：0571-85112681

浙江三网科技股份有限公司
地址：浙江省杭州市滨江区西兴街道阡陌路482号A楼6层
……Tel：0571-85116060

浙江全捷科技发展有限公司
地址：杭州市江干区九盛路9号24幢3楼3033室
……Tel：0571-85118661

浙江中辰城市应急服务管理有限公司
地址：浙江省杭州市西湖区三墩镇厚仁路

150号538室
Tel：0571-85127769

杭州东升建设工程有限公司
地址：浙江省杭州市拱墅区三六零空间大厦1幢1单元301室-2
Tel：0571-85158315

杭州赛软科技有限公司
地址：杭州市西湖区文三路398号1014室
Tel：0571-85192569

中国新技术发展贸易有限责任公司
地址：杭州市滨江区西兴街道江南大道96号2302室
Tel：0571-85216718

浙江中野数码科技有限公司
地址：浙江省杭州市拱墅区上塘路386号通信大厦709室
Tel：0571-85225880

浙江博城置业有限公司
地址：杭州市西湖区紫荆花路2号1幢209室
Tel：0571-85263588

爱财科技集团有限公司
地址：浙江省杭州市西湖区华星路96号3幢504室
Tel：0571-85269499

杭州璟创商贸有限责任公司
地址：浙江省杭州市萧山区传化科创大厦1幢萧山科技城310-59室
Tel：0571-85281306

三方建设集团有限公司
地址：浙江省杭州市下城区体育场路407号宏都宾馆商务楼709室
Tel：0571-85300081

浙江捷特漫信息科技有限公司
地址：浙江省杭州市西湖区紫荆花北路188号1幢1107室
Tel：0571-85303642

杭州元年科技有限公司
地址：浙江省杭州市拱墅区湖州街311号西瑞大厦901室
Tel：0571-85350137

中发利合（浙江）实业有限公司
地址：拱墅区丰潭路508号天行国际中心7号楼4层402室-1
Tel：0571-85373751

杭州新一实业有限公司
地址：杭州市下城区岳帅桥10号2034室
Tel：0571-85378333

浙江杰凯智能楼宇工程有限公司
地址：浙江省杭州市下城区善贤路4号4楼4220室
Tel：0571-85383426

华信咨询设计研究院有限公司
地址：浙江省杭州市滨江区长河街道春波路999号
Tel：0571-85455066

浙江中大元通汽车云服务有限公司
地址：杭州市下城区中大广场1号1508室
Tel：0571-85778910

国邦建设有限公司
地址：杭州市江干区杭海路233号五层A座
Tel：0571-85788126

杭州杰弘通信技术有限公司
地址：浙江省杭州市西湖区学院路159号701室
Tel：0571-85810597

浙江建龙钢铁实业有限公司
地址：杭州市拱墅区莫干山路678号11幢107室
Tel：0571-85812709

中通云仓科技有限公司
地址：浙江省杭州市余杭区仓前街道龙潭路7号未来研创园A座5楼A520室
Tel：0571-85851835

浙江省电信实业集团有限公司
地址：浙江省杭州市武林广场东侧3号
Tel：0571-85872127

浙江省通信产业服务有限公司
地址：浙江省杭州市武林广场东侧3号
Tel：0571-85872127

浙江启融科技有限公司
地址：浙江省杭州市拱墅区佳源银座1102室
Tel：0571-85906859

浙江安邦护卫安全服务有限公司
地址：浙江省杭州市上城区高官弄9号6楼
Tel：0571-86011686

杭州嘉图信息科技有限公司
地址：杭州市下城区东新路533号蔚蓝国际大厦1号楼1528室
Tel：0571-86029311

杭州网营物联控股集团有限公司
地址：浙江省杭州市江干区迪凯银座107室
Tel：0571-86088026

浙江开达装饰工程有限公司
地址：杭州市西湖区三墩镇石祥西路859号紫金启真大厦3号楼801室
Tel：0571-86089999

杭州余杭金控控股股份有限公司
地址：杭州市余杭区余杭经济技术开发区超峰东路2号6楼601室
Tel：0571-86130707

杭州兴达电器工程有限公司
地址：余杭区东湖街道超峰东路2号（杭州临平工业区）
Tel：0571-86136688

浙江民泰保安服务有限公司
地址：浙江省杭州市余杭区东湖街道经纬大厦1201-1、1201-2室
Tel：0571-86136818

浙江天工装饰工程有限公司
地址：杭州余杭经济开发区五洲路51号
Tel：0571-86138192

浙江华临建设集团有限公司
地址：浙江省杭州余杭经济开发区泰极路3号2幢502C-111
Tel：0571-86158699

浙江大松空调工程有限公司
地址：浙江省杭州市余杭经济技术开发区五洲路8-1号1幢
Tel：0571-86168588

浙江保通安保服务有限公司
地址：浙江省杭州市余杭区星桥街道星都路116号1幢5F
Tel：0571-86171708

浙江龙泽保安服务有限公司
地址：浙江省杭州市余杭区南苑街道迎宾路555-3号1幢528-3室
Tel：0571-86207811

浙江工力建设有限公司
地址：浙江省杭州市余杭区星桥街道远展街59号工力大厦14楼
Tel：0571-86227610

深川控股集团有限公司
地址：浙江省杭州市余杭区南苑街道汀城街9号1901室
Tel：0571-86233098

浙江昂大建设集团有限公司
地址：浙江省杭州市余杭区临平街道西大街61-64号8层
Tel：0571-86244372

杭州瀚融信息技术有限公司
地址：杭州市钱江经济开发区顺风路536号3幢
Tel：0571-86358653

杭州广延建设有限公司
地址：浙江省杭州市余杭区塘栖镇重阳路55号1幢14层
Tel：0571-86377987

杭州南方赛珀工业设备有限公司
地址：杭州市余杭区仁和街道东风村3幢2楼
Tel：0571-86396397

德帕姆（杭州）泵业科技有限公司
地址：杭州经济技术开发区20号大街658号
Tel：0571-86400588

浙江求是工程检测有限公司
地址：浙江省杭州市萧山区萧山经济技术开发区红垦农场红灿路189号2幢501室
Tel：0571-86408065

杭州华水市政工程集团有限公司
地址：浙江省杭州市莫干山路1418-60号2幢9层906-909室（上城科技工业基地）
Tel：0571-86502927

中钜建设集团有限公司
地址：浙江省杭州市江干区杭海路181-187号502室
Tel：0571-86505191

杭州萤石网络有限公司
地址：浙江省杭州市滨江区丹枫路399号2号楼B楼301室
Tel：0571-86612086

杭州益浙科技有限公司
地址：杭州市滨江区浦沿街道浦沿路88号5楼
Tel：0571-86633617

浙江省第一水电建设集团股份有限公司
地址：浙江省杭州市滨江区西兴街道月明路66号浙水大厦B幢8—11楼
Tel：0571-86682251

杭州滨江区市政园林工程有限公司
地址：杭州市滨江区西兴街道固陵路三江商厦5号
Tel：0571-86688608

浙江贵仁信息科技股份有限公司
地址：浙江省杭州市滨江区西兴街道阡陌路482号B楼第12层
Tel：0571-86690911

杭州晨晓科技股份有限公司
地址：浙江省杭州市萧山区建设四路1078号信息港五期C座215室
Tel：0571-86691037

德信软件（中国）有限公司
地址：浙江省杭州市滨江区长河街道长江路1911号博邑商业中心2幢1904室
Tel：0571-86691370

浙江讯港科技有限公司
地址：杭州市滨江区南环路4028号11号楼303室
Tel：0571-86691769

杭州远方光电信息股份有限公司
地址：浙江省杭州市滨江区滨康路669号1号楼
Tel：0571-86698333

浙江日度科技有限公司
地址：浙江省杭州市拱墅区祥符镇渡驾路33号
Tel：0571-86785117

川山甲供应链管理股份有限公司
地址：杭州市滨江区江南大道288号康恩贝大厦1幢801室
Tel：0571-86791167

浙江华铁通讯技术股份有限公司
地址：上城区钱江路639号1126室
Tel：0571-86800731

浙江绿城房屋服务系统有限公司
地址：浙江省杭州市西湖区文一西路460号文娱中心237室
Tel：0571-86800781

浙江中浩应用工程技术研究院有限公司
地址：浙江省杭州市上城区钱江苑1幢4单元302室
Tel：0571-86807830

浙江翼翔通信有限公司
地址：杭州市下城区青春坊34幢206室
Tel：0571-86811428

杭州三阳建设工程有限公司
地址：浙江省杭州市西湖区双浦镇三阳村618号
Tel：0571-86851169

绿城理想生活科技有限公司
地址：浙江省杭州市西湖区天目山路373号402室
Tel：0571-86885858

浙江蓝天环保高科技股份有限公司
地址：杭州经济技术开发区5号大街27号
Tel：0571-86936152

杭州龙韬置业有限公司
地址：浙江省杭州市西湖区花蒋天街商业中心2号楼101室
Tel：0571-86937901

杭州龙郦实业有限公司
地址：浙江省杭州市西湖区龙致商业中心6号楼101室
Tel：0571-86937901

杭州崇和建筑劳务有限公司
地址：浙江省杭州市富阳区银湖街道富闲路9号银湖创新中心6号九层932室
Tel：0571-86981222

杭州市国有资本投资运营有限公司
地址：浙江省杭州市下城区柳营巷19号201室
Tel：0571-87003511

杭州阳斯信息技术有限公司
地址：浙江省杭州市西湖区文三路398号1617室
Tel：0571-87007392

杭州德泓科技有限公司
地址：浙江省杭州市拱墅区祥园路171号2幢102室
Tel：0571-87015518

航天通信控股集团股份有限公司
地址：杭州市解放路138号
Tel：0571-87034676

杭州繁胜科技有限公司
地址：浙江省杭州市上城区定安路1号四层401室
Tel：0571-87044470

杭州鸟瞰智能科技股份有限公司
地址：浙江省杭州市余杭区余杭街道文一西路1818-2号6幢601室
Tel：0571-87072550

杭州华脉金威科技有限公司
地址：浙江省杭州市滨江区浦沿街道信诚路555号1幢1613室
Tel：0571-87088740

杭州子默网络科技有限公司
地址：浙江省杭州市拱墅区湖州街36-1号裙楼333室
Tel：0571-87092161

杭州天迪电子技术有限公司
地址：浙江省杭州市拱墅区康景路10号3幢339室
Tel：0571-87095011

杭州施强教育科技有限公司
地址：浙江省杭州市滨江区滨安路1168号1幢503室
Tel：0571-87110277

浙江天际通信工程技术有限公司
地址：杭州市解放路85号北7楼
Tel：0571-87169869

中鲁国能文化控股有限公司
地址：浙江省杭州市莫干山路1418-50号1幢5层A区40号（上城科技工业基地）
Tel：0571-87172503

浙江赛福特特种设备检测有限公司
地址：杭州市江干区凯旋路211号1幢一楼
Tel：0571-87175132

杭州华星创业通信技术股份有限公司
地址：浙江省杭州市滨江区长河街道聚才路500号
Tel：0571-87208559

浙江立元通信技术股份有限公司
地址：浙江省杭州市西湖区文二路391号西湖国际科技大厦6号楼5层519室
Tel：0571-87209059

浙江久正工程检测有限公司
地址：浙江省杭州市西湖区双浦镇兰溪口村轮渡路396号1幢-4
Tel：0571-87215530

浙江安正科技股份有限公司
地址：浙江省杭州市上城区白云路17号102室
Tel：0571-87245751

杭州金投企业集团有限公司
地址：杭州市上城区庆春路155号
Tel：0571-87249019

杭州近湖物业管理有限公司
地址：杭州市下城区建国北路236号601室
Tel：0571-87290027

浙江快达建设安装工程集团有限公司
地址：浙江省杭州市西湖区西港发展中心西5幢801、802、901、902室
Tel：0571-87359513

浙江龙驰建设有限公司
地址：浙江省杭州市经济技术开发区元成路199号1幢
Tel：0571-87379157

杭州创博通讯技术有限公司
地址：浙江省杭州市滨江区西兴街道阡陌路482号A楼第3层3004室
Tel：0571-87381092

鸿顺达控股有限公司
地址：杭州市江干区机场路180号
Tel：0571-87387833

杭州中粮包装有限公司
地址：杭州经济技术开发区白杨街道围垦街160号
Tel：0571-87388298

中化蓝天集团贸易有限公司
地址：浙江省杭州市滨江区江南大道96号2201室
Tel：0571-87391988

新湖中宝股份有限公司
地址：浙江省衢州市芹江东路288号衢时代创新大厦3号楼6楼A619室
Tel：0571-87395011

浙江鹏信信息科技股份有限公司
地址：杭州市余杭区仓前街道向往街1008号14幢9—10层
Tel：0571-87396117

杭州凯宇信息技术有限公司
地址：浙江省杭州市拱墅区湖州街36-1号1706室
Tel：0571-87399532

浙江瑞华昌信科技有限公司
地址：杭州市新华路266-1号201室
Tel：0571-87630150

杭州集信科技有限公司
地址：浙江省杭州市下城区费家塘路588号6幢413室
Tel：0571-87656720

杭州泰至澳铭科技有限公司
地址：浙江省杭州市拱墅区湖州街567号北城天地9幢119室
Tel：0571-87671133

浙江图讯科技股份有限公司
地址：浙江省杭州市余杭区五常街道联创街133号1幢10楼
Tel：0571-87672555

杭州旗捷科技有限公司
地址：浙江省杭州市滨江区滨安路1180号1幢4层421室
Tel：0571-87672898

杭州市停车产业股份有限公司
地址：浙江省杭州市上城区婺江路319号B楼19层
Tel：0571-87679573

浙江杭康检测技术有限公司
地址：浙江省杭州市拱墅区新文路33号2幢（1号楼）一层、四层
Tel：0571-87683691

浙江富成建设集团有限公司
地址：浙江省杭州市滨江区长河街道科技馆街1600号银泰国际商务中心3701室
Tel：0571-87691838

杭州网融科技有限公司
地址：浙江省杭州市滨江区长河街道建业路511号华业大厦706-707室（自主申报）
Tel：0571-87707639

杭州数游软件科技有限公司
地址：浙江省杭州市拱墅区丰潭路508号天行国际中心7号楼6层613室
Tel：0571-87758632

浙江耀厦控股集团有限公司
地址：上城区邮电路23号608室
Tel：0571-87758686

杭州百航信息技术有限公司
地址：浙江省杭州市滨江区滨安路1197号4幢476室
Tel：0571-87759266

浙江中廷信息技术有限公司
地址：浙江省宁波市北仑区梅山七星路88号6幢A202-01室
…………Tel：0571-87790800

心策（浙江）科技有限公司
地址：浙江省杭州市滨江区浦沿街道江南大道4756号世融商业中心1幢1607室
…………Tel：0571-87797888

浙江泰乐通信技术有限公司
地址：上城区建国南路168号1301-1308室
…………Tel：0571-87807700

盾安控股集团有限公司
地址：杭州市滨江区泰安路
…………Tel：0571-87808855

咸亨国际科技股份有限公司
地址：浙江省杭州市上城区江城路889号E10室
…………Tel：0571-87813666

咸亨国际科技股份有限公司
地址：浙江省杭州市上城区江城路889号E10室
…………Tel：0571-87813666

杭州创意投资发展有限公司
地址：浙江省杭州市下城区东文街90号
…………Tel：0571-87819327

浙江南华资本管理有限公司
地址：浙江省杭州市上城区西湖大道193号313、316、317室
…………Tel：0571-87830338

杭州紫桂科技有限公司
地址：杭州市西湖区莲花街333号北楼6层602室
…………Tel：0571-87835108

杭州海顿电子有限公司
地址：浙江省杭州市西湖区转塘街道转塘经济区块17号1号楼401室
…………Tel：0571-87835999

浙江中邮科技服务有限公司
地址：浙江省杭州市江干区杭海路601号三堡产业大厦B幢18楼1819室
…………Tel：0571-87922737

陕经发展集团有限公司
地址：浙江省杭州市西湖区教工路199号216室
…………Tel：0571-87939599

浙江大学控股集团有限公司
地址：杭州市西溪路525号浙江大学国家大学科技园C楼3层
…………Tel：0571-87953870

杭州天与佳科技有限公司
地址：浙江省杭州市西湖区浙商财富中心4幢819室
…………Tel：0571-87955285

杭州典能科技有限公司
地址：浙江省杭州市滨江区滨安路1197号3号楼105室
…………Tel：0571-87966749

杭州中宙建工集团有限公司
地址：浙江省杭州市西湖区文二西路820号2号楼3楼
…………Tel：0571-87968463

杭州迈冲科技有限公司
地址：浙江省杭州市西湖区三墩镇金蓬街366号1幢302室
…………Tel：0571-87973488

浙江恒誉建设有限公司
地址：拱墅区湖墅北路82号4楼
…………Tel：0571-88003533

浙江省机电设计研究院有限公司
地址：浙江省杭州市延安路87号
…………Tel：0571-88010080

杭州宏康信息科技有限公司
地址：杭州市江干区彭埠镇云峰社区车站南路16-18号381室
…………Tel：0571-88031836

杭州鸿泉物联网技术股份有限公司
地址：浙江省杭州市滨江区长河街道江二路400号2幢513室
…………Tel：0571-88063816

龙邦建设股份有限公司
地址：浙江省杭州市江干区凤起东路203号中豪五福天地商业中心2幢18楼
…………Tel：0571-88066661

杭州云彩科技有限公司
地址：杭州市西湖区万塘路266号二楼207室
…………Tel：0571-88073777

杭州海康威视电子有限公司
地址：浙江省杭州市桐庐县桐庐经济开发区求是路299号
…………Tel：0571-88075998

杭州海康威视系统技术有限公司
地址：浙江省杭州市滨江区阡陌路555号1幢B楼19层
…………Tel：0571-88075998

浙江中通通信有限公司
地址：浙江省杭州市朝晖九区河东路215号
…………Tel：0571-88079027

杭州绿宇通信技术有限公司
地址：杭州市西湖区西斗门路3号天堂软件园A幢11楼H室
…………Tel：0571-88102925

杭州万高科技股份有限公司
地址：浙江省杭州市滨江区六和路368号一幢（北）四楼B4004室
…………Tel：0571-88157065

杭州讯能科技有限公司
地址：杭州市西湖区华星路99号东软创业大厦A502、A504、A506室
…………Tel：0571-88158095

浙江宏极科技有限公司
地址：杭州市西湖区天目山路7号8层B区
…………Tel：0571-88166039

浙江德方智能科技有限公司
地址：浙江省杭州市西湖区古翠路8号新亚科技大楼4楼
…………Tel：0571-88189787

企事通集团有限公司
地址：浙江省杭州市江干区九和路28号2号楼3楼301室
…………Tel：0571-88191111

万马联合控股集团有限公司
地址：杭州市西湖区西溪国家湿地公园湿地商务3号会所2楼
…………Tel：0571-88195258

浙江警安科技有限公司
地址：浙江省杭州市西湖区文三路388号11楼
…………Tel：0571-88211000

杭州掌宽科技有限公司
地址：浙江省杭州市西湖区文三路388号钱江科技大厦第十四层1418室
…………Tel：0571-88215656

杭州凯吉通信技术有限公司
地址：杭州市西湖区申花路753号剑桥公社F座607室
…………Tel：0571-88219007

杭州迅美科技有限公司
地址：杭州市西湖区文三路90号（70幢）二层5210、5212室
…………Tel：0571-88219181

杭州成思科技有限公司
地址：浙江省杭州市西湖区黄姑山路23西溪软件园内1号楼209室
…………Tel：0571-88270157

杭州盈高科技有限公司
地址：浙江省杭州市西湖区西斗门路3号天堂软件园D幢13楼CD座（自主申报）
…………Tel：0571-88271902

浙江省建设工程质量检验站有限公司
地址：杭州市文二路28号
…………Tel：0571-88277355

杭州慧康物联网科技有限公司
地址：浙江省杭州市滨江区长河街道越达巷92号11楼
…………Tel：0571-88308810

杭州澳赛科通信设备有限公司
地址：浙江省杭州市西湖区黄姑山路48号6幢511-516室
…………Tel：0571-88323888

杭州集汇网络科技有限公司
地址：浙江省杭州市滨江区长河街道滨和路1174号2层（托管：0725号）
…………Tel：0571-88333681

杭州集英科技有限公司
地址：杭州市江干区杭海路199号杭州孔雀大厦3605室
…………Tel：0571-88354883

浙江联盛安全科技有限公司
地址：浙江省杭州市江干区艮山西路402-2号
…………Tel：0571-88367517

浙江国联设备工程有限公司
地址：浙江省杭州市拱墅区德胜路195号15层
…………Tel：0571-88389714

杭州源溪科技有限公司
地址：拱墅区莫干山路206号6幢一层109室
…………Tel：0571-88396563

浙江梧斯源通信科技股份有限公司
地址：浙江省杭州市西湖区西城博司铭座6幢4层
…………Tel：0571-88483380

浙江蓝德置业发展有限公司
地址：浙江省杭州市文一西路1500号
…………Tel：0571-88500777

杭州比格拓思信息技术有限公司
地址：浙江省杭州市余杭区仓前街道良睦路1288号5号楼南2楼
…………Tel：0571-88529096

浙江振丰建设有限公司
地址：浙江省杭州市余杭区余杭街道宝塔公寓7幢
…………Tel：0571-88609918

浙江东欣建设集团有限公司
地址：杭州市余杭区余杭街道城南路318号
…………Tel：0571-88662753

浙江德裕科技有限公司
地址：杭州余杭区余杭街道禹航路66-3号
…………Tel：0571-88666588

浙江海创电子商务有限公司
地址：浙江省杭州市余杭区仓前街道文一西路1288号海创科技中心3、4幢105-8室
…………Tel：0571-88670888

杭州趣玩数码科技有限公司
地址：杭州市西湖区翠苑街道万塘路317号华星世纪大楼11层
…………Tel：0571-88732165

浙江卓锐科技股份有限公司
地址：杭州余杭区良渚街道七贤桥村（2幢）北4楼
…………Tel：0571-88739991

杭州热亚科技有限公司
地址：拱墅区温州路45号2楼08室
…………Tel：0571-88807758

杭州仁存实业有限公司
地址：杭州市下城区仙林苑32-1号213室
…………Tel：0571-88807758

杭州赫海科技有限公司
地址：杭州市下城区孝丰路18号202室
…………Tel：0571-88807758

杭州迈田贸易有限公司
地址：拱墅区和睦路555号2幢二层229室
…………Tel：0571-88807758

杭州冰点科技有限公司
地址：拱墅区湖墅南路481号七层732室
…………Tel：0571-88807758

杭州热亚科技有限公司
地址：拱墅区温州路45号2楼08室
…………Tel：0571-88807758

英飞拓（杭州）信息系统技术有限公司
地址：浙江省杭州市西湖区莲花街333号莲花商务中心北楼5楼
…………Tel：0571-88809333

英飞拓（杭州）信息系统技术有限公司
地址：浙江省杭州市西湖区莲花街333号莲花商务中心北楼5楼
…………Tel：0571-88809333

浙江三丰建设有限公司
地址：浙江省杭州市西湖区双浦镇轮渡路8号
…………Tel：0571-88809716

浙江鼎坤建设有限公司
地址：浙江省杭州市拱墅区万达商业中心3幢1单元1314室
…………Tel：0571-88834886

杭州振牛信息科技有限公司
地址：浙江省杭州市西湖区西溪谷商务中心3号楼9层902室
…………Tel：0571-88845151

杭州吾幺科技有限公司
地址：浙江省杭州市西湖区西溪首座4号楼201-4室
…………Tel：0571-88845151

杭州也牛信息技术有限公司
地址：浙江省杭州市西湖区西溪首座4号楼201-5室
…………Tel：0571-88845151

浙江亚卫通机电工程有限公司
地址：浙江省杭州市莫干山路1418-6号15-2幢606室
…………Tel：0571-88851199

杭州明讯软件技术有限公司
地址：浙江省杭州市西湖区文三路388号钱江水利科技大厦802室
…………Tel：0571-88851225

杭州吉黄网络科技有限公司
地址：浙江省杭州市余杭区仓前街道良睦路1288号7幢202F
…………Tel：0571-88853513

杭州东田科技有限公司
地址：浙江省杭州市西湖区文三路251号二层212室
…………Tel：0571-88855790

浙江三维通信技术服务有限公司
地址：浙江省杭州市余杭区五常街道三维智汇中心2幢213-1室
…………Tel：0571-88866999

三维通信股份有限公司
地址：杭州市火炬大道581号
…………Tel：0571-88866999

浙江大合检测有限公司
地址：浙江省杭州市余杭区闲林街道里项村洞山66号安邦大厦1-4层
…………Tel：0571-88902397

城云科技（中国）有限公司
地址：浙江省杭州市滨江区长河街道江南大道588号恒鑫大厦主楼17层、18层
…………Tel：0571-88902888

湖上产业发展集团有限公司
地址：杭州市滨江区滨康路680号1幢208室
…………Tel：0571-88911777

嘉兴世纪互联信息技术有限公司
地址：海宁高新技术产业园区启潮路135号2幢
…………Tel：0571-88916508

杭州明邦保安服务有限公司
地址：浙江省杭州市西湖区留下街道古灵慈路59号西溪壹树悦玺公馆2号楼
…………Tel：0571-88916806

浙江明邦物业服务有限公司
地址：浙江省杭州市西湖区留下街道古灵慈路59号西溪壹树悦玺公馆1号楼
…………Tel：0571-88916806

浙江宏图三胞科技发展有限公司
地址：浙江省杭州市文三路398号东信大厦2幢2楼
…………Tel：0571-88918888

杭州翔路科技有限公司
地址：浙江省杭州市西湖区文三路90号52幢3层306房间
…………Tel：0571-88925166

杭州平治信息技术股份有限公司
地址：浙江省杭州市江干区九盛路9号A18幢5楼518室
…………Tel：0571-88939706

浙江宝华控股集团有限公司
地址：浙江省杭州市西湖区振华路298号西港发展中心西4幢16-17层
…………Tel：0571-88940371

浙江展熙科技有限公司
地址：浙江省杭州市西湖区西溪街道教工路198号1幢1层137室
…………Tel：0571-88950382

浙江中恩通信技术有限公司
地址：浙江省杭州市西湖区古翠路80号浙江科技产业大厦13层1305室
…………Tel：0571-88970808

杭州德联科技股份有限公司
地址：浙江省杭州市滨江区浦沿街道南环路2930号2幢101室
…………Tel：0571-88971852

浙江绿城建筑设计有限公司
地址：杭州市西湖区玉古路168号黄龙体育中心武术馆12-14楼
…………Tel：0571-88988988

杭州吉网通信技术有限公司
地址：浙江省杭州市西湖区翠苑新村一区50幢114-9室
…………Tel：0571-88994091

杭州吉网通信技术有限公司
地址：浙江省杭州市西湖区翠苑新村一区50幢114-9室
…………Tel：0571-88994091

杭州森地源网络有限公司
地址：杭州市西湖区文三路259号昌地火炬大厦2幢2号楼301-3室
…………Tel：0571-88994258

百世数智物流科技（杭州）有限公司
地址：浙江省杭州经济技术开发区下沙街道围垦街254号
…………Tel：0571-88995656

浙江百世技术有限公司
地址：杭州市滨江区江南大道3850号3楼307室
…………Tel：0571-88995656

红银建设工程有限公司
地址：浙江省杭州市下城区绍兴路536号16层1601室
…………Tel：0571-88996789

浙江中能工程检测有限公司
地址：杭州钱江经济开发区顺风路536号18幢
…………Tel：0571-89026350

政通建设管理有限公司
地址：杭州余杭区南苑街道八方杰座大厦1幢801室
…………Tel：0571-89161109

杭州新纪元消防科技有限公司
地址：浙江省杭州市余杭区经济开发区塘宁路3号5幢
…………Tel：0571-89183510

杭州金锄市政园林工程有限公司
地址：杭州市余杭区南苑街道雪海路9号1幢1601室、1602室
…………Tel：0571-89269900

杭州宜家家居有限公司
地址：浙江省杭州市余杭区乔司街道乔莫西路5号
…………Tel：0571-89355025

杭州牧歌科技有限公司
地址：杭州市下城区朝晖路168号钛合国际大厦1号楼1607室
…………Tel：0571-89703510

杭州志泰宸和信息技术有限公司
地址：浙江省杭州市下城区朝晖一小区48号一楼
…………Tel：0571-89714823

杭州华思通信技术有限公司
地址：浙江省杭州市西湖区塘苗路18号华星现代产业园C座C301-1号房
…………Tel：0571-89719990

杭州瑞网广通信息技术有限公司
地址：浙江省杭州市余杭区五常街道文一西路998号4幢808室
…………Tel：0571-89739019

浙江融智能源科技有限公司
地址：浙江省杭州市西湖区三墩镇西港发展中心西3幢301室
…………Tel：0571-89775522

杭州蜗牛网络科技有限公司
地址：杭州市转塘科技经济区块2号2幢22214室
…… Tel：0571-89806391

杭州炫阳科技有限公司
地址：浙江省杭州市西湖区文一西路83号1幢5层501室
…… Tel：0571-89839928

网易（杭州）网络有限公司
地址：浙江省杭州市滨江区长河街道网商路599号4幢7层
…… Tel：0571-89852163

杭州朗和科技有限公司
地址：浙江省杭州市滨江区长河街道网商路599号4幢301室
…… Tel：0571-89852163

杭州友华通信工程设计有限公司
地址：浙江省杭州市西湖区文三路100号509室
…… Tel：0571-89870111

浙江中南机电智能科技有限公司
地址：杭州市滨江区长河街道滨康路245号1001-1003室
…… Tel：0571-89892792

杭州顺治科技股份有限公司
地址：杭州市上城区钱江路639号1112室
…… Tel：0571-89921156

正融智能物联网有限公司
地址：浙江省杭州市拱墅区莫干山路949号佳源银座1415室
…… Tel：0571-89936055

浙江耀兴建设有限公司
地址：杭州市上城区复兴街278号闸口发电厂内
…… Tel：0571-89939220

浙江能盈科技有限公司
地址：浙江省杭州市西湖区紫荆花北路188号1号楼704-1
…… Tel：0571-89939988

浙江金之路信息科技有限公司
地址：浙江省杭州余杭区文一西路1500号2号楼108室
…… Tel：0571-89973850

浙江米格保安服务有限公司
地址：浙江省杭州市西湖区申花路798号杭州紫金港大酒店602室
…… Tel：0571-89977099

浙江非线科技有限公司
地址：浙江省台州市现代购物广场401号B7
…… Tel：0571-89980007

星软集团有限公司
地址：浙江省杭州市西湖区文三路90号杭州东部软件园创新大厦B座5层501室
…… Tel：0571-89988340

海平线科技有限公司
地址：浙江省杭州市西湖区西斗门路3号天堂软件园D幢11层C、D座
…… Tel：0571-89988388

浙江焱洛控股有限公司
地址：浙江省杭州市下城区华电弄76号一楼1258室
…… Tel：0571-97010909

浙江湖州市建工集团有限公司
地址：湖州市红丰路1789号
…… Tel：0572-2023624

湖州市政工程有限公司
地址：浙江省湖州环城西路319号
…… Tel：0572-2054293

浙江升浙建设集团有限公司
地址：浙江省湖州市吴兴区南塘漾路1515号1幢
…… Tel：0572-2074402

美信佳集团建设有限公司
地址：浙江省湖州市湖州经济技术开发区紫荆路358号
…… Tel：0572-2094818

湖州南浔浩天翼航空技术有限公司
地址：浙江省湖州市南浔经济开发区年丰西路2888号2幢（1号装配车间）
…… Tel：0572-2153895

浙江天力建设集团有限公司
地址：戴山集镇九龙山路53号
…… Tel：0572-2191061

浙江同泰建设集团有限公司
地址：浙江省湖州市富田家园6幢1单元二层
…… Tel：0572-2568500

浙江幸福航天科技有限公司
地址：浙江省湖州市敢山路1688号
…… Tel：0572-2635188

美欣达集团有限公司
地址：浙江省湖州市天字圩路288号
…… Tel：0572-2678888

芯启源电子科技有限公司
地址：浙江省湖州市红丰路1516号1幢二层西侧202室
…… Tel：0572-2679988

浙江乔兴建设集团有限公司
地址：浙江省湖州市杨树路18号4幢
…… Tel：0572-2715590

浙江海港湖州港务有限公司
地址：浙江省湖州市红丰路1366号5幢1001-3
…… Tel：0572-2871069

湖州南浔交通实业发展集团有限公司
地址：浙江省湖州市南浔区南浔镇年丰路1388号南浔金融服务中心18楼1802室
…… Tel：0572-2909925

森赫电梯股份有限公司
地址：浙江省湖州市南浔区练市工业园区森赫大道1号
…… Tel：0572-2923288

恒达富士电梯有限公司
地址：浙江省湖州市南浔区练市镇练溪大道688号
…… Tel：0572-3061086

德森克电梯（中国）有限公司
地址：浙江省湖州市南浔区南浔镇向阳西路1888号
…… Tel：0572-3635999

浙江志鑫纺织印染有限公司
地址：浙江省长兴县夹浦镇环沉
…… Tel：0572-6016888

长兴东湖实业有限公司
地址：浙江省湖州市长兴县太湖街道明珠路818号403室
…… Tel：0572-6128337

长兴滨湖建设开发有限公司
地址：浙江省长兴县雉城镇明珠二路58号
…… Tel：0572-6220949

湖州欧尚超市有限公司
地址：浙江省湖州市长兴县太湖街道长州路618号
…… Tel：0572-6625310

浙江长兴太湖图影旅游发展有限公司
地址：浙江省长兴太湖图影旅游度假区横山集镇
…… Tel：0572-6660258

浙江超越动力科技股份有限公司
地址：长兴经济开发区城南工业功能区
…… Tel：0572-6900991

恒德建设有限公司
地址：德清县武康街道五里牌路70号1701室
…… Tel：0572-8067380

浙江安诚保安服务有限公司
地址：浙江省湖州市德清县武康街道曲园路330号
…… Tel：0572-8880010

浙江兴远建设有限公司
地址：浙江省嘉兴市南湖区余新镇余云公路南侧、乍嘉苏高速公路连接线东侧1幢905室
…… Tel：0573-82093658

雅莹集团股份有限公司
地址：浙江省嘉兴市东升西路966号
…… Tel：0573-82226649

浙江浙能嘉兴发电有限公司
地址：浙江省杭州市天目山路152号浙能大厦507室
…… Tel：0573-82428210

浙江至诚保安服务有限公司
地址：浙江省嘉兴市南湖区东栅工业园中环南路富润路东238室
…… Tel：0573-82511499

浙江宏正建筑设计有限公司
地址：浙江省嘉兴市南湖区中环南路320号宏正大楼
…… Tel：0573-82571088

浙江和达科技股份有限公司
地址：浙江省嘉兴市经济技术开发区昌盛南路36号嘉兴智慧产业创新园18幢（不含508室）
…… Tel：0573-82651028

嘉兴市科讯电子有限公司
地址：浙江省嘉兴市秀洲区高照街道新农路478号
…… Tel：0573-82713489

浙江嘉兴福达建设股份有限公司
地址：浙江省嘉兴市秀洲区洪兴路2399号宝地大厦3007室
…… Tel：0573-82791073

浙江威能消防器材股份有限公司
地址：浙江省嘉兴市南湖区凤桥镇新篁镇东路260号
…… Tel：0573-83144460

浙江嘉宇建设有限公司
地址：浙江省嘉兴市南湖区余新镇东首
…… Tel：0573-83167240

国众豪生集团有限公司
地址：浙江省嘉兴市规划百公桥路南、万国路东1幢102室
…… Tel：0573-83698305

浙江经建工程管理有限公司
地址：嘉兴市中环广场1幢A-1002室
…… Tel：0573-83853581

嘉兴杉杉生活广场有限公司
地址：浙江省嘉兴市经济技术开发区杉禾生活广场1-501～504
…… Tel：0573-83923333

晋正贸易有限公司
地址：嘉善县惠民街道金嘉大道28号1幢201室
…… Tel：0573-84098888

国厦建设有限公司
地址：浙江省嘉兴市嘉善县姚庄镇锦绣大道1号402室
…… Tel：0573-84121088

嘉善经开资产经营管理有限公司
地址：嘉善县惠民街道东升路18号2号楼505室
…… Tel：0573-84252382

嘉善中荷产业园投资发展有限公司
地址：嘉善县惠民街道东升路18号2号楼328室
…… Tel：0573-84252382

嘉善力通信息科技股份有限公司
地址：浙江省嘉兴市嘉善县罗星街道归谷五路60号
…… Tel：0573-84291225

富鼎电子科技（嘉善）有限公司
地址：嘉善县西塘镇复兴大道99号
…… Tel：0573-84599999

日善电脑配件（嘉善）有限公司
地址：浙江省嘉兴市嘉善县惠民街道长江路95号
…… Tel：0573-84607777

平湖金城建设有限公司
地址：浙江省嘉兴市平湖市当湖街道胜利路55号501室-1
…… Tel：0573-85522566

浙江嘉兴港口服务集团有限公司
地址：嘉兴市乍浦经济开发区港务局内
…… Tel：0573-85527131

浙江万纳核电检修有限公司
地址：浙江省嘉兴市海盐县秦山街道核电大道南侧、宣教中心西北侧
…… Tel：0573-86166672

浙江嘉兴中达建设有限公司
地址：浙江省嘉兴市海盐县百步镇盐湖路88号
…… Tel：0573-86181282

嘉兴迈思特管件制造有限公司
地址：海盐县秦山工业区金城路1号
…… Tel：0573-86408118

浙江佳乐科仪股份有限公司
地址：浙江省嘉兴市海盐县武原街道盐北西路1070弄88号
…… Tel：0573-86452600

国网浙江海宁市供电有限公司
地址：浙江省海宁市水月亭西路280号
…… Tel：0573-87231726

海宁海洲大饭店有限公司
地址：海宁市海洲西路199号
…… Tel：0573-87289322

海宁市晟达消防设备股份有限公司
地址：浙江省嘉兴市海宁市尖山新区金石路16号（鸿海杭州湾产业园4栋）
…… Tel：0573-87805232

浙江信达可恩消防实业有限责任公司
地址：嘉兴市海宁市浙江海宁高新技术产业园区聆涛路6号
…… Tel：0573-87963023

浙江台谊消防设备有限公司
地址：浙江省嘉兴市海宁市长安镇（农发区）春潮路16号
…… Tel：0573-87969175

浙江景华建设有限公司
地址：浙江省嘉兴市海宁市周王庙镇桑梓路北98号
…… Tel：0573-87986666

浙江诚辉建设有限公司
地址：浙江省嘉兴市桐乡市梧桐街道发展大道1188号
…… Tel：0573-88021255

浙江同安建设有限公司
地址：浙江省嘉兴市桐乡市梧桐街道利民路399号
…… Tel：0573-88130233

振石集团华美新材料有限公司
地址：浙江省嘉兴市桐乡市桐乡经济开发区发展大道2133号
…… Tel：0573-88136288

振石控股集团有限公司
地址：浙江省嘉兴市桐乡市梧桐街道复兴路
…… Tel：0573-88136345

浙江崇德建设有限公司
地址：浙江省嘉兴市桐乡市崇福镇320国道东侧崇高公路口
…… Tel：0573-88235891

浙江立信建设集团有限公司
地址：浙江省嘉兴市桐乡市石门工业园区环城南路3号
…… Tel：0573-88617878

巨鑫建设集团有限公司
地址：浙江省嘉兴市桐乡市濮院镇凯旋路2501号1幢
…… Tel：0573-88622323

浙江鑫柔科技有限公司
地址：浙江省嘉兴市桐乡市乌镇镇经发路302号9幢一层
…… Tel：0573-88722828

浙江信蓝科技有限公司
地址：浙江省嘉兴市桐乡市桐乡经济开发区发展大道288号4幢189室
…… Tel：0573-88886233

桐乡市高桥皮革有限责任公司
地址：桐乡市高桥镇北西侧
…… Tel：0573-88966001

川源（中国）机械有限公司
地址：浙江省平湖经济开发区新明路2399号
…… Tel：0573-89508888

嘉兴欧尚超市有限公司
地址：浙江省嘉兴市南湖区中环东路1468号二楼201室
…… Tel：0573-89970989

杭州奥宏科技有限公司
地址：浙江省杭州市上城区凤山新村217号162室
…… Tel：0573-89991800

浙江华润慈客隆超市有限公司
地址：浙江省宁波市慈溪市古塘街道浒山路78号
…… Tel：0574-23719616

宁波品智网络科技有限公司
地址：浙江省宁波市鄞州区首南街道天童南路639号1701-2
…… Tel：0574-25700792

浙江信宇建设集团有限公司
地址：浙江省宁波市北仑区宁波市北仑区小港镇红联外塘路8号
…… Tel：0574-26886179

浙江速腾电子有限公司
地址：宁波市鄞州区启明路818号17幢117号
…… Tel：0574-27865202

宁波实科商贸有限公司
地址：宁波市鄞州区百丈东路796号（14-11）
…… Tel：0574-27881130

宁波浩恒电子科技发展有限公司
地址：浙江省宁波市鄞州区上东商务中心3幢（28-3）
…… Tel：0574-27882709

宁波欧尚超市有限公司
地址：浙江省宁波市海曙区翠柏路160号
…… Tel：0574-27907310

宁波盛领贸易有限公司
地址：浙江省宁波高新区福明路229弄6号3-3-3
…… Tel：0574-27910576

TCL通讯（宁波）有限公司
地址：浙江省宁波高新区扬帆路999弄5号6楼
…… Tel：0574-27960606

宁波宜家家居有限公司
地址：浙江省宁波市鄞州区宜园路525号
…… Tel：0574-28832345

大荣建设集团有限公司
地址：浙江省宁波市鄞州区首南街道茶亭庵村李花桥村1幢
…… Tel：0574-28856011

宁波中青华云新媒体科技有限公司
地址：宁波市鄞州区首南街道科创大厦
…… Tel：0574-28861133

宁波威兹马特电子有限公司
地址：宁波市江北投资创业园区长阳路88号B幢
…… Tel：0574-55003366

宁波市华欣建设工程有限公司
地址：浙江省镇海区骆驼街道慈海南路1156号
…… Tel：0574-55015521

浙江方实信息科技有限公司
地址：浙江省宁波市海曙区环城西路北段323弄75号301室
…… Tel：0574-55120039

浙江省二建建设集团安装有限公司
地址：浙江省宁波市镇海区骆驼街道民和路519号5楼
…… Tel：0574-55336158

宁波星华安装工程有限公司
地址：浙江省宁波市镇海区骆驼街道锦业街1号13-1室（新城核心区）
…… Tel：0574-56585518

杭州得力集什信息技术有限公司
地址：浙江省杭州市江干区九盛路9号A10幢2楼204室
…… Tel：0574-59959166

得力智能物联技术有限公司
地址：浙江省杭州市钱塘区河庄街道东围路166号
…… Tel：0574-59959166

浙江欧伦泰防火设备有限公司
地址：余姚市黄家埠镇五车堰
…… Tel：0574-62003906

宁波富华阀门有限公司
地址：余姚市黄家埠镇五车堰村
…… Tel：0574-62015336

宁波金田消防器材有限公司
地址：浙江省余姚市黄家埠镇中河路999

号（自主申报）
…………………… Tel：0574-62025815
浙江瑞华机械有限公司
地址：浙江省余姚市临山镇临城村
…………………… Tel：0574-62053253
浙江大丰建筑装饰工程有限公司
地址：余姚市阳明科技工业园区新建北路737号
…………………… Tel：0574-62888798
宁波华成阀门有限公司
地址：浙江省宁波市宁海县黄坛镇车站东路103号
…………………… Tel：0574-65273166
宁波永安建设有限公司
地址：浙江省象山县高塘岛乡江北村龙泉路156号
…………………… Tel：0574-65659703
宁波三安制阀有限公司
地址：浙江省象山县经济开发区丹霞路80号
…………………… Tel：0574-65820112
宁波宏泰伟业塑胶有限公司
地址：浙江省宁波市海曙区古林镇俞家村北街2号
…………………… Tel：0574-83073816
浙江浙海华地网络科技有限公司
地址：宁波大榭开发区榭南邻里中心1号楼201室-2
…………………… Tel：0574-83886910
浙江星空电器有限公司
地址：浙江省宁波市北仑区新 黄海路68号1幢1号
…………………… Tel：0574-86197915
金铂仕融资租赁有限公司
地址：浙江省宁波市北仑区梅山七星路88号1幢401室A区E1576
…………………… Tel：0574-86228270
宁波市第四建筑工程有限公司
地址：浙江省宁波市镇海区城河西路219号
…………………… Tel：0574-86278174
宁波金洋化工物流有限公司
地址：浙江省宁波市镇海区定海路289号
…………………… Tel：0574-86315828
浙江远卓能源技术股份有限公司
地址：浙江省镇海区蛟川街道镇浦路2188号
…………………… Tel：0574-86363835
诺力昂化学品（宁波）有限公司
地址：浙江省宁波市镇海区 浦镇宁波石化经济技术开发区海天中路1801号
…………………… Tel：0574-86621089
宁波大通永维机电工程有限公司
地址：浙江省大榭西岙村
…………………… Tel：0574-86768707
晟铭电子（宁波）有限公司
地址：宁波保税区东区
…………………… Tel：0574-86808174
宁波保税区立诚信息技术有限公司
地址：浙江省宁波保税区港西大道1号1幢1-2层西侧
…………………… Tel：0574-86839158
宁波大榭招商国际码头有限公司
地址：宁波大榭开发区D港区
…………………… Tel：0574-86908690
宁波世纪互联信息技术有限公司
地址：宁波高新区创苑路750号D座一楼
…………………… Tel：0574-87036519
宁波瓜瓜农业科技有限公司
地址：浙江省宁波市江北区长兴路677号、685号、687号3幢11-2-16室
…………………… Tel：0574-87093074
浙江华和万润信息科技有限公司
地址：浙江省宁波市鄞州区贸城西路158弄66号
…………………… Tel：0574-87171269
浙江均泰建设有限公司
地址：宁波市江北区慈城镇慈湖人家335号201室
…………………… Tel：0574-87199691
浙江澳凌信息科技有限公司
地址：浙江省宁波市海曙区高桥镇高峰村
…………………… Tel：0574-87255388
宁波海曙冠龙电子有限公司
地址：海曙区荣安佳境9幢26号
…………………… Tel：0574-87285909
坤能智慧能源服务集团股份有限公司
地址：浙江省宁波市大榭开发区海光楼202-9室
…………………… Tel：0574-87351630
宁波世纪恒祥自控技术有限公司
地址：浙江省宁波市鄞州区沧海路3388号810-2室
…………………… Tel：0574-87411789
宁波空港物流发展有限公司
地址：浙江省宁波市海曙区聚才路99号
…………………… Tel：0574-87412510
海达建设集团有限公司
地址：浙江省宁波市海曙区望春街道姚丰村
…………………… Tel：0574-87520380

宁波建工建乐工程有限公司
地址：浙江省宁波市江北区白沙路229号
…………………… Tel：0574-87665063
浙江润赛科技有限公司
地址：宁波高新区院士路66号创业大厦235-2室
…………………… Tel：0574-87689073
宁波新上海国际物业管理有限公司
地址：浙江省宁波市鄞州区百丈路166号
…………………… Tel：0574-87714929
宁波市友谊峰瑞安保服务有限公司
地址：宁波市鄞州区首南街道前河南路1016号1002室
…………………… Tel：0574-87754155
宁波家乐福商业有限公司
地址：浙江省宁波市鄞州区中兴路２４８号
…………………… Tel：0574-87778830
浙江新和兴建设有限公司
地址：浙江省宁波市江北区同济路71号燕宁大厦17层
…………………… Tel：0574-87787225
浙江信电技术股份有限公司
地址：浙江省宁波市鄞州区宁兴财富广场1号（9-1）（9-2）
…………………… Tel：0574-87811888
银泰百货宁波江东有限公司
地址：浙江省中山东路1111号
…………………… Tel：0574-87816100
浙江中騁科技股份有限公司
地址：杭州市经济技术开发区科技园路65号8层805室
…………………… Tel：0574-87818335
浙江金辰建设有限公司
地址：浙江省宁波市镇海区招宝山街道平海路1188号6号楼
…………………… Tel：0574-87853837
中科盛博建设集团有限公司
地址：浙江省宁波市鄞州区姜山镇科技园区东一路
…………………… Tel：0574-87856185
宸宇建设集团有限公司
地址：浙江省宁波市象山县丹西街道天安路308号（奥林公馆）10-03室
…………………… Tel：0574-87876664
宁波中瑞信息科技有限公司
地址：浙江省宁波市海曙区陶家巷26号-2
…………………… Tel：0574-87889650
国研软件股份有限公司
地址：浙江省宁波市鄞州区鄞县大道东段1001号圣嘉大厦2901室
…………………… Tel：0574-87901775
甬港现代工程有限公司
地址：宁波高新区菁华路188号
…………………… Tel：0574-87915077
盛道（中国）电气有限公司
地址：浙江省宁波市北仑区小港安居路328号
…………………… Tel：0574-87917658
华创电子股份有限公司
地址：浙江省宁波望春工业园区布政东路128号宁波鹰达锂离子电池厂区2号车间第3层
…………………… Tel：0574-87918821
浙江万华建设有限公司
地址：浙江省宁波市海曙区高桥镇大西坝蟹堰头
…………………… Tel：0574-88006997
宁波市致峰保安服务有限公司
地址：宁波市鄞州区首南街道顾家村
…………………… Tel：0574-88068660
宁波吉通信息技术有限公司
地址：宁波市鄞州区姜山镇明光北路1166号
…………………… Tel：0574-88072683
浙江宣逸网络科技有限公司
地址：宁波市鄞州区四明东路111号
…………………… Tel：0574-88107888
国骅建设有限公司
地址：浙江省宁波市海曙区石 街道雅渡村
…………………… Tel：0574-88188522
华锦建设集团股份有限公司
地址：浙江省象山县丹东街道新华路190号
…………………… Tel：0574-88328599
宁波宇宁软件技术有限公司
地址：浙江省宁波高新区江南路1558号6楼6088-15室
…………………… Tel：0574-88918924
浙江强盛医用工程有限公司
地址：浙江省宁波市奉化区经济开发区滨海新区滨海大道10号
…………………… Tel：0574-88939806
宁波市东望智能系统工程有限公司
地址：宁波市鄞州区首南街道茶亭庵村（新兴工业区）
…………………… Tel：0574-89069673
浙江奥维数据技术有限公司
地址：浙江省宁波市鄞州区首南街道茶亭庵村李花桥村（新兴工业园区）
…………………… Tel：0574-89069677
中林建投集团有限公司
地址：宁波市镇海区宏远路818号
…………………… Tel：0574-89081939
国网浙江杭州市富阳区供电有限公司
地址：浙江省杭州市富阳区鹿山街道江波街218号
…………………… Tel：0575-51236031
浙江东厦建工集团有限公司
地址：浙江省绍兴市柯桥区钱清镇文化路8号
…………………… Tel：0575-81179878
浙江中诚保安服务有限公司
地址：浙江省绍兴市柯桥区中国轻纺城国际会展中心二楼218-223室
…………………… Tel：0575-81180016
浙江大舜公路建设有限公司
地址：浙江省绍兴市上虞区东关街道联星村
…………………… Tel：0575-82051306
浙江舜杰建筑集团股份有限公司
地址：浙江省绍兴市上虞区百官街道永利大厦1202室
…………………… Tel：0575-82214964
中鑫建设集团有限公司
地址：绍兴市上虞区经济开发区舜耕大道1111号
…………………… Tel：0575-82535083
浙江聚英风机工业有限公司
地址：绍兴市上虞区百官街道城东工业区
…………………… Tel：0575-82605809
浙江金盾压力容器有限公司
地址：浙江省绍兴市上虞区小越街道倪梁村
…………………… Tel：0575-82718659
易心堂大药房连锁股份有限公司
地址：浙江省嵊州市剡湖街道越秀路28号
…………………… Tel：0575-83119117
亿厦建设集团股份有限公司
地址：浙江省绍兴市嵊州市剡湖街道嵊州大道281-1号至281-8号（二层）
…………………… Tel：0575-83335686
浙江建业幕墙装饰有限公司
地址：绍兴市柯桥区夏履镇中墅村
…………………… Tel：0575-84060036
浙江黎阳网络科技有限公司
地址：浙江省绍兴市越城区迪荡新城鼎盛时代大厦SP2305室
…………………… Tel：0575-85171815
浙江昇荣科技有限公司
地址：浙江省绍兴市柯桥区福全镇韩家桥村牛张桥
…………………… Tel：0575-85681695
中厦建设集团有限公司
地址：浙江省绍兴市柯桥区平水镇环镇东路77号
…………………… Tel：0575-85763777
浙江日发精密机械股份有限公司
地址：浙江省新昌县七星街道日发数字科技园
…………………… Tel：0575-86337880
浙江万达建设集团有限公司
地址：浙江省诸暨市浣东街道东二路107号万达财富大厦
…………………… Tel：0575-87020161
浙江枫叶管业科技股份有限公司
地址：浙江省诸暨市店口镇中央路478号
…………………… Tel：0575-87066669
浙江八达建设集团有限公司
地址：诸暨市暨阳街道友谊路138号
…………………… Tel：0575-87215228
浙江诸暨方健网络信息科技有限公司
地址：浙江省诸暨市浣东街道福田花园商业街D6-11号
…………………… Tel：0575-87265158
衢州源控建设工程有限公司
地址：浙江省衢州市柯城区花园街道通衢街5号2幢306室
…………………… Tel：0575-87278007
越烽建设集团有限公司
地址：浙江省诸暨市陶朱街道宝利路8号
…………………… Tel：0575-87282069
浙江中超建设集团有限公司
地址：浙江省诸暨市陶朱街道西二环路268号华汇大厦第二十层
…………………… Tel：0575-87295261
浙江华汇安装股份有限公司
地址：浙江省诸暨市陶朱街道西二环路268号华汇大厦第二十一层
…………………… Tel：0575-87295261
浙江翔荣保安服务有限公司
地址：诸暨市暨阳街道城北路33号
…………………… Tel：0575-87370368
八方建设集团有限公司
地址：浙江省诸暨市陶朱街道艮塔西路138号
…………………… Tel：0575-87595053
浙江智神科技股份有限公司
地址：浙江省绍兴市中兴中路225号402-1室
…………………… Tel：0575-88059653

浙江正邦保安服务有限公司
地址：浙江省绍兴市越城区景都花园1幢509-515室
…………………… Tel：0575-88367460
浙江宏坤建设集团有限公司
地址：浙江省诸暨市店口镇铭仕路1号
…………………… Tel：0575-88793375
浙江永利中心城投资有限公司
地址：诸暨市浣东街道暨东路68号第二十五层
…………………… Tel：0575-89075569
浙江金盾消防装备有限公司
地址：浙江省杭州湾上虞经济技术开发区东一区朝阳三路5号
…………………… Tel：0575-89283205
浙江盈家科技有限公司
地址：浙江省绍兴滨海新城沥海镇马欢路398号科创园A幢11楼1102室
…………………… Tel：0575-89298799
金业建工有限责任公司
地址：诸暨市安华镇双峰村
…………………… Tel：0575-89700578
浙江迎丰科技股份有限公司
地址：浙江省绍兴市柯桥区滨海工业区兴滨路4888号
…………………… Tel：0575-89972225
浙江班尼戈中捷管业有限公司
地址：浙江省玉环市滨港工业城
…………………… Tel：0576-80753188
中岭建设集团有限公司
地址：浙江省台州市温岭市箬横镇箬横大道168号（人民政府大楼306室）
…………………… Tel：0576-81685598
浙江爱力浦科技股份有限公司
地址：浙江省三门县海润街道滨海新城金源路2号
…………………… Tel：0576-83371856
台州市卓信塑业有限公司
地址：浙江省台州市黄岩区江口街道进港路68号
…………………… Tel：0576-84035982
浙江金伊点信息技术有限公司
地址：浙江省台州市黄岩区西城街道永宁社区西城新村1-31号
…………………… Tel：0576-84067050
临海市第四建筑工程有限公司
地址：浙江省台州市临海市古城街道后塘路322号
…………………… Tel：0576-85112329
台州建筑安装工程公司
地址：浙江省临海市古城街道文庆街16号
…………………… Tel：0576-85113657
浙江鸿昀建设有限公司
地址：临海市大洋街道中心区商业街267号
…………………… Tel：0576-85308168
仁亿电器股份有限公司
地址：浙江省台州市温岭市大溪镇泵业集聚点二期
…………………… Tel：0576-8632372
台州市洛克赛工具有限公司
地址：浙江省台州市温岭市东部新区金塘北路中小企业孵化园B区2号科研厂房
…………………… Tel：0576-86922838
中新科技集团股份有限公司
地址：浙江省台州市椒江区工人西路618-2号
…………………… Tel：0576-88322668
浙江深蓝信息科技有限公司
地址：浙江省台州市新台州大厦23-B
…………………… Tel：0576-88611888
台州数字电视有限公司
地址：浙江省台州市东环大道355号
…………………… Tel：0576-88818956
浙江易铖信息科技有限公司
地址：浙江省杭州市临平区临平街道万宝城3幢1单元1127室（自主申报）
…………………… Tel：0576-88855101
浙江天时建设集团有限公司
地址：浙江省台州市仙居县南峰街道环城南路242号四楼
…………………… Tel：0576-89025575
浙江金杭电力建设有限公司
地址：浙江省台州市市府大道109、111号2层（仅限办公用）
…………………… Tel：0576-89062029
浙江职信通信科技有限公司
地址：浙江省台州市椒江区耀达大厦11层C区(自主申报)
…………………… Tel：0576-89891616
乐清乐泰物联网孵化器有限公司
地址：浙江省温州市乐清市柳市镇沿江大道500号
…………………… Tel：0577-27777003
宏伟电气集团有限公司
地址：乐清市柳市镇长虹工业区长荣路25号
…………………… Tel：0577-55772218
汇智智能科技有限公司
地址：温州市鹿城工业园区昆仑路72号A幢305室

…………………… Tel：0577-56786106

万控智造股份有限公司
地址：浙江省乐清市北白象镇温州大桥工业园区万控智造大楼
…………………… Tel：0577-57191658

正邦伟业建设有限公司
地址：平阳县鳌江镇园林路装饰市场15B2-1号楼
…………………… Tel：0577-58181155

浙江业丰建设有限公司
地址：瑞安经济开发区毓蒙路1339号
…………………… Tel：0577-58912807

瑞洲建设集团有限公司
地址：浙江省泰顺县罗阳镇银都花园29幢101-1室
…………………… Tel：0577-59288501

浙江成泰建筑工程有限公司
地址：浙江省乐清市城东街道旭阳路6688号总部经济园3幢1001-1003室
…………………… Tel：0577-61607205

德力西电气销售有限公司
地址：浙江省温州市乐清市柳市镇德力西高科技工业园（德力西电气有限公司内）
…………………… Tel：0577-61778888

合隆防爆电气有限公司
地址：乐清经济开发区纬七路477号
…………………… Tel：0577-62266666

红旗集团电力金具有限公司
地址：乐清市经济开发区
…………………… Tel：0577-62668705

浙江德力西电器有限公司
地址：浙江乐清柳市镇翔金 村
…………………… Tel：0577-62720888

人民电器集团有限公司
地址：浙江省乐清市经济开发区(柳市人民工业园)
…………………… Tel：0577-62730688

鸿宝电源有限公司
地址：浙江省乐清市柳市镇象阳工业区（鸿宝电气集团股份有限公司内）
…………………… Tel：0577-62787851

中川电气科技有限公司
地址：乐清市柳市上园工业区
…………………… Tel：0577-62789118

上元电力科技有限公司
地址：浙江省乐清市柳市镇新光工业区
…………………… Tel：0577-62799566

指明集团有限公司
地址：浙江省乐清市北白象镇金炉工业区开创路472号
…………………… Tel：0577-62860183

温州神光建设工程有限公司
地址：平阳县昆阳镇顺达路38-1号
…………………… Tel：0577-63724182

浙江诚名智能工程有限公司
地址：瑞安经济开发区毓蒙路1339号
…………………… Tel：0577-65639993

浙江广维通信有限公司
地址：瑞安市东山经济开发区毓蒙路591号
…………………… Tel：0577-65678187

浙江吉鸿建设有限公司
地址：浙江省温州市瑞安市东山街道敬业路1068号4幢1001室
…………………… Tel：0577-65833303

温州宇恒智能工程有限公司
地址：浙江省温州市瑞安市经济开发区毓蒙路666号
…………………… Tel：0577-65857003

浙江浙班建设工程有限公司
地址：浙江省温州市瑞安市东山街道东升花苑18幢一单元101室
…………………… Tel：0577-66608117

浙江九宏电力工程有限公司
地址：浙江省温州市龙港市站港大道1250-1253号三单元302室
…………………… Tel：0577-66888358

浙江泉峰建筑园林有限公司
地址：浙江省温州市永嘉县南城街道永兴路建设大厦8楼
…………………… Tel：0577-67232506

海星海事电气集团有限公司
地址：浙江省温州市永嘉县乌牛街道岭下工业园经三路
…………………… Tel：0577-67307991

鸿鑫建设集团有限公司
地址：浙江省温州市泰顺县罗阳镇文祥大道171号
…………………… Tel：0577-67583717

温州南瓯保安服务有限公司
地址：浙江省温州市龙湾区状元街道机场大道1606号二、三楼
…………………… Tel：0577-85502288

温州市金海化学品市场有限公司
地址：温州经济技术开发区滨海二十五路422号
…………………… Tel：0577-85850855

温州中亿建设有限公司
地址：浙江省温州市永嘉县瓯北街道东瓯工业区（永嘉宝鸟商厦管理有限公司内）
…………………… Tel：0577-86008827

展宇建设集团有限公司
地址：浙江省温州经济技术开发区滨海园区滨海十五路428号
…………………… Tel：0577-86520886

浙江华安安全设备有限公司
地址：浙江省温州瓯江口产业集聚区昆鹏街道雁鸿路1275号
…………………… Tel：0577-86523391

浙江亚通通信科技有限公司
地址：温州高新技术产业园区10号小区(创业园)D-5层
…………………… Tel：0577-86588800-8825

泰昌建设有限公司
地址：浙江省温州市龙湾区温州大道28号
…………………… Tel：0577-86635507

浙江厦泰基础工程有限公司
地址：浙江省温州市鹿城区机场大道5052号诚远大厦商务办公楼805-811室
…………………… Tel：0577-86666751

浙江魔豆科技有限公司
地址：浙江省温州高新技术产业开发区创业服务中心科技企业孵化器F幢203室(高新区试点区)
…………………… Tel：0577-86667600

浙江天富科技有限公司
地址：温州经济技术开发区沙城街道宏瑞路328号
…………………… Tel：0577-86927999

温州市公用工程有限公司
地址：浙江省温州市鹿城区东港路118号
…………………… Tel：0577-88259365

宏光建设有限公司
地址：温州经济技术开发区滨海三道4559号海汇中心2幢801室
…………………… Tel：0577-88353578

温州城建集团股份有限公司
地址：浙江省温州市瓯海区潘桥街道焦下横屿路2号1号楼4楼
…………………… Tel：0577-88521213

奥乐科技有限公司
地址：上海市松江区九亭镇顺庆路650号9幢101室
…………………… Tel：0577-88625658

浙江捷诚建设有限公司
地址：温州市鹿城区河清路灯塔工业区13号一、二楼
…………………… Tel：0577-88637610

温州市华宏建设有限公司
地址：浙江省温州市鹿城区丰门街道鹿翔商务中心17幢1401室
…………………… Tel：0577-88669978

华五电气有限公司
地址：浙江省温州鹿城轻工产业园区溪江路101号
…………………… Tel：0577-88782132

浙江宏联建设有限公司
地址：浙江省温州市洞头区北岙街道溢香路88号B幢201室
…………………… Tel：0577-88807251

帝杰曼科技股份有限公司
地址：浙江省温州市鹿城区方工路9号
…………………… Tel：0577-88826789

浙江立鹏建设有限公司
地址：浙江省温州市洞头区北岙街道溢香路88号B幢502室
…………………… Tel：0577-88873281

浙江华卫智能科技有限公司
地址：浙江省温州市龙湾区蒲州街道兴平路396号光电大厦20楼2001室
…………………… Tel：0577-88898015

温州鹿城第一建筑工程有限公司
地址：温州市鹿城路151号凯鸿大厦一、二层
…………………… Tel：0577-88912033

三箭建设工程集团有限公司
地址：浙江省温州市鹿城区惠民路2079号鑫港大厦402室
…………………… Tel：0577-88997588

新世纪发展集团有限公司
地址：浙江省温州经济技术开发区上江路新世纪商务大厦B幢6层603室
…………………… Tel：0577-89982105

荣景建设有限公司
地址：浙江省丽水市莲都区人民街615号B1601
…………………… Tel：0578-2134190

丽水市佳铭物联网科技有限公司
地址：浙江省丽水市莲都区花园路581号阳光商务大厦10楼1003室
…………………… Tel：0578-2181557

浙江静远电力实业有限公司
地址：浙江省丽水市云和县紧水滩镇紧水滩电站办公楼第四层
…………………… Tel：0578-2240352

浙江永通科技发展有限公司
地址：浙江省丽水市莲都区天宁工业区311号
…………………… Tel：0578-2612800

金服物业服务集团有限公司
地址：浙江省丽水市莲都区古城路151号二楼
…………………… Tel：0578-2660022

浙江屹立建设有限公司
地址：浙江省丽水市缙云县五云街道望溪路9号
…………………… Tel：0578-3131644

浙江顺联网络科技有限公司
地址：浙江省丽水市缙云县东渡镇外街8号7楼
…………………… Tel：0578-3300333

龙泉市永达建设工程有限公司
地址：浙江省丽水市龙泉市龙渊街道城东四路177号1单元301室
…………………… Tel：0578-7112190

龙泉市金盾保安服务有限公司
地址：浙江省丽水市龙泉市新华街16号
…………………… Tel：0578-7760973

国网浙江义乌市供电有限公司
地址：浙江省义乌市宗泽北路101号
…………………… Tel：0579-81563028

浙江宏伟供应链集团股份有限公司
地址：浙江省金华市永康市总部中心金州大厦29楼
…………………… Tel：0579-81700667

融广建设有限公司
地址：浙江省金华市永康街1998号三楼
…………………… Tel：0579-82132215

浙江华正检测有限公司
地址：浙江省金华市金东区东孝街道玉泉东路1333号A栋1-3层，5-6层（自主申报）
…………………… Tel：0579-82159289

金华市金盾网络科技有限公司
地址：浙江省金华市婺城区二环北路1339号三楼312室
…………………… Tel：0579-82165008

金磐集团有限公司
地址：浙江省金华市金磐开发区永康街999号
…………………… Tel：0579-82235600

浙江和勤网络技术有限公司
地址：金华市安文路298号
…………………… Tel：0579-82235919

浙江康迪科技集团有限公司
地址：浙江省金华市婺城区秋滨街道新吉路468号（自主申报）
…………………… Tel：0579-82239838

金华华数广电网络有限公司
地址：浙江省金华市人民西路238号
…………………… Tel：0579-82362326

融兴建设集团有限公司
地址：浙江省金华市磐安县安文街道花月路211号13楼02室（自主申报）
…………………… Tel：0579-82387671

浙江汉腾物联科技有限公司
地址：浙江省金华市婺城区双龙南街276号日报社大楼十七楼1716号
…………………… Tel：0579-82399922

浙江意诚检测有限公司
地址：浙江省金华市金东区金武北街318号
…………………… Tel：0579-82413601

浙江凯瑞科技有限公司
地址：浙江省金华市婺城区宾虹路959号科信大厦8楼A-B座
…………………… Tel：0579-82626665

晟元集团有限公司
地址：浙江省金华市解放西路233号
…………………… Tel：0579-82686898

浙江华卫保安服务有限公司
地址：浙江省金华市金东区赤松路下杨党群服务中心三楼（自主申报）
…………………… Tel：0579-82926288

浙江金城建设集团有限公司
地址：浙江省金华市婺城区环城南路西段1219号金城名座C幢801、1001室
…………………… Tel：0579-83189655

浙江永安工程咨询集团有限公司
地址：浙江省金华市金磐开发区文溪街金磐新区服务中心3楼（自主申报）
…………………… Tel：0579-83211812

浩源科技有限公司
地址：浙江省金华市婺城区东方国际复合社区双塔综合楼1幢东28楼
…………………… Tel：0579-83734569

天阳建设集团有限公司
地址：浙江省义乌市城中北路298号
…………………… Tel：0579-85563101

浙江极智通信科技股份有限公司
地址：浙江省义乌市稠江街道四海大道67号
…………………… Tel：0579-85791796

杭州丰联金融服务外包集团有限公司
地址：拱墅区新文路33号2幢二层225室
…………………… Tel：0579-85870750

浙江金立建设有限公司
地址：浙江省东阳市平川路222号
…………………… Tel：0579-86389111

浙江省东阳市南方建筑工程有限公司
地址：浙江省金华市东阳市佐村镇上村
…………………… Tel：0579-86691068

浙江中垚建设有限公司
地址：浙江省东阳市巍山镇罗店村
…………………… Tel：0579-86695113

浙江省东阳市市政环境工程有限公司
地址：浙江省东阳市望江北路11号
…………………… Tel：0579-86887776

浙江宏成建设集团有限公司
地址：浙江省东阳市巍山镇美沙南路西一1号
…………………… Tel：0579-86962178

凯丰集团有限公司
地址：浙江省金华市永康市古山镇世方中路6-8号
…………………… Tel：0579-87065560

浙江紫微建筑工程有限公司
地址：浙江省金华市永康市总部中心金碧大厦23楼
…………………… Tel：0579-87177163

浙江超人科技股份有限公司
地址：浙江省永康市经济开发区北湖路116号
…………………… Tel：0579-87232684

明珠建设集团有限公司
地址：浙江省金华市永康市紫微中路39号
…………………… Tel：0579-87261737

金华名宇建设有限公司
地址：浙江省浦江县黄宅镇迎宾路589号（自主申报）
…………………… Tel：0579-88077866

浙江锦辉光电材料有限公司
地址：浙江省金华市兰溪市兰江街道创新大道1199号
…………………… Tel：0579-88320022

浙江开元机电集团有限公司
地址：浙江省金华市金东区江东工业园雅金路3号
…………………… Tel：0579-89177374

浙江星月安防科技有限公司
地址：浙江省金华市永康市古山镇二期工业功能分区（浙江星月门业有限公司内）
…………………… Tel：0579-89269211

中化兴中石油转运（舟山）有限公司
地址：浙江省舟山市定海区兴中路1号
…………………… Tel：0580-2061894

浙江绿盾保安服务有限公司
地址：浙江省舟山市定海区临城街道翁山路416号中浪国际大厦C座1804室-1
…………………… Tel：0580-2180181

大昌建设集团有限公司
地址：浙江省舟山市定海区放生池路2号
…………………… Tel：0580-2381598

弘业建设集团有限公司
地址：浙江省舟山市定海区白泉镇白泉路80号
…………………… Tel：0580-2583308

浙江银誉建设工程有限公司
地址：浙江省舟山市普陀区六横镇双塘张家塘街119号
…………………… Tel：0580-3098077

安徽省

滁州永强汽车制造有限公司
地址：安徽省滁州市铜陵东路270号
…………………… Tel：0550-2199688

安徽明鼎建筑有限公司
地址：明光市招信路333号星光商贸城13幢59、60、61、66、67、68号商铺
…………………… Tel：0550-2270566

安徽希玛安全防护科技有限公司
地址：安徽省滁州市全椒县十字镇十谭现代产业园
…………………… Tel：0550-2313066

安徽鑫铂铝业股份有限公司
地址：天长市杨村镇杨村工业区
…………………… Tel：0550-2385128

安徽讯盛信息科技有限公司
地址：安徽省滁州市南谯区中都大道1577号（世贸大厦）B楼商务办公2515-2520室
…………………… Tel：0550-3050919

中旭建设集团有限公司
地址：安徽省滁州市花园西路89号
…………………… Tel：0550-3210939

金鹏装饰股份有限公司
地址：安徽省滁州市开发区花山东路2999号
…………………… Tel：0550-3217367

安徽珍珠水泥集团股份有限公司
地址：安徽省滁州市凤阳县刘府镇茶山凤淮路南侧
…………………… Tel：0550-6159008

安徽天康股份有限公司
地址：安徽省天长市仁和南路20号
…………………… Tel：0550-7308906

安徽埃克森科技集团有限公司
地址：安徽省天长市经济开发区埃克森工业园
…………………… Tel：0550-7622008

安徽埃克森科技集团有限公司
地址：安徽省天长市经济开发区埃克森工业园

……………………Tel：0550-7622008
晶锋集团股份有限公司
地址：安徽省滁州高新技术产业开发区天康大道610号
……………………Tel：0550-7623526
明光浩淼安防科技股份公司
地址：安徽省明光市体育路151号
……………………Tel：0550-8097249
安徽中凯信息产业股份有限公司
地址：安徽省合肥市蜀山区新产业园振兴路自主创新产业基地6栋2层
……………………Tel：0551-62066399
合肥搬易通科技发展有限公司
地址：合肥市新站区岱河路与蔡伦路交口
……………………Tel：0551-62113897
安徽金煌建设集团有限公司
地址：合肥市肥东县肥东经济开发区新安江路与祥和路交口西南处
……………………Tel：0551-62176196
百川名品供应链股份有限公司
地址：安徽省合肥市包河区北京路2888号
……………………Tel：0551-62199999
长虹美菱股份有限公司
地址：安徽省合肥市经济技术开发区莲花路2163号
……………………Tel：0551-62219059
合肥黄山大厦酒店管理集团有限公司
地址：安徽省合肥市长江路111号黄山大厦4楼
……………………Tel：0551-62221852
安徽网华信息科技有限公司
地址：合肥市高新区创新产业园二期J1栋C座702-2
……………………Tel：0551-62240501
合肥晟熠电子科技有限公司
地址：安徽省合肥市包河区包河工业区延安路（原纬五路）17号
……………………Tel：0551-62343488
安徽津利电力发展有限公司
地址：安徽省合肥市高新区长江西路669号
……………………Tel：0551-62558977
航嘉源实业（合肥）有限公司
地址：安徽省合肥市经济技术开发区清潭路716号工业厂房B
……………………Tel：0551-62580998
安徽信尔达通信技术有限公司
地址：安徽省合肥市庐阳区淮河路266号2209、2210室
……………………Tel：0551-62613998
安徽省建筑工程质量第二监督检测站
地址：安徽省合肥市蜀山区山湖路567号
……………………Tel：0551-62629231
安徽省经工建设集团有限公司
地址：安徽省合肥市蜀山区甘泉路398号
……………………Tel：0551-6265205
安徽新华传媒股份有限公司
地址：安徽省合肥市北京路8号
……………………Tel：0551-62669008
安徽鼎信科技集团有限公司
地址：合肥市高新区望江西路800号创新产业园A4楼701室
……………………Tel：0551-62753881
合肥宝龙达信息技术有限公司
地址：安徽省合肥市经济技术开发区锦绣大道4088号
……………………Tel：0551-62799996
安徽雄信科技有限公司
地址：安徽省合肥市蜀山区长江西路琥珀山庄北村68幢604
……………………Tel：0551-62818575
安徽永腾通信技术有限公司
地址：安徽省合肥市蜀山区望江西路99号安高城市广场办906室
……………………Tel：0551-62822318
安徽中恺保安服务有限公司
地址：合肥市庐阳区花园街安徽科技大厦19-01室
……………………Tel：0551-62834813
安徽中天保安服务集团有限公司
地址：安徽省合肥市庐阳区安庆路233号建材大楼
……………………Tel：0551-62847797
安徽徽信置业有限公司
地址：合肥市庐阳区长江路238号邵氏电脑城七楼
……………………Tel：0551-62858308
安徽省建设工程测试研究院有限责任公司
地址：安徽省合肥市包河区花园大道9号
……………………Tel：0551-62871431
中企财富控股集团股份有限公司
地址：安徽省合肥市包河区延安路6号
……………………Tel：0551-62967111
合肥市义兴建筑安装工程有限责任公司
地址：安徽省合肥市合巢路346号
……………………Tel：0551-63355439
安徽国信建设集团有限公司
地址：合肥市包河区上海路8号
……………………Tel：0551-63363738
中徽机电科技股份有限公司
地址：合肥市高新区创新产业园一期C2楼第四层北
……………………Tel：0551-63404508
中安金路集团有限公司
地址：合肥市瑶海区临泉路东北角铁路综合办公楼1104号
……………………Tel：0551-63421766
合肥国力电子技术有限公司
地址：合肥市包河经济开发区内蒙路与沈阳路交口东南角龙谷园研发楼第5层
……………………Tel：0551-63441026
安徽众焱信息科技有限公司
地址：合肥市高新区长江西路669号天怡国际商务中心1310室
……………………Tel：0551-63445810
安徽蓝剑电子工业科技有限公司
地址：安徽省合肥市经济技术开发区宿松路3963号智能科技园区D3号楼1F
……………………Tel：0551-6347559
安徽曦腾信息科技有限公司
地址：安徽省合肥市蜀山区怀宁路置地广场D座2207室
……………………Tel：0551-63497157
合肥皖信信息工程有限责任公司
地址：安徽省合肥市庐阳经济开发区清河路868号庐阳大数据产业园9栋
……………………Tel：0551-63526891
国网安徽省电力有限公司
地址：安徽省合肥市包河区黄山路9号
……………………Tel：0551-63605586
安徽省祥生建设工程有限公司
地址：合肥市包河区望江东路365号金江商住楼903室
……………………Tel：0551-63615491
安徽创毅通信科技有限公司
地址：安徽省合肥市蜀山区黄山中路385号外运大厦五层
……………………Tel：0551-63622700
合肥瑞智电力电子有限公司
地址：合肥市蜀山区望江西路69号西湖国际广场A座712室
……………………Tel：0551-63639125
合肥雅智信息科技有限公司
地址：合肥市高新区信息产业基地桑夏1＃综合楼223室
……………………Tel：0551-63645918
安徽银通物联有限公司
地址：合肥市瑶海区复兴路99号
……………………Tel：0551-63659330
安徽粤信网络通信技术有限公司
地址：合肥市高新区创新大道2800号创新产业园二期F区4幢1109室
……………………Tel：0551-63659663
合肥国源展览展示有限公司
地址：安徽省合肥市肥西县经济开发区玉兰大道与程长庚路交口东500米国源文化产业园
……………………Tel：0551-63660666
安徽宏源电力建设投资有限公司
地址：安徽省合肥市繁华西路590号
……………………Tel：0551-63703379
安徽海华智能科技发展有限公司
地址：安徽省合肥市包河区马鞍山路与太湖路交叉口东南角绿地赢海A座6层604室
……………………Tel：0551-63757972
安徽三拓智能科技有限公司
地址：安徽省合肥市经济技术开发区丹霞路128号莲花智谷创业园404室
……………………Tel：0551-63802018
安徽珍宝岛房地产有限公司
地址：合肥市政务区东流路999号新际商务中心D幢4401
……………………Tel：0551-63809769
安徽省烈阳建筑工程有限公司
地址：安徽省合肥市经济技术开发区繁华大道12227号中环城E3地块D座办公楼办623
……………………Tel：0551-63878608
安徽永辉物流有限公司
地址：安徽省合肥市肥东县撮镇镇合马路北侧
……………………Tel：0551-64202001
合肥浦发建设集团有限公司
地址：安徽省合肥市瑶海区临泉路中环国际大厦27层
……………………Tel：0551-64252777
安徽长久电器服务有限公司
地址：安徽省合肥市瑶海工业经E路东格力中央空调加工基地综合楼二楼
……………………Tel：0551-64286919
安徽省农垦建筑工程有限公司
地址：安徽省合肥市瑶海区长江东路524号
……………………Tel：0551-64317195
合肥泽众城市智能科技有限公司
地址：安徽省合肥市经济技术开发区习友路5999号清华大学合肥公共安全研究院1号楼
……………………Tel：0551-64367030
辰安天泽智联技术有限公司
地址：安徽省合肥市经济技术开发区习友路5999号清华大学合肥公共安全研究院4号楼
……………………Tel：0551-64367910
安徽温商投资集团有限公司
地址：合肥市胜利路与凤阳路交口万家银座广场商业302-1
……………………Tel：0551-64390001-8049
安徽省思云电子科技有限公司
地址：合肥市瑶海区铜陵路1号左岸名苑7幢8幢办公8-2101、2102、2103、2113、2114
……………………Tel：0551-64398010
安徽信联建设工程有限公司
地址：合肥市瑶海区临泉东路227号瑶海万达广场3幢写字楼3-办2501
……………………Tel：0551-64427388
中保恒杰保安服务集团有限公司
地址：合肥市庐阳区肥西路1189号金龙广场合肥博天化工升级改造项目A-1601、A-1602、A-1604、A-1606室
……………………Tel：0551-64466110
安徽环琪电子科技有限公司
地址：合肥市包河区马鞍山南路760号绿地赢海国际大厦A座1202室
……………………Tel：0551-64498247
安徽省化工设计院
地址：安徽省合肥市包河区屯溪路193号
……………………Tel：0551-64654231
安徽省工业设备安装有限公司
地址：安徽省合肥市包河区九华山路99号
……………………Tel：0551-64672116
合肥佳木网络科技有限公司
地址：合肥市蜀山区白莲岩路与振兴路交口东南角联东U谷6-01＃
……………………Tel：0551-64692501
安徽天傲通信科技有限公司
地址：安徽省合肥市高新区彩虹路与长宁大道交口西南角金港湾公馆16幢4层401室
……………………Tel：0551-64694438
安徽省第一建筑工程有限公司
地址：安徽省合肥市蜀山区长江西路334号
……………………Tel：0551-65126176
安徽金曦网络科技股份有限公司
地址：合肥市庐阳区濉溪路汇丰广场23单元办1-2301号房
……………………Tel：0551-65167338
中安聚合信息科技有限公司
地址：合肥市高新区创新大道2688号中新网安大厦12层
……………………Tel：0551-65178555
安徽省通信产业服务有限公司
地址：安徽省合肥市蜀山区潜山路388号
……………………Tel：0551-65182067
安徽省通信产业服务有限公司
地址：安徽省合肥市蜀山区潜山路388号
……………………Tel：0551-65182067
安徽电信实业集团有限公司
地址：合肥市蜀山区潜山路388号
……………………Tel：0551-65182067
安徽东润信息工程有限公司
地址：安徽省合肥市蒙城路79号中兴大厦二楼
……………………Tel：0551-65216000
安徽新天创信息科技有限公司
地址：安徽省合肥市包河区金寨路162号安徽国际商务中心A-722
……………………Tel：0551-65225208
合肥建工装饰工程有限责任公司
地址：合肥市高新区香樟大道308号网讯大厦四楼
……………………Tel：0551-65314193
安徽省一一通信息科技有限公司
地址：安徽省合肥市高新区明珠大道星梦园企业公馆E28栋
……………………Tel：0551-65317112
合肥东芯通信股份有限公司
地址：合肥市高新区望江西路800号A-3研发楼1002室
……………………Tel：0551-65326084
合肥非度信息技术有限公司
地址：合肥高新区科学大道110号F9A厂房二层东203室
……………………Tel：0551-65333364
合肥通用机械研究院有限公司
地址：安徽省合肥市蜀山区长江西路888号
……………………Tel：0551-65335731
合肥蔚然智能科技有限公司
地址：合肥市高新区徽商城市庭院5-701室
……………………Tel：0551-65350325
家家购物股份有限公司
地址：安徽省合肥市高新区望江西路766号
……………………Tel：0551-65355521
安徽明生恒卓科技有限公司
地址：合肥市高新区习友路1689号深港数字化产业园10幢A单元
……………………Tel：0551-65360737
合肥寰景信息技术有限公司
地址：安徽省合肥市高新区黄山路616号科大讯飞1号楼三层
……………………Tel：0551-65370504
安徽超远信息技术有限公司
地址：合肥市高新区文曲路919号
……………………Tel：0551-65370961
安徽谦通信息科技有限公司
地址：安徽省合肥市蜀山区经济开发区湖光路自主创新产业基地三期（南区）B座3楼
……………………Tel：0551-65377561
安徽芯纪元科技有限公司
地址：安徽省合肥市高新区习友路3366号博微产业园系统协同中心7楼
……………………Tel：0551-65391096
安徽科迅教育装备集团有限公司
地址：合肥市高新区信息产业基地桑夏1＃综合楼307室
……………………Tel：0551-65397384
安徽拓升电子科技有限公司
地址：安徽省合肥市高新区香樟大道211号香枫创意园906室
……………………Tel：0551-65399095
合肥鼎测通信技术有限公司
地址：安徽省合肥市庐阳区林湖路596号森林城C4地块13幢403/403上
……………………Tel：0551-65418169
飞友科技有限公司
地址：合肥市高新区望江西路860号科创大厦813室
……………………Tel：0551-65501390
合肥海亚信息科技有限公司
地址：合肥市四里河路与潜山路交口城市公馆1幢2315室
……………………Tel：0551-65538600
安徽森联信息科技有限公司
地址：合肥市蜀山区长江西路478号松芝万象城B座1712室
……………………Tel：0551-65564999
安徽群安工程技术有限责任公司
地址：安徽省合肥市政务区怀宁路200号置地广场　悦中心办2802
……………………Tel：0551-65579955
安徽电信规划设计有限责任公司
地址：安徽省合肥市包河区桐城路33号
……………………Tel：0551-65580308
安徽海兴泰瑞智能科技有限公司
地址：合肥市庐阳区濉溪路287号金鼎国际广场B座十九层
……………………Tel：0551-65618338
安徽谊品弘科技有限公司
地址：长丰县双墩镇阜阳北路科创北城6栋
……………………Tel：0551-65660617
中国机械工业第五建设有限公司
地址：安徽省合肥市庐阳区大杨产业园兴扬路89号
……………………Tel：0551-65712101
中徽生态环境有限公司
地址：安徽省合肥市庐江县盛桥镇陡岗盛白路西侧
……………………Tel：0551-65732628
安徽高梵电子商务有限公司
地址：合肥市高新区创新大道2800号创新产业园二期F4栋13层
……………………Tel：0551-65752973
安徽省志成建设工程咨询股份有限公司
地址：合肥市蜀山区新产业园自主创新产业基地三期（南区）D座6、7、8层
……………………Tel：0551-65780607
合肥九星娱乐股份有限公司
地址：安徽省合肥市高新区天湖路9号2号楼5层
……………………Tel：0551-65846601
合肥云升电子科技有限公司
地址：合肥市庐阳区濉溪路118号置地汇丰广场709
……………………Tel：0551-65853511
安徽鸿图电力建设有限公司
地址：安徽省合肥市合裕路刘巷81号
……………………Tel：0551-65862281
合肥达利信通信工程有限公司
地址：合肥市包河区望江东路229号金中环广场办3-2109
……………………Tel：0551-65862481
安徽华筑建设工程有限公司
地址：合肥市庐阳工业区阜阳北路与北城大道交口创智天地A-2号21、22层
……………………Tel：0551-65873166
安徽鸿宇通信科技有限公司
地址：安徽省合肥市经济技术开发区莲花路与石门路交口尚泽时代广场A3＃3802室
……………………Tel：0551-65876399-605
安徽鸿宇通信科技有限公司
地址：安徽省合肥市经济技术开发区莲花路与石门路交口尚泽时代广场A3＃3802室
……………………Tel：0551-65876399-605
安徽三三建设工程有限公司
地址：合肥市高新区天达路71号华亿科技公司科研产业楼B＃楼13层
……………………Tel：0551-65883963
五矿邯邢矿业（安徽）物业管理有限公司

地址：安徽省合肥市包河区徽州大道武汉路230号
…………………… Tel：0551-66117985
合肥维信诺科技有限公司
地址：合肥市新站区新蚌埠路5555号
…………………… Tel：0551-66166622
安徽舜禹水务股份有限公司
地址：安徽省合肥市长丰县双凤经济开发区淮南北路8号
…………………… Tel：0551-66318181
安徽华信电动科技股份有限公司
地址：安徽省合肥市双凤经济开发区梅冲湖路023号
…………………… Tel：0551-66338957
安徽晟发信息科技有限公司
地址：合肥市包河区宿松路与祁门路交口金汇商务中心办公F座办1226室
…………………… Tel：0551-67191191
安徽雷鸣红星化工有限责任公司
地址：肥东县众兴乡
…………………… Tel：0551-67626601
合肥科大立安安全技术有限责任公司
地址：安徽省合肥市高新区天湖路13号
…………………… Tel：0551-68109530
安徽云森物联网科技有限公司
地址：安徽省合肥市经开区桃花工业园繁华大道与文山路交口处
…………………… Tel：0551-68161581
合肥华南城有限公司
地址：安徽省合肥经济技术开发区锦绣西路桃花工业园经济发展有限公司办公楼内
…………………… Tel：0551-68886888
合肥新普天信息技术有限公司
地址：合肥市高新区香格里拉广场一期商务公寓820室
…………………… Tel：0551-68996093
合肥海之屯科技有限公司
地址：合肥市庐阳区濉溪路310号翡丽时代广场商业综合楼商-101
…………………… Tel：0551-68997806
佳伟建设集团有限公司
地址：安徽省巢湖市长江东路34号
…………………… Tel：0551-82313845
安徽国通电力建设有限公司
地址：安徽省巢湖市银屏西路168号
…………………… Tel：0551-82635885
蚌埠网景网络工程有限公司
地址：安徽省蚌埠市东海大道2595大学科技园城市之门东楼1503
…………………… Tel：0552-2076060
安徽六建建设集团有限公司
地址：安徽省蚌埠市国治街178号（凤阳路一小对面）
…………………… Tel：0552-3066606
中城投集团第六工程局有限公司
地址：安徽省蚌埠市经济开发区东海大道3107号4楼
…………………… Tel：0552-3072777
安徽兴晟电子信息科技有限公司
地址：蚌埠市迎宾大道1366号（安徽高科电商产业园内2号楼2单元6楼）
…………………… Tel：0552-4190906-206
蚌埠依爱电子科技有限责任公司
地址：安徽省蚌埠市蚌西路西侧（依爱电子产业园内）
…………………… Tel：0552-4910760
蚌埠欧尚超市有限公司
地址：安徽省蚌埠市朝阳路851号
…………………… Tel：0552-7197666
安徽鲁班建设投资集团有限公司
地址：南陵县许镇镇大浦乡村大世界接待中心
…………………… Tel：0553-2362888
芜湖市天润建设实业有限公司
地址：芜湖市弋江区高新技术开发区综合楼（申报承诺）
…………………… Tel：0553-3111969
芜湖通江通信技术工程服务有限责任公司
地址：安徽省芜湖市芜湖县陶辛镇双桥居委会
…………………… Tel：0553-3120503
芜湖鸠兹建设有限公司
地址：芜湖县六郎镇殷港工业集中区南方大道18号
…………………… Tel：0553-3827983
安徽华业建工集团有限公司
地址：安徽省芜湖市鸠江区祥盛路59号商贸服务中心2号楼
…………………… Tel：0553-5312777
芜湖八佰伴生活广场有限公司
地址：安徽省芜湖市镜湖区中山北路33号
…………………… Tel：0553-5598666
安徽中电兴发与鑫龙科技股份有限公司
地址：安徽省芜湖市经济技术开发区电器部件园(九华北路118号)
…………………… Tel：0553-5772678
芜湖瑞泰保安服务有限公司
地址：芜湖市弋江区　港新区弋江生活服务中心十二层北一北二房间
…………………… Tel：0553-5807766
安徽宝翔建设集团有限责任公司
地址：安徽省南陵县籍山镇籍山路南侧中央商业广场1幢603、605室
…………………… Tel：0553-5866988
芜湖宏景电子股份有限公司
地址：中国（安徽）自由贸易试验区芜湖片区银湖北路26号
…………………… Tel：0553-5962056
无为市逸鑫通讯网络有限公司
地址：安徽省芜湖市无为市石涧镇福路社区
…………………… Tel：0553-6189395
安徽省无为市建筑安装总公司
地址：安徽省芜湖市无为市无城凤河路金河小区大门口
…………………… Tel：0553-6301557
安徽天龙电器线缆集团有限公司
地址：安徽省芜湖市无为县无城工业区
…………………… Tel：0553-6613718
安徽华能电缆集团有限公司
地址：安徽省芜湖市无为县坝湾工业区
…………………… Tel：0553-6763010
安徽中材电缆有限公司
地址：安徽省芜湖市无为县龙庵工业区
…………………… Tel：0553-6860038
安徽江淮电缆集团有限公司
地址：安徽省芜湖市无为县龙庵工业区
…………………… Tel：0553-6860076
安徽航天电缆集团有限公司
地址：安徽省芜湖市无为市长淋工业区
…………………… Tel：0553-6860501
安徽猎塔电缆集团有限公司
地址：安徽省无为市定兴工业区
…………………… Tel：0553-6869708
芜湖市容川机电科技股份有限公司
地址：安徽省芜湖市繁昌县孙村镇工业园东区
…………………… Tel：0553-7251388
芜湖市金贸流体科技股份有限公司
地址：安徽省芜湖市孙村经济开发区
…………………… Tel：0553-7256127
芜湖市龙湖建设工程有限公司
地址：安徽省芜湖市三山区龙湖街道商贸城C-1号
…………………… Tel：0553-7451319
芜湖恒达重工工程有限公司
地址：安徽新芜经济开发区（芜湖县湾镇）
…………………… Tel：0553-8765001
安徽华星消防设备（集团）有限公司
地址：芜湖机械工业园内
…………………… Tel：0553-8766678
淮南常华电力实业总公司
地址：安徽省淮南市潘集区平圩镇
…………………… Tel：0554-2191212
淮南市永顺机电技术服务有限公司
地址：淮南市山南新区智慧谷5号楼
…………………… Tel：0554-2692230
淮南万泰电气有限公司
地址：淮南市高新区（山南新区）国槐路与春申大街交叉口
…………………… Tel：0554-3315388
安徽省佳诺电子科技股份有限公司
地址：淮南市高新区智慧谷7号楼1层
…………………… Tel：0554-6666983
淮南东辰实业总公司
地址：安徽省淮南市洞山会战路
…………………… Tel：0554-7622204
淮矿现代物流有限责任公司
地址：安徽省淮南市谢家集区望峰岗(铁路新村)
…………………… Tel：0554-7643999
凤台县保安服务有限公司
地址：安徽省淮南市凤台县城关镇福海园B栋五楼
…………………… Tel：0554-8889959
安徽汇华工程科技股份有限公司
地址：安徽省马鞍山市花山区湖东北路555号
…………………… Tel：0555-2474315
马钢（集团）控股有限公司
地址：马鞍山市雨山区九华西路8号
…………………… Tel：0555-2883492
马鞍山江东建筑安装有限责任公司
地址：安徽省马鞍山市雨山区大治村29栋
…………………… Tel：0555-2885092
埃维柯阀门（安徽）有限公司
地址：安徽省马鞍山市和县乌江工业园
…………………… Tel：0555-5351327
宝武重工有限公司
地址：马鞍山经济技术开发区太白大道1889号
…………………… Tel：0555-8880606
岳西县保安服务公司
地址：岳西县天堂镇解放路106号
…………………… Tel：0556-2175070
安徽恒水公用工程集团有限公司
地址：安徽省安庆市天柱山东路506号
…………………… Tel：0556-5504452
安庆三江建设工程总公司
地址：安徽省安庆市集贤南路52号
…………………… Tel：0556-5516237
安庆市第一建筑安装工程公司
地址：安徽省安庆市卫门口街16号
…………………… Tel：0556-5565147
安徽省安庆市建筑安装工程公司
地址：安徽省安庆市龙山路243号
…………………… Tel：0556-5577284
安庆恒瑞电子工程有限公司
地址：安徽省安庆市开发区梦祯苑南临36号门面
…………………… Tel：0556-5588019
桐城市海特燃气有限公司
地址：桐城市龙眠街道长生社区明秀路
…………………… Tel：0556-6209716
安徽宿州亿利丰建设工程有限公司
地址：安徽省宿州市胜利路29号
…………………… Tel：0557-3086288
安徽诚信智能科技有限公司
地址：安徽省阜阳市颍泉区人民东路37号
…………………… Tel：0558-2186222
安徽阜阳建工集团有限公司
地址：阜阳市颍州区清河办事处一道河中路696号
…………………… Tel：0558-2263862
安徽天筑建设（集团）有限公司
地址：阜阳市开发区京九办事处淮河路666号
…………………… Tel：0558-2551683
阜阳市颍泉水利建筑有限公司
地址：安徽省阜阳市颍泉区北京中路519号
…………………… Tel：0558-2621269
安徽臻瑞建设工程有限公司
地址：亳州市谯城区古井镇产业园
…………………… Tel：0558-5368453
亳州建工有限公司
地址：安徽省亳州市高新区文采路800号城建双创产业园
…………………… Tel：0558-5996361
黄山徽建控股集团有限公司
地址：黄山市屯溪区湖边路2号
…………………… Tel：0559-2162802
欣叶安康建设工程有限公司
地址：安徽省黄山经济开发区芙蓉路2号3幢
…………………… Tel：0559-2335900
黄山市建工集团股份有限公司
地址：黄山市屯溪区滨江中路17号
…………………… Tel：0559-2772973
黄山浦华保安服务有限公司
地址：安徽省黄山市黄山区汤口镇寨西商业街6号商铺
…………………… Tel：0559-5573743
淮北淮海建设工程有限责任公司
地址：安徽省淮北市杜集区光明路32号
…………………… Tel：0561-2250067
淮北市中心湖带建设投资开发有限公司
地址：安徽省淮北市烈山大道南烈山区政府东
…………………… Tel：0561-3053937
淮北市保安有限公司
地址：安徽省淮北市相山区相山路71号
…………………… Tel：0561-3881001
铜陵市保安服务总公司
地址：安徽省铜陵市淮河南路
…………………… Tel：0562-2822701
安徽沁绿建设有限公司
地址：铜陵义安经济开发区管委会三楼
…………………… Tel：0562-2886228
铜陵彦祖文化传播有限公司
地址：安徽省铜陵市北斗星城A1座铜官数谷14层
…………………… Tel：0562-5318555
安徽省宇通通信工程有限公司
地址：安徽省宣城市宣州区养贤乡街道
…………………… Tel：0563-2139101
宣城市金程电子工程有限公司
地址：安徽省宣城市区济川东桥车站组
…………………… Tel：0563-2828552
代斯米泵业技术（宣城）有限公司
地址：安徽省宣城经济技术开发区创业路
…………………… Tel：0563-2829696
宁国市春来电子科技有限公司
地址：宁国市西津街道潘村诚信投资大厦1幢1单元405-408
…………………… Tel：0563-4025598
安徽天成建设有限公司
地址：安徽省六安市解放南路79号
…………………… Tel：0564-3212391
中徽通用航空股份有限公司
地址：六安市集中示范园区汉中路北
…………………… Tel：0564-3303090
安徽华野工程建设有限公司
地址：六安市金安区城投大厦八楼
…………………… Tel：0564-3323399
安徽华景建设有限公司
地址：六安市集中示范园区三十铺镇胡大楼村
…………………… Tel：0564-3337648
安徽华宸文化旅游发展有限公司
地址：安徽省六安市霍山县上土市镇陡沙河温泉小镇2#楼1楼
…………………… Tel：0564-5226868
安徽广达建设工程有限公司
地址：安徽省六安市佛子岭路锦成大厦22楼
…………………… Tel：0564-5394055
池州市慧联科技有限公司
地址：安徽省池州市贵池区天地商业广场F幢252
…………………… Tel：0566-2031031
池州市保安服务有限公司
地址：安徽省池州市贵池区翠百路
…………………… Tel：0566-2565666
安徽昌盛建设投资有限公司
地址：安徽省池州市东至县尧渡镇建设路78号
…………………… Tel：0566-7016178

福建省

漳州市君逸信息技术有限公司
地址：漳州市芗城区腾飞路延安广场雅苑8幢D04号
…………………… Tel：0591-2068920
福建晟杰建设发展有限公司
地址：福建省福州市闽侯县甘蔗街道滨城大道69号闽商财富中心1#、2#楼22层2203、2203A、2208
…………………… Tel：0591-22079388
福建省城乡建设工程有限公司
地址：福建省闽清县解放大街63号新世纪大厦13层
…………………… Tel：0591-22332098
福建省闽清县第三建筑工程公司
地址：坂东镇湖头街105号
…………………… Tel：0591-22462167
福建新奇特车业服务有限公司
地址：福州市晋安区福新路中段312号江盛大楼四层y4007
…………………… Tel：0591-22857895
福州高新区投资控股有限公司
地址：福建省福州市闽侯县上街镇科技东路8号福州高新区海西高新技术产业园创业大厦26层
…………………… Tel：0591-22879931
福建随行软件有限公司
地址：福州市闽侯县上街镇海西园高新大道9号星网锐捷海西科技园3#中试楼8层南面
…………………… Tel：0591-22879991
福建鑫濮源建筑工程有限公司
地址：福建省福州市平潭综合实验区康湖路136号东湖山庄2号楼101室
…………………… Tel：0591-23126687
福建铁牛机械设备有限公司
地址：平潭综合实验区金井湾片区商务营运中心
…………………… Tel：0591-24111111
福建省泉睿建设工程有限公司
地址：平潭县流水镇下厝场村平原顶19号
…………………… Tel：0591-24220111
福建省永泰一建工程有限公司
地址：永泰县樟城镇池峰路3号三层
…………………… Tel：0591-24832373
福建省永泰建筑工程公司
地址：福建省福州市永泰县樟城镇龙峰园345号
…………………… Tel：0591-24833718
永泰县永阳保安服务有限公司
地址：永泰县樟城镇龙峰园75号
…………………… Tel：0591-24859722
恒瑞通（福建）信息技术有限公司
地址：福州市晋安区新店镇厦坊路18号（现磐石路18号）1#楼三层东区
…………………… Tel：0591-26565888
福建省南铝工程股份有限公司
地址：福建省福州市罗源湾经济开发区北工业园区闽铝路1号
…………………… Tel：0591-26998601
福州市正威保安有限责任公司
地址：福州市长乐区航城街道广场南路888号永荣城市广场1幢10楼1005
…………………… Tel：0591-27525691
福建正和云商集团有限公司
地址：福州市晋安区日溪乡政府经济大楼二层203
…………………… Tel：0591-28357062
福建易而商信息技术有限公司
地址：福州市鼓楼区西营里市场5#楼第三层
…………………… Tel：0591-28508271
福建省闽侯亿力电力有限公司
地址：福建省福州市闽侯县八一八西路24号
…………………… Tel：0591-38023346
福建建中建设科技有限责任公司
地址：福建省福州市马尾区兆锵路33号金澜大厦2002（自贸试验区内）
…………………… Tel：0591-38133198
兴业证券股份有限公司
地址：福州市湖东路268号

Tel：0591-38281888

福州东络信息技术有限公司
地址：福州市鼓楼区水部街道五一中路39号冠正大厦1108单元
Tel：0591-38291088

福州网联未来电子科技有限公司
地址：福州市台江区新港街道五一南路1号联信中心主楼13层03室
Tel：0591-38291088

新鸿天装饰工程有限公司
地址：福州保税区综合大楼14层179区间（自贸试验区内）
Tel：0591-38390819

福建省晓沃建设工程有限公司
地址：连江县晓沃镇政府院内
Tel：0591-38705819

福州鑫典网络科技有限公司
地址：福州市鼓楼区古田路88号华丰大厦1107室
Tel：0591-38706788

福建科闽信息技术有限公司
地址：福州市台江区上海街道西洋路1号18#楼4层02室
Tel：0591-38781086

福建国创合纤科技有限公司
地址：福建省福州市长乐区文武砂镇201省道西侧99号
Tel：0591-62751386

福建省福新建设工程有限公司
地址：福建省福州市福清市龙江路336号1号楼1层
Tel：0591-62836669

福建省电力工程有限公司
地址：福州市鼓楼区六一中路93号
Tel：0591-63033733

易的科技有限公司
地址：福建省福州开发区长安投资区长盛路2#长天工业园2#楼六层工业厂房658室（自贸试验区内）
Tel：0591-63095099

飞毛腿（福建）电子有限公司
地址：福州市马尾区江滨东大道98号（自贸试验区内）
Tel：0591-63158886

福建厚雅信息科技有限公司
地址：福建省福州市鼓楼区软件大道89号福州软件园F区4号楼15层
Tel：0591-63172054

福建冠深集团有限公司
地址：福建省福州市仓山区亭洲路以西福州市仓山区少体校综合馆
Tel：0591-63335555

福建永东南建设集团有限公司
地址：福建省福州市永泰县梧桐镇
Tel：0591-63335556

闽侯县榕发建设发展有限公司
地址：福建省福州市闽侯县甘蔗街道县城新区经济适用房一期（滨江苑A区）6#10号
Tel：0591-63507155

福建省新泽尔资讯科技有限公司
地址：福建省福州市晋安区鼓山镇凤坂村官前路17号天汇香城1#楼405室
Tel：0591-63508958

富春科技股份有限公司
地址：福州市鼓楼区铜盘路软件大道89号C区25号楼
Tel：0591-63661510

福建零零秀科技有限公司
地址：福州市台江区后洲街道三通路9号中亭街改造嘉辉苑连体部份3层47商场
Tel：0591-82825633

福建星网视易信息系统有限公司
地址：福州市仓山区建新镇金山大道618号桔园洲工业园19号楼一、二层
Tel：0591-83057028

福建开辉实业集团有限公司
地址：福州市台江区新港街道五一中路145号状元商住楼603单元
Tel：0591-83073865

福建和企时代信息科技有限公司
地址：福建省福州市台江区五一南路联信大厦5层504
Tel：0591-83127868

千易建设集团有限公司
地址：福州市鼓楼区五四路173号华福宾馆西楼518#
Tel：0591-83170700

中渔（福建）通信股份有限公司
地址：福建省福州市台江区五一南路1号联信中心三层A-2
Tel：0591-83201511

福建榕威国际贸易有限公司
地址：福州市台江区鳌峰街道曙光路132号申发大厦25层05办公
Tel：0591-83219990

福建明扬保安服务有限公司
地址：福建省福州市台江区国货西路69号国货小区六座综合楼东五层
Tel：0591-83261933

福建康诚机电设备工程有限公司
地址：福州市仓山区建新镇百花洲路55号金山工业集中区浦上片仓山园39号
Tel：0591-83265838

福建银乐金融服务有限公司
地址：福州市台江区茶亭街道五一中路136号金钻大厦北楼9层409号
Tel：0591-83271536

航天工业发展股份有限公司
地址：福州市台江区五一南路67号
Tel：0591-83283128

福建鑫荣恒实业有限公司
地址：福建省福州市台江区国货西路85号福明苑星座1A
Tel：0591-83285796

福州名泽科技有限公司
地址：福建省福州市晋安区岳峰镇横屿路11号（原连江北路与化工路交叉处）东二环泰禾城市广场（一期）3#楼17层09办公
Tel：0591-83300831

福建宏图三胞科技发展有限公司
地址：福建省福州市台江区工业路红庆里7号3层E227室
Tel：0591-83302379

福州建工集团有限公司
地址：福州市福新路315号
Tel：0591-83305751

福州福光电子有限公司
地址：福州市马尾区马江路18号M9511工业园4#楼五层东侧（自贸试验区内）
Tel：0591-83305858

福建帝傲数码科技有限公司
地址：福州市鼓楼区铜盘路软件大道89号福州软件园D区39号楼A栋
Tel：0591-83311802

福建福日电子股份有限公司
地址：福州开发区科技园区快安大道创新楼
Tel：0591-83318998

福建冠锐网络技术有限公司
地址：福建省福州市台江区广达路68号金源大广场（金源中心）西区12层05室-2
Tel：0591-83321997

福建省通信产业服务有限公司
地址：福州市台江区五一中路57号15层、16层
Tel：0591-83330189

福建省通信产业服务有限公司
地址：福州市台江区五一中路57号15层、16层
Tel：0591-83330189

福州雅特利装修设计工程有限公司
地址：福州市鼓楼区水部街道六一中路28号佳盛广场C座11层04室
Tel：0591-83335780

福建恒益泰信息科技有限公司
地址：福州市台江区新港街道国货西路318号英惠大厦502单元
Tel：0591-83345068

福建警声建设发展集团有限公司
地址：福州市台江区广达路68号金源大广场西区21层L单元
Tel：0591-83346451

中邮科通信技术股份有限公司
地址：福州仓山科技园6区1号
Tel：0591-83346510

朴朴科技（福建）有限公司
地址：福建省福州市台江区江滨西大道233号半岛国际4#楼七层
Tel：0591-83350333

福州华盖网络技术有限公司
地址：福州市台江区茶亭街道群众路278号日月星花园（现源利公寓）1#楼401单元
Tel：0591-83360512

福建博海工程技术有限公司
地址：福州市晋安区新店镇赤星村民营工业区（32亩工业区）2号楼
Tel：0591-83364840

福建瑞聚信息技术股份有限公司
地址：福建省福州市鼓楼区软件大道89号福州软件园F区3号楼7层
Tel：0591-83378880

福建省致善信息科技有限公司
地址：福州市仓山区建新镇红江路1号金山工业集中区浦上工业园A区63#楼2层
Tel：0591-83406652

福州市仓山区保安服务有限公司
地址：福州市仓山区利民路1号
Tel：0591-83441831

福建中移通信技术工程有限公司
地址：福州市仓山区仓前街道六一南路130号
Tel：0591-83445956

福州中润电子科技有限公司
地址：福州市仓山区下渡街道展进路151号展进新区4号楼603复式单元
Tel：0591-83461116

福建省闽盛建设工程有限公司
地址：福建省福州市永泰县樟城镇南湖花园A区60号
Tel：0591-83482622

福建华威易行通科技有限公司
地址：福州市仓山区建新镇盘屿路850号3#楼5层
Tel：0591-83507960

福建省闽保信息技术有限公司
地址：福州市鼓楼区铜盘路软件大道89号福州软件园C区10号楼
Tel：0591-83518608-812

福建凌智信息科技有限公司
地址：福建省福州市仓山区盖山镇盘屿路869号金山工业集中区福湾片标准厂房22号楼1层
Tel：0591-83533969

福州春晖制衣有限公司
地址：福州市仓山区城门镇浚边村路边
Tel：0591-83576656

福建龙悦恒盛信息科技有限公司
地址：福建省福州市鼓楼区铜盘路软件大道89号福州软件园C区3号楼428室
Tel：0591-83588509

福建震亚实业有限公司
地址：福建省福州市闽侯县竹岐乡榕西村山兜里10号1#厂房整座
Tel：0591-83589879

福州宙斯盾信息技术有限公司
地址：福州市鼓楼区铜盘路466-3号大自然文化创意园1#302室
Tel：0591-83632227

福州亨源建设工程有限公司
地址：福州市晋安区王庄街道福马路189号珠宝大厦12层09办公
Tel：0591-83643068

福建华航建设集团有限公司
地址：福州市长乐区吴航街道建设路54号
Tel：0591-83663198

福建联畅网络科技有限公司
地址：福州市晋安区鼓山镇福兴大道38号厂房五层北侧
Tel：0591-83689880

海峡宏基建工集团有限公司
地址：闽清县云龙乡学堂片155号
Tel：0591-83689963

福建省明华信息科技有限公司
地址：福州市鼓楼区软件大道89号福州软件园F区5号楼2层203室
Tel：0591-83693819

福州微星数码科技有限公司
地址：福建省福州市鼓楼区西洪路518号恩特楼309单元
Tel：0591-83702297

福州牛津一剑桥科技发展有限公司
地址：福州市工业路223号
Tel：0591-83711893

恒鸿达科技有限公司
地址：福州市鼓楼区软件大道89号福州软件园G区16号楼四层
Tel：0591-83720052

福建正正网络科技有限公司
地址：福州市鼓楼区洪山镇西郊村坊下26号2层201-203室
Tel：0591-83721161

福建省旺泰建设工程有限公司
地址：福建省宁德市东侨经济开发区福宁北路9号仕林东湖8幢1梯3205室
Tel：0591-83738879

福州中博建设发展有限公司
地址：闽清县梅城镇解放大街（五交化办公楼二层）
Tel：0591-83755900

福建绿艺园林景观工程有限公司
地址：福建省福州市仓山区金山浦上工业区宝山路168号
Tel：0591-83766335

福建华广工程管理有限公司
地址：福建省福州市鼓楼区西洪路528号（57、58号楼及周边部分地块）印江山商务办公区B号楼11层
Tel：0591-83768013

福建库易信息科技有限责任公司
地址：福建省福州市鼓楼区工业路611号福建火炬高新技术创业园1号楼2层东3室
Tel：0591-83778112

福建骐福建筑工程有限公司
地址：福建省永泰县樟城镇上坪路29号
Tel：0591-83778339

福建海汇信息工程有限公司
地址：福州市台江区新港街道状元街99号汇福花园1号楼702单元
Tel：0591-83790745

福建义昂信息技术有限公司
地址：福建省福州市鼓楼区杨桥西路268号太阳城综合楼1座201单元
Tel：0591-83790910

福州市水务工程有限责任公司
地址：福州市鼓楼区西洪路491号
Tel：0591-83796664

福建荣林机械有限公司
地址：福州高新区海西高新技术产业园创业大厦附属楼3楼304-A1
Tel：0591-83801217

福州慧林网络科技有限公司
地址：福州市鼓楼区工业路403号中茵花城6号楼206单元
Tel：0591-83806121

福建小金星教育发展有限公司
地址：平潭综合实验区金井湾片区商务营运中心4号楼8层806
Tel：0591-83811986

福建省昊立建设工程有限公司
地址：连江县浦口镇塔头村天街2号6#
Tel：0591-83812883

福州台英网络信息技术有限公司
地址：福州市台江区工业路193号宝龙城市广场西南侧小白楼5楼523
Tel：0591-83833305

福建圣合科技有限公司
地址：福建省福州市仓山区建新镇百花洲路44号金山工业集中区浦上片仓山园23号楼3楼
Tel：0591-83855360

福州绿榕园林工程有限公司
地址：福州市马尾区湖里路27号1#楼2-60S室（自贸试验区内）
Tel：0591-83856367

福州榕拓网络科技有限公司
地址：福州市仓山区上渡街道通江路115号江南水都四期35号楼1004单元
Tel：0591-83893599

福建鑫祺盛科技发展有限公司
地址：福建省福州市闽清县三溪乡三溪街21号203
Tel：0591-83896693

福建省实盛建设工程有限公司
地址：永泰县樟城镇后垅小区B幢02室
Tel：0591-83899765

锦楠建设集团有限公司
地址：福建省福州市鼓楼区怡山文化创意园8-103号楼3层
Tel：0591-83929696

福建睿达科技有限公司
地址：福州市鼓楼区铜盘路软件大道89号福州软件园二期23#503室
Tel：0591-83951765

福建上润精密仪器有限公司
地址：福州马尾区兴业西路16号（自贸试验区内）
Tel：0591-83969893

福建锐科软件技术有限公司
地址：福建省福州市鼓楼区软件大道89号福州软件园A区30号楼六层601
Tel：0591-83973779

福建国通星驿网络科技有限公司
地址：福建省福州市马尾区镇冰路6号弘卓通信生产中心10-13层（自贸试验区内）
Tel：0591-83977817

新大陆数字技术股份有限公司
地址：福州市马尾区儒江西路1号
Tel：0591-83979333

福建省长鸿建设集团有限公司
地址：福建省福州市福清市三山镇金园路1号（三山镇人民政府）
Tel：0591-85155653

福清好又多百货商业广场有限公司
地址：福清市国际商务展销广场中心
Tel：0591-85168581

福清汇鑫投资有限公司
地址：福建省福州市福清市龙山街道龙山口福嘉新村4#楼复式202号
Tel：0591-85238387

福清市二建建筑工程有限公司
地址：福清市福唐路二建办公综合楼4-8号
Tel：0591-85260388

福建博能建设发展有限公司
地址：福建省福州保税港区加工贸易区监管大楼附属楼2层205室010区间（福清市新厝镇新江路9号）（自贸试验区内）（该地址仅限用于送达法律文书使用）
Tel：0591-85370886

福建省电信技术发展有限公司
地址：福州市台江区五一中路57号
Tel：0591-85730695

福建捷恒达信息技术有限公司
地址：福州市台江区五一中路75号（友精大厦）5层207单元
Tel：0591-86008377

福建省高华建设工程有限公司
地址：福建省福州市福清市高山镇山后村南山后226号
Tel：0591-86096879

福建省亿力建设工程有限公司
地址：福州马尾区快安延伸区14号地创新楼503室
Tel：0591-86128308

福州鸿衡投资管理有限公司
地址：福州市马尾区江滨东大道108号福建留学人员创业园210B（自贸试验区内）
Tel：0591-86276733

福建省明通建设集团有限公司
地址：福州市罗源县凤山镇凤南西路5号

楼5-7层
……………………… Tel：0591-86290395
福建亿力集团有限公司
地址：福建省福州市晋安区新店镇秀峰路221号亿力名居园1#楼01-07店面
……………………… Tel：0591-87024132
福建水口集源电力工程有限公司
地址：福建省闽清县梅花新村
……………………… Tel：0591-87075428
国网福建省电力有限公司
地址：福州市鼓楼区五四路257号
……………………… Tel：0591-87076116
福建省高速公路集团有限公司
地址：福州市鼓楼区东水路18号
……………………… Tel：0591-87077190
福建发展高速公路股份有限公司
地址：福州市东水路18号交通综合大楼
……………………… Tel：0591-87077366
福建华夏工程造价咨询有限公司
地址：福州市鼓楼区西洪路528号2#602室
……………………… Tel：0591-87112373
福建省新视界信息技术有限公司
地址：福建省福州市鼓楼区水部街道五一北路129号榕城商贸中心12层1201
……………………… Tel：0591-87117856
福建省港口工程有限公司
地址：福建省福州市仓山区信平路10号2#楼三层至四层
……………………… Tel：0591-87141515
福州软件园产业基地开发有限公司
地址：福州市鼓楼区铜盘路软件大道89号A区1号楼
……………………… Tel：0591-87271603
福州鑫恒达信息技术有限公司
地址：福州市鼓楼区西二环北路10号广源大厦七层西北角
……………………… Tel：0591-87275031
福州聚能弘毅信息科技有限公司
地址：福州市琅岐经济区琅岐镇企业服务中心202房
……………………… Tel：0591-87275060
福建璟榕工程建设发展有限公司
地址：福建省闽侯县南屿镇五都村留臂109号
……………………… Tel：0591-87275996
福州市建设发展集团有限公司
地址：福州市台江区台江路15号城投大厦15楼
……………………… Tel：0591-87277020
福州天极数码有限公司
地址：福州市鼓楼区铜盘路软件大道89号福州软件园C区3号楼501-A室
……………………… Tel：0591-87278282
福建时代通信工程有限公司
地址：福建省福州市晋安区岳峰镇化工路北侧东二环泰禾城市广场东区C地块5#楼15层38办公
……………………… Tel：0591-87278773
福建天创建筑工程有限公司
地址：福建省福州市马尾区湖里路27号1#楼5-7F室（自贸试验区内）
……………………… Tel：0591-87301990
福州天视信息技术有限公司
地址：福建省福州保税区综合大楼11层191区间（自贸试验区内）
……………………… Tel：0591-87307636
国脉科技股份有限公司
地址：福州市马尾区江滨东大道116号
……………………… Tel：0591-87307665
福建国脉一丁云商信息技术有限公司
地址：福州市马尾区江滨东大道116号1#楼四层4A-1（自贸试验区内）
……………………… Tel：0591-87307665
福州市鼓楼区保安服务有限公司
地址：福州市鼓楼区鼓东街道五四路210号国际大厦三层A室
……………………… Tel：0591-87331169
福州日京科技有限公司
地址：福州市鼓楼区西二环北路32号3层-1号
……………………… Tel：0591-87335883
福建艾密克新能源科技有限公司
地址：福州高新区海西高新技术产业园创业大厦B区7层722室
……………………… Tel：0591-87382387
嘉博联合设计股份有限公司
地址：福建省福州市晋安区岳峰镇长乐北路116号立洲集团总部大厦10-12层
……………………… Tel：0591-87430598
福建星原建设工程发展有限公司
地址：福建省福州市永泰县樟城镇东街南侧A幢403号
……………………… Tel：0591-87483185
福建华创信息技术有限公司
地址：福州市工业路550号洪山科技园15号楼4层
……………………… Tel：0591-87505033
福州第七建筑工程有限公司
地址：福州市鼓楼区五四路19号国泰大厦4楼
……………………… Tel：0591-87505240
福建省中创信息科技有限公司
地址：福州市晋安区八村104室
……………………… Tel：0591-87508333
华讯（福建）信息技术有限公司
地址：福州市鼓楼区软件大道89号福州软件园A区29号楼一层
……………………… Tel：0591-87510181
福建兄弟文仪企业服务股份有限公司
地址：福州市仓山区建新镇红江路6号金山工业集中区浦上工业园C区7#楼一层、二层
……………………… Tel：0591-87531136
福州乘龙网络科技有限公司
地址：福州市台江区五一中路169号利嘉城二期16号楼1222、1223单元
……………………… Tel：0591-87550197
福建天晴数码有限公司
地址：福州开发区君竹路83号科技发展中心大楼第四层Q476室（自贸试验区内）
……………………… Tel：0591-87555588
福州市第三建筑工程公司
地址：福州市六一路北段福新路口
……………………… Tel：0591-87556038
福州闽发建筑工程有限公司
地址：福州市鼓楼区东水路88号闽发大厦23层
……………………… Tel：0591-87559548
海上丝绸之路中非联合投资有限公司
地址：福建省福州市经济技术开发区琅岐龙鼓度假村18号望江楼427、428、429房
……………………… Tel：0591-87570811
福建立一实业有限公司
地址：福州市鼓楼区东街街道五一北路106号新侨联广场1#楼2101室
……………………… Tel：0591-87571161
福建美科计算机技术有限公司
地址：福州市晋安区华林路338号锦绣福城C区10楼12单元
……………………… Tel：0591-87571902
福建盛弘实业有限公司
地址：福建省福州市仓山区盖山镇阳岐路65号金山工业集中区福湾市级工业园福州新特力建筑科技公司车间一
……………………… Tel：0591-87576362
福建巨网信息科技有限公司
地址：福州市鼓楼区软件大道89号福州软件园C区40号楼3层315室
……………………… Tel：0591-87580021
福建华业工程建设有限公司
地址：福建省福州市福清市石竹街道清宏路168号4楼419、420室
……………………… Tel：0591-87585901
福建邮信通信息技术有限公司
地址：福州市鼓楼区五一中路49号先施大厦月座6B单元
……………………… Tel：0591-87586639
福州瑞邦信息技术有限公司
地址：福州市鼓楼区五一北路129号榕城商贸中心23层06单元
……………………… Tel：0591-87604568
福州海能达通信技术有限公司
地址：福州市晋安区连江中路69号双辉新村4号楼305单元
……………………… Tel：0591-87606459
福州海能信息技术有限公司
地址：福建省福州市台江区茶亭街道八一七中路165号君临盛世茶亭地块四商业综合楼4层20店面
……………………… Tel：0591-87606459
福建中威电力工程有限公司
地址：福州保税区综合大楼11层070区间（自贸试验区内）
……………………… Tel：0591-87609568
福建联建电子科技有限公司
地址：福州市鼓楼区鼓东街道中山路23号71座（东苑）五层518室
……………………… Tel：0591-87614180
福建恒源水利水电工程有限公司
地址：福州市罗源县滨海新城7区10号楼1601
……………………… Tel：0591-87624365
福州市一建建设股份有限公司
地址：福州东水路88号闽发大厦七层
……………………… Tel：0591-87624661
中庚汇建设发展有限公司
地址：福建省福州市马尾区琅岐镇新道路408号鸿鑫楼20735室（自贸试验区内）
……………………… Tel：0591-87665510
福建省互联易迅信息科技有限公司
地址：福建省福州市仓山区金山街道浦上大道216号福州仓山万达广场C区（原金榕南路西侧与浦上大道北侧交叉处）C3#楼20层27办公
……………………… Tel：0591-87669993
福州众众时代信息科技有限公司
地址：福州市鼓楼区东街59号三山大厦7层712室
……………………… Tel：0591-87679097
福建九鼎建设集团有限公司
地址：闽清县省璜镇溪滨路1号
……………………… Tel：0591-87729558
福州锦博自动化科技有限公司
地址：福州市晋安区福新中路115号2座303单元
……………………… Tel：0591-87765393
福建讯通天下信息技术有限公司
地址：福州市鼓楼区软件大道89号福州软件园A区20号楼一层
……………………… Tel：0591-87766573
福建蜜蜂金服科技有限公司
地址：福建省福州市台江区五一南路8号颖源大楼7楼707室
……………………… Tel：0591-87767207
建州实业有限公司
地址：福州保税区综合大楼11层303区间（自贸试验区内）
……………………… Tel：0591-87803935
福建广和信息科技有限公司
地址：福建省福州市闽侯县上街镇乌龙江南大道30号福州清华紫光科技园-海峡科技研发区2#研发楼8层805、806、807室
……………………… Tel：0591-87805587
福建顺邦防护科技有限公司
地址：闽侯县铁岭工业集中区
……………………… Tel：0591-87807888
福建连港物业管理有限公司
地址：福州市鼓楼区五四路111号13层
……………………… Tel：0591-87809165
福州卧隆科技有限公司
地址：福州市鼓楼区水部街道五一北路129号榕城商贸中心20层04室
……………………… Tel：0591-87810288
福建凯祥集团有限公司
地址：福建省福州市台江区鳌峰街道光明南路1号升龙大厦办公主楼21楼08办公区
……………………… Tel：0591-87817328
福建瑞恒信息科技股份有限公司
地址：福州市鼓楼区五四路258号太平洋广场4层
……………………… Tel：0591-87830633
福建省轻安工程建设有限公司
地址：福州市华林路211号
……………………… Tel：0591-87830750
天利电力集团有限公司
地址：闽侯县铁岭工业集中区
……………………… Tel：0591-87835351
福州奥肯信息技术有限公司
地址：福建省福州市鼓楼区五一北路129号榕城商贸中心十六层04
……………………… Tel：0591-87840381
嘉园环保有限公司
地址：福州市鼓楼区软件大道89号福州软件园C区27号楼
……………………… Tel：0591-87860588
福建中资智能技术股份有限公司
地址：福州市鼓楼区铜盘路软件大道89号福州软件园B区11号楼308室
……………………… Tel：0591-87860656
福建百信信息技术有限公司
地址：福州市仓山区建新镇金山工业区金洲北路7号11号楼4层
……………………… Tel：0591-87868252
福州亿网通网络技术有限公司
地址：福建省福州市鼓楼区铜盘路软件大道89号福州软件园B区11号楼106室
……………………… Tel：0591-87869925
福建峰海通信技术有限公司
地址：福州市鼓楼区五一北路力宝天马广场14层C单元
……………………… Tel：0591-87875909
福州天亿通信息技术有限公司
地址：福州市鼓楼区铜盘路软件大道89号福州软件园C区3号楼105室
……………………… Tel：0591-87876877
福建星通智迅物联网研究院有限公司
地址：福州市马尾区江滨东大道108号福建留学人员创业园综合楼413#（自贸试验区内）
……………………… Tel：0591-87880296
福建昆鹏信息技术有限公司
地址：福州市鼓楼区五凤街道西环北路60号融侨花园三区10座1A单元
……………………… Tel：0591-87893033
福州玖叁医药软件技术服务有限公司
地址：福州市鼓楼区左海新城14号104室
……………………… Tel：0591-87898008
中星联丰建设集团有限公司
地址：福建省福州市马尾区儒江西路60号中建海峡商务广场2#楼9层03研发室C区（自贸试验区内）
……………………… Tel：0591-87898205
福建闽高电力股份有限公司
地址：福州市鼓楼区铜盘路软件大道89号福州软件园B区11#楼316室
……………………… Tel：0591-87909171
阿里兄弟（福建）信息技术有限公司
地址：福州市鼓楼区铜盘路软件大道89号福州软件园B区11号楼304室
……………………… Tel：0591-87910999
福建联宏实业投资有限公司
地址：福建省福州市晋安区新店镇猫岭路9号C区厂房7#厂房一楼A22区
……………………… Tel：0591-87979657
福建彩食鲜供应链管理有限公司
地址：福州市仓山区金山工业区福湾工业园台屿路99号
……………………… Tel：0591-87988137
福建省网科信息工程有限公司
地址：福州市晋安区福新路中段312号江盛大厦1#楼2层205室
……………………… Tel：0591-88007688
福建省鑫宏扬建设工程有限公司
地址：福州市晋安区鼓山镇福马路435号七楼
……………………… Tel：0591-88034079
福建天海通信科技集团有限公司
地址：福州市晋安区王庄街道福新中路75号永同昌花园1#楼5层01室
……………………… Tel：0591-88038369
福建海通通信技术有限公司
地址：福建省福州市鼓楼区水部街道古田路能源巷6号福州市技术市场及新能源研究中心5层01-1室
……………………… Tel：0591-88038369
福建省天润园景景观工程设计股份有限公司
地址：福建省福州市鼓楼区软件大道89号福州软件园D区30、31号楼
……………………… Tel：0591-88051073
福建省天润园景景观工程设计股份有限公司
地址：福建省福州市鼓楼区软件大道89号福州软件园D区30、31号楼
……………………… Tel：0591-88051073
福建联迪商用设备有限公司
地址：福州市鼓楼区软件大道89号福州软件园A区17号楼
……………………… Tel：0591-88077088
尧山国际控股股份有限公司
地址：福建省福州市仓山区盖山镇阳岐路65号金山工业集中区福湾市级工业园福州新特力建筑科技公司车间二
……………………… Tel：0591-88078622
福建北斗森林科技有限公司
地址：福州市鼓楼区工业路611号福建高新技术创业园2号楼二层东1室
……………………… Tel：0591-88136677
英格尔自动化（福建）有限公司
地址：福建省福州市鼓楼区铜盘路软件园C区59号楼4楼
……………………… Tel：0591-88191366
福建光达通信工程有限公司
地址：福建省福州市台江区宁化街道上浦路南侧富力中心B区B3#楼28层13、14、15、16商务办公
……………………… Tel：0591-88205261
福建中迈信息技术有限公司
地址：福州市鼓楼区鼓西街道湖滨路66号中福西湖花园4座11A-1
……………………… Tel：0591-88319898
一丁集团股份有限公司
地址：福州市台江区五一中路169号利嘉城二期16号楼1层04店
……………………… Tel：0591-88328888
福建康泽长远信息技术有限公司
地址：福州市鼓楼区洪山镇梅峰路63号鸿梅山庄18#楼104单元
……………………… Tel：0591-88503696
福建华闽通达信息技术有限公司
地址：福建省福州市鼓楼区软件大道89号福州软件园C区40号楼5层505室
……………………… Tel：0591-88553535
福建黎明纪元信息技术有限公司
地址：福州市鼓楼区水部街道五一北路129号榕城商贸中心12层01室A单元
……………………… Tel：0591-88591351
福建联创合纵网络科技有限公司
地址：福州市台江区群众路278号日月星花园(现源利公寓)1号楼1401单元
……………………… Tel：0591-88592239
爱在山水间（平潭）旅游发展集团有限公司
地址：平潭综合实验区金井湾片区商务营运中心
……………………… Tel：0591-88773113
神州建设集团有限公司
地址：福建省福州市闽清梅溪路239号
……………………… Tel：0591-88805168
福州市壹玖网络科技有限公司
地址：福建省福州市鼓楼区东大路36号花开富贵1#楼A座14H室
……………………… Tel：0591-88805727
福州鑫翔安电子技术有限公司
地址：福州市晋安区凤坂村183号四楼
……………………… Tel：0591-88881666
福建医腾云信息科技有限公司
地址：福建省福州市鼓楼区洪山镇工业路东侧，福三路北侧洪山园地块华润万象城一期S5#楼22层10办公
……………………… Tel：0591-88889901
福建恒通信息技术有限公司
地址：福州市马尾区快安科技园28号地一

幢第三层
………………… Tel：0591-88968918
福能联信建设集团有限公司
地址：福建省永安市燕江东路468号
………………… Tel：0592-8065931
福建冠云鑫建设工程有限公司
地址：宁德市蕉城区漳湾镇新港路6号冠云大厦18层
………………… Tel：0593-2352030
福建同润建设发展有限公司
地址：宁德市东侨经济开发区坪塔东路1号（冠宏星花苑）8幢404
………………… Tel：0593-2529556
福建省嘉盟网络科技有限公司
地址：宁德市蕉城区天湖东路2号宝信行政公馆22幢2501
………………… Tel：0593-2629151
福建亚南电机有限公司
地址：宁德市东侨经济开发区工业集中区漳湾工业园疏港路6号
………………… Tel：0593-2768513
福建众智达远科技产业有限公司
地址：宁德市东侨经济开发区坪塔西路5号（金城花苑）4栋501
………………… Tel：0593-2823322
元宏集团有限公司
地址：宁德市蕉城区立业新村125号（元宏花苑）
………………… Tel：0593-2939626
福建省天时网络科技有限公司
地址：寿宁县鳌阳镇解放街229号
………………… Tel：0593-5507878
寿宁县第二建筑工程有限公司
地址：寿宁县鳌阳镇解放街164号
………………… Tel：0593-5522389
福鼎市市政工程有限公司
地址：福鼎市桐城花园路42号（双福楼7-14号）701-703室
………………… Tel：0593-7802288
福鼎市鼎盛建筑工程有限公司
地址：福建省宁德市福鼎市鼎融国际广场1幢904 906号
………………… Tel：0593-7962326
福建省福鼎市二建建筑工程有限公司
地址：福建省宁德市福鼎市山前望景园2栋1梯16层
………………… Tel：0593-7973799
福建鼎辉建设工程有限公司
地址：福鼎市香江瑞景园2栋304室
………………… Tel：0593-7997779
福建巨岸建设工程有限公司
地址：莆田市荔城区黄石镇政府综合办公楼101-103室
………………… Tel：0594-2233066
福建莆田泰源工程有限公司
地址：莆田市城厢区荔城路北磨路口泰安楼三层
………………… Tel：0594-2238996
福建省盛威建设发展有限公司
地址：莆田市荔城区东大路782弄6号楼
………………… Tel：0594-2263266
莆田大颂精选网络科技有限公司
地址：福建省莆田市荔城区镇海街道荔办英龙居委会胜利路南侧1472号二层一室
………………… Tel：0594-2266668
福建省九洲物业管理有限公司
地址：福建省莆田市荔城区拱辰街道东圳东路17号2号楼2702室
………………… Tel：0594-2270166
莆田市凤凰百货有限公司
地址：福建省莆田市城厢区霞林街道荔园东路518号
………………… Tel：0594-2283156
莆田中建建设发展有限公司
地址：福建省莆田市荔城区文献东路1932号18层
………………… Tel：0594-2300123
莆田兴发集团有限公司
地址：福建省莆田市城厢区荔城中大道1366号国资大厦22层
………………… Tel：0594-2335608
福建省米币信息技术有限公司
地址：莆田市城厢区东园路与学园路交叉口的网商创业园4层415号
………………… Tel：0594-2353668
中核华辰工程管理有限公司
地址：莆田市荔城区延寿路581号汉庭花园C区1号楼24层
………………… Tel：0594-2509255
莆田市鸿瑞通信建设有限公司
地址：莆田市城厢区霞林街道下黄村下埭尾8号
………………… Tel：0594-2529566
福建省远胜市政园林有限公司
地址：莆田市荔城区镇海居委会丰美小区14幢2层
………………… Tel：0594-2592188
福建微创电子有限公司
地址：莆田市荔城区谊来佳园4号楼301室
………………… Tel：0594-2598856
福建省中鸿市政园林有限公司
地址：福建省莆田市涵江区富园路195号6层
………………… Tel：0594-2605088
中耀建设（福建）有限公司
地址：福建省莆田市湄洲湾北岸经济开发区经济城386号
………………… Tel：0594-2605088
福建省中和信建设发展有限公司
地址：福建省莆田市秀屿区笏石镇大众路188号
………………… Tel：0594-2605088
中交建宏峰集团有限公司
地址：莆田市城厢区荔城大道太平洋中心C区B幢商住楼21B-22号六层
………………… Tel：0594-2651288
凯辉集团（福建）有限公司
地址：莆田市城厢区荔城北大道119弄27号皇城水岸小区1#306-3
………………… Tel：0594-2725933
合脉（莆田）信息技术有限公司
地址：莆田市荔城区镇海居委会丰美路37号丰美健城小区C区3#108室
………………… Tel：0594-2730199
中建豪城建设有限公司
地址：福建省莆田市城厢区华亭镇华亭村亭前东路85号
………………… Tel：0594-2825199
万厦（福建）建设投资有限公司
地址：福建省莆田市城厢区龙桥街道东园西路西山安置房B区4号楼301室
………………… Tel：0594-3513182
福建省涵城建设工程有限公司
地址：莆田市涵江区涵东街道新涵街1669号
………………… Tel：0594-3550292
福建普尔泰集团有限公司
地址：莆田市荔城区镇海办英龙居委会八二一街319号201室
………………… Tel：0594-5328888
莆田市卓越通信网络发展有限公司
地址：莆田市荔城区镇海居委会荔梅市场
………………… Tel：0594-6228000
福建省亿熙园建设工程有限公司
地址：福建省莆田市城厢区龙办北磨居委会北磨街300号202
………………… Tel：0594-6229696
福建省荔隆建设工程有限公司
地址：福建省莆田市涵江区国欢镇国欢东路678-1号
………………… Tel：0594-6638998
中建华鸿建设发展有限公司
地址：莆田市荔城区镇海办英龙居委会八二一街319号912室
………………… Tel：0594-6798888
中科水木（福建）建设有限公司
地址：莆田市荔城区镇海街道城门街33号（兴业楼）1梯201-2室
………………… Tel：0594-7550012
莆田市华林市政工程有限公司
地址：莆田市湄洲湾北岸经济开发区经济城605号
………………… Tel：0594-7550012
赛博思（莆田）钢结构房屋工程有限公司
地址：莆田市城厢区人民政府大院附属楼二层一室
………………… Tel：0594-8989331
福建泉州市消防安全工程有限责任公司
地址：福建省泉州市丰泽区刺桐东路北段584号消安大厦三楼
………………… Tel：0595-22106890
博亚（福建）建筑设计有限公司
地址：福建省泉州市丰泽区华园南路61号博亚大厦
………………… Tel：0595-22109157
泉州毅通信息科技股份有限公司
地址：泉州市丰泽区泉州软件园研发启动区5号楼第四、五层
………………… Tel：0595-22155555
中建力天集团有限公司
地址：泉州市洛江区马甲镇南街农行附属楼
………………… Tel：0595-22168929
福建省亿方建设工程有限公司
地址：福建省泉州市洛江区罗溪镇八峰路2号
………………… Tel：0595-22173858
福建省南鸿通讯科技有限公司
地址：福建省泉州市丰泽区泉州软件园南北大道综合楼9楼
………………… Tel：0595-22186915
福建省华远建工集团有限公司
地址：泉州市洛江区塘西工业区绿色人家·美尔奇2#楼412室
………………… Tel：0595-22198232
福建省东霖建设工程有限公司
地址：泉州台商投资区洛阳镇后埔村东莲69号
………………… Tel：0595-22275902
福建省泉州市第一建设有限公司
地址：泉州市花巷内许厝埕56号
………………… Tel：0595-22381500
福建省泉州市东海建筑有限公司
地址：福建省泉州市丰泽区泉秀路运通大厦3F
………………… Tel：0595-22586902
中建富林集团有限公司
地址：福建省泉州市洛江区万源花苑A幢202
………………… Tel：0595-22659500
福建泉州市二建工程有限公司
地址：福建省泉州市丰泽区东湖街道松林社区崇福路234号
………………… Tel：0595-22760161
福建省润博建设工程有限公司
地址：泉州台商投资区东园镇凤浦村浦内48号
………………… Tel：0595-22869518
神州高科发展集团有限公司
地址：福建省泉州市丰泽区东云路758号高科大楼二楼
………………… Tel：0595-22972298
中建远南集团有限公司
地址：泉州市丰泽区沉洲路东侧1号远南大厦五层
………………… Tel：0595-22998377
福建省八方建筑工程有限公司
地址：福建省泉州市安溪县凤城镇富民街78号
………………… Tel：0595-23232108
中晟海峡建设有限公司
地址：安溪县金融行政服务中心5B号楼1901-1907
………………… Tel：0595-23232286
福建省汤头建筑工程有限公司
地址：福建省泉州市德化县龙浔镇龙津南路105号2楼
………………… Tel：0595-23586979
德化县保安服务有限公司
地址：福建省泉州市德化县龙浔镇龙津南路63号
………………… Tel：0595-23589788
福建省闽楚建设工程有限公司
地址：惠安县涂寨镇工业区
………………… Tel：0595-27810888
福建省俊豪软件开发有限公司
地址：南安市光电信息产业基地
………………… Tel：0595-28226818
福建世邦泰和物业管理有限公司
地址：泉州市丰泽区江滨北路国金天峰东侧写字楼3号楼5楼
………………… Tel：0595-28290996
广田建设工程有限公司
地址：福建省泉州市洛江区双阳阳山
………………… Tel：0595-28550888
福建远方建设有限公司
地址：福建省南安市柳城街道柳南东路山水花园城6幢1305室
………………… Tel：0595-28696335
福建路港（集团）有限公司
地址：福建省泉州台商投资区杏秀路704号名都花苑B#108
………………… Tel：0595-28757588
福建省集英物业管理有限公司
地址：福建省泉州市鲤城区江南街道亭店社区七支路6号
………………… Tel：0595-28855568
福建汇顺检测集团有限公司
地址：福建省泉州市鲤城区南环路666号（临江工业园）
………………… Tel：0595-28888961
茂荣集团股份有限公司
地址：泉州市鲤城区义全街金运大厦九楼
………………… Tel：0595-29013998
方圆建设集团有限公司
地址：福建省泉州市洛江区安平路方圆建设大厦
………………… Tel：0595-29881518
南安市广播电视网络有限公司
地址：南安市溪美长兴路138号广电局大院
………………… Tel：0595-36262012
福建奥翔体育塑胶科技股份有限公司
地址：福建省尤溪经济开发区城西园三期9号地
………………… Tel：0595-5071170
泉州市臻源信息科技有限公司
地址：福建省泉州市惠安县螺城镇新景华庭2号楼1015室
………………… Tel：0595-68123567
福建新微科技有限公司
地址：福建省泉州市丰泽区东海街道海丝国际中心1号楼10楼07单元
………………… Tel：0595-68288808
晋江市天健工程建设有限公司
地址：晋江市梅岭街道桂山社区世纪大道849号1幢
………………… Tel：0595-68588803
石狮世茂房地产开发有限公司
地址：福建省泉州市石狮市灵秀镇钞坑片区世茂摩天城会所一楼
………………… Tel：0595-68808874
福建呆萌信息科技有限公司
地址：泉州市丰泽区泉秀街道宝洲路万达A座4008室
………………… Tel：0595-82008905
中建协和建设有限公司
地址：福建省泉州市石狮市锦尚镇锦永路磊鑫商厦B幢203#
………………… Tel：0595-83129699
中大（福建）工程建设集团有限公司
地址：福建省泉州市晋江市西园街道双龙路双水湾一期3幢703室
………………… Tel：0595-85100000
福建天广消防有限公司
地址：南安市成功科技工业区
………………… Tel：0595-86314888
福建省南安市第六建设工程有限公司
地址：洪濑镇洪濑街
………………… Tel：0595-86682454
南安市南益电脑针织有限公司
地址：福建省泉州市南安市水头镇海联创业园区海五路6号
………………… Tel：0595-86908630
福建省惠一建设工程有限公司
地址：惠安县螺城镇中新花园6号楼5层
………………… Tel：0595-87387333
国网福建石狮市供电有限公司
地址：石狮市九二路城标南侧
………………… Tel：0595-88555777
福建省青鸿教育科技有限公司
地址：福建省泉州市石狮市祥芝镇祥业路87号创客空间四楼
………………… Tel：0595-88779395
福建群达工程建设有限公司
地址：漳州市龙文区龙江路以东、水仙大街以北明发商业广场1幢1213-1216号
………………… Tel：0596-2093106
漳州市思美信息技术有限公司
地址：福建省漳州高新区科技城物联网示范园7幢205
………………… Tel：0596-2093338
福建省中孚检测技术有限公司
地址：福建省漳州市龙文蓝田开发区檀林路42号
………………… Tel：0596-2303116
宏都建设集团有限公司
地址：福建省漳州市芗城区延安南路169号
………………… Tel：0596-2308688
漳州市建筑工程有限公司
地址：漳州市胜利西路97号
………………… Tel：0596-2591011
福建兴晟建设发展有限公司
地址：福建省漳州市龙文区建元东路1号九龙东方财富中心1602室
………………… Tel：0596-2632281
福建省建漳建设工程有限公司
地址：福建省漳州市芗城区胜利西路122号芝山新村西区2幢103号
………………… Tel：0596-2668727
福建中科网络科技有限公司
地址：福建省漳州高新区西桥街道桥南国道南路24号甲骨文园区5号楼
………………… Tel：0596-2877328
福建省漳州市建筑设计有限公司
地址：漳州市漳福路28号
………………… Tel：0596-2922117
漳州盈创信息科技有限公司
地址：福建省漳州市龙文区福岐北路5号
………………… Tel：0596-2926835
福建荣冠环境建设集团有限公司
地址：福建省漳州高新区大桥路7号201室
………………… Tel：0596-2966201
漳州伟伊化纤有限公司
地址：福建省漳州市漳浦县绥安工业区威惠路8号
………………… Tel：0596-3202188
福建天域置业集团有限公司
地址：漳浦县深土镇政府办公楼一楼
………………… Tel：0596-3255505
汉佳（福建）展示科技有限公司
地址：福建省漳州台商投资区角美镇龙池开发区金山工业园
………………… Tel：0596-6070050
福建省龙江建设有限公司
地址：厦门市思明区龙虎南二里15号综合楼一层101—D
………………… Tel：0596-6507999
福建省腾裕建设工程有限公司
地址：福建省漳州台商投资区角美镇公园路1-13号
………………… Tel：0596-6715628
岳鸿建设发展有限公司
地址：福建省漳州高新区九湖镇长福村花卉交易中心大楼
………………… Tel：0596-6953777
福建隆教湾国际旅游开发有限公司
地址：龙海市隆教畲族乡红星村委会办公楼
………………… Tel：0596-7075555
凯第建筑集团有限公司
地址：福建省漳州市华安县华丰镇平湖路11号

Tel：0596-7366796

漳州市长泰新麒麟机械有限公司
地址：长泰县武安镇官山村
Tel：0596-8312196

福建安麟智能科技股份有限公司
地址：福建省漳州市长泰县武安镇安盛南路2号
Tel：0596-8330166

长泰县第二建筑有限公司
地址：长泰县古农农场银塘路375号
Tel：0596-8332972

福建省云霄县一建有限公司
地址：福建省漳州市云霄县和平路222号
Tel：0596-8518958

福建兴万祥建设集团有限公司
地址：上杭县旧县乡迳美村（紫金山金矿）
Tel：0597-2222968

福建成森建设集团有限公司
地址：龙岩市新罗区莲东北路3号8层
Tel：0597-2266966

福建冠邦信息技术有限公司
地址：福建省龙岩市新罗区西陂街道排头村龙腾中路286号I2幢201D
Tel：0597-2282515

龙岩市西安建筑工程有限公司
地址：新罗区西安罗桥
Tel：0597-2291292

福建省兴圣发建设发展有限公司
地址：福建省龙岩市新罗区东肖镇龙腾南路15号珠江大厦1001
Tel：0597-2298777

福建禹拓建设工程有限公司
地址：福建省上杭县通贤镇东里村禹拓路1号
Tel：0597-2329122

福建创高科技有限公司
地址：龙岩市新罗区西城华莲路5号（多特家园）1幢8层806
Tel：0597-2335106

福建省恒鼎建筑工程有限公司
地址：福建省龙岩市新罗区东肖镇龙腾南路14号珠江大厦九楼901室
Tel：0597-2595111

福建新华夏建工有限公司
地址：龙岩市新罗区南城莲东北路3号南城社区服务大楼六层东侧
Tel：0597-2625258

福建保泰建设工程有限公司
地址：龙岩市新罗区西陂镇龙腾路宝泰小区（恒兴商住楼）A楼3层303室
Tel：0597-2658632

恒亿集团有限公司
地址：福建省龙岩市新罗区西陂街道龙腾中路291号恒亿大厦
Tel：0597-2881098

福建惠丰建筑工程有限公司
地址：漳平市石龟顶路13号
Tel：0597-2985853

龙岩市海德馨汽车有限公司
地址：福建省龙岩市新罗区西陂镇赤坑村
Tel：0597-3295612

福建联泰建设工程有限公司
地址：上杭县临城镇紫金路帝豪大厦16楼
Tel：0597-3889289

福建省新华都工程有限责任公司
地址：福建省上杭县旧县镇迳美村紫金山
Tel：0597-3963888

福建才溪建设集团有限公司
地址：上杭县临城镇南岗工业区新塘路188号
Tel：0597-3966968

福建省同源建设工程有限公司
地址：上杭县临江镇北环路251号同源大厦（第四层）
Tel：0597-3991888

武平县鸿盾保安服务有限公司
地址：福建省龙岩市武平县平川街道东大街45号
Tel：0597-4898899

福建东正信息科技有限公司
地址：龙岩市新罗区西陂街道华莲路53号青年创业大厦二楼206号
Tel：0597-5396668

龙岩市永定区鸿盾保安服务有限公司
地址：福建省龙岩市永定区凤城街道沙岗路70号
Tel：0597-5830525

福建省长汀县第一建筑工程有限公司
地址：长汀县汀州镇环城东路11号
Tel：0597-6832352

福建省泽林建设工程有限公司
地址：长汀县汀州镇嘉华水岸花园A2栋第17层1703＃
Tel：0597-6868669

福建伟达建设发展有限公司
地址：长汀县汀州镇嘉华水岸花园A2幢1901＃
Tel：0597-6868688

福建省泰宏建设工程有限公司
地址：福建省龙岩市连城县莲峰镇西环南路3－40号（1至4层）
Tel：0597-8923298

福建航宇建设工程有限公司
地址：将乐县古镛镇府前东路10-78号
Tel：0598-2322079

福建山峰建筑工程有限公司
地址：永安市小陶镇桐林口大陶口村209号
Tel：0598-3558555

福建嘉川建设工程有限公司
地址：福建省三明市永安市槐南镇西华新街99号古币交易市场66号店面
Tel：0598-3608009

星华昌源集团有限公司
地址：建宁县民主街(三特超市二楼)
Tel：0598-3959333

福建沈榕建设有限公司
地址：福建省三明市梅列区乾龙新村348幢裙楼3楼
Tel：0598-7992851

闽晟集团城建发展有限公司
地址：三明市梅列区乾龙新村17幢3楼2号
Tel：0598-8210766

厦门夏商百货集团三明有限公司
地址：梅列区和仁新村23幢
Tel：0598-82223050

三明中燃城市燃气发展有限公司
地址：福建省三明市梅列区双园新村34幢三层1-2号
Tel：0598-8270399

福建省梯田信息技术有限公司
地址：三明市体育场68号
Tel：0598-8290009

福建省业恒通信技术开发有限公司
地址：三明市工业中路146号四层
Tel：0598-82913333

三明市金盾保安守押有限公司
地址：三明市梅列区陈大镇碧玉路51号3幢
Tel：0598-8367308

福建鑫盛建设有限公司
地址：福建省三明市梅列区乾龙新村19幢19层1905号（三明泉州商会大厦）
Tel：0598-8391865

福建创世建设有限公司
地址：福建省三明市大田县均溪镇福田路297－1号5楼
Tel：0598-8391865

华宇（福建）置业集团有限公司
地址：福建省三明市大田县均溪镇兴田路11号三层商场2号
Tel：0598-8803367

福建易顺建筑工程有限公司
地址：松溪县松源街道办事处东大路59号
Tel：0599-2336786

武夷山顺鑫建设股份有限公司
地址：福建省武夷山市武夷大道367－2号
Tel：0599-5107025

福建新纪建设集团有限公司
地址：南平市建阳区朱熹大道1969号
Tel：0599-5822983

福建诚安蓝盾实业有限公司
地址：邵武市城郊经济技术开发区
Tel：0599-6238119

福建悦鸿建设工程发展有限公司
地址：南平市八一路62号
Tel：0599-8286899

南平市方联信息技术有限公司
地址：南平市文体路338号武夷香榭B3－E幢903室
Tel：0599-8868777

福建武夷九峰建设工程有限公司
地址：福建省南平市延平区东山路2号金辉广场2003室
Tel：0599-8869188

江西省

江西新隆电力工程有限责任公司
地址：江西省新余市渝水区城北文新路508号
Tel：0790-6253609

新余钢铁股份有限公司
地址：江西省新余市铁焦路
Tel：0790-6292925

天工方圆建设集团有限公司
地址：江西省新余市渝水区仙来西大道1039号穗都大厦1栋101室、201室、301室、401室
Tel：0790-6318158

新余市保安服务有限公司
地址：江西省新余市高新开发区阳光大道5168号
Tel：0790-6443150

江西联天结构科技有限公司
地址：江西省新余市高新开发区东兴路东、高新大道南（江西九恒钢结构有限公司内）
Tel：0790-6860578

新余市骏通通讯工程有限公司
地址：江西省新余市渝水区袁河经济开发区郑家村一路180号
Tel：0790-7025860

中泓汇科技集团有限公司
地址：江西省新余经济开发区渝东大道孔目江办事处
Tel：0790-7055000

南昌振华通信设备有限公司
地址：江西省南昌市南昌高新技术产业开发区艾溪湖四路1066号南昌科陆工业园1号厂房1-2层
Tel：0791-82068826

江西省一保通信息科技股份有限公司
地址：江西省南昌市南昌高新技术产业开发区火炬大街579号绿悦科技大厦5层
Tel：0791-82078666

江西通维网络信息技术有限公司
地址：江西省南昌市青云谱区三店西路14号18栋2楼1号
Tel：0791-82138888

美盛计算机科技（中国）有限公司
地址：江西省南昌市高新开发区金庐软件园
Tel：0791-82212888

与德科技有限公司
地址：江西省南昌市南昌高新技术产业开发区火炬大街161号1409室
Tel：0791-82218088

南昌市望城新区城市投资发展有限公司
地址：江西省南昌市新建区望城新区璜溪大道19号
Tel：0791-83675020

江西信飞技术有限公司
地址：江西省南昌市新建区璜溪大道688号1栋
Tel：0791-83688700

江西三星气龙消防安全有限公司
地址：江西省南昌经济技术开发区青岚大道1118号
Tel：0791-83805336

昌建宏程实业有限公司
地址：江西省南昌市西湖区洪城路778号星河国际1507室（第15层）
Tel：0791-83811995

江西国龙建筑工程有限公司
地址：江西省南昌市南昌县向塘镇荆山村
Tel：0791-83821565

南昌市第二建筑工程有限公司
地址：江西省南昌市西湖区绳金塔街2号
Tel：0791-83822299

南昌莱蒙置业有限公司
地址：江西省南昌市红谷滩区会展路666号莱蒙都会小区商业中心B8地块3＃商业办公楼116室
Tel：0791-83830618

百年建设集团有限公司
地址：江西省南昌市南昌经济技术开发区秀先路以东、英雄大道以北的智能制造产业园管理服务楼一层
Tel：0791-83856017

江西福乐园林有限责任公司
地址：江西省南昌市新建区国营南昌市新丰垦殖场场内
Tel：0791-83869956

江西赣铁建工集团有限公司
地址：江西省南昌市湾里区太平综合垦殖场合水分场场部103号
Tel：0791-83871776

昌建建设集团有限公司
地址：江西省南昌市南昌县塘南镇柘林街28号
Tel：0791-83882008

江西诚建建筑装饰工程有限公司
地址：江西省南昌市南昌县小蓝经济开发区富山大道中段1589号三楼
Tel：0791-83883111

江西景华生态科技股份有限公司
地址：江西省南昌市红谷滩新区红谷中大道998号绿地中央广场A2＃办公楼1501－1502室
Tel：0791-83899839

中禾元丰建设工程有限公司
地址：江西省南昌市南昌县塘南镇柘林街28号
Tel：0791-83951988

南昌广电数字网络有限公司
地址：江西省南昌市红谷滩新区绿茵路广电中心大楼11楼
Tel：0791-83988611

江西雄宇（集团）有限公司
地址：江西省南昌市进贤县工业开发区M1－2区
Tel：0791-85696099

江西德瑞光电技术有限责任公司
地址：南昌小蓝经济技术开发区富山大道以南、金湖以西
Tel：0791-85726335

江西直方数控动力有限公司
地址：江西省南昌市南昌县小蓝经济开发区
Tel：0791-85775005

南昌澄湖大润发商业有限公司
地址：江西省南昌市南昌县迎宾大道3699号
Tel：0791-85952151

江西飞尚科技有限公司
地址：江西南昌小蓝经济技术开发区玉湖路398号
Tel：0791-85953059

发达控股集团有限公司
地址：江西省南昌市昌北经济技术开发区玉屏西大街
Tel：0791-86117178

中兴长天信息技术（南昌）有限公司
地址：江西省南昌市高新技术产业开发区艾溪湖北路688号
Tel：0791-86178304

江西艾维通信有限公司
地址：江西省南昌市南昌高新技术产业开发区昌东大道7199号中节能国际中心3＃综合楼2609室
Tel：0791-86202356

南昌市第五建筑安装工程有限公司
地址：江西省南昌市西湖区永叔路１０号
Tel：0791-86225992

江西路通科技有限公司
地址：江西省南昌市西湖区站前西路59号公路管理局科技综合大楼7、8楼
Tel：0791-86243845

中国电建集团江西省电力设计院有限公司
地址：江西省南昌市高新开发区京东大道426号
Tel：0791-86357777

江西昌大高科股份有限公司
地址：江西省南昌市高新开发区高新大道589号（南大科技园孵化新大楼二楼）
Tel：0791-86490179

江西昌南建设集团有限公司
地址：江西省南昌市南昌县莲塘镇莲塘中大道233号
Tel：0791-86526089

江西方兴科技有限公司
地址：江西省南昌市西湖区洪城路508号
Tel：0791-86532506

南昌市凯华建筑工程有限公司
地址：江西省南昌市西湖区桃苑小区一区21栋A
Tel：0791-86532714

中建华夏建设集团股份有限公司
地址：江西省南昌市南昌县河洲路398号（千亿建筑科技产业园）61号中建华夏大厦
Tel：0791-86538688

中贤建设集团有限公司
地址：南昌县江西千亿建筑科技产业园A区8号
Tel：0791-86569555

华维设计集团股份有限公司
地址：江西省南昌市南昌高新技术产业开发区天祥大道2799号199＃
Tel：0791-86569703

洪宇建设集团公司
地址：南昌县莲塘镇五一路238号
Tel：0791-86573816

江西嘉业建设工程集团有限公司
地址：江西省南昌市南昌县莲塘中大道736号
Tel：0791-86579588

江西中讯网络科技有限公司
地址：江西省南昌市青云谱区昌南工业园广州路169号
Tel：0791-86585656

江西省通信产业服务有限公司
地址：江西省南昌市西湖区桃苑大街2号
Tel：0791-86591212

南昌市第八建筑工程有限公司
地址：江西省南昌市西湖区西河滩路7号
Tel：0791-86593562

南昌市自来水工程有限责任公司
地址：江西省南昌市西湖区团结路１号
Tel：0791-86595159

城开建设集团有限公司
地址：江西省南昌市高新技术产业开发区火炬大街126号江山大厦A座404室
Tel：0791-86651225

洪城大厦（集团）股份有限公司
地址：江西省南昌市西湖区北京西路156号
Tel：0791-86660769

江西省公路工程有限责任公司
地址：江西省南昌市西湖区广场南路205号（恒茂国际华城）
Tel：0791-86665100

南昌西湖大润发商业有限公司
地址：江西省南昌市西湖区广场南路217号
Tel：0791-86669272

江西电信信息产业有限公司
地址：江西省南昌市南昌经济技术开发区桂苑大道（创业大厦）3楼
Tel：0791-86730650

南昌对外工程有限责任公司

地址：江西省南昌市东湖区叠山路113号
…………Tel：0791-86809067

国家电投集团江西水电检修安装工程有限公司
地址：江西省南昌市南昌高新技术产业开发区艾溪湖北路66号总部基地1#楼
…………Tel：0791-86877611

国家电投集团江西中业兴达电力实业有限公司
地址：江西省南昌市南昌高新技术产业开发区艾溪湖北路66号（F1层西侧及F5层西侧）
…………Tel：0791-86877711

江西省城建集团有限公司
地址：江西省高安市瑞阳大道世博华城
…………Tel：0791-86891203

江西江铃集团晶马汽车有限公司
地址：江西省南昌市新建区长 工业园区创业北路60号
…………Tel：0791-87193118

赣通通信股份有限公司
地址：江西省南昌市南昌高新技术产业开发区天祥大道2799号（南昌佳海产业园）99#楼一单元1层101号房
…………Tel：0791-87338888

中铁四局集团机电设备安装有限公司
地址：江西省南昌市南昌县千亿产业园内
…………Tel：0791-87363198

江西美晨通讯有限公司
地址：江西省南昌市南昌高新技术产业开发区天祥北大道1666号
…………Tel：0791-87603666

江西中移通信技术工程有限公司
地址：江西省南昌市高新区高新七路999号
…………Tel：0791-87611228

江西荣飞科技有限公司
地址：江西省南昌市西湖区广场南路205号恒茂国际华城16栋B座2408室
…………Tel：0791-87633607

南昌昊睿科技有限公司
地址：江西省南昌市青云谱区解放西路49号明珠广场A栋1704室（第17层）
…………Tel：0791-87793000

丰和营造集团股份有限公司
地址：江西省南昌市红谷滩新区丰和中大道1496号
…………Tel：0791-87870012

江西省核工业亮剑保安服务有限公司
地址：江西省南昌市西湖区北京西路134号
…………Tel：0791-88117331

万年联创显示科技有限公司
地址：江西省上饶市万年县高新技术产业区丰收工业园（江西联创（万年）电子有限公司内）
…………Tel：0791-88161978

江西联创精密机电有限公司
地址：江西省南昌市高新开发区京东大道168号
…………Tel：0791-88162787

江西顶点科技发展有限公司
地址：江西省南昌市高新技术产业开发区高新大道589号南大科技园二号大楼1201房
…………Tel：0791-88167592

洪都建设集团有限公司
地址：江西省南昌市南昌县莲谢西路567号
…………Tel：0791-88173223

南昌市鼎欣科技股份有限公司
地址：江西省南昌市南昌经济技术开发区玉屏西大街（1069号）1#3-4层
…………Tel：0791-88193786

江西倍康信息技术有限公司
地址：江西省南昌市南昌高新技术产业开发区京东大道399号万年青科技园园内公寓南楼216室
…………Tel：0791-88215191

江西省中益电力建设工程有限公司
地址：江西省南昌市西湖区兰官路1088号观水花园3#楼一单元1001室
…………Tel：0791-88227712

南昌龙旗信息技术有限公司
地址：江西省南昌市南昌高新技术产业开发区瑶湖西人道899号
…………Tel：0791-88301770

江西省中盛建筑集团有限公司
地址：江西省南昌市南昌县江西千亿建筑科技产业园B区10号地块
…………Tel：0791-88317081

江西建工机械施工有限责任公司
地址：江西省南昌市高新开发区艾溪湖一路568号
…………Tel：0791-88333046

江西建工建筑安装有限责任公司
地址：江西省南昌市青山湖区北京东路888号
…………Tel：0791-88333405

南昌市第六建筑工程公司
地址：江西省南昌市青山湖区高新大道698号
…………Tel：0791-88333656

南昌前海国信电子科技有限公司
地址：江西省南昌市南昌高新技术产业开发区紫阳大道1216号新力方大厦（综合楼）-1041室
…………Tel：0791-88351926

南昌鑫源消防设备工程有限公司
地址：江西省南昌市青山湖区昌东工业区三期C-27地块3#厂房
…………Tel：0791-88388003

江西建工第三建筑有限责任公司
地址：江西省南昌市西湖区桃花镇兰宫路1099号恒泰花苑小区17栋1栋2层
…………Tel：0791-88443144

唐人通信技术服务股份有限公司
地址：江西省南昌市南昌高新技术产业开发区创新三路1069号
…………Tel：0791-88511169

海力控股集团有限公司
地址：江西省南昌市南昌县昌南新城象湖路2188号
…………Tel：0791-88513899

润邦控股集团有限公司
地址：南昌县南新乡新洲村
…………Tel：0791-88531128

美华建设有限公司
地址：江西省南昌市红谷滩新区丰和中大道1368号（红谷现代城5号楼）
…………Tel：0791-88531928

江西国金建设集团有限公司
地址：江西省南昌市南昌县武阳镇在港村委会办公楼
…………Tel：0791-88532809

丰润建设集团有限公司
地址：江西省宜春市铜鼓县温泉中路8号
…………Tel：0791-88532852

南昌市建筑工程集团有限公司
地址：江西省南昌市东湖区阳明东路719号隆兴民居1号楼
…………Tel：0791-88534601

江西景观建设集团有限公司
地址：江西省南昌市东湖区青山南路109号2-4层
…………Tel：0791-88538654

江西省鸿厦建设工程有限公司
地址：江西省南昌市红谷滩新区保利国际高尔夫花园公共配套中心8#办公楼写字楼207-211室
…………Tel：0791-88539092

中耀建业集团股份有限公司
地址：江西省南昌市南昌县抚生路6666号
…………Tel：0791-88616999

中联建设集团股份有限公司
地址：江西省南昌市南昌县抚生路6666号
…………Tel：0791-88618999

江西省新宇建设工程有限公司
地址：南昌县向塘镇东风二路69号
…………Tel：0791-88633933

新旅建设集团有限公司
地址：江西省南昌市南昌县广福镇广三路31号
…………Tel：0791-88859600

赣阳建工集团有限公司
地址：江西省南昌市青山湖区洪都北大道299号高能.金域名都12幢21层
…………Tel：0791-88868987

江西云丰农业科技开发有限公司
地址：江西省九江市瑞昌市赛湖农场
…………Tel：0792-4233559

江西中船阀门成套装备有限公司
地址：江西省九江市九江经济技术开发区城西港区石牛路30号
…………Tel：0792-6330676

中水建管国际工程有限公司
地址：江西省九江市浔阳区人民路女儿街13号
…………Tel：0792-7088206

九江市工业发展集团有限公司
地址：江西省九江市经开区九瑞大道199号聆湖春天11幢
…………Tel：0792-8102836

九江中船消防设备有限公司
地址：江西省九江市经济技术开发区九瑞大道79号
…………Tel：0792-8276502

九江信华建设集团有限公司
地址：江西省九江市浔阳区庐山南路99号
…………Tel：0792-8356628

九江消防装备有限公司
地址：江西省九江市濂溪区虞家河大桥路1号
…………Tel：0792-8575164

九江市浩川消防装备有限公司
地址：江西省九江市经济技术开发区城西港区通港东路6号
…………Tel：0792-8798009

九江海天设备制造有限公司
地址：江西省九江市经开区城西港区石牛路29号
…………Tel：0792-8798491

江西王牌建设工程集团有限公司
地址：江西省上饶市信州区站前二路松山安置小区管委会一楼111室
…………Tel：0793-2720088

江西省水建建设工程有限公司
地址：江西省上饶市广丰区丰溪街道塘墀社区金五路50号
…………Tel：0793-2788999

万年县稻源投资开发有限公司
地址：江西省上饶市万年县陈营镇建德大街北侧(县政府一楼东侧)
…………Tel：0793-3836156

海西（上饶）国际生态物流城有限公司
地址：江西省上饶市信州区龙潭湖宾馆1号楼
…………Tel：0793-5783277

江西婺华通信工程有限责任公司
地址：江西省上饶市婺源县工业园区
…………Tel：0793-7210888

江西省星博科技发展有限公司
地址：江西省德兴市铜城大厦2单元4楼
…………Tel：0793-7529484

上饶高铁经济试验区投资建设有限公司
地址：江西省上饶市信州区火车站站前大道松山安置小区
…………Tel：0793-7920511

上饶市大数据产业投资发展有限公司
地址：江西省上饶市信州区五三东大道888号
…………Tel：0793-8066238

上饶市之道高新技术有限公司
地址：江西省上饶市信州区凤凰中大道667号广信大厦A栋19楼
…………Tel：0793-8089874

江西恒翌智能信息产业有限公司
地址：江西省上饶市信州区滨江西路66号1、2、3、5幢2#3714
…………Tel：0793-8167261

江西巨网科技有限公司
地址：江西省上饶市信州区三清山东大道168号数字经济服务园9-11楼
…………Tel：0793-8179580

凤凰光学控股有限公司
地址：江西省上饶市凤凰西大道197号
…………Tel：0793-8893993-417

中阳建设集团有限公司
地址：江西省抚州市临川区赣东大道2088号中阳广场
…………Tel：0794-8284512

玉茗建设集团有限责任公司
地址：江西省抚州市临川区迎宾大道1139号
…………Tel：0794-8735208

江西青龙（集团）建设工程有限公司
地址：江西省宜春市袁州区东风路283号
…………Tel：0795-3912619

江西大华新材料股份有限公司
地址：江西省宜春市奉新县奉新工业园区
…………Tel：0795-4509688

江西铜安工程集团有限公司
地址：江西省高安市高安大道油厂西侧
…………Tel：0795-5281141

江西伟程实业有限公司
地址：江西省高安市高丰路39号F3
…………Tel：0795-5772345

江西省吉安市建筑安装工程总公司
地址：江西省吉安市吉州区大桥西路21号
…………Tel：0796-8210510

天际（吉安）光电信息有限公司
地址：江西省吉安市井冈山经济技术开发区
…………Tel：0796-8322885

吉安市第四建筑工程有限公司
地址：吉安市吉州区井冈山大道32号1、2幢
…………Tel：0796-8323960

吉安市天虹商场有限公司
地址：江西省吉安市吉州区井冈山大道西、广场南路北
…………Tel：0796-8939161

江西技研新阳电子有限公司
地址：江西省赣州市信丰县工业园区新阳路
…………Tel：0797-3366333

赣州恒大地产有限公司
地址：江西省赣州市章贡区长征大道31号(赣州商会大厦)14-3#写字楼
…………Tel：0797-5021862

兴国县自来水公司
地址：江西省赣州市兴国县凤凰大道
…………Tel：0797-5309081

赣州华强杭萧建设股份有限公司
地址：江西省赣州市于都县于都工业园罗坳工业小区
…………Tel：0797-6230666

赣州恒玖电气有限公司
地址：江西省赣州市赣州经济技术开发区迎宾大道南侧、金潭路西侧赣州有色冶金汽修有限公司办公大楼2楼西半层
…………Tel：0797-8085130

江西风行声光科技工程有限公司
地址：江西省赣州市章贡区文明大道8号五金库西侧
…………Tel：0797-8133309

赣州民晟实业投资有限责任公司
地址：江西省赣州市章贡区长岗路13号盛汇城市中心5号楼701室
…………Tel：0797-8169265

江西共拓能源建设有限公司
地址：江西省赣州市赣州经济技术开发区紫金广场A栋4层
…………Tel：0797-8171716

懿农股份有限公司
地址：江西省赣州市章贡区梅州路11-2号2层写字楼201室
…………Tel：0797-8192882

江西海顺科技有限公司
地址：江西省赣州市章贡区兴国路18号财智广场（赣州书城）A栋商业A903#
…………Tel：0797-8203028

赣州诚源科技发展有限公司
地址：江西省赣州市章贡区张家围路48号蓝湾美郡E栋4单元101室
…………Tel：0797-8286666

江西燕兴物业管理有限公司
地址：江西省赣州市长征大道31号（赣州商会大厦）13—1#、2#、3#写字楼
…………Tel：0797-8302018

赣州凯达电气设备科技有限公司
地址：江西省赣州市章贡区营角上路17号1栋3单元205室
…………Tel：0797-8339191

科睿特软件集团股份有限公司
地址：江西省赣州市章贡区章贡高新区人和路9号章贡区软件产业孵化园研发中心楼
…………Tel：0797-8356742

江西地凯信息产业有限公司
地址：江西省赣州市章贡经济开发区人和路9号
…………Tel：0797-8356742

赣州汀钨汽车改装有限公司
地址：江西省赣州经济技术开发区迎宾大道南侧金潭路西侧
…………Tel：0797-8380709

江西恒发通信工程有限公司
地址：江西省赣州市章贡区客家大道中段博德星辰名苑26#店
…………Tel：0797-8398599

江西通福高科技有限公司
地址：江西省赣州市章贡区水南镇南桥新村东三区6号三楼
…………Tel：0797-8409978

景德镇博海数码科技有限公司
地址：江西省景德镇市珠山区陶新家园西2幢1002号
…………Tel：0798-7082886

景德镇陶邑文化发展有限公司
地址：江西省景德镇市珠山区新厂西路351号
…………Tel：0798-8437028

萍乡市东升环保科技有限公司
地址：江西省萍乡市上栗县彭高镇彭高村
…………Tel：0799-6783923

山东省

菏泽市牡丹区博辉商贸有限公司
地址：山东省菏泽市牡丹区长城路3666号天华电商集聚园区众创空间F1
…………Tel：0530-3183631

菏泽市建设工程质量检测中心
地址：菏泽市岳程办事处菜园刘社区（岳程办事处西邻）
…………Tel：0530-5311015

山东营通科技有限公司
地址：菏泽市青年路1359号
…………Tel：0530-5587718

菏泽创世科技有限责任公司
地址：菏泽市中华东路98号财富中心312室
…………Tel：0530-6092866

山东佳岭通信工程有限公司
地址：山东省菏泽市开发区菏泽市人民路公园大厦20层2006
…………Tel：0530-6267978

山东东明石化集团鲁班建筑有限公司
地址：东明县黄河路27号
…………Tel：0530-7286747

菏泽市第二建筑工程公司
地址：菏泽市牡丹区青年路895号
…………Tel：0530-7382519

山东菏泽广电网络有限责任公司
地址：菏泽市开发区钱塘江路以北、南京路以西
…………Tel：0530-7388371

山东法因数控机械设备有限公司
地址：山东省济南市高新区世纪大道2222号附属用房301-325
…………Tel：0531-52685253

山东路油油气管理有限公司
地址：济南市历城区将军路629号
…………Tel：0531-55561203
山东创宇环保科技有限公司
地址：中国（山东）自由贸易试验区济南片区唐冶西路868号山东设计创意产业园项目南区B15-101
…………Tel：0531-55562681
山东中邮普泰移动通信设备有限责任公司
地址：济南市高新区舜华路109号5B室
…………Tel：0531-55568526
山东省装饰集团有限公司
地址：山东省济南市历下区朝山街7号楼
…………Tel：0531-55701867
山东蓝玫电子有限公司
地址：山东省济南市历城区二环东路3966号东环国际广场D0801室
…………Tel：0531-55710506
山东易构软件技术股份有限公司
地址：山东省济南市高新区新泺大街1768号齐鲁软件园大厦B座A405
…………Tel：0531-55721001
山东正达实业集团有限公司
地址：山东省济南市历城区辛祝路17号好兰朵大厦653室
…………Tel：0531-55807788
山东新升实业发展有限责任公司
地址：山东省济南市章丘区埠村街道埠东村北首
…………Tel：0531-58536036
山东东辰共赢服务有限公司
地址：山东省济南市章丘区埠村街道埠东村埠村煤矿院内
…………Tel：0531-58536390
山东中移通信技术有限公司
地址：山东省济南市市中区七里山路4号
…………Tel：0531-58557016
济南先投产业发展有限公司
地址：济南市天桥区309国道大桥段3099号先行区管委会1号楼109区23号房间
…………Tel：0531-58712166
山东三箭建设工程管理有限公司
地址：济阳县城纬三路39号
…………Tel：0531-58795678
瑞康医药（山东）有限公司
地址：山东省济南市高新区临港经济开发区机场路7388号
…………Tel：0531-58810777-6463
济南建设设备安装有限责任公司
地址：山东省济南市天桥区凤凰山路55号
…………Tel：0531-58876900
山东鼎安检测技术有限公司
地址：山东省济南市天桥区蓝翔路15号D区9号楼101
…………Tel：0531-62335978
山东银座购物中心有限公司
地址：山东省济南市历下区泺源大街66号银座大厦C座
…………Tel：0531-66228609
山东量子科学技术研究院有限公司
地址：山东省济南市高新区新泺大街1768号齐鲁软件园大厦B座7层
…………Tel：0531-66680088
济南汇雁科技有限公司
地址：中国（山东）自由贸易试验区济南片区舜泰北路567号银丰科技公园9号楼302室、303室
…………Tel：0531-66683536
鲁商集团有限公司
地址：山东省济南市历下区经十路9777号
…………Tel：0531-66690123
山东文化旅游发展集团有限公司
地址：山东省济南市历下区经十路9777号鲁商国奥城5号楼
…………Tel：0531-66690139
山东通用航空服务股份有限公司
地址：山东省济南市高新区经十路7000号汉峪金融商务中心四区4号楼3层301-28室
…………Tel：0531-66695708
山东中石油昆仑燃气有限公司
地址：山东省威海市经济技术开发区香港路18-1号智慧大厦19楼1902室
…………Tel：0531-66779818
山东德源电力科技股份有限公司
地址：山东省济南市天桥区舜兴路988号济南新材料产业科技园4号楼一层
…………Tel：0531-67809599
山东钜飞港务有限公司
地址：山东省东营市东营综合保税区通关服务中心402室（海港路129号）
…………Tel：0531-67811395
山东建银科技有限责任公司
地址：济南市市中区经四路76号
…………Tel：0531-67867611
济南天宇机电设备安装工程有限公司
地址：济南市历下区浆水泉路3号2号楼803室
…………Tel：0531-67870399
和远智能科技股份有限公司
地址：济南市高新区新泺大街1166号奥盛大厦1号楼7层
…………Tel：0531-68621770
山东华芯半导体有限公司
地址：山东省济南市高新区汉峪金谷A2-3第16层1601室
…………Tel：0531-68628509
山东奥联信息科技有限公司
地址：山东省济南市高新区新泺大街2117号铭盛大厦13层1301室
…………Tel：0531-68650617
山东冠川信息工程有限公司
地址：济南市历下区文化西路13号海辰办公写字楼1-1-311室
…………Tel：0531-68809777
济南世茂置业有限公司
地址：济南市历下区泉城路26号世茂国际广场C栋11层
…………Tel：0531-68881299
山东固源信息科技有限公司
地址：山东省济南市历下区经十路9999号黄金时代广场D座2016室
…………Tel：0531-68960999
齐鲁文旅集团有限公司
地址：山东省济南市历下区经十路9999号黄金时代广场D座2201室
…………Tel：0531-68971781
山东开创集团股份有限公司
地址：济南市槐荫区腊山河西路与日照路济南报业大厦B座22层
…………Tel：0531-68973839
山东齐鲁医疗科技有限公司
地址：山东省济南市高新区天辰路1318号中晶厂房1-101三层310室
…………Tel：0531-68983122
山东省环能设计院股份有限公司
地址：济南市高新区舜华路2000号舜泰广场1号楼20层B区2002室
…………Tel：0531-69951002
漱玉平民大药房连锁股份有限公司
地址：济南市历城区山大北路56号
…………Tel：0531-69955620
山东莱芜建设集团有限公司
地址：山东省济南市莱芜区凤城西大街315号
…………Tel：0531-75630200
山东正顺建设集团有限公司
地址：济南市莱芜区口镇正顺路
…………Tel：0531-75880006
山东莱城建工集团有限公司
地址：山东省济南市莱芜区凤城东大街41号
…………Tel：0531-78857362
国网山东省电力公司
地址：山东省济南市市中区大观园经二路150号
…………Tel：0531-80126366
青岛天狗物联科技有限公司
地址：山东省青岛市市南区燕儿岛路20号4号楼6楼
…………Tel：0531-80668101
广信检测认证集团有限公司
地址：济南市二环南路兴隆村二区20号
…………Tel：0531-80672626
山东恒宇电子有限公司
地址：山东省济南市历下区华阳路67-1号高新商务港2号楼1-502
…………Tel：0531-80960527
水发丰远能源有限公司
地址：济南市莱芜区雪野镇南部旅游商品加工园
…………Tel：0531-80969703
山东红四月控股集团有限公司
地址：山东省济南市历下区经十路9999号黄金时代广场GH座裙房4层410-C1
…………Tel：0531-80993037
山东阳光同力信息技术有限公司
地址：济南市高新区新生活家园112号楼2单元313室
…………Tel：0531-81217777
山东电建建设集团有限公司
地址：济南市工业北路257号
…………Tel：0531-81275810
山东金展置业有限公司
地址：济南市槐荫区西元大厦1-1405-34
…………Tel：0531-81305815
山东渤海建设工程有限公司
地址：济南市历下区化纤厂路2号祥泰森林河湾配套公建一层206室
…………Tel：0531-81666326
济南中升发展有限公司
地址：山东省济南市市中区英雄山路129号祥泰广场1号楼35层3508室
…………Tel：0531-81751838
济南盈科通泰科技有限公司
地址：山东省济南市市中区经四路288号恒昌大厦2406室B区-05
…………Tel：0531-81766138
山东福众通信科技有限公司
地址：山东省济南市高新区天泺路88号2号楼1单元302室
…………Tel：0531-81791818
山东信通易网科技有限公司
地址：山东省济南市历下区轻风路6号鲁商盛景广场A座606室
…………Tel：0531-81851209
济南熙润信息技术有限公司
地址：山东省济南市高新区工业南路59号中铁财智中心6号楼6-601
…………Tel：0531-81851897
济南用天信息科技有限公司
地址：济南市历城区花园路101号海蔚广场办公写字楼5-1105号
…………Tel：0531-81907133
山东芊桦创美珠宝集团有限公司
地址：山东省济南市市中区建设路85号N区102号
…………Tel：0531-82020573
山东省保安器材有限公司
地址：济南市泺源大街229号
…………Tel：0531-82035800
山东广瑞信息科技有限公司
地址：中国（山东）自由贸易试验区济南片区新泺大街2008号银荷大厦4-501-8室
…………Tel：0531-82351104
山东鲁冶瑞宝电气自动化有限公司
地址：山东省济南市高新区舜风路101号齐鲁文化创意基地2号楼602-2室
…………Tel：0531-82373955
山东正极信息系统技术有限公司
地址：山东省济南市历下区龙奥西路1号银丰财富广场3号楼1702
…………Tel：0531-82386585
山东乐盈通信技术有限公司
地址：中国（山东）自由贸易试验区济南片区龙奥北路1577号龙奥天街广场主办公楼2001
…………Tel：0531-82397259
山东济铁机务装备集团有限公司
地址：山东省济南市天桥区前陈家楼11号
…………Tel：0531-82421113
山东济铁轨道车辆装备有限公司
地址：济南市天桥区车站街103号
…………Tel：0531-82422215
济南铁路房产建设集团有限公司
地址：济南市天桥区车站街30号
…………Tel：0531-82428762
济南博赛网络技术有限公司
地址：山东省济南市历下区经十路12111号中润世纪中心1号楼401室
…………Tel：0531-82616088
山东华天电子科技有限公司
地址：山东省济南市高新区颖秀路2600号6号楼二层
…………Tel：0531-82670211
山东路联石油油气销售有限公司
地址：山东省济南市历下区经十路13777号中润世纪城17号楼1301
…………Tel：0531-82677270
峰景园林工程集团有限公司
地址：济南市槐荫区南辛庄街70号615室
…………Tel：0531-82761456
济南宜家家居有限公司
地址：山东省济南市槐荫区烟台路121号
…………Tel：0531-82782345
万泰装饰有限公司
地址：山东省济南市市中区英雄山路188号-1供销社营业楼
…………Tel：0531-82785806
山东正晨科技股份有限公司
地址：中国（山东）自由贸易试验区济南片区旅游路11777号智能交通产业园2号楼A座
…………Tel：0531-82815615
济南感联通信技术有限公司
地址：中国（山东）自由贸易试验区济南片区山钢新天地广场7号楼1单元501-6室
…………Tel：0531-82901177
山东冠通智能科技有限公司
地址：山东省济南市高新区舜海路219号4号楼103室
…………Tel：0531-82915259
德泰建设有限公司
地址：济南市高新区舜风路322号12号楼
…………Tel：0531-82915678
瑞森新建筑有限公司
地址：济南市历下区龙奥北路8号玉兰广场6号楼25层
…………Tel：0531-82927877
山东山大电力技术股份有限公司
地址：济南高新技术产业开发区颖秀路山大科技园内
…………Tel：0531-82953151
宝佑集团有限公司
地址：济南市历下区经十路14626号
…………Tel：0531-82962496
山东源鲁信息科技有限公司
地址：济南市历城区山大南路9-2号512室
…………Tel：0531-82967627
山东宏雁电子系统工程有限公司
地址：山东省济南市高新区舜华路2000号舜泰广场1号楼东座25层
…………Tel：0531-82975354
济南人通信息科技有限公司
地址：山东省济南市历下区经十路12508号名士豪庭4号市级公建1-712室
…………Tel：0531-82988898
普利置业集团股份有限公司
地址：济南市天桥区桑梓店街道办事处小马村1号
…………Tel：0531-83130415
中儒科信达建设集团有限公司
地址：山东省济南市济阳区济北开发区永康街26号科信达大厦
…………Tel：0531-83142777
济南普利供水工程有限公司
地址：济南市市中区二环南路9586号
…………Tel：0531-83186022
山东弘信建设有限公司
地址：山东省济南市章丘区明水街道山泉路1683号
…………Tel：0531-83213863
山东泰实建筑工程有限公司
地址：山东省济南市章丘区双山大街南首路东金如意花园小区5号楼
…………Tel：0531-83279388
青岛田横岛装配式建筑科技有限责任公司
地址：山东省青岛市即墨区田横岛省级旅游度假区田横岛度假村1号
…………Tel：0531-83536622
山东三联集团有限责任公司
地址：济南市趵突泉北路１２号
…………Tel：0531-83536624
济南市人防建筑设计研究院有限责任公司
地址：山东省济南市历下区经十路17110号
…………Tel：0531-85039228
浪潮数字（山东）科技有限公司
地址：山东省济南市高新区新宇路以西世纪财富中心D座717室
…………Tel：0531-85056886
济南和煦信息科技有限公司
地址：山东省济南市高新区保税区港兴三路102号楼408室
…………Tel：0531-85102504
山东浪潮集成电子科技有限公司
地址：济南市高新区浪潮路1036号浪潮科技园S06楼
…………Tel：0531-85102504
济南浪潮计算机科技发展有限公司
地址：济南市高新区浪潮路1036号浪潮科技园S05号楼5层
…………Tel：0531-85102504
山东浪潮云海产业发展投资有限公司
地址：济南市高新区孙村镇科航路2877号
…………Tel：0531-85102504
山东浪潮检通信息科技有限公司
地址：济南市高新区孙村镇科航路2877号研发楼1楼104号
…………Tel：0531-85105614
浪潮电子信息产业股份有限公司
地址：山东省济南市高新区草山岭南路801号9层东侧
…………Tel：0531-85106144
浪潮思科网络科技有限公司
地址：山东省济南市高新区浪潮路1036号
…………Tel：0531-85106251
山东省建筑工程质量检验检测中心有限公司
地址：山东省济南市天桥区无影山路29号检测大楼
…………Tel：0531-85595163
山东建科特种建筑工程技术中心有限公司
地址：山东省济南市天桥区无影山路29号
…………Tel：0531-85595256
山东万得福装饰工程有限公司
地址：济南市历下区二环东路7151号港澳花园综合楼
…………Tel：0531-85599666
七兵堂国际安保集团有限公司
地址：山东省济南市天桥区明湖西路800号银座好望角A座6楼
…………Tel：0531-85816565
山东省经科发展（集团）股份有限公司
地址：山东省济南市历下区千佛山南路9号
…………Tel：0531-85867999
山东润阳通信工程有限公司
地址：济南市历城区蟠龙山庄园4号楼东单元401室
…………Tel：0531-85967639
山东迈科医疗科技有限公司
地址：山东省济南市商河县郑路镇增源街7号
…………Tel：0531-86017559
山东豹威安全服务有限公司
地址：济南市天桥区铜元局前街11号内3号办公楼
…………Tel：0531-86027999
山东信宇通信科技有限公司
地址：济南市高新区新泺大街3077号2号楼
…………Tel：0531-86053531
山东万田实业有限公司
地址：济南市历下区经十路12111号中润

世纪中心1号楼3606
Tel：0531-86081111

济南华环通信技术有限公司
地址：济南市槐荫区经七路516号汇统大厦B座1802室
Tel：0531-86109780

浪潮云信息技术股份公司
地址：山东省济南市高新区浪潮路1036号浪潮科技园S01号楼
Tel：0531-86138954

济南普利市政管网工程有限责任公司
地址：济南市槐荫区段店北路48号
Tel：0531-86397351

济南金泰商贸有限公司
地址：长清区水鸣街西段路北
Tel：0531-86510373

山东康威通信技术股份有限公司
地址：济南市高新开发区舜华路1号齐鲁软件园创业广场F座A203
Tel：0531-86515151

济南东之林智能软件有限公司
地址：山东省济南市高新区舜华路1号齐鲁软件园2号楼（创业广场B座）五层A501室
Tel：0531-86515525-815

山东金煜电子科技有限公司
地址：山东省济南市高新区飞跃大道2016号创新工场801室
Tel：0531-86516522

济南和正网络信息科技有限公司
地址：中国（山东）自由贸易试验区济南片区凤凰路3977号国华印象城小区1区3号楼2-202
Tel：0531-86516908

济南市长清计算机应用公司
地址：济南经济开发区计算机工业园（晶恒路以北、东环路西侧）
Tel：0531-86521196

济南海基科技发展有限公司
地址：山东省济南市历下区经十路9777号鲁商国奥城4-3101室
Tel：0531 86554807

山东科普电源系统有限公司
地址：山东省济南市历城区花园路101号海蔚广场5号楼902室
Tel：0531-86555446

山东华尔泰建筑工程有限公司
地址：山东省济南市高新区新泺大街三庆齐盛广场5号楼2301-2306室
Tel：0531-86564276

山东百卡通信息科技有限公司
地址：中国（山东）自由贸易试验区烟台片区烟台片区长江路117号瑞银信金融广场8号楼520室
Tel：0531-86908111

山东铭联特通讯科技有限公司
地址：济南市市中区永庆街1号1号楼2-502室
Tel：0531-86911317

山东金视野教育科技股份有限公司
地址：中国（山东）自由贸易试验区济南片区经十路汉峪金谷A8-1栋2303房间
Tel：0531-86913679

济南方友信卓信息科技有限公司
地址：济南市历城区山大路85号7号楼3-403室
Tel：0531-86940271

济南华兴恒信科贸有限公司
地址：济南市历下区解放路30-1号5号楼1-20802室
Tel：0531-86965085

山东宏脉计算机系统工程有限公司
地址：山东省济南市高新区汉峪金谷片区A2地块3号楼19层01-C室
Tel：0531-87071202

山东省保时通信息网络有限公司
地址：济南市高新区新泺大街3077号3号楼311室
Tel：0531-87080158

山东凯润能源投资控股集团有限公司
地址：莱西市经济开发区九江路108号
Tel：0531-87116161

山东全球星影业有限公司
地址：济南市槐荫区腊山北路明星南区1号商务楼1单元402
Tel：0531-87158565

山东福源设备安装有限公司
地址：济南经济开发区华德路620号
Tel：0531-87203616

山东宏达科技集团有限公司
地址：山东省济南市长清区平安南路5399号
Tel：0531-87218687

山东长箭建设集团有限公司
地址：济南市长清区大学路6900号
Tel：0531-87222584-601

山东港基建设集团有限公司
地址：济南市长清区灵岩路3219号
Tel：0531-87231069

山东鲁润热能科技有限公司
地址：济南市长清区五峰山旅游度假区内
Tel：0531-87312691

济南冶金化工设备有限公司
地址：长清区张夏镇驻地
Tel：0531-87483976

山东省机械施工有限公司
地址：山东省济南市槐荫区绿地中央广场C-3地块A座1802
Tel：0531-87913892

山东省环鲁物资储运集团有限公司
地址：济南市经六路２４５号
Tel：0531-87937058

济南万秀商贸有限公司
地址：济南市槐荫区槐村街25号217室
Tel：0531-87951078

积成电子股份有限公司
地址：济南市科航路1677号
Tel：0531-88018000

山东历城建设集团有限公司
地址：山东省济南市历城区花园路57号
Tel：0531-88023593

济南掌中万象信息技术服务有限公司
地址：山东省济南市高新区工业南路44号丁豪广场6号楼2单元2209室
Tel：0531-88031196

山东海筑暖通工程有限公司
地址：山东省济南市历城区二环东路2828号三箭孔子文化大厦12层东厅
Tel：0531-88035115

山东鲁源信通科贸有限公司
地址：济南市历城区华龙路1825号嘉恒大厦1-1104室
Tel：0531-88117176

山东木高名远网络科技有限公司
地址：济南市历城区山大路85号利农花园3号楼2单元501室-1号
Tel：0531-88152022

山东浩岳建设工程有限公司
地址：济南市历城区浩岳财富中心717
Tel：0531-88168997

济南九卓科技有限公司
地址：山东省济南市历下区花园庄东路16号数码港3号楼1-802
Tel：0531-88368118

山东纳博士经贸有限公司
地址：济南市历下区经十路12406号名士豪庭小区二区1号配套公建101房
Tel：0531-88536231

山东金智成建设有限公司
地址：济南市历下区解放路6号鼎峰中心17层
Tel：0531-88586288

山东省广安消防技术服务有限公司
地址：山东省济南市历下区经十路9777号鲁商国奥城4号楼10层
Tel：0531-88632201

山东省建设建工集团消防工程有限公司
地址：济南市高新区正丰路554号3号科研楼405室
Tel：0531-88687766

山东华汉电子有限公司
地址：山东省济南市高新区新泺大街1768号山东信息通信研究院A座4层409-414室
Tel：0531-88688902

山东省建设高压容器有限公司
地址：山东省济南市历城区工业北路16351号
Tel：0531-88697503

山东汇智电力科技有限公司
地址：中国（山东）自由贸易试验区济南片区新泺大街2008号银荷大厦A座4层407室B05
Tel：0531-88755059

山东中盛达电子科技股份有限公司
地址：山东省济南市高新区天辰路2177号联合财富广场1号楼1101室
Tel：0531-88800172

山东信达建设工程有限公司
地址：山东省济南市高新区天泺路88号3号楼二单元4层405室
Tel：0531-88806357

济南安迅科技有限公司
地址：市中区经一路88号3303号（明珠商务港）
Tel：0531-88810058

华戎信息产业有限公司
地址：济南市高新区舜华路1号齐鲁软件园2号楼（创业广场B座）二楼
Tel：0531-88812370

山东和富工程检测有限公司
地址：山东省济南市高新区济南综合保税区8号厂房全部、8号厂房办公楼二层
Tel：0531-88819390

山东烽火猎聘信息科技有限公司
地址：山东省济南市高新区舜华路2000号舜泰广场11号楼北409-03室
Tel：0531-88872500

金现代信息产业股份有限公司
地址：山东省济南市高新区新泺大街1166号奥盛大厦2号楼21层东区2101
Tel：0531-88872666

山东煌通数码科技有限公司
地址：济南市高新区天泺路88号A座301室
Tel：0531-88877333

中土物业管理集团有限公司
地址：济南市二环东路3218号发展大厦11E
Tel：0531-88879616

山东海王医药集团有限公司
地址：山东省济南市高新区港兴三路北段1号济南药谷研发平台区1号楼A座0901-0910房间
Tel：0531-88881126

济南鸿腾实业有限公司
地址：济南市历城区工业北路开源路北首路西
Tel：0531-88881886

山东科华电力技术有限公司
地址：济南市高新区舜华路2000号舜泰广场11号楼3-1002-2
Tel：0531-88883009

济南信连银技术有限公司
地址：山东省济南市高新区舜奥嘉园南区7号楼1-601
Tel：0531-88883311

山东港联通讯科技有限公司
地址：中国（山东）自由贸易试验区济南片区新泺大街1666号三庆齐盛广场5号楼509室
Tel：0531-88883883

济南华海建设集团有限公司
地址：山东省济南市市中区西十里河东街107-7号
Tel：0531-88908111

山东腾海信息科技有限公司
地址：济南市历下区解放路30-1号国华经典2-1-401号
Tel：0531-88939630

济南舜联建设集团有限公司
地址：济南市历下区二环东路7296号
Tel：0531-88954100

山东鲁冠技术有限公司
地址：济南市历下区甸柳新村三区1号楼公建燕翔大厦
Tel：0531-88959988

山东华野路桥工程有限公司
地址：济南市历城区王舍人镇朝山街634号
Tel：0531-88987966

银丰工程有限公司
地址：济南市市中区历阳大街6号银丰大厦11楼
Tel：0531-89019117

济南光明电力服务有限责任公司
地址：济南市市中区泺源大街229号金龙中心东楼11层
Tel：0531-89027835

山东高速齐鲁建设交通运输管理服务有限公司
地址：山东省济南市高新区奥体中路5006号
Tel：0531-89260193

山东永川科技有限公司
地址：山东省济南市济阳县济北开发区黄河大街17号总部经济中心办公楼460-A室
Tel：0531-89605777

山东正扬电务工程有限公司
地址：济南市长清区张夏村北
Tel：0531-97962821

青岛鼎信通讯股份有限公司
地址：青岛市市南区宁夏路288号6号楼5楼B区
Tel：0532-55523108

青岛鼎信通讯消防安全有限公司
地址：山东省青岛市高新区华贯路858号
Tel：0532-5553276

青岛九天国际飞行学院股份有限公司
地址：山东省青岛市城阳区山河路702号招商公社6-101
Tel：0532-55589776

山东恩宝生物科技有限公司
地址：青岛市莱西市福州路5号
Tel：0532-55651820

青岛吉尔利塑织有限公司
地址：青岛莱西市姜山工业园区
Tel：0532-55651993

青岛长寿食品有限公司
地址：青岛莱西市青岛昌阳工业园
Tel：0532-55652287

中铁中基（青岛）供应链管理有限公司
地址：山东省青岛市市北区山东路171号乙401
Tel：0532-55663866

青岛京北科技信息有限公司
地址：山东省青岛市市北区威海路273号-6-126室
Tel：0532-55663866

青岛日日顺健康产业发展有限公司
地址：山东省青岛市即墨市通济街道办事处天山二路157号
Tel：0532-55775638

海尔（青岛）生物技术有限公司
地址：山东省青岛市城阳区靖城路1066号
Tel：0532-55777813

山东海纳信息技术有限公司
地址：山东省青岛市高新区广博路17号国际软件园15号楼2层201户
Tel：0532-58005666

山东斯卡伊物业服务有限公司
地址：山东省青岛市市北区瑞海北路266号优尼小镇11号楼110A-2
Tel：0532-58555621

青岛歌尔声学科技有限公司
地址：青岛市崂山区秦岭路18号国展财富中心3号楼4层401-436户
Tel：0532-58665901

歌尔科技有限公司
地址：青岛市崂山区北宅街道投资服务中心308室
Tel：0532-58666677

青岛千惠绣品有限公司
地址：青岛即墨市经济开发区烟青一级路208号
Tel：0532-58669987

山东济铁董家口物流园有限公司
地址：山东省青岛市黄岛区泊里镇青岛董家口经济区管理委员会办公楼
Tel：0532-58686610

青岛康景实业有限公司
地址：山东省青岛市城阳区上马街道龙游路18号
Tel：0532-58703666

青岛慧谷大数据产业发展有限公司
地址：山东省青岛市黄岛区滨海大道1777号
Tel：0532-58792510

青岛建工建安集团有限公司
地址：山东省青岛市崂山区科苑纬三路19号507室
Tel：0532-58810945

青岛市崂山区环卫园林总公司
地址：青岛高科技工业园（高新区）香港东路29号
Tel：0532-58820300

青岛传铧发展有限公司
地址：山东省青岛市黄岛区富春江路115号办公402A室
Tel：0532-58871700

山东十川节能科技股份有限公司
地址：山东省青岛市崂山区科苑纬1路1号青岛国际创新园B座9层B2区
Tel：0532-66750671

青岛汉莎天厨食品有限公司
地址：青岛莱西市经济开发区北京东路1号
Tel：0532-66896618

青岛民营企业联合投资股份有限公司
地址：山东省青岛市崂山区松岭路127号
Tel：0532-67787589

中化石油山东有限公司
地址：山东省烟台市经济技术开发区金沙江路11号中长兴工业园12号楼208-5室
Tel：0532-67791766

青岛世茂新城房地产开发有限公司
地址：山东省青岛市高新区华贯路577号
Tel：0532-68019882

青岛国信城市信息科技有限公司
地址：山东省青岛市黄岛区九龙江路63号
Tel：0532-68057210

青岛启迪数城云科技有限公司
地址：山东省青岛市城阳区上马街道北程社区1122号
Tel：0532-68093368

青岛世纪互联信息技术有限公司
地址：青岛经济技术开发区江山南路458号9层
Tel：0532-69873266

青岛新华友建工集团股份有限公司
地址：青岛市崂山区株洲路108号
Tel：0532-80662155

青岛金海乾信息科技有限公司
地址：青岛市四方区四流南路60号1栋3单元602室
Tel：0532-80686935

青岛海祥控股集团有限公司
地址：青岛经济技术开发区前湾港路579号山东科技大学院内科技园综合楼414室
Tel：0532-80698081

青岛海信电器营销股份有限公司
地址：青岛市经济技术开发区前湾港路218号
Tel：0532-80878236

青岛海鑫实业集团有限公司
地址：山东省青岛市崂山区株洲路20号海信创智谷A座501室
Tel：0532-80901119

华润物流（青岛）有限公司
地址：山东省青岛市城阳区宏祥二路2号
Tel：0532-80922820

青岛鲁诺电子科技有限公司
地址：青岛市市北区上清路12号北E号楼2层
Tel：0532-80925688

青岛和达集团有限公司

地址：青岛市李沧区九水东路488号307室
…… Tel：0532-80926207
青岛百森通信息科技有限公司
地址：山东省青岛市崂山区香港东路195号上实中心T7号楼1401室
…… Tel：0532-80935555
地铁大数据（青岛）有限公司
地址：山东省青岛市崂山区香港东路195号上实中心T7号楼1401、1402号
…… Tel：0532-80935555
东亚装饰股份有限公司
地址：山东省青岛市市北区山东路168号时代国际广场24层
…… Tel：0532-80939888
青岛海发置业有限公司
地址：青岛市市北区黑龙江南路47号
…… Tel：0532-80957667
青岛浩丰食品集团有限公司
地址：青岛莱西市院上镇南朴路东
…… Tel：0532-80961392
青岛智奥电子有限公司
地址：山东省青岛市市南区永嘉路7号703户
…… Tel：0532-80975697
青岛科泰重工机械有限公司
地址：山东省青岛市黄岛区茂山路496号
…… Tel：0532-80987835
青岛直升机航空有限公司
地址：青岛崂山区深圳路230号（檀香湾大厦）1号楼1201室
…… Tel：0532-80991039
青岛戎戌保安服务有限公司
地址：青岛市崂山区海尔路61号2号楼912户
…… Tel：0532-80991919
赛飞特工程技术集团有限公司
地址：山东省青岛市崂山区石岭路39号（名汇国际）1号楼6层702户
…… Tel：0532-80993335
青岛协和万福食品有限公司
地址：青岛市莱西市深圳路东
…… Tel：0532-81871216
爱康食品（青岛）有限公司
地址：青岛市莱西市深圳北路225号
…… Tel：0532-81871328
青岛建同致远实业有限公司
地址：青岛市市南区南京路118号1号2906户
…… Tel：0532-81927372
青岛恒景源实业有限公司
地址：山东省青岛市黄岛区长白山路东、嘉陵江路北
…… Tel：0532-81929702
青岛新农村建设开发有限公司
地址：山东省青岛市黄岛区黄岛街道办事处管家洼社区328号
…… Tel：0532-82778989
青岛国威兴邦实业有限公司
地址：山东省青岛市崂山区株洲路78号国家（青岛）通信产业园3号地块3号楼9层901室
…… Tel：0532-82805927
青岛阳光电器工程有限公司
地址：山东省青岛市市南区香港西路63号502户
…… Tel：0532-82883587
青岛港国际股份有限公司
地址：山东省青岛市黄岛区经八路12号
…… Tel：0532-82982011
青岛一起探索科技有限公司
地址：青岛市市北区威海路232号310室
…… Tel：0532-83020969
青岛百源视通电子科技有限公司
地址：山东省青岛市市北区威海路332号美宁商务楼Y18室
…… Tel：0532-83025660
青岛滨泰建筑工程有限公司
地址：莱西市经济开发区滨河路19号
…… Tel：0532-83109777
青岛锐智智能装备科技有限公司
地址：山东省青岛市莱西市珠海南路69号
…… Tel：0532-83438555
青岛东捷建设工程有限公司
地址：山东省青岛市崂山区海尔路33-7号
…… Tel：0532-83673960
山东海得朗润信息技术有限公司
地址：山东省青岛市市北区台柳路270号1011户
…… Tel：0532-83801987
青岛金文科技有限公司
地址：青岛高新技术产业开发区科海路333号
…… Tel：0532-83802625
青岛六和万福食品有限公司
地址：青岛市莱西市珠海路8号
…… Tel：0532-83962705
青岛软控机电工程有限公司
地址：青岛胶州市胶东街道办事处营旧路两侧、工业园路南
…… Tel：0532-84011301
青岛德盛利立体停车设备有限公司
地址：青岛市黄岛区张家楼工业园
…… Tel：0532-84130096
平度市国有资产经营管理有限公司
地址：青岛平度市苏州路63号
…… Tel：0532-84350027
平度市惠农农业综合开发有限公司
地址：青岛平度市苏州路63号
…… Tel：0532-84350027
青岛百灵信息科技股份有限公司
地址：青岛市四方区洛阳路11号
…… Tel：0532-84858080
青岛楼山消防器材厂有限公司
地址：青岛市李沧区遵义路6号
…… Tel：0532-84917788
一开控股（青岛）有限公司
地址：山东省青岛市市北区万安三路16号
…… Tel：0532-84992805
青岛天一航意网络科技有限公司
地址：青岛市市南区江西路7号15栋2单元1902户
…… Tel：0532-85027365
青岛晨之晖信息服务有限公司
地址：山东省青岛市即墨市经济开发区西程哥庄村1318号
…… Tel：0532-85051828
青岛双山实业有限公司
地址：青岛市市北区台柳路272号-13
…… Tel：0532-85612168
青岛点石文具用品有限公司
地址：青岛莱西市夏格庄镇华丽路北
…… Tel：0532-85698776
青岛金星科技工程有限公司
地址：青岛市市南区香港中路68号27A
…… Tel：0532-85708099
青岛嘉宝机电工程有限公司
地址：山东省青岛市市南区南京路9号9层H户
…… Tel：0532-85712787
青岛迅维网络科技有限公司
地址：青岛市市南区东海西路37号3栋23层04户
…… Tel：0532-85763529
青岛世纪万邦信息技术有限公司
地址：山东省青岛市市北区通榆路46号-567室
…… Tel：0532-85786010
青岛中天万邦信息技术有限公司
地址：山东省青岛市市北区通榆路46号-566室
…… Tel：0532-85786010
青岛恒华机房设备工程有限公司
地址：山东省青岛市黄岛区滨海街道古镇口融合创新区融合路687号
…… Tel：0532-85976681
青岛拓尔思信息技术有限公司
地址：山东省青岛市市南区银川西路67号A座208C-1
…… Tel：0532-86077701
青岛亿联信息科技股份有限公司
地址：山东省青岛市市北区山东路168号时代国际广场1501-1510室
…… Tel：0532-86100207
青岛超联网通信工程有限公司
地址：青岛市李沧区湘潭路11号
…… Tel：0532-86125656
青岛天一建设有限公司
地址：山东省青岛市黄岛区东岳中路1227号
…… Tel：0532-86158087
青岛张氏上佳科技有限公司
地址：青岛胶州市经济技术开发区闽江路以北、创新大道以西
…… Tel：0532-86202777
飞马滨（青岛）智能科技有限公司
地址：山东省青岛市莱西市姜山镇苏州路63号
…… Tel：0532-86461060
青岛萨尔马纺织科技有限责任公司
地址：山东省青岛市莱西市姜山镇昌瑞西路27号
…… Tel：0532-86480777
青岛营海建设（集团）有限公司
地址：青岛市胶州市营海镇胶州湾工业园区内
…… Tel：0532-86625168
青岛恒星金财科技有限公司
地址：青岛市李沧区九水东路588号
…… Tel：0532-86667119
青岛万博通信有限公司
地址：山东省青岛市崂山区香港东路85号-1龙泽山庄4-101
…… Tel：0532-86673320
海洋石油工程（青岛）有限公司
地址：青岛经济技术开发区连江路492号
…… Tel：0532-86758011
青岛宝利建设集团有限公司
地址：山东省青岛市黄岛区（原开发区武夷山路7号708室）
…… Tel：0532-86769198
青岛铭派电子开发有限公司
地址：山东省青岛市城阳区城阳街道正阳中路正阳天街3座6层
…… Tel：0532-86781637
山东兴华建设集团有限公司
地址：山东省青岛市黄岛区漓江西路679号
…… Tel：0532-86827778
青岛裕和建设有限公司
地址：山东省青岛市黄岛区崇明岛西路82号607室
…… Tel：0532-86901777
青岛丽星仓储化工有限公司
地址：山东省青岛市黄岛区辽河路33号
…… Tel：0532-86910239
青岛利盾保安服务有限公司
地址：山东省青岛市黄岛区太行山路601号
…… Tel：0532-86951077
青岛昆泉建设工程有限公司
地址：山东省青岛市黄岛区长江中路198号
…… Tel：0532-86995533
青岛环城建工集团有限公司
地址：青岛经济技术开发区北江支路51号702户705-708室
…… Tel：0532-86998088
青岛福海洋建设集团有限公司
地址：青岛市胶州市艾山工业园
…… Tel：0532-87263950
青岛平度市新华书店有限责任公司
地址：青岛平度市红旗路100号
…… Tel：0532-87362407
青岛青联门窗有限公司
地址：青岛市莱西市上海路9号
…… Tel：0532-87427510
青岛营上建设集团有限公司
地址：山东省青岛市即墨区太和东路58号
…… Tel：0532-87502777
即墨市七级建筑工程有限公司
地址：青岛即墨市七级镇七级东南村
…… Tel：0532-87556868
青岛和达城建集团有限公司
地址：青岛市李沧区上苑路78号
…… Tel：0532-87657776
青岛市崂山区古建建筑工程有限公司
地址：青岛市崂山区王哥庄街道办事处曲家村
…… Tel：0532-87849073
安么罗有限公司
地址：青岛市李沧区源头路23号
…… Tel：0532-87890611
青岛伟隆阀门股份有限公司
地址：山东省青岛市高新区春阳路789号
…… Tel：0532-87905016-307
青岛三利智能动力有限公司
地址：山东省青岛市平度市经济开发区上海路217号
…… Tel：0532-87905905
青岛三利泵业有限公司
地址：山东省青岛市平度市经济开发区上海路217号
…… Tel：0532-87905905
青岛升平电气有限公司
地址：山东省青岛市莱西市姜山镇姜山工业园盛达路东侧
…… Tel：0532-87967898
山东一达通网络信息有限公司
地址：青岛胶州市福州北路4号
…… Tel：0532-88055888
青岛鑫立鼎电子科技有限公司
地址：山东省青岛市市北区南京路365号院内201
…… Tel：0532-88110112
青岛金原建设集团有限公司
地址：山东省青岛市黄岛区琅琊台南路6号
…… Tel：0532-88136826
胶南市建筑工程公司
地址：青岛市黄岛区明关路（原海滨四路509号）
…… Tel：0532-88171733
青岛宇杰数控装备有限公司
地址：青岛胶州市胶北镇昊宇路
…… Tel：0532-88277616
青岛宏远建筑工程有限公司
地址：青岛市莱西市滨河路15号
…… Tel：0532-88430677
青岛莱西市自来水有限公司
地址：青岛市莱西市烟台路59号驻地
…… Tel：0532-88483931
希杰（青岛）食品有限公司
地址：青岛莱西市经济开发区内
…… Tel：0532-88491141-2087
青岛蓝宝石酒业有限公司
地址：青岛市莱西市龙口东路21号
…… Tel：0532-88496232
青岛微电子创新中心有限公司
地址：山东省青岛市崂山区松岭路169号
…… Tel：0532-88610199
青岛海信房地产股份有限公司
地址：山东省青岛市崂山区海口路88号海信君汇商务中心31号楼4层
…… Tel：0532-88610611
七彩建设发展有限公司
地址：中国（山东）自由贸易试验区济南片区经十东路28666号济南超算中心科技园2号楼4层404-3室
…… Tel：0532-88698587
青岛广和物业有限公司
地址：青岛市市北区富源一路23号
…… Tel：0532-88731614
山东荣易建设集团有限公司
地址：青岛市崂山区沙子口街道办事处小河东村
…… Tel：0532-88801038
青岛沃曼软控有限公司
地址：青岛市南区宁夏路288号青岛软件园3号楼206A室
…… Tel：0532-88876078
青岛颐金建设装饰集团有限公司
地址：青岛市市南区宁夏路288号1号楼604户
…… Tel：0532-88900068
青岛炎煌信息科技有限公司
地址：山东省青岛市崂山区科苑纬一路一号青岛国际创新园B座10层B1室
…… Tel：0532-88913039
青岛城投企业发展有限公司
地址：山东省青岛市崂山区海尔路168号
…… Tel：0532-88913180
海尔数字科技（青岛）有限公司
地址：山东省青岛市崂山区中韩街道科苑纬一路1号青岛国际创新园B座402
…… Tel：0532-88932170
青岛海尔智能家电科技有限公司
地址：青岛市崂山区海尔工业园内
…… Tel：0532-88934849
海尔集团控股有限公司
地址：青岛市崂山区海尔工业园内
…… Tel：0532-88936136
青岛云创中投商贸企业（有限合伙）
地址：山东省青岛市崂山区科苑纬一路1号A座16层1703房间
…… Tel：0532-88938479
青岛海尔软件发展有限公司
地址：青岛市崂山区海尔工业园
…… Tel：0532-88939570
华北建工工程集团有限公司
地址：青岛市市南区山东路16号甲1805室
…… Tel：0532-88968088
青城建工集团有限公司
地址：山东省青岛市高新区广博路17号24号楼101室-18（集中办公区）
…… Tel：0532-88970606
青岛海川建设集团有限公司
地址：山东省青岛市市北区南京路446号
…… Tel：0532-88990770
青岛金威达电子工程有限公司
地址：青岛即墨市永合硕辉苑网点-7号网点
…… Tel：0532-89060016
特来电新能源股份有限公司
地址：山东省青岛市崂山区松岭路336号8层808室
…… Tel：0532-89083366
山东青鸟软通信息技术股份有限公司
地址：青岛市崂山区松岭路169号1号楼202房间
…… Tel：0532-89615268
淄博瑞康药品配送有限公司
地址：山东省淄博市张店区华光路10号
…… Tel：0533-2115325
淄博齐林电力工程有限公司
地址：山东省淄博市张店区崛起路5号
…… Tel：0533-2331537
山东鲁新设计工程有限公司
地址：山东省淄博市张店区和平街道办事处柳泉路13号赢环商务大厦七层
…… Tel：0533-2691723
山东银蕨健康科技有限公司
地址：山东省淄博市博山经济开发区创业大道创业大厦
…… Tel：0533-2923366
山东铝业有限公司
地址：山东省淄博市张店区南定镇五公里路1号
…… Tel：0533-2944202
山东开拓建设有限公司
地址：山东省淄博市桓台县唐山镇唐四村68号
…… Tel：0533-3196598
金瀚建设有限公司
地址：桓台县唐山镇驻地
…… Tel：0533-3196598
山东欣欣园置业有限公司
地址：山东省淄博市沂源县城新城路北侧、健康路东
…… Tel：0533-3259107
山东博泰建设集团有限公司
地址：张店区人民西路19号
…… Tel：0533-3571771
山东信通电子股份有限公司
地址：山东省淄博高新区柳毅山路18号

……Tel：0533-3586428

山东明嘉勘察测绘有限公司
地址：山东省淄博市高新区柳泉路111号火炬广场4号楼1701
……Tel：0533-3587656

智洋创新科技股份有限公司
地址：山东省淄博市高新区青龙山路9009号仪器仪表产业园10号楼
……Tel：0533-3588835

淄博颜建集团有限公司
地址：山东省淄博市博山区城西街道沿河西路95号
……Tel：0533-4180409

山东天一建设有限公司
地址：淄博市淄川区般阳路131号
……Tel：0533-5280740

山东佳能科技股份有限公司
地址：淄川区建设路562号
……Tel：0533-5439590

淄博盛世建安有限公司
地址：周村区太和路119号
……Tel：0533-6189118

山东深川变频科技股份有限公司
地址：山东省淄博市高新区青龙山路7588号
……Tel：0533-6285682

淄博瀚海水业股份有限公司
地址：周村区体育场路1397号
……Tel：0533-6812282

山东清河建工有限责任公司
地址：高青县花沟镇政府驻地
……Tel：0533-6953981

山东田兴建工有限公司
地址：山东省淄博市高青县田镇街道中心路555号
……Tel：0533-6962336

山东高阳建设有限公司
地址：临淄区管仲路174号
……Tel：0533-7110395

山东朱台建工有限公司
地址：临淄区辛店南二路51号
……Tel：0533-7114666

山东方正建工有限公司
地址：临淄区齐兴路70号
……Tel：0533-7228199

山东爱特云翔信息技术有限公司
地址：山东省淄博市临淄区临淄大道1177号爱特云翔大数据产业园
……Tel：0533-7690160

淄博明致电子科技有限公司
地址：山东省淄博市高新区政通路135号高科技创业园A座503室
……Tel：0533-7985517

山东盛华建设工程有限公司
地址：山东省淄博市桓台县华沟村荆夏路
……Tel：0533-8696716

山东新城建工股份有限公司
地址：桓台县新城镇
……Tel：0533-8880818

德州荣达信息技术有限公司
地址：德州市湖滨南路7号白天鹅大厦
……Tel：0534-2105050

索通发展股份有限公司
地址：临邑县恒源经济开发区新104国道北侧
……Tel：0534-2148088

奥来救援科技有限公司
地址：山东省德州市经济技术开发区宋官屯街道办事处红都路958号（经营地址：山东省德州市经济技术开发区袁桥镇崇德五大道1078号）
……Tel：0534-2181966

山东德兴集团建设工程有限公司
地址：德城区德兴中大道399号
……Tel：0534-2213007

德州中燃城市燃气发展有限公司
地址：德州市德城区三八中路402号
……Tel：0534-2236209

德州振华建安集团有限公司
地址：山东省德州运河经济开发区东风西路66号中药材批发市场41号
……Tel：0534-2285900

中大空调集团有限公司
地址：德州市经济开发区晶华路
……Tel：0534-2299226

贝莱特空调有限公司
地址：德州经济开发区晶华路
……Tel：0534-2299226

山东奥特莱斯国际商贸有限公司
地址：山东省德州市经济技术开发区尚德十路以北
……Tel：0534-2357090

山东黑马集团有限公司
地址：德城区新港前街56号
……Tel：0534-2482386

德州亚太集团有限公司
地址：德州经济开发区北园路
……Tel：0534-2551805

山东联兴建设集团有限责任公司
地址：德城区新湖南路59号
……Tel：0534-2624324

山东德建建筑科技股份有限公司
地址：德州市天衢东路2066号
……Tel：0534-2624916

山东坤建建设集团有限公司
地址：山东省德州市平原县平安西大街西首
……Tel：0534-4201196

山东伏特通信工程有限公司
地址：山东省德州市宁津县阳光大街北侧（经济开发区泰山路7号）
……Tel：0534-5221033

山东省旗舰建设集团有限公司
地址：山东省德州市齐河县城齐晏大街71号
……Tel：0534-5339979

山东金茂达信息科技有限公司
地址：山东省德州市经济技术开发区袁桥镇东方红东路6596号（德州中元科技创新园股份有限公司院内E-N-704-8）
……Tel：0534-6031220

山东科嘉智能科技有限公司
地址：山东省德州市禹城市行政街437号（城市花园一号楼2号商铺）
……Tel：0534-7220819

山东省禹城市建筑工程公司
地址：山东省德州市禹城市市中路298号
……Tel：0534-7221811

山东富诚工程施工有限公司
地址：山东省德州市禹城市汉槐街230号
……Tel：0534-7221844

山东中茂实业集团有限公司
地址：德州市德城区东风东路41号
……Tel：0534-7613317

瑞冬集团股份有限公司
地址：山东省德州市经济开发区项目东区天衢东路6555号
……Tel：0534-8826650

烟台惠通网络技术有限公司
地址：山东省烟台市莱山区明达西路11号
……Tel：0535-2101234

山东兴盛建设集团有限公司
地址：山东省烟台市莱山区同和路23号
……Tel：0535-2106172

烟台赢动通信科技有限公司
地址：烟台开发区长江路56号
……Tel：0535-2147710

韩美（中国）有限公司
地址：山东省烟台市经济技术开发区长江路77号
……Tel：0535-2166511

莱州晟鼎服饰有限公司
地址：开发区玉泰路38号
……Tel：0535-2172881

莱州建设集团有限公司
地址：山东省莱州市文化东路348号
……Tel：0535-2230163

山东中昌开发建设集团有限公司
地址：山东省莱州市城港路街道城山路西
……Tel：0535-2290281

山东悦龙橡塑科技有限公司
地址：山东省烟台市莱州市平里店镇驻地
……Tel：0535-2616688

长岛渤海长通旅运有限公司
地址：山东省烟台市长岛县乐园大街129号
……Tel：0535-3210563

烟台市渤海电子商务产业发展有限公司
地址：山东省烟台市芝罘区通黄路19号
……Tel：0535-3390992

烟台佐沣贰号投资中心（有限合伙）
地址：山东省烟台市栖霞市霞光路346号
……Tel：0535-3391677

山东德威网络信息工程有限公司
地址：莱山区瀛洲大街109号
……Tel：0535-3499002

烟台智慧云谷云计算有限公司
地址：莱山区迎春大街133号附1号内738号
……Tel：0535-3606066

烟台新华盛工业有限公司
地址：山东省烟台市栖霞市桃村镇工业园1号路北
……Tel：0535-3725509

烟台友开通信技术有限公司
地址：烟台高新区科技大道39号内8号中俄科技创新园
……Tel：0535-3942373

烟台市红旗置业有限公司
地址：烟台开发区牡丹江路10号
……Tel：0535-3978700

烟台曲直国际贸易有限公司
地址：山东烟台莱州市朱桥镇朱桥村
……Tel：0535-4026469

烟台霖诚建筑工程有限公司
地址：牟平区西关路458号
……Tel：0535-4253388

烟台牟瑞供应链管理有限公司
地址：山东省烟台市牟平区大窑路451号
……Tel：0535-4288387

东方电子股份有限公司
地址：烟台市芝罘区机场路2号
……Tel：0535-5520001

山东开元建筑科技有限公司
地址：山东省蓬莱市南关路183号
……Tel：0535-5661085

山东万泰建设集团有限公司
地址：山东省烟台市西珠岩北街88号
……Tel：0535-6012855

烟台新科钢结构有限公司
地址：烟台开发区北京南路19号
……Tel：0535-6110907

烟建集团工业设备安装工程有限公司
地址：山东省烟台市芝罘区通伸南街3号
……Tel：0535-6240803

山东德信建设集团股份有限公司
地址：山东省烟台市芝罘区西南河路318号
……Tel：0535-6241770

新兴交通建设有限公司
地址：烟台开发区珠江路52号
……Tel：0535-6371206

烟台宏源建设工程有限公司
地址：山东省烟台市经济技术开发区金沙江路29号宏源商务大厦6楼
……Tel：0535-6384676

烟台奈特通信工程有限公司
地址：中国（山东）自由贸易试验区烟台片区烟台开发区衡山路1号内503
……Tel：0535-6389920

烟台开生医药有限公司
地址：烟台开发区北京中路6号内4号
……Tel：0535-6390288

烟台市惠安建筑工程有限责任公司
地址：烟台开发区珠江路48号
……Tel：0535-6395079

烟建集团第二工业设备安装有限公司
地址：山东省烟台市芝罘区通伸南街3号
……Tel：0535-6662149

烟台华锐网络科技有限公司
地址：芝罘区幸港街108号
……Tel：0535-6700558

山东格瑞特公路工程有限公司
地址：山东省烟台市高新区科技大道烟台海洋科技成果转化中心901号
……Tel：0535-6703971

烟台龙港泵业股份有限公司
地址：烟台高新技术产业园区经六路12号
……Tel：0535-6766056

杰瑞石油天然气工程有限公司
地址：莱山区杰瑞路9号
……Tel：0535-6768583

山东华宇航天空间技术有限公司
地址：山东省烟台高新区马山街道航天路513号内1号
……Tel：0535-6846007

山东广源集团有限公司
地址：山东省烟台市芝罘区科技工业园汇宾路9号
……Tel：0535-6858222

山东信威网络工程有限公司
地址：芝罘区APEC科技工业园冰轮西路1号
……Tel：0535-6877888

青竹消防科技有限公司
地址：山东省烟台市高新区科技大道398内8号中俄科技创新园
……Tel：0535-6895577

山东飞鸿建设集团有限公司
地址：烟台市高新区创业路42号
……Tel：0535-6911111

烟台欧尚超市有限公司
地址：烟台经济技术开发区衡山路58号
……Tel：0535-6930860

莱阳建业建筑集团有限责任公司
地址：山东省莱阳市昌山路1号
……Tel：0535-7213952

莱阳海尔智慧厨房电器有限公司
地址：山东省烟台市莱阳市经济技术开发区富山路与珠江路交汇处
……Tel：0535-7228200

莱阳恒润食品有限公司
地址：山东省莱阳市同心路56号
……Tel：0535-7262628

山东嘉安建设集团有限公司
地址：山东省烟台市莱阳市柏林庄街道办事处小莱路107号
……Tel：0535-7475098

烟台瑞高房地产开发有限公司
地址：山东省烟台市莱阳市旌旗西路446号
……Tel：0535-7777796

烟台冰轮高压氧舱有限公司
地址：山东省烟台市莱山区滨海工业园光大路1号
……Tel：0535-8019187

山东金潮建设工程有限公司
地址：山东省烟台市招远市龙青公路东、文三公路北
……Tel：0535-8110891

招远创新黄金软件科技有限公司
地址：山东省招远市罗峰路236号
……Tel：0535-8249278

山东中允建设有限公司
地址：山东省龙口市黄城西二环路中段
……Tel：0535-8505151

山东弘阳集团有限公司
地址：潍坊市奎文区东风东街8081号东盛广场1207号
……Tel：0536-2103898

青州市鲁圣建筑工程有限公司
地址：青州市高柳镇冯家村
……Tel：0536-2132519

潍坊首开商贸有限公司
地址：山东省潍坊高新区新城街道翰林社区东风东街以南金马路以东金马国际商务大厦B1806室
……Tel：0536-2225536

山东联盟特种装备有限公司
地址：寿光市经济开发区兴业路1666号
……Tel：0536-2238501

山东亿佰通机械股份有限公司
地址：潍坊市潍城区机场南路1919号
……Tel：0536-2257575

山东高信化学股份有限公司
地址：山东潍坊滨海经济开发区城北街西段路南
……Tel：0536-2285118

山东高密市广安第一建筑工程有限公司
地址：山东省潍坊市高密市醴泉街道振兴街389号
……Tel：0536-2322444

山东省高密市海建建筑工程有限公司
地址：山东省潍坊市高密市立新街93号
……Tel：0536-2352474

潍坊市第二建筑工程公司
地址：潍城区永安路18号
……Tel：0536-2951816

潍坊恒信建设集团有限公司
地址：潍坊经济开发区浩宇路558恒信御景峰东区1号楼1号房
……Tel：0536-3083999

山东金非通信技术有限公司
地址：潍坊市坊子区北海路西侧（福田南邻）
……Tel：0536-3084444

山东利昌集团有限公司
地址：临朐县东城街道东环路4170号
……Tel：0536-3155888

临朐大兴建设集团有限公司
地址：临朐县城朐山路与站前街交叉口西500米路南
……Tel：0536-3168371

青州市第一建筑工程有限公司
地址：青州市海岱中路2666号
……Tel：0536-3205621

山东汇强重工科技有限公司
地址：青州经济开发区仙客来北路8号
……Tel：0536-3295266

山东信泰节能科技股份有限公司
地址：山东省潍坊市临朐县东城街道东泰路3528号
……Tel：0536-3396999

山东中信华安建设集团有限公司
地址：山东省潍坊市安丘市兴安街道永安路320号
……Tel：0536-4366432

山东潍科软件科技有限公司
地址：山东省潍坊市寿光市圣城街道文圣街软件园孵化大厦B座三层
……Tel：0536-5106181

山东华惠建设有限公司
地址：山东省潍坊市安丘市兴安街道潍安路北关西街87号
……Tel：0536-5136698

寿光市光明电力工程有限公司
地址：寿光市孙集镇西侯村北
……Tel：0536-5182813

山东金路交通实业有限公司
地址：寿光市寿尧路工业园
……Tel：0536-5220177

山东省寿光市圣都建设集团有限公司
地址：寿光市开发区兴安路中段路西
……Tel：0536-5222319

山东铭开网络科技有限公司
地址：山东省潍坊市寿光市幸福路与农圣街交叉路口北200米路西
……Tel：0536-5439666

山东大源建设集团有限公司
地址：山东省潍坊市诸城市舜德街285号
……Tel：0536-6067138

诸城市鑫诺建筑工程有限公司
地址：山东省潍坊市诸城市繁荣路东首北侧
……Tel：0536-6080888

山东阳光金源置业有限责任公司
地址：山东省潍坊市诸城市北环路588号
……Tel：0536-6213278

山东矿机集团股份有限公司
地址：昌乐县经济开发区大沂路北段
……Tel：0536-6228254

山东兴昌建设工程有限公司
地址：昌邑市利民街东首
……Tel：0536-7199209

潍坊市三建集团有限公司
地址：潍坊市寒亭区民主街666号
……………………Tel：0536-7251451

山东鲁源消防科技有限公司
地址：潍坊市坊子区坊安街办建华村
……………………Tel：0536-7521177

潍坊市第四建筑工程公司
地址：坊子区公安街88号
……………………Tel：0536-7661352

山东鼎梁消防科技有限公司
地址：潍坊市坊子区九龙街办前车留庄村以东
……………………Tel：0536-7670986

山东极锐网络科技有限公司
地址：潍坊高新区健康东街以北潍县中路以东置城世贸中心软件园B座313室
……………………Tel：0536-8053355

大洋泊车股份有限公司
地址：山东省潍坊市滨海区央子街道观海路00266号滨海资本管理中心C座101室
……………………Tel：0536-8111518

山东新科建工消防工程有限公司
地址：潍坊高新开发区银枫小区B区310
……………………Tel：0536-8361688

潍坊市平安消防工程有限公司
地址：山东省潍坊市奎文区文化南路2600号齐鲁创智园7号楼7楼
……………………Tel：0536-8384119

潍坊市华盛建筑工程集团有限公司
地址：潍坊市经济技术开发区顺通街2999号
……………………Tel：0536-8518098

潍坊恩源信息科技有限公司
地址：山东省潍坊高新区清池街道永春社区惠贤路3636号中国高端食品电子商务总部基地1-1-101
……………………Tel：0536-8568999

山东潍坊烟草有限公司
地址：山东省潍坊市高新区清池街道府东社区健康东街6787号东方.昌大广场2号办公楼101层-1701层
……………………Tel：0536-8787621

山东超融网络科技有限公司
地址：山东省潍坊市奎文区北海路2321号6号楼1单元2304室
……………………Tel：0536-8825320

中泰亚信技术有限公司
地址：山东省潍坊高新区新城街道清新社区东风街4899号金融广场11幢1307号
……………………Tel：0536-8863575

山东中呼信息科技有限公司
地址：山东省潍坊高新区新城街道鲍庄社区健康东街以南惠贤路以西中动大厦A座1902室
……………………Tel：0536-8890843

山东恒信集团有限公司
地址：山东省济宁市高新区菱花路
……………………Tel：0537-2087756

济宁九龙贵和购物广场有限公司
地址：济宁市金宇路69号
……………………Tel：0537-2108759

济宁市天翼物联网科技有限公司
地址：山东省济宁市任城区建设路人防大厦南100米
……………………Tel：0537-2150977

山东美达建工集团股份有限公司
地址：山东省济宁市任城区济嘉路北
……………………Tel：0537-2178969

济宁友信网络工程有限公司
地址：常青路西首路南34号
……………………Tel：0537-2218577

山东城中建筑工程有限公司
地址：济宁市红星西路188号
……………………Tel：0537-2274635

山东水利建设集团有限公司
地址：山东省济南市先行区大桥街道104国道8560号101室
……………………Tel：0537-2281120

山东鸿顺建工集团有限公司
地址：济宁市济安桥北路西侧
……………………Tel：0537-2286666

元隆盛建设工程有限公司
地址：济宁高新区湘江路南工业路东
……………………Tel：0537-2327878

济宁市中鑫铭实业有限公司
地址：济宁高新区英萃路39号综合楼310室
……………………Tel：0537-2376611

山东君天建设工程有限公司
地址：济宁高新区英萃路东33号
……………………Tel：0537-2602159

山东嘉源检测技术股份有限公司
地址：山东省济宁市太白楼西路18号
……………………Tel：0537-2616288

山东赛瓦特动力设备有限公司
地址：山东省济宁市高新区黄屯镇327国道南（济宁装备业基地D1、D4车间）
……………………Tel：0537-2780018

山东如意金控创业投资有限公司
地址：济宁高新区327国道如意工业园
……………………Tel：0537-2935619

山东新蓝海科技股份有限公司
地址：济宁高新区产学研基地A5楼A座四层
……………………Tel：0537-2982828

新国通通信技术有限公司
地址：济宁高新区火炬路东机电二路北
……………………Tel：0537-3154876

济宁市汇源建安有限公司
地址：济宁市共青团路东秦庄路南
……………………Tel：0537-3163655

山东永胜建设集团有限公司
地址：济宁开发区英萃路32号
……………………Tel：0537-3167007

山东动脉智能科技股份有限公司
地址：济宁市高新区科技新城产学研基地C1楼
……………………Tel：0537-3206777

山东韵升科技股份有限公司
地址：济宁高新区创意大厦二层东跨4C206-1号
……………………Tel：0537-3281106

山东国能工程有限公司
地址：济宁高新区开源路3号
……………………Tel：0537-3281616

济宁太和保安服务有限公司
地址：济宁市兖州区八一小区沿街
……………………Tel：0537-3439770

曲阜市三孔古建筑工程管理处
地址：曲阜市后作街
……………………Tel：0537-4412234

山东速达网络通信有限公司
地址：山东省济宁市曲阜市逵泉东路有朋花园
……………………Tel：0537-4429008

邹城市圣城文化旅游开发有限公司
地址：邹城市峄山镇政府院内
……………………Tel：0537-5119809

山东兖矿保安服务有限公司
地址：山东济宁邹城市营西路888号
……………………Tel：0537-5381110

兖矿东华建设有限公司
地址：山东省邹城市东滩路1029号
……………………Tel：0537-5388522

山东金科星机电股份有限公司
地址：邹城市工业园区中心店机电产业园（华润路399号）
……………………Tel：0537-5528877

山东光大线路器材有限公司
地址：济宁经济开发区嘉瑞路东
……………………Tel：0537-6866893

嘉祥祥盛路桥工程有限公司
地址：山东省济宁市嘉祥县呈祥大道88号
……………………Tel：0537-6867168

汶上县畅通市政工程有限公司
地址：汶上县城中都大街
……………………Tel：0537-7212332

梁山县建筑工程公司
地址：人民北路25号
……………………Tel：0537-7322624

济宁中润置达产业发展有限公司
地址：山东省济宁市高新区海川路印象吟龙湾14号楼
……………………Tel：0537-7977799

泰安华盛建筑安装工程有限公司
地址：山东省泰安市东平县东平街道无盐村
……………………Tel：0538-2566166

山东东岳能源有限公司
地址：山东省肥城市王瓜店镇
……………………Tel：0538-3127909

山东军辉建设集团有限公司
地址：山东省泰安市肥城市仪阳工业园区
……………………Tel：0538-3162197

山东瑞科电气有限公司
地址：山东省泰安市肥城市仪阳街道办事处朝阳路
……………………Tel：0538-3162222

山东宇兴建设有限公司
地址：泰安肥城市边家院镇驻地
……………………Tel：0538-3210898

信邦建设集团有限公司
地址：山东省泰安市肥城市龙山路甲069号
……………………Tel：0538-3270988

山东省显通安装有限公司
地址：山东省肥城市泰东路008号
……………………Tel：0538-3791685

山东华显安装建设有限公司
地址：肥城市汶阳镇汶河路061号
……………………Tel：0538-3850178

山东云谷建筑工程有限公司
地址：山东省泰安市泰山区天烛峰路282号泰山云谷互联网产业园
……………………Tel：0538-5050098

山东中领信息技术有限公司
地址：泰安市泰山区长城路泰山家园商务办公楼A座28层2802户
……………………Tel：0538-5070538

山东泰开机器人有限公司
地址：山东省泰安开发区
……………………Tel：0538-5088201

山东一建建设有限公司
地址：泰安市长城路28号
……………………Tel：0538-5353910

山东省宁阳县建筑安装工程总公司
地址：山东省泰安宁阳县八仙桥街道办事处七贤路1337号
……………………Tel：0538-5621459

山东省宁阳县水利工程公司
地址：山东省泰安市宁阳县金阳大街351号
……………………Tel：0538-5634199

宁阳大成建筑安装工程有限公司
地址：宁阳县城财源路569号
……………………Tel：0538-5689855

山东鼎元建设集团有限公司
地址：山东省泰安市宁阳县文庙街道宁阳大道以北海力大道以西中海金融大厦10楼
……………………Tel：0538-6340677

国网山东省电力公司泰安供电公司
地址：山东省泰安市泰山区东岳大街201号
……………………Tel：0538-6502039

泰安东华合创软件有限公司
地址：泰安高新区南天门大街中段
……………………Tel：0538-6930818

山东泰山保安服务有限公司
地址：泰安市泰山青春创业开发区振兴街1号
……………………Tel：0538-6980798

山东中房建筑工程有限公司
地址：新泰市向阳路36号
……………………Tel：0538-7077233

山东龙成消防科技股份有限公司
地址：山东新泰龙廷镇
……………………Tel：0538-7153119

山东金能机械有限公司
地址：新泰市果都煤矿院内
……………………Tel：0538-7532748

保丽金康物业管理有限公司
地址：山东省泰安市泰山区望岳西路9号泰山国际金融中心A座19楼1907室
……………………Tel：0538-8200877

山东国通电力发展有限公司
地址：泰安市长城路北段东侧
……………………Tel：0538-8250119

山东岱圣安装有限公司
地址：泰山青春创业开发区
……………………Tel：0538-8365880

鲁普耐特集团有限公司
地址：泰安市泰山区擂鼓石大街67号
……………………Tel：0538-8512966

山东四方安装工程有限公司
地址：山东省泰安市肥城市泰东路841号
……………………Tel：0538-8563088

泰安泰山城市发展物业服务有限公司
地址：泰安市岱岳区粥店办事处驻地（办公楼西侧四楼）
……………………Tel：0538-8563586

山东诚金市政园林工程有限公司
地址：山东省泰安高新区丰园路117号
……………………Tel：0538-8567089

泰安东升服装有限公司
地址：山东省泰安市创业大街36号
……………………Tel：0538-8629568

尤洛卡（山东）矿业科技有限公司
地址：泰安高新区凤祥路以西规划支路以北
……………………Tel：0538-8926162

尤洛卡精准信息工程股份有限公司
地址：高新区凤祥路以西规划支路以北
……………………Tel：0538-8926204

山东五岳电器有限公司
地址：泰安市高新区龙腾路
……………………Tel：0538-8933851

山东格仑特电动科技有限公司
地址：沂南县澳柯玛大道西首
……………………Tel：0539-3870995

山东华建集团有限公司
地址：蒙阴县新城西路96号
……………………Tel：0539-4271066

山东蒙阴建业有限公司
地址：蒙阴县城宏达路001号
……………………Tel：0539-4271140

山东天鸿建筑安装有限公司
地址：山东省费县建设西路291号
……………………Tel：0539-5022708

山东银光保安服务有限公司
地址：费县和平路129号
……………………Tel：0539-5036110

山东东方佳园建筑安装有限公司
地址：兰陵县城东环路南段西侧
……………………Tel：0539-5179009

山东亚岱建设工程有限公司
地址：兰山区沂蒙路6-6号
……………………Tel：0539-5256721

山东新嘉建设工程有限公司
地址：昌邑市利民街627号
……………………Tel：0539-5596710

山东宏祥建筑工程有限公司
地址：山东省临沂市临沭县常林路东大街
……………………Tel：0539-6212528

山田研磨材料有限公司
地址：临沭县临沭镇后高湖村
……………………Tel：0539-6280180

冠蒙建设集团有限公司
地址：临沂市兰山区沂蒙路北段 河桥北
……………………Tel：0539-7099926

临沂华珠新材料有限公司
地址：山东省临沂市临港经济开发区团林镇府前街1号团林社区服务中心208室
……………………Tel：0539-7588111

山东华泰建设集团有限公司
地址：临沂市兰山区沂蒙路454号A-1号楼5层
……………………Tel：0539-8055900

天元建设集团有限公司
地址：临沂市银雀山路63号
……………………Tel：0539-8115585

山东华夏高科信息股份有限公司
地址：临沂市兰山区蒙山大道北段西侧会展之都创业家园1号楼414-416号
……………………Tel：0539-8196692

山东旭洋建筑科技有限公司
地址：红旗路59号A
……………………Tel：0539-8228637

山东兰华集团股份有限公司
地址：临沂市兰山区解放路315号
……………………Tel：0539-8350791

山东省天河消防车辆装备有限公司
地址：临沂市金雀山路西段
……………………Tel：0539-8362561

山东省天河企业有限公司
地址：金雀山路西段（劳改队驻地）
……………………Tel：0539-8362561

山东威奥信息发展有限公司
地址：山东省临沂市河东区滨河东路环球阳光城1209室
……………………Tel：0539-8381717

山东华盛中天机械集团股份有限公司
地址：临沂市高新技术产业开发区中天路2号
……………………Tel：0539-8488698

临沂新明辉安全科技有限公司
地址：山东省临沂市兰山区工业园区前洞门村1004号
……………………Tel：0539-8520827

山东弘力实业集团有限公司
地址：山东省临沂市兰山柳青街道上海路与孝河路交汇西50米路南IEC1号楼2129-2130
……………………Tel：0539-8611390

滨州金盾守护押运有限公司
地址：山东省滨州市滨城区渤海五路506号
……………………Tel：0543-2115795

山东京博云商物流有限公司
地址：博兴县经济开发区
……………………Tel：0543-2872308

山东荣威电子科技有限公司
地址：山东省滨州市滨城区彭李街道黄河八路509号中关村沿街第1商铺
……………………Tel：0543-3070079

渤海汽车系统股份有限公司
地址：滨州市渤海二十一路569号
……………………Tel：0543-3288787

山东安邦智能科技有限公司
地址：山东省滨州经济技术开发区渤海十八路银泰中心第一幢16层1613号房
……………………Tel：0543-3314131

山东恒东实业集团有限公司
地址：滨州市黄河六路以南渤海十八路以西环保大厦
……………………Tel：0543-3355587

胜利油田华滨建筑安装工程有限责任公司
地址：滨州市滨城区黄河六路531号
……………………Tel：0543-3460371

胜利油田华滨化工有限责任公司
地址：滨州市滨城区秦皇台乡南三区
……………………Tel：0543-3468376

山东邹平建业集团有限公司
地址：山东省邹平市码头镇驻地
……………………Tel：0543-4328315

中融双创（北京）科技集团有限公司
地址：北京市丰台区南四环西路188号三区19号楼一层102
……………………Tel：0543-4761988

山东瑞和信息技术有限公司
地址：滨州市小营办事处广青路205国道西100米
……………………Tel：0543-5020788

山东省沾水建设工程有限公司
地址：山东省滨州市沾化区富城路东6号
……………………Tel：0543-7316995

山东万达建安股份有限公司
地址：山东省东营市垦利区胜坨镇永莘路68号万达集团
……………………Tel：0546-2073396

山东省源通建筑工程有限公司
地址：利津县陈庄镇贸源商城
……………………Tel：0546-5651332

东营汇恒能源有限公司
地址：山东省东营市河口区河庆路175号

408室
Tel：0546-6083666

胜利油田油建华大实业总公司
地址：东营区西二路东（安泰103区）
Tel：0546-6376271

富海能源服务连锁有限公司
地址：东营市河口区黄河路37号富海大厦901室
Tel：0546-6381389

胜利油田现河工贸有限责任公司
地址：东营区济宁路4号
Tel：0546-6382783

胜利油田兴达现河安装工程有限公司
地址：山东省东营市东营区胜利工业园现河路25号
Tel：0546-6382827

胜利油田高原石油装备有限责任公司
地址：山东省东营市东营区府前大街82号
Tel：0546-6383679

山东厚俞实业有限公司
地址：东营市北二路北侧阜盛路与潍坊路交汇处
Tel：0546-6388829

山东凯泽建筑有限公司
地址：广饶县花苑路南侧
Tel：0546-6441539

山东金宇建筑集团有限公司
地址：大王镇驻地
Tel：0546-7086763

山东金达源建工有限公司
地址：东营区北一路726号
Tel：0546-7363568

东营市南方电器有限责任公司
地址：山东省东营市东营区邹城路21号
Tel：0546-7366558

山东华凌科技工程集团有限公司
地址：山东省东营市东营区北一路722号
Tel：0546-7368999

东营市雷诺网络科技有限公司
地址：广饶县明月北区沿街楼A段3号营业房
Tel：0546-7722900

东营天顺建设工程有限公司
地址：东营市东营区庐山路1188号2幢1210室
Tel：0546-7767921

东营胜华科贸有限公司
地址：东营区经济园区正阳路南首
Tel：0546-7770766

山东科瑞油田服务集团股份有限公司
地址：东营区南二路胜利工业园9号路
Tel：0546-7773328

山东胜浩物业管理有限公司
地址：山东省东营市东营区千佛山路17号万海金地大厦
Tel：0546-7781788

山东唯一建设有限公司
地址：山东省东营市东营区西四路900号
Tel：0546-7783287

山东云科汉威软件有限公司
地址：山东省东营市东营区黄河路430-3号
Tel：0546-7789087

山东筑成建设有限公司
地址：山东省东营市东营区宁阳路8号
Tel：0546-8203773

东营市深蓝新材料有限公司
地址：东营区西三路84号
Tel：0546-8222160

中天昊建设管理集团股份有限公司
地址：东营区太行山路117号
Tel：0546-8233036

胜利油田物华天康工贸有限责任公司
地址：山东省东营市东营区北一路天康街6号
Tel：0546-8252236

山东天通智能工程有限公司
地址：山东省东营市东营区南一路238号东辰清风港商业大楼301室
Tel：0546-8257073

东营市冠诚石油技术有限公司
地址：山东省东营市东营区庐山路1188号第1幢804号
Tel：0546-8268456

东营市航宇工贸有限责任公司
地址：山东省东营市东营区黄河路547号
Tel：0546-8288989

山东卓智软件股份有限公司
地址：东营市东营区南一路228号软件园9号研发楼
Tel：0546-8309899

东营市福通工贸有限公司
地址：东营市河口区黄河路1号
Tel：0546-8577311

胜利油田华胜电业建筑有限责任公司
地址：东营市东营区南二路205号
Tel：0546-8594719

胜利油田东胜精攻石油开发集团股份有限公司
地址：东营市东营区西四路260号
Tel：0546-8687569

山东华滨建工有限公司
地址：山东省东营市东营区庐山路1188号华泰国际金融中心1幢914室
Tel：0546-8731999

胜利油田龙玺石油工程服务有限责任公司
地址：东营市经济开发区胜利工业园
Tel：0546-8739198

胜利油田集兴石化安装有限公司
地址：东营市东营区菏泽路195号
Tel：0546-8773027

胜利油田胜中建筑安装工程有限责任公司
地址：山东省东营市东营区黄河路686号玉景花园西
Tel：0546-8775399

东营市远信电器与技术有限责任公司
地址：山东省东营市东营区西三路与黄河路交叉口南150米路东
Tel：0546-8775705

山东宽信石油科技有限公司
地址：山东省东营市东营区胜利工业园现河路与峨眉山路交叉口往南500米路东
Tel：0546-8782729

东营新瑞石油科技有限责任公司
地址：东营区云门山路16号
Tel：0546-8787507

山东天厚石油科技有限公司
地址：山东省东营市东营区济南路以北刘家批发市场西1幢243号
Tel：0546-8818535

山东祥瑞飞腾网络科技有限公司
地址：东营市东营区西三路26-1号
Tel：0546-8916668

东营市天诚建材有限公司
地址：东营市东营区信州路1号
Tel：0546-8956669

捷普电子（威海）有限公司
地址：山东省威海市火炬高技术产业开发区沈阳南路588号
Tel：0631-3573099

威海东兴电子有限公司
地址：威海火炬高技术产业开发区科技路212号
Tel：0631-3659999

威海正华建工集团有限公司
地址：山东省威海市乳山市新华街10号
Tel：0631-3859808

威海广泰科技开发有限公司
地址：山东省威海临港经济技术开发区开元东路269-2号
Tel：0631-3953807

山东双城电力有限公司
地址：威海市和平路-1号603
Tel：0631-5189369

威海市水务集团给排水工程有限公司
地址：山东省威海市经技区皇冠街道上海路58号1楼
Tel：0631-5225069

威海北洋电气集团股份有限公司
地址：山东省威海市火炬高技术产业开发区火炬路
Tel：0631-5231031

山东天弘质量检验中心有限公司
地址：威海市四方路118-1号
Tel：0631-5322809

威海威高建设有限公司
地址：山东省威海临港经济技术开发区棋山路566-1号
Tel：0631-5622507

威海欣智信息科技有限公司
地址：山东威海高区火炬路-213-2号创新创业基地A座503室
Tel：0631-5624359

威海市银鹏建设集团有限公司
地址：山东省威海市高区承德路-1号
Tel：0631-5698699

威海中东建筑工程有限公司
地址：威海高区南苑路-7-3号
Tel：0631-5756909

迎顺建设集团有限公司
地址：山东省威海临港经济技术开发区苘山镇李俚线南、中韩路东
Tel：0631-5962282

威海市润泽建设工程有限公司
地址：山东省威海市经济技术开发区皇冠街道上海路58号15楼
Tel：0631-5970339

汇瀚医疗科技有限公司
地址：山东省威海市南海新区现代路北、畅海路东
Tel：0631-5982806

山东道通通信技术有限公司
地址：济南市高新区新泺大街1768号齐鲁软件园大厦B座405室
Tel：0631-66680131

山东荣城建筑集团石岛有限公司
地址：荣成市石岛乐府路158号
Tel：0631-7330719

荣成市益发安建有限公司
地址：荣成市成山大道中段169号
Tel：0631-7552244

山东荣城建筑集团有限公司
地址：荣成市邹泰南街296号
Tel：0631-7588088

荣成信诚电子有限公司
地址：荣成市港西镇富源中路209号
Tel：0631-7866710

文登市有利成套电源设备有限公司
地址：文登市葛家镇铺集村
Tel：0631-8843978

兖矿鲁南化肥厂
地址：滕州市木石镇
Tel：0632-2368360

中检集团公信安全科技有限公司
地址：枣庄市市中区清泉西路1号
Tel：0632-3055895

枣庄市薛城区源兴供排水安装工程有限公司
地址：薛城区匡泉巷3号
Tel：0632-4430899

山东枣建建设集团有限公司
地址：山东省枣庄市市中区文化西路
Tel：0632-5119960

山东滕建建设集团有限公司
地址：山东省枣庄市滕州市莲青山风景区（景区广场8号）
Tel：0632-5391382

枣庄市高晟实业有限公司
地址：山东省枣庄市薛城区疏港路高晟工业园
Tel：0632-8183118

日照保安发展集团有限公司
地址：山东省日照市东港区潍坊路100号
Tel：0633-2181313

香山红叶集团有限公司
地址：山东省日照高新区山海二路10号
Tel：0633-2201300

山东五征环保科技股份有限公司
地址：山东省日照市五莲县市北经济开发区莲海大道与潮石路交汇处
Tel：0633-5329999

日照阳光合源电力集团有限公司
地址：山东省日照市岚山路中段
Tel：0633-5953565

山东华拓国际贸易有限公司
地址：山东省日照市经济开发区北京路西天津路南（万基国际商住楼）001幢02单元02-1007号
Tel：0633-6109666

莒州大众汽车维修有限公司
地址：莒县山东中路西侧
Tel：0633-6882517

中能海利能源交易中心有限公司
地址：山东省日照市东港区山海路388号清大华创科技大厦六楼
Tel：0633-7890716

日照广电信息网络有限公司
地址：日照市烟台路179号
Tel：0633-7980186

活点信息技术有限公司
地址：山东省日照市东港区富阳路北段
Tel：0633-8209063

山东日建建设集团有限公司
地址：山东省日照市东港区昭阳路14号
Tel：0633-8266916

日照维克建筑安装工程有限公司
地址：山东省日照市华海路北分时度假中心018号
Tel：0633-8326078

山东锦宏建设工程有限公司
地址：山东省日照市东港区济南路336号图书发行大厦4楼
Tel：0633-8336868

日照祥诚建设工程有限公司
地址：山东省日照市经济开发区北京路街道兖州南路336号
Tel：0633-8336868

山西晋煤集团晋瑞能源有限责任公司
地址：山东省日照市经济开发区秦皇岛路18号地质科技大厦10楼1001室
Tel：0633-8338178

日照福特电子科技有限公司
地址：山东省日照市东港区兴业世纪城026幢00单元623号
Tel：0633-8777858

日照利伟建设集团有限公司
地址：山东省日照市北京路锦华大厦办公区901号
Tel：0633-8819677

济南恒志建设工程有限公司
地址：山东省济南市莱芜高新区鹏泉东大街（冯家林阳光花园小区5号楼7号商铺）
Tel：0634-5802002

山东蓝盾保安服务有限公司
地址：山东省济南市莱芜区鹏泉西大街93号
Tel：0634-6616666

山东华宇时代钢结构有限公司
地址：山东省聊城市开发区辽河路14号
Tel：0635-2121363

联硕（山东）建设发展有限公司
地址：山东省聊城市高新技术产业开发区杭州路99号科技研发楼3楼
Tel：0635-2998769

山东九路控股有限公司
地址：山东省聊城市高唐县人和街道泉林路北侧北湖路东侧
Tel：0635-3673889

山东华建环保装备集团有限公司
地址：山东省聊城市高新区黄河路32号
Tel：0635-5056805

鹏铭（中国）融资租赁有限公司
地址：山东省济南市高新区舜华路2000号舜泰广场2号楼2902C室
Tel：0635-5100703

山东金阳电力工程有限责任公司
地址：聊城市阳谷县城大寺街
Tel：0635-6122804

聊城市通达网络科技有限公司
地址：聊城市经济开发区黄河路南、黄山路东
Tel：0635-6966611

山东聊建集团有限公司
地址：聊城市东昌东路139号
Tel：0635-8210391

山东省聊城市百货大楼有限责任公司
地址：聊城市东昌西路2号
Tel：0635-8216641

聊城市鲁昌保安服务有限公司
地址：聊城市东昌府区湖南路西安交大科技园8幢6楼
Tel：0635-8249686

山东省聊城中信建安工程有限公司
地址：聊城市经济技术开发区东昌东路星美大厦1号楼16层
Tel：0635-8328632

河南省

河南天元建设工程有限公司
地址：河南省商丘市城乡一体化示范区胜利路与商鼎路交叉口向北100米路西
Tel：0370-2699099

河南省广宇建设集团有限公司
地址：商丘市梁园区中州北路99号
Tel：0370-2810926

商丘市国基建筑安装有限公司
地址：商丘市胜利西路215号
Tel：0370-2932613

商丘市东方路韵公路工程有限公司
地址：商丘市梁园区新建南路43号
Tel：0370-3121700

河南省路桥集团远大公路工程有限公司
地址：商丘市睢阳区珠江东路266号
Tel：0370-3261033

河南基安建设集团有限公司
地址：河南省商丘市示范区平台办事处商虞路与兴唐路交叉口西北角公租房园区A区77号
Tel：0370-5028986

河南神火集团新利达有限公司
地址：永城市新城区光明路
Tel：0370-5982497

河南神火建筑安装工程有限公司
地址：永城市产业集聚区【永城市光明路】
Tel：0370-5982752

河南航投物流有限公司
地址：郑州航空港区四港联动大道25号裕鸿世界港商业广场2号楼8层
Tel：0370-61933150

河南淮海精诚工业科技有限公司
地址：夏邑县产业集聚区工业路西段南侧
Tel：0370-6581557

河南烁光建设工程有限公司
地址：开封市龙亭区北道门街道体育路16号（龙亭区政府院内6号楼401室）
Tel：0371-22320608

河南欣德源建设工程有限公司
地址：开封市顺河区宋门关大街36号
Tel：0371-22670802

河南省祁湾建筑公司
地址：通许县产业集聚区行政路东段南侧6号写字楼
Tel：0371-23886227

河南中城建设集团股份有限公司
地址：河南自贸试验区开封片区第五大街CBD总商会大厦1319室
Tel：0371-25955599

河南省中原消防工程有限公司
地址：河南省郑州市金水区丰产路街道农业路62号苏荷中心17楼东南座1728-1740
Tel：0371-25966110

嘉合智能科技股份有限公司
地址：郑州高新技术产业开发区翠竹街1号28幢1单元3层03号
Tel：0371-53308130

河南晨东实业有限公司
地址：郑州市一马路8号7楼
Tel：0371-53311337

河南鼎鸿科技有限公司
地址：郑州市金水区南阳路226号富田丽景花园3号楼1层14号

……………………Tel：0371-53792580

郑州方恩电子科技有限公司
地址：郑州高新技术产业开发区金梭路33号1号楼1单元17层941室
……………………Tel：0371-55001249

河南力成网络科技有限公司
地址：郑州市管城区法院西街35号5号楼1单元3号
……………………Tel：0371-55008308

河南仟润实业有限公司
地址：郑州市金水区任砦北街1号2号楼6单元14楼164号
……………………Tel：0371-55018764

河南泰宜通信工程有限公司
地址：郑州市金水区福彩路6号安泰嘉园11号楼1单元3层06号
……………………Tel：0371-55052895

河南方元建筑工程有限公司
地址：林州市姚村镇富康街11号综合办公楼二楼西头
……………………Tel：0371-55057553

郑州创展科技有限公司
地址：郑州市金水区郑花路59号新楼中楼3号楼西1单元4层西户
……………………Tel：0371-55070130

河南航天建筑工程有限公司
地址：郑州市金水区红专路77号
……………………Tel：0371-55095210

郑州金融岛建设发展集团有限公司
地址：河南省郑州市郑东新区北三环与九如路交叉口东北角北龙湖金融岛生活区北一排二号102室
……………………Tel：0371-55115386

中原鑫达建设发展有限公司
地址：河南省郑州市管城回族区玉凤路伟业财富中心3号楼2单元435号
……………………Tel：0371-55128868

河南超祥信息技术有限公司
地址：郑州市金水区文化路82号院附2号2号楼1单元11层18号
……………………Tel：0371-55139255

中建卓越建设管理有限公司
地址：河南自贸试验区郑州片区（郑东）金水东路49号1号楼4层111号
……………………Tel：0371-55155515

中瑞浩祥科技有限公司
地址：郑州市郑东新区平安大道永和龙子湖中央广场A座1509室
……………………Tel：0371-55178307

河南盛鼎建设集团有限公司
地址：郑州市金水区郑汴路138号37号楼22层2203号
……………………Tel：0371-55183768

河南中企联盟实业集团有限公司
地址：河南省郑州市金水区杨金路199号新科技市场6号楼4层1号
……………………Tel：0371-55185311

河南省牟发水利工程有限公司
地址：中牟县黄店镇黄店村人民路156号
……………………Tel：0371-55210939

建基工程咨询有限公司
地址：郑州市金水区任寨北街6号第七层
……………………Tel：0371-55238190

河南臻益远实业有限公司
地址：河南自贸试验区郑州片区（郑东）崇德街17号星联创科中心8层801-2号
……………………Tel：0371-55350265

高创建工股份有限公司
地址：郑州市郑东新区金水东路85号东方国际广场3号楼6层
……………………Tel：0371-55353666

中建国厦集团股份有限公司
地址：郑州市金水区南阳路38号
……………………Tel：0371-55376288

河南讯林科技有限公司
地址：郑州市中原区华山路93号院6号楼4单元1层1号（东户）
……………………Tel：0371-55557171

河南全程电子有限公司
地址：河南自贸试验区郑州片区（郑东）心怡路广场南路升龙广场2号楼2单元1012室
……………………Tel：0371-55623325

河南华瑞消防服务有限公司
地址：河南自贸试验区郑州片区（经开）第九大街东经南二路北2号楼12层1205号
……………………Tel：0371-55657589

河南国泰鑫安工程机械设备安装有限公司
地址：河南省郑州市二七区大学路与航海路交叉口二七万达12B座1530室
……………………Tel：0371-55663789

郑州中拓信息技术有限公司
地址：郑州市金水区农业路72号2号楼21层2107室
……………………Tel：0371-55669100

河南帝合信息科技有限公司
地址：郑州市金水区经八路27号
……………………Tel：0371-55679338

晨润科技有限公司
地址：郑州市金水区农业路东16号1号楼28层2813号
……………………Tel：0371-55683825

河南日盛综合检测有限公司
地址：郑州高新区翠竹街1号91幢1单元1-8层01号
……………………Tel：0371-55902008

郑州爱森斯电子科技有限公司
地址：郑州市金水区纬三路11号院1号楼1单元2401室
……………………Tel：0371-55935180

河南省天丰建筑工程有限公司
地址：林州市横水镇中心大街1号
……………………Tel：0371-55955215

河南冠辰科技有限公司
地址：郑州市金水区北三环南、文化路东瀚海北金商业中心19层19016号
……………………Tel：0371-55960077

国控圣光现代物流有限公司
地址：河南省郑州市郑东新区商都路8号
……………………Tel：0371-56161012

郑州沃金电子科技有限公司
地址：郑州市金水区姚寨路133号3号楼3单元2801室
……………………Tel：0371-56275775

森思达能源技术服务有限公司
地址：郑州市高新技术开发区雪松路4号1号楼
……………………Tel：0371-56531621

河南简实信息技术有限公司
地址：郑州市金水区经三路68号1号楼8003号
……………………Tel：0371-56551090

郑州国际陆港开发建设有限公司
地址：郑州经济技术开发区四港联动大道以西、经北四路以北
……………………Tel：0371-56551703

宜民建设集团有限公司
地址：林州市桂林镇行政街1号
……………………Tel：0371-56559866

郑州航空港兴港供应链管理有限公司
地址：郑州航空港经济综合实验区新港大道与舜英路交叉口兴瑞大宗商品供应链产业园GB号楼1204-2
……………………Tel：0371-56567339

郑州航空港兴港智慧城市有限公司
地址：郑州航空港经济综合实验区护航路16号兴港大厦C塔
……………………Tel：0371-56567495

河南德江实业集团有限公司
地址：郑州市金水区红专路55号院2号楼3单元34号
……………………Tel：0371-56577726

河南大固建筑工程有限公司
地址：郑州市二七区大学路80号9号楼25层2528号
……………………Tel：0371-56653090

宝鼎建设工程有限公司
地址：林州市东岗岩峰街25号
……………………Tel：0371-56670893

新恒丰咨询集团有限公司
地址：郑州市金水区杨金路139号C7号楼
……………………Tel：0371-56972228

郑州家音顺达通讯有限公司
地址：河南自贸试验区郑州片区（郑东）金水东路与107辅道美侨世纪广场1号楼5层503号
……………………Tel：0371-56972669

河南海纳建设管理有限公司
地址：郑州市金水区郑汴路北、中州大道西公寓A座1单元12层A9号
……………………Tel：0371-58508980

河南盛海高科股份有限公司
地址：郑州市金水区中州大道1188号置地广场2号楼14层65号
……………………Tel：0371-58569698

豫兴建筑工程有限公司
地址：郑州市惠济区长兴路15号
……………………Tel：0371-60110993

河南省国安建筑工程质量检测有限公司
地址：郑州经济技术开发区（郑州国际物流园区）龙兴南街与兰心西路交叉口东南角3号办公楼1-3层
……………………Tel：0371-60188550

郑州万众建筑劳务有限公司
地址：郑州市中牟县万滩镇工贸区
……………………Tel：0371-60214586

河南五方合创建筑设计有限公司
地址：河南省郑州市金水区金水路299号浦发国际金融中心9号楼9层905号
……………………Tel：0371-60235788

河南领域建设工程有限公司
地址：郑州市金水区三全路与丰庆路交叉口西南角瀚宇国际4楼
……………………Tel：0371-60306300

河南紫荆科技园实业发展有限公司
地址：郑州高新技术产业开发区莲花街316号5幢13层60号
……………………Tel：0371-60915507

河南隆基建设有限公司
地址：荥阳市腊梅路中段
……………………Tel：0371-60927200

郑州华海通信技术有限公司
地址：郑州市惠济区假日西路碧源月湖荣园14号楼1单元2904号
……………………Tel：0371-60929565

河南毅通科技有限公司
地址：郑州市金水区鑫苑路26号25号楼5层36号
……………………Tel：0371-60942796

河南省基本建设科学实验研究院有限公司
地址：郑州经济技术开发区经北一路10号
……………………Tel：0371-60972172

河南冠辰科
地址：郑州市金水区东风路28号院21号楼10层1001号
……………………Tel：0371-6098180

河南华道科技有限公司
地址：郑州经济技术开发区航海东路1776号中兴节能环保产业园1号楼
……………………Tel：0371-60982955

中电科信息产业有限公司
地址：河南自贸试验区郑州片区（郑东）博学路36号
……………………Tel：0371-61270112

河南方达空间信息技术有限公司
地址：河南自贸试验区郑州片区（郑东）博学路36号
……………………Tel：0371-61270601

河南龙瑞科技有限公司
地址：郑州市金水区未来路73号锦江花园9号楼604室
……………………Tel：0371-61313805

郑州交投开发建设有限公司
地址：郑州市中牟县银鱼路和文汇路交叉口西北角
……………………Tel：0371-61770285

河南洲通实业有限公司
地址：河南省焦作市山阳区新城街道新丰二街223号5号商铺
……………………Tel：0371-61776669

河南九域龙源房地产开发有限责任公司
地址：郑州市汝河路64号
……………………Tel：0371-61871688

河南诚业通信有限公司
地址：郑州市金水区金水路297号2号楼3单元26层168号
……………………Tel：0371-63212889

河南建威工程管理咨询有限公司
地址：河南自贸试验区郑州片区（郑东）中兴南路凯利国际中心B栋17楼1708号
……………………Tel：0371-63326826

河南万松建设工程有限公司
地址：郑州市二七区陇海中路50号慧丰大厦701室
……………………Tel：0371-63336029

河南城源建设工程有限公司
地址：郑州市惠济区开元路100号
……………………Tel：0371-63579980

河南新大陆计算机科技有限公司
地址：郑州市金水区东风路18号汇宝大厦12层北2号
……………………Tel：0371-63595911

河南省凌云电子工程有限公司
地址：郑州市金水区东风路东段11号1515号
……………………Tel：0371-63598006

河南昊磊科技有限公司
地址：郑州市金水区农业路贰号城邦10号楼1804室
……………………Tel：0371-63659297

河南云鹏天地网络科技有限公司
地址：郑州市金水区东风路东段11号12层1201号
……………………Tel：0371-63660700

河南思源网络技术有限公司
地址：郑州市金水区经三路北19号绿洲商务609
……………………Tel：0371-63702008

郑州合晨科贸有限公司
地址：郑州市金水区文化路68号12层1209B
……………………Tel：0371-63702315

河南中沃消防科技股份有限公司
地址：郑州市二七区马寨工业园区发展路与明晖路交叉口向西300米
……………………Tel：0371-63711889

开泰通信技术有限公司
地址：河南自贸试验区郑州片区（郑东）商务内环路22号楼3单元23层2302号
……………………Tel：0371-63767075

河南省建筑工程质量检验测试中心站有限公司
地址：郑州市金水区丰乐路4号
……………………Tel：0371-63850517

河南睿佐计算机科技有限公司
地址：郑州市金水区丰庆路2号省会高校教师生活园区（北区）D组团5号楼1单元4层8号
……………………Tel：0371-63870072

河南裕华建设安装工程有限公司
地址：郑州市惠济区长兴路21号13层
……………………Tel：0371-63898655

郑州市第二建筑工程有限责任公司
地址：郑州市金水区红旗路30号
……………………Tel：0371-63918864

中科广通科技集团有限公司
地址：郑州市金水区花园路西农科路北1号楼32层3210号
……………………Tel：0371-63946388

河南健信网络技术有限公司
地址：郑州高新区冬青西街98号5号楼2号
……………………Tel：0371-63980423

河南华宸工程建设有限公司
地址：荥阳市中原西路636号
……………………Tel：0371-64668778

河南省高山阀门有限公司
地址：荥阳高山镇高山村
……………………Tel：0371-64866088

昊鼎地基基础工程有限公司
地址：郑州市郑东新区平安大道199号建业智慧港E座9层
……………………Tel：0371-65336636

郑州昂普科技有限公司
地址：郑州市金水区农业路22号院兴业大厦A座1103室
……………………Tel：0371-65336829

康利达装饰股份有限公司
地址：郑州市上街区汝南路9号
……………………Tel：0371-65336858

天筑科技股份有限公司
地址：郑州市金水区经三路32号3号楼22层
……………………Tel：0371-65350182

郑州永越电子科技有限公司
地址：郑州市金水区东风路东18号东2单元14层1402号
……………………Tel：0371-65386888

郑州楷棋实业有限公司
地址：河南自贸试验区郑州片区（郑东）金水东路51号楷林商务中心北区1单元5层509号
……………………Tel：0371-65507586

河南伟信网络科技有限公司
地址：河南自贸试验区郑州片区（郑东）商务内环路12号10层15号
……………………Tel：0371-65528290

河南国基建设集团有限公司
地址：郑州市郑花路65号
……………………Tel：0371-65553936

河南省诚建检验检测技术股份有限公司
地址：郑州市惠济区新城路17号睿谷创新中心2区12号楼
……………………Tel：0371-65597199

河南合众信泰科技有限公司
地址：河南自贸试验区郑州片区（郑东）商务内环路9号楼9层0901号
……………………Tel：0371-65616616

金居建设发展股份有限公司
地址：郑州市金水区花园路122号建业凯旋广场B座27楼
……………………Tel：0371-65677301

河南省未来通信科技有限公司
地址：郑州市金水区黄河路11号豫粮大厦17楼1717-1702室
……………………Tel：0371-65689988

郑州今明通信技术有限公司
地址：郑州市金水区北环路72号院12号楼1单元16层1605号
……………………Tel：0371-65700800

河南银信通信息系统有限公司
地址：郑州高新区翠竹街6号03幢东3单元6层28号
……………………Tel：0371-65721092

河南省四方联盈科技有限公司
地址：郑州市金水区黄河路中州大道金成时代广场9号楼1709号
……………………Tel：0371-65771352

河南泉舜工程有限公司
地址：河南省郑州市市辖区郑东新区商都路67号佳田商务中心B座28层2801号
……………………Tel：0371-65783502

河南美吉克科技有限公司
地址：郑州市金水区经三路26号思达数码大厦8层B号
……………………Tel：0371-65793053

泰源工程集团股份有限公司
地址：河南自贸试验区郑州片区（郑东）金水东路88号1号楼7层710号
……………………Tel：0371-65807775

郑州林森建筑工程有限公司
地址：河南省郑州市金水区花园路71号
……………………Tel：0371-65922678

河南昊锦建设集团有限公司
地址：林州市横水镇中心大街1号院
……………………Tel：0371-65988668

河南省金时通网络科技有限公司
地址：郑州市金水区南阳路46号2号楼16层169号
……………………Tel：0371-66039666

河南国基建筑装饰工程有限公司
地址：郑州市金水区郑花路65号恒华大厦920室
……………………Tel：0371-66095005

河南航天金穗软件有限公司

地址：郑州市管城区金岱产业集聚区文治路与鼎尚街交叉口路中心向北100米路东
Tel：0371-66270112

富准精密电子（鹤壁）有限公司
地址：河南省鹤壁市鹤淇产业集聚区鹤淇大道中段纬六路北
Tel：0371-66282888

郑州安图生物工程股份有限公司
地址：郑州经济技术开发区经北一路87号
Tel：0371-66299985

郑州美林通科技股份有限公司
地址：郑州市管城回族区郑汴路76号3单元21层2101号
Tel：0371-66334800

郑州一建集团工程建设有限公司
地址：郑州市管城区紫荆山路91号
Tel：0371-66399502

河南金洲实业发展有限公司
地址：郑州市管城区紫荆山路62号-1号11层1119号
Tel：0371-66618603

河南宝盈建设集团有限公司
地址：郑州航空港经济综合实验区云港路51号世航之窗A座8层802号
Tel：0371-66686239

郑州宇通客车股份有限公司
地址：郑州市管城区宇通路
Tel：0371-66718262

河南众创信息技术有限公司
地址：郑东新区正光北街9号南1单元11层1113号
Tel：0371-66737666

河南省工建集团有限责任公司
地址：郑州经济技术开发区航海东路1097号
Tel：0371-66781746

郑州昇阳出口加工发展有限责任公司
地址：郑州经济技术开发区第八大街160号院内跨境电商服务中心
Tel：0371-66866187

河南博加科技发展有限公司
地址：郑州市金水区天明路86号凯瑞大厦3层
Tel：0371-67021808

河南中天高新智能科技股份有限公司
地址：郑州市二七区淮河东路19号5楼
Tel：0371-67166150

汉威科技集团股份有限公司
地址：郑州高新开发区雪松路169号
Tel：0371-67169191

河南森源鸿马电动汽车有限公司
地址：郑州经济技术开发区第三大街东、经北六路南
Tel：0371-67392999

河南新中建设工程集团有限公司
地址：郑州市中原区伊河路135号3号楼1-2层附1
Tel：0371-67396555

郑州创之慧企业管理咨询有限公司
地址：郑州市金水区杨金路199号河南新科技市场3号楼601号
Tel：0371-67577266

河南绿城建设工程有限公司
地址：荥阳市广武中山路337号
Tel：0371-67611779

河南三鹰实业有限公司
地址：郑州高新区翠竹街1号57幢1单元8层01号
Tel：0371-67615966

郑州自来水工程公司
地址：郑州市中原区工农路31号1号
Tel：0371-67634584

郑州威科姆技术开发有限公司
地址：郑州高新区莲花街5号
Tel：0371-67679597

河南九域腾龙信息工程有限公司
地址：郑州市二七区安康路5号院1号楼
Tel：0371-67906648

河南征程信息技术有限公司
地址：郑州市金水区纬一路1号院瑞园小区1号楼9层0910号
Tel：0371-67941180

河南省诚联实业有限公司
地址：郑州市中原区建设西路187号泰隆大厦20层
Tel：0371-67962566

河南鑫道科技有限公司
地址：郑州高新技术产业开发区红松路36号2号楼5层19号
Tel：0371-67970859

河南浩程通信技术有限公司
地址：郑州市中原区建设西路187号12层1206号
Tel：0371-67978816

河南海力特装备工程有限公司
地址：郑州高新技术产业开发区瑞达路22号1栋1-3层
Tel：0371-67987386

富耐克超硬材料股份有限公司
地址：河南省郑州市高新技术产业开发区梧桐西街9号
Tel：0371-67987667

郑州新维创信息科技有限公司
地址：郑州市管城区南关街8号2号楼
Tel：0371-68107996

河南安信建设集团有限公司
地址：郑州市惠济区常青路6号
Tel：0371-68220008

濮阳百优福生物能源有限公司
地址：河南省濮阳市范县濮城镇后三里店村
Tel：0371-68260125

郑州铁路经济开发集团有限公司
地址：郑州市二七区西中和路6号
Tel：0371-68350435

郑州市正岩建设集团有限公司
地址：郑州市二七区兴华南街25号
Tel：0371-68886220

郑州建工集团有限责任公司
地址：郑州市惠济区丰业街东绿源路南
Tel：0371-68888286

河南双羽实业有限公司
地址：郑州市上街区峡窝镇石嘴村
Tel：0371-68948555

河南诚裕建设工程有限公司
地址：郑州市金水区农业路东1号8层801号
Tel：0371-69067553

河南泰尔通信有限公司
地址：郑州市金水区北环路40号院6号楼2单元1906号
Tel：0371-69105960

河南金宏达网络科技有限公司
地址：郑州市金水区文化路68号1706号
Tel：0371-69136352

河南省盛达建设有限公司
地址：郑州市郑东新区聚源路东、宏图街北1号楼7层711号
Tel：0371-69138091

河南堃乾智能科技有限公司
地址：郑州高新技术产业开发区翠竹街6号863软件园11号楼项目二层（西）B08室
Tel：0371-69139303

河南信息产业投资有限公司
地址：河南省郑州市郑东新区龙子湖博雅广场1号 楼13层1303室
Tel：0371-69155888

黄河科技集团有限公司
地址：河南省郑州市郑东新区白佛南路与潭南街交叉口东北240米(中原数字经济产业园黄河大厦)9号楼16层
Tel：0371-69155888

河南中烟工业有限责任公司
地址：河南省郑州市榆林南路16号
Tel：0371-69192777

中城建第十工程局集团有限公司
地址：郑州市郑东新区郑开大道19号
Tel：0371-69370385

郑州聚豪科技有限公司
地址：河南省郑州市金水区东风路59号智汇城3楼C3073室
Tel：0371-69393618

河南省朝阳建筑设计有限公司
地址：河南自贸试验区郑州片区（郑东）商都路100号1号楼1单元22层2205号
Tel：0371-69509162

科兴建工集团有限公司
地址：郑州市郑东新区CBD内环路29号楼13层1317-1322室
Tel：0371-69523910

河南百胜电子科技有限公司
地址：河南自贸试验区郑州片区（郑东）CBD外环路东、第十大街北A-16地块(绿地峰会)2幢11层6号
Tel：0371-6992127

河南恒天特种电缆有限公司
地址：郑州市新郑港工业园神州南路
Tel：0371-69972002

林州瑞达工程管理有限公司
地址：林州市石板岩镇人民政府院内北楼
Tel：0371-85513511

河南七建工程集团有限公司
地址：河南省郑州市管城回族区南曹乡文治路11号3号生产车间2层201
Tel：0371-85960660

河南诚宸建设工程有限公司
地址：林州市横水镇中心大街1号
Tel：0371-85967508

河南省大成建设工程有限公司
地址：林州市国家红旗渠经济技术开发区盛唐大道东段
Tel：0371-86007619

河南伟信通信技术有限公司
地址：郑州市金水区农业路72号2号楼11层1106号
Tel：0371-86009763

河南宏盛建筑有限公司
地址：郑州市中牟县万滩镇万寿路01-1号
Tel：0371-86027070

华润河南医药有限公司
地址：郑州经济技术开发区经北三路107号
Tel：0371-86027622

河南东方世纪交通科技股份有限公司
地址：郑州高新技术产业开发区电厂路80号161幢12层74号房
Tel：0371-86080707

腾升建筑装饰股份有限公司
地址：郑州市管城区二里岗街11号院2号楼3单元7号
Tel：0371-86121017

河南能源化工集团销售有限公司
地址：郑州市郑东新区商鼎路东风南路交叉口西北角龙宇国际写字楼23层2307号
Tel：0371-86121060

河南中邮普泰移动通信设备有限责任公司
地址：郑州市郑东新区商都路8号东1单元10层1002号
Tel：0371-86133006

利德世普科技有限公司
地址：郑州市金水区黄河路125号7层C户
Tel：0371-86136333

郑州凯通思创科技有限公司
地址：郑州市金水区博颂路37号15号楼3单元4层28号
Tel：0371-86137785

郑州航空港区广电网络服务有限公司
地址：郑州航空港区省道S102南侧5号C-4号楼2单元4层401
Tel：0371-86199581

河南中强建设有限公司
地址：新密市政通路与溱水路交叉口西北角
Tel：0371-86220077

河南飞宇投资控股有限公司
地址：郑州市金水区郑汴路北中州大道西公寓A座2单元29层A2号
Tel：0371-86502999

河南泰成建筑工程有限公司
地址：郑州市郑东新区地德街1号11号楼东2单元1层14号
Tel：0371-86520127

郑州万特电气股份有限公司
地址：郑州市高新技术产业开发区黄杨街38号
Tel：0371-86563528

河南若来信息技术有限公司
地址：郑州高新技术产业开发区西三环路289号河南大学科技园（东区）8号楼5层512号
Tel：0371-86599727

河南宝通信息安全测评有限公司
地址：河南自贸试验区郑州片区（郑东）商都路北站南路西2幢1单元5层501号
Tel：0371-86603110

河南华夏建设工程有限公司
地址：河南自贸试验区郑州片区（郑东）金水东路北心怡路东2号楼1单元21层2111号
Tel：0371-86621199

河南兴华电力设计有限公司
地址：郑州高新技术产业开发区梧桐街50号19号楼1-5层
Tel：0371-86629366

河南省中创建筑工程有限公司
地址：林州市红旗渠大道与学院路交叉口林州建筑总部大厦A座11层
Tel：0371-86630772

中南建投建设有限公司
地址：林州市东岗岩峰街25号政府院内
Tel：0371-86653017

郑州宜家家居有限公司
地址：郑州市惠济区长兴路2号
Tel：0371-86695018

中科华远智能科技有限公司
地址：郑州市金水区花园路与农科路交汇处建业凯旋广场A楼1303号
Tel：0371-87530298

河南众恒信息技术有限公司
地址：郑州市金水区南阳路324号院1号楼14层1429号
Tel：0371-87533965

郑州华路天成信息技术有限公司
地址：郑州高新技术产业开发区长椿路23号3号楼1栋
Tel：0371-88812678

河南豫祥通信工程有限公司
地址：河南省郑州市金水区中州大道1188号胃地广场3号楼7层21号
Tel：0371-88881198

科宇智能环境技术服务有限公司
地址：郑州市管城区紫荆山路东、南仓街南紫荆尚都1号楼14层306号
Tel：0371-88881260

郑州瑞孚净化科技有限公司
地址：郑州市郑东新区白沙镇前程村西北
Tel：0371-88883288

河南中融航电科技有限公司
地址：河南省新乡市新长北线1号
Tel：0371-88887660

河南金硅科技股份有限公司
地址：郑州市郑东新区龙子湖湖心环路新西兰农牧研发中心10层
Tel：0371-88917773

中石化河南石油工程设计有限公司
地址：河南自贸试验区郑州片区（郑东）正光北街21号1-12层1号
Tel：0371-89992818

河南科大通信有限公司
地址：安阳市文峰区东工路与德隆街交叉口西南角
Tel：0372-2266518

河南中清教育科技有限公司
地址：安阳市城乡一体化示范区管委会北办公楼612房间
Tel：0372-2652961

河南星荣建筑工程集团有限公司
地址：安阳县崔家桥镇政府院内
Tel：0372-2920266

安钢自动化软件股份有限公司
地址：河南自贸试验区郑州片区（郑东）东风南路商鼎路龙宇国际1313/1314
Tel：0372-3121865

安钢集团福利实业有限责任公司
地址：安阳市殷都区安林大道与清凉山路交叉口东南角
Tel：0372-3122351

安阳市展鸿通信有限责任公司
地址：安阳市殷都区安钢大道310号
Tel：0372-3691818

河南鸿宸建设有限公司
地址：安阳市殷都区钢三路北段路东梅园庄街道办事处四楼
Tel：0372-3932152

河南金阳建筑工程有限公司
地址：林州市振林区振林中路15号
Tel：0372-6129788

河南省永鑫建筑安装工程有限公司
地址：汤阴县工横二路中段（城关）
Tel：0372-6202488

河南锦达建设有限公司
地址：林州市采桑行政路37号
Tel：0372-6811601

新乡市第二建筑工程有限公司
地址：新乡市金穗大道239号
Tel：0373-20207064

河南省特种防腐有限公司
地址：河南省新乡市长垣市匡城路266号
Tel：0373-2156602

河南新鸽摩托车有限公司
地址：牧野区新乡化学与物理电源产业园区新七街与纬七路交叉口东北角
Tel：0373-2666020

河南省第二建筑工程发展有限公司
地址：河南省新乡市牧野区国家化学与物理电源产业园管委会5楼515房间
Tel：0373-2691777

贵弘建设发展有限公司
地址：河南省新乡市红旗区文岩路2号
Tel：0373-2711123

河南新汇建设工程有限公司
地址：新乡市红旗区文化街335号
Tel：0373-5050232

河南省凯达建筑有限公司
地址：河南省新乡市建北二路83号
Tel：0373-5858888

河南国网宝泉抽水蓄能有限公司
地址：五一路东段福星山庄二层
Tel：0373-6578202

中州建设有限公司
地址：长垣市蒲西区留晖大道8号
Tel：0373-8126688

豪发建设有限公司
地址：长垣市武丘开发区中心大道62号
Tel：0373-8768999

河南省第一防腐工程有限公司
地址：河南省长垣县东外环路
Tel：0373-8810931

神华联合建设有限公司
地址：长垣县蒲北防腐蚀及新材料产业园
Tel：0373-8858199

河南省明星防腐安装有限公司
地址：长垣县满村商业街中段路西
Tel：0373-8866277

新洋国际电力集团有限公司
地址：长垣市人民路118号
Tel：0373-8870778

金信电力集团有限公司
地址：长垣市蒲西区德邻大道与华瑞路交叉口
Tel：0373-8880555

卫华建工集团有限公司
地址：长垣市卫华大道西段
Tel：0373-8882269

河南省防腐保温有限公司
地址：长垣市蒲西区匡城路108号
Tel：0373-8887758

河南省宏力集团有限公司
地址：建蒲路中段
Tel：0373-8888222

河南省防腐企业集团有限公司
地址：长垣县蒲西区宏力大道25号
Tel：0373-8888722

东方工建集团有限公司

地址：长垣市蒲西区人民路284号
…………………… Tel：0373-8889666
河南省防腐保温开发有限公司
地址：长垣县建设路北段426号
…………………… Tel：0373-8892186
郑州腾飞建设工程集团有限公司
地址：郑州市管城区鼎瑞街12号金岱产业集聚区管委会1楼113室
…………………… Tel：0374-2161579
迅达（许昌）驱动技术有限公司
地址：许昌经济技术开发区阳光大道
…………………… Tel：0374-2776787
许昌奥仕达自动化设备有限公司
地址：许昌市经济技术开发区瑞祥路5518号
…………………… Tel：0374-3130930
许昌水利建筑工程有限公司
地址：许昌市新兴路206号
…………………… Tel：0374-6061559
河南四达电力设备股份有限公司
地址：长葛市后河镇陉山大道中段（电瓷电器产业园）
…………………… Tel：0374-6611991
河南继元智能科技股份有限公司
地址：许昌市新兴路东段一品蓝湾商务广场16#楼A座11层
…………………… Tel：0374-8020005
河南鸿业建设（集团）有限公司
地址：许昌市五一路30号
…………………… Tel：0374-8376700
河南天成环保科技股份有限公司
地址：平顶山市卫东区东环路中段卫东区公共卫生综合服务楼1903号
…………………… Tel：0375-2356788
河南平煤神马环保节能有限公司
地址：平顶山市卫东区东环路中段卫东区公共卫生综合服务楼第十八整层
…………………… Tel：0375-2356887
平顶山天安煤业股份有限公司
地址：河南省平顶山市矿工路２１号
…………………… Tel：0375-2723076
平顶山日欣机械制造有限公司
地址：平顶山市卫东区阳光路16号
…………………… Tel：0375-3552923
河南黑马立捷电子有限公司
地址：平顶山市新华区中兴路中兴铭座8楼西户
…………………… Tel：0375-3668166
河南五建第三建筑安装有限公司
地址：河南省平顶山市湛河区湛南路东段路南秀水名居小区1号楼3-5层
…………………… Tel：0375-3881735
中原大易科技有限公司
地址：河南省平顶山市汝州市煤山街道向阳路与永安街交叉口东北角603室
…………………… Tel：0375-6033799
河南建奇建设集团有限公司
地址：潢川经济开发区车站北路与弋阳路交叉口
…………………… Tel：0376-3112777
信阳市第一建筑工程公司
地址：信阳市平桥区平中大街121号
…………………… Tel：0376-3806021
固始县建设建筑工程有限责任公司
地址：固始县城关蓼北路西段
…………………… Tel：0376-4999885
信阳市申飞市政工程有限公司
地址：信阳市　河区五星乡马鞍村二组
…………………… Tel：0376-6785567
河南五建第二建筑安装有限公司
地址：信阳市羊山新区新七大道中乐百花酒店1号楼8层、15层
…………………… Tel：0376-7670709
河南衡飞通信有限公司
地址：南阳市张衡路茹楼茹北组
…………………… Tel：0377-61176117
南阳市亚南实业有限公司
地址：南阳市官庄工区恒山路北段
…………………… Tel：0377-63838452
南阳市油田天鹏建筑工程有限公司
地址：河南油田大庆路中段
…………………… Tel：0377-63852029
乐凯华光印刷科技有限公司
地址：南阳市车站南路718号
…………………… Tel：0377-63863040
中光学集团股份有限公司
地址：河南省南阳市工业南路508号
…………………… Tel：0377-63866508
南阳中原智能电梯有限公司
地址：南阳市北京路北路1218号
…………………… Tel：0377-63873558
河南中光学神汽专用车有限公司
地址：南阳市北京路1218号
…………………… Tel：0377-63873576
南阳市江山信息技术有限公司
地址：河南省南阳市宛城区建业凯旋广场A座611-612室
…………………… Tel：0377-63879928
洛阳古都发展集团有限公司
地址：洛阳市老城区中州东路395号6楼603
…………………… Tel：0379-60633999
洛阳城市建设勘察设计院有限公司
地址：洛阳市洛龙科技园宇文恺街1号
…………………… Tel：0379-60696053
中铁隧道集团机电工程有限公司
地址：洛阳市西工区陵园东路4号
…………………… Tel：0379-62632493
河南六建建设发展有限公司
地址：洛阳市西工区王城路38号院5楼516室
…………………… Tel：0379-63346928
洛阳锦航人力资源服务有限公司
地址：洛阳市西工区凯旋东路50号华源凯旋广场908室
…………………… Tel：0379-63391157
洛阳龙羽集团有限公司
地址：洛阳市西工区八一路23号院
…………………… Tel：0379-63397492
洛阳市对外贸易投资发展有限公司
地址：中国（河南）自由贸易试验区洛阳片区高新区滨河路30号1幢3楼B区301
…………………… Tel：0379-63690558
洛阳零距离通讯工程有限公司
地址：中国（河南）自由贸易试验区洛阳片区高新技术开发区滨河路西侧创展水岸贵都7号楼3楼
…………………… Tel：0379-64621666
河南煌宇城市建设发展有限公司
地址：洛阳市老城区井胡同32号
…………………… Tel：0379-65230799
洛阳诚公通信网络工程有限公司
地址：洛阳市西工区凯旋路60号后一楼
…………………… Tel：0379-65298666
憬奂科技有限公司
地址：洛阳市洛龙区泉舜186大厦1308室
…………………… Tel：0379-65552288
龙祥物业管理有限公司
地址：洛阳市洛南新区开元大道256号1905室
…………………… Tel：0379-65911369
河南信大建设集团有限公司
地址：洛阳市洛龙区开元大道248号1幢2402室
…………………… Tel：0379-66836310
洛阳金达石化有限责任公司
地址：洛阳市吉利区中原路中段
…………………… Tel：0379-66992006
洛阳炼化工程有限责任公司
地址：洛阳市吉利区河阳路404号
…………………… Tel：0379-66994384
洛阳万基华实商贸有限公司
地址：新安县产业集聚区黄河大道
…………………… Tel：0379-67332016
河南省光速通信网络工程有限公司
地址：洛阳市洛龙区永泰街23号
…………………… Tel：0379-68601555
洛阳佳缘物业管理有限公司
地址：洛阳市老城区72号街坊15-5-202
…………………… Tel：0379-80877880
河南元丰科技网络股份有限公司
地址：郑州市金水区杨金路199号河南新科技市场7号楼12层1201
…………………… Tel：0391-2062003
河南中安建设工程有限公司
地址：焦作市城乡一体化示范区建业路西侧123号
…………………… Tel：0391-2925016
焦作新亚商厦有限责任公司
地址：焦作市解放中路１３７号
…………………… Tel：0391-2934985
焦作市光源电力集团有限公司
地址：焦作市新区永兴路与建业路交叉口东南角
…………………… Tel：0391-3397123
中铝中州铝业有限公司
地址：河南省修武县七贤镇中州铝厂
…………………… Tel：0391-3501339
河南征信建筑工程有限公司
地址：焦作市中站区许衡街道办事处院内
…………………… Tel：0391-3698666
河南孟州农村商业银行股份有限公司
地址：河南省孟州市西黄河大道
…………………… Tel：0391-8150123
河南长兴建设集团有限公司
地址：濮阳市新东路与锦田路交叉口科技创业园办公楼二楼
…………………… Tel：0393-4428020
河南省中原石化工程有限公司
地址：濮阳市胜利西路中原乙烯厂内
…………………… Tel：0393-4471529
河南中油建设工程有限公司
地址：濮阳市中原路东段路南龙云城上城2幢5楼0507号
…………………… Tel：0393-4732088
中原特种车辆有限公司
地址：河南濮阳大庆路南段12号
…………………… Tel：0393-4755150
中化华油建设集团有限公司
地址：濮阳市茂名路
…………………… Tel：0393-4822723
河南中原油田信息通信技术有限公司
地址：濮阳市华龙区兴业路15号
…………………… Tel：0393-4893311
中油石化建设工程有限公司
地址：濮阳市长庆路万利财富广场12楼
…………………… Tel：0393-5388966
濮阳市智慧产业有限公司
地址：濮阳市五一路与历山路交叉口东南角建苑商务中心
…………………… Tel：0393-8168607
河南贤坤建设工程有限公司
地址：河南省濮阳市清丰县仙庄镇政府院内
…………………… Tel：0393-8901236
濮阳龙源电力集团有限公司
地址：濮阳市历山路与绿城路交叉口向南50米路东
…………………… Tel：0393-8906169
河南省光大路桥工程有限公司
地址：濮阳市开州南路23号院内
…………………… Tel：0393-8933198
中原豫安建设工程有限公司
地址：濮阳市长庆路与黄河路交叉口东北角81号
…………………… Tel：0393-8950886
河南天桥建设有限公司
地址：漯河市召陵区解放路中段325号
…………………… Tel：0395-2624868
春风吹来集团有限公司
地址：临颍县京港澳高速下站口东100米路南
…………………… Tel：0395-3717201
漯河市源汇区科达图文设计部
地址：漯河市源汇区泰山路与柳江路交叉口盛世嘉园门面房
…………………… Tel：0395-5563160
河南裕鸿建筑工程有限公司
地址：林州市东岗镇政府南院
…………………… Tel：0395-5577576
漯河市金盾保安服务有限公司
地址：漯河市源汇区汉江路与太白山路交汇处西北角
…………………… Tel：0395-5587110
漯河银鸽实业集团有限公司
地址：漯河市召陵区中山路336号
…………………… Tel：0395-5615563
河南省颍晖实业有限公司
地址：临颍县人民路230号
…………………… Tel：0395-8896830
河南正华置地建工集团有限公司
地址：驻马店市淮河大道与驿城大道交叉口正华置地国际广场1号楼
…………………… Tel：0396-2999688
驻马店大力天骏专用汽车制造有限公司
地址：驻马店市驿城大道装备产业集聚区
…………………… Tel：0396-3600033
昊华骏化集团有限公司
地址：驻马店市兴业大道69号
…………………… Tel：0396-3813488
驻马店市安装工程有限公司
地址：驻马店市雪松路16号
…………………… Tel：0396-3813750
河南锦路路桥建设有限公司
地址：三门峡市产业集聚区经十路
…………………… Tel：0398-2188211
三门峡市恒特保安服务有限责任公司
地址：三门峡市湖滨区召公路东段1369号（上阳苑景区向东500米）
…………………… Tel：0398-2856151
河南富达电力集团有限公司
地址：三门峡黄河路西段供电大楼北侧
…………………… Tel：0398-2968372
河南天方建设工程有限公司
地址：三门峡市黄河路中段57号
…………………… Tel：0398-2982002
大唐三门峡发电有限责任公司
地址：三门峡市西站华阳发电有限责任公司一幢楼
…………………… Tel：0398-3862226
三门峡市金地实业有限公司
地址：渑池县耿村矿区
…………………… Tel：0398-5896369

湖北省

武汉中威楚光科技发展有限公司
地址：洪山区雄楚大街411号翡翠城1栋24层10号
…………………… Tel：027-50666970
湖北前包人力资源集团有限公司
地址：武汉东湖新技术开发区珞狮南路519号明泽丽湾1号楼B座6楼601号
…………………… Tel：027-50732777
武汉铁路建筑安装工程有限责任公司
地址：武汉市武昌区武南一村255号
…………………… Tel：027-51132068
中铁武汉勘察设计研究院有限公司
地址：武昌区民主路６１４号
…………………… Tel：027-51161672
华南建设集团有限公司
地址：武汉市东西湖区径河街道十字东街7号（10）
…………………… Tel：027-58907788
湖北华锦控股有限公司
地址：武汉市　口区仁寿路148号-42
…………………… Tel：027-59107777
武汉欣翼数通科技有限公司
地址：武汉东湖新技术开发区高新大道以南、外环线以东武汉国家地球空间信息产业化基地（新区）一期A1幢17层1号、2号V007
…………………… Tel：027-59209339
武汉市创域金林科技发展有限公司
地址：武汉市　口区营房北路60-1号
…………………… Tel：027-59328887
易枭零部件科技（襄阳）有限公司
地址：襄阳市高新区劲风路33号
…………………… Tel：027-59331162
武汉百院千科产业集团有限公司
地址：武汉市东湖开发区高新大道666号武汉国家生物产业基地项目B、C、D区研发楼B1栋
…………………… Tel：027-59355339
湖北海洋工程装备研究院有限公司
地址：武汉东湖新技术开发区高新大道999号
…………………… Tel：027-59429396
鸿富锦精密工业（武汉）有限公司
地址：武汉东湖新技术开发区光谷二路特一号富士康科技园
…………………… Tel：027-59603888
武汉润德超市发展有限公司
地址：武汉市江汉区姑嫂树路与后湖路交叉口
…………………… Tel：027-59703601
语联网（武汉）信息技术有限公司
地址：武汉东湖新技术开发区高新大道999号未来科技城B2栋13楼1302室
…………………… Tel：027-59738888
武汉宜家家居有限公司
地址：武汉市　口区张毕湖路2号
…………………… Tel：027-59744532
湖北长江时代通信有限公司
地址：武汉市江岸区君安大厦3层
…………………… Tel：027-59820088
湖北华中输变电有限公司
地址：武汉市黄陂区盘龙城经济开发区卓尔优势企业总部基地69号
…………………… Tel：027-61882557
湖北省路桥集团天夏建设有限公司
地址：武汉市新洲区邾城街齐安大道66号
…………………… Tel：027-62433586
中国电力工程顾问集团中南电力设计院有限公司
地址：武汉市武昌区中南二路12号
…………………… Tel：027-65262145
武汉市银翰艺术工程有限公司
地址：武汉市江汉区泛海国际SOHO城（一期）2栋22层8室
…………………… Tel：027-65332788
武汉优品楚鼎科技有限公司
地址：武汉市东湖新技术开发区光谷大道77号金融港后台服务中心一期A1栋19层（自贸区武汉片区）
…………………… Tel：027-65381877
武汉金山办公软件有限公司
地址：武汉东湖新技术开发区关山大道473号光谷新发展国际中心写字楼A座9层R01室
…………………… Tel：027-65522162
湖北君信达科技股份有限公司
地址：武汉市江汉区新华下路19号晴雅轩401号
…………………… Tel：027-65602855
武汉金凰实业集团有限公司
地址：武汉市江岸区汉黄路8号武汉·上海创意产业园7栋1单元10层1号
…………………… Tel：027-65660703
武汉汇通时代信息技术有限公司
地址：武汉市江岸区台北一路利源公寓
…………………… Tel：027-66003300
湖北高路油站经营有限责任公司
地址：武汉市　口区解放大道606号同馨花园4栋6层1室
…………………… Tel：027-68837189
易瓦特科技股份公司
地址：武汉市江岸区后湖街石桥一路5号4栋1层
…………………… Tel：027-68850553
湖北大集建设集团有限公司
地址：武汉市蔡甸区大集街聚盛.晶尚1栋1层10商室
…………………… Tel：027-69162418
武汉当代乾源科技有限公司
地址：武汉市东湖新技术开发区光谷大道116号当代国际花园总部基地15#楼15-17层
…………………… Tel：027-81339949-8152
武汉神宇电气有限公司
地址：武汉市东湖新技术开发区高新四路28号光谷电子工业园三期1号厂房1-4层1号房

………… Tel：027-81526388

中冶南方（武汉）自动化有限公司
地址：武汉市东湖新技术开发区大学园路33号
………… Tel：027-81999699

武汉天汉达科技发展有限公司
地址：武汉市江岸区汉黄路888号岱家山科技创业城9号楼2楼02室
………… Tel：027-82260226

武汉动感无限科技有限公司
地址：武汉市江岸区中山大道707号政和广场15层H1室
………… Tel：027-82289773

湖北金鹏信息系统有限公司
地址：江岸区石桥一路3号标准厂房三期厂房A栋/单元9层（1）车间号908室
………… Tel：027-82299850

武汉天伦网络技术有限公司
地址：武汉市江岸区解放公园路43号
………… Tel：027-82349315

武汉昊昱微电子股份有限公司
地址：武汉市东湖开发区关东工业园东信路1号
………… Tel：027-82666619

光谷技术有限公司
地址：武汉市东湖新技术开发区金融港一路7号神州数码武汉科技园9栋1-4层01号
………… Tel：027-82667788

武汉建工安装工程有限公司
地址：江岸区中山大道1129号
………… Tel：027-82734727

武汉施普林物业管理有限公司
地址：武汉市江汉区满春街清芬一路57号
………… Tel：027-82742205

中信建筑设计研究总院有限公司
地址：江岸区四唯路8号
………… Tel：027-82743333

漫时间文化传播（武汉）有限公司
地址：武汉东湖新技术开发区光谷大道77号金融港后台服务中心基地建设项目一期1.1期展示中心1-2层2F-W61、62、63、64、65号
………… Tel：027-82772858

中交二航局结构工程有限公司
地址：武汉市新洲区双柳街学林路
………… Tel：027-82796459

武汉核心科技有限公司
地址：武汉市江岸区江汉路250号武汉船舶国际广场15层R7、R8、R9号
………… Tel：027-82798016

武汉北科天翼信息科技股份有限公司
地址：洪山区珞狮南路147号未来城E幢19层1906号房
………… Tel：027-82823942

金坊基业集团有限公司
地址：武汉市江岸区沿江大道227-228号（江景大厦）A栋7层1室
………… Tel：027-82857288

湖北中阳建设集团有限公司
地址：新洲区阳逻平江东路
………… Tel：027-82860228

武汉华科数通科技有限公司
地址：武汉市江岸区二七街解放大道2159号航天星都汉口东部购物公园C2栋11层4室
………… Tel：027-82899766

武汉征原电气有限公司
地址：武汉市江岸区石桥一路5号
………… Tel：027-82915677

武汉市泉鑫市政工程有限责任公司
地址：武汉市东西湖区梨花路399号（17）
………… Tel：027-83229188

华城电机（武汉）有限公司
地址：武汉市东西湖区革新大道南五支沟西
………… Tel：027-83240089

联塑科技发展（武汉）有限公司
地址：武汉市东西湖区吴家山台商投资区新城十一路1号
………… Tel：027-83261827

达明科技有限公司
地址：东西湖区环湖路57号中部慧谷11栋（11）
………… Tel：027-83297588

武汉诺普信科技有限公司
地址：武汉市江岸区解放大道2159号航天星都汉口东部购物公园C1栋1单元13层4室
………… Tel：027-83338909

武汉星网通信设计有限公司
地址：武汉市江汉区江汉经济开发区江兴路25号C栋
………… Tel：027-83510888-8104

武汉建工集团装饰工程有限公司
地址：　口区常码头发展三村49号
………… Tel：027-83535252

湖北融信押运保安服务有限公司
地址：武汉市江汉经济开发区江兴路20号
………… Tel：027-83565388

华天建设集团有限公司
地址：武汉市蔡甸区中法生态城汉阳大街特6号
………… Tel：027-83661588

新八建设集团有限公司
地址：新洲区辛冲东城湾
………… Tel：027-83781018

武汉斯艾特科技股份有限公司
地址：武汉市　口区长丰乡汇丰企业天地第4幢9层28-29号
………… Tel：027-83840633

湖北省超能电力有限责任公司
地址：武汉市汉阳大道387号
………… Tel：027-84262411

东风畅行科技股份有限公司
地址：武汉经济技术开发区芙蓉路1号华中智谷C7栋104室
………… Tel：027-84289799

武汉大禹阀门股份有限公司
地址：武汉经济技术开发区全力北路189号
………… Tel：027-84296136

武汉宝钢华中贸易有限公司
地址：武汉经济技术开发区江城大道531号
………… Tel：027-84298800

东风（武汉）实业有限公司
地址：武汉市东西湖区金北一路9号（10）
………… Tel：027-84302888

中交城乡建设规划设计研究院有限公司
地址：武汉市经济开发区1C1地块科技综合楼
………… Tel：027-84533164

湖北凯乐仕通达科技有限公司
地址：湖北省武汉市东湖新技术开发区港边田一路六号光庭智能网联汽车软件产业园1#楼2F
………… Tel：027-84683116

九州天润中药产业有限公司
地址：武汉市东西湖区107国道南六支沟西东西湖大道6072号
………… Tel：027-84683140

恒信汽车集团股份有限公司
地址：武汉市汉阳区龙阳大道67号
………… Tel：027-84685057

武汉农尚环境股份有限公司
地址：江岸区江汉北路34号九运大厦C单元23层1-3室
………… Tel：027-84701170

武汉雨神消防有限公司
地址：汉南区经济开发区华顶工业园A-12号
………… Tel：027-84738088

湖北同济堂投资控股有限公司
地址：武汉经济技术开发区珠山湖大道223号
………… Tel：027-84757009

航天时代电子技术股份有限公司
地址：武汉经济技术开发区高科技园
………… Tel：027-84792199

武汉江河幕墙系统工程有限公司
地址：武汉市汉南区纱帽街幸福工业园9号消防产品生产二期工程综合办公楼第四层7-20轴
………… Tel：027-84858666

武汉电信工程有限责任公司
地址：汉阳区汉阳大道６４３号
………… Tel：027-84871614

中交二航局建筑工程有限公司
地址：武汉经济技术开发区蔷薇路668号华中中交城A区7-8层
………… Tel：027-84880855

武汉兴佑晨电子工程有限公司
地址：武汉市江汉区前进四路72号广房电脑2-13号
………… Tel：027-85332414

武汉普天汇智通信设备有限公司
地址：武汉市江汉区长江日报路25号1栋1单元901-902号
………… Tel：027-85354581

湖北龙泰建筑装饰工程有限公司
地址：武汉市汉南区纱帽正街344号
………… Tel：027-85480111

当代建筑装饰集团有限公司
地址：武汉市江汉区青年路488号万景国际6号楼10层
………… Tel：027-85480266

湖北人福医药集团有限公司
地址：武昌区和平大道219号白云边大厦17、18层
………… Tel：027-85487476

武汉建开工程总承包有限责任公司
地址：武汉市阳逻开发区阳逻山庄
………… Tel：027-85492855

武汉荣力龙阳贸易发展有限公司
地址：武汉经济技术开发区沌阳街新华村
………… Tel：027-85509520

武汉宏翔腾越信息科技有限公司
地址：武汉市汉南区纱帽街薇湖路142-144号
………… Tel：027-85585807

江建建设集团有限公司
地址：武汉市汉南区纱帽街汉南大道２２９号
………… Tel：027-85590076

武汉市水务建设工程有限公司
地址：江岸区花桥街园丰村510号1栋
………… Tel：027-85747180

中汇元实业集团有限公司
地址：武昌区徐东大街西侧联发九都国际7栋33层3号
………… Tel：027-85778780

湖北华特信息技术有限公司
地址：武汉市江汉区新华街296号汉江国际1栋1单元12层13室
………… Tel：027-85800630

湖北兴致天下信息技术有限公司
地址：武汉市江汉区经济开发区江兴路17号3栋5层1室
………… Tel：027-85806599

武汉新润百汇公共设施管理有限公司
地址：武汉市　口区中山大道555号
………… Tel：027-85841387

武汉大润发江汉超市发展有限公司
地址：武汉市江汉区江汉路２５７号
………… Tel：027-85858578

武汉建工集团股份有限公司
地址：武汉经济技术开发区沌阳大道409号武汉建工科技中心
………… Tel：027-85875310

武汉东方建设集团有限公司
地址：黄陂区蔡榨镇
………… Tel：027-85877821

武汉环通路桥工程有限公司
地址：武汉市黄陂区前川街油岗村
………… Tel：027-85920608

武汉一冶建筑安装工程有限责任公司
地址：武汉市青山区36街坊1幢（中国一冶科技大楼）
………… Tel：027-86388617

武汉中泽建安集团有限公司
地址：武汉市黄陂区木兰乡木兰大道110号
………… Tel：027-86577602

武汉博达石化有限公司
地址：青山区长青路特1号
………… Tel：027-86599322

武汉青石人力资源开发有限公司
地址：武汉市青山区长青路特1号
………… Tel：027-86599357

武汉康茂恒科智能科技有限公司
地址：武汉市洪山区徐东路7号凯旋门广场B单元9层A房
………… Tel：027-86603086

湖北乐昇实业发展有限公司
地址：武汉市江汉区佳丽广场写字楼45层03号
………… Tel：027-86653606

湖北盛天网络技术股份有限公司
地址：武汉市东湖新技术开发区光谷大道77号金融港B7栋9-11楼
………… Tel：027-86655050

武汉烽火众智数字技术有限责任公司
地址：武汉市洪山区邮科院路88号
………… Tel：027-86655926

湖北鸿钧泰建设工程有限公司
地址：武汉东湖新技术开发区关山大道以东、创业街以北武汉光谷国际商务中心第B幢25层2523号
………… Tel：027-86696198

武汉市美颂雅庭装修设计工程有限公司
地址：武汉市江岸区金桥大道16号后湖新都（A地块）3栋1-2层07室
………… Tel：027-86709331

湖北工程建设总承包有限公司
地址：武汉市汉南区汉南大道553号
………… Tel：027-86796008

武汉科正工程技术有限公司
地址：洪山区青菱都市工业园南郊路8号德成国际文化创意软件园一期A区D2-28号楼一层101号
………… Tel：027-86836186

武汉武钢绿色城市技术发展有限公司
地址：武汉市青山区厂前一号门
………… Tel：027-86892225

武汉融拓智能系统工程有限责任公司
地址：武汉市青山区厂前铁铺岭桂家湾16号旁
………… Tel：027-86898215

武汉兴得科技有限公司
地址：武汉东湖新技术开发区黄龙山北路2号兴得科技综合楼
………… Tel：027-86951883

湖北农信网络信息中心股份有限公司
地址：武汉市武昌区水果湖街中北路86号7栋
………… Tel：027-87119861

武汉瑞威思创信息技术有限公司
地址：武昌区武珞路568号南方帝园B座2402室
………… Tel：027-87121422

新七建设集团有限公司
地址：新洲区辛冲镇街108号
………… Tel：027-87126039

武汉凯亿达科技有限公司
地址：洪山区文化大道555号融科智谷第A11号楼3层2号
………… Tel：027-87162221

湖北普天科技有限公司
地址：洪山区文化大道555号融创智谷A16-8栋
………… Tel：027-87166900

湖北品农商用车服务有限公司
地址：武昌区武珞路421号帝斯曼国际中心3栋25层1-22号
………… Tel：027-87168072

湖北锦程数字城市技术有限公司
地址：武汉东湖新技术开发区佛祖岭三路6号合康变频（武汉）工业园办公楼四楼401室
………… Tel：027-87168833

武汉东湖高新集团股份有限公司
地址：武汉东湖新技术开发区花城大道9号武汉软件新城1.1期A8栋（原A3栋）1层、4层、5层
………… Tel：027-87172020

武汉慧联无限科技有限公司
地址：武汉市东湖新技术开发区软件园东路1号光谷展示中心扩建项目D座1层1室108-116室
………… Tel：027-87176669

中建三局智能技术有限公司
地址：东湖开发区关山一路一号
………… Tel：027-87206820

武汉通宇通信科技股份有限公司
地址：武汉市东湖开发区关东科技工业园七号地块7-4号
………… Tel：027-87207149

湖北全景数码科技有限公司
地址：武昌区团结路16号东原锦悦9幢28层1号
………… Tel：027-87210905

武汉市海发科技有限公司
地址：武汉东湖新技术开发区关南科技工业园现代·国际设计城三期6幢9层6号（自贸区武汉片区）
………… Tel：027-87210911

湖北省机电研究设计院股份公司
地址：武汉市武昌区石牌岭118号
………… Tel：027-87211531

武汉泰可电气股份有限公司
地址：洪山区书城路26号A栋103、105-110室
………… Tel：027-87227071

武汉华康世纪医疗股份有限公司
地址：武汉东湖新技术开发区光谷大道77号光谷金融港B4栋8-9层1号房
………… Tel：027-87267616

武汉玛雅天堂科技有限公司
地址：洪山区雄楚大街918号综合楼801号
………… Tel：027-87285253

武汉鹏达信息技术有限公司
地址：洪山区南湖大道53号南湖创业园5005-7室
………… Tel：027-87297866

湖北兴屹工程技术有限公司
地址：武汉市东湖新技术开发区佛祖岭三路26号1号楼
………… Tel：027-87300512

广厦湖北第六建设工程有限责任公司
地址：武汉市武昌中北路181号
………… Tel：027-87317322

湖北泰信科技信息发展有限责任公司
地址：武汉市武昌区体育馆路2号
………… Tel：027-87320786

湖北省工业建筑集团天华建筑工程有限公司
地址：武汉市武昌中南一路26号
………… Tel：027-87336650

武汉伊科诺科技有限责任公司
地址：武汉市洪山区徐东大街355号3号楼810、812室
………… Tel：027-87338745

武汉锐思通科技有限公司
地址：洪山区南湖大道53号（狮子山街张吴村）省农业科技研究推广中心一期大楼三楼东部
………… Tel：027-87360588

陆诚工程技术有限公司
地址：武昌区八一路9号星星大厦5楼
………… Tel：027-87369009

西安百益实业有限公司
地址：西安市新城区公园北路220号
………… Tel：027-87387679

湖北省建工第二建设有限公司
地址：武汉市青山区建设一路31号武汉宝业中心A栋22层
………… Tel：027-87397596

武汉洪保保安服务有限公司
地址：洪山区书城路文秀街10号中石科技产业园A栋6层西区
………… Tel：027-87398990

武汉瑞熠系统工程有限公司
地址：武汉东湖新技术开发区高新大道

776号商务项目（创谷育成特区）B-1幢17层（7）办公号（自贸区武汉片区）
…………Tel：027-87400585

武汉卓鹰世纪科技有限公司
地址：武汉东湖新技术开发区流芳大道52号武汉·中国光谷文化创意产业园（D#）D3幢14-15层10号
…………Tel：027-87538772

武汉诺诚信息有限公司
地址：盐城市区新洋街道新华路1号1幢428室
…………Tel：027-87568705

长江金融控股（武汉）股份有限公司
地址：武汉东湖新技术开发区光谷三路777号武汉光谷保税国际交流中心（光谷三路以东、东园南路以北）302
…………Tel：027-87580811

武汉光谷联合集团有限公司
地址：东湖新技术开发区关山一路1号
…………Tel：027-87588872

湖北信通汇晟网络技术有限公司
地址：湖北省孝感市汉川市回龙镇均垸村六组23号
…………Tel：027-87591169

武汉华风电子工程有限公司
地址：武汉市东湖新技术开发区汤逊湖北路38号国测科技总部空间3栋1层01室
…………Tel：027-87596159

武汉天常乐科技有限公司
地址：东湖开发区关山二路特1号国际企业中心
…………Tel：027-87613877

振发建设集团有限公司
地址：武汉市新洲区潘塘街道办事处
…………Tel：027-87618991

武汉网信安全技术股份有限公司
地址：武汉市洪山区珞瑜路618号滨湖小区2栋2层203室
…………Tel：027-87650009

武汉千仓科技有限公司
地址：湖北省武汉市东湖高新技术开发区关山大道473号光谷新发展国际中心裙楼一层B1-07
…………Tel：027-87662002

武汉天楚云计算有限公司
地址：武汉市东湖新技术开发区高新二路388号光谷国际生物医药企业加速器一期工程1号厂房1单元101户
…………Tel：027-87673866

湖北长江出版印刷物资有限公司
地址：武汉市汉口解放大道211号
…………Tel：027-87679009

湖北美承高科技有限公司
地址：武汉市洪山区珞狮路112号街道口站配套中航还建楼A区4层（1）办公号
…………Tel：027-87685318

新能量科技股份有限公司
地址：武汉市东湖开发区光谷大道特1号国际企业中心三期1栋1层01号
…………Tel：027-87690386

武汉虹旭信息技术有限责任公司
地址：武汉市洪山区邮科院路88号
…………Tel：027-87691137

武汉光迅科技股份有限公司
地址：洪山区邮科院路８８号
…………Tel：027-87693957

武汉虹信通信技术有限责任公司
地址：洪山区邮科院路88号
…………Tel：027-87694448

武汉虹信科技发展有限责任公司
地址：武汉市江夏经济开发区藏龙岛谭湖二路1号
…………Tel：027-87694448

恒信东方（武汉）文化产业发展有限公司
地址：武汉市江汉区经济开发区江兴路11号圈外创智中心B栋3-12层4层401-10室
…………Tel：027-87705430

武汉中移信联科技股份有限公司
地址：武昌区中北路95-101号海山金谷天城第1幢18层4号
…………Tel：027-87716818

湖北万声通讯有限公司
地址：武昌区汉街武汉中央文化旅游区J4地块2栋1-2层4室-2
…………Tel：027-87719890

武汉大本营商业管理有限公司
地址：武汉市　口区解放大道201号
…………Tel：027-87732858

武汉楚誉科技股份有限公司
地址：武汉东湖新技术开发区光谷大道特1号国际企业中心2栋6层02号
…………Tel：027-87745111

湖北科能电力电子有限公司
地址：武汉东湖新技术开发区凌家山南路1号武汉光谷企业天地2号楼12层01-07室
…………Tel：027-87745131

武汉市新神驰科技发展有限公司
地址：武昌区中华路57号大成汇孵化器1楼106号
…………Tel：027-87751086

武汉迪码龙商贸有限公司
地址：武汉市洪山区关山街关山武黄公路2号23栋1单元501室
…………Tel：027-87778093

湖北省建工工业设备安装有限公司
地址：武汉市青山区建设一路31号武汉宝业中心A楼21层
…………Tel：027-87808687

武汉鑫丰易科技发展有限公司
地址：洪山区珞狮南路519号明泽丽湾2栋5层04号
…………Tel：027-87830240

武汉市雨阳物业管理有限公司
地址：武昌区中北路54号宏城金都A单元18层5号房
…………Tel：027-87838996

湖北泰龙互联通信股份有限公司
地址：武汉市东湖开发区光谷大道35号银久科技产业园一期6幢7层
…………Tel：027-87878798

武汉大千信息技术有限公司
地址：武汉市东湖开发区水蓝路水蓝郡329号
…………Tel：027-87883503

湖北省工程设计研究院有限公司
地址：武汉市江岸区京汉街154号1层商网
…………Tel：027-87891718

湖北省建筑工程质量监督检验测试中心
地址：武汉市汉南区纱帽街兴三路269号
…………Tel：027-87892637

光彩玖玖（湖北）金融服务股份有限公司
地址：武汉市东湖新技术开发区光谷大道108号久阳科技园5层508号
…………Tel：027-87899161

高企达集团有限公司
地址：武昌区水果湖街中北路166号东湖春树里8栋1单元20层33室
…………Tel：027-87920058

武汉理工光科股份有限公司
地址：武汉市东湖开发区武汉理工大学科技园
…………Tel：027-87924188

武汉南华工业设备工程股份有限公司
地址：东湖开发区武汉理工大学科技园
…………Tel：027-87926947

武汉港迪电气有限公司
地址：武汉市东湖新技术开发区武汉理工大科技园
…………Tel：027-87927253

达昌技术发展有限公司
地址：武汉东湖新技术开发区黄龙山南路2号鼎创国际1栋801室、802室
…………Tel：027-87986800

湖北长江电气有限公司
地址：武汉市东湖新技术开发区佛祖岭三路12号
…………Tel：027-87993611

中国轻工业武汉设计工程有限责任公司
地址：武汉市武昌首义路176号
…………Tel：027-88077960

武汉海迅网络技术有限公司
地址：武汉市武昌区彭刘杨路228号金榜名苑2幢25层2号
…………Tel：027-88078490

武汉福惠益佳科技有限公司
地址：武昌区友谊大道308号福莱中心11层3号
…………Tel：027-88122088

武汉银安达智能科技有限公司
地址：洪山区珞喻路1号鹏程国际A1208号（仅限办公）
…………Tel：027-88162890

京迈（湖北）电子商务股份有限公司
地址：武汉市青山区建设一路45号2楼2号
…………Tel：027-88188142

武汉海王新能源工程技术有限公司
地址：武汉市武昌区中山路450号
…………Tel：027-88318879

众科建设集团有限公司
地址：武汉市新洲区辛冲正街８号
…………Tel：027-88321550

软通动力技术服务有限公司
地址：武汉市东湖新技术开发区高新大道999号未来科技城龙山创新园一期A9区3栋3层
…………Tel：027-88390899

湖北方源东力电力科学研究有限公司
地址：武昌区徐东大街344号7栋5单元701室
…………Tel：027-88566017

湖北冶金建设有限公司
地址：鄂州市武昌大道202号
…………Tel：027-88606199

湖北鑫华源电力工程建设有限公司
地址：武汉市青山区友谊大道999号武钢大厦A座7楼
…………Tel：027-88735766

湖北省电力装备有限公司
地址：武汉市　口经济发展区丰茂路2号
…………Tel：027-88772386

奥山实业（湖北）有限公司
地址：武汉市武昌区积玉桥街临江大道96号武汉万达中心写字楼42层01-12单元
…………Tel：027-88779185

湖北联胜利合实业发展有限公司
地址：武汉市汉南区湘口工业园缘顺路18号
…………Tel：027-88867900

中冶南方城市建设工程技术有限公司
地址：武汉市东湖开发区大学园路33号
…………Tel：027-88935599

湖北追日电气股份有限公司
地址：襄阳市高新区团山镇关羽路59号
…………Tel：0710-2309275

湖北金东建电子科技有限公司
地址：襄阳市高新区春园路8号现代城1幢B单元5层1室
…………Tel：0710-3250511

湖北海厦建设有限公司
地址：襄阳市樊城区风华路13号
…………Tel：0710-3277675

东风海博新能源科技有限公司
地址：襄阳市高新区邓城大道49号国际创新产业基地6号楼
…………Tel：0710-3313135

民发现代建设工程集团有限公司
地址：襄阳市东津新区（经开区）浩然河西路21号民发瑞际酒店7楼
…………Tel：0710-3453233

北龙建设集团有限公司
地址：湖北省襄阳市襄城区檀溪路198-1号
…………Tel：0710-3529098

湖北卫东化工股份有限公司
地址：湖北省襄阳市襄城区环山路孙家冲一号
…………Tel：0710-3564027

襄阳云谷投资管理有限公司
地址：襄阳市襄城区财苑路27号（住所申报）
…………Tel：0710-3603533

湖北众远信息科技有限公司
地址：襄阳市高新区长虹北路
…………Tel：0710-3705077

襄阳高新国有资本投资运营集团有限公司
地址：襄阳市高新区追日路2号A座6楼
…………Tel：0710-3759655

湖北云佰网信息科技有限公司
地址：襄阳市高新区长虹北路45号长虹名筑1幢1单元23层2室
…………Tel：0710-3851666

湖北美亚达集团有限公司
地址：湖北谷城经济开发区1号
…………Tel：0710-7337808

湖北盛鑫建筑安装有限公司
地址：谷城盛康粉盛路45号
…………Tel：0710-7811818

湖北全民保安服务股份有限公司
地址：鄂州市滨湖南路华堂景苑A区C3栋二层
…………Tel：0711-5019302

武汉科贝科技股份有限公司
地址：湖北省葛店开发区
…………Tel：0711-5916623

孝感大润发商业有限公司
地址：湖北省孝感市槐荫大道193号
…………Tel：0712-2068501

孝感中亚城市燃气发展有限公司
地址：湖北省孝感市复兴大道29号
…………Tel：0712-2115533

湖北远大建设集团有限公司
地址：孝感市交通大道145号
…………Tel：0712-2319897

湖北楚航电子科技有限公司
地址：孝感市北京路46号
…………Tel：0712-2359371

孝感市光源电力集团有限责任公司
地址：湖北省孝南经济开发区好龙路16号
…………Tel：0712-2954702

湖北三江航天红峰控制有限公司
地址：孝感市北京路特8号
…………Tel：0712-2959224

湖北麻筑泰建设安装工程有限公司
地址：麻城市商贸物流城（金达路北侧E区5号）
…………Tel：0713-2783828

红安县市政建设工程有限公司
地址：红安县城关镇城南大道建设大厦一楼
…………Tel：0713-5185309

湖北全丰建设工程有限公司
地址：红安县将军大道小康路
…………Tel：0713-5243999

蕲春城市投资发展集团有限公司
地址：蕲春县漕河镇傅畈大道57号
…………Tel：0713-7609918

蕲春县国建投资有限公司
地址：湖北省蕲春县漕河镇付畈大道57号
…………Tel：0713-7609918

黄冈东湖华都酒店投资有限公司
地址：黄冈市黄州区黄州大道99号
…………Tel：0713-8201065

湖北东源电力服装有限公司
地址：黄冈市新港大道92号
…………Tel：0713-8391033

振天建设集团有限公司
地址：湖北省黄冈市团风县马曹庙镇人民政府办公楼一楼
…………Tel：0713-8588988

湖北链接科技有限公司
地址：黄石市西塞山区环湖路18号商务大厦8楼
…………Tel：0714-6279488

阳新县白杨建筑安装工程有限公司
地址：阳新县兴国镇阳新大道15号（白杨村办公楼一楼）
…………Tel：0714-7393001

咸宁市长江水利工程有限公司
地址：咸宁市温泉咸宁大道246号
…………Tel：0715-8208708

湖北宏宇建筑工程有限责任公司
地址：咸宁市潜山路59号
…………Tel：0715-8252123

湖北杭晗网络系统集成有限公司
地址：江陵县郝穴镇仙鹤大道62号
…………Tel：0716-4736377

湖北江荆消防科技股份有限公司
地址：江陵县工业园区东环路
…………Tel：0716-4738509

湖北利达建设工程集团有限公司
地址：公安县斗湖堤镇油江路特5号
…………Tel：0716-5158199

湖北阳禾建设工程有限公司
地址：松滋市新江口镇白云路玉岭新区
…………Tel：0716-6310769

松滋市首鑫建筑工程有限公司
地址：松滋市新江口镇金松大道西段130号
…………Tel：0716-6665999

湖北亿熊信息工程有限公司
地址：荆州市江津东路96号1栋
…………Tel：0716-8241616

湖北美标汽车制冷系统有限公司
地址：湖北省荆州市荆州开发区深圳大道76号
…………Tel：0716-8253166

湖北同诚通用航空有限公司
地址：沙市区红星北路（沙市飞机场内）
…………Tel：0716-8338768-804

湖北望新建设有限公司
地址：沙市区沿江路75号长江通信大楼5楼
…………Tel：0716-8522091

荆州大润发商业有限公司
地址：荆州市沙市区江津中路204号
…………Tel：0716-8563988

湖北利君建设工程有限公司
地址：荆州市沙市区江汉北路与长港路交汇东南角（荆州市植物园商业办公综合楼）9层6号
…………Tel：0716-8855678

湖北江铭建设工程有限公司
地址：秭归县车管所综合楼五楼
…………Tel：0717-2677999

宜昌晟泰水电实业有限责任公司
地址：远安县鸣凤镇凤翔路179号
…………Tel：0717-3813466

湖北万兴建安有限公司
地址：枝江市马家店沿江路
…………Tel：0717-4232571

宜都市兴宜建筑工程有限公司
地址：宜都市姚家店镇姚家店村（望城路6号）
…………Tel：0717-4900640

宜都山城水都建筑工程有限公司
地址：宜都市东阳光工业园
…………Tel：0717-4904118

湖北鋆隆建设工程有限公司
地址：五峰长乐坪镇石桥沟村民委员会
…………Tel：0717-6228603

湖北景深安全技术有限公司
地址：宜昌市西陵经济开发区发展大道97号
…………Tel：0717-6335315

宜昌中燃城市燃气发展有限公司
地址：湖北宜昌市夷陵路290号
…………Tel：0717-6361578

湖北广盛建设集团有限责任公司
地址：宜昌市沿江大道189-1号
…………Tel：0717-6448086

湖北瑞谱信息科技有限公司
地址：宜昌市夷陵区东城城乡统筹发展试验区郭家湾村
…………Tel：0717-6455181

国闰建设集团有限公司
地址：宜昌市伍家岗区沿江大道168-6号（万达广场B座21楼）
…………Tel：0717-6455808

宜昌市金牛押运护卫保安服务有限责任公司
地址：宜昌市点军区将军路289号（电子信息产业园）
…………Tel：0717-6468102

湖北沛函建设有限公司

地址：长阳贺家坪镇贺家坪大道59号
…… Tel：0717-6529881

宜昌华鹏置业有限公司
地址：宜昌市东山大道355号
…… Tel：0717-6558222

湖北金湖建设工程有限公司
地址：宜昌市当阳草埠湖镇头山
…… Tel：0717-6563555

宜昌大润发商业有限公司
地址：宜昌市沿江大道与陶珠路转角处（商业步行街）
…… Tel：0717-6625109

坤发建筑有限公司
地址：宜昌市西陵区解放路6号(文化广场1304室)
…… Tel：0717-6746958

宜昌金格电子科技有限责任公司
地址：宜昌市西陵二路51号金缔华城3号楼2单元302室
…… Tel：0717-6748333

宜昌富强工程有限责任公司
地址：秭归县茅坪镇丹阳路48号
…… Tel：0717-6779666

宜昌翔腾建设有限公司
地址：中国（湖北）自贸区宜昌片区大连路33号1栋
…… Tel：0717-6796966

葛洲坝易普力湖北昌泰民爆有限公司
地址：宜昌市夷陵区小溪塔陈　坪村4组
…… Tel：0717-7804831

长信建设有限公司
地址：宜昌市夷陵区平云二路29号
…… Tel：0717-7822604

湖北省东极电子技术有限公司
地址：湖北省恩施市航空大道41号航空大厦
…… Tel：0718-8225700

恩施市起辉电子科技开发有限责任公司
地址：湖北省恩施市土司路一巷10#
…… Tel：0718-8226199

湖北汉德信息安全工程有限公司
地址：湖北省恩施市航空路2巷178号
…… Tel：0718-8272888

荣锦建设工程集团有限公司
地址：湖北省恩施市金龙大道盛和景园写字楼第18、19层
…… Tel：0718-8465558

丹江口汉江电力工程有限公司
地址：丹江口市姚沟路
…… Tel：0719-5077715

湖北猛程智能装备股份有限公司
地址：十堰市张湾区西城开发区高新一路7号
…… Tel：0719-8019687

湖北神鹰汽车有限责任公司
地址：湖北省十堰市白浪中路166号
…… Tel：0719-8028886

十堰东风中燃城市燃气发展有限公司
地址：十堰市张湾区车城西路94号
…… Tel：0719-8245487

十堰巨能电力集团有限责任公司
地址：十堰市张湾区工业新区上河路39号
…… Tel：0719-8807790

奥龙汽车有限公司
地址：随州市经济开发区编钟大道9号
…… Tel：0722-3258297

玉柴东特专用汽车有限公司
地址：随州市曾都经济开发区两水一路121号
…… Tel：0722-3308938

湖北玉龙给排水市政工程有限责任公司
地址：随州市曾都区解放路196号
…… Tel：0722-3312924

随州中燃城市燃气发展有限公司
地址：湖北省随州市青年路5号
…… Tel：0722-3583270

程力汽车集团股份有限公司
地址：随州市曾都经济开发区
…… Tel：0722-3815909

湖北瑞生建设有限公司
地址：广水市应山办事处三环路二栋
…… Tel：0722-6268766

荆门市给排水安装工程公司
地址：荆门市东宝区象山大道72号
…… Tel：0724-2445528

湖北昌泰建设工程有限公司
地址：荆门市东宝区雨霖路1号
…… Tel：0724-6035327

湖北中循医疗用品实业有限公司
地址：荆门市东宝工业园（子陵村14组）
…… Tel：0724-8643618

湖北拓进建筑工程有限公司
地址：仙桃市沙嘴办事处锦瑞路春天小区
…… Tel：0728-3333311

湖北翰弘建筑工程有限公司
地址：天门市竟陵钟惺大道1号
…… Tel：0728-5335636

潜江市金潜武装押运保安服务有限公司
地址：潜江市杨市办事处章华南路363号
…… Tel：0728-6400308

湖北江汉良机石化工程集团有限公司
地址：潜江市江汉油田广华广南二路
…… Tel：0728-6506381

江汉油田瑞腾达工程潜江有限公司
地址：潜江市广华办事处五七大道20号
…… Tel：0728-6509246

湖北帅昌建设工程有限公司
地址：潜江市广华办事处五七大道小康路G2栋005号
…… Tel：0728-6509589

湖北江汉利达石油物资装备有限公司
地址：潜江市广华办事处五七大道311号
…… Tel：0728-6575894

中石化江汉油田工程建设潜江有限公司
地址：潜江市广华办事处向阳石化路2号
…… Tel：0728-6581581

湖北恒畅路桥有限公司
地址：潜江市周矶办事处清远路特10号
…… Tel：0728-8108777

湖南省

国信军创（岳阳）六九零六科技有限公司
地址：湖南省岳阳城陵矶新港区云港路与云欣路交汇处
…… Tel：0730-2286899

湖南文宝银行设备有限公司
地址：汨罗市长乐镇集镇
…… Tel：0730-5690666

湖南天一奥星泵业有限公司
地址：平江县天岳经济开发区天岳大道东侧
…… Tel：0730-6289550

岳阳大润发商业有限公司
地址：岳阳市岳阳楼区青年路与建湘路交汇处
…… Tel：0730-8138515

湖南华邦建设有限公司
地址：湖南省岳阳经济技术开发区监申桥路599号
…… Tel：0730-8277888

岳阳长炼兴长安装防腐工程有限公司
地址：岳阳市云溪区长炼兴长集团办公楼七楼
…… Tel：0730-8477839

长岭炼化岳阳工程设计有限公司
地址：岳阳经济技术开发区康王工业园奇康路26号
…… Tel：0730-8720780

湖南沿湖建设工程有限公司
地址：岳阳经济技术开发区旭园路茶场村五组
…… Tel：0730-8726555

湖南岳阳友阿国际商业广场有限公司
地址：湖南省岳阳市岳阳楼区东茅岭步行街云梦路2号友阿国际商业广场售楼部
…… Tel：0730-8799448

湖南南江建设工程有限公司
地址：平江县南江镇黄新街与人民路交汇处
…… Tel：0730-8917199

岳阳市市政建设有限公司
地址：湖南省岳阳城陵矶新港区云港路临港科技创业服务中心三栋五楼510、511室
…… Tel：0730-8980166

湖南嘉和机动车检测有限公司
地址：湖南省株洲市荷塘区天鹅湖天鹅公园管理处附岛茶社
…… Tel：0731-22227555

株洲中车物流有限公司
地址：湖南省株洲市石峰区田心路1号
…… Tel：0731-22333881

中车株洲车辆有限公司
地址：湖南省株洲市荷塘区宋家桥
…… Tel：0731-22807327

湖南华骐建设有限公司
地址：湖南省株洲市天元区长江南路88号
…… Tel：0731-28100077

湖南华云数据湖信息技术有限公司
地址：株洲云龙示范区云峰大道1769号现代服务业总部园区6栋第三层
…… Tel：0731-28232999

湖南天禹设备安装有限公司
地址：湖南省株洲市石峰区铜藕路9号
…… Tel：0731-28331973

株洲宏达电子股份有限公司
地址：湖南省株洲市荷塘区新华东路1297号
…… Tel：0731-28423837

株洲时代工程塑料科技有限责任公司
地址：湖南省株洲市天元区黄河南路219号科研楼403室
…… Tel：0731-28445156

株洲中车时代电气股份有限公司
地址：株洲市石峰区时代路
…… Tel：0731-28493554

航发燃机（株洲）有限公司
地址：株洲国家高新区董家段高科技工业园
…… Tel：0731-28551127

株洲宏达物业管理有限责任公司
地址：株洲市天元区黄河北路1361号栗雨工业园协力药业办公楼
…… Tel：0731-28660188

湖南新中弘实业发展有限公司
地址：湘潭市岳塘区荷塘乡政府办公楼四楼402房（岳塘经开区）
…… Tel：0731-52771258

湖南圆爱商贸有限公司
地址：湖南省湘潭市九华综合保税区一号标准厂房
…… Tel：0731-52818666

泰富国际工程有限公司
地址：湘潭九华经开区奔驰路6号
…… Tel：0731-52837071

湖南湘军建筑工程有限公司
地址：湖南省湘乡市望春门办事处车站北路6号
…… Tel：0731-56771166

湘潭全程通讯科技有限公司
地址：湘潭市岳塘区芙蓉路46号先达城市花园综合楼1号楼
…… Tel：0731-57818799

湘潭电机物流有限公司
地址：湘潭市岳塘区下摄司302号
…… Tel：0731-58596567

湖南卓越建设有限公司
地址：湖南省湘潭市岳塘区易家湾镇株易路口湘潭昭山旅游经贸开发总公司办公楼四楼（昭山示范区）
…… Tel：0731-58611668

湘潭潭州电力建设有限公司
地址：湘潭市昭山两型产业发展中心西楼二楼213号（昭山示范区）
…… Tel：0731-58618257

湖南中移通信技术工程有限公司
地址：长沙市开福区三一大道357号
…… Tel：0731-81828175

长沙天悦投资有限责任公司
地址：湖南省长沙市天心区雀园路568号
…… Tel：0731-81829526

湖南开关实业有限公司
地址：长沙市天心区南二环二段302号
…… Tel：0731-81858352

湖南天天向上网络技术有限公司
地址：长沙高新开发区尖山路39号长沙中电软件园一期10栋501室501M-2号
…… Tel：0731-81872897

中唯建设工程有限公司
地址：长沙市雨花区湘府中路129号
…… Tel：0731-82121999

湖南紫坤信息科技股份有限公司
地址：长沙高新开发区麓景路8号巨星创业基地1楼101-8
…… Tel：0731-82227050

湖南车仕库电子商务有限公司
地址：长沙高新开发区岳麓西大道588号芯城科技园5栋1002
…… Tel：0731-82239937

长沙直复信息科技有限公司
地址：长沙市芙蓉区蔡锷中路48号（永华大厦）911房
…… Tel：0731-82255167

湖南康为信息技术有限公司
地址：长沙市雨花区万家丽中路318号西子商业中心A栋11楼1105房
…… Tel：0731-82286822

湖南岳麓山建设集团有限公司
地址：长沙市岳麓区岳麓街道西二环一段588号
…… Tel：0731-82298388

湖南旺达威数码科技有限公司
地址：湖南省长沙市芙蓉区定王台街道解放中路18号华侨大厦804房
…… Tel：0731-82326628

湖南建锋工程有限公司
地址：长沙市雨花区芙蓉中路三段495号城市快线大厦第1幢N单元1105房
…… Tel：0731-82563842

湖南海普科技有限公司
地址：湖南省长沙市芙蓉区解放中路18号华侨大厦19楼
…… Tel：0731-82587006

湖南斌辉建设工程有限公司
地址：长沙市望城区月亮岛街道润和又一城一期会所二楼(全部)
…… Tel：0731-82717260

长沙宁乡润福商业有限公司
地址：长沙宁乡县玉潭镇玉潭中路和花明路交汇处（紫金广场东北角）
…… Tel：0731-82752999

湖南华信通信息网络技术有限公司
地址：长沙市天心区大托铺中意二路26号
…… Tel：0731-82800282

湖南五强产业集团股份有限公司
地址：长沙市岳麓区麓天路2号办公楼910房
…… Tel：0731-82852602

湖南世东医药有限公司
地址：长沙市雨花区环保中路169号科研办公楼全部
…… Tel：0731-82978909

湖南竹海堂大药房连锁有限公司
地址：长沙市雨花区环保中路169号科研办公楼4楼4034、5楼5018、5028
…… Tel：0731-82978909

长沙桐木建设股份有限公司
地址：长沙市岳麓区枫林二路望麓桥桐木建设办公楼
…… Tel：0731-83090000

湖南泰瑞医疗科技股份有限公司
地址：长沙高新开发区八字塘路27号
…… Tel：0731-83092294

湖南诚源电器股份有限公司
地址：湖南浏阳高新技术产业开发区永阳路13号
…… Tel：0731-83207718

湖南大象建筑规划设计有限公司
地址：湖南省长沙市天心区刘家冲北路238号满庭芳家园三期1108房
…… Tel：0731-83577768

湖南正东通信技术工程有限公司
地址：长沙市雨花区劳动东路139号新城新世界第三期组团1单元913房
…… Tel：0731-83756688

长沙市格赛网络科技有限公司
地址：湖南省长沙市天心区芙蓉南路新时空1号18层1807房
…… Tel：0731-83847576

湖南金沙路桥建设有限公司
地址：长沙经济技术开发区开元路
…… Tel：0731-84011111

湖南和达投资集团有限公司
地址：湖南省湘潭市九华经开区传奇西路9号创新创业中心综合楼2002
…… Tel：0731-84037666

湖南松雅建设集团有限公司
地址：长沙经济技术开发区天华路1号星隆国际广场21楼2108室
…… Tel：0731-84090478

御艺建设股份有限公司
地址：长沙县湘龙街道潇湘社区A3栋100号201房
…… Tel：0731-84097935

湖南翼新隆科技有限公司
地址：湖南省长沙市芙蓉区韭菜园街道五一大道618号银华大酒店商务楼内写字楼第14层1418号
…… Tel：0731-84152017

长沙锐亚信息技术有限公司
地址：长沙市芙蓉区五一大道59号南楼8328房
…… Tel：0731-84152275

长沙壹润信息科技发展有限公司
地址：长沙市天心区湘府中路369号星城荣城园综合楼1321房
…… Tel：0731-84162366

湖南洪山建设集团有限公司
地址：长沙市开福区洪山路175号
…… Tel：0731-84166848

湖南纵横科技有限公司
地址：长沙市雨花区韶山北路283号一心花苑A栋603房
…… Tel：0731-84180088

湖南三力信息技术有限公司
地址：长沙高新开发区麓谷基地麓天路8号005栋1172单元
…… Tel：0731-84208888

湖南维讯通信技术有限公司
地址：长沙市天心区劳动西路289号嘉盛商务广场9027、9028房。
…… Tel：0731-84225168

湖南璟泰信息系统有限公司
地址：湖南省长沙市雨花区韶山中路438号　泰楼三楼
…… Tel：0731-84229999

湖南捞刀河建设集团有限公司
地址：长沙市开福区三一大道349号君泰大厦701
…… Tel：0731-84315399

湖南酉能电力有限责任公司
地址：沅陵县沅陵镇凤滩电厂沅陵基地公寓楼
…… Tel：0731-84352606

湖南展辉集团有限公司
地址：长沙市开福区捞刀河镇高原村
…… Tel：0731-84376668

湖南路凯智能科技发展有限公司
地址：长沙市开福区伍家岭街道芙蓉北路桂花园（现芙蓉中路一段119号）标志大厦808房
…… Tel：0731-84426279

湖南兴旺建设有限公司
地址：湖南省长沙市宁乡高新技术产业园区金洲北路001号
…… Tel：0731-84427698

湖南天湘和信息科技有限公司
地址：湖南省长沙市天心区新岭路66-68号（湖南生态医博园B区）天心软件产业园B区商务写字楼10楼03、04房
…… Tel：0731-84427856

湖南省通信产业服务有限公司
地址：长沙市芙蓉区隆平高科技园内远大路236号

Tel：0731-84432932
长沙天联信息系统集成有限公司
地址：长沙市芙蓉区朝阳街道五一大道249号湘城中央4号栋808房
Tel：0731-84451849
长沙时代消防设备工程有限公司
地址：湖南省长沙市芙蓉区车站北路230-1号经典名家公寓1B栋N单元8层801号房
Tel：0731-84473398
湖南探讯科技有限公司
地址：长沙市天心区青园路168号701房。
Tel：0731-84476408
湖南博沃信息科技有限公司
地址：长沙市岳麓区桐梓坡丁字路口火炬城001栋614房
Tel：0731-84484068
湖南汉森医疗管理有限公司
地址：长沙市天心区青园街正塘坡路179号
Tel：0731-84620666
湖南湘江工程建设有限公司
地址：长沙经济技术开发区东六路南段100号有色地勘产业大厦1709室
Tel：0731-84620805
湖南顺峰建设有限公司
地址：湖南省长沙县安沙镇太兴村中间屋组
Tel：0731-84656027
长沙黎托建筑工程有限公司
地址：长沙市雨花区黎托街道花桥社区
Tel：0731-84682789
长沙市志发实业有限公司
地址：长沙市芙蓉区万家丽中路一段99号
Tel：0731-84728258
湖南省泛泰巨网信息技术有限公司
地址：长沙市芙蓉区荷花路恒业雅苑北栋9楼
Tel：0731-84748990
中通服创发科技有限责任公司
地址：长沙市岳麓区谷园路38号加州阳光城西组团4栋201房
Tel：0731-84775512
恩瑞供应链股份有限公司
地址：长沙市开福区青竹湖路399号青竹湖会展中心E厅210室
Tel：0731-84782691
湖南华辰智通科技有限公司
地址：长沙高新开发区文轩路27号麓谷钰园A3栋605号
Tel：0731-84821789
湖南高建建设集团有限公司
地址：长沙市开福区新港镇（镇人民政府办公楼2楼）
Tel：0731-84823538
湖南新天地物联科技有限公司
地址：湖南省长沙市天心区万家丽南路二段688号中南（长沙）总部基地7栋1201-1207房
Tel：0731-84824958
银泰通信有限公司
地址：长沙市雨花区万家丽中路三段36号喜盈门商业广场24012室
Tel：0731-84894638
青竹湖建设集团有限公司
地址：长沙市开福区金马路377号福天兴业大楼综合楼7楼
Tel：0731-84911478
湖南今朝纵横通信工程有限公司
地址：长沙高新开发区尖山路39号中电软件园5栋4层
Tel：0731-85012749
湖南省湘筑交通科技有限公司
地址：长沙市雨花区韶山南路123号华翼府A座2528房
Tel：0731-85013498
遥见世纪信息有限公司
地址：长沙市天心区刘家冲北路238号中欣国际
Tel：0731-85124018
湖南六建联发安装施工有限责任公司
地址：长沙市天心区天剑路1号（原南湖路36号）
Tel：0731-85128292
湖南金诚信通信股份有限公司
地址：长沙市天心区芙蓉南路一段368号波波天下城4栋1305房
Tel：0731-85137252
五矿二十三冶建设集团第四工程有限公司
地址：长沙市雨花区湘府东路二段208号万境财智中心北栋13层
Tel：0731-85170400
湖南六建机电安装有限责任公司
地址：长沙市天心区劳动西路296号8楼
Tel：0731-85177115
长沙北辰房地产开发有限公司
地址：长沙市开福区湘江北路1500号北辰时代广场A1区写字楼29层2901号房
Tel：0731-85179602
长沙先导智慧城市投资有限公司
地址：湖南省长沙市岳麓区望城坡街道办事处玉兰路433号西枢纽商务中心T1栋写字楼22楼2213号房
Tel：0731-85222836
磐龙安全技术有限公司
地址：宁乡县金洲乡全民村（金洲新区）
Tel：0731-85228888
湖南省家园物业管理有限公司
地址：长沙市天心区芙蓉南路59号
Tel：0731-85234558
湖南有色金属研究院
地址：长沙市芙蓉区隆平高科技园区内亚大路99号
Tel：0731-85239572
四海通达文化传媒有限公司
地址：长沙市岳麓区学士路389号岳麓科技产业园海普众包园2栋5楼
Tel：0731-85287006
长沙软件园有限公司
地址：长沙高新开发区麓谷大道662号软件大楼内
Tel：0731-85331553
湖南教育卫星应用技术有限公司
地址：长沙市芙蓉文运街23号
Tel：0731-8540266
湖南先步信息股份有限公司
地址：长沙市雨花区兴业路18号生产实验综合楼
Tel：0731-85442825
湖南诚捷达通信技术有限公司
地址：长沙市雨花区环保中路188号2号厂房D501房
Tel：0731-85461254
湖南创星科技股份有限公司
地址：长沙高新开发区岳麓西大道1698号麓谷科技创新创业园B1栋7楼、8楼及B2栋7楼、8楼
Tel：0731-85482099
湖南中加石墨股份有限公司
地址：湖南省长沙市天心区白沙路207号天机大厦第15层1511-1513
Tel：0731-85515216
湖南名正电力建设有限公司
地址：湖南省长沙市雨花区劳动西路417号兴威新嘉园2810室
Tel：0731-85531598
湖南菁科信息技术有限公司
地址：长沙市开福区福元路与二环线交汇西南角洪山家园第二栋609房
Tel：0731-85533555
湖南华信安装工程有限公司
地址：湖南省长沙市天心区书院路9号安玺雅苑B2、B3栋及地下室1512-1513
Tel：0731-85535799
浩天建工集团有限公司
地址：长沙市芙蓉区人民东路仁和.堤雅境蒸蒸日上阁E栋1002房
Tel：0731-85548678
湖南奉天建设集团有限公司
地址：长沙市开福区捞刀河街道罗汉庄村朱树湾组（原大星村刘家湾下边岸至白霞村八组塘坡地）
Tel：0731-85558151
湖南天辰建设有限责任公司
地址：长沙市雨花区曙光中路298号1栋5楼
Tel：0731-85560688
湖南方圆建筑工程设计有限公司
地址：长沙市雨花区韶山中路421号5、6、7楼
Tel：0731-85561128
湖南金诺动力设备制造有限公司
地址：湖南省岳阳市湘阴县工业园区工业大道
Tel：0731-85569700
湖南科立电力建设有限公司
地址：长沙高新开发区麓松路459号东方红小区延农综合楼14楼1496C房
Tel：0731-85593453
湖南圭塘建设有限公司
地址：长沙市雨花区万家丽中路三段157号唐湘国际电器城5栋6楼
Tel：0731-85644268
湖南红星建设有限公司
地址：长沙市雨花区中意一路335号
Tel：0731-85682484
湖南天下宽信息技术有限公司
地址：长沙高新开发区岳麓西大道588号芯城科技园第5栋6层604号
Tel：0731-85789200
湖南鸿齐电力建设有限公司
地址：湖南省长沙市天心区殷家冲街89号上源湘江华庭3栋第20层
Tel：0731-85792446
湖南鸿运物业管理集团股份有限公司
地址：长沙市开福区新港街道湘江北路一段369号嘉德物流中心5栋5层508房
Tel：0731-85826678
湖南省湘天建设工程有限公司
地址：长沙市天心区芙蓉中路三段268号蓉苑C座2901号
Tel：0731-85864878
湖南天人安装建设有限公司
地址：长沙市雨花区香樟路819号万坤图商业广场第1幢16层1-1608号
Tel：0731-85866508
湖南悦方物业管理有限公司
地址：湖南省长沙市天心区坡子街216号悦方购物中心511室
Tel：0731-85910666
国药控股长沙有限公司
地址：湖南省长沙市开福区龙福路2号（金霞湘绣园1201、1202、1203、1206、1207、1208、1209、13-15整层楼）
Tel：0731-85920880
宏瑞文博集团股份有限公司
地址：长沙经济技术开发区开元路17号开源鑫贸大楼35楼
Tel：0731-86158666
湖南隆宇建设有限公司
地址：长沙市开福区捞刀河街道彭家巷968号
Tel：0731-86679802
湖南警安工程有限公司
地址：湖南省长沙市开福区沙坪街道长沙市开福区中青路1318号第二期H2栋2001房
Tel：0731-86781111
湖南长沙榔梨建筑工程有限公司
地址：长沙县榔梨镇龙华路48号
Tel：0731-86802393
湖南南方长河泵业有限公司
地址：长沙经济技术开发区泉塘街道西冲路45号
Tel：0731-86912839
湖南志鹏建设集团有限公司
地址：湖南省长沙县安沙镇毛塘工业小区长沙泰华金属材料有限公司内第四层
Tel：0731-86935858
湖南恒楚建设有限公司
地址：宁乡市城郊街道三环北路时代和府126号
Tel：0731-87831899
湖南华程建设集团有限公司
地址：长沙市宁乡经济技术开发区金洲大道创业大楼701室
Tel：0731-87870388
宁乡广电文化传媒有限公司
地址：宁乡县玉潭镇梅花路158号（原梅花路70号）
Tel：0731-87899597
湖南思达软件技术有限公司
地址：湖南省长沙市岳麓区银盆岭街道火炬城M7组团301号
Tel：0731-87960832
长沙中联消防机械有限公司
地址：长沙市望城区腾飞路二段997号
Tel：0731-88053178
长沙市望城区自来水有限公司
地址：长沙市望城区高塘岭街道郭亮北路532号
Tel：0731-88062370
长沙九峰建设工程有限公司
地址：长沙市望城区乌山街道双丰村村委会二楼
Tel：0731-88134997
创智和宇信息技术股份有限公司
地址：长沙高新开发区欣盛路159号
Tel：0731-88228839
望建（集团）有限公司
地址：长沙市望城区高塘岭街道郭亮北路477号
Tel：0731-88267777
湖南省有线电视网络（集团）股份有限公司
地址：长沙市高新技术产业开发区麓谷大道662号软件中心大楼258室
Tel：0731-88280011
多喜爱家居用品有限公司
地址：长沙高新开发区环联路102号
Tel：0731-88309000
多喜爱集团股份有限公司
地址：长沙市岳麓区麓谷大道627号长海创业基地南二层
Tel：0731-88309077
湖南长沙坪塘建设（集团）有限公司
地址：长沙市岳麓区坪塘镇湘江路
Tel：0731-88502345
湖南省国泰君安保安服务有限公司
地址：湖南省长沙市芙蓉区韭菜园街道韶山北路1号中共湖南省委大院四区干部公寓楼2栋201房
Tel：0731-88575202
长沙传化公路港物流有限公司
地址：长沙市开福区沙坪街道中青路1199号（长沙传化公路港内）
Tel：0731-88596586
威胜信息技术股份有限公司
地址：湖南省长沙高新技术产业开发区桐梓坡西路468号
Tel：0731-88619666
威胜集团有限公司
地址：长沙高新技术开发区桐梓坡西路468号
Tel：0731-88619888
湖南威铭能源科技有限公司
地址：长沙高新开发区桐梓坡西路468号2号厂房101
Tel：0731-88619888
湖南省金鼎消防器材有限公司
地址：长沙县安沙镇安沙工业小区
Tel：0731-88702110
安克创新科技股份有限公司
地址：长沙高新开发区尖山路39号长沙中电软件园有限公司一期七栋7楼701室
Tel：0731-88706602
湖南格塘建筑工程有限公司
地址：湖南省长沙市岳麓区望城坡街道湘仪路佳和园503
Tel：0731-88716378
湖南长城科技信息有限公司
地址：长沙高新开发区尖山路39号长沙中电软件园10栋1001室
Tel：0731-88722587
长沙市万厦园丁物业管理有限公司
地址：长沙市开福区青竹湖街道青竹湖路398号青竹湖畔小区映湖苑5栋303号房
Tel：0731-88768529
湖南中联重科智能技术有限公司
地址：长沙高新开发区尖山路39号长沙中电软件园总部大楼A152
Tel：0731-88788506
拓维信息系统股份有限公司
地址：长沙市岳麓区桐梓坡西路298号
Tel：0731-88799888
湖南银联电力建设有限公司
地址：长沙高新开发区岳麓西大道588号芯城科技园8栋7层701房
Tel：0731-88804078
湖南一特医疗股份有限公司
地址：长沙高新开发区火炬城M5组团1栋
Tel：0731-88905418
湖南煤矿安全装备有限公司
地址：长沙市岳麓区含光路412号
Tel：0731-88908999
湖南达嘉维康医药有限公司
地址：长沙市岳麓区茯苓路30号
Tel：0731-88911758
长沙世邦通信技术有限公司
地址：长沙高新开发区麓谷街道南塘路70号
Tel：0731-88915780
湖南久航建筑工程有限公司
地址：长沙市望城区月亮岛街道星月小区商业街1-6栋160
Tel：0731-88926799
湖南南岭民用爆破器材股份有限公司
地址：双牌县泷泊镇双北路6号
Tel：0731-88936199
华诺星空技术股份有限公司
地址：长沙高新开发区文轩路27号B7栋
Tel：0731-88939908
湖南城市热点无线通信有限公司
地址：长沙高新开发区咸嘉湖路368号联合厂房二楼201、202
Tel：0731-88960266
湖南华诺科技有限公司
地址：长沙高新开发区文轩路27号C2栋601-604室
Tel：0731-88983188
湖南中润凯融资租赁有限公司
地址：长沙高新开发区嘉运路299号湖南方盛制药股份有限公司科研楼七层东侧
Tel：0731-88997188
中铁城建集团有限公司
地址：长沙市岳麓区洋湖路695号
Tel：0731-89590708
盈峰中联城市环境服务有限公司
地址：长沙高新开发区林语路288号办公楼
Tel：0731-89714353
通号工程局集团建设工程有限公司
地址：长沙市开福区欣彤路38号
Tel：0731-89737367
长沙禧荣置业有限公司
地址：湖南省长沙市岳麓区洋湖街道景园路239号洋湖景园商务中心东楼2118房
Tel：0731-89773757
湖南同旺项目管理有限公司
地址：长沙市开福区月湖街道综合农场马栏山分场1栋
Tel：0731-89786498
湖南省金科建设有限公司
地址：长沙市雨花区韶山北路370号省水利厅大院综合办公楼（黄楼）201房
Tel：0731-89793700
湖南九州通医药有限公司
地址：长沙市开福区湘江北路一段359号
Tel：0731-89807387
湖南飞鱼网络信息科技有限公司
地址：湖南省长沙市岳麓区观沙岭街道桔洲新苑小区1栋4楼（集群注册）
Tel：0731-89837446

湖南金盘子实业控股集团有限公司
地址：长沙市开福区芙蓉中路355号佳程大厦（现芙蓉中路一段458号平安大厦）1701
……………………Tel：0731-89850222

湖南湘信建设工程有限公司
地址：湖南省长沙市雨花区长沙大道598号融科·紫檀35幢2401房
……………………Tel：0731-89921635

宏林建设工程集团有限公司
地址：长沙市宁乡经济技术开发区创新路（湖南海纳新材料有限公司综合楼）
……………………Tel：0731-89923531

湖南建设集团有限公司
地址：长沙市芙蓉区车站北路70号万象新天公寓5号栋31、32楼
……………………Tel：0731-89970707

湖南同力检测咨询有限公司
地址：长沙市望城区月亮岛街道银星村银星小区B10栋09号
……………………Tel：0731-89975278

衡阳泰豪通信车辆有限公司
地址：湖南省衡阳市高新区芙蓉路46号
……………………Tel：0734-2881203

特变电工集团衡阳电气装备有限公司
地址：衡阳市雁峰区白沙洲联盟山108号（雁峰区工业项目集聚区）
……………………Tel：0734-2898233

华融建筑工程（集团）有限公司
地址：湖南省衡阳市蒸湘区蒸湘南路10号
……………………Tel：0734-8137555

衡阳金果物流有限公司
地址：衡阳市雁峰区天马山南路26号
……………………Tel：0734-8227957

湖南国联建筑工程有限公司
地址：衡阳市石鼓区船山大道28号
……………………Tel：0734-8292178

湖南天河建设工程有限公司
地址：湖南省衡阳市高新区天台路33号衡阳日报社新媒体中心南栋四楼
……………………Tel：0734-8301738

特变电工湖南工程有限公司
地址：湖南省衡阳市雁峰区白沙洲特变电工变压村1号（雁峰区工业项目集聚区）
……………………Tel：0734-8498361

湖南宽洋科技有限公司
地址：湖南省衡阳市雁峰区白沙洲工业园区一环南路衡阳综合保税区南区2B栋
……………………Tel：0734-8998911

中交郴州筑路机械有限公司
地址：湖南省郴州市北湖区南岭大道1779号
……………………Tel：0735-2172042

湖南真迪品牌贸易有限公司
地址：湖南省郴州市北湖区升平路51号站前步行街BB-124号门面
……………………Tel：0735-2330066

高斯贝尔数码科技股份有限公司
地址：湖南省郴州市苏仙区观山洞街道高斯贝尔产业园
……………………Tel：0735-2666666

湖南宏泰建设开发有限公司
地址：湖南省常德市安乡县深柳镇子龙庵社区子龙路子龙四期3栋
……………………Tel：0736-4313999

临澧县金达建筑有限责任公司
地址：常德市临澧县安福镇护城社区居委会迎宾路02号
……………………Tel：0736-5800388

湖南广源建设工程有限公司
地址：常德市桃源县漳江镇观音巷社区文昌路001号
……………………Tel：0736-7158132

湖南天顺建设有限公司
地址：湖南省常德市武陵区武陵大道与三星路交汇处和瑞欢乐城壹号楼1905室
……………………Tel：0736-7177038

湖南恒欣建设工程有限公司
地址：湖南省常德市武陵区城北办事处光荣路社区青年南路217号
……………………Tel：0736-7227769

湖南天鹰建设有限公司
地址：湖南省常德市武陵区穿紫河街道办事处康桥社区皂果路886号
……………………Tel：0736-7237158

湖南哲能赫新能源有限责任公司
地址：常德经济技术开发区德山镇株木山村三组
……………………Tel：0736-7301998

常德市三明市政建设有限公司
地址：湖南省常德市武陵区穿紫河街道滨湖社区武陵大道456号（市建设局综合楼4楼）
……………………Tel：0736-7706555

湖南益阳工程有限公司
地址：益阳市赫山区海棠路228号
……………………Tel：0737-2235886

湖南回龙通信科技有限公司
地址：益阳市赫山区梓山苑39栋101号一楼
……………………Tel：0737-4236726

湖南同盛智能系统工程有限公司
地址：娄底市娄星区建设街建设鑫苑9号
……………………Tel：0738-8211111

娄底工程建设有限公司
地址：娄底市娄星区湘阳街南侧1栋101
……………………Tel：0738-8266888

湖南涟钢建设有限公司
地址：娄底市娄星区涟钢北大桥旁
……………………Tel：0738-8660031

湖南华菱涟源钢铁有限公司
地址：湖南省娄底市黄泥塘
……………………Tel：0738-8662500

邵阳强龙劳务派遣有限公司
地址：邵阳市北塔区江北大市场16-2栋2-1号住宅
……………………Tel：0739-5356110

湖南恒业建设有限责任公司
地址：邵阳市双清区宝庆中路市体校
……………………Tel：0739-5358737

张家界好地建筑安装工程有限责任公司
地址：张家界市永定区崇文办事处凤湾居委会土门巷91号
……………………Tel：0744-8224921

张家界市中燃城市燃气发展有限公司
地址：湖南省张家界市永定区滨河路188号
……………………Tel：0744-8236776

湖南世康通信建设服务有限公司
地址：张家界市永定区大庸桥居委会八组
……………………Tel：0744-8886168

怀化大润发商业有限公司
地址：湖南省怀化市鹤城区人民南路与人民东路路口
……………………Tel：0745-2375666

湖南优美科技发展有限公司
地址：湖南省怀化市经开区（湖南省怀化广告创意产业园B8栋三层）
……………………Tel：0745-2487777

湖南京浦核建实业发展有限公司
地址：湖南省怀化市经开区环城西路东侧B1栋409室（大学生创客社区）
……………………Tel：0745-8777667

永州市鑫城锰业有限公司
地址：永州市零陵区珠山镇灶背村
……………………Tel：0746-6658616

双牌县建筑工程公司
地址：湖南省永州市双牌县紫金中路46号
……………………Tel：0746-7724389

湖南乘风网络科技有限公司
地址：永州市冷水滩区春江路25D栋103
……………………Tel：0746-8333336

永州劲松物业管理有限公司
地址：湖南省永州市冷水滩区梅湾街道河东湘江东路与昌盛路交汇处金河水岸小区四楼
……………………Tel：0746-8339555

湖南旺通科技发展有限公司
地址：湖南省永州市冷水滩区育才路160号
……………………Tel：0746-8367615

湖南新浩建设有限公司
地址：湖南省永州经济技术开发区长丰大道106号
……………………Tel：0746-8613666

广东省

广州天成医疗技术股份有限公司
地址：广州高新技术产业开发区开源大道11号B8栋第三层301房
……………………Tel：020-22017999

广东星摩网络科技有限公司
地址：广东省广州市天河区中山大道建工路13、15号518房
……………………Tel：020-22096516

广州瀚润信息科技股份有限公司
地址：广州市黄埔区茅岗村坑田大街32号广州鱼珠智谷E-PARK创意园园区E205号
……………………Tel：020-22098917

广州天运网络科技有限公司
地址：广州市海珠区敦和路189号3栋1101C（仅作办公用途）
……………………Tel：020-22107762

中石化广州工程有限公司
地址：广州市天河区体育西路191号A塔3301房（仅限办公用途）
……………………Tel：020-22192972

广州国云信息技术有限公司
地址：广州市天河区天河北路177号2701（仅限办公用途，不可作厂房）
……………………Tel：020-22233123

广州唯品会信息科技有限公司
地址：广州市荔湾区芳村花海街20号自编1-5号楼（仅作写字楼功能使用）
……………………Tel：020-22330000

广州唯品会物流有限公司
地址：广州市白云区钟落潭镇良田村良田保税路30号（空港白云）
……………………Tel：020-22330000

广州唯品会信息科技有限公司
地址：广州市荔湾区芳村花海街20号自编1-5号楼（仅作写字楼功能使用）
……………………Tel：020-22330000

广州晶东贸易有限公司
地址：广州市黄埔区九龙镇九龙工业园凤凰三横路89号1号库房301
……………………Tel：020-22615500

广州市天誉物业管理有限公司
地址：广州市天河区林和中路146号6楼东南角A室（本住所仅限写字楼功能）
……………………Tel：020-22816012

广东中人企业（集团）有限公司
地址：广州市天河区上元岗中成路300号
……………………Tel：020-23336868

广州建设工程质量安全检测中心有限公司
地址：广州市白云区白云大道北833号一、三、四层
……………………Tel：020-26095436

广东睿威信息科技有限公司
地址：广州市天河区高普路1023号7楼（仅限办公）
……………………Tel：020-26097099

捷普电子（广州）有限公司
地址：广州经济技术开发区东区骏成路128号
……………………Tel：020-28055000

广州优秘软件有限公司
地址：广州市天河区华观路1933号602房（仅限办公）（不可作厂房使用）
……………………Tel：020-28120288

广东工航融资租赁有限公司
地址：广州市南沙区丰泽东路106号（自编1号楼）X1301-G3303（仅限办公用途）（JM）
……………………Tel：020-28186322

广东裕恒工程检测技术有限责任公司
地址：广州经济技术开发区永和区永顺大道西6号一楼
……………………Tel：020-28212766

广州诚赛信息科技有限公司
地址：广州市天河区天河路351号2101（部位：单元之06、08房）（仅限办公用途）
……………………Tel：020-28265628

广州安莱信息通信技术有限公司
地址：广州市越秀区德政北路538号4楼北向409-412房
……………………Tel：020-28296088

广州苏宁易购物流有限公司
地址：广州市萝岗区护林路2003号苏宁办公楼1003房
……………………Tel：020-28381999

广州微致信息科技有限公司
地址：广州市天河区燕岭路89号318铺（不可作厂房使用）
……………………Tel：020-28383553

广州仲恒房屋安全鉴定有限公司
地址：广州市天河区黄埔大道西201号金泽大厦2601室（本住所仅限写字楼功能）
……………………Tel：020-28813368

广州市天朗网络科技有限公司
地址：广州市越秀区先烈中路102号华盛大厦南塔808房
……………………Tel：020-28849509

广州锐创信息科技有限公司
地址：广州市天河区华观路1933号万科云A栋906-10（仅限办公用途）
……………………Tel：020-28871971

广州保得威尔电子科技股份有限公司
地址：广州市黄埔区开源大道11号C2栋201室
……………………Tel：020-28955756

广东省广播电视网络股份有限公司
地址：广东省广州市天河区珠江西路17号广晟国际大厦37楼
……………………Tel：020-29000111

爱立信信息技术服务（中国）有限公司
地址：广州市天河区高普路1025-1027号第二层
……………………Tel：020-29002688

广州电力建设有限公司
地址：广东省广州市番禺区东环街兴学路143号
……………………Tel：020-29021800

广州御银科技股份有限公司
地址：广州市天河区高唐路234号202房
……………………Tel：020-29087888

广州御新软件有限公司
地址：广州市天河区高唐路234号902房（仅限办公用途）
……………………Tel：020-29087888

广东品智网络有限公司
地址：广州市天河区天河路228号之二3809、3810房（仅限办公用途）
……………………Tel：020-29880859

广州捷冠信息科技有限公司
地址：广州市天河区中山大道中得悦街2,4,6,8号203房之C95房
……………………Tel：020-29896286

广州市坤腾软件技术有限公司
地址：广州市番禺区东环街番禺大道北555号天安总部中心16号楼305房
……………………Tel：020-31037072

广州市皓岚信息技术有限公司
地址：广州市番禺区小谷围街中二横路22号B813
……………………Tel：020-31066228

广州商脉网络科技有限公司
地址：广州市天河区科韵北路108号2楼自编G08房
……………………Tel：020-31100337

广州白云高新区投资集团有限公司
地址：广州市白云区北太路1633号广州民营科技园科盛路8号配套服务大楼C501-510房
……………………Tel：020-31211103

广东奥园奥买家电子商务有限公司
地址：广州市南沙区进港大道10号821室（仅限办公）
……………………Tel：020-31556700

一汽出行科技（广州）有限公司
地址：广州市高新技术产业开发区科学城科学大道182号创新大厦C3栋第6层602单元
……………………Tel：020-31656888

广东贝源检测技术股份有限公司
地址：广州市高新技术产业开发区科学城光谱西路69号TCL文化产业园汇创空间201室
……………………Tel：020-32011123

广州润芯信息技术有限公司
地址：广州市黄埔区科学城南翔二路23号B栋六楼B605、B625、B631房
……………………Tel：020-32032333

广东汇成检测技术股份有限公司
地址：广州市黄埔区开源大道182号自编三栋5楼
……………………Tel：020-32033949

广州海昇计算机科技有限公司
地址：广州高新技术产业开发区科学城广州国际企业孵化器孵化楼（D）区D403房
……………………Tel：020-32052037

广州鼎甲计算机科技有限公司
地址：广州高新技术产业开发区科学大道243号901房
……………………Tel：020-32053160

广州市建筑材料工业研究所有限公司
地址：广州高新技术产业开发区科学城科研路2号
……………………Tel：020-32057477

泰斗微电子科技有限公司
地址：广州经济技术开发区东区东众路42号2栋301、401房
……………………Tel：020-32068686

广州开发区投资控股有限公司
地址：广州经济技术开发区科学大道60号开发区控股中心28层
……………………Tel：020-32077676

北明软件有限公司
地址：广州市天河区思成路1号北明软件大楼7、8层
……………………Tel：020-32105800

广州毅昌科技股份有限公司
地址：广州市高新技术产业开发区科学城科丰路29号
……………………Tel：020-32200852

广州博时信息科技有限公司
地址：广州市黄埔区科学大道48号305房（仅限办公）
……………………Tel：020-32207359

广州索答信息科技有限公司
地址：广州高新技术产业开发区科学城天泰一路1号第四层自编431房
……………………Tel：020-32210085

广州思信电子科技有限公司
地址：广州市黄埔区彩频路16号1栋412房
……………………Tel：020-32210606

广州宇信易诚信息科技有限公司
地址：广州市经济技术开发区南翔支路1号自编一栋A512-A房（仅限办公用途）
……………………Tel：020-32211000

广州盛科电子有限公司
地址：广州高新技术产业开发区科学城莲花砚路6号
……………………Tel：020-32211011

宏景科技股份有限公司
地址：广州高新技术产业开发区科学城科学大道162号B2区第七层701、702单元
……………………Tel：020-32211688

广东卓铄信息科技有限公司
地址：广州市天河区车陂祠堂大街2号1栋636室
……………………Tel：020-32218698

广州医软智能科技有限公司
地址：广州市黄埔区南翔支路1号C栋201房
……………………Tel：020-32219032

广州贝龙环保产业科技股份有限公司
地址：广州市经济技术开发区禾丰路63号
……………………Tel：020-32222698

广州广番宜家家居有限公司

地址：广州市番禺区东环街东艺路139号15栋
…………Tel：020-32255018

广州西麦科技股份有限公司
地址：广州市高新技术产业开发区科丰路31号自编二栋华南新材料创新园G5栋203
…………Tel：020-32293060

广州汇豪计算机科技开发有限公司
地址：广州市黄埔区敏兴街11号305房
…………Tel：020-32296818

蜂助手股份有限公司
地址：广州市天河区龙口横街28号南塔23楼自编2301-2341房
…………Tel：020-32382352

广州新志特通信技术有限公司
地址：广州市天河区海安路13号之一1404（部位：B）（仅限办公用途）
…………Tel：020-34003362

广东建安消防机电工程有限公司
地址：广东省广州市海珠区叠景中路90号2801-2806、2831-2832室
…………Tel：020-34030331

广东中凯建设工程有限公司
地址：广东省广州市天河区东莞庄路2号财润国际大厦A栋21楼2110房
…………Tel：020-34076604

红牌集团股份有限公司
地址：广州市海珠区昌岗中路211号之八1105自编之一
…………Tel：020-34332739

广东省石油化工建设集团有限公司
地址：广州市海珠区同福中路293号
…………Tel：020-34375338

广州软通动力信息技术有限公司
地址：广州市南沙区南沙街港前大道南162号1713房（仅限办公用途）
…………Tel：020-34688020

广东锐捷安全技术股份有限公司
地址：广州市番禺区桥南街蚬涌村工业区（7号E型厂房）
…………Tel：020-34732958

广州市丰海科技股份有限公司
地址：广州市黄埔区开源大道11号B3栋101室、201室
…………Tel：020-34769266

广州番禺桥兴建设安装工程有限公司
地址：广州市番禺区石　镇岐山南路10号128
…………Tel：020-34812800

广州市华科尔科技股份有限公司
地址：广州市南沙区东涌镇太石工业区
…………Tel：020-34915293

中国烟草总公司广东省公司
地址：广东省广州市天河区珠江西路15号第6、59-67层
…………Tel：020-35668135

广州白云国际机场建设发展有限公司
地址：广州市白云区白云国际机场二号路北西侧
…………Tel：020-36050471

广州云顶联合实业有限公司
地址：广州市白云区京溪路101号218铺
…………Tel：020-36138136

广东诚泰交通科技发展有限公司
地址：广州市白云区广从一路338号二楼
…………Tel：020-36240289

广东穗安建设科技有限公司
地址：广东省广州市白云区江夏东二路3号418房
…………Tel：020-36480347

广州博瑞信息技术股份有限公司
地址：广州市白云区鹤龙街鹤龙路8号海峡两岸（汇龙）信息产业科技园第五层A区505号（仅限办公用途）
…………Tel：020-36600096

中国南方电网有限责任公司
地址：广东省广州市萝岗区科学城科翔路11号
…………Tel：020-36622222

广州鑫德电子有限公司
地址：广州市花都区花城街杨二村旧区塘边17首层
…………Tel：020-36891009

广州永远智能科技有限公司
地址：广州市天河区体育东路140-148号2805B106（仅限办公）
…………Tel：020-37031383

广州汇量网络科技股份有限公司
地址：广州市天河区兴民路222号之三4401房
…………Tel：020-37039010

广州铁路投资建设集团有限公司
地址：广州市白云区云城东路168号景泰创展中心A栋5楼
…………Tel：020-37051841

广东众基信息科技有限公司
地址：广东省广州市天河区长兴路5号第三栋302室
…………Tel：020-37090051

广州富仓网络技术有限公司
地址：广州市白云区京溪桥东侧广州新百佳小商品城A1栋三层自编号A13068
…………Tel：020-37259487

广州酷狗计算机科技有限公司
地址：广州市天河区黄埔大道中315号自编1-17
…………Tel：020-37529000

天讯瑞达通信技术有限公司
地址：广州市天河区华利路19号三楼
…………Tel：020-37585470

广州力生信息科技有限公司
地址：广州市越秀区环市东路水荫路17号之二
…………Tel：020-37600237

广东广弘国际贸易集团有限公司
地址：广东省广州市越秀区新河浦路66号四楼
…………Tel：020-37603826

广州珠江移动多媒体信息有限公司
地址：广州市越秀区环市中路233号电视大院1号楼1305室
…………Tel：020-37616688

广州齐治信息科技有限公司
地址：广州市天河区甘园路51、52号A205-A206（仅限办公用途）
…………Tel：020-37638238

春涛国际建筑有限公司
地址：广州市越秀区先烈中路81号大院32栋117、118号首层
…………Tel：020-37656619

广州市中奢网络科技有限公司
地址：广州市海珠区新港东路51号之二十五整栋自编1005号（仅限办公用途）
…………Tel：020-37662018

广州网家信息技术有限公司
地址：广州市越秀区先烈中路102号北自编1602、04、06房（仅限办公使用）
…………Tel：020-37663008

广东晟讯智能科技有限公司
地址：广州市黄埔区阅阳一街2号806房
…………Tel：020-37667196

东风日产融资租赁有限公司
地址：广州市花都区新华街风神大道8号
…………Tel：020-37719679

鸿霖股份有限公司
地址：广州市天河区黄埔大道西638号广东农信大厦1209房
…………Tel：020-37873793

广东爱富兰建设有限公司
地址：广州市越秀区东风东路753号天誉商务大厦东塔五楼501、502室（仅限办公）
…………Tel：020-37885395

广州承远信息科技有限公司
地址：广州市天河区车陂路113号709房
…………Tel：020-37887755

深圳市德佳信息科技有限公司
地址：深圳市福田区泰然六路泰然苍松大厦北座1901-30
…………Tel：020-37889805

广州从泰物业管理有限公司
地址：广州市从化江埔街河东红荔新村19幢首层
…………Tel：020-37923776

广州威电信息科技有限公司
地址：广州市天河区中山大道西140号1405房（不可作厂房）
…………Tel：020-38023422

广东泰通建设有限公司
地址：广州市南沙区丰泽西路华梦街4号4号楼1322房、1323房（仅限办公）
…………Tel：020-38023533

广州华港信息技术有限公司
地址：广州高新技术产业开发区科学大道112号1801-B房
…………Tel：020-38023584

广州致成通讯技术有限公司
地址：广州市天河区中山大道西140号908房
…………Tel：020-38023773

广州泛美实验室系统科技股份有限公司
地址：广州市黄埔区开源大道11号B8栋第二层（部位：264室）
…………Tel：020-38029119

广东粤铁科技有限公司
地址：广州市天河区翰景路1号1501房自编ABCD1H1（仅限办公，不作厂房使用）
…………Tel：020-38029299

广东百安机电消防安装工程有限公司
地址：广东省广州市天河区黄埔大道中309号自编3-23C-2房
…………Tel：020-38031777

广州丰宝泽德计算机科技有限公司
地址：广州市天河区高科路38号108房
…………Tel：020-38062163

广州锐托通讯科技有限公司
地址：广州市番禺区沙头街嘉品二街6号2栋523
…………Tel：020-38063757

南方电网互联网服务有限公司
地址：广州市越秀区东风东路757号大院办公综合楼606-609房（不可作厂房使用）
…………Tel：020-38121231

广州科腾信息科技有限公司
地址：广州市天河区黄埔大道西平云路163号广电科技大厦801自编之四单元（仅限办公用途）
…………Tel：020-38152008

广州万方计算机科技有限公司
地址：广州市天河区天河北路898号3310房（本住所限写字楼功能）
…………Tel：020-38182180

广东信源集团有限公司
地址：广州市天河区天河北路898号信源大厦29楼
…………Tel：020-38183673

广东信源物业管理有限公司
地址：广东省广州市天河区天河北路898号信源大厦808房
…………Tel：020-38183693

广州咨元信息科技有限公司
地址：广州市天河区中山大道89号B栋2层东侧01号（仅限办公用途）
…………Tel：020-38200280

广州亚城规划设计研究院有限公司
地址：广州经济技术开发区青年路511号上层01室
…………Tel：020-38204543

广州六瑞消防科技有限公司
地址：广州市白云区北太路1633号广州民营科技园科颖路1号自编1、2栋
…………Tel：020-38210255

广州市网迅信息技术有限公司
地址：广州市天河区金慧街88号大院12栋116-1室（仅限办公）
…………Tel：020-38251666

广州三盾信息科技有限公司
地址：广州市天河区天河北路908号607房（仅限办公用途）
…………Tel：020-38259975

广东省通信产业服务有限公司
地址：广州市天河区华景路1号南方通信大厦27层E房
…………Tel：020-38266899

广州多益网络股份有限公司
地址：广州市萝岗区伴河路90号自编一栋301房
…………Tel：020-38273459

广州华安信息科技有限公司
地址：广州市天河区中山大道西95号D栋（部位：302）（仅限办公用途）
…………Tel：020-38283180

广州蓝梵信息科技有限公司
地址：广州市天河区建业路华翠街54-58号201之210
…………Tel：020-38299716

广东磅礴实业有限公司
地址：广州市荔湾区浣花路109号8045-8046（仅限办公用途）
…………Tel：020-38306106

广州惠想计算机科技有限公司
地址：广州市天河区龙口西路100号2楼全层（部位：自编11单元）（仅限办公用途）（不可作厂房使用）
…………Tel：020-38310130

广州市信昌信息科技有限公司
地址：广州市荔湾区荔湾路94号A楼203房
…………Tel：020-38320988

广州市一丁信息技术有限公司
地址：广州市天河区黄村三联路16号（部位：B栋四楼4511）
…………Tel：020-38324929

广州市讯谊网络科技有限公司
地址：广州市天河区天河北路559号2304自编D21房（仅限办公用途）
…………Tel：020-38331806

广州赛诺信息科技有限公司
地址：广州市越秀区德政北路538号23A楼08-09室自编23A9M房（仅限办公用途）（不可作厂房使用）
…………Tel：020-38331806

广州歌华网络科技发展有限公司
地址：广州市天河区黄埔大道西平云路163号广电平云广场A塔4层自编02单元
…………Tel：020-38335958

广州连云大数据有限公司
地址：广州经济技术开发区东区街道连云路388号标准厂房3自编101房（自主申报）
…………Tel：020-38335966

广州尚古网络科技有限公司
地址：广州市天河区中山大道89号5层521-522号房（仅限办公）
…………Tel：020-38350836

广州市盛通建设工程质量检测有限公司
地址：广州市越秀区天河路34号4楼
…………Tel：020-38361163

广州美仑信息技术有限公司
地址：广州市天河区元岗横路31号二层1205-1206房
…………Tel：020-38371614

广州联瑞数码科技有限公司
地址：广州市越秀区沿江中路299号15D1房
…………Tel：020-38377718

广东彩惠智能科技有限公司
地址：广州市越秀区应元路34,36号3层
…………Tel：020-38550301

广州奇异果互动科技股份有限公司
地址：广州市天河区珠江东路12号2801房之自编01房（仅限办公用途）
…………Tel：020-38615325

广东一创恒健融资租赁有限公司
地址：广州市南沙区黄阁镇望江二街1号1615房
…………Tel：020-38615993

广东南方通信集团有限公司
地址：广州市天河区中山大道华景路1号
…………Tel：020-38638388

广州易城网络科技股份有限公司
地址：广州市天河区东圃一横路90号212房
…………Tel：020-38662786

广州市元善计算机科技有限公司
地址：广州市天河区大观中路95号1栋307房（仅限办公）
…………Tel：020-38663522

广州创炬网络科技有限公司
地址：广州市番禺区钟村街汉兴东路128号1529房
…………Tel：020-38678012

广东奥园跨境电商集团有限公司
地址：广州市南沙区进港大道10号101室自编B区（仅限办公用途）
…………Tel：020-38686666

海华电子企业（中国）有限公司
地址：广州市高新技术产业开发区科学城南翔二路23号
…………Tel：020-38697607

广州穗通金融服务有限公司
地址：广州市天河区高唐路232号（自编穗通大楼）
…………Tel：020-38698896

广州穗通金融服务有限公司
地址：广州市天河区高唐路232号（自编穗通大楼）
…………Tel：020-38698896

广州广电计量检测股份有限公司
地址：广州市天河区黄埔大道西平云路１６３号
…………Tel：020-38699960

广州热点软件科技股份有限公司
地址：广州市天河区天河北路689号25F2房（不可作厂房）
…………Tel：020-38732506

广州工博计算机科技有限公司
地址：广州市天河区天河北路898号204A房（仅限办公用途）
…………Tel：020-38732780

广东履安实业有限公司
地址：广州市天河区金颖路1号一楼（仅限办公）
…………Tel：020-38742000

广州市安鑫消防工程有限公司
地址：广州市天河区天河北路617号401房
…………Tel：020-38742810

广州慧祥电子科技有限公司
地址：广州市天河区天河北路615号2108室（本住所限写字楼功能）
…………Tel：020-38742893

广州伟通网络科技有限公司
地址：广州市天河区粤垦路68号2001房（部位：2001-2室）（仅限办公）
…………Tel：020-38747600

广州泽众信息科技有限公司
地址：广州市天河区灵山东路3号1601-4（仅限办公）
…………Tel：020-38761872

广州市飞鸟信息科技有限公司
地址：广州市天河区珠江东路30号601-C自编028（仅限办公）
…………Tel：020-38767057

广东电白一建集团有限公司
地址：茂名市电白区水东街道广南路108号一楼101室
…………Tel：020-38781557

广东建筑消防设施检测中心有限公司
地址：广东省广州市天河区天河路天河体育中心内街配电房二层
…………Tel：020-38798888

广东易臣信息技术有限公司
地址：广州市天河区五山路371-1号主楼1211房
…………Tel：020-38820133

广东潮博幕墙工程有限公司
地址：广州市白云区鹤龙街尖彭路20号A栋华联309房（自主申报）
…………Tel：020-38825723

广州中耀物业管理有限公司
地址：广州市越秀区寺右中街18号3704房
…………Tel：020-38862689

广州远龙信息科技有限公司

地址：广州市番禺区洛浦街东乡村沿沙东路40号丽江假日俱乐部B幢4F-10-12室
……Tel：020-38869233

雪松大宗商品供应链集团有限公司
地址：广州市白云区恒骏街4号405房自编10号（仅限办公用途）
……Tel：020-38869600

广州联华实业有限公司
地址：广州市黄埔区九佛建设路333号1157房
……Tel：020-38869600

广州筑通贸易有限公司
地址：广州市黄埔区开创大道1936号1414-1416单元
……Tel：020-38869600

广州罗捷信息科技有限公司
地址：广州市天河区体育东路140-148号1307-5房（本住所限写字楼功能）
……Tel：020-38882193

广东恒力建设工程有限公司
地址：广州市从化区城郊街新村北路55号之一自编A栋107室
……Tel：020-38882777

广州市博立信息科技有限公司
地址：广州市天河区思成路21号宏太智慧谷六号楼4楼自编501房（仅限办公）
……Tel：020-38889279

广东南电智控系统有限公司
地址：广州市天河区华翠街54-58号202房（部位：206A）
……Tel：020-38894253

广州新利堡消防工程企业有限公司
地址：广州市天河区黄埔大道西陶育路17号之一
……Tel：020-38896299

广州市融展信息科技有限公司
地址：广州市天河区天河路490号1803B室A18房（仅限办公用途）
……Tel：020-38905819

广州微易软件有限公司
地址：广州市天河区翰景路1号金星大厦5楼F10（仅限办公）
……Tel：020-38910643

广州博昱贸易有限公司
地址：广州市黄埔区九佛建设路333号101房之42
……Tel：020-38911638

广州天畅信息技术有限公司
地址：广州市天河区中山大道西89号办公楼（部位：A栋16层南15-17）（仅限办公用途）（不可作厂房使用）
……Tel：020-38921330

广州视宇未来信息技术有限公司
地址：广州市天河区龙怡路117号605房（仅限办公）（不可作厂房使用）
……Tel：020-38921965

广州知语网络科技有限公司
地址：广州市白云区黄石街新市镇黄石东路猪木岭广州市红星制锁厂内第14栋三楼308房
……Tel：020-38936161

广州中长康达信息技术有限公司
地址：广州市天河区思成路19号601房（仅限办公用途）
……Tel：020-38966199

广东奥迪动漫玩具有限公司
地址：广州市黄埔区知文二街1号（自编A08）405室
……Tel：020-38983278

格伦有限公司
地址：珠海市横琴新区宝华路6号105室-24274（集中办公区）
……Tel：020-39090290

耿耿于怀有限公司
地址：珠海市横琴新区宝华路6号105室-24273（集中办公区）
……Tel：020-39090290

广州市百耀信息科技有限公司
地址：广州市越秀区东风西路132号4209房
……Tel：020-39092000

中铁建设集团南方工程有限公司
地址：广州市南沙区丰泽东路106号（自编1号楼）X1301-C1624（仅限办公用途）（JM）
……Tel：020-39092192

广东军缆信息技术有限公司
地址：广州市番禺区东环街番禺大道北555号天安产业大厦2座601室
……Tel：020-39191066

广州市科健计算机技术有限公司
地址：广州市番禺区钟村街祈福新 仓储楼八楼
……Tel：020-39224828

广东医网网络信息服务有限公司
地址：广州市天河区燕岭路133号自编3号楼3层302-35M（仅限办公）
……Tel：020-39236533

广东全通诺特通信技术有限公司
地址：广州市天河区华夏路28号1604房
……Tel：020-39291119

广州钧衡微电子科技有限公司
地址：广州高新技术产业开发区科学城彩频路11号A803（仅限办公用途）
……Tel：020-39322788

广州市御航信息技术有限公司
地址：广州市天河区五山路246、248、250号2402-04室、2402-05室、2402-10室（仅限办公）
……Tel：020-39677988

广东金桂汇投资发展有限公司
地址：广州市天河区珠江东路32号31层04单元（自编33层04单元）（自主申报）
……Tel：020-39901516

广东赛百威信息科技有限公司
地址：广州市黄埔区科学城科珠路203号1301、1302、1303房
……Tel：020-61006996

广州新为通信科技有限公司
地址：广州市天河区中山大道西299号第11层01号房（仅限办公）（不可作厂房使用）
……Tel：020-61087392

广州鑫源网络科技有限公司
地址：广州市天河区广汕二路31号201房（仅限办公用途）
……Tel：020-61088100

广东盈信信息投资有限公司
地址：广东省广州市黄埔区高新技术产业开发区科学大道121号606房
……Tel：020-61222834

广州皓竹软件有限公司
地址：广州市天河区龙口东路354号303、304房自编304
……Tel：020-61246699

赫基（中国）集团股份有限公司
地址：广州市海珠区新港东路2429号四楼自编427号
……Tel：020-61280498

粤水电建筑安装建设有限公司
地址：广州市增城区新塘镇广深大道西1号1幢1201-1208房
……Tel：020-61775038

广东东方纵横检测有限公司
地址：广州市黄埔区科学城瑞和路79号3楼301房
……Tel：020-61790520

广东好太太科技集团股份有限公司
地址：广州市番禺区化龙镇石化路21号之一、之二
……Tel：020-61960840

广州华南新材料创新园有限公司
地址：广州市高新技术产业开发区科学城科丰路31号
……Tel：020-61993929

广州石化华穗工程有限公司
地址：广州市黄埔区石化路广州石油化工总厂内
……Tel：020-62120612

广东抱一信息科技有限公司
地址：广州市番禺区大龙街富怡路罗家村段8号之7友谊楼1梯205（仅限办公用途）
……Tel：020-62322161

广州胜谷信息科技有限公司
地址：广州市天河区天河北路888号1202房(本场所仅限办公功能)
……Tel：020-62323888

广州忘平信息科技有限公司
地址：广州市越秀区中山一路57号906房（仅限办公用途）
……Tel：020-62357090

广州榕创网络科技有限公司
地址：广州市越秀区中山一路51号后座七楼7-821房（仅限办公用途）（不可作厂房使用）
……Tel：020-62357096

广东今日合作办公用品有限公司
地址：广州市天河区天河北路183、187号3216房
……Tel：020-62615499

广州同博信息科技有限公司
地址：广州市天河区黄埔大道中路336号503（仅限办公）
……Tel：020-62683688

广州冠岳网络科技有限公司
地址：广州市天河区元岗路310号自编5栋D301、302、303单元
……Tel：020-62701953

广州南方电安科技有限公司
地址：广州市番禺区东环街万博翠湖花园万豪商业街107号首层
……Tel：020-62938974

广州市华测检测认证技术有限公司
地址：广州市黄埔区汤村教育二路133号
……Tel：020-62939366

广东新华发行集团股份有限公司
地址：广州市越秀区大沙头四马路12号
……Tel：020-66220262

分众传媒信息技术股份有限公司
地址：广州市黄埔区腾飞一街2号605房（部位：6411）
……Tel：020-66220803

广州宜家家居有限公司
地址：广州市天河区黄埔大道东663号首层、二层东侧
……Tel：020-66222345

广州博元讯息服务有限公司
地址：广州市越秀区中山一路51号前座六楼601房
……Tel：020-66314418

联合众邦云服务股份有限公司
地址：广东省广州市番禺区石 镇亚运大道895号（10号工业楼）第5层501、503、505室
……Tel：020-66318518

广州航新航空科技股份有限公司
地址：广州市经济技术开发区科学城光宝路1号
……Tel：020-66350888

中移互联网有限公司
地址：广州市天河区高唐路333号自编1.1栋
……Tel：020-66600008

广州长丰网络技术有限公司
地址：广州市白云区梅岗路1号大院201栋5楼A16房
……Tel：020-66615091

广州华宇信息技术有限公司
地址：广州市海珠区阅江中路688号保利国际广场北塔15层
……Tel：020-66672666

广州广电五舟科技股份有限公司
地址：广州市黄埔区开源大道11号C2栋401室
……Tel：020-66679500

广州烽火众智数字技术有限公司
地址：广州高新技术产业开发区揽月路101号A座3层
……Tel：020-66686088

广东登鸿科技发展有限公司
地址：广州市天河区明旭街1号620房（不可作厂房使用）（仅限办公）
……Tel：020-66690972

广州星博信息技术有限公司
地址：广州市天河区科韵路16号自编1栋1101自编之一（仅限办公）（不可作厂房使用）
……Tel：020-66810090

广州点动信息科技股份有限公司
地址：广州市荔湾区花地大道中64号12楼
……Tel：020-66810988

广州恒业软件科技有限公司
地址：广州市越秀区中山三路33号A塔1601房（自编）中华国际中心A塔16楼1603-1单元
……Tel：020-66815066

广州中浩控制技术有限公司
地址：广州市越秀区先烈中路100号大院15号楼
……Tel：020-66818328

广东浩和建筑股份有限公司
地址：广东省广州市黄埔区芳草甸路2号香山路21号自编10栋（部位：一楼、三楼）
……Tel：020-66886868

广州市万源能源科技有限公司
地址：广州市越秀区东湖西路二号四楼金湖大厦自编409房（仅限办公用途）
……Tel：020-80500586

广东瑞信网络通信有限公司
地址：广州市海珠区新港西路3号二十三层自编2301-03（仅限办公用途）
……Tel：020-80928615

广东力炜劳动服务有限公司
地址：广东省广州市荔湾区南岸路77号三楼西南面
……Tel：020-81255016

广东彩辉计算机技术服务有限公司
地址：广州市天河区天河北路侨林街47号2003房（仅限办公用途）
……Tel：020-81294923

广州市高奈特网络科技有限公司
地址：广州市荔湾区浣花路109号8101室（仅作写字楼功能使用）
……Tel：020-81523512

广州市百福电气设备有限公司
地址：广州市荔湾区桃湾工业园2号C幢首层
……Tel：020-81560996

广州四方华能电网控制系统有限公司
地址：广州市白云区罗冲围松南路松鹤街25号102铺
……Tel：020-81762848

广州市稳建工程检测有限公司
地址：广州市荔湾区裕海路222号之二首层、2层
……Tel：020-81800202

广州医药股份有限公司
地址：广州市荔湾区大同路97-103号
……Tel：020-81814966

广州市冠尔智能技术有限公司
地址：广州市荔湾区荔湾路78号自编14号502（仅限办公用途）
……Tel：020-81953090

广州市托德信息技术发展有限公司
地址：广州市萝岗区科学大道101号2121房
……Tel：020-82018595

广州市电建机电工程有限公司
地址：广州高新技术产业开发区科学城南翔二路33号自编四栋三楼
……Tel：020-82073821

中国能源建设集团华南电力试验研究院有限公司
地址：广州市高新技术产业开发区科汇三街6号1001房
……Tel：020-82103733

广东伟晋建设集团有限公司
地址：广州经济技术开发区开发大道348号建设大厦10楼全层
……Tel：020-82112480

广州三人行壹佰教育科技有限公司
地址：广州市番禺区南村镇万博二路79号2803
……Tel：020-82120107

广东力田科技股份有限公司
地址：广州高新技术产业开发区揽月路8号212、216、218
……Tel：020-82215787

广州金博物流贸易集团有限公司
地址：广州市黄埔区西基路133号
……Tel：020-82223666

广州飒特红外股份有限公司
地址：广州经济技术开发区港前工业区东江大道10号
……Tel：020-82229927

广东捷荣建筑安装工程有限公司
地址：广州经济技术开发区东区建业六路8号
……Tel：020-82266835

广东网联数据科技有限公司
地址：广东省广州市黄埔区起云路3号自编1栋
……Tel：020-82285979

广东泰达保安服务有限公司
地址：广州市黄埔区志诚大道302号1508、1509、1510A室
……Tel：020-82288209

广州祺创电子科技有限公司
地址：广州市黄埔区荔联街联达路3号大院2号301房
……Tel：020-82312964

广州市浩翔计算机科技有限公司
地址：广州市天河区思成路21号宏太智慧谷六号楼2楼自编301B房
……Tel：020-82313686

广州市一卡通计算机服务有限公司
地址：广州市天河区黄村路61号整套（部位：四层东南）
……Tel：020-82315185

广州灵致网络科技有限公司
地址：广州市天河区中山大道中路时尚明苑77号之一1406房（本住所仅限写字楼功能）
……Tel：020-82329200

广州洋基信息科技有限公司
地址：广州市天河区五山路371号之一主楼2405（仅限办公用途，不可作厂房使用）
……Tel：020-82357765

广东省有色工业建筑质量检测站有限公司
地址：广东省广州市黄埔区护林路1333号101
……Tel：020-82366993

城市组设计集团有限公司
地址：广州市天河区花城大道68号1008房
……Tel：020-82408599

广州鼎阳信息科技有限公司
地址：广州市天河区宦溪西路12号A305房
……Tel：020-82521080

广州冠建工程质量检测有限公司
地址：广州市天河区车陂老坑桥2号
……Tel：020-82529326

广州一城建筑工程有限公司
地址：广州市天河区中山大道西1138号1826房（仅限办公用途）
……Tel：020-82567486

广州市满航通信科技有限公司
地址：广州市天河区大岗北新建路4号1栋306房（不可作厂房使用）
……Tel：020-82576098

广州市丈森机电设备有限公司
地址：广州市天河区珠村北环路100号401-31
……Tel：020-82587526

广州市正艺资讯科技有限公司
地址：广州市增城区石滩镇新城大道400号增城低碳总部园新城总部中心10号楼
……Tel：020-82663333

广州市正艺资讯科技有限公司
地址：广州市增城区石滩镇新城大道400号增城低碳总部园新城总部中心10号楼
……Tel：020-82663333

广州市城市建设投资集团有限公司
地址：广州市越秀区中山四路228号5-7楼11-12楼
……Tel：020-83061779

广东橙家科技有限公司
地址：广州市南沙区环盛街1号702房（部位：之二）（仅限办公）
……Tel：020-83137480

广东粤铝建筑装饰有限公司
地址：广州市越秀区越华路116号省煤炭工业总公司大楼三楼
……Tel：020-83189011

广州市羊城地下工程有限公司
地址：广州市白云区广从三路303号厂房仓库（除A、A6部分外）
……Tel：020-83202276

国药集团广东省医学检验有限公司
地址：广州市越秀区沿江中路298号C座7楼（仅限办公用途）
……Tel：020-83282199

金中天建设集团有限公司
地址：广东省广州市黄埔区光谱中路11号2栋1单元1103室
……Tel：020-83292189

广东安民应急预案标准数据库科技管理有限公司
地址：广州市越秀区越华路118号自编1号楼609房
……Tel：020-83310001

中鼎控股集团有限公司
地址：广州市越秀区东风中路268号广州交易广场2701-2708室
……Tel：020-83311111

广州市机电安装有限公司
地址：广州市越秀区广卫路四号15-18楼
……Tel：020-83337291

广州市水电设备安装有限公司
地址：广州市越秀区文明路50号
……Tel：020-83346843

广东亿德兴工程建设有限公司
地址：广州市花都区新华街永昌路10号之六
……Tel：020-83486668

广州银融信信息科技有限公司
地址：广州市天河区天府路157号445房
……Tel：020-83514018

广州大一互联网络科技有限公司
地址：广州市天河区黄埔大道西122号之二2001、2002、2003、2004、2005房
……Tel：020-83560263

广州市誉达通信技术有限公司
地址：广州市天河区沙太南路85号5楼506-04房（仅限办公）
……Tel：020-83575261

广州市欧康通信技术有限公司
地址：广州市越秀区麓景路狮带岗西14-1号403-406室
……Tel：020-83576275

广州市三原物业管理有限公司
地址：广州市越秀区恒福路110号淘金花园B座3F/B房
……Tel：020-83581766

广州优管电子科技有限公司
地址：广州市天河区林和西路9号2619室
……Tel：020-83603498

广东博众网络信息技术有限公司
地址：广东省广州市天河区建业路华翠街54-58号202之203房
……Tel：020-83637588

广州华苑园林股份有限公司
地址：广州市越秀区中山一路34号自编3号
……Tel：020-83673888

广州建筑产业开发有限公司
地址：广州市天河区天蕴路3号自编号4栋206室（仅限办公）
……Tel：020-83706756

广东道路信息发展有限公司
地址：广东省广州市越秀区寺右新马路21号2114房
……Tel：020-83740403

广州致和网络科技有限公司
地址：广州市越秀区寺右新马路108号2001房
……Tel：020-83764308

广州市市政实业有限公司
地址：广州市越秀区横枝岗路287号（不可作厂房使用）
……Tel：020-83766389

广州君和信息技术有限公司
地址：广州市越秀区东风中路515号1801房自编号1806单元
……Tel：020-83808347

广州市市政工程试验检测有限公司
地址：广州市越秀区东风东路733号之一自编113房自编之八十房号
……Tel：020-83820038

广东广物融资租赁有限公司
地址：广州市南沙区丰泽东路106号13层1301房自编X1301-G301号（仅限办公用途）（JM）
……Tel：020-83827502

广州市赤龙电信科技有限公司
地址：广州市越秀区德政北路538号北向909房
……Tel：020-83833985

广州珠江装修工程有限公司
地址：广州市越秀区环市东路362-366号30层3001-10房
……Tel：020-83850380

威创集团股份有限公司
地址：广州高新技术产业开发区科珠路233号
……Tel：020-83908888

广州智光节能环保有限公司
地址：广州高新技术产业开发区科学城科学大道121号511房
……Tel：020-83909333

宝新融资租赁有限公司
地址：广州市南沙区南沙云山诗意人家丰泽东路106号（自编1号楼）13层1301房自编1301-B1570室（仅限办公用途）
……Tel：020-83909812

网安联信息技术有限公司
地址：广州市越秀区环市东路326号之一广东亚洲国际大酒店19楼01单元（仅限办公用途）
……Tel：020-83922603

广州市泰昌消防工程有限公司
地址：广州市海珠区滨江东路90号203商铺
……Tel：020-84048342

广州帝沃利信息技术有限公司
地址：广州市海珠区新港中路350号之五2001房（仅限办公用途）
……Tel：020-84055114

广州市电力工程有限公司
地址：广州市海珠区江泰路52号
……Tel：020-84072451

中石化中海船舶燃料供应有限公司
地址：广州市黄埔区港前路195号4楼
……Tel：020-84108141

广州亦云信息技术股份有限公司
地址：广州市海珠区新港西路135号大院园西区705号楼705-713房
……Tel：020-84114550

广州杰赛通信规划设计院有限公司
地址：广州市黄埔区云庆路56号C栋3楼
……Tel：020-84119088

广州市大安消防实业有限公司
地址：广州市海珠区北山村桥头大街226-228号B栋302（仅限办公用途）
……Tel：020-84121088

广州朗歌信息技术有限公司
地址：广州市番禺区洛浦街迎宾路115号603
……Tel：020-84207003

广州车前车后信息科技有限公司
地址：广州市海珠区广州大道南1398号
……Tel：020-84210923

广州市第四建筑工程有限公司
地址：广州市海珠区前进路基立南街21号
……Tel：020-84262002

广东中南建设有限公司
地址：广州市海珠区石榴岗路岗园街81、83号首层
……Tel：020-84266920

广州南方电力技术工程有限公司
地址：广州市海珠区泰沙路80号
……Tel：020-84308668

穗港消防服务公司
地址：广州市越秀区文德北路170号四楼（北塔）（部位：420房）
……Tel：020-84391868

广州市天汇通信科技有限公司
地址：广州市荔湾区花地大道北192号505房自编之二（仅限办公用途）
……Tel：020-84489104

广州市凯昌电子有限公司
地址：广州市番禺区石基镇文边工业区
……Tel：020-84553170

广东永辉超市有限公司
地址：广州市番禺区市桥街清河东路203号汇珑商业中心一楼A29，二楼B34，三楼C30
……Tel：020-84639955

广州威能机电有限公司
地址：广州市番禺区沙头街丽骏路59号
……Tel：020-84661133

广东盈世计算机科技有限公司
地址：广州市番禺区小谷围街青蓝街28号3栋7-10层
……Tel：020-85106566

广州市紫晶通信科技有限公司
地址：广州市越秀区先烈中路85号4层自编A座A区
……Tel：020-85162725

广州市简美网络科技有限公司
地址：广州市越秀区水荫路119号星光映景29层01、02、03、04、05、06室
……Tel：020-85200570

广州千真数码科技有限公司
地址：广州市天河区白芰草岗路中衡山5-112（仅限办公）（不可作厂房使用）
……Tel：020-85219124

广东华晟安全职业评价有限公司
地址：广州市天河区广汕二路602之一首层101房
……Tel：020-85232855

广州三叶网络科技有限公司
地址：广州市天河区棠东东路25号501房（不可作厂房使用）
……Tel：020-85260059

广州恒伟信息科技有限公司
地址：广州市天河区天河路373号B座1706房（仅限办公）（不可作厂房使用）
……Tel：020-85260993

广州研鑫信息技术有限公司
地址：广州市天河区棠东东路19号A305房
……Tel：020-8526392

汉通控股集团有限公司
地址：广东省广州市天河区黄埔大道西平云路163号广电科技大厦701自编之1单元
……Tel：020-85270165

广州钜融机电工程有限公司
地址：广州市从化街口街新村北路55号之一自编B栋201室
……Tel：020-85508168

广东粤大建设集团有限公司
地址：广州市天河区员村四横路1号大院内自编31号
……Tel：020-85521938

广州天诚伟业通信科技有限公司
地址：广州市黄埔区蓝玉四街9号2号厂房南407房
……Tel：020-85522111

广州风声计算机有限公司
地址：广州市天河区建中路59号201房
……Tel：020-85530552

广州市易纬电子有限公司
地址：广州高新技术产业开发区科学城科汇四街1号401房
……Tel：020-85531881

广东国升通信技术有限公司
地址：广州市天河区棠安路146号2018房
……Tel：020-85541997

广东铭翼科技有限公司
地址：广州市天河区棠安路146号3005房
……Tel：020-85541997

广州文明数码科技有限公司
地址：广州市越秀区广州大道北路193号16B03房
……Tel：020-85544118

广东东南能源系统科技有限公司
地址：广州市天河区建中路64、66号东501
……Tel：020-85552011

广东荣杰通信技术有限公司
地址：广东省广州市天河区体育西路111-115单号8楼E
……Tel：020-85555588

广州市嘉弘软件科技有限公司
地址：广州市越秀区水荫路119号星光映景16层K664号
……Tel：020-85556825

广州艾云尼信息技术有限公司
地址：广州市天河区中山大道中路439号1101、1128、1129、1130房034号
……Tel：020-85558306

广东昱辉通信技术有限公司
地址：广州市天河区建中路64-66号西8楼801室
……Tel：020-85559911

广州小红帽计算机科技有限公司
地址：广州市天河区中山大道西89号办公楼（部位：A栋15层南6房）（仅限办公用途）
……Tel：020-85560215

广州正域信息科技有限公司
地址：广州市天河区中山大道路89号A栋4层南21-24房（该场所仅限办公用途）
……Tel：020-85561251

广州艾诺网络科技有限公司
地址：广州市天河区五山路285号301房（仅限办公）
……Tel：020-85562542

广州晨扬通信技术有限公司
地址：广州市黄埔区光谱中路11号2栋2单元1001房
……Tel：020-85562797

广州捷宝电子科技股份有限公司
地址：广州市经济技术开发区骏业路257号第三栋306号
……Tel：020-85564970

广州创想云科技有限公司
地址：广州市天河区中山大道89号A幢3层02室
……Tel：020-85565658

广州市毅航互联通信股份有限公司
地址：广州市天河区中山大道路89号16层北13-17房（仅限办公用途，不可作厂房使用）
……Tel：020-85566523

广州必诺数码科技有限公司
地址：广州市天河区建中路62号7楼718房
……Tel：020-85566575

广州金微软件技术有限公司
地址：广州高新技术产业开发区神舟路9号306室
……Tel：020-85571601

广州百田信息科技有限公司
地址：广州市天河区高普路1023号5233室（仅限办公用途）
……Tel：020-85576482

广东广珠城际轨道交通有限责任公司
地址：广东省广州市海珠区新港东路1000号807房
……Tel：020-85585758

广东真正工程检测有限公司
地址：广东省广州市黄埔区云埔工业区云埔一路18号自编第一、二栋
……Tel：020-85610818

广东和顺物业管理有限公司
地址：广州市天河区天府路233号1917房
……Tel：020-85613337

广州亿宏信息科技有限公司
地址：广州市天河区华翠街68号301（部位：A）
……Tel：020-85630906

广州唯创电子有限公司
地址：广州市花都区新华街田美村田东拾下庄115号1-7楼4楼409房
……Tel：020-85638557

广州优游网络科技有限公司
地址：广州市天河区花城大道770号824房（仅限办公）
……Tel：020-85643433

广东祺商建设集团有限公司
地址：广东省广州市越秀区百灵路45号二楼
……Tel：020-85649023

广州优逸网络科技有限公司
地址：广州市天河区建业路华翠街68号自编之一201A
……Tel：020-85657595

广州罗众信息科技有限公司
地址：广州市天河区大灵山路61号第11栋2116室（仅限办公用途）
……Tel：020-85662087

广州视翔信息科技有限公司
地址：广州市天河区棠下上社路东升大街岗岩6号401房
……Tel：020-85666721

广州比邻信息科技有限公司
地址：广州市天河区棠下荷光五横路5号四楼405房
……Tel：020-85672390

广州赛威信息科技有限公司
地址：广州市天河区珠江西路15号21层01-08单元自编21-020室（仅限办公用途）
……Tel：020-85699555

香江现代物流有限公司
地址：广州市花都区花东镇九一村空港大道9号A4栋301-9室（空港花都）（自主申报）
……Tel：020-86121097

广州飞机维修工程有限公司
地址：广州花都区白云国际机场北区横十路
……Tel：020-86123500

广东广铝铝型材有限公司
地址：广州市白云区江高镇青云路55号自编1-5栋
……Tel：020-86161672

广州卓凡软件科技有限公司
地址：广州市天河区天源路5号之二1524房（仅限办公用途）
……Tel：020-86228969

广州市永讯通信技术有限公司
地址：广州市白云区金沙街马头岗大街14号303房（自主申报）
……Tel：020-86272770

广州三典信息科技有限公司
地址：广州市越秀区麓景路狮带岗中1号七楼705房
……Tel：020-86363305

广东惠和工程检测有限公司
地址：广州市白云区三元里大道930号38栋三楼
……Tel：020-86548034

广州市耀城物业管理有限公司
地址：广州市花都区新华镇花城路54号二楼
……Tel：020-86826821

广州骏威建筑工程有限公司
地址：广州市花都区新华镇云山大道21号
……Tel：020-86831848

广州纳斯威尔信息技术有限公司
地址：广州市越秀区水荫路117号星光映景28层01至10室（仅限办公）
……Tel：020-87001677

广州融一企业管理咨询有限公司
地址：广州市天河区高普路1023号第三层

……………………Tel：020-87022985

广州优微家具有限公司
地址：广州市天河区花城大道68号609D房
……………………Tel：020-87066251

广州粤能电力科技开发有限公司
地址：广州市越秀区先烈中路83号凯城华庭五楼502室（不可作厂房使用）
……………………Tel：020-87136652

广州新恒基消防工程有限公司
地址：广州市番禺区市桥街兴泰路278号基盛商业中心9楼903号
……………………Tel：020-87226123

广州华南信息技术有限公司
地址：广州市白云区沙太路华苑街18号大院内自编19号2层
……………………Tel：020-87233766

广州方鼎软件科技发展有限公司
地址：广州市黄埔区科学大道48号1112-1116房
……………………Tel：020-87248787

广东省建筑科学研究院集团股份有限公司
地址：广东省广州市天河区先烈东路121号大院内风洞楼
……………………Tel：020-87250096

广东政安电气消防安全检测有限公司
地址：广州市海珠区滨江中路768号5楼部分（仅限办公用途）
……………………Tel：020-87260996

广东中视物联技术有限公司
地址：广州市黄埔区神州路9号1栋224号（仅限办公）
……………………Tel：020-87266226

广州渡普信息科技有限公司
地址：广州市越秀区先烈中路76号16C房（仅限办公用途）
……………………Tel：020-87322838

广东海富消防技术服务股份有限公司
地址：广州市越秀区水荫路29号201自编201-203、202自编201-203
……………………Tel：020-87324511

广州市英通信息技术有限公司
地址：广州市越秀区广州大道中123、125号401房
……………………Tel：020-87390661

广州市白云泵业集团有限公司
地址：广州市黄埔区（中新广州知识城）九佛西路1395号
……………………Tel：020-87490393

广州中科诺泰技术有限公司
地址：广州市天河区天河路228号之一1501单元（电梯层1701单元）（仅限办公）（不可作厂房使用）
……………………Tel：020-87516161

广州市朗恒信息科技有限公司
地址：广州市天河区花城大道770号625房（部位：自编之一）（仅限办公）
……………………Tel：020-87521686

广东华迪工程管理有限公司
地址：广东省广州市天河区黄埔大道西路273号13H房
……………………Tel：020-87543323

海闻科技有限公司
地址：广州市天河区体育东路122号之一2202房（仅限办公用途）
……………………Tel：020-87547480

广州弘旺信息科技有限公司
地址：广州市天河区中山大道骏景路143号首层骏盈轩A002-B
……………………Tel：020-87555648

广州畅阳电子科技有限公司
地址：广州高新技术产业开发区光谱西路3号研发厂房503房
……………………Tel：020-87557940

广州市邦富软件有限公司
地址：广州市天河区天河软件园高唐新建区广州互联网产业园1号楼第五层A501至A510房
……………………Tel：020-87557992

广州市锋海网络科技有限公司
地址：广州市天河区天河路242号2312室（仅限办公）
……………………Tel：020-87563159

广州易圆信息科技发展有限公司
地址：广州市天河区科华街1号616室
……………………Tel：020-87577281

广州惠维信息技术有限公司
地址：广州市天河区石牌西路119号1709房
……………………Tel：020-87581480

广州祈讯信息技术有限公司
地址：广州市天河区黄埔大道西路118号勤建商务大厦603房自编A（该场所仅限办公用途）
……………………Tel：020-87587211

广州华亿网络科技有限公司
地址：广州市天河区长兴路5号第三栋103室（仅限办公用途）
……………………Tel：020-87588001

广州盛鑫计算机科技有限公司
地址：广州市天河区龙口东路34号1801房自编1807-1808单元（仅限办公）
……………………Tel：020-87592969

广东宇天科技有限公司
地址：广州市天河区中山大道西6、8号第16-17层自编1606号
……………………Tel：020-87605855

广州迅易科技有限公司
地址：广州市海珠区新港东路1168号101房自编1203单元（仅限办公用途）
……………………Tel：020-87618592

广东省美术设计装修工程有限公司
地址：广东省广州市越秀区寺右新马路北二街26号之一二层204之一室
……………………Tel：020-87621746

广东旭达信息科技有限公司
地址：广州市黄埔区科汇二街4号801房B12室
……………………Tel：020-87635171

广东省中科进出口有限公司
地址：广东省广州市越秀区先烈中路100号大院9号102房自编A一楼
……………………Tel：020-87680329

广东金朋科技有限公司
地址：广州市黄埔区科学大道50号自编A3栋5层504房
……………………Tel：020-87680561

广东奥迪安监控技术股份有限公司
地址：广州市萝岗区广州开发区科学城起云路6号自编一栋四层404-406、408-415房
……………………Tel：020-87681263

广州市第四装修有限公司
地址：广州市越秀区环市东路４７２号粤海大厦２２楼
……………………Tel：020-87690368

广东洋溢信息技术有限公司
地址：广州市黄埔区科汇四街2号1301房（仅限办公）
……………………Tel：020-87748283

广州市广水管道工程有限公司
地址：广州市荔湾区环市西路5号自编一609房（仅限办公用途）
……………………Tel：020-87750312

广州市大金供应链管理有限公司
地址：广州市南沙区东涌镇鱼窝头骏马大道8号
……………………Tel：020-87756380

广州亨龙智能装备股份有限公司
地址：广州市从化区太平镇新一路63号
……………………Tel：020-87813325

广州保赐利化工有限公司
地址：广东从化经济开发区太源路11号
……………………Tel：020-87879885

广东德盾保安服务有限公司
地址：广州市白云区永平街永泰村磨刀南街80号2楼8216房（自主申报）
……………………Tel：020-87938322

广州市从化区保安服务有限公司
地址：广州市从化街口街青云路339号
……………………Tel：020-87965668

广东觅得优教育管理有限公司
地址：广州市天河区体育西路103号4901房(自编号D)
……………………Tel：020-88525087

广州市波浪信息技术有限公司
地址：广州市天河区马场路16号之一1408室（仅限办公）
……………………Tel：020-88526441

广东华建电气消防安全检测有限公司
地址：广州市白云区白云大道南1039-1045号白云国际会议中心4号521、522、523、525、518房
……………………Tel：020-88800888

讯联科技股份有限公司
地址：广州市海珠区广州大道南915号3楼302房
……………………Tel：020-89000483

广东广新信息产业股份有限公司
地址：广州市海珠区新港东路1000号保利世界贸易中心写字楼东塔15层1501-1502房
……………………Tel：020-89203312

广州乐速通信系统开发有限公司
地址：广州市海珠区华新一街12号803房之一（仅限办公用途）
……………………Tel：020-89205149

广州市严锦计算机科技有限公司
地址：广州市越秀区东风中路300号之一13楼C1房
……………………Tel：020-89224972

广州腾浩电子科技有限公司
地址：广州市番禺区东环街番禺大道北555号天安总部中心16号楼601房
……………………Tel：020-89226401

广州极天信息技术股份有限公司
地址：广州市海珠区广州大道南788号自编A7之一号楼二、三层
……………………Tel：020-89269210

中铁建华南建设有限公司
地址：广州市南沙区丰泽东路106号（自编1号楼）X1301-G352（仅限办公用途）（JM）(确认制)
……………………Tel：020-89557907

广东风客信息科技有限公司
地址：广州市番禺区东环街番禺大道北555号天安总部中心1号楼1305房之二
……………………Tel：020-89626868

广州市昌利建筑工程有限公司
地址：广州市荔湾区茶　路61号202房
……………………Tel：020-89635808

深圳新华康控股集团有限公司　深圳市宝安区航城街道钟屋社区易尚三维产业楼1号楼1005
……………………Tel：020-89662038

华康海宇财富管理有限公司
地址：深圳市龙岗区龙岗街道平南社区龙平东路145号富德中心D502-D17
……………………Tel：020-89662038

中侨国际保安服务有限公司
地址：广州市花都区迎宾大道179号3栋1005、1006房（仅限办公用途）
……………………Tel：020-89681509

广东天盛装饰消防工程有限公司
地址：广州市海珠区沥　路100号大院19号3楼（仅限办公）
……………………Tel：020-89808983

广东声南贸易有限公司
地址：广东省广州市海珠区华新一街12号2001、2002、2013房
……………………Tel：020-89885511

蓝润生活服务集团有限公司
地址：深圳市南山区南山街道前海路诺德国际假日花园8A805号
……………………Tel：028-67657777

传云科技（深圳）有限公司
地址：深圳市南山区粤海街道科苑南路3239号阿里云大厦S1座6层603单元
……………………Tel：0571-85022088

广东强雄建设集团有限公司
地址：广东省廉江市建设大道西36号
……………………Tel：0579-6682647

敏兴毛织（海丰）有限公司
地址：海丰县城东镇赤岸桥广汕公路北侧
……………………Tel：0660-6451888

广东勤洁美劳务派遣有限公司
地址：阳春市春城红旗路122号商业步行街B区B1三楼
……………………Tel：0662-7739808

广东华元网络科技有限公司
地址：普宁市流沙中河东侧（即原城东电信支局第7层701号房）
……………………Tel：0663-2157888

康美实业投资控股有限公司
地址：下架山镇政府南侧
……………………Tel：0663-2900077

广东华盾保安有限公司
地址：揭阳市揭东区国道206北侧曲溪网脚地路东侧
……………………Tel：0663-2931788

广东中安盾保安服务有限公司
地址：揭阳市揭东区城西一路西侧计划局北侧一楼01室
……………………Tel：0663-3134444

广东榕泰实业股份有限公司
地址：广东省揭阳市新兴东二路１号
……………………Tel：0663-3568065

广东腾通科技有限公司
地址：揭阳市榕城区新河路以东建阳路以北中阳豪苑商铺5号
……………………Tel：0663-8128678

广东钰田科技有限公司
地址：揭阳市榕城区临江北路东以西东升路以南东江花园11号铺
……………………Tel：0663-8262238

广东速驰网络有限公司
地址：揭阳市东山晓翠路以东临江北路以南御景湾15号铺
……………………Tel：0663-8292500

广东省揭阳电力实业发展有限公司
地址：揭阳市榕城区天福东路电力调度大楼第一层
……………………Tel：0663-8466007

广东华讯网络投资有限公司
地址：揭阳市榕城区建阳路西段科技馆大楼3-4层
……………………Tel：0663-8782222

广东聚创星谷信息技术有限公司
地址：揭阳市榕城区二号路以南八号西街以东社保实业发展公司附属楼第12、13号
……………………Tel：0663-8899008

广东长盈科技股份有限公司
地址：茂名市电白区迎宾大道288号2栋319室
……………………Tel：0668-2160528

茂名市恒孚石化工程有限公司
地址：茂名市沿江路２５８号
……………………Tel：0668-2232629

广东西南石化装备有限公司
地址：茂名市红旗北路233号
……………………Tel：0668-2248183

茂名万方石化汽车有限公司
地址：茂名市茂南区露天矿北山路1号（招待所）大院
……………………Tel：0668-2251262

广东中科宇航智能技术有限公司
地址：茂名市高凉南路2号大院7号1002房
……………………Tel：0668-2797822

广东南方建设集团有限公司
地址：茂名市电白区迎宾大道70号创业大厦六层东北楼
……………………Tel：0668-5511682

广东电白二建集团有限公司
地址：茂名市电白区水东镇新湖街９３号
……………………Tel：0668-5523300

高州粤海水务有限公司
地址：广东省高州市高州城府前路59号903室
……………………Tel：0668-6689426

广东省化州市建筑工程总公司
地址：化州市中山路４２号
……………………Tel：0668-7222639

广东西南建设工程有限公司
地址：化州市上街垌东湖公园老干开发小区十四米街36号
……………………Tel：0668-7328118

开平市供水集团有限公司
地址：开平市长沙港口路潭江花园11幢二楼
……………………Tel：0750-2218661

广东建邦兴业集团有限公司
地址：开平市长沙广场南路3号津园2号楼
……………………Tel：0750-2283768

广东三埠假日酒店有限公司
地址：开平市三埠区港口路10号2幢
……………………Tel：0750-2286333

广东金辉华集团有限公司
地址：开平市长沙街道科技路7号金辉华综合大厦四楼
……………………Tel：0750-2318888

广东聚源建设有限公司
地址：开平市三埠新昌新安路１０号
……………………Tel：0750-2387447

广东永丰智威电气有限公司
地址：开平市翠山湖新区城南二路7号
……………………Tel：0750-2636265

广东龙飞通信科技有限公司
地址：江门市蓬江区白石大道7号112（自编之四）
……………………Tel：0750-3221883

广东伟创科技开发有限公司
地址：江门市江海区金瓯路288号2幢创新创业中心楼（火炬大厦）15楼
……………………Tel：0750-3396698

广东顺畅科技有限公司
地址：江门市蓬江区港口二路94号
……………………Tel：0750-3432209

江门市江诚实业有限公司
地址：江门市农林西路87号
……………………Tel：0750-3525123

广东敏华电器有限公司
地址：江门市荷塘镇为民闲步工业区
……………………Tel：0750-3713442

广东坚朗秦泰机电窗控系统有限公司
地址：江门市江海区东宁路77号
……………………Tel：0750-3762803

江门市得实计算机外部设备有限公司
地址：江门市江海区金星路399号
……………………Tel：0750-3867670

江门市逸豪酒店有限公司
地址：江门市迎宾大道中118号
……………………Tel：0750-3928888

广东宏佳信息科技有限公司
地址：恩平市北郊大湾肚恩平市火力发电厂内原B厂生活区
……………………Tel：0750-7121122

广东泉林旅游开发股份有限公司
地址：恩平市东成镇东新村委会青南角（原南湖大酒店）
……………………Tel：0750-7778222

鹤山市恒保防火玻璃厂有限公司
地址：鹤山市桃源镇富民工业区
……………………Tel：0750-8211019

江门气派摩托车有限公司
地址：江门市新会区今古洲经济开发区
……………………Tel：0750-8263933

广东莱雅新化工科技有限公司
地址：韶关市武江区西联镇甘棠大道南7号
……………………Tel：0751-8526088

广东冀春劳务派遣有限公司
地址：韶关市浈江区北江北路1号财富广场A单元2011号
……………………Tel：0751-8618690

韶关市住宅建筑工程有限公司
地址：韶关市武江区工业中路19号住建大楼8楼（自编，限作办公室使用）
……………………Tel：0751-8621383

广东晨峰环境服务有限公司
地址：韶关市浈江区滨江南路8号江山花园G1幢首层7号商铺
……………………Tel：0751-8703323

韶关市关山工程建设集团有限公司
地址：韶关市西联武江区科技工业园
……………………Tel：0751-8706130

韶关光华塑胶五金制品有限公司
地址：韶关市武江区工业园四横路
…………………………Tel：0751-8735833
广东省韶关市第二建筑工程有限公司
地址：广东省韶关市武江区工业中路6号
…………………………Tel：0751-8760163
广东省第五建筑工程有限公司
地址：韶关市工业东路15号
…………………………Tel：0751-8775615
广东互云科技有限公司
地址：惠州市仲恺高新区惠风东二路16号B栋505房（仅限办公）
…………………………Tel：0752-2080699
广东亿源科技股份有限公司
地址：惠州仲恺高新区仲恺大道（惠环段）666号科融创业大厦14楼1413、1414、1417
…………………………Tel：0752-2112325
惠州市亦灿信息科技有限公司
地址：惠州市下埔路3号农科综合楼第七层东边
…………………………Tel：0752-2159312
惠州市建筑工程有限公司
地址：惠州市惠城区恒丰街1号恒丰花园A、B栋2层02号
…………………………Tel：0752-2222614
广东同兴科技有限公司
地址：惠州市惠城区惠州大道11号佳兆业中心二期A座4单元29层02号（仅限办公）
…………………………Tel：0752-2229883
华晟智通信息科技有限公司
地址：惠州市惠沙堤1号明辉楼堤上三层1号之二A商场
…………………………Tel：0752-2256378
惠州市海尚通网络技术有限公司
地址：惠州市麦地路10号消防局九楼（仅限办公）
…………………………Tel：0752-2286002
隆生投资集团有限公司
地址：惠州市惠城区三环南路32号隆生金山湖中心办公楼29层01号
…………………………Tel：0752-2288998
广东鑫诺安保服务有限公司
地址：惠州市惠澳大道惠南高新科技产业园华泰南路2号科技创业中心CD栋第2层D2-01（仅限办公）
…………………………Tel：0752-2518110
广东四海源人力资源管理有限公司
地址：惠州市演达大道14号云天华庭22层08号房（仅限办公）
…………………………Tel：0752-2538885
惠州市天宇智能科技有限公司
地址：惠州市河南岸21号小区德明国际公寓2单元26层06房（仅限办公）
…………………………Tel：0752-2559023
惠州市日月明实业有限公司
地址：惠州市麦地花边岭华润花园嘉华楼3楼办公2号
…………………………Tel：0752-2562111
惠州市数通科技有限公司
地址：惠州市环城西二路68号银湖大厦1107房
…………………………Tel：0752-2660028
金源联合地产集团有限公司
地址：惠州市江北文昌二路1号丽日百合家园18-19栋18栋16层A房（仅限办公）
…………………………Tel：0752-2770000
惠州雷士贸易发展有限公司
地址：惠州市汝湖镇东亚村委会石桥头地段（雷士办公楼）
…………………………Tel：0752-2786184
惠州市华阳创新投资开发有限公司
地址：惠州市江北14号小区云山东路21号D栋502房
…………………………Tel：0752-2811652
金悦建筑工程有限公司
地址：惠州市河南岸下马庄路16号旦意大厦8层01-07号
…………………………Tel：0752-2830999
广东世信信息发展有限公司
地址：惠州市惠城区江北三新一村二巷15号之一（仅限办公室）
…………………………Tel：0752-2883400
广东诚建实业有限公司
地址：惠州市江北江汝路24号楼厂房
…………………………Tel：0752-2886332
惠州市惠通达科技有限公司
地址：惠州市江北云山西路8号大隆大厦13单元1313号房
…………………………Tel：0752-2890919
炜达科技股份有限公司
地址：惠州市惠城区水口街道龙津姚屋333A号（仅限办公）
…………………………Tel：0752-2891088
广东原创科技有限公司
地址：惠州市江北14号小区惠州信合大厦1栋12层03号房
…………………………Tel：0752-2891916
捷普绿点科技（惠州）有限公司
地址：惠州市惠阳区镇隆镇甘陂村
…………………………Tel：0752-3212000

TCL实业控股股份有限公司
地址：惠州仲恺高新区惠风三路17号TCL科技大厦22层
…………………………Tel：0752-3270017
广东泊锐数创空间技术有限公司
地址：惠州市仲恺高新区惠风东二路16号C号楼201号房
…………………………Tel：0752-3290444
广东华阳智慧建设有限公司
地址：惠州市东江高新科技产业园上霞北路1号华阳水口工业园5号楼5楼
…………………………Tel：0752-5300924
惠州特宇石化工程有限公司
地址：惠州大亚湾澳头妈庙虎爪
…………………………Tel：0752-5578866
惠州大亚湾市政基础设施有限公司
地址：惠州大亚湾新澳大道二街22号
…………………………Tel：0752-5579899
日立乐金光科技（惠州）有限公司
地址：惠州仲恺高新区惠风四路42号
…………………………Tel：0752-5755111
广东美科建工集团有限公司
地址：惠州市下马庄路一号8、9层
…………………………Tel：0752-5789519
中一信建设有限公司
地址：深圳市罗湖区桂园街道大塘龙社区笋岗东路2121号华凯大厦1201-1204、1206-1210
…………………………Tel：075-25858888
华通精密线路板（惠州）有限公司
地址：惠州市博罗县湖镇镇湖广路168号
…………………………Tel：0752-6301111
华通电脑（惠州）有限公司
地址：广东省博罗县湖镇镇
…………………………Tel：0752-6301111
博罗县鸿钡实业有限公司
地址：博罗县龙溪镇夏寮管理区大门村
…………………………Tel：0752-6677555
广东中投润天物业管理有限公司
地址：惠州市江北16号小区双子星国际商务大厦B座0806号-2
…………………………Tel：0752-7191669
惠州市保安服务有限公司
地址：惠州市下角南路24号
…………………………Tel：0752-7212908
广东安信科技有限公司
地址：惠州市惠城区惠州大道5号佳兆业中心三期综合楼8层810-811号
…………………………Tel：0752-7822917
广东恒和信息技术有限公司
地址：龙门县龙城街道青溪星晖南湾花园第23幢1号
…………………………Tel：0752-7988372
惠州科视智能技术有限公司
地址：惠州市惠城区河南岸街道马庄村委会金山湖工业区G栋2楼201号
…………………………Tel：0752-8552112
惠州市东门投资股份有限公司
地址：惠东县平山华侨城大道188号
…………………………Tel：0752-8809052
广东鸿艺建筑工程有限公司
地址：梅州市梅江区彬芳大道中79号A2A3栋综合楼四楼403号
…………………………Tel：0753-2179926
广东梅雁吉祥水电股份有限公司
地址：广东省梅县新县城沿江南路1号
…………………………Tel：0753-2219988
广东钧意建筑集团有限公司
地址：梅州市梅江区江边路H1东区202、203房之二
…………………………Tel：0753-2232978
梅州市网讯通信网络有限公司
地址：梅州市梅江区江南丽都中路（恒泰花园B栋205号）
…………………………Tel：0753-2262818
广东御安建筑消防科技有限公司
地址：梅州市梅县区大新城公园南路梅花金御38号
…………………………Tel：0753-2859606
广东鸿源盛世建筑工程有限公司
地址：兴宁市兴城东风路
…………………………Tel：0753-3388898
梅州市创润物业管理有限公司
地址：梅州市梅县区程江镇扶贵村五合苑A3栋1号
…………………………Tel：0753-8583281
梅州欧尚超市有限公司
地址：兴宁市人民大道中139号
…………………………Tel：0753-8688100
汕头市科威网络有限公司
地址：汕头高新区科技中路11号602房之一
…………………………Tel：0754-81880088
汕头市潮阳建筑工程总公司
地址：汕头市潮阳区东山大道平北路段汕潮大厦
…………………………Tel：0754-82134797
广东宝克文具有限公司
地址：汕头市潮阳区和平镇新和居委桥下洋
…………………………Tel：0754-82257848

汕头市潮阳第一建安总公司
地址：汕头市潮阳区文光棉西路305号建设局大院内
…………………………Tel：0754-83820689
广东裕通地产控股集团有限公司
地址：汕头市潮阳区城南街道新华路东侧大南地段（裕通大酒店第十二层04号）
…………………………Tel：0754-83888888
华弘保安集团有限公司
地址：汕头市潮阳区城南街道棉新大道南6幢第八层
…………………………Tel：0754-83893777
广东群兴玩具股份有限公司
地址：汕头市澄海区岭海工业区清平路北侧群兴工业园2幢1楼之二
…………………………Tel：0754-85505187
实丰文化发展股份有限公司
地址：汕头市澄海区文冠路澄华工业区
…………………………Tel：0754-85899699
汕头易初莲花连锁超市有限公司
地址：汕头市金平区东厦北路175号卜蜂中心二楼自编L2-008B档
…………………………Tel：0754-86303888
广东高创电子科技有限公司
地址：汕头高新区科技中路8号高新电脑中心第252号铺位
…………………………Tel：0754-86307999
广东保辉建筑工程有限公司
地址：汕头市濠江区东湖村湖口洋
…………………………Tel：0754-88269839
汕头市华讯网络科技有限公司
地址：汕头市黄河路19号智汇时代雅园3幢407号房之一
…………………………Tel：0754-88410900
汕头市建筑设计院
地址：汕头市金平区外马路151号四楼
…………………………Tel：0754-88452249
广东万事通航空地勤服务有限公司
地址：汕头市金平区龙眼路20号泰联商厦901号房之一
…………………………Tel：0754-88466220
汕头市中民福彩信息科技有限公司
地址：汕头市龙湖区衡山路17号锦龙商业大厦301号房之五
…………………………Tel：0754-88481830
汕头市中民福彩网络集成科技有限公司
地址：汕头高新区科技西路6号102房之二、之三
…………………………Tel：0754-88481855
广东腾安网络技术有限公司
地址：汕头市龙湖区大北山路8号5楼A区03室之一
…………………………Tel：0754-88696880
广东讯星达科技有限公司
地址：汕头市龙湖区天山路67号212号房之A、B单元
…………………………Tel：0754-88699990
广东大禹水利建设有限公司
地址：汕头市潮阳区棉北街道潮海路口北侧水电住宅区D栋第二层
…………………………Tel：0754-88712904
汕头市众业达电器设备有限公司
地址：汕头市龙湖区珠津工业区珠津路16号
…………………………Tel：0754-88730760
众业达电气股份有限公司
地址：汕头市龙湖区珠津工业区珠津一横街1号
…………………………Tel：0754-88730760
广东金晖隆开关有限公司
地址：汕头市龙湖区万吉工业区万吉北西二街1-2号
…………………………Tel：0754-88785398
广东弘硕网络科技有限公司
地址：汕头市龙湖区汕汾路汕蓬加油站旁6号之一
…………………………Tel：0754-88786348
南洋天融信科技集团股份有限公司
地址：汕头市珠津工业区珠津二街3号3楼西侧
…………………………Tel：0754-88801468
汕头航空投资股份有限公司
地址：汕头市龙湖区朝阳庄北区二幢航空大厦六楼
…………………………Tel：0754-88886882
广东亿联云电子商务有限公司
地址：汕头市龙湖区新溪镇六合村合兴路北13巷7号3楼01号房
…………………………Tel：0754-88887105
汕头市建安实业（集团）有限公司
地址：汕头市龙湖区华山路１４号
…………………………Tel：0754-88920274
广东科利园教育科技有限公司
地址：汕头市金平区中山路103号02号7楼703-704号房
…………………………Tel：0754-88951777
广东华本电子科技有限公司
地址：汕头市嵩山南路锦裕大厦（金涛庄东区51幢）901号房
…………………………Tel：0754-88997203
摩根数字产业孵化集团（深圳）有限公司
地址：深圳市龙华区龙华街道中执时代广场B座23层2308
…………………………Tel：0755-21004855
广州沃尔玛百货有限公司
地址：广州市番禺区南村镇里仁洞村迎宾路东侧海印又一城地上第一层及第二层
…………………………Tel：0755-21512288
深圳捷信信驰咨询有限公司
地址：深圳市福田区福田街道福安社区福华一路6号免税商务大厦1201楼1201-1单元
…………………………Tel：0755-21515960
深圳市宝晟建设集团有限公司
地址：深圳市福田区梅林街道梅亭社区梅林路19号斯达大厦4层
…………………………Tel：0755-21520866
中粮招商局（深圳）粮食电子交易中心有限公司
地址：深圳市前海深港合作区前湾一路1号A栋201室（入驻深圳市前海商务秘书有限公司）
…………………………Tel：0755-21628759
深圳市瑞新通科技有限公司
地址：深圳市福田区福保街道福保社区市花路南侧长富金茂大厦1号楼610-1
…………………………Tel：0755-21673883
基准精密工业（惠州）有限公司
地址：惠州市博罗县龙溪镇夏寮村委会大门村小组十二沟地段
…………………………Tel：0755-21829588
广州聚创新能源科技有限公司
地址：广州市黄埔区九佛建设路333号1110房
…………………………Tel：0755-22189121
深圳市万物云科技有限公司
地址：深圳市前海深港合作区前湾一路1号A栋201室（入驻深圳市前海商务秘书有限公司）
…………………………Tel：0755-22198435
深圳市中深力人力资源管理有限公司
地址：深圳市福田区园岭街道鹏盛社区八卦二路八卦岭工业区614栋301、415
…………………………Tel：0755-22200002
深圳中建集团有限公司
地址：深圳市福田区红岭中路南国大厦1栋18F
…………………………Tel：0755-22207080
深圳市晟楷桦建筑工程有限公司
地址：深圳市罗湖区深南东路华乐大厦508、509
…………………………Tel：0755-22241989
深圳市百创网络科技有限公司
地址：深圳市南山区粤海街道科技园麻雀岭M-7栋中钢大厦西座6楼
…………………………Tel：0755-22277666
莱华商置有限公司
地址：深圳市南山区桃源街道福光社区宝能城花园4栋129
…………………………Tel：0755-22304360
深圳市中林实业发展有限公司
地址：深圳市龙华区龙华街道清祥路1号宝能科技园9栋A座1楼招商中心G5室
…………………………Tel：0755-22304360
深圳一卡易科技股份有限公司
地址：深圳市龙华区龙华街道三联社区三联创业路19号弓村新城商业中心(汇海广场)C座20层01-03号
…………………………Tel：0755-22310521
深圳前海凯盛供应链有限公司
地址：深圳市前海深港合作区前湾一路1号A栋201室（入驻深圳市前海商务秘书有限公司）
…………………………Tel：0755-22366888
平安国际智慧城市科技股份有限公司
地址：深圳市前海深港合作区妈湾兴海大道3048号前海自贸大厦1-34层
…………………………Tel：0755-22627483
广州市慧视通通信科技有限公司
地址：广州市黄埔区翠宇七街1号809房
…………………………Tel：0755-22652723
广东省华融数据科技有限公司
地址：深圳市罗湖区宝岗路裕华工贸大厦1栋四层南401
…………………………Tel：0755-22659987
春霖科技发展（深圳）有限公司
地址：深圳市南山区粤海街道海珠社区海德二道288号茂业时代广场11A-1
…………………………Tel：0755-22664493
深圳市宝时惠电子商务有限公司
地址：深圳市罗湖区笋岗街道梨园路128号宝能汽车大楼601-11
…………………………Tel：0755-22911255
深圳托吉斯科技有限公司
地址：深圳市罗湖区笋岗街道笋西社区笋岗东路3002号万通大厦2112
…………………………Tel：0755-22913400
深圳富牛投资有限公司
地址：深圳市前海深港合作区前湾一路1号A栋201室（入驻深圳市前海商务秘书有限公司）
…………………………Tel：0755-22932896

深圳前海威瑞罗森医疗设备有限公司
地址：深圳市前海深港合作区前湾一路1号A栋201室（入驻深圳市前海商务秘书有限公司）
…………………… Tel：0755－22932896

深圳至宝金马智能设备有限公司
地址：深圳市前海深港合作区前湾一路1号A栋201室（入驻深圳市前海商务秘书有限公司）
…………………… Tel：0755－22932896

深圳前海方兴善业网络科技有限公司
地址：深圳市前海深港合作区前湾一路1号A栋201室（入驻深圳市前海商务秘书有限公司）
…………………… Tel：0755－22932896

深圳前海民丰益国电力设备有限公司
地址：深圳市前海深港合作区前湾一路1号A栋201室（入驻深圳市前海商务秘书有限公司）
…………………… Tel：0755－22932896

深圳市同心投资基金股份公司
地址：深圳市前海深港合作区前湾一路1号A栋201室（入驻深圳市前海商务秘书有限公司）
…………………… Tel：0755－22966362

海盈口碑（深圳）科技股份有限公司
地址：深圳市前海深港合作区前湾一路1号A栋201室（入驻深圳市前海商务秘书有限公司）
…………………… Tel：0755－23066344

深圳保成博为教育科技有限公司
地址：深圳市龙华区福城街道桔塘社区桔岭新村243号办公综合楼102
…………………… Tel：0755－23081866

深圳市奥赛福科技发展有限公司
地址：深圳市宝安区新安街道兴东社区67区大仟工业厂区1号厂房1层19
…………………… Tel：0755－23085667

深圳市镭安特科技有限公司
地址：深圳市龙华区龙华街道清华社区梅龙大道2283号A座14层1403
…………………… Tel：0755－23344557

深圳苹谷信息技术有限公司
地址：深圳市光明区马田街道合水口社区下朗工业区第三十八栋302
…………………… Tel：0755－23426205

深圳市绿城环境科技建设有限公司
地址：深圳市光明区光明街道碧眼社区华强创意产业园1栋A座1303－1306
…………………… Tel：0755－23468333

深圳市名歌软件技术有限公司
地址：深圳市福田区莲花街道景华社区商报东路85号莲兴苑6B
…………………… Tel：0755－23485965

深圳市阳光智汇科技有限公司
地址：深圳市宝安区28区方华工业区东座厂房二楼
…………………… Tel：0755－23595366

三通国际控股（深圳）有限公司
地址：深圳市前海深港合作区前湾一路1号A栋201室（入驻深圳市前海商务秘书有限公司）
…………………… Tel：0755－2360188

深圳市焕升建筑工程有限公司
地址：深圳市福田区上步北路2007号笔架山依岚花园1栋8层A
…………………… Tel：0755－23603566

深圳大唐高鸿信息技术有限公司
地址：深圳市南山区招商街道赤湾社区赤湾六路10号赤湾西餐厅101
…………………… Tel：0755－23609916

深圳市君尚百货有限公司
地址：深圳市福田区梅林街道梅亭社区梅林路海康大厦一期第一层至第六层
…………………… Tel：0755－23651058

深圳芳青茂贸易有限公司
地址：深圳市宝安区新安街道安乐社区甲岸路10中商花园C栋二单元905
…………………… Tel：0755－23720455

深圳市三和源劳务派遣有限公司
地址：深圳市龙华区龙华街道建设东路中执时代广场17K
…………………… Tel：0755－23740332

广东尚景捷讯数码科技有限公司深圳市分公司
地址：深圳市龙华新区大浪街道赖屋山新村22号三楼316室
…………………… Tel：0755－23779311

深圳市万维合丰网络科技有限公司
地址：深圳市福田区福田街道石厦北新天世纪商务中心B座4103
…………………… Tel：0755－23804291

深圳市盛世奇缘电子商务有限公司
地址：深圳市龙华区民治街道新区大道翠岭华庭1栋25楼
…………………… Tel：0755－23813888

深圳市西美通信科技有限公司
地址：深圳市南山区桃源街道龙辉社区龙珠大道159号龙辉花园32栋一单元302
…………………… Tel：0755－23891671

一兑通互联网金融服务（深圳）有限公司
地址：深圳市福田区香蜜湖街道深南大道以南安徽大厦103－2
…………………… Tel：0755－23895912

深圳前海金融科技服务有限公司
地址：深圳市前海深港合作区前湾一路1号A栋201室（入驻深圳市前海商务秘书有限公司）
…………………… Tel：0755－23903210

深圳市百众达信息技术有限公司
地址：深圳市福田区滨河大道深业泰然水松大厦1C
…………………… Tel：0755－23909899

深圳市集付通供应链管理有限公司
地址：深圳市前海深港合作区前湾一路1号A栋201室（入驻深圳市前海商务秘书有限公司）
…………………… Tel：0755－23960668

深圳市亿联通达科技有限公司
地址：深圳市南山区科慧路1号沛鸿产业园A1栋509
…………………… Tel：0755－23962051

深圳沃尔玛百货零售有限公司中山分店
地址：深圳市罗湖区凤凰路12号中山花园大厦裙楼1－3层
…………………… Tel：0755－23973113

深圳市九洲方正科技有限公司
地址：深圳市龙岗区坂田街道南坑社区雅宝路1号B1603B室
…………………… Tel：0755－25102631

深圳市新方向科技发展有限公司
地址：深圳市罗湖区笋岗街道梨园路6号物资控股大厦1704
…………………… Tel：0755－25104272

互邦信息技术有限公司
地址：深圳市南山区桃源街道塘朗社区祥瑞三路44号塘朗工业A区桃源智谷31栋水木众德科创大厦502
…………………… Tel：0755－25110666

深圳市广源达建筑工程有限公司
地址：深圳市南山区西丽街道新围社区沙河西路4085中泰商住楼办公室3楼301室
…………………… Tel：0755－25118964

兴博通电子（深圳）有限公司
地址：深圳市罗湖区南湖街道嘉宾路4025号航运综合楼1栋七层
…………………… Tel：0755－25120513

信通数据网络通信有限公司
地址：深圳市罗湖区红桂路2068号红桂大厦8层东侧812
…………………… Tel：0755－25159706

深圳前海优联联合供应链有限公司
地址：深圳市前海深港合作区前湾一路1号A栋201室（入驻深圳市前海商务秘书有限公司）
…………………… Tel：0755－25207105

深圳市凯立德科技股份有限公司
地址：深圳市福田区深南大道以南、泰然九路以西耀华创建大厦2701号
…………………… Tel：0755－25331889

深圳市掌世界网络科技有限公司
地址：深圳市罗湖区黄贝街道新秀社区沿河北路1002号瑞思大厦A座1301G
…………………… Tel：0755－25472726

深圳先达数据信息技术有限公司
地址：深圳市龙华区观澜街道库坑社区大富工业区14号新海洋塑胶厂厂房3202
…………………… Tel：0755－25488499

深圳前海睿晟供应链金融服务股份有限公司
地址：深圳市前海深港合作区前湾一路1号A栋201室（入驻深圳市前海商务秘书有限公司）
…………………… Tel：0755－25512488

粤海科技（深圳）有限公司
地址：深圳市罗湖区东晓街道太白路3008号 粤海置地展示中心101
…………………… Tel：0755－25516328

深圳市伯仲通信技术有限公司
地址：深圳市南山区粤海街道科苑大道8号讯美科技广场2栋12层D
…………………… Tel：0755－25546800

深圳开维教育信息技术股份有限公司
地址：深圳市龙华区龙华街道富康社区东环一路天汇大厦6层627房
…………………… Tel：0755－25568550

深圳茂华建设集团有限公司
地址：深圳市福田区福保街道福保社区桃花路6号腾飞工业大厦A栋4层
…………………… Tel：0755－25581111

商联信付通通讯服务有限公司
地址：深圳市罗湖区翠竹街道太宁路28号百仕达花园文化中心三层
…………………… Tel：0755－25636999

深圳市深源科技贸易有限公司
地址：深圳市罗湖区翠竹街道翠竹路1050号高标大厦519室
…………………… Tel：0755－25638288

深圳市爵典建设集团有限公司
地址：深圳市龙岗区南湾街道布沙路百门前工业区2号厂房3层310－313
…………………… Tel：0755－25696136

深圳市裕联投资发展有限公司
地址：深圳市福田区沙头街道新沙街道深南大道6003号深圳高尔夫俱乐部会员别墅牡丹路6号
…………………… Tel：0755－25725146

深圳市架构信息科技有限公司
地址：深圳市罗湖区解放路信兴广场4712.4713.4715(仅限办公)
…………………… Tel：0755－25830717

深圳市博尔特科技发展有限公司
地址：深圳市罗湖区莲塘街道仙湖社区国威路72号莲塘第一工业区117栋四层
…………………… Tel：0755－25835588

亚太卫星通信（深圳）有限公司
地址：深圳市宝安区西乡街道鹤洲洲石路北二路交汇处深业U中心C栋18楼
…………………… Tel：0755－25862118

深圳市互动力科技有限公司
地址：深圳市福田区梅林街道梅都社区中康路128号卓越梅林中心广场(北区)2号楼805
…………………… Tel：0755－25883899

深圳市聚成华企科技有限公司
地址：深圳市福田区园岭街道华林社区八卦路31号八卦岭工业区众鑫科技大厦1801、1807、1808、1810室
…………………… Tel：0755－25884203

深圳市家家顺物联科技有限公司
地址：深圳市福田区园岭街道华林社区八卦四路52号安吉尔大厦1501－1504
…………………… Tel：0755－25884486

深圳市同大机电设备安装有限公司
地址：深圳市福田区梅观路南天居水木澜山居2栋205、206、207、208、209、210、211
…………………… Tel：0755－25907822

深圳市华科瑞科技有限公司
地址：深圳市坪山新区坑梓街道金沙社区金辉路16－1号（邦健健康工业厂区）A栋7楼
…………………… Tel：0755－25909786

深圳前海合利商业保理有限公司
地址：深圳市前海深港合作区前湾一路1号A栋201室（入驻深圳市前海商务秘书有限公司）
…………………… Tel：0755－26002647

深圳市潮流网络技术有限公司
地址：深圳市南山区西丽街道高新北六道36号彩虹科技大厦4楼
…………………… Tel：0755－26014600

易信创科智能科技（深圳）有限公司
地址：深圳市南山区南山街道南光社区南海大道3003号阳光华艺大厦1栋4D13
…………………… Tel：0755－26031193

深圳市纽润科技有限公司
地址：深圳市龙岗区坪地街道中心社区埔仔路26号1号楼201、1号楼8楼、3号楼7楼
…………………… Tel：0755－26056355

深圳优克云联科技有限公司
地址：深圳市南山区粤海街道滨海社区海天一路19号、17号、18号软件产业基地4栋5层511
…………………… Tel：0755－26399263

深圳市星耀蓝图科技有限公司
地址：深圳市南山区粤海街道高新区社区科技南十二路012号曙光大厦666
…………………… Tel：0755－26402553

深圳市亿天联科技有限公司
地址：深圳市龙岗区坂田街道南坑社区雅宝路1号B1206－1
…………………… Tel：0755－26404083

深圳市前海研祥亚太电子装备技术有限公司
地址：深圳市前海深港合作区前湾一路鲤鱼门街一号前海深港合作区管理局综合办公楼A栋201室（入驻深圳市前海商务秘书有限公司）
…………………… Tel：0755－26409758

深圳市泉龙达科技发展有限公司
地址：深圳市龙华新区民清路9号龙华公寓D栋23层07号房
…………………… Tel：0755－26410016

深圳市区块云链科技有限公司
地址：深圳市宝安区西乡街道西乡大道与前进二路交汇处宝运达物流中心研发综合楼3楼312室
…………………… Tel：0755－26416011

深圳市世和安全技术咨询有限公司
地址：深圳市龙岗区布吉街道甘李工业园甘李六路12号中海信创新产业城14A栋1802、1803
…………………… Tel：0755－26425558

深圳市金锐显数码科技有限公司
地址：深圳市南山区高新区中区麻雀岭工业区M－6栋6楼四区(仅限办公)
…………………… Tel：0755－26507726

深圳国人通信股份有限公司
地址：深圳市南山区粤海街道科技中三路国人大厦A栋15F
…………………… Tel：0755－26516888

深圳国人科技股份有限公司
地址：深圳市坪山区龙田街道锦绣中路与翠景路交叉处国人科技园1号楼5楼
…………………… Tel：0755－26516888

深圳市国人物联网络有限公司
地址：深圳市南山区粤海街道科技中三路国人大厦B栋8F801室
…………………… Tel：0755－26516888

深圳市太极华兴科技有限公司
地址：深圳市南山区粤海街道高新区社区高新南环路26号深圳湾科技生态园5栋A1102
…………………… Tel：0755－26520586

深圳市商通信息技术有限公司
地址：深圳市南山区侨香路4060号香年广场[南区]主楼（A座）302－1
…………………… Tel：0755－26550000

大同教育（深圳）有限公司
地址：深圳市南山区招商街道南海大道1065号南山大厦901
…………………… Tel：0755－26550900

深圳市明生通讯科技有限公司
地址：深圳市南山区创盛路1号康和盛大楼220、221
…………………… Tel：0755－26557859

启檬教育技术（深圳）有限公司
地址：深圳市南山区中山园路9号君翔达大厦B座4楼e区A室
…………………… Tel：0755－26563440

中金合控股（深圳）有限公司
地址：深圳市南山区粤海街道滨海社区高新南十道87、89、91号软件产业基地2栋C10层1004B－01
…………………… Tel：0755－26604425

城乡一体化（深圳）实业有限公司
地址：深圳市前海深港合作区前湾一路1号A栋201室（入驻深圳市前海商务秘书有限公司）
…………………… Tel：0755－26605193

深圳市中智信达科技有限公司
地址：深圳市福田区福田街道益田路东、福民路南共和世家青云轩5B
…………………… Tel：0755－26607121

深圳市优创特思科技有限公司
地址：深圳市南山区西丽街道新围社区新围旺棠工业区13栋厂房西四层409
…………………… Tel：0755－26620311

长城科技股份有限公司
地址：深圳市南山区粤海街道科技工业园科苑路2号
…………………… Tel：0755－26639997

佛山市顺德区大疆创新科技有限公司
地址：佛山市顺德区北　镇三乐东路5号九楼之十（住所申报）
…………………… Tel：0755－26656677

有巢住房租赁（深圳）有限公司
地址：深圳市南山区粤海街道大冲一路18号华润置地大厦E座26F
…………………… Tel：0755－26658294

深圳市商汤科技有限公司
地址：深圳市前海深港合作区前湾一路1号A栋201室（入驻深圳市前海商务秘书有限公司）
…………………… Tel：0755－26691805

深圳市一信通软件有限公司
地址：深圳市南山区高新区中区麻雀岭工业区M－7栋六楼B
…………………… Tel：0755－26710886

深圳华胜天成信息技术有限公司
地址：深圳市南山区科技中二路深圳软件园12号楼601（仅限办公）
…………………… Tel：0755－26711481

深圳文思海辉信息技术有限公司
地址：深圳市南山区粤海街道高新区社区科技南路18号深圳湾科技生态园12栋A1305
…………………… Tel：0755－26716606

深圳市国鸿信息技术有限公司
地址：深圳市南山区粤海街道麻岭社区南海大道4050号上汽大厦1003室
…………………… Tel：0755－26718966

深圳软通动力信息技术有限公司
地址：深圳市罗湖区东晓街道布吉路1028号中设广场A栋2－24层
…………………… Tel：0755－26719999

深圳市捷视飞通科技股份有限公司
地址：深圳市南山区西丽街道中山园路1001号TCL国际E城G2栋8层
…………………… Tel：0755－26727001

深圳华数机器人有限公司
地址：深圳市南山区高新区南区华中科技大学深圳产学研基地大楼A座十一层A1101、A1102、A1103
…………………… Tel：0755－26733753

龙视传媒有限公司
地址：深圳市南山区粤海街道海德一道88号中洲控股中心B座18－F
…………………… Tel：0755－26737888

深圳市霍克威尔科技有限公司
地址：深圳市南山区南海大道4050号上海汽车大厦803－4室（仅限办公）
…………………… Tel：0755－26738228

深圳市海立川科技有限公司
地址：深圳市南山区南头深南大道与前海路东南角海岸时代公寓西座2509
…………Tel：0755-26738338

深圳市汉迪创业投资有限公司
地址：深圳市南山区粤海街道科园路软件产业基地4C栋802室西区
…………Tel：0755-26739100

深圳市国脉畅行科技股份有限公司
地址：深圳市龙华新区龙华街道和平东路港之龙科技园科技孵化中心2楼I区201室
…………Tel：0755-26741021

深圳千里马装饰集团有限公司
地址：深圳市福田区福田街道福山社区彩田路2010号中深花园B座602-E
…………Tel：0755-26756366

深圳前海奥瑞那安全技术有限公司
地址：深圳市前海深港合作区前湾一路1号A栋201室（入驻深圳市前海商务秘书有限公司）
…………Tel：0755-26780456

锐拔科技（深圳）有限公司
地址：深圳市南山区侨香路高发东方科技园1#厂房（华科）6-F
…………Tel：0755-26780955

深圳八爪网络科技有限公司
地址：深圳市南山区粤海街道高新区社区白石路3609号深圳湾科技生态园二区9栋B801-802
…………Tel：0755-26808388

深圳市广信技术有限公司
地址：深圳市南山区蛇口沿山路以西工业六路以北佳利泰大厦六楼D单元
…………Tel：0755-26893060

爱讯达科技（深圳）有限公司
地址：深圳市南山区粤海街道高新区社区高新南七道011号高新工业村T3栋2AA
…………Tel：0755-26909950

东莞贝通工业发展有限公司
地址：广东省东莞市沙田镇港口大道沙田段391号1号楼216室
…………Tel：0755-26939072

深圳海联讯科技股份有限公司
地址：深圳市南山区深南大道市高新技术园R2厂房B区3a层
…………Tel：0755-26972918

深圳市平行自动化系统有限公司
地址：深圳市南山区桃源街道平山社区丽山路65号平山民企科技园2栋2层东座211
…………Tel：0755-26980054

深圳市千百科技有限公司
地址：深圳市南山区沙河西路3009号康和盛大楼2楼201、202
…………Tel：0755-26995656

深圳市贝尔信智能系统有限公司
地址：深圳市南山区高新南七道015号深港产学研基地大楼西座九层南翼东侧
…………Tel：0755-26998299

深圳市金永燊科技有限公司
地址：深圳市宝安区沙井街道沙二社区沙二西环新村七巷10号二层
…………Tel：0755-27205036

深圳市坣岗中亚电子城集团股份有限公司
地址：深圳市宝安区沙井街道 岗岗头路20号3楼
…………Tel：0755-27261853

深圳市中亚网络技术开发有限公司
地址：深圳市宝安区沙井街道岗头路20号（中亚硅谷海岸B区B馆3D12）
…………Tel：0755-27261853

跨越速运集团有限公司
地址：深圳市宝安区航城街道后瑞社区深圳机场航站四路汉莎航空园区A栋1楼-8楼
…………Tel：0755-27300186

深圳华北工控股份有限公司
地址：深圳市宝安区航城街道鹤洲社区洲石路743号深业世纪工业中心B栋601-604
…………Tel：0755-27331166

深圳市酷开网络科技有限公司
地址：深圳市南山区粤海街道高新区社区高新南四道18号创维半导体设计大厦东座2306
…………Tel：0755-27357001

深圳市矩形科技有限公司
地址：深圳市光明新区光明街道观光路3009号招商局光明科技园B5栋6A（在观光路汇业科技园3B栋2楼东北面设有经营场所从事生产经营活动）
…………Tel：0755-27440378

世成电子（深圳）有限公司
地址：深圳市宝安区西乡街道固戍社区南太路2号世成工业园/南太工业园
…………Tel：0755-27490666

深圳市会生活供应链管理有限公司
地址：深圳市龙岗区龙城街道中心城盛龙花园10栋商铺202
…………Tel：0755-27589075

深圳市永辉超市有限公司
地址：深圳市宝安区松岗街道红星社区宝安大道与松明大道交汇处星际家园1-3楼
…………Tel：0755-27695766

深圳信隆健康产业发展股份有限公司
地址：深圳市宝安区松岗街道办碧头第三工业区
…………Tel：0755-27749423

深圳市音络科技有限公司
地址：深圳市宝安区新安街道灵芝园社区22区勤诚达乐园13号楼1302-1307，在宝石科技园E栋北六楼设有经营场所从事生产经营活动
…………Tel：0755-27806860

深圳耐比科技股份有限公司
地址：深圳市龙岗区坪地街道怡心社区教育北路5号
…………Tel：0755-27809525

深圳市欧冠科技有限公司
地址：深圳市宝安区西乡街道办事处铁岗居委会益成工业园B栋5楼E区
…………Tel：0755-27827117

深圳市通网通信工程有限公司
地址：深圳市宝安区西乡街道宝源路深圳市名优工业产品展示采购中心B座七楼B709号(办公场所)
…………Tel：0755-27833998

多点（深圳）数字科技有限公司
地址：深圳市福田区福田街道圩镇社区福田路24号海岸环庆大厦24层2405G
…………Tel：0755-27880256

深圳德信基钰实业有限公司
地址：深圳市前海深港合作区前湾一路1号A栋201室(入驻深圳市前海商务秘书有限公司)
…………Tel：0755-27880999

深圳前海超越电商物流投资有限公司
地址：深圳市前湾一路鲤鱼门街1号前海深港合作区管理局综合办公楼A栋201室（入驻深圳市前海商务秘书有限公司）
…………Tel：0755-27881123

深圳龙网网络科技有限公司
地址：深圳市宝安区宝城六区宝河大厦B座1602室(办公场所)
…………Tel：0755-27891330

深圳市胜卓越电脑网络通信有限公司
地址：深圳市南山区桃源街道深圳市南山区桃源街道龙井路118号军休二所办公楼三楼
…………Tel：0755-27966813

深圳市三一显示设备有限公司
地址：深圳市龙华区大浪街道浪口社区华兴路富隆特工业园5栋302
…………Tel：0755-28017773

鸿富锦精密工业（深圳）有限公司
地址：深圳市龙华区龙华街道东环二路2号
…………Tel：0755-28129588

群康科技（深圳）有限公司
地址：深圳市龙华新区龙华办事处东环二路二号富士康科技园G2区厂房2栋1层。
…………Tel：0755-28129588

富金精密工业（深圳）有限公司
地址：深圳市龙华区龙华街道东环二路北第十工业区
…………Tel：0755-28129588

安品达精密工业（惠州）有限公司
地址：广东省惠州市博罗县龙溪镇夏寮村委会大门村小组十二沟地段基准惠州科技园
…………Tel：0755-28129588

捷达世软件（深圳）有限公司
地址：深圳市龙华新区龙华办事处东环二路二号富士康科技园D1区塑模厂3层A区
…………Tel：0755-28129588

深圳讯豪信息技术有限公司
地址：深圳市龙华区龙华街道玉翠社区概念空间A栋 5层501
…………Tel：0755-28193382

深圳爱思企业管理顾问有限公司
地址：深圳市南山区沙河街道深圳湾科技生态园9栋B座8层22室
…………Tel：0755-28226761

深圳市弘景装饰工程有限公司
地址：深圳市龙岗区坂田街道南坑社区五和大道(南)2号万科星火8栋2层802CD
…………Tel：0755-28286106

深圳市宝诚通科技发展有限公司
地址：深圳市南山区桃源街道平山社区平山一路2号南山云谷创业园二期8栋4层4D室
…………Tel：0755-28303099

深圳市华美兴泰科技股份有限公司
地址：深圳市坪山新区金牛西路16号华瀚科技工业园一号厂房三楼1区、2区、4区
…………Tel：0755-28398777

深圳市布兰卡科技有限公司
地址：深圳市福田区下梅林龙尾路四季山水二期4栋1303室
…………Tel：0755-28475286

深圳市中技实业（集团）有限公司
地址：深圳市南山区南山街道登良路23号汉京大厦7D
…………Tel：0755-28548997

深圳市桦林达装饰设计工程有限公司
地址：深圳市龙岗区龙岗街道新生社区新城路79号
…………Tel：0755-28646898

深圳市华为技术软件有限公司
地址：深圳市龙岗区坂田华为基地B区2号楼
…………Tel：0755-28780808

深圳市中浦信建设集团有限公司
地址：深圳市龙岗区龙岗街道南联社区碧新路2141号401（在深圳市龙岗区龙岗街道南约社区联和工业区一区5号设有经营场所从事生产经营活动）
…………Tel：0755-28961233

深圳锦洲工程管理有限公司
地址：深圳市福田区梅林街道梅丰社区梅华路上梅林工业区综合楼3栋东方星大厦3栋2层
…………Tel：0755-28991234

深圳十方通信息技术股份有限公司
地址：深圳市龙岗区黄阁路天安数码城四栋B座601
…………Tel：0755-28998663

喜达物流（深圳）有限公司
地址：深圳市龙岗区龙城街道龙红格社区黄阁中路黄阁翠苑10栋802
…………Tel：0755-28999534

深圳奥尼电子股份有限公司
地址：深圳市宝安区新安街道留仙二路鸿辉工业园5#厂房2楼、3楼、6楼、7楼，8楼西半层，9楼
…………Tel：0755-29106588

深圳市众工装饰消防工程有限公司
地址：深圳市福田区沙头街道泰然八路18号安华工业区4栋东座4楼
…………Tel：0755-29139998

深圳市纯通通信技术有限公司
地址：深圳市宝安区西乡街道西乡大道槟城西岸华庭1栋B座13D
…………Tel：0755-29172717

深圳市国辉胜泰电子科技有限公司
地址：深圳市龙岗区坪地街道富坪中路30号三楼
…………Tel：0755-29172717

深圳市爱尚智能科技有限公司
地址：深圳市南山区沙河街道侨香路香年广场[北区]主楼[C座]1903A
…………Tel：0755-29372761

深圳豪鸿盛科技股份有限公司
地址：深圳市宝安十区前进路西侧商住楼三栋B座101
…………Tel：0755-29402087

深圳市关键信息技术有限公司
地址：深圳市龙华新区民治街道民乐工业园C栋第一层南部部分区域
…………Tel：0755-29463209

盛斯达网络（深圳）有限公司
地址：深圳市宝安区石岩街道浪心社区嘉一达工业园右3号102
…………Tel：0755-29533331

深圳市沃格信科技有限公司
地址：深圳市龙华区民治街道民泰社区书香门第上河坊广场1栋B座繁台1101
…………Tel：0755-29559991

深圳市达达互联网网络科技有限公司
地址：深圳市宝安区龙华街道人民路西侧美丽AAA大厦九层905号（办公场所）
…………Tel：0755-29567718

深圳市保千里电子有限公司
地址：深圳市龙华区观澜街道观光路南侧1319号3栋（3-5）层、4栋-7栋、8栋（1-3）层
…………Tel：0755-29672028

深圳市惠利兴包装有限公司
地址：深圳市宝安区石岩镇料坑村工业区惠利兴工业园
…………Tel：0755-29688725

银盛通信有限公司
地址：深圳市龙华区民治街道新区大道997号远景家园七楼701
…………Tel：0755-29986700

银盛支付服务股份有限公司
地址：深圳市龙华区民治街道新区大道997号远景家园五楼501
…………Tel：0755-29986700

深圳市八零年代网络科技有限公司
地址：深圳市南山区粤海街道粤兴三道6号南京大学深圳产学研基地B栋B201
…………Tel：0755-29994441

中资华信控股有限公司
地址：深圳市南山区粤海街道大冲社区深南大道9680号大冲商务中心(二期)1栋1号楼3301
…………Tel：0755-32800177

深圳阿里巴巴科技有限公司
地址：深圳市龙岗区龙岗街道南联社区圳埔岭路2号E栋205
…………Tel：0755-32870192

深圳市北极光云科技有限公司
地址：深圳市南山区粤海街道高新区社区高新南一道009号中科研发园三号楼9-C
…………Tel：0755-33004662

深圳市通联永胜科技有限公司
地址：深圳市福田区福保街道益田路3009号明月大厦南座23B
…………Tel：0755-33006768

长园深瑞继保自动化有限公司
地址：深圳市南山区高新技术产业园北区科技北一路13号
…………Tel：0755-33018888

深圳中观宇能科技有限公司
地址：深圳市前海深港合作区前湾一路1号A栋201室（入驻深圳市前海商务秘书有限公司）
…………Tel：0755-33029068

深圳放飞科技有限公司
地址：深圳市前海深港合作区前湾一路1号A栋201室(入驻深圳市前海商务秘书有限公司)
…………Tel：0755-33029068

捷开通讯（深圳）有限公司
地址：深圳市南山区西丽街道中山园路1001号TCL国际E城三期F4栋TCL通讯科技大厦8楼.
…………Tel：0755-33035333

众安信息技术服务有限公司
地址：深圳市前海深港合作区前湾一路1号A栋201室（入驻深圳市前海商务秘书有限公司）
…………Tel：0755-33082396

深圳市九云天科技有限公司
地址：深圳市福田区华强北街道赛格广场3908A
…………Tel：0755-33082524

深圳市恩熙诺科技有限公司
地址：深圳市福田区华强北街道福强社区华强北路1002号赛格广场5层5103A室
…………Tel：0755-33082684

斯比泰电子（深圳）有限公司
地址：深圳市罗湖区莲塘工业区斯比泰电子工业大厦
…………Tel：0755-33088850

深圳中兴网信科技有限公司
地址：深圳市龙华区民治街道北站社区汇隆商务中心2号楼2801
…………Tel：0755-33089999

深圳市中创联盈通信技术有限公司
地址：深圳市罗湖区笋岗街道笋岗东路宝安广场A栋12-D
…………Tel：0755-33093503

深圳市白武士科技有限公司
地址：深圳市宝安区福海街道桥头社区宝安大道6348号福永商会信息大厦D1604
…………Tel：0755-33123603

深圳市创汇资产管理有限公司
地址：深圳市龙岗区龙城街道中海康城国际B区6栋华瑞阁21F
…………Tel：0755-33156688

能量（深圳）科技有限公司
地址：深圳市前海深港合作区前湾一路1号A栋201室（入驻深圳市前海商务秘书有限公司）
…………Tel：0755-33177311

深圳市三三得玖通信技术有限公司
地址：深圳市南山区高新中一道2号长园新材料港10栋3楼
…………Tel：0755-33206511

广东为众消防科技股份有限公司
地址：深圳市龙岗区坂田街道布龙公路448号综合楼一楼102、七楼
…………Tel：0755-33212183

深圳市云风惠电子商务有限公司
地址：深圳市宝安区航城街道宝安大道5010号深圳多彩汇威文化创意博览城B座三层B区305号
…………Tel：0755-33270311

深圳市联通华程通信技术有限公司
地址：深圳市龙岗区布吉街道上水径恒通工业城14栋二楼206
…………Tel：0755-33277013

深圳唐彩装饰科技发展有限公司
地址：深圳市南山区粤海街道高新区社区高新南七道07号国信投资大厦4层
…………Tel：0755-33315221

深圳市华宇装饰工程有限公司
地址：深圳市福田区福田街道福华一路115号投行大厦3层01-1单元
…………Tel：0755-33339968

深圳美丽生态股份有限公司
地址：深圳市宝安区新安街道海旺社区宝兴路6号海纳百川总部大厦B座17层1701-1703室
…………Tel：0755-33375375

深圳市华创通信有限公司
地址：深圳市罗湖区东门南路华都园14F
…………Tel：0755-33381882

深圳市大众通信技术有限公司
地址：深圳市南山区高新中一道2号长园新材料港10栋3楼
…………Tel：0755-33548988

傲基科技股份有限公司
地址：深圳市龙岗区平湖街道华南大道一

号华南国际印刷纸品包装物流区（一期）P09栋102号
……………………Tel：0755-33622851

博威通讯系统（深圳）有限公司
地址：深圳市南山区粤海街道科技园高新南一道飞亚达科技大厦1706
……………………Tel：0755-33632288

瑞斯康微电子（深圳）有限公司
地址：深圳市南山区科技园高新南一道创维大厦C座501室
……………………Tel：0755-33638533

优利科数码科技（深圳）有限公司
地址：深圳市南山区深南大道9030世纪假日广场瑞思中心A座915
……………………Tel：0755-33654906

深圳市鑫雁通科技有限公司
地址：深圳市宝安区新安街道中心区兴华路南侧荣超滨海大厦A座1608
……………………Tel：0755-33660999

华测检测认证集团股份有限公司
地址：深圳市宝安区新安街道兴东社区华测检测大楼1号楼101
……………………Tel：0755-33683666

深圳市瑞丰通达电子有限公司
地址：深圳市宝安区石岩街道水田社区第四工业区祝龙田路50号赛联工业园A栋二层A四层B
……………………Tel：0755-33687501

深圳云里物里科技股份有限公司
地址：深圳市龙华区龙华街道和平东路港之龙科技园I栋3楼
……………………Tel：0755-33818029

兴英数位科技（深圳）有限公司
地址：深圳市宝安区沙井街道和一社区沙头工业区兴英厂厂房6栋一层及南环路一号
……………………Tel：0755-33855888

深圳市彩生活社区科技服务有限公司
地址：深圳市南山区南油大道以西花样年美年广场2栋11楼1102号
……………………Tel：0755-33930880

深圳市中软易通科技有限公司
地址：深圳市福田区福田街道福南社区福虹路9号世贸广场C座2201、C座2202、C座2203
……………………Tel：0755-33940522

深圳星兆金融控股集团有限公司
地址：深圳市前海深港合作区前湾一路1号A栋201室（入驻深圳市前海商务秘书有限公司）
……………………Tel：0755-33942926

海尔信息科技（深圳）有限公司
地址：深圳市福田区梅林街道梅都社区凯丰路15号深圳新一代信息技术产业园2栋A座606
……………………Tel：0755-33965235

瑞声开泰（深圳）科技发展有限公司
地址：深圳市南山区科技园南区粤兴三道6号南京大学产学研基地A座8楼
……………………Tel：0755-33972018

中广核服务集团有限公司
地址：深圳市福田区南园街道深南中路核电大厦15—16楼
……………………Tel：0755-33972086

深圳市亿辉特科技发展有限公司
地址：深圳市罗湖区泥岗东路路桥大厦1104
……………………Tel：0755-33992010

深圳德微电能源科技有限公司
地址：深圳市罗湖区笋岗街道展艺路艺展中心三期330-331
……………………Tel：0755-36312077

深圳开元惠生电子商务有限公司
地址：深圳市前海深港合作区前湾一路1号A栋201室（入驻深圳市前海商务秘书有限公司）
……………………Tel：0755-36321522

深圳盒马网络科技有限公司
地址：深圳市南山区粤海街道科苑南路3239号阿里云大厦S1号楼302室
……………………Tel：0755-36350088

深圳市康居投资发展有限公司
地址：深圳市福田区福华路中央西谷大厦2301、2302
……………………Tel：0755-36359333

深圳乐信软件技术有限公司
地址：深圳市南山区粤海街道科苑南路3099号中国储能大厦第24层
……………………Tel：0755-3637888

东莞深证通信息技术有限公司
地址：广东省东莞市凤岗镇东深路凤岗段121号
……………………Tel：0755-36380506

深圳市神舟电脑股份有限公司
地址：深圳市龙岗区坂田街道万科城社区居里夫人大道神舟电脑大厦1F101
……………………Tel：0755-36388508

深圳京科系统集成技术有限公司
地址：深圳市南山区粤海街道海珠社区海德三道199号天利中央广场2501-2502
……………………Tel：0755-36512777

深圳市前海信息通信发展有限公司
地址：深圳市前海深港合作区南山街道前海青年梦工场8号楼301
……………………Tel：0755-36668203

深圳海晟微电子科技有限公司
地址：深圳市光明新区公明街道李松 社区第一工业区炮台路48号创新云谷厂房H栋7楼A区
……………………Tel：0755-36694354

深圳市前海幻境网络科技有限公司
地址：深圳市前海深港合作区前湾一路1号A栋201室（入驻深圳市前海商务秘书有限公司）
……………………Tel：0755-36807777

深圳市慧世界网络科技有限公司
地址：深圳市前海深港合作区前湾一路1号A栋201室（入驻深圳市前海商务秘书有限公司）
……………………Tel：0755-36823702

康美大健康科技有限公司
地址：深圳市前海深港合作区前湾一路1号A栋201室（入驻深圳市前海商务秘书有限公司）
……………………Tel：0755-36861888

广东润杨通信服务有限公司
地址：深圳市罗湖区嘉宾路金威大厦704房
……………………Tel：0755-36904399

深圳市深家网络信息服务有限公司
地址：深圳市南山区粤海街道高新区社区高新南一道006号TCL大厦B332
……………………Tel：0755-36907500

深圳关公金融服务有限公司
地址：深圳市前海深港合作区前湾一路1号A栋201室（入驻深圳市前海商务秘书有限公司）
……………………Tel：0755-36985214

凯信恒有限公司
地址：深圳市罗湖区桂园街道人民桥社区和平路3001号鸿隆世纪广场B座1201
……………………Tel：0755-5180000

深圳市中电数通智慧安全科技股份有限公司
地址：深圳市龙岗区吉华街道甘李路3号恒特美大厦1106室
……………………Tel：0755-61139993

深圳市中电数通智慧安全科技股份有限公司
地址：深圳市龙岗区吉华街道甘李路3号恒特美大厦1106室
……………………Tel：0755-61139993

网建通信建设有限公司
地址：深圳市福田区香蜜湖街道竹园社区农林路5号鑫竹苑大厦A栋21层2101-2106
……………………Tel：0755-61252288

华南城集团有限公司
地址：深圳市龙岗区平湖镇华南大道一号
……………………Tel：0755-61268888

深圳市百旺节能环保科技有限公司
地址：深圳市龙岗区龙岗街道向银路银珠岭小区一巷4-3号3楼304
……………………Tel：0755-61291088

深圳亿星世纪新能源科技发展股份有限公司
地址：深圳市龙岗区布吉街道国展社区龙岗大道吉星花园一单元301-1
……………………Tel：0755-61377968

深圳市凌沃网络科技有限公司
地址：深圳市龙岗区布吉街道布吉广场B座9楼
……………………Tel：0755-61579090

深圳市新资本互联网科技管理服务有限公司
地址：深圳市前海深港合作区前湾一路1号A栋201室（入驻深圳市前海商务秘书有限公司）
……………………Tel：0755-61866608

深圳智网空间科技有限公司
地址：深圳市南山区招商街道荔园路水湾小区1.2.3栋裙楼2层B
……………………Tel：0755-61869680

深圳市华尊信息技术有限公司
地址：深圳市福田区沙头街道车公庙泰然九路海松大厦B-807A
……………………Tel：0755-61958914

深圳市泰莱尔实业有限公司
地址：深圳市宝安区西乡街道海城路亨业大厦408
……………………Tel：0755-61996872

深圳欧瑞特供应链管理有限公司
地址：深圳市福田区福保街道福保社区红花路99号长平商务大厦3108
……………………Tel：0755-66627170

深圳迁善寺网络有限公司
地址：深圳市南山区南山街道登良社区南山大道1088号南园枫叶大厦8H
……………………Tel：0755-66629788

深圳金恪高科技有限公司
地址：深圳市罗湖区东晓街道太白路3077号中深石化大厦2栋7楼703
……………………Tel：0755-66629788

深圳伯牙子期文化艺术城有限公司
地址：深圳市南山区粤海街道海德一道86号中洲控股金融中心A座2108
……………………Tel：0755-66629888

深圳市祥和记担保有限公司
地址：深圳市龙岗区南湾街道南岭村社区南园路9号4楼（办公住所）
……………………Tel：0755-66802389

民生电商控股（深圳）有限公司
地址：深圳市前海深港合作区前湾一路63号前海企业公馆1A栋3层101室 经营场所：深圳市南山区后海大道芒果网大厦18楼
……………………Tel：0755-6696369

深圳市鸿鸿科技有限公司
地址：深圳市宝安区新安街道海旺社区N12区新湖路99号壹方中心北区三期A塔4102
……………………Tel：0755-81219911

平安科技（深圳）有限公司
地址：深圳市福田区福田街道福安社区益田路5033号平安金融中心23楼
……………………Tel：0755-81917220

恒大数据服务有限公司
地址：深圳市前海深港合作区前湾一路1号A栋201室（入驻深圳市前海商务秘书有限公司）
……………………Tel：0755-81999555

恒大普惠网络科技（深圳）有限公司
地址：深圳市前海深港合作区前湾一路1号A栋201室（入驻深圳市前海商务秘书有限公司）
……………………Tel：0755-81999555

深圳市高清文化产业有限公司
地址：深圳市福田区益田路与福华三路交界东北深圳国际商会中心3801D
……………………Tel：0755-82031536

平安普惠企业管理有限公司
地址：深圳市前海深港合作区前湾一路1号A栋201室（入驻深圳市前海商务秘书有限公司）
……………………Tel：0755-82037915

深圳市同步安讯信息技术有限公司
地址：深圳市福田区香蜜湖街道深南中路求是大厦东座2205、2206（仅限办公）
……………………Tel：0755-82048485

深圳联润投资咨询有限公司
地址：深圳市福田区福民路知本大厦1705
……………………Tel：0755-82116993

深圳市普泰信科技有限公司
地址：深圳市罗湖区东门街道深南东路3038号合作金融大厦10楼E室
……………………Tel：0755-82128306

深圳拿破仑国际环保有限公司
地址：深圳市前海深港合作区前湾一路1号A栋201室（入驻深圳市前海商务秘书有限公司）
……………………Tel：0755-82181318

深圳市盈佳世纪网络科技有限公司
地址：深圳市南山区登良路南油第二工业区206栋8层806(恒裕中心B座)
……………………Tel：0755-82186578

深圳市三明和科技有限公司
地址：深圳市罗湖区嘉宾路金威大厦8层822房
……………………Tel：0755-82189888

深圳第一线通信有限公司
地址：深圳市罗湖区笋岗街道笋西社区梨园路6号物资控股置地大厦二十一层11-12-01单元
……………………Tel：0755-82192264

中臻融资租赁有限公司
地址：广州市南沙区环市大道中29号710房A03（仅限办公用途）
……………………Tel：0755-82204080

深圳窄带网络有限公司
地址：深圳市大鹏新区葵涌街道葵丰社区万兴中路7号华侨新村6栋一单元201
……………………Tel：0755-82209117

深圳睿立方科技股份有限公司
地址：深圳市南山区西丽街道茶光工业园2栋6楼东侧
……………………Tel：0755-82226799

深圳市亦禾供应链管理有限公司
地址：深圳市南山区高新北区朗山路7号航空电子工程研发大厦1008室
……………………Tel：0755-82227356

深圳市新冶会饮食有限公司
地址：深圳市罗湖区深南中路金融中心大厦晶都酒店西侧
……………………Tel：0755-82244882

深圳市宝超投资发展有限公司
地址：深圳市罗湖区东门街道解放路宝华楼801
……………………Tel：0755-82251418

深圳青腾网络有限公司
地址：深圳市龙岗区横岗街道荣德丽馨公寓B座2002-1
……………………Tel：0755-82256206

深圳市国投华泰能源发展有限公司
地址：深圳市福田区香蜜湖街道竹林社区紫竹七道18号中国经贸大厦22D-22E
……………………Tel：0755-82263333

广东尚荣工程总承包有限公司
地址：广州市白云区鹤龙街鹤龙一路629号泰信广场210（自主申报）
……………………Tel：0755-82290988

深圳市宏大建设集团有限公司
地址：深圳市龙华区民治街道北站社区创业花园鑫荣大厦1810
……………………Tel：0755-82341720

泛华众联企业形象策划（深圳）有限公司
地址：深圳市福田区梅林街道梅京社区北环大道7014号深华运输大楼6层601A-04号
……………………Tel：0755-82396398

广州市万国云蓝数据科技有限公司
地址：广州市黄埔区科丰路31号自编二栋G6栋
……………………Tel：0755-82445688

广州寅午数据科技有限公司
地址：广州市高新技术产业开发区科学城南云三路39号自编十栋C栋全座
……………………Tel：0755-82495688

深圳市艾龙技术有限公司
地址：深圳市南山区粤海街道高新区社区高新南七道07号国信投资大厦601
……………………Tel：0755-82504656

深圳飞思安诺网络技术有限公司
地址：深圳市福田区梅林街道北环路梅林多丽工业区1栋第6层615房
……………………Tel：0755-82508261

深圳市天联新动科技有限公司
地址：深圳市福田区梅华路深华科技工业园2号3楼8轴
……………………Tel：0755-82513200

曼步智能科技（深圳）有限公司
地址：深圳市龙华新区大浪街道同胜社区华荣路联建科技工业园厂房7栋3楼302
……………………Tel：0755-82513690

南方国美电器有限公司
地址：深圳市南山区粤海街道后海路南粤明珠商住楼二层部分
……………………Tel：0755-82519688

深圳市建筑装饰（集团）有限公司
地址：深圳市福田区福保街道福田保税区市花路1号创凌通科技大厦A座11、12、13楼
……………………Tel：0755-82524508

瑞通国际商业保理（深圳）有限公司
地址：深圳市前海深港合作区前湾一路1号A栋201室（入驻深圳市前海商务秘书有限公司）
……………………Tel：0755-82555975

深圳市金博通科技有限公司
地址：深圳市宝安区福海街道新田社区大洋路90-15号305
……………………Tel：0755-82556825

深圳圣德强营联基站建设有限公司
地址：深圳市福田区福田街道福安社区民田路171号新华保险大厦2601
……………………Tel：0755-82566791

深圳岁宝连锁商业发展有限公司
地址：深圳市福田区滨河路花好园裙楼2层
……………………Tel：0755-82569952

深圳纵横咨询集团有限公司
地址：深圳市福田区沙头街道天安社区深南大道与泰然九路交界东南金润大厦19E
……………………Tel：0755-82570004

中涵国际商业保理（深圳）有限公司
地址：深圳市前海深港合作区前湾一路1号A栋201室（入驻深圳市前海商务秘书有限公司）
……………………Tel：0755-82577054

深圳筑造建设有限公司
地址：深圳市宝安区航城街道鹤洲社区洲石路743号B栋深业U中心2206
……………………Tel：0755-82578448

深圳市华强北商城有限公司
地址：深圳市福田区福保街道金花路29号华强北商城大厦A座7楼
……………………Tel：0755-8257888

深圳安视信息技术有限公司
地址：深圳市福田区华强北街道上步中路深勘大厦18F
……………………Tel：0755-82581032

深圳市慧眼通科技有限公司
地址：深圳市盐田区沿港路荣丰大厦A419室（办公场所）。
……………………Tel：0755-82632219

财富共赢集团（深圳）有限公司
地址：深圳市罗湖区桂园街道深南中路5045号深业中心2708室
……………………Tel：0755-82680025

深圳乔真科技有限公司
地址：深圳市福田区福田街道民田路华融大厦1110
……………………Tel：0755-82766003

广东华邦云计算股份有限公司
地址：深圳市龙华区民治街道民强社区优城北区AB座1412

…………………… Tel：0755－82771575

深圳壹创国际设计股份有限公司
地址：深圳市南山区华侨城东部工业区东北B－1栋202（二楼东侧）
…………………… Tel：0755－82795716

深圳市安迈实业有限公司
地址：深圳市福田区保税区花 年福年广场B1栋606
…………………… Tel：0755－82813888

深圳市前海普惠信融投资控股有限公司
地址：深圳市前海深港合作区前湾一路1号A栋201室（入驻深圳市前海商务秘书有限公司）
…………………… Tel：0755－82816950

深圳中荣矿业有限公司
地址：深圳市前海深港合作区前湾一路1号A栋201室（入驻深圳市前海商务秘书有限公司）
…………………… Tel：0755－82834761

车音智能科技有限公司
地址：深圳市南山区科苑路6号科技园工业大厦东606A
…………………… Tel：0755－82835306

深圳新家生活科技服务有限公司
地址：深圳市前海深港合作区前湾一路1号A栋201室（入驻深圳市前海商务秘书有限公司）
…………………… Tel：0755－82844610

深圳市普方立民科技有限公司
地址：深圳市福田区香蜜湖街道农园社区泽田路2号翠海花园B3、B4栋B3栋16D
…………………… Tel：0755－82850599

深圳市卓越康达贸易有限公司
地址：深圳市福田区金田路皇岗商务中心1号楼6503
…………………… Tel：0755－82877967

深圳市百慧文化发展有限公司
地址：深圳市福田区沙头街道天安社区泰然九路11号海松大厦B座505
…………………… Tel：0755－82881233

深圳市凯立德欣软件技术有限公司
地址：深圳市福田区深南大道以南、泰然九路以西耀华创建大厦2601（仅限办公）
…………………… Tel：0755－82882889

深圳市金松电子技术有限公司
地址：深圳市福田区沙头街道新洲九街锦河苑3栋1层305
…………………… Tel：0755－82899609

深圳笃行致远科技孵化器有限公司
地址：深圳市前海深港合作区前湾一路鲤鱼门街一号前海深港合作区管理局综合办公楼A栋201室（入驻深圳市前海商务秘书有限公司）
…………………… Tel：0755－82912126

深圳市索沃特科技有限公司
地址：深圳市宝安区西乡街道宝民二路贤基大厦1B10－2
…………………… Tel：0755－82915628

中建国际建设发展（深圳）有限公司
地址：深圳市龙岗区横岗街道龙岗大道保康路荣德国际大厦4101
…………………… Tel：0755－82931438

深圳坐标软件集团有限公司
地址：深圳市福田区福田街道深南中路3039号国际文化大厦2905A
…………………… Tel：0755－82949677

广东富盈建设有限公司
地址：深圳市罗湖区金碧路46号原办公楼六楼605
…………………… Tel：0755－82949885

安第斯健康科技（深圳）有限公司
地址：深圳市福田区华强北街道赛格广场64楼6405A
…………………… Tel：0755－82975246

深圳中壹建设（集团）有限公司
地址：深圳市福田区沙头街道翠湾社区福强路4001号文化创意园309栋A座三层、四层
…………………… Tel：0755－82994241

深圳市万厦装饰工程有限公司
地址：深圳市福田区梅林路9号金丰花园1栋2层201号B（仅限办公）
…………………… Tel：0755－82994490

深圳市长基实业发展有限公司
地址：深圳市福田区彩田路彩虹大厦12E
…………………… Tel：0755－82998300

深圳市尚沃斯电子科技有限公司
地址：深圳市宝安区福海街道和平社区福园二路福明盛工业园厂房A栋401北面
…………………… Tel：0755－83006919

深圳市胜捷消防集团有限公司
地址：深圳市福田区深南路与农林路交界西北鑫竹苑A栋13层（仅限办公）
…………………… Tel：0755－83028547

深圳长城开发科技股份有限公司
地址：深圳市福田区彩田路7006号
…………………… Tel：0755－83030000

深圳市本特利科技有限公司
地址：深圳市坪山区龙田街道竹坑社区兰竹东路福兴达工业园1号厂房101
…………………… Tel：0755－83044332

广东圣策投资管理有限公司
地址：深圳市福田区福强路福田花园大厦B栋2601A
…………………… Tel：0755－83062168

深圳和之道科技有限公司
地址：深圳市罗湖区南湖街道罗湖桥社区建设路1072号东方广场东方广场805
…………………… Tel：0755－83066234

深圳市顺易通信息科技有限公司
地址：深圳市福田区梅林街道龙尾路10号捷顺科技402室
…………………… Tel：0755－83112288

深圳市新威尔电子有限公司
地址：深圳市福田区梅林街道梅都社区中康路128号卓越梅林中心广场(北区)3号楼1206
…………………… Tel：0755－83128422

深圳市中深建装饰设计工程有限公司
地址：深圳市福田区吉莲大厦二层
…………………… Tel：0755－83130099

深圳市太科检测有限公司
地址：深圳市南山区深云路13号一楼
…………………… Tel：0755－83139735

深圳市思达飞讯科技发展有限公司
地址：深圳市福田区中电信息大厦东座1601、1602、1603（仅限办公）
…………………… Tel：0755－83159060

深圳市英盛视讯电子有限公司
地址：深圳市宝安区新安街道甲岸社区7区甲岸村86栋401
…………………… Tel：0755－83160190

深圳市广纵横软件开发有限公司
地址：深圳市福田区福田街道岗厦社区彩田路3069号星河世纪C栋1单元3002
…………………… Tel：0755－83164663

东海俊兆实业（深圳）有限公司
地址：深圳市福田区深南大道7888号东海国际中心A－3501（06）
…………………… Tel：0755－83195111

招商银行股份有限公司
地址：深圳市福田区深南大道7088号招商银行大厦
…………………… Tel：0755－83198888

深圳市华西安装工程有限公司
地址：深圳市南山区南头街道中山园路南山建工村13栋9层
…………………… Tel：0755－83203213

深圳市大美建筑工程劳务有限公司
地址：深圳市福田区沙头街道新洲二街雄鹰大厦1003号
…………………… Tel：0755－83204817

深圳市易特科信息技术有限公司
地址：深圳市南山区西丽街道西丽社区留新四路万科云城三期C区九栋A座1502房
…………………… Tel：0755－83209797

深圳市世展建设有限公司
地址：深圳市南山区粤海街道深圳湾科技生态园9栋A座35楼
…………………… Tel：0755－83265638

中建河图建设有限公司
地址：深圳市福田区滨河大道与益田路交界东南皇都广场3号楼810－812
…………………… Tel：0755－83276072

深圳市赛锐琪科技有限公司
地址：深圳市龙岗区坂田街道坂雪岗大道新天下工业城一号厂房105
…………………… Tel：0755－83276962

深圳国科控股集团有限公司
地址：深圳市罗湖区桂园街道老围社区深南东路5016号蔡屋围京基金融中心2301－2303
…………………… Tel：0755－83278861

深圳南利装饰集团股份公司
地址：深圳市福田区华富街道深南大道1006号国际创新中心A栋9楼
…………………… Tel：0755－83280111

深圳市瑞建建设集团有限公司
地址：深圳市福田区上步中路1011工会大厦A座9018房
…………………… Tel：0755－83283839

深圳市北冕科技有限公司
地址：深圳市宝安区西乡街道盐田社区银田路4号华丰宝安智谷科技创新园H座225
…………………… Tel：0755－83289463

深圳市汇盈小额贷款有限责任公司
地址：深圳市前海深港合作区前湾一路1号A栋201室（入驻深圳市前海商务秘书有限公司）
…………………… Tel：0755－83301199

深圳市中融信资产融通服务股份有限公司
地址：深圳市福田区福田街道深南中路佳和华强大厦A座8楼C－822
…………………… Tel：0755－83311111

深圳海外装饰工程有限公司
地址：深圳市福田区华强北街道振华路122号海外装饰大厦A座8楼
…………………… Tel：0755－83365599

深圳市森磊建设集团有限公司
地址：深圳市福田区沙头街道天安社区滨河大道北侧深业泰然大厦L1－01、L1－02
…………………… Tel：0755－83408188

深圳市鹏博实业集团有限公司
地址：深圳市福田区车公庙天安数码城创新科技广场B座3楼311室
…………………… Tel：0755－83438896

深圳粤通集团有限公司
地址：深圳市龙岗区南湾街道上李朗社区布澜路中盛科技园9号厂房11楼
…………………… Tel：0755－83445999

深圳北控信息发展有限公司
地址：深圳市福田区福保街道石厦北三街东南方国际广场B栋2808
…………………… Tel：0755－83448677

深圳市华视瑞通信息技术有限公司
地址：深圳市南山区高新科技园中区科苑路科兴科学园B栋4单元1503
…………………… Tel：0755－83504419

深圳市鸿网产业投资有限公司
地址：深圳市福田区商报路奥林匹克大厦16楼1608室
…………………… Tel：0755－83521199

深圳市鹏升建设有限公司
地址：深圳市福田区园岭街道华林社区八卦四路52号安吉尔大厦1412
…………………… Tel：0755－83548062

中国爱地集团有限公司
地址：广东省深圳市福田区滨河路爱地大厦东座16楼1601－1606
…………………… Tel：0755－83551971

深圳双开颜投资有限公司
地址：深圳市前海深港合作区前湾一路1号A栋201室（入驻深圳市前海商务秘书有限公司）
…………………… Tel：0755－83553688

深圳市新天泽消防工程有限公司
地址：深圳市福田区滨河路爱地大厦办公楼1501－2、1501－3
…………………… Tel：0755－83554488

深圳市银之杰科技股份有限公司
地址：深圳市福田区沙头街道天安社区泰然五路天安数码城天祥大厦10A－1
…………………… Tel：0755－83562555

深圳市君之安物业管理有限公司
地址：深圳市福田区车公庙福安大厦西座五楼
…………………… Tel：0755－83587214

通用信息技术及系统（深圳）有限公司
地址：深圳市福田区福保街道市花路8号和合大厦5楼A区
…………………… Tel：0755－83598754

深圳宇恒贸易管理有限公司
地址：深圳市前海深港合作区临海大道59号海运中心主塔楼2110B
…………………… Tel：0755－8363229

深圳市德晨智能科技股份有限公司
地址：深圳市宝安区大浪街道高峰社区赤岭头部九窝金西城厂房二栋四楼东侧
…………………… Tel：0755－83659861

深圳市精诚天路科技有限公司
地址：深圳市南山区桃源街道平山社区平山一路2号南山云谷创业园二期8栋5层507室
…………………… Tel：0755－83660948

深圳汇佳数码通信有限公司
地址：深圳市龙华新区龙华办事处松和社区天汇大厦A栋9楼919（仅限办公）
…………………… Tel：0755－83674805

深圳能源集团股份有限公司
地址：深圳市福田区福田街道金田路2026号能源大厦北塔楼9层、29－31层、34－41层
…………………… Tel：0755－83680288

深圳市南华中天科技有限公司
地址：深圳市福田区八卦二路二栋厂房东座503号（仅限办公）
…………………… Tel：0755－83692750

信安技术（中国）有限公司
地址：深圳市福田区竹子林教育科技大厦塔楼18层
…………………… Tel：0755－83708333

深圳市幸福林业基金有限公司
地址：深圳市福田区香蜜湖街道深南大道深圳特区报业大厦42层A006
…………………… Tel：0755－83718993

深圳市银利佳科技有限公司
地址：深圳市龙华区大浪街道同胜社区华繁路119号经盛工业区7号经盛科技大厦2层
…………………… Tel：0755－83721916

深圳市非常聚成科技有限公司
地址：深圳市龙岗区坂田街道雅宝路1号星河WORLDE栋大厦13层E1301号
…………………… Tel：0755－83742450

深圳市兆原峰建筑工程有限公司
地址：深圳市福田区景田路东侧景田综合市场裙楼3层310－321
…………………… Tel：0755－83755355

深圳市链接科技有限公司
地址：深圳市福田区深南中路国际科技大厦3501、3502
…………………… Tel：0755－83761646

深圳市互联在线云计算股份有限公司
地址：深圳市龙华区龙华街道清湖社区清湖村宝能科技园7栋1A3楼ABCEF单元
…………………… Tel：0755－83767888

深圳市互联互通通信技术有限公司
地址：深圳市罗湖区宝岗路西祥福雅居彩虹阁1411室
…………………… Tel：0755－83833898

深圳市润讯新渠道技术有限公司
地址：深圳市福田区车公庙工业区泰然211栋工业厂房第4层415
…………………… Tel：0755－83881777

深圳市易联技术有限公司
地址：深圳市南山区粤海街道科技南十二路20号嘉联支付大厦1505室
…………………… Tel：0755－83890390

深圳市求卓科技有限公司
地址：深圳市福田区沙头街道天安社区泰然十路天安创新科技广场二期东座1503
…………………… Tel：0755－83937176

深圳国泰安教育技术有限公司
地址：深圳市南山区学苑大道1001号南山智园A4栋12楼
…………………… Tel：0755－83940028

深圳前海大数金融服务有限公司
地址：深圳市前海深港合作区前湾一路1号A栋201室（入驻深圳市前海商务秘书有限公司）
…………………… Tel：0755－84034000

深圳市远达顺科技有限公司
地址：深圳市龙岗区坪地街道兴华路西湖苑好莱坞122号
…………………… Tel：0755－84054136

深圳金鑫绿建股份有限公司
地址：深圳市龙岗区坪地街道年丰社区新丰二路9号
…………………… Tel：0755－84078108

雁家宝（深圳）网络商务有限公司
地址：深圳市宝安区沙井街道东环路277号恒骏大厦509
…………………… Tel：0755－8422156

琅勋（深圳）控股集团有限公司
地址：深圳市龙岗区南湾街道南岭村社区南新街29号1983创意小镇A2栋302
…………………… Tel：0755－84268777

深圳市诚宇建设集团有限公司
地址：深圳市南山区南头街道马家龙社区玉泉路128号建安大院综合楼301
…………………… Tel：0755－84279226

中国广核集团有限公司
地址：深圳市福田区深南大道2002号中广核大厦南楼33楼
…………………… Tel：0755－84431353

深圳市元征科技股份有限公司
地址：深圳市龙岗区坂田街道五和大道北4012号元征工业园
…………………… Tel：0755－84528013

广州尊趣科技有限公司
地址：广州市天河区黄埔大道西33号20楼D2房
…………………… Tel：0755－84705888

深圳风豹互联网科技有限公司
地址：深圳市福田区福保街道新港社区新洲南路2008号新都市商业广场三层C301
…………………… Tel：0755－84705888

深圳市星脉畅行科技发展有限公司
地址：深圳市福田区深南路车公庙工业区车公庙厂房204栋4楼西半层－431室（仅限办公）
…………………… Tel：0755－84715600

深圳汇安消防设施工程有限公司
地址：深圳市龙岗区坂田街道雅宝路1号星河WORLD A栋10层1002－1003
…………………… Tel：0755－85219816

深圳立络网络技术有限公司
地址：深圳市龙岗区龙岗街道宝龙社区锦龙二路五号阳光科技园B栋401
…………………… Tel：0755－85227866

宏伟建设工程股份有限公司
地址：深圳市宝安区西乡街道共乐路南侧香缇湾花园2栋204A区（办公场所）
…………………… Tel：0755－85271868

深圳市双粤龙智能化工程有限公司
地址：深圳市宝安区新安街道大浪社区创业二路北二巷5号七星创新楼408
…………………… Tel：0755－85273433

深圳市鑫昊翔科技有限公司
地址：深圳市龙岗区布吉街道龙博路禾沙坑工业区11栋厂房201
…………………… Tel：0755－85298300

深圳昊博集团有限公司
地址：深圳市南山区学府路深圳市软件产业基地1栋C座16楼
…………………… Tel：0755－85583663

财付通支付科技有限公司
地址：深圳市前海深港合作区前湾一路1号A栋201室（入驻深圳市前海商务秘书有限公司）；经营地址：深圳市南山区高新科技园科技中一路腾讯大厦8层。
…………………… Tel：0755－86013388

深圳市财付通网络金融小额贷款有限公司
地址：深圳市前海深港合作区前湾一路1

号A栋201室（入驻深圳市前海商务秘书有限公司）
……Tel：0755-86013388

财付通支付科技有限公司
地址：深圳市前海深港合作区前湾一路1号A栋201室（入驻深圳市前海商务秘书有限公司）；经营地址：深圳市南山区高新科技园科技中一路腾讯大厦8层。
……Tel：0755-86013388

深圳盒子信息科技有限公司
地址：深圳市南山区粤海街道深圳市软件产业基地第5栋裙楼505室
……Tel：0755-86017459

深圳市壹天讯科技有限公司
地址：深圳市南山区高新南一道002号飞亚达科技大厦18层西
……Tel：0755-86018890

深圳市活力天汇科技股份有限公司
地址：深圳市南山区粤海街道高新南九道10号深圳湾科技生态园10栋B座13层01-08号
……Tel：0755-86022762

深圳市德奥信息技术有限公司
地址：深圳市南山区粤海街道滨海社区海天一路19、17、18号软件产业基地4栋203
……Tel：0755-86031024

智康物联技术有限公司
地址：深圳市前海深港合作区前湾一路1号A栋201室（入驻深圳市前海商务秘书有限公司）
……Tel：0755-86059326

东想华盛创业投资管理有限公司
地址：深圳市前海深港合作区前湾一路鲤鱼门街一号前海深港合作区管理局综合办公楼A栋201室（入驻深圳市前海商务秘书有限公司）
……Tel：0755-86062661

华元国信股权投资基金（深圳）有限公司（简称：华元国信基金）
地址：深圳市前海深港合作区前湾一路鲤鱼门街一号前海深港合作区管理局综合办公楼A栋201室（入驻深圳市前海商务秘书有限公司）
……Tel：0755-86062661

深圳市力创世纪科技有限公司
地址：深圳市南山区深南大道10128号南山软件园西塔楼803、804（仅限办公）
……Tel：0755-86064583

深圳市傲通科技有限公司
地址：深圳市南山区南头街道红花园社区南山大道2329新海大厦5C
……Tel：0755-86066165

深圳市天珑移动技术有限公司
地址：深圳市南山区香山东街1号华侨城东部工业区H－3栋4楼A
……Tel：0755-86095550

深圳市闪联信息技术有限公司
地址：深圳市南山区高新区高新南七道深圳市数字技术园A3栋6楼（仅限办公）
……Tel：0755-86153555

大族激光科技产业集团股份有限公司
地址：深圳市南山区深南大道9988号
……Tel：0755-86161340

任子行网络技术股份有限公司
地址：深圳市南山区高新区科技中2路软件园2栋6楼
……Tel：0755-86168366

深圳市芯朗金能源技术有限公司
地址：深圳市南山区粤海街道高新中二道2号深圳软件园一期2栋402室
……Tel：0755-86168979

百富计算机技术（深圳）有限公司
地址：深圳市龙岗区平湖街道山厦社区百富科技大厦701
……Tel：0755-86169630

深圳市赛为智能股份有限公司
地址：深圳市龙岗区南湾街道下李朗社区联李东路8号赛为大楼A101至15楼
……Tel：0755-86169696

深圳市盈峰智慧科技有限公司
地址：深圳市南山区粤海街道海天二路易思博软件大厦30楼
……Tel：0755-86169818

深圳盟贝特志成网络技术有限公司
地址：深圳市宝安区西乡街道前进二路桃源居南面深圳市智汇创新中心D座207/209室
……Tel：0755-86171525

深圳奥联信息安全技术有限公司
地址：深圳市宝安区新安街道新城大道富通好旺角1栋商场334之十七
……Tel：0755-86182108

深圳市新豪方前海投资发展有限公司
地址：深圳市前海深港合作区前湾一路1号A栋201室（入驻深圳市前海商务秘书有限公司）
……Tel：0755-86183993

深圳市通易信科技开发有限公司
地址：深圳市南山区西丽街道松坪山社区朗山路13号南门西侧清华信息港科研楼9层901-1
……Tel：0755-86193485

深圳市研祥特种计算机工业有限公司
地址：深圳市光明新区光明街道高新路11号研祥科技工业园电子厂房五楼西侧506单元
……Tel：0755-86255502

深圳市盈盛创富通讯发展有限公司
地址：深圳市南山区南新路东学府路南仓前锦福苑8栋203B
……Tel：0755-86282009

深圳市益日昇科技有限公司
地址：深圳市南山区沙河街道华夏街社区深南大道9028号益田假日广场L5-501
……Tel：0755-86298066

国民科技（深圳）有限公司
地址：深圳市南山区西丽街道松坪山社区宝深路109号国民技术大厦20楼
……Tel：0755-86309900

深圳市东方智信科技有限公司
地址：深圳市南山区南头街道南山大道2329号新海大厦16B
……Tel：0755-86317056

易讯天空计算机技术（深圳）有限公司
地址：深圳市南山区粤海街道深圳湾科技生态园7栋B座8层B01室
……Tel：0755-86338033

深圳市汇智成科技有限公司
地址：深圳市南山区高新区中区科研路9号比克科技大厦401D
……Tel：0755-86350100

深圳市新旗滨科技有限公司
地址：深圳市南山区桃源街道桃源社区高发西路20号方大广场1.2号研发楼1号楼3601
……Tel：0755-86353588

深圳市中兴九歌信息技术有限公司
地址：深圳市南山区高新区北环大道9018号大族创新大厦A座11楼
……Tel：0755-86360200

深圳市九叶科技股份有限公司
地址：深圳市福田区红荔路银盛大厦809室
……Tel：0755-86360660

深圳市嘉讯通信技术有限公司
地址：深圳市南山区科技南十二路18号长虹科技大厦15楼02-1单元
……Tel：0755-86367335

吉浦斯信息咨询（深圳）有限公司
地址：深圳市南山区南头街道安乐社区关口二路15号智恒产业园7栋2层
……Tel：0755-86367699

深圳市北海轨道交通技术有限公司
地址：深圳市南山区南头街道南头关口二路智恒战略性新兴产业园27栋一楼
……Tel：0755-86368383

深圳市元道通信技术有限公司
地址：深圳市宝安区西乡街道银田路4号华丰宝安智谷科技创新园B座五楼510-511-512
……Tel：0755-86393233

深圳市南电信息工程有限公司
地址：深圳市南山区中山园路1001号TCL科学园区E4-4D
……Tel：0755-86518811

深圳臻云技术股份有限公司
地址：深圳市南山区粤海街道高新南七道19号深圳清华大学研究院大楼A319
……Tel：0755-86522961

深圳市伟文无线通讯技术有限公司
地址：深圳市南山区南海大道粤海大厦中座17楼01号
……Tel：0755-86524920

深圳市文鼎创数据科技有限公司
地址：深圳市南山区粤海街道科丰路2号特发信息港大厦A栋七楼南701-708单元
……Tel：0755-86530330

深圳市六度人和科技有限公司
地址：深圳市南山区粤海街道科技南十二路28号康佳研发大厦20A-C
……Tel：0755-86538838

深圳九有股份有限公司
地址：深圳市前海深港合作区深圳市前海深港合作区前湾一路1号A栋201室（入驻深圳市前海商务秘书有限公司）
……Tel：0755-86548116

深圳中质安股份有限公司
地址：深圳市光明新区招商局光明科技园A6栋3B、3C、4C单元
……Tel：0755-86594330

深圳市国保安防保安服务有限公司
地址：深圳市南山区桃源街道平山社区丽山路2号平山一路世外桃源创意园B栋2层208
……Tel：0755-86597783

好看科技（深圳）有限公司
地址：深圳市南山区高新南一道009号中国科技开发院中科研发园三号楼塔楼22楼A1室
……Tel：0755-8662451

海信南方有限公司
地址：深圳市南山区南海大道2702号保利城大厦2110室
……Tel：0755-86628986

深圳市沃达孚科技有限公司
地址：深圳市南山区西丽街道松坪山社区朗山路13号南门西侧清华信息港科研楼7层703-1
……Tel：0755-86655035

深圳市中易通网络技术有限公司
地址：深圳市南山区科技园松坪山路5号嘉达研发大楼主楼西侧502
……Tel：0755-86656466

深圳市华思创科技有限公司
地址：深圳市南山区科苑南七道德维森大厦（高新南七道16南）四层
……Tel：0755-86665221

深圳南航产业控股有限公司
地址：深圳市南山区粤海街道大冲社区深南大道9680号大冲商务中心（二期）1栋1号楼1805
……Tel：0755-86665665

中业国信（深圳）集团有限公司
地址：深圳市南山区南山街道荔芳社区常兴路13号前海枫叶大厦A栋-1019
……Tel：0755-86665665

深圳威盛上华科技有限公司
地址：深圳市南山区深南大道9966号威盛科技大厦5楼
……Tel：0755-86668800

深圳市汇丰源通科技有限公司
地址：深圳市南山区桃源街道同富裕工业城5号厂房4楼
……Tel：0755-86674503

深圳市航天新创科技有限公司
地址：深圳市南山区科技园科技南十路6号深圳航天科技创新研究院大厦D510室
……Tel：0755-86681282

深圳市前海创梦科技有限公司
地址：深圳市前海深港合作区前湾一路1号A栋201室（入驻深圳市前海商务秘书有限公司）
……Tel：0755-86685111

深圳市华创科新科技有限公司
地址：深圳市南山区粤海街道高新南六道8号航盛电子科技大厦20H
……Tel：0755-86699490

深圳宁冠鸿科技股份有限公司
地址：深圳市龙华区龙华街道玉翠社区龙观东路荣群大厦2层205室
……Tel：0755-86705934

太平洋电信股份有限公司
地址：深圳市南山区粤海街道深圳湾科技生态园7栋B座10层05-07号房
……Tel：0755-86716716

深圳市康索特软件有限公司
地址：深圳市南山区粤海街道高新区社区高新南九道10号深圳湾科技生态园10栋A2703
……Tel：0755-86717329

深圳市后河出行科技有限公司
地址：深圳市前海深港合作区前湾一路1号A栋201室（入驻深圳市前海商务秘书有限公司）
……Tel：0755-86725201

深圳市华成峰科技有限公司
地址：深圳市南山区粤海街道麻岭社区高新中区科技中2路1号深圳软件园(2期)11栋701
……Tel：0755-86726517

爱立信（深圳）数据网络技术有限公司
地址：深圳市南山区科技南十二路12号曙光大厦第七层
……Tel：0755-86910704

深圳市太和物联信息技术有限公司
地址：深圳市南山区北环路与深云路交汇处智慧广场B栋1801A
……Tel：0755-86915020

智慧城市系统服务（中国）有限公司
地址：深圳市前海深港合作区前湾一路鲤鱼门街一号前海深港合作区管理局综合办公楼A栋201室（入驻深圳市前海商务秘书有限公司）
……Tel：0755-86926969

安科机器人有限公司
地址：深圳市福田区深南大道特区报业大厦1306房
……Tel：0755-86926969

深圳市鸿效节能股份有限公司
地址：深圳市南山区粤海街道粤兴二道6号武汉大学深圳产学研大楼B303
……Tel：0755-86966214

智道网联科技（深圳）有限公司
地址：深圳市南山区粤海街道麻岭社区高新中四道31号研祥科技大厦1701B5单元
……Tel：0755-86971263

深圳华夏雪韵新生物科贸发展有限公司
地址：深圳市罗湖区南湖街道沿河路汇泰大厦702室
……Tel：0755-87861343

深圳联想海外控股有限公司
地址：深圳市前海深港合作区前湾一路1号A栋201室（入驻深圳市前海商务秘书有限公司）
……Tel：0755-88027800

深圳市华通鑫宇科技有限公司
地址：深圳市福田区华强北街道上步中路深勘大厦16C（1607-1608）
……Tel：0755-88134996

广东省中港装饰股份有限公司
地址：深圳市福田区福田保税区桂花路西红树福苑5栋125号
……Tel：0755-88222333

深圳市典创投资（集团）有限公司
地址：深圳市福田区福田街道福安社区民田路171号新华保险大厦2603A
……Tel：0755-88260669

深圳市格鲁德科技有限公司
地址：深圳市福田区福田街道新洲路深圳国际商会大厦B座1607-1608单元
……Tel：0755-88261088

深圳航天工业技术研究院有限公司
地址：深圳市南山区学苑大道1001南山智园A5栋15层
……Tel：0755-88266100

航天科工深圳（集团）有限公司
地址：深圳市福田区福田街道福安社区深南大道4019号航天大厦B401（4楼整层）
……Tel：0755-88266100

深圳市航天楼宇科技有限公司
地址：深圳市福田区深南大道4019号航天大厦B308
……Tel：0755-88266159

深圳市迪创会科技有限公司
地址：深圳市福田区福保街道金花路29号安骏达大厦七楼C701
……Tel：0755-88267560

深圳怡化电脑股份有限公司
地址：深圳市南山区粤海街道滨海社区白石路3939号怡化金融科技大厦26层
……Tel：0755-88286889

深圳市君安达科技有限公司
地址：深圳市福田区香蜜湖天安车公庙工业区天济大厦F4.8栋7B-3
……Tel：0755-88297016

深圳市汇天信息技术有限公司
地址：深圳市福田区车公庙工业区205栋3楼307房
……Tel：0755-88302928

深圳市科立讯数据技术有限公司
地址：深圳市南山区粤海街道麻岭社区高新中区科技中2路1号深圳软件园（2期）14栋704
……Tel：0755-88306255

维恩贝特科技有限公司
地址：深圳市福田区保税区广兰道6号深装总大厦A座308
……Tel：0755-88321191

深圳市爱乐盟网络科技有限公司
地址：深圳市福田区福保街道福保社区红棉道8号英达利科技数码园A栋305
……Tel：0755-88321195

深圳市亿文达投资管理咨询有限公司
地址：深圳市前海深港合作区前湾一路1号A栋201室（入驻深圳市前海商务秘书有限公司）
……Tel：0755-88322411

盛悦软件（深圳）有限公司
地址：深圳市福田区梅林街道梅都社区中康路128号卓越梅林中心广场(北区)4号楼1005
……Tel：0755-88351991

深圳中蓝电气集团有限公司
地址：深圳市福田区南园街道南园社区南园路68号上步大厦6层H单元
……Tel：0755-88377784

深圳前海助保达保理有限公司
地址：深圳市前海深港合作区前湾一路1号A栋201室（入驻深圳市前海商务秘书有限公司）
……Tel：0755-88377784

深圳市中嘉建科股份有限公司
地址：深圳市福田区福保街道福保社区金花路1号振和大厦3层
……Tel：0755-88378666

中保车服科技服务股份有限公司
地址：深圳市福田区华富街道莲花一村社区皇岗路5001号深业上城(南区)T2栋4409
……Tel：0755-88602229

深圳前海征信中心股份有限公司
地址：深圳市前海深港合作区前湾一路1号A栋201室（入驻深圳市前海商务秘书有限公司）
……Tel：0755-88676819

深圳市五巨科技有限公司
地址：深圳市福田区天安车公庙工业区天济大厦F4.87DC-06B
……Tel：0755-88828200

深圳市企汇邦信息科技有限公司
地址：深圳市宝安区西乡街道福中福社区西乡金海路碧海中心区西乡商会大厦2102
……Tel：0755-88832880

深圳正源汽车科技有限公司
地址：深圳市前海深港合作区前湾一路1

号A栋201室（入驻深圳市前海商务秘书有限公司）
……Tel：0755-88844444

深圳市惟新科技股份有限公司
地址：深圳市南山区西丽街道高新园朗山路13号清华紫光科技园A栋411
……Tel：0755-88850578

深圳市正港物联科技有限公司
地址：深圳市南山区粤海街道高新区社区科技南十二路011号方大大厦702
……Tel：0755-88862868

深圳市中域通信息技术有限公司
地址：深圳市南山区粤海街道海珠社区海德二道288号茂业时代广场14楼14F02
……Tel：0755-88870888

深圳市樟枫实业有限公司
地址：深圳市罗湖区东门南路食品大厦624（东段）
……Tel：0755-88883399

中新金科控股有限公司
地址：深圳市南山区粤海街道蔚蓝海岸社区兰香一街2号海王星辰大厦1851
……Tel：0755-88891799

深圳市立捷装饰设计工程有限公司
地址：深圳市福田区北环路南动力公司北岭南大厦四层4-01
……Tel：0755-88898839

深圳市银通动力科技发展有限公司
地址：深圳市福田区沙头街道天安社区泰然五路天安数码城天祥大厦9B之2-121
……Tel：0755-88917245

深圳市深鹏达科技有限公司
地址：深圳市福田区莲花街道莲花路香丽大厦裙楼第3层2＃A
……Tel：0755-88932063

汇盛泰（深圳）信息科技有限公司
地址：深圳市龙岗区吉华街道三联社区塘径新村猫地岭塘径新工业区A栋四楼层406号
……Tel：0755-88988989

深圳市佰鑫汇信息科技有限公司
地址：深圳市宝安区西乡街道桃源社区航城工业区河西黄岗岭工业园A栋4层476
……Tel：0755-88988989

正华科技集团有限公司
地址：深圳市前海深港合作区前湾一路1号A栋201室（入驻深圳市前海商务秘书有限公司）
……Tel：0755-89208461

东方国大中易（深圳）科技发展有限公司
地址：深圳市福田区华富街道深南大道1006号深圳国际创新中心（福田科技广场）C栋7层东
……Tel：0755-89230672

深圳市振海泓通信工程有限公司
地址：深圳市龙岗区龙城街道中心城11区瑞华园4栋04层4A号房
……Tel：0755-89303299

深圳市企企通科技有限公司
地址：深圳市龙岗区龙城街道五联社区协力路华夏创新创业孵化基地4号综合楼
……Tel：0755-89312877

深圳市嘉长源集团有限公司
地址：深圳市龙岗区坂田街道嘉长源高科技工业园1号厂房2楼东
……Tel：0755-89328888

深圳市斯普兰德科技有限公司
地址：深圳市龙岗区龙城街道如意路52号荣超新成大厦1008-1009
……Tel：0755-89330615

深圳市丰源芯科技产业控股有限公司
地址：深圳市龙岗区坂田街道岗头社区天安云谷产业园一期3栋ABCD座C2204
……Tel：0755-89378110

深圳市超联讯技术有限公司
地址：深圳市龙岗区龙岗街道向银路64号爱嘉中心五楼
……Tel：0755-89383366

深圳市中辉建设集团有限公司
地址：深圳市福田区沙头街道福强路4001号（文化创意园）312栋D4-08-A
……Tel：0755-89398833

深圳前海微众银行股份有限公司
地址：深圳市前海深港合作区前湾一路1号A栋201室（入驻深圳市前海商务秘书有限公司）经营场所：广东省深圳市南山区沙河西路1819号深圳湾科技生态园7栋A座
……Tel：0755-89462525

深圳市奥浦瑞信息科技有限公司
地址：深圳市龙岗区坂田街道大发埔社区里浦街7号TOD科技中心2栋601（2栋602）
……Tel：0755-89734649

深圳市中联创新自控系统有限公司
地址：深圳市福田区彩田路中银花园办公楼A栋16A
……Tel：0755-89801234

深圳市万年春环境建设有限公司
地址：深圳市龙岗区龙城街道中心城龙岗天安数码创新园一号厂房B1404
……Tel：0755-89890151

深圳市鹏腾鑫贸易有限公司
地址：深圳市福田区香蜜湖街道香蜜社区香梅路1089号香蜜湖1号华日阁、华东阁华东阁22A
……Tel：0755-89943777

深圳市桑博文化发展有限公司
地址：深圳市龙岗区坂田街道雪岗路2018号天安云谷一期3栋D座706
……Tel：0755-89998006

广东兆邦智能科技股份有限公司
地址：珠海市唐家湾镇港湾大道科技一路10号主楼第六层605房P单元（集中办公区）
……Tel：0756-2636378

珠海电力建设工程有限公司
地址：珠海市横琴新区宝兴路201号105房
……Tel：0756-2867434

珠海市中保比讯保安服务有限公司
地址：珠海市香洲区横琴南山嘴路138号2号楼2单元603房
……Tel：0756-6266019

民生易贷（珠海）互联网金融信息服务有限公司
地址：珠海市横琴新区宝华路6号105室-20664（集中办公区）
……Tel：0756-8659606

珠海长隆投资发展有限公司
地址：珠海市横琴富祥湾
……Tel：0756-8688888

建泰建设有限公司
地址：珠海市金湾区三灶镇金鑫路463号1301
……Tel：0756-8816626

广东盛安链融信息科技有限公司
地址：佛山市顺德区大良街道办事处中区居委会凤山东路6号德业大厦7楼705
……Tel：0757-22209800

广东胜威保安集团有限公司
地址：佛山市顺德区陈村镇云香围路段工业8号之二（一址多照）
……Tel：0757-22221318

广东众联创展智能科技有限公司
地址：佛山市顺德区大良街道办事处云路社区居民委员会立田路建筑设计大厦5号铺之一
……Tel：0757-22256088

广东顺德合丰工程有限公司
地址：佛山市顺德区大良飞鹅路红岗工业区德胜河东荣顺电气有限公司办公楼二楼（二）
……Tel：0757-22600956

广东聚海信息科技有限公司
地址：佛山市顺德区大良街道办事处近良居委会南翔路6号至壹大厦1406室
……Tel：0757-22808861

昇辉控股有限公司
地址：佛山市顺德区陈村镇赤花居民委员会环镇路17号
……Tel：0757-23600180

佛山市联塑市政工程安装有限公司
地址：佛山市顺德区龙江镇西溪居委会龙洲西路77号之六
……Tel：0757-23871220

广东美的电气有限公司
地址：佛山市顺德区北　镇北　社区居民委员会蓬莱路工业大道美的全球创新中心4栋2楼B区
……Tel：0757-26338888

佛山市顺德区美的发展有限公司
地址：佛山市顺德区北　镇美的大道6号美的总部大楼D区10楼D区
……Tel：0757-26607907

佛山市顺德区顺达电脑厂有限公司
地址：佛山市顺德区伦教街道顺达路一号
……Tel：0757-27753168

广东慧通数字传媒股份有限公司
地址：佛山市顺德区容桂街道办事处容里居委会建丰路7号三层301室
……Tel：0757-28399088

佛山市凯达城投资发展有限公司
地址：佛山市南海区桂城街道桂澜北路26号依云置地中心3座210铺（住所申报）
……Tel：0757-29238222

佛山市新城物业发展有限公司
地址：佛山市东平新城吉庆道1号
……Tel：0757-29836673

广东睿智国通服务管理有限公司
地址：佛山市顺德区陈村镇白陈公路石洲段国通物流中心办公二楼A203
……Tel：0757-29996628

珠江富士电梯（中国）有限公司
地址：广东省佛山市南海区狮山镇狮山科技工业园C区狮山大道十三号之一（车间B）
……Tel：0757-81030393

佛山市中安电力消防科技工程有限公司
地址：佛山市南海区桂城街道平西上海村东平路北侧瀚天科技城B区产业区2号楼D座六楼601单元（住所申报）
……Tel：0757-81062119

佛山市禅城区正华置业有限公司
地址：佛山市禅城区高基街209号佛山华强广场四层裙楼L4-12（住所申报）
……Tel：0757-81066000

佛山雪莱特照明科技有限公司
地址：佛山市南海区狮山镇科技工业园A区科技大道4号二楼201室（住所申报）
……Tel：0757-81208349

广东世纪达建设集团有限公司
地址：佛山市南海区桂城街道夏南路58号方舟建筑产业中心1座2栋22、23整层（住所申报）
……Tel：0757-81287210

航天柏克（广东）科技有限公司
地址：佛山市禅城区张槎一路115号四座二至七层
……Tel：0757-82207158

佛山市南方消防电力工程有限公司
地址：佛山市禅城区轻工三路13号南方消防电力大厦15-18楼
……Tel：0757-82218288

广东淘家建筑装饰工程有限公司
地址：佛山市禅城区石湾镇街道绿景西路北侧美居建材城的9＃商业楼四层自编1的商铺
……Tel：0757-82263850

佛山市新一建筑集团有限公司
地址：佛山市禅城区公正路28号二层部分
……Tel：0757-82308619

中聚盛典（广东）电子商务有限公司
地址：佛山市禅城区季华五路57号1座1803之一（住所申报）
……Tel：0757-82561482

佛山市汇恒物业管理有限公司
地址：佛山市禅城区同济西路18号101-104室（住所申报）
……Tel：0757-82571660

广东汇盈电力工程有限公司
地址：佛山市顺德区大良红岗路红庙用地
……Tel：0757-82572023

广东威顺电力工程有限公司
地址：佛山市三水区西南街道环城路68号一座
……Tel：0757-82573278

广东兆鸿通信技术有限公司
地址：佛山市南海区里水沙涌村委会下沙村民小组金信广场C区三层301
……Tel：0757-82583833

世纪互联智慧科技有限公司
地址：佛山市禅城区汾江中路123号三座五、六层
……Tel：0757-82622324

广东顺德汇盈物业管理有限公司
地址：佛山市顺德区大良街道办事处金榜居委会凤山中路3号弘越大厦办公室501（仅作办公用途）
……Tel：0757-82866504

全亿大科技（佛山）有限公司
地址：佛山市禅城区城西工业区华宝北路35号
……Tel：0757-82965168

广东百花物业管理有限公司
地址：佛山市禅城区祖庙路33号1819室
……Tel：0757-83036602

广东冠匠建筑劳务有限公司
地址：茂名市电白区水东镇金三角开发区向洋大道南方商业城西区8行25号二层楼
……Tel：0757-83122499

佛山市盘古开天信息科技有限公司
地址：佛山市禅城区石湾镇街道江湾三路28号自编2号楼2层207-209室（住所申报）
……Tel：0757-83126862

佛山消防设计安装工程有限公司
地址：佛山市禅城区雾岗路东河南工业大道佛山市禅城区鸿艺陶瓷城E馆三层
……Tel：0757-83213521

广东济通集团有限公司
地址：佛山市禅城区五峰四路石湾海外公司大院4号楼之五
……Tel：0757-83218346

利泰集团有限公司
地址：佛山市南海区港口路12号3座（利泰科创楼）8-10层（住所申报）
……Tel：0757-83281363

佛山机电安装集团有限公司
地址：佛山市普澜二路八号
……Tel：0757-83329975

佛山市南海纵通通信工程有限公司
地址：佛山市南海区桂城街道夏东涌口石龙北路东区三横路1号前座1-2层（住所申报）
……Tel：0757-83361080

佛山市华燃能建设有限公司
地址：佛山市禅城区唐园西一街16号
……Tel：0757-83390052

佛山市快图仕互联科技有限公司
地址：佛山市禅城区东平二路3号1区七座520房（住所申报）
……Tel：0757-83872123

广东弘讯通信技术有限公司
地址：佛山市禅城区汾江南路38号世博广场六层09号商铺
……Tel：0757-83937023

佛山市轨道交通发展有限公司
地址：佛山市禅城区汾江南路206号财富大厦A座八层802、803、九层903
……Tel：0757-83939859

广东铃木电梯有限公司
地址：佛山市南海区狮山镇工业大道北穆院工业园12号
……Tel：0757-85418427

佛山市平蓝科技有限公司
地址：佛山市南海区大沥奇槎自编88号厂房
……Tel：0757-85553708

广东兴达利建设工程有限公司
地址：佛山市南海区大沥镇城东南二路七号三楼
……Tel：0757-85578495

广东名阳保安服务有限公司
地址：佛山市禅城区佛罗公路41号北一栋二楼自编之201、202、203（住所申报）
……Tel：0757-85728888

广东广宇科技发展有限公司
地址：佛山市南海区桂城街平西上海村东平路北侧瀚天科技城B区产业区3号楼十一楼1105-1110单元（住所申报）
……Tel：0757-86366698

广东南海城乡建筑设计有限公司
地址：佛山市南海区桂城街道桂城75街区北约南厦四楼
……Tel：0757-86369793

广东柏洪集团有限公司
地址：佛山市南海区桂城街道简平路1号天安南海数码新城5栋1104室（仅作办公用途）
……Tel：0757-86686188

广东平安消防实业有限公司
地址：佛山市南海区桂城街道平洲工业园永顺路
……Tel：0757-86706666

佛山市桂安消防实业有限公司
地址：佛山市南海区里水镇官和东路63号办公楼第一层
……Tel：0757-86787419

广东三水发展控股投资有限公司
地址：佛山市三水区西南街道环城路71号202之一（仅作办公场所使用，住所申报）
……Tel：0757-87778505

广东国盾特卫保安集团有限公司
地址：佛山市三水区云东海街道南丰大道一号九座401（住所申报）
……Tel：0757-87783110

广东佛明保安服务有限公司
地址：佛山市高明区荷城街道沿江路508号二层至五层
……Tel：0757-88232345

广东拓越科技发展有限公司
地址：佛山市南海区桂城南平西路广东夏西国际橡塑城二期2＃商铺（凯泰中心）306B室（住所申报）
……Tel：0757-88384262

广东瑞有科技股份有限公司
地址：佛山市高明区荷城街道百灵路高明碧桂园翠岸一街11座109号商铺
……Tel：0757-88665511

佛山市南海嘉美时代照明有限公司
地址：佛山市南海区狮山镇桃园东路68号嘉美工业园区
……Tel：0757-88712808

广东南亮艺术玻璃科技股份有限公司
地址：佛山市高明区沧江工业园东园富湾镇
……Tel：0757-88816669

佛山市立信物业管理有限公司
地址：佛山市高明区荷城街道沧江路413号办公楼三楼
……Tel：0757-88887816

佛山高富中石油燃料沥青有限责任公司
地址：佛山市高明区富湾镇工业开发区
……Tel：0757-88911831

广东求精电气有限公司
地址：佛山市高明区人和镇高明大道中对川北区1号
……Tel：0757-89930791

肇庆市肇水水务发展有限公司
地址：肇庆市西江南路12号肇水大楼五楼
……Tel：0758-2183834

肇庆市恒信电力物业装饰工程有限公司
地址：肇庆市端州区信安路88号供电大楼西侧仓库-1
……Tel：0758-2977961

广东恒港电力科技股份有限公司
地址：肇庆市鼎湖区桂城北十区321国道侧
……Tel：0758-6138266

肇庆科培信息科技有限公司
地址：广东省肇庆市高要区南岸祈福路广东理工学院招生办公楼204室
……Tel：0758-8350905

湛江市第四建筑工程有限公司
地址：湛江市麻章区政通中路北13号
Tel：0759-2224023

广东大城建设集团有限公司
地址：湛江市人民大道南37号怡景华庭B座3楼
Tel：0759-2287828

湛江卜蜂莲花超市有限公司
地址：湛江市霞山区人民大道南116号鼎盛广场
Tel：0759-2532888

湛江市华讯通信技术发展有限公司
地址：湛江市霞山区华信路一横巷15号1901房
Tel：0759-2757808

湛江市好又多百货商业有限公司
地址：湛江市赤坎区中山一路2号世贸大厦首层-三层
Tel：0759-3228808

广东振西保安服务有限公司
地址：湛江市赤坎区草苏后坑村北站路二横巷32号
Tel：0759-3332233

广东新来陶瓷有限责任公司
地址：廉江市红湖农场三分场
Tel：0759-6495218

广东九洲建设集团有限公司
地址：廉江市中山路48号
Tel：0759-6623380

廉江市第一建筑工程有限公司
地址：廉江市黄村街三十六号
Tel：0759-6658533

广东广基建设集团有限公司
地址：廉江市廉江大道南9号内
Tel：0759-6689636

遂溪粤海水务有限公司
地址：遂溪县遂城镇中山路东199号
Tel：0759-7759322

广东华杰建设工程监理咨询有限公司
地址：中山市西区翠虹路2号水悦馨园2层21卡
Tel：0760-22110699

广东克劳迪卫浴科技股份有限公司
地址：中山市小榄镇盛丰工业区泰弘中路5号
Tel：0760-22187212

中山市天图精细化工有限公司
地址：中山市三角镇金鲤工业区迪源路28号
Tel：0760-22819388

广东长虹电子有限公司
地址：中山市南头镇兴业北路1号
Tel：0760-23138388

纬创资通（中山）有限公司
地址：广东省中山市中山火炬开发区科技东路38号
Tel：0760-23382382

广东皇鼎建设工程有限公司
地址：中山市三角镇新华路8号办公楼2楼
Tel：0760-23389511

中山市皇鼎五金制品有限公司
地址：中山市三角镇新华路8号
Tel：0760-23389518

广东爱科建设工程有限公司
地址：中山市港口镇木河迳东路8号A三层
Tel：0760-23806188

中山市才通天下信息科技股份有限公司
地址：中山市东区中山五路2号紫马奔腾广场一区6座7层之一
Tel：0760-23852631

广东岭安保安服务有限公司
地址：中山市火炬开发区康泽大街4号丰泽别墅22幢二层
Tel：0760-85283955

广新海事重工股份有限公司
地址：中山市翠亨新区翠珠道32号
Tel：0760-85285161

广东粤皖建筑建材有限公司
地址：中山市民众镇沙仔村沙仔路西三街4-1号1卡
Tel：0760-85313661

中山基业鞋类制品有限公司
地址：中山市板芙镇顺景工业园隆基工业村
Tel：0760-86120216

广东高和建筑劳务有限公司
地址：中山市三乡镇圩仔上洋新村2幢3号
Tel：0760-86333880

中山得意电子有限公司
地址：中山市三角镇金辉路12号
Tel：0760-86702888

广东中远建设投资管理有限公司
地址：中山市翠亨新区中准道32号非常城市智慧港1栋8层8-3卡（住所申报）
Tel：0760-8756568

广东奥科特新材料科技股份有限公司
地址：中山市横栏镇富庆四路22号
Tel：0760-87683629

广东安乐窝网络科技有限公司
地址：中山市东区起湾工业村富湾工业区（石岐区美居产业园）1幢5层增设2处经营场所，具体见章程。
Tel：0760-87989999

广东汉普保安服务有限公司
地址：中山市东区长江北路9号恒泰大厦211、212卡
Tel：0760-88264787

中山公用工程有限公司
地址：中山市东区柏苑路212号一、二层
Tel：0760-88318137

中山市城区电气工程有限公司
地址：中山市西区顺通路6号
Tel：0760-88397198

中山市电力工程有限公司
地址：中山市南区大新路6号大楼二层至八层
Tel：0760-88397560

中山市科劲办公用品有限公司
地址：中山市港口镇沙港西路82号
Tel：0760-88481004

追梦集团股份有限公司
地址：中山市东区博爱六路28号远洋广场2幢办公楼502号之七
Tel：0760-88666199

中山艺进不锈钢装饰制品有限公司
地址：广东省中山市港口镇石特社区迎富二路1号
Tel：0760-88702663

中山市大信置业有限公司
地址：中山市石岐区大信南路1号
Tel：0760-88705068

中山市昊界建设工程有限公司
地址：中山市石岐区民科西路9号2层B202、B203、B204、B205。
Tel：0760-88788508

中山市公共信息服务有限公司
地址：中山市石岐区民生路38号7层715-716室
Tel：0760-88815015

中安瑞宝建设集团有限公司
地址：中山市火炬开发区会展东路1号德仲广场1幢1009室之一
Tel：0760-88881909

广东汇通信息科技股份有限公司
地址：中山市西区港隆南路20号
Tel：0760-89889290

河源湧嘉实业有限公司
地址：河源市源城区龙岭工业园三路边18号航嘉用地内D号厂房
Tel：0762-2285023

河源市栢富环球实业有限公司
地址：河源市源城区龙岭工业园龙岭三路8号企业服务中心大楼331房
Tel：0762-2858868

河源市勤诚达水务有限公司
地址：河源市源城区上城南门路29号
Tel：0762-3322040

广东雅达电子股份有限公司
地址：河源市高埔岗雅达工业园
Tel：0762-3493688

连平县金财城建投资有限公司
地址：连平县城九连新城财政局办公楼内
Tel：0762-4322012

清远市超信电力工程安装有限公司
地址：英德市英城建设路113号首层(一址多照)
Tel：0763-2229265

清远市科建门窗幕墙装饰有限公司
地址：清远市清城区高新技术产业开发区莲湖高新技术产业园长隆大道61号
Tel：0763-3581100

广东科宏网络信息技术有限公司
地址：清远市清城区下廓街康和小区五座3梯2单元03、04号房
Tel：0763-3829684

广东翔顺物业服务有限公司
地址：新兴县新城镇东堤南路688号翔顺集团办公楼七楼
Tel：0766-2922555

广东春罗铁路有限责任公司
地址：罗定市火车站综合大楼六楼
Tel：0766-3902535

潮州市建筑安装总公司
地址：广东省潮州市湘桥区春荣路91号（1、3、4、5、6层）
Tel：0768-2218391

潮州市凤城物业管理有限公司
地址：广东省潮州市南堤路东段北侧华厦居四幢204房
Tel：0768-2312888

广东智信信息科技股份有限公司
地址：潮州市湘桥区福安路中段十三号工业楼第四层
Tel：0768-2330206

易通百通网络科技股份有限公司
地址：东莞市南城街道水濂山大道凯达科技中心3栋3单元4楼、5楼
Tel：0769-21688599

广东国脉信息工程技术有限公司
地址：东莞市东城街道主山东城南路39号美居中心C33
Tel：0769-22000381

紫光大湾区芯云产业园投资发展有限公司
地址：东莞市滨海湾新区交椅湾大道1号
Tel：0769-22058801

东莞市福康社会服务有限公司
地址：东莞市东城区主山大井头朱园路69号
Tel：0769-22081081

东莞市科瑞建筑工程有限公司
地址：广东省东莞市万江街道环城西路万江段10号128室01
Tel：0769-22306868

广东雅捷通信息技术有限公司
地址：广东省东莞市东城街道东城中路东城段52号2栋606室
Tel：0769-22337701

广东焦点通信科技有限公司
地址：东莞市南城街道亨美社区元美路丰硕广场1805号
Tel：0769-22362936

广东金盾服装公司
地址：东莞市南城区新基社区育才路
Tel：0769-22404168

东莞市建工集团有限公司
地址：东莞市南城区莞太路78号建工大厦
Tel：0769-22427888

东莞市国晨网络科技有限公司
地址：东莞市莞城街道东城南路东升大厦5楼1号之08、10室
Tel：0769-22454543

广东庞翎智能信息科技有限公司
地址：东莞市莞城旗峰路79号先科电脑技术开发市场五楼501
Tel：0769-22467806

东莞市顺安电力消防工程有限公司
地址：东莞市莞城区东城大道75号金城大厦四楼
Tel：0769-22481077

广东蓝线信息科技有限公司
地址：广东省东莞市南城街道石鼓花园路6号2栋410室
Tel：0769-22495878

广东恒溢建筑工程有限公司
地址：广东省东莞市东城街道东科路1号22栋401室
Tel：0769-22692278

东莞昌泰建设有限公司
地址：东莞市万江区简沙洲社区连新大路盈泰楼1号铺
Tel：0769-22710251

东莞市林发通风设备有限公司
地址：东莞市高　镇上江城工业区1号
Tel：0769-22780822

国云科技股份有限公司
地址：东莞市松山湖高新技术产业开发区科汇路1号中科院云计算中心19楼
Tel：0769-22891168

东莞市华贝网络科技有限公司
地址：东莞市南城区莞太路袁屋边雍景大厦12楼03B
Tel：0769-22990353

广东微团商城电子商务有限公司
地址：广东省东莞市道　镇扶屋水新兴路1号1栋301室
Tel：0769-23024490

广东科韵科技有限公司
地址：东莞市南城街道新城市中心区元美东路东侧东莞市商业中心二期百安中心A座6层611号
Tel：0769-23029936

广东万佳健康产业集团有限公司
地址：广东省东莞市南城街道体育路南城段5号1302室01
Tel：0769-23303228

广东中健检测技术有限公司
地址：广东省东莞市南城街道黄金路1号6栋3单元1503室
Tel：0769-23388550

广东亮点科技有限公司
地址：东莞市莞城莞太路34号东莞市创意产业中心园区8号楼第五层506室
Tel：0769-23815051

华为终端有限公司
地址：广东省东莞市松山湖园区新城路2号
Tel：0769-23839866

广东宏联科技有限公司
地址：东莞市莞城街道天宝路22号之三
Tel：0769-26888888

广东宏达建设工程有限公司
地址：东莞市莞城区天宝路22号之一
Tel：0769-26888888

广东深润建设工程有限公司
地址：东莞市万江区新城社区坝新路南190号上东国际花园7栋商铺217
Tel：0769-27226826

东莞市恒泰建筑工程有限公司
地址：广东省东莞市万江街道汾溪路51号
Tel：0769-28633128

东莞东骅电子科技有限公司
地址：广东省东莞市清溪镇清樟路清溪段70号101室
Tel：0769-33336888

广东计微动力信息科技有限公司
地址：东莞市道　镇华南茶叶交易中心5栋2楼201室
Tel：0769-81134639

广东远峰电子科技股份有限公司
地址：东莞市松山湖高新技术产业开发区工业东路18号
Tel：0769-81238998

广东裕欣国建筑工程有限公司
地址：东莞市高　镇高　大道南32号6楼
Tel：0769-81303888

东莞市长原喷雾技术有限公司
地址：广东省东莞市长安镇厦边景源路4号102室
Tel：0769-81558017

东莞东聚电子电讯制品有限公司
地址：东莞市石碣镇新城区三横路刘屋道路段
Tel：0769-82293666

广东华棱安防科技有限公司
地址：东莞市寮步镇石大路段泉塘工业区泉和街三号
Tel：0769-82315318

广东蓝盾门业有限公司
地址：东莞市桥头镇桥新路1号
Tel：0769-82366969

广东深联实业有限公司
地址：东莞市凤岗镇塘沥村碧湖大道碧湖工业区
Tel：0769-82691288

广东佳宝隆科技有限公司
地址：东莞市桥头镇桥东路南六街23号
Tel：0769-82803999

东莞市输变电工程建设有限责任公司
地址：东莞市寮步镇横坑村
Tel：0769-83237889

东莞三星电机有限公司
地址：东莞市寮步镇横坑村
Tel：0769-83305000

东莞市诺正电子有限公司
地址：东莞市横沥镇新四工业区
Tel：0769-83717189

东莞利源电子有限公司
地址：东莞市横沥镇新城工业区
Tel：0769-83723988

东莞市宏东通信技术有限公司
地址：东莞市常平镇东元九街6号501
Tel：0769-83822422

东莞市诚锋机械有限公司
地址：东莞市厚街镇桥头村第三工业区
Tel：0769-85345671

东莞市爱加照明科技有限公司
地址：东莞市大朗镇洋乌村乌石岭三区438号
Tel：0769-85397729

东莞市银建玻璃工程有限公司
地址：东莞市沙田镇义沙村环保路86号
Tel：0769-85708866

广东喜年塑胶科技有限公司
地址：东莞市大岭山镇大片美村大片美路58号
Tel：0769-85783697

东莞市腾盛软件科技有限公司
地址：东莞市长安镇乌沙海滨路18号厂房F2二楼S1区
Tel：0769-86076999

东莞市中盾实业有限公司
地址：东莞市东城区樟村银岭工业区红旗村B幢
Tel：0769-86218333

东莞联宝光电科技有限公司
地址：广东省东莞市企石镇环企大道21号1号楼
Tel：0769-86786368

广东九州泰德信息技术有限公司
地址：东莞市东城区牛山新锡边莞长路凯高南方广场B座309号
Tel：0769-86869999

广东百樟荟实业有限公司
地址：东莞市樟木头镇樟洋社区富达工业区
Tel：0769-86900088

广东办公伙伴商贸有限公司
地址：广东省东莞市道　镇文一路1号
Tel：0769-88327222

广东裕达建设集团有限公司
地址：东莞市东城街道主山社区大井头莞温路204号汇众中心B栋2层203
Tel：0769-88331888

东莞全达机电设备有限公司
地址：东莞市望牛墩镇东兴工业园
Tel：0769-88516380

广东以诺通讯有限公司
地址：东莞市大朗镇松木山村利祥路137、139号
Tel：0769-88609999

海洋王（东莞）照明科技有限公司
地址：东莞松山湖科技产业园区工业西六路1号

…… Tel：0769－88755888

广东朝阳全网通科技有限公司
地址：东莞市莞城街道旗峰路162号中侨大厦三层
…… Tel：0769－88770111

广东南华西电气有限公司
地址：东莞市洪梅镇洪屋涡村望沙大道03号
…… Tel：0769－88848999

东莞市润科通信有限公司
地址：东莞市莞城旗峰路98号福民广场11楼F室
…… Tel：0769－88995674

东莞中森毛织有限公司
地址：东莞市常平镇白石岗第三工业区
…… Tel：0769－89111210

广东特发信息光缆有限公司
地址：东莞市寮步镇石步华南工业园
…… Tel：0769－89182222

广西壮族自治区

防城港中燃城市燃气发展有限公司
地址：防城港市港口区迎宾街39号红树林大厦西塔楼11楼
…… Tel：0770－2829368

广西银保数码科技有限责任公司
地址：南宁市淡村路５－２号1栋1单元１２号房
…… Tel：0770－2866876

广西北港电力有限公司
地址：防城港市港口区中华大道３号４号楼
…… Tel：0770－2892911

广西华隆建筑工程有限公司
地址：东兴市金湖路89号（华隆·凤翔阁）1组团401号商场
…… Tel：0770－7675166

南宁科沃通信技术有限公司
地址：南宁市良庆区凯旋路15号南宁绿地中心第7栋11层1115号
…… Tel：0771－2071456

广西诺优网络科技有限公司
地址：南宁市高新区新苑路17号华成都市广场B座13A层10号房
…… Tel：0771－21000785

广西电力安装有限公司
地址：南宁市良庆区建设路26号
…… Tel：0771－2188996

广西宏电通信服务有限公司
地址：南宁市白沙大道111号江南新兴苑龙翔苑春之语组团2栋内S－103号
…… Tel：0771－2240818

广西南宁巅峰电子科技有限责任公司
地址：南宁市科园大道３３号盛世龙腾第Ａ座Ａ－１８１０号房
…… Tel：0771－2275518

广西华蓝建筑装饰工程有限公司
地址：南宁市青秀区柳沙路9号（青山训练基地内）
…… Tel：0771－2426360

广西桂禾建设集团有限公司
地址：南宁市青秀区仙葫大道西5号中茂国际大厦31楼
…… Tel：0771－2430858

南宁市政工程集团有限公司
地址：南宁市邕宁区步江路8号
…… Tel：0771－2436252

广西利客隆超市有限公司
地址：南宁市西乡塘区华西路１９号综合大楼四楼
…… Tel：0771－2511638

广西胜达科技有限公司
地址：南宁市青秀区金湖路63号金源·现代城2021号
…… Tel：0771－2632588

广西新宝通投资控股有限公司
地址：中国（广西）自由贸易试验区（南宁片区）凯旋路9号海尔·青啤（东盟）联合广场一期3＃楼33层
…… Tel：0771－2707638

广西宁铁工程有限责任公司
地址：南宁市衡阳西路３０号
…… Tel：0771－2727825

南宁市鼎巨通信工程有限公司
地址：南宁市青秀区长湖路13号长湖景苑10号楼2704号
…… Tel：0771－2743895

广西金中软件集团有限公司
地址：南宁市高新区创新路23号四楼B座2层205－1号
…… Tel：0771－2810198

广西海外建设集团有限公司
地址：南宁市青秀区民族大道１３７号永凯春晖大厦Ａ座１９楼
…… Tel：0771－2810599

广西大粤商科技有限公司
地址：南宁市青秀区民生路3号Ａ栋鑫辉民生大厦四楼402室
…… Tel：0771－2827778

广西宏天威视科技有限公司
地址：南宁市青秀区中柬路8号龙光世纪2号楼1827－1828号房
…… Tel：0771－2829335

广西君盾保安服务有限公司
地址：南宁市青秀区民族大道166号上东国际T2栋0413号
…… Tel：0771－2830970

广西尚贤科技有限公司
地址：南宁市兴宁区昆仑大道58号盛天东郡10号楼1单元402号
…… Tel：0771－2833801

广西中复工程技术有限公司
地址：南宁市青秀区金花路4号1单元11层1113号房
…… Tel：0771－2838988

广西中邮时代电讯科技有限公司
地址：南宁市青秀区古城路39号香江花园4号楼第22层
…… Tel：0771－2850059

广西万德建工集团有限公司
地址：南宁市园北路一号1号厂房
…… Tel：0771－2869098

广西安盛建设工程检测咨询有限公司
地址：南宁市那洪大道12号D栋
…… Tel：0771－3125863

广西南宁鑫宝建筑工程有限公司
地址：南宁市西乡塘区人民西路25号融昌·邕江银座2号楼503、505、506号
…… Tel：0771－3176687

广西老区建设集团有限公司
地址：南宁市西乡塘区北大北路１２号
…… Tel：0771－3185583

广西云科岩土工程有限公司
地址：南宁市兴宁区三塘南路89号2号厂房的南侧一、二、三层
…… Tel：0771－3196970

广西合益万物信息科技有限公司
地址：南宁市西乡塘区科园大道68号软件园二期12号楼116号
…… Tel：0771－3211159

广西华南通信股份有限公司
地址：南宁市滨河路28号南宁广告产业园B座第10层
…… Tel：0771－3218760

百洋产业投资集团股份有限公司
地址：南宁高新技术开发区高新四路9号
…… Tel：0771－3218880

广西通信工程建设有限公司
地址：南宁市西乡塘区大学东路８９号
…… Tel：0771－3240855

广西壮族自治区公众信息产业有限公司
地址：广西—东盟经济技术开发区武华大道35号华强科技孵化园1号综合楼310－6室
…… Tel：0771－3259605

广西感知通信科技有限公司
地址：南宁市西乡塘区高新大道55号南宁安吉万达广场3栋二十八层2826号办公室
…… Tel：0771－3298509

广西格辉建筑工程有限公司
地址：南宁市青秀区英华路5号昊壮·一品尊府配套综合用房第一层
…… Tel：0771－3388960

南宁华南城有限公司
地址：南宁市江南区沙井大道56号南宁华南城一期物流区3号广场A栋5层
…… Tel：0771－3398888－6543

广西九福里投资集团有限公司
地址：南宁市青秀区民族大道131号航洋国际城3号楼2509号
…… Tel：0771－3498919

广西朗杰智慧科技发展有限公司
地址：南宁市振华路3号2号装配车间3楼303号房
…… Tel：0771－3809929

华都检测技术（广西）集团有限公司
地址：南宁市迎凯路27号通信科技园1号楼综合楼
…… Tel：0771－3822992

广西大伟建设集团有限公司
地址：南宁市西乡塘区衡阳路３１号百万庄主楼２１Ｃ座
…… Tel：0771－3851533

广西春茂电气自动化工程有限公司
地址：南宁市科园大道西十路１９号高新产业孵化示范园５号标准厂房
…… Tel：0771－3899366

广西建源机械施工有限责任公司
地址：南宁市西乡塘区友爱北路４５号
…… Tel：0771－3943436

广西和汇建设工程有限公司
地址：南宁市青秀区通泰路64－53号
…… Tel：0771－4060588

广西政联投资集团有限公司
地址：南宁市青秀区长湖路13号长湖景苑10号楼1003号
…… Tel：0771－445

津牛工程集团有限公司
地址：南宁市良庆区光明街西二巷2号
…… Tel：0771－4504776

中国轻工业南宁设计工程有限公司
地址：南宁市星光大道４２号（中国轻工业南宁设计院内）
…… Tel：0771－4800448

广西一定能电子科技有限公司
地址：中国（广西）自由贸易试验区南宁片区五象大道399号龙光国际2号楼三十层3032、3033、3035、3036号办公室
…… Tel：0771－4840900

中宏阳伦建筑集团有限公司
地址：南宁市江南区白沙大道38－6号第2栋13层06号房
…… Tel：0771－4872630

广西华辉装饰集团有限公司
地址：南宁经济技术开发区国凯一支路１５号二楼
…… Tel：0771－4892208

广西巨安建筑安装工程有限责任公司
地址：南宁市江南区星光大道２１３号金康天和时代８号楼１５０８号房
…… Tel：0771－4920589

中物联规划设计研究院有限公司
地址：南宁市青秀区桃源路５９号
…… Tel：0771－5323519

新三科技有限公司
地址：南宁市高新区高科路8号电子产业园1＃楼厂房七层北面C座
…… Tel：0771－5327200

广西数字方舟信息技术有限公司
地址：广西南宁市昆仑大道169号8栋12号
…… Tel：0771－5334177

广西厦控科技有限公司
地址：南宁市青秀区竹溪大道20－1号振业·青秀山1号7号楼205号
…… Tel：0771－5342456

广西顶航信息产业股份有限公司
地址：中国（广西）自由贸易试验区南宁片区凯旋路9号海尔·青啤（东盟）联合广场3号楼十层1004号办公室
…… Tel：0771－5343337

广西南宁市日泽电子产品有限责任公司
地址：南宁市青秀区长湖路12号盛华苑B幢05层03号
…… Tel：0771－5343885

广西顶佳计算机信息有限公司
地址：南宁市青秀区星湖路１４号电子科技广场１号楼１１楼
…… Tel：0771－5353206

广西城中建筑工程有限责任公司
地址：柳州市柳北区跃进路42号之一泰宏百旺都4栋20－2
…… Tel：0771－5381982

广西天鹰建设有限公司
地址：防城港市港口区灵秀街18号恒源新都2号楼6层
…… Tel：0771－5387355

南宁市水建工程有限公司
地址：南宁市亭洪路72号
…… Tel：0771－5466388

广西桂物金岸制冷空调技术有限责任公司
地址：南宁市邕宁区龙岗大道21号广西现代物流产业孵化中心A栋10层西侧、东侧
…… Tel：0771－5498793

广西三源装饰工程有限公司
地址：南宁市青秀区桂花路9号香港园区1栋2层
…… Tel：0771－5509101

广西丰泽置业有限公司
地址：南宁市青秀区厢竹大道5号左岸工社一单元410号房
…… Tel：0771－5511135

广西摩尔达通讯技术有限公司
地址：南宁市青秀区滨湖路55号南湖国际广场5号楼2702号
…… Tel：0771－5520696

广西中人网络发展有限公司
地址：南宁市青秀区金湖路２６－１号东方国际商务港Ｂ座７０９号
…… Tel：0771－5521125

广西桂乡建设集团有限责任公司
地址：南宁市青秀区金湖路５５号
…… Tel：0771－5530330

广西永泰建设集团有限公司
地址：南宁市青秀区民族大道131号航洋国际城3号楼3233号房
…… Tel：0771－5538308

广西正洋建设工程有限公司
地址：广西—东盟经济技术开发区武华大道33号正洋大厦十七层
…… Tel：0771－5550838

南宁市韬创永业信息技术有限公司
地址：南宁市青秀区中泰路9号天健·国际公馆A座602号
…… Tel：0771－5552090

广西碧虹建设集团有限公司
地址：南宁市青秀区民族大道159号凤岭·新新家园B区新新大厦六层601－603、605－608号
…… Tel：0771－5552815

广西宝信迪科技有限公司
地址：南宁市江南区盘岭路６号金凯苑Ｃ２栋０６－２号
…… Tel：0771－5553652

广西冠林科技有限公司
地址：南宁市金浦路１６号汇东国际Ｂ座２８０３号房
…… Tel：0771－5557500

诚鑫集团有限公司
地址：防城区防城镇民族大道
…… Tel：0771－5573556

广西明电建设有限公司
地址：南宁市青秀区佛子岭路18号德利·东盟国际文化广场B3栋第18层1801号
…… Tel：0771－5575833

南宁昊冠住宅建筑有限责任公司
地址：南宁市英华路５号
…… Tel：0771－5576130

广西航桂实业有限公司
地址：南宁市青秀区金浦路33号北部湾国际港务大厦23、25层
…… Tel：0771－5581140

兴华建工集团股份有限公司
地址：中国（广西）自由贸易试验区南宁片区平乐大道21号大唐·总部1号2号楼31层
…… Tel：0771－5589010

南宁连冠建筑工程有限公司
地址：南宁市茶花园路８号碧湖大厦１６层
…… Tel：0771－5592711

广西卓信网络技术有限公司
地址：南宁市青秀区金浦路56－2号万町大厦1单元12层1202号
…… Tel：0771－5595713

广西中建兴业科技有限公司
地址：南宁市青秀区中柬路6号保利·21世家金领居3单元1001号
…… Tel：0771－5596736

广西理通保安服务有限公司
地址：上林县大丰镇丰岭路437号
…… Tel：0771－5659695

广西金普威信息系统有限公司
地址：南宁市青秀区长　路157号嘉茂综合楼二楼208室
…… Tel：0771－5660588

德利联合控股集团有限公司
地址：南宁市青秀区佛子岭路18号德利－东盟国际文化广场B3座4楼405室
…… Tel：0771－5666986

广西华景城建筑设计有限公司
地址：南宁市青秀区长湖路56号龙光·君御华府8号楼一层101－109号
…… Tel：0771－5675828

广西华诺信息技术有限公司
地址：南宁市新际路6号中海·御湖熙岸7号楼401号
…… Tel：0771－5677858

广西惠升建设工程集团有限公司
地址：南宁市青秀区蓉茉大道25－1号三楼308号
…… Tel：0771－5706878

广西晟力装饰工程有限公司
地址：南宁市青秀区东葛路８６号皓月大厦七楼
…… Tel：0771－5709851

斐讯通信（南宁）有限公司
地址：南宁市青秀区仙葫五合工业园区
…… Tel：0771－5760042

广西博尔科技有限公司
地址：南宁市民族大道８２号南湖之都９０５号房
…… Tel：0771－5761669

广西广投康养有限公司
地址：南宁市良庆区飞云路6号GIG国际金融资本中心16楼1618室
…… Tel：0771－5772005

广西博贝隆建设工程有限公司
地址：南宁市江南区洪胜路5号丽汇科技工业园标准厂房综合楼1103号房
…… Tel：0771－5782198

广西汇河科技有限公司
地址：南宁市西乡塘区明秀东路157号利泰国际大酒店第十层
…… Tel：0771－5783760

广西南宁万篙网络科技有限公司
地址：南宁市青秀区佛子岭路11号荣和千千树荣和E中心写字楼第16层A1628－29号
…… Tel：0771－5784481

广西南宁瑞越福电子科技有限责任公司
地址：南宁市青秀区仙葫大道西152号通业平安佳园A－4栋2单元A－4－2104号房
…… Tel：0771－5785995

广西南宁瑞辉电子科技有限责任公司
地址：南宁仙葫大道西１５２号通业平安佳园Ａ－４栋２单元Ａ－４－２１０４号房
…… Tel：0771－5785995

华厦建设集团有限公司
地址：南宁市青秀区民族大道１４１号中鼎·万象东方Ｄ座１２楼１２０１号
…… Tel：0771－5810038

广西天河建设集团有限公司

地址：南宁市青秀区会展南路6号
Tel：0771-5828696

广西瑞宏建设集团有限公司
地址：南宁市青秀区会展南路6号服务楼西侧二楼
Tel：0771-5839489

广西环城建设集团有限公司
地址：南宁市鲤湾路4号办公楼五、六、八层北半部分
Tel：0771-5857146

广西聚九通信科技有限公司
地址：南宁市西乡塘区明秀西路１１８号百汇华庭B单元1206号
Tel：0771-5871885

广西宏道信息技术有限公司
地址：南宁市青秀区园湖南路7-1号华兴园综合楼写字楼616号房
Tel：0771-5877492

广西昊华科技股份有限公司
地址：南宁市青秀区朱槿路１０号南宁东盟商务区新加坡园逸墅公馆Ｂ单元３０２号房；经营场所：南宁市青秀区朱槿路10号新加坡园区星岛国际401号
Tel：0771-5884488

广西广播电视信息网络股份有限公司
地址：中国（广西）自由贸易试验区南宁片区五象大道691号新媒体中心A座1楼
Tel：0771-5905955

广西建开工程有限公司
地址：南宁市青秀区仙葫大道西１８２－１号
Tel：0771-5929167

广西大智信息技术有限公司
地址：南宁市青秀区民族大道１３１号航洋国际城３号楼０６２１号房
Tel：0771-6119301

广西大兴建设集团有限公司
地址：南宁市武鸣区万隆国际二期９栋２０１－２０４号房
Tel：0771-6229915

广西慧扬数字农业科技有限公司
地址：南宁市衡阳西路南六巷8-12号旁楼房二楼
Tel：0771-6735750

广西岢延电子科技有限责任公司
地址：柳州市三中路68号之一文轩大厦8-10号
Tel：0772-2805665

广西因信信息技术有限公司
地址：柳州市晨华路12号盛丰国际1栋2单元7层1号
Tel：0772-2812752

柳州五星百货股份有限公司
地址：柳州市中山中路１号
Tel：0772-2825594

广西雀吉网络科技有限公司
地址：柳州市三中路144号1-5号
Tel：0772-2871256

广西新桂路桥建筑工程有限公司
地址：武宣县武宣镇城东路（新路桥头东）缘江商住中心3栋3-29号
Tel：0772-2872562

广西柳地建设有限公司
地址：柳州市柳石路１３５号
Tel：0772-3120176

广西矿建集团有限公司
地址：柳州市柳邕路364号
Tel：0772-3250233

广西柳州市龙发金属表面处理技术股份有限公司
地址：柳州市阳和工业新区Ｂ－３０－２中小企业园标准厂房３号
Tel：0772-3591076

柳州市龙杰汽车配件有限责任公司
地址：柳州市阳和工业新区B-15-2、B16-1-1号
Tel：0772-3591216

广西汽车集团有限公司
地址：柳州市河西路18号
Tel：0772-3750212

来宾中燃城市燃气发展有限公司
地址：广西来宾市华侨投资区南区三号路与南区D号路交叉口东北角
Tel：0772-4266128

武宣县第二建筑公司
地址：武宣县武宣镇城北路３３２－８号
Tel：0772-5291427

广西硅谷建设集团有限公司
地址：来宾市政和路北88号
Tel：0772-6655569

广西展鸿建设集团有限公司
地址：柳州市柳江区拉堡镇柳邕路4号国税小区30号
Tel：0772-7523818

泛北建设股份有限公司
地址：柳州市瑞康路18号金麟中心1001室
Tel：0772-8808008

桂林三建股份有限公司
地址：桂林市雉山路４８号
Tel：0773-2150620

广西成吉思建筑智能工程有限公司
地址：桂林市七星区信息产业园D-14-2号楼
Tel：0773-2187868

桂林市鼎耀信息科技有限公司
地址：桂林市七星区栖霞路７号鼎耀大厦２楼
Tel：0773-2200111

广西蓝天科技股份有限公司
地址：桂林市象山区环城西二路5号
Tel：0773-2536658

广西鼎恒工程质量检测有限公司
地址：桂林市秀峰区甲山乡甲山村委敦睦村中隐路边
Tel：0773-2559999

广西桂林地建建设有限公司
地址：桂林市中山北路７２－１号
Tel：0773-2605691

桂林利源水电建设有限责任公司
地址：桂林市骝马山北巷８号
Tel：0773-2801771

桂林市金辉建设发展有限公司
地址：桂林市秀峰区三多路42号
Tel：0773-2819535

桂林建安建设集团有限公司
地址：桂林市临桂路１８号
Tel：0773-2823365

桂林四建建设工程有限公司
地址：桂林市七星区七星路26号
Tel：0773-2869022

桂林鑫发联电子信息有限公司
地址：桂林市七星区穿山小街4号碧水云天3栋3-5-1号
Tel：0773-2881852

广西漓界电力建设有限责任公司
地址：桂林市象山区上海路15号
Tel：0773-3200019

广西众泰建设工程发展有限公司
地址：临桂区临桂镇西城南路1号花样年花样城5幢A单元6层31-42号
Tel：0773-3686286

桂林恒泰电力建设有限责任公司
地址：桂林市上海路南巷１４号
Tel：0773-3838051

桂林建昌建设有限公司
地址：桂林市临桂区四塘镇兴源路3号桂林电子商城2单元16层
Tel：0773-5582009

广西临桂农村商业银行股份有限公司
地址：桂林市临桂区联创飞扬国际T6栋
Tel：0773-5592196

核工业（桂林）基础工程有限公司
地址：桂林市七星区漓江路47号
Tel：0773-6593045

桂林灵建建筑安装工程公司
地址：灵川镇灵川路54号
Tel：0773-6812633

广西真龙实业有限责任公司
地址：钟山县城西路３０号
Tel：0774-3352012

梧州市第一建筑安装工程有限公司
地址：梧州市蝶山一路３６号
Tel：0774-3860075

广西瀚海建工集团有限公司
地址：贺州市太白社区贺州大道47号
Tel：0774-5292239

广西国瀚建设集团有限公司
地址：陆川县温泉镇莲花二路
Tel：0775-2268999

广西腾达建设集团有限公司
地址：广西兴业县石南镇商贸东路1-7号
Tel：0775-2332819

广西云厦建设有限公司
地址：玉林市玉州区一环北路277号五楼
Tel：0775-2386333

广西玉林广日电梯工程有限公司
地址：玉林市桂园开发区西八幢１号２楼（现麒麟里１７６号）
Tel：0775-2666052

广西四方建设工程有限公司
地址：玉林市福绵区文化艺术中心三楼
Tel：0775-2676778

广西宁华建设工程有限公司
地址：玉林市玉州区广场西路东9-5号
Tel：0775-2681628

广西正地建设发展有限公司
地址：玉林市桂安街５０号（原一环东路９８号）
Tel：0775-2685613

玉林市建筑安装工程集团有限公司
地址：玉林市玉州区东岳路69号
Tel：0775-2824676

广西远达建筑安装工程有限公司
地址：玉林市桂花园７５号
Tel：0775-2858695

玉林市第一建筑安装工程公司
地址：玉林市苗园路３９１号（原苗园路１１号）
Tel：0775-3838855

玉林中燃城市燃气发展有限公司
地址：玉林市广场东路（广场东路288号联通大厦四楼）
Tel：0775-5822000

广西土木建筑工程有限公司
地址：北流市丰顺路４１号
Tel：0775-6393905

广西大厦建筑工程公司
地址：博白镇南州南路１４６号
Tel：0775-8223360

百色中燃城市燃气发展有限公司
地址：百色市右江区城北二路21号长安小区商场
Tel：0776-2891196

广西华东建设集团有限公司
地址：百色市右江区平安路10号迎龙苑小区会所
Tel：0776-2930329

广西壮益建设有限公司
地址：广西百色市右江区前程路4号长乐星城1幢2单元303号
Tel：0776-3570555

广西龙佛文化科技投资有限责任公司
地址：钦州市钦州港经济开发区逸仙路55号远洋·滨海国际1号楼B-09商铺
Tel：0777-2823339

广西裕华建设集团有限公司
地址：广西钦州市北部湾北大道12-16号
Tel：0777-2833638

钦州中燃城市燃气发展有限公司
地址：钦州市白石湖兰亭街5号楼
Tel：0777-2839663

广西环宇石化有限公司
地址：钦州市钦州港群星街83号宿舍楼3单元305—306室
Tel：0777-3695200

广西宏泰成建设集团有限公司
地址：大化县大化镇红河南路１１６号
Tel：0778-5805608

北海市第二建筑工程公司
地址：市东二巷４号
Tel：0779-2022626

天下秀数字科技（集团）股份有限公司
地址：广西北海市北海大道１６８号
Tel：0779-2228937

广西三创科技有限公司
地址：广西壮族自治区北海市海城区(北海经济技术开发区)高科路3号广西三诺智慧产业园三区1幢二楼、三区2幢、四区2幢一楼厂房
Tel：0779-2688026

广西圣泰建设工程有限公司
地址：北海市西南大道中安小区Ｂ幢１号５０２房
Tel：0779-3201522

北海银河生物产业投资股份有限公司
地址：北海市西藏路银河软件科技园专家创业区１号
Tel：0779-3201988

广西联友建设工程有限公司
地址：北海市江苏路289号联友大厦十五层
Tel：0779-3209099

广西兴地建设工程有限公司
地址：北海市广东路156号恒宇海岸华府二区3幢二楼
Tel：0779-3237286

广西恒冠建设集团有限公司
地址：北海市北部湾东路１０２号东安小区第一幢二层
Tel：0779-3830319

建兴光电科技（北海）有限公司
地址：北海市北海大道西综合保税区内
Tel：0779-3960168

广西新未来信息产业股份有限公司
地址：北海市工业园区新未来信息产业园
Tel：0779-6802596

北海市云盛科技有限公司
地址：广西壮族自治区北海市合浦县廉州镇工业园区工业大道北侧及北海大道延长线西侧北海永诚利电子科技有限公司A207室
Tel：0779-6809558

田野创新股份有限公司
地址：北海市合浦县工业园区创业大道
Tel：0779-7106273

广东茂化建集团北海石化工程有限公司
地址：北海市铁山港区营闸路101号
Tel：0779-8528411

海南省

海南中移通信技术工程有限公司
地址：海南省老城高新技术示范区海南生态软件园A17幢一层6001
Tel：0898-31908819

海南米风科技投资有限公司
地址：海南省海口市保税区南海大道168号海口保税区戊号路A11号
Tel：0898-32888826

海南海岸网络科技有限公司
地址：海口市海甸岛四东路颐和花园7栋131房
Tel：0898-36339098

海南佳创天狮科技有限公司
地址：海口市龙华区金龙路22号深发展大厦0918室
Tel：0898-36388709

山能国际产业投资集团（海南）有限公司
地址：海南省海口市美兰区桂林洋经济开发区桂林洋大道66（二）-6
Tel：0898-36639527

海南海岛临空日月广场商业管理有限公司
地址：海南省海口市琼山区国兴大道8号海航日月广场
Tel：0898-36658069

北斗星通信息服务有限公司
地址：海南省澄迈县老城高新技术产业示范区海南生态软件园A17幢二层2001
Tel：0898-36689579

海口远大购物中心有限公司
地址：海南省海口市秀英区长滨四路7号
Tel：0898-36697777

海南望海国际商业广场有限公司
地址：海口市海秀路望海商城
Tel：0898-60891999

海南宏基晖建筑工程有限公司
地址：海南省万宁市万城镇建设街
Tel：0898-62223999

海南中数一龙通信科技有限公司
地址：文昌市文城镇迈号圩乌鸡塘名门村（三排五幢）
Tel：0898-63389998

海南联塑科技实业有限公司
地址：海南省定安县定城镇定富路与西二环路交汇处
Tel：0898-63806283

海南天诚网络科技有限公司
地址：海南省海口市龙华区滨海大道37号海银大厦6楼
Tel：0898-65230096

海南傲为智慧产业有限公司
地址：海南省海口市龙华区海秀东路23-1号
Tel：0898-65306559

海南石华运输服务有限公司
地址：海口市秀华路2号一号楼606房
Tel：0898-65313980

海南百聚建设工程有限公司
地址：海南省海口市美兰区海甸二东路27号商住楼第8层802房
Tel：0898-65332916

海南渝海通讯有限公司
地址：海口市美兰区机场东路25号恒利空中花园A4-2房
Tel：0898-65338502

中南国科（海南）建设有限公司
地址：海南省海口市琼山区海府路168号金鹿大厦6楼605室
Tel：0898-65346171

海南省通信产业服务有限公司
地址：海南省海口市海府路28号
Tel：0898-65372171

海南华阳投资集团有限公司
地址：海南省海口市秀英区滨海大道159-2号福隆广场三期G栋2层商业
Tel：0898-65678989

海南第三建设工程有限公司
地址：海南省海口市金贸西路1号富丽花园第二层202号商铺
Tel：0898-66228355

海南志航科创集团有限公司
地址：海南省海口市美兰区海甸街道海达路32号大龙花园D-14栋
Tel：0898-66256633

海口市水务集团有限公司
地址：海南省海口市琼山区海府路116-8号
Tel：0898-66269271

海南凤凰新华出版发行有限责任公司
地址：海南省海口市南沙路27号
Tel：0898-66503002

海南格林威尔科技有限公司
地址：海南省海口市龙华区国贸大道A6-1区华锦苑B225房
Tel：0898-66551336

海南上德科技有限公司
地址：海口市龙华区南沙路49号通信广场通信住宅小区505房
Tel：0898-66568193

海南鹏声通信工程有限公司
地址：海南省海口市美兰区文明东路187号华山大厦12层A1206房
Tel：0898-6666080

海南紫天星科技有限公司
地址：海南省海口市美兰区国兴大道11号国瑞大厦C座东塔17层C1707
Tel：0898-66733738

海南建设安装工程有限公司
地址：海南省海口市大英路79号华宝大厦三楼
Tel：0898-66735239

海南集安自控消防工程有限公司
地址：海口市龙昆北路３６号海外大厦１４楼Ｂ５室

……Tel：0898-66769042

海南第七建设工程有限公司
地址：海南省海口市琼山区滨江街道办琼州大道21号琼山区商务局办公楼三楼
……Tel：0898-66772336

中南建业城市建设有限公司
地址：海南省定安县见龙大道西南侧龙禧雅苑1栋1单元1004房
……Tel：0898-66779769

海南高速公路股份有限公司
地址：海口市蓝天路16号高速公路大楼
……Tel：0898-66795416

海南通信建设有限公司
地址：海南省老城高新技术产业示范区海南生态软件园A区A16办公楼401室
……Tel：0898-66830806

海南创值高科信息技术有限公司
地址：海南省老城高新技术产业示范区海南生态软件园A17幢一层1001
……Tel：0898-67201778

中海恒实业发展有限公司
地址：海南省海口市龙华区文华路18号海南君华海逸酒店1022室
……Tel：0898-68510358

海南第一成美物业管理股份有限公司
地址：海南省海口市美兰区琼山大道86号琥珀悠澜9号楼一层
……Tel：0898-68512179

海南盒马网络科技有限公司
地址：海口市美兰区海府路12号亚希大厦15层1503号、1505号
……Tel：0898-68520892

三亚万嘉酒店管理有限公司
地址：三亚市三亚湾海坡开发区第13横路西侧
……Tel：0898-68552146

海南长城宽带网络服务有限公司
地址：海南省海口市美兰区海甸三西路15号海口市考试中心服务窗口4楼
……Tel：0898-68568560

海南京粮控股股份有限公司
地址：海口市滨海大道珠江广场帝豪大厦29层
……Tel：0898-68583028

海南登峰科技工程股份有限公司
地址：海南省海口市国贸路59号正昊大厦24F房
……Tel：0898-68601606

海南鑫圆科技有限公司
地址：海南省海口市秀英区南海大道阳光巴洛克2栋202室
……Tel：0898-68632622

海口恒禾电子科技有限公司
地址：海南省海口市美兰区国兴大道7号海航大厦17层
……Tel：0898-68875596

海航进出口有限公司
地址：海南省海口市美兰区国兴大道7号海航大厦20层
……Tel：0898-68877008

海南海航云金融服务有限公司
地址：海南省澄迈县老城高新技术示范区琉港南路(海南生态软件园)
……Tel：0898-68877407

海南建设工程机械施工有限公司
地址：海口市秀英区科技大道1号海建科技大厦五楼
……Tel：0898-68950353

海南中沛建设工程有限公司
地址：海南省海口市琼山区龙昆南路55-1号玉龙湾C幢第7层702房
……Tel：0898-68950696

海南宝岛通科技股份有限公司
地址：海南省海口市美兰区国兴大道5号海南大厦裙楼4楼
……Tel：0898-68955585

海南供销大集供销链网络科技有限公司
地址：海南省海口市国兴大道7号新海航大厦17层
……Tel：0898-69960787

洋浦国兴工程建设有限公司
地址：洋浦保税港区瀚洋路D15-1-1
……Tel：0898-69961229

海南海建工程管理总承包有限公司
地址：海南省海口市美兰区国兴大道5号海南大厦1#主楼42层
……Tel：0898-69961229

海南空港云科技有限公司
地址：海南省海口市美兰区美兰机场综合楼
……Tel：0898-69966023

海南丽景城物业服务有限公司
地址：海南省陵水县椰林镇建设路（建设银行八楼）
……Tel：0898-83323499

三亚中兴软件有限责任公司
地址：海南省三亚市崖州区深海科技城创新路8号
……Tel：0898-88637607

智宇科技有限公司
地址：海南省三亚市吉阳区凤凰路汇丰国际公寓4-A商铺
……Tel：0898-88880288

智宇科技有限公司
地址：海南省三亚市吉阳区凤凰路汇丰国际公寓4-A商铺
……Tel：0898-88880288

四川省

四川空分低温工程安装有限公司
地址：简阳市建设中路239号
……Tel：028-23186313

四川天府江东科技有限公司
地址：天府新区仁寿视高区域产业大道北3号
……Tel：028-36068268

四川联兴建筑工程有限公司
地址：仁寿县文林镇书院路一段陵阳巷7号1栋1单元8层1号
……Tel：028-36283777

四川蓝盾门业有限公司
地址：仁寿县视高工业集中区
……Tel：028-36465885

中鸿国际建工集团有限公司
地址：仁寿县文林镇仁寿大道
……Tel：028-36698888

眉山大润发商业有限公司
地址：四川省眉山市东坡区环湖东路二段100号
……Tel：028-36834155

眉山中法农业科技园开发有限公司
地址：四川省眉山市彭山区锦江乡武陵村一组150号
……Tel：028-37611999

四川岷东城市建设开发有限公司
地址：眉山市东坡区眉州大道东沿段5号
……Tel：028-38016925

中桓建工集团有限公司
地址：四川省眉山市青神县青城镇青衣大道桂花苑三期小区1层299-19号
……Tel：028-38280698

眉山华昱信息科技有限公司
地址：眉山市东坡区大北街305号1栋1单元5层1号
……Tel：028-38517896

四川启明星铝业有限责任公司
地址：眉山市东坡区修文镇
……Tel：028-38562589

四川言几又置业有限公司
地址：四川天府新区华阳街道华阳大道三段127、129、131号1层
……Tel：028-54735136

中移（成都）信息通信科技有限公司
地址：中国（四川）自由贸易试验区成都高新区和乐二街150号1号楼2单元
……Tel：028-60103266

成都智元汇信息技术股份有限公司
地址：中国（四川）自由贸易试验区成都高新区吉泰五路88号3栋26层1号
……Tel：028-60218833

成都创展经服金融信息服务有限公司
地址：中国（四川）自由贸易试验区成都市天府新区成都科学城湖畔路西段6号天府菁蓉中心C区
……Tel：028-60633630

航天科工通信技术研究院有限责任公司
地址：四川省成都市成华区崔家店路75号1栋2单元
……Tel：028-60811123

都承建工有限公司
地址：成都市武侯区高升桥南街2号附22号1层
……Tel：028-61033820

成都蓝田农兴有限公司
地址：中国（四川）自由贸易试验区成都高新区锦城大道666号5栋12层1号
……Tel：028-61280088

四川瑞通信息技术有限公司
地址：成都高新区高新大道创业路16号
……Tel：028-61307586

四川欣平建筑工程有限公司
地址：成都市青羊区贝森北路5号1栋10层1001号
……Tel：028-61316438

中创国际建设集团有限公司
地址：四川省成都市金牛区蓉北商贸大道二段293号15栋1单元14楼1405号
……Tel：028-61333332

中核城市建设发展有限公司
地址：成都市武侯区长益路13号1栋1单元7层702号
……Tel：028-61339981

四川中奥兴网络科技工程有限公司
地址：成都市武侯区成科东路2号17层
……Tel：028-61342232

四川大成智慧城市建设投资有限公司
地址：成都市温江区南江路208号2栋9层904号
……Tel：028-61362377

四川奥科电子科技有限公司
地址：成都市武侯区董家湾北街113号8-2幢2号
……Tel：028-61376119

中诚智翔建设集团有限公司
地址：成都市高新区盛和一路88号1栋1单元8层801号
……Tel：028-61378033

四川金码科技有限公司
地址：成都市高新区科园二路1号A楼502号
……Tel：028-61382638

中核三鑫建设工程有限公司
地址：成都市高新区天府大道中段530号东方希望天祥广场1栋4402号
……Tel：028-61500833

四川熙韵建筑工程有限公司
地址：成都市青羊区光华北三路98号15栋4层402号
……Tel：028-61505667

四川元朗科技有限公司
地址：成都市武侯区武侯大道双楠段100号3栋3层301号
……Tel：028-61515500

成都十九号极速文化传播股份有限公司
地址：中国（四川）自由贸易试验区成都高新区天府大道北段1199号2栋17楼1707、1708、1709号
……Tel：028-61550300

四川鑫华建筑工程有限责任公司
地址：成都市高新区剑南大道中段1098号1幢13层1301号
……Tel：028-61550983

四川鼎恒建设工程有限公司
地址：成都金牛高新技术产业园区蜀西路46号4栋16层1601号
……Tel：028-61666161

力方数字科技集团有限公司
地址：成都市武侯区武侯新城管委会武兴五路555号视觉科技广场1栋12层、13层
……Tel：028-61670366

力方数字科技集团有限公司
地址：成都市武侯区武侯新城管委会武兴五路555号视觉科技广场1栋12层、13层
……Tel：028-61670366

十九冶成都建设有限公司
地址：成都市青羊区敬业路218号10栋
……Tel：028-61671757

四川祥森劳务有限公司
地址：成都市金牛区茶店子安蓉路8号4幢1单元615号
……Tel：028-61673129

万锦建设集团有限公司
地址：汶川县威州镇桑坪路39号附96号
……Tel：028-61675557

成都华跃科技有限公司
地址：成都高新区天宇路2号
……Tel：028-61834883

成都中浦科技有限公司
地址：中国（四川）自由贸易试验区成都市双流区西航港经济开发区牧华路二段1518号
……Tel：028-61911122

正升环境科技股份有限公司
地址：成都市温江区成都海峡两岸科技产业开发园海科路西段57号
……Tel：028-61933007

四川高诚建筑工程集团有限公司
地址：成都市青羊区广富路218号5栋3单元
……Tel：028-61981190

四川华西建筑装饰工程有限公司
地址：成都市青羊区广富路218号10栋1层1号
……Tel：028-61981195

四川省宇汇建设工程有限公司
地址：成都市高新区天府大道北段1700号7栋1单元18楼1828号
……Tel：028-61986920

四川川金建筑工程有限公司
地址：成都金牛高新技术产业园区蜀西路46号2栋9层902号
……Tel：028-61988336

成都方材科技有限公司
地址：成都市金牛区蜀汉路426号1幢4单元15层12号
……Tel：028-61990319

四川铭笙建设工程有限公司
地址：泸县玄滩镇玄毗街村
……Tel：028-61990465

四川荣晨建设工程有限公司
地址：成都市青羊区西大街84号1幢1单元5楼505号
……Tel：028-61991598

四川蜀信科技有限公司
地址：成都市金牛区北三环路一段221号华侨城·创想中心1幢2单元718号
……Tel：028-61996685

成都阿凯思信息技术有限公司
地址：成都金牛高新技术产业园区金科南路25号前锋西线国际14层14-1-1室
……Tel：028-61998570

四川联颐科技集团有限公司
地址：成都金牛高新技术产业园区蜀西路48号14层3、4、5、6号
……Tel：028-62015695

成都天投实业有限公司
地址：中国（四川）自由贸易试验区成都市天府新区正兴街道湖畔路北段366号1号楼
……Tel：028-62038262

成都天府新区科技投资有限责任公司
地址：中国（四川）自由贸易试验区成都市天府新区正兴街道菁蓉北二街23号附205、206、207、208号
……Tel：028-62038323

成都特恩达燃气设备有限公司
地址：四川省成都经济技术开发区（龙泉驿区）车城东六路366号
……Tel：028-62047756

成都秀为科技发展有限公司
地址：成都市青羊区广富路8号10栋10层
……Tel：028-62052005

成都冠一工程项目管理咨询有限公司
地址：成都市武侯区高攀路2号24楼2431、2432号
……Tel：028-62120024

成都西敏公学教育科技有限公司
地址：中国（四川）自由贸易试验区成都市双流区西航港街道成新大件路289号1001室
……Tel：028-62230066

四川海天力拓建筑工程有限公司
地址：成都市武侯区武侯大道铁佛段1号1栋2单元3层331号
……Tel：028-62300797

成都鑫月信息技术有限责任公司
地址：成都市武侯区林荫街21号
……Tel：028-62301663

中铁广信支付科技有限公司
地址：成都市武侯区一环路南一段20号普利大厦1幢5楼501室
……Tel：028-62326487

中电科网络安全科技股份有限公司
地址：中国（四川）自由贸易试验区成都高新区云华路333号
……Tel：028-62386252

四川杰斯顿电气设备有限公司
地址：成都市温江区成都海峡两岸科技产业开发园蓉台大道北段288号12栋3楼14-21轴
……Tel：028-62547518

中建西南院总承包工程有限公司
地址：中国（四川）自由贸易试验区成都市天府新区湖畔路北段1071号
……Tel：028-62551811

四川洲桥水电工程有限公司
地址：成都市金牛区互助路44号
……Tel：028-62568089

四川能投建工集团有限公司
地址：成都市锦江区下东大街段258号西部国际金融中心1栋17楼01-09单元
……Tel：028-62677597

四川铁投广润物流有限公司
地址：中国（四川）自由贸易试验区成都市天府新区万安街道麓山大道二段669号
……Tel：028-62712514

四川华能涪江水电有限责任公司
地址：平武县白马寨
……Tel：028-62723078

成都市天虹百货有限公司
地址：成都市武侯区二环路南四段51号
……Tel：028-62725270

四川省泰龙建设集团有限公司
地址：中国（四川）自由贸易试验区成都市高新区天府大道北段1480号13栋拉德方斯大厦东楼8层1、2、3、4、5、6、7、8号
……Tel：028-62730366

成都兴顺通科技有限公司
地址：成都市高新区南三环路五段188号67幢1层1号
……Tel：028-62808888

成都三泰电子有限公司
地址：成都金牛高科技产业园区蜀西路42号
……Tel：028-62825040

开能智慧能源有限公司
地址：成都市武侯区人民南路四段48号3栋1单元18层1801号、1804号
……Tel：028-62988933

四川天微电子股份有限公司
地址：中国（四川）自由贸易试验区成都市双流区公兴街道物联一路233号
……Tel：028-63072200

四川君逸数码科技股份有限公司
地址：中国（四川）自由贸易试验区成都高新区天府三街288号1号楼13层2-7号
……Tel：028-63138188

厚普清洁能源（集团）股份有限公司
地址：中国（四川）自由贸易试验区成都高新区世纪城南路599号6栋11层3号
……Tel：028-63166222

四川金投科技股份有限公司
地址：中国（四川）自由贸易试验区成都高新区益州大道北段555号1栋3单元1506号
…………………… Tel：028-63911769
四川长生建筑工程有限公司
地址：成都市金牛区金牛乡金泉路47号
…………………… Tel：028-64048626
中启建设有限公司
地址：成都市武侯区星狮路818号4幢4单元503号
…………………… Tel：028-64058516
宝石花医疗器械有限公司
地址：成都市双流区东升街道金河路二段1256号一层
…………………… Tel：028-64346296
四川川煤第六工程建设有限公司
地址：四川省达州市达县泰宁路454号
…………………… Tel：028-64363239
四川中鑫建业建设工程有限公司
地址：成都市武侯区核桃堰路51号1栋2单元12层10号
…………………… Tel：028-64388897
四川大正德茂建设有限公司
地址：成都市武侯区佳灵路3号2栋802号
…………………… Tel：028-64608466
华为数字技术（成都）有限公司
地址：四川省成都市高新区西源大道1899号
…………………… Tel：028-64690799
成都华为技术有限公司
地址：成都高新西区西源大道1899号
…………………… Tel：028-64690799
华为数字技术（成都）有限公司
地址：四川省成都市高新区西源大道1899号
…………………… Tel：028-64690799
成都赛肯思创享生活景观设计股份有限公司
地址：成都市锦江区东光街18号4幢1楼1号
…………………… Tel：028-64911115
四川城通信息科技有限公司
地址：成都市武侯区洗面桥街35号1栋9楼910号
…………………… Tel：028-65013078
成都航空有限公司
地址：成都市双流县西航港街道大件路文星段277号1栋
…………………… Tel：028-65098793
成都产品质量检验研究院有限责任公司
地址：四川省成都经济技术开发区（龙泉驿区）兴茂街16号
…………………… Tel：028-65099033
四川鼎新建筑工程有限公司
地址：成都市武侯区科华北路58号C幢10楼E号
…………………… Tel：028-65168802
成都梓君商贸有限公司
地址：成都市成华区建设南路160号9栋1层9号
…………………… Tel：028-65214578
四川能投智慧光电有限公司
地址：成都市武侯区武科西五路360号6栋2单元3层2号
…………………… Tel：028-65230595
四川信合源建筑工程有限公司
地址：成都市武侯区广福路99号4栋4层402号
…………………… Tel：028-65258758
四川朗坤建筑工程有限公司
地址：成都市武侯区二环路南三段1号2-2-16-2号
…………………… Tel：028-65261893
成都思迈信通科技有限公司
地址：成都市武侯区科华北路58号皇冠15楼E16号
…………………… Tel：028-65278288
四川华启建筑工程有限公司
地址：成都市武侯区人民南路四段27号
…………………… Tel：028-65278595
中石化西南石油工程有限公司
地址：中国（四川）自由贸易试验区成都市高新区吉泰路688号A栋15楼
…………………… Tel：028-65285566
四川建民实业有限责任公司
地址：中国（四川）自由贸易试验区成都高新区益州大道中段555号　1幢2单元1201、1202、1203、1204、1205、1206、1207、1208（不含工业生产项目）
…………………… Tel：028-65305999
四川省佳成建设有限公司
地址：成都市武侯区星狮路511号1栋4层47号
…………………… Tel：028-65317086
成都携程旅行社有限公司
地址：成都高新区天府四街189号A栋101室
…………………… Tel：028-65338899
四川凯华金源科技有限公司
地址：成都市武侯区新光路1号观南上城6幢1301号
…………………… Tel：028-65516555
成都迈普信息科技有限公司
地址：成都高新区九兴大道16号
…………………… Tel：028-65544130
四川智信达电子科技有限公司
地址：成都市武侯区长益路11号1栋9层41号
…………………… Tel：028-65599355
四川崇州中锦投资有限公司
地址：崇州市羊马镇鹤兴路431号
…………………… Tel：028-65703939
四川西锐建设工程有限公司
地址：四川省甘孜藏族自治州康定市炉城镇东大街123号
…………………… Tel：028-65776505
成都中保翼虎保安服务有限公司
地址：中国（四川）自由贸易试验区成都高新区天府三街69号1栋06层0604号
…………………… Tel：028-65784230
四川鸿源环境检测技术咨询有限公司
地址：成都市高新区科园三路4号1栋3层3、4号
…………………… Tel：028-65838103
四川环宇互通集团有限公司
地址：中国（四川）自由贸易试验区成都高新区天府二街269号26栋8楼801号
…………………… Tel：028-65987666
成都金天烨科技发展有限公司
地址：成都市金牛区黄忠街8号
…………………… Tel：028-66285134
华鸿建设集团有限公司
地址：成都市武侯区长益路11号12楼28号
…………………… Tel：028-66332396
四川凹凸环境营造有限责任公司
地址：成都市青羊区八宝街90号九龙商务楼B座
…………………… Tel：028-66339719
四川聚德电子有限公司
地址：成都市武侯区洗面桥街18号1栋1单元27楼9号
…………………… Tel：028-66505077
汇源集团有限公司
地址：成都市高新区高新西区西芯大道5号
…………………… Tel：028-66602826
四川省铁路建设有限公司
地址：成都市二环路西二段８８号
…………………… Tel：028-66622299
成都金励朋电子科技有限公司
地址：成都市武侯区领事馆路8号
…………………… Tel：028-66644411
成都盛邦信息技术有限公司
地址：中国（四川）自由贸易试验区成都高新区蜀锦路88号
…………………… Tel：028-66666658
威特龙消防安全集团股份公司
地址：成都市高新区西区大道1599号附9号
…………………… Tel：13608084460
成都市皓彩科技有限责任公司
地址：成都市武侯区一环路南一段22号
…………………… Tel：028-66832560
四川高创电气技术有限公司
地址：成都高新区天府大道中段1388号1栋10层1010号
…………………… Tel：028-66885688
四川阿海珐电气有限公司
地址：中国（四川）自由贸易试验区成都市双流区西南航空港经济开发区空港五路1888号
…………………… Tel：028-67133896
四川金控投资管理有限公司
地址：中国（四川）自由贸易试验区成都市天府新区万安街道麓山大道二段18号附2号4栋1层1号
…………………… Tel：028-67135158
四川锦城智信建设工程有限公司
地址：成都高新区天和路9号附22号、附40号
…………………… Tel：028-67175283
四川斐讯全智信息技术有限公司
地址：四川省成都市龙泉驿区龙泉街道公园路125号
…………………… Tel：028-67287777
阳光壹佰置业（成都）有限公司
地址：成都市成华区保和镇上街17号
…………………… Tel：028 68080000
国网信息通信股份有限公司
地址：四川汶川县下索桥
…………………… Tel：028-68122722
四川五阳建筑工程有限公司
地址：成都市武侯区菊乐路1号1栋4层1号
…………………… Tel：028-68300361
四川美达盛世科技有限公司
地址：成都市武侯区武青南路9号花样年花好园4幢1单元2楼13号
…………………… Tel：028-68378650
航瑞科技股份有限公司
地址：中国（四川）自由贸易试验区成都市高新区吉庆三路333号1幢4单元13层1号
…………………… Tel：028-68464166
成都明久高科技有限公司
地址：成都市武侯区科华北路36号（建中大厦）601室，603室
…………………… Tel：028-68591889
四川海力智能科技股份有限公司
地址：成都市成华区龙潭都市工业集中发展区
…………………… Tel：028-68616706
四川川大智胜软件股份有限公司
地址：成都市武科东一路七号
…………………… Tel：028-68727897
成都曙光大智云网有限公司
地址：成都高新区天晖中街56号1栋24层2420号
…………………… Tel：028-68729959
成都曙光光纤网络有限责任公司
地址：成都高新区天晖中街56号1栋26层
…………………… Tel：028-68729959
成都城投教育投资管理集团有限公司
地址：成都市金牛区金周路589号
…………………… Tel：028-68814600
鸿富锦精密电子（成都）有限公司
地址：四川省成都高新西区合作路888号
…………………… Tel：028-68828888
业成科技（成都）有限公司
地址：四川省成都高新区西区合作路689号
…………………… Tel：028-68828888
鸿富成精密电子（成都）有限公司
地址：成都高新区合作路689号
…………………… Tel：028-68828888
四川太诚智能科技有限公司
地址：成都市高新区桂溪工业园5号
…………………… Tel：028-68834498
成都卡莱博尔信息技术股份有限公司
地址：中国（四川）自由贸易试验区成都高新区天府大道中段1268号天府软件园E区1栋10层
…………………… Tel：028-68902812
成都鑫豪斯电子探测技术有限公司
地址：四川省成都市成华区龙潭工业园华盛路58号34栋
…………………… Tel：028-68931345
四川旷谷信息工程有限公司
地址：成都市金牛区金凤凰大道666号中铁轨道交通高科技产业园6栋11楼
…………………… Tel：028-68937039
成都永辉商业发展有限公司
地址：成都市彭州　阳镇新城商业中心宝兴街37号二楼
…………………… Tel：028-69390078
四川彩食鲜供应链发展有限公司
地址：四川省成都市彭州市　阳街道　兴西路50号附2号
…………………… Tel：028-69390079
四川盛大洪涛装修股份有限公司
地址：成都市金牛区兴平路100号1栋11层1号附12号
…………………… Tel：028-69391122
咪咕音乐有限公司
地址：中国（四川）自由贸易试验区成都市高新区交子大道575号中海国际中心J座1层103、104号及J座3-10层
…………………… Tel：028-69394470
龙锦综合开发（成都）有限公司
地址：四川省成都市锦江区大慈寺路17号
…………………… Tel：028-69399111
成都恒耘科技有限公司
地址：成都市武侯区龙爪小区逸都路20号
…………………… Tel：028-69690909
四川维尔法交通科技有限公司
地址：四川省成都经济技术开发区（龙泉驿区）星光中路8号
…………………… Tel：028-69928388
成都长飞科技有限公司
地址：中国（四川）自由贸易试验区成都市双流区西南航空港经济开发区空港四路2119号
…………………… Tel：028-69968234
四川天府国际会展集团有限公司
地址：中国（四川）自由贸易试验区成都市天府新区正兴街道福州路东段88号
…………………… Tel：028-80256372
成都双流建工建设集团有限公司
地址：中国（四川）自由贸易试验区成都市双流区西南航空港经济开发区天威路1号
…………………… Tel：028-80516070
四川宏业电力集团有限公司
地址：四川省成都市武侯区
…………………… Tel：028-80749176
中铁中基一局集团有限公司
地址：成都市武侯祠大街１６号
…………………… Tel：028-81140995
成都俊郎商贸有限公司
地址：四川省成都市高新区肖家河沿街192号
…………………… Tel：028-81283333
四川雨昕投资有限公司
地址：成都市青羊区日月大道一段978号3栋3单元15层1511号
…………………… Tel：028-81465212
中诚地丰建设集团有限公司
地址：四川省成都市大邑县晋原街道大邑大道632号附301号3层
…………………… Tel：028-81479889
成都空港现代服务业发展有限公司
地址：中国（四川）自由贸易试验区成都市双流区西航港大件路文星段289号
…………………… Tel：028-81503500
成都威爱新经济技术研究院有限公司
地址：成都市双流区东升街道银河路三段169号
…………………… Tel：028-81505477
成都瑞合益实业有限公司
地址：成都市武侯区星狮路818号4栋4单元3层304号
…………………… Tel：028-81703055
成都昊盟科技创意发展有限公司
地址：成都市锦江区工业园区毕　路468号
…………………… Tel：028-81705878
四川启天建筑工程有限公司
地址：成都市武侯区武兴二路17号12栋7层3号
…………………… Tel：028-81710408
四川华东电气集团有限公司
地址：成都市青羊区广富路168号1栋
…………………… Tel：028-81716417
中成蓝天发展集团有限公司
地址：四川省成都市青羊区光华东三路486号3栋1单元8层823号
…………………… Tel：028-81721271
重庆巨能建设集团四川有限公司
地址：成都市青羊区广富路239号3幢
…………………… Tel：028-81726700
规矩建设有限公司
地址：成都市金牛区兴盛西路2号3栋13层2号
…………………… Tel：028-81729106
四川云天昊建设工程有限公司
地址：成都高新区西区大道1808号1幢1单元1408号
…………………… Tel：028-81773175
依米康科技集团股份有限公司
地址：成都高新区科园南二路二号
…………………… Tel：028-82001888
四川美景暖通工程有限公司
地址：成都市金牛区蜀汉路426号1栋4单元24层7号
…………………… Tel：028-82007500
四川省崇州市大划建筑工程有限公司
地址：崇州市崇阳街道向荣街361号附301-303号3层
…………………… Tel：028-82209286
四川省川建管道有限公司
地址：崇州市元通镇禹王村16组
…………………… Tel：028-82262880
成都积盛电子科技有限公司
地址：中国（四川）自由贸易试验区成都市高新区交子大道88号1栋14层1405号
…………………… Tel：028-82449088
成都悦扬科技有限公司
地址：成都市武侯区人民南路四段58号
…………………… Tel：028-82545584
成都丹玛尼科技有限公司
地址：成都市武侯区南浦西路1号
…………………… Tel：028-82683000
四川川消消防车辆制造有限公司
地址：四川省成都市温江区成都海峡两岸科技产业开发园新华大道一段8号
…………………… Tel：028-82688559
萃联（中国）消防设备制造有限公司
地址：四川省成都市温江区成都海峡两岸科技产业开发园新华大道一段8号
…………………… Tel：028-82688559
四川鱼凫建设工程有限公司
地址：成都市武侯区红牌楼北街8号
…………………… Tel：028-82738002
成都均宇科技开发有限责任公司
地址：成都市武侯区科华中路9号
…………………… Tel：028-82769968
成都欧尚超市有限公司
地址：四川省成都市金牛区蜀汉路98号
…………………… Tel：028-82831766
成都运达科技股份有限公司
地址：成都高新区新达路11号
…………………… Tel：028-82839999
成都运达科技股份有限公司
地址：成都高新区新达路11号
…………………… Tel：028-82839999
成都嘉诚天下公共设施有限公司
地址：四川省成都市锦江区锦华馆街16号
…………………… Tel：028-82879765
紫光天府科技产业发展有限公司
地址：中国（四川）自由贸易试验区成都天府新区煎茶街道菁蓉南三街99号
…………………… Tel：028-82884877
四川桓源科技实业有限公司
地址：达州市通川区朝阳西路
…………………… Tel：028-82886093

四川通发电信股份有限公司
地址：成都高新区高朋大道21号
………………………… Tel：028-82965800

成都游吉科技有限公司
地址：成都高新区拓新东街81号天府软件园C区12号楼24楼2401号
………………………… Tel：028-82966000

四川科伦药业股份有限公司
地址：成都市新都卫星城工业开发区南二路
………………………… Tel：028-82988555

成都市新都公用建筑工程有限公司
地址：成都市新都区新都街道马超东路266号1栋7楼702号
………………………… Tel：028-83005066

成都津捷丰机械设备有限公司
地址：四川省成都市新都区石板滩街道兴业大道三段288号
………………………… Tel：028-83005930

四川省蜀宇建筑工程有限公司
地址：成都市锦江区琉璃中街40号
………………………… Tel：028-83012398

成都瑞欣路面技术有限公司
地址：成都市新都区新都镇外南街267号附8号11栋6层
………………………… Tel：028-83018795

成都永业有限公司
地址：成都市新都区新繁镇繁川家具大道1105号
………………………… Tel：028-83092299

宏源通锦实业有限公司
地址：成都市武侯区武阳大道三段5号1幢2单元5楼11号
………………………… Tel：028-83105030

中旺建工集团有限公司
地址：成都市高新区科园南路5号9层2号附1号
………………………… Tel：028-83111669

成都国翼电子技术有限公司
地址：成都高新区科园二路10号2栋1单元6层1号、7层1-2号
………………………… Tel：028-83168991

济邦建设集团有限公司
地址：汶川县威州镇东街47号（岷禹大酒店内）
………………………… Tel：028-83177711

四川康田数码智能科技有限公司
地址：成都市青羊区人民南路一段97号5栋1楼7号
………………………… Tel：028-83181488

蜀广建工集团有限公司
地址：成都金牛高新技术产业园区金周路595号2栋B区17楼1707号
………………………… Tel：028-83181876

成都登辉科技有限公司
地址：中国（四川）自由贸易试验区成都高新区益州大道中段1858号G区5栋16楼1601号
………………………… Tel：028-83182006

成都领欣建设工程有限公司
地址：成都市青羊区百花潭路8号4层407室
………………………… Tel：028-83182265

四川先舟建设工程有限公司
地址：成都市青羊区广富路239号16栋
………………………… Tel：028-83186666

四川中安工程有限责任公司
地址：成都市金牛区恒德路18号1栋1单元8层3号
………………………… Tel：028-83189883

四川慧龙建设工程有限公司
地址：成都市金牛区兴科中路1号1栋4楼3号
………………………… Tel：028-83198361

四川青石建设有限公司
地址：成都市青羊区二环路西二段56号附10号
………………………… Tel：028-83220096

成都城投建筑工程有限公司
地址：成都市武侯区武阳大道三段5号下一站都市写字楼1栋2单元12层10号
………………………… Tel：028-83221757

中建地下空间有限公司
地址：四川省成都市成华区航天路33号
………………………… Tel：028-83224938

中蓉投建实业有限公司
地址：成都市锦江区工业园区三色路199号五冶大厦1栋1单元A座16楼
………………………… Tel：028-83228478

四川省舒特科技有限责任公司
地址：成都金牛高新技术产业园区兴科北路89号1号楼1区3层302室
………………………… Tel：028-83228511

四川华游信息技术有限公司
地址：中国（四川）自由贸易试验区成都高新区天府二街138号2栋16层1602号
………………………… Tel：028-83229922

成都中桥信息科技有限公司
地址：成都市金牛区金府路555号25栋3单元1层1号
………………………… Tel：028-83297158

成都阳普科技有限公司
地址：成都市锦江区观音桥56号2栋1层101号
………………………… Tel：028-83323559

中铁工程服务有限公司
地址：成都金牛高科技产业园金凤凰大道666号
………………………… Tel：028-83325371

中国电子系统工程第三建设有限公司
地址：成都市金牛区解放路一段2号5栋
………………………… Tel：028-83327800

四川盛邦建设股份有限公司
地址：中国（四川）自由贸易试验区成都市高新区天府三街218号1栋1单元17楼1701号
………………………… Tel：028-83331601

四川蜀道物业服务集团有限责任公司
地址：中国（四川）自由贸易试验区天府新区万安街道麓山大道二段669号8栋附1号
………………………… Tel：028-83335076

四川合园水利工程有限公司
地址：成都市武侯区武科西一路85号1栋1单元7楼13、14号
………………………… Tel：028-83339888

四川玠睿智能科技有限公司
地址：中国（四川）自由贸易试验区成都高新区锦城大道666号4栋9层12、13号
………………………… Tel：028-83358233

四川京蓉保安服务有限公司
地址：成都市成华区建设路55号1栋14层1号、2号
………………………… Tel：028-83381695

四川正立消防科技有限责任公司
地址：成都市金牛区曹家巷2号
………………………… Tel：028-83399303

中科三正建设集团有限公司
地址：成都金牛高新技术产业园区金周路595号2栋16楼03号
………………………… Tel：028-83400877

成都研成科技有限公司
地址：中国（四川）自由贸易试验区成都高新区天府大道中段1388号1栋12层1258号
………………………… Tel：028-83412331

四川松茂工程机械有限公司
地址：成都市温江区成都海峡两岸科技产业开发园天府科盛路1168号
………………………… Tel：028-83575577

四川汉象建筑工程股份有限公司
地址：四川省成都市青白江区大弯6组105号
………………………… Tel：028-83651515

成都市新河建筑工程有限公司
地址：成都市青白江区政府北路147-149号
………………………… Tel：028-83690779

成都成实塑胶建材有限公司
地址：成都市二环路北四段三号
………………………… Tel：028-83909300

四川堃德建设工程有限公司
地址：成都市新都区泰兴镇泰北街209号
………………………… Tel：028-83996677

四川时宇建设工程有限公司
地址：成都市武侯区龙爪小区逸都路20号4幢一层附77号
………………………… Tel：028-84096444

四川华庭建设有限公司
地址：成都高新区科园南路5号蓉药大厦1栋9层2号附9号
………………………… Tel：028-84126377

成都成实储运有限责任公司
地址：成都市成华区龙潭寺东路396号
………………………… Tel：028-84200102

成都国储物流有限公司
地址：四川省成都市成华区龙潭寺东路396号
………………………… Tel：028-84202561

成都远峰科技发展有限公司
地址：成都市成华区龙潭工业园成济路18号
………………………… Tel：028-84215205

四川宏缘建筑劳务有限公司
地址：四川省成都市武侯区武兴五路355号3栋4楼1号
………………………… Tel：028-84293093

四川大安建筑工程有限责任公司
地址：成都市锦江区锦江工业园区三色路199号1栋2单元25楼1、2、3、4、5号
………………………… Tel：028-84319995

俊成建昱工程集团有限公司
地址：四川省成都市成华区东三环路二段龙潭工业园成宏路68号2幢1单元7层AB号
………………………… Tel：028-84360838

四川爱德中创建设工程有限公司
地址：成都市成华区双林路251号5栋1层
………………………… Tel：028-84388737

四川瑞丰通讯有限公司
地址：四川省成都市成华区双建路70号附5号
………………………… Tel：028-84399028

成都宏州科技有限公司
地址：成都市锦江区一环路东五段108号2幢1103号
………………………… Tel：028-84400774

四川荣汇建设工程有限公司
地址：四川省甘孜藏族自治州康定市炉城镇榆林新区1区5号5单元9层17号
………………………… Tel：028-84439291

东旭建设集团有限公司
地址：成都市金牛区二环路西三段181号15楼21号
………………………… Tel：028-84444110

四川中星视显科技有限公司
地址：四川省成都市成华区府青路二段67号6幢2层203号
………………………… Tel：17778346423

四川中晟新源石油化工设备有限公司
地址：成都市成华区望平滨河路30号1-4幢6层1、4号
………………………… Tel：028-84477142

四川百信通信有限公司
地址：成都市武侯区洗面桥街39号1幢15号
………………………… Tel：028-84497666

成都森衍科技有限公司
地址：成都市金牛区百寿路8号1幢9层12号
………………………… Tel：028-84526069

四川科宁建设工程有限公司
地址：成都市武侯区二环路西一段15号星星综合楼7-22
………………………… Tel：028-84532566

成都数维通信技术有限公司
地址：成都市武侯区佳灵路18号19栋1楼23号
………………………… Tel：028-84776105

四川路桥盛通建筑工程有限公司
地址：四川省凉山彝族自治州西昌市北碧府路康宏国际A座9楼1号
………………………… Tel：028-84784788

成都力速科技有限公司
地址：四川省成都市成华区双林路22号606室
………………………… Tel：028-84827375

成都龙之泉科技股份有限公司
地址：四川省成都经济技术开发区车城东六路338号
………………………… Tel：028-84853201

四川竞辉建工有限责任公司
地址：四川省成都市龙泉驿区龙泉街办驿生路4号
………………………… Tel：028-84870846

成都市龙西建筑工程有限公司
地址：四川省成都市龙泉驿区龙泉驿都东路1020号9栋3楼
………………………… Tel：028-84878100

成都恩德建筑工程有限公司
地址：四川省成都经济技术开发区（龙泉驿区）南二路311号9栋1层1号
………………………… Tel：028-84882931

金堂县新世纪教育发展有限责任公司
地址：四川省成都市金堂县赵镇十里大道一段278号附307号
………………………… Tel：028-84936698

四川瑞洋建筑工程有限公司
地址：四川省成都市金堂县赵镇滨江路二段369号附406号
………………………… Tel：028-84999066

四川路桥建设集团交通工程有限公司
地址：成都市武侯区武科东四路11号4栋1层2号
………………………… Tel：028-85004127

成都我家麦地物联科技有限公司
地址：成都市武侯区洗面桥横街6号
………………………… Tel：028-85013483

四川明辉建筑工程有限公司
地址：成都市武侯区星狮路711号1栋2单元6层601号
………………………… Tel：028-85020489

四川三和恒生建筑工程有限责任公司
地址：四川省达州市渠县渠江镇蔡家巷14号
………………………… Tel：028-85020728

成都市江峰科技有限公司
地址：成都市青羊区人民中路二段70号
………………………… Tel：028-85030663

四川诚锐劳务有限公司
地址：成都市武侯区武侯大道顺江段77号1栋9楼33号
………………………… Tel：028-85034852

四川天之汇建筑工程有限公司
地址：四川省甘孜藏族自治州康定市炉城镇西大街90号县粮食局宿舍3-2号附
………………………… Tel：028-85039716

成都鸿钰网络科技有限公司
地址：四川省成都市高新区科园南路1号1栋5楼1号
………………………… Tel：028-85056163

四川瑞信创科技有限公司
地址：成都市武侯区二环路西一段2号1幢1单元726号
………………………… Tel：028-85060707

成都亿盟恒信科技有限公司
地址：中国（四川）自由贸易试验区成都高新区天华二路219号天府软件园C区7栋2层
………………………… Tel：028-85064008

四川艺朗科技有限公司
地址：成都市青羊区浣花北路9号附12-14号
………………………… Tel：028-85075873

四川佳迅科技工程有限公司
地址：成都市武侯区一环路南二段17号1栋9层10号
………………………… Tel：028-85076777

成都市趣艺文化传播有限公司
地址：成都市新津区花源街道花源大道555号1栋2楼201号
………………………… Tel：028-85087724

成都云友建设工程有限公司
地址：成都蛟龙工业港双流园区滨江大道21、23座
………………………… Tel：028-85099999

四川天艺生态园林集团股份有限公司
地址：成都高新区科园南路1号海特国际广场3幢4楼3、4号
………………………… Tel：028-85114536

中建凯德电子工程设计有限公司
地址：成都市高新区天晖路360号18幢1单元19层14号
………………………… Tel：028-85114685

成都欧镁克智能科技有限公司
地址：成都高新区中和新下街96号1层
………………………… Tel：028-85120196

成都中科德信电子科技有限公司
地址：成都市武侯区武兴二路8号2层3号
………………………… Tel：028-85122281

中安亚太（成都）实业有限公司
地址：中国（四川）自由贸易试验区成都高新区府城大道西段399号7栋2单元8层808号
………………………… Tel：028-85122501

四川长昕建设工程有限公司
地址：成都市青羊区光华北三路98号15栋1002、1003号房屋
………………………… Tel：028-85126400

四川锐银智能科技有限公司
地址：成都高新区石羊工业园
………………………… Tel：028-85126469

中通服创立信息科技有限责任公司
地址：成都高新区神仙树北路14号
………………………… Tel：028-85126866

四川信纬建设集团有限公司
地址：成都市武侯区燃灯寺路百花顺和苑1-2幢1楼
………………………… Tel：028-85132292

成都路行通信息技术有限公司
地址：中国（四川）自由贸易试验区成都高新区天府大道中段530号1幢14层1402号
………………………… Tel：028-85157492

成都盛世博通网络科技有限公司
地址：成都高新区天府大道高新孵化园软件孵化器6号楼108室
………………………… Tel：028-85159268

四川忠辉电子科技有限公司
地址：成都市高新区永丰路47号1-1幢12层13号
………………………… Tel：028-85162122

成都瑞银通信技术有限公司
地址：成都高新区高朋大道12号B208号
………………………… Tel：028-85175581

成都希源通信技术有限公司
地址：成都市武侯区桐梓林北路2号
………………………… Tel：028-85175888

成都朝越科技有限公司
地址：成都市武侯区长益路11号1栋9层5号
………………………… Tel：028-85182550

四川三益通信服务有限公司
地址：成都市高新区芳沁街79号2楼1号
………………………… Tel：028-85183300

四川佳和建设工程有限公司
地址：成都市武侯区科华北路19号1栋9楼5号
………………………… Tel：028-85186753

四川正丰泰建设工程有限公司
地址：成都市武侯区星狮路511号1幢5楼59号
………………………… Tel：028-85187856

成都倍特建筑安装工程有限公司
地址：成都高新区九兴大道八号
………………………… Tel：028-85190244

四川顺程建工（集团）有限公司
地址：成都市武侯区新光路1号6栋15层1504、1505号
………………………… Tel：028-85190603

四川南兴路桥工程有限公司
地址：成都市武侯区新光路1号4栋2单元8层801号
………………………… Tel：028-85190603

成都和利谐科技有限公司
地址：中国（四川）自由贸易试验区成都

高新区天府二街166号1栋1801号

……Tel：028-85194365

四川安盾科技有限公司

地址：成都市成华区建设路43号1幢2层6号

……Tel：028-85197762

四川银海天怡信息技术有限公司

地址：成都高新区新光路70号1幢3单元5楼3号

……Tel：028-85197790

成都中鼎科技有限公司

地址：成都高新区天府大道南延线高新孵化园1号楼

……Tel：028-85198020

成都互信互通信息技术有限公司

地址：成都高新区高朋东路1号2楼

……Tel：028-85214128

成都金朗信科技发展有限公司

地址：成都高新区桂溪工业园

……Tel：028-85221713

四川堡闰建筑工程有限公司

地址：成都市武侯区航空路6号3号楼4层

……Tel：028-85222730

成都永正鑫业电子科技有限公司

地址：成都市武侯区一环路南二段磨子桥街口新世纪电脑城东14层14-B号

……Tel：028-85225993

四川星天地网络安全技术股份有限公司

地址：中国（四川）自由贸易试验区成都市高新区益州大道北段555号

……Tel：028-85226999

四川聚通科技发展有限公司

地址：成都市武侯区人民南路四段53号1栋

……Tel：028-85232468

四川昊诚尚宇科技有限公司

地址：成都市成华区万兴街3号-1幢1楼新附42号

……Tel：028-85237711

四川子恩科技有限公司

地址：成都高新区天晖中街56号1栋9层922号

……Tel：028-85241101

四川长虹教育科技有限公司

地址：四川省绵阳市经开区贾家店街89号

……Tel：028-85243082

成都新络永智科技有限公司

地址：中国（四川）自由贸易试验区成都高新区天府三街19号1栋1单元26层2605号

……Tel：028-85249255

四川德盟电子科技有限公司

地址：成都市武侯区红瓦寺学府花园锦学阁12楼B号

……Tel：028-85253821

四川腾阁建筑工程有限公司

地址：成都市武侯区长益路13号1栋3单元7层702、703、704号

……Tel：028-85257607

四川省科源园林工程有限公司

地址：泸州市龙马潭区龙南路６号楼２８号

……Tel：028-85258785

成都宜家家居有限公司

地址：四川省成都市高新区站华路9号

……Tel：028-85264532

四川精鼎益邦建设有限公司

地址：成都市武侯区武科东一路15号3栋1单元6层607号

……Tel：028-85292296

成都硅宝科技股份有限公司

地址：成都高新区新园大道16号

……Tel：028-85293165

四川省锦耘科技有限公司

地址：成都市金牛区金府路777号19栋2楼2号

……Tel：028-85293546

成都九洲电子信息系统股份有限公司

地址：成都高新区天府大道中段765号天府软件园

……Tel：028-85306001

成都兆益科技发展有限责任公司

地址：中国（四川）自由贸易试验区成都高新区天府大道北段1700号8栋1单元18楼1808号

……Tel：028-85311199

四川新锦宸建设工程有限公司

地址：成都市武侯区晋阳路３６６号

……Tel：028-85313219

勤智数码科技股份有限公司

地址：中国（四川）自由贸易试验区成都高新区天华二路219号天府软件园C区10号楼20层

……Tel：028-85313773

四川环宇建筑设计有限公司

地址：中国（四川）自由贸易试验区成都高新区府城大道中段88号1栋20层1号

……Tel：028-85315333

中创金建技术集团有限公司

地址：成都市武侯区广福路5号2栋2楼1号

……Tel：028-85318183

成都房联云码科技有限公司

地址：中国（四川）自由贸易试验区成都高新区天华二路219号12栋4层

……Tel：028-85325391

成都天投物业管理有限公司

地址：中国（四川）自由贸易试验区成都市天府新区正兴街道青春北二街189号5-11号楼2-3层

……Tel：028-85329508

四川商鼎建设有限公司

地址：成都市武侯区一环路南一段12号学府花园书香榭1单元14楼5号

……Tel：028-85333039

四川通信建设工程有限公司

地址：成都高新区孵化园科技财富中心5号楼2楼

……Tel：028-85336167

成都泊联数据处理服务有限公司

地址：成都高新区天府大道南延线高新孵化园1号楼B座D-50附2号

……Tel：028-85336460

成都昊地科技有限责任公司

地址：中国（四川）自由贸易试验区成都高新区益州大道中段722号2栋1单元21楼2103号

……Tel：028-85336610

四川星电科技有限公司

地址：成都市武侯区一环路南二段2号

……Tel：028-85356059

中城北方西南建筑有限公司

地址：成都市高新区芳草东街工南苑２－２－７号

……Tel：028-85356105

四川清尹网络科技有限公司

地址：中国（四川）自由贸易试验区成都市高新区天府大道北段1700号1栋1单元8层813号

……Tel：028-85360101

四川清尹网络科技有限公司

地址：中国（四川）自由贸易试验区成都市高新区天府大道北段1700号1栋1单元8层813号

……Tel：028-85360101

成都天府绿道文化旅游发展集团股份有限公司

地址：成都高新区泰和二街170号1栋1单元4楼

……Tel：028-85369383

成都弘信科技股份有限公司

地址：成都市青羊区太升南路288号附1号4楼

……Tel：028-85380888

成都欣益诚科技有限公司

地址：成都市武侯区玉林北街1号1栋2单元11层701号

……Tel：028-85425590

四川升博信息科技有限责任公司

地址：成都市武侯区浆洗街16号2019室

……Tel：028-85425608

四川立如科技有限责任公司

地址：成都市锦江区指挥街70号1-3幢6楼16号

……Tel：028-85426776

四川中科智胜信息技术有限公司

地址：成都市武侯区武侯大道顺江段77号1栋6楼30号

……Tel：028-85436253

四川五博科技有限公司

地址：成都市武侯区一环路南二段一号

……Tel：028-85437409

四川省中普建设有限公司

地址：成都市人南三段林荫街19号

……Tel：028-85451186

四川菲尼特金属制品制造有限公司

地址：成都市青白江区工业集中发展区复兴大道318号3栋1层

……Tel：028-85493335

成都市信达惠科技有限公司

地址：成都高新区天府大道中段666号2栋26层

……Tel：028-85510888

四川高路交通信息工程有限公司

地址：成都市武侯祠东街2号

……Tel：028-85525409

四川合力空调净化工程有限公司

地址：成都市武侯区洗面桥横街6号阳城大厦1-2-1101

……Tel：028-85537747

上元天骄实业有限公司

地址：成都市武侯区武兴四路15号1栋4层1-5号

……Tel：028-85544800

四川华焱建筑工程有限公司

地址：成都市武侯区惠民街2栋1楼

……Tel：028-85550201

中民经开建设有限公司

地址：成都市武侯区长益路13号1栋1单元15层1510号

……Tel：028-85558686

四川远瞻赢实业集团有限公司

地址：四川省成都市成华区万科路9号1栋1单元9层908号、909号、910号、911号

……Tel：028-85566965

成都东瑞家茂信息工程有限公司

地址：成都市武侯区二环路南四段51号莱蒙都会2栋1510室

……Tel：028-85567317

中齐建设工程有限公司

地址：中国（四川）自由贸易试验区成都市高新区吉泰五路118号凯旋广场3栋13-4

……Tel：028-85567456

四川省德悦科技集团有限责任公司

地址：成都高新区创业路1号1栋15楼1501号

……Tel：028-85567988

四川誉辉建筑劳务有限公司

地址：成都市高新区一环路南三段64号

……Tel：028-85570677

中科思成建设集团有限公司

地址：四川省成都市成华区一环路北四段1号2楼

……Tel：028-85581177

四川远铭建设集团有限公司

地址：成都市武侯区武科东四路11号4栋1层1号

……Tel：028-85581285

四川港航建设工程有限公司

地址：成都市武侯区大石西路231号2楼201号

……Tel：028-85582223

四川天睿通信工程有限公司

地址：成都市武侯区洗面桥街18号附45号2层

……Tel：028-85585722

成都维思高科技有限责任公司

地址：成都市武侯区洗面桥街18号20-4室

……Tel：028-85586557

四川省建祥建筑工程有限公司

地址：成都市高新区益州大道北段388号8栋12层

……Tel：028-85588446

中慧云启科技集团有限公司

地址：成都市武侯区小天二路93号

……Tel：028-85592559

四川新筑路业发展有限公司

地址：四川省成都市成华区华泰路33、35号1栋1层1号附99号

……Tel：028-85598672

四川兆凌通信科技有限公司

地址：成都市武侯区武侯大道顺江段77号4栋12楼1213号

……Tel：028-85599179

成都绿线网络科技有限公司

地址：成都高新区二环路南四段2号

……Tel：028-85599561

四川宏锦建筑安装工程有限公司

地址：四川省成都市天府新区华阳街道菜蔬四街94号3楼

……Tel：028-85639933

四川省鼎讯科技股份有限公司

地址：成都市高新区益州大道中段722号复城国际2栋10楼08号

……Tel：028-85700846

成都西南民航空管工程建设有限责任公司

地址：成都市双流区国际机场机场南二路西南空管局第四办公区309室

……Tel：028-85703180

四川新兴油气建设工程有限责任公司

地址：成都市武侯区万兴路477号7幢1单元9层920号和901号

……Tel：028-85766676

成都恒安警用装备制造有限公司

地址：成都市双流区西南航空港经济开发区腾飞二路340号

……Tel：028-85785658

四川金盾保安服务有限公司

地址：成都市双流区九江街道金岛社区办公大楼三楼

……Tel：028-85811110

四川中宇建设工程有限公司

地址：四川省眉山市仁寿县文林镇电信街109号

……Tel：028-85812228

四川世纪互通机电工程有限责任公司

地址：中国（四川）自由贸易试验区成都高新区府城大道西段399号10栋17层1号、18层1号

……Tel：028-85855252

四川中林建设有限公司

地址：双流县文星镇街１６８号

……Tel：028-85866126

四川省满都建筑工程有限公司

地址：成都市高新区新园大道164楼

……Tel：028-85868644

成都安可信电子股份有限公司

地址：成都高新区九兴大道6号

……Tel：028-85874114

成都中安保民航保安服务有限公司

地址：中国（四川）自由贸易试验区成都市双流区西航港街道航枢二路565号

……Tel：028-85899493

成都成电科信科技发展有限公司

地址：成都高新区科园南路1号

……Tel：028-85921165

四川省机械研究设计院

地址：成都市武侯区人民南路三段30号

……Tel：028-85925000

长江三峡设备物资有限公司

地址：中国（四川）自由贸易试验区成都市高新区府城大道东段288号B座11层

……Tel：028-85932011

四川蜀通信息科技有限公司

地址：成都市锦江区锦江工业总部基地三色路199号A区5层7B-8

……Tel：028-85936111

四川新永一集团有限公司

地址：中国（四川）自由贸易试验区成都高新区交子大道88号中航国际广场1栋20楼2001-2006号

……Tel：028-85958888

成都同步新创科技股份有限公司

地址：中国（四川）自由贸易试验区成都高新区益州大道北段777号1栋2单元1306号

……Tel：028-85969762

四川驼峰通用航空有限公司

地址：四川省成都市龙泉驿区洛带镇槐树北街185、187、189、191、193、195、197、199、201、203号

……Tel：028-85970097

四川省华威建筑设计有限公司

地址：成都市青羊区千祥街32号10楼

……Tel：028-86003327

成都飞逸计算机服务有限公司

地址：中国（四川）自由贸易试验区成都高新区府城大道西段399号6栋1单元12层1号

……Tel：028-86030971

四川邮科通信技术有限公司

地址：成都高新区府城大道西段3号2幢3楼1号

……Tel：028-86051136

四川邮科通信技术有限公司

地址：成都高新区府城大道西段3号2幢3楼1号

……Tel：028-86051136

成都超讯科技发展有限公司

地址：成都高新区科园南二路1号

……Tel：028-86080016

四川泰兴建设管理有限责任公司

地址：成都市青羊区上南大街2号长富花园3幢19楼8号

……Tel：028-86111989

四川杰欣建筑工程有限公司

地址：成都市武侯区浆洗街16号1栋21层21号

……Tel：028-86121356

川消消防工程有限公司

地址：成都市通惠门路25号

……Tel：028-86242309

四川建科工程建设管理有限公司

地址：成都市青羊区青龙巷36号1幢14层15层

……Tel：028-86248699

四川圆瑞建设工程有限责任公司

地址：成都市青羊区东门街７９号

……Tel：028-86255328

徽弘建设集团有限公司

地址：成都市武侯区龙腾东路3号1幢2楼13号

……Tel：028-86264666

成都鸿森投资集团有限公司

地址：成都市武侯区惠民街19号双楠家园

……Tel：028-86264728

四川智航科技有限公司

地址：成都市武侯区人民南路四段49号1-1幢25号

……Tel：028-86289212

中铁二院成都勘察设计研究院有限责任公司

地址：成都市金牛区沙湾路220号2号楼15-21层

……Tel：028-86434097

成都铁路工程总承包有限责任公司

地址：成都市金牛区五块石站西桥西街30号

……Tel：028-86451363

成都恒盟通信有限公司

地址：成都市青羊区太升南路170号4楼

……Tel：028-86510156

四川科特空调净化有限责任公司

地址：成都市锦江区书院西街1#-33#10楼5号

……Tel：028-86513246

四川国耀置业有限公司

地址：成都市锦江区永兴巷15号2号楼503室

……Tel：028-86522296

成都亿阳信通信息技术有限公司

地址：中国（四川）自由贸易试验区成都高新区天府三街69号1栋3层306号

……Tel：028-86582926

成都盛世普益科技有限公司

地址：成都高新区紫荆北路174号2幢1楼

10号
……………………… Tel：028-86616110
成都环境工程建设有限公司
地址：成都市武侯区武科西四路9号2-3层
……………………… Tel：028-86619307
四川省商业建设有限责任公司
地址：成都市武侯区长益东二路1号10栋12层1201号-1209号
……………………… Tel：028-86622601
四川君羊建设集团有限公司
地址：成都市金牛区蜀西路46号6栋3楼
……………………… Tel：028-86622733
成都绿叶生物医药有限公司
地址：成都天府国际生物城（双流区生物城中路二段18号）
……………………… Tel：028-86630118
四川中港建设工程有限公司
地址：成都市金牛区金府路799号2栋7层11号
……………………… Tel：028-86630802
绿叶生命科学（成都）集团有限公司
地址：成都天府国际生物城（双流区生物城中路二段18号）
……………………… Tel：028-86635193
成都成华宜家家居有限公司
地址：四川省成都市成华区蓉都大道将军碑路9号
……………………… Tel：028-86652345
中科鸿博建设有限公司
地址：成都崇州经济开发区创业路1068号
……………………… Tel：028-86666671
四川岚庭装饰工程有限公司
地址：成都市青羊区光华村南街50号3栋5层39号
……………………… Tel：028-86673788
四川川新建筑工程有限公司
地址：成都金牛高新技术产业园区迎宾大道298号4栋4-4号
……………………… Tel：028-86679729
四川山江建工集团有限公司
地址：成都市武侯区武侯大道双楠段389号1栋2楼27号
……………………… Tel：028-86754488
四川永晖建筑工程有限公司
地址：成都市青羊区北大街88号附6号
……………………… Tel：028-86758288
成都西艾克斯科技有限公司
地址：成都高新区新航路4号1栋1层2号
……………………… Tel：028-86781618
四川神马智行科技有限公司
地址：四川省成都市天府新区正兴街道顺圣路178号
……………………… Tel：028-86893333
四川大金源天鼎物业管理有限公司
地址：中国（四川）自由贸易试验区成都高新区天鹅路7号
……………………… Tel：028-86896719
成都芈琼建筑工程有限公司
地址：中国（四川）自由贸易试验区成都高新区天府大道北段1700号1栋2单元705号
……………………… Tel：028-86912052
中诚投建工集团有限公司
地址：成都市武侯区交通厅1号院19幢5楼D座
……………………… Tel：028-86922118
四川国泰民安科技有限公司
地址：四川省成都经济技术开发区（龙泉驿区）成龙大道二段1666号B1栋6层2号
……………………… Tel：028-86933318
四川鼎际建设集团有限公司
地址：成都市青羊区新华大道德盛路89号
……………………… Tel：028-86952599
成都市市政工程（集团）有限责任公司
地址：成都市大安东路1号
……………………… Tel：028-86952916
四川三秦投资集团有限责任公司
地址：成都市武侯区龙祥路1号2-4栋1楼2号
……………………… Tel：028-86985176
英特尔产品（成都）有限公司
地址：四川省成都市高新区科新路8号附1号
……………………… Tel：028-87005000
成都凯智科技有限公司
地址：中国（四川）自由贸易试验区成都高新区天府大道北段1480号高新孵化园11号楼西楼5-2505
……………………… Tel：028-87012102
祥昇建工有限公司
地址：四川省成都市武侯区中国（四川）自由贸易试验区高新区府城大道西段399号7栋3单元6层607、610号
……………………… Tel：028-87012333
成都环益科技有限公司
地址：成都市武侯区武兴二路17号13栋7层1号
……………………… Tel：028-87012668
四川景泽建筑工程有限公司
地址：成都市武侯区武晋路1488号17栋4楼6号、7号、8号
……………………… Tel：028-87022679
四川武盾实业总公司
地址：成都市青羊区新华大道玉沙路118号三楼302室
……………………… Tel：028-87022796
四川道能通信科技有限责任公司
地址：成都市武侯区新南路118号百脑汇资讯广场809室
……………………… Tel：028-87028520
华诚兴业国际建工有限公司
地址：成都市武侯区武侯大道22号
……………………… Tel：028-87028627
四川星远建筑工程有限公司
地址：成都市武侯区武侯大道顺江段77号3栋7楼1号
……………………… Tel：028-87028808
四川驰讯信息科技有限公司
地址：成都高新区元华二巷24号
……………………… Tel：028-87054166
四川顺成电子技术有限公司
地址：成都市锦江区锦华路一段8号1栋11单元23层2339号
……………………… Tel：028-87057999
四川蜀电集团有限公司
地址：成都市温江区柳城南江路819号3栋1层1号
……………………… Tel：028-87071000
四川省政通建设有限责任公司
地址：成都市金牛区一环路抚琴小区西北街28号
……………………… Tel：028-87119303
成都光大建设集团有限公司
地址：四川省成都市都江堰市都江堰大道199号
……………………… Tel：028-87133173
都江堰富士鑫电梯有限公司
地址：四川省成都市都江堰市蒲阳路下段
……………………… Tel：028-87189382
四川三羊建设有限公司
地址：四川省成都市都江堰市幸福街办泰和巷9号
……………………… Tel：028-87283899
四川鑫鼎建筑工程有限公司
地址：成都市武侯区武科东四路11号1栋2单元2层1号（武侯新城管委会内）
……………………… Tel：028-87305983
国欣生态建设集团有限公司
地址：中国（四川）自由贸易试验区成都高新区天府大道中段1388号1栋9层975号
……………………… Tel：028-87311000
中科信德建设有限公司
地址：四川省成都市成华区站北东街43号
……………………… Tel：028-87312166
成蜀电力集团有限公司
地址：成都市青羊区同诚路8号9栋1单元4层7号
……………………… Tel：028-87328981
四川中成煤炭建设（集团）有限责任公司
地址：成都市青羊区青华路38号
……………………… Tel：028-87372565
四川蜀元建筑集团有限公司
地址：成都市武侯区洗面桥街9号2-3幢7楼16号
……………………… Tel：028-87372809
四川省麟鑫建设工程有限公司
地址：成都金牛高新技术产业园区金科南路99号11楼
……………………… Tel：028-87381773
成都海渊科技有限公司
地址：成都市武侯区武侯大道双楠段40号2幢1单元6楼1号
……………………… Tel：028-87383788
中天鸿翔建设有限公司
地址：成都市青羊区同诚路8号8栋1单元1层1号
……………………… Tel：028-87384803
四川圣成保安服务有限公司
地址：成都金牛高新技术产业园区金科南路233号2栋5层1号
……………………… Tel：028-87387632
四川宝鑫建设有限公司
地址：成都金牛高新技术产业园区兴科中路1号13栋1层1号
……………………… Tel：028-87396860
成都市新宏建筑工程有限公司
地址：成都市新都区新繁镇繁清路214号二层
……………………… Tel：028-87402253
四川华港智胜实业有限公司
地址：成都市武侯区红牌楼路445号
……………………… Tel：028-87432013
成都大商投资有限公司
地址：成都市武侯区晋阳路269号
……………………… Tel：028-87438393
四川黑豹保安服务有限公司
地址：成都市武侯区晋阳路184号金雁大厦6楼
……………………… Tel：028-87448110
四川长辉建设工程有限责任公司
地址：成都市武侯区武科东四路（武侯新城管委会）18号1栋2单元11层1101号
……………………… Tel：028-87449256
四川成飞集成科技股份有限公司
地址：成都高新区高朋大道5号（创新服务中心）
……………………… Tel：028-87455103
壹树工程有限公司
地址：成都市武侯区人民南路三段17号华西美庐A座21楼2号
……………………… Tel：028-87468119
成都金浣花实业有限公司
地址：成都市浣花北路1号
……………………… Tel：028-87499741
成都市路桥经营管理有限责任公司
地址：四川省成都市成华区东三环路二段69号1栋1层1号
……………………… Tel：028-87512770
四川天府消防工程有限公司
地址：成都市永丰路高新科技开发区标准厂房
……………………… Tel：028-87517011
四川鑫圆建设集团有限公司
地址：成都市金牛区兴盛西路2号3栋17层2号
……………………… Tel：028-87517379
四川天府防火材料有限公司
地址：四川省成都市都江堰市紫坪铺镇都江村
……………………… Tel：028-8751813
神州长城建业工程有限公司
地址：成都市金牛区蜀西路46号8栋2单元13层
……………………… Tel：028-87521699
四川宏大建筑工程有限公司
地址：成都市金牛区兴科中路36号1栋11楼1号、3号、4号、5号
……………………… Tel：028-87528780
中晟升博集团有限公司
地址：成都高新区天辰路88号1栋1单元2层215号
……………………… Tel：028-87533078
成都四威电子有限公司
地址：成都市双流区东升街道中电科网络信息安全产业园区
……………………… Tel：028-87551838
竞技世界（成都）网络技术有限公司
地址：成都市金牛区花照壁西顺街399号1栋1单元
……………………… Tel：028-87557716
四川鑫宏升建设有限公司
地址：成都市金牛区蜀西路9号1栋12层1206号
……………………… Tel：028-87558708
成都天奥集团有限公司
地址：成都高新西区新业路88号天奥科技产业园
……………………… Tel：028-87559018
四川昌泰建筑工程有限公司
地址：成都市武侯区长华路19号3栋1单元7楼708号
……………………… Tel：028-87565563
四川正方建筑工程有限公司
地址：成都市金牛区育仁北路11号1栋1单元18层4号
……………………… Tel：028-87573081
四川新豪道路工程有限公司
地址：成都市高科技产业园蜀西路46号6栋4层2、3号
……………………… Tel：028-87589113
成都交大工程建设集团有限公司
地址：成都市金牛区西南交通大学行政办公楼二楼
……………………… Tel：028-87608818
四川中建建业工程有限责任公司
地址：成都市金牛区一品天下大街999号1栋2单元14楼3号
……………………… Tel：028-87609666
四川正路建设工程检测咨询有限公司
地址：成都市金牛区兴科中路1号1栋901室
……………………… Tel：028-87618165
四川国软科技发展有限责任公司
地址：成都金牛高新技术产业园区金凤凰大道666号66号楼
……………………… Tel：028-87627580
四川永存建筑工程有限公司
地址：成都市金牛区交大路260号4楼
……………………… Tel：028-87636150
中铁二局集团装饰装修工程有限公司
地址：成都市金牛区沙湾中路明阳大厦
……………………… Tel：028-87643516
四川新中消防工程有限责任公司
地址：成都市金牛区马家花园路25号
……………………… Tel：028-87650304
四川同创建设工程管理有限公司
地址：成都金牛高新技术产业园区兴科中路36号3层303号
……………………… Tel：028-87655071
中川建投集团有限公司
地址：成都市金牛区金府路593号8栋3单元18层11号
……………………… Tel：028-87655963
成都建工第九建筑工程有限公司
地址：成都市金牛区西体北路5号
……………………… Tel：028-87664837
四川远舰建设有限责任公司
地址：成都市成华区建设北路三段26号成功.银玺国际1幢31层
……………………… Tel：028-87666037
四川长和建筑工程有限公司
地址：成都市武侯区二环路西一段2号1栋1单元12层1224号
……………………… Tel：028-87668238
四川关家建设股份有限公司
地址：成都市双林路65号
……………………… Tel：028-87678169
成都秉信科技有限公司
地址：成都市金牛区西安南路63号612室
……………………… Tel：028-87700440
四川斯普信信息技术有限公司
地址：成都市青羊区温哥华广场3层1号
……………………… Tel：028-87715288
成都市南虹制冷工程有限公司
地址：成都市金牛区蜀西路9号1栋15层1503号
……………………… Tel：028-87715837
四川兴昌建设工程有限公司
地址：中国（四川）自由贸易试验区成都市高新区天府大道中段1388号1栋7层789号
……………………… Tel：028-87736238
四川兴林建设工程有限公司
地址：成都市金牛区二环路西三段19号1栋4楼4-18
……………………… Tel：028-87750808
四川建基建筑工程有限公司
地址：成都市武侯区二环路南四段51号1栋10层6号
……………………… Tel：028-87772893
西部水电建设有限公司
地址：成都市金牛区蜀西路46号6栋10楼1003号
……………………… Tel：028-87772999
四川泓盛建设集团有限公司
地址：成都金牛高新技术产业园区金科东路50号5栋802
……………………… Tel：028-87776538
华建利安建设集团有限公司
地址：成都金牛高新技术产业园区蜀西路48号4层401号
……………………… Tel：028-87786444
四川广仁建设工程有限公司
地址：汶川县威州镇东街47号（岷禹大酒店）
……………………… Tel：028-87788186
成都禹安科技有限公司
地址：成都市郫都区德源镇（菁蓉镇）红旗大道北段146号7栋2单元1楼8-5号
……………………… Tel：028-87788566
四川禹安科技有限公司
地址：成都市郫都区德源镇（菁蓉镇）创客公园二期7号楼东楼1-2层
……………………… Tel：028-87788566
四川省泰达建设工程有限公司
地址：成都市武侯区逸都路29号附70号4幢1楼3号
……………………… Tel：028-87788658
四川华远建设工程有限公司
地址：成都市金牛区茶店子西街36号1栋2单元31层3117-3121号
……………………… Tel：028-87790369
四川赛狄信息技术股份公司
地址：成都市高新区西区新创路2号
……………………… Tel：028-87830751
四川泛茂科技股份有限公司
地址：成都高新区（西区）百草路366号
……………………… Tel：028-87855899
成都普天电缆股份有限公司
地址：四川省成都市高新区（西区）新航路18号
……………………… Tel：028-87877000
四川倍思特电力电气有限公司
地址：郫县成都现代工业港南片区仁港路128号
……………………… Tel：028-87887445
成都市德川益电子设备安装工程有限公司
地址：成都市高新区西区西芯大道3号
……………………… Tel：028-87900753
成都瑞成泽安机械设备有限公司
地址：成都高新区（西区）合作路89号17栋1单元14层1418号
……………………… Tel：028-87912015
四川缔信建设工程有限公司
地址：中国（四川）自由贸易试验区成都高新区交子大道500号1栋20层2023号
……………………… Tel：028-87931600
京安工程有限公司
地址：成都市高新区（西区）古楠街79号
……………………… Tel：028-87938119
成都客车股份有限公司
地址：成都市郫县红光镇成灌路西段1098号
……………………… Tel：028-87987333

四川希腾建设工程有限公司
地址：四川省成都市大邑县晋原镇甲子东道49号附201号
…… Tel：028-88338896

成都弘林机械有限公司
地址：四川省成都市大邑县晋原镇建业路北段180号
…… Tel：028-88373999

立邦涂料（成都）有限公司
地址：四川省成都经济技术开发区成龙大道600号
…… Tel：028-88438185

四川航天建筑工程有限公司
地址：四川省成都经济技术开发区（龙泉驿区）成龙大道三段388号16号楼
…… Tel：028-88439757

成都川力智能流体设备股份有限公司
地址：四川省邛崃市临邛镇创业路7号
…… Tel：028-88740171

四川省邛崃市邛州建筑工程有限公司
地址：邛崃市文昌街343号
…… Tel：028-88741198

四川邛水建设集团有限公司
地址：成都市邛崃市临邛镇东星大道延伸线345号
…… Tel：028-88744168

四川华瑞建筑工程有限公司
地址：邛崃市文君街道长安大道757号商会大厦A栋2405号
…… Tel：028-88747669

成都市尉洪建设有限公司
地址：成都市邛崃市临邛镇司马大道531号
…… Tel：028-88747899

四川振华建设集团有限公司
地址：邛崃市临邛镇南环路27号
…… Tel：028-88771308

成都电旗锐科通信技术有限公司
地址：成都市成华区前锋街1号2幢17号
…… Tel：028-88876495

成都市宏升建筑工程有限公司
地址：成都市新都区新都镇蜀龙大道中段801号
…… Tel：028-89397303

成都正凯商贸有限公司
地址：成都市青羊区青龙街27号1-2幢8楼409号
…… Tel：028-89613912

四川招港建设有限公司
地址：成都市成华区二环路北四段49号
…… Tel：028-89895129

成都富城杰科技有限公司
地址：成都市武侯区武侯大道铁佛段1号1栋2单元9层905号
…… Tel：028-89993143

兴伟建工集团有限公司
地址：成都市金牛区二环路西三段119号商务楼2楼35、36、37室
…… Tel：028-89993533

四川省泰坤建筑工程有限公司
地址：成都市武侯区高升桥东路1号5楼26号
…… Tel：028-89993827

创维数字股份有限公司
地址：四川省遂宁市经济技术开发区西宁片区台商工业园内
…… Tel：0755-26010018

泸州北方化学工业有限公司
地址：泸州市龙马潭区高坝
…… Tel：0803-2796850

攀枝花网源电力有限公司
地址：攀枝花大道中段505号
…… Tel：0812-2705869

攀枝花钢城集团有限公司
地址：攀枝花市东区新宏路7号24幢
…… Tel：0812-3385112

攀钢集团攀枝花钢钒有限公司
地址：攀枝花市东区向阳一村
…… Tel：0812-3390963

攀枝花顺和建设工程有限公司
地址：攀枝花市东区弄弄坪东路20号
…… Tel：0812-6603666

自贡市第一建筑工程有限公司
地址：自贡市自流井区自由路116号
…… Tel：0813-2104301

自贡华气科技股份有限公司
地址：自贡市高新工业园区锦里路99号
…… Tel：0813-2630228

自贡东方通用能源有限公司
地址：自贡市大安区凤凰乡永胜居委会14组
…… Tel：0813-4734221

四川泰丰集团有限公司
地址：自贡市汇东新区丹桂街东段泰丰大厦1区27层
…… Tel：0813-5509996

龙盘建设工程集团有限公司
地址：四川省自贡市自流井区汇川路泰丰南湖印象.御苑6栋3-2号
…… Tel：0813-8200895

四川嘉来建筑工程有限公司
地址：绵阳市涪城区翠花街51号（光明.华都）
…… Tel：0816-2102680

四川省定邦保安服务有限公司
地址：绵阳市游仙经济试验区阳光路58号1幢七层
…… Tel：0816-2178166

绵阳巧工智能科技有限公司
地址：绵阳市涪城区小北街8号新华紫金峰庭2幢
…… Tel：0816-2296816

四川蓝色港湾科技有限公司
地址：绵阳市临园路东段78号福星楼1单元1806号
…… Tel：0816-2307028

四川鼎立建设项目管理有限公司
地址：绵阳市文竹街16号文竹大厦
…… Tel：0816-2363898

四川长虹佳华数字技术有限公司
地址：绵阳市涪城区长虹大道南段西一巷12号
…… Tel：0816-2410651

四川寰宇实业有限公司
地址：四川省广元市利州区奔月路
…… Tel：0816-2438954

四川九洲光电科技股份有限公司
地址：绵阳市科创园区九洲国际软件园
…… Tel：0816-2471120

四川永安建设有限公司
地址：绵阳市涪城区长虹大道北段12号
…… Tel：0816-2684180

四川金利通信网络服务有限公司
地址：绵阳市涪城区涪城路119号1栋12层A号
…… Tel：0816-2686001

四川金利通信网络服务有限公司
地址：绵阳市涪城区涪城路119号1栋12层A号
…… Tel：0816-2686001

四川数视通科技有限责任公司
地址：四川省绵阳市经开区塘汛西路468号
…… Tel：0816-2841333

江油为民安防服务有限公司
地址：江油市三合镇江电路49号
…… Tel：0816-3260560

四川聚能核技术工程有限公司
地址：江油市德胜南路87号
…… Tel：0816-3322211

四川久远智能消防设备有限责任公司
地址：绵阳安州工业园区
…… Tel：0816-4683980

绵阳大润发商贸有限公司
地址：绵阳市跃进路4号
…… Tel：0816-5039501

绵阳创新资产经营管理有限公司
地址：绵阳科创园区孵化大楼C区一楼
…… Tel：0816-6330028

绵阳科创区投资控股（集团）有限公司
地址：绵阳科创园区孵化大楼C幢3楼13号
…… Tel：0816-6339120

四川进达建筑工程有限公司
地址：四川省绵阳市经开区涪滨路北段6号五和城南新天地6栋2层2号
…… Tel：0816-6900666

四川金和保安服务有限公司
地址：盐亭县云溪镇盐绵路一段1号梓江新城
…… Tel：0816-7227337

四川瑞正保安服务有限公司
地址：四川省梓潼县文昌镇文昌路北段139号文昌花园3栋2层3号
…… Tel：0816-8221688

四川长虹电子系统有限公司
地址：绵阳科创区创新中心4号楼5楼
…… Tel：0816-8330697

四川蜀金惠科技有限公司
地址：四川省绵阳市涪城区临园路东段68号富临.大都会2栋1单元30层2号（住）
…… Tel：0816-8883188

四川省强波电力工程有限公司
地址：南充市嘉陵区玉泉路恒兴花园秀杉苑406号
…… Tel：0817-2391007

果城建工集团有限公司
地址：南充市顺庆区长征路119号1幢2层202号
…… Tel：0817-2766888

四川省南充宏城建筑工程有限责任公司
地址：南充市顺庆区西河南路五十六号
…… Tel：0817-2812176

四川鸿升建筑工程有限责任公司
地址：四川省成都市天府新区万安街道和韵南路233号
…… Tel：0817-3333397

四川大展公路建设有限公司
地址：南部县蜀北街道五城国际3-3-3-1号
…… Tel：0817-5651227

南充嘉新通信网络维护服务有限公司
地址：顺庆区华凤照壁沟村十组
…… Tel：0817-6017289

四川阆中燃气有限公司
地址：四川省南充市阆中市江南大道7号
…… Tel：0817-6222161

四川省南充市水电工程有限公司
地址：四川省南充市高坪区航空港工业集中区机场路
…… Tel：0817-6997777

四川省华中建设集团有限公司
地址：南充市航空港工业集中区
…… Tel：0817-7100000

四川省丰达建设有限公司
地址：四川省南充市高坪区江安街78号1区1栋1805号
…… Tel：0817-7133665

中泰天顺集团有限责任公司
地址：达州市西胜街港都月光城B栋3楼
…… Tel：0818-2153666

四川西晶集团有限责任公司
地址：达州市通川区西外紫金路街巷38号
…… Tel：0818-2521523

四川九鼎建筑工程集团有限公司
地址：达州市通川区朝阳西路322号16楼1号
…… Tel：0818-2672233

四川中际能源集团有限公司
地址：达州市达川区三里坪街道水印长滩A幢3-4-1号
…… Tel：0818-3326777

四川省国峰建筑工程有限公司
地址：宣汉县东乡镇石岭路175号
…… Tel：0818-5270336

达州市志向科技外包服务有限公司
地址：达州市通川区来凤路8号1幢6楼
…… Tel：0818-5555002

四川尧顺建设集团有限公司
地址：大英县蓬莱镇卓筒大道（中国电信四楼）
…… Tel：0825-2664606

遂宁市明星自来水有限公司
地址：遂宁市小南街58号
…… Tel：0825-2955606

四川新新门业有限公司
地址：蓬溪县上游工业园
…… Tel：0825-5498555

四川省立新建设集团有限公司
地址：四川省广安经开区奎阁园区石滨路1号
…… Tel：0826-2333308

四川广安智丰建设工程有限公司
地址：四川省广安经济技术开发区奎阁大道1号
…… Tel：0826-2343191

广安保安集团有限公司
地址：四川省广安市广安区广宁南路2号
…… Tel：0826-2343489

四川得友建工集团有限公司
地址：四川省广安经济技术开发区奎阁街道石滨路1号
…… Tel：0826-2369000

四川经准检验检测集团股份有限公司
地址：四川省广安市广安区宏志大道303号
…… Tel：0826-2568088

四川建设集团建筑劳务开发有限公司
地址：华蓥市文化路118号202室
…… Tel：0826-4821053

四川建设集团有限公司
地址：四川省华蓥市文化路118号
…… Tel：0826-4821820

中建欣立建设发展集团股份有限公司
地址：四川省华蓥市双河街道办事处新华大道华蓥市商会大厦1栋1-25-1号
…… Tel：0826-4865999

四川省升辉建筑安装工程有限公司
地址：武胜县沿口镇兴武大道四段184号
…… Tel：0826-6226128

广安交通投资建设开发集团有限责任公司
地址：广安市金安大道1号市交通局办公大楼八楼
…… Tel：0826-8962456

巴中义阳旅游发展有限公司
地址：四川省巴中市恩阳区恩阳古镇53号
…… Tel：0827-3368822

巴中劲威科技有限公司
地址：四川省巴中市巴州区西外街中南大厦
…… Tel：0827-5208118

巴中市华兴建筑有限公司
地址：四川省巴中市巴州镇草坝街190号
…… Tel：0827-5222750

巴中市公用事业投资集团股份有限公司
地址：四川省巴中市巴州区滨河北路西段59号
…… Tel：0827-5262199

通江县九州电子商贸有限公司
地址：四川巴中通江县诺江镇诺江中路（红军广场西侧）
…… Tel：0827-7113978

四川金海建设有限公司
地址：四川省泸县经济开发区
…… Tel：0830-2508888

四川南苑建设有限公司
地址：泸州市南光路２１号5幢２楼
…… Tel：0830-2585650

中七建工集团华贸有限公司
地址：叙永县向林镇
…… Tel：0830-2735777

泸州永元保安服务有限公司
地址：泸州市江阳区前进上路40号28栋1层3号
…… Tel：0830-3156608

四川信达中创科技发展有限公司
地址：四川省泸州市江阳区康城路一段7号1号楼14层1403号
…… Tel：0830-3192239

四川省瑞佳通信工程有限公司
地址：泸州市龙马潭区长安镇长安街23号1层
…… Tel：0830-3651666

泸州远航房地产经纪有限责任公司
地址：泸州市江阳区江阳西路23号
…… Tel：0830-3659888

四川泸天化弘旭工程建设有限公司
地址：四川省泸州市纳溪区5号路113号
…… Tel：0830-4122163

比亚迪建设工程有限公司
地址：四川省泸州市泸县经济开发区城北产业园
…… Tel：0830-8816556

泽灵集团有限公司
地址：宜宾市翠屏区南岸长江大道东段2单元2层2号
…… Tel：0831-2364307

四川省第十一建筑有限公司
地址：四川省自贡市自流井区一品湾55号
…… Tel：0831-3564320

四川华西宜宾建设有限公司
地址：宜宾临港经济技术开发区飞云路北段70号港腾汽车城1号楼5层
…… Tel：0831-3564320

四川绿建西宜建设工程有限公司
地址：四川省宜宾市叙州区南岸三江口片区B-2地块龙湾一号7栋3层（物业编号7-3-1至7-3-27）
…… Tel：0831-3669018

四川经典建筑有限公司
地址：高县庆符镇翰笙路
…… Tel：0831-5415341

四川仁铭住宅工业技术有限公司
地址：四川省宜宾市叙州区柏溪街道城北新区（城中央）A地块42幢14层
…… Tel：0831-6289828

成中投资集团股份有限公司
地址：四川省宜宾市宜宾县柏溪镇城北新区（城中央）A地块42幢-1-16层
…… Tel：0831-6886688

四川九河电力股份有限公司
地址：宜宾市衣服街80号
…… Tel：0831-7807806

宜宾竹海龙峰国际旅游发展有限公司
地址：长宁县长宁镇泽鸿路一段55号3单元2楼202号
…… Tel：0831-7870231

宜宾润汇房地产开发有限公司
地址：四川省宜宾市临港经济技术开发区长江北路西段附3段17号企业服务中心809室
…… Tel：0831-8088888

宜宾智诚科技有限公司
地址：四川省宜宾市叙州区南岸永兴街1幢1单元1层1号
…… Tel：0831-8223050

四川华川基业建设集团有限公司
地址：四川省内江市市中区汉祥路876号
…… Tel：0832-2024045

内江市汇超建筑工程有限公司
地址：内江市中区小东街18号
…… Tel：0832-2062558

四川恒通动保生物科技有限公司
地址：四川省内江市市中区安吉街898号
…… Tel：0832-2202738

四川恒通动物制药有限公司
地址：内江市经济开发区双苏片区号青路
…… Tel：0832-2202738

四川天立智能科技有限公司
地址：内江市东兴区太白路79号附2号
…… Tel：0832-2260110

中建银泰建设集团有限公司
地址：资中县水南镇花圃街150号
…… Tel：0832-5959319

四川百威智联科技有限公司
地址：乐山市市中区嘉定北路347号
…… Tel：0833-2436877

乐山万润双林商贸有限公司
地址：乐山市市中区雪杉路534号2楼10号
…… Tel：0833-2490085

犍为县世腾保安服务有限公司
地址：犍为县玉津镇凤岭街
…… Tel：0833-4253801

西昌市土木建筑工程有限公司
地址：西昌市城南开发区二环路

……………………Tel：0834-2283556

四川省凉北林业局
地址：西昌市西城片区航天支路3号5幢1-5层
……………………Tel：0834-3244822

四川仁厚建设集团有限公司
地址：西昌市建昌路城中村12栋1单元3号
……………………Tel：0834-3400000

四川省屹立建设有限公司
地址：冕宁县城厢镇解放路7号
……………………Tel：083-46724021

雅安市保安服务有限责任公司
地址：四川省雅安市雨城区北环东路92号
……………………Tel：0835-2308413

四川省远熙建设有限公司
地址：四川省甘孜藏族自治州巴塘县夏邛镇鹏城小区17幢1楼23-27号
……………………Tel：0836-5623688

德阳大润发商业有限公司
地址：四川省德阳市市辖区
……………………Tel：0838-2313135

二重（德阳）重型装备有限公司
地址：四川省德阳市珠江西路460号
……………………Tel：0838-2340256

鹏程建设集团有限公司
地址：四川省德阳市旌阳区黄许镇
……………………Tel：0838-2501775

四川建设发展股份有限公司
地址：四川省德阳市华山北路6号
……………………Tel：0838-2821579

四汇建设集团有限公司
地址：四川省德阳市区庐山南路198号
……………………Tel：0838-2903308

四川晶品防务科技有限公司
地址：四川省德阳市罗江区经济开发区创新创业孵化园
……………………Tel：0838-3121403

四川西林凤腾通用航空有限公司
地址：四川省德阳市广汉市经济开发区高雄路一段
……………………Tel：0838-5106551

四川省广汉市第五建筑工程有限公司
地址：四川省德阳市广汉市新丰镇古城街59号1幢办公楼
……………………Tel：0838-51952020

广汉市保安服务有限公司
地址：四川省德阳市广汉市汉口路二段153号
……………………Tel：0838-5222621

四川金广实业（集团）股份有限公司
地址：四川省广汉市苏州路1号
……………………Tel：0838-5223584

四川省化工建设有限公司
地址：四川省德阳市广汉市中山大道北二段21号
……………………Tel：0838-5250859

四川鑫利达科技发展有限公司
地址：四川省德阳市广汉市向阳镇张化村六社
……………………Tel：0838-5400389

四川宝石机械专用车有限公司
地址：四川省德阳市广汉市南昌路二段48号
……………………Tel：0838-6099199

四川仟坤建设集团有限责任公司
地址：四川绵竹经济开发区江苏工业园南通路1号
……………………Tel：0838-6901859

四川华霖建筑工程有限公司
地址：四川省德阳市什邡市皂角街道鼓林社区3组
……………………Tel：0838-8280918

四川龙申建设有限公司
地址：广元市利州区东坝办事苴国路东段北侧东城国际1栋7层3号
……………………Tel：0839-2810354

四川广旺能源发展（集团）有限责任公司
地址：广元市苴国路555号
……………………Tel：0839-3295040

苍溪县汉昌水务有限公司
地址：苍溪县陵江镇红军路244号
……………………Tel：0839-5223063

四川川煤水泥股份有限公司
地址：广元市剑阁县下寺镇大桥村剑门工业园区
……………………Tel：0839-6604999

四川华电工程技术有限公司
地址：广元市利州区宝轮镇三江大道东段111号
……………………Tel：0839-8512513

贵州省

贵州建工集团第六建筑工程有限责任公司
地址：贵州省贵阳市南明区庙冲路35号
……………………Tel：0850-83812521

遵义黔北人力资源服务有限公司
地址：贵州省遵义市汇川区香港路盛邦帝标C幢C4-15号
……………………Tel：0851-21587923

贵州长征输配电电气有限公司
地址：贵州省遵义市红花岗区深溪镇盈田工谷产业园11号厂房
……………………Tel：0851-27635838

贵州亚美装饰有限公司
地址：贵州省遵义市汇川区外高桥工业园区南宁路
……………………Tel：0851-28216555

遵义建工（集团）有限公司
地址：贵州省遵义市汇川区北海路91号北海风尚嘉苑小区四层
……………………Tel：0851-28238676

贵州江南航天信息网络通信有限公司
地址：贵州省遵义市汇川区香港路278号第二层
……………………Tel：0851-28612741

贵州泰永长征技术股份有限公司
地址：贵州省遵义市汇川区外高桥工业园区武汉路中段
……………………Tel：0851-28628529

贵州水投水务集团习水有限公司
地址：贵州省遵义市习水县东皇镇环城路136号
……………………Tel：0851-28763382

安顺市西秀区国有资产投资有限责任公司
地址：贵州省安顺市西秀区印象安顺财富中心
……………………Tel：0851-33330506

贵州黔冠实业发展有限责任公司
地址：贵州省安顺市西秀区南华路64号
……………………Tel：0851-33513777

中国航发贵州黎阳航空发动机有限公司
地址：黎阳路1111号
……………………Tel：0851-34696009

贵州省炜德工程有限公司
地址：贵州省贵阳市南明区花果园项目R-1区第1（贵阳都会）栋（1）1单元12层12号
……………………Tel：0851-3750490

贵州建兴科技开发有限公司
地址：贵州省贵阳市南明区花果园彭家湾项目F区第2栋（2）1单元33层1号
……………………Tel：0851-5803038

贵州天地和大数据工程有限公司
地址：贵州省贵安新区大学城贵安数字经济产业园4号楼8层1号
……………………Tel：0851-5944555

贵州永辉超市有限公司
地址：贵州省贵阳市观山湖区金阳南路6号
……………………Tel：0851-82215839

贵州立壹科技有限公司
地址：贵州省贵阳市观山湖区金阳新区贵阳世纪城S2组团24号楼1单元26层2号
……………………Tel：0851-82266399

联塑科技发展（贵阳）有限公司
地址：贵州省贵阳市清镇市红枫湖镇梁家寨村（清镇市医药工业园区）
……………………Tel：0851-82531451

贵州筑康城市管理服务有限公司
地址：贵州省贵阳市经济技术开发区清水江路153号南山高地三期8、9、10号楼1单元1层7号
……………………Tel：0851-83820466

贵州航飞精密制造有限公司
地址：贵州省贵阳市贵阳国家高新技术产业开发区沙文生态科技产业园科创南路357号
……………………Tel：0851-84605954

贵阳航飞零部件有限公司
地址：贵州省贵阳市贵阳国家高新技术产业开发区沙文科技产业园科创南路357号内2号
……………………Tel：0851-84605954

中城投（贵安新区）工程建设有限公司
地址：贵州省贵安新区马场镇新艺机械厂生活区141幢1号房1层
……………………Tel：0851-84723138

贵阳金阳保安服务有限公司
地址：贵州省贵阳市白云区育才路299号46栋1号
……………………Tel：0851-84829155

贵州贵铝物流有限公司
地址：贵州省贵阳市白云区铝兴路22号
……………………Tel：0851-84897055

中铝贵州工业服务有限公司
地址：贵州省贵阳市白云区铝兴南路1号（贵铝工贸实业公司办公楼）
……………………Tel：0851-84898190

贵州绿地物业管理有限责任公司
地址：贵州省贵阳市观山湖区长岭北路贵阳国际金融中心（14）1单元15层5号
……………………Tel：0851-85103490

贵州黔驰信息股份有限公司
地址：贵州省贵阳市贵阳国家高新技术产业开发区金阳知识经济产业园创业大厦133室
……………………Tel：0851-85168599

贵阳信合伟业科技有限公司
地址：贵州省贵阳市南明区花果园彭家湾花果园项目F区第2栋(2)1单元12层2号[花果园社区]
……………………Tel：0851-85272506

贵州腾迈信息技术有限公司
地址：贵州省贵阳市云岩区飞山街88号凯发大厦1-10-2号
……………………Tel：0851-85282580

贵州省通信产业服务有限公司
地址：贵州省贵阳市乌当区高新办事处新创路8号
……………………Tel：0851-85505252

贵州海宇建设工程发展有限公司
地址：贵州省贵阳市云岩区贵山街1号
……………………Tel：0851-85509698

贵州鼎坤工程建设有限公司
地址：贵州省贵安新区马场镇贵安国际数字文化产业园一期（E时代）9号楼5层5-20-20室
……………………Tel：0851-85555870

贵州远博建设工程有限公司
地址：贵州省贵阳市南明区水口寺中天世纪新城三组团B4栋1单元1层1号
……………………Tel：0851-85582135

贵州黔速易通通信科技有限公司
地址：贵州省贵阳市云岩区公园北路都市名园2305号
……………………Tel：0851-85660712

贵州朗源数字科技有限公司
地址：贵州省贵阳市南明区瑞金南路121号23栋1单元8号[市府社区]
……………………Tel：0851-85662383

贵州靖沣建筑工程有限公司
地址：贵州省黔南布依族苗族自治州瓮安县银盏镇太平社区平安北路1号B幢10楼1-4号
……………………Tel：0851-85669251

贵州顺发通信技术有限公司
地址：贵州省贵阳市云岩区瑞金北路1号联建大楼第十一楼
……………………Tel：0851-85753018

贵州力创科技发展有限公司
地址：贵州省贵阳市贵阳国家高新技术产业开发区长岭南路160号高科一号C栋19层
……………………Tel：0851-85805556

贵州联科卫信科技有限公司
地址：贵州省贵阳市云岩区渔安安井片区未来方舟D12组团（A）1单元6层14号
……………………Tel：0851-85806212

信通达智能科技有限公司
地址：贵州省贵阳市云岩区渔安安井片区未来方舟D18组团3层11号
……………………Tel：0851-85868777

贵州能辉酒店有限公司
地址：贵州省贵阳市南明区瑞金南路38号
……………………Tel：0851-85898888

贵州建工集团第八建筑工程有限责任公司
地址：贵州省贵阳市南明区花果园花溪大道北段128号
……………………Tel：0851-85941312

贵阳市政建设有限责任公司
地址：贵州省贵阳市南明区贵惠路179号
……………………Tel：0851-85964166

贵州中荣能源有限公司
地址：贵州省贵阳市贵阳国家高新技术产业开发区金阳科技产业园标准厂房辅助用房B203室
……………………Tel：0851-85979081

贵州中星网络科技有限公司
地址：贵州省贵阳市南明区青云路302号[新华社区]
……………………Tel：0851-85980468

贵州建工集团第三建筑工程有限责任公司
地址：贵州省贵阳市南明区遵义路67号
……………………Tel：0851-85987432

贵州化工建设有限责任公司
地址：贵州省贵阳市乌当区洛湾
……………………Tel：0851-85988733

贵州中南交通科技有限公司
地址：贵州省贵阳市贵阳国家高新技术产业开发区湖滨路10号翔明大厦A座5楼5-1-5-6及4楼4-2-4-2
……………………Tel：0851-85992662

贵州润铁祥建设工程有限公司
地址：贵州省贵阳市云岩区枣山路11号港天大厦1幢1单元18层6号
……………………Tel：0851-86508347

贵州天鼎汽车服务有限责任公司
地址：贵州省贵阳市观山湖区白云大道南段335号
……………………Tel：0851-86606848

贵州中金实业集团有限公司
地址：贵阳市观山湖区金阳南路6号贵阳世纪城Ⅰ组团8号楼1单元8层2号
……………………Tel：0851-86650008

朗捷科技有限公司
地址：贵州省贵阳市经济技术开发区珠显村珠显巷33号
……………………Tel：0851-86653616

贵州天勤通通信工程有限公司
地址：贵州省贵阳市云岩区蛮坡小石城一期17栋1单元5层2号
……………………Tel：0851-86758683

贵州桓源建设工程有限公司
地址：贵州省贵阳市贵阳国家高新技术产业开发区毕节路58号联合广场4栋16层7号
……………………Tel：0851-86768248

贵阳云岩产业投资开发有限责任公司
地址：贵州省贵阳市云岩区北京路9号京玖大厦9层B座
……………………Tel：0851-86772370

贵州同盛建筑设计有限公司
地址：贵州省贵阳市观山湖区商业金融区内建勘大厦18，19层
……………………Tel：0851-86812210

中贵国控实业发展有限公司
地址：贵州省贵阳市云岩区延安西路2号贵州建设大厦1栋2单元18层1号
……………………Tel：0851-86819000

贵阳第一建筑工程集团股份有限公司
地址：贵州省贵阳市高新区黔灵山路357号德福中心B4栋1层1号
……………………Tel：0851-86822260-205

贵阳市信捷科技有限公司
地址：贵州省贵阳市观山湖区诚信南路533号腾祥迈德国际A1栋17楼
……………………Tel：0851-86855095

贵阳铝镁设计研究院有限公司
地址：贵州省贵阳市观山湖区金朱路2号
……………………Tel：0851-86991300

贵州金诚保安服务有限公司
地址：贵州省贵阳市云岩区枣山路1号盛世明珠大厦1单元9层4号
……………………Tel：0851-86995888

贵州皇邸建设工程有限公司
地址：贵州省贵阳市开阳县城关镇城西村青山路188号
……………………Tel：0851-87225452

贵州盘江煤层气开发利用有限责任公司
地址：贵州省六盘水市盘州市翰林街道盘江西路
……………………Tel：0851-88206557

中冶（贵州）建设投资发展有限公司
地址：贵州省贵安新区湖潮乡岐山安置点
……………………Tel：0851-88305225

中电科大数据研究院有限公司
地址：贵州省贵阳市贵阳国家高新技术产业开发区金阳科技产业园黎阳大厦
……………………Tel：0851-88408684

贵州经纬博通科技有限公司
地址：贵州省贵阳市观山湖区金阳北路2号金元国际新城二期42-46栋1层1号
……………………Tel：0851-88513357

贵阳高科电子信息有限公司
地址：贵州省贵阳市贵阳国家高新技术产业开发区长岭南路160号
……………………Tel：0851-88514371

贵阳高科中环信息技术有限公司
地址：贵州省贵阳市贵阳国家高新技术产业开发区金阳科技产业园区创业大厦313号房
……………………Tel：0851-88514711

贵州坤盾天成科技有限公司
地址：贵州省贵阳市云岩区宅吉村天玺华庭4幢1单元9层3号
……………………Tel：0851-88536777

贵州陟翔保安有限公司
地址：贵州省贵阳市观山湖区野鸭乡上寨村沙坡组
……………………Tel：0851-88549918

贵州风顺建设工程有限公司
地址：贵州省贵阳市贵阳国家高新技术产业开发区金阳科技产业园创业大厦418-2室
……………………Tel：0851-88554119

贵安新区配售电有限公司
地址：贵州省贵安新区电子信息产业园海关服务大楼A916
……………………Tel：0851-88562567

贵州新远航建设工程有限公司
地址：贵州省贵阳市清镇市巢凤社区扁坡村安峡时代广场D3栋
……………………Tel：0851-88567366

鸿富锦精密电子（贵阳）有限公司
地址：贵州省贵阳市贵阳综合保税区富士康一号
……………………Tel：0851-88575999

贵州建工集团第七建筑工程有限责任公司
地址：贵州省贵阳市南明区新华路102号富中商务大厦三楼
……………………Tel：0851-8861010

贵州川元驰科技有限公司
地址：贵州省遵义市汇川区高坪镇联丰村永庄组
……………………Tel：0852-8641098

贵州川恒化工股份有限公司
地址：贵州省黔南布依族苗族自治州福泉市龙昌镇
……………………Tel：0854-2210228

黔南州蓝盾武装护运有限责任公司
地址：贵州省黔南布依族苗族自治州都匀市老火车站路（原金虹宾馆）
……………………Tel：0854-8251091

都匀市浩业农业开发网络科技有限公司

地址：贵州省黔南布依族苗族自治州都匀市华馨湾1幢2单元3楼四号
…… Tel：0854-8282789

贵州省兴烨通信工程有限公司
地址：贵州省黔东南苗族侗族自治州凯里经济开发区韶华节能项目用地南侧金汇路连接线B段西侧
…… Tel：0855-2221666

贵州中建伟业建设（集团）有限责任公司
地址：贵州省黔东南苗族侗族自治州凯里市文化南路8号
…… Tel：0855-8222125

凯里市建设工程总公司
地址：贵州省黔东南苗族侗族自治州凯里市清平北路4号
…… Tel：0855-8257730

贵州建天下建筑工程有限公司
地址：贵州省凯里市迎宾大道16号丰球黔城一期（中心商业）1层1-1号
…… Tel：0855-8574883

贵州齐心通信工程有限公司
地址：贵州省铜仁市碧江区清水大道125号
…… Tel：0856-5208988

贵州力安智能科技有限公司
地址：贵州省铜仁市碧江区清水景苑D栋11楼3号房
…… Tel：0856-5258119

铜仁市城乡规划勘测设计研究院有限公司
地址：贵州省铜仁市万山区大众创业万众创新产业园主楼12楼
…… Tel：0856-5321077

贵州桐创建筑工程有限公司
地址：贵州省铜仁市碧江区铜兴大道200号桐达山韵商业1号楼
…… Tel：0856-6237768

贵州省铜仁兴铜电力有限责任公司
地址：贵州省铜仁市碧江区北关路80号
…… Tel：0856-8058510

中交一公局贵州沿德高速公路投资建设有限公司
地址：贵州省铜仁市德江县堰塘乡德江南收费站沿德高速管理中心
…… Tel：0856-8564008

贵州南卓建设集团有限公司
地址：贵州省毕节市七星关区观音桥街道观水路电子商务产业园4号楼
…… Tel：0857-7115102

毕节市力帆骏马振兴车辆有限公司
地址：贵州省毕节市七星关区小坝镇中屯村
…… Tel：0857-8017746

贵州盘北大秦售电有限公司
地址：贵州省六盘水市盘州市盘北经济开发区鸡场坪供销大厦1单元27层
…… Tel：0858-3559180

贵州盘兴高速公路有限公司
地址：贵州省贵阳市云岩区白云大道南段305号10号办公楼
…… Tel：0858-8150166

云南省

云南康迪科技有限公司
地址：云南省昆明市滇池度假区迎海路8号金都商集7幢1-3层1号
…… Tel：0871-63101550

云南海内电力工程有限公司
地址：云南省昆明市官渡区顺新时代大厦2幢A单元412号
…… Tel：0871-63110879

云南包尔科技有限公司
地址：云南省昆明市北市区烟草一号路美景欣城A幢2单元28层2907号
…… Tel：0871-63121665

云南思奥科技有限公司
地址：云南省昆明市西山区福海办事处金广路9幢2单元302号
…… Tel：0871-63122202

昆明永恒科技有限公司
地址：云南省昆明市五华区建设路龙鼎财智中心1幢7层717号
…… Tel：0871-63131658

云南亚寰科技有限公司
地址：云南省昆明市西山区万达双塔北塔1809室
…… Tel：0871-63132701

昆明神州科鹰技术股份有限公司
地址：云南省昆明市五华区江东和谐家园F1幢1507号
…… Tel：0871-63133038

云南鼎众互联网有限公司
地址：云南省昆明市盘龙区万宏嘉园沣苑B座13层1302号
…… Tel：0871-63162629

云南省交通科学研究院有限公司
地址：云南省昆明市拓东路石家巷九号
…… Tel：0871-63163895

云南省交通科学研究院有限公司
地址：云南省昆明市拓东路石家巷九号
…… Tel：0871-63163895

昆明恒颖地产有限公司
地址：云南省昆明市盘龙区东风东路23号昆明恒隆广场办公楼7层
…… Tel：0871-63165416

云南交投公路建设第一工程有限公司
地址：昆明市西山区西坝路新村11号煦翥苑B栋2层
…… Tel：0871-63169153

云南掌联科技有限公司
地址：云南省昆明市五华区人民中路都市名园C座502号
…… Tel：0871-63170160

昆明沃盟科贸有限公司
地址：云南省昆明经济技术开发区昌宏路135号（金凯大厦523室）
…… Tel：0871-63175988

云南建投第十二建设有限公司
地址：云南省昆明市东风东路48号金泰大厦15楼
…… Tel：0871-63177518

云南省房地产开发经营（集团）有限公司
地址：云南省昆明市经济技术开发区信息产业基地林溪路188号
…… Tel：0871-63191981

昆明联诚科技股份有限公司
地址：云南省昆明市盘龙区霖岚国际广场A栋8层
…… Tel：0871-63302133

昆明国资实业发展有限责任公司
地址：云南省昆明市盘龙区诚信路50号领东大厦22、24楼
…… Tel：0871-63320020

云南东源煤业集团有限公司
地址：云南省昆明市科医路50号
…… Tel：0871-63327098

云南汇恒高路工程项目管理有限公司
地址：昆明市官渡区吴井路32号百富琪商业广场B座709号
…… Tel：0871-63355782

云南指点通通信传媒有限公司
地址：云南省昆明市盘龙区白龙路与环城东路交叉口滇高商务大楼8层801、806、807、808室
…… Tel：0871-63381861

云南彩云大通科技有限公司
地址：中国（云南）自由贸易试验区昆明片区经开区信息产业基地春漫大道80号云南海归创业园2幢13楼13403号
…… Tel：0871-63383444

云南信诚网络信息有限公司
地址：云南省昆明经开区信息产业基地春漫大道80号云南海归创业园2幢13楼13404号
…… Tel：0871-63383444

云南翼飞科技有限公司
地址：中国（云南）自由贸易试验区昆明片区官渡区春城路289号昆明国际会展中心有限公司2-114号
…… Tel：0871-63511299

蒙恩建设集团有限公司
地址：云南省昆明市官渡区银海领域4幢2单元202室
…… Tel：0871-63531912

昆明高速公路资源开发投资有限公司
地址：云南省昆明市滇池国家旅游度假区环湖东路庄家塘收费站管理用房5楼
…… Tel：0871-63539915

云南弗瑞特科技有限公司
地址：云南省昆明市盘龙区拓东办事处人民东路289号集大广场2109号
…… Tel：0871-63549770

云南并帝侨科技有限公司
地址：云南省昆明市官渡区关兴路217号办公楼内2112房
…… Tel：0871-63551736

云南云岭高速公路交通科技有限公司
地址：云南省昆明市盘龙区拓东路138号拓东大厦9层
…… Tel：0871-63559015

云南融福科技有限公司
地址：云南省昆明市五华区学府路690号金鼎科技园内2号平台B1幢3楼302号
…… Tel：0871-63568720

云南和润泽工程建设有限公司
地址：云南省昆明市盘龙区金星小区伟龙广场A幢A-2-1103室
…… Tel：0871-63583502

云南金隆伟业科技有限公司
地址：云南省昆明市二环西路398号
…… Tel：0871-63625306

云南金隆伟业电子有限公司
地址：云南省昆明市高新区科发路139号云南省大学科技园二期A2幢201-6号
…… Tel：0871-63625307

云南利安科技信息有限公司
地址：中国（云南）自由贸易试验区昆明片区经济技术开发区云大西路39号新兴产业孵化区A幢5楼5279号
…… Tel：0871-63635333

云南艾创信息技术有限公司
地址：中国（云南）自由贸易试验区昆明片区经开区洛羊街道办事处春漫社区春漫大道80号云南海归创业园2幢4楼04522号
…… Tel：0871-64110299

云南惠丰工程建设有限公司
地址：云南省昆明市西山区工人新村113号
…… Tel：0871-64118135

昆明市市政工程（集团）有限公司
地址：云南省昆明市气象路105号
…… Tel：0871-64159350

云南天成科技有限公司
地址：云南省昆明市高新区商院路百大国际派1栋A座32层3202号
…… Tel：0871-64182266

昆明佳信科技有限公司
地址：昆明市北京路广场金色年华B座B2510号
…… Tel：0871-64199168

云南正浩建设工程有限公司
地址：云南省昆明市滇池路隆居花园5幢1单元14-1号商铺
…… Tel：0871-64333648

云南众成技术开发有限公司
地址：云南省昆明市高新技术产业开发区科高路2007号
…… Tel：0871-64602276

昆明仑谷科技股份有限公司
地址：云南省昆明市高新区海源北路六号高新招商大厦11楼1106、1107、1108号
…… Tel：0871-64625551

云南中金创想信息技术有限公司
地址：云南省昆明市呈贡区雨花片区1号云南师范大学呈贡主校区指挥部附楼32号
…… Tel：0871-64627646

云南凌硕科技有限公司
地址：云南省昆明市五华区教场中路2号北莲华庭C幢006号楼1-4层
…… Tel：0871-65035280

云南华立科技有限公司
地址：云南省昆明市五华区学府路522号中产桂华阳光果香1幢402号
…… Tel：0871-65090094

华安工程技术有限公司
地址：云南省昆明市西山区广福路488号爱琴海财富中心B座25楼2501-2504
…… Tel：0871-65122485

云南龙达网络信息科技有限公司
地址：云南省昆明市五华区王筇路176号绿地云都会创海大厦20层
…… Tel：0871-65123617

昆明海峰科技有限公司
地址：昆明市一二一大街71号大院内1栋3层38号
…… Tel：0871-65123782

云南城投昕益医药有限公司
地址：云南省昆明市高新区科发路468号综合楼7楼
…… Tel：0871-65131450

昆明鸿致科技有限责任公司
地址：云南省昆明经济技术开发区信息产业基地春漫大道80号云南海归创业园2幢2楼02252号
…… Tel：0871-65142005

西部北大青鸟投资有限公司
地址：云南省昆明市青年路63号
…… Tel：0871-65151231

昆明市自来水设备制造安装有限公司
地址：云南省昆明市五华区江岸小区思源路3号
…… Tel：0871-65156266

昆明君达科技有限公司
地址：昆明市龙泉路7号金太阳电脑批发商城A7-2号
…… Tel：0871-65157026

云南维基科技有限公司
地址：云南省昆明市盘龙区环城北路261号2栋2单元102号
…… Tel：0871-65159061

云南电信网信实业集团有限公司
地址：云南省昆明市北京路605号
…… Tel：0871-65162096

云南省通信产业服务有限公司
地址：中国（云南）自由贸易试验区昆明片区官渡区北京路237号
…… Tel：0871-65162096

云南标盛科技有限公司
地址：云南省昆明市盘龙区万华路葡萄街区天宇花园A栋3602号
…… Tel：0871-65172136

云南思立耐特信息系统工程有限公司
地址：云南省昆明市盘龙区张官营滨江俊园10幢28层2802室、29层2902室
…… Tel：0871-65176773

昆明艾司本科技有限公司
地址：云南省昆明市高新区国际花园二期11幢1单元101号
…… Tel：0871-65178860

昆明市自来水建筑安装工程有限公司
地址：昆明市五华区江岸小区思源路4号办公楼
…… Tel：0871-65192358

昆明乐语百老汇科技开发有限公司
地址：云南省昆明经开区经开路3号科技创新园2A1-24号
…… Tel：0871-65320716

云南金视电子工程有限公司
地址：云南省昆明市高新区坝创大厦第2层207号
…… Tel：0871-65322785

中国有色十四冶安装工程有限公司
地址：云南省昆明市五华区羊仙坡北路82号
…… Tel：0871-65327416

云南嵩明众薪光通信科技有限公司
地址：云南省昆明市嵩明县嵩阳街道矣铎村委会
…… Tel：0871-65330333

云南广电传媒集团有限公司
地址：云南省昆明市人民西路182号
…… Tel：0871-65333905

昆明福沙科技有限公司
地址：昆明市春城路与吴井路交叉口证大厦主楼22层2201号
…… Tel：0871-65335782

昆明维铁科技有限公司
地址：云南省昆明市五华区学府路690号金鼎科技园7号平台A座2楼2011室
…… Tel：0871-65338811

十四冶建设集团云南第六建筑工程有限公司
地址：云南省昆明市呈贡区环城西路52号
…… Tel：0871-65345645

昆明三建建设（集团）有限公司
地址：云南省昆明市五华区人民中路富春商业区C座7-8楼
…… Tel：0871-65347391

云南博康医院管理集团有限公司
地址：云南省昆明市滇池度假区广福路387号星长征商务大厦3层14号
…… Tel：0871-65352996

云南科兴通达科技有限公司
地址：云南省昆明市盘龙区环城北路205号附4-405号
…… Tel：0871-6551270

云南汇成建筑工程有限公司
地址：云南省昆明市安宁市太平新城太兴路东段汇成中心
…… Tel：0871-65613335

云南茂云市政工程有限公司
地址：云南省昆明市五华区顺城写字楼A幢1303号
…… Tel：0871-65615199

云南同路科技有限公司
地址：云南省昆明市高新区二环西路398号高新科技广场
…… Tel：0871-65622107

昆明志浩电子科技有限公司
地址：云南省昆明市盘龙区席子营霖岚广场B栋1408号
…… Tel：0871-65634247

云南紫光软件系统有限公司
地址：云南省昆明市盘龙区环城东路席子营怡康园4-3-205号
…… Tel：0871-65636838

云南慧隆伟业网络工程有限公司
地址：云南省昆明市西山区云安金色花园-晴朗云安5幢1层26号商铺
…… Tel：0871-65645697

云南滇中供应链管理有限公司
地址：云南省滇中新区大板桥街道办事处云水路1号A1栋605-2号办公室
…… Tel：0871-65650055

云南双九通信科技有限公司
地址：云南省昆明市五华区大普吉吉龙路省委机关农场
…… Tel：0871-65658456

云南广信康越科技发展有限公司
地址：昆明市圆通东路86号冶金研究院内美丽家园8幢3单元5楼B号
…… Tel：0871-65703758

昆明官房建筑安装经营有限公司
地址：云南省昆明市官渡区古渡口路1111-7号
…… Tel：0871-65718987

昆明金锌建筑工程有限责任公司
地址：云南省昆明市盘龙区金星小区112幢1单元201号
…… Tel：0871-65722200

云南阁瑞城市环境规划设计有限公司
地址：云南省昆明市富民县罗免镇者北村委会小者北村罗免镇政府院内
…… Tel：0871-65722200

云南坤凤凰鸣科技有限公司
地址：云南省昆明市盘龙区北晨小区樱花苑49幢1单元601号
…… Tel：0871-65725628

云南邦耀建设工程有限公司
地址：云南省昆明市盘龙区环城北路天宇盛苑A栋13楼
…… Tel：0871-65741346

昆明丫丫科技有限公司

地址：云南省昆明市五华区红兴路江东耀龙康城18幢1号商铺
…………………… Tel：0871-65841039

云南景然环境建设股份有限公司
地址：云南省昆明市盘龙区世博路12号世博生态城低碳中心A栋501号
…………………… Tel：0871-65841507

云南盛毅达电信工程有限公司
地址：云南省昆明市滇池度假区广福路中天融城小区24幢1单元9层901号
…………………… Tel：0871-65878962

云南建投第十建设有限公司
地址：云南省昭通市昭阳区昭通大道旁（云南建投昭通发展大厦办公区域13层B、C区）
…………………… Tel：0871-65895209

昆明云锗高新技术有限公司
地址：云南省昆明市高新技术开发区 新城高新技术产业基地B-5-5地块
…………………… Tel：0871-65940968

昆明云锗高新技术有限公司
地址：云南省昆明市高新技术开发区 新城高新技术产业基地B-5-5地块
…………………… Tel：0871-65940968

东方谷智慧科技有限公司
地址：云南省昆明市安宁市太平新城街道办事处滇中军民结合产业基地暨太平2.5创智产业园
…………………… Tel：0871-66088595

云南宇恒铁路工程有限公司
地址：昆明市北京路826号
…………………… Tel：0871-66138241

盛云科技有限公司
地址：云南省昆明市盘龙区白云路177号金尚壹号大厦三十层
…………………… Tel：0871-66210500

昆明卓映科技有限公司
地址：中国（云南）自由贸易试验区昆明片区官渡区锦城官南小区假日湾苑B区B-21号
…………………… Tel：0871-66323552

昆明研科科技有限公司
地址：昆明市经开区官渡园内宸瑞.现代五金机电中心B2幢4层4-11室
…………………… Tel：0871-67120545

昆明综合保税区开发运营管理有限责任公司
地址：云南省昆明市官渡区关上关育路16号
…………………… Tel：0871-67151568

云南家旺信用服务有限公司
地址：昆明市滇池路幸福花园教师住宅小区二期9幢1单元5-6层5D1号
…………………… Tel：0871-67164222

昆明聚讯科技有限公司
地址：云南省昆明经开区经开路3号昆明科技创新园B02-07室
…………………… Tel：0871-67187528

云南景晨通信工程有限公司
地址：昆明市度假区滇池路1270号2号楼3楼
…………………… Tel：0871-67188321

云南广电网络投资有限公司
地址：云南省滇中新区大板桥街道办事处云水路1号A2栋203号
…………………… Tel：0871-67205451

云南省地矿测绘院有限公司
地址：云南省昆明市白塔路131号
…………………… Tel：0871-67213306

中天城投（云南）城市投资开发有限责任公司
地址：云南省昆明市官渡区珥季路301号大都摩天购物中心4栋18楼
…………………… Tel：0871-67321747

云南佳森科技有限公司
地址：云南省昆明市官渡区世纪城茗春苑6幢3单元1H号
…………………… Tel：0871-67357179

昆明行天下科技有限公司
地址：昆明市官渡区关雨路东聚小车汽配城D10幢10号
…………………… Tel：0871-67386767

云南建投第十一建设有限公司
地址：云南省昆明市呈贡区三台路31号
…………………… Tel：0871-67479394

昆明市智慧城市建设投资有限公司
地址：云南省昆明市呈贡区科技信息产业创新孵化中心研发办公A座
…………………… Tel：0871-67483708

昆明三蒲建筑工程有限公司
地址：云南省昆明市嵩明县黄龙街北延长线银杏人家372栋2号
…………………… Tel：0871-67923670

云南华泽科技有限公司
地址：云南省昆明市盘龙区北京路898号昆明颐高数码中心二期综合楼B座141号
…………………… Tel：0871-68156199

云南滇中创兴供应链管理有限公司
地址：云南省滇中新区云水路1号A1幢6楼607室
…………………… Tel：0871-68177218

云南坤通科技有限公司
地址：云南省昆明经济技术开发区信息产业基地春漫大道80号云南海归创业园1幢B1楼B1546号
…………………… Tel：0871-68185008

云南电信公众信息产业有限公司
地址：云南省昆明市西山区兴苑路电信第二长途枢纽大楼辅楼
…………………… Tel：0871-68232375

云南建投第七建设有限公司
地址：云南省昆明市西山区马街镇明波办事处明河路202号
…………………… Tel：0871-68244956

银鹏科技有限公司
地址：云南省昆明市高新区和成国际研发中心A幢22层2210号、2211号、2212号
…………………… Tel：0871-68265911

云南保利恒泰实业有限公司
地址：中国（云南）自由贸易试验区昆明片区官渡区小板桥街道办事处镇中街10号
…………………… Tel：0871-68280118

昆明博信科技开发有限公司
地址：云南省昆明市高新区16号路
…………………… Tel：0871-68301155

昆明九天传动设备开发有限公司
地址：云南省昆明市高新区二环西路625号云铜科技大楼1层113号附1号
…………………… Tel：0871-68302223

昆明征盟科技有限公司
地址：云南省昆明市西山区滇池路严家地4-1幢702号
…………………… Tel：0871-68306993

云南建投第九建设有限公司
地址：云南省保山市隆阳区兰城路传媒大厦2号楼B座16楼
…………………… Tel：0871-68328388

云南云岭高速公路建设集团第四工程有限公司
地址：云南省昆明经济技术开发区小喜村收费站昆明东管理处综合办公楼二楼207室
…………………… Tel：0871-68337100

云南晶欧经贸有限公司
地址：云南省昆明市富民县款庄镇人民政府办公楼1栋17号
…………………… Tel：0871-68338863

云南雄盛科技有限公司
地址：云南省昆明市高新区二环西路398号高新科技信息中心主楼
…………………… Tel：0871-68355353

昆明能讯科技有限责任公司
地址：云南省昆明经济技术开发区云大西路105号
…………………… Tel：0871-68520211

安宁泰安保安有限公司
地址：云南省昆明市安宁市大屯新区景兴路业务综合楼
…………………… Tel：0871-68686289

云南福力网络科技有限公司
地址：昆明市官渡区昌宏路华丰国际商贸城E—5幢九层
…………………… Tel：0871-68893866

中航材利顿航空科技有限公司
地址：昆明市关上中路167号宏兴大厦C区904号
…………………… Tel：0871-7161456

云南澜沧江实业有限公司
地址：云南省昆明市官渡区矣六乡星都总部基地041幢1单元1-6层41室
…………………… Tel：0871-7216313

大理西电实业有限责任公司
地址：云南省大理白族自治州大理市大理创新工业园区耀鹏明珠3栋1101号
…………………… Tel：0872-2153808

云南江汇智能科技有限公司
地址：云南省昆明经济技术开发区云大西路39号新兴产业孵化区A幢5楼523A号
…………………… Tel：0872-64139029

云南云铝润鑫铝业有限公司
地址：云南省红河州个旧市大屯镇（蒙自经济技术开发区冶金材料加工区）
…………………… Tel：0873-2848850

云南省南湖橡胶厂
地址：蒙自市新安所镇
…………………… Tel：0873-3034305

个旧云锡劳动防护用品有限责任公司
地址：云南省红河州个旧市建设西村42号
…………………… Tel：0873-3116425

云南锡业建设集团有限公司
地址：云南省红河州个旧市金湖西路318号
…………………… Tel：0873-3117350

曲靖中天明城商贸有限公司
地址：云南省曲靖市麒麟区麒麟南路中天嘉园裙楼
…………………… Tel：0874-3196101

会泽树人教育发展有限公司
地址：云南省曲靖市会泽县金钟街道通宝路707号
…………………… Tel：0874-5122261

云南东电线路器材有限公司
地址：云南省曲靖市马龙区通泉街道让田
…………………… Tel：0874-8887556

云南拓普科技有限公司
地址：云南省玉溪市高新区腾龙路玉溪双创中心启迪众创园五幢303室
…………………… Tel：0877-2061055

云南联塑科技发展有限公司
地址：云南省玉溪市江川区龙泉山生态工业园区
…………………… Tel：0877-8021168

西藏自治区

康得投资集团有限公司
地址：拉萨经济技术开发区格桑路5号总部经济基地大楼1513号
…………………… Tel：0891-6156052

西藏拉萨市公共安全服务有限公司
地址：拉萨市城关区蔡公堂乡蔡村三组
…………………… Tel：0891-6281816

西藏正科芯云信息科技有限公司
地址：西藏拉萨市柳梧新区柳梧大厦13楼1322室
…………………… Tel：0891-6334376

西藏中金新联爆破工程有限公司
地址：墨竹工卡县甲玛乡孜孜荣村
…………………… Tel：0891-6338085

西藏华东水电设备成套有限公司
地址：西藏自治区拉萨市柳梧新区察古大道浙商国际9-7-1
…………………… Tel：0891-6607555

拉萨星潮云信息科技有限公司
地址：西藏自治区拉萨市达孜县工业园区江苏拉萨展销中心489室
…………………… Tel：0891-81259033

中国电信集团有限公司江孜电信局
地址：江孜县卫国路6号
…………………… Tel：0892-8178000

中国电信集团有限公司阿里分公司
地址：狮泉河镇狮泉西路12号
…………………… Tel：0897-2821262

陕西省

中铁上海工程局集团第七工程有限公司
地址：西安曲江新区翠华南路凯颐大厦19层21室
…………………… Tel：029-32055881

陕西建工金牛集团股份有限公司
地址：陕西省西咸新区秦汉新城周公大道1090号
…………………… Tel：029-32100816

陕西省泾河工程局
地址：西安经济技术开发区姬家乡朝李村陕西省泾惠渠灌溉管理局彭李管理站院内
…………………… Tel：029-32285680

中铁二十二局集团第六工程有限公司
地址：陕西省西咸新区沣东新城沣长路与金融二路西北角创新大厦22层2206号
…………………… Tel：029-33186798

永寿县建筑工程公司
地址：陕西省咸阳市永寿县南关巷3号
…………………… Tel：029-33260313

咸阳亨通电力（集团）有限公司
地址：陕西省咸阳市渭城区人民中路34号
…………………… Tel：029-33265008

陕西恒泰信息技术有限公司
地址：陕西省咸阳市秦都区渭阳西路梧桐花园1号楼1单元1603室
…………………… Tel：029-33311566

陕西中电精泰电子工程有限公司
地址：陕西省咸阳市秦都区高新区经电二路1号
…………………… Tel：029-33328701

咸阳彩虹集团实业有限公司
地址：陕西省咸阳市秦都区彩虹路1号
…………………… Tel：029-33332853

西安卓联电信有限公司
地址：西安市高新区高新路88号尚品国际6幢2单元29层22911室
…………………… Tel：029-36583406

西咸新区蓝盾信息安全技术有限公司
地址：陕西省西咸新区沣西新城总部经济园9号楼316室
…………………… Tel：029-38020348

西安航空制动科技有限公司
地址：西安市高新区科技七路五号
…………………… Tel：029-38249903

西安天互通信有限公司
地址：西安市高新区高新六路42号中清大厦二楼南区
…………………… Tel：029-62216222

陕西东南通信科技有限责任公司
地址：陕西省西安市高新区高新六路32号3-1-10119室
…………………… Tel：029-62216680

西安恒达信息技术有限公司
地址：陕西省西安市碑林区南关正街长鑫大厦11幢1单元12405室020号
…………………… Tel：029-62276007

陕西星邑空间技术有限公司
地址：陕西省铜川市新区大唐五路8号
…………………… Tel：029-62502109

西安市阎良区宏驰混凝土外加剂有限公司
地址：西安市阎良区新兴街道办屈家村
…………………… Tel：029-62612930

陕西民生家乐商业运营管理有限公司
地址：陕西省西安市新城区尚勤路600号西苑安置楼特4室
…………………… Tel：029-62653367

陕西宝利网络科技有限公司
地址：西安曲江新区雁塔南路318号曲江文化产业孵化中心A座11914号
…………………… Tel：029-62820077

西安启泰通信科技有限公司
地址：西安市高新区科技路30号合力紫郡大厦A座11501室
…………………… Tel：029-62968667

陕西泰利新能源控股集团有限公司
地址：西安国际港务区港务大道9号新丝路产业园A座陆港大厦9层
…………………… Tel：029-63031779

陕西大业信息通讯有限公司
地址：陕西省西安市高新区科创106号高新品阁1幢1单元6层10610号
…………………… Tel：029-63631561

西安讯服通科技有限公司
地址：陕西省西安市高新区丈八街办高新一路16号创业大厦9015室
…………………… Tel：029-63657731

西安一联盛实业有限公司
地址：陕西省西安市莲湖区高新三路财富中心二期D座2404室
…………………… Tel：029-65676986

供销大集集团股份有限公司
地址：西安市解放路103号
…………………… Tel：029-65678013

西安奥圣网络有限公司
地址：陕西省西安市高新区丈八街办丈八一路6号绿地SOHO同盟1幢11101室
…………………… Tel：029-65692118

西安博亚时代通讯技术有限公司
地址：陕西省西安市高新区丈八五路高科尚都摩卡第6幢1单元12层11203号房
…………………… Tel：029-68055908

西安宜家家居有限公司
地址：陕西省西安市沣东新城三桥路866号
…………………… Tel：029-68202345

陕西开城建设工程有限公司
地址：西安市雁塔区长安南路86A长丰国际广场A幢1单元14层1401号房
…………………… Tel：029-68202800

西安欣胜泰水处理环保科技有限公司
地址：西安经济技术开发区凤城十路与文景路十字东北角智慧国际中心A座1902室
…………………… Tel：029-68218636

陕西强舒电子科技有限公司
地址：陕西省西安市高新区丈八街办科技三路汇豪树中心B座11810
…………………… Tel：029-68506533

西安智联网络科技有限公司
地址：西安市高新区锦业路SOHO同盟2幢1单元11909号房
…………………… Tel：029-68596877

陕西钻华投资管理有限责任公司
地址：西安市高新区丈八一路1号2幢1单元C座20层08户
…………………… Tel：029-68666789

施耐德电气设备工程（西安）有限公司
地址：西安市高新区丈八八路26号
…………………… Tel：029-68798880

西安辉炜信息科技有限公司
地址：西安市高新区高新一路25号创新大厦N506
…………………… Tel：029-68870036

云商通国际控股有限公司
地址：陕西省西安市高新区软件新城天谷八路528号国家电子商务示范基地西区502-3室
…………………… Tel：029-68896260

陕西创盛时代科技发展有限公司
地址：陕西省西安市经开区凤城九路北侧海荣名城42幢4单元13层41301
…………………… Tel：029-68985769

西安泰维无线科技有限公司
地址：西安市高新区唐延南路8号综合办公楼102室
…………………… Tel：029-81022177

陕西金合信息科技股份有限公司
地址：陕西省西安市高新区锦业路32号锦业时代B3-2304号
…………………… Tel：029-81026199

陕西建工基础工程集团有限公司
地址：陕西省西安市莲湖区沣惠北路94号
…………………… Tel：029-81036408

西安新生代科技集团有限公司
地址：陕西省西安市新城区胡家庙十字华东万和城3号楼1102室
…………………… Tel：029-81048645

西安三维通信有限责任公司
地址：西安市高新区丈八五路高科尚都.摩卡6幢1单元20层12003室
……………………Tel：029-81102066
西安神州数码实业有限公司
地址：西安市高新区丈八四路20号
……………………Tel：029-81106829
西安豪丰电子科技有限公司
地址：西安市高新区草堂科技产业基地秦岭大道2号科技企业加速园区18号楼1-1-3
……………………Tel：029-81151663
中国能源建设集团陕西省电力设计院有限公司
地址：陕西省西安市碑林区环城南路东段50号
……………………Tel：029-81213330
钧泰工程股份有限公司
地址：陕西省西安市未央区未央路102号
……………………Tel：029-81319576
西安亿达软件技术有限公司
地址：陕西省西安市雁塔区高新四路高新大都荟6幢1单元15层11507室
……………………Tel：029-81774432
西安太和机电科技有限公司
地址：西安曲江新区雁展路6号曲江会展国际D座1002室
……………………Tel：029-81870355
西安陕鼓动力股份有限公司
地址：西安市高新区沣惠南路8号
……………………Tel：029-81871356
陕西泛想电子有限公司
地址：西安市碑林区雁塔中路19号鹏博大厦B座1904室
……………………Tel：029-82065485
陕西华山工程机械有限公司
地址：西安经济技术开发区文景路60号
……………………Tel：029-82105200
陕西华创阳光科技有限公司
地址：西安市高新区沣惠南路18号唐沣国际广场B座15层1501号
……………………Tel：029-82208300
西安三建建设有限公司
地址：西安市环城南路98号
……………………Tel：029-82227014
西安市建筑设计研究院有限公司
地址：西安市高新区丈八街办太白南路22号西安建工集团大楼19层
……………………Tel：029-82234896
西安贤泽信息科技有限公司
地址：陕西省西安市高新区丈八街办高新路25号瑞欣大厦第1幢1单元1504室
……………………Tel：029-82278669
西安大润发超市有限公司
地址：西安市莲湖区劳动南路1号
……………………Tel：029-82288505
陕西中星数字网络设备有限公司
地址：陕西省西安市曲江新区芙蓉南路33号中海大厦1103室
……………………Tel：029-82293398
陕西华亿通信技术有限公司
地址：西安市高新区高科新花园2号楼2幢40702室
……………………Tel：029-82300085
陕西烽火通信科技有限责任公司
地址：西安市高新区高新六路28号2层
……………………Tel：029-82300153
陕西通信建设有限公司
地址：陕西省西安市高新区高新路56号网管大楼裙楼307室
……………………Tel：029-82623191
西安鼎域仿真科技有限公司
地址：西安经济技术开发区凤城九路海博广场D座2503室
……………………Tel：029-83151589
西安国信物联技术有限公司
地址：西安市高新区科技路18号新科花园10号楼1幢104号
……………………Tel：029-83187809
陕西普天网络技术有限公司
地址：西安市金花北路176号陕西电子商务酒店918室
……………………Tel：029-83220928
陕西乾昇科技有限公司
地址：陕西省西安市未央区太华北路甲字88号大明宫中央广场1幢2单元21608室
……………………Tel：029-83227488
云起源（中国）有限公司
地址：陕西省杨凌示范区有邰路9号副1号自贸区综合服务大厅二层227室747号
……………………Tel：029-83229583
西安华南城有限公司
地址：西安市国际港务区港务大道8号
……………………Tel：029-83502222
陕西盾实人防设备工程有限公司
地址：陕西省西安市灞桥区纺织城纺一路
……………………Tel：029-83521952
陕西元丰纺织技术研究有限公司
地址：陕西省西安市灞桥区纺织城西街138号
……………………Tel：029-83553500
西安天风建筑安装工程有限公司
地址：西安市灞桥区田王特一号
……………………Tel：029-83607832
西安市临潼区建筑工程公司
地址：西安市临潼区东关街21号
……………………Tel：029-83812808
陕西恒泰通信科技有限公司
地址：陕西省西安市莲湖区丰登北路21号1幢20204室
……………………Tel：029-84248929
西安启功电气有限公司
地址：陕西省西安市高新区毕原三路2328号2号楼3层
……………………Tel：029-84261628
陕西建工新型建设有限公司
地址：陕西省西安市莲湖区沣惠北路94号
……………………Tel：029-84419096
陕西易盛电子科技有限公司
地址：陕西省西安市雁塔区含光路南段28号嘉祥大厦11601室
……………………Tel：029-84505970
西安德安注册安全工程师事务所有限公司
地址：西安泾河工业园长庆西路3号
……………………Tel：029-84528020
西安市鄠邑区建筑工程总公司
地址：西安市　邑区箭门西路14号
……………………Tel：029-84812052
西安友讯工贸有限公司
地址：西安市雁塔区永松路曼哈顿洋房2幢10416室
……………………Tel：029-85201402
陕西文华建筑景观工程有限公司
地址：陕西省西安市国家民用航天产业基地飞天路588号北航科技园2号楼E座401室
……………………Tel：029-85233571
陕西恒瑞项目管理有限公司
地址：西安曲江新区雁翔路58号哈佛公馆裙楼三层
……………………Tel：029-85255101
陕西一点通网络技术有限公司
地址：陕西省西安市碑林区长安北路14号金兰商务会馆
……………………Tel：029-85268332
西安市长安区建筑工程公司
地址：长安区韦曲街办樊川路46号
……………………Tel：029-85292574
陕西昊网软件科技有限公司
地址：陕西省西安市雁塔区长安南路84号401室
……………………Tel：029-85332571
陕西中广传播有限公司
地址：陕西省西安市雁塔区长安南路336号2208室
……………………Tel：029-85365881
西安盛赛尔电子有限公司
地址：西安市高新开发区团结南路28号
……………………Tel：029-85387800
陕西津玮绿化有限公司
地址：陕西省西安市高新区丈八六路2号万家灯火4号楼1单元2303室
……………………Tel：029-85395158
西安领达信息科技有限公司
地址：西安市碑林区雁塔路北段8号万达广场1幢12309室
……………………Tel：029-85428375
西安利捷办公设备有限公司
地址：西安市碑林区雁塔路中段心晴雅苑17A4号楼11303室
……………………Tel：029-85513792
西安中硕网络科技有限公司
地址：西安市碑林区建设西路65号新旅城（西区）第5幢2单元6层20610号房
……………………Tel：029-85518967
西安嘉瑞科技开发有限公司
地址：西安市雁塔区朱雀路延伸段东侧南方星座1幢1单元27层12705号房
……………………Tel：029-85572553
西安终南信息技术有限公司
地址：陕西省西安市沣东新城征和四路2168号自贸产业园二期1号楼4层403室
……………………Tel：029-85583526
陕西鑫源灏实业有限公司
地址：陕西省西安市　灞生态区长田路尉家坡社区D座406室
……………………Tel：029-85591942
陕西诺维北斗信息科技股份有限公司
地址：陕西省西安市国家民用航天产业基地神舟四路239号2幢5层东
……………………Tel：029-85641930
陕西省宝天建设集团有限公司
地址：陕西省西安市碑林区标新街1号安东街小学综合楼2楼201室
……………………Tel：029-85790688
西安凤凰汇通通信科技有限公司
地址：陕西省西安市国家民用航天产业基地航天中路东段寰宇大厦A座9层
……………………Tel：029-86105855
陕西锐霖燃气有限公司
地址：陕西省咸阳市三原县交通运输公司住宅楼1单元4层西户
……………………Tel：029-86114481
西安西航集团机电设备安装有限公司
地址：西安市未央区徐家湾西航集团公司生产区内
……………………Tel：029-86150996
西安航空发动机集团天鼎有限公司
地址：西安市未央区徐家湾渭滨路387号
……………………Tel：029-86151739
陕西蔚蓝节能环境科技集团有限责任公司
地址：陕西省西安市经开区凤城十二路凯瑞大厦B座26层2602室
……………………Tel：029-86190087
易迅通科技有限公司
地址：西安经济技术开发区文景路以西一方中港国际第2幢1单元16层11606号房
……………………Tel：029-86199603
西安明珠电力安装工程有限公司
地址：西安市莲湖区自强西路明珠巷20号
……………………Tel：029-86221934
陕西伊势威实业发展有限责任公司
地址：陕西省西安市经开区明光路57号
……………………Tel：029-86223020
西安泽海实业有限公司
地址：西安市新城区公园北路西光新村10号楼4301号房
……………………Tel：029-86511626
陕西信元物业管理有限公司
地址：陕西省西安市经济技术开发区未央路142号第二长途通信枢纽楼附属办公楼二层
……………………Tel：029-86513465
陕西经达石化装备工程有限公司
地址：陕西省西安市未央区未央路138号豪盛花园C座2203室
……………………Tel：029-86515081
陕西省华源建筑工程有限责任公司
地址：陕西省西安市未央区凤城二路凯鑫国际金融大厦16层
……………………Tel：029-86524853
西安泽晖商贸有限责任公司
地址：西安市未央路130号凯鑫国际大厦17层1706室
……………………Tel：029-86528559
西安长庆科技工程有限责任公司
地址：西安市长庆兴隆园小区
……………………Tel：029-86592974
西安市城北供热有限责任公司
地址：西安市草滩生态园明光路
……………………Tel：029-86673100
西安鼎研科技股份有限公司
地址：西安市高新区新型工业园造字台路22号1幢二层
……………………Tel：029-86695085
陕西省三和建设工程有限公司
地址：西安市碑林区兴庆路82号
……………………Tel：029-86791099
西安飞机工业装饰装修工程股份有限公司
地址：陕西省西安市经开区闫良园
……………………Tel：029-86883816
西安市高陵区鹿慧建设工程有限公司
地址：西安市高陵区鹿苑街道北街12号
……………………Tel：029-86911208
西安赛特金属材料开发有限公司
地址：西安经济技术开发区泾渭新城渭华路北段10号
……………………Tel：029-86963331
陕西化建工程有限责任公司
地址：陕西省杨凌示范区新桥北路2号
……………………Tel：029-87012255
西安华中通讯广场有限公司
地址：西安市新城区西新街20号2-116号
……………………Tel：029-87255860
富平中安天诚热能科技股份有限公司
地址：陕西省渭南市富平县高新技术产业开发区孵化器大楼
……………………Tel：029-87305800
陕西长冠建设工程有限公司
地址：西安市莲湖区莲湖路108号恒佳好世界大酒店401室
……………………Tel：029-87350006
西安民间金融街投资控股有限公司
地址：西安市新城区解放路111号民乐园万达广场1号楼10112室
……………………Tel：029-87404055
西安冠威信息技术有限公司
地址：西安市高新区高新六路绿港花园6号楼4单元202室
……………………Tel：029-87546405
西安鼎辉通信技术有限责任公司
地址：西安市高新区高新路南段含光佳苑A幢18层A1
……………………Tel：029-87575688
邦正科技股份有限公司
地址：陕西省西安市高新区科技二路72号西安软件园唐乐阁E座2层
……………………Tel：029-87607285
通源石油科技集团股份有限公司
地址：西安市高新区唐延路51号人寿壹中心A座13层1307号
……………………Tel：029-87607460
西安旭彤电子科技股份有限公司
地址：西安市高新区科技二路72号西安软件园唐乐阁F301室
……………………Tel：029-87607812
西安鸿迅通信科技有限公司
地址：西安市高新区高新二路枫叶苑20号楼六层
……………………Tel：029-87622407
西安西北石油管道有限公司
地址：西安市未央路149号
……………………Tel：029-87662237
西安易诺敬业电子科技有限责任公司
地址：陕西省西安市高新区科技二路72号西安软件园唐乐阁F401
……………………Tel：029-87669951
陕西高速交通工贸有限公司
地址：陕西省西安市碑林区友谊东路428号办公楼4-5层
……………………Tel：029-87831560
中煤地建设工程有限公司
地址：西安市碑林区建西街3号
……………………Tel：029-87852641
西安银博科技有限责任公司
地址：陕西省西安市高新区丈八街办高新路42号金融大厦建行17层1702室
……………………Tel：029-87885735
西安嘉博通讯工程有限责任公司
地址：陕西省西安市沣东新城天台一路聚家花园3号楼3单元323室
……………………Tel：029-87888360
陕西广电移动电视有限公司
地址：陕西省西安市长安南路336号广电中心14楼
……………………Tel：029-87992736
西安费斯达自动化工程有限公司
地址：西安市高新区科技路金桥国际广场12101号
……………………Tel：029-87998549
中国通信建设第五工程局有限公司西安分公司
地址：西安市碑林区含光北路137号3号楼二层
……………………Tel：029-88107998
西安直线科技有限公司
地址：西安市高新区高新路　品美道C号楼2单元805室
……………………Tel：029-88152452
西安华远科技有限公司
地址：西安市雁塔区科技路龙腾新世界1幢11404-2室
……………………Tel：029-88188909
西安捷峰数字信息有限公司
地址：陕西省西安市高新区高新路80号望庭国际第1幢2单元23层22303号
……………………Tel：029-88193345
利亚德（西安）智能系统有限责任公司
地址：陕西省西安市高新区长安通讯产业园润丰路688号
……………………Tel：029-88193610
陕西富海世纳信息科技有限公司
地址：陕西省西安市高新区沣惠南路4号杰座广场A901
……………………Tel：029-88193777
西安华大电子技术有限公司
地址：西安市高新路2号
……………………Tel：029-88198080
陕西恒业建设集团有限公司
地址：陕西省西安市高新区融鑫路6号
……………………Tel：029-88220710
西安睿通信息技术有限责任公司
地址：西安市高新区茶张路1号1幢1单元12001室
……………………Tel：029-88236051
西安元智系统技术有限责任公司
地址：西安市高新区锦业路69号创业研发园C区1号瞪羚谷E栋4层
……………………Tel：029-88246388
西安点告网络科技有限公司
地址：西安市高新区天谷八路156号软件新城研发基地二期A3-1西侧二层02002室
……………………Tel：029-88248317
陕西荣锋源建设集团有限公司
地址：陕西省西安市雁塔区长安南路196号长延居3栋3单元1402室
……………………Tel：029-88264026
西安华盛通信有限公司
地址：西安市高新区天谷七路996号国家数字出版基地B栋17层11702号
……………………Tel：029-88270048
西安博科思网络通信股份有限公司
地址：陕西省西安市高新区丈八一路1号汇鑫IBC C座8层04号
……………………Tel：029-88270088
西安市政一路桥建设有限公司
地址：陕西省西安市经济技术开发区泾渭新城西金路2999号泾渭国际中心
……………………Tel：029-88276708
陕西华油建筑工程有限公司
地址：陕西省西安市高新区沣惠南路36号橡树街区A座2单元20703室
……………………Tel：029-88276902
西安瑞博华信息技术有限公司
地址：西安市高新区高新路86号领先时代

广场B座第2幢2单元3层20308号
………………Tel：029-88314372

西安鼎迈数码科技有限公司
地址：陕西省西安市雁塔区电子正街南延伸段万象春天3幢1单元14层11407号
………………Tel：029-88317800

陕西瑞启科技有限公司
地址：陕西省西安市高新区丈八街办高新一路25号创新大厦N604
………………Tel：029-88319707

数字芒果信息科技有限公司
地址：陕西省西安市高新区丈八北路南段西侧国宾中央区11幢1单元6层10609室
………………Tel：029-88320066

西安四腾环境科技有限公司
地址：西安市高新区高新三路9号新时代大厦5楼
………………Tel：029-88321365

西安思丹德信息技术有限公司
地址：陕西省西安市高新区丈八六路49号综合楼1期2号楼1、2层
………………Tel：029-88322218

陕西晨阳科技实业集团有限公司
地址：陕西省西安市高新区科技三路57号融城云谷A座1406
………………Tel：029-88322972

思普瑞信息技术有限公司
地址：陕西省西安市高新区唐延路35号旺座现代城H座201-1
………………Tel：029-88328211

阳光润泽通讯有限公司
地址：陕西省西安市高新区唐延路35号4幢2单元20201室
………………Tel：029-88328211

西安恒讯电力科技有限公司
地址：西安市高新区唐兴路利君明天第2幢1单元7层10702室
………………Tel：029-88330679

四联智能技术股份有限公司
地址：西安市高新区科技二路72号四联大厦
………………Tel：029-88335851

西安中星伟业通信科技有限公司
地址：西安市高新区锦业路69号瞪羚谷A栋A1201室
………………Tel：029-88346459

西安天泰创新科技有限公司
地址：陕西省西安市高新区沣惠南路34号摩尔中心C座6层
………………Tel：029-88348231

西安拓新软件科技工程有限公司
地址：西安市高新区沣惠南路西侧水晶岛公寓楼1幢11135室
………………Tel：029-88361028

西安蓝韵商贸有限公司
地址：陕西省西安市雁塔区朱雀大街南端紫郡长安（北区）3幢1单元30层13021号
………………Tel：029-88367361

陕西洋铭峰商贸有限公司
地址：陕西省西安市高新区高新三路1幢3单元30103室
………………Tel：029-88375223

西安大唐监控技术有限公司
地址：西安市高新区锦业路38号粤汉国际1号楼20914室
………………Tel：029-88379196

中明建投建设集团有限责任公司
地址：陕西省西安市经开区凤城七路赛高悦府T4号楼1单元1902号房
………………Tel：029-88440949

西安瑞特森信息科技有限公司
地址：陕西省西安市高新区丈八街办科技三路58号三豪国际广场B座（汇豪国际·树中心）3-1-10402
………………Tel：029-88441400

国界设计有限责任公司
地址：陕西省西安市雁塔区电子西街西京三号3号楼1901室
………………Tel：029-88442109

陕西交通电子工程科技有限公司
地址：陕西省西安市高新区唐延路6号2楼10号
………………Tel：029-88450858

西安达效软件有限公司
地址：陕西省西安市高新区科技五路旺座现代城D座2801室
………………Tel：029-88469139

西安互联互通智慧科技有限公司
地址：陕西省西安市国家民用航天产业基地航天中路385号众创广场7楼717室
………………Tel：029-88497959

西安珠江时代广场投资有限公司
地址：西安市环城南路336号珠江时代广场2号楼5-1室
………………Tel：029-88498888-811

西安高科园林景观工程有限责任公司
地址：陕西省西安市高新区丈八街办科技二路62号B座三层
………………Tel：029-88586108

西安海润通信技术有限公司
地址：西安市高新区高新一路16号创业大厦C座603室
………………Tel：029-88605086

西安思坦仪器股份有限公司
地址：西安市高新区科技五路22号
………………Tel：029-88605815

西安捷优电子信息技术有限公司
地址：西安市莲湖区环城西路中段78号—区110102室
………………Tel：029-88614561

西安塞班科技有限公司
地址：陕西省西安市高新区丈八街办锦业一路52号宝德云谷国际B栋1705房
………………Tel：029-88696580

陕西信通信息科技有限公司
地址：陕西省西安市高新区科技二路中天花园2幢1301室
………………Tel：029-88710479

西安克瑞斯半导体技术有限公司
地址：西安市高新区唐延南路10号中兴产业园J座J4-02室
………………Tel：029-88723668

西安中兴新软件有限责任公司
地址：西安市高新区长安通讯产业园东西四号路1号
………………Tel：029-88723668

陕西航天博宇飞行器科技有限公司
地址：西安市高新区高新路86号2幢1单元11202室
………………Tel：029-88749252

西安森基建设工程有限公司
地址：西安市碑林区南二环100号金叶家园1幢2F102号房
………………Tel：029-88749783

西安亿力通网络科技有限公司
地址：西安市太白南路216号嘉天国际1307室
………………Tel：029-88767806

西北民航机场建设集团有限责任公司
地址：陕西省西安市高新区唐延路3号唐延国际中心22401室
………………Tel：029-88793031

西安咸阳国际机场保安服务有限公司
地址：陕西省西咸新区空港新城底张街办西安咸阳国际机场内
………………Tel：029-88798968

陕西港芯电子科技有限公司
地址：西安市高新区唐延路十一号4幢1单元11023号
………………Tel：029-88811655

陕西中洋建设工程有限公司
地址：陕西省西安市雁塔区西影路289号综合楼西二层
………………Tel：029-88814973

中国西电电气股份有限公司
地址：陕西省西安市高新区唐兴路7号A座
………………Tel：029-88832222

陕西瑞达沣通信技术有限公司
地址：陕西省西安市高新区锦业一路52号宝德云谷国际1幢1单元14层11406
………………Tel：029-88839465

艾索信息股份有限公司
地址：西安市高新区唐延南路10号中兴产业园I座I501室
………………Tel：029-88851150

咸阳智慧农业物联网产业基地有限公司
地址：陕西省咸阳市礼泉县食品工业园区
………………Tel：029-88851818

陕西秦通智能科技有限公司
地址：西安市高新区高新二路四号星海大厦1302室
………………Tel：029-88861191

陕西天翼时代通信科技有限公司
地址：陕西省西安市白沙路南段培华小区1号楼2单元702室
………………Tel：029-88861886

星展测控科技股份有限公司
地址：西安经济技术开发区草滩十路1288号中国电子西安产业园5号楼601室
………………Tel：029-88868880

陕西武旭科技产业开发有限公司
地址：陕西省西安市高新区科技三路57号
………………Tel：029-89182018

天元瑞信通信技术股份有限公司
地址：陕西省西安市高新区新型工业园西部大道（企业壹号公园）1幢10103室
………………Tel：029-89195803

西安市长安区新区热力有限公司
地址：西安市长安区韦郭路中段
………………Tel：029-89231285

西安开源国际投资有限公司
地址：西安市高新区锦业一路2号陕煤化大厦8楼8-2室
………………Tel：029-89282179

西安德海通信有限公司
地址：陕西省西安市高新区丈八街办科技二路68号西安软件园汉韵阁D201室
………………Tel：029-89285378

西安立盛自动化设备有限公司
地址：陕西省西安市雁塔区朱雀南路以东，南三环以南南飞鸿广场5幢1单元13层11327号
………………Tel：029-89293426

西安睿能通信技术有限公司
地址：西安市莲湖区龙首北路西段26号中天雅苑4幢4单元20层42003号
………………Tel：029-89296349

陕西青华建设工程有限公司
地址：陕西省西安市沣东新城征和四路2168号自贸产业园5号楼1层101室
………………Tel：029-89309952

西安吾创科技有限公司
地址：西安曲江新区雁翔路3269号旺座曲江B座2001室
………………Tel：029-89318595

西安益友通信技术服务有限公司
地址：陕西省西安市高新区锦业一路10号中投国际B座10层1006号
………………Tel：029-89380006

西安市建总工程集团有限公司
地址：西安市高新区丈八街办太白南路22号西安建工集团大楼4-6层
………………Tel：029-89385128

陕西融通信息科技有限公司
地址：陕西省西安市高新区唐延路1号1幢3单元3301室
………………Tel：029-89389793

隆嘉云网科技有限公司
地址：陕西省西咸新区沣东新城沣长路与金融二路西北角创新大厦16层1607号M1-343位（西咸新区云端自贸产业园管理有限公司托管）
………………Tel：029-89527817

西安坤和电子科技有限公司
地址：西安市碑林区雁塔路中段17A心晴雅苑4幢1单元5层B号房
………………Tel：029-89554909

西安曲江新鸥鹏文化教育控股集团有限公司
地址：西安曲江新区雁翔路雁翔广场1号楼21层
………………Tel：029-89557799

陕西金地佳和置业有限公司
地址：陕西省西安市曲江新区五典坡路1696号金地褐石公馆12号楼
………………Tel：029-89558989

西安数据通信技术有限公司
地址：陕西省西安市高新区科技二路68号西安软件园汉韵阁A座501室A148号
………………Tel：029-89565888

西安卓杰自动化工程有限公司
地址：西安市经济技术开发区未央路以东、凤城五路以北海荣皇冠国际（海逸国际）第1幢2单元27层22703号
………………Tel：029-89607321

陕西天地建设有限公司
地址：陕西省西安市长安区国家民用航天产业基地航拓路216号汇航广场A座一二层
………………Tel：029-89681199

西安千寻科技有限公司
地址：西安市高新区科技二路65号启迪清扬时代7幢3单元15层1501室
………………Tel：029-89831963

陕西天通瑞电力科技有限公司
地址：陕西省西安市曲江新区黄渠头三路旺座曲江K座1901室
………………Tel：029-89835800

西安建工第一建筑集团有限公司
地址：西安市高新区太白南路22号西安建工集团大楼11-12层
………………Tel：029-89852269

延安联兴建筑工程有限公司
地址：陕西省延安市黄龙县石堡镇中心街41号
………………Tel：0911-5622448

陕西天振建筑工程有限公司
地址：陕西省延安市志丹县保安镇华鼎园小区3单元1301室
………………Tel：0911-6620199

榆林市睿远通信科技有限公司
地址：陕西省榆林市榆阳区西人民路57号
………………Tel：0912-3590816

横山县汇丰电子商务有限责任公司
地址：陕西省榆林市横山区环城路怡园小区
………………Tel：0912-7756333

榆林市瑞鑫电脑科技有限公司
地址：陕西省榆林市榆神工业区榆神工业区榆神工商分局一楼
………………Tel：0912-8493688

陕西金钼建设工程有限公司
地址：陕西省渭南市高新技术产业开发区东风大街西段67号金城大厦二楼西区
………………Tel：0913-2939634

陕西澄合华宇工程有限公司
地址：陕西省渭南市澄城县城关镇公园西路
………………Tel：0913-6792732

渭南市临渭区房地产综合开发公司
地址：陕西省渭南市临渭区乐天新村
………………Tel：0913-8111331

渭南市金盾护卫有限公司
地址：陕西省渭南市高新技术产业开发区东兴街26号
………………Tel：0913-8139003

陕西省水务集团富平县供水有限公司
地址：陕西省渭南市富平县城关镇 塬村南塬水厂
………………Tel：0913-8266166

安康市旭日科技有限责任公司育才路分公司
地址：陕西省安康市汉滨区育才西路155号
………………Tel：0915-3256889

陕西平利建筑工程公司
地址：陕西省安康市平利县城关镇新正街0760号
………………Tel：0915-8421126

陕西启光信息科技有限公司
地址：陕西省汉中市汉台区劳动西路石门水库管理局生产综合楼四楼
………………Tel：0916-2249991

汉水建设有限公司
地址：陕西省汉中市汉台区南一环路将坛西巷8号
………………Tel：0916-2511131

陕西省泰烜建设集团有限公司
地址：陕西省汉中市汉台区（经济开发区南区）惠丰路西侧
………………Tel：0916-5309099

陕西深蓝微云网络有限责任公司
地址：陕西省宝鸡市金台区金台大道1号紫峰国际B-806
………………Tel：0917-2962999

西部华旗建设集团建筑工程有限公司
地址：陕西省宝鸡市渭滨区姜谭路66号
………………Tel：0917-3390629

陕西烽火宏声科技有限责任公司
地址：陕西省宝鸡市渭滨区清姜路72号
………………Tel：0917-3958619

陕西雍城建筑工程公司
地址：陕西省宝鸡市凤翔县城关镇南大街14号
………………Tel：0917-7212011

陕西通家汽车股份有限公司
地址：陕西省宝鸡市高新开发区汽车工业园孔明大道
………………Tel：0917-8765620

陕西银河消防科技装备股份有限公司
地址：陕西省宝鸡市高新开发区20路417号
………………Tel：0917-8801500

陕煤集团铜川矿务局有限公司
地址：陕西省铜川市红旗街11号
………………Tel：0919-2101481

铜川欣盛煤机制造有限公司
地址：陕西省铜川市王益区红旗街
………………Tel：0919-2101818

陕西煤化机电安装有限公司
地址：陕西省铜川市王益区七一路91号
………………Tel：0919-2198046

陕西龙记泰信房地产开发有限公司
地址：陕西省铜川市新区朝阳路西段龙记学府城营销中心1楼102室
………………Tel：0919-3191292

铜川易源电力工程有限责任公司
地址：陕西省铜川市新区咸丰路中段（供电公司东50米）
………………Tel：0919-3457011

甘肃省

甘肃八冶第一建设有限公司
地址：甘肃省兰州市兰州新区华山路以东疏勒河街以北
………………Tel：0931-2146911

甘肃电气装备集团有限公司
地址：甘肃省兰州市城关区静宁路308号
………………Tel：0931-2316679

兰州格赛克设备租赁有限公司
地址：兰州市七里河区彭家坪镇彭家坪228号101室
………………Tel：0931-2889624

兰州兰石重工有限公司
地址：甘肃省兰州市兰州新区黄河大道西段512号
………………Tel：0931-2905303

甘肃瑞信达信息科技有限公司
地址：甘肃省兰州市城关区靖远路135号
………………Tel：0931-2905785

甘肃掌信信息科技有限公司
地址：甘肃省兰州市城关区酒泉路街道庆阳路91号2005室
………………Tel：0931-3601987

兰州三毛实业有限公司
地址：甘肃省兰州市兰州新区嘉陵江街568号
………………Tel：0931-4592244

兰州新区化学工程有限公司
地址：甘肃省兰州市永登县秦川镇西小川村
………………Tel：0931-4692252

兰州赛得利电子技术工程有限公司
地址：兰州市城关区甘南路1号（黄楼商厦9层911室）
……………………Tel：0931-4810921

甘肃万事达电子科技有限责任公司
地址：甘肃省兰州市城关区天水南路529号飞天大酒店1楼
……………………Tel：0931-4895538

甘肃长达路业有限责任公司
地址：兰州市城关区南昌路677号
……………………Tel：0931-4898716

甘肃祁连山水泥集团股份有限公司
地址：兰州市城关区酒泉路
……………………Tel：0931-4900619

兰州金轮实业有限责任公司
地址：甘肃省兰州市城关区和政路156号
……………………Tel：0931-4925163

甘肃博通网格工程有限公司
地址：甘肃省兰州市兰州新区泰山路8066号
……………………Tel：0931-5131441

甘肃陇原信息科技有限公司
地址：兰州市城关区高新开发园区创业大厦B座二层(北面)
……………………Tel：0931-5337252

中铝物流集团甘肃有限公司
地址：甘肃省兰州市红古区平安镇河湾村
……………………Tel：0931-6295583

兰州连铝物流服务有限公司
地址：甘肃省兰州市永登县河桥镇建设坪
……………………Tel：0931-6906551

大唐甘肃发电有限公司
地址：甘肃省兰州市七里河区南滨河中路299号
……………………Tel：0931-7503010

兰州万里航空机电有限责任公司
地址：兰州市安宁区安宁西路万里西村30号
……………………Tel：0931-7611120

甘肃蓝科石化高新装备股份有限公司
地址：兰州市安宁区蓝科路8号
……………………Tel：0931-7639638

甘肃华成建筑安装工程有限责任公司
地址：甘肃省临夏州临夏市刘临路大慈村盛苑小区3号楼1单元11层2号
……………………Tel：0931-7659188

兰州飞行控制有限责任公司
地址：兰州市安宁区安宁西路668号
……………………Tel：0931-7662002

甘肃酷龙智能科技有限公司
地址：兰州市城关区张掖路中环广场第一幢D座2104号
……………………Tel：0931-7695122

兰州天将网络科技有限公司
地址：甘肃省兰州市城关区高新区南河北路956-962号高新大厦B-26F
……………………Tel：0931-7836688

甘肃网达智能科技有限公司
地址：甘肃省兰州市城关区南昌路421号华宇大厦A座302室
……………………Tel：0931-7951253

甘肃长风电子科技有限责任公司
地址：甘肃省兰州市安宁区安宁西路718号
……………………Tel：0931-7993225

兰州三叶建筑安装公司
地址：兰州市西固区玉门街52号
……………………Tel：0931-7998038

甘肃泰翔通信电子科技有限公司
地址：兰州市城关区张掖路69号中环广场D座2702室
……………………Tel：0931-8106000

甘肃智联信息科技有限责任公司
地址：甘肃省兰州市城关区庆阳路352号世纪广场C座1702室
……………………Tel：0931-8171152

兰州市城关区保安服务公司
地址：兰州市城关区武都路424号
……………………Tel：0931-8171816

甘肃赛德信息科技有限公司
地址：甘肃省兰州市城关区雁南路16号高新创业园综合楼801室
……………………Tel：0931-8173666

兰州新区铝业有限责任公司
地址：甘肃省兰州市兰州新区综合保税区服务楼B区5楼506室
……………………Tel：0931-8251202

甘肃智呈网络科技有限公司
地址：甘肃省兰州市兰州新区产业孵化大厦12楼1217室
……………………Tel：0931-8255820

甘肃航信通讯科技有限公司
地址：兰州市城关区南昌路640号
……………………Tel：0931-8261566

甘肃金盾信息安全技术有限公司
地址：甘肃省兰州市城关区东岗西路403号酒钢大厦2号楼1402室
……………………Tel：0931-8279051

万桥信息技术有限公司
地址：甘肃省兰州市城关区高新飞雁街116号1号楼17层
……………………Tel：0931-8279110

甘肃建投土木工程建设有限公司
地址：甘肃省兰州市安宁区北滨河中路1272号
……………………Tel：0931-8324825

甘肃懋达建设工程有限公司
地址：甘肃省兰州市城关区雁北街道天水北路222号36层006室
……………………Tel：0931-8362799

兰州协力电通科技有限公司
地址：甘肃省兰州市城关区北滨河中路138号阿波罗大酒店1201室
……………………Tel：0931-8368599

兰州永忠通信有限公司
地址：甘肃省兰州市城关区金昌南路128号307室
……………………Tel：0931-8418968

甘肃华恒建筑工程有限公司
地址：甘肃省兰州市城关区萃英门49号213室
……………………Tel：0931-8436577

兰州市保安服务集团有限公司
地址：甘肃省兰州市城关区砂坪村158号
……………………Tel：0931-8461745

甘肃咸通国际实业有限公司
地址：甘肃省兰州市城关区白银路街道安定门外58号05层002号509室
……………………Tel：0931-8466169

兰州朗青交通科技有限公司
地址：甘肃省兰州市城关区酒泉路213号
……………………Tel：0931-8474859

甘肃华悦信息系统工程有限责任公司
地址：甘肃省兰州市城关区张掖路街道张掖路87号中广大厦3单元16层002号
……………………Tel：0931-8487111

兰州大润发商业有限公司
地址：甘肃省兰州市城关区雁滩路3113号
……………………Tel：0931-8503460

甘肃中太信息科技有限公司
地址：甘肃省兰州市城关区高新雁南路279号8层801室
……………………Tel：0931-8514511

甘肃汉宇科技有限公司
地址：兰州市城关区平凉路413号（邮电大厦）
……………………Tel：0931-8518762

甘肃知奥网络科技有限公司
地址：甘肃省兰州市城关区雁西路（省检察院住宅小区）1011#1402室
……………………Tel：0931-8524626

兰州蓝博电子信息科技有限公司
地址：兰州市城关区张苏滩联创大厦505室
……………………Tel：0931-8551856

兰州东佳通信设备有限公司
地址：兰州市城关区雁滩雁兴路3244号（基业豪庭8号楼1单元201室）
……………………Tel：0931-8553186

甘肃华兴石油工程有限责任公司
地址：甘肃省兰州市城关区张苏滩579号
……………………Tel：0931-8627703

甘肃路桥飞宇交通设施有限责任公司
地址：甘肃省兰州市七里河区兰工坪路200号
……………………Tel：0931-8632032

甘肃恒晨信息科技有限公司
地址：兰州市城关区民主东路196号
……………………Tel：0931-8810835

甘肃益天通信科技发展有限公司
地址：兰州市城关区雁西路1230号（雁滩工业城北一区8栋）
……………………Tel：0931-8840777

甘肃省通信产业服务有限公司
地址：兰州市城关区平凉路366号
……………………Tel：0931-8862222

甘肃建通信息工程有限公司
地址：兰州市城关区金昌南路358号
……………………Tel：0931-8881988

兰州建通电子科技有限公司
地址：甘肃省兰州市城关区金昌南路358号1层商铺
……………………Tel：0931-8881988

博盛智慧物联科技有限公司
地址：甘肃省兰州市城关区东岗西路街道农民巷2号1号楼8层004室（旅游大厦）
……………………Tel：0931-8882671

甘肃临洮农村商业银行股份有限公司
地址：甘肃省定西市临洮县洮阳镇北大街256号
……………………Tel：0932-2242140

甘肃静宁农村商业银行股份有限公司
地址：甘肃省平凉市静宁县中街109号
……………………Tel：0933-2521346

甘肃探索发现商务运营管理有限公司
地址：平凉市民百大厦8楼801室
……………………Tel：0933-8210516

平凉市兴瑞益明石油工程技术服务有限公司
地址：甘肃省平凉市崆峒区新裕花园8号楼1楼
……………………Tel：0933-8613399

甘肃宁县农村合作银行
地址：甘肃省宁县新宁镇农贸路5号
……………………Tel：0934-6621049

庆阳陇东保安服务有限公司
地址：甘肃省庆阳市西峰区安化东路科教苑北门西侧
……………………Tel：0934-8215450

甘肃天汇源电子技术有限公司
地址：甘肃省庆阳市西峰区广场南路
……………………Tel：0934-8686610

甘肃第九建设集团有限责任公司
地址：甘肃省武威市凉州区南关中路169号
……………………Tel：0935-6183650

甘肃中核弘源企业管理有限公司
地址：甘肃省甘肃矿区建设路18号
……………………Tel：0937-5967066

龙泰（集团）有限责任公司
地址：嘉峪关市长城东路7号
……………………Tel：0937-6281090

甘肃嘉恒产业发展（集团）有限公司
地址：甘肃省嘉峪关市雄关西路9号
……………………Tel：0937-6306672

嘉峪关市公共交通有限责任公司
地址：甘肃省嘉峪关市新华北路1551号
……………………Tel：0937-6313330

甘肃众智工程技术有限责任公司
地址：甘肃省张掖市甘州区欧式街北段安兴10号门店
……………………Tel：0939-8282288

甘肃鑫源混凝土有限公司
地址：甘肃省甘南州合作市那吾乡达洒行政村达洒自然村
……………………Tel：0941-8213168

甘肃二十一冶第六建设有限公司
地址：甘肃省白银市白银区高新技术产业园区（白银科技企业孵化器内）
……………………Tel：0943-6900060

白银市第一建筑工程有限责任公司
地址：甘肃省白银市白银区兰州路128号（27）3幢1-01
……………………Tel：0943-8221113

白银有色锌铝型材有限公司
地址：甘肃省白银市白银区银山路175号
……………………Tel：0943-8230699

白银市金盾保安服务有限公司
地址：甘肃省白银市白银区纺织路街道育才路社区泰安巷6号
……………………Tel：0943-8230844

青海省

中国石油青海油田通信工程公司
地址：冷湖镇团结路39号
……………………Tel：0937-8922198

青海石油管理局
地址：青海茫崖花土沟
……………………Tel：0937-8934525

青海志信建筑工程有限公司
地址：西宁经济技术开发区金桥路38号401-404室
……………………Tel：0971-5134019

中国电建集团青海工程有限公司
地址：西宁市城北区小桥大街48号
……………………Tel：0971-5196798

西宁润诚电子有限公司
地址：青海省西宁市城西区兴海路30号3号楼111室
……………………Tel：0971-6112551

青海盐湖新域资产管理有限公司
地址：西宁市城西区五四大街37号
……………………Tel：0971-6113918

西宁丰杰电子科技有限公司
地址：西宁市城西区胜利路81号3幢1173室
……………………Tel：0971-6138311

西宁华联生活超市有限公司
地址：西宁市城西区胜利路81号
……………………Tel：0971-6184420

青海省化工设计研究院有限公司
地址：青海省西宁市新宁路4号
……………………Tel：0971-6305174

西宁创想世纪通讯技术有限公司
地址：西宁市城东区昆仑东路76号院2号楼
……………………Tel：0971-8225818

青海省青海湖旅游控股有限公司
地址：青海省西宁市城西区盐湖巷6号城西区总部经济大厦13楼
……………………Tel：0971-8455633

正平建设集团有限公司
地址：西宁市八一东路11号行政办公楼3楼307室
……………………Tel：0971-8565515

青海省通信服务有限公司
地址：青海省西宁市城中区昆仑中路102号1号楼1191室
……………………Tel：0971-8580256

青海三江建筑安装有限责任公司
地址：互助县威远镇台子路4号
……………………Tel：0972-8322245

藏格控股股份有限公司
地址：青海省格尔木市昆仑南路15-02号
……………………Tel：0979-8966600

宁夏回族自治区

宁夏海通电子科技有限公司
地址：宁夏回族自治区银川市金凤区力德财富大厦16层08室
……………………Tel：0951-3026568

宁夏亘利建筑工程有限公司
地址：银川市金凤区唐槐园16号楼南-10号营业房
……………………Tel：0951-4071858

宁夏智诚安环科技发展股份有限公司
地址：银川市金凤区宁安大街490号IBI育成中心二期10号楼506室
……………………Tel：0951-4107721

银川市建设工程综合检测站（有限公司）
地址：宁夏回族自治区银川市南薰西路18号
……………………Tel：0951-4120859

灵武市轩泰保安服务有限公司
地址：宁夏灵武市东盛路花畔里小区19-1营业房
……………………Tel：0951-4512110

宁夏东宏电力有限公司
地址：宁夏回族自治区宁东供电局大院内
……………………Tel：0951-4951540

银川市第一建筑工程有限责任公司
地址：银川市兴庆区新华西街232号
……………………Tel：0951-5027390

银川众一集团物业服务有限公司
地址：银川市兴庆区海宝居住区
……………………Tel：0951-5052803

宁夏长江友联通信工程有限公司
地址：宁夏银川市兴庆区凤凰北街兴仁巷领秀一居11幢2单元1103室
……………………Tel：0951-5986906

宁夏回族自治区通信产业服务有限公司
地址：宁夏银川市兴庆区中山北街15号
……………………Tel：0951-6023615

银川厚华电子科技有限公司
地址：银川市兴庆区解放东街83号
……………………Tel：0951-6027645

视通建设有限公司
地址：银川市兴庆区上海东路791号
……………………Tel：0951-6721791

宁夏四通信息网络有限公司
地址：银川市兴庆区新华西街257号
……………………Tel：0951-6735673

宁夏新捷能源有限公司
地址：宁夏银川市西夏区贺兰山西路和兴州北街交汇处盈北商贸城富润新都1号楼22层
……………………Tel：0951-6825013

升升集团有限公司
地址：银川市兴庆区德源街以西兴水路以南绿地21商城C区18号B座23层01号房
……………………Tel：0951-7653472

中兴（银川）智慧产业有限公司
地址：宁夏银川市金凤区亲水南大街银川科技园科技人才大厦2层205室
……………………Tel：0951-7659696

宁夏恒盛友情网络科技有限公司
地址：宁夏银川市兴庆区新宁园3单元1102室
……………………Tel：0951-7806111

宁夏远高重工绿色科技有限公司
地址：银川德胜工业园区丰庆西路15号
……………………Tel：0951-7821180

宁夏德昌建设工程有限公司
地址：盐池县花马池西街122号
……………………Tel：0953-6011150

青铜峡市保安服务有限公司
地址：青铜峡市小坝南街80号
……………………Tel：0953-6570108

宁夏恒新建设工程有限公司
地址：宁夏固原市原州区东关路261号
……………………Tel：0954-2836199

宁夏吉兴建筑工程有限责任公司
地址：宁夏固原市西吉县吉强镇振兴路108号商务四楼
……………………Tel：0954-3011033

海原县保安服务有限公司
地址：海原县政府东街
……………………Tel：0955-4017632

中青实业（宁夏）有限公司
地址：宁夏银川市金凤区亲水大街南海路13号CBD交易中心B座12层1201、1202、1203室
……………………Tel：0981-3856677

新疆维吾尔自治区

新疆绿翔建设工程集团有限责任公司
地址：新疆塔城额敏县朝阳区额敏朝阳新区建安路（建安南路东侧绿晨商服中心综

合楼222号）
…………………………Tel：0901-3383566
新疆金盛镁业有限公司
地址：新疆哈密市伊州区工业园区重工业加工区
…………………………Tel：0902-6973812
中国铁路乌鲁木齐局集团有限公司哈密工务段
地址：新疆哈密市伊州区前进东路264号
…………………………Tel：0902-7121715
新疆合金投资股份有限公司
地址：新疆和田市北京工业园区杭州大道2号电子工业园102室
…………………………Tel：0903-2055809
新疆昆仑汇丰建筑工程有限公司
地址：新疆和田地区民丰县公安局旁（尼雅大厦楼）
…………………………Tel：0903-6752430
博乐赛里木建筑安装工程有限责任公司
地址：新疆博州博乐市建国路25区
…………………………Tel：0909-2321338
新疆隆泉建筑安装有限责任公司
地址：新疆博州温泉县博格达尔镇
…………………………Tel：0909-7613915
红有软件股份有限公司
地址：新疆克拉玛依市克拉玛依区吉云路197-2号
…………………………Tel：0990-6243166
克拉玛依市华旗守押有限责任公司
地址：新疆克拉玛依市迎宾路29号
…………………………Tel：0990-6246978
克拉玛依宇信工业科技股份有限公司
地址：新疆克拉玛依市白碱滩区跃南路14号
…………………………Tel：0990-6611895
新疆塔林投资（集团）有限责任公司
地址：新疆克拉玛依市白碱滩区门户路100号
…………………………Tel：0990-6828939
克拉玛依市三为物业服务有限责任公司
地址：新疆克拉玛依市白碱滩区北兴路59号
…………………………Tel：0990-6981050
克拉玛依市金牛工程建设有限责任公司
地址：新疆克拉玛依市白碱滩区跃南路14号
…………………………Tel：0990-6984688
克拉玛依致信有限责任公司
地址：新疆克拉玛依市白碱滩区通油路46号
…………………………Tel：0990-7581206
新疆海胜信息工程有限公司
地址：新疆乌鲁木齐市沙依巴克区滨河中路575号大公馆C座3711号
…………………………Tel：0991-2200188
新疆盛都美达通信发展有限公司
地址：新疆乌鲁木齐市天山区新华南路3号A栋1306室
…………………………Tel：0991-2308622
新疆振华天源通信设备有限公司
地址：新疆乌鲁木齐市二道湾路126号康泰苑小区2栋4单元2号
…………………………Tel：0991-2562705
新疆汇嘉时代百货股份有限公司
地址：新疆乌鲁木齐高新技术产业开发区北京南路钻石城5号1栋23层
…………………………Tel：0991-2821691
新疆华凯信息技术有限公司
地址：新疆乌鲁木齐市天山区新华南路11号万国大厦12层C座
…………………………Tel：0991-2841880
新疆佳信通信息有限公司
地址：新疆乌鲁木齐市天山区人民路446号2栋2单元15层1503号
…………………………Tel：0991-2846950
新疆大乘网络技术开发有限公司
地址：新疆乌鲁木齐市经济技术开发区上海路6号
…………………………Tel：0991-2855503
新疆卡尔罗媒体科技有限公司
地址：新疆乌鲁木齐市天山区延安路4号自治区新华图书大厦4楼
…………………………Tel：0991-2877006
中国能源建设集团新疆电力设计院有限公司
地址：新疆乌鲁木齐市天山区三道湾路100号
…………………………Tel：0991-2958651
新疆亚中物流商务网络有限责任公司
地址：新疆乌鲁木齐高新技术产业开发区天津南路65号广汇美居物流园
…………………………Tel：0991-3026888
新疆浩通源通信工程有限公司
地址：新疆乌鲁木齐高新技术产业开发区（新市区）北京北路136号汇轩大厦806室
…………………………Tel：0991-3093538
新疆中泰集团工程有限公司
地址：新疆乌鲁木齐经济技术开发区阳澄湖路39号
…………………………Tel：0991-3130411
新疆力坤信息技术有限公司
地址：新疆乌鲁木齐市高新区（新市区）四平路2288号创新广场D座601室
…………………………Tel：0991-3139938
新疆甘泉堡神信物流有限责任公司
地址：新疆乌鲁木齐市甘泉堡经济技术开发区月恒东街29号甘泉星空春苑小区34号楼2单元501室
…………………………Tel：0991-3666600
新疆神华中顺物流有限责任公司
地址：新疆乌鲁木齐市甘泉堡经济技术开发区月恒东街29号甘泉星空春苑小区34号楼2单元602室
…………………………Tel：0991-3666600
新疆七星建设科技股份有限公司
地址：新疆乌鲁木齐经济技术开发区（头屯河区）融合北路718号仓储物流园01栋201室
…………………………Tel：0991-3707778
新疆海宇新明新能源科技有限公司
地址：新疆乌鲁木齐经济技术开发区（头屯河区）卫星路499号宏发国际营销总部-秦郡2栋10层一区办公3
…………………………Tel：0991-3714535
新疆镀威铒机电设备安装工程有限公司
地址：新疆乌鲁木齐经济技术开发区卫星路513号2期8号楼2单元23层2303号房
…………………………Tel：0991-3739733
新疆中兴信通科技开发有限公司
地址：新疆乌鲁木齐市天山区碱泉三街169号日光小区7栋6层2单元601室
…………………………Tel：0991-3760643
新疆中油建筑安装工程有限责任公司
地址：新疆乌鲁木齐市新市区西环北路2219号
…………………………Tel：0991-3763328
新疆龙源电力工程有限公司
地址：新疆乌鲁木齐经济技术开发区校园路100号1层
…………………………Tel：0991-3774277
新疆中安军盾保安服务有限公司
地址：新疆乌鲁木齐市新市区迎宾路608号莱茵庄园二期B21栋3层34、35、36、37号商铺
…………………………Tel：0991-3821622
乌鲁木齐益迅通通信设备安装有限公司
地址：新疆乌鲁木齐高新区（新市区）乌鲁木齐市北京南路416号盈科国际中心5-4（1号房）
…………………………Tel：0991-3835863
新疆八一钢铁股份有限公司
地址：新疆乌鲁木齐市头屯河区新钢路
…………………………Tel：0991-3890166
新疆中泰新建新丝路农业投资有限公司
地址：新疆乌鲁木齐经济技术开发区阳澄湖路39号6层
…………………………Tel：0991-3926108
新疆日海卓远通信工程有限公司
地址：新疆乌鲁木齐高新区(新市区)河北东路430号上海大厦A幢3层A302室
…………………………Tel：0991-4538089
乌鲁木齐新城建筑工程有限公司
地址：新疆乌鲁木齐市沙依巴克区南昌北路99号
…………………………Tel：0991-4553914
新疆久久盛合建设工程有限公司
地址：新疆乌鲁木齐市沙依巴克区宝山路90号主楼第二层
…………………………Tel：0991-4557733
乌鲁木齐红山一卡通有限责任公司
地址：新疆乌鲁木齐市水磨沟区南湖路西一巷10号四楼
…………………………Tel：0991-4605537
新疆博伟天诚电子科技有限公司
地址：新疆乌鲁木齐市米东区米东南路2188号13栋2单元1101室
…………………………Tel：0991-4611811
新疆天域卫士保安服务有限公司
地址：新疆乌鲁木齐市水磨沟区立井街198号丽景名都小区9号楼1单元701室、702室、703室
…………………………Tel：0991-4655581
新疆景瑞峰通信技术有限公司
地址：新疆乌鲁木齐市沙依巴克区黄河路304号1栋8层2号
…………………………Tel：0991-4692859
新疆华凌工贸（集团）有限公司
地址：新疆乌鲁木齐市水磨沟区西虹东路9号
…………………………Tel：0991-4875055
乌鲁木齐市佳茗新海通信技术有限公司
地址：新疆乌鲁木齐市天山区文艺路11号恒福大厦1栋A单元1806室
…………………………Tel：0991-5199333
新疆信息产业有限责任公司
地址：新疆乌鲁木齐市高新区（新市区）长春路1118号
…………………………Tel：0991-5305557
新疆希望爱登堡电梯有限公司
地址：新疆乌鲁木齐市西山兵团乌鲁木齐工业园区紫藤街1号
…………………………Tel：0991-5308188
新疆天成拓展投资有限公司
地址：新疆乌鲁木齐市高新区（新市区）北区57号
…………………………Tel：0991-5651562
新疆中移通信技术工程有限公司
地址：新疆乌鲁木齐市沙依巴克区炉院街90号
…………………………Tel：0991-5850556
中石油新疆销售有限公司
地址：新疆乌鲁木齐市新市区天津北路西五巷99号
…………………………Tel：0991-6600659
中石油新疆销售有限公司
地址：新疆乌鲁木齐市新市区天津北路西五巷99号
…………………………Tel：0991-6600659
新疆新网投资有限公司
地址：新疆乌鲁木齐市新市区北京中路138号嘉美轩小区1栋4单元502室
…………………………Tel：0991-6618966
乌鲁木齐隆胜鹏程劳务派遣有限公司
地址：新疆乌鲁木齐市新市区喀什东路498号华源博雅馨园21栋3单元101室
…………………………Tel：0991-6680588
新疆平安顺消防安全技术服务有限公司
地址：新疆乌鲁木齐高新区（新市区）天津北路320号1栋天河广场A座办公701、702号
…………………………Tel：0991-6692240
新疆欣光信息技术有限公司
地址：新疆乌鲁木齐高新技术产业开发区（新市区）宏扬路999号科创谷2号楼
…………………………Tel：0991-6699102
新疆天山铁道有限责任公司
地址：新疆昌吉州准东经济技术开发区五彩湾新城卡拉麦里路50号鑫城商业楼2栋203室(五彩湾)
…………………………Tel：0991-6802632
中国石油乌鲁木齐石油化工有限公司
地址：新疆乌鲁木齐市米东区石化大庆路966号
…………………………Tel：0991-6901787
新疆宏景通讯有限公司
地址：新疆乌鲁木齐经济技术开发区中亚北路2号
…………………………Tel：0991-7508805
新疆新捷燃气有限责任公司
地址：新疆乌鲁木齐经济技术开发区中亚南路117号
…………………………Tel：0991-7688691
新疆中收农牧机械有限公司
地址：新疆乌鲁木齐市高新区（新市区）新联路229号
…………………………Tel：0991-7868499
新疆文祥信息技术有限公司
地址：新疆乌鲁木齐市天山区光明路100号金碧华府A座2103
…………………………Tel：0991-8806155
新疆巨林森信息技术有限公司
地址：新疆乌鲁木齐市天山区新华北路8号新世纪小区1栋32层32-C4
…………………………Tel：0991-8834166
中建新疆建工（集团）有限公司
地址：新疆乌鲁木齐市天山区青年路239号
…………………………Tel：0991-8856631
新疆北斗同创信息科技有限公司
地址：新疆乌鲁木齐市沙依巴克区西北路499号新疆大学信息技术创新园217-3室
…………………………Tel：0991-8880851
新疆好迪工程技术有限公司
地址：新疆乌鲁木齐市沙依巴克区扬子江路42号红十月小区北一区10栋2单元303室
…………………………Tel：0991-8889126
新疆蓝山屯河新材料有限公司
地址：新疆伊犁州奎屯-独山子石化工业园南区飞跃路10-1幢
…………………………Tel：0992-3205338
广汇能源股份有限公司
地址：新疆乌鲁木齐市经济技术开发区上海路16号
…………………………Tel：099-2365096
新疆天北能源有限责任公司
地址：新疆克拉玛依市独山子区韶山路27号
…………………………Tel：0992-3876133
中国铁路乌鲁木齐局集团有限公司奎屯车务段
地址：新疆伊犁州奎屯市火车站东区（铁二路）
…………………………Tel：0992-7322300
中国铁路乌鲁木齐局集团有限公司奎屯工务段
地址：新疆伊犁州奎屯市36-A区长宁园3-1号
…………………………Tel：0992-7322395
石河子鑫源公路运输有限公司
地址：新疆石河子总场北泉镇军垦新村6小区北泉路256号2层
…………………………Tel：0993-2259096
石河子北泉建筑安装工程有限责任公司
地址：新疆石河子市北泉镇北泉路299-F号
…………………………Tel：0993-2261299
石河子开发区中建建筑工程有限公司
地址：新疆石河子开发区43小区林海花苑公1栋3号、4号、A号
…………………………Tel：0993-7525753
新疆准东油田工程技术股份有限公司
地址：新疆克拉玛依市油建南路副166号
…………………………Tel：0994-3832767
新疆鑫达建设工程有限公司
地址：新疆五家渠市军垦北路
…………………………Tel：0994-5812712
新疆龙腾建工有限公司
地址：新疆五家渠市十六区前进路（前进西街）
…………………………Tel：0994-5820761
新疆天力建工集团有限公司
地址：新疆五家渠22人民南路998号阳光康居小区46栋2-2室
…………………………Tel：0994-5820892
吉木萨尔县金镖武装押运有限公司
地址：新疆昌吉州吉木萨尔县孚远路（原中心路）31号
…………………………Tel：0994-6915133
托克逊县金盾保安服务有限责任公司
地址：新疆吐鲁番市托克逊县光明路(供电局旁)
…………………………Tel：0995-7637858
中国铁路乌鲁木齐局集团有限公司库尔勒供电段
地址：新疆巴州库尔勒市火车东站三街坊6号
…………………………Tel：0996-8643373
新疆塔建三五九建工有限责任公司
地址：新疆阿拉尔市滨海大道东1395号
…………………………Tel：0997-4668086
新和海特燃气有限公司
地址：新疆阿克苏地区新和县乌喀西路49号
…………………………Tel：0997-8232008
沙雅悦洋纺织科技有限公司
地址：新疆阿克苏地区沙雅县人民南路28号
…………………………Tel：0997-8322052
喀什建工（集团）有限责任公司
地址：新疆喀什地区喀什市人民东路105号
…………………………Tel：0998-2833965
喀什易迅信息技术有限公司
地址：新疆喀什地区喀什市中亚商贸第一城8幢2层64号商铺
…………………………Tel：0998-2870099
喀什综合保税区投资开发有限公司
地址：新疆喀什地区喀什经济开发区欧亚大道33号
…………………………Tel：0998-5818558
巴楚县珀翰投资发展有限责任公司
地址：新疆喀什地区巴楚县迎宾南路东侧（工商银行斜对面）
…………………………Tel：0998-6225016
霍尔果斯腾图科技股份有限公司
地址：新疆伊犁州霍尔果斯经济开发区清水河配套园区干部周转楼521室
…………………………Tel：0999-3362166
新疆维吾尔自治区天山西部林业局特克斯林场
地址：新疆伊犁州特克斯县阿扎提街
…………………………Tel：0999-6623686
霍尔果斯快马财税管理服务有限公司
地址：新疆伊犁州霍尔果斯平安路3号205室
…………………………Tel：0999-7855550
霍尔果斯易桥快马企业管理咨询有限公司
地址：新疆伊犁州霍尔果斯友谊西路26号【康之源·口岸锦城商都】1栋二层商铺2025A
…………………………Tel：0999-7855550
霍尔果斯华熙智联科技有限公司
地址：新疆伊犁州霍尔果斯口岸北京路1号国际客服中心楼2层A区2131室
…………………………Tel：0999-8795809

金融行业

一、行业综合分析

金融行业综合分析

“金融”是指货币流通和信用活动以及与之相联系的经济活动的总称。金融在国民经济中具有举足轻重的地位和作用，是社会资金运动的中枢神经系统。现代市场经济条件下，以货币流通和社会信用总和为内容的金融在社会资金的筹措和分配中所占的比重越来越大。因此，金融作为一国社会资金流通系统的基本组成部分，对经济的增长和发展起着十分重要的调节控制作用。

中国金融业发展壮大的历史，就是一部打破“大一统”金融体制，转型为多层次、多主体、多元化的金融业的历史。正是得益于三十余年金融业的改革发展，在2008年的全球金融危机中，中国金融业不但全身而退，更反超了西方的金融巨头。与GDP规模位居世界第二相一致，中国金融业成长为国际金融体系中不容忽视的重要力量。

中国金融市场平稳较快发展。2013年，债券市场共发行人民币债券9.0万亿元，同比增加12.5%。截至2013年末，债券市场债券托管总额达29.6万亿元，同比增加13.0%。截至2013年12月底，商业银行柜台开户数量达到1357万户，较2012年增加197万户，增长17.0%。2014年1-4月，债券市场累计发行债券3.31万亿元，同比增加15.3%，截至4月末，债券市场总托管余额为31.0万亿元。

伴随着互联网技术的出现及蓬勃发展，互联网金融开始应运而生，2013年6月13日余额宝的上线开创了国内互联网金融的先河。互联网金融是传统金融行业与以互联网（目前主要是Web 2.0）为代表的现代信息科技，特别是搜索引擎、移动支付、云计算、社会化网络和数据挖掘等，相结合的新兴领域。近年来，第三方支付、网络信贷、众筹融资以及其他网络金融服务平台等互联网金融业迅速崛起。目前，互联网金融业正从单纯的支付业务向转账汇款、跨境结算、小额信贷、现金管理、资产管理、供应链金融、基金和保险代销、信用卡还款等传统银行业务领域渗透，在金融产品和服务方面的创新弥补了传统金融业的不足。

中国金融业相关法规包含中国银行业法规、中国保险业法规、中国证券期货业法规，涉及中国银行业、保险业、证券期货业、公募基金、私募股权基金、担保及信托业等相关领域的主要监管法规，2013年发布的相关政策法规如下：《支付机构客户备付金存管办法》——为规范支付机构客户备付金管理，保障当事人合法权益，促进支付行业健康有序发展，维护金融和社会稳定，中国人民银行制定了该办法；《银行卡收单业务管理办法》——该办法旨在规范银行卡收单业务，保障各参与方合法权益，防范支付风险，促进银行卡业务健康有序发展；银监会关于印发商业银行资本监管配套政策文件的通知——该通知包括《中央交易对手风险暴露资本计量规则》、《关于商业银行资本构成信息披露的监管要求》、《关于商业银行实施内部评级法的补充监管要求》、《资本监管政策问答》等4个资本监管配套政策文件；为完善商业银行公司治理，促进商业银行稳健经营和健康发展，保护存款人和其他利益相关者的合法权益，银监会制定《商业银行公司治理指引》；为进一步加强商业银行流动性风险管理，维护银行体系安全稳健运行，银监会起草了《商业银行流动性风险管理办法（试行）》（征求意见稿）；为贯彻落实国务院关于“扩大消费金融公司试点”和“尝试由民间资本发起设立自担风险的消费金融公司”的决定精神，促进消费金融公司持续健康发展，银监会发布了《消费金融公司试点管理办法（修订稿）》公开征求意见的公告。

我国目前的金融监管机构包括“一行三会”，即中国人民银行、银监会、证监会和保监会。中国人民银行是中华人民共和国的中央银行，中华人民共和国国务院组成部门之一。1948年12月1日在华北银行、北海银行、西北农民银行的基础上合并组成的。中国人民银行根据《中华人民共和国中国人民银行法》的规定，在国务院的领导下依法独立执行货币政策，履行职责，开展业务，不受地方政府、各级政府部门、社会团体和个人的干涉；中国银行业监督管理委员会成立于2003年4月25日，是国务院直属正部级事业单位。根据国务院授权，统一监督管理银行、金融资产管理公司、信托投资公司及其他存款类金融机构，维护银行业的合法、稳健运行；中国证监会为国务院直属正部级事业单位，依照法律、法规和国务院授权，统一监督管理全国证券期货市场，维护证券期货市场秩序，保障其合法运行；中华人民共和国保险监督管理委员会成立于1998年11月18日，是国务院直属正部级事业单位，根据国务院授权履行行政管理职能，依照法律、法规统一监督管理全国保险市场，维护保险业的合法、稳健运行。

金融行业相关企业主要包括银行领域、保险业领域、证券业领域，我国银行领域重点企业主要有：中国工商银行、中国建设银行、中国银行、中国农业银行等；保险业领域主要有：中国人寿保险股份有限公司、中国人民保险集团股份有限公司、中国平安保险（集团）股份有限公司、新华人寿保险股份有限公司等；证券业主要有：中信证券股份有限公司、海通证券股份有限公司、国泰君安证券股份有限公司、广发证券股份有限公司等。

《金融业发展和改革“十二五”规划》确定了“十二五”时期金融改革发展总体目标。根据规划目标，“十二五”时期，中国金融服务业增加值占国内生产总值比重将保持在5%左右。规划还提出，到“十二五”期末，金融结构调整要取得明显进展，非金融企业直接融资占社会融资规模比重将提高至15%以上。银行、证券、保险等主要金融行业的行业结构和组织体系更为合理。此外，城镇化和互联网金融业等也为中国金融行业提供了广阔的发展空间，未来仍是中国金融行业发展的大好时机。

本文由中投顾问供稿

二、行业法规

中华人民共和国中国人民银行法（修正）

（1995年3月18日第八届全国人民代表大会第三次会议通过　根据2003年12月27日第十届全国人民代表大会常务委员会第六次会议《关于修改〈中华人民共和国中国人民银行法〉的决定》修正）

第一章　总　则

第一条　为了确立中国人民银行的地位，明确其职责，保证国家货币政策的正确制定和执行，建立和完善中央银行宏观调控体系，维护金融稳定，制定本法。

第二条　中国人民银行是中华人民共和国的中央银行。中国人民银行在国务院领导下，制定和执行货币政策，防范和化解金融风险，维护金融稳定。

第三条　货币政策目标是保持货币币值的稳定，并以此促进经济增长。

第四条　中国人民银行履行下列职责：

（一）发布与履行其职责有关的命令和规章；

（二）依法制定和执行货币政策；

（三）发行人民币，管理人民币流通；

（四）监督管理银行间同业拆借市场和银行间债券市场；

（五）实施外汇管理，监督管理银行间外汇市场；

（六）监督管理黄金市场；

（七）持有、管理、经营国家外汇储备、黄金储备；

（八）经理国库；

（九）维护支付、清算系统的正常运行；

（十）指导、部署金融业反洗钱工作，负责反洗钱的资金监测；

（十一）负责金融业的统计、调查、分析和预测；

（十二）作为国家的中央银行，从事有关的国际金融活动；

（十三）国务院规定的其他职责。

中国人民银行为执行货币政策，可以依照本法第四章的有关规定从事金融业务活动。

第五条　中国人民银行就年度货币供应量、利率、汇率和国务院规定的其他重要事项作出的决定，报国务院批准后执行。中国人民银行就前款规定以外的其他有关货币政策事项作出决定后，即予执行，并报国务院备案。

第六条　中国人民银行应当向全国人民代表大会常务委员会提出有关货币政策情况和金融业运行情况的工作报告。

第七条　中国人民银行在国务院领导下依法独立执行货币政策，履行职责，开展业务，不受地方政府、各级政府部门、社会团体和个人的干涉。

第八条　中国人民银行的全部资本由国家出资，属于国家所有。

第九条　国务院建立金融监督管理协调机制，具体办法由国务院规定

第二章　组织机构

第十条　中国人民银行设行长一人，副行长若干人。中国人民银行行长的人选，根据国务院总理的提名，由全国人民代表大会决定；全国人民代表大会闭会期间，由全国人民代表大会常务委员会决定，由中华人民共和国主席任免。中国人民银行副行长由国务院总理任免。

第十一条　中国人民银行实行行长负责制。行长领导中国人民银行的工作，副行长协助行长工作。

第十二条　中国人民银行设立货币政策委员会。货币政策委员会的职责、组成和工作程序，由国务院规定，报全国人民代表大会常务委员会备案。中国人民银行货币政策委员会应当在国家宏观调控、货币政策制定和调整中，发挥重要作用。

第十三条　中国人民银行根据履行职责的需要设立分支机构，作为中国人民银行的派出机构。中国人民银行对分支机构实行统一领导和管理。中国人民银行的分支机构根据中国人民银行的授权，维护本辖区的金融稳定，承办有关业务。

第十四条　中国人民银行的行长、副行长及其他工作人员应当恪尽职守，不得滥用职权、徇私舞弊，不得在任何金融机构、企业、基金会兼职。

第十五条　中国人民银行的行长、副行长及其他工作人员，应当依法保守国家秘密，并有责任为与履行其职责有关的金融机构及当事人保守秘密。

第三章　人民币

第十六条　中华人民共和国的法定货币是人民币。以人民币支付中华人民共和国境内的一切公共的和私人的债务，任何单位和个人不得拒收。

第十七条　人民币的单位为元，人民币辅币单位为角、分。

第十八条　人民币由中国人民银行统一印制、发行。中国人民银行发行新版人民币，应当将发行时间、面额、图案、式样、规格予以公告。

第十九条　禁止伪造、变造人民币。禁止出售、购买伪造、变造的人民币。禁止运输、持有、使用伪造、变造的人民币。禁止故意毁损人民币。禁止在宣传品、出版物或者其他商品上非法使用人民币图样。

第二十条　任何单位和个人不得印制、发售代币票券，以代替人民币在市场上流通。

第二十一条　残缺、污损的人民币，按照中国人民银行的规定兑换，并由中国人民银行负责收回、销毁。

第二十二条　中国人民银行设立人民币发行库，在其分支机构设立分支库。分支库调拨人民币发行基金，应当按照上级库的调拨命令办理。任何单位和个人不得违反规定，动用发行基金。

第四章　业　务

第二十三条　中国人民银行为执行货币政策，可以运用下列货币政策工具：

（一）要求银行业金融机构按照规定的比例交存存款准备金；

（二）确定中央银行基准利率；

（三）为在中国人民银行开立账户的银行业金融机构办理再贴现；

（四）向商业银行提供贷款；

（五）在公开市场上买卖国债、其他政府债券和金融债券及外汇；

（六）国务院确定的其他货币政策工具。

中国人民银行为执行货币政策，运用前款所列货币政策工具时，可以规定具体的条件和程序。

第二十四条　中国人民银行依照法律、行政法规的规定经理国库。

第二十五条　中国人民银行可以代理国务院财政部门向各金融机构组织发行、兑付国债和其他政府债券。

第二十六条　中国人民银行可以根据需要，为银行业金融机构开立账户，但不得对银行业金融机构的账户透支。

第二十七条　中国人民银行应当组织或者协助组织银行业金融机构相互之间的清算系统，协调银行业金融机构相互之间的清算事项，提供清算服务。具体办法由中国人民银行制定。中国人民银行会同国务院银行业监督管理机构制定支付结算规则。

第二十八条　中国人民银行根据执行货币政策的需要，可以决定对商业银行贷款的数额、期限、利率和方式，但贷款的期限不得超过一年。

第二十九条　中国人民银行不得对政府财政透支，不得直接认购、包销国债和其他政府债券。

第三十条　中国人民银行不得向地方政府、各级政府部门提供贷款，不得向非银行金融机构以及其他单位和个人提供贷款，但国务院决定中国人民银行可以向特定的非银行金融机构提供贷款的除外。中国人民银行不得向任何单位和个人提供担保。

第五章　金融监督管理

第三十一条　中国人民银行依法监测金融市场的运行情况，对金融市场实施宏观调控，促进其协调发展。

第三十二条　中国人民银行有权对金融机构以及其他单位和个人的下列行为进行检查监督：

（一）执行有关存款准备金管理规定的行为；

（二）与中国人民银行特种贷款有关的行为；

（三）执行有关人民币管理规定的行为；

（四）执行有关银行间同业拆借市场、银行间债券市场管理规定的行为；

（五）执行有关外汇管理规定的行为；

（六）执行有关黄金管理规定的行为；

（七）代理中国人民银行经理国库的行为；

（八）执行有关清算管理规定的行为；

（九）执行有关反洗钱规定的行为。

前款所称中国人民银行特种贷款，是指国务院决定的由中国人民银行向金融机构发放的用于特定目的的贷款。

第三十三条　中国人民银行根据执行货币政策和维护金融稳定的需要，可以建议国务院银行业监督管理机构对银行业金融机构进行检查监督。国务院银行业监督管理机构应当自收到建议之日起三十日内予以回复。

第三十四条　当银行业金融机构出现支付困难，可能引发金融风险时，为了维护金融稳定，中国人民银行经国务院批准，有权对银行业金融机构进行检查监督。

第三十五条　中国人民银行根据履行职责的需要，有权要求银行业金融机构报送必要的资产负债表、利润表以及其他财务会计、统计报表和资料。中国人民银行应当和国务院银行业监督管理机构、国务院其他金融监督管理机构建立监督管理信息共享机制。

第三十六条　中国人民银行负责统一编制全国金融统计数据、报表，并按照国家有关规定予以公布。

第三十七条　中国人民银行应当建立、健全本系统的稽核、检查制度，加强内部的监督管理。

第六章　财务会计

第三十八条　中国人民银行实行独立的财务预算管理制度。中国人民银行的预算经国务院财政部门审核后，纳入中央预算，接受国务院财政部门的预算执行监督。

第三十九条　中国人民银行每一会计年度的收入减除该年度支出，并按照国务院财政部门核定的比例提取总准备金后的净利润，全部上缴中央财政。中国人民银行的亏损由中央财政拨款弥补。

第四十条　中国人民银行的财务收支和会计事务，应当执行法律、行政法规和国家统一的财务、会计制度，接受国务院审计机关和财政部门依法分别进行的审计和监督。

第四十一条　中国人民银行应当于每一会计年度结束后的三个月内，编制资产负债表、损益表和相关的财务会计报表，并编制年度报告，按照国家有关规定予以公布。中国人民银行的会计年度自公历1月1日起至12月31日止。

第七章　法律责任

第四十二条　伪造、变造人民币，出售伪造、变造的人民币，或者明知是伪造、变造的人民币而运输，构成犯罪的，依法追究刑事责任；尚不构成犯罪的，由公安机关处十五日以下拘留、一万元以下罚款。

第四十三条　购买伪造、变造的人民币或者明知是伪造、变造的人民币而持有、使用，构成犯罪的，依法追究刑事责任；尚不构成犯罪的，由公安机关处十五日以下拘留、一万元以下罚款。

第四十四条　在宣传品、出版物或者其他商品上非法使用人民币图样的，中国人民银行应当责令改正，并销毁非法使用的人民币图样，没收违法所得，并处五万元以下罚款。

第四十五条　印制、发售代币票券，以代替人民币在市场上流通的，中国人民银行应当责令停止违法行为，并处二十万元以下罚款。

第四十六条　本法第三十二条所列行为违反有关规定，有关法律、行政法规有处罚规定的，依照其规定给予处罚；有关法律、行政法规未作处罚规定的，由中国人民银行区别不同情形给予警告，没收违法所得，违法所得五十万元以上的，并处违法所得一倍以上五倍以下罚款；没有违法所得或者违法所得不足五十万元的，处五十万元以上二百万元以下罚款；对负有直接责任的董事、高级管理人员和其他直接责任人员给予警告，处五万元以上五十万元以下罚款；构成犯罪的，依法追究刑事责任。

第四十七条　当事人对行政处罚不服的，可以依照《中华人民共和国行政诉讼法》的规定提起行政诉讼。

第四十八条　中国人民银行有下列行为之一的，对负有直接责任的主管人员和其他直接责任人员，依法给予行政处分；构成犯罪的，依法追究刑事责任：

（一）违反本法第三十条第一款的规定提供贷款的；

（二）对单位和个人提供担保的；

（三）擅自动用发行基金的。

有前款所列行为之一，造成损失的，负有直接责任的主管人员和其他直接责任人员应当承担部分或者全部赔偿责任。

第四十九条　地方政府、各级政府部门、社会团体和个人强令中国人民银行及其工作人员违反本法第三十条的规定提供贷款或者担保的，对负有直接责任的主管人员和其他直接责任人员，依法给予行政处分；构成犯罪的，依法追究刑事责任；造成损失的，应当承担部分或者全部赔偿责任。

第五十条　中国人民银行的工作人员泄露国家秘密或者所知悉的商业秘密，构成犯罪的，依法追究刑事责任；尚不构成犯罪的，依法给予行政处分。

第五十一条　中国人民银行的工作人员贪污受贿、徇私舞弊、滥用职权、玩忽职守，构成犯罪的，依法追究刑事责任；尚不构成犯罪的，依法给予行政处分。

第八章　附　则

第五十二条　本法所称银行业金融机构，是指在中华人民共和国境内设立的商业银行、城市信用合作社、农村信用合作社等吸收公众存款的金融机构以及政策性银行。

在中华人民共和国境内设立的金融资产管理公司、信托投资公司、财务公司、金融租赁公司以及经国务院银行业监督管理机构批准设立的其他金融机构，适用本法对银行业金融机构的规定。

第五十三条　本法自公布之日起施行。

中华人民共和国证券法

(1998年12月29日第九届全国人民代表大会常务委员会第六次会议通过 根据2004年8月28日第十届全国人民代表大会常务委员会第十一次会议《关于修改<中华人民共和国证券法>的决定》第一次修正 2005年10月27日第十届全国人民代表大会常务委员会第十八次会议修订根据 2013年6月29日第十二届全国人民代表大会常务委员会第三次会议《关于修改〈中华人民共和国文物保护法〉等十二部法律的决定》第二次修正 根据2014年8月31日第十二届全国人民代表大会常务委员会第十次会议《关于修改<中华人民共和国保险法>等五部法律的决定》第三次修正)

第一章　总　则

第一条　为了规范证券发行和交易行为，保护投资者的合法权益，维护社会经济秩序和社会公共利益，促进社会主义市场经济的发展，制定本法。

第二条　在中华人民共和国境内，股票、公司债券和国务院依法认定的其他证券的发行和交易，适用本法；本法未规定的，适用《中华人民共和国公司法》和其他法律、行政法规的规定。

政府债券、证券投资基金份额的上市交易，适用本法；其他法律、行政法规另有规定的，适用其规定。

证券衍生品种发行、交易的管理办法，由国务院依照本法的原则规定。

第三条　证券的发行、交易活动，必须实行公开、公平、公正的原则。

第四条　证券发行、交易活动的当事人具有平等的法律地位，应当遵守自愿、有偿、诚实信用的原则。

第五条　证券的发行、交易活动，必须遵守法律、行政法规；禁止欺诈、内幕交易和操纵证券市场的行为。

第六条　证券业和银行业、信托业、保险业实行分业经营、分业管理，证券公司与银行、信托、保险业务机构分别设立。国家另有规定的除外。

第七条 国务院证券监督管理机构依法对全国证券市场实行集中统一监督管理。国务院证券监督管理机构根据需要可以设立派出机构，按照授权履行监督管理职责。

第八条 在国家对证券发行、交易活动实行集中统一监督管理的前提下，依法设立证券业协会，实行自律性管理。

第九条 国家审计机关依法对证券交易所、证券公司、证券登记结算机构、证券监督管理机构进行审计监督。

第二章 证券发行

第十条 公开发行证券，必须符合法律、行政法规规定的条件，并依法报经国务院证券监督管理机构或者国务院授权的部门核准；未经依法核准，任何单位和个人不得公开发行证券。

有下列情形之一的，为公开发行：

（一）向不特定对象发行证券的；

（二）向特定对象发行证券累计超过二百人的；

（三）法律、行政法规规定的其他发行行为。

非公开发行证券，不得采用广告、公开劝诱和变相公开方式。

第十一条 发行人申请公开发行股票、可转换为股票的公司债券，依法采取承销方式的，或者公开发行法律、行政法规规定实行保荐制度的其他证券的，应当聘请具有保荐资格的机构担任保荐人。

保荐人应当遵守业务规则和行业规范，诚实守信，勤勉尽责，对发行人的申请文件和信息披露资料进行审慎核查，督导发行人规范运作。

保荐人的资格及其管理办法由国务院证券监督管理机构规定。

第十二条 设立股份有限公司公开发行股票，应当符合《中华人民共和国公司法》规定的条件和经国务院批准的国务院证券监督管理机构规定的其他条件，向国务院证券监督管理机构报送募股申请和下列文件：

（一）公司章程；

（二）发起人协议；

（三）发起人姓名或者名称，发起人认购的股份数、出资种类及验资证明；

（四）招股说明书；

（五）代收股款银行的名称及地址；

（六）承销机构名称及有关的协议。

依照本法规定聘请保荐人的，还应当报送保荐人出具的发行保荐书。

法律、行政法规规定设立公司必须报经批准的，还应当提交相应的批准文件。

第十三条 公司公开发行新股，应当符合下列条件：

（一）具备健全且运行良好的组织机构；

（二）具有持续盈利能力，财务状况良好；

（三）最近三年财务会计文件无虚假记载，无其他重大违法行为；

（四）经国务院批准的国务院证券监督管理机构规定的其他条件。

上市公司非公开发行新股，应当符合经国务院批准的国务院证券监督管理机构规定的条件，并报国务院证券监督管理机构核准。

第十四条　公司公开发行新股，应当向国务院证券监督管理机构报送募股申请和下列文件：

（一）公司营业执照；

（二）公司章程；

（三）股东大会决议；

（四）招股说明书；

（五）财务会计报告；

（六）代收股款银行的名称及地址；

（七）承销机构名称及有关的协议。

依照本法规定聘请保荐人的，还应当报送保荐人出具的发行保荐书。

第十五条　公司对公开发行股票所募集资金，必须按照招股说明书所列资金用途使用。改变招股说明书所列资金用途，必须经股东大会作出决议。擅自改变用途而未作纠正的，或者未经股东大会认可的，不得公开发行新股。

第十六条　公开发行公司债券，应当符合下列条件：

（一）股份有限公司的净资产不低于人民币三千万元，有限责任公司的净资产不低于人民币六千万元；

（二）累计债券余额不超过公司净资产的百分之四十；

（三）最近三年平均可分配利润足以支付公司债券一年的利息；

（四）筹集的资金投向符合国家产业政策；

（五）债券的利率不超过国务院限定的利率水平；

（六）国务院规定的其他条件。

公开发行公司债券筹集的资金，必须用于核准的用途，不得用于弥补亏损和非生产性支出。

上市公司发行可转换为股票的公司债券，除应当符合第一款规定的条件外，还应当符合本法关于公开发行股票的条件，并报国务院证券监督管理机构核准。

第十七条　申请公开发行公司债券，应当向国务院授权的部门或者国务院证券监督管理机构报送下列文件：

（一）公司营业执照；

（二）公司章程；

（三）公司债券募集办法；

（四）资产评估报告和验资报告；

（五）国务院授权的部门或者国务院证券监督管理机构规定的其他文件。

依照本法规定聘请保荐人的，还应当报送保荐人出具的发行保荐书。

第十八条　有下列情形之一的，不得再次公开发行公司债券：

（一）前一次公开发行的公司债券尚未募足；

（二）对已公开发行的公司债券或者其他债务有违约或者延迟支付本息的事实，仍处于继续状态；

（三）违反本法规定，改变公开发行公司债券所募资金的用途。

第十九条　发行人依法申请核准发行证券所报送的申请文件的格式、报送方式，由依法负责核准的机构或者部门规定。

第二十条　发行人向国务院证券监督管理机构或者国务院授权的部门报送的证券发行申请文件，必须真实、准确、完整。

为证券发行出具有关文件的证券服务机构和人员，必须严格履行法定职责，保证其所出具文件的真实性、准确性和完整性。

第二十一条　发行人申请首次公开发行股票的，在提交申请文件后，应当按照国务院证券监督管理机构的规定预先披露有关申请文件。

第二十二条　国务院证券监督管理机构设发行审核委员会，依法审核股票发行申请。

发行审核委员会由国务院证券监督管理机构的专业人员和所聘请的该机构外的有关专家组成，以投票方式对股票发行申请进行表决，提出审核意见。

发行审核委员会的具体组成办法、组成人员任期、工作程序，由国务院证券监督管理机构规定。

第二十三条　国务院证券监督管理机构依照法定条件负责核准股票发行申请。核准程序应当公开，依法接受监督。

参与审核和核准股票发行申请的人员，不得与发行申请人有利害关系，不得直接或者间接接受发行申请人的馈赠，不得持有所核准的发行申请的股票，不得私下与发行申请人进行接触。

国务院授权的部门对公司债券发行申请的核准，参照前两款的规定执行。

第二十四条　国务院证券监督管理机构或者国务院授权的部门应当自受理证券发行申请文件之日起三个月内，依照法定条件和法定程序作出予以核准或者不予核准的决定，发行人根据要求补充、修改发行申请文件的时间不计算在内；不予核准的，应当说明理由。

第二十五条　证券发行申请经核准，发行人应当依照法律、行政法规的规定，在证券公开发行前，公告公开发行募集文件，并将该文件置备于指定场所供公众查阅。发行证券的信息依法公开前，任何知情人不得公开或者泄露该信息。发行人不得在公告公开发行募集文件前发行证券。

第二十六条　国务院证券监督管理机构或者国务院授权的部门对已作出的核准证券发行的决定，发现不符合法定条件或者法定程序，尚未发行证券的，应当予以撤销，停止发行。已经发行尚未上市的，撤销发行核准决定，发行人应当按照发行价并加算银行同期存款利息返还证券持有人；保荐人应当与发行人承担连带责任，但是能够证明自己没有过错的除外；发行人的控股股东、实际控制人有过错的，应当与发行人承担连带责任。

第二十七条　股票依法发行后，发行人经营与收益的变化，由发行人自行负责；由此变化引致的投资风险，由投资者自行负责。

第二十八条　发行人向不特定对象发行的证券，法律、行政法规规定应当由证券公司承销的，发行人应当同证券公司签订承销协议。证券承销业务采取代销或者包销方式。

证券代销是指证券公司代发行人发售证券，在承销期结束时，将未售出的证券全部退还给发行人的承销方式。

证券包销是指证券公司将发行人的证券按照协议全部购入或者在承销期结束时将售后剩余证券全部自行购入的承销方式。

第二十九条　公开发行证券的发行人有权依法自主选择承销的证券公司。证券公司不得以不正当竞争手段招揽证券承销业务。

第三十条　证券公司承销证券，应当同发行人签订代销或者包销协议，载明下列事项：

（一）当事人的名称、住所及法定代表人姓名；

（二）代销、包销证券的种类、数量、金额及发行价格；

（三）代销、包销的期限及起止日期；

（四）代销、包销的付款方式及日期；

（五）代销、包销的费用和结算办法；

（六）违约责任；

（七）国务院证券监督管理机构规定的其他事项。

第三十一条　证券公司承销证券，应当对公开发行募集文件的真实性、准确性、完整性进行核查；发现有虚假记载、误导性陈述或者重大遗漏的，不得进行销售活动；已经销售的，必须立即停止销售活动，并采取纠正措施。

第三十二条　向不特定对象发行的证券票面总值超过人民币五千万元的，应当由承销团承销。承销团应当由主承销和参与承销的证券公司组成。

第三十三条　证券的代销、包销期限最长不得超过九十日。

证券公司在代销、包销期内，对所代销、包销的证券应当保证先行出售给认购人，证券公司不得为本公司预留所代销的证券和预先购入并留存所包销的证券。

第三十四条　股票发行采取溢价发行的，其发行价格由发行人与承销的证券公司协商确定。

第三十五条　股票发行采用代销方式，代销期限届满，向投资者出售的股票数量未达到拟公开发行股票数量百分之七十的，为发行失败。发行人应当按照发行价并加算银行同期存款利息返还股票认购人。

第三十六条　公开发行股票，代销、包销期限届满，发行人应当在规定的期限内将股票发行情况报国务院证券监督管理机构备案。

第三章　证券交易

第一节　一般规定

第三十七条　证券交易当事人依法买卖的证券，必须是依法发行并交付的证券。

非依法发行的证券，不得买卖。

第三十八条　依法发行的股票、公司债券及其他证券，法律对其转让期限有限制性规定的，在限定的期限内不得买卖。

第三十九条　依法公开发行的股票、公司债券及其他证券，应当在依法设立的证券交易所上市交易或者在国务院批准的其他证券交易场所转让。

第四十条　证券在证券交易所上市交易，应当采用公开的集中交易方式或者国务院证券监督管理机构批准的其他方式。

第四十一条　证券交易当事人买卖的证券可以采用纸面形式或者国务院证券监督管理机构规定的其他形式。

第四十二条　证券交易以现货和国务院规定的其他方式进行交易。

第四十三条　证券交易所、证券公司和证券登记结算机构的从业人员、证券监督管理机构的工作人员以及法律、行政法规禁止参与股票交易的其他人员，在任期或者法定限期内，不得直接或者以化名、借他人名义持有、买卖股票，也不得收受他人赠送的股票。

任何人在成为前款所列人员时，其原已持有的股票，必须依法转让。

第四十四条　证券交易所、证券公司、证券登记结算机构必须依法为客户开立的账户保密。

第四十五条　为股票发行出具审计报告、资产评估报告或者法律意见书等文件的证券服务机构和人员，在该股票承销期内和期满后六个月内，不得买卖该种股票。

除前款规定外，为上市公司出具审计报告、资产评估报告或者法律意见书等文件的证券服务机构和人员，自接受上市公司委托之日起至上述文件公开后五日内，不得买卖该种股票。

第四十六条　证券交易的收费必须合理，并公开收费项目、收费标准和收费办法。

证券交易的收费项目、收费标准和管理办法由国务院有关主管部门统一规定。

第四十七条　上市公司董事、监事、高级管理人员、持有上市公司股份百分之五以上的股东，将其持有的该公司的股票在买入后六个月内卖出，或者在卖出后六个月内又买入，由此所得收益归该公司所有，公司董事会应当收回其所得收益。但是，证券公司因包销购入售后剩余股票而持有百分之五以上股份的，卖出该股票不受六个月时间限制。

公司董事会不按照前款规定执行的，股东有权要求董事会在三十日内执行。公司董事会未在上述期限内执行的，股东有权为了公司的利益以自己的名义直接向人民法院提起诉讼。

公司董事会不按照第一款的规定执行的，负有责任的董事依法承担连带责任。

第二节　证券上市

第四十八条　申请证券上市交易，应当向证券交易所提出申请，由证券交易所依法审核同意，并由双方签订上市协议。

证券交易所根据国务院授权的部门的决定安排政府债券上市交易。

第四十九条　申请股票、可转换为股票的公司债券或者法律、行政法规规定实行保荐制度的其他证券上市交易，应当聘请具有保荐资格的机构担任保荐人。

本法第十一条第二款、第三款的规定适用于上市保荐人。

第五十条　股份有限公司申请股票上市，应当符合下列条件：

（一）股票经国务院证券监督管理机构核准已公开发行；

（二）公司股本总额不少于人民币三千万元；

（三）公开发行的股份达到公司股份总数的百分之二十五以上；公司股本总额超过人民币四亿元的，公开发行股份的比例为百分之十以上；

（四）公司最近三年无重大违法行为，财务会计报告无虚假记载。

证券交易所可以规定高于前款规定的上市条件，并报国务院证券监督管理机构批准。

第五十一条　国家鼓励符合产业政策并符合上市条件的公司股票上市交易。

第五十二条　申请股票上市交易，应当向证券交易所报送下列文件：

（一）上市报告书；

（二）申请股票上市的股东大会决议；

（三）公司章程；

（四）公司营业执照；

（五）依法经会计师事务所审计的公司最近三年的财务会计报告；

（六）法律意见书和上市保荐书；

（七）最近一次的招股说明书；

（八）证券交易所上市规则规定的其他文件。

第五十三条　股票上市交易申请经证券交易所审核同意后，签订上市协议的公司应当在规定的期限内公告股票上市的有关文件，并将该文件置备于指定场所供公众查阅。

第五十四条　签订上市协议的公司除公告前条规定的文件外，还应当公告下列事项：

（一）股票获准在证券交易所交易的日期；

（二）持有公司股份最多的前十名股东的名单和持股数额；

（三）公司的实际控制人；

（四）董事、监事、高级管理人员的姓名及其持有本公司股票和债券的情况。

第五十五条　上市公司有下列情形之一的，由证券交易所决定暂停其股票上市交易：

（一）公司股本总额、股权分布等发生变化不再具备上市条件；

（二）公司不按照规定公开其财务状况，或者对财务会计报告作虚假记载，可能误导投资者；

（三）公司有重大违法行为；

（四）公司最近三年连续亏损；

（五）证券交易所上市规则规定的其他情形。

第五十六条　上市公司有下列情形之一的，由证券交易所决定终止其股票上市交易：

（一）公司股本总额、股权分布等发生变化不再具备上市条件，在证券交易所规定的期限内仍不能达到上市条件；

（二）公司不按照规定公开其财务状况，或者对财务会计报告作虚假记载，且拒绝纠正；

（三）公司最近三年连续亏损，在其后一个年度内未能恢复盈利；

（四）公司解散或者被宣告破产；

（五）证券交易所上市规则规定的其他情形。

第五十七条　公司申请公司债券上市交易，应当符合下列条件：

（一）公司债券的期限为一年以上；

（二）公司债券实际发行额不少于人民币五千万元；

（三）公司申请债券上市时仍符合法定的公司债券发行条件。

第五十八条　申请公司债券上市交易，应当向证券交易所报送下列文件：

（一）上市报告书；

（二）申请公司债券上市的董事会决议；

（三）公司章程；

（四）公司营业执照；

（五）公司债券募集办法；

（六）公司债券的实际发行数额；

（七）证券交易所上市规则规定的其他文件。

申请可转换为股票的公司债券上市交易，还应当报送保荐人出具的上市保荐书。

第五十九条　公司债券上市交易申请经证券交易所审核同意后，签订上市协议的公司应当在规定的期限内公告公司债券上市文件及有关文件，并将其申请文件置备于指定场所供公众查阅。

第六十条　公司债券上市交易后，公司有下列情形之一的，由证券交易所决定暂停其公司债券上市交易：

（一）公司有重大违法行为；

（二）公司情况发生重大变化不符合公司债券上市条件；

（三）发行公司债券所募集的资金不按照核准的用途使用；

（四）未按照公司债券募集办法履行义务；

（五）公司最近二年连续亏损。

第六十一条　公司有前条第（一）项、第（四）项所列情形之一经查实后果严重的，或者有前条第（二）项、第（三）项、第（五）项所列情形之一，在限期内未能消除的，由证券交易所决定终止其公司债券上市交易。

公司解散或者被宣告破产的，由证券交易所终止其公司债券上市交易。

第六十二条　对证券交易所作出的不予上市、暂停上市、终止上市决定不服的，可以向证券交易所设立的复核机构申请复核。

第三节　持续信息公开

第六十三条　发行人、上市公司依法披露的信息，必须真实、准确、完整，不得有虚假记载、误导性陈述或者重大遗漏。

第六十四条　经国务院证券监督管理机构核准依法公开发行股票，或者经国务院授权的部门核准依法公开发行公司债券，应当公告招股说明书、公司债券募集办法。依法公开发行新股或者公司债券的，还应当公告财务会计报告。

第六十五条　上市公司和公司债券上市交易的公司，应当在每一会计年度的上半年结束之日起二个月内，向国务院证券监督管理机构和证券交易所报送记载以下内容的中期报告，并予公告：

（一）公司财务会计报告和经营情况；

（二）涉及公司的重大诉讼事项；

（三）已发行的股票、公司债券变动情况；

（四）提交股东大会审议的重要事项；

（五）国务院证券监督管理机构规定的其他事项。

第六十六条　上市公司和公司债券上市交易的公司，应当在每一会计年度结束之日起四个月内，向国务院证券监督管理机构和证券交易所报送记载以下内容的年度报告，并予公告：

（一）公司概况；

（二）公司财务会计报告和经营情况；

（三）董事、监事、高级管理人员简介及其持股情况；

（四）已发行的股票、公司债券情况，包括持有公司股份最多的前十名股东的名单和持股数额；

（五）公司的实际控制人；

（六）国务院证券监督管理机构规定的其他事项。

第六十七条　发生可能对上市公司股票交易价格产生较大影响的重大事件，投资者尚未得知时，上市公司应当立即将有关该重大事件的情况向国务院证券监督管理机构和证券交易所报送临时报告，并予公告，说明事件的起因、目前的状态和可能产生的法律后果。

下列情况为前款所称重大事件：

（一）公司的经营方针和经营范围的重大变化；

（二）公司的重大投资行为和重大的购置财产的决定；

（三）公司订立重要合同，可能对公司的资产、负债、权益和经营成果产生重要影响；

（四）公司发生重大债务和未能清偿到期重大债务的违约情况；

（五）公司发生重大亏损或者重大损失；

（六）公司生产经营的外部条件发生的重大变化；

（七）公司的董事、三分之一以上监事或者经理发生变动；

（八）持有公司百分之五以上股份的股东或者实际控制人，其持有股份或者控制公司的情况发生较大变化；

（九）公司减资、合并、分立、解散及申请破产的决定；

（十）涉及公司的重大诉讼，股东大会、董事会决议被依法撤销或者宣告无效；

（十一）公司涉嫌犯罪被司法机关立案调查，公司董事、监事、高级管理人员涉嫌犯罪被司法机关采取强制措施；

（十二）国务院证券监督管理机构规定的其他事项。

第六十八条　上市公司董事、高级管理人员应当对公司定期报告签署书面确认意见。

上市公司监事会应当对董事会编制的公司定期报告进行审核并提出书面审核意见。

上市公司董事、监事、高级管理人员应当保证上市公司所披露的信息真实、准确、完整。

第六十九条　发行人、上市公司公告的招股说明书、公司债券募集办法、财务会计报告、上市报告文件、年度报告、中期报告、临时报告以及其他信息披露资料，有虚假记载、误导性陈述或者重大遗漏，致使投资者在证券交易中遭受损失的，发行人、上市公司应当承担赔偿责任；发行人、上市公司的董事、监事、高级管理人员和其他直接责任人员以及保荐人、承销的证券公司，应当与发行人、上市公司承担连带赔偿责任，但是能够证明自己没有过错的除外；发行人、上市公司的控股股东、实际控制人有过错的，应当与发行人、上市公司承担连带赔偿责任。

第七十条　依法必须披露的信息，应当在国务院证券监督管理机构指定的媒体发布，同时将其置备于公司住所、证券交易所，供社会公众查阅。

第七十一条　国务院证券监督管理机构对上市公司年度报告、中期报告、临时报告以及公告的情况进行监督，对上市公司分派或者配售新股的情况进行监督，对上市公司控股股东和信息披露义务人的行为进行监督。

证券监督管理机构、证券交易所、保荐人、承销的证券公司及有关人员，对公司依照法律、行政法规规定必须作出的公告，在公告前不得泄露其内容。

第七十二条　证券交易所决定暂停或者终止证券上市交易的，应当及时公告，并报国务院证券监督管理机构备案。

第四节　禁止的交易行为

第七十三条　禁止证券交易内幕信息的知情人和非法获取内幕信息的人利用内幕信息从事证券交易活动。

第七十四条　证券交易内幕信息的知情人包括：

（一）发行人的董事、监事、高级管理人员；

（二）持有公司百分之五以上股份的股东及其董事、监事、高级管理人员，公司的实际控制人及其董事、监事、高级管理人员；

（三）发行人控股的公司及其董事、监事、高级管理人员；

（四）由于所任公司职务可以获取公司有关内幕信息的人员；

（五）证券监督管理机构工作人员以及由于法定职责对证券的发行、交易进行管理的其他人员；

（六）保荐人、承销的证券公司、证券交易所、证券登记结算机构、证券服务机构的有关人员；

（七）国务院证券监督管理机构规定的其他人。

第七十五条　证券交易活动中，涉及公司的经营、财务或者对该公司证券的市场价格有重大影响的尚未公开的信息，为内幕信息。下列信息皆属内幕信息：

（一）本法第六十七条第二款所列重大事件；

（二）公司分配股利或者增资的计划；

（三）公司股权结构的重大变化；

（四）公司债务担保的重大变更；

（五）公司营业用主要资产的抵押、出售或者报废一次超过该资产的百分之三十；

（六）公司的董事、监事、高级管理人员的行为可能依法承担重大损害赔偿责任；

（七）上市公司收购的有关方案；

（八）国务院证券监督管理机构认定的对证券交易价格有显著影响的其他重要信息。

第七十六条　证券交易内幕信息的知情人和非法获取内幕信息的人，在内幕信息公开前，不得买卖该公司的证券，或者泄露该信息，或者建议他人买卖该证券。

持有或者通过协议、其他安排与他人共同持有公司百分之五以上股份的自然人、法人、其他组织收购上市公司的股份，本法另有规定的，适用其规定。

内幕交易行为给投资者造成损失的，行为人应当依法承担赔偿责任。

第七十七条　禁止任何人以下列手段操纵证券市场：

（一）单独或者通过合谋，集中资金优势、持股优势或者利用信息优势联合或者连续买卖，操纵证券交易价格或者证券交易量；

（二）与他人串通，以事先约定的时间、价格和方式相互进行证券交易，影响证券交易价格或者证券交易量；

（三）在自己实际控制的账户之间进行证券交易，影响证券交易价格或者证券交易量；

（四）以其他手段操纵证券市场。

操纵证券市场行为给投资者造成损失的，行为人应当依法承担赔偿责任。

第七十八条　禁止国家工作人员、传播媒介从业人员和有关人员编造、传播虚假信息，扰乱证券市场。

禁止证券交易所、证券公司、证券登记结算机构、证券服务机构及其从业人员，证券业协会、证券监督管理机构及其工作人员，在证券交易活动中作出虚假陈述或者信息误导。

各种传播媒介传播证券市场信息必须真实、客观，禁止误导。

第七十九条　禁止证券公司及其从业人员从事下列损害客户利益的欺诈行为：

（一）违背客户的委托为其买卖证券；

（二）不在规定时间内向客户提供交易的书面确认文件；

（三）挪用客户所委托买卖的证券或者客户账户上的资金；

（四）未经客户的委托，擅自为客户买卖证券，或者假借客户的名义买卖证券；

（五）为牟取佣金收入，诱使客户进行不必要的证券买卖；

（六）利用传播媒介或者通过其他方式提供、传播虚假或者误导投资者的信息；

（七）其他违背客户真实意思表示，损害客户利益的行为。

欺诈客户行为给客户造成损失的，行为人应当依法承担赔偿责任。

第八十条　禁止法人非法利用他人账户从事证券交易；禁止法人出借自己或者他人的证券账户。

第八十一条　依法拓宽资金入市渠道，禁止资金违规流入股市。

第八十二条　禁止任何人挪用公款买卖证券。

第八十三条　国有企业和国有资产控股的企业买卖上市交易的股票，必须遵守国家有关规定。

第八十四条　证券交易所、证券公司、证券登记结算机构、证券服务机构及其从业人员对证券交易中发现的禁止的交易行为，应当及时向证券监督管理机构报告。

第四章　上市公司的收购

第八十五条　投资者可以采取要约收购、协议收购及其他合法方式收购上市公司。

第八十六条　通过证券交易所的证券交易，投资者持有或者通过协议、其他安排与他人共同持有一个上市公司已发行的股份达到百分之五时，应当在该事实发生之日起三日内，向国务院证券监督管理机构、证券交易所作出书面报告，通知该上市公司，并予公告；在上述期限内，不得再行买卖该上市公司的股票。

投资者持有或者通过协议、其他安排与他人共同持有一个上市公司已发行的股份达到百分之五后，其所持该上市公司已发行的股份比例每增加或者减少百分之五，应当依照前款规定进行报告和公告。在报告期限内和作出报告、公告后二日内，不得再行买卖该上市公司的股票。

第八十七条　依照前条规定所作的书面报告和公告，应当包括下列内容：

（一）持股人的名称、住所；

（二）持有的股票的名称、数额；

（三）持股达到法定比例或者持股增减变化达到法定比例的日期。

第八十八条　通过证券交易所的证券交易，投资者持有或者通过协议、其他安排与他人共同持有一个上市公司已发行的股份达到百分之三十时，继续进行收购的，应当依法向该上市公司所有股东发出收购上市公司全部或者部分股份的要约。

收购上市公司部分股份的收购要约应当约定，被收购公司股东承诺出售的股份数额超过预定收购的股份数额的，收购人按比例进行收购。

第八十九条　依照前条规定发出收购要约，收购人必须公告上市公司收购报告书，并载明下列事项：

（一）收购人的名称、住所；

（二）收购人关于收购的决定；

（三）被收购的上市公司名称；

（四）收购目的；

（五）收购股份的详细名称和预定收购的股份数额；

（六）收购期限、收购价格；

（七）收购所需资金额及资金保证；

（八）公告上市公司收购报告书时持有被收购公司股份数占该公司已发行的股份总数的比例。

第九十条　收购要约约定的收购期限不得少于三十日，并不得超过六十日。

第九十一条　在收购要约确定的承诺期限内，收购人不得撤销其收购要约。收购人需要变更收购要约的，必须及时公告，载明具体变更事项。

第九十二条　收购要约提出的各项收购条件，适用于被收购公司的所有股东。

第九十三条　采取要约收购方式的，收购人在收购期限内，不得卖出被收购公司的股票，也不得采取要约规定以外的形式和超出要约的条件买入被收购公司的股票。

第九十四条　采取协议收购方式的，收购人可以依照法律、行政法规的规定同被收购公司的股东以协议方式进行股份转让。

以协议方式收购上市公司时，达成协议后，收购人必须在三日内将该收购协议向国务院证券监督管理机构及证券交易所作出书面报告，并予公告。

在公告前不得履行收购协议。

第九十五条　采取协议收购方式的，协议双方可以临时委托证券登记结算机构保管协议转让的股票，并将资金存放于指定的银行。

第九十六条　采取协议收购方式的，收购人收购或者通过协议、其他安排与他人共同收购一个上市公司已发行的股份达到百分之三十时，继续进行收购的，应当向该上市公司所有股东发出收购上市公司全部或者部分股份的要约。但是，经国务院证券监督管理机构免除发出要约的除外。

收购人依照前款规定以要约方式收购上市公司股份，应当遵守本法第八十九条至第九十三条的规定。

第九十七条　收购期限届满，被收购公司股权分布不符合上市条件的，该上市公司的股票应当由证券交易所依法终止上市交易；其余仍持有被收购公司股票的股东，有权向收购人以收购要约的同等条件出售其股票，收购人应当收购。

收购行为完成后，被收购公司不再具备股份有限公司条件的，应当依法变更企业形式。

第九十八条　在上市公司收购中，收购人持有的被收购的上市公司的股票，在收购行为完成后的十二个月内不得转让。

第九十九条　收购行为完成后，收购人与被收购公司合并，并将该公司解散的，被解散公司的原有股票由收购人依法更换。

第一百条　收购行为完成后，收购人应当在十五日内将收购情况报告国务院证券监督管理机构和证券交易所，并予公告。

第一百零一条　收购上市公司中由国家授权投资的机构持有的股份，应当按照国务院的规定，经有关主管部门批准。国务院证券监督管理机构应当依照本法的原则制定上市公司收购的具体办法。

第五章　证券交易所

第一百零二条　证券交易所是为证券集中交易提供场所和设施，组织和监督证券交易，实行自律管理的法人。

证券交易所的设立和解散，由国务院决定。

第一百零三条　设立证券交易所必须制定章程。

证券交易所章程的制定和修改，必须经国务院证券监督管理机构批准。

第一百零四条　证券交易所必须在其名称中标明证券交易所字样。其他任何单位或者个人不得使用证券交易所或者近似的名称。

第一百零五条　证券交易所可以自行支配的各项费用收入，应当首先用于保证其证券交易场所和设施的正常运行并逐步改善。

实行会员制的证券交易所的财产积累归会员所有，其权益由会员共同享有，在其存续期间，不得将其财产积累分配给会员。

第一百零六条　证券交易所设理事会。

第一百零七条　证券交易所设总经理一人，由国务院证券监督管理机构任免。

第一百零八条　有《中华人民共和国公司法》第一百四十六条规定的情形或者下列情形之一的，不得担任证券交易所的负责人：

（一）因违法行为或者违纪行为被解除职务的证券交易所、证券登记结算机构的负责人或者证券公司的董事、监事、高级管理人员，自被解除职务之日起未逾五年；

（二）因违法行为或者违纪行为被撤销资格的律师、注册会计师或者投资咨询机构、财务顾问机构、资信评级机构、资产评估机构、验证机构的专业人员，自被撤销资格之日起未逾五年。

第一百零九条　因违法行为或者违纪行为被开除的证券交易所、证券登记结算机构、证券服务机构、证券公司的从业人员和被开除的国家机关工作人员，不得招聘为证券交易所的从业人员。

第一百一十条　进入证券交易所参与集中交易的，必须是证券交易所的会员。

第一百一十一条　投资者应当与证券公司签订证券交易委托协议，并在证券公司开立证券交易账户，以书面、电话以及其他方式，委托该证券公司代其买卖证券。

第一百一十二条　证券公司根据投资者的委托，按照证券交易规则提出交易申报，参与证券交易所场内的集中交易，并根据成交结果承担相应的清算交收责任；证券登记结算机构根据成交结果，按照清算交收规则，与证券公司进行证券和资金的清算交收，并为证券公司客户办理证券的登记过户手续。

第一百一十三条　证券交易所应当为组织公平的集中交易提供保障，公布证券交易即时行情，并按交易日制作证券市场行情表，予以公布。

未经证券交易所许可，任何单位和个人不得发布证券交易即时行情。

第一百一十四条　因突发性事件而影响证券交易的正常进行时，证券交易所可以采取技术性停牌的措施；因不可抗力的突发性事件或者为维护证券交易的正常秩序，证券交易所可以决定临时停市。

证券交易所采取技术性停牌或者决定临时停市，必须及时报告国务院证券监督管理机构。

第一百一十五条　证券交易所对证券交易实行实时监控，并按照国务院证券监督管理机构的要求，对异常的交易情况提出报告。

证券交易所应当对上市公司及相关信息披露义务人披露信息进行监督，督促其依法及时、准确地披露信息。

证券交易所根据需要，可以对出现重大异常交易情况的证券账户限制交易，并报国务院证券监督管理机构备案。

第一百一十六条　证券交易所应当从其收取的交易费用和会员费、席位费中提取一定比例的金额设立风险基金。风险基金由证券交易所理事会管理。

风险基金提取的具体比例和使用办法，由国务院证券监督管理机构会同国务院财政部门规定。

第一百一十七条　证券交易所应当将收存的风险基金存入开户银行专门账户，不得擅自使用。

第一百一十八条　证券交易所依照证券法律、行政法规制定上市规则、交易规则、会员管理规则和其他有关规则，并报国务院证券监督管理机构批准。

第一百一十九条　证券交易所的负责人和其他从业人员在执行与证券交易有关的职务时，与其本人或者其亲属有利害关系的，应当回避。

第一百二十条　按照依法制定的交易规则进行的交易，不得改变其交易结果。对交易中违规交易者应负的民事责任不得免除；在违规交易中所获利益，依照有关规定处理。

第一百二十一条　在证券交易所内从事证券交易的人员，违反证券交易所有关交易规则的，由证券交易所给予纪律处分；对情节严重的，撤销其资格，禁止其入场进行证券交易。

第六章 证券公司

第一百二十二条 设立证券公司，必须经国务院证券监督管理机构审查批准。未经国务院证券监督管理机构批准，任何单位和个人不得经营证券业务。

第一百二十三条 本法所称证券公司是指依照《中华人民共和国公司法》和本法规定设立的经营证券业务的有限责任公司或者股份有限公司。

第一百二十四条 设立证券公司，应当具备下列条件：

（一）有符合法律、行政法规规定的公司章程；

（二）主要股东具有持续盈利能力，信誉良好，最近三年无重大违法违规记录，净资产不低于人民币二亿元；

（三）有符合本法规定的注册资本；

（四）董事、监事、高级管理人员具备任职资格，从业人员具有证券从业资格；

（五）有完善的风险管理与内部控制制度；

（六）有合格的经营场所和业务设施；

（七）法律、行政法规规定的和经国务院批准的国务院证券监督管理机构规定的其他条件。

第一百二十五条 经国务院证券监督管理机构批准，证券公司可以经营下列部分或者全部业务：

（一）证券经纪；

（二）证券投资咨询；

（三）与证券交易、证券投资活动有关的财务顾问；

（四）证券承销与保荐；

（五）证券自营；

（六）证券资产管理；

（七）其他证券业务。

第一百二十六条 证券公司必须在其名称中标明证券有限责任公司或者证券股份有限公司字样。

第一百二十七条 证券公司经营本法第一百二十五条第（一）项至第（三）项业务的，注册资本最低限额为人民币五千万元；经营第（四）项至第（七）项业务之一的，注册资本最低限额为人民币一亿元；经营第（四）项至第（七）项业务中两项以上的，注册资本最低限额为人民币五亿元。证券公司的注册资本应当是实缴资本。

国务院证券监督管理机构根据审慎监管原则和各项业务的风险程度，可以调整注册资本最低限额，但不得少于前款规定的限额。

第一百二十八条 国务院证券监督管理机构应当自受理证券公司设立申请之日起六个月内，依照法定条件和法定程序并根据审慎监管原则进行审查，作出批准或者不予批准的决定，并通知申请人；不予批准的，应当说明理由。

证券公司设立申请获得批准的，申请人应当在规定的期限内向公司登记机关申请设立登记，领取营业执照。

证券公司应当自领取营业执照之日起十五日内，向国务院证券监督管理机构申请经营证券业务许可证。未取得经营证券业务许可证，证券公司不得经营证券业务。

第一百二十九条　证券公司设立、收购或者撤销分支机构，变更业务范围，增加注册资本且股权结构发生重大调整，减少注册资本，变更持有百分之五以上股权的股东、实际控制人，变更公司章程中的重要条款，合并、分立、停业、解散、破产，必须经国务院证券监督管理机构批准。

证券公司在境外设立、收购或者参股证券经营机构，必须经国务院证券监督管理机构批准。

第一百三十条　国务院证券监督管理机构应当对证券公司的净资本，净资本与负债的比例，净资本与净资产的比例，净资本与自营、承销、资产管理等业务规模的比例，负债与净资产的比例，以及流动资产与流动负债的比例等风险控制指标作出规定。

证券公司不得为其股东或者股东的关联人提供融资或者担保。

第一百三十一条　证券公司的董事、监事、高级管理人员，应当正直诚实，品行良好，熟悉证券法律、行政法规，具有履行职责所需的经营管理能力，并在任职前取得国务院证券监督管理机构核准的任职资格。

有《中华人民共和国公司法》第一百四十六条规定的情形或者下列情形之一的，不得担任证券公司的董事、监事、高级管理人员：

（一）因违法行为或者违纪行为被解除职务的证券交易所、证券登记结算机构的负责人或者证券公司的董事、监事、高级管理人员，自被解除职务之日起未逾五年；

（二）因违法行为或者违纪行为被撤销资格的律师、注册会计师或者投资咨询机构、财务顾问机构、资信评级机构、资产评估机构、验证机构的专业人员，自被撤销资格之日起未逾五年。

第一百三十二条　因违法行为或者违纪行为被开除的证券交易所、证券登记结算机构、证券服务机构、证券公司的从业人员和被开除的国家机关工作人员，不得招聘为证券公司的从业人员。

第一百三十三条　国家机关工作人员和法律、行政法规规定的禁止在公司中兼职的其他人员，不得在证券公司中兼任职务。

第一百三十四条　国家设立证券投资者保护基金。证券投资者保护基金由证券公司缴纳的资金及其他依法筹集的资金组成，其筹集、管理和使用的具体办法由国务院规定。

第一百三十五条　证券公司从每年的税后利润中提取交易风险准备金，用于弥补证券交易的损失，其提取的具体比例由国务院证券监督管理机构规定。

第一百三十六条　证券公司应当建立健全内部控制制度，采取有效隔离措施，防范公司与客户之间、不同客户之间的利益冲突。

证券公司必须将其证券经纪业务、证券承销业务、证券自营业务和证券资产管理业务分开办理，不得混合操作。

第一百三十七条　证券公司的自营业务必须以自己的名义进行，不得假借他人名义或者以个人名义进行。

证券公司的自营业务必须使用自有资金和依法筹集的资金。

证券公司不得将其自营账户借给他人使用。

第一百三十八条　证券公司依法享有自主经营的权利，其合法经营不受干涉。

第一百三十九条　证券公司客户的交易结算资金应当存放在商业银行，以每个客户的名义单独立户管理。具体办法和实施步骤由国务院规定。

证券公司不得将客户的交易结算资金和证券归入其自有财产。禁止任何单位或者个人以任何形式挪用客户的交易结算资金和证券。证券公司破产或者清算时，客户的交易结算资金和证券不属于其破产财产或者清算财产。非因客户本身的债务或者法律规定的其他情形，不得查封、冻结、扣划或者强制执行客户的交易结算资金和证券。

第一百四十条　证券公司办理经纪业务，应当置备统一制定的证券买卖委托书，供委托人使用。采取其他委托方式的，必须作出委托记录。

客户的证券买卖委托，不论是否成交，其委托记录应当按照规定的期限，保存于证券公司。

第一百四十一条　证券公司接受证券买卖的委托，应当根据委托书载明的证券名称、买卖数量、出价方式、价格幅度等，按照交易规则代理买卖证券，如实进行交易记录；买卖成交后，应当按照规定制作买卖成交报告单交付客户。

证券交易中确认交易行为及其交易结果的对账单必须真实，并由交易经办人员以外的审核人员逐笔审核，保证账面证券余额与实际持有的证券相一致。

第一百四十二条　证券公司为客户买卖证券提供融资融券服务，应当按照国务院的规定并经国务院证券监督管理机构批准。

第一百四十三条　证券公司办理经纪业务，不得接受客户的全权委托而决定证券买卖、选择证券种类、决定买卖数量或者买卖价格。

第一百四十四条　证券公司不得以任何方式对客户证券买卖的收益或者赔偿证券买卖的损失作出承诺。

第一百四十五条　证券公司及其从业人员不得未经过其依法设立的营业场所私下接受客户委托买卖证券。

第一百四十六条　证券公司的从业人员在证券交易活动中，执行所属的证券公司的指令或者利用职务违反交易规则的，由所属的证券公司承担全部责任。

第一百四十七条　证券公司应当妥善保存客户开户资料、委托记录、交易记录和与内部管理、业务经营有关的各项资料，任何人不得隐匿、伪造、篡改或者毁损。上述资料的保存期限不得少于二十年。

第一百四十八条　证券公司应当按照规定向国务院证券监督管理机构报送业务、财务等经营管理信息和资料。国务院证券监督管理机构有权要求证券公司及其股东、实际控制人在指定的期限内提供有关信息、资料。

证券公司及其股东、实际控制人向国务院证券监督管理机构报送或者提供的信息、资料，必须真实、准确、完整。

第一百四十九条　国务院证券监督管理机构认为有必要时，可以委托会计师事务所、资产评估机构对证券公司的财务状况、内部控制状况、资产价值进行审计或者评估。具体办法由国务院证券监督管理机构会同有关主管部门制定。

第一百五十条　证券公司的净资本或者其他风险控制指标不符合规定的，国务院证券监督管理机构应当责令其限期改正；逾期未改正，或者其行为严重危及该证券公司的稳健运行、损害客户合法权益的，国务院证券监督管理机构可以区别情形，对其采取下列措施：

（一）限制业务活动，责令暂停部分业务，停止批准新业务；

（二）停止批准增设、收购营业性分支机构；

（三）限制分配红利，限制向董事、监事、高级管理人员支付报酬、提供福利；

（四）限制转让财产或者在财产上设定其他权利；

（五）责令更换董事、监事、高级管理人员或者限制其权利；

（六）责令控股股东转让股权或者限制有关股东行使股东权利；

（七）撤销有关业务许可。

证券公司整改后，应当向国务院证券监督管理机构提交报告。国务院证券监督管理机构经验收，符合有关风险控制指标的，应当自验收完毕之日起三日内解除对其采取的前款规定的有关措施。

第一百五十一条　证券公司的股东有虚假出资、抽逃出资行为的，国务院证券监督管理机构应当责令其限期改正，并可责令其转让所持证券公司的股权。

在前款规定的股东按照要求改正违法行为、转让所持证券公司的股权前，国务院证券监督管理机构可以限制其股东权利。

第一百五十二条　证券公司的董事、监事、高级管理人员未能勤勉尽责，致使证券公司存在重大违法违规行为或者重大风险的，国务院证券监督管理机构可以撤销其任职资格，并责令公司予以更换。

第一百五十三条　证券公司违法经营或者出现重大风险，严重危害证券市场秩序、损害投资者利益的，国务院证券监督管理机构可以对该证券公司采取责令停业整顿、指定其他机构托管、接管或者撤销等监管措施。

第一百五十四条　在证券公司被责令停业整顿、被依法指定托管、接管或者清算期间，或者出现重大风险时，经国务院证券监督管理机构批准，可以对该证券公司直接负责的董事、监事、高级管理人员和其他直接责任人员采取以下措施：

（一）通知出境管理机关依法阻止其出境；

（二）申请司法机关禁止其转移、转让或者以其他方式处分财产，或者在财产上设定其他权利。

第七章　证券登记结算机构

第一百五十五条　证券登记结算机构是为证券交易提供集中登记、存管与结算服务，不以营利为目的的法人。

设立证券登记结算机构必须经国务院证券监督管理机构批准。

第一百五十六条　设立证券登记结算机构，应当具备下列条件：

（一）自有资金不少于人民币二亿元；

（二）具有证券登记、存管和结算服务所必须的场所和设施；

（三）主要管理人员和从业人员必须具有证券从业资格；

（四）国务院证券监督管理机构规定的其他条件。

证券登记结算机构的名称中应当标明证券登记结算字样。

第一百五十七条　证券登记结算机构履行下列职能：

（一）证券账户、结算账户的设立；

（二）证券的存管和过户；

（三）证券持有人名册登记；

（四）证券交易所上市证券交易的清算和交收；

（五）受发行人的委托派发证券权益；

（六）办理与上述业务有关的查询；

（七）国务院证券监督管理机构批准的其他业务。

第一百五十八条　证券登记结算采取全国集中统一的运营方式。证券登记结算机构章程、业务规则应当依法制定，并经国务院证券监督管理机构批准。

第一百五十九条　证券持有人持有的证券，在上市交易时，应当全部存管在证券登记结算机构。

证券登记结算机构不得挪用客户的证券。

第一百六十条　证券登记结算机构应当向证券发行人提供证券持有人名册及其有关资料。

证券登记结算机构应当根据证券登记结算的结果，确认证券持有人持有证券的事实，提供证券持有人登记资料。

证券登记结算机构应当保证证券持有人名册和登记过户记录真实、准确、完整，不得隐匿、伪造、篡改或者毁损。

第一百六十一条　证券登记结算机构应当采取下列措施保证业务的正常进行：

（一）具有必备的服务设备和完善的数据安全保护措施；

（二）建立完善的业务、财务和安全防范等管理制度；

（三）建立完善的风险管理系统。

第一百六十二条　证券登记结算机构应当妥善保存登记、存管和结算的原始凭证及有关文件和资料。其保存期限不得少于二十年。

第一百六十三条　证券登记结算机构应当设立证券结算风险基金，用于垫付或者弥补因违约交收、技术故障、操作失误、不可抗力造成的证券登记结算机构的损失。

证券结算风险基金从证券登记结算机构的业务收入和收益中提取，并可以由结算参与人按照证券交易业务量的一定比例缴纳。

证券结算风险基金的筹集、管理办法，由国务院证券监督管理机构会同国务院财政部门规定。

第一百六十四条　证券结算风险基金应当存入指定银行的专门账户，实行专项管理。证券登记结算机构以证券结算风险基金赔偿后，应当向有关责任人追偿。

第一百六十五条　证券登记结算机构申请解散，应当经国务院证券监督管理机构批准。

第一百六十六条　投资者委托证券公司进行证券交易，应当申请开立证券账户。证券登记结算机构应当按照规定以投资者本人的名义为投资者开立证券账户。

投资者申请开立账户，必须持有证明中国公民身份或者中国法人资格的合法证件。国家另有规定的除外。

第一百六十七条　证券登记结算机构为证券交易提供净额结算服务时，应当要求结算参与人按照货银对付的原则，足额交付证券和资金，并提供交收担保。

在交收完成之前，任何人不得动用用于交收的证券、资金和担保物。

结算参与人未按时履行交收义务的，证券登记结算机构有权按照业务规则处理前款所述财产。

第一百六十八条　证券登记结算机构按照业务规则收取的各类结算资金和证券，必须存放于专门的清算交收账户，只能按业务规则用于已成交的证券交易的清算交收，不得被强制执行。

第八章　证券服务机构

第一百六十九条　投资咨询机构、财务顾问机构、资信评级机构、资产评估机构、会计师事务所从事证券服务业务，必须经国务院证券监督管理机构和有关主管部门批准。

投资咨询机构、财务顾问机构、资信评级机构、资产评估机构、会计师事务所从事证券服务业务的审批管理办法，由国务院证券监督管理机构和有关主管部门制定。

第一百七十条　投资咨询机构、财务顾问机构、资信评级机构从事证券服务业务的人员，必须具备证券专业知识和从事证券业务或者证券服务业务二年以上经验。认定其证券从业资格的标准和管理办法，由国务院证券监督管理机构制定。

第一百七十一条　投资咨询机构及其从业人员从事证券服务业务不得有下列行为：

（一）代理委托人从事证券投资；

（二）与委托人约定分享证券投资收益或者分担证券投资损失；

（三）买卖本咨询机构提供服务的上市公司股票；

（四）利用传播媒介或者通过其他方式提供、传播虚假或者误导投资者的信息；

（五）法律、行政法规禁止的其他行为。

有前款所列行为之一，给投资者造成损失的，依法承担赔偿责任。

第一百七十二条　从事证券服务业务的投资咨询机构和资信评级机构，应当按照国务院有关主管部门规定的标准或者收费办法收取服务费用。

第一百七十三条　证券服务机构为证券的发行、上市、交易等证券业务活动制作、出具审计报告、资产评估报告、财务顾问报告、资信评级报告或者法律意见书等文件，应当勤勉尽责，对所依据的文件资料内容的真实性、准确性、完整性进行核查和验证。其制作、出具的文件有虚假记载、误导性陈述或者重大遗漏，给他人造成损失的，应当与发行人、上市公司承担连带赔偿责任，但是能够证明自己没有过错的除外。

第九章　证券业协会

第一百七十四条　证券业协会是证券业的自律性组织，是社会团体法人。证券公司应当加入证券业协会。证券业协会的权力机构为全体会员组成的会员大会。

第一百七十五条　证券业协会章程由会员大会制定，并报国务院证券监督管理机构备案。

第一百七十六条　证券业协会履行下列职责：

（一）教育和组织会员遵守证券法律、行政法规；

（二）依法维护会员的合法权益，向证券监督管理机构反映会员的建议和要求；

（三）收集整理证券信息，为会员提供服务；

（四）制定会员应遵守的规则，组织会员单位的从业人员的业务培训，开展会员间的业务交流；

（五）对会员之间、会员与客户之间发生的证券业务纠纷进行调解；（六）组织会员就证券业的发展、运作及有关内容进行研究；

（七）监督、检查会员行为，对违反法律、行政法规或者协会章程的，按照规定给予纪律处分；

（八）证券业协会章程规定的其他职责。

第一百七十七条　证券业协会设理事会。理事会成员依章程的规定由选举产生。

第十章　证券监督管理机构

第一百七十八条　国务院证券监督管理机构依法对证券市场实行监督管理，维护证券市场秩序，保障其合法运行。

第一百七十九条　国务院证券监督管理机构在对证券市场实施监督管理中履行下列职责：

（一）依法制定有关证券市场监督管理的规章、规则，并依法行使审批或者核准权；

（二）依法对证券的发行、上市、交易、登记、存管、结算，进行监督管理；

（三）依法对证券发行人、上市公司、证券公司、证券投资基金管理公司、证券服务机构、证券交易所、证券登记结算机构的证券业务活动，进行监督管理；

（四）依法制定从事证券业务人员的资格标准和行为准则，并监督实施；

（五）依法监督检查证券发行、上市和交易的信息公开情况；

（六）依法对证券业协会的活动进行指导和监督；

（七）依法对违反证券市场监督管理法律、行政法规的行为进行查处；

（八）法律、行政法规规定的其他职责。

国务院证券监督管理机构可以和其他国家或者地区的证券监督管理机构建立监督管理合作机制，实施跨境监督管理。

第一百八十条　国务院证券监督管理机构依法履行职责，有权采取下列措施：

（一）对证券发行人、上市公司、证券公司、证券投资基金管理公司、证券服务机构、证券交易所、证券登记结算机构进行现场检查；

（二）进入涉嫌违法行为发生场所调查取证；

（三）询问当事人和与被调查事件有关的单位和个人，要求其对与被调查事件有关的事项作出说明；

（四）查阅、复制与被调查事件有关的财产权登记、通讯记录等资料；

（五）查阅、复制当事人和与被调查事件有关的单位和个人的证券交易记录、登记过户记录、财务会计资料及其他相关文件和资料；对可能被转移、隐匿或者毁损的文件和资料，可以予以封存；

（六）查询当事人和与被调查事件有关的单位和个人的资金账户、证券账户和银行账户；对有证据证明已经或者可能转移或者隐匿违法资金、证券等涉案财产或者隐匿、伪造、毁损重要证据的，经国务院证券监督管理机构主要负责人批准，可以冻结或者查封；

（七）在调查操纵证券市场、内幕交易等重大证券违法行为时，经国务院证券监督管理机构主要负责人批准，可以限制被调查事件当事人的证券买卖，但限制的期限不得超过十五个交易日；案情复杂的，可以延长十五个交易日。

第一百八十一条　国务院证券监督管理机构依法履行职责，进行监督检查或者调查，其监督检查、调查的人员不得少于二人，并应当出示合法证件和监督检查、调查通知书。监督检查、调查的人员少于二人或者未出示合法证件和监督检查、调查通知书的，被检查、调查的单位有权拒绝。

第一百八十二条　国务院证券监督管理机构工作人员必须忠于职守，依法办事，公正廉洁，不得利用职务便利牟取不正当利益，不得泄露所知悉的有关单位和个人的商业秘密。

第一百八十三条　国务院证券监督管理机构依法履行职责，被检查、调查的单位和个人应当配合，如实提供有关文件和资料，不得拒绝、阻碍和隐瞒。

第一百八十四条　国务院证券监督管理机构依法制定的规章、规则和监督管理工作制度应当公开。国务院证券监督管理机构依据调查结果，对证券违法行为作出的处罚决定，应当公开。

第一百八十五条　国务院证券监督管理机构应当与国务院其他金融监督管理机构建立监督管理信息共享机制。

国务院证券监督管理机构依法履行职责，进行监督检查或者调查时，有关部门应当予以配合。

第一百八十六条　国务院证券监督管理机构依法履行职责，发现证券违法行为涉嫌犯罪的，应当将案件移送司法机关处理。

第一百八十七条　国务院证券监督管理机构的人员不得在被监管的机构中任职。

第十一章 法律责任

第一百八十八条 未经法定机关核准，擅自公开或者变相公开发行证券的，责令停止发行，退还所募资金并加算银行同期存款利息，处以非法所募资金金额百分之一以上百分之五以下的罚款；对擅自公开或者变相公开发行证券设立的公司，由依法履行监督管理职责的机构或者部门会同县级以上地方人民政府予以取缔。对直接负责的主管人员和其他直接责任人员给予警告，并处以三万元以上三十万元以下的罚款。

第一百八十九条 发行人不符合发行条件，以欺骗手段骗取发行核准，尚未发行证券的，处以三十万元以上六十万元以下的罚款；已经发行证券的，处以非法所募资金金额百分之一以上百分之五以下的罚款。对直接负责的主管人员和其他直接责任人员处以三万元以上三十万元以下的罚款。

发行人的控股股东、实际控制人指使从事前款违法行为的，依照前款的规定处罚。

第一百九十条 证券公司承销或者代理买卖未经核准擅自公开发行的证券的，责令停止承销或者代理买卖，没收违法所得，并处以违法所得一倍以上五倍以下的罚款；没有违法所得或者违法所得不足三十万元的，处以三十万元以上六十万元以下的罚款。给投资者造成损失的，应当与发行人承担连带赔偿责任。对直接负责的主管人员和其他直接责任人员给予警告，撤销任职资格或者证券从业资格，并处以三万元以上三十万元以下的罚款。

第一百九十一条 证券公司承销证券，有下列行为之一的，责令改正，给予警告，没收违法所得，可以并处三十万元以上六十万元以下的罚款；情节严重的，暂停或者撤销相关业务许可。给其他证券承销机构或者投资者造成损失的，依法承担赔偿责任。对直接负责的主管人员和其他直接责任人员给予警告，可以并处三万元以上三十万元以下的罚款；情节严重的，撤销任职资格或者证券从业资格：

（一）进行虚假的或者误导投资者的广告或者其他宣传推介活动；

（二）以不正当竞争手段招揽承销业务；

（三）其他违反证券承销业务规定的行为。

第一百九十二条 保荐人出具有虚假记载、误导性陈述或者重大遗漏的保荐书，或者不履行其他法定职责的，责令改正，给予警告，没收业务收入，并处以业务收入一倍以上五倍以下的罚款；情节严重的，暂停或者撤销相关业务许可。对直接负责的主管人员和其他直接责任人员给予警告，并处以三万元以上三十万元以下的罚款；情节严重的，撤销任职资格或者证券从业资格。

第一百九十三条 发行人、上市公司或者其他信息披露义务人未按照规定披露信息，或者所披露的信息有虚假记载、误导性陈述或者重大遗漏的，责令改正，给予警告，并处以三十万元以上六十万元以下的罚款。对直接负责的主管人员和其他直接责任人员给予警告，并处以三万元以上三十万元以下的罚款。

发行人、上市公司或者其他信息披露义务人未按照规定报送有关报告，或者报送的报告有虚假记载、误导性陈述或者重大遗漏的，责令改正，给予警告，并处以三十万元以上六十万元以下的罚款。对直接负责的主管人员和其他直接责任人员给予警告，并处以三万元以上三十万元以下的罚款。

发行人、上市公司或者其他信息披露义务人的控股股东、实际控制人指使从事前两款违法行为的，依照前两款的规定处罚。

第一百九十四条 发行人、上市公司擅自改变公开发行证券所募集资金的用途的，责令改正，对直接负责的主管人员和其他直接责任人员给予警告，并处以三万元以上三十万元以下的罚款。

发行人、上市公司的控股股东、实际控制人指使从事前款违法行为的，给予警告，并处以三十万元以上六十万元以下的罚款。对直接负责的主管人员和其他直接责任人员依照前款的规定处罚。

第一百九十五条　上市公司的董事、监事、高级管理人员、持有上市公司股份百分之五以上的股东，违反本法第四十七条的规定买卖本公司股票的，给予警告，可以并处三万元以上十万元以下的罚款。

第一百九十六条　非法开设证券交易场所的，由县级以上人民政府予以取缔，没收违法所得，并处以违法所得一倍以上五倍以下的罚款；没有违法所得或者违法所得不足十万元的，处以十万元以上五十万元以下的罚款。对直接负责的主管人员和其他直接责任人员给予警告，并处以三万元以上三十万元以下的罚款。

第一百九十七条　未经批准，擅自设立证券公司或者非法经营证券业务的，由证券监督管理机构予以取缔，没收违法所得，并处以违法所得一倍以上五倍以下的罚款；没有违法所得或者违法所得不足三十万元的，处以三十万元以上六十万元以下的罚款。对直接负责的主管人员和其他直接责任人员给予警告，并处以三万元以上三十万元以下的罚款。

第一百九十八条　违反本法规定，聘任不具有任职资格、证券从业资格的人员的，由证券监督管理机构责令改正，给予警告，可以并处十万元以上三十万元以下的罚款；对直接负责的主管人员给予警告，可以并处三万元以上十万元以下的罚款。

第一百九十九条　法律、行政法规规定禁止参与股票交易的人员，直接或者以化名、借他人名义持有、买卖股票的，责令依法处理非法持有的股票，没收违法所得，并处以买卖股票等值以下的罚款；属于国家工作人员的，还应当依法给予行政处分。

第二百条　证券交易所、证券公司、证券登记结算机构、证券服务机构的从业人员或者证券业协会的工作人员，故意提供虚假资料，隐匿、伪造、篡改或者毁损交易记录，诱骗投资者买卖证券的，撤销证券从业资格，并处以三万元以上十万元以下的罚款；属于国家工作人员的，还应当依法给予行政处分。

第二百零一条　为股票的发行、上市、交易出具审计报告、资产评估报告或者法律意见书等文件的证券服务机构和人员，违反本法第四十五条的规定买卖股票的，责令依法处理非法持有的股票，没收违法所得，并处以买卖股票等值以下的罚款。

第二百零二条　证券交易内幕信息的知情人或者非法获取内幕信息的人，在涉及证券的发行、交易或者其他对证券的价格有重大影响的信息公开前，买卖该证券，或者泄露该信息，或者建议他人买卖该证券的，责令依法处理非法持有的证券，没收违法所得，并处以违法所得一倍以上五倍以下的罚款；没有违法所得或者违法所得不足三万元的，处以三万元以上六十万元以下的罚款。单位从事内幕交易的，还应当对直接负责的主管人员和其他直接责任人员给予警告，并处以三万元以上三十万元以下的罚款。证券监督管理机构工作人员进行内幕交易的，从重处罚。

第二百零三条　违反本法规定，操纵证券市场的，责令依法处理非法持有的证券，没收违法所得，并处以违法所得一倍以上五倍以下的罚款；没有违法所得或者违法所得不足三十万元的，处以三十万元以上三百万元以下的罚款。单位操纵证券市场的，还应当对直接负责的主管人员和其他直接责任人员给予警告，并处以十万元以上六十万元以下的罚款。

第二百零四条　违反法律规定，在限制转让期限内买卖证券的，责令改正，给予警告，并处以买卖证券等值以下的罚款。对直接负责的主管人员和其他直接责任人员给予警告，并处以三万元以上三十万元以下的罚款。

第二百零五条　证券公司违反本法规定，为客户买卖证券提供融资融券的，没收违法所得，暂停或者撤销相关业务许可，并处以非法融资融券等值以下的罚款。对直接负责的主管人员和其他直接责任人员给予警告，撤销任职资格或者证券从业资格，并处以三万元以上三十万元以下的罚款。

第二百零六条　违反本法第七十八条第一款、第三款的规定，扰乱证券市场的，由证券监督管理机构责令改正，没收违法所得，并处以违法所得一倍以上五倍以下的罚款；没有违法所得或者违法所得不足三万元的，处以三万元以上二十万元以下的罚款。

第二百零七条　违反本法第七十八条第二款的规定，在证券交易活动中作出虚假陈述或者信息误导的，责令改正，处以三万元以上二十万元以下的罚款；属于国家工作人员的，还应当依法给予行政处分。

第二百零八条　违反本法规定，法人以他人名义设立账户或者利用他人账户买卖证券的，责令改正，没收违法所得，并处以违法所得一倍以上五倍以下的罚款；没有违法所得或者违法所得不足三万元的，处以三万元以上三十万元以下的罚款。对直接负责的主管人员和其他直接责任人员给予警告，并处以三万元以上十万元以下的罚款。

证券公司为前款规定的违法行为提供自己或者他人的证券交易账户的，除依照前款的规定处罚外，还应当撤销直接负责的主管人员和其他直接责任人员的任职资格或者证券从业资格。

第二百零九条　证券公司违反本法规定，假借他人名义或者以个人名义从事证券自营业务的，责令改正，没收违法所得，并处以违法所得一倍以上五倍以下的罚款；没有违法所得或者违法所得不足三十万元的，处以三十万元以上六十万元以下的罚款；情节严重的，暂停或者撤销证券自营业务许可。对直接负责的主管人员和其他直接责任人员给予警告，撤销任职资格或者证券从业资格，并处以三万元以上十万元以下的罚款。

第二百一十条　证券公司违背客户的委托买卖证券、办理交易事项，或者违背客户真实意思表示，办理交易以外的其他事项的，责令改正，处以一万元以上十万元以下的罚款。给客户造成损失的，依法承担赔偿责任。

第二百一十一条　证券公司、证券登记结算机构挪用客户的资金或者证券，或者未经客户的委托，擅自为客户买卖证券的，责令改正，没收违法所得，并处以违法所得一倍以上五倍以下的罚款；没有违法所得或者违法所得不足十万元的，处以十万元以上六十万元以下的罚款；情节严重的，责令关闭或者撤销相关业务许可。对直接负责的主管人员和其他直接责任人员给予警告，撤销任职资格或者证券从业资格，并处以三万元以上三十万元以下的罚款。

第二百一十二条　证券公司办理经纪业务，接受客户的全权委托买卖证券的，或者证券公司对客户买卖证券的收益或者赔偿证券买卖的损失作出承诺的，责令改正，没收违法所得，并处以五万元以上二十万元以下的罚款，可以暂停或者撤销相关业务许可。对直接负责的主管人员和其他直接责任人员给予警告，并处以三万元以上十万元以下的罚款，可以撤销任职资格或者证券从业资格。

第二百一十三条　收购人未按照本法规定履行上市公司收购的公告、发出收购要约等义务的，责令改正，给予警告，并处以十万元以上三十万元以下的罚款；在改正前，收购人对其收购或者通过协议、其他安排与他人共同收购的股份不得行使表决权。对直接负责的主管人员和其他直接责任人员给予警告，并处以三万元以上三十万元以下的罚款。

第二百一十四条　收购人或者收购人的控股股东，利用上市公司收购，损害被收购公司及其股东的合法权益的，责令改正，给予警告；情节严重的，并处以十万元以上六十万元以下的罚款。给被收购公司及其股东造成损失的，依法承担赔偿责任。对直接负责的主管人员和其他直接责任人员给予警告，并处以三万元以上三十万元以下的罚款。

第二百一十五条　证券公司及其从业人员违反本法规定，私下接受客户委托买卖证券的，责令改正，给予警告，没收违法所得，并处以违法所得一倍以上五倍以下的罚款；没有违法所得或者违法所得不足十万元的，处以十万元以上三十万元以下的罚款。

第二百一十六条　证券公司违反规定，未经批准经营非上市证券的交易的，责令改正，没收违法所得，并处以违法所得一倍以上五倍以下的罚款。

第二百一十七条　证券公司成立后，无正当理由超过三个月未开始营业的，或者开业后自行停业连续三个月以上的，由公司登记机关吊销其公司营业执照。

第二百一十八条　证券公司违反本法第一百二十九条的规定，擅自设立、收购、撤销分支机构，或者合并、分立、停业、解散、破产，或者在境外设立、收购、参股证券经营机构的，责令改正，没收违法所得，并处以违法所得一倍以上五倍以下的罚款；没有违法所得或者违法所得不足十万元的，处以十万元以上六十万元以下的罚款。对直接负责的主管人员给予警告，并处以三万元以上十万元以下的罚款。

证券公司违反本法第一百二十九条的规定，擅自变更有关事项的，责令改正，并处以十万元以上三十万元以下的罚款。对直接负责的主管人员给予警告，并处以五万元以下的罚款。

第二百一十九条　证券公司违反本法规定，超出业务许可范围经营证券业务的，责令改正，没收违法所得，并处以违法所得一倍以上五倍以下的罚款；没有违法所得或者违法所得不足三十万元的，处以三十万元以上六十万元以下罚款；情节严重的，责令关闭。对直接负责的主管人员和其他直接责任人员给予警告，撤销任职资格或者证券从业资格，并处以三万元以上十万元以下的罚款。

第二百二十条　证券公司对其证券经纪业务、证券承销业务、证券自营业务、证券资产管理业务，不依法分开办理，混合操作的，责令改正，没收违法所得，并处以三十万元以上六十万元以下的罚款；情节严重的，撤销相关业务许可。对直接负责的主管人员和其他直接责任人员给予警告，并处以三万元以上十万元以下的罚款；情节严重的，撤销任职资格或者证券从业资格。

第二百二十一条　提交虚假证明文件或者采取其他欺诈手段隐瞒重要事实骗取证券业务许可的，或者证券公司在证券交易中有严重违法行为，不再具备经营资格的，由证券监督管理机构撤销证券业务许可。

第二百二十二条　证券公司或者其股东、实际控制人违反规定，拒不向证券监督管理机构报送或者提供经营管理信息和资料，或者报送、提供的经营管理信息和资料有虚假记载、误导性陈述或者重大遗漏的，责令改正，给予警告，并处以三万元以上三十万元以下的罚款，可以暂停或者撤销证券公司相关业务许可。对直接负责的主管人员和其他直接责任人员，给予警告，并处以三万元以下的罚款，可以撤销任职资格或者证券从业资格。

证券公司为其股东或者股东的关联人提供融资或者担保的，责令改正，给予警告，并处以十万元以上三十万元以下的罚款。对直接负责的主管人员和其他直接责任人员，处以三万元以上十万元以下的罚款。股东有过错的，在按照要求改正前，国务院证券监督管理机构可以限制其股东权利；拒不改正的，可以责令其转让所持证券公司股权。

第二百二十三条　证券服务机构未勤勉尽责，所制作、出具的文件有虚假记载、误导性陈述或者重大遗漏的，责令改正，没收业务收入，暂停或者撤销证券服务业务许可，并处以业务收入一倍以上五倍以下的罚款。对直接负责的主管人员和其他直接责任人员给予警告，撤销证券从业资格，并处以三万元以上十万元以下的罚款。

第二百二十四条　违反本法规定，发行、承销公司债券的，由国务院授权的部门依照本法有关规定予以处罚。

第二百二十五条　上市公司、证券公司、证券交易所、证券登记结算机构、证券服务机构，未按照有关规定保存有关文件和资料的，责令改正，给予警告，并处以三万元以上三十万元以下的罚款；隐匿、伪造、篡改或者毁损有关文件和资料的，给予警告，并处以三十万元以上六十万元以下的罚款。

第二百二十六条　未经国务院证券监督管理机构批准，擅自设立证券登记结算机构的，由证券监督管理机构予以取缔，没收违法所得，并处以违法所得一倍以上五倍以下的罚款。

投资咨询机构、财务顾问机构、资信评级机构、资产评估机构、会计师事务所未经批准，擅自从事证券服务业务的，责令改正，没收违法所得，并处以违法所得一倍以上五倍以下的罚款。

证券登记结算机构、证券服务机构违反本法规定或者依法制定的业务规则的，由证券监督管理机构责令改正，没收违法所得，并处以违法所得一倍以上五倍以下的罚款；没有违法所得或者违法所得不足十万元的，处以十万元以上三十万元以下的罚款；情节严重的，责令关闭或者撤销证券服务业务许可。

第二百二十七条　国务院证券监督管理机构或者国务院授权的部门有下列情形之一的，对直接负责的主管人员和其他直接责任人员，依法给予行政处分：

（一）对不符合本法规定的发行证券、设立证券公司等申请予以核准、批准的；

（二）违反规定采取本法第一百八十条规定的现场检查、调查取证、查询、冻结或者查封等措施的；

（三）违反规定对有关机构和人员实施行政处罚的；

（四）其他不依法履行职责的行为。

第二百二十八条　证券监督管理机构的工作人员和发行审核委员会的组成人员，不履行本法规定的职责，滥用职权、玩忽职守，利用职务便利牟取不正当利益，或者泄露所知悉的有关单位和个人的商业秘密的，依法追究法律责任。

第二百二十九条　证券交易所对不符合本法规定条件的证券上市申请予以审核同意的，给予警告，没收业务收入，并处以业务收入一倍以上五倍以下的罚款。对直接负责的主管人员和其他直接责任人员给予警告，并处以三万元以上三十万元以下的罚款。

第二百三十条　拒绝、阻碍证券监督管理机构及其工作人员依法行使监督检查、调查职权未使用暴力、威胁方法的，依法给予治安管理处罚。

第二百三十一条　违反本法规定，构成犯罪的，依法追究刑事责任。

第二百三十二条　违反本法规定，应当承担民事赔偿责任和缴纳罚款、罚金，其财产不足以同时支付时，先承担民事赔偿责任。

第二百三十三条　违反法律、行政法规或者国务院证券监督管理机构的有关规定，情节严重的，国务院证券监督管理机构可以对有关责任人员采取证券市场禁入的措施。

前款所称证券市场禁入，是指在一定期限内直至终身不得从事证券业务或者不得担任上市公司董事、监事、高级管理人员的制度。

第二百三十四条　依照本法收缴的罚款和没收的违法所得，全部上缴国库。

第二百三十五条　当事人对证券监督管理机构或者国务院授权的部门的处罚决定不服的，可以依法申请行政复议，或者依法直接向人民法院提起诉讼。

第十二章　附　则

第二百三十六条　本法施行前依照行政法规已批准在证券交易所上市交易的证券继续依法进行交易。本法施行前依照行政法规和国务院金融行政管理部门的规定经批准设立的证券经营机构，不完全符合本法规定的，应当在规定的限期内达到本法规定的要求。具体实施办法，由国务院另行规定。

第二百三十七条　发行人申请核准公开发行股票、公司债券，应当按照规定缴纳审核费用。

第二百三十八条　境内企业直接或者间接到境外发行证券或者将其证券在境外上市交易，必须经国务院证券监督管理机构依照国务院的规定批准。

第二百三十九条　境内公司股票以外币认购和交易的，具体办法由国务院另行规定。

第二百四十条　本法自2006年1月1日起施行。

中华人民共和国保险法（修订）

（1995年6月30日第八届全国人民代表大会常务委员会第十四次会议通过　根据2002年10月28日第九届全国人民代表大会常务委员会第三十次会议《关于修改〈中华人民共和国保险法〉的决定》第一次修正　2009年2月28日第十一届全国人民代表大会常务委员会第七次会议修订　根据2014年8月31日第十二届全国人民代表大会常务委员会第十次会议《关于修改〈中华人民共和国保险法〉等五部法律的决定》第二次修正　根据2015年4月24日第十二届全国人民代表大会常务委员会第十四次会议《关于修改〈中华人民共和国计量法〉等五部法律的决定》第三次修正）

第一章　总　则

第一条　为了规范保险活动，保护保险活动当事人的合法权益，加强对保险业的监督管理，维护社会经济秩序和社会公共利益，促进保险事业的健康发展，制定本法。

第二条　本法所称保险，是指投保人根据合同约定，向保险人支付保险费，保险人对于合同约定的可能发生的事故因其发生所造成的财产损失承担赔偿保险金责任，或者当被保险人死亡、伤残、疾病或者达到合同约定的年龄、期限等条件时承担给付保险金责任的商业保险行为。

第三条　在中华人民共和国境内从事保险活动，适用本法。

第四条　从事保险活动必须遵守法律、行政法规，尊重社会公德，不得损害社会公共利益。

第五条　保险活动当事人行使权利、履行义务应当遵循诚实信用原则。

第六条　保险业务由依照本法设立的保险公司以及法律、行政法规规定的其他保险组织经营，其他单位和个人不得经营保险业务。

第七条　在中华人民共和国境内的法人和其他组织需要办理境内保险的，应当向中华人民共和国境内的保险公司投保。

第八条　保险业和银行业、证券业、信托业实行分业经营、分业管理，保险公司与银行、证券、信托业务机构分别设立。国家另有规定的除外。

第九条　国务院保险监督管理机构依法对保险业实施监督管理。国务院保险监督管理机构根据履行职责的需要设立派出机构。派出机构按照国务院保险监督管理机构的授权履行监督管理职责。

第二章　保险合同

第一节　一般规定

第十条　保险合同是投保人与保险人约定保险权利义务关系的协议。投保人是指与保险人订立保险合同，并按照合同约定负有支付保险费义务的人。保险人是指与投保人订立保险合同，并按照合同约定承担赔偿或者给付保险金责任的保险公司。

第十一条　订立保险合同，应当协商一致，遵循公平原则确定各方的权利和义务。除法律、行政法规规定必须保险的外，保险合同自愿订立。

第十二条　人身保险的投保人在保险合同订立时，对被保险人应当具有保险利益。财产保险的被保险人在保险事故发生时，对保险标的应当具有保险利益。人身保险是以人的寿命和身体为保险标的的保险。财产保险是以财产及其有关利益为保险标的的保险。被保险人是指其财产或者人身受保险合同保障，享有保险金请求权的人。投保人可以为被保险人。保险利益是指投保人或者被保险人对保险标的具有的法律上承认的利益。

第十三条　投保人提出保险要求，经保险人同意承保，保险合同成立。保险人应当及时向投保人签发保险单或者其他保险凭证。保险单或者其他保险凭证应当载明当事人双方约定的合同内容。当事人也可以约定采用其他书面形式载明合同内容。依法成立的保险合同，自成立时生效。投保人和保险人可以对合同的效力约定附条件或者附期限。

第十四条　保险合同成立后，投保人按照约定交付保险费，保险人按照约定的时间开始承担保险责任。

第十五条　除本法另有规定或者保险合同另有约定外，保险合同成立后，投保人可以解除合同，保险人不得解除合同。

第十六条　订立保险合同，保险人就保险标的或者被保险人的有关情况提出询问的，投保人应当如实告知。

投保人故意或者因重大过失未履行前款规定的如实告知义务，足以影响保险人决定是否同意承保或者提高保险费率的，保险人有权解除合同。

前款规定的合同解除权，自保险人知道有解除事由之日起，超过三十日不行使而消灭。自合同成立之日起超过二年的，保险人不得解除合同；发生保险事故的，保险人应当承担赔偿或者给付保险金的责任。

投保人故意不履行如实告知义务的，保险人对于合同解除前发生的保险事故，不承担赔偿或者给付保险金的责任，并不退还保险费。

投保人因重大过失未履行如实告知义务，对保险事故的发生有严重影响的，保险人对于合同解除前发生的保险事故，不承担赔偿或者给付保险金的责任，但应当退还保险费。

保险人在合同订立时已经知道投保人未如实告知的情况的，保险人不得解除合同；发生保险事故的，保险人应当承担赔偿或者给付保险金的责任。

保险事故是指保险合同约定的保险责任范围内的事故。

第十七条　订立保险合同，采用保险人提供的格式条款的，保险人向投保人提供的投保单应当附格式条款，保险人应当向投保人说明合同的内容。对保险合同中免除保险人责任的条款，保险人在订立合同时应当在投保单、保险单或者其他保险凭证上作出足以引起投保人注意的提示，并对该条款的内容以书面或者口头形式向投保人作出明确说明；未作提示或者明确说明的，该条款不产生效力。

第十八条　保险合同应当包括下列事项：

（一）保险人的名称和住所；

（二）投保人、被保险人的姓名或者名称、住所，以及人身保险的受益人的姓名或者名称、住所；

（三）保险标的；

（四）保险责任和责任免除；

（五）保险期间和保险责任开始时间；

（六）保险金额；

（七）保险费以及支付办法；

（八）保险金赔偿或者给付办法；

（九）违约责任和争议处理；

（十）订立合同的年、月、日。

投保人和保险人可以约定与保险有关的其他事项。

受益人是指人身保险合同中由被保险人或者投保人指定的享有保险金请求权的人。投保人、被保险人可以为受益人。

保险金额是指保险人承担赔偿或者给付保险金责任的最高限额。

第十九条 采用保险人提供的格式条款订立的保险合同中的下列条款无效：

（一）免除保险人依法应承担的义务或者加重投保人、被保险人责任的；

（二）排除投保人、被保险人或者受益人依法享有的权利的。

第二十条 投保人和保险人可以协商变更合同内容。

变更保险合同的，应当由保险人在保险单或者其他保险凭证上批注或者附贴批单，或者由投保人和保险人订立变更的书面协议。

第二十一条 投保人、被保险人或者受益人知道保险事故发生后，应当及时通知保险人。故意或者因重大过失未及时通知，致使保险事故的性质、原因、损失程度等难以确定的，保险人对无法确定的部分，不承担赔偿或者给付保险金的责任，但保险人通过其他途径已经及时知道或者应当及时知道保险事故发生的除外。

第二十二条 保险事故发生后，按照保险合同请求保险人赔偿或者给付保险金时，投保人、被保险人或者受益人应当向保险人提供其所能提供的与确认保险事故的性质、原因、损失程度等有关的证明和资料。

保险人按照合同的约定，认为有关的证明和资料不完整的，应当及时一次性通知投保人、被保险人或者受益人补充提供。

第二十三条 保险人收到被保险人或者受益人的赔偿或者给付保险金的请求后，应当及时作出核定；情形复杂的，应当在三十日内作出核定，但合同另有约定的除外。保险人应当将核定结果通知被保险人或者受益人；对属于保险责任的，在与被保险人或者受益人达成赔偿或者给付保险金的协议后十日内，履行赔偿或者给付保险金义务。保险合同对赔偿或者给付保险金的期限有约定的，保险人应当按照约定履行赔偿或者给付保险金义务。

保险人未及时履行前款规定义务的，除支付保险金外，应当赔偿被保险人或者受益人因此受到的损失。

任何单位和个人不得非法干预保险人履行赔偿或者给付保险金的义务，也不得限制被保险人或者受益人取得保险金的权利。

第二十四条 保险人依照本法第二十三条的规定作出核定后，对不属于保险责任的，应当自作出核定之日起三日内向被保险人或者受益人发出拒绝赔偿或者拒绝给付保险金通知书，并说明理由。

第二十五条 保险人自收到赔偿或者给付保险金的请求和有关证明、资料之日起六十日内，对其赔偿或者给付保险金的数额不能确定的，应当根据已有证明和资料可以确定的数额先予支付；保险人最终确定赔偿或者给付保险金的数额后，应当支付相应的差额。

第二十六条 人寿保险以外的其他保险的被保险人或者受益人，向保险人请求赔偿或者给付保险金的诉讼时效期间为二年，自其知道或者应当知道保险事故发生之日起计算。

人寿保险的被保险人或者受益人向保险人请求给付保险金的诉讼时效期间为五年，自其知道或者应当知道保险事故发生之日起计算。

第二十七条 未发生保险事故，被保险人或者受益人谎称发生了保险事故，向保险人提出赔偿或者给付保险金请求的，保险人有权解除合同，并不退还保险费。

投保人、被保险人故意制造保险事故的，保险人有权解除合同，不承担赔偿或者给付保险金的责任；除本法第四十三条规定外，不退还保险费。

保险事故发生后，投保人、被保险人或者受益人以伪造、变造的有关证明、资料或者其他证据，编造虚假的事故原因或者夸大损失程度的，保险人对其虚报的部分不承担赔偿或者给付保险金的责任。

投保人、被保险人或者受益人有前三款规定行为之一，致使保险人支付保险金或者支出费用的，应当退回或者赔偿。

第二十八条　保险人将其承担的保险业务，以分保形式部分转移给其他保险人的，为再保险。

应再保险接受人的要求，再保险分出人应当将其自负责任及原保险的有关情况书面告知再保险接受人。

第二十九条　再保险接受人不得向原保险的投保人要求支付保险费。

原保险的被保险人或者受益人不得向再保险接受人提出赔偿或者给付保险金的请求。

再保险分出人不得以再保险接受人未履行再保险责任为由，拒绝履行或者迟延履行其原保险责任。

第三十条　采用保险人提供的格式条款订立的保险合同，保险人与投保人、被保险人或者受益人对合同条款有争议的，应当按照通常理解予以解释。对合同条款有两种以上解释的，人民法院或者仲裁机构应当作出有利于被保险人和受益人的解释。

第二节　人身保险合同

第三十一条　投保人对下列人员具有保险利益:

（一）本人;

（二）配偶、子女、父母;

（三）前项以外与投保人有抚养、赡养或者扶养关系的家庭其他成员、近亲属;

（四）与投保人有劳动关系的劳动者。

除前款规定外，被保险人同意投保人为其订立合同的，视为投保人对被保险人具有保险利益。

订立合同时，投保人对被保险人不具有保险利益的，合同无效。

第三十二条　投保人申报的被保险人年龄不真实，并且其真实年龄不符合合同约定的年龄限制的，保险人可以解除合同，并按照合同约定退还保险单的现金价值。保险人行使合同解除权，适用本法第十六条第三款、第六款的规定。

投保人申报的被保险人年龄不真实，致使投保人支付的保险费少于应付保险费的，保险人有权更正并要求投保人补交保险费，或者在给付保险金时按照实付保险费与应付保险费的比例支付。

投保人申报的被保险人年龄不真实，致使投保人支付的保险费多于应付保险费的，保险人应当将多收的保险费退还投保人。

第三十三条　投保人不得为无民事行为能力人投保以死亡为给付保险金条件的人身保险，保险人也不得承保。

父母为其未成年子女投保的人身保险，不受前款规定限制。但是，因被保险人死亡给付的保险金总和不得超过国务院保险监督管理机构规定的限额。

第三十四条　以死亡为给付保险金条件的合同，未经被保险人同意并认可保险金额的，合同无效。

按照以死亡为给付保险金条件的合同所签发的保险单，未经被保险人书面同意，不得转让或者质押。

父母为其未成年子女投保的人身保险，不受本条第一款规定限制。

第三十五条 投保人可以按照合同约定向保险人一次支付全部保险费或者分期支付保险费。

第三十六条 合同约定分期支付保险费，投保人支付首期保险费后，除合同另有约定外，投保人自保险人催告之日起超过三十日未支付当期保险费，或者超过约定的期限六十日未支付当期保险费的，合同效力中止，或者由保险人按照合同约定的条件减少保险金额。

被保险人在前款规定期限内发生保险事故的，保险人应当按照合同约定给付保险金，但可以扣减欠交的保险费。

第三十七条 合同效力依照本法第三十六条规定中止的，经保险人与投保人协商并达成协议，在投保人补交保险费后，合同效力恢复。但是，自合同效力中止之日起满二年双方未达成协议的，保险人有权解除合同。

保险人依照前款规定解除合同的，应当按照合同约定退还保险单的现金价值。

第三十八条 保险人对人寿保险的保险费，不得用诉讼方式要求投保人支付。

第三十九条 人身保险的受益人由被保险人或者投保人指定。

投保人指定受益人时须经被保险人同意。投保人为与其有劳动关系的劳动者投保人身保险，不得指定被保险人及其近亲属以外的人为受益人。

被保险人为无民事行为能力人或者限制民事行为能力人的，可以由其监护人指定受益人。

第四十条 被保险人或者投保人可以指定一人或者数人为受益人。

受益人为数人的，被保险人或者投保人可以确定受益顺序和受益份额；未确定受益份额的，受益人按照相等份额享有受益权。

第四十一条 被保险人或者投保人可以变更受益人并书面通知保险人。保险人收到变更受益人的书面通知后，应当在保险单或者其他保险凭证上批注或者附贴批单。

投保人变更受益人时须经被保险人同意。

第四十二条 被保险人死亡后，有下列情形之一的，保险金作为被保险人的遗产，由保险人依照《中华人民共和国继承法》的规定履行给付保险金的义务：

（一）没有指定受益人，或者受益人指定不明无法确定的；

（二）受益人先于被保险人死亡，没有其他受益人的；

（三）受益人依法丧失受益权或者放弃受益权，没有其他受益人的。

受益人与被保险人在同一事件中死亡，且不能确定死亡先后顺序的，推定受益人死亡在先。

第四十三条 投保人故意造成被保险人死亡、伤残或者疾病的，保险人不承担给付保险金的责任。投保人已交足二年以上保险费的，保险人应当按照合同约定向其他权利人退还保险单的现金价值。

受益人故意造成被保险人死亡、伤残、疾病的，或者故意杀害被保险人未遂的，该受益人丧失受益权。

第四十四条 以被保险人死亡为给付保险金条件的合同，自合同成立或者合同效力恢复之日起二年内，被保险人自杀的，保险人不承担给付保险金的责任，但被保险人自杀时为无民事行为能力人的除外。

保险人依照前款规定不承担给付保险金责任的，应当按照合同约定退还保险单的现金价值。

第四十五条 因被保险人故意犯罪或者抗拒依法采取的刑事强制措施导致其伤残或者死亡的，保险人不承担给付保险金的责任。投保人已交足二年以上保险费的，保险人应当按照合同约定退还保险单的现金价值。

第四十六条 被保险人因第三者的行为而发生死亡、伤残或者疾病等保险事故的，保险人向被保险人或者受益人给付保险金后，不享有向第三者追偿的权利，但被保险人或者受益人仍有权向第三者请求赔偿。

第四十七条 投保人解除合同的，保险人应当自收到解除合同通知之日起三十日内，按照合同约定退还保险单的现金价值。

第三节　财产保险合同

第四十八条　保险事故发生时，被保险人对保险标的不具有保险利益的，不得向保险人请求赔偿保险金。

第四十九条　保险标的转让的，保险标的的受让人承继被保险人的权利和义务。

保险标的转让的，被保险人或者受让人应当及时通知保险人，但货物运输保险合同和另有约定的合同除外。

因保险标的转让导致危险程度显著增加的，保险人自收到前款规定的通知之日起三十日内，可以按照合同约定增加保险费或者解除合同。保险人解除合同的，应当将已收取的保险费，按照合同约定扣除自保险责任开始之日起至合同解除之日止应收的部分后，退还投保人。

被保险人、受让人未履行本条第二款规定的通知义务的，因转让导致保险标的的危险程度显著增加而发生的保险事故，保险人不承担赔偿保险金的责任。

第五十条　货物运输保险合同和运输工具航程保险合同，保险责任开始后，合同当事人不得解除合同。

第五十一条　被保险人应当遵守国家有关消防、安全、生产操作、劳动保护等方面的规定，维护保险标的的安全。

保险人可以按照合同约定对保险标的的安全状况进行检查，及时向投保人、被保险人提出消除不安全因素和隐患的书面建议。

投保人、被保险人未按照约定履行其对保险标的的安全应尽责任的，保险人有权要求增加保险费或者解除合同。

保险人为维护保险标的的安全，经被保险人同意，可以采取安全预防措施。

第五十二条　在合同有效期内，保险标的的危险程度显著增加的，被保险人应当按照合同约定及时通知保险人，保险人可以按照合同约定增加保险费或者解除合同。保险人解除合同的，应当将已收取的保险费，按照合同约定扣除自保险责任开始之日起至合同解除之日止应收的部分后，退还投保人。

被保险人未履行前款规定的通知义务的，因保险标的的危险程度显著增加而发生的保险事故，保险人不承担赔偿保险金的责任。

第五十三条　有下列情形之一的，除合同另有约定外，保险人应当降低保险费，并按日计算退还相应的保险费：

（一）据以确定保险费率的有关情况发生变化，保险标的的危险程度明显减少的；

（二）保险标的的保险价值明显减少的。

第五十四条　保险责任开始前，投保人要求解除合同的，应当按照合同约定向保险人支付手续费，保险人应当退还保险费。保险责任开始后，投保人要求解除合同的，保险人应当将已收取的保险费，按照合同约定扣除自保险责任开始之日起至合同解除之日止应收的部分后，退还投保人。

第五十五条　投保人和保险人约定保险标的的保险价值并在合同中载明的，保险标的发生损失时，以约定的保险价值为赔偿计算标准。

投保人和保险人未约定保险标的的保险价值的，保险标的发生损失时，以保险事故发生时保险标的的实际价值为赔偿计算标准。

保险金额不得超过保险价值。超过保险价值的，超过部分无效，保险人应当退还相应的保险费。

保险金额低于保险价值的，除合同另有约定外，保险人按照保险金额与保险价值的比例承担赔偿保险金的责任。

第五十六条　重复保险的投保人应当将重复保险的有关情况通知各保险人。

重复保险的各保险人赔偿保险金的总和不得超过保险价值。除合同另有约定外，各保险人按照其保险金额与保险金额总和的比例承担赔偿保险金的责任。

重复保险的投保人可以就保险金额总和超过保险价值的部分，请求各保险人按比例返还保险费。

重复保险是指投保人对同一保险标的、同一保险利益、同一保险事故分别与两个以上保险人订立保险合同，且保险金额总和超过保险价值的保险。

第五十七条　保险事故发生时，被保险人应当尽力采取必要的措施，防止或者减少损失。

保险事故发生后，被保险人为防止或者减少保险标的的损失所支付的必要的、合理的费用，由保险人承担；保险人所承担的费用数额在保险标的损失赔偿金额以外另行计算，最高不超过保险金额的数额。

第五十八条　保险标的发生部分损失的，自保险人赔偿之日起三十日内，投保人可以解除合同；除合同另有约定外，保险人也可以解除合同，但应当提前十五日通知投保人。

合同解除的，保险人应当将保险标的未受损失部分的保险费，按照合同约定扣除自保险责任开始之日起至合同解除之日止应收的部分后，退还投保人。

第五十九条　保险事故发生后，保险人已支付了全部保险金额，并且保险金额等于保险价值的，受损保险标的的全部权利归于保险人；保险金额低于保险价值的，保险人按照保险金额与保险价值的比例取得受损保险标的的部分权利。

第六十条　因第三者对保险标的的损害而造成保险事故的，保险人自向被保险人赔偿保险金之日起，在赔偿金额范围内代位行使被保险人对第三者请求赔偿的权利。

前款规定的保险事故发生后，被保险人已经从第三者取得损害赔偿的，保险人赔偿保险金时，可以相应扣减被保险人从第三者已取得的赔偿金额。

保险人依照本条第一款规定行使代位请求赔偿的权利，不影响被保险人就未取得赔偿的部分向第三者请求赔偿的权利。

第六十一条　保险事故发生后，保险人未赔偿保险金之前，被保险人放弃对第三者请求赔偿的权利的，保险人不承担赔偿保险金的责任。

保险人向被保险人赔偿保险金后，被保险人未经保险人同意放弃对第三者请求赔偿的权利的，该行为无效。

被保险人故意或者因重大过失致使保险人不能行使代位请求赔偿的权利的，保险人可以扣减或者要求返还相应的保险金。

第六十二条　除被保险人的家庭成员或者其组成人员故意造成本法第六十条第一款规定的保险事故外，保险人不得对被保险人的家庭成员或者其组成人员行使代位请求赔偿的权利。

第六十三条　保险人向第三者行使代位请求赔偿的权利时，被保险人应当向保险人提供必要的文件和所知道的有关情况。

第六十四条　保险人、被保险人为查明和确定保险事故的性质、原因和保险标的的损失程度所支付的必要的、合理的费用，由保险人承担。

第六十五条　保险人对责任保险的被保险人给第三者造成的损害，可以依照法律的规定或者合同的约定，直接向该第三者赔偿保险金。

责任保险的被保险人给第三者造成损害，被保险人对第三者应负的赔偿责任确定的，根据被保险人的请求，保险人应当直接向该第三者赔偿保险金。被保险人怠于请求的，第三者有权就其应获赔偿部分直接向保险人请求赔偿保险金。

责任保险的被保险人给第三者造成损害，被保险人未向该第三者赔偿的，保险人不得向被保险人赔偿保险金。

责任保险是指以被保险人对第三者依法应负的赔偿责任为保险标的的保险。

第六十六条 责任保险的被保险人因给第三者造成损害的保险事故而被提起仲裁或者诉讼的，被保险人支付的仲裁或者诉讼费用以及其他必要的、合理的费用，除合同另有约定外，由保险人承担。

第三章 保险公司

第六十七条 设立保险公司应当经国务院保险监督管理机构批准。

国务院保险监督管理机构审查保险公司的设立申请时，应当考虑保险业的发展和公平竞争的需要。

第六十八条 设立保险公司应当具备下列条件：

（一）主要股东具有持续盈利能力，信誉良好，最近三年内无重大违法违规记录，净资产不低于人民币二亿元；

（二）有符合本法和《中华人民共和国公司法》规定的章程；

（三）有符合本法规定的注册资本；

（四）有具备任职专业知识和业务工作经验的董事、监事和高级管理人员；

（五）有健全的组织机构和管理制度；

（六）有符合要求的营业场所和与经营业务有关的其他设施；

（七）法律、行政法规和国务院保险监督管理机构规定的其他条件。

第六十九条 设立保险公司，其注册资本的最低限额为人民币二亿元。

国务院保险监督管理机构根据保险公司的业务范围、经营规模，可以调整其注册资本的最低限额，但不得低于本条第一款规定的限额。

保险公司的注册资本必须为实缴货币资本。

第七十条 申请设立保险公司，应当向国务院保险监督管理机构提出书面申请，并提交下列材料：

（一）设立申请书，申请书应当载明拟设立的保险公司的名称、注册资本、业务范围等；

（二）可行性研究报告；

（三）筹建方案；

（四）投资人的营业执照或者其他背景资料，经会计师事务所审计的上一年度财务会计报告；

（五）投资人认可的筹备组负责人和拟任董事长、经理名单及本人认可证明；

（六）国务院保险监督管理机构规定的其他材料。

第七十一条 国务院保险监督管理机构应当对设立保险公司的申请进行审查，自受理之日起六个月内作出批准或者不批准筹建的决定，并书面通知申请人。决定不批准的，应当书面说明理由。

第七十二条 申请人应当自收到批准筹建通知之日起一年内完成筹建工作；筹建期间不得从事保险经营活动。

第七十三条 筹建工作完成后，申请人具备本法第六十八条规定的设立条件的，可以向国务院保险监督管理机构提出开业申请。

国务院保险监督管理机构应当自受理开业申请之日起六十日内，作出批准或者不批准开业的决定。决定批准的，颁发经营保险业务许可证；决定不批准的，应当书面通知申请人并说明理由。

第七十四条　保险公司在中华人民共和国境内设立分支机构，应当经保险监督管理机构批准。保险公司分支机构不具有法人资格，其民事责任由保险公司承担。

第七十五条　保险公司申请设立分支机构，应当向保险监督管理机构提出书面申请，并提交下列材料：

（一）设立申请书；

（二）拟设机构三年业务发展规划和市场分析材料；

（三）拟任高级管理人员的简历及相关证明材料；

（四）国务院保险监督管理机构规定的其他材料。

第七十六条　保险监督管理机构应当对保险公司设立分支机构的申请进行审查，自受理之日起六十日内作出批准或者不批准的决定。决定批准的，颁发分支机构经营保险业务许可证；决定不批准的，应当书面通知申请人并说明理由。

第七十七条　经批准设立的保险公司及其分支机构，凭经营保险业务许可证向工商行政管理机关办理登记，领取营业执照。

第七十八条　保险公司及其分支机构自取得经营保险业务许可证之日起六个月内，无正当理由未向工商行政管理机关办理登记的，其经营保险业务许可证失效。

第七十九条　保险公司在中华人民共和国境外设立子公司、分支机构，应当经国务院保险监督管理机构批准。

第八十条　外国保险机构在中华人民共和国境内设立代表机构，应当经国务院保险监督管理机构批准。代表机构不得从事保险经营活动。

第八十一条　保险公司的董事、监事和高级管理人员，应当品行良好，熟悉与保险相关的法律、行政法规，具有履行职责所需的经营管理能力，并在任职前取得保险监督管理机构核准的任职资格。

保险公司高级管理人员的范围由国务院保险监督管理机构规定。

第八十二条　有《中华人民共和国公司法》第一百四十六条规定的情形或者下列情形之一的，不得担任保险公司的董事、监事、高级管理人员：

（一）因违法行为或者违纪行为被金融监督管理机构取消任职资格的金融机构的董事、监事、高级管理人员，自被取消任职资格之日起未逾五年的；

（二）因违法行为或者违纪行为被吊销执业资格的律师、注册会计师或者资产评估机构、验证机构等机构的专业人员，自被吊销执业资格之日起未逾五年的。

第八十三条　保险公司的董事、监事、高级管理人员执行公司职务时违反法律、行政法规或者公司章程的规定，给公司造成损失的，应当承担赔偿责任。

第八十四条　保险公司有下列情形之一的，应当经保险监督管理机构批准：

（一）变更名称；

（二）变更注册资本；

（三）变更公司或者分支机构的营业场所；

（四）撤销分支机构；

（五）公司分立或者合并；

（六）修改公司章程；

（七）变更出资额占有限责任公司资本总额百分之五以上的股东，或者变更持有股份有限公司股份百分之五以上的股东；

（八）国务院保险监督管理机构规定的其他情形。

第八十五条　保险公司应当聘用专业人员，建立精算报告制度和合规报告制度。

第八十六条　保险公司应当按照保险监督管理机构的规定，报送有关报告、报表、文件和资料。

保险公司的偿付能力报告、财务会计报告、精算报告、合规报告及其他有关报告、报表、文件和资料必须如实记录保险业务事项，不得有虚假记载、误导性陈述和重大遗漏。

第八十七条　保险公司应当按照国务院保险监督管理机构的规定妥善保管业务经营活动的完整账簿、原始凭证和有关资料。

前款规定的账簿、原始凭证和有关资料的保管期限，自保险合同终止之日起计算，保险期间在一年以下的不得少于五年，保险期间超过一年的不得少于十年。

第八十八条　保险公司聘请或者解聘会计师事务所、资产评估机构、资信评级机构等中介服务机构，应当向保险监督管理机构报告；解聘会计师事务所、资产评估机构、资信评级机构等中介服务机构，应当说明理由。

第八十九条　保险公司因分立、合并需要解散，或者股东会、股东大会决议解散，或者公司章程规定的解散事由出现，经国务院保险监督管理机构批准后解散。

经营有人寿保险业务的保险公司，除因分立、合并或者被依法撤销外，不得解散。

保险公司解散，应当依法成立清算组进行清算。

第九十条　保险公司有《中华人民共和国企业破产法》第二条规定情形的，经国务院保险监督管理机构同意，保险公司或者其债权人可以依法向人民法院申请重整、和解或者破产清算；国务院保险监督管理机构也可以依法向人民法院申请对该保险公司进行重整或者破产清算。

第九十一条　破产财产在优先清偿破产费用和共益债务后，按照下列顺序清偿：

（一）所欠职工工资和医疗、伤残补助、抚恤费用，所欠应当划入职工个人账户的基本养老保险、基本医疗保险费用，以及法律、行政法规规定应当支付给职工的补偿金；

（二）赔偿或者给付保险金；

（三）保险公司欠缴的除第（一）项规定以外的社会保险费用和所欠税款；

（四）普通破产债权。

破产财产不足以清偿同一顺序的清偿要求的，按照比例分配。

破产保险公司的董事、监事和高级管理人员的工资，按照该公司职工的平均工资计算。

第九十二条　经营有人寿保险业务的保险公司被依法撤销或者被依法宣告破产的，其持有的人寿保险合同及责任准备金，必须转让给其他经营有人寿保险业务的保险公司；不能同其他保险公司达成转让协议的，由国务院保险监督管理机构指定经营有人寿保险业务的保险公司接受转让。

转让或者由国务院保险监督管理机构指定接受转让前款规定的人寿保险合同及责任准备金的，应当维护被保险人、受益人的合法权益。

第九十三条　保险公司依法终止其业务活动，应当注销其经营保险业务许可证。

第九十四条　保险公司，除本法另有规定外，适用《中华人民共和国公司法》的规定。

第四章 保险经营规则

第九十五条 保险公司的业务范围：

（一）人身保险业务，包括人寿保险、健康保险、意外伤害保险等保险业务；

（二）财产保险业务，包括财产损失保险、责任保险、信用保险、保证保险等保险业务；

（三）国务院保险监督管理机构批准的与保险有关的其他业务。

保险人不得兼营人身保险业务和财产保险业务。但是，经营财产保险业务的保险公司经国务院保险监督管理机构批准，可以经营短期健康保险业务和意外伤害保险业务。

保险公司应当在国务院保险监督管理机构依法批准的业务范围内从事保险经营活动。

第九十六条 经国务院保险监督管理机构批准，保险公司可以经营本法第九十五条规定的保险业务的下列再保险业务：

（一）分出保险；

（二）分入保险。

第九十七条 保险公司应当按照其注册资本总额的百分之二十提取保证金，存入国务院保险监督管理机构指定的银行，除公司清算时用于清偿债务外，不得动用。

第九十八条 保险公司应当根据保障被保险人利益、保证偿付能力的原则，提取各项责任准备金。保险公司提取和结转责任准备金的具体办法，由国务院保险监督管理机构制定。

第九十九条 保险公司应当依法提取公积金。

第一百条 保险公司应当缴纳保险保障基金。保险保障基金应当集中管理，并在下列情形下统筹使用：

（一）在保险公司被撤销或者被宣告破产时，向投保人、被保险人或者受益人提供救济；

（二）在保险公司被撤销或者被宣告破产时，向依法接受其人寿保险合同的保险公司提供救济；

（三）国务院规定的其他情形。

保险保障基金筹集、管理和使用的具体办法，由国务院制定。

第一百零一条 保险公司应当具有与其业务规模和风险程度相适应的最低偿付能力。保险公司的认可资产减去认可负债的差额不得低于国务院保险监督管理机构规定的数额；低于规定数额的，应当按照国务院保险监督管理机构的要求采取相应措施达到规定的数额。

第一百零二条 经营财产保险业务的保险公司当年自留保险费，不得超过其实有资本金加公积金总和的四倍。

第一百零三条 保险公司对每一危险单位，即对一次保险事故可能造成的最大损失范围所承担的责任，不得超过其实有资本金加公积金总和的百分之十；超过的部分应当办理再保险。

保险公司对危险单位的划分应当符合国务院保险监督管理机构的规定。

第一百零四条 保险公司对危险单位的划分方法和巨灾风险安排方案，应当报国务院保险监督管理机构备案。

第一百零五条 保险公司应当按照国务院保险监督管理机构的规定办理再保险，并审慎选择再保险接受人。

第一百零六条 保险公司的资金运用必须稳健，遵循安全性原则。

保险公司的资金运用限于下列形式：

（一）银行存款；

（二）买卖债券、股票、证券投资基金份额等有价证券；

（三）投资不动产；

（四）国务院规定的其他资金运用形式。

保险公司资金运用的具体管理办法，由国务院保险监督管理机构依照前两款的规定制定。

第一百零七条　经国务院保险监督管理机构会同国务院证券监督管理机构批准，保险公司可以设立保险资产管理公司。

保险资产管理公司从事证券投资活动，应当遵守《中华人民共和国证券法》等法律、行政法规的规定。

保险资产管理公司的管理办法，由国务院保险监督管理机构会同国务院有关部门制定。

第一百零八条　保险公司应当按照国务院保险监督管理机构的规定，建立对关联交易的管理和信息披露制度。

第一百零九条　保险公司的控股股东、实际控制人、董事、监事、高级管理人员不得利用关联交易损害公司的利益。

第一百一十条　保险公司应当按照国务院保险监督管理机构的规定，真实、准确、完整地披露财务会计报告、风险管理状况、保险产品经营情况等重大事项。

第一百一十一条　保险公司从事保险销售的人员应当品行良好，具有保险销售所需的专业能力。保险销售人员的行为规范和管理办法，由国务院保险监督管理机构规定。

第一百一十二条　保险公司应当建立保险代理人登记管理制度，加强对保险代理人的培训和管理，不得唆使、诱导保险代理人进行违背诚信义务的活动。

第一百一十三条　保险公司及其分支机构应当依法使用经营保险业务许可证，不得转让、出租、出借经营保险业务许可证。

第一百一十四条　保险公司应当按照国务院保险监督管理机构的规定，公平、合理拟订保险条款和保险费率，不得损害投保人、被保险人和受益人的合法权益。

保险公司应当按照合同约定和本法规定，及时履行赔偿或者给付保险金义务。

第一百一十五条　保险公司开展业务，应当遵循公平竞争的原则，不得从事不正当竞争。

第一百一十六条　保险公司及其工作人员在保险业务活动中不得有下列行为：

（一）欺骗投保人、被保险人或者受益人；

（二）对投保人隐瞒与保险合同有关的重要情况；

（三）阻碍投保人履行本法规定的如实告知义务，或者诱导其不履行本法规定的如实告知义务；

（四）给予或者承诺给予投保人、被保险人、受益人保险合同约定以外的保险费回扣或者其他利益；

（五）拒不依法履行保险合同约定的赔偿或者给付保险金义务；

（六）故意编造未曾发生的保险事故、虚构保险合同或者故意夸大已经发生的保险事故的损失程度进行虚假理赔，骗取保险金或者牟取其他不正当利益；

（七）挪用、截留、侵占保险费；

（八）委托未取得合法资格的机构从事保险销售活动；

（九）利用开展保险业务为其他机构或者个人牟取不正当利益；

（十）利用保险代理人、保险经纪人或者保险评估机构，从事以虚构保险中介业务或者编造退保等方式套取费用等违法活动；

（十一）以捏造、散布虚假事实等方式损害竞争对手的商业信誉，或者以其他不正当竞争行为扰乱保险市场秩序；

（十二）泄露在业务活动中知悉的投保人、被保险人的商业秘密；

（十三）违反法律、行政法规和国务院保险监督管理机构规定的其他行为。

第五章 保险代理人和保险经纪人

第一百一十七条 保险代理人是根据保险人的委托，向保险人收取佣金，并在保险人授权的范围内代为办理保险业务的机构或者个人。

保险代理机构包括专门从事保险代理业务的保险专业代理机构和兼营保险代理业务的保险兼业代理机构。

第一百一十八条 保险经纪人是基于投保人的利益，为投保人与保险人订立保险合同提供中介服务，并依法收取佣金的机构。

第一百一十九条 保险代理机构、保险经纪人应当具备国务院保险监督管理机构规定的条件，取得保险监督管理机构颁发的经营保险代理业务许可证、保险经纪业务许可证。

第一百二十条 以公司形式设立保险专业代理机构、保险经纪人，其注册资本最低限额适用《中华人民共和国公司法》的规定。

国务院保险监督管理机构根据保险专业代理机构、保险经纪人的业务范围和经营规模，可以调整其注册资本的最低限额，但不得低于《中华人民共和国公司法》规定的限额。

保险专业代理机构、保险经纪人的注册资本或者出资额必须为实缴货币资本。

第一百二十一条 保险专业代理机构、保险经纪人的高级管理人员，应当品行良好，熟悉保险法律、行政法规，具有履行职责所需的经营管理能力，并在任职前取得保险监督管理机构核准的任职资格。

第一百二十二条 个人保险代理人、保险代理机构的代理从业人员、保险经纪人的经纪从业人员，应当品行良好，具有从事保险代理业务或者保险经纪业务所需的专业能力。

第一百二十三条 保险代理机构、保险经纪人应当有自己的经营场所，设立专门账簿记载保险代理业务、经纪业务的收支情况。

第一百二十四条 保险代理机构、保险经纪人应当按照国务院保险监督管理机构的规定缴存保证金或者投保职业责任保险。

第一百二十五条 个人保险代理人在代为办理人寿保险业务时，不得同时接受两个以上保险人的委托。

第一百二十六条 保险人委托保险代理人代为办理保险业务，应当与保险代理人签订委托代理协议，依法约定双方的权利和义务。

第一百二十七条 保险代理人根据保险人的授权代为办理保险业务的行为，由保险人承担责任。

保险代理人没有代理权、超越代理权或者代理权终止后以保险人名义订立合同，使投保人有理由相信其有代理权的，该代理行为有效。保险人可以依法追究越权的保险代理人的责任。

第一百二十八条 保险经纪人因过错给投保人、被保险人造成损失的，依法承担赔偿责任。

第一百二十九条 保险活动当事人可以委托保险公估机构等依法设立的独立评估机构或者具有相关专业知识的人员，对保险事故进行评估和鉴定。

接受委托对保险事故进行评估和鉴定的机构和人员，应当依法、独立、客观、公正地进行评估和鉴定，任何单位和个人不得干涉。

前款规定的机构和人员，因故意或者过失给保险人或者被保险人造成损失的，依法承担赔偿责任。

第一百三十条　保险佣金只限于向保险代理人、保险经纪人支付，不得向其他人支付。

第一百三十一条　保险代理人、保险经纪人及其从业人员在办理保险业务活动中不得有下列行为：

（一）欺骗保险人、投保人、被保险人或者受益人；

（二）隐瞒与保险合同有关的重要情况；

（三）阻碍投保人履行本法规定的如实告知义务，或者诱导其不履行本法规定的如实告知义务；

（四）给予或者承诺给予投保人、被保险人或者受益人保险合同约定以外的利益；

（五）利用行政权力、职务或者职业便利以及其他不正当手段强迫、引诱或者限制投保人订立保险合同；

（六）伪造、擅自变更保险合同，或者为保险合同当事人提供虚假证明材料；

（七）挪用、截留、侵占保险费或者保险金；

（八）利用业务便利为其他机构或者个人牟取不正当利益；

（九）串通投保人、被保险人或者受益人，骗取保险金；

（十）泄露在业务活动中知悉的保险人、投保人、被保险人的商业秘密。

第一百三十二条　本法第八十六条第一款、第一百一十三条的规定，适用于保险代理机构和保险经纪人。

第六章　保险业监督管理

第一百三十三条　保险监督管理机构依照本法和国务院规定的职责，遵循依法、公开、公正的原则，对保险业实施监督管理，维护保险市场秩序，保护投保人、被保险人和受益人的合法权益。

第一百三十四条　国务院保险监督管理机构依照法律、行政法规制定并发布有关保险业监督管理的规章。

第一百三十五条　关系社会公众利益的保险险种、依法实行强制保险的险种和新开发的人寿保险险种等的保险条款和保险费率，应当报国务院保险监督管理机构批准。国务院保险监督管理机构审批时，应当遵循保护社会公众利益和防止不正当竞争的原则。其他保险险种的保险条款和保险费率，应当报保险监督管理机构备案。

保险条款和保险费率审批、备案的具体办法，由国务院保险监督管理机构依照前款规定制定。

第一百三十六条　保险公司使用的保险条款和保险费率违反法律、行政法规或者国务院保险监督管理机构的有关规定的，由保险监督管理机构责令停止使用，限期修改；情节严重的，可以在一定期限内禁止申报新的保险条款和保险费率。

第一百三十七条　国务院保险监督管理机构应当建立健全保险公司偿付能力监管体系，对保险公司的偿付能力实施监控。

第一百三十八条　对偿付能力不足的保险公司，国务院保险监督管理机构应当将其列为重点监管对象，并可以根据具体情况采取下列措施：

（一）责令增加资本金、办理再保险；

（二）限制业务范围；

（三）限制向股东分红；

（四）限制固定资产购置或者经营费用规模；

（五）限制资金运用的形式、比例；

（六）限制增设分支机构；

（七）责令拍卖不良资产、转让保险业务；

（八）限制董事、监事、高级管理人员的薪酬水平；

（九）限制商业性广告；

（十）责令停止接受新业务。

第一百三十九条　保险公司未依照本法规定提取或者结转各项责任准备金，或者未依照本法规定办理再保险，或者严重违反本法关于资金运用的规定的，由保险监督管理机构责令限期改正，并可以责令调整负责人及有关管理人员。

第一百四十条　保险监督管理机构依照本法第一百三十九条的规定作出限期改正的决定后，保险公司逾期未改正的，国务院保险监督管理机构可以决定选派保险专业人员和指定该保险公司的有关人员组成整顿组，对公司进行整顿。

整顿决定应当载明被整顿公司的名称、整顿理由、整顿组成员和整顿期限，并予以公告。

第一百四十一条　整顿组有权监督被整顿保险公司的日常业务。被整顿公司的负责人及有关管理人员应当在整顿组的监督下行使职权。

第一百四十二条　整顿过程中，被整顿保险公司的原有业务继续进行。但是，国务院保险监督管理机构可以责令被整顿公司停止部分原有业务、停止接受新业务，调整资金运用。

第一百四十三条　被整顿保险公司经整顿已纠正其违反本法规定的行为，恢复正常经营状况的，由整顿组提出报告，经国务院保险监督管理机构批准，结束整顿，并由国务院保险监督管理机构予以公告。

第一百四十四条　保险公司有下列情形之一的，国务院保险监督管理机构可以对其实行接管：

（一）公司的偿付能力严重不足的；

（二）违反本法规定，损害社会公共利益，可能严重危及或者已经严重危及公司的偿付能力的。被接管的保险公司的债权债务关系不因接管而变化。

第一百四十五条　接管组的组成和接管的实施办法，由国务院保险监督管理机构决定，并予以公告。

第一百四十六条　接管期限届满，国务院保险监督管理机构可以决定延长接管期限，但接管期限最长不得超过二年。

第一百四十七条　接管期限届满，被接管的保险公司已恢复正常经营能力的，由国务院保险监督管理机构决定终止接管，并予以公告。

第一百四十八条　被整顿、被接管的保险公司有《中华人民共和国企业破产法》第二条规定情形的，国务院保险监督管理机构可以依法向人民法院申请对该保险公司进行重整或者破产清算。

第一百四十九条　保险公司因违法经营被依法吊销经营保险业务许可证的，或者偿付能力低于国务院保险监督管理机构规定标准，不予撤销将严重危害保险市场秩序、损害公共利益的，由国务院保险监督管理机构予以撤销并公告，依法及时组织清算组进行清算。

第一百五十条　国务院保险监督管理机构有权要求保险公司股东、实际控制人在指定的期限内提供有关信息和资料。

第一百五十一条　保险公司的股东利用关联交易严重损害公司利益，危及公司偿付能力的，由国务院保险监督管理机构责令改正。在按照要求改正前，国务院保险监督管理机构可以限制其股东权利；拒不改正的，可以责令其转让所持的保险公司股权。

第一百五十二条　保险监督管理机构根据履行监督管理职责的需要，可以与保险公司董事、监事和高级管理人员进行监督管理谈话，要求其就公司的业务活动和风险管理的重大事项作出说明。

第一百五十三条　保险公司在整顿、接管、撤销清算期间，或者出现重大风险时，国务院保险监督管理机构可以对该公司直接负责的董事、监事、高级管理人员和其他直接责任人员采取以下措施：

（一）通知出境管理机关依法阻止其出境；

（二）申请司法机关禁止其转移、转让或者以其他方式处分财产，或者在财产上设定其他权利。

第一百五十四条　保险监督管理机构依法履行职责，可以采取下列措施：

（一）对保险公司、保险代理人、保险经纪人、保险资产管理公司、外国保险机构的代表机构进行现场检查；

（二）进入涉嫌违法行为发生场所调查取证；

（三）询问当事人及与被调查事件有关的单位和个人，要求其对与被调查事件有关的事项作出说明；

（四）查阅、复制与被调查事件有关的财产权登记等资料；

（五）查阅、复制保险公司、保险代理人、保险经纪人、保险资产管理公司、外国保险机构的代表机构以及与被调查事件有关的单位和个人的财务会计资料及其他相关文件和资料；对可能被转移、隐匿或者毁损的文件和资料予以封存；

（六）查询涉嫌违法经营的保险公司、保险代理人、保险经纪人、保险资产管理公司、外国保险机构的代表机构以及与涉嫌违法事项有关的单位和个人的银行账户；

（七）对有证据证明已经或者可能转移、隐匿违法资金等涉案财产或者隐匿、伪造、毁损重要证据的，经保险监督管理机构主要负责人批准，申请人民法院予以冻结或者查封。

保险监督管理机构采取前款第（一）项、第（二）项、第（五）项措施的，应当经保险监督管理机构负责人批准；采取第（六）项措施的，应当经国务院保险监督管理机构负责人批准。

保险监督管理机构依法进行监督检查或者调查，其监督检查、调查的人员不得少于二人，并应当出示合法证件和监督检查、调查通知书；监督检查、调查的人员少于二人或者未出示合法证件和监督检查、调查通知书的，被检查、调查的单位和个人有权拒绝。

第一百五十五条　保险监督管理机构依法履行职责，被检查、调查的单位和个人应当配合。

第一百五十六条　保险监督管理机构工作人员应当忠于职守，依法办事，公正廉洁，不得利用职务便利牟取不正当利益，不得泄露所知悉的有关单位和个人的商业秘密。

第一百五十七条　国务院保险监督管理机构应当与中国人民银行、国务院其他金融监督管理机构建立监督管理信息共享机制。

保险监督管理机构依法履行职责，进行监督检查、调查时，有关部门应当予以配合。

第七章　法律责任

第一百五十八条　违反本法规定，擅自设立保险公司、保险资产管理公司或者非法经营商业保险业务的，由保险监督管理机构予以取缔，没收违法所得，并处违法所得一倍以上五倍以下的罚款；没有违法所得或者违法所得不足二十万元的，处二十万元以上一百万元以下的罚款。

第一百五十九条　违反本法规定，擅自设立保险专业代理机构、保险经纪人，或者未取得经营保险代理业务许可证、保险经纪业务许可证从事保险代理业务、保险经纪业务的，由保险监督管理机构予以取缔，没收违法所得，并处违法所得一倍以上五倍以下的罚款；没有违法所得或者违法所得不足五万元的，处五万元以上三十万元以下的罚款。

第一百六十条　保险公司违反本法规定，超出批准的业务范围经营的，由保险监督管理机构责令限期改正，没收违法所得，并处违法所得一倍以上五倍以下的罚款；没有违法所得或者违法所得不足十万元的，处十万元以上五十万元以下的罚款。逾期不改正或者造成严重后果的，责令停业整顿或者吊销业务许可证。

第一百六十一条　保险公司有本法第一百一十六条规定行为之一的，由保险监督管理机构责令改正，处五万元以上三十万元以下的罚款；情节严重的，限制其业务范围、责令停止接受新业务或者吊销业务许可证。

第一百六十二条　保险公司违反本法第八十四条规定的，由保险监督管理机构责令改正，处一万元以上十万元以下的罚款。

第一百六十三条　保险公司违反本法规定，有下列行为之一的，由保险监督管理机构责令改正，处五万元以上三十万元以下的罚款：

（一）超额承保，情节严重的；

（二）为无民事行为能力人承保以死亡为给付保险金条件的保险的。

第一百六十四条　违反本法规定，有下列行为之一的，由保险监督管理机构责令改正，处五万元以上三十万元以下的罚款；情节严重的，可以限制其业务范围、责令停止接受新业务或者吊销业务许可证：

（一）未按照规定提存保证金或者违反规定动用保证金的；

（二）未按照规定提取或者结转各项责任准备金的；

（三）未按照规定缴纳保险保障基金或者提取公积金的；

（四）未按照规定办理再保险的；

（五）未按照规定运用保险公司资金的；

（六）未经批准设立分支机构的；

（七）未按照规定申请批准保险条款、保险费率的。

第一百六十五条　保险代理机构、保险经纪人有本法第一百三十一条规定行为之一的，由保险监督管理机构责令改正，处五万元以上三十万元以下的罚款；情节严重的，吊销业务许可证。

第一百六十六条　保险代理机构、保险经纪人违反本法规定，有下列行为之一的，由保险监督管理机构责令改正，处二万元以上十万元以下的罚款；情节严重的，责令停业整顿或者吊销业务许可证：

（一）未按照规定缴存保证金或者投保职业责任保险的；

（二）未按照规定设立专门账簿记载业务收支情况的。

第一百六十七条　违反本法规定，聘任不具有任职资格的人员的，由保险监督管理机构责令改正，处二万元以上十万元以下的罚款。

第一百六十八条　违反本法规定，转让、出租、出借业务许可证的，由保险监督管理机构处一万元以上十万元以下的罚款；情节严重的，责令停业整顿或者吊销业务许可证。

第一百六十九条　违反本法规定，有下列行为之一的，由保险监督管理机构责令限期改正；逾期不改正的，处一万元以上十万元以下的罚款：

（一）未按照规定报送或者保管报告、报表、文件、资料的，或者未按照规定提供有关信息、资料的；

（二）未按照规定报送保险条款、保险费率备案的；

（三）未按照规定披露信息的。

第一百七十条　违反本法规定，有下列行为之一的，由保险监督管理机构责令改正，处十万元以上五十万元以下的罚款；情节严重的，可以限制其业务范围、责令停止接受新业务或者吊销业务许可证：

（一）编制或者提供虚假的报告、报表、文件、资料的；

（二）拒绝或者妨碍依法监督检查的；

（三）未按照规定使用经批准或者备案的保险条款、保险费率的。

第一百七十一条　保险公司、保险资产管理公司、保险专业代理机构、保险经纪人违反本法规定的，保险监督管理机构除分别依照本法第一百六十条至第一百七十条的规定对该单位给予处罚外，对其直接负责的主管人员和其他直接责任人员给予警告，并处一万元以上十万元以下的罚款；情节严重的，撤销任职资格。

第一百七十二条　个人保险代理人违反本法规定的，由保险监督管理机构给予警告，可以并处二万元以下的罚款；情节严重的，处二万元以上十万元以下的罚款。

第一百七十三条　外国保险机构未经国务院保险监督管理机构批准，擅自在中华人民共和国境内设立代表机构的，由国务院保险监督管理机构予以取缔，处五万元以上三十万元以下的罚款。外国保险机构在中华人民共和国境内设立的代表机构从事保险经营活动的，由保险监督管理机构责令改正，没收违法所得，并处违法所得一倍以上五倍以下的罚款；没有违法所得或者违法所得不足二十万元的，处二十万元以上一百万元以下的罚款；对其首席代表可以责令撤换；情节严重的，撤销其代表机构。

第一百七十四条　投保人、被保险人或者受益人有下列行为之一，进行保险诈骗活动，尚不构成犯罪的，依法给予行政处罚：

（一）投保人故意虚构保险标的，骗取保险金的；

（二）编造未曾发生的保险事故，或者编造虚假的事故原因或者夸大损失程度，骗取保险金的；

（三）故意造成保险事故，骗取保险金的。保险事故的鉴定人、评估人、证明人故意提供虚假的证明文件，为投保人、被保险人或者受益人进行保险诈骗提供条件的，依照前款规定给予处罚。

第一百七十五条　违反本法规定，给他人造成损害的，依法承担民事责任。

第一百七十六条　拒绝、阻碍保险监督管理机构及其工作人员依法行使监督检查、调查职权，未使用暴力、威胁方法的，依法给予治安管理处罚。

第一百七十七条　违反法律、行政法规的规定，情节严重的，国务院保险监督管理机构可以禁止有关责任人员一定期限直至终身进入保险业。

第一百七十八条　保险监督管理机构从事监督管理工作的人员有下列情形之一的，依法给予处分：

（一）违反规定批准机构的设立的；

（二）违反规定进行保险条款、保险费率审批的；

（三）违反规定进行现场检查的；

（四）违反规定查询账户或者冻结资金的；

（五）泄露其知悉的有关单位和个人的商业秘密的；

（六）违反规定实施行政处罚的；

（七）滥用职权、玩忽职守的其他行为。

第一百七十九条　违反本法规定，构成犯罪的，依法追究刑事责任。

第八章　附　则

第一百八十条　保险公司应当加入保险行业协会。保险代理人、保险经纪人、保险公估机构可以加入保险行业协会。保险行业协会是保险业的自律性组织，是社会团体法人。

第一百八十一条　保险公司以外的其他依法设立的保险组织经营的商业保险业务，适用本法。

第一百八十二条　海上保险适用《中华人民共和国海商法》的有关规定；《中华人民共和国海商法》未规定的，适用本法的有关规定。

第一百八十三条　中外合资保险公司、外资独资保险公司、外国保险公司分公司适用本法规定；法律、行政法规另有规定的，适用其规定。

第一百八十四条　国家支持发展为农业生产服务的保险事业。农业保险由法律、行政法规另行规定。强制保险，法律、行政法规另有规定的，适用其规定。

第一百八十五条　本法自2009年10月1日起施行。

三、相关企业介绍

北京市

北京弘合柏基金融信息服务有限责任公司
地址：北京市海淀区丹棱街1号院1号楼2层201-1室
Tel：010-50828818

北京金未来金融信息服务有限公司
地址：北京市海淀区西小口路66号中关村东升科技园·北领地B-6号楼A座4层A403室
Tel：010-50947145

国开证券股份有限公司
地址：北京市西城区阜成门外大街29号1-9层
Tel：010-88300999

中国电力财务有限公司
地址：北京市东城区建国门内大街乙18号院1号楼
Tel：010-51960771

中衍期货有限公司
地址：北京市朝阳区东四环中路82号2座2-1座、2-2座7层、B2座一层108单元
Tel：010-52088515

北京捷越联合金融信息服务有限公司
地址：北京市东城区南竹杆胡同2号1幢2层20221
Tel：010-52327177

九一金融信息服务（北京）有限公司
地址：北京市石景山区金府路32号院3号楼9层913室
Tel：010-52404272

中国农业银行股份有限公司北京宣武支行
地址：北京市西城区宣武门外大街甲1号107、108
Tel：010-53266800

信美人寿相互保险社
地址：北京市朝阳区西大望路三号院2号楼2层S-223
Tel：010-66052140

北京中关村融汇金融信息服务有限公司
地址：北京市海淀区中关村东路1号院8号楼D座27、28层
Tel：010-56082345

阳光一家家庭综合保险销售服务有限公司
地址：北京市朝阳区朝阳门外大街20号1幢联合大厦15层1506.1507室
Tel：010-56416871

东海证券股份有限公司北京安苑北里证券营业部
地址：北京市朝阳区安苑北里25号楼长白山国际酒店内三层
Tel：010-56537996

拉卡拉支付股份有限公司
地址：北京市海淀区北清路中关村壹号D1座6层606
Tel：010-56710999

格林大华期货有限公司
地址：北京市朝阳区建国门外大街8号楼21层2101单元
Tel：010-56711700

国民银行（中国）有限公司
地址：北京市朝阳区建国门外大街甲6号1幢第19层01,02,03,04,05,08室
Tel：010-56712801

北京现代汽车金融有限公司
地址：北京市朝阳区望京东园七区19号楼第二十至二十五层
Tel：010-56713188

星展银行（中国）有限公司北京分行
地址：北京市朝阳区东三环中路5号楼101、2106、2107、2108-1号单元及22层
Tel：010-57529085

丰田汽车金融（中国）有限公司
地址：北京市朝阳区东三环中路1号环球金融中心西楼7层
Tel：010-57639999

中国工商银行股份有限公司北京地安门支行
地址：北京市西城区德胜门外大街77号1-2层(德胜园区)
Tel：010-57970066-6604

开源证券股份有限公司北京分公司
地址：北京市西城区锦什坊街35号院1号楼2层201室
Tel：010-58080500

瑞银证券有限责任公司
地址：北京市西城区金融大街7号英蓝国际金融中心12层F1201-F1210、F1211B-F1215A、F1231-F1232单元、15层F1519-F1521、F1523-F1531单元
Tel：010-58328888

中国工商银行股份有限公司北京金融街支行
地址：北京市西城区丰汇园11号楼
Tel：010-58362273

法国兴业银行（中国）有限公司
地址：北京市朝阳区新源南路8号院4号楼12层1201内01-14单元
Tel：010-58513889

江海证券有限公司北京东三环南路证券营业部
地址：北京市朝阳区东三环南路58号富顿中心A座2层
Tel：010-58674800

国投安信期货有限公司北京分公司
地址：北京市西城区广安门外南滨河路1号8-9层
Tel：010-58747658

大华银行（中国）有限公司北京分行
地址：北京市朝阳区景华南街5号25层(21)2501-2503、2505-2509
Tel：010-58792621

金信金融信息服务（北京）有限公司
地址：北京市海淀区丹棱街1号院1号楼9层0901号
Tel：010-59130800

三井住友银行（中国）有限公司北京分行
地址：北京市朝阳区光华路1号嘉里中心北楼16层1601室和南楼16层1618室、1630室
Tel：010-5920-4500

长城人寿保险股份有限公司
地址：北京市西城区平安里西大街31号3层301
Tel：010-59238888

首创证券股份有限公司
地址：北京市朝阳区安定路5号院13号楼A座11-21层
Tel：010-81152000

花旗银行（中国）有限公司北京分行
地址：北京市西城区武定侯街6号卓著中心地下一层B102、B103、一层101单元、十六层S1610单元、十七层、十八层、1800、1806-1808单元及S1810单元
Tel：010-59376000

北京中投控股中心（有限合伙）
地址：北京市西城区金融大街8号C座808室
Tel：010-59619175

德意志银行（中国）有限公司
地址：北京市朝阳区建国路81号德意志银行大厦28层05、06、07单元
Tel：010-59698888

平安养老保险股份有限公司北京分公司
地址：北京市西城区金融大街23号9层
Tel：010-59731012

平安健康保险股份有限公司北京分公司
地址：北京市西城区金融大街23号6层610室
Tel：010-59733217

北京证大向上金融信息服务有限公司
地址：北京市东城区南竹杆胡同2号1幢6层10710
Tel：010-59746888

中企云链（北京）金融信息服务有限公司
地址：北京市石景山区石景山路31号院盛景国际广场3号楼918室
Tel：010-59890720

中非发展基金有限公司
地址：北京市西城区复兴门内大街28号
Tel：010-59892900

中国石化财务有限责任公司
地址：北京市朝阳区朝阳门北大街22号中国石化大厦七层
Tel：010-59966700

中油财务有限责任公司
地址：北京市东城区东直门北大街9号中国石油大厦A座8层-12层
Tel：010-59983609

北银消费金融有限公司
地址：北京市海淀区中关村大街22号中科大厦B座
Tel：010-60191033

西南证券股份有限公司北京北三环中路证券营业部
地址：北京市西城区北三环中路27号商房大厦四层416房间(德胜园区)
Tel：010-62015677

西部证券股份有限公司北京德胜门外大街证券营业部
地址：北京市西城区德胜门外大街乙10号泰富大厦四层(德胜园区)
Tel：010-62019517

中钢期货有限公司
地址：北京市海淀区海淀大街8号A座19层
Tel：010-62688567

信达证券股份有限公司
地址：北京市西城区闹市口大街9号院1号楼
Tel：010-63080940

华泰证券股份有限公司北京分公司
地址：北京市西城区丰盛胡同28号楼15层1501
Tel：010-63211166

中国证券金融股份有限公司
地址：北京市西城区丰盛胡同28号楼12层1201
Tel：010-63211666

易方达基金管理有限公司北京分公司
地址：北京市西城区金融大街19号富凯大厦B1703室
Tel：010-63213301

中国人寿养老保险股份有限公司
地址：北京市西城区金融大街12号
Tel：010-63635888

中国光大集团股份公司
地址：北京市西城区太平桥大街25号
Tel：010-63636363

中国农业银行股份有限公司北京丰台支行
地址：北京市丰台区东大街9号
Tel：010-63812148

华创证券有限责任公司北京分公司
地址：北京市西城区锦什坊街26号楼4层401
Tel：010-63889297

全国中小企业股份转让系统有限责任公司
地址：北京市西城区金融大街丁26号
Tel：010-63889512

中信建投证券股份有限公司北京东直门南大街证券营业部
地址：北京市东城区东直门南大街6号
Tel：010-64172838

中国农业银行股份有限公司北京亚运村支行
地址：北京市朝阳区安定路33号
Tel：010-64411376

中国工商银行股份有限公司北京亚运村支行
地址：北京市朝阳区慧忠北里407号楼
Tel：010-64872228

瑞穗银行（中国）有限公司北京分行
地址：北京市朝阳区东三环中路1号环球金融中心西楼8层1号、4号、5号及6号单元
Tel：010-65251888

现代金融控股（成都）有限公司北京分公司
地址：北京市西城区阜成门外大街2号601-2
Tel：010-65627253

东风汽车金融有限公司
地址：北京市朝阳区东三环中路24号楼20层、25层01、05单元
Tel：010-65628000

中航工业集团财务有限责任公司
地址：北京市朝阳区东三环中路乙10号
Tel：010-65675013

东亚银行（中国）有限公司北京分行
地址：北京市朝阳区光华路5号院1号楼首层101-103单元、27层-29层
Tel：010-65891000

三菱日联银行（中国）有限公司北京分行
地址：北京市朝阳区东三环北路5号北京发展大厦100,200,200A,200B,N300,N307,N401-N406室
Tel：010-65908888

中国人寿保险（集团）公司
地址：北京市西城区金融大街17号
Tel：010-66009089

中国工商银行股份有限公司北京长安支行
地址：北京市西城区宣武门内大街乙6号
Tel：010-66059493

建信基金管理有限责任公司
地址：北京市西城区金融大街7号英蓝国际金融中心16层
Tel：010-66228000

中诚信国际信用评级有限责任公司
地址：北京市东城区南竹杆胡同2号1幢60101
Tel：010-66428877-368

中国财产再保险有限责任公司
地址：北京市西城区金融大街11号
Tel：010-66576188

中国人寿再保险有限责任公司
地址：北京市西城区金融大街11号
Tel：010-66576365

中国农业再保险股份有限公司
地址：北京市丰台区金泽西路8号院1号楼-4至22层101内9层、10层
Tel：010-63368959

泰达宏利基金管理有限公司
地址：北京市朝阳区针织路23号楼中国人寿金融中心6层02-07单元
Tel：010-66577777

韩亚银行（中国）有限公司
地址：北京市朝阳区道家园18号楼7层至11层
Tel：010-66581111

中国工商银行股份有限公司北京珠市口支行
地址：北京市东城区珠市口东大街15号
Tel：010-67197616

建信金融资产投资有限公司
地址：北京市西城区金融大街甲9号楼16层1601-01单元
Tel：010-67590600

建信金融租赁有限公司
地址：北京市西城区闹市口大街长安兴融中心1号院4号楼6层
Tel：010-67594576

中天期货有限责任公司
地址：北京市丰台区方庄芳古园一区29号楼
Tel：010-67628621

中国工商银行股份有限公司北京九龙山支行
地址：北京市朝阳区广渠路甲40号
Tel：010-67720366

长城国瑞证券有限公司北京分公司
地址：北京市大兴区庞各庄镇瓜乡路10号3号楼790室
Tel：010-68081252

中远财务有限责任公司
地址：北京市西城区月坛北街2号月坛大厦A座19层
Tel：010-68083199

中国农业银行股份有限公司总行营业部
地址：北京市海淀区西三环北路100号金玉大厦
Tel：010-68121075

随行付（北京）金融信息服务有限公司
地址：北京市石景山区石景山路甲18号院2号楼20层2206
Tel：010-68143666

中国信托业保障基金有限责任公司
地址：北京市西城区月坛南街1号院5号楼20层-23层
Tel：010-68290701

厦门国际银行股份有限公司北京分行
地址：北京市西城区三里河东路5号中商大厦首层南侧及第11楼03、05-11单元
Tel：010-68533333

安信证券股份有限公司北京复兴门外大街证券营业部
地址：北京市西城区复兴门外大街A2号1号楼11层
Tel：010-68616035

中国农业银行股份有限公司北京延庆支行
地址：北京市延庆区延庆镇东外大街73号
Tel：010-69144474

中国农业银行股份有限公司北京大兴支行
地址：北京市大兴区兴丰南大街48号
Tel：010-69209103

中国工商银行股份有限公司北京大兴支行
地址：北京市大兴区黄村镇兴政街24号
Tel：010-69213119

北京银行股份有限公司大兴支行
地址：北京市大兴区黄村镇永华南里1号楼
Tel：010-69235332

新华人寿保险股份有限公司北京市大兴支公司
地址：北京市大兴区金苑路3号金融大厦二层B01室
Tel：010-69299932

中国农业银行股份有限公司北京顺义支行
地址：北京市顺义区府前西街

……………………………Tel：010-69444435
中国农业银行股份有限公司北京城市副中心分行
地址：北京市通州区八里桥南街1号院9号楼
……………………………Tel：010-69542656
中国工商银行股份有限公司北京怀柔支行
地址：北京市怀柔区商业街23号
……………………………Tel：010-69642388
中国工商银行股份有限公司北京昌平支行
地址：北京市昌平区超前路9号
……………………………Tel：010-69746269
中国农业银行股份有限公司北京昌平支行
地址：北京市昌平区西环南路蓝郡嘉苑13号楼
……………………………Tel：010-69746759
中国工商银行股份有限公司北京门头沟支行
地址：北京市门头沟区新桥大街16号
……………………………Tel：010-69844598
中国工商银行股份有限公司北京东城支行
地址：北京市东城区东四十条24号
……………………………Tel：010-81026157
中国农业银行股份有限公司北京中关村分行
地址：北京市海淀区知春路锦秋国际大厦一层
……………………………Tel：010-82270080
中邮证券有限责任公司北京宣武门东大街证券营业部
地址：北京市西城区宣武门东大街2号2幢一层东侧、二层东侧
……………………………Tel：010-82292738
北京海科融通支付服务股份有限公司
地址：北京市海淀区西直门北大街甲43号1号楼12层1-25-1201至1-25-1210
……………………………Tel：010-82685056
北京掌众金融信息服务有限公司
地址：北京市海淀区中关村奥北科技园领智中心南楼1层101(东升地区)
……………………………Tel：010-82800944
中国农业银行股份有限公司北京海淀东区支行
地址：北京市海淀区学院路丁11号
……………………………Tel：010-82889152
安信证券股份有限公司北京分公司
地址：北京市西城区阜成门北大街2号楼15层
……………………………Tel：010-83321007
诚通证券股份有限公司
地址：北京市朝阳区东三环北路27号楼12层
……………………………Tel：010-83561000
北京尚融商业保理有限公司
地址：北京市石景山区实兴大街30号院11号楼9层1001
……………………………Tel：010-83631996
中证机构间报价系统股份有限公司
地址：北京市西城区金融大街4号楼8-10层
……………………………Tel：010-83897082
友利银行（中国）有限公司
地址：北京市朝阳区望京东园四区13号楼A座地上11层至12层(电梯表示层)以及B座地上1层104-106室
…………………… Tel：010-84123000-268
中海石油财务有限责任公司
地址：北京市东城区朝阳门北大街25号
……………………………Tel：010-84521246
国元期货有限公司
地址：北京市东城区东直门外大街46号1号楼19层1901,9层906、908B
……………………………Tel：010-84555000
宝马汽车金融（中国）有限公司
地址：北京市朝阳区东三环北路霞光里18号佳程广场B座22层
……………………………Tel：010-84756408
中国工商银行股份有限公司北京商务中心区支行
地址：北京市朝阳区东环南路2号
……………………………Tel：010-85215900
兴业证券股份有限公司北京建国门外大街证券营业部
地址：北京市朝阳区建国门外大街甲6号1幢1层B座1-1内06室、27层B座1-27内2705室
……………………………Tel：010-85245518
恒生银行（中国）有限公司北京分行
地址：北京市朝阳区光华路1号(写字楼)18层1816至1828单元
……………………………Tel：010-85293600
冠通期货股份有限公司
地址：北京市朝阳区朝阳门外大街甲6号万通中心4座18层
……………………………Tel：010-85356666
恒盛致远（北京）金融信息服务有限公司
地址：北京市房山区阎村镇阎富路环岛西侧280米
……………………………Tel：010-85550012
中国农业银行股份有限公司北京东城支行
地址：北京市东城区金宝街58号华丽大厦
……………………………Tel：010-86380228
中信百信银行股份有限公司
地址：北京市朝阳区安定路5号院3号楼8层
……………………………Tel：010-86496888
联储证券有限责任公司北京分公司
地址：北京市朝阳区安定路5号院3号楼27层04单元
……………………………Tel：010-86499789
中国工商银行股份有限公司北京崇文支行
地址：北京市东城区永定门外大街86号
……………………………Tel：010-87205441
昆仑保险经纪股份有限公司
地址：北京市西城区金融大街1号楼A座1102室
……………………………Tel：010-87571766
北京银邦客金融信息服务有限公司
地址：北京市海淀区复兴路12号A座(43号楼)305、307室
……………………………Tel：010-87765533
华龙证券股份有限公司北京分公司
地址：北京市西城区金融大街33号B段6层(南侧)603号
……………………………Tel：010-88086668
中国金谷国际信托有限责任公司
地址：北京市西城区金融大街33号通泰大厦C座10层
……………………………Tel：010-88086819
国开金融有限责任公司
地址：北京市西城区金融大街7号英蓝国际金融中心10层
……………………………Tel：010-88308477
国信证券股份有限公司北京分公司
地址：北京市海淀区三里河路13号1、10、11、12层
……………………………Tel：010-88315570
中国农业银行股份有限公司北京西城支行
地址：北京市西城区新华里16号院1、2号楼一、二层
……………………………Tel：010-88319696
长城证券股份有限公司北京分公司
地址：北京市西城区西直门外大街112号4层402、8层
…………………… Tel：010-88366060-8795
中国工商银行股份有限公司北京房山支行
地址：北京市房山区良乡西路北大街32号
……………………………Tel：010-89350799
中国邮政储蓄银行股份有限公司北京通州区支行
地址：北京市通州区运河东大街64号
……………………………Tel：010-89536616

天津市

天津津融投资服务集团有限公司
地址：天津市和平区马场道144号
……………………………Tel：022-23148660
哈尔滨银行股份有限公司天津分行
地址：河西区永安道223号一至四层
……………………………Tel：022-23271769
齐鲁银行股份有限公司天津分行
地址：天津市河北区光复道街海河东路57、58号
……………………………Tel：022-23271801
中国农业银行股份有限公司天津和平支行
地址：天津市和平区马场道54号
……………………………Tel：022-23321357
中国农业银行股份有限公司天津河西支行
地址：天津市河西区围堤道202号
……………………………Tel：022-23332811
中国建设银行股份有限公司天津河西支行
地址：河西区气象台路48号
……………………………Tel：022-23347429
天津银行股份有限公司第一中心支行
地址：天津市和平区西康路2号康宁大厦A座
……………………………Tel：022-23378597
中国建设银行股份有限公司天津和平支行
地址：天津市和平区解放北路104号
……………………………Tel：022-23401310
中国农业银行股份有限公司天津世贸支行
地址：天津市南开区水上公园东路西侧水云华庭3号楼3门101
……………………………Tel：022-23521001
中国工商银行股份有限公司天津新华支行
地址：天津市和平区西康路33号
……………………………Tel：022-23536717
天津城市基础设施建设投资集团有限公司
地址：天津市和平区大沽北路161号城投大厦
……………………………Tel：022-23958856
中国建设银行股份有限公司天津河北支行
地址：天津市河北区平安街68号
……………………………Tel：022-24200817
天津银行股份有限公司东鑫支行
地址：天津市河东区津塘路40号增1号、增2号
……………………………Tel：022-24322613
天津银行股份有限公司卫国道支行
地址：河东区卫国道163号
……………………………Tel：022-24347105
天津银行股份有限公司东联支行
地址：河东区天山路
……………………………Tel：022-24371989
天津银行股份有限公司第四中心支行
地址：天津市河东区华兴道福建大厦1-3层底商
……………………………Tel：022-24411536
中国建设银行股份有限公司天津塘沽支行
地址：天津经济技术开发区黄海路一号
……………………………Tel：022-25292515
中国光大银行股份有限公司天津滨海分行
地址：天津开发区洞庭路２７号
……………………………Tel：022-25327003
中国建设银行股份有限公司天津汉沽支行
地址：天津市滨海新区汉沽新开中路
……………………………Tel：022-25692207
天津银行股份有限公司第五中心支行
地址：河北区狮子林大街鸿基花园底商
……………………………Tel：022-26220301
中国建设银行股份有限公司天津红桥支行
地址：红桥区勤俭道86、193号
……………………………Tel：022-26371778
中国农业银行股份有限公司天津北辰支行
地址：北辰区京津公路北辰区政府南
……………………………Tel：022-26390701
中国建设银行股份有限公司天津北辰支行
地址：北辰区京津公路果园北道北
……………………………Tel：022-26392140
中国农业银行股份有限公司天津南开支行
地址：天津市南开区长江道16号
……………………………Tel：022-27242955
天津银行股份有限公司第六中心支行
地址：天津市红桥区勤俭道187号
……………………………Tel：022-27355796
中国农业银行股份有限公司天津西青支行
地址：西青区杨柳青镇柳霞路5号
……………………………Tel：022-27392670
中国建设银行股份有限公司天津南开支行
地址：天津市南开区鞍山西道278,280,282,284号
……………………………Tel：022-27490542
宁夏银行股份有限公司天津分行
地址：天津市和平区福安大街168号金茂广场1号楼1-3层
……………………………Tel：022-27551800
中国工商银行股份有限公司天津南开支行
地址：南开区黄河道12号
……………………………Tel：022-27596328
天津市中北资产管理有限公司
地址：西青经济开发区中北工业园
……………………………Tel：022-27919402
盛京银行股份有限公司天津分行
地址：天津市河西区黄埔南路万顺温泉花园1号楼商场
……………………………Tel：022-28379999
中国工商银行股份有限公司天津蓟州支行
地址：天津市蓟州区兴华大街1号
……………………………Tel：022-29141875
中国农业银行股份有限公司天津蓟州支行
地址：天津市蓟州区城内渔阳南路
……………………………Tel：022-29142595
天津农村商业银行股份有限公司武清中心支行
地址：天津市武清区杨村雍阳西道与新华路交口
……………………………Tel：022-29331771
中国建设银行股份有限公司天津武清支行
地址：武清区杨村新华路西雍阳西道北
……………………………Tel：022-29341935
中德住房储蓄银行有限责任公司
地址：天津市和平区贵州路19号
……………………………Tel：022-58086699
北京银行股份有限公司天津分行
地址：天津市和平区南市大街与福安大街交口天汇广场3号楼
……………………………Tel：022-58186808
一德期货有限公司
地址：天津市和平区解放北路188号信达广场14层(标识:16整层)
……………………………Tel：022-58298788
天津金城银行股份有限公司
地址：天津市滨海新区响螺湾迎宾大道旷世国际大厦B座
……………………………Tel：022-58503338
广发银行股份有限公司天津金融街支行
地址：天津市和平区滨江道38、40号、黑龙江路7号201、203
……………………………Tel：022-58566877
天津金融资产交易所有限责任公司
地址：天津自贸试验区（中心商务区）于家堡融和路681号宝策大厦31层
……………………………Tel：022-58835660
企业银行（中国）有限公司
地址：天津市和平区南京路189号津汇广场2座30、31层
……………………………Tel：022-58853588
中国农业银行股份有限公司天津武清支行
地址：天津市武清区杨村街新华路北口
……………………………Tel：022-59618911
天津聚龙嘉华投资集团有限公司
地址：天津港保税区海滨五路136号301室
……………………………Tel：022-59658400
渤海银行股份有限公司天津滨海新区分行
地址：天津开发区盛达街9号金融街北区201室
……………………………Tel：022-59837700
云链（天津）商业保理有限公司
地址：天津自贸试验区（中心商务区）融和路681号宝策大厦（自贸区服务中心）17层1701-101房间
……………………………Tel：022-59890720
中国农业银行股份有限公司天津大港支行
地址：天津市滨海新区大港世纪大道90号
……………………………Tel：022-63382507
天津长城滨银汽车金融有限公司
地址：天津经济技术开发区第一大街79号MSD-C区C3座09层
……………………………Tel：022-65276888
中国农业银行股份有限公司天津港保税区支行
地址：天津自贸试验区（空港经济区）环河北路与中心大道交口空港商务园西区30-1-102
……………………………Tel：022-65292607
中国建设银行股份有限公司天津开发分行
地址：天津开发区广场东路20号滨海金融街E3AB1-4
……………………………Tel：022-66280936
工银金融租赁有限公司
地址：天津经济技术开发区第二大街62号泰达MSD-B1座20层
……………………………Tel：022-66283766
中国农业银行股份有限公司天津宁河支行
地址：天津市宁河区芦台镇光明路29号
……………………………Tel：022-69592676
中国农业银行股份有限公司天津津南支行
地址：天津市津南区咸水沽镇红旗路1号
……………………………Tel：022-83060851
中国农业银行股份有限公司天津静海支行
地址：天津市静海区静文路
……………………………Tel：022-83063541
中国农业银行股份有限公司天津宝坻支行
地址：天津市宝坻区东城南路3号
……………………………Tel：022-83064836
天弘基金管理有限公司
地址：天津自贸试验区（中心商务区）新华路3678号宝风大厦23层
……………………………Tel：022-83310208
天津农村商业银行股份有限公司西青中心支行
地址：西青区杨柳青镇柳口路81号
……………………………Tel：022-83874585
天津农村商业银行股份有限公司津南中心支行
地址：天津市津南区咸水沽镇体育场路
……………………………Tel：022-83874807
天津农村商业银行股份有限公司北辰中心支行
地址：天津市北辰区京津路284号
……………………………Tel：022-83875240
天津农村商业银行股份有限公司宁河中心支行
地址：天津市宁河区芦台镇光明路31号
……………………………Tel：022-83877488

天津农村商业银行股份有限公司滨海分行
地址：天津开发区第二大街35号101、201、301室
……………………Tel：022-83877711

华安财产保险股份有限公司天津分公司
地址：天津市河西区友谊路5号北方金融大厦13层1301-1308
……………………Tel：022-85392809

国家开发银行天津市分行
地址：天津市河西区宾水道增9号环渤海发展中心A座1层105-108、2-3层、21-28层
……………………Tel：022-85681234

中国建设银行股份有限公司天津津南支行
地址：津南区咸水沽镇津沽路178号
……………………Tel：022-88919930

上海市

上海东正汽车金融股份有限公司
地址：中国（上海）自由贸易试验区陆家嘴环路166号未来资产大厦30楼ABC单元
……………………Tel：021-20689999

福特汽车金融（中国）有限公司
地址：上海市浦东新区芳甸路1155号浦东嘉里城办公楼19层、20层
……………………Tel：021-20894336

新湖期货股份有限公司
地址：上海市静安区裕通路100号36层、38层3801-5室
……………………Tel：021-21555555

菲亚特克莱斯勒汽车金融有限责任公司
地址：上海市黄浦区黄陂南路838弄1号4幢17层
……………………Tel：021-23109000

东方证券承销保荐有限公司
地址：上海市黄浦区中山南路318号24层
……………………Tel：021-23153888

银行间市场清算所股份有限公司
地址：上海市黄浦区中山南路318号33-34层
……………………Tel：021-23198800

盘谷银行（中国）有限公司
地址：上海市黄浦区中山东一路7号二层B区、C区、三层及四层
……………………Tel：021-23290100

东航期货有限责任公司
地址：上海市闵行区吴中路686弄3号D幢16楼、18楼
……………………Tel：021-23502999

华创证券有限责任公司上海肇嘉浜路证券营业部
地址：上海市徐汇区肇嘉浜路1033号1201室A座、E座
……………………Tel：021-31027258

上海普资金融信息服务股份有限公司
地址：中国（上海）自由贸易试验区浦东南路2250号2幢B311室
……………………Tel：021-31180088

申万宏源证券承销保荐有限责任公司上海分公司
地址：上海市徐汇区常熟路239号
……………………Tel：021-33389729

安信证券股份有限公司上海浦西分公司
地址：上海市虹口区东大名路638号8层
……………………Tel：021-35082000

浦发硅谷银行有限公司
地址：上海市杨浦区大连路588号宝地广场B座21层整层及22层01、06B室
……………………Tel：021-35963088

东方汇理银行（中国）有限公司上海分行
地址：上海市静安区南京西路1266号上海恒隆广场二座12层1201、1202、1206、1207、1208、1209、1212、1213室
……………………Tel：021-38566888

中财期货有限公司
地址：中国（上海）自由贸易试验区陆家嘴环路958号23楼
……………………Tel：021-68866666

海富通基金管理有限公司
地址：上海市浦东新区陆家嘴花园石桥路66号东亚银行金融大厦36-37层
……………………Tel：021-38650999

美国纽约梅隆银行有限公司上海分行
地址：中国（上海）自由贸易试验区陆家嘴环路1000号41层
……………………Tel：021-38661260

上海传发金融信息服务有限公司
地址：上海市松江区泖港镇中库路165号
……………………Tel：021-38750106

湘财证券股份有限公司上海经纪业务管理分公司
地址：中国（上海）自由贸易试验区陆家嘴环路958号商场
……………………Tel：021-38784580

上海盐商金融信息服务有限公司
地址：浦东新区南汇新城镇港辉路509号404室
……………………Tel：021-50152677

中证中小投资者服务中心有限责任公司
地址：上海市虹口区沽源路110弄15号（集中登记地）
……………………Tel：021-50187501

华闻期货有限公司
地址：上海市黄浦区北京东路666号H楼31层
……………………Tel：021-50368918

上海利得基金销售有限公司
地址：宝山区蕴川路5475号1033室
……………………Tel：021-50585353

上海翼勋互联网金融信息服务有限公司
地址：浦东新区泥城镇新城路2号24幢C3459室
……………………Tel：021-51133799

启赟金融信息服务（上海）有限公司
地址：上海市浦东新区行南路880号2幢162室
……………………Tel：021-51827682

摩根大通银行（中国）有限公司上海分行
地址：上海市静安区南京西路1601号越洋国际广场41层、4201A室、4201B室、4202室、4203室、4205A室、4206室、4207A室、4207B室、4901室、4902A室、4902B室、4903A室、4905C室
……………………Tel：021-52002288

国泰君安证券股份有限公司上海分公司
地址：江苏路369号
……………………Tel：021-52110000

上海心茗金融信息服务有限公司
地址：上海市嘉定区陈翔路768号6幢B区1299室
……………………Tel：021-52260923

上海尚诚消费金融股份有限公司
地址：上海市长宁区延安西路889号23楼、24楼、25楼
……………………Tel：021-52508888

国信证券股份有限公司上海北京东路证券营业部
地址：上海市黄浦区北京东路668号H区1楼（B）室、30楼
……………………Tel：021-53080012

上海点荣金融信息服务有限责任公司
地址：上海市黄浦区斜土路359号1号楼7层1-701、1-702室（产证为17号楼7层1-701、1-702室）
……………………Tel：021-53313666

交银金融租赁有限责任公司
地址：中国（上海）自由贸易试验区陆家嘴环路333号28、29楼
……………………Tel：021-53559858

即科金融信息服务（上海）有限公司
地址：上海市杨浦区国通路118号1701、1702室
……………………Tel：021-55984398

交通银行股份有限公司上海宝山支行
地址：上海市宝山区淞滨路138号
……………………Tel：021-56675601

上海裕乾金融信息服务有限公司
地址：上海市奉贤区南桥镇南渡村158号1幢230室
……………………Tel：021-58311070

中国国际金融股份有限公司上海分公司
地址：中国（上海）自由贸易试验区陆家嘴环路1233号11层1107-1108单元，29层2901-2903及2904B单元，31层3103A、3104B、3105-3106单元，32层整层以及33层3301-3304A单元
……………………Tel：021-5876226

储天信中金融信息服务（上海）有限公司
地址：上海市浦东新区凌河路216号225室
……………………Tel：021-60128228

招银金融租赁有限公司
地址：中国（上海）自由贸易试验区陆家嘴环路1088号2幢21层、22层、23层一单元、24层
……………………Tel：021-60159999

通联数据股份公司
地址：中国（上海）自由贸易试验区陆家嘴西路99号8楼
……………………Tel：021-60216222

上海中赢金融信息服务有限公司
地址：上海市杨浦区政府路18号8楼整层
……………………Tel：021-60672918

上海银联电子支付服务有限公司
地址：上海市长宁区广顺路33号8幢156室
……………………Tel：021-60872088

上海拿米金融信息服务有限公司
地址：上海市长宁区广顺路33号8幢2层2192室
……………………Tel：021-60904940

天安财产保险股份有限公司
地址：中国（上海）自由贸易试验区国展路1529号13-17层
……………………Tel：021-38189999

国泰财产保险有限责任公司
地址：上海市杨浦区黄兴路221号E座（1181幢）
……………………Tel：021-61032288

太平洋证券股份有限公司上海黄浦区黄河路证券营业部
地址：上海市黄浦区黄河路333号二楼北侧
……………………Tel：021-61223023

美国银行有限公司上海分行
地址：中国（上海）自由贸易试验区陆家嘴环路1233号汇亚大厦17楼、16楼1601-1606、1607A和1608A单元
……………………Tel：021-61608888

商融（上海）商业保理有限公司
地址：上海市黄浦区蒙自路207号13号楼205室
……………………Tel：021-61686888

澳大利亚和新西兰银行（中国）有限公司上海分行
地址：中国（上海）自由贸易试验区陆家嘴环路166号未来资产大厦12楼A单元、B2单元、C单元、D单元、E单元、F单元
……………………Tel：021-61696000

国融证券股份有限公司上海长江西路证券营业部
地址：上海市宝山区长江西路2341号2343号
……………………Tel：021-61735915

恒生银行（中国）有限公司上海分行
地址：中国（上海）自由贸易试验区陆家嘴环路1000号恒生大厦101单元及35楼
……………………Tel：021-61823833

招商信诺人寿保险有限公司上海分公司
地址：中国（上海）自由贸易试验区杨高南路759号陆家嘴世纪金融广场2号楼8楼、9楼
……………………Tel：021-61871288

上海你我贷互联网金融信息服务有限公司
地址：上海市宝山区德都路月浦六村88号B380室
……………………Tel：021-61906823

华福证券有限责任公司上海遵义路证券营业部
地址：上海市长宁区遵义路835号C室2层
……………………Tel：021-62567296

东吴证券股份有限公司上海西藏南路证券营业部
地址：上海市黄浦区西藏南路1208号一楼C座、4层
……………………Tel：021-63122899

国金证券股份有限公司上海互联网证券分公司
地址：上海市黄浦区西藏中路336号2208、2209室
……………………Tel：021-63355393

华林证券股份有限公司上海南京西路证券营业部
地址：上海市黄浦区南京西路338号1605-1610室
……………………Tel：021-63728056

华鑫期货有限公司
地址：上海市黄浦区福州路666号21、22楼
……………………Tel：021-63731845

中山证券有限责任公司上海徐汇分公司
地址：上海市徐汇区零陵路231号1号楼2楼
……………………Tel：021-64035205

平安证券股份有限公司上海分公司
地址：上海市常熟路8号静安广场裙房6层
……………………Tel：021-64163948

财通证券股份有限公司上海漕溪路证券营业部
地址：上海市徐汇区漕溪路251弄6号北部商场
……………………Tel：021-64360589

银河期货有限公司上海分公司
地址：上海市虹口区东大名路501号上海白玉兰广场28层2803、2804、2813单元
……………………Tel：021-65789000

东兴证券股份有限公司上海分公司
地址：中国（上海）自由贸易试验区陆家嘴环路1318号第10层（实际楼层，名义楼层11层）01单元
……………………Tel：021-68678200

上海上证金融服务有限公司
地址：上海市张江高科技园区卡园二路108号8幢210室
……………………Tel：021-68801808

天风证券股份有限公司上海兰花路证券营业部
地址：上海市浦东新区兰花路333号20楼01单元
……………………Tel：021-68812865

国泰世华银行（中国）有限公司
地址：中国（上海）自由贸易试验区陆家嘴环路1366号富士康大厦8楼01-03单元、15楼01单元及04B单元
……………………Tel：021-68863785

三菱日联银行（中国）有限公司上海分行
地址：中国（上海）自由贸易试验区陆家嘴环路1233号汇亚大厦20楼2002-2008单元、21楼、23楼2304-2308单元
……………………Tel：021-68881666

光大保德信基金管理有限公司
地址：上海市黄浦区中山东二路558号外滩金融中心1幢，6层
……………………Tel：021-80262729

华夏信财互联网金融信息服务（上海）有限公司
地址：上海市黄浦区蒙自路763号904室
……………………Tel：021-80307066

中信证券股份有限公司上海自贸试验区分公司
地址：中国（上海）自由贸易试验区世纪大道1568号19、20层
……………………Tel：021-20262006

中国进出口银行上海分行
地址：中国（上海）自由贸易试验区东方路2号
……………………Tel：021-20265288

南洋商业银行（中国）有限公司上海分行
地址：中国（上海）自由贸易试验区世纪大道800号一层、二层、夹层（不含一层103室）
……………………Tel：021-20337500

吉致汽车金融有限公司
地址：中国（上海）自由贸易试验区锦康路308号9层01、04单元
……………………Tel：021-20535888

兴业数字金融服务（上海）股份有限公司
地址：中国（上海）自由贸易试验区杨高南路729号第41层
……………………Tel：021-20567666

申港证券股份有限公司
地址：中国（上海）自由贸易试验区世纪大道1589号长泰国际金融大厦16/22/23楼
……………………Tel：021-20639666

德意志银行（中国）有限公司上海分行
地址：中国（上海）自由贸易试验区世纪大道8号上海国金中心办公楼二期（B座）30层3001-16室、38层3804-3811室和3814室、39层3901-16室、40层4001-16室
……………………Tel：021-20802800

中国信托商业银行股份有限公司上海分行
地址：中国（上海）自由贸易试验区世纪大道100号上海环球金融中心27楼T70室
……………………Tel：021-20805888

兴业银行股份有限公司资金营运中心
地址：中国（上海）自由贸易试验区银城路167号3楼
……………………Tel：021-22160522

中国工商银行股份有限公司私人银行部
地址：中国（上海）自由贸易试验区银城路8号43层、44层
……………………Tel：021-68087777

法国巴黎银行（中国）有限公司
地址：中国（上海）自由贸易试验区世纪大道100号上海环球金融中心25层、2610室
……………………Tel：021-28962888

华泰证券股份有限公司上海分公司
地址：中国（上海）自由贸易试验区东方路18号2201室
……………………Tel：021-28972292

微额速达（集团）有限公司
地址：中国（上海）自由贸易试验区长柳路56-62（双）号1810室
……………………Tel：021-31124373

爱建证券有限责任公司
地址：中国（上海）自由贸易试验区世纪大道1600号1幢32楼
……………………Tel：021-32229888

上海华瑞银行股份有限公司
地址：中国（上海）自由贸易试验区世纪大道1239号第一层01、02单元
……………………Tel：021-33268888

海证期货有限公司
地址：上海市临平北路19号3楼
……………………Tel：021-36151000

华宝基金管理有限公司
地址：中国（上海）自由贸易试验区世纪大道100号上海环球金融中心58楼
……………………Tel：021-38505888

银河基金管理有限公司
地址：中国（上海）自由贸易试验区世纪大道1568号15层
……………………Tel：021-38568888

东风日产汽车金融有限公司
地址：中国（上海）自由贸易试验区福山路500号
……………………Tel：021-38576000

东亚银行（中国）有限公司上海分行
地址：中国（上海）自由贸易试验区花园石桥路66号1楼102室、2楼202室-208室、24楼（名义楼层27楼）
……………………Tel：021-38675033

交通银行股份有限公司太平洋信用卡中心
地址：中国（上海）自由贸易试验区松涛路80号1、2幢
……………………Tel：021-38769888

中国银行股份有限公司上海人民币交易业务总部

地址：中国（上海）自由贸易试验区银城中路200号48层
……………………Tel：021-38824567

海通期货股份有限公司
地址：中国（上海）自由贸易试验区世纪大道1589号17楼，6楼01、03、04单元，25楼，2楼05、03单元
……………………Tel：021-38917000

上海金银猫金融服务有限公司
地址：中国（上海）自由贸易试验区商城路1287号1幢三层315A
……………………Tel：021-38934633

中国金融期货交易所股份有限公司
地址：中国（上海）自由贸易试验区松林路300号第八层
……………………Tel：021-50160666

日本三井住友信托银行股份有限公司上海分行
地址：中国（上海）自由贸易试验区世纪大道88号金茂大厦50楼01、02、05、06、07、08、09、10单元
……………………Tel：021-50476661

申银万国期货有限公司
地址：上海市东方路800号7、8、10楼
……………………Tel：021-50588811

太平保险经纪有限公司
地址：中国（上海）自由贸易试验区民生路1399号17层
……………………Tel：021-50614888-8727

国元证券股份有限公司上海分公司
地址：中国（上海）自由贸易试验区民生路1199弄1号301、302、303、305、306室
……………………Tel：021-51097188

德国商业银行股份有限公司上海分行
地址：中国（上海）自由贸易试验区世纪大道100号上海环球金融中心37层
……………………Tel：021-58366666

中国工商银行股份有限公司上海市分行第二营业部
地址：中国（上海）自由贸易试验区即墨路88号
……………………Tel：021-58885888-1209

中辉期货有限公司
地址：中国（上海）自由贸易试验区新金桥路27号10号楼5层A区
……………………Tel：021-60281688

上海人寿保险股份有限公司
地址：中国（上海）自由贸易试验区加枫路26号731室
……………………Tel：021-60289880

大华银行（中国）有限公司上海分行
地址：中国（上海）自由贸易试验区银城路116号、128号大华银行大厦102室（一层及二层）及六层（实际楼层五层，名义楼层六层）601室
……………………Tel：021-60618556

建信期货有限责任公司
地址：中国（上海）自由贸易试验区银城路99号502、503室
……………………Tel：021-60635551

上海普兰金融服务有限公司
地址：中国（上海）自由贸易试验区张东路1388号8、9幢
……………………Tel：021-60651060

华泰期货有限公司上海分公司
地址：中国（上海）自由贸易试验区世纪大道1788、1800号T1栋26层（名义楼层第30层）02单元
……………………Tel：021-60679278

意真（上海）金融信息服务有限公司
地址：中国（上海）自由贸易试验区富特西一路99号二层201-B6室
……………………Tel：021-60758560

中央国债登记结算有限责任公司上海分公司
地址：中国（上海）自由贸易试验区世纪大道1788号T2塔楼
……………………Tel：021-60813000

江海证券有限公司上海分公司
地址：中国（上海）自由贸易试验区银城中路8号2902室
……………………Tel：021-60963963

陆家嘴国泰人寿保险有限责任公司
地址：中国（上海）自由贸易试验区世纪大道1168号东方金融广场B座19楼及A座11层1104室
……………………Tel：021-61006168

中信期货有限公司上海分公司
地址：中国（上海）自由贸易试验区杨高南路799号13层01单元
……………………Tel：021-61051166

中银国际期货有限责任公司
地址：中国（上海）自由贸易试验区世纪大道1589号903-909室
……………………Tel：021-61088088

上海中期期货股份有限公司
地址：中国（上海）自由贸易试验区世纪大道1701号1301单元
……………………Tel：021-61090799

上海微汇信息技术有限公司
地址：中国（上海）自由贸易试验区潍坊西路55号18层（名义楼层，实际楼层15层）1803单元
……………………Tel：021-61640670

上海华信证券有限责任公司
地址：中国（上海）自由贸易试验区世纪大道100号环球金融中心9楼
……………………Tel：021-63898888

好友邦永利金融信息服务（上海）有限公司
地址：中国（上海）自由贸易试验区富特北路211号302部位368室
……………………Tel：021-64066696

东兴期货有限责任公司
地址：上海市杨树浦路248号22层
……………………Tel：021-65458108

上海东证期货有限公司
地址：中国（上海）自由贸易试验区浦电路500号上海期货大厦14层
……………………Tel：021-68400610

招商证券股份有限公司上海分公司
地址：中国（上海）自由贸易试验区世纪大道1500号东方大厦3008室
……………………Tel：021-68407304

招商证券股份有限公司上海世纪大道证券营业部
地址：中国（上海）自由贸易试验区世纪大道1500号3楼
……………………Tel：021-68407940

华宝证券股份有限公司
地址：中国（上海）自由贸易试验区浦电路370号2、3、4层
……………………Tel：021-68777222

三井住友海上火灾保险（中国）有限公司
地址：中国（上海）自由贸易试验区世纪大道100号上海环球金融中心34-T70
……………………Tel：021-68777800

上海证大爱特金融信息服务有限公司
地址：中国（上海）自由贸易试验区南洋泾路555号401室
……………………Tel：021-68778580

开源证券股份有限公司上海分公司
地址：中国（上海）自由贸易试验区世纪大道1788号、1800号T1第2层
……………………Tel：021-68779200

华富基金管理有限公司
地址：中国（上海）自由贸易试验区栖霞路26弄1号3层、4层
……………………Tel：021-68886996

光大期货有限公司
地址：中国（上海）自由贸易试验区杨高南路729号6楼、703单元
……………………Tel：021-80212222

华晨东亚汽车金融有限公司
地址：中国（上海）自由贸易试验区东方路1267弄8号第12层
……………………Tel：021-80237100

重庆市

重庆三峡融资担保集团股份有限公司
地址：重庆市渝北区青枫北路12号3幢
……………………Tel：023-63567110

中国工商银行股份有限公司重庆合川支行
地址：重庆市合川区苏家街3号
……………………Tel：023-42826707

中国农业银行股份有限公司重庆合川支行
地址：重庆市合川区合阳办苏家街40号
……………………Tel：023-42861807

中国农业银行股份有限公司重庆铜梁支行
地址：重庆市铜梁区巴川街道办事处马家湾1号
……………………Tel：023-45632689

重庆农村商业银行股份有限公司铜梁支行
地址：重庆市铜梁区巴川街道中兴路102号
……………………Tel：023-45678544

中国农业银行股份有限公司重庆江津支行
地址：重庆市江津区几江街道办事处老米市街152号
……………………Tel：023-47522127

中国工商银行股份有限公司重庆永川支行
地址：重庆市永川区红河中路1133号、4-1附39号、4-1附33号
……………………Tel：023-49863853

中国农业银行股份有限公司重庆开州支行
地址：重庆市开州区文峰街道办天鹅湖社区开州大道（东）1246号
……………………Tel：023-52259819

中国建设银行股份有限公司重庆开州支行
地址：重庆市开州区文峰街道富厚街114号
……………………Tel：023-52289009

重庆农村商业银行股份有限公司云阳支行
地址：重庆市云阳县青龙街道云江大道1335号
……………………Tel：023-55161480

中国农业银行股份有限公司重庆云阳支行
地址：重庆市云阳县青龙街道云江大道1178号
……………………Tel：023-55181169

中国农业银行股份有限公司重庆巫山支行
地址：重庆市巫山县巫峡镇广东中路274号
……………………Tel：023-57682973

重庆三峡银行股份有限公司万州分行
地址：重庆市万州区南滨大道1999号1幢B座
……………………Tel：023-58146941

中国农业银行股份有限公司重庆万州分行
地址：重庆市万州区白岩路67号
……………………Tel：023-58150211

中国人民人寿保险股份有限公司重庆市分公司
地址：重庆市江北区金融街3号1-1、18（F20）-1、19（F21）-1
……………………Tel：023-61529615

中国工商银行股份有限公司重庆南岸支行
地址：重庆市南岸区江南大道9号
……………………Tel：023-62803131

重庆农村商业银行股份有限公司南岸支行
地址：重庆市南岸区南坪江南大道24号
……………………Tel：023-62947492

中国农业银行股份有限公司重庆南岸支行
地址：重庆市南岸区江南大道21号
……………………Tel：023-62962737

中国银行股份有限公司重庆南岸支行
地址：重庆市南岸区南坪西路29号
……………………Tel：023-62981492

中国建设银行股份有限公司重庆南坪支行
地址：重庆市南岸区南坪西路26号
……………………Tel：023-62983239

中国农业银行股份有限公司重庆两江分行
地址：重庆市北部新区金渝大道68号4栋1-3、2-3、3-1、3-2、3-3号
……………………Tel：023-63022275

成都银行股份有限公司重庆分行
地址：重庆市江北区建新北路38号附5号、建新北路38号2幢17、18层
……………………Tel：023-63087003

恒丰银行股份有限公司重庆分行
地址：重庆市渝中区新华路278号
……………………Tel：023-63328888

渣打银行（中国）有限公司重庆分行
地址：重庆市渝中区长江滨江路2号第35层1、2、8、9、10单元
……………………Tel：023-63695573

中国银行股份有限公司重庆渝中支行
地址：重庆市渝中区五一路171号C幢1、2、3-商业1，C幢负1-商业3
……………………Tel：023-63702420

汉口银行股份有限公司重庆分行
地址：重庆市渝北区洪湖东路11号1幢
……………………Tel：023-63706386

中国工商银行股份有限公司重庆朝天门支行
地址：重庆市渝中区民族路24号
……………………Tel：023-63788199

中国光大银行股份有限公司重庆分行
地址：重庆市渝中区民族路168号地王广场
……………………Tel：023-63792688

中国工商银行股份有限公司重庆较场口支行
地址：重庆市渝中区较场口88号附1号
……………………Tel：023-63797197

中国农业银行股份有限公司重庆渝中支行
地址：重庆市渝中区新华路103号第5-10层
……………………Tel：023-63808640

重庆金融资产交易所有限责任公司
地址：重庆市渝中区五一路99号一单元38层、39层
……………………Tel：023-63883988

中国建设银行股份有限公司重庆渝中支行
地址：重庆市渝中区打铜街14号
……………………Tel：023-63911989

中国农业银行股份有限公司重庆江北支行
地址：重庆市江北区西环路2号附3、附4号
……………………Tel：023-63972354

中国农业银行股份有限公司重庆永川支行
地址：重庆市永川区渝西大道中段968号
……………………Tel：023-63974504

中国农业银行股份有限公司重庆荣昌支行
地址：重庆市荣昌区昌元街道东益当街89号
……………………Tel：023-63975118

重庆市公众城市一卡通有限责任公司
地址：重庆市北部新区高新园星光大道62号海王星科技大厦D区5层
……………………Tel：023-63991899

建信人寿保险股份有限公司重庆分公司
地址：重庆市渝中区民族路188号环球金融中心25层及38层08单元
……………………Tel：023-63997400

中国工商银行股份有限公司重庆沙坪坝支行
地址：重庆市沙坪坝区小龙坎新街78号
……………………Tel：023-65316319

中国银行股份有限公司重庆沙坪坝支行
地址：重庆市沙坪坝区渝碚路39号
……………………Tel：023-65320224

中国建设银行股份有限公司重庆巴南支行
地址：重庆市巴南区龙海大道5号1幢1-2、2-1、3-1
……………………Tel：023-66216290

中国农业银行股份有限公司重庆巴南支行
地址：重庆市巴南区龙海大道5号1幢1-1
……………………Tel：023-66224030

中国工商银行股份有限公司重庆巴南支行
地址：重庆市巴南区龙海大道3号7幢2-8
……………………Tel：023-66226221

中国银行股份有限公司重庆巴南支行
地址：重庆市巴南区龙海大道5号1幢1-3、2-2、3-2号
……………………Tel：023-66226569

广东南粤银行股份有限公司重庆分行
地址：重庆市北部新区洪湖西路22号上丁企业公园7号SOHO商务楼一、二层
……………………Tel：023-67073299

大连银行股份有限公司重庆分行
地址：重庆市渝北区龙山街道松牌路105号米兰天空6幢4-1
……………………Tel：023-67115292

中国工商银行股份有限公司重庆江北支行
地址：重庆市江北区永平门街14号25-1、26-1
……………………Tel：023-67531202

长安汽车金融有限公司
地址：重庆市江北区永平门街14号27-1、28-1、29-1
……………………Tel：023-67690180

中电投先融期货股份有限公司
地址：重庆市渝中区邹容路邹容广场A座14楼
……………………Tel：023-67793103

中国工商银行股份有限公司重庆渝北支行
地址：重庆市渝北区仙桃街道桂馥大道1号华辰财富广场3幢12层、13层、14层、15层
……………………Tel：023-67821063

国家开发银行重庆市分行
地址：重庆市江北区金融街1号
……………………Tel：023-67858015

中国工商银行股份有限公司重庆建新北路支行
地址：重庆市江北区建新北路37号
……………………Tel：023-67865890

中国银行股份有限公司重庆九龙坡支行
地址：重庆市九龙坡区杨家坪团结路1号
……………………Tel：023-68429507

中国工商银行股份有限公司重庆九龙坡支行
地址：重庆市九龙坡区杨家坪正街13号
……………………Tel：023-68435220

中国工商银行股份有限公司重庆高科技支行
地址：重庆市九龙坡区渝州路54号
……………………Tel：023-68794880

中国农业银行股份有限公司重庆大渡口支行
地址：重庆市大渡口区新街道钢花路540号
……………………Tel：023-68838900

中国银行股份有限公司重庆北碚支行
地址：重庆市北碚区胜利街1号
……………………Tel：023-6886

中国工商银行股份有限公司重庆北碚支行
地址：重庆市北碚区康宁路60号
……………………Tel：023-68863252

中国农业银行股份有限公司重庆南川支行
地址：重庆市南川区南城街道办事处三圣居委钟楼街18号
……………………Tel：023-71423145

中国银行股份有限公司重庆涪陵分行
地址：重庆市涪陵区广场环路2号
……………………Tel：023-72224246

西南证券股份有限公司重庆涪陵滨江路证券营业部
地址：重庆市涪陵区滨江大道二段32号

（体育健身中心）1-4、1-5、2-3
…………Tel：023-72239522

重庆农村商业银行股份有限公司石柱支行
地址：重庆市石柱土家族自治县南宾镇新开路41号
…………Tel：023-73332136

中国农业银行股份有限公司重庆垫江支行
地址：重庆市垫江县桂溪街道人民西路217号
…………Tel：023-74616339

中国农业银行股份有限公司重庆酉阳支行
地址：重庆市酉阳县桃花源街道桃花源大道中路16号附1号
…………Tel：023-75555179

中国农业银行股份有限公司重庆秀山支行
地址：重庆市秀山县中和街道迎凤居委会东风路199号
…………Tel：023-76662010

中国工商银行股份有限公司重庆黔江分行
地址：重庆市黔江区城西街道新华大道西段392号
…………Tel：023-79223581

中国农业银行股份有限公司重庆黔江分行
地址：重庆市黔江区城西街道西沙步行街9号
…………Tel：023-79235196

重庆农村商业银行股份有限公司黔江支行
地址：重庆市黔江区城东街道解放路217号
…………Tel：023-79236496

国华人寿保险股份有限公司重庆分公司
地址：重庆市江北区江北嘴聚贤岩广场9号重庆国华金融中心15F1501、1502、16F1603号
…………Tel：023-86567151

中信建投期货有限公司
地址：重庆市渝中区中山三路131号希尔顿商务中心27楼、30楼
…………Tel：023-86769605

重庆小雨点小额贷款有限公司
地址：重庆市江北区复盛正街（政府大楼）
…………Tel：023-88128211

浙商银行股份有限公司重庆分行
地址：重庆市北部新区高新园星光大道1号A座
…………Tel：023-88280606

重庆富民银行股份有限公司
地址：重庆市渝北区财富东路2号涉外商务区一期B1栋
…………Tel：023-88298888

厦门银行股份有限公司重庆分行
地址：重庆市江北区聚贤岩广场9号2单元1801、1802、1803、1901、1902、1903室，金沙门路29号附2号901、902
…………Tel：023-88517956

富滇银行股份有限公司重庆分行
地址：重庆市渝北区龙山街道龙华大道2号北辰花园3幢
…………Tel：023-88666688

阳光信用保证保险股份有限公司
地址：重庆市渝北区黄山大道中段52号
…………Tel：023-88959458

河北省

邢台银行股份有限公司邯郸分行
地址：河北省邯郸市丛台区滏东北大街228号
…………Tel：0310-2099965

中国工商银行股份有限公司邯郸和平支行
地址：邯郸市丛台区光明北大街５号
…………Tel：0310-3080700

中国民生银行股份有限公司邯郸分行
地址：河北省邯郸市丛台区光明北大街87号亚太大厦
…………Tel：0310-3093605

邯郸市城郊农村信用合作联社
地址：邯郸市邯山区光明南大街４４号
…………Tel：0310-3069324

河北邯郸农村商业银行股份有限公司
地址：河北省邯郸市丛台区滏东北大街289号A座
…………Tel：0310-3118600

中国农业银行股份有限公司邯郸渚河支行
地址：邯郸市邯山区渚河路甲64号
…………Tel：0310-3181717

中国农业银行股份有限公司邯郸丛台支行
地址：邯郸市丛台区新兴大街25号
…………Tel：0310-3287025

张家口银行股份有限公司邯郸分行
地址：邯郸市邯山区中华南大街53号
…………Tel：0310-5500386

河北涉县农村商业银行股份有限公司
地址：河北省邯郸市涉县涉城镇龙山大街550号
…………Tel：0310-5571039

中国农业银行股份有限公司武安市支行
地址：河北省邯郸市武安市中兴路１３２２号
…………Tel：0310-5652633

河北银行股份有限公司邯郸分行
地址：邯郸市丛台区滏东北大街39号
…………Tel：0310-5708822

中国农业银行股份有限公司邯郸分行
地址：邯郸市丛台区和平路300号
…………Tel：0310-5802892

河北大名农村商业银行股份有限公司
地址：河北省邯郸市大名县天雄路东段南侧
…………Tel：0310-6562464

中信银行股份有限公司邯郸分行
地址：邯郸市丛台区人民路408号锦林大厦一层、二层
…………Tel：0310-7050655

河北鸡泽农村商业银行股份有限公司
地址：鸡泽县会盟南大街432号
…………Tel：0310-7558005

邱县农村信用合作联社
地址：邱县振兴街18号
…………Tel：0310-8366908

中国工商银行股份有限公司石家庄中华支行
地址：石家庄桥西区中华南大街172号
…………Tel：0311-66008101

渤海银行股份有限公司石家庄分行
地址：石家庄市桥西区中华南大街18号—至三层
…………Tel：0311-66558556

中国工商银行股份有限公司石家庄天翼支行
地址：河北省石家庄市新华区西三庄街88号
…………Tel：0311-66637011

招商银行股份有限公司石家庄分行
地址：石家庄市桥西区中华南大街172号泰丰大厦
…………Tel：0311-66696117

中国工商银行股份有限公司石家庄和平支行
地址：石家庄市长安区广安街77号
…………Tel：0311-66880193

中国民生银行股份有限公司石家庄分行
地址：石家庄市长安区裕华东路197号
…………Tel：0311-66889061

石家庄市银泰金融服务外包有限公司
地址：河北省石家庄市长安区正东路29号002幢
…………Tel：0311-67806422

平安银行股份有限公司石家庄分行
地址：河北省石家庄市新华区新华路78号
…………Tel：0311-68125019

中国银行股份有限公司辛集建设街支行
地址：辛集市建设街与教育大道交叉口西北角
…………Tel：0311-69697877

中国农业银行股份有限公司石家庄鹿泉支行
地址：河北省石家庄市鹿泉区海山大街
…………Tel：0311-82012982

石家庄鹿泉农村商业银行股份有限公司
地址：河北省石家庄市鹿泉区会馆路77号
…………Tel：0311-82015069

河北井陉农村商业银行股份有限公司
地址：井陉县城建设北路15号
…………Tel：0311-82022146

河北灵寿农村商业银行股份有限公司
地址：灵寿县人民东路10号
…………Tel：0311-82521393

河北平山农村商业银行股份有限公司
地址：河北省平山县柏坡东路163号
…………Tel：0311-82941766

行唐县农村信用联社股份有限公司
地址：行唐县龙州西大街81号
…………Tel：0311-82984729

中国工商银行股份有限公司石家庄光明支行
地址：河北省石家庄市桥西区裕华西路109号熙园B座
…………Tel：0311-83085181

河北辛集农村商业银行股份有限公司
地址：河北省辛集市兴华北路184号
…………Tel：0311-83222935

中国农业银行股份有限公司辛集市支行
地址：辛集市建设街东段41号
…………Tel：0311-83221182

赞皇县农村信用联社股份有限公司
地址：河北省石家庄市赞皇县槐河东路138号
…………Tel：0311-84221453

中国农业银行股份有限公司晋州城关支行
地址：河北省石家庄市晋州市南新街77-81号
…………Tel：0311-84322156

河北晋州农村商业银行股份有限公司
地址：河北省石家庄市晋州市朝阳路69号
…………Tel：0311-84322430

中国农业银行股份有限公司晋州新世纪商城支行
地址：晋州市新世纪商城南７＃－７商住楼
…………Tel：0311-84313913

中国农业银行股份有限公司晋州开发区支行
地址：河北省石家庄市晋州市经济开发区东宿村
…………Tel：0311-84310340

中国农业银行股份有限公司晋州市支行
地址：晋州市中兴街
…………Tel：0311-84322565

河北元氏农村商业银行股份有限公司
地址：元氏县人民路１１号
…………Tel：0311-84623884

赵县农村信用联社股份有限公司
地址：赵县永通路101号
…………Tel：0311-84946591

中国农业银行股份有限公司石家庄东城支行
地址：石家庄长安区中山东路467号
…………Tel：0311-85054732

国家开发银行河北省分行
地址：河北省石家庄市桥西区裕华西路９号裕园广场Ｂ座７－１５层
…………Tel：0311-85288101

中国工商银行股份有限公司辛集支行
地址：辛集市西华路南段１号
…………Tel：0311-85398129

无极县农村信用合作联社
地址：无极县无极西路139号
…………Tel：0311-85572774

中国工商银行股份有限公司石家庄胜利支行
地址：石家庄市裕华区槐安东路与雅清街交口西南角
…………Tel：0311-85825234

中国农业银行股份有限公司石家庄广安支行
地址：石家庄市长安区西大街50号
…………Tel：0311-86040754

中国光大银行股份有限公司石家庄分行
地址：石家庄市桥西区裕华东路56号
…………Tel：0311-86670933

中国农业银行股份有限公司石家庄华兴支行
地址：石家庄市长安区建设北大街２３０号
…………Tel：0311-86690518

中国工商银行股份有限公司石家庄桥西支行
地址：石家庄桥西区中山西路１２３号
…………Tel：0311-87011666

中国农业银行股份有限公司石家庄石门支行
地址：石家庄新华区新华路181号
…………Tel：0311-87029128

中国农业银行股份有限公司石家庄分行
地址：石家庄市长安区和平路390号
…………Tel：0311-87037762

中国农业银行股份有限公司正定县支行
地址：河北省正定县正定镇恒山西路
…………Tel：0311-88022279

中国农业银行股份有限公司石家庄藁城支行
地址：河北省石家庄市藁城区市府路十七号
…………Tel：0311-88041974

新乐市农村信用联社股份有限公司
地址：新乐市礼堂街38号
…………Tel：0311-88589660

邯郸银行股份有限公司石家庄分行
地址：河北省石家庄市桥西区裕华西路66号海悦国际
…………Tel：0311-89290020

张家口银行股份有限公司石家庄分行
地址：石家庄市桥西区裕华西路43号
…………Tel：0311-89632700

河北幸福消费金融股份有限公司
地址：河北省石家庄市桥西区裕华西路42号三层
…………Tel：0311-89633166

新华人寿保险股份有限公司河北分公司
地址：石家庄市长安区东大街5号开元金融中心写字楼25层
…………Tel：0311-89695612

中信银行股份有限公司保定分行
地址：保定市天鹅中路178号
…………Tel：0312-2081583

中国农业银行股份有限公司定州市支行
地址：定州市中山中路
…………Tel：0312-2313620

河北定州农村商业银行股份有限公司
地址：河北省定州市兴定西路172号
…………Tel：0312-2313920

河北高碑店农村商业银行股份有限公司
地址：高碑店市团结东路35号
…………Tel：0312-2815260

华夏银行股份有限公司保定分行
地址：河北省保定市新市区七一西路372号
…………Tel：0312-3093906

河北保定农村商业银行股份有限公司
地址：保定市天鹅中路177号
…………Tel：0312-3335953

交通银行股份有限公司保定分行
地址：河北省保定市竞秀区东风西路16号
…………Tel：0312-3362589

河北银行股份有限公司保定分行
地址：河北省保定市东风中路1759号
…………Tel：0312-3362603

沧州银行股份有限公司保定分行
地址：河北省保定市向阳北大街900号
…………Tel：0312-3370660

河北安国农村商业银行股份有限公司
地址：河北省安国市药华大路126号
…………Tel：0312-3553101

河北涿州农村商业银行股份有限公司
地址：涿州市范阳路69号
…………Tel：0312-3609302

中国建设银行股份有限公司涿州物探支行
地址：涿州市范阳中路147号
…………Tel：0312-3862055

中国农业银行股份有限公司涿州市支行
地址：涿州市范阳中路145号
…………Tel：0312-3862582

中国农业银行股份有限公司曲阳县支行
地址：河北省保定市曲阳县恒山路599号
…………Tel：0312-4262481

河北涞水农村商业银行股份有限公司
地址：涞水县涞阳路52号
…………Tel：0312-4523532

安新县农村信用联社股份有限公司
地址：安新县建设大街
…………Tel：0312-5321626

雄县农村信用合作联社汇通信用社
地址：河北省雄县旅游路
…………Tel：0312-5868698

中国农业银行股份有限公司唐县支行
地址：唐 县国防路７号
…………Tel：0312-6413343

唐县农村信用合作联社
地址：唐 县县城光明路
…………Tel：0312-6421199

高阳县农村信用联社股份有限公司
地址：河北省保定市高阳县建新大街63号
…………Tel：0312-6635041

涞源县农村信用联社股份有限公司
地址：涞源县中心路
…………Tel：0312-7321982

顺平县农村信用联社股份有限公司
地址：河北省顺平县顺兴中路228号
…………Tel：0312-7624861

望都县农村信用联社股份有限公司
地址：河北省望都县振兴南街9号
…………Tel：0312-7722595

保定市清苑区农村信用联社股份有限公司
地址：河北省保定市清苑区富强北街89号
…………Tel：0312-8092000

中国农业银行股份有限公司保定徐水支行
地址：河北省保定市徐水区宏兴中路141号
…………Tel：0312-8683541

博野县农村信用联社股份有限公司
地址：河北省博野县城内西街
…………Tel：0312-8719051

易县农村信用联社股份有限公司
地址：河北省易县朝阳西路政府门口东侧50米路北
…………Tel：0312-8856100

怀安县农村信用联社股份有限公司
地址：河北省张家口市怀安县柴沟堡镇柴怀路东70号
…………Tel：0313-7812736

河北张家口宣泰农村商业银行股份有限公司
地址：张家口市宣化区宣府大街94号
…………Tel：0313-3385200

尚义县农村信用联社股份有限公司
地址：河北省尚义县南壕堑镇河东街018号
…………Tel：0313-4325325

河北张北农村商业银行股份有限公司
地址：河北省张北县永春南街74号
…………Tel：0313-5229923

康保县农村信用联社股份有限公司
地址：河北省康保县康保镇建设西大街路南
…………Tel：0313-5552305

张家口崇礼区农村信用联社股份有限公司
地址：河北省张家口市崇礼区西湾子镇长青路15号
…………Tel：0313-5691520

河北沽源农村商业银行股份有限公司
地址：河北省张家口市沽源县平定堡镇中

环西路238号

……Tel：0313-5812164

赤城县农村信用联社股份有限公司

地址：河北省张家口市赤城县赤城镇建国东街48号

……Tel：0313-6312864

河北涿鹿农村商业银行股份有限公司

地址：河北省张家口市涿鹿县涿鹿镇轩辕路33号

……Tel：0313-6520030

河北怀来农村商业银行股份有限公司

地址：河北省张家口市怀来县沙城镇董存瑞西街

……Tel：0313-6800906

蔚县农村信用联社股份有限公司

地址：河北省张家口市蔚县蔚州镇前进路

……Tel：0313-7212386

河北阳原农村商业银行股份有限公司

地址：河北省张家口市阳原县西城镇昌盛西街

……Tel：0313-7582798

中国农业银行股份有限公司张家口分行

地址：张家口市桥西区明德南路34号

……Tel：0313-8072220

中国邮政储蓄银行股份有限公司承德市分行

地址：河北省承德市双桥区南营子大街27号

……Tel：0314-2067086

中国农业银行股份有限公司承德分行

地址：承德双桥区南营子大街17号

……Tel：0314-2071107

张家口银行股份有限公司承德分行

地址：河北省承德市双桥区紫晶花园小区D座103商业

……Tel：0314-2293901

河北承德热河农村商业银行股份有限公司

地址：河北省承德市承德县下板城镇迎宾路东侧

……Tel：0314-3012781

河北银行股份有限公司承德分行

地址：河北省承德市双桥区新华路新华园C座商业

……Tel：0314-5986023

河北宽城农村商业银行股份有限公司

地址：宽城满族自治县宽城镇瀑河桥西路8号

……Tel：0314-6632407

河北围场农村商业银行股份有限公司

地址：围场满族蒙古族自治县围场镇凤凰南路26号

……Tel：0314-7563708

围场满族蒙古族自治县华商村镇银行股份有限公司

地址：围场满族蒙古族自治县围场镇金峰街锥峰社区木兰路东金峰街北侧

……Tel：0314-7992117

河北丰宁农村商业银行股份有限公司

地址：丰宁满族自治县新丰北路88号

……Tel：0314-8016272

河北滦平农村商业银行股份有限公司

地址：河北省滦平县中兴路街道华兴西路100号

……Tel：0314-8584170

中国工商银行股份有限公司唐山建北支行

地址：唐山路北区朝阳道

……Tel：0315-2042994

燕赵财产保险股份有限公司唐山中心支公司

地址：河北省唐山市路北区唐山金融中心1楼2106-2110号

……Tel：0315-2060810

河北唐山农村商业银行股份有限公司城区支行

地址：河北省唐山市路北区北新西道市工商局东侧

……Tel：0315-2311313

河北银行股份有限公司唐山分行

地址：唐山市路北区翔云道611号

……Tel：0315-2351732

承德银行股份有限公司唐山分行

地址：河北省唐山市路北区翔云道北侧、学院路西侧唐山金融大厦A座

……Tel：0315-2355755

中国银行股份有限公司唐山市丰南支行

地址：河北省唐山市丰南区青年路１０６号

……Tel：0315-2389028

华夏银行股份有限公司唐山分行

地址：河北省唐山市路北区友谊路66号

……Tel：0315-2576065

张家口银行股份有限公司唐山分行

地址：唐山路南区新华西道112号

……Tel：0315-2591935

中国工商银行股份有限公司唐山凤凰支行

地址：唐山路南区新华东道１０２号

……Tel：0315-2718285

中国农业银行股份有限公司唐山广场支行

地址：河北省唐山市路北区建设南路81号紫金广场商业楼

……Tel：0315-2821159

中国工商银行股份有限公司唐山西山支行

地址：唐山路北区西山道３０号

……Tel：0315-2824819

兴业银行股份有限公司唐山分行

地址：唐山路南区新华西道110号

……Tel：0315-2856999

中国邮政储蓄银行股份有限公司唐山市分行

地址：唐山路北区华岩路30号

……Tel：0315-2857590

中国工商银行股份有限公司唐山丰润支行

地址：河北省唐山市丰润区曹雪芹东道222号

……Tel：0315-3080698

中国建设银行股份有限公司唐山丰润支行

地址：河北省唐山市丰润区曹雪芹东道50号

……Tel：0315-3242468

河北唐山农村商业银行股份有限公司古冶支行

地址：河北省唐山市古冶区唐家庄震兴道

……Tel：0315-3258313

河北唐山农村商业银行股份有限公司开平支行

地址：河北省唐山市开平区新苑路22号

……Tel：0315-3367264

中国工商银行股份有限公司唐山古冶支行

地址：唐山古冶区林西新林道

……Tel：0315-3564047

中信银行股份有限公司唐山分行

地址：河北省唐山市路北区卫国北路460号

……Tel：0315-3738537

中国农业银行股份有限公司滦南县支行

地址：滦南县奔城镇南大街

……Tel：0315-4122170

乐亭县农村信用合作联社

地址：乐亭县乐亭镇金融大街39号

……Tel：0315-4081701

中国农业银行股份有限公司唐山丰润支行

地址：河北省唐山市丰润区曹雪芹西道422号

……Tel：0315-5123883

中国民生银行股份有限公司唐山分行

地址：唐山市路北区翔云道601号

……Tel：0315-5268853

太平财产保险有限公司唐山中心支公司

地址：唐山市路北区学院路西侧、翔云道北侧金融中心D座五层501、502、503、504、一层102室

……Tel：0315-5268875

招商银行股份有限公司唐山分行

地址：河北省唐山市路北区北新西道45号

……Tel：0315-5393509

中国农业银行股份有限公司唐山建南支行

地址：河北省唐山市路北区建设南路46号

……Tel：0315-5395616

平安普惠信息服务有限公司唐山翔云道分公司

地址：河北省唐山市路北区翔云道北侧、学院路西侧金融中心1楼1501、1507-1510号

……Tel：0315-5396209

中国人寿财产保险股份有限公司唐山市中心支公司

地址：唐山市路北区翔云道北侧、学院路西侧唐山金融大厦A座16层

……Tel：0315-5396318

中国农业银行股份有限公司迁西县支行

地址：迁西县城喜丰路

……Tel：0315-5612524

河北滦南农村商业银行股份有限公司

地址：河北省唐山市滦南县　城友谊路55号

……Tel：0315-5708808

中国平安人寿保险股份有限公司唐山中心支公司

地址：唐山市路北区翔云道北学院路西金融中心

……Tel：0315-5781609

中国农业银行股份有限公司玉田县支行

地址：玉田县城内无终大街160号（京哈公路南侧）

……Tel：0315-6114308

河北玉田农村商业银行股份有限公司

地址：河北省唐山市玉田县北环路北侧

……Tel：0315-6138589

中国农业银行股份有限公司遵化市支行

地址：遵化市文化北路55号

……Tel：0315-6612617

中国工商银行股份有限公司遵化支行

地址：河北省遵化市文柏路开元小区"开元.峰景"底商

……Tel：0315-6619552

河北滦州农村商业银行股份有限公司

地址：河北省滦县新城惠民东道002号

……Tel：0315-7169205

中国农业银行股份有限公司迁安市支行

地址：河北省迁安市惠民大街1269号

……Tel：0315-7286361

中国工商银行股份有限公司迁安支行

地址：河北省迁安市迁安镇惠民大街1426号

……Tel：0315-7613626

中国农业银行股份有限公司乐亭县支行

地址：乐亭县城金融街

……Tel：0315-8037512

中国农业银行股份有限公司曹妃甸支行

地址：曹妃甸区唐海镇大通路16号

……Tel：0315-8727167

中国银行股份有限公司曹妃甸分行

地址：曹妃甸工业区金岛大厦A座

……Tel：0315-8856081

河北唐山曹妃甸农村商业银行股份有限公司

地址：河北省唐山市曹妃甸工业区宝骏金融街共济路2号

……Tel：0315-8858059

中国农业银行股份有限公司廊坊分行

地址：廊坊市广阳区新华路158号

……Tel：0316-2012484

张家口银行股份有限公司廊坊分行

地址：廊坊市广阳区银河北路90号

……Tel：0316-2313008

中国农业银行股份有限公司廊坊安次区支行

地址：廊坊市广阳区爱民道１８号

……Tel：0316-2336295

兴业银行股份有限公司廊坊分行

地址：廊坊市广阳区新华路76号（天利得益商务中心）

……Tel：0316-2382262

河北三河农村商业银行股份有限公司

地址：河北省三河市　阳西大街5号（富达购物中心西侧）

……Tel：0316-3150120

中国工商银行股份有限公司廊坊燕郊支行

地址：河北省廊坊市三河市燕郊高新区迎宾路877号

……Tel：0316-3317167

中国银行股份有限公司燕郊分行

地址：三河市燕郊开发区行宫东大街１８１号

……Tel：0316-3319433

河北银行股份有限公司廊坊分行

地址：廊坊市广阳区广阳道55号

……Tel：0316-5216853

沧州银行股份有限公司廊坊分行

地址：廊坊市广阳区银河北路133号

……Tel：0316-5219968

中国农业银行股份有限公司文安县支行

地址：文安县兴文道203号

……Tel：0316-5232136

河北文安农村商业银行股份有限公司

地址：河北省文安县丰利北路

……Tel：0316-5255752

中国光大银行股份有限公司廊坊分行

地址：廊坊市广阳区广阳道建业大厦1-3层

……Tel：0316-5268959

河北固安农村商业银行股份有限公司

地址：河北省廊坊市固安县新中街286号

……Tel：0316-6183167

河北永清农村商业银行股份有限公司

地址：河北省廊坊市永清县会昌街169号

……Tel：0316-6623730

中国农业银行股份有限公司香河县支行

地址：香河县新华大街71号

……Tel：0316-8312012

河北香河农村商业银行股份有限公司

地址：香河县新华大街62号

……Tel：0316-8317643

河北大厂农村商业银行股份有限公司霍各庄分理处

地址：大厂县大厂镇霍各庄村

……Tel：0316-8833097

河北大厂农村商业银行股份有限公司

地址：大厂回族自治县大安西街145号

……Tel：0316-8835342

河北大厂农村商业银行股份有限公司谭台支行

地址：大厂县祁各庄乡谭台村东

……Tel：0316-8967549

河北沧州农村商业银行股份有限公司

地址：河北省沧州市运河区解放西路126号

……Tel：0317-3051712

华夏银行股份有限公司沧州分行

地址：沧州市运河区解放东路6号

……Tel：0317-3170111

中国农业银行股份有限公司河间市支行

地址：河间市京开北路

……Tel：0317-3223526

沧县农村信用联社股份有限公司

地址：沧州市新华区解放东路101号

……Tel：0317-3528835

青县农村信用联社股份有限公司

地址：青县南环西路31号

……Tel：0317-4220273

中国农业银行股份有限公司献县支行

地址：献 县东升北路1号

……Tel：0317-4623148

河北献县农村商业银行股份有限公司

地址：河北省沧州市献县城内东升南路

……Tel：0317-4623841

肃宁县农村信用联社股份有限公司

地址：肃宁县县城武垣西路北侧

……Tel：0317-5017107

河北黄骅农村商业银行股份有限公司

地址：河北省黄骅市红旗大街38号

……Tel：0317-5312953

中国农业银行股份有限公司黄骅市支行

地址：黄骅市渤海西路27号

……Tel：0317-5322317

中国民生银行股份有限公司沧州分行

地址：沧州市运河区解放西路颐和广场13号楼

……Tel：0317-5670150

河北银行股份有限公司沧州分行

地址：沧州市运河区浮阳南大道22号

……Tel：0317-5671858

中国农业银行股份有限公司盐山县支行

地址：河北省盐山县龙海西路207号

……Tel：0317-6221658

盐山县农村信用联社股份有限公司

地址：盐山县县城东环路

……Tel：0317-6266011

海兴县农村信用联社股份有限公司

地址：海兴县兴融街中路

……Tel：0317-6615532

孟村回族自治县农村信用合作联社

地址：孟村回族自治县建设大街

……Tel：0317-6721064

吴桥县农村信用联社股份有限公司

地址：吴桥县桑园镇长江东路90号

……Tel：0317-7341452

东光县农村信用联社股份有限公司

地址：东光县县城邮政路58号

……Tel：0317-7729660

中国农业银行股份有限公司泊头市支行

地址：泊头市裕华路

……Tel：0317-8183489

泊头市农村信用联社股份有限公司

地址：泊头市裕华路599号

……Tel：0317-8188000

河北南皮农村商业银行股份有限公司

地址：南皮县安顺南大街63号

……Tel：0317-8860987

河北衡水农村商业银行股份有限公司

地址：河北省衡水市桃城区新华西路388号

……Tel：0318-2121699

中国建设银行股份有限公司衡水分行

地址：衡水市人民东路１３９号

……Tel：0318-2124218

中国邮政储蓄银行股份有限公司衡水市分行

地址：衡水市开发区永兴西路1686号

……Tel：0318-2127378

中国农业银行股份有限公司景县支行

地址：河北省景县景安大街278号

……Tel：0318-2783965

河北景州农村商业银行股份有限公司

地址：河北省景县景州镇亚夫路中段东侧

……Tel：0318-4226209

河北阜城农村商业银行股份有限公司

地址：河北省阜城县阜城镇光明东路19号

……Tel：0318-4666034

中国民生银行股份有限公司衡水分行

地址：衡水市桃城区和平西路151号

……Tel：0318-5108688

邢台银行股份有限公司衡水分行

地址：河北省衡水市桃城区新华西路365号

……Tel：0318-5109111

河北银行股份有限公司衡水分行

地址：衡水市桃城区育才南大街219号

……Tel：0318-5109661

武邑县农村信用联社股份有限公司

地址：河北省武邑县建设西路中段南侧

……Tel：0318-5712325

饶阳县农村信用联社股份有限公司

地址：河北省饶阳县人和西路106号

……Tel：0318-7322661

河北安平农村商业银行股份有限公司

地址：河北省安平县汉王路2号

……Tel：0318-7526930

河北枣强农村商业银行股份有限公司

地址：河北省枣强县人民东街189号

……Tel：0318-8228977

河北冀州农村商业银行股份有限公司

地址：河北省衡水市冀州区和平东路66号

……Tel：0318-8622200

沧州银行股份有限公司邢台分行

地址：河北省邢台市桥西区钢铁北路金花国际广场

Tel：0319-2151655

中国工商银行股份有限公司邢台冶金支行
地址：邢台市桥西区冶金南路128号
Tel：0319-2209500

河北邢台农村商业银行股份有限公司
地址：河北省邢台市桥西区莲池大街366号
Tel：0319-2260002

中国农业银行股份有限公司邢台县支行
地址：河北省邢台市桥西区泉南西大街288号
Tel：0319-2296628

河北巨鹿农村商业银行股份有限公司
地址：巨鹿县县城建设北街东侧
Tel：0319-4336311

河北南和农村商业银行股份有限公司
地址：河北省邢台市南和县和阳大街东段
Tel：0319-4566897

南宫市农村信用联社股份有限公司
地址：南宫市青年街110号
Tel：0319-5221780

河北银行股份有限公司邢台分行
地址：邢台市桥西区建设大街333号
Tel：0319-5557903

河北临城农村商业银行股份有限公司
地址：河北省邢台市临城县岐山湖大道123号
Tel：0319-7192186

河北任县农村商业银行股份有限公司
地址：河北省邢台市任县任城镇光明路47号
Tel：0319-7512406

河北清河农村商业银行股份有限公司
地址：河北省清河县渤海路80号
Tel：0319-8291315

河北临西农村商业银行股份有限公司
地址：河北省邢台市临西县珠江路南侧（中国人民银行西侧）珠江东路4号
Tel：0319-8572910

河北沙河农村商业银行股份有限公司
地址：河北省邢台市沙河市宋　路934号
Tel：0319-8701701

中国农业银行股份有限公司沙河市支行
地址：沙河市站前街
Tel：0319-8821530

中国农业银行股份有限公司昌黎县支行
地址：昌黎县昌黎镇一街后行59号
Tel：0335-2023188

青龙满族自治县农村信用联社股份有限公司
地址：河北省秦皇岛市青龙满族自治县青龙镇祖山路172号
Tel：0335-2681007

中国民生银行股份有限公司秦皇岛分行
地址：秦皇岛市海港区燕山大街242号
Tel：0335-5306388

河北银行股份有限公司秦皇岛分行
地址：秦皇岛市海港区建设大街181号
Tel：0335-5369899

抚宁县农村信用联社股份有限公司
地址：秦皇岛市抚宁区抚宁镇迎宾路109号
Tel：0335-6681415

河北卢龙农村商业银行股份有限公司
地址：卢龙县卢龙镇东门外大街
Tel：0335-7111806

山西省

山西怀仁农村商业银行股份有限公司
地址：山西省怀仁市仁里路312号
Tel：0349-5900059

朔州农村商业银行股份有限公司平鲁区支行
地址：山西省朔州市平鲁区平安东街
Tel：0349-6063416

中国工商银行股份有限公司朔州分行
地址：朔州市朔城区振华街6号
Tel：0349-6248866

山西山阴农村商业银行股份有限公司
地址：山西省山阴县府南路5号
Tel：0349-6656399

山西右玉农村商业银行股份有限公司
地址：朔州市右玉县新城镇玉林西街76号
Tel：0349-8022505

晋商银行股份有限公司朔州分行
地址：朔州经济开发区振华东街北侧
Tel：0349-8809666

中国邮政储蓄银行股份有限公司朔州市分行
地址：朔州朔城区鄯阳街西延长线
Tel：0349-8810102

晋商银行股份有限公司忻州分行
地址：山西省忻州市忻府区建设南路怡人商贸综合楼
Tel：0350-3086961

山西原平农村商业银行股份有限公司
地址：山西省原平市平安西大街116号
Tel：0350-3311101

山西五寨农村商业银行股份有限公司
地址：山西省忻州市五寨县砚城镇新建北路
Tel：0350-4348912

山西岢岚农村商业银行股份有限公司
地址：山西省忻州市岢岚县云际路50号
Tel：0350-4532052

山西宁武农村商业银行股份有限公司
地址：山西省宁武县凤凰东街信合苑小区3号楼
Tel：0350-4722781

山西繁峙农村商业银行股份有限公司
地址：繁峙县繁城镇石龙西街113号
Tel：0350-5527188

山西定襄农村商业银行股份有限公司
地址：山西省忻州市定襄县解放路203号
Tel：0350-6028090

山西神池农村商业银行股份有限公司
地址：山西省神池县龙泉镇东七道街36号
Tel：0350-6141807

山西河曲农村商业银行股份有限公司
地址：山西省忻州市河曲县文笔镇向阳大街295号
Tel：0350-6180600

中国农业银行股份有限公司忻州七一支行
地址：忻州忻府区七一北路58号
Tel：0350-6240349

山西保德农村商业银行股份有限公司
地址：山西省保德县河滨大街69号
Tel：0350-7322059

山西保德农村商业银行股份有限公司冯家川支行
地址：山西省保德县冯家川乡冯家川村
Tel：0350-7389861

山西偏关农村商业银行股份有限公司
地址：山西省偏关县文笔大街
Tel：0350-7622215

山西静乐农村商业银行股份有限公司
地址：山西省静乐县西林路71号
Tel：0350-7825485

晋商消费金融股份有限公司
地址：山西省太原市小店区长风街129号梧桐公寓西幢10层-15层
Tel：0351-95105520

晋中银行股份有限公司太原分行
地址：山西省太原市迎泽区迎泽大街189号（迎泽宾馆东楼）
Tel：0351-3109017

晋商银行股份有限公司太原并州支行
地址：太原市杏花岭区解放路103号中盛国际大厦底层
Tel：0351-3188676

中国建设银行股份有限公司太原迎泽支行
地址：太原市杏花岭区五一路256号云飞商务楼
Tel：0351-3295824

晋商银行股份有限公司太原晋阳支行
地址：太原市杏花岭区旱西关街178号西大厅
Tel：0351-3331222

中国工商银行股份有限公司太原太钢支行
地址：太原市杏花岭区解放北路430号
Tel：0351-3982116

中国建设银行股份有限公司太原分行
地址：太原市迎泽区青年路5号1幢1层1004号
Tel：0351-4031594

中国工商银行股份有限公司太原迎泽支行
地址：太原市迎泽区迎泽大街328号
Tel：0351-4128277

中国农业银行股份有限公司太原市城南支行
地址：太原市小店区小店镇人民南路9号
Tel：0351-4247034

中国农业发展银行山西省分行
地址：太原市康乐街38号
Tel：0351-4602134

中国农业银行股份有限公司太原国贸支行
地址：太原市水西门街22号
Tel：0351-4875235

山西古交农村商业银行股份有限公司
地址：山西省古交市腾飞路30号
Tel：0351-5187585

中国银行股份有限公司太原滨河支行
地址：太原市万柏林区晋祠路一段27号
Tel：0351-5259538

山西娄烦农村商业银行股份有限公司
地址：娄烦县城滨河南路阳光水岸底商
Tel：0351-5322768

山西阳曲农村商业银行股份有限公司
地址：山西省阳曲县城新阳西街62号
Tel：0351-5521704

中国农业银行股份有限公司山西省清徐县支行
地址：清徐县美锦北大街179号
Tel：0351-5737459

中国建设银行股份有限公司太原河西支行
地址：太原市万柏林区迎泽西大街100号.
Tel：0351-6197114

中国工商银行股份有限公司太原万柏林支行
地址：太原市万柏林区和平南路88号
Tel：0351-6246607

中国工商银行股份有限公司太原西山支行
地址：太原市万柏林区西矿街265号
Tel：0351-6246756

中国工商银行股份有限公司太原并州支行
地址：太原市东辑虎营小区5号楼
Tel：0351-6246806

中国农业银行股份有限公司太原市并州支行
地址：太原市并州南路199号
Tel：0351-6247062

中国农业银行股份有限公司太原市城西支行
地址：太原市万柏林区望景路10-2
Tel：0351-6247150

中国农业银行股份有限公司太原市河西支行
地址：太原市万柏林区迎泽大街16号
Tel：0351-6247200

中国农业银行股份有限公司太原市学府支行
地址：太原市小店区平阳路124号
Tel：0351 6247209

中国农业银行股份有限公司太原市柳南支行
地址：太原市迎泽区迎泽大街162号1幢1层
Tel：0351-6247336

中国农业银行股份有限公司太原市北城支行
地址：太原市杏花岭区解放路338号
Tel：0351-6247393

中国农业银行股份有限公司太原市金穗支行
地址：太原市迎泽区迎泽南街1号(1-2层)
Tel：0351-6247884

中国工商银行股份有限公司太原高新技术开发区支行
地址：山西综改示范区太原学府园区长治路222号V-3区
Tel：0351-7024997

中国工商银行股份有限公司太原大营盘支行
地址：太原市小店区南内环街188号
Tel：0351-7082096

中国建设银行股份有限公司太原南城支行
地址：太原市迎泽区新建南路112号
Tel：0351-7340906

和合期货有限公司
地址：太原市菜园东街2号
Tel：0351-7342538

太平人寿保险有限公司山西分公司
地址：山西省太原市小店区南中环街426号山西国际金融中心1号楼7层、8层、9层
Tel：0351-7526360

晋商银行股份有限公司太原龙城支行
地址：太原市小店区长风街59号
Tel：0351-7650300

中国银行股份有限公司太原并州支行
地址：太原市小店区体育路166号（阳光大厦）
Tel：0351-7889753

中国银行股份有限公司太原鼓楼支行
地址：太原市杏花岭区鼓楼街65号.
Tel：0351-8286181

晋城银行股份有限公司太原分行
地址：太原市迎泽区新建南路127号
Tel：0351-8337969

山西尚通金融外包服务有限公司
地址：太原市杏花岭区新建路187号1幢东塔楼21层6号
Tel：0351-8366351

中国银行股份有限公司太原漪汾支行
地址：太原市迎泽区迎泽大街288号
Tel：0351-8370166

渤海银行股份有限公司太原分行
地址：山西省太原市小店区长治路308号
Tel：0351-8385132

山西灵丘农村商业银行股份有限公司
地址：山西省大同市灵丘县新建北路461号
Tel：0352-3394208

山西左云农村商业银行股份有限公司
地址：山西省大同市左云县云新西大街政府楼西侧
Tel：0352-3822328

晋商银行股份有限公司大同分行
地址：大同市平城区魏都大道46号
Tel：0352-5686080

山西浑源农村商业银行股份有限公司
地址：山西省浑源县西关街西端温馨苑小区12号商铺1-3层
Tel：0352-8496346

山西广灵农村商业银行股份有限公司
地址：山西省大同市广灵县壶泉镇广泰东街路北
Tel：0352-8823421

中国银行股份有限公司阳泉市分行
地址：山西省阳泉市城区北大街16号
Tel：0353-2399613

阳泉市商业银行股份有限公司
地址：山西省阳泉市城区南大街600号
Tel：0353-3338678

中国工商银行股份有限公司阳泉北大街支行
地址：山西省阳泉市城区北大街78号
Tel：0353-6249001

晋商银行股份有限公司晋中分行
地址：山西省晋中市山西示范区晋中开发区汇通产业园区安宁大街678号
Tel：0354-2668883

中国银行股份有限公司晋中市分行
地址：山西省晋中市榆次区迎宾路229号
Tel：0354-3263712

山西昔阳农村商业银行股份有限公司
地址：山西省晋中市昔阳县新建路17号
Tel：0354-4120417

山西寿阳农村商业银行股份有限公司
地址：山西省晋中市寿阳县朝阳街158号
Tel：0354-4623892

山西祁县农村商业银行股份有限公司
地址：山西省晋中市祁县城内新建北路76号
Tel：0354-5240011

中国农业银行股份有限公司晋中迎宾支行
地址：山西省晋中市榆次区蕴华西街218号
Tel：0354-6240319

中国农业银行股份有限公司晋中分行
地址：山西省晋中市榆次区中都北路176号
Tel：0354-6240600

山西太谷农村商业银行股份有限公司
地址：山西省晋中市太谷县108国道73号
Tel：0354-6250269

山西榆社农村商业银行股份有限公司
地址：山西省晋中市榆社县泰新东街1号
Tel：0354-6622115

山西介休农村商业银行股份有限公司
地址：山西省晋中市介休三贤大道
Tel：0354-7583810

山西灵石农村商业银行股份有限公司
地址：山西省晋中市灵石县新建街148号
Tel：0354-7612345

山西和顺农村商业银行股份有限公司
地址：山西省晋中市和顺县南内环6号
Tel：0354-8130984

山西左权农村商业银行股份有限公司
地址：山西省晋中市左权县城北大街91号
Tel：0354-8633313

中国农业发展银行长治市分行
地址：山西省长治市潞阳门北路198号
Tel：0355-2020104

晋商银行股份有限公司长治分行
地址：山西省长治市城东路288号
Tel：0355-2256665

长治漳泽农村商业银行股份有限公司
地址：山西省长治市郊区长北漳泽西街168号
Tel：0355-5052115

长治潞州农村商业银行股份有限公司
地址：山西省长治市府后西街326号
Tel：0355-6065035

中国农业银行股份有限公司长治市分行
地址：长治市城西路2号
Tel：0355-6240802

山西武乡农村商业银行股份有限公司
地址：山西省武乡县红星大道西1号
Tel：0355-6365777

山西黎城农村商业银行股份有限公司
地址：山西省黎城县桥北路99号
Tel：0355-6589872

山西潞城农村商业银行股份有限公司
地址：山西省潞城市中华西大街155号
Tel：0355-6766677

山西沁县农村商业银行股份有限公司
地址：山西省沁县县城胜利路富民巷23号
Tel：0355-7024987

山西襄垣农村商业银行股份有限公司
地址：襄垣县府前南路291号
Tel：0355-7227877

襄垣县融汇村镇银行有限责任公司
地址：长治市襄垣县开元东街（天垣集团）
Tel：0355-7229188

山西屯留农村商业银行股份有限公司
地址：山西省屯留县羿神东街031号
Tel：0355-7522583

山西沁源农村商业银行股份有限公司
地址：山西省沁源县商业东街31号
Tel：0355-7992345

山西长治黎都农村商业银行股份有限公司
地址：长治县城光明北路与体育二路交叉路口
Tel：0355-8202818

山西长子农村商业银行股份有限公司

地址：山西省长子县漳源中路65号
……………………Tel：0355-8328063
山西壶关农村商业银行股份有限公司
地址：山西省壶关县城北路银座1号
……………………Tel：0355-8775890
山西平顺农村商业银行股份有限公司
地址：山西省平顺县迎宾路北侧二中以西
……………………Tel：0355-8921912
交通银行股份有限公司晋城分行
地址：山西省晋城市城区黄华街878号
……………………Tel：0356-2029840
中国邮政储蓄银行股份有限公司晋城市分行
地址：山西省晋城市城区泽州中路1782号
……………………Tel：0356-2061226
兴业银行股份有限公司晋城分行
地址：山西省晋城市城区黄华街855号
……………………Tel：0356-2086999
晋城农村商业银行股份有限公司
地址：山西省晋城市城区黄华街1160号
……………………Tel：0356-2210810
中国农业银行股份有限公司晋城凤城支行
地址：山西省晋城市泽州路2633号
……………………Tel：0356-6240015
晋商银行股份有限公司晋城分行
地址：山西省晋城市城区凤台西街紫竹林大厦一、二层
……………………Tel：0356-6968799
山西沁水农村商业银行股份有限公司
地址：山西省晋城市沁水县新建东街866号
……………………Tel：0356-7026692
中国邮政储蓄银行股份有限公司山西省临汾市分行
地址：山西省临汾市尧都区平阳北街3号
……………………Tel：0357-2088210
晋商银行股份有限公司临汾分行
地址：山西省临汾市河汾路广奇财富中心B座
……………………Tel：0357-2291987
翼城县农村信用合作联社
地址：山西省翼城县解放西端（三叉路口东南侧）
……………………Tel：0357-3575501
山西襄汾农村商业银行股份有限公司
地址：襄汾县兴农路东侧
……………………Tel：0357-3685643
山西曲沃农村商业银行股份有限公司史村支行
地址：山西省曲沃县史村镇晋韩路南
……………………Tel：0357-4513722
山西曲沃农村商业银行股份有限公司城西分理处
地址：山西省曲沃县城西
……………………Tel：0357-4520950
山西曲沃农村商业银行股份有限公司
地址：山西省曲沃县晋园北街同吉祥路交汇处西南角
……………………Tel：0357-4528542
山西曲沃农村商业银行股份有限公司贡院街储蓄所
地址：山西省曲沃县乐昌镇贡院街
……………………Tel：0357-4526377
山西曲沃农村商业银行股份有限公司广汇储蓄所
地址：曲沃县北大街浍河宾馆楼下
……………………Tel：0357-4528155
山西曲沃农村商业银行股份有限公司府东街储蓄所
地址：山西省曲沃县乐昌镇府东街（原营业部）
……………………Tel：0357-4522102
山西曲沃农村商业银行股份有限公司城区支行
地址：山西省曲沃县府东街
……………………Tel：0357-4522334
山西曲沃农村商业银行股份有限公司西街储蓄所
地址：山西省曲沃县华祥宾馆楼下
……………………Tel：0357-4521424
山西曲沃农村商业银行股份有限公司馥裕储蓄所
地址：山西省曲沃县八大公司巷内馥裕小区
……………………Tel：0357-4528701
山西曲沃农村商业银行股份有限公司城关支行
地址：曲沃县广场东南角
……………………Tel：0357-4526394
山西曲沃农村商业银行股份有限公司南大街分理处
地址：山西省曲沃县乐昌镇南大街中段
……………………Tel：0357-4529183
山西曲沃农村商业银行股份有限公司下裴支行
地址：山西省曲沃县北董乡下裴村
……………………Tel：0357-4540086
山西曲沃农村商业银行股份有限公司高显支行
地址：山西省曲沃县高显镇高显村
……………………Tel：0357-4543022
山西曲沃农村商业银行股份有限公司里村支行
地址：山西省曲沃县里村镇里村
……………………Tel：0357-4555285
山西曲沃农村商业银行股份有限公司曲村支行
地址：山西省曲沃县曲村镇曲村
……………………Tel：0357-4562138
山西曲沃农村商业银行股份有限公司曲村储蓄所
地址：山西省曲沃县曲村镇东街
……………………Tel：0357-4563333
山西曲沃农村商业银行股份有限公司杨谈支行
地址：山西省曲沃县杨谈乡杨谈村
……………………Tel：0357-4564022
山西曲沃农村商业银行股份有限公司万户分理处
地址：山西省曲沃县杨谈乡万户村
……………………Tel：0357-4566038
山西曲沃农村商业银行股份有限公司西常支行
地址：山西省曲沃县史村镇西常村
……………………Tel：0357-4570057
山西曲沃农村商业银行股份有限公司安居支行
地址：山西省曲沃县高显镇神泉村东
……………………Tel：0357-4580034
山西曲沃农村商业银行股份有限公司北董支行
地址：山西省曲沃县北董乡北董村
……………………Tel：0357-4588022
山西蒲县农村商业银行股份有限公司
地址：蒲县蒲城镇蒲伊东街
……………………Tel：0357-5271880
山西霍州农村商业银行股份有限公司
地址：鼓楼南街鼓楼花园14号楼01号
……………………Tel：0357-5576999
中国农业银行股份有限公司临汾平阳支行
地址：山西省临汾市迎春南街37号
……………………Tel：0357-6240450
中国工商银行股份有限公司临汾分行
地址：山西省临汾市尧都区鼓楼北街44号
……………………Tel：0357-6248018
山西隰县农村商业银行股份有限公司
地址：山西省隰县太和路北城新区
……………………Tel：0357-6731613
山西乡宁农村商业银行股份有限公司
地址：山西省乡宁县迎旭街
……………………Tel：0357-6820102
山西永和农村商业银行股份有限公司
地址：永和县城南开发区康谐路消防中队西
……………………Tel：0357-7523088
山西大宁农村商业银行股份有限公司
地址：山西省临汾市大宁县昕水镇东街63号
……………………Tel：0357-7721578
山西浮山农村商业银行有限责任公司
地址：山西省浮山县浮古路西侧105号
……………………Tel：0357-8123423
山西安泽农村商业银行股份有限公司
地址：山西省临汾市安泽县泽民北路92号
……………………Tel：0357-8522180
文水县农村信用合作联社
地址：吕梁文水县凤城镇北环路西
……………………Tel：0358-3022270
山西交城农村商业银行股份有限公司
地址：山西省交城县天宁街16号
……………………Tel：0358-3525225
山西柳林农村商业银行股份有限公司
地址：柳林县清河西路16号
……………………Tel：0358-4020135
山西临县农村商业银行股份有限公司
地址：山西省吕梁市临县城南新区纵一路东侧
……………………Tel：0358-4558532
石楼县农村信用合作联社
地址：石楼县东征大街东征桥西
……………………Tel：0358-5722534
中国工商银行股份有限公司孝义支行
地址：山西省吕梁孝义市迎宾路
……………………Tel：0358-6247388
山西兴县农村商业银行股份有限公司
地址：吕梁市兴县蔚汾镇连城大道88号
……………………Tel：0358-6345574
山西岚县农村商业银行股份有限公司
地址：山西省岚县向阳路西三街1号
……………………Tel：0358-6722373
山西汾阳农村商业银行股份有限公司
地址：汾阳市胜利路.
……………………Tel：0358-7222583
中国农业银行股份有限公司汾阳市支行
地址：汾阳市英雄北路117号.
……………………Tel：0358-7222817
中国农业银行股份有限公司孝义市支行
地址：山西吕梁孝义市新义街道府西街356号
……………………Tel：0358-7621465
中国民生银行股份有限公司吕梁分行
地址：离石区龙凤南大街昌圆大厦
……………………Tel：0358-8281811
晋商银行股份有限公司吕梁分行
地址：吕梁市离石区长治路与龙凤大街交汇处
……………………Tel：0358-8293200
中国太平洋人寿保险股份有限公司运城中心支公司
地址：运城市盐湖区人民北路239号晋陕豫金融中心1层102、8层、9层901
……………………Tel：0359-2087869
中国农业银行股份有限公司运城分行
地址：运城市盐湖区中银大道168号
……………………Tel：0359-2282865
晋商银行股份有限公司运城分行
地址：山西省运城市盐湖区铺安街989号
……………………Tel：0359-2613908
中国建设银行股份有限公司运城分行
地址：运城市盐湖区河东东街4388号
……………………Tel：0359-2650335
山西平陆农村商业银行股份有限公司
地址：山西省平陆县条山大街北、桥西路东
……………………Tel：0359-3532692
山西万荣农村商业银行股份有限公司
地址：山西省万荣县汇源街南（万荣县就业和社会保障服务中心东）
……………………Tel：0359-4528330
山西河津农村商业银行股份有限公司
地址：运城市河津市新耿北街63号
……………………Tel：0359-5022545
山西稷山农村商业银行股份有限公司
地址：运城市稷山县城稷峰东街53号
……………………Tel：0359-5527321
山西垣曲农村商业银行股份有限公司
地址：山西省运城市垣曲县黄河路北
……………………Tel：0359-6089007
中国农业银行股份有限公司运城北城支行
地址：运城市盐湖区黄河大道中段（人寿保险公司对面）
……………………Tel：0359-6240456
中国工商银行股份有限公司运城河东支行
地址：运城市盐湖区红旗东街242号
……………………Tel：0359-6249607
山西绛县农村商业银行股份有限公司
地址：山西省绛县涑水大街紫金山路东
……………………Tel：0359-6533551
山西闻喜农村商业银行股份有限公司
地址：山西省运城市闻喜县新开南路38号
……………………Tel：0359-7023119
山西新绛农村商业银行股份有限公司
地址：运城新绛县汾河湾
……………………Tel：0359-7602493
山西永济农村商业银行股份有限公司
地址：山西永济市银杏西街7号
……………………Tel：0359-8392222
山西夏县农村商业银行股份有限公司
地址：山西省运城市夏县东风西街20号
……………………Tel：0359-8532820

内蒙古自治区

内蒙古鄂温克农村商业银行股份有限公司
地址：内蒙古自治区呼伦贝尔市鄂温克族自治旗巴彦托海镇伊敏路
……………………Tel：0470-3128199
扎兰屯市农村信用合作联社
地址：内蒙古自治区呼伦贝尔市扎兰屯市中央中路78号
……………………Tel：0470-3218725
中国农业银行股份有限公司扎兰屯市支行
地址：扎兰屯市一文城街4号
……………………Tel：0470-3219939
阿荣旗农村信用合作联社
地址：内蒙古自治区呼伦贝尔市阿荣旗那吉镇中央大街99号
……………………Tel：0470-4212927
莫力达瓦达斡尔族自治旗农村信用合作联社
地址：内蒙古自治区呼伦贝尔市莫力达瓦达斡尔族自治旗尼尔基镇
……………………Tel：0470-4616795
根河市农村信用合作联社
地址：内蒙古自治区呼伦贝尔市根河市得耳布尔街
……………………Tel：0470-5230381
内蒙古鄂伦春农村商业银行股份有限公司
地址：内蒙古自治区呼伦贝尔市鄂伦春自治旗阿里河中央街
……………………Tel：0470-5622065
中国农业银行股份有限公司满洲里分行
地址：内蒙古自治区满洲里市市北区二道街18号
……………………Tel：0470-6223421
中国建设银行股份有限公司满洲里分行
地址：内蒙古自治区满洲里市树林路17号
……………………Tel：0470-6232705
满洲里农村商业银行股份有限公司
地址：内蒙古自治区满洲里市五道街合作公司3号楼3单元1层至7层
……………………Tel：0470-6239714
中国工商银行股份有限公司满洲里中央街支行
地址：内蒙古自治区满洲里市扎区邮政街9号
……………………Tel：0470-6552694
额尔古纳市农村信用合作联社
地址：内蒙古自治区呼伦贝尔市额尔古纳市额尔古纳大街11号
……………………Tel：0470-6824469
中国农业银行股份有限公司牙克石市支行
地址：内蒙古自治区呼伦贝尔市牙克石光明路16号
……………………Tel：0470-7205117
中国工商银行股份有限公司牙克石支行
地址：牙克石市友谊东街3号
……………………Tel：0470-7302254
内蒙古牙克石农村商业银行股份有限公司
地址：牙克石市兴安新城棚改新区规划一街、规划四路
……………………Tel：0470-7338657
中国邮政储蓄银行股份有限公司呼伦贝尔市分行
地址：海拉尔区胜利办满洲里路9号付3号（金建矿业公司办公楼内）
……………………Tel：0470-8317655
呼伦贝尔农村商业银行股份有限公司
地址：内蒙古自治区呼伦贝尔市海拉尔区伊敏大街74号
……………………Tel：0470-8348400
包商银行股份有限公司呼伦贝尔分行
地址：内蒙古自治区呼伦贝尔市海拉尔区伊敏大街17号
……………………Tel：0470-8552230
中国民生银行股份有限公司呼和浩特分行
地址：内蒙古自治区呼和浩特市赛罕区敕勒川大街东方君座C座1-2层、7-21层
……………………Tel：0471-2849105
中国民生银行股份有限公司呼和浩特车站东街支行
地址：内蒙古呼和浩特市新城区车站东街维多利时尚广场B3-B4-B5底店
……………………Tel：0471-3241202
中国民生银行股份有限公司呼和浩特金茂中心支行
地址：内蒙古自治区呼和浩特市新城区成吉思汗大街金茂中心商业楼1#104号一层和二层
……………………Tel：0471-3241222
中国民生银行股份有限公司呼和浩特大学东街支行
地址：内蒙古自治区呼和浩特市赛罕区大学东街蒙吉利商住区12号楼1-2层1013、1023
……………………Tel：0471-3280259
中国民生银行股份有限公司呼和浩特兴安北路支行
地址：内蒙古自治区呼和浩特新城区新华大街1号世贸晶钻1010、1011号
……………………Tel：0471-3280280
中国太平洋财产保险股份有限公司呼和浩特中心支公司
地址：内蒙古自治区呼和浩特市赛罕区新华东街18号国际金融大厦
……………………Tel：0471-3281390
中国太平洋财产保险股份有限公司内蒙古分公司
地址：内蒙古自治区呼和浩特市赛罕区新华东街18号国际金融大厦
……………………Tel：0471-3281801
中国民生银行股份有限公司呼和浩特鄂尔多斯大街支行
地址：呼市赛罕区鄂尔多斯大街内蒙古师范大学国际交流中心1层、17层
……………………Tel：0471-3297120
中国民生银行股份有限公司呼和浩特大南街支行
地址：内蒙古呼和浩特市玉泉区大北街与电影院路交汇处西北角兰德·青城时代广场商业6-8号底店
……………………Tel：0471-3297188
中国民生银行股份有限公司呼和浩特新华东街支行
地址：内蒙古自治区呼和浩特市赛罕区新华东街呼市供水大厦A座1-3层（公共大堂除外）及D座部分
……………………Tel：0471-3333096
华夏银行股份有限公司呼和浩特分行
地址：内蒙古自治区呼和浩特市机场高速路57号
……………………Tel：0471-3361654
中国农业发展银行内蒙古自治区分行营

业部
地址：内蒙古自治区呼和浩特市赛罕区新华东街８０号
…………Tel：0471-4688637

鄂尔多斯银行股份有限公司呼和浩特分行
地址：内蒙古自治区呼和浩特市新城区新华大街57号
…………Tel：0471-5221775

中国邮政储蓄银行股份有限公司呼和浩特市分行
地址：内蒙古自治区呼和浩特市赛罕区大学东路内蒙古检察院西侧嘉和馨园1号楼
…………Tel：0471-6283187

渤海银行股份有限公司呼和浩特分行
地址：内蒙古自治区呼和浩特市新城区新华东街85号太伟方恒广场BCE幢B座23-27层、E座1-2层
…………Tel：0471-6531573

包商银行股份有限公司呼和浩特分行
地址：内蒙古自治区呼和浩特市赛罕区锡林南路地质局南街８号盈嘉国际１－３层
…………Tel：0471-6929526

中国农业银行股份有限公司呼和浩特迎宾支行
地址：内蒙古自治区呼和浩特市新城区新华大街5４号金融大厦一楼
…………Tel：0471-6966713

和林格尔县农村信用合作联社
地址：内蒙古自治区呼和浩特市和林县城关镇新民街南
…………Tel：0471-7193285

清水河县农村信用合作联社
地址：内蒙古自治区呼和浩特市清水河县城关镇滨河南路
…………Tel：0471-7913116

土默特左旗农村信用合作联社
地址：土默特左旗察素齐镇敕勒川大街北财政大楼东
…………Tel：0471-8146030

内蒙古托克托农村商业银行股份有限公司
地址：内蒙古自治区呼和浩特市托克托县双河镇托克托大街
…………Tel：0471-8566333

内蒙古蒙商消费金融股份有限公司
地址：内蒙古自治区包头市青山区钢铁大街17号
…………Tel：0472-2620565

上海浦东发展银行股份有限公司包头分行
地址：内蒙古自治区包头市青山区钢铁大街7号正翔国际广场B2#楼
…………Tel：0472-2635285

中国工商银行股份有限公司包头青山支行
地址：内蒙古自治区包头市青山区文化路31号
…………Tel：0472-3133254

中国工商银行股份有限公司包头东河支行
地址：包头市东河区环城路５号
…………Tel：0472-4143681

中国工商银行股份有限公司包头银河广场支行
地址：内蒙古自治区包头市昆都仑区钢铁大街４６号
…………Tel：0472-5183261

鄂尔多斯银行股份有限公司包头分行
地址：内蒙古自治区包头市青山区钢铁大街南侧（10号）中环大厦
…………Tel：0472-5215151

中信银行股份有限公司包头分行
地址：内蒙古自治区包头市昆都仑区民族东路以西钢铁大街以北凯旋银河线2号楼A座1-3层
…………Tel：0472-5338909

兴业银行股份有限公司包头分行
地址：内蒙古自治区包头市青山区友谊大街67号传媒大厦D座（四号楼）一、二、三层
…………Tel：0472-6166262

中国邮政储蓄银行股份有限公司包头市分行
地址：内蒙古自治区包头市稀土高新区民族东路华丽家族小区30-201、301
…………Tel：0472-6195690

交通银行股份有限公司包头分行
地址：内蒙古自治区包头市青山区钢铁大街２４号
…………Tel：0472-6230120

新时代信托股份有限公司
地址：内蒙古自治区包头市钢铁大街甲五号信托金融大楼（青山区纺织小区）
…………Tel：0472-6969991

固阳县农村信用合作联社
地址：内蒙古自治区包头市固阳县阿拉塔街
…………Tel：0472-8128008

达尔罕茂明安联合旗农村信用合作联社石宝信用社
地址：内蒙古自治区包头市达尔罕茂明安联合旗石宝镇政府西侧
…………Tel：0472-8311372

达尔罕茂明安联合旗农村信用合作联社小文公信用社
地址：内蒙古自治区包头市达茂旗小文公乡镇府西侧
…………Tel：0472-8314617

达尔罕茂明安联合旗农村信用合作联社满都拉信用社
地址：内蒙古自治区包头市达尔罕茂明安联合旗满都拉镇派出所南
…………Tel：0472-8315282

达尔罕茂明安联合旗农村信用合作联社白云路分社
地址：内蒙古自治区包头市达尔罕茂明安联合旗百灵庙镇白云路
…………Tel：0472-8421669

达尔罕茂明安联合旗农村信用合作联社
地址：内蒙古自治区包头市达尔罕茂明安联合旗百灵庙镇河东新区吉祥湾街
…………Tel：0472-8421789

达尔罕茂明安联合旗农村信用合作联社坤兑滩信用社
地址：内蒙古自治区包头市达尔罕茂明安联合旗石宝镇红山村委二楞滩新村南入口处
…………Tel：0472-8311501

达尔罕茂明安联合旗农村信用合作联社乌克忽洞信用社
地址：内蒙古自治区包头市达尔罕茂明安联合旗乌克忽洞镇政府南侧
…………Tel：0472-8312134

达尔罕茂明安联合旗农村信用合作联社希拉穆仁信用社
地址：内蒙古自治区包头市达尔罕茂明安联合旗希拉穆仁镇政府东侧
…………Tel：0472-8313266

达尔罕茂明安联合旗农村信用合作联社乌兰忽洞信用社
地址：内蒙古自治区包头市达尔罕茂明安联合旗乌兰忽洞村东口
…………Tel：0472-8312006

达尔罕茂明安联合旗农村信用合作联社西河信用社
地址：内蒙古自治区包头市达尔罕茂明安联合旗乌克忽洞镇西河村（村西北）
…………Tel：0472-8312006

达尔罕茂明安联合旗农村信用合作联社兴达信用社
地址：内蒙古自治区包头市达尔罕茂明安联合旗百灵庙镇呼恒乌拉街达尔罕路西
…………Tel：0472-8426820

达尔罕茂明安联合旗农村信用合作联社百灵庙信用社
地址：内蒙古自治区包头市达尔罕茂明安联合旗百灵庙镇艾不盖大街百福新天地商业广场西侧
…………Tel：0472-8423140

达尔罕茂明安联合旗农村信用合作联社都荣敖包信用社
地址：内蒙古自治区包头市达尔罕茂明安联合旗百灵庙镇百灵大街财富大厦西侧
…………Tel：0472-8423497

达尔罕茂明安联合旗农村信用合作联社明安信用社
地址：内蒙古自治区包头市白云鄂博矿区矿山路禾太景苑Ｓ５栋７号
…………Tel：0472-8515519

中国农业银行股份有限公司乌海分行
地址：内蒙古自治区乌海市海勃湾区滨河创业路 8号
…………Tel：0473-3956123

中国工商银行股份有限公司乌海分行
地址：内蒙古自治区乌海市海勃湾区人民北路７７号
…………Tel：0473-2029990

中国银行股份有限公司乌海市新华东街支行
地址：内蒙古自治区乌海市海勃湾区新华东街
…………Tel：0473-2028354

中国银行股份有限公司乌海市千里山东街支行
地址：内蒙古自治区乌海市海勃湾区新华东街北五街坊金田第二城小区3号楼8、9、10号商铺
…………Tel：0473-2037741

中国银行股份有限公司乌海市乌兰北路支行
地址：内蒙古自治区乌海市海勃湾区乌兰北路
…………Tel：0473-2028138

中国银行股份有限公司乌海市滨河支行
地址：内蒙古自治区乌海市海勃湾区四合木街北二街坊10号金田第一城小区9号楼6、7号商业楼
…………Tel：0473-2028145

中国银行股份有限公司乌海市人民南路支行
地址：内蒙古自治区乌海市海勃湾区人民南路
…………Tel：0473-2028080

中国银行股份有限公司乌海分行
地址：内蒙古自治区乌海市滨河新区中央商务区君正街路南、和谐路东
…………Tel：0473-2034066

中国银行股份有限公司乌海市沃野北路支行
地址：内蒙古自治区乌海市海勃湾区沃野北路18号14号商铺
…………Tel：0473-2041825

中国邮政储蓄银行股份有限公司乌海市分行
地址：内蒙古自治区乌海市海勃湾区海北大街１号
…………Tel：0473-2047550

中国建设银行股份有限公司乌海分行
地址：内蒙古自治区乌海市海勃湾区鄂尔多斯大街
…………Tel：0473-2306406

丰镇市农村信用联社股份有限公司
地址：乌兰察布市丰镇市新城区迎宾大街
…………Tel：0474-3582000

内蒙古察哈尔右翼前旗农村商业银行股份有限公司
地址：内蒙古自治区乌兰察布市察哈尔右翼前旗新区世纪路1号
…………Tel：0474-3912911

凉城县农村信用合作联社
地址：内蒙古自治区乌兰察布市凉城县鸿茅镇胜利街光明路南（建行东侧）
…………Tel：0474-4201269

卓资县农村信用合作联社
地址：卓资县卓资山镇希望街路南（职业中学南门对面）
…………Tel：0474-2232805

四子王旗农村信用合作联社乌兰花镇信用社
地址：乌兰花镇解放路
…………Tel：0474-5202216

四子王旗农村信用合作联社新华街分社
地址：乌兰华镇新华街
…………Tel：0474 5209081

四子王旗农村信用合作联社红格尔信用社
地址：红格尔苏木
…………Tel：0474-5381007

四子王旗农村信用合作联社巨巾号信用社
地址：内蒙古自治区乌兰察布市四子王旗巨巾号乡
…………Tel：0474-5541023

四子王旗农村信用合作联社西河子信用社
地址：西河子乡
…………Tel：0474-5571004

四子王旗农村信用合作联社大井坡信用社
地址：大井坡乡
…………Tel：0474-5531013

四子王旗农村信用合作联社江岸信用社
地址：江岸苏木
…………Tel：0474-5597058

四子王旗农村信用合作联社供济堂信用社
地址：供济堂乡
…………Tel：0474-5516028

四子王旗农村信用合作联社新建路分社
地址：内蒙古自治区乌兰察布市乌兰花镇新建路
…………Tel：0474-5203045

四子王旗农村信用合作联社文化街分社
地址：乌兰花镇文化街
…………Tel：0474-5202327

四子王旗农村信用合作联社太平庄信用社
地址：四子王旗东八号乡太平庄行政村
…………Tel：0474-5561117

四子王旗农村信用合作联社文化路分社
地址：乌兰花镇文化路
…………Tel：0474-5204023

四子王旗农村信用合作联社新华街信用社
地址：内蒙古自治区乌兰察布市四子王旗乌兰花统建西路
…………Tel：0474-5201233

四子王旗农村信用合作联社统建路分社
地址：乌兰花镇统建路
…………Tel：0474-5204745

四子王旗农村信用合作联社白音朝克图信用社
地址：内蒙古自治区乌兰察布市四子王旗白音朝克图苏木
…………Tel：0474-5501277

四子王旗农村信用合作联社东八号信用社
地址：东八号乡
…………Tel：0474-5589056

察哈尔右翼中旗农村信用合作联社
地址：内蒙古自治区乌兰察布市察哈尔右翼中旗科布尔镇镶兰大街北侧
…………Tel：0474-5909012

察哈尔右翼后旗农村信用联社股份有限公司
地址：乌兰察布市察哈尔右翼后旗白音察干镇新区广场东路
…………Tel：0474-6203422

商都县农村信用合作联社
地址：内蒙古自治区乌兰察布市商都县七台镇新安街10号
…………Tel：0474-6901921

兴和县农村信用合作联社
地址：内蒙古自治区乌兰察布市兴和县城关镇新区兴才街18号
…………Tel：0474-7201030

中国工商银行股份有限公司乌兰察布集宁支行
地址：内蒙古自治区乌兰察布市集宁恩和路２号
…………Tel：0474-8222375

中国邮政储蓄银行股份有限公司乌兰察布市分行
地址：乌兰察布市集宁新区纬一路盛世嘉华
…………Tel：0474-8261613

乌兰察布农村商业银行股份有限公司
地址：乌兰察布市集宁区解放路30号
…………Tel：0474-8271239

内蒙古银行股份有限公司乌兰察布分行
地址：内蒙古自治区乌兰察布市集宁区怀远大街５８号
…………Tel：0474-8306189

包商银行股份有限公司乌兰察布分行
地址：内蒙古自治区乌兰察布市集宁区新体路66号
…………Tel：0474-8308207

科尔沁左翼后旗农村信用合作联社
地址：内蒙古自治区通辽市科尔沁左翼后旗甘旗卡镇科尔沁大街东段北侧、法院东侧
…………Tel：0475-2272605

中国农业银行股份有限公司通辽科尔沁支行
地址：内蒙古自治区通辽市科尔沁区明仁大街136号
…………Tel：0475-2379225

科尔沁左翼中旗农村信用合作联社
地址：科左中旗保康镇科尔沁大街团结路
…………Tel：0475-3216414

通辽奈曼农村合作银行
地址：内蒙古自治区通辽市奈曼旗大沁他拉镇青山路中段
…………Tel：0475-4226889

内蒙古库伦农村商业银行股份有限公司
地址：内蒙古自治区通辽市库伦旗库伦镇新城区萨嘎格路东
…………Tel：0475-4912303

内蒙古开鲁农村商业银行股份有限公司
地址：内蒙古自治区通辽市开鲁县开鲁镇麦新路东侧、南内环路北侧
…………Tel：0475-6211522

内蒙古扎鲁特农村商业银行股份有限公司
地址：内蒙古自治区通辽市扎鲁特旗鲁北镇泰山街东段北侧
…………Tel：0475-7227595

中国建设银行股份有限公司通辽分行
地址：内蒙古自治区通辽市科尔沁区明仁大街922号
…………Tel：0475-8232640

中国农业银行股份有限公司通辽分行
地址：内蒙古通辽市科尔沁区建国路４０号
…………Tel：0475-8261570

中国邮政储蓄银行股份有限公司通辽市分行
地址：内蒙古自治区通辽市科尔沁区永清大街与和平路交汇处（永02464幢5-9层）
…………Tel：0475-8312407

喀喇沁旗农村信用合作联社
地址：内蒙古自治区赤峰市喀喇沁旗锦山镇河北东区锦山大街71号
…………Tel：0476-3756377

中国农业银行股份有限公司宁城县支行
地址：内蒙古宁城县天义镇长青路北段东侧金融街北（腾远商业综合楼1#1-101室）
…………Tel：0476-4223292

内蒙古敖汉农村商业银行股份有限公司
地址：内蒙古自治区赤峰市敖汉旗新惠镇河东新区新惠路与新州街交汇处
…………Tel：0476-4320568

内蒙古克什克腾农村商业银行股份有限公司
地址：内蒙古赤峰市克什克腾旗经棚镇新城区应昌路东，经十街南
…………Tel：0476-5262066

内蒙古林西农村商业银行股份有限公司
地址：林西县林西镇铜都大街西段
…………Tel：0476-5555020

巴林右旗农村信用合作联社
地址：赤峰市巴林右旗大板镇巴林路北段

东侧（北出口）
……………………Tel：0476-6223072
内蒙古翁牛特农村商业银行股份有限公司
地址：内蒙古自治区赤峰市翁牛特旗乌丹镇全宁街道办事处古城街西段路北590号
……………………Tel：0476-6328024
内蒙古阿鲁科尔沁农村商业银行股份有限公司
地址：内蒙古自治区赤峰市阿鲁科尔沁旗天山镇天元大街北学苑路西
……………………Tel：0476-7222893
中国建设银行股份有限公司赤峰分行
地址：内蒙古自治区赤峰市红山区昭乌达路中段
……………………Tel：0476-8347513
赤峰市红山区农村信用合作联社
地址：内蒙古自治区赤峰市新城区锦山路西临潢大街北
……………………Tel：0476-8357473
准格尔旗农村信用合作联社准格尔召信用社
地址：内蒙古自治区鄂尔多斯市准格尔旗准格尔召镇
……………………Tel：0477-4928894
准格尔旗农村信用合作联社工业园区分社
地址：内蒙古自治区鄂尔多斯市准格尔旗沙圪堵镇民乐新村社区办公楼B区一楼
……………………Tel：0477-4928894
乌海银行股份有限公司鄂尔多斯分行
地址：内蒙古自治区鄂尔多斯市康巴什区鄂尔多斯大街与民富路交汇处鼎晟金科凯城（3号楼）
……………………Tel：0477-3154876
包商银行股份有限公司鄂尔多斯分行
地址：内蒙古自治区鄂尔多斯市东胜区东环路7号街坊宏源一品商住楼
……………………Tel：0477-3846626
准格尔旗农村信用合作联社弓家塔分社
地址：准格尔旗兴隆街道镇小学斜对面1幢2号楼1层
……………………Tel：0477-4928894
新华人寿保险股份有限公司鄂尔多斯中心支公司
地址：内蒙古自治区鄂尔多斯市东胜区迎宾路双骏金融大厦15层、16层
……………………Tel：0477-3991700
准格尔煤田农村信用合作联社
地址：内蒙古自治区鄂尔多斯市准格尔旗迎泽街道桃园胜景17号楼
……………………Tel：0477-4213821
中国建设银行股份有限公司准格尔分行
地址：内蒙古自治区鄂尔多斯市准旗薛家湾镇水晶路
……………………Tel：0477-4226913
准格尔旗农村信用合作联社西营子信用社
地址：内蒙古自治区鄂尔多斯市准格尔旗纳日松镇哈扎汉梁营业厅
……………………Tel：0477-4928894
准格尔旗农村信用合作联社纳日松信用社
地址：内蒙古自治区鄂尔多斯市准格尔旗纳日松镇
……………………Tel：0477-4630027
准格尔旗农村信用合作联社魏家峁信用社
地址：准格尔旗龙口镇魏家峁村
……………………Tel：0477-4672007
准格尔旗农村信用合作联社长滩信用社
地址：内蒙古自治区鄂尔多斯市准旗薛家湾镇长滩村
……………………Tel：0477-4928894
准格尔旗农村信用合作联社十二连城信用社
地址：内蒙古自治区鄂尔多斯市准旗十二连城乡
……………………Tel：0477-4720125
准格尔旗农村信用合作联社头道街分社
地址：内蒙古鄂尔多斯市准格尔旗沙圪堵镇八一路公园街畜牧局南
……………………Tel：0477-4928894
准格尔旗农村信用合作联社海子塔信用社
地址：内蒙古自治区鄂尔多斯市准旗薛家湾镇海子塔村
……………………Tel：0477-4928894
准格尔旗农村信用合作联社金鑫分社
地址：内蒙古自治区鄂尔多斯市准格尔旗大路工业园区恒泰商务宾馆5号底商
……………………Tel：0477-4791050
准格尔旗农村信用合作联社布尔陶亥信用社
地址：内蒙古自治区鄂尔多斯市准格尔旗布尔陶亥苏木
……………………Tel：0477-4928894
准格尔旗农村信用合作联社纳林信用社
地址：内蒙古自治区鄂尔多斯市准格尔旗纳林村纳林街
……………………Tel：0477-4928894
准格尔旗农村信用合作联社龙口信用社
地址：内蒙古自治区鄂尔多斯市准格尔旗龙口镇
……………………Tel：0477-4928894
准格尔旗农村信用合作联社沙圪堵信用社
地址：内蒙古鄂尔多斯市准格尔旗沙圪堵镇八一北路原汽车站对面
……………………Tel：0477-4928894
准格尔旗农村信用合作联社准格尔信用社
地址：内蒙古自治区鄂尔多斯市准格尔旗沙圪堵镇准格尔北路1B幢109号
……………………Tel：0477-4851738
准格尔旗农村信用合作联社
地址：内蒙古自治区鄂尔多斯市准格尔旗准格尔经济开发区三马路
……………………Tel：0477-4928894
准格尔旗农村信用合作联社八一路分社
地址：内蒙古鄂尔多斯市准格尔旗沙圪堵镇一中旁
……………………Tel：0477-4928894
准格尔旗农村信用合作联社暖水信用社
地址：内蒙古自治区鄂尔多斯市准格尔旗暖水乡
……………………Tel：0477-4928894
准格尔旗农村信用合作联社兴融分社
地址：内蒙古自治区鄂尔多斯市准格尔旗薛家湾镇准格尔西路鼎泰公司综合楼3号楼1层
……………………Tel：0477-4928894
准格尔旗农村信用合作联社育才街二分社
地址：内蒙古自治区鄂尔多斯市准格尔旗沙圪堵发展新区民达商场底商
……………………Tel：0477-4928894
中国工商银行股份有限公司鄂尔多斯分行
地址：鄂尔多斯市伊金霍洛旗阿勒腾席热镇文明路北纵八路西兴泰鄂尔多斯中心商务广场B区T4楼
……………………Tel：0477-5106277
交通银行股份有限公司鄂尔多斯分行
地址：内蒙古自治区鄂尔多斯市东胜区天骄北路万博广场
……………………Tel：0477-5119335
达拉特旗农村信用合作联社
地址：内蒙古自治区鄂尔多斯市达拉特旗树林召镇平原大街（金鹏路西，经二路东，纬三街南）
……………………Tel：0477-5180008
内蒙古鄂托克农村商业银行股份有限公司
地址：内蒙古自治区鄂尔多斯市鄂托克旗乌兰镇三居委阿尔巴斯街西西鄂尔多斯路南
……………………Tel：0477-6212294
杭锦旗农村信用合作联社
地址：内蒙古自治区鄂尔多斯市杭锦旗锡尼镇阿斯尔大街
……………………Tel：0477-6623409
乌审旗农村信用合作联社
地址：内蒙古自治区鄂尔多斯市乌审旗嘎鲁图镇人民路
……………………Tel：0477-7583011
内蒙古鄂托克前旗农村商业银行股份有限公司
地址：内蒙古自治区鄂尔多斯市鄂托克前旗敖勒召其镇查干陶勒盖西街
……………………Tel：0477-7623239
准格尔旗农村信用合作联社神山信用社
地址：内蒙古自治区鄂尔多斯市准格尔旗神山镇黄天棉图村
……………………Tel：0477-8121145
中国邮政储蓄银行股份有限公司鄂尔多斯市分行
地址：内蒙古鄂尔多斯市东胜区迎宾路东鄂托克西街
……………………Tel：0477-8183011
中国银行股份有限公司鄂尔多斯市分行
地址：内蒙古自治区鄂尔多斯市东胜区伊金霍洛西街２９号
……………………Tel：0477-8369682
内蒙古伊金霍洛农村商业银行股份有限公司
地址：鄂尔多斯市伊金霍洛旗霞光街东，广场路南，通格朗街西7号楼（富凯·康馨苑））
……………………Tel：0477-8689291
伊金霍洛旗矿区农村信用合作联社
地址：伊旗乌兰木伦镇上湾小区
……………………Tel：0477-8929512
磴口县农村信用合作联社
地址：磴口县巴彦高勒镇贺兰路西振兴街北交汇处
……………………Tel：0478-4210971
乌拉特后旗农村信用合作联社
地址：乌拉特后旗巴音镇赛乌素路
……………………Tel：0478-4665162
内蒙古五原农村商业银行股份有限公司
地址：内蒙古巴彦淖尔市五原县隆兴昌镇兴原南路88号
……………………Tel：0478-5214880
中国农业银行股份有限公司巴彦淖尔八一街支行
地址：内蒙古巴彦淖尔市临河区河套大街（原八一街中段）
……………………Tel：0478-7805618
中国农业银行股份有限公司巴彦淖尔临河支行
地址：内蒙古自治区巴彦淖尔市临河区庆丰西街
……………………Tel：0478-7805969
中国邮政储蓄银行股份有限公司巴彦淖尔市分行
地址：内蒙古自治区巴彦淖尔市临河区新华东街22号
……………………Tel：0478-7809144
中国建设银行股份有限公司巴彦淖尔分行
地址：内蒙古巴彦淖尔市临河区新华西街10号
……………………Tel：0478-7866512
中国农业银行股份有限公司巴彦淖尔新华街支行
地址：内蒙古自治区巴彦淖尔市临河区金川大道西江南华府C16号
……………………Tel：0478-7998215
中国农业银行股份有限公司巴彦淖尔分行
地址：内蒙古自治区巴彦淖尔市临河区新华东街２０＃
……………………Tel：0478-8290910
包商银行股份有限公司巴彦淖尔分行
地址：内蒙古巴彦淖尔市临河区胜利北路1号华澳附楼
……………………Tel：0478-8738351
内蒙古阿巴嘎农村商业银行股份有限公司
地址：内蒙古自治区锡林郭勒盟阿巴嘎旗别力古台镇宝格都乌拉西街北侧
……………………Tel：0479-2306911
东乌珠穆沁旗农村信用合作联社
地址：内蒙古自治区锡林郭勒盟乌镇阿拉坦合力西街1号
……………………Tel：0479-3228193
内蒙古西乌珠穆沁农村商业银行股份有限公司
地址：西乌珠穆沁旗巴拉嘎尔高勒镇罕乌拉街
……………………Tel：0479-3528617
多伦县农村信用合作联社
地址：内蒙古自治区锡林郭勒盟多伦县诺尔镇公安局西侧
……………………Tel：0479-4529092
苏尼特右旗农村信用合作联社
地址：内蒙古自治区锡林郭勒盟苏尼特右旗赛汉塔拉镇新区
……………………Tel：0479-7210795
二连浩特农村合作银行
地址：内蒙古自治区锡林郭勒盟二连浩特市成吉思汗大街0568号
……………………Tel：0479-7528041
中国农业发展银行锡林郭勒盟分行
地址：内蒙古自治区锡林郭勒盟锡林浩特市团结大街24号
……………………Tel：0479-8114105
锡林浩特农村合作银行
地址：内蒙古自治区锡林郭勒盟锡林浩特市开发区多伦路
……………………Tel：0479-8262078
中国邮政储蓄银行股份有限公司锡林郭勒盟分行
地址：内蒙古自治区锡林郭勒盟锡林浩特市巴办塔林社区永旺广场B座
……………………Tel：0479-8278683
中国建设银行股份有限公司兴安分行
地址：内蒙古自治区兴安盟乌兰浩特市兴安南路21号
……………………Tel：0482-8378162
科尔沁右翼中旗农村信用合作联社
地址：内蒙古自治区兴安盟科尔沁右翼中旗巴彦呼舒镇
……………………Tel：0482-4128152
突泉县农村信用合作联社
地址：突泉县突泉镇盛大家园东北角
……………………Tel：0482-5121117
扎赉特旗农村信用合作联社
地址：内蒙古自治区兴安盟扎赉特旗音德尔镇源龙路北侧
……………………Tel：0482-6129513
内蒙古阿尔山农村商业银行股份有限公司
地址：内蒙古自治区兴安盟阿尔山市温泉南路14号
……………………Tel：0482-7123599
中国农业银行股份有限公司乌兰浩特市支行
地址：内蒙古自治区兴安盟乌兰浩特市兴安街五一北大路16号
……………………Tel：0482-8222165
中国邮政储蓄银行股份有限公司兴安盟分行
地址：内蒙古自治区兴安盟乌兰浩特市矿泉中街16号
……………………Tel：0482-8238057
包商银行股份有限公司兴安盟分行
地址：内蒙古自治区兴安盟乌兰浩特市五一南大路20号
……………………Tel：0482-8326039
乌兰浩特市农村信用合作联社
地址：内蒙古自治区兴安盟乌兰浩特市都林西街127号
……………………Tel：0482-8378220
中国农业银行股份有限公司阿拉善分行
地址：内蒙古自治区阿拉善盟阿拉善左旗巴彦浩特镇额鲁特东路
……………………Tel：0483-8333279
阿拉善农村商业银行股份有限公司
地址：内蒙古自治区阿拉善盟阿拉善左旗巴彦浩特镇雅布赖东路.
……………………Tel：0483-8344911
中国工商银行股份有限公司阿拉善盟分行
地址：内蒙古自治区阿拉善盟阿拉善左旗巴彦浩特镇额鲁特东路5号（转盘东侧200米）
……………………Tel：0483-8356005

辽宁省

大连银行股份有限公司沈阳分行
地址：辽宁省沈阳市沈河区北站路77-1号1门
……………………Tel：024-22517111
中国建设银行股份有限公司沈阳铁路支行
地址：和平区南京北街99号
……………………Tel：024-22826633
中国农业银行股份有限公司辽宁省分行
地址：沈阳市沈河区青年北大街27号
……………………Tel：024-22550004
中国建设银行股份有限公司沈阳中山支行
地址：沈阳市和平区中山路176号
……………………Tel：024-22787372
中国建设银行股份有限公司沈阳大东支行
地址：大东区东顺城街113号
……………………Tel：024-22787878
麦高证券有限责任公司
地址：沈阳市沈河区热闹路49号（2-5 D-K 1-3 A-K 3-5 D-K）
……………………Tel：024-22955422
朝阳银行股份有限公司沈阳分行
地址：沈阳市和平区南五马路183甲-1号（183甲-1-1 1、2、3层）、183甲（183甲-2、-3、-5、-6）
……………………Tel：024-22987978
中天证券股份有限公司
地址：沈阳市和平区光荣街23甲
……………………Tel：024-23255256
中国建设银行股份有限公司沈阳和平支行
地址：沈阳市和平区太原北街１７号
……………………Tel：024-23408300
中国建设银行股份有限公司沈阳浑南支行
地址：沈阳市浑南区新隆街18-1号
……………………Tel：024-23874390
中国建设银行股份有限公司沈阳铁西支行
地址：铁西区兴华南街１０号
……………………Tel：024-25858809
哈尔滨银行股份有限公司沈阳分行
地址：沈阳市和平区市府大路200甲3号
……………………Tel：024-31077313
浙商银行股份有限公司沈阳分行
地址：沈阳市沈河区市府大路467号
……………………Tel：024-31259003
东亚银行（中国）有限公司沈阳分行
地址：沈阳市沈河区北站路59号财富中心E座地上一层至四层
……………………Tel：024-31280300
吉林银行股份有限公司沈阳分行
地址：辽宁省沈阳市沈河区友好街3-1号
……………………Tel：024-31290120
辽宁振兴银行股份有限公司
地址：辽宁省沈阳市沈河区北站路61号
……………………Tel：024-31851600
深圳市佰仟金融服务有限公司沈阳分公司
地址：沈阳市沈河区友好街10号（1603室）
……………………Tel：024-31871601
平安银行股份有限公司沈阳分行
地址：沈阳市和平区南京北街163甲1
……………………Tel：024-31963618
锦州银行股份有限公司沈阳分行
地址：沈阳市沈河区北站路18号
……………………Tel：024-31976079
中国邮政储蓄银行股份有限公司本溪市

分行
地址：辽宁省本溪市明山区地工路12-16A栋1门
……Tel：024-42809510

信达证券股份有限公司本溪市府南街证券营业部
地址：本溪市平山区市府南路18号
……Tel：024-42847275

本溪市市区农村信用合作联社
地址：本溪市明山区解放北路49号
……Tel：024-42869511

盛京银行股份有限公司本溪分行
地址：本溪市平山区东明路4号（平山区中心街）
……Tel：024-43106888

辽宁本溪南芬农村商业银行股份有限公司
地址：辽宁省本溪市南芬区站前北街1栋
……Tel：024-43835668

辽宁沈本农村商业银行股份有限公司
地址：辽宁省本溪市本溪满族自治县小市镇育才街20号
……Tel：024-46812109

交通银行股份有限公司抚顺分行
地址：抚顺市新抚区西一路２号1
……Tel：024-52861805

抚顺银行股份有限公司望融支行
地址：望花区雷锋路东段19号
……Tel：024-53817360

锦州银行股份有限公司抚顺分行
地址：抚顺市顺城区新华大街13号
……Tel：024-53837831

抚顺市顺城区农村信用合作联社
地址：抚顺市顺城区新华大街4号
……Tel：024-53886366

辽宁新宾农村商业银行股份有限公司
地址：辽宁省抚顺新宾满族自治县新宾镇兴京街21号
……Tel：024-55031012

中国农业银行股份有限公司沈阳皇姑支行
地址：沈阳市皇姑区长江街２９号
……Tel：024-66882558

中国农业银行股份有限公司沈阳沈北新区支行
地址：沈阳市沈北新区中央路27号
……Tel：024-66882729

中国农业银行股份有限公司法库县支行
地址：辽宁省沈阳市法库县法库镇兴法路24号
……Tel：024-66883355

中国农业银行股份有限公司沈阳滨河支行
地址：沈阳市和平区西滨河路２４号
……Tel：024-66883949

铁岭市清河区农村信用合作联社
地址：辽宁省铁岭市清河区清河路59号
……Tel：024-72182819

铁岭县农村信用合作联社
地址：铁岭市银州区南环路26号
……Tel：024-72611193

中国建设银行股份有限公司沈阳皇姑支行
地址：沈阳市皇姑区岐山中路５２号
……Tel：024-86269071

中国建设银行股份有限公司沈阳北站开发区支行
地址：沈阳市沈河区惠工街167甲1-2
……Tel：024-88524329

中国建设银行股份有限公司沈阳沈北新区支行
地址：沈阳市沈北新区道义北大街53-66号17门
……Tel：024-89602238

调兵山市农村信用合作联社
地址：辽宁省铁岭市调兵山市新区中央大街人民路2号
……Tel：0410-76898717

阜新银行股份有限公司大连分行
地址：辽宁省大连市沙河口区会展路99号
……Tel：0411-39571969

哈尔滨银行股份有限公司大连甘井子支行
地址：辽宁省大连市甘井子区中华西路33号（华南广场中林大厦-北府花园C区1号）
……Tel：0411-39576870

大通证券股份有限公司
地址：辽宁省大连市沙河口区体坛路22号诺德大厦11层、12层
……Tel：0411-39673333

花旗银行（中国）有限公司大连分行
地址：辽宁省大连市中山区港兴路6号大连富力中心写字楼裙楼底商，18层12、01-03单元
……Tel：0411-39763976

吉林银行股份有限公司大连分行
地址：辽宁省大连市中山区延安路9号20层A、B、C、D、E号21层C号
……Tel：0411-39903776

营口银行股份有限公司大连分行
地址：辽宁省大连市中山区中山路33号
……Tel：0411-82206818

中国银行股份有限公司大连中山支行
地址：辽宁省大连市中山区延安路9-1号1-4层
……Tel：0411-82585756

中国工商银行股份有限公司大连友好广场支行
地址：辽宁省大连市中山区玉光街６１号
……Tel：0411-82696769

东亚银行（中国）有限公司大连分行
地址：辽宁省大连市中山区人民路7号
……Tel：0411-82808222

国家开发银行大连市分行
地址：辽宁省大连市中山区人民路15、17号
……Tel：0411-82810918

锦州银行股份有限公司大连分行
地址：辽宁省大连市中山区人民路23号
……Tel：0411-82841101

中国工商银行股份有限公司大连普兰店支行
地址：辽宁省大连市普兰店区商业大街143号
……Tel：0411-83113731

瑞穗银行（中国）有限公司大连分行
地址：辽宁省大连市西岗区中山路147号森茂大厦23层(2303A)、24层—A
……Tel：0411-83602543

三菱日联银行（中国）有限公司大连分行
地址：辽宁省大连市西岗区中山路147号森茂大厦11楼
……Tel：0411-83606000

中国工商银行股份有限公司大连沙河口支行
地址：辽宁省大连市沙河口区成仁街１号
……Tel：0411-84601879

中国银行股份有限公司大连沙河口支行
地址：辽宁省大连市沙河口区东北路７３号
……Tel：0411-84647488

中国农业银行股份有限公司大连瓦房店支行
地址：辽宁省瓦房店市新华路五号
……Tel：0411-85603635

哈尔滨银行股份有限公司大连瓦房店支行
地址：辽宁省瓦房店市铁东办事处水果街18-20幢15至22号网点
……Tel：0411-85617802

中国银行股份有限公司大连金普新区分行
地址：辽宁省大连经济技术开发区金马路158号
……Tel：0411-87612593

兴业银行股份有限公司大连分行
地址：辽宁省大连市中山区一德街85A号汇邦中心
……Tel：0411-88007087

中国建设银行股份有限公司大连沙河口支行
地址：辽宁省大连市沙河口区五四广场15号
……Tel：0411-88068882

渤海银行股份有限公司大连分行
地址：辽宁省大连市中山区延安路9号
……Tel：0411-88128702

中国银行股份有限公司大连东港支行
地址：辽宁省大连市中山区兴和街100号3-1及中山区港湾街3A、3B、3C号
……Tel：0411-88133079

大连银行股份有限公司金普新区支行
地址：辽宁省大连经济技术开发区益海园1栋4号、5号、6号、7号
……Tel：0411-88167070

中国农业银行股份有限公司大连庄河支行
地址：辽宁省庄河市城关街道水仙委新华路南段43号
……Tel：0411-89712304

中国银行股份有限公司大连庄河支行
地址：辽宁省庄河市城关街道财政委海云天14#
……Tel：0411-89727707

中国农业银行股份有限公司台安县支行
地址：辽宁省鞍山市台安县台安镇光明街
……Tel：0412-2029426

中信银行股份有限公司鞍山分行
地址：辽宁省鞍山市铁东区二一九路36号
……Tel：0412-2230815

中国农业银行股份有限公司鞍山分行
地址：辽宁省鞍山市铁东区胜利南路86号
……Tel：0412-2903246

台安县农村信用合作联社
地址：台安县台安镇繁荣街北段路西
……Tel：0412-4834341

营口银行股份有限公司鞍山分行
地址：辽宁省鞍山市铁东区胜利南路47号1-4层
……Tel：0412-5591215

盛京银行股份有限公司鞍山分行
地址：辽宁省鞍山市铁东区湖南街5甲
……Tel：0412-5939998

中国建设银行股份有限公司鞍山胜利支行
地址：辽宁省鞍山市铁东区胜利南路85号
……Tel：0412-6342233

中国农业银行股份有限公司鞍山铁东支行
地址：辽宁省鞍山市铁东区鞍钢花园甲5-3号
……Tel：0412-6513998

中国农业银行股份有限公司鞍山千山支行
地址：辽宁省鞍山市铁东区建国大道1051号
……Tel：0412-6518186

中国建设银行股份有限公司鞍山兴盛支行
地址：鞍山市铁西区人民路230号江翔家园小区X12-X13
……Tel：0412-8418195

方正证券股份有限公司鞍山人民路证券营业部
地址：鞍山市铁西区三道街人民路23号
……Tel：0412-8529888

交通银行股份有限公司丹东分行
地址：振兴区锦山大街117号
……Tel：0415-2125736

锦州银行股份有限公司丹东分行
地址：丹东市元宝区锦山大街111号
……Tel：0415-3990900

锦州银行股份有限公司宽甸支行
地址：宽甸满族自治县宽甸镇中心路241号
……Tel：0415-5123918

丹东银行股份有限公司东港支行
地址：东港市东港路78号
……Tel：0415-7182115

锦州银行股份有限公司凤城支行
地址：凤城市凤凰城管理区石桥路37号
……Tel：0415-8122690

中国农业银行股份有限公司凤城市支行
地址：凤城市龙源路41号
……Tel：0415-8123941

锦州银行股份有限公司永丰支行
地址：古塔区解放路三段１２－１２３号
……Tel：0416-2121369

中国工商银行股份有限公司锦州凌河支行
地址：凌河区解放路五段24甲号
……Tel：0416-2815663

中国银行股份有限公司锦州分行
地址：辽宁省锦州市凌河区解放路五段２５甲
……Tel：0416-3126217

锦州银行股份有限公司凌云支行
地址：锦州市凌河区中央大街二段27-2号
……Tel：0416-3126248

交通银行股份有限公司锦州分行
地址：凌河区云飞街二段４２号
……Tel：0416-3136978

营口银行股份有限公司营口分行
地址：站前区金牛山大街西8号
……Tel：0417-2808791

交通银行股份有限公司营口分行
地址：辽宁省营口市站前区渤海大街西21号
……Tel：0417-2837764

营口银行股份有限公司小企业金融服务中心
地址：营口市西市区渤海大街西97号
……Tel：0417-3556066

中国建设银行股份有限公司大石桥星火支行
地址：辽宁省营口大石桥市营大路6号（国际中心）
……Tel：0417-5612960

营口融生农村商业银行股份有限公司
地址：辽宁省营口市鲅鱼圈区昆仑大街
……Tel：0417-6245775

中国银行股份有限公司营口经济技术开发区支行
地址：辽宁省营口市鲅鱼圈区昆仑大街富春江路
……Tel：0417-6251710

大连银行股份有限公司营口分行
地址：营口市西市区渤海大街西32号
……Tel：0417-6657800

中国农业银行股份有限公司营口开发区支行
地址：营口经济技术开发区昆仑大街
……Tel：0417-6872605

中国农业银行股份有限公司辽阳县新世纪支行
地址：辽阳县首山镇科研路
……Tel：0419-7171398

中国农业银行股份有限公司灯塔市支行
地址：灯塔市烟台街道光明路
……Tel：0419-8533999

锦州银行股份有限公司朝阳分行
地址：辽宁省朝阳市双塔区新华路二段5号
……Tel：0421-2799013

中国农业银行股份有限公司朝阳分行
地址：辽宁省朝阳市双塔区朝阳大街二段43号
……Tel：0421-2800938

中国农业银行股份有限公司朝阳北塔支行
地址：辽宁省朝阳市双塔区长江路三段55号
……Tel：0421-2813452

中国农业银行股份有限公司朝阳龙城支行
地址：辽宁省朝阳市双塔区五一街二段1号
……Tel：0421-2817872

中国银行股份有限公司朝阳分行
地址：朝阳市双塔区新华路二段45号
……Tel：0421-2859586

中国建设银行股份有限公司朝阳分行
地址：朝阳市双塔区朝阳大街四段52号
……Tel：0421-2911424

中国邮政储蓄银行股份有限公司朝阳市分行
地址：朝阳市双塔区友谊大街四段94号
……Tel：0421-2970010

中国农业银行股份有限公司朝阳县支行
地址：辽宁省朝阳市双塔区龙山街四段56号
……Tel：0421-3865068

中国农业银行股份有限公司北票市支行
地址：辽宁省北票市南山街二段2号
……Tel：0421-5822459

朝阳银行股份有限公司凌源支行
地址：凌源市南大街118号
……Tel：0421-6823010

中国邮政储蓄银行股份有限公司建平县榆树林子营业所
地址：辽宁省朝阳市建平县榆树林子镇
……Tel：0421-7501666

中国邮政储蓄银行股份有限公司建平县喀喇沁营业所
地址：辽宁省朝阳市建平县喀喇沁镇本街（富丽家园一期）02幢1单元01014、01024、01015、01025室
……Tel：0421-5229506

中国邮政储蓄银行股份有限公司建平县黑水营业所
地址：建平县黑水镇（黑水邮政支局）
……Tel：0421-7711433

中国邮政储蓄银行股份有限公司建平县八家农场营业所
地址：辽宁省朝阳市建平县国营八家农场本街
……Tel：0421-7741199

中国农业银行股份有限公司建平县支行
地址：辽宁省建平县红山街道万寿路63号
……Tel：0421-7828353

中国邮政储蓄银行股份有限公司建平县万寿营业所
地址：建平县101国道万寿北路（万寿邮政支局）
……Tel：0421-7847677

中国邮政储蓄银行股份有限公司盘锦市分行
地址：辽宁省盘锦市兴隆台区泰山路127号
……Tel：0427-2660007

中国农业银行股份有限公司盘锦辽河支行
地址：辽宁省盘锦市兴隆台区石油大街152号
……Tel：0427-2662568

盘锦市兴隆台区农村信用合作联社八里信用社
地址：盘锦市兴隆台区园丁新村10#
……Tel：0427-6666633

盛京银行股份有限公司盘锦分行
地址：盘锦市兴隆台区兴隆台街136号
……Tel：0427-3290999

盘山县农村信用合作联社
地址：辽宁省盘锦市盘山县太平镇贾家村府前大街20号
……Tel：0427-3302672

辽宁大洼农村商业银行股份有限公司
地址：辽宁省盘锦市大洼区大洼街道新华街8号
……Tel：0427-6856279

中国农业银行股份有限公司盘锦大洼支行
地址：辽宁省盘锦市大洼区大洼街道办事处泰山路33号
……Tel：0427-6863205

阜新银行股份有限公司葫芦岛分行
地址：辽宁省葫芦岛市龙港区龙湾大街182号楼E室
……Tel：0429-2916888

大通证券股份有限公司葫芦岛新华大街证券营业部
地址：辽宁省葫芦岛市连山区新华大街1号楼J、K
……Tel：0429-2611666

中国农业银行股份有限公司葫芦岛杨家杖子支行

地址：葫芦岛杨家杖子经济开发区毛祁街道毛祁屯社区邻葫六线二层办公楼
……Tel：0429-2636344

中国工商银行股份有限公司葫芦岛滨海支行
地址：葫芦岛市连山区滨海路四号
……Tel：0429-2801451

中信银行股份有限公司葫芦岛分行
地址：辽宁省葫芦岛市连山区新华大街50号
……Tel：0429-2808180

盛京银行股份有限公司葫芦岛分行
地址：辽宁省葫芦岛市龙港区龙湾大街145号楼L、楼B
……Tel：0429-3023015

葫芦岛银行股份有限公司城区支行
地址：辽宁省葫芦岛市龙港区龙湾大街33号
……Tel：0429-3103667

中国农业银行股份有限公司葫芦岛分行
地址：辽宁省葫芦岛市龙港区龙湾大街11号
……Tel：0429-3112819

葫芦岛农村商业银行股份有限公司龙程支行
地址：葫芦岛市龙港区龙湾街龙程花苑11＃
……Tel：0429-3186399

中国邮政储蓄银行股份有限公司兴城市支行
地址：辽宁省葫芦岛市兴城市温泉街道临河大街20-4号楼F
……Tel：0429-5133091

中国农业银行股份有限公司兴城市支行
地址：辽宁省兴城市温泉办事处兴海北街2号
……Tel：0429-5159414

葫芦岛银行股份有限公司绥中支行
地址：绥中县绥中镇新兴街
……Tel：0429-6130308

中国农业银行股份有限公司建昌县支行
地址：建昌县建昌镇红旗街二段八号
……Tel：0429-7122637

吉林省

吉林大安农村商业银行股份有限公司
地址：大安市育才路2号
……Tel：0346-5209636

中国农业银行股份有限公司长春朝阳支行
地址：朝阳区安达街567号
……Tel：0431-80772575

中国农业银行股份有限公司长春宽城支行
地址：宽城区胜利大街176号
……Tel：0431-80772716

中国农业银行股份有限公司长春珠海路分理处
地址：经济开发区临河街4768号
……Tel：0431-80773027

中国农业银行股份有限公司长春虹馆支行
地址：长春市南关区东岭南街3219号
……Tel：0431-80773030

中国农业银行股份有限公司长春高格支行
地址：长春市二道区临河街1299号
……Tel：0431-80773036

中国农业银行股份有限公司长春临河分理处
地址：二道区临河街2396号
……Tel：0431-80773042

中国建设银行股份有限公司长春第一汽车集团公司支行
地址：绿园区东风大街3622号
……Tel：0431-80837412

中国建设银行股份有限公司长春大经路支行
地址：南关区大经路165号
……Tel：0431-80837676

中国建设银行股份有限公司长春经济技术开发区支行
地址：经济开发区自由大路4988号
……Tel：0431-80837810

中国建设银行股份有限公司长春人民广场支行
地址：长春市南关区人民大街2218号
……Tel：0431-80838331

太平人寿保险有限公司长春中心支公司
地址：吉林省长春市朝阳区西安大路1688号太平金融大厦2-5层、7层701-702室、12层1206-1208室、1210-1212室、19层、20层
……Tel：0431-81621226

长春经开融丰村镇银行股份有限公司
地址：经济开发区中海紫御华府小区22栋0单元106-107号
……Tel：0431-81805516

一汽财务有限公司
地址：长春市净月高新技术产业开发区生态大街3688号
……Tel：0431-81861521

吉林亿联银行股份有限公司
地址：吉林省长春市南关区人民大街10606号东北亚国际金融中心一期北楼
……Tel：0431-81888200

中信银行股份有限公司长春分行
地址：长春市长春大街1177号
……Tel：0431-81910011

阳光人寿保险股份有限公司吉林分公司
地址：吉林省长春市人民大街3518号长春国际金融中心B座19-20层
……Tel：0431-81919061

华夏银行股份有限公司长春分行
地址：长春市南关区人民大街4888号
……Tel：0431-81957678

东方汇金期货有限公司
地址：吉林省长春市朝阳区西安大路2128号绿地·蓝海5A第2020、2021、2022、2023、2025、2026、2027、2028室
……Tel：0431-81960818

中国邮政储蓄银行股份有限公司长春市分行
地址：吉林省长春市宽城区人民大街500号
……Tel：0431-82005109

中国农业银行股份有限公司长春双阳支行
地址：西双阳大街399号
……Tel：0431-84223269

吉林双阳农村商业银行股份有限公司
地址：吉林省长春市双阳区甲一路与长山路交汇处鼎鹿广场南侧
……Tel：0431-84232069

中国农业银行股份有限公司长春曙光支行
地址：经济开发区海口路288号
……Tel：0431-84641162

中国农业银行股份有限公司长春富奥支行
地址：吉林省长春市净月开发区世光路1159号
……Tel：0431-84651617

中国农业银行股份有限公司长春二道支行
地址：二道区吉林大路1738号
……Tel：0431-84758265

中国工商银行股份有限公司长春二道支行
地址：二道区吉林大路1600号
……Tel：0431-84920628

中国工商银行股份有限公司长春净月旅游经济开发区支行
地址：吉林省长春市净月开发区生态大街2141号
……Tel：0431-84998110

国家开发银行吉林省分行
地址：长春市南湖大路399号
……Tel：0431-85279600

中国农业银行股份有限公司长春东南湖大路支行
地址：吉林省长春市南关区东南湖大路1188号
……Tel：0431-85286683

中国农业银行股份有限公司长春人民大街支行
地址：长春市朝阳区人民大街3919号
……Tel：0431-85643552

中国农业银行股份有限公司长春开发区支行
地址：长春市朝阳区建设街3000号
……Tel：0431-85658209

中国工商银行股份有限公司长春驻第一汽车集团公司支行
地址：汽车产业开发区东风大街3554号
……Tel：0431-85771161

中国农业银行股份有限公司长春绿园支行
地址：吉林省长春市绿园区景阳大路3333号明翰国际205号、211号、118号、117号、122号、120号、121号、215号、210号、216号、116号、119号
……Tel：0431-87613178

上海浦东发展银行股份有限公司长春分行
地址：长春市南关区人民大街3518号
……Tel：0431-88591666

深圳市佰仟金融服务有限公司长春分公司
地址：长春市南关区亚泰大街3218号通钢国际大厦B座6楼602
……Tel：0431-88625711

吉林银行股份有限公司长春卫星支行
地址：长春市南关区人民大街8777号吉林担保大厦北侧1-4层
……Tel：0431-88789663

吉林银行股份有限公司长春振兴支行
地址：长春市南关区繁荣东路166号
……Tel：0431-88789663

中国农业银行股份有限公司长春人民广场支行
地址：朝阳区西安大路243号
……Tel：0431-80773197

中国工商银行股份有限公司长春人民广场支行
地址：朝阳区人民大街2303号
……Tel：0431-88947053

中国农业银行股份有限公司长春春城支行
地址：朝阳区建设街845号
……Tel：0431-80772825

吉林九台农村商业银行股份有限公司长春分行
地址：吉林省长春市高新产业技术开发区蔚山路2559号
……Tel：0431-89250666

中国农业银行股份有限公司长春南关支行
地址：南关区解放大路1562号
……Tel：0431-89314917

吉林九台农村商业银行股份有限公司农安支行
地址：农安县宝安路凯德花园2号综合楼2/8-48
……Tel：0431-89725977

吉林银行股份有限公司吉林船营支行
地址：吉林省吉林市船营区雾凇西路1号中凯红星建材港37号办公楼
……Tel：0432-62102119

吉林永吉农村商业银行股份有限公司
地址：吉林省永吉县口前镇吉桦路925号
……Tel：0432-64236006

吉林九台农村商业银行股份有限公司永吉支行
地址：吉林省吉林市永吉县口前镇吉桦路1512号
……Tel：0432-64272566

中国邮政储蓄银行股份有限公司吉林市分行
地址：吉林大街75号
……Tel：0432-64578941

中国农业银行股份有限公司永吉县支行
地址：永吉县口前镇连山路40号
……Tel：0432-65021607

中国农业银行股份有限公司吉林市江北支行
地址：龙潭经济开发区湘潭街69号
……Tel：0432-65081260

吉林磐石农村商业银行股份有限公司
地址：吉林省磐石市振兴大街6号
……Tel：0432-65222115

中国农业银行股份有限公司磐石市支行
地址：磐石市宏声路262号
……Tel：0432-65251901

磐石吉银村镇银行股份有限公司
地址：磐石市振兴大街399号
……Tel：0432-65252705

中国农业银行股份有限公司桦甸市支行
地址：桦甸大街247号
……Tel：0432-63635898

吉林省百盛集团有限公司
地址：吉林市昌邑区长沙路2号3层
……Tel：0432-66608008

吉林舒兰农村商业银行股份有限公司
地址：舒兰市滨河大街2299号
……Tel：0432-68223479

中国农业银行股份有限公司吉林市江南支行
地址：江南大街60号
……Tel：0432-69936156

中国农业银行股份有限公司吉林市深中路支行
地址：吉林省吉林市高新开发区深中路966号紫金·江尚2号楼15幢0001004室-0001006室
……Tel：0432-69977209

延边农村商业银行股份有限公司延江支行
地址：延吉市环保嘉园
……Tel：0433-2712036

中国工商银行股份有限公司延吉光明支行
地址：延吉市光明街62号
……Tel：0433-2528842

交通银行股份有限公司延边分行
地址：延吉市光明街172号
……Tel：0433-2910563

吉林龙井农村商业银行股份有限公司
地址：吉林省延边州龙井市海兰路333号
……Tel：0433-2918797

延边农村商业银行股份有限公司龙井支行
地址：吉林省龙井市海兰路333号
……Tel：0433-3259505

延边农村商业银行股份有限公司图们支行
地址：图们市图们大路1180号
……Tel：0433-3736010

吉林和龙农村商业银行股份有限公司
地址：吉林省和龙市人民北大街西侧、海兰路北侧
……Tel：0433-4222181

和龙市农村信用合作联社
地址：和龙市同心东路43号（三区）
……Tel：0433-4222181

吉林安图农村商业银行股份有限公司
地址：吉林省安图县明月镇龙安路9号
……Tel：0433-5910015

长白山农村商业银行股份有限公司
地址：池北区(白河新城4号楼)
……Tel：0433-5933018

中国工商银行股份有限公司敦化支行
地址：敦化市翰章大街1102号
……Tel：0433-6222218

吉林珲春农村商业银行股份有限公司
地址：吉林省珲春市新安路1598号
……Tel：0433-7523311

吉林汪清农村商业银行股份有限公司
地址：吉林省汪清县汪清街东271号
……Tel：0433-8812010

公主岭华兴村镇银行股份有限公司
地址：吉林省公主岭市范家屯镇硅谷大街与西六路交汇
……Tel：0434-2602008

伊通满族自治县农村信用合作联社
地址：伊通满族自治县伊通镇库仑大路南侧伊通满族自治县农村信用合作联社办公楼（库仑大路与乌苏大街交汇处）
……Tel：0434-4659178

吉林春城农村商业银行股份有限公司
地址：吉林省公主岭市
……Tel：0434-6812746

双辽市农村信用合作联社
地址：双辽市郑家屯街
……Tel：0434-7317016

吉林九台农村商业银行股份有限公司公主岭支行
地址：公主岭市解放路681号
……Tel：0434-8881006

通化农村商业银行股份有限公司
地址：通化市新华大街372号
……Tel：0435-3251070

吉林九台农村商业银行股份有限公司梅河口支行
地址：吉林省梅河口市人民大街3500-1号
……Tel：0435-4639007

吉林通化海科农村商业银行股份有限公司
地址：通化县快大茂镇团结路978号
……Tel：0435-5236507

吉林集安农村商业银行股份有限公司
地址：集安市黎明街58号
……Tel：0435-6219669

吉林柳河农村商业银行股份有限公司
地址：吉林省柳河县柳河镇中华大街西1277号
……Tel：0435-7210982

吉林辉南农村商业银行股份有限公司
地址：辉南县朝阳镇兴工街
……Tel：0435-8221042

中国邮政储蓄银行股份有限公司白城市分行
地址：吉林省白城市青年南大街15号
……Tel：0436-3208777

中国工商银行股份有限公司白城分行
地址：白城市中兴东大路10号
……Tel：0436-3223370

吉林通榆农村商业银行股份有限公司
地址：吉林省通榆县开发区火炬路南中心街东
……Tel：0436-4227100

吉林镇赉农村商业银行股份有限公司
地址：吉林省镇赉县站前街748号
……Tel：0436-7227111

中国农业银行股份有限公司镇赉县支行
地址：吉林省镇赉县嫩江西路199号
……Tel：0436-7253584

中国邮政储蓄银行股份有限公司辽源市分行
地址：辽源市龙山区西宁大路131号（邮政局院内）
……Tel：0437-3112029

吉林东丰农村商业银行股份有限公司
地址：东丰县东丰镇锦绣街336号
……Tel：0437-6214990

松原宁江惠民村镇银行股份有限公司
地址：松原市宁江区乌兰大街2099号
……Tel：0438-2228803

吉林郭尔罗斯农村商业银行股份有限公司
地址：吉林省松原市乌兰大街248号
……Tel：0438-2291076

前郭县阳光村镇银行股份有限公司
地址：前郭县民主街（巴彦社区民知委）
……Tel：0438-2666816

松原市宁江区农村信用合作联社
地址：松原市宁江区建设街759号
……Tel：0438-3126530

中国工商银行股份有限公司松原宁江支行
地址：松原市宁江区新城东路666号
……Tel：0438-3128847

长岭县农村信用合作联社
地址：长岭县长岭镇岭城西路963号(长岭县人民政府政务服务中心东侧)
……Tel：0438-7236017

中国建设银行股份有限公司白山分行

地址：浑江大街1401号
……Tel：0439-3225807
中国邮政储蓄银行股份有限公司白山市分行
地址：浑江区浑江大街173号2楼
……Tel：0439-3227345
白山江源农村商业银行股份有限公司
地址：白山市江源区孙家堡子镇
……Tel：0439-3723632
吉林临江农村商业银行股份有限公司
地址：吉林省临江市正阳路29号
……Tel：0439-5233978
吉林浑江农村商业银行股份有限公司
地址：白山市浑江区浑江大街93号
……Tel：0439-6668677
抚松县农村信用合作联社
地址：抚松县香江路205号
……Tel：0439-6689004
吉林靖宇农村商业银行股份有限公司
地址：吉林省白山市靖宇县河南街196号
……Tel：0439-7226433

黑龙江省

黑龙江延寿农村商业银行股份有限公司
地址：延寿县延寿镇北吉盛路50号
……Tel：0451-53024384
中国农业银行股份有限公司哈尔滨双城支行
地址：双城市花园大街２１３号
……Tel：0451-53124022
黑龙江尚志农村商业银行股份有限公司
地址：黑龙江省哈尔滨市尚志市一曼路76号
……Tel：0451-53324006
黑龙江五常农村商业银行股份有限公司
地址：黑龙江省哈尔滨市五常市开发大街276号
……Tel：0451-53508616
中国农业银行股份有限公司五常市支行
地址：五常市开发大街２６８号
……Tel：0451-53523407
中国银行股份有限公司哈尔滨南岗支行
地址：哈尔滨市南岗区东大直街２０３号
……Tel：0451-53642320
中国建设银行股份有限公司哈尔滨动力支行
地址：香坊区三大动力路7号
……Tel：0451-55512105
黑龙江方正农村商业银行股份有限公司
地址：哈尔滨市方正县方正镇中央大街429号
……Tel：0451-57121660
依兰县农村信用合作联社
地址：依兰县依兰镇通江路480号
……Tel：0451-51612832
黑龙江通河农村商业银行股份有限公司
地址：黑龙江省哈尔滨市通河县通河镇中央大街
……Tel：0451-57424724
黑龙江巴彦农村商业银行股份有限公司
地址：巴彦县巴彦镇北直路30号
……Tel：0451-57502490
中国农业银行股份有限公司巴彦县支行
地址：黑龙江省哈尔滨市巴彦县巴彦镇黎明街
……Tel：0451-57529015
中国建设银行股份有限公司哈尔滨太平支行
地址：哈尔滨市道外区信用小区
……Tel：0451-57608068
中国工商银行股份有限公司哈尔滨东直支行
地址：哈尔滨市道外区东直路３３３号
……Tel：0451-57682191
黑龙江宾州农村商业银行股份有限公司
地址：宾县宾州镇西城街３８号
……Tel：0451-57986171
中国工商银行股份有限公司哈尔滨开发区支行
地址：哈尔滨市南岗区长江路３７０号
……Tel：0451-82281501
哈尔滨银行股份有限公司金桥支行
地址：南岗区文昌街８２号
……Tel：0451-82620060
中国工商银行股份有限公司哈尔滨革新支行
地址：哈尔滨市南岗区果戈里大街１２３号
……Tel：0451-82640026
中国农业银行股份有限公司哈尔滨松花江支行
地址：南岗区宣化街３６９号
……Tel：0451-82702480
营口银行股份有限公司哈尔滨分行
地址：哈尔滨市道里区上海街6号
……Tel：0451-82962888
中国工商银行股份有限公司哈尔滨驻哈尔滨铁路局支行
地址：哈尔滨市南岗区海城街１３２号
……Tel：0451-83089403
哈尔滨银行股份有限公司安发支行
地址：哈尔滨市道里区爱建路13号
……Tel：0451-84514063
中国农业银行股份有限公司哈尔滨道里支行
地址：哈尔滨市道里区经纬二道街１０号
……Tel：0451-84643473
中国农业银行股份有限公司哈尔滨动力支行
地址：哈尔滨市香坊区和平路60号
……Tel：0451-84872722
哈尔滨哈银消费金融有限责任公司
地址：哈尔滨市道里区群力第四大道1536号A1栋1层4号
……Tel：0451-86779209
中国邮政储蓄银行股份有限公司黑龙江省分行
地址：黑龙江省哈尔滨市道里区西十四道街55号
……Tel：0451-87659305
华夏银行股份有限公司哈尔滨分行
地址：哈尔滨市道里区群力第五大道与丽江路交口处汇智金融企业总部A座
……Tel：0451-88315173
中国工商银行股份有限公司哈尔滨靖宇支行
地址：哈尔滨市道外区北十六道街４１号
……Tel：0451-88900069
交通银行股份有限公司齐齐哈尔分行
地址：黑龙江省齐齐哈尔市建华区齐齐哈尔市金融街项目00单元01层01号
……Tel：0452-8069777
黑龙江富裕农村商业银行股份有限公司
地址：黑龙江省齐齐哈尔市富裕县中心南路鑫鑫嘉园三期
……Tel：0452-3128049
黑龙江讷河农村商业银行股份有限公司
地址：黑龙江省齐齐哈尔市讷河市康安路111号
……Tel：0452-3398820
黑龙江克东农村商业银行股份有限公司
地址：黑龙江省齐齐哈尔市克东县克东镇蒲峪大道187号
……Tel：0452-4328879
中国农业银行股份有限公司克山县支行
地址：黑龙江省齐齐哈尔市克山县克山镇政府路一段七号（1街）
……Tel：0452-4522450
黑龙江甘南农村商业银行股份有限公司
地址：黑龙江省齐齐哈尔市甘南县明海路18号
……Tel：0452-5628897
黑龙江克山农村商业银行股份有限公司
地址：黑龙江省齐齐哈尔市克山县克山镇东大街一段路北
……Tel：0452-5676033
龙江县农村信用合作联社
地址：黑龙江省齐齐哈尔市龙江县龙江镇市场街147号
……Tel：0452-8028046
黑龙江泰来农村商业银行股份有限公司
地址：黑龙江省齐齐哈尔市泰来县泰来镇建设路289号
……Tel：0452-8228169
穆棱市农村信用合作联社
地址：黑龙江省穆棱市八面通镇长征路127号
……Tel：0453-3123993
黑龙江东宁农村商业银行股份有限公司
地址：黑龙江省牡丹江市东宁市东宁镇兴业路80号
……Tel：0453-3625209
黑龙江绥芬河农村商业银行股份有限公司
地址：黑龙江省牡丹江市绥芬河市文化街37号
……Tel：0453-3922991
哈尔滨银行股份有限公司牡丹江分行
地址：黑龙江省牡丹江市东安区太平路267号
……Tel：0453-6317007
龙江银行股份有限公司牡丹江分行
地址：黑龙江省牡丹江市西安区爱民街106号
……Tel：0453-6319088
黑龙江同江农村商业银行股份有限公司
地址：黑龙江省佳木斯市同江市同二路130号
……Tel：0454-2975011
中国邮政储蓄银行股份有限公司佳木斯市分行
地址：黑龙江省佳木斯市前进区保卫社区0454街区&藏珑6#（H，H1）楼060#0单元1-5层101室
……Tel：0454-8650967
黑龙江抚远农村商业银行股份有限公司
地址：黑龙江省抚远市抚远镇平安街112号
……Tel：0454-8906906
黑龙江建三江农村商业银行股份有限公司
地址：黑龙江省农垦建三江管理局迎宾路中段
……Tel：0454-8954006
黑龙江庆安农村商业银行股份有限公司
地址：黑龙江省绥化市庆安县解放路南段
……Tel：0455-4328437
黑龙江绥棱农村商业银行股份有限公司
地址：黑龙江省绥棱县繁盛大街611号
……Tel：0455-4621029
黑龙江明水农村商业银行股份有限公司
地址：黑龙江省绥化市明水县中兴路251号
……Tel：0455-6224667
龙江银行股份有限公司绥化分行
地址：黑龙江省绥化市北林区黄河南路1号
……Tel：0455-8715007
黑龙江嫩江农村商业银行股份有限公司
地址：黑龙江省黑河市嫩江市嫩兴路373号
……Tel：0456-6169423
黑龙江五大连池农村商业银行股份有限公司
地址：黑龙江省黑河市五大连池市青山镇二道街
……Tel：0456-6327969
黑龙江漠河农村商业银行股份有限公司
地址：黑龙江省大兴安岭地区漠河县西林吉镇十五区
……Tel：0457-2881826
黑龙江呼玛农村商业银行股份有限公司
地址：黑龙江省大兴安岭地区呼玛县呼玛镇正棋路110号
……Tel：0457-3500235
黑龙江塔河农村商业银行股份有限公司
地址：黑龙江省大兴安岭地区塔河县塔河镇昌盛路
……Tel：0457-3608505
龙江银行股份有限公司伊春分行
地址：黑龙江省伊春市伊春区红升办新兴中大街192号
……Tel：0458-3029993
中国建设银行股份有限公司伊春分行
地址：黑龙江省伊春市伊春区新兴路
……Tel：0458-3369010
黑龙江肇源农村商业银行股份有限公司农场支行
地址：黑龙江省肇源县肇源农场场部
……Tel：0459-8398397
黑龙江嘉荫农村商业银行股份有限公司向阳支行
地址：黑龙江省伊春市嘉荫县向阳乡雪水温村
……Tel：0458-8786007
黑龙江铁力农村商业银行股份有限公司
地址：黑龙江省伊春市铁力市正阳大街47-1
……Tel：0458-8787005
黑龙江肇源农村商业银行股份有限公司茂兴支行
地址：肇源县茂兴镇光明村
……Tel：0459-2644109
中国农业发展银行大庆市分行
地址：黑龙江省大庆市萨尔图区建设路北（萨区检察院西）
……Tel：0459-2796094
黑龙江林甸农村商业银行股份有限公司
地址：黑龙江省大庆市林甸县林甸镇南环路与庆丰街交叉口
……Tel：0459-3115597
黑龙江杜尔伯特农村商业银行股份有限公司
地址：黑龙江省大庆市杜蒙县泰康镇思歌腾路塔拉街兴运巷9号
……Tel：0459-3432450
昆仑银行股份有限公司大庆分行
地址：黑龙江省大庆市让胡路区西宾路172号、136号
……Tel：0459-5958389
中国农业银行股份有限公司大庆万达支行
地址：黑龙江省大庆市萨尔图区万达广场商业中心、底层外铺商服181、182、183号房
……Tel：0459-6079275
中国邮政储蓄银行股份有限公司大庆市分行
地址：黑龙江省大庆市萨尔图区东风新村热源街9号
……Tel：0459-6681699
哈尔滨银行股份有限公司大庆分行
地址：黑龙江省大庆市萨尔图区东风新村经三街H-A
……Tel：0459-8178345
黑龙江肇源农村商业银行股份有限公司政府大街储蓄所
地址：肇源县兴源社区六街坊鑫源小区A栋（吴云生开发）东9-10门室（政府大街76号）
……Tel：0459-8222394
黑龙江肇源农村商业银行股份有限公司通江路储蓄所
地址：肇源县肇源镇中央大街43号
……Tel：0459-8222595
黑龙江肇源农村商业银行股份有限公司中央大街储蓄所
地址：肇源县肇源镇政府大街419号
……Tel：0459-8222657
黑龙江肇源农村商业银行股份有限公司北环路储蓄所
地址：肇源县肇源镇建镇路虹泽佳苑4号楼B区31号
……Tel：0459-8222770
黑龙江肇源农村商业银行股份有限公司
地址：黑龙江省大庆市肇源县南苑社区二街坊
……Tel：0459-8235290
黑龙江肇源农村商业银行股份有限公司肇源支行
地址：黑龙江省大庆市肇源县肇源镇中央大街290号
……Tel：0459-8222955
黑龙江肇源农村商业银行股份有限公司城北街储蓄所
地址：肇源县肇源镇中央大街517号
……Tel：0459-8235314
黑龙江肇源农村商业银行股份有限公司三站支行
地址：肇源县三站镇
……Tel：0459-8328210
黑龙江肇源农村商业银行股份有限公司广场支行
地址：肇源县肇源镇迎宾大道94号
……Tel：0459-8331541
黑龙江肇源农村商业银行股份有限公司和平支行
地址：肇源县和平乡
……Tel：0459-8347416
黑龙江肇源农村商业银行股份有限公司薄荷台支行
地址：肇源县薄荷台乡
……Tel：0459-8360021
黑龙江肇源农村商业银行股份有限公司浩德支行
地址：肇源县浩德乡
……Tel：0459-8383497
黑龙江肇源农村商业银行股份有限公司民意支行
地址：肇源县民意乡
……Tel：0459-8386023
黑龙江肇源农村商业银行股份有限公司古龙支行
地址：肇源县古龙镇
……Tel：0459-8390105
黑龙江肇源农村商业银行股份有限公司义顺支行
地址：肇源县义顺乡
……Tel：0459-8393034
黑龙江肇源农村商业银行股份有限公司林肇路支行
地址：肇源县新站镇林肇路物流港西南
……Tel：0459-8419088
黑龙江肇源农村商业银行股份有限公司新站支行
地址：肇源县新站镇政府大街511号
……Tel：0459-8419230
黑龙江肇源农村商业银行股份有限公司头台支行
地址：肇源县头台镇
……Tel：0459-8430011
黑龙江肇源农村商业银行股份有限公司茂兴湖支行
地址：肇源县茂兴湖水产养殖场
……Tel：0459-8445155
黑龙江肇源农村商业银行股份有限公司福兴支行
地址：肇源县福兴乡
……Tel：0459-8450050
黑龙江肇源农村商业银行股份有限公司二站支行
地址：肇源县二站镇
……Tel：0459-8470030
黑龙江肇源农村商业银行股份有限公司超等支行
地址：肇源县超等乡
……Tel：0459-8477890
黑龙江肇源农村商业银行股份有限公司大兴支行
地址：肇源县大兴乡
……Tel：0459-8480073
黑龙江肇州农村商业银行股份有限公司
地址：黑龙江省大庆市肇州县肇州镇东街路南
……Tel：0459-8555005
黑龙江勃利农村商业银行股份有限公司
地址：黑龙江省七台河市勃利县勃利镇长安街112号
……Tel：0464-8549070
龙江银行股份有限公司七台河分行
地址：黑龙江省七台河市桃山区大同街361号
……Tel：0464-8688560
哈尔滨银行股份有限公司鹤岗分行
地址：黑龙江省鹤岗市向阳区7委花园大厦B栋000101室-000114室

…………………………Tel：0468－3129002
鹤岗市市区农村信用合作联社
地址：黑龙江省鹤岗市工农区20委金融大厦
…………………………Tel：0468－3450767
黑龙江萝北农村商业银行股份有限公司
地址：黑龙江省萝北县凤翔镇9委一三0幢1-4层（迎宾大街中段）
…………………………Tel：0468－6828586
黑龙江绥滨农村商业银行股份有限公司
地址：黑龙江省鹤岗市绥滨县绥滨镇振兴大街372号（05委）
…………………………Tel：0468－7862638

江苏省

江苏紫金农村商业银行股份有限公司江宁支行
地址：南京市江宁区秣陵街道胜利路76号（江宁开发区）
…………………………Tel：025－52126877
中国工商银行股份有限公司南京雨花支行
地址：南京市秦淮区中华路475号
…………………………Tel：025－52202029
弘业期货股份有限公司
地址：南京市建邺区江东中路399号3幢
…………………………Tel：025－52278980
中国工商银行股份有限公司南京江宁支行
地址：南京市江宁区胜利路99号名家科技大厦106、107、209、212、312、315、316室（江宁开发区）
…………………………Tel：025－52281293
江苏紫金农村商业银行股份有限公司秦淮支行
地址：南京市秦淮区中山南路368号101、201、301室
…………………………Tel：025－52378166
江苏紫金农村商业银行股份有限公司雨花台支行
地址：南京市雨花台区雨花西路110－1号
…………………………Tel：025－52406986
江苏溧水农村商业银行股份有限公司
地址：南京市溧水县永阳镇中山路22号
…………………………Tel：025－56223200
中国农业银行股份有限公司南京六合支行
地址：南京市六合区雄州街道雄州西路10号
…………………………Tel：025－57040417
江苏高淳农村商业银行股份有限公司
地址：南京市高淳县淳溪镇宝塔路123号
…………………………Tel：025－57315977
中国农业银行股份有限公司南京高淳支行
地址：南京市高淳区淳溪街道镇兴路177号银庭馨苑15幢－33室
…………………………Tel：025－57327662
中国建设银行股份有限公司南京江北新区分行
地址：南京市六合区大厂新华路255号
…………………………Tel：025－57792184
工银金融资产投资有限公司
地址：南京市浦滨路211号江北新区扬子科创中心一期B幢19－20层
…………………………Tel：025－58172217
苏银金融租赁股份有限公司
地址：江苏省南京市洪武北路55号置地广场21－22楼
…………………………Tel：025－58587700
英大泰和财产保险股份有限公司江苏分公司
地址：南京市白下区汉中路1号国际金融中心21楼
…………………………Tel：025－66007777
南银法巴消费金融有限公司
地址：南京市秦淮区长白街588号南银法巴消费金融大楼
…………………………Tel：025－86360251
首都银行（中国）有限公司
地址：江苏省南京市建邺区江东中路347号国金中心办公楼一期2103－2111室、2201－2216室
…………………………Tel：025－68584134
中国工商银行股份有限公司南京城北支行
地址：南京市鼓楼区中山北路30号
…………………………Tel：025－83275810
国家开发银行江苏省分行
地址：南京市江东中路232号
…………………………Tel：025－83276222
中国建设银行股份有限公司江苏省分行直属支行
地址：南京市云南路31－1号
…………………………Tel：025－83300903
中国农业银行股份有限公司南京城北支行
地址：南京市鼓楼区湖南路8－3号
…………………………Tel：025－83302271
中国建设银行股份有限公司南京中央门支行
地址：南京市鼓楼区中央路389号
…………………………Tel：025－83435141
中国工商银行股份有限公司南京城东支行
地址：南京市玄武区中央路308号
…………………………Tel：025－83580106
渤海银行股份有限公司南京分行
地址：南京市建邺区江东中路213号
…………………………Tel：025－83651361
中国银行股份有限公司南京城南支行
地址：南京市雨花台区安德门大街25号
…………………………Tel：025－84207888
中国银行股份有限公司南京分行
地址：南京市秦淮区中山南路148号
…………………………Tel：025－84207888
中国银行股份有限公司南京城中支行
地址：南京市玄武区洪武北路16号
…………………………Tel：025－84417888
中国建设银行股份有限公司南京秦淮支行
地址：南京市白下区太平南路49号
…………………………Tel：025－84579036
中国农业银行股份有限公司南京秦淮支行
地址：南京市中山东路18号
…………………………Tel：025－84752836
中国工商银行股份有限公司南京新街口支行
地址：南京市秦淮区汉中路95号
…………………………Tel：025－84780808
华泰证券股份有限公司南京分公司
地址：南京市秦淮区中山东路90号
…………………………Tel：025－84798809
江苏紫金农村商业银行股份有限公司栖霞支行
地址：南京市栖霞区仙林大学城文澜路6号
…………………………Tel：025－85629200
中国农业银行股份有限公司南京建邺支行
地址：南京市建邺区江东中路205号、207号
…………………………Tel：025－85669072
中国农业银行股份有限公司南京雨花台支行
地址：南京市雨花台区软件大道46号
…………………………Tel：025－86619525
江苏金融租赁股份有限公司
地址：南京市建邺区嘉陵江东街99号金融城1号楼8－9、11－19、25－33层
…………………………Tel：025－86816908
浙商银行股份有限公司南京分行
地址：南京市中山北路9号
…………………………Tel：025－86823830
南京途牛基金销售有限公司
地址：南京市玄武区玄武大道699－1号
…………………………Tel：025－86853969
永丰银行（中国）有限公司
地址：南京市建邺区庐山路248号金融城4号楼105室（1、2层）、3501室、3601室
…………………………Tel：025－88866000
利安人寿保险股份有限公司无锡分公司
地址：江苏省无锡市滨湖区太湖新城金融一街1号1212室
…………………………Tel：0510－68556776
华夏人寿保险股份有限公司无锡分公司梁溪支公司
地址：无锡市滨湖区太湖新城金融一街1号801－805室
…………………………Tel：0510－68586071
中国民生银行股份有限公司无锡分行
地址：无锡市运河东路555号时代国际A栋四十、四十一层（经营场所：无锡市运河东路555号时代国际A栋一至五层）
…………………………Tel：0510－81185215
广发银行股份有限公司无锡分行
地址：无锡市五爱路79号
…………………………Tel：0510－81809559
阳光人寿保险股份有限公司无锡电话销售中心
地址：无锡市滨湖区金融八街8－1804－1806，1901－1907
…………………………Tel：0510－81813672
江苏常熟农村商业银行股份有限公司无锡分行
地址：无锡市滨湖区太湖新城嘉业财富中心2、3－1601－3－1606
…………………………Tel：0510－81902299
中国建设银行股份有限公司无锡锡山支行
地址：无锡市锡山区东亭街道二泉中路78、80号
…………………………Tel：0510－82417381
兴业银行股份有限公司无锡分行
地址：无锡市太湖新城金融一街10号
…………………………Tel：0510－82713666
国联期货股份有限公司
地址：无锡市金融一街8号
…………………………Tel：0510－82752315
南京银行股份有限公司无锡分行
地址：无锡市滨湖区太湖新城金融三街嘉业财富中心9、1－113、1－115、1－117
…………………………Tel：0510－82760852
中国平安财产保险股份有限公司无锡分公司
地址：无锡市滨湖区太湖新城金融一街11号19楼、15号13楼15－1301B、15－1302单元
…………………………Tel：0510－82833523
中国建设银行股份有限公司无锡惠山支行
地址：无锡市惠山区惠山新城政和大道200号
…………………………Tel：0510－83741367
开鑫金融科技服务江苏有限公司
地址：无锡市太湖新城金融八街1号无锡商会大厦23楼
…………………………Tel：0510－85183053
中国工商银行股份有限公司无锡新吴支行
地址：无锡市新区旺庄路124号
…………………………Tel：0510－85211774
中国建设银行股份有限公司无锡高新技术产业开发区支行
地址：无锡市汇融商务广场2－102号
…………………………Tel：0510－85220930
中国工商银行股份有限公司江阴支行
地址：江阴市澄江西路176号
…………………………Tel：0510－86807500
中国建设银行股份有限公司江阴支行
地址：江阴市人民中路127号
…………………………Tel：0510－86876255
中国邮政储蓄银行股份有限公司宜兴市支行
地址：宜兴市宜城街道人民北路15号
…………………………Tel：0510－87901217
中国银行股份有限公司宜兴支行
地址：宜兴市宜城街道太隔西路106号
…………………………Tel：0510－87901383
中国工商银行股份有限公司宜兴支行
地址：宜兴市宜城街道人民中路193号
…………………………Tel：0510－87912247
交通银行股份有限公司宜兴支行
地址：宜兴市宜城街道人民中路98号
…………………………Tel：0510－87987028
中国工商银行股份有限公司无锡锡山支行
地址：无锡市锡山区东亭镇迎宾北路
…………………………Tel：0510－88701459
中国农业银行股份有限公司无锡锡山支行
地址：无锡市东亭开发区南区间横路4号
…………………………Tel：0510－88708676
中国农业银行股份有限公司镇江新区支行
地址：镇江新区兴港西路11号主楼
…………………………Tel：0511－83371325
中国邮政储蓄银行股份有限公司镇江市分行
地址：镇江市中山西路102号
…………………………Tel：0511－83371338
中国农业银行股份有限公司镇江上党支行
地址：镇江市丹徒区上党镇
…………………………Tel：0511－84461032
中国农业银行股份有限公司镇江润州支行
地址：镇江市镇扬路8号
…………………………Tel：0511－85023835
中国银行股份有限公司丹阳支行
地址：丹阳市新民中路11号
…………………………Tel：0511－86502720
中国建设银行股份有限公司丹阳支行
地址：丹阳市云阳路1号
…………………………Tel：0511－86516201
中国工商银行股份有限公司丹阳支行
地址：丹阳市云阳路3号
…………………………Tel：0511－86528041
中国农业银行股份有限公司丹阳市支行
地址：丹阳市云阳路60号
…………………………Tel：0511－86888018
中国工商银行股份有限公司句容支行
地址：句容市华阳镇华阳西路1号
…………………………Tel：0511－87261403
中国农业银行股份有限公司句容市支行
地址：句容市崇明东路2号
…………………………Tel：0511－87262732
中国银行股份有限公司句容支行
地址：句容市华阳镇华阳东路20号
…………………………Tel：0511－87263099
江苏句容农村商业银行股份有限公司
地址：句容经济开发区华阳西路
…………………………Tel：0511－87263211
中国建设银行股份有限公司句容支行
地址：句容市华阳镇华阳东路
…………………………Tel：0511－87264951
中国工商银行股份有限公司扬中支行
地址：扬中市三茅镇扬子中路165号
…………………………Tel：0511－88322424
中国农业银行股份有限公司扬中市支行
地址：扬中市三茅镇扬子中路65号
…………………………Tel：0511－88323803
中国建设银行股份有限公司扬中支行
地址：扬中市扬子中路111号
…………………………Tel：0511－88323872
江苏扬中农村商业银行股份有限公司
地址：扬中市扬子西路79号
…………………………Tel：0511－88359669
中国银行股份有限公司扬中支行
地址：扬中市扬子中路128号
…………………………Tel：0511－88392353
中国农业银行股份有限公司镇江丹徒支行
地址：镇江市丹徒新城九华山南路289号
…………………………Tel：0511－88623621
中国农业银行股份有限公司太仓分行
地址：太仓市城厢镇上海西路2号
…………………………Tel：0512－53521149
苏州银行股份有限公司张家港支行
地址：张家港市杨舍镇人民东路799号
…………………………Tel：0512－56318978
中国建设银行股份有限公司张家港分行
地址：张家港市杨舍镇人民中路125、127号
…………………………Tel：0512－56768010
交通银行股份有限公司张家港分行
地址：张家港市暨阳中路191号
…………………………Tel：0512－58215171
中国工商银行股份有限公司张家港分行
地址：张家港市杨舍镇沙洲西路121号
…………………………Tel：0512－58221247
中国建设银行股份有限公司张家港城西支行
地址：张家港市永安路1054－1062号
…………………………Tel：0512－58234325
中国建设银行股份有限公司张家港东渡支行
地址：杨舍镇东渡花园
…………………………Tel：0512－58234400
中国邮政储蓄银行股份有限公司张家港市支行
地址：张家港市杨舍镇人民东路801号（国泰新天地广场）M101、Z201、Z301、Z401
…………………………Tel：0512－58799770
中国农业银行股份有限公司苏州工业园区支行
地址：苏州工业园区星海街198号星海大厦
…………………………Tel：0512－62883951
苏州银行股份有限公司吴江支行
地址：吴江区松陵镇花园路2211号
…………………………Tel：0512－63096067
中国银行股份有限公司吴江分行
地址：吴江市松陵镇鲈乡北路2号
…………………………Tel：0512－63413759
中国建设银行股份有限公司吴江分行
地址：吴江区松陵镇东太湖大道7070号亨通金融大厦－104号
…………………………Tel：0512－63423399
中国银行股份有限公司苏州姑苏支行
地址：苏州市干将西路188号
…………………………Tel：0512－65229271
太平财产保险有限公司苏州分公司
地址：中国（江苏）自由贸易试验区苏州片区苏州工业园区苏州大道东398号太平金融大厦第20层
…………………………Tel：0512－65238000
中国建设银行股份有限公司苏州相城支行
地址：苏州市相城区元和街道华元路780号
…………………………Tel：0512－65868645
三井住友银行（中国）有限公司苏州分行
地址：江苏省苏州市高新区狮山路28号苏州高新国际商务广场11层07－08单元及12层和13层整层
…………………………Tel：0512－66066500
中国银行股份有限公司苏州工业园区分行
地址：苏州工业园区苏州大道西8号中银惠龙大厦
…………………………Tel：0512－66595566
中国农业银行股份有限公司苏州姑苏支行
地址：苏州市旧学前105号
…………………………Tel：0512－67286842
瑞穗银行（中国）有限公司苏州分行
地址：苏州工业园区旺墩路188号建屋大厦17楼1701室
…………………………Tel：0512－67336888
汇丰银行（中国）有限公司苏州分行
地址：苏州工业园区苏州大道西1号世纪金融大厦1505－1510室
…………………………Tel：0512－67619669
中国工商银行股份有限公司苏州工业园区支行
地址：苏州工业园区苏州大道西1号
…………………………Tel：0512－67628186
渣打银行（中国）有限公司苏州分行
地址：苏州工业园区苏州大道西2号国际大厦1001－1007单元
…………………………Tel：0512－67630198
汇丰银行（中国）有限公司苏州玄妙广

场支行
地址：苏州市干将东路818号
Tel：0512-6763215

汇丰银行（中国）有限公司苏州工业园区支行
地址：苏州工业园区苏州大道西2号国际大厦101单元
Tel：0512-67632209

汇丰银行（中国）有限公司苏州汇豪国际大厦支行
地址：苏州高新区狮山路58号108-109号
Tel：0512-67632303

中国农业银行股份有限公司苏州高新技术产业开发区支行
地址：苏州新区商业街11号
Tel：0512-68250702

中国农业银行股份有限公司苏州分行
地址：苏州工业园区旺墩路118号
Tel：0512-68258999

创元期货股份有限公司
地址：江苏省苏州市三香路120号万盛大厦2楼、3楼
Tel：0512-68278744

东吴人寿保险股份有限公司苏州分公司
地址：中国（江苏）自由贸易试验区苏州片区苏州工业园区苏州大道西1号世纪金融大厦1幢401、402、405、406、407A、415、1205、1209室
Tel：0512-68767039

中国农业银行股份有限公司苏州相城支行
地址：苏州市相城区元和街道澄和路888号
Tel：0512-69228338

上海钱智金融信息服务有限公司苏州分公司
地址：苏州工业园区苏州大道西205号尼盛广场2001、2002、2003、2006、2007、2008、1301室
Tel：0512-69560318

江苏常熟农村商业银行股份有限公司苏州分行
地址：苏州工业园区钟园路710号1幢102室、202室、701室
Tel：0512-69862906

渤海银行股份有限公司苏州分行
地址：苏州工业园区钟园路710号建屋金融中心大厦
Tel：0512-88878973

三菱日联银行（中国）有限公司苏州分行
地址：苏州工业园区苏州大道东289号广融大厦15楼、16楼
Tel：0512-33333030

中国民生银行股份有限公司南通分行
地址：南通市世纪大道8号
Tel：0513-66696991

中国建设银行股份有限公司南通通州支行
地址：南通市通州区金沙镇交通路37号
Tel：0513-68118111

上海浦东发展银行股份有限公司南通分行
地址：桃坞路1号
Tel：0513-68306508

中国工商银行股份有限公司如皋支行
地址：如皋市如城镇中山路北侧（工商银行综合楼）
Tel：0513-87630116

中国工商银行股份有限公司启东支行
地址：汇龙镇民乐中路500号
Tel：0513-68695599

中国建设银行股份有限公司海门支行
地址：海门市海门镇人民西路2号
Tel：0513-69912261

中国人民人寿保险股份有限公司南通中心支公司
地址：南通市崇川区工农路33号金融汇17、18层
Tel：0513-80113297

中国建设银行股份有限公司如皋支行
地址：如皋市如城镇福寿路325号
Tel：0513-80693508

中国农业银行股份有限公司如皋市支行
地址：江苏省如皋市如城镇中山西路58号
Tel：0513-80693550

中国建设银行股份有限公司启东支行
地址：启东市汇龙镇人民中路570号
Tel：0513-80798067

中国建设银行股份有限公司海安支行
地址：海安县海安镇长江中路116号
Tel：0513-80812089

中信银行股份有限公司南通分行
地址：南通市青年中路80号
Tel：0513-81120957

南京银行股份有限公司南通分行
地址：南通市工农路33号金融汇102室
Tel：0513-81128112

中国农业银行股份有限公司南通经济技术开发区支行
地址：南通市经济技术开发区青岛路1号
Tel：0513-81627728

中国农业银行股份有限公司海门市支行
地址：海门市海门镇育才路70号
Tel：0513-82212575

中国工商银行股份有限公司海门支行
地址：海门市海门镇解放中路699号
Tel：0513-82213365

中国农业银行股份有限公司启东市支行
地址：启东市汇龙镇人民中路522号
Tel：0513-83316206

中国银行股份有限公司启东支行
地址：汇龙镇人民中路811号
Tel：0513-83316713

中国农业银行股份有限公司南通崇川支行
地址：南通市孩儿巷南路50号
Tel：0513-83527959

中国建设银行股份有限公司如东支行
地址：如东县掘港镇青园南路52号
Tel：0513-84188691

中国农业银行股份有限公司如东县支行
地址：如东县掘港镇人民南路181号
Tel：0513-84512885

中国工商银行股份有限公司如东支行
地址：如东县掘港镇泰山路18号
Tel：0513-84541233

中国太平洋人寿保险股份有限公司南通中心支公司
地址：南通市崇川区工农路33号金融汇1-5层
Tel：0513-85018305

中国农业银行股份有限公司南通港闸支行
地址：南通市城港路9号
Tel：0513-85545494

中国银行股份有限公司南通通州支行
地址：南通市通州开发区银河路88号
Tel：0513-86105908

中国农业银行股份有限公司南通通州支行
地址：南通市通州区金沙镇建设路35号
Tel：0513-86513110

中国工商银行股份有限公司南通通州支行
地址：南通市通州开发区银河路68号
Tel：0513-86548031

中国银行股份有限公司如皋支行
地址：如皋市如城镇跃进路与海阳路交汇处
Tel：0513-87539095

中国农业银行股份有限公司海安市支行
地址：海安县海安镇中坝南路25号
Tel：0513-88897608

江苏邗江民泰村镇银行股份有限公司
地址：扬州市兴城西路191号
Tel：0514-82681681

江苏常熟农村商业银行股份有限公司扬州分行
地址：江苏省扬州市邗江区文汇西路181号、183号
Tel：0514-8298166

招商银行股份有限公司扬州分行
地址：扬州市文昌西路10号
Tel：0514-82988602

中国银行股份有限公司仪征支行
地址：仪征市真州镇工农北路1号
Tel：0514-83442721

中国建设银行股份有限公司仪征支行
地址：仪征市真州镇大庆南路257号
Tel：0514-83442928

中国工商银行股份有限公司仪征支行
地址：仪征市真州镇真州西路41号
Tel：0514-83580901

中国邮政储蓄银行股份有限公司高邮市支行
地址：高邮市文游中路111号
Tel：0514-84610404

中国银行股份有限公司高邮支行
地址：高邮市文游中路98号
Tel：0514-84612700

扬州东方财富金融信息服务有限公司
地址：扬州信息服务产业基地内8号楼2层
Tel：0514-85769013

中国建设银行股份有限公司扬州江都支行
地址：扬州市江都区仙女镇江淮路1号
Tel：0514-86552308

中国农业银行股份有限公司仪征市支行
地址：仪征市真州镇真州西路2号
Tel：0514-87324563

中国农业银行股份有限公司扬州广陵支行
地址：扬州市文昌中路412号
Tel：0514-87324787

交通银行股份有限公司扬州分行
地址：扬州市邗江中路477号（联合广场）
Tel：0514-87344635

中国工商银行股份有限公司扬州分行
地址：扬州市文昌西路1号
Tel：0514-87859657

中国农业银行股份有限公司扬州润扬支行
地址：扬州市广陵区文昌东路2号环球金融城2幢101、102室
Tel：0514-87863376

中国邮政储蓄银行股份有限公司扬州市分行
地址：扬州市邗江区翠岗路1号、新城河路572号（金菊商务楼）1幢
Tel：0514-87927007

中国农业银行股份有限公司宝应县支行
地址：宝应县安宜东路
Tel：0514-84771752

中国工商银行股份有限公司宝应支行
地址：苏中南路39号
Tel：0514-88222934

中国银行股份有限公司宝应支行
地址：宝应县叶挺路915号
Tel：0514-88223836

江苏宝应农村商业银行股份有限公司
地址：江苏省宝应县文津路1号
Tel：0514-88237392

江苏仪征包商村镇银行有限责任公司
地址：江苏省仪征市西园北路22号
Tel：0514-89187823

中国农业银行股份有限公司滨海县支行
地址：滨海县中市南路168号
Tel：0510-88350436

中国农业银行股份有限公司射阳县支行
地址：射阳县合德镇人民路160号
Tel：0515-82322773

中国农业银行股份有限公司盐城中汇支行
地址：盐城市解放南路121号
Tel：0515-83066592

中国农业银行股份有限公司盐城大丰支行
地址：盐城市大丰区人民南路2号
Tel：0515-83520812

中国工商银行股份有限公司东台支行
地址：东台市望海西路4号
Tel：0515-85212351

中国银行股份有限公司东台支行
地址：东台市望海东路14号
Tel：0515-85213332

中国建设银行股份有限公司东台支行
地址：东台市金海中路16号（原金海西路40号）
Tel：0515-85313931

中国农业银行股份有限公司建湖县支行
地址：建湖县城向阳东路12号
Tel：0515-86228222

中国农业银行股份有限公司盐城南洋支行
地址：盐城市南洋镇盐黄公路28号
Tel：0515-86663836

江苏响水农村商业银行股份有限公司
地址：江苏省响水县双园东路北侧
Tel：0515-86889190

中国农业银行股份有限公司阜宁县支行
地址：阜宁县阜城大街41号
Tel：0515-87213695

中国农业银行股份有限公司盐城亭湖支行
地址：盐城市建军东路73号
Tel：0515-88187001

中国农业银行股份有限公司盐城双元支行
地址：盐城市太平路191-5号
Tel：0515-88187028

中国农业银行股份有限公司盐城通榆支行
地址：盐城市开放大道47号
Tel：0515-88200501

中国农业银行股份有限公司盐城黄海路支行
地址：盐城市黄海东路23号金龙大厦内
Tel：0515-88241734

中国建设银行股份有限公司盐城亭湖支行
地址：盐城市建军东路88号景福大厦101-106室
Tel：0515-88301511

中国农业银行股份有限公司盐城盐都支行
地址：盐城市世纪大道5号盐城金融城10幢101室（CND）
Tel：0515-88309095

中国农业银行股份有限公司盐城环城支行
地址：盐城市区长亭路2号长亭商务楼1幢101室（18）
Tel：0515-88325523

中国农业银行股份有限公司盐城新兴支行
地址：盐城市亭湖区新兴镇
Tel：0515-88510269

中国农业银行股份有限公司盐城青墩支行
地址：盐城市青墩镇三尖港
Tel：0515-88540137

中国农业银行股份有限公司盐城伍佑支行
地址：盐城市城南新区伍佑街道东街18号（CNW）
Tel：0515-88811191

中国农业银行股份有限公司盐城便仓支行
地址：盐城市亭湖区便仓镇仓中路67号
Tel：0515-88830106

江苏滨海农村商业银行股份有限公司
地址：滨海县城迎宾中路1号
Tel：0515-89106639

中国工商银行股份有限公司徐州淮海东路支行
地址：徐州市云龙区铜山路尚都会小区商业1号楼和2号楼的1-101、1-102室
Tel：0516-83722804

中国农业银行股份有限公司徐州铜山支行
地址：徐州市铜山新区北京北路13号
Tel：0516-83401002

中国农业银行股份有限公司徐州祥云路分理处
地址：徐州市鼓楼区奔腾大道与祥云路交叉口
Tel：0516-83777561

中国农业银行股份有限公司徐州行政区支行
地址：徐州市昆仑大道绿地商务城（B7-1地块）officeF栋1-101
Tel：0516-83777561

中国农业银行股份有限公司徐州淮海路支行
地址：徐州市泉山区淮海西路66号
Tel：0516-83777561

中国农业银行股份有限公司丰县紫金支行
地址：江苏省徐州市丰县丰黄路名仕雅苑1-1-104、203号
Tel：0516-83777561

中国农业银行股份有限公司徐州鼓楼支行
地址：徐州市中山北路300号君盛广场1-118、119、120号
Tel：0516-83777561

中国农业银行股份有限公司徐州城北支行
地址：徐州市二环北路26号九龙湖福地阁1号楼0-103、0-104
Tel：0516-83777561

中国农业银行股份有限公司徐州刘集支行
地址：徐州市铜山区刘集镇人民路与209县道东100米
Tel：0516-85932562

中国农业银行股份有限公司新沂合沟支行
地址：新沂市合沟镇南京路东侧
Tel：0516-85932916

新纪元期货股份有限公司
地址：徐州市鼓楼区民主北路2号黎明大厦1号楼8-9层
Tel：0516-83831168

中国农业银行股份有限公司徐州分行
地址：徐州市淮海西路66号
Tel：0516-85588119

中国工商银行股份有限公司徐州鼓楼支行
地址：徐州市中山北路59号
Tel：0516-85641080

中国银行股份有限公司徐州分行
地址：淮海西路99号
Tel：0516-85692600

中国工商银行股份有限公司徐州淮海西路支行
地址：徐州市淮海西路181号
Tel：0516-85737878

中国农业银行股份有限公司邳州市支行
地址：邳州市青年东路
Tel：0516-85932807

中国邮政储蓄银行股份有限公司邳州市支行
地址：徐州市邳州市运河镇青年东路南侧、文化路西侧
Tel：0516-86260977

徐州彭城农村商业银行股份有限公司
地址：江苏省徐州市贾汪区将军大街180号
Tel：0516-83726278

中国农业银行股份有限公司徐州贾汪支行
地址：徐州市贾汪区前委路1号
Tel：0516-85934007

中国农业银行股份有限公司睢宁县支行
地址：睢宁县红旗北路2号
Tel：0516-88331372

中国农业银行股份有限公司新沂草桥支行
地址：新沂市草桥镇振兴南路城建大楼南侧
Tel：0516-88520365

中国农业银行股份有限公司新沂马陵山支行
地址：新沂市马陵山镇陵沭路南侧

……………………… Tel：0516－88703973
中国农业银行股份有限公司新沂金三角支行
地址：新沂市新安镇南京路65号
……………………… Tel：0516－88923272
中国农业银行股份有限公司新沂市府路支行
地址：新沂市新安街道市府路75号
……………………… Tel：0516－88927431
中国农业银行股份有限公司新沂西城支行
地址：新沂市新安镇新安路74号
……………………… Tel：0516－88933421
中国农业银行股份有限公司新沂高流支行
地址：新沂市高流镇205国道南侧
……………………… Tel：0516－88935485
中国农业银行股份有限公司新沂市支行
地址：新沂市钟吾路160号
……………………… Tel：0516－88935787
中国农业银行股份有限公司新沂棋盘支行
地址：新沂市棋盘镇迎宾路西侧郡王府
……………………… Tel：0516－88953423
中国邮政储蓄银行股份有限公司丰县支行
地址：徐州市丰县中阳大道北东城路东、经二路西侧高盛国际花园城SP－5楼1－302、1－119
……………………… Tel：0516－89220202
中国农业银行股份有限公司丰县支行
地址：丰县向阳中路7号
……………………… Tel：0516－89222525
中国农业银行股份有限公司沛县支行
地址：沛县汤沐路
……………………… Tel：0516－89635236
中国工商银行股份有限公司沛县支行
地址：沛县汉城商都南楼1－5层
……………………… Tel：0516－89639275
江苏涟水农村商业银行股份有限公司
地址：淮安市涟水县涟城镇涟州路5号
……………………… Tel：0517－82321436
中国农业银行股份有限公司涟水县支行
地址：涟水县涟城镇红日路中联壹城A2号楼
……………………… Tel：0517－82992137
中国农业银行股份有限公司淮安淮阴支行
地址：江苏省淮安市淮阴区北京东路52号
……………………… Tel：0517－84922234
江苏金湖农村商业银行股份有限公司
地址：金湖县健康西路1号
……………………… Tel：0517－86859088
中国农业银行股份有限公司金湖县支行
地址：金湖县人民路2号
……………………… Tel：0517－86882436
江苏洪泽农村商业银行股份有限公司
地址：江苏省淮安市洪泽区人民路23号
……………………… Tel：0517－87222762
交通银行股份有限公司连云港港区支行
地址：连云港市连云区海棠北路189号
……………………… Tel：0518－82336965
江苏灌南农村商业银行股份有限公司
地址：江苏省连云港市灌南县人民路29号
……………………… Tel：0518－83226625
交通银行股份有限公司连云港分行
地址：连云港市海州区海连中路141号
……………………… Tel：0518－85414580
中国农业银行股份有限公司连云港赣榆支行
地址：赣榆区青口镇黄海路23号
……………………… Tel：0518－86212137
中国农业银行股份有限公司东海县支行
地址：东海县牛山镇牛山北路7号
……………………… Tel：0518－87213202
江苏东海农村商业银行股份有限公司
地址：连云港市东海县牛山镇海陵东路8号
……………………… Tel：0518－87288341
江苏常熟农村商业银行股份有限公司东海支行
地址：东海县牛山镇牛山北路206号
……………………… Tel：0518－87796097
东海证券股份有限公司常州延陵东路证券营业部
地址：常州市戚墅堰区延陵东路184号
……………………… Tel：0519－81880292
中国银行股份有限公司金坛支行
地址：常州市金坛区北门大街2号
……………………… Tel：0519－82830730
中国农业银行股份有限公司常州新北支行
地址：常州市通江中路311号
……………………… Tel：0519－85196169
东海证券股份有限公司常州通江中路证券营业部
地址：常州市新北区通江中路88号万达广场5号楼8楼801－806、814－824室
……………………… Tel：0519－85250157
中国农业银行股份有限公司常州武进支行
地址：武进区湖塘花园街88号
……………………… Tel：0519－86318528
中国建设银行股份有限公司常州分行
地址：广化街弋桥堍金都大厦
……………………… Tel：0519－86622173
中国农业银行股份有限公司常州钟楼支行
地址：常州市广化街275号、275－1号、275－2号
……………………… Tel：0519－86865522
中国建设银行股份有限公司溧阳支行
地址：溧阳市溧城镇南大街67号
……………………… Tel：0519－87200789
中国农业银行股份有限公司溧阳市支行
地址：溧阳市溧城镇燕园路108号
……………………… Tel：0519－87578000
中信银行股份有限公司常州分行
地址：常州市天宁区吊桥路1－41号
……………………… Tel：0519－88176528
招商银行股份有限公司常州分行
地址：常州市通江南路88号
……………………… Tel：0519－88179011
中国农业银行股份有限公司常州经济开发区支行
地址：常州市延陵东路157－159号
……………………… Tel：0519－88772200
中国农业银行股份有限公司常州天宁支行
地址：常州市天宁区和平中路421号
……………………… Tel：0519－88830788
中国银行股份有限公司兴化支行
地址：兴化市牌楼西路38号
……………………… Tel：0523－82323268
中国农业银行股份有限公司兴化市支行
地址：兴化市长安中路55号
……………………… Tel：0523－83205040
中国工商银行股份有限公司兴化支行
地址：兴化市丰收南路44号
……………………… Tel：0523－83231529
中国建设银行股份有限公司兴化支行
地址：兴化市英武路18号楼
……………………… Tel：0523－83242301
中国银行股份有限公司靖江支行
地址：靖江市靖城骥江路111号
……………………… Tel：0523－84831986
中国农业银行股份有限公司靖江市支行
地址：靖江市中洲路5号
……………………… Tel：0523－84832517
中国工商银行股份有限公司靖江支行
地址：靖江市骥江路189号
……………………… Tel：0523－84832753
中国银行股份有限公司泰州鼓楼支行
地址：泰州市海陵区鼓楼北路7号
……………………… Tel：0523－86219511
中国农业银行股份有限公司泰州海陵支行
地址：泰州市海陵区青年北路61号
……………………… Tel：0523－86222157
交通银行股份有限公司泰州分行
地址：泰州市青年北路151号
……………………… Tel：0523－86242371
南京银行股份有限公司泰州分行
地址：泰州市海陵区五一路80号
……………………… Tel：0523－86392669
中信银行股份有限公司泰州分行
地址：泰州市鼓楼路15号
……………………… Tel：0523－86399292
中国银行股份有限公司泰州城中支行
地址：泰州市海陵区青年北路46号
……………………… Tel：0523－86611883
中国银行股份有限公司泰州海陵支行
地址：泰州市海陵区海陵南路329号
……………………… Tel：0523－86802395
中国银行股份有限公司泰州开发区支行
地址：泰州市江州南路88－16号
……………………… Tel：0523－86837500
中国邮政储蓄银行股份有限公司泰州市分行
地址：泰州市金山路66号
……………………… Tel：0523－86999605
中国银行股份有限公司泰兴支行
地址：泰兴市长征路2号
……………………… Tel：0523－87653715
中国银行股份有限公司姜堰支行
地址：泰州市姜堰区罗塘街道人民中路36号
……………………… Tel：0523－88106230
中国建设银行股份有限公司宿迁分行
地址：宿迁市洪泽湖路756号
……………………… Tel：0527－84213851
中国银行股份有限公司宿迁分行
地址：宿迁市幸福路2号
……………………… Tel：0527－84313115
中国农业银行股份有限公司宿迁宿城支行
地址：宿迁市发展大道综合楼2号
……………………… Tel：0527－84313656
中国农业银行股份有限公司泗阳县支行
地址：泗阳县众兴镇众兴中路67号
……………………… Tel：0527－84330311
中国邮政储蓄银行股份有限公司宿迁市分行
地址：宿迁经济技术开发区西湖路366号
……………………… Tel：0527－84350858
中国农业银行股份有限公司泗洪县支行
地址：泗洪县泗州大街北侧（富园广场）19幢1－105室
……………………… Tel：0527－86222438
中国邮政储蓄银行股份有限公司沭阳县支行
地址：沭阳县学府南路1号邮政综合楼
……………………… Tel：0527－89988089
浙江衢州柯城农村商业银行股份有限公司
地址：浙江省衢州市上街92号
……………………… Tel：0570－3028349

浙江省

浙江衢州衢江农村商业银行股份有限公司
地址：浙江省衢州市衢江区信安东路37号
……………………… Tel：0570－3031746
中国工商银行股份有限公司衢州分行
地址：浙江省衢州市区上街66号
……………………… Tel：0570－3055605
中国银行股份有限公司衢州市分行
地址：浙江省衢州市区蛟池街1号
……………………… Tel：0570－3131021
浙江常山农村商业银行股份有限公司
地址：浙江省衢州市常山县天马街道人民路125号
……………………… Tel：0570－5022633
温州银行股份有限公司衢州分行
地址：衢州市柯城区白云中大道29幢
……………………… Tel：0570－8877295
蚂蚁保保险代理有限公司
地址：浙江省杭州市西湖区西溪路556号3层A段301－1
……………………… Tel：0571－26888888
紫金财产保险股份有限公司浙江分公司
地址：浙江省杭州市江干区财富金融中心2幢3706室、3707室、3708室
……………………… Tel：0571－28080888
浙江智慧普华融资租赁有限公司
地址：浙江省宁波市北仑区梅山七星路88号1幢401室A区E0702
……………………… Tel：0571－28096689
信达期货有限公司
地址：浙江省杭州市萧山区宁围街道利一路188号天人大厦19－20层
……………………… Tel：0571－28132660
微医集团（浙江）有限公司
地址：浙江省杭州市萧山区萧山经济技术开发区明星路371号3幢23层2304室
……………………… Tel：0571－56171057
浙江淳安农村商业银行股份有限公司
地址：浙江省千岛湖镇环湖北路369号
……………………… Tel：0571－64813958
中国邮政储蓄银行股份有限公司杭州市萧山区支行
地址：萧山区北干街道金城路1038号1－2楼
……………………… Tel：0571－82778872
中国银行股份有限公司萧山分行
地址：萧山区城厢街道人民路288号
……………………… Tel：0571－82891033
国海良时期货有限公司
地址：浙江省杭州市河东路91号
……………………… Tel：0571－85336116
中国工商银行股份有限公司杭州众安支行
地址：杭州市江干区四季青街道庆春东路2－6号杭州金投金融大厦一、二楼
……………………… Tel：0571－85336133
万向信托股份公司
地址：杭州市体育场路429号天和大厦4－6层及9－17层
……………………… Tel：0571－85807870
中韩人寿保险有限公司
地址：浙江省杭州市上城区四季青街道香樟街39号国贸金融大厦22－23层
……………………… Tel：0571－85837888
浙江金融资产交易中心股份有限公司
地址：浙江省钱江国际时代广场2幢27－28层
……………………… Tel：0571－85885708
中国工商银行股份有限公司杭州科创支行
地址：杭州市余杭区五常街道文一西路998号19幢105室
……………………… Tel：0571－86226036
杭银消费金融股份有限公司
地址：浙江省杭州市下城区庆春路38号1层101室、8层801、802、803、804室、11层1101、1102室
……………………… Tel：0571－86850291
杭州市金融投资集团有限公司
地址：浙江省杭州市上城区庆春路155号中财发展大厦12楼
……………………… Tel：0571－86896809
杭州拓道互联网金融服务有限公司
地址：浙江省杭州市西湖区文一西路588号"中节能·西溪首座"2幢副楼1至4楼
……………………… Tel：0571－87208395
杭州工商信托股份有限公司
地址：浙江省杭州市江干区迪凯国际中心3801室、4101室、裙房4楼
……………………… Tel：0571－87213931
浙商期货有限公司
地址：浙江省杭州市下城区环城北路305号1、11、12、20层
……………………… Tel：0571－87219365
杭州投融谱华互联网金融服务有限公司
地址：浙江省杭州市拱墅区远见大厦2号楼1301室
……………………… Tel：0571－87768936
物产中大期货有限公司
地址：浙江省杭州市拱墅区远洋国际中心2号楼901－910室
……………………… Tel：0571－87788888
华融金融租赁股份有限公司
地址：浙江省杭州市江干区四季青街道江锦路60号－96号祝锦大厦B楼13－22层
……………………… Tel：0571－87950988
宝城期货有限责任公司
地址：浙江省杭州市西湖区求是路8号公元大厦南裙1－101、1－201、1－301、1－501室
……………………… Tel：0571－88151166
大地期货有限公司
地址：浙江省杭州市江干区四季青街道香樟街39号24、25层
……………………… Tel：0571－85067152
杭州金诚新城镇投资集团有限公司
地址：浙江省杭州市拱墅区登云路45号（锦昌大厦）1幢11楼1109室
……………………… Tel：0571－88337610
汇丰银行（中国）有限公司杭州分行
地址：浙江省杭州市江干区钱江路1366号万象城2幢2001－01、2001－02、2001－08、2003－02、2003－03室
……………………… Tel：0571－89811266
中国工商银行股份有限公司湖州吴兴支行
地址：浙江省湖州市康城国际商务楼苕溪东路355号一层、二层
……………………… Tel：0572－2027130
交通银行股份有限公司湖州分行
地址：浙江省湖州人民路299号
……………………… Tel：0572－2033702
湖州银行股份有限公司
地址：浙江省湖州市红旗路268号
……………………… Tel：0572－2036871
华夏银行股份有限公司湖州分行
地址：浙江省湖州市天成大厦凤凰路1077号
……………………… Tel：0572－2310815
中国建设银行股份有限公司湖州分行
地址：浙江湖州市红旗路118号
……………………… Tel：0572－2500093
招商银行股份有限公司湖州分行
地址：湖州市苕溪西路138号全民健身中心一、二层
……………………… Tel：0572－2583071
中国农业银行股份有限公司安吉县支行
地址：递铺镇胜利东路223号
……………………… Tel：0572－5030291
中信银行股份有限公司嘉兴分行
地址：浙江省嘉兴市南湖区中山东路1061号龙禹大厦101室、701室、801室、901室、1001室、1101室
……………………… Tel：0573－82032258
平安银行股份有限公司嘉兴支行
地址：嘉兴市禾兴南路89号（梅湾街20号A座101、301室）
……………………… Tel：0573－82039719
嘉兴银行股份有限公司
地址：浙江省嘉兴市昌盛南路1001号
……………………… Tel：0573－82099660
中国民生银行股份有限公司嘉兴分行
地址：浙江省嘉兴市经济技术开发区国际金融广场C楼（一层南面、三层和二十三层的东面及南面部分）
……………………… Tel：0573－82153876
中国农业银行股份有限公司嘉兴秀洲支行
地址：嘉兴市区东升中路1358号
……………………… Tel：0573－82206977
中国光大银行股份有限公司嘉兴分行
地址：嘉兴市中环南路2285号中环广场（东区）C座1－6层
……………………… Tel：0573－82652595
招商银行股份有限公司嘉兴分行
地址：浙江省嘉兴市经济技术开发区商务金融大厦1幢105部分、108、A2301
……………………… Tel：0573－82779892
中国银行股份有限公司海盐支行
地址：海盐县武原街道秦山路130号
……………………… Tel：0573－86024505
中国建设银行股份有限公司海宁支行
地址：海宁市海洲街道海昌南路357号
……………………… Tel：0573－87228594
中国农业银行股份有限公司桐乡市支行
地址：浙江省嘉兴市桐乡市梧桐街道振兴

中路41号
Tel：0573-88103136

中国工商银行股份有限公司桐乡支行
地址：桐乡市梧桐街道振兴西路3号
Tel：0573-88104013

中国邮政储蓄银行股份有限公司余姚市支行
地址：浙江省余姚市世南东路95号
Tel：0574-62623636

中国农业银行股份有限公司余姚市支行
地址：余姚市南滨江路238号
Tel：0574-62625117

中国建设银行股份有限公司慈溪支行
地址：浙江省慈溪市浒山街道寺山路279号
Tel：0574-63812797

中国农业银行股份有限公司宁海县支行
地址：宁海县跃龙街道学勉路1号
Tel：0574-65560566

中国建设银行股份有限公司象山支行
地址：浙江省象山县丹东街道靖南大街320号
Tel：0574-65651081

永赢金融租赁有限公司
地址：浙江省宁波市鄞州区鼎泰路195号12层、15层、16层、17层
Tel：0574-81898291

中国建设银行股份有限公司宁波镇海支行
地址：浙江省宁波市镇海区骆驼街道金华南路51号
Tel：0574-86275833

上海浦东发展银行股份有限公司宁波分行（上海浦东发展银行宁波分行）
地址：宁波保税区
Tel：0574-87268114

宁波金融服务有限公司
地址：浙江省宁波高新区创苑路750号003幢101室
Tel：0574-87938063

华夏银行股份有限公司宁波分行
地址：浙江省宁波市鄞州区和源路366号
Tel：0574-87976666

中国建设银行股份有限公司奉化支行
地址：浙江省宁波市奉化区锦屏街道长春路１８号
Tel：0574-88510301

中国农业银行股份有限公司宁波奉化支行
地址：浙江省宁波市奉化区南山路172号
Tel：0574-88967965

中国农业银行股份有限公司宁波市分行营业部
地址：宁波市江东区彩虹北路88号
Tel：0574-89103759

中国建设银行股份有限公司上虞支行
地址：绍兴市上虞区百官街道市民大道666号
Tel：0575-81225008

中国工商银行股份有限公司上虞支行
地址：绍兴市上虞区百官街道新建路2号
Tel：0575-82009716

中国银行股份有限公司上虞支行
地址：绍兴市上虞区百官街道江扬路778号永利大厦
Tel：0575-82029824

中国工商银行股份有限公司嵊州支行
地址：嵊州市剡湖街道鹿山路178号
Tel：0575-83027391

中国建设银行股份有限公司嵊州支行
地址：嵊州市剡湖街道城中路2号
Tel：0575-83333010

中国银行股份有限公司绍兴市分行
地址：浙江省绍兴市越城区人民中路201号、239号
Tel：0575-85222505

中国建设银行股份有限公司新昌支行
地址：新昌县南明街道人民中路263号
Tel：0575-86166022

中国工商银行股份有限公司新昌支行
地址：城关镇鼓山中路159号
Tel：0575-86236682

浙江新昌农村商业银行股份有限公司
地址：浙江省新昌县七星街道七星路18号
Tel：0575-86266926

中国银行股份有限公司诸暨支行
地址：浙江省诸暨市浣东街道东二路99号海讯雄风大厦
Tel：0575-87024011

中国建设银行股份有限公司诸暨支行
地址：诸暨市浣东街道暨东路68号
Tel：0575-87917011

中国邮政储蓄银行股份有限公司绍兴市分行
地址：浙江省绍兴市越城区灵芝街道溢香街3号
Tel：0575-88121756

华夏银行股份有限公司绍兴分行
地址：绍兴市中兴南路354号
Tel：0575-88580888

中国农业银行股份有限公司玉环市支行
地址：玉环市玉城街道玉兴东路30号
Tel：0576-80765973

浙商银行股份有限公司台州分行
地址：浙江省台州市市府大道877号开投金融大厦1幢101室
Tel：0576-81887666

中国工商银行股份有限公司临海支行
地址：浙江省台州市临海市古城街道回浦路28号
Tel：0576-85112348

中国建设银行股份有限公司临海支行
地址：浙江省台州市临海市城关崇和路246号
Tel：0576-85113369

中国平安财产保险股份有限公司台州中心支公司
地址：浙江省台州市椒江区开投金融大厦1幢601室、701室
Tel：0576-88527918

中国工商银行股份有限公司台州椒江支行
地址：台州市椒江区解放北路1号
Tel：0576-88702976

中国建设银行股份有限公司台州分行
地址：台州市广场西路1号
Tel：0576-88818162

浙江天台民生村镇银行股份有限公司
地址：浙江省天台县赤城街道寒山路69号
Tel：0576-89357838

兴业银行股份有限公司温州分行
地址：浙江省温州市鹿城区瓯江路鸿旭嘉苑6-7幢102-2、103室
Tel：0577-56969696

浙江温州洞头农村商业银行股份有限公司
地址：浙江省温州市洞头区北岙街道海兴路130号
Tel：0577-63483954

中国邮政储蓄银行股份有限公司瑞安市支行
地址：瑞安市安阳街道马鞍山路263号云海小区4幢
Tel：0577-65636058

浙江泰顺农村商业银行股份有限公司
地址：浙江省温州市泰顺县罗阳镇新城区文祥大道181号
Tel：0577-67587355

浙江文成农村商业银行股份有限公司
地址：浙江省温州市文成县大　镇伯温路6号
Tel：0577-67866321

华夏银行股份有限公司温州分行
地址：浙江省温州市鹿城区滨江商务区CBD片区17-05地块东南侧
Tel：0577-85512556

中国农业银行股份有限公司温州中山支行
地址：浙江省温州市飞霞北路175号
Tel：0577-88188505

中国工商银行股份有限公司温州城西支行
地址：浙江省温州市鹿城区杏花路188号
Tel：0577-88531570

温州民商银行股份有限公司
地址：浙江省温州市鹿城区市府路525号同人恒玖大厦一至三层
Tel：0577-88565959

中国农业发展银行温州市分行
地址：浙江省温州市车站大道裕达大厦2号楼
Tel：0577-88666106

浙商银行股份有限公司温州分行
地址：浙江省温州市鹿城区滨江商务区CBD片区17-05地块西北侧
Tel：0577-88673033

温州银行股份有限公司
地址：温州市车站大道196号
Tel：0577-88990092

中国农业银行股份有限公司温州市中支行
地址：浙江省温州市车站大道裕达大厦
Tel：0577-88997320

浙江民泰商业银行股份有限公司丽水分行
地址：浙江省丽水市莲都区花园路474-498号
Tel：0578-2021896

浙江缙云农村商业银行股份有限公司
地址：浙江省丽水市缙云县五云镇新区仙都路68号
Tel：0578-3318111

浙江景宁农村商业银行股份有限公司
地址：浙江省丽水市景宁畲族自治县红星街道人民中路201号
Tel：0578-5628902

浙江庆元农村商业银行股份有限公司
地址：浙江省丽水市庆元县　洲街道云鹤路3号
Tel：0578-6271207

浙江松阳农村商业银行股份有限公司
地址：浙江省丽水市松阳县水南街道要津南路71号
Tel：0578-8802799

中国银行股份有限公司金华市分行
地址：金华市双溪西路59号
Tel：0579-82386188

中国工商银行股份有限公司浦江支行
地址：浙江省金华市浦江县浦阳街道人民东路79号（自主申报）
Tel：0579-84112899

浙江浦江农村商业银行股份有限公司
地址：浙江省浦江县人民东路90号
Tel：0579-84118033

中国农业银行股份有限公司浦江县支行
地址：浦江县人民东路59号
Tel：0579-84118643

浙江磐安农村商业银行股份有限公司
地址：浙江省磐安县安文镇北街26号
Tel：0579-84665822

中信银行股份有限公司义乌分行
地址：浙江省义乌市银海路399号义乌国际商务中心大楼
Tel：0579-85378933

中国建设银行股份有限公司义乌分行
地址：浙江省义乌市稠州北路468号
Tel：0579-85428098

中国银行股份有限公司义乌市分行
地址：浙江省义乌市稠州北路500号
Tel：0579-85550555

兴业银行股份有限公司义乌分行
地址：浙江省义乌市国际商贸城金融商务区国信证券大厦（自主申报）
Tel：0579-85552888

平安银行股份有限公司义乌分行
地址：浙江省义乌市城北路877号（自主申报）
Tel：0579-85575785

中国工商银行股份有限公司武义支行
地址：浙江省金华市武义县武阳中路
Tel：0579-87633837

浙江武义农村商业银行股份有限公司
地址：浙江省武义县城武阳中路37号
Tel：0579-87679072

中国工商银行股份有限公司兰溪支行
地址：浙江省兰溪市市区丹溪大道23号
Tel：0579-88884137

浙江兰溪农村商业银行股份有限公司
地址：浙江省兰溪市兰江街道丹溪大道18号
Tel：0579-88890865

中国工商银行股份有限公司舟山普陀支行
地址：浙江省舟山市普陀区东港街道海洲路721号永跃大厦101室
Tel：0580-3010065

安徽省

徽商银行股份有限公司滁州分行
地址：安徽省滁州市龙蟠大道95号
Tel：0550-3010167

中国农业银行股份有限公司滁州南谯区支行
地址：安徽省滁州市琅琊路179号
Tel：0550-3022271

滁州皖东农村商业银行股份有限公司
地址：安徽省滁州市清流西路248号
Tel：0550-3063043

中国建设银行股份有限公司滁州市分行
地址：安徽省滁州市凤凰路424号
Tel：0550-3067664

安徽定远农村商业银行股份有限公司
地址：安徽省定远县定城镇戚继光大道179号
Tel：0550-4028900

安徽全椒农村商业银行股份有限公司
地址：安徽省滁州市全椒县襄河镇椒陵大道509号
Tel：0550-5185252

安徽来安农村商业银行股份有限公司
地址：安徽省来安县永阳东路129号
Tel：0550-5610041

安徽天长农村商业银行股份有限公司
地址：安徽省天长市城东新区永福东路8号
Tel：0550-7307017

安徽明光农村商业银行股份有限公司
地址：安徽省明光市龙山东路30号（明光市龙山东路与明东路交叉口西北角）
Tel：0550-8159901

瑞福德汽车金融有限公司
地址：安徽省合肥市滨湖区徽州大道4872号金融港A2栋17层（1702、1703、1704）、18层、19层
Tel：0551-62550013

新华人寿保险股份有限公司安徽分公司
地址：安徽省合肥市阜南路169号东怡金融广场A座6-7层
Tel：0551-62629368

中国人寿保险股份有限公司安徽省分公司
地址：合肥市包河区庐州大道1111号中国人寿安徽金融中心1层、4-13层、40-42层
Tel：0551-62630327

安徽国元信托有限责任公司
地址：安徽省合肥市庐阳区宿州路20号
Tel：0551-62632666

徽商银行股份有限公司合肥分行
地址：安徽省合肥市安庆路235号
Tel：0551-62667869

中国建设银行股份有限公司合肥庐阳支行
地址：安徽省合肥市寿春路130号
Tel：0551-62673318

建信信托有限责任公司
地址：安徽省合肥市九狮桥街45号兴泰大厦
Tel：0551-65295516

中国建设银行股份有限公司合肥蜀山支行
地址：合肥蜀山区环湖东路398号丽苑E幢
Tel：0551-62826998

华安期货有限责任公司
地址：安徽省合肥市蜀山区潜山路190号华邦世贸中心超高写字楼40、41层
Tel：0551-62839050

徽商期货有限责任公司
地址：安徽省合肥市包河区芜湖路258号3号楼6-7层，6号楼1-2层
Tel：0551-62865004

安粮期货股份有限公司
地址：安徽省合肥市包河区花园大道986号安粮中心23-24层
Tel：0551-62870125

中国建设银行股份有限公司合肥钟楼支行
地址：合肥市包河区徽州大道253号
Tel：0551-62874564

浙江宁银消费金融股份有限公司
地址：浙江省宁波市江北区长兴路788弄115号
Tel：0551-62988015

中信保诚人寿保险有限公司安徽省分公司
地址：合肥市蜀山区梅山路18号安徽国际金融贸易中心2-5101至5105室
Tel：0551-63809018

工银安盛人寿保险有限公司安徽分公司
地址：合肥市蜀山区潜山路320号新华金融广场A座701、707、708、709、710、711、712、1308、1309、1310、1311
Tel：0551-63893600

中国农业银行股份有限公司合肥瑶海区支行
地址：安徽省合肥市凤阳路468号
Tel：0551-65539385

中国工商银行股份有限公司合肥长江东路支行
地址：安徽省合肥市长江东路1015号
Tel：0551-64694239

国元农业保险股份有限公司
地址：安徽省合肥市蜀山区长江西路315号
Tel：0551-65197727

合众人寿保险股份有限公司安徽分公司
地址：安徽省合肥市蜀山区梅山路18号安徽国际金融贸易26层2-2602至2-2607室
Tel：0551-65255207

渤海银行股份有限公司合肥分行
地址：合肥市庐阳区北一环濉溪路269号
Tel：0551-65278001

九江银行股份有限公司合肥分行
地址：合肥市包河区马鞍山路与南二环路交口西南角加侨国际广场A座写字楼
Tel：0551-65662699

浙商银行股份有限公司合肥分行
地址：合肥市包河区徽州大道4872号金融港中心A16幢大厦1-7层、15-17层
Tel：0551-65722027

华夏银行股份有限公司合肥分行
地址：安徽省合肥市濉溪路278号财富广场C座
Tel：0551-65776999

广发银行股份有限公司合肥分行
地址：合肥市庐阳区阜南路169号安粮东怡金融广场B栋1、42、43层
Tel：0551-65955721

安徽长丰农村商业银行股份有限公司
地址：安徽省合肥市长丰县水湖镇长寿路与杨公路交叉口
Tel：0551-66681767

安徽佰泰金融服务外包有限公司
地址：安徽省合肥市庐阳区阜南路169号安粮东怡金融广场B幢3307室
Tel：0551-68120198

中华联合财产保险股份有限公司安徽分公司
地址：合肥市庐阳区阜南路169号东怡金融广场A座9-10层
Tel：0551-68195700

中国农业银行股份有限公司肥西县支行
地址：安徽省合肥市肥西县城关人民路
Tel：0551-68841454

中国建设银行股份有限公司巢湖市分行
地址：巢湖市巢湖中路95号

……Tel：0551-82313425

中国银行股份有限公司巢湖分行
地址：安徽省巢湖市东塘路以南安成路以东汇豪天下南区10号楼
……Tel：0551-82315692

巢湖农村商业银行股份有限公司
地址：安徽省合肥市巢湖健康东路
……Tel：0551-82327994

中国农业银行股份有限公司巢湖市支行
地址：安徽省巢湖市健康中路238号
……Tel：0551-82328010

中国工商银行股份有限公司巢湖支行
地址：巢湖市健康东路南侧东方新世界18幢1002号
……Tel：0551-82335029

中国工商银行股份有限公司巢湖滨湖支行
地址：巢湖市龟山路天瑞凤鸣花园103号门面房
……Tel：0551-82387652

中国农业银行股份有限公司庐江县支行
地址：庐江县军二路301号
……Tel：0551-87328611

中国邮政储蓄银行股份有限公司蚌埠市水游城支行
地址：安徽省蚌埠市工农路855号
……Tel：0552-2042929

中国建设银行股份有限公司蚌埠市分行
地址：安徽省蚌埠市东海大道3898号
……Tel：0552-2046369

中国邮政储蓄银行股份有限公司蚌埠市中山街支行
地址：安徽省蚌埠市中山街83号
……Tel：0552-2053058

中国邮政储蓄银行股份有限公司蚌埠市商贸城支行
地址：安徽省蚌埠市淮上区淮上大道3333号义乌国际商贸城一层南005号、南006号、南007西号
……Tel：0552-2806670

中国邮政储蓄银行股份有限公司蚌埠市朝阳路支行
地址：安徽省蚌埠市朝阳路360号
……Tel：0552-3053531

中国邮政储蓄银行股份有限公司蚌埠市淮河路支行
地址：安徽省蚌埠市淮河路789号
……Tel：0552-3056808

中国邮政储蓄银行股份有限公司蚌埠市长淮卫镇支行
地址：安徽省蚌埠市胜利东路38号
……Tel：0552-3151928

中国农业银行股份有限公司蚌埠新城支行
地址：安徽省蚌埠市涂山路东段蚌埠投资大厦一楼东首
……Tel：0552-3182560

中国邮政储蓄银行股份有限公司蚌埠市分行
地址：安徽省蚌埠市涂山东路1669号
……Tel：0552-3188178

中国银行股份有限公司蚌埠分行
地址：蚌埠市延安路1111号
……Tel：0552-3198031

中国邮政储蓄银行股份有限公司蚌埠市涂山路支行
地址：安徽省蚌埠市涂山路干休所临街商业门面房19栋101、102、201、202
……Tel：0552-4020374

蚌埠农村商业银行股份有限公司
地址：安徽省蚌埠市朝阳路518号
……Tel：0552-4039531

中国邮政储蓄银行股份有限公司蚌埠市高新区支行
地址：安徽省蚌埠市长征路高科花园三组团二号楼一楼
……Tel：0552-4098566

安徽五河农村商业银行股份有限公司
地址：安徽省蚌埠市五河县城关镇彩虹大道888号
……Tel：0552-5020364

中国农业银行股份有限公司固镇县支行
地址：安徽省蚌埠市固镇县谷阳路178号
……Tel：0552-6012688

中国农业银行股份有限公司怀远县支行
地址：安徽省蚌埠市怀远县禹王路861号
……Tel：0552-8013106

皖江金融租赁股份有限公司
地址：芜湖市鸠江区皖江财富广场A3＃楼601室
……Tel：0551-66180000

中国光大银行股份有限公司芜湖分行
地址：安徽省芜湖市鸠江区皖江财富广场A1＃楼110室
……Tel：0553-3888102

招商银行股份有限公司芜湖分行
地址：安徽省芜湖市镜湖区北京中路万达广场二期1＃楼32、33、34室（申报承诺）
……Tel：0553-3888982

兴业银行股份有限公司芜湖分行
地址：安徽省芜湖市北京东路镜湖之星大楼一至三层
……Tel：0553-5995561

中国农业银行股份有限公司无为市支行
地址：安徽省芜湖市无为市无城镇南大街
……Tel：0553-6328548

奇瑞徽银汽车金融股份有限公司
地址：安徽省芜湖市江北产业集中区银鹭广场1＃楼528室
……Tel：0553-7521000

安徽繁昌农村商业银行股份有限公司
地址：芜湖市繁昌县繁阳镇繁阳大道南侧
……Tel：0553-7862872

中国银行股份有限公司淮南分行
地址：安徽省淮南市龙湖南路21号
……Tel：0554-2671144

淮南通商农村商业银行股份有限公司
地址：安徽省淮南市田家庵区朝阳东路124号
……Tel：0554-2690867

中国邮政储蓄银行股份有限公司淮南市分行
地址：淮南市田家庵区人民南路11号舜耕社区明远综合楼B楼103
……Tel：0554-2695721

中国平安财产保险股份有限公司淮南中心支公司
地址：淮南市山南新区淮河大道东侧、南纬五路南侧、南经十二路西侧、规划十三路北侧金融世家5＃楼A区110－113、210－213
……Tel：0554-3633262

淮南淮河农村商业银行股份有限公司夹沟支行
地址：安徽省淮南市潘集区夹沟乡政府对面
……Tel：0554-4164755

淮南淮河农村商业银行股份有限公司贺疃支行
地址：安徽省淮南市潘集区贺疃乡陇海路
……Tel：0554-4211027

淮南淮河农村商业银行股份有限公司架河支行
地址：安徽省淮南市潘集区架河乡政府东侧
……Tel：0554-4261025

淮南淮河农村商业银行股份有限公司平圩支行
地址：安徽省淮南市潘集区平圩镇政府南侧
……Tel：0554-4333833

淮南淮河农村商业银行股份有限公司祁集支行
地址：安徽省淮南市潘集区祁集小街
……Tel：0554-4361818

淮南淮河农村商业银行股份有限公司古沟支行
地址：安徽省淮南市潘集区古沟乡十字路口
……Tel：0554-4612300

淮南淮河农村商业银行股份有限公司潘集支行
地址：安徽省淮南市潘集区潘集镇潘集街
……Tel：0554-4661918

淮南淮河农村商业银行股份有限公司芦集支行
地址：安徽省淮南市潘集区芦集镇政府东侧
……Tel：0554-4666562

淮南淮河农村商业银行股份有限公司九华山路支行
地址：淮南市潘集区长江路与九华山路交叉口处
……Tel：0554-4710850

淮南淮河农村商业银行股份有限公司矿东支行
地址：安徽省淮南市潘集区潘二矿生活区
……Tel：0554-4712848

淮南淮河农村商业银行股份有限公司泥河支行
地址：安徽省淮南市潘集区泥河镇北侧
……Tel：0554-4713369

淮南淮河农村商业银行股份有限公司三号井支行
地址：安徽省淮南市潘集区潘三矿农贸市场
……Tel：0554-4855496

淮南淮河农村商业银行股份有限公司高皇支行
地址：安徽省淮南市潘集区高皇镇政府北侧
……Tel：0554-4914686

淮南淮河农村商业银行股份有限公司西城支行
地址：淮南市谢家集区卧龙山东路西部商贸文化城8A座107室
……Tel：0554-4971414

淮南淮河农村商业银行股份有限公司田集支行
地址：安徽省淮南市潘集区天柱山路73号
……Tel：0554-4971790

淮南淮河农村商业银行股份有限公司
地址：安徽省淮南市潘集区黄山路53号
……Tel：0554-4972129

交通银行股份有限公司淮南分行
地址：安徽省淮南市朝阳中路95号
……Tel：0554-6651788

淮南淮河农村商业银行股份有限公司广场路支行
地址：安徽省淮南市田家庵区广场路绿城花园
……Tel：0554-6887463

安徽凤台农村商业银行股份有限公司
地址：安徽省凤台县凤城大道28号
……Tel：0554-8622273

安徽含山农村商业银行股份有限公司
地址：安徽省马鞍山市含山县环峰北路1号
……Tel：0555-4316227

中国农业银行股份有限公司和县支行
地址：安徽省马鞍山市和县历阳镇陋室西街229号
……Tel：0555-5312811

安徽岳西农村商业银行股份有限公司
地址：安徽省岳西县天堂镇天堂路76号岳西农商银行合作金融大厦
……Tel：0556-2186261

安徽太湖农村商业银行股份有限公司
地址：安徽省太湖县晋熙镇人民路190号
……Tel：0556-4167154

安徽怀宁农村商业银行股份有限公司
地址：安徽省安庆市怀宁县高河镇稼先路188号
……Tel：0556-4634666

安庆农村商业银行股份有限公司
地址：安徽省安庆市集贤南路40号
……Tel：0556-5220891

兴业银行股份有限公司安庆分行
地址：安徽省安庆市宜秀区天柱山东路书香一品小区35幢1-6层
……Tel：0556-5280888

中国农业银行股份有限公司安庆兴龙支行
地址：安徽省安庆市孝肃路50号
……Tel：0556-5337178

中国银行股份有限公司安庆分行
地址：安徽省安庆市湖心北路2号
……Tel：0556-5520700

中国农业银行股份有限公司安庆分行
地址：安徽省安庆市菱湖北路40号
……Tel：0556-5956165

中国农业银行股份有限公司桐城市支行
地址：安徽省桐城市龙眠路27号
……Tel：0556-6125530

安徽望江农村商业银行股份有限公司
地址：安徽省安庆市望江县华阳镇清廉路101号
……Tel：0556-7172269

中国邮政储蓄银行股份有限公司望江县回龙营业所
地址：安徽省望江县回龙东路37号
……Tel：0556-7177378

安徽宿松农村商业银行股份有限公司
地址：安徽省宿松县孚玉镇孚玉西路641号
……Tel：0556-7834599

安徽潜山农村商业银行股份有限公司
地址：安徽省安庆市潜山县梅城镇舒州大道1072号
……Tel：0556-8921487

安徽泗县农村商业银行股份有限公司
地址：安徽省宿州市泗县桃园东路1号
……Tel：0557-2291920

中国农业银行股份有限公司灵璧县支行
地址：安徽省宿州市灵城解放街1号
……Tel：0557-2557362

中国邮政储蓄银行股份有限公司宿州市分行
地址：安徽省宿州市汴河中路859号
……Tel：0557-3050117

安徽萧县农村商业银行股份有限公司刘套支行
地址：萧县刘套镇政府北侧
……Tel：0557-5210323

安徽灵璧农村商业银行股份有限公司
地址：安徽省灵璧县灵城镇磬山中路西侧
……Tel：0557-6038735

安徽砀山农村商业银行股份有限公司
地址：安徽省砀山县砀城镇道北西路X344号
……Tel：0557-8029772

阜阳颍淮农村商业银行股份有限公司
地址：阜阳市颍州区清河街道办事处颍州南路199号
……Tel：0558-2201229

中国农业银行股份有限公司阜阳颍东支行
地址：安徽省阜阳市人民西路和平商场北侧
……Tel：0558-2282630

中国邮政储蓄银行股份有限公司阜阳市分行
地址：阜阳市颍州区人民西路269＃电力明园金樟苑4＃楼6＃楼4104室
……Tel：0558-2293136

中国太平洋人寿保险股份有限公司阜阳中心支公司
地址：阜阳市颍州区清河办事处阜王路588号金悦·金融大厦A座商办楼A108、A109、A601-A608、A701-A708
……Tel：0558-2775678

阜阳颍泉农村商业银行股份有限公司
地址：阜阳市颍泉区中市街道办事处北京中路99号
……Tel：0558-2789858

安徽谯城湖商村镇银行股份有限公司
地址：亳州市谯城区十九里镇康美中药城D11-103号
……Tel：0558-3032163

安徽界首农村商业银行股份有限公司
地址：安徽省界首市东升路南段东侧549号、551号、553号、555号
……Tel：0558-4812732

中国邮政储蓄银行股份有限公司亳州市分行
地址：安徽省亳州市魏武大道836号
……Tel：0558-5129022

中国工商银行股份有限公司亳州分行
地址：亳州市谯城区魏武大道983号
……Tel：0558-5523861

黄山屯溪农村商业银行股份有限公司
地址：黄山市屯溪区新园东路29号
……Tel：0559-2316344

中国建设银行股份有限公司黄山市分行
地址：安徽省黄山市屯溪区前园南路2号
……Tel：0559-2521220

黄山徽州农村商业银行股份有限公司
地址：安徽省黄山市徽州区环城北路29号
……Tel：0559-3511325

安徽黟县农村商业银行股份有限公司
地址：黄山市黟县碧阳镇渔亭路1号
……Tel：0559-5522629

安徽歙县农村商业银行股份有限公司
地址：安徽省黄山市歙县徽城镇黄山中路
……Tel：0559-6516827

安徽休宁农村商业银行股份有限公司
地址：黄山市休宁县海阳镇齐云山东大道16-2号
……Tel：0559-7512841

黄山太平农村商业银行股份有限公司
地址：黄山市黄山区甘棠北海南路东侧
……Tel：0559-8510915

中国邮政储蓄银行股份有限公司淮北市淮海西路支行
地址：安徽省淮北市淮海西路79号
……Tel：0561-3021057

中国邮政储蓄银行股份有限公司淮北市惠苑路支行
地址：安徽省淮北市相山区鹰山路85号怡和佳园商业4＃楼101、102室
……Tel：0561-3045609

中国邮政储蓄银行股份有限公司淮北市淮海东路支行
地址：安徽省淮北市淮海东路333号
……Tel：0561-3047044

中国建设银行股份有限公司淮北市分行
地址：安徽省淮北市古城路147号
……Tel：0561-3052911

中国邮政储蓄银行股份有限公司淮北市惠黎西路支行
地址：安徽省淮北市惠黎西路
……Tel：0561-3073372

中国邮政储蓄银行股份有限公司淮北市纺织厂支行
地址：安徽省淮北市相山区庆相桥南淮02829号
……Tel：0561-3158576

淮北农村商业银行股份有限公司
地址：淮北市相山中路60号
……Tel：0561-3886616

徽商银行股份有限公司淮北分行
地址：安徽省淮北市相山区人民中路253号
……Tel：0561-3199720

中国银行股份有限公司淮北分行
地址：安徽省淮北市古城路50号
……Tel：0561-3896676

中国邮政储蓄银行股份有限公司淮北市分行
地址：安徽省淮北市相山区鹰山中路33号丽水园16幢
……Tel：0561-3921905

中国邮政储蓄银行股份有限公司淮北市沈庄支行
地址：安徽省淮北市沈庄矿
……Tel：0561-4171524

中国农业银行股份有限公司淮北分行
地址：安徽省淮北市相山区相阳路东梅苑路北（梅苑路2号）
……Tel：0561-7961012

中国银行股份有限公司铜陵分行
地址：安徽省铜陵市石城路
……Tel：0562-2830117

中国建设银行股份有限公司铜陵市分行
地址：安徽省铜陵市长江西路41号
……Tel：0562-2835695

铜陵农村商业银行股份有限公司

地址：安徽省铜陵市北京西路290号
…………Tel：0562-2860385

安徽枞阳农村商业银行股份有限公司
地址：安徽省铜陵市枞阳县枞阳镇湖滨路40号
…………Tel：0562-3218867

中国邮政储蓄银行股份有限公司宣城市分行
地址：安徽省宣城市区昭亭中路190号
…………Tel：0563-2833301

中国农业银行股份有限公司宣城城中支行
地址：安徽省宣城市宣州区敬亭路341号
…………Tel：0563-3012050

中国建设银行股份有限公司宣城市分行
地址：安徽省宣城市状元南路17号
…………Tel：0563-3015606

中国银行股份有限公司宣城分行
地址：安徽省宣城市鳌峰中路47号
…………Tel：0563-3023479

宣城皖南农村商业银行股份有限公司
地址：安徽省宣城市鳌峰东路180号
…………Tel：0563-3032303

中国农业银行股份有限公司宣城分行
地址：安徽省宣城市鳌峰西路2号
…………Tel：0563-3033812

徽商银行股份有限公司宣城分行
地址：安徽省宣城市宣州区梅园路109号
…………Tel：0563-3035712

安徽宁国农村商业银行股份有限公司
地址：安徽省宁国市青龙东路10号
…………Tel：0563-4022051

安徽泾县农村商业银行股份有限公司
地址：安徽省宣城市泾县泾川镇桃花潭中路107号
…………Tel：0563-5121325

安徽郎溪农村商业银行股份有限公司
地址：郎溪县建平镇郎川大道西路8号
…………Tel：0563-7019009

安徽绩溪农村商业银行股份有限公司
地址：安徽省绩溪县生态工业园区印潭路88号
…………Tel：0563-8165925

安徽旌德农村商业银行股份有限公司
地址：安徽省宣城市旌德县旌阳镇解放街18号
…………Tel：0563-8602648

中国农业发展银行六安市分行
地址：六安市长安南路与梅山南路交叉口东200米处银波大厦11-12层
…………Tel：0564-3212612

中国邮政储蓄银行股份有限公司六安市分行
地址：六安市梅山南路农业科技大厦
…………Tel：0564-3220655

中国银行股份有限公司六安分行
地址：安徽省六安市人民路84号
…………Tel：0564-3316945

中国建设银行股份有限公司六安市分行
地址：安徽省六安市大别山路13号
…………Tel：0564-3327701

安徽霍山农村商业银行股份有限公司
地址：安徽省六安市霍山县衡山镇迎驾大道西路56号
…………Tel：0564-5022448

安徽叶集农村商业银行股份有限公司
地址：安徽省六安市叶集区史河东路东段
…………Tel：0564-6488179

中国建设银行股份有限公司池州市分行
地址：安徽省池州市翠微西路150号
…………Tel：0566-2020042

中国银行股份有限公司池州分行
地址：安徽省池州市贵池区长江中路308号
…………Tel：0566-2090165

安徽青阳农村商业银行股份有限公司
地址：安徽省池州市青阳县蓉城镇木镇路51号
…………Tel：0566-5023763

安徽东至农村商业银行股份有限公司
地址：安徽省池州市东至县尧渡镇建设路87号
…………Tel：0566-7020318

福建省

闽清县农村信用合作联社
地址：福建省福州市闽清县梅城镇西门街196号
…………Tel：0591-22332666

闽侯县农村信用合作联社
地址：闽侯县甘蔗镇入城路北侧
…………Tel：0591-22982212

永泰县农村信用合作联社
地址：永泰县樟城镇南湖花园E区9号
…………Tel：0591-24836069

连江县农村信用合作联社
地址：连江县凤城镇丹凤东路30号
…………Tel：0591-26232339

罗源县农村信用合作联社
地址：罗源县凤山镇北大路11号
…………Tel：0591-26831001

广发银行股份有限公司福州分行
地址：福建省福州市台江区曙光路132号申发大厦1、4层
…………Tel：0591-28083903

福建长乐农村商业银行股份有限公司
地址：福建省福州市长乐市吴航街道朝阳中路193号
…………Tel：0591-28839363

渤海银行股份有限公司福州分行
地址：福州市台江区江滨中大道363号华班大厦1、2、3、4、16层
…………Tel：0591-38138922

福建华通银行股份有限公司
地址：平潭综合实验区金井湾商务营运中心6号楼308室（中国（福建）自由贸易试验区平潭片区内）
…………Tel：0591-38373000

恒丰银行股份有限公司福州分行
地址：福州市晋安区华林路338号福城花园福城楼2#商场东面1-6层
…………Tel：0591-80801121

国信证券股份有限公司福州五一中路证券营业部
地址：福州市台江区五一中路88号平安大厦十六层（A单元）、十八层
…………Tel：0591-83316522

中国建设银行股份有限公司福州城东支行
地址：福州市古田路56号名流大厦
…………Tel：0591-83317439

中国邮政储蓄银行股份有限公司福建省分行
地址：福建省福州市鼓楼区水部街道古田路101号闽通大厦1层至4层01商场，5层01宴会厅，7层01大会议室，8至15层01-04室
…………Tel：0591-83328720

中国建设银行股份有限公司福清分行
地址：元洪路金融区建行大楼
…………Tel：0591-85216998

福建平潭农村商业银行股份有限公司
地址：平潭县潭城镇龙里路西侧
…………Tel：0591-86166116

厦门国际银行股份有限公司福州分行
地址：福州市鼓楼区五一北路162号
…………Tel：0591-87534581

中国农业银行股份有限公司福州分行
地址：福州市五一北路103号、107号
…………Tel：0591-87612395

福能期货股份有限公司
地址：福建省福州市鼓楼区五四路75号海西商务大厦31层
…………Tel：0591-87871692

西南证券股份有限公司福州分公司
地址：福州市鼓楼区井大路113号柒星佳寓4层01商业用房
…………Tel：0591-87981133

浙江稠州商业银行股份有限公司福州分行
地址：福建省福州市鼓楼区五四路320号怡森滑冰馆一至三层
…………Tel：0591-88303031

平安银行股份有限公司福州分行
地址：福州市鼓楼区五四路109号东煌大厦1-4层
…………Tel：0591-88523558

国家开发银行福建省分行
地址：福州市鼓楼区温泉街道五四路111号宜发大厦29层至33层
…………Tel：0591-88569165

华夏银行股份有限公司福州分行
地址：福州鼓楼区古田支路1号华夏大厦（1#、2#裙楼一至五层）
…………Tel：0591-88595685

瑞达期货股份有限公司
地址：福建省厦门市思明区桃园路18号26-29层
…………Tel：0592-2687330

国贸期货有限公司
地址：福建省厦门市湖里区仙岳路4688号国贸中心A栋16层、15层1单元
…………Tel：0592-5898722

中国工商银行股份有限公司宁德蕉城支行
地址：宁德市蕉城区815中路36号
…………Tel：0593-2822403

兴业银行股份有限公司宁德分行
地址：宁德市蕉城区天湖东路6号
…………Tel：0593-2823216

福建宁德农村商业银行股份有限公司
地址：宁德市蕉城区万安西路21号
…………Tel：0593-2879738

中国农业银行股份有限公司宁德分行
地址：宁德市蕉城区蕉城南路53号
…………Tel：0593-2969026

中国工商银行股份有限公司宁德分行
地址：宁德市蕉城南路51号
…………Tel：0593-2981811

屏南县农村信用合作联社
地址：屏南县古峰镇翠屏南路135号
…………Tel：0593-3323928

古田县农村信用合作联社
地址：古田县城东街道滨河东路9号
…………Tel：0593-3883865

福安市农村信用合作联社
地址：福安市城北新华中路103、107号
…………Tel：0593-6589728

福鼎市农村信用合作联社
地址：福鼎市太姥商厦A幢
…………Tel：0593-7826603

中国工商银行股份有限公司福鼎支行
地址：福建省宁德市福鼎市桐山街道中山中路612-618号
…………Tel：0593-7853843

福建福鼎恒兴村镇银行股份有限公司
地址：福建省福鼎市玉龙北路332号1-4层
…………Tel：0593-7899189

霞浦县农村信用合作联社
地址：霞浦县松城街道龙首路51号
…………Tel：0593-8863336

兴业银行股份有限公司莆田分行
地址：福建省莆田市城厢区凤凰山街道学园南街22号
…………Tel：0594-2280720

中国建设银行股份有限公司莆田荔城支行
地址：荔城区胜利北街818号
…………Tel：0594-2296162

中国民生银行股份有限公司莆田分行
地址：莆田市城厢区学园南路536号嘉禾世纪广场3号楼一层及北区二至四层
…………Tel：0594-2656622

中信银行股份有限公司莆田分行
地址：莆田市城厢区龙桥街道荔城中大道475号285室；莆田市城厢区龙桥街道荔城中大道567号华东城市家园1号楼318室；莆田市城厢区龙桥街道荔城中大道427号、435号、443号、451号
…………Tel：0594-2853195

中国银行股份有限公司莆田分行
地址：莆田市城厢区文献西路1069号
…………Tel：0594-6950393

福建仙游农村商业银行股份有限公司
地址：仙游县鲤城园滨路135号
…………Tel：0594-8296547

福建海峡人才金融咨询管理有限公司
地址：福建省泉州经济技术开发区德泰路51号孵化基地创业楼1号楼210室办公X区
…………Tel：0595-22103994

交通银行股份有限公司泉州分行
地址：泉州市丰泽区宝洲街浦西万达广场商业综合楼4号建筑01#商铺
…………Tel：0595-22132999

中信银行股份有限公司泉州分行
地址：泉州市丰泽区丰泽街336号凯祥大厦1-3层
…………Tel：0595-22148697

中国工商银行股份有限公司泉州分行
地址：泉州市丰泽区丰泽街610号
…………Tel：0595-22178070

中国农业银行股份有限公司泉州鲤城支行
地址：泉州市温陵南路231-245号（鲤城农行大厦）
…………Tel：0595-22181250

福建银雁金融服务外包有限公司泉州分公司
地址：福建省泉州市鲤城区金龙街道玉霞社区南环路1051号高新区科技金融服务中心A幢302、303、305室
…………Tel：0595-22661780

安溪县农村信用合作联社
地址：福建省泉州市安溪县建安大道农村信用社大厦
…………Tel：0595-23232192

永春县农村信用合作联社
地址：永春县桃城镇湖滨路301号
…………Tel：0595-23861028

中国民生银行股份有限公司泉州分行
地址：泉州市丰泽区刺桐路689号
…………Tel：0595-28008199

平安银行股份有限公司泉州分行
地址：福建省泉州市丰泽区滨海街109号连捷国际中心大厦一层101.102.103.106.107.109.117.118单元、五层04单元部分区域、三十一层、三十二层
…………Tel：0595-28207110

兴业消费金融股份公司
地址：福建省泉州市丰泽区丰泽街213号兴业银行大厦第17层
…………Tel：0595-28208222

招商银行股份有限公司泉州分行
地址：泉州市丰泽区宝洲路东段南侧中骏·国金中心2号楼
…………Tel：0595-27359359

中国光大银行股份有限公司泉州分行
地址：泉州市丰泽区田安北路288号青年大厦
…………Tel：0595-29010110

上海浦东发展银行股份有限公司泉州分行
地址：泉州市丰泽区丰泽街29号
…………Tel：0595-29011377

中国农业银行股份有限公司晋江市支行
地址：青阳曾井小区银星大厦
…………Tel：0595-85680145

中国工商银行股份有限公司晋江分行
地址：晋江市青阳崇德路
…………Tel：0595-85688414

中国农业银行股份有限公司南安市支行
地址：南安市溪美街道成功街372号
…………Tel：0595-86352489

中国工商银行股份有限公司南安支行
地址：南安市柳城成功街558号
…………Tel：0595-86358345

中国农业银行股份有限公司南安柳城支行
地址：南安市溪美镇
…………Tel：0595-86382491

中国建设银行股份有限公司惠安支行
地址：惠安县世纪大道西侧县体育中心旁广海．新景城第一幢一层SC1号房及二层BG1号房
…………Tel：0595-87313577

福建石狮农村商业银行股份有限公司
地址：福建省石狮市八七路2128-2150号
…………Tel：0595-88583931

福建漳州农村商业银行股份有限公司
地址：漳州市芗城区水仙大街53号信合大厦A-B幢
…………Tel：0596-2680572

中国工商银行股份有限公司漳州分行
地址：漳州市芗城区元光南路3号
…………Tel：0596-2971011

中国银行股份有限公司漳州分行
地址：芗城区元光南路2号
…………Tel：0596-2972655

招商银行股份有限公司漳州分行
地址：漳州市龙文区水仙大街88号融信.希尔顿.逸林酒店B幢第一层02单元和03单元、第九层、第十层05单元和06单元
…………Tel：0596-2988073

诏安县农村信用合作联社
地址：福建省诏安县南诏镇工峰路140号
…………Tel：0596-3328124

福建平和农村商业银行股份有限公司
地址：福建省漳州市平和县小溪镇北环路86号
…………Tel：0596-5230635

东山县农村信用合作联社
地址：东山县西埔镇白石街泽园路348号
…………Tel：0596-5881500

福建龙海农村商业银行股份有限公司
地址：龙海市石码镇港林路17号
…………Tel：0596-6522118

兴业银行股份有限公司龙岩分行
地址：福建省龙岩市新罗区龙岩大道298号
…………Tel：0597-2100013

中国建设银行股份有限公司龙岩分行
地址：龙岩市九一北路111号
…………Tel：0597-2239546

福建龙岩农村商业银行股份有限公司
地址：龙岩市新罗区西城西安南路295号莲花市场综合楼A栋1层101、2层201、3层301
…………Tel：0597-2258609

中国农业银行股份有限公司龙岩分行
地址：龙岩市新罗区西陂镇华莲路138-2号（金融商务中心B地块B2幢）
…………Tel：0597-2293685

中国邮政储蓄银行股份有限公司龙岩市分行
地址：龙岩市新罗区华莲路138号金融中心B1幢
…………Tel：0597-2398605

武平县农村信用合作联社
地址：福建省龙岩市武平县武平大道18号
…………Tel：0597-3338801

福建上杭农村商业银行股份有限公司
地址：上杭县临江镇振兴路171号
…………Tel：0597-3886056

龙岩市永定区农村信用合作联社
地址：福建省龙岩市永定区凤城沿河北路128号
…………Tel：0597-5821729

福建漳平农村商业银行股份有限公司
地址：福建省龙岩市漳平市桂林街道桂林路59号
…………Tel：0597-7833268

将乐县农村信用合作联社
地址：将乐县三华南路27号
…………Tel：0598-2337626

明溪县农村信用合作联社
地址：明溪县雪峰镇河滨北路339号
…………Tel：0598-2816124

建宁县农村信用合作联社
地址：福建省三明市建宁县濉溪镇荷花东路11号
…………Tel：0598-3981193

清流县农村信用合作联社
地址：福建省三明市清流县龙津镇文化街123号
…………Tel：0598-5322436

福建沙县农村商业银行股份有限公司
地址：沙县李纲中路100号
…………Tel：0598-5824350

尤溪县农村信用合作联社
地址：尤溪县城关解放路39号
…………Tel：0598-6323135

宁化县农村信用合作联社
地址：福建省三明市宁化县翠江镇中环南路1号中环花园4幢101号
…………Tel：0598-6831836

大田县农村信用合作联社
地址：福建省三明市大田县均溪镇赤岩山路2号
…………Tel：0598-7232686

泰宁县农村信用合作联社
地址：泰宁县金湖东路1号
…………Tel：0598-7833324

兴业银行股份有限公司三明分行
地址：三明市梅列区乾龙新村362幢（徐碧新城吉祥府邸4号）1-5层
…………Tel：0598-8228969

福建三明农村商业银行股份有限公司
地址：三明市梅列区和仁新村10幢一至四层
…………Tel：0598-8254103

中国建设银行股份有限公司三明分行
地址：福建省三明市三元区东新二路16号
…………Tel：0598-8968250

浦城县农村信用合作联社
地址：浦城县兴浦路235号
…………Tel：0599-2833967

政和县农村信用合作联社
地址：政和县城关西大街为民路4号
…………Tel：0599-3321020

中国农业银行股份有限公司建瓯市支行
地址：建瓯市中山路362号
…………Tel：0599-3832280

建瓯市农村信用合作联社
地址：福建省建瓯市中山路463号
…………Tel：0599-3851962

福建建瓯农村商业银行股份有限公司
地址：福建省建瓯市中山路463号
…………Tel：0599-3851962

武夷山市农村信用合作联社
地址：武夷山市环岛西路76号
…………Tel：0599-5309753

福建武夷山农村商业银行股份有限公司
地址：福建省武夷山市环岛西路76号
…………Tel：0599-5309753

南平市建阳区农村信用合作联社
地址：南平市建阳区人民路11号
…………Tel：0599-5839008

邵武市农村信用合作联社
地址：邵武市熙春中路248号
…………Tel：0599-6210678

顺昌县农村信用合作联社
地址：顺昌县双溪中山中路53号
…………Tel：0599-7831379

光泽县农村信用合作联社鸾凤信用社
地址：光泽县镇岭路19号
…………Tel：0599-7923114

光泽县农村信用合作联社
地址：光泽县杭中路20号（凤凰华府）1幢1层
…………Tel：0599-7923165

福建南平农村商业银行股份有限公司
地址：南平市八一路356号1-11层
…………Tel：0599-8632298

中国农业银行股份有限公司南平延平支行
地址：南平市新华路35-36号
…………Tel：0599-8824528

中国建设银行股份有限公司南平分行
地址：福建省南平市东山路2号
…………Tel：0599-8834255

江西省

江西安义农村商业银行股份有限公司
地址：江西省南昌市安义县龙津镇前进大道格林郡A＃商务中心101-501
…………Tel：0791-83427961

江西瑞奇期货有限公司
地址：江西省南昌市红谷滩区雅苑路196号金控大厦17楼
…………Tel：0791-86663536

江西广丰农村商业银行股份有限公司
地址：江西省上饶市广丰区永丰大道174号
…………Tel：0793-2631899

江西万年农村商业银行股份有限公司
地址：江西省上饶市万年县陈营镇六O南路3号
…………Tel：0793-3842035

中国农业银行股份有限公司宜春袁州支行
地址：江西省宜春市袁州区府北路8号红林世界城1层1-251室
…………Tel：0795-3216126

江西新干农村商业银行股份有限公司
地址：江西省吉安市新干县金川南大道35号
…………Tel：0796-2682769

吉安农村商业银行股份有限公司
地址：江西省吉安市吉州区大桥西路7号
…………Tel：0796-8235566

江西寻乌农村商业银行股份有限公司
地址：江西省赣州市寻乌县长宁镇岳家庄大道20号
…………Tel：0797-2846175

江西会昌农村商业银行股份有限公司
地址：江西省赣州市会昌县文武坝镇九洲大道6号
…………Tel：0797-5620960

萍乡农村商业银行股份有限公司
地址：萍乡市安源新区韶山西路2号
…………Tel：0799-6782655

江西芦溪农村商业银行股份有限公司华云支行
地址：江西省萍乡市芦溪县万龙山乡华云街
…………Tel：0799-7651186

山东省

山东定陶农村商业银行股份有限公司
地址：山东省菏泽市定陶县青年路中段路东
…………Tel：0530-2217001

山东鄄城农村商业银行股份有限公司
地址：山东省菏泽市鄄城县鄄四路中段014号
…………Tel：0530-2426283

曹县中银富登村镇银行有限公司
地址：曹县工业路东段路南（曹县中行对过）
…………Tel：0530-3258606

山东东明农村商业银行股份有限公司
地址：山东省菏泽市东明县五四路东段
…………Tel：0530-7212727

中国农业银行股份有限公司临沂河东支行
地址：临沂市河东区东兴路2136号
…………Tel：0530-8092595

山东成武农村商业银行股份有限公司
地址：山东省菏泽市成武县永昌路69号
…………Tel：0530-8639315

德华安顾人寿保险有限公司
地址：山东省济南市经十东路7000号汉峪金谷金融商务中心A2-5号楼26-29层
…………Tel：0531-55698999

山东豪沃汽车金融有限公司
地址：山东省济南市高新区华奥路777号国家重型汽车研究发展中心科技大楼四层
…………Tel：0531-58066518

山东省金融资产管理股份有限公司
地址：山东省济南市高新区颖秀路1237号
…………Tel：0531-67776283

国家开发银行山东省分行
地址：山东省济南市历下区经十路11666号济南市奥体金融中心D栋负1至14层部分区域
…………Tel：0531-81928202

山东商河农村商业银行股份有限公司
地址：山东省济南市商河县商中路488号
…………Tel：0531-84884439

山东平阴农村商业银行股份有限公司
地址：山东省济南市平阴县锦水河街中段龙山小区22号
…………Tel：0531-87875331

恒丰银行股份有限公司青岛分行（简称恒丰银行青岛分行）
地址：山东省青岛市市南区东海西路29号
…………Tel：0532-58523953

齐鲁银行股份有限公司青岛分行
地址：山东省青岛市崂山区苗岭路15号
…………Tel：0532-66563970

河北银行股份有限公司青岛分行
地址：青岛市市南区香港中路61号乙一层
…………Tel：0532-66566800

日照银行股份有限公司青岛分行
地址：青岛市市南区福州南路40号
…………Tel：0532-66773998

青岛农村商业银行股份有限公司（简称：青岛农商银行）
地址：山东省青岛市崂山区秦岭路6号1号楼
…………Tel：0532-66957975

潍坊银行股份有限公司青岛分行
地址：青岛市市南区东海西路2号甲1层C101户
…………Tel：0532-68628800

中国银行股份有限公司青岛山东路支行
地址：青岛市市北区山东路10号壬-6
…………Tel：0532-80796836

威海市商业银行股份有限公司青岛分行
地址：山东省青岛市黄岛区长江中路487号104-106室、201室
…………Tel：0532-80799553

汇丰银行（中国）有限公司青岛分行
地址：青岛市香港中路76号 中皇冠假日酒店8楼、711-714房间、718房间、911房间、918房间及1209房间
…………Tel：0532-80978088

国家开发银行青岛市分行
地址：青岛市市南区东海西路15号甲
…………Tel：0532-81978277

青岛农村商业银行股份有限公司市南支行
地址：山东省青岛市市南区东海西路10号1栋
…………Tel：0532-81979896

中国工商银行股份有限公司青岛市北第二支行
地址：青岛市市北区馆陶路12号
…………Tel：0532-82801026

中国建设银行股份有限公司青岛中山路支行
地址：青岛市市南区中山路93号
…………Tel：0532-82886357

中国农业银行股份有限公司青岛市北第一支行
地址：青岛市市北区大成路9号
…………Tel：0532-83611293

中国工商银行股份有限公司青岛市南第二支行
地址：青岛市市南区香港中路12号丰合大厦C区
…………Tel：0532-85027090

青岛西海岸海汇村镇银行股份有限公司
地址：山东省青岛市黄岛区车轮山路88号
…………Tel：0532-85185887

中国农业银行股份有限公司青岛市北第二支行
地址：青岛市市北区敦化路172-3号
…………Tel：0532-85667107

中国银行股份有限公司青岛市南第二支行
地址：青岛市市南区香港中路100号一层A区、2层B区
…………Tel：0532-85936871

中国银行股份有限公司青岛黄岛支行
地址：青岛市黄岛区双珠路2060号
…………Tel：0532-86162551

中国建设银行股份有限公司青岛西海岸新区分行
地址：山东省青岛市黄岛区香江路51号
…………Tel：0532-86893506

中国邮政储蓄银行股份有限公司胶州市支行
地址：青岛胶州市郑州东路148号
…………Tel：0532-87208297

中国建设银行股份有限公司胶州支行
地址：青岛胶州市郑州东路39号
…………Tel：0532-87214603

中国工商银行股份有限公司平度支行
地址：青岛市平度市郑州路23-1号
…………Tel：0532-87364785

中国农业银行股份有限公司青岛李沧支行
地址：青岛市李沧区延川路2-1号
…………Tel：0532-87895575

中国农业银行股份有限公司平度市支行
地址：青岛市平度市红旗路21号
…………Tel：0532-88398809

中国银行股份有限公司即墨分行
地址：青岛即墨市岙兰路973号
…………Tel：0532-81723700

海尔集团财务有限责任公司
地址：山东省青岛市崂山区海尔路178-2号1号楼裕龙国际中心
…………Tel：0532-88932211

山东齐盛期货有限公司
地址：山东省淄博市张店区柳泉路45号甲3号5层
…………Tel：0533-2161901

太平财产保险有限公司淄博中心支公司
地址：山东省淄博市张店区人民西路228号金融大厦
…………Tel：0533-2305826

青岛银行股份有限公司淄博分行
地址：山东省淄博市张店区联通路266号
…………Tel：0533-3103057

山东周村农村商业银行股份有限公司
地址：淄博市周村区新建中路57号
…………Tel：0533-6413611

山东夏津农村商业银行股份有限公司
地址：夏津县崔公街北侧、锦纺街西侧
…………Tel：0534-3211520

山东庆云农村商业银行股份有限公司
地址：山东省庆云县城区中心街北首35号
…………Tel：0534-3326277

山东平原农村商业银行股份有限公司
地址：平原县共青团路公安局南
…………Tel：0534-4250796

中国农业银行股份有限公司齐河县支行
地址：山东省德州市齐河县城齐晏大街
…………Tel：0534-5026563

山东武城农村商业银行股份有限公司
地址：山东省德州市武城县振华西街84号
…………Tel：0534-5071777

山东宁津农村商业银行股份有限公司
地址：山东省德州市宁津县南环路西首
…………Tel：0534-5222434

山东齐河农村商业银行股份有限公司
地址：山东省德州市齐河县齐鲁大街215号
…………Tel：0534-5325306

乐陵市农村信用合作联社
地址：乐陵市阜欣路399号（枣城南大街西侧乐德路北侧）
…………Tel：0534-6808837

德州陵城农村商业银行股份有限公司
地址：德州市陵城区临齐街道陵州路272号
…………Tel：0534-8225013

恒丰银行股份有限公司烟台分行
地址：烟台市芝罘区北马路258号联合发展大厦
…………Tel：0535-2110812

中国工商银行股份有限公司莱州支行
地址：莱州市古城街88号
…………Tel：0535-2802190

山东长岛农村商业银行股份有限公司
地址：山东省烟台市长岛县乐园大街132号
…………Tel：0535-3213893

山东海阳农村商业银行股份有限公司
地址：山东省烟台市海阳市海阳路208号
…………Tel：0535-3235013

中国工商银行股份有限公司烟台南大街支行
地址：烟台市芝罘区南大街11号
…………Tel：0535-6222774

中国农业银行股份有限公司烟台经济技术开发区支行
地址：烟台开发区泰山路98号
…………Tel：0535-6383810

华夏银行股份有限公司烟台分行
地址：烟台市芝罘区南大街123号银都国际公寓
…………Tel：0535-6589061

中国光大银行股份有限公司烟台分行
地址：山东省烟台市芝罘区南大街111号
…………Tel：0535-6653551

中国民生银行股份有限公司烟台分行
地址：山东省烟台经济技术开发区长江路7号
…………Tel：0535-6699888

上海浦东发展银行股份有限公司烟台分行
地址：烟台市芝罘区南大街10号
…………Tel：0535-6868809

山东招远农村商业银行股份有限公司
地址：山东省烟台市招远市温泉路128号
…………Tel：0535-8113427

中国建设银行股份有限公司龙口支行
地址：龙口市振兴路81号
…………Tel：0535-8812242

中国工商银行股份有限公司高密支行
地址：山东省潍坊市高密市凤凰大街中段文化广场北侧
…………Tel：0536-2322258

青岛银行股份有限公司潍坊分行
地址：山东省潍坊市奎文区福寿东街6636号7号楼124
…………Tel：0536-8066516

兴业银行股份有限公司潍坊分行
地址：山东省潍坊市高新区东风东街4899号金融广场商务中心一期2号办公综合楼1-5层
…………Tel：0536-8100303

中国邮政储蓄银行股份有限公司潍坊市分行
地址：山东省潍坊市高新区东风东街4899号金融广场1号综合楼
…………Tel：0536-8199300

中信银行股份有限公司潍坊分行
地址：潍坊市奎文区胜利东街246号
…………Tel：0536-8566153

招商银行股份有限公司潍坊分行
地址：潍坊市奎文区胜利东街金融服务区1号楼B座1-3层、27层
…………Tel：0536-8582209

中国工商银行股份有限公司济宁城区支行
地址：济宁市太白楼中路35号
…………Tel：0537-2207013

中国建设银行股份有限公司济宁分行
地址：济宁市红星中路30号
…………Tel：0537-2937183

恒丰银行股份有限公司济宁分行
地址：济宁高新区金宇路41-3号
…………Tel：0537-3169088

威海市商业银行股份有限公司济宁分行
地址：济宁市高新区琵琶山北路9-1号
…………Tel：0537-3317009

山东济宁兖州农村商业银行股份有限公司
地址：山东省济宁市兖州区建设东路271号
…………Tel：0537-3427196

招商银行股份有限公司济宁分行
地址：山东省济宁市任城区古槐路59号
…………Tel：0537-3625918

山东泗水农村商业银行股份有限公司
地址：山东省泗水县泉兴路中段
…………Tel：0537-4221008

山东曲阜农村商业银行股份有限公司
地址：山东省曲阜市大成路南首
……………………Tel：0537-4496176
山东鱼台农村商业银行股份有限公司
地址：山东省鱼台县观鱼大街38号
……………………Tel：0537-6218155
鱼台县农村信用合作联社
地址：山东省济宁市鱼台县湖陵二路西北环路南#
……………………Tel：0537-6218155
山东嘉祥农村商业银行股份有限公司
地址：山东省济宁市嘉祥县建设南路42号
……………………Tel：0537-6838406
山东汶上农村商业银行股份有限公司
地址：山东省汶上县中都大街88号
……………………Tel：0537-7217374
山东梁山农村商业银行股份有限公司
地址：梁山县水泊中路118号
……………………Tel：0537-7328716
山东微山农村商业银行股份有限公司
地址：山东省微山县奎文东路30号
……………………Tel：0537-8226950
山东金乡农村商业银行股份有限公司
地址：山东省金乡县青年路9号
……………………Tel：0537-8728904
新华人寿保险股份有限公司泰安中心支公司
地址：泰安市望岳西路泰山国际金融中心
……………………Tel：0538-2091161
中国农业银行股份有限公司东平县支行
地址：山东省泰安市东平县东山路香山街007号
……………………Tel：0538-2821543
中国建设银行股份有限公司肥城支行
地址：肥城市泰临路072号
……………………Tel：0538-3308290
中泰证券股份有限公司泰安分公司
地址：山东省泰安市泰山区东岳大街以南、校场街以东恒隆广场（东岳大街288号）1层西南角、7层东侧（706—715房间）、7层西侧（704、705房间）
……………………Tel：0538-8237878
中国邮政储蓄银行股份有限公司泰安市分行
地址：泰安市御碑楼路西市工商局综合办公楼
……………………Tel：0538-8538836
山东博兴农村商业银行股份有限公司
地址：滨州市博兴县博城五路522号
……………………Tel：0543-2329616
齐商银行股份有限公司滨州分行
地址：山东省滨州市滨城区渤海十八路657号
……………………Tel：0543-3189999
山东惠民农村商业银行股份有限公司
地址：山东省滨州市惠民县南关大街207号
……………………Tel：0543-5333031
山东无棣农村商业银行股份有限公司
地址：无棣县城院前街东首
……………………Tel：0543-6360358
山东垦利农村商业银行股份有限公司
地址：山东省东营市垦利区胜兴路与民丰路交叉路口以西路北
……………………Tel：0546-2885756
山东利津农村商业银行股份有限公司
地址：东营市利津县城津三路276号
……………………Tel：0546-5622217
中国工商银行股份有限公司广饶支行
地址：广饶县孙武路中段西侧
……………………Tel：0546-6441526
东营农村商业银行股份有限公司东城支行
地址：山东省东营市东营区府前大街55号金融港D座
……………………Tel：0546-8091696
中国工商银行股份有限公司东营西城支行
地址：东营市东营区西三路32号
……………………Tel：0546-8202756
中国工商银行股份有限公司东营胜利支行
地址：东营市济南路169号
……………………Tel：0546-8227673
中国工商银行股份有限公司东营东城支行
地址：山东省东营市东营区府前大街55号
……………………Tel：0546-8333166
青岛银行股份有限公司东营分行
地址：东营市东营区府前大街72号
……………………Tel：0546-8975315
威海蓝海银行股份有限公司
地址：山东省威海市环翠区新威路17-2号
……………………Tel：0631-5356901
招商银行股份有限公司威海分行
地址：威海市青岛北路19号
……………………Tel：0631-5859687
中国农业银行股份有限公司乳山市支行
地址：山东省威海市乳山市商业街82号
……………………Tel：0631-6622106
中国邮政储蓄银行股份有限公司枣庄市分行
地址：枣庄市新城黄山路与海河路交叉口处
……………………Tel：0632-3330672
中国建设银行股份有限公司滕州支行
地址：山东省枣庄市滕州市学院中路956号
……………………Tel：0632-3598009
济宁银行股份有限公司枣庄分行
地址：山东省枣庄市市中区文化西路118号
……………………Tel：0632-3607070
枣庄农村商业银行股份有限公司薛城支行
地址：山东省枣庄市薛城区永福北路269号
……………………Tel：0632-4415025
中国银行股份有限公司滕州支行
地址：滕州市善国北路37号
……………………Tel：0632-5514064
枣庄农村商业银行股份有限公司台儿庄支行
地址：山东省枣庄市台儿庄区康宁路126号
……………………Tel：0632-6619121
枣庄农村商业银行股份有限公司山亭支行
地址：山东省枣庄市山亭区新城府前东路21号
……………………Tel：0632-8052869
青岛银行股份有限公司枣庄分行
地址：山东省枣庄市市中区青檀路215号
……………………Tel：0632-8896598
中国农业银行股份有限公司日照东港支行
地址：日照市海曲中路65号
……………………Tel：0633-2190877
日照岚山农村商业银行股份有限公司
地址：山东省日照市岚山区岚山东路
……………………Tel：0633-2681809
太平人寿保险有限公司日照中心支公司
地址：山东省日照市东港区烟台路西、济南路南秦楼街道日照国际金融中心13、14层
……………………Tel：0633-3606567
山东五莲农村商业银行股份有限公司
地址：山东省日照市五莲县沿河路382号
……………………Tel：0633-5229028
招商银行股份有限公司日照分行
地址：山东省日照市东港区山东路1000号
……………………Tel：0633-8398571
中国农业银行股份有限公司临清市支行
地址：临清市新华办事处南门里街新1479
……………………Tel：0635-2323089
山东临清农村商业银行股份有限公司
地址：山东省聊城市临清市新华办事处南门村（青年路东首路南古楼东街26号）
……………………Tel：0635-2425828
山东东阿农村商业银行股份有限公司
地址：山东省聊城市东阿县曙光街243号
……………………Tel：0635-3265123
中国农业银行股份有限公司高唐县支行
地址：高唐县官道北路473号
……………………Tel：0635-3957279
山东茌平农村商业银行股份有限公司
地址：山东省茌平县振兴路1412号
……………………Tel：0635-4219200
山东聊城润昌农村商业银行股份有限公司
地址：山东省冠县冠宜春东路145号
……………………Tel：0635-5685908
山东莘县农村商业银行股份有限公司
地址：山东省聊城市莘县振兴街92号3幢4幢
……………………Tel：0635-7388712
中国邮政储蓄银行股份有限公司聊城市分行
地址：聊城市经济技术开发区东昌路177号
……………………Tel：0635-8326239

河南省

中国邮政储蓄银行股份有限公司商丘市分行
地址：商丘市青云街74号
……………………Tel：0370-2239567
宁陵县农村信用合作联社
地址：宁陵县建设路与永乐路交叉口西南角
……………………Tel：0370-3078000
睢县农村信用合作联社
地址：睢县凤城大道与春水路交叉口东北角
……………………Tel：0370-3117135
虞城县农村信用合作联社
地址：虞城县木兰大道与漓江路交叉口西南角
……………………Tel：0370-3123188
河南柘城农村商业银行股份有限公司
地址：柘城县和谐大街与未来大道交叉口西北角
……………………Tel：0370-3159000
中国农业银行股份有限公司虞城县支行
地址：虞城县胜利路中段
……………………Tel：0370-4112754
中国农业银行股份有限公司开封金明支行
地址：开封市金明东街北段1号
……………………Tel：0371-22292800
河南兰考农村商业银行股份有限公司
地址：河南省兰考县中原路15号
……………………Tel：0371-22790813
河南汴京农村商业银行股份有限公司
地址：开封市大梁路201号
……………………Tel：0371-22855155
中国农业银行股份有限公司通许县支行
地址：人民路中段6号
……………………Tel：0371-23286058
中国邮政储蓄银行股份有限公司开封市分行
地址：河南省开封市金明东街中段
……………………Tel：0371-23851038
中国农业银行股份有限公司开封分行
地址：开封市金明东街北段
……………………Tel：0371-23852200
河南通许农村商业银行股份有限公司
地址：通许县城文卫路75号
……………………Tel：0371-24979016
开封宋都农村商业银行股份有限公司
地址：开封市祥符区祥符大道194号
……………………Tel：0371-26661026
河南尉氏农村商业银行股份有限公司
地址：河南省开封市尉氏县城人民路东段31号
……………………Tel：0371-27986911
中国农业银行股份有限公司尉氏县支行
地址：尉氏县城建设路中段39号
……………………Tel：0371-27993718
河南杞县农村商业银行股份有限公司
地址：河南省开封市杞县金城大道与经三路交叉口东南角
……………………Tel：0371-28973763
洛阳银行股份有限公司郑州分行
地址：河南自贸试验区郑州片区（郑东）金水东路33号美盛中心
……………………Tel：0371-55617771
焦作中旅银行股份有限公司郑州分行
地址：河南自贸试验区郑州片区（郑东）金水东路51号楷林商务中心北区一单元
……………………Tel：0371-56560786
华夏银行股份有限公司郑州分行
地址：郑州市郑东新区商务外环路29号1层0101号
……………………Tel：0371-58559355
河南中原消费金融股份有限公司
地址：河南省郑州市郑东新区康宁街99号万众大厦
……………………Tel：0371-58559666
河南快客金融服务有限公司
地址：郑州市郑东新区平安大道189号正商环湖国际8层
……………………Tel：0371-58676890
中国建设银行股份有限公司郑州郑港支行
地址：郑州市航空港区四港联动大道与郑港六路交叉口东500米
……………………Tel：0371-61296671
中国农业银行股份有限公司中牟县支行
地址：中牟县城关镇青年西路23号
……………………Tel：0371-62187612
河南新郑农村商业银行股份有限公司
地址：新郑市中华北路169号
……………………Tel：0371-62612222
中国农业银行股份有限公司新郑市支行
地址：河南省新郑市人民西路20号
……………………Tel：0371-62693384
河南登封农村商业银行股份有限公司
地址：登封市嵩阳路北段22号
……………………Tel：0371-62854017
中国农业银行股份有限公司登封市支行
地址：登封市中岳大街
……………………Tel：0371-62872354
郑州大道金融服务有限公司
地址：河南自贸试验区郑州片区（郑东）商务外环路28号16层06号
……………………Tel：0371-63372337
中国农业银行股份有限公司巩义市支行
地址：巩义市新华路
……………………Tel：0371-64352750
中国农业银行股份有限公司荥阳康泰路支行
地址：荥阳市荥泽大道与康泰路交叉口东南侧（意墅蓝山75号楼103—105）
……………………Tel：0371-64601402
中国农业银行股份有限公司荥阳市支行
地址：荥阳市索河路与京城路交叉口
……………………Tel：0371-64612961
河南荥阳农村商业银行股份有限公司
地址：荥阳市万山路与索河路交汇处
……………………Tel：0371-64636668
中国农业银行股份有限公司荥阳市豫龙分理处
地址：荥阳市豫龙镇禹锡路与荥泽大道交叉口西50米
……………………Tel：0371-64960168
中国建设银行股份有限公司郑州直属支行
地址：河南自贸试验区郑州片区（郑东）正光路与众旺路交汇处行署国际广场5号楼1-2层
……………………Tel：0371-65528125
中国工商银行股份有限公司郑州花园路支行
地址：郑州市金水区纬五路8号
……………………Tel：0371-65585203
中国建设银行股份有限公司郑州期货城支行
地址：郑州市金水区未来大道71号未来花园1号1-2层商铺
……………………Tel：0371-65616153
上海东证期货有限公司郑州营业部
地址：郑州市郑东新区商务外环路30号期货大厦1301室
……………………Tel：0371-65616191
中国农业银行股份有限公司郑州花园支行
地址：郑州市丰产路102号
……………………Tel：0371-65741937
百瑞信托有限责任公司
地址：河南自贸试验区郑州片区（郑东）商务外环路10号中原广发金融大厦
……………………Tel：0371-65817087
民生证券股份有限公司河南分公司
地址：郑州市西太康路139号
……………………Tel：0371-66267816
中国农业银行股份有限公司郑州金水支行
地址：郑州市北二七路57号
……………………Tel：0371-66617259
中国建设银行股份有限公司郑州铁路支行
地址：河南省郑州市蜜蜂张街1号
……………………Tel：0371-66960689
方正证券股份有限公司郑州嵩山南路证券营业部
地址：郑州市二七区嵩山南路81号机械研究所单身职工公寓
……………………Tel：0371-67723515
中国工商银行股份有限公司郑州商都路支行
地址：郑州市郑东新区商都路31号（商都路与黄河东路交叉口东南角）
……………………Tel：0371-68095561
中原期货股份有限公司
地址：河南省郑州市郑东新区商务外环路10号中原广发金融大厦四楼
……………………Tel：0371-68599199
华融融达期货股份有限公司
地址：郑州市郑东新区商务内环路27号楼1单元3层01号、2单元3层02号
……………………Tel：0371-69106586
中国农业银行股份有限公司郑州自贸区分行
地址：河南自贸试验区郑州片区（郑东）金水东路49号1号楼1-2层附26号
……………………Tel：0371-69191185
河南巩义农村商业银行股份有限公司
地址：巩义市紫荆路33号
……………………Tel：0371-69530026
中国农业银行股份有限公司新密市支行
地址：河南省新密市新县城东大街22号
……………………Tel：0371-69822905
河南新密农村商业银行股份有限公司
地址：新密市西大街西段203号
……………………Tel：0371-69995006
中国农业银行股份有限公司郑州东风路支行
地址：郑州市东风路36号
……………………Tel：0371-81834017
中国农业银行股份有限公司河南省分行直属支行
地址：郑州市经三路15号
……………………Tel：0371-81837339
中国建设银行股份有限公司郑州自贸区分行
地址：河南自贸试验区郑州片区（郑东）金水东路21号1层102号
……………………Tel：0371-86616298
中国银行股份有限公司郑州文化支行
地址：河南省郑州市文化路102号
……………………Tel：0371-87028052
中国邮政储蓄银行股份有限公司安阳市分行
地址：河南省安阳市文峰大道569号
……………………Tel：0372-5101978
中国农业银行股份有限公司安阳县支行
地址：河南省安阳市紫薇大道与朝阳路交叉口西北角
……………………Tel：0372-5110576
中国农业银行股份有限公司安阳市区支行
地址：河南省安阳市文峰区解放大道中段
……………………Tel：0372-5117313
中信银行股份有限公司安阳分行
地址：安阳市文峰区文峰大道与兴泰路交叉口东南角昊澜迎宾馆9号楼
……………………Tel：0372-5998026

河南汤阴农村商业银行股份有限公司
地址：河南省安阳市汤阴县人民路112号
……………………Tel：0372－6226811

中国农业银行股份有限公司林州市支行
地址：林州市太行路266号
……………………Tel：0372－6895700

内黄县农村信用合作联社
地址：河南省安阳市内黄县建设路中段路南
……………………Tel：0372－7711806

中国邮政储蓄银行股份有限公司滑县王庄镇营业所
地址：滑县王庄镇北街路东
……………………Tel：0372－8641167

中国邮政储蓄银行股份有限公司滑县文明路营业所
地址：滑县新区文明路南段东侧
……………………Tel：0372－8114161

中国邮政储蓄银行股份有限公司滑县枣村乡营业所
地址：滑县枣村乡郑吴线大道路北
……………………Tel：0372－8261338

中国邮政储蓄银行股份有限公司滑县留固镇营业所
地址：滑县留固镇南街公路东
……………………Tel：0372－8671201

中国邮政储蓄银行股份有限公司滑县大寨乡营业所
地址：滑县大寨乡大寨村南街路东
……………………Tel：0372－8114161

中国邮政储蓄银行股份有限公司滑县老店镇营业所
地址：滑县老店镇西老店村道牛路西侧
……………………Tel：0372－8341188

中国邮政储蓄银行股份有限公司滑县高平镇营业所
地址：滑县高平镇西街
……………………Tel：0372－8541010

中国邮政储蓄银行股份有限公司滑县赵营乡营业所
地址：赵营乡南街路北
……………………Tel：0372－8114161

中国邮政储蓄银行股份有限公司滑县上官镇营业所
地址：滑县上官镇社区门口
……………………Tel：0372－8311247

中国邮政储蓄银行股份有限公司滑县桑村乡营业所
地址：滑县桑村乡南街路西
……………………Tel：0372－8511000

中国邮政储蓄银行股份有限公司滑县八里营乡营业所
地址：滑县八里营乡道大路北
……………………Tel：0372－8421005

中国邮政储蓄银行股份有限公司滑县小铺乡营业所
地址：滑县小铺乡政府西400米路南
……………………Tel：0372－8621116

中国邮政储蓄银行股份有限公司滑县焦虎乡营业所
地址：滑县焦虎乡东街
……………………Tel：0372－8361307

中国邮政储蓄银行股份有限公司滑县牛屯镇营业所
地址：牛屯镇南街路西
……………………Tel：0372－8114161

中国邮政储蓄银行股份有限公司滑县老庙乡营业所
地址：滑县老庙乡十字街
……………………Tel：0372－8114161

中国邮政储蓄银行股份有限公司滑县城关镇营业所
地址：滑县城关镇政府门口
……………………Tel：0372－8711676

中国邮政储蓄银行股份有限公司滑县四间房乡营业所
地址：滑县四间房村新濮公路南侧
……………………Tel：0372－8114161

中国邮政储蓄银行股份有限公司滑县卫河路营业所
地址：道口镇卫河路西段南侧
……………………Tel：0372－8114161

中国邮政储蓄银行股份有限公司滑县白道口镇营业所
地址：滑县白道口镇白道口村
……………………Tel：0372－8491013

中国邮政储蓄银行股份有限公司滑县万古镇营业所
地址：滑县万古镇十字街
……………………Tel：0372－8221015

中国邮政储蓄银行股份有限公司滑县慈周寨乡营业所
地址：滑县慈周寨乡南街路西
……………………Tel：0372－8562581

中国邮政储蓄银行股份有限公司滑县道城路营业所
地址：滑县城关镇道城路南侧交通宾馆综合楼
……………………Tel：0372－8169389

中国邮政储蓄银行股份有限公司滑县半坡店乡营业所
地址：滑县半坡店乡振兴路与道牛路交叉口向东500米路南
……………………Tel：0372－8641167

中国农业银行股份有限公司滑县支行
地址：滑县道口镇人民大道中段
……………………Tel：0372－8150696

长江证券股份有限公司新乡金穗大道证券营业部
地址：牧野路溥诚花园1号营住楼7号营业房
……………………Tel：0373－2075301

新乡市凤泉区农村信用合作联社
地址：新乡市凤泉区双坛路22号
……………………Tel：0373－3096229

郑州银行股份有限公司新乡分行
地址：新乡市向阳路278号
……………………Tel：0373－3555222

中国邮政储蓄银行股份有限公司新乡市分行
地址：和平大道189号地址：
……………………Tel：0373－3710895

中国邮政储蓄银行股份有限公司卫辉市孙杏村镇营业所
地址：卫辉市孙杏村镇政府东新濮公路北
……………………Tel：0373－4498671

河南卫辉农村商业银行股份有限公司
地址：卫辉市比干大道中段
……………………Tel：0373－4494798

中国邮政储蓄银行股份有限公司卫辉市安都乡营业所
地址：河南省新乡市卫辉市安都乡马杏线路南（乡政府对面东1米）
……………………Tel：0373－4498671

中国邮政储蓄银行股份有限公司卫辉市上乐村镇营业所
地址：卫辉市上乐村镇政府西
……………………Tel：0373－4498671

中国邮政储蓄银行股份有限公司卫辉市李元屯镇营业所
地址：卫辉市李元屯镇青年路路东
……………………Tel：0373－4498671

中国邮政储蓄银行股份有限公司卫辉市唐庄镇营业所
地址：卫辉市唐庄镇工业聚集区107国道北
……………………Tel：0373－4498671

河南获嘉农村商业银行股份有限公司
地址：获嘉县中山路与和平路交叉口
……………………Tel：0373－7095900

许昌农村商业银行股份有限公司
地址：许昌市城乡一体化示范区芙蓉大道金融大厦
……………………Tel：0374－2332179

中国农业银行股份有限公司许昌魏都支行
地址：许昌市榆柳街1号
……………………Tel：0374－2622650

中国邮政储蓄银行股份有限公司许昌市分行
地址：许昌市颖昌路402号
……………………Tel：0374－2660300

中国民生银行股份有限公司许昌分行
地址：许昌市文峰路中段三鼎大厦一、二层
……………………Tel：0374－2995568

中国农业银行股份有限公司襄城县支行
地址：襄城县紫云大道中段
……………………Tel：0374－3582172

河南许昌许都农村商业银行股份有限公司
地址：许昌市八一路110号
……………………Tel：0374－4363102

中国农业银行股份有限公司许昌建安支行
地址：河南省许昌市新许路东82号
……………………Tel：0374－5150369

河南长葛农村商业银行股份有限公司
地址：长葛市葛天大道与魏武路交叉口西南侧
……………………Tel：0374－5360066

中国农业银行股份有限公司长葛市支行
地址：长葛市建设路中段
……………………Tel：0374－6129360

中国农业银行股份有限公司鄢陵县支行
地址：鄢陵县城西关开发区
……………………Tel：0374－7163099

河南鄢陵农村商业银行股份有限公司
地址：鄢陵县城南环路东
……………………Tel：0374－7197611

鄢陵郑银村镇银行股份有限公司
地址：鄢陵县花都大道198号
……………………Tel：0374－7789089

长葛轩辕村镇银行有限责任公司
地址：长葛市葛天大道1188号
……………………Tel：0374－8010909

中国农业银行股份有限公司禹州市支行
地址：禹州市远航路11号
……………………Tel：0374－8185426

中国建设银行股份有限公司平顶山分行
地址：湛河区中兴路东湛河南湛河大酒店
……………………Tel：0375－2216028

中原银行股份有限公司平顶山分行
地址：河南省平顶山市湛河区中兴路与湛南路交叉口西北角
……………………Tel：0375－2398803

平顶山市石龙区农村信用合作联社
地址：河南省平顶山市石龙区南顾庄
……………………Tel：0375－2535788

中国邮政储蓄银行股份有限公司平顶山市分行
地址：平顶山市湛河区中兴路南段东23号院
……………………Tel：0375－2914908

平顶山卫东农村商业银行股份有限公司
地址：平顶山市矿工路79号院1号楼
……………………Tel：0375－3935364

河南宝丰农村商业银行股份有限公司
地址：河南省平顶山市宝丰县城人民中路8号
……………………Tel：0375－6584806

河南叶县农村商业银行股份有限公司
地址：河南省平顶山市叶县玄武大道中段北侧金燕雅苑1号楼
……………………Tel：0375－8099007

河南潢川农村商业银行股份有限公司
地址：河南省潢川县跃进东路
……………………Tel：0376－3937292

潢川县农村信用合作联社
地址：潢川县跃进东路
……………………Tel：0376－3921593

信阳珠江村镇银行股份有限公司
地址：河南省信阳市羊山新区新七大道与新八街交叉口
……………………Tel：0376－6199236

河南淮滨农村商业银行股份有限公司
地址：信阳市淮滨县乌龙大道中段
……………………Tel：0376－7799720

商城县农村信用合作联社
地址：商城县城关黄柏山路2号
……………………Tel：0376－7860352

河南光山农村商业银行股份有限公司
地址：河南省信阳市光山县健康路3号
……………………Tel：0376－8590665

光山县农村信用合作联社
地址：光山县城健康路3号
……………………Tel：0376－8590665

中国银行股份有限公司南阳分行
地址：南阳市七一路129号
……………………Tel：0377－61501000

中国邮政储蓄银行股份有限公司南阳市分行
地址：南阳市独山大道与高新路交叉口西南角
……………………Tel：0377－61560126

中国民生银行股份有限公司南阳分行
地址：南阳市宛城区独山大道玉龙苑小区5号楼
……………………Tel：0377－61601888

中国农业银行股份有限公司邓州市支行
地址：新华中路农行大厦
……………………Tel：0377－62125498

交通银行股份有限公司南阳分行
地址：河南省南阳市独山大道与张衡路交叉口东北角中泰国际大厦裙楼1－2层
……………………Tel：0377－63322919

中国工商银行股份有限公司河南油田支行
地址：河南油田大庆路东段
……………………Tel：0377－63780719

新野县农村信用合作联社
地址：县城人民路北段
……………………Tel：0377－66260396

河南南召农村商业银行股份有限公司
地址：南阳市南召县城关镇中华路188号
……………………Tel：0377－66913305

郑州银行股份有限公司南阳分行
地址：河南省南阳市宛城区仲景路与范蠡路交叉口
……………………Tel：0377－67776918

河南社旗农村商业银行股份有限公司
地址：河南省南阳市社旗县建设南路36号
……………………Tel：0377－67925375

河南桐柏农村商业银行股份有限公司
地址：河南省南阳市桐柏县文化路东段
……………………Tel：0377－68265388

河南宜阳农村商业银行股份有限公司
地址：河南省洛阳市宜阳县城关镇人民路
……………………Tel：0379－60662867

中原银行股份有限公司洛阳分行
地址：洛阳市洛龙区长兴街66号
……………………Tel：0379－61161999

中国光大银行股份有限公司洛阳分行
地址：洛阳市洛龙区开元大道五洲大厦裙楼一、二层
……………………Tel：0379－62222029

平顶山银行股份有限公司洛阳分行
地址：洛阳市洛龙区开元大道258号世贸中心一楼营业大厅西侧
……………………Tel：0379－62270755

中国民生银行股份有限公司洛阳分行
地址：洛阳市中州中路497号中州国际大厦东附楼
……………………Tel：0379－62279139

河南栾川农村商业银行股份有限公司
地址：河南省栾川县伊水路伊水明珠
……………………Tel：0379－62675100

中国银行股份有限公司洛阳分行
地址：洛阳市西工区中州中路439号
……………………Tel：0379－63108998

中国农业银行股份有限公司洛阳新区支行
地址：洛阳市新区太康路与王城大道交叉口奥林商务大厦一、二楼
……………………Tel：0379－63231208

中国农业银行股份有限公司洛阳西工支行
地址：洛阳市西工区九都路92号
……………………Tel：0379－63238165

中国建设银行股份有限公司洛阳分行
地址：洛阳市西工区中州中路235号
……………………Tel：0379－63257069

交通银行股份有限公司洛阳分行
地址：洛阳市洛龙区开元大道与市府东街交叉口
……………………Tel：0379－63272610

郑州银行股份有限公司洛阳分行
地址：洛阳市洛龙区关林路厚载门街交叉口隆安大厦
……………………Tel：0379－65872970

河南洛宁农村商业银行股份有限公司
地址：洛阳市洛宁县永宁大道216号
……………………Tel：0379－66268006

河南嵩县农村商业银行股份有限公司
地址：河南省嵩县白云大道中段
……………………Tel：0379－66311950

中国农业银行股份有限公司栾川县支行
地址：栾川县城兴华西路
……………………Tel：0379－66826428

中国农业银行股份有限公司新安县支行
地址：新安县县城慕蓉街
……………………Tel：0379－67262600

河南新安农村商业银行股份有限公司
地址：新安县新城北京路南
……………………Tel：0379－67282710

河南孟津农村商业银行股份有限公司
地址：洛阳市孟津县城关镇小浪底大道29号
……………………Tel：0379－67811111

河南汝阳农村商业银行股份有限公司
地址：汝阳县城人民路29号
……………………Tel：0379－68213945

河南伊川农村商业银行股份有限公司
地址：河南省伊川县滨河新区豫港大道北侧
……………………Tel：0379－68333193

中国农业银行股份有限公司伊川县支行
地址：洛阳市伊川县城关镇杜康大道439号
……………………Tel：0379－68333564

中信银行股份有限公司洛阳分行
地址：洛阳市西工区中州中路405号
……………………Tel：0379－69900961

中原银行股份有限公司焦作分行
地址：焦作市解放区人民路479号
……………………Tel：0391－2680000

焦作市中站区农村信用合作联社
地址：焦作市解放西路中站段安嘉公园绿洲11号商务楼1号
……………………Tel：0391－2951215

中国邮政储蓄银行股份有限公司焦作市分行
地址：河南省焦作市解放区站前路768号火车站广场西侧
……………………Tel：0391－2981903

中国农业银行股份有限公司焦作分行
地址：焦作市民主南路８８号
……………………Tel：0391－3278037

焦作市山阳区农村信用合作联社
地址：焦作市山阳路与人民路交叉口东北角一楼
……………………Tel：0391－3302387

焦作解放农村商业银行股份有限公司
地址：焦作市解放区果园路与解放路丁字口西南角
……………………Tel：0391－3911166

中国银行股份有限公司济源分行
地址：河南省济源市沁园中路98号
……………………Tel：0391－5567010

河南沁阳农村商业银行股份有限公司
地址：河南省沁阳市怀府中路5号
……………………Tel：0391－5633068

温县农村信用合作联社
地址：温县太行路24号
……………………Tel：0391－6192958

中国建设银行股份有限公司济源分行
地址：市济水大道中段2号
……………………Tel：0391－6629855

中国农业银行股份有限公司济源分行
地址：济源市沁园中路5号
……………………Tel：0391－6692384

中原银行股份有限公司济源分行
地址：济源市黄河路中段481号
……………………Tel：0391－6886601

中国邮政储蓄银行股份有限公司济源市直属支行

地址：济源市宣化中街68号
…………Tel：0391-6913266

河南修武农村商业银行股份有限公司
地址：河南省修武县为民路128号
…………Tel：0391-7190439

河南武陟农村商业银行股份有限公司
地址：河南省焦作市武陟县文化路47号
…………Tel：0391-7293403

河南孟州农村商业银行股份有限公司
地址：河南省孟州市西黄河大道
…………Tel：0391-8150123

河南博爱农村商业银行股份有限公司
地址：博爱县海华路（南段）78号
…………Tel：0391-8699763

中国邮政储蓄银行股份有限公司鹤壁市山城区支行
地址：河南省鹤壁市山城区长风路与朝霞街交叉口东南角
…………Tel：0392-3335656

中国农业银行股份有限公司鹤壁分行
地址：鹤壁市淇滨开发区淇滨大道181号
…………Tel：0392-3150212

中原银行股份有限公司鹤壁分行
地址：河南省鹤壁市淇滨区淇水大道与朝歌路交叉口东北角金融大厦
…………Tel：0392-3318252

中国邮政储蓄银行股份有限公司鹤壁市分行
地址：市开发区淇滨大道165号
…………Tel：0392-3335656

中国建设银行股份有限公司鹤壁分行
地址：鹤壁市淇滨区太行路183号
…………Tel：0392-3387036

淇县农村信用合作联社
地址：淇县朝歌路30号
…………Tel：0392-7228456

河南台前农村商业银行股份有限公司
地址：河南省濮阳市台前县纬六路4号
…………Tel：0393-2212970

河南范县农村商业银行股份有限公司
地址：河南省濮阳市范县新区人民大道路东
…………Tel：0393-5260272

河南南乐农村商业银行股份有限公司
地址：河南省濮阳市南乐县城南环路北300米光明路东
…………Tel：0393-6223111

中国邮政储蓄银行股份有限公司濮阳市分行
地址：濮阳市濮上路与黄河路交叉口东南角199号
…………Tel：0393-6933867

河南清丰农村商业银行股份有限公司
地址：河南省濮阳市清丰县政通大道与文化路交叉口西350米路北
…………Tel：0393-7232173

中国农业银行股份有限公司淮阳县支行
地址：河南省周口市淮阳县城关回族镇陈州路126号
…………Tel：0394-2659099

河南项城农村商业银行股份有限公司
地址：项城市光武大道
…………Tel：0394-4261520

河南沈丘农村商业银行股份有限公司
地址：河南省周口市沈丘县阳光路与群贤路交叉口西北角
…………Tel：0394-5281937

河南商水农村商业银行股份有限公司
地址：河南省周口市商水县阳城大道1218号
…………Tel：0394-5441854

中国建设银行股份有限公司周口分行
地址：周口市七一路西段
…………Tel：0394-6061699

周口农村商业银行股份有限公司
地址：河南省周口市文昌大道与人和路交叉口东北角
…………Tel：0394-8369123

中国邮政储蓄银行股份有限公司周口市分行
地址：河南省周口市七一路中段
…………Tel：0394-8910518

中国邮政储蓄银行股份有限公司漯河市分行
地址：漯河市西城区汉江路北侧
…………Tel：0395-2399676

漯河市召陵区农村信用合作联社
地址：漯河经济开发区湘江路28号
…………Tel：0395-2616166

漯河市源汇区农村信用合作联社
地址：漯河市源汇区嵩山路660号
…………Tel：0395-2929517

漯河市郾城包商村镇银行有限责任公司
地址：漯河市郾城区黄河路406号
…………Tel：0395-3101566

中国农业银行股份有限公司漯河源汇支行
地址：漯河市郾城区黄河路中段410号
…………Tel：0395-3105502

中国银行股份有限公司漯河分行
地址：漯河市郾城区黄河路中段733号
…………Tel：0395-3566000

中国农业银行股份有限公司漯河分行
地址：漯河市郾城区黄河路中段606号
…………Tel：0395-3955055

中国农业银行股份有限公司漯河郾城支行
地址：漯河市郾城区海河路东段37-2号
…………Tel：0395-3955500

舞阳县农村信用合作联社
地址：舞阳县张家港路
…………Tel：0395-7121832

中国邮政储蓄银行股份有限公司驻马店市分行
地址：河南省驻马店市解放大道与文明大道交叉口
…………Tel：0396-2829779

河南遂平农村商业银行股份有限公司
地址：遂平县建设路187号
…………Tel：0396-4650101

中国农业银行股份有限公司遂平县支行
地址：遂平县建设路75号
…………Tel：0396-4902996

河南平舆农村商业银行股份有限公司
地址：河南省平舆县永乐大道296号
…………Tel：0396-5022573

河南西平农村商业银行股份有限公司
地址：西平县棠溪路与护城河路交叉处东
…………Tel：0396-6262667

中国农业银行股份有限公司上蔡县支行
地址：上蔡县蔡都镇白云大道310号
…………Tel：0396-6923119

河南确山农村商业银行股份有限公司
地址：河南省确山县龙山大道北段1107号
…………Tel：0396-7017981

河南泌阳农村商业银行股份有限公司
地址：泌阳县花园路西段
…………Tel：0396-7916758

中国农业银行股份有限公司西平县支行
地址：西平县护城河路242号
…………Tel：0396-85335460

河南正阳农村商业银行股份有限公司
地址：河南省正阳县真阳镇南环路222号
…………Tel：0396-8920598

中原银行股份有限公司三门峡迎宾支行
地址：河南省三门峡市商务中心区迎宾大道与中心大道交叉口湖滨大厦（商业1层003）
…………Tel：0398-2831901

河南渑池农村商业银行股份有限公司
地址：渑池县新华路西侧、黄河路南侧
…………Tel：0398-4839500

河南卢氏农村商业银行股份有限公司
地址：河南省卢氏县靖华西路南侧
…………Tel：0398-7871317

河南灵宝农村商业银行股份有限公司
地址：河南省灵宝市金城大道东段
…………Tel：0398-8863085

湖北省

长江期货股份有限公司
地址：武汉市武昌区中北路9号长城汇T2号写字楼第27、28层
…………Tel：027-65261399

幸福人寿保险股份有限公司湖北分公司
地址：武汉市江岸区建设大道648号雷王金融中心18-21楼
…………Tel：027-65778651

中国银行股份有限公司武汉华中师大支行
地址：湖北省武汉市洪山区珞瑜路152号（华中师范大学校区内）
…………Tel：027-67868335

中国银行股份有限公司武汉武大支行
地址：湖北省武汉市武昌区武大三区综合服务大楼一楼
…………Tel：027-68762976

中国建设银行股份有限公司武汉蔡甸支行
地址：武汉市蔡甸区蔡甸街独山村金家上城一新都汇
…………Tel：027-69110959

中国工商银行股份有限公司武汉青山支行
地址：武汉市青山区和平大道１５３８号
…………Tel：027-82215009

中国工商银行股份有限公司武汉武昌支行
地址：湖北省武汉市武昌区彭刘杨路体育街口
…………Tel：027-82215527

中国工商银行股份有限公司武汉水果湖支行
地址：武昌区东湖路65号
…………Tel：027-82215802

中国工商银行股份有限公司武汉经济技术开发区支行
地址：武汉经济技术开发区创业道26号
…………Tel：027-82216568

中国工商银行股份有限公司武汉蔡甸支行
地址：武汉市蔡甸区汉阳大街600号
…………Tel：027-82216688

中国工商银行股份有限公司武汉江夏支行
地址：武汉市江夏区纸坊街文华路37号附2号
…………Tel：027-82219005

中国工商银行股份有限公司武汉黄陂支行
地址：黄陂区前川街板桥大道234号
…………Tel：027-82219200

中国工商银行股份有限公司武汉江岸支行
地址：江岸区中山大道９８８号
…………Tel：027-82219325

中国工商银行股份有限公司武汉黄浦支行
地址：武汉市江岸区黄浦大街259-260号
…………Tel：027-82219611

中国银行股份有限公司武汉市直支行
地址：江岸区解放大道１３２０号（解放公园小区）
…………Tel：027-82724357

光大金融租赁股份有限公司
地址：湖北省武汉市江岸区三阳路8号天悦星晨A栋写字楼第10层02-04单元
…………Tel：027-82798995

中国银行股份有限公司武汉青岛路支行
地址：江岸区洞庭街３３号
…………Tel：027-82806438

中国银行股份有限公司武汉江岸支行
地址：江岸区澳门路232号
…………Tel：027-82865875

中国银行股份有限公司武汉万松支行
地址：武汉市江汉区青年路190号（爱特@城一层3号商铺）
…………Tel：027-83612883

中国银行股份有限公司武汉硚口支行
地址：桥口区中山大道建乐村３１号
…………Tel：027-83772923

汉口银行股份有限公司硚口支行
地址：　口区　口路160号
…………Tel：027-83785666

武汉楚天威豹金融服务有限公司
地址：武汉市江汉区常腾街78号
…………Tel：027-83860563

中国农业银行股份有限公司武汉东西湖支行
地址：东西湖吴家山东吴大道490号（6）
…………Tel：027-83891341

武汉众邦银行股份有限公司
地址：湖北省武汉市黄陂区盘龙城经济开发区汉口北大道88号汉口北国际商品交易中心D2区1-2层、22-23层
…………Tel：027-83923785

武汉众邦银行股份有限公司营业部
地址：武汉市江汉区建设大道588号1层
…………Tel：027-83923785

湖北银行股份有限公司武汉汉口支行
地址：武汉市江汉区发展大道222号华南大厦C座西北角1、2层
…………Tel：027-83953880

东风汽车财务有限公司
地址：湖北省湖北省武汉市武汉经济技术开发区东风二路东合中心南区办公楼H栋15-18层
…………Tel：027-84283124

中国银行股份有限公司武汉汉阳支行
地址：汉阳区汉阳大道182号
…………Tel：027-84762762

汉口银行股份有限公司汉阳支行
地址：湖北省武汉市汉阳翠微路特1号
…………Tel：027-84845017

中国建设银行股份有限公司武汉经济技术开发区支行
地址：武汉经济技术开发区创业道10号
…………Tel：027-84897068

中国银行股份有限公司武汉经济技术开发区支行
地址：武汉经济技术开发区神龙大道109号
…………Tel：027-84955865

浙商银行股份有限公司武汉分行
地址：武汉市江汉区新华路296号
…………Tel：027-85331794

中国银行股份有限公司武汉中信支行
地址：湖北省武汉市江汉区京汉大道701号
…………Tel：027-85417895

汉口银行股份有限公司江汉支行
地址：江汉区新华下路特8号1-2层
…………Tel：027-85481562

湖北金融租赁股份有限公司
地址：武汉市东湖新技术开发区光谷三路777号
…………Tel：027-85559795

国通信托有限责任公司
地址：武汉市江汉区新华街296号汉江国际1栋1单元32-38层
…………Tel：027-85565769

汉口银行股份有限公司沿江支行
地址：江汉区沿江大道52号
…………Tel：027-85651326

汉口银行股份有限公司民族路支行
地址：江汉区大兴路21号
…………Tel：027-85655265

汉口银行股份有限公司汉正街支行
地址：桥口区利济南路１０７－１０９号
…………Tel：027-85681928

中国银行股份有限公司武汉汉口支行
地址：武汉市江岸区中山大道593号
…………Tel：027-82833600

中国银行股份有限公司武汉洞庭支行
地址：江岸区洞庭街123号
…………Tel：027-82806870

中国银行股份有限公司武汉常青支行
地址：湖北省武汉市江汉区新湾路78号
…………Tel：027-65662742

中国银行股份有限公司武汉融科天城支行
地址：武汉市江岸区解放大道1138附27号
…………Tel：027-82214171

中国银行股份有限公司武汉友谊支行
地址：武汉市江汉区友谊路舞台天下公寓
…………Tel：027-85866048

中国银行股份有限公司武汉江汉支行
地址：湖北省武汉市江汉区建设大道677号
…………Tel：027-85785690

中国银行股份有限公司武汉同济支行
地址：桥口区航空路１３号
…………Tel：027-83600985

中国银行股份有限公司武汉三眼桥支行
地址：江汉区香港路318号香港丽都103号
…………Tel：027-85309960

中国银行股份有限公司武汉青年支行
地址：东西湖区常青花园2小区40栋A单元1层
…………Tel：027-85802708

湖北骏马金融配套服务有限公司
地址：武汉市吴家山新城十二路湖北现代五金机电城综合楼5楼519室（1）
…………Tel：027-85811186

汉口银行股份有限公司中山大道支行
地址：　口区中山大道２７９号
…………Tel：027-85897007

中国银行股份有限公司武汉省直支行
地址：武汉市洪山区徐东大街137号
…………Tel：027-86771891

武汉市普罗米斯小额贷款有限公司
地址：湖北省武汉市武昌区公正路216号安顺月光广场16栋（平安国际金融大厦）14层
…………Tel：027-87116303

湖北银行股份有限公司小企业金融服务中心
地址：武昌区中北路81号
…………Tel：027-87139171

中国银行股份有限公司湖北自贸试验区武汉片区分行
地址：湖北省武汉市东湖新技术开发区软件园东路1-7-1号
…………Tel：027-87156528

阳光人寿保险股份有限公司湖北分公司
地址：武汉市武昌区公正路216号平安金融科技大厦9层、16层
…………Tel：027-87158283

中国银行股份有限公司武汉华农支行
地址：湖北省武汉市洪山区狮子山1附16355号
…………Tel：027-87285435

泰康保险集团股份有限公司武汉后援基地
地址：武汉市东湖新技术开发区光谷大道77号金融港后台服务中心一期A1栋
…………Tel：027-87295522

泰康人寿保险有限责任公司湖北电话销售中心
地址：武汉市东湖新技术开发区光谷大道77号金融港后台服务中心一期A1栋1-20层
…………Tel：027-87295522-8753

中国银行股份有限公司武汉石牌岭支行
地址：武汉东湖新技术开发区关山大道332号
…………Tel：027-87391083

中国银行股份有限公司武汉雄楚大道支行
地址：武汉市洪山区雄楚大道697附7号
…………Tel：027-87447628

中国银行股份有限公司武汉地大支行
地址：武汉市鲁磨路388附106号
…………Tel：027-87482213

中国银行股份有限公司武汉东湖新技术开发区分行
地址：洪山区卓刀泉路35号
…………Tel：027-87521893

中国银行股份有限公司武汉广埠屯支行
地址：武汉市洪山区珞瑜路148号B座-4号
…………Tel：027-87876741

中国银行股份有限公司武汉珞狮路支行
地址：武汉市洪山区珞狮路186附1号
…………Tel：027-87880259

中国建设银行股份有限公司武汉江夏支行
地址：武汉市江夏区纸坊街兴新街357号

……………………………Tel：027-87953545
中国银行股份有限公司武汉武昌支行
地址：武昌区中山路45号
……………………………Tel：027-88218510
湖北消费金融股份有限公司
地址：武汉市武昌区中北路9号长城汇T1写字楼第37层
……………………………Tel：027-88313592
中国银行股份有限公司武汉中南财经政法大学支行
地址：武汉市洪山区政院路1号（中南财经政法大学校园内）
……………………………Tel：027-88386971
英大泰和人寿保险股份有限公司湖北分公司
地址：武汉市洪山区徐东大街69号华中电力金融大厦7楼、11楼
……………………………Tel：027-88608339
中国银行股份有限公司襄阳分行
地址：襄阳市樊城区长虹北路6号
……………………………Tel：0710-3222694
中国农业银行股份有限公司襄阳樊城支行
地址：襄阳市樊城区建设路12号
……………………………Tel：0710-3244082
中国农业银行股份有限公司襄阳高新区支行
地址：襄阳市高新区春园路9号
……………………………Tel：0710-3246485
湖北银行股份有限公司襄阳分行
地址：襄阳市高新区长虹北路5号
……………………………Tel：0710-3274598
中国农业银行股份有限公司襄阳襄城支行
地址：湖北省襄阳市襄城南街28号
……………………………Tel：0710-3511923
湖北宜城农村商业银行股份有限公司
地址：湖北省宜城市振兴大道262号
……………………………Tel：0710-4212007
中国农业银行股份有限公司宜城市支行
地址：湖北省宜城市汉江路11号
……………………………Tel：0710-4212198
中国农业银行股份有限公司南漳县支行
地址：湖北省南漳县城关镇水镜大道540号
……………………………Tel：0710-5231456
湖北南漳农村商业银行股份有限公司
地址：湖北省南漳县城关镇水镜大道299号
……………………………Tel：0710-5240265
湖北保康农村商业银行股份有限公司
地址：湖北省保康县城关镇光千路5号
……………………………Tel：0710-5813012
湖北老河口农村商业银行股份有限公司
地址：湖北省老河口市中山路21号
……………………………Tel：0710-8220930
中国银行股份有限公司鄂州分行
地址：鄂城区文星大道88号
……………………………Tel：0711-3228857
中国工商银行股份有限公司鄂州分行
地址：湖北省鄂州市凤凰路50号
……………………………Tel：0711-3835009
中国建设银行股份有限公司鄂州分行
地址：鄂州市滨湖北路1号
……………………………Tel：0711-3835300
中国农业银行股份有限公司鄂州分行
地址：湖北省鄂州市文星大道36-1号
……………………………Tel：0711-3835899
湖北银行股份有限公司孝感分行
地址：湖北省孝感市槐荫大道175号
……………………………Tel：0712-2844770
中国建设银行股份有限公司孝感分行
地址：孝感市城站路
……………………………Tel：0712-2854823
中国农业银行股份有限公司应城市支行
地址：应城市城中办事处育才路12号
……………………………Tel：0712-3222240
湖北应城农村商业银行股份有限公司
地址：湖北省应城市广场大道2号
……………………………Tel：0712-3249805
湖北云梦农村商业银行股份有限公司
地址：湖北省云梦县楚王城大道187号
……………………………Tel：0712-4221623
湖北孝昌农村商业银行股份有限公司
地址：湖北省孝昌县花园大道120号
……………………………Tel：0712-4768112
湖北安陆农村商业银行股份有限公司
地址：湖北省安陆市碧　路78号
……………………………Tel：0712-5253622
湖北大悟农村商业银行股份有限公司
地址：湖北省大悟县城关镇发展大道2号
……………………………Tel：0712-7232287
中国农业银行股份有限公司汉川市支行
地址：湖北省汉川市仙女大道219号
……………………………Tel：0712-8282028
中国工商银行股份有限公司汉川支行
地址：湖北省汉川市仙女山街道办事处仙女大道215号
……………………………Tel：0712-8282065
湖北汉川农村商业银行股份有限公司
地址：湖北省汉川市西湖大道7号
……………………………Tel：0712-8288150
湖北麻城农村商业银行股份有限公司
地址：湖北省麻城市金桥大道17号
……………………………Tel：0713-2920200
中国工商银行股份有限公司麻城支行
地址：麻城市陵园路27号地址：
……………………………Tel：0713-2912468
中国农业银行股份有限公司麻城市支行
地址：麻城市将军北路73号地址：
……………………………Tel：0713-2914011
中国农业银行股份有限公司黄梅县支行
地址：黄梅县黄梅镇五祖大道451号
……………………………Tel：0713-3332663
湖北黄梅农村商业银行股份有限公司
地址：湖北省黄冈市黄梅县黄梅镇黄梅大道498号
……………………………Tel：0713-3353300
湖北浠水农村商业银行股份有限公司
地址：湖北省浠水县清泉镇车站大道302号
……………………………Tel：0713-4226241
中国农业银行股份有限公司浠水县支行
地址：浠水县清泉镇丽文大道
……………………………Tel：0713-4232586
湖北浠水农村商业银行股份有限公司清泉支行
地址：浠水县清泉镇车站大道307号
……………………………Tel：0713-4238961
湖北浠水农村商业银行股份有限公司云路支行
地址：浠水县清泉镇丽文大道426号
……………………………Tel：0713-4240458
湖北浠水农村商业银行股份有限公司马垅支行
地址：浠水县散花镇马垅街
……………………………Tel：0713-4626010
中国农业银行股份有限公司罗田县支行
地址：罗田县凤山镇胜利街
……………………………Tel：0713-5053248
湖北罗田农村商业银行股份有限公司
地址：湖北省黄冈市罗田县凤山镇义水北路
……………………………Tel：0713-5059708
中国农业银行股份有限公司红安县支行
地址：红安县城关镇将军路1号
……………………………Tel：0713-5242861
湖北红安农村商业银行股份有限公司
地址：湖北省红安县城关镇将军大道53号
……………………………Tel：0713-5243537
湖北团风农村商业银行股份有限公司
地址：湖北省团风县团风大道14号
……………………………Tel：0713-6150806
中国农业银行股份有限公司武穴市支行
地址：武穴市永宁大道西39号
……………………………Tel：0713-6223521
湖北武穴农村商业银行股份有限公司
地址：武穴市广济大道东10号
……………………………Tel：0713-6225041
湖北英山农村商业银行股份有限公司
地址：湖北省英山县温泉镇金石路（大桥北端）
……………………………Tel：0713-7010172
湖北英山农村合作银行
地址：英山县温泉镇金石路（大桥北端）
……………………………Tel：0713-7010172
中国农业银行股份有限公司蕲春县支行
地址：蕲春县漕河镇蕲春大道252号
……………………………Tel：0713-7231391
湖北蕲春农村商业银行股份有限公司
地址：湖北省蕲春县漕河镇蕲春大道211号
……………………………Tel：0713-7263582
中国银行股份有限公司黄冈分行
地址：黄冈市黄州区西湖二路29号
……………………………Tel：0713-8357890
武汉农村商业银行股份有限公司黄冈分行
地址：黄冈市黄州区东门路74号
……………………………Tel：0713-8360506
中国农业发展银行黄冈市分行
地址：黄冈市赤壁大道79号
……………………………Tel：0713-8367995
中国邮政储蓄银行股份有限公司黄冈市分行
地址：黄冈市黄州区新港大道19号
……………………………Tel：0713-8625619
湖北黄冈农村商业银行股份有限公司
地址：黄冈市黄州区赤壁大道70号
……………………………Tel：0713-8663671
交通银行股份有限公司黄石分行
地址：黄石市下陆区桂林北路36号
……………………………Tel：0714-6211618
招商银行股份有限公司黄石分行
地址：湖北省黄石杭州西路76号
……………………………Tel：0714-6235130
黄石农村商业银行股份有限公司
地址：黄石市黄石港区磁湖路55号（时代.仁智山水S06号、S07号楼）
……………………………Tel：0714-6237566
湖北银行股份有限公司黄石分行
地址：湖北省黄石市下陆区桂林南路22号
……………………………Tel：0714-6538399
中国农业银行股份有限公司阳新支行
地址：阳新县兴国镇兴国大道124号
……………………………Tel：0714-7323427
湖北阳新农村商业银行股份有限公司
地址：黄石市阳新县兴国镇陵园大道62号
……………………………Tel：0714-7323939
湖北通山农村商业银行股份有限公司
地址：湖北省通山县九宫大道406号
……………………………Tel：0715-2362138
湖北崇阳农村商业银行股份有限公司
地址：湖北省崇阳县天城镇沿河大道345号
……………………………Tel：0715-3325406
湖北通城农村商业银行股份有限公司城郊支行
地址：通城县隽水镇银城路8号
……………………………Tel：0715-4322469
湖北通城农村商业银行股份有限公司隽水支行
地址：通城县隽水镇金泉路1号
……………………………Tel：0715-4322485
湖北通城农村商业银行股份有限公司武长支行
地址：通城县隽水镇隽水大道121号
……………………………Tel：0715-4322597
湖北通城农村商业银行股份有限公司锦山支行
地址：通城县隽水镇旭红路152号
……………………………Tel：0715-4322847
湖北通城农村商业银行股份有限公司民主支行
地址：通城县隽水镇湘汉路68号
……………………………Tel：0715-4322872
湖北通城农村商业银行股份有限公司
地址：湖北省通城县隽水镇隽水大道262号1幢
……………………………Tel：0715-4329918
湖北通城农村商业银行股份有限公司银山支行
地址：通城县隽水镇银山广场行政服务中心东侧
……………………………Tel：0715-4354823
湖北通城农村商业银行股份有限公司沙堆支行
地址：通城县沙堆镇九井新街
……………………………Tel：0715-4510992
湖北通城农村商业银行股份有限公司四庄支行
地址：通城县四庄乡四庄街
……………………………Tel：0715-4550113
湖北通城农村商业银行股份有限公司麦市支行
地址：通城县麦市镇建设路49号
……………………………Tel：0715-4610850
湖北通城农村商业银行股份有限公司关刀支行
地址：通城县关刀镇振兴大道21号
……………………………Tel：0715-4640118
湖北通城农村商业银行股份有限公司塘湖支行
地址：通城县塘湖镇西镇街16号
……………………………Tel：0715-4681615
湖北通城农村商业银行股份有限公司马港支行
地址：通城县马港镇武长路101号
……………………………Tel：0715-4710089
湖北通城农村商业银行股份有限公司石南支行
地址：通城县石南镇南大路127号
……………………………Tel：0715-4811920
湖北通城农村商业银行股份有限公司大坪支行
地址：通城县大坪乡南张路9号
……………………………Tel：0715-4830810
湖北通城农村商业银行股份有限公司北港支行
地址：通城县北港镇长青路31号
……………………………Tel：0715-4861809
湖北赤壁农村商业银行股份有限公司
地址：赤壁市赤马港办事处河北大道267号
……………………………Tel：0715-5353196
湖北嘉鱼农村商业银行股份有限公司
地址：嘉鱼县鱼岳镇沙阳大道93号1-11层
……………………………Tel：0715-6310606
湖北银行股份有限公司咸宁分行
地址：咸宁市咸宁大道39号
……………………………Tel：0715-8219039
中国邮政储蓄银行股份有限公司咸宁市分行
地址：湖北省咸宁市咸安区温泉街道办事处温泉路92号
……………………………Tel：0715-8233094
湖北咸宁农村商业银行股份有限公司
地址：咸宁市咸安区长安大道166号
……………………………Tel：0715-8233208
武汉农村商业银行股份有限公司咸宁分行
地址：咸宁市咸安区银泉大道611号元信花园
……………………………Tel：0715-8260909
湖北洪湖农村商业银行股份有限公司
地址：湖北省洪湖市宏伟北路8号
……………………………Tel：0716-2211260
中国农业银行股份有限公司洪湖市支行
地址：洪湖市新堤办事处玉沙路27号
……………………………Tel：0716-2430494
中国农业银行股份有限公司监利县支行
地址：监利县容城镇交通路494号
……………………………Tel：0716-3262821
湖北监利农村商业银行股份有限公司
地址：湖北省监利县容城镇江城路57号
……………………………Tel：0716-3327422
湖北江陵农村商业银行股份有限公司
地址：湖北省江陵县郝穴镇荆江路182号
……………………………Tel：0716-4733949
中国农业银行股份有限公司松滋市支行
地址：松滋市新江口镇乐乡大道101号
……………………………Tel：0716-6229728
湖北松滋农村商业银行股份有限公司
地址：松滋市新江口镇民主路213号
……………………………Tel：0716-6231546
湖北石首农村商业银行股份有限公司
地址：湖北省石首市中山街59号
……………………………Tel：0716-7297937
中国工商银行股份有限公司荆州分行
地址：沙市区北京中路352号
……………………………Tel：0716-8215215
中国农业银行股份有限公司荆州沙市支行
地址：湖北省荆州市沙市区北京中路318号
……………………………Tel：0716-8237783
中国农业银行股份有限公司荆州直属支行
地址：荆州市荆州区荆东路53号
……………………………Tel：0716-8426595
中国农业银行股份有限公司石首市支行
地址：湖北省石首市东方大道209号
……………………………Tel：0716-7298439
中国建设银行股份有限公司荆州分行
地址：荆州区荆北路18号
……………………………Tel：0716-8460095
中国邮政储蓄银行股份有限公司荆州市分行
地址：荆州区江津西路401号
……………………………Tel：0716-8461768
中国银行股份有限公司荆州分行
地址：荆州区黄金堂44号
……………………………Tel：0716-8468391
湖北兴山农村商业银行股份有限公司
地址：湖北省兴山县古夫镇昭君路20号
……………………………Tel：0717-2585400
湖北秭归农村商业银行股份有限公司
地址：秭归县茅坪镇平湖大道15号
……………………………Tel：0717-2882332
湖北当阳农村商业银行股份有限公司
地址：湖北省当阳市长坂路146号
……………………………Tel：0717-3256098
湖北远安农村商业银行股份有限公司
地址：宜昌市远安县鸣凤大道73号
……………………………Tel：0717-3813881
中国农业银行股份有限公司枝江市支行
地址：湖北省枝江市马家店迎宾大道93号
……………………………Tel：0717-4212286
湖北枝江农村商业银行股份有限公司
地址：湖北省枝江市友谊大道59号
……………………………Tel：0717-4289966
中国农业银行股份有限公司宜都市支行
地址：陆城园林大道 40号
……………………………Tel：0717-4821121
中国工商银行股份有限公司宜都支行
地址：宜都市陆城长江大道70号
……………………………Tel：0717-4822507
湖北宜都农村商业银行股份有限公司
地址：湖北省宜都市陆城街办清江大道39号
……………………………Tel：0717-4831871
湖北长阳农村商业银行股份有限公司
地址：长阳龙舟坪镇龙舟大道52号（馨农家园2栋第1-5层）
……………………………Tel：0717-5328006
湖北五峰农村商业银行股份有限公司
地址：宜昌市五峰土家族自治县渔洋关镇长乐大道194号
……………………………Tel：0717-5758226
中国工商银行股份有限公司三峡云集支行
地址：宜昌市二马路7号
……………………………Tel：0717-6234144
汉口银行股份有限公司宜昌分行
地址：宜昌市西陵区云集路25号
……………………………Tel：0717-6433910
交通银行股份有限公司宜昌分行
地址：宜昌市胜利四路22号
……………………………Tel：0717-6484982
中国工商银行股份有限公司三峡伍家岗支行
地址：宜昌市伍家岗区白沙路（伍家岗小学）
……………………………Tel：0717-6557823
武汉农村商业银行股份有限公司宜昌分行
地址：宜昌市伍家岗区沿江大道188号(新外滩4栋一层D-002-D-010)
……………………………Tel：0717-6565599
中国工商银行股份有限公司三峡葛洲坝支行

地址：宜昌市西陵区石子岭路13号

…………Tel：0717-6722688

中国工商银行股份有限公司三峡铁路坝支行

地址：宜昌市西陵一路73号

…………Tel：0717-6854010

中国邮政储蓄银行股份有限公司宜昌市分行

地址：宜昌市西陵区福绥路47号

…………Tel：0717-6986290

中国农业银行股份有限公司三峡宜昌支行

地址：宜昌市夷陵区明珠路1号

…………Tel：0717-7101836

中国工商银行股份有限公司三峡夷陵支行

地址：宜昌市夷陵区东湖大道10号

…………Tel：0717-7701829

湖北建始农村商业银行股份有限公司

地址：湖北建始县业州镇广润路17号

…………Tel：0718-3223523

湖北巴东农村商业银行股份有限公司

地址：湖北省巴东县信陵镇金堂路

…………Tel：0718-4226197

湖北鹤峰农村商业银行股份有限公司

地址：鹤峰县容美镇　水大道806号

…………Tel：0718-5293880

湖北宣恩农村商业银行股份有限公司

地址：湖北省宣恩县珠山镇兴隆大道155号

…………Tel：0718-5831905

湖北来凤农村商业银行股份有限公司

地址：来凤县翔凤镇解放大道211号

…………Tel：0718-6283935

湖北咸丰农村商业银行股份有限公司

地址：咸丰县高乐山镇营屏寨路43号

…………Tel：0718-6822464

湖北利川农村商业银行股份有限公司

地址：湖北省利川市滨江南路1号龙船天街A2-132

…………Tel：0718-7286015

中国银行股份有限公司恩施分行

地址：恩施市航空路35号

…………Tel：0718-8221920

中国农业银行股份有限公司恩施市支行

地址：湖北省恩施市航空大道115号

…………Tel：0718-8253303

湖北银行股份有限公司恩施分行

地址：湖北省恩施市施州大道157号

…………Tel：0718-8254567

湖北恩施农村商业银行股份有限公司

地址：恩施市施州大道52号

…………Tel：0718-8259540

中国建设银行股份有限公司恩施分行

地址：恩施市东风大道571号

…………Tel：0718-8294200

湖北竹溪农村商业银行股份有限公司

地址：湖北省竹溪县鄂陕大道1884号

…………Tel：0719-2726629

湖北房县农村商业银行股份有限公司

地址：房县城关镇南大街47号

…………Tel：0719-3224868

湖北神农架农村商业银行股份有限公司

地址：神农架林区松柏镇中心街7号

…………Tel：0719-3333830

湖北竹山农村商业银行股份有限公司

地址：湖北竹山县城关镇人民路15号

…………Tel：0719-4225208

湖北丹江口农村商业银行股份有限公司

地址：丹江口市均州二路19号

…………Tel：0719-5210449

湖北武当山农村商业银行股份有限公司

地址：十堰市武当山旅游经济特区玉虚路37号

…………Tel：0719-5665794

湖北郧西农村商业银行股份有限公司

地址：湖北省郧西县郧西大道74号

…………Tel：0719-6221754

湖北郧县农村商业银行股份有限公司

地址：湖北省郧县城关镇金沙路23号

…………Tel：0719-7232052

湖北随州曾都汇丰村镇银行有限责任公司

地址：湖北省随州市曾都区烈山大道205号

…………Tel：0722-3068074

中国银行股份有限公司随州分行

地址：湖北省随州市烈山大道182号

…………Tel：0722-3227574

中国工商银行股份有限公司随州分行

地址：湖北省随州市烈山大道493号

…………Tel：0722-3315901

中国农业银行股份有限公司广水市支行

地址：湖北省广水市航空路57号

…………Tel：0722-6249693

湖北广水农村商业银行股份有限公司

地址：湖北省广水市永阳大道46号

…………Tel：0722-6261020

中国建设银行股份有限公司荆门分行

地址：荆门市东宝区象山一路19号

…………Tel：0724-2378114

中国邮政储蓄银行股份有限公司荆门市分行

地址：荆门市东宝区金龙泉大道2号

…………Tel：0724-2388570

中国农业银行股份有限公司钟祥市支行

地址：湖北省钟祥市郢中镇承天大道中路1号

…………Tel：0724-4222988

中国工商银行股份有限公司钟祥支行

地址：钟祥市郢中镇阳春街9号

…………Tel：0724-6319528

湖北京山农村商业银行股份有限公司

地址：湖北省京山市新市镇新市大道261号

…………Tel：0724-7323191

湖北沙洋农村商业银行股份有限公司

地址：湖北省沙洋县沙洋镇荷花大道40号

…………Tel：0724-8596001

湖北荆门农村商业银行股份有限公司

地址：荆门高新区·掇刀区象山大道142号东方广场A座

…………Tel：0724-8600388

中国银行股份有限公司仙桃分行

地址：仙桃市复州大道264号

…………Tel：0728-3223410

中国建设银行股份有限公司仙桃分行

地址：湖北省仙桃市仙桃大道中段64号

…………Tel：0728-3317388

中国工商银行股份有限公司仙桃分行

地址：仙桃市仙桃大道中段45号

…………Tel：0728-3319738

中国农业银行股份有限公司天门分行

地址：湖北省天门市竟陵人民大道中118号

…………Tel：0728-5223803

中国银行股份有限公司天门分行

地址：天门市竟陵船闸北路18号

…………Tel：0728-5241929

中国银行股份有限公司潜江分行

地址：潜江市园林办事处章华中路29号

…………Tel：0728-6237320

中国工商银行股份有限公司潜江支行

地址：潜江市园林办事处章华中路41号

…………Tel：0728-6244517

中国建设银行股份有限公司潜江分行

地址：潜江市园林办事处章华南路1号

…………Tel：0728-6296026

湖南省

湖南湘阴农村商业银行股份有限公司

地址：湖南省岳阳市湘阴县文星镇江东路215号

…………Tel：0730-2268848

湖南临湘农村商业银行股份有限公司

地址：湖南省临湘市城中北路6号

…………Tel：0730-3722332

湖南华容农村商业银行股份有限公司

地址：湖南省华容县迎宾北路83号

…………Tel：0730-4130855

湖南汨罗农村商业银行股份有限公司

地址：汨罗市屈原路46号

…………Tel：0730-5222477

湖南平江农村商业银行股份有限公司

地址：湖南平江县城关镇天岳大道13号

…………Tel：0730-6284090

湖南岳阳巴陵农村商业银行股份有限公司

地址：岳阳县荣家湾镇东方路56号

…………Tel：0730-7628063

交通银行股份有限公司岳阳分行

地址：湖南省岳阳市南湖大道188号

…………Tel：0730-8296189

中国邮政储蓄银行股份有限公司岳阳市分行

地址：湖南省岳阳市岳阳楼区巴陵中路450号

…………Tel：0730-8806162

湖南攸县农村商业银行股份有限公司

地址：湖南省株洲市攸县联星街道办事处交通北路110号

…………Tel：0731-24214409

湖南炎陵农村商业银行股份有限公司

地址：湖南省炎陵县霞阳镇炎陵东路20号

…………Tel：0731-26222282

湖南株洲珠江农村商业银行股份有限公司

地址：湖南省株洲县渌口镇向阳北路006号

…………Tel：0731-27618647

中国银行股份有限公司湘潭分行

地址：湘潭市岳塘区建设路街道建设路口国际金融大厦

…………Tel：0731-52650202

中国邮政储蓄银行股份有限公司湘潭市分行

地址：湘潭市岳塘区吉安路118号东园大厦

…………Tel：0731-55560868

湖南韶山农村商业银行股份有限公司

地址：湖南省韶山市厦门西路2号

…………Tel：0731-55681246

中国建设银行股份有限公司湘潭市分行

地址：湘潭市雨湖区建设北路198号

…………Tel：0731-58297309

华融湘江银行股份有限公司湘潭分行

地址：湘潭市岳塘区河东大道45号

…………Tel：0731-58517118

新华人寿保险股份有限公司湘潭中心支公司

地址：湖南省湘潭市岳塘区宝塔街道福星中路169号福星国际金融中心A栋14-15层

…………Tel：0731-58521477

中国邮政储蓄银行股份有限公司长沙县跳马镇团然营业所

地址：长沙县跳马乡梅怡岭村0516001栋

…………Tel：0731-84011478

中国工商银行股份有限公司长沙星沙支行

地址：长沙县星沙街道牛角冲社区板仓中路31号

…………Tel：0731-84011687

大有期货有限公司

地址：长沙市天心区芙蓉南路二段128号现代广场三、四楼

…………Tel：0731-84409000

中国建设银行股份有限公司湖南省分行营业部

地址：长沙市芙蓉区芙蓉中路二段85号银港大厦

…………Tel：0731-84419121

湘财证券股份有限公司

地址：长沙市天心区湘府中路198号新南城商务中心A栋11楼

…………Tel：0731-84451488

湖南省财信信托有限责任公司

地址：长沙市天心区城南西路1号财信大厦6-9层

…………Tel：0731-85196756

兴业银行股份有限公司长沙分行

地址：长沙市芙蓉区韶山北路192号

…………Tel：0731-85329066

湖南长银五八消费金融股份有限公司

地址：湖南省长沙市岳麓区滨江路53号楷林商务中心B栋12楼

…………Tel：0731-85902568

湖南三湘银行股份有限公司

地址：长沙市岳麓区滨江路53号湖南湘江新区滨江金融中心楷林国际D座

…………Tel：0731-85920915

财信期货有限公司

地址：长沙市岳麓区茶子山东路112号滨江金融中心T2栋（B座）18层

…………Tel：0731-82893325

国信证券股份有限公司长沙五一大道证券营业部

地址：长沙市五一大道766号中天广场写字楼8楼

…………Tel：0731-88619019

紫金财产保险股份有限公司湖南分公司

地址：湖南省长沙市岳麓区茶子山东路102号浦发金融大厦第十七层

…………Tel：0731-88709915

中国建设银行股份有限公司长沙河西支行

地址：长沙市岳麓区河西荣湾镇新民路1号金融大厦

…………Tel：0731-88796580

恒大人寿保险有限公司湖南分公司

地址：长沙市开福区芙蓉中路1段303号富兴世界金融中心T3栋32层、11层11017—11025号房

…………Tel：0731-89589161

中钞（长沙）金融服务科技有限公司

地址：长沙市开福区捞刀河街道白霞村郭家冲路1号

…………Tel：0731-89756343

中国邮政储蓄银行股份有限公司株洲市分行

地址：湖南省株洲市天元区嵩山路298号

…………Tel：0733-28868800

湖南耒阳农村商业银行股份有限公司

地址：湖南省耒阳市蔡伦北路200号

…………Tel：0734-4326670

湖南衡东农村商业银行股份有限公司

地址：湖南省衡阳市衡东县城关镇衡岳南路150号

…………Tel：0734-5211340

湖南衡山农村商业银行股份有限公司

地址：湖南省衡阳市衡山县开云镇人民西路233号

…………Tel：0734-5824936

湖南祁东农村商业银行股份有限公司

地址：湖南省祁东县玉合街道永昌大道1号

…………Tel：0734-6264527

祁东县农村信用合作联社

地址：祁东县洪桥镇永昌大道1号

…………Tel：0734-6326928

湖南常宁农村商业银行股份有限公司

地址：湖南省常宁市青阳中路70号

…………Tel：0734-7221855

湖南衡南农村商业银行股份有限公司

地址：湖南省衡南县云集镇雅园南路88号

…………Tel：0734-8556556

中国邮政储蓄银行股份有限公司衡阳市分行

地址：衡阳市开发区长丰大道30号

…………Tel：0734-8808228

中国银行股份有限公司郴州分行

地址：郴州市北湖区日月路3号

…………Tel：0735-2167900

长沙银行股份有限公司郴州分行

地址：郴州市北湖区南岭大道946号（市场服务中心一层8号、二层1号房）

…………Tel：0735-2283663

湖南资兴农村商业银行股份有限公司

地址：湖南省资兴市新区阳安路161号

…………Tel：0735-3322556

湖南宜章农村商业银行股份有限公司

地址：郴州市宜章县南京洞开发区富豪路14号

…………Tel：0735-3722776

桂阳县农村信用合作联社

地址：桂阳县龙潭街道欧阳海大道116号

…………Tel：0735-4427945

湖南桂阳农村商业银行股份有限公司

地址：湖南省郴州市桂阳县龙潭街道欧阳海大道116号蓉信世家12栋101户等

…………Tel：0735-2896518

湖南安仁农村商业银行股份有限公司

地址：湖南省郴州市安仁县永乐江镇七一东路2号

…………Tel：0735-5223316

湖南永兴农村商业银行股份有限公司

地址：湖南省郴州市永兴县便江镇人民路92号

…………Tel：0735-5539559

湖南临武农村商业银行股份有限公司

地址：湖南省郴州市临武县舜峰镇东云路582号

…………Tel：0735-6326703

湖南嘉禾农村商业银行股份有限公司

地址：湖南省郴州市嘉禾县珠泉镇珠泉西路116号

…………Tel：0735-6623601

湖南汝城农村商业银行股份有限公司

地址：湖南省郴州市汝城县卢阳镇卢阳大道169号

…………Tel：0735-8223263

湖南银行股份有限公司郴州分行

地址：郴州市北湖区五岭大道23号

…………Tel：0735-8333223

湖南汉寿农村商业银行股份有限公司

地址：湖南省常德市汉寿县龙阳街道办事处新街社区龙阳大道409号

…………Tel：0736-2880166

湖南澧县农村商业银行股份有限公司

地址：湖南省常德市澧县澧阳街道水德庙居委会翊武路475号

…………Tel：0736-3248963

中国农业银行股份有限公司桃源县支行

地址：常德市桃源县漳江街道观音巷社区漳江中路065号

…………Tel：0736-6622229

湖南桃源农村商业银行股份有限公司

地址：湖南省常德市桃源县漳江镇义丰坊居委会大桥西路

…………Tel：0736-6622468

中国银行股份有限公司常德分行

地址：湖南省常德市武陵区穿紫河街道办事处长胜桥社区洞庭大道1588号

…………Tel：0736-7711920

湖南沅江农村商业银行股份有限公司

地址：湖南省益阳沅江市人园路65号

…………Tel：0737-2732379

长沙银行股份有限公司益阳分行

地址：益阳市高新区海棠路228号

…………Tel：0737-3636908

中国建设银行股份有限公司益阳市分行

地址：湖南省益阳市益阳大道（金源大厦）

…………Tel：0737-4166412

中国邮政储蓄银行股份有限公司益阳市分行

地址：湖南省益阳市赫山区益阳大道西108号

…………Tel：0737-4262088

湖南南县农村商业银行股份有限公司

地址：南县南洲镇南华南路

…………Tel：0737-5244063

益阳农村商业银行股份有限公司

地址：湖南省益阳市高新区康富南路489号

…………Tel：0737-6608333

湖南涟源农村商业银行股份有限公司

地址：湖南省涟源市光蓝路东区1号

…………Tel：0738-4497308

湖南冷水江农村商业银行股份有限公司

地址：湖南省冷水江市广场西路7号

…………Tel：0738-5211241

湖南双峰农村商业银行股份有限公司

地址：湖南省双峰县永丰街道八本街与富厚路交叉口西北角

…………Tel：0738-6821249

湖南娄底农村商业银行股份有限公司

地址：湖南省娄底市娄星区甘桂南路1221号

…………Tel：0738-8211069

湖南邵东农村商业银行股份有限公司

地址：邵东县宋家塘街道办事处金龙大道585号
……Tel：0739-2628661
中国农业银行股份有限公司邵东县支行
地址：邵东县两市镇荷花路194号
……Tel：0739-2721670
湖南新邵农村商业银行股份有限公司
地址：湖南省邵阳市新邵县白云路35号
……Tel：0739-3189008
湖南武冈农村商业银行股份有限公司
地址：湖南省武冈市武强路239号
……Tel：0739-4272358
湖南新宁农村商业银行股份有限公司
地址：湖南省新宁县金石镇解放路33号
……Tel：0739-4823628
长沙银行股份有限公司邵阳分行
地址：邵阳市大祥区邵阳大道与邵檀路交汇处邵阳名人国际花园8号楼
……Tel：0739-5217772
华融湘江银行股份有限公司邵阳分行
地址：邵阳市大祥区曹婆井1号西城大厦
……Tel：0739-5361221
湖南邵阳昭阳农村商业银行股份有限公司
地址：湖南省邵阳县塘渡口镇振羽大道168号
……Tel：0739-6821245
湖南洞口农村商业银行股份有限公司
地址：湖南省洞口县工业园新城区
……Tel：0739-7222319
湖南城步农村商业银行股份有限公司
地址：邵阳市城步苗族自治县儒林镇新田路71号
……Tel：0739-7362992
湖南隆回农村商业银行股份有限公司
地址：湖南省邵阳市隆回县桃洪镇朝阳路208号
……Tel：0739-8232650
中国银行股份有限公司湘西土家族苗族自治州分行
地址：吉首市乾州世纪大道锦绣湘西综合楼一、二层
……Tel：0743-8221169
中国建设银行股份有限公司湘西土家族苗族自治州分行
地址：吉首市武陵西路6号
……Tel：0743-8271054
中国邮政储蓄银行股份有限公司湘西土家族苗族自治州分行
地址：湖南省吉首市人民中路439号201、301
……Tel：0743-8523027
湖南慈利农村商业银行股份有限公司
地址：湖南省张家界市慈利县零阳镇零阳中路43号
……Tel：0744-3210060
湖南桑植农村商业银行股份有限公司
地址：湖南省张家界市桑植县澧源镇文明西路38号
……Tel：0744-6222421
中国工商银行股份有限公司张家界分行
地址：张家界市回龙路29号
……Tel：0744-8222201
中国建设银行股份有限公司张家界市分行
地址：张家界市永定区凤湾居委会北正路90号
……Tel：0744-8222480
中国农业银行股份有限公司张家界分行
地址：张家界市教场路35号
……Tel：0744-8222613
张家界农村商业银行股份有限公司
地址：张家界市永定区西溪坪办事处永定大道2号
……Tel：0744-8301910
怀化农村商业银行股份有限公司
地址：湖南省怀化市鹤城区大汉龙城电信智能小区第二栋一层103号
……Tel：0745-2311201
湖南中方农村商业银行股份有限公司
地址：湖南省怀化市中方县银杏路502号
……Tel：0745-2813578
湖南溆浦农村商业银行股份有限公司
地址：湖南省怀化市溆浦县卢峰镇兴隆街88号
……Tel：0745-3222659
湖南沅陵农村商业银行股份有限公司
地址：湖南省怀化市沅陵县沅陵镇迎宾南路16号
……Tel：0745-4321703
湖南辰溪农村商业银行股份有限公司
地址：湖南省怀化市辰溪县辰阳镇东风路095号
……Tel：0745-5222831
湖南麻阳农村商业银行股份有限公司
地址：怀化市麻阳县高村镇富州南路210号
……Tel：0745-5880340
湖南新晃农村商业银行股份有限公司
地址：湖南省怀化市新晃侗族自治县中山路436号
……Tel：0745-6221988
湖南芷江农村商业银行股份有限公司
地址：怀化市芷江侗族自治县芷江镇凯旋路220号
……Tel：0745-6822132
湖南洪江农村商业银行股份有限公司
地址：湖南省洪江市黔城镇雪峰大道
……Tel：0745-7732081
湖南靖州农村商业银行股份有限公司
地址：湖南省怀化市靖州苗族侗族自治县新建中路75号
……Tel：0745-8222454
湖南通道农村商业银行股份有限公司
地址：湖南省怀化市通道侗族自治县双江镇长征南路6号
……Tel：0745-8625071
湖南会同农村商业银行股份有限公司
地址：湖南省会同县林城镇东门街215号
……Tel：0745-8822731
湖南蓝山农村商业银行股份有限公司
地址：湖南永州市蓝山县塔峰镇湘粤路148号
……Tel：0746-2225699
湖南江华农村商业银行股份有限公司
地址：湖南省江华县沱江镇翠华路
……Tel：0746-2323866
中国农业银行股份有限公司祁阳县支行
地址：湖南省永州市祁阳县浯溪镇浯溪中路268号
……Tel：0746-3222220
湖南祁阳农村商业银行股份有限公司
地址：湖南省永州市祁阳县浯溪镇金盆路与椒山南路转角处
……Tel：0746-3222732
湖南东安农村商业银行股份有限公司
地址：湖南省永州市东安县白牙市镇东安大道217号
……Tel：0746-4212209
湖南新田农村商业银行股份有限公司
地址：湖南省永州市新田县龙泉镇滨河西路38号
……Tel：0746-4712475
湖南道县农村商业银行股份有限公司
地址：湖南省永州市道县濂溪南路80号
……Tel：0746-5231197
湖南江永农村商业银行股份有限公司
地址：永州市江永县潇浦镇永明东路146号
……Tel：0746-5723235
湖南宁远农村商业银行股份有限公司
地址：湖南省永州市宁远县舜陵镇泠江东路66号
……Tel：0746-7223362
湖南双牌农村商业银行股份有限公司
地址：湖南省永州市双牌县泷泊镇阳明路149号
……Tel：0746-7723359
中国农业银行股份有限公司永州冷水滩支行
地址：永州市冷水滩区梅湾路357号（原梅湾路31号）
……Tel：0746-8327843
中国银行股份有限公司永州分行
地址：湖南省永州市冷水滩区湘永路
……Tel：0746-8329420
永州农村商业银行股份有限公司
地址：湖南省永州市冷水滩区湘永路235号
……Tel：0746-8339360

广东省

广州市网商小额贷款有限责任公司
地址：广州市越秀区解放南路39号2101-2102,2110-2119(自主申报)
……Tel：020-21833359
渤海银行股份有限公司广州分行
地址：广州市天河区临江大道57号南雅中和广场第19层、第20层、首层东南角商铺、地下负三层部分
……Tel：020-22008757
创兴银行有限公司广州分行
地址：广州市天河区珠江东路28号越秀金融大厦50层01-16房
……Tel：020-22137988
广州期货股份有限公司
地址：广州市天河区珠江西路5号广州国际金融中心主塔写字楼第1007房、1008房、1009房、1010房、1011房、1012房（仅限办公用途）
……Tel：020-22139800
大业信托有限责任公司
地址：广州市花都区迎宾大道163号高晟广场2栋11层
……Tel：020-22679300
珠江人寿保险股份有限公司
地址：广州市天河区珠江东路421号301、401房
……Tel：020-23389003
澳门国际银行股份有限公司广州分行
地址：广州市天河区珠江新城华夏路8号合景国际金融广场1层104房、34层3401房、35层3501房
……Tel：020-28089999
广州白云民泰村镇银行股份有限公司
地址：广州市白云区太和镇大源北路126号
……Tel：020-28637775
珠海华润银行股份有限公司广州分行
地址：广州市天河区珠江新城金穗路1号邦华环球广场第一层02-06单元；第二层01、02、03之一单元；第三十五层01-07单元全层；1705房自编之二单元
……Tel：020-29086394
广东华兴银行股份有限公司广州分行
地址：广州市天河区金穗路62号侨鑫国际金融中心第32、33层全层、金穗路62号之一侨鑫国际金融中心商业裙楼第1层09单元
……Tel：020-32509692
中国建设银行股份有限公司广州市绿色金融改革创新试验区花都分行
地址：广州市花都区迎宾大道103号之64-01号商铺、65-401至701号房、65-901至1201号房
……Tel：020-34372077
中国工商银行股份有限公司广州华南支行
地址：广州市番禺区南村镇万博二路177号101房、179号101房、181号101房；万惠二路103号4栋129-130房、227-230房、310-318房、410-418房
……Tel：020-34823936
泰康养老保险股份有限公司广东分公司
地址：广州市天河区珠江东路6号周大福金融中心3607、3608、3609（仅限办公用途）
……Tel：020-35967309
中国工商银行股份有限公司广州东城支行
地址：广州市天河区水荫路115号天溢大厦
……Tel：020-36650815
中国工商银行股份有限公司广州市绿色金融改革创新试验区花都分行
地址：广州市花都区迎宾大道97号亚美大厦一至三层
……Tel：020-36866962
中国出口信用保险公司广东分公司
地址：广州市天河区珠江新城珠江西路5号广州国际金融中心28层01—06单元
……Tel：020-37198000
中国工商银行股份有限公司广州天平架支行
地址：广州市白云区广州大道北同和富和路2-58号（双号）101、102、103、104、201房
……Tel：020-37386298
中国银行股份有限公司广州珠江支行
地址：广州市天河区华夏路26号雅居乐中心第1层08号商铺、第1层08号商铺之夹层、第2层01号商铺、第5层01-08单元、第6层01-05单元、第20层07单元
……Tel：020-37895638
广州拉卡拉网络小额贷款有限责任公司
地址：广州市越秀区解放南路123号11层1101房
……Tel：020-38012337
恒生银行（中国）有限公司广州分行
地址：广州市天河区珠江新城花城大道18号建滔广场一楼01单元、办公楼25楼整层
……Tel：020-38110522
渣打银行（中国）有限公司广州分行
地址：广州市天河区天河北路235号广州环贸中心大厦写字楼1301房、1302房自编A单元、1302房自编C-1单元、1303房自编A单元、1304房、1305房
……Tel：020-38158395
花旗银行（中国）有限公司广州分行
地址：广州市天河区珠江东路6号3001房自编01-06单元
……Tel：020-38171000
中国邮政储蓄银行股份有限公司广东省分行
地址：广州市体育西路1-3号峰源大厦
……Tel：020-38186590
三井住友银行（中国）有限公司广州分行
地址：广州市天河区珠江新城华夏路8号合景国际金融广场12楼
……Tel：020-38191888
中国银行股份有限公司广州天河支行
地址：广州市天河区体育东路160号101房、2楼、301房、302房南区
……Tel：020-38823073
长城证券股份有限公司广州天河北路证券营业部
地址：广州市天河区天河北路437号首层C铺及二层
……Tel：020-38805124
国信证券股份有限公司广州分公司
地址：广州市天河区天河北路183-187号1901-1916室，2002-2010室（仅限办公）
……Tel：020-38855084
中国建设银行股份有限公司广东自贸试验区分行
地址：广州市南沙区龙穴岛海港大道临海大厦首层1号
……Tel：020-39071913
中国银行股份有限公司广东自贸试验区南沙分行
地址：广州市南沙区横沥镇明珠一街1号101、201房（仅限办公）
……Tel：020-39913601
中国银行股份有限公司广州荔湾支行
地址：广州市荔湾区康王路1083号
……Tel：020-81268807
中国工商银行股份有限公司广州芳村支行
地址：广州市荔湾区花地大道北２５４、２５６、２５８号
……Tel：020-81589876
中国工商银行股份有限公司广州云山支行
地址：广州市白云区云城东路511号101-105房、513号301—304房、401、402、404房
……Tel：020-81856153
中国银行股份有限公司广州开发区分行
地址：广州市经济技术开发区青年路2号
……Tel：020-82220998
中国工商银行股份有限公司广州新塘支行
地址：广州市增城区永宁街永和汽车城东路239号122房、219房、322房、401房、502房，243号101房，245号101房
……Tel：020-82706117
中国工商银行股份有限公司广州增城支行
地址：广州市增城荔城街莲花路13号
……Tel：020-82754534
中国银行股份有限公司广州增城支行
地址：广州市增城荔城街挂绿路11号
……Tel：020-82756000
中国建设银行股份有限公司广州分行
地址：广州市越秀区东风中路509号1-20层
……Tel：020-83016608
中国工商银行股份有限公司广州大德路支行
地址：广州市越秀区大德路280号
……Tel：020-83199265
中意人寿保险有限公司广东省分公司
地址：广东省广州市天河区珠江东路6号广州周大福金融中心18楼
……Tel：020-83278888
中国工商银行股份有限公司广州白云路支行
地址：广州市越秀区白云路117号
……Tel：020-83292323
中银保险有限公司广东分公司
地址：广州市越秀区东风西路197号国际金融大厦东楼14楼
……Tel：020-83300268
中国工商银行股份有限公司广州南方支行
地址：广州市越秀区环市东路339号裙楼二层A、B区
……Tel：020-83311018
华泰期货有限公司
地址：广州市南沙区横沥镇明珠三街1号10层1001-1004、1011-1016房
……Tel：020-83901022
中国工商银行股份有限公司广州荔湾支行
地址：广州市荔湾区南岸路63号首层（小商场）、三层、四层
……Tel：020-83963531
京东安联财产保险有限公司
地址：广东省广州市天河区珠江西路5号广州国际金融中心主塔写字楼第34层01-05、11、12单元
……Tel：020-83966788
广州金控期货有限公司
地址：广州市天河区体育西路191号中石化大厦B塔25层2501-2524单元
……Tel：020-85598802
中国工商银行股份有限公司广州环城支行
地址：广州市白云区三元里大道２３号
……Tel：020-86013136
中国农业银行股份有限公司广州白云支行
地址：广州市白云区机场路春暖花园Ｋ座
……Tel：020-86346980
中国工商银行股份有限公司广州流花支行
地址：广州市越秀区站前路237号
……Tel：020-86678532
中国银行股份有限公司广州市绿色金融改革创新试验区花都分行
地址：广州市花都区新华街商业大道27号
……Tel：020-86838264
华福证券有限责任公司广东分公司
地址：广州市天河区天河路101号801房03室（仅限办公用途）
……Tel：020-87378895
东亚银行（中国）有限公司广州分行
地址：广东省广州市天河区天河北路183号

大都会广场1－4层
…………Tel：020－87551138

中国工商银行股份有限公司广州从化支行
地址：广州市从化街口街中华路6号、8号
…………Tel：020－87927333

广发期货有限公司
地址：广东省广州市黄埔区峻弦街12号1002房
…………Tel：020－88800000

华泰证券股份有限公司广东分公司
地址：广州市天河区华夏路10号36层02、03单元（仅限办公用途）
…………Tel：020－88830116

浙商银行股份有限公司广州分行
地址：广州市海珠区广州大道南921号（仅限办公用途）
…………Tel：020－89299999

中国农业银行股份有限公司广州琶洲支行
地址：广州市海珠区凤浦中路689号102－105房、691号201房
…………Tel：020－89308611

中国银行股份有限公司汕尾分行
地址：汕尾市区汕尾大道中段西侧建安综合楼1－6层
…………Tel：0660－3802232

中国工商银行股份有限公司汕尾分行
地址：汕尾市区汕尾大道奎山桥西侧
…………Tel：0660－3349007

中国邮政储蓄银行股份有限公司汕尾市分行
地址：汕尾市区汕尾大道奎山地段东侧建安综合楼（生隆大厦）1－3号1－9层、4－6号1－3层
…………Tel：0660－3365185

中国建设银行股份有限公司汕尾市分行
地址：汕尾市区香洲路777号商务办公室
…………Tel：0660－3369740

广东陆河农村商业银行股份有限公司
地址：陆河县河田镇人民路93号（一层至三层）
…………Tel：0660－5519555

中国农业银行股份有限公司海丰县支行
地址：海城镇新会营广汕路3号
…………Tel：0660－6622815

广东海丰农村商业银行股份有限公司
地址：海丰县海城镇广汕公路北侧127号
…………Tel：0660－6681411

广东陆丰农村商业银行股份有限公司
地址：陆丰市东海镇东海大道西侧路边（桂花路与东海大道交界处南侧）
…………Tel：0660－8893930

中国邮政储蓄银行股份有限公司阳江市分行
地址：阳江市石湾北路538号
…………Tel：0662－2829007

中国银行股份有限公司阳江分行
地址：阳江市江城区新江北路55号
…………Tel：0662－3211967

广东阳西农村商业银行股份有限公司
地址：阳西县城人民大道118号
…………Tel：0662－5557238

中国农业银行股份有限公司阳江阳东支行
地址：阳江市阳东区东城镇环山西路
…………Tel：0662－6336223

广东阳东农村商业银行股份有限公司
地址：阳江市阳东区东城镇东风三路220号
…………Tel：0662－6613899

中国农业银行股份有限公司阳春市支行
地址：阳春市春城东湖西路40号之二
…………Tel：0662－7733558

中国工商银行股份有限公司普宁支行
地址：流沙河西路3号
…………Tel：0663－2222453

惠来县农村信用合作联社
地址：惠来县惠城镇南环一路南侧
…………Tel：0663－6612742

中国邮政储蓄银行股份有限公司揭阳市分行
地址：揭阳市东山仁义路以东新阳路以北宏光大厦
…………Tel：0663－8165258

茂名市城区农村信用合作联社
地址：茂名市双山四路12号
…………Tel：0668－2831963

广发银行股份有限公司茂名分行
地址：茂名市迎宾路159号的一层以及十二至十五层、161号和163号的一、二层
…………Tel：0668－2880579

中国工商银行股份有限公司茂名分行
地址：茂名市人民南路36号
…………Tel：0668－2881288

广发银行股份有限公司茂名油城四路支行
地址：茂名市油城四路107号
…………Tel：0668－3330139

广发银行股份有限公司茂名官渡支行
地址：茂名市官渡路桥南中区三幢一号
…………Tel：0668－3337008

广发银行股份有限公司茂名迎宾支行
地址：茂名市迎宾东路72号
…………Tel：0668－3337087

广发银行股份有限公司茂名新福支行
地址：茂名市新福五路89号愉景华庭首层1－9号房
…………Tel：0668－3337123

广发银行股份有限公司茂名双山支行
地址：茂名市双山七路5号大院1、2、3号首层9－18号房
…………Tel：0668－3395501

中国农业银行股份有限公司高州市支行
地址：高州市公园路18号
…………Tel：0668－6678108

中国农业银行股份有限公司化州市支行
地址：化州市上街路3号
…………Tel：0668－7223640

中国建设银行股份有限公司开平支行
地址：开平市长沙区东兴大道爱民路2号东兴大厦北面首、二层
…………Tel：0750－2333037

中国银行股份有限公司江门分行
地址：江门市蓬江区港口路22号
…………Tel：0750－3160302

广发银行股份有限公司江门分行
地址：江门市建设路49号之五
…………Tel：0750－3288388

中国农业银行股份有限公司江门江会支行
地址：江门市江海区江海三路173号
…………Tel：0750－3776366

兴业银行股份有限公司江门分行
地址：江门市蓬江区迎宾大道118号1幢江门市国际金融大厦首层、二层部分，三层部分，二十三、二十四、二十五、二十六层整层
…………Tel：0750－3939500

交通银行股份有限公司江门分行
地址：江门市蓬江区白石大道166号D101室、101室、701室、801室、901室、1001室
…………Tel：0750－3989876

中国银行股份有限公司江门新会支行
地址：江门市新会区会城冈州大道东73号江会时代城1A001－1A005、1A013、1A015、1A017、1A019、1A021、1A023、1A025、1A027、1A029－1A086、2A（A1轴－A8轴交AA轴－AB轴，A2轴－A8轴交AA轴－AG轴）
…………Tel：0750－6622163

中国农业银行股份有限公司江门新会支行
地址：江门市新会区会城镇冈州大道中74号
…………Tel：0750－6667384

广东新丰农村商业银行股份有限公司
地址：新丰县丰城街道丰城大道西128号
…………Tel：0751－2265393

广东翁源农村商业银行股份有限公司
地址：翁源县龙仙镇建设一路88号
…………Tel：0751－2820692

广东南雄农村商业银行股份有限公司
地址：南雄市雄南路147号
…………Tel：0751－3822857

广东乳源农村商业银行股份有限公司
地址：乳源县乳城镇鹰峰中路农村信用合作联社综合楼
…………Tel：0751－5385067

广东乐昌农村商业银行股份有限公司
地址：乐昌市河南大昌路218号
…………Tel：0751－5505919

广东仁化农村商业银行股份有限公司
地址：仁化县城丹霞大道21号
…………Tel：0751－63555506

韶关市曲江区农村信用合作联社
地址：韶关市曲江区马坝镇鞍山路14号
…………Tel：0751－6668885

中国银行股份有限公司韶关分行
地址：韶关市浈江区解放路158－160号
…………Tel：0751－8186948

东莞证券股份有限公司韶关新华南路证券营业部
地址：韶关市武江区新华南路与惠民南路交汇处南枫花园A座78号二层商铺之二
…………Tel：0751－8528581

韶关市区农村信用合作联社
地址：韶关市武江区新华南路37号福星楼
…………Tel：0751－8760282

中国邮政储蓄银行股份有限公司韶关市分行
地址：韶关市浈江区风采路25号邮政大厦8楼
…………Tel：0751－8810390

中国农业银行股份有限公司惠州惠城支行
地址：惠州市环城西一路20号
…………Tel：0752－2249250

交通银行股份有限公司惠州分行
地址：惠州市江北云山西路8号交银大厦首层、七至九层
…………Tel：0752－2856111

广州银行股份有限公司惠州分行
地址：惠州市惠城区江北文昌二路9号6层及11号瑞嘉大厦1层05－08号、2层02－03号、3层01－05号
…………Tel：0752－2871225

惠州仲恺东盈村镇银行股份有限公司
地址：惠州市仲恺高新区陈江街道陈江大道中8号
…………Tel：0752－3223815

中国银行股份有限公司惠州惠阳支行
地址：惠阳区淡水镇开城大道中
…………Tel：0752－3822287

中国农业银行股份有限公司博罗县支行
地址：博罗县罗阳镇罗阳一路96号
…………Tel：0752－6208305

中国银行股份有限公司惠州惠东支行
地址：平山镇建设路6号
…………Tel：0752－8801612

中国农业银行股份有限公司惠东县支行
地址：惠东县平山镇建设路1号
…………Tel：0752－8801976

中国银行股份有限公司梅州分行
地址：梅州市梅江一路53号
…………Tel：0753－2189392

中国银河证券股份有限公司梅州沿江西路证券营业部
地址：广东省梅州市沿江西路32号
…………Tel：0753－2225566

中国工商银行股份有限公司梅州分行
地址：梅州市嘉应路18号
…………Tel：0753－2243024

中国农业银行股份有限公司梅州城区支行
地址：梅州市彬芳大道（变电站侧）
…………Tel：0753－2260489

安信证券股份有限公司梅州新中路证券营业部
地址：梅州市新中路88号（客都新城综合楼）
…………Tel：0753－2260856

中国平安财产保险股份有限公司梅州中心支公司
地址：梅州市梅江区三角镇沥师村梅塘东路121号创杰金融中心1901、1902、1903、1904、1905、1906、1907、1908、1909、1910号办公
…………Tel：0753－2280025

中国农业银行股份有限公司五华县支行
地址：五华县水寨镇华兴中路76号
…………Tel：0753－4435535

广东大埔农村商业银行股份有限公司
地址：广东省大埔县湖寮镇虎山路131号
…………Tel：0753－5525742

广东丰顺农村商业银行股份有限公司
地址：丰顺县汤坑镇中兴四路21号之一办公楼
…………Tel：0753－6662286

广东蕉岭农村商业银行股份有限公司
地址：广东省梅州市蕉岭县蕉城镇新东北路19号
…………Tel：0753－7877551

广东平远农村商业银行股份有限公司
地址：平远县大柘镇站前路10号
…………Tel：0753－8830766

深圳荷包金融信息咨询有限公司
地址：深圳市南山区粤海街道高新区社区科苑南路3099号中国储能大厦3101
…………Tel：0755－21627265

上海中企人力事务服务有限公司深圳分公司
地址：深圳市福田区车公庙天安创新科技广场B412－11
…………Tel：0755－36677348

星展银行（中国）有限公司深圳分行
地址：深圳市罗湖区桂园街道深南东路5001号华润大厦18楼全层及2901单元和华润中心万象城159铺
…………Tel：0755－22231000

招商永隆银行有限公司深圳分行
地址：深圳市罗湖区深南东路5016号京基一百大厦A座53楼5301单元
…………Tel：0755－22949300

招商永隆银行有限公司深圳前海支行
地址：深圳市前海深港合作区前湾一路1号A栋201室（入驻深圳市前海商务秘书有限公司）经营场所：深圳市南山区海德三道天利中央商务广场（二期）B－2203
…………Tel：0755－22949371

富德保险控股股份有限公司
地址：深圳市前海深港合作区前湾一路1号A栋201室（入驻深圳市前海商务秘书有限公司）
…………Tel：0755－22959999

深圳汇海易融互联网金融服务有限公司
地址：深圳市龙华区龙华街道创业路汇海广场B座2505
…………Tel：0755－23760605

深圳金润吉外包服务有限公司
地址：深圳市龙华区大浪街道高峰社区陶吓锦华大厦2001
…………Tel：0755－23764395

华商银行
地址：深圳市福田区深南大道车公庙绿景广场裙楼101－B101、102及深圳市福田区车公庙绿景纪元大厦26层ABJ单元、30层、31层
…………Tel：0755－23825555

中信证券股份有限公司
地址：广东省深圳市福田区中心三路8号卓越时代广场（二期）北座
…………Tel：0755－23835888

深圳市凯丰投资管理有限公司
地址：深圳市福田区莲花街道福新社区益田路6001号太平金融大厦2601
…………Tel：0755－23912658

大新银行（中国）有限公司
地址：深圳市罗湖区桂园街道深南东路5016号京基100大厦A座15楼（即1501单元）
…………Tel：0755－25199033

国家开发银行深圳市分行
地址：深圳市福田区莲花街道福中社区福中三路2003号国银金融中心大厦06层、18层、19层、28－33层
…………Tel：0755－25985666

深圳市利凯基金管理有限公司
地址：深圳市前海深港合作区前湾一路1号A栋201室（入驻深圳市前海商务秘书有限公司）
…………Tel：0755－26338666

安信证券股份有限公司深圳宝安海秀路证券营业部
地址：深圳市宝安区新安街道甲岸路及海秀路交汇处熙龙湾花园(N23区)商业办公楼2101－2103、2107－2111
…………Tel：0755－27788319

中国工商银行股份有限公司前海分行
地址：深圳市前海深港合作区前湾一路63号前海企业公馆10栋
…………Tel：0755－29073012

中信建投证券股份有限公司深圳深南中路中核大厦证券营业部
地址：深圳市福田区深南中路中核大厦玮鹏花园综合楼第6层618房
…………Tel：0755－33205627

国信证券股份有限公司深圳泰九分公司
地址：深圳市南山区粤海街道海珠社区海德三道126号卓越后海金融中心2503、2504、2601－2612
…………Tel：0755－36388613

深圳友金所金融服务有限公司
地址：深圳市前海深港合作区临海大道59号海运中心主塔楼2107D
…………Tel：0755－33952588

深圳用友力合普惠信息服务有限公司
地址：深圳市前海深港合作区南山街道金融街1号弘毅大厦写字楼5C
…………Tel：0755－33952588

国信证券股份有限公司深圳泰然九路证券营业部
地址：深圳市福田区沙头街道天安社区滨河大道与泰然九路交汇东北角处万科滨海置地大厦二十一层01、02、03A、04B单元
…………Tel：0755－36388613

深圳市人人聚财金融信息服务有限公司
地址：深圳市南山区粤海街道创业路1777号海信南方大厦23层
…………Tel：0755－36882323

渤海银行股份有限公司深圳分行
地址：深圳市福田区福田街道深南大道4009号投资大厦1层02区
…………Tel：0755－36991376

深圳市飞贷小额贷款有限公司
地址：深圳市南山区粤海街道科苑路11号金融科技大厦A座二十一层A、B、C、D单元，二十二层C、D单元
…………Tel：0755－61866333

恒大互联网金融服务（深圳）有限公司
地址：深圳市前海深港合作区临海大道59号海运中心主塔楼21楼2101G
…………Tel：0755－81999555

广发证券股份有限公司深圳分公司
地址：深圳市罗湖区深南东路5045号深业中心20层、25层01室、25层16室
…………Tel：0755－82083620

中泰证券股份有限公司深圳分公司
地址：深圳市福田区福田街道深南大道4011号港中旅大厦13楼01A
…………Tel：0755 82095201

东兴证券股份有限公司深圳金田路证券营业部
地址：深圳市福田区莲花街道金田路4028号荣超经贸中心910－912室
…………Tel：0755－82197258

深圳华付技术股份有限公司
地址：深圳市前海深港合作区前湾一路1号A栋201室（入驻深圳市前海商务秘书有限公司）
…………Tel：0755－82223693

东亚银行（中国）有限公司深圳分行
地址：深圳市福田区福华一路88号深圳中心商务大厦一楼01－02号和二楼

…………………………… Tel：0755-82302313

华泰证券股份有限公司深圳分公司
地址：深圳市福田区莲花街道益田路5999号基金大厦8A
…………………………… Tel：0755-82492388

深圳市前海龙汇通互联网金融服务有限公司
地址：深圳市前海深港合作区临海大道59号海运中心主塔楼21楼2102F
…………………………… Tel：0755-82532350

五矿证券有限公司
地址：深圳市南山区粤海街道海珠社区滨海大道3165号五矿金融大厦2401
…………………………… Tel：0755-82545517

三菱日联银行（中国）有限公司深圳分行
地址：深圳市福田区中心四路1号嘉里建设广场第一座九及十层
…………………………… Tel：0755-82560808

包商银行股份有限公司深圳分行
地址：深圳市福田区金田路3038号现代商务大厦1-3楼
…………………………… Tel：0755-82561777

深圳市前海一方商业保理有限公司
地址：深圳市前海深港合作区南山街道梦海大道5035号前海华润金融中心T5写字楼1910
…………………………… Tel：0755-82567005

恒生银行（中国）有限公司深圳分行
地址：深圳市福田区福田街道中心四路1号嘉里建设广场二座第一层04室，第七层01、02、03室，第八层整层
…………………………… Tel：0755-82615512

招商期货有限公司
地址：深圳市福田区福田街道福安社区福华一路111号招商证券大厦16楼、17楼1703室
…………………………… Tel：0755-82763142

深圳市财富之家金融网络科技服务有限公司
地址：深圳市福田区福田街道皇岗商务中心6楼01、02、03单元
…………………………… Tel：0755-82804966

深圳泽盈投资管理有限公司
地址：深圳市南山区沙河街道智慧广场A栋2单元2302
…………………………… Tel：0755-82814636

瑞穗银行（中国）有限公司深圳分行
地址：深圳市福田区金田路皇岗商务中心1号楼3001-3010
…………………………… Tel：0755-82829000

中证鹏元资信评估股份有限公司
地址：深圳市福田区深南大道7008号阳光高尔夫大厦3楼
…………………………… Tel：0755-82872897

海通证券股份有限公司深圳分公司
地址：深圳市福田区沙头街道下沙社区滨河路9289号下沙村京基滨河时代广场A座6101
…………………………… Tel：0755-82900062

国信证券股份有限公司深圳振华路证券营业部
地址：深圳市福田区振华路112号7至8楼
…………………………… Tel：0755-83012393

深圳前海东亚基金管理有限公司
地址：深圳市前海深港合作区前湾一路1号A栋201室（入驻深圳市前海商务秘书有限公司）
…………………………… Tel：0755-83029056

兴业证券股份有限公司深圳分公司
地址：深圳市福田区华富街道莲花一村社区皇岗路5001号深业上城(南区)T2栋5101-5103、5105-5106,5108-5110
…………………………… Tel：0755-83053029

中国国际金融股份有限公司深圳分公司
地址：深圳市福田区福田街道福安社区益田路5033号平安金融中心72层
…………………………… Tel：0755-83195000

世纪证券有限责任公司
地址：深圳市前海深港合作区南山街道桂湾五路128号前海深港基金小镇对冲基金中心406
…………………………… Tel：0755-83199599

深圳前海神马金融服务有限公司
地址：深圳市前海深港合作区前湾一路1号A栋201室（入驻深圳市前海商务秘书有限公司）
…………………………… Tel：0755-83220057

深圳前海全民通金融资本控股集团有限公司
地址：深圳市前海深港合作区前湾一路1号A栋201室（入驻深圳市前海商务秘书有限公司）（实际经营地址：深圳市福田区滨河路与彩田路交汇处联合广场A座裙楼A402）
…………………………… Tel：0755-83230981

英大证券有限责任公司
地址：深圳市福田区深南中路华能大厦三十、三十一层
…………………………… Tel：0755-83236188

深圳市品睿企业管理顾问有限公司
地址：深圳市福田区八卦岭鹏基工业区第614栋第8层805（仅限办公）
…………………………… Tel：0755-83382199

兴业证券股份有限公司深圳侨香路证券营业部
地址：深圳市福田区侨香路与农林路交汇处南侧深国投广场二期塔楼2,802B
…………………………… Tel：0755-83546996

金瑞期货股份有限公司
地址：深圳市福田区福田街道岗厦社区深南大道1003号东方新天地广场A3101、A3102、A3103、A3104、A3105、A3106
…………………………… Tel：0755-83662122

银泰证券有限责任公司
地址：深圳市福田区竹子林四路紫竹七道18号光大银行18楼
…………………………… Tel：0755-83706665

西南证券股份有限公司深圳滨河大道证券营业部
地址：深圳市福田区滨河路与彩田路交汇处联合广场B座裙楼(B303-E)
…………………………… Tel：0755-83738370

光大证券股份有限公司深圳金田路证券营业部
地址：深圳市福田区莲花街道金田路4028号荣超经贸中心A02层08、09b单元和2503单元
…………………………… Tel：0755-83774937

深圳大道云科技有限公司
地址：广东省深圳市南山区前海深港合作区前湾一路1号A栋201室（入驻前海商务秘书有限公司）
…………………………… Tel：0755-84034100

深圳龙岗鼎业村镇银行股份有限公司
地址：深圳市龙岗区中心城城市花园二期1栋商业一层
…………………………… Tel：0755-84532511

深圳天道计然金融服务有限公司
地址：深圳市南山区粤海街道深南大道与铜鼓路交界处科技园东区大冲商务中心二期1栋1号楼3002
…………………………… Tel：0755-86158923

深圳长鼎富网络金融科技有限公司
地址：深圳市南山区南山街道铜鼓楼39号大冲国际中心5号楼第7D
…………………………… Tel：0755-86525480

深圳投之家金融信息服务有限公司
地址：深圳市前海深港合作区前湾一路1号A栋201室（入驻深圳市前海商务秘书有限公司）经营场所：深圳市南山区琼宇路3号特发信息科技大厦6层
…………………………… Tel：0755-86545213

深圳市瑞信昌信息咨询有限公司
地址：深圳市南山区西丽街道沙河西路3151号新兴产业园（健兴科技大厦）B栋501-1
…………………………… Tel：0755-86576967

深圳市快鸽互联网科技有限公司
地址：深圳市南山区粤海街道粤兴五道9号北理工创新大厦13层
…………………………… Tel：0755-86638882

深圳市金诺投资发展有限公司
地址：深圳市南山区西丽街道西丽社区文苑街35号西丽新源工业厂区4栋(聚创金谷创意园)五楼501室
…………………………… Tel：0755-86956367

华林证券股份有限公司深圳前海证券营业部
地址：深圳市前海深港合作区前湾一路1号A栋201室（入驻深圳市前海商务秘书有限公司）
…………………………… Tel：0755-86667492

深圳市佰仟金融服务有限公司
地址：深圳市前海深港合作区南山街道桂湾片区二单元前海卓越金融中心（一期）7号楼2302A
…………………………… Tel：0755-88290608

广州银行股份有限公司深圳分行
地址：深圳市南山区招商街道五湾社区沁海路太子湾商贸大厦1栋201（2-16楼）
…………………………… Tel：0755-8829801

中国银联股份有限公司深圳分公司
地址：深圳市福田区深南大道4001号时代金融中心八楼
…………………………… Tel：0755-88318226

汇丰前海证券有限责任公司
地址：深圳市前海深港合作区前湾一路63号前海企业公馆27栋A、B单元
…………………………… Tel：0755-88983288

前海金融控股有限公司
地址：深圳市前海深港合作区南山街道桂湾五路128号前海深港基金小镇A1栋101
…………………………… Tel：0755-88988000

安信证券股份有限公司佛山分公司
地址：佛山市禅城区季华六路11号1座21层3、4、5室（住所申报）
…………………………… Tel：0757-22214664

中国邮政储蓄银行股份有限公司佛山市顺德支行
地址：佛山市顺德区大良南国东路愉景花园顺成大厦办公楼一层至六层
…………………………… Tel：0757-22685068

中国工商银行股份有限公司佛山容桂支行
地址：佛山市顺德区容桂容奇大道中64号
…………………………… Tel：0757-22902150

中国农业银行股份有限公司顺德勒流支行
地址：佛山市顺德区勒流街道龙升北路59号
…………………………… Tel：0757-23666162

中国农业银行股份有限公司顺德伦教支行
地址：佛山市顺德区伦教街道新丰路42号
…………………………… Tel：0757-27332381

广东顺德农村商业银行股份有限公司伦教支行
地址：佛山市顺德区伦教街道办事处伦常路7号
…………………………… Tel：0757-27750859

广东顺德农村商业银行股份有限公司乐从支行
地址：佛山市顺德区乐从镇荔中路B18号
…………………………… Tel：0757-28332321

中国农业银行股份有限公司顺德乐从支行
地址：佛山市顺德区乐从镇新马路A51号
…………………………… Tel：0757-28919802

佛山金控期货有限公司
地址：佛山市南海区桂城街道永胜西路22号新凯广场2座39层（住所申报）
…………………………… Tel：0757-86296292

国信证券股份有限公司广东南海分公司
地址：佛山市南海区大沥桂和路水头路段38号华亚广场十五楼、十六楼1601、1616至1618单元（住所申报）
…………………………… Tel：0757-81187938

中国光大银行股份有限公司佛山分行
地址：佛山市南海区桂城街道锦园路15号光大银行大厦（住所申报）
…………………………… Tel：0757-81230930

广东南粤银行股份有限公司佛山分行
地址：佛山市禅城区季华五路21号金海广场商铺第一层P1-P4单元和第二层P7单元
…………………………… Tel：0757-82368976

深圳市佰仟金融服务有限公司佛山分公司
地址：佛山市禅城区汾江南路6号一座1109、1110、1111房
…………………………… Tel：0757-82917511

国信证券股份有限公司佛山禅城分公司
地址：佛山市禅城区季华六路三号一区2座24楼（住所申报）
…………………………… Tel：0757-83213180

兴业银行股份有限公司佛山分行
地址：佛山市禅城区季华五路20号第1层、2层、5-7层、19-28层（住所申报）
…………………………… Tel：0757-83808158

中国平安财产保险股份有限公司佛山市禅城支公司
地址：佛山市禅城区魁奇路南侧、汾江南路东侧世博金融中心20层06、07、08、09、10号办公室及21层（住所申报）
…………………………… Tel：0757-83932805

中国农业银行股份有限公司南海松岗支行
地址：佛山市南海区狮山镇松岗松石路1号松晖名苑9栋（住所申报）
…………………………… Tel：0757-85222319

中国农业银行股份有限公司南海永隆支行
地址：佛山市南海区狮山镇松岗南国桃园鸿基大道2号之四会所（1）区
…………………………… Tel：0757-85228841

中国农业银行股份有限公司南海盐步支行
地址：佛山市南海区大沥镇盐步盐步大道8号
…………………………… Tel：0757-85777270

中国农业银行股份有限公司南海大榄支行
地址：佛山市南海区官窑大榄体育馆大道2
…………………………… Tel：0757-85800903

中国农业银行股份有限公司南海官窑支行
地址：佛山市南海区官窑凤源西路一号
…………………………… Tel：0757-85887686

上海浦东发展银行股份有限公司佛山分行
地址：佛山市南海区桂城街道灯湖东路1号友邦金融中心2座首层、第三十二层（住所申报）
…………………………… Tel：0757-86296871

中国民生银行股份有限公司佛山分行
地址：佛山市南海区桂城南海大道北61号之一经委大厦附楼1-3楼
…………………………… Tel：0757-86393030

中国农业银行股份有限公司南海罗村支行
地址：佛山市南海区狮山镇罗村南湖一路5号
…………………………… Tel：0757-86445455

广东南海农村商业银行股份有限公司狮山支行
地址：佛山市南海区狮山镇小塘三环东路小塘办事处侧
…………………………… Tel：0757-86662555

佛山农村商业银行股份有限公司三水乐平支行
地址：佛山市三水区乐平镇乐平大道38号华盛广场2座首层（住所申报）
…………………………… Tel：0757-87389008

中国工商银行股份有限公司佛山三水支行
地址：佛山市三水区西南街广场路1号
…………………………… Tel：0757-87732144

中国农业银行股份有限公司肇庆分行
地址：肇庆市和平路26号
…………………………… Tel：0758-2743099

中国邮政储蓄银行股份有限公司肇庆市分行
地址：肇庆市西江北路9号
…………………………… Tel：0758-2899151

广东怀集农村商业银行股份有限公司
地址：怀集县怀城镇金龙大道二号
…………………………… Tel：0758-5531475

广东封开农村商业银行股份有限公司
地址：封开县江口镇封州二路49号
…………………………… Tel：0758-6661649

广东德庆农村商业银行股份有限公司
地址：德庆县德城街道城东居委会德庆大道31号
…………………………… Tel：0758-7788660

广东广宁农村商业银行股份有限公司
地址：广东省肇庆市广宁县南街镇城南大道
…………………………… Tel：0758-8633094

中国农业银行股份有限公司湛江霞山支行
地址：湛江市霞山区解放东路11号
…………………………… Tel：0759-2220254

中国农业银行股份有限公司湛江赤坎支行
地址：湛江市赤坎区湾南路12号
…………………………… Tel：0759-3366016

广发银行股份有限公司湛江分行
地址：湛江市赤坎区中山一路22号
…………………………… Tel：0759-3366558

中国农业银行股份有限公司徐闻县支行
地址：徐闻县徐城镇东方二路19号
…………………………… Tel：0759-4852334

广东吴川农村商业银行股份有限公司
地址：吴川市人民中路1号博茂大厦
…………………………… Tel：0759-5550022

中国农业银行股份有限公司遂溪县支行
地址：遂溪县城中山路173号
…………………………… Tel：0759-7766503

中国农业银行股份有限公司雷州市支行
地址：雷州市雷城西湖大道45号
…………………………… Tel：0759-8813043

中山农村商业银行股份有限公司古镇支行
地址：中山市古镇镇东兴中路7号
…………………………… Tel：0760-22351318

中山农村商业银行股份有限公司小榄支行
地址：中山市小榄镇升平中路1号
…………………………… Tel：0760-22593188

中山农村商业银行股份有限公司东升支行
地址：中山市东升镇葵兴大道186号
…………………………… Tel：0760-22821900

平安银行股份有限公司中山分行
地址：中山市东区兴政路1号中环广场一座101、201-202、601-603、605-606、701-703、705-706、905、1001、1005
…………………………… Tel：0760-85119697

中国平安人寿保险股份有限公司中山中心支公司
地址：中山市中山三路16号之三中山国际金融中心写字楼第11层01-10单元、第12、13层01-11单元以及第25层01-08单元
…………………………… Tel：0760-88619972

中国民生银行股份有限公司中山分行
地址：中山市石岐区兴中道9-11号富豪山庄富华阁二层、兴中大厦首层
…………………………… Tel：0760-88799139

中国光大银行股份有限公司中山分行
地址：中山市中山五路3号中荣大厦首层和五层（五层仅作办公场所使用）
…………………………… Tel：0760-88855205

广发银行股份有限公司中山分行
地址：广东省中山市石岐华柏路55号
…………………………… Tel：0760-88861998

招商银行股份有限公司中山分行
地址：中山市东区中山四路88号尚峰金融商务中心3座首层1卡、首层1卡之6至7,2层1卡、2层1卡之7,3层1卡、4层1卡
…………………………… Tel：0760-89981227

广发银行股份有限公司河源分行
地址：河源市建设大道西19号友力商务大厦A座1-4层

……………………Tel：0762−3168006
中国农业银行股份有限公司河源源城区支行
地址：河源市源城区中山路1号
……………………Tel：0762−3313166
广东河源农村商业银行股份有限公司
地址：河源市区东城中片区东江西路西边、永祥路南边东江湾二期A号楼
……………………Tel：0762−3333039
中国建设银行股份有限公司河源市分行
地址：河源市源城区沿江中路南20号
……………………Tel：0762−3397080
中国工商银行股份有限公司河源分行
地址：河源市新市区沿江路
……………………Tel：0762−3397882
中国银行股份有限公司河源分行
地址：河源市永和东路89号（负1楼至3楼）
……………………Tel：0762−3891033
广东连平农村商业银行股份有限公司
地址：连平县元善镇九连新城官灯线南侧
……………………Tel：0762−4322199
广东和平农村商业银行股份有限公司
地址：和平县阳明镇福和大道西9号
……………………Tel：0762−5630909
广东紫金农村商业银行股份有限公司
地址：紫金县紫城镇长安大道西25号
……………………Tel：0762−7811048
中国邮政储蓄银行股份有限公司河源市分行
地址：河源市源城区公园路4号
……………………Tel：0762−3189663
中国农业银行股份有限公司英德市支行
地址：广东省英德市峰光路2号
……………………Tel：0763−2223300
中国邮政储蓄银行股份有限公司清远市分行
地址：清远市新城人民二路八号凤城世家海琴轩D幢、依云轩D幢首层052号、三层001号
……………………Tel：0763−3865173
广东佛冈农村商业银行股份有限公司
地址：广东省清远市佛冈县石角镇振兴南路59号农商金融大厦
……………………Tel：0763−4283016
广东清新农村商业银行股份有限公司
地址：广东省清远市清新区太和信用路8号
……………………Tel：0763−5288709
广东连州农村商业银行股份有限公司龙坪支行
地址：连州市龙坪镇老公路7号
……………………Tel：0763−6210262
广东连州农村商业银行股份有限公司保安支行
地址：广东省连州市保安镇市场路4号
……………………Tel：0763−6221119
广东连州农村商业银行股份有限公司东陂支行
地址：连州市东陂镇新华路14号
……………………Tel：0763−6269273
广东连州农村商业银行股份有限公司西岸支行
地址：连州市西岸镇龙花街21号
……………………Tel：0763−6281023
广东连州农村商业银行股份有限公司丰阳支行
地址：连州市丰阳镇新铺新村27号
……………………Tel：0763−6311138
广东连州农村商业银行股份有限公司瑶安支行
地址：连州市瑶安乡民族路9号
……………………Tel：0763−6331383
广东连州农村商业银行股份有限公司星子支行
地址：连州市星子镇红星街74号
……………………Tel：0763−6351542
广东连州农村商业银行股份有限公司大路边支行
地址：连州市大路边镇策玉路200号
……………………Tel：0763−6382380
广东连州农村商业银行股份有限公司三水分理处
地址：连州市三水瑶族乡三江口村乡府一号（左里村委会一楼面积41平方米办公区域）
……………………Tel：0763−6481122
广东连州农村商业银行股份有限公司清水分理处
地址：连州市西岸镇清水街96号
……………………Tel：0763−6511045
广东连州农村商业银行股份有限公司西江支行
地址：连州市西江镇移民新村52号
……………………Tel：0763−6531108
广东连州农村商业银行股份有限公司山塘分理处
地址：连州市大路边镇顺头岭村政新路54号1栋
……………………Tel：0763−6561107
广东连州农村商业银行股份有限公司九陂支行
地址：连州市九陂镇新墟65号
……………………Tel：0763−6580215
广东连州农村商业银行股份有限公司麻步分理处
地址：连州市龙坪镇麻步市场街38号
……………………Tel：0763−6591121
广东连州农村商业银行股份有限公司巾峰支行
地址：连州市连州镇湟川北路沿江花园B2座首层79、80、81号商铺
……………………Tel：0763−6620080
广东连州农村商业银行股份有限公司北湖支行
地址：广东省连州市连州镇连州大道38号城市广场一期综合楼首层106、107号街铺
……………………Tel：0763−6625276
广东连州农村商业银行股份有限公司第一支行
地址：连州市连州镇北湖路33号1栋
……………………Tel：0763−6625901
广东连州农村商业银行股份有限公司良江支行
地址：连州市东华路106号海富御景新城御珍苑2座负一楼23号、24号商铺
……………………Tel：0763−6625927
广东连州农村商业银行股份有限公司城郊支行
地址：连州市连州镇慧光路54号
……………………Tel：0763−6631160
广东连州农村商业银行股份有限公司东岳支行
地址：连州市连州镇南门大道A3栋14、15号商铺
……………………Tel：0763−6664268
广东连州农村商业银行股份有限公司东山支行
地址：连州市连州镇东山路华联广场首层A167、A168、A169、A170、B220、B222、B224、C226号商铺
……………………Tel：0763−6664478
广东连州农村商业银行股份有限公司
地址：连州市连州镇番禺路260号（1栋）
……………………Tel：0763−6668868
广东连州农村商业银行股份有限公司城西支行
地址：连州市连州镇人民西路城西市场1号、2号、3号、17号、18号、19号商铺
……………………Tel：0763−6676466
广东连南农村商业银行股份有限公司
地址：广东省连南瑶族自治县三江镇顺德大道
……………………Tel：0763−6838830
广东阳山农村商业银行股份有限公司
地址：阳山县阳城镇阳山大道48号
……………………Tel：0763−7883283
横琴人寿保险有限公司
地址：珠海市横琴新区十字门中央商务区珠海横琴金融产业发展基地2号楼
……………………Tel：0765−3852100
广东新兴农村商业银行股份有限公司
地址：新兴县新城镇新洲大道南8号
……………………Tel：0766−2979309
中国邮政储蓄银行股份有限公司云浮市分行
地址：云浮市市区金山大道（A1A2）幢首层A001号、A01至A06号、第二层A001号、A1、A2号、帝景苑C5幢首层36号
……………………Tel：0766−8339814
云浮市云安区农村信用合作联社
地址：云浮市云安区城区康华路15号
……………………Tel：0766−8615610
中国银行股份有限公司云浮分行
地址：云浮市云城建设北路52号
……………………Tel：0766−8828255
中国工商银行股份有限公司云浮分行
地址：云浮市云城区建设北路3号
……………………Tel：0766−8833208
云浮市云城区农村信用合作联社
地址：云浮市翠石路农信大厦
……………………Tel：0766−8182819
中国建设银行股份有限公司云浮市分行
地址：云浮市市区兴云中路6号
……………………Tel：0766−8863213
中国建设银行股份有限公司潮州市分行
地址：潮州市新洋路119号（新洋路银都花园综合楼南裙楼及配电房）
……………………Tel：0768−2131502
安信证券股份有限公司潮州城新西路证券营业部
地址：广东省潮州市城新西路89号北侧一至二层连三四层东侧及五至六层
……………………Tel：0768−2264676
中国邮政储蓄银行股份有限公司潮州市分行
地址：广东省潮州市潮州大道南段潮苑商住楼B幢
……………………Tel：0768−2273509
中国工商银行股份有限公司潮州分行
地址：广东省潮州市潮州大道中段
……………………Tel：0768−2801443
中国农业银行股份有限公司潮州城区支行
地址：潮州市潮枫路云梯路段农行枫溪营业部综合楼
……………………Tel：0768−2850102
中国农业银行股份有限公司潮州潮安支行
地址：潮州市潮安区城区潮安大道旁
……………………Tel：0768−5811330
中国农业银行股份有限公司饶平县支行
地址：饶平县黄冈镇汕汾中路276号
……………………Tel：0768−8885044
珠海华润银行股份有限公司东莞分行
地址：东莞市南城区鸿福路200号海德广场1栋首层102号商铺、11层、12层办公室
……………………Tel：0769−21669000
平安养老保险股份有限公司东莞中心支公司
地址：东莞市南城区新城石竹路3号广发金融大厦301−1单元
……………………Tel：0769−21683286
华联期货有限公司
地址：广东省东莞市城区可园南路1号金源中心16层、17层
……………………Tel：0769−22111022
东莞信托有限公司
地址：东莞松山湖高新技术产业开发区创新科技园2号楼
……………………Tel：0769−22312322
东莞银行股份有限公司东城支行
地址：东莞市东城区岗贝东城大道中金泽花园长春阁
……………………Tel：0769−22360800
兴业银行股份有限公司东莞分行
地址：东莞市南城街道莞太路胜和路段兴业金融大厦29号首层，31号首层、五层、八层、九层及十层
……………………Tel：0769−22805878
中国银行股份有限公司东莞长安乌沙支行
地址：东莞市长安镇乌沙振安路陈屋路口新域商业有限公司综合楼（振安中路14号）
……………………Tel：0769−2281988
中国银行股份有限公司东莞长安莲花支行
地址：东莞市长安镇咸西大道8号
……………………Tel：0769−22819888
中国银行股份有限公司东莞长安长中路支行
地址：东莞市长安镇长中路83号
……………………Tel：0769−22819888
中国银行股份有限公司东莞长安霄边支行
地址：东莞市长安镇霄边村农民公寓第二幢第1008、1009、1010号铺
……………………Tel：0769−22819888
中国银行股份有限公司东莞长安上角支行
地址：东莞市长安镇上角社区上南路东莞市长安顺源丰百货商店首层
……………………Tel：0769−22819888
中国银行股份有限公司东莞长安长兴支行
地址：东莞市长安镇沙头社区滨河路1号长兆大厦6−9号铺
……………………Tel：0769−22819888
汇丰银行（中国）有限公司东莞分行
地址：东莞市南城区元美路华凯广场C座首层C1−109−112号商铺、写字楼A座11楼06−11单元
……………………Tel：0769−23093088
中国民生银行股份有限公司东莞分行
地址：东莞市南城街道莞太路63号鸿福广场首层商铺
……………………Tel：0769−23095379
平安银行股份有限公司东莞分行
地址：广东省东莞市南城街道鸿福路200号4栋1单元108室、1401室、1501室、负一层101室、2单元2201室、2202室、2702室
……………………Tel：0769−26988000
华夏银行股份有限公司东莞分行
地址：东莞市南城区鸿福路102号汇成大厦首层105−106号第三层
……………………Tel：0769−26988900
中国银行股份有限公司东莞虎门北栅支行
地址：东莞市虎门镇北栅社区S358省道（虎门段）590溢丰人厦首层
……………………Tel：0769−85028133
中国工商银行股份有限公司东莞虎门支行
地址：东莞市虎门镇太沙路１８１号
……………………Tel：0769−85103392
中国银行股份有限公司东莞虎门龙泉支行
地址：东莞市虎门镇连升路龙泉国际大酒店一层A区
……………………Tel：0769−85126226
中国银行股份有限公司东莞虎门支行
地址：东莞市虎门镇太沙路１７１号
……………………Tel：0769−85126760
中国银行股份有限公司东莞虎门富民支行
地址：东莞市虎门镇永安路19号永业楼
……………………Tel：0769−85181884
中国银行股份有限公司东莞虎门南栅支行
地址：东莞市虎门镇南栅管理区元头村沙太公路边
……………………Tel：0769−85181885
中国工商银行股份有限公司东莞长安支行
地址：东莞市长安镇莲花广场2J办
……………………Tel：0769−85472055
中国银行股份有限公司东莞长安支行
地址：东莞市长安镇长青北路中惠山畔名城A区长青路商场GH区188、284号
……………………Tel：0769−85478008
中国银行股份有限公司东莞虎门万科城支行
地址：东莞市虎门镇大宁社区长德路168号虎门万科城(二区)119号商业楼商铺101、102、103、104、105、106、107、108、109、110
……………………Tel：0769−85519664

广西壮族自治区

中国邮政储蓄银行股份有限公司广西壮族自治区防城港市分行
地址：港口区迎宾路南侧红树林大厦东塔楼23至25层
……………………Tel：0770−3251999
防城港市防城区农村信用合作联社
地址：防城港市防城区防城镇山海路８号
……………………Tel：0770−3252731
广西东兴农村商业银行股份有限公司
地址：广西东兴市东兴镇兴东路326号
……………………Tel：0770−7658998
华夏银行股份有限公司南宁分行
地址：广西壮族自治区南宁市民族大道136—2号华润大厦B座首层、十四至十七层
……………………Tel：0771−2520858
中国农业银行股份有限公司南宁民族支行
地址：南宁市青秀区星湖路40号
……………………Tel：0771−2845300
柳州银行股份有限公司南宁民主支行
地址：南宁市民主路１７号广西农机大厦一、二层裙楼左侧
……………………Tel：0771−2868980
广西天等农村商业银行股份有限公司
地址：天等县天等镇仕民路48号
……………………Tel：0771−3533746
广西大新农村商业银行股份有限公司
地址：大新县桃城镇养利中路中国人民银行大新县支行综合楼一层门面
……………………Tel：0771−3622223
中国农业银行股份有限公司南宁江南支行
地址：南宁市星光大道４８号
……………………Tel：0771−4821939
中国农业银行股份有限公司广西自贸试验区南宁片区五象支行
地址：南宁市良庆区凯旋路9号海尔青啤（东盟）联合广场2号楼3号楼一层106号商铺、一层107号商铺、二层205号商铺、三层305号商铺
……………………Tel：0771−4953886
广西上林农村商业银行股份有限公司白圩支行
地址：上林县白圩镇政府路２６号
……………………Tel：0771−5152013
广西上林农村商业银行股份有限公司覃排支行
地址：上林县白圩镇覃排社区
……………………Tel：0771−5152164
广西上林农村商业银行股份有限公司万加支行
地址：上林县巷贤镇万加街
……………………Tel：0771−5180040
广西上林农村商业银行股份有限公司巷贤支行
地址：上林县巷贤镇贤新一街
……………………Tel：0771−5189339
广西上林农村商业银行股份有限公司
地址：上林县城明山路１７８号
……………………Tel：0771−5222212
广西上林农村商业银行股份有限公司三里支行
地址：上林县三里镇南湖市场
……………………Tel：0771−5253030
广西上林农村商业银行股份有限公司上中支行
地址：上林县大丰镇大丰街106号
……………………Tel：0771−5280021
广西上林农村商业银行股份有限公司木山支行
地址：上林县木山乡木山街１１５号
……………………Tel：0771−5285414
广西上林农村商业银行股份有限公司塘

红支行
地址：上林县塘红乡塘红街
…………Tel：0771－5285967
中国农业银行股份有限公司南宁国贸支行
地址：南宁市青秀区教育路４－２号
…………Tel：0771－5327946
中国建设银行股份有限公司南宁桃源支行
地址：南宁市桃源路８６号－１９号
…………Tel：0771－5336968
广西投资集团有限公司
地址：南宁市青秀区民族大道１０９号广西投资大厦
…………Tel：0771－5533156
广发银行股份有限公司南宁分行
地址：广西壮族自治区南宁市民族大道146号中国–东盟国际商贸物流中心B座，LG层LG–12至LG–13铺位、一层L1–009至L1–016铺位、23至26层整层
…………Tel：0771－5579604
柳州银行股份有限公司南宁分行
地址：南宁市青秀区双拥路34号广西新谊金融投资大厦C座1楼A区2、3、19、20楼
…………Tel：0771－5726256
兴业银行股份有限公司南宁分行
地址：广西壮族自治区南宁市青秀区民族大道146号三祺广场
…………Tel：0771－5733333
中国农业银行股份有限公司南宁南湖支行
地址：南宁市青秀区双拥路3６号综合楼
…………Tel：0771－5736596
招商银行股份有限公司南宁分行
地址：南宁市青秀区民族大道136－5号华润大厦C座1F、13F、14F、15F
…………Tel：0771－5827453
中国农业银行股份有限公司南宁古城支行
地址：南宁市古城路２２号银宇大厦第十层
…………Tel：0771－5864856
中信银行股份有限公司南宁分行
地址：广西南宁市青秀区双拥路３６－１号
…………Tel：0771－6115804
中国农业银行股份有限公司南宁武鸣支行
地址：广西壮族自治区南宁市武鸣区灵源路西段７号
…………Tel：0771－6222345
南宁市武鸣区农村信用合作联社
地址：南宁市武鸣区兴武大道１７８号
…………Tel：0771－6223475
广西马山农村商业银行股份有限公司
地址：南宁市马山县白山镇江滨西路412号
…………Tel：0771－6822197
广西荔浦农村商业银行股份有限公司
地址：广西壮族自治区荔浦市荔城镇荔塔路２号
…………Tel：0771－7212038
横县农村信用合作联社
地址：横县横州镇迎宣西路175号
…………Tel：0771－7251012
中国农业银行股份有限公司横县支行
地址：横县横州镇魁星路４号
…………Tel：0771－7223404
广西扶绥农村商业银行股份有限公司
地址：扶绥县新宁镇永宁路２－１号
…………Tel：0771－7520200
广西崇左桂南农村商业银行股份有限公司
地址：广西壮族自治区崇左市城西路１０９号
…………Tel：0771－7831605
广西宾阳农村商业银行股份有限公司
地址：宾阳县宾州镇文明路42号
…………Tel：0771－8222685
中国农业银行股份有限公司宾阳县支行
地址：宾阳县宾州镇临浦街１９９号
…………Tel：0771－8236386
广西宁明农村商业银行股份有限公司
地址：宁明县城中镇明阳街3号
…………Tel：0771－8621557
广西龙州农村商业银行股份有限公司
地址：龙州县龙州镇独山路１７２号
…………Tel：0771－8812397
中国工商银行股份有限公司来宾分行
地址：来宾市新兴路１４０号
…………Tel：0772－4219670
北部湾财产保险股份有限公司来宾分公司
地址：广西来宾市维林大道418号金融投资大厦2楼
…………Tel：0772－4266292
中国邮政储蓄银行股份有限公司广西壮族自治区来宾市分行
地址：来宾市文辉路366号富城国际B区6号楼盘古大道西106号
…………Tel：0772－4274995
广西来宾桂中农村合作银行
地址：来宾市盘古大道西98号
…………Tel：0772－4282075
广西象州农村合作银行
地址：象州县象州镇温泉大道１５４号
…………Tel：0772－4360711
广西武宣农村商业银行股份有限公司
地址：武宣县武宣镇鞍山路233号
…………Tel：0772－5213656
忻城县农村信用合作联社
地址：忻城县城关镇鞍山路63号
…………Tel：0772－5511302
广西鹿寨农村商业银行股份有限公司
地址：鹿寨县鹿寨镇建中西路1号
…………Tel：0772－6817112
广西柳城农村商业银行股份有限公司
地址：柳城县大埔镇河东大道２７６号
…………Tel：0772－7612111
广西融安农村商业银行股份有限公司
地址：融安县长安镇桔香北路２１号
…………Tel：0772－8112600
广西三江农村商业银行股份有限公司
地址：三江县古宜镇桥西南３号
…………Tel：0772－8612314
中国农业银行股份有限公司桂林叠彩支行
地址：桂林市环城北一路１５号
…………Tel：0773－2610111
交通银行股份有限公司桂林分行
地址：桂林市南环路８号
…………Tel：0773－2800156
中国农业银行股份有限公司桂林象山支行
地址：桂林市翠竹路１１号
…………Tel：0773－3812290
中国农业银行股份有限公司临桂县支行
地址：桂林市上海路２６号
…………Tel：0773－3849901
广西灌阳农村商业银行股份有限公司
地址：广西壮族自治区灌阳县灌阳镇灌江北路１４０号
…………Tel：0773－4212233
广西资源农村商业银行股份有限公司
地址：资源县城北新区
…………Tel：0773－4311325
广西临桂农村商业银行股份有限公司
地址：桂林市临桂区联创飞扬国际T6栋
…………Tel：0773－5592196
广西桂林漓江农村合作银行
地址：桂林市漓江路４９号
…………Tel：0773－5876950
广西兴安民兴村镇银行股份有限公司
地址：广西壮族自治区兴安县兴安镇秦皇路27号
…………Tel：0773－6219666
广西兴安农村合作银行
地址：兴安县兴安镇志玲路506号
…………Tel：0773－6221377
广西灵川农村商业银行股份有限公司
地址：广西壮族自治区灵川县灵南路３号
…………Tel：0773－6812172
中国农业银行股份有限公司灵川县支行
地址：广西壮族自治区灵川县灵西路１号
…………Tel：0773－6812231
广西龙胜农村商业银行股份有限公司
地址：龙胜县桑江北区
…………Tel：0773－7512230
中国农业银行股份有限公司桂林七星支行
地址：桂林市漓江路３２号
…………Tel：0773－7992771
广西恭城农村商业银行股份有限公司莲花支行
地址：恭城县莲花镇三街１２４号
…………Tel：0773－8112298
广西恭城农村商业银行股份有限公司三江支行
地址：恭城县三江乡三江街
…………Tel：0773－8118131
广西恭城农村商业银行股份有限公司和平分理处
地址：广西壮族自治区恭城瑶族自治县平安镇和平街188号
…………Tel：0773－8182122
广西恭城农村商业银行股份有限公司平安支行
地址：恭城县平安乡桥头村４６号
…………Tel：0773－8188322
广西恭城农村商业银行股份有限公司恭城支行
地址：恭城县恭城镇太平街73号
…………Tel：0773－8212364
广西恭城农村商业银行股份有限公司城区分理处
地址：广西壮族自治区恭城瑶族自治县恭城镇茶南路50号
…………Tel：0773－8212405
广西恭城农村商业银行股份有限公司
地址：恭城镇茶北路一号
…………Tel：0773－8212431
广西恭城农村商业银行股份有限公司栗木支行
地址：广西壮族自治区恭城瑶族自治县栗木镇镇南路121号
…………Tel：0773－8322130
广西恭城农村商业银行股份有限公司振兴分理处
地址：广西壮族自治区恭城瑶族自治县栗木镇振兴街66号
…………Tel：0773－8322900
广西恭城农村商业银行股份有限公司文武支行
地址：广西壮族自治区恭城瑶族自治县恭城镇文武路21号世纪鑫城12栋114室
…………Tel：0773－8217567
广西恭城农村商业银行股份有限公司观音支行
地址：广西壮族自治区恭城瑶族自治县观音乡观音街19号
…………Tel：0773－8326138
广西恭城农村商业银行股份有限公司马路桥分理处
地址：广西壮族自治区恭城瑶族自治县栗木锡矿二区13号
…………Tel：0773－8327386
广西恭城农村商业银行股份有限公司加会支行
地址：恭城县嘉会镇嘉会街２１２号
…………Tel：0773－8353988
广西恭城农村商业银行股份有限公司龙虎支行
地址：广西壮族自治区恭城瑶族自治县龙虎乡龙虎街156号
…………Tel：0773－8355126
广西恭城农村商业银行股份有限公司西岭支行
地址：广西壮族自治区恭城瑶族自治县西岭镇圩市街48号
…………Tel：0773－8357125
广西永福农村商业银行股份有限公司
地址：永福县永福镇连江路３０号
…………Tel：0773－8512455
广西阳朔农村商业银行股份有限公司
地址：广西壮族自治区阳朔县阳朔镇荆凤路67号
…………Tel：0773－8826322
柳州银行股份有限公司梧州河东科技支行
地址：梧州市西江路鸳江丽港5号一层1.2.3号商铺
…………Tel：0774－6026801
中国农业银行股份有限公司苍梧县支行
地址：苍梧县龙圩镇龙城路６８号
…………Tel：0774－2688262
广西苍梧农村商业银行股份有限公司
地址：苍梧县龙圩镇政贤路70号
…………Tel：0774－2689868
中国农业银行股份有限公司梧州夏郢支行
地址：广西梧州市万秀区夏郢镇金鸡山四区6号
…………Tel：0774－2751020
交通银行股份有限公司梧州分行
地址：梧州市大中路４７号
…………Tel：0774－2834540
中国建设银行股份有限公司梧州分行
地址：梧州市文澜路２号
…………Tel：0774－3826742
中国农业银行股份有限公司梧州兴梧支行
地址：广西壮族自治区梧州市长洲区兴梧路70号C幢一层1号、2号、3号、4号、5号商铺、二层1号、2号商业、三层1号、2号商业、四层1号商业及五层商业
…………Tel：0774－2228295
中国农业银行股份有限公司梧州分行
地址：梧州市步埠路６２号
…………Tel：0774－3880213
中国农业银行股份有限公司梧州蝶山支行
地址：梧州市蝶山一路41－1号工业品展销中心一层15－19号商业.办公用房
…………Tel：0774－3887277
中国农业银行股份有限公司梧州红岭支行
地址：梧州市红岭路７号２号楼一层１－５号商业
…………Tel：0774－3898606
广西贺州桂东农村合作银行
地址：贺州市建设东路６号
…………Tel：0774－5120579
中国工商银行股份有限公司贺州分行
地址：贺州市八步区建设东路２号
…………Tel：0774－5129918
桂林银行股份有限公司贺州支行
地址：贺州市八步区建设东路１７８号
…………Tel：0774－5136655
中国邮政储蓄银行股份有限公司广西壮族自治区贺州市分行
地址：贺州市建设中路31号（贺州市邮政局大楼）
…………Tel：0774－5276936
中国农业银行股份有限公司梧州倒水支行
地址：梧州市倒水街
…………Tel：0774－5725226
桂林银行股份有限公司梧州分行
地址：梧州市新兴三路８３号汇龙国际大厦一楼
…………Tel：0774－6010299
柳州银行股份有限公司小企业金融服务梧州分中心
地址：梧州市新兴三路6号一层
…………Tel：0774－6026986
中国邮政储蓄银行股份有限公司广西壮族自治区梧州市分行
地址：梧州市新兴三路３２号
…………Tel：0774－6028700
梧州市区农村信用合作联社
地址：梧州市新兴三路１１号
…………Tel：0774－6028719
广西蒙山农村商业银行股份有限公司
地址：蒙山县蒙山镇五福路南108号
…………Tel：0774－6283525
广西昭平农村商业银行股份有限公司
地址：昭平县昭平镇河西东路２号
…………Tel：0774－6685138
藤县农村信用合作联社
地址：藤县藤州镇藤州大道２６６号
…………Tel：0774－7298585
广西富川农村商业银行股份有限公司
地址：广西壮族自治区贺州市富川县富阳镇富洲路38号
…………Tel：0774－7882372
广西岑溪农村商业银行股份有限公司
地址：岑溪市义洲大道１９２号
…………Tel：0774－8220230
中国农业银行股份有限公司岑溪市支行
地址：岑溪市解放路１１０号
…………Tel：0774－8230406
柳州银行股份有限公司岑溪支行
地址：岑溪市广南路21号榕湖饭店1－2层
…………Tel：0774－8230868
广西钟山农村商业银行股份有限公司
地址：钟山县钟山镇兴钟中路２３号
…………Tel：0774－8982311
中国银行股份有限公司玉林分行
地址：玉林市一环东路２４８号
…………Tel：0775－2650955
中国农业银行股份有限公司玉林玉州支行
地址：玉林市城站路４号
…………Tel：0775－2812060
桂林银行股份有限公司玉林分行
地址：广西壮族自治区玉林市民主中路224号
…………Tel：0775－2908631
桂平市农村信用合作联社
地址：广西桂平市西山镇兴宁社区（人民中路）
…………Tel：0775－3386133
兴业县农村信用合作联社
地址：兴业县石南镇兴业大道南侧
…………Tel：0775－3761600
中国工商银行股份有限公司贵港市贵城支行
地址：贵港市港北区桂林路708号院东方巴黎写字楼一楼103#、106#
…………Tel：0775－4219617
中国银行股份有限公司贵港分行
地址：贵港市港北区金港大道863号中银大厦1幢5号
…………Tel：0775－4360876
中国邮政储蓄银行股份有限公司广西壮族自治区贵港市分行
地址：贵港市中山北路９号邮政综合楼三、四层
…………Tel：0775－4555533
容县农村信用合作联社
地址：容县容州镇桂南路１８９号
…………Tel：0775－5322258
中国农业银行股份有限公司容县支行
地址：容县容州镇新北街２５９号
…………Tel：0775－5323632
中国工商银行股份有限公司贵港分行
地址：贵港市港北区桂林路708号院东方巴黎写字楼21－23楼
…………Tel：0775－6798875
广西陆川农村商业银行股份有限公司
地址：陆川县温泉镇西滨中路３８号
…………Tel：0775－7224755
中国农业银行股份有限公司博白县支行
地址：博白县博白镇大街０１１号
…………Tel：0775－8222656
中国建设银行股份有限公司百色分行
地址：百色市中山二路16号
…………Tel：0776－2826077
中国银行股份有限公司百色分行
地址：广西壮族自治区百色市中山二路中银大厦
…………Tel：0776－2828126
中国工商银行股份有限公司百色分行
地址：百色市中山二路１号
…………Tel：0776－2895148

中国邮政储蓄银行股份有限公司广西壮族自治区百色市分行
地址：百色市右江区那毕大道锦华逸景B区2#楼1单元二楼215、216、217、218、219、220号铺
…………Tel：0776-2895758

广西百色右江农村合作银行
地址：广西壮族自治区百色市右江区城东大道166号
…………Tel：0776-2989552

广西田阳农村商业银行股份有限公司
地址：田阳县田州镇广场一路１号
…………Tel：0776-3212195

广西德保农村商业银行股份有限公司
地址：德保县城关镇桃源路128号
…………Tel：0776-3822302

广西田东农村商业银行股份有限公司思林支行
地址：田东县思林镇商业街104号
…………Tel：0776-5151012

广西田东农村商业银行股份有限公司平马支行
地址：田东县平马镇油城路９号
…………Tel：0776-5222039

广西田东农村商业银行股份有限公司百谷分理处
地址：广西田东县平马镇中山路2号
…………Tel：0776-5222081

广西田东农村商业银行股份有限公司庆平分理处
地址：田东县平马镇南华路111号
…………Tel：0776-5222285

广西田东农村商业银行股份有限公司
地址：广西壮族自治区百色市田东县平马镇恩隆大道5号
…………Tel：0776-5224963

广西田东农村商业银行股份有限公司作登支行
地址：田东县作登乡作登街上
…………Tel：0776-5421008

广西田东农村商业银行股份有限公司印茶支行
地址：田东县印茶镇印茶街上
…………Tel：0776-5451016

广西平果农村合作银行
地址：广西壮族自治区平果县铝城大道１０６９号
…………Tel：0776-5838968

广西靖西农村商业银行股份有限公司
地址：广西靖西市新靖镇绣球大道819号
…………Tel：0776-6211151

广西那坡农村商业银行股份有限公司
地址：那坡县城厢镇南街15号保合时代广场一楼
…………Tel：0776-6825731

广西田林农村商业银行股份有限公司
地址：田林县乐里镇河南路信用社综合办公楼
…………Tel：0776-7210563

广西凌云农村商业银行股份有限公司
地址：广西壮族自治区凌云县泗城镇新秀社区五指山小区066号
…………Tel：0776-7612574

广西凌云农村商业银行股份有限公司沙里支行
地址：广西壮族自治区凌云县沙里乡沙里街８号
…………Tel：0776-7612574

广西乐业农村商业银行股份有限公司
地址：乐业县中心花园开发小区1号楼
…………Tel：0776-7922252

广西隆林农村商业银行股份有限公司
地址：广西隆林县新州镇迎宾路西段延长线
…………Tel：0776-8207103

广西西林农村商业银行股份有限公司
地址：广西壮族自治区百色市西林县八达镇新兴路23-1号
…………Tel：0776-8683770

中国工商银行股份有限公司钦州分行
地址：钦州市向阳路
…………Tel：0777-2811233

中国邮政储蓄银行股份有限公司广西壮族自治区钦州市分行
地址：钦州市富民路8号国贸中心101、201、202、203、205、206、301、302、303、305、306、401、402、403、405、406、501、502、503、505、506号房
…………Tel：0777-2860639

灵山县农村信用合作联社
地址：灵山县灵城镇江滨一路30号（湘桂盛世名城一期A区龙盛苑1-2号商铺）
…………Tel：0777-6526298

广西浦北农村商业银行股份有限公司
地址：浦北县小江镇东风街27号
…………Tel：0777-8211328

柳州银行股份有限公司河池分行
地址：广西河池市金城江区金城中路479号
…………Tel：0778-2100686

中国农业银行股份有限公司河池金城江支行
地址：广西壮族自治区河池市金城江区西环路122号“金都苑”A栋1楼101号商铺
…………Tel：0778-2201266

中国邮政储蓄银行股份有限公司广西壮族自治区河池市分行
地址：河池市新建路６８号
…………Tel：0778-2296800

广西宜州农村合作银行
地址：宜州市庆远镇二桥路39号
…………Tel：0778-3183959

广西都安农村商业银行股份有限公司
地址：广西河池都安瑶族自治县安阳镇新兴街１号
…………Tel：0778-5212765

广西大化农村商业银行股份有限公司新民分理处
地址：大化瑶族自治县七百弄街
…………Tel：0778-5658005

广西大化农村商业银行股份有限公司江南支行
地址：大化瑶族自治县江南街
…………Tel：0778-5668025

广西大化农村商业银行股份有限公司百马支行
地址：大化瑶族自治县百马街
…………Tel：0778-5728008

广西大化农村商业银行股份有限公司
地址：大化瑶族自治县大化镇北红河北路169号
…………Tel：0778-5818558

东兰县农村信用合作联社
地址：东兰县东兰镇五峰路231-1号
…………Tel：0778-6322480

广西凤山农村商业银行股份有限公司凤城支行
地址：广西壮族自治区河池市凤山县凤城镇凤阳路52号
…………Tel：0778-6812660

南丹县农村信用合作联社
地址：南丹县城关镇新城区祥宁街０１０号
…………Tel：0778-7212317

中国农业银行股份有限公司南丹县支行
地址：南丹县城关镇民行中路１１３号
…………Tel：0778-7212585

广西天峨农村商业银行股份有限公司
地址：广西壮族自治区河池市天峨县六排镇塘英大道112号
…………Tel：0778-7823428

环江毛南族自治县农村信用合作联社
地址：环江思恩镇新建路１２７号
…………Tel：0778-8823270

广西银海国民村镇银行有限责任公司
地址：北海市四川路２９０号强远世纪度假村Ａ幢一至三层
…………Tel：0779-2668691

中国建设银行股份有限公司北海分行
地址：北海市北海大道鸿海大厦
…………Tel：0779-3079018

交通银行股份有限公司北海分行
地址：市云南路２５号
…………Tel：0779-3088836

交通银行股份有限公司北海北京路支行
地址：北海市北京路９２号怡沁园底层１０１—１０３号商铺
…………Tel：0779-3088836

中国银行股份有限公司北海分行
地址：北海市北海大道（国际金融大厦）
…………Tel：0779-3061133

中国银行股份有限公司北海市旺盛路支行
地址：北海市中山路与旺盛路交汇处东北角
…………Tel：0779-2026591

海南省

东方市农村信用合作联社
地址：海南省东方市东海路8号
…………Tel：0898-25531819

昌江黎族自治县农村信用合作联社
地址：海南省昌江黎族自治县石碌镇人民北路170号
…………Tel：0898-26651532

海南白沙农村商业银行股份有限公司
地址：海南省白沙黎族自治县牙叉镇牙叉中路187号
…………Tel：0898-27723652

海南临高农村商业银行股份有限公司
地址：海南省临高县临城镇新镇北街17号
…………Tel：0898-28284625

上海浦东发展银行股份有限公司海口海秀东路支行
地址：海南省海口市美兰区海秀路20号亿圣和百货一层
…………Tel：0898-32160800

上海浦东发展银行股份有限公司海口海甸岛支行
地址：海南省海口市美兰区和平大道22号鹏晖新天地商业广场一层
…………Tel：0898-32160838

上海浦东发展银行股份有限公司海口金盘路支行
地址：海南省海口市龙华区金盘路12-9号金碧大地豪庭1-3号个铺面
…………Tel：0898-32160850

上海浦东发展银行股份有限公司三亚分行
地址：海南省三亚市吉阳区迎宾路360-2号三亚中信南航大厦
…………Tel：0898-32160877

太平人寿保险有限公司海口中心支公司
地址：海南省海口市美兰区国兴大道3号互联网金融大厦3、4层（房号301、302、303、303A、305、306、307、401、402、403、403A、405、406、407）
…………Tel：0898-32880283

太平人寿保险有限公司海南分公司
地址：海南省海口市美兰区国兴大道3号互联网金融大厦16层（房号1601、1602、1603、1603A、1605、1606）
…………Tel：0898-32885566

海口联合农村商业银行股份有限公司
地址：海南省海口市美兰区五指山南路6号
…………Tel：0898-36691273

上海浦东发展银行股份有限公司海口分行
地址：海南省海口市玉沙路28号宝发大厦一至二层
…………Tel：0898-36693333

上海浦东发展银行股份有限公司海口蓝天路支行
地址：海南省海口市美兰区蓝天路12-1号
…………Tel：0898-36693689

中国民生银行股份有限公司海口分行
地址：海南省海口市龙华区滨海大道77号中环国际广场
…………Tel：0898-36797777

海南万宁农村商业银行股份有限公司
地址：海南省万宁市望海大道36号
…………Tel：0898-62226880

中国银行股份有限公司琼海支行
地址：海南省琼海市嘉积镇人民路119号
…………Tel：0898-62813502

中国银行股份有限公司琼海东风路支行
地址：海南省琼海市嘉积镇教育路88号
…………Tel：0898-62813526

中国银行股份有限公司琼海中原支行
地址：海南省琼海市中原镇中兴街北3号
…………Tel：0898-62813530

中国银行股份有限公司琼海金融大厦支行
地址：海南省琼海市嘉积镇新民街南门商业广场1#楼6号铺面首层
…………Tel：0898-62813540

中国银行股份有限公司琼海银海支行
地址：海南省琼海市加积镇金海路37号裕丰楼一层铺面
…………Tel：0898-62813545

中国银行股份有限公司琼海博鳌支行
地址：海南省琼海市博鳌镇海滨路120号
…………Tel：0898-62813553

琼海市农村信用合作联社
地址：海南省琼海市嘉积镇金海路210号
…………Tel：0898-62824479

中国银行股份有限公司文昌清澜支行
地址：文昌市文城镇文清大道421号时代商务中心楼盘一层铺面
…………Tel：0898-63263061

中国银行股份有限公司文昌新风路支行
地址：文昌市文城镇新风路226号
…………Tel：0898-63263329

中国银行股份有限公司文昌东风街支行
地址：文昌市文城镇东风街27号
…………Tel：0898-63263334

海口市农村信用合作联社
地址：海南省海口市龙华区国贸路49-1号港澳发展大厦一至三层
…………Tel：0898-65200690

华夏银行股份有限公司海口分行
地址：海南省海口市美兰区国兴大道61号
…………Tel：0898-65233155

中国工商银行股份有限公司海口新华支行
地址：海口市美兰区国兴大道11号海阔天空国瑞城（S5地块）B座办公楼1层B102房
…………Tel：0898-65383039

金元期货股份有限公司
地址：海南省海口市美兰区南宝路36号证券大厦五楼、六楼
…………Tel：0898-66527216

中国银行股份有限公司海口海甸支行
地址：海口市美兰区海甸四东路１－１号
…………Tel：0898-66562647

中国银行股份有限公司海口龙珠支行
地址：海口市龙华区龙昆北路2-1号
…………Tel：0898-66563677

中国银行股份有限公司海口椰树门支行
地址：海南省海口市大同路１０号
…………Tel：0898-66562929

中国银行股份有限公司海口琼山支行
地址：海南省海口市琼山区滨江街道办椰博路70号海口椰风水韵北区2#楼1层1-11号商铺
…………Tel：0898-66563103

中国农业银行股份有限公司海口南航支行
地址：海口市国贸大道1号景瑞大厦裙楼1-3层
…………Tel：0898-66703533

海马财务有限公司
地址：海南省海口市金盘工业区金牛路2号
…………Tel：0898-66862087

海南澄迈农村商业银行股份有限公司
地址：海南省澄迈县金江镇文明路62号
…………Tel：0898-67623937

中国太平洋人寿保险股份有限公司海南分公司
地址：海口市滨海大道115号海垦国际金融中心1、5楼
…………Tel：0898-68510336

中国工商银行股份有限公司洋浦分行
地址：洋浦工商银行大厦
…………Tel：0898-68520326

中国农业发展银行海南省分行
地址：海口市国贸路65号
…………Tel：0898-68545739

兴业银行股份有限公司海口分行
地址：海南省海口市龙华区金龙路7号
…………Tel：0898-68563633

招商银行股份有限公司海口分行
地址：海南省海口市世贸北路一号海岸壹号C栋综合楼一至三层
…………Tel：0898-68578120

中信银行股份有限公司海口分行
地址：海南省海口市龙华区金贸中路1号半山花园（一至三层）
…………Tel：0898-68578315

陵水黎族自治县农村信用合作联社
地址：海南省陵水县椰林镇陵城中心大道
…………Tel：0898-83326822

中国银行股份有限公司陵水文化路支行
地址：海南省陵水县椰林镇文化路233号
…………Tel：0898-83333609

保亭黎族苗族自治县农村信用合作联社
地址：保亭县保城镇保兴西路农村信用合作社联合社办公楼
…………Tel：0898-83669309

三亚农村商业银行股份有限公司
地址：三亚市解放二路365号
…………Tel：0898-88233647

中国建设银行股份有限公司三亚分行
地址：海南省三亚市吉阳区商品街100号
…………Tel：0898-88272751

中国银行股份有限公司三亚分行
地址：海南省三亚市天涯区解放路873号
…………Tel：0898-88676197

中国邮政储蓄银行股份有限公司三亚市分行
地址：海南省三亚市吉阳区新风路283号
…………Tel：0898-88881085

四川省

中国建设银行股份有限公司资阳分行
地址：四川省资阳市雁江区西门桥街2号
…………Tel：028-23022015

四川乐至农村商业银行股份有限公司
地址：四川省乐至县天池镇迎宾大道266号
…………Tel：028-23322316

中国农业银行股份有限公司乐至县支行
地址：四川省资阳市乐至县天池镇金穗路129-157号
…………Tel：028-23352935

四川安岳农村商业银行股份有限公司
地址：四川省安岳县岳阳镇柠都大道20号1栋
…………Tel：028-24580070

中国工商银行股份有限公司资阳分行
地址：四川省资阳市雁江区西门桥街24号
…………Tel：028-26181216

中国农业银行股份有限公司资阳直属支行
地址：四川省资阳市雁江区和平路中段45号
…………Tel：028-26223020

中国邮政储蓄银行股份有限公司资阳市分行
地址：四川省资阳市雁江区车城大道一段中二巷
…………Tel：028-26558280

中国农业银行股份有限公司简阳市支行
地址：四川省简阳市简城镇建设中路361号
…………Tel：028-27019159

中国农业银行股份有限公司仁寿县支行
地址：四川省仁寿县文林镇金马路一段269号
…………Tel：028-36206428

洪雅县农村信用合作联社
地址：洪雅县洪川镇北街36号
…………Tel：028-37402065

中国工商银行股份有限公司眉山分行
地址：眉山市东坡区三苏路81号
……………………Tel：028-38101528
眉山市东坡区农村信用合作联社
地址：眉山市东坡区红星路89号
……………………Tel：028-38102209
中国银行股份有限公司眉山分行
地址：眉山市东坡区三苏路56号
……………………Tel：028-38103357
中国建设银行股份有限公司眉山分行
地址：四川省眉山市红星西路119号
……………………Tel：028-38107030
四川青神农村商业银行股份有限公司
地址：四川省青神县青城镇大南街53号
……………………Tel：028-38812200
上海浦东发展银行股份有限公司成都分行
地址：成都市成华区二环路东二段22号
……………………Tel：028-60202642
国金期货有限责任公司
地址：成都市锦江区东大街芷泉段229号1栋2单元28层
……………………Tel：028-61304602
中国银行股份有限公司成都开发西区支行
地址：成都市青羊区青羊大道7号附13-24号
……………………Tel：028-61506188
国信证券股份有限公司四川分公司
地址：四川省成都市武侯区人民南路四段46号附1号上善国际写字楼2栋22楼1号、2号、6号
……………………Tel：028-61961663
长城华西银行股份有限公司成都分行
地址：中国（四川）自由贸易试验区成都高新区天府二街333号
……………………Tel：028-61963399
成都银世达金融服务外包有限公司
地址：中国（四川）自由贸易试验区成都高新区天府大道北段966号4号楼3层40318号
……………………Tel：028-62962584
攀枝花市商业银行股份有限公司成都分行
地址：成都市金牛区蜀汉路526号附1号
……………………Tel：028-63100100
中国农业银行股份有限公司成都西区支行
地址：成都市郫县郫筒镇南大街178号
……………………Tel：028-63931754
包商银行股份有限公司成都分行
地址：成都市锦江区锦兴路57号力博楼
……………………Tel：028-65198782
成都普罗米斯小额贷款有限公司
地址：四川省成都市锦江区东大街紫东楼段35号明宇金融广场18楼1，6室
……………………Tel：028-65285000
国泰君安证券股份有限公司四川分公司
地址：成都市成华区双庆路10号华润大厦
……………………Tel：028-65775188
中航安盟财产保险有限公司
地址：四川省成都市高新区交子大道33号中国华商金融中心1号楼36层
……………………Tel：028-67670550
哈尔滨银行股份有限公司成都分行
地址：成都市青羊区西玉龙街210号1－4层
……………………Tel：028-67690215
中国银行股份有限公司成都自贸试验区分行
地址：四川省成都市天府新区华阳街道华府大道一段518号A区77栋1-3层1号
……………………Tel：028-68273210
深圳惠享金融服务有限公司成都分公司
地址：成都市武侯区晋吉南路59、117号1栋1单元4层427号
……………………Tel：028-68731967
中国农业银行股份有限公司成都青羊支行
地址：成都市青羊区顺城大街316号
……………………Tel：028-68738039
泸州银行股份有限公司成都分行
地址：成都高新区天府四街327号、327号附201号、327号附301号、329号
……………………Tel：028-68931111
中国银行股份有限公司成都锦江支行
地址：四川省成都市锦江区汇泉南路1号1层、1号附11号2层、5号1层；11号、15号、17号4栋1层1-2号、2层1号
……………………Tel：028-69262032
中航安盟财产保险有限公司四川省分公司
地址：中国（四川）自由贸易试验区四川省成都市高新区交子大道33号中国华商金融中心1号楼34、35楼
……………………Tel：028-80645566
四川新网银行股份有限公司
地址：中国（四川）自由贸易试验区成都高新区吉泰三路8号1栋1单元26楼1-8号
……………………Tel：028-80648015
中国工商银行股份有限公司成都温江支行
地址：成都市温江区柳城东大街27号
……………………Tel：028-82722014
中国建设银行股份有限公司成都温江支行
地址：成都市温江区东大街1号
……………………Tel：028-82722504
成都农村商业银行股份有限公司温江支行
地址：成都市温江区柳城镇长安路1号
……………………Tel：028-82728888
中国农业银行股份有限公司成都青白江支行
地址：成都市青白江区大弯镇怡湖西路
……………………Tel：028-83302248
中国农业银行股份有限公司成都成华支行
地址：四川省成都市成华区成华大道杉板桥路599号
……………………Tel：028-83360150
华西证券股份有限公司成都建设北路证券营业部
地址：成都市成华区建设北路二段4号
……………………Tel：028-83361622
中国农业银行股份有限公司彭州市支行
地址：四川省彭州市金彭西路体育场西街2号
……………………Tel：028-83871059
中国建设银行股份有限公司成都新都支行
地址：成都市新都区桂湖东路58号
……………………Tel：028-83971252
中国农业银行股份有限公司成都新都支行
地址：成都市新都区新都镇新中路122号
……………………Tel：028-83971533
中国工商银行股份有限公司成都新都支行
地址：成都市新都区新都镇小北街1巷2号
……………………Tel：028-83972021
中国银行股份有限公司新都支行
地址：成都市新都区圣谕亭巷80号
……………………Tel：028-83973184
中国银行股份有限公司成都成华支行
地址：四川省成都市成华区槐树店一路300号，成都鲁能城项目一期9号楼
……………………Tel：028-84361318
成都翼虎三泰金融服务有限公司
地址：中国（四川）自由贸易试验区成都高新区天府大道北段1700号1栋1单元13层1307号
……………………Tel：028-84398200
中国建设银行股份有限公司成都第七支行
地址：成都市东风路7号
……………………Tel：028-84465269
中国工商银行股份有限公司成都龙泉支行
地址：四川省成都市龙泉驿区龙泉镇东街68号
……………………Tel：028-84869397
中国工商银行股份有限公司成都高新技术产业开发区支行
地址：成都市高新区芳草街28号
……………………Tel：028-85137983
渣打银行（中国）有限公司成都分行
地址：四川省成都市锦江区红星路三段1号国际金融中心一号办公楼18楼单元1、7、8、9、10、11及12
……………………Tel：028-85282888
重庆银行股份有限公司成都分行
地址：成都市高新区天府二街99号新天府国际中心北楼
……………………Tel：028-85283999
四川锦程消费金融有限责任公司
地址：中国（四川）自由贸易试验区成都高新区天韵路186号
……………………Tel：028-85310091
中国农业银行股份有限公司成都高新技术产业开发区支行
地址：四川省成都市高新技术开发区科技商务广场
……………………Tel：028-85319856
国金证券股份有限公司成都天府大道证券营业部
地址：成都市高新区天府大道中段177号31栋一单元商铺三楼5、6、7号
……………………Tel：028-85330981
中国工商银行股份有限公司成都东大支行
地址：四川省成都市武侯区一环路南一段57号
……………………Tel：028-85431622
中国建设银行股份有限公司成都第九支行
地址：成都市人民南路三段17号
……………………Tel：028-85451385
浙商银行股份有限公司成都分行
地址：成都市锦江区永安路299号锦江之春1号楼
……………………Tel：028-85512917
成都银行股份有限公司双流支行
地址：成都市双流区东升街道棠湖西路一段169号、171号、173号、175号、177号、179号、181号、183号、185号
……………………Tel：028-85811395
中国农业银行股份有限公司成都双流支行
地址：成都市双流区东升街道棠湖西路1号
……………………Tel：028-85816806
中国建设银行股份有限公司双流分行
地址：成都市双流区东升街道顺城街27号
……………………Tel：028-85822002
中国工商银行股份有限公司成都双流支行
地址：成都市双流区东升街道丛桂街71号
……………………Tel：028-85823397
四川上辰金融仓储股份有限公司
地址：成都市高新区益州大道北段777号中航国际交流中心1幢1单元20层
……………………Tel：028-85921919
成都天府通金融服务股份有限公司
地址：四川省成都市高新区天府四街300号财智中心2号楼A座6层、7层
……………………Tel：028-85988088
恒丰银行股份有限公司成都分行
地址：成都高新区永丰路47号
……………………Tel：028-86023000
中国农业银行股份有限公司成都锦城支行
地址：成都市锦里东路8号宏达大厦
……………………Tel：028-86110362
中国工商银行股份有限公司成都滨江支行
地址：成都市锦江区滨江西路12号
……………………Tel：028-86113536
中国建设银行股份有限公司成都第八支行
地址：成都市上南大街4号
……………………Tel：028-86138941
中国建设银行股份有限公司成都锦城支行
地址：成都市青羊区吉祥街1号附11号
……………………Tel：028-86162489
宏信证券有限责任公司
地址：成都市锦江区人民南路二段十八号川信大厦10楼
……………………Tel：028-86199665
倍特期货有限公司
地址：成都市高新区锦城大道539号盈创动力大厦A座四楼406号
……………………Tel：028-86269075
成都中小企业融资担保有限责任公司
地址：四川省成都市青羊区顺城大街269号富力中心15、16楼
……………………Tel：028-86271680
阳光人寿保险股份有限公司四川分公司
地址：成都市青羊区文武路9号光大金融中心6楼、14楼
……………………Tel：028-86536710
川财证券有限责任公司
地址：中国（四川）自由贸易试验区成都市高新区交子大道177号中海国际中心B座17楼
……………………Tel：028-86583020
美兴小额贷款（四川）有限责任公司
地址：四川省成都市锦江区下东大街段99号平安金融中心20楼06－08单元
……………………Tel：028-86586095
锦泰财产保险股份有限公司
地址：中国（四川）自由贸易试验区成都市高新区吉瑞四路399号金控时代广场1号楼东塔楼
……………………Tel：028-86587000
中国工商银行股份有限公司成都春熙支行
地址：成都市锦江区总府路35号
……………………Tel：028-86616723
中国建设银行股份有限公司成都提督支行
地址：成都市青羊区四道街7号
……………………Tel：028-86631582
中国建设银行股份有限公司成都新华支行
地址：成都市青羊区长顺上街２号
……………………Tel：028-86636265
中国建设银行股份有限公司成都第一支行
地址：成都市东城根中街138号
……………………Tel：028-86636770
中国光大银行股份有限公司成都分行
地址：成都市锦江区大慈寺路79号
……………………Tel：028-86650712
中国农业银行股份有限公司成都锦江支行
地址：成都市滨江东路136号
……………………Tel：028-86654126
中国银行股份有限公司成都蜀都大道支行
地址：成都市青羊区提督街108号
……………………Tel：028-86657220
国金证券股份有限公司
地址：成都市青羊区东城根上街95号
……………………Tel：028-86690302
国金证券股份有限公司成都东城根街证券营业部
地址：四川省成都市东城根上街95号
……………………Tel：028-86690605
中国工商银行股份有限公司成都盐市口支行
地址：成都市锦江区红星路四段9号西藏建银大厦1、2楼
……………………Tel：028-86716519
中国建设银行股份有限公司成都第三支行
地址：成都市红星路二段118号
……………………Tel：028-86746565
中国建设银行股份有限公司成都岷江支行
地址：成都市青羊区提督街８８号
……………………Tel：028-86767725
渤海银行股份有限公司成都分行
地址：四川省成都市高新区金融城南路87号
……………………Tel：028-86772188
中国农业银行股份有限公司成都总府支行
地址：成都市总府路31号
……………………Tel：028-86786688
中意人寿保险有限公司四川省分公司
地址：四川省成都市锦江区红星路三段1号国际金融中心二号楼23楼单元1、2、3、4、5、8、9及10
……………………Tel：028-86890888
中国建设银行股份有限公司成都第二支行
地址：成都市玉沙路161号
……………………Tel：028-86910506
国金证券股份有限公司成都武成大街证券营业部
地址：成都市武成大街39号
……………………Tel：028-86969707
中国建设银行股份有限公司都江堰支行
地址：四川省成都市都江堰市彩虹大道南段15号
……………………Tel：028-87131060
中国农业银行股份有限公司都江堰市支行
地址：四川省成都市都江堰市都江堰大道建川．丽水青城．玫瑰苑商业街32－1－2号
……………………Tel：028-87158050
中国农业银行股份有限公司成都金牛支行
地址：四川省成都市沙湾路75号附6号
……………………Tel：028-87656640
中国工商银行股份有限公司成都金牛支行
地址：四川省成都市金牛区沙湾路268号附2号
……………………Tel：028-87688712
中国银行股份有限公司成都金牛支行
地址：成都市金牛区三洞桥路20号附8号
……………………Tel：028-87731650
中国工商银行股份有限公司成都郫都支行
地址：成都市郫都区郫筒东大街65号
……………………Tel：028-87862156
中国农业银行股份有限公司大邑县支行
地址：四川省成都市大邑县晋原镇东濠沟南段125号
……………………Tel：028-88292532
中国农业银行股份有限公司邛崃市支行
地址：成都市邛崃市文君街道凤凰大道478号
……………………Tel：028-88791163
中国邮政储蓄银行股份有限公司攀枝花市分行
地址：攀枝花市东区机场路96号金海大厦七楼
……………………Tel：0812-3306816
中国建设银行股份有限公司攀枝花分行
地址：攀枝花市东区炳草岗大街1号
……………………Tel：0812-3333889
中国工商银行股份有限公司攀枝花分行
地址：四川省攀枝花市东区攀枝花大道东段492号
……………………Tel：0812-3334038
中国银行股份有限公司攀枝花分行
地址：攀枝花市东区人民街368号
……………………Tel：0812-3551779
中国农业银行股份有限公司攀枝花分行
地址：攀枝花市东区人民街10号
……………………Tel：0812-8667063
中国农业银行股份有限公司攀枝花炳草岗支行
地址：攀枝花市东区炳草岗大街56号
……………………Tel：0812-8667184
自贡市中新农村信用合作联社
地址：自贡市西客运站（底楼）
……………………Tel：0813-3305557
中国邮政储蓄银行股份有限公司自贡市分行
地址：自贡市自流井区丹桂大街525号附1号

…………Tel：0813-5507070

荣县农村信用合作联社
地址：四川省自贡市荣县旭阳镇荣州大道二段30号
…………Tel：0813-6207411

四川富顺农村商业银行股份有限公司
地址：富世镇釜江大道中段96号
…………Tel：0813-7204945

中国建设银行股份有限公司绵阳分行
地址：绵阳市临园路东段16号
…………Tel：0816-2243422

绵阳市游仙区农村信用合作联社
地址：绵阳市一环路南段216号
…………Tel：0816-6933859

中国农业银行股份有限公司绵阳分行
地址：绵阳市金菊街6号
…………Tel：0816-2368890

绵阳市涪城区农村信用合作联社
地址：绵阳市涪城区长虹大道南段17号
…………Tel：0816-6933859

中国农业银行股份有限公司江油市支行
地址：江油市中坝镇匡山路北段159号
…………Tel：0816-3251041

四川江油农村商业银行股份有限公司
地址：四川省绵阳市江油市太华路南段68号
…………Tel：0816-3270333

四川安州农村商业银行股份有限公司
地址：四川省绵阳市安州区文胜路中段
…………Tel：0816-4368580

北川羌族自治县农村信用合作联社
地址：北川羌族自治县永昌镇永昌大道70号
…………Tel：0816-4821250

中国农业银行股份有限公司三台县支行
地址：三台县北坝镇北泉路3号
…………Tel：0816-5331364

中国农业银行股份有限公司盐亭县支行
地址：盐亭县云溪镇电子金融街19号-37号（其中26号除外）
…………Tel：0816-7120274

盐亭县农村信用合作联社
地址：四川省绵阳市盐亭县云溪镇文同路下段375号
…………Tel：0816-7227762

四川梓潼农村商业银行股份有限公司
地址：四川省梓潼县文昌镇文昌路中段677号
…………Tel：0816-8261866

四川平武农村商业银行股份有限公司
地址：平武县龙安镇汇口新区下街
…………Tel：0816-8822200

中国农业银行股份有限公司南充顺庆支行
地址：五星花园银行大楼
…………Tel：0817-2262788

中国银行股份有限公司南充分行
地址：南充市顺庆区铁荣路33号
…………Tel：0817-2315291

中国邮政储蓄银行股份有限公司南充市分行
地址：南充市顺庆区金鱼岭路579号
…………Tel：0817-2321001

中国邮政储蓄银行股份有限公司南充市顺庆区支行
地址：四川省南充市顺庆区人民中路59号
…………Tel：0817-2601980

四川西充农村商业银行股份有限公司
地址：西充县晋城镇天宝路298号
…………Tel：0817-4222478

中国农业银行股份有限公司阆中市支行
地址：四川省阆中市新村路东段29号
…………Tel：0817-6222674

四川阆中农村商业银行股份有限公司
地址：四川省阆中市七里大道150号
…………Tel：0817-6268406

四川天府银行股份有限公司营业部
地址：南充市顺庆区滨江中路一段97号26栋
…………Tel：0817-7102228

四川蓬安农村商业银行股份有限公司
地址：四川省南充市蓬安县相如街道办事处抚琴大道一段3号
…………Tel：0817-8622760

中国农业银行股份有限公司达州通川支行
地址：达州市通川区荷叶街43号
…………Tel：0818-2107163

中国邮政储蓄银行股份有限公司达州市分行
地址：四川省达州市通川区西外万兴路385号B幢1层
…………Tel：0818-2130077

中国农业银行股份有限公司达州分行
地址：达州市通川北路258号
…………Tel：0818-2382917

中国农业银行股份有限公司达州达川支行
地址：达州市达川区绥定大道一段1号、3号、5号
…………Tel：0818-2675150

中国银行股份有限公司达州分行
地址：达州市达川区通达西路1号
…………Tel：0818-2675955

四川宣汉农村商业银行股份有限公司
地址：宣汉县东乡镇解放中路528号
…………Tel：0818-5220807

中国农业银行股份有限公司大竹县支行
地址：大竹县白塔街道东大街104号
…………Tel：0818-6221304

四川大竹农村商业银行股份有限公司
地址：大竹县竹阳街道东大街东段201号
…………Tel：0818-6228439

中国农业银行股份有限公司渠县支行
地址：渠县渠江镇工农街43号
…………Tel：0818-7205257

四川渠县农村商业银行股份有限公司
地址：渠县渠江镇南大街18号
…………Tel：0818-7208131

开江县农村信用合作联社
地址：开江县新宁镇淙城街45号
…………Tel：0818-8227407

中国农业银行股份有限公司开江县支行
地址：开江县新宁镇淙城街32号
…………Tel：0818-8232500

中国农业银行股份有限公司遂宁遂州支行
地址：遂宁市遂州南路250号
…………Tel：0825-2220019

中国农业银行股份有限公司遂宁分行
地址：遂宁市开发区蜀秀西街158号
…………Tel：0825-2310170

中国邮政储蓄银行股份有限公司遂宁市分行
地址：遂宁市明月路1号
…………Tel：0825-2312593

四川蓬溪农村商业银行股份有限公司
地址：四川省蓬溪县赤城镇迎宾大道67号
…………Tel：0825-5426354

中国农业银行股份有限公司射洪复兴支行
地址：四川省射洪县复兴镇人民街158号
…………Tel：0825-6622674

中国农业银行股份有限公司射洪仁和支行
地址：四川省射洪市仁和镇文明街23、23附1、23附2号
…………Tel：0825-6622674

中国农业银行股份有限公司射洪柳树支行
地址：：四川省射洪市沱牌镇打铁街84、86、88、90、92、94、96、98、100号
…………Tel：0825-6622674

中国农业银行股份有限公司射洪青岗支行
地址：四川省射洪县青岗镇正街1号
…………Tel：0825-6622674

中国农业银行股份有限公司射洪金家分理处
地址：四川省射洪县金家镇华新街126、128号
…………Tel：0825-6622674

中国农业银行股份有限公司射洪金华支行
地址：四川省射洪市金华镇兴隆街81、83、85、87、89、91、93号
…………Tel：0825-6622674

中国农业银行股份有限公司射洪洋溪分理处
地址：四川省射洪县洋溪镇渠宪街67、69、71号
…………Tel：0825-6622674

中国农业银行股份有限公司射洪人民街支行
地址：四川省射洪市太和街道人民街138、140、142、144、146、148、150、152、154、156号
…………Tel：0825-6622674

中国农业银行股份有限公司射洪太和大道支行
地址：四川省射洪市太和街道太和大道中段177、179号
…………Tel：0825-6622674

中国农业银行股份有限公司射洪城南支行
地址：四川省射洪县太和镇沱牌大道727、727附1、727附2、727附3、727附4、727附5号
…………Tel：0825-6622674

中国农业银行股份有限公司射洪市支行
地址：四川省射洪市平安街道虹桥路142号
…………Tel：0825-6622674

四川大英农村商业银行股份有限公司
地址：大英县卓筒大道161号-175号
…………Tel：0825-7821549

中国银行股份有限公司遂宁分行
地址：遂宁市渠河中路９９９号
…………Tel：0825-8093403

遂宁农村商业银行股份有限公司安居支行
地址：四川省遂宁市安居区柔刚办事处正东社区兴业路242-264号
…………Tel：0825-8587886

中国邮政储蓄银行股份有限公司广安市广安区支行
地址：四川省广安市广宁南路1号
…………Tel：0826-2156559

中国建设银行股份有限公司广安分行
地址：四川省广安市广安区兴安中街283号
…………Tel：0826-2339163

中国工商银行股份有限公司广安分行
地址：广安市城南新区金安大道二段1号
…………Tel：0826-2353105

中国邮政储蓄银行股份有限公司广安市分行
地址：四川省广安市广安区思源大道147号1幢1-3层
…………Tel：0826-2355236

中国银行股份有限公司广安分行
地址：广安市广安区思源大道204号
…………Tel：0826-2366166

四川邻水农村商业银行股份有限公司
地址：四川省邻水县鼎屏镇古邻大道4号
…………Tel：0826-3223845

四川华蓥农村商业银行股份有限公司
地址：四川省华蓥市迎宾路38号
…………Tel：0826-4826398

中国农业银行股份有限公司岳池县支行
地址：四川省广安市岳池县九龙镇建设路117号
…………Tel：0826-5221849

四川岳池农村商业银行股份有限公司
地址：四川省岳池县九龙镇广岳大道一段66-82号
…………Tel：0826-5223549

四川武胜农村商业银行股份有限公司
地址：四川省武胜县沿口镇弘武大道237号
…………Tel：0826-6231485

中国农业银行股份有限公司武胜县支行
地址：武胜县沿口镇弘武大道22号
…………Tel：0826-6233147

平昌县农村信用合作联社
地址：四川省平昌县江口镇新华街西段70号
…………Tel：0827-6223513

通江县农村信用合作联社
地址：四川巴中通江县诺江镇诺江中路569号
…………Tel：0827-7230865

南江县农村信用合作联社
地址：四川省巴中市南江县南江镇红塔大道66号
…………Tel：0827-8222316

泸州农村商业银行股份有限公司江阳支行
地址：泸州市江阳区酒城大道一段九号20号楼1-1、1-2号
…………Tel：0830-2390550

中国农业银行股份有限公司泸州直属支行
地址：泸州市小市下合道街１５号
…………Tel：0830-2571300

中国邮政储蓄银行股份有限公司泸州市分行
地址：泸州市江阳区一环路酒城大道一段242号
…………Tel：0830-3127955

四川合江农村商业银行股份有限公司
地址：合江镇少岷南路290号
…………Tel：0830-5264644

四川叙永农村商业银行股份有限公司
地址：叙永县叙永镇环城中路55号
…………Tel：0830-6223343

四川古蔺农村商业银行股份有限公司
地址：古蔺县古蔺镇府前街63号
…………Tel：0830-7222680

四川泸县农村商业银行股份有限公司
地址：泸县玉蟾街道花园路261号
…………Tel：0830-8192142

四川江安农村商业银行股份有限公司
地址：四川省宜宾市江安县江安镇信合路59号
…………Tel：0831-2622603

宜宾南溪农村商业银行股份有限公司
地址：宜宾市南溪区南溪镇长江大道东段208号至228
…………Tel：0831-3322666

四川珙县农村商业银行股份有限公司
地址：四川省珙县巡场镇滨河东街南一段17号
…………Tel：0831-4318731

四川长宁竹海农村商业银行股份有限公司
地址：四川省宜宾市长宁县长宁镇竹都大道三段189号
…………Tel：0831-4622303

四川高县农村商业银行股份有限公司
地址：四川省宜宾市高县文江镇中心街209、211、213号
…………Tel：0831-5423601

宜宾兴宜村镇银行有限责任公司
地址：四川省宜宾市叙州区柏溪街道办事处长江路194、196、198号
…………Tel：0831-5507654

四川屏山农村商业银行股份有限公司
地址：四川省宜宾市屏山县屏山镇金沙江大道西段232号
…………Tel：0831-5721250

中国农业银行股份有限公司叙州支行
地址：四川省宜宾市叙州区柏溪镇少娥街57号
…………Tel：0831-6257616

四川筠连农村商业银行股份有限公司
地址：四川省筠连县筠连镇筠州南路108号
…………Tel：0831-7722720

中国邮政储蓄银行股份有限公司宜宾市分行
地址：四川省宜宾市叙州区叙府路东段3号附1号
…………Tel：0831-8215580

中国银行股份有限公司宜宾分行
地址：四川省宜宾市南岸西区金沙江南路3号东方时代广场
…………Tel：0831-8238064

四川兴文石海农村商业银行股份有限公司
地址：四川省兴文县古宋镇米市街1号
…………Tel：0831-8822434

中国农业银行股份有限公司内江直属支行
地址：内江市市中区广场路１、３、５、７、９、11、13、15号
…………Tel：0832-2088206

中国农业银行股份有限公司内江分行
地址：内江市西林大道136号
…………Tel：0832-2103131

内江兴隆村镇银行股份有限公司
地址：四川省内江市市中区滨江东路158号
…………Tel：0832-2182283

中国邮政储蓄银行股份有限公司内江市分行
地址：内江市东兴区汉安大道西376号
…………Tel：0832-2222299

内江农村商业银行股份有限公司
地址：四川省内江市东兴区兴隆路6号
…………Tel：0832 2262230

中国建设银行股份有限公司内江分行
地址：内江市市中区中央路１０２号
…………Tel：0832-2295533

中国农业银行股份有限公司隆昌市支行
地址：隆昌市金鹅镇顺河街31号
…………Tel：0832-3916610

四川隆昌农村商业银行股份有限公司
地址：四川省隆昌县金鹅镇隆泸大道136号
…………Tel：0832-3953411

资中县农村信用合作联社
地址：资中县重龙镇中东街129号
…………Tel：0832-5512196

中国农业银行股份有限公司资中县支行
地址：资中县重龙镇西街163号
…………Tel：0832-5523848

中国农业银行股份有限公司威远县支行
地址：威远县严陵镇威远大道557、559、561、565、567、581号建业欧景城1幢3单元2层2号、3层2号
…………Tel：0832-8222705

四川威远农村商业银行股份有限公司
地址：四川省威远县严陵镇顺城街72号
…………Tel：0832-8223834

中国建设银行股份有限公司乐山分行
地址：乐山市市中区较场坝街34号
…………Tel：0833-2106163

中国工商银行股份有限公司乐山分行
地址：乐山市市中区紫云后街10号
…………Tel：0833-2125032

中国农业银行股份有限公司乐山直属支行
地址：乐山市市中区叮咚街65号
…………Tel：0833-2155552

中国银行股份有限公司乐山分行
地址：四川省乐山市市中区嘉定北路128号
…………Tel：0833-2433392

乐山三江农村商业银行股份有限公司
地址：乐山市市中区春华路南段506号
…………Tel：0833-2434906

中国邮政储蓄银行股份有限公司乐山市分行
地址：乐山市市中区柏杨西路266号
…………Tel：0833-2495580

乐山市五通桥区农村信用合作联社
地址：乐山市五通桥区竹根镇涌江路北段98号
…………Tel：0833-3322992

乐山市沙湾区农村信用合作联社
地址：乐山市沙湾区玉龙街558号
…………Tel：0833-3431589

井研县农村信用合作联社
地址：四川省井研县研城街道顺河街51号
…………Tel：0833-3711838

四川犍为农村商业银行股份有限公司
地址：四川省犍为县玉津镇凤凰路北段874号
…………Tel：0833-4224044

沐川县农村信用合作联社

地址：沐川县沐溪镇交通街901号
……Tel：0833-4601709

中国农业银行股份有限公司峨眉山市支行
地址：峨眉山市绥山镇名山中路54号
……Tel：0833-5522400

四川峨眉山农村商业银行股份有限公司
地址：峨眉山市绥山镇万年西路159号
……Tel：0833-5527575

中国农业银行股份有限公司夹江县支行
地址：四川省夹江县 城镇迎春东路221-245号
……Tel：0833-5661441

夹江县农村信用合作联社
地址：夹江县 城街道复兴路36号
……Tel：0833-5662206

中国邮政储蓄银行股份有限公司凉山彝族自治州分行
地址：西昌市长安东路53号
……Tel：0834-2235001

中国银行股份有限公司凉山分行
地址：西昌市三岔口西路2号
……Tel：0834-2185997

凉山州商业银行股份有限公司
地址：四川省西昌市航天大道三段24号
……Tel：0834-2196619

凉山农村商业银行股份有限公司西昌支行
地址：西昌市胜利南路290号
……Tel：0834-3203001

中国工商银行股份有限公司凉山分行
地址：西昌市航天大道三段52号
……Tel：0834-3221616

中国建设银行股份有限公司凉山分行
地址：西昌市文汇北路81号
……Tel：0834-3239243

凉山农村商业银行股份有限公司会东支行
地址：四川会东县会东镇金叶街56号
……Tel：0834-5422535

西昌金信村镇银行有限责任公司
地址：西昌市月海路二段190号
……Tel：0834-6130718

中国银行股份有限公司雅安分行
地址：雅安市雨城区羌江南路213号
……Tel：0835-2224453

中国建设银行股份有限公司雅安分行
地址：雅安市雨城区大北街47号
……Tel：0835-2224757

雅安农村商业银行股份有限公司雨城支行
地址：雅安市雨城区西康路中段79、80、81号
……Tel：0835-2227334

中国工商银行股份有限公司雅安分行
地址：雅安市雨城区东大街17号临江大厦
……Tel：0835-2239330

雅安农村商业银行股份有限公司
地址：四川省雅安市雨城区熊猫大道380号
……Tel：0835-2368066

中国邮政储蓄银行股份有限公司雅安市分行
地址：四川省雅安市雨城区滨江西路3号附1号
……Tel：0835-2893015

雅安农村商业银行股份有限公司名山支行
地址：四川省雅安市名山区蒙阳镇新民路357号
……Tel：0835-3223035

雅安市商业银行股份有限公司
地址：四川省雅安市雨城区熊猫大道379号
……Tel：0835-3581986

汉源县农村信用合作联社
地址：汉源县江汉大道二段167号
……Tel：0835-4225801

天全县农村信用合作联社
地址：四川省天全县城厢镇洪川北路217号
……Tel：0835-7221447

荥经县农村信用合作联社
地址：四川省雅安市荥经县严道街道荥兴路西一段93号
……Tel：0835-7623701

石棉县农村信用合作联社
地址：石棉县新棉镇利民巷75号
……Tel：0835-8862664

中国农业银行股份有限公司康定市支行
地址：康定县炉城镇西大街42号
……Tel：0836-2832982

中国邮政储蓄银行股份有限公司阿坝藏族羌族自治州分行
地址：四川省阿坝藏族羌族自治州马尔康市马尔康镇达萨街554号
……Tel：0837-2823801

阿坝州农村信用联社股份有限公司
地址：四川省阿坝藏族羌族自治州马尔康市马江街197号
……Tel：0837-8662678

中国农业银行股份有限公司德阳分行
地址：四川省德阳市岷江西路152-158号
……Tel：0838-2206139

中国农业银行股份有限公司绵竹市支行
地址：四川省绵竹市剑南镇回澜街
……Tel：0838-2439525

中国农业银行股份有限公司什邡市支行
地址：方亭镇亭江东路
……Tel：0838-2439896

德阳农村商业银行股份有限公司
地址：四川省德阳市庐山南路一段168号
……Tel：0838-2553200

四川广汉农村商业银行股份有限公司
地址：四川省广汉市佛山路西一段8号
……Tel：0838-5195171

四川绵竹农村商业银行股份有限公司
地址：绵竹市回澜街178号
……Tel：0838-6907844

绵阳市商业银行股份有限公司广元分行
地址：广元万源新区万达广场
……Tel：0839-3216665

中国工商银行股份有限公司广元分行
地址：广元市利州区利州东路一段584号
……Tel：0839-3261781

中国农业银行股份有限公司广元利州支行
地址：四川省广元市利州区北京路东段116号
……Tel：0839-3501830

中国建设银行股份有限公司广元分行
地址：广元市利州区北京路西段8号
……Tel：0839-3561641

中国邮政储蓄银行股份有限公司广元市分行
地址：四川省广元市利州区苴国路东段东城国际大厦8楼、10-13楼
……Tel：0839-3600618

四川旺苍农村商业银行股份有限公司
地址：旺苍县东河镇凤凰路147号
……Tel：0839-4201622

四川苍溪农村商业银行股份有限公司
地址：苍溪县陵江镇解放路东段350号
……Tel：0839-5222730

中国农业银行股份有限公司苍溪县支行
地址：苍溪县陵江镇红军路中段266号
……Tel：0839-5222795

四川剑阁农村商业银行股份有限公司
地址：四川省剑阁县下寺镇剑门关大道北段99号
……Tel：0839-6622415

中国农业银行股份有限公司剑阁县支行
地址：四川省广元市剑阁县下寺镇剑门关大道
……Tel：0839-6662768

四川青川农村商业银行股份有限公司
地址：四川省青川县乔庄镇浙金大道民利街1号
……Tel：0839-7204682

贵州省

贵州习水农村商业银行股份有限公司
地址：贵州省遵义市习水县东皇镇府西路红城天街D1栋
……Tel：0851-22536071

赤水市农村信用合作联社
地址：贵州省遵义市赤水市中人民北路口
……Tel：0851-22820299

贵州湄潭农村商业银行股份有限公司
地址：贵州省遵义市湄潭县湄江镇天文大道
……Tel：0851-24255918

贵州余庆农村商业银行股份有限公司
地址：贵州省遵义市余庆县子营街道中华中路282号
……Tel：0851-24621728

贵州凤冈农村商业银行股份有限公司
地址：贵州省遵义市凤冈县龙泉镇龙凤大道西侧嘉和茗城国际一号楼
……Tel：0851-25223462

贵州务川农村商业银行股份有限公司
地址：贵州省遵义市务川仡佬族苗族自治县都濡街道民族西路165号南山广场2单元1-1
……Tel：0851-25622546

贵州道真农村商业银行股份有限公司
地址：贵州省遵义市道真仡佬族苗族自治县玉溪镇文化路
……Tel：0851-25821870

贵州桐梓农村商业银行股份有限公司
地址：贵州省遵义市桐梓县娄山关镇河滨南路203号
……Tel：0851-26650244

中国银行股份有限公司遵义分行
地址：贵州省遵义市红花岗区民主路1号
……Tel：0851-28220554

中国建设银行股份有限公司遵义市分行
地址：贵州省遵义市红花岗区中山路82号
……Tel：0851-28222132

贵州遵义汇川农村商业银行股份有限公司
地址：贵州省遵义市汇川区南京路12号城上城综合大楼
……Tel：0851-28683531

贵阳银行股份有限公司遵义分行
地址：贵州省遵义市汇川区珠海路海珠广场B、C幢壹层2-5号
……Tel：0851-28687300

贵州遵义红花岗农村商业银行股份有限公司
地址：贵州省遵义市红花岗区海尔大道花岗路1号楼
……Tel：0851-28877280

中国建设银行股份有限公司安顺市分行
地址：贵州省安顺市西秀区新大十字路口
……Tel：0851-33229156

中国银行股份有限公司安顺分行
地址：贵州省安顺市西秀区塔山西路1号
……Tel：0851-33229551

中国农业银行股份有限公司安顺分行
地址：贵州省安顺市西秀区南华路68号
……Tel：0851-33296034

安顺市平坝区农村信用合作联社
地址：贵州省安顺市平坝区安平办事处高新区迎宾大道华城大厦
……Tel：0851-34223807

贵州镇宁农村商业银行股份有限公司
地址：贵州省安顺市镇宁自治县环翠街道办环翠路万胜金兰湾小区K幢1-1
……Tel：0851-36222249

贵州关岭农村商业银行股份有限公司
地址：贵州省安顺市关岭布依族苗族自治县关索镇滨河西路
……Tel：0851-37223600

关岭布依族苗族自治县农村信用合作联社
地址：贵州省安顺市关岭布依族苗族自治县关岭自治县关索镇滨河西路
……Tel：0851-37223600

贵州普定农村商业银行股份有限公司
地址：贵州省安顺市普定县穿洞街道中心大道（新县委大楼旁）
……Tel：0851-38221037

贵州修文农村商业银行股份有限公司
地址：贵州省贵阳市修文县龙场镇迎春路46号
……Tel：0851-82322841

中国光大银行股份有限公司贵阳分行
地址：贵州省贵阳市观山湖区长岭北路以东与林城东路以北处
……Tel：0851-82590339

贵州省农村信用社联合社
地址：贵州省贵阳市观山湖区长岭北路51号
……Tel：0851-82592222

贵州清镇农村商业银行股份有限公司
地址：贵州省贵阳市清镇市青龙街道办事处云岭东路
……Tel：0851-82600367

中国建设银行股份有限公司贵阳花溪支行
地址：贵州省贵阳市花溪区清溪路128号
……Tel：0851-83624184

中国工商银行股份有限公司贵阳小河支行
地址：贵州省贵阳市经济技术开发区黄河路315号
……Tel：0851-83831022

中国建设银行股份有限公司贵阳金阳支行
地址：贵州省贵阳市白云区同心路113号
……Tel：0851-84830475

贵州银雁科技服务有限公司
地址：贵州省贵阳市贵阳国家高新技术产业开发区观山街道阳关大道28号中国西部（贵阳）高新技术产业研发生产基地3号楼19层8号
……Tel：0851-85297227

四川天府银行股份有限公司贵阳分行
地址：贵州省贵阳市南明区新华路翠微巷1号
……Tel：0851-85508268

中国邮政储蓄银行股份有限公司贵阳市分行
地址：贵州省贵阳市云岩区文昌北路231号1-9层
……Tel：0851-85950625

中国建设银行股份有限公司贵阳河滨支行
地址：贵州省贵阳市南明区瑞金南路83号
……Tel：0851-85987944

中国建设银行股份有限公司贵阳朝阳支行
地址：贵州省贵阳市云岩区瑞金北路65号
……Tel：0851-86514823

中国建设银行股份有限公司贵阳城北支行
地址：贵州省贵阳市云岩区中山西路68号
……Tel：0851-86828041

贵州威振金融科技服务有限公司
地址：贵州省贵阳市乌当区新添寨镇顺海村新添路W-1-10-18-Z
……Tel：0851-86848038

招商银行股份有限公司贵阳分行
地址：贵州省贵阳市观山湖区国际金融中心西二塔
……Tel：0851-86918139

开阳县农村信用合作联社
地址：贵州省贵阳市开阳县城关镇城西路
……Tel：0851-87226076

贵州息烽农村商业银行股份有限公司
地址：贵州省贵阳市息烽县永靖镇解放北路筑北商业大道A2幢
……Tel：0851-87721114

上海浦东发展银行股份有限公司贵阳分行
地址：贵州省贵阳市观山湖区中天会展城B区金融商务区东区东四塔
……Tel：0851-87979505

中国民生银行股份有限公司贵阳分行
地址：贵州省贵阳市高新区长岭南路33号天一国际广场8#楼
……Tel：0851-88508184

兴业银行股份有限公司贵阳分行
地址：贵州省贵阳市观山湖区通宝路2号贵阳国际金融中心一期商务区3号楼1层、17-22层、24-28层
……Tel：0851-88595031

贵州银行股份有限公司安顺分行
地址：贵州省安顺市西秀区黄果树大街印象安顺·财富中心B幢1-5层
……Tel：0853-33464175

贵州福泉农村商业银行股份有限公司
地址：贵州省黔南布依族苗族自治州福泉市金山办事处洒金北路49号
……Tel：0854-2226022

贵州瓮安农村商业银行股份有限公司
地址：贵州省黔南布依族苗族自治州雍阳办事处城北社区河西北路1号
……Tel：0854-2621092

贵州独山农村商业银行股份有限公司
地址：贵州省黔南布依族苗族自治州独山县百泉镇秀峰西路凯胜商贸城2号A座
……Tel：0854-3234446

贵州荔波农村商业银行股份有限公司
地址：贵州省黔南布依族苗族自治州荔波县街道樟江园广场西侧
……Tel：0854-3619928

贵州三都农村商业银行股份有限公司
地址：贵州省黔南布依族苗族自治州三都水族自治县三合街道麻光新区河滨路
……Tel：0854-3921354

贵州贵定农村商业银行股份有限公司
地址：贵州省黔南布依族苗族自治州贵定县金南大道7号
……Tel：0854-5220411

贵州龙里农村商业银行股份有限公司
地址：贵州省黔南布依族苗族自治州龙里县冠山街道环北路
……Tel：0854-5634065

贵州惠水农村商业银行股份有限公司
地址：贵州省黔南布依族苗族自治州惠水县和平镇人民北路3号
……Tel：0854-6223328

长顺县农村信用合作联社
地址：贵州省黔南布依族苗族自治州长顺县长寨镇城南新区城南大道信合大楼
……Tel：0854-6822011

贵州平塘农村商业银行股份有限公司
地址：贵州省黔南州平塘县金盆街道办事处新市路1号
……Tel：0854-7221775

贵州罗甸农村商业银行股份有限公司
地址：贵州省黔南布依族苗族自治州罗甸县龙坪镇建设路
……Tel：0854-7611535

中国建设银行股份有限公司黔南州分行
地址：贵州省黔南布依族苗族自治州都匀市文峰小区花园路1号
……Tel：0854-8236873

贵州银行股份有限公司黔南分行
地址：贵州省黔南州都匀市西山大道25号观澜盛鼎城办公楼1单元1-5层
……Tel：0854-8250155

贵阳银行股份有限公司黔南分行
地址：贵州省黔南布依族苗族自治州都匀市剑江中路91号
……Tel：0854-8256652

贵州都匀农村商业银行股份有限公司
地址：贵州省黔南布依族苗族自治州都匀市河滨路12号2-7层
……Tel：0854-8368486

贵州黄平农村商业银行股份有限公司
地址：贵州省黔东南苗族侗族自治州黄平县新州镇四屏路
……Tel：0855-2432271

贵州麻江农村商业银行股份有限公司清江支行
地址：贵州省黔东南苗族侗族自治州凯里市下司镇新街1号
……Tel：0855-2684246

贵州麻江农村商业银行股份有限公司
地址：贵州省黔东南苗族侗族自治州麻江县杏山镇凤凰大道76号1栋
……Tel：0855–2620866

贵州麻江农村商业银行股份有限公司下司支行
地址：贵州省凯里市下司镇清江村村民委员会一楼
……Tel：0855–2685616

贵州麻江农村商业银行股份有限公司碧波支行
地址：贵州省黔东南苗族侗族自治州凯里市碧波镇虎场村街上
……Tel：0855–2740027

雷山县农村信用合作联社
地址：贵州省黔东南苗族侗族自治州雷山县丹江镇场坝街
……Tel：0855–3331216

岑巩县农村信用合作联社
地址：贵州省黔东南州岑巩县舞水街道大园路思州国际城13栋
……Tel：0855–3572676

贵州丹寨农村商业银行股份有限公司
地址：贵州省黔东南苗族侗族自治州丹寨县龙泉镇龙泉大道中段
……Tel：0855–3611367

中国银行股份有限公司凯里分行
地址：贵州省黔东南苗族侗族自治州凯里市韶山南路6号
……Tel：0855–3898971

贵州三穗农村商业银行股份有限公司
地址：贵州省黔东南苗族侗族自治州三穗县八弓镇迎宾大道
……Tel：0855–4522041

贵州剑河农村商业银行股份有限公司
地址：贵州省黔东南苗族侗族自治州剑河县革东镇仰阿莎东大道１０号
……Tel：0855–5221572

贵州镇远农村商业银行股份有限公司
地址：贵州省黔东南苗族侗族自治州镇远县舞阳镇西门街132号
……Tel：0855–5723318

贵州黎平农村商业银行股份有限公司
地址：贵州省黔东南苗族侗族自治州黎平县德凤镇平街70号
……Tel：0855–6221238

贵州从江农村商业银行股份有限公司
地址：贵州省黔东南苗族侗族自治州从江县丙妹镇江东南路
……Tel：0855–6418136

榕江县农村信用合作联社
地址：贵州省黔东南苗族侗族自治州榕江县古州镇西环中路3号
……Tel：0855–6621601

贵州天柱农村商业银行股份有限公司
地址：贵州省黔东南苗族侗族自治州天柱县凤城街道滨河南路
……Tel：0855–7521208

贵阳银行股份有限公司黔东南分行
地址：贵州省黔东南苗族侗族自治州凯里市宁波路5号坐标广场
……Tel：0855–8060280

贵州凯里农村商业银行股份有限公司
地址：贵州省黔东南苗族侗族自治州凯里市广场西路11号
……Tel：0855–8062887

中国建设银行股份有限公司黔东南州分行
地址：贵州省黔东南苗族侗族自治州凯里市永乐路3、5号
……Tel：0855–8220993

中国工商银行股份有限公司凯里分行
地址：贵州省黔东南苗族侗族自治州凯里市北京西路15号
……Tel：0855–8222427

中国农业发展银行黔东南苗族侗族自治州分行
地址：贵州省黔东南苗族侗族自治州凯里市永丰东路11号
……Tel：0855–8225214

贵州麻江农村商业银行股份有限公司开元支行
地址：贵州省黔东南苗族侗族自治州凯里经济开发区开元大道35号云蔚花园A1栋5号门面
……Tel：0855–8355724

松桃苗族自治县农村信用合作联社
地址：贵州省铜仁市松桃苗族自治县蓼皋镇水塘河大桥旁
……Tel：0856–2831241

贵州玉屏农村商业银行股份有限公司
地址：贵州省铜仁市玉屏侗族自治县茅坪大道88号
……Tel：0856–3229095

玉屏侗族自治县农村信用合作联社
地址：贵州省玉屏侗族自治县茅坪大道88号
……Tel：0856–3229095

贵州银行股份有限公司铜仁分行
地址：贵州省铜仁市碧江区锦江南路8号锦江宾馆附楼
……Tel：0856–3918878

中国建设银行股份有限公司铜仁市分行
地址：贵州省铜仁市碧江区中华路30号
……Tel：0856–5222450

铜仁农村商业银行股份有限公司
地址：贵州省铜仁市碧江区南长城路11号
……Tel：0856–5281446

印江土家族苗族自治县农村信用合作联社
地址：贵州省铜仁市印江土家族苗族自治县峨岭街道办事处梵净山路
……Tel：0856–6226887

江口县农村信用合作联社
地址：贵州省铜仁市江口县双江街道磨湾坝上（梵净山大道）
……Tel：0856–6622960

贵州思南农村商业银行股份有限公司
地址：贵州省铜仁市思南县思唐镇城北街20号
……Tel：0856–7226666

沿河土家族自治县农村信用合作联社官舟信用社
地址：贵州省沿河土家族自治县官舟镇场上（政府门口）
……Tel：0856–8020025

沿河土家族自治县农村信用合作联社中寨分社
地址：贵州省沿河土家族自治县中寨镇垭口场（完小对面）
……Tel：0856–8050033

沿河土家族自治县农村信用合作联社泉坝分社
地址：贵州省沿河土家族自治县泉坝镇生态移民区
……Tel：0856–8060056

沿河土家族自治县农村信用合作联社思渠信用社
地址：贵州省沿河土家族自治县思渠镇移民新区（邮政所斜对面）
……Tel：0856–8120158

沿河土家族自治县农村信用合作联社黄土分社
地址：贵州省沿河土家族自治县黄土镇场上（卫生院斜对面）
……Tel：0856–8130235

沿河土家族自治县农村信用合作联社新景信用社
地址：贵州省沿河土家族自治县新景镇场上
……Tel：0856–8140005

沿河土家族自治县农村信用合作联社客田分社
地址：贵州省沿河土家族自治县客田镇场上临街面
……Tel：0856–8150015

沿河土家族自治县农村信用合作联社塘坝信用社
地址：贵州省沿河土家族自治县塘坝镇场上（中学斜对面）
……Tel：0856–8160027

沿河土家族自治县农村信用合作联社后坪分社
地址：贵州省沿河土家族自治县后坪乡场上（政府左侧50米处）
……Tel：0856–8170014

沿河土家族自治县农村信用合作联社洪渡分社
地址：贵州省沿河土家族自治县洪渡镇场上（计生服务站斜对面）
……Tel：0856–8180025

沿河土家族自治县农村信用合作联社第二储蓄所
地址：贵州省沿河土家族自治县和平街道环城南路41号
……Tel：0856–8221664

沿河土家族自治县农村信用合作联社第三储蓄所
地址：贵州省沿河土家族自治县团结街道月亮岩小区
……Tel：0856–8222004

沿河土家族自治县农村信用合作联社第一储蓄所
地址：贵州省沿河土家族自治县和平镇解放北路65号
……Tel：0856–8222624

沿河土家族自治县农村信用合作联社
地址：贵州省沿河土家族自治县和平镇河东开发区团结大道（沿河县国税局办公楼右侧）
……Tel：0856–8223032

沿河土家族自治县农村信用合作联社黑獭分社
地址：贵州省沿河土家族自治县团结街道（财政局楼下）
……Tel：0856–8225562

沿河土家族自治县农村信用合作联社河西分社
地址：贵州省沿河土家族自治县和平街道城北路（民族风情街）
……Tel：0856–8228136

沿河土家族自治县农村信用合作联社河东分社
地址：贵州省沿河土家族自治县团结街道田坝移民安置区
……Tel：0856–8229256

沿河土家族自治县农村信用合作联社沙子信用社
地址：贵州省沿河土家族自治县沙子镇
……Tel：0856–8320030

沿河土家族自治县农村信用合作联社中界信用社
地址：贵州省沿河土家族自治县中界镇场上
……Tel：0856–8330003

沿河土家族自治县农村信用合作联社晓景分社
地址：贵州省沿河土家族自治县晓景乡生态移民区
……Tel：0856–8330192

沿河土家族自治县农村信用合作联社黑水分社
地址：贵州省沿河土家族自治县黑水镇场上（公路养护段黑水道班斜对面）
……Tel：0856–8350038

沿河土家族自治县农村信用合作联社淇滩分社
地址：贵州省沿河土家族自治县淇滩镇（移民安置区）
……Tel：0856–8420398

沿河土家族自治县农村信用合作联社板场分社
地址：贵州省沿河土家族自治县板场镇场上（镇政府对面）
……Tel：0856–8422309

沿河土家族自治县农村信用合作联社甘溪信用社
地址：贵州省沿河土家族自治县甘溪镇场上
……Tel：0856–8430055

沿河土家族自治县农村信用合作联社夹石信用社
地址：贵州省沿河土家族自治县夹石镇新街场上（政府左对面400米处）
……Tel：0856–8450002

沿河土家族自治县农村信用合作联社谯家信用社
地址：贵州省沿河土家族自治县谯家镇场上
……Tel：0856–8460015

贵州赫章农村商业银行股份有限公司
地址：贵州省毕节市赫章县城关镇南环路北侧
……Tel：0857–3230856

贵州黔西农村商业银行股份有限公司
地址：贵州省毕节市黔西县城关镇迎宾北路
……Tel：0857–4245445

中国工商银行股份有限公司毕节分行
地址：贵州省毕节市七星关区麻园大道
……Tel：0857–7107015

贵州大方农村商业银行股份有限公司
地址：贵州省毕节市大方县大方镇奢香大道北段
……Tel：0857–7150800

贵州织金农村商业银行股份有限公司
地址：贵州省毕节市织金县城关镇金中路57号
……Tel：0857–7622526

贵阳银行股份有限公司毕节分行
地址：贵州省毕节市七星关区七号路与碧阳大道（西）交叉路口
……Tel：0857–8220668

中国银行股份有限公司毕节分行
地址：贵州省毕节市七星关区桂花路口
……Tel：0857–8222731

中国建设银行股份有限公司毕节市分行
地址：贵州省毕节市七星关区桂花路38号
……Tel：0857–8226456

中国农业发展银行毕节市分行
地址：贵州省毕节市七星关区开行路
……Tel：0857–8237859

中国农业银行股份有限公司盘州市支行
地址：贵州省六盘水市盘州市亦资街道胜境大道287号
……Tel：0858–3639811

六枝特区农村信用合作联社
地址：贵州省六盘水市六枝特区平寨镇矿业北路
……Tel：0858–5329752

中国银行股份有限公司六盘水分行
地址：贵州省六盘水市钟山区钟山中路18号
……Tel：0858–6805376

贵阳银行股份有限公司六盘水分行
地址：贵州省六盘水市钟山区中路81号
……Tel：0858–8111998

贵州银行股份有限公司六盘水分行
地址：贵州省六盘水市钟山区钟山西路36号（宝隆国际大厦）
……Tel：0858–8200777

中国建设银行股份有限公司六盘水市分行
地址：贵州省六盘水市钟山区中路２５号
……Tel：0858–8222169

水城县农村信用合作联社
地址：贵州省六盘水市水城县双水新区高林路西侧
……Tel：0858–8330150

中国农业银行股份有限公司六盘水分行
地址：贵州省六盘水市钟山区中路24号
……Tel：0858–8673088

六盘水农村商业银行股份有限公司
地址：贵州省六盘水市钟山区钟山中路67号
……Tel：0858–8682102

贵州普安农村商业银行股份有限公司
地址：贵州省黔西南布依族苗族自治州普安县盘水镇普天大道
……Tel：0859–2267241

中国银行股份有限公司兴义分行
地址：贵州省黔西南布依族苗族自治州兴义市荷花塘６号
……Tel：0859–3112068

贵州晴隆农村商业银行股份有限公司
地址：贵州省黔西南布依族苗族自治州晴隆县莲城镇东街
……Tel：0859–7610118

云南省

云南景洪农村商业银行股份有限公司
地址：云南省西双版纳傣族自治州景洪市民航路12号
……Tel：0691–2128618

云南勐海农村商业银行股份有限公司勐阿支行
地址：云南省西双版纳傣族自治州勐海县勐阿镇主街路14号
……Tel：0691–5621091

云南勐腊农村商业银行股份有限公司
地址：云南省西双版纳傣族自治州勐腊县南腊新城B–18栋
……Tel：0691–8122748

中国邮政储蓄银行股份有限公司德宏州分行
地址：云南省德宏傣族景颇族自治州芒市建安路1号
……Tel：0692–2116922

云南芒市农村商业银行股份有限公司
地址：云南省德宏州芒市广腊亮街8号
……Tel：0692–2121713

瑞丽市农村信用合作联社
地址：中国（云南）自由贸易试验区德宏片区瑞丽市瑞江路21号
……Tel：0692–4144116

云南梁河农村商业银行股份有限公司
地址：云南省德宏州梁河县遮岛镇振兴路53号
……Tel：0692–6161179

云南陇川农村商业银行股份有限公司
地址：云南省德宏州陇川县章凤镇老街路133号
……Tel：0692–7171780

云南盈江农村商业银行股份有限公司
地址：云南省德宏州盈江县平原镇象城路6号
……Tel：0692–8180559

云南昭通昭阳农村商业银行股份有限公司
地址：云南省昭通市昭阳区海楼路20号
……Tel：0870–2220003

镇雄县农村信用合作联社
地址：云南省昭通市镇雄县南台街道办事处南广路172号
……Tel：0870–3123870

永善县农村信用合作联社
地址：云南省昭通市永善县溪洛渡镇振兴大街
……Tel：0870–4122920

云南彝良农村商业银行股份有限公司
地址：云南省昭通市彝良县角奎镇教育路怡良半岛小区4幢1层05–06号、12号，4幢2层01–06，4幢3层
……Tel：0870–5122332

云南大关农村商业银行股份有限公司
地址：云南省昭通市大关县翠华镇顺城北路41号
……Tel：0870–5620604

云南威信农村商业银行股份有限公司
地址：云南省昭通市威信县扎西镇人民路29号
……Tel：0870–6123494

盐津县农村信用合作联社
地址：盐津县盐井镇县大街325号
……Tel：0870–6622353

中国工商银行股份有限公司安宁支行
地址：云南省昆明市安宁市城区连然镇中华路1号
……Tel：0870–68693007

鲁甸县农村信用合作联社
地址：云南省昭通市鲁甸县文屏镇新区世纪大道27号
……Tel：0870–8124060

中国邮政储蓄银行股份有限公司昭通市分行
地址：昭通市昭阳区昭阳大道155－157号
……Tel：0870－8899096

昆明市东川区农村信用合作联社
地址：云南省昆明市东川区铜都街道办事处碧云街70号
……Tel：0871－62162690

云南寻甸农村商业银行股份有限公司
地址：云南省昆明市寻甸县仁德街道办事处凤梧路130号
……Tel：0871－62662763

中国建设银行股份有限公司昆明分行
地址：云南省昆明市东风西路158号电子大厦四至十六楼
……Tel：0871－63063532

国泰君安证券股份有限公司昆明人民中路证券营业部
地址：云南省昆明市人民中路9－2号
……Tel：0871－63102196

中国光大银行股份有限公司昆明分行
地址：云南省昆明市人民中路28号
……Tel：0871－63107076

中国建设银行股份有限公司昆明城北支行
地址：云南省昆明市人民中路美亚大厦西裙楼
……Tel：0871－63128369

中国农业银行股份有限公司昆明护国支行
地址：昆明市青年路华一广场
……Tel：0871－63155840

曲靖市商业银行股份有限公司昆明分行
地址：云南省昆明市五华区人民中路33号巨龙大厦1－2层
……Tel：0871－63168397

中国建设银行股份有限公司昆明城东支行
地址：云南省昆明市盘龙区东风东路38号（建工大楼）
……Tel：0871－63183129

中国银行股份有限公司昆明市盘龙支行
地址：昆明市北京路与北辰大道交口西南角　城时代大厦A幢
……Tel：0871－63196658

中国农业银行股份有限公司昆明分行
地址：昆明市人民中路1号
……Tel：0871－63200262

中国农业银行股份有限公司昆明北市区支行
地址：昆明市北京路987号俊发中心商业区（世纪俊园二期1幢1、2层）
……Tel：0871－63307707

中国邮政储蓄银行股份有限公司云南省分行
地址：云南省昆明市学府路388号昆明冶金高等专科学校"高职培训中心"大楼1－9层
……Tel：0871－63313408

云南红塔银行股份有限公司昆明分行
地址：云南省昆明市滇池度假区御府中央小区（A2－1/3地块）D塔
……Tel：0871－63386069

昆明市五华区农村信用合作联社
地址：云南省昆明市五华区护国路38号京瑞大厦
……Tel：0871－63612460

红塔期货有限责任公司
地址：云南省昆明市春城路168号
……Tel：0871－63614258

中国农业银行股份有限公司昆明滇池国家旅游度假区支行
地址：云南省昆明市广福路中段广福商业中心A8独栋商务楼
……Tel：0871－64622775

华夏金融租赁有限公司
地址：云南省昆明经济技术开发区昌宏路36号经开区金融中心A－413室
……Tel：0871－64639531

中国银行股份有限公司昆明市官渡支行
地址：关上镇官渡广场东侧
……Tel：0871－67176444

昆明市呈贡区农村信用合作联社
地址：云南省昆明市呈贡区米兰园小区东北角
……Tel：0871－67475899

宜良县农村信用合作联社
地址：云南省昆明市宜良县匡远街道办事处清远街208号
……Tel：0871－67527291

石林彝族自治县农村信用合作联社
地址：云南省昆明市石林县鹿阜街道办事处石林大道
……Tel：0871－67792041

昆明市晋宁区农村信用合作联社
地址：云南省昆明市晋宁区昆阳街道办事处大东门148号
……Tel：0871－67894081

云南嵩明农村商业银行股份有限公司城关分理处
地址：云南省嵩明县嵩阳街道办事处东街20号
……Tel：0871－67911914

云南嵩明农村商业银行股份有限公司农业园区支行
地址：云南省嵩明县小街镇本纳克村嵩明晨农精品农业示范园物流配送中心2＃倒班宿舍1号商铺
……Tel：0871－67981237

云南嵩明农村商业银行股份有限公司小街支行
地址：云南省嵩明县小街镇嘉玲中路110号
……Tel：0871－67991059

云南嵩明农村商业银行股份有限公司兰茂广场支行
地址：云南省嵩明县嵩阳街道办事处水真路304号
……Tel：0871－67914040

云南嵩明农村商业银行股份有限公司秀嵩分理处
地址：云南省嵩明县嵩阳街道办事处彩云路83号附1号
……Tel：0871－67921309

云南嵩明农村商业银行股份有限公司
地址：云南省嵩明县嵩阳街道办事处南街177号
……Tel：0871－67921549

云南嵩明农村商业银行股份有限公司嵩阳支行
地址：云南省嵩明县嵩阳街道办事处秀嵩街97号
……Tel：0871－67923562

云南嵩明农村商业银行股份有限公司滇源支行
地址：云南省昆明市盘龙区滇源街道办事处东鱼路101号
……Tel：0871－67953122

云南嵩明农村商业银行股份有限公司大营支行
地址：云南省嵩明县嵩阳街道办事处大营村1004号
……Tel：0871－67954031

云南嵩明农村商业银行股份有限公司杨林经开区支行
地址：云南省嵩明县杨林工业园区和光路101号（长嵩大道与官军路交叉口）
……Tel：0871－67971040

云南嵩明农村商业银行股份有限公司职教园区支行
地址：云南省嵩明县职教园区汇尔佳购物中心一栋M－1号（文林路东南段）
……Tel：0871－67986495

中国银行股份有限公司昆明市西山支行
地址：云南省昆明市西山区人民西路643号
……Tel：0871－68213268

中国农业银行股份有限公司昆明西山区支行
地址：云南省昆明市西山区春苑春阳里1号
……Tel：0871－68250275

昆明市西山区农村信用合作联社
地址：云南省昆明市二环西路４１９号
……Tel：0871－68321686

安宁市农村信用合作联社
地址：云南省昆明市安宁市珍泉路15号
……Tel：0871－68699778

太平洋证券股份有限公司
地址：云南省昆明市北京路926号同德广场写字楼31楼
……Tel：0871－68885858

禄劝彝族苗族自治县农村信用合作联社
地址：云南省昆明市禄劝彝族苗族自治县城掌鸠河南路3号
……Tel：0871－68913451

中国邮政储蓄银行股份有限公司大理州分行
地址：云南省大理市下关镇龙溪路东段
……Tel：0872－2126895

云南大理市农村商业银行股份有限公司
地址：云南省大理白族自治州大理市大理经济开发区云岭大道1号
……Tel：0872－2162831

富滇银行股份有限公司大理分行
地址：大理白族自治州大理市云岭大道4号
……Tel：0872－2318887

云南祥云农村商业银行股份有限公司
地址：云南省大理白族自治州祥云县祥城镇清红路西侧彩云路北侧
……Tel：0872－3122319

云南剑川农村商业银行股份有限公司东岭支行
地址：云南省剑川县金华镇永丰村委会班洞河村121号
……Tel：0872－4520904

云南剑川农村商业银行股份有限公司
地址：云南省大理白族自治州剑川县金华镇金狮路9号
……Tel：0872－4523271

云南剑川农村商业银行股份有限公司羊岑支行
地址：云南省剑川县羊岑乡兴文村委会赵家村
……Tel：0872－4771024

云南云龙农村商业银行股份有限公司
地址：云南省大理白族自治州云龙县诺邓镇虎山路
……Tel：0872－5524588

云南巍山农村商业银行股份有限公司
地址：云南省大理白族自治州巍山彝族回族自治县南诏镇华兴街100号
……Tel：0872－6350876

云南宾川农村商业银行股份有限公司
地址：云南省大理州宾川县金牛镇金川路209号
……Tel：0872－7145056

个旧市农村信用合作联社
地址：云南省红河州个旧市胜利路2号
……Tel：0873－2120226

中国邮政储蓄银行股份有限公司红河州分行
地址：云南省红河州蒙自市锦华路红竺园A区1号商铺
……Tel：0873－3128866

云南蒙自农村商业银行股份有限公司
地址：云南省红河州蒙自市民安路1号
……Tel：0873－3728055

云南弥勒农村商业银行股份有限公司
地址：云南省红河州弥勒市弥勒大道与二环南路交叉口
……Tel：0873－6221082

泸西县农村信用合作联社
地址：云南省红河州泸西县中枢镇迎宾路
……Tel：0873－6623436

富滇银行股份有限公司红河开远支行
地址：开远市灵泉东路338号
……Tel：0873－7232750

云南建水农村商业银行股份有限公司
地址：云南省红河州建水县临安镇福康路116号
……Tel：0873－7650211

曲靖市麒麟区农村信用合作联社
地址：云南省曲靖市麒麟区寥廓北路271－3号
……Tel：0874－3143392

曲靖市沾益区农村信用合作联社
地址：云南省曲靖市沾益区珠江源大道1407号
……Tel：0874－3166633

中国邮政储蓄银行股份有限公司曲靖市分行
地址：云南省曲靖市翠峰路中段嘉悦广场一楼二楼
……Tel：0874－3319668

富源县农村信用合作联社
地址：云南省富源县文化路58号
……Tel：0874－4612329

师宗县农村信用合作联社
地址：云南省师宗县漾月街道丹凤东路231号
……Tel：0874－5769279

云南陆良农村商业银行股份有限公司
地址：云南省陆良县同乐街道办事处芙蓉街2号
……Tel：0874－6338977

宣威市农村信用合作联社
地址：云南省宣威市向阳街中段
……Tel：0874－7175832

云南罗平农村商业银行股份有限公司
地址：云南省曲靖市罗平县罗雄街道办事处振兴街38号
……Tel：0874－8217882

曲靖市马龙区农村信用合作联社
地址：云南省曲靖市马龙区通泉街道龙泉北路86号
……Tel：0874－8880585

曲靖市商业银行股份有限公司
地址：云南省曲靖市麒麟区南宁西路21号
……Tel：0874－8981222

中国建设银行股份有限公司保山市分行
地址：云南省保山市隆阳区正阳南路11号
……Tel：0875－2120315

中国工商银行股份有限公司保山分行
地址：云南省保山市隆阳区保岫东路37号
……Tel：0875－2121242

富滇银行股份有限公司保山分行
地址：云南省保山市隆阳区兰城街道办事处永昌商贸园A区32幢
……Tel：0875－2121993

中国邮政储蓄银行股份有限公司保山市分行
地址：云南省保山市隆阳区九龙路南段349号
……Tel：0875－2125267

中国银行股份有限公司保山市分行
地址：云南省保山市隆阳区永昌镇保岫东路2号
……Tel：0875－2140962

中国农业银行股份有限公司腾冲市支行
地址：云南省保山市腾冲市腾越镇秀峰社区凤山小区15号
……Tel：0875－5183159

云南腾冲农村商业银行股份有限公司
地址：云南省保山市腾冲市腾越镇秀峰社区新闻一小区3号
……Tel：0875－5185163

云南龙陵农村商业银行股份有限公司
地址：云南省保山市龙陵县龙山镇龙山路57号
……Tel：0875－6121500

云南施甸农村商业银行股份有限公司
地址：云南省保山市施甸县甸阳镇甸阳路
……Tel：0875－8121383

中国邮政储蓄银行股份有限公司文山州分行
地址：云南省文山壮族苗族自治州文山市普阳路62号
……Tel：0876－2187363

云南文山市农村商业银行股份有限公司
地址：云南省文山壮族苗族自治州文山市开化街道普阳西路4号
……Tel：0876－2192000

中国建设银行股份有限公司文山壮族苗族自治州分行
地址：云南省文山壮族苗族自治州文山市普阳西路93号
……Tel：0876－2816819

云南砚山农村商业银行股份有限公司
地址：云南省文山壮族苗族自治州砚山县江那镇新丰路2号
……Tel：0876－3123793

云南丘北农村商业银行股份有限公司
地址：云南省文山州丘北县锦屏镇人民路25号
……Tel：0876－4122877

云南广南农村商业银行股份有限公司
地址：云南省文山壮族苗族自治州广南县莲城镇南秀社区莲城西路17号
……Tel：0876－5150480

富宁县农村信用合作联社
地址：云南省文山壮族苗族自治州富宁县新华镇迎宾路53号
……Tel：0876－6128028

云南马关农村商业银行股份有限公司
地址：云南省文山壮族苗族自治州马关县马白镇园中西路2号
……Tel：0876－7127620

西畴县农村信用合作联社兰城信用社
地址：云南省西畴县西洒镇金玉路太阳城北回财富广场第一幢第一单元第二层
……Tel：0876－7623254

西畴县农村信用合作联社西洒信用社
地址：云南省文山州西畴县西洒镇普兰路
……Tel：0876－7623254

西畴县农村信用合作联社
地址：云南省文山州西畴县西洒镇金玉路50号
……Tel：0876－7623254

西畴县农村信用合作联社法斗信用社
地址：云南省文山州西畴县法斗乡法斗街
……Tel：0876－7623254

西畴县农村信用合作联社鸡街信用社
地址：云南省文山州西畴县鸡街乡鸡街街上
……Tel：0876－7623254

西畴县农村信用合作联社董马信用社
地址：云南省文山州西畴县董马乡董马街1号
……Tel：0876－7623254

西畴县农村信用合作联社莲花塘信用社
地址：云南省文山州西畴县莲花塘乡莲花塘街
……Tel：0876－7623254

西畴县农村信用合作联社柏林信用社
地址：云南省文山州西畴县柏林乡柏林街
……Tel：0876－7623254

西畴县农村信用合作联社兴街信用社
地址：云南省文山州西畴县兴街正街
……Tel：0876－7623254

西畴县农村信用合作联社新马信用社
地址：云南省文山州西畴县新马街乡新马街街上
……Tel：0876－7623254

交通银行股份有限公司玉溪分行
地址：云南省玉溪市玉兴路61号
……Tel：0877－2050555

中国邮政储蓄银行股份有限公司玉溪市分行
地址：云南省玉溪市红塔区红塔大道33号
……Tel：0877－2069828

云南玉溪红塔农村商业银行股份有限公司
地址：云南省玉溪市红塔区南北大街128号
……Tel：0877－2610447

峨山彝族自治县农村信用合作联社
地址：云南省玉溪市峨山县双江街道　峨路153号
……Tel：0877－4011767

云南易门农村商业银行股份有限公司小街支行
地址：云南省玉溪市易门县小街乡小街村街面
……Tel：0877－4611054

云南易门农村商业银行股份有限公司浦贝支行

地址：云南省玉溪市易门县浦贝彝族乡浦贝村委会新街村6号
……………………Tel：0877-4751036
云南易门农村商业银行股份有限公司十街支行
地址：云南省玉溪市易门县十街彝族乡十街村街面
……………………Tel：0877-4791050
云南易门农村商业银行股份有限公司
地址：云南省玉溪市易门县龙泉街道易兴路595号
……………………Tel：0877-4861016
云南易门农村商业银行股份有限公司铜厂支行
地址：云南省玉溪市易门县铜厂彝族乡铜厂村委会老街子村
……………………Tel：0877-4901043
云南易门农村商业银行股份有限公司六街支行
地址：云南省易门县六街街道振兴街72号
……………………Tel：0877-4951092
云南易门农村商业银行股份有限公司新建支行
地址：云南省玉溪市易门县龙泉街道龙泉中路151号
……………………Tel：0877-4961021
云南易门农村商业银行股份有限公司龙泉支行
地址：云南省玉溪市易门县龙泉街道朝阳路252号
……………………Tel：0877-4961851
云南易门农村商业银行股份有限公司易兴支行
地址：云南省玉溪市易门县龙泉街道龙泉西路193号
……………………Tel：0877-4963696
云南易门农村商业银行股份有限公司朝阳路支行
地址：云南省玉溪市易门县龙泉街道象山路8号
……………………Tel：0877-4969720
云南易门农村商业银行股份有限公司绿汁支行
地址：云南省玉溪市易门县绿汁镇汇源路
……………………Tel：0877-4981539
云南华宁农村商业银行股份有限公司
地址：云南省玉溪市华宁县宁州街道办事处宁锦路15号
……………………Tel：0877-5013747
元江哈尼族彝族傣族自治县农村信用合作联社
地址：云南省元江哈尼族彝族傣族自治县红河街道办事处文化路101号
……………………Tel：0877-6011895
云南澄江农村商业银行股份有限公司
地址：云南省玉溪市澄江县凤麓街道办事处仙湖路东30号
……………………Tel：0877-6685756
云南新平农村商业银行股份有限公司
地址：云南省玉溪市新平彝族傣族自治县桂山街道办事处平山路93号
……………………Tel：0877-7011077
中国建设银行股份有限公司楚雄州分行
地址：云南省楚雄州楚雄市鹿城东路176号
……………………Tel：0878-3012619
云南楚雄市农村商业银行股份有限公司
地址：云南省楚雄州楚雄市东瓜镇东盛西路6号
……………………Tel：0878-3132188
中国邮政储蓄银行股份有限公司楚雄州分行
地址：云南省楚雄彝族自治州楚雄市开发区紫溪大道211号
……………………Tel：0878-3376599
云南禄丰农村商业银行股份有限公司
地址：云南省楚雄州禄丰县金山镇龙城路15号
……………………Tel：0878-4122799
姚安县农村信用合作联社
地址：云南省楚雄州姚安县栋川镇西正街6号
……………………Tel：0878-5713868
云南大姚农村商业银行股份有限公司
地址：云南省楚雄彝族自治州大姚县金碧镇环城北路
……………………Tel：0878-6221578
云南南华农村商业银行股份有限公司
地址：云南省楚雄州南华县龙川镇龙泉东路259号
……………………Tel：0878-7222316
云南元谋农村商业银行股份有限公司
地址：云南省楚雄彝族自治州元谋县元马镇发祥路90号
……………………Tel：0878-8216266
云南武定农村商业银行股份有限公司
地址：云南省楚雄彝族自治州武定县狮山镇中山路26号
……………………Tel：0878-8712142
中国农业银行股份有限公司普洱分行
地址：普洱市思茅区茶城大道61号
……………………Tel：0879-2144661

云南普洱思茅农村商业银行股份有限公司
地址：云南省普洱市思茅区振兴大道116号
……………………Tel：0879-2303299
宁洱哈尼族彝族自治县农村信用合作联社
地址：云南省普洱市宁洱哈尼族彝族自治县宁洱镇天壁路80号
……………………Tel：0879-3232175
墨江哈尼族自治县农村信用合作联社
地址：云南省普洱市墨江县县城环城路29号
……………………Tel：0879-4231744
景谷傣族彝族自治县农村信用合作联社
地址：云南省普洱市景谷县人民路95号
……………………Tel：0879-5221513
云南镇沅农村商业银行股份有限公司
地址：云南省普洱市镇沅彝族哈尼族拉祜族自治县绿海路1号
……………………Tel：0879-5811836
云南景东农村商业银行股份有限公司
地址：云南省普洱市景东县凌云路111号
……………………Tel：0879-6227952
云南澜沧农村商业银行股份有限公司东朗支行
地址：云南省普洱市澜沧拉祜族自治县勐朗镇老街后（拉祜广场）15幢商铺108A、108B、109室
……………………Tel：0879-7226792
云南澜沧农村商业银行股份有限公司
地址：云南省澜沧县勐朗镇大街35号
……………………Tel：0879-7226792
云南澜沧农村商业银行股份有限公司芦笙路支行
地址：云南省普洱市澜沧拉祜族自治县勐朗镇民族街西侧1幢商铺103室
……………………Tel：0879-7226792
云南澜沧农村商业银行股份有限公司勐朗支行
地址：云南省普洱市澜沧拉祜族自治县勐朗镇大街东侧信用社2幢商铺101室
……………………Tel：0879-7226792
云南澜沧农村商业银行股份有限公司勐朗支行酒井分理处
地址：云南省普洱市澜沧拉祜族自治县酒井乡
……………………Tel：0879-7226792
云南澜沧农村商业银行股份有限公司东朗路支
地址：云南省普洱市澜沧拉祜族自治县勐朗镇佛房新区一期临街1幢102室
……………………Tel：0879-7226792
云南澜沧农村商业银行股份有限公司上允支行
地址：云南省普洱市澜沧拉祜族自治县上允镇
……………………Tel：0879-7226792
云南澜沧农村商业银行股份有限公司上允支行东河分理处
地址：云南省普洱市澜沧拉祜族自治县东河乡
……………………Tel：0879-7226792
云南澜沧农村商业银行股份有限公司上允支行安康分理处
地址：云南省普洱市澜沧拉祜族自治县安康乡
……………………Tel：0879-7226792
云南澜沧农村商业银行股份有限公司上允支行富邦分理处
地址：云南省普洱市澜沧拉祜族自治县富邦乡
……………………Tel：0879-7226792
云南澜沧农村商业银行股份有限公司惠民支行
地址：云南省普洱市澜沧拉祜族自治县惠民镇
……………………Tel：0879-7226792
云南澜沧农村商业银行股份有限公司惠民支行发展河分理处
地址：云南省普洱市澜沧拉祜族自治县发展河乡
……………………Tel：0879-7226792
云南澜沧农村商业银行股份有限公司东回支行拉巴分理处
地址：云南省普洱市澜沧拉祜族自治县拉巴乡
……………………Tel：0879-7226792
云南澜沧农村商业银行股份有限公司东回支行糯福分理处
地址：云南省普洱市澜沧拉祜族自治县糯福乡
……………………Tel：0879-7226792
云南澜沧农村商业银行股份有限公司东回支行
地址：云南省普洱市澜沧拉祜族自治县东回镇
……………………Tel：0879-7226792
云南澜沧农村商业银行股份有限公司文东支行富东分理处
地址：云南省普洱市澜沧拉祜族自治县文东乡

……………………Tel：0879-7226792
云南澜沧农村商业银行股份有限公司文东支行
地址：云南省普洱市澜沧拉祜族自治县文东乡
……………………Tel：0879-7226792
云南澜沧农村商业银行股份有限公司竹塘支行
地址：云南省普洱市澜沧拉祜族自治县竹塘乡
……………………Tel：0879-7226792
云南澜沧农村商业银行股份有限公司木戛支行
地址：云南省普洱市澜沧拉祜族自治县木戛乡
……………………Tel：0879-7226892
云南澜沧农村商业银行股份有限公司木戛支行雪林分理处
地址：云南省普洱市澜沧拉祜族自治县雪林乡
……………………Tel：0879-7226792
云南澜沧农村商业银行股份有限公司大山支行
地址：云南省普洱市澜沧拉祜族自治县大山乡
……………………Tel：0879-7621034
云南澜沧农村商业银行股份有限公司谦六支行
地址：云南省普洱市澜沧拉祜族自治县谦六乡
……………………Tel：0879-7226792
云南澜沧农村商业银行股份有限公司南岭支行
地址：云南省普洱市澜沧拉祜族自治县南岭乡
……………………Tel：0879-7226792
云南澜沧农村商业银行股份有限公司糯扎渡支行
地址：云南省普洱市澜沧拉祜族自治县糯扎渡镇
……………………Tel：0879-7226792
云南孟连农村商业银行股份有限公司
地址：云南省普洱市孟连县大街31号
……………………Tel：0879-8720695
云南临沧临翔农村商业银行股份有限公司
地址：云南省临沧市临翔区凤翔路176号
……………………Tel：0883-2139042
云南云县农村商业银行股份有限公司
地址：云南省临沧市云县爱华镇草皮街101号
……………………Tel：0883-3211594
云南凤庆农村商业银行股份有限公司
地址：云南省临沧市凤庆县凤山镇龙泉社区滇红南路中段
……………………Tel：0883-4211138
云南永德农村商业银行股份有限公司
地址：云南省临沧市永德县德党镇永新路18号
……………………Tel：0883-5213601
中国邮政储蓄银行股份有限公司丽江市分行
地址：丽江市古城区福慧路207号寨后公寓11-101号
……………………Tel：0888-5131010
丽江古城农村商业银行股份有限公司
地址：云南省丽江市古城区长水路427号
……………………Tel：0888-5169325
云南玉龙农村商业银行股份有限公司
地址：云南省丽江市玉龙纳西族自治县金川路28号
……………………Tel：0888-5392326
云南华坪农村商业银行股份有限公司
地址：云南省丽江市华坪县中心镇华兴社区龙泉路82号
……………………Tel：0888-6121569
云南永胜农村商业银行股份有限公司
地址：云南省丽江市永胜县永北镇环城东路94号
……………………Tel：0888-6521530

西藏自治区

西藏银行股份有限公司
地址：拉萨市经济技术开发区总部经济基地A幢贰单元二层1201、1202、1203、1204、1212、1213、1214、1215号
……………………Tel：0891-6310019
中国邮政储蓄银行股份有限公司西藏自治区分行
地址：拉萨市林廓东路一巷五号
……………………Tel：0891-6310330
中国农业银行股份有限公司拉萨城关区支行
地址：拉萨市林廓东路103号
……………………Tel：0891-6330797
中国民生银行股份有限公司拉萨分行
地址：拉萨市北京西路8号环球大厦
……………………Tel：0891-6365251
中信银行股份有限公司拉萨分行

地址：西藏拉萨市城关区江苏路22号
……………………Tel：0891-6599106
中国农业银行股份有限公司西藏自治区分行
地址：拉萨市金珠西路44号
……………………Tel：0891-6959974
中国农业银行股份有限公司阿里分行
地址：狮泉河镇滨河南路9号
……………………Tel：0897-2666080

陕西省

长安银行股份有限公司咸阳分行
地址：陕西省咸阳市秦都区宝泉路1号
……………………Tel：029-32097915
中国邮政储蓄银行股份有限公司咸阳市分行
地址：陕西省咸阳市秦都区玉泉西路西段邮政大楼
……………………Tel：029-33569701
陕西长武农村商业银行股份有限公司
地址：陕西省咸阳市长武县城西门什字北街002号
……………………Tel：029-34202667
礼泉县农村信用合作联社
地址：陕西省咸阳市礼泉县建设路南段
……………………Tel：029-35621377
永寿县农村信用合作联社
地址：陕西省咸阳市永寿县监军镇西兰路中段
……………………Tel：029-37663583
成都银行股份有限公司西安分行
地址：西安市高新区沣惠南路18号唐沣国际1至3层
……………………Tel：029-63399000
渤海银行股份有限公司西安分行
地址：陕西省西安市高新区锦业路36号1至2层
……………………Tel：029-65620800
陕西长银消费金融有限公司
地址：西安经济技术开发区凤城八路与文景路交汇西北图金中心D座12F1-7单元
……………………Tel：029-68293666
宁夏银行股份有限公司西安分行
地址：西安市高新区唐延路3号
……………………Tel：029-68686920
中国工商银行股份有限公司西安土门支行
地址：西安市莲湖区沣镐东路229号
……………………Tel：029-68901701
中国工商银行股份有限公司西安博士路支行
地址：西安市高新区紫薇田园都市K区商业楼商铺一层10101号
……………………Tel：029-81870823
中国农业银行股份有限公司西安兴庆路支行
地址：西安市碑林区兴庆北路38号
……………………Tel：029-82491246
广发证券股份有限公司西安金花北路证券营业部
地址：陕西省西安市新城区金花北路205号西铁工程大厦二层
……………………Tel：029-82517382
陕西蓝田农村商业银行有限责任公司
地址：蓝田县蓝新路1号
……………………Tel：029-82721187
中国建设银行股份有限公司西安兴庆路支行
地址：西安市兴庆路61号
……………………Tel：029-83218942
陕西秦农农村商业银行股份有限公司新城支行
地址：陕西省西安市碑林区东关南街街道办事处互助路1号一层
……………………Tel：029-83297725
中国工商银行股份有限公司西安纺织城支行
地址：西安市灞桥区纺正街北段
……………………Tel：029-83519006
长安期货有限公司
地址：陕西省西安市 灞生态区 灞大道1号 灞外事大厦9层
……………………Tel：029-83597677
中国工商银行股份有限公司西安临潼区支行
地址：西安市临潼区人民西路89号
……………………Tel：029-83812730
中国农业银行股份有限公司西安临潼区支行
地址：西安市临潼区秦陵南路30号
……………………Tel：029-83814120
中国建设银行股份有限公司西安长安区支行
地址：西安市长安区青年街2号1幢建行长安区支行综合营业办公楼
……………………Tel：029-84181956
中国建设银行股份有限公司西安劳动路支行
地址：西安市莲湖区友谊西路127号西北工

业大学创新科技大楼（西北工业大学西门南侧）
……Tel：029-84262281

中国农业银行股份有限公司西安昆明路支行
地址：西安市雁塔区昆明路128号
……Tel：029-84269606

中国太平洋财产保险股份有限公司陕西分公司
地址：陕西省西安市曲江新区汇新路以东曲江国际金融中心1层10105-10106房间及13-15层
……Tel：029-85211707

西安市雁塔区农村信用合作联社
地址：西安市雁塔区长安中路100号
……Tel：029-85411801

陕西秦农农村商业银行股份有限公司雁塔支行
地址：陕西省西安市雁塔区长安中路100号
……Tel：029-85411801

中国农业银行股份有限公司西安长安区支行
地址：长安区北长安街6号
……Tel：029-85292298

中国工商银行股份有限公司西安曲江支行
地址：西安市雁塔南路396号
……Tel：029-85579923

中国工商银行股份有限公司西安长安区支行
地址：西安市长安区北长安街8号
……Tel：029-85652957

中国工商银行股份有限公司西安阎良区支行
地址：西安市阎良区延安街15号
……Tel：029-86202209

西安市阎良区农村信用合作联社
地址：西安市阎良区凤凰北段78号
……Tel：029-86205558

中国工商银行股份有限公司西安未央支行
地址：西安市莲湖区龙首北路西段7号
……Tel：029-86257459

陕西秦农农村商业银行股份有限公司未央支行
地址：陕西省西安市未央区未央路171号
……Tel：029-86552301

陕西杨凌农村商业银行股份有限公司
地址：陕西省杨凌示范区康乐路43号
……Tel：029-87011313

中国建设银行股份有限公司西安新城支行
地址：西安市南新街29号
……Tel：029-87211327

中国工商银行股份有限公司西安莲湖路支行
地址：西安市莲湖区莲湖路14号
……Tel：029-87264080

中国工商银行股份有限公司西安东大街支行
地址：西安市碑林区东大街347号
……Tel：029-87280245

陕西秦农农村商业银行股份有限公司浐灞支行
地址：陕西省西安市灞桥区灞桥街150号世博路及纺渭路交汇处
……Tel：029-87550558

中国银行股份有限公司西安鼓楼支行
地址：西安市莲湖区风雷巷1号
……Tel：029-87615809

中国农业银行股份有限公司西安西大街支行
地址：西安市碑林区南广济街96号
……Tel：029-87622091

东亚银行（中国）有限公司西安分行
地址：陕西省西安市碑林区南关正街68号东亚银行大厦1层104、2层西户
……Tel：029-87651188

中国银行股份有限公司西安长安路支行
地址：西安市碑林区南稍门十字南关正街3号
……Tel：029-87800456

中国工商银行股份有限公司西安南关支行
地址：西安市碑林区友谊东路432号
……Tel：029-87897194

中国工商银行股份有限公司西安韩森寨支行
地址：西安市新城区长乐中路91号
……Tel：029-88132618

中信证券股份有限公司陕西分公司
地址：陕西省西安市高新区唐延路11号禾盛京广中心1幢1单元19层02-03-04号房
……Tel：029-88222554

中国工商银行股份有限公司西安高新技术开发区支行
地址：西安市高新区高新路1号
……Tel：029-88266680

中国农业银行股份有限公司陕西自贸试验区西安高新分行
地址：西安市高新区丈八一路10号中铁西安中心
……Tel：029-88310207

中国银行股份有限公司西安高新技术开发区支行
地址：西安市高新区高新路52号
……Tel：029-88315544

中国农业银行股份有限公司陕西省分行
地址：陕西省西安市高新区唐延路31号
……Tel：029-88990822

中国工商银行股份有限公司西安太华路支行
地址：西安市未央区太和路123号西安市检察院小区1幢1单元10101室、10201室
……Tel：029-89373807

中国建设银行股份有限公司西安曲江支行
地址：陕西省西安市曲江新区雁塔南路2216号曲江国际大厦1-4层
……Tel：029-89558563

比亚迪汽车金融有限公司
地址：西安市高新区科技路38号林凯国际大厦20层2001、2002、2012室
……Tel：029-89583008

中国农业银行股份有限公司西安长安路支行
地址：西安市雁塔区小寨西路33号
……Tel：029-89653232

中国农业银行股份有限公司延安永昌路支行
地址：陕西省延安市宝塔区永昌路龙昌苑小区一楼
……Tel：0911-2113169

中国农业银行股份有限公司延安大东门支行
地址：陕西省延安市宝塔区双拥大道景御大厦一楼
……Tel：0911-2315034

陕西富县农村合作银行
地址：陕西省延安市富县富城镇正街8号
……Tel：0911-3212381

陕西洛川农村商业银行股份有限公司
地址：陕西省延安市洛川县中心街
……Tel：0911-3623278

陕西甘泉农村商业银行股份有限公司
地址：陕西省延安市甘泉县中心街019号
……Tel：0911-4224236

黄陵县农村信用合作联社
地址：陕西省延安市黄陵县中心广场桥山大厦
……Tel：0911-5212412

陕西安塞农村商业银行股份有限公司
地址：陕西省延安市安塞区富民街22号
……Tel：0911-6212400

陕西子长农村商业银行股份有限公司
地址：陕西省延安市子长县长兴街
……Tel：0911-7113724

陕西吴起农村合作银行
地址：陕西省延安市吴起县北苑东路26号
……Tel：0911-7612913

中国邮政储蓄银行股份有限公司延安市分行
地址：陕西省延安市宝塔区枣园路20号志丹大厦
……Tel：0911-8800290

延安农村商业银行股份有限公司
地址：陕西省延安市宝塔区永兴路信合大厦
……Tel：0911-8206615

延长县农村信用合作联社
地址：陕西省延安市延长县七里村镇城区中街
……Tel：0911-8612344

交通银行股份有限公司榆林分行
地址：陕西省榆林市高新技术产业园区朝阳路2号华居中央公园B栋商业楼
……Tel：0912-3510033

陕西定边农村商业银行股份有限公司
地址：陕西省榆林市定边县西环路体育中心对面
……Tel：0912-4589929

中国农业银行股份有限公司靖边南街支行
地址：陕西省榆林市靖边县南街华林大厦一楼
……Tel：0912-4612157

陕西靖边农村商业银行股份有限公司
地址：陕西省榆林市靖边县长城路南段
……Tel：0912-4625137

中国农业银行股份有限公司靖边县支行
地址：陕西省榆林市靖边县西街85号
……Tel：0912-4625350

中国农业银行股份有限公司靖边新农村支行
地址：陕西省榆林市靖边县河东三岔路口东兴大厦一楼
……Tel：0912-4639388

陕西清涧农村商业银行股份有限公司
地址：陕西省榆林市清涧县新城区岔口村
……Tel：0912-5262031

陕西绥德农村商业银行股份有限公司
地址：陕西省榆林市绥德县北门街26号
……Tel：0912-5648044

兴业银行股份有限公司榆林分行
地址：陕西省榆林市高新技术产业园区明珠大道60号世纪精华大酒店
……Tel：0912-6086310

陕西米脂农村商业银行股份有限公司
地址：陕西省榆林市米脂县迎宾大道南侧园艺路东侧
……Tel：0912-6311007

陕西佳县农村商业银行股份有限公司
地址：陕西省榆林市佳县佳芦镇北门坡36号
……Tel：0912-6722371

陕西佳县农村商业银行股份有限公司通镇支行
地址：陕西省榆林市佳县陕西省榆林市佳县通镇
……Tel：0912-6722371

陕西佳县农村商业银行股份有限公司朱家坬分理处
地址：陕西省榆林市佳县朱家 乡
……Tel：0912-6722371

陕西佳县农村商业银行股份有限公司西郊支行
地址：陕西省榆林市佳县陕西省榆林市佳县佳芦镇西郊
……Tel：0912-6722371

陕西佳县农村商业银行股份有限公司新城区支行
地址：陕西省榆林市佳县新城区
……Tel：0912-6722371

陕西佳县农村商业银行股份有限公司峪口分理处
地址：陕西省榆林市佳县陕西省榆林市佳县峪口
……Tel：0912-6722371

陕西佳县农村商业银行股份有限公司刘国具分理处
地址：陕西省榆林市佳县陕西省榆林市佳县刘国具乡
……Tel：0912-6722371

陕西佳县农村商业银行股份有限公司上高寨分理处
地址：陕西省榆林市佳县陕西省榆林市佳县上高寨乡上高寨村
……Tel：0912-6722371

陕西佳县农村商业银行股份有限公司康家港分理处
地址：陕西省榆林市佳县陕西省榆林市佳县康家港乡康家港村
……Tel：0912-6722371

陕西佳县农村商业银行股份有限公司王家砭支行
地址：陕西省榆林市佳县陕西省榆林市佳县王家砭镇
……Tel：0912-6722371

陕西佳县农村商业银行股份有限公司木头峪分理处
地址：陕西省榆林市佳县陕西省榆林市佳县木头峪乡木头峪村
……Tel：0912-6722371

陕西佳县农村商业银行股份有限公司佳芦镇支行
地址：陕西省榆林市佳县陕西省榆林市佳县佳芦镇
……Tel：0912 6722371

陕西佳县农村商业银行股份有限公司乌镇支行
地址：陕西省榆林市佳县陕西省榆林市佳县乌镇
……Tel：0912-6722371

陕西佳县农村商业银行股份有限公司螅镇分理处
地址：陕西省榆林市佳县螅镇
……Tel：0912-6722371

陕西佳县农村商业银行股份有限公司兴隆寺分理处
地址：陕西省榆林市佳县陕西省榆林市佳县兴隆寺
……Tel：0912-6722371

陕西佳县农村商业银行股份有限公司中街支行
地址：陕西省榆林市佳县陕西省榆林市佳县佳芦镇中街
……Tel：0912-6722371

陕西佳县农村商业银行股份有限公司坑镇支行
地址：陕西省榆林市佳县陕西省榆林市佳县坑镇
……Tel：0912-6722371

陕西佳县农村商业银行股份有限公司方塌支行
地址：陕西省榆林市佳县方塌
……Tel：0912-6722371

陕西佳县农村商业银行股份有限公司店镇支行
地址：陕西省榆林市佳县陕西省榆林市佳县店镇
……Tel：0912-6722371

陕西子洲农村商业银行股份有限公司
地址：陕西省榆林市子洲县大理路西段
……Tel：0912-7221870

陕西横山农村商业银行股份有限公司
地址：陕西省榆林市横山区横山镇迎宾路北
……Tel：0912-7610341

长安银行股份有限公司榆林保宁路支行
地址：陕西省榆林市榆阳区西沙保宁路中段
……Tel：0912-3880102

长安银行股份有限公司榆林分行
地址：陕西省榆林市榆阳区常乐南路东10号
……Tel：0912-8192300

招商银行股份有限公司榆林神木支行
地址：陕西省榆林市神木市东兴街中段星光大厦
……Tel：0912-8391554

陕西府谷农村商业银行股份有限公司
地址：陕西省榆林市府谷县新区营盘中路
……Tel：0912-8712437

中国农业银行股份有限公司渭南分行
地址：陕西省渭南市临渭区东风大街西段31号
……Tel：0913-2081027

长安银行股份有限公司渭南分行
地址：陕西省渭南市临渭区朝阳大街中段
……Tel：0913-2330310

中国邮政储蓄银行股份有限公司渭南市分行
地址：陕西省渭南市临渭区朝阳大街中段市民政大厦
……Tel：0913-2331552

中国农业银行股份有限公司大荔县支行
地址：陕西省渭南市大荔县东大街40号
……Tel：0913-3218428

中国农业银行股份有限公司大荔县宝塔支行
地址：陕西省渭南市大荔县城关镇宝塔西北侧隆发购物广场一楼
……Tel：0913-3222724

中国农业银行股份有限公司大荔县洛滨支行
地址：陕西省渭南市大荔县城关镇洛滨大道西段
……Tel：0913-3261596

渭南市华州区农村信用合作联社
地址：陕西省渭南市华州区子仪大街锦绣1号观邸
……Tel：0913-4711062

中国工商银行股份有限公司韩城市支行
地址：陕西省韩城市新城区龙门大街中段
……Tel：0913-5190519

陕西韩城农村商业银行股份有限公司
地址：陕西省韩城市招商区三星世纪广场A座
……Tel：0913-5222888

中国农业银行股份有限公司韩城市支行
地址：陕西省韩城市新城区龙门大街
……Tel：0913-5305191

合阳县农村信用合作联社
地址：陕西省渭南市合阳县商城南路62号
……Tel：0913-5522412

澄城县农村信用合作联社
地址：陕西省渭南市澄城县中心街九路口
……Tel：0913-6866008

中国农业银行股份有限公司富平县支行
地址：陕西省渭南市富平县车站大街
……Tel：0913-8210758

中国银行股份有限公司商洛分行
地址：陕西省商洛市商州区民主路北社保大厦1号楼
……Tel：0914-2181322

中国工商银行股份有限公司商洛分行
地址：陕西省商洛市商州区迎宾路1号
……Tel：0914-2316410

商洛市商州区农村信用合作联社
地址：陕西省商洛市商州区名人街西段43号
……Tel：0914-2319487

陕西柞水农村商业银行股份有限公司
地址：陕西省商洛市柞水县临河路16号
……Tel：0914-4320999

陕西商南农村商业银行股份有限公司
地址：陕西省商洛市商南县滨河西路中段
……Tel：0914-6323698

长安银行股份有限公司商洛分行
地址：陕西省商洛市商州区通江西路中段
……Tel：0914-8086666

陕西山阳农村商业银行股份有限公司
地址：陕西省商洛市山阳县南大街73号
……Tel：0914-8322078

陕西岚皋农村商业银行股份有限公司
地址：陕西省安康市岚皋县城关镇河滨大道87号
……Tel：0915-2523029

中国邮政储蓄银行股份有限公司安康市分行
地址：陕西省安康市汉滨区南环路西段
……Tel：0915-3199966

陕西紫阳农村商业银行股份有限公司
地址：陕西省安康市紫阳县城关镇紫府路7

号
······Tel：0915－4421921
陕西汉阴农村商业银行股份有限公司
地址：陕西省安康市汉阴县城关镇北城街65号
······Tel：0915－5215511
陕西石泉农村商业银行股份有限公司
地址：陕西省安康市石泉县城关镇向阳大道东段2号
······Tel：0915－6321651
陕西宁陕农村商业银行股份有限公司
地址：陕西省安康市宁陕县城关镇迎宾大道15号
······Tel：0915－6822512
陕西旬阳农村商业银行股份有限公司
地址：陕西省安康市旬阳县城区祝尔慷大道19号
······Tel：0915－7202426
陕西白河农村商业银行股份有限公司
地址：陕西省安康市白河县城关镇狮子山社区滨河大道
······Tel：0915－7825164
陕西平利农村商业银行股份有限公司
地址：陕西省安康市平利县新正街177号
······Tel：0915－8421760
中国银行股份有限公司安康分行
地址：陕西省安康市汉滨区香溪路3号
······Tel：0915－8889672
中国农业银行股份有限公司汉中市汉台区支行
地址：陕西省汉中市汉台区兴汉路陈家营什字东
······Tel：0916－2211234
中国建设银行股份有限公司汉中分行
地址：陕西省汉中市汉台区石灰巷21号
······Tel：0916－2213782
中国邮政储蓄银行股份有限公司汉中市分行
地址：陕西省汉中市汉台区明珠路与劳动路十字
······Tel：0916－2258733
中国农业银行股份有限公司汉中分行
地址：陕西省汉中市汉台区石灰巷22号
······Tel：0916－2532361
略阳县农村信用合作联社
地址：陕西省汉中市略阳县电厂路油库坪
······Tel：0916－4832395
陕西南郑农村商业银行股份有限公司
地址：陕西省汉中市南郑区大河坎镇天汉大道南段（张家村三组）
······Tel：0916－5516520
陕西西乡农村商业银行股份有限公司
地址：陕西省汉中市西乡县城关镇金牛路29号
······Tel：0916－6221032
陕西镇巴农村商业银行股份有限公司
地址：陕西省汉中市镇巴县泾洋镇新街4号
······Tel：0916－6712448
城固县农村信用合作联社
地址：陕西省汉中市城固县城固县博望镇汉江路中段
······Tel：0916－7232244
陕西宝鸡渭滨农村商业银行股份有限公司
地址：陕西省宝鸡市渭滨区经二路东段151号
······Tel：0917－3207301
陕西千阳农村商业银行股份有限公司
地址：陕西省宝鸡市千阳县城关镇西大街9号
······Tel：0917－4241532
陕西陇县农村商业银行股份有限公司
地址：陕西省宝鸡市陇县陕西省陇县南岸新城陇州大道
······Tel：0917－4601557
陕西凤县农村商业银行股份有限公司
地址：陕西省宝鸡市凤县双石铺镇新建路（无门牌号）
······Tel：0917－4806700
扶风县农村信用合作联社
地址：陕西省宝鸡市扶风县县城新区西大街
······Tel：0917－5211421
宝鸡市陈仓区农村信用合作联社
地址：陕西省宝鸡市陈仓区虢镇东门
······Tel：0917－6219010
中国农业银行股份有限公司宝鸡陈仓区支行
地址：陕西省宝鸡市陈仓区宝鸡市陈仓区虢镇西街
······Tel：0917－6222693
陕西凤翔农村商业银行股份有限公司
地址：陕西省宝鸡市凤翔县城关镇东湖路82号
······Tel：0917－7212158
陕西麟游农村商业银行股份有限公司酒房支行
地址：陕西省宝鸡市麟游县酒房镇街道
······Tel：0917－7811515
陕西麟游农村商业银行股份有限公司天堂支行
地址：陕西省宝鸡市麟游县两亭镇天堂街道
······Tel：0917－7812875
陕西麟游农村商业银行股份有限公司官坪支行
地址：陕西省宝鸡市麟游县九成宫镇永安路北端官坪新区
······Tel：0917－7813211
陕西麟游农村商业银行股份有限公司常丰支行
地址：陕西省宝鸡市麟游县常丰镇街道
······Tel：0917－7815618
陕西麟游农村商业银行股份有限公司河西支行
地址：陕西省宝鸡市麟游县崔木镇河西街道
······Tel：0917－7816141
陕西麟游农村商业银行股份有限公司崔木支行
地址：陕西省宝鸡市麟游县崔木镇街道
······Tel：0917－7817304
陕西麟游农村商业银行股份有限公司丈八支行
地址：陕西省宝鸡市麟游县丈八镇街道
······Tel：0917－7818001
陕西麟游农村商业银行股份有限公司九成宫支行
地址：陕西省宝鸡市麟游县九成宫镇西大街19号
······Tel：0917－7962145
陕西麟游农村商业银行股份有限公司
地址：陕西省宝鸡市麟游县麟游县东大街49号
······Tel：0917－7962521
陕西麟游农村商业银行股份有限公司东大街支行
地址：陕西省宝鸡市麟游县九成宫镇东大街4号
······Tel：0917－7963195
陕西麟游农村商业银行股份有限公司杜阳路支行
地址：陕西省宝鸡市麟游县九成宫镇杜阳路街道
······Tel：0917－7963970
中国工商银行股份有限公司铜川分行
地址：陕西省铜川市新区华原东道7号
······Tel：0919－2151800
铜川市王益区农村信用合作联社
地址：陕西省铜川市王益区红旗街86号
······Tel：0919－2153069
铜川市印台区农村信用合作联社
地址：陕西省铜川市印台区同官路
······Tel：0919－2686702
中国农业银行股份有限公司铜川分行
地址：陕西省铜川市新区长虹南路新时代大耀城酒店十七、十八层
······Tel：0919－3195518
宜君县农村信用合作联社
地址：陕西省铜川市宜君县西环路188号
······Tel：0919－5282379
铜川市耀州区农村信用合作联社
地址：陕西省铜川市耀州区华原路塔坡什字
······Tel：0919－6185256

甘肃省

中国邮政储蓄银行股份有限公司酒泉市分行
地址：甘肃省酒泉市肃州区东大街79号
······Tel：0397－2650662
康乐县农村信用合作联社
地址：甘肃省临夏州康乐县新治街21号
······Tel：0930－4421351
和政县农村信用合作联社
地址：甘肃省临夏州和政县城关镇沈家庄
······Tel：0930－5522006
广河县农村信用合作联社
地址：甘肃省临夏州广河县城关镇东街社区团结路北58号
······Tel：0930－5622929
中国建设银行股份有限公司临夏分行
地址：临夏市团结路96号
······Tel：0930－6214090
中国工商银行股份有限公司临夏分行
地址：临夏市团结路50号
······Tel：0930－6217001
甘肃银行股份有限公司临夏分行
地址：甘肃省临夏州临夏市红园路49号
······Tel：0930－6220026
中国邮政储蓄银行股份有限公司临夏回族自治州分行
地址：甘肃省临夏州临夏市城东新区中天健广场7号楼三、四层
······Tel：0930－6229385
永靖县农村信用合作联社
地址：甘肃省临夏州永靖县刘家峡镇川中路
······Tel：0930－8832473
中国建设银行股份有限公司兰州安宁支行
地址：甘肃省兰州市安宁区安宁西路504号
······Tel：0931－2111925
中国工商银行股份有限公司兰州七里河支行
地址：甘肃省兰州市七里河区西津西路47号
······Tel：0931－2336395
中国农业银行股份有限公司兰州金昌路支行
地址：甘肃省兰州市城关区南滨河东路517号
······Tel：0931－4635062
光大兴陇信托有限责任公司
地址：甘肃省兰州市城关区东岗西路555号
······Tel：0931－4650511
中国工商银行股份有限公司兰州城关支行
地址：甘肃省兰州市城关区庆阳路163号
······Tel：0931－4657196
中国建设银行股份有限公司甘肃省分行营业部
地址：甘肃省兰州市城关区秦安路77号
······Tel：0931－4891686
中国农业银行股份有限公司榆中县支行
地址：甘肃省兰州市榆中县栖云北路2号
······Tel：0931－5222031
甘肃榆中农村合作银行
地址：甘肃省兰州市榆中县城关镇太白东路
······Tel：0931－5237268
中国民生银行股份有限公司兰州分行
地址：甘肃省兰州市城关区白银路123号
······Tel：0931－6116100
中国建设银行股份有限公司永登胜利街支行
地址：甘肃省兰州市永登县城关镇胜利街1035号
······Tel：0931－6423641
永登县农村信用合作联社
地址：兰州市永登县城关镇解放街94号
······Tel：0931－6424960
中国建设银行股份有限公司兰州先锋路营业部
地址：甘肃省兰州市西固区福利东路2087号
······Tel：0931－7353545
中国建设银行股份有限公司兰州玉门街支行
地址：甘肃省兰州市西固区西固城街道玉门街北社区玉门街1205号商铺1层110室
······Tel：0931－7357203
中国建设银行股份有限公司兰州民航支行
地址：甘肃省兰州市城关区东岗东路1999号
······Tel：0931－4866538
中国建设银行股份有限公司兰州西固西路支行
地址：甘肃省兰州市西固区西柳沟街道上坎社区西固西路230号附2
······Tel：0931－7357203
中国建设银行股份有限公司兰州新安路支行
地址：甘肃省兰州市西固区新安路街道新安路社区新安路2号商铺1层110室
······Tel：0931－7357203
中国建设银行股份有限公司兰州河口支行
地址：甘肃省兰州市西固区河口新维路183号
······Tel：0931－7353545
中国建设银行股份有限公司兰州石化支行
地址：甘肃省兰州市西固区福利路街道庄浪西路社区庄浪西路502号商铺1层101室
······Tel：0931－7357203
中国建设银行股份有限公司兰州福利路支行
地址：甘肃省兰州市西固区福利路街道庄浪西路社区福利西路238号商铺1层101室
······Tel：0931－7357203
中国建设银行股份有限公司兰州西固支行
地址：甘肃省兰州市西固区合水路125号
······Tel：0931－7357203
中国建设银行股份有限公司兰州山丹街支行
地址：甘肃省兰州市西固区先锋路街道公园路东社区山丹街655号商铺1层105室
······Tel：0931－7357203
中国建设银行股份有限公司兰州三爱支行
地址：甘肃省兰州市城关区静宁路45号附2
······Tel：0931－8122350
中国工商银行股份有限公司兰州西固支行
地址：甘肃省兰州市西固区合水路43号
······Tel：0931－7554755
中国农业银行股份有限公司兰州安宁支行
地址：甘肃省兰州市安宁区安宁西路558号
······Tel：0931－7670954
中国银行股份有限公司兰州市城关中心支行
地址：甘肃省兰州市城关区广场南路79号
······Tel：0931－7825801
太平人寿保险有限公司甘肃分公司
地址：甘肃省兰州市城关区南滨河东路5268号名城广场1幢4单元44层、45层
······Tel：0931－2191098
浙商银行股份有限公司兰州分行
地址：甘肃省兰州市城关区南昌路1888号
······Tel：0931－8171673
信达金融租赁有限公司
地址：兰州市东岗西路638号（兰州财富中心26层）
······Tel：0931－8179856
甘肃银行股份有限公司兰州市中央广场支行
地址：甘肃省兰州市城关区酒泉路437－451号
······Tel：0931－8187290
甘肃银行股份有限公司兰州市城关支行
地址：甘肃省兰州市城关区金昌南路甘肃省质监局家属楼
······Tel：0931－8240171
兴业银行股份有限公司兰州分行
地址：甘肃省兰州市城关区庆阳路75号
······Tel：0931－8409329
中国邮政储蓄银行股份有限公司兰州市分行
地址：甘肃省兰州市城关区庆阳路211号3层
······Tel：0931－8429607
中国工商银行股份有限公司兰州金城支行
地址：甘肃省兰州市城关区庆阳路410号
······Tel：0931－8438552
中国光大银行股份有限公司兰州分行
地址：甘肃省兰州市城关区东岗西路555号
······Tel：0931－8688601
中国建设银行股份有限公司兰州城关支行
地址：甘肃省兰州市城关区金昌北路59号
······Tel：0931－8820412
甘肃公航旅小额贷款股份有限公司
地址：甘肃省兰州市兰州新区兴隆山路南段2925号公航旅大厦13层1302室
······Tel：0931－8838582
中国工商银行股份有限公司兰州八一支行
地址：甘肃省兰州市城关区南昌路796号
······Tel：0931－8856474
中信银行股份有限公司兰州分行
地址：甘肃省兰州市城关区民主西路9号（兰州SOHO1－6层）
······Tel：0931－8890666
中国农业银行股份有限公司甘肃省分行
地址：甘肃省兰州市金昌北路108号
······Tel：0931－8895082
上海浦东发展银行股份有限公司兰州分行
地址：甘肃省兰州市城关区广场南路101号
······Tel：0931－8948205
甘肃临洮农村商业银行股份有限公司
地址：甘肃省定西市临洮县洮阳镇北大街256号
······Tel：0932－2242140
中国农业银行股份有限公司临洮县支行
地址：甘肃省定西市临洮县北大街1号
······Tel：0932－2242259
通渭县农村信用合作联社
地址：通渭县南街16号
······Tel：0932－5552807
甘肃陇西农村商业银行股份有限公司
地址：甘肃省定西市陇西县巩昌镇长安路北侧（广场丽苑东侧）
······Tel：0932－6622055
中国农业银行股份有限公司陇西县支行
地址：甘肃省定西市陇西县巩昌镇景家桥1号
······Tel：0932－6622226
甘肃岷县农村商业银行股份有限公司
地址：甘肃省定西市岷 县岷州西路北侧
······Tel：0932－7728791
中国农业银行股份有限公司定西分行
地址：甘肃省定西市安定区解放路42号
······Tel：0932－8213921
中国工商银行股份有限公司定西分行
地址：甘肃省定西市安定区安定路18A
······Tel：0932－8224822
中国邮政储蓄银行股份有限公司定西市分行
地址：甘肃省定西市安定区民主路6号
······Tel：0932－8284028
甘肃银行股份有限公司定西分行
地址：甘肃省定西市安定区中华路13号
······Tel：0932－8315678
甘肃泾川农村商业银行股份有限公司
地址：甘肃省平凉市泾川县城北新街6号
······Tel：0933－3321335

甘肃灵台农村商业银行股份有限公司
地址：甘肃省平凉市灵台县东大街1号
……………………Tel：0933-3621069

甘肃崇信农村商业银行股份有限公司
地址：甘肃省平凉市崇信县双拥路28号
……………………Tel：0933-6123672

甘肃银行股份有限公司平凉分行
地址：甘肃省平凉市崆峒区兴北路中段甘肃银行平凉分行办公楼
……………………Tel：0933-8223968

平凉农村商业银行股份有限公司
地址：甘肃省平凉市崆峒区解放北路88号
……………………Tel：0933-8617407

环县农村信用合作联社环城信用社
地址：甘肃省庆阳市环县环城镇北关社区环江大道33号
……………………Tel：0934-4422917

环县农村信用合作联社
地址：甘肃省庆阳市环县环城镇南关社区环江大道32号
……………………Tel：0934-4422917

环县农村信用合作联社小南沟信用社
地址：甘肃省庆阳市环县小南沟乡小南沟村小南沟街23号
……………………Tel：0934-4422917

环县农村信用合作联社南湫信用社
地址：甘肃省庆阳市环县南湫乡洪涝池村南湫中街28号
……………………Tel：0934-4422917

环县农村信用合作联社宏丰信用社
地址：甘肃省庆阳市环县环城镇北关社区环州路4号1栋
……………………Tel：0934-4422917

环县农村信用合作联社合道信用社
地址：甘肃省庆阳市环县合道镇红崖洼村合道街16号
……………………Tel：0934-4422917

环县农村信用合作联社演武信用社
地址：甘肃省庆阳市环县演武乡曳郭咀村昌平路4号
……………………Tel：0934-4422917

环县农村信用合作联社曲子信用社
地址：甘肃省庆阳市环县曲子镇新城社区南街9号
……………………Tel：0934-4422917

环县农村信用合作联社甜水信用社
地址：甘肃省庆阳市环县甜水镇甜水社区甜水街277号
……………………Tel：0934-4422917

环县农村信用合作联社祥汇信用社
地址：甘肃省庆阳市环县环城镇环州路169号
……………………Tel：0934-4422917

环县农村信用合作联社毛井信用社
地址：甘肃省庆阳市环 县毛井乡毛井街51号
……………………Tel：0934-4422917

环县农村信用合作联社依城信用社
地址：甘肃省庆阳市环 县县城灵武路依城家园小区门面
……………………Tel：0934-4422917

环县农村信用合作联社罗山川信用社
地址：甘肃省庆阳市环县罗山川乡大树塬村罗北路34号
……………………Tel：0934-4422917

环县农村信用合作联社四合原信用社
地址：甘肃省庆阳市环县耿湾乡四合塬村兴隆街2号
……………………Tel：0934-4422917

环县农村信用合作联社车道信用社
地址：甘肃省庆阳市环县车道镇苦水掌村固北路45号
……………………Tel：0934-4422917

环县农村信用合作联社木钵信用社
地址：甘肃省庆阳市环县木钵镇木钵社区古城南路23号
……………………Tel：0934-4422917

环县农村信用合作联社耿湾信用社
地址：甘肃省庆阳市环县耿湾乡张台村定环路68号
……………………Tel：0934-4422917

环县农村信用合作联社天池信用社
地址：甘肃省庆阳市环县天池乡通远路24号
……………………Tel：0934-4422917

环县农村信用合作联社芦家湾信用社
地址：甘肃省庆阳市环县芦家湾乡宋家掌村康平路39号
……………………Tel：0934-4422917

华池县农村信用合作联社
地址：甘肃省庆阳市华池县柔远镇幼儿园巷8号
……………………Tel：0934-4422917

中国银行股份有限公司庆阳分行
地址：甘肃省庆阳市西峰区北街街道北大街社区西大街23号
……………………Tel：0934-5918130

正宁县农村信用合作联社
地址：甘肃省庆阳市正宁县城西街
……………………Tel：0934-6121465

甘肃宁县农村合作银行
地址：甘肃省宁县新宁镇农贸路5号
……………………Tel：0934-6621049

镇原县农村信用合作联社
地址：庆阳市镇原县县城南环路14号
……………………Tel：0934-7122492

中国工商银行股份有限公司庆阳分行
地址：甘肃省庆阳市西峰区西大街23号
……………………Tel：0934-8271055

甘肃银行股份有限公司庆阳分行
地址：甘肃省庆阳市西峰区弘化西路甘肃银行大厦
……………………Tel：0934-8510085

兰州银行股份有限公司庆阳分行
地址：甘肃省庆阳市西峰区长庆北路66号
……………………Tel：0934-8537861

中国邮政储蓄银行股份有限公司庆阳市分行
地址：甘肃省庆阳市西峰区马莲河大道44号（和谐广场西侧创信大厦）
……………………Tel：0934-8622591

甘肃天祝农村商业银行股份有限公司
地址：甘肃省武威市天祝藏族自治县华藏寺镇华秀路212号
……………………Tel：0935-3121170

甘肃民勤农村商业银行股份有限公司
地址：甘肃省武威市民勤县城北街
……………………Tel：0935-4122477

甘肃古浪农村商业银行股份有限公司
地址：甘肃省武威市古浪县古浪镇建设路
……………………Tel：0935-5121426

中国银行股份有限公司武威分行
地址：甘肃省武威市凉州区西大街21号
……………………Tel：0935-5814760

中国银行股份有限公司金昌分行
地址：金昌市新华路
……………………Tel：0935-5831313

中国邮政储蓄银行股份有限公司武威市分行
地址：甘肃省武威市凉州区文昌路2号
……………………Tel：0935-6130008

中国建设银行股份有限公司武威分行
地址：甘肃省武威市凉州区南关西路1号
……………………Tel：0935-6182142

甘肃银行股份有限公司武威分行
地址：甘肃省武威市凉州区东大街56号
……………………Tel：0935-6983991

中国农业银行股份有限公司金昌双湾支行
地址：甘肃省金昌市金川区双湾镇
……………………Tel：0935-7122140

中国工商银行股份有限公司金昌分行
地址：金昌市新华路18号
……………………Tel：0935-8212475

中国农业银行股份有限公司金昌盘旋路支行
地址：甘肃省金昌市盘旋路
……………………Tel：0935-8212795

中国农业银行股份有限公司金昌北京路支行
地址：甘肃省金昌市北京路
……………………Tel：0935-8212911

中国农业银行股份有限公司金昌分行
地址：甘肃省金昌市金川区公园路6号
……………………Tel：0935-8224404

中国建设银行股份有限公司金昌分行
地址：金昌市天津路
……………………Tel：0935-8321200

中国邮政储蓄银行股份有限公司金昌市分行
地址：甘肃省金昌市金川区金川西路六号
……………………Tel：0935-8815339

中国农业银行股份有限公司张掖滨河新区支行
地址：甘肃省张掖市甘州区滨河新区临泽北路中央花园一楼
……………………Tel：0936-8213763

中国农业银行股份有限公司张掖北街支行
地址：甘肃省张掖市甘州区北街什字
……………………Tel：0936-8215924

中国农业银行股份有限公司张掖甘州支行
地址：甘肃省张掖市甘州区东街什字
……………………Tel：0936-8235339

中国农业银行股份有限公司张掖愿景城支行
地址：甘肃省张掖市甘州区滨河新区西三环路与创业路交叉口西南角
……………………Tel：0936-8215926

中国农业银行股份有限公司张掖南环路支行
地址：甘肃省张掖市甘州区南环路新闻大厦楼下
……………………Tel：0936-8260273

中国农业银行股份有限公司张掖甘浚支行
地址：甘肃省张掖市甘州区甘浚镇
……………………Tel：0936-8710139

中国农业银行股份有限公司张掖火车站支行
地址：甘肃省张掖市甘州区火车站铁中西侧工务段家属楼东端
……………………Tel：0936-8431988

中国邮政储蓄银行股份有限公司张掖市分行
地址：甘肃省张掖市甘州区县府街85号
……………………Tel：0936-8566198

甘肃银行股份有限公司张掖分行
地址：甘肃省张掖市甘州区西大街37号
……………………Tel：0936-8585599

酒泉农村商业银行股份有限公司
地址：甘肃省酒泉市肃州区盘旋东路28号楼
……………………Tel：0937-2659452

金塔县农村信用合作联社
地址：甘肃省酒泉市金塔县解放路123号
……………………Tel：0937-4422988

中国建设银行股份有限公司嘉峪关分行
地址：甘肃省嘉峪关市新华中路二十八号
……………………Tel：0937-6225424

中国邮政储蓄银行股份有限公司嘉峪关市胜利南路矿区营业所
地址：甘肃省嘉峪关市胜利南路2118-4号
……………………Tel：0937-6213936

中国邮政储蓄银行股份有限公司嘉峪关市新华北路营业所
地址：甘肃省嘉峪关市新华北路1068号
……………………Tel：0937-6213936

中国邮政储蓄银行股份有限公司嘉峪关市新华南路营业所
地址：甘肃省嘉峪关市新华南路587号
……………………Tel：0937-6213936

中国邮政储蓄银行股份有限公司嘉峪关市大唐路营业所
地址：甘肃省嘉峪关市迎宾东路985号
……………………Tel：0937-6213936

中国邮政储蓄银行股份有限公司嘉峪关市火车站营业所
地址：甘肃省嘉峪关市迎宾西路1588-9号
……………………Tel：0937-6213936

兰州银行股份有限公司武威分行
地址：甘肃省武威市凉州区北关西路36号
……………………Tel：0938-2252368

天水麦积农村合作银行
地址：甘肃省天水市麦积区分路口埠南路东侧
……………………Tel：0938-2723151

清水县农村信用合作联社
地址：甘肃省天水市清水县永清镇永盛路44号
……………………Tel：0938-7151560

张家川回族自治县农村信用合作联社
地址：甘肃省天水市张家川回族自治县张川镇滨河东路
……………………Tel：0938-7881839

天水秦州农村合作银行
地址：天水市秦州区合作北路
……………………Tel：0938-8214083

中国邮政储蓄银行股份有限公司天水市分行
地址：甘肃省天水市秦州区民主东路1号
……………………Tel：0938-8215870

兰州银行股份有限公司天水分行
地址：甘肃省天水市秦州区建设路161号八建大厦
……………………Tel：0938-8223768

中国农业银行股份有限公司金昌上海路支行
地址：甘肃省金昌市金川区上海路88号国芳雍锦苑8-2号
……………………Tel：0935-8211391

甘肃银行股份有限公司天水分行
地址：甘肃省天水市秦州区藉河北路天麟龙城明珠商铺一、二层（天水市委东侧）
……………………Tel：0938-8556608

成县农村信用合作联社
地址：成县城关镇陇南大道盘旋路西口
……………………Tel：0939-3203538

甘肃礼县农村商业银行股份有限公司
地址：礼县城关镇十字街
……………………Tel：0939-4423158

甘肃康县农村商业银行股份有限公司
地址：甘肃省陇南市康 县城关镇中街22号
……………………Tel：0939-5121795

宕昌县农村信用合作联社
地址：宕昌县城关镇长征路
……………………Tel：0939-6124306

徽县农村信用合作联社
地址：陇南市徽 县城关镇建新路14号
……………………Tel：0939-7529449

陇南武都农村合作银行
地址：陇南市武都区城关中山街天润嘉园六楼
……………………Tel：0339-8263826

陇南武都农村合作银行城郊支行
地址：甘肃省陇南市武都区城关西关街
……………………Tel：0939-8213966

陇南武都农村合作银行城关支行建设路分理处
地址：甘肃省陇南市武都区城关建设路
……………………Tel：0939-8260622

陇南武都农村合作银行外纳支行磨坝分理处
地址：甘肃省陇南市武都区磨坝乡磨坝村
……………………Tel：0939-8480009

陇南武都农村合作银行洛塘支行裕河分理处
地址：甘肃省陇南市武都区裕河镇赵钱坝村
……………………Tel：0939-8215915

陇南武都农村合作银行三仓支行
地址：甘肃省陇南市武都区三仓镇坪头坝村楚家坝组189号
……………………Tel：0939-8770254

中国邮政储蓄银行股份有限公司陇南市分行
地址：甘肃省陇南市武都区建设东路电信大楼
……………………Tel：0939-8261570

陇南武都农村合作银行洛塘支行枫相分理处
地址：甘肃省陇南市武都区枫相乡枫相院村
……………………Tel：0939-8263826

陇南武都农村合作银行城关支行滨江分理处
地址：甘肃省陇南市武都区城关滨河新城二号楼一楼
……………………Tel：0939-8263326

陇南武都农村合作银行城关支行王石坝分理处
地址：甘肃省陇南市武都区东江王石坝
……………………Tel：0939-8238222

陇南武都农村合作银行甘泉支行
地址：甘肃省陇南市武都区甘泉镇甘泉街村下街组12号
……………………Tel：0939-8670453

陇南武都农村合作银行两水支行吉石坝分理处
地址：甘肃省陇南市武都区城关镇吉石坝园区北路868号
……………………Tel：0939-8268236

中国建设银行股份有限公司陇南分行
地址：武都县区城关油橄榄基地北侧
……………………Tel：0939-8263952

甘肃银行股份有限公司陇南分行
地址：甘肃省陇南市武都区城关镇建设路南端江岸名都1号楼
……………………Tel：0939-8380163

临潭县农村信用合作联社
地址：甘肃省甘南州临潭县城关镇西大街84号
……………………Tel：0941-3122571

中国农业银行股份有限公司会宁县支行
地址：甘肃省白银市会宁县会师镇北大街9号
……………………Tel：0943-3221220

甘肃会宁农村商业银行股份有限公司
地址：甘肃省白银市会宁县会师镇长征南路
……………………Tel：0943-3228623

景泰县农村信用合作联社
地址：甘肃省白银市景泰县一条山镇705南路27号
……………………Tel：0943-5526084

白银市平川区农村信用合作联社
地址：甘肃省白银市平川区兴平南路
……………………Tel：0943-6622644

白银市平川区农村信用合作联社城兴信用社
地址：甘肃省白银市平川区兴平南路
……………………Tel：0943-6622644

白银市平川区农村信用合作联社中区分社
地址：甘肃省白银市平川区花苑小区
……………………Tel：0943-6622644

白银市平川区农村信用合作联社宝积信用社
地址：甘肃省白银市平川区宝积路
……………………Tel：0943-6622644

白银市平川区农村信用合作联社电厂分社
地址：甘肃省白银市平川区电力路4号华电商住楼一楼3号
……………………Tel：0943-6622644

中国工商银行股份有限公司白银分行
地址：白银市白银区人民路81号
……………………Tel：0943-8221371

中国农业银行股份有限公司白银白银区支行
地址：甘肃省白银市白银区人民路
……………………Tel：0943-8231698

白银市白银区农村信用合作联社
地址：甘肃省白银市白银区人民路189号
……………………Tel：0943-8250950

中国建设银行股份有限公司白银分行
地址：白银市白银区人民路69号
……………………Tel：0943-8251893

中国邮政储蓄银行股份有限公司白银市分行
地址：甘肃省白银市白银区红星路280号7幢10-01
……………………Tel：0943-8309060

甘肃银行股份有限公司白银分行
地址：甘肃省白银市白银区兰州路35号
……………………Tel：0943-8661638

青海省

青海门源农村商业银行股份有限公司
地址：青海省海北州门源回族自治县浩门镇西大街84号
……………………Tel：0970-8614221
中国农业银行股份有限公司海北分行
地址：海北州西海镇西海大街70号
……………………Tel：0970-8642687
青海湟源农村商业银行股份有限公司
地址：青海省湟源县城关镇尕庄村二中路3号丽都新苑小区3号楼
……………………Tel：0971-2433638
青海大通农村商业银行股份有限公司
地址：青海省西宁市大通回族土族自治县桥头镇人民路112号
……………………Tel：0971-2723010
青海银行股份有限公司新宁广场支行
地址：青海省西宁市城西区西关大街49号
……………………Tel：0971-6117393
青海银行股份有限公司五四大街支行
地址：青海省西宁市五四大街72号
……………………Tel：0971-6117981
青海银行股份有限公司交通巷支行
地址：青海省西宁市五四大街70号
……………………Tel：0971-6138500
青海银行股份有限公司同仁路支行
地址：青海省西宁市城西区西关大街32号
……………………Tel：0971-6141247
青海银行股份有限公司西关大街支行
地址：西宁市城西区西关大街39号
……………………Tel：0971-6143003
国家开发银行青海省分行
地址：青海省西宁市城西区昆仑路2号
……………………Tel：0971-6161803
招商银行股份有限公司西宁分行
地址：西宁市城西区新宁路4号
……………………Tel：0971-6230102
上海浦东发展银行股份有限公司西宁分行
地址：西宁市城西区微波巷1号
……………………Tel：0971-6237907
青海银行股份有限公司南川西路支行
地址：青海省西宁市南川西路39号
……………………Tel：0971-6255273
青海银行股份有限公司五四西路支行
地址：西宁市城西区五四西路12号
……………………Tel：0971-6303141
交通银行股份有限公司青海省分行
地址：青海省西宁市城西区五四西路67号金阳光大厦A座
……………………Tel：0971-6360999
青海银行股份有限公司城东支行
地址：青海省西宁市城中区大众街292号—12号
……………………Tel：0971-8124705
中国工商银行股份有限公司西宁城中支行
地址：西宁市城中区东大街14号
……………………Tel：0971-8248855
中国邮政储蓄银行股份有限公司西宁市城中支行
地址：西宁市城中区西大街1号
……………………Tel：0971-8299120
青海银行股份有限公司城西支行
地址：青海省西宁市五四西路31号
……………………Tel：0971-8580213
中信银行股份有限公司西宁西大街支行
地址：西宁市城中区西大街8号（世贸中心大厦1-2层）
……………………Tel：0971-8811918
中信银行股份有限公司西宁分行
地址：青海省西宁市城西区交通巷1号
……………………Tel：0971-8812658
海东市乐都区农村信用合作联社
地址：青海省海东市乐都区碾伯镇新乐大街15号
……………………Tel：0972-7416183
青海互助农村商业银行股份有限公司
地址：青海省海东市互助县互助土族自治县威远镇迎宾大道48号
……………………Tel：0972-8321778
中国农业银行股份有限公司海东分行
地址：平安区平安镇平安路55号
……………………Tel：0972-8419671
青海海东平安农村商业银行股份有限公司
地址：青海省海东市平安区平安镇新平大道198号
……………………Tel：0972-8689078
青海同仁农村商业银行股份有限公司
地址：青海省黄南州同仁县隆务镇霍尔加东路
……………………Tel：0973-8722726
中国农业银行股份有限公司海南分行
地址：海南州共和县恰卜恰镇团结北路22号
……………………Tel：0974-8511371
青海共和农村商业银行股份有限公司
地址：共和县恰卜恰镇人民路86号
……………………Tel：0974-8515266
青海贵德农村商业银行股份有限公司
地址：青海省贵德县河阴镇南大街73号
……………………Tel：0974-8552721
青海果洛农村商业银行股份有限公司
地址：青海省果洛州玛沁县大武镇达日路71号
……………………Tel：0975-8382089
中国农业银行股份有限公司果洛分行
地址：青海省玛沁县大武镇
……………………Tel：0975-8383072
青海玉树农村商业银行股份有限公司
地址：青海省玉树州结古镇民主路
……………………Tel：0976-8829075
中国农业银行股份有限公司海西分行
地址：德令哈市柴达木东路32号
……………………Tel：0977-8221732
中国建设银行股份有限公司海西州分行
地址：德令哈市柴达木东路30号
……………………Tel：0977-8223933
中国工商银行股份有限公司大柴旦支行
地址：青海省海西州大柴旦县
……………………Tel：0977-8281218
中国农业银行股份有限公司格尔木分行
地址：青海省海西州格尔木市柴达木中路32号（农行大楼）
……………………Tel：0977-8412013

宁夏回族自治区

中国建设银行股份有限公司灵武分行
地址：灵武市灵州大道95号（自主申报）
……………………Tel：0951-4021491
宁夏灵武农村商业银行股份有限公司
地址：宁夏回族自治区灵武市灵州大道
……………………Tel：0951-4021857
中国邮政储蓄银行股份有限公司银川市分行
地址：宁夏银川市兴庆区民族北街303号
……………………Tel：0951-5031087
招商银行股份有限公司银川分行
地址：宁夏银川市金凤区北京中路138号新材·富汇大厦
……………………Tel：0951-5156622
国家开发银行宁夏回族自治区分行
地址：宁夏银川金凤区尹家渠北街1号
……………………Tel：0951-5695815
上海浦东发展银行股份有限公司银川分行
地址：银川市兴庆区新华东街51号
……………………Tel：0951-5910230
宁夏黄河农村商业银行股份有限公司
地址：宁夏银川市解放西街35号
……………………Tel：0951-6022195
交通银行股份有限公司宁夏回族自治区分行
地址：宁夏银川市兴庆区民族北街296号
……………………Tel：0951-6916803
中国邮政储蓄银行股份有限公司中卫市分行
地址：中卫市沙坡头区鼓楼东街世和新天地第二区S03、04号
……………………Tel：0951-6920669
中信银行股份有限公司银川分行
地址：银川市金凤区北京中路160号，宁夏马斯特置业有限公司银川凯宾斯基饭店裙楼一层、四层及写字楼四层、五层商铺。
……………………Tel：0951-7632601
中国农业银行股份有限公司永宁县支行
地址：宁夏永宁县杨和镇
……………………Tel：0951-8011572
宁夏永宁农村商业银行股份有限公司
地址：宁夏永宁县杨和镇宁和北街
……………………Tel：0951-8015301
宁夏贺兰农村商业银行股份有限公司
地址：宁夏回族自治区银川市贺兰县银河东路83号
……………………Tel：0951-8066636
宁夏贺兰回商村镇银行有限责任公司
地址：贺兰县天鹅湖小镇虹桥路商业街06号
……………………Tel：0951-8088309
华夏银行股份有限公司银川分行
地址：银川市金凤区新昌东路168号
……………………Tel：0951-8503611
中国光大银行股份有限公司银川分行
地址：宁夏银川市兴庆区解放西街219号
……………………Tel：0951-8773015
中国工商银行股份有限公司银川城区支行
地址：银川市解放东街永康北巷1号
……………………Tel：0951-8879861
中国农业银行股份有限公司石嘴山分行
地址：宁夏回族自治区大武口区青山路
……………………Tel：0952-2012341
中国邮政储蓄银行股份有限公司石嘴山市分行
地址：石嘴山市大武口区朝阳东街1号
……………………Tel：0952-2013590
中国工商银行股份有限公司石嘴山支行
地址：石嘴山市大武口区朝阳西街1号
……………………Tel：0952-2013915
中国银行股份有限公司石嘴山市分行
地址：大武口区朝阳东街26号
……………………Tel：0952-2021575
中国建设银行股份有限公司石嘴山分行
地址：大武口区朝阳东街89号
……………………Tel：0952-2027161
宁夏石嘴山农村商业银行股份有限公司
地址：大武口区前进北路51号
……………………Tel：0952-2032203
中国邮政储蓄银行股份有限公司平罗县隆湖六站营业所
地址：石嘴山市大武口区山水大道北管委会综合楼（隆湖经济开发区六站管委会办公楼东2号）
……………………Tel：0952-2696208
平罗沙湖村镇银行股份有限公司
地址：平罗县人民东路（原平罗县财政局办公楼）
……………………Tel：0952-3955334
中国邮政储蓄银行股份有限公司平罗县玉皇阁营业所
地址：平罗县北大街东侧汇融新天地商业楼4号
……………………Tel：0952-6013304
宁夏平罗农村商业银行股份有限公司
地址：平罗县城西区民族大街以西、建设路以北，纬二路以南金融大厦
……………………Tel：0952-6017350
中国邮政储蓄银行股份有限公司平罗县金桥路营业所
地址：平罗县金桥路新利小区12号
……………………Tel：0952-6020019
中国邮政储蓄银行股份有限公司平罗县东风路营业所
地址：平罗县东风路世纪家园南段商铺南1号
……………………Tel：0952-6025400
中国邮政储蓄银行股份有限公司平罗县太西镇支行
地址：平罗县团结西路星海北苑7号商住楼
……………………Tel：0952-6029779
中国邮政储蓄银行股份有限公司平罗县团结西路营业所
地址：平罗县团结西路星海花园北苑7号商住楼东段4号
……………………Tel：0952-6029779
宁夏惠农农村商业银行股份有限公司
地址：石嘴山市惠农区惠安大街407号
……………………Tel：0952-7012370
中国建设银行股份有限公司吴忠分行
地址：宁夏回族自治区吴忠市利通区西环路
……………………Tel：0953-2014082
中国邮政储蓄银行股份有限公司吴忠市分行
地址：吴忠市利通区吴灵西路裕西小区21号商业楼
……………………Tel：0953-2023344
中国农业银行股份有限公司吴忠分行
地址：吴忠市滨河新区黄河路北侧规划路西侧
……………………Tel：0953-2024568
中国银行股份有限公司吴忠市分行
地址：吴忠市利通区裕民东街302号
……………………Tel：0953-2025097
宁夏银行股份有限公司吴忠分行
地址：吴忠市利通北街(人民商场对面)
……………………Tel：0953-2053100
宁夏吴忠农村商业银行股份有限公司
地址：宁夏吴忠市利通区迎宾街98号
……………………Tel：0953-2055660
中国工商银行股份有限公司青铜峡支行
地址：青铜峡市小坝镇东街
……………………Tel：0953-3051479
中国建设银行股份有限公司青铜峡支行
地址：宁夏青铜峡市小坝汉坝西街
……………………Tel：0953-3055376
宁夏青铜峡农村商业银行股份有限公司
地址：青铜峡市银河街024号
……………………Tel：0953-3056938
宁夏红寺堡农村商业银行股份有限公司
地址：吴忠市红寺堡区利民北巷4号
……………………Tel：0953-5091228
宁夏同心农村商业银行股份有限公司
地址：宁夏吴忠市同心县豫海南街18号
……………………Tel：0953-8030198
中国建设银行股份有限公司固原分行
地址：宁夏固原市原州区中山南街127号
……………………Tel：0954-2023663
宁夏固原农村商业银行股份有限公司
地址：宁夏回族自治区固原市原州区中山南街154号
……………………Tel：0954-2035094
中国邮政储蓄银行股份有限公司固原市分行
地址：宁夏固原市原州区高平路固原新天地商业中心二期3号商业楼101号商铺
……………………Tel：0954-2070062
宁夏西吉农村商业银行股份有限公司
地址：西吉县吉强镇中街中路
……………………Tel：0954-3015851
宁夏泾源农村商业银行股份有限公司
地址：泾源县城东平路2号
……………………Tel：0954-5011461
宁夏隆德农村商业银行股份有限公司
地址：宁夏固原市隆德县城解放街17号
……………………Tel：0954-6011137
宁夏彭阳农村商业银行股份有限公司
地址：彭阳县县城兴彭路171号
……………………Tel：0954-7012048
宁夏海原农村商业银行股份有限公司
地址：海原县南北街口
……………………Tel：0955-4013564
中国农业银行股份有限公司中宁县支行
地址：宁夏回族自治区中宁县城北街
……………………Tel：0955-5021801
宁夏中宁青银村镇银行股份有限公司
地址：宁夏中宁县宁安东街北侧杞乡经典B区14号商业楼
……………………Tel：0955-5031771
中国建设银行股份有限公司中卫分行
地址：中卫市沙坡头区鼓楼东街
……………………Tel：0955-7012817
宁夏中卫农村商业银行股份有限公司
地址：中卫市沙坡头区鼓楼南街
……………………Tel：0955-7016146

新疆维吾尔自治区

额敏县农村信用合作联社
地址：新疆塔城地区额敏县友好路
……………………Tel：0901-3346072
中国建设银行股份有限公司塔城地区分行
地址：新疆塔城地区塔城市新华路34号
……………………Tel：0901-6223916
中国邮政储蓄银行股份有限公司塔城地区分行
地址：新疆塔城地区塔城市伊宁路320号
……………………Tel：0901-6269309
新疆塔城农村商业银行股份有限公司
地址：新疆塔城地区塔城市塔尔巴哈台南路9号
……………………Tel：0901-6297033
中国邮政储蓄银行股份有限公司哈密市分行
地址：新疆哈密市伊州区泰和路36号
……………………Tel：0902-2362007
哈密市商业银行股份有限公司
地址：新疆哈密市伊州区天山北路52号哈建大厦1-4层
……………………Tel：0902-2362732
和田县农村信用合作联社
地址：新疆和田地区和田市迎宾路402号
……………………Tel：0903-2021893
和田市农村信用合作联社
地址：新疆和田地区和田市古勒巴格街道塔木什亚社区迎宾路599号
……………………Tel：0903-2062320
和田市农村信用合作联社银玉信用社
地址：新疆和田地区和田市奴尔巴格街道纳瓦各路224号
……………………Tel：0903-2062320
和田市农村信用合作联社伊里其信用社
地址：新疆和田地区和田市夏玛勒巴格路133号
……………………Tel：0903-2062320
和田市农村信用合作联社肖尔巴格信用社
地址：新疆和田地区和田市肖尔巴格乡北京西路678号
……………………Tel：0903-2062320
和田市农村信用合作联社玉龙喀什信用社
地址：新疆和田地区和田市玉龙喀什镇玉龙喀什路110号
……………………Tel：0903-2062320
和田市农村信用合作联社拉斯奎信用社
地址：新疆和田地区和田市拉斯奎镇和墨路62号
……………………Tel：0903-2062320
和田市农村信用合作联社古亚信用社
地址：新疆和田地区和田市吉亚乡阿孜乃巴扎村113号
……………………Tel：0903-2062320
和田市农村信用合作联社吐沙拉信用社
地址：新疆和田地区和田市吐沙拉乡迎宾路482号
……………………Tel：0903-2062320
和田市农村信用合作联社集贸中心信用社
地址：新疆和田地区和田市纳尔巴格街道文化路75号
……………………Tel：0903-2062320
皮山县农村信用合作联社

地址：新疆和田地区皮山县固玛南路34号
……………………Tel：0903-6424226

墨玉县农村信用合作联社
地址：新疆和田地区墨玉县斯孜街办古则西路183号
……………………Tel：0903-6534907

于田县农村信用合作联社
地址：新疆和田地区于田县文化南路79号
……………………Tel：0903-6816599

中国建设银行股份有限公司阿勒泰地区分行
地址：新疆阿勒泰地区阿勒泰市解放路4号
……………………Tel：0906-2124373

新疆阿勒泰农村商业银行股份有限公司
地址：新疆阿勒泰地区阿勒泰市五指泉街6号
……………………Tel：0906-2138035

中国邮政储蓄银行股份有限公司阿勒泰地区分行
地址：新疆阿勒泰地区阿勒泰市解放路39号
……………………Tel：0906-2138796

新疆北屯农村商业银行股份有限公司
地址：新疆北屯市博望西街251号
……………………Tel：0906-3377869

福海县农村信用合作联社
地址：新疆阿勒泰地区福海县五区人民西路（人民路21号）
……………………Tel：0906-3472125

新疆富蕴农村商业银行股份有限公司
地址：新疆维吾尔自治区富蕴县三区文化东路63号219栋63号
……………………Tel：0906-8722342

中国邮政储蓄银行股份有限公司克孜勒苏柯尔克孜自治州分行
地址：新疆克州阿图什市光明北路21院邮政办公大楼内
……………………Tel：0908-4260357

阿克陶县农村信用合作联社
地址：新疆维吾尔自治区阿克陶县白山路5院1号楼106室
……………………Tel：0908-5727352

昆仑银行股份有限公司克拉玛依分行
地址：新疆克拉玛依市世纪大道7号
……………………Tel：0990-6230484

中国建设银行股份有限公司克拉玛依石油分行
地址：新疆克拉玛依市准噶尔路178号
……………………Tel：0990-6257913

金石期货有限公司
地址：新疆五家渠十六区青湖南路1025号新华苑小区综合楼B段8层
……………………Tel：0991-2331305

中国邮政储蓄银行股份有限公司乌鲁木齐市分行
地址：新疆乌鲁木齐市天山区解放北路61号
……………………Tel：0991-2357512

中国邮政储蓄银行股份有限公司新疆维吾尔自治区分行
地址：新疆乌鲁木齐市天山区解放北路239号1栋1至28层
……………………Tel：0991-2357992

中信银行股份有限公司乌鲁木齐分行
地址：新疆乌鲁木齐市天山区新华北路165号广汇中天广场
……………………Tel：0991-2365888

新疆银行股份有限公司
地址：新疆乌鲁木齐市天山区新华南路338
……………………Tel：0991-2378368

长城国兴金融租赁有限公司
地址：新疆乌鲁木齐市天山区民主路75号
……………………Tel：0991-2826420

新疆乌鲁木齐农村商业银行股份有限公司
地址：新疆乌鲁木齐市乌鲁木齐县板房沟集镇路
……………………Tel：0991-2834752

中国民生银行股份有限公司乌鲁木齐分行
地址：新疆乌鲁木齐市沙依巴克区扬子江路314号
……………………Tel：0991-5515044

中国光大银行股份有限公司乌鲁木齐分行
地址：新疆乌鲁木齐市水磨沟区南湖东路165号
……………………Tel：0991-6765660

哈密市商业银行股份有限公司乌鲁木齐分行
地址：新疆乌鲁木齐市天山区民主路75号商会大厦
……………………Tel：0991-7522612

中国邮政储蓄银行股份有限公司奎屯市团结东街营业所
地址：新疆伊犁州奎屯市市区飞鸿里-团结东街28幢1号
……………………Tel：0992-3234736

中国邮政储蓄银行股份有限公司奎屯市乌鲁木齐西路营业所
地址：新疆伊犁州奎屯市喀拉尕什-乌鲁木齐西路28幢13、14号
……………………Tel：0992-3234736

中国邮政储蓄银行股份有限公司奎屯市乌苏街营业所
地址：新疆伊犁州奎屯市市区哈英德-乌苏街28幢3号
……………………Tel：0992-3234736

中国邮政储蓄银行股份有限公司奎屯市沙湾路营业所
地址：新疆伊犁州奎屯市沙湾街153号
……………………Tel：0992-3234736

中国邮政储蓄银行股份有限公司奎屯市准噶尔路营业所
地址：新疆伊犁州奎屯市准噶尔路69号
……………………Tel：0992-3234736

中国邮政储蓄银行股份有限公司奎屯市乌鲁木齐东路营业所
地址：新疆伊犁州奎屯市市区东锦苑-乌鲁木齐东路99幢1号
……………………Tel：0992-3234736

中国邮政储蓄银行股份有限公司奎屯市北京东路营业所
地址：新疆伊犁州奎屯市东轩园84号
……………………Tel：0992-3234736

中国邮政储蓄银行股份有限公司奎屯市车排子营业所
地址：新疆胡杨河市一二三团（车排子）军垦路社区光明东路154号
……………………Tel：0992-3234736

中国邮政储蓄银行股份有限公司奎屯市柳沟营业所
地址：新疆胡杨河市一二五团（柳沟）柳兴社区人民西路67号
……………………Tel：0992-3234736

中国邮政储蓄银行股份有限公司奎屯市科克兰木营业所
地址：新疆胡杨河市一二六团（科克兰木）振兴路社区振兴东路280号
……………………Tel：0992-3234736

中国邮政储蓄银行股份有限公司奎屯市苏兴滩营业所
地址：新疆胡杨河市一二七团（苏兴滩）育才路社区启明街41号
……………………Tel：0992-3234736

中国邮政储蓄银行股份有限公司奎屯市前山涝坝营业所
地址：新疆胡杨河市一二八团（前山）腾飞里社区长江西路123号
……………………Tel：0992-3234736

新疆乌苏农村商业银行股份有限公司
地址：新疆塔城地区乌苏市重庆路300号
……………………Tel：0992-8501542

中国邮政储蓄银行股份有限公司石河子市分行
地址：新疆石河子市1小区北子午路-221号
……………………Tel：0993-2070030

新疆石河子农村合作银行
地址：新疆石河子市43小区天山路55号
……………………Tel：0993-2825981

新疆昌吉农村商业银行股份有限公司
地址：新疆昌吉州昌吉市北京南路34号（昌吉市40区2丘17栋）
……………………Tel：0994-2237307

中国邮政储蓄银行股份有限公司昌吉回族自治州分行
地址：新疆昌吉州昌吉市延安北路2号
……………………Tel：0994-2345039

新疆阜康农村商业银行股份有限公司
地址：新疆昌吉州阜康市康宁路1110号
……………………Tel：0994-3232808

新疆阜康农村商业银行股份有限公司天池支行
地址：新疆昌吉州阜康市文博路公园6号小区第E幢B段101号
……………………Tel：0994-3306665

新疆木垒农村商业银行股份有限公司
地址：新疆昌吉州木垒县北环东路55号
……………………Tel：0994-4823792

新疆玛纳斯农村商业银行股份有限公司
地址：新疆昌吉州玛纳斯县凤城西路87号
……………………Tel：0994-6688900

新疆呼图壁农村商业银行股份有限公司
地址：新疆昌吉州呼图壁县园林路79号
……………………Tel：0994-6822222

新疆吉木萨尔农村商业银行股份有限公司
地址：新疆昌吉州吉木萨尔县文化西路19号
……………………Tel：0994-6981051

新疆奇台农村商业银行股份有限公司
地址：新疆昌吉州奇台县迎宾路金融大厦
……………………Tel：0994-7218998

中国建设银行股份有限公司昌吉回族自治州分行
地址：新疆昌吉州昌吉市北京南路13号
……………………Tel：0994-8310881

吐鲁番市农村信用合作联社
地址：新疆吐鲁番市高昌区高昌中路139号
……………………Tel：0995-8520605

托克逊县农村信用合作联社
地址：新疆吐鲁番市托克逊县城友好路南侧（城镇派出所西面）
……………………Tel：0995-8819808

中国邮政储蓄银行股份有限公司巴音郭楞蒙古自治州分行
地址：新疆巴州库尔勒市石化大道47号梨香水韵129栋
……………………Tel：0996-2505356

新疆库尔勒农村商业银行股份有限公司
地址：新疆巴音郭楞蒙古自治州库尔勒市石化大道华夏名门62号楼
……………………Tel：0996-2253771

新疆尉犁农村商业银行股份有限公司
地址：新疆巴州尉犁县团结东路
……………………Tel：0996-4021630

新疆轮台农村商业银行股份有限公司
地址：新疆巴音郭楞蒙古自治州轮台县文化路与新新路交汇处
……………………Tel：0996-4680056

焉耆回族自治县农村信用合作联社
地址：新疆巴州焉耆县325省道与迎宾路交汇处
……………………Tel：0996-6029169

新疆博湖农村商业银行股份有限公司
地址：新疆巴州博湖县博湖镇光华南路80号
……………………Tel：0996-6623468

中国邮政储蓄银行股份有限公司阿克苏地区分行
地址：新疆阿克苏地区阿克苏市英阿瓦提路27号辉煌大酒店1层、13层、14层
……………………Tel：0997-2126870

中国农业银行股份有限公司阿拉尔兵团分行
地址：新疆阿拉尔塔里木大道1280号
……………………Tel：0997-2575392

新疆温宿农村商业银行股份有限公司
地址：新疆阿克苏地区温宿县阿温大道118号温宿县农村信用合作联社7层
……………………Tel：0997-4533264

阿瓦提县农村信用合作联社
地址：新疆阿克苏地区阿瓦提县阿瓦提镇光明中路23-3号1-2楼
……………………Tel：0997-6130262

库车县农村信用合作联社
地址：新疆阿克苏地区库车市友谊路16号
……………………Tel：0997-7125727

沙雅县农村信用合作联社
地址：新疆阿克苏地区沙雅县人民南路2号
……………………Tel：0997-8324560

拜城县农村信用合作联社
地址：新疆阿克苏地区拜城县建设路7号
……………………Tel：0997-8622676

中国农业银行股份有限公司喀什兵团分行
地址：新疆喀什地区喀什市解放南路270号
……………………Tel：0998-2266401

新疆喀什农村商业银行股份有限公司
地址：新疆喀什地区喀什经济开发区深喀大道北侧喀什发展大厦
……………………Tel：0998-2591933

中国建设银行股份有限公司喀什地区分行
地址：新疆喀什地区喀什市解放南路102号
……………………Tel：0998-2805545

英吉沙县农村信用合作联社
地址：新疆喀什地区英吉沙县和谐路3号（新城区）
……………………Tel：0998-3623667

中国邮政储蓄银行股份有限公司喀什地区分行
地址：新疆喀什地区喀什市解放南路261号嘉和人家二期综合楼1层、4层、5层、6层、7层
……………………Tel：0998-5655011

巴楚县农村信用合作联社
地址：新疆喀什地区巴楚县巴楚镇文化西路1号
……………………Tel：0998-6289707

疏勒县农村信用合作联社
地址：新疆喀什地区疏勒县库什哈纳路2号
……………………Tel：0998-6573695

伽师县农村信用合作联社
地址：新疆喀什地区伽师县城镇迎宾路16号
……………………Tel：0998-6738316

叶城县农村信用合作联社
地址：新疆喀什地区叶城县新城南路
……………………Tel：0998-7289375

泽普县农村信用合作联社
地址：新疆喀什地区泽普县泽普镇平安南路五号
……………………Tel：0998-8253207

莎车县农村信用合作联社
地址：新疆喀什地区莎车县城北街道办事处文化路社区古城西路18号
……………………Tel：0998-8519468

新疆伊宁农村商业银行股份有限公司
地址：新疆伊犁州伊宁县南通路56号
……………………Tel：0999-4025620

尼勒克县农村信用合作联社
地址：新疆伊犁州尼勒克县唐布拉路
……………………Tel：0999-4630929

新疆伊犁农村商业银行股份有限公司
地址：新疆伊犁州伊宁市解放西路380号
……………………Tel：0999-8038877

中国农业银行股份有限公司伊犁兵团分行
地址：新疆伊犁州伊宁市解放西路320号
……………………Tel：0999-8387123

中国建设银行股份有限公司伊犁哈萨克自治州分行
地址：新疆伊犁州伊宁市解放路243号金融大厦
……………………Tel：0999-8983826

交通行业
运输物流

一、行业综合分析

交通行业、运输物流行业综合分析

自古以来，交通运输就是人类生存、发展的重要活动之一。物流作为现代社会经济活动的重要组成部分，在其发展和运行过程中，同交通运输的关系更为密切。

交通运输是物流的基础环节和依托载体，是物流业最重要的组成部分，交通运输业是国民经济的基础性产业，有必要大力发展现代物流和交通运输业，以降低物流成本，提高社会总体运营效益。目前，我国物流业仍处于以传统交通运输为基础的初级发展阶段，运输结构、运输组织、运输装备等发展水平深刻影响着物流业发展的总体水平。交通运输在推进物流业发展中具有十分重要的基础和主体作用，必须顺应时代发展要求，立足交通运输业，主动作为，着力推进物流业健康发展。不管是现在还是在未来，交通运输将是物流行业发展的充分条件，只有交通运输灵活，才能使物流以及更多的行业发展得迅速快捷。

近几年，随着我国经济社会的高速运转和不断转型，我国交通运输行业也迎来了自己的变革，在“十一五”和“十二五”期间，我国在公路和城市轨道交通建设等方面均取得了较大进展。

从交通运输行业的发展背景来看，投资始终是带动行业前行的最大因素。自2009年以后，我国交通固定资产投资已占到全部固定资产投资的12%，而这一比例还将不断提升。具体来看，2013年1-11月，我国全社会（铁路、公路、水路）共完成交通固定资产投资19090亿元，同比增长5.3%。其中，公路完成投资12446亿元，同比增长8.5%；铁路完成投资5114亿元，同比增长0.9%；水运完成投资1376亿元，增长1.2%。2014年一季度，铁路公路水路完成固定资产投资2783亿元，同比增长11.4%。其中，铁路完成固定资产投资713亿元、增长6.4%；公路建设完成投资1842亿元，主要是续建项目较多，实现17.2%的快速增长；水运建设完成投资213亿元。

为了加速交通发展进程，未来几年我国仍将在加大投资、集约资源、升级规划等方面不断发力。从实际规划来看，我国发布的《国家高速公路网规划》、《中长期铁路网规划》以及《国家综合运输体系发展规划》就将从3个方面构成未来的发展体系。其中，高速公路的建设将在保障公共运输安全、增强通行能力、节约资源等方面发挥集约效应。而铁路建设尤其是港口铁路、西部铁路以及煤运通道铁路，将能够更好地促进我国资源的转送，即通过建立全国综合性通道，将沿海等经济发展较快地区的物资快速运至中西部地区，而中西部地区则可以充当加工者的角色，为沿海地区服务，从而带动全国经济的平稳增长。除了发展基层交通运输方式，未来几年我国民航运输也将拥有较大的发展空间。我国将在一些重点城市建设民用支线机场，尽管这些支线机场的利润并不高甚至亏损，但是其作为城市的公共基础设施建设，对未来的投资吸引具有相当大的积极作用。另外，未来智慧交通将成我国交通运输业的发展引擎。

物流业是融合运输、仓储、货代和信息等的复合型服务产业。现代物流是现代服务业的重要组成部分，是促进产业结构优化升级的重要领域，也是落实扩大内需经济发展战略的重点。

中国物流行业起步较晚，随着国民经济的飞速发展，物流业的市场需求持续扩大。进入21世纪以来，在国家继续加强和改善宏观调控政策的影响下，中国物流行业保持较快增长速度，物流体系不断完善，行业运行日益成熟和规范。近年来，在国家扩大内需政策的推动下，物流市场整合步伐加快，呈现出明显的季节性和结构性变化。2013年全国社会物流总额197.8万亿元，按可比价格计算，同比增长9.5%，社会物流总费用10.2万亿元，同比增长9.3%，其中，运输费用5.4万亿元，同比增长9.2%，占社会物流总费用的比重为52.5%；2014年一季度全国社会物流总额47.8万亿元，按可比价格计算，增长8.6%，社会物流总费用2.3万亿元，同比增长8.1%。总体来看，我国社会物流需求仍然保持适度增长，为国民经济平稳运行提供了有力支撑。

促进现代物流发展，提高交通运输信息化水平都是其中的重要内容。发展物联网是当前国家科技发展战略的重要组成部分，各方高度关注。物联网技术的引入和应用为智能交通和现代物流发展带来了重要的契机。交通运输部党组高度重视物联网技术在推进现代交通运输业发展中的作用，明确要求选准切入点，积极予以跟进。为此，我国将在“十二五”期间遵循“试点引入，谨慎前行，统一标准，有序推进”的方针，切实梳理好行业业务需求，明确信息应用需求，有所为而有所不为，以务实的精神推动物联网技术在交通领域良好应用。在基础设施(也就是路、港、桥、隧、航道)感知及监管、重点工程建设质量安全智能监管、内河航运综合信息服务、智能化城市公共交通运营管理及服务、集装箱和甩挂运输智能可视化管理、危化品及特殊物品运输跟踪监管、智能海事等重点应用方向开展关键技术研究和应用示范。

2013年6月，交通运输部发布《交通运输推进物流业健康发展的指导意见》（简称《指导意见》），提出到2020年，基本建成便捷高效、安全绿色的交通运输现代物流服务体系，传统交通运输业转型升级取得明显突破，物流效率和服务水平显著提升，实现交通运输与现代物流的融合发展，基本适应我国经济社会发展的需求。《指导意见》提出，要坚持“市场为主、政府引导，统筹规划、稳步推进，因地制宜、创新驱动，立足行业、协同发展”的基本原则，建设便捷高效、安全绿色的交通运输现代物流服务体系。具体体现在运输结构不断优化，运行效率和质量显著提高；市场主体快速成长，组织化程度大幅提升；科技引领作用增强，标准化、信息化水平明显提高；重点领域加快发展，专业服务能力明显增强；市场秩序进一步规范，发展环境明显改善。

本文由中投顾问供稿

二、行业法规

中华人民共和国道路交通安全法

（2003年10月28日第十届全国人民代表大会常务委员会第五次会议通过
根据2007年12月29日第十届全国人民代表大会常务委员会第三十一次会议
《关于修改〈中华人民共和国道路交通安全法〉的决定》第一次修正
根据2011年4月22日第十一届全国人民代表大会常务委员会第二十次会议
《关于修改〈中华人民共和国道路交通安全法〉的决定》第二次修正）

第一章 总 则

第一条 为了维护道路交通秩序，预防和减少交通事故，保护人身安全，保护公民、法人和其他组织的财产安全及其他合法权益，提高通行效率，制定本法。

第二条 中华人民共和国境内的车辆驾驶人、行人、乘车人以及与道路交通活动有关的单位和个人，都应当遵守本法。

第三条 道路交通安全工作，应当遵循依法管理、方便群众的原则，保障道路交通有序、安全、畅通。

第四条 各级人民政府应当保障道路交通安全管理工作与经济建设和社会发展相适应。

县级以上地方各级人民政府应当适应道路交通发展的需要，依据道路交通安全法律、法规和国家有关政策，制定道路交通安全管理规划，并组织实施。

第五条 国务院公安部门负责全国道路交通安全管理工作。县级以上地方各级人民政府公安机关交通管理部门负责本行政区域内的道路交通安全管理工作。

县级以上各级人民政府交通、建设管理部门依据各自职责，负责有关的道路交通工作。

第六条 各级人民政府应当经常进行道路交通安全教育，提高公民的道路交通安全意识。

公安机关交通管理部门及其交通警察执行职务时，应当加强道路交通安全法律、法规的宣传，并模范遵守道路交通安全法律、法规。

机关、部队、企业事业单位、社会团体以及其他组织，应当对本单位的人员进行道路交通安全教育。

教育行政部门、学校应当将道路交通安全教育纳入法制教育的内容。

新闻、出版、广播、电视等有关单位，有进行道路交通安全教育的义务。

第七条 对道路交通安全管理工作，应当加强科学研究，推广、使用先进的管理方法、技术、设备。

第二章 车辆和驾驶人

第一节 机动车、非机动车

第八条 国家对机动车实行登记制度。机动车经公安机关交通管理部门登记后，方可上道路行驶。尚未登记的机动车，需要临时上道路行驶的，应当取得临时通行牌证。

第九条 申请机动车登记，应当提交以下证明、凭证：

（一）机动车所有人的身份证明；

（二）机动车来历证明；

（三）机动车整车出厂合格证明或者进口机动车进口凭证；

（四）车辆购置税的完税证明或者免税凭证；

（五）法律、行政法规规定应当在机动车登记时提交的其他证明、凭证。

公安机关交通管理部门应当自受理申请之日起五个工作日内完成机动车登记审查工作，对符合前款规定条件的，应当发放机动车登记证书、号牌和行驶证；对不符合前款规定条件的，应当向申请人说明不予登记的理由。

公安机关交通管理部门以外的任何单位或者个人不得发放机动车号牌或者要求机动车悬挂其他号牌，本法另有规定的除外。

机动车登记证书、号牌、行驶证的式样由国务院公安部门规定并监制。

第十条　准予登记的机动车应当符合机动车国家安全技术标准。申请机动车登记时，应当接受对该机动车的安全技术检验。但是，经国家机动车产品主管部门依据机动车国家安全技术标准认定的企业生产的机动车型，该车型的新车在出厂时经检验符合机动车国家安全技术标准，获得检验合格证的，免予安全技术检验。

第十一条　驾驶机动车上道路行驶，应当悬挂机动车号牌，放置检验合格标志、保险标志，并随车携带机动车行驶证。

机动车号牌应当按照规定悬挂并保持清晰、完整，不得故意遮挡、污损。

任何单位和个人不得收缴、扣留机动车号牌。

第十二条　有下列情形之一的，应当办理相应的登记：

（一）机动车所有权发生转移的；

（二）机动车登记内容变更的；

（三）机动车用作抵押的；

（四）机动车报废的。

第十三条　对登记后上道路行驶的机动车，应当依照法律、行政法规的规定，根据车辆用途、载客载货数量、使用年限等不同情况，定期进行安全技术检验。对提供机动车行驶证和机动车第三者责任强制保险单的，机动车安全技术检验机构应当予以检验，任何单位不得附加其他条件。对符合机动车国家安全技术标准的，公安机关交通管理部门应当发给检验合格标志。

对机动车的安全技术检验实行社会化。具体办法由国务院规定。

机动车安全技术检验实行社会化的地方，任何单位不得要求机动车到指定的场所进行检验。

公安机关交通管理部门、机动车安全技术检验机构不得要求机动车到指定的场所进行维修、保养。

机动车安全技术检验机构对机动车检验收取费用，应当严格执行国务院价格主管部门核定的收费标准。

第十四条　国家实行机动车强制报废制度，根据机动车的安全技术状况和不同用途，规定不同的报废标准。

应当报废的机动车必须及时办理注销登记。

达到报废标准的机动车不得上道路行驶。报废的大型客、货车及其他营运车辆应当在公安机关交通管理部门的监督下解体。

第十五条　警车、消防车、救护车、工程救险车应当按照规定喷涂标志图案，安装警报器、标志灯具。其他机动车不得喷涂、安装、使用上述车辆专用的或者与其相类似的标志图案、警报器或者标志灯具。

警车、消防车、救护车、工程救险车应当严格按照规定的用途和条件使用。

公路监督检查的专用车辆，应当依照公路法的规定，设置统一的标志和示警灯。

第十六条 任何单位或者个人不得有下列行为：

（一）拼装机动车或者擅自改变机动车已登记的结构、构造或者特征；

（二）改变机动车型号、发动机号、车架号或者车辆识别代号；

（三）伪造、变造或者使用伪造、变造的机动车登记证书、号牌、行驶证、检验合格标志、保险标志；

（四）使用其他机动车的登记证书、号牌、行驶证、检验合格标志、保险标志。

第十七条 国家实行机动车第三者责任强制保险制度，设立道路交通事故社会救助基金。具体办法由国务院规定。

第十八条 依法应当登记的非机动车，经公安机关交通管理部门登记后，方可上道路行驶。

依法应当登记的非机动车的种类，由省、自治区、直辖市人民政府根据当地实际情况规定。

非机动车的外形尺寸、质量、制动器、车铃和夜间反光装置，应当符合非机动车安全技术标准。

第二节 机动车驾驶人

第十九条 驾驶机动车，应当依法取得机动车驾驶证。

申请机动车驾驶证，应当符合国务院公安部门规定的驾驶许可条件；经考试合格后，由公安机关交通管理部门发给相应类别的机动车驾驶证。

持有境外机动车驾驶证的人，符合国务院公安部门规定的驾驶许可条件，经公安机关交通管理部门考核合格的，可以发给中国的机动车驾驶证。

驾驶人应当按照驾驶证载明的准驾车型驾驶机动车；驾驶机动车时，应当随身携带机动车驾驶证。

公安机关交通管理部门以外的任何单位或者个人，不得收缴、扣留机动车驾驶证。

第二十条 机动车的驾驶培训实行社会化，由交通主管部门对驾驶培训学校、驾驶培训班实行资格管理，其中专门的拖拉机驾驶培训学校、驾驶培训班由农业（农业机械）主管部门实行资格管理。

驾驶培训学校、驾驶培训班应当严格按照国家有关规定，对学员进行道路交通安全法律、法规、驾驶技能的培训，确保培训质量。

任何国家机关以及驾驶培训和考试主管部门不得举办或者参与举办驾驶培训学校、驾驶培训班。

第二十一条 驾驶人驾驶机动车上道路行驶前，应当对机动车的安全技术性能进行认真检查；不得驾驶安全设施不全或者机件不符合技术标准等具有安全隐患的机动车。

第二十二条 机动车驾驶人应当遵守道路交通安全法律、法规的规定，按照操作规范安全驾驶、文明驾驶。

饮酒、服用国家管制的精神药品或者麻醉药品，或者患有妨碍安全驾驶机动车的疾病，或者过度疲劳影响安全驾驶的，不得驾驶机动车。

任何人不得强迫、指使、纵容驾驶人违反道路交通安全法律、法规和机动车安全驾驶要求驾驶机动车。

第二十三条 公安机关交通管理部门依照法律、行政法规的规定，定期对机动车驾驶证实施审验。

第二十四条 公安机关交通管理部门对机动车驾驶人违反道路交通安全法律、法规的行为，除依法给予行政处罚外，实行累积记分制度。公安机关交通管理部门对累积记分达到规定分值的机动车驾驶人，扣留机动车驾驶证，对其进行道路交通安全法律、法规教育，重新考试；考试合格的，发还其机动车驾驶证。

对遵守道路交通安全法律、法规，在一年内无累积记分的机动车驾驶人，可以延长机动车驾驶证的审验期。具体办法由国务院公安部门规定。

第三章　道路通行条件

第二十五条　全国实行统一的道路交通信号。

交通信号包括交通信号灯、交通标志、交通标线和交通警察的指挥。

交通信号灯、交通标志、交通标线的设置应当符合道路交通安全、畅通的要求和国家标准，并保持清晰、醒目、准确、完好。

根据通行需要，应当及时增设、调换、更新道路交通信号。增设、调换、更新限制性的道路交通信号，应当提前向社会公告，广泛进行宣传。

第二十六条　交通信号灯由红灯、绿灯、黄灯组成。红灯表示禁止通行，绿灯表示准许通行，黄灯表示警示。

第二十七条　铁路与道路平面交叉的道口，应当设置警示灯、警示标志或者安全防护设施。无人看守的铁路道口，应当在距道口一定距离处设置警示标志。

第二十八条　任何单位和个人不得擅自设置、移动、占用、损毁交通信号灯、交通标志、交通标线。

道路两侧及隔离带上种植的树木或者其他植物，设置的广告牌、管线等，应当与交通设施保持必要的距离，不得遮挡路灯、交通信号灯、交通标志，不得妨碍安全视距，不得影响通行。

第二十九条　道路、停车场和道路配套设施的规划、设计、建设，应当符合道路交通安全、畅通的要求，并根据交通需求及时调整。

公安机关交通管理部门发现已经投入使用的道路存在交通事故频发路段，或者停车场、道路配套设施存在交通安全严重隐患的，应当及时向当地人民政府报告，并提出防范交通事故、消除隐患的建议，当地人民政府应当及时作出处理决定。

第三十条　道路出现坍塌、坑漕、水毁、隆起等损毁或者交通信号灯、交通标志、交通标线等交通设施损毁、灭失的，道路、交通设施的养护部门或者管理部门应当设置警示标志并及时修复。

公安机关交通管理部门发现前款情形，危及交通安全，尚未设置警示标志的，应当及时采取安全措施，疏导交通，并通知道路、交通设施的养护部门或者管理部门。

第三十一条　未经许可，任何单位和个人不得占用道路从事非交通活动。

第三十二条　因工程建设需要占用、挖掘道路，或者跨越、穿越道路架设、增设管线设施，应当事先征得道路主管部门的同意；影响交通安全的，还应当征得公安机关交通管理部门的同意。

施工作业单位应当在经批准的路段和时间内施工作业，并在距离施工作业地点来车方向安全距离处设置明显的安全警示标志，采取防护措施；施工作业完毕，应当迅速清除道路上的障碍物，消除安全隐患，经道路主管部门和公安机关交通管理部门验收合格，符合通行要求后，方可恢复通行。

对未中断交通的施工作业道路，公安机关交通管理部门应当加强交通安全监督检查，维护道路交通秩序。

第三十三条　新建、改建、扩建的公共建筑、商业街区、居住区、大（中）型建筑等，应当配建、增建停车场；停车泊位不足的，应当及时改建或者扩建；投入使用的停车场不得擅自停止使用或者改作他用。

在城市道路范围内，在不影响行人、车辆通行的情况下，政府有关部门可以施划停车泊位。

第三十四条　学校、幼儿园、医院、养老院门前的道路没有行人过街设施的，应当施划人行横道线，设置提示标志。

城市主要道路的人行道，应当按照规划设置盲道。盲道的设置应当符合国家标准。

第四章 道路通行规定

第一节 一般规定

第三十五条 机动车、非机动车实行右侧通行。

第三十六条 根据道路条件和通行需要，道路划分为机动车道、非机动车道和人行道的，机动车、非机动车、行人实行分道通行。没有划分机动车道、非机动车道和人行道的，机动车在道路中间通行，非机动车和行人在道路两侧通行。

第三十七条 道路划设专用车道的，在专用车道内，只准许规定的车辆通行，其他车辆不得进入专用车道内行驶。

第三十八条 车辆、行人应当按照交通信号通行；遇有交通警察现场指挥时，应当按照交通警察的指挥通行；在没有交通信号的道路上，应当在确保安全、畅通的原则下通行。

第三十九条 公安机关交通管理部门根据道路和交通流量的具体情况，可以对机动车、非机动车、行人采取疏导、限制通行、禁止通行等措施。遇有大型群众性活动、大范围施工等情况，需要采取限制交通的措施，或者作出与公众的道路交通活动直接有关的决定，应当提前向社会公告。

第四十条 遇有自然灾害、恶劣气象条件或者重大交通事故等严重影响交通安全的情形，采取其他措施难以保证交通安全时，公安机关交通管理部门可以实行交通管制。

第四十一条 有关道路通行的其他具体规定，由国务院规定。

第二节 机动车通行规定

第四十二条 机动车上道路行驶，不得超过限速标志标明的最高时速。在没有限速标志的路段，应当保持安全车速。

夜间行驶或者在容易发生危险的路段行驶，以及遇有沙尘、冰雹、雨、雪、雾、结冰等气象条件时，应当降低行驶速度。

第四十三条 同车道行驶的机动车，后车应当与前车保持足以采取紧急制动措施的安全距离。有下列情形之一的，不得超车：

（一）前车正在左转弯、掉头、超车的；

（二）与对面来车有会车可能的；

（三）前车为执行紧急任务的警车、消防车、救护车、工程救险车的；

（四）行经铁路道口、交叉路口、窄桥、弯道、陡坡、隧道、人行横道、市区交通流量大的路段等没有超车条件的。

第四十四条 机动车通过交叉路口，应当按照交通信号灯、交通标志、交通标线或者交通警察的指挥通过；通过没有交通信号灯、交通标志、交通标线或者交通警察指挥的交叉路口时，应当减速慢行，并让行人和优先通行的车辆先行。

第四十五条 机动车遇有前方车辆停车排队等候或者缓慢行驶时，不得借道超车或者占用对面车道，不得穿插等候的车辆。

在车道减少的路段、路口，或者在没有交通信号灯、交通标志、交通标线或者交通警察指挥的交叉路口遇到停车排队等候或者缓慢行驶时，机动车应当依次交替通行。

第四十六条 机动车通过铁路道口时，应当按照交通信号或者管理人员的指挥通行；没有交通信号或者管理人员的，应当减速或者停车，在确认安全后通过。

第四十七条　机动车行经人行横道时，应当减速行驶；遇行人正在通过人行横道，应当停车让行。

机动车行经没有交通信号的道路时，遇行人横过道路，应当避让。

第四十八条　机动车载物应当符合核定的载质量，严禁超载；载物的长、宽、高不得违反装载要求，不得遗洒、飘散载运物。

机动车运载超限的不可解体的物品，影响交通安全的，应当按照公安机关交通管理部门指定的时间、路线、速度行驶，悬挂明显标志。在公路上运载超限的不可解体的物品，并应当依照公路法的规定执行。

机动车载运爆炸物品、易燃易爆化学物品以及剧毒、放射性等危险物品，应当经公安机关批准后，按指定的时间、路线、速度行驶，悬挂警示标志并采取必要的安全措施。

第四十九条　机动车载人不得超过核定的人数，客运机动车不得违反规定载货。

第五十条　禁止货运机动车载客。

货运机动车需要附载作业人员的，应当设置保护作业人员的安全措施。

第五十一条　机动车行驶时，驾驶人、乘坐人员应当按规定使用安全带，摩托车驾驶人及乘坐人员应当按规定戴安全头盔。

第五十二条　机动车在道路上发生故障，需要停车排除故障时，驾驶人应当立即开启危险报警闪光灯，将机动车移至不妨碍交通的地方停放；难以移动的，应当持续开启危险报警闪光灯，并在来车方向设置警告标志等措施扩大示警距离，必要时迅速报警。

第五十三条　警车、消防车、救护车、工程救险车执行紧急任务时，可以使用警报器、标志灯具；在确保安全的前提下，不受行驶路线、行驶方向、行驶速度和信号灯的限制，其他车辆和行人应当让行。

警车、消防车、救护车、工程救险车非执行紧急任务时，不得使用警报器、标志灯具，不享有前款规定的道路优先通行权。

第五十四条　道路养护车辆、工程作业车进行作业时，在不影响过往车辆通行的前提下，其行驶路线和方向不受交通标志、标线限制，过往车辆和人员应当注意避让。

洒水车、清扫车等机动车应当按照安全作业标准作业；在不影响其他车辆通行的情况下，可以不受车辆分道行驶的限制，但是不得逆向行驶。

第五十五条　高速公路、大中城市中心城区内的道路，禁止拖拉机通行。其他禁止拖拉机通行的道路，由省、自治区、直辖市人民政府根据当地实际情况规定。

在允许拖拉机通行的道路上，拖拉机可以从事货运，但是不得用于载人。

第五十六条　机动车应当在规定地点停放。禁止在人行道上停放机动车；但是，依照本法第三十三条规定施划的停车泊位除外。

在道路上临时停车的，不得妨碍其他车辆和行人通行。

第三节　非机动车通行规定

第五十七条　驾驶非机动车在道路上行驶应当遵守有关交通安全的规定。非机动车应当在非机动车道内行驶；在没有非机动车道的道路上，应当靠车行道的右侧行驶。

第五十八条　残疾人机动轮椅车、电动自行车在非机动车道内行驶时，最高时速不得超过十五公里。

第五十九条　非机动车应当在规定地点停放。未设停放地点的，非机动车停放不得妨碍其他车辆和行人通行。

第六十条　驾驭畜力车，应当使用驯服的牲畜；驾驭畜力车横过道路时，驾驭人应当下车牵引牲畜；驾驭人离开车辆时，应当拴系牲畜。

第四节　行人和乘车人通行规定

第六十一条　行人应当在人行道内行走，没有人行道的靠路边行走。

第六十二条　行人通过路口或者横过道路，应当走人行横道或者过街设施；通过有交通信号灯的人行横道，应当按照交通信号灯指示通行；通过没有交通信号灯、人行横道的路口，或者在没有过街设施的路段横过道路，应当在确认安全后通过。

第六十三条　行人不得跨越、倚坐道路隔离设施，不得扒车、强行拦车或者实施妨碍道路交通安全的其他行为。

第六十四条　学龄前儿童以及不能辨认或者不能控制自己行为的精神疾病患者、智力障碍者在道路上通行，应当由其监护人、监护人委托的人或者对其负有管理、保护职责的人带领。

盲人在道路上通行，应当使用盲杖或者采取其他导盲手段，车辆应当避让盲人。

第六十五条　行人通过铁路道口时，应当按照交通信号或者管理人员的指挥通行；没有交通信号和管理人员的，应当在确认无火车驶临后，迅速通过。

第六十六条　乘车人不得携带易燃易爆等危险物品，不得向车外抛洒物品，不得有影响驾驶人安全驾驶的行为。

第五节　高速公路的特别规定

第六十七条　行人、非机动车、拖拉机、轮式专用机械车、铰接式客车、全挂拖斗车以及其他设计最高时速低于七十公里的机动车，不得进入高速公路。高速公路限速标志标明的最高时速不得超过一百二十公里。

第六十八条　机动车在高速公路上发生故障时，应当依照本法第五十二条的有关规定办理；但是，警告标志应当设置在故障车来车方向一百五十米以外，车上人员应当迅速转移到右侧路肩上或者应急车道内，并且迅速报警。

机动车在高速公路上发生故障或者交通事故，无法正常行驶的，应当由救援车、清障车拖曳、牵引。

第六十九条　任何单位、个人不得在高速公路上拦截检查行驶的车辆，公安机关的人民警察依法执行紧急公务除外。

第五章　交通事故处理

第七十条　在道路上发生交通事故，车辆驾驶人应当立即停车，保护现场；造成人身伤亡的，车辆驾驶人应当立即抢救受伤人员，并迅速报告执勤的交通警察或者公安机关交通管理部门。因抢救受伤人员变动现场的，应当标明位置。乘车人、过往车辆驾驶人、过往行人应当予以协助。

在道路上发生交通事故，未造成人身伤亡，当事人对事实及成因无争议的，可以即行撤离现场，恢复交通，自行协商处理损害赔偿事宜；不即行撤离现场的，应当迅速报告执勤的交通警察或者公安机关交通管理部门。

在道路上发生交通事故，仅造成轻微财产损失，并且基本事实清楚的，当事人应当先撤离现场再进行协商处理。

第七十一条　车辆发生交通事故后逃逸的，事故现场目击人员和其他知情人员应当向公安机关交通管理部门或者交通警察举报。举报属实的，公安机关交通管理部门应当给予奖励。

第七十二条　公安机关交通管理部门接到交通事故报警后，应当立即派交通警察赶赴现场，先组织抢救受伤人员，并采取措施，尽快恢复交通。

交通警察应当对交通事故现场进行勘验、检查，收集证据；因收集证据的需要，可以扣留事故车辆，但是应当妥善保管，以备核查。

对当事人的生理、精神状况等专业性较强的检验，公安机关交通管理部门应当委托专门机构进行鉴定。鉴定结论应当由鉴定人签名。

第七十三条　公安机关交通管理部门应当根据交通事故现场勘验、检查、调查情况和有关的检验、鉴定结论，及时制作交通事故认定书，作为处理交通事故的证据。交通事故认定书应当载明交通事故的基本事实、成因和当事人的责任，并送达当事人。

第七十四条　对交通事故损害赔偿的争议，当事人可以请求公安机关交通管理部门调解，也可以直接向人民法院提起民事诉讼。

经公安机关交通管理部门调解，当事人未达成协议或者调解书生效后不履行的，当事人可以向人民法院提起民事诉讼。

第七十五条　医疗机构对交通事故中的受伤人员应当及时抢救，不得因抢救费用未及时支付而拖延救治。肇事车辆参加机动车第三者责任强制保险的，由保险公司在责任限额范围内支付抢救费用；抢救费用超过责任限额的，未参加机动车第三者责任强制保险或者肇事后逃逸的，由道路交通事故社会救助基金先行垫付部分或者全部抢救费用，道路交通事故社会救助基金管理机构有权向交通事故责任人追偿。

第七十六条　机动车发生交通事故造成人身伤亡、财产损失的，由保险公司在机动车第三者责任强制保险责任限额范围内予以赔偿；不足的部分，按照下列规定承担赔偿责任：

（一）机动车之间发生交通事故的，由有过错的一方承担赔偿责任；双方都有过错的，按照各自过错的比例分担责任。

（二）机动车与非机动车驾驶人、行人之间发生交通事故，非机动车驾驶人、行人没有过错的，由机动车一方承担赔偿责任；有证据证明非机动车驾驶人、行人有过错的，根据过错程度适当减轻机动车一方的赔偿责任；机动车一方没有过错的，承担不超过百分之十的赔偿责任。

交通事故的损失是由非机动车驾驶人、行人故意碰撞机动车造成的，机动车一方不承担赔偿责任。

第七十七条　车辆在道路以外通行时发生的事故，公安机关交通管理部门接到报案的，参照本法有关规定办理。

第六章　执法监督

第七十八条　公安机关交通管理部门应当加强对交通警察的管理，提高交通警察的素质和管理道路交通的水平。

公安机关交通管理部门应当对交通警察进行法制和交通安全管理业务培训、考核。交通警察经考核不合格的，不得上岗执行职务。

第七十九条　公安机关交通管理部门及其交通警察实施道路交通安全管理，应当依据法定的职权和程序，简化办事手续，做到公正、严格、文明、高效。

第八十条　交通警察执行职务时，应当按照规定着装，佩带人民警察标志，持有人民警察证件，保持警容严整，举止端庄，指挥规范。

第八十一条　依照本法发放牌证等收取工本费，应当严格执行国务院价格主管部门核定的收费标准，并全部上缴国库。

第八十二条　公安机关交通管理部门依法实施罚款的行政处罚，应当依照有关法律、行政法规的规定，实施罚款决定与罚款收缴分离；收缴的罚款以及依法没收的违法所得，应当全部上缴国库。

第八十三条　交通警察调查处理道路交通安全违法行为和交通事故，有下列情形之一的，应当回避：

（一）是本案的当事人或者当事人的近亲属；

（二）本人或者其近亲属与本案有利害关系；

（三）与本案当事人有其他关系，可能影响案件的公正处理。

第八十四条　公安机关交通管理部门及其交通警察的行政执法活动，应当接受行政监察机关依法实施的监督。

公安机关督察部门应当对公安机关交通管理部门及其交通警察执行法律、法规和遵守纪律的情况依法进行监督。

上级公安机关交通管理部门应当对下级公安机关交通管理部门的执法活动进行监督。

第八十五条　公安机关交通管理部门及其交通警察执行职务，应当自觉接受社会和公民的监督。

任何单位和个人都有权对公安机关交通管理部门及其交通警察不严格执法以及违法违纪行为进行检举、控告。收到检举、控告的机关，应当依据职责及时查处。

第八十六条　任何单位不得给公安机关交通管理部门下达或者变相下达罚款指标；公安机关交通管理部门不得以罚款数额作为考核交通警察的标准。

公安机关交通管理部门及其交通警察对超越法律、法规规定的指令，有权拒绝执行，并同时向上级机关报告。

第七章　法律责任

第八十七条　公安机关交通管理部门及其交通警察对道路交通安全违法行为，应当及时纠正。

公安机关交通管理部门及其交通警察应当依据事实和本法的有关规定对道路交通安全违法行为予以处罚。对于情节轻微，未影响道路通行的，指出违法行为，给予口头警告后放行。

第八十八条　对道路交通安全违法行为的处罚种类包括：警告、罚款、暂扣或者吊销机动车驾驶证、拘留。

第八十九条　行人、乘车人、非机动车驾驶人违反道路交通安全法律、法规关于道路通行规定的，处警告或者五元以上五十元以下罚款；非机动车驾驶人拒绝接受罚款处罚的，可以扣留其非机动车。

第九十条　机动车驾驶人违反道路交通安全法律、法规关于道路通行规定的，处警告或者二十元以上二百元以下罚款。本法另有规定的，依照规定处罚。

第九十一条　饮酒后驾驶机动车的，处暂扣六个月机动车驾驶证，并处一千元以上二千元以下罚款。因饮酒后驾驶机动车被处罚，再次饮酒后驾驶机动车的，处十日以下拘留，并处一千元以上二千元以下罚款，吊销机动车驾驶证。

醉酒驾驶机动车的，由公安机关交通管理部门约束至酒醒，吊销机动车驾驶证，依法追究刑事责任；五年内不得重新取得机动车驾驶证。

饮酒后驾驶营运机动车的，处十五日拘留，并处五千元罚款，吊销机动车驾驶证，五年内不得重新取得机动车驾驶证。

醉酒驾驶营运机动车的，由公安机关交通管理部门约束至酒醒，吊销机动车驾驶证，依法追究刑事责任；十年内不得重新取得机动车驾驶证，重新取得机动车驾驶证后，不得驾驶营运机动车。

饮酒后或者醉酒驾驶机动车发生重大交通事故，构成犯罪的，依法追究刑事责任，并由公安机关交通管理部门吊销机动车驾驶证，终生不得重新取得机动车驾驶证。

第九十二条　公路客运车辆载客超过额定乘员的，处二百元以上五百元以下罚款；超过额定乘员百分之二十或者违反规定载货的，处五百元以上二千元以下罚款。

货运机动车超过核定载质量的，处二百元以上五百元以下罚款；超过核定载质量百分之三十或者违反规定载客的，处五百元以上二千元以下罚款。

有前两款行为的，由公安机关交通管理部门扣留机动车至违法状态消除。

运输单位的车辆有本条第一款、第二款规定的情形，经处罚不改的，对直接负责的主管人员处二千元以上五千元以下罚款。

第九十三条　对违反道路交通安全法律、法规关于机动车停放、临时停车规定的，可以指出违法行为，并予以口头警告，令其立即驶离。

机动车驾驶人不在现场或者虽在现场但拒绝立即驶离，妨碍其他车辆、行人通行的，处二十元以上二百元以下罚款，并可以将该机动车拖移至不妨碍交通的地点或者公安机关交通管理部门指定的地点停放。公安机关交通管理部门拖车不得向当事人收取费用，并应当及时告知当事人停放地点。

因采取不正确的方法拖车造成机动车损坏的，应当依法承担补偿责任。

第九十四条　机动车安全技术检验机构实施机动车安全技术检验超过国务院价格主管部门核定的收费标准收取费用的，退还多收取的费用，并由价格主管部门依照《中华人民共和国价格法》的有关规定给予处罚。

机动车安全技术检验机构不按照机动车国家安全技术标准进行检验，出具虚假检验结果的，由公安机关交通管理部门处所收检验费用五倍以上十倍以下罚款，并依法撤销其检验资格；构成犯罪的，依法追究刑事责任。

第九十五条　上道路行驶的机动车未悬挂机动车号牌，未放置检验合格标志、保险标志，或者未随车携带行驶证、驾驶证的，公安机关交通管理部门应当扣留机动车，通知当事人提供相应的牌证、标志或者补办相应手续，并可以依照本法第九十条的规定予以处罚。当事人提供相应的牌证、标志或者补办相应手续的，应当及时退还机动车。

故意遮挡、污损或者不按规定安装机动车号牌的，依照本法第九十条的规定予以处罚。

第九十六条　伪造、变造或者使用伪造、变造的机动车登记证书、号牌、行驶证、驾驶证的，由公安机关交通管理部门予以收缴，扣留该机动车，处十五日以下拘留，并处二千元以上五千元以下罚款；构成犯罪的，依法追究刑事责任。

伪造、变造或者使用伪造、变造的检验合格标志、保险标志的，由公安机关交通管理部门予以收缴，扣留该机动车，处十日以下拘留，并处一千元以上三千元以下罚款；构成犯罪的，依法追究刑事责任。

使用其他车辆的机动车登记证书、号牌、行驶证、检验合格标志、保险标志的，由公安机关交通管理部门予以收缴，扣留该机动车，处二千元以上五千元以下罚款。

当事人提供相应的合法证明或者补办相应手续的，应当及时退还机动车。

第九十七条　非法安装警报器、标志灯具的，由公安机关交通管理部门强制拆除，予以收缴，并处二百元以上二千元以下罚款。

第九十八条　机动车所有人、管理人未按照国家规定投保机动车第三者责任强制保险的，由公安机关交通管理部门扣留车辆至依照规定投保后，并处依照规定投保最低责任限额应缴纳的保险费的二倍罚款。

依照前款缴纳的罚款全部纳入道路交通事故社会救助基金。具体办法由国务院规定。

第九十九条　有下列行为之一的，由公安机关交通管理部门处二百元以上二千元以下罚款：

（一）未取得机动车驾驶证、机动车驾驶证被吊销或者机动车驾驶证被暂扣期间驾驶机动车的；

（二）将机动车交由未取得机动车驾驶证或者机动车驾驶证被吊销、暂扣的人驾驶的；

（三）造成交通事故后逃逸，尚不构成犯罪的；

（四）机动车行驶超过规定时速百分之五十的；

（五）强迫机动车驾驶人违反道路交通安全法律、法规和机动车安全驾驶要求驾驶机动车，造成交通事故，尚不构成犯罪的；

（六）违反交通管制的规定强行通行，不听劝阻的；

（七）故意损毁、移动、涂改交通设施，造成危害后果，尚不构成犯罪的；

（八）非法拦截、扣留机动车辆，不听劝阻，造成交通严重阻塞或者较大财产损失的。

行为人有前款第二项、第四项情形之一的，可以并处吊销机动车驾驶证；有第一项、第三项、第五项至第八项情形之一的，可以并处十五日以下拘留。

第一百条　驾驶拼装的机动车或者已达到报废标准的机动车上道路行驶的，公安机关交通管理部门应当予以收缴，强制报废。

对驾驶前款所列机动车上道路行驶的驾驶人，处二百元以上二千元以下罚款，并吊销机动车驾驶证。

出售已达到报废标准的机动车的，没收违法所得，处销售金额等额的罚款，对该机动车依照本条第一款的规定处理。

第一百零一条　违反道路交通安全法律、法规的规定，发生重大交通事故，构成犯罪的，依法追究刑事责任，并由公安机关交通管理部门吊销机动车驾驶证。

造成交通事故后逃逸的，由公安机关交通管理部门吊销机动车驾驶证，且终生不得重新取得机动车驾驶证。

第一百零二条　对六个月内发生二次以上特大交通事故负有主要责任或者全部责任的专业运输单位，由公安机关交通管理部门责令消除安全隐患，未消除安全隐患的机动车，禁止上道路行驶。

第一百零三条　国家机动车产品主管部门未按照机动车国家安全技术标准严格审查，许可不合格机动车型投入生产的，对负有责任的主管人员和其他直接责任人员给予降级或者撤职的行政处分。

机动车生产企业经国家机动车产品主管部门许可生产的机动车型，不执行机动车国家安全技术标准或者不严格进行机动车成品质量检验，致使质量不合格的机动车出厂销售的，由质量技术监督部门依照《中华人民共和国产品质量法》的有关规定给予处罚。

擅自生产、销售未经国家机动车产品主管部门许可生产的机动车型的，没收非法生产、销售的机动车成品及配件，可以并处非法产品价值三倍以上五倍以下罚款；有营业执照的，由工商行政管理部门吊销营业执照，没有营业执照的，予以查封。

生产、销售拼装的机动车或者生产、销售擅自改装的机动车的，依照本条第三款的规定处罚。

有本条第二款、第三款、第四款所列违法行为，生产或者销售不符合机动车国家安全技术标准的机动车，构成犯罪的，依法追究刑事责任。

第一百零四条　未经批准，擅自挖掘道路、占用道路施工或者从事其他影响道路交通安全活动的，由道路主管部门责令停止违法行为，并恢复原状，可以依法给予罚款；致使通行的人员、车辆及其他财产遭受损失的，依法承担赔偿责任。

有前款行为，影响道路交通安全活动的，公安机关交通管理部门可以责令停止违法行为，迅速恢复交通。

第一百零五条　道路施工作业或者道路出现损毁，未及时设置警示标志、未采取防护措施，或者应当设置交通信号灯、交通标志、交通标线而没有设置或者应当及时变更交通信号灯、交通标志、交通标线而没有及时变更，致使通行的人员、车辆及其他财产遭受损失的，负有相关职责的单位应当依法承担赔偿责任。

第一百零六条　在道路两侧及隔离带上种植树木、其他植物或者设置广告牌、管线等，遮挡路灯、交通信号灯、交通标志，妨碍安全视距的，由公安机关交通管理部门责令行为人排除妨碍；拒不执行的，处二百元以上二千元以下罚款，并强制排除妨碍，所需费用由行为人负担。

第一百零七条　对道路交通违法行为人予以警告、二百元以下罚款，交通警察可以当场作出行政处罚决定，并出具行政处罚决定书。

行政处罚决定书应当载明当事人的违法事实、行政处罚的依据、处罚内容、时间、地点以及处罚机关名称，并由执法人员签名或者盖章。

第一百零八条　当事人应当自收到罚款的行政处罚决定书之日起十五日内，到指定的银行缴纳罚款。

对行人、乘车人和非机动车驾驶人的罚款，当事人无异议的，可以当场予以收缴罚款。

罚款应当开具省、自治区、直辖市财政部门统一制发的罚款收据；不出具财政部门统一制发的罚款收据的，当事人有权拒绝缴纳罚款。

第一百零九条　当事人逾期不履行行政处罚决定的，作出行政处罚决定的行政机关可以采取下列措施：

（一）到期不缴纳罚款的，每日按罚款数额的百分之三加处罚款；

（二）申请人民法院强制执行。

第一百一十条　执行职务的交通警察认为应当对道路交通违法行为人给予暂扣或者吊销机动车驾驶证处罚的，可以先予扣留机动车驾驶证，并在二十四小时内将案件移交公安机关交通管理部门处理。

道路交通违法行为人应当在十五日内到公安机关交通管理部门接受处理。无正当理由逾期未接受处理的，吊销机动车驾驶证。

公安机关交通管理部门暂扣或者吊销机动车驾驶证的，应当出具行政处罚决定书。

第一百一十一条　对违反本法规定予以拘留的行政处罚，由县、市公安局、公安分局或者相当于县一级的公安机关裁决。

第一百一十二条　公安机关交通管理部门扣留机动车、非机动车，应当当场出具凭证，并告知当事人在规定期限内到公安机关交通管理部门接受处理。

公安机关交通管理部门对被扣留的车辆应当妥善保管，不得使用。

逾期不来接受处理，并且经公告三个月仍不来接受处理的，对扣留的车辆依法处理。

第一百一十三条　暂扣机动车驾驶证的期限从处罚决定生效之日起计算；处罚决定生效前先予扣留机动车驾驶证的，扣留一日折抵暂扣期限一日。

吊销机动车驾驶证后重新申请领取机动车驾驶证的期限，按照机动车驾驶证管理规定办理。

第一百一十四条　公安机关交通管理部门根据交通技术监控记录资料，可以对违法的机动车所有人或者管理人依法予以处罚。对能够确定驾驶人的，可以依照本法的规定依法予以处罚。

第一百一十五条　交通警察有下列行为之一的，依法给予行政处分：

（一）为不符合法定条件的机动车发放机动车登记证书、号牌、行驶证、检验合格标志的；

（二）批准不符合法定条件的机动车安装、使用警车、消防车、救护车、工程救险车的警报器、标志灯具，喷涂标志图案的；

（三）为不符合驾驶许可条件、未经考试或者考试不合格人员发放机动车驾驶证的；

（四）不执行罚款决定与罚款收缴分离制度或者不按规定将依法收取的费用、收缴的罚款及没收的违法所得全部上缴国库的；

（五）举办或者参与举办驾驶学校或者驾驶培训班、机动车修理厂或者收费停车场等经营活动的；

（六）利用职务上的便利收受他人财物或者谋取其他利益的；

（七）违法扣留车辆、机动车行驶证、驾驶证、车辆号牌的；

（八）使用依法扣留的车辆的；

（九）当场收取罚款不开具罚款收据或者不如实填写罚款额的；

（十）徇私舞弊，不公正处理交通事故的；

（十一）故意刁难，拖延办理机动车牌证的；

（十二）非执行紧急任务时使用警报器、标志灯具的；

（十三）违反规定拦截、检查正常行驶的车辆的；

（十四）非执行紧急公务时拦截搭乘机动车的；

（十五）不履行法定职责的。

公安机关交通管理部门有前款所列行为之一的，对直接负责的主管人员和其他直接责任人员给予相应的行政处分。

第一百一十六条　依照本法第一百一十五条的规定，给予交通警察行政处分的，在作出行政处分决定前，可以停止其执行职务；必要时，可以予以禁闭。

依照本法第一百一十五条的规定，交通警察受到降级或者撤职行政处分的，可以予以辞退。

交通警察受到开除处分或者被辞退的，应当取消警衔；受到撤职以下行政处分的交通警察，应当降低警衔。

第一百一十七条　交通警察利用职权非法占有公共财物，索取、收受贿赂，或者滥用职权、玩忽职守，构成犯罪的，依法追究刑事责任。

第一百一十八条　公安机关交通管理部门及其交通警察有本法第一百一十五条所列行为之一，给当事人造成损失的，应当依法承担赔偿责任。

第八章　附　则

第一百一十九条　本法中下列用语的含义：

（一）“道路”，是指公路、城市道路和虽在单位管辖范围但允许社会机动车通行的地方，包括广场、公共停车场等用于公众通行的场所。

（二）“车辆”，是指机动车和非机动车。

（三）“机动车”，是指以动力装置驱动或者牵引，上道路行驶的供人员乘用或者用于运送物品以及进行工程专项作业的轮式车辆。

（四）“非机动车”，是指以人力或者畜力驱动，上道路行驶的交通工具，以及虽有动力装置驱动但设计最高时速、空车质量、外形尺寸符合有关国家标准的残疾人机动轮椅车、电动自行车等交通工具。

（五）“交通事故”，是指车辆在道路上因过错或者意外造成的人身伤亡或者财产损失的事件。

第一百二十条　中国人民解放军和中国人民武装警察部队在编机动车牌证、在编机动车检验以及机动车驾驶人考核工作，由中国人民解放军、中国人民武装警察部队有关部门负责。

第一百二十一条　对上道路行驶的拖拉机，由农业（农业机械）主管部门行使本法第八条、第九条、第十三条、第十九条、第二十三条规定的公安机关交通管理部门的管理职权。

农业（农业机械）主管部门依照前款规定行使职权，应当遵守本法有关规定，并接受公安机关交通管理部门的监督；对违反规定的，依照本法有关规定追究法律责任。

本法施行前由农业（农业机械）主管部门发放的机动车牌证，在本法施行后继续有效。

第一百二十二条　国家对入境的境外机动车的道路交通安全实施统一管理。

第一百二十三条　省、自治区、直辖市人民代表大会常务委员会可以根据本地区的实际情况，在本法规定的罚款幅度内，规定具体的执行标准。

第一百二十四条　本法自2004年5月1日起施行。

三、相关企业介绍

北京市

北京南口斯凯孚铁路轴承有限公司
地址：北京市昌平区南口镇北京南口机车车辆机械厂厂内
……Tel：010-51013059

中车北京南口机械有限公司
地址：北京市昌平区南口镇道北、南口镇西区584号585号
……Tel：010-51013461

北京中铁科新材料技术有限公司
地址：北京市昌平区城北街道西关槐树巷甲3号6号楼2层109号
……Tel：010-51874028

北京亚太双赢物流有限公司
地址：北京市昌平区马池口镇上念头村429号
……Tel：010-56239999

中咨公路养护检测技术有限公司
地址：北京市昌平区马池口镇昌流路738号11号楼(738-11)
……Tel：010-57050666

国电物流有限公司
地址：北京市昌平区科技园区中兴路10号A302
……Tel：010-59063027

北京润泽包装托运有限公司
地址：北京市昌平区阳坊镇四家庄村阳光胡同12号院内北房6间
……Tel：010-62400332

卧龙电气集团北京华泰变压器有限公司
地址：北京市昌平区白浮泉路17号
……Tel：010-69707811

北大医疗产业集团有限公司
地址：北京市昌平区生命园路29号A110-6室
……Tel：010-82524350

北京银企联国际物流有限公司
地址：北京市昌平区沙河镇北二村路庄桥西小李庄东侧
……Tel：010-85576134

北京政联合物流有限公司
地址：北京市昌平区沙河镇北二村路庄桥西小李庄东侧
……Tel：010-85576134

北京克运物流有限公司
地址：北京市朝阳区东三环北路甲2号8号楼6层6B9-6B12室
……Tel：010-50830866

中铁十六局集团有限公司
地址：北京市朝阳区红松园北里2号
……Tel：010-51883993

中交世通重工（北京）有限公司
地址：北京市朝阳区周家井
……Tel：010-52931639

北京汽车国际发展有限公司
地址：北京市朝阳区华威里10号楼7层
……Tel：010-56630000

中国城市规划设计研究院
地址：北京市海淀区三里河路九号
……Tel：010-58322222

中国航空工业集团有限公司
地址：北京市朝阳区曙光西里甲5号院19号楼
……Tel：010-58356684

北京盖娅互娱网络科技股份有限公司
地址：北京市朝阳区望京东园四区7号楼11层1105
……Tel：010-58426201

北京春溢通物流有限公司
地址：北京市朝阳区东坝乡东晓景村207
……Tel：010-59035719

卡特彼勒（中国）融资租赁有限公司
地址：北京市朝阳区望京街8号院2号楼卡特彼勒大厦1701室
……Tel：010-59211878

波音（中国）投资有限公司
地址：北京市朝阳区工体北路甲2号盈科中心A座16层、17层和18层
……Tel：010-59255588

泰科（北京）安装工程有限公司
地址：北京市朝阳区地铁八通线指挥中心(四惠京通大厦)B2区5层511号
……Tel：010-59281888

中意财产保险有限公司
地址：北京市朝阳区建国门外大街乙12号双子座西塔9层
……Tel：010-59601812

中国中信有限公司
地址：北京市朝阳区新源南路6号
……Tel：010-59668723

中国公路车辆机械有限公司
地址：北京市朝阳区十八里店乡吕家营村9-2号东
……Tel：010-61930228

中国交通报社有限公司
地址：北京市朝阳区安华西里三区13号楼1-5层
……Tel：010-64253731

北京阳光海天停车管理有限公司
地址：北京市朝阳区东风南路8号院L号楼一层101室
……Tel：010-64477828

北京融德人才咨询服务有限责任公司
地址：北京市朝阳区北京首都机场集团公司办公楼内一层(首都机场内)
……Tel：010-64593268

西门子财务租赁有限公司
地址：北京市朝阳区望京中环南路7号17幢二层
……Tel：010-64767997

北京蓝海华业工程技术有限公司
地址：北京市朝阳区安慧里三区10号楼1幢附楼三层302室
……Tel：010-64810318

中国农业机械化科学研究院
地址：北京市朝阳区德胜门外北沙滩一号
……Tel：010-64882223

北京古道宏盛物流有限公司
地址：北京市朝阳区崔各庄乡马泉营村委会西北500米
……Tel：010-88498283

北京市建国饭店公司
地址：北京市朝阳区建国门外大街5号
……Tel：010-65002233

北京通发兴达国际物流有限公司
地址：北京市朝阳区双桥东路甲10号楼3单元626室
……Tel：010-65467922

民航电信开发有限责任公司
地址：北京市朝阳区十里河2272信箱
……Tel：010-67337193

北京静态交通安达停车管理有限公司
地址：北京市朝阳区左家庄前街1号1号楼4层408室
……Tel：010-68350303

佳晟宣和（北京）物流有限公司
地址：北京市朝阳区北四环东路108号千鹤家园乙5号楼2304室
……Tel：010-68608393

北京握奇智能科技有限公司
地址：北京市朝阳区望京利泽中园101号启明国际大厦东侧七层
……Tel：010-80496066

北京时代凌宇科技股份有限公司
地址：北京市朝阳区容创路17号楼701室
……Tel：010-84148506

北京京投亿雅捷交通科技有限公司
地址：北京市朝阳区小营北路6号京投大厦3号楼10层
……Tel：010-84385645

北京电子控股有限责任公司
地址：北京市朝阳区酒仙桥路12号
……Tel：010-84545054

万达杰诚国际物流（北京）有限公司
地址：北京市朝阳区三间房南里7号5幢1层106室
……Tel：010-84565656

北京轨道交通路网管理有限公司
地址：北京市朝阳区小营北路6号京投大厦2座6层
……Tel：010-84680114

北京天朗盛国际物流有限公司
地址：北京市朝阳区望京西园222楼2层A—0206
……Tel：010-84722745

中交基础设施养护集团工程有限公司
地址：北京市朝阳区南湖东园122号楼7层南区809室
……Tel：010-84728210

北京住总集团有限责任公司
地址：北京市朝阳区慧忠里320号
……Tel：010-84838000

人民交通出版社股份有限公司
地址：北京市朝阳区小营北路17号
……Tel：010-85285974

北京中际运输有限公司
地址：北京市朝阳区黑庄户乡大鲁店二村甲2号
……Tel：010-85303187

大一物流（北京）有限公司
地址：北京市朝阳区黑庄户乡大鲁店一村张台路98号
……Tel：010-85386526

一三九快递（北京）有限公司
地址：北京市朝阳区朝外雅宝路12号1610
……Tel：010-85630778

北京京盾西科姆电子安全有限公司
地址：北京市朝阳区八里庄西里100号住邦2000商务中心东区5层
……Tel：010-85862933

北京君克国际物流有限公司
地址：北京市朝阳区百子湾路石门村5号27幢一层9-101
……Tel：010-85958676

北京北建陆港国际物流有限公司
地址：北京市朝阳区望京东园四区6号楼37层3701号13
……Tel：010-87625763

笙华国际物流有限公司
地址：北京市朝阳区东三环北路2号南银大厦12层
……Tel：010-88363035

北京腾达伟业物流有限公司
地址：北京市大兴区西红门镇第九村同华路1号
……Tel：010-56012547

北京同益中新材料科技股份有限公司
地址：北京市北京经济技术开发区中和街16号901厂房
……Tel：010-56710323

北京越海全球物流有限公司
地址：北京市北京经济技术开发区经海五路59号院
……Tel：010-56843699

北京巅峰智业旅游文化创意股份有限公司
地址：北京市大兴区安定北街甲1号
……Tel：010-57310000

北京鑫众必达物流有限公司
地址：北京市大兴区西红门镇第九村村委会东200米
……Tel：010-58038066

北京德尔福技术开发有限公司
地址：北京市北京经济技术开发区博兴路19号2号楼B区
……Tel：010-58081888

北京瑞华赢科技发展有限公司
地址：北京市北京经济技术开发区宏达中路甲12号A203室
……Tel：010-59330091

北京环博达物流有限公司
地址：北京市北京经济技术开发区科创十街16号院5号楼1层101
……Tel：010-59509619

北京和联胜运输有限公司
地址：北京市大兴区黄村镇天河北路2号2-4幢二层228室
……Tel：010-60242956

京津冀（北京）建设有限公司
地址：北京市大兴区兴华大街(二段)13号院5号楼9层901
……Tel：010-60259869

北京京鄂伟业物流有限公司
地址：北京市大兴区黄村镇狼垡二村村委会西南800米
……Tel：010-61208852

北京世纪汇友联物流有限公司
地址：北京市大兴区黄村镇西芦城村委会西500米
……Tel：010-61233665

北京百富达物流有限责任公司
地址：北京市大兴区黄村镇周村中街东路临11号
……Tel：010-61253956

中化岩土集团股份有限公司
地址：北京市大兴区科苑路13号院1号楼
……Tel：010-61271720

北京一统飞鸿速递服务有限公司
地址：北京市大兴区金星路24号1幢1层120-121室
……Tel：010-62507670

北京鑫安顺通物流有限公司
地址：北京市大兴区旧宫镇西毓顺农业试验场五环金洲物流中心院内北区32号
……Tel：010-67779092

北京逸群工程咨询有限公司
地址：北京市北京经济技术开发区宏达中路甲12号
……Tel：010-67806590

中军军弘保安服务有限公司
地址：北京市大兴区金苑路32号3幢3层301室
……Tel：010-80220600

北京澳德物流有限责任公司
地址：北京市大兴区庞各庄镇京开路西侧北京供电公司大兴供电分公司庞各庄供电所院内
……Tel：010-80251210

中国通用机械工程有限公司
地址：北京市大兴区海子角村1号院4幢1层
……Tel：010-83132008

中铁金昌物流有限公司
地址：北京市大兴区瀛海镇经二路亦庄新城大厦606室
……Tel：010-83522280

中冶交通建设集团有限公司
地址：北京市北京经济技术开发区康定街1号2幢六、七层
……Tel：010-85285888-600

北京冀东兴运输有限公司
地址：北京市大兴区黄村镇海子角小区南侧(黄徐路48号)1幢1层
……Tel：010-85576134

北京世华信和物流有限责任公司
地址：北京市大兴区西红门镇京开路东侧中冀贸易有限责任公司院内2号楼1层43号
……Tel：010-85576717

采埃孚传动系统（北京）有限公司
地址：北京市北京经济技术开发区泰河一街2号
……Tel：010-87141400

北京玉鑫速达物流有限公司
地址：北京市大兴区亦庄镇小羊坊村村委会东200米
……Tel：010-87397206

北京星网宇达科技股份有限公司
地址：北京市北京经济技术开发区科谷二街6号院1号楼7层
……Tel：010-87838888

北京城市快轨建设管理有限公司
地址：北京市东城区东直门外大街39号院2号楼7层
……Tel：010-57333578

国华能源投资有限公司
地址：北京市东城区东直门南大街3号楼
……Tel：010-58157788

北京燕秦物流有限公司
地址：北京市东城区大豆腐巷18号306室
……Tel：010-63313662

茂发国际旅行社
地址：北京市东城区前门东大街5号华风宾馆6101-6106室
……Tel：010-65967321

首越（北京）装饰装修工程有限公司
地址：北京市东城区东花市北里西区8号楼
……Tel：010-67158688

中国交通物资有限公司
地址：北京市东城区安外大街甲88号
……Tel：010-82285918

海程邦达国际工程物流（北京）有限公司
地址：北京市东城区崇文门外大街16号便宜坊大厦16层1611单元
……Tel：010-85189997

北京旅游集散中心有限责任公司
地址：北京市东城区法华寺街91号院32号楼一层
……Tel：010-88421096

北京九州一轨环境科技股份有限公司
地址：北京市房山区窦店镇广茂路32号
……Tel：010-63550155

北京顺风飞扬物流中心
地址：北京市房山区青龙湖镇北刘庄村98号甲2号
……Tel：010-67994505

北京迅邦润泽物流有限公司
地址：北京市房山区燕山东流水工业区7号
……Tel：010-81361679

北京中车长客二七轨道装备有限公司
地址：北京市房山区窦店镇弘安路89号
……Tel：010-83306199

北京西南金港物流有限公司
地址：北京市房山区阎村镇炒米店村北1号楼
……Tel：010-89319747

通号城市轨道交通技术有限公司
地址：北京市丰台区汽车博物馆南路1号院A座13层
……Tel：010-50806631

北京市政路桥建材集团有限公司
地址：北京市丰台区科学城航丰路8号
……Tel：010-51201788

中国铁路通信信号股份有限公司
地址：北京市丰台区汽车博物馆南路1号院中国通号大厦A座20层
……Tel：010-51846662

北京德达物流科技股份有限公司
地址：北京市丰台区外环西路26号院20号楼-1至4层2001
…………Tel：010-51850187

浩吉铁路股份有限公司
地址：北京市丰台区科学城海鹰路9号院2号楼
…………Tel：010-51877259

富盛科技股份有限公司
地址：北京市丰台区南四环西路188号十区6号楼
…………Tel：010-52260101

中车建设工程有限公司
地址：北京市丰台区芳城园一区15号楼五层501、503
…………Tel：010-52608485

北京华欣物流有限公司
地址：北京市丰台区芳群园四区21号楼5层558
…………Tel：010-53500788

北京公联交通枢纽建设管理有限公司
地址：北京市丰台区西四环中路108号2301室
…………Tel：010-56089188

北京意诚信通智能卡股份有限公司
地址：北京市丰台区西四环南路101号6层6001A号
…………Tel：010-56104440

北京中城新能源物流有限公司
地址：北京市丰台区长辛店镇二老庄工业区150号
…………Tel：010-57318830

北京如风达快递有限公司
地址：北京市丰台区富丰路2号2-12幢7层801A(园区)
…………Tel：010-57695554

北京主导时代科技有限公司
地址：北京市丰台区南四环西路188号十区32号楼(园区)
…………Tel：010-58051860

北京铁道工程机电技术研究所股份有限公司
地址：北京市丰台区南四环西路188号一区5号楼(园区)
…………Tel：010-63702759

北京南凯自动化系统工程有限公司
地址：北京市丰台区海鹰路6号院8号楼1-2层
…………Tel：010-63723110

北京圣洁明科技有限责任公司
地址：北京市丰台区莲花池西里29号1104-1108
…………Tel：010-63973417

北京轨道交通技术装备集团有限公司
地址：北京市丰台区育仁南路3号院1号楼1118室
…………Tel：010-65960098

北京首农物流有限公司
地址：北京市丰台区草桥东路2号院1号楼13层1305室
…………Tel：010-67584708

北方国际合作股份有限公司
地址：北京市丰台区南四环西路188号12区47号楼3层(301、302)
…………Tel：010-68137500

北京瑞拓电子技术发展有限公司
地址：北京市丰台区西四环南路19号9号楼110室【园区】
…………Tel：010-68608808

北京中咨正达交通工程科技有限公司
地址：北京市丰台区四环西路1号511室
…………Tel：010-82254988

北京市旧机动车交易市场有限公司
地址：北京市丰台区南四环西路123号
…………Tel：010-83638888

北京鼎汉技术集团股份有限公司
地址：北京市丰台区南四环西路188号十八区2号楼(园区)
…………Tel：010-83683366-8363

北京东方红海科技发展有限公司
地址：北京市丰台区丰管路16号9号楼4层4038B
…………Tel：010-83833130

中国有色金属建设股份有限公司
地址：北京市丰台区西客站南广场驻京办一号楼B座中色建设大厦
…………Tel：010-84427755

中冶建设高新工程技术有限责任公司
地址：北京市丰台区南四环西路188号5区4号楼
…………Tel：010-85285888

北京二商物流有限公司
地址：北京市丰台区大红门街道石榴庄西街234号
…………Tel：010-87288199

北京锦伦国际物流有限公司
地址：北京市丰台区草桥东路14号楼14-40幢
…………Tel：010-87561252

北京云星宇交通科技股份有限公司
地址：北京市丰台区海鹰路1号院2号楼11层、12层
…………Tel：010-87680268

北京博宇通达科技有限公司
地址：北京市丰台区海鹰路1号院2号楼11层、12层(园区)
…………Tel：010-87680268

中国康富国际租赁股份有限公司
地址：北京市海淀区北四环西路58号20层2008
…………Tel：010-50815716

北京千方信息科技集团有限公司
地址：北京市海淀区东北旺西路8号中关村软件园一期27号楼B座503号
…………Tel：010-50821729

北京文安智能技术股份有限公司
地址：北京市海淀区丰豪东路9号院2号楼5单元801
…………Tel：010-50961630

北京中澜物流有限责任公司
地址：北京市海淀区建材城中路3号楼2层中段208室
…………Tel：010-51617036

北京万集科技股份有限公司
地址：北京市海淀区中关村软件园12号楼A区
…………Tel：010-51655012

北京市红果园宾馆
地址：北京市海淀区高梁桥上园村3号北方交大院内
…………Tel：010-51688573

中咨泰克交通工程集团有限公司
地址：北京市海淀区志新村小区海泰大厦806号
…………Tel：010-51726114

北京华铁信息技术有限公司
地址：北京市海淀区大柳树路2号二区300幢
…………Tel：010-51849376

中国中车股份有限公司
地址：北京市海淀区西四环中路16号
…………Tel：010-51862188

中铁联合国际集装箱有限公司
地址：北京市海淀区北蜂窝路5号院1号楼11层
…………Tel：010-51872966

铁科院（北京）工程咨询有限公司
地址：北京市海淀区大柳树路2号
…………Tel：010-51876648

中国铁道旅行社集团有限公司
地址：北京市海淀区北蜂窝路1-3号
…………Tel：010-51937677

中国铁建股份有限公司
地址：北京市海淀区复兴路40号东院
…………Tel：010-52688058

北京北大维信生物科技有限公司
地址：北京市海淀区永盛北路2号3幢
…………Tel：010-52819500

曙光云计算集团有限公司
地址：北京市海淀区东北旺西路8号院36号楼5层
…………Tel：010-56308618

博康智能信息技术有限公司
地址：北京市海淀区西小口路66号中关村东升科技园北领地C-7号楼一层101、102室
…………Tel：010-56538188

北京市天元网络技术股份有限公司
地址：北京市海淀区西北旺东路10号院东区20号楼202室
…………Tel：010-56701601

华迪计算机集团有限公司
地址：北京市海淀区阜成路甲8号中国航天大厦五、六层
…………Tel：010-57552861

北京辰安科技股份有限公司
地址：北京市海淀区丰秀中路3号院1号楼-1至5层305
…………Tel：010-57930171

北京合众思壮科技股份有限公司
地址：北京市海淀区知春路118号知春大厦1501室
…………Tel：010-58275437

交科院科技集团有限公司
地址：北京市海淀区西土城路8号113幢108室
…………Tel：010-58278322

中咨华科交通建设技术有限公司
地址：北京市海淀区通汇路16号101、102、201
…………Tel：010-58720600

大唐微电子技术有限公司
地址：北京市海淀区永嘉北路6号
…………Tel：010-58953037

北京智联友道科技有限公司
地址：北京市海淀区林风二路38号院5号楼608室
…………Tel：010-59519886

北京科捷物流有限公司
地址：北京市海淀区上地九街9号2层207号
…………Tel：010-61852292

北京北大千方科技有限公司
地址：北京市海淀区东北旺西路8号中关村软件园一期27号楼B座201号
…………Tel：010-61959888

中路高科交通检测检验认证有限公司
地址：北京市海淀区西土城路8号112号楼一层113、115室
…………Tel：010-62079017

中路高科交通科技集团有限公司
地址：北京市海淀区西土城路8号7号楼4层409室
…………Tel：010-62079548

北京湖北大厦有限责任公司
地址：北京市海淀区中关村南大街36号
…………Tel：010-62108303

北京信路威科技股份有限公司
地址：北京市海淀区王庄路1号院2号楼19层1903室
…………Tel：010-62140508-818

北京新联铁集团股份有限公司
地址：北京市海淀区高梁桥斜街59号院2号楼3层2-305-18
…………Tel：010-62142100

北京锦源汇智科技有限公司
地址：北京市海淀区大钟寺13号院1号楼6C1、6C3室
…………Tel：010-62388837-628

西克麦哈克（北京）仪器有限公司
地址：北京市海淀区北清路160号75幢西侧
…………Tel：010-62406092

北京启程物流有限公司
地址：北京市海淀区苏州街75号4号楼鼎钧大厦5605
…………Tel：010-62535386

北京佰才邦技术有限公司
地址：北京市海淀区北清路81号一区1号楼9层、10层
…………Tel：010-62607100

中钢设备有限公司
地址：北京市海淀区海淀大街8号26层
…………Tel：010-62688188

中车信息技术有限公司
地址：北京市海淀区清华大学华业大厦三区四层
…………Tel：010-62789377

北京声迅电子股份有限公司
地址：北京市海淀区丰豪东路9号院11号楼1至5层101
…………Tel：010-62988833-8205

国铁建设管理有限公司
地址：北京市海淀区西三环北路100号2层1-5-226
…………Tel：010-63358860

中交宇科（北京）空间信息技术有限公司
地址：北京市海淀区温泉镇山口路3号院1号楼3036室
…………Tel：010-64907119

北京戎利实业有限责任公司
地址：北京市海淀区北太平路17号
…………Tel：010-68212895

中国重型机械有限公司
地址：北京市海淀区复兴路甲23号
…………Tel：010-68293082

北京航天长峰科技工业集团有限公司
地址：北京市海淀区永定路50号
…………Tel：010-68385399

北京易车互联信息技术有限公司
地址：北京市海淀区首都体育馆南路6号新世纪饭店3号写字楼十层D、E、F、G、H、J、单元
…………Tel：010-68616666

北京中天韵达物流有限公司
地址：北京市海淀区上地十街1号院5号楼12层1220
…………Tel：010-81599588

北京交科公路勘察设计研究院有限公司
地址：北京市海淀区花园东路15号12层21203
…………Tel：010-82010792

腾讯大地通途（北京）科技有限公司
地址：北京市海淀区知春路49号2层224
…………Tel：010-82173259

北京方正阿帕比技术有限公司
地址：北京市海淀区花园路2号牡丹科技楼B座5层502号
…………Tel：010-82179788

普强信息技术（北京）有限公司
地址：北京市海淀区上地信息路26号5层0523房间
…………Tel：010-82306399-7706

民航数据通信有限责任公司
地址：北京市海淀区北四环中路238号柏彦大厦16层
…………Tel：010-82325050

北京金山数字娱乐科技有限公司
地址：北京市海淀区西二旗中路33号院5号楼11层002号
…………Tel：010-82334488-5521

北京数码视讯科技股份有限公司
地址：北京市海淀区上地信息产业基地开拓路15号1幢
…………Tel：010-82345935

中公高科养护科技股份有限公司
地址：北京市海淀区地锦路9号院4号楼-1至4层101
…………Tel：010-82364049

北京天航信民航通信网络发展有限公司
地址：北京市海淀区学清路8号院科技财富中心B座12层
…………Tel：010-82735588

汉王科技股份有限公司
地址：北京市海淀区东北旺西路8号5号楼三层
…………Tel：010-82786699

北京华城建设监理有限责任公司
地址：北京市海淀区学清路38号B座1207、1210、1211
…………Tel：010-82837961-801

高德信息技术有限公司
地址：北京市海淀区苏州街55号3层01-A051
…………Tel：010-84103037

纳恩博（北京）科技有限公司
地址：北京市海淀区西小口路66号中关村东升科技园B-6号楼B座二层B201、B202室
…………Tel：010-84828002

北京如易行科技有限公司
地址：北京市海淀区花园路甲13号院7号楼11层1106-6
…………Tel：010-84872858

北京巴士传媒股份有限公司
地址：北京市海淀区紫竹院路32号
…………Tel：010-86429295

北京通建泰利特智能系统工程技术有限公司
地址：北京市海淀区中关村南大街1号北京友谊宾馆62033房间
…………Tel：010-88026811

北京市政交通一卡通有限公司
地址：北京市海淀区知春路63号中国卫星通信大厦B座15-19层
…………Tel：010-88087755

航天云网科技发展有限责任公司
地址：北京市海淀区永定路甲51号3层301-2
…………Tel：010-88100813

北京晶众智慧交通科技股份有限公司
地址：北京市海淀区曙光花园中路11号9层901-B905、B911、B912
…………Tel：010-88446788

豪尔赛科技集团股份有限公司
地址：北京市海淀区中关村南大街17号3号楼1902室
…………Tel：010-88578857

北京航天福道高技术股份有限公司
地址：北京市海淀区永定路51号北
…………Tel：010-88850886

北京精英智通科技股份有限公司
地址：北京市海淀区清河小营西小口路27号海升C座第二层
…………Tel：010-88864122

北京中交兴路信息科技股份有限公司
地址：北京市海淀区东北旺西路8号中关村软件园一期27号楼A座5层507号
…………Tel：010-89047700

中铁联合物流股份有限公司
地址：北京市怀柔区杨宋镇和平路16号156室
…………Tel：010-51820448

北京云星宇科技服务有限公司
地址：北京市怀柔区北大街1号院1号楼2-101室
…………Tel：010-61537446

北京朝顺通国际物流有限公司
地址：北京市怀柔区杨宋镇和平路23号216室
…………Tel：010-80480367

北京汇天力物流有限公司
地址：北京市怀柔区迎宾南路11号五幢二层2213室
…………Tel：010-82237860

金江水力发电集团有限公司
地址：北京市怀柔区汤河口镇汤河口大街680号105室
…………Tel：010-83914567

北京远帮达物流有限公司
地址：北京市门头沟区军庄路1号院213室
…………Tel：010-64585347

合联盛（北京）物流有限公司
地址：北京市密云区冯家峪镇政府北120米路东
…………Tel：010-57152160

北京中天迅达物流有限公司
地址：北京市密云区西大桥路69号密云区投资促进局办公楼210室-55
…………Tel：010-60509712

北京海亚物流有限公司
地址：北京市密云区西大桥路69号
…………Tel：010-64945588

北京亨通斯博通讯科技有限公司
地址：北京市密云区工业开发区科技路43

号
…………………………Tel：010－69076119

中泰华美物流（北京）有限公司
地址：北京市平谷区夏各庄镇夏各庄北街68号
…………………………Tel：010－64573675

北京东方绿谷物流有限公司
地址：北京市平谷区马坊镇李蔡街西路14号
…………………………Tel：010－64750231

北京工正装饰工程有限公司
地址：北京市平谷区刘家店镇银店大街6号
…………………………Tel：010－64912964

北京诚通新业物流有限公司
地址：北京市平谷区黄松峪乡黄松峪东街402号
…………………………Tel：010－65308899

北京华程金源国际物流有限公司
地址：北京市平谷区大华山镇大华山大街269号
…………………………Tel：010－80418628

北京中铁建工物资有限公司
地址：北京市石景山区苹果园路28号院2号楼17层1701至1707室
…………………………Tel：010－51812048

合众财产保险股份有限公司
地址：北京市石景山区田村路555号
…………………………Tel：010－59949936

新一代专网通信技术有限公司
地址：北京市石景山区八角东街65号院主楼北座2号楼18层1801、1802、1804、1806
…………………………Tel：010－82488130

北京东土科技股份有限公司
地址：北京市石景山区实兴大街30号院2号楼8层901
…………………………Tel：010－88798888

北京路顺竺物流有限公司
地址：北京市顺义区南法信镇金关北二街3号院3号楼3层352室
…………………………Tel：010－52133760

北京小叮当物流有限公司
地址：北京市顺义区后沙峪镇铁匠营村委会东400米
…………………………Tel：010－52133996

北京百世佳联物流有限公司
地址：北京市顺义区天竺镇府前一街4号(奥竺商务楼B316)
…………………………Tel：010－52645505

北京品纳轲仓储有限公司
地址：北京市顺义区南法信镇顺达路8号院3号楼1层101
…………………………Tel：010－59255220

安博京顺空港（北京）仓储有限公司
地址：北京市顺义区顺航路12号5幢
…………………………Tel：010－69478049

北京大唐物流有限公司
地址：北京市顺义区南法信镇金穗路2号院10号楼9层905
…………………………Tel：010－59798123

北京中益安达校车运营管理股份有限公司
地址：北京市顺义区赵全营镇兆丰产业基地园盈路7号
…………………………Tel：010－60444307

益盛通国际物流（北京）有限公司
地址：北京市顺义区杨镇地区下坡村209号
…………………………Tel：010－61418067

北京京城地铁有限公司
地址：北京市顺义区中关村科技园区顺义园临空二路1号
…………………………Tel：010－62292418

泛骏华国际物流（中国）有限公司
地址：北京市顺义区北京空港物流基地顺驰路19号
…………………………Tel：010－64151188

北京首都机场航空安保有限公司
地址：北京市顺义区北京空港物流基地物流园八街1号
…………………………Tel：010－64545351

北京辰通航空服务有限公司
地址：北京市顺义区南法信镇顺畅大道1号B－0317室
…………………………Tel：010－64546977

利星行天竺之星汽车有限公司
地址：北京市顺义区天竺镇府右街3号
…………………………Tel：010－64549357

北京国都大饭店有限公司
地址：北京市顺义区小天竺村
…………………………Tel：010－64565588

海航速运（北京）有限责任公司
地址：北京市顺义区南法信镇物流园八街9号院6号楼1至3层101内1层105
…………………………Tel：010－64567999－8028

北京翼速国际物流有限公司
地址：北京市顺义区南法信镇金关北二街3号院1号楼3层313室
…………………………Tel：010－64572365－615

北京空港宏远物流有限公司
地址：北京市顺义区金航中路8号院1幢101(天竺综合保税区)
…………………………Tel：010－64573388

北京顺通泰达航空地面服务有限公司
地址：北京市顺义区李桥镇汇海南路1号院4号楼6层4－705
…………………………Tel：010－64576027

按楹物流有限责任公司
地址：北京市顺义区南法信镇信中街12号院1号楼102－505室
…………………………Tel：010－64576161

海航（北京）物流有限公司
地址：北京市顺义区南法信镇金穗路2号院3号楼首层
…………………………Tel：010－64932888

北京城建华晟交通建设有限公司
地址：北京市顺义区南法信镇南法信大街118号天博中心C座8层3804－8室
…………………………Tel：010－65425981

北京博维国际物流有限公司
地址：北京市顺义区仁和镇南白路21号3栋2028室
…………………………Tel：010－69478908

北京申通联晟物流有限公司
地址：北京市顺义区高丽营镇达盛路4号院1幢
…………………………Tel：010－65499476

北京海纳川汽车底盘系统有限公司
地址：北京市顺义区赵全营镇兆丰产业基地东盈路19号
…………………………Tel：010－80477726

中国交通信息科技集团有限公司
地址：北京市顺义区临空经济核心区融慧园6号楼3－63
…………………………Tel：010－84199822

北京优速物流有限公司
地址：北京市顺义区马坡镇南陈路石家营段12号
…………………………Tel：010－84575499

北京康力国际仓储有限公司
地址：北京市顺义区南法信地区物流园区四街7号
…………………………Tel：010－85730723

北京汽车集团有限公司
地址：北京市顺义区双河大街99号
…………………………Tel：010－87664009

《中国汽车报》社有限公司
地址：北京市顺义区顺通路25号5幢
…………………………Tel：010－56002705

中都物流有限公司
地址：北京市顺义区西盈路19号院2号楼1－3层
…………………………Tel：010－89401195

中通物流有限公司
地址：北京市顺义区仁和地区双河大街61号1号楼208
…………………………Tel：010－89401688

北京顺政市政设施管理有限公司
地址：北京市顺义区仁和地区府前东街10号7幢701
…………………………Tel：010－89472131

北京昊新达物流有限公司
地址：北京市顺义区北务镇林上村进村路16号
…………………………Tel：010－89476662

北京鹏远新和国际物流有限公司
地址：北京市通州区经济开发区聚富苑产业园区聚和六街1号－1848
…………………………Tel：010－53238388

北京普洛斯马驹桥物流发展有限公司
地址：北京市通州区物流基地西驰路2号
…………………………Tel：010－56756399

北京鑫旺通物流有限责任公司
地址：北京市通州区景盛南四街15号18号楼
…………………………Tel：010－58493678

北京市高速公路交通工程有限公司
地址：北京市通州区马驹桥镇东
…………………………Tel：010－60509235

华润物流（北京）有限公司
地址：北京市通州区兴贸一街11号院5号楼1层101
…………………………Tel：010－60595750

北京东方通联物流有限公司
地址：北京市通州区张家湾镇政府西侧200米
…………………………Tel：010－61569937

中公高远（北京）汽车检测技术有限公司
地址：北京市通州区马驹桥镇大杜社村(交通运输部公路科学研究所内)
…………………………Tel：010－61585029

北京城建轨道交通建设工程有限公司
地址：北京市通州区新华西街60号院4号楼16层1603室
…………………………Tel：010－62091305

北京博华物流有限公司
地址：北京市通州区经海六路1号院1号楼7层702
…………………………Tel：010－63363725

中交路桥建设有限公司
地址：北京市通州区潞城镇通胡大街8号1层001室
…………………………Tel：010－64181166

北京中油公交石油销售有限公司
地址：北京市通州区张家湾镇光华路1号
…………………………Tel：010－64820921

中能国际煤炭物流实业有限公司
地址：北京市通州区 县镇 县村村委会西500米
…………………………Tel：010－65176677

北京捷桥物流有限公司
地址：北京市通州区北杨洼251号321室
…………………………Tel：010－65537377

中交一公局交通工程有限公司
地址：北京市通州区九棵树东路386号5层
…………………………Tel：010－80886139

北京市首发高速公路建设管理有限责任公司
地址：北京市通州区宋庄镇疃里新村
…………………………Tel：010－83669729

北京灵捷物流有限公司
地址：北京市通州区 县镇后尖平村委会西100米
…………………………Tel：010－85387367

北京福润达化工有限责任公司
地址：北京市通州区台湖镇光机电一体化产业基地兴光五街7号1幢205室
…………………………Tel：010－87301586－664

北京京正物通国际物流有限公司
地址：北京市通州区台湖镇垛子村村委会西500米
…………………………Tel：010－87369339

北京中交兴路车联网科技有限公司
地址：北京市通州区台湖高端总部基地铺西路18号
…………………………Tel：010－50822340

国开证券股份有限公司
地址：北京市西城区阜成门外大街29号1－9层
…………………………Tel：010－88300999

京蒙联合物流有限公司
地址：北京市西城区广安门外大街甲122号2号楼中国铁道旅行社广运宾馆5层
…………………………Tel：010－51926180

中国水电工程顾问集团有限公司
地址：北京市西城区六铺炕一区
…………………………Tel：010－51973260

北京贵都大酒店有限责任公司
地址：北京市西城区广安门内大街217号
…………………………Tel：010－51979888

中建铁路建设有限公司
地址：北京市西城区广安门南街4号
…………………………Tel：010－52681888

北京中交亚太国际物流中心
地址：北京市西城区车公庄大街丙3号楼8层A段
…………………………Tel：010－56100917

瑞银证券有限责任公司
地址：北京市西城区金融大街7号英蓝国际金融中心12层、15层
…………………………Tel：010－58328888

中国国电集团有限公司
地址：北京市西城区阜成门北大街6－8号
…………………………Tel：010－58682001

中交铁道设计研究总院有限公司
地址：北京市西城区德胜门外大街85号14层1602
…………………………Tel：010－59725572

人民大会堂宾馆
地址：北京市西城区西交民巷甲19号
…………………………Tel：010－63094162

北京市地质矿产勘查开发总公司
地址：北京市西城区南纬路4号
…………………………Tel：010－63179920

国网新源控股有限公司
地址：北京市西城区白广路二条一号
…………………………Tel：010－63416125

国家开发投资集团有限公司
地址：北京市西城区阜成门北大街6号－6国际投资大厦
…………………………Tel：010－66579001

北京市市政专业设计院股份公司
地址：北京市西城区百万庄大街3号
…………………………Tel：010－68366442

北京公交广安商贸集团
地址：北京市西城区核桃园1号
…………………………Tel：010－68487024

中国核工业集团有限公司
地址：北京市西城区三里河南三巷1号
…………………………Tel：010－68555164

北教小雨文化传媒（北京）有限公司
地址：北京市西城区北三环中路6号1幢5层501室
…………………………Tel：010－82012300

中国交通建设股份有限公司
地址：北京市西城区德胜门外大街85号
…………………………Tel：010－82016655

中交投资有限公司
地址：北京市西城区德胜门外大街121号C座3层302号
…………………………Tel：010－82097600

北京环球华人国际物流有限公司
地址：北京市西城区平原里21号楼3层33038室
…………………………Tel：010－83065396

阿海普建筑设计咨询（北京）有限公司
地址：北京市西城区西海南沿48号G座
…………………………Tel：010－83286557

北京市唐杰城市节能环保科技发展有限公司
地址：北京市西城区新街口外大街8号5幢105号(德胜园区)
…………………………Tel：010－83510835

北京首同国际物流有限公司
地址：北京市西城区白纸坊西街20号圣都大厦808室
…………………………Tel：010－83529623

山重融资租赁有限公司
地址：北京市西城区宣武门外大街甲1号D座13层
…………………………Tel：010－84785656

中国旅行社总社（北京）有限公司
地址：北京市西城区广安门内大街338号(北京港中旅维景国际大酒店)十五层
…………………………Tel：010－85908000

北京市电车公司供电所
地址：北京市西城区阜外大街32号
…………………………Tel：010－88462792

航天科工智慧产业发展有限公司
地址：北京市西城区高粱桥路6号5号楼A区(T4)06A1(德胜园区)
…………………………Tel：010－88529817

北京国投公路建设发展有限公司
地址：北京市延庆区经济技术开发区投资服务中心107室
…………………………Tel：010－69187169

天津市

天津千顺物流有限公司
地址：天津宝坻九园工业园区
…………………………Tel：022－22438110

康达物流有限公司
地址：天津宝坻节能环保工业区天宝南环路8号8727室
…………………………Tel：022－29918912

天津华建天恒传动有限责任公司
地址：天津宝坻节能环保工业区
…………………………Tel：022－29983018

天津陆胜物流有限公司
地址：天津市宝坻区方家庄镇水源路8号
…………………………Tel：022－82445007

天津市拓甫网络科技开发有限公司
地址：北辰区经济开发区双辰中路西8号316室
…………………………Tel：022－86861570

天津百通达钢铁贸易有限公司
地址：北辰区铁东路与淮河道交口（辰泰桥东南角）
…………………………Tel：022－86883636

天津韩家墅海吉星农产品物流有限公司
地址：北辰区韩家墅农产品批发市场
…………………………Tel：022－86886119

天津中车四方轨道车辆有限公司
地址：天津北辰科技园区高新大道79号
…………………………Tel：022－86986666

天津泰奥石化物流有限公司
地址：天津经济技术开发区南港工业区北穿港路及绿带以南、前进道及绿带以西
…………………………Tel：022－23416666

西门子轨道交通设备（天津）有限公司
地址：天津滨海高新区华苑产业区海泰创新5路1号1号厂房
…………………………Tel：022－23901608

天津临港佳悦粮油码头有限公司
地址：天津市滨海新区临港经济区渤海三十七路5号
…………………………Tel：022－60271039

天津临港铁源物流有限公司
地址：天津市滨海新区临港经济区1号
…………………………Tel：022－25275113

天津物捷物流有限公司
地址：天津市滨海新区吉运五道298号
…………………………Tel：022－25600329－830

天津中铁联合国际集装箱有限公司
地址：天津自贸试验区（东疆保税港区）海铁大道1416号
…………………………Tel：022－26195097

天津港海丰保税物流有限公司
地址：天津自贸试验区（东疆保税港区）洛阳道600号
…………………………Tel：022－25600642

天津港太平洋国际集装箱码头有限公司
地址：天津自贸试验区（东疆保税港区）美洲路3889号
…………………………Tel：022－25603601

天津港汇盛码头有限公司
地址：天津自贸试验区（东疆保税港区）海铁大道1888号
…………………………Tel：022－25604233

天津市滨海南疆物流发展有限公司
地址：天津市滨海新区塘沽治国里11－3－403
…………………………Tel：022－25633188

天津东疆保税港区宏业物流有限公司
地址：天津自贸试验区（东疆保税港区）海铁大道海铁二路99号
……Tel：022-25701068-3008
胜狮物流（天津）有限公司
地址：天津港集装箱物流中心新港6号路5号
……Tel：022-25701390
天津港欧亚国际集装箱码头有
地址：天津港保税区通达广场1号417室
……Tel：022-25705892
天津海天保税物流有限公司
地址：天津自贸试验区（东疆保税港区）海天物流园B库办公楼三楼
……Tel：022-25705995
天津振华海晶物流有限公司
地址：天津新港临港路69号202室
……Tel：022-25706711
天津港（集团）有限公司
地址：天津市滨海新区塘沽新港二号路35号
……Tel：022-25707550
天津港中航油码头有限公司
地址：天津市滨海新区中化路441号
……Tel：022-25708158
天津东疆华泰物流有限公司
地址：天津自贸试验区（东疆保税港区）美洲路一期封关区内联检服务中心四层4026-05
……Tel：022-25763719
天津义鸿达物流有限公司
地址：天津市滨海新区尚海园2-2-101
……Tel：022-25787248
天津国能滨海物流有限公司
地址：天津港保税区通达广场1号5-C-561
……Tel：022-25810007
天津安盛物流有限公司
地址：天津市滨海新区塘沽宁波道726号（正康里1栋4门底商）
……Tel：022-25810007
天津奇利石油工程技术服务有限公司
地址：天津大港油田二号院（原采油八区办公楼）
……Tel：022-25921516
世能达物流（天津）有限公司
地址：天津自贸试验区（东疆保税港区）亚洲路6865号金融贸易中心北区1-1-701A
……Tel：022-26228888
弘兆国际海洋工程物流有限公司
地址：天津自贸试验区（东疆保税港区）海丰物流园九号仓库四单元-11
……Tel：022-27016666
天津市滨海盛华物流有限公司
地址：天津滨海民营经济成长示范基地创意中心A820
……Tel：022-28682962
天津中外运泛海物流有限公司
地址：天津开发区汉沽现代产业区瑶山路6号
……Tel：022-58076934
天津全程德邦物流有限公司
地址：天津自贸试验区（东疆保税港区）亚洲路6865号金融贸易中心北区1-1-1007-10
……Tel：022-58375105
天津天房建设工程有限公司
地址：天津滨海高新区滨海科技园高新六路39号9-3-401号
……Tel：022-58376505
天津滨海中储物流有限公司
地址：天津滨海高新区塘沽海洋科技园宁海路872号文峰大厦1201B室
……Tel：022-58853740
叶水福国际物流（天津）有限公司
地址：天津保税区（空港）西二道5号、7号
……Tel：022-58992136
滴滴出行科技有限公司
地址：天津经济技术开发区南港工业区综合服务区办公楼C座103室12单元
……Tel：022-59002850
天津水运工程勘察设计院
地址：天津滨海高新区塘沽海洋科技园厦门路1199号
……Tel：022-59812359
天津渤化永利物流有限公司
地址：天津市滨海新区塘沽（天津临港工业区）渤海十路3369号
……Tel：022-59865359
天津宝湾国际物流有限公司
地址：天津滨海高新区塘沽海洋科技园聚源路288号
……Tel：022-59868008
天津中运物流有限公司
地址：天津港保税区通达广场1号A2-251
……Tel：022-60996895
天津通运晟达物流有限公司
地址：天津市滨海新区大港世纪大道48号（青少年活动中心六楼）
……Tel：022-63221852
天津临港宏远化工物流有限公司
地址：天津市滨海新区塘沽临港工业区1号
……Tel：022-65630653
天津凯斯达克物流有限公司
地址：天津滨海高新区塘沽海洋科技园新北路4668号创新创业园23-B商务楼3003F号
……Tel：022-65753878
天津中港伟业物流有限责任公司
地址：天津市滨海新区塘沽新港路109号
……Tel：022-65770213
天津泰达城市轨道投资发展有限公司
地址：天津市滨海新区旅游区滨旅产业园13号楼五层第558-7房间
……Tel：022-65832579
中铁上海工程局集团第四工程有限公司
地址：天津市中新生态城动漫中路334号创展大厦B座第九层的901、902、903房间
……Tel：022-66196620-8005
天津悦田物流有限公司
地址：天津港保税区通达广场1号A2-393
……Tel：022-66218002
天津隆源宏宇运输有限公司
地址：天津自贸试验区（东疆保税港区）呼伦贝尔路426号铭海中心4号楼-3、7-407-11号
……Tel：022-66289390
天津滨海中远集装箱物流有限公司
地址：天津港集装箱物流中心新港六号路1号
……Tel：022-66293781
天津博达物流有限公司
地址：天津市滨海新区临港路1299号
……Tel：022-66704660
天津航联迪克科技有限公司
地址：天津滨海高新区华苑产业区海泰发展六道6号海泰绿色产业基地A座4层
……Tel：022-83711735
天津轨道交通运营集团有限公司
地址：天津滨海高新区华苑产业区开华道3号509
……Tel：022-85568668
天津市金水物流有限公司
地址：东丽区津塘公路十号桥（钢管公司东侧）
……Tel：022-24360608
中国航油集团北方储运有限公司
地址：天津市东丽区津塘公路五号桥西700米新立街道招商总部大楼2门4楼475号
……Tel：022-25703555
天津市交通集团物流有限公司
地址：天津市东丽区外环线与金钟河大街交口
……Tel：022-27982888
天津中车唐车轨道车辆有限公司
地址：天津市东丽区华明高新技术产业区金丽道2157号
……Tel：022-58666931
天津北方创业市政工程集团有限公司
地址：天津市东丽区华明镇华明家园
……Tel：022-58883666
天津平高智能电气有限公司
地址：天津市东丽区华明街弘泰道12号
……Tel：022-58883700
天津市政公路设备工程有限公司
地址：天津市东丽经济开发区二纬路27号
……Tel：022-58893000
天津天钢物流有限公司
地址：天津市东丽区津塘公路398号
……Tel：022-59983862
天津宝仓物流有限公司
地址：天津市东丽区军粮城产业园区内
……Tel：022-84364638
天津大通巴士有限公司
地址：天津市东丽区津塘公路396号101室
……Tel：022-84878677
天津鑫汇洋国际物流有限公司
地址：天津市东丽区金钟公路1501号
……Tel：022-86379836
天津国际大厦有限公司
地址：天津市和平区五大道街南京路75号
……Tel：022-23306666
天津市公路工程总公司
地址：天津市和平区解放北路9号
……Tel：022-28306956
天津中国青年旅行社有限公司
地址：天津市和平区荣业大街新文化花园新典居2号楼三层
……Tel：022-87308190
天津新亚太工程建设监理有限公司
地址：天津市河北区月牙河街岷江路10号南院C座
……Tel：022-26178928
天津城建隧道股份有限公司
地址：天津市河北区靖江路2号
……Tel：022-26750243
通号工程局集团电气工程有限公司
地址：天津市河北区泗阳道30号1号楼301-306
……Tel：022-60555336
天津安缘物流有限公司
地址：天津市河东区天山路松风西里16号楼1门405号
……Tel：022-24710988
天津荣尧智慧科技股份有限公司
地址：河东区新开路与华龙道交口城市星座大厦5-2405
……Tel：022-83217666
天津市赛驰物业服务有限公司
地址：天津市河东区六经路11号第3层382-8
……Tel：022-86259998
天津裕顺祥物流有限公司
地址：河东区团结道5号
……Tel：022-88289980
天津市中环系统工程有限责任公司
地址：河西区体院北环湖中道9号
……Tel：022-23018523
天津市公交集团第五客运有限公司
地址：天津市河西区珠江道24号
……Tel：022-28161029
中国机房设施工程有限公司
地址：天津市河西区解放南路西江道1号
……Tel：022-28353856
天津金冠方舟纸业物流有限公司
地址：天津市河西区友谊路5号北方金融大厦4层H座
……Tel：022-28361180
天津中源物流集团有限公司
地址：天津市河西区郁江道21号3-717室
……Tel：022-60909088
天津市公共交通集团（控股）有限公司
地址：天津市河西区黑牛城道59号增1号
……Tel：022-88330706
中铁隧道勘测设计院有限公司
地址：天津市红桥区桥南东路
……Tel：022-58670404
天津市交通集团天汇通物流有限公司
地址：天津市津南区八里台工业园区天华路12号
……Tel：022-28391473
天津市合亿通物流有限公司
地址：天津市津南区双港镇双港工业区梨双路与鄱阳南路交口锦南科技园50-2
……Tel：022-28553966
天津宝鲜物流有限公司
地址：天津市津南区八里台镇联顺东路6号
……Tel：022-28559928
天津滨海生态建设工程有限公司
地址：天津市滨海新区（津南）创意中心A座1706室
……Tel：022-28680168
天津市天地申通物流有限公司
地址：天津市津南区辛庄镇双鑫工业园区发港南路78号
……Tel：022-58080103
天津市伟泰轨道交通装备有限公司
地址：天津市津南经济开发区（东区）聚英路1号105-26
……Tel：022-58080858
天津海宏物流股份有限公司
地址：天津自贸试验区（空港经济区）保航路1号航空产业支持中心645I14
……Tel：022-23141802
远桥（天津）供应链管理有限公司
地址：天津自贸试验区（天津港保税区）海滨六路78号B-306
……Tel：022-23192861
天津天华宏运物流有限公司
地址：天津自贸试验区（空港经济区）空港国际物流区第三大街29
……Tel：022-23246908
天津曦航捷运国际物流有限公司
地址：天津自贸试验区（空港经济区）中心大道华盈大厦1006室
……Tel：022-23363155
天津市智博通信工程有限责任公司
地址：天津自贸试验区（天津港保税区）国贸路18号227室
……Tel：022-23415865
天津市安通科技有限公司
地址：天津自贸试验区（空港经济区）中心大道与东七道交口远航商务中心33-2-8-4层
……Tel：022-24898027
天津玛伦达物流有限公司
地址：天津港集装箱物流中心北港东三路530号
……Tel：022-25600163
天津外代物流有限公司
地址：天津港集装箱物流中心跃进路502号
……Tel：022-25601991
天津开泰国际物流有限公司
地址：天津自贸试验区（天津港保税区）通达广场1号A235室
……Tel：022-25603288
天津港欧亚国际集装箱码头有限公司
地址：天津自贸试验区（天津港保税区）天保大道开利大厦1003室
……Tel：022-25701811
天津市北方发展国际物流有限公司
地址：天津自贸试验区（天津港保税区）通达广场1号4楼475
……Tel：022-25702912
天津港陆海物流有限公司
地址：天津自贸试验区（天津港保税区）天保大道77号315室
……Tel：022-25705343
天津港环球滚装码头有限公司
地址：天津经济技术开发区第五大街33号三层305房间
……Tel：022-25705386
天津朝华中电物流有限公司
地址：天津经济技术开发区第十三大街21号润枫广场3-902
……Tel：022-25707997
天津嘉和昊成物流有限公司
地址：天津自贸试验区（天津港保税区）海滨15路197号海景大厦6层614
……Tel：022-25708001
长华国际物流（天津）有限公司
地址：天津自贸试验区（天津港保税区）海滨十路129号A4160室
……Tel：022-25708820
捷成（中国）物流有限公司
地址：天津自贸区（天津港保税区）海滨四路77号
……Tel：022-25767288
天津东方近海船务有限公司
地址：天津自贸试验区（天津港保税区）海滨五路31号3-142室
……Tel：022-25794326
天津澳力华船务代理有限公司
地址：天津自贸试验区（空港经济区）中心大道华盈大厦1101-1102
……Tel：022-28277707
中航国际物流（天津）有限公司
地址：天津自贸试验区（空港经济区）启航路81号
……Tel：022-58099706
天津市仁通物流有限公司
地址：天津市静海区大邱庄镇满井子村友发路2号
……Tel：022-58399988
天津铁洋国际物流有限公司
地址：天津自贸试验区（天津港保税区）通达广场1号A493室
……Tel：022-58580525
中铁电气化勘测设计研究院有限公司
地址：天津自贸区（空港经济区）西三道166号A2-372
……Tel：022-58583402
天津新松机器人自动化有限公司
地址：天津自贸试验区(空港经济区) 西七道18号（4）幢天保工业厂房2号厂房101、201号
……Tel：022-58805913
天津市海汇物流有限公司
地址：天津国际金属物流园区A区40号
……Tel：022-58819030
天津市百鑫物流有限公司
地址：天津国际金属物流园区A区41号
……Tel：022-58819030
国药控股天津物流有限公司
地址：天津自贸试验区（空港经济区）东八道53号
……Tel：022-58821636
天津海天嘉运国际物流有限公司
地址：天津自贸试验区（空港经济区）中心大道华盈大厦1006室
……Tel：022-58852568
玺意（天津）物流有限公司
地址：天津自贸试验区（空港经济区）中环西路77号21号楼7门
……Tel：022-58883658
天津中基物流有限公司
地址：天津自贸试验区（天津港保税区）通达广场1号A278室
……Tel：022-58895089-203
希杰大通物流（天津）有限公司
地址：天津自贸试验区（空港经济区）环河南路88号2-3020室
……Tel：022-59388809
天津海吉星农产品物流有限公司
地址：天津市静海区国际商贸物流园徐良路1号
……Tel：022-59583000
天津市静海公路工程有限公司
地址：天津市静海区静海镇北环工业园区临街楼
……Tel：022-59595188
天津元顺物流有限公司
地址：天津自贸试验区（天津港保税区）海滨九路131号2-A209室
……Tel：022-59787666
中交一航局城市交通工程有限公司
地址：天津自贸试验区（空港经济区）保航路1号航空产业支持中心645K04室
……Tel：022-5983821
招商局物流（天津）有限公司
地址：天津空港经济区经四路217号
……Tel：022-59849800
天津安邦物流有限公司
地址：天津自贸试验区（空港经济区）春

晓道以北，中环西路以东290米津贸公寓7号楼-2、3-507
……Tel：022-59886928

同方环球（天津）物流有限公司
地址：天津经济技术开发区信环西路19号2号楼2301、2302室
……Tel：022-59993999

天津宝供空港仓储服务有限公司
地址：天津自贸试验区（空港经济区）航海路211号
……Tel：022-60296896

天津天纺高新物流有限公司
地址：天津自贸试验区（空港经济区）中环南路98号
……Tel：022-60405863

天津兴盛海物流有限公司
地址：天津自贸试验区（天津港保税区）海滨四路46号311
……Tel：022-60608483

振华物流集团有限公司
地址：天津经济技术开发区第二大街62号MSD-B1座9层
……Tel：022-60977770

天津市瀚达物流服务有限公司
地址：天津自贸试验区（空港经济区）中心大道与东二道交口东北侧瑞航广场4-14，17-417
……Tel：022-63390779

天津滨港物流有限公司
地址：天津经济技术开发区泰祥路2号2-1-2102
……Tel：022-65292906

天津金泽物流有限公司
地址：天津自贸试验区(天津港保税区）海滨五路31号334室
……Tel：022-65310507

天津港保税区天瑞物流有限公司
地址：天津自贸区（天津港保税区）海滨五路31号2-221、2-222、2-223、2-224、311、313
……Tel：022-65377028

五矿物流集团天津集装箱有限公司
地址：天津自贸试验区（天津港保税区）海滨八路11号A-201
……Tel：022-65831817

天津远方宏达物流有限公司
地址：天津自贸试验区（天津港保税区）海滨四路77号（物流园区内）二层
……Tel：022-66221872

天津泰达公交有限公司
地址：天津经济技术开发区洞庭路86号
……Tel：022-66231206

天津港中集振华物流有限公司
地址：天津港集装箱物流中心跃进路59号
……Tel：022-66272168

川崎振华物流（天津）有限公司
地址：天津自贸试验区（天津港保税区）海滨三路92号（保税物流园区）
……Tel：022-66272178

天津爵颉国际物流有限公司
地址：天津自贸试验区（天津港保税区）天保大道86号天津保税区国际汽车城第一层T50室
……Tel：022-66272324

SUPER乐运（天津）国际物流发展有限公司
地址：天津自贸试验区（天津港保税区）海滨二路56号（物流园区内）
……Tel：022-66273012

天津市塘沽国际集装箱运输场有限公司
地址：天津自贸试验区（天津港保税区）京门大道288号
……Tel：022-66273788

天津福润德物流有限公司
地址：天津自贸试验区（天津港保税区）京门大道288号
……Tel：022-66273788

山盛源建设有限公司
地址：天津经济技术开发区洞庭路112号102室
……Tel：022-66389988

天津天保永利物流有限公司
地址：天津自贸试验区（天津保税区）通达广场1号楼四楼407-7房间
……Tel：022-66619755

天津滨海博达集装箱物流有限公司
地址：天津自贸试验区(天津港保税区)通达广场1号A522
……Tel：022-66704660

天津中远海运特种运输有限公司
地址：天津自贸试验区（天津港保税区）通达广场1号A237室
……Tel：022-66868871

天津华泽物流服务有限公司
地址：天津自贸试验区（天津港保税区）海滨十一路166号C－103室
……Tel：022-66871678

天津万洲物流有限公司
地址：天津市静海县蔡公庄镇蔡公庄村
……Tel：022-68565888

天津市宝来利镀锌钢管有限公司
地址：天津市静海区大邱庄镇太平村港静线与友发路交口东北500米
……Tel：022-68581213

天津冶金集团轧三钢铁物流有限公司
地址：天津自贸试验区（空港经济区）环河南路88号标准厂房2-3459号房间
……Tel：022-68582023

天津中裕达物流有限公司
地址：天津自贸试验区（空港经济区）西三道158号5幢902-B（天津信至嘉商务秘书有限公司托管第034号）
……Tel：022-84181000-671

天津新天仁物流有限公司
地址：天津自贸试验区（空港经济区）西三道158号5幢902-B（天津信至嘉商务秘书有限公司托管第007号）
……Tel：022-84181000-671

天域万隆物流（天津）有限公司
地址：天津自贸试验区（空港经济区）空港国际物流区第三大街19号
……Tel：022-84889812

天津西子联合有限公司
地址：天津自贸试验区（空港经济区）航空路278号
……Tel：022-84918305

天津市普迅电力信息技术有限公司
地址：华苑产业区海泰发展六道6号海泰绿色产业基地J座608室
……Tel：022-23789259

天津市地下铁道集团有限公司
地址：天津市西青区学府中路88号学府工业区管委会办公楼
……Tel：022-24465300

天津第七市政公路工程有限公司
地址：天津市南开区红日南路66号
……Tel：022-27331756

天津市安卓公共设施服务有限公司
地址：天津华苑产业区海泰发展六道6号海泰绿色产业基地J座215室
……Tel：022-59661657

天津光电高斯通信工程技术股份有限公司
地址：华苑产业区海泰西路18号西3-303
……Tel：022-83707890

天津市北海通信技术有限公司
地址：华苑产业区竹苑路6号创新基地D座401室
……Tel：022-83710256

天津运一有限公司
地址：天津市南开区天拖北道3号、天拖北道3号余门
……Tel：022-87611063

海龙国际物流（天津）有限公司
地址：天津市宁河区经济开发区五纬路
……Tel：022-59326666

天津林美物流有限公司
地址：天津市宁河区造甲城镇政府西侧
……Tel：022-69620799

天津佳宝双赢物流有限公司
地址：天津市武清开发区福源道北侧
……Tel：022-26759051

天津交控科技有限公司
地址：天津市武清开发区福源道18号535-33（集中办公区）
……Tel：022-5900981

中交四公局第六工程有限公司
地址：天津市武清开发区福源道北侧创业总部基地馨凯广场1号楼
……Tel：022-82144218

天津比亚迪汽车有限公司
地址：天津市武清区汽车零部件产业园天福路2号
……Tel：022-82191888

天津市中环富士智能设备有限公司
地址：天津市西青区李七庄街天祥工业区祥遵路10号
……Tel：022-23966109

天津华胜建设工程有限公司
地址：天津开发区黄海路98号一区B座一门-501
……Tel：022-25213567

中交天津港湾工程设计院有限公司
地址：天津开发区南海路11号A座12层
……Tel：022-25290991

天津金海华盛物流有限公司
地址：天津开发区渤海路40号办公楼201-202室
……Tel：022-25328668

天津港南港物流有限公司
地址：天津开发区第五大街33号205室
……Tel：022-25702916

天津港中煤华能煤码头有限公司
地址：天津开发区第五大街33号308室
……Tel：022-25703907

天津中广物流有限公司
地址：天津开发区第三大街8号2门804室
……Tel：022-5324581

天津东方宜信物流有限公司
地址：天津市西青区西青开发区兴华道银湾广场622号
……Tel：022-58062836

天津市轧一物流有限公司
地址：西青区王稳庄镇政府东侧
……Tel：022-58881136

天津克运物流发展有限公司
地址：天津开发区南海路12号A3栋1008室
……Tel：022-58969872

中铁十局集团第八工程有限公司
地址：天津市西青区张家窝镇天安创新科技产业园三区2号楼
……Tel：022-59565906

天津鑫港船务服务有限公司
地址：天津开发区顺达街8号2-3-601
……Tel：022-59828622

天津宝供仓储服务有限公司
地址：天津市西青经济开发区大寺工业园洪泽路30号
……Tel：022-60296896

天津海鑫物流有限公司
地址：天津开发区广场东路20号滨海金融街E7504室
……Tel：022-60872007

天津泰达股份有限公司
地址：天津开发区第三大街16号
……Tel：022-65175600

天津市呼铁华通物流有限公司
地址：天津开发区第三大街洞庭路76号恂园小区4号楼5楼
……Tel：022-65291463

天津中瑞达物流有限公司
地址：天津开发区晓园西路3号603室
……Tel：022-65558958

天津嘉晟达物流有限公司
地址：天津开发区天成轩5-1-1104
……Tel：022-66701385

天津开发区盛金物流有限公司
地址：天津开发区博润商务广场1-814
……Tel：022-66863360

天津轨道交通集团有限公司
地址：天津市西青区才智道36号
……Tel：022-87811512

天津南通田顺物流有限公司
地址：西青区杨柳青镇西青道南加油站东（奥森汽车运输有限公司院内A区东库21号）
……Tel：022-87915886

天津海拓物流有限公司
地址：天津市西青经济开发区赛达三大道1号A座厂房西侧4层
……Tel：022-87920731

天津中铁电气化设计研究院有限公司
地址：天津自贸试验区（空港经济区）中环西路36号125室
……Tel：022-58583854

天津滨海泰达物流集团股份有限公司
地址：天津经济技术开发区渤海路39号办公楼三层
……Tel：022-59858181

天津泰达投资控股有限公司
地址：天津经济技术开发区盛达街9号1201
……Tel：022-66286000

天津凯发电气股份有限公司
地址：天津新产业园区华苑产业区物华道8号
……Tel：022-80128008

日邮汽车物流（中国）有限公司
地址：天津自贸试验区（天津港保税区）京门大道187号201室
……Tel：022-20696050

天津普航仓储服务有限公司
地址：天津自贸试验区（空港经济区）国际物流区5号路1号、3号
……Tel：022-23302999

天津华康物流有限公司
地址：天津市宁河区现代产业区海航东路6号
……Tel：022-24088408

上海市

上海交运巴士客运（集团）有限公司
地址：中山北路1015号
……Tel：021-20243999

上海亿通国际股份有限公司
地址：中国（上海）自由贸易试验区郭守敬路498号浦东软件园14幢22301-864座
……Tel：021-20260000

上海日邮汽车运输有限公司
地址：宝山区江杨南路2590号1号楼307室
……Tel：021-20696062

上海金丰国际物流有限公司
地址：上海市宝山区长江西路778号1号楼3楼
……Tel：021-31330516

法中轨道交通运输设备（上海）有限公司
地址：上海市宝山区富联一路31号5幢
……Tel：021-33718866

上海宝遇物流有限公司
地址：上海市宝山区铁山路1075号3192室
……Tel：021-33853153

上海顺威物流有限公司
地址：上海市宝山区沪太路8885号A楼522室
……Tel：021-33911521

上海崴立物流有限公司
地址：上海市宝山区石太路3513号-6
……Tel：021-36044448

东腾国际物流有限公司
地址：上海市宝山区牡丹江路1325号3319-J室
……Tel：021-36310587

上海信嘉物流有限公司
地址：上海市宝山区牡丹江路1325号3329-Z室
……Tel：021-36327973

上海双赢物流有限公司
地址：上海市宝山区蕴川路5475号658室
……Tel：021-36506353

上海华骋供应链管理有限公司
地址：上海市宝山区淞宝路155弄1号1006室
……Tel：021-36555003

上海广海国际物流有限公司
地址：上海市宝山区逸仙路2816号1幢1层A4853室
……Tel：021-36586551

上海腾扬物流有限公司
地址：上海市宝山区牡丹江路1325号3323-R室
……Tel：021-36622858

上海鸿顺国际物流有限公司
地址：上海市宝山区同济路60弄48号272室
……Tel：021-50120480

上海恒道国际物流股份有限公司
地址：上海市宝山区双城路803弄11号1601室-3
……Tel：021-51287376

上海宝临电气集团有限公司
地址：上海市友谊路1016号
……Tel：021-51600093

上海惠佳物流有限公司
地址：上海市宝山区牡丹江路1325号3层-302T室
……Tel：021-51805801

上海合贸物流仓储有限公司
地址：上海市宝山区潘泾路1015号
……Tel：021-52585558

上海新招贤物流发展有限公司
地址：上海市宝山区牡丹江路1508号2213-P室
……Tel：021-55782911

上海蓄辉运输有限公司
地址：上海市宝山区富锦路3158号1幢1楼-7室
……Tel：021-56179352

上海宝山液压油缸有限公司
地址：上海市宝山区锦富路35号
……Tel：021-56391007

上海宏洋国际物流有限公司
地址：宝山区月罗路310号F5西-A32室
……Tel：021-56674001

上海桑青经贸有限公司
地址：上海市宝山区宝林八村101号2幢614R室
……Tel：021-56752975

上海海润物流发展有限公司
地址：上海市宝山区牡丹江路1325号3B-249
……Tel：021-5675696

上海交运沪北物流发展有限公司
地址：上海市宝山区牡丹江路1508号208室
……Tel：021-56840912

上海宝狄物流有限公司
地址：上海市宝山区长江南路668号A3688室
……Tel：021-56849513

上海宝康电子控制工程有限公司
地址：上海市宝山区杨行工业园区锦富路298号
……Tel：021-56931088

上海东震物流发展有限公司
地址：上海市宝山区沪太路5697号
……Tel：021-58646382

上海潮乾国际物流有限公司
地址：上海市宝山区长江西路1180号四楼B室A座
……Tel：021-58681840

上海跨豪物流有限公司
地址：上海市宝山区同济路2号1幢1011室
……Tel：021-58691066

上海禄发国际物流有限公司
地址：上海市宝山区月罗路310号F东2-C277室
……Tel：021-60125151

上海聚洲物流有限公司
地址：上海市宝山区锦宏路518号1幢-A2124室
……Tel：021-60125152

上海发网供应链管理有限公司
地址：上海市宝山区呼兰西路100号12号楼
……Tel：021-60733460

上海中昊国际物流有限公司

地址：上海市宝山区友谊路1508弄7号101室B61
……………………Tel：021-60821415
上海森宇国际物流有限公司
地址：上海市宝山区牡丹江路1325号4438-Z室
……………………Tel：021-60875181
上海锦钰物流有限公司
地址：上海市宝山区长江南路668号2号楼301室
……………………Tel：021-61800001
上海北芳危险品零星配送物流有限公司
地址：上海市宝山区真陈路1000号1幢418-B0039室
……………………Tel：021-62506814
舜德通（上海）物流有限公司
地址：上海市嘉定区敬学路208号1幢1层
……………………Tel：021-69896657
上海盛世船务代理有限公司
地址：上海市吴淞路469号2001E室
……………………Tel：021-63645500
上海虹口大众出租汽车有限公司
地址：上海市虹口区吴淞路117号
……………………Tel：021-66312017
上海巴士客车维修有限公司
地址：上海市宝山区宝杨路2000号4幢305-307室
……………………Tel：021-64610171
上海和鑫物流有限公司
地址：上海市宝山区毛家路31号3幢1225室
……………………Tel：021-64765511
上海华辉国际物流有限公司
地址：上海市宝山区新川沙路512号8幢
……………………Tel：021-65161686
上海新思原物流有限公司
地址：宝山区江杨南路2550弄158号101室
……………………Tel：021-66220539
上海长庆船务有限公司
地址：宝山区蕴川路3999号104
……………………Tel：021-65441583
上海同济建设有限公司
地址：上海市宝山区淞良路10号305室
……………………Tel：021-65975808
上海首易金属加工有限公司
地址：上海市宝山区园和路235号
……………………Tel：021-66031233
上海运杰供应链管理有限责任公司
地址：上海市宝山区沪太路9088号
……………………Tel：021-66276660
上海仲科冷藏物流有限公司
地址：上海市宝山区爱辉路201号3幢3153室
……………………Tel：021-66502381
上海延升物流有限公司
地址：宝山区逸仙路1980号1313室
……………………Tel：021-66640090
信高供应链管理（上海）有限公司
地址：上海市宝山区春和路399号1幢1层-B
……………………Tel：021-66680169
上海罗泾矿石码头有限公司
地址：上海市宝山区川念路58号
……………………Tel：021-66777790
上海万汇供应链有限公司
地址：上海市宝山区潘泾路3759号1幢
……………………Tel：021-66898628
上海汉唐物流服务有限公司
地址：上海市宝山区淞兴西路258号4号楼二层4227室
……………………Tel：021-66899630
上海腾达国际物流股份有限公司
地址：上海市宝山区牡丹江路1325号4427-Z室
……………………Tel：021-68887786
上海振轩国际物流有限公司
地址：上海市宝山区真陈路1000号418-717室
……………………Tel：021-69213635
上海茂金物流有限公司
地址：上海市崇明区庙镇宏海公路681号（上海庙镇经济开发区）
……………………Tel：021-31196018
上海苏洋物流有限公司
地址：崇明区新村乡新中村新跃153号7幢101室（上海新村经济小区）
……………………Tel：021-32501108
上海禹程建设发展有限公司
地址：上海市普陀区武威路88弄21号3层319-21室
……………………Tel：021-33530699
上海太海货物运输代理有限公司
地址：上海市崇明县城桥镇新闸路48号36幢202室
……………………Tel：021-33588888
上海绿臻建设工程有限公司
地址：上海市崇明区长江农场长江大街260号6幢266室
……………………Tel：021-36326860
上海联劲物流有限公司
地址：崇明县城桥镇东河沿68号4号楼119室（上海城桥经济开发区）
……………………Tel：021-39152622
上海亚通通信工程有限公司
地址：上海市崇明工业园区秀山路38号234室
……………………Tel：021-39610100
上海顺世物流有限公司
地址：崇明区富民支路58号D1-769室（上海横泰经济开发区）
……………………Tel：021-50470612
上海路港建设工程有限公司
地址：上海市崇明区港西镇三双公路987号1幢102室（上海津桥经济开发区）
……………………Tel：021-50550570
上海申通轨道交通研究咨询有限公司
地址：上海市崇明区城桥镇东门路101号
……………………Tel：021-51537875
上海南北公铁物流有限公司
地址：上海市崇明县港西镇三双公路1019号10幢201室
……………………Tel：021-51697555
上海祝尖物流有限公司
地址：上海市崇明区城桥镇三沙洪路101号3幢330室
……………………Tel：021-52842977
上海恒颂物流有限公司
地址：上海市崇明区长兴镇潘园公路1800号129室（上海泰和经济发展区）
……………………Tel：021-53856698
上海泽亿投资管理有限公司
地址：上海市崇明区横沙乡富民沙路1299号116室
……………………Tel：021-56576883
上海溧洋建筑劳务有限公司
地址：上海市崇明区新河镇新申路921弄2号Q区324室（上海富盛经济开发区）
……………………Tel：021-56703506
上海铭顺物流有限公司
地址：崇明区潘园公路1800号729室（上海泰和经济开发区）
……………………Tel：021-56846154
上海浦盈物流有限公司
地址：崇明县庙镇镇宏海公路841号A幢122室（上海庙镇经济开发区）
……………………Tel：021-56931789
上海海椿物流有限公司
地址：上海市崇明区堡镇镇新港路165号4幢113室
……………………Tel：021-58660398
上海盈顺物流有限公司
地址：上海市崇明区港沿镇港沿公路1700号5幢1104室（上海港沿经济小区）
……………………Tel：021-58660535
安吉国际物流（上海）有限公司
地址：上海市崇明区港沿镇鲁东村友南1070号125室（上海港沿经济小区）
……………………Tel：021-59145797
上海志甄物流有限公司
地址：上海市崇明区新村乡新村村1450号3幢111室（上海新村经济小区）
……………………Tel：021-59556536
上海秦树建筑劳务有限公司
地址：上海市崇明区绿华镇富华路79号16幢760室（上海绿华经济开发区）
……………………Tel：021-59571931
上海康展物流有限公司
地址：上海市崇明区港西镇北闸村8队18号2幢108室（上海津桥经济开发区）
……………………Tel：021-59884748
上海华通行物流有限公司
地址：崇明区新村乡新中村新跃153号8幢201室（上海新村经济小区）
……………………Tel：021-61313988-151
上海申凯公共交通运营管理有限公司
地址：中国（上海）自由贸易试验区临港新片区环湖西二路888号C楼
……………………Tel：021-62332060
上海盛际沁通物流有限公司
地址：上海市崇明区城桥镇秀山路8号3幢2层B区2018室（崇明工业园区）
……………………Tel：021-64340978
上海平文物流有限公司
地址：上海市崇明区秀山路8号3幢2层L区2016室（崇明工业园区）
……………………Tel：021-64588869
上海浩为物流有限公司
地址：上海市崇明区陈家镇北陈公路717号16幢3楼705室（上海裕安经济小区）
……………………Tel：021-69574645
上海崇明市政工程有限公司
地址：上海市崇明区城桥镇东门路328号
……………………Tel：021-69611967
天津津路钢铁加工配送有限公司
地址：天津开发区西区环泰南街89号
……………………Tel：021-59850902
上海奉元物流有限公司
地址：上海市奉贤区青村镇西张村634号
……………………Tel：021-24099566
上海逸凡国际物流有限公司
地址：上海市奉贤区四团镇邵厂社区邵安路19号-406
……………………Tel：021-33183339
众选供应链管理（上海）有限公司
地址：上海市奉贤区金汇镇金碧路665、685号1幢3330室
……………………Tel：021-33835379
上海新想物流有限公司
地址：上海市奉贤区柘林镇浦卫公路6301号110室
……………………Tel：021-34624918
上海辉展物流有限公司
地址：上海市奉贤区南航公路2368号3幢107-108室
……………………Tel：021-34979684
上海恒经建设工程有限公司
地址：上海市奉贤区金汇镇齐贤航南公路3365号B座128
……………………Tel：021-36368073
上海海潮物流有限公司
地址：上海市星火开发区民乐路345号3幢101室
……………………Tel：021-37111409
上海集奉国际物流有限公司
地址：上海市奉贤区南桥镇运河北路616号5幢417室
……………………Tel：021-37188502
上海中外运海港国际物流有限公司
地址：上海市奉贤区新杨公路778号
……………………Tel：021-37553333
上海威威物流有限公司
地址：上海市奉贤区奉炮公路458号1幢
……………………Tel：021-37565776
上海雅胜物流有限公司
地址：上海市奉贤区海尚路435号
……………………Tel：021-37581335
招商局物流集团上海奉贤有限公司
地址：上海市奉贤区浦卫公路3199号
……………………Tel：021-37583320
上海天旗物流有限公司
地址：上海市奉贤区化学工业区奉贤分区
……………………Tel：021-37586606
上海奕然国际货物运输代理有限公司
地址：上海市奉贤区青村镇青村南路312号3幢307
……………………Tel：021-50104972
和和国际物流（上海）有限公司
地址：上海市奉贤区海港综合经济开发区四团镇彭平公路670号8幢
……………………Tel：021-50581037
意天物联网股份（上海）有限公司
地址：上海市奉贤区柘林镇虹光大道318号388室
……………………Tel：021-51028000
上海仁德物流有限公司
地址：上海市奉贤区南桥镇金海路3369弄1幢419室-2
……………………Tel：021-51247029
上海泽能国际货物运输代理有限公司
地址：上海市奉贤区柘林镇虹光大道318号208室
……………………Tel：021-51297758
上海如意物流有限公司
地址：上海市奉贤区青村镇南奉公路3988号3幢
……………………Tel：021-51592989
上海日精物流有限公司
地址：上海市奉贤区庄行镇叶庄公路135号2幢728室
……………………Tel：021-54432666
上海广信物流有限公司
地址：上海市奉贤区大叶公路7958弄138号6幢
……………………Tel：021-54726205
上海滨强物流有限公司
地址：上海市奉贤区平海路966号第二幢二层
……………………Tel：021-56445499
上海翔登实业有限公司
地址：上海市奉贤区庄行镇浦卫公路2597号第2幢102室
……………………Tel：021-56451791
上海南方集团国际钢材物流中心有限公司
地址：上海市奉贤区南桥镇金海路1611弄
……………………Tel：021-57151193
上海奔诺物流有限公司
地址：上海市奉贤区华松路159号
……………………Tel：021-57157161
上海弘路建设发展有限公司
地址：上海市奉贤区海湾旅游区六号新村278号-3
……………………Tel：021-57412708
上海奉贤燃气股份有限公司
地址：上海市奉贤区南桥镇运河北路1239号
……………………Tel：021-57419191
上海华古物流有限公司
地址：上海市奉贤区大叶公路6978号
……………………Tel：021-57489748
上海远化物流有限公司
地址：上海市奉贤区星火开发区白沙路198号
……………………Tel：021-57505780
上海裕络物流有限公司
地址：上海市奉贤区金海公路5885号2378室
……………………Tel：021-60292540
上海波驳物流有限公司
地址：上海市奉贤区金齐路868号5749室
……………………Tel：021-60497579
上海添添物流有限公司
地址：上海市奉贤区沿钱公路5601号1幢
……………………Tel：021-60521322
上海鸣仁物流有限公司
地址：上海市奉贤区沿钱公路5601号1幢
……………………Tel：021-60521322
上海千隆物流有限公司
地址：上海市奉贤区新杨公路2688号
……………………Tel：021-61811968
上海晋基物流有限公司
地址：上海市奉贤区金汇镇工业路1399号1幢1110室
……………………Tel：021-62841385
上海索杰电子信息系统有限公司
地址：上海市奉贤区大叶公路5225号1幢6114室
……………………Tel：021-63306598
上海柏通国际物流有限公司
地址：上海市奉贤区四平路51号
……………………Tel：021-63580088
上海元元物流有限公司
地址：上海市奉贤区大叶公路5995号5幢2006室
……………………Tel：021-63639611
上海络博机电设备有限公司
地址：上海市奉贤区南桥镇沪杭支路8号3幢103.104室(奉工)
……………………Tel：021-64067181
上海誉顺物流有限公司
地址：上海市奉贤区四团镇前哨村103号
……………………Tel：021-64091176
上海继弘物流有限公司
地址：上海市奉贤区青村镇沿钱公路4688号2幢435室
……………………Tel：021-64198660
上海雄腾物流有限公司
地址：上海市奉贤区金汇镇大叶公路118号
……………………Tel：021-64587616
上海城建集团国际物流有限公司
地址：上海市奉贤区四团镇彭平公路821号101室
……………………Tel：021-64877000
上海敏昀物流有限公司
地址：上海市奉贤区金汇镇金钱公路2258号5幢104室
……………………Tel：021-66097793
上海奉贤大众众和出租汽车有限公司
地址：上海市奉贤区柘林镇胡桥胡滨村8丘2号
……………………Tel：021-66312026
上海奉贤大众汽车客运有限公司
地址：上海市奉贤区柘林镇胡桥胡滨村8丘3号
……………………Tel：021-66312017
上海奉贤大众众义汽车客运有限公司
地址：上海市奉贤区柘林镇胡桥胡滨村8丘5号
……………………Tel：021-66312017
上海华喆物流有限公司
地址：上海市奉贤区四团镇邵厂社区邵安路19号-440
……………………Tel：021-67104000
上海金昌盛保安服务有限公司
地址：上海市奉贤区青村镇新群路102号底层、二层
……………………Tel：021-67180101
上海维客利物流有限公司
地址：上海市奉贤区肖塘路255弄10号2层
……………………Tel：021-68003291
上海达海物流有限公司
地址：上海市奉贤区奉城镇协新路168号3幢
……………………Tel：021-68005360
上海弘群物流有限公司
地址：上海市奉贤区金汇镇工业路1399号1幢108室
……………………Tel：021-69117753
上海岳峰置业开发有限公司
地址：上海市虹口区东江湾路444号105室
……………………Tel：021-26019000
锐得物流（上海）有限公司
地址：上海市虹口区广纪路173号香杉园1007室
……………………Tel：021-33772121
上海中远海运港口投资有限公司
地址：上海市虹口区东大名路658号中远大厦5楼
……………………Tel：021-35312226
上海盈思佳德供应链管理有限公司
地址：上海市虹口区杨树浦路248号2701-2703、2709-2712室
……………………Tel：021-51036198
上海台港立盟国际物流有限公司
地址：上海市虹口区广纪路173号905室

…………Tel：021-51167388

上海派顿供应链管理股份有限公司
地址：上海市凉城路203号302A室
…………Tel：021-51699209

新景程国际物流有限公司
地址：上海市虹口区花园路66弄1号1707室
…………Tel：021-53930209

上海盛海物流有限公司
地址：上海市虹口区天宝路545号619室
…………Tel：021-55085123

上海东华工程咨询有限公司
地址：上海市虹口区逸仙路388号
…………Tel：021-55511041

上海晟弘国际物流有限公司
地址：上海市虹口区柳营路125号17楼1701-3室
…………Tel：021-55950068

上港物流金属仓储（上海）有限公司
地址：上海市虹口区塘沽路309号14层C室（集中登记地）
…………Tel：021-56440243

上海赫丰国际物流有限公司
地址：上海市虹口区飞虹路360弄9号6层（集中登记地）
…………Tel：021-61200826

上海恒丰国际物流有限公司
地址：上海市虹口区东大名路1191号16255室
…………Tel：021-61273696

领诚国际物流（上海）有限公司
地址：上海市虹口区高阳路233号1幢A206室
…………Tel：021-61408119

上海永顺丰供应链有限公司
地址：上海市虹口区杨树浦路248号1708-1712室
…………Tel：021-61471770

上海鼎通国际物流有限公司
地址：上海市虹口区东大名路1191号17641室
…………Tel：021-63253001

上海卓赢国际物流有限公司
地址：上海市虹口区四川北路525号宇航大厦2211室
…………Tel：021-63257998

上海融亿达国际物流有限公司
地址：上海市虹口区广纪路173号10层1001室（集中登记地）
…………Tel：021-63621988

元丰远洋物流有限公司
地址：上海市虹口区吴淞路130号503室
…………Tel：021-63646998

上海远东环球物流有限公司
地址：上海市虹口区天潼路133号1312室
…………Tel：021-63930268

嘉世坚国际货运代理（上海）有限公司
地址：上海市虹口区物华路58号底层东间06室
…………Tel：021-6445

上海天驰发达尔物流有限公司
地址：上海市虹口区通州路69号310室
…………Tel：021-65061651

上海鹰驰物流有限公司
地址：上海市虹口区四平路710号7层745-P室
…………Tel：021-65150927

上海荣马国际物流有限公司
地址：上海市虹口区东大名路815号2幢2楼G室
…………Tel：021-65459288

上海锦星国际物流有限公司
地址：上海市虹口区东大名路1191号16329室
…………Tel：021-65626964

上海科泰信息技术有限公司
地址：上海市虹口区四平路421弄20号203室
…………Tel：021-65791334

上海昊宸国际物流有限公司
地址：上海市虹口区凉城路465弄60号1730室
…………Tel：021-65933028

上海博仕威国际物流有限公司
地址：上海市虹口区东大名路908号1202室
…………Tel：021-65951012

上海中和国际物流有限公司
地址：上海市虹口区东大名路908号24楼D座
…………Tel：021-65955700

国投海运发展有限公司
地址：上海市虹口区东大名路700号1305室
…………Tel：021-65969209

上海维晟国际物流有限公司
地址：上海市虹口区祥德路302号A664室
…………Tel：021-68889986

上海黄金交易所
地址：上海市黄浦区河南中路99号
…………Tel：021-33189588

上海易网国际物流有限公司
地址：上海市黄浦区北京东路666号西楼14F室
…………Tel：021-53088118

上海闻泰电子科技有限公司
地址：上海市黄浦区北京东路666号H区（东座）6楼H115室
…………Tel：021-53529900

上海联东地中海国际船舶代理有限公司
地址：上海市虹口区黄浦路53号10楼1003室
…………Tel：021-60731811

上海尚安停车场管理有限公司
地址：上海市黄浦区南苏州路381号411A05室
…………Tel：021-60796368

上海电气自动化设计研究所有限公司
地址：上海市黄浦区蒙自路360号
…………Tel：021-63018345

上海久事（集团）有限公司
地址：上海市黄浦区中山南路28号
…………Tel：021-63308888

上海长江计算机有限公司
地址：上海市黄浦区山东中路337号
…………Tel：021-63513066

上海公共交通卡销售服务有限公司
地址：上海市黄浦区陆家浜路1298号101室、102室
…………Tel：021-63767700

上海久事公共交通集团有限公司
地址：上海市黄浦区建国东路525号1801室
…………Tel：021-63848484

实耐宝商贸（上海）有限公司
地址：上海市黄浦区福州路318号2001-2005室
…………Tel：021-63912388

上海市机械施工集团有限公司
地址：上海市嘉定区顺达路615号
…………Tel：021-26101740

上海雅昌艺术印刷有限公司
地址：上海市嘉定区嘉罗公路1022号2幢
…………Tel：021-31069579

上海李尔实业交通汽车部件有限公司
地址：上海市嘉定区安亭镇园区路268号6幢
…………Tel：021-31272118

上海威林供应链管理有限公司
地址：上海市嘉定区嘉戬公路328号7幢636室
…………Tel：021-33518190

上海华特企业集团股份有限公司
地址：上海市嘉定区恒谐路300号
…………Tel：021-33518634

博泰车联网科技（上海）股份有限公司
地址：上海市嘉定工业区叶城路1411号4幢208
…………Tel：021-34184898

上海博泰悦臻网络技术服务有限公司
地址：嘉定工业区叶城路1630号10幢1153室
…………Tel：021-34184898

上海科福物流有限公司
地址：上海市嘉定区南翔镇科福路358_368号4幢1层D区
…………Tel：021-39127226

上海欣鸿程物流有限公司
地址：嘉定区安亭镇百安公路99号
…………Tel：021-39127666

上海鹏翔国际物流有限公司
地址：上海市嘉定区安亭镇联星路119号9幢
…………Tel：021-39596201

上海众萃物流有限公司
地址：上海市嘉定区马陆镇敬学路75号2幢101室
…………Tel：021-39904218

上海高德威智能交通系统有限公司
地址：上海市嘉定区云谷路599弄6号2010室
…………Tel：021-50806666

上海恒孚物流有限公司
地址：上海市嘉定区马陆镇申霞路33号第2幢
…………Tel：021-51656753

上海轩叶物流有限公司
地址：上海市嘉定区马陆镇横仓公路618号5幢1层108室
…………Tel：021-52845861

上海天戈国际物流有限公司
地址：上海市嘉定区真南路4268号2幢JT10098室
…………Tel：021-53088855

海康威视数字技术（上海）有限公司
地址：上海市嘉定区云谷路599弄6号620室J661
…………Tel：021-54628188

上海罗亚国际货物运输代理股份有限公司
地址：上海市嘉定区菊园新区平城路811号5051室
…………Tel：021-55800888

上海远方基础工程有限公司
地址：上海市嘉定区安亭镇杭桂路1112号3层302室
…………Tel：021-56309706

麦口国际物流（上海）有限公司
地址：嘉定区马陆镇浏翔公路2058号1幢北区
…………Tel：021-56867629

上海科德汽车部件有限公司
地址：上海市嘉定区安亭镇园大路16号
…………Tel：021-59030202

上海兰竹物流有限公司
地址：嘉定区南翔镇昌翔路81号1幢
…………Tel：021-59132277

上海佳昱物流有限公司
地址：嘉定区外钱公路548号3幢
…………Tel：021-59155910-8017

上海美启物流管理有限公司
地址：上海市嘉定区宝钱公路4920号7幢4层
…………Tel：021-59156552

上海乐浦物流有限公司
地址：嘉定区马陆镇宝安公路3131号
…………Tel：021-59157991

上海嘉定汽车客运场站管理有限公司
地址：上海市嘉定区胜辛路3285号
…………Tel：021-59167114

上海西上海物流有限公司
地址：上海市嘉定区安亭镇南安路188号
…………Tel：021-59572712

上海众月物流有限公司
地址：上海市嘉定区安亭镇曹安路5040号12幢
…………Tel：021-59592325

上海新海得物流发展有限公司
地址：嘉定区马陆镇丰硕路100弄60号2幢201室
…………Tel：021-60766300

上海宇航安亭物流有限公司
地址：上海市嘉定区翔方路2255号1幢
…………Tel：021-61053999

上海龙祝舟物流有限公司
地址：上海市嘉定区嘉定镇博乐路70号36幢4层JT1512室
…………Tel：021-62848979

上海中车申通轨道交通车辆有限公司
地址：上海市嘉定区菊园新区树屏路588弄41号1001室
…………Tel：021-63189188

上海彼洋国际物流有限公司
地址：上海市嘉定工业区叶城路925号A区V175
…………Tel：021-65135656

上海凌翰物流有限公司
地址：上海市嘉定区马陆镇彭封路108号（丙）3幢2层
…………Tel：021-66083649

上海统华供应链管理有限公司
地址：上海市嘉定区恒荣路386号502室-1
…………Tel：021-66120450

上海雪霞物流有限公司
地址：嘉定区江桥镇曹安公路3080号2幢1号门
…………Tel：021-69110139

上海旭津物流有限公司
地址：上海市嘉定区宝安公路4229号15层1514室
…………Tel：021-69179377

上海大众祥云运输管理有限公司
地址：嘉定区安亭镇昌吉路21号
…………Tel：021-69563757

上海佳轩物流有限公司
地址：嘉定区宝安公路4435号1幢
…………Tel：021-69571616

上海坦达轨道车辆座椅系统有限公司
地址：上海市嘉定区朱戴路1950号
…………Tel：021-69575768

上海坦达座椅配件维修有限公司
地址：上海市嘉定区恒永路328弄27号3层301室
…………Tel：021-69575768

上海中科深江电动车辆有限公司
地址：嘉定工业区叶城路1631号
…………Tel：021-69950088

上海博泽汽车部件有限公司
地址：上海市嘉定区园贸路299号
…………Tel：021-69979080

中国航油集团海鑫航运有限公司上海分公司
地址：上海市闵行区申虹路928弄6号楼2层及501室
…………Tel：021-23570058

上海北芳危险品物流有限公司
地址：上海市金山区浦卫公路10359号
…………Tel：021-62506802

上海同程仓储有限公司
地址：上海市金山区漕泾镇天华路305号3幢
…………Tel：021-33693992

上海金桓物流有限公司
地址：上海市金山工业区亭卫公路6495弄168号5幢1楼705室
…………Tel：021-34202826

喜达物流（上海）有限公司
地址：上海市金山区漕泾镇共创路288号2幢
…………Tel：021-38726526

上海展欣物流有限公司
地址：上海市金山区张堰镇新建路94号3幢112室
…………Tel：021-52043179

上海林海物流有限公司
地址：上海市金山区卫清西路423号4楼20室
…………Tel：021-54580760

上海零星危险化学品物流有限公司
地址：上海市金山区漕泾镇合展路258号
…………Tel：021-57251073

上海新瑞生态汽车发展有限公司
地址：上海市金山区漕泾镇亭卫公路3316号1幢1140室
…………Tel：021-57251396

上海荣景物流有限公司
地址：上海市金山区漕泾镇天华路389号
…………Tel：021-57251540

上海金山公路建设有限公司
地址：上海市金山区朱泾镇亭枫公路581号
…………Tel：021-57336917

上海金久物流仓储有限公司
地址：上海市金山区朱泾镇新农温河村1012号
…………Tel：021-57346363

上海尚进物流有限公司
地址：上海市金山区张堰镇松金公路2688-8号4幢102室
…………Tel：021-57837106

上海高塑物流有限公司
地址：上海市金山区张堰镇松金公路2688号A-85室
…………Tel：021-57953888

上海原始物业管理有限公司
地址：上海市金山区龙展路150号603-1室
…………Tel：021-57968805

上海民盛物流有限公司
地址：上海市金山区金山卫镇建圩路201号1幢2楼31室
…………Tel：021-60892156

上海吉尊国际物流有限公司
地址：上海市崇明区城桥镇三沙洪路89号3幢716室（上海崇明供销经济开发区）
…………Tel：021-60892158

上海汇畅物流有限公司
地址：上海市金山区卫清西路425号567室
…………Tel：021-60892158

上海骥祥物流有限公司
地址：上海市金山区金山卫镇海虹路189号2幢164号库
…………Tel：021-60892158

上海和琴物流有限公司
地址：上海市金山区金山卫镇松金公路315号137-07室
…………Tel：021-60892158

上海普今物流有限公司
地址：上海市金山工业区亭卫公路6495弄168号5幢1楼102室
…………Tel：021-61189961

喜达储运（上海）发展有限公司
地址：上海市金山区漕泾镇共创路288号
…………Tel：021-61355733

上海南洋电缆有限公司
地址：上海市金山区亭林镇大亭公路6850号1幢102室
…………Tel：021-62206886

上海晶扬国际物流有限公司
地址：上海市金山区漕泾镇联发路128号
…………Tel：021-62327717

上海唐邦物流有限公司
地址：上海市金山工业区亭卫公路6495弄168号5幢1楼2214室
…………Tel：021-63636318

上海城市地理信息系统发展有限公司
地址：上海市金山区张堰镇松金公路2758号10幢A1472室
…………Tel：021-64436020

上海鲁智物流有限公司
地址：上海市金山区卫清西路421号东504-E
…………Tel：021-66082786-8003

上海中徽物流有限公司
地址：上海市金山区金山卫镇新卫公路838号4号楼18室
…………Tel：021 66278852

上海百联石化物流有限公司
地址：上海市金山区漕泾镇州工路158号
…………Tel：021-67250170

上海巴士化工物流有限公司
地址：上海市金山区漕泾镇古岗路225号
…………Tel：021-67251884

上海交运远翼化工储运有限公司
地址：上海市金山区漕泾镇合展路228号
…………Tel：021-67253686

上海帝邦智能化交通设施有限公司
地址：上海市金山区张堰镇工业区振堰路375号
…………Tel：021-67691656

上海金巢实业有限公司
地址：上海市金山区漕泾镇合展路118号1幢107室P座
……………………Tel：021-68555393

上海华汇国际物流有限公司
地址：上海市金山区张堰镇新建路94号3幢267室
……………………Tel：021-69105395

上海飞升国际物流有限公司
地址：上海市金山区张堰镇松金公路2514号1幢268室
……………………Tel：021-69893250

华域汽车系统股份有限公司
地址：上海市静安区威海路489号
……………………Tel：021-23101888

冠丰（上海）房地产发展有限公司
地址：上海市静安区石门一路288号香港兴业中心二座6楼
……………………Tel：021-22083500

上海鸣啸信息科技股份有限公司
地址：上海市静安区恒丰路218号803-2室
……………………Tel：021-32527617

上海轨道交通设备发展有限公司
地址：上海市静安区江宁路212号7层A、B、C、D室
……………………Tel：021-34289696

上海上铁建筑工程（集团）有限公司
地址：天目东路228号14楼
……………………Tel：021-51224287

上海大众新亚出租汽车有限公司
地址：上海市静安区永和路598号
……………………Tel：021-56031276

国药集团医药物流有限公司
地址：上海市静安区康宁路1089号1幢701、801室
……………………Tel：021-56681000

上海大众运行物流股份有限公司
地址：上海市静安区汶水路451号
……………………Tel：021-59119502

联邦快递国际货运代理服务（上海）有限公司
地址：上海市静安区西康路300号10楼、1101-1108单元
……………………Tel：021-61380800

上海工程勘察设计有限公司
地址：上海市静安区武宁南路318号六楼
……………………Tel：021-62307720

申通北车（上海）轨道交通车辆维修有限公司
地址：上海市静安区恒丰路600号（1-5）幢1901-25室
……………………Tel：021-6389188

上海国菲国际物流有限公司
地址：上海市静安区沪太路1128号161室
……………………Tel：021-65411998

上海民航华东通信网络发展有限公司
地址：上海市虹桥机场空港一路121号2楼
……………………Tel：021-22367862

利丰供应链管理（中国）有限公司
地址：上海市闵行区宜山路2000号20幢802室
……………………Tel：021-24164904

上海创伟国际物流发展有限公司
地址：上海市闵行区沪青平公路329号18幢106室
……………………Tel：021-32562922

上海阿尔斯通交通电气有限公司
地址：上海市闵行区银都路4055号
……………………Tel：021-33232304

上海金旅物流有限公司
地址：上海市闵行区秀文路908弄2号502-A室
……………………Tel：021-34099167

上海紫江商贸控股有限公司
地址：上海市闵行区申富路618号17幢203室
……………………Tel：021-34292106

上海新华控制技术集团科技有限公司
地址：上海市闵行区东川路555号丁楼7067室
……………………Tel：021-34292618

上海威强电工业电脑有限公司
地址：上海市闵行区申富路515号2幢4楼
……………………Tel：021-34627799

上海英络物流有限公司
地址：上海市闵行区沪青平公路277号3楼313室
……………………Tel：021-39109577

上海玉涛国际物流有限公司
地址：上海市闵行区闵北路88弄18号-30号第3幢137室
……………………Tel：021-51087288

上海赢双电机有限公司
地址：上海市闵行区光中路639号2幢一层A区、二层、三层，3幢三层
……………………Tel：021-51591548

上海欧泰达物流有限公司
地址：上海市闵行区古美路477号
……………………Tel：021-52216896

上海生生物流有限公司
地址：上海市闵行区纪丰路327号3幢一层、二层
……………………Tel：021-54296788

上海进征电子工业有限公司
地址：上海市闵行区景联路725号
……………………Tel：021-54404670

上海贝业新兄弟物流有限公司
地址：上海市闵行区春光路730号301室B座
……………………Tel：021-54405776

上海松芝轨道车辆空调有限公司
地址：上海市闵行区华宁路4999号第2幢A区
……………………Tel：021-54424998-281

上海虹迪物流科技股份有限公司
地址：上海市闵行区新源路1356弄1-7号2幢B208
……………………Tel：021-54431003

上海赛克国际物流有限公司
地址：上海市闵行区沪青平公路391弄88号-26室
……………………Tel：021-54493818

上海阿尔斯通交通设备有限公司
地址：上海市闵行区东川路3999号
……………………Tel：021-54722222

上海九星物流股份有限公司
地址：闵行区漕宝路六号桥南
……………………Tel：021-64791225

上海鲁汇电力设备安装有限公司
地址：上海市闵行区浦江镇东方经济城
……………………Tel：021-54845998

上海纳杰电气成套有限公司
地址：上海市闵行区光华路2118号
……………………Tel：021-54980105

上海朝泰物流有限公司
地址：上海市闵行区沪青平公路206弄8号2幢1楼1066室
……………………Tel：021-54998911

柏中紧固件（上海）有限公司
地址：上海市闵行区北横沙河路468弄99号
……………………Tel：021-58666911

上海仲信国际物流有限公司
地址：上海市闵行区沪青平公路329号18幢124室
……………………Tel：021-59886922

特佳化工物流（上海）有限公司
地址：上海市闵行区三鲁公路3585号1幢一层
……………………Tel：021-61356025

上海闵银物流有限公司
地址：上海市闵行区金都路18号（欣隆大厦）2幢701室
……………………Tel：021-61503371

三星财产保险（中国）有限公司
地址：上海市闵行区吴中路1799号B座7楼
……………………Tel：021-22311888

上海华振物流有限公司
地址：上海市闵行区华翔路2239号
……………………Tel：021-62636531

上海发航物流有限公司
地址：上海市闵行区北青公路1698弄28号
……………………Tel：021-62691528

上海青子云物流有限公司
地址：上海市闵行区江川路1800号
……………………Tel：021-62849527

上海淮申运输有限公司
地址：上海市闵行区剑川路951号2幢2607室
……………………Tel：021-63566612

有达（上海）国际货运有限公司
地址：上海市闵行区申长路988弄2号6层601A、601B室
……………………Tel：021-63871286

上海岳锋国际物流有限公司
地址：上海市闵行区光华路598号2幢CA4040室
……………………Tel：021-64140389

上海晟通国际物流有限公司
地址：上海市闵行区沪青平公路319弄50号
……………………Tel：021-64208777

上海新辉物流有限公司
地址：上海市闵行区沪青平公路206弄8号1幢2楼225室
……………………Tel：021-64215967

上海法雷奥汽车电机雨刮系统有限公司
地址：上海市闵行区经济技术开发区剑川路2281号
……………………Tel：021-64302183

上海电瓷厂有限公司
地址：上海市闵行区吴泾镇车沟桥
……………………Tel：021-64343595

上海市政养护管理有限公司
地址：上海市闵行区延安西路3500号
……………………Tel：021-64495547

上海物贸生产资料物流有限公司
地址：上海市闵行区龙吴路5300弄3号7号楼
……………………Tel：021-64501391

格兰德仓储（上海）有限公司
地址：上海市闵行区虹梅南路4999号第一幢1、3、4层
……………………Tel：021-64739882

上海埃威航空电子有限公司
地址：上海市闵行区剑川路468号
……………………Tel：021-64956126

急特物流（上海）有限公司
地址：上海市闵行区平阳路1526号1202室
……………………Tel：021-67765163

上海通转物流有限公司
地址：上海市闵行区黎安路1187号4幢A01室
……………………Tel：021-68480359

上海沪蓉物流有限公司
地址：上海市闵行区龙茗路1905号
……………………Tel：021-69171666

中外运普菲斯物流（上海）有限公司
地址：上海市浦东新区明港路99号3幢
……………………Tel：021-20672283

上海新港集装箱物流有限公司
地址：泥城镇上海市浦东新区茂祥路258号
……………………Tel：021-20927202

上海港凯物流有限公司
地址：浦东新区南汇新城镇芦潮港路1758号1幢3384室
……………………Tel：021-20928550

川崎振华物流（上海）有限公司
地址：上海市浦东新区同汇路168号B602室（临港新城）
……………………Tel：021-20956762

上海嘉旺物流有限公司
地址：上海市浦东新区书院镇丽正路1628号4幢3423室
……………………Tel：021-20985018

交银康联人寿保险有限公司
地址：中国（上海）自由贸易试验区陆家嘴环路333号东方汇经大厦22-23楼
……………………Tel：021-22192288

上海立伟物流有限公司
地址：中国（上海）自由贸易试验区浦东大道2123号3E-1222室
……………………Tel：021-33014616

韩通物流（上海）有限公司
地址：中国（上海）自由贸易试验区浦东南路2250号2幢一层B146室
……………………Tel：021-33299511

新智认知数据服务有限公司
地址：上海市浦东新区川沙路955号11幢221室
……………………Tel：021-33637763

上海快鹿物流有限公司
地址：浦东新区高科西路551号209室
……………………Tel：021-33710277

日陆物流（上海）有限公司
地址：上海市浦东新区洋浩路1388号
……………………Tel：021-38210300

上海铁驳物流有限公司
地址：浦东新区龙东大道5680号二号楼106室
……………………Tel：021-38232388

博瓦（上海）波纹管技术有限公司
地址：上海市南汇工业园区园中路451号4号厂房
……………………Tel：021-38239300

业纳（上海）精密仪器设备有限公司
地址：上海市浦东新区秀浦路3999弄15号1和2楼
……………………Tel：021-38252380

泰西塑料（上海）有限公司
地址：上海市浦东新区仁庆路509号9号楼
……………………Tel：021-38660000

上海快顺国际物流有限公司
地址：浦东新区惠南镇南门路288号1幢1104A室
……………………Tel：021-38983863

上海辰鼎国际物流有限公司
地址：上海市浦东新区金高路1092号二楼205室
……………………Tel：021-50157775

新钶电子（上海）有限公司
地址：上海市浦东新区莲溪路1151号6号楼第1、3层
……………………Tel：021-50427980

上海航道物流有限公司
地址：浦东大道2501号26幢510-525室
……………………Tel：021-50898329

上海兰生集团国际物流有限公司
地址：上海市浦东新区物流大道1126号
……………………Tel：021-51311658

上海平安物流有限公司
地址：上海市浦东新区申江南路3898号4幢
……………………Tel：021-51377777

上海三艾尔逸枫仓储有限公司
地址：上海市浦东新区港城路2386号3幢
……………………Tel：021-51552651

上海三艾尔振华物流有限公司
地址：上海市浦东新区港城路2366号
……………………Tel：021-51978133

交银金融租赁有限责任公司
地址：中国（上海）自由贸易试验区陆家嘴环路333号28、29楼
……………………Tel：021-53559858

上海仪电物联技术股份有限公司
地址：中国（上海）自由贸易试验区郭守敬路498号浦东软件园A-154座
……………………Tel：021-54262020

上海朝明物流有限公司
地址：浦东新区万祥镇三三公路2029号1幢54室
……………………Tel：021-55520271

上海中集洋山集装箱服务有限公司
地址：上海市浦东新区南芦公路2158号101室
……………………Tel：021-56143783

上海星明国际物流有限公司
地址：浦东新区杨高北一路247号
……………………Tel：021-56440456

上海科泰运输制冷设备有限公司
地址：中国（上海）自由贸易试验区康桥东路1258弄15号
……………………Tel：021-58131128

上海胜华电缆厂有限公司
地址：浦东新区惠南镇园中路188号
……………………Tel：021-58176605

中航翔凤国际物流（上海）有限公司
地址：浦东新区宣桥镇申杰路351号
……………………Tel：021-58181838

上海联桥物流发展有限公司
地址：上海市浦东新区书院镇万松路155号
……………………Tel：021-58194880

上海久江国际物流有限公司
地址：中国（上海）自由贸易试验区临港新片区宏祥北路83弄1-42号26幢1层149室
……………………Tel：021-58232999

住友仓储（中国）有限公司
地址：上海市浦东新区金桥出口加工区南区王桥路600号
……………………Tel：021-58381628

上海地江集团有限公司
地址：浦东新区上南路3365号430室
……………………Tel：021-58389331

上海振华船运有限公司
地址：浦东杨新东路24号301室
……………………Tel：021-58396666

上海新耀物流有限公司
地址：上海市浦东新区江东路750号3幢2楼
……………………Tel：021-58649317

上海宝航市政交通设施有限公司
地址：上海市浦东新区庆达路145号
……………………Tel：021-58973333

上海益嘉物流有限公司
地址：上海市浦东新区高东路118号A区3幢101
……………………Tel：021-60457900

上海德礼国际物流有限公司
地址：浦东新区南汇新城镇芦潮港路1728号298室
……………………Tel：021-61031877

联合包裹物流（上海）有限公司
地址：中国（上海）自由贸易试验区上海市浦东机场河滨西路1907号
……………………Tel：021-61057603

上海嘉东仓储有限公司
地址：上海市浦东新区施新二路83号5幢
……………………Tel：021-61332034

荷皇橙派货运代理（上海）有限公司
地址：上海市浦东新区峨山路91弄120号陆家嘴软件园8号楼7层西单元
……………………Tel：021-61366868

大新华码头管理有限公司
地址：中国（上海）自由贸易试验区浦东大道2123号3E-1075室
……………………Tel：021-61757124

上海天行健国际物流有限公司
地址：浦东新区祝桥镇施湾七路997号4幢2楼206室
……………………Tel：021-61763339

上海亚陆国际物流有限公司
地址：浦东新区南汇新城镇芦潮港路1730号3007室
……………………Tel：021-61805591

上海大生农产品有限公司
地址：上海市浦东新区临沂路130-134（双）号三层318室
……………………Tel：021-63256060-8207

上海康捷空物流有限公司
地址：浦东新区祝桥镇盐朝公路1038号
……………………Tel：021-63300985

上海高投国际物流有限公司
地址：上海市浦东新区临港物流园区捷航路76号，捷畅路75、145号
……………………Tel：021-63580088

迈辉国际物流（上海）有限公司
地址：上海市浦东新区川沙路450号312室
……………………Tel：021-63736699

上海久通商旅客运有限公司
地址：浦东新区书院镇船山街82号3108室
……………………Tel：021-64780611

上海环昱建设（集团）有限公司
地址：浦东新区书院镇丽正路1628号4幢1-2层
……………………Tel：021-65024580

上海源齐物流有限公司
地址：浦东新区康桥镇康士路23号357室
……………………Tel：021-65377919

上海汇繁物流有限公司

地址：浦东新区惠南镇双店村民委员会518号316室（临港）
…………Tel：021-67623376

上海群邦物流有限公司
地址：上海市浦东新区万祥镇宏祥北路83弄1-42号26幢2层202室
…………Tel：021-68003291

上海浦发综合养护（集团）有限公司
地址：浦东新区惠南镇人民中路104号
…………Tel：021-68015753

上海澳星照明电器制造有限公司
地址：浦东新区周浦镇沈梅路258号
…………Tel：021-68131313

上海浦东同频建设工程有限公司
地址：浦东新区航头镇航头路1528弄12号202室
…………Tel：021-68221101

上海大众交通国际物流有限公司
地址：上海市浦东新区浦东机场海天一路558号
…………Tel：021-68359190

东京海上日动火灾保险（中国）有限公司
地址：中国（上海）自由贸易试验区陆家嘴环路1000号恒生银行大厦38楼
…………Tel：021-68414455

上海交通建设总承包有限公司
地址：上海市浦东新区浦东大道2501号26幢
…………Tel：021-68531823

上海盛榕通能源科技有限公司
地址：浦东新区江心沙路3189号2幢底楼
…………Tel：021-68662858

丰田陆捷物流（上海）有限公司
地址：上海市浦东新区高翔环路565号1幢105室
…………Tel：021-68685969

富春物流有限公司
地址：中国（上海）自由贸易试验区浦东大道2123号3E-1126室
…………Tel：021-68796009

上海康耐司信号设备有限公司
地址：浦东合庆镇汇庆路286号
…………Tel：021-68917077

上海信鸿装饰工程有限公司
地址：浦东新区泥城镇倚天路333号2幢1层
…………Tel：021-69766165

上海耀翔物流有限公司
地址：上海市普陀区红柳路255号6幢B区-410室
…………Tel：021-20936381

丰树金达仓储（上海）有限公司
地址：上海市普陀区金达路428号5幢1层
…………Tel：021-23167723

上海电科智能系统股份有限公司
地址：上海市普陀区武宁路505号53号楼7楼
…………Tel：021-32557700

上海安宜达物流有限公司
地址：上海市普陀区银杏路4号138室
…………Tel：021-33827185

上海日千物流有限公司
地址：上海市普陀区南大街20号己庚-1
…………Tel：021-33872694

上海东运视捷物流有限公司
地址：上海市普陀区红柳路128号1幢
…………Tel：021-36328021

上海能电电力工程有限公司
地址：上海市普陀区交通路4621弄10号401室
…………Tel：021-36361355

上海稚华物流有限公司
地址：上海市普陀区志丹路168号3038室
…………Tel：021-39540711

上海稚虹物流有限公司
地址：上海市普陀区花溪路199号3127室
…………Tel：021-39540711

上海弘和物流有限公司
地址：上海市普陀区金迎路255号4幢103室
…………Tel：021-39557608

上海盛鑫建设工程有限公司
地址：上海市普陀区交通路4711号1307室A
…………Tel：021-52807380

中国建材国际工程集团有限公司
地址：上海市普陀区中山北路2000号中期大厦27层
…………Tel：021-52916280

上海龙闪物流有限公司
地址：上海市普陀区柳园路556号5幢1层2588室
…………Tel：021-56147128

上海上嘉物流有限公司
地址：上海市普陀区古浪路521号B区4号房
…………Tel：021-56711076

中航临港国际物流（上海）有限公司
地址：上海市普陀区云岭东路89号403室
…………Tel：021-60729375

上海延华智能科技（集团）股份有限公司
地址：上海市普陀区西康路1255号6楼602室
…………Tel：021-61818686

上海际华物流有限公司
地址：上海市普陀区叶家宅路100号9幢503室
…………Tel：021-62983424

上海普建市政养护有限公司
地址：上海市普陀区富水路738号
…………Tel：021-66098585

上海沧运物流有限公司
地址：上海市普陀区柳园路556号5幢一层2729室
…………Tel：021-69923278

上海民航华东空管工程技术有限公司
地址：上海市青浦区徐泾镇诸光路451号
…………Tel：021-22326811

上海仙泉海国际物流有限公司
地址：青浦区浦仓路485号635-N
…………Tel：021-31001133

德邦物流股份有限公司
地址：上海市青浦区徐泾镇徐祥路316号1幢
…………Tel：021-39288243

上海钧源物流有限公司
地址：上海市青浦区华新镇华腾路1288号1幢4层J区442室
…………Tel：021-36581916

上海精翊电器有限公司
地址：上海市青浦工业园区漕盈路2699号
…………Tel：021-39200818

上海托普旺物流有限公司
地址：上海市青浦区徐泾镇谢卫路408号1幢1层A区114室
…………Tel：021-39285981

上海雅澳物流科技有限公司
地址：上海市青浦区华新镇华腾路1288号1幢1层M区198室
…………Tel：021-39515737

上海意邦物流有限公司
地址：青浦区重固镇北青公路6186号230室
…………Tel：021-39878111

上海熙亚国际物流有限公司
地址：青浦区沪青平公路3841弄5号6/宗地29幢一层B区175室
…………Tel：021-50630593

上海丰鹏国际物流有限公司
地址：青浦区联民路1881号1幢4层A区434室
…………Tel：021-51699300-809

上海交通大学设计研究总院有限公司
地址：青浦区白鹤镇香大路948号2-306A
…………Tel：021-52340635

上海赛瑞丝国际物流有限公司
地址：青浦区浦仓路485号214-N
…………Tel：021-53086611

上海宏诺物流有限公司
地址：青浦区练塘镇章练塘路588号G-164室
…………Tel：021-53961086

上海嘉讯物流有限公司
地址：上海市青浦区外青松公路7548弄588号3幢1层Z区160室
…………Tel：021-54763648

递一国际物流有限公司
地址：上海市青浦区华新镇华隆路1777号6幢D座1106室
…………Tel：021-59125012

中铁武汉电气化局集团上海电气有限公司
地址：上海市青浦区北青公路10688弄30号楼
…………Tel：021-59221220

上海怡飞柯精密机械有限公司
地址：上海市青浦工业园区天一路388号
…………Tel：021-59228626

上海申雪供应链管理有限公司
地址：上海市青浦区重固镇赵重公路2778弄26号201室
…………Tel：021-59260773

润合明仓储物流（上海）有限公司
地址：上海市青浦区外青松公路5098号
…………Tel：021-59705888

上海海博西郊物流有限公司
地址：青浦区凤星路1588号2幢1层A区190室
…………Tel：021-59771829

上海徐氏龙晨物流有限公司
地址：上海市青浦区华新镇嘉松中路3199弄228号4幢-1
…………Tel：021-59884981

上海昌彤物流有限公司
地址：青浦区重固镇北青公路6186号201室
…………Tel：021-60376663

上海惠尔仓储有限公司
地址：上海市青浦区崧泽大道7399号9幢6楼
…………Tel：021-60835106

上海普徐仓储有限公司
地址：上海市青浦区徐泾镇华徐公路589号
…………Tel：021-61053999

上海青浦安同仓储有限公司
地址：上海市青浦区漕盈路2500号404室
…………Tel：021-61351688

上海义达国际物流有限公司
地址：上海市青浦区徐泾镇京华路84-86-2号1幢4层A区401室
…………Tel：021-61921501

中骅国际物流有限公司
地址：上海市青浦区徐泾镇联民路1881号9幢1层A区125室
…………Tel：021-61999256

上海裕众国际物流有限公司
地址：上海市青浦区外青松公路5045号508室C区34号
…………Tel：021-63249605

上海世图物流有限公司
地址：青浦区新达路1218号1幢1层A区178室
…………Tel：021-69214298

上海顺衡物流有限公司
地址：青浦区纪鹤公路2189号5幢1层C区101室
…………Tel：021-69763037

上海五岳供应链管理有限公司
地址：上海市青浦区徐泾镇华徐公路888号2号楼2层A2027室
…………Tel：021-69765097

上海聚亨物流有限公司
地址：上海市青浦区练塘镇章练塘路588弄15号1幢1层4区079室
…………Tel：021-69778713

上海统超物流有限公司
地址：上海市松江区民益路22号18幢
…………Tel：021-22158888

上海东合仓储有限公司
地址：上海市松江区民强路1236号
…………Tel：021-24099566

上海宏杉国际物流有限公司
地址：上海市松江区九亭镇盛龙路429弄30号1幢101室
…………Tel：021-33197070

上海瑞地物流有限公司
地址：上海市松江区永丰街道玉树路269号5号楼3444室
…………Tel：021-33266062

上海盛唐物流有限公司
地址：上海市松江区新桥镇新格路850弄22号513室
…………Tel：021-34624678

中铁十五局集团电气化工程有限公司
地址：上海市松江区九亭镇博安路46号
…………Tel：021-57637777

达伟（上海）物流仓储有限公司
地址：上海市松江区三庄路58弄9号
…………Tel：021-37818168

上海青虹物流管理有限公司
地址：上海市松江区谷阳北路1500号5楼502室
…………Tel：021-3928276

上海交大昂立股份有限公司
地址：上海市松江区环城路666号
…………Tel：021-54271688

上海鑫毅交通工业有限公司
地址：上海市松江区车墩镇车新公路368号
…………Tel：021-57609090

维蒙特工业（中国）有限公司
地址：上海市松江区松江工业区三浜路100号
…………Tel：021-57609131

上海吉泰电阻器有限公司
地址：上海市松江区泗泾镇江川南路1号
…………Tel：021-57629292

上海迪探节能科技有限公司
地址：上海市松江区洞泾镇振业路199号
…………Tel：021-57670759

解亚园（上海）电子制造有限公司
地址：上海松江出口加工区茸翔路8号标准厂房第3、4栋
…………Tel：021-57749696

上海华铭智能终端设备股份有限公司
地址：上海市松江区茸北工业区施惠路北侧
…………Tel：021-57784387

上海茸城出租汽车有限公司
地址：上海市松江区松江镇西林北路333号
…………Tel：021-57822209

明江（上海）国际物流有限公司
地址：上海市松江区小昆山镇昆西村1号房
…………Tel：021-57856208

上海海蛟交通设备有限公司
地址：上海市松江区泖港镇中强路700号1、3、5幢
…………Tel：021-57871560

上海新宁捷通仓储有限公司
地址：上海市松江区三庄路155弄7、8号
…………Tel：021-58681389

上海富泰通国际物流有限公司
地址：上海市松江区南乐路1925号第1幢第1层
…………Tel：021-61206688

上海松江有轨电车投资运营有限公司
地址：上海市松江区茸惠路558号3幢二层218室
…………Tel：021-67823010

上海益邦智能技术股份有限公司
地址：上海市松江区李塔汇镇延寿路8号
…………Tel：021-68406202

上海申通地铁资产经营管理有限公司
地址：上海市徐汇区沪闵路8075号2层、3层东侧
…………Tel：021-22056383

上海市地下空间设计研究总院有限公司
地址：上海市徐汇区肇嘉浜路249号406室
…………Tel：021-24028300

金拱门（中国）有限公司
地址：上海市徐汇区龙腾大道2121号2号楼一层108室
…………Tel：021-24071800

上海鼎尖国际物流有限公司
地址：上海市徐汇区中山西路2020号2号楼601-1室
…………Tel：021-24116545

上海市政交通设计研究院有限公司
地址：上海市徐汇区南丹东路106号4-5楼
…………Tel：021-31152666

延锋伟世通电子科技（上海）有限公司
地址：上海市徐汇区田林路192号1号楼201-27室
…………Tel：021-33323086

上海卓易科技股份有限公司
地址：上海市徐汇区宜山路700号A6栋2层、5层、6层
…………Tel：021-33563796

上海市隧道工程轨道交通设计研究院
地址：上海市徐汇区中山西路1999号
…………Tel：021-33633690

上海移远通信技术股份有限公司
地址：上海市徐汇区虹漕路25-1号二层193室
…………Tel：021-51086236

普天轨道交通技术（上海）有限公司
地址：上海市徐汇区宜山路700号82幢1楼整层
…………Tel：021-60555522

上海交大达通实业有限公司
地址：上海市徐汇区华山路1954号
…………Tel：021-62825500

中交第三航务工程局有限公司
地址：上海市徐汇区平江路139号
…………Tel：021-64030607

上海交通大学出版社有限公司
地址：上海市徐汇区番禺路951号北一楼
…………Tel：021-64073126

上海国际技贸联合有限公司
地址：上海市徐汇区岳阳路76号8号楼
…………Tel：021-64378818

上海建坤信息技术有限责任公司
地址：上海市徐汇区宛平南路75号2201室
…………Tel：021-64410341

上海久誉软件系统有限公司
地址：上海市徐汇区虹漕路421号67号楼906室
…………Tel：021-64759058

上海高胜物流有限公司
地址：上海市杨浦区翔殷路165号B区308-3室
…………Tel：021-25257891

上海同岩土木工程科技股份有限公司
地址：上海市杨浦区四平路1388号408室
…………Tel：021-33626323

上海汇基物流有限公司
地址：上海市杨浦区逸仙路801号305室
…………Tel：021-35306302

上海星启物流有限公司
地址：上海市杨浦区平凉路2716号42幢014室
…………Tel：021-36501008

上海邦诺物流有限公司
地址：上海市杨浦区大连路950号1008A室
…………Tel：021-51287333

上海富达工程管理咨询有限公司
地址：四平路421弄107号
…………Tel：021-51502698

上海电控研究所
地址：上海市杨浦区江浦路1380号
…………Tel：021-55950150

上海勘察设计研究院（集团）有限公司
地址：上海市杨浦区水丰路38号
…………Tel：021-60823338

国泰财产保险有限责任公司
地址：上海市杨浦区黄兴路221号E座（1181幢）
…………Tel：021-61032288

上海金溪物流有限公司
地址：上海市杨浦区控江路665号137幢A59室
…………Tel：021-64906187

上海成基市政建设发展有限公司
地址：上海市杨浦区国顺东路11号
…………Tel：021-65340028

上海电缆研究所有限公司
地址：军工路1000号
…………Tel：021-65480847

中先国际控股有限公司
地址：上海市杨浦区延吉东路143号1幢405室
……………………Tel：021-65678888
上海泽稷教育培训有限公司
地址：上海市杨浦区邯郸路10号1号楼315室
……………………Tel：021-65902708
上海天跃科技股份有限公司
地址：上海市杨浦区赤峰路63号9楼A座
……………………Tel：021-65981999
上海阳宏国际物流有限公司
地址：上海市四平路710号712-Q室
……………………Tel：021-66358385
中交疏浚技术装备国家工程研究中心有限公司
地址：上海市杨浦区许昌路1296号2楼203室
……………………Tel：021-68466679
史泰博（上海）有限公司
地址：上海市长宁区通协路269号5号楼3楼
……………………Tel：021-32084536
希姆通信息技术（上海）有限公司
地址：上海市长宁区金钟路633号1幢702室
……………………Tel：021-32523097
上海顺途科技有限公司
地址：上海市长宁区金钟路968号12号楼307室
……………………Tel：021-34064880
上海利星行物流有限公司
地址：上海市长宁区延安西路1319号23楼03-B室
……………………Tel：021-34790613
浩德科技股份有限公司
地址：上海市长宁区协和路1158号217-5室
……………………Tel：021-51098680
上海昆仑新奥清洁能源股份有限公司
地址：上海市周家嘴路1021号2幢
……………………Tel：021-51876027
上海科捷物流有限公司
地址：上海市长宁区福泉路111号1幢401室B区
……………………Tel：021-61951704
上海永达市政建设养护工程有限公司
地址：上海市长宁区中山西路1410弄25号
……………………Tel：021-62281703
上海中汐物流有限公司
地址：上海市长宁区延安西路2299号2502、2503、2504室
……………………Tel：021-62367239
上海瀚讯信息技术股份有限公司
地址：上海市长宁区金钟路999号4幢601室
……………………Tel：021-62386622
欧西爱司物流（上海）有限公司
地址：上海市长宁区绥宁路628号A单元
……………………Tel：021-62692098
上海海格物流有限公司
地址：上海市长宁区通协路288弄1号315室
……………………Tel：021-62695800
上海科学技术出版社有限公司
地址：上海市长宁区延安西路593号1号楼406室
……………………Tel：021-64089888
上海中电电子系统科技股份有限公司
地址：上海市长宁区宣化路3号2242室
……………………Tel：021-64853111
上海复珊精密制造有限公司
地址：中国（上海）自由贸易试验区新金桥路27号13号楼2层
……………………Tel：021-20623600
中外运普菲斯冷链物流有限公司
地址：上海市临港新城捷兴路211号1幢2楼
……………………Tel：021-20697031
上海长阳物流有限公司
地址：中国（上海）自由贸易试验区业盛路188号A-1028室
……………………Tel：021-20950996
上海综合保税区国际物流有限公司
地址：中国（上海）自由贸易试验区临港新片区汇港路388号4幢12号库1层3单元
……………………Tel：021-20953520
上海空港巴士有限公司
地址：中国（上海）自由贸易试验区临港新片区东部经济园区
……………………Tel：021-22343258
上海锦江国际HRG商务旅行有限公司
地址：上海市西康路127号18楼
……………………Tel：021-23071076
丰合仓储（上海）有限公司
地址：中国（上海）自由贸易试验区富特北路80号一楼夹层M-04至M-06
……………………Tel：021-23167677
丰树临港物流仓储（上海）有限公司
地址：中国（上海）自由贸易试验区临港新片区A0104地块
……………………Tel：021-23167782
达飞物流（中国）有限公司
地址：上海市黄浦区蒙自路763号2201室
……………………Tel：021-23266688
长荣物流（上海）有限公司
地址：中国（上海）自由贸易试验区民生路1199弄2号10层1002室
……………………Tel：021-28912662
上海中谷物流股份有限公司
地址：中国（上海）自由贸易试验区双惠路99号综合楼106室
……………………Tel：021-31109911
上海卡行天下供应链管理有限公司
地址：中国（上海）自由贸易试验区创新西路778号17幢116室
……………………Tel：021-31271816
上海可靠进出口有限公司
地址：中国（上海）自由贸易试验区马吉路28号18层1815I室
……………………Tel：021-31296454
上海富欣智能交通控制有限公司
地址：中国（上海）自由贸易试验区亮秀路112号2号楼4层
……………………Tel：021-31337800
环达电脑（上海）有限公司
地址：上海市江场三路213号201-1室
……………………Tel：021-31431188
上海市机械设备成套（集团）有限公司
地址：中国（上海）自由贸易试验区商城路618号23A室
……………………Tel：021-32557163
上海健利实业有限公司
地址：中国（上海）自由贸易试验区日京路118号6层A座
……………………Tel：021-33322385
上海飞洲电气股份有限公司
地址：上海江海工业区
……………………Tel：021-33659686
东方金发国际物流有限公司
地址：中国（上海）自由贸易试验区双惠路195号3幢101室
……………………Tel：021-33773499
中特国际物流有限公司
地址：中国（上海）自由贸易试验区业盛路188号A-526室
……………………Tel：021-63390816
上海宝钢航运有限公司
地址：中国（上海）自由贸易试验区顺通路5号B座604B室
……………………Tel：021-35880632
上港集团长江港口物流有限公司
地址：中国（上海）自由贸易试验区顺通路5号A座010B室
……………………Tel：021-35885219
上海天仪储运有限公司
地址：上海津桥经济开发区（崇明区庙港路8号310室）
……………………Tel：021-36161495
上海海天龙国际物流有限公司
地址：中国（上海）自由贸易试验区双惠路99号
……………………Tel：021-38216407
上海中远海运集装箱物流有限公司
地址：中国（上海）自由贸易试验区临港新片区业盛路188号A-1235室
……………………Tel：021-38289888
上海怡亚通临港供应链有限公司
地址：中国（上海）自由贸易试验区业盛路383号
……………………Tel：021-38575525
大创（上海）贸易有限公司
地址：中国（上海）自由贸易试验区申亚路120号第1层203室
……………………Tel：021-38750500
上海东方嘉盛供应链管理有限公司
地址：中国（上海）自由贸易试验区双惠路369号1层103单元
……………………Tel：021-38751988
上海畅星软件有限公司
地址：中国（上海）自由贸易试验区碧波路888号5幢三层A区
……………………Tel：021-38984558
上海迅和物流有限公司
地址：中国（上海）自由贸易试验区临港新片区业盛路188号A545室
……………………Tel：021-39003638
安盛天平财产保险有限公司
地址：中国（上海）自由贸易试验区银城路1幢117号瑞明大厦10层1002单元、11层
……………………Tel：021-60660000
上海仪电智能电子有限公司
地址：中国（上海）自由贸易试验区金豫路818号
……………………Tel：021-50183500
锐迪科微电子（上海）有限公司
地址：中国（上海）自由贸易试验区祖冲之路2288弄3号335室
……………………Tel：021-50271108
上海长顺航运有限公司
地址：中国（上海）自由贸易试验区新金桥路201号516室
……………………Tel：021-50329897
上海恩坦华汽车门系统有限公司
地址：中国（上海）自由贸易试验区富特中路401号
……………………Tel：021-50462288
东芝物流（上海）有限公司
地址：中国（上海）自由贸易试验区意威路280号F23地块76#仓库一层及二层A部位
……………………Tel：021-50465388
上海临港综合信兴物流有限公司
地址：中国（上海）自由贸易试验区临港新片区同顺大道333号1号楼02室
……………………Tel：021-50480278
上海玉佳物流有限公司
地址：中国（上海）自由贸易试验区法赛路318号
……………………Tel：021-50484882
上海图丽信息技术有限公司
地址：中国（上海）自由贸易试验区丹桂路999弄14号
……………………Tel：021-50758803
上海数讯信息技术有限公司
地址：中国（上海）自由贸易试验区郭守敬路498号14幢23301-23313、23315室
……………………Tel：021-50800818
上海闰雨物流有限公司
地址：中国（上海）自由贸易试验区奥纳路55号2幢一层58A.58B.59A.59B部位
……………………Tel：021-51727898
上海登戈国际物流有限公司
地址：中国（上海）自由贸易试验区高科中路2810弄10号101室单元A
……………………Tel：021-51802726
上海长石海运有限公司
地址：中国（上海）自由贸易试验区临港新片区业盛路188号A-409A室
……………………Tel：021-52125237
上海旺茂物流有限公司
地址：上海庙镇经济开发区（崇明县庙镇大街13号3幢107室）
……………………Tel：021-52847676
上海合德国际物流有限公司
地址：上海市霍山路201号3幢302室
……………………Tel：021-55136586
大众汽车租赁有限公司
地址：上海市静安区汶水路451号1幢103室
……………………Tel：021-56655555
上海东益物流有限公司
地址：中国（上海）自由贸易试验区港茂路123号4幢101室
……………………Tel：021-58029959
上海临港智合物流有限公司
地址：上海市临港新城同汇路168号B603室
……………………Tel：021-58072881
上海浦兴路桥建设工程有限公司
地址：中国（上海）自由贸易试验区银城中路8号1401室
……………………Tel：021-58206677
德高国际物流（上海）有限公司
地址：中国（上海）自由贸易试验区华申路180号1幢六层615部位
……………………Tel：021-58206680
上海卓额实业有限公司
地址：中国（上海）自由贸易试验区临港新片区芦潮港路1059号3幢
……………………Tel：021-58232999
上海安吉通汇汽车物流有限公司
地址：中国（上海）自由贸易试验区金京路1398号2幢2层东
……………………Tel：021-58345837
上海远兆物流有限公司
地址：中国（上海）自由贸易试验区金沪路1143号337室
……………………Tel：021-58588098
上海明岐进出口贸易有限公司
地址：中国（上海）自由贸易试验区华申路198号1幢二层B-20室
……………………Tel：021-58631240
上海兆龙国际物流有限公司
地址：中国（上海）自由贸易试验区富特北路353号凯邦大楼第三层
……………………Tel：021-58667008
上海蒙盛物流有限公司
地址：中国（上海）自由贸易试验区富特北路353号办公楼二楼205室
……………………Tel：021-58669500
上海东泽国际物流有限公司
地址：中国（上海）自由贸易试验区汇港路501号2幢2层1-2-16部位
……………………Tel：021-58691530
海顶国际物流（上海）有限公司
地址：中国（上海）自由贸易试验区富特东一路396号1幢五层A部位
……………………Tel：021-58691988
上海船舶运输科学研究所有限公司
地址：中国（上海）自由贸易试验区民生路600号
……………………Tel：021-58856638
中远海运科技股份有限公司
地址：中国（上海）自由贸易试验区民生路600号
……………………Tel：021-58856638-2493
上海越江国际物流有限公司
地址：中国（上海）自由贸易试验区临港新片区捷航路99弄1-3、5号
……………………Tel：021-58905945
上海海立新能源技术有限公司
地址：中国（上海）自由贸易试验区宁桥路888号2幢一层A区、16幢B区和C区
……………………Tel：021-58996688
上海华运通仓储配送有限公司
地址：中国（上海）自由贸易试验区顺通路5号B座215-08室
……………………Tel：021-60706108
上海旌顺物流有限公司
地址：中国（上海）自由贸易试验区业盛路188号A-423室
……………………Tel：021-60711070
上海同华储运有限公司
地址：中国（上海）自由贸易试验区顺运路389号2号仓库第3单元
……………………Tel：021-60798916
上海海博供应链管理有限公司
地址：中国（上海）自由贸易试验区临港新片区业盛路218号1幢
……………………Tel：021-60891247
上海海博斯班赛国际物流有限公司
地址：中国（上海）自由贸易试验区临港新片区业盛路218号
……………………Tel：021-33773110
上海君正物流有限公司
地址：中国（上海）自由贸易试验区长清北路233号5层01单元
……………………Tel：021-61048268
上海思尔博化工物流有限公司
地址：中国（上海）自由贸易试验区长清北路233号5层02单元
……………………Tel：021-61048666
交银施罗德基金管理有限公司
地址：中国（上海）自由贸易试验区银城中路188号交通银行大楼二层（裙）
……………………Tel：021-61055050
上海宜隆国际物流有限公司
地址：中国（上海）自由贸易试验区临港新片区广祥路18号
……………………Tel：021-61332000
星驳（上海）供应链管理有限公司
地址：中国（上海）自由贸易试验区业盛路188号A-1349室
……………………Tel：021-61601198
上海洋阔物流有限公司
地址：中国（上海）自由贸易试验区富特东一路438号3层351室
……………………Tel：021-61629592
上海莲福国际物流有限公司
地址：上海市中山北一路1200号2号楼312B室
……………………Tel：021-61907375
近铁国际物流（中国）有限公司
地址：中国（上海）自由贸易试验区正定路530号A5库区一层15号仓库
……………………Tel：021-62084088
上海东方明珠传输有限公司
地址：中国（上海）自由贸易试验区世纪大道1号
……………………Tel：021-62609705
上海浦江桥隧运营管理有限公司
地址：中国（上海）自由贸易试验区临港新片区环湖西二路888号B楼388室
……………………Tel：021-63023379
申通庞巴迪（上海）轨道交通车辆维修有限公司
地址：上海市沪闵路8075号418B室
……………………Tel：021-63189188
上海申通地铁集团有限公司
地址：上海市衡山路12号商务楼3楼
……………Tel：021-63189188-75621
上海飞力达国际物流有限公司
地址：中国（上海）自由贸易试验区富特西二路11号74号楼B部位
……………………Tel：021-63306921
上海市邮政速递物流有限公司
地址：恒丰路601号4-6层
……………………Tel：021-63537033
上海中汽仓储有限公司
地址：中国（上海）自由贸易试验区日京路150号101部位
……………………Tel：021-63562676
上海华贸国际物流有限公司
地址：中国（上海）自由贸易试验区临港新片区深水港商务广场B楼403B单元
……………………Tel：021-63580088
中国外运阳光速航运输有限公司
地址：中国（上海）自由贸易试验区临港新片区业盛路188号A-541
……………………Tel：021-66283399
上海城市交通设计院有限公司
地址：中国（上海）自由贸易试验区福山路33号、35号5层H-2座
……………………Tel：021-63867310
上海市锦诚国际船务代理有限公司
地址：中国（上海）自由贸易试验区富特西一路439号01楼309室
……………………Tel：021-63904448
上海锦江国际低温物流发展有限公司
地址：中国（上海）自由贸易试验区崂山路689号701-702室
……………………Tel：021-64518251

生迪智慧科技有限公司
地址：中国（上海）自由贸易试验区郭守敬路498号1幢201/15室
…………Tel：021-64851811

上海南大集团有限公司
地址：上海市中春路500号
…………Tel：021-64904777

上海尼捷国际物流有限公司
地址：上海市海伦路160号1幢446室
…………Tel：021-65456028

上海振浩物流有限公司
地址：上海市物华路11号656室
…………Tel：021-65755655

上海中储临港物流有限公司
地址：中国（上海）自由贸易试验区双惠路195号
…………Tel：021-65878100

上海中远海运物流国际储运有限公司
地址：中国（上海）自由贸易试验区业盛路188号A-516
…………Tel：021-65969050

上海国能物流有限公司
地址：中国（上海）自由贸易试验区华京路8号6层635室
…………Tel：021-66012890-646

上海惠安国际物流有限公司
地址：上海庙镇经济开发区（崇明县宏海公路681号E座101室）
…………Tel：021-66082608

上海坤宇物流有限公司
地址：中国（上海）自由贸易试验区西里路55号6层613室
…………Tel：021-66083099

上海上合物流有限公司
地址：上海横泰经济开发区（崇明区富民支路58号C1-415室）
…………Tel：021-66864328

上海深水港国际物流有限公司
地址：中国（上海）自由贸易试验区同汇路1号
…………Tel：021-68281111

上海临港普洛斯仓储物流发展有限公司
地址：中国（上海）自由贸易试验区洋山保税港区A1504地块
…………Tel：021-68284368

叶水福洋山物流（上海）有限公司
地址：中国（上海）自由贸易试验区临港新片区汇港路377号1幢1号厂房
…………Tel：021-68287777

上海达天物流有限公司
地址：中国（上海）自由贸易试验区闻居路1333号A区831-B室
…………Tel：021-68395858

上海捷鑫航空物流有限公司
地址：中国（上海）自由贸易试验区闻居路1333号A区831-D室
…………Tel：021-68395858

上海顺荣物流发展有限公司
地址：中国（上海）自由贸易试验区正定路515号A6库区三层08号仓库辅助用房一层
…………Tel：021-68395858

上海长升工程管理有限公司
地址：上海横泰经济开发区（崇明县富民支路58号C1-46）
…………Tel：021-68559038

日一新国际物流（上海）有限公司
地址：中国（上海）自由贸易试验区东方路710号汤臣金融大厦1109室
…………Tel：021-68769281

三井住友海上火灾保险（中国）有限公司
地址：中国（上海）自由贸易试验区世纪大道100号上海环球金融中心34-T70
…………Tel：021-68777800

上海浦东国际机场西区公共货运站有限公司
地址：中国（上海）自由贸易试验区河滨西路501号
…………Tel：021-68842008

上海商神国际物流有限公司
地址：中国（上海）自由贸易试验区同顺大道333号
…………Tel：021-68892265

上海厚谊俊捷国际物流发展股份有限公司
地址：上海市洋山保税港区业盛路188号国贸大厦A542
…………Tel：021-68917833

上海亚申物流有限公司
地址：中国（上海）自由贸易试验区业盛路188号A-1215室
…………Tel：021-69781533

中国华信能源有限公司
地址：中国（上海）自由贸易试验区东方路818号17层A室
…………Tel：021-80218888

重庆市

重庆柱地苗木有限公司
地址：重庆市九龙坡区石桥铺华宇名都小区10号26-6号
…………Tel：023-86819866

重庆台兴交通器材有限公司
地址：重庆市北碚区水土镇云丰村十九社
…………Tel：023-30609888

重庆长安民生鼎捷物流有限公司
地址：重庆市巴南区鱼洞金竹街37号
…………Tel：023-66283099

重庆中集瑞鹏物流股份有限公司
地址：重庆市巴南区南彭街道南东路1号3单元3-10号
…………Tel：023-68614393

重庆川仪自动化股份有限公司
地址：重庆市北碚区人民村1号
…………Tel：023-67032075

重庆四联光电科技有限公司
地址：重庆市北碚区蔡家岗镇同熙路99号
…………Tel：023-68269795

重庆和博建筑工程有限公司
地址：重庆市北碚区新茂路1号（自贸区）
…………Tel：023-68282077

重庆中科勘测设计有限公司
地址：重庆市北碚区碚南大道200号、210号
…………Tel：023-68289988

重庆市华测检测技术有限公司
地址：重庆市北碚区施家梁镇嘉德大道101号20幢
…………Tel：023-68350816

重庆旺德福机械有限公司
地址：重庆市璧山区大兴镇交通路28号
…………Tel：023-41421688

重庆天下通物流有限公司
地址：重庆市大渡口区松青路1699号
…………Tel：023-68926669

重庆单轨交通工程有限责任公司
地址：重庆市大渡口区建桥大道36号
…………Tel：023-88533060

重庆和亚建筑工程有限公司
地址：重庆市双桥经开区车城大道54号2-1（西湖俪都）
…………Tel：023-43332562

重庆春华物流有限公司
地址：重庆市双桥经开区双北路凯伦花园C幢
…………Tel：023-43334919

重庆新纪元物流有限公司
地址：重庆市双桥经开区工业园区B06地块
…………Tel：023-43381699

重庆市仕瑞运输有限公司
地址：重庆市双桥经开区文西建新片区C11-1/01号地块
…………Tel：023-43391456

重庆凯瑞特种车有限公司
地址：重庆市双桥经开区天星大道9号
…………Tel：023-81098620

重庆市丰泰箱包制造有限公司
地址：重庆市丰都工业园区水天坪工业园14#标准厂房
…………Tel：023-85599889

重庆安益佳实业股份有限公司
地址：重庆市奉节县鱼复街道永安路40号
…………Tel：023-56564984

重庆新巨航物流股份有限公司
地址：重庆市奉节县康乐镇七星村1社
…………Tel：023-56565333

重庆繁源物流有限公司
地址：重庆市奉节县永安街道竹枝路335号附1号1幢28-10
…………Tel：023-56786068

重庆泽胜国际货物运输代理有限公司
地址：重庆市涪陵区江东办事处建陶1路86号
…………Tel：023-40766689

重庆市涪陵三海兰陵有限责任公司
地址：重庆市涪陵区太乙大道36号3幢
…………Tel：023-61039607

重庆天珠物流有限公司
地址：重庆市涪陵区兴华中路55号
…………Tel：023-67086059

重庆华达运输集团涪阳物流有限公司
地址：重庆市涪陵区马武镇政兴路107号
…………Tel：023-68853666

重庆南瑞博瑞变压器有限公司
地址：重庆市涪陵区李渡街道办事处马鞍聚龙大道190号中小型变压器厂房
…………Tel：023-72108371

重庆紫泰物流有限公司
地址：重庆市涪陵区江东街道办事处办公楼103室
…………Tel：023-72187908

重庆云隆物流（集团）有限公司
地址：重庆市涪陵区中山路9号（金科世界走廊）A区32-1
…………Tel：023-72200196

重庆市金涛物流有限责任公司
地址：重庆市涪陵区珍溪镇政府办公楼5-8号
…………Tel：023-72210116

重庆安浩船务有限公司
地址：重庆市涪陵区兴华中路八段65号（集美置业）第9层6号
…………Tel：023-72228355

重庆圣航物流有限公司
地址：重庆市涪陵区清溪镇政府办公楼2-13
…………Tel：023-72250387

重庆市涪陵区照成物流有限公司
地址：重庆市涪陵区顺江居委三队
…………Tel：023-72306392

重庆通泰物流有限公司
地址：重庆市涪陵区江东街道办事处办公楼108室
…………Tel：023-72377796

重庆市佳和物流有限公司
地址：重庆市涪陵区青羊镇安镇西路37号
…………Tel：023-72802542

重庆龙头港物流发展有限公司
地址：重庆市涪陵区龙桥街道办事处北拱社区2组
…………Tel：023-72807603

重庆诺展商贸有限公司
地址：重庆市涪陵区实验路7号（浪琴屿）E栋5-1号
…………Tel：023-72877888

重庆市巨航实业有限公司
地址：重庆市涪陵区兴华中路八段65号（集美置业）第9层3、4号
…………Tel：023-87809173

重庆市合川区润帝商业有限公司
地址：重庆市合川区交通街东侧（合川区钓办处白云观街1号1楼1号）（原体育场）
…………Tel：023-42873805

重庆欧达佳物流有限公司
地址：重庆市两路寸滩保税港区水港功能区保税仓库S6-2-2
…………Tel：023-61220501

中兴铂码工程咨询（重庆）有限公司
地址：重庆市江北区江北城西大街27号20-1、20-2、20-3、20-4
…………Tel：023-61528254

重庆中钢物流有限公司
地址：重庆市江北区海尔路825号2幢
…………Tel：023-61866204

重庆凯路物流有限公司
地址：重庆市江北区金渝大道136号7幢5单元3-4
…………Tel：023-63019556

重庆长安民生博宇运输有限公司
地址：重庆市江北区港城工业园B区内
…………Tel：023-63027707

欧菲斯集团股份有限公司
地址：重庆市渝北区金开大道西段106号1幢
…………Tel：023-88117302

安诚财产保险股份有限公司
地址：重庆市江北区东升门路63号12-1
…………Tel：023-63855508

重庆中石化和光石油销售有限公司
地址：重庆市江北区建新东路90号第2层
…………Tel：023-63900360

重庆交控科技有限公司
地址：重庆市江北区鱼嘴镇东风路146号
…………Tel：023-65939767

重庆中车长客轨道车辆有限公司
地址：重庆市江北区鱼嘴镇长美路39号
…………Tel：023-67583021

重庆镔港物流股份有限公司
地址：重庆市江北区港安二路48号1幢1单元16-1
…………Tel：023-67608161

重庆瑞庆物流有限公司
地址：重庆市江北区五里店17号
…………Tel：023-67640142

重庆润驰物流有限公司
地址：重庆市江北区北城天街11号17-3
…………Tel：023-67715229

重庆建工集团物流有限公司
地址：重庆市两路寸滩保税港区水港功能区综合服务大楼A栋16楼
…………Tel：023-68638119

重庆泰克环保科技股份有限公司
地址：重庆市江北区建新西路2号特1号第14层
…………Tel：023-86810558

重庆保时达保税物流有限公司
地址：重庆市江北区两路寸滩保税港区水港功能区H10-1-1
…………Tel：023-86831999

重庆长驰物流有限公司
地址：重庆市江北区复盛镇庙坝村村民委员会办公大楼
…………Tel：023-86833128

重庆同致诚工程咨询有限公司
地址：重庆市江北区建新西路2号北城艺术大厦11楼
…………Tel：023-86876216

重庆林耀物流有限公司
地址：重庆市江津区双福街道创业路28号附2号（林耀办公楼幢1-1）
…………Tel：023-47261202

重庆川港物流（集团）有限公司
地址：重庆市江津区双福工业园拆迁安置综合楼A区1幢2-2号
…………Tel：023-47263666

重庆双福农产品批发市场有限公司
地址：重庆市江津区双福街道珊瑚大道6号
…………Tel：023-47263986

重庆市铧垠港埠有限公司
地址：重庆市江津区朱杨镇利民社区石梯巷19号
…………Tel：023-47292989

重庆锐天力物流有限公司
地址：重庆市江津区珞璜镇郭坝村苗港三叉路1幢223号二楼
…………Tel：023-62758646

中铝萨帕特种铝材（重庆）有限公司
地址：重庆市九龙坡区西彭镇铝城大道80号附2号
…………Tel：023-61968222

东方海外物流（中国）有限公司重庆分公司
地址：九龙坡区奥体路1号附5-22-11、12、13、14号
…………Tel：023-63322000

重庆顺铝物流有限公司
地址：重庆市九龙坡区西彭镇大石堡二村12幢5单元14号
…………Tel：023-65810836

重庆顺国保安服务有限责任公司
地址：重庆市九龙坡区九龙科技园区盘龙5社A栋
…………Tel：023-68125233

重庆聚鑫荣盛建设工程集团有限公司
地址：重庆市九龙坡区杨家坪正街26号附7号6-3号
…………Tel：023-68126809

精佳建设工程集团有限公司
地址：重庆市九龙坡区科园三路1号3-1号
…………Tel：023-68185237

重庆市公共交通汽车维修有限责任公司
地址：重庆市九龙坡区石小路162号7、8单元
…………Tel：023-68505118

重庆今朝物流有限公司
地址：重庆市九龙坡区华岩镇幸福村四社
…………Tel：023-68686897

重庆凯弘工程咨询有限公司
地址：重庆市九龙坡区杨家坪正街26号附4号27楼2号
…………Tel：023-68691835

重庆坤宁物流有限公司
地址：重庆市九龙坡区九龙园区B2区西线道路
…………Tel：023-86516198

重庆万桥交通科技发展有限公司
地址：重庆市南岸区江龙路16号综合楼
…………Tel：023-62313003

重庆东港集装箱码头有限公司
地址：重庆市南岸区广阳镇明月沱街500号
…………Tel：023-62328805

重庆南方迪马专用车股份有限公司
地址：重庆市南岸区长电路8号
…………Tel：023-62455636

招商中宇工程咨询（重庆）有限公司
地址：重庆市南岸区学府大道33号
…………Tel：023-62633106

招商局重庆交通科研设计院有限公司
地址：重庆市南岸区学府大道33号
…………Tel：023-62653000

招商局重庆公路工程检测中心有限公司
地址：重庆市南岸区学府大道33号（十六）幢
…………Tel：023-62653412

招商局生态环保科技有限公司
地址：重庆市南岸区学府大道33号三十二幢
…………Tel：023-62653335

重庆市华驰交通科技有限公司
地址：重庆市南岸区南兴路64号13楼
…………Tel：023-62758962

重庆市智翔铺道技术工程有限公司
地址：重庆市南岸区学府大道33号17幢（办公大楼）20、21楼
…………Tel：023-62763783

重庆同心缘物流有限公司
地址：重庆市南岸区白鹤路48号渝南物流中心B-12号
…………Tel：023-62777711

重庆攸亮科技股份有限公司
地址：重庆市南岸区牡丹路2号
…………Tel：023-62798988

重庆建安仪器有限责任公司
地址：重庆市南坪西路168号
…………Tel：023-62804132

重庆捷道物流有限公司
地址：重庆市南岸区亚太路1号A6幢1单元4层5号
…………Tel：023-63110751

重庆市城投金卡信息产业（集团）股份

有限公司
地址：重庆市南岸区通江大道221号
…………Tel：023-68610590
重庆交通大学工程设计研究院有限公司
地址：重庆市南岸区学府大道66号产业楼二楼
…………Tel：023-86508030
重庆育才工程咨询监理有限公司
地址：重庆市南岸区学府大道66#重庆交通大学内
…………Tel：023-86508051
重庆迅为四公里交通换乘枢纽有限公司
地址：重庆市南岸区海棠溪四公里街61号
…………Tel：023-88361278
重庆市交通工程监理咨询有限责任公司
地址：重庆市南岸区江南大道66号2幢
…………Tel：023-89020002
重庆弘劼机械有限公司
地址：重庆市南岸区樱花路1号1栋
…………Tel：023-89023688
重庆市南川区易博公路工程有限责任公司
地址：重庆市南川区西城街道办事处南大街6号
…………Tel：023-71430672
重庆航发乾阳港口物流有限公司
地址：重庆市彭水县汉葭街道下塘社区1组
…………Tel：023-78412298
重庆市万盛区顺达公路开发有限责任公司
地址：重庆市万盛区勤俭路83号
…………Tel：023-85398959
重庆宏鼎物流有限公司
地址：重庆市正阳工业园区站前大道
…………Tel：023-79429816
中铁联合国际集装箱有限公司重庆分公司
地址：重庆市沙坪坝区土主镇土主中路199号附1-9号
…………Tel：023-61350947
重庆重铁巨龙储运有限公司
地址：重庆市沙坪坝区土主镇土主中路199号附1-26
…………Tel：023-61728877
三羊马（重庆）物流股份有限公司
地址：重庆市沙坪坝区土主镇土主中路199号附1-80号
…………Tel：023-61790627
重庆车辆检测研究院有限公司
地址：重庆市九龙坡区西永组团Ad分区Ad02-4/01地块
…………Tel：023-63427888
远成集团重庆物流有限公司
地址：重庆市沙坪坝区土主镇远怀路12号
…………Tel：023-65225562
重庆宏达水泥制品有限公司
地址：重庆市沙坪坝区歌乐山镇歌乐山村黄花园工业园
…………Tel：023-65505740
永辉物流有限公司
地址：重庆市沙坪坝区垄安大道542号
…………Tel：023-65757706
重庆市银隆中安卫保安服务有限责任公司
地址：重庆市沙坪坝区沙滨路9号附9号
…………Tel：023-67899576
重庆谋成物流有限公司
地址：重庆市沙坪坝区土主镇土主中路199号附1-149号
…………Tel：023-68197620
重庆海庆新材料有限公司
地址：重庆市石柱土家族自治县下路镇金彰村友谊组
…………Tel：023-85090985
重庆天路电力设备有限公司
地址：重庆市铜梁工业园区产业大道（变电站旁）
…………Tel：023-41681991
重庆万安建设工程有限公司
地址：重庆市万州区（江南新区）凤凰路1号1A幢4层401
…………Tel：023-58130838
重庆峰运物流科技有限公司
地址：重庆市万州区太白岩88号702号房
…………Tel：023-58327433
重庆市悦强物流有限公司
地址：重庆市万州区天城镇塘坊大道295号
…………Tel：023-58580666
重庆万商实业集团物流有限公司
地址：重庆市万州区观音岩70-72号第负1层-第3层
…………Tel：023-58960313
重庆苏商港口物流有限公司
地址：重庆市万州工业园区化工园区桐子园码头
…………Tel：023-61005628
重庆富奇物流有限公司
地址：重庆市万州区北山大道674号附7号3-1-702
…………Tel：023-67511299
重庆伟兵物流有限公司
地址：重庆市万州区孙家镇中心街11号
…………Tel：023-67791195
重庆川东路桥工程有限公司
地址：重庆市万州区天子路1035号
…………Tel：023-89139887
重庆渝通宾馆有限公司
地址：重庆市渝北区红旗河沟龙溪镇红锦大道18号
…………Tel：023-67890000
重庆红池坝实业有限责任公司
地址：重庆市巫溪县红池坝
…………Tel：023-51723722
重庆市武隆喀斯特旅游产业（集团）有限公司
地址：重庆市武隆区凤山街道长滨路217号
…………Tel：023-77709079
重庆市隆泰稀土新材料有限责任公司
地址：重庆市武隆区白马镇园区东路
…………Tel：023-77762396
重庆博顺物流有限公司
地址：重庆市秀山县中和镇凤栖北路209号
…………Tel：023-76679118
秀山华兴物流有限责任公司
地址：重庆市秀山县中和街道东风路192号2幢二楼
…………Tel：023-76686007
秀山博运物流有限公司
地址：重庆市秀山县中和街道武陵北路（武陵副食品批发市场1栋2楼）
…………Tel：023-76895848
重庆市永川区畅恒交通建设投资有限公司
地址：重庆市永川区汇龙大道26号
…………Tel：023-49484901
重庆福航物流有限公司
地址：重庆市永川区玉屏北路134号
…………Tel：023-49844446
重庆永南物流有限公司
地址：重庆市永川区兴南路298号
…………Tel：023-49865230
中交一公局重庆永江高速公路投资建设有限公司
地址：重庆市永川区永和大道666号
…………Tel：023-58352600
重庆市渝东南现代物流园有限责任公司
地址：重庆市酉阳县麻旺镇麻旺村一组
…………Tel：023-85066000
重庆松龙建筑（集团）有限公司
地址：重庆市渝北区龙塔街道紫荆路53号松龙·新城锦绣园1、2幢商铺1
…………Tel：023-61883931
日通国际物流（中国）有限公司重庆分公司
地址：重庆市渝北区卉竹路2号8幢5-2
…………Tel：023-63820202
重庆天网高新技术有限公司
地址：重庆市渝北区龙溪街道龙华大道1873号建典大厦1幢2-1
…………Tel：023-67625918
重庆平安标牌制作有限公司
地址：重庆市渝北区空港东路49号
…………Tel：023-67734455
重庆建捷物流有限公司
地址：重庆市渝北区两路组团Ga分区17-1号地块
…………Tel：023-67910555
重庆卡沃物流有限公司
地址：重庆市渝北区双凤桥街道空港东路29号1幢整幢
…………Tel：023-68446861
重庆海航供应链管理有限公司
地址：重庆市渝北区龙溪街道松牌路139号鼎祥·风华美锦3幢14-3
…………Tel：023-68488891
重庆啄木鸟网络科技有限公司
地址：重庆市渝北区卉竹路2号8幢10层1号、11层1号、12层1号
…………Tel：023-68815554
重庆垫忠高速公路有限公司
地址：重庆市渝北区新南路36号碧海龙庭1幢13-5
…………Tel：023-74512885
重庆市实力公路开发有限公司
地址：重庆市渝北区红金街2号索特大厦1幢3-办公
…………Tel：023-86842000
重庆市铁路（集团）有限公司
地址：重庆市渝北区龙溪街道龙华大道1918号附3号富悦·阳光1幢1-6
…………Tel：023-88602714
重庆通力高速公路养护工程有限公司
地址：重庆市渝北区龙溪街道新南路52号B幢3-1
…………Tel：023-89063863
重庆交通运输控股（集团）有限公司
地址：重庆市渝北区双龙湖街道五星路99号
…………Tel：023-89135000
重庆通渝科技有限公司
地址：重庆市渝北区龙溪街道锦龙支路19号1幢
…………Tel：023-89138592
重庆高速公路集团有限公司
地址：重庆市渝北区银杉路66号
…………Tel：023-89138603
重庆鑫之道物流有限责任公司
地址：重庆市渝中区中山支路16号
…………Tel：023-60391803
重庆二轻供销有限公司
地址：重庆市渝中区邹容路107号
…………Tel：023-63811085
重庆巴驿公共交通站场管理有限公司
地址：重庆市渝中区德兴里1号1幢平街第二十六层部分
…………Tel：023-63811709
重庆市客运索道有限公司
地址：重庆市渝中区新华路151号
…………Tel：023-63834147
重庆中油迅发实业有限公司
地址：重庆市渝中区上清寺路200号
…………Tel：023-63881615
重庆市邮政速递物流有限公司
地址：重庆市渝中区嘉陵桥西村83-2号第3栋1至2层1#
…………Tel：023-81390611
重庆城市交通开发投资（集团）有限公司
地址：重庆市渝中区中山三路128号
…………Tel：023-88602602
重庆轮船（集团）有限公司
地址：重庆市渝中区解放东路127-129号第4层1、2、3、4、5号房
…………Tel：023-89030777
利宝保险有限公司
地址：重庆市渝中区中山三路131号庆隆希尔顿商务中心35楼A，B，G户及33楼整层
…………Tel：023-89038737
重庆市起点机电设备管道安装工程有限公司
地址：重庆市长寿区凤城三峡路14号2#-1
…………Tel：023-40406749
重庆联川物流有限公司
地址：重庆市长寿区双园路55号3幢2-2-4
…………Tel：023-40705554
重庆市长寿区晏发物流有限公司
地址：重庆市长寿区晏家晏中路7号1幢1-2
…………Tel：023-40718377
重庆中远海运化工物流有限公司
地址：重庆市(长寿)化工园区南区
…………Tel：023-40768318
重庆渝巴物流有限责任公司
地址：重庆市长寿区晏家街道齐心大道20号
…………Tel：023-60350858
重庆新港长龙物流有限责任公司
地址：重庆市晏家工业园区D区
…………Tel：023-6887364
重庆市长寿区凤城公共交通有限公司
地址：重庆市长寿区凤城轻化路川染生产区
…………Tel：023-85323522
重庆子悦保安服务有限公司
地址：重庆市北部新区金开大道68号4幢18-3
…………Tel：023-60391331
重庆安吉红岩物流有限公司
地址：重庆市北部新区金山大道665号
…………Tel：023-61863368
重庆峻琪物流有限公司
地址：重庆市北部新区经开园鸳鸯北路16号丰源丽景13幢14-8号
…………Tel：023-63010159
重庆新科建设工程有限公司
地址：重庆市北部新区金渝大道68号新科国际广场4栋27楼
…………Tel：023-63022801
重庆市交通规划勘察设计院有限公司
地址：重庆市北部新区财富大道17号
…………Tel：023-63064666
重庆机电控股集团机电工程技术有限公司
地址：重庆市北部新区黄山大道中段60号（机电大厦8楼）
…………Tel：023-63075674
重庆对外经贸（集团）有限公司
地址：重庆市北部新区高新园星光大道80号
…………Tel：023-63076634
重庆美联国际物流有限公司
地址：重庆市两江新区汇流路1号A栋23楼
…………Tel：023-63082612
重庆蓝盾电子技术服务公司
地址：重庆市北部新区高新园星光大道60号金星商务大厦11层
…………Tel：023-63757308
重庆渝高新兴科技发展有限公司
地址：重庆市北部新区星光大道1号
…………Tel：023-67035050
重庆凯瑞传动技术有限公司
地址：重庆市经济技术开发区经开园长福西路6号
…………Tel：023-67193167
重庆川仪自动化股份有限公司轨道交通装备技术分公司
地址：重庆市北部新区黄山大道中段61号
…………Tel：023-67300010
重庆特锐运输服务有限公司
地址：重庆市北部新区经开园长福南路9号
…………Tel：023-67853441
重庆特铺路面工程技术有限公司
地址：重庆市北部新区高新园星光大道76号B1-15-1
…………Tel：023-86849443
中铁二院重庆勘察设计研究院有限责任公司
地址：重庆市北部新区昆仑大道46号
…………Tel：023-88319035
重庆渝邻高速公路有限公司
地址：重庆市北部新区高新园天宫殿街道锦橙路28号5幢
…………Tel：023-88633016
重庆伟帆物流有限公司
地址：重庆市北部新区经开园金渝大道111号华荣市场D106号
…………Tel：023-89115920
重庆福集供应链管理有限公司
地址：重庆市北部新区汇流路10号物流配送厂房
…………Tel：023-89182269

河北省

邯郸机场集团有限公司
地址：河北省邯郸市邯山区机场路1号
…………Tel：0310-2119606
河北恒聚源物流有限公司
地址：邯郸冀南新区林坛工业园区(林坛镇范村)
…………Tel：0310-2138558
涉县通达筑路有限责任公司
地址：河北省邯郸市涉县涉左公路东侧
…………Tel：0310-3815171
河北熙平物流股份有限公司
地址：邯郸市熙平街
…………Tel：0310-4106316
河北大宇物流有限公司
地址：河北省邯郸市邯郸县西环路中段路西
…………Tel：0310-4155501
河北中汇物流有限公司
地址：河北省邯郸市复兴区人民西路409号兴隆商务公寓A座503号
…………Tel：0310-4189819
河北光太路桥工程集团有限公司
地址：河北省邯郸市丛台区和平路478号
…………Tel：0310-5102600
时代（邯郸）装备机械物流城有限公司
地址：邯郸市经济开发区新区
…………Tel：0310-5300036
邯郸鑫宝物流有限公司
地址：邯郸市峰峰矿区南环路
…………Tel：0310-5325010
河北裕丰华物流有限公司
地址：河北省邯郸市武安市上团城乡南营井村南
…………Tel：0310-5752955
邯郸国际陆港有限公司
地址：邯郸国际陆港物流园区（机场路以东、河大路以南）
…………Tel：0310-5767790
河北新武安钢铁集团物流有限公司
地址：河北省邯郸市武安市邯长铁路武安站东南
…………Tel：0310-5821801
邯郸远洋实业集团有限公司
地址：邯郸开发区文明路9号3号楼7层c座
…………Tel：0310-5906369
河北宝盛物流有限公司
地址：邯郸市邯山区机场路以东100米
…………Tel：0310-6091918
大名县大广公交有限公司
地址：大名县城西转盘西侧路南
…………Tel：0310-6575558
河北领航物流有限公司
地址：永年县界河店乡前曹庄村街南
…………Tel：0310-6666690
河北金沛鸿泰粮油物流有限公司
地址：河北省邯郸市经济开发区东孙庄村东，新尚代路东侧
…………Tel：0310-7181900
成安县通和公路工程有限责任公司
地址：东彭留村西路南
…………Tel：0310-7286529
邯郸新兴国际商贸物流（投资）管理有限公司
地址：河北省邯郸市邯山区309国道与刘南线交叉路西南
…………Tel：0310-8016118
河北友腾物流有限公司

地址：肥乡县九鼎街1号
……Tel：0310-8552158
邯郸市肥乡区昌盛源物流有限公司
地址：河北省邯郸市肥乡区肥乡镇井堂街北段东侧
……Tel：0310-8559056
河北康通物流有限公司
地址：成安县成马路南（北郎堡村西）
……Tel：0310-8608412
河北博士林科技开发有限公司
地址：石家庄桥西区平安南大街7号商会大厦9层
……Tel：0311-67263366
中建路桥集团检测科技有限公司
地址：河北省石家庄市裕华区石栾路2号
……Tel：0311-67661377
石家庄市轨道交通有限责任公司
地址：河北省石家庄市裕华区秦岭大街116号
……Tel：0311-67797025
石家庄建工集团有限公司
地址：石家庄桥西区中华南大街517号
……Tel：0311-69092638
河北建投铁路有限公司
地址：河北省石家庄市和平西路680号
……Tel：0311-69092918
河北瑞和物流有限公司
地址：河北省石家庄市元氏县马村乡聊村姬泉中路2号
……Tel：0311-80733116
河北城通物流有限公司
地址：石家庄市裕华区槐安东路166号金马商业街2号楼3层321室
……Tel：0311-80938286
河北省水利水电第二勘测设计研究院
地址：河北省石家庄市桥西区平安南大街107号
……Tel：0311-80966211
河北中岗通讯工程有限公司
地址：石家庄高新区长江大道9号
……Tel：0311-80980366
河北旭源物流有限公司
地址：井陉县秀林镇梅庄村
……Tel：0311-82320966
河北古城物流集团有限责任公司
地址：井陉县天长镇北关村
……Tel：0311-82390188
平山县畅通公路养护工程有限公司
地址：平山县冶河东路县标东侧
……Tel：0311-82932124
河北神翔物流有限公司
地址：平山县柏坡西路106号
……Tel：0311-82939666
辛集市亿隆服饰有限公司
地址：辛集市迎宾路北段
……Tel：0311-83267066
河北腾跃铁路装备股份有限公司
地址：辛集市市府东大街0159号
……Tel：0311-83381685
河北福运通物流科技有限公司
地址：正定县高新技术产业开发区（拐角铺村北）
……Tel：0311-83503377
河北省物流产业集团储运有限公司
地址：石家庄市和平西路665号
……Tel：0311-83625640
河北世捷开元物流有限公司
地址：石家庄市东大街5号开元中心27层
……Tel：0311-83821689
河北神通光电科技有限公司
地址：石家庄市鹿泉开发区昌盛大街21号
……Tel：0311-83932022
中交远洲交通科技集团有限公司
地址：石家庄高新区珠江大道263号
……Tel：0311-83997766
赵县农村信用联社股份有限公司
地址：赵县永通路101号
……Tel：0311-84946591
河北万方中天科技有限公司
地址：石家庄市长安区广安街36号时代方舟21层
……Tel：0311-8511-9501
石家庄科林电气设备有限公司
地址：河北省石家庄市鹿泉区红旗大街南降壁路段
……Tel：0311-85231077
中海外交通建设有限公司
地址：中国（河北）自由贸易试验区曹妃甸片区曹妃甸新城御景湾B区201号楼1单元106-582室
……Tel：0311-67809536
河北道桥工程检测有限公司
地址：石家庄高新区长江大道256-1号
……Tel：0311-85252114
石家庄远成物流有限公司
地址：河北省石家庄市长安区建设北大街228号东海国际26A2室
……Tel：0311-85268191
河北万宇建设工程集团有限公司
地址：石家庄市新华区新苑小区73号楼综合服务大楼3层
……Tel：0311-85272229
河北建设投资集团有限责任公司
地址：石家庄市裕华西路9号裕园广场A座
……Tel：0311-85288800
河北京正铁路工程有限公司
地址：河北省石家庄市新华区高柱路6号橙悦园2号住宅楼2单元2203
……Tel：0311-85361074
河北富润德物流有限公司
地址：河北省石家庄市新华区中华北大街50号军创国际13楼1302室
……Tel：0311-85366329
石家庄北方通信工程有限公司
地址：石家庄经济技术开发区三峡路19号
……Tel：0311-85378037
石家庄嘉祥精密机械有限公司
地址：河北省石家庄市高新区长江大道245号
……Tel：0311-85968855
河北东宇物流有限公司
地址：石家庄市桥西区汇通路南货场
……Tel：0311-86011355
石家庄广福物流有限公司
地址：河北省石家庄市裕华区仓兴街27号
……Tel：0311-86101239
河北省交通规划设计院
地址：河北省石家庄市桥西区建设南大街36号
……Tel：0311-86110135
河北快运集团石家庄有限公司
地址：河北省石家庄市桥西区汇通路34号201室
……Tel：0311-86110158
河北省邮政速递物流有限公司
地址：石家庄市建设南大街5号
……Tel：0311-86665355
河北同发铁路工程集团有限公司
地址：河北省石家庄市桥西区南二环西路31号昊邦大厦22层B2212室
……Tel：0311-86785096
石家庄盛福源商贸有限公司
地址：河北省石家庄市新华区友谊北大街前太保村
……Tel：0311-87795208
石家庄国际物流有限公司
地址：正定县京深西大街1号
……Tel：0311-88014083
河北彬彤物流有限公司
地址：石家庄市栾城区东许营
……Tel：0311-88700299
河北创典信息技术服务有限公司
地址：石家庄市桥西区平安南大街42号君合商务中心D座二楼东侧
……Tel：0311-89177138
河北省冀中城建集团有限公司
地址：石家庄市正定新区和顺路6号
……Tel：0311-89190051
石家庄泛安科技开发有限公司
地址：河北省石家庄市裕华区裕东街道金马路与雅清街交叉口西美MOCO大厦16层
……Tel：0311-89698850
石家庄润华国际物流股份有限公司
地址：石家庄市正定县107国道东侧车站北大街168号
……Tel：0311-89838169
申成路桥建设集团有限公司
地址：保定市莲池区花椒园街22号
……Tel：0312-2024259
保定市终点运输有限公司
地址：保定市莲池区焦庄乡阮庄村
……Tel：0312-2119961
河北北直通用航空股份有限公司
地址：保定市建业路6号国际保税物流中心综合办公楼三层
……Tel：0312-2152222
保定交运汽贸有限公司
地址：保定市莲池区南二环1399号
……Tel：0312-2155898
保定天元交通设施有限公司
地址：保定市三丰中路755号
……Tel：0312-2161880
保定市嘉信天悦运输有限公司
地址：河北省保定市莲池区五尧乡南辛庄村6号
……Tel：0312-2171528
河北保沧高速公路有限公司
地址：保定市朝阳南大街2888号
……Tel：0312-2193798
保定市长城蚂蚁物流有限公司
地址：保定市朝阳南大街2288号
……Tel：0312-2197815
定州市公共交通有限公司
地址：定州市清风北街（第三运输公司院内）
……Tel：0312-2325290
汇通建设集团股份有限公司
地址：高碑店市世纪东路69号
……Tel：0312-2815065
保定捷邦达物流有限责任公司
地址：河北省高碑店市新华北大街105号
……Tel：0312-2819981
中星路桥工程有限公司
地址：保定市高开区朝阳北大街999号
……Tel：0312-3102285
涿州市公路工程公司
地址：涿州市刁窝镇东张村村南
……Tel：0312-3985878
涞源白石山旅游开发有限公司
地址：河北省保定市涞源县白石山镇荆山口村白石山游客服务中心
……Tel：0312-5366700
河北奥威储运有限公司
地址：容城县奥威路72号
……Tel：0312-5608329
河北交建集团有限公司
地址：保定市天鹅西路333号
……Tel：0312-5800618
河北保成物流有限公司
地址：保定市莲池区杨庄乡中阳村
……Tel：0312-5996138
保定四方继保工程技术有限公司
地址：保定市北三环5999号
……Tel：0312-6271573
和谐号雄县科技有限公司
地址：河北省保定市雄县米家务镇米东大村3区118号
……Tel：0312-6386266
中汽诚运定兴县物流有限公司
地址：河北省保定市定兴县定兴镇京昆引线东引东路北
……Tel：0312-6916078
保定陆港投资有限公司
地址：保定市贤台乡东贤台村村南
……Tel：0312-7013377
河北曲港高速公路开发有限公司
地址：定州市自来佛北街东侧（运管站院内）
……Tel：0312-7906300
中铁建电气化局集团科技有限公司
地址：高碑店市西大街建国胡同9号
……Tel：0312-7938598
保定京铁轨道装备有限公司
地址：保定市朝阳南大街８２５号
……Tel：0312-7942458
河北盛丰力翔物流有限公司
地址：保定市莲池区焦庄乡阮庄村
……Tel：0312-8913372
中铁电工保定制品有限公司
地址：保定市西三环104号
……Tel：0312-8920550
张家口三和路桥有限公司
地址：张北县张北镇汽配城8号楼三楼
……Tel：0313-2732380
张家口通运建设有限责任公司
地址：河北省张家口市宣化区贾家营镇贾家营村
……Tel：0313-3860085
张家口市大唐大件吊装运输物流有限公司
地址：张家口高新区纬二路西口
……Tel：0313-4163728
张家口通泰南山物流有限公司
地址：张家口市怀安县左卫镇乔家房村
……Tel：0313-4198965
张家口运输集团有限公司
地址：张家口市桥东区玉宝墩５号
……Tel：0313-4566806
张家口路桥建设集团有限公司
地址：河北省张家口市高新区市府东大街11号1号楼
……Tel：0313-5911134
张家口通泰国际建材物流有限公司
地址：张家口高新技术产业开发区沈孔路10号
……Tel：0313-5953088
张家口远大建设集团有限公司
地址：张家口市桥西区新春街2号
……Tel：0313-5959621
河北交投京张高速公路有限公司
地址：河北省张家口市高新区朝阳东大街晨光花城10号楼506室
……Tel：0313-6225413
怀来县辰翔路桥有限责任公司
地址：怀来县交通局办公楼四楼
……Tel：0313-6808208
怀来县鸡鸣驿运输服务有限公司
地址：怀来县鸡鸣驿煤炭物流园区19号煤炭经营人棚
……Tel：0313-6825555
中粮工程装备（张家口）有限公司
地址：河北省张家口高新技术产业开发区中粮大街4号
……Tel：0313-7659908
中煤远大河北物流有限公司
地址：怀安县柴沟堡镇河北怀安工业园区内
……Tel：0313-7816861
张家口市新华书店有限责任公司
地址：张家口市桥西区至善街33号
……Tel：0313-8086885
承德市顺泰物流有限公司
地址：河北省承德市开发区冯营子镇凤凰御庭A09#楼303铺（仅限办公）
……Tel：0314-2065909
承德运输集团有限责任公司
地址：承德开发区迎宾路汽车东站北侧
……Tel：0314-2121508
河北交通投资集团承秦高速公路承德段有限公司
地址：河北省承德市开发区交通局承德市物流中心综合业务楼
……Tel：0314-2122005
承德市庞大物流仓储有限责任公司
地址：承德市大石庙镇太平庄村二化厂东南
……Tel：0314-2123003
承德路桥建设总公司
地址：承德双桥区翠桥西街52号
……Tel：0314-2271313
承德市内陆港物流有限公司
地址：河北省承德市双桥区双峰寺镇贾营村5组（内陆港海关监管场所办公楼三楼）
……Tel：0314-2562881
河北温泉物流集团有限公司
地址：承德县下板城镇大杖子村
……Tel：0314-3018866
承德县北方公路工程建设有限责任公司
地址：河北省承德市承德县下板城镇
……Tel：0314-3111513
承德时运物流有限公司
地址：承德双滦区滦河民营开发区
……Tel：0314-4315168
承德市鑫顺物流有限公司
地址：承德市双滦区滦河镇宫后村101线路右侧（承德市双滦区三友汽车销售有限公司院内）
……Tel：0314-4316222
承德市双滦区国运物流有限公司
地址：河北省承德市双滦区滦河镇发电厂西北侧国运物流有限公司办公楼
……Tel：0314-4360282
滦平县四方物流有限公司
地址：滦平县安纯沟门乡政府院内
……Tel：0314-4361674
承德华北物流有限公司
地址：平泉县卧龙镇八家村
……Tel：0314-6086788
宽城鸿翼物流有限公司
地址：宽城满族自治县宽城镇民族街413号
……Tel：0314-6866051
燕赵财产保险股份有限公司
地址：河北省唐山市路北区北新西道30号逸景阳光商住楼1至3层
……Tel：0315-2060800
唐山公路建设总公司
地址：唐山路北区大里路125号
……Tel：0315-2200660
唐山百川智能机器股份有限公司
地址：高新技术开发区火炬路１６９号
……Tel：0315-23850333
唐山众鑫船舶服务有限公司
地址：唐山海港开发区惠泽小区商业A区21号（仓储经营地：唐山海港开发区5号路南）
……Tel：0315-2912468
国投中煤同煤京唐港口有限公司
地址：唐山海港开发区港盛街（5号路）北（国投京唐港大厦）
……Tel：0315-2912716
唐山港京唐港区进出口保税储运有限公司
地址：唐山海港开发区港兴大街（7号路）以南、海平路（10号路）以西（保税物流中心办公楼三层）
……Tel：0315-2916860
唐山北港物流股份有限公司
地址：海港经济开发区9号路南、34号路西
……Tel：0315-2920388
中钢京唐钢铁物流有限公司
地址：唐山海港开发区昌盛大厦A座第8层801、802室
……Tel：0315-2926611
唐山昌盛钢铁煤炭物流有限公司
地址：唐山海港开发区创业大厦21层
……Tel：0315-2945680
开滦通达物流有限公司
地址：唐山古冶区林古路
……Tel：0315-3020522
开滦集团国际物流有限责任公司
地址：唐山路南区新华东道70号
……Tel：0315-3021674
中信重工开诚智能装备有限公司
地址：高新区火炬路183号
……Tel：0315-3173849
唐山东方世纪物流有限公司
地址：曹妃甸工业区装备制造园区唐山百川工业服务有限公司双办楼二层2042-6
……Tel：0315-3178677
唐山宏正机械设备有限公司
地址：唐山市丰润区曹雪芹东路北侧（原唐山兴达丝绸有限责任公司院内）
……Tel：0315-3227076
唐山联华物流有限公司

地址：河北省唐山市古冶区古范路东金港建材北
…………………………Tel：0315－3578777
河北鸿途物流有限公司
地址：唐山丰润区丰润镇南台村南1公里（丰韩公路西侧）
…………………………Tel：0315－3842132
滦南交通工程有限公司
地址：城关育才路２号
…………………………Tel：0315－4123726
滦南交通建设开发有限公司
地址：滦南县奔城镇西马路15号
…………………………Tel：0315－4290080
唐山远大路桥工程有限公司
地址：乐亭县乐亭镇北大街
…………………………Tel：0315－4627801
唐山瑞银国际控股集团有限公司
地址：河北省唐山市路北区金融中心2楼1105－1号
…………………………Tel：0315－5109777
河北金润达物流有限公司
地址：唐山丰润区　阳大街17号
…………………………Tel：0315－5125388
唐山中储鼎天物流有限公司
地址：唐山丰润区丰润镇安乐庄村东
…………………………Tel：0315－5151222
唐山创元方大电气有限责任公司
地址：唐山开平区现代装备制造工业区园区南路6号
…………………………Tel：0315－5259033
唐山宏骏物流有限公司
地址：唐山丰润区姜家营乡杨家营村
…………………………Tel：0315－5273880
唐山市燕南制锹有限公司
地址：河北省唐山市滦南县城东王土村南
…………………………Tel：0315－5608562
浙商物流有限公司
地址：唐山丰润区银城铺乡甸子村北
…………………………Tel：0315－6717675
华电曹妃甸重工装备有限公司
地址：中国（河北）自由贸易试验区曹妃甸片区曹妃甸装备制造园区滨海道南侧
…………………………Tel：0315－6735777
中铁联合物流（迁安）有限责任公司
地址：迁安市北方钢铁物流产业聚集区内（阜杨公路西侧，驿港大街北侧）
…………………………Tel：0315－6531307
唐港铁路有限责任公司
地址：曹妃甸区唐海镇垦丰大街23号
…………………………Tel：0315－7227573
唐山曹北物流有限公司
地址：曹妃甸区十里海养殖场
…………………………Tel：0315－7253355
唐山兴达交通工程有限公司
地址：丰南区河涧路口
…………………………Tel：0315－8154069
唐山市华运铁路交通器材有限公司
地址：丰南沿海工业区
…………………………Tel：0315－8168588
唐山华洋物流有限公司
地址：唐山路北区煤医道
…………………………Tel：0315－8731512
唐山远通实业有限公司
地址：曹妃甸区朝阳大街南侧、腾飞路西侧
…………………………Tel：0315－8753388
唐山曹妃甸区金茂物流有限公司
地址：中国（河北）自由贸易试验区曹妃甸片区曹妃甸装备制造园区唐山曹妃甸木业股份有限公司办公楼A201室
…………………………Tel：0315－8793111
唐山市曹妃甸区运成物流有限公司
地址：唐山市曹妃甸区八里滩养殖场
…………………………Tel：0315－8810567
唐山曹妃甸二十二冶工程技术有限公司
地址：唐山市曹妃甸工业区纬十路以南
…………………………Tel：0315－5072618
唐山曹妃甸煤炭港务有限公司
地址：中国（河北）自由贸易试验区曹妃甸片区曹妃甸工业区港口园区置业道5号港口贸易大厦A8015
…………………………Tel：0315－8827110
唐山曹妃甸天物物流有限公司
地址：曹妃甸工业区
…………………………Tel：0315－8850262
华能曹妃甸港口有限公司
地址：中国（河北）自由贸易试验区曹妃甸片区曹妃甸区置业道5号港口贸易大厦B7013
…………………………Tel：0315－8852123
唐山首唐钢铁运输有限公司
地址：曹妃甸工业区首钢京唐公司协力单位保障基地内
…………………………Tel：0315－8858099
唐山曹妃甸基石物流有限公司
地址：中国（河北）自由贸易试验区曹妃甸片区曹妃甸工业区市政服务大厦B座8018室
…………………………Tel：0315－8859090
正丰国际物流有限公司
地址：唐山丰润区林荫南路东侧
…………………………Tel：0315－3211999
中油管道物资装备有限公司
地址：廊坊市广阳区金光道44号
…………………………Tel：0316－2072885
廊坊市交通公路工程有限公司
地址：廊坊市广阳区新华路80号交通大厦
…………………………Tel：0316－2332186
廊坊英博电气有限公司
地址：廊坊开发区荷花道北侧
…………………………Tel：0316－2578644
新奥能源物流有限公司
地址：廊坊经济技术开发区华祥路118号
…………………………Tel：0316－2597865
廊坊市东海物流有限公司
地址：廊坊市广阳区光明东道90号西栋101号（限办公）
…………………………Tel：0316－2673555
廊坊市聚龙物流有限公司
地址：廊坊市安次区瑞丰道3号
…………………………Tel：0316－2698369
廊坊宝湾国际物流有限公司
地址：廊坊开发区凤舞道10号
…………………………Tel：0316－2800710
三河市燕郊空港物流有限公司
地址：河北省廊坊市三河市高楼镇孤山西路北侧、迎宾路西侧
…………………………Tel：0316－3091133
三河市开元物流有限公司
地址：三河市高楼镇北杨庄村西
…………………………Tel：0316－3410627
三河市琨博物流有限公司
地址：三河市齐心庄镇燕灵路南
…………………………Tel：0316－3721271
文安县泓旺达物流有限公司
地址：河北省廊坊市文安县左各庄镇福新村
…………………………Tel：0316－5386468
廊坊大田物流有限公司
地址：廊坊开发区祥云道8号
…………………………Tel：0316－6061711
廊坊全兴希尔思交通器材有限公司
地址：廊坊经济技术开发区祥云道南
…………………………Tel：0316－6066689－186
廊坊双兴交通器材有限公司
地址：河北省廊坊经济技术开发区全兴路
…………………………Tel：0316－6076706
河北安闻汽车零部件有限公司
地址：河北省廊坊市经济技术开发区化辛路207号春晖现代产业园1幢－1
…………………………Tel：0316－6083393
廊坊市金色时光科技发展有限公司
地址：河北省廊坊市经济技术开发区化辛路207号春晖现代产业园1幢－3
…………………………Tel：0316－6083393
固安信通信号技术股份有限公司
地址：河北省廊坊市固安县清华大学（固安）中试孵化基地1期A1办公楼2层216室（限办公）
…………………………Tel：0316－6165221
弗玛仓储（三河）有限公司
地址：河北省三河市燕郊开发区燕灵路鑫乐汇A2－215室
…………………………Tel：0316－7763989
河北京通物流开发有限公司
地址：霸州市东段乡冯柳村南侧
…………………………Tel：0316－7853306
香河慧安公共交通运输有限公司
地址：香河县家具大道南侧永清路西侧赵庄村西
…………………………Tel：0316－8328000
河北征途物流有限公司
地址：河北省廊坊市广阳区光明东道60号
…………………………Tel：0316－8667132
沧兴商贸集团有限公司
地址：沧州市北京路33号沧兴总部
…………………………Tel：0317－2050208
沧州市开元众诚建筑劳务分包有限公司
地址：沧州市运河区西环北街一建综合楼103号
…………………………Tel：0317－2168160
沧州路桥工程公司
地址：沧州市新华区新华中路46号
…………………………Tel：0317－3043057
河北物流集团沧州有限责任公司
地址：沧州市新华区十三化建北
…………………………Tel：0317－3062111
沧州市建设投资集团有限公司
地址：沧州市运河区北京路10号管业大厦11楼
…………………………Tel：0317－3130155
沧州建投物业服务有限公司
地址：河北省沧州市新华区交通南大道32号
…………………………Tel：0317－5293905
河北金牛物流有限公司
地址：沧州临港化工园区化工大道南侧
…………………………Tel：0317－5299390
河北天昕建设集团有限公司
地址：河北省沧州市运河区北京路天昕大厦九层
…………………………Tel：0317－5301212
河北黄骅农村商业银行股份有限公司
地址：河北省黄骅市红旗大街38号
…………………………Tel：0317－5312953
沧州沧港铁路有限公司
地址：黄骅市羊二庄镇杨庄火车站
…………………………Tel：0317－5607566
沧州纵横仓储有限公司
地址：沧州渤海新区中铁办公楼
…………………………Tel：0317－5761842
黄骅港顺成海运有限公司
地址：沧州渤海新区一千吨码头
…………………………Tel：0317－5767302
河北鑫业船务有限公司
地址：黄骅市南排河镇歧口村
…………………………Tel：0317－5830333
吴桥信发商厦有限责任公司
地址：吴桥县桑园镇长江路南侧
…………………………Tel：0317－7273500
沧州市骋宇铁路有限责任公司
地址：黄骅市羊二庄镇政府
…………………………Tel：0317－7601987
沧州惠邦交通通讯产品制造有限公司
地址：河北省沧州市南皮县南皮经济开发区城东工业园东外环路东侧
…………………………Tel：0317－8863056
衡水路桥工程有限公司
地址：衡水市大庆中路２号
…………………………Tel：0318－2025007
河北衡水农村商业银行股份有限公司
地址：河北省衡水市桃城区新华西路388号
…………………………Tel：0318－2121699
河北交通投资集团衡德高速公路有限公司
地址：衡水市高新区北环西路1199号
…………………………Tel：0318－2158013
衡水昌盛货运联运服务有限公司
地址：河北省衡水市桃城区京衡大街地道桥以北、京衡大街东侧
…………………………Tel：0318－2201111
丰泽智能装备股份有限公司
地址：衡水经济开发区北方工业基地橡塑路15号
…………………………Tel：0318－2661511
河北景州农村商业银行股份有限公司
地址：河北省景县景州镇亚夫路中段东侧
…………………………Tel：0318－4225703
衡水天地五金机电商贸有限公司
地址：河北省衡水市桃城区和平中路24号1幢11－12层
…………………………Tel：0318－5201298
河北博得交通设备有限公司
地址：河北省衡水市故城县衡德工业园
…………………………Tel：0318－6332135
安平县网之都公共交通有限公司
地址：安平县保衡路与兴安大道交叉口西南角
…………………………Tel：0318－7567788
河北亚通路桥工程有限公司
地址：衡水市冀州区冀新路２４４号
…………………………Tel：0318－8624690
衡水市新华书店有限责任公司
地址：衡水市和平东路188号
…………………………Tel：0318－8889860
河北时代电子有限公司
地址：邢台市桥西区中兴西大街4号1＃楼
…………………………Tel：0319－2020555
中建路桥集团第六工程有限公司
地址：河北省邢台市信都区泉北西大街1299号
…………………………Tel：0319－2675178
邢台市辰隆物流有限公司
地址：邢台县晏家屯镇王家村西
…………………………Tel：0319－3905114
邢台邢业通物流有限公司
地址：河北省邢台市桥东区祝村镇王家屯村东
…………………………Tel：0319－3946900
河北好望角物流发展有限公司
地址：邢台市开发区南园工业区东环路2675号
…………………………Tel：0319－5601111
河北浩脉畅物流股份有限公司
地址：邢台市威县李庄村北部
…………………………Tel：0319－6120038
内丘县丰驰物流有限责任公司
地址：内丘县五郭店乡东磁窑沟村北
…………………………Tel：0319－6880699
河北华密橡胶科技股份有限公司
地址：任县邢德路河头段北侧
…………………………Tel：0319－7655989
邢台华海物流服务有限公司
地址：河北省邢台市任县经济开发区华海汽车园区
…………………………Tel：0319－7656066
河北龙飞物流集团有限公司
地址：清河县渤海路西侧、高速连接线南侧
…………………………Tel：0319－8265117
秦皇岛渤通物流有限责任公司
地址：秦皇岛市海港区秦山路78号
…………………………Tel：0335－3011421
秦皇岛港股份有限公司
地址：秦皇岛市海港区海滨路35号
…………………………Tel：0335－3094133
秦皇岛秦山化工港务有限责任公司
地址：秦皇岛市经济技术开发区
…………………………Tel：0335－3168210
河北保神工程监理有限公司
地址：秦皇岛市海港区红旗路8号
…………………………Tel：0335－3234212
秦皇岛路桥建设开发有限公司
地址：秦皇岛市海港区秦青路杜庄段326号
…………………………Tel：0335－3234260
秦皇岛市政建设集团有限公司
地址：秦皇岛市海港区燕山大街3号
…………………………Tel：0335－3659523
秦皇岛港通物流有限公司
地址：河北省秦皇岛市海港区建设大街183号金贸国际19楼
…………………………Tel：0335－3936883
秦皇岛市山海关工务器材有限公司
地址：河北省秦皇岛市山海关临港经济开发区泰昌路18号
…………………………Tel：0335－5131366
秦皇岛山铁轨道装备有限公司
地址：河北省秦皇岛市山海关区泰昌路16号
…………………………Tel：0335－5131668
秦皇岛中运物流有限公司
地址：河北省秦皇岛市抚宁区大新寨镇宣各寨村
…………………………Tel：0335－5301111
秦皇岛龙运物流有限公司
地址：河北省秦皇岛市北戴河区西海滩路29号14幢
…………………………Tel：0335－5312231
秦皇岛金港物流有限公司
地址：秦皇岛市北戴河区西海滩路29号14幢
…………………………Tel：0335－5313221
秦皇岛动力设备物流有限责任公司
地址：河北省秦皇岛市山海关经济技术开发区浙江南路8号
…………………………Tel：0335－5937500
抚宁县千奥汇通物流有限公司
地址：河北省秦皇岛市抚宁区碧海路东侧
…………………………Tel：0335－6034889
秦皇岛兴龙仓储物流有限责任公司
地址：秦皇岛市海港区杜庄镇韩庄村铁路北
…………………………Tel：0335－6820222
秦皇岛佰工物流有限公司
地址：卢龙县石门镇西
…………………………Tel：0335－7201886
秦皇岛市龙飞物流有限公司
地址：卢龙县卢龙镇迎宾路北侧
…………………………Tel：0335－7279966
抚宁县千奥物流有限公司
地址：河北省秦皇岛市抚宁区抚宁镇东大街113号
…………………………Tel：0335－78101218
秦皇岛开发区热力工程安装有限公司
地址：秦皇岛市经济技术开发区天马湖路4号
…………………………Tel：0335－8500360

山西省

朔州市公共汽车交通有限责任公司
地址：朔州朔城区市府街
…………………………Tel：0349－2028059
朔州市鑫通源物流有限责任公司
地址：朔州朔城区小平易乡小平易村
…………………………Tel：0349－5662478
山西路桥桥隧工程有限公司
地址：朔州市开发区招远路奥林山水综合楼
…………………………Tel：0349－6663609
忻州公共交通有限公司
地址：忻州市忻府区和平西街南侧客运中心三楼
…………………………Tel：0350－3068680
山西交院大成高速公路有限公司
地址：太原市小店区并州南路69号13幢301室
…………………………Tel：0350－5228668
山西并州物流有限责任公司
地址：繁峙县繁城镇石龙街耐火公司院内
…………………………Tel：0350－5512447
山西鸿深物流集团有限公司
地址：繁峙县繁城镇石龙东街108国道北侧
…………………………Tel：0350－5565595
静乐县谦仟和物流运输有限公司
地址：静乐县鹅城镇鹅城路谦仟和小区
…………………………Tel：0350－7825977
山西省国新能源发展集团宏达煤炭有限公司
地址：忻州五寨县孙家坪乡阳坡村
…………………………Tel：0350－8595508
山西路桥第三工程有限公司
地址：忻州市五台山南路10号(原新建北路13号)

……………………Tel：0350—8622217
山西远大公路桥梁建设养护有限公司
地址：忻州市五台山南路10号（原新建北路13号）
……………………Tel：0350—8622250
山西五台山晋旅运通公共交通有限公司
地址：山西省忻州市五台山风景名胜区金岗库乡移民商住区
……………………Tel：0350—8756651
神池县恒顺物流有限公司
地址：神池县龙泉镇开发路
……………………Tel：0350—8908666
山西太兴铁路有限责任公司
地址：山西示范区五龙口街170号云森大厦六、七层
……………………Tel：0351—2625157
山西大秦物流有限公司
地址：山西示范区五龙口街159号
……………………Tel：0351—2626278
太原铁路辅业国有资产管理中心
地址：太原市建设北路186号煤场小区24幢
……………………Tel：0351—2627637
山西太铁联合物流有限公司
地址：太原市杏花岭区建设北路228号
……………………Tel：0351—2690567
山西省交通开发投资集团有限公司
地址：太原市小店区长治路292号
……………………Tel：0351—7178312
太原清徐路桥有限公司
地址：307国道清徐段西木庄口
……………………Tel：0351—2960929
太原钢运物流股份有限公司
地址：太原市尖草坪区恒山路452号．
……………………Tel：0351—3017617
山西喜跃发道路建设养护有限公司
地址：太原市阳曲县城贾公路8幢
……………………Tel：0351—3186058
太原市轨道交通发展有限公司
地址：太原市杏花岭区府西街246号怡丰大厦13层
……………………Tel：0351—4030959
国恒建设集团有限公司
地址：山西省太原市杏花岭区新建路86号鑫融大厦606室
……………………Tel：0351—2352666
太原市龙城智迅停车资源管理有限公司
地址：山西省太原市迎泽区王家峰南街1号龙投大厦13层
……………………Tel：0351—4238170
蓝泰集团城市服务山西有限公司
地址：太原市万柏林区长兴路1号3幢9层T3—913
……………………Tel：0351—4294000
山西乾通公路工程机械有限公司
地址：山西省太原市杏花岭区红沟北街１８号
……………………Tel：0351—4421403
太原市金贯通商贸有限公司
地址：太原市民营区金虎物流配送中心院内
………………Tel：0351—4946143—8006
山西汇大物流有限公司
地址：山西综改示范区太原阳曲园区五龙口街199号汇大国际6号楼西单元22层
……………………Tel：0351—5254455
国药控股山西物流有限公司
地址：山西综改示范区太原唐槐园区龙盛街2号
……………………Tel：0351—5271740
山西路桥建设集团有限公司
地址：山西示范区创业街19号4幢
……………………Tel：0351—5600558
智奇铁路设备有限公司
地址：山西转型综合改革示范区唐槐产业园坞城南路189号
……………………Tel：0351—5615328
太原万鑫物流有限公司
地址：太原市杏花岭区新店街48号金圃田冷链园区库房
……………………Tel：0351—5618111
山西省交通规划勘察设计院有限公司
地址：山西省示范区武洛街27号
……………………Tel：0351—5669909
山西晋煤铁路物流有限公司
地址：太原市清徐县吴村
……………………Tel：0351—5919991
山西地方铁路集团有限责任公司
地址：太原市万柏林区千峰北路73号
……………………Tel：0351—6284985
太原市通达运输代理总公司
地址：太原市万柏林区迎泽西大街３９６号
……………………Tel：0351—6551616
洪洞县通达物流有限公司
地址：洪洞县赵城镇侯村
……………………Tel：0351—6591111
晋西车轴股份有限公司
地址：山西示范区长治路４３６号科祥大厦
……………………Tel：0351—6628340
华远国际陆港集团有限公司
地址：山西示范区太原唐槐园区龙盛街18号4号楼909室
……………………Tel：0351—6817181
山西长达交通设施有限公司
地址：山西省示范区高新街３２号
……………………Tel：0351—7020443
山西四和交通工程有限责任公司
地址：山西示范区亚日街4号
……………………Tel：0351—7028684
太原中铁轨道交通建设运营有限公司
地址：山西省太原市小店区长治路327号
……………………Tel：0351—7037299
山西物产长风物流有限责任公司
地址：太原市迎泽区长风东街16号
……………………Tel：0351—7060453
山西省交通科技研发有限公司
地址：山西省示范区经济技术园区武洛街27号
……………………Tel：0351—7072339
山西路恒交通勘察设计咨询有限公司
地址：山西综改示范区太原学府园区佳华街3号1幢4层
……………………Tel：0351—7075063
山西交科公路工程咨询监理有限公司
地址：山西综改示范区太原唐槐园区唐槐路77号孵化基地5号楼307A
……………………Tel：0351—7075618
山西百地达物流有限公司
地址：太原市万柏林区西矿街332号
……………………Tel：0351—7135598
广智科技有限公司
地址：山西综改示范区太原唐槐园区横河西一巷9号
……………………Tel：0351—7176556
山西省邮电建设工程有限公司
地址：太原市小店区建设南路207号
……………………Tel：0351—7187343
山西交科公路勘察设计院
地址：太原市小店区坞城路学府街79号
……………………Tel：0351—7188398
山西吕梁环城高速公路管理有限责任公司
地址：太原市小店区龙城大街1号省物流中心
……………………Tel：0351—7191103
山西能投国际贸易有限公司
地址：太原市高新区佳华街7号帅科大厦8层
……………………Tel：0351—7191917
山西国际物流有限公司
地址：山西省太原市晋源区长兴南街8号阳光城环球金融中心B座31－32层
……………………Tel：0351—7197330
山西路桥第五工程有限公司
地址：太原市小店区平阳路37号
……………………Tel：0351—7220354
山西交通建设监理咨询集团有限公司
地址：太原市小店区平阳路44号
……………………Tel：0351—7237230
山西省经济建设投资集团有限公司
地址：太原市小店区王村南街65号
……………………Tel：0351—7252776
中铁十七局集团物资有限公司
地址：太原市尖草坪区大同路328号
……………………Tel：0351—7259628
山西省交通信息通信有限公司
地址：山西转型综合改革示范区学府产业园南中环街529号B座1918室
……………………Tel：0351—7338053
山西交通养护集团有限公司
地址：太原市小店区亲贤北街103号
……………………Tel：0351—7338283
山西省交通建设工程质量检测中心（有限公司）
地址：山西示范区武洛街27号
……………………Tel：0351—7433558
中星智能系统技术有限公司
地址：山西综改示范区太原唐槐园区大昌南路13号中星技术产业园
……………………Tel：0351—7551800
太原市东岳实业有限公司
地址：太原经济技术开发区武洛路118号．
……………………Tel：0351—7562148
中电科鹏跃电子科技有限公司
地址：山西综改示范区太原唐槐园区工业园彩虹街1号
……………………Tel：0351—7581869
山西路桥集团国际交通建设工程有限公司
地址：太原市小店区坞城路师范街25号
……………………Tel：0351—7582054
山西悦星文化艺术有限公司
地址：太原市万柏林区光华街15号103商铺
……………………Tel：0351—7924966
山西汽车运输集团有限公司
地址：太原市迎泽区迎泽大街50号
……………………Tel：0351—8267339
山西三和锦诚环保玻璃有限公司
地址：太原市晋源区晋祠路3段95号（太化工业园区内）
……………………Tel：0351—8282372
大同市南郊区融兴达物流有限责任公司
地址：大同市南郊区平旺乡时庄村
……………………Tel：0352—4020803
大同市金洋物流有限公司
地址：大同县党留庄乡马连庄村村北
……………………Tel：0352—5055088
大同铁路通宝实业有限责任公司
地址：山西省大同市平城区站北街92号
……………………Tel：0352—7123297
山西中青旅建设有限公司
地址：山西省阳泉市城区南大西街188号B座9层
……………………Tel：0353—2152778
阳泉市三名糖酒副食仓储物流有限公司
地址：山西省阳泉经济技术开发区大西庄村西交河坡
……………………Tel：0353—2580899
阳泉市三晋长远物流有限责任公司
地址：山西省阳泉市郊区荫营镇杨树沟村．
……………………Tel：0353—5152777
平定县东方世纪公交客运有限公司
地址：阳泉市平定县冠山镇广阳路东段南侧交通大楼四层401室
……………………Tel：0353—6170666
山西亿鼎诚建设工程项目管理有限公司
地址：山西省阳泉市城区桃北路18号
……………………Tel：0353—6668227
阳泉市商业银行股份有限公司
地址：山西省阳泉市城区南大街600号
……………………Tel：0353—6680000
山西晋盂物流有限公司
地址：阳泉盂县牛村镇前元吉村
……………………Tel：0353—8195888
晋中晋煤物流运输有限公司
地址：山西省晋中市山西示范区晋中开发区汇通产业园园区迎宾西街178号
……………………Tel：0354—2077888
晋中志国鑫物流有限公司
地址：晋中开发区迎宾西街银海心悦20号楼4单元4102号（经营场所：晋中开发区小赵村）
……………………Tel：0354—2412619
晋煤物流有限公司
地址：晋中市迎宾西街178号翔龙商务大厦10层
……………………Tel：0354—2666778
晋中市泰丰昌兴贸易有限公司
地址：山西省晋中市山西示范区晋中开发区汇通产业园区迎宾西街261号银河商务楼9楼901室
……………………Tel：0354—3206111
山西铁路装备制造集团轨道交通有限公司
地址：山西省晋中市榆次区西站路7号
……………………Tel：0354—3272150
山西汾平高速公路有限公司
地址：山西省晋中市平遥县古陶镇曙光路8号
……………………Tel：0354—56300700
平遥煤化集团物流有限公司
地址：山西省晋中市平遥县南外环路
……………………Tel：0354—5639524
山西汾西矿业集团物流贸易有限责任公司
地址：山西省晋中市介休市新建西路559号
……………………Tel：0354—7192096
山西丰矿供应链管理有限公司
地址：山西省晋中市介休市城关乡罗王庄村村委会北1000米
……………………Tel：0354—7236897
山西煤炭运销集团晋中介休有限公司
地址：山西省晋中市介休市新华北街128号
……………………Tel：0354—7237912
山西晋铝物流有限公司
地址：山西省晋中市介休市朝阳路388号
……………………Tel：0354—7271168
介休市泓兴物流运输有限公司
地址：山西省晋中市介休市洪山镇堡上村（介休市泓兴煤加工有限责任公司内）
……………………Tel：0354—7463999
黎城安泰运输有限公司
地址：黎城县停河铺乡停河铺村
……………………Tel：0355—6585555
襄垣县顺昌物流有限公司
地址：襄垣县开元西街开元大厦88号（五楼）
……………………Tel：0355—7408886
襄垣县昌润物流有限责任公司
地址：长治市襄垣县古韩镇北关村（北关预制厂临街二楼）
……………………Tel：0355—7432999
襄垣县世通公交有限公司
地址：长治市襄垣县交通局（院内）
……………………Tel：0355—7468780
山西华驰物流有限责任公司
地址：山西省黎城县西仵乡西水洋村
……………………Tel：0355—8172840
长治市锦辉源物流有限公司
地址：长子县南漳镇上霍庄村南
……………………Tel：0355—8359045
山西晋焦高速公路有限公司
地址：太原市小店区长治路292号山西交通投资大厦六楼608房间
……………………Tel：0356—2055353
山西诺通公路养护有限公司
地址：山西省晋城市泽州县北义城镇沟东村
……………………Tel：0356—2127108
晋城市汇通汽车运输有限公司
地址：山西省晋城市红星街以南(市凤凰岭公园以北)
……………………Tel：0356—2612603
晋城市瑞麒建筑工程有限公司
地址：山西省泽州县金村镇霍秀村
……………………Tel：0356—3058588
晋城市诚安物流有限公司
地址：晋城沁水县嘉峰镇殷庄村
……………………Tel：0356—3699043
山西交投高速公路有限公司
地址：太原市小店区长治路292号
……………………Tel：0351—2719065
晋城市太行民爆器材有限责任公司
地址：山西省晋城市城区泽州路（物资大楼三楼）
……………………Tel：0356—6992515
山西万志物流有限公司
地址：晋城沁水县嘉峰镇李庄村
……………………Tel：0356—7092309
山西平阳路桥有限公司
地址：临汾市解放东路112号
……………………Tel：0357—3120119
山西同世达煤化工集团物流有限公司
地址：临汾市尧都区河西工业区
……………………Tel：0357—3185666
山西煤海润张礼铁路物流有限公司
地址：襄汾县邓庄镇小韩村
……………………Tel：0357—3230036
临汾市万泽通物流有限公司
地址：临汾市东外环钢材批发市场
……………………Tel：0357—3300125
山西宝特国际物流有限公司
地址：侯马市合欢街1266号
……………………Tel：0357—3550160
山西方略保税物流中心有限公司
地址：侯马市合欢街东侧方略联检办公大楼1幢
……………………Tel：0357—4160533
曲沃县万通运业有限公司
地址：曲沃县乐昌镇三晋制药厂东侧
……………………Tel：0357—4521138
曲沃县晋通物流有限责任公司
地址：曲沃县高显镇荀王村中宇钢厂东门
……………………Tel：0357—4530188
翼城县泰富煤炭配送物流中心有限公司
地址：山西省临汾市翼城县隆化镇下石门村
……………………Tel：0357—4924177
翼城县元祥物流有限公司
地址：山西省临汾市翼城县南环路大转盘西300米路北
……………………Tel：0357—4927406
山西中交翼侯高速公路有限公司
地址：山西省翼城县翼侯高速公路出口
……………………Tel：0357—4967611
山西远中物流有限公司
地址：洪洞县赵城镇焦化工业园区
……………………Tel：0357—6560230
山西焦煤集团飞虹化工股份有限公司
地址：山西省临汾市洪洞县广胜寺镇
……………………Tel：0357—6621919
中临建设集团有限公司
地址：临汾市尧都区西关社区农培中心九层
……………………Tel：0357—6765102
隰县三和城市公交有限公司
地址：隰县城南乡上友村209国道旁
……………………Tel：0357—7324000
临汾市富尧仓储有限公司
地址：临汾市尧都区尧庙乡金井村
……………………Tel：0357—8609233
山西大唐盛世物流有限公司
地址：汾阳市夏汾高速汾阳西口处
……………………Tel：0358—3334509
柳林县便民市政公用设施投资有限公司
地址：柳林县柳林镇交通路10号
……………………Tel：0358—4022499
柳林县运通物流配货有限公司
地址：柳林县柳林镇寨东村13号
……………………Tel：0358—4052996
柳林县迅达物流有限公司
地址：山西省柳林县柳林镇毛家庄村
……………………Tel：0358—4326555
汾阳市利民运输有限公司
地址：汾阳市肖家庄镇西马寨村（19）
……………………Tel：0358—7225613
孝义市孝龙煤焦集运有限公司
地址：山西省吕梁孝义市梧桐焦化工业园区南
……………………Tel：0358—7675978
吕梁公共交通有限公司
地址：吕梁市离石区碧水路（吕梁吕运客运总站南侧二、三、四层）

……………………Tel：0358-8288883
运城市城市建设投资开发集团有限公司
地址：运城市盐湖区铺安街989号
……………………Tel：0359-2293608
山西华恩实业有限公司
地址：山西省运城市临猗县小微企业孵化基地A1-M5号
……………………Tel：0359-4068519
万荣县玉泉物流有限公司
地址：万荣县城北环路东端北侧玉泉市场2号楼8号商铺
……………………Tel：0359-4522168
山西鼎鑫物流有限公司
地址：闻喜县高速路入口200米
……………………Tel：0359-7043128
闻喜县青龙物流有限公司
地址：闻喜县兴闻西街1555号（八达首府楼下）
……………………Tel：0359-7468102
山西阳煤千军汽车部件有限责任公司
地址：永济市涑水东街工业园区
……………………Tel：0359-8086986
新绛县恒裕运输有限公司
地址：新绛县横桥乡狄庄村
……………………Tel：0359-8500350
稷山县鹏鹏物流有限公司
地址：山西省运城市稷山县西社镇清水庄村
……………………Tel：0359-8727626

内蒙古自治区

呼伦贝尔国安物流有限责任公司
地址：内蒙古自治区呼伦贝尔市海拉尔区建设镇靠山湾17号
……………………Tel：0470-2807000
呼伦贝尔市瀛海粮食物流有限公司
地址：扎兰屯市岭东工业开发区C区北侧
……………………Tel：0470-3796171
呼伦贝尔市海拉尔区呼利物流有限公司
地址：内蒙古自治区呼伦贝尔市海拉尔区建设办牙克石路31号
……………………Tel：0470-3905011
呼伦贝尔千通旅游车队有限公司
地址：海拉尔区胜利大街24号
……………………Tel：0470-3995277
满洲里万鑫达物流有限责任公司
地址：内蒙古自治区满洲里市合作区管委会办公楼821办公室
……………………Tel：0470-6218111
满洲里伊利托物流有限公司
地址：内蒙古自治区呼伦贝尔市满洲里市国际物流产业园区伊利托铁路物流港综合楼201室
……………………Tel：0470-6236218
内蒙古公路建设有限公司
地址：呼伦贝尔市海拉尔区胜利办伊敏大街公路局综合楼
……………………Tel：0470-8228136
内蒙古坤德物流股份有限公司
地址：包头市东河区现代物流园区
……………………Tel：0471-2209278
内蒙古中铁轨道技术有限公司
地址：内蒙古自治区呼和浩特市新城区海拉尔东大街２４号
……………………Tel：0471-2243840
内蒙古铁路运营管理集团有限责任公司
地址：内蒙古自治区呼和浩特市新城区车站后街１号
……………………Tel：0471-2245064
乌审旗中铁如意物流有限责任公司
地址：内蒙古自治区鄂尔多斯市乌审旗鲁图镇（交通局院内）
……………………Tel：0471-2247928
内蒙古高等级公路建设开发有限责任公司
地址：内蒙古自治区呼和浩特市呼伦北路１０５号
……………………Tel：0471-2305613
内蒙古凯迪物流有限公司
地址：内蒙古自治区呼和浩特经济技术开发区如意工业新区阳光大道南侧凯迪物流园
……………………Tel：0471-3168135
内蒙古蒙西物流有限公司
地址：呼和浩特市玉泉区大学西街蒙西文化广场文化大厦20层
……………………Tel：0471-3289976
内蒙古中铁泰利达联合物流有限公司
地址：内蒙古自治区呼和浩特市如意开发区乾坤工业园公寓楼１１８室
……………………Tel：0471-3302538
内蒙古郭白铁路有限责任公司
地址：内蒙古自治区锡林郭勒盟苏尼特左旗满都拉图镇
……………………Tel：0471-3382505
内蒙古城市规划市政设计研究院有限公司
地址：呼和浩特市如意开发区四纬路９号
……………………Tel：0471-4167022
内蒙古交通设计研究院有限责任公司
地址：内蒙古自治区呼和浩特市新城区新华大街３号（十九中东侧）
……………………Tel：0471-4688203
鄂尔多斯市顾多物流有限责任公司
地址：内蒙古自治区东胜区鄂尔多斯西街（祥泰小区）
……………………Tel：0471-4920560
内蒙古自治区民航机场集团有限责任公司
地址：内蒙古自治区呼和浩特市白塔机场
……………………Tel：0471-4941234
内蒙古公路交通投资发展有限公司
地址：内蒙古自治区呼和浩特市新城区东二环兴泰商务广场T4写字楼
……………………Tel：0471-6320791
内蒙古铁道勘察设计院有限公司
地址：内蒙古自治区呼和浩特市新城区车站西街１１号１号（铁路勘测设计院楼内）
……………………Tel：0471-6912757
呼和浩特惠则恒投资（集团）有限责任公司
地址：呼和浩特如意开发区机场北辅路水岸小镇G-3区5号写字楼12、15楼
……………………Tel：0471-6957428
内蒙古赤峰民航机场有限责任公司
地址：内蒙古自治区赤峰市喀喇沁旗牛营子镇土城子村
……………………Tel：0471-8810071
包钢铁新物流有限公司
地址：内蒙古自治区包头市昆都仑区包钢销售公司院内
……………………Tel：047-22182516
包头交通投资集团包固高等级公路有限公司
地址：内蒙古自治区包头市稀土高新技术开发区黄河大街33号421-427房间
……………………Tel：0472-6209597
包头市南绕城公路有限责任公司
地址：内蒙古自治区包头稀土高新区黄河大街33号交通局楼内
……………………Tel：0472-6209597
包头北方安全防护装备制造有限公司
地址：内蒙古自治区包头市青山区厂前路
……………………Tel：0472-3385166
包头润恒农产品物流有限公司
地址：内蒙古自治区包头稀土高新区滨河新区秋实路2号1号楼201号
……………………Tel：0472-6197005
中铝物流集团内蒙古有限公司
地址：内蒙古自治区包头市东河区包头铝业2号办公楼
……………………Tel：0472-6935088
包头市穆华物流有限公司
地址：内蒙古自治区包头市九原区建华南路1号天福商务广场8-B1014
……………………Tel：0472-6962888
内蒙古蒙粤日盛多式联运有限公司
地址：内蒙古自治区包头市固阳县下湿壕镇学田会村
……………………Tel：0472-7145555
包头市运祥物流有限责任公司
地址：包头市东河区铁西冷库院内
……………………Tel：0472-7162803
内蒙古华亿能源股份有限公司
地址：内蒙古自治区包头市土默特右旗萨拉齐镇交通街煤炭服务中心办公大楼
……………………Tel：0472-8013303
乌海市公路工程有限公司
地址：内蒙古自治区乌海市海勃湾区人民路39号
……………………Tel：0473-2026020
鄂尔多斯市华成物流有限公司
地址：内蒙古自治区鄂尔多斯市鄂托克旗蒙西镇北国经典小区独立别墅12#
……………………Tel：0473-2068123
乌海鑫诺物流有限公司
地址：内蒙古自治区乌海市海勃湾区千里山西街（货场北侧）
……………………Tel：0473-2252418
乌海市铁神物流有限责任公司
地址：内蒙古自治区乌海市海南区西来峰工业园区
……………………Tel：0473-2252655
内蒙古亿阳现代物流有限公司
地址：鄂尔多斯市鄂托克旗蒙西工业园区
……………………Tel：0473-3121666
内蒙古亿阳物流集团有限公司
地址：内蒙古自治区鄂尔多斯市鄂托克旗蒙西镇
……………………Tel：0473-3121666
乌海市锦泰物流有限公司
地址：内蒙古自治区乌海市海勃湾区狮城东街1号4楼401室（中行）
……………………Tel：0473-3238866
乌海市海川物流有限公司
地址：内蒙古自治区乌海市乌达区北环路南侧滨海小区C区B座0-1-03号商铺
……………………Tel：0473-3441888
内蒙古阿拉善东达国际物流发展有限公司
地址：内蒙古自治区阿拉善盟阿拉善左旗乌斯太镇
……………………Tel：0473-3885556
内蒙古美方能源有限公司
地址：内蒙古自治区乌海市乌达工业园区
……………………Tel：0473-3991000
乌海市中海物流有限责任公司
地址：内蒙古自治区乌海市海勃湾区青山路西、纬七街北宜嘉物流园综合办公楼三楼北单元
……………………Tel：0473-6158818
乌海市锦达物流有限责任公司
地址：内蒙古自治区乌海市海勃湾区黄河街以北、乌兰路以西19号海世盛名酒店7层
……………………Tel：0473-6928522
乌兰察布交通运输（集团）有限公司
地址：内蒙古自治区乌兰察布市集宁区交通路6号
……………………Tel：0474-2263218
内蒙古呼铁永晖物流有限公司
地址：乌兰察布市集宁区团结路３０号
……………………Tel：0474-2300082
乌兰察布市天路公路开发建设有限责任公司
地址：内蒙古自治区乌兰察布市集宁区光明街27号
……………………Tel：0474-8981903
内蒙古华明物流有限公司
地址：奈曼旗大沁他拉镇工业园区
……………………Tel：0475-4213974
霍林郭勒市煤化工物流有限公司
地址：内蒙古自治区通辽市霍市珠区嘉源小区A4-1-201
……………………Tel：0475-6777777
通辽市通粮物流有限公司
地址：内蒙古自治区通辽市科尔沁区建国路北段（商会大厦26层2606号）
……………………Tel：0475-8266504
通辽大华物流有限责任公司
地址：通辽市新建大街19号（大华粮库院内）
……………………Tel：0475-8268920
通辽市威远护卫有限责任公司
地址：内蒙古自治区通辽市科尔沁区霍林河大街3858号（红星派出所对过）
……………………Tel：0475-8421306
内蒙古通辽民航机场有限责任公司
地址：内蒙古自治区通辽市民航机场
……………………Tel：0475-8507006
通辽瑞丰物流有限责任公司
地址：内蒙古自治区通辽市经济技术开发区（瑞丰汽贸物流园内）
……………………Tel：0475-8717277
中冶内蒙古建设投资有限公司
地址：内蒙古自治区呼和浩特市赛罕区腾飞南路32号内蒙古煤田地质科技研发中心主楼第5层、第6层
……………………Tel：0475-8883826
赤峰白音华物流有限公司
地址：内蒙古自治区赤峰市新城区兴安街南侧
……………………Tel：0476-2885764
赤峰路丰道路运输有限公司
地址：内蒙古自治区赤峰市松山区英金路南段西侧正阳房地产兴华综合楼４０１号
……………………Tel：0476-8089882
内蒙古东昊建设集团有限公司
地址：内蒙古自治区赤峰市红山区红山物流园区商贸城街以北、汇通路以东，东昊商业楼1号
……………………Tel：0476-8285532
内蒙古东昊建设投资有限责任公司
地址：内蒙古自治区赤峰市阿鲁科尔沁旗天山镇海天路东段路南
……………………Tel：0476-8289367
内蒙古北方时代设计研究院股份有限公司
地址：内蒙古自治区赤峰市新城区王府大街北宝山路东
……………………Tel：0476-8334620
内蒙古辽河工程局股份有限公司
地址：内蒙古自治区赤峰市新城区王府大街８号（交通技校对过）
……………………Tel：0476-8427807
赤峰兴业建筑有限公司
地址：赤峰市松山区英金路中段路东
……………………Tel：0476-8451188
内蒙古碧野服务有限公司
地址：内蒙古自治区赤峰市红山区哈达街办事处园林路西交通银行大厦1601
……………………Tel：0476-8883655
鄂尔多斯市天瑞国际陆港物流有限责任公司
地址：准旗薛家湾镇大路新区
……………………Tel：0477-2780876
鄂尔多斯市联胜物流股份有限公司
地址：内蒙古自治区鄂尔多斯市东胜区铁西科技街北东环路西天佐新城国际中心A座21层2110
……………………Tel：0477-3909600
内蒙古华粮粮食物流有限公司
地址：准格尔旗十二连城乡广银店社西臭海子
……………………Tel：0477-3958540
鄂尔多斯市中泰物流有限责任公司
地址：内蒙古自治区鄂尔多斯市准格尔旗沙圪堵镇五字湾村委会东楼1号
……………………Tel：0477-4706105
内蒙古珠江投资有限公司
地址：内蒙古自治区鄂尔多斯市准格尔旗魏家峁镇青春塔煤矿工业广场
……………………Tel：0477-4898634
准格尔旗农村信用合作联社
地址：内蒙古自治区鄂尔多斯市准格尔旗准格尔经济开发区三马路
……………………Tel：0477-4928894
金威物产集团有限公司
地址：杭锦旗锡尼镇阿斯汉南路第１７栋
……………………Tel：0477-5104052
内蒙古淮矿西部煤炭贸易有限公司
地址：内蒙古自治区鄂尔多斯市东胜区铁西鄂尔多斯西街与万正路交汇处淮矿大楼
……………………Tel：0477-5119067
鄂尔多斯市东达物流有限公司
地址：内蒙古自治区鄂尔多斯市达拉特旗经济开发区风水梁产业园区
……………………Tel：0477-5186029
鄂尔多斯市恒泰铭达物流有限责任公司
地址：内蒙古自治区鄂尔多斯市达拉特旗树林召镇树大街北新华街路西市府街南美林家园第17幢8、9号房
……………………Tel：0477-5221111
鄂尔多斯市泰发祥物流有限公司
地址：内蒙古自治区鄂尔多斯市鄂托克旗棋盘井工业园区天恒水泥有限公司东３０米处
……………………Tel：0477-6485557
内蒙古鄂尔多斯物流有限公司
地址：内蒙古自治区鄂尔多斯市棋盘井镇棋盘井工业园区电冶大厦
……………………Tel：0477-6486074
鄂尔多斯市联发物流有限公司
地址：内蒙古自治区鄂尔多斯市准旗准格尔召镇黄天棉图
……………………Tel：0477-8115747
鄂尔多斯市易兴物流集团有限责任公司
地址：内蒙古自治区鄂尔多斯市东胜区羊场壕乡林场社伊煤路北
……………………Tel：0477-8167653
鄂尔多斯市神东物流有限责任公司
地址：内蒙古自治区鄂尔多斯市东胜区铁路西精诚陶瓷厂东东胜白货场
……………………Tel：0477-8290894
鄂尔多斯市中能源满世煤炭运销有限责任公司
地址：内蒙古自治区鄂尔多斯市东胜区罕台镇查干村张家渠社
……………………Tel：0477-8297106
鄂尔多斯市东方路桥集团股份有限公司
地址：内蒙古自治区鄂尔多斯市东胜区森林北环路140号
……………………Tel：0477-8397088
内蒙古天骄公路工程有限责任公司
地址：东胜区伊煤路9号
……………………Tel：0477-8560544
鄂尔多斯市联运物流有限责任公司
地址：内蒙古自治区鄂尔多斯市东胜区伊煤北路３２号街坊８号楼０１
……………………Tel：0477-8566770
鄂尔多斯市东胜区鸿力物流有限公司
地址：内蒙古自治区鄂尔多斯市东胜区迎宾路41号锦和苑9号楼6号车库
……………………Tel：0477-8573808
万正投资集团有限公司
地址：内蒙古自治区鄂尔多斯市东胜区鄂托克西街95号
……………………Tel：0477-8590904
内蒙古华信国电建投物流有限公司
地址：伊旗伊金霍洛镇
……………………Tel：0477-8961682
巴彦淖尔市亨通物流国际有限责任公司
地址：乌拉特中旗甘其毛道口岸
……………………Tel：0478-2358146
乌拉特中旗甘其毛都华方国际物流有限公司
地址：内蒙古自治区巴彦淖尔市乌拉特中旗甘其毛都口岸
……………………Tel：0478-5688888
乌拉特中旗甘其毛道金航国际物流有限公司
地址：乌拉特中旗甘其毛道口岸
……………………Tel：0478-5686888
巴彦淖尔市城通公共交通有限责任公司
地址：内蒙古巴彦淖尔市通政汽车综合性能检测站
……………………Tel：0478-7958106
内蒙古际誉仓储物流有限责任公司
地址：内蒙古巴彦淖尔市乌拉特中旗甘其毛都口岸丘（地）18号
……………………Tel：0478-7976976
巴彦淖尔市金泰物流有限责任公司

地址：内蒙古巴彦淖尔市临河区胜利路75号
…………Tel：0478-8650082

锡林浩特市天安公共交通有限责任公司
地址：内蒙古自治区锡林郭勒盟锡市杭盖路２１３号
…………Tel：0479-8101805

内蒙古锡林浩特民航机场有限责任公司
地址：内蒙古自治区锡林浩特市民航机场
…………Tel：0479-8200999

锡林郭勒盟宇泰煤炭物流有限公司
地址：内蒙古自治区锡林郭勒盟锡林浩特市滨河路世纪家园Ｂ区１０５号
…………Tel：0479-8222002

锡林郭勒安顺运输有限公司
地址：锡林浩特市锡林大街22号
…………Tel：0479-8231622

内蒙古民禾物流集团有限责任公司
地址：内蒙古自治区锡林郭勒盟锡林浩特市经济开发区
…………Tel：0479-8287007

兴安盟正大路桥工程有限责任公司
地址：内蒙古自治区兴安盟乌兰浩特市北窑7委
…………Tel：0482-8493445

内蒙古大龙运业有限责任公司
地址：内蒙古自治区兴安盟科尔沁右翼前旗科尔沁镇省际通道与天骄路交界西北处（科尔沁物流园区）
…………Tel：0482-8615995

内蒙古太豪国际物流有限公司
地址：内蒙古阿拉善盟额济纳旗策克口岸
…………Tel：0483-3966802

辽宁省

沈阳荣昌巴士有限公司
地址：辽宁省沈阳市苏家屯区丁香街212号
…………Tel：024-22536666

融盛财产保险股份有限公司
地址：中国（辽宁）自由贸易试验区沈阳片区全运路109-5号11层
…………Tel：024-22929999

沈阳市第二市政建设工程有限公司
地址：沈阳市沈河区小西路73号（奉天大厦17、18、19层）
…………Tel：024-22939195

辽宁西科姆安全防范有限公司
地址：沈阳市沈河区青年大街167号
…………Tel：024-23180777

辽宁东测检测技术有限公司
地址：沈阳经济技术开发区二号街4甲3号
…………Tel：024-23301901

沈阳众磊道桥有限公司
地址：沈阳市浑南新区世纪路21号122室
…………Tel：024-23742781

沈阳蓝英工业自动化装备股份有限公司
地址：辽宁省沈阳市浑南产业区东区飞云路3号
…………Tel：024-23819555-5067

沈阳市市政工程设计研究院有限公司
地址：沈阳市沈河区文萃路37号
…………Tel：024-23899076

辽宁省交通科学研究院有限责任公司
地址：沈阳市沈河区文萃路８１号
…………Tel：024-24506090

辽宁第一交通工程监理有限公司
地址：沈阳市沈河区文萃路81号
…………Tel：024-24508389

辽宁省路桥建设集团有限公司
地址：沈阳市铁西区滑翔路７号
…………Tel：024-25896404

辽宁省交通工程有限公司
地址：辽宁省沈阳市铁西区揽军路34号
…………Tel：024-25903987

辽宁省邮政速递物流有限公司
地址：沈阳市皇姑区崇山东路53号
…………Tel：024-26226998

沈阳闽洋物流有限公司
地址：辽宁法库经济开发区
…………Tel：024-27126981

辽宁省交通运输服务有限责任公司
地址：沈阳市沈河区友好街２１号
…………Tel：024-28512188

辽宁大通公路工程有限公司
地址：沈阳市和平区砂山街42号
…………Tel：024-29806288

辽宁五洲公路工程有限责任公司
地址：辽宁省沈阳市和平区丽岛路46-1号4层0416房间
…………Tel：024-29832079

沈阳利源轨道交通装备有限公司
地址：辽宁省沈阳市沈北新区蒲河路158号
…………Tel：024-29867666

沈阳市天顺路发冷藏物流有限公司
地址：沈阳市于洪区沈大路99号
…………Tel：024-31012643

沈阳中远海运物流有限公司
地址：沈阳市沈北新区沈北路91-6号
…………Tel：024-31238311

辽宁远成物流有限公司
地址：沈阳市沈北新区人和街93号
…………Tel：024-31398255

沈阳北方交通重工集团有限公司
地址：沈阳经济技术开发区中央大街16号
…………Tel：024-31819999

沈阳煤业（集团）国源物流有限责任公司
地址：沈阳市沈河区北京街7号
…………Tel：024-31977087

辽宁容大物流有限公司
地址：辽宁省本溪市平山区东明路10栋
…………Tel：024-42325517

辽宁顺鑫公路工程有限责任公司
地址：辽宁省本溪市溪湖区火连寨寨西路南沟巷16-1栋1-3层
…………Tel：024-45537034

辽宁交通水泥有限责任公司
地址：本溪市溪湖区火连寨营子村
…………Tel：024-45539036

本溪满族自治县泰顺公路工程有限公司
地址：本溪满族自治县小市镇张家堡村
…………Tel：024-46810898

辽宁双旗石化仓储物流有限公司
地址：辽宁省抚顺市抚顺县兰山乡关家村
…………Tel：024-52430168

清原满族自治县公路工程处
地址：清原县清原镇清河路58号
…………Tel：024-53033320

辽宁龙宇建设工程有限公司
地址：辽宁省抚顺市清原满族自治县南口前镇新市镇
…………Tel：024-54402633

抚顺市沈抚新城公交巴士有限公司
地址：抚顺经济开发区科技城9#标准厂房办公楼
…………Tel：024-56615110

抚顺恒诚运输有限公司
地址：辽宁省抚顺市新宾满族自治县响水河乡响水河村
…………Tel：024-58586621

沈阳铁道勘察设计院有限公司
地址：沈阳市沈河区北站路110甲2号
…………Tel：024-62043749

沈阳中车物流发展有限公司
地址：沈阳经济技术开发区开发大路28号
…………Tel：024-62225311

宜正国际仓储管理（沈阳）有限公司
地址：沈阳市浑南新区远航东路18号
…………Tel：024-62336999

沈阳市新运客运有限公司
地址：新民市辽河大街278号
…………Tel：024-62374360

沈阳递家物流股份有限公司
地址：沈阳经济技术开发区沈辽西路126号
…………Tel：024-66605737

开原市公路工程有限公司
地址：辽宁省铁岭市开原市新华路35号
…………Tel：024-73803031

西丰华粮中转库有限公司
地址：辽宁省铁岭市西丰县西丰镇远景街顺城委
…………Tel：024-77898500

辽宁交投公路科技养护有限责任公司
地址：辽宁省沈阳市于洪区造化街道闸上村
…………Tel：024-82363608

辽宁省高速公路实业发展有限责任公司
地址：沈阳市和平区１３纬路１９号
…………Tel：024-82364754

沈阳东软系统集成工程有限公司
地址：沈阳市浑南新区新秀街2-A2号402
…………Tel：024-83687180

浪潮创新科技股份有限公司
地址：沈阳市浑南新区世纪路5-2号
…………Tel：024-83733500

辽宁省交通规划设计院有限责任公司
地址：辽宁省沈阳市和平区丽岛路42号
…………Tel：024-83738583

沈阳营口港物流有限公司
地址：辽宁省沈阳市辽中区茨榆坨镇太平村
…………Tel：024-83766988

辽宁中深物流有限公司
地址：沈阳经济技术开发区大明湖街8号
…………Tel：024-85813025

沈阳中外运久凌物流发展有限公司
地址：沈阳经济技术开发区沈新路8号街2号
…………Tel：024-85817200

沈阳晨光弗泰波纹管有限公司
地址：沈阳经济技术开发区十五号街4号
…………Tel：024-85818311

沈阳环沈物流有限公司
地址：辽宁省沈阳经济技术开发区十三号路19甲6号（全部）
…………Tel：024-86375910

沈阳市康平道桥工程有限公司
地址：康平县康平镇吴斌街
…………Tel：024-8734685

沈阳万隆华兴物流有限公司
地址：沈阳胡台新城振兴三街111号
…………Tel：024-87735615

新民市诚运汽车队
地址：新民市城区西城街新运社区
…………Tel：024-87853272

辽宁安吉联合物流有限公司
地址：沈阳市大东区榆林大街3号
…………Tel：024-88259294

沈阳中外运长航物流发展有限公司
地址：辽宁省沈阳市大东区北大营街83-1号
…………Tel：024-88340406

辽宁虎跃快速汽车客运（集团）股份有限公司
地址：沈阳市沈河区友好街２１号
…………Tel：024-88505330

中冶东北建设（沈阳）工程技术有限公司
地址：沈阳市东陵区全运北路109-2号（109-2）B座（2区）9、10层
…………Tel：024-88593537

辽宁远航国际物流有限公司
地址：沈阳市沈河区北站路146号（1-27-20室）
…………Tel：024-88791115

沈阳机车车辆装备制造有限公司
地址：沈阳市于洪区沙岭街道沙和路J区2号
…………Tel：024-89301228

沈阳北方航空食品有限公司
地址：沈阳市东陵区桃仙机场
…………Tel：024-89392796

沈阳空港物流有限公司
地址：辽宁省沈阳市浑南区桃仙镇桃仙机场
…………Tel：024-89398909

中储发展（沈阳）物流有限公司
地址：沈阳市苏家屯区机场路988-7号
…………Tel：024-89528086

沈阳市沈北新区公路工程有限公司
地址：沈阳市沈北新区飞马街５号
…………Tel：024-89608500

中铁物流集团辽宁有限公司
地址：沈阳经济技术开发区沧海路19-4号
…………Tel：024-88206611

沈阳市苏家屯区公路工程公司
地址：沈阳市苏家屯区林盛街道办事处文城堡村
…………Tel：024-89805136

沈阳铁道丹东铁成集团有限责任公司
地址：丹东市振兴区五经街4-1号
…………Tel：024-62081034

大升（大连）物流有限公司
地址：辽宁省大连长兴岛经济区新港村
…………Tel：0411-85282340

大连交通运输集团有限公司
地址：辽宁省大连市甘井子区华南路10号
…………Tel：0411-39572017

大连中铁渤海铁路轮渡物流有限公司
地址：辽宁省大连市旅顺口区新港一条街
…………Tel：0411-39675158

大连九鼎国际物流有限公司
地址：辽宁省大连市中山区人民路68号1901室
…………Tel：0411-39806908

大连银帆宾馆
地址：辽宁省大连经济技术开发区金马路135号
…………Tel：0411-39968888

大连悦丰万鑫国际物流有限公司
地址：辽宁省大连保税物流园区B4区IVB-4-2
…………Tel：0411-62775777

大连景顺物流有限公司
地址：辽宁省大连经济技术开发区振鹏工业城（73号地）长英
…………Tel：0411-62776416

大连中车大齐车辆有限公司
地址：辽宁省大连市旅顺经济开发区广源街21号
…………Tel：0411-62828075

大连沈铁港口物流集团有限公司
地址：辽宁省大连市西岗区北海街23号305室
…………Tel：0411-62833122

大连鲜星环球物流有限公司
地址：辽宁省大连保税区泰华大厦B座215室
…………Tel：0411-62889856

大连长兴岛公用事业运营中心有限公司
地址：辽宁省大连长兴岛经济区三堂村
…………Tel：0411-66529958

大连恒宇国际物流有限公司
地址：辽宁省大连市中山区人民路35-37号901、903室
…………Tel：0411-66835963

大连普集仓储设施有限公司
地址：辽宁省大连保税物流园区公共仓库办公楼
…………Tel：0411-82507702

大连锦源石油化工有限公司
地址：辽宁省大连普湾新区松木岛化工园区
…………Tel：0411-82594899

大连港股份有限公司
地址：辽宁省大连保税区大窑湾新港商务大厦
…………Tel：0411-82622131

大连运丰国际物流有限公司
地址：辽宁省大连经济技术开发区黄海西路266号
…………Tel：0411-82642200

大连鑫之航国际物流有限公司
地址：辽宁省大连市沙河口区中山路427A-2号
…………Tel：0411-82711339

大连弘圆东方国际物流有限公司
地址：辽宁省大连市中山区珠锦街20号11层4号
…………Tel：0411-82737267

大连希望海洋国际物流有限公司
地址：辽宁省大连市中山区港湾街20B号1单元27层7号
…………Tel：0411-82768745

大连熙川国际物流有限公司
地址：辽宁省大连市中山区朝阳街57号3单元15层2号
…………Tel：0411-82786982

大连中石油国际储运有限公司
地址：辽宁省大连保税区新港内海鲇路31号
…………Tel：0411-82828432

大连华航国际物流有限公司
地址：辽宁省大连市中山区明泽街27号1单元40层1号
…………Tel：0411-82828777

大连西科姆电子安全有限公司
地址：辽宁省大连经济技术开发区金马路128号9层4号
…………Tel：0411-83603411

大连市政设施修建有限公司
地址：辽宁省大连市西岗区胜利路65号
…………Tel：0411-83631800

大连大世界物流有限公司
地址：辽宁省大连市甘井子区华北路291号
…………Tel：0411-83649191

大连汽车客运总站
地址：辽宁省大连市西岗区鞍山路２０号
…………Tel：0411-83655907

大连畅瑞达实业有限公司
地址：辽宁省大连市甘井子区金南路七小区综合楼203室
…………Tel：0411-83622222

大连五洲通国际物流有限公司
地址：辽宁省大连市甘井子区陆港红枫路688号401室
…………Tel：0411-83622222

大连捷丰国际物流有限公司
地址：辽宁省大连经济技术开发区大孤山北石洞51号
…………Tel：0411-83693266

大连宏基物流发展有限公司
地址：辽宁省大连市西岗区大公街34号1103室
…………Tel：0411-83699709

中车大连电力牵引研发中心有限公司
地址：辽宁省大连旅顺经济开发区浩洋北街1号
…………Tel：0411-84199554

大连鼎力交通轨道设备有限公司
地址：辽宁省大连市沙河口区兴工北一街23号(办公地址)
…………Tel：0411-84199865

大连香炉礁物流运输中心有限公司
地址：辽宁省大连市西岗区海达南街90号
…………Tel：0411-84410555

大连长兴岛港口有限公司
地址：辽宁省大连长兴岛经济区新港村
…………Tel：0411-85279161

大连万通达物流有限公司
地址：辽宁省瓦房店市祝华办事处祝华村
…………Tel：0411-85387077

大连永兴公路工程有限公司
地址：辽宁省瓦房店市岗店办事处太阳沟村（瓦房店工业园区）
…………Tel：0411-85573286

大连天源工业有限公司
地址：辽宁省瓦房店市兴工大街6号
…………Tel：0411-85650726

大连日佳电子有限公司
地址：辽宁省大连经济技术开发区铁山东三路3-1号1-3层
…………Tel：0411-85890006

大连力和公路工程有限公司
地址：辽宁省大连市甘井子区新水泥路680号
…………Tel：0411-86315890

大连陆久物流有限公司
地址：辽宁省大连市甘井子区华北路991号
…………Tel：0411-86423969

大连华菱汽车销售有限公司
地址：辽宁省大连市甘井子区华北路738号

……Tel：0411-86523517
大连金港物流有限公司
地址：辽宁省大连保税物流园区IVB-1-2库房1号
……Tel：0411-87186666
大连海港庆丰发展有限公司
地址：辽宁省大连保税区南港路18-2号
……Tel：0411-87307677
中国船舶燃料大连有限公司
地址：辽宁省大连保税区国贸中心E座9层
……Tel：0411-87320068
大连保税区明阳物流有限公司
地址：辽宁省大连保税区78#小区
……Tel：0411-87507879
大连天顺源物流有限公司
地址：辽宁省大连市甘井子区友谊街182号
……Tel：0411-87517717
大连瑞新国际物流有限公司
地址：辽宁省大连保税区疏港路78号307室
……Tel：0411-87519170
金德国际物流（大连）有限公司
地址：辽宁省大连保税区仓储区大连隆海实业总公司办公楼号
……Tel：0411-87519326
大连三兴物流有限公司
地址：辽宁省大连保税物流园区IVB-5-3
……Tel：0411-87595928
亚太港口（大连）有限公司
地址：辽宁省大连保税区新港商务大厦24楼
……Tel：0411-87596312
恒浦（大连）国际物流有限公司
地址：辽宁省大连保税物流园区IVB-2-2
……Tel：0411-87598111
大连保税区亿港物流有限公司
地址：辽宁省大连保税区振港路2-3号
……Tel：0411-87598808
大连万捷国际物流有限公司
地址：辽宁省大连保税区港五路3号
……Tel：0411-87599579
合一物流有限公司
地址：辽宁省大连市甘井子区大连湾街道后盐村红枫路25号
……Tel：0411-87638877
中铁九局集团大连建设有限公司
地址：辽宁省大连市甘井子区金南路七小区综合楼5-7号
……Tel：0411-87641523
大连中外运物流有限公司
地址：辽宁省大连保税区大窑湾港区内创业路16号
……Tel：0411-88012137
大连地铁建设有限公司
地址：辽宁省大连市沙河口区五四路150-6号
……Tel：0411-88092999
三寰集团有限公司
地址：辽宁省大连高新技术产业园区小平岛广场3号
……Tel：0411-88127111
大连大昌合众汽车销售服务有限公司
地址：辽宁省大连保税区黄海西三路101号1层
……Tel：0411-88152100
大连恒基伟业物流有限公司
地址：辽宁省庄河市城关街道友谊委金贸银座9层01号
……Tel：0411-89727088
辽宁恒际建筑工程集团有限公司
地址：鞍山市千山区东鞍山镇中所屯村后中所
……Tel：0412-2950888
海城市宗骏物流有限公司
地址：海城市北关街合力委
……Tel：0412-3116615
海城市亿家物流配送有限公司
地址：海城市南台镇树林子村
……Tel：0412-3138888
海城市道桥建筑工程公司
地址：海城市毛祁镇山后村5号
……Tel：0412-3386009
海城市市政工程公司
地址：海城市铁西开发区市政管理处院内
……Tel：0412-3392925
海城市君畅运输有限公司
地址：辽宁省鞍山市海城市牌楼镇西牌楼居委会
……Tel：0412-3785678
海城市西柳物流服务有限公司
地址：海城市西柳镇码头村
……Tel：0412-3824008
海城仁兴储运有限公司
地址：辽宁省鞍山市海城市耿庄镇秦家村545号
……Tel：0412-3888008
辽宁缘泰物流有限公司
地址：辽宁省鞍山市台安县台安镇台大路南工业园区
……Tel：0412-4690988
辽宁恒速物流发展有限公司
地址：台安县台安镇台大路北侧鞍山恒速物流发展有限公司南侧正房东一户
……Tel：0412-4997700
鞍山森远路桥股份有限公司
地址：鞍山市鞍千路281号
……Tel：0412-5260138
鞍山市排水有限责任公司
地址：鞍山市铁东区汪峪路1号
……Tel：0412-5514321
鞍钢集团自动化有限公司
地址：鞍山市铁东区南中华路292号
……Tel：0412-6739567
辽宁忠大铝业有限公司
地址：鞍山市达道湾工业园区
……Tel：0412-7269333
鞍山紫竹轨道交通设备有限公司
地址：辽宁省鞍山市铁西区通海大道455号
……Tel：0412-8201308
鞍山恒江钢铁物流有限公司
地址：辽宁省鞍山市海城市腾鳌镇周正街道办
……Tel：0412-8309299
辽宁福鞍重工股份有限公司
地址：鞍山市千山区鞍郑路8号
……Tel：0412-8437603
鞍山市辽化实业有限公司
地址：鞍山市铁西区交通路138号
……Tel：0412-8825287
丹东市四海物流运输有限公司
地址：辽宁省丹东市振兴区表厂路382号
……Tel：0415-2253884
辽宁交通建设集团有限公司
地址：辽宁省丹东市振兴区青年大街73号
……Tel：0415-3148842
丹东市金盾保安服务有限公司
地址：沿江开发区C区24号楼101号
……Tel：0415-3456667
辽宁快急送物流有限公司
地址：丹东临港产业园区大东港港区内
……Tel：0415-3819666
凤城城北物流有限公司
地址：凤城市凤山路1368号
……Tel：0415-8238062
丹东天光反光材料有限公司
地址：凤城市二龙路67号
……Tel：0415-8264801
辽宁中运物流有限公司
地址：辽宁省丹东市凤城市凤山管理区现代产业园区C区凤凰大道12号
……Tel：0415-8672555
锦州铁源实业集团有限公司
地址：辽宁省锦州市松山新区黄海大街46-5号楼3层
……Tel：0416-2548755
锦州高天铁路有限责任公司
地址：辽宁省锦州经济技术开发区南海路一段20号
……Tel：0416-2673060
辽宁西海物流发展有限公司
地址：辽宁省锦州经济技术开发区下朱口
……Tel：0416-3572766
锦州远邦物流园发展有限公司
地址：辽宁省锦州经济技术开发区碧海街1号
……Tel：0416-3575065
锦州四海運物流有限公司
地址：辽宁省锦州经济技术开发区锦港大街1号
……Tel：0416-3586621
锦州盛通物流有限公司
地址：辽宁省锦州经济技术开发区锦港大街一段一号
……Tel：0416-3588180
锦赤铁路有限责任公司
地址：锦州市经济技术开发区海苑宾馆
……Tel：0416-3790239
锦州东港物流有限公司
地址：辽宁省锦州经济技术开发区南凌渔港南段1号
……Tel：0416-3855024
锦州航星物流有限公司
地址：辽宁省锦州经济技术开发区南凌渔港南段1号
……Tel：0416-3855024
锦州道桥工程有限责任公司
地址：太和区凌南西里６号
……Tel：0416-3884833
黑山县公路客运总站
地址：黑山镇南内环路２０－１号
……Tel：0416-5595051
北镇市幽州公路工程有限公司
地址：北镇市广宁镇南大桥路东
……Tel：0416-6682659
边海铁路有限责任公司
地址：辽宁（营口）沿海产业基地新联大街东1号
……Tel：0417-2115152
营口市天程物流有限公司
地址：营口市站前区贺太里3号
……Tel：0417-2627600
营口福海船务有限公司
地址：辽宁省营口市鲅鱼圈区营口华海国际物流大厦-2单元906、907、908室
……Tel：0417-2937987
营口沿海产业物流基地有限公司
地址：辽宁(营口)沿海产业基地管委会新联大街东1号
……Tel：0417-3888318
辽宁超群建设工程有限公司
地址：辽宁省营口大石桥市交通街联合里
……Tel：0417-5901116
营口振岐物流有限公司
地址：辽宁省营口市鲅鱼圈区疏港路路南芦屯镇芦屯堡村
……Tel：0417-6140657
营口匯通物流有限公司
地址：辽宁省营口市鲅鱼圈区神井子社区疏港路南营口港物流服务中心2.3.4号门市
……Tel：0417-6148899
营口海星物流有限公司
地址：营口市鲅鱼圈区北李屯/赵屯09-营口海星物流有限公司2#综合楼
……Tel：0417-6165500
营口新兴达物流有限公司
地址：营口市鲅鱼圈区闽江路中段（世纪家园8#楼-10#商网）
……Tel：0417-6186815
营口宏通物流有限公司
地址：辽宁省营口市鲅鱼圈区临港工业区（青龙山大街北段）
……Tel：0417-6198101
营口经济技术开发区军航物流有限公司
地址：辽宁省营口市鲅鱼圈区青龙山大街北段玉河路2号
……Tel：0417-6234222
营口方捷物流有限公司
地址：营口市鲅鱼圈区疏港路东段（顺风运输公司办公楼）
……Tel：0417-6244177
营口汇远物流有限公司
地址：辽宁省营口市鲅鱼圈区平安大街东侧华海城小区2栋商网2号门市
……Tel：0417-6250816
中储粮（辽宁）储运有限公司
地址：辽宁省营口市鲅鱼圈区营港路华海国际大厦A座
……Tel：0417-6264371
营口盛杰集装箱物流服务有限公司
地址：营口市鲅鱼圈区港区
……Tel：0417-6268631
营口傲麟物流有限公司
地址：辽宁省营口市鲅鱼圈区闽江路中段（新闻大厦东塔楼）
……Tel：0417-6281001
营口交通运输集团汽车客运站有限公司
地址：辽宁省营口市站前区金牛山大街东23号
……Tel：0417-6658019
北大荒物流股份有限公司
地址：鲅鱼圈区辽东湾大街中段（地税局西侧）
……Tel：0417-6681818
富临仓储物流（营口）有限公司
地址：辽宁省营口市鲅鱼圈区新鞍钢路15号
……Tel：0417-6816137
营口沿海物流有限公司
地址：辽宁省营口盖州市青石岭镇青石岭村
……Tel：0417-6816156
营口汇川物流有限公司
地址：鲅鱼圈区黄河路东段路南（交警队东侧）
……Tel：0417-6880155
营口北方仓储物流有限公司
地址：辽宁省营口市鲅鱼圈区芦屯镇范屯村
……Tel：0417-6881988
营口融达物流有限公司
地址：营口市鲅鱼圈区辽东湾大街中段（抚顺石化网点楼南数4#5#门市）
……Tel：0417-6885338
营口经济技术开发区凯圣物流有限公司
地址：营口市鲅鱼圈区黄河路东段（万丰公寓1#楼2单元401室）
……Tel：0417-6888078
辽宁北方精密设备有限公司
地址：营口经济技术开发区滨海工业区
……Tel：0417-6897100
新泰（辽宁）精密设备有限公司
地址：营口市鲅鱼圈区滨海工业区
……Tel：0417-6897100
营口经济技术开发区天业物流有限公司
地址：营口市鲅鱼圈区平安大街13-东方新城商住综合楼A幢10层1008室
……Tel：0417-7235222
盖州市北海仓储物流有限公司
地址：盖州市北海工业园区
……Tel：0417-7606888
辽宁中顺国际集装箱物流有限公司
地址：辽宁省营口盖州市西海工业园区
……Tel：0417-7633388
营口富诚物流有限公司
地址：盖州市沙岗镇新兴村
……Tel：0417-7662000
阜新市卓越物流有限公司
地址：辽宁省阜新市海州区西铁街道西阜路77-2号604
……Tel：0418-2299100
阜新市公路工程有限责任公司
地址：辽宁省阜新市细河区解放大街北段10号
……Tel：0418-2903566
辽宁虎跃（阜新）客运有限公司
地址：阜新市细河区解放大街北段7号
……Tel：0418-2904139
阜新市万达铸业有限公司
地址：辽宁省阜新市太平区塔新路173号
……Tel：0418-3920108
辽宁金美达科技发展有限公司
地址：辽宁省阜新高新技术产业开发区开发大街75号
……Tel：0418-3920019
辽阳市伟业物流有限公司
地址：辽阳市白塔区胜利路78号
……Tel：0419-2148338
辽阳市长途客运总站有限公司
地址：辽阳市白塔区中华大街1段3号
……Tel：0419-3796866
辽宁北铁建工有限责任公司
地址：辽宁省辽阳市辽阳县首山镇鞍阳街33-3号
……Tel：0419-7183999
凌源吉瑞达公路工程有限责任公司
地址：辽宁省朝阳市凌源市南大街25号
……Tel：0421-6829571
建平县公路工程有限责任公司
地址：辽宁省朝阳市建平县万寿路第２８号
……Tel：0421-7816553
盘锦保惠工程实业有限公司
地址：辽宁省盘锦市盘山县吴家镇兴榆街126号101室
……Tel：0427-5858200
辽宁华塑兴贸物流有限公司
地址：盘锦市双台子区工业园区(双台子区兴盛街道宋家村)
……Tel：0427-3126551
盘锦东耕公路工程有限责任公司
地址：辽宁省盘锦市盘山县太平街道太平河社区
……Tel：0427-3565814
辽宁天天好运输有限公司
地址：盘山县陈家乡郎家村
……Tel：0427-5918686
葫芦岛华建宏祥供热有限公司
地址：辽宁省葫芦岛市连山区化工街工会活动中心西楼1-4层
……Tel：0429-3399911
兴城市汽车客运总公司
地址：辽宁省葫芦岛市兴城市站前路16甲号
……Tel：0429-5359006
兴城市道路桥梁工程公司
地址：铁西１０４号
……Tel：0429-5437711
辽宁三强建设集团有限公司
地址：辽宁省葫芦岛市绥中县绥中镇新兴街二段60－５号
……Tel：0429-6184289

吉林省

吉林富奥物流有限责任公司
地址：公主岭市岭东路380号
……Tel：0431-6215702
吉林省晏阳物流有限公司
地址：长春市景阳大路3288号中国北方汽贸城2-15（B-15）[幢]131号房
……Tel：0431-7626524
吉林省金越交通装备股份有限公司
地址：长春市兰家大街3950号
……Tel：0431-81054003
长春市祥龙物流有限公司
地址：长春汽车经济技术开发区大屯镇九委十三组（吉林汇通粮食有限公司院内）
……Tel：0431-81063447
长春照宝物流有限公司
地址：长春市绿园区奔驰路奔驰小区2栋6门2楼211号房
……Tel：0431-81072223
吉林瑞成物流有限公司
地址：长春市汽车开发区腾飞大路北侧君地天城（一期）5#商业（幢）109号房
……Tel：0431-81278184
长春海吉星农产品物流有限公司
地址：长春市绿园区长白公路5777号
……Tel：0431-81289905
长春宏伟物业服务有限公司
地址：长春市净月开发区森杨路858号华业.玫瑰谷D-2幢305号房
……Tel：0431-81296782
吉林省邮政速递物流有限公司

地址：长春市经济技术开发区营口路1555号
…………Tel：0431-81331900

吉林省华帝盛物流有限公司
地址：长春市朝阳区富康小区33号楼8号
…………Tel：0431-81706223

长春研奥高铁检修有限公司
地址：吉林省长春市绿园区绿园经济开发区长客路3000号长春普奥轨道交通设备有限公司2号厂房
…………Tel：0431-81709361

吉林省嘉信物流有限公司
地址：长春市人民大街8777号
…………Tel：0431-81859504

吉林省长吉图国际物流集团有限公司
地址：吉林省长春市二道区自由大路3999号
…………Tel：0431-81928765

一汽物流有限公司
地址：长春汽车经济技术开发区东风大街7088号
…………Tel：0431-82025800

长春市亚奇物流有限公司
地址：宽城区兰家镇邱家村
…………Tel：0431-82615559

长春市天瑞机械有限公司
地址：宽城区兰家镇孟家村
…………Tel：0431-82618969

中储粮吉林开安直属库有限公司
地址：吉林省长春市农安县开安镇前进大街567号
…………Tel：0431-83421966

吉林省中鑫路桥工程有限公司
地址：长春市净月开发区泰豪深蓝国际4号楼1101、1102、1103、1104、1105、1106、1107号房间
…………Tel：0431-84533953

中公诚科（吉林）工程检测有限公司
地址：吉林省长春市净月开发区福祉大路2766号
…………Tel：0431-84552025

吉林省国富仓储物流有限责任公司
地址：长春市经济技术开发区世纪大街3303号
…………Tel：0431-84650999

长春城市设施建设股份公司
地址：吉林省长春市净月开发区金城街与银湖路交汇处，吉林省吉辉信息网络工程有限公司办公楼三楼
…………Tel：0431-84657280

吉林高速公路股份有限公司
地址：长春市经济技术开发区浦东路4488号
…………Tel：0431-84663908

吉林省华信城轨配套有限公司
地址：经济开发区北区海门路315号
…………Tel：0431-84877131

长春公路客运集团有限公司
地址：二道区四通路376号
…………Tel：0431-84910895

吉林省松江路桥建筑有限责任公司
地址：九台市纪家镇
…………Tel：0431-85023726

富奥翰昂汽车热系统（长春）有限公司
地址：长春汽车经济技术开发区和谐大街6577号
…………Tel：0431-85127354

长春金和交通器材有限公司
地址：汽车产业开发区甲一街以东（高尔夫路与宝来街交汇处）
…………Tel：0431-85128889

吉林省路桥工程（集团）有限公司
地址：长春市经济技术开发区浦东路1658号612室
…………Tel：0431-85254084

长春市聚元达物流有限公司
地址：汽车产业开发区东风大街153-1号
…………Tel：0431-85760707

长春圣泽捷通物流有限公司
地址：西新镇日新村村西
…………Tel：0431-85777770

道达物流股份有限公司
地址：吉林省长春市绿园区东风大街50号701室
…………Tel：0431-85803330

吉林省高等级公路工程有限责任公司
地址：高新开发区达新路633号
…………Tel：0431-85855537

一汽一法雷奥汽车空调有限公司
地址：长春市东风大街5508号
…………Tel：0431-85903364

吉林省交通规划设计院
地址：长春市朝阳区工农大路689号
…………Tel：0431-85932108

长春一汽富晟大众物流有限公司
地址：绿园区双丰大街汽贸四环工业小区
…………Tel：0431-85970309

吉林省交通科学研究所
地址：长春市朝阳区进化街908号
…………Tel：0431-86026034

长春春华公共设施有限公司
地址：长春市宽城区站前广场
…………Tel：0431-86116811

吉林晶辉物流有限公司
地址：德惠市昌盛街（东二道街化肥库院内）
…………Tel：0431-87230187

长春城际轨道客车配件有限公司
地址：长春市绿园区长白公路8299号
…………Tel：0431-87858308

吉林省中冷物流有限公司
地址：长春市绿园区迎宾路万盛理想国C18幢134号房
…………Tel：0431-87872677

长春市挚箭物流有限公司
地址：吉林省长春市朝阳区经济开发区育民路1177号
…………Tel：0431-88410638

长春丽缘物流有限公司
地址：长春市绿园区双丰东路1699号长春市宏升机械实业有限责任公司办公楼301室
…………Tel：0431-88410938

吉林省顺风物流有限公司
地址：长春市二道经济开发区物流集中区（新开大街丙三路）
…………Tel：0431-88478147

吉林中外运物流有限公司
地址：长春市解放大路1562号中吉大厦
…………Tel：0431-88912049

吉林省信托有限责任公司
地址：长春市人民大街9889号
…………Tel：0431-88993557

吉林省欣元物流有限公司
地址：宽城区兰家镇蔡家村4组
…………Tel：0431-89235229

吉林省现代交通建设有限公司
地址：吉林省长春市经济开发区吉林大路6088号万豪国际A座25楼
…………Tel：0431-89662333

长春市远达钢材物流有限公司
地址：高新北区世新街89号
…………Tel：0431-89858111

吉林市万翔物流有限公司
地址：桦甸市永吉街道大城子村办公楼
…………Tel：0432-63009666

吉林市金鹏物流有限公司
地址：吉林市龙潭区黎明路22号
…………Tel：0432-63037780

吉林市公路客运总站
地址：吉林省吉林市昌邑区重庆街1号
…………Tel：0432-63305209

吉林龙谷物流有限公司
地址：吉林经济技术开发区九站街新糖路1号
…………Tel：0432-63500123

吉林市江城保安有限责任公司
地址：吉林省吉林市昌邑区维昌街28号阳光广场8层037号
…………Tel：0432-65156897

吉林市翔云物流有限公司
地址：吉林省吉林市船营区福绥街西大小区17号楼2号网点
…………Tel：0432-66066556

吉林铁道勘察设计院有限公司
地址：昌邑区中兴街56号
…………Tel：0432-66135096

九天物流股份有限公司
地址：龙潭区东城街道龙山路
…………Tel：0432-68090108

吉林省世峰国际物流有限公司
地址：经济开发区浦东路3033号
…………Tel：0432-84617661

延边公路建设有限责任公司
地址：延吉市河南街1号1002
…………Tel：0433-8942122

交通银行股份有限公司延边分行
地址：延吉市光明街172号
…………Tel：0433-2910521

延边运输有限公司
地址：延吉市人民路东段
…………Tel：0433-5081507

安图县交通建设有限责任公司
地址：安图县明月镇明月路28号
…………Tel：0433-5831226

吉林敖东生物科技股份有限公司
地址：吉林省敦化经济开发区工业园
…………Tel：0433-6688106

吉林六鼎山旅游开发建设有限责任公司
地址：敦化市胜利街六顶山风景区
…………Tel：0433-6688205

珲春创力海运物流有限公司
地址：珲春市靖和街（航务大厦四层）
…………Tel：0433-7507373

珲春金晟国际货运代理有限公司
地址：吉林省珲春边境经济合作区2号小区
…………Tel：0433-7613006

珲春金鹰实业有限公司
地址：吉林省珲春边境经济合作区5号小区（出口加工区）
…………Tel：0433-7613068

长春市鸿程物流有限公司
地址：长春九台经济开发区卡伦工业园区卡伦湖宾馆
…………Tel：0434-6783388

双辽华粮粮食储备库有限公司
地址：双辽市辽东街（辽东开发区）
…………Tel：0434-7295344

吉林远通路桥工程集团股份有限公司
地址：吉林省梅河口市梅河大街2936号
…………Tel：0435-4237215

成来电气科技有限公司
地址：吉林省镇赉经济开发区飞鹤东路1999号
…………Tel：0436-7292008

吉林福翼物流有限公司
地址：辽源市龙山区西宁街16-021（铁路二货场）
…………Tel：0437-3171288

吉林凯量化工物流有限公司
地址：辽源市东辽县辽河源镇永平村四组
…………Tel：0437-3231370

沈铁松原三江港实业集团有限公司
地址：松原经济技术开发区镜湖小区
…………Tel：0438-6116219

松陶铁路有限责任公司
地址：松原经济技术开发区滨江路265号创业中心4楼
…………Tel：0438-6116812

中央储备粮长岭直属库有限公司
地址：长岭县太平川镇
…………Tel：0438-7822569

白山市路成路桥有限公司
地址：白山市浑江区定安街3008号二、三层（白山市南线加气站对面）
…………Tel：0439-3323193

吉林安广物流股份有限公司
地址：靖宇县国防路西
…………Tel：0439-5195505

黑龙江省

哈尔滨润恒物流发展有限公司
地址：哈尔滨市松北区万宝大道2166号A区9号沿街商铺
…………Tel：0451-51855199

招商局物流集团哈尔滨有限公司
地址：哈尔滨开发区哈平路集中区南海路
…………Tel：0451-51910060

哈尔滨市堡旭建筑工程有限公司
地址：哈尔滨市双城区奋斗街双粮小区住宅楼院内1-3层
…………Tel：0451-53165168

哈尔滨市市政工程设计院有限公司
地址：哈尔滨高新技术产业开发区科技创新城创新创业广场18号楼科技一街99号A406室
…………Tel：0451-53648428

黑龙江省八达路桥建设有限公司
地址：黑龙江省哈尔滨市南岗区曲线街66号
…………Tel：0451-53668181

北大荒粮食物流有限公司
地址：哈尔滨开发区南岗集中区长江路382号
…………Tel：0451-55195613

哈尔滨市公路工程有限责任公司
地址：哈尔滨市道里区抚兴街８号
…………Tel：0451-55503966

黑龙江省公路工程监理咨询有限公司
地址：黑龙江省哈尔滨市南岗区宣西小区40栋
…………Tel：0451-55607611

黑龙江省投资集团有限公司
地址：哈尔滨市南岗集中区华山路10号万达广场3号楼1层105室
…………Tel：0451-55625205

哈尔滨市全利公交客运集团有限公司
地址：香坊区哈成路255号
…………Tel：0451-55638989

哈尔滨盛世北方大件物流有限公司
地址：哈尔滨市香坊区通站街１１２－１０号
…………Tel：0451-55661345

哈尔滨市滨拓物流有限责任公司
地址：哈尔滨市呼兰区街道办事处伟光村（东门桥自来水公司南侧）
…………Tel：0451-57319999

哈尔滨安装建设有限责任公司
地址：哈尔滨市开发区哈平路集中区锦州路１号
…………Tel：0451-58560211

哈尔滨东建机械制造有限公司
地址：哈尔滨市香坊区向阳乡工业园区
…………Tel：0451-82050921

哈尔滨鑫铁物流有限公司
地址：哈尔滨市香坊区化四街1号16栋1层
…………Tel：0451-82308794

亿阳信通股份有限公司
地址：哈尔滨市南岗区嵩山路高科技开发区１号楼
…………Tel：0451-82326789

哈尔滨新中新电子股份有限公司
地址：哈尔滨市南岗区汉水路１０２号
…………Tel：0451-82380200

哈尔滨新中新智通软件有限公司
地址：哈尔滨经开区南岗集中区汉水路102号9层901室
…………Tel：0451-82380200

哈尔滨禧龙国际商贸物流园区有限公司
地址：哈尔滨市道外区先锋路6号
…………Tel：0451-82405815

哈尔滨动力汽轮机物流有限责任公司
地址：哈尔滨开发区南岗集中区3号楼(哈尔滨市动力区通乡街248号)
…………Tel：0451-82969824

黑龙江省鼎昌工程有限责任公司
地址：黑龙江省哈尔滨市道里区河洛街10号
…………Tel：0451-58660486

黑龙江邦孚德建设有限公司
地址：哈尔滨市香坊区和平路23-11号乐福小区D栋多功能区11号
…………Tel：0451-84560001

黑龙江省北龙交通工程有限公司
地址：黑龙江省哈尔滨市道里区河洛街10号
…………Tel：0451-56309009

黑龙江龙运客运股份有限公司
地址：黑龙江省哈尔滨市南岗区文道街37号
…………Tel：0451-86257149

哈尔滨铁路资产管理有限公司
地址：哈尔滨南岗区铁路街8号22层
…………Tel：0451-86420019

黑龙江瑞兴科技股份有限公司
地址：哈尔滨经开区南岗集中区长江路３６８号１５１２室
…………Tel：0451-86426343

哈尔滨铁路燃料运销有限公司
地址：哈尔滨平房汽车零部件工业园B区
…………Tel：0451-86431267

哈尔滨和鑫物流运输有限公司
地址：哈尔滨市香坊区兴盛路265号18栋10号
…………Tel：0451-86435866

黑龙江省公路勘察设计院
地址：黑龙江省哈尔滨市南岗区清滨路90号
…………Tel：0451-86625388

黑龙江润扬物流有限公司
地址：哈尔滨市平房区建安头道街副3-12号1层
…………Tel：0451-86657068

黑龙江鑫达企业集团有限公司
地址：哈尔滨经开区哈平路集中区大连北路９号
…………Tel：0451-86781111

中外运冷链物流哈尔滨有限公司
地址：哈尔滨开发区哈平路集中区青岛路３号
…………Tel：0451-86786328

哈尔滨哈工大机器人集团嘉利通科技股份有限公司
地址：哈尔滨高新技术产业开发区高科技创业中心南岗17号楼红旗大街162号207室
…………Tel：0451-87116820

黑龙江省邮政速递物流有限公司
地址：黑龙江省哈尔滨市松北区松北一路49号-9号
…………Tel：0451-87166704

哈尔滨航天恒星数据系统科技有限公司
地址：哈尔滨高新技术产业开发区科技创新城创新路1616号5号楼
…………Tel：0451-87199225

哈尔滨龙运顺达物流有限责任公司
地址：哈尔滨市香坊区长寿路818-1号
…………Tel：0451-87302433

黑龙江电信国脉工程股份有限公司
地址：黑龙江省哈尔滨市南岗区通达街14号
…………Tel：0451-87513015

黑龙江龙捷市政轨道交通工程有限公司
地址：哈尔滨经开区南岗集中区嵩山路２２号6层６０６室
…………Tel：0451-87596598

黑龙江迅腾建设工程有限公司
地址：哈尔滨市松北区祥安南大街１６９９号宜和园２０号楼１单元１层１号
…………Tel：0451-87631132

齐齐哈尔哈铁装备制造有限公司
地址：黑龙江省齐齐哈尔市铁锋区南站东街3号
…………Tel：0452-2927275

牡丹江对俄贸易工业园区华晟国运物流有限公司
地址：黑龙江省牡丹江市阳明区江浦路66号
…………Tel：0453-6376030

黑龙江海岸仓储管理有限公司
地址：黑龙江省牡丹江市西安区卡路村沿江中心校院内
…………Tel：0453-6448499

海林华运物流有限公司
地址：黑龙江省牡丹江市海林市经济开发区
……………………Tel：0453-7116335
黑龙江省东京城林业局工程公司
地址：黑龙江省牡丹江市宁安市东京城镇
……………………Tel：0453-7902307
抚远江海港国际仓储有限公司
地址：黑龙江省抚远市抚远镇新区六委交警队综合楼
……………………Tel：0454-2121995
黑龙江省桦南地方铁路有限公司
地址：黑龙江省佳木斯市桦南县桦南镇交通路西段
……………………Tel：0454-6268113
佳木斯恒瑞建筑工程有限公司
地址：佳木斯市前进区14委
……………………Tel：0454-8034678
佳木斯市公共交通有限公司
地址：前进区保卫社区（和平街102号）
……………………Tel：0454-8222259
黑龙江佳运集团有限公司
地址：黑龙江省佳木斯市前进区林海路99号
……………………Tel：0454-8780288
佳木斯铁路物流有限公司
地址：黑龙江省佳木斯市前进区站前路146号
……………………Tel：0454-8927788
黑龙江昊锐物流有限公司
地址：黑龙江省绥化市安达市青肯泡临城经济开发区
……………………Tel：0455-7882288
黑龙江逊克农村商业银行股份有限公司
地址：黑龙江省黑河市逊克县交通路80号
……………………Tel：0456-6159040
黑龙江恒昌物流有限公司
地址：黑龙江省黑河市北安市北五公里一公里处
……………………Tel：0456-6555555
黑河银建酒店有限公司
地址：黑河市爱辉区双拥大街31号
……………………Tel：0456-8260261
伊春营港物流有限公司
地址：黑龙江省伊春市铁力市铁力镇松涛街
……………………Tel：0458-2390888
黑龙江安瑞佳运输有限公司
地址：黑龙江省绥化市安达市哈大齐北城发展用地项目区
……………………Tel：0459-2602011
大庆南垣集团股份有限公司
地址：黑龙江省大庆市高新区大庆高新技术产业开发区
……………………Tel：0459-4498336
大庆仁满源科技开发有限公司
地址：大庆市萨尔图区万峰大市场20号楼中兴南街165-15号（20号楼9门1楼103室）
……………………Tel：0459-4687051
大庆万力劳务分包有限公司
地址：黑龙江省大庆市让胡路区银亿阳光城D-23-2号商服楼商服06
……………………Tel：0459-5156225
安达市飞腾物流有限公司
地址：安达市卧里屯乡龙山村5屯（距镇政府北6公里）
……………………Tel：0459-5348338
黑龙江安陆通物流有限公司
地址：黑龙江省大庆高新区创业新街13号科技创业园（园区）创新大厦921房间
……………………Tel：0459-5510501
大庆五金总汇有限公司
地址：黑龙江省大庆市萨尔图区五金大街100号
……………………Tel：0459-5817618
大庆市神舟物流集团有限公司
地址：黑龙江省大庆市龙凤区兴化南街119-1
……………………Tel：0459-6254222
大庆西城物业管理有限公司
地址：黑龙江省大庆市让胡路区西苑街2-1号
……………………Tel：0459-6336133
大庆市百杰同辉建筑安装工程有限公司
地址：黑龙江省大庆高新区北国之春梦幻城休闲居住区G1区G1-5号商业楼商服8室
……………………Tel：0459-6679922
黑龙江卓洋物流有限公司
地址：黑龙江省大庆市龙凤区乙烯化三南街（龙凤镇久青村）
……………………Tel：0459-6987077
大庆市城市建设投资开发有限公司
地址：黑龙江省大庆市萨尔图区格林小镇B20号底层车库商服办公楼3-5层办公楼
……………………Tel：0459-8186010
鸡西市公共交通有限责任公司
地址：黑龙江省鸡西市鸡冠区利民路87号
……………………Tel：0467-2680009
鹤岗市公共交通有限责任公司
地址：黑龙江省鹤岗市工农区北红旗路58号
……………………Tel：0468-3381068

江苏省

南京际华五三零二服饰装具有限责任公司
地址：南京市浦口区浦珠中路209号
……………………Tel：025-58302009
南京熊猫信息产业有限公司
地址：南京经济技术开发区恒通大道1号
……………………Tel：025-51802621
金城集团有限公司
地址：南京市秦淮区中山东路518号
……………………Tel：025-51815402
南京东大岩土工程勘察设计研究院有限公司
地址：南京市玄武区四牌楼61号213、215、216室
……………………Tel：025-51816160
中电科技（南京）电子信息发展有限公司
地址：南京市江宁区秣陵街道将军大道39号1幢108室（江宁开发区）
……………………Tel：025-51829312
南京国电南自轨道交通工程有限公司
地址：南京市鼓楼区新模范马路38号
……………………Tel：025-51858511
国电南京自动化股份有限公司
地址：南京市江宁开发区水阁路39号
……………………Tel：025-51859186
南京润恒物流发展有限公司
地址：南京高新技术开发区内商务办公楼第5层501-C室
……………………Tel：025-51873381
南京地铁集团有限公司
地址：南京市玄武区中山路228号地铁大厦
……………………Tel：025-51892407
中电电气（江苏）股份有限公司
地址：扬中市中电大道
……………………Tel：025-52095822
南京泰禾物流有限公司
地址：南京市江宁区湖熟街道周岗社区
……………………Tel：025-52107857
南京维久环境科技有限公司
地址：南京江宁科学园兴民南路66号
……………………Tel：025-52162334
南京宝湾国际物流有限公司
地址：南京市江宁区禄口街道云龙路33号（江宁开发区）
……………………Tel：025-52162340
南京城市交通科技开发有限公司
地址：南京江北新区商务办公楼413-129室（秦淮区中华路8号108室）
……………………Tel：025-52334643
江苏快鹿汽车运输股份有限公司
地址：南京市建邺路七家湾96号
……………………Tel：025-52337855
江苏中外运智慧物流有限公司
地址：南京经济技术开发区新港大道108号
……………………Tel：025-52378655
江苏安吉汽车物流有限公司
地址：南京市江宁区通淮街2号
……………………Tel：025-52390075
南京禹盛输变电工程有限公司
地址：南京市江宁区淳化街道漆阁寺路99号
……………………Tel：025-52394711
南京恒星自动化设备有限公司
地址：南京市秦淮区大明路15号
……………………Tel：025-52600567
江苏御港物流有限公司
地址：南京市江宁区湖熟街道工业集中区
……………………Tel：025-52695526
南京方园建设工程材料检测中心
地址：南京市江宁经济技术开发区董村路39号
……………………Tel：025-52706528
江苏东大金智信息系统有限公司
地址：南京市江宁开发区将军大道100号
……………………Tel：025-52762576
南京全信传输科技股份有限公司
地址：南京市鼓楼区汉中门大街301号01幢12层
……………………Tel：025-52777577
南京恩瑞特实业有限公司
地址：南京市江宁经济技术开发区将军大道39号
……………………Tel：025-52787013
南京长安民生住久物流有限公司
地址：南京市江宁经济技术开发区清水亭西路222号
……………………Tel：025-52789740
南京神克隆科技有限公司
地址：南京市江宁区淳化街道工业集中区
……………………Tel：025-52791291
江苏安吉智行物流有限公司
地址：南京市江宁经济开发区胜太西路62号
……………………Tel：025-52795705
南京陈唱交通器材有限公司
地址：南京市江宁开发区将军大道639号
……………………Tel：025-52798129
南京晟邦物流有限公司
地址：南京市鼓楼区集慧路16号联创科技大厦B座11层
……………………Tel：025-52888532
南京东部路桥工程有限公司
地址：南京市栖霞区友谊路9号
……………………Tel：025-52889999-800
南京粮食集团有限公司
地址：南京市经济技术开发区恒广路1号
……………………Tel：025-52890972
南京中兴轨道装备有限公司
地址：南京市溧水区永阳镇工业园
……………………Tel：025-56210306
南京健业物流有限公司
地址：南京市江北新区大厂街道湛水路198号
……………………Tel：025-57043282
江苏省巨顺钢铁物流有限公司
地址：南京市江北新区大厂街道凤凰南路95号
……………………Tel：025-57059882
南京浩方物流有限公司
地址：南京市江北新区葛塘街道办事处和平社区居委会湛庄组
……………………Tel：025-57066679
江苏平山交通设施有限公司
地址：南京市六合区马鞍平山
……………………Tel：025-57176132
一出科技集团有限公司
地址：南京市溧水区永阳镇辛庄路3号
……………………Tel：025-57200916
南京润溧汽车客运有限公司
地址：南京市溧水区永阳镇交通路229号
……………………Tel：025-57212458
南京苏通路桥工程有限公司
地址：南京市溧水区晶桥镇新桥村
……………………Tel：025-57286810
南京港清江码头有限公司
地址：南京市江北新区金江公路18号
……………………Tel：025-57559820
南京友之源物流有限公司
地址：南京市沿江工业开发区葛关路815号-106
……………………Tel：025-57791506
南京淳飞物流有限公司
地址：南京市高淳区漆桥镇老庄山双望路东侧
……………………Tel：025-57850198
南京名都智能科技有限公司
地址：南京市江宁区滨江经济开发区闻莺路2号
……………………Tel：025-57910801
大协西川东阳汽车部件（南京）有限公司
地址：南京市江宁经济技术开发区清水亭东路988号
……………………Tel：025-57928177
南京华士电子科技有限公司
地址：南京市雨花经济开发区凤仪路26号
……………………Tel：025-57931955
江苏鸿运汽车科技有限公司
地址：南京市浦口区紫峰路28号
……………………Tel：025-58107018
南京中车浦镇海泰制动设备有限公司
地址：南京江北新区浦口经济开发区兴隆路10号
……………………Tel：025-58131917
南京长江第三大桥有限责任公司
地址：南京市浦口区桥林街道步月路29号
……………………Tel：025-58150018
爱威机电（南京）有限公司
地址：南京市江北新区浦云路272号
……………………Tel：025-58259110
南京浦窑物流有限公司
地址：南京市浦口区星甸镇石窑村石西组
……………………Tel：025-58268001
南京长江七坝港国际物流有限公司
地址：南京市浦口区桥林工业园滨江路8号
……………………Tel：025-58270951
南京金正奇交通设备有限责任公司
地址：南京市浦口区桥林街道兰花路28号
……………………Tel：025-58273650
江苏中车数字科技有限公司
地址：南京市江北新区智达路6号智城园区2号楼701-32室
……………………Tel：025-57078055
南京密尔克卫化工供应链服务有限公司
地址：南京江北新区长芦街道罐区南路168号
……………………Tel：025-58369955
南京长江隧道有限责任公司
地址：南京市江北新区浦口大道6号
……………………Tel：025-58531608
南京惠洋码头有限公司
地址：南京经济技术开发区新港大道7号
……………………Tel：025-58584776
南京港龙潭天宇码头有限公司
地址：南京市栖霞区龙潭街道龙潭物流基地1-6号
……………………Tel：025-58585101
南京港龙潭天辰码头有限公司
地址：南京市栖霞区龙潭街道龙潭物流基地1-8号
……………………Tel：025-58585311
南京洛普科技有限公司
地址：南京市江北新区高科一路1号D-04幢
……………………Tel：025-58601155
南京宁西道路桥梁工程有限公司
地址：南京市浦口区珠江镇环城东路3号
……………………Tel：025-58603168
南京三乐照明有限公司
地址：南京市高新技术产业开发区031幢4楼
……………………Tel：025-58665731
南京交通工程有限公司
地址：南京市六合经济开发区龙华西路（科创园1号楼）
……………………Tel：025-58721768
中铁桥隧技术有限公司
地址：南京市江北新区磐能路8号
……………………Tel：025-58744609
南京奥联信息技术有限公司
地址：南京市秦淮区永智路6号南京白下高新技术产业园区四号楼B栋711室
……………………Tel：025-58769038-618
南京谷昌物流有限公司
地址：南京市江宁区谷里街道工业集中区
……………………Tel：025-58796684
南京长航新凤凰交通科技有限公司
地址：南京市鼓楼区建宁路275号
……………………Tel：025-58802690
南京第二道路排水工程有限责任公司
地址：南京市鼓楼区热河南路300号
……………………Tel：025-58805421
江苏力特工程物流有限公司
地址：南京市栖霞区尧化街道甘家边东108号2幢301室
……………………Tel：025-58839856
南京聚隆科技股份有限公司
地址：南京江北新区聚龙路8号
……………………Tel：025-58840064
南京洛普股份有限公司
地址：南京市江北新区新科三路1号
……………………Tel：025-58841155
南京宁腾国际物流股份有限公司
地址：南京市浦口区大桥北路48号华东茂C3幢1201、1202、1203、1204、1205、1206室
……………………Tel：025-58930924
南京明州码头有限公司
地址：南京市栖霞区龙潭街道疏港路1号龙潭物流基地
……………………Tel：025-58932215
南京城建隧桥经营管理有限责任公司
地址：南京市江北新区浦滨路150号中科创新广场10栋
……………………Tel：025-58995809
南京志卓电子科技有限公司
地址：南京市江北新区柳洲北路22号
……………………Tel：025-66607900
江苏可一文化产业集团股份有限公司
地址：南京市栖霞区杉湖东路9号
……………………Tel：025-66989881
江苏东方华远海运有限公司
地址：南京市高淳区淳溪镇丹阳湖北路22号
……………………Tel：025-68132970
南京德邦物流有限公司
地址：南京市栖霞区尧化街道公园东路1号1号楼一层
……………………Tel：025-68152764
江苏长天智远交通科技有限公司
地址：南京市汉中路89号17楼D1、D2、D3座
……………………Tel：025-68156868
江苏安防科技有限公司
地址：南京市浦口区经济开发区万寿路15号
……………………Tel：025-68189666
南京建工产业集团有限公司
地址：南京市软件大道188号
……………………Tel：025-68199916
南京西坝码头有限公司
地址：南京化学工业园区开发土地Y08-2-1号地块
……………………Tel：025-68223111
南京昊天路桥工程有限公司
地址：南京市江宁区麒麟镇豆村行政村
……………………Tel：025-68271988
江苏兆信工程项目管理有限公司
地址：南京市六合区龙池街道雄州南路399号恒盛园区105幢四单元202室、302室
……………………Tel：025-68502579
南京苏铁经济技术发展有限公司
地址：南京市浦口区顶山都市产业园05幢
……………………Tel：025-68531121
南京力源轨道交通装备有限公司
地址：南京市溧水区洪蓝镇工业集中区华塘路27号

……………Tel：025-68577999-810
南京特捷交通技术系统有限公司
地址：南京高新技术产业开发区星火路11号动漫大厦B座7层
……………Tel：025-68593001
中船重工鹏力（南京）智能装备系统有限公司
地址：南京市江宁经济技术开发区长青街32号
……………Tel：025-68626045
中国船舶重工集团南京鹏力科技集团有限公司
地址：南京市鼓楼区中山北路346号
……………Tel：025-68626255
南京先行交通工程设计有限责任公司
地址：南京市玄武区太平门街6号F幢
……………Tel：025-68909181
南京瑞迪建设科技有限公司
地址：南京市鼓楼区广州路225号
……………Tel：025-68953691
江苏坤泽科技股份有限公司
地址：南京市雨花台区软件大道118号新华汇B1栋5楼
……………Tel：025-69815100
中建八局轨道交通建设有限公司
地址：南京市栖霞区仙林街道仙林大学城文澜路6号
……………Tel：025-69976088
南京西部路桥集团有限公司
地址：南京市江宁区湖熟街道瑞泽路8号
……………Tel：025-81035500
南京公共交通（集团）有限公司
地址：南京市中央路323号
……………Tel：025-83114901
南京丁家庄物流信息港有限公司
地址：南京经济技术开发区栖霞街道润华路1号
……………Tel：025-83131806
南京公共自行车有限公司
地址：南京市玄武区小红山客运站司乘大厦8楼
……………Tel：025-83152120
江苏省广电有线信息网络股份有限公司
地址：南京市江东中路222号南京市奥体体育科技中心六楼
……………Tel：025-83187799
江苏高速公路信息工程有限公司
地址：南京市建邺区嘉陵江东街50号康缘智汇港1幢22楼
……………Tel：025-83190508
南京市城市与交通规划设计研究院股份有限公司
地址：南京市玄武区珠江路63号
……………Tel：025-83194335
东华软件技术有限公司
地址：南京市玄武区玄武大道699-27号徐庄软件产业基地研发三区F号楼二楼中栋
……………Tel：025-83220368
南京感动科技有限公司
地址：南京市秦淮区菱角市66号
……………Tel：025-83249566
江苏凯通航运有限公司
地址：南京市高淳区古柏镇武家嘴村02号
……………Tel：025-83260548
南京南大四维科技发展有限公司
地址：南京高新开发区05幢1层
……………Tel：025-83270891
南京浩明工贸实业有限公司
地址：南京市高淳区龙墩湖现代农业科技园新村路1号
……………Tel：025-83426831
南京康尼电子科技有限公司
地址：南京市鼓楼区古平岗4号
……………Tel：025-83497150
江苏申通物流有限公司
地址：南京市江宁区湖熟工业集中区波光路
……………Tel：025-83601556
江苏省信用再担保集团有限公司
地址：南京市建邺区庐山路246号金融城3号楼
……………Tel：025-83657373
南京云创大数据科技股份有限公司
地址：南京市秦淮区永智路6号南京白下高新技术产业园区四号楼A栋9层
……………Tel：025-83700385-8023
江苏东大建设集团有限公司
地址：南京市雨花台区长虹路222号
……………Tel：025-83708728
南京大件起重运输集团物流有限公司
地址：南京市高淳县开发区商贸区1666号
……………Tel：025-83734575
南京东南大学出版社有限公司
地址：南京市玄武区四牌楼2号
……………Tel：025-83793330
南京中邮航空速递物流集散中心有限公司
地址：南京市江宁区禄口街道
……………Tel：025-83796789
南京同宏祥物流有限公司
地址：南京市玄武区仙鹤门仙鹤新天地广场2幢501
……………Tel：025-84022155
南京士鼎物流有限公司
地址：南京市栖霞区仙林街道亚东城学府园06幢304室
……………Tel：025-84022249
南京美务物流有限公司
地址：南京市江宁区麒麟街道天旺路88号先惠工业园A02栋
……………Tel：025-84195118
南京亚派科技股份有限公司
地址：南京江北新区新科四路4-8号
……………Tel：025-84201378-101
江苏交通工程咨询监理有限公司
地址：南京市丰富路163号民族大厦17层
……………Tel：025-84201960
南京中建八局基础设施工程有限公司
地址：南京经济技术开发区金融楼01栋三楼
……………Tel：025-84346771
南京三宝科技股份有限公司
地址：南京市栖霞区马群大道10号
……………Tel：025-84356534
江苏现代路桥有限责任公司
地址：南京市栖霞区马群街道仙林大道2号
……………Tel：025-84361628
南京交通狮麟驾驶学院
地址：栖霞区马群狮子坝村
……………Tel：025-84368823
江苏高速公路联网营运管理有限公司
地址：南京市马群新街189号
……………Tel：025-84369920
南京普迪建材实业集团有限公司
地址：南京市秦淮区淮海路50号
……………Tel：025-84452371
南京第一建设事务所有限责任公司
地址：南京市浦口区永宁街道侯冲社区街南组989号
……………Tel：025-84535722
南京广播电视系统集成有限公司
地址：南京市秦淮区标营4号紫荆大厦6楼
……………Tel：025-84544514
南京必尔翔物流有限公司
地址：南京市栖霞区燕子矶街道柳塘村上一组
……………Tel：025-84629887
朗高科技有限公司
地址：南京市鼓楼区中央路389号01幢1003室
……………Tel：025-84649399
江苏东交智控科技集团股份有限公司
地址：南京市栖霞区马群街道紫东路2号2幢
……………Tel：025-84677503
江苏驰航国际物流有限公司
地址：南京市秦淮区洪武路26号1612室
……………Tel：025-84716056
江苏航华国际船务有限公司
地址：南京市秦淮区汉中路89号金鹰国际商城A座26A
……………Tel：025-84729889
德基广场有限公司
地址：南京市玄武区中山路18号
……………Tel：025-84788888
南京熊猫电子股份有限公司
地址：南京市玄武区中山东路301号1701室
……………Tel：025-84801144
宏腾建设集团有限公司
地址：南京市玄武区顾家营路59-4号
……………Tel：025-84814280
西安公路研究院南京院
地址：南京市秦淮区御道街169号御水湾花园56幢101室
……………Tel：025-84853693
南京中华汽车电子有限公司
地址：南京市江宁经济技术开发区胜太西路62号
……………Tel：025-85079010
南京高精轨道交通设备有限公司
地址：南京市江宁经济技术开发区明瑞路
……………Tel：025-85099206
南京高华科技股份有限公司
地址：南京经济技术开发区栖霞大道66号
……………Tel：025-85337872-3022
南京市栖霞区电力设备安装工程有限公司
地址：南京经济技术开发区恒通大道54号
……………Tel：025-85342984
江苏省建筑工程质量检测中心有限公司
地址：南京市栖霞区元化路8号49幢，50幢，51幢1-4层
……………Tel：025-85458183
南京市市民卡有限公司
地址：南京市玄武区玄武大道699号-22号21幢
……………Tel：025-85481612
南京玉桥商业集团有限公司
地址：南京市鼓楼区建宁路8号
……………Tel：025-85531852
南京新德宁照明工程有限公司
地址：南京市江宁区高新园南汽一号路以东，规划道路以南
……………Tel：025-85561136
南京百路通物流有限公司
地址：南京市栖霞区西岗街道仙林大道181号2栋1603室
……………Tel：025-85570169
南京驰业物流有限公司
地址：南京市栖霞区迈皋桥街道合班村300号
……………Tel：025-85580904
南京大北荒物流有限公司
地址：南京市玄武区鹤鸣路52号仙鹤茗苑51幢
……………Tel：025-85665077
南京市路桥工程总公司
地址：南京市江宁区麒麟街道智识路26号启迪城立业园7幢101室
……………Tel：025-85667201
南京南征物流发展有限公司
地址：南京市六合区雄州街道峨嵋路300号3281室
……………Tel：025-85692358
南京欧泰钢格板制造有限公司
地址：南京市栖霞区靖安街道三江口工业园
……………Tel：025-85714180
南京金长江交通设施有限公司
地址：南京市栖霞区靖安镇太平桥北
……………Tel：025-85718049
南京龙潭保税物流中心有限公司
地址：南京市栖霞区龙潭街道龙潭物流基地
……………Tel：025-85726010
南京文韬物流有限公司
地址：南京市栖霞区栖霞街道七乡河大道8号
……………Tel：025-85756322
雨发建设集团有限公司
地址：南京市浦口区汤泉街道高华社区费庄组88-89办公室
……………Tel：025-85777777
南京长江第二大桥有限责任公司
地址：南京市栖霞区燕子矶南京长江第二大桥收费站西侧
……………Tel：025-85798115
江苏华贸仓储物流有限公司
地址：南京市栖霞区疏港路1号
……………Tel：025-85801681
江苏金翔仓储物流有限公司
地址：南京经济技术开发区新港大道17号
……………Tel：025-85809999
江苏雷威建设工程有限公司
地址：南京市鼓楼区中山北路333号9楼
……………Tel：025-85837630
南京雷尔伟新技术股份有限公司
地址：南京市江北新区龙泰路19号
……………Tel：025-85847558
江苏和皇物流有限公司
地址：南京市栖霞区八卦洲街道大同生态产业园A栋办公楼1-058
……………Tel：025-85899881
南京滨江投资发展有限公司
地址：南京市江宁区铜井镇牧龙
……………Tel：025-86129639
南京江宁滨江物流有限公司
地址：南京市江宁滨江经济开发区天成路18号
……………Tel：025-86129639
南京坤瑞建设集团有限公司
地址：南京市江宁区江宁街道宝象路62号
……………Tel：025-86135559
南京江宁校车服务有限公司
地址：南京市江宁区东山街道万泰路以南
……………Tel：025-86150691
江苏联宏智慧能源股份有限公司
地址：南京市栖霞区科创路1号02幢6楼
……………Tel：025-86273668-7028
江苏星星工程建设监理有限公司
地址：南京市清凉门大街168号丁香园03幢1单元201室
……………Tel：025-86291602
南京公用发展股份有限公司
地址：南京市建邺区白龙江东街8号新城科技园科技创新综合体A4号楼18层
……………Tel：025-86383610
江苏纬信工程咨询有限公司
地址：南京市秦淮区紫云大道9号C幢8楼
……………Tel：025-86530977
江苏燕宁工程咨询有限公司
地址：南京市建邺区水西门大街223号
……………Tel：025-86576963
江苏燕宁工程科技集团有限公司
地址：南京市建邺区水西门大街223号4楼
……………Tel：025-86651010
南京康安实业公司
地址：南京市鼓楼区清凉门大街76号
……………Tel：025-86659871
江苏中压电气工程集团有限公司
地址：建湖县城秀夫南路433号
……………Tel：025-86662907
利安人寿保险股份有限公司
地址：南京市建邺区江东中路235号雨润国际广场B1楼8-13层、15-16层
……………Tel：025-86785555
江苏金融租赁股份有限公司
地址：南京市建邺区嘉陵江东街99号金融城1号楼8-9、11-19、25-33层
……………Tel：025-86816908
南京宏华物流有限公司
地址：南京市江宁区滨江经济开发区威狮路5号
……………Tel：025-86828396
江苏南工科技集团有限公司
地址：南京市建邺区应天大街780号（应天智汇产业园3幢503-507、517-518）
……………Tel：025-86957888
江苏莘纳吉物流科技有限公司
地址：南京市鼓楼区建宁路65号金川科技园21号411室
……………Tel：025-86962168
南京海宏港口物流有限公司
地址：南京市江宁区江宁街道星辉社区
……………Tel：025-87135999
江苏南华物流有限公司
地址：南京市江宁滨江开发区丽水大街1188号
……………Tel：025-87139012
江苏交通工程投资咨询有限公司
地址：南京市建邺区奥体大街69号06幢6楼
……………Tel：025-87715100
中铁宝桥（南京）有限公司
地址：南京经济技术开发区仙新中路6号
……………Tel：025-87722539
江苏金晓电子信息股份有限公司
地址：南京经济技术开发区栖霞街道广月路26号S08、S12栋
……………Tel：025-87787318
南京轨道交通系统工程有限公司
地址：南京市麒麟科技创新园（生态科技城）东麒路666号
……………Tel：025-87787588
江苏省新通智能交通科技发展有限公司
地址：南京市秦淮区紫云大道9号
……………Tel：025-88018888-7512
南京智诚信息科技有限公司
地址：南京市江北新区大桥北路9号弘阳大厦2601室
……………Tel：025-88019221
南京地铁资源开发有限责任公司
地址：南京市玄武区中山路228号
……………Tel：025-88055569
无锡市通锡金属制品有限公司
地址：无锡市滨湖区马山常康路59-5
……………Tel：0510-66617197
邦道科技有限公司
地址：无锡市新吴区净慧东道118号4楼
……………Tel：0510-66676999
建基建设集团有限公司
地址：宜兴市周铁镇下邾街
……………Tel：0510-68667525
金鑫美莱克空调系统（无锡）有限公司
地址：无锡市滨湖区胡埭镇太湖工业区5号、6号楼
……………Tel：0510-68880111
无锡市航道工程有限公司
地址：无锡市江海西路805号
……………Tel：0510-68899258
宜兴市路通出租汽车有限公司
地址：宜兴市新街街道岳南路168号
……………Tel：0510-68998905
华仁建设集团有限公司
地址：宜兴市周铁镇分水人民路147号
……………Tel：0510-8018555
江苏鸿成工程项目管理有限公司
地址：宜兴经济技术开发区文庄路
……………Tel：0510-80321970
江苏航卓建设股份有限公司
地址：宜兴市丁蜀镇大浦城东工业园
……………Tel：0510-80329001
江阴市暨阳道路养护工程有限公司
地址：江阴市澄杨路215号
……………Tel：0510-80601388
国联人寿保险股份有限公司
地址：无锡市县前东街168号
……………Tel：0510-81188505
江阴市海港国际物流有限公司
地址：江阴市临港街道苏港路18号3号楼201室
……………Tel：0510-81601195
长三角物流园集团有限公司
地址：江苏宜兴市西 大道88号
……………Tel：0510-81719131
无锡地铁集团有限公司
地址：无锡市清扬路228号
……………Tel：0510-81827555
无锡地铁物业管理发展有限公司
地址：无锡市南长区清扬路228号
……………Tel：0510-81960128
无锡中联金仓储物流有限公司
地址：无锡新吴区硕放薛典北路82号
……………Tel：0510-82127523
无锡市新纪元福星汽车销售服务有限公

司
地址：无锡市梁溪区黄巷刘潭村东大岸288号
…………………… Tel：0510-82127819
无锡市第二市政工程有限公司
地址：无锡市隐秀路988号
…………………… Tel：0510-82235555
同方计算机有限公司
地址：无锡市锡山经济开发区（东亭）春笋东路118号
…………………… Tel：0510-82251620
无锡市大惠通物流有限公司
地址：无锡市惠山区振石路32号传化公路港物流13#物流办公大楼13-2-003
…………………… Tel：0510-82303455
无锡中外运物流有限公司
地址：无锡市新区新都路18号
…………………… Tel：0510-82309241
无锡大诚建设有限公司
地址：无锡市滨湖区建筑西路777号A10幢13层
…………………… Tel：0510-82321111
无锡市远辉物流有限公司
地址：无锡市惠山区振石路32号传化公路港物流信息交易大厅C072
…………………… Tel：0510-82351115
无锡双吉利物流有限公司
地址：无锡市惠山区振石路32号传化公路港物流信息交易大厅D090
…………………… Tel：0510-82708337
无锡华润车用气有限公司
地址：无锡市曹张新村51号
…………………… Tel：0510-82823157
江苏省新世纪盐化集团化工物流有限公司
地址：无锡市312国道黄巷立交桥堍
…………………… Tel：0510-83130925
无锡红旗船厂有限公司
地址：无锡市惠山区钱桥工业集中区伟业路12号
…………………… Tel：0510-83200758
无锡世贸发物流有限公司
地址：无锡市江海西路990-1605
…………………… Tel：0510-83221568
无锡天鸿物流有限公司
地址：无锡市洛社镇新苑路18号
…………………… Tel：0510-83313035
无锡利腾国际物流有限公司
地址：无锡市惠山区洛南大道6号汇坚国际工业原料城4-2203（西站物流园区）
…………………… Tel：0510-83316632
江苏江南路桥工程有限公司
地址：无锡惠山经济开发区风电园风能路55-5
…………………… Tel：0510-83503950
无锡市征安货运有限公司
地址：锡山区东北塘镇锡通村（锡通物流内）
…………………… Tel：0510-83850018
无锡市先锋货运有限公司
地址：无锡市惠山区洛社镇陡门村传化公路港物流A区120号
…………………… Tel：0510-83855858
格林物流无锡有限公司
地址：无锡市惠山区振石路32号传化公路港物流1#库1-015
…………………… Tel：0510-83859226
无锡空港物流有限公司
地址：无锡新区空港七路1号
…………………… Tel：0510-85001329
无锡安邦电气股份有限公司
地址：无锡市新吴区梅村群兴路26号
…………………… Tel：0510-85112999
江苏中设集团股份有限公司
地址：无锡市滨湖区锦溪路100号
…………………… Tel：0510-85128988
无锡市政设计研究院有限公司
地址：无锡市隐秀路901-2
…………………… Tel：0510-85160288
无锡华邦世捷供应链管理有限公司
地址：无锡市出口加工区A区J2地块
…………………… Tel：0510-85347900
无锡交通建设工程集团有限公司
地址：无锡市长江南路35号B幢608室
…………………… Tel：0510-85498368
无锡华通智能交通技术开发有限公司
地址：无锡市锦溪路100号
…………………… Tel：0510-85504610
江苏无锡二建建设集团有限公司
地址：无锡市梁青路56号（建工大厦）7-9楼
…………………… Tel：0510-85802376
江苏华商城市配送网络股份有限公司
地址：无锡市金山北科技产业园金山四支路24号
…………………… Tel：0510-85861111
无锡市工业设备安装有限公司
地址：无锡市经贸路18号
…………………… Tel：0510-85866403
无锡市永创电控器材有限公司
地址：无锡市滨湖区马山生物医药工业园A区1-2栋
…………………… Tel：0510-85999388
江苏科强新材料股份有限公司
地址：江阴市云亭街道黄台路6号
…………………… Tel：0510-86013980
江苏宝利国际投资股份有限公司
地址：江阴市云亭镇工业园区
…………………… Tel：0510-86017008
江阴新西港物流有限公司
地址：江阴市滨江西路718号
…………………… Tel：0510-86032386
联合物流（江阴）有限公司
地址：江阴市夏港街道苏港路5号
…………………… Tel：0510-86037088
柳工无锡路面机械有限公司
地址：江阴市云亭云顾路155号
…………………… Tel：0510-86157260
江阴电工合金股份有限公司
地址：江阴市周庄镇世纪大道北段398号
…………………… Tel：0510-86221213
江阴市润伟物流有限公司
地址：江阴市东外环路287号
…………………… Tel：0510-86257310
江苏华溢物流有限公司
地址：江阴市云亭街道澄杨路268号
…………………… Tel：0510-86270322
江阴南方建设集团有限公司
地址：江阴市新华路285号
…………………… Tel：0510-86286184
无锡共成金属有限公司
地址：江阴市长泾镇兴园路96号
…………………… Tel：0510-86316051-2007
阿尔法（江阴）沥青有限公司
地址：江阴经济开发区石庄园区
…………………… Tel：0510-86660293
江苏顺发船务有限公司
地址：江阴经济开发区江阴长江港口综合物流园区交易中心（江阴市滨江西路2号1-621）
…………………… Tel：0510-86848929
江苏扬子大桥股份有限公司
地址：南京市中山东路291号301室
…………………… Tel：0510-86852290
江苏航姆物流集团有限公司
地址：张家港市金港镇中兴长江花苑19幢南起11-12号
…………………… Tel：0510-86853311
江阴市市政建设工程有限公司
地址：江阴市环城北路133号
…………………… Tel：0510-86881017
江阴公路客运有限公司
地址：江阴市文化中路856号
…………………… Tel：0510-86884830
江苏奥派交通装备股份有限公司
地址：江阴市周庄镇长青路25号
…………………… Tel：0510-86901928
江顺精密机械装备科技江阴有限公司
地址：江阴市周庄镇玉门西路19号
…………………… Tel：0510-86905857
江阴市得瑞尔物流有限公司
地址：江阴市青阳镇工业集中区青桐大桥堍
…………………… Tel：0510-86918189
宜兴市交通建设集团有限公司
地址：宜兴经济技术开发区边庄村
…………………… Tel：0510-87126800
江苏远兴环保集团有限公司
地址：宜兴市新街街道百合工业集中区明珠路
…………………… Tel：0510-87131111
无锡市明珠电缆有限公司
地址：宜兴市官林镇工业A区18#
…………………… Tel：0510-87200333
江苏东峰电缆有限公司
地址：宜兴市官林镇环镇路西
…………………… Tel：0510-87205666
无锡市群星线缆有限公司
地址：宜兴市官林镇工业集中区C区启迪路16号
…………………… Tel：0510-87209883
江苏荣宜电缆有限公司
地址：宜兴市官林镇宜金路23号
…………………… Tel：0510-87216687
无锡裕德电缆科技有限公司
地址：宜兴市官林镇工业园C区
…………………… Tel：0510-87219983
无锡市华美电缆有限公司
地址：宜兴市官林镇工业集中区华都路18号
…………………… Tel：0510-87235139
无锡市曙光电缆有限公司
地址：宜兴市官林镇都山村
…………………… Tel：0510-87235282
远东复合技术有限公司
地址：宜兴市高塍镇范兴路200号
…………………… Tel：0510-87242500
江苏远方电缆厂有限公司
地址：宜兴市官林镇官丰路26号
…………………… Tel：0510-87298365
宜兴市蚂蚁王物流有限公司
地址：宜兴市张渚镇工业集中区（五洞村）
…………………… Tel：0510-87316829
江苏一环集团有限公司
地址：宜兴环科园绿园路518号
…………………… Tel：0510-87551111
宜兴市四方公路养护工程有限公司
地址：宜兴市屺亭街道边庄村里木组1号
…………………… Tel：0510-87698200
江苏鸿光杆塔有限公司
地址：宜兴市万石镇工业园内
…………………… Tel：0510-87843528
江苏航天大为科技股份有限公司
地址：无锡锡山经济开发区科技工业园1号
…………………… Tel：0510-88201111
江苏速通物流有限公司
地址：无锡市新吴区硕放华友中路10号
…………………… Tel：0510-88214569
无锡兴达钧杰物流有限公司
地址：锡山区东港镇东青河村锡北运河大桥堍
…………………… Tel：0510-88218219
百成供应链管理江苏股份有限公司
地址：无锡市锡山区东亭街道庄桥路21号
…………………… Tel：0510-88230050
无锡万昌交通工程有限公司
地址：无锡市锡山经济技术开发区友谊北路285号
…………………… Tel：0510-88261809
无锡快鹭物流有限公司
地址：无锡市新吴区坊广路12号
…………………… Tel：0510-88316122
无锡市鸣腾建设工程股份有限公司
地址：无锡市新吴区金城东路333-19-101、102号
…………………… Tel：0510-88552817
无锡市万里轨道交通设备有限公司
地址：无锡市太湖街道雪丰路18号
…………………… Tel：0510-88587568
江苏大东港物流中心有限公司
地址：无锡市锡山区东港镇东青河村
…………………… Tel：0510-88600918
江苏亿金环保科技有限公司
地址：江阴市顾山镇国东村
…………………… Tel：0510-88619778
无锡市畅飞货运有限公司
地址：无锡市锡山区安镇镇查桥谈村
…………………… Tel：0510-88710766
无锡市宏宇汽车配件制造有限公司
地址：无锡市锡山区东港镇创业路78号
…………………… Tel：0510-88795028
句容市东昌物流有限公司
地址：句容市边城镇双杨村
…………………… Tel：0511-80781719
中央储备粮镇江直属库有限公司
地址：镇江市京口区谏壁镇粮山村
…………………… Tel：0511-81996692
江苏瑞尔隆鼎实业有限公司
地址：镇江新区姚桥镇瑞业路6号
…………………… Tel：0511-83390111
江苏中科瑞尔汽车科技有限公司
地址：镇江市新区姚桥镇瑞业路6号
…………………… Tel：0511-83390111
镇江瑞鸿物流园有限公司
地址：镇江市丹徒区辛丰镇石城村
…………………… Tel：0511-83517777
镇江宝龙港务物流有限公司
地址：江苏省丹徒经济开发区二重大道220号
…………………… Tel：0511-84355947
镇江华联商厦股份有限公司
地址：镇江市京口区中营街49号
…………………… Tel：0511-85080101
江苏润扬大桥发展有限责任公司
地址：南京市中山东路291号210室
…………………… Tel：0511-85300000
镇江长庆物流有限公司
地址：镇江市征润州路6号金山东街8号楼5楼501-507
…………………… Tel：0511-85317656
镇江交通产业集团有限公司
地址：镇江市润州区官塘桥路200号
…………………… Tel：0511-85363288
镇江市轨道交通投资建设有限公司
地址：镇江市官塘桥路200号
…………………… Tel：0511-85363288
江苏镇安电力设备有限公司
地址：镇江市丹徒新区纬五路18号
…………………… Tel：0511-85367828
镇江宝华物流有限公司
地址：镇江市丹徒镇长岗村镇大公路西侧
…………………… Tel：0511-85580900
惠龙易通国际物流股份有限公司
地址：镇江市长江路758号
…………………… Tel：0511-85603369
镇江市建设工程质量检测中心有限公司
地址：镇江市檀山路8号B座
…………………… Tel：0511-85613388
江苏润通项目管理有限公司
地址：镇江市润州路10号
…………………… Tel：0511-85626454
江苏镇江路桥工程有限公司
地址：镇江市润州区官塘桥路300号
…………………… Tel：0511-85627618
江苏苏润港务物流有限公司
地址：江苏省丹徒经济开发区（高资镇营春）
…………………… Tel：0511-85682730
江苏铁科新材料股份有限公司
地址：镇江市润兴路29号
…………………… Tel：0511-85726086
江苏船港物流有限公司
地址：镇江市丹徒区高资街道西斛村（江苏鹤林水泥有限公司内）
…………………… Tel：0511-85757005
江苏东方新能源科技有限公司
地址：丹阳市丹北镇新桥东方桥
…………………… Tel：0511-86082315
江苏宏福物流有限公司
地址：丹阳市开发区北五纬路葛丹路西
…………………… Tel：0511-86229638
江苏华凯比克希线束有限公司
地址：丹阳市丹北镇新桥西环路
…………………… Tel：0511-86306056
江苏秦龙汽车科技有限公司
地址：丹阳市丹北镇新桥姚家弄工业区中兴南路
…………………… Tel：0511-86361655
江苏凯伦铝业有限公司
地址：丹阳市导墅镇
…………………… Tel：0511-86655339
丹阳投资集团有限公司
地址：丹阳市开发区齐梁路999号
…………………… Tel：0511-86883289
句容市公路长途客运有限公司
地址：句容市华阳镇宁杭南路1号
…………………… Tel：0511-87182901
建华物流有限公司
地址：句容市下蜀镇沿江开发区
…………………… Tel：0511-22188911
江苏南瓷绝缘子股份有限公司
地址：句容市边城镇仑山湖南路1号
…………………… Tel：0511-87903939
江苏丹阳市政建设有限公司
地址：丹阳市西二环路88号
…………………… Tel：0511-88030660
江苏鑫佳成物流有限公司
地址：丹阳市丹北镇尧巷工业园
…………………… Tel：0511-88033528
帝宝交通器材（丹阳）有限公司
地址：丹阳市丹北镇新桥姚家弄工业园
…………………… Tel：0511-88039866
吉邦物流（扬中）有限公司
地址：扬中市三茅街道外环南路333号B7
…………………… Tel：0511-88093338
江苏联统金属物流有限公司
地址：扬中市开发区港隆路
…………………… Tel：0511-88127888
金海新源电气江苏有限公司
地址：扬中经济开发区港隆路558号
…………………… Tel：0511-88205967
扬中市四通物流有限公司
地址：扬中市外环南路333号
…………………… Tel：0511-88206377
扬中市中扬公共交通运输有限公司
地址：扬中市三茅街道迎宾大道1009号
…………………… Tel：0511-88356683
扬中平安大件运输有限公司
地址：扬中市三茅街道外环南路333号四通物流B区12号
…………………… Tel：0511-88362669
镇江大全赛雪龙牵引电气有限公司
地址：扬中市新坝镇新中南路66号
…………………… Tel：0511-88410761
向荣集团有限公司
地址：扬中市新坝科技园区联中路5号
…………………… Tel：0511-88428566
江苏百川航务工程有限公司
地址：镇江市丹徒区谷阳东大道398号
…………………… Tel：0511-88832377
江苏奥雷光电有限公司
地址：镇江科技新城潘宗路36号
…………………… Tel：0511-88885688
镇江出口加工区港诚国际贸易有限责任公司
地址：镇江新区大港通港路7号103室
…………………… Tel：0511-88901116
镇江远港物流有限公司
地址：镇江新区大港通港路7-30号
…………………… Tel：0511-89986085
江苏大秦电气有限公司
地址：镇江新区金港大道82号
…………………… Tel：0511-89986158
太仓正和国际集装箱码头有限公司
地址：太仓港口开发区兴港路1号
…………………… Tel：0512-33002201
昆山市豪顺物流有限公司
地址：张浦镇振新东路北侧
…………………… Tel：0512-57713066
昆山世远物流有限公司
地址：昆山开发区综合保税区新巷路116号
…………………… Tel：0512-36681610
苏州华航物流有限公司

地址：太仓港港口开发区北环路8号
…………Tel：0512-50116170

江苏鑫力国际物流有限公司
地址：陆家镇望石路81号4、5号房
…………Tel：0512-50121831

昆山平安驾驶员培训股份有限公司
地址：昆山市玉山镇富士康路702号2号、3号房
…………Tel：0512-50170550

昆山无水港国际物流发展有限公司
地址：昆山开发区杜鹃路302号
…………Tel：0512-50176315

昆山联合巴士租赁有限公司
地址：昆山市周市镇黄浦江北路288号1号房
…………Tel：0512-50322360

昆山中外运物流有限公司
地址：昆山综合保税区B区中央大道169号1、2号房
…………Tel：0512-50358106

昆山吴淞江物流基地有限公司
地址：玉山镇青淞路1号
…………Tel：0512-50366015

中交天和机械设备制造有限公司
地址：江苏省常熟市义虞路123号
…………Tel：0512-52035288

常熟市新海华汽车客运服务有限公司
地址：常熟市海虞北路88号常汇生活广场A栋426
…………Tel：0512-52132298

江苏华东食品物流有限公司
地址：常熟市支塘镇华东食品城主干道与204国道交界处西侧1幢、2幢
…………Tel：0512-52225789

常熟高泰助剂有限公司
地址：江苏省常熟市江苏高科技氟化学工业园海宁路18号
…………Tel：0512-52322688

常熟海伦铝业有限公司
地址：江苏省常熟经济开发区新龙腾工业园
…………Tel：0512-52340331

常熟金狮物流有限公司
地址：常熟高新技术产业开发区黄山路99号
…………Tel：0512-52355777

丰通上组物流（常熟）有限公司
地址：江苏省常熟高新技术产业开发区银海路39号
…………Tel：0512-52358555

苏州莱茵电梯股份有限公司
地址：江苏省常熟市古里镇增福路
…………Tel：0512-52429122

苏州隆力奇东源物流股份有限公司
地址：常熟经济开发区富华路15号2幢国际物流园办公楼416-A
…………Tel：0512-52493729

常熟远东物流有限公司
地址：常熟市兴港路39号
…………Tel：0512-52698732

江苏凌阳环境管理服务有限公司
地址：常熟经济开发区高新技术产业园徐州路8号4幢
…………Tel：0512-52701808

江苏柏盛国际物流股份有限公司
地址：常熟经济技术开发区滨江路20号四楼
…………Tel：0512-52732500

常熟汽车运输集团有限公司
地址：常熟市招商东路1号
…………Tel：0512-52758870

常熟市宏民物流中心有限公司
地址：常熟市经济技术开发区马桥路11号2幢
…………Tel：0512-52770982

阿为特精密机械（常熟）有限公司
地址：常熟高新技术产业开发区久隆路56号
…………Tel：0512-52785516

常熟路桥工程有限公司
地址：常熟市支塘镇阳桥村
…………Tel：0512-52836578

常熟市安达洲贸易物流园区有限公司
地址：常熟经济技术开发区汽渡路28号3幢
…………Tel：0512-52836608

江苏常凌交通工程有限公司
地址：常熟东南开发区常昆工业园
…………Tel：0512-52889767

江苏永丰建设集团有限公司
地址：常熟市董浜镇董徐大道259号
…………Tel：0512-52896268

常熟海隆航运有限公司
地址：常熟经济开发区富华路15号2幢国际物流园办公楼207
…………Tel：0512-52956205

太仓市路桥工程有限公司
地址：太仓市沙溪镇岳王新建村协星公路18号
…………Tel：0512-53115388

苏州交运国际集装箱运输有限公司
地址：太仓市浮桥镇金浪交管站
…………Tel：0512-53128288

苏州依厂物流有限公司
地址：太仓市沙溪镇工业开发区
…………Tel：0512-53226878

太仓市东仓物流有限公司
地址：太仓市浏河镇东仓村
…………Tel：0512-53371720

辉泰（太仓）汽配有限公司
地址：太仓市双凤镇新杨路
…………Tel：0512-53430908

太仓金晖货运有限公司
地址：太仓市城厢镇苏州西路101号太仓国际物流城5幢21号
…………Tel：0512-53526061

太仓市公共交通有限公司
地址：太仓市城厢镇太平北路南京路口
…………Tel：0512-53526521

苏州中为园林城建发展有限公司
地址：太仓市天津路88号
…………Tel：0512-53589666

创峰物流（苏州）有限公司
地址：太仓港经济技术开发区北环路14号港城广场2号楼803室
…………Tel：0512-53641665

太仓港逢迅物流有限公司
地址：太仓市浮桥镇中兴北街46号
…………Tel：0512-53705386

太仓港大洋物流有限公司
地址：太仓市浮桥镇洋江路88号
…………Tel：0512-53710282

太仓市汽车轮渡有限公司
地址：太仓市璜泾镇长洲村
…………Tel：0512-53826026

昆山宝湾国际物流有限公司
地址：花桥镇花集路
…………Tel：0512-55110696

光华建设集团有限公司
地址：昆山市巴城镇学院路88号
…………Tel：0512-55211001

张家港恒忆物流有限公司
地址：江苏扬子江化学工业园港丰路南华达路西众益物流办公楼305室
…………Tel：0512-56792521

张家港保税区华瑞物流有限公司
地址：张家港保税区福建路西侧、港澳路东侧
…………Tel：0512-56308903

江苏全世通物流有限公司
地址：锦丰镇江苏扬子江国际冶金工业园锦绣路1号（玖隆物流内）
…………Tel：0512-56321989

张家港兴港物流有限公司
地址：张家港市金港镇中兴长江花苑5幢南起13-14号
…………Tel：0512-56751080

张家港市金港汽车维修有限公司
地址：杨舍镇东二环苏虞张路口
…………Tel：0512-56901505

张家港保税区金洲国际货运代理有限公司
地址：张家港保税区港澳路8号
…………Tel：0512-56903966

江苏高兴达物流有限公司
地址：江苏扬子江国际冶金工业园（锦丰镇创业路）
…………Tel：0512-56905918

张家港中环海陆高端装备股份有限公司
地址：张家港市锦丰镇合兴华山路
…………Tel：0512-56913103

张家港吉祥物流有限公司
地址：江苏扬子江国际化工园华达路西侧、港丰路南侧（众益物流公司301室）
…………Tel：0512-56935032

张家港市南港冶金物流中心有限公司
地址：南丰镇永联村
…………Tel：0512-58619395

江苏澳洋医药物流有限公司
地址：张家港市杨舍镇塘市街道1幢澳洋健康大厦二层、三层、五层
…………Tel：0512-56999813

苏州昆仑重型装备制造有限公司
地址：周市镇金茂路南侧
…………Tel：0512-57017611

裕腾建设集团有限公司
地址：昆山市周市镇张家 路8号惠腾商务大厦11室
…………Tel：0512-57036800

江苏韦尔汀轨道工程技术有限公司
地址：玉山镇灯塔路230号5号房第四层
…………Tel：0512-57109031

江苏普信达电子科技有限公司
地址：昆山市淀山湖镇北苑路150号
…………Tel：0512-57110999

昆山全诚物流有限公司
地址：周市镇周新公路18号
…………Tel：0512-57117298

全运物流（昆山）有限公司
地址：昆山市淀山湖镇新乐路188号
…………Tel：0512-57153909

新江建设集团有限公司
地址：昆山市花桥镇兆丰路8号
…………Tel：0512-57166018

江苏台达物流有限公司
地址：陆家镇合丰开发区杨家路66号
…………Tel：0512-57289667

昆山恒莱亦禾物流仓储有限公司
地址：昆山开发区桂林路55号
…………Tel：0512-57300130

昆山市汽车客运中心站有限公司
地址：玉山镇柏庐南路788号
…………Tel：0512-57302632

昆山市长途汽车客运有限公司
地址：玉山镇柏庐南路788号
…………Tel：0512-57304090

江苏胤裔国际物流有限公司
地址：玉山镇朝阳路65号楼9室
…………Tel：0512-57316921

昆山交通旅游车船服务有限公司
地址：昆山市柏庐南路788号汽车客运中心站二楼
…………Tel：0512-57358005

昆山综合保税区物流中心有限公司
地址：昆山开发区综合保税区内
…………Tel：0512-57370000

鼎镁（昆山）新材料科技有限公司
地址：江苏省昆山开发区蓬溪南路118号
…………Tel：0512-57426729

昆山鹿通路桥养护有限公司
地址：昆山市玉山镇古城中路311号
…………Tel：0512-57458887

嘉里物流（昆山）有限公司
地址：江苏省昆山市千灯镇玉溪中路118号
…………Tel：0512-57460366

昆山市交通工程集团有限公司
地址：昆山市古城中路335号
…………Tel：0512-57560865

昆山力盟机械工业有限公司
地址：江苏省昆山市玉山镇晨淞路278号
…………Tel：0512-57562975

美而光交通运动器材（昆山）有限公司
地址：江苏省昆山市周市镇青阳北路258号
…………Tel：0512-5766787

昆山市轨道交通投资发展有限公司
地址：玉山镇虹桥路109号
…………Tel：0512-57692085

连云港万航国际物流有限公司
地址：连云港经济技术开发区昆山工业城振兴路南
…………Tel：0512-57708960

昆山开发区农工商基础设施工程有限公司
地址：昆山经济技术开发区前进东路农工商办公大楼附楼
…………Tel：0512-57715492

天合建设集团有限公司
地址：玉山镇城北柏庐北路500号
…………Tel：0512-57736600

帝宝交通器材（昆山）有限公司
地址：江苏省昆山市玉山镇虹桥路1185号
…………Tel：0512-57755678

昆山市鹿通路桥工程有限公司
地址：昆山市玉山镇鹿通路8号
…………Tel：0512-57779897

昆山市鑫泓建设工程有限公司
地址：昆山开发区环娄路297号2号房、3号房
…………Tel：0512-57811253

江苏上森物联网科技服务有限公司
地址：昆山市周市镇长江北路460号4号房
…………Tel：0512-57873678

江苏亚东朗升国际物流有限公司
地址：昆山开发区长江南路666号楼1601-1606室
…………Tel：0512-57886395

昆山正天物流有限公司
地址：昆山经济技术开发区新巷路88号
…………Tel：0512-57900201

江苏同济达物流有限公司
地址：昆山开发区百富路88号4号房602室
…………Tel：0512-5790166

苏州荣帆建设工程有限公司
地址：昆山市玉山镇寰庆路2980号中节能（昆山）循环经济产业园34号楼
…………Tel：0512-57905318

昆山市平安特种守押保安服务股份有限公司
地址：昆山开发区珠江南路483号
…………Tel：0512-57921368

昆山鸿槽来装饰工程有限公司
地址：周市镇优比路352号
…………Tel：0512-57938883

张家港市好邻物流有限公司
地址：张家港经济开发区（杨舍镇）新丰西路南侧、紫荆路东侧
…………Tel：0512-58219798

张家港保税区顺昌国际物流有限公司
地址：张家港保税区福建路
…………Tel：0512-56363829

张家港港新重装码头港务有限公司
地址：张家港保税区长江大厦2410、2411室
…………Tel：0512-58321197

张家港保税区物流中心有限公司
地址：张家港保税物流园区商务楼9088室
…………Tel：0512-58327622

张家港市中诚仓储物流有限公司
地址：金港镇南沙江海南路
…………Tel：0512-58371669

张家港震宇物流仓储有限公司
地址：张家港市江苏扬子江国际冶金工业园（锦丰镇星火村）
…………Tel：0512-58515306

江苏沙钢高科信息技术有限公司
地址：张家港保税区长乐大厦608C室
…………Tel：0512-58568823

江苏港通路桥集团有限公司
地址：张家港经济开发区（杨舍镇范港村）
…………Tel：0512-58686102

江苏国泰力天实业有限公司
地址：张家港市杨舍镇人民中路国泰大厦15-23楼
…………Tel：0512-58696795

张家港保税区巴士物流有限公司
地址：江苏扬子江国际化学工业园青海路东侧、南海路南侧
…………Tel：0512-58700062

张家港双源物流有限公司
地址：金港镇中兴长江花苑22幢7-8号
…………Tel：0512-58703129

张家港众益物流有限公司
地址：江苏扬子江化工园华达路西侧、港丰公路南侧
…………Tel：0512-58789810

江苏金陵交运集团长盟物流有限公司
地址：江苏扬子江化学工业园港丰路南侧华达路西侧众益物流312室
…………Tel：0512-58797523

江苏联峰物流有限公司
地址：张家港市南丰镇永联村
…………Tel：0512-58906194

苏州宇航物流有限公司
地址：苏州市吴中区胥口镇东山大道西侧、长安路南侧2幢
…………Tel：0512-62586131

苏州工业园区航港物流有限公司
地址：中国（江苏）自由贸易试验区苏州片区苏州工业园区现代大道66号综合保税大厦20层2002室
…………Tel：0512-62878370

越海全球物流（苏州）有限公司
地址：苏州市相城区望亭镇国际物流园华宇路199号
…………Tel：0512-62606901

豪梅特航空机件（苏州）有限公司
地址：苏州工业园区出口加工区B区
…………Tel：0512-62622008

苏州昶兴科技有限公司
地址：苏州高新区鸿禧路46号
…………Tel：0512-62696718

苏州电瓷厂股份有限公司
地址：苏州工业园区唯亭镇春辉路20号
…………Tel：0512-62758001

苏州中亿丰科技有限公司
地址：苏州市公园路55号
…………Tel：0512-62781188

苏州美集供应链管理股份有限公司
地址：苏州工业园区启明路95号110室
…………Tel：0512-62858663

江苏恒伟供应链管理有限公司
地址：苏州工业园区淞北路218号
…………Tel：0512-62871058

安杰达精密机械（苏州）有限公司
地址：苏州工业园区丰和路1号
…………Tel：0512-62875601

中国外运苏州物流中心有限公司
地址：苏州工业园区淞北路77号
…………Tel：0512-62878030

苏州市民卡有限公司
地址：苏州市人民路3118号
…………Tel：0512-62888688

苏州中车建设工程有限公司
地址：苏州工业园区胜浦镇银胜路115号
…………Tel：0512-62893077

苏州伟业货物运输有限公司
地址：苏州工业园区唯华路3号君地商务广场10幢1503室
…………Tel：0512-62923133

中国建材检验认证集团江苏有限公司
地址：苏州工业园区民生路15号
…………Tel：0512-62929372

江苏祥狮物流有限公司
地址：苏州工业园区临江路11号
…………Tel：0512-62990911

苏州市安泰交通安全设施工程有限公司
地址：苏州工业园区娄葑镇民生路18号
…………Tel：0512-62992033

苏州伟业集团建设发展有限公司
地址：吴江区松陵镇交通南路30号
…………Tel：0512-63020910

苏州易昇光学材料股份有限公司
地址：吴江经济技术开发区交通北路168号
…………Tel：0512-63031138

东南电梯股份有限公司
地址：吴江经济开发区交通北路6588号
……………………… Tel：0512-63038888
苏州市吴江公共交通有限公司
地址：吴江经济技术开发区淞南路北侧
……………………… Tel：0512-63039709
苏州市吴江龙韵长途汽车客运有限公司
地址：吴江经济技术开发区二二七省道西、学院路南侧
……………………… Tel：0512-63111702
苏州市吴江汽车客运集团有限公司
地址：吴江市松陵镇吴江经济开发区二二七省道西、学院路南侧
……………………… Tel：0512-63111702
吴江临沪国际物流有限公司
地址：吴江区黎里镇芦墟浦北工业开发区
……………………… Tel：0512-63135535
江苏盛泽物流有限公司
地址：吴江盛泽镇西环路
……………………… Tel：0512-63150308
吴江市邦达物流有限公司
地址：吴江市七都镇吴越路
……………………… Tel：0512-63170525
江苏亨通智能科技有限公司
地址：吴江经济技术开发区交通北路168号
……………………… Tel：0512-63195790
综合永鼎物流（苏州）有限公司
地址：江苏省吴江汾湖经济开发区汾湖大道东侧
……………… Tel：0512-63263250-8015
江苏永鼎物流发展有限公司
地址：吴江市芦墟镇汾湖大道东侧
……………………… Tel：0512-63273333
华冠通讯（江苏）有限公司
地址：吴江经济技术开发区交通北路168号
……………………… Tel：0512-63409988
江苏四通路桥工程有限公司
地址：苏州市吴江区松陵镇云梨路1911号
……………………… Tel：0512-63423168
苏州苏万万向节有限公司
地址：松陵镇交通北路94号
……………………… Tel：0512-63451010
苏州祥盛建设工程有限公司
地址：吴江区松陵镇友谊工业区友明路688号
……………………… Tel：0512-63454815
江苏广昊建设园林有限公司
地址：松陵镇交通南路25号
……………………… Tel：0512-63468775
吴江市万宇物流有限公司
地址：吴江市平望镇端市村
……………………… Tel：0512-63552163
吴江市黎里印染有限公司
地址：黎里镇交通东路4号
……………………… Tel：0512-63626702
吴江金狮中鲈物流有限公司
地址：苏州市吴江区平望镇中鲈村
……………………… Tel：0512-63652666
江苏通鼎光电科技有限公司
地址：江苏省苏州市吴江区震泽八都经济开发区小平大道18号
……………………… Tel：0512-63872882
江苏吴江苏州湾大酒店有限公司
地址：吴江区松陵镇迎宾大道518号
……………………… Tel：0512-63872882
吴江顺驰物流有限公司
地址：吴江区震泽镇曹村村
……………………… Tel：0512-63876638
吴江市明港道桥工程有限公司
地址：江苏省吴江震泽镇龙降桥村
……………………… Tel：0512-63877375
苏州市艾西依钣金制造有限公司
地址：吴江经济技术开发区长安路东侧、益胜路南侧
……………………… Tel：0512-63926195
苏州市吴江小学生校车服务有限公司
地址：吴江经济技术开发区二二七省道西、学院路南侧
……………………… Tel：0512-63930098
江苏亨通光网科技有限公司
地址：吴江经济技术开发区交通北路168号
……………………… Tel：0512-63800123
江苏亨通新能源电气技术有限公司
地址：吴江经济技术开发区交通北路168号
……………………… Tel：0512-63957605
苏州运鑫物流有限公司
地址：苏州工业园区苏州大道东123号汇金大厦905室
……………………… Tel：0512-65161411
苏州市路达工程监理咨询有限公司
地址：苏州市吴中区木渎镇珠江南路211号1幢1219室
……………………… Tel：0512-65217011
苏州市水城市政园林工程有限公司
地址：苏州市城北东路1088号银都商务广场5幢501室
……………………… Tel：0512-65234485
苏州华厦物流有限公司
地址：苏州市金筑街588号（传化物流基地交易大楼A350室）
……………………… Tel：0512-65350844

苏州菱富铝业有限公司
地址：苏州高新区珠江路508-1号
……………………… Tel：0512-65368881
苏州华鹏飞物流有限公司
地址：苏州市相城区望亭镇国际物流园华兴路350号
……………… Tel：0512-65388666-8001
苏州市冯氏智能科技有限公司
地址：苏州相城经济技术开发区漕湖街道由巷路5号
……………………… Tel：0512-65462853
苏州鼎鑫物流有限公司
地址：苏州市相城区北桥街道未来路6号
……………………… Tel：0512-65512998
江苏天眷建设集团有限公司
地址：苏州市干将西路399号203室
……………………… Tel：0512-65520060
苏州安驰控制系统有限公司
地址：苏州市吴中区吴淞江科技产业园吴淞路998号
……………………… Tel：0512-65619888
苏州三创路面工程有限公司
地址：苏州吴中经济开发区尹中南路188号
……………………… Tel：0512-65636618
苏州市潘氏物流有限公司
地址：苏州市吴中区胥口镇新峰路218号
……………………… Tel：0512-65651771
苏州万隆华宇物流有限公司
地址：苏州市相城区望亭国际物流园华宇路
……………………… Tel：0512-65780020
迅域国际物流（苏州）有限公司
地址：苏州市相城区北桥街道希望工业园凤北荡路
……………………… Tel：0512-65789993
苏州点通冷藏物流有限公司
地址：苏州市相城区望亭国际物流园海盛路603号
……………………… Tel：0512-65960011
苏州杰文物流有限公司
地址：苏州吴中经济开发区玫瑰久久花园14幢108号
……………………… Tel：0512-65983833
苏州申通苏南物流有限公司
地址：苏州市吴中区金丝港工业园金丝港路69号
……………………… Tel：0512-66019088
苏州恒怡通国际货运代理有限公司
地址：苏州市吴中经济开发区田上江路228号
……………………… Tel：0512-66051808
苏州彼得货运有限公司
地址：苏州市金阊区金筑街588号传化物流基地L707-708室
……………………… Tel：0512-66061330
江苏苏高智能电气有限公司
地址：江苏省宿迁市宿豫区机械产业工业集中区振兴路4号
……………………… Tel：0512-66068178
吴江中新物流投资开发有限公司
地址：吴江经济技术开发区出口加工区
……………………… Tel：0512-66086576
苏州恒宏物流有限公司
地址：苏州市金阊区金筑街588号传化物流基地零担中心L919室
……………………… Tel：0512-66097273
苏州市银河照明器材有限公司
地址：苏州市吴中区木渎镇藏书永丰村
……………………… Tel：0512-66242457
顺成泰供应链（苏州）有限公司
地址：苏州市吴中区横泾镇后巷村工业区（后巷7组）
……………………… Tel：0512-66301013
江苏省优联检测技术服务有限公司
地址：苏州市吴中区越溪街道北官渡路50号3幢
……………………… Tel：0512-66358328
苏州市创怡盛实业有限公司
地址：苏州市相城区黄埭镇春申路1002号
……………………… Tel：0512-66387321
苏州腾冉电气设备股份有限公司
地址：苏州市吴中区临湖镇浦庄和安路1066号
……………………… Tel：0512-66520778
吉士通国际物流（苏州）有限公司
地址：苏州市吴中区木渎镇珠江南路368号（科技创业园）2318室
……………………… Tel：0512-66583068
苏州工业园区市政服务集团有限公司
地址：苏州工业园区苏州大道东289号广融大厦11楼
……………………… Tel：0512-66606878
苏州新宁物流有限公司
地址：苏州高新区大同路8号
……………………… Tel：0512-66627562
苏州市相城区物流中心有限公司
地址：苏州市相城区望亭镇新埂村
……………………… Tel：0512-66700573
雄昱物流（苏州）股份有限公司
地址：苏州市相城区望亭镇国际物流园
……………………… Tel：0512-66707111

苏州中杨物流有限公司
地址：苏州市金阊区金筑街588号C101室
……………………… Tel：0512-66711112
苏州宝馨科技实业股份有限公司
地址：苏州高新区浒墅关经济开发区石阳路17号
……………………… Tel：0512-66726351
苏州诺达佳自动化技术有限公司
地址：苏州市吴中区临湖镇许家港路328号
……………………… Tel：0512-66729599
联创时代（苏州）设计有限公司
地址：苏州工业园区汀兰巷199号
……………………… Tel：0512-67016500
苏州上药供应链有限公司
地址：苏州工业园区现代大道88号
……………………… Tel：0512-67067623
苏州方正工程技术开发检测有限公司
地址：苏州市高铁新城南天成路77号803室
……………………… Tel：0512-67235296
苏州市政园林工程集团有限公司
地址：苏州市姑苏区平泷路1258号701室
……………………… Tel：0512-67278818
博雅达勘测规划设计集团有限公司
地址：苏州工业园区中银惠龙大厦1幢2701室
……………………… Tel：0512-67488696
苏州交通工程集团有限公司
地址：苏州市上高路立交西侧
……………………… Tel：0512-67528034
苏州交通旅游客运有限公司
地址：苏州市相城区元和街道润南巷288号
……………………… Tel：0512-67591038
苏州中外运众力国际货运有限公司
地址：苏州工业园区苏惠路98号国检大厦1201、1203、1205、1207室
……………………… Tel：0512-67622449
格上租赁有限公司
地址：苏州工业园区东富路8号
……………………… Tel：0512-67671666
江苏经纬轨道交通设备有限公司
地址：苏州吴中经济开发区越溪街道苏旺路338号13幢
……………………… Tel：0512-6768522
爱乐美物流（苏州）有限公司
地址：苏州高新区浒关石林路3号（浒关分区）
……………………… Tel：0512-68056321
苏州水木清华设计营造有限公司
地址：苏州市高铁新城南天成路77号
……………………… Tel：0512-68098429
苏州混凝土水泥制品研究院有限公司
地址：苏州市三香路718号
……………………… Tel：0512-68265810
苏州市苏越物流中心有限公司
地址：苏州市吴中开发区旺山工业园天鹅荡路
……………………… Tel：0512-68297202
苏州悦泰国际物流股份有限公司
地址：苏州市姑苏区西环路3068号2号楼618-628室
……………………… Tel：0512-68383585
金顺速运有限公司
地址：苏州市吴中区木渎镇金枫路216号东创科技园E幢A4354室
……………………… Tel：0512-67285082
苏州诚源物流有限公司
地址：苏州市金筑街588号（传化公路港体验中心2号）
……………………… Tel：0512-88160133
江苏正浦物流有限公司
地址：苏州市金筑街588号传化物流基地A816室
……………………… Tel：0512-68386881
苏州朗捷通智能科技有限公司
地址：苏州高新区邓尉路109号1幢狮山街道办公楼211室
……………………… Tel：0512-68552002
苏州雷格特智能设备股份有限公司
地址：苏州市吴中区　直镇海藏西路2869号
……………………… Tel：0512-68583901
苏州望亭大田物流有限公司
地址：苏州市相城区望亭镇新埂村海盛路398号
……………………… Tel：0512-68638518
加贺沢山电子（苏州）有限公司
地址：苏州高新区大同路20号出口加工区B-11号厂房
……………………… Tel：0512-68711018
共成（苏州）交通器材有限公司
地址：苏州工业园区苏虹西路289号
……………………… Tel：0512-68733001
卡特彼勒（苏州）物流有限公司
地址：苏州工业园区千人街152号普洛斯物流园C22号仓库
……………………… Tel：0512-68735700
苏州有您网国际物流股份有限公司
地址：苏州工业园区钟南街428号
……………………… Tel：0512-68835932
苏州华碧微科检测技术有限公司
地址：苏州工业园区港田路99号

……………………… Tel：0512-69170010
苏州大众交通有限公司
地址：苏州工业园区通园路58号
……………………… Tel：0512-69175012
苏州望亭海联物流有限公司
地址：苏州市相城区望亭镇新埂村华兴路
……………………… Tel：0512-69226718
江苏卓越大件工程物流有限公司
地址：常熟市莫干路1号云裳大厦9层南楼
……………………… Tel：0512-69227678
苏州交运汽车驾驶员培训有限公司
地址：苏州高铁新城相城大道（西公田路北）
……………………… Tel：0512-69356096
苏州朗威电子机械股份有限公司
地址：苏州市相城区黄埭镇潘阳工业园住友电装路
……………………… Tel：0512-69393070
苏州中车轨道交通车辆有限公司
地址：苏州高新区普陀山路188号
……………………… Tel：0512-69589160
苏州交运汽车出租有限公司
地址：苏州高新区长江路金山路（汽车西站内）
……………………… Tel：0512-69599259
苏州市轨道交通集团有限公司
地址：苏州市干将西路668号
……………………… Tel：0512-69899999
苏州和阳智能制造股份有限公司
地址：苏州工业园区胜浦镇界浦路58号
……………………… Tel：0512-80829800
车巴达（苏州）网络科技有限公司
地址：苏州工业园区星湖街328号创意产业园5-A5F单元
……………………… Tel：0512-80837905
江苏德邦物流有限公司
地址：苏州市相城区元和街道聚茂街185号活力商务广场B幢2层208室
……………………… Tel：0512-80967148
裕融租赁有限公司
地址：苏州工业园区时代广场23幢1118室
……………………… Tel：0512-80983566
通用物流（昆山）有限公司
地址：江苏省昆山出口加工区经六路西5号地块
……………………… Tel：0512-81866578
苏州德亚交通技术有限公司
地址：苏州工业园区唯亭科技园唯西路52号
……………………… Tel：0512-81870689
豪展医疗科技（吴江）有限公司
地址：吴江经济技术开发区交通路858号
……………………… Tel：0512-82078288
昆山三多乐电子有限公司
地址：昆山市张浦镇滨江北路358号
……………………… Tel：0512-82089005
苏州市苏城轨道交通设备有限公司
地址：苏州市相城区阳澄湖镇启南路97号
……………………… Tel：0512-82275288
苏州市国泰实业公司
地址：苏州市通关坊28号
……………………… Tel：0512-82283255
江苏瑞铁轨道装备股份有限公司
地址：张家港经济技术开发区塘市西街58号1室
……………………… Tel：0512-82509852
昆山新宁物流有限公司
地址：昆山开发区桂林路69号2号房
……………………… Tel：0512-82600082
昆山工研院新型平板显示技术中心有限公司
地址：昆山市玉山镇晨丰路188号3号房
……………………… Tel：0512-82602256
昆山凯达物流有限公司
地址：陆家镇丰夏路108号
……………………… Tel：0512-82622989
太仓华商冷藏物流有限公司
地址：太仓港港口开发区达港路12号
……………………… Tel：0512-82705705
太仓统运物流有限公司
地址：太仓市浏河镇闸南路69号
……………………… Tel：0512-82706955
苏州盛仕达供应链有限公司
地址：苏州市金筑街588号传化物流基地L507号
……………………… Tel：0512-85189619
苏州传化物流基地有限公司
地址：苏州市金阊区金筑街588号
……………………… Tel：0512-85880065
苏州凯广货运有限公司
地址：苏州市金阊区金筑街588号传化物流基地零担中心L213号
……………………… Tel：0512-85880069
苏州超联物流有限公司
地址：苏州市姑苏区金筑街588号传化物流基地交易大楼B808室
……………………… Tel：0512-85880137
耐克森（苏州）线缆系统有限公司
地址：江苏省苏州吴中经济开发区郭巷街道淞苇路1588号
……………………… Tel：0512-88171201

苏州中集国际供应链股份有限公司
地址：苏州高新区文昌路36号
…… Tel：0512-88606662

苏州智华汽车电子有限公司
地址：吴江经济技术开发区交通路1268号
…… Tel：0512-88812699

吴江全胜机电有限公司
地址：苏州市吴江区黎里镇莘塔大街1253号
…… Tel：0512-88816865

申龙电梯股份有限公司
地址：苏州市吴江区黎里镇莘塔申龙路55号
…… Tel：0512-88816869

张家港沿江国际物流有限公司
地址：张家港市大新镇
…… Tel：0512-88839901

欧朗电子科技有限公司
地址：苏州工业园区东富路9号49#厂房
…… Tel：0512-88859553

苏州苏嘉甬高速公路有限公司
地址：吴江区黎里镇汾湖大道558号
…… Tel：0512-98125726

南通市建筑工程质量检测中心
地址：南通经济技术开发区居乡路18号
…… Tel：0513-55091755

南通怡馨物流有限公司
地址：南通市港闸区幸福新城11号楼8170室
…… Tel：0513-66813603

南通久朋物流有限公司
地址：南通市通州区刘桥镇工业集中区西区
…… Tel：0513-68115112

南通中农物流有限公司
地址：南通市经济技术开发区保税十九路18号
…… Tel：0513-68281682

南通天顺运输有限公司
地址：如东县新店镇工业园区西区（月池村一组）
…… Tel：0513-68583989

南通市港闸市政工程有限公司
地址：南通市港闸区陈家桥
…… Tel：0513-68686099

海安正元物流有限公司
地址：海安开发区东海大道东28号
…… Tel：0513-68879182

南通城市轨道交通有限公司
地址：南通市崇川区工农南路150号-1 11楼
…… Tel：0513-69900269

江苏普腾停车设备有限公司
地址：南通市经济技术开发区通盛南路32-9号
…… Tel：0513-80770000

南通新合作物流配送有限公司
地址：海门市海门镇嘉陵江路578号
…… Tel：0513-82115368

南通吉华物流有限公司
地址：南通市港闸区安顺路2号
…… Tel：0513-82520000

江苏东源电器集团股份有限公司
地址：南通市通州区十总镇东源大道1号
…… Tel：0513-82566370

中南控股集团有限公司
地址：海门市常乐镇
…… Tel：0513-82738800

南通市通启公路工程有限公司
地址：启东市国动产业园2幢201
…… Tel：0513-83240291

南通港口轮驳有限公司
地址：南通市人民西路530号8幢
…… Tel：0513-83510725

江苏海宏建设工程有限公司
地址：南通市姚港路38号
…… Tel：0513-83512996

中国华粮物流集团南通粮油接运有限责任公司
地址：南通市任港路62号
…… Tel：0513-83517685

南通安泰德船舶工程有限公司
地址：如东县袁庄镇海河滩三组（工业集中区）
…… Tel：0513-83537698

南通市水利勘测设计研究院有限公司
地址：姚港路28号
…… Tel：0513-83548363

南通市交通建设咨询监理有限公司
地址：南通市崇川区工农南路128号天宝国能中心19层
…… Tel：0513-83557802

南通路桥工程有限公司
地址：南通市校西路9号
…… Tel：0513-83562244

中天射频电缆有限公司
地址：江苏省南通市经济技术开发区新开闸路（经营场所：南通开发区齐心路105号）
…… Tel：0513-83599690

广汇能源综合物流发展有限责任公司
地址：启东市吕四港经济开发区化工新材料工业园
…… Tel：0513-83653115

江苏黄海汽配股份有限公司
地址：如东县掘港镇芳泉路218号
…… Tel：0513-84118533

如东飞鹤公共交通有限公司
地址：如东经济开发区新区淮河路
…… Tel：0513-84169906

如东畅行公共交通有限公司
地址：南通市如东县掘港街道通洋南路5号
…… Tel：0513-84169906

金太阳粮油股份有限公司
地址：江苏省如东县岔河镇交通东路33号
…… Tel：0513-84311235

南通天一物业管理咨询有限公司
地址：南通市崇川区青年东路288号天空财富大厦3幢1212室
…… Tel：0513-85019115

南通福兴祥物流有限公司
地址：开发区新开镇近山村
…… Tel：0513-85238766

南通市市政设施管理处
地址：南通市人民西路428号
…… Tel：0513-85517235

南通航智装备科技有限公司
地址：南通市永和路1号2幢
…… Tel：0513-85568079

林森物流集团有限公司
地址：南通市港闸区幸余路998号
…… Tel：0513-85608767

江苏澳兰德新材料科技有限公司
地址：南通市开发区江韵路289号
…… Tel：0513-85670698

南通综合保税区物流中心有限公司
地址：南通综合保税区A区内
…… Tel：0513-85920246

南通金通市政工程有限公司
地址：南通市通州区金沙镇狮子桥村1组
…… Tel：0513-86546060

南通龙越物流有限公司
地址：南通市通州区兴仁镇工业集中区
…… Tel：0513-86618512

南通通强物流有限公司
地址：南通市通州区石港镇石西村14组
…… Tel：0513-86825111

南通通州湾飞鹤公共交通有限公司
地址：江苏省通州湾江海联动开发示范区乐海大道1199号（通州湾汽运中心）
…… Tel：0513-86920609

江苏路翔交通工程有限公司
地址：如皋市磨头镇新联村十九组
…… Tel：0513-87300870

如皋市大生线路器材有限公司
地址：如皋市城北街道陆桥村九组
…… Tel：0513-87509009

南通品德物流配送有限公司
地址：如皋市城南街道福寿东路3号
…… Tel：0513-87635166

海安市城建开发投资集团有限公司
地址：海安市海安镇中坝南路12号
…… Tel：0513-88908952

南通合成物流有限公司
地址：海安县海安镇三塘村二组
…… Tel：0513-88163823

南通顺港仓储有限公司
地址：海安县老坝港镇海港村11组
…… Tel：0513-88260071

南通工泰建设有限公司
地址：海安市大公镇古贲村一组
…… Tel：0513-88742040

江苏铁锚明信交通科技有限公司
地址：江苏省海安工业园区（海安镇谭港村9、10组）
…… Tel：0513-88787806

南通中力科技有限公司
地址：海安高新区镇南路555号
…… Tel：0513-88963139

中天科技装备电缆有限公司
地址：南通市经济技术开发区新开南路19号
…… Tel：0513-89059096

南通农副产品物流有限公司
地址：南通市崇川路777号
…… Tel：0513-89152259

扬州海昌港务实业有限责任公司
地址：扬州市江都区经济开发区海螺路2号
…… Tel：0514-80807262

江苏易图地理信息科技股份有限公司
地址：江苏信息产业基地（扬州）内9号楼
…… Tel：0514-80832357

扬州梦兰物流有限公司
地址：仪征市马集镇八里工业集中区108号
…… Tel：0514-80850759

江苏通捷交通工程有限公司
地址：宝应县运河大桥西首
…… Tel：0514-80890798

扬州汇银物流有限公司
地址：江苏省扬州市古渡路18号
…… Tel：0514-80926677

扬州天顺物流有限公司
地址：高邮市送桥镇扬菱路
…… Tel：0514-80951353

龙腾照明集团股份有限公司
地址：江苏省扬州市高邮市菱塘回族乡团结街52号
…… Tel：0514-84218888

江苏顺泰交通集团有限公司
地址：高邮市高新技术产业开发区纬十八路
…… Tel：0514-80956777

江苏江扬线缆有限公司
地址：扬州市科技园路1号
…… Tel：0514-82122661

江苏省扬州市九洲交通物流集团有限公司
地址：解放南路20号
…… Tel：0514-82987126

扬州大洋物流有限公司
地址：仪征市马集镇工业集中区集仕路1号
…… Tel：0514-83442901

扬州市港湾大件吊装有限公司
地址：仪征市青山镇韩海路69号
…… Tel：0514-83458838

扬州天达建设集团有限公司
地址：仪征市马集镇八里工业集中区天达路8号
…… Tel：0514-83665088

扬州宏原物流有限公司
地址：仪征市刘集镇盘古工业集中区66号
…… Tel：0514-83831999

江苏弘发建设工程有限公司
地址：高邮市文游中路138号
…… Tel：0514-84069129

江苏弘盛建设工程集团有限公司
地址：高邮市城南经济新区南环路88号
…… Tel：0514-84069313

神州交通工程集团有限公司
地址：扬州市邗江区汽车产业园神州路16号
…… Tel：0514-84217025

江苏现代照明集团有限公司
地址：高邮市送桥镇扬菱路
…… Tel：0514 85857807

江苏豪纬交通集团有限公司
地址：高邮市送桥镇工业集中区
…… Tel：0514-84217997

江苏赛特电气有限公司
地址：高邮市菱塘工业集中区
…… Tel：0514-84238888

高邮市道路客运有限公司
地址：高邮市海潮东路与珠光路交界处
…… Tel：0514-84499804

江苏华坤建设工程有限公司
地址：高邮市八桥镇河东街
…… Tel：0514-84522154

扬州京易源物流有限公司
地址：高邮市高邮镇外环东侧高谢村村部（秦都宾馆）
…… Tel：0514-84541080

高邮市迅达物流有限公司
地址：高邮市车逻镇湾桥
…… Tel：0514-84560518

扬州市法马智能设备有限公司
地址：高邮市高邮镇工业集中区
…… Tel：0514-84565055

江苏瑞沃建设集团有限公司
地址：高邮市菱塘回族乡邮天路
…… Tel：0514-84605108

高邮市精英运输有限公司
地址：高邮市秦邮路京沪通物流中心内
…… Tel：0514-84631488

江苏高强建设工程有限公司
地址：高邮市城南经济新区中心大道66号
…… Tel：0514-85838960

高邮市天赐联华物流有限公司
地址：高邮城南经济新区珠光路东侧、南八路南侧
…… Tel：0514-84663818

江苏开元太阳能照明有限公司
地址：高邮市郭集镇工业集中区
…… Tel：0514-85082178

江苏承煦电气集团有限公司
地址：高邮市天山镇工业园区
…… Tel：0514-85085265

扬州尚程物流服务有限公司
地址：高邮经济开发区文游北路
…… Tel：0514-85085508

江苏润扬交通工程集团有限公司
地址：扬州市邗江区文昌西路530号西部客运枢纽3楼
…… Tel：0514-85165691

扬州亲亲万吨冷储物流有限公司
地址：扬州市望江路501号
…… Tel：0514-85589011

中铁宝桥（扬州）有限公司
地址：扬州市广陵区李典镇
…… Tel：0514-85825610

江苏江都路桥工程有限公司
地址：扬州市江都区吴桥镇工业园区99号
…… Tel：0514-86537065

扬州中苏农机配套物流有限公司
地址：扬州市江都区仙女镇长江东路999号
…… Tel：0514-86846569

江苏华泰路桥建设集团有限公司
地址：扬州市广陵区广陵产业园银焰路17号
…… Tel：0514-86976456

扬州志胜仓储有限公司
地址：扬州市汤汪路37号（扬州市汤汪乡人民政府内）
…… Tel：0514-87206333

江苏联通智能控制技术股份有限公司
地址：扬州市广陵产业园沙湾南路3号
…… Tel：0514-87259388

扬州市勘测设计研究院有限公司
地址：扬州市邗江区物港路28号
…… Tel：0514-87622319

扬州华通橡塑有限公司
地址：杨寿镇回归路东侧
…… Tel：0514-87736123

江苏省邗江交通建设工程有限公司
地址：扬州高新技术产业开发区祥园路109号
…… Tel：0514-87771088

扬州翔浩大件运输有限公司
地址：扬州市杭集镇三笑物流园B区
…… Tel：0514-87852941

扬州新慈物流有限公司
地址：扬州市古渡路16号
…… Tel：0514-87877970

扬州一枪物流有限责任公司
地址：邗江开发区高力汽配城C3幢71号209室
…… Tel：0514-87949426

江苏宝应湖粮食物流中心有限公司
地址：宝应县安宜工业园区金源路北侧
…… Tel：0514-88910563

中化扬州石化码头仓储有限公司
地址：江苏省仪征市扬州化学工业园区中化路1号
…… Tel：0514-89185050

悦达供应链管理江苏有限公司
地址：盐城市大丰区港区海港新城区（海关办事处内）
…… Tel：0515-89805803

江苏悦达港口物流发展有限公司
地址：盐城市大丰区大丰港区国际商务大厦8楼
…… Tel：0515-68667823

盐城隆诚物流有限公司
地址：东台沿海湿地旅游度假经济区科技产业园一区内
…… Tel：0515-68960801

江苏顺成达物流有限公司
地址：盐城市亭湖区黄尖镇人民路11号8幢（20）
…… Tel：0515-68996889

江苏中车电机有限公司
地址：盐城市大丰区经济开发区金海路111号
…… Tel：0515-69691513

东台市民生公交有限公司
地址：东台市台城通站路（站前广场南、站前路东侧）
…… Tel：0515-68830080

江苏驿都国际大酒店有限公司
地址：盐城市世纪大道603号
…… Tel：0515-81086916

盐城市久盈鑫物流有限公司
地址：盐城经济技术开发区岷江路66号1幢
…… Tel：0515-81772666

江苏中运物流集团有限公司
地址：盐城市新洋经济区新龙路9号（7）
…… Tel：0515-81896288

大丰市路桥工程总公司
地址：盐城市大丰区常新路东侧
…… Tel：0515-82030555

盐城市大丰景乾物流有限公司
地址：盐城市大丰区大丰港区建材城B区3号103、203号
…… Tel：0515-82031458

江苏三维公交有限公司
地址：射阳县西开发区射阳汽车站客运站主站房
…… Tel：0515-82352481

盐城市东方城市照明工程有限公司
地址：盐城市迎宾北路306号
…… Tel：0515-8305587

江苏汇鸿国际集团大丰物流有限公司
地址：盐城市大丰区大丰港港区
…… Tel：0515-83318519

江苏天甲物流有限公司
地址：盐城市大丰区开发区共建东路南侧、大丰路西侧
…… Tel：0515-83369998

大丰航运物流有限责任公司
地址：盐城市大丰区海洋经济综合开发区临港工业园C8区
…… Tel：0515-83551235

江苏集盛矿产物流有限公司
地址：盐城市大丰区大丰港经济区中央大道1号

……Tel：0515-83558699

江苏新大地建设工程有限公司
地址：盐城市滨海县界牌镇全民创业园98号
……Tel：0515-84198365

江苏德普尔门控科技有限公司
地址：东台经济开发区纬二路42-1号
……Tel：0515-85030002

江苏东强股份有限公司
地址：东台市头灶镇政府街18号
……Tel：0515-85481123

江苏振华轨道交通设备有限公司
地址：建湖县沿河镇沿河西路999号
……Tel：0515-86592122

江苏后羿路桥工程有限公司
地址：射阳县合德镇红旗东路1号
……Tel：0515-87059838

江苏协力物流有限公司
地址：阜宁经济开发区生态化工园邦家沟2号
……Tel：0515-87070738

江苏日月照明电器有限公司
地址：建湖县经济开发区
……Tel：0515-87151503

江苏省阜宁港物流有限公司
地址：阜宁经济开发区黄码路东首
……Tel：0515-87293638

江苏河海运输股份有限公司
地址：射阳县千秋镇振兴居委会府前路
……Tel：0515-87751162

盐城市路桥建设工程有限公司
地址：盐城市人民中路29号
……Tel：0515-88177798

盐城金山物流有限公司
地址：盐城市大丰区草堰镇中小企业园1幢
……Tel：0515-88285335

江苏御霖保安服务有限公司
地址：盐城市城南新区新都街道学海路软通产业园E幢西侧（CND）
……Tel：0515-8832006

盐城住友物流有限公司
地址：盐城经济技术开发区长江路19号
……Tel：0515-88365064

江苏永盛物流有限公司
地址：盐城市盐都区楼王镇开放路6号（O）
……Tel：0515-88367736

盐城市华健物流有限公司
地址：盐城市亭湖区锦城路33号1幢（7）
……Tel：0515-88527766

盐城新洋物流港务有限公司
地址：盐城市开放大道147号（7）
……Tel：0515-88565330

江苏盛安传动股份公司
地址：盐城市盐都区张庄办事处建业路36号
……Tel：0515-88728071

盐城市五联物流有限公司
地址：盐城市盐都区张庄街道办事处仓头村六组新204国道以东（G）
……Tel：0515-88728611

江苏盐港现代物流有限公司
地址：盐城市开放大道北路289号
……Tel：0515-88791066

盐城中原物流有限公司
地址：盐城经济技术开发区岷江路56号1幢
……Tel：0515-89891358

盐城国奥物流有限公司
地址：盐城市人民中路71号都市花园13幢208室
……Tel：0515-89900811

江苏宝特汽车部件有限公司
地址：盐城经济技术开发区湘江路29号（D）
……Tel：0515-89911666

丰县公共交通有限公司
地址：丰县西环路与南环路交叉处
……Tel：0516-67768907

睢宁县汽车货运公司
地址：县城八一东路十三号
……Tel：0516-68065016

睢宁县公共交通有限公司
地址：睢宁县金城街道人民路与阜盛路交汇处西客站院内
……Tel：0516-68065016

徐州凝翠园林绿化有限公司
地址：徐州市新生街93-117号社区综合服务楼708室
……Tel：0516-69856653

徐州兆通客运有限公司
地址：徐州市复兴路119号
……Tel：0516-80270851

邳州市远通公共交通运输有限公司
地址：邳州市运河镇建设南路
……Tel：0516-80303156

徐州市城市轨道交通有限责任公司
地址：徐州市云龙区和平大道126-9号
……Tel：0516-80805123

徐州东安物流有限公司
地址：丰县经济开发区
……Tel：0516-81118599

徐州德诚物流有限公司
地址：徐州市铜山区欣欣路南、高营路西
……Tel：0516-82100657

江苏盛华工程监理咨询有限公司
地址：徐州市泉山区荣景盛苑阿尔卡迪亚酒店综合楼号楼1-2101-2112
……Tel：0516-82187937

江苏财发铝业股份有限公司
地址：徐州高新技术开发区北纵三路1号
……Tel：0516-82308657

江苏连徐高速公路有限公司
地址：南京市建邺区江东中路399号紫金金融中心A2楼1310室
……Tel：0516-83295019

徐州市苏徐客运站务有限责任公司
地址：徐州市南郊七里沟
……Tel：0516-83362178

徐州海荧汽配物流有限公司
地址：徐州市七里沟汽配城二期工程1#楼
……Tel：0516-83362601

徐州新长江物流发展有限公司
地址：徐州经济开发区徐海公路南侧、铁路专用线西侧
……Tel：0516-83552608

徐州徐工铁路装备有限公司
地址：徐州经济开发区工业一区
……Tel：0516-83557168

徐州市政建设集团有限责任公司
地址：民主北路70号
……Tel：0516-83601088

徐州广通公路有限公司
地址：徐州市云龙区和平路59号文远大楼214-216
……Tel：0516-8369098

大江控股集团电力科技有限公司
地址：江苏省徐州市经济技术开发区高新路11号
……Tel：0516-83771681

徐州通达公路有限公司
地址：徐州市云龙区和平路59号文远大楼208-210
……Tel：0516-83869098

江苏腾飞物流有限公司
地址：徐州经济技术开发区三环东路57号
……Tel：0516-83877362

徐州新和谐物流有限公司
地址：徐州经济技术开发区金港路68号
……Tel：0516-83905266

徐州诺吉物流有限公司
地址：徐州经济技术开发区金港路68号
……Tel：0516-83905266

徐州市公路工程总公司
地址：徐州市泉山经济开发区腾飞路6-53号房屋
……Tel：0516-83906908

徐州上铁工程有限公司
地址：徐州市长征路32号
……Tel：0516-83932033

徐州交通控股港务有限公司
地址：徐州市铜山区柳新镇顺堤河作业区
……Tel：0516-85017059

徐州九鼎机电总厂
地址：徐州市铜山区刘集镇人民路
……Tel：0516-85193528

江苏楚汉新能源科技有限公司
地址：徐州经济技术开发区荆山路55号
……Tel：0516-85320288

徐州市力昌物流有限公司
地址：徐州市拾西工业园3-5室
……Tel：0516-85538915

邳州市交通工程有限公司
地址：徐州市邳州市赵墩镇工业园区
……Tel：0516-86223596

邳州远通公路工程有限公司
地址：邳州市临港产业园复兴路1号
……Tel：0516-86252999

徐州华邦专用汽车有限公司
地址：邳州市高新技术产业开发区邳新路88号
……Tel：0516-86268666

邳州市远通投资发展中心
地址：邳州市运河镇建设中路（徐海一级路南侧）
……Tel：0516-86287289

徐州储运有限责任公司
地址：徐州市鼓楼区广山路1号综合楼三楼
……Tel：0516-87771991

徐州凯得顺大件运输有限公司
地址：徐州经济技术开发区杨山路19-1号诺万医疗器械生产检测中心1号楼1-101
……Tel：0516-87893824

徐州盛达公路养护工程有限公司
地址：徐州市睢宁县庆安镇杜朱村（睢邳路与魏庆路交叉口1千米）
……Tel：0516-88383291

明帝物流江苏有限公司
地址：新沂市无锡新沂工业园岷江路东323省道北侧
……Tel：0516-88681989

新沂马陵山旅游发展有限公司
地址：新沂市马陵山风景名胜区
……Tel：0516-88725566

江苏金路达物流有限公司
地址：新沂市经济开发区大桥西路3-36号
……Tel：0516-88896000

新沂骆马湖旅游发展有限公司
地址：新沂市钟吾南路检察院东8楼
……Tel：0516-88898010

新沂市公共交通有限公司
地址：新沂市经济开发区上海路85号
……Tel：0516-8805975

新沂市交通物流有限公司
地址：新沂市钟吾路交通大厦
……Tel：0516-81629699

江苏新海岸国际物流有限公司
地址：新沂市新安镇王陈村
……Tel：0516-88959589

徐州丰义物流有限公司
地址：丰县北环路与华张路交叉口
……Tel：0516-89207778

江苏路通路桥工程集团有限公司
地址：沛县徐沛路
……Tel：0516-89647829

江苏义远物流有限公司
地址：徐州市沛县沛城街道汉城北路汉城国际花苑二期8号楼718室
……Tel：0516-89653958

伊安物流（淮安）有限公司
地址：淮安经济技术开发区迎宾大道76-8号（淮安综合保税区内）
……Tel：0517-83700869

淮安民用机场有限责任公司
地址：淮安经济技术开发区海口路9号
……Tel：0517-81666060

涟水机场物流有限公司
地址：涟水县红日大道（县交通局大楼三楼）
……Tel：0517-82395901

涟水县交通物流服务有限公司
地址：涟水县交通局（涟水县城红日路北侧、淮涟路东侧）
……Tel：0517-82395901

江苏元润建设有限公司
地址：涟水县涟城镇安东路146号（涟水县农业生产资料总公司院内）
……Tel：0517-82396086

淮安嘉诚远方物流有限公司
地址：淮安市清浦区黄码乡吴圩村徐淮盐连接线西侧
……Tel：0517-83310998

淮安民贸物流有限公司
地址：淮安市北京南路168号
……Tel：0517-83318177

江苏澳翔物流有限公司
地址：淮安市淮阴区淮河东路288号（新渡工业集中区）
……Tel：0517-83329898

淮安国际集装箱物流有限公司
地址：淮安经济技术开发区新港办港区
……Tel：0517-83502070

江苏捷达交通工程集团有限公司
地址：淮安市枚皋路19号淮安智慧谷B1-1楼14F
……Tel：0517-83662203

江苏开通建设工程有限公司
地址：淮安市淮海北路122号
……Tel：0517-83666596

淮安海隆冷链物流有限公司
地址：淮安经济技术开发区海口路111号
……Tel：0517-83706556

淮安市现代有轨电车经营有限公司
地址：淮安市生态新城富城路36号康体嘉苑C11号楼C11-03室
……Tel：0517-83707828

淮安华东国际物流有限公司
地址：淮安经济技术开发区海口路111号
……Tel：0517-83703703

江苏文远建设有限公司
地址：淮安经济技术开发区开明路1号
……Tel：0517-83766987

淮安新宁公共保税仓储有限公司
地址：淮安经济技术开发区鸿海南路6号
……Tel：0517-83793617

淮安市翔和翎物流有限公司
地址：淮安市淮阴区棉花庄镇工业集中区8号
……Tel：0517-84375999

淮安市吉韩物流有限公司
地址：淮阴区丁集镇娘庄村一组
……Tel：0517-84996699

江苏惠民交通设备有限公司
地址：淮安市淮安区工业园区A区华西路北侧
……Tel：0517-85202079

江苏宁扬高速公路有限公司
地址：南京市山西路126号.128号2801室
……Tel：0517-85211500

江苏镇淮建设集团有限公司
地址：淮安市淮安区华西路98号办公楼
……Tel：0517-85823518

淮安金网物流有限公司
地址：淮安经济技术开发区海口路115号
……Tel：0517-86286222

江苏淮通物流有限公司
地址：淮安市深圳东路2号
……Tel：0517-86288601

江苏金湖公共交通有限公司
地址：金湖县神华东路123号
……Tel：0517-86858009

金湖县金源港务有限公司
地址：金湖县同泰大道1号
……Tel：0517-86882997

淮安市第二市政公司
地址：淮安市淮安区楚州大道188号
……Tel：0517-87032275

淮安宝瑞祥泰汽车销售服务有限公司
地址：淮安市清江浦区旺旺路66号
……Tel：0517-89116666

垣宝建设工程集团有限公司
地址：淮安市福州路东侧（民营工业园内）
……Tel：0517-89220823

江苏交科交通设计研究院有限公司
地址：淮安经济技术开发区高教园区科技路12号
……Tel：0517-89896108

江苏南瑞淮胜电缆有限公司
地址：淮安经济技术开发区徐杨路5号
……Tel：0517-89959814

江苏富森港通物流有限公司
地址：盐城市大丰区大丰港海洋经济综合开发区北港区纬三路北1号
……Tel：0518-3556026

连云港海通快速公交有限公司
地址：连云港市海州区海连东路40号金茂花园1号楼301-308室
……Tel：0518-81161059

连云港蓝海国际船舶代理有限公司
地址：连云港经济技术开发区泰山中路88号
……Tel：0518-81882286

江苏万象建工集团有限公司
地址：江苏省赣榆经济开发区永安路6号
……Tel：0518-81889830

连云港尚洋物流有限公司
地址：连云港经济技术开发区牡丹路5号楼404室
……Tel：0518-82239057

连云港港隆国际物流有限公司
地址：连云港开发区宋跳工业区1号
……Tel：0518-82309002

苏州万港物流发展有限公司
地址：苏州市相城区北桥街道凤北荡路希望工业园
……Tel：0518-82309570

连云港宏鹏物流有限公司
地址：连云港市连云区海棠北路217号龙门山庄5栋106室
……Tel：0518-82326875

连云港市翔安危险品运输有限公司
地址：连云港市海州区板浦镇市场路61号二楼206室
……Tel：0518-82345569

连云港港口物流有限公司
地址：连云港市连云区板桥镇上合组织（连云港）国际物流园海丰路9号
……Tel：0518-82381180

江苏新为多式联运有限公司
地址：连云港经济技术开发区中云物流园区
……Tel：0518-82387877

连云港远港物流有限公司
地址：连云港经济技术开发区新光路北（中云物流园区）
……Tel：0518-82388403

江苏金港湾国际物流产业股份有限公司
地址：连云港市连云区板桥街道中云台大道8号
……Tel：0518-82389195

连云港丰达公路工程养护有限公司
地址：连云港市连云区云山街道黄崖村新光路898号
……Tel：0518-85159345

连云港金驰物流有限公司
地址：连云港经济技术开发区大浦工业区中心路北侧
……Tel：0518-85472371

连云港市交通培训有限公司
地址：连云港市海州区建设东路88号
……Tel：0518-85501617

江苏齐天电力建设集团有限公司
地址：连云港市海州区新浦经济开发区204国道西侧
……Tel：0518-85926651

中船重工杰瑞科技控股有限公司
地址：连云港市海州区圣湖路18号102号楼
……Tel：0518-85971027

连云港杰瑞电子有限公司
地址：连云港开发区宋跳高新区振华路东区
……Tel：0518-85981711

连云港赣榆交通工程有限公司
地址：江苏省赣榆经济开发区香港路22号

……………………Tel：0518-86213589

连云港市赣榆客运有限公司
地址：连云港市赣榆区青口镇徐福路北海城路西交汇处
……………………Tel：0518-86230007

连云港龙游物流有限公司
地址：东海县房山镇开发区
……………………Tel：0518-87027773

东海县通达公路养护工程有限公司
地址：东海县牛山镇牛房路西侧房屋（城南西北方向300米）
……………………Tel：0518-87291828

常州洪记两轮智能交通工具有限公司
地址：常州市金坛区儒林镇园区西路12号
……………………Tel：0518-88992680

江苏常鑫路桥集团有限公司
地址：常州市新北区通江大道583号
……………………Tel：0519-67896608

江苏诚通物流有限公司
地址：常州市新北区通达路2号
……………………Tel：0519-68000022

江苏小牛电动科技有限公司
地址：常州西太湖科技产业园长门路387号
……………………Tel：0519-68022380

江苏广泽建设有限公司
地址：常州市金坛区儒林镇园区西路12号
……………………Tel：0519-68081329

常州市信特超市有限公司
地址：武进高新技术产业开发区经创中心268号
……………………Tel：0519-68683510

江苏奔牛港物流中心有限公司
地址：常州市新北区奔牛镇九里贺家村
……………………Tel：0519-68863068

常州长青交通科技股份有限公司
地址：常州市新北区河海西路300号
……………………Tel：0519-68867992

常州常通汽车销售服务有限公司
地址：武进区湖塘镇小庙村
……………………Tel：0519-69665811

江苏苏浙皖物流集团有限公司
地址：溧阳市溧城镇平陵东路388号
……………………Tel：0519-67180808

常州市高速公路管理有限公司
地址：常州市武进人民东路158号
……………………Tel：0519-81087811

常州德宝国际物流有限公司
地址：常州市新北区S338省道钱家边188号
……………………Tel：0519-81169301

常州新宝尊汽车销售服务有限公司
地址：常州市钟楼经济开发区汽车服务中心A-01号
……………………Tel：0519-81188827

江苏若鸿智能科技有限公司
地址：常州西太湖科技产业园长扬路9号
……………………Tel：0519-81682758

常州恒立气动科技有限公司
地址：武进区雪堰镇工业集中区
……………………Tel：0510-85597421

威世特汽车部件（常州）有限公司
地址：江苏武进经济开发区富杉路8号
……………………Tel：0519-81690996

江苏常友环保科技股份有限公司
地址：常州市金坛区金坛大道92号
……………………Tel：0519-82320908

常州金坛交通养护工程有限公司
地址：常州市金坛区南环二路28号
……………………Tel：0519-82355198

中景博道城市规划发展有限公司
地址：常州市金坛区中景商务中心2幢2001室
……………………Tel：0519-82593199

常州市金坛区天誉物流有限公司
地址：常州市金坛区金湖路9号
……………………Tel：0519-82688069

常州卡斯特铝精密铸造科技有限公司
地址：常州市金坛经济开发区南二环东路2966号
……………………Tel：0519-82988029

光宝汽车电子（常州）有限公司
地址：武进国家高新技术产业开发区阳湖西路88-7号A5厂房1楼
……………………Tel：0519-83068888

常州九鼎车业股份有限公司
地址：常州市新北区孟河镇小河工业园
……………………Tel：0519-83243528

江苏今创车辆有限公司
地址：江苏省武进高新技术开发区南区今创国际工业园内
……………………Tel：0519-83256168

江苏凌家塘物流有限公司
地址：钟楼区邹区镇龙潭村（低干村民小组）
……………………Tel：0519-83831817

常州大千科技股份有限公司
地址：常州市新北区春江镇圩塘工业园胜利路28号
……………………Tel：0519-83975863

常州恒鼎轨道科技有限公司
地址：常州市五一路319号
……………………Tel：0519-68762980

常州市瑞悦车业有限公司
地址：常州市新北区孟河镇小河
……………………Tel：0519-85088089

江苏嗨购网络科技有限公司
地址：常州西太湖科技产业园祥云路6号
……………………Tel：0519-85109938

江苏兴荣高新科技股份有限公司
地址：常州新区太湖西路108号
……………………Tel：0519-85121156

江苏苏科建设项目管理有限公司
地址：常州市新北区汉江路368号9楼911、915、916
……………………Tel：0519-85199223

常州市新科汽车电子有限公司
地址：常州市新北区龙城大道1391号
……………………Tel：0519-85208606

常州孟腾智能装备有限公司
地址：江苏武进经济开发区兰香路8号三号厂房一楼中间
……………………Tel：0519-85282061-8015

江苏长青艾德利装饰材料有限公司
地址：常州市新北区河海西路300号
……………………Tel：0519-68867992

江苏泛亚微透科技股份有限公司
地址：常州市武进区礼嘉镇前漕路8号（经营场所：武进区礼嘉镇坂上村）
……………………Tel：0519-85315385

常州市市政建设工程有限公司
地址：常州市青洋北路158号
……………………Tel：0519-85501558

江苏汉武智能科技有限公司
地址：常州市天宁区青龙街道弘仁路2号3号楼
……………………Tel：0519-85502488-802

江苏德胜港物流有限公司
地址：常州市新北区春江镇魏村新华村
……………………Tel：0519-85718775

常州玻璃钢造船厂有限公司
地址：新北区春江镇魏村工业园西区
……………………Tel：0519-85719800

常州常海物流有限公司
地址：常州市新北区春江镇魏村花苑24-4
……………………Tel：0519-85719907

常州圩塘轮渡有限公司
地址：常州市新北区春江镇圩塘北首
……………………Tel：0519-85776870

常州青峰亿康机械有限公司
地址：常州市新北区薛家镇工业园勤奋路68号
……………………Tel：0519-85957318

常州中车铁马科技实业有限公司
地址：常州新北区薛家镇顺园路19号
……………………Tel：0519-85967295

常州滨湖物流有限公司
地址：武进高新技术产业开发区南区常武路东
……………………Tel：0519-86229012

常州科教城投资发展有限公司
地址：武进区常武中路801号常州科教城
……………………Tel：0519-86339685

江苏亚邦日用品物流中心有限公司
地址：常州市武进区牛塘镇新312国道亚邦中路1号
……………………Tel：0519-86387527

常州亚邦物流市场有限公司
地址：武进区牛塘镇新312国道亚邦中路1号
……………………Tel：0519-86387588

常州敏杰电器有限公司
地址：常州市武进区前黄镇前政路18号
……………………Tel：0519-86511027

江苏容天乐机械股份有限公司
地址：常州市武进高新技术产业开发区武鸣南路81号
……………………Tel：0519-86528503

五洋纺机有限公司
地址：武进高新技术产业开发区南区龙跃路3号（经营场所：武进区南夏墅街道新知路6号）
……………………Tel：0519-86533988

中铁建电气化局集团轨道交通器材有限公司
地址：武进区雪堰镇潘家工业集中区
……………………Tel：0519-86547055

常州市旷达针纺织品有限公司
地址：常州市武进区湖塘镇人民东路109号
……………………Tel：0519-86706125

旷达纤维科技有限公司
地址：常州市武进区湖塘镇人民东路109号
……………………Tel：0519-86702509

常州江南中鑫物业服务有限公司
地址：常州市天宁区晋陵北路18号
……………………Tel：0519-86787878

常州市建筑科学研究院集团股份有限公司
地址：常州市木梳路10号
……………………Tel：0519-86971867

江苏先达建设集团有限公司
地址：常州市钟楼区勤业路188号
……………………Tel：0519-86996901

江苏金源高端装备股份有限公司
地址：溧阳市中关村大道8号
……………………Tel：0519-87193518

江苏苏南建设集团有限公司
地址：溧阳市溧城镇燕山路33号
……………………Tel：0519-87210549

江苏爱福物流有限公司
地址：溧阳市泓口路291号
……………………Tel：0519-87212929

溧阳市恒隆物流有限责任公司
地址：溧阳市溧城镇歌岐路88号
……………………Tel：0519-87318588

江苏华晨路桥有限公司
地址：溧阳市南大街169号
……………………Tel：0519-87697808

江苏国电新能源装备有限公司
地址：溧阳市上兴镇曹山路9号
……………………Tel：0519-87732325

溧阳市天目湖南山竹海旅游有限公司
地址：溧阳市戴埠镇南山竹海景区广场东侧2幢
……………………Tel：0519-87935088

常州交运集团有限公司
地址：常州市天宁区下庄路21号
……………………Tel：0519-88100265

常州市市政工程设计研究院有限公司
地址：常州市延陵中路578-5号1036室
……………………Tel：0519-88105100-2203

常州晋陵电力实业有限公司
地址：武进国家高新技术产业开发区南区西湖路南侧12号
……………………Tel：0519-88109762

江苏恒基路桥有限公司
地址：常州市永宁路12号
……………………Tel：0519-88114271

江苏通用路桥工程有限公司
地址：溧阳市溧城镇燕城大道253号-1501
……………………Tel：0519-88302001

常州小糸今创交通设备有限公司
地址：江苏省武进高新技术产业开发区人民东路158号2号楼
……………………Tel：0519-88376009

江苏今创交通设备有限公司
地址：武进国家高新技术产业开发区常武南路502号
……………………Tel：0519-88376065

常州中天钢铁物流中心有限公司
地址：武进区横林镇镇西村
……………………Tel：0519-88388868

江苏新誉能源物流有限公司
地址：常州市武进区遥观镇钱家工业园
……………………Tel：0519-88390505

信承瑞技术有限公司
地址：常州市东方东路128号
……………………Tel：0519-6987777

常州新东方现代物流有限公司
地址：常州市东方东路51号
……………………Tel：0519-88408256

江苏闵东物流供应链管理有限公司
地址：常州市天宁区郑陆镇宁河村
……………………Tel：0519-88501645

江苏奥兰通标识科技有限公司
地址：常州市武进区遥观镇工业大道4号
……………………Tel：0519-88712359

江苏奥琳斯邦热能设备有限公司
地址：武进区横林镇孟墅工业园（新312国道168公里处）
……………………Tel：0519-88722501

新誉集团有限公司
地址：武进国家高新技术产业开发区凤林南路199号
……………………Tel：0519-88776088

江苏新瑞齿轮系统有限公司
地址：武进国家高新技术产业开发区凤栖路20号
……………………Tel：0519-68886200

新誉庞巴迪信号系统有限公司
地址：武进国家高新技术产业开发区凤林南路199号
……………………Tel：0519-88373095

常州巨凝永恒混凝土有限公司
地址：武进区遥观镇镇东工业集中区
……………………Tel：0519-88801115

江苏宝路建设工程有限公司
地址：常州钟楼经济开发区玉龙路6号创业服务中心大楼6683号
……………………Tel：0519-89611068

常州交服出租车有限公司
地址：常州市钟楼区南河沿215号
……………………Tel：0519-89861571

苏州规划设计研究院股份有限公司
地址：苏州市十全街747号
……………………Tel：0521-65185708

江苏辉通检测有限公司
地址：泰州市医药高新技术产业开发区塘许路北侧、科思燃气东侧1#楼
……………………Tel：0523-6138155

靖江太和港务有限公司
地址：靖江市新港园区旺桥港路1号
……………………Tel：0523-80235088

江苏太和物流有限公司
地址：靖江经济技术开发区旺桥港路1号
……………………Tel：0523-80235088

三峰靖江港务物流有限责任公司
地址：靖江市新港园区康桥路1号
……………………Tel：0523-80235618

兴科迪科技（泰州）有限公司
地址：泰州市姜堰区罗塘街道富源路南侧
……………………Tel：0523-80578666

泰兴市宏锦物流有限责任公司
地址：泰兴市虹桥镇虹桥工业园区
……………………Tel：0523-80738682

泰州港丰物流有限公司
地址：泰州市海陵区兴丰西路6号
……………………Tel：0523-81565658

泰州市天宇交通器材有限公司
地址：泰州市海陵区九龙镇九龙村二组（新328国道西侧）
……………………Tel：0523-82093336

泰州润元户外用品股份有限公司
地址：泰州经济开发区永定西路298号
……………………Tel：0523-82211822

靖江弘宇公共交通客运有限公司
地址：靖江市富阳路58号
……………………Tel：0523-82600198

无畏警用装备有限公司
地址：靖江市无畏路1号
……………………Tel：0523-82856509

泰州市京广物流有限公司
地址：兴化市戴南镇迎宾大道北首
……………………Tel：0523-83196066

江苏华升物流有限公司
地址：兴化市临城镇郭家村创业路南侧
……………………Tel：0523-83214585

兴化市公共交通有限公司
地址：兴化市英武南路东、康民路
……………………Tel：0523-83232136

兴化市大众公共交通有限公司
地址：兴化市昭阳镇阳山西路11号
……………………Tel：0523-83232136

兴化市大运交通运输有限公司
地址：兴化市荻垛镇征王村
……………………Tel：0523-83301000

兴化市校车服务有限公司
地址：兴化市阳山西路11号
……………………Tel：0523-83305559

靖江信达售电有限公司
地址：靖江市新港园区国信电厂路1号（三江物流中心内）
……………………Tel：0523-84128016

江苏省扬子江现代粮食物流有限公司
地址：靖江经济开发区新港城江安路199号
……………………Tel：0523-84206291

江苏义龙物流有限公司
地址：靖江市斜桥镇江平路西18号（物流中心内）
……………………Tel：0523-84208333

江苏金甫建设有限公司
地址：靖江市马桥镇镇政府南首100米（原马桥建筑公司内）
……………………Tel：0523-84588968

江苏骏豪建设工程有限公司
地址：靖江市东兴镇二道堤路2号
……………………Tel：0523-84652515

靖江市锦江物流有限公司
地址：靖江经济技术开发区康桥路2号港城大厦
……………………Tel：0523-84828909

江苏神禹建设有限公司
地址：靖江市靖城镇人民中路189号
……………………Tel：0523-84865602

江苏中泰建发集团有限公司
地址：泰州市海陵区凤凰东路60号文创大厦主楼第8层810至830室
……………………Tel：0523-86050231

江苏省泰州市轮船运输总公司
地址：泰州市海陵区迎春西路658号
……………………Tel：0523-86058829

泰州长宏钢材物流中心
地址：泰州市海陵区站前路88号
……………………Tel：0523-86192888

唐泽交通器材（泰州）有限公司
地址：江苏省泰州市凤凰西路58号
……………………Tel：0523-86828588

江苏享海交通工程有限公司
地址：泰州市永兴路66号410-412室
……………………Tel：0523-86832859

江苏泰州大桥有限公司
地址：泰州市高港区港城东路8号
……………………Tel：0523 86960559

江苏泰高高速公路有限公司
地址：泰州市高港区港城东路8号
……………………Tel：0523-86960559

泰州新港物流有限公司
地址：泰州市高港区永安洲镇中心村育才路
……………………Tel：0523-86920023

泰州益海码头有限公司
地址：泰州市高港区永安洲镇疏港北路
……………………Tel：0523-86991894

泰州益嘉物流有限公司
地址：泰州市高港区永安洲镇疏港北路
……………………Tel：0523-86991132

泰兴市润黄物流运输服务有限公司
地址：泰兴市黄桥工业园区通站路8号
…………Tel：0523-87211951

江苏兆胜科技股份有限公司
地址：泰兴市滨江镇澄江西路168号
…………Tel：0523-87591598

泰兴市金华公路养护工程有限公司
地址：泰兴市河失镇城黄西路118号
…………Tel：0523-87682373

泰兴市机电设备安装有限公司
地址：泰兴市车站路46号
…………Tel：0523-87684076

泰兴市泰通公共交通有限公司
地址：泰兴市阳江东路168号
…………Tel：0523-87756693

泰兴市世通物流有限公司
地址：泰兴市根思乡宣泰路54号
…………Tel：0523-87831068

江苏金堰交通工程有限公司
地址：泰州市姜堰区罗塘街道淮海西路299号
…………Tel：0523-88018656

泰州大运交通运输集团有限公司
地址：姜堰经济开发区姜堰大道6号
…………Tel：0523-88058076

泰州市姜堰公共交通有限公司
地址：姜堰经济开发区姜堰大道6号B座（城西客运站综合楼内）
…………Tel：0523-88159301

泰州市姜堰博特新材料有限公司
地址：泰州市姜堰区大伦镇工业集中区
…………Tel：0523-88360008

泰州奥派模塑新材料有限公司
地址：姜堰经济开发区陆庄村
…………Tel：0523-88777770

江苏三江现代物流有限公司
地址：靖江市新港大道99号
…………Tel：0523-89109325

江苏万林现代物流股份有限公司
地址：江苏省靖江经济开发区新港园区六助港路5号
…………Tel：0523-89112000

靖江苏农物流有限公司
地址：靖江经济开发区新港园区墩土路2号
…………Tel：0523-89186161

江苏长航国际物流有限公司
地址：宿迁市宿城区耿车镇耿车街徐淮路2号
…………Tel：0527-8018576

宿迁市长发物流有限公司
地址：宿迁市宿城区洋北镇疏港大道1号信息交易大楼1号楼A1-201室
…………Tel：0527-81185756

江苏中联物流股份有限公司
地址：江苏省宿迁市经济开发区南环西路268号
…………Tel：0527-81221999

沭阳宏泰物流中心有限公司
地址：沭阳县沭城镇台州路交通大楼1011室
…………Tel：0527-83383777

沭阳物流中心有限公司
地址：沭阳县经济开发区迎宾大道北侧
…………Tel：0527-83511999

沭阳恒丰物流有限公司
地址：宿迁市沭阳县扎下镇京沪停车场A5幢1号
…………Tel：0527-83609118

沭阳县通达公路养护工程有限公司
地址：沭阳县扎下镇分水居委会（205国道西侧）
…………Tel：0527-83903343

宿迁市鸿旭物流有限公司
地址：宿迁市宿城经济开发区创业路2号
…………Tel：0527-84261856

江苏鸿祥物流有限公司
地址：宿迁市宿城区支口商业街301-05号
…………Tel：0527-84275566

宿迁粮食物流发展有限公司
地址：宿迁市宿城经济开发区粮食物流中心
…………Tel：0527-84276160

宿迁市保来物流有限公司
地址：宿迁市宿城区洋北镇疏港大道1号的物流办公区/物流办公室-A2-A209
…………Tel：0527-84310006

宿迁汽车客运集团有限公司
地址：宿迁经济技术开发区西湖路358号
…………Tel：0527-84365023

江苏通连国际物流有限公司
地址：宿迁市宿豫区宿沭路1号
…………Tel：0527-84372656

江苏天泓楚汉汽车服务有限公司
地址：宿迁市宿城区双庄镇双庄街南
…………Tel：0527-84560176

泗阳顺风交通运输有限公司
地址：泗阳县众兴镇淮海东路65号
…………Tel：0527-85282650

江苏蓝海超越时代物流有限公司
地址：泗洪经济开发区天山南路
…………Tel：0527-86221080

泗洪县交通工程处
地址：泗洪县泗洲大街
…………Tel：0527-86241323

宿迁市通杭物流有限公司
地址：宿迁经济技术开发区国大名苑发展大道商铺10号房
…………Tel：0527-88018866

江苏艾华美陈科技有限公司
地址：宿迁市宿城经济开发区西片区古城路12号7幢厂房
…………Tel：0527-88258677

沭阳县汽车运输公司
地址：沭阳县杭州东路（县公路站西50米）
…………Tel：0527-88323002

江苏宿迁交通工程建设有限公司
地址：宿迁市洪泽湖路151号
…………Tel：0527-88759889

宿迁市海洋物流有限公司
地址：泗洪经济开发区香江路1幢
…………Tel：0527-89885880

泗洪县水利工程处
地址：泗洪县城西闸
…………Tel：0527-89886078

泗洪县腾达物流有限公司
地址：泗洪县经济开发区香江路北侧
…………Tel：0527-89890899

泰州市海阳实业有限公司
地址：泰州市海陵区迎春西路666号
…………Tel：0532-86222141

浙江省

浙江恒洋物流有限公司
地址：杭州市大江东产业集聚区红十五路7777号A3058
…………Tel：0510-68992963

衢州通港国际物流有限公司
地址：浙江省衢州市衢江区百灵北路1号2幢
…………Tel：0570-3029769

卓越市政园林建设集团有限公司
地址：浙江省衢州市九华北大道353幢7层
…………Tel：0570-3037028

衢州市交通设计有限公司
地址：浙江省衢州市柯城区白云街道花园中大道82号1-2层
…………Tel：0570-3072609

浙江衢州汽车运输集团有限公司
地址：浙江省衢州市亚美路255-2幢2-4层
…………Tel：0570-3080139

衢州巨化华辰物流有限公司
地址：衢州市柯城区东港六路5号1幢
…………Tel：0570-3097491

衢州中远国际物流有限公司
地址：衢州市柯城区白云中大道88幢颐高广场A座1405室
…………Tel：0570-3396028

浙江省衢州市交通建设集团有限公司
地址：浙江省衢州市三衢路505号5-9层
…………Tel：0570-3853323

江山市大众公共交通有限公司
地址：江山市区北关路口（西）
…………Tel：0570-4116903

江山市城乡公交有限公司
地址：浙江省衢州市江山市双塔街道江滨北路1号
…………Tel：0570-4117895

浙江驰骋物流有限公司
地址：浙江省衢州市江山市虎山街道虎山路399号
…………Tel：0570-4232864

常山县巨立物流有限责任公司
地址：浙江省衢州市常山县金川街道云耕大道1号4002
…………Tel：0570-5661663

开化县交通实业有限公司
地址：开化县城关镇芹南路13-1号
…………Tel：0570-66163234

浙江杭新景高速公路有限公司
地址：浙江省衢州市柯城区荷四路296号3楼
…………Tel：0570-8351221

衢州市广富物流有限公司
地址：浙江省衢州市衢江区桔海二路16号101室
…………Tel：0570-8760361

浙江成功软件开发有限公司
地址：杭州市文三路583号康新商务大厦C座2001-2004室
…………Tel：0570-88102975

浙江杭徽高速公路有限公司
地址：浙江省玲珑街道夏禹桥29号
…………Tel：0570-88906070

杭州中车车辆有限公司
地址：浙江省杭州市萧山区靖江街道宏业路299号
…………Tel：0571-22668383

浙江东南汽运股份有限公司
地址：杭州市富阳区富春街道桂花路17号九楼
…………Tel：0571-23223182

杭州鸿德照明科技有限公司
地址：浙江省杭州市富阳区鹿山街道同辉路18号
…………Tel：0571-23270009

浙江力石科技股份有限公司
地址：杭州市余杭区文一西路998号海创园科研孵化区18号楼506、507室
…………Tel：0571-26297776

杭州北港物流有限公司
地址：杭州余杭区崇贤街道运河路5-2号6幢
…………Tel：0571-26298515

浙江华是科技股份有限公司
地址：浙江省杭州市余杭区闲林街道嘉企路16号3幢1楼
…………Tel：0571-28000066

浙江众安建设集团有限公司
地址：浙江省杭州市江干区九环路7号鑫牛大厦B座10楼
…………Tel：0571-28006856

杭州昊美科技有限公司
地址：浙江省杭州市西湖区西斗门路3号天堂软件园D幢11楼F座
…………Tel：0571-28282007

浙江维尔科技有限公司
地址：浙江省杭州市滨江区滨康路669号5幢8楼、12楼
…………Tel：0571-28351789

浙江万邦智能科技股份有限公司
地址：浙江省杭州市西湖区西城纪商务大厦2号楼1201室
…………Tel：0571-28811994

浙江涌金仓储股份有限公司
地址：杭州市西湖区转塘科技经济区块2号3幢34108-34118室
…………Tel：0571-28885589

杭州华安无损检测技术有限公司
地址：浙江省杭州市西湖区留和路56号1号厂房
…………Tel：0571-28936001

杭州大有科技发展有限公司
地址：杭州市滨江区西兴街道庙后王路263号
…………Tel：0571-51232710

浙江泰源科技有限公司
地址：浙江省杭州市西湖区天目山路248号华鸿大厦2号楼304室
…………Tel：0571-56030066

航天科工广信智能技术有限公司
地址：浙江省杭州市下城区费家塘路576号6楼
…………Tel：0571-56552528

浙江华东工程安全技术有限公司
地址：浙江省杭州市余杭区闲林街道高教路199号1幢3-5楼
…………Tel：0571-56553696

浙江铁道建设工程有限公司
地址：浙江省杭州市江干区凯旋路43号
…………Tel：0571-56724736

杭州正刚物流有限公司
地址：杭州市大江东产业集聚区红十五路7777号A3018
…………Tel：0571-57182708

裕国融资租赁有限公司
地址：杭州市萧山区临江高新技术产业园区科技文化中心124房间
…………Tel：0571-57576388

浙江省交投地产集团有限公司
地址：杭州市西湖区西溪诚园守纯苑1幢5楼
…………Tel：0571-57995261

杭州市城市建设基础工程有限公司
地址：杭州市上城区钱江路639号1901室
…………Tel：0571-58121111

杭州临安金宇公共交通有限公司
地址：浙江省杭州市临安区锦北街道西墅街701号
…………Tel：0571-61081012

杭州方辰物流有限公司
地址：杭州富阳区银湖街道高尔夫路158号第5幢201室
…………Tel：0571-61732300

浙江邦竣建设有限公司
地址：浙江省杭州市富阳区富春街道金苑路515号
…………Tel：0571-63337552

杭州富阳鹿山物流有限公司
地址：浙江省杭州市富阳区鹿山街道谢家溪村
…………Tel：0571-63486528

浙江临安环球交通物流有限公司
地址：浙江省杭州市临安区横畈镇工业功能区(雅观村
…………Tel：0571-63706788

临安钱王公路工程有限公司
地址：临安市锦城街道钱王大街340号
…………Tel：0571-63920171

杭州临安广安物流有限公司
地址：浙江省杭州市临安区玲珑街道九州街1678号
…………Tel：0571-63920197

杭州凯特电器有限公司
地址：建德市三都镇郑家垅村（工业功能区）
…………Tel：0571-64148160

浙江斐凌工具有限公司
地址：浙江省建德市乾潭镇黄立　工业区18号
…………Tel：0571-64177008

淳安县交投建设工程有限公司
地址：浙江省杭州市淳安县淳安县千岛湖镇新安东路493号
…………Tel：0571-64837906

桐庐大运物流有限公司
地址：桐庐县凤川镇凤川大道111-112号
…………Tel：0571-69810012

杭州欣源电梯部件有限公司
地址：桐庐县桐君街道尹家路19号
…………Tel：0571-69915701

浙江英特物流有限公司
地址：浙江省杭州市拱墅区康桥镇康乐路5号、7号
…………Tel：0571-81383569

浙江省隧道工程集团有限公司
地址：浙江省杭州市西湖区古墩路673号13、15层
…………Tel：0571-81389189

浙江统冠物流发展有限公司
地址：浙江省杭州市江干区九环路27、29号10幢3PL库
…………Tel：0571-81996187

浙江正杰物流有限公司
地址：浙江省杭州大江东产业集聚区新湾街道共和村501号
…………Tel：0571-82195137

杭州浦旺物流有限公司
地址：萧山区义桥镇丁家庄村
…………Tel：0571-82212188

杭州帝凯物流有限公司
地址：萧山区瓜沥镇沙田头村
…………Tel：0571-82506298

杭州浙通物流有限公司
地址：萧山区益农镇益农大道153号
…………Tel：0571-82593555

浙江双胜石化有限公司
地址：浙江省杭州市萧山区河上镇祥里村
…………Tel：0571-82620333

浙江汇德隆实业集团有限公司
地址：浙江省杭州市萧山区北干街道市心中路298号
…………Tel：0571-82651030

杭州汇德隆银隆世贸中心商贸有限公司
地址：萧山区北干街道市心中路268、288号
…………Tel：0571-82828120

恩希爱（杭州）薄膜有限公司
地址：萧山经济技术开发区桥南区块鸿达路99号
…………Tel：0571-82696666

杭州优源食品配送有限公司
地址：浙江省杭州市萧山区新街街道兴园路858号萧山（浙江）新农都物流中心5号区块2楼鲜禽市场2号营业用房
…………Tel：0571-82772537

杭州萧山国际机场高速公路建设开发有限公司
地址：萧山区萧山经济技术开发区华瑞中心1幢501、502室
…………Tel：0571-82787908

浙江金洋控股集团有限公司
地址：萧山区衙前镇凤凰村（交通）
…………Tel：0571-82799733

浙江国丰集团有限公司
地址：浙江省杭州市萧山区宁围街道二桥村
…………Tel：0571-82830000

杭州非凡物流有限公司
地址：浙江省杭州市大江东产业集聚区红十五路7777号A3150
…………Tel：0571-82830030

杭州百富物流有限公司
地址：萧山区宁围街道通惠北路1629号
…………Tel：0571-82871108

杭州先昌物流有限公司
地址：浙江省杭州市萧山区宁围街道盈一村
…………Tel：0571-82875022

杭州空港新城保税物流中心有限公司
地址：浙江省萧山区靖江街道保税路西侧
…………Tel：0571-82889107

杭州萧邦物流有限公司
地址：浙江省杭州市萧山区南阳街道岩峰村
…………Tel：0571-82976298

浙江传化基础设施建设有限公司
地址：浙江省杭州市萧山区宁围街道民和路939号浙江商会大厦2幢2801室
…………Tel：0571-83826690

浙江沪杭甬养护工程有限公司
地址：浙江省杭州市江干区九环路63号1幢

1楼1110室
Tel：0571-85049887

杭州天与佳科技有限公司
地址：浙江省杭州市西湖区浙商财富中心4幢819室
Tel：0571-85057235

浙江丹鸟物流科技有限公司
地址：浙江省杭州市江干区九环路63号2幢A座4楼420室
Tel：0571-85088676

浙江同洲项目管理有限公司
地址：浙江省杭州市江干区太平门直街260号三新银座1506室
Tel：0571-85096805

杭州金通科技集团股份有限公司
地址：杭州市上城区复兴路106号
Tel：0571-85192695

浙江东晋弘物流有限公司
地址：浙江省杭州市下城区中山北路632号越都商务大厦1804室
Tel：0571-85265607

杭州诚道科技股份有限公司
地址：浙江省杭州市下城区凤起路78号519室
Tel：0571-85271501

三方建设集团有限公司
地址：浙江省杭州市下城区体育场路407号宏都宾馆商务楼709室
Tel：0571-85300081

岩土科技股份有限公司
地址：浙江省杭州市富阳区银湖街道富闲路798号9楼（自主申报）
Tel：0571-85301660

浙江省交通投资集团有限公司
地址：浙江省杭州市文晖路303号
Tel：0571-85304777

浙江大铁物流有限公司
地址：杭州市下城区绍兴路168号和平大厦611室
Tel：0571-85385138

浙江大盈建设有限公司
地址：浙江省杭州市江干区紫晶商务城4幢405室
Tel：0571-85386303

杭州路达公路工程总公司
地址：浙江省杭州市下城区朝晖路122号
Tel：0571-85452786

浙江春宇物流有限公司
地址：杭州市下城区中山北路632号1801-1室（临）
Tel：0571-85453328

杭州振和实业有限公司
地址：浙江省杭州市钱塘新区18号大街16号1幢1层
Tel：0571-86010129

浙江九龙仓仓储有限公司
地址：浙江省杭州市拱墅区康桥镇拱康路98号
Tel：0571-86056313

杭州白马安达公共交通客运服务有限公司
地址：杭州市江干区艮山东路131号
Tel：0571-86081980

浙江华临建设集团有限公司
地址：浙江省杭州余杭经济开发区泰极路3号2幢502C-111
Tel：0571-86158699

浙江余杭高速公路有限责任公司
地址：浙江省杭州余杭区临平街道一号桥.
Tel：0571-86165120

浙江保通安保服务有限公司
地址：浙江省杭州市余杭区星桥街道星都路116号1幢5F
Tel：0571-86171708

浙江龙泽保安服务有限公司
地址：浙江省杭州市余杭区南苑街道迎宾路555-3号1幢528-3室
Tel：0571-86207811

宇航交通建设集团有限公司
地址：浙江省杭州市余杭区余杭街道禹航路640号3幢2层
Tel：0571-86222884

浙江工力建设有限公司
地址：浙江省杭州市余杭区星桥街道远展街59号工力大厦14楼
Tel：0571-86227610

杭州谏铖物流有限公司
地址：浙江省杭州市余杭区塘栖镇卫家埭村2幢201室
Tel：0571-86318819

浙江中控科教仪器设备有限公司
地址：浙江省杭州市滨江区浦沿街道六和路307号1幢6层
Tel：0571-86667772

杭州萧山国际机场交通运输有限公司
地址：杭州萧山国际机场航站楼内巴士候车室
Tel：0571-86668501

杭州兴耀建设集团有限公司
地址：浙江省杭州市滨江区江南大道518号
Tel：0571-86687523

浙江交工高等级公路养护有限公司
地址：浙江省杭州市江干区九环路63号-4A-558
Tel：0571-86758051

杭州凯奥物流有限公司
地址：杭州经济技术开发区万亚名城1幢1507、1508、1509室
Tel：0571-86923607

杭州恒鼎建设集团有限公司
地址：杭州市滨江区长河街道滨安路597号
Tel：0571-87001505

杭州交通工程监理咨询有限公司
地址：浙江省杭州市下城区通盛嘉苑3幢310室
Tel：0571-87010924

杭州崇贤港物流有限公司
地址：浙江省杭州市余杭区崇贤街道运河路5-2号
Tel：0571-87078590

杭州金磊物流有限公司
地址：杭州市转塘街道凌家桥村315号6幢
Tel：0571-87092168

浙江盾安人工环境股份有限公司
地址：浙江省诸暨市店口工业区
Tel：0571-87113572

浙江中畅环境科技集团有限公司
地址：浙江省杭州市滨江区浦沿街道滨文路422号文耀大厦22楼2202室
Tel：0571-87119206

浙江恒德桑普物流有限公司
地址：杭州市富阳区东洲工业功能区民联村
Tel：0571-87198199

浙江久正工程检测有限公司
地址：浙江省杭州市西湖区双浦镇兰溪口村轮渡路396号1幢-4
Tel：0571-87215530

浙江省机电设计研究院有限公司
地址：浙江省杭州市延安路87号
Tel：0571-87239549

中铁二院华东勘察设计有限责任公司
地址：杭州市江干区三里亭路37号
Tel：0571-87069996

广脉科技股份有限公司
地址：浙江省杭州市滨江区西兴街道滨康路101号7幢605、606、608室
Tel：0571-87615685

浙江高信技术股份有限公司
地址：浙江省杭州市文晖路303号
Tel：0571-87005296

润达物流有限公司
地址：杭州市上城区馆驿后10号万新大厦4号楼1507室
Tel：0571-87707597

厚德物流有限公司
地址：杭州市滨江区长河街道滨康路480号1幢1楼101-106室
Tel：0571-87669677

浙江特产新天地纺织原料有限公司
地址：浙江省杭州市萧山区北干街道万丰大厦18层
Tel：0571-87827058

浙江省交通投资集团高速公路管理有限公司
地址：浙江省杭州市湖墅南路186号10楼
Tel：0571-87835111

杭州市民卡管理有限公司
地址：浙江省杭州市上城区龙翔路20号
Tel：0571-87835555

杭州市民卡有限公司
地址：浙江省杭州市上城区婺江路217号2号楼17层
Tel：0571-87835555

浙江中拓供应链管理有限公司
地址：浙江省杭州市下城区文晖路303号8层
Tel：0571-87852866

杭州市交通工程集团有限公司
地址：浙江省杭州市西湖区保　路161号
Tel：0571-87960325

浙江众合科技股份有限公司
地址：杭州市滨江区江汉路1785号双城国际4号楼17层
Tel：0571-87965985

杭州德邦货运代理有限公司
地址：浙江省杭州经济技术开发区白杨街道文津路501号普洛斯杭州物流园B3幢1单元
Tel：0571-87975216

浙江上三高速公路有限公司
地址：杭州市杭大路1号黄龙世纪广场A座12楼
Tel：0571-87985588

浙江浙大网新众合轨道交通工程有限公司
地址：杭州市滨江区网新双城大厦4幢14楼
Tel：0571-8799000

浙江德方智能科技有限公司
地址：浙江省杭州市西湖区古翠路8号新亚科技大楼4楼
Tel：0571-88189787

浙江警安科技有限公司
地址：浙江省杭州市西湖区文三路388号11楼
Tel：0571-88211000

杭州思源信息技术股份有限公司
地址：浙江省杭州市拱墅区香槟之约园D幢529-1(办公)室
Tel：0571-88262111

浙江省建设工程质量检验站有限公司
地址：杭州市文二路28号
Tel：0571-88277355

杭州星都宾馆有限公司
地址：浙江省文晖路448号
Tel：0571-88386888

杭州中威电子股份有限公司
地址：浙江省杭州市滨江区西兴街道西兴路1819号15-20层
Tel：0571-88390905

浙江东欣建设集团有限公司
地址：杭州市余杭区余杭街道城南路318号
Tel：0571-88662753

杭州国立物流有限公司
地址：浙江省杭州市余杭区五常街道丰岭路18号
Tel：0571-88733708

杭州钱江称重技术有限公司
地址：浙江省杭州余杭区良渚街道勾庄村
Tel：0571-88757098

英飞拓（杭州）信息系统技术有限公司
地址：浙江省杭州市西湖区莲花街333号莲花商务中心北楼5楼
Tel：0571-88809333

杭州中天交通设施工程有限公司
地址：浙江省杭州市下城区中山北路346号后楼
Tel：0571-88812888

浙江鼎坤建设有限公司
地址：浙江省杭州市拱墅区万达商业中心3幢1单元1314室
Tel：0571-88834886

浙江海胜通信技术有限公司
地址：浙江省杭州市西湖区天际大厦507-1室
Tel：0571-88852244

浙江亚卫通科技有限公司
地址：杭州市滨江区滨康路619号一幢302室
Tel：0571-88857799

浙江大合检测有限公司
地址：浙江省杭州市余杭区闲林街道里项村洞山66号安邦大厦1-4层
Tel：0571-88902397

苏交科华东（浙江）工程设计有限公司
地址：浙江省杭州市西湖区三墩镇萍水西街80号优盘时代中心1号楼3层
Tel：0571-88977566

浙江正元智慧科技股份有限公司
地址：浙江省杭州市余杭区舒心路359号正元智慧大厦A幢17层
Tel：0571-88994161

浙江中能工程检测有限公司
地址：杭州钱江经济开发区顺风路536号18幢
Tel：0571-89026350

浙江长运物流股份有限公司
地址：浙江省杭州市余杭区乔司街道乔莫西路1号
Tel：0571-89191870

杭州金锄市政园林工程有限公司
地址：杭州市余杭区南苑街道雪海路9号1幢1601室、1602室
Tel：0571-89269900

浙江中南机电智能科技有限公司
地址：杭州市滨江区长河街道滨康路245号1001-1003室
Tel：0571-89892792

天天快递有限公司
地址：浙江省杭州市滨江区滨安路1197号4幢194室
Tel：0571-89967361

浙江省湖州市航运实业总公司
地址：浙江省湖州市吴兴区环渚街道慧兰路99号10幢浙江慧兰科创中心11层1101室
Tel：0572-2062449

核工业井巷建设集团有限公司
地址：浙江省湖州市凤凰路581号
Tel：0572-2223127

湖州圆彤速递有限公司
地址：浙江省湖州市区府路1886号3幢
Tel：0572-2178666

湖州长运汽车运输有限公司
地址：浙江省湖州市太湖路4888号
Tel：0572-2188973

湖州市公路水运工程监理咨询股份有限公司
地址：湖州市环城南路132号
Tel：0572-2595658

浙江安吉长运汽车运输有限公司
地址：浙江省安吉县递铺街道云鸿西路2218号201室
Tel：0572-5220560

安吉县公共交通服务有限公司
地址：浙江省湖州市安吉县递铺街道云鸿西路2218号（安吉客运枢纽中心）5幢301-310室
Tel：0572-5692150

安吉川达物流有限公司
地址：安吉县递铺镇马家村马家渡自然村38号
Tel：0572-5701207

浙江杭长高速公路有限公司
地址：浙江省湖州市安吉县昌硕街道安吉大道777号
Tel：0572-5727222

浙江安吉交银村镇银行股份有限公司
地址：浙江省安吉县昌硕街道昌硕广场1幢9-18号
Tel：0572-5819611

浙江银龙交通设施有限公司
地址：浙江省湖州市安吉县孝丰镇竹产业科技创业中心1-6幢（浙江银龙电力设备制造有限公司厂房）
Tel：0572-5852688

浙江天跃物流有限公司
地址：浙江省长兴县综合物流园区交易大厅二楼
Tel：0572-6013002

浙江华冠物流有限公司
地址：长兴县雉城镇工业区
Tel：0572-6061765

浙江长宜高速公路有限公司
地址：长兴县雉城街道明珠二路58号1幢420室
Tel：0572-6220949

浙江宏泰工程项目管理有限公司
地址：浙江省湖州市长兴县太湖街道中央大道2669号凯悦大厦15楼
Tel：0572-6228789

长兴县公路工程有限责任公司
地址：浙江省南太湖产业集聚区长兴分区石泉村
Tel：0572-6231012

浙江长兴田川物流有限公司
地址：浙江省湖州市长兴县画溪街道雉州大道108号
Tel：0572-6298601

浙江兴一物流有限公司
地址：长兴县小浦镇合溪村杨树湾
Tel：0572-6307217

长兴天顺物流有限公司
地址：浙江省湖州市长兴县小浦镇301省道超限检测站北侧
Tel：0572-6755670

浙江兄弟路标涂料有限公司
地址：浙江省长兴县虹星桥镇工业园区
Tel：0572-6903592

浙江美都物流股份有限公司
地址：德清县雷甸镇明珠大道199号
Tel：0572-8352345

德清县新城公共交通有限责任公司
地址：德清县武康街道北湖东街919号
Tel：0572-8370299

浙江百诚物流有限公司
地址：浙江省湖州市德清县新市镇海久路2号
Tel：0572-8449128

浙江嘉兴三塔建材股份有限公司
地址：浙江省嘉兴市南湖区新丰镇妙峰路421号
Tel：0573-82209348

浙江平湖玻璃港务有限公司
地址：浙江省嘉兴市平湖市独山港镇兴港路1号内办公楼409室
Tel：0573-82229081

安博（嘉兴）仓储有限公司
地址：嘉兴市秀洲区王店镇蚂桥希望路8号
Tel：0573-83703020

浙江至诚保安服务有限公司
地址：浙江省嘉兴市南湖区东栅工业园中环南路富润路东238室
Tel：0573-82511425

浙江嘉科电子有限公司
地址：浙江省嘉兴市秀洲区高照街道桃园路587号1号厂房
Tel：0573-82651100

嘉兴天宇物流有限公司
地址：浙江省嘉兴市南湖区解放街道货场路
Tel：0573 82693010

嘉兴环洋电商物流服务有限公司
地址：浙江省嘉兴市昌盛花园公建6商铺201室
Tel：0573-82723371

嘉兴市金龙汽车服务中心
地址：浙江省嘉兴市南湖区余新镇工业功能区北区支四路西侧
Tel：0573-83153003

嘉兴市邦达物流有限公司
地址：嘉兴市秀洲区洪合镇洪工路418号
Tel：0573-83365858

嘉兴市嘉绍高速公路投资开发有限责任公司

地址：嘉兴经济开发区新气象路618号3-4层
…………Tel：0573-83387809

嘉兴市申嘉湖高速公路投资开发有限公司
地址：嘉兴市秀洲区加创路906号288室
…………Tel：0573-83387813

浙江杭浦高速公路有限公司
地址：嘉兴市中山东路县南街48号
…………Tel：0573-83387828

嘉兴集箱物流有限公司
地址：嘉兴市南湖区七星镇星桥路777号4楼
…………Tel：0573-83700797

平湖市市政工程有限公司
地址：浙江省嘉兴市平湖市当湖街道胜利路55号1501室
…………Tel：0573-85015697

宜兰汽车配件制造（平湖）有限公司
地址：浙江省平湖经济技术开发区新兴二路1199号
…………Tel：0573-85078983

弗玛物流（平湖）有限公司
地址：浙江省嘉兴市平湖市经济技术开发区永兴路1000号13楼1302室
…………Tel：0573-85272593

浙江森联国际物流有限公司
地址：浙江省嘉兴市港区滨海大道南侧、龙王路西侧
…………Tel：0573-85533682

嘉兴综合保税区保税物流中心有限公司
地址：嘉兴港区东西大道与规划07省道交叉口东北侧综保大厦D座2楼205室
…………Tel：0573-85583309

浙江华洋建设有限公司
地址：浙江省嘉兴市平湖市当湖街道胜利路129号1301室
…………Tel：0573-8577022

浙江晨光电缆股份有限公司
地址：浙江省平湖市独山港镇白沙湾
…………Tel：0573-85800456

秦山伟业建设集团有限公司
地址：浙江省嘉兴市海盐县秦山街道核电大道南侧、宣教中心西北侧群利大厦综合楼2楼
…………Tel：0573-86055208

嘉兴汇鑫海运发展有限公司
地址：浙江省嘉兴市海盐县于城镇八字村（海盐管件制造有限公司厂房内）
…………Tel：0573-86320995

浙江钱塘港口物流有限公司
地址：浙江省嘉兴市海盐县秦山街道秦兴村老沪杭公路邓衙桥东侧
…………Tel：0573-86404719

嘉兴五丰生态环境科技有限公司
地址：浙江省嘉兴市海盐县百步镇五丰村
…………Tel：0573-86786030

浙江路航物流有限公司
地址：海盐县西塘桥街道大桥新区
…………Tel：0573-86861186

海宁市大元运输有限责任公司
地址：浙江省嘉兴市海宁市海昌街道文苑路495号-2（自主申报）
…………Tel：0573-87228872

浙江方元物流有限公司
地址：浙江省海宁市海洲街道江南大道2215号
…………Tel：0573-87251579

东栋宏业建设集团有限公司
地址：浙江省嘉兴市海宁市海宁经济开发区漕河泾路27号
…………Tel：0573-87287599

浙江海宁杭东农副产品物流有限公司
地址：海宁市许村镇巷东村
…………Tel：0573-87555902

恒基建设集团有限公司
地址：浙江省嘉兴市桐乡市梧桐街道齐福路398号
…………Tel：0573-88102878

桐乡波力科技复材用品有限公司
地址：浙江省桐乡市梧桐街道凤翔东路199号
…………Tel：0573-88462345

桐乡市汽车运输有限公司
地址：浙江省嘉兴市桐乡市梧桐街道世纪大道1号客运中心
…………Tel：0573-88589009

浙江创嘉机电设备股份有限公司
地址：浙江省嘉兴市桐乡市梧桐街道凯旋路4000号3幢
…………Tel：0573-89386807

浙江申通瑞银快递有限公司
地址：浙江省嘉兴市秀洲区王店镇瑞银西路1号
…………Tel：0573-89992605

宁波市万达金诚物流有限公司
地址：浙江省宁波市江北区上邵村西区12号1幢1层
…………Tel：0574-26289966

浙江全华实业有限公司
地址：浙江省宁波市北仑区新 街道闽江路7号1幢1号二层206室
…………Tel：0574-26865285

宁波市交通建设工程试验检测中心有限公司
地址：浙江省宁波市东钱湖旅游度假区梅方路12号
…………Tel：0574-88336500

宁波中集集装箱服务有限公司
地址：浙江省宁波市北仑区珠江路255号
…………Tel：0574-26883579

宁波甬隆物流有限公司
地址：浙江省宁波高新区星海南路8号17-3室
…………Tel：0574-26893618

宁波新世洋国际物流有限公司
地址：浙江省宁波市鄞州区安波路168号（16-1）（集中办公区）
…………Tel：0574-27666001

宁波港九龙仓仓储有限公司
地址：宁波市镇海区平海路1188号
…………Tel：0574-27685192

宁波舟山港股份有限公司
地址：宁波市江东区宁东路269号环球航运广场第1-4层(除2-2)、第40-46层
…………Tel：0574-27687784

宁波梅山保税港区中外运国际物流有限公司
地址：梅山保税港区港通路1号
…………Tel：0574-27688015

宁波兴港冷链物流有限公司
地址：浙江省霞浦第二通道199号1幢1号
…………Tel：0574-27688151

宁波九辰物流有限公司
地址：浙江省宁波市大榭开发区环岛南路132号-11
…………Tel：0574-27688266

宁波港龙物流投资有限公司
地址：宁波保税区东区兴业中路9号
…………Tel：0574-27688333

宁波中外运物流有限公司
地址：浙江省宁波市北仑区霞浦国际物流园
…………Tel：0574-27688662

浙江兴港国际货运代理有限公司
地址：浙江省宁波市江北区北岸财富中心7幢601、602室
…………Tel：0574-27691919

宁波港集装箱运输有限公司
地址：宁波市北仑新 太河北路69号
…………Tel：0574-27696577

宁波梅山保税港区四海物流有限公司
地址：浙江省宁波梅山保税港区保税物流配送中心一期管理中心一号办公楼107室
…………Tel：0574-27696933

宁波远东码头经营有限公司
地址：浙江省宁波市北仑区新矸镇迎宾路8号2幢209、210室
…………Tel：0574-27698439

浙江速腾电子有限公司
地址：宁波市鄞州区启明路818号17幢117号
…………Tel：0574-27865202

宁波市汽车运输集团有限公司
地址：浙江省宁波市江北区大庆南路445号
…………Tel：0574-27876302

宁波中陆联合物流有限公司
地址：北仑区新 街道新大路90号266室
…………Tel：0574-27881929

宁波赛耐比光电科技股份有限公司
地址：浙江省宁波市高新区科达路56号
…………Tel：0574-27902520

宁波市镇海实华海运有限公司
地址：镇海招宝山街道中河路101号151号
…………Tel：0574-55015362

宁波市镇海实华仓储有限公司
地址：镇海区庄市街道胜隆村兆龙路北
…………Tel：0574-5505362

宁波百豪物流有限公司
地址：浙江省宁波市江北区华业街113号3幢207号
…………Tel：0574-56138071

宁海县公共交通有限公司
地址：浙江省宁海县跃龙街道正学东路58号
…………Tel：0574-59955508

宁波天瑞电器有限公司
地址：浙江省余姚市泗门镇工业园区
…………Tel：0574-62132779

余姚市振大塑胶有限公司
地址：浙江省余姚市朗霞街道杨家村朗海路19号
…………Tel：0574-62199908

余姚捷宇物流有限公司
地址：余姚市泗门镇光明南路197号
…………Tel：0574-62386198

余姚交通工程咨询监理有限公司
地址：余姚市经济开发区城东新区俞赵江路18号
…………Tel：0574-62622637

浙江大丰轨道交通装备有限公司
地址：浙江省余姚市低塘街道新洋路91号（自主申报）
…………Tel：0574-62888888

宁波英特物流有限公司
地址：浙江省慈溪市附海镇新塘路588号
…………Tel：0574-63032197

浙江亿莱盛气体化工有限公司
地址：浙江省慈溪市宗汉街道宗兴东路498号
…………Tel：0574-63033338

浙江科鑫重工有限公司
地址：浙江省舟山市定海区北港路31号
…………Tel：0574-63036968

慈溪市公路运输有限公司
地址：慈溪市逍林镇汽贸大道2288号
…………Tel：0574-63951509

宁波珈泰国际货运代理有限公司
地址：浙江省宁波市鄞州区福明路858号（7-1）-（7-9）
…………Tel：0574-83863380

宁波市轨道交通集团有限公司
地址：浙江省宁波市鄞州区宁穿路3399号
…………Tel：0574-83884699

宁波佰盛物流有限公司
地址：宁波市北仑区春晓乐海路1219号
…………Tel：0574-86098911

加贝物流股份有限公司
地址：宁波市北仑区庐山中路1号
…………Tel：0574-86111957

宁波佳丰物流有限公司
地址：北仑区梅山乡碑塔村厂眼15号
…………Tel：0574-86112032

宁波欣威交通设备制造有限公司
地址：北仑区小港东岗 村隔河陈6号
…………Tel：0574-86156740

浙江海洋工程有限公司
地址：宁波市镇海沿江西路417号
…………Tel：0574-86275943

浙江镇洋发展股份有限公司
地址：浙江省宁波市镇海区宁波石化经济技术开发区海天中路655号
…………Tel：0574-86503327

宁波浙铁江宁化工有限公司
地址：宁波石化经济技术开发区海祥路198号
…………Tel：0574-86656337

宁波浙铁大风化工有限公司
地址：浙江省宁波市镇海区宁波石化经济技术开发区海山路237号
…………Tel：0574-86657222

宁波菱信物流有限公司
地址：浙江省宁波市大榭开发区榭东北（三菱化学有限公司厂区内）
…………Tel：0574-86757577

宁波斯贝科技缸套有限公司
地址：浙江省宁波市大榭开发区榭西工业区
…………Tel：0574-86762350

宁波微科光电股份有限公司
地址：浙江省宁波市北仑区大 龙潭山路51号1幢1号
…………Tel：0574-86800333

宁波集扬物流集团有限公司
地址：浙江省宁波保税区港西大道7号2幢
…………Tel：0574-86809510

宁波和丰物流有限公司
地址：浙江省宁波市北仑区霞浦永定河路99号
…………Tel：0574-86860510

宁波群辉物流有限公司
地址：宁波出口加工区阿里山路8号
…………Tel：0574-86865999

浙江省电力建设有限公司
地址：浙江省宁波市甬江新区五环大厦11楼
…………Tel：0574-87027990

宁波吉诚物流有限公司
地址：浙江省宁波市海曙区冷静街8号（3-16）室
…………Tel：0574-87070006

中国检验认证集团宁波有限公司
地址：浙江省宁波高新区光华路299弄13幢32号
…………Tel：0574-87022462

宁波中车时代电气设备有限公司
地址：宁波市鄞州区五乡镇明伦村
…………Tel：0574-87232527

禹顺生态建设有限公司
地址：浙江省宁波市奉化区锦屏街道河头路177、179号三层334室（自主申报）
…………Tel：0574-87246568

浙江良和交通建设有限公司
地址：浙江省象山县爵溪街道峰台路8号
…………Tel：0574-87285106

宁波国际投资咨询有限公司
地址：浙江省宁波保税区商务大厦722号
…………Tel：0574-87310740

浙江宏力阳生态建设股份有限公司
地址：宁波高新区江南路1528号12楼
…………Tel：0574-87358521

蓝海绿业生态建设股份有限公司
地址：浙江省宁波市鄞州区下应街道蓝海巷66号
…………Tel：0574-87408810

宁波市交通规划设计研究院有限公司
地址：宁波市鄞州区宋诏桥路72号
…………Tel：0574-87411135

宁波市城建设计研究院有限公司
地址：浙江省宁波市海曙区气象路142弄98号
…………Tel：0574-87485111

宁波旭友交通电器有限公司
地址：浙江省宁波市海曙区望春工业园区丰成路299号
…………Tel：0574-87506688

宁波骏马物流有限公司
地址：宁波高新区星海南路16号13-1-6
…………Tel：0574-87637190

英联物流集团股份有限公司
地址：宁波市江北区二横街70号（1-1）室
…………Tel：0574-87641245

宁波营港利信物流有限公司
地址：浙江省宁波市江北区人民路132号（银亿外滩）3-9室
…………Tel：0574-87645519

宁波市江北九方和荣电气有限公司
地址：江北区长阳路866号
…………Tel：0574-87663106

宁波中车时代传感技术有限公司
地址：浙江省宁波市江北区振甬路138号
…………Tel：0574-87670188

宁波远信物流有限公司
地址：宁波大榭开发区金莹商住2#楼营业房02室-2
…………Tel：0574-87710149

宁波新上海国际物业管理有限公司
地址：浙江省宁波市鄞州区百丈路166号
…………Tel：0574-87714929

宁波涌金物流有限公司
地址：浙江省宁波高新区星海南路8号9-1
…………Tel：0574-87741978

浙江信电技术股份有限公司
地址：浙江省宁波市鄞州区宁兴财富广场1号（9-1）（9-2）
…………Tel：0574-87813293

宁波创远物流管理有限公司
地址：浙江省宁波市鄞州区甬江大道1号宁波书城8号楼15层
…………Tel：0574-87868702

中和华丰建设集团有限公司
地址：浙江省宁波市象山县丹东街道丹阳路558号2-1004室
…………Tel：0574-87900001

华创电子股份有限公司
地址：浙江省宁波望春工业园区布政东路128号宁波鹰达锂离子电池厂区2号车间第3层
…………Tel：0574-87918822

宁波市公共交通集团有限公司
地址：宁波高新区江南路556号9层
…………Tel：0574-87937888

浙江宁波甬台温高速公路有限公司
地址：浙江省宁波保税区商务大厦736室
…………Tel：0574-87939458

华缘新材料股份有限公司
地址：浙江省宁波市海曙区高桥镇通途西路4386弄117号
…………Tel：0574-88053181

宁波高等级公路养护有限公司
地址：浙江省宁波市鄞州区中河街道凤凰新村78幢5层
…………Tel：0574-88206792

浙江杭绍甬高速公路有限公司
地址：浙江省杭州市萧山区宁围街道市心北路857号318室
…………Tel：0574-88389848

宁波萨瑞通讯有限公司
地址：浙江省宁波高新区聚贤路587弄15号3#楼029幢7-1-05
…………Tel：0574-88934910

浙江省东海建设有限公司
地址：浙江省诸暨市浣东街道东二路125号鸿迪大厦22楼
…………Tel：0575-80708859

宁波佳盛物流有限公司
地址：浙江省宁波市大榭开发区信榭大厦东楼603室
…………Tel：0575-82044699

浙江大舜公路建设有限公司
地址：浙江省绍兴市上虞区东关街道联星村
…………Tel：0575-82053026

绍兴市上虞捷达物流有限公司
地址：绍兴市上虞区曹娥街道董村
…………Tel：0575-82204238

浙江省上虞汽车运输有限公司
地址：浙江省绍兴市上虞区高铁新城称山北路306号
…………Tel：0575-82212948

绍兴市上虞交通服务有限公司
地址：浙江省绍兴市上虞区高铁新城绍兴东站站前广场

……Tel：0575-82398737
浙江华佳业物流有限公司
地址：浙江省绍兴市上虞区崧厦镇雀嘴村
……Tel：0575-82661073
浙江泰富无缝钢管有限公司
地址：浙江省绍兴市上虞区小越街道工业区
……Tel：0575-82711828
加佳控股集团有限公司
地址：浙江省嵊州市经济开发区加佳路8号
……Tel：0575-83047121
嵊州宾馆有限公司
地址：浙江省嵊州市剡湖街道北艇路218号
……Tel：0575-83187888
嵊州领带物流股份有限公司
地址：嵊州市三江街道一景路788号-7
……Tel：0575-83268397
浙江一景乳业配送有限公司
地址：嵊州市经济开发区普田大道555号
……Tel：0575-83360899
浙江柯岩风景区开发股份有限公司
地址：浙江省绍兴市柯桥区柯岩大道558号
……Tel：0575-84363466
浙江华药物流有限公司
地址：浙江省绍兴市柯桥区钱清镇凤仪村
……Tel：0575-84558369
绍兴滨海物流中心有限公司
地址：浙江省绍兴市柯桥区滨海工业区红旗闸
……Tel：0575-85101818
绍兴市越路交通工程有限公司
地址：浙江省绍兴市皋埠生态园区银城路15号
……Tel：0575-85162385
浙江鼎盛交通建设有限公司
地址：浙江省绍兴市越城区东浦街道独畈桥
……Tel：0575-85190853
绍兴中国轻纺城物流中心开发经营有限公司
地址：绍兴市柯桥区齐贤镇高泽
……Tel：0575-85581206
绍兴市集业物流基地有限公司
地址：浙江省绍兴市越城区望海路169号内
……Tel：0575-85620616
新昌县汽车运输有限责任公司
地址：浙江省新昌县新昌大道西路468号
……Tel：0575-86297910
浙江自力机械有限公司
地址：浙江省新昌县省级高新技术产业园区
……Tel：0575-86299156
绍兴市汽车运输集团有限公司
地址：浙江省绍兴市越城区二环西路398号
……Tel：0575-88025123
绍兴市轨道交通集团有限公司
地址：浙江省绍兴市越城区越西路833号14层（住所申报）
……Tel：0575-88269879
浙江盾安轨道交通设备有限公司
地址：诸暨市陶朱街道千禧路22号
……Tel：0575-89008686
台州市国际物流中心有限公司
地址：浙江省台州市路桥区螺洋街道二友村四区88号
……Tel：0576-80266888
中岭建设集团有限公司
地址：浙江省台州市温岭市箬横镇箬横大道168号（人民政府大楼306室）
……Tel：0576-86119188
台州晶鑫物流有限公司
地址：浙江省台州市温岭市松门镇松西村林石路518号
……Tel：0576-81693569
台州市路桥汽车运输总公司
地址：浙江省台州市路桥区财富大道299号（自主申报）
……Tel：0576-82439510
腾达建设集团股份有限公司
地址：台州市路桥区路桥大道东1号
……Tel：0576-82522526
浙江三门宏桥橡塑科技有限公司
地址：浙江省台州市三门县三门县海游街道祥和路53号
……Tel：0576-83111895
浙江天铁实业股份有限公司
地址：浙江省天台县人民东路928号
……Tel：0576-83812630
浙江天啸物流中心有限公司
地址：天台县始丰新城杨柳河村
……Tel：0576-83923169
浙江永贵电器股份有限公司
地址：浙江省天台县白鹤镇东园路5号（西工业区）
……Tel：0576-83938635
浙江天台祥和实业股份有限公司
地址：天台县赤城街道人民东路799号
……Tel：0576-83966128
华东桐柏抽水蓄能发电有限责任公司
地址：浙江省杭州市下城区环城北路63号
……Tel：0576-83975060

浙江宇星交通发展股份有限公司
地址：浙江省台州市黄岩区北城街道站西大道51号1-3层
……Tel：0576-84017081
台州市黄岩宏源农副产品物流配送中心有限公司
地址：台州市黄岩区院桥镇合屿工业区
……Tel：0576-84088777
浙江玖联物流有限公司
地址：浙江省台州市黄岩南城街道十院路98号
……Tel：0576-84110888
浙江公元太阳能科技有限公司
地址：浙江省台州市黄岩经济开发区四海路
……Tel：0576-84160100
临海市第四建筑工程公司
地址：浙江省台州市临海市古城街道后塘路322号
……Tel：0576-85112329
临海市华南化工有限公司
地址：浙江省化学原料药基地临海园区
……Tel：0576-85588254
中博建设工程集团有限公司
地址：浙江省台州市温岭市城东街道万昌中路806号青商大厦1801室（仅限办公用）
……Tel：0576-86011256
宏远建设有限公司
地址：浙江省台州市温岭市太平街道人民路东延交通大厦六楼
……Tel：0576-86083618
隆中控股集团股份有限公司
地址：浙江省玉环市玉城街道岭脚
……Tel：0576-87201293
浙江隆中机械股份有限公司
地址：浙江省玉环市经济开发区漩门二期工业区
……Tel：0576-87202666
浙江玉汽运输集团有限公司
地址：浙江省玉环市玉城街道泰安路15号
……Tel：0576-87258881
宇杰集团股份有限公司
地址：浙江省仙居县安洲街道环城南路998号23、25、26层
……Tel：0576-87756999
中力建设集团有限公司
地址：浙江省台州市仙居县福应街道永安休闲街77号
……Tel：0576-87773908
浙江仙居农村商业银行股份有限公司
地址：浙江省仙居县南峰街道穿城中路21号
……Tel：0576-87786593
台州竺梅汽车用品股份有限公司
地址：浙江省仙居县艺城中路11号
……Tel：0576-87817855
台州市椒江交通建设工程有限公司
地址：浙江省台州市椒江区赤山东路319号
……Tel：0576-88808020
台州市四方交通建设工程有限公司
地址：浙江省台州市椒江区枫南东路457号
……Tel：0576-89027163
永嘉县保安服务有限公司
地址：浙江省温州市永嘉县江北街道阳光大道金汇景园5幢201室
……Tel：0577-21898860
永固集团股份有限公司
地址：浙江省乐清经济开发区纬二十路328号
……Tel：0577-55770011
乐清市四通物流有限公司
地址：乐清市柳市镇柳翁路108号（鑫磊大厦10F乐清市鑫磊石材有限公司内）
……Tel：0577-55772057
温州中集物流有限公司
地址：乐清市柳市镇西凰屿村村办公楼A9室
……Tel：0577-56565656
申瓯通信设备有限公司
地址：温州市牛山北路高新区炬光园中路118号
……Tel：0577-56960066
宁波志成德邦物流有限公司
地址：江北区庄桥宁慈公路西何亭对面
……Tel：0577-56980920
平阳县城乡公共交通有限公司
地址：浙江省温州市平阳县鳌江镇纬四路1号
……Tel：0577-58105794
文成县保安服务有限公司
地址：浙江省文成县大　镇健康路19号
……Tel：0577-59010693
温州交运集团洞头有限公司
地址：温州市洞头区北岙街道霞光大道1号
……Tel：0577-59392228
兰普电器股份有限公司
地址：浙江省乐清市乐清经济开发区
……Tel：0577-62058888
浙江正和交通建设集团有限公司
地址：乐清市乐成镇旭阳路102-112号
……Tel：0577-62590253

温州金洋集装箱码头有限公司
地址：浙江省乐清市七里港镇
……Tel：0577-62677851
上元电力科技有限公司
地址：浙江省乐清市柳市镇新光工业区
……Tel：0577-62799566
申乐股份有限公司
地址：浙江省永嘉县乌牛街道交通东路666号
……Tel：0577-62984028
温州昌诚建设工程有限公司
地址：浙江省温州市平阳县鳌江镇藕莲村鞋业园区D区7幢
……Tel：0577-63036766
苍南县交通运输集团有限公司
地址：苍南县灵溪镇建兴东路70号
……Tel：0577-64761429
浙江广维通信有限公司
地址：瑞安市东山经济开发区毓蒙路591号
……Tel：0577-65678187
金承物流集团有限公司
地址：浙江省温州市瑞安市塘下镇鲍田新前村中山路4号
……Tel：0577-65831777
永嘉县交通工程公司
地址：浙江省温州市永嘉县瓯北镇襟江中路25号
……Tel：0577-67333925
浙江巧巧教育科技有限公司
地址：永嘉县桥下镇八里村
……Tel：0577-67422222
温州交运集团泰顺有限公司
地址：浙江省温州市泰顺县罗阳镇泰庆北路438号
……Tel：0577-67596873
泰利物流集团有限公司
地址：浙江省永嘉县瓯北镇三桥路与新104交叉口（永嘉县货运中心7号）
……Tel：0577-67969608
浙江兴业市政工程有限公司
地址：浙江省温州市瓯海梧田大道454号402室
……Tel：0577-86190233
温州交运集团城际客运有限公司
地址：浙江省温州市鹿城区牛山北路52号
……Tel：0577-86367121
路港集团有限公司
地址：浙江省温州市牛山北路56号三楼
……Tel：0577-86369418
泰力实业有限公司
地址：浙江省温州市高新技术产业园区炬光园北路1号
……Tel：0577-88097722
温州交运集团国际旅游有限公司
地址：浙江省温州市鹿城区新城大道南侧新城车站A地块（新城大道219号3层-4层）
……Tel：0577-88212120
温州交通建设集团有限公司
地址：温州市牛山北路56号
……Tel：0577-88606118
奥乐科技发展（温州）有限公司
地址：浙江省温州市鹿城区南郊街道划龙桥路398号奥乐大楼二楼西首
……Tel：0577-88625658
浙江华卫智能科技有限公司
地址：浙江省温州市四营堂巷46、48号
……Tel：0577-88815111
温州镖锔物流有限公司
地址：浙江省温州市瓯海区潘桥街道连云港路98号（A幢4号、B幢3号、4号、5号、6号）
……Tel：0577-89603188
新世纪发展集团有限公司
地址：浙江省温州经济技术开发区上江路新世纪商务大厦B幢6层603室
……Tel：0577-88928119
浙江永通科技发展有限公司
地址：浙江省丽水市莲都区天宁工业区311号
……Tel：0578-2612800
丽水市城乡公共交通有限公司
地址：浙江省丽水市莲都区清远街1号
……Tel：0578-2666660
浙江鸿汇电子商务产业发展有限公司
地址：浙江省丽水市莲都区水阁工业园区龙庆路249号
……Tel：0578-2955279
浙江华石物流有限公司
地址：浙江缙云县五云镇仙岩村岩柱头
……Tel：0578-3120858
浙江路建交通工程有限公司
地址：浙江省丽水市龙泉市剑池街道剑池东路18号
……Tel：0578-7125458
浙江旺通物流有限公司
地址：浙江省丽水市松阳县西屏街道和乐路7号
……Tel：0578-8062998
浙江和能现代物流有限公司
地址：浙江省金华市永康市东城街道总部中心金州大厦29楼东边第三间
……Tel：0579-81700687
浙江鼎发物流有限公司
地址：浙江省金华市婺城区环城西路天井孔1楼
……Tel：0579-82104208
金华中外运国际物流有限公司
地址：浙江省金华市金东区金港大道东988号
……Tel：0579-82114218
金华巨龙物流有限公司
地址：浙江省金华市婺城区白龙桥镇湖家村
……Tel：0579-82201069
金华市东方物流有限公司
地址：浙江省金华市婺城新区华龙南街1022号蓝湾花园
……Tel：0579-82349388
浙江华正检测有限公司
地址：浙江省金华市金东区东孝街道玉泉东路1333号A栋1-3层，5-6层（自主申报）
……Tel：0579-82357119
金华市中宇物流有限公司
地址：浙江省金华市环城西路2350号
……Tel：0579-82365038
金华诚信物流有限公司
地址：浙江省金东经济开发区金港大道西999号
……Tel：0579-82383918
浙江浙中建设工程管理有限公司
地址：浙江省金华市婺城区丰亭西路43号
……Tel：0579-82433650
浙江永安工程咨询集团有限公司
地址：浙江省金华市金磐路928号7楼
……Tel：0579-83211812
浙江通济交通运输股份有限公司
地址：浙江金华市八一南街1777号
……Tel：0579-83215808
金华金开城市建设投资集团有限公司
地址：浙江省金华市婺城区四联路398号网络经济中心大楼9层（自主申报）
……Tel：0579-83216980
义乌市恒风路桥有限公司
地址：浙江省义乌市北苑街道机场路669号
……Tel：0579-83817219
浙江省浦江县汽车运输有限公司
地址：浙江省浦江县江南开发区
……Tel：0579-84153348
浙江浦江伯虎链条股份有限公司
地址：浙江省浦江县亚太大道565号
……Tel：0579-84201101
浙江省磐安恒风交通运输有限公司
地址：浙江省磐安县安文镇花园路
……Tel：0579-84661532
义乌市国际陆港集团有限公司
地址：浙江省义乌市机场路588号
……Tel：0579-85250025
天阳建设集团有限公司
地址：浙江省义乌市城中北路298号
……Tel：0579-85563102
义乌市交通旅游产业发展集团有限公司
地址：浙江省义乌市稠江贝村路170号
……Tel：0579-85766010
东阳市惠民公共交通有限公司
地址：浙江省东阳市白云街道世贸大道180号
……Tel：0579-86643350
东阳市交通运输有限公司
地址：浙江省东阳市兴平路70号
……Tel：0579-86690236
浙江道明光电科技有限公司
地址：浙江省金华市永康市经济开发区东吴路581号
……Tel：0579-87311111
金华卓远实业有限公司
地址：浙江省金华市金东区江东镇低丘缓坡综合园金鼎路3777号
……Tel：0579-87535999
浙江嘉宝物流股份有限公司
地址：浙江省兰溪市灵洞乡耕头畈村
……Tel：0579-88267585
浙江金华兴泰建工有限公司
地址：浙江省兰溪市兰江街道创业大道18-8号
……Tel：0579-88988107
金华市快速公交有限公司
地址：浙江省金华市婺城区迎宾大道1639号（自主申报）
……Tel：0579-89163157
浙江开元机电集团有限公司
地址：浙江省金华市金东区江东工业园雅金路3号
……Tel：0579-89177374
浙江中运物流有限公司
地址：浙江省金华市永康市经济开发区铜陵西路326号1号厂房一层（自主申报）
……Tel：0579-89297901
浙江新一海海运有限公司
地址：浙江省舟山市定海区港码头16号
……Tel：0580-2025207
舟山昱晖物流有限公司

地址：舟山市定海区干览镇龙潭街71号
……………………Tel：0580-2069205
浙江飞帆物流有限公司
地址：浙江省舟山港综合保税区企业服务中心301-2045室（自贸试验区内）
……………………Tel：0580-2119015
舟山市宏运物流有限公司
地址：浙江省舟山市定海区金塘镇山潭西街30号（二楼）
……………………Tel：0580-2609893
浙江广盛环境建设集团有限公司
地址：浙江省舟山市定海区北蝉星明村沙听
……………………Tel：0580-2825123
舟山骅首物流有限公司
地址：浙江省舟山市定海区岑港街道老塘山村
……………………Tel：0580-2950019
舟山市普陀环岛客运有限公司
地址：浙江省舟山市普陀区桃花镇茅草屋
……………………Tel：0580-3017008
浙江泰景物流有限公司
地址：舟山市普陀区展茅街道文化路3号
……………………Tel：0580-3805551
浙江省岱山环海物流有限公司
地址：岱山县经济开发区徐福大道988号711室
……………………Tel：0580-4162886
岱山县蓬莱客运轮船有限公司
地址：浙江省高亭镇沿港中路6号
……………………Tel：0580-4372161
嵊泗县永盛汽车运输有限责任公司
地址：浙江省嵊泗县菜园镇东海路108号
……………………Tel：0580-5081537
嵊泗县同舟客运轮船有限公司
地址：浙江省嵊泗县菜园镇东海路100号
……………………Tel：0580-5182725
舟山市坤巍物流有限公司
地址：浙江省舟山市普陀区六横镇台沙线邬家路
……………………Tel：0580-6084995
舟山市普陀鑫通客货运服务有限公司
地址：浙江省舟山市普陀区沈家门街道北安路277弄15号2楼
……………………Tel：0580-6878821
舟山宏富能化海运有限公司
地址：浙江省舟山市普陀区虾峙镇小庙湾95号—108室
……………………Tel：0580-6879056
浙江舟山跨海大桥有限公司
地址：浙江省舟山市定海区金塘镇山潭东堠社区（甬舟高速金塘收费站旁）
……………………Tel：0580-8232052

安徽省

滁州永强汽车制造有限公司
地址：安徽省滁州市铜陵东路270号
……………………Tel：0550-2199688
安徽明鼎建筑有限公司
地址：明光市招信路333号星光商贸城13幢59、60、61、66、67、68号商铺
……………………Tel：0550-2270566
安徽鑫铂铝业股份有限公司
地址：天长市杨村镇杨村工业区
……………………Tel：0550-2385128
安徽滁宁高速公路开发有限公司
地址：安徽省滁州市来安县经济开发区裕安西路188号
……………………Tel：0550-3568200
定远县瑞捷物流有限公司
地址：安徽省滁州市定远县经开区九梓路112号
……………………Tel：0550-4802908
安徽金正达精锻科技有限公司
地址：安徽省滁州市全椒县综合经济开发区
……………………Tel：0550-5299988
凤阳县鸿运港务有限公司
地址：安徽省滁州市凤阳县板桥镇
……………………Tel：0550-7167001
安徽益民物流有限公司
地址：安徽省天长市汊涧天汉公路南侧
……………………Tel：0550-7618680
天长市豪美国际物流有限公司
地址：安徽省天长市天长街道中小企业集中区（省道205线东侧，龙泉水务净化水厂南侧）
……………………Tel：0550-7779699
合肥市公路桥梁工程有限责任公司
地址：合肥市包河区北京路11号综合办公培训中心
……………………Tel：0551-3483517
安徽诚通红四方物流有限公司
地址：安徽省合肥市瑶海区枞阳路301号122幢103室
……………………Tel：0551-4528493
安徽百路物流有限公司
地址：安徽省合肥市新站区岱河路与蔡伦路交口
……………………Tel：0551-62123328
合肥安迅物流有限公司
地址：长丰县杨庙镇
……………………Tel：0551-62196606
安徽省经工建设集团有限公司
地址：安徽省合肥市蜀山区甘泉路398号
……………………Tel：0551-62265206
合肥市轨道交通集团有限公司
地址：安徽省合肥市阜阳路17号
……………………Tel：0551-62309018
合肥香馨建设集团有限公司
地址：安徽省合肥市经济技术开发区汤口路2766号
……………………Tel：0551-62570513
合肥安运物流有限公司
地址：长丰县岗集镇
……………………Tel：0551-62572998
合肥市市政设计研究总院有限公司
地址：合肥市颍上路西、义井路南缤纷南国办公楼14层、15层、16层、17层、18层
……………………Tel：0551-62621289
安徽省建筑工程质量监督检测站
地址：安徽省合肥市高新技术开发区红枫路55号
……………………Tel：0551-62623180
合肥吉运物流有限公司
地址：合肥市肥东县白龙镇新街10号
……………………Tel：0551-62639960
安徽省邮政速递物流有限公司
地址：安徽省合肥市瑶海工业园区纬二路北
……………………Tel：0551-62692199
合肥赛为智能有限公司
地址：合肥市高新区创新大道666号
……………………Tel：0551-62717703
合肥市祥通公路投资有限责任公司
地址：长丰县岗集镇合淮路西侧公路局2幢
……………………Tel：0551-62720017
安徽纵横高科电缆股份有限公司
地址：安徽省合肥市包河工业区上海路1688号
……………………Tel：0551-62752352
安徽鼎信科技集团有限公司
地址：合肥市高新区望江西路800号创新产业园A4楼701室
……………………Tel：0551-62753881
安徽徽运物流有限公司
地址：安徽省合肥市肥西县桃花工业园玉兰大道与洋河路交口安徽徽运物流有限公司办公楼
……………………Tel：0551-62774666
安徽津利电力发展有限公司
地址：安徽省合肥市高新区长江西路669号
……………………Tel：0551-62795310
安徽百诚慧通科技有限公司
地址：合肥市高新区望江西路800号创新产业园B3楼7层北跨（707-710室）
……………………Tel：0551-62795966
安徽省赛达科技有限责任公司
地址：马鞍山承接产业转移示范园区常州路125-2
……………………Tel：0551-62839999
安徽高速传媒有限公司
地址：安徽省合肥市滨湖区徽州大道6669号滨湖时代广场C8栋5楼
……………………Tel：0551-62840285
安徽省建筑工程质量第二监督检测站
地址：安徽省合肥市蜀山区山湖路567号
……………………Tel：0551-62871461
安徽电通通信工程有限公司
地址：安徽省合肥市长丰双凤经济开发区凤麟路
……………………Tel：0551-62876011
合肥工大共达工程检测试验有限公司
地址：安徽省合肥市屯溪路193号
……………………Tel：0551-62901125
合肥经济技术开发区公共交通运营有限公司
地址：安徽省合肥市经济技术开发区青翠路与芙蓉路交口西北角
……………………Tel：0551-63350896
安徽国信建设集团有限公司
地址：合肥市包河区上海路8号
……………………Tel：0551-63363738
安徽省合肥港国际集装箱码头有限公司
地址：安徽省合肥市包河工业区繁华大道东段1888号
……………………Tel：0551-63365397
合肥安达创展科技股份有限公司
地址：安徽省合肥市包河工业区经四路十八号
……………………Tel：0551-63367210
中徽机电科技股份有限公司
地址：合肥市高新区创新产业园一期C2楼第四层北
……………………Tel：0551-63441888
国华工程科技（集团）有限责任公司
地址：安徽省合肥市包河区马鞍山南路铂金汉宫7号商务楼14楼
……………………Tel：0551-63444697-8012
嘉里物流安徽有限公司
地址：安徽省合肥市经济技术开发区始信路2346号
……………………Tel：0551-63498598
安徽善水劳务有限责任公司
地址：合肥市蜀山区望江西路203号金色名郡1号综合楼2101、2102、2103室
……………………Tel：0551-63547059
蓝海建设集团有限公司
地址：合肥市高新区香樟大道168号科技实业园
……………………Tel：0551-68128826
安徽省路网交通建设集团股份有限公司
地址：合肥市蜀山区湖光路创新产业基地B座8层
……………………Tel：0551-63685559
中铁上海工程局集团第三工程有限公司
地址：合肥市高新区柏堰科技园香樟大道168号科技实业园D-18/D-23号楼
……………………Tel：0551-63736546
安徽省交控建设管理有限公司
地址：安徽省合肥市蜀山区望江西路520号
……………………Tel：0551-63738211
安徽安联高速公路有限公司
地址：安徽省合肥市高新技术开发区望江西路520号皖通高速高科技术产业园7号研发楼
……………………Tel：0551-63738518
安徽省驿达高速公路服务区经营管理有限公司
地址：安徽省合肥市高新区望江西路520号皖通高科技产业园内
……………………Tel：0551-63738569
安徽省高路建设有限公司
地址：安徽省合肥市高新区望江西路520号
……………………Tel：0551-63738657
安徽邦达隆飞投资有限公司
地址：合肥市蜀山区蜀山产业园振兴路自主新产业基地7栋516室
……………………Tel：0551-63755527
安徽省高速公路试验检测科研中心有限公司
地址：安徽省合肥市蜀山区金寨南路18号
……………………Tel：0551-63813299
合肥市金润物流有限公司
地址：安徽省合肥市经济技术开发区耕耘路33号蒙达科技园综合实验楼3楼
……………………Tel：0551-63893901
安徽省交运集团有限公司
地址：安徽省合肥市瑶海区胜利路35号
……………………Tel：0551-64299236
安徽春天物流有限公司
地址：安徽省合肥市经济技术开发区桃花工业园始信路699号
……………………Tel：0551-64317966
安徽省合巢水运建设开发有限公司
地址：安徽省合肥市长江东路1157号
……………………Tel：0551-64325282
合肥华东物流有限公司
地址：安徽省合肥市肥东县撮镇镇唐安居委会合马路北
……………………Tel：0551-64327670
安徽盛世鼎通物流有限公司
地址：安徽省合肥市肥东县撮镇镇龙塘
……………………Tel：0551-64370582
安徽省综合交通研究院股份有限公司
地址：合肥市高新开发区黄山路626号1幢
……………………Tel：0551-64387716
安徽迅捷物流有限责任公司
地址：安徽省合肥市北二环双七路88号
……………………Tel：0551-64398807
安徽省中兴工程监理有限公司
地址：安徽省合肥市瑶海区铜陵路16号
……………………Tel：0551-64462088
安徽省交通航务工程有限公司
地址：安徽省合肥市瑶海区铜陵路20号
……………………Tel：0551-64482740
安徽省交通勘察设计院有限公司
地址：安徽省合肥市瑶海区铜陵路16号
……………………Tel：0551-64490131
安徽新科交通建设有限责任公司
地址：合肥市高新区习友路1689号深港产业园8栋5楼
……………………Tel：0551-64669906
安徽路桥路面工程有限责任公司
地址：安徽省合肥市蜀山区黄山西路445号
……………………Tel：0551-65145028
合肥海康威视数字技术有限公司
地址：安徽省合肥市高新区创新大道2800号创新产业园二期F4栋17层1701室
……………………Tel：0551-65192366
中水三立数据技术股份有限公司
地址：安徽省合肥市蜀山新产业园稻香路1号
……………………Tel：0551-65233396
合肥工大高科信息科技股份有限公司
地址：合肥市高新区习友路1682号
……………………Tel：0551-65256658
安徽超远信息技术有限公司
地址：合肥市高新区文曲路919号
……………………Tel：0551-65278205
安徽广电信息网络股份有限公司
地址：安徽省合肥市高新区望江西路766号
……………………Tel：0551-65310101
安徽富煌科技股份有限公司
地址：安徽省合肥市长江西路669号科创投资大厦9楼
……………………Tel：0551-65316038
合肥凯捷技术有限公司
地址：安徽省合肥市长江西路669号
……………………Tel：0551-65320996
安徽三联交通应用技术股份有限公司
地址：合肥市高新区华佗巷88号
……………………Tel：0551-65331919
合肥高新公共交通运营有限公司
地址：合肥市高新区创新大道2800号创新产业园二期F1楼1303室
……………………Tel：0551-65333282
安徽科力信息产业有限责任公司
地址：安徽省合肥市黄山路628号
……………………Tel：0551-65338237
合肥安得智联科技有限公司
地址：安徽省合肥市高新区柏堰科技园石楠路2号
……………………Tel：0551-65361121
安徽和合冷链食品股份有限公司
地址：安徽省合肥市高新区合欢路4号
……………………Tel：0551-65368632
合肥未来计算机技术开发有限公司
地址：安徽省合肥市高新区创新大道2800号创新产业园二期F1楼3层
……………………Tel：0551-65374096
合肥杰发科技有限公司
地址：合肥市高新区创新产业园动漫基地A3楼10层
……………………Tel：0551-65377800
安徽和意达物流有限公司
地址：安徽省合肥市经济技术开发区丹霞路128号
……………………Tel：0551-65389718
安徽慧联运科技有限公司
地址：合肥市高新区留学生园二号楼212、214、216室
……………………Tel：0551-65396700
安徽奥成物流有限公司
地址：安徽省合肥市肥西县柿树岗乡街道
……………………Tel：0551-65397601
安徽汉高信息科技有限公司
地址：安徽省合肥市高新区香樟大道168号科技实业园C7栋
……………………Tel：0551-65397930
飞友科技有限公司
地址：合肥市高新区望江西路860号科创大厦813室
……………………Tel：0551-62641662
安徽军工物流有限责任公司
地址：安徽省合肥市蜀山区十里庙路25号
……………………Tel：0551-65562724
长丰峰伟物流有限公司
地址：安徽省合肥市长丰县杜集乡
……………………Tel：0551-65855300
安徽天奥出租汽车有限公司
地址：安徽省合肥市蜀山产业园稻香路9号创业大厦
……………………Tel：0551-65651013
安徽合裕储运有限公司
地址：合肥市庐阳区庐阳工业园区清河路9号办公楼3楼307-309室
……………………Tel：0551-65654648
合肥京达国际物流有限公司
地址：合肥市新站区天水路2088号
……………………Tel：0551-65752996
合肥智慧龙图腾知识产权股份有限公司
地址：合肥市蜀山区沃野花园商办楼10层B-1014室
……………………Tel：0551-65771310
合肥中车轨道交通车辆有限公司
地址：安徽省合肥市新站区天水路以北淮南路以东奎河路以南九顶山路以西
……………………Tel：0551-65828009
安徽省环宇公路建设开发有限责任公司
地址：安徽省合肥市庐阳区寿春路95号华谊大厦11层
……………………Tel：0551-65836782
冶金工业部华东勘察基础工程总公司
地址：安徽省合肥市高新区红枫路29号
……………………Tel：0551-65846882
安徽华筑建设工程有限公司
地址：合肥市庐阳工业区阜阳北路与北城大道交口创智天地A-2号21、22层
……………………Tel：0551-65873166
合肥市安通道路清障施救服务有限公司
地址：合肥市新站区瑶海工业园灵石路66号（合肥东区交通事故服务中心）
……………………Tel：0551-66189595
长丰县城乡公交集团有限公司
地址：长丰县水湖镇站前路县城公交停保场综合办公楼
……………………Tel：0551-66671026
安徽军英汽车服务有限责任公司
地址：合肥市高新区创新大道2799号
……………………Tel：0551-67109228
安徽虹达道路桥梁工程有限公司

地址：安徽省合肥市包河区包河工业区兰州路26号
……………… Tel：0551-68103606

合肥驰风物流有限公司
地址：安徽省合肥市肥西县紫蓬镇农兴街道
……………… Tel：0551-68665168

肥西县保安服务公司
地址：安徽省合肥市肥西县上派镇巢湖中路37号
……………… Tel：0551-68836403

安徽国路高速公路有限公司
地址：安徽省合肥市长丰县双墩镇
……………… Tel：0551-6977660

安徽云森物联网科技有限公司
地址：安徽省合肥市经开区桃花工业园繁华大道与文山路交口处
……………… Tel：0551-8161581

巢湖市公共交通有限公司
地址：安徽省巢湖市东风西路49号
……………… Tel：0551-82399077

安徽双耀建设工程有限公司
地址：安徽省合肥市庐江县汤池镇滨河西路21号
……………… Tel：0551-87381117

合肥灿宏建筑劳务服务有限公司
地址：安徽省合肥市庐江县汤池镇旅思路6号
……………… Tel：0551-87381118

蚌埠海吉星农产品物流有限公司
地址：安徽省蚌埠市解放北路368号
……………… Tel：0552-2831795

安徽省蚌明高速公路开发有限公司
地址：安徽省蚌埠市解放北路127号
……………… Tel：0552-2889126

蚌埠市神舟机械有限公司
地址：安徽省蚌埠市交通路40号
……………… Tel：0552-3051177

安徽大富重工机械有限公司
地址：蚌埠市东海大道6525号车组装车间（7#车间）
……………… Tel：0552-3752070

安徽铁建工程有限公司
地址：安徽省蚌埠市延安路328号
……………… Tel：0552-3925631

五河县城乡公交客运有限公司
地址：安徽省蚌埠市五河县城关镇青年路69号
……………… Tel：0552-5021501

五河县长途汽车客运有限责任公司
地址：安徽省蚌埠市五河县城关镇国防路47号
……………… Tel：0552-5021533

固镇县汽车客运有限责任公司
地址：安徽省蚌埠市固镇县城关镇城南刘集路北
……………… Tel：0552-6017150

安徽省怀远县荆盛物流贸易有限公司
地址：安徽省蚌埠市怀远县荆山镇西码头
……………… Tel：0552-8016094

安徽省怀远县百纳物流有限公司
地址：安徽省蚌埠市怀远县荆山镇怀唐路2.5公里处西7号
……………… Tel：0552-8352088

芜湖市慕晨电子商务有限公司
地址：安徽省芜湖市鸠江区北京中路芜湖广告产业园广告创意综合楼六层620室
……………… Tel：0553-2863890

芜湖运泰涉外旅游运输有限公司
地址：安徽省芜湖市文化路17号
……………… Tel：0553-3121366

芜湖长能物流有限责任公司
地址：安徽省芜湖市芜湖县花桥工业集中区
……………… Tel：0553-3806927

中铁城市规划设计研究院有限公司
地址：安徽省芜湖市鸠江区国泰路8号
……………… Tel：0553-3833832

安徽达尔智能控制系统股份有限公司
地址：安徽省芜湖市弋江区高新技术产业开发区西山路30号软件大楼
……………… Tel：0553-4834700

芜湖市海洋物流有限公司
地址：安徽省芜湖市鸠江区南阳路
……………… Tel：0553-5222231

安徽省沈大仓储物流有限责任公司
地址：安徽省芜湖市鸠江区沈巷镇工业园
……………… Tel：0553-5368561

麦凯瑞（芜湖）汽车外饰有限公司
地址：安徽省芜湖市经济技术开发区
……………… Tel：0553-5659088-8202

瑞集物流（芜湖）有限公司
地址：安徽省芜湖市三山区华电大道8号
……………… Tel：0553-5696172

芜湖华宏物流有限责任公司
地址：安徽省芜湖市芜湖县六郎镇清水大桥南
……………… Tel：0553-5766662

芜湖海通医药物流有限公司
地址：安徽省芜湖市九华北路116号
……………… Tel：0553-5773593

安徽宝翔建设集团有限责任公司
地址：安徽省南陵县籍山镇籍山路南侧中央商业广场1幢603、605室
……………… Tel：0553-5866988

芜湖双林汽车部件有限公司
地址：安徽省芜湖市鸠江经济开发区徽州路159号
……………… Tel：0553-5886550

芜湖信合科技有限公司
地址：安徽省芜湖经济技术开发区清水河路99号
……………… Tel：0553-5964416

芜湖市运达轨道交通建设运营有限公司
地址：芜湖经济技术开发区汽经一路5号
……………… Tel：0553-5992172

安徽新科电缆集团股份有限公司
地址：安徽省芜湖市无为县高沟工业区
……………… Tel：0553-6615577

安徽芜铜长江高速公路有限公司
地址：安徽省合肥市经济技术开发区繁华大道266号基金大厦106室
……………… Tel：0553-6708011

芜湖鼎汉轨道交通装备有限公司
地址：安徽省芜湖市无为县姚沟工业区
……………… Tel：0553-6762333

安徽华能电缆集团有限公司
地址：安徽省芜湖市无为县坝湾工业区
……………… Tel：0553-6864280

安徽新亚特电缆集团有限公司
地址：安徽省芜湖市无为市高沟工业园
……………… Tel：0553-6884111

繁昌县庆大码头货物装卸有限责任公司
地址：安徽省芜湖市繁昌县荻港镇庆大村
……………… Tel：0553-7352899

芜湖市龙湖建设工程有限公司
地址：安徽省芜湖市三山区龙湖街道商贸城C-1号
……………… Tel：0553-7451319

奇瑞汽车（芜湖）滚装码头有限公司
地址：芜湖经济技术开发区疏港路以西
……………… Tel：0553-7535066

芜湖天远国际物流有限公司
地址：芜湖机械工业园
……………… Tel：0553-8118669

中安达电气科技股份有限公司
地址：芜湖县湾　镇安徽新芜经济开发区经二路518号（原芜湖机械工业园）
……………… Tel：0553-8118787

安徽玖顺物流有限公司
地址：霍邱县宋店乡八里村
……………… Tel：0554-5239987

淮南市保安服务有限公司
地址：淮南市田家庵区洞山西路铁三处武装押运基地内
……………… Tel：0554-6415270

淮矿现代物流有限责任公司
地址：安徽省淮南市谢家集区望峰岗(铁路新村)
……………… Tel：0554-7643708

凤台县保安服务有限公司
地址：安徽省淮南市凤台县城关镇福海园B栋五楼
……………… Tel：0554-8889959

佳伟建设集团有限公司
地址：安徽省巢湖市长江东路34号
……………… Tel：0551-82313845

巢湖皖维物流有限公司
地址：安徽省合肥市巢湖经济开发区金山路14号标准厂房208室
……………… Tel：0551-82189699

中钢集团马鞍山矿山研究总院股份有限公司
地址：安徽省马鞍山市经济技术开发区西塘路666号
……………… Tel：0555-2404827

马鞍山长运客运有限责任公司
地址：安徽省马鞍山市花山区红旗北路96号
……………… Tel：0555-2473984

安徽汇华工程科技股份有限公司
地址：安徽省马鞍山市花山区湖东北路555号
……………… Tel：0555-2474315

马鞍山中油燃气物流有限公司
地址：安徽省马鞍山市霍里街道马步桥张庄村
……………… Tel：0555-2776522

马鞍山长江港口有限公司
地址：慈湖高新技术产业开发区海螺大道188号
……………… Tel：0555-3158700

中徽物流有限公司
地址：马鞍山市郑蒲港新区姥桥镇和沈路288号
……………… Tel：0555-3502619

马鞍山市朝阳物流有限公司
地址：安徽省马鞍山市金家庄区慈湖杨家村
……………… Tel：0555-3506222

马鞍山市顺泰稀土新材料有限公司
地址：安徽省马鞍山市当涂经济开发区
……………… Tel：0555-6615993

马鞍山市共速达物流有限公司
地址：马鞍山承接产业转移示范园区黄山大道南段1688号
……………… Tel：0555-6811279

马鞍山长运物流港有限公司
地址：安徽省马鞍山市慈湖经济开发区
……………… Tel：0555-8210011

中钢集团马鞍山矿院新材料科技有限公司
地址：安徽省马鞍山经济技术开发区西塘路666号
……………… Tel：0555-8323718

马鞍山市通达物流有限公司
地址：慈湖高新区慈湖南街200号
……………… Tel：0555-8336168

岳西县保安服务公司
地址：岳西县天堂镇解放路106号
……………… Tel：0556-2175070

安庆市公路工程处
地址：安徽省安庆市宜城路131号
……………… Tel：0556-5025013

安庆港有限公司
地址：安徽省安庆市宜城路1号
……………… Tel：0556-5217526

安庆市公路机械工程处
地址：安庆市集贤北路378号
……………… Tel：0556-5310568

安徽路达公路工程有限责任公司
地址：安徽省安庆市宜城路157号
……………… Tel：0556-5523518

安庆恒风交通运输有限公司
地址：安徽省安庆市宜城路28号
……………… Tel：0556-5561298

安徽高速物流股份有限公司
地址：安徽省安庆市开发区小孤山路6号
……………… Tel：0556-5692801

桐城建筑安装工程总公司
地址：桐城市公园路17号
……………… Tel：0556-6121443

桐城市吉运物流有限责任公司
地址：桐城市龙眠街道城郊社区同安路313号
……………… Tel：0556-6196992

桐城市先发物流有限公司
地址：桐城经济开发区龙腾路与东一路交叉口南侧
……………… Tel：0556-6215566

安庆汇通汽车部件股份有限公司
地址：安徽省安庆市桐城经济开发区同祥路
……………… Tel：0556-6567987

安徽飞腾国际物流股份有限公司
地址：安徽省安庆市桐城经济开发区东外环路
……………… Tel：0556-6608789

望江县九龙物流有限公司
地址：安徽省安庆市望江县太慈镇九龙村
……………… Tel：0556-7250468

安徽永芳物流有限公司
地址：安徽宿松经济开发区兴业路16号
……………… Tel：0556-7821688

安徽全能物流有限公司
地址：安徽省安庆市潜山县综合经济开发区
……………… Tel：0556-8370299

安徽顺驰电缆有限公司
地址：安徽省安庆市桐城经济开发区兴源路
……………… Tel：0556-8810999

宿州市运输公司
地址：安徽省宿州市胜利东路13号
……………… Tel：0557-2200193

砀山县恒森果蔬冷储有限公司
地址：安徽省宿州市砀山县经济开发区
……………… Tel：0557-2259889

灵璧县现代公共交通运输有限责任公司
地址：宿州市灵璧县经济开发区
……………… Tel：0557-2370777

安徽路源公路工程有限公司
地址：安徽省宿州市顺河路50号（宿州市祥泰建筑安装工程有限公司办公楼内）
……………… Tel：0557-3061626

泗县公共公交发展有限公司
地址：安徽省宿州市泗县泗州大道18号
……………… Tel：0557-3781006

安徽皖北物流有限责任公司
地址：安徽省宿州市西昌路157号
……………… Tel：0557-3981253

合顺物流集团有限公司
地址：萧县龙城镇交通路188号
……………… Tel：0557-5019806

萧县金顺物流有限责任公司
地址：萧县龙城镇萧桃路8号
……………… Tel：0557-5950235

灵璧县水利水电建筑安装工程有限公司
地址：安徽省宿州市灵璧县灵城南二环路南侧
……………… Tel：0557-6022665

阜阳颍淮农村商业银行股份有限公司
地址：阜阳市颍州区清河街道办事处颍州南路199号
……………… Tel：0558-2201659

安徽省新路建设工程集团有限责任公司
地址：安徽省阜阳市开发区经三路688号
……………… Tel：0558-2225656

安徽省阜阳市运输总公司
地址：安徽省阜阳市颍上北路97号
……………… Tel：0558-2266608

安徽华源物流有限责任公司
地址：安徽省阜阳市太和县沙河东路
……………… Tel：0558-2918881

蒙城县公共交通有限责任公司
地址：蒙城县庄子大道208号
……………… Tel：0558-2976295

阜阳华润电力有限公司
地址：安徽省阜阳市颍泉区阜涡路168号
……………… Tel：0558-3682302

太和县大道新能源公交有限公司
地址：太和县旧县镇张槐行政村105国道与043乡道交叉（申报承诺）
……………… Tel：0558-3923326

颍上县水利建筑安装工程公司
地址：安徽省阜阳市颍上县慎城镇交通西路160号
……………… Tel：0558-4412091

颍上大道新能源公交有限公司
地址：颍上县慎城镇人民东路128号（颍上县交通运输局三楼）
……………… Tel：0558-4715565

界首市东联汽车运输有限公司
地址：界首市西城产业园北环路北侧黑豹物流园区2-02
……………… Tel：0558-4862209

亳州新华书店有限公司
地址：安徽省亳州市谯城区魏武大道1218号
……………… Tel：0558-5522394

亳州市（阜汽集团）汽车运输有限公司
地址：安徽省亳州市交通路30号
……………… Tel：0558-5556601

亳州建工有限公司
地址：安徽省亳州市高新区文采路800号城建双创产业园
……………… Tel：0558-5996282

阜南县天润粮食购销有限公司
地址：安徽省阜阳市阜南县鹿城镇淮河西路30号
……………… Tel：0558-6727722

涡阳县公共交通有限责任公司
地址：涡阳县工业园区汽车南站院内
……………… Tel：0558-7578689

利辛县电动公交有限公司
地址：利辛县工业园区扬天汽贸城
……………… Tel：0558-8012225

亳州市天运物流有限责任公司
地址：安徽省亳州市工业园区淮河路6号
……………… Tel：0558-8108666

安徽省德信物流有限公司
地址：安徽省亳州市城关镇青年路
……………… Tel：0558-8815771

黄山合兴来仓储物流有限公司
地址：黄山市屯溪区新潭镇西峰山路8号
……………… Tel：0559-2351579

黄山旅游交通发展股份有限公司
地址：黄山高新技术产业开发区迎客松大道南一号
……………… Tel：0559-2352577

黄山长运有限公司
地址：安徽省黄山市屯溪区新潭齐云大道东侧
……………… Tel：0559-2558600

黄山市公共交通有限公司
地址：黄山市屯溪区齐云大道35号
……………… Tel：0559-2558622

黄山新洲建设集团有限公司
地址：安徽省黄山市屯溪区戴震路63号
……………… Tel：0559-2577360

新国线黄山风景区游客集散中心有限公司
地址：安徽省黄山市黄山区汤口镇寨西新国线黄山风景区游客集散中心综合楼
……………… Tel：0559-5572026

黄山华通物流置业有限公司
地址：安徽省黄山市歙县金三角
……………… Tel：0559-6522677

黄山腾达物流发展有限公司
地址：安徽黄山工业园区
……………… Tel：0559-8515966

淮北市建投控股集团有限公司
地址：淮北经济开发区新区滨河路56号
……………… Tel：0561-3053252

安徽陶铝新材料研究院有限公司
地址：淮北经济开发区龙湖高新区威龙路21号
……………… Tel：0561-3076911

淮北市振淮粮食物流有限责任公司
地址：安徽省淮北市烈山区新蔡工业园
……………… Tel：0561-4652001

淮北惠临工贸有限责任公司
地址：安徽省淮北市濉溪县韩村镇
……………… Tel：0561-4984532

安徽鸿越物流有限公司
地址：安徽省铜陵市鹊江路1号
……Tel：0562-2603569
安徽灵通物流股份有限公司
地址：安徽省铜陵市铜官区北斗星城3-C2栋1801室
……Tel：0562-2881788
安徽省铜陵港长江外贸码头有限公司
地址：安徽省铜陵市郊区长江社区居委会
……Tel：0562-3811625
铜陵金远物流有限责任公司
地址：安徽省铜陵市大桥经济开发区润盈矿产品交易市场内
……Tel：0562-5830182
铜陵北环铁路运营有限责任公司
地址：安徽省铜陵市经济技术开发区翠湖二路
……Tel：0562-5864657
安徽省金贸物流联运股份有限公司
地址：安徽省宣城市宣州区工业园区（东区）综合楼
……Tel：0563-2283992
宣城市公共交通有限公司
地址：安徽省宣城经济技术开发区水阳江西大道133号
……Tel：0563-2517635
安徽交运集团宣城汽运有限公司
地址：安徽省宣城市区梅溪路73号
……Tel：0563-3022750
宁国市瑞普密封件有限公司
地址：宁国市经济技术开发区外环西路116号
……Tel：0563-4187190
安徽宁宣杭高速公路投资有限公司
地址：安徽省宣城市区响山路5号
……Tel：0563-4310955
宁国市国泰公共交通运营有限责任公司
地址：宁国市河沥办事处滨口村
……Tel：0563-4431123
芜湖运泰集团广德城乡公交有限公司
地址：安徽省广德市桃州镇万桂山路北路与和平路交叉口东南侧交通综合服务中心
……Tel：0563-6977776
安徽旌德农村商业银行股份有限公司
地址：安徽省宣城市旌德县旌阳镇解放街18号
……Tel：0563-86026248
舒城县交投建设有限责任公司
地址：安徽省六安市舒城县城关镇桃溪路新世纪大厦
……Tel：0564-2789962
六安市捷达物流有限公司
地址：安徽省六安市裕安区平桥乡工业园区
……Tel：0564-3239000
安徽省大别山农产品物流有限公司
地址：安徽省六安市解放北路西商食品工业园内
……Tel：0564-3920750
安徽省托马斯物流有限责任公司
地址：安徽省六安市经济开发区国际汽车城
……Tel：0564-3975353
安徽舒城县巴士物流储运有限公司
地址：安徽省六安市舒城县百神庙镇街道
……Tel：0564-8621848
池州市汇川建设投资有限公司
地址：安徽省池州市杏村西路243号
……Tel：0566-2046526
池州市兴鼎港口物流有限公司
地址：安徽省池州市江口流坡码头
……Tel：0566-2811531
池州港远航控股有限公司
地址：安徽省池州市经济技术开发区江口港区一期工程综合楼
……Tel：0566-5261678
池州鑫浩物流有限公司
地址：安徽省池州市东至县东流镇泉东路
……Tel：0566-8126288
中铁十局集团第三工程有限公司
地址：淮南市田家庵区龙泉街道铁三处社区铁三处办公楼
……Tel：0592-2638159

福建省

福建晟杰建设发展有限公司
地址：福建省福州市闽侯县甘蔗街道滨城大道69号闽商财富中心1#、2#楼22层2203、2203A、2208
……Tel：0591-22079388
福州闽芝物流有限公司
地址：福州市台江区苍霞新城嘉和园8号楼313单元
……Tel：0591-22256733
福州通泰物流有限公司
地址：福州市晋安区鼓山镇远洋路69号明居苑24号楼1002单元
……Tel：0591-22256733
福建骏鸿物流有限公司
地址：福州市晋安区宦溪镇黄土岗经济综合楼101室
……Tel：0591-22281111
福州联泓交通器材有限公司
地址：闽侯县青口投资区
……Tel：0591-22762833
福建西岸实业集团有限公司
地址：平潭综合实验区潭城镇海坛路北侧新世纪购物广场1幢6层A6室
……Tel：0591-23178825
福建豪翔物流发展有限公司
地址：平潭县万宝中路台亚岚新城一号公馆2#1105
……Tel：0591-24321898
易达（福建）旅游集团有限公司
地址：福建省福州市永泰县岭路乡对山村
……Tel：0591-24800888
福建永东南建设集团有限公司
地址：福建省福州市永泰县梧桐镇
……Tel：0591-24857933
福建永盛物流有限公司
地址：连江县敖江镇金凤北路18号
……Tel：0591-26153767
福建省联风物流有限公司
地址：罗源县凤山镇凤西路
……Tel：0591-26828688
福建源鑫物流有限公司
地址：罗源县罗源湾开发区北工业区
……Tel：0591-26980196
福建省远邦物流有限公司
地址：罗源县松山镇迹头村文昌良罗源县福州港罗源湾港务有限公司港区内
……Tel：0591-26986333
福建鑫旺物流有限公司
地址：福州市罗源县罗源湾金港工业区
……Tel：0591-26989880
福建鑫达物流有限公司
地址：长乐市闽江口工业区（航城洋屿作业区）
……Tel：0591-27527339
福建罗宁高速公路有限公司
地址：福州市鼓楼区东水路18号福建交通综合大楼26层
……Tel：0591-28019991
福建星网物联信息系统有限公司
地址：福建省福州市闽侯县上街镇高新大道9号2号楼7层
……Tel：0591-28053888
福州市建设工程管理有限公司
地址：福州市晋安区福新中路126号岳峰工贸大厦B座6层
……Tel：0591-28062888
福建沃美综合物流股份有限公司
地址：福州市鼓楼区五四路173号B楼7层A单元
……Tel：0591-28306997
福建省福泉高速公路经营服务有限公司
地址：福州市晋安区王庄街道福马路168号名城花园28#楼9层1-4室
……Tel：0591-28364805
福州明扬交通器材有限公司
地址：长乐市营前镇
……Tel：0591-28771450
福建省鑫隆物流有限公司
地址：福州市晋安区福兴大道52号2号楼一层101室-106室
……Tel：0591-28952888
海峡金桥财产保险股份有限公司
地址：福建省福州市马尾区湖里路27号福建自贸区福州片区服务大厅二楼（自贸试验区内）
……Tel：0591-38165555
平潭综合实验区港务发展有限公司
地址：平潭综合实验区澳前口岸旅检大楼
……Tel：0591-38331188
福建高速物流股份有限公司
地址：闽侯县上街镇中美村
……Tel：0591-62093588
金强（福建）建材科技股份有限公司
地址：福州市长乐市潭头镇金福路二刘村
……Tel：0591-62609999
福建省电力工程有限公司
地址：福州市鼓楼区六一中路93号
……Tel：0591-63033730
中海创科技（福建）集团有限公司
地址：福建省福州高新区海西高新技术产业园乌龙江大道7号创新园二期18号楼20层2002室
……Tel：0591-63116301
福建坤兴物流有限公司
地址：福州市台江区苍霞街道同德路78号同德新村1号楼一层A-16
……Tel：0591-63198999
福州丰铨物流有限公司
地址：福州市台江区鳌峰街道亚兴路50号亚峰新区9号楼506单元
……Tel：0591-83203957
福州福光电子有限公司
地址：福州市马尾区马江路18号M9511工业园4#楼五层东侧（自贸试验区内）
……Tel：0591-83305859
福建省邮政速递物流有限公司
地址：福州市鼓楼区水部街道古田路101号闽通大厦16、17层
……Tel：0591-83312971
福建省长希园林建设工程有限公司
地址：福州市鼓楼区六一中路106号榕航花园第2幢十六层1501号房
……Tel：0591-83339399
福建众合开发建筑设计院有限公司
地址：马尾交通路7号
……Tel：0591-83348648
福建省汽车运输集团有限公司
地址：福州市台江区交通路35号
……Tel：0591-83354328
福建省恒丰船务有限公司
地址：福州市台江区鳌峰街道鳌江路8号（江滨中大道北侧、曙光路东侧）福州金融街万达广场二期C1#写字楼27层04室
……Tel：0591-83357673
福州通商物流有限公司
地址：福州市鼓楼区华林路19号北大综合楼三层
……Tel：0591-83369032
福州盛际鹏程物流有限公司
地址：福州市仓山区战备路1号义序物流二号楼107号
……Tel：0591-83405566
福州宏鹏物流有限公司
地址：福州市台江区瀛洲街道鳌峰东滨路20号
……Tel：0591-83588311
福州华鹰重工机械有限公司
地址：福州市仓山区盖山镇照屿村100号
……Tel：0591-83595594
福建森沅物流有限公司
地址：福州市晋安区鼓山镇前横南路153号三木都市田园一期A区3#楼105单元
……Tel：0591-83615961
连江县盛辉物流有限公司
地址：连江县敖江工业园区青龙路与富兴南路交界处福州正阳饲料有限公司内2#厂房
……Tel：0591-26223010
福州盛辉物流有限公司
地址：福州市马尾区罗星街道罗星中路6号（自贸试验区内）
……Tel：0591-88027695
福州晨鑫物流有限公司
地址：福建省福州市晋安区长乐北路116号立洲大厦第17层09单元
……Tel：0591-83633883
福建兴双龙物流有限公司
地址：福州市晋安区化工路329号第八间店面
……Tel：0591-83642159
福建八方盛丰物流有限公司
地址：福州市晋安区鼓山镇樟林村福兴投资区福兴路34号福兴中转站
……Tel：0591-83659108
福州中外运物流有限公司
地址：福州保税物流园区综合大楼二层A211室（自贸试验区内）
……Tel：0591-83662689
福建省建筑科学研究院有限责任公司
地址：福州高新区创业路8号万福中心3号楼19层
……Tel：0591-83714566
福建路信交通建设监理有限公司
地址：福州市鼓楼区杨桥中路228号
……Tel：0591-83722824
福建闽侯永辉商业有限公司
地址：福建省闽侯县南屿镇南井村榕屿51号
……Tel：0591-83732039
福建省道桥建设有限公司
地址：福建省福州市闽清县梅城镇广汇阳光城3幢13+C号房
……Tel：0591-83734916
福建省交通建设工程试验检测有限公司
地址：福建省福州市仓山区冠浦路168号金山工业集中区浦上工业园B区43#、50#、51#楼
……Tel：0591-83750651
福建华广工程管理有限公司
地址：福建省福州市鼓楼区西洪路528号（57、58号楼及周边部分地块）印江山商务办公区B号楼11层
……Tel：0591-83768013
福州福大自动化科技有限公司
地址：福州市仓山区建新镇冠浦路152号28#厂房二层
……Tel：0591-83792094
福建省昊立建设工程有限公司
地址：连江县浦口镇塔头村天街2号6#
……Tel：0591-83812883
海峡宏基建工集团有限公司
地址：闽清县云龙乡学堂片155号
……Tel：0591-83981616
福州融信双杭投资发展有限公司
地址：福州市台江区新港街道五一南路1号联信中心主楼12层01室A6单元
……Tel：0591-83892795
福建省实盛建设工程有限公司
地址：永泰县樟城镇后垅小区B幢02室
……Tel：0591-83899765
福建天尊钢铁物流有限公司
地址：福州市经济技术开发区建设路9号
……Tel：0591-83957512
福建福光股份有限公司
地址：福州市马尾区江滨东大道158号
……Tel：0591-83978336
福建圣达物流有限公司
地址：福州市台江区后洲街道学军路53号广德小区5号楼1005单元
……Tel：0591-83986719
顺恒（福建）冷链物流有限公司
地址：福州市晋安区鼓山镇浦 路303号金辉东景C区二期50#楼02店面
……Tel：0591-83993326
福建省安华物流有限公司
地址：福清市音西街道清荣大道福荣花园二期1号楼三层
……Tel：0591-85257123
融达物流（福建）有限公司
地址：福建省福州市福清市宏路街道周店村
……Tel：0591-85269999
方圆九洲（福州）临海物流仓储有限公司
地址：福州保税港区加工贸易区监管大楼附属楼2层211室326区间(福清市新厝镇新江路9号)(自贸试验区内)
……Tel：0591-85301977
福州融港实业有限公司
地址：福建省福州市福清出口加工区新厝镇（自贸试验区内）
……Tel：0591-85676809
福州隆威仓储有限公司
地址：福州市江阴工业集中区（自贸试验区内）
……Tel：0591-85937799
福州新港国际集装箱码头有限公司
地址：福清市江阴镇
……Tel：0591-85966600
福州速传保税供应链管理有限公司
地址：福建省福州保税区海峡经贸广场1#楼B509室（自贸试验区内）
……Tel：0591-85966722
福清中信先施物流有限公司
地址：福清市龙江街道龙江路375号
……Tel：0591-86091666
福建豪迈集团有限公司
地址：长乐市营前街道长限村
……Tel：0591-86320032
福建铁路实业发展有限公司
地址：福州市晋安区华林路408号
……Tel：0591-87050733
中国检验认证集团福建有限公司
地址：福建省福州市马尾区茶山路18号
……Tel：0591-63017012
福建省高速公路集团有限公司
地址：福州市鼓楼区东水路18号
……Tel：0591-87077190
福建省高速公路养护工程有限公司
地址：福州市鼓楼区东水路18号交通综合大楼24层
……Tel：0591-87077290
福建省高速公路信息科技有限公司
地址：福州市鼓楼区东水路18号交通综合大楼6层
……Tel：0591-87077610
福建汇森物流有限公司
地址：福州市晋安区王庄街道福马路168号名城花园13号楼1006单元
……Tel：0591-87253191
福建省中福工程建设监理有限公司
地址：晋安区王庄街道福新中路89号
……Tel：0591-87275711
福州捷盛物流有限公司
地址：福州鼓楼区福新路239号吉翔双子星大厦1#-2#楼连体三层01商场B区501-5区
……Tel：0591-87389655
福州渔平高速公路有限责任公司
地址：福州市仓山区金山大道552号市交通枢纽指挥中心4楼（405室-408室）
……Tel：0591-87441176
福州保通物流有限公司
地址：福州保税区1#楼整座
……Tel：0591-87509766
福建博海工程技术有限公司
地址：福州市晋安区新店镇赤星村民营工业区（32亩工业区）2号楼
……Tel：0591-87544730
福建省福化工贸股份有限公司
地址：福建省福州市鼓楼区省府路1号石化楼
……Tel：0591-87556865
福建华通物流有限公司
地址：福州市鼓楼区鼓东街道观风亭街99号七海花园8-904单元
……Tel：0591-87558379
福建华威集团有限公司

地址：福州市仓山区南江滨西大道169号华威大厦整幢
…………………… Tel：0591-87564140
福州城市客运场站运营有限公司
地址：福州市鼓楼区东街104号（榕水大厦）第三层
…………………… Tel：0591-87575977
福建华业工程建设有限公司
地址：福建省福州市福清市石竹街道清宏路168号4楼419、420室
…………………… Tel：0591-87585901
福建中威电力工程有限公司
地址：福州保税区综合大楼11层070区间（自贸试验区内）
…………………… Tel：0591-87609568
福建路桥建设有限公司
地址：福建省福州市台江区江滨西大道100号融侨中心21层
…………………… Tel：0591-87645603
福建八方物流股份有限公司
地址：福建省福州市保税区8号小区7号地第三层306室
…………………… Tel：0591-87660727
福建宏亨建设工程集团有限公司
地址：福建省福州市马尾区双协路77号华亨国际商务中心19层（自贸试验区内）
…………………… Tel：0591-87663733
福州创鑫国际物流有限公司
地址：福州市鼓楼区东大路36号花开富贵1号楼A座11J、K单元
…………………… Tel：0591-87663903
福州大榕树物流有限公司
地址：福州市晋安区鼓山镇福兴投资区红光路12号
…………………… Tel：0591-87715999
中国福州外轮代理有限公司
地址：福州市鼓楼区五四路158号环球广场12层
…………………… Tel：0591-87813536
福建华建工程建设有限公司
地址：福建省漳州市高新区九湖镇国道南18号
…………………… Tel：0591-87817882
福建省物资（集团）有限责任公司
地址：福州市五四路239号
…………………… Tel：0591-87837598
福州泽源物流有限公司
地址：福州市晋安区寿山乡岭头街38号福州市晋安区寿山乡企业服务中心2号楼605室
…………………… Tel：0591-87841177
福州兢成建设监理咨询有限公司
地址：福州市晋安区珠宝路2号珠宝城1#楼B区第十层北侧
…………………… Tel：0591-87893713
福建乾佑物流有限公司
地址：福州市鼓楼区白马路17号9层902室
…………………… Tel：0591-87933601
福建华威农商（集团）有限公司
地址：福州市仓山区建新镇盘屿路850号
…………………… Tel：0591-88000151
福建华达物流有限公司
地址：福州市仓山区盘屿路850号3#楼503室
…………………… Tel：0591-87506273
福建庆丰物流有限公司
地址：福建省福州市晋安区日溪乡综合大楼4#楼一层146室
…………………… Tel：0591-88001323
福州绕城高速公路有限责任公司
地址：福州市仓山区金山大道552号交通枢纽指挥中心大楼9层
…………………… Tel：0591-88003232
福建中大物流有限公司
地址：福州市鼓楼区五四路159号世界金龙大厦13层C3
…………………… Tel：0591-88023317
福建大榕树环保科技有限公司
地址：福州保税区华裕企业公司内（自贸试验区内）
…………………… Tel：0591-88028060
福州和顺物流有限公司
地址：福州市马尾区君竹路君福楼48号店
…………………… Tel：0591-88036458
福州建通工程试验检测有限公司
地址：福建省福州市闽侯县上街镇马保村后园26号附属设备综合楼
…………………… Tel：0591-88072098
中邮科通信技术股份有限公司
地址：福建省福州市仓山区六一南路241-1号
…………………… Tel：0591-87510282
福州地铁集团有限公司
地址：福建省福州市台江区达道路156号
…………………… Tel：0591-88110033
福建闽捷物流有限公司
地址：福州市晋安区福兴大道29号
…………………… Tel：0591-88160999
福建驰翔建设发展有限公司
地址：福建省福州市晋安区岳峰镇连江北路与化工路交叉处东二环泰禾城市广场（一期）6#楼12层05办公
…………………… Tel：0591-88200722
福建中瑞通物流有限公司
地址：福州市台江区瀛洲街道江滨中大道188号福州世茂外滩花园南江滨商铺A段2层03店面
…………………… Tel：0591-88306689
福建金泉物流有限公司
地址：罗源县罗源湾开发区金港工业区
…………………… Tel：0591-88359210
建发物流（福州）有限公司
地址：福建省福州市马尾区罗星东路2号保税区管委会大楼15层31#（自贸试验区内）
…………………… Tel：0591-88523165
福州名成渔业港务有限公司
地址：福建省福州市马尾区罗星街道青洲路66号福州海峡水产品交易中心及商务配套项目-C地块渔业大厦1A1B（原商务楼2A2B）26层21办公（自贸试验区内）
…………………… Tel：0591-88626276
福建阳光物流有限公司
地址：福州市开发区君竹路83号科技发展中心大楼308室（自贸试验区内）
…………………… Tel：0591-88706706
福建省闽西交通工程有限公司
地址：龙岩市新罗凤凰路7号
…………………… Tel：0592-6013590
龙海市长顺物流有限公司
地址：龙海市港尾镇卓岐村
…………………… Tel：0592-6084369
福州象屿物流实业有限责任公司
地址：福建省福州保税港区福州象屿物流实业有限责任公司13号B型仓库整座（江阴镇新江路1号）（自贸试验区内）
…………………… Tel：0592-6266620
福建青拓物流有限公司
地址：福安市湾坞镇半屿村
…………………… Tel：0593-2210881
宁德市阳光物流有限公司
地址：宁德市蕉城区飞鸾镇二都村幸福塘飞鸾货运码头
…………………… Tel：0593-2596323
宁德市运升物流有限公司
地址：宁德市蕉城区蕉城南路18号三楼
…………………… Tel：0593-2886788
福建三都澳物流有限公司
地址：宁德市蕉城区飞鸾镇梅田村塘田自然村（地号：15/10/0491）
…………………… Tel：0593-2887558
宁德白水洋物流有限公司
地址：屏南县古峰镇公园路129号
…………………… Tel：0593-3365688
宁德京台高速公路有限责任公司
地址：古田县城西路南侧139号
…………………… Tel：0593-3809786
福建佳和物流发展有限公司
地址：福安市城北前进村八百林
…………………… Tel：0593-6309068
宁德市荣泰物流发展有限公司
地址：福安市城北中兴街东段12号楼第二层
…………………… Tel：0593-6317988
福安市农村信用合作联社
地址：福安市城北新华中路103、107号
…………………… Tel：0593-6589728
福建万鼎物流有限公司
地址：福安市城北街尾中南大厦5楼（经营场所：福安市湾坞乡半屿村）
…………………… Tel：0593-6606112
福建省一诺物流有限公司
地址：福鼎市星火工业园区
…………………… Tel：0593-7599699
福建省福鼎市公共交通有限公司
地址：福建省宁德市福鼎市桐城街道流美社区居委会流美路333号
…………………… Tel：0593-7911060
莆田市公共交通集团有限公司
地址：福建省莆田市荔城区拱辰街道三亭街198号
…………………… Tel：0594-2282258
莆田市交通物流有限公司
地址：莆田市城厢区凤凰山街道荔城南大道327号高速公路大楼3层
…………………… Tel：0594-2359135
莆田中建建设发展有限公司
地址：福建省莆田市荔城区文献东路1932号18层
…………………… Tel：0594-2619131
莆田莆永高速公路有限责任公司
地址：莆田市城厢区荔城大道327号
…………………… Tel：0594-2692719
凯辉集团（福建）有限公司
地址：莆田市城厢区荔城北大道119弄27号皇城水岸小区1#306-3
…………………… Tel：0594-2725933
莆田市国投置业有限公司
地址：福建省莆田市秀屿区笏石镇霞厝街299号国投城市广场B区10号楼
…………………… Tel：0594-2808308
莆田市荔城区洞湖经济开发有限公司
地址：莆田市荔城区西天尾镇洞湖村1号
…………………… Tel：0594-2897149
莆田市炜远物流有限公司
地址：莆田市涵江区涵梧路（雪津公司对面）
…………………… Tel：0594-3289915
福建省盛皓工程建设有限公司
地址：福建省莆田市涵江区梧塘镇人民政府楼201
…………………… Tel：0594-3392166
莆田市名星仓储有限公司
地址：莆田市高新技术产业开发区
…………………… Tel：0594-3586222
莆田市涵江区三江物流有限公司
地址：莆田市涵江区兴涵街1号3楼401
…………………… Tel：0594-3593632
福建省罗屿港口开发有限公司
地址：福建省莆田市秀屿区东埔镇罗屿港1号
…………………… Tel：0594-5013333
福建中闽物流有限公司
地址：莆田市秀屿区东庄镇马厂村
…………………… Tel：0594-5688206
莆田市荔城区新泰经济开发有限公司
地址：莆田市荔城区新度镇新度1号（新度镇政府大院内）
…………………… Tel：0594-6732968
莆田市荔城区展新经济开发有限公司
地址：莆田市荔城区新度镇新度1号
…………………… Tel：0594-6732968
福建莆田闽运公共交通有限公司
地址：福建省莆田市城厢区霞林街道荔华东大道1699号
…………………… Tel：0594-6381188
莆田市兴运旅游客运有限公司
地址：福建省莆田市荔城区镇海街道文献东路1976号401室
…………………… Tel：0594-67377963
国投湄洲湾港口有限公司
地址：福建省莆田市秀屿区东埔镇西山村西山503号
…………………… Tel：0594-7550081
莆田市通畅物流仓储有限公司
地址：仙游县榜头镇坝下村工艺城138号四层
…………………… Tel：0594-7779368
鸿昌（福建）物流有限公司
地址：福建省莆田市仙游县榜头镇工业产业园艺都路3777号
…………………… Tel：0594-8293333
国网福建省电力有限公司
地址：福州市鼓楼区五四路257号
…………………… Tel：0594-87076116
泉州龙泰物流有限公司
地址：泉州市丰泽区津淮街东段（泉州钻石娱乐有限公司）1002号
…………………… Tel：0595-00531875
泉州市洛江区物流建设发展有限责任公司
地址：泉州市洛江经济开发区标准厂房2幢401号
…………………… Tel：0595-22066133
福建省泉州市第一建设有限公司
地址：泉州市花巷内许厝埕56号
…………………… Tel：0595-22383603
石狮市港泰物流投资有限公司
地址：石狮市蚶江石湖大道东侧
…………………… Tel：0595-22533721
泉州三众工程管理有限公司
地址：福建省泉州市晋江市梅岭街道碧山社区梅岭路565号聚智置业5号楼501室
…………………… Tel：0595-22617617
福州江阴港铁路支线有限责任公司
地址：福建省福州市福清市江阴镇国盛大道江阴港站
…………………… Tel：0595-22642210
中建富林集团有限公司
地址：福建省泉州市洛江区万源花苑A幢202
…………………… Tel：0595-22659500
泉州市一鸣交通电器有限公司
地址：泉州市丰泽区北峰镇群石村高厝
…………………… Tel：0595-22797042
泉州安华物流有限公司
地址：福建省泉州市丰泽区东海街道通港西街中淥大厦一楼102室
…………………… Tel：0595-22984555
福建鑫城物流有限公司
地址：安溪县湖头火车站
…………………… Tel：0595-23253100
泉州新恒兴交通集团有限公司
地址：福建省泉州市安溪县城厢镇二环南路777号
…………………… Tel：0595-23287828
德化县保安服务有限公司
地址：福建省泉州市德化县龙浔镇龙津南路63号
…………………… Tel：0595-23589788
福建省海佳集团股份有限公司
地址：安溪县经济开发区龙桥园
…………………… Tel：0595-26099880
泉州市金安高速公路有限公司
地址：福建省泉州市安溪县凤城镇河滨南路县委党校5楼
…………………… Tel：0595-26285677
漳州万佳友物业服务有限公司
地址：漳州市芗城区水仙大道华港翠园23幢底层
…………………… Tel：0595-2687183
福建环球伟业物流发展有限公司
地址：泉州市泉港区南埔镇岭口工业区通港路北侧
…………………… Tel：0595-27729995
泉州泉三高速公路有限责任公司
地址：福建省泉州市丰泽区北峰街道共盾社区泉州北收费站二幢
…………………… Tel：0595-28008808
力泰（福建）物流有限公司
地址：泉州市丰泽区东湖街湖景苑B幢1001室
…………………… Tel：0595-2807667
泉州市环湾公交运输有限公司
地址：泉州市鲤城区南较场
…………………… Tel：0595-28161927
泉州双侨物流有限公司
地址：泉州市鲤城区温陵北路290号二层
…………………… Tel：0595-28271288
方圆建设集团有限公司
地址：福建省泉州市洛江区安平路方圆建设大厦
…………………… Tel：0595-29881518
中建力天集团有限公司
地址：泉州市洛江区马甲镇南街农行附属楼
…………………… Tel：0595-28778886
南安兴润实业有限公司
地址：南安市柳城街道成功街新新大厦30楼
…………………… Tel：0595-36288995
泉州市泉港区大众公交有限公司
地址：福建省泉州市泉港区交通运输局办公楼
…………………… Tel：0595-68176818
泉州市中亚物流发展有限公司
地址：惠安县净峰镇政府内
…………………… Tel：0595-68181762
福建陆地港集团有限责任公司
地址：晋江市内坑镇物流园区晋江陆地港
…………………… Tel：0595-68583666
晋江市富之达物流仓储有限公司
地址：晋江市新塘街道富之达工业园
…………………… Tel：0595-68777777
福建友信明珠物流发展有限公司
地址：晋江市陈埭镇江头村
…………………… Tel：0595-82055632
福建省竟达物流有限责任公司
地址：福建省泉州市晋江市陈埭镇江头晋新路（361度新厂对面）
…………………… Tel：0595-82787666
石狮市客运中心有限责任公司
地址：福建省泉州市石狮市宝盖镇石泉二路292号
…………………… Tel：0595-83668850
福建展乐物流有限公司
地址：晋江市金井镇山头村
…………………… Tel：0595-85399566
福建路成达物流发展有限公司
地址：晋江市西园街道赖厝工业区
…………………… Tel：0595-85688028
晋江佳云物流有限公司
地址：福建省泉州市晋江市经济开发区（五里园）安麒路12号
…………………… Tel：0595-85760123
泉州港盛物流有限公司
地址：泉州市晋江市磁灶镇井边东路88号
…………………… Tel：0595-85832333
泉州昶达物流有限公司
地址：泉州市洛江区汉唐商城D幢105号
…………………… Tel：0595-85954711
泉州高时物流有限公司
地址：南安市水头镇滨海工业基地2号地块
…………………… Tel：0595-86007222
福建南安市兴辉物流有限公司
地址：南安市美林街道南美路109号
…………………… Tel：0595-86283720
南安市华达建材市场有限公司
地址：南安市观音山现代物流产业基地
…………………… Tel：0595-86289889
南安新达物流有限公司
地址：南安市省新经济开发区扶茂工业园
…………………… Tel：0595-86291111
南安市观音山现代物流有限公司
地址：南安市美林街道观音山现代物流基地
…………………… Tel：0595-86298002
福建省南安市第六建设工程有限公司
地址：洪濑镇洪濑街
…………………… Tel：0595-86682454
福建省豪光建筑装饰有限公司
地址：官桥镇周厝许林村
…………………… Tel：0595-86858983
福建康利物流有限公司

地址：南安市石井镇石前路
……………………Tel：0595-86990907
惠安县农村信用合作联社
地址：螺城镇建设南路118号
……………………Tel：0595-87385232
泉州市泉港区物流发展有限公司
地址：泉州市泉港区区政府办公楼经发局办公室
……………………Tel：0595-87996170
晋江市闽南仓储物流有限公司
地址：福建省泉州市晋江市内坑镇内坑商会景阳西路25-10号
……………………Tel：0595-88396989
福建省泉州市濠江物流有限公司
地址：福建省泉州市石狮市蚶江镇石湖港区
……………………Tel：0595-88581009
福建石狮农村商业银行股份有限公司
地址：福建省石狮市八七路2128-2150号
……………………Tel：0595-88583931
泉州万弘物流有限公司
地址：福建省泉州市石狮市蚶江镇石湖港区万弘大楼
……………………Tel：0595-88658801
石狮市狮城保安服务有限公司
地址：福建省泉州市石狮市宝盖镇光明路66号保安大厦
……………………Tel：0595-88758252
福建省闽龙物业服务有限公司
地址：福建省漳州市龙文区龙江路以东、水仙大街以北明发商业广场2幢805室
……………………Tel：0596-2023953
福建鑫展旺物流有限公司
地址：福建省漳州市芗城区浦南镇浦林村浦林596号
……………………Tel：0596-2066083
福建群达工程建设有限公司
地址：漳州市龙文区龙江路以东、水仙大街以北明发商业广场1幢1213-1216号
……………………Tel：0596-2093106
漳州市路桥经营有限公司
地址：福建省漳州市龙文区水仙大街交通服务指挥中心附属楼二楼
……………………Tel：0596-2123778
福建省漳州轮船有限公司
地址：漳州市龙文区水仙大街石仓路段漳州市交通服务指挥中心附属楼三楼
……………………Tel：0596-2123788
漳州厦成高速公路有限责任公司
地址：漳州市芗城区延安北路51号公路大厦10楼
……………………Tel：0596-2123800
漳州市盛辉物流有限公司
地址：漳州市龙文区蓝田镇小港村（8号路西侧）
……………………Tel：0596-2131020
福建大农景观建设有限公司
地址：漳州市龙文区九龙大道270号双菱写字楼第五层及第四层部分场所
……………………Tel：0596-2168080
锦禾建设集团有限公司
地址：福建省漳州台商投资区角美镇万益广场路12栋916室
……………………Tel：0596-2356888
龙海市安达物流有限公司
地址：龙海市榜山镇梧浦村梧西坑社
……………………Tel：0596-2632231
福建漳龙建投集团有限公司
地址：漳州市芗城区南昌路8号华联商厦办公楼第九层
……………………Tel：0596-2662989
福建漳州发展股份有限公司
地址：漳州市胜利东路漳州发展广场
……………………Tel：0596-2671753
福建漳州农村商业银行股份有限公司
地址：漳州市芗城区水仙大街53号信合大厦A-B幢
……………………Tel：0596-2685715
福建荣冠环境建设集团有限公司
地址：福建省漳州高新区大桥路7号201室
……………………Tel：0596-2966201
福建省奇一市政园林有限公司
地址：福建省漳州开发区成功大道9号华商购物公园1幢29号
……………………Tel：0596-2998887
漳浦县四通物流园有限公司
地址：漳浦县绥安工业区绥安工业园
……………………Tel：0596-3218522
漳州旗滨物流服务有限公司
地址：东山县康美镇城 村
……………………Tel：0596-5699185
福建省东山县东海岸保税仓储物流中心有限公司
地址：东山县国家中心渔港经济区水产品综合市场
……………………Tel：0596-5699888
东山县公共交通有限公司
地址：东山县西埔镇白石街通港路41号
……………………Tel：0596-6069229
漳州开发区鑫华祥物流有限公司
地址：漳州开发区港务大厦303室
……………………Tel：0596-6482401
漳州市中发物流有限公司
地址：龙海市榜山镇梧浦洲里社大洲
……………………Tel：0596-6571966
漳州市海新码头物流有限公司
地址：龙海市浮宫镇霞威村一比疆
……………………Tel：0596-6736830
招商局漳州开发区有限公司
地址：招商局漳州开发区内
……………………Tel：0596-6851645
中外运物流（福建）有限公司
地址：福建省漳州开发区招商大道乌山路9号
……………………Tel：0596-6859677
福建凯立物流有限公司
地址：漳州开发区昆仑山路8号综合楼
……………………Tel：0596-6859998
漳州市添鸿仓储有限公司
地址：龙海市港尾镇沙坛村
……………………Tel：0596-6893908
岳鸿建设发展有限公司
地址：福建省漳州高新区九湖镇长福村花卉交易中心大楼
……………………Tel：0596-6953999
漳州市漳龙高速公路有限责任公司
地址：漳州市龙文区水仙大街石仓段交通服务指挥中心11-12楼
……………………Tel：0596-7076019
南靖县三龙汽车发展有限公司
地址：福建省漳州市南靖县奎洋镇永溪（财政大楼）
……………………Tel：0596-7578666
龙岩象屿物流园区开发有限公司
地址：龙岩经济技术开发区龙工路理功工业园办公室
……………………Tel：0597-2020303
龙岩市闽盛物流有限公司
地址：福建省龙岩市新罗区西陂街道工业西路68号龙州工业园青田路3号
……………………Tel：0597-2293111
福建省龙岩市嘉禾农产品物流有限公司
地址：龙岩市新罗区西陂镇大洋村罗龙路西陂工贸综合服务楼第三层306室
……………………Tel：0597-2293810
福建信运冷藏物流有限公司
地址：龙岩市新罗区登高东路688号综合楼
……………………Tel：0597-2310502
龙岩市卓信物流有限公司
地址：龙岩市新罗区西安商业城北路104号21号楼202房
……………………Tel：0597-2522115
福建鸿雁物流有限公司
地址：龙岩市工业西路68号福建龙州工业园硬质合金园兴龙路1号
……………………Tel：0597-2531993
龙岩市浙商物流商贸发展有限公司
地址：龙岩市新罗区闽西交易城二期（浙商物流商贸城）A区A栋六层601室
……………………Tel：0597-2601017
龙岩市远山农副产品物流配送有限公司
地址：龙岩市新罗区西陂街道龙腾北路616号A幢第4层
……………………Tel：0597-2755825
福建省龙岩高速公路有限公司
地址：福建省龙岩市新罗区曹溪街道月山村曹溪南路41号
……………………Tel：0597-2776006
福建禾丰物流有限公司
地址：福建省龙岩市新罗区西城苏溪丰溪桥30号
……………………Tel：0597-2821818
龙岩双永高速公路有限责任公司
地址：福建省龙岩市新罗区曹溪街道金鸡路交通综合大楼23楼
……………………Tel：0597-2951002
福建龙岩天和盛物流有限公司
地址：龙岩市新罗区曹溪浮蔡村利来山住宅小区第8幢1单元102号房
……………………Tel：0597-2965601
紫金矿业物流有限公司
地址：福建省龙岩市新罗区西陂街道华莲路55号（紫金大厦）第H幢八层8E（818）、8D（816）号房
……………………Tel：0597-2991085
福建龙洲运输集团有限公司
地址：龙岩市新罗区西城西安南路119号19幢1-3层1-3号
……………………Tel：0597-3100059
福建钢信物流有限公司
地址：龙岩市新罗区红坊圩镇(企管站四楼410室)
……………………Tel：0597-3210835
冠辉（福建）物流有限公司
地址：福建长汀经济开发区腾飞区一路43号
……………………Tel：0597-3265595
长汀县顺风物流有限公司
地址：长汀县腾飞二期工业开发区
……………………Tel：0597-6889999
福建南洋物流有限公司
地址：将乐县水南镇溪南路37号
……………………Tel：0598-2266199
福建永安市南源物流有限公司
地址：永安市曹远镇坑边路338号саль成水泥公司二期一楼
……………………Tel：0598-3550117
永安市农村信用合作联社
地址：永安市燕江中路551号
……………………Tel：0598-3601916
永安市大兴物流运输有限公司
地址：永安市曹远镇坑边路26号
……………………Tel：0598-3637599
福建兄弟物流有限公司
地址：永安市尼葛工业园南区89号
……………………Tel：0598-3637677
福建恒顺健物流有限责任公司
地址：永安市曹远大兴工业区66号
……………………Tel：0598-3837777
永安市公共交通公司
地址：永安市埔岭村山岗
……………………Tel：0598-3855269
福建建宁饶山和兴物流有限公司
地址：福建省三明市建宁县濉溪镇闽江源路（闽赣省际物流园区饶山和兴物流）2幢1层
……………………Tel：0598-3983999
福建三明机场有限公司
地址：三明市沙县金谷园北区节能北路3801号
……………………Tel：0598-5058807
三明市名成冷冻物流有限公司
地址：三明市三元区长安路3号
……………………Tel：0598-5151666
福建金鼎建筑发展有限公司
地址：福建省三明市清流县龙津镇水东路149号
……………………Tel：0598-5323309
福建旭捷物流有限公司
地址：沙县工业大楼二楼
……………………Tel：0598-5698908
福建兄弟公路港有限公司
地址：沙县金古工业开发区
……………………Tel：0598-5853299
宁化宏运物流有限公司
地址：宁化县翠江镇中环花园11幢1503号1室
……………………Tel：0598-6838015
福建省大田县红狮物流有限公司
地址：大田县太华镇仕坑村下垅口
……………………Tel：0598-7396888
三明市宝坤物流有限公司
地址：三明市三元区新市南路17号一层右侧
……………………Tel：0598-8210051
闽晟集团城建发展有限公司
地址：福建省三明市三元区乾龙新村17幢3楼2号
……………………Tel：0598-8210766
三明永宁高速公路有限责任公司
地址：三明市梅列区沪明新村198幢12-14层
……………………Tel：0598-8520382
三明泉三高速公路有限责任公司
地址：三明市梅列区沪明新村198幢（三明交通监控中心）15-18层
……………………Tel：0598-8520625
三明盛辉物流有限公司
地址：三明市梅列区陈大镇德安工业区10号1幢
……………………Tel：0598-8683399
三明市明易物流有限责任公司
地址：三明市梅列区陈大镇德安路8号6幢
……………………Tel：0598-8803163
三明新华都物流配送有限公司
地址：沙县金古工业园二期
……………………Tel：0598-8863807
福建省建瓯市红运物流运输有限公司
地址：建瓯市怡景花园16-1号
……………………Tel：0599-3710222
建瓯市公共交通有限公司
地址：建瓯市中山西路292号
……………………Tel：0599-3735567
福建省建瓯市德峰汽车物流有限公司
地址：建瓯市中国笋竹城C区8号
……………………Tel：0599-3867667
元翔（武夷山）机场有限公司
地址：武夷山市武夷大道83号
……………………Tel：0599-5118012
福建武夷山港务有限公司
地址：武夷山市火车站北侧横山头1-5层
……………………Tel：0599-5130558
武夷山市农村信用合作联社
地址：武夷山市环岛西路76号
……………………Tel：0599-5309753
武夷山市公共交通有限公司
地址：武夷山市清献大道550号
……………………Tel：0599-5315809
南平高速建设有限公司
地址：南平市建设路商住综合楼201-205室
……………………Tel：0599-6092723
南平市楠鑫物流有限公司
地址：南平市工业路96号园区支路1号
……………………Tel：0599-8711333
南平公共交通有限公司
地址：福建省南平市延平区西芹镇西芹村水溪路32号
……………………Tel：0599-8723994
南平武夷交通发展有限公司
地址：福建省南平市建阳区武夷新区将口组团武夷山东站站前北路1号
……………………Tel：0599-8768568
福建省恒通路桥工程有限公司
地址：福建省南平市延平区李侗路200-69号
……………………Tel：0599-8828766
南平福银高速公路有限责任公司
地址：南平市西溪北路64号
……………………Tel：0599-8892536

江西省

贵溪市鹏安物流有限公司
地址：江西省贵溪市工业园
……………………Tel：0701-3771121
江西鹰甬海港物流有限责任公司
地址：江西省鹰潭（贵溪）铜产业循环经济基地拆解加工区
……………………Tel：0701-3356166
鹰潭市太阳升物流有限公司
地址：江西省鹰潭市月湖区育新巷61号3栋2单元3号
……………………Tel：0701-6288559
鹰潭市胜达物流有限公司
地址：江西省鹰潭市工业园区7号路中段
……………………Tel：0701-6655678
江西德泓昌国际物流有限公司
地址：江西省鹰潭市月湖区工业园区七号路
……………………Tel：0701-7162909
江西泗丰物流有限公司
地址：江西省贵溪市物流大道1号
……………………Tel：0701-7183970
天工方圆建设集团有限公司
地址：江西省新余市渝水区仙来西大道1039号穗都大厦1栋101室、201室、301室、401室
……………………Tel：0790-6205978
新余市天润物流市场发展有限公司
地址：江西省新余经济开发区
……………………Tel：0790-6667188
新余市投资控股集团有限公司
地址：江西省新余市渝水区钟灵大道99号（新宜吉合作示范区 管理委员会办公楼1013室、1014室
……………………Tel：0790-6736689
新余市骏通通迅工程有限公司
地址：江西省新余市渝水区袁河经济开发区郑家村一路180号
……………………Tel：0790-7062860
江西昌泰高速公路有限责任公司
地址：江西省吉安市吉州区城南昌泰高速公路吉安南收费所
……………………Tel：0791-6132608
南昌中经物流有限公司
地址：南昌县小蓝经济开发区富山三路366号3栋
……………………Tel：0791-82088712
江西新华物流有限公司
地址：江西省南昌市新建区望城新区武功山大道2442号
……………………Tel：0791-82298589
江西省天驰高速科技发展有限公司
地址：江西省南昌市东湖区省府大院西二路12号办公楼
……………………Tel：0791-83680816
南昌金科交通科技股份有限公司
地址：江西省南昌市新建区长 镇工业大道４０８号
……………………Tel：0791-83701755
江西凯马百路佳客车有限公司
地址：江西省南昌经济技术开发区
……………………Tel：0791-83800925
绿宝景观建设集团有限公司
地址：江西省南昌市红谷滩新区凤凰中大道926号中洋大厦23楼
……………………Tel：0791-83852677
江西有色建设集团有限公司
地址：江西省南昌市红谷滩新区会展路29号
……………………Tel：0791-83866350
江西福乐园林有限责任公司
地址：江西省南昌市新建区国营南昌市新丰垦殖场内
……………………Tel：0791-83869906
江西赣粤高速公路工程有限责任公司
地址：江西省南昌市青山湖区火炬二路1111号中企联创大厦9-10层
……………………Tel：0791-83873549
江西国龙建筑工程有限公司
地址：江西省南昌市南昌县向塘镇荆山村
……………………Tel：0791-83873883
昌建建设集团有限公司

地址：江西省南昌市南昌县塘南镇桁林街28号
……………………Tel：0791－83882008

江西畅行高速公路服务区开发经营有限公司
地址：江西省南昌市经开区庐山南大道1678号（含里甲收费站内）
……………………Tel：0791－83889521

帝宝交通器材（南昌）有限公司
地址：江西省南昌市新建县望城新区璜溪大道19号930室
……………………Tel：0791－85230739

江西国磊供应链集团有限公司
地址：江西省南昌市南昌县小蓝经济开发区汇仁大道908号
……………………Tel：0791－85777175

永祺科技检测股份有限公司
地址：江西省南昌市南昌县小蓝经济技术开发区金沙大道899号
……………………Tel：0791－85777758

江西众帮物流有限公司
地址：江西省南昌市南昌县小蓝经济开发区汇仁大道以北，高科路以西
……………………Tel：0791－85952133

江西省高速公路投资集团有限责任公司
地址：江西省南昌市西湖区朝阳洲中路367号
……………………Tel：0791－86243172

江西省交通工程集团有限公司
地址：江西省南昌市红谷滩新区赣江中大道1426号（泓德新厦四楼）
……………………Tel：0791－86243301

江西省嘉和工程咨询监理有限公司
地址：江西省南昌市东湖区省政府大院西二路12号
……………………Tel：0791－86243343

江西路通科技有限公司
地址：江西省南昌市西湖区站前西路59号公路管理局科技综合大楼7、8楼
……………………Tel：0791－86243874

江西昌南建设集团有限公司
地址：江西省南昌市南昌县莲塘镇莲塘中大道233号
……………………Tel：0791－86526089

江西方兴科技有限公司
地址：江西省南昌市西湖区洪城路508号
……………………Tel：0791－86532506

南昌市凯华建筑工程有限公司
地址：江西省南昌市西湖区桃苑小区一区21栋A
……………………Tel：0791－86532714

江西省交通运输科学研究院有限公司
地址：江西省南昌市南昌县小蓝经济技术开发区金沙大道809号
……………………Tel：0791－86621429

江西交通咨询有限公司
地址：江西省南昌市东湖区抚河北路249号
……………………Tel：0791－86638820

江西省公路桥梁工程有限公司
地址：江西省南昌市西湖区象山南路22号
……………………Tel：0791－86643783

江西省公路工程有限责任公司
地址：江西省南昌市西湖区广场南路205号（恒茂国际华城）
……………………Tel：0791－86665100

江西赣铁物流有限公司
地址：江西省南昌市新建区璜溪大道19号南昌市望城新区管委会8楼809室
……………………Tel：0791－86892813

江西省宏发路桥建筑工程有限公司
地址：江西省南昌市青山湖区民营科技园科技大道99号
……………………Tel：0791－88102788

思创数码科技股份有限公司
地址：江西省南昌市高新区火炬大道681号
……………………Tel：0791－88186868

江西日月明测控科技股份有限公司
地址：江西省南昌市高新技术产业开发区高新四路999号
……………………Tel：0791－88197852

江西省中盛建筑集团有限公司
地址：江西省南昌市南昌县江西千亿建筑科技产业园B区10号地块
……………………Tel：0791－88317081

江西欧亚物流服务有限公司
地址：江西省南昌市青山湖区洪都中大道137号8栋
……………………Tel：0791－88326123

圣通物流有限公司
地址：江西省南昌市南昌经济技术开发区新祺周二路372号1号仓库101＃
……………………Tel：0791－88372799

江西省交通设计研究院有限责任公司
地址：江西省南昌市青云谱区井冈山大道657号
……………………Tel：0791－88446882

润邦控股集团有限公司
地址：江西省南昌市南昌县东新乡河洲路33栋（八层、九层）
……………………Tel：0791－88531128

江西省邮政速递物流有限公司
地址：江西省南昌市东湖区邮政路2号
……………………Tel：0791－88891352

九江东毅港口建设发展有限公司
地址：江西省九江市庐山市工业园内
……………………Tel：0792－2557197

彭泽县立建仓储物流有限公司
地址：江西省九江市彭泽县龙城大道1号
……………………Tel：0792－5668863

江西省银砂湾物流有限公司
地址：江西省九江市湖口县流泗镇银砂湾工业园入口处
……………………Tel：0792－6327939

九江深燃天然气有限公司
地址：江西省九江市浔阳区浔阳路354号
……………………Tel：0792－8327612

上港集团九江港务有限公司
地址：江西省九江市浔阳区滨江路３７号
……………………Tel：0792－8436128

九江消防装备有限公司
地址：江西省九江市濂溪区虞家河大桥路1号
……………………Tel：0792－8556119

横峰县迅通速递有限公司
地址：江西省上饶市横峰县莲荷乡九甲产业园
……………………Tel：0793－5666775

上饶市城市建设投资开发集团有限公司
地址：江西省上饶市信州区中山路84号（市检察院老办公大楼）
……………………Tel：0793－8035455

上饶市佳丰物流有限公司
地址：江西省上饶市信州区三清山中大道206号第2幢2－2号
……………………Tel：0793－8086969

江西上饶海港物流有限公司
地址：江西省上饶市高铁经济试验区新火车站片区货场路北侧
……………………Tel：0793－8217159

江西华泰物流有限公司
地址：江西省抚州市广昌县工业园区
……………………Tel：0794－3616588

广昌县昌胜物流有限公司
地址：江西省抚州市广昌县　江镇建设西路4号
……………………Tel：0794－3639588

抚州市东乡区万丰汽车贸易有限公司
地址：江西省抚州市东乡区物流汽贸城5栋7号
……………………Tel：0794－4233981

金溪县佳斌物流有限责任公司
地址：江西省抚州市金溪县秀谷镇建屏南路
……………………Tel：0794－5420229

江西申安顺汽车物流有限公司
地址：江西省抚州市南城县龙湖镇政府大院内
……………………Tel：0794－7266779

江西洪门物流有限公司
地址：江西省抚州市南城县南城工业园区城南工业带（江西洪门实业集团有限公司院内）
……………………Tel：0794－7269012

江西赣东物流有限公司
地址：江西省抚州市金巢经济开发区金巢工业园区
……………………Tel：0794－8220097

江西抚州长运有限公司
地址：江西省抚州市临川区环城南路306号
……………………Tel：0794－8235130

江西赣西物流有限公司
地址：江西省宜春经济技术开发区经发大道37号物流中心7栋
……………………Tel：0795－2197183

江西盛富莱光学科技股份有限公司
地址：江西省宜春经济技术开发区
……………………Tel：0795－3668289

江西省祥旺物流有限公司
地址：江西省宜春市奉新县罗市镇罗市街93号
……………………Tel：0795－4628628

江西宇力物流有限公司
地址：江西省宜春市靖安县东方东路39号
……………………Tel：0795－4661306

江西银豪物流有限公司
地址：江西省宜春市靖安县香田乡鸭婆潭街3号
……………………Tel：0795－4662567

江西新振兴投资集团物流有限公司
地址：江西省高安市工业园区
……………………Tel：0795－5286136

江西桃源物流有限公司
地址：江西省高安市伍桥集镇光彩路168号
……………………Tel：0795－5288099

江西天丰建设集团有限公司
地址：江西省宜春市高安市高新技术产业园区龙工北大道天丰科技园
……………………Tel：0795－5288618

江西江龙集团鸿海物流有限公司
地址：江西省高安市龙潭镇
……………………Tel：0795－5288918

江西万友物流有限公司
地址：江西省宜春市奉新县石溪办事处石溪街
……………………Tel：0795－7180237

江西中海油物流有限公司
地址：江西省樟树市店下镇铁路专用线旁
……………………Tel：0795－7333399

樟树市德和物流有限公司
地址：江西省樟树市观上镇汽车站二楼201室
……………………Tel：0795－7779678

江西郑铁物流有限公司
地址：江西省宜春市万载县鹅峰工业园
……………………Tel：0795－8389888

江西鹏泰物流有限责任公司
地址：江西省吉安市永丰县贸易广场C2栋23号
……………………Tel：0796－2511666

江西广胜物流有限公司
地址：江西省吉安市永丰县恩江镇迎宾大道鑫鸿苑2号楼
……………………Tel：0796－2518876

新干县赣顺汽车运输服务有限公司
地址：江西省吉安市新干县瑞和城物流园W16栋
……………………Tel：0796－2608216

江西吉水县奔力物流服务有限公司
地址：江西省吉安市吉水县八都镇南大道666号1栋
……………………Tel：0796－3565888

峡江县赣远航运有限公司
地址：江西省吉安市峡江县巴邱镇渝江商城（C栋302室）
……………………Tel：0796－3660222

峡江县巴邱汽车物流有限公司
地址：江西省吉安市峡江县巴邱镇食品公司院内
……………………Tel：0796－3663588

吉安市阳光物流股份有限公司
地址：江西省吉安市井冈山经济技术开发区拓展大道272号
……………………Tel：0796－7113668

永丰县宏顺物流服务有限公司
地址：江西省吉安市永丰县城迎宾大道
……………………Tel：0796－7293988

吉安市金辉物流有限公司
地址：江西省吉安市安福县武功山大道345号
……………………Tel：0796－7699165

吉安华通物流中心有限公司
地址：江西省吉安市吉州区城南专业大市场内
……………………Tel：0796－8338941

泰和县南方物流有限公司
地址：江西省吉安市泰和县工农兵大道169号
……………………Tel：0796－8636366

兴国京九物流有限公司
地址：江西省赣州市兴国县火车站货场旁（兴国县埠头乡大禾村）
……………………Tel：0797－2082038

信丰县双佳汽车运输服务有限公司
地址：江西省赣州市信丰县嘉定镇信雄路
……………………Tel：0797－3341999

定南县物流投资有限责任公司
地址：江西省赣州市定南县龙亭路11号（交通局三楼）
……………………Tel：0797－4267567

赣州辉腾物流有限公司
地址：江西省赣州市赣县区梅林镇红金村（赣县地方海事处一楼）
……………………Tel：0797－4424049

赣州星辰物流有限公司
地址：江西省赣州市赣县区梅林镇红金村岭足下
……………………Tel：0797－4435636

会昌县锦程物流有限公司
地址：江西省赣州市会昌县筠门岭镇氟盐化工产业基地C－2
……………………Tel：0797－5616345

赣州鑫旺物流有限公司
地址：江西省赣州市赣州经济技术开发区岗边大道北侧（88号）赣州传化南北公路港物流有限公司综合楼PC328室－PC311室
……………………Tel：0797－8373598

景德镇日升物流有限公司
地址：江西省景德镇市珠山区新厂东路(雕塑瓷厂行政楼三楼)
……………………Tel：0798 2187819

景德镇市信联物流有限公司
地址：江西省景德镇高新区民营陶瓷科技园107栋3号
……………………Tel：0798－7078888

江西路易通达运输有限公司
地址：江西省景德镇市珠山区中山北路319号C栋318号
……………………Tel：0798－8460068

江西安智物流股份有限公司
地址：江西省萍乡市上栗县鸡冠山乡横下村
……………………Tel：0799－3801268

江西烟花爆竹物流中心有限公司
地址：江西省萍乡市上栗县鸡冠山乡横下村
……………………Tel：0799－3801268

萍乡市达金集装箱运输有限公司
地址：江西省萍乡市上栗县金山镇金山村
……………………Tel：0799－3889369

萍乡市达金物流有限公司
地址：江西省萍乡市上栗县金山镇金山村
……………………Tel：0799－3889369

萍乡矿业集团有限责任公司
地址：江西省萍乡市安源区昭萍东路5号
……………………Tel：0799－6581933

萍乡市金诚物流有限公司
地址：萍乡市安源区白源街新田
……………………Tel：0799－6852555

江西四顺实业有限公司
地址：江西省萍乡市芦溪县芦溪镇东阳村
……………………Tel：0799－7676980

江西银燕物流基地有限公司
地址：江西省南昌市西湖区桃花路2688号
……………………Tel：0971－86562421

山东省

青岛北洋天青数联智能股份有限公司
地址：山东省青岛市李沧区九水东路266号4号楼3层
……………………Tel：0532－87012167

山东新创物流有限公司
地址：菏泽市牡丹区皇镇乡玉皇街。
……………………Tel：0530－2021288

山东陶都公路工程有限公司
地址：菏泽市定陶区公路局沥青油场
……………………Tel：0530－2228086

鄄城远大水利工程有限公司
地址：山东省菏泽市鄄城县古泉街道办事处北关安泰胡同10号
……………………Tel：0530－2419788

菏泽九州通医药有限公司
地址：山东省菏泽市开发区陈集镇长江路4699号
……………………Tel：0530－2660566

山东联通建工集团有限公司
地址：菏泽市黄河东路777号
……………………Tel：0530－3968067

菏泽天宇科技开发有限责任公司
地址：山东省菏泽市开发区黄河东路三里河工业园（三里河社区对过）
……………………Tel：0530－3968318

菏泽大地木业有限公司
地址：菏泽市开发区松花江路中段（交通汽车大市场西北）
……………………Tel：0530－3983995

菏泽路源公路工程有限公司
地址：菏泽市黄河路1599号
……………………Tel：0530－5153596

菏泽山水物流有限公司
地址：菏泽市牡丹区能源化工产业园皇镇乡润达路189号
……………………Tel：0530－5257099

菏泽粮油仓储物流中心
地址：菏泽市菏商路东侧仿山镇何楼村西侧
……………………Tel：0530－5380251

菏泽中油石油销售有限公司
地址：菏泽市人民路1388号南华康城1号楼
……………………Tel：0530－5582801

菏泽牡丹路桥工程有限公司
地址：菏泽市人民路北段
……………………Tel：0530－5642513

山东菏泽通达交通工程监理有限公司
地址：菏泽市黄河东路2569号
……………………Tel：0530－5695078

菏泽市途胜物流有限公司
地址：山东省菏泽市牡丹区沙土镇327国道南侧
……………………Tel：0530－5700123

山东惠和文化旅游有限公司
地址：山东省菏泽市定陶区珠江东路1777号
……………………Tel：0530－5882566

山东菏泽德通新材料科技有限公司
地址：山东省菏泽市高新区兰州路1888号
……………………Tel：0530－5884898

山东大鹤物流服务有限公司
地址：菏泽市长江路7056号（大鹤物流园）
……………………Tel：0530－5910772

东明县市政工程处
地址：工业路南段
……………………Tel：0530－6145599

菏泽振源公路工程有限公司
地址：菏泽市黄河东路1609号
……………………Tel：0530－6222809

中铁菏泽德商高速公路建设发展有限公司
地址：山东省定陶县定砀路88号
……………………Tel：0530－6276060

山东嘉泰交通设备有限公司
地址：山东菏泽高新区兰州路2166号

……Tel：0530-6339903
郓城县宏泰运输有限公司
地址：郓城县潘渡镇李楼村
……Tel：0530-6757789
山东三毛物流有限公司
地址：山东省菏泽市牡丹区中华西路明珠公寓327室
……Tel：0530-7155588
菏泽紫东达物流运输有限公司
地址：菏泽市人民路1679号公园大厦04001室
……Tel：0530-7397977
巨野县麟州公交运输有限公司
地址：山东省菏泽市巨野县凤凰街道办事处玉山路与242省道交叉口向东888米路北
……Tel：0530-8161696
成武泰兴公路工程有限公司
地址：成武县永昌路南段
……Tel：0530-8637909
山东易华录信息技术有限公司
地址：山东省青岛市即墨区鳌山卫街道办事处海科创业中心C楼5层
……Tel：0531-55021905
山东路油油气管理有限公司
地址：济南市历城区将军路629号
……Tel：0531-55561203
山东易构软件技术股份有限公司
地址：山东省济南市高新区新泺大街1768号齐鲁软件园大厦B座A405
……Tel：0531-55721001
济南顺盈物流有限公司
地址：山东省济南市钢城区辛庄镇坡庄村
……Tel：0531-5658388
山东交运旅游集团有限公司
地址：山东省济南市天桥区黄岗东路3号
……Tel：0531-58598076
山东佳怡智慧供应链管理有限公司
地址：山东省济南市商河县城区产业园
……Tel：0531-58682988
山东省鲁棉集团天元仓储有限公司
地址：山东省济南市章丘区双山街道明埠路北首西侧
……Tel：0531-61329668
济南市政公用资产管理运营有限公司
地址：山东省济南市高新区奥体中路5111号9楼、10楼
……Tel：0531-61378157
山东省高速路桥养护有限公司
地址：济南市二环西路北延长线99号
……Tel：0531-61388296
济南瑞丰物流有限公司
地址：济南市天桥区历山北路118号黄台仓储货运站17－1号
……Tel：0531-66565656
山东鲁光信息工程有限公司
地址：山东省济南市高新区伯乐路117号
……Tel：0531-67712386
山东金宝利汽车销售服务有限公司
地址：济南市历下区工业南路60号
……Tel：0531-67872777
齐鲁交通服务开发集团有限公司
地址：山东省济南市历下区龙奥西路1号银丰财富广场D栋14、15层
……Tel：0531-68971652
齐鲁交通发展集团有限公司
地址：山东省济南市龙奥西路1号银丰财富广场D座
……Tel：0531-68971850
博远物流集团有限公司
地址：山东省济南市经十路497号
……Tel：0531-69985566
山东广信工程试验检测集团有限公司
地址：济南市二环南路兴隆村二区20号
……Tel：0531-80672658
山东恒宇电子有限公司
地址：山东省济南市历下区华阳路67－1号高新商务港2号楼1－502
……Tel：0531-80960526
山东七运集团有限公司
地址：山东省济南市济阳区济北街道汇鑫路8－1号
……Tel：0531-81176010
山东省公路桥梁建设有限公司
地址：济南市天桥区天成路30号
……Tel：0531-81262699
济南通达公路工程有限公司
地址：山东省济南市章丘区双山街道政务区民富路97号
……Tel：0531-81291021
山东高速资源开发管理集团有限公司
地址：山东省济南市历下区龙奥北路8号山东高速大厦
……Tel：0531-81307726
山东拓能物流贸易有限公司
地址：济南市历城区工业北路297号
……Tel：0531-81606282
山东中创软件工程股份有限公司
地址：济南市千佛山东路41－1号
……Tel：0531-81753046
济南吉利汽车有限公司
地址：济南市高新区春晖路1777号
……Tel：0531-82310099
中国铁路通信信号集团济南工程有限公司
地址：济南市天桥区黄台车站北街133号
……Tel：0531-82360911
济南捷盛物流有限公司
地址：济南市历城区零点立交桥东北侧
……Tel：0531-82370071
济南铁路印刷厂有限公司
地址：山东省济南市天桥区车站街30号
……Tel：0531-82426098
济南瑞通铁路电务有限责任公司
地址：济南市历下区解放路84号
……Tel：0531-82431386
中铁济南工程技术有限公司
地址：济南市槐荫区经十路25666号五楼
……Tel：0531-82439715
中铁十局集团有限公司
地址：山东省济南市高新技术产业开发区舜泰广场7号楼
……Tel：0531-82461154
山东省国有资产投资控股有限公司
地址：山东省济南市历下区经十路9999号黄金时代广场5号楼
……Tel：0531-82663781
山东东青公路有限公司
地址：济南市经十路9999号黄金时代广场D座第4层
……Tel：0531-82677202
济南市市政工程设计研究院（集团）有限责任公司
地址：济南市高新区舜华路2000号舜泰广场11号楼701室
……Tel：0531-82704209
山东正晨科技股份有限公司
地址：山东省济南市高新技术产业开发区新泺大街1166号奥盛大厦2号楼5层
……Tel：0531-82815615
山东省济邹公路有限公司
地址：济南市燕子山西路
……Tel：0531-82922096
山东新凌志检测技术有限公司
地址：山东省济南市高新区正丰路554号5号科研楼201
……Tel：0531-83177919
章丘市运输集团有限公司
地址：明水白云路94号
……Tel：0531-83212898
山东载信物流有限公司
地址：山东省济南市章丘区世纪大道15888号
……Tel：0531-83275959
章丘思锐佳顺物流有限公司
地址：山东省济南市章丘区明水街道赭山南路3405号
……Tel：0531-83627895
山东华凌电缆有限公司
地址：山东省济南市章丘区经十东路圣井高科技园
……Tel：0531-83689966
济南齐鲁医学检验有限公司
地址：济南市天桥区无影山中路11号省交通医院门诊楼五楼
……Tel：0531-85067977
中国重汽集团济南港豪保税物流有限公司
地址：济南市高新区邢村立交桥东南处济南出口加工区
……Tel：0531-58066566
济南天酬物流有限公司
地址：济南市历城区西营镇政府院内
……Tel：0531-85587683
济南智联物流有限公司
地址：山东省济南市天桥区堤口路141号院F楼112室
……Tel：0531-85685352
山东省交通工程监理咨询有限公司
地址：济南市历下区天辰路2177号
……Tel：0531-85693513
山东省黄河航运局有限责任公司
地址：山东省济南市天桥区泺口环城路52号
……Tel：0531-85763502
山东安之畅信息技术股份有限公司
地址：山东省济南市高新区新泺大街888号山东一卡通9楼南区
……Tel：0531-85829206
大陆汽车电子（济南）有限公司
地址：济南市历城区机场路4307号
……Tel：0531-85837822
山东交通济宇高速运业有限公司
地址：济南市天桥区凤凰山路108号
……Tel：0531-85925504
济南路铁顺通集装箱运输有限公司
地址：济南市天桥区宝华街65号
……Tel：0531-85933038
中铁二院北方勘察设计有限责任公司
地址：济南市市中区顺河东街66号银座晶都国际1号楼28、29层
……Tel：0531-85951755
济南便捷物流有限公司
地址：山东省济南市历下区泉城路180号齐鲁国际大厦中厅二楼201房间
……Tel：0531-86111070
山东银座物流有限公司
地址：济南市泺源大街66号
……Tel：0531-86131079
青岛锦绣前程节能玻璃有限公司
地址：青岛莱西市姜山镇昌盛东路北
……Tel：0531-86480998
山东鑫联通信科技有限公司
地址：山东省济南市高新区新泺大街1299号鑫盛大厦2号楼1501－1502
……Tel：0531-86516802
济南城市照明工程有限公司
地址：山东省济南市天桥区药山大魏庄东路5号
……Tel：0531-86913133
山东港基景华市政园林有限公司
地址：山东省济南市长清区港基大厦C座1207
……Tel：0531-87202721
齐鲁高速公路股份有限公司
地址：济南市高新区经十东路7000号汉峪金融商务中心三区4号楼2301室
……Tel：0531-87207086
山东港基建设集团有限公司
地址：济南市长清区灵岩路3219号
……Tel：0531-87231069
济南西站长途汽车运输有限公司
地址：山东省济南市槐荫区齐鲁大道3177号
……Tel：0531-87296155
济南顺意物流有限公司
地址：济南市天桥区蓝翔路6号
……Tel：0531-87800817
山东省大通公路工程有限责任公司
地址：山东省济南市历城区花园路57号院内办公楼附楼101室
……Tel：0531-88030477
山东大山路桥工程有限公司
地址：山东省济南市高新区临港街道临港西路17号
……Tel：0531-88113668
济南德东物流有限公司
地址：济南市历城区郭店镇机场路南首
……Tel：0531-88287918
山东中车同力达智能机械有限公司
地址：济南市槐荫区槐村街73号
……Tel：0531-88305658
山东省交通规划设计院
地址：济南市天桥区无影山西路576号
……Tel：0531-88329826
山东航天九通车联网有限公司
地址：济南市高新开发区舜华路1号齐鲁软件园创业广场F座三层A305室
……Tel：0531-88390890
山东将山铁路物流有限公司
地址：济南市历城区烈士山北路13号历城火车站院内东办公楼
……Tel：0531-88692392
济南浩信物流有限公司
地址：济南市高新区孙村镇春博路北段济南正恒聚氨酯公司院内
……Tel：0531-88756569
济南金昊物流有限公司
地址：山东省济南市天桥区二环北路114号
……Tel：0531-88770035
济南美菊商贸有限公司
地址：济南市高新区孙村办事处小龙堂村东
……Tel：0531-88780118
山东荣易建设集团有限公司
地址：青岛市崂山区沙子口街道办事处小河东村
……Tel：0531-88801038
济南高浩吊装运输有限公司
地址：山东省济南市历城区王舍人街道鲍华苑小区7号楼1单元301
……Tel：0531-88826783
山东中安科技股份有限公司
地址：山东省济南市高新东区街道科嘉路2319号
……Tel：0531-88870988
山东旗帜信息有限公司
地址：山东省济南市高新区天辰大街2177号联合财富广场2号楼18层
……Tel：0531-88874600
山东爱普电气设备有限公司
地址：济南市高新区新泺大街鲁源工业园
……Tel：0531-88875771
山东省陆海联运总公司
地址：济南市天桥区黄台航运路188号
……Tel：0531-88968811
山东华野路桥工程有限公司
地址：济南市历城区王舍人镇朝山街634号
……Tel：0531-88987966
济南顺兴浩宇物流有限公司
地址：济南市历城区郭店镇山前村
……Tel：0531-88996068
山东高速信息工程有限公司
地址：济南市历下区海尔绿城中央广场1号楼
……Tel：0531-89250669
山东高速信联支付有限公司
地址：山东省济南市高新区奥体中路5006号山东高速科研楼西附楼二层南侧211室
……Tel：0531-89251819
济南金曰公路工程有限公司
地址：山东省济南市章丘区圣井高科技工业园
……Tel：0531-89703672
青岛即发龙山染织有限公司
地址：青岛即墨市即发龙山工业园
……Tel：0532-55655067
青岛迅达经纬物流有限公司
地址：青岛市市南区台西纬四路18号106户
……Tel：0532-55670101
青岛德尔达国际物流有限公司
地址：山东省青岛市保税港区青岛出口加工区
……Tel：0532-55677367
青岛新松机器人自动化有限公司
地址：山东省青岛市高新区科海路103号
……Tel：0532-55689011
青岛儒海船舶工程有限公司
地址：青岛市市北区辽宁路263号1705室
……Tel：0532-55717898
青岛博泰汽车零部件有限责任公司
地址：山东省青岛市即墨区解放大道103号
……Tel：0532-58656986
青岛吉尔德文家居有限公司
地址：山东省青岛市即墨市龙山办事处后北葛村安和一路8号
……Tel：0532-58669157
拓亚（青岛）仓储服务有限公司
地址：青岛保税区北京路39号
……Tel：0532-58717028
青岛德鲁亚国际物流有限公司
地址：青岛市崂山区海安路2号金海湾别墅区2号楼502户
……Tel：0532-58785117
中船重工（青岛）轨道交通装备有限公司
地址：青岛高新技术产业开发区春阳路以北规划东22号线以东
……Tel：0532-58808360
青岛建工集团有限公司
地址：山东省青岛市崂山区科苑纬三路19号
……Tel：0532-58810955
青岛齐星车库有限公司
地址：山东省青岛市胶州市九龙工业园新东路17号
……Tel：0532-58822518
青岛博宁福田智能交通科技发展有限公司
地址：山东省青岛市高新区华东路以东，规划东4号线以西，规划东17号线以北青岛博宁福田通道设备股份有限公司内
……Tel：0532-66023888-555
青岛鲁信随珠花园建设有限公司
地址：山东省青岛市黄岛区长江中路519号建国大厦10层1002室
……Tel：0532-66063107
青岛即墨商城物流有限公司
地址：青岛即墨市华山二路567号物流中心A区
……Tel：0532-66090888
青岛青龙高速公路建设有限公司
地址：山东省青岛市即墨市鹤山路与大田路交汇处400米路北
……Tel：0532-66093186
青岛朗夫包装有限公司
地址：山东省青岛市即墨区通济办事处天山二路251号
……Tel：0532-66098998
青岛兴汉国际物流有限公司
地址：山东省青岛市市南区银川西路67、69号E座206室
……Tel：0532-66560597
青岛德玛国际物流有限公司
地址：山东省青岛市市北区连云港路66号青岛国际航运中心15层
……Tel：0532-66707005
青岛北方国贸集团股份有限公司
地址：青岛市李沧区向阳路50号
……Tel：0532-66767777
青岛中创大件物流有限公司
地址：青岛崂山区株洲路151号1号楼B04房间
……Tel：0532-66789888
青岛路桥建设集团有限公司
地址：青岛市崂山区香港东路139号
……Tel：0532-66880129
青岛中糖海湾物流有限公司
地址：青岛高新技术产业开发区火炬路101号
……Tel：0532-66965898
青岛地铁集团有限公司
地址：山东省青岛市市北区常宁路6号
……Tel：0532-67708601
青岛中建交通建设股份有限公司

地址：山东省青岛市城阳区靖城路6号
…………………… Tel：0532-67769539
青岛合信国际物流有限公司
地址：山东省青岛市黄岛区红石崖街道办事处红石崖社区居委会327室
…………………… Tel：0532-67798967
青岛东沃航运有限公司
地址：山东省青岛市黄岛区红石崖街道办事处郝家社区居委会102室
…………………… Tel：0532-67798969
青岛红建投资有限公司
地址：山东省青岛市高新区河东路378号中科研发城汇智园1号楼甲14层、15层
…………………… Tel：0532-68012060
青岛今创交通设备有限公司
地址：山东省青岛市高新区科荟路309号
…………………… Tel：0532-68012368
青岛禹帆物流有限公司
地址：山东省青岛市即墨市青岛汽车产业新城青石路1号
…………………… Tel：0532-68027552
青岛国信城市信息科技有限公司
地址：山东省青岛市黄岛区九龙江路63号
…………………… Tel：0532-68057210
山东海运股份有限公司
地址：青岛市市北区连云港路66号
…………………… Tel：0532-68620100
青岛妙光国际物流有限公司
地址：青岛市市南区延安三路220号1401-1405室
…………………… Tel：0532-68629517
青岛登科市政工程有限公司
地址：青岛市城阳区明阳路中段
…………………… Tel：0532-68721177
青岛市琴岛通卡股份有限公司
地址：青岛市四方区鞍山一路33号-6A120室
…………………… Tel：0532-68860996
青岛天润鸿霖物流有限公司
地址：山东省青岛市即墨区通济新区西元庄村国际物流中心北区1号
…………………… Tel：0532-68963787
青岛扬帆船舶制造有限公司
地址：青岛即墨市田横岛旅游度假区山南村
…………………… Tel：0532-68969056
青岛海业油码头有限公司
地址：青岛经济技术开发区油港三路7号
…………………… Tel：0532-68978006
青岛东方联物流有限公司
地址：青岛市李沧区重庆中路1093号-93号
…………………… Tel：0532-68989197
青岛中锐国际物流有限公司
地址：山东省青岛市市南区山东路22号金孚大厦B座20层I室
…………………… Tel：0532-80798760
青岛弘基国际物流有限公司
地址：山东省青岛市市北区昆山路17号1号楼1103户
…………………… Tel：0532-80902397
华北建工工程集团有限公司
地址：山东省青岛市崂山区苗岭路52号巨峰创业大厦1406室
…………………… Tel：0532-80905899
山东高速青岛公路有限公司
地址：青岛市李沧区永平路19号
…………………… Tel：0532-80920990
青岛融昶投资发展有限公司
地址：山东省青岛市黄岛区峨眉山路396号青岛光谷软件园第55栋第4层
…………………… Tel：0532-80983277
青岛中远海运物流国际储运有限公司
地址：山东省青岛市保税港区北京路45号东办公楼一楼-1784（商务秘书公司托管地址）（A）
…………………… Tel：0532-80986163
青岛华泰国际物流有限公司
地址：山东省青岛市保税港区同江路576号（A）
…………………… Tel：0532-80987618
青岛逵首物流有限公司
地址：山东省青岛市黄岛区茂山路12号综合楼四层
…………………… Tel：0532-80987962
山东天诚市政公路工程有限公司
地址：山东省青岛市崂山区海尔路182号出版大厦3号楼1106户
…………………… Tel：0532-80991126
中铁建工集团第二建设有限公司
地址：山东省青岛市城阳区上马街道前程社区807号
…………………… Tel：0532-80991501
山东中建西部建设有限公司
地址：山东省青岛市即墨市青岛汽车产业新城龙泉河四路以北、规划路以西
…………………… Tel：0532-80995026
普洛斯（青岛）胶南国际物流发展有限公司
地址：山东省青岛市黄岛区王台镇环台北路386号
…………………… Tel：0532-80998707

青岛大福荣盛冷冻物流有限公司
地址：青岛市崂山区科苑纬四路178号物流冷库全幢
…………………… Tel：0532-80999333
众力共用物流设备（中国）有限公司
地址：中国（山东）自由贸易试验区青岛片区前湾保税港区北京路38号四号厂房二层西2280号（A）
…………………… Tel：0532-81111156
青岛祥光物流有限公司
地址：青岛市市南区香港中路8号乙2号楼36层3701-3706户
…………………… Tel：0532-81635292
青岛利客来集团莱西购物有限公司
地址：山东省青岛莱西市烟台路62号
…………………… Tel：0532-81879760
青岛致通海运有限公司
地址：青岛保税区保税物流园区综合楼（前湾港路68号）107房间
…………………… Tel：0532-82022961
青岛公牛大件运输有限公司
地址：山东省青岛市胶州市经济技术开发区滦河路1号青岛传化公路港内
…………………… Tel：0532-82216691
青岛路顺凯物流有限公司
地址：青岛平度市大泽山镇泽山路36号
…………………… Tel：0532-82312888
青岛天祥食品集团嘉燕物流有限公司
地址：青岛平度市经济技术开发区华山路以东中段
…………………… Tel：0532-82329907
青岛林达科技开发有限公司
地址：青岛即墨市龙泉镇华泉路
…………………… Tel：0532-82510121
青岛金超博冠交通设备有限公司
地址：青岛即墨市通济办事处常黄沟岔村
…………………… Tel：0532-82523596
山东英吉多健康产业有限公司
地址：青岛市即墨天山二路6号
…………………… Tel：0532-82525088-6888
青岛创想轨道交通设备有限公司
地址：山东省青岛市城阳区棘洪滩宏平路7号
…………………… Tel：0532-82531276
青岛金黄海集装箱有限公司
地址：青岛即墨市大信镇大金家
…………………… Tel：0532-82538163
青岛保税物流园区全方基业物流有限公司
地址：青岛保税区前湾港西港区
…………………… Tel：0532-82813136
青岛新前湾集装箱码头有限责任公司
地址：山东省青岛市保税港区同江路567号（A）
…………………… Tel：0532-82986776
青岛港前湾港区保税物流中心有限公司
地址：中国（山东）自由贸易试验区青岛片区前湾保税港区纬四路18号（A）
…………………… Tel：0532-82987737
青岛华港通运国际物流有限公司
地址：青岛市市北区邱县路19号3楼302室
…………………… Tel：0532-83095637
青岛中韩国际物流有限公司
地址：山东省青岛市西海岸出口加工区太平洋路9号
…………………… Tel：0532-83157999
青岛祥银传动设备有限公司
地址：山东省青岛市胶州市胶莱镇马店工业园
…………………… Tel：0532-83225999
青岛海金电器有限公司
地址：青岛即墨市通济办事处长江二路388号
…………………… Tel：0532-83517890
青岛西元庄国际物流有限公司
地址：青岛即墨市通济街道办事处西元庄村
…………………… Tel：0532-83553128
青岛即发华欣针织有限公司
地址：山东省青岛市即墨区段泊岚镇刘家庄泊河二路10号
…………………… Tel：0532-83589038
青岛城建集团有限公司
地址：青岛市四方区嘉定路15号
…………………… Tel：0532-83710055
青岛四机设备工程有限公司
地址：山东省青岛市高新区锦汇路1号B2号楼-4011
…………………… Tel：0532-83762617
青岛天华易境建筑设计有限公司
地址：青岛市北区商水路16-80号
…………………… Tel：0532-83891528
青岛国升物流有限公司
地址：青岛市市南区延安三路220号邮政大厦1316室
…………………… Tel：0532-83892308
青岛华欣灵山服装有限公司
地址：青岛即墨市灵山镇新兴路2号
…………………… Tel：0532-84558658
青岛即东汽车零部件有限公司
地址：青岛即墨市店集镇东街村
…………………… Tel：0532-84581676
青岛东盛金日通物流有限公司
地址：青岛市四方区德兴路30号
…………………… Tel：0532-84850107
青岛韩进陆海国际物流有限公司
地址：青岛市四方区萍乡路55号
…………………… Tel：0532-85025359
山东诺德英物流有限公司
地址：山东省青岛市高新区新业路31号远创国际蓝湾创意园B区1号楼107室
…………………… Tel：0532-85038936
青岛吉明美汽车配件有限公司
地址：青岛即墨市龙泉镇凤凰山五路6号
…………………… Tel：0532-8558-8605
青岛城市建设投资（集团）有限责任公司
地址：青岛市市南区澳门路121号甲
…………………… Tel：0532-85729180
青岛国赫通供应链有限公司
地址：青岛市市北区敦化路138号甲1106户
…………………… Tel：0532-85770972
青岛天泰饮乐多食品有限公司
地址：山东省青岛市崂山区海尔路63号（数码科技中心）A座201A室
…………………… Tel：0532-85799666
青岛新协航国际物流有限公司
地址：山东省青岛市崂山区科苑纬一路1号B座21层2102房间
…………………… Tel：0532-85801818
华高数字科技有限公司
地址：山东省青岛市高新区锦业路1号蓝贝智造工厂D1楼427
…………………… Tel：0532-85859709
中诚国际海洋工程勘察设计有限公司
地址：山东省青岛市保税港区中煤美晶物业公司美晶大厦三区402室（B）
…………………… Tel：0532-85909148
青岛思锐科技有限公司
地址：青岛高新技术产业开发区新业路南侧、和融路西侧
…………………… Tel：0532-86083101
青岛亿联信息科技股份有限公司
地址：山东省青岛市市北区山东路168号时代国际广场1501-1510室
…………………… Tel：0532-86100208
青岛杰斯克国际物流有限公司
地址：山东省青岛市市南区香港中路56号金光大厦21楼
…………………… Tel：0532-86120811
青岛成胜达汽车销售服务有限公司
地址：青岛市李沧区重庆中路788号
…………………… Tel：0532-86122367
青岛成达汽车销售集团有限公司
地址：青岛市崂山区松岭路126号
…………………… Tel：0532-86122698
青岛恒泰机械配件有限公司
地址：山东省青岛即墨市王村镇驻地
…………………… Tel：0532-86503082
青岛如隆机械有限公司
地址：青岛即墨市青岛北部工业园
…………………… Tel：0532-86539778
青岛即发华锦服装有限公司
地址：青岛即墨市龙山街道办事处前东葛村南、留金路东
…………………… Tel：0532-86593888
青岛名流装配建筑科技有限公司
地址：山东省青岛市即墨市灵山镇灵和路68号
…………………… Tel：0532-86659327
云商通外贸综合服务（青岛）有限公司
地址：山东省青岛市即墨市经济开发区蓝色新区宁东路168号
…………………… Tel：0532-86663950
青岛赛维电子信息服务股份有限公司
地址：山东省青岛市崂山区松岭路399号海信研发中心B1一楼101-110室
…………………… Tel：0532-86683307
青岛博丰物流有限公司
地址：青岛保税区汉城路6号2号厂房420室
…………………… Tel：0532-86702237
青岛山海通国际物流有限公司
地址：山东省青岛市保税港区莫斯科路37号（A）
…………………… Tel：0532-86760077
青岛旭丰物流有限公司
地址：山东省青岛市保税港区北京路45号东办公楼一楼-046（商务秘书公司托管地址）（A）
…………………… Tel：0532-86760083
青岛恒泽物流有限公司
地址：山东省青岛市保税港区莫斯科路40号办公楼（A）
…………………… Tel：0532-86766848
青岛滨杰国际物流有限公司
地址：山东省青岛市保税港区维也纳路1号（B）
…………………… Tel：0532-86767031
青岛保税区林丰海物流有限公司
地址：山东省青岛市保税港区北京路27号小区（A）
…………………… Tel：0532-86767102

青岛澳科仪器有限责任公司
地址：山东省青岛市保税港区上海路16号（B）
…………………… Tel：0532-86767123
青岛保税区宇通国际物流有限公司
地址：青岛保税区七号区.
…………………… Tel：0532-86768108
青岛启泰物流有限公司
地址：山东省青岛市保税港区莫斯科路46号（A）
…………………… Tel：0532-86768128
青岛丹尼克国际物流有限公司
地址：山东省青岛市保税港区十四区汉城路2号西6742（B）
…………………… Tel：0532-86811858
山东中储国际物流有限公司
地址：中国（山东）自由贸易试验区青岛片区前湾保税港区北京路45号宝泰办公楼202室（A）
…………………… Tel：0532-86827898
青岛鲁菱物流有限公司
地址：山东省青岛市黄岛区齐长城路南、长白山路东576号-1
…………………… Tel：0532-86882635
青岛澳波泰克安全设备有限责任公司
地址：山东省青岛市保税港区汉城路13号（B）
…………………… Tel：0532-86890063
青岛中港仓储有限公司
地址：山东省青岛市保税港区前湾港西港区1号中转库（A）
…………………… Tel：0532-86900761
山东振华物流有限公司
地址：青岛经济技术开发区龙岗山路117号
…………………… Tel：0532-86900869
青岛元康国际物流有限公司
地址：青岛市黄岛区淮河东路98号
…………………… Tel：0532-86907359
青岛中创远达物流有限公司
地址：青岛经济技术开发区衡山路667号
…………………… Tel：0532-86908859
青岛丽星仓储化工有限公司
地址：山东省青岛市黄岛区辽河路33号
…………………… Tel：0532-86910062
鑫三利集装箱服务有限公司
地址：山东省青岛市保税港区汉城路6号黄海大厦302室（B）
…………………… Tel：0532-85805119
青岛港陆物流有限公司
地址：山东省青岛市保税港区物流园区综合楼103室（A）
…………………… Tel：0532-86935019
青岛保税物流园区伟豪国际物流有限公司
地址：青岛保税物流园区管理服务中心212房间
…………………… Tel：0532-86998880
青岛胶州市新华书店有限责任公司
地址：青岛胶州市广州南路62号
…………………… Tel：0532-87262088
山东半岛物流有限公司
地址：青岛平度市南外环路（三城路）669号
…………………… Tel：0532-87310838
青岛营上建设集团有限公司
地址：山东省青岛市即墨区太和东路58号
…………………… Tel：0532-87501368
红纺文化有限公司
地址：山东省青岛市即墨区泰山一路196号
…………………… Tel：0532-67728000
青岛红妮制衣有限公司
地址：青岛即墨市泰山一路568号
…………………… Tel：0532-87558689
青岛市琴岛电器有限公司
地址：青岛即墨市辽河一路27号
…………………… Tel：0532-87558855
青岛铁路橡胶厂
地址：青岛市城阳区棘洪滩街道岙东北路667号
…………………… Tel：0532-87801967
青岛弘信源动力设备有限公司
地址：青岛市城阳区棘洪滩街道宏顺路117号
…………………… Tel：0532-87805897
青岛鸿裕吉轨道交通装备有限公司
地址：山东省青岛市崂山区北宅街道沟崖社区
…………………… Tel：0532-87856716
青岛迅恒物流有限公司
地址：青岛高新技术产业开发区正阳路北侧、宝源路东侧
…………………… Tel：0532-87862840
青岛集成物流有限公司
地址：青岛市城阳区棘洪滩街道
…………………… Tel：0532-87877001
青岛海通车桥有限公司
地址：山东省青岛市即墨区解放二路106号
…………………… Tel：0532-87896230
青岛新诚志卓轨道交通装备股份有限公司
地址：青岛高新技术产业开发区高列配套2

号线以东
……Tel：0532-87900581-6002

青岛联诚宏达轨道交通设备有限公司
地址：山东省青岛市城阳区锦盛一路72号
……Tel：0532-87902903

青岛宏达赛耐尔科技股份有限公司
地址：青岛高新技术产业开发区创业中心318-63室
……Tel：0532-87907758

青岛交运路桥工程有限公司
地址：山东省青岛市黄岛区珠山北路66号
……Tel：0532-88185771

青岛豪迈电缆集团有限公司
地址：青岛胶州市广州北路502号
……Tel：0532-88276008

青岛畅通公交有限公司
地址：山东省青岛市平度市同和街道办事处胶平路288-2号
……Tel：0532-88316336

青岛北方国贸农副产品物流中心有限公司
地址：青岛平度市华侨科技园经一路77号三楼
……Tel：0532-88335579

青岛惠润包装有限公司
地址：山东省青岛市即墨市黄河二路333号
……Tel：0532-88580133

青岛华信印花有限公司
地址：青岛市即墨市即发工业园
……Tel：0532-88589906

青岛龙世印刷包装有限公司
地址：青岛即墨市黄河一路16号
……Tel：0532-88591558

青岛中港国际物流有限公司
地址：青岛市市南区台湾路4号办公楼301室
……Tel：0532-88709629

松立控股集团股份有限公司
地址：山东省青岛市市南区宁夏路288号软件园6号楼11层
……Tel：0532-85789111

海尔数字科技（青岛）有限公司
地址：山东省青岛市崂山区中韩街道科苑纬一路1号青岛国际创新园B座402
……Tel：0532-88932170

青岛交通科技信息有限公司
地址：山东省青岛市崂山区崂山路79号
……Tel：0532-88969795

青岛雪兴国际物流有限公司
地址：青岛即墨市南泉镇红星路33号
……Tel：0532-89060108

青岛康泰镁业有限公司
地址：青岛即墨市通济街道办事处天山一路167甲号
……Tel：0532-89060199

青岛海立达冲压件有限公司
地址：青岛即墨市青威路服装工业园内
……Tel：0532-89066101

青岛青缆科技有限责任公司
地址：青岛即墨市即发龙山路16号
……Tel：0532-89067079

山东轶骋真空科技有限公司
地址：山东省青岛市城阳区棘洪滩街道宏祥三路6号
……Tel：0532-89082770

青岛华创国际物流有限公司
地址：青岛市市南区宁夏路129号青牧大厦202B室
……Tel：0532-89093751

山东晟通能源有限公司
地址：山东省淄博市张店区湖田镇上湖村北办公楼201、202室
……Tel：0533-2073157-8308

淄博隆鑫盛物流有限公司
地址：山东省淄博市齐鲁山东省淄博市临淄区齐鲁化学工业区（金岭镇披甲村）
……Tel：0533-2073601

淄博鲁中现代国际物流中心有限公司
地址：山东省淄博市张店沣水镇传化金泰公路港X423
……Tel：0533-2086618

淄博沣鑫物流有限公司
地址：张店区东四路（张店金乔木材市场13号B）
……Tel：0533-2111326

山东昱霖仓储有限公司
地址：山东省淄博市张店区杏园东路58号1号商务办公楼507号
……Tel：0533-2530107

鲁中国际物流有限公司
地址：山东省淄博市桓台县寿济路4499甲21号
……Tel：0533-3052299

山东海旺达现代物流有限公司
地址：山东省淄博市高新区鲁泰大道1号生物医药创新园A座26层
……Tel：0533-3190191

山东沂源宏鑫物流有限公司
地址：山东省淄博市沂源县鲁村镇龙子峪村
……Tel：0533-3388166

淄博华鸿物流有限公司
地址：山东省淄博市高新区民祥北路7号
……Tel：0533-3590082

山东达顺物流有限公司
地址：山东省淄博市张店区湖田镇南焦宋村（309国道433.6公里处）
……Tel：0533-3593385

淄博保税物流有限公司
地址：淄博高新区卫固镇傅山村
……Tel：0533-3780177

淄博唯达公共交通有限公司
地址：山东省淄博市高新区鲁泰大道147号
……Tel：0533-3984581

淄博中业物流有限公司
地址：博山区八陡镇增福村
……Tel：0533-4510112

淄博万达物流有限公司
地址：山东省淄博市博山区八陡镇东顶村湖南路东侧
……Tel：0533-4518777

淄博国润物流发展有限公司
地址：淄博高新区柳泉路372号7号楼
……Tel：0533-6285488

山东众智达实业有限公司
地址：周村区体育场路1号
……Tel：0533-6861339

山东依航物流有限公司
地址：山东省淄博市临淄区齐陵街道吕家孝陵村变电站东临
……Tel：0533-7318555

正本物流集团有限公司
地址：淄博市齐鲁化学工业区内，金岭回族镇西首
……Tel：0533-7482555

山东依厂物流有限公司
地址：淄博市临淄区大武路72号
……Tel：0533-7480229

齐鲁现代物流有限公司
地址：临淄区齐鲁化学工业区
……Tel：0533-7481797

淄博澳源达物流有限公司
地址：山东省淄博市临淄区凤凰镇北安合村
……Tel：0533-7661206

山东祖豪物流有限公司
地址：临淄区齐都镇朱家辛村西
……Tel：0533-7669677

淄博凯捷物流有限公司
地址：临淄区凤凰镇王桥村
……Tel：0533-7688856

山东中汇物流实业有限公司
地址：淄博市桓台县果里镇石化南路东首
……Tel：0533-8407192

山东泰和公路工程有限公司
地址：山东省淄博市开发区桓台新区齐桓路36号
……Tel：0533-8407818

淄博中汇运输有限公司
地址：山东省淄博市桓台县果里镇侯庄村古侯路与武夷山路交叉口东南侧
……Tel：0533-8409939

山东德利城物流股份有限公司
地址：桓台县马桥镇羊庄村
……Tel：0533-8538810

山东清河化工科技有限公司
地址：淄博市桓台县马桥镇
……Tel：0533-8539952

淄博恒邦物流股份有限公司
地址：山东省桓台县马桥镇陈三村
……Tel：0533-8887189

德达交通建设发展集团有限公司
地址：山东省德州市经济技术开发区晶华大道159号
……Tel：0534-2105775

山东省禹城中仁国际物流运输有限公司
地址：山东省德州市禹城市十里望乡杨庄大桥
……Tel：0534-2126268

山东苗宝储运有限公司
地址：陵县梅镇陶家村
……Tel：0534-2139910

山东辰烨投资有限公司
地址：德州市经济开发区中傲大街以西
……Tel：0534-2227200

山东德百物流批发城运营管理有限公司
地址：德州市东风东路2269号
……Tel：0534-2693166

德州资通国际物流集团有限公司
地址：德州经济开发区大学东路1518号
……Tel：0534-2753306

山东神东物流有限公司
地址：曲阜市杏坛路与西外环路交汇处
……Tel：0534-4640986

山东省鲁北煤炭配送基地有限公司
地址：山东省德州市齐河县潘店镇政府驻地
……Tel：0534-5339903

山东盖世冠威国际物流有限公司
地址：山东省齐河经济开发区308国道北侧
……Tel：0534-5501188

宁津县三岭物流有限公司
地址：宁津县银河开发区
……Tel：0534-5861052

山东金鲁班集团交通发展有限公司
地址：山东省德州市武城县四女寺镇北小李村
……Tel：0534-6396888

山东龙祥新材料科技有限公司
地址：山东省德州市武城县振华街南运河路东
……Tel：0534-6658199

德州华商冷藏物流有限公司
地址：德州经济开发区利尔康路南侧、德州方向机厂东邻
……Tel：0534-7058985

山东省德州市交通工程监理公司
地址：德州市德城区东风东路17号
……Tel：0534-8011525

山东金鲁班集团有限公司
地址：山东省德州市经济技术开发区晶华大道159号
……Tel：0534-8011582

山东省金鲁班德商高速公路发展有限公司
地址：德州经济技术开发区晶华路东侧
……Tel：0534-8011569

青岛阿波罗国际物流有限公司
地址：青岛市市南区东海西路41号东海世家2单元1701室
……Tel：0534-86677500

德州众驰汽车销售服务有限公司
地址：德城区东风中路265号
……Tel：0534-8775016

平原县圆顺物流有限公司
地址：山东省德州市平原县光明东大街
……Tel：0534-8936140

烟台新兴再生资源物流有限公司
地址：芝罘区北马路155号
……Tel：0535-2112901

烟台科大正信电气有限公司
地址：烟台开发区古现工业园
……Tel：0535-2161678

山东诚信物流有限公司
地址：博兴县湖滨镇鲁崔村
……Tel：0535-2172338

莱州市顺达物流有限公司
地址：山东省烟台市莱州市土山镇府前路
……Tel：0535-2336688

山东联盟港兴物流有限公司
地址：山东省莱州市三山岛街道金港路
……Tel：0535-2782236

龙口澳雷樽传动机械有限公司
地址：山东省龙口市北马镇九甲村南
……Tel：0535-3127268

华海财产保险股份有限公司
地址：山东省烟台市经济技术开发区长江路300号内9号
……Tel：0535-3450036

恒通物流股份有限公司
地址：山东省烟台市龙口市龙口经济开发区河抱村烟潍路东恒通物流股份有限公司综合物流园
……Tel：0535-3453789

山东建峰工程项目管理有限公司
地址：山东省烟台市莱山区观海路267号观海大厦1901号
……Tel：0535-3970122-8000

山东昆嵛路桥工程有限公司
地址：山东省烟台市牟平区新城大街828号
……Tel：0535-4281661

烟台玉益果蔬食品有限公司
地址：山东省栖霞市唐家泊镇驻地
……Tel：0535-5360538

栖霞市宏达运输有限公司
地址：山东省栖霞市桃村镇西庄村
……Tel：0535-5484885

烟台市渤海电子商务产业发展有限公司
地址：山东省烟台市芝罘区通黄路19号
……Tel：0535-6013016

烟台通林物流有限公司
地址：烟台开发区广州路37号
……Tel：0535-6115879

中侨伟业国际物流投资有限公司
地址：山东省烟台市莱山区港城东大街588号揽胜公馆C3001号
……Tel：0535-6202430

烟台欣运国际物流有限公司
地址：山东省烟台市芝罘区二马路103号1501室
……Tel：0535-6233755

烟台中外运国际物流有限公司
地址：山东省烟台市芝罘区建设路2号
……Tel：0535-6247392

烟台隆远物流有限公司
地址：山东省烟台市莱山区莱山街道官庄村350号
……Tel：0535-6370176

新兴交通建设有限公司
地址：烟台开发区珠江路52号
……Tel：0535-6371206

烟台中心大酒店
地址：芝罘区南大街81-82号
……Tel：0535-6584901

烟台鲁辽甩挂物流有限公司
地址：山东省烟台市芝罘区芝罘岛东路77号
……Tel：0535-6596016

烟台安民物流有限公司
地址：烟台市芝罘区南大街153号泓润华府大厦2号楼2单元1701室
……Tel：0535-6658518

山东格瑞特公路工程有限公司
地址：山东省烟台市高新区科技大道烟台海洋科技成果转化中心901号
……Tel：0535-6703971

烟台港鑫物流有限公司
地址：烟台经济技术开发区华电小区30-4号
……Tel：0535-6741251

烟台海港国际物流有限公司
地址：山东省烟台市芝罘区环海路89号
……Tel：0535-6745677

山东泰华路桥工程有限公司
地址：莱山区轸大路3001号
……Tel：0535-6790715

烟台潞霏物流有限公司
地址：芝罘区黄务镇官庄村
……Tel：0535-6800216

烟台川宇物流有限公司
地址：山东省烟台市福山区回里镇工业园
……Tel：0535-6817779

烟台通昌物流有限公司
地址：山东省烟台市芝罘区冰轮西路7号
……Tel：0535-6835700

烟台港兴物流有限公司
地址：芝罘区南大街265号610室
……Tel：0535-6847209

大新华轮船（烟台）有限公司
地址：山东省烟台市芝罘区北大街171号
……Tel：0535-6906680

海虹老人涂料（烟台）有限公司
地址：烟台经济技术开发区珠江路十二号
……Tel：0535-6933630

烟台银翔物流有限公司
地址：烟台开发区北京中路50号
……Tel：0535-6939088

烟台硅源物流有限公司
地址：福山区福海路北首东侧
……Tel：0535-6939378

鑫广（烟台）物流有限公司
地址：烟台经技术开发区北京中路50号
……Tel：0535-6977126

烟台益通仲伯物流有限公司
地址：山东省烟台市芝罘区环海路89号1005区11号楼
……Tel：0535-7401296

山东诺维科轻量化装备有限公司
地址：山东省烟台市龙口市诸由观镇北部工业园
……Tel：0535-8575156

山东丰隆仓储有限公司
地址：山东省龙口市环海中路1899号
……Tel：0535-8836189

中海石油（龙口）基地物流有限公司
地址：山东省龙口市环海中路248号
……Tel：0535-8838006

山东康桥实业有限公司
地址：山东省烟台市招远市辛庄镇金海大道888号
……Tel：0535-8939319

寿光市光明电力工程有限公司
地址：寿光市孙集镇西侯村北
……Tel：0536-2095

山东滨海弘润管道物流股份有限公司
地址：山东省潍坊市滨海区珠江西街003633号
……Tel：0536-2095218

潍坊陆海港物流有限公司
地址：潍坊滨海经济技术开发区先进制造业产业园海润街以北、海丰路以西
……Tel：0536-2099188

潍坊市市政工程股份有限公司
地址：山东省潍坊市潍城区卧龙西街7999号
……Tel：0536-2102791

潍坊胜大运输有限公司
地址：山东省潍坊市高密市咸家工业区夷安大道与北平路交叉口西300米路北侧营业用房
……Tel：0536-2126669

寿光晨鸣现代物流有限公司
地址：寿光市建新西街与文曲路交叉路口
……Tel：0536-2156716

寿光亨旺物流股份有限公司
地址：寿光市文家街办驻地
……Tel：0536-2159709

潍坊三一物流有限公司
地址：山东省潍坊市潍城经济开发区豪德中路以东、工业四街以南雅龙国际贸易广场10号楼127号
……Tel：0536-2223156

潍坊综合保税区投资发展有限公司
地址：潍坊综合保税区高新二路东（管委

会办公楼408室）
…………………Tel：0536－8527382
潍坊保税物流有限公司
地址：潍坊综合保税区健康东街高二路888号第六排606号
…………………Tel：0536－8527382
潍坊燕城仓储物流有限公司
地址：潍坊综合保税区创新创业中心15楼1503
…………………Tel：0536－8527381
潍坊公路发展集团有限公司
地址：潍坊经济开发区民主街西首路北
…………………Tel：0536－2229258
山东联盟物流有限公司
地址：寿光市古城街道办驻地安顺街与特钢路交叉路口
…………………Tel：0536－2238659
潍柴动力（潍坊）集约配送有限公司
地址：潍坊高新区福寿东街197号甲
…………………Tel：0536－2297403
山东金运达仓储物流有限公司
地址：山东省潍坊市高密市夏庄镇潍胶路北侧
…………………Tel：0536－2757188
山东通达国际船舶管理有限公司
地址：山东省潍坊高新区新城街道凤凰社区潍县中路8号山东交通职业学院研发中心十层1001－1013
…………………Tel：0536－2927737
山东高速铁建装备有限公司
地址：临朐县五井镇工业园长兴路1020号
…………………Tel：0536－3125077
山东港天物流有限公司
地址：青州市东夏镇王木匠村
…………………Tel：0536－3505102
山东安途物流有限公司
地址：青州市黄楼街道办事处万红大道3008号
…………………Tel：0536－3831065
山东中联盛国际物流有限公司
地址：潍坊出口加工区蓝领一期办公楼A区203室
…………………Tel：0536－5070676
山东金路交通实业有限公司
地址：寿光市寿尧路工业园
…………………Tel：0536－5220177
寿光市市政工程有限公司
地址：寿光市金光西街2699号
…………………Tel：0536－5223434
寿光市公共交通运输有限公司
地址：寿光市建桥路交通大厦九楼
…………………Tel：0536－5228001
山东海纳宏洲运输股份有限公司
地址：寿光市侯镇（原五台镇址）
…………………Tel：0536－5255799
潍坊运昌物流有限公司
地址：潍坊滨海经济开发区大家洼滨海工业园
…………………Tel：0536－5305168
潍坊远航物流有限公司
地址：潍坊滨海经济开发区太平路南首
…………………Tel：0536－5310118
寿光市信德物流股份有限公司
地址：寿光市羊口镇渤海化工园南海路北侧
…………………Tel：0536－5456807
寿光市海翔物流股份有限公司
地址：山东省潍坊市寿光市文家街道金光西街1169号（综合维稳中心办公楼）
…………………Tel：0536－5676333
山东捷泰物流有限公司
地址：寿光市孙家集街道三元朱村村北银杏路沿街楼二楼1#－3#
…………………Tel：0536－5786717
诸城市中丰粮油物流有限公司
地址：山东省潍坊市诸城市舜王街办泰薛路以北部队营房以西
…………………Tel：0536－6013336
潍坊安骏达物流有限公司
地址：山东省潍坊市潍城区经济开发区东风西街以南、杏乐路以东传化公路港内
…………………Tel：0536－6100000
青州现代钢铁物流有限公司
地址：青州市益都路3666号
…………………Tel：0536－6131777
山东朝阳炭基复合材料有限公司
地址：昌乐县城东外环路3088号
…………………Tel：0536－6270189
潍坊友通物流有限公司
地址：昌乐县方山路3758号
…………………Tel：0536－6271708
山东泰瑞汽车机械电器有限公司
地址：山东省潍坊市诸城市舜王街道中九台村
…………………Tel：0536－6489167
昌邑市市政工程建设有限责任公司
地址：昌邑市新村街26号
…………………Tel：0536－7167186
山东泉发工业物流有限公司
地址：山东省潍坊市诸城市青莱高速辛兴收费站出入口南侧
…………………Tel：0536－7367882
中棉集团山东物流园有限公司
地址：山东潍坊滨海经济开发区汉江西街000666号
…………………Tel：0536－7572912
山东世茂国际物流有限公司
地址：潍坊市坊子区潍州南路十一公里处路西
…………………Tel：0536－7637333
山东北方国际物流中心有限公司
地址：潍坊市坊子区翠坊街172号北方国际物流三区2号楼
…………………Tel：0536－7668838
山东坊安新城物流股份有限公司
地址：潍坊市坊子区长宁街73号1号楼
…………………Tel：0536－7668838
潍坊水务投资有限责任公司
地址：潍坊市峡山生态经济发展区峡山水库防汛调度中心
…………………Tel：0536－7733209
潍坊市路通工程建设有限公司
地址：潍坊市经济开发区友爱路以西，现状北环路以南
…………………Tel：0536－7907700
山东钢联物流有限公司
地址：潍坊市潍城区东风西街以南腾飞路以西1号商务楼B座二楼
…………………Tel：0536－8188666
潍坊中外运国际物流有限公司
地址：潍坊综合保税区高二路888号第七排786号
…………………Tel：0536－8275697
潍坊远达国际货运代理有限公司
地址：山东省潍坊高新区新城街道锦城社区潍县中路2309号金域国际1号楼716－01
…………………Tel：0536－8276617
山东恒建工程监理咨询有限公司
地址：山东潍坊经济开发区民主街12345号
…………………Tel：0536－8585587
山东绿达景观工程有限公司
地址：山东省潍坊市奎文区北宫东街261号
…………………Tel：0536－8656736
潍坊顺昌路桥工程有限公司
地址：潍坊高新区东明路以东杰兴二街以北（宏昌公司办公楼）
…………………Tel：0536－8803115
山东迅捷物流有限公司
地址：山东省济宁市任城区济梁公路东侧济宁永丰物流有限公司院内
…………………Tel：0537－2177328
济宁市公路工程公司
地址：济宁市常青路西首北
…………………Tel：0537－2223586
济宁市公交正通汽车服务有限公司
地址：山东省济宁市任城区建设路40号
…………………Tel：0537－2312131
济宁市顺通旅游汽车有限公司
地址：济宁市建设南路31号
…………………Tel：0537－2368933
济宁正通物流有限公司
地址：山东省济宁市任城区红星中路33号
…………………Tel：0537－2652812
德州新一汽车贸易有限公司
地址：德州经济开发区大学东路1527号
…………………Tel：0537－2755997
山东九天物流有限公司
地址：济宁市东外环路路西太白路延伸线路南交叉口处
…………………Tel：0537－2787709
济宁鲁南公路工程公司
地址：市任城区李营苗营
…………………Tel：0537－2936000
济宁众诚汽车销售服务有限公司
地址：济宁市车站西路
…………………Tel：0537－3201691
山东锦建建设有限公司
地址：济宁高新区第七工业园内D区（黄屯镇政府西）
…………………Tel：0537－3286816
济宁市兖州区宏辉物流有限公司
地址：济宁市兖州区兴隆庄镇护驾营村（兴隆煤矿西邻）
…………………Tel：0537－3337716
山东爱密特物流有限公司
地址：济宁市兖州区大安镇汶邹公路路北（华鑫商贸院内）
…………………Tel：0537－3434199
济宁市兖州区联诚机械零部件有限公司
地址：山东省济宁市兖州区新驿镇府前路1号
…………………Tel：0537－3956829
山东沃特建设工程有限公司
地址：曲阜市开发区有朋路东首路南
…………………Tel：0537－4436556
曲阜银座配送有限公司
地址：曲阜市静轩东路239号（鲁城）
…………………Tel：0537－4927199
山东路得威工程机械制造有限公司
地址：济宁高新区黄王路以北、黄金大道以西
…………………Tel：0537－5160616
中铁建山东济徐高速公路济鱼有限公司
地址：山东省济宁市任城区永基城商业A座写字楼第16层、17层
…………………Tel：0537－5168383
济宁市大禾物流股份有限公司
地址：邹城市北宿镇东江村
…………………Tel：0537－5311066
兖矿东华物流有限公司
地址：山东省邹城经济开发区
…………………Tel：0537－5368592
山东鹏程路桥集团有限公司
地址：山东省济宁市嘉祥县建设北路61号
…………………Tel：0537－6866166
嘉祥祥盛路桥工程有限公司
地址：山东省济宁市嘉祥县呈祥大道88号
…………………Tel：0537－6867089
山东兴仓物流有限公司
地址：汶上县郭仓乡驻地
…………………Tel：0537－7019888
山东华力机电有限公司
地址：汶上县经济开发区
…………………Tel：0537－7060777
新风光电子科技股份有限公司
地址：山东省汶上县经济开发区金成路中段路北
…………………Tel：0537－7220735
山东梁山农村商业银行股份有限公司
地址：梁山县水泊中路118号
…………………Tel：0537－7328400
济宁矿业集团物流有限公司
地址：梁山县寿张集镇政府院内
…………………Tel：0537－7690987
天健物流有限公司
地址：济宁市兖州区新兖镇刘村
…………………Tel：0537－7925329
山东金宇汽车城有限公司
地址：济宁市任城区南张镇刘前村
…………………Tel：0537－7971606
泰安交运物流集团有限公司
地址：泰安市长城路中段运通物流中心
…………………Tel：0538－2119297
山东泰安交运集团泰安平安燃气运输有限公司
地址：泰安市高新区长城路中段
…………………Tel：0538－2185727
山东九州公路工程有限公司
地址：山东省泰安市东平县城汶河街008
…………………Tel：0538－2823259
泰安市宏辰物流有限公司
地址：山东省泰安市岱岳区天平街道孙家沟村
…………………Tel：0538－5891983
泰安恒泰物联网有限公司
地址：泰安市上高街道办事处上高镇村
…………………Tel：0538－6116008
泰安市泰山景区客运有限公司
地址：泰安市泰山景区天外村路
…………………Tel：0538－6216077
泰安市第二公共交通有限公司
地址：泰安市泰山大街1号
…………………Tel：0538－6911598
山东岳华能源储备物流有限公司
地址：新泰市青云街道办事处北师
…………………Tel：0538－7182193
山东新泰良友物流有限公司
地址：新泰市翟镇大港村
…………………Tel：0538－7520378
山东金能机械有限公司
地址：新泰市果都煤矿院内
…………………Tel：0538－7532748
山东泰安茂源物流有限公司
地址：泰安市泰山青春创业开发区
…………………Tel：0538－8109839
山东泰和东新物流有限公司
地址：山东省泰安市岱岳区大汶口镇驻地
…………………Tel：0538－8208278
山东鲁峰专用汽车有限责任公司
地址：泰安高新区龙潭路377号
…………………Tel：0538－8418932
泰安市物通天下物流有限公司
地址：山东省泰安市长城路中段
…………………Tel：0538－8430708
泰安市一路顺物流有限公司
地址：泰安市泰山区徐家楼
…………………Tel：0538－8438066
山东中富宏泰物流实业有限公司
地址：泰安市泰山青春创业开发区
…………………Tel：0538－8560188
山东华龙建筑安装有限公司
地址：青山西街19号
…………………Tel：0538－8566888
山东诚金市政园林工程有限公司
地址：山东省泰安市高新区南天门大街中段（中国泰山高端人才创业基地）
…………………Tel：0538－8569089
山东银桥国际物流有限公司
地址：泰安市长城路大白峪路段
…………………Tel：0538－8885687
尤洛卡精准信息工程股份有限公司
地址：高新区凤祥路以西规划支路以北
…………………Tel：0538－8926204
山东泰开汽车制造有限公司
地址：泰安市高新技术产业开发区龙泉路2766号
…………………Tel：0538－8933339
山东天泽祥禾物流有限公司
地址：临沭县经济开发区城南一街东首
…………………Tel：0539－2561136
咖路文具（山东）有限公司
地址：山东省临沂市沂水县北一环路C01040号
…………………Tel：0539－2630889
山东远恒供应链管理有限公司
地址：山东省临沂市兰山区天源国际物流园1号楼112、114、113
…………………Tel：0539－3103058
临沂天源国际物流有限公司
地址：临沂市兰山区临西十路北段东、西两侧
…………………Tel：0539－3119606
沂南县嘉源物流有限公司
地址：山东省临沂市沂南县张庄镇辉山村
…………………Tel：0539－3809888
蒙阴金城物流有限公司
地址：蒙阴县城南环路赵峪村西临
…………………Tel：0539－4271222
山东天蒙旅游开发有限公司
地址：山东省临沂市费县薛庄镇谭家庄村777号
…………………Tel：0539－5891177
立晨物流股份有限公司
地址：临沂市经济开发区327国道与东纵路交汇处
…………………Tel：0539－6011555
山东华派克物流有限公司
地址：临沂经济开发区东纵路
…………………Tel：0539－6018512
临沭华丰现代物流有限公司
地址：临沭县城常林东大街东首
…………………Tel：0539－6255677
山东中超物流供应链管理有限公司
地址：山东省临沂市临沭县兴大西街307号
…………………Tel：0539－6269006
山东炳丰物流有限公司
地址：山东省临沂市罗庄区罗庄街道南外环与罗七路交汇处西100米路北
…………………Tel：0539－7101111
国投山东临沂路桥发展有限责任公司
地址：山东省临沂市河东区九曲街道办事处季山官庄社区0014号
…………………Tel：0539－7110605
临沂慧隆物流有限公司
地址：坪上镇西南沟河村
…………………Tel：0531－86689039
山东国鲁物流有限公司
地址：莒南县十泉路与西环路交汇处（王家白龙汪村）
…………………Tel：0539－7232668
临沂金砖物流有限公司
地址：莒南县隆山路南段西侧
…………………Tel：0539－7288999
临沂市政集团有限公司
地址：山东省临沂市兰山区蒙山北路63号辰坤国际
…………………Tel：0539－7309116
山东嘉隆物流有限公司
地址：临沂市沂水县东外环与兖石路交汇处西南角(沂水经济开发区)
…………………Tel：0539－7361888
莒南舜成物流有限公司
地址：山东省临沂市莒南县坊前镇相邸开发区S342省道南侧
…………………Tel：0539－7511777
临沂大运运输有限公司
地址：临沂市河东区空港大街1号（巩村空港物流城沿街26－29号）
…………………Tel：0539－7703567
山东邦德物流有限公司
地址：县城南环路中段北侧12号
…………………Tel：0539－7923988
山东省临沂市华丰建筑安装工程公司
地址：山东省临沂市兰山区临西五路北段路西
…………………Tel：0539－8038916
临沂市水利工程处
地址：临沂市北城新区三和街20号
…………………Tel：0539－8129319
山东华夏高科信息股份有限公司
地址：临沂市兰山区蒙山大道北段西侧会展之都创业家园1号楼414－416号
…………………Tel：0539－8196692
山东环宇集团有限公司
地址：解放路88号
…………………Tel：0539－8223717
山东东方路桥建设总公司
地址：临沂市通达路4号
…………………Tel：0539－8290709
临沂易达物流有限公司
地址：罗庄区罗庄街道朱陈东南村0266号
…………………Tel：0539－8312229
临沂市德正达物流有限公司
地址：河东区九曲街道办事处朱斜坊村

……………………Tel：0539-8386088
临沂市易兴交通资产运营有限公司
地址：临沂市金雀山路79号
……………………Tel：0539-8707016
临沂市宇顺物流有限公司
地址：临沂经济开发区杭州路与厦门路交汇处
……………………Tel：0539-8785708
山东鲁中运达物流有限公司
地址：邹平经济开发区
……………………Tel：0543-2100069
山东首嘉金属物流有限公司
地址：滨州市博兴县经济开发区
……………………Tel：0543-2266072
山东华兴金属物流有限公司
地址：博兴县博城五路东首
……………………Tel：0543-2287900
山东宏昌达物流有限公司
地址：滨州市经济开发区长江五路以南渤海二十二路以西
……………………Tel：0543-2299707
黄河三角洲滨南物流有限公司
地址：滨州市博兴高新技术园区
……………………Tel：0543-2872308
山东方圆物流有限公司
地址：山东省滨州市博兴县经济开发区新博路588号
……………………Tel：0543-2315910
山东鹏飞鸿物流有限公司
地址：山东省滨州市博兴县湖滨镇柳童村村东
……………………Tel：0543-2441088
山东省博兴县深发物流有限责任公司
地址：山东省滨州市博兴县经济开发区205国道路南（京博华艺亭以东）
……………………Tel：0543-2555555
山东香驰物流有限公司
地址：滨州市博兴县工业园
……………………Tel：0543-2617720
山东京博云商物流有限公司
地址：博兴县经济开发区
……………………Tel：0543-2872308
滨州天宏物流发展有限公司
地址：滨州市博兴县城东工业园
……………………Tel：0543-2978613
滨州市天丰物流有限公司
地址：滨州市滨城区渤海三路524号
……………………Tel：0543-3220456
滨州金生金仓储配送服务有限公司
地址：滨州市渤海七路599号
……………………Tel：0543-3223733
滨州市胜通物流运输有限公司
地址：滨城区205国道与永莘路交叉口'
……………………Tel：0543-3560008
山东万向物流有限公司
地址：邹平县城北两公里
……………………Tel：0543-4300031
邹平齐星工业铝材有限公司
地址：山东省滨州市邹平市经济技术开发区会仙二路693号
……………………Tel：0543-4301521
山东齐星铁塔有限公司
地址：山东省滨州市邹平市经济开发区会仙二路齐星铁塔技术研发中心
……………………Tel：0543-4309163
山东鸿泽路桥设施有限公司
地址：邹平县星宇路
……………………Tel：0543-4618969
邹平县三利运输有限公司
地址：邹平县码头镇开发区
……………………Tel：0543-4760200
山东弘淼仓储有限公司
地址：山东省邹平市长山镇魏桥铝深加工产业园东首
……………………Tel：0543-4812086
山东裕航特种合金装备有限公司
地址：山东省邹平县韩店镇驻地
……………………Tel：0543-4897791
山东鑫辉仓储物流有限公司
地址：滨州市博兴县店子工业园聚鑫源路58号
……………………Tel：0543-5031227
无棣县渤海物流有限公司
地址：无棣县水湾镇政府驻地
……………………Tel：0543-5078008
山东无棣三岳运通物流有限公司
地址：无棣县碣石山镇镇政府以北2000米大济路西侧
……………………Tel：0543-5151816
滨州港务集团有限责任公司
地址：滨州市北海经济开发区经十七路7号
……………………Tel：0543-5152698
山东昌盛物流有限公司
地址：山东省滨州市无棣县205国道东、青坡沟南
……………………Tel：0543-6318777
无棣水总建设工程有限公司
地址：无棣县城富路大街
……………………Tel：0543-6335919
山东无棣农村商业银行股份有限公司
地址：无棣县城院前街东首
……………………Tel：0543-6360358
山东滨州港化工码头有限公司
地址：滨州市北海新区北海大街8号
……………………Tel：0543-6573038
无棣海忠软管制造有限公司
地址：滨州港西港经济园区
……………………Tel：0543-6573965-8888
邹平创源物流有限公司
地址：山东省滨州市邹平县高新街道办事处会仙四路东首
……………………Tel：0543-6981987
山东省沾水建设工程有限公司
地址：山东省滨州市沾化区富城路东6号
……………………Tel：0543-7316995
山东沾化海利达物流有限公司
地址：山东省滨州市沾化区滨孤路166号
……………………Tel：0543-7322291
滨州炜烨物流有限公司
地址：山东省滨州市沾化区恒业三路117号
……………………Tel：0543-7352866
山东沾化盛大物流有限责任公司
地址：山东省滨州市沾化区新沙路西（交警三中队对面）
……………………Tel：0543-7359697
滨州京鲁交通工程有限公司
地址：山东省滨州市沾化区金海五路51号
……………………Tel：0543-7811735
阳信滨阳工贸运输有限公司
地址：阳信县经济开发区工业七路西首
……………………Tel：0543-8710555
山东省阳信县胜军物流运输有限公司
地址：阳信县商店镇北街
……………………Tel：0543-8713999
山东万达建安股份有限公司
地址：山东省东营市垦利区胜坨镇永莘路68号万达集团
……………………Tel：0546-2068578
广饶广通物流有限公司
地址：广饶经济开发区
……………………Tel：0546-2952588
东营市河口区市政工程公司
地址：河口区河滨路17号
……………………Tel：0546-3655317
东营市润物物流有限责任公司
地址：山东省东营市利津县利十路以北、津二路以东
……………………Tel：0546-5611111
山东金源物流集团有限公司
地址：山东省东营市利津县陈庄镇驻地（滨港路以南、国税局以北）
……………………Tel：0546-5651196
山东玖号物流有限公司
地址：东营市利津县经济开发区
……………………Tel：0546-6085611
山东齐成物流有限责任公司
地址：东营市广饶县广饶镇工业园
……………………Tel：0546-6261767
广饶县东方华龙物流有限公司
地址：广饶县经济开发区
……………………Tel：0546-6455176
东营翔宇物流有限公司
地址：东营市广饶县丁庄镇政府驻地
……………………Tel：0546-6521290
山东宇通路桥集团有限公司
地址：广饶县城花苑路6号
……………………Tel：0546-6681896
东营天诚物流有限公司
地址：广饶县大王镇延集村
……………………Tel：0546-6892008
利津顺通物流有限公司
地址：利津县陈庄镇治河一东村
……………………Tel：0546-7085222
东营市金利物流有限公司
地址：东营区北二路96号
……………………Tel：0546-7399799
山东泰强物流有限公司
地址：东营市广饶县潍高路南侧
……………………Tel：0546-7725677
东营市华星物流有限责任公司
地址：山东省东营市利津县永莘路188号
……………………Tel：0546-7736588
东营鸿德物流有限责任公司
地址：东营市北二路西首（西郊郝家工贸基地）
……………………Tel：0546-7775333
东营市众诚物流有限公司
地址：广饶县稻庄镇政府驻地
……………………Tel：0546-7799888
东营中外运物流有限公司
地址：东营市东营区府前大街59号新孵化大厦（B楼）115室
……………………Tel：0546-8021819
山东龙顺物流有限公司
地址：山东省东营市东营区北一路123号二层
……………………Tel：0546-8083967
山东科达基建有限公司
地址：东营市东营区黄河路北、规划五路西科技企业加速器E2-4-403
……………………Tel：0546-8301956
山东金钊源物流集团有限公司
地址：东营市垦利区董集镇潍坊路以北、和盛路以东（山东金钊源仓储物流园内）
……………………Tel：0546-8594687
淄博金隆顺物流有限公司
地址：山东省淄博市临淄区凤凰镇北安合村东
……………………Tel：055-7669667
青岛华日彩印有限公司
地址：山东省青岛市即墨区黄河二路386号即发针织工业基地
……………………Tel：0592-88590036
威海南海新区公共交通有限公司
地址：威海南海新区现代路南、金海路西
……………………Tel：0631-3588678
威海市市政工程有限公司
地址：山东省威海临港经济技术开发区江苏东路10号
……………………Tel：0631-5224127
交通银行股份有限公司威海分行
地址：威海市海滨北路34号
……………………Tel：0631-5226210
威海港集团有限公司
地址：山东省威海经济技术开发区海埠路-288-4号
……………………Tel：0631-5233253
山东中安联合物流有限公司
地址：威海市高山街72号
……………………Tel：0631-5236189
威海国际机场集团有限公司
地址：山东省威海市环翠区竹岛街道青岛北路24号
……………………Tel：0631-5300797
威海中外运物流发展有限公司
地址：威海经济技术开发区海埠路-401-1、2号
……………………Tel：0631-5322391
中屹技术有限公司
地址：山东省威海市高区怡园街道办事处沈阳路-108-2号创业大厦A0216、0218室
……………………Tel：0631-5668788
威海国际物流园股份有限公司
地址：威海临港经济技术开发区福州路11号
……………………Tel：0631-5589801
山东威高集团物流有限公司
地址：威海高技区世昌大道312-23号
……………………Tel：0631-5622564
乳山市大业物流有限公司
地址：山东省威海市乳山市经济开发区惠州路38号
……………………Tel：0631-6294555
威海久业仓储物流有限公司
地址：山东省威海市乳山市乳山口工业园海滨街6号
……………………Tel：0631-6326099
乳山益正公路工程有限公司
地址：山东省威海市乳山市东山路南首
……………………Tel：0631-6690095
荣成中外运物流发展有限公司
地址：荣成市凭海西路17号
……………………Tel：0631-7508558
威海冠通路桥建设有限公司
地址：荣成市荣昌路8号
……………………Tel：0631-7633888
威海公共交通集团文登公交有限公司
地址：山东省威海市文登区环山办圣经山路995号
……………………Tel：0631-8467597
山东鲁化天地物流有限公司
地址：滕州市木石镇驻地（枣木高速路北）
……………………Tel：0632-2362181
滕州新奥能源物流港有限公司
地址：山东省枣庄市滕州市滨湖镇后辛安村西70米处
……………………Tel：0632-2896609
枣庄市道桥工程有限公司
地址：山东省枣庄市市中区青檀中路36号
……………………Tel：0632-3306766
枣庄市政建设集团股份公司
地址：山东省枣庄市市中区振兴南路
……………………Tel：0632-3311813
山东衡达有限责任公司
地址：滕州市恒源南路888号
……………………Tel：0632-5512250
滕州市远通公路工程有限公司
地址：滕州市南环城路
……………………Tel：0632-5671233
滕州三兴物流有限公司
地址：滕州市机械工业园远大路东首
……………………Tel：0632-5877188
枣庄市兴泰物流运输有限公司
地址：山东省枣庄市峄城区榴园立交桥南200米路西（枣庄兴泰物流）
……………………Tel：0632-7997818
山东鼎泰交通物流股份有限公司
地址：山亭经济开发区南京路北(206国道东)
……………………Tel：0632-8859168
山东冠金通用航空有限公司
地址：日照迎宾路以南、临沂路以东（兴业四季春城南区沿街）22号楼2单元102室
……………………Tel：0633-2182166
日照市政宏物流商贸有限公司
地址：日照市黄海一路南、北京路东（蓝天世贸大厦）001幢01单元01-1102号
……………………Tel：0633-2183699
日照茂达物流有限公司
地址：山东省日照市东港区秦皇岛路北临沂路97号清馨家园001号楼沿街
……………………Tel：0633-2196599
五矿物流日照有限公司
地址：山东省日照市东港区泰安路179号国际大厦B座15A
……………………Tel：0633-2215902
日照临港国际物流有限公司
地址：山东省日照市岚山区临港工业园区园区二路
……………………Tel：0633-2239109
日照贵和国际贸易有限公司
地址：日照市烟台路207号贵和大厦18楼
……………………Tel：0633-2275966
日照双泽贸易有限公司
地址：日照市海滨二路南首156号1号楼1单元
……………………Tel：0633-2277988
日照华明国际贸易有限公司
地址：山东省日照市烟台路207号贵和大厦2309室
……………………Tel：0633-2279399
日照福顺物流有限公司
地址：山东省日照市深圳中路399号(北京路街道金家沟村北)
……………………Tel：0633-2285066
日照瑞年物流有限公司
地址：日照市北京路西天津路南（万基国际商住楼）001幢01单元1101号
……………………Tel：0633-2298269
日照通岳物流有限公司
地址：日照市日照南路汽车商贸城(204国道东侧,镀管厂南侧)
……………………Tel：0633-2299009
山东港信物流有限公司
地址：日照市岚山区碑廓镇木材加工园区园二路西侧
……………………Tel：0633-2605555
山东省九方物流有限公司
地址：日照市北京路南首377号西岸国际大厦16楼
……………………Tel：0633-2999082
日照长航物流有限公司
地址：山东省日照市北京路西天津路南（万基国际商住楼）001幢02单元1103号
……………………Tel：0633-3310090
日照恒运物流有限公司
地址：日照市经济开发区北京路南段377号临港工业大厦4楼26、27号
……………………Tel：0633-3318682
日照公交汽车客运车站有限公司
地址：山东省日照市经济开发区奎山街道驻地，上海路以北、兖州铁路以东、南昌路以西、柳州路以南
……………………Tel：0633-3657006
山东玖航实业有限公司
地址：日照市上海路556号三远物流园403室
……………………Tel：0633-3690377
日照顺德物流有限公司
地址：日照市海口路北、无锡路西
……………………Tel：0633-3888857
山东交运港口物流有限公司
地址：山东省日照市经济技术开发区临沂南路395号
……………………Tel：0633-3912307
日照市翔宇物流有限公司
地址：西环路南,日照北路西
……………………Tel：0633-3938888
日照进谦国际贸易有限公司
地址：日照市北京路227号
……………………Tel：0633-3962568
山东瑞源物流有限公司
地址：山东省日照市岚山安东卫街道汾水镇火车站
……………………Tel：0633-3978318
五莲交通发展集团有限公司
地址：山东省日照市五莲县富强路158号
……………………Tel：0633-5236775
莒县晨曦物流有限公司
地址：山东省日照市莒县夏庄镇海右化工产业园
……………………Tel：0633-6163566
山东浩宇物流有限公司
地址：山东省日照市莒县陵阳镇陵阳大埠堤村（335省道以西、临沂路以南）
……………………Tel：0633-6218088
日照市新世纪商厦有限公司
地址：山东省日照市莒县城阳北路
……………………Tel：0633-6224300
日照新晨物流有限公司
地址：山东省日照市莒县经济开发区城阳北路775号
……………………Tel：0633-6231989

莒县恒通物流有限公司
地址：莒县陵阳镇东莒工业园
…………………………Tel：0633-6791039

日照经济开发区合顺物流有限公司
地址：山东省日照市经济开发区北京路街道西山前村疏港高速以南、开发区水厂以东
…………………………Tel：0633-6977777

日照保税物流中心有限公司
地址：日照市临沂南路560号
…………………………Tel：0633-7381938

日照市金海源物流有限公司
地址：日照市岚山港区内
…………………………Tel：0633-7383583

莒县通达物流股份有限公司
地址：山东省日照市莒县山东路555号
…………………………Tel：0633-7770007

莒县博雅校车服务有限公司
地址：山东省日照市莒县城阳街道潍徐路336号
…………………………Tel：0633-7932777

山东易通路桥工程有限公司
地址：山东省日照市东港区烟台路169号（维嘉商业写字楼E.尚筑）
…………………………Tel：0633-8039906

山东日照中瑞国际物流有限公司
地址：山东省日照市国际海洋城涛维物流发展中心
…………………………Tel：0633-8105887

日照裕秋物流有限公司
地址：山东省日照市东港区辉煌国际海港城一区003幢01单元01-109号
…………………………Tel：0633-8155559

山东乾润工贸有限公司
地址：山东省日照市海曲路东段南侧（海鲜城二期）7#
…………………………Tel：0633-8215960

日照公交能源集团有限公司
地址：山东省日照市东港区昭阳路23号
…………………………Tel：0633-8786198

日照市城乡公交一体化运营有限公司
地址：山东省日照市东港区昭阳路25号
…………………………Tel：0633-8225015

日照市公交车辆运营服务有限公司
地址：山东省日照市东港区昭阳路23号（备案地址山东省日照市东港区烟台路7号）
…………………………Tel：0633-8225177

日照顺海国际物流有限公司
地址：山东省日照市东港区兴业国际商城001号楼1单元1003号
…………………………Tel：0633-8303398

日照市宏博物流有限公司
地址：日照市北京路南段(山后一村段)
…………………………Tel：0633-8361918

日照丰泰物流有限公司
地址：山东省日照市深圳路北、成都路东
…………………………Tel：0633-8363986

日照杰德能源经贸有限公司
地址：山东省日照市东港区海滨五路79号盛祥佳苑2号楼1单元501室
…………………………Tel：0633-8365828

日照创景物流有限公司
地址：山东省日照市东港区黄海三路5号（山东省农业生产资料日照有限公司）5#楼501（住宅类）
…………………………Tel：0633-8366988

中创物流（日照）有限公司
地址：日照市东港区海滨三路与上海路交汇处（跨境电商产业园东沿街）
…………………………Tel：0633-8389205

日照瀚海物流有限公司
地址：日照市岚山区岚山头街道周家庄子
…………………………Tel：0633-8577188

日照林远物流有限公司
地址：日照市上海路369号
…………………………Tel：0633-8626877

日照大宗商品供应链管理有限公司
地址：山东省日照市北京路277号鲁南（日照）国际贸易与航运服务中心3楼
…………………………Tel：0633-8665666

日照蓝海国际物流有限公司
地址：日照经济开发区秦皇岛路119号
…………………………Tel：0633-8667737

日照公路养护有限公司
地址：山东省日照市东港区烟台路7号
…………………………Tel：0633-8780718

山东成华物流有限公司
地址：山东省日照市东港区河山工业园
…………………………Tel：0633-8787658

日照中盛物流有限公司
地址：日照市上海路东段北侧(海滨三路东)
…………………………Tel：0633-8809038

日照公路建设有限公司
地址：山东省日照市东港区泰安路79号
…………………………Tel：0633-8819708

日照源泰物流有限公司
地址：山东省日照市经济开发区临沂南路576号
…………………………Tel：0633-8823990

日照市规划设计研究院集团有限公司
地址：山东省日照市东港区济南路269号建设大厦8楼
…………………………Tel：0633-8899516

山东莱芜东烨物流有限公司
地址：莱芜市钢城区府前大街西首北
…………………………Tel：0634-5655112

莱芜宝鼎物流有限公司
地址：济南市莱芜区羊里镇羊里村南工业路东
…………………………Tel：0634-5819611

莱芜达利源物流有限公司
地址：莱芜市钢城区里辛镇里辛村
…………………………Tel：0634-6471332

济南宇航物流有限公司
地址：山东省济南市钢城区汶源街道黄庄一村西
…………………………Tel：0634-6865686

山东鲁中钢铁物流有限公司
地址：济南市钢城区里辛镇
…………………………Tel：0634-6905222

山东金来建设集团有限公司
地址：山东省济南市莱芜区茶业口镇北腰关村
…………………………Tel：0634-6969222

山东泰金精锻股份有限公司
地址：济南市莱芜高新区汇源大街001号
…………………………Tel：0634-8661188

山东聊城昌润物流有限公司
地址：聊城市卫育路北首
…………………………Tel：0635-2114356

东阿县水利工程总公司
地址：东阿县城东聊滑路南崔庄北
…………………………Tel：0635-2179345

冠县仁通物流运输有限公司
地址：冠县工业园区（崇文街道办事处张八里庄）
…………………………Tel：0635-2919909

山东锦信托物流有限责任公司
地址：高唐县姜店镇姜店街1号
…………………………Tel：0635-3956788

万和通物流集团有限公司
地址：山东省聊城市茌平县振兴街道铝城路东首7号
…………………………Tel：0635-4288788

聊城市德通交通器材制造有限公司
地址：山东省聊城市茌平县804省道南大崔工业园内
…………………………Tel：0635-4283738

茌平信发物流有限公司
地址：茌平县信发热电工业园
…………………………Tel：0635-4288089

茌平现代物流有限公司
地址：茌平振兴办事处花牛陈村
…………………………Tel：0635-5101588

山东卓宇物流有限公司
地址：冠县工业园区北二环路中段（烟庄）
…………………………Tel：0635-5105008

聊城市九州路桥工程有限公司
地址：聊城市冠县红旗路北首
…………………………Tel：0635-5263164

山东聊城润昌农村商业银行股份有限公司
地址：山东省冠县冠宜春东路145号
…………………………Tel：0635-5685908

阳谷金路泰达物流有限公司
地址：阳谷县侨润办事处杨庄中学北
…………………………Tel：0635-6216188

聊城市侨润物流有限公司
地址：山东省阳谷县工业园区
…………………………Tel：0635-6364608

裕昌控股集团有限公司
地址：山东省聊城市东昌府区东昌东路3号莲湖大厦17层
…………………………Tel：0635-6978888

莘县东发地物流有限公司
地址：山东省聊城市莘县东升路北段东侧
…………………………Tel：0635-7328814

莘县四通实业有限公司
地址：山东省聊城市莘县鲁西经济技术开发区耕莘街中段路南（莘亭）
…………………………Tel：0635-7362066

聊城市传朋公路工程有限公司
地址：山东省聊城市莘县柿子园镇工业园区郑庄村南首
…………………………Tel：0635-7381610

聊城市中天路桥有限公司
地址：莘县通运路北首
…………………………Tel：0635-7386023

聊城交运公交有限责任公司
地址：聊城市柳园北路西、建设西路北
…………………………Tel：0635-8425252

聊城中储粮物流有限公司
地址：聊城市经济开发区规划路北军王屯耕地西
…………………………Tel：0635-8510160

聊城大生物流有限公司
地址：山东省聊城市开发区北城街道研发路西华宝饲料院内东首
…………………………Tel：0635-8535616

聊城市正大实业有限公司
地址：聊城市聊阳路中段路东（车管所院内）
…………………………Tel：0635-8553756

山东合力金桥系统集成技术有限公司
地址：山东省聊城市高新技术产业开发区湖南路北新东环西百利来产业园106栋楼
…………………………Tel：0635-8681098

聊城盖氏邦晔物流有限公司
地址：聊城经济开发区北环路南昌润路东
…………………………Tel：0635-8808110

日照经济开发区百发物流有限公司
地址：日照市海曲东路141号望海楼宾馆二楼
…………………………Tel：063-8357111

聊城交运集团千千佳物流有限责任公司
地址：山东省聊城经济开发区卫育路北首北外环以南千千佳物流园区
…………………………Tel：0638-8787081

青岛中天恒物流有限公司
地址：山东省青岛市崂山区深圳路169号中创大厦10楼1008室
…………………………Tel：0870-5735

河南省

河南祥运物流有限公司
地址：淅川县东风路双桥旅馆五楼
…………………………Tel：027-86359388

安阳比亚迪实业有限公司
地址：安阳县瓦店乡大寒屯村
…………………………Tel：029-88889999

河南基安建设集团有限公司
地址：河南省商丘市示范区平台办事处商虞路与兴唐路交叉口西北角公租房园区A区77号
…………………………Tel：0370-2086262

商丘市东方路韵公路工程有限公司
地址：商丘市梁园区新建南路43号
…………………………Tel：0370-2286670

河南省宝山建筑工程有限公司
地址：商丘市梁园区团结路南绿苑新村8号门面房
…………………………Tel：0370-2810926

商丘市国基建筑安装有限公司
地址：商丘市胜利西路215号
…………………………Tel：0370-2812133

河南省广宇建设集团有限公司
地址：商丘市梁园区中州北路99号
…………………………Tel：0370-2883899

河南中港运输集团有限公司
地址：商丘市梁园区民主东路153号
…………………………Tel：0370-3168277

永城煤电集团聚龙物流贸易有限公司
地址：永城市东城区芒山路南段永煤辅助工业区
…………………………Tel：0370-5193673

开封三雨货物运输有限公司
地址：开封市祥符区八里湾镇政府院内
…………………………Tel：0371-23218891

开封市第二运输总公司
地址：开封市迎宾路8号
…………………………Tel：0371-23252220

开封市路达高速公路开发管理有限公司
地址：开封市集英街中段龙成锦绣花园C-1号楼
…………………………Tel：0371-23299800

河南迅驰物流有限公司
地址：河南省开封市祥符区八里湾镇政府院内
…………………………Tel：0371-26685088

河南润通汽车运输有限公司
地址：兰考县黄河路中段
…………………………Tel：0371-26995966

开封市兰尉高速公路发展有限公司
地址：尉氏县十八里镇十八里街西300米
…………………………Tel：0371-27487909

河南盛鼎建设集团有限公司
地址：郑州市金水区郑汴路138号37号楼22层2203号
…………………………Tel：0371-53376671

郑州智辆电子科技有限公司
地址：郑州高新区长椿路11号Y18幢1单元3层3号
…………………………Tel：0371-55021120

河南方元建筑工程有限公司
地址：林州市姚村镇富康街11号综合办公楼二楼西头
…………………………Tel：0371-55057553

中原鑫达建设发展有限公司
地址：河南省郑州市管城回族区玉凤路伟业财富中心3号楼2单元435号
…………………………Tel：0371-55128868

河南全领域物流有限公司
地址：新郑市龙湖镇郑州乾龙物流有限公司货代市场6号仓库
…………………………Tel：0371-55155656

郑州德邦物流有限公司
地址：郑州国际物流园区义通路以西、仁通路以东、喜达路以南
…………………………Tel：0371-55171122

河南传奇物流有限公司
地址：郑州市管城区南曹乡军用仓库西
…………………………Tel：0371-55951162

登封市嘉禾路桥工程有限公司
地址：河南省郑州市登封市中岳街道产业集聚区A区3楼3013号
…………………………Tel：0371-56515200

索凌电气有限公司
地址：郑州经济技术开发区（国际物流园区）祥瑞街100号
…………………………Tel：0371-56597289

河南省交院工程检测科技有限公司
地址：河南省郑州市郑东新区清正路3号
…………………………Tel：0371-56598195

中建投工程技术有限公司
地址：郑州市郑东新区商务外环路12号17层9号、10号
…………………………Tel：0371-56000801

河南省甲乙丙丁物流有限公司
地址：郑州经济技术开发区国际物流园区龙腾街以东、菊芳路以南、龙飞街以西、环南路以北
…………………………Tel：0371-56677620

郑州中建深铁轨道交通有限公司
地址：河南自贸试验区郑州片区（郑东）寿丰街与中兴南路交汇处凯利国际中心B座1309室
…………………………Tel：0371-58558882

中南建投建设有限公司
地址：林州市东岗岩峰街25号政府院内
…………………………Tel：0371-60159860

河南省旭安隆物流有限公司
地址：巩义市永安街道办永安路
…………………………Tel：0371-60260008

河南思维精工电子设备有限公司
地址：荥阳市京城北路与科学大道交叉口东南角
…………………………Tel：0371-60671553

河南思维自动化设备股份有限公司
地址：郑州高新区杜兰街63号
…………………………Tel：0371-60671678

河南万里物流有限公司
地址：郑州市管城区金岱工业园区（文昌路西侧、107辅道北侧）
…………………………Tel：0371-60699000

河南金辉物流有限公司
地址：郑州市管城区南曹乡郎庄村新107国道与郑尉路交叉口
…………………………Tel：0371-60836888

河南交院工程技术有限公司
地址：郑州市二七区航海中路165号
…………………………Tel：0371-60868177

郑州市公路工程公司
地址：郑州市二七区淮河路55号
…………………………Tel：0371-60928920

中电科信息产业有限公司
地址：河南自贸试验区郑州片区（郑东）博学路36号
…………………………Tel：0371-61270522

郑州云海信息技术有限公司
地址：郑州市郑东新区心怡路278号16层1601室
…………………………Tel：0371-61776017

郑州全日通物流有限公司
地址：郑州经济技术开发区航海东路与第一大街交叉口
…………………………Tel：0371-62002566

郑州市中牟豫中路桥有限公司
地址：河南省郑州市中牟县解放南路与省道223线交叉口路西南侧
…………………………Tel：0371-62172443

登封市公路工程处
地址：登封市颍河路西段
…………………………Tel：0371-62858386

恒兴建设集团有限公司
地址：河南自贸试验区郑州片区（郑东）正光北街28号2号楼东2单元13层1303号
…………………………Tel：0371-63379619

中科广通科技集团有限公司
地址：郑州市金水区花园路西农科路北1号楼32层3210号
…………………………Tel：0371-63946388

宝鼎建设工程有限公司
地址：林州市东岗岩峰街25号
…………………………Tel：0371-56670893

河南省建筑工程质量检验测试中心站有限公司
地址：郑州市金水区丰乐路4号
…………………………Tel：0371-63850517

郑州明泰交通新材料有限公司
地址：荥阳市中原路与织机路交叉口西北角
…………………………Tel：0371-64234256

荥阳豫鸣物流有限责任公司
地址：荥阳市京城北路018号
…………………………Tel：0371-64623099

天筑科技股份有限公司
地址：郑州市金水区经三路32号3号楼22层
…………………………Tel：0371-65350182

郑州联诚物流有限公司

地址：郑州经济技术开发区祥云办事处四港联动大道与福山路交叉口向东1000米路南
……Tel：0371-65519960
开封市国龙物流有限公司
地址：开封市魏都路189号
……Tel：0371-65617211
郑州中油洁能巴士燃气有限公司
地址：郑州高新技术产业开发区银屏路15号
……Tel：0371-65770882
河南兴达物流有限公司
地址：郑州市金水区金水路南、燕凤路西浦发国际金融中心B座2712号
……Tel：0371-65897157
河南昊锦建设集团有限公司
地址：林州市横水镇中心大街1号院
……Tel：0371-65988668
郑州风神领航物流有限公司
地址：河南自贸试验区郑州片区（郑东）商都路与博学路交叉口西北威佳汽车园
……Tel：0371-66009211
郑州中车四方轨道车辆有限公司
地址：荥阳市广武路与科学大道交叉口东南侧
……Tel：0371-66355888
虞城县顺达物流有限公司
地址：虞城县乔集乡人民政府院内
……Tel：0371-66515588
郑州交运中原大厦
地址：郑州市二七区火车站广场二马路10号
……Tel：0371-66768168
河南新华天畅物流有限公司
地址：郑州经济技术开发区第三大街186号2号
……Tel：0371-66785966
河南省第一公路工程有限公司
地址：郑州市新郑路206号
……Tel：0371-66823549
河南省第三公路工程有限公司
地址：郑州市二七区中原路91号
……Tel：0371-67165325
河南省公路工程局集团有限公司
地址：郑州市中原路91号
……Tel：0371-67165361
河南中天高新智能科技股份有限公司
地址：郑州市二七区淮河东路19号5楼
……Tel：0371-67166150
河南高速公路监理咨询有限公司
地址：荥阳市豫龙镇郑上路赵家庄段北侧
……Tel：0371-67166636
汉威科技集团股份有限公司
地址：郑州高新开发区雪松路169号
……Tel：0371-67169191
河南辉煌科技股份有限公司
地址：郑州市高新技术产业开发区科学大道74号
……Tel：0371-67372841
河南辉煌城轨科技有限公司
地址：郑州高新技术产业开发区科学大道74号
……Tel：0371-67388401
河南华宸工程建设有限公司
地址：荥阳市中原西路636号
……Tel：0371-67633199
中赟国际工程有限公司
地址：郑州市中原区中原路210号
……Tel：0371-67447141
河南中原高速公路股份有限公司
地址：河南省郑州市金水区徐庄东路97号牛顿国际B座3楼H11
……Tel：0371-67717696
河南通和高速公路养护工程有限责任公司
地址：连霍高速公路郑州西收费站北院
……Tel：0371-67791708
郑州市路通公路建设有限公司
地址：郑州市二七区航海路与郑密路交汇处
……Tel：0371-68660577
河南高速公路发展有限责任公司
地址：郑州市淮河东路１９号
……Tel：0371-68736100
郑州腾达公交有限公司
地址：郑州市上街区锦江南路23号院1幢
……Tel：0371-68933605
河南省交通科学技术研究院有限公司
地址：郑州市航海中路２１９号
……Tel：0371-68972257
河南能源化工集团国龙物流有限公司
地址：郑州市郑东新区商务外环路与商务西三街交叉口（国龙大厦3001室）
……Tel：0371-69102825
郑州亚东物流有限公司
地址：郑州市惠济区老鸦陈街道杜庄村
……Tel：0371-69137566
河南省邮政速递物流有限公司
地址：郑州市金水区花园路59号18层
……Tel：0371-69333626
河南中强建设有限公司
地址：新密市政通路与溱水路交叉口西北角
……Tel：0371-69856663
郑州航空港区公共交通有限公司
地址：郑州航空港区郑港十一路与郑港四街交叉口路南
……Tel：0371-85965927
河南华铁国际物流有限公司
地址：郑州经济技术开发区航海东路1356号商鼎大厦六楼
……Tel：0371-86070000
河南宇鑫物流集团有限公司
地址：河南自贸试验区郑州片区（郑东）商都路与明理路交叉口西南角
……Tel：0371-86103991
河南高速房地产开发有限公司
地址：郑州市淮河东路19号
……Tel：0371-86121226
河南林德国际物流有限公司
地址：河南自贸试验区郑州片区（金水）花园北路107号
……Tel：0371-86122286
东方今典集团有限公司
地址：河南自贸试验区郑州片区（郑东）商务外环路19号28层194号
……Tel：0371-86599000
郑州万特电气股份有限公司
地址：郑州市高新技术产业开发区黄杨街38号
……Tel：0371-86563528
郑州万客来物流有限公司
地址：郑州市二七区京广南路280号万客来食品城南院西21、22号
……Tel：0371-86586852
郑州捷安高科股份有限公司
地址：郑州高新技术产业开发区科学大道133号11层
……Tel：0371-86589303
河南高建工程管理有限公司
地址：河南省郑州市市辖区郑东新区泽雨街9号
……Tel：0371-86590861
河南省中创建筑工程有限公司
地址：林州市红旗渠大道与学院路交叉口林州建筑总部大厦A座11层
……Tel：0371-86630772
河南省金阳国际物流有限公司
地址：郑州市管城区紫荆山路60号8层803号
……Tel：0371-86630888
河南新永高速公路有限责任公司
地址：河南自贸试验区郑州片区（郑东）民生路1号1号楼第7层、第8层
……Tel：0371-87165062
河南交通投资集团有限公司
地址：郑州市郑东新区金水东路26号
……Tel：0371-87165663
河南交通物业管理有限公司
地址：郑州市中原路９３号
……Tel：0371-87166085
河南中油南安物流有限公司
地址：郑州经济技术开发区第六大街76号院12号楼2单元1号
……Tel：0371-87515090
河南民航发展投资有限公司
地址：郑州市郑东新区商务外环路8号23层2302
……Tel：0371-87519086
郑州海康威视数字技术有限公司
地址：郑州市郑东新区中道东路6号创意岛大厦C区5层C-5-025
……Tel：0371-89916999
河南爱国物流集团有限公司
地址：安阳市龙安区文昌大道西段路南
……Tel：0372-2155509
安阳浩海物流停车服务有限公司
地址：安阳市龙安区中州路南段路东
……Tel：0372-2155569
河南省安阳安远交通运输有限公司
地址：安阳市文峰区长江大道与曙光路交叉口安阳汽车南站院内
……Tel：0372-3391001
河南省安阳西北绕城高速公路有限公司
地址：河南省郑州市惠济区花园口镇2号
……Tel：0372-3771270
河南鸿宸建设有限公司
地址：安阳市殷都区钢三路北段路东梅园庄街道办事处四楼
……Tel：0372-3932152
安阳殷商物流工业园有限公司
地址：殷都区安钢大道中段
……Tel：0372-3946192
安阳国龙物流有限公司
地址：安阳市龙安区彰武街（安阳化学工业集团有限责任公司院内）
……Tel：0372-5402422
林州市太行大峡谷旅游开发有限公司
地址：林州市红旗渠大道总部大厦二楼
……Tel：0372-6081388
汤阴县顺风汽车服务有限公司
地址：汤阴县文王路东段
……Tel：0372-6256626
河南锦达建设有限公司
地址：林州市采桑行政路37号
……Tel：0372-6811601
林州市红旗渠公路工程有限公司
地址：林州市太行路17号
……Tel：0372-6812836
河南子午通粮油仓储物流股份有限公司
地址：滑县牛屯镇双狮村
……Tel：0372-8386538
河南腾华建设工程有限公司
地址：兰考县产业集聚区电商产业园内
……Tel：0373-2413489
新乡平原航空技术工程有限公司
地址：新乡市高新技术产业开发区静丰街坊
……Tel：0373-2812931
河南高远公路养护设备股份有限公司
地址：新乡市高新技术开发区新一街367号
……Tel：0373-3536029
新乡市花溪物流有限公司
地址：新乡市西工区生活区
……Tel：0373-4567628
河南省高远公路养护技术有限公司
地址：新乡市开发区高远路6号
……Tel：0373-5068608
河南新飞电器集团有限公司
地址：新乡市华兰大道4号
……Tel：0373-5119700
河南综合信兴物流有限公司
地址：河南省新乡市高新技术开发区
……Tel：0373-5852900
河南海宝家电股份有限公司
地址：新乡化学与物理电源产业园
……Tel：0373-5891816
豪发建设有限公司
地址：长垣市武丘开发区中心大道62号
……Tel：0373-8768999
许继集团有限公司
地址：许昌市许继大道1298号
……Tel：0374-3215985
许昌绿洲物流有限公司
地址：许昌市解放路北段2803号
……Tel：0374-3396663
河南鲜易供应链有限公司
地址：长葛市魏武路中段东侧
……Tel：0374-6230621
河南大森机电股份有限公司
地址：长葛市产业集聚区祥和路南侧
……Tel：0374-6707888
许昌万里客运有限责任公司
地址：许昌市天宝路与许州路交叉口东南侧
……Tel：0374-7385818
许昌万里物流有限公司
地址：许昌京珠高速公路南口
……Tel：0374-7388998
禹州市公共交通有限公司
地址：禹州市禹王大道东段
……Tel：0374-8110166
河南万里交通科技集团股份有限公司
地址：许昌市永昌西路
……Tel：0374-8319362
河南路太养路机械股份有限公司
地址：许昌市魏都民营科技园区宏腾大道
……Tel：0374-8561100
河南越秀尉许高速公路有限公司
地址：许昌市魏都区东大办事处东关大街茂源公寓1幢7层北侧东起第12间
……Tel：0374-8596969
汝州郑铁三佳水泥制品有限公司
地址：汝州市汝南工业区
……Tel：0375-2325015
汝州郑铁三佳道岔有限公司
地址：汝州市汝南工业区
……Tel：0375-6799317
河南省博奥联物流有限责任公司
地址：平顶山市新华区焦店镇阎庄1号
……Tel：0375-2702823
恩纽诚服（汝州）公共服务技术有限公司
地址：汝州市西环路骑岭交通管理站南隔壁楼房5楼502
……Tel：0375-3333317
河南平高通用电气有限公司
地址：河南省平顶山市新城区复兴路与翠竹路交叉口东侧
……Tel：0375-3507610
汝州市公共交通运输有限公司
地址：汝州市建设路东段南侧（郭庄变电站西侧）
……Tel：0375-6020253
河南省大香山物联城运营有限公司
地址：宝丰县产业集聚区（豫02线西侧）
……Tel：0375-6371111
平顶山叶舞高速公路有限责任公司
地址：河南省平顶山市舞钢市庙街乡刘沟村（叶舞高速舞钢建设路收费站院内）
……Tel：0375-7357969
河南显品粮油有限公司
地址：信阳市　河区金牛物流产业集聚区富民路东标准化厂房6号楼
……Tel：0376-6377035
大唐信阳华豫发电有限责任公司
地址：信阳市平桥区平桥镇
……Tel：0376-6522227
信阳金通建设工程有限公司
地址：信阳市工区路522号
……Tel：0376-6562669
河南万达路桥集团有限公司
地址：河南省信阳市工区路522号
……Tel：0376-6562894
河南省万达汽车运输有限责任公司
地址：河南省固始县中山大街257号
……Tel：0376-6772655
河南驰恒交通安全设施有限公司
地址：信阳市平桥区明港建设路北段
……Tel：0376-7693998
河南省商城县鑫源建设工程有限公司
地址：商城县崇福大道
……Tel：0376-7867251
河南光彩信阳高速公路有限公司
地址：信阳市　河区东方红大道23号
……Tel：0376-8858556
南阳市信德铭物流有限公司
地址：南阳市宛城区南阳生态工业园区
……Tel：0377-60196660
南阳市汇融物流发展有限公司
地址：南阳市雪枫大道东侧
……Tel：0377-61188059
南阳通途公路勘察设计有限公司
地址：南阳市中州路444号
……Tel：0377-61651896
河南万方交通工程有限公司
地址：南阳市卧龙区南京路1号
……Tel：0377-62068789
南阳市禄康源百货有限公司
地址：南阳市宛城区仲景路与纬九路交叉口西南角
……Tel：0377-63010333
河南省中原路桥建设（集团）有限公司
地址：河南省南阳市伏牛路22号
……Tel：0377-63122830
西峡县德盛物流有限公司
地址：河南省南阳市西峡县城工业大道
……Tel：0377-65101377
内乡县坤源物流有限责任公司
地址：河南省内乡县湍东镇宝天曼大道西侧中石化北关加油站北侧101户
……Tel：0377-65311866
内乡顺达物流有限公司
地址：河南省内乡县城关镇县衙路东段（县特色商业区）
……Tel：0377-65317000
内乡县纵横物流有限责任公司
地址：河南省内乡县城关镇菊潭大街与县衙路交叉口以东（县特色商业区）
……Tel：0377-65355111
郑州交通运输总公司
地址：郑州市人民路86号
……Tel：0377-66050998
中交国通公路工程技术有限公司
地址：南阳市北京大道中段
……Tel：0377-67779610
洛阳腾野汽车运输有限公司
地址：洛阳市西工区洛阳工业园区汉宫西路51号
……Tel：0379-60663888
洛阳市安达汽车运输有限公司
地址：洛阳市涧西区310国道北王湾村路东（洛阳交通物流中心3-1-9号）
……Tel：0379-62263886
中铁隧道集团机电工程有限公司
地址：河南省洛阳市老城区状元红路3号
……Tel：0379-63977689
洛阳铁路运通集团有限公司
地址：洛阳市廛河区陇海街1号
……Tel：0379-62721902
洛阳市轨道交通集团有限责任公司
地址：洛阳市洛龙区开元大道256号洛阳银行23楼
……Tel：0379-63005855
河南中运物流有限公司
地址：洛阳市老城区王城大道118号
……Tel：0379-63363238
洛阳金牡丹出租汽车有限公司
地址：洛阳市涧西区洛潼路南侧
……Tel：0379-64541888
一拖（洛阳）物流有限公司
地址：洛阳市涧西区建设路154号
……Tel：0379-64966416
洛阳国华物流有限公司
地址：中国（河南）自由贸易试验区洛阳片区高新开发区丰华路1＃办公楼204-205室
……Tel：0379-65112281
洛阳交运集团工业有限公司
地址：洛阳市宜阳县产业集聚区西庄工业园
……Tel：0379-65210676
洛阳国龙物流有限公司
地址：洛阳市　河区唐寺门

……Tel：0379-65989319
河南华夏易通物流有限公司
地址：嵩县库区乡陆浑景区（库区汽车站）
……Tel：0379-66333406
洛阳市德恒物流有限公司
地址：河南省洛阳市老城区王城大道96号院109室
……Tel：0379-68366966
河南璟信工程监理有限公司
地址：洛阳市洛龙区开元大道西段智慧工场物联网创新科技园B12幢
……Tel：0379-69911820
焦作市新时代高速公路有限公司
地址：焦作市中站区焦克路1469号
……Tel：0391-2995515
河南蒙鑫物流有限公司
地址：武陟县北郭乡政府门前
……Tel：0391-3566808
济源市交通客运有限公司
地址：济源市济水大街与汤帝路交叉口
……Tel：0391-6677336
济源市交运公共交通有限公司
地址：济源市济水大街中段
……Tel：0391-6686900
济源市公路工程有限公司
地址：济源市南环路与小浪底专用线交叉口
……Tel：0391-6969006
孟州市纳宝物流有限责任公司
地址：孟州市会昌街道西环路与韩愈大街交叉口南侧06号
……Tel：0391-8533777
鹤壁市四季青农产品物流配送有限公司
地址：鹤壁市淇滨区淇水大道观景大厦19层
……Tel：0392-2170028
河南省宏昌物流有限公司
地址：鹤壁市山城区石林工业集中区壶台公路东段
……Tel：0392-2558928
鹤壁运发运输有限公司
地址：鹤壁市山城区长风中路车管所北50米路西
……Tel：0392-2616795
鹤壁国龙物流有限公司
地址：淇县鹤淇大道中段路西天天创业园院内
……Tel：0392-2962019
中油物流有限公司
地址：濮阳市胜利东路398号
……Tel：0393-4880646
濮阳市齐通物流有限公司
地址：濮阳市黄河路与科技大道交叉口南300米路西
……Tel：0393-8581268
河南森威石化物流有限公司
地址：市北环路西段
……Tel：0393-8966969
淮阳环宇汽车运输有限责任公司
地址：淮阳县西城区
……Tel：0394-2681413
淮阳县城市公共交通有限责任公司
地址：淮阳县产业集聚区羲皇大道与腾达路交叉口东北角
……Tel：0394-2805900
河南金源实业集团有限公司
地址：沈丘县纸店镇东关新区
……Tel：0394-5672318
沈丘县金源世通物流有限公司
地址：沈丘县纸店镇东关新区
……Tel：0394-5672316
黄淮农产品股份有限公司
地址：周口市太昊路18号
……Tel：0394-8211086
周口市华峰迅达物流有限公司
地址：周口市周项路东段（东诚家具城院内）
……Tel：0394-8303886
河南中润糖业物流有限公司
地址：河南省周口市太昊路东段18号
……Tel：0394-8318008
河南漯阜铁路实业有限公司
地址：周口市工农路南段铁路建材城
……Tel：0394-8392098
周口市豫都汽车运输有限公司
地址：周口市朝阳路中段
……Tel：0394-8525888
河南中汇商贸股份有限公司
地址：漯河市源汇区交通路433号
……Tel：0395-2123663
漯河市宏锦市政工程有限责任公司
地址：漯河市源汇区团结路南段203号
……Tel：0395-2328991
河南立达物流有限公司
地址：漯河经济开发区轻工食品工业园
……Tel：0395-2661939
漯河福瑞达物流有限公司
地址：临颍县经五路西侧高速引线北侧
……Tel：0395-3316100
漯河新玛特购物广场有限公司
地址：漯河市源汇区交通路与滨河路交叉口
……Tel：0395-5897755
河南中远物流有限公司
地址：漯河市召陵区人民东路36号东城产业集聚区第一栋房院内
……Tel：0395-5901599
漯河千盛购物广场有限公司
地址：漯河市源汇区交通路与人民路交叉口
……Tel：0395-5999612
漯河金桥交通发展有限公司
地址：漯河市郾城区泰山北路13号
……Tel：0395-6189737
驻马店市恒兴运输有限公司
地址：驻马店市天中山大道北段（驿城区刘阁乡汪刘庄）
……Tel：0396-2117888
河南骏翔物流有限公司
地址：遂平县希望大道徐福记东侧
……Tel：0396-2157777
驻马店市华生粮油物流有限公司
地址：驻马店市练江路1号
……Tel：0396-2522566
驻马店市先锋粮油储运有限公司
地址：驻马店市高新区工业园
……Tel：0396-2581788
驻马店天龙大酒店有限公司
地址：驻马店市文明路.
……Tel：0396-2859999
驻马店市华宇电力实业有限公司
地址：驻马店市解放路363号
……Tel：0396-2892095
河南蓝天物流有限公司
地址：驻马店市解放路68号
……Tel：0396-2958922
河南平正高速公路发展有限公司
地址：驻马店市乐山大道与通达路交叉口东南角
……Tel：0396-5351666
平舆中铁实业有限公司
地址：平舆县人民路中段北侧
……Tel：0396-5398888
新蔡县新通物流有限公司
地址：新蔡县产业集聚区月亮湾大道中段路西
……Tel：0396-5937669
上蔡县丰顺粮油收储有限公司
地址：上蔡县秦相路北段
……Tel：0396-6909606
三门峡速达交通节能科技股份有限公司
地址：三门峡市崤山路西段
……Tel：0398-2596903
河南锦路路桥建设有限公司
地址：三门峡市产业集聚区经十路
……Tel：0398-2929013
三门峡运通路桥有限公司
地址：三门峡陕州大道(黄金冶炼厂东200米)
……Tel：0398-2929660
三门峡市公路管理总段第六工程处
地址：县城行政路东段
……Tel：0398-3123967
伊川县溢金仓储有限公司
地址：洛阳市伊川县城关镇酒厂北路503号
……Tel：0979-69532666

湖北省

湖北汉宏盛建筑股份有限公司
地址：湖北省武汉市新洲区阳逻开发区余泊路27号
……Tel：027-89837726
中铁武汉勘察设计研究院有限公司
地址：武昌区民主路６１４号
……Tel：027-51161672
武汉中港物流有限公司
地址：武汉市新洲区阳逻街平江西路特9号
……Tel：027-59000010
武汉聚兴物流有限公司
地址：武汉市东西湖区人民政府东山办事处东岳村161号（16）
……Tel：027-59202918
武汉华电工程装备有限公司
地址：湖北省葛店开发区创业大道1号
……Tel：027-59370922
武汉四维图新科技有限公司
地址：武汉市东湖新技术开发区关山大道1号光谷软件园1.1期产业楼A1栋5层
……Tel：027-59422388
霍尼韦尔涡轮增压技术（武汉）有限公司
地址：武汉市东湖开发区佛祖岭三路3号
……Tel：027-59597012
武汉市芳华物流有限公司
地址：武汉吴家山台商投资区高桥产业园台中大道特1号（3）
……Tel：027-83085568
武汉市德邦物流有限公司
地址：武汉市东西湖区金山南路以东、华征路以南（13）
……Tel：027-59711760
武汉利德测控技术有限公司
地址：洪山区北港工业园
……Tel：027-59810786
武汉爱迪科技股份有限公司
地址：武昌区徐东二路2号SBI创意园四楼
……Tel：027-59817366
国网电力科学研究院武汉南瑞有限责任公司
地址：洪山区珞瑜路143号
……Tel：027-59839895
武汉光谷机电科技有限公司
地址：武汉东湖开发区关南四路37号
……Tel：027-59886188
武汉众志实业有限公司
地址：武汉市东西湖区金山大道金海工业园路29号（10）
……Tel：027-59907837
武汉岱家山兴城实业发展有限公司
地址：武汉市江岸区后湖街岱家山91号
……Tel：027-65028960
武汉光谷交通建设有限公司
地址：武汉市东湖高新技术开发区高新区高新大道666号
……Tel：027-65395711
武汉光谷现代有轨电车运营有限公司
地址：武汉市东湖新技术开发区高新大道666号生物产业（九峰）创新基地B14栋3楼（Y）
……Tel：027-65397921
武汉经发粮食物流产业投资有限公司
地址：武汉市新洲区双柳街陶家大湖渔场
……Tel：027-65660539
武汉市市政环境工程有限公司
地址：武汉经济技术开发区201M地块（春晓路6号）
……Tel：027-65662910
武汉市市政道路排水工程有限公司
地址：武汉经济技术开发区春晓路6号
……Tel：027-65690537
武汉综合交通研究院有限公司
地址：江岸区花桥街黄孝河路47号
……Tel：027-68820197
湖北高路油站经营有限责任公司
地址：武汉市　口区解放大道606号同馨花园4栋6层1室
……Tel：027-68837188
武汉阳逻港口服务有限公司
地址：湖北省武汉市新洲区阳逻开发区红岭村长江御龙新城6栋0单元1-2层16室
……Tel：027-68853590
武汉海润工程设备有限公司
地址：青山区武东街9号
……Tel：027-68867131
武汉船用电力推进装置研究所
地址：武汉市东湖新技术开发区长城科技园22号
……Tel：027-68896897
武汉市承韵速递有限公司
地址：武汉市蔡甸区　山街星光村
……Tel：027-69608626
湖北九头风能源物流有限公司
地址：武汉市江夏区安山镇马安村
……Tel：027-81382499
湖北我家物流服务有限公司
地址：汉川市霍城小商品市场2-96号3楼
……Tel：027-81885156
华灿光电股份有限公司
地址：武汉市东湖开发区滨湖路8号
……Tel：027-81929062
中铁科工集团装备工程有限公司
地址：武汉市江夏区经济开发区庙山开发区特3号
……Tel：027-81990066
中铁科工集团轨道交通装备有限公司
地址：武汉市江夏区庙山开发区幸福工业园内
……Tel：027-81990345
中冶南方城市建设工程技术有限公司
地址：武汉市东湖开发区大学园路33号
……Tel：027-88935599
武汉玖益交通设施工程有限公司
地址：黄陂区武湖农场新华大道3号钢材物流仓库1栋1层10号
……Tel：027-82267778
湖北公路客运（集团）盛世通运输有限公司
地址：武汉市新洲区辛冲镇龙腾大道（辛冲财政所内）
……Tel：027-82283887
武汉川隆物流有限公司
地址：武汉市江岸区二七街解放大道2159号航天星都汉口东部购物公园C1栋2单元22层18室
……Tel：027-82298863
中新房国石发展武汉有限公司
地址：武汉市青山区工人村都市工业园内
……Tel：027-82735231
武汉航发国际物流有限公司
地址：武汉市东西湖区新沟镇荷沙路特1号
……Tel：027-82757588
长航凤凰股份有限公司
地址：江汉区民权路39号汇江大厦
……Tel：027-82763901
长江航道局
地址：江岸区解放公园路20号
……Tel：027-82764113
湖北中汇工程建设集团有限公司
地址：孝感市交通大道118号
……Tel：027-82789928
武汉市轮渡公司
地址：江岸区南京路宝润里1号
……Tel：027-82819722
湖北交投实业发展有限公司
地址：武汉市江岸区中山大道908号
……Tel：027-82881979
武汉市天涯芳邻物流有限公司
地址：武汉市　口区简易路67号（原97号）2单元4层2号
……Tel：027-82907811
武汉东德物流有限公司
地址：武汉市东西湖区台商投资区新华工业园
……Tel：027-83065598
武汉市凯安物流有限公司
地址：武汉市东西湖区走马岭办事处汇通大道101号
……Tel：027-83068379
恒越物流（湖北）有限公司
地址：武汉市东西湖区107国道南新城四路东
……Tel：027-83083526
武汉北方捷运国际物流有限公司
地址：武汉市东西湖区金山南路以东、新岭一路以北1-3号仓库、综合楼1-9层（16）
……Tel：027-83228878
湖北盛辉物流有限公司
地址：武汉吴家山台商投资区高桥产业园台中大道特一号
……Tel：027-83238087
武汉长兴电器发展有限公司
地址：武汉市东西湖区海口电力工业园1298号（11）
……Tel：027-83247896
武汉神州通物流有限公司
地址：武汉吴家山台商投资区高桥产业园台中大道特1号（3）
……Tel：027-83264111
武汉嘉华新地物流有限公司
地址：武汉市东西湖区吴家山台商投资区高桥产业园台中大道特1号
……Tel：027-83290183
武汉杰通宏业物流有限公司
地址：武汉市　口区古田二路长丰北垸特一号零担货运中心517室
……Tel：027-83305710
武汉锦江物流有限公司
地址：武汉市东西湖区辛安渡办事处徐家台1号（15）
……Tel：027-83370433
武汉至和天下供应链管理股份有限公司
地址：武汉吴家山台商投资区高桥产业园台中大道特1号
……Tel：027-83370569
武汉赣东物流有限公司
地址：武汉市东西湖区环湖路北、南京二十一世纪以西武汉国际服务外包企业公园18栋1-4层2室（12）
……Tel：027-83375777
武汉汉鹏物流发展有限责任公司
地址：武汉市东西湖区吴家山农场台南一路南、高桥八路东1栋1-3层
……Tel：027-83381756
湖北交通工程检测中心有限公司
地址：武汉市东湖新技术开发区豹　镇新春村小林湾
……Tel：027-83451364
葛洲坝湖北襄荆高速公路有限公司
地址：湖北省荆门高新区·掇刀区培公大道171号
……Tel：027-83455066
湖北交投科技发展有限公司
地址：武汉市建设大道384号
……Tel：027-83461374
湖北省高速公路实业开发有限公司
地址：武汉市汉阳区龙阳大道9号
……Tel：027-83468313
瑞泰潘得路铁路技术（武汉）有限公司
地址：湖北省武汉市东西湖区将军路街办事处文业路1号
……Tel：027-83499994
武汉京韩现代物流有限公司
地址：武汉市吴家山台商投资区高桥产业园台中大道特1号（3）
……Tel：027-83529999
湖北融信押运保安服务有限公司
地址：武汉市江汉经济开发区江兴路20号
……Tel：027-83565388
中交三公局第三工程有限公司
地址：武汉市　口区古田二路2栋5层1

号-2
…………Tel：027-83592805

湖北大道物流集团有限公司
地址：武汉市东西湖区慈惠办事处车站村160号
…………Tel：027-83599555

武汉乐道物流有限公司
地址：武汉市东西湖区张柏路东、长兴电器南
…………Tel：027-83668738

武汉翔海海运有限公司
地址：武汉市东西湖区慈惠街道办事处慈惠墩230号（8）
…………Tel：027-83734207

武汉运道汽车服务有限公司
地址：武汉市东西湖区吴家山农场七支沟西、107国道南、M3立方城武汉医药研发创业城第4幢12层10号房（8）
…………Tel：027-83804788

湖北建科国际工程有限公司
地址：武汉市东湖新技术开发区光谷大道77号光谷金融港2期B4栋6-7层
…………Tel：027-83869036

武汉市欣安捷物流有限公司
地址：武汉市东西湖区辛安渡办事处徐家台1号（15）
…………Tel：027-83897616

中交武汉港湾工程设计研究院有限公司
地址：武汉市东西湖区辛安渡办事处徐家台1号（15）
…………Tel：027-83920902

武汉机场路发展有限公司
地址：武汉市江汉区经济开发区汉口创业中心（江兴路6号）1号楼
…………Tel：027-83921183

湖北品骏物流有限公司
地址：武汉市汉南区永丰·学府苑商住小区（二期）第3幢一层11号
…………Tel：027-83992208

武汉四方交通物流有限责任公司
地址：武汉市东西湖区东西湖大道21号（8）
…………Tel：027-84252991

武汉华运达物流有限公司
地址：武汉市汉南区通用航空及卫星产业园特1号（通江三路南侧武汉华运达物流基地）
…………Tel：027-84257189

湖北三环汉阳特种汽车有限公司
地址：武汉市武汉经济技术开发区沌阳大道266号
…………Tel：027-84298133

武汉百富勤物流发展有限公司
地址：武汉市江夏区金口街金水闸93-31-302号
…………Tel：027-84473140

东风捷富凯武汉物流有限公司
地址：武汉经济技术开发区16MD地块（万家湖路）
…………Tel：027-84473685

湖北鑫铁安通工贸物流有限公司
地址：武汉市黄陂区滠口街冯树岭村
…………Tel：027-84518088

中交城乡建设规划设计研究院有限公司
地址：武汉市经济开发区1C1地块科技综合楼
…………Tel：027-84214264

湖北省公路水运工程咨询监理有限公司
地址：湖北省武汉市汉阳区龙阳大道7号
…………Tel：027-84626987

武汉鸿程物流有限公司
地址：武汉市蔡甸区常福工业示范园常升以南、福照路以东
…………Tel：027-84628388

武汉致远市政建设工程有限公司
地址：武汉市汉阳区鹦鹉大道197号
…………Tel：027-84638017

武汉建银华盛集团股份有限公司
地址：武汉市汉阳区金色环路18号第5栋
…………Tel：027-84646837

湖北省路桥集团华晟通建设工程有限公司
地址：武汉市乔口区宝丰二路21号
…………Tel：027-84663018

武汉市源华汽车服务有限公司
地址：武汉市江夏区藏龙岛凤凰大道16号
…………Tel：027-84671237

武汉新杰豹物流有限公司
地址：武汉市江夏区金口街二道堤社区金岭路194附1号
…………Tel：027-84681211

葛洲坝集团交通投资有限公司
地址：武汉市　口区　口路162号葛洲坝城市花园二期11栋/单元23层1号
…………Tel：027-84739580

武汉经开港口有限公司
地址：武汉市汉南经济开发区兴盛路218号
…………Tel：027-84759519

武汉市京顺达物流有限公司
地址：武汉市蔡甸区蔡甸街马家渡村，华利村，高庙村A区中转库101室
…………Tel：027-84773391

武桥重工集团股份有限公司
地址：武汉经济技术开发区沌口路777号
…………Tel：027-84797546

武汉钟鑫市政建设工程有限公司
地址：武汉市汉阳区夹河路18号
…………Tel：027-84841296

武汉市汉阳市政建设集团有限公司
地址：武汉市汉阳区罗七北路12号金龙公馆综合楼栋18-20层
…………Tel：027-84841873

湖北省城建设计院股份有限公司
地址：武汉市汉阳区隆祥街1号
…………Tel：027-84870285

湖北交投智能检测股份有限公司
地址：武汉市汉阳区知音大道257号中海大厦（中海琴台华府）29层
…………Tel：027-84889488

武汉风神科创汽车零部件集成有限公司
地址：武汉经济技术开发区3MA地块（车城大道202号）冲压车间
…………Tel：027-84891165

武汉长江供水实业股份有限公司
地址：武汉经济技术开发区5C2地块创业路70号
…………Tel：027-84894261

武汉市市政路桥有限公司
地址：武汉东湖新技术开发区高新大道426号华新总部基地（全部自用）/栋/单元-2、1-22层（2）研发号A503
…………Tel：027-84921345

湖北随岳南高速公路有限公司
地址：武汉市经济开发区17C1地块东合中心B栋1601号
…………Tel：027-84959007

武汉车都现代有轨电车运营有限公司
地址：武汉经济技术开发区117M1地块综合楼4层
…………Tel：027-84970921

武汉锦海捷亚国际物流有限公司
地址：武汉市东西湖区革新大道1998号综保区大厦418室
…………Tel：027-85400192

交银国际信托有限公司
地址：武汉市江汉区建设大道847号瑞通广场B座16-17层
…………Tel：027-85487417

湖北捷龙交通运业有限公司
地址：武汉市江汉区江兴路6号
…………Tel：027-85535156

武汉圣泽捷众物流有限公司
地址：武汉市经济技术开发区5C2地块
…………Tel：027-85550988

武汉市金大昌仓储设备有限责任公司
地址：武汉市蔡甸区凤凰山工业园凤凰路12号
…………Tel：027-85617780

武汉南顺物流有限公司
地址：武汉市黄陂区滠口汉口北大道68号
…………Tel：027-85743899

武汉新华大饭店有限公司
地址：武汉市江汉区建设大道558号
…………Tel：027-85796831

湖北省邮政速递物流有限公司
地址：武汉市东西湖区五环南路38号(8)
…………Tel：027-85817273

武汉市市政工程机械化施工有限公司
地址：武汉市　口区利济北路70号
…………Tel：027-85839047

武汉环通路桥工程有限公司
地址：武汉市黄陂区前川街油岗村
…………Tel：027-85920608

武汉浦江物流有限公司
地址：武汉市东西湖区高桥经济发展区台中大道特1号
…………Tel：027-86346067

武汉和平华裕物流有限公司
地址：东湖生态旅游风景区龚家岭
…………Tel：027-86465566

武汉烽火众智数字技术有限责任公司
地址：武汉东湖新技术开发区珞瑜路546号
…………Tel：027-86655926

武汉航达顺物流有限公司
地址：武汉市东西湖区东山办事处东岳村161号（16）
…………Tel：027-86700711

武汉江海港物流发展有限公司
地址：武汉市新洲区阳逻经济开发区创业服务中心十三楼
…………Tel：027-86705628

武汉旅联东湖物业有限公司
地址：东湖生态旅游风景区碧波宾馆内
…………Tel：027-86754299

中铁工程机械研究设计院有限公司
地址：武汉市洪山区徐东大街55号
…………Tel：027-86731833

武汉武钢博泰汽车服务有限公司
地址：武汉市青山区三十街坊（冶金大道6号）32幢406室
…………Tel：027-86881331

武汉亿惠通物流有限公司
地址：洪山区书城路46号金地格林梦茵三区C栋C1-401室
…………Tel：027-87103870

光谷技术有限公司
地址：武汉市东湖新技术开发区金融港一路7号神州数码武汉科技园9栋1-4层01号
…………Tel：027-82667788

武汉黎赛科技有限责任公司
地址：武汉东湖开发区华工园四路6号北京铁道工程机电技术研究所装配车间
…………Tel：027-87180108

武汉二航路桥特种工程有限责任公司
地址：武昌区小洪山东区湖北省科技创业大厦A座A单元21层2101-2104号
…………Tel：027-87262003

湖北黄黄高速公路经营有限公司
地址：蕲春县蕲州镇八里湖蕲春管理所
…………Tel：027-87499312

中船重工（武汉）凌久高科有限公司
地址：洪山区关山街珞瑜路718号
…………Tel：027-87533672

湖北省交通投资集团有限公司
地址：武汉市汉阳区龙阳大道36号顶　广场A栋25楼
…………Tel：027-87574890

烽火科技集团有限公司
地址：武汉市洪山区邮科院路88号
…………Tel：027-87691592

武汉讯华通信设备有限公司
地址：东湖新技术开发区光谷大道特1号国际企业中心2栋5层02号
…………Tel：027-87745155

武汉中科通达高新技术股份有限公司
地址：武汉东湖新技术开发区关山大道1号软件产业三期A3栋10层
…………Tel：027-87788721

武汉飞恩微电子有限公司
地址：武汉市东湖新技术开发区高新大道818号高科医疗器械园B区12号楼3层2号（自贸区武汉片区）
…………Tel：027-87801511

中南勘察设计院集团有限公司
地址：武汉市武昌区中南路18号（老20号）
…………Tel：027-87823218

湖北省楚天云有限公司
地址：武汉市东湖开发区花城大道9号武汉软件新城1.1期A2栋1-3层、4层（2）号
…………Tel：027-87886993

武汉慧联无限科技有限公司
地址：武汉市东湖新技术开发区软件园东路1号光谷展示中心扩建项目D座1层1室108-116室
…………Tel：027-87890441

湖北容大联通物流有限公司
地址：武汉市东西湖区走马岭走新路601号
…………Tel：027-88185588

众科建设集团有限公司
地址：武汉市新洲区辛冲正街8号
…………Tel：027-87585856

武汉吉顺通物流有限公司
地址：武汉阳逻经济开发区红岗村
…………Tel：027-89655258

招商局物流集团湖北有限公司
地址：武汉市新洲区阳逻经济开发区平江西路255号
…………Tel：027-89803908

襄阳弋圆运输有限公司
地址：襄阳市高新区锦绣东风汽配城6栋8号
…………Tel：0710-2308588

湖北时瑞达重型工程机械有限公司
地址：襄阳市襄州区伙牌工业园
…………Tel：0710-2398591

孝感市永成建设有限责任公司
地址：湖北孝南经济开发区　川路316号
…………Tel：0710-2512220

襄阳路桥建设集团有限公司
地址：襄阳市襄城区环山路11号
…………Tel：0710-3081234

湖北神州运业集团有限公司
地址：湖北省襄阳市中原路8号
…………Tel：0710-3229127

湖北天中易商贸物流有限公司
地址：襄阳高新技术产业开发区东风汽车大道特1号锦绣SOHOA1-1-2202室
…………Tel：0710-3311211

襄阳东风合运物流股份有限公司
地址：襄阳市襄州区张湾镇朱庄村（襄新路）
…………Tel：0710-3321673

襄阳市明顺达物流有限公司
地址：襄阳市高新区日产工业园莲花路1幢
…………Tel：0710-3387579

襄阳风神物流有限公司
地址：襄阳市湖北自贸区（襄阳片区）天籁大道18号
…………Tel：0710-3395193

襄阳港务发展有限公司
地址：湖北省襄阳市襄城区余家湖
…………Tel：0710-3519738

中铁武汉电气化局集团科工装备有限公司
地址：襄阳市襄城区岘山路656号
…………Tel：0710-3616829

中天交通建设投资集团有限公司
地址：襄阳市樊城区春园路、中原路13号领秀中原二期1幢公寓楼单元20层16室
…………Tel：0710-3701966

襄阳华侨城文旅发展有限公司
地址：襄阳市经济技术开发区东津新区五一路以东立学街以南
…………Tel：0710-3716189

襄阳国铁机电股份有限公司
地址：襄州经济开发区伙牌工业园
…………Tel：0710-3725114

宜城市襄大物流有限公司
地址：湖北省襄阳市宜城襄沙大道
…………Tel：0710-4263616

枣阳市大唐物流有限公司
地址：枣阳市316国道南与东环路交界处
…………Tel：0710-6198899

湖北省枣阳市公路建设有限公司
地址：湖北省枣阳市新华路20号
…………Tel：0710-6321456

谷城县路路通公路养建有限责任公司
地址：湖北省谷城县城关镇三岔路
…………Tel：0710-7336592

湖北老河口农村商业银行股份有限公司
地址：湖北省老河口市中山路21号
…………Tel：0710-8220930

老河口市公路建设有限责任公司
地址：湖北省老河口市三环路中段
…………Tel：0710-8227227

老河口市大通物流有限公司
地址：湖北省老河口市环一路南侧
…………Tel：0710-8361577

鄂州市庙鹅岭物流有限公司
地址：鄂州市临江乡临江村
…………Tel：0711-3210955

鄂州聚兴物流有限公司
地址：鄂州经济开发区凡口工业园区
…………Tel：0711-3218626

湖北鄂钢钢星汽车运输有限责任公司
地址：鄂州市武昌大道105号
…………Tel：0711-3231026

湖北越秀汉鄂高速公路有限公司
地址：湖北鄂州市文星大道100号
…………Tel：0711-3706962

湖北海德物流有限责任公司
地址：湖北省葛店开发区创业大道5号主站楼
…………Tel：0711-3810058

湖北远大建设集团有限公司
地址：孝感市交通大道145号
…………Tel：0712-2314251

湖北中晟物流有限公司
地址：孝感市孝南区长兴工业园
…………Tel：0712-2339353

湖北春晖物流股份有限公司
地址：孝感市孝天路
…………Tel：0712-2778291

湖北中南路桥有限责任公司
地址：孝感市槐荫大道468号
…………Tel：0712-2855323

湖北云梦白云现代仓储物流有限公司
地址：云梦县城关楚王城大道北端
…………Tel：0712-4220831

孝昌金润物流有限公司
地址：孝昌县城区站前三路
…………Tel：0712-4762558

湖北银华药用包装材料有限公司
地址：汉川市分水镇交通大道5号
…………Tel：0712-8662543

麻城成华商贸物流开发有限公司
地址：麻城经济开发区孝感乡路以东（麻城商贸物流城内）
…………Tel：0713-2778597

麻城市宏远路桥工程有限公司
地址：麻城市黄金桥开发区金桥大道北侧
…………Tel：0713-2992323

红安县联发建筑安装工程有限责任公司
地址：红安县城关镇园艺村
…………Tel：0713-5242258

湖北明辉物流服务有限公司
地址：武穴市武穴街道李顶武村李顶武垸46号
…………Tel：0713-6549088

黄冈市公共交通发展有限公司
地址：黄冈市黄州区南湖农场南湖路28号2幢1-2层
…………Tel：0713-8116577

黄冈楚江物流有限公司
地址：黄冈市黄州区十字街27号
…………Tel：0713-8209738

湖北大广北高速公路有限责任公司
地址：武汉市解放大道558号葛洲坝大酒店505房
…………Tel：0713-8485536

振天建设集团有限公司
地址：湖北省黄冈市团风县上巴河镇人民政府办公楼三楼

…………Tel：0713-8588988

黄冈市国盛化工园区物流有限公司
地址：黄冈市新港大道16号
…………Tel：0713-8668578

华润雪花啤酒（黄石）有限公司
地址：黄石市黄金山工业新区大棋路北侧
…………Tel：0714-3168520

黄石新港港口股份有限公司
地址：黄石新港（物流）工业园区管委会新港大道特1号
…………Tel：0714-3862235

黄石市大桥汽车服务有限公司
地址：下陆区发展大道139号
…………Tel：0714-5378900

黄石万通物流有限公司
地址：湖北省黄石下陆区下陆大道
…………Tel：0714-5399958

湖北凯鑫供应链管理股份有限公司
地址：黄石市黄石港区花湖街办花湖大道37号13栋1单元601室
…………Tel：0714-6000000

黄石市金虹大厦股份有限公司
地址：黄石市交通路29号
…………Tel：0714-6223426

黄石市广运物流有限公司
地址：湖北省黄石市黄石港区武汉路193号
…………Tel：0714-6232296

湖北众联物流发展有限公司
地址：黄石市下陆区老下陆肖家铺66号
…………Tel：0714-6327117

湖北众达智能停车设备有限公司
地址：黄石市金山大道398号
…………Tel：0714-6399998

黄石鑫泰物流有限公司
地址：黄石市西塞山区黄思湾东屏路11号
…………Tel：0714-6466696

黄石天海航运有限公司
地址：花湖大道5-7-1804号
…………Tel：0714-6507802

黄石九州物流科技集团有限责任公司
地址：湖北省黄石市黄石港区花湖街道迎宾大道19号信息发布中心1号楼第5层508
…………Tel：0714-6512623

黄石长江公路大桥经营有限公司
地址：湖北省黄石市黄石大道1399号
…………Tel：0714-6517755

邦达泰华供应链（黄石）有限公司
地址：阳新县韦源口镇棋盘村沙池口七组13号（租房协议至2026年9月8日止）
…………Tel：0714-7891381

湖北鹏达联合运输有限公司
地址：大冶市大冶大道125号
…………Tel：0714-8760386

大冶市城市公共交通集团有限公司
地址：大冶市高铁大道（武黄城际高铁大冶北站公共交通枢纽中心）
…………Tel：0714-8762120

通山县路路通养护工程有限责任公司
地址：通山县通羊镇民主街6号
…………Tel：0715-2887526

湖北通远建设集团有限公司
地址：崇阳县天城镇迎宾大道
…………Tel：0715-3329367

赤壁市公共交通有限公司
地址：赤壁市赤壁大道391号
…………Tel：0715-5236805

湖北华祥路桥建设工程有限公司
地址：赤壁市车站路237号
…………Tel：0715-5238819

赤壁市交投集团盛安物流有限公司
地址：赤壁市车站路33号
…………Tel：0715-5250023

嘉鱼县泰福保安服务有限公司
地址：嘉鱼县鱼岳镇麒麟山
…………Tel：0715-6328699

咸宁市安达公路养护工程有限公司
地址：咸宁市温泉交通路106号
…………Tel：0715-8069088

湖北兴达路桥股份有限公司
地址：咸宁市银泉大道548号
…………Tel：0715-8150220

湖北咸宁咸运运输集团有限公司
地址：咸宁温泉交通路108号
…………Tel：0715-8273201

湖北省咸宁市汽车运输公司
地址：咸宁市温泉交通路108号
…………Tel：0715-8273201

咸宁天立路桥有限公司
地址：咸宁市咸安区永安办事处东门路15号
…………Tel：0715-8320163

咸宁市枫丹公共交通控股有限公司
地址：咸宁市咸安区马桥镇严洲村马柏大道99号
…………Tel：0715-8386609

湖北中交咸通高速公路有限公司
地址：咸宁市咸安区官埠桥镇桂乡大道300号
…………Tel：0715-8909031

监利县光大路桥工程有限公司
地址：容城镇交通路24号
…………Tel：0716-3263631

监利永通客运有限公司
地址：监利县容城镇交通路55号
…………Tel：0716-3271906

中储粮监利直属库有限公司
地址：湖北省荆州市监利市容城镇沿江路65号
…………Tel：0716-3187202

金澳物流（湖北）有限公司
地址：监利县白螺镇工农村
…………Tel：0716-3540165

荆州市地方铁路有限公司
地址：荆州市沙市区三湾路
…………Tel：0716-4108989

江陵县飞达现代物流有限公司
地址：江陵县郝穴镇荆洪路
…………Tel：0716-4729729

湖北阳禾建设工程有限公司
地址：松滋市新江口镇白云路玉岭新区
…………Tel：0716-6310769

松滋市捷安物流有限公司
地址：松滋市刘家场镇人民大道24号
…………Tel：0716-6518277

松滋市旗安物流有限公司
地址：松滋市刘家场镇洛河大道2幢
…………Tel：0716-6533585

荆州市恒通公路桥梁有限责任公司
地址：沙市十号路北段
…………Tel：0716-8107148

湖北奇链物流供应链有限公司
地址：荆州市豉湖路58号（荆州开发区管委会招商中心一楼）
…………Tel：0716-8311936

荆州市宏达盛物流股份有限公司
地址：荆州市沙市区锣场镇三一八国道旁（路鑫通研发楼）101
…………Tel：0716-8311988

荆州市鑫捷物流配送有限公司
地址：荆州开发区东方大道与荆沙大道交汇处
…………Tel：0716-8337559

湖北荆东高速公路建设开发有限公司
地址：武汉市东湖新技术开发区花城大道8号武汉软件新城三期二组团D5栋12层01室
…………Tel：0716-8526829

宜昌宏昌物流有限公司
地址：兴山县峡口镇居委会
…………Tel：0717-2480756

秭归县佳鑫港口装卸运输有限公司
地址：秭归县开发区翻坝物流工业园
…………Tel：0717-2661503

湖北大康建设有限公司
地址：秭归县茅坪镇金缸城总部经济园0158号
…………Tel：0717-2661666

宜昌新高湖滚装客船有限公司
地址：秭归县茅坪镇银杏沱村长江物流大楼2楼
…………Tel：0717-2718666

宜昌江山贝尔公铁物流有限公司
地址：当阳市岩屋庙工业园区地址：
…………Tel：0717-3255176

湖北省远安海龙建设有限公司
地址：远安县鸣凤镇鸣凤大道1号
…………Tel：0717-3812532

远安县万美物流仓储有限责任公司
地址：远安县鸣凤镇汪家村三组
…………Tel：0717-3818648

湖北源洹实业投资有限公司
地址：当阳市坝陵办事处锦屏大道东段9号
…………Tel：0717-3903955

华润雪花啤酒（宜昌）有限公司
地址：枝江市马家店镇迎宾大道50号
…………Tel：0717-4212829

宜都宁通物流有限公司
地址：宜都市枝城镇沿江村
…………Tel：0717-4788698

宜都市中路建设开发有限公司
地址：宜都市陆城城乡路27号
…………Tel：0717-4840942

宜都市红花鑫通物流有限公司
地址：宜都市红花套镇红花套村三组
…………Tel：0717-4955222

宜昌长江大桥建设营运集团有限公司
地址：宜昌市点军区岚霁街36号
…………Tel：0717-6075686

湖北晶海物流有限公司
地址：宜昌市合益路678号
…………Tel：0717-6255308

宜昌市易中物流有限责任公司
地址：中国（湖北）自贸区宜昌片区发展大道69号
…………Tel：0717-6261111

宜昌三峡物流园有限公司
地址：中国（湖北）自贸区宜昌片区东站路188号
…………Tel：0717-6350222

宜昌港务集团云池港有限公司
地址：宜昌市　亭区白云路8号
…………Tel：0717-6364633

宜昌富程祥云物流有限公司
地址：宜昌市　亭大道160号
…………Tel：0717-6391999

湖北中广公路勘察设计有限公司
地址：宜昌市夷陵区东城试验区郾家河村5组
…………Tel：0717-6588762

中国葛洲坝集团有限公司
地址：湖北武汉市解放大道558号
…………Tel：0717-6713010

宜昌富强工程有限责任公司
地址：秭归县茅坪镇丹阳路48号
…………Tel：0717-6779666

中船重工纵横科技有限公司
地址：中国（湖北）自贸区宜昌片区西陵一路104号
…………Tel：0717-6977014

东软集团（宜昌）有限公司
地址：宜昌市西陵区西湖路32号
…………Tel：0717-6985535

宜昌三峡太平溪新港物流有限公司
地址：宜昌市夷陵区太平溪镇靖江溪港口
…………Tel：0717-7511699

恩施州长鑫建设有限公司
地址：建始县业州镇建始大道长兴产业城物管大楼附楼整栋1-2层
…………Tel：0718-3011888

建始县欣泰劳务有限公司
地址：建始县业州镇业州大道（人民大道）39号
…………Tel：0718-4331520

咸丰三特旅游开发有限公司
地址：咸丰县坪坝营镇坪坝营村
…………Tel：0718-6831922

利川市利民公共交通有限公司
地址：利川市腾龙大道旅游集散中心
…………Tel：0718-7233456

利川市五洲货运物流有限公司
地址：利川市东城路160号
…………Tel：0718-8463240

恩施鹏程物流有限公司
地址：恩施市金桂大道耿家坪
…………Tel：0718-8262096

恩施自治州华泰交通建设有限公司
地址：湖北省恩施市叶挺路3号
…………Tel：0718-8414137

竹溪祥尔客运有限公司
地址：十堰市竹溪县城关镇建设路
…………Tel：0719-2725533

湖北先驰交通装备有限公司
地址：十堰市人民南路48号
…………Tel：0719-8283525

十堰天元物流有限公司
地址：十堰市东城经济技术开发区许白路129号
…………Tel：0719-8800818

湖北翔升物流有限公司
地址：十堰市茅箭区济南路11号
…………Tel：0719-8877665

随州市公共交通有限责任公司
地址：随州市二环路3号
…………Tel：0722-3229818

随州市九易通路桥工程有限公司
地址：随州市迎宾大道007号
…………Tel：0722-3267111

随州市金盾武装押运保安服务有限公司
地址：随州市曾都区交通大道668号
…………Tel：0722-3307656

湖北新楚风汽车股份有限公司
地址：随州市烈山大道明珠广场北端(交通大道789号）
…………Tel：0722-3307866

中国重汽集团湖北华威专用汽车有限公司
地址：随州市交通大道1128号
…………Tel：0722-3308190

东风随州专用汽车有限公司
地址：随州市交通大道267号
…………Tel：0722-3319103

随州市华威物流有限公司
地址：随州市交通大道243号
…………Tel：0722-3332399

随州市市场开发经营有限公司
地址：随州市交通大道119号
…………Tel：0722-3585739

湖北华龙车灯有限公司
地址：随州市交通大道K130号
…………Tel：0722-3587303

广水市恒泰汽车运输有限责任公司
地址：广水市城郊乡富康村工业园区
…………Tel：0722-7112588

湖北众诚物流集团有限公司
地址：荆门市东宝工业园长兴大道1号众诚物流大楼1405室
…………Tel：0724-2236666

湖北楚元石化物流有限公司
地址：荆门高新区　掇刀区白庙路76号
…………Tel：0724-2271794

荆门万里交通建设有限公司
地址：荆门高新区·掇刀区月亮湖北路35号
…………Tel：0724-2349698

钟祥市弘拓商贸物流有限公司
地址：钟祥市郢中镇金汉江大道
…………Tel：0724-4817599

荆门市通旺达物流有限公司
地址：荆门高新区·掇刀区双泉村二组（207国道复线）
…………Tel：0724-8608663

湖北能富机电科技有限公司
地址：沙洋新港区东环线以西、南环线以北
…………Tel：0724-8801008

天门市龙晟农资物流配送有限责任公司
地址：天门市经济开发区天仙大道中26号
…………Tel：0728-5332520

潜江市楚道交投公共交通有限公司
地址：潜江市园林办事处潜阳西路39号
…………Tel：0728-6297961

湖北恒畅路桥有限公司
地址：潜江市周矶办事处清远路特10号
…………Tel：0728-6358263

湖北省潜江市荆顺汽车运输有限公司
地址：潜江市园林办事处潜阳西路18号
…………Tel：0728-6558089

咸宁市永胜汽车贸易有限公司
地址：咸宁市桂乡大道双泉村一组百聚西街口
…………Tel：0815-8911516

湖南省

长沙市公路桥梁建设有限责任公司
地址：湖南省长沙市岳麓区金星中路247号佳兴国际汇广场酒店22楼
…………Tel：0731-85601695

建华建材（湖南）有限公司
地址：湘阴县工业园
…………Tel：0730-2112660

株洲电力机车广缘科技有限责任公司
地址：石峰区田心东门
…………Tel：0730-22434317

临湘市鸭栏港区发展有限责任公司
地址：湖南省临湘市江南镇儒溪社区临湘市工业园区管理委员会302室
…………Tel：0730-2288009

湖南漕溪港物流有限公司
地址：湘阴县文星镇漕溪港码头
…………Tel：0730-2388888

湖南岳常高速公路开发有限公司
地址：岳阳经济技术开发区金凤桥管理处金凤桥村（南翔万商（岳阳）商贸物流城电子商务中心22楼、23楼）
…………Tel：0730-2985735

乐航国际物流（湖南）有限公司
地址：岳阳经济技术开发区屈原路东城港湾小区003号楼201号
…………Tel：0730-2990099

岳阳市海纳物流有限公司
地址：岳阳县新开镇新开村崇仕组
…………Tel：0730-7801918

华容县华泰汽车运输有限公司
地址：湖南省岳阳市华容县章华镇桥东路348号
…………Tel：0730-4102138

华润雪花啤酒（湖南）有限公司
地址：湖南省华容县李家湖
…………Tel：0730-4108975

湖南省宏发物流有限公司
地址：华容县城关镇华容大道中路002号
…………Tel：0730-4130268

汨罗市市政工程公司
地址：湖南省汨罗市归义镇城东村
…………Tel：0730-5222706

汨罗市客运公司
地址：汨罗市站前路与求索路交汇处（中心汽车站内）
…………Tel：0730-5222793

汨罗市城市公共汽车公司
地址：汨罗市罗城路91号
…………Tel：0730-5251158

湖南海丰物流有限公司
地址：岳阳市屈原管理区营田镇推山咀
…………Tel：0730-5716888

湖南金广物流有限公司
地址：湖南省岳阳市平江县伍市镇高新区迎宾路与福坤路交汇处
…………Tel：0730-6808456

岳阳荣兴建设有限公司
地址：岳阳县荣家湾镇荣新路3号
…………Tel：0730-7620253

岳阳县汽车运输总公司
地址：岳阳县荣家湾镇荣新西路
…………Tel：0730-7652800

湖南龙骧神驰运输集团有限责任公司
地址：岳阳市岳阳楼区五里牌运通街196号
…………Tel：0730-82145585

岳阳市君山公园
地址：岳阳市君山区君山岛洞庭山庄
…………Tel：0730-8268516

湖南长炼交通运输实业有限公司
地址：岳阳市云溪区路口镇长岭南路（原

长辰公司办公楼）……Tel：0730-8452850

岳阳市伟达物流有限公司
地址：湖南省岳阳市云溪区云港路危货物流中心信息楼七楼
……Tel：0730-8466555

湖南洞庭物流有限公司
地址：岳阳市岳阳楼区城陵矶骆家坡社区江陵路
……Tel：0730-8561924

岳阳市新和源水运有限公司
地址：岳阳市岳阳楼区东茅岭路左岸巴陵1栋东单元606室
……Tel：0730-8604518

岳阳市名楼物流有限公司
地址：岳阳经济技术开发区中南批发交易大市场物流园信息大楼一楼108-109号
……Tel：0730-8605559

岳阳市通衢兴路公司
地址：岳阳市经济技术开发区巴陵东路皇姑塘市通衢兴路公司办公楼
……Tel：0730-8722005

岳阳市中承物流有限公司
地址：湖南省岳阳城陵矶综合保税区通关服务中心办公楼一楼
……Tel：0730-8917999

湖南南江建设工程有限公司
地址：平江县南江镇黄新街与人民路交汇处
……Tel：0730-8987888

湖南省醴潭高速公路建设开发有限公司
地址：湖南省株洲市荷塘区荷塘大道分路口醴潭高速
……Tel：0731-22162866

株洲现代服饰仓储物流有限公司
地址：湖南省株洲市芦淞区太子路998号汇通金港芦淞服饰物流配送中心2栋
……Tel：0731-22327661

株洲庆云电力机车配件工厂有限公司
地址：湖南省株洲市芦淞区太子路199号
……Tel：0731-22572228

湖南长株潭国际物流有限公司
地址：湖南省株洲市石峰区喻家坪
……Tel：0731-22628168

株洲公交发展股份有限公司
地址：株洲市黄河南路公交综合楼278号
……Tel：0731-22666308

株洲振邦科技实业有限公司
地址：株洲市天元区黄河南路工业一区
……Tel：0731-22666612

株洲中铁电气物资有限公司
地址：湖南省株洲市石峰区北站路199号101（办公楼）
……Tel：0731-22681288

株洲中南顺畅物流实业有限公司
地址：株洲市石峰区田心叫鸡岭株洲材料总厂工会楼
……Tel：0731-22794836

株洲日望精工有限公司
地址：株洲市天元区栗雨工业园火炬四道宿舍楼
……Tel：0731-22882173

株洲华信精密工业股份有限公司
地址：株洲市天元区五丰路8号
……Tel：0731-22886231

湖南阳东电瓷电气股份有限公司
地址：醴陵市阳三办事处阳东村
……Tel：0731-23042879

湖南安讯物流运输有限公司
地址：醴陵市国瓷街道横店村
……Tel：0731-23056256

醴陵市嘉诚置业有限公司
地址：醴陵市阳三办事处阳东村
……Tel：0731-23186779

湖南攸县农村商业银行股份有限公司
地址：湖南省株洲市攸县联星街道办事处交通北路110号
……Tel：0731-24214412

炎陵县华远货运有限公司
地址：炎陵县鹿原镇柳山村村委会办公大楼
……Tel：0731-26230999

株洲光明重型机械制造有限公司
地址：株洲县渌口镇湾塘工业园
……Tel：0731-27689989

株洲华顺物流有限公司
地址：株洲市荷塘区红旗中路456号嘉盛华府25栋102号
……Tel：0731-28215326

株洲市兴华轨道交通配件有限公司
地址：湖南省株洲市石峰区田心高科园
……Tel：0731-28289115

株洲洁净煤股份有限公司
地址：株洲市石峰区杉塘路130号
……Tel：0731-28350128

株洲旭阳机电科技开发有限公司
地址：湖南省株洲市天元区栗雨工业园45区
……Tel：0731-28428058

株洲中车时代装备技术有限公司
地址：株洲市石峰区时代路
……Tel：0731-28445098

株洲时代工程塑料科技有限责任公司
地址：湖南省株洲市天元区黄河南路219号科研楼403室
……Tel：0731-28445156

株洲中车机电科技有限公司
地址：石峰区红旗北路289号
……Tel：0731-28445199

株洲电力机车气动设备有限责任公司
地址：石峰区红旗北路597号
……Tel：0731-28447209

株洲车城机车配件股份有限公司
地址：湖南省株洲市石峰区红旗北路188号
……Tel：0731-28447535

株洲中车天力锻业有限公司
地址：株洲市石峰区田心
……Tel：0731-28465746

湖南润伟智能机器有限公司
地址：湖南省株洲市天元区创业大道156号天易科技城自主创业园D3栋101、301、302、201、102、202号
……Tel：0731-28494891

株洲中车时代软件技术有限公司
地址：株洲市石峰区时代科技大楼一层及附楼一层
……Tel：0731-28498626

湖南中车时代通信信号有限公司
地址：长沙经济技术开发区人民东路二段189号中部智谷9栋
……Tel：0731-28892902

株洲时菱交通设备有限公司
地址：湖南省株洲市天元区海天路9号
……Tel：0731-28899063

浏阳市城市建设集团有限公司
地址：浏阳市人民东路60号
……Tel：0731-3678368

云通物流服务有限公司
地址：湘潭市岳塘区荷塘乡团山铺1号附1号
……Tel：0731-52339850

湘乡万里行物流有限公司
地址：湖南省湘乡市望春门办事处联盟村16组
……Tel：0731-52556322

湖南金园物业发展有限公司
地址：湘潭市高新区芙蓉中路3号
……Tel：0731-52682758

湘潭九华京顺达汽车物流有限公司
地址：湘潭九华示范区富洲路98号服务大楼14层1402号
……Tel：0731-52869019

湘乡市湘运公共交通运输有限公司
地址：湖南省湘乡市望春门办事处车站北路（红仑汽车站内）
……Tel：0731-56558881

湖南神龙丰物流有限公司
地址：湖南湘乡经济开发区黄金大道002号
……Tel：0731-56787029

湖南龙畅物流有限公司
地址：湘潭县易俗河镇天易路（湘潭天易示范区）
……Tel：0731-5777777

湘潭市电线电缆有限公司
地址：湘潭县易俗河镇杨柳路以东海鸥路以南（湘潭天易示范区）
……Tel：0731-57778116

湖南敏锐科技有限公司
地址：湘潭县易俗河经济开发区天马路（湘潭天易示范区）
……Tel：0731-57877666

湖南华菱线缆股份有限公司
地址：湘潭市高新区建设南路1号
……Tel：0731-58591623

湖南金顺物流仓储有限公司
地址：湘潭市岳塘区下摄司铁牛路2号
……Tel：0731-58650301

湖南顺祥物流有限公司
地址：湘潭市岳塘区钢城路（洪盛物流公司内）
……Tel：0731-58650461

湖南湘钢瑞安保安服务有限公司
地址：湖南省湘潭市岳塘区岳塘路184号
……Tel：0731-58652560

湖南湘钢洪盛物流有限公司
地址：湘潭市岳塘区岳塘街道洪盛物流（湘钢转盘）
……Tel：0731-58653904

湖南航天捷诚电子装备有限责任公司
地址：长沙高新开发区尖山路39号中电软件园一期8栋
……Tel：0731-81872869

湖南长沙船舶有限公司
地址：长沙市望城区靖港镇金星村6-12组
……Tel：0731-82022991

湖南华庭物业管理有限公司
地址：长沙市芙蓉区车站北路246号滨湖嘉园10栋二楼
……Tel：0731-82128027

长沙先导物业管理有限公司
地址：长沙市岳麓区先导路179号湘江时代广场A1栋9楼
……Tel：0731-82250508

湖南飞豹物流有限公司
地址：湖南省长沙县黄兴镇敢胜村力山组村部活动中心1号
……Tel：0731-82254333

湖南佳城保安服务有限公司
地址：湖南省长沙市芙蓉区定王台街道藩后街36号东栋11层1103室
……Tel：0731-82284225

长沙友阿五一广场商业有限公司
地址：湖南省长沙市芙蓉区定王台街道黄泥街社区黄兴中路92号
……Tel：0731-8229448

育才-布朗交通咨询监理有限公司
地址：长沙市天心区赤岭路45号长沙理工大学南苑十栋三楼西及一楼
……Tel：0731-85202917

望城明达物流有限公司
地址：长沙市望城区高塘岭大道景城苑A栋2单元1108房
……Tel：0731-82380588

湖南广湘物流有限公司
地址：长沙市雨花区劳动东路174号福乐康城综合楼601房
……Tel：0731-82480556

华谊兄弟（长沙）电影文化城有限公司
地址：湖南省长沙市岳麓区坪塘街道星光路6号华谊兄弟电影文化园A1-A7、B1-B8、C1-C20栋
……Tel：0731-8253766

湖南湾天物流有限公司
地址：长沙市高新区麓龙路199号麓谷商务中心EF栋202号
……Tel：0731-82560938

湖南长沙新港有限责任公司
地址：长沙市开福区新港镇
……Tel：0731-82579759

湖南中飞物流有限公司
地址：浏阳高新技术产业开发区永泰路创新创业园A1栋401户
……Tel：0731-82619889

湖南天合物流有限公司
地址：湖南省长沙市桂花路298号
……Tel：0731-82631144

广电计量检测（湖南）有限公司
地址：长沙高新开发区文轩路27号麓谷钰园中试生产车间B-8栋
……Tel：0731-82677399

湖南中交智运物流有限公司
地址：湖南省长沙县星沙街道开元路17号开源鑫贸大楼1栋4007号
……Tel：0731-82723083

湖南红星国际展览有限公司
地址：长沙市雨花区中意路中国现代农业博览交易中心
……Tel：0731-82827810

湖南五六联盟电商物流有限公司
地址：长沙市望城经济技术开发区腾飞路二段109号
……Tel：0731-82852953

长沙县大铃仓储有限公司
地址：长沙县安沙镇毛塘工业园迈科路
……Tel：0731-82870808

长沙长泰智能装备有限公司
地址：湖南省长沙市雨花区新兴路118号
……Tel：0731-82903978

湖南省和旺物流有限公司
地址：长沙市开福区浏阳河街道综合农场涝湖一期安置小区第4栋506房
……Tel：0731-82920053

长沙亚明电子科技发展有限公司
地址：湖南浏阳高新技术产业开发区永福路8号
……Tel：0731-83209798

湖南丰日电源电气股份有限公司
地址：长沙国家生物产业基地绿之韵路
……Tel：0731-83281148

湖南永璟物流有限公司
地址：浏阳市集里街道神仙坳社区大塘路1段天和公寓4单元507室
……Tel：0731-83683762

湖南金沙路桥建设有限公司
地址：长沙经济技术开发区开元路
……Tel：0731-84011111

招商局物流集团湖南有限公司
地址：湖南省长沙市长沙经济技术开发区泉塘街道螺丝塘路西1号
……Tel：0731-84013300

长沙广义变流技术有限公司
地址：长沙经济技术开发区人民路北、长桥路东中部智谷工业园第2幢东单元1-6层
……Tel：0731-84013499

长沙县星沙公共交通有限公司
地址：长沙县星沙镇街道办事处明月路249号
……Tel：0731-84020291

湖南省弘广物流集团有限公司
地址：湖南省长沙县安沙镇物流大道东段9号
……Tel：0731-84078885

湖南凯风物流有限公司
地址：长沙经济技术开发区东六路7号
……Tel：0731-84079655

湖南格瑞特物流有限公司
地址：湖南省长沙县湘龙街道中南汽车世界物流园Z10栋
……Tel：0731-84088566

长沙民丰物流有限公司
地址：湖南省长沙县湘龙街道京塘西路1号恒广国际景园一区5栋115号
……Tel：0731-84089899

湖南省中青旅国际旅行社有限公司
地址：湖南省长沙市岳麓区观沙岭街道茶子山东路112号滨江金融中心T3幢1629号
……Tel：0731-84130524

银泰通信有限公司
地址：长沙市雨花区万家丽中路三段36号喜盈门商业广场24012室
……Tel：0731-84894638

湖南鸿胜物流有限公司
地址：长沙市开福区金霞路388号中石化长沙石油分公司11-12栋
……Tel：0731-84205300

长沙天恩物流有限公司
地址：湖南省长沙市岳麓区梅溪湖街道梅溪湖路91号君康家园6栋1805号
……Tel：0731-84258255

长沙联运物流有限公司
地址：长沙市芙蓉中路一段378号
……Tel：0731-84319629

湖南三环物流有限公司
地址：长沙市望城区太阳山路388号湾田国际建材城2号栋3楼
……Tel：0731-84485491

浙商中拓集团（湖南）有限公司
地址：湖南省长沙市芙蓉区韶山北路159号通程国际大酒店801-B005号
……Tel：0731-84588379

湖南源源生态工程集团有限公司
地址：湖南省长沙县安沙镇毛塘社区华业星城之都3栋201
……Tel：0731-84652149

湖南顺峰建设有限公司
地址：湖南省长沙县安沙镇太兴村中间屋组
……Tel：0731-84656027

湖南和顺物流有限公司
地址：望城经济开发区铜官循环经济工业基地内
……Tel：0731-84721393

长沙市出租汽车有限公司
地址：长沙市芙蓉区晚报大道412号
……Tel：0731-84743325

湖南鲲鹏物业服务有限公司
地址：长沙高新开发区麓天路28号金瑞麓谷科技产业园A4栋1201号
……Tel：0731-84811126

长沙江北投资有限公司
地址：长沙市开福区青竹湖街道青竹湖路29号长沙金霞海关保税物流投资建设有限公司商务写字楼8楼8008号
……Tel：0731-84831535

湖南省湘筑交通科技有限公司
地址：长沙市雨花区韶山南路123号华翼府A座2528房
……Tel：0731-85013498

湖南龙骧橘子洲旅游服务开发有限责任公司
地址：长沙市岳麓区橘子洲路附7号
……Tel：0731-85046219

湖南省杏林物流有限公司
地址：长沙市开福区新港镇新安寺社区6楼3门5楼
……Tel：0731-85051977

长沙电控辅件总厂
地址：长沙高新开发区汇智中路179号金导园工业用房B区2栋
……Tel：0731-85142198

湖南博长建材物流有限公司
地址：长沙市天心区新开铺路1348号湖南钢材大市场攀1栋103号
……Tel：0731-85163838

湖南省工程建设监理有限公司
地址：长沙高新开发区尖山路39号中电软件园一期5栋803室
……Tel：0731-85168251

长沙水业集团有限公司
地址：长沙市天心区人民中路6号1栋
……Tel：0731-85197124

湖南百事泰物流有限公司
地址：湖南省长沙县星沙街道开元中路88号星隆国际广场1栋1508号
……Tel：0731-85246156

湖南国联捷物流有限公司
地址：湖南省株洲市荷塘区金精路158号嘉德工业园内
……Tel：0731-85262066

湖南奇立建设工程有限公司
地址：长沙市天心区友谊路560号长城雅苑3栋25层2502房
……Tel：0731-85263322

湖南省辰波建设有限公司

地址：长沙市雨花区芙蓉中路三段397号
…………Tel：0731-85322566

湖南红太阳新能源科技有限公司
地址：长沙市天心区新开铺路1025号湖南天心环保工业园内
…………Tel：0731-85401418-8000

湖南明泰项目管理有限公司
地址：长沙市雨花区香樟路819号万坤图商业广场1栋1-1305室
…………Tel：0731-85517508

长沙交通投资控股集团有限公司
地址：湖南省长沙市雨花区沙湾路300号
…………Tel：0731-85541570

湖南至友物流有限公司
地址：长沙市开福区伍家岭街道芙蓉中路一段109号华创国际广场第1#楼1903号房
…………Tel：0731-85580195

湖南省湘筑工程有限公司
地址：长沙市雨花区韶山南路239号办公楼
…………Tel：0731-85585837

湖南科立电力建设有限公司
地址：长沙高新开发区麓松路459号东方红小区延农综合楼14楼1496C房
…………Tel：0731-85593453

湖南建工交通建设有限公司
地址：长沙市天心区芙蓉南路一段788号建工新城综合楼12层1201-1232号字间
…………Tel：0731-85628953

湖南中拓建工物流有限公司
地址：长沙市天心区芙蓉南路一段788号建工新城办公楼1304房
…………Tel：0731-85628974

湖南建工七星物业管理有限公司
地址：长沙市天心区芙蓉南路一段788号建工新城综合办公楼12楼1221房
…………Tel：0731-85628988

湖南嘉业物流有限公司
地址：湖南省长沙市雨花区时代阳光大道198号楚盛货运交易市场内
…………Tel：0731-85638822

湖南圭塘建设有限公司
地址：长沙市雨花区万家丽中路三段157号唐湘国际电器城5栋6楼
…………Tel：0731-85644268

湖南力天汽车销售服务有限公司
地址：长沙市雨花区湘府东路二段198号
…………Tel：0731-85678688

红星冷链（湖南）股份有限公司
地址：湖南省长沙市雨花区环保东路一段21号
…………Tel：0731-85695202

湖南鸿运物业管理集团股份有限公司
地址：长沙市开福区新港街道湘江北路一段369号嘉德物流中心5栋5层508房
…………Tel：0731-85826678

湖南巍森物流有限公司
地址：长沙市开福区金泰路199号湘江世纪城鸿江苑10栋1601房
…………Tel：0731-85833923

宏林建设工程集团有限公司
地址：长沙市宁乡经济技术开发区创新路（湖南海纳新材料有限公司综合楼）
…………Tel：0731-85863889

湖南省邮政速递物流有限公司
地址：长沙市芙蓉区东二环一段1189号中邮物流园1栋2楼
…………Tel：0731-85989505

湖南安鑫物流有限公司
地址：长沙县星沙镇开元路17号湘商世纪鑫城1幢2902号房
…………Tel：0731-86105188

长沙荣晟航空服务有限公司
地址：长沙县黄花镇金塘村龙塘寺组
…………Tel：0731-86390398

通号（长沙）轨道交通控制技术有限公司
地址：长沙高新开发区岳麓西大道2199号通号（长沙）产业园通号研发楼
…………Tel：0731-86793666

湖南长株高速公路开发有限责任公司
地址：湖南省长沙县 梨镇保家村长株高速公路管理中心
…………Tel：0731-86809999

湖南磁浮交通发展股份有限公司
地址：湖南省长沙市雨花区劳动东路1302号办公大楼一栋
…………Tel：0731-86850440

湖南黄兴冷链物流股份有限公司
地址：长沙县黄兴镇仙人市村
…………Tel：0731-86889879

湖南亚太实业有限公司
地址：湖南省长沙市天心区南托街道中意二路595号
…………Tel：0731-86906218

湖南大地国际货运有限公司
地址：湖南省长沙市开福区青竹湖29号长沙金霞海关保税物流投资建设有限公司商务写字楼11楼1109房
…………Tel：0731-86952222

湖南中惠旅石燕湖旅游管理有限公司
地址：湖南省长沙市雨花区跳马镇石燕湖村石燕湖公园内1101003栋
…………Tel：0731-86968065

长沙金洲物流有限公司
地址：湖南省长沙市金洲新区金洲南路038号
…………Tel：0731-87898887

湖南雷锋建设有限公司
地址：长沙高新开发区雷锋街道正兴路57号
…………Tel：0731-88105578

长沙市望城区雷锋巴士有限公司
地址：长沙市望城区乌山街道喻家坡社区聚缘路42号
…………Tel：0731-88106200

湖南省城市建筑集团有限公司
地址：湖南省长沙市岳麓区桃花岭村樟树门塘坡1号
…………Tel：0731-88110999

湖南金安交通设施亮化景观建设有限公司
地址：长沙高新开发区雷锋街道0814592栋（黄花塘路155号）
…………Tel：0731-88117777

长沙双鹤物流有限公司
地址：长沙高新开发区桐梓坡西路518号德邦生物医药园一期工程1号车间2楼
…………Tel：0731-88136299

湖南源亿建设工程有限公司
地址：长沙市望城经开区泰嘉路78号
…………Tel：0731-88173999

长沙市美宇电器有限公司
地址：长沙高新技术产业开发区麓谷基地麓龙路7号
…………Tel：0731-88229167

通号建设集团有限公司
地址：长沙市岳麓区岳麓西大道2200号通号岭绣苑16栋
…………Tel：0731-88368637

湖南省湘平路桥建设有限公司
地址：长沙市天心区芙蓉南路二段103号生活艺术城
…………Tel：0731-88398398

湖南湾田实业有限公司
地址：湖南省长沙市望城区丁字湾街道太阳山路388号
…………Tel：0731-88401773

湖南长沙丁字建筑（集团）有限公司
地址：长沙市望城区丁字湾街道丁字湾社区代家湾168号
…………Tel：0731-88402858

湖南金霞物流有限公司
地址：长沙市开福区青竹湖镇金盆丘社区芙蓉北路1018号
…………Tel：0731-88483608

湖南湘江新区投资集团有限公司
地址：湖南省长沙市岳麓区坪塘街道狮峰山村潭州大道二段168号
…………Tel：0731-88502676

湖南尚上建设开发有限公司
地址：长沙市开福区三一大道500号马兰山公寓综合楼701
…………Tel：0731-88576233

中铁城建集团有限公司
地址：长沙市岳麓区洋湖路695号
…………Tel：0731-88605600

威胜信息技术股份有限公司
地址：湖南省长沙高新技术产业开发区桐梓坡西路468号
…………Tel：0731-88619666

湖南新奥清洁能源有限公司
地址：长沙高新区麓谷大道662号软件大楼后栋313室
…………Tel：0731-88628790

湖南省同程亲和力旅游国际旅行社有限公司
地址：湖南省长沙市芙蓉区黄兴中路88号平和堂商务楼25楼
…………Tel：0731-88632225

长沙力天宝岷汽车销售服务有限公司
地址：长沙市雨花区黄谷路888号
…………Tel：0731-88661888

长沙阿斯铁亚伍享汽车零件有限公司
地址：长沙经济技术开发区榔梨街道佳园路6号
…………Tel：0731-88702290

长沙广汽东阳汽车零部件有限公司
地址：长沙经济技术开发区枫树路277号
…………Tel：0731-88702509

创辉达设计股份有限公司
地址：长沙市天心区湘府西路31号尚玺苑20栋7楼
…………Tel：0731-85228782

湖南三方供应链股份有限公司
地址：长沙市雨花区环保中路188号长沙国际企业中心第5号6号栋B单元B103房
…………Tel：0731-88759513

长沙市万厦园丁物业管理有限公司
地址：长沙市开福区青竹湖街道青竹湖路398号青竹湖畔小区映湖苑5栋303号房
…………Tel：0731-88768529

承运建工集团有限公司
地址：长沙市岳麓区麓天路28号金瑞麓谷科技园C1-C4栋401房
…………Tel：0731-88797966

湖南和福建设工程有限公司
地址：宁乡经济技术开发区谐园北路玉屏山国际产业城D组团D5栋203
…………Tel：0731-88800631

湖南顺锐物流有限公司
地址：长沙市望城区旺旺东路199号
…………Tel：0731-88843960

长沙玉诚环境景观工程有限公司
地址：长沙市开福区万家丽北路二段338号金鹰汇大厦918房
…………Tel：0731-88910018

湖南华诺星空电子技术有限公司
地址：长沙高新开发区文轩路27号B7栋
…………Tel：0731-88939908

湖南交通国际经济工程合作有限公司
地址：长沙市天心区新姚南路196号办公楼4楼
…………Tel：0731-89758200

长沙百川物流有限公司
地址：湖南省长沙市芙蓉区解放中路136号蓝色地标14楼02室
…………Tel：0731-89772621

长沙市德邦物流有限公司
地址：长沙市开福区沙坪街道中青路1199号长沙传化公路港一期物流配载中心A、B栋101套A2区域3036-1号房
…………Tel：0731-89786090

长沙鹤群物流有限公司
地址：长沙市芙蓉区展览馆北路上东印象B座1608室
…………Tel：0731-89820897

长沙县振雄汽车货运有限公司
地址：长沙县黄兴镇金凤村
…………Tel：0731-89903296

湖南省水运建设投资集团有限公司
地址：长沙市天心区新姚南路196号
…………Tel：0731-89933593

岳阳欣港物流有限公司
地址：岳阳临港产业新区云港路科技创业服务办公楼512室
…………Tel：0731-89952064

湖南同力检测咨询有限公司
地址：长沙市望城区月亮岛街道银星村银星小区B10栋09号
…………Tel：0731-89975258

湘潭顺达散货装卸有限公司
地址：湘潭市岳塘区霞城乡五星村
…………Tel：0732-52813747

湖南省衡缘物流有限公司
地址：湖南省祁东县永昌街道衡缘物流园兴盛大道6号
…………Tel：0734-2876666

衡阳市雁金农产品物流有限公司
地址：湖南省衡阳市石鼓区蒸阳路69号
…………Tel：0734-2891681

传奇旅游投资有限公司
地址：衡阳市南岳区祝融路165号
…………Tel：0734-5670118

祁东县运输总公司
地址：祁东县洪桥镇横马路25号
…………Tel：0734-6264259

湖南尚邦物流服务有限公司
地址：常宁市常宁大道尚邦商贸城3幢商业150号
…………Tel：0734-7262888

湖南中钢设备工程有限公司
地址：长沙市雨花区湘府东路二段258号双塔国际广场B座24层2408号
…………Tel：0734-8352993

衡阳金果投资有限责任公司
地址：衡阳市雁峰区天马山南路56号
…………Tel：0734-8362993

湖南红光物流有限公司
地址：衡阳市珠晖区东阳渡镇南村38号
…………Tel：0734-8363001

湖南中电物流有限公司
地址：衡阳市雁峰区白沙洲工业园白沙大道恒大物流园
…………Tel：0734-8463605

湖南恒大现代物流股份有限公司
地址：湖南省衡阳市雁峰区白沙大道1号
…………Tel：0734-8463605

郴州亿达物流有限公司
地址：郴州市北湖区郴江街道槐树下村北湖区工业园内A栋1、2楼
…………Tel：0735-2116288

郴州市宏顺物流有限公司
地址：郴州市北湖区石盖塘镇万寿桥村四组
…………Tel：0735-2154812

中交郴州筑路机械有限公司
地址：湖南省郴州市北湖区南岭大道1779号
…………Tel：0735-2172029

湖南省郴州公路桥梁建设有限责任公司
地址：郴州市北湖区燕泉北路32号9幢
…………Tel：0735-2224362

郴州市义捷现代物流有限公司
地址：郴州市北湖区国庆南路延伸段91号
…………Tel：0735-2487398

郴州市泓广物流有限责任公司
地址：郴州市苏仙区五里牌镇兴林路苏仙工业集中区科技孵化基地科研楼四楼
…………Tel：0735-2606666

高斯贝尔数码科技股份有限公司
地址：湖南省郴州市苏仙区观山洞街道高斯贝尔产业园
…………Tel：0735-2666666

青岛啤酒（郴州）有限公司
地址：湖南省资兴市东江迎宾路1号
…………Tel：0735-3351311

湖南兴义物流有限公司
地址：郴州市北湖区郴江街道海泉路18号
…………Tel：0735-2331633

资兴市达达农产品冷链物流有限公司
地址：资兴经济开发区罗围食品工业园
…………Tel：0735-7501515

常德市昌盛物流有限公司
地址：常德市武陵区芷兰街道办事处柳菱社区常德大道3026号(紫东大酒店院内)
…………Tel：0736-2551018

湖南华安物流有限公司
地址：湖南省澧县澧西街道办事处小西门居委会澧州路899号202房
…………Tel：0736-3261333

湖南三湘和达现代物流有限公司
地址：常德市津市市嘉山工业新区津市大道西端
…………Tel：0736-4224999

湖南鑫安物流有限公司
地址：常德市西洞庭管理区祝丰镇育才居委会迎丰南路51号
…………Tel：0736-6608096

常德人和建设有限公司
地址：常德柳叶湖旅游度假区七里桥街道七里桥社区三组柳叶路1098号
…………Tel：0736-7179717

常德谊诚物流有限公司
地址：湖南省常德市武陵区永安街道办事处牯牛岗社区铁塔巷14号
…………Tel：0736-7202889

湖南顺昌建筑有限公司
地址：湖南省常德市武陵区穿紫河街道贾家湖社区育才路286号（迅华大厦3楼）
…………Tel：0736-7217608

湖南常德路桥建设集团有限公司
地址：湖南省常德市武陵区白马湖街道临江路社区汽修巷75号
…………Tel：0736-7301258

常德市德山羽润物流有限公司
地址：湖南省常德经济技术开发区海德路3号（宜达物流园6栋1-2号）
…………Tel：0736-7316222

亚光科技集团股份有限公司
地址：湖南省沅江市游艇工业园
…………Tel：0737-2606666

湖南宇龙物流有限公司
地址：沅江市经济开发区
…………Tel：0737-2706398

湖南虹光通达物流有限公司
地址：湖南省益阳市沅江市共华镇埠安村（原新华乡政府机关大院）
…………Tel：0737-2855768

株洲宏达物业管理有限责任公司
地址：株洲市天元区黄河北路1361号粟雨工业园协力药业办公楼
…………Tel：0737-28660188

湖南铁投银城高速公路有限公司
地址：益阳市赫山区沧水铺镇金盆山村（金盆山收费站内）
…………Tel：0737-4288512

南县兴盛汽车站有限责任公司
地址：南县南洲镇小荷堰村七组
…………Tel：0737-5215019

安化县交通建设投资开发有限公司
地址：安化县东坪镇迎春路朝晖巷
…………Tel：0737-7232703

湖南福德电气有限公司
地址：湖南省桃江县桃江经济开发区牛潭河工业园
…………Tel：0737-8215888

桃江县汽车运输有限责任公司
地址：桃江县桃花江镇花桥路2号
…………Tel：0737-8822220

冷水江海弘物流配送有限公司
地址：冷水江市环城东路（海弘物流园1号仓库）
…………Tel：0738-5612666

湖南省艺芳建筑工程有限公司
地址：湖南省娄底市双峰县永丰镇经济开发区
…………Tel：0738-6111132

湖南绿益信中物业服务有限公司
地址：湖南省娄底市娄星区扶青北路（原市皮革厂院内8幢）
…………Tel：0738-8277918

湖南省湘中水利水电工程建设有限公司
地址：娄底市娄星区城南新区新娄街（市审计局旁）

……………………Tel：0738-8288800
湖南文昌新材科技股份有限公司
地址：娄底市水府示范片万宝新区镇堂街一号
……………………Tel：0738-8751099
邵阳市金叶物流有限责任公司
地址：邵阳市双清区紫薇社区五里牌88号
……………………Tel：0739-0601617
邵东县新盛物流有限公司
地址：湖南省邵阳市邵东县两市塘办事处邵东大道农林城45栋6号
……………………Tel：0739-2666311
邵东星沙物流股份有限公司
地址：邵东县两市镇百富路工商银行四楼
……………………Tel：0739-2710175
湖南新邵农村商业银行股份有限公司
地址：湖南省邵阳市新邵县白云路35号
……………………Tel：0739-3189008
邵阳公路桥梁建设有限责任公司
地址：邵阳市火车南站管理区铜铃社区铜铃西路38号
……………………Tel：0739-5051058
湖南湘西南物流有限公司
地址：邵阳市双清区洋溪桥
……………………Tel：0739-5276236
隆回县自来水公司
地址：湖南省隆回县桃洪镇交通街1号
……………………Tel：0739-8232934
湖南省隆回路桥工程公司
地址：湖南省隆回县桃洪镇交通街29号
……………………Tel：0739-8238096
湖南湘西新合作物流有限责任公司
地址：湖南省吉首市文溪路20号（原州商业储运公司仓库）
……………………Tel：0743-2112333
湖南金天铝业高科技股份有限公司
地址：泸溪县武溪镇金天南路
……………………Tel：0743-4222988
吉首市太昊物流有限责任公司
地址：湖南省吉首市镇溪街道镇溪路砂子坳社区州物质仓库储备地（原电机厂）
……………………Tel：0743-8232288
张家界百龙天梯旅游发展有限公司
地址：张家界市武陵源区水绕四门袁家界村
……………………Tel：0744-5618707
张家界好地建筑安装工程有限责任公司
地址：张家界市永定区崇文办事处凤湾居委会土门巷91号
……………………Tel：0744-8224921
张家界市公共交通发展有限公司
地址：湖南省张家界市永定区子午西路熙城春天小区12栋2单元101室至304室
……………………Tel：0744-8329963
怀化市易通物流有限公司
地址：怀化市鹤城区红星路南站
……………………Tel：0745-2184442
湖南省怀化公路桥梁建设总公司
地址：怀化市鹤城区迎丰西路386号
……………………Tel：0745-2232863
怀化市华商物流有限公司
地址：怀化市鹤城区盈口乡狮子岩村（怀黔路旁））
……………………Tel：0745-2262999
怀化恒运物流有限公司
地址：怀化市鹤城区工业园（鹤城区行政综合楼四楼）
……………………Tel：0745-2360529
洪江市兴城建设工程有限责任公司
地址：洪江市黔城镇开元大道建设局
……………………Tel：0745-7736256
湖南省鸿腾建设工程有限公司
地址：湖南永州市零陵区何家坪23号
……………………Tel：0746-6222608
湖南省永州公路桥梁建设有限公司
地址：湖南永州市零陵区南津北路155号
……………………Tel：0746-6370600
宁远县交通运输总公司
地址：宁远县舜陵镇舜帝路舜帝广场侧
……………………Tel：0746-7222120
宁远县大华物流有限公司
地址：宁远县舜陵镇泠江东路68号
……………………Tel：0746-7225511
永州市九嶷物流有限公司
地址：湖南省永州市宁远县桐山街道舜源社区泠江中路138号
……………………Tel：0746-7229866
宁远县旅游建设投资有限公司
地址：宁远县舜陵街道文化路(县人武部隔壁)
……………………Tel：0746-7371913
湖南永蓝高速公路有限公司
地址：湖南省永州市冷水滩区翠竹东路1号201室
……………………Tel：0746-7653821
湖南邵永高速公路有限公司
地址：湖南省永州市冷水滩区翠竹东路1号
……………………Tel：0746-8686830

广东省

港中旅（广东）国际旅行社有限公司
地址：广州市越秀区东风东路753号东塔2406、2407房
……………………Tel：020-22112129
广州南菱奥申汽车有限公司
地址：广州市白云区均禾街新广花路石马路段136号
……………………Tel：020-22113606
广东通驿高速公路服务区有限公司
地址：广州市白云区机场路1731-1735号五楼
……………………Tel：020-22353812
广州风神汽车租赁有限公司
地址：广州市花都区新华镇风神大道8号风神汽车工业园服务楼C栋一楼
……………………Tel：020-22686265
广州浔沣轨道交通科技股份有限公司
地址：广州市从化区明珠大道北利泰路泰康大街9号D2栋4楼416之一
……………………Tel：020-22822610
广州美亚尚途国际旅行社有限公司
地址：广州中新广州知识城九龙大道路腾飞园腾飞一街2号520-2
……………………Tel：020-23818227
广州科盛隆纸箱包装机械有限公司
地址：广州市番禺区石壁街石壁一村谢石公路77号
……………………Tel：020-23830389
广东原尚物流股份有限公司
地址：广州经济技术开发区东区东众路25号
……………………Tel：020-26220769
广州新奥燃气有限公司
地址：广州市花都区新华街迎宾大道95号交通局大楼9楼904A室
……………………Tel：020-28002315
广东省南粤交通中石油能源有限公司
地址：广州市海珠区前进路东华巷6号之二首层自编之二（仅限办公用途）
……………………Tel：020-28022586
广州市丰海科技股份有限公司
地址：广州市高新技术产业开发区科学城开源大道11号B3栋第一层至第二层
……………………Tel：020-28065666
广州市公共交通集团有限公司
地址：广州市黄埔区黄埔大道东路971号自编三栋
……………………Tel：020-28098000
中交四航局第七工程有限公司
地址：广州市南沙区横沥镇汇通二街2号1807-1812房、1901-1912房（仅限办公）
……………………Tel：020-39285923
广州市穗佳物流有限公司
地址：广州市白云区机场北路88号自编39号首层
……………………Tel：020-28229232
广州通巴达电气科技有限公司
地址：广州市黄埔区东区枝山路13号
……………………Tel：020-28245117
广州市南菱君达汽车有限公司
地址：广州市白云区白云大道北1401号
……………………Tel：020-28272345
广州丰树美东物流有限公司
地址：广州市花都区新华街红棉大道48号
……………………Tel：020-28317364
广州美亚电子商务国际旅行社有限公司
地址：广州市黄埔区中新广州知识城九龙大道路腾飞园腾飞一街2号520-2
……………………Tel：020-28318227
广州市晨峰贸易有限公司
地址：广州市海珠区石榴岗路600号首层之二
……………………Tel：020-28360220
广州亿程交通信息有限公司
地址：广州市番禺区石 镇亚运大道1003号3号楼604、605、606号
……………………Tel：020-28383241
广州市南菱汽车城汽车销售有限公司
地址：广州市花都区新华镇建设北路与平步大道交汇处南菱汽车城D座内
……………………Tel：020-28615748
广州南菱丰田汽车销售服务有限公司
地址：广州市花都区新华镇平步大道与建设路交汇处
……………………Tel：020-28615831
广东民海集团有限公司
地址：广州市黄埔区黄埔东路5号2401房（仅限办公用途）
……………………Tel：020-28627467
广州市南菱通汽车销售服务有限公司
地址：广州市白云区白云大道北1393号
……………………Tel：020-28806670
广东省广播电视网络股份有限公司
地址：广东省广州市天河区珠江西路17号广晟国际大厦37楼
……………………Tel：020-29000113
广东省交通集团有限公司
地址：广东省广州市越秀区白云路83、85号自编605房
……………………Tel：020-29006015
广东省路桥建设发展有限公司
地址：广州市天河区珠江东路32号利通广场51、52楼
……………………Tel：020-29006314
亿航智能设备（广州）有限公司
地址：广州高新技术产业开发区科学城南翔二路72号3整栋
……………………Tel：020-29044994
广州市公路实业发展公司
地址：广州市天河区兴科路768号自编1栋、自编2栋
……………………Tel：020-29856815
广州广汽商贸物流有限公司
地址：广州市番禺区石楼镇金荷二路6号
……………………Tel：020-31102625
广州市弘凯物流有限公司
地址：广州市白云区白云湖街唐阁北路155号内龙湖省水泥杆厂南侧二栋二层
……………………Tel：020-31215704
广东省汽车运输集团有限公司
地址：广州市越秀区中山二路３号
……………………Tel：020-31328111
广州沣裕盛物流有限公司
地址：广州经济技术开发区东江大道266号综合大楼313、315室
……………………Tel：020-32019898
广州市格华永通物流有限公司
地址：广州市从化街口街河滨南路8号之三
……………………Tel：020-32096098
宏景科技股份有限公司
地址：广州高新技术产业开发区科学城科学大道162号B2区第七层701、702单元
……………………Tel：020-32211688
广州聚联物流有限公司
地址：广州市南沙区龙穴岛龙穴大道中路13号501房之自编502房（仅限办公用途）
……………………Tel：020-32218531
广州夏晖物流有限公司
地址：广州经济技术开发区永和经济区永和大道19号
……………………Tel：020-32221100
杰丽斯（广东）日用品有限公司
地址：广州高新技术产业开发区永华路29号
……………………Tel：020-32225972
广东国储供应链股份有限公司
地址：广州市增城区永宁街创强路123号
……………………Tel：020-32288911
广州龙腾出行网络科技股份有限公司
地址：广州市天河区黄埔大道西路76号1511A25房（该场所仅限办公用途）
……………………Tel：020-32313610
广东粤运交通股份有限公司
地址：广州市白云区机场路1731-1735号8楼
……………………Tel：020-32318111
广州广昊物流服务有限公司
地址：广州市黄埔区大沙街姬堂长德街25号204房（仅限办公）
……………………Tel：020-32388198
日通汽车物流（中国）有限公司
地址：广州市黄埔区东区街道枝山路8号A3栋2楼
……………………Tel：020-32816800
广东海安水运技术服务有限公司
地址：广州市越秀区八旗二马路48号主楼1801房（仅限办公用途，不可作厂房使用）
……………………Tel：020-34061842
广东中凯建设工程有限公司
地址：广东省广州市天河区东莞庄路2号财润国际大厦A栋21楼2110房
……………………Tel：020-34076604
广东省农业机械有限公司
地址：广东省广州市海珠区新港中艺苑路东庆街３号
……………………Tel：020-34302008
中交广州水运工程设计研究院有限公司
地址：广州市海珠区滨江中路362号四至六楼（仅限办公用途）
……………………Tel：020-34402501
广州南沙国际物流园开发有限公司
地址：广州市南沙区龙穴大道中63号保物流中心3号仓库
……………………Tel：020-34662568
广州立晨物流有限公司
地址：广州市南沙区进港大道12号1609室
……………………Tel：020-34683088
广州秀珀装饰工程有限公司
地址：广州市番禺区石壁街谢石路86号1号楼一楼
……………………Tel：020-34712059
广州珠江黄埔大桥建设有限公司
地址：广州市黄埔区笔村收费站综合楼
……………………Tel：020-34751888
广州帝森建材有限公司
地址：广州市番禺区南村镇坑头村工业区西线路39-41号
……………………Tel：020-34827666
广州市玛卡亚米国际货运代理有限公司
地址：广州市番禺区沙湾镇福涌福龙公路珠宝产业园综合大楼2楼B4
……………………Tel：020-34830388
广州特兰富力运输有限公司
地址：广州市南沙区黄阁镇新海村新一路1号01、02房
……………………Tel：020-34923198
广汽丰通物流有限公司
地址：广州市南沙区黄阁镇黄阁一横路7号
……………………Tel：020-34973096
广州市宏利投资有限公司
地址：广州市白云区新机场南工作区横二路生活服务楼三层
……………………Tel：020-36066373
广州九州码头经营有限公司
地址：广州市白云区石井街鸦岗文楼海边
……………………Tel：020-36132492
广州建设工程质量安全检测中心有限公司
地址：广州市白云区白云大道北833号一、三、四层
……………………Tel：020-36210302
广东新粤交通投资有限公司
地址：广州市白云区机场路1731、1733、1735号二楼
……………………Tel：020-36218074
广东诚泰交通科技发展有限公司
地址：广州市白云区广从一路338号二楼
……………………Tel：020-36240295
广东明道通信科技有限公司
地址：广州市白云区丛云路0765号B栋308房
……………………Tel：020-36299282
广州冠森物流有限公司
地址：广州市白云区石井街石沙路333号广州市八方货运市场第一期D区2栋1层2号至3号
……………………Tel：020-36396899
广州通达汽车电气股份有限公司
地址：广州市白云区北太路1633号广州民营科技园科盛路8号配套服务大楼605-3房
……………………Tel：020-36471360
广州市通友物流有限公司
地址：广州市白云区石井街鸦岗村西边头大围物流中心内二期自编C栋220号
……………………Tel：020-36513456
广州德诺物流有限公司
地址：广州市白云区均禾街平沙村平沙立交北侧利邦物流中心内自编号综合楼302档
……………………Tel：020-36556608
广州博瑞信息技术股份有限公司
地址：广州市白云区鹤龙街鹤龙路8号海峡两岸（汇龙）信息产业科技园第五层A区505号（仅限办公用途）
……………………Tel：020-36600096
广州市丰豪物流有限公司
地址：广州市白云区太和镇大源村116-130号林安货运市场D1栋三楼336号
……………………Tel：020-36674006
广州市华盛工贸有限公司
地址：广州市白云区人和镇秀水村自编1号
……………………Tel：020-36737278
广州市绿森林蔬菜配送有限公司
地址：广州市花都区新华街九潭村荔红路2号之二
……………………Tel：020-36864068
广州市花都巴江货运有限公司
地址：广州市花都区港口工业开发区
……………………Tel：020-36869933
广州启程新能源汽车服务有限公司
地址：广州市花都区新华街九塘路八号
……………………Tel：020-36875041
广州君海土石方工程有限公司
地址：广州市白云区太和北路120号自编C105
……………………Tel：020-37242689
广州吉亨物流有限公司
地址：广州市白云区太和北路120号自编C112
……………………Tel：020-37242819
广州嘉立电梯工程有限公司
地址：广州市越秀区中山一路21号8-E房
……………………Tel：020-37584493
广东广弘金属物流有限公司
地址：广东省广州市越秀区新河浦路66号四楼自编403-7
……………………Tel：020-37596510
春涛国际建筑有限公司
地址：广州市越秀区先烈中路81号大院32栋117，118号首层
……………………Tel：020-87684091
广东中其物业管理有限公司
地址：广州市越秀区天河路38号801房（仅限办公用途）
……………………Tel：020-37657658
广州德尚物流供应链有限公司
地址：广州市花都区花东镇三凤村一队十巷17号401（仅限办公用途）
……………………Tel：020-37702699
广州风神资讯有限公司
地址：广州市花都区风神大道8号办公楼三楼东侧
……………………Tel：020-37719122

东风日产数据服务有限公司
地址：广州市花都区风神大道8号（东）
……………………Tel：020－37719122
广州电力机车有限公司
地址：广州市花都区狮岭镇山前旅游大道西18号
……………………Tel：020－37728010
鸿霖股份有限公司
地址：广东省茂名市电白区水东街道海滨大道136号金碧海景花园商住小区B幢3号商铺
……………………Tel：020－37873793
广州动感汽车租赁有限公司
地址：广州市天河区翠园街34号自编11号铺
……………………Tel：020－37880627
粤港汽车运输联营有限公司
地址：广东省广州市越秀区解放北路603号自编号八号楼旅游商务楼首层和二层
……………………Tel：020－37883028
广东爱富兰建设有限公司
地址：广州市越秀区东风东路753号天誉商务大厦东塔五楼501、502室（仅限办公）
……………………Tel：020－37885396
广州卫富科技开发有限公司
地址：广东从化经济开发区宝泰路12号（厂房）
……………………Tel：020－37920598
广州中远海运工程物流有限公司
地址：广州市天河区花城大道20号1602房
……………………Tel：020－38011522
广州欧华国际货运代理有限公司
地址：广州市天河区天河北路183－187号16楼1601－1616房（仅限办公）
……………………Tel：020－38012365
广东益民城物业管理有限公司
地址：广州市天河区濂泉路27号广东益民服装城E幢301室
……………………Tel：020－38030302
中交城市投资控股有限公司
地址：广东省广州市南沙区南沙街兴沙路6号3401房
……………………Tel：020－81144090
广州天钺国际货运代理有限公司
地址：广州市天河区林和西路9号1709－1710房（不可作厂房使用）
……………………Tel：020－38107698
广州星木酒店咨询服务有限公司
地址：广州市天河区林和中路6号海航大厦301房
……………………Tel：020－38131075
广州交信投科技股份有限公司
地址：广州市黄埔区科汇三街12号501房
……………………Tel：020－38180318
广东省邮政速递物流有限公司
地址：广东省广州市天河区林和中路188号18楼
……………………Tel：020－38181167
广州亚城规划设计研究院有限公司
地址：广州经济技术开发区青年路511号上层01室
……………………Tel：020－38204543
广州邦达国际物流有限公司
地址：广州市黄埔区大沙地东路319号302房（仅限办公用途）
……………………Tel：020－38212710
广州交投机电工程有限公司
地址：广州市海珠区广州大道南1800号203室
……………………Tel：020－38262917
广州中远海运航空货运代理有限公司
地址：广州市花都区花东镇富民路6号201房
……………………Tel：020－38263997
广东和立土木工程有限公司
地址：广州市番禺区东环街番禺大道北1161号4－6层
……………………Tel：020－38273207
广东精点数据科技股份有限公司
地址：广州市天河区天河北路906号高科大厦A幢第7层701室（本住所限写字楼功能）
……………………Tel：020－38288552
伊势湾（广州）国际货运代理有限公司
地址：广州市天河区林和西路161号中泰国际广场A1409
……………………Tel：020－38310161
正佳企业集团有限公司
地址：广州市天河区天河路228号正佳商业广场内(开办市场:天河路228号负一层至七层、七层夹层广州正佳商业广场)
……………………Tel：020－38331588
广州探途网络技术有限公司
地址：广州市海珠区新港东路70号之二自编004号房（仅限办公）
……………………Tel：020－38354002
广州市正佳海洋世界生物馆有限公司
地址：广州市天河区天河路228号7C18自编01（仅限办公）
……………………Tel：020－38373271
广东联合港航服务有限公司
地址：深圳市前海深港合作区南山街道临海大道59号海运中心主塔楼2206
……………………Tel：020－38466111
广州专驾汽车租赁有限公司
地址：广州市南沙区丰泽东路106号（自编1号楼）1301－A1017（仅限办公用途）（JM）
……………………Tel：020－38467330
宝供物流企业集团有限公司
地址：广州市天河区龙口东路宝供大厦
……………………Tel：020－38482090
广州粤大金融城国际酒店有限公司
地址：广州市天河区黄埔大道中322号901房内编18室（仅限办公用途）
……………………Tel：020－38666666
广州市喜威物流有限公司
地址：广州市白云区鹤龙路均禾街长红村1号第4栋
……………………Tel：020－38731008
广东履安实业有限公司
地址：广州市天河区金颖路1号一楼（仅限办公）
……………………Tel：020－38742000
广州万特可国际货运代理有限公司
地址：广州市天河区体育东路136、138号自编层第十九层【自然层第十八层】中04－05房
……………………Tel：020－38780577
雅玛多国际物流有限公司广州分公司
地址：广州市天河区体育东路160号1301号（部位：A）（仅限办公用途）
……………………Tel：020－38804338
广东晶通公路工程建设集团有限公司
地址：广州市天河区天润路445－446号六楼
……………………Tel：020－38849321
蜘点商业网络服务有限公司
地址：广州市天河区龙怡路117号2605房（仅限办公用途）
……………………Tel：020－38857701
广州恒德建材有限公司
地址：广州市天河区黄埔大道中299号西6－101、102铺(不可作厂房使用)
……………………Tel：020－38857947
广东远翔物流实业有限公司
地址：广州市白云区太和镇石湖村上南路6号
……………………Tel：020－38864680
广州富力国际空港综合物流园有限公司
地址：广州市花都区花东镇港头社区华植东路1号507房
……………………Tel：020－22983899
江门万富酒店管理有限公司
地址：江门市蓬江区江门万达广场3幢
……………………Tel：020－38882777
中国广州外轮代理有限公司
地址：广州市天河区体育东路116号30－32楼
……………………Tel：020－38932288
广州中远海运物流有限公司
地址：广州市天河区体育东路116号财富广场东塔30楼
……………………Tel：020－38932191
中交（广州）建设有限公司
地址：广州市南沙区港前大道南162号1001房
……………………Tel：020－39011871
广东铂亚信息技术有限公司
地址：广州市番禺区番禺大道北555号番禺节能科技园内天安总部中心2号楼1201房
……………………Tel：020－39026220
广州南沙游艇会管理有限公司
地址：广州市南沙区港前大道南5号
……………………Tel：020－39033228
广州市东新高速公路有限公司
地址：广州市番禺区沙湾镇沙湾大道6号首层
……………………Tel：020－39110877
广州市湘才劳务派遣有限公司
地址：广州市南沙区东涌镇市南公路段113号1楼号112铺
……………………Tel：020－39133548
广州中车轨道交通装备有限公司
地址：广州市番禺区石壁街石三村福寿围
……………………Tel：020－39173880
广州极飞科技有限公司
地址：广州市天河区高普路115号C座（仅限办公）（不可作厂房使用）
……………………Tel：020－39218499
广州广汽木村进和仓储有限公司
地址：广州市南沙区留新路10号（广州南沙经济技术开发区内）
……………………Tel：020－39391186
广汽丰田物流有限公司
地址：广州市南沙区黄阁镇市南大道8号
……………………Tel：020－39913215
广州邦讯信息系统有限公司
地址：广州市天河区天河软件园高普路1029、31号4层
……………………Tel：020－61010388
广州潭海物流有限公司
地址：广州市白云区北太路1633号广州民营科技园科盛路8号配套服务大楼5层A505－289房
……………………Tel：020－61020193
广东路源物流有限公司
地址：广州市白云区太和镇谢家庄村十四社七石南巷自编号3A昌和货运市场内59档
……………………Tel：020－61020193
广州市德顺物流有限公司
地址：广州市白云区太和镇北太路1760号白云汽车货运站货物联运配载市场内C栋11档
……………………Tel：020－61020193
广州同创物流有限公司
地址：广州市白云区广州民营科技园北太路1627号敏捷科创中心1号楼3层324房
……………………Tel：020－61020193
广州佳义物流有限公司
地址：广州市白云区太和镇大源村116－130号林安货运市场A6栋七楼702、706、708档（仅限办公用途）
……………………Tel：020－61020193
广州大发集团有限公司
地址：广州市白云区机场路1600号之壹汇创意 产业园A4栋206单元
……………………Tel：020－61151058
广东和平国际旅行社有限公司
地址：广州市黄埔区保盈大道82号420房（仅限办公）
……………………Tel：020－61223808
广东铁青国际旅行社有限责任公司
地址：广州市越秀区中山一路94号1－3层
……………………Tel：020－61251132
广东恒建高速公路发展有限公司
地址：广州市越秀区白云路27号交通大厦2207室
……………………Tel：020－61290185
广州市粤铁经营发展有限公司
地址：广州市越秀区白云路28号六楼
……………………Tel：020－61333502
广州川胜物流有限公司
地址：广州市白云区太和镇沙太北路华邦路1号之一华邦物流园F2区首层F2113－F2115号铺（自主申报）
……………………Tel：020－61649851
广州飞肯摩托车有限公司
地址：广州市增城石滩镇新城大道8号
……………………Tel：020－61737671
广东粤水电工程建设有限公司
地址：广州市黄埔区广新路680号401房自编之八（仅限办公用途）
……………………Tel：020－61776041
广州宸祺出行科技有限公司
地址：广州市黄埔区腾飞一街2号501房（部位：5001）
……………………Tel：020－61847639
广州市亨来斯登酒店有限公司
地址：广州市从化温泉镇温泉东路2号101，201，301，401至1201,地下室01
……………………Tel：020－62161448
广州大瀑布旅游开发有限公司
地址：广州市增城派潭镇锦绣香江御泉山庄
……………………Tel：020－62281888
广汽本田物流有限公司
地址：广州市黄埔区鱼珠街花果山路243号大院综合楼3层（仅限办公）
……………………Tel：020－62315889
广州罗君企业管理咨询有限公司
地址：广州市天河区元京路8号210房
……………………Tel：020－62319871
广州市联发运输有限公司
地址：广州市白云区太和镇大源村116－130号林安货运市场八街北栋8949、8950号
……………………Tel：020－62625755
广州康驰物流有限公司
地址：广州市白云区江高镇鹤云路17号5号厂房3楼
……………………Tel：020－62647360
广州南华物流有限公司
地址：广州市白云区太和镇谢家庄村第八经济合作社自编1号首层共17栋广州锦邦货运市场A3区3206号
……………………Tel：020－62655955
广州大驿站物流有限公司
地址：广州市白云区太和镇黄庄北路121号
……………………Tel：020－62671892
广州市盾建地下工程有限公司
地址：广州市番禺区南村镇汇智三路25号1301房
……………………Tel：020－62790300
广州国惠物流有限公司
地址：广州高新技术产业开发区科丰路81号万达广场C1栋301房
……………………Tel：020－62959588
广州渔民新村兴盛饮食有限公司
地址：广州市天河区冼村路11号401、402、403、404、405房
……………………Tel：020－66231218
益海嘉里（广州）物流供应链有限公司
地址：广州经济技术开发区东江大道2号
……………………Tel：020－66252529
广州锐速智能科技股份有限公司
地址：广州市增城区新塘镇瑶田村东联开发区庙岭路5号
……………………Tel：020－66260688
广州航新航空科技股份有限公司
地址：广州市经济技术开发区科学城光宝路1号
……………………Tel：020－66350888
广州宏城发展有限公司
地址：广州市天河区珠江新城珠江西路5号广州国际金融中心15楼自编号02
……………………Tel：020－66373969
中交华南交通建设有限公司
地址：广州市海珠区南洲北路南燕二街203号首层
……………………Tel：020－66390503
广州航晟物流有限公司
地址：广州市白云区云城东路565号1303房
……………………Tel：020－66601220
广州市敏捷投资有限公司
地址：广州市番禺区钟村街市广路钟三路段9号A－8房
……………………Tel：020－66607888
广州中虹建设工程有限公司
地址：广州市天河区天河直街30号之一2102房
……………………Tel：020－66609010
广东连展物流有限公司
地址：广州市天河区黄埔大道西76号1914（仅限办公用途）
……………………Tel：020－66612338
广州凯骋物流有限公司
地址：广州市白云区沙太北路华邦路1号之一华邦物流园C栋4单元4705号
……………………Tel：020－66670112
广州星唯信息科技有限公司
地址：广州市天河区高普路1021－1023号第E栋4楼（仅限办公）（不可作厂房）
……………………Tel：020－66674261
广州烽火众智数字技术有限公司
地址：广州高新技术产业开发区揽月路101号A座3层
……………………Tel：020－66686088
广州新天威交通发展有限公司
地址：广州市天河区元岗天河客运站
……………………Tel：020－66835087
广州诚晖冷冻食品物流有限公司
地址：广州市白云区石门街石沙路619号
……………………Tel：020－81128212
广东物产汽车租赁有限公司
地址：广州市越秀区北较场横路12号2005、2006房
……………………Tel：020－81523326
广州广汽交通运输服务有限公司
地址：广州市荔湾区花地大道中51号，第二层（部位：B203、B205、B218、B226房，）第五层（部位：8516房）
……………………Tel：020－81600986
广州市东沙港物流有限公司
地址：广州市荔湾区东沙大道9号
……………………Tel：020－81610721
广州渔民新村长堤饮食有限公司
地址：广州市越秀区沿江西路143号201、301、401房
……………………Tel：020－81639980
广州百奕信息科技有限公司
地址：广州市越秀区人民北路604号之二10层自编02单元
……………………Tel：020－81806088
广州市运输有限公司
地址：广州市荔湾区丛桂路123－129号14－16层
……………………Tel：020－81963830
广州市交互式信息网络有限公司
地址：广州市天河区中山大道建工路13，15号3－6层312房
……………………Tel：020－81991457
广州金龙物流有限公司
地址：广州保税区东江大道282号康胜大厦505B、507室（广州保税物流园区内）
……………………Tel：020－82051828
广州速诚仓储有限公司
地址：广州市经济技术开发区东区东勤路3号
……………………Tel：020－82071198
广州市韩陆企业管理服务有限公司
地址：广州市黄埔区沙步大路26号102室（仅限办公）
……………………Tel：020－82092927
广州市雄现物流服务有限公司
地址：广州市黄埔区宏远路6号之一101
……………………Tel：020－82094341
广东力特工程机械有限公司
地址：广州市黄埔区庙头红荔路
……………………Tel：020－82094768
广州市南粤物流有限公司
地址：广州经济技术开发区东区骏业路156号（自主申报）
……………………Tel：020－82099828
广东伟晋建设集团有限公司
地址：广州经济技术开发区开发大道348号

建设大厦10楼全层
…………Tel：020-82112480
广州金翔达国际旅行社有限公司
地址：广州市黄埔区科丰路81号1818房
…………Tel：020-82222288
广州海力物流集团有限公司
地址：广州经济技术开发区志诚大道302号1001室
…………Tel：020-82222721
广州市裕东物流股份有限公司
地址：广州市黄埔区机械园一路54号205
…………Tel：020-82224182
广州圆植物流有限公司
地址：广州经济技术开发区东区果园一路2号综合楼首层
…………Tel：020-82228994
广州飒特红外股份有限公司
地址：广州经济技术开发区港前工业区东江大道10号
…………Tel：020-82229927
广州集装箱码头有限公司
地址：广州经济技术开发区黄埔新港路1号
…………Tel：020-82256388
四维尔丸井（广州）汽车零部件有限公司
地址：广州经济技术开发区东区骏功路15号
…………Tel：020-82266771
广州中交物流有限公司
地址：广州市黄埔区港前路8号大院
…………Tel：020-82282133
广州惠安仓储装卸有限公司
地址：广州市黄埔区港前路319号504房（仅限办公用途）
…………Tel：020-61395808
侨益物流股份有限公司
地址：广州市黄埔区港前路319号201房（仅限办公用途）
…………Tel：020-61395808
广州市生生物流有限公司
地址：广州市黄埔区港前路195号3楼10号房
…………Tel：020-61395808
广东海赢国际物流有限公司
地址：广州高新技术产业开发区敏兴街7号（自编D5栋）810房
…………Tel：020-82294266
广东筑波路桥工程有限公司
地址：广东省广州市越秀区竹丝岗大马路10号之一首层自编F号
…………Tel：020-82373038
广州市信源物流有限公司
地址：广州市从化街口街开源路23号A205（仅作写字楼功能用）
…………Tel：020-82384049
广州顺祥物流服务有限公司
地址：广州市黄埔区镇东北路23号（仅限办公用途）
…………Tel：020-82393142
广州市盛捷物流有限公司
地址：广东从化经济开发区明珠路18号1幢1梯901A房（仅作办公使用）
…………Tel：020-82465022
广东锐捷时尚物流有限公司
地址：广州市天河区黄村王园路33号C2座403号（仅限办公用途）
…………Tel：020-82480998
广东锐捷数智供应链有限公司
地址：广州市天河区黄村路57号（部位：104）（仅限办公）
…………Tel：020-82480918
广州市众联物流有限公司
地址：广州市黄埔区电厂东路4号401铺（部位：402）
…………Tel：020-82489837
广州创远物流代理有限公司
地址：广州市黄埔区港湾路68号1806房（仅限办公用途）
…………Tel：020-82513108
广州一城建筑工程有限公司
地址：广州市天河区中山大道西1138号1826房（仅限办公用途）
…………Tel：020-82567486
广州欣泽贸易有限公司
地址：广州市黄埔区科学大道80号（D栋及地下车库）1510房（仅限办公用途）
…………Tel：020-82582482
广州市高科通信技术股份有限公司
地址：广州市天河区高普路168号
…………Tel：020-82598486
广州市正艺资讯科技有限公司
地址：广州市增城区石滩镇新城大道400号增城低碳总部园新城总部中心10号楼
…………Tel：020-82663333
广东长宏建设集团有限公司
地址：广州市增城石滩镇三江四丰广汕公路１５３号
…………Tel：020-82911337
广州市长鹏实业有限公司
地址：广州市增城区永宁街仙宁路4号1栋自东向西方向二跨
…………Tel：020-82988008
广州海港商旅有限公司
地址：广州市越秀区沿江东路406-430号自编11号
…………Tel：020-83050055
广州港集团有限公司
地址：广州市越秀区沿江东路406号
…………Tel：020-83050088
广州港股份有限公司
地址：广州市南沙区龙穴大道南9号603房（仅限办公用途）
…………Tel：020-83051108
广州有轨电车有限责任公司
地址：广州市海珠区新港东路1238号12层
…………Tel：020-83106724
广州大厦有限公司
地址：广州市越秀区北京路374号
…………Tel：020-83189888
广州市羊城地下工程有限公司
地址：广州市白云区广从三路303号厂房仓库（除A、A6部分外）
…………Tel：020-83202122
广东珠江船务有限公司
地址：广州市海珠区滨江东路远安新街39号210房
…………Tel：020-83297932
广东省中国旅行社股份有限公司
地址：广州市越秀区沿江中路195-197号沿江大厦
…………Tel：020-83328201
广东省重工建筑设计院有限公司
地址：广东省广州市黄埔区揽月路101号自编A座4、5、6、8层
…………Tel：020-83392000
广东能达高等级公路维护有限公司
地址：广东省广州市越秀区东风中路389号2001房
…………Tel：020-83517988
广东熊猫国际旅游有限公司
地址：广州市越秀区东风中路363号国信大厦6楼01-02室
…………Tel：020-83557913
广州二运集团有限公司
地址：广州市海珠区东晓南路420号701房
…………Tel：020-83764523
广州市市政集团有限公司
地址：广州市越秀区环市东路338号
…………Tel：020-83868278
广州穗通金融服务有限公司
地址：广州市天河区高唐路232号（自编穗通大楼）
…………Tel：020-83912965
杰创智能科技股份有限公司
地址：广州市黄埔区瑞祥路88号
…………Tel：020-83982000
广东邦鑫数据科技股份有限公司
地址：广州市海珠区凤浦中路679号1405房
…………Tel：020-84044608
广东珠江智联信息科技股份有限公司
地址：广州市南沙区海滨路181号901房
…………Tel：020-84138253
广东航鑫咨询有限公司
地址：广州市海珠区琶洲蟠龙新街3号33层（仅限办公用途）
…………Tel：020-84202482
广州市第四建筑工程有限公司
地址：广州市海珠区前进路基立南街21号
…………Tel：020-84262002
广州番禺莲花山港客运有限公司
地址：广州市番禺区石楼镇莲花山港内
…………Tel：020-84659913
广东南沙虎门汽车渡轮有限公司
地址：广州市南沙区进港路海湾小区港口商务中心2楼2号（自编：203号）
…………Tel：020-84682877
广州威乐信息科技有限公司
地址：广州市番禺区沙湾镇福涌村福龙公路茶岗
…………Tel：020-84738105
广州广明高速公路有限公司
地址：广州市番禺区化龙镇西山村河阳大道28号
…………Tel：020-84890627
广州山九物流有限公司
地址：广州市南沙区榄核镇新涌村蔡新路284号A402（仅限办公用途）
…………Tel：020-84926210
广州市骏擎物流有限公司
地址：广州市南沙区龙穴大道中125号自编四栋（侯供楼C栋）C-120（仅限办公用途）
…………Tel：020-84955209
广州百万葵园生态发展有限公司
地址：广州市南沙区万顷沙镇（新垦）十五涌西区工业区
…………Tel：020-84956863
京东安联财产保险有限公司
地址：广东省广州市天河区珠江西路5号广州国际金融中心主塔写字楼第34层01-05、11、12单元
…………Tel：020-83966788
广东省能源集团有限公司
地址：广东省广州市天河东路8号、10号
…………Tel：020-85136600
广州市中沅物流有限公司
地址：广州市白云区太和镇大源村116-130号林安货运市场A6栋八楼812、816、818、820号
…………Tel：020-85171807
国旅运通华南航空服务有限公司
地址：广州市天河区体育东路116号财富广场东塔12层
…………Tel：020-85191000
广东华晟安全职业评价有限公司
地址：广州市天河区广汕二路602之一首层101房
…………Tel：020-85232855
广东省建筑科学研究院集团股份有限公司
地址：广东省广州市天河区先烈东路121号大院内风洞楼
…………Tel：020-85257110
广州航天海特系统工程有限公司
地址：广州市天河区思成路15号501房17号501房（仅限办公用途）
…………Tel：020-85466333
云从科技集团股份有限公司
地址：广州市南沙区南沙街金隆路37号501房（仅限办公）
…………Tel：020-39000030
广东仁孚怡邦汽车销售服务有限公司
地址：广州市天河区中山大道西901号
…………Tel：020-85533033
广州市博涛物流有限公司
地址：广州市白云区太和镇和龙村云美西街2号A栋102房
…………Tel：020-31525475
广州市渝粤物流有限公司
地址：广州市白云区北太路1633号广州民营科技园科盛路8号配套服务大楼5层A505-272房
…………Tel：020-31525475
广东利通置业投资有限公司
地址：广州市天河区体育西路1-3号17楼
…………Tel：020-85586988
广东方胜人力资源服务有限公司
地址：广州市天河区金穗路3号1301-1302、1303A、1303B、1102房
…………Tel：020-85606200
华唯控股有限公司
地址：广州市白云区白云湖街广夏路3863号204房（自主申报）
…………Tel：020-85613404
广州新科佳都科技有限公司
地址：广州市天河区新岑四路2号佳都智慧大厦709房
…………Tel：020-85620012
广州洋葱时尚集团有限公司
地址：广州市天河区黄埔大道中309号内自编号为3-05-2（仅限办公用途）
…………Tel：020-85680913
广州兴德电器实业有限公司
地址：广州市白云区神山镇石龙墟当铺街1号
…………Tel：020-86063058
明通装备科技集团股份有限公司
地址：广州市白云区鹤龙一路983号北塔9楼
…………Tel：020-86089891
广东安达交通工程有限公司
地址：广州市白云区江高镇何布村何布二街30号
…………Tel：020-86224349
广东安华美博商业经营管理有限公司
地址：广州市白云区白云大道北880号
…………Tel：020-86258957
广州岭南国际酒店管理有限公司
地址：广州市越秀区流花路122号中国大酒店商业大厦1262-64室
…………Tel：020-86266216
广东荣丰国际物流有限公司
地址：广州市黄埔区大沙地东319号1204房
…………Tel：020-86286192
广州轨道交通建设监理有限公司
地址：广州市越秀区环市西路204号大院自编四号楼2、3层（仅限办公用途）
…………Tel：020-86663671
广州精益汽车空调有限公司
地址：广州市花都区花山镇平山民营工业园7号
…………Tel：020-86789862
广州市耀城物业管理有限公司
地址：广州市花都区新华镇花城路54号二楼
…………Tel：020-86826821
广东飞达交通工程有限公司
地址：广东省广州市黄埔区科学大道50号A3栋20层
…………Tel：020-87072260
广州诚义物流有限公司
地址：广州市天河区广汕二路13号316房（仅限办公）
…………Tel：020-13800000
广州天又天运输服务有限公司
地址：广州市天河区珠吉街英君路1号A栋324-2房
…………Tel：020-87219819
广东铁路建设监理有限公司
地址：广州市天河区燕岭路89号燕侨大厦1706房
…………Tel：020-87227177
广州市安顺汽车驾驶员培训有限公司
地址：广州市黄埔区金洲北路513号
…………Tel：020-87239508
广东建科建设咨询有限公司
地址：广州市天河区先烈东路１２１号大院内６栋２号
…………Tel：020-87255612
日海通信服务有限公司
地址：广州市高新技术产业开发区科学城科学大道162号创意大厦B1栋附楼第3层301、302单元
…………Tel：020-82515310
中通服建设有限公司
地址：广州市越秀区原道路17号（道路货物运输代理仅限非首层办公用房经营）
…………Tel：020-87327670
广州赛泽科技有限公司
地址：广州市越秀区广州大道中307号C栋1104房
…………Tel：020-87357049
广州市水电建设工程有限公司
地址：广州市越秀区寺右南路19号首层
…………Tel：020-87392601
广州市北二环交通科技有限公司
地址：广州市越秀区农林下路78号
…………Tel：020-87421728
广州昊佳达物流有限公司
地址：广州市白云区太和镇大源中路288号广州市泰邦物流信息市场办公楼201-204号
…………Tel：020-87466222
广州市巨安人防工程有限公司
地址：广州市增城区荔新六路13号（办公楼C1）（厂房A5）（仓库B1）
…………Tel：020-87635741
广东香雪医药有限公司
地址：广州高新技术产业开发区科学城金峰园路2号A栋四楼A区
…………Tel：020-87636099
广州羊城通有限公司
地址：广州市越秀区东华东路车路边37号4楼（不可作厂房使用）
…………Tel：020-87698005
广东翔飞公路工程监理有限公司
地址：广东省广州市天河区粤垦路607号201至212房
…………Tel：020-87733610
天运国际物流（广州）有限公司
地址：广州市南沙区港荣三街3号302房（仅限办公用途）
…………Tel：020-87756380
广州从化碧水湾温泉度假村有限公司
地址：广州市从化良口镇良明105国道边（新温泉旅游度假区）
…………Tel：020-87842888
越秀（中国）交通基建投资有限公司
地址：广州市南沙区丰泽东路106号1301房
…………Tel：020-88838333
讯联科技股份有限公司
地址：广州市海珠区广州大道南915号3楼302房
…………Tel：020-89000483
恒大高科技产业（广州）有限公司
地址：广州市天河区黄埔大道78号24楼07房（自主申报）
…………Tel：020-89184694
广州市微柏软件股份有限公司
地址：广州市天河区天河路490号1601房
…………Tel：020-89287105
广东省铁路建设投资集团有限公司
地址：广东省广州市天河区汇苑街23号11-17楼
…………Tel：020-89307850
中铁广州建设有限公司
地址：广州市海珠区新港东路1226号19至20层
…………Tel：020-89449169
广东精艺建设集团有限公司
地址：佛山市南海区桂城街道简平路1号天安南海数码新城3栋1608室（住所申报）
…………Tel：020-89557053
广州市昌利建筑工程有限公司
地址：广州市荔湾区茶　路61号202房
…………Tel：020-89635808
广东中大管理咨询集团股份有限公司
地址：广州市海珠区新港西路82号自编B-4区44号楼3楼346-355房（仅限办公）
…………Tel：020-89637882
爱帛投资有限公司
地址：广州市黄埔区凤凰三路2号1栋四层407室
…………Tel：020-83911083
广东省南粤交通石化能源有限公司

地址：广州市海珠区前进路东华巷6号之二首层自编之三（仅限办公用途）
…………Tel：020－89885406
深圳市荣丰物流发展有限公司
地址：深圳市龙岗区布吉雪象荣德昌工业园一楼
…………Tel：0573－28806496
肇庆大旺珠江物流有限公司
地址：肇庆高新技术产业开发区大旺港北街1号1楼大厅
…………Tel：0578－3639659
广东鸿安送变电工程有限公司
地址：汕尾市城区品清湖西侧湖景花园商住楼A2栋2梯403号
…………Tel：0660－3505055
陆河县粤运公共交通有限公司
地址：广东省陆河县河田镇人民南路
…………Tel：0660－5513163
海丰县粤运公共交通有限公司
地址：海丰县海城镇广富路西北侧
…………Tel：0660－6891568
阳春市长顺达物流有限公司
地址：阳春市潭水镇双凤村委会低陂村（S113线春潭水泥厂往潭水方向200米）
…………Tel：0660－7656270
佳必达（阳江）仓储物流有限公司
地址：阳江高新区站港(福冈)科技园沿海高速公路连接线以北
…………Tel：0662－2208733
阳江市粤西公路建设有限公司
地址：阳江市石湾路清湾小区A22号
…………Tel：0662－3418332
广东东部物流有限公司
地址：广东省普宁市流沙环城南路南侧赤水路段（流沙西街道赤水村）
…………Tel：0663－2295188
广东红东物流股份有限公司
地址：揭阳空港经济区炮台镇青溪村开发区
…………Tel：0663－3375876
揭阳玉和物流有限公司
地址：揭阳市揭东区锡场镇华清高速公路出入口旁
…………Tel：0663－3833888
揭阳市公路桥梁建设总公司
地址：揭阳市东山莲花大道以西、新阳东路以南(市跃盛公路服务公司业务楼第一、二楼
…………Tel：0663－8227259
广东中安盾保安服务有限公司
地址：揭阳市揭东区城西一路西侧计划局北侧一楼01室
…………Tel：0663－8809777
茂名万顺石化汽车服务有限公司
地址：茂名市红旗北路90号
…………Tel：0668－2227238
茂名市水务投资集团有限公司
地址：茂名市文明路２号大院
…………Tel：0668－2278151
茂名市荣达物流有限公司
地址：茂名市油城一路42号大院62号
…………Tel：0668－2286799
茂名昌利海运物流有限公司
地址：茂名市电白区南海街道第八小区（办公楼）
…………Tel：0668－2685529
广东瑞高海运物流有限公司
地址：茂名市高凉北路28号三楼308
…………Tel：0668－2835016
茂名市电白区粤运汽车运输有限公司
地址：茂名市电白区水东镇人民路38号
…………Tel：0668－5129299
广东程通物流有限公司
地址：茂名市电白区林头镇七那公路边（南面垌）
…………Tel：0668－5264428
江门宝新物流有限公司
地址：江门市蓬江区兴盛工业区11座2－5卡铺位（一址多照）
…………Tel：0750－2036789
广东诚晖实业投资有限公司
地址：开平市三埠街道办事处东明路9号2座102室
…………Tel：0750－2202072
江门悦峰供应链管理有限公司
地址：江门市蓬江区杜阮镇北二路松园金鱼塘
…………Tel：0750－2632378
开平市裕洋物流有限公司
地址：开平市水口镇海门埠路21号
…………Tel：0750－2712654
广东德龙国际物流有限公司
地址：江门江海区高新东路40号
…………Tel：0750－3097618
江门仁孚汽车销售有限公司
地址：江门市建设三路97号
…………Tel：0750－3212699
江门市路桥集团有限公司
地址：江门市蓬江区棠下镇周郡海滩围25号5幢之一
…………Tel：0750－3508928
车展交通器材（台山）有限公司
地址：台山市工业园长兴路7号
…………Tel：0750－5627677
广东华贸国际物流有限公司
地址：江门市新会区会城今华路3号（2#厂房）A座（自编）二楼部分办公场地
…………Tel：0750－6403668
江门中车轨道交通装备有限公司
地址：江门市新会区会城江湾路83号
…………Tel：0750－6627990
广东南奥交通设备有限公司
地址：江门市新会区会城疏港大道63号
…………Tel：0750－6951820
鹤山建豪电光源有限公司
地址：鹤山市鹤城镇城中路6号
…………Tel：0750－8313181
韶关挖掘机制造厂有限公司
地址：韶关市浈江区十里亭
…………Tel：0751－8852971
惠州交投公路建设有限公司
地址：广东省惠州市演达路华阳大厦九楼
…………Tel：0752－2051991
惠州仁孚汽车服务有限公司
地址：惠州市江北24号小区
…………Tel：0752－2222116
广东赛野物流有限公司
地址：惠州市江北金龙大道中粤通物流园A5－A7号
…………Tel：0752－2278655
惠州市三力实业有限公司
地址：惠州市惠澳大道惠南高新科技产业园紫溪路8号
…………Tel：0752－2321383
广东益意实业有限公司
地址：惠州市惠城区水口街道办事处大湖溪湖东路国兆嘉湖苑2单元19层01号房
…………Tel：0752－2385444
惠州市德赛西威智能交通技术研究院有限公司
地址：惠州仲恺高新区和畅五路西8号投资控股大厦15、16、18楼(自主申报)
…………Tel：0752－2655857
新世纪（惠州）物流服务有限公司
地址：惠州市惠阳区平潭镇广汕路边（仅限办公）
…………Tel：0752－3915316
惠州国际集装箱码头有限公司
地址：广东省惠州市大亚湾经济技术开发区
…………Tel：0752－5138668
惠州市太东国际物流园有限公司
地址：惠州大亚湾澳头安惠大道25号太东投资大厦
…………Tel：0752－5535168
惠州市新中能物流有限公司
地址：惠州大亚湾澳头中心北区火车站侧
…………Tel：0752－5567932
惠州大亚湾市政基础设施有限公司
地址：惠州大亚湾新澳大道二街22号
…………Tel：0752－5579889
广东中外运化工国际物流有限公司
地址：惠州市大亚湾西区龙海二路32号景乐园商务大厦17楼
…………Tel：0752－5596888
乐金电子（惠州）有限公司
地址：惠州仲恺高新技术开发区惠风四路42号
…………Tel：0752－5755394
顺丰速运（惠州）有限公司
地址：惠州市江北云山菊花一路8号库房及办公（仅限办公）
…………Tel：0752－5758996
惠州市亿鹏能源科技有限公司
地址：惠州市惠城区水口街道办事处万福大街3号厂房AB栋
…………Tel：0752－5807016
惠州大亚湾永兴物流有限公司
地址：惠州大亚湾澳头岩背村北侧
…………Tel：0752－5830048
惠州市几米物联技术有限公司
地址：惠州市江北云山西路10号投资大厦7层
…………Tel：0752－5853163
中海石油（惠州）物流有限公司
地址：惠州大亚湾霞涌石化大道中滨海十二路9号
…………Tel：0752－5952615
惠州市南菱汽车销售服务有限公司
地址：惠州市惠城区三栋数码工业园
…………Tel：0752－7217841
广东梅雁吉祥水电股份有限公司
地址：广东省梅县新县城沿江南路1号
…………Tel：0753－2219988
梅州市梅县区嘉兴物流有限公司
地址：梅州市梅县区城东镇竹洋村
…………Tel：0753－2651916
兴宁市客运公司
地址：兴宁市兴城兴田路415号
…………Tel：0753－3398338
广东通用物流有限公司
地址：汕头市大学路66号
…………Tel：0754－82511202
汕头市华莎驰家具家饰有限公司
地址：汕头市大学路升平第二工业区华莎驰工业园
…………Tel：0754－82535116
广东来裕物流集团有限公司
地址：汕头保税区货检场二楼201－207号房
…………Tel：0754－83580000
华弘保安集团有限公司
地址：汕头市潮阳区城南街道棉新大道南6幢第八层
…………Tel：0754－83893777
广东信威隆物流有限公司
地址：汕头市龙湖区珠池路36号4楼
…………Tel：0754－83963135
汕头市市政工程总公司
地址：红领巾路１６号
…………Tel：0754－88562413
汕头公路桥梁工程总公司
地址：龙眼路２０号泰联商厦１８楼
…………Tel：0754－88569886
广东大禹水利建设有限公司
地址：汕头市潮阳区棉北街道潮海路口北侧水电住宅区D栋第二层
…………Tel：0754－88712904
汕头市潮阳建筑工程总公司
地址：汕头市潮阳区东山大道平北路段汕潮大厦
…………Tel：0754－88720758
中国国际航空汕头实业发展公司
地址：汕头市珠池路珠池工业区珠业南街4号永兴大厦601A室
…………Tel：0754－88882388
汕头市建安实业（集团）有限公司
地址：汕头市龙湖区华山路１４号
…………Tel：0754－88920274
广东天亿马信息产业股份有限公司
地址：汕头市嵩山路南20号天澜国际大厦西塔2111－2112房
…………Tel：0754－88980888
汕头保税物流中心有限公司
地址：汕头保税区C09、C10地块保税物流中心综合楼二楼212房
…………Tel：0754－89692199
深圳市瑞利源工程技术有限公司
地址：深圳市龙华区龙华街道富康社区民清路光辉科技楼C栋5层510
…………Tel：0755－21008323
深圳中集易租科技有限公司
地址：深圳市南山区招商街道水湾社区太子路1号新时代广场31F
…………Tel：0755－21629210
深圳圆融汇通跨境电商物流股份有限公司
地址：深圳市龙华区龙华街道富康社区东环二路南侧建进自行车(深圳)有限公司厂房第2栋1层
…………Tel：0755－22194790
深圳小田冷链物流股份有限公司
地址：深圳市罗湖区清水河三路中粮信隆运输公司301房
…………Tel：0755－22211650
深圳市中鸿房地产开发有限公司
地址：深圳市罗湖区黄贝街道延芳路安业馨园AB栋2楼207号
…………Tel：0755－22275808
深业进智物流发展有限公司
地址：深圳市罗湖区清水河一路铁路工业站
…………Tel：0755－22314464
深圳市博大物流有限公司
地址：深圳市盐田区杨梅新村35号
…………Tel：0755－22350023
深圳市志诚达物流有限公司
地址：深圳市盐田区盐田北山道268号裕宏实业大楼第一层的102房
…………Tel：0755－22726493
综合信兴盐保物流（深圳）有限公司
地址：深圳市盐田区盐田街道深盐路金马信息物流园D901
…………Tel：0755－22921622
深圳市世华通物流有限公司
地址：深圳市龙华区观澜街道牛湖大水田社区裕新路305号东澜物流园12栋1楼B区
…………Tel：0755－23008994
深圳万顺叫车云信息技术有限公司
地址：深圳市宝安区西乡街道龙腾社区共和工业路西发B区旭生研发大厦20层01－06、21－23号写字楼
…………Tel：0755－23073757
深圳市凯东源现代物流股份有限公司
地址：深圳市龙华区民治街道民治大道与民旺路交汇处民治商务中心10楼1035室至1039室
…………Tel：0755－23088931
深圳市联程吉运物流有限公司
地址：深圳市宝安区国际机场领航二路航空货站B1－d贴建办公楼G－107
…………Tel：0755－23459827
深圳市深圳通有限公司
地址：深圳市福田区红树林路地铁车辆段运营综合楼B座2楼214号
…………Tel：0755－23701426
深圳市信瑞物流有限公司
地址：深圳市宝安区西乡街道宝安大道4018号华丰国际商务大厦七楼706号
…………Tel：0755－23779732
深圳市百富新物流有限公司
地址：深圳市盐田区盐田街道明珠道15号盐田综合保税区盐田片区北区三号路中通百富新现代物流园
…………Tel：0755－23800299
深圳市海格天翼国际物流有限公司
地址：深圳市福田区福保街道福保社区紫荆道1号华宝仓储楼6层602
…………Tel：0755－23804824
深圳远古物流有限公司
地址：深圳市福田区保税区桃花路1－3号达升大楼903
…………Tel：0755－23931206
飞力达物流（深圳）有限公司
地址：深圳市福田区福保街道桃花路28号中宝物流大厦写字楼5楼
…………Tel：0755－23950011
深圳市海信达物流有限公司
地址：深圳市罗湖区南湖街道东门南路文锦渡口岸大楼A座1805房
…………Tel：0755－23985158
深圳市地铁集团有限公司
地址：深圳市福田区福中一路1016号地铁大厦27－31层
…………Tel：0755－23992600
深圳市巨港物流有限公司
地址：深圳市盐田区盐田街道盐田路3号保惠冷链B栋一楼B－10（仅供办公）
…………Tel：0755－25039045
深圳市同协物流有限公司
地址：深圳市盐田区盐田街道泊郡雅苑C栋22C
…………Tel：0755－25200074
深圳市鸿顺达物流有限公司
地址：深圳市盐田区盐田街道明珠大道北泊郡雅苑C座30EF
…………Tel：0755－25202295
深圳市鑫隆运输有限公司
地址：深圳市盐田区盐田港进港三路物流中心大楼108
…………Tel：0755－25203345
深圳市中铁达韦竣储运有限公司
地址：深圳市盐田区盐田港后方陆域六号区中铁堆场综合楼
…………Tel：0755－25206255
深圳市奇越实业发展有限公司
地址：深圳市盐田区北山道和盐田路交界西南侧裕达华庭2栋22C（仅作办公用途）
…………Tel：0755－25209495
深圳市钜深物流有限公司
地址：深圳市盐田区海山街道深盐路壹海城壹海中心1007
…………Tel：0755－25209971
深圳市汇恒物流有限公司
地址：深圳市盐田区海山街道深盐路东湾大厦二楼2012室
…………Tel：0755－25227773
深圳市宝骏达物流有限公司
地址：深圳市盐田区北山道黄必围49号鸿图大厦711
…………Tel：0755－25257655
深圳市沙保物业发展有限公司
地址：深圳市沙头角保税区保发大厦十楼
…………Tel：0755－25260154
深圳市新达源物流有限公司
地址：深圳市盐田区盐田路金水湾御园1栋B座2104号房
…………Tel：0755－25280848
深圳市万里鹏国际物流有限公司
地址：深圳市盐田区盐田街道永安社区东海道432号盐田港监管仓办公楼四层403－406
…………Tel：0755－25282678
深圳市立旺物流有限公司
地址：深圳市盐田区东海道侧东海丽景花园5栋204(仅作办公用途)。
…………Tel：0755－25284970
深圳市鸿顺物流有限公司
地址：深圳市盐田区盐田路87号裕达华庭1栋22A（仅限办公）
…………Tel：0755－25288661
深圳市吋通物流有限公司
地址：深圳市盐田区北四街与明珠大道交汇处和亨中心广场1栋102
…………Tel：0755－25289522
深圳市中远海运盐田港物流有限公司
地址：深圳市盐田区明珠大道15号6栋
…………Tel：0755－25290105
深圳市盐田港股份有限公司
地址：深圳市盐田区盐田港海港大厦17－20层
…………Tel：0755－25290180
深圳市盐田港物流有限公司
地址：深圳市盐田区盐田街道盐田综合保税区南区24号仓库307室

………………………… Tel：0755-25291525
深圳市盛大联合物流有限公司
地址：深圳市盐田区海山街道海景二路1018号精茂城六楼商务办公区613、622室
………………………… Tel：0755-25292599
深圳润都商贸物流投资有限公司
地址：深圳市龙岗区坂田街道嘉长源高科技园宿舍楼2楼206
………………………… Tel：0755-25310020
深圳市海铁物流有限公司
地址：深圳市福田区上步南园路上步大厦15楼H、I、J单元。
………………………… Tel：0755-25325668
深圳市华程小汽车运输有限公司
地址：深圳市罗湖区翠山路69号
………………………… Tel：0755-25532822
深圳市侨城旅游运输有限公司
地址：深圳市南山区西丽街道松坪山社区高新北六道38号瑞声科技楼（绿创云谷）710B3
………………………… Tel：0755-25821811
深圳市神龙国际物流有限公司
地址：深圳市罗湖区笋岗街道笋岗路中民时代广场B座20楼2006房
………………………… Tel：0755-25845653
深圳市共发达投资有限公司
地址：深圳市罗湖区清水河街道红岗路1102号共发达物流中心一期321房
………………………… Tel：0755-25845724
深圳英飞拓仁用信息有限公司
地址：深圳市南山区粤海街道高新区社区高新南九道10号深圳湾科技生态园10栋B1105
………………………… Tel：0755-25856184
深圳市新鹏供应链管理服务有限公司
地址：深圳市罗湖区桂园街道宝安南路2014号振业大厦A座25GH
………………………… Tel：0755-25862196
深圳市志雄达物流有限公司
地址：深圳市南山区南山街道荔湾社区前海路0101号丽湾商务公寓A-2516A-1
………………………… Tel：0755-25880570
深圳市路桥建设集团有限公司
地址：深圳市罗湖区泥岗路红岗东村路桥大厦19-23层
………………………… Tel：0755-25903217
深圳市桥洋航运有限公司
地址：深圳市南山区招商街道水湾社区太子路1号新时代广场16E1
………………………… Tel：0755-26028362
深圳市金溢科技股份有限公司
地址：深圳市南山区粤海街道科技南路16号深圳湾科技生态园11栋A座18-20层01-08号
………………………… Tel：0755-26030288
高新现代智能系统股份有限公司
地址：深圳市南山区高新区高新南四道021号高新工业村R1-A栋附楼一、二层
………………………… Tel：0755-26038222
深圳市新朗建设工程有限公司
地址：深圳市南山区南头街道南山区深南大道与前海路交汇处星海名城七期2205
………………………… Tel：0755-26163109
深圳市西部城建工程有限公司
地址：深圳市南山区桃园西路南山市政大厦五楼
………………………… Tel：0755-26163188
深圳市鹏威物流有限公司
地址：深圳市南山区荔湾路南、兴海路西月亮湾花园37栋301室
………………………… Tel：0755-26390455
深圳市联力国际供应链管理有限公司
地址：深圳市南山区粤海街道蔚蓝海岸社区创业路3号浪琴屿花园1-12栋11栋203
………………………… Tel：0755-26419899
深圳市中环能科技有限公司
地址：深圳市宝安区西乡街道107国道339号吉美禾综合楼十一楼1103（办公场所）
………………………… Tel：0755-26451891
海洋王（东莞）照明科技有限公司
地址：东莞松山湖科技产业园区工业西六路1号
………………………… Tel：0755-26492666
深圳市世和安全技术咨询有限公司
地址：深圳市龙岗区布吉街道甘李工业园甘李六路12号中海信创新产业城14A栋1802、1803
………………………… Tel：0755-26492918
深圳市嘉隆达市政工程有限公司
地址：深圳市龙华区大浪街道同胜社区华繁路110号嘉安达大厦1808
………………………… Tel：0755-26513555
深圳市明通建设工程有限公司
地址：深圳市南山区南山街道深南大道北侧、艺园路西佳嘉豪商务大厦6D
………………………… Tel：0755-26519322
深圳市奇辉电气有限公司
地址：深圳市光明新区光明街道光侨大道1161号帝光数码科技园西一、西三、北一楼
………………………… Tel：0755-26545788
深圳市万宝通物流有限公司
地址：深圳市福田区福华路万基商务大厦23A
………………………… Tel：0755-26621995
深圳市丽达旅运有限公司
地址：深圳市南山区西丽街道西丽湖路4066号西丽湖新住宅区9栋702
………………………… Tel：0755-26623233
深圳妈港仓码有限公司
地址：深圳市前海深港合作区临海大道59号海运中心口岸楼606室B
………………………… Tel：0755-26670960
深圳市星星朗网络应急救援服务有限公司
地址：深圳市南山区马家龙75栋东B1楼
………………………… Tel：0755-26718129
深圳市航天华拓科技有限公司
地址：深圳市南山区科技南十路深圳技术创新大楼D座9楼
………………………… Tel：0755-26727072
中盟科技有限公司
地址：深圳市前海深港合作区南山街道兴海大道3048号前海自贸大厦1501
………………………… Tel：0755-26743399
深圳雅邦物流有限公司
地址：深圳市前海深港合作区南山街道兴海大道3044号信利康大厦9D
………………………… Tel：0755-26801001
招商局蛇口工业区控股股份有限公司
地址：广东省深圳市南山区蛇口太子路1号新时代广场
………………………… Tel：0755-26818600
深圳市图敏智能视频股份有限公司
地址：深圳市龙华区大浪街道新石社区嘉义源数码科技园3号4层
………………………… Tel：0755-26839500
深圳市有顺供应链有限公司
地址：深圳市南山区招商街道五湾社区港湾三路深圳招商港务有限公司办公大楼306
………………………… Tel：0755-26850869
深圳市鼎昊物流有限公司
地址：深圳市南山区临海路海运中心主塔楼506房
………………………… Tel：0755-26884985
广东华特物流有限公司
地址：深圳市盐田区深盐路1289海港大厦附楼1403
………………………… Tel：0755-26888333
深圳市浩源骏物流有限公司
地址：深圳市南山区招商街道赤湾社区赤湾四路7号海勤监理大楼301
………………………… Tel：0755-26895459
深圳亿维锐创科技股份有限公司
地址：深圳市南山区南头街道关口二路智恒战略性新兴产业园26栋1楼、2楼
………………………… Tel：0755-26977535
深圳市交通场站建设发展有限公司
地址：深圳市南山区龙珠大道8号侨城北公交综合车场5/6楼
………………………… Tel：0755-26989788
深圳市骏鑫物流有限公司
地址：深圳市南山区南头街道深南大道10128号南山软件园大厦西塔楼1503号
………………………… Tel：0755-26992663
深圳市兆速达物流有限责任公司
地址：深圳市南山区沙河街道白石洲西社区沙河东路3号沙河高尔夫棕榈泉国际中心203
………………………… Tel：0755-27066666
深圳市华东物流有限公司
地址：深圳市宝安区沙井街道万丰仁爱路18号一层(办公场所)
………………………… Tel：0755-27220123
深圳市友鹏汽车有限公司
地址：深圳市宝安区沙井街道南环路康达尔工业园A区东风本田售车楼
………………………… Tel：0755-27291010
跨越速运集团有限公司
地址：深圳市宝安区航城街道后瑞社区深圳机场航站四路汉莎航空园区A栋1楼-8楼
………………………… Tel：0755-27300186
深圳市东源国际物流有限公司
地址：深圳市宝安区西乡街道臣田社区臣田工业区29栋旁附楼1层
………………………… Tel：0755-27505122
深圳市恒誉光明交通服务有限公司
地址：深圳市光明新区光明办事处光翠路光明客运站1栋101号
………………………… Tel：0755-27596968
深圳市道尔智控科技股份有限公司
地址：深圳市龙华区大浪街道浪口社区华荣路496号德泰工业区4号厂房1层至4层
………………………… Tel：0755-27620066
深圳市友和运输有限公司
地址：深圳市宝安区石岩街道浪心社区洲石路1号石岩物流园5栋98号档（办公场所）
………………………… Tel：0755-27658380
深圳市安信美实业有限公司
地址：深圳市龙华新区龙华办事处华联社区墩背市场南区7栋301
………………………… Tel：0755-27704366
深圳市平通工程有限公司
地址：深圳市宝安区新安街道宝民一路公路管理中心16楼
………………………… Tel：0755-27751443
深圳市升蓝物流有限公司
地址：深圳市宝安区福永街道兴围第一工业区第1栋第1层121号（办公场所）
………………………… Tel：0755-27773998
深圳市汇合供应链有限公司
地址：深圳市宝安区福永街道国际机场航站四路南方航空公司物流一条街122-125号、222-225号
………………………… Tel：0755-27775333
顺丰航空有限公司
地址：深圳市宝安区航城街道草围社区深圳机场航站四路1111号顺丰华南转运中心综合楼五层、六层
………………………… Tel：0755-23450243
深圳市国凤物流有限公司
地址：深圳市宝安区机场物流园国内货运村219单元（办公场所）
………………………… Tel：0755-27777981
深圳市九洲物流有限公司
地址：深圳市宝安区航城街道后瑞社区深圳机场领航二路148号T3货站出港区B1-D2E207
………………………… Tel：0755-27779533
深圳市长筑路桥工程有限公司
地址：深圳市宝安区新城宝民路十二区公路管理中心十七楼
………………………… Tel：0755-27784850
深圳市顺宝隆物流有限公司
地址：深圳市龙岗区坂田街道雪象花园新村大道四号润昌源纸业D栋3楼
………………………… Tel：0755-27794339
深圳市鹏佳顺物流有限公司
地址：深圳市宝安区福永街道怀德社区翠岗工业五区46栋101
………………………… Tel：0755-27881123
深圳市湘永达物流有限公司
地址：深圳市龙华区龙华街道景龙社区建达路桦润馨居B5栋1单元202
………………………… Tel：0755-27948811
深圳市索菱实业股份有限公司
地址：深圳市南山区南头街道安乐社区关口二路15号智恒产业园19栋2层
………………………… Tel：0755-28022655
深圳市富泰通国际物流有限公司
地址：深圳市龙华区龙华街道民清路北深超光电科技园K3区厂房1栋1层及夹层
………………………… Tel：0755-28129588
深圳市路网通物流有限公司
地址：深圳市坪山新区坪山海翔工业园A-2栋厂房6楼603、604室
………………………… Tel：0755-28361426
深圳市公路养护有限公司
地址：深圳市龙岗区布吉街道布龙路布吉段239号
………………………… Tel：0755-2857679
深圳市怀荣物流有限公司
地址：深圳市龙岗区横岗街道富康路92号耀祥工业大厦8楼803
………………………… Tel：0755-28653539
深圳市速达物流有限公司
地址：深圳市龙岗区坂田街道新围仔新河新村三巷5号一楼
………………………… Tel：0755-28777548
深圳市美加达公路工程有限公司
地址：深圳市龙岗区公路局办公大楼七楼（办公住所）
………………………… Tel：0755-28922136
深圳市中浦信建设集团有限公司
地址：深圳市龙岗区龙岗街道南联社区碧新路2141号401（在深圳市龙岗区龙岗街道南约社区联和工业区一区5号设有经营场所从事生产经营活动）
………………………… Tel：0755-28961233
深圳市汇客供应链服务有限公司
地址：深圳市宝安区西乡街道福中福社区宝源路1084号财富港D座财富港国际中心1502A
………………………… Tel：0755-29179746
深圳新视达视讯工程有限公司
地址：深圳市龙华区龙华街道清湖社区清湖村宝能科技园7栋13A-F
………………………… Tel：0755-29431551
深圳市南北之星物流有限公司
地址：深圳市宝安区福永街道白石厦社区富欣邦科技工业区1#厂房第一层南
………………………… Tel：0755-29474816
深圳市珑运照明电器有限公司
地址：深圳市龙华新区观澜桂月路334号硅谷动力汽车电子创业园A5栋及A6栋3-4层
………………………… Tel：0755-29503729
深圳汇生通科技股份有限公司
地址：深圳市南山区南山街道前海路3101-90号振业国际商务中心3008
………………………… Tel：0755-29619788
深圳市飞龙世纪物流有限公司
地址：深圳市龙华区大浪街道龙胜工业区21栋2F201室
………………………… Tel：0755-29840920
深圳市鸿益达供应链股份有限公司
地址：深圳市宝安区福海街道新和社区新兴工业园三区一期9号101第一、二层
………………………… Tel：0755-29987168-8138
深圳市锦恒联物流有限公司
地址：深圳市龙华区大浪街道高峰社区陶吓锦华大厦2203
………………………… Tel：0755-33118206
广东为众消防科技股份有限公司
地址：深圳市龙岗区坂田街道布龙公路448号综合楼一楼102、七楼
………………………… Tel：0755-33212555
深圳市金光道交通技术有限公司
地址：深圳市龙岗区坂田街道风门路45号
………………………… Tel：0755-33218969
深圳市飞马国际供应链股份有限公司
地址：深圳市南山区南头街道大新路198号马家龙创新大厦A栋601
………………………… Tel：0755-33356333
深圳市百丰供应链有限公司
地址：深圳市盐田区盐田港保税区南片区B仓二楼208号
………………………… Tel：0755-33369096
深圳市光胜发国际物流有限公司
地址：深圳市罗湖区红岭中路深圳国际信托大厦1807
………………………… Tel：0755-33383823
全一快递有限公司
地址：深圳市福田区华富街道莲花三村社区红荔西路5007号现代苑204
………………………… Tel：0755-33599622
速尔快递有限公司
地址：深圳市福田区红荔路莲花三村现代花园四楼406号
………………………… Tel：0755-33599622
广东速尔物流股份有限公司
地址：深圳市福田区红荔西路莲花三村现代苑三楼310号
………………………… Tel：0755-33599622
深圳友银金融服务有限公司
地址：深圳市罗湖区翠竹街道文锦北路1010号文锦广场文安中心908
………………………… Tel：0755-33631229
深圳一道通科技股份有限公司
地址：深圳市龙华区观澜街道南大富社区观平路299号粮食集团观澜工业园第八栋厂房
………………………… Tel：0755-33815208
深圳市大合为智能装备有限公司
地址：深圳市龙华区大浪街道大浪社区泰松工业区6号505
………………………… Tel：0755-33885488
深圳德创物流有限公司
地址：深圳市宝安区前进二路与西乡大道交汇处宝运达物流中心物流仓库A区一楼1-2号(办公场所)
………………………… Tel：0755-33897307
庆华物流（深圳）有限公司
地址：深圳市宝安区航城街道后瑞社区宝安国际机场航站四路保税物流中心1号物流中心1201-1204
………………………… Tel：0755-33917799
深圳中龙国际货运代理有限公司
地址：深圳市宝安区福永街道兴围第一工业区第二十二幢612号（办公场所）
………………………… Tel：0755-33933261
深圳市美大行科技有限公司
地址：深圳市龙岗区宝龙街道同心社区新布路23号厂房A401
………………………… Tel：0755-36869788
深圳市日新盛龙物流有限公司
地址：深圳市南山区科技南十二路康佳研发大厦7楼J单元
………………………… Tel：0755-36881829
中联物流（中国）有限公司
地址：深圳市前海深港合作区南山街道桂湾片区二单元前海卓越金融中心（一期）7号楼1701-1
………………………… Tel：0755-36885376
深圳市中林实业发展有限公司
地址：深圳市龙华区龙华街道清祥路1号宝能科技园9栋A座1楼招商中心G5室
………………………… Tel：0755-36889999
深圳市深图腾实业有限公司
地址：深圳市龙华新区民治街道东侧梅花山庄盛铭居4栋506(办公场所)
………………………… Tel：0755-61216176
深圳市先达物流有限公司
地址：深圳市福田区福保街道福保社区蓝花道3号兴达物流大厦307
………………………… Tel：0755-61332302
深圳市安诚宇物流有限公司
地址：深圳市坪山新区深圳出口加工区荔景北路安诚宇物流中心
………………………… Tel：0755-61390359
深圳市湘粤华物流有限公司
地址：深圳市宝安区西乡宝民路臣田综合楼南边10楼2号（办公场所）
………………………… Tel：0755-61524283

深圳市宇航通国际货运代理有限公司
地址：深圳市宝安区沙井街道沙头社区创新路5号135
…………………… Tel：0755-61557527

深圳市港运通国际物流有限公司
地址：深圳市福田区福保街道保税区红花路99号长平商务大厦3913-3933
…………………… Tel：0755-61659266

深圳市蓝海威盛投资有限公司
地址：深圳市福田区福田保税区蓝花道6号城联物流大楼配套办公楼402室
…………………… Tel：0755-61688385

深圳市冠海通物流有限公司
地址：深圳市南山区蛇口街道水湾路52号招商大厦418
…………………… Tel：0755-61861855

深圳市德诚达物流有限公司
地址：深圳市盐田区进港三路物流中心大楼208号
…………………… Tel：0755-61865688

深圳市富润德供应链管理有限公司
地址：深圳市龙华区龙华街道清湖社区清湖村宝能科技园6栋4K
…………………… Tel：0755-61978965

盯盯拍（深圳）技术股份有限公司
地址：深圳市南山区粤海街道软件园怡化金融科技大厦12楼
…………………… Tel：0755-66630062

深圳市辰旭物流有限公司
地址：深圳市龙华新区龙华街道清湖社区胜立工业园7栋
…………………… Tel：0755-66635731

弘湾供应链管理（深圳）有限公司
地址：深圳市南山区科技园科技中路软件园12栋733房
…………………… Tel：0755-66813816

深圳海宝物流有限公司
地址：深圳市龙华新区观澜街道环观南路101号深圳国际电子商务基地二楼B01
…………………… Tel：0755-66813932

宇龙计算机通信科技（深圳）有限公司
地址：深圳市南山区西丽街道松坪山社区南山高新北区科苑大道与宝深路交汇处酷派大厦A座21层
…………………… Tel：0755-83301199

深圳酷派技术有限公司
地址：深圳市南山区西丽街道松坪山社区南山高新北区科苑大道与宝深路交汇处酷派大厦A座20层
…………………… Tel：0755-83301199

深业泰富物流集团股份有限公司
地址：深圳市罗湖区清水河一路52号博隆大厦24楼
…………………… Tel：0755-82083723

深圳市蓝海供应链股份有限公司
地址：深圳市罗湖区东门街道深南东路3016号银都大厦1005室
…………………… Tel：0755-82126775

深圳市汇德泰贸易有限公司
地址：深圳市罗湖区人民北路3082号物资大院综合楼3楼301
…………………… Tel：0755-82136611

深圳思迈尔国际货运代理有限公司
地址：深圳市罗湖区笋岗街道宝安北路深业物流中心（北区）A栋1413，A栋1411，A栋1417，A栋1415
…………………… Tel：0755-82149025

深圳市九立供应链股份有限公司
地址：深圳市盐田区沙头角街道田心社区沙盐路3018号盐田现代产业服务中心(一期)A座6层A-22
…………………… Tel：0755-82228999

深圳市宏大建设集团有限公司
地址：深圳市龙华区民治街道北站社区创业花园鑫荣大厦1810
…………………… Tel：0755-82267440

东莞市迪比科能源科技有限公司
地址：广东省东莞市樟木头镇东深路樟木头段252号101室
…………………… Tel：0755-82558793

深圳市联合利达供应链管理有限公司
地址：深圳市福田区保税区红花路22号（210栋）
…………………… Tel：0755-82560883

深圳市创捷供应链有限公司
地址：深圳市福田区华富街道新田社区深南大道1006号深圳国际创新中心(福田科技广场)A栋十五层
…………………… Tel：0755-82566000

深圳市锦鑫物流有限公司
地址：深圳市盐田区明珠大道花样年花港裙楼北203
…………………… Tel：0755-82630638

深圳市丰旭物流有限公司
地址：深圳市盐田区永安路16号区盐田港汽车维修中心内生活楼403房（新：永安路25-5号403）
…………………… Tel：0755-82632187

深圳世恒达国际物流有限公司
地址：深圳市宝安区福永街道兴围机场五道1003号华茂航空酒店8317房
…………………… Tel：0755-82635077

深圳市正佳盐田国际物流有限公司
地址：深圳市盐田区明珠道15号11栋
…………………… Tel：0755-82635535

深圳市格尔特物流有限公司
地址：深圳市福田区福保街道福田保税区长平商务大厦2231室
…………………… Tel：0755-82667739

华润股份有限公司
地址：深圳市南山区滨海大道3001号深圳湾体育中心体育场三楼
…………………… Tel：0755-82668888

深圳市粤联通物流有限公司
地址：深圳市福田区沙头街道天安社区泰然九路盛唐商务大厦西座2213
…………………… Tel：0755-82720518

深圳市汇通天下物流有限公司
地址：深圳市宝安区航城街道黄田社区金碧工业区20栋一层
…………………… Tel：0755-82792388

深圳市万通顺达科技股份有限公司
地址：深圳市福田区华富街道莲花一村社区皇岗路5001号深业上城(南区)T2栋2201
…………………… Tel：0755-82793632

深圳市通运达供应链服务有限公司
地址：深圳市宝安区福永街道机场物流园联检综合楼801室
…………………… Tel：0755-82798948

深圳市集万物流股份有限公司
地址：深圳市福田区福保街道福保社区福田保税区市花路3号花样年.福年广场B栋602
…………………… Tel：0755-82823113

深圳前海华夏智信数据科技有限公司
地址：深圳市前海深港合作区前湾一路1号A栋201室（入驻深圳市前海商务秘书有限公司）
…………………… Tel：0755-82834028

深圳科捷物流有限公司
地址：深圳市前海深港合作区前湾一路1号A栋201室（入驻深圳市前海商务秘书有限公司）经营场所：深圳市南山区科发路8号金融基地1栋11楼F区
…………………… Tel：0755-82858740

深圳市凯立德科技股份有限公司
地址：深圳市福田区深南大道以南、泰然九路以西耀华创建大厦2701号
…………………… Tel：0755-82882889

中建国际建设发展（深圳）有限公司
地址：深圳市龙岗区横岗街道龙岗大道保康路荣德国际大厦4101
…………………… Tel：0755-82931438

广东富盈建设有限公司
地址：深圳市罗湖区金碧路46号原办公楼六楼605
…………………… Tel：0755-82949885

深圳市路安达工程有限公司
地址：深圳市龙华区大浪街道同胜社区华繁路110号嘉安达大厦27层01-04号
…………………… Tel：0755-82975238

深圳市航生物流有限公司
地址：深圳市福田区福保街道福田保税区市花路长平商务大厦3308
…………………… Tel：0755-82991662

深圳市易通安达国际物流有限公司
地址：深圳市龙华区大浪街道同胜社区华兴路上横朗第二工业区3号厂房3层
…………………… Tel：0755-83006700

深圳市金群实业发展有限公司
地址：深圳市福田区深南路人民大厦1213室
…………………… Tel：0755-8302122

中交天航南方交通建设有限公司
地址：深圳市宝安区新安街道新安六路1003号金融港A座二楼
…………………… Tel：0755-83022452

嘉宏国际物流（深圳）有限公司
地址：深圳市福田区沙头街道石厦北二街西路新天世纪商务中心1栋A座3609室
…………………… Tel：0755-83103030

深圳市科漫达智能管理科技有限公司
地址：深圳市福田区梅林街道龙尾路10号捷顺科技405室
…………………… Tel：0755-83112288

深圳市海文物流有限公司
地址：深圳市福田区梅林街道梅林二村14栋703
…………………… Tel：0755-83122097

深圳市太科检测有限公司
地址：深圳市南山区深云路13号一楼
…………………… Tel：0755-83139735

深圳市柒加贰物流有限公司
地址：深圳市福田区深南大道1006号国际创新中心（福田科技广场）A座26楼2609-05室
…………………… Tel：0755-83169755

深圳市通球投资有限公司
地址：深圳市龙华新区大浪街道龙胜社区腾龙路淘金地电子商务孵化基地展滔商业广场A座1001
…………………… Tel：0755-83187800

深圳市龙发实业公司
地址：深圳市福田区华富街道静逸街1号
…………………… Tel：0755-83223811

中深建业建设集团有限公司
地址：深圳市福田区莲花街道福新社区益田路6013号江苏大厦A、B座A座17层1703-1706。
…………………… Tel：0755-83276072

深圳市瑞建建设集团有限公司
地址：深圳市福田区上步中路1011工会大厦A座9018房
…………………… Tel：0755-83283839

深圳市南山交通运输有限公司
地址：深圳市南山区常兴综合楼副楼三楼北面
…………………… Tel：0755-83413088

深圳市飞力士投资控股有限公司
地址：深圳市宝安区福海街道新和社区同富裕工业区12号3层B-01
…………………… Tel：0755-83448000

深圳市宝祥供应链管理有限公司
地址：深圳市福田区福田保税区桃花路中宝物流中心仓库楼3及附楼四楼A区（仅限办公）
…………………… Tel：0755-83480695

腾邦集团有限公司
地址：深圳市福田区福田保税区桃花路腾邦物流大厦7楼
…………………… Tel：0755-83485999

深圳市凯睿道通投资有限公司
地址：深圳市福田区北环路4013号莲丰大厦2栋一层101房（仅限办公）
…………………… Tel：0755-83503715

广东兴鹏基工程有限公司
地址：深圳市龙岗区坂田街道雪岗北路133号天安云谷3期B座1901
…………………… Tel：0755-83571991

富宝物流（深圳）有限公司
地址：深圳市福田区福保街道福田保税区红棉道2号富宝物流仓储楼第一层
…………………… Tel：0755-83580586

深圳市德宝国际物流有限公司
地址：深圳市福田区福保街道福田保税区市花路6号德宝物流中心写字楼一楼102室
…………………… Tel：0755-83593333

深圳市福汉兴业国际货运代理有限公司
地址：深圳市福田区福田保税区槟榔路伟光联物流大厦办公区七楼B区（仅限办公）
…………………… Tel：0755-83593428

深圳中港城国际物流有限公司
地址：深圳市福田区福保街道福保社区市花路13号万利工业园二期东厂房第三层西侧316
…………………… Tel：0755-83595839

综合物流（中国）有限公司
地址：深圳市福田区福田保税区桃花路30号综合信兴三期大厦西座七楼707室
…………………… Tel：0755-83597575

深圳达升物流有限公司
地址：深圳市福田保税区桃花路1-3达升大楼
…………………… Tel：0755-83598617

天海金服（深圳）有限公司
地址：深圳市福田区福田街道岗厦社区深南大道2003号华嵘大厦1801
…………………… Tel：0755-83670265

深圳市软通供应链股份有限公司
地址：深圳市福田区皇岗路与滨河路交界东南皇城广场大厦2601-A
…………………… Tel：0755-83694444

深圳市工勘岩土集团有限公司
地址：深圳市南山区粤海街道高新区社区科技南八路8号博泰工勘大厦1501
…………………… Tel：0755-83695460

深圳市三通供应链服务有限公司
地址：深圳市福田区香林路16号九润大厦703、704
…………………… Tel：0755-83711655

深圳市前海建安劳务有限公司
地址：深圳市宝安区沙井街道北帝堂一路69号华茂大厦1座12D
…………………… Tel：0755-83730238

深圳市中饰南方建设工程有限公司
地址：深圳市福田区福保街道福田保税区万利工业大厦三期西厂房三层
…………………… Tel：0755-83843268

深圳市海泰联合供应链有限公司
地址：深圳市福田区园岭街道华林社区八卦三路八卦岭工业区533栋509
…………………… Tel：0755-83881222

深圳昌恩智能股份有限公司
地址：深圳市盐田区海山街道沙头角深盐路南保发大厦第五层H1
…………………… Tel：0755-83932176

深圳市佳顺智能机器人股份有限公司
地址：深圳市龙华区福城街道茜坑社区田背一村106号厂房三101
…………………… Tel：0755-83976145

深圳核电环通汽车服务有限公司
地址：深圳市福田区白沙岭长城大厦1号楼D座103号
…………………… Tel：0755-84477322

深圳市华程交通有限公司
地址：深圳市龙岗区中心城汽车总站4-5楼
…………………… Tel：0755-84576796

深圳市亚洲顺物流有限公司
地址：深圳市宝安区石岩街道洲石公路恒胜亿物流园A7栋501B
…………………… Tel：0755-86006953

深圳市鸿华通交通设施工程有限公司
地址：深圳市南山区西丽街道大　社区王京坑工业区36号A(101)
…………………… Tel：0755-86020146

深圳市麦驰物联股份有限公司
地址：深圳市南山区高新中区麻雀岭工业区M-6栋中钢大厦3层1区
…………………… Tel：0755-86028000

深圳市兆和物流有限公司
地址：深圳市南山区南山街道登良社区创业路3023号凯德公园一号广场B座2单元2702
…………………… Tel：0755-86036109

深圳市南联信物流有限公司
地址：深圳市宝安区西乡街道后瑞社区第一工业区16号厂房二楼
…………………… Tel：0755-86197785

深圳市车安科技发展有限公司
地址：深圳市南山区西丽麻勘路18号第7栋1层、2层A区、3层
…………………… Tel：0755-86237799

深圳市元熙生物科技有限公司
地址：深圳市福田区保税区市花路21号富林物流大楼A栋二楼201室
…………………… Tel：0755-86290116

深圳市广宁股份有限公司
地址：深圳市南山区科技中2路1号深圳软件园（2期）9栋701、702室
…………………… Tel：0755-86319359

深圳新合程供应链股份有限公司
地址：深圳市南山区粤海街道海珠社区海德三道199号天利中央广场1412
…………………… Tel：0755-86330788

深圳市安达顺国际物流有限公司
地址：深圳市南山区登良路23号汉京大厦17A
…………………… Tel：0755-86371665

深圳市科兴创科技发展有限公司
地址：深圳市南山区科技园南区粤兴二道6号武汉大学深圳产学研大楼B205-I
…………………… Tel：0755-86578962

深圳市泰德明安科技发展有限公司
地址：深圳市宝安区新桥街道沙企社区北环路与宝安大道交界处益华电子批发市场G栋207
…………………… Tel：0755-88218893

中建河图建设有限公司
地址：深圳市福田区滨河大道与益田路交界东南皇都广场3号楼810-812
…………………… Tel：0755-83276072

广东万泰昌国际物流有限公司
地址：湛江开发区乐山东路35号银隆广场B1602房
…………………… Tel：0755-88275821

华南中远海运集装箱运输有限公司
地址：广州市南沙区龙穴大道南9号五楼（仅限办公用途）
…………………… Tel：0755-88286780

深圳市合众物流有限公司
地址：深圳市罗湖区南湖街道文锦社区沿河南路1130号文锦渡口岸管理处办公楼三层305
…………………… Tel：0755-89328888

深圳市新宁现代物流有限公司
地址：深圳市坪山新区坪山街道深圳出口加工区兰竹西路10号柯仕达工业厂区综合厂房（C、D部分）
…………………… Tel：0755-89336998

运必送物流（深圳）有限公司
地址：深圳市宝安区宝安国际机场航站四路2003号机场快件转运中心部分（办公场所）
…………………… Tel：0755-89478888

广东新易泰物流科技有限公司
地址：深圳市龙岗区坂田街道坂田岗头社区风门路41号成裘工业园A栋
…………………… Tel：0755-89600815

深圳市联城通路物流有限公司
地址：深圳市龙岗区龙城街道龙岗天安数码新城2栋A座1203
…………………… Tel：0755-89663713

深圳市快捷好物流有限公司
地址：深圳市龙岗区南湾街道丹平社区闽鹏程工业区11栋16-17号
…………………… Tel：0755-89704993

深圳市泉胜精密科技有限公司
地址：深圳市龙岗区宝龙街道宝龙社区诚信路2号福昌盛工业厂区（厂房）101、二楼办公区域
…………………… Tel：0755-89882096

汕头比亚迪实业有限公司

地址：汕头市濠江区致业路11号
…………Tel：0755-89888888

深圳市华艺阳光装饰设计工程有限公司
地址：深圳市龙岗区坂田五和大道（南）36号星景苑201
…………Tel：0755-89957779

珠海电力建设工程有限公司
地址：珠海市横琴新区宝华路6号105室-25092（集中办公区）
…………Tel：0756-2187465

广东港珠澳大桥穿梭巴士有限公司
地址：珠海市横琴新区宝华路6号105室-42031（集中办公区）
…………Tel：0756-6830888

珠海横琴新区鑫丰物流集团有限公司
地址：珠海市横琴新区宝华路6号105室-5247
…………Tel：0756-7233226

中交珠海城际轨道交通投资建设有限公司
地址：珠海市横琴新区宝华路6号105室-666
…………Tel：0756-8938050

广东胜威保安集团有限公司
地址：佛山市顺德区陈村镇云香围路段工业8号之二（一址多照）
…………Tel：0757-22221318

广东新协力交通股份有限公司
地址：佛山市顺德区伦教广珠公路新松路段汽车城内
…………Tel：0757-22309086

广东科陆智泊信息科技有限公司
地址：佛山市顺德区大良近良社区居民委员会新桂南路20号首层5号铺之三
…………Tel：0757-22317339

广东金发物业股份有限公司
地址：佛山市顺德区大良街道办事处顺峰居委会兴顺路嘉信城市广场一期嘉宏台C4-1之一
…………Tel：0757-22326250

广东顺德汽车运输集团有限公司
地址：佛山市顺德区大良南国中路与广珠公路交界处
…………Tel：0757-22339708

佛山市顺德区怡孚汽车销售服务有限公司
地址：佛山市顺德区伦教广珠公路东侧(顺德立交桥北面)
…………Tel：0757-22819666

广东国通海峡农业发展有限公司
地址：佛山市顺德区陈村镇石洲村白陈公路石洲段国通物流中心二楼（公司住所仅作办公用途）
…………Tel：0757-23308880

佛山市庆宏隆汽车销售服务有限公司
地址：佛山市顺德区北　镇碧江聚龙沙
…………Tel：0757-23602315

佛山市龙江丰田汽车销售服务有限公司
地址：佛山市顺德区龙江镇龙洲西路北旁3-2地块
…………Tel：0757-23872684

佛山市顺德区富日交通机械有限公司
地址：佛山市顺德区勒流镇黄连工业区港口路1号
…………Tel：0757-25668928

库卡机器人（广东）有限公司
地址：佛山市顺德区北　镇偉莘路3号B1栋2楼A区（住所申报）
…………Tel：0757-26338888

佛山市顺德区广交出租汽车有限公司
地址：佛山市顺德区大良街道办事处大门居委会大门路西大良炮竹厂12号之一-C
…………Tel：0757-26369488

佛山东日塑料物流有限公司
地址：佛山市顺德区乐从镇乐从居委会东区建设路64-66号地德富塑料城商务中心D座2号四层之一（住所仅作办公用途）
…………Tel：0757-28877525

欧浦智网股份有限公司
地址：佛山市顺德区乐从镇路州村委会第二工业区乐成路七号地
…………Tel：0757-28977151

佛山市顺德区路桥养护有限公司
地址：佛山市顺德区大良街道办事处德和社区居民委员会新城区观绿路4号恒实置业广场1号楼1816单元
…………Tel：0757-29300318

佛山路桥养护有限公司
地址：佛山市禅城区魁奇二路18号一座11楼1102房
…………Tel：0757-29318683

广东创升建设工程有限公司
地址：佛山市顺德区龙江镇西溪社区居民委员会龙洲西路77号之二十一
…………Tel：0757-29392295

广东东立新材料科技股份有限公司
地址：佛山市顺德区杏坛镇百安路七　工业区8路1号
…………Tel：0757-29818861

佛山顺德国通物流城有限公司
地址：佛山市顺德区陈村镇白陈公路石洲段国通物流中心
…………Tel：0757-29996628

广东祥新光电科技有限公司
地址：佛山市高明区荷城街道富盛路10号
…………Tel：0757-6687222

佛山怡和仁孚汽车服务有限公司
地址：佛山市南海区桂城谢叠大桥之南G10街区
…………Tel：0757-81019703

广东佛盈汇建工程管理有限公司
地址：佛山市禅城区轻工南六街六号（住所申报）
…………Tel：0757-82025541

佛山市顺安达运输有限公司
地址：佛山市禅城区张槎昌荣路11号
…………Tel：0757-82123526

佛山市禅运城巴有限公司
地址：佛山市禅城区丝织路3-5号
…………Tel：0757-82222567

佳宁娜（佛山）企业有限公司
地址：佛山市禅城区祖庙路14号
…………Tel：0757-82223828

佛山市市政建设工程有限公司
地址：佛山市禅城区市东下路２号之一
…………Tel：0757-82292160

南湖国际旅行社股份有限公司
地址：广州市花都区龙珠路8号11栋06商铺、07商铺
…………Tel：0757-82320207

广东警联通保安服务有限公司
地址：佛山市禅城区华宝南路（佛山国家火炬创新创业园）D座二楼13室、16室（住所申报）
…………Tel：0757-82589881

佛山市禅城区公共交通管理有限公司
地址：佛山市禅城区华宝北路七号养护中心大楼二楼(经营场所需经审批机关审批)
…………Tel：0757-82780285

佛山市宇顺禅物流服务有限公司
地址：佛山市禅城区佛罗公路（自编）38号侧301室
…………Tel：0757-82805163

佛山市地铁集团有限公司
地址：佛山市禅城区魁奇二路佛山地铁大厦19楼1908室（住所申报）
…………Tel：0757-82488888

广东济通集团有限公司
地址：佛山市禅城区五峰四路石湾海外公司大院4号楼之五
…………Tel：0757-83218346

广东碧桂园元海物业服务有限公司
地址：佛山市禅城区金鱼街32号三层之三109室（住所申报）
…………Tel：0757-83383365

佛山市南海恒洁清洁服务有限公司
地址：佛山市南海区大沥钟边北一工业区（土名一仓九墩）一号铺
…………Tel：0757-85586228

广东众望环境科技有限公司
地址：佛山市南海区桂城街道南平路26号依云天汇花苑50号铺首层
…………Tel：0757-86267768

佛山市瑞兴能源发展有限公司
地址：佛山市南海区桂城街道海五路6号城智大厦1幢901室
…………Tel：0757-86322822

佛山市南海区佛山西站枢纽运营管理有限公司
地址：佛山市南海区桂城佛平二路60号交通建设大厦9楼906室
…………Tel：0757-86688910

广东美保环境技术有限公司
地址：佛山市南海区桂城街道港口路12号三山科创中心7座702室（住所申报）
…………Tel：0757-86763543

佛山市南海区君顺物流有限公司
地址：佛山市南海区小塘西货场门口
…………Tel：0757-86834444

佛山市三水区国鸿公共交通有限公司
地址：佛山市三水区西南街道锦河三路6号六座（仅限办公场所使用）
…………Tel：0757-87618330

佛山市三水区保安服务公司
地址：佛山市三水区西南街新华路38号
…………Tel：0757-87723103

广东京安交通科技有限公司
地址：佛山市三水区西南科技工业园北26号
…………Tel：0757-87755123

广东国盾特卫保安集团有限公司
地址：佛山市三水区云东海街道南丰大道一号九座401（住所申报）
…………Tel：0757-87783110

佛山市三水区粤运交通有限公司
地址：佛山市三水区西南街道广海大道西18号三楼301
…………Tel：0757-87803083

广东艾科智泊科技股份有限公司
地址：佛山市南海区桂城深海路17号瀚天科技城A区3号楼三楼302单元（住所申报）
…………Tel：0757-88361111

美旗物流建设（佛山）有限公司
地址：佛山市顺德区北　镇北　居委会简岸路66号
…………Tel：0757-89966666

肇庆市交通集团有限公司
地址：肇庆市站前西路公交大楼内
…………Tel：0758-2206339

肇庆市第二公共汽车有限公司
地址：肇庆市端州区建平街6号安居华苑二期公交车站办公楼401、402室
…………Tel：0758-2261861

广东西江建设发展有限公司
地址：肇庆市端州区信安路西侧83区敏捷广场一期1座19层1915-1918室
…………Tel：0758-2269663

肇庆市现代物流发展有限公司
地址：肇庆市端州八路西三榕峡口东(三榕港内)
…………Tel：0758-2879028

广东华途仕建材实业有限公司
地址：肇庆市高新技术开发区建设路43号
…………Tel：0758-3637897

肇庆大旺珠船货运码头有限公司
地址：肇庆高新区临江工业园、滨江路西肇庆大旺珠江物流有限公司综合办公楼三楼北边第二室
…………Tel：0758-3639659

肇庆四会珠江物流有限公司
地址：四会市大沙镇南江村委会石细岗路段综合办公楼
…………Tel：0758-3855618

怀集县交通运输有限公司
地址：怀集县幸福街道幸福一路31号
…………Tel：0758-5562238

肇庆祈福物流有限公司
地址：广东省肇庆高要市广新二路1号办公楼301
…………Tel：0758-8387699

肇庆高要珠江物流有限公司
地址：肇庆市高要区南岸街道南湾路48号
…………Tel：0758-8392706

湛江盛运物流有限公司
地址：湛江市霞山区海景路３９号首层Ｂ号
…………Tel：0759-2112777

广东大城建设集团有限公司
地址：湛江市人民大道南37号怡景华庭B座3楼
…………Tel：0759-2287828

广东省湛江市交通运输集团有限公司
地址：湛江市椹川大道南75号
…………Tel：0759-2300146

湛江正通物流有限公司
地址：湛江市赤坎区海田路28号湛江海田装饰材料综合批发市场东B栋35-38号一至二层
…………Tel：0759-3289190

湛江市恒广物流有限公司
地址：湛江经济技术开发区乐山西路3号二层204
…………Tel：0759-3372222

湛江粤广物流有限公司
地址：湛江经济技术开发区乐山西路3号二层203
…………Tel：0759-3372222

湛江海湾大桥有限公司
地址：湛江市坡头区南调街道麻西村湛江海湾大桥桥头北侧湛江海湾大桥管理中心办公楼
…………Tel：0759-3961048

广东广基建设集团有限公司
地址：廉江市廉江大道南9号内
…………Tel：0759-6525333

广东克劳迪卫浴科技股份有限公司
地址：中山市小榄镇盛丰工业区泰弘中路5号
…………Tel：0760-22287929

中山市中南公共汽车有限公司
地址：中山市三乡镇文华东路(白石金山加油站对面)
…………Tel：0760-23339132

广东皇鼎建设工程有限公司
地址：中山市三角镇新华路8号办公楼2楼
…………Tel：0760-23389511

中铁大桥局第九工程有限公司
地址：中山市翠亨新区和裕路9号
…………Tel：0760-23759860

广东爱科建设工程有限公司
地址：中山市港口镇木河迳东路8号A三层
…………Tel：0760-23806177

中山中外运物流有限公司
地址：中山市火炬开发区沿江东四路39号；增设1处经营场所，具体为：中山市火炬开发区沿江东一路17号综合楼608室（住所申报）
…………Tel：0760-28185000

中山新能源巴士有限公司
地址：中山市西区隆昌村金昌工业区A幢101室
…………Tel：0760-85113614

中山海慧科企物流（集团）有限公司
地址：中山市火炬开发区沿江东四路48号首层101室
…………Tel：0760-85281851

美迪斯智能装备有限公司
地址：中山市南朗镇华南现代中医药城茂南路4号一号楼；（新增设1处经营场所，具体为：1、广东省中山市翠亨新区兴湾路22号7号厂房3卡）
…………Tel：0760-85528596

中山保税物流中心有限公司
地址：中山市民众镇浪网村阳光大道侧
…………Tel：0760-85558374

广东德力智慧物流股份有限公司
地址：中山市火炬开发区科技东路中山港大桥侧自编3号（花语心岸侧）
…………Tel：0760-86133888

中山威高物流有限公司
地址：广东省中山市神湾港工业园北区
…………Tel：0760-86781668

广东中远建设投资管理有限公司
地址：中山市横栏镇富横中路华泽三街3号1层2卡、7层
…………Tel：0760-8756568

广东中艺重工有限公司
地址：中山市横栏镇中横大道32号
…………Tel：0760-87616888

广东商勤建设工程有限公司
地址：中山市东区博爱六路28号远洋广场1幢办公楼1302号
…………Tel：0760-88164688

广东汇通信息科技股份有限公司
地址：中山市西区港隆南路20号
…………Tel：0760-88309328

中山市公路工程有限公司
地址：中山市南区南源路5号（共设2处经营场所，具体为：1、中山市南区南源路5号；2、中山市南区西环三路21号1卡）
…………Tel：0760-88895168

中山市嘉信化工仓储物流有限公司
地址：中山市民众镇沿江村沿和路2号
…………Tel：0760-89926833

河源市粤运绿都公共交通有限公司
地址：河源市源城区文昌路与纬十四路交汇处（恒大名都对面）
…………Tel：0762-2818666

清远市交通建设开发公司
地址：清远市新城区　江二路公路大厦第二、三层
…………Tel：0763-3366804

广东精美特种型材有限公司
地址：清远市清城区源潭镇银英公路12号
…………Tel：0763-3699636

中誉设计有限公司
地址：清远市新城二号区设计院综合楼
…………Tel：0763-3372838

广东云茂高速公路有限公司
地址：广州市越秀区寺右新马路111-115号728房自编之零六
…………Tel：0766-6609800

云浮新港港务有限公司
地址：云浮市云安区六都镇四围塘村云港大道1号
…………Tel：0766-6827698

潮州长运交通集团有限公司
地址：广东省潮州市潮枫路2号第六层自编601号（仅限办公）
…………Tel：0768-2136881

东莞市交通投资集团有限公司
地址：东莞市东城区莞樟大道５５号
…………Tel：0769-22083200

东莞交通实业发展有限公司
地址：东莞市东城街道主山社区下三杞村莞樟大道55号
…………Tel：0769-22083370

广东时捷物流有限公司
地址：东莞市东城区桑园管理区
…………Tel：0769-22200990

东莞市国际旅行社有限公司
地址：东莞市莞城区东城大道188号新华大厦三楼
…………Tel：0769-22458168

东莞市诺丽电子科技有限公司
地址：东莞市万江区万江社区万红村十号楼3楼
…………Tel：0769-22716760

东莞市南城南方物流有限公司
地址：东莞市南城区雅园工业区泰园街2号
…………Tel：0769-22986935

东莞宇龙通信科技有限公司
地址：广东省东莞市松山湖园区工业西一路3号
…………Tel：0769-23071199

广东鹰航物流有限公司
地址：东莞市南城区宏六路德记物流园F2栋二楼201室
…………Tel：0769-23121970

东莞市恒泰建筑工程有限公司
地址：东莞市横沥镇振兴西路３８号
…………Tel：0769-28633128

东莞市创晟物流有限公司

地址：东莞市沙田镇东莞保税物流中心3号仓库D-B单元
…………Tel：0769-81110903

东莞永达盈仓储有限公司
地址：东莞市麻涌镇新沙物流园
…………Tel：0769-81210063

东莞市四维尔丸井汽配有限公司
地址：东莞市麻涌镇麻三村豪丰电镀、印染专业基地翰光栋A单元3楼
…………Tel：0769-81257237

东莞市交建路面工程有限公司
地址：东莞市企石镇环镇路商业街丰泰楼B栋2楼203室
…………Tel：0769-82632803

广东传速物流有限公司
地址：东莞市大朗镇佛子凹村富民南路佛子凹工业区29号
…………Tel：0769-83109361

广东公铁物流有限公司
地址：东莞市常平镇东莞站铁路口岸货场内
…………Tel：0769-83390693

勤上光电股份有限公司
地址：广东省东莞市常平镇横江厦工业四路3号101室
…………Tel：0769-83395678

东莞市宏东通信技术有限公司
地址：东莞市常平镇东元九街6号501
…………Tel：0769-83822422

东莞市世通保税物流有限公司
地址：东莞市常平镇漱新村快件监管中心综合大楼415室
…………Tel：0769-83828727

广东浚通交通控股集团有限公司
地址：东莞市虎门镇金洲社区百达路57号翔凯大厦615号
…………Tel：0769-85181766

东莞市爱加照明科技有限公司
地址：东莞市大朗镇洋乌村乌石岭三区438号
…………Tel：0769-85397723

广东虎门大桥有限公司
地址：广东省东莞市虎门镇威远大石吓
…………Tel：0769-85501186

广东杰思通讯股份有限公司
地址：东莞市虎门镇北栅东坊东翔路22号
…………Tel：0769-85703399

广东志邦速运供应链科技有限公司
地址：广东省东莞市大朗镇莞樟路大朗段711号102室
…………Tel：0769-86960222

东莞市海辉物流有限公司
地址：东莞市麻涌镇东太村太和建材厂旧址
…………Tel：0769-88239028

广东办公伙伴商贸有限公司
地址：广东省东莞市道 镇文一路1号
…………Tel：0769-88327222

东莞中外运物流有限公司
地址：东莞市石龙镇水铁码头
…………Tel：0769-89066159

东莞市启盈国际保税物流有限公司
地址：东莞市沙田镇西大坦村东围村民小组
…………Tel：0769-89933118

深圳市施罗德工业集团有限公司
地址：深圳市龙华区观澜街道新澜社区观光路1301-72号银星智界2号楼1101，在深圳市龙华区观澜街道大富社区大富工业区20号硅谷动力智能终端产业园A11栋第4层厂房设有经营场所从事生产经营活动
…………Tel：077-86002262

万丰国际货运代理（广州）有限公司
地址：广州市黄埔区大沙地东319号自编保利黄埔大厦1幢1509-1510房（仅限办公用途）
…………Tel：080-82100473

广西壮族自治区

广西盛鑫物流有限公司
地址：防城港市港口区公车镇工业集中区
…………Tel：0770-2631555

防城港市文旅集团有限公司
地址：防城港市防城区针鱼岭大桥至李子潭公路北侧针鱼岭服务区
…………Tel：0770-2633660

广西晟宇通物流有限公司
地址：防城港市港口区公车镇
…………Tel：0770-2808333

广西金荣国际物流有限公司
地址：港口区党校对面（车辽小区）C２１５号
…………Tel：0770-2825207

广西防城港中外运东湾仓储物流有限公司
地址：港口区东部吹填区东湾仓储２号仓库
…………Tel：0770-2828563

防城港安东物流有限公司
地址：港口区中华东路蓝湾财富4单元13层1312号房
…………Tel：0770-2829996

防城港市聚鹏物流有限公司
地址：防城港市港口区东兴大道六同小区第一单元４０２号
…………Tel：0770-2830866

广西鑫旺物流有限公司
地址：防城港市港口区仙人湾港务集团住宅小区4-C5-12号房
…………Tel：0770-2872177

汇通物流（防城港）有限公司
地址：港口区东部吹填区
…………Tel：0770-2891708

诚鑫集团有限公司
地址：防城区防城镇民族大道
…………Tel：0771-5573506

广西防城港超大运输有限责任公司
地址：防城区防城镇河西新区工业大道旁
…………Tel：0770-3265990

广西鼎盛物流有限公司
地址：防城港市港口区西湾广场怡园小区越秀街18号
…………Tel：0770-3292262

广西汇佳国际物流有限公司
地址：防城港市港口区中华路万代财富广场一单元８０８号房
…………Tel：0770-6101293

南宁国美物流有限公司
地址：南宁市人民东路７３号金朝阳商厦四楼
…………Tel：0771-2027201

广西南宁凤凰宾馆
地址：南宁市兴宁区朝阳路６３号
…………Tel：0771-2119888

广西粮运物流集团有限公司
地址：中国（广西）自由贸易试验区南宁片区金海路20号综合保税区商务中心1号楼19层19-01号
…………Tel：0771-2200524

广西大良物流有限公司
地址：南宁市兴宁区昆仑大道15号大嘉汇汇金城2号楼九层912号办公室
…………Tel：0771-2231338

中铁交通投资集团有限公司
地址：南宁市良庆区凯旋路15号南宁绿地中心8号楼45层
…………Tel：0771-5561630

广西交通工程检测有限公司
地址：南宁市邕宁区蒲津路229号楼03号房
…………Tel：0771-2410929

南宁市政工程集团有限公司
地址：南宁市邕宁区步江路8号
…………Tel：0771-2436252

广西八方国际物流有限公司
地址：南宁市青秀区民族大道９２－１号新城国际２６层２６０５号
…………Tel：0771-2508296

广西新恒通高速公路有限公司
地址：南宁市青秀区云景路39号第19层
…………Tel：0771-2508873

阳光城集团广西有限公司
地址：中国（广西）自由贸易试验区南宁片区体强路19号阳光城时代中心42层
…………Tel：0771-2528678

广西交投物流发展有限公司
地址：南宁市西乡塘区总部路中国-东盟科技企业孵化基地一期C-3栋第3、4层
…………Tel：0771-2517694

广西蓝天科技股份有限公司
地址：桂林市象山区环城西二路5号
…………Tel：0771-2536658

南宁震洋物流有限公司
地址：中国（广西）自由贸易试验区南宁片区金龙路2号南宁万科大厦3栋4栋及地下室926号
…………Tel：0771-2538168

广西通祥石油有限公司
地址：南宁市高新区总部路１号C３栋
…………Tel：0771-8053019

南宁宁铁物流有限责任公司
地址：南宁市衡阳西路３０号７号楼
…………Tel：0771-2733723

广西坤宇建设工程有限公司
地址：南宁市良庆区五象大道399号龙光国际2号楼3028号
…………Tel：0771-2750218

广西同源物流有限责任公司
地址：南宁高新区科园大道４９号金宇新城Ａ幢一单元３２号房
…………Tel：0771-2802298

南宁交通投资集团有限责任公司
地址：南宁市青秀区站南东路2号凤岭客运站项目1#办公楼
…………Tel：0771-2805236

广西交通投资集团石油销售有限公司
地址：南宁市青秀区民族大道146号三祺广场1103号
…………Tel：0771-2810884

南宁市南广物流有限公司
地址：南宁市西乡塘区安吉大道８８号
…………Tel：0771-3116321

南宁市正财物流有限公司
地址：南宁市西乡塘区科园大道６８号软件园二期１１号楼７１０号
…………Tel：0771-3116818

广西金博物流有限公司
地址：南宁市江南区五一西路菜塘片
…………Tel：0771-3134560

东晋建设集团有限公司
地址：广西壮族自治区南宁市西乡塘区科园大道31号高新苑第34-40号楼一层1号商铺
…………Tel：0771-3185018

广西壮族自治区邮政速递物流有限公司
地址：南宁市青秀区金浦路三支路１号广西邮政南宁物流中心及通信调度楼五至七层
…………Tel：0771-3193932

广西三祺投资有限公司
地址：南宁市青秀区铜鼓岭路3号
…………Tel：0771-3196137

广西南宁市金生物流有限责任公司
地址：南宁市兴宁区昆仑大道169号金桥农产品批发市场32号楼05号商铺2楼-1间
…………Tel：0771-3303290

广西机械工业研究院有限责任公司
地址：南宁市西乡塘区高新二路3号
…………Tel：0771-3313781

广西桂商实业投资有限公司
地址：南宁市良庆区平乐大道21号广西路桥总部大厦主楼33、34层
…………Tel：0771-3319861

广西航记泛洋船舶物流有限公司
地址：南宁市综合保税区东风路东面南宁综合保税电子科技园厂房第五层5-05号房（南宁综合保税区）
…………Tel：0771-3388508

广西中旅德天瀑布旅游开发有限公司
地址：广西壮族自治区崇左市大新县桃城镇桂圆路人和新都8栋 经营场所：广西壮族自治区崇左市大新县硕龙镇德天村德天瀑布景区
…………Tel：0771-3690202

南宁桂宁运输有限公司
地址：南宁市大学西路63号
…………Tel：0771-3691639

南宁亚讯物流有限公司
地址：南宁市西乡塘区安吉大道８９号
…………Tel：0771-3815968

广西煤炭物流有限公司
地址：南宁市高新区总部路１号中国－东盟科技企业孵化基地一期Ｃ－７栋５层
…………Tel：0771-3816677

广西现代运输集团有限公司
地址：南宁市白沙大道59号
…………Tel：0771-3821138

广西安东物流有限公司
地址：南宁市明秀西路１５４号
…………Tel：0771-3835788

南宁交投置业投资有限公司
地址：南宁市青秀区站南东路2号1号楼15层
…………Tel：0771-445

南宁正大畜牧有限公司
地址：南宁市良庆区银海大道２３２号
…………Tel：0771-4501666

广西南宁超大公共交通有限责任公司
地址：南宁市良庆区那马镇南北二级公路西侧（那马客运站内）
…………Tel：0771-4509677

广西嘉丰水泥制品有限责任公司
地址：南宁市邕宁区蒲津路229号原交通局办公楼2楼11号房
…………Tel：0771-4711698

广西华宏水泥股份有限公司
地址：广西南宁市邕宁区蒲津路１１３号
…………Tel：0771-4712632

广西卓光建设工程有限公司
地址：南宁市洪历路2-6号现代光电科技工业园2号厂房六层601号车间
…………Tel：0771-4805800

广西华硕建设工程有限公司
地址：南宁市江南区白沙大道38-6号第2栋7层13号房
…………Tel：0771-4833601

广西群邦市场投资有限公司
地址：南宁市江南区五一东路７号淡村商贸城６号楼
…………Tel：0771-4853813

广西东星物流有限公司
地址：南宁市江南区沙井大道９０号
…………Tel：0771-4860369

中宏阳伦建筑集团有限公司
地址：南宁市江南区白沙大道38-6号第2栋13层06号房
…………Tel：0771-4872630

广西粮专物流有限公司
地址：南宁市壮锦大道１０号
…………Tel：0771-4895032

广西南宁市龙发物流有限责任公司
地址：南宁市白沙大道35号南国花园商城B2栋B2-7号一楼铺面
…………Tel：0771-4915515

南宁云鸥物流股份有限公司
地址：南宁市邕宁区橙山路9号
…………Tel：0771-4919611

广西泓润仓储物流有限责任公司
地址：南宁市江南区五一中路３号
…………Tel：0771-4971276

广西壮族自治区航务工程处
地址：南宁市青秀区云景路39号新发展大厦第九层、第十层
…………Tel：0771-5311096

广西奥胜物流发展有限公司
地址：南宁市青秀区朱槿路5号东盟商务区韩国园区1号楼405号
…………Tel：0771-5370479

广西桂星海物流有限公司
地址：南宁市青秀区金湖路５９号地王国际商会中心４８１７号
…………Tel：0771-5510960

南宁轨道地产集团有限责任公司
地址：南宁市青秀区凤岭北路111号南宁国际旅游中心1#楼9-11层
…………Tel：0771-5522853

中建八局广西建设有限公司
地址：中国（广西）自由贸易试验区南宁片区五象大道西段669号广西体育中心主体育场C区一楼C044-C048号
…………Tel：0771-5532732

广西恒基建设工程咨询有限公司
地址：南宁市青秀区云景路69号南宁市轨道交通运营控制中心B楼14层1409-1416号房
…………Tel：0771-5533710

广西永泰建设集团有限公司
地址：南宁市青秀区民族大道131号航洋国际城3号楼3233号房
…………Tel：0771-5538308

广西万通国际物流有限公司
地址：南宁市青秀区民族大道１１５－１号现代·国际２６层
…………Tel：0771-5555051

广西东糖投资有限公司
地址：南宁市青秀区金浦路１６号汇东国际Ｆ座２９楼
…………Tel：0771-5556585

广西展鸿建设集团有限公司
地址：柳州市柳江区拉堡镇柳邕路4号国税小区30号
…………Tel：0771-5557755

广西富林景观建设有限公司
地址：南宁市青秀区民族大道115-1号现代·国际13层1号房
…………Tel：0771-5568258

广西岑罗高速公路有限责任公司
地址：南宁市青秀区民族大道１１５－１号现代·国际２５层
…………Tel：0771-5582310

泛湾物流股份有限公司
地址：中国（广西）自由贸易试验区南宁片区歌海路9号广西体育中心配套工程综合体东塔楼B座（广西体育中心配套工程综合体东B座）办公区16楼1609号房
…………Tel：0771-5590901

广西汇海船务有限公司
地址：南宁市青秀区金湖路６３号金源·现代城１０２１号
…………Tel：0771-5596136

广西机动车辆牌证制作有限公司
地址：南宁市望州路304号
…………Tel：0771-5665951

广西南大物流有限公司
地址：南宁市安园东路北面
…………Tel：0771-5688115

广西恒都输变电工程有限公司
地址：南宁市江南区星光大道５１号
…………Tel：0771-5692781

南宁市白马快速公交有限公司
地址：南宁市兴宁区长 路五里3号
…………Tel：0771-5775338

南宁市白马二号线快速公交有限公司
地址：南宁市兴宁区长 路五里3号
…………Tel：0771-5775338

云宝宝大数据产业发展有限责任公司
地址：中国（广西）自由贸易试验区南宁片区云英路8号五象总部大厦3号楼1909号房
…………Tel：0771-5778550

广西博贝隆建设工程有限公司
地址：南宁市江南区洪胜路5号丽汇科技工业园标准厂房综合楼1103号房
…………Tel：0771-5782198

广西大都投资有限公司
地址：南宁市良庆区平乐大道19号广西建工大厦1号楼第六、七、八层
…………Tel：0771-5807720

广西坛百高速公路有限公司
地址：南宁市青秀区民族大道１１５－１号现代国际２５楼
…………Tel：0771-5811500

广西柳桂高速公路运营有限责任公司

地址：南宁市青秀区民族大道１１５－１号现代·国际２４层１８号房
…………Tel：0771－5811587

广西农垦九曲湾农场有限公司
地址：南宁市兴宁区昆仑大道369号
…………Tel：0771－5820208

广西捷通高速科技有限公司
地址：南宁市青秀区民族大道152号广西铁投集团大厦17、18层
…………Tel：0771－5825258

南宁旅游发展有限公司
地址：南宁市青秀区站南东路2号1号楼12层
…………Tel：0771－5827812

广西天河建设集团有限公司
地址：南宁市青秀区会展南路6号
…………Tel：0771－5828678

广西城中建筑工程有限责任公司
地址：柳州市柳北区跃进路42号之一泰宏百旺都4栋20－2
…………Tel：0771－5831982

广西瑞宏建设集团有限公司
地址：南宁市青秀区会展南路6号服务楼西侧二楼
…………Tel：0771－5839489

广西华宇建工有限责任公司
地址：南宁市邕宁区银峰路３６号水产畜牧培训中心大楼３６－２９号房
…………Tel：0771－5891567

广西交通一卡通有限公司
地址：南宁市高新区振华路36号
…………Tel：0771－5909223

广西华穗物流有限责任公司
地址：广西隆安县那桐镇兴桐大道123号广西金穗农业集团有限公司办公大楼第一层
…………Tel：0771－5990001

广西辉煌交通石化有限公司
地址：南宁市青秀区桃源路５９号
…………Tel：0771－6757699

广西右江水利开发有限责任公司
地址：南宁市青秀区青秀路１６－２号右江花园１号楼６层
…………Tel：0771－6759919

中铁上海工程局集团第五工程有限公司
地址：南宁市武鸣区标营社区标营新区起凤路3号兴武大厦1幢第13层1317、1319号房
…………Tel：0771－8011373

广西交通实业有限公司
地址：南宁市高新区总部路１号Ｃ３栋
…………Tel：0771－5726551

南宁兴宁长江村镇银行股份有限公司
地址：南宁市兴宁区望州路277－11－22号
…………Tel：0771－8058222

广西北部湾恒信资产经营有限公司
地址：南宁市青秀区云景路39号八层
…………Tel：0771－8095871

广西三维铁路轨道制造有限公司
地址：黎塘工业集中区东部产业园
…………Tel：0771－8286503

广西凭祥万通国际物流有限公司
地址：凭祥市南山经济开发区物流园内
…………Tel：0771－8550288

广西柳钢物流有限责任公司
地址：柳州市园艺路9号18楼18－1－101
…………Tel：0772－2084507

广西建工轨道装配式建筑产业有限公司
地址：柳州市柳北区白露片区Ａ－1－1号
…………Tel：0772－2128133

柳州市瑞中运钢材储运有限公司
地址：柳州市鹧鸪江路３号
…………Tel：0772－2510219

柳州市中储物流有限公司
地址：柳州市鹧鸪江路9号柳州中储物贸基地1号楼1110号
…………Tel：0772－2553977

柳州市运天运输有限公司
地址：柳州市北雀路１１７号
…………Tel：0772－2592690

柳州市桂中海迅运输有限公司
地址：柳州市柳东新区水湾路２号柳东标准厂房２号配套办公室３１３
…………Tel：0772－2625098

广西柳州市东城投资开发集团有限公司
地址：柳州市鱼峰区新柳大道89号柳东新区企业总部大楼商务写字楼C座
…………Tel：0772－2671166

柳州市第二运输有限责任公司
地址：柳州市北站路１５６号
…………Tel：0772－2825498

广西柳地建设有限公司
地址：柳州市柳石路１３５号
…………Tel：0772－3120176

广西中信国际物流有限公司
地址：广西壮族自治区柳州市航岭路８号
…………Tel：0772－3257511

广西桂中工程咨询有限公司
地址：柳州市航鹰大道12号魅力首座7栋2单元11楼
…………Tel：0772－3262116

柳州长久物流有限公司
地址：柳州市柳江区基隆开发区瑞兴路157号
…………Tel：0772－3713065

广西宁铁物资工业有限公司
地址：柳州市和平路2号
…………Tel：0772－3922437

柳州机车车辆福利厂
地址：柳州市车辆厂厂区
…………Tel：0772－3951240

广西来宾泰禾运输有限公司
地址：广西来宾市兴宾区翠屏路西１８２号
…………Tel：0772－4236293

广西来宾工业投资集团有限公司
地址：来宾市华侨投资区荣和路6号
…………Tel：0772－4278860

广西来宾湘桂物流有限公司
地址：来宾市河西工业开发区
…………Tel：0772－4282173

武宣县第二建筑公司
地址：武宣县武宣镇城北路３３２－８号
…………Tel：0772－5291427

来宾市惠来工程技术有限责任公司
地址：来宾市新侨路1号丽园雅境小区第1栋203号房
…………Tel：0772－5325512

广西长乐物流集团有限公司
地址：广西柳州市柳江区进德镇兴柳路99号
…………Tel：0772－7302288

桂林市鼎捷资产管理集团有限公司
地址：桂林市秀峰区翠竹路75号鼎富大厦
…………Tel：0773－2268166

桂林泰城物流集团有限公司
地址：灵川县八里街聚福苑旺湘酒楼
…………Tel：0773－2665968

桂林基础设施建设有限公司
地址：桂林市环城西二路１９１号
…………Tel：0773－2824599

桂林市南方道桥修建有限公司
地址：桂林市象山区交通路21号
…………Tel：0773－2832785

桂林华之冠旅游开发有限公司
地址：桂林市雁山区草坪乡草坪街193号
…………Tel：0773－3909536

桂林海威科技股份有限公司
地址：桂林国家高新区信息产业园海威科技园
…………Tel：0773－5801111

广西成吉思建筑智能工程有限公司
地址：桂林市七星区信息产业园D－14－2号楼
…………Tel：0773－5832998

桂林祺昌置业发展有限公司
地址：桂林市七星区穿山东路18号碧水康城会所及办公楼二楼108号房
…………Tel：0773－5844888

灵川县力源物流有限公司
地址：灵川县灵川镇老圩村
…………Tel：0773－6869706

广西桂三高速公路有限公司
地址：临桂区五通镇西山村委石门塘村
…………Tel：0773－6928196

桂林龙胜温泉旅游有限责任公司
地址：龙胜县江底乡温泉
…………Tel：0773－7482888

阳朔县漓江景区管理有限公司
地址：阳朔县阳朔镇城中路21号
…………Tel：0773－8885068

广西西江临港赤水港务有限公司
地址：广西藤县塘步镇赤水圩大元村
…………Tel：0774－2529905

广西梧州岑梧高速公路有限公司
地址：梧州市龙圩区龙圩镇西南大道367号
…………Tel：0774－2677936

广西交通投资集团梧州高速公路运营有限公司
地址：梧州市万秀区城东镇梧州环城高速梧州东收费站旁
…………Tel：0774－3136168

梧州市交通投资开发有限公司
地址：梧州市长洲区新兴二路120号
…………Tel：0774－3861855

广西威振守护押运有限公司
地址：贺州市八步区鞍山西路83号综合楼三楼
…………Tel：0774－5125208

广西超超新材股份有限公司
地址：广西贺州市电子科技园区天贺大道
…………Tel：0774－5137927

贺州公共交通有限公司
地址：贺州市八达东路原贺达纸业有限公司生产区
…………Tel：0774－5200268

贺州市正赢富钟高速公路有限公司
地址：贺州市八步区城东街道城东新区回建地B地块66号
…………Tel：0774－5201123

广西龙光广贺高速公路有限公司
地址：广西贺州市八步区莲塘镇东鹿村（贺州东收费站旁）
…………Tel：0774－5218069

中冶（广西）马梧高速公路建设发展有限公司
地址：梧州市新兴三路８号电信办公楼二、三层楼
…………Tel：0774－6038302

昭平运德汽车运输有限公司
地址：昭平县昭平镇河东路20号
…………Tel：0774－6684018

广西钟马高速公路运营有限公司
地址：南宁市青秀区民族大道146号三祺广场4501室
…………Tel：0774－6756033

广西天马物流有限公司
地址：岑溪市玉梧大道（木材批发市场对面）
…………Tel：0774－8518000

玉林市交旅建设工程有限公司
地址：玉林市体育中心商业用房D－4－09
…………Tel：0775－2293626

广西宁桂建设工程有限公司
地址：玉林市玉州区广场西路东9－5号
…………Tel：0775－2681628

广西交通投资集团玉林高速公路运营有限公司
地址：玉林市二环东路189号
…………Tel：0775－3113168

桂平市金源物流有限公司
地址：广西桂平市长安工业集中区
…………Tel：0775－3628091

广西贵港市安达物流有限公司
地址：贵港市幸福路100号
…………Tel：0775－4201907

广西润桂船运有限责任公司
地址：广西贵港市覃塘区石卡镇华润路１号
…………Tel：0775－4260110

广西贵港北控水务有限公司
地址：贵港市仙衣路（龙床井水厂内）
…………Tel：0775－4262011

达通（贵港）国际物流有限公司
地址：贵港市覃塘区黄练镇人民政府内
…………Tel：0775－4267161

广西恒利通物流有限公司
地址：贵港市西环路南段西南侧（洁宝物流园内）
…………Tel：0775－4267565

广西贵港市交投市场有限公司
地址：贵港市港北区中山北路（社区综合楼）
…………Tel：0775－4293058

贵港市瑞祥物流有限责任公司
地址：广西贵港市覃塘区蒙公乡人民政府企业站１０４室
…………Tel：0775－4351900

广西龙光贵梧高速公路有限公司
地址：贵港市港北区武乐镇梧贵高速公路贵港东收费站旁
…………Tel：0775－4539036

广西贵港市景泰物流有限公司
地址：贵港市仙依路碧丽商贸街
…………Tel：0775－4561678

广西南宁市通泰物流有限公司
地址：南宁市那洪大道7号南宁研祥智谷C19栋101号房
…………Tel：0775－4562137

贵港市金泰物流有限公司
地址：贵港市港北区根竹乡江口村（南方混凝搅拌站旁）
…………Tel：0775－4596455

广西岑兴高速公路发展有限公司
地址：南宁市青秀区金湖路６３号金源ＣＢＤ现代城２６层
…………Tel：0775－5821001

广西靖西万生隆投资有限公司
地址：靖西市新靖镇城东路90－9号
…………Tel：0776－2510806

广西钦州华兴粮食物流有限公司
地址：钦州港勒沟作业区
…………Tel：0777－2103078

广西泰禾发展集团有限公司
地址：钦州市南珠西大街１００号
…………Tel：0777－2105550

广西恒安达实业有限公司
地址：钦州市钦南区尖山镇政府西侧
…………Tel：0777－2138888

广西惠鑫国际物流有限公司
地址：钦州市钦南区康熙岭镇高沙村
…………Tel：0777－2188872

广西嘉华物流有限公司
地址：钦州市钦南区沙埠镇桥坪村委进港公路西侧
…………Tel：0777－2399578

广西华源物贸有限公司
地址：广西钦州保税港区二大街办公楼
…………Tel：0777－2550088

广西交通投资集团钦州高速公路运营有限公司
地址：钦州市南珠东大街555号高新开发区高新钦园金港大厦
…………Tel：0777－2560038

钦州市众力物流运输有限责任公司
地址：钦州市钦南区沙埠镇田寮村委李屋沟村南北二级公路久隆路口（武警教导大队旁）
…………Tel：0777－2563068

钦州市锦程物流有限公司
地址：钦州市钦州港逸仙路8号海富中心A单元1310室
…………Tel：0777－2566657

广西裕华建设集团有限公司
地址：广西钦州市北部湾北大道12－16号
…………Tel：0777－2810198

广西钦州桂祥物流有限公司
地址：钦州市钦州港大道１０１号大华财富广场Ｂ栋４０６、４０７号
…………Tel：0777－2868698

广西钦州市公共交通有限公司
地址：钦州市北部湾大道油麻角公交停车场
…………Tel：0777－2873831

钦州市德邦物流仓储有限公司
地址：钦州市进港公路西面、进港铁路东面
…………Tel：0777－2886233

广西全球通物流投资开发有限责任公司
地址：钦州市钦州湾大道８２号阳光丽城五楼
…………Tel：0777－3618528

广西长盈物流有限公司
地址：钦州市钦南区大番坡镇星火大道交叉路口东面马鞍岭
…………Tel：0777－3619363

钦州市龙腾物流有限公司
地址：钦州市钦州港逸仙路8号海富中心A单元1010房
…………Tel：0777－3667788

国投钦州港口有限公司
地址：钦州市钦州港区果鹰大道3号
…………Tel：0777－3668100

钦州市俊源物流运输有限公司
地址：钦州港逸仙路西（钦州港市场）
…………Tel：0777－3683999

钦州市华源物流有限公司
地址：钦州市钦南区黎合江工业园广西登高集团钦州旭升水泥有限公司办公楼３０２室
…………Tel：0777－3696009

钦州广钢万联物流有限公司
地址：钦州港金鼓江大桥南侧西岸
…………Tel：0777－3836061

广西钦州保税港区吉运物流有限公司
地址：钦州保税港区行政综合大楼Ｂ座１３楼
…………Tel：0777－3880735

陆海港务（钦州）有限公司
地址：钦州港一号路南段三枫码头内
…………Tel：0777－3886960

钦州市玉明年年丰仓储有限公司
地址：钦州市钦州港鹰岭作业区[广西石油（钦州）有限公司正对面]
…………Tel：0777－3887818

广西钦州市隆泰物流有限公司
地址：钦州市钦州港勒沟大道（金港花园）1号楼1－10号
…………Tel：0777－3888121

广西南宁中港铁路物流有限公司
地址：南宁市青秀区中越路7号金旺角·CASA国际公馆B栋1307号
…………Tel：0777－2569028

中特物流供应链有限公司
地址：钦州市扬帆北大道35号开投大厦5楼526、527、528室
…………Tel：0777－3891788

钦州市万港物流发展有限公司
地址：钦州港大华财富广场二楼Ａ２０７
…………Tel：0777－5618888

广西交通投资集团河池高速公路运营有限公司
地址：河池市金城江区东江镇百旺社区六宜高速公路河池东收费站旁
…………Tel：0778－2086013

南宁交通资产管理有限责任公司
地址：南宁市青秀区江北大道凌铁段２０号；经营场所：南宁市青秀区站南东路2号
…………Tel：0778－2805236

宜州市金瀚宇物流房地产有限责任公司
地址：宜州市庆远镇冯京路45号
…………Tel：0778－3183596

广西万寿谷投资集团股份有限公司
地址：广西河池市凤山县万寿谷食品生态园区
…………Tel：0778－6821929

南丹县振宏物流有限公司
地址：南丹县城关镇民行南路
…………Tel：0778－7230911

北海银泉沥青仓储有限公司
地址：北海市云南路89－1号嘉莱假日公寓0318号
…………Tel：0779－3033961

北海锦程国际物流有限公司
地址：市北海大道西１６号海富大厦５楼

G、H号
……………………Tel：0779-3081898

广西圣泰建设工程有限公司
地址：北海市西南大道中安小区B幢1号502房
……………………Tel：0779-3201522

北海市公共汽车有限公司
地址：北海市广东南路建苑路2号1幢
……………………Tel：0779-3215203

北海市通通国际物流有限公司
地址：北海市铁山港区四号路与维二路交汇处东南角1号仓库
……………………Tel：0779-3231326

北海深港国际物流有限公司
地址：北海市云南路286号北部湾海洋科技创新港1幢11层1101、1102、1103、1104号
……………………Tel：0779-3919968

北海威正金融护卫有限公司
地址：北海市云南南路62号3楼一楼
……………………Tel：0779-3920081

广西万港物流发展有限公司
地址：市北海大道西出口加工区管委会大楼首层103房
……………………Tel：0779-3928222

广西泛北物流有限公司
地址：北海市西南大道722号燃气大楼0204号
……………………Tel：0779-6666868

广西新未来信息产业股份有限公司
地址：北海市工业园区新未来信息产业园
……………………Tel：0779-6802596

北海中顺物流服务有限公司
地址：合浦县廉州镇廉州大道旁（合浦县生态乐园内B幢三楼）
……………………Tel：0779-7289588

海南省

海南雷马国际贸易有限公司
地址：洋浦保税港区泓洋路D15A区内
……………………Tel：0898-2882628

海南顺源海运发展有限公司
地址：洋浦经济开发区开源大道金洋路浦馨苑20栋9楼1号
……………………Tel：0898-28832128

海南农垦现代物流集团有限公司
地址：海南省澄迈县老城经济开发区南一环路69号海口综合保税区联检大楼四楼A117-16室
……………………Tel：0898-31667399

海南铁路有限公司
地址：海南省海口市琼山区石塔东路68号
……………………Tel：0898-31680517

洋浦金河物流有限公司
地址：洋浦港北路星光商务大酒店507房
……………………Tel：0898-31919977

海南安通实业有限公司
地址：洋浦新英湾区盐田7号
……………………Tel：0898-31959999

洋浦川汇物流有限公司
地址：海南省洋浦经济开发区新英湾区信立花园3栋一单元202室
……………………Tel：0898-32693358

中海联合（万宁）房地产有限公司
地址：海南省万宁市神州半岛综合办公楼
……………………Tel：0898-36215888

洋浦天雨物贸有限公司
地址：洋浦新英湾小区5幢402房
……………………Tel：0898-36300000

海南省交通规划勘察设计研究院
地址：海口市南沙路80号办公楼1-6楼
……………………Tel：0898-36608081

海南八百里物流股份有限公司
地址：海口市美兰区桂林洋农场工业开发区仓库
……………………Tel：0898-36633841

海南望海国际旅行社有限公司
地址：海口市龙昆南路75号红城湖国际广场商务楼第五层
……………………Tel：0898-36681636

洋浦古盐田置业有限公司
地址：洋浦经济开发区三都镇盐田半岛
……………………Tel：0898-36988147

海南泛洋航运有限公司
地址：洋浦经济开发区海关七楼
……………………Tel：0898-36993733

海南泛洋船务代理有限公司
地址：洋浦保税港区物流贸易大厦302房
……………………Tel：0898-36993738

三亚港务集团有限公司
地址：海南省三亚市胜利路91号海湾商务大厦12楼
……………………Tel：0898-38237158

海南宏基晖建筑工程有限公司
地址：海南省万宁市万城镇建设街
……………………Tel：0898-62223999

文昌大道新能源公交有限公司
地址：文昌市文城镇清澜供销社二楼-4号宿舍
……………………Tel：0898-63383973

海南海航临港投资有限公司
地址：海南省海口市美兰区国兴大道7号新海航大厦15层
……………………Tel：0898-65988888

海航货运有限公司
地址：海口市国贸路1号景瑞大厦A座1503房
……………………Tel：0898-66259446

海南创讯技术有限公司
地址：海口市海甸四东路1号寰岛大厦A3区写字楼13层
……………………Tel：0898-66287078

海航集团有限公司
地址：海口市美兰区国兴大道7号新海航大厦25层
……………………Tel：0898-66739698

海南科澜科技有限公司
地址：海南省海口市龙华区椰海大道321号海口现代美居（喜盈门）写字楼A区12层
……………………Tel：0898-66752828

中南宏茂（海南）建设工程有限公司
地址：海南省海口市龙华区滨河路9号展兴龙华豪居C栋-C23D
……………………Tel：0898-66770179

中南建业城市建设有限公司
地址：海南省定安县见龙大道西南侧龙禧雅苑1栋1单元1004房
……………………Tel：0898-66779769

海南新兴港务有限公司
地址：海南省澄迈县马村
……………………Tel：0898-67209003

屯昌鑫海新能源公交有限公司
地址：海南省屯昌县屯城镇环东二路南洋广场内第13幢楼13号房
……………………Tel：0898-67825626

海南金鹰交通安保服务有限公司
地址：海口市龙华区滨海大道67号黄金海景大酒店1010、1011房
……………………Tel：0898-68527913

海南中铁多经列车物流投资有限公司
地址：海口市国贸大道45号银通国际中心15层
……………………Tel：0898-68598334

海南港航物流集团有限公司
地址：海南省洋浦经济开发区新英湾区新恒基大厦C9-2房
……………………Tel：0898-68623719

洋浦慧得投资有限公司
地址：洋浦新英湾区盐田18-8号
……………………Tel：0898-68710995

海南丽景城物业服务有限公司
地址：海南省陵水县椰林镇建设路（建设银行八楼）
……………………Tel：0898-83317924

海南保亭常青雨林旅业有限公司
地址：海南省保亭县响水镇毛岸片区茶场招待所
……………………Tel：0898-83853016

三亚飞马汽车营运管理有限公司
地址：海南省三亚市天涯区胜利路91号海湾商务大厦1706室
……………………Tel：0898-88555598

三亚海棠湾公共交通有限公司
地址：海南省三亚市海棠湾镇林旺猪场临时周转房
……………………Tel：0898-88829133

四川省

安岳县自来水公司
地址：四川省资阳市安岳县岳阳镇奎星路57号
……………………Tel：028-24522485

安岳县柠都自来水有限责任公司
地址：安岳县岳阳镇北坝路东段124号三幢附101、201号
……………………Tel：028-24522485

四川省皓发建筑工程有限公司
地址：四川省资阳市安岳县岳阳镇普州大道北段
……………………Tel：028-24585498

资阳中车电力机车有限公司
地址：资阳市雁江区晨风路6号
……………………Tel：028-26282695

资阳晨风天勤科技有限公司
地址：资阳市雁江区狮山路刘家湾街68号
……………………Tel：028-26283317

资阳市陆柒柒物流有限公司
地址：资阳市雁江区娇子大道655号附14楼4-6室
……………………Tel：028-26633077

资阳市城市公共交通有限责任公司
地址：四川省资阳市雁江区书台路528号三楼
……………………Tel：028-26792782

资阳中工机车传动有限公司
地址：四川省资阳市雁江区临江镇清泉铺街68附1号
……………………Tel：028-26793971

四川联兴建筑工程有限公司
地址：仁寿县文林镇书院路一段陵阳巷7号1栋1单元8层1号
……………………Tel：028-36283777

仁寿县公共交通客运有限公司
地址：仁寿县文林镇新民社区（原群英4组）
……………………Tel：028-36288599

中鸿国际建工集团有限公司
地址：仁寿县普宁街道车博大道67号（天府国际车博城）3幢1单元5楼2号
……………………Tel：028-36698888

眉山中车制动科技股份有限公司
地址：眉山市科技工业园三路68号
……………………Tel：028-37324213

瓦屋山投资有限公司
地址：四川省眉山市洪雅县洪川镇青云街109号
……………………Tel：028-37498077

四川铁通公铁物流股份有限公司
地址：四川省眉山市彭山区青龙镇青龙大道792号
……………………Tel：028-37696000

眉山市锐锋物流有限公司
地址：眉山金象化工产业园区金泰路1号办公楼一楼
……………………Tel：028-38176299

中桓建工集团有限公司
地址：四川省眉山市青神县青城镇青衣大道桂花苑三期小区1层299-19号
……………………Tel：028-38399888

成都曲氏英联华物业服务有限公司
地址：成都市武侯区佳灵路20号1栋10层58号
……………………Tel：028-60163059

成都轨道城市发展集团有限公司
地址：中国（四川）自由贸易试验区成都市天府新区正兴街道宁波路东段377号中铁卓越中心33楼
……………………Tel：028-60171179

四川欣平建筑工程有限公司
地址：成都市青羊区贝森北路5号1栋10层1001号
……………………Tel：028-61316438

成都铁安科技有限责任公司
地址：成都蛟龙工业港青羊园区东海路6座
……………………Tel：028-61330074

中创国际建设集团有限公司
地址：四川省成都市金牛区蓉北商贸大道二段293号15栋1单元14楼1405号
……………………Tel：028-64058350

四川省宇汇建设工程有限公司
地址：成都市高新区天府大道北段1700号7栋1单元18楼1828号
……………………Tel：028-61338183

中核城市建设发展有限公司
地址：成都市武侯区长益路13号1栋1单元7层702号
……………………Tel：028-61339981

四川缔信建设工程有限公司
地址：成都市高新区西区天目路77号1幢1单元5层519号
……………………Tel：028-61348973

四川省同瑞达建设工程有限公司
地址：成都市金牛区营门口路48号1幢3单元17层1717号
……………………Tel：028-61360811

华诚兴业国际建工有限公司
地址：四川省成都市武侯区太平园东三街73号1层
……………………Tel：028-87028627

四川熙韵建筑工程有限公司
地址：成都市青羊区光华北三路98号15栋4层402号
……………………Tel：028-61505667

四川省川北高速公路股份有限公司
地址：成都市武侯区二环路西一段90号
……………………Tel：028-61556539

四川高速公路建设开发集团有限公司
地址：成都市武侯区二环路西一段90号
……………………Tel：028-61556708

四川路威特物流有限公司
地址：中国（四川）自由贸易试验区成都市青白江区金芙蓉大道三段1559号
……………………Tel：028-61589080

四川成诺物流有限责任公司
地址：成都市新都区新都镇燕塘路500号
……………………Tel：028-61600002

四川上达物流有限责任公司
地址：成都市新都区新都镇物流大道西段272号
……………………Tel：028-61602111

成都锦龙物流有限公司
地址：成都市新都区物流大道88号传化物流基地D342号
……………………Tel：028-61603786

成都市瀚尊供应链管理有限公司
地址：成都市新都区蓉都大道199号华都九龙广场2栋1单元701号
……………………Tel：028-61626262

成都玺讯物流有限公司
地址：成都市青羊区光华南三路88号1栋6楼628号
……………………Tel：028-61627728

成都通祥福明物流有限公司
地址：成都市新都区中集大道227号
……………………Tel：028-61629585

成都轨道资源经营管理有限公司
地址：成都市蜀汉路158号
……………………Tel：028-61631968

成都轨道交通集团有限公司
地址：成都市金牛区蜀汉路158号
……………………Tel：028-61639000

成都现代有轨电车有限公司
地址：中国（四川）自由贸易试验区成都高新区天府大道中段396号成都地铁大厦A栋23楼
……………………Tel：028-61639208

成都轨道建设管理有限公司
地址：中国（四川）自由贸易试验区四川省成都市天府新区正兴街道宁波路东段377号中铁卓越中心1栋10楼1002室
……………………Tel：028-61639349

成都市新都巴士公交有限公司
地址：成都市新都区香城南路180号兴城时代4楼
……………………Tel：028-61658661

四川鼎恒建设工程有限公司
地址：成都金牛高新技术产业园区蜀西路46号4栋16层1601号
……………………Tel：028-61666161

四川物流集装箱有限公司
地址：中国（四川）自由贸易试验区成都市青白江区城厢镇绣川路19号
……………………Tel：028-61760708

成都七七物流有限公司
地址：成都市新都区物流大道199号A区C-11
……………………Tel：028-61791133

招商局物流集团四川有限公司
地址：四川省成都市新都区新都镇物流大道399号
……………………Tel：028-61791610

四川村田机械制造股份有限公司
地址：成都市双流区协和街道华府大道二段1158号
……………………Tel：028-61906009

成都三杭蒙特费罗电梯部件有限公司
地址：成都市双流县西南航空港经济开发区工业集中区
……………………Tel：028-61915449

四川川金建筑工程有限公司
地址：成都金牛高新技术产业园区蜀西路46号2栋9层902号
……………………Tel：028-61983835

四川蜀景建设工程有限公司
地址：四川省成都市武侯区洗面桥街9号2幢3单元7层1.8号
……………………Tel：028-61985250

四川荣晨建设工程有限公司
地址：成都市青羊区西大街84号1幢1单元5楼505号
……………………Tel：028-61990916

四川长和建筑工程有限公司
地址：成都市武侯区二环路西一段2号1栋1单元12层1224号
……………………Tel：028-62011110

四川九寨黄龙机场有限责任公司
地址：成都市武侯区二环路西一段90号四川高速大厦4楼
……………………Tel：028-62011978

四川汇品建设工程有限公司
地址：成都金牛高新技术产业园区金周路595号4栋14楼02号
……………………Tel：028-62015882

四川省泰坤建筑工程有限公司
地址：成都市武侯区高升桥东路1号5楼26号
……………………Tel：028-62051931

四川华远建设工程有限公司
地址：成都市金牛区茶店子西街36号1栋2单元31层3117-3121号
……………………Tel：028-62066369

成都冠一工程项目管理咨询有限公司
地址：成都市武侯区高攀路2号24楼2431、2432号
……………………Tel：028-62120024

成都捷信安达物流有限公司
地址：成都市双流区西航港街道办事处星月社区
……………………Tel：028-62141058

成都全程德邦物流有限公司
地址：中国（四川）自由贸易试验区成都市双流区公兴街道正公路3999号
……………………Tel：028-62141473

四川海天力拓建筑工程有限公司
地址：成都市武侯区武侯大道铁佛段1号1栋2单元3层331号
……………………Tel：028-62300797

成都汤臣物流有限责任公司
地址：成都市金牛区人民北路一段15号2幢2楼2号
……………………Tel：028-62326939

四川西南交大铁路发展股份有限公司

地址：成都高新区西部园区天河路
……………………Tel：028-62375888
四川洲桥水电工程有限公司
地址：成都市金牛区互助路44号
……………………Tel：028-62568089
成都市恒荣物流有限公司
地址：中国（四川）自由贸易试验区成都市双流区西航港西航港大道中三段1916号
……………………Tel：028-62580661
中启建设有限公司
地址：成都市武侯区星狮路818号4幢4单元503号
……………………Tel：028-64058516
成都君诚轨道交通设备有限公司
地址：成都市新都区石板滩工业园区南环路
……………………Tel：028-64125855
四川省捷安越达运业有限公司
地址：四川省彭州市军乐镇红星村一组100号
……………………Tel：028-64285208
四川中鑫建业建设工程有限公司
地址：成都市武侯区核桃堰路51号1栋2单元12层10号
……………………Tel：028-64388897
四川青石建设有限公司
地址：成都市青羊区二环路西二段56号附10号
……………………Tel：028-64441326
中都工程设计有限公司
地址：四川省成都市金牛区人民北路二段118号1栋31层3106号
……………………Tel：028-64652062
成都奥旺物流有限公司
地址：成都市新都区物流大道88号传化物流基地D356号
……………………Tel：028-64942858
四川旭亮园林建筑工程有限公司
地址：成都市高新区科园南路5号蓉药大厦9层2号附4号
……………………Tel：028-65063533
成都中车四方轨道车辆有限公司
地址：四川省成都经济技术开发区（龙泉驿区）驿都西路2170号2栋1层1号
……………………Tel：028-65085717
中铁城市发展投资集团有限公司
地址：四川省成都市天府新区宁波路东段377号中铁卓越中心
……………………Tel：028-80518200
四川省泰龙建设集团有限公司
地址：中国（四川）自由贸易试验区成都市高新区天府大道北段1480号13栋拉德方斯大厦东楼8层1、2、3、4、5、6、7、8号
……………………Tel：028-65125999
卡斯柯信号（成都）有限公司
地址：成都金牛高新技术产业园区金凤凰大道666号13栋1单元1楼1号
……………………Tel：028-65176633
四川港建水利水电工程有限责任公司
地址：成都市郫县犀浦镇泰山南街7号
……………………Tel：028-65179657
四川信合源建筑工程有限公司
地址：成都市武侯区广福路99号4栋4层402号
……………………Tel：028-65258758
四川省佳成建设有限公司
地址：成都市武侯区星狮路511号1栋4层47号
……………………Tel：028-65317086
四川远成物流发展有限公司
地址：中国（四川）自由贸易试验区成都市青白江区城厢镇鸿泰大道189号3栋3楼
……………………Tel：028-65328813
远成集团成都世阳物流有限公司
地址：成都市青白江区成都国际集装箱物流园区内
……………………Tel：028-65328813
成都智元汇信息技术股份有限公司
地址：中国（四川）自由贸易试验区成都高新区吉泰五路88号3栋26层1号
……………………Tel：028-65336886
四川川航物流有限公司
地址：成都市双流区西航港街道双流机场北头川航基地2栋1-4楼1号
……………………Tel：028-65392398
四川长生建筑工程有限公司
地址：成都市金牛区金牛乡金泉路47号
……………………Tel：028-65506737
四川凯同建筑工程有限公司
地址：成都市金牛区金府路593号8栋3单元22层12号
……………………Tel：028-65526675
成都畅顺物流有限公司
地址：成都市金牛区天回乡大湾村111号成都大西南生旅物流市场交1区49号
……………………Tel：028-65533170
成都传化物流基地有限公司
地址：成都市新都区物流大道88号
……………………Tel：028-65550023
成都中发物流有限公司
地址：成都市新都区物流大道88号传化物流基地B117号
……………………Tel：028-65550881
四川八度物流有限公司
地址：成都市天回乡大湾村5组
……………………Tel：028-65550895
成都安川物流有限公司
地址：成都市新都区新都镇毗桥村
……………………Tel：028-65551715
成都绿舟出租汽车有限公司
地址：四川省成都市武侯区双元街99号
……………………Tel：028-65569700
四川安仕吉供应链管理有限公司
地址：成都市新都区金芙蓉大道一段1086号
……………………Tel：028-65596663
四川西锐建设工程有限公司
地址：四川省甘孜藏族自治州康定市炉城镇东大街123号
……………………Tel：028-65776505
四川仁沐高速公路有限责任公司
地址：成都市武侯区二环路西一段90号
……………………Tel：028-66031862
华鸿建设集团有限公司
地址：成都市武侯区长益路11号12楼28号
……………………Tel：028-85075166
成都铁公鸡物流有限公司
地址：成都市金牛区兴川路866号C-20号
……………………Tel：028-66529930
四川省铁路建设有限公司
地址：成都市二环路西二段８８号
……………………Tel：028-66622299
威特龙消防安全集团股份有限公司
地址：成都市高新区西区大道1599号附9号
……………………Tel：028-66765768
成都交大光芒科技股份有限公司
地址：成都高新区天府大道中段801号天府软件园B区2栋5楼
……………………Tel：028-66879256
成都新都宝湾国际物流有限公司
地址：成都市新都区新都镇物流中心顺运路9号8栋
……………………Tel：028-66898118
成都金吉顺农业开发有限公司
地址：成都市青龙乡新山村五组
……………………Tel：028-66909166
成都景浩物流有限公司
地址：中国（四川）自由贸易试验区成都市双流区西航港街道物流大道1239号
……………………Tel：028-67038918
成都万事达物流有限公司
地址：中国（四川）自由贸易试验区成都市双流区西航港街道航枢二路565号
……………………Tel：028-67079773
成都恒润安信建设工程有限公司
地址：成都高新区天府大道中段1号1栋209单元1层13号
……………………Tel：028-67576688
四川省俊翔物流有限公司
地址：成都市青白江区弥牟镇国光社区
……………………Tel：028-67995881
四川博川物流有限公司
地址：中国（四川）自由贸易试验区成都市青白江区祥福镇同心大道2288号
……………………Tel：028-67996667
中铁二十三局集团有限公司
地址：中国（四川）自由贸易试验区成都高新区天府大道中段530号1栋5楼508号
……………………Tel：028-68311225
四川邮科通信技术有限公司
地址：成都高新区府城大道西段3号2幢3楼1号
……………………Tel：028-68616099
成都龙泉宝湾国际物流有限公司
地址：四川省成都经济技术开发区汽车城大道999号
……………………Tel：028-68618004
四川川大智胜软件股份有限公司
地址：成都市武科东一路七号
……………………Tel：028-68727897
成都曙光光纤网络有限责任公司
地址：成都高新区天晖中街56号1栋26层
……………………Tel：028-68729959
四川华启建筑工程有限公司
地址：成都市武侯区人民南路四段27号
……………………Tel：028-68731986
成都空港兴城投资集团有限公司
地址：中国（四川）自由贸易试验区成都市双流区西航港街道成新大件路289号825室
……………………Tel：028-68753013
成都天府新区规划设计研究院有限公司
地址：中国（四川）自由贸易试验区成都市天府新区正兴街道湖畔路北段366号1号楼
……………………Tel：028-68772121
四川蓝鸟快车物流有限公司
地址：成都市武侯区武侯大道铁佛段1号2栋2单元4层429号
……………………Tel：028-68836006
成都青白江益嘉运通物流有限公司
地址：成都市青白江区弥牟镇粮食路288号（四川省（青白江）现代粮食物流加工产业园区内）
……………………Tel：028-68936601
成都远固建筑工程有限公司
地址：成都市青羊区腾飞大道189号3栋1层1号
……………………Tel：028-69009599
四川安达信物流有限公司
地址：成都市温江区成都海峡两岸科技产业开发园温泉大道
……………………Tel：028-69086968
四川东诺车辆服务有限公司
地址：中国（四川）自由贸易试验区成都高新区天府四街199号1栋13层7号
……………………Tel：028-69109595
成都高新区建管绿化工程有限公司
地址：成都高新区仁和街148号18栋
……………………Tel：028-69261528
四川泰通交通工程有限公司
地址：成都市青羊区敬业路108号T区5幢
……………………Tel：028-69262611
四川菲尼特金属制品制造有限公司
地址：成都市青白江区工业集中发展区复兴大道318号3栋1层
……………………Tel：028-69281615
成都锦江大观医院有限公司
地址：成都市锦江区合欢树街489号
……………………Tel：028-69283262
中电建成都铁塔有限公司
地址：成都市双流区黄甲街道牧华路二段3633号
……………………Tel：028-69368565
四川信纬建设集团有限公司
地址：成都市武侯区燃灯寺路百花顺和苑1-2幢1楼
……………………Tel：028-69913216
四川维尔法交通科技有限公司
地址：四川省成都经济技术开发区（龙泉驿区）星光中路8号
……………………Tel：028-69928388
四川发展（控股）有限责任公司
地址：中国（四川）自由贸易试验区成都市高新区天府二街151号1栋2单元
……………………Tel：028-80587196
四川翌峰建设工程有限公司
地址：四川省冕宁县城厢镇小东河印象A幢3单元
……………………Tel：028-81144877
四川启天建筑工程有限公司
地址：成都市武侯区武兴二路17号12栋7层3号
……………………Tel：028-81710408
四川云天昊建设工程有限公司
地址：中国（四川）自由贸易试验区成都高新区剑南大道中段1384号1楼
……………………Tel：028-81773175
四川路桥建设集团交通工程有限公司
地址：成都市武侯区武科东四路11号4栋1层2号
……………………Tel：028-82000688
成都金松营销有限公司
地址：成都市锦江区东大街紫东楼段11号1-1幢19层1、10-13号
……………………Tel：028-82008189
四川一宇钢结构工程有限公司
地址：成都崇州经济开发区晨曦大道中段801号
……………………Tel：028-82318567
四川汇津现代物流股份有限公司
地址：成都市新津县普兴镇物流园区
……………………Tel：028-82490775
成都市宏途路桥机械有限公司
地址：成都市新津县工业园区A区兴园10路
……………………Tel：028-82599200
成都新锦丰汽车销售服务有限责任公司
地址：成都市锦江区 子树村七组209号
……………………Tel：028-82800910
成都运达科技股份有限公司
地址：成都高新区新达路11号
……………………Tel：028-82839999
成都万贯现代物流有限公司
地址：成都市金牛区金府路555号3号大厅
……………………Tel：028-82840007
四川苏宁物流有限公司
地址：四川省成都经济技术开发区南二路323号
……………………Tel：028-82848888
成都民航空管科技发展有限公司
地址：成都市武侯区二环路南二段17号
……………………Tel：028-82909988
成都瑞欣路面技术有限公司
地址：成都市新都区新都镇外南街267号附8号11栋6层
……………………Tel：028-83018795
成都世顺物流有限责任公司
地址：成都金牛高新技术产业园区迎宾大道298号9-1-3号
……………………Tel：028-83105263
中铁建昆仑地铁投资建设管理有限公司
地址：成都高新区芳草东街76号4层
……………………Tel：028-83106813
中旺建工集团有限公司
地址：成都高新区汇川街166号1栋10层14号、15号、16号
……………………Tel：028-83116666
成都站北运业有限责任公司
地址：成都市成华区火车北站站北路157号
……………………Tel：028-83139829
济邦建设集团有限公司
地址：雅安市名山区安居路德福村9号双创孵化园3楼
……………………Tel：028-83177711
蜀广建工集团有限公司
地址：成都金牛高新技术产业园区金周路595号2栋B区17楼1707号
……………………Tel：028-83181876
四川先舟建设工程有限公司
地址：成都市青羊区广富路239号16栋
……………………Tel：028-83186666
四川省冶勘设计集团有限公司
地址：成都市高新区高朋大道22号
……………………Tel：028-83188756
电子科大科园股份有限公司
地址：成都高新区（西区）天辰路88号
……………………Tel：028-83200824
中建地下空间有限公司
地址：四川省成都市成华区航天路33号
……………………Tel：028-82888121
成都银犁冷藏物流股份有限公司
地址：中国（四川）自由贸易试验区成都市青白江区桂通北路1号
……………………Tel：028-83268800
中核三鑫建设工程有限公司
地址：成都市高新区天府大道中段530号东方希望天祥广场1栋4402号
……………………Tel：028-61500833
四川中交工程总承包有限公司
地址：中国（四川）自由贸易试验区成都市天府新区兴隆街道湖畔路西段成都科学城天府菁蓉中心D区
……………………Tel：028-83327322
四川大西南正华建设有限公司
地址：成都市青羊区大庆路９３号
……………………Tel：028-83356090
四川珩睿智能科技有限公司
地址：中国（四川）自由贸易试验区成都市高新区锦城大道666号4栋9层12、13号
……………………Tel：028-83358233
成都微核科技股份有限公司
地址：中国（四川）自由贸易试验区成都高新区益州大道中段1858号3栋11层1101、1102号
……………………Tel：028-83378533
中晟升博集团有限公司
地址：成都高新区汇川街166号1栋7楼6号
……………………Tel：028-83412639
中铁工程服务有限公司
地址：成都金牛高科技产业园金凤凰大道666号
……………………Tel：028-83325371
四川中外运久运物流有限公司
地址：成都市青白江区通站路318号1栋
……………………Tel：028-83601358
成都诚信达物流有限公司
地址：成都市青白江区凤凰西六路1号1栋3单元11层1105号
……………………Tel：028-83611635
成都新开元城市建设投资有限公司
地址：成都市青白江区凤凰大道一段凤凰西七路366号
……………………Tel：028-83627712
四川省德源物流有限公司
地址：中国（四川）自由贸易试验区成都市青白江区城厢镇德汇路88号
……………………Tel：028-83633317
四川泰昌行物流有限公司
地址：成都市青白江区祥福镇天星村11组
……………………Tel：028-83650291
四川航天铭航物流有限公司
地址：成都市青白江区华金大道二段518号
……………………Tel：028-83662778
成都市青白江巴士公交有限公司
地址：成都市青白江区红阳青运路199号
……………………Tel：028-83670587
彭州市亚利物流有限公司
地址：成都市彭州市天彭镇谢家社区4组
……………………Tel：028-83711135
成都天旭投资有限公司
地址：成都市新都区物流大道199号
……………………Tel：028-83908008
成都厚诚物流有限公司
地址：成都市新都区三河街道围山路1号（大东社区三组）
……………………Tel：028-83908189
四川天剑光电科技股份有限公司
地址：成都市新都区新都镇桂红路3号
……………………Tel：028-83921152
成都浪度家私有限公司
地址：成都市新都区新都镇高东路1080号
……………………Tel：028-83939333
成都成缸液压设备制造有限公司

地址：成都市新都区工业东区君跃路599号
……………………Tel：028-83962615

四川堃德建设工程有限公司
地址：成都市新都区泰兴镇泰北街209号
……………………Tel：028-83996677

成都维创轨道交通特种设备有限责任公司
地址：四川省成都市成华区二仙桥西北二路1号
……………………Tel：028-84121262

四川华庭建设有限公司
地址：成都高新区科园南路5号蓉药大厦1栋9层2号附9号
……………………Tel：028-84126377

四川圣灯宏达物流有限公司
地址：成都市成华区龙潭寺付家店光明二队1-2幢1层
……………………Tel：028-84210722

成都鹏翔运通物流股份有限公司
地址：中国（四川）自由贸易试验区成都高新区交子大道88号3栋8楼812号
……………………Tel：028-84266916

四川大安建筑工程有限责任公司
地址：成都市锦江区锦江工业园区三色路199号1栋2单元25楼1、2、3、4、5号
……………………Tel：028-84319995

中唐空铁科技有限公司
地址：中国（四川）自由贸易试验区成都高新区天府大道北段966号4栋1单元8楼1号
……………………Tel：028-84386700

四川荣汇建设工程有限公司
地址：四川省甘孜藏族自治州康定市炉城镇榆林新区1区5号5单元9层17号
……………………Tel：028-84439291

东旭建设集团有限公司
地址：成都市金牛区二环路西三段181号15楼21号
……………………Tel：028-84444110

四川欣驰物流有限公司
地址：成都市龙泉驿区十陵街道来龙村十五组
……………………Tel：028-84609121

四川宏亿复合材料工程技术有限公司
地址：四川省成都经济技术开发区（龙泉驿区）南四路3999号车间工程机械车间栋
……………………Tel：028-84630188

成都成工物流有限公司
地址：四川省成都经济技术开发区（龙泉驿区）车城东一路358号
……………………Tel：028-84637456

成都新地兴华物流有限公司
地址：四川省成都市双流区航空港物流园区
……………………Tel：028-84650442

四川省巴蜀危险品运输有限公司
地址：成都市龙泉驿区西部化工城（洪安镇）
……………………Tel：028-84712108

成都华润燃气工程有限公司
地址：四川省成都市武侯区晋吉南路30号1栋1层102号
……………………Tel：028-84724123

成都市建通建筑工程有限公司
地址：四川省成都市龙泉驿区大面镇蒲草路1800号洪河城市花园11栋3楼附305、306、307号
……………………Tel：028-84836161

成都龙之泉科技股份有限公司
地址：四川省成都经济技术开发区车城东六路338号
……………………Tel：028-84853201

成都蜀通时代城市建设工程有限责任公司
地址：四川省成都市龙泉驿区龙泉镇东街219号
……………………Tel：028-84856804

四川航天建筑工程有限公司
地址：四川省成都经济技术开发区（龙泉驿区）成龙大道三段388号16号楼
……………………Tel：028-84879802

成都安通利物流有限责任公司
地址：四川省成都市龙泉驿区洪安镇洪黄大道11号
……………………Tel：028-84898561

成都市路桥工程股份有限公司
地址：成都市武侯区武科东四路11号
……………………Tel：028-85003000

成都唐源电气股份有限公司
地址：成都市武侯区武兴五路355号西部智谷A1-1-9
……………………Tel：028-85003300

攀枝花公路建设有限公司
地址：东区人民街94号
……………………Tel：0812-3334712

首盛国际工程咨询集团有限公司"地址：成都市武侯区交子大道575号中海国际中心J座12楼"
……………………Tel：028-85018123

隆生国际建设集团有限公司
地址：成都市武侯区鞋都南路139号8栋2层2号
……………………Tel：028-85031169

四川达万高速公路有限责任公司
地址：成都市武侯区二环路西一段90号四川高速大厦11楼
……………………Tel：028-85031325

四川天之汇建筑工程有限公司
地址：四川省甘孜藏族自治州康定市炉城镇西大街90号县粮食局宿舍3-2号附
……………………Tel：028-85039716

腾跃建工集团有限公司
地址：成都市武侯区佳灵路20号九峰国际壹幢16层1618-1619号
……………………Tel：028-85046355

四川省君源水电建设有限公司
地址：成都市武侯区武兴路86号1栋6层601号
……………………Tel：028-85095028

四川洪成物流有限责任公司
地址：成都市武侯区武青北路72号1栋2层附201号
……………………Tel：028-85098609

四川铭诚公路工程有限公司
地址：成都市武侯区红牌楼北街8号7-A2-1号
……………………Tel：028-85114566

四川长昕建设工程有限公司
地址：成都市青羊区光华北三路98号15栋1002、1003号房屋
……………………Tel：028-85126400

成都中锦供应链管理有限公司
地址：成都市新都区物流大道88号传化物流基地C336号
……………………Tel：028-85146422

四川京川公路工程（集团）有限公司
地址：成都高新区科园一路1号
……………………Tel：028-85150000

四川公路桥梁建设集团有限公司
地址：成都市高新区九兴大道12号
……………………Tel：028-85175701

四川铁投城乡投资建设集团有限责任公司
地址：成都市高新区九兴大道12号1幢4层
……………………Tel：028-85187676

成都欣达货运有限公司
地址：成都市锦江区顺城大街27号1栋1单元15楼1515号
……………………Tel：028-85189055

成都四方伟业软件股份有限公司
地址：成都高新区科园三路4号1栋2层
……………………Tel：028-85191983

成都市蓉城出租汽车有限公司
地址：成都市高新区紫丁巷8号
……………………Tel：028-85195285

四川南兴路桥工程有限公司
地址：成都市武侯区新光路1号4栋2单元8层801号
……………………Tel：028-85195360

都承建工有限公司
地址：成都市武侯区来凤五路56号2栋1单元4楼421号
……………………Tel：028-85230580

四川德才建设工程有限公司
地址：成都市武侯区锦绣路1号2栋19层1909号
……………………Tel：028-85248999

成都网阔信息技术股份有限公司
地址：中国（四川）自由贸易试验区成都高新区萃华路89号1栋1单元3303、3304
……………………Tel：028-85249497

四川绵九高速公路有限责任公司
地址：绵阳市涪城区剑南路西段71号
……………………Tel：028-85251066

成都鑫天骏物流有限公司
地址：成都市成华区新鸿南街86号
……………………Tel：028-85256938

成都公交空港客运有限责任公司
地址：成都市武侯区科华中路新16号
……………………Tel：028-85257343

四川腾阁建筑工程有限公司
地址：成都市武侯区长益路13号1栋3单元7层702、703、704号
……………………Tel：028-85257583

四川省交通投资集团有限责任公司
地址：成都市武侯区二环路西一段90号四川高速大厦16楼
……………………Tel：028-85262506

四川君源物流有限公司
地址：成都市成华区龙潭工业园华盛路58号60幢
……………………Tel：028-85266251

成都君源物流有限公司
地址：成都市成华区龙潭工业园华盛路58号60栋4楼
……………………Tel：028-85266252

四川锦城智信建设工程有限公司
地址：成都高新区天和路9号附22号、附40号
……………………Tel：028-85275224

成都九洲迪飞科技有限责任公司
地址：中国（四川）自由贸易试验区成都高新区天府大道中段1366号2栋7层15-21号、8层12-18号
……………………Tel：028-85306115

四川新锦宸建设工程有限公司
地址：成都市武侯区晋阳路３６６号
……………………Tel：028-85313219

勤智数码科技股份有限公司
地址：成都高新区中和仁和路352号2栋1单元1503号
……………………Tel：028-85313773

成都石羊运业有限责任公司
地址：成都高新区石羊三元村六组
……………………Tel：028-85315614

四川省大件运输有限公司
地址：成都市成华区龙潭寺东路296号
……………………Tel：028-85319669

成都市全顺达物流有限公司
地址：成都市武侯区半边街村1组
……………………Tel：028-85323827

四川通信建设工程有限公司
地址：成都高新区孵化园科技财富中心5号楼2楼
……………………Tel：028-85336106

四川勇安智能科技有限公司
地址：成都市武侯区武兴二路17号13栋7层3、4号
……………………Tel：028-85512777

四川高路交通信息工程有限公司
地址：成都市武侯祠东街2号
……………………Tel：028-85525405

四川永晖建筑工程有限公司
地址：成都市青羊区北大街88号附6号
……………………Tel：028-85529320

四川合园水利工程有限公司
地址：成都市武侯区武科西一路85号1栋1单元7楼13、14号
……………………Tel：028-85558367

中民经开建设有限公司
地址：成都市武侯区长益路13号1栋1单元15层1510号
……………………Tel：028-85558686

中齐建设工程有限公司
地址：中国（四川）自由贸易试验区成都市高新区吉泰五路118号凯旋广场3栋13-4
……………………Tel：028-85567456

四川誉辉建筑劳务有限公司
地址：成都市高新区一环路南三段64号
……………………Tel：028-85570677

四川大路路桥工程有限公司
地址：成都市武侯区二环路南三段1号2栋1层1号
……………………Tel：028-85570895

成都交通投资集团有限公司
地址：成都市武侯区洗面桥街30号高速大厦
……………………Tel：028-85583113

四川商鼎建设有限公司
地址：成都市武侯区一环路南一段12号学府花园书香榭1单元14楼5号
……………………Tel：028-85586528

四川省建祥建筑工程有限公司
地址：成都市高新区益州大道北段388号8栋12层
……………………Tel：028-85588446

四川西部钢铁物流有限公司
地址：成都市武侯区人民南路三段三号28层5号
……………………Tel：028-85588855

四川兴蜀公路建设发展有限责任公司
地址：成都市武侯区洗面桥横街26号四川省交通厅公路局办公楼四楼附楼
……………………Tel：028-85589325

成都凯泉铁路配件有限责任公司
地址：成都市双流区西南航空港经济开发区工业集中区
……………………Tel：028-85651387

四川新程物流有限公司
地址：成都高新区新加坡工业园新园南2路
……………………Tel：028-85665234

成都空港物流投资有限公司
地址：中国（四川）自由贸易试验区成都市双流区西航港街道大件路文星段277号
……………………Tel：028-85666111

成都西南民航空管工程建设有限责任公司
地址：成都市双流区国际机场机场南二路西南空管局第四办公区309室
……………………Tel：028-85702282

成都云友建设工程有限公司
地址：成都蛟龙工业港双流园区滨江大道21、23座
……………………Tel：028-85737711

成都双流建工建设集团有限公司
地址：中国（四川）自由贸易试验区成都市双流区西南航空港经济开发区天威路1号
……………………Tel：028-85838198

成都广新物流有限公司
地址：成都高新区桂溪街道办事处临江村
……………………Tel：028-85868761

四川济通工程试验检测有限公司
地址：成都蛟龙工业港双流园区威海路7座150号
……………………Tel：028-85870053

四川广视通信工程有限公司
地址：成都市双流区电视塔路1段1号（电视台内）
……………………Tel：028-85898218

四川世纪互通机电工程有限责任公司
地址：中国（四川）自由贸易试验区成都高新区府城大道西段399号10栋17层1号、18层1号
……………………Tel：028-85911023

四川仁厚建设集团有限公司
地址：西昌市建昌路城中村12栋1单元3号
……………………Tel：028-85915795

四川时宇建设工程有限公司
地址：成都市武侯区龙爪小区逸都路20号4幢一层附77号
……………………Tel：028-85977122

四川久远新方向智能科技有限公司
地址：成都高新区拓新东街81号天府软件园C6栋
……………………Tel：028-85980167

成都新地城运物流有限公司
地址：中国（四川）自由贸易试验区成都市双流区西航港通关路86号
……………………Tel：021-33114633

成都宝坤物流投资有限公司
地址：成都市双流县西航港街道星月社区
……………………Tel：028-86039294-598

中交二航局（成都）建设工程有限公司
地址：四川省成都市天府新区兴隆镇场镇社区正街57号1幢1单元8号
……………………Tel：028-86057668

四川中亚城投建设有限公司
地址：成都市武侯区武阳大道三段5号"下一站都市"1幢2单元7楼13号
……………………Tel：028-86117518

四川西南快线物流有限公司
地址：四川省彭州市天彭镇国泰西路99号2栋2单元9楼2号、3号
……………………Tel：028-86238899

四川建科工程建设管理有限公司
地址：成都市青羊区青龙巷36号1幢14层15层
……………………Tel：028-86248699

四川圆瑞建设工程有限责任公司
地址：成都市青羊区东门街７９号
……………………Tel：028-86255328

成都绿州市容环境（集团）有限责任公司
地址：成都市青羊区长顺上街177号
……………………Tel：028-86258953

四川能投建工集团有限公司
地址：成都市锦江区下东大街段258号西部国际金融中心1栋17楼01-09单元
……………………Tel：028-86299754

达成铁路有限责任公司
地址：成都市金牛区五丁路1号
……………………Tel：028-86423264

成绵乐铁路客运专线有限责任公司
地址：成都市成华区府青路二段新23号
……………………Tel：028-86429312

中铁二院（成都）建设发展有限责任公司
地址：成都市金牛区沙湾路220号
……………………Tel：028-86446100

中铁联合国际集装箱智慧物流成都有限公司
地址：成都市青白江区国际集装箱物流园区内(金青大道侧)
……………………Tel：028-86482132

四川杰欣建筑工程有限公司
地址：成都市武侯区浆洗街16号1栋21层21号
……………………Tel：028-86511356

四川亿赛建设工程有限公司
地址：成都市锦江工业园区南北二路6号
……………………Tel：028-86582055

四川绿洲大酒店有限公司
地址：四川省成都市青羊区忠烈祠西街99号
……………………Tel：028-86628899-5519

四川中港建设工程有限公司
地址：成都市金牛区金府路799号2栋7层11号
……………………Tel：028-86630802

中科鸿博建设有限公司
地址：四川省成都市崇州市经济开发区创业路1068号
……………………Tel：028-86666617

成都置美优乐商贸有限公司
地址：四川省成都市成华区龙绵街1666号1栋1单元10楼1004号
……………………Tel：028-86677518

四川川新建筑工程有限公司
地址：成都金牛高新技术产业园区迎宾大道298号4栋4-4号
……………………Tel：028-86679729

四川公路工程咨询监理有限公司
地址：成都市锦江区石牛堰街8号
……………………Tel：028-86751613

成都地铁传媒有限公司
地址：成都市锦江区红星路二段159号
……………………Tel：028-86751775

四川省邮政速递物流有限公司
地址：成都市锦江区暑袜北一街25号
……………………Tel：028-86765740

四川省物流产业股份有限公司
地址：成都市成华区二仙桥东路11号
……………………Tel：028-86786675

成都润宝物流有限公司
地址：成都市金牛区二环路北四段89号2栋21层1号附10号
……………………Tel：028-86889883

四川省川建勘察设计院
地址：中国（四川）自由贸易试验区成都市高新区天府大道中段688号1栋9、11、12层
……………………Tel：028-86912077

中诚投建工集团有限公司
地址：四川省成都市武侯区交通厅1号院19幢5楼D座
……………………Tel：028-86922118

四川诚锐劳务有限公司
地址：成都市武侯区武侯大道顺江段77号1栋9楼33号
……………………Tel：028-87013318

四川星远建筑工程有限公司
地址：成都市武侯区武侯大道顺江段77号3栋7楼1号
……………………Tel：028-87028808

四川隆建工程顾问有限公司
地址：成都市顺城大街２０６号四川国际大厦１９楼Ｂ座
……………………Tel：028-87030721

成都光大建设集团有限公司
地址：四川省成都市都江堰市都江堰大道199号
……………………Tel：028-87133173

四川三羊建设有限公司
地址：四川省成都市都江堰市幸福街办泰和巷9号
……………………Tel：028-87283899

四川蜀汉生态环境有限公司
地址：成都市武侯区二环路西一段6号8楼801号
……………………Tel：028-87300116

中天鸿翔建设有限公司
地址：成都市青羊区同诚路8号8栋1单元1层1号
……………………Tel：028-87384803

中科信德建设有限公司
地址：四川省成都市成华区站北东街43号
……………………Tel：028-87312166

四川合发展景物流有限责任公司
地址：成都市青羊区青羊工业集中发展区科技创新园（一期）A区8栋孵化楼
……………………Tel：028-87321093

成都城投城建科技有限公司
地址：成都市新都区新都工业东区龙虎大道
……………………Tel：028-87326750

中交一公局西南工程有限公司
地址：成都市青羊区广富路239号N区10栋
……………………Tel：028-87337307

四川汇源吉迅数码科技有限公司
地址：成都市青羊区外南人民路131号
……………………Tel：028-87342823

四川中成煤炭建设（集团）有限责任公司
地址：成都市青羊区青华路３８号
……………………Tel：028-87372565

四川蜀元建筑集团有限公司
地址：成都市武侯区洗面桥街9号2-3幢7楼16号
……………………Tel：028-87372809

四川宝鑫建设有限公司
地址：成都金牛高新技术产业园区兴科中路1号13栋1层1号
……………………Tel：028-87396860

四川瑞通工程建设集团有限公司
地址：成都市青羊区广富路239号21幢
……………………Tel：028-87397517

四川长辉建设工程有限责任公司
地址：成都市武侯区武科东四路（武侯新城管委会）18号1栋2单元11层1101号
……………………Tel：028-87449256

成都通力集团股份有限公司
地址：成都市金牛区蜀西路38号
……………………Tel：028-87500330

成都公交集团新城市巴士有限公司
地址：成都市金牛区西三环路五段289号
……………………Tel：028-87500773

成都金牛运业有限责任公司
地址：成都市西三环路五段289号
……………………Tel：028-87506632

成都市路桥经营管理有限责任公司
地址：成都市蜀西路28号
……………………Tel：028-87512770

四川鑫圆建设集团有限公司
地址：成都市金牛区兴盛西路2号3栋17层2号
……………………Tel：028-87517379

成都四威高科技产业园有限公司
地址：成都市高新区百草路1181号
……………………Tel：028-87554415

四川昌泰建筑工程有限公司
地址：成都市武侯区长华路19号3栋1单元7楼708号
……………………Tel：028-87565563

四川正方建筑工程有限公司
地址：成都市金牛区育仁北路11号1栋1单元18层4号
……………………Tel：028-87573081

四川新豪道路工程有限公司
地址：成都市高科技产业园蜀西路46号6栋4层2、3号
……………………Tel：028-87589113

四川西南交大土木工程设计有限公司
地址：成都市金牛区二环路北一段111号西南交通大学创新大厦18F、19F、20F
……………………Tel：028-87600952

成都西南交通大学设计研究院有限公司
地址：成都市金牛区九里堤交大校内
……………………Tel：028-87603797

成都交大工程建设集团有限公司
地址：成都市金牛区西南交通大学行政办公楼二楼
……………………Tel：028-87608818

四川中建建业工程有限责任公司
地址：成都市金牛区一品天下大街999号1栋2单元14楼3号
……………………Tel：028-87609666

四川建工建设有限公司
地址：成都市金牛区二环路北一段1-1幢3-03室
……………………Tel：028-87610800

成都道臣物流集团有限公司
地址：成都市青羊区文家乡华严村四组
……………………Tel：028-87618919

四川国软科技发展有限责任公司
地址：成都金牛高新技术产业园区金凤凰大道666号66号楼
……………………Tel：028-87626689

四川交大工程检测咨询有限公司
地址：成都市金牛区二环路北一段111号西南交通大学创新大厦10楼1001
……………………Tel：028-87634351

华建利安建设集团有限公司
地址：成都金牛高新技术产业园区蜀西路48号4层401号
……………………Tel：028-87786444

四川新中消防工程有限责任公司
地址：成都市金牛区马家花园路25号
……………………Tel：028-87650304

中川建投集团有限公司
地址：成都市金牛区金府路593号8栋3单元18层11号
……………………Tel：028-87655963

中铁二局集团装饰装修工程有限公司
地址：成都市金牛区沙湾中路明阳大厦
……………………Tel：028-87668409

四川绿建西宜建设工程有限公司
地址：四川省宜宾市叙州区南岸三江口片区B-2地块龙湾一号7栋3层（物业编号7-3-1至7-3-27）
……………………Tel：028-87730690

四川君羊建设集团有限公司
地址：成都市金牛区蜀西路46号6栋3楼
……………………Tel：028-87733666

四川省太阳运输有限公司
地址：成都市金牛区一环路西三段33号3幢2楼1号、2号、3号
……………………Tel：028-87735886

四川兴昌建设工程有限公司
地址：中国（四川）自由贸易试验区成都市高新区天府大道中段1388号1栋7层789号
……………………Tel：028-87736238

四川兴林建设工程有限公司
地址：成都市金牛区二环路西三段19号1栋4楼4-18
……………………Tel：028-87750808

四川兴川鑫建筑工程有限公司
地址：成都市金牛区一环路西三段新1号
……………………Tel：028-87761135

四川建基建筑工程有限公司
地址：成都市武侯区二环路南四段51号1栋10层6号
……………………Tel：028-87772893

西部水电建设有限公司
地址：成都市金牛区蜀西路46号6栋10楼1003号
……………………Tel：028-87772999

四川泓盛建设集团有限公司
地址：成都金牛高新技术产业园区金科东路50号5栋802
……………………Tel：028-87773918

四川长城建筑（集团）有限公司
地址：成都市金牛区槐树街79号6层
……………………Tel：028-87780308

四川省泰达建设工程有限公司
地址：成都市武侯区逸都路29号附70号4幢1楼3号
……………………Tel：028-87788658

四川盛高建设工程有限公司
地址：四川省甘孜藏族自治州白玉县建设镇亚通村
……………………Tel：028-87791003

四川省亚通工程咨询有限公司
地址：中国（四川）自由贸易试验区成都市高新区益州大道北段777号1栋2单元1808-1810号
……………………Tel：028-87794165

昕诺飞灯具（成都）有限公司
地址：四川省成都高新区（西区）天源路91号
……………………Tel：028-87813026

四川省桑瑞光辉标识系统股份有限公司
地址：成都市高新区（西区）新航路1号3栋1单元1层101室
……………………Tel：028-87838231

东方电气集团大件物流有限公司
地址：成都高新区科园三路4号1栋1层1号
……………………Tel：028-87898852

成都客车股份有限公司
地址：成都市郫县红光镇成灌路西段1098号
……………………Tel：028-87987333

四川凯西祥荣集团有限公司
地址：四川省成都市大邑县晋原镇大安路（凯西工业园）
……………………Tel：028-88321515

一汽物流（成都）有限公司
地址：四川省成都经济技术开发区(龙泉驿区）车城东五路688号
……………………Tel：028-88456500

中食成都冷藏物流有限公司
地址：成都市蒲江县寿安镇绕城路88号
……………………Tel：028-88678016

四川华瑞建筑工程有限公司
地址：邛崃市文君街道长安大道757号商会大厦A栋2405号
……………………Tel：028-88743494

四川振华建设集团有限公司
地址：邛崃市临邛镇南环路27号
……………………Tel：028-88771308

成都市畅和物流有限公司
地址：成都市邛崃市卧龙镇
……………………Tel：028-88787699

成都新成储物流有限公司
地址：成都市双流区协和街道华府大道二段1121号
……………………Tel：028-88877758

中铁三局集团桥隧工程有限公司
地址：成都金牛高科技产业园金凤凰大道666号
……………………Tel：028-87790991

成都亚能机械有限公司
地址：成都市新都区新民镇金牛村三社
……………………Tel：028-89342956

都江堰市长源顺通物流有限公司
地址：四川省成都市都江堰市永丰街道民丰社区安居路136号
……………………Tel：028-89747755

兴伟建工集团有限公司
地址：成都市金牛区二环路西三段119号商务楼2楼35、36、37室
……………………Tel：028-89993533

四川路桥盛通建筑工程有限公司
地址：成都市锦江区上沙河铺街212号
……………………Tel：029-84784788

四川新筑路业发展有限公司
地址：成都市成华区东三环路二段龙潭工业园
……………………Tel：029-85598672

泸州容大智能变速器有限公司
地址：泸州高新区酒谷大道四段
……………………Tel：0731-88337965

比亚迪建设工程有限公司
地址：四川省泸州市泸县经济开发区城北产业园
……………………Tel：0755-8988888

广安比亚迪实业有限公司
地址：四川省广安市前锋区奎阁街道港前大道石佛段2号
……………………Tel：0755-89888888

攀枝花瑞达交通工程有限责任公司
地址：攀枝花市仁和区嘉旺巷9号
……………………Tel：0812-2263334

四川智源物流有限公司
地址：攀枝花市仁和区渡仁西线田房箐
……………………Tel：0812-2323777

攀枝花钢城集团汉风物流有限公司
地址：攀枝花市仁和区南山工业园区
……………………Tel：0812-2511936

攀枝花攀甬路桥建设有限公司
地址：攀枝花市东区人民街94号
……………………Tel：0812-3332017

四川省盐业总公司自贡分公司
地址：自贡市自流井区火车站路255号
……………………Tel：0813-2704679

四川海天物流有限责任公司
地址：自贡市工业开发区南环路23号
……………………Tel：0813-3308978

四川富顺县华茂运输有限公司
地址：富顺县富世镇交通路18号
……………………Tel：0813-5150809

富顺县富兴公共交通运业有限公司
地址：富顺县富世镇釜江大道西段299号（限于行政办公和通讯联络）
……………………Tel：0813-7189118

四川南方凯路物流有限责任公司
地址：四川省自贡市自流井区汇川路1465号川南农副产品批发市场B栋办公5-1-5-4号
……………………Tel：0813-8326456

绵阳路桥建设有限责任公司
地址：四川省绵阳市经开区三江大道39号
……………………Tel：0816-2273365

绵阳市正翰物流有限公司
地址：绵阳高新区磨家镇接龙寺村五社
……………………Tel：0816-2304415

四川中利建材有限公司
地址：绵阳高新区火炬西街北段东方国际1栋1单元16-2号
……………………Tel：0816-2329157

绵阳交发汽车客运（集团）有限责任公司
地址：绵阳市临园路西段29号
……………………Tel：0816-2377106

中科三正建设集团有限公司
地址：成都金牛高新技术产业园区金周路595号2栋16楼03号
……………………Tel：028-83400877

四川振通公路工程检测咨询有限公司
地址：绵阳市涪城区青龙大道59号
……………………Tel：0816-2422279

四川长虹民生物流股份有限公司
地址：绵阳市涪城区绵绢路9号
……………………Tel：0816-2438874

四川富发物流有限公司
地址：绵阳高新区飞云大道中段155号
……………………Tel：0816-2562659

四川乾坤物流有限责任公司
地址：绵阳市高新区永兴镇兴业南路21号
……………………Tel：0816-2563708

四川龙华光电薄膜股份有限公司
地址：绵阳市涪城区高端装备制造产业园凤凰中路29号
……………………Tel：0816-2566443

绵阳市高等级公路开发有限责任公司
地址：四川省绵阳市涪城区长虹大道北段123号
……………………Tel：0816-2680366

绵阳市高水农副产品批发有限公司
地址：绵阳市涪城区龙门镇　龙路10号
……………………Tel：0816-2682117

四川超能达水利水电工程有限公司
地址：绵阳市安州区花　镇好医生大道（安州花园二期1-2-101）
……………………Tel：0816-2822666

江油市正原物流有限公司
地址：江油市彰明镇明月村5组
……………………Tel：0816-3361919

三台县龙聚仓储物流有限公司
地址：三台县乐安镇福利村
……………………Tel：0816-5338180

绵阳机场（集团）有限公司
地址：绵阳市经开区机场东路6号
……………………Tel：0816-6357024

绵阳富邦物流有限责任公司
地址：绵阳市高新区飞云大道中段155号4幢1-3层
……………………Tel：0816-8081080

绵阳七曲山旅游开发有限公司
地址：四川省梓潼县七曲山
……………………Tel：0816-8229901

四川省南充宏城建筑工程有限责任公司
地址：南充市顺庆区西河南路五十六号
……………………Tel：0817-2812176

四川隆力达建筑工程有限公司
地址：南部县蜀北街道五城国际3-3-3-1号
……………………Tel：0817-5651227

四川巴南高速公路有限责任公司
地址：成都市武侯区二环路西一段90号四川高速大厦14楼
……………………Tel：0817-7218771

南部县城市公共交通有限公司
地址：南部县蜀北大道蜀北市场
……………………Tel：0817-7916555

南部县四方物流有限公司
地址：南部县河东镇
……………………Tel：0817-7916999

四川蜀通港口航道工程建设有限公司
地址：南充市滨江北路87号
……………………Tel：0817-8122088

中泰天顺集团有限责任公司
地址：达州市西胜街港都月光城B栋3楼
……………………Tel：0818-2153666

四川达通实业有限公司
地址：达州市通川区西外镇金山路口
……………………Tel：0818-2525577

四川川煤第六工程建设有限公司
地址：四川省达州市达县泰宁路454号

…………Tel：0818-2651348

四川九鼎建筑工程集团有限公司
地址：达州市西外凤凰大道637号
…………Tel：0818-2672233

达州达运物流有限公司
地址：达州市斌郎乡木瓜铺村达州公路物流港综合办公楼3楼47-50、61-65号
…………Tel：0818-3119999

达州市彭氏物流有限公司
地址：达州市达川区南客站内
…………Tel：0818-3664666

四川川东仓储服务有限公司
地址：宣汉县东乡镇解放中路90号
…………Tel：0818-5232308

绵阳市杰永物流有限公司
地址：四川省绵阳市游仙区科学城总体所148民品楼203号
…………Tel：0819-2339498

四川明宇物流有限公司
地址：遂宁市创新工业园区南环东路
…………Tel：0825-2299930

四川长久韵丰物流有限公司
地址：遂宁市安居区工业集中区龙眼井干道北沿线东侧
…………Tel：0825-2399452

四川都通物流有限公司
地址：四川省遂宁高新区中国西部现代物流港
…………Tel：0825-2661718

四川骏辉建筑工程有限公司
地址：成都市武侯区武侯新城管委会武科东四路18号联邦财富中心1号楼1座305号
…………Tel：0825-2712177

遂宁发展投资集团有限公司
地址：遂宁市船山区明月路561号
…………Tel：0825-6800608

国网四川省电力公司大英县供电分公司
地址：大英县蓬莱镇交通下街140号1-7层
…………Tel：0825-7867080

蓬溪县众创公共交通有限责任公司
地址：蓬溪县赤城镇映月街96号
…………Tel：0825-8154633

四川省立新建设集团有限公司
地址：四川省广安经开区奎阁园区石滨路1号
…………Tel：0826-2333308

广安保安集团有限公司
地址：四川省广安市广安区广宁南路2号
…………Tel：0826-2335954

西南建工集团有限公司
地址：广安经济技术开发区奎阁园区石滨路9号
…………Tel：0826-2393555

道隧集团工程有限公司
地址：四川省华蓥市道隧路88号
…………Tel：0826-4825366

四川中欣立建设有限公司
地址：四川省华蓥市双河街道办事处新华大道华蓥市商会大厦1栋1-25-1号
…………Tel：0826-4865999

武胜县交通运输公司
地址：武胜县沿口镇迎宾大道北侧、国际商贸城西侧
…………Tel：0826-6252393

广安交通投资建设开发集团有限责任公司
地址：广安市金安大道1号市交通局办公大楼八楼
…………Tel：0826-8962456

巴中市华兴建筑有限公司
地址：四川省巴中市巴州镇草坝街190号
…………Tel：0827-5222750

巴中市巴山公共交通有限公司
地址：四川省巴中市经济开发区秦巴大道西段20号公交公司（综合站综合楼）4-1
…………Tel：0827-8602005

中国电建集团成都电力金具有限公司
地址：四川省成都经济技术开发区车城西二路99号
…………Tel：082-88400543

泸州市跨越物流有限公司
地址：四川省泸州市纳溪区白节二居委会一层
…………Tel：0830-2504058

泸州陆港物流有限公司
地址：泸州市纳溪区白节镇街村
…………Tel：0830-2522891

泸州隆盛物流有限公司
地址：泸州市龙马潭区迎宾大道二段29号1幢4层401号
…………Tel：0830-2522999

四川龙田物流有限公司
地址：泸州市龙马潭区双加镇新区主干道
…………Tel：0830-2525980

泸州市龙马潭区兴能公共交通运输有限公司
地址：四川自贸区川南临港片区龙马大道三段77号1栋8楼802室
…………Tel：0830-2587218

泸州东益物流有限公司
地址：龙马潭区罗汉镇泥大坝村一社
…………Tel：0830-2601222

泸州华储物流有限公司
地址：泸州市龙马潭区鱼塘镇振兴路300号
…………Tel：0830-2737988

四川君安物流集团有限公司
地址：泸州市江阳区蓝安路二段9号
…………Tel：0830-2793158

宏图智能物流股份有限公司
地址：泸州市纳溪区蓝安路三段17号（华西机械市场1号商用楼）
…………Tel：0830-3110009

四川龙光泸贵高速公路有限公司
地址：泸州市龙马潭区成自泸赤高速公路泸州段泸州港收费站连接线旁
…………Tel：0830-3151111

四川南方高速公路股份有限公司
地址：成都市武侯区二环路西一段90号第十一层
…………Tel：0830-3252000

泸州热电有限公司
地址：泸州市合江县榕山镇
…………Tel：0830-5483010

泸州市跃达物流有限公司
地址：泸州市龙马潭区中医院
…………Tel：0830-6661222

泸州市新能源出租汽车有限公司
地址：泸州市江阳区泰安镇兴泰路196号
…………Tel：0830-6663258

四川万福物流有限公司
地址：泸县城区工业园区C区
…………Tel：0830-8181891

泸州盛海物流有限公司
地址：龙马潭区特兴镇
…………Tel：0830-8582742

泸州金玉达物流有限公司
地址：泸县石桥镇永定桥街北段
…………Tel：0830-8896660

宜宾雅讯网络科技有限责任公司
地址：四川省宜宾市叙州区南岸航天路中段D-5号宜都莱茵河畔B3幢B3-49号
…………Tel：0831-2220997

四川鲁工建设工程有限责任公司
地址：四川省宜宾市临港经济技术开发区飞云路北段70号宜宾汽车产业园综合服务中心1幢5层
…………Tel：0831-2320036

宜宾市清源水务集团有限公司
地址：四川省宜宾市叙州区南岸路源街1号
…………Tel：0831-2331523

正一集团有限公司
地址：宜宾市翠屏区象鼻街道金象社区象府路115号1-1
…………Tel：0831-2327377

江安县畅通物流有限公司
地址：四川省宜宾市江安县下长镇永利村四组
…………Tel：0831-2626539

宜宾市南溪区四通物流有限责任公司
地址：宜宾市南溪区罗龙街道石马村3社
…………Tel：0831-3181333

四川安吉物流集团有限公司
地址：宜宾市岷江西路150号
…………Tel：0831-7196669

宜宾安仕吉国际物流有限公司
地址：宜宾市岷江西路150号
…………Tel：0831-3567070

宜宾共玉物流有限公司
地址：宜宾市翠屏区象鼻街道办事处十里村新华组
…………Tel：0831-3721518

四川新宜建设投资集团有限公司
地址：宜宾市翠屏区西郊两路桥苗圃六村4号
…………Tel：0831-5130369

四川九河电力股份有限公司
地址：宜宾市衣服街80号
…………Tel：0831-5158678

宜宾联汇环境科技有限公司
地址：四川省宜宾市宜宾县柏溪镇长江路革坪村（1幢1-4层）
…………Tel：0831-6889277

宜宾福安物流有限公司
地址：宜宾市翠屏区小北街62号2栋3层4号
…………Tel：0831-8202267

四川三江交通建设工程有限公司
地址：四川省宜宾市临港经济开发区龙头山路199号浙商临港新天地6号楼6楼
…………Tel：0831-8225390

内江熙泰运业有限公司
地址：内江市市中区交通路490号
…………Tel：0832-2110171

四川卓尔百货有限公司
地址：内江市中区交通路11-41号
…………Tel：0832-2117250

四川太源建筑工程有限公司
地址：四川省甘孜藏族自治州康定市炉城镇康定新城新天地4区4幢3单元4层2号
…………Tel：0832-5026868

四川通海建工劳务有限公司
地址：四川省内江市资中县水南镇花圃街150号
…………Tel：0832-5959319

中建银泰建设集团有限公司
地址：资中县水南镇花圃街150号
…………Tel：0832-5959319

峨眉山市徕银物流有限公司
地址：峨眉山市罗目镇中心村10组
…………Tel：0833-2445790

四川佳祥物流有限公司
地址：四川省乐山市市中区苏稽镇红砖村四组乐峨路东段292-300号
…………Tel：0833-2561039

乐山市乐锅锅炉有限公司
地址：乐山市五通桥区杨柳镇交通街
…………Tel：0833-3181268

乐山易达物流有限公司
地址：乐山市沙湾区加农镇燎原村五组
…………Tel：0833-3680628

峨眉山市领汇物流有限公司
地址：峨眉山市双福镇塘房村五组
…………Tel：0833-5362999

峨眉山市人和物流有限公司
地址：峨眉山市绥山镇万年西路88号
…………Tel：0833-5460888

峨眉山市公共汽车有限责任公司
地址：峨眉山市绥山镇三台山街26号
…………Tel：0833-5527461

四川富和物流股份有限公司
地址：峨眉山市九里镇付河村
…………Tel：0833-5586699

四川青衣开发投资有限公司
地址：夹江县 城镇街道建设北路149号
…………Tel：0833-5604580

四川省新万兴碳纤维复合材料有限公司
地址：夹江县新场镇星和村9社
…………Tel：0833-5922808

凉山州启天泰物流有限公司
地址：西昌市航天大道碧海蓝天F栋一单元7-1号
…………Tel：0834-2195500

凉山州起运物流有限责任公司
地址：西昌市马道镇
…………Tel：0834-3776205

德昌县永朝物流有限责任公司
地址：德昌县德州镇凤凰大道
…………Tel：0834-5206518

德昌县泽宇货运有限责任公司
地址：德昌县德州镇凤凰大道
…………Tel：0834-5206518

成都建工雅安建设有限责任公司
地址：四川省雅安市雨城区西康路东段132号
…………Tel：0835-2221177

雅安交建集团平顺检测有限公司
地址：四川省雅安市雨城区对岩镇坎坡村"川滇藏物流园区"兴雨路1号
…………Tel：0835-2610267

四川快乐物流有限公司
地址：四川省雅安市宝兴县顺城街65号
…………Tel：0835-2611611

四川省雅洲府物流有限公司
地址：四川省雅安市雨城区大兴镇农业科技园区
…………Tel：0835-8533333

雅安市名山区运发物流有限公司
地址：四川省雅安市名山区蒙阳镇新民路160号
…………Tel：0836-3227877

四川省远熙建设有限公司
地址：四川省甘孜藏族自治州巴塘县夏邛镇鹏城小区17幢1楼23-27号
…………Tel：0836-5623688

四川省九寨沟县黄浦电力能源有限公司
地址：九寨沟县永乐镇新区
…………Tel：0837-7732298

德阳智芮物流有限公司
地址：四川省德阳市泰山南路二段（风临左岸5-1）
…………Tel：0838-2363511

德阳台海核能装备有限公司
地址：四川省德阳市岷山路三段46号
…………Tel：0838-2365136

鹏程建设集团有限公司
地址：四川省德阳市旌阳区黄许镇
…………Tel：0838-2501775

四川东立达物流有限责任公司
地址：四川省德阳市华山南路二段318号
…………Tel：0838-2870055

德阳力达重型机械设备制造有限公司
地址：四川省德阳市龙泉山路西侧
…………Tel：0838-2900780

四川鸿兴化纤有限公司
地址：四川省绵竹市德阳一阿坝生态经济产业园区
…………Tel：0838-7181666

四川省中江县运输集团公司
地址：四川省德阳市中江县凯江镇荷花南街139号
…………Tel：0838-7202252

四川华霖建筑工程有限公司
地址：四川省德阳市什邡市皂角街道鼓林社区3组
…………Tel：0838-8281388

广元市公共交通有限公司
地址：广元市东坝电子路22号
…………Tel：0839-3277017

四川龙申建设有限公司
地址：广元市利州区东坝办事苴国路东段北侧东城国际1栋7层3号
…………Tel：0839-2810354

四川春兴劳务有限公司
地址：四川省广元市昭化区元坝镇益昌大道88号
…………Tel：0839-3617766

苍溪县好自在客运有限公司
地址：苍溪县陵江镇白鹤路27号
…………Tel：0839-5283138

贵州省

贵州海康交通大数据有限公司
地址：贵州省贵阳市贵阳国家高新技术产业开发区金阳科技产业园标准厂房辅助用房B402室
…………Tel：028-67696976

贵州贤俊龙彩印有限公司
地址：贵州仁怀经济开发区坛厂现代服务园区
…………Tel：0851-22277222

贵州遵义茅台机场有限责任公司
地址：贵州省遵义市仁怀市茅台镇尧坝村
…………Tel：0851-22293733

贵州商业储运（集团）有限公司
地址：贵州省贵阳市云岩区浣纱路22号伟储天电综合楼
…………Tel：0851-2248537

遵义仁孚汽车服务有限公司
地址：贵州省遵义市播州区和平工业园区
…………Tel：0851-23136960

贵州大恒物流有限责任公司
地址：贵州省遵义市播州区桂花社区大恒名城8号楼二楼
…………Tel：0851-23213332

遵义机场有限责任公司
地址：贵州省遵义市新蒲新区新舟镇
…………Tel：0851-27335566

遵义赤水河谷旅游度假区运营管理有限公司
地址：贵州省遵义市新蒲新区交通防灾减灾应急管理指挥中心
…………Tel：0851-27626979

遵义交旅投资（集团）有限公司
地址：贵州省遵义市新蒲新区村遵义市交通防灾减灾应急管理指挥中心负1-9层
…………Tel：0851-27695018

遵义红色旅游客运服务股份有限公司
地址：贵州省遵义市红花岗区解放路67号
…………Tel：0851-28212361

贵州遵义高速公路建设投资有限公司
地址：贵州省遵义市汇川区苏州路市交通运输局六楼
…………Tel：0851-28260638

贵州中交福和高速公路发展有限公司
地址：贵州省遵义市湄潭县湄江街道中交高速贵州道安管理中心
…………Tel：0851-24351339

贵州中交兴陆高速公路发展有限公司
地址：贵州省遵义市湄潭县湄江街道中交高速贵州道安管理中心
…………Tel：0851-24351339

遵义市金码物流有限公司
地址：贵州省遵义市红花岗区外环路顺达东城国际E幢7楼
…………Tel：0851-28678359

贵州天河潭旅游有限责任公司
地址：贵州省贵阳市花溪区天河潭风景区内
…………Tel：0851-3308014

贵州花安高速公路建设有限公司
地址：贵州省贵安新区马场镇新寨村凯坝收费站
…………Tel：0851-33616116

贵州安顺交通旅游集团有限责任公司
地址：贵州省安顺市黄果树风景名胜区龙宫管委会游客服务中心二楼
…………Tel：0851-33661026

贵州天保生态股份有限公司
地址：贵州省贵阳市南明区中华南路45号华坤发展大厦18层A、D座
…………Tel：0851-3867777

贵阳诚通西部物流有限公司
地址：贵州省贵阳市南明区富源巷96号
…………Tel：0851-3929030

贵州合源油气有限责任公司
地址：贵州省贵阳市市南路69号电信商务大厦7楼
…………Tel：0851-3962696

贵州七冶物流有限责任公司
地址：贵州省贵阳市白云区艳山红镇鸡场村
…………Tel：0851-4408625

贵州省质安交通工程监控检测中心有限

责任公司
地址：贵州省贵阳市白云区沙文镇创百街888号
……Tel：0851-4756076
贵州亿程交通信息有限公司
地址：贵州省贵阳市贵阳国家高新技术产业开发区金阳科技产业园都匀路89号金利大厦AB幢（A）1单元27层1-12号
……Tel：0851-4813450
贵州诚智物流有限责任公司
地址：贵州省贵阳市观山湖区金华镇三铺村
……Tel：0851-5568279
贵州中南交通科技有限公司
地址：贵州省贵阳市贵阳国家高新技术产业开发区湖滨路10号翔明大厦A座5楼5-1-5-6及4楼 4-2-4-2
……Tel：0851-5992662
贵州省清镇公共交通股份有限公司
地址：贵州省贵阳市清镇市前进路275号
……Tel：0851-82522571
贵州贵惠高速公路建设有限责任公司
地址：贵州省贵阳市花溪区青岩镇交通路
……Tel：0851-83636601
贵阳心联心物流有限公司
地址：贵州省贵阳市南明区铁运巷２号[遵义社区]
……Tel：0851-83892925
贵州乾途物流有限公司
地址：贵州省贵阳市白云区贵铝运输厂厂区22号
……Tel：0851-84288716
七冶路桥工程有限责任公司
地址：贵州省贵阳市白云区通化路104号
……Tel：0851-84601487
贵州红华物流有限公司
地址：贵州省贵阳市观山湖区金阳新区白云大道２８１号
……Tel：0851-84700635
贵州省交通科学研究院股份有限公司
地址：贵州省贵阳市云岩区白云大道南段301号
……Tel：0851-84705883
贵州科达公路工程咨询监理有限公司
地址：贵州省贵阳市云岩区白云大道南段３０１号
……Tel：0851-84705883
贵州省交通建设工程检测中心有限责任公司
地址：贵州省贵阳市云岩区白云大道南段301号
……Tel：0851-84705883
贵州宏阳公路机械有限公司
地址：贵州省贵阳市云岩区野鸭塘
……Tel：0851-84723580
贵阳金阳保安服务有限公司
地址：贵州省贵阳市白云区育才路299号46栋1号
……Tel：0851-84829155
贵阳全程德邦物流有限公司
地址：贵州省贵阳市白云区麦架镇新材料产业园
……Tel：0851-84868519
贵州多彩贵州城建设经营有限公司
地址：贵州省贵阳市南明区小碧乡人民政府内[双龙区]
……Tel：0851-85223111
贵阳市城市轨道交通集团有限公司
地址：贵阳市观山湖区诚信南路533号
……Tel：0851-85388685
贵州国程物流有限公司
地址：贵州省贵阳市经济技术开发区清水江社区配套用房
……Tel：0851-85523578
贵州创星电力科学研究院有限责任公司
地址：贵州省贵阳市观山湖区诚信北路8号绿地联盛国际11号楼1单元18层6号
……Tel：0851-85592573
贵州三松物流有限公司
地址：贵州省贵阳市南明区云关乡云关村二甫冲[云关乡]
……Tel：0851-85632056
贵阳电气控制设备有限公司
地址：贵州省贵阳市贵阳国家高新技术产业开发区金阳科技产业园标准厂房辅助用房B472室
……Tel：0851-85668203
贵州恒申物流有限公司
地址：贵州省贵阳市南明区兴关路51号[兴关社区]
……Tel：0851-85828076
贵州宏信创达工程检测咨询有限公司
地址：贵州省贵阳市贵阳国家高新技术产业开发区高海路949号
……Tel：0851-85861098
贵州虎峰交通建设工程有限公司
地址：贵州省贵阳市国家高新技术产业开发区沙文生态科技产业园高海路949号虎峰大厦
……Tel：0851-85861534
贵州省邮政速递物流有限公司
地址：贵州省贵阳市南明区玉通路6号
……Tel：0851-8588905
贵州高投服务管理有限公司
地址：贵州省贵阳市云岩区北京路266号
……Tel：0851-85918806
中铁二院贵阳勘察设计研究院有限责任公司
地址：贵州省贵阳市南明区宝山南路268号8幢1-4层
……Tel：0851-8131248
贵阳桑力电子实业有限公司
地址：贵州省贵阳市南明区建筑巷２３号[市府社区]
……Tel：0851-85973714
贵州易林物流有限公司
地址：贵州省贵阳市乌当区高新路67号贵州（乌当）大数据智慧产业基地（4）楼
……Tel：0851-86276737
贵州恩煜祥物流有限责任公司
地址：贵州省贵阳市乌当区奶牛场火石坡特色食品工业园
……Tel：0851-86416585
贵州省捷安黔药港医药物流有限公司
地址：贵州省贵阳市南明区青年路美佳花园
……Tel：0851-86832783
贵州金诚保安服务有限公司
地址：贵州省贵阳市云岩区枣山路1号盛世明珠大厦1单元9层4号
……Tel：0851-86995888
息烽县城市建设投资有限公司
地址：贵州省贵阳市息烽县永靖镇育才路
……Tel：0851-87727022
贵阳市投资控股集团有限公司
地址：贵州省贵阳市观山湖区北京西路38号1单元21-28楼
……Tel：0851-87980180
贵州贵铁物流有限公司
地址：贵州省贵阳市云岩区　山路31号铁道大厦7、8、9楼
……Tel：0851-88183585
贵广铁路有限责任公司
地址：贵州省贵阳市观山湖区路1号
……Tel：0851-88183813
中冶（贵州）建设投资发展有限公司
地址：贵州省贵安新区湖潮乡岐山安置点
……Tel：0851-88305073
贵州万通物流有限责任公司
地址：贵州省贵阳市经济技术开发区贵惠大道贵阳日日顺产业园4号
……Tel：0851-88554567
贵阳海信网络科技有限公司
地址：贵州省贵阳市贵阳国家高新技术产业开发区湖滨路10号
……Tel：0851-88556818
贵州华阳汽车零部件有限公司
地址：贵州省贵阳市经济技术开发区清水江路323号
……Tel：0851-88657801
中铁贵州工程有限公司
地址：贵州省贵安新区高端装备制造产业园南部园区黔中大道沙坝路口
……Tel：0851-88915055
贵州贵安建设投资有限公司
地址：贵州省贵安新区湖潮乡集镇
……Tel：0851-8901891
遵义浩欣物流有限公司
地址：贵州省遵义市汇川区董公寺镇五星停车场内（A区附一号楼）
……Tel：0852-28650696
遵义申达工程管理咨询有限公司
地址：贵州省遵义市汇川区苏州路永泽大厦9-1号
……Tel：0852-8250280
瓮安县城市公共交通有限责任公司
地址：贵州省黔南布依族苗族自治州瓮安县雍阳办事处七星村五里街
……Tel：0854-2636189
贵州中交贵瓮高速公路有限公司
地址：贵州省黔南布依族苗族自治州瓮安县瓮水街道办事处二中路
……Tel：0854-2778101
贵州省佳禾港务有限公司
地址：贵州省黔南布依族苗族自治州罗甸县龙坪镇五星村（码头）
……Tel：0854-4800456
贵州盈亨物流有限公司
地址：贵州省黔南布依族苗族自治州贵定县城关镇庆熙路13号
……Tel：0854-4953818
贵州黔和物流有限公司
地址：贵州省黔南布依族苗族自治州龙里县三元镇高坪铺
……Tel：0854-7010288
贵州平塘三天旅游发展有限责任公司
地址：贵州省黔南布依族苗族自治州平塘县平舟镇东山路一段（平湖四小旁）
……Tel：0854-7223140
黔南交通运输集团有限责任公司
地址：贵州省黔南布依族苗族自治州都匀市剑江北路138号
……Tel：0854-8332404
黔东南州好兄弟物流有限责任公司
地址：贵州省黔东南苗族侗族自治州凯里市车站区5栋三单元11号
……Tel：0855-2293777
贵州麻江农村商业银行股份有限公司
地址：贵州省黔东南苗族侗族自治州麻江县杏山镇凤凰大道76号1栋
……Tel：0855-2620866
贵州省西江千户苗寨文化旅游发展有限公司
地址：贵州省黔东南苗族侗族自治州雷山县西江街上
……Tel：0855-3348829
贵州优建建筑劳务有限公司
地址：贵州省岑巩县思旸镇新兴环城路（县汽车站四楼）
……Tel：0855-3575788
镇远县城市公交有限责任公司
地址：贵州省黔东南苗族侗族自治州镇远县周大街
……Tel：0855-5731566
贵州嘉城建设投资有限公司
地址：贵州省榕江县城北新区商贸西路安置房二楼
……Tel：0855-6678081
贵州凯里农村商业银行股份有限公司
地址：贵州省黔东南苗族侗族自治州凯里市广场西路11号
……Tel：0855-8062887
贵州盛鑫邦德物流有限公司
地址：贵州省凯里市新生路16号华亿大西部国际商贸城F区4栋5号
……Tel：0855-8577190
贵州省铜仁市公共交通有限责任公司
地址：贵州省铜仁市碧江区水晶路6号
……Tel：0856-3912508
贵州省公路建设养护集团有限公司
地址：贵州省贵阳市高新区高海路949号
……Tel：0856-5211138
铜仁全通汽车运输有限责任公司
地址：贵州省铜仁市碧江区河西办事处金鳞大道33号
……Tel：0856-5217665
贵州省鹏程物流有限公司
地址：贵州省铜仁市碧江区火车东站（灯塔货站）
……Tel：0856-5218938
贵州省东九物流有限公司
地址：贵州省铜仁市碧江区火车东站（货站）
……Tel：0856-5233819
贵州镇东护运有限公司
地址：贵州省铜仁市碧江区铜江大道12号
……Tel：0856-5251108
贵州思南农村商业银行股份有限公司
地址：贵州省铜仁市思南县思唐镇城北街20号
……Tel：0856-7226666
中交一公局贵州沿德高速公路投资建设有限公司
地址：贵州省铜仁市德江县堰塘乡德江南收费站沿德高速管理中心
……Tel：0856-8657592
贵州百里杜鹃旅游集团有限公司
地址：贵州省毕节市百里杜鹃管理区普底乡大荒村
……Tel：0857-2160555
贵州百里杜鹃旅游开发投资公司
地址：贵州省毕节市百里杜鹃管理区普底乡大荒村大荒组
……Tel：0857-2198555
纳雍县开发投资置业有限公司
地址：贵州省毕节市纳雍居仁街道安置小区一号楼（和瑞庭）3-3-3
……Tel：0857-3536054
贵州黔烽高速公路建设有限公司
地址：贵州省贵阳市修文县六广镇贵毕路六广收费站
……Tel：0857-4885389
毕节飞雄机场有限责任公司
地址：贵州省毕节市金海湖新区响水乡前进村、官寨村、飞雄村、吊兰村、古打村
……Tel：0857-5712600
贵州高原草海物流有限公司
地址：贵州省毕节市威宁彝族回族苗族自治县草海镇
……Tel：0857-6541296
贵州正大农牧食品有限公司
地址：贵州省毕节市金沙县鼓场街道民主路67-31号
……Tel：0857-7240658
七星关公共交通客运有限责任公司
地址：贵州省毕节市七星关区碧海街道龙滩社区公交停车场内
……Tel：0857-8225205
贵州毕节远航商贸物流有限责任公司
地址：贵州省毕节市七星关区鸭池镇千海子村远航七星万象城博览中心一1层
……Tel：0857-8543666
盘州市三合物流有限公司
地址：贵州省六盘水市盘州市亦资街道盘州路
……Tel：0858-3698777
盘州公共交通服务有限公司
地址：贵州省六盘水市盘州市亦资街道杜鹃西路延长段
……Tel：0858-3846133
盘江六盘水装备制造有限公司
地址：贵州省六盘水市六枝特区平寨镇交通南路20号
……Tel：0858-5536008
六盘水月照机场有限责任公司
地址：贵州省六盘水市水城县董地街道办事处大窑村和平组
……Tel：0858-6801011
六盘水路桥发展总公司
地址：贵州省六盘水市钟山区八一路
……Tel：0858-8226506
贵州宁铁南昆物流有限责任公司
地址：贵州省黔西南布依族苗族自治州兴义市顶效镇开发东路98号
……Tel：0859-2281023
贵州顶效开发区金辉物流有限公司
地址：贵州省黔西南布依族苗族自治州兴义市顶效镇望谟路
……Tel：0859-3525666
黔西南布依族苗族自治州设计院有限公司
地址：贵州省黔西南布依族苗族自治州兴义市神奇东路15号
……Tel：0859-3555002
黔西南州荣佳仓储物流有限责任公司
地址：贵州省黔西南布依族苗族自治州兴义市湖南街117号
……Tel：0859-3668989
贵州祥和物流有限责任公司
地址：兴义市木贾办栖霞路栖霞物流城
……Tel：0859-3814777

云南省

云南德宏交通运输（集团）有限责任公司
地址：云南省德宏州芒市阔时路48号
……Tel：0692-2286484
云南省邮政速递物流有限公司
地址：云南省昆明市吴井路139号
……Tel：0841-63019630
昭通金远物流有限公司
地址：云南省昭通市昭阳区迎宾大道59号附114号
……Tel：0870-2131738
昭通市亿润物流有限公司
地址：云南省昭通市昭阳区龙泉路501号
……Tel：0870-2228919
昭通交投机动车驾驶培训有限公司
地址：云南省昭通市昭阳区守望乡水井湾村6组
……Tel：0870-2237888
云南顺捷物流有限公司
地址：大关县翠华镇佳园小区一栋一单元一楼
……Tel：0870-5625999
云南世博旅游景区投资管理有限公司
地址：云南省昆明市盘龙区白龙路439号世博园内1、2、3幢
……Tel：0870-65012159
云南水富县旅游开发有限责任公司
地址：云南省昭通市水富县云富街道办事处温泉社区
……Tel：0870-8938368
昆明中北旅游客运有限公司
地址：昆明市度假区广福路119号
……Tel：0871-5188512
昆明金锌建筑工程有限责任公司
地址：云南省昆明市盘龙区金星小区112幢1单元201号
……Tel：0871-5733333
云南恒通仓储物流有限公司
地址：云南省昆明市晋宁区工业园区青山片区
……Tel：0871-63100686
昆明黄马高速公路有限公司
地址：中国（云南）自由贸易试验区昆明片区经开区经开路3号
……Tel：0871-63115128
云南通衢工程检测有限公司
地址：云南省昆明市官渡区拓东路石家巷9号3至4层
……Tel：0871-63126934
云南交通基建工程监理有限公司
地址：昆明市青年路313号2幢2层
……Tel：0871-63132358
云南省交通科学研究院有限公司
地址：云南省昆明市拓东路石家巷九号
……Tel：0871-63163895
云南省城乡建设投资有限公司
地址：云南省昆明经开区信息产业基地林溪路188号
……Tel：0871-63166545
云南公投建设集团隧道工程有限公司

地址：云南省昆明市西山区安瑞路101号刘家营小区二期1幢办公楼705室
……………………Tel：0871-63210186

昆明联诚科技股份有限公司
地址：云南省昆明市盘龙区霖岚国际广场A栋8层
……………………Tel：0871-63302133

云南建投建筑机械有限公司
地址：中国（云南）自由贸易试验区民航路27号五里多农博广场三楼
……………………Tel：0871-63308020

昆明鼎源物流有限公司
地址：中国（云南）自由贸易试验区昆明片区经开区洛羊街道办事处信息产业基地13-2号云南海归创业园1幢6楼617号
……………………Tel：0871-63336059

云南交投公路建设第六工程有限公司
地址：云南省昆明市西山区安瑞路101号刘家营小区二期1幢办公楼5楼
……………………Tel：0871-63361560

昆明中北交通旅游（集团）有限责任公司
地址：昆明市广福路119号
……………………Tel：0871-63382173

云南康迪科技有限公司
地址：云南省昆明市滇池度假区迎海路8号金都商集7幢1-3层1号
……………………Tel：0871-63547378

云南真诚物流有限公司
地址：昆明市官渡区中营村新村日新一号路南边民航货运公司大门旁9-10号
……………………Tel：0871-63577986

中铁四院集团西南勘察设计有限公司
地址：昆明市官渡区官渡镇广福路5349号银海樱花语幸福广场F幢
……………………Tel：0871-63580017

云南和润泽工程建设有限公司
地址：云南省昆明市盘龙区金星小区伟龙广场A幢A-2-1103室
……………………Tel：0871-63583502

云南玄通物流有限责任公司
地址：中国（云南）自由贸易试验区昆明片区官渡区中国有色十四冶设备材料公司总仓库内东郊凉亭26幢1层101号
……………………Tel：0871-63626678

昆明大金马物流有限公司
地址：云南省昆明市东郊黑土凹
……………………Tel：0871-63628258

昆明地铁建设管理有限公司
地址：昆明市官渡区永安路41号
……………………Tel：0871-63633999

云南省公路工程监理咨询有限公司
地址：云南省昆明市华山南路103号
……………………Tel：0871-63637140

昆明道恒房地产开发有限公司
地址：昆明市西山区华苑路358号马街街道办事处605办公室
……………………Tel：0871-63644999

云南东腾物流有限公司
地址：中国（云南）自由贸易试验区昆明片区官渡区金马寺综合楼主楼1单元601号
……………………Tel：0871-63814670

昆明公交城乡巴士有限责任公司
地址：云南省昆明市五华区人民西路28号1幢3楼
……………………Tel：0871-63854058

云南顶众物流有限责任公司
地址：中国（云南）自由贸易试验区昆明片区官渡区东骧神骏万泰住宅小区瑞泰苑2幢2单元7层704号
……………………Tel：0871-63864286

云南农垦物流有限公司
地址：云南省昆明市经开区洛羊街道办事处王家营
……………………Tel：0871-63911117

昆明绕城高速公路开发有限公司
地址：昆明市盘龙区金马镇十里铺龙池村
……………………Tel：0871-64020101

云南云岭高速公路交通科技有限公司
地址：云南省昆明市盘龙区拓东路138号拓东大厦9层
……………………Tel：0871-64113521

云南交投集团公路建设有限公司
地址：云南省昆明市西山区安瑞路101号刘家营小区二期1幢办公楼
……………………Tel：0871-64113536

云南交投公路建设第二工程有限公司
地址：云南省昆明市西山区安瑞路101号刘家营小区二期1幢办公楼5楼506室
……………………Tel：0871-64123070

云南交投公路建设第三工程有限公司
地址：云南省昆明市西山区安瑞路101号刘家营小区二期1幢办公楼7楼707室
……………………Tel：0871-64129293

云南省测绘地理信息科技发展有限公司
地址：云南省昆明市高新区二环西路220号云南软件园B座六楼603-604、618-619室
……………………Tel：0871-64144446

昆明市市政工程（集团）有限公司
地址：云南省昆明市气象路105号
……………………Tel：0871-64159350

云南交投集团投资有限公司
地址：云南省昆明市西山区前兴路37号
……………………Tel：0871-65150210

诚泰财产保险股份有限公司
地址：云南省昆明市盘龙区东风东路23号恒隆广场56层5601-5603、5610及57层5701-5710
……………………Tel：0871-68286666

昆明兴贵货运有限公司
地址：云南省昆明经开区洛羊物流片区
……………………Tel：0871-64590111

云南公投建设集团养护工程有限公司
地址：云南省昆明市西山区日新中路399号广福城写字楼A11-3栋12B
……………………Tel：0871-64623160

昆明中北公交有限责任公司
地址：云南省昆明市盘龙区长寿路576号
……………………Tel：0871-65110260

云南正浩建设工程有限公司
地址：云南省昆明市滇池路隆居花园5幢1单元14-1号商铺
……………………Tel：0871-65125740

云南省港航投资建设有限责任公司
地址：云南省昆明市环城北路181号
……………………Tel：0871-65128015

昆明亚神物流有限公司
地址：中国（云南）自由贸易试验区昆明片区经开区洛羊街道办事处信息产业基地13-2号云南海归创业园1幢6楼615号
……………………Tel：0871-65189168

云南新为物流有限公司
地址：云南省昆明市西山区日新路中段广福城A11-2幢16层16a、16b号
……………………Tel：0871-65312069

昆明双誉城乡公交有限公司
地址：云南省昆明市五华区虹山东路116号
……………………Tel：0871-65328122

云南交投公路建设第五工程有限公司
地址：云南省昆明市西山区日新中路399号广福城写字楼A11-3栋24楼
……………………Tel：0871-65391939

云南建投第十六建设有限公司
地址：云南省昆明市呈贡区环城西路52号
……………………Tel：0871-65345645

云南云岭高原养护工程有限公司
地址：中国（云南）自由贸易试验区昆明片区经开区阿拉街道办事处小喜村收费站办公楼二楼
……………………Tel：0871-65891295

云南宇恒铁路工程有限公司
地址：昆明市北京路826号
……………………Tel：0871-66138370

云南金孔雀现代交通有限公司
地址：云南省昆明市官渡区官南大道1143号福泽苑701号
……………………Tel：0871-66141916

昆明方向明珠物流有限公司
地址：云南省昆明经开区云大西路39号创业大厦8楼817-1号
……………………Tel：0871-66201413

云南建投第十一建设有限公司
地址：云南省昆明市呈贡区三台路31号
……………………Tel：0871-66202046

中地海外路桥建设有限公司
地址：云南省昆明市红塔东路467号
……………………Tel：0871-67014277

云南高快物流有限公司
地址：中国（云南）自由贸易试验区昆明片区官渡区东郊跑马山2号昆明预达制管有限公司内2栋2楼
……………………Tel：0871-67124975

云南昆嵩高速公路开发有限责任公司
地址：云南省昆明市西山区前兴路37号
……………………Tel：0871-64630279

云南中畅物流有限公司
地址：中国（云南）自由贸易试验区昆明片区经开区阿拉街道办事处顺通大道国际银座C4幢27层
……………………Tel：0871-67155036

云南和易运输有限公司
地址：云南省昆明经开区国际银座映象欣城C区27层2705-2707
……………………Tel：0871-67155102

云南交通建设工程有限公司
地址：云南省昆明市关上金汁路779号云路花园D主楼704
……………………Tel：0871-67157300

云南云叶物流有限公司
地址：云南省昆明经开区云大西路39号创业大厦6楼631号
……………………Tel：0871-67159429

云南顺丰速运有限公司
地址：云南省昆明经开区经开路3号科技创新园2A6-13室
……………………Tel：0871-67161830

云南交投集团物资有限公司
地址：云南省昆明市官渡区关上民航路493号
……………………Tel：0871-67170355

云南建投开发投资有限公司
地址：云南省昆明市西昌路708号
……………………Tel：0871-67172211

云南交投集团经营开发有限公司
地址：云南省昆明市西山区前卫街道前福路231号
……………………Tel：0871-67174773

云南四合华通物流有限公司
地址：云南省昆明经开区洛羊街道办中铁联集昆明中心站货场办公区229室
……………………Tel：0871-67180456

云南省城市建设投资集团有限公司
地址：云南省昆明市高新区海源北路六号高新招商大厦
……………………Tel：0871-67199708

云南航天神州汽车有限公司
地址：中国（云南）自由贸易试验区昆明片区经开区阿拉街道办事处大石坝航天城
……………………Tel：0871-67204127

昆明励友物流有限公司
地址：云南省昆明经济技术开发区云大西路39号新兴产业孵化区A幢7楼7167号
……………………Tel：0871-67266703

云南建投中航建设有限公司
地址：云南省昆明市官渡区雨龙路1759号
……………………Tel：0871-67269899

云南金光大道物流有限公司
地址：云南省昆明经开区二期主干道D2号
……………………Tel：0871-67286388

昆明谨浦仓储物流有限公司
地址：昆明经济技术开发区出口加工区A6-2号地块
……………………Tel：0871-67366886

昆明顺兴物流有限公司
地址：云南省昆明经开区洛羊街道办事处王家营
……………………Tel：0871-67411858

云南中水联运物流有限公司
地址：云南省昆明经开区洛羊街道办事处中畅物流呈贡转运站内
……………………Tel：0871-67419997

云南建设基础设施投资股份有限公司
地址：云南省昆明市经济技术开发区信息产业基地林溪路188号云南建工发展大厦
……………………Tel：0871-67429611

宜良世博九乡旅游有限责任公司
地址：昆明市宜良县九乡乡九乡风景名胜区
……………………Tel：0871-67511998

世纪金源物业服务集团有限公司
地址：昆明市世纪城公寓2号楼1A号
……………………Tel：0871-68030277

中铁开发投资集团有限公司
地址：云南省昆明市呈贡区彩云南路中铁大厦
……………………Tel：0871-68107718

昆明市西部汽车客运站有限公司
地址：昆明马街北路昆碗路交叉口
……………………Tel：0871-68182668

天驰物流有限责任公司
地址：云南省昆明市滇池度假区金柳路11号
……………………Tel：0871-68255800

云南港鑫实业有限公司
地址：云南省昆明市高新区小屯汽车城内13号地-2号场地
……………………Tel：0871-68312298

云南省铁路总公司
地址：云南省昆明市人民西路390号
……………………Tel：0871-68334811

云南中联永邦物流有限公司
地址：云南省昆明经开区经浦路1号云南金光大道物流城3幢2-5号
……………………Tel：0871-68363343

昆明高海公路建设投资开发有限责任公司
地址：昆明市西山区碧鸡镇龙门村大泊口
……………………Tel：0871-68426808

云南山汇物流有限公司
地址：云南省昆明市滇池路颐庆园商务楼1045号
……………………Tel：0871-68598226

云南大红山管道有限公司
地址：云南省玉溪市新平彝族傣族自治县戛洒镇戛洒大道
……………………Tel：0871-68609358

云南腾晋物流股份有限公司
地址：云南省昆明市晋宁区环湖南路腾俊国际陆港
……………………Tel：0871-68626965

安宁公交有限公司
地址：云南省昆明市安宁市大屯新区大屯小村安宁公交站场
……………………Tel：0871-68685942

云南宝象物流集团有限公司
地址：中国（云南）自由贸易试验区昆明片区经开区洛羊街道办事处春漫大道宝象物流中心A1幢6楼
……………………Tel：0871-68686520

安宁万骏物流有限公司
地址：安宁市福兴路2号
……………………Tel：0871-68688685

云南铁公鸡物流有限公司
地址：云南省昆明经开区信息产业基地电信通讯工业区
……………………Tel：0871-68883618

云南鹏龙坤佳物流有限责任公司
地址：云南省昆明经济技术开发区信息产业基地4-2#至4-5#地块
……………………Tel：0871-68883796

禄劝宏远物流有限公司
地址：禄劝屏山镇禄武路K2公里处
……………………Tel：0871-68998866

中国云南路建集团股份公司
地址：云南省昆明市官渡区金汁路567号
……………………Tel：0871-7178740

大理诚通物流有限公司
地址：云南省大理白族自治州祥云县祥城镇财富工业园区大公山工业大道北侧
……………………Tel：0872-2147109

云南丰驰物流运输有限公司
地址：云南省大理白族自治州大理市下关文化路惠丰新城五幢1单元21楼
……………………Tel：0872-2173188

大理现代物流商贸有限公司
地址：云南省大理白族自治州大理市大理经济开发区满江片区关宾路以北大理滇西物流商贸城D区D01栋三楼
……………………Tel：0872-2329066

大理金潮物流有限责任公司
地址：云南省大理白族自治州大理市华营村白冲箐金潮国际物流港
……………………Tel：0872-2330170

大理市凤华物流运输有限责任公司
地址：云南省大理白族自治州大理市凤仪镇华营382号
……………………Tel：0872-2486921

大理沧龙物流有限公司
地址：云南省大理白族自治州大理市大理经济开发区满江红山路北段
……………………Tel：0872-2487036

大理旅游集散中心有限公司
地址：云南省大理州大理市大理镇南门大理古城游客中心
……………………Tel：0872-2533189

大理古城旅游服务股份有限公司
地址：云南省大理州大理市大理镇一塔路双鹤停车场
……………………Tel：0872-2681114

祥云方达滇西物流有限公司
地址：云南省大理白族自治州祥云县祥城镇八里路东侧
……………………Tel：0872-3161666

云南新亚大物流有限责任公司
地址：蒙自经济技术开发区冶金材料加工区(蒙自雨过铺镇田心村)
……………………Tel：0873-2888888

红河罗次物流经贸有限公司
地址：云南省红河州蒙自经济技术开发区
……………………Tel：0873-3104270

红河州顺通物流有限公司
地址：云南省红河州蒙自经济技术开发区冶金材料加工区[蒙自市雨过铺镇]
……………………Tel：0873-3739000

红河奔腾物流集团有限公司
地址：云南省红河州弥勒市弥阳镇玛　沟（昆河公路旁）
……………………Tel：0873-6131599

建水县洪鑫物流有限公司
地址：云南省红河州建水县福康路（仁福酒店旁）
……………………Tel：0873-7621775

曲靖市沾益区捷成物流有限公司
地址：云南省曲靖市沾益区白水镇
……………………Tel：0874-3082597

云南福运物流有限公司
地址：云南省曲靖市麒麟区太和北路东侧（云南省盐业有限公司曲靖分公司）食盐储备库第1-3层
……………………Tel：0874-3188269

曲靖创业水务有限公司
地址：云南省曲靖市麒麟区北园路(污水处理厂内)
……………………Tel：0874-3251848

曲靖市富翔物流有限公司
地址：云南省曲靖市南宁西路集祥组团
……………………Tel：0874-3330366

云南曲靖交通集团祥云物流有限公司
地址：云南省曲靖市交通路189号
……………………Tel：0874-3381906

富源县添福源物流有限责任公司
地址：云南省曲靖市富源县十八连山镇纸厂村委会老屋居村九号
……………………Tel：0874-4032656

云南荣盛物流有限公司
地址：云南省曲靖市陆良县中枢街道西桥社区油虾洞村小平坡
……………………Tel：0874-6336977

云南宇恒物流有限公司
地址：云南省曲靖市宣威市板桥镇龙沿下村46号
……………………Tel：0874-7252222

云南东电线路器材有限公司
地址：云南省曲靖市马龙区通泉街道让田

…………Tel：0874-8887556
云南保山交通运输集团有限责任公司
地址：云南省保山市隆阳区保岫东路延长线客运站旁
…………Tel：0875-2122115
保山安邦武装守护押运有限责任公司
地址：云南省保山市隆阳区兰城街道办事处永昌路541号
…………Tel：0875-2213858
保山市公共交通有限公司
地址：云南省保山市隆阳区北城区义乌路以西远征路以北
…………Tel：0875-2222620
昌宁畅运通物流商贸有限公司
地址：云南省保山市昌宁县田园镇环城西路东侧
…………Tel：0875-7120927
文山民丰村镇银行有限责任公司
地址：云南省文山壮族苗族自治州文山市七花南路凤凰铭座1栋
…………Tel：0876-8895991
云南玉溪玉昆物流有限公司
地址：云南省玉溪市红塔区北城镇梅园村委会三组
…………Tel：0877-2094867
云南玉溪银汇物流有限公司
地址：云南省玉溪市红塔区玉兴路35号中轴玉玺A幢13层1301号
…………Tel：0877-2293821
云南通印股份有限公司
地址：云南省通海县五金产业园区里山片区朝阳路6号
…………Tel：0877-3802073
云南飞林物流有限责任公司
地址：华宁县宁州街道办事处甸尾社区山口村
…………Tel：0877-5050145
云南云岭桥隧科技有限公司
地址：中国（云南）自由贸易试验区昆明片区经开区小喜村收费站昆明东管理处综合办公楼三楼301室
…………Tel：0877-65162989
云南澄江龙达物流有限公司
地址：澄江县龙街镇许士营
…………Tel：0877-6760200
云南楚雄市农村商业银行股份有限公司
地址：云南省楚雄州楚雄市东瓜镇东盛西路6号
…………Tel：0878-3128500
楚雄市运通货运物流有限公司
地址：云南省楚雄高新区绿色食品园区滇源公司A幢四楼
…………Tel：0878-3367392
楚雄恒建物流有限责任公司
地址：云南省楚雄州楚雄市鹿城镇福塔路罗马庄园7号、8号商铺
…………Tel：0878-3880566
南华县腾龙物流有限公司
地址：云南省楚雄彝族自治州南华县龙川镇大秋树
…………Tel：0878-7225366
武定华昌物流有限责任公司
地址：云南省楚雄州武定县狮山镇东岳社区元武路139号
…………Tel：0878-8713599
普洱市路安服务有限公司
地址：普洱市思茅区思亭路56号
…………Tel：0879-2200452
普洱市安达驾驶员培训学校有限公司
地址：普洱市思茅区南屏镇木乃河考训中心（安达酒店）
…………Tel：0879-2203508
普洱鑫泰能源投资有限公司
地址：普洱市思茅区振兴大道18号
…………Tel：0879-2836948
宁洱昆曼物流有限公司
地址：云南省普洱市宁洱县宁洱镇凤阳开发区
…………Tel：0879-3203188
景东彝族自治县林发物流有限责任公司
地址：景东彝族自治县新城区南岳路35号
…………Tel：0879-6009321
云南景东农村商业银行股份有限公司
地址：云南省普洱市景东县凌云路111号
…………Tel：0879-6227952
景东盛达物流有限公司
地址：云南省普洱市景东县景川路69号（盛世一区2单元202室）
…………Tel：0879-6229758
临沧市交通运输集团保安服务有限责任公司
地址：云南省临沧市临翔区临沧工业园区临翔片区新客运站内（临沧工业园区）
…………Tel：0883-2143588
临沧和翔城市综合服务有限公司
地址：云南省临沧市临翔区晨曦大厦一期1幢2单元21层2107号
…………Tel：0883-2147916
云县富成物流商贸有限公司
地址：云南省临沧市云县爱华镇干坝山田心路边组
…………Tel：0883-3218185
云南怒江交通运输集团有限责任公司
地址：云南省泸水县六库镇向阳南路103号
…………Tel：0886-3622259
丽江交通运输集团有限公司
地址：丽江市古城区祥和丽城康仲路
…………Tel：0888-5121532
丽江古城农村商业银行股份有限公司
地址：云南省丽江市古城区长水路427号
…………Tel：0888-5169325
丽江市公共汽车有限公司
地址：丽江市古城区昌洛路145号
…………Tel：0888-5177586
云南丽江道路桥梁工程有限公司
地址：丽江市古城区祥和路
…………Tel：0888-5183683
丽江玉龙旅游股份有限公司
地址：丽江市古城区香格里大道转台东侧丽江玉龙旅游大楼
…………Tel：0888-5377777

西藏自治区

拉萨圣地天堂会展旅游实业有限公司
地址：西藏自治区拉萨市堆龙德庆区堆龙德庆区工业园B区领峰智慧物流园龙创空间三楼368号
…………Tel：0891-6569999
中铁二十局集团西藏第一工程有限公司
地址：日喀则市青岛东路后藏庄园B区商住房7单元7层14号
…………Tel：0512-66160628
拉萨经济技术开发区投资发展有限公司
地址：拉萨市金珠西路189号管委会办公楼503室
…………Tel：0891-6283649
西藏银行股份有限公司
地址：拉萨市经济技术开发区总部经济基地A幢贰单元二层1201、1202、1203、1204、1212、1213、1214、1215号
…………Tel：0891-6310017
拉萨市交通产业集团有限公司
地址：西藏自治区拉萨市柳梧新区站前路1号
…………Tel：0891-6324492
华能西藏雅鲁藏布江水电开发投资有限公司
地址：西藏自治区拉萨市城关区北京西路12号
…………Tel：0891-6363623
西藏林瑞达物流有限公司
地址：拉萨市堆龙德庆县乃琼镇色玛村
…………Tel：0891-6609619
西藏交通建设集团有限公司
地址：西藏自治区拉萨市罗布林卡路4号
…………Tel：0891-6621058
西藏天海集团有限责任公司
地址：拉萨市天海路
…………Tel：0891-6823415
西藏天海实业有限公司
地址：西藏拉萨市金珠西路106号
…………Tel：0891-6865989
西藏中稷佳华实业发展有限公司
地址：拉萨市金珠西路189号（开发区内）
…………Tel：0891-6946729
拉萨市悦通站务有限公司
地址：拉萨市柳梧区站前路
…………Tel：0891-6875515
中国民用航空日喀则站
地址：日喀则市江当乡
…………Tel：0892-8849198
西藏山南日当段工程有限公司
地址：隆子县
…………Tel：0893-7347082
中国民用航空林芝站
地址：西藏林芝机场
…………Tel：0894-5810091
西藏阿里地区邮政局
地址：阿里地区狮泉河镇
…………Tel：0897-2241238
西藏天顺路桥工程有限公司
地址：拉萨市北京西路２５０号
…………Tel：0981-6861943

陕西省

陕西建工金牛集团股份有限公司
地址：陕西省西咸新区秦汉新城周公大道1090号
…………Tel：029-32100816
三原四海通物流有限公司
地址：陕西省咸阳市三原县池阳街东段
…………Tel：029-32317311
陕西西平物流有限责任公司
地址：陕西省咸阳市彬州市义门镇高渠村
…………Tel：029-34921139
彬州市建筑安装工程有限责任公司
地址：陕西省咸阳市彬州市城关街道北街村西大街29号
…………Tel：029-34922003
陕西冠宇物流有限公司
地址：陕西省咸阳市礼泉县药王洞南晏村
…………Tel：029-35633521
陕西益海嘉里物流有限公司
地址：陕西省咸阳市兴平市食品工业园
…………Tel：029-38000139
陕西省咸阳路桥工程公司
地址：陕西省咸阳市秦都区人民西路49号
…………Tel：029-38106333
陕西咸永路业发展有限责任公司
地址：陕西省咸阳市秦都区中华路西段18号
…………Tel：029-38130511
陕西华兴金航实业有限公司
地址：陕西省咸阳市兴平市西城金城路中段
…………Tel：029-38248547
陕西西瑞粮油工业有限公司
地址：陕西省咸阳市兴平市西吴办食品工业园区（西宝中线西吴东段北）
…………Tel：029-38412015
冀东海德堡（陕西）物流有限公司
地址：陕西省咸阳市泾阳县王桥镇
…………Tel：029-38950810
中铁上海工程局集团第七工程有限公司
地址：西安曲江新区翠华南路凯颐大厦19层21室
…………Tel：029-61185152
中铁三局集团西北工程有限公司
地址：西安市长安区青年南街
…………Tel：029-62806960
陕西多捷庆化工物流有限公司
地址：陕西省渭南市华县瓜坡镇陕西陕化公司院内
…………Tel：029-63300541
西安高新区市政配套建设有限公司
地址：陕西省西安市高新区锦业路90号锦业公寓1号楼裙房一层101
…………Tel：029-63396068
西安城市公共自行车服务管理有限责任公司
地址：陕西省西安市经济技术开发区凤城二路5号1幢10101号
…………Tel：029-68207325
西安四维图新信息技术有限公司
地址：西安市航天基地工业二路55号（天惠集团公司办公楼三层）
…………Tel：029-68593522
陕西荣辉物流有限公司
地址：陕西省西安市未央区北三环与太华北路十字东北角惠达物流B区51-52号
…………Tel：029-68633686
陕西大明物流有限公司
地址：西安市未央区环园中路
…………Tel：029-68697700
西安胜丰物流货运有限公司
地址：西安市临潼区新丰开发区庆山路159号
…………Tel：029-81368887
中北工程设计咨询有限公司
地址：陕西省西安市高新区太白南路39号金石柏朗大厦902室
…………Tel：029-81882268
中国路桥集团西安实业发展有限公司
地址：西安市高新区科技一路通力大厦
…………Tel：029-82098850
中交通力建设股份有限公司
地址：西安市高新区科技一路通力大厦
…………Tel：029-82098888
西安荣信生活服务集团有限公司
地址：西安市高新区科技路37号海星城市广场办公楼1幢1F101号
…………Tel：029-82107111
中国电子物资西北有限公司
地址：陕西省西安市新城区幸福中路41号
…………Tel：029-82690033
西安交大长天软件股份有限公司
地址：西安市高新区新区丈八东路汇鑫IBC B座16层内
…………Tel：029-82245879
西安西隆电气有限责任公司
地址：陕西省西安市国家民用航天产业基地神舟六路南段369号
…………Tel：029-82250753
陕西烽火实业有限公司
地址：西安市高新区高新六路28号3层
…………Tel：029-82300169-552
西安景兆信息科技有限公司
地址：西安国际港务区港务大道99号中西部陆港金融小镇A座1701
…………Tel：029-82305432
西安长安大学工程设计研究院有限公司
地址：西安市雁塔区南二环中段长安大学校本部基础部楼内
…………Tel：029-82334256
陕西西延铁路经济技术开发有限责任公司
地址：陕西省西安市雁塔区南二环东段366号
…………Tel：029-82342771
西安信良车辆配件有限责任公司
地址：陕西省西安市浐东新城三桥街办建章路83号
…………Tel：029-82369844
中铁十五局集团西北工程有限公司
地址：陕西省西安市碑林区柿园路1号
…………Tel：029-82485326
陕西交运运输集团有限公司
地址：陕西省西安市新城区解放路354号
…………Tel：029-82542725
陕西时捷物流有限责任公司
地址：陕西省西安市新城区长乐东路88号
…………Tel：029-82551521
西安城东客运站
地址：西安市新城区长乐中路103号(原17号)
…………Tel：029-82597508
西安交通大学出版社有限责任公司
地址：陕西省西安市碑林区兴庆南路1号交大出版传媒大厦14楼
…………Tel：029-82668316
蓝田县路桥工程公司
地址：蓝田县蓝关街道大寨村
…………Tel：029-82829118
西安沙尔特宝电气有限公司
地址：陕西省西安市航天基地航天南路396号
…………Tel：029-83191951
陕西慧康生物科技有限责任公司
地址：西安市雁塔区雁翔路西安交通大学科技园保赛大厦四楼
…………Tel：029-83399775
中能建西北城市建设有限公司
地址：西安市高新区唐延南路都市之门D座20层12010、12011
…………Tel：029-85722099
迅通（西安）仓储发展有限公司
地址：西安国际港务区草临路港务区段2号
…………Tel：029-83595888-803
西安航天三沃机电设备有限责任公司
地址：陕西省西安市国家民用航天产业基地航天大道1000号
…………Tel：029-83606709
陕西润海物流有限公司
地址：陕西省西安市长安区马王街道客省庄村
…………Tel：029-84186939
西安交通燃气有限责任公司
地址：西安市高新区高新四路12号4层
…………Tel：029-84236727
陕西安吉华秦物流有限责任公司
地址：陕西省西安市高新区毕原一路西段116号
…………Tel：029-84529612
西安城西高速客运服务有限公司
地址：西安市莲湖区枣园东路92号
…………Tel：029-84630015
西安航天弘发实业有限公司
地址：陕西省西安市国家民用航天产业基地吉泰路269号
…………Tel：029-85206031
易通国际物流有限公司
地址：陕西省西安市经开区凤城十二路1号出口加工区A区二层206
…………Tel：029-85269999
西安曲江文化产业投资（集团）有限公司
地址：西安曲江新区雁翔路3168号雁翔广场1号楼18、19、20层
…………Tel：029-85352616
西安西古光通信有限公司
地址：西安市高新技术产业开发区新型工业园信息大道18号
…………Tel：029-85691220
中交二公局萌兴工程有限公司
地址：陕西省西安市高新区新型工业园信息大道2号企业壹号公园33号
…………Tel：029-85692811-836
西安金驿物流有限公司
地址：西安市未央区草滩镇兴隆路三园小区7号楼501室
…………Tel：029-86116222
陕西蔚蓝节能环境科技集团有限责任公司
地址：陕西省西安市经开区凤城十二路凯瑞大厦B座26层2602室
…………Tel：029-86190087
西安长安通支付有限责任公司
地址：西安市未央区朱宏路2号金叶新城小区8-10201
…………Tel：029-86365018
西安城市通发展有限责任公司
地址：陕西省西安市未央区朱宏路2号金叶新城8-10201二层206室
…………Tel：029-86365018
西门子信号有限公司
地址：西安市经济开发区凤城二路30号
…………Tel：029-86536012
西安城北客运有限责任公司
地址：西安市未央区北二环西段9号
…………Tel：029-86528328

西安经发基础设施建设工程有限公司
地址：西安经济技术开发区未央路132号1901室
……Tel：029-86530727

中铁建电气化局集团西安电气化制品有限公司
地址：西安市灞桥区纺织城纺建小区1幢4502号
……Tel：029-86682700

陕西省三和建设工程有限公司
地址：西安市碑林区兴庆路82号
……Tel：029-86791099

西安市高陵区鹿慧建设工程有限公司
地址：西安市高陵区鹿苑街道北街12号
……Tel：029-86911208

陕西通汇汽车物流有限公司
地址：陕西省西安市经开区泾渭科技产业园
……Tel：029-86955666

陕西天行健车联网信息技术有限公司
地址：陕西省西安市经开区泾渭新城陕汽大道1号技术中心大楼3层301室
……Tel：029-86956091

陕西易通人力资源股份有限公司
地址：陕西省西安市碑林区长安北路11号中陕国际大厦5层
……Tel：029-87206086

西安建工集团有限公司
地址：西安市高新区科创路168号西安电子科技大学科技园D座11-26层
……Tel：029-87271681

陕西云通国际物流有限公司
地址：陕西省西安市经开区凤城十二路西安出口加工区1号保税仓库办公室201室
……Tel：029-87347596

海航现代物流集团有限公司
地址：陕西省西咸新区空港新城空港国际商务中心BDEF栋E区3层10302号
……Tel：029-87363586

陕西远韬供应链管理有限公司
地址：西安国际港务区港务大道88号陆港保税大厦510室
……Tel：029-87528769

邦正科技股份有限公司
地址：陕西省西安市高新区科技二路72号西安软件园唐乐阁E座2层
……Tel：029-87607285

西安西北石油管道有限公司
地址：西安市未央路149号
……Tel：029-87662412

陕西高速交通工贸有限公司
地址：陕西省西安市碑林区友谊东路428号办公楼4-5层
……Tel：029-87831560

陕西高速公路工程咨询有限公司
地址：陕西省西安市碑林区友谊东路428号
……Tel：029-87832179

陕西高速电子工程有限公司
地址：陕西省西安市高新区高新三路九号
……Tel：029-87832693

中煤航测遥感集团有限公司
地址：西安市航天基地神舟四路216号
……Tel：029-89692018

西安交通信息投资营运有限公司
地址：陕西省西安市雁塔区含光南路218号西安交通信息大厦五楼501室
……Tel：029-88233366

西安未来国际信息股份有限公司
地址：西安市高新区茶张路1号1幢1单元11801室
……Tel：029-88236551

中交二公局电务工程有限公司
地址：西安市高新区丈八一路1号汇鑫IBC C座16层
……Tel：029-81560604

陕西路桥集团第二工程有限公司
地址：陕西省西安市雁塔区吉祥路179号雁塔世纪商务B座9单元209012、20905、20907室
……Tel：029-88253231

西安艾力特电子实业有限公司
地址：西安高新区长安通讯产业园东西四号路2号
……Tel：029-88262166

西安灵境科技有限公司
地址：西安市高新区科技五路3号橡树星座B座22层
……Tel：029-88272270

西安现代控制技术研究所
地址：陕西省西安市雁塔区丈八东路10号
……Tel：029-88293243

中交一公局西北工程有限公司
地址：西安市航天基地飞天路588号西安北航科技园6号楼3单元
……Tel：029-63367808

西安思丹德信息技术有限公司
地址：陕西省西安市高新区丈八六路49号综合楼1期2号楼1、2层
……Tel：029-88322218

中航电测仪器（西安）有限公司
地址：陕西省西安市高新区西部大道166号1号综合楼8层801
……Tel：029-88338343

西安中交公路岩土工程有限责任公司
地址：西安市高新区沣惠南路20号华晶广场A座10层
……Tel：029-88372096

中交瑞通路桥养护科技有限公司
地址：陕西省西安市高新区高新六路中交一公院科技产业园主楼二层
……Tel：029-88372356

陕西交通电子工程科技有限公司
地址：陕西省西安市高新区唐延路6号2楼10号
……Tel：029-88450858

西安金路交通工程科技发展有限责任公司
地址：西安市高新区锦业路69号A区7号
……Tel：029-88589008

陕西交建公路工程试验检测有限公司
地址：陕西省西安市高新区丈八八路30号
……Tel：029-88603295

陕西交通公路设计研究院有限公司
地址：陕西省西安市高新区科技二路65号
……Tel：029-88603906

陕西中集物流有限公司
地址：西安国际港务区新筑街办草临路
……Tel：029-88627798

西安和其光电科技股份有限公司
地址：西安市高新区新型工业园西部大道60号11号楼301、302室
……Tel：029-8881672

西安开天铁路电气股份有限公司
地址：西安市高新区锦业一路85号
……Tel：029-88828888-8030

中国西电电气股份有限公司
地址：陕西省西安市高新区唐兴路7号A座
……Tel：029-88832070

中交二公局第五工程有限公司
地址：陕西省西安市高新区新型工业园企业壹号公园12楼
……Tel：029-88881127

西安市长安公交有限责任公司
地址：西安市高新区西部大道123号综合办公楼1单元2,3楼
……Tel：029-88888450

中交二公局第二工程有限公司
地址：陕西省西安市高新区长安科技产业园企业壹号公园29号
……Tel：029-88893512

西安西驰电气股份有限公司
地址：陕西省西安市高新区丈八街办天谷七路996号西安国家数字出版基地B座15楼
……Tel：029-89020808

西安皓森精铸有限公司
地址：西安市阎良国家航空高技术产业基地航空五路18号
……Tel：029-89082213

陕西隆安危险品运输有限公司
地址：陕西省西咸新区沣东新城阿房一路中段沈家寨阿房宫村委会三楼
……Tel：029-89102959

陕西远成物流有限公司
地址：陕西省西安市新城区华清东路145号
……Tel：029-89103584

西安元创化工科技股份有限公司
地址：陕西省西安市雁塔区雁翔路99号西安交通大学曲江校区西二楼
……Tel：029-89129950

陕西恒万达交通科技发展有限公司
地址：陕西省西安市高新区丈八东路南侧汇鑫IBC1幢2单元21405室
……Tel：029-89183380

陕西城际交通发展有限公司
地址：陕西省西安市雁塔区南寨子村工商大院
……Tel：029-89353109

西安建工市政交通集团有限公司
地址：西安市高新区太白南路22号西安建工集团大楼9层
……Tel：029-89385080

西安纺织城客运站有限公司
地址：西安市灞桥区纺北路新寺村
……Tel：029-89512009

西安建工建设控股有限公司
地址：陕西省西安市高新区丈八街办太白南路22号西安建工集团大楼20层
……Tel：029-89852000

延安市鸿昌物流有限公司
地址：陕西省延安市宝塔区七里铺国胜花园住宅小区5号楼15楼3号
……Tel：0911-8201117

陕西红柠铁路有限责任公司
地址：陕西省榆林市神木市新村纬十路
……Tel：0912-2382268

陕西榆林榆神高速公路有限公司
地址：陕西省榆林市榆阳区家梁210国道旁
……Tel：0912-3516005

神木高能亨运物流有限公司
地址：陕西省榆林市神木市锦界工业园区
……Tel：0912-3680383

吴堡县万和物流有限公司
地址：陕西省榆林市吴堡县宋家川镇友谊路
……Tel：0912-6521678

榆林市长盛集团路桥工程建设有限公司
地址：陕西省榆林市高新技术产业园区明珠大道长泰国际大酒店8楼
……Tel：0912-8109030

神木市荣刚物流吊运有限公司
地址：陕西省榆林市神木市大柳塔镇王渠村
……Tel：0912-8415698

府谷交通建设集团有限责任公司
地址：陕西省榆林市府谷县新区孤山路29号
……Tel：0912-8805618

陕西兴秦国际物流有限责任公司
地址：陕西省渭南市高新技术产业开发区东风大街西段102号
……Tel：0913-2331819

陕西省渭南路桥工程有限责任公司
地址：陕西省渭南市临渭区解放路111号
……Tel：0913-2663611

渭南市华州区农村信用合作联社
地址：陕西省渭南市华州区子仪大街锦绣1号观邸
……Tel：0913-4711062

合阳县平安物流有限公司
地址：陕西省渭南市合阳县工业园区九龙大道西段
……Tel：0913-5555866

陕西蒲城瑞鑫粮油购销有限公司
地址：陕西省渭南市蒲城县长乐街中段
……Tel：0913-7253025

商洛陆港实业（集团）有限公司
地址：陕西省商洛市商州区夜村镇夜村村一组
……Tel：0914-2369999

商洛商山物流有限责任公司
地址：陕西省商洛市丹凤县龙驹寨街道办事处东街居委会东环路273号
……Tel：0914-2369999

安康市九洲物流有限责任公司
地址：陕西省安康市高新技术产业开发区高新四路与316国道交汇处
……Tel：0915-3209925

安康市华厦房地产开发有限公司
地址：陕西省安康市汉滨区现代城居尚小区五号楼1001室
……Tel：0915-3221218

陕西省紫阳县康宏高速客运有限公司
地址：陕西省安康市紫阳县城关镇曹家坝
……Tel：0915-4425757

陕西省紫阳县荣丰实业有限公司
地址：陕西省安康市紫阳县毛坝镇
……Tel：0915-4882668

陕西宁陕农村商业银行股份有限公司
地址：陕西省安康市宁陕县城关镇迎宾大道15号
……Tel：0915-6822512

陕西省汉中公路工程机械化公司
地址：陕西省汉中市汉台区兴汉路
……Tel：0916-2247028

陕西通用物流发展有限公司
地址：陕西省汉中市西乡县莲花苑小区17号
……Tel：0916-2876666

勉县汉钢物流有限公司
地址：陕西省汉中市勉县定军山镇
……Tel：0916-3317666

宝鸡保德利电气设备有限责任公司
地址：陕西省宝鸡市高新开发区高新大道196号
……Tel：0917-2755165

中铁宝工有限责任公司
地址：陕西省宝鸡市金台区宝福路118号
……Tel：0917-2865475

陕西兴业交通（集团）有限公司
地址：陕西省宝鸡市金台区北环路
……Tel：0917-3254900

宝鸡市神盾保安服务有限公司
地址：陕西省宝鸡市高新开发区火炬路6号
……Tel：0917-3312885

陕西宝汉高速公路建设管理有限公司
地址：陕西省西安市碑林区长安北路8号
……Tel：0917-3369500

中国能源建设集团宝鸡铁塔制造有限公司
地址：陕西省宝鸡市渭滨区姜谭路1号
……Tel：0917-3390171

陕西长美科技有限责任公司
地址：陕西省宝鸡市渭滨区巨福东路26号
……Tel：0917-3390900

宝鸡西北煤炭物流园区有限责任公司
地址：陕西省宝鸡市金台区金河镇周家庄
……Tel：0917-3513015

陕西太白山旅游交通运输有限公司
地址：陕西省宝鸡市眉县眉县汤峪镇汤峪口
……Tel：0917-5717889

陕西迈达物流有限公司
地址：陕西省铜川市印台区顺金南路24号
……Tel：0919-4563566

华能铜川照金煤电有限公司
地址：陕西省铜川市耀州区新区交通大厦709室
……Tel：0919-6835081

甘肃省

瓜州县宏德物流有限公司
地址：酒泉市瓜州县柳园工业园区
……Tel：0902-2232901

夏河县供暖有限责任公司
地址：甘肃省甘南州夏河县拉卜楞镇纳兰羌道2号
……Tel：0914-7121335

甘肃圣泽源物流有限公司
地址：甘肃省临夏州临夏县甘肃临夏经济开发区清真食品加工区纬四路1号院内
……Tel：0930-3287090

甘肃惠达交通运输（集团）有限公司
地址：临夏市民主西路1号
……Tel：0930-6217222

临夏市滨河物流有限责任公司
地址：临夏市南龙西路139号
……Tel：0930-6299657

甘肃省交通科学研究院集团有限公司
地址：甘肃省兰州市城关区和平新村127号
……Tel：0931-8612232

甘肃省公路工程质量试验检测中心有限公司
地址：甘肃省兰州市七里河区工林路809号
……Tel：0931-2103871

甘肃祥和远通物流有限公司
地址：甘肃省兰州市城关区焦家湾南路105号
……Tel：0931-2182633

甘肃天缘货运物资集散有限公司
地址：兰州市七里河区崔家崖迎门滩88号
……Tel：0931-2511996

兰州永嘉物流有限公司
地址：甘肃省兰州市皋兰县九合镇九合村（中凯物流园东区11.12号）
……Tel：0931-2561329

甘肃省建筑科学研究院有限公司
地址：甘肃省兰州市安宁区北滨河西路516号
……Tel：0931-2650803

甘肃华运环境建设工程股份有限公司
地址：甘肃省兰州市城关区萃英门35号
……Tel：0931-4521029

甘肃华恒建筑工程有限公司
地址：甘肃省兰州市城关区萃英门49号213室
……Tel：0931-4521030

甘肃远成物流有限公司
地址：甘肃省兰州市安宁区刘沙公路55号
……Tel：0931-4526183

中铁二十一局集团有限公司
地址：甘肃省兰州市安宁区北滨河西路921号
……Tel：0931-4539693

兰州市城市基础设施建设投资有限公司
地址：甘肃省兰州市城关区天水北路337号
……Tel：0931-4607718

甘肃长达路业有限责任公司
地址：兰州市城关区南昌路677号
……Tel：0931-4898716

兰州红旗物流有限公司
地址：甘肃省兰州市城关区雁儿湾路177号
……Tel：0931-4904222

甘肃凯锐物流有限责任公司
地址：甘肃省兰州市城关区雁儿湾路1号东岗停车场
……Tel：0931-4904527

兰州大成铁路信号有限公司
地址：甘肃省兰州市兰州新区中川街西段4200号
……Tel：0931-4956036

甘肃奉天物流有限公司
地址：甘肃省兰州市西固区新维路128号甘肃霖磊物流园
……Tel：0931-4985699

甘肃陇原信息科技有限公司
地址：兰州市城关区高新开发园区创业大厦B座二层(北面)
……Tel：0931-5337569

榆中公共交通服务有限责任公司
地址：甘肃省兰州市榆中县城关镇太白东路42号
……Tel：0931-5366320

皋兰公共交通服务有限责任公司
地址：甘肃省兰州市皋兰县石洞镇北辰路592号
……Tel：0931-5721121

兰州市红古区公共交通服务有限公司
地址：甘肃省兰州市红古区海石湾镇平安路12号
……Tel：0931-6238878

中铝物流集团甘肃有限公司
地址：甘肃省兰州市红古区平安镇河湾村

……………………Tel：0931-6295583

兰州红狮水泥有限公司
地址：兰州市永登县武胜驿屯沟湾
……………………Tel：0931-6651998

兰州恒畅铁路运输有限公司
地址：永登县连城镇
……………………Tel：0931-6907236

兰州新立达货物运输有限责任公司
地址：甘肃省兰州市七里河区韩家河188号
……………………Tel：0931-7118667

甘肃昆仑物流有限公司
地址：甘肃省兰州市西固区合水北路277号
……………………Tel：0931-7559977

甘肃平安达物流有限公司
地址：甘肃省兰州市七里河区南滨河中路1289号
……………………Tel：0931-7833218

兰州铁邦物流有限公司
地址：甘肃省兰州市西固区河口镇张家大滩村铁邦物流园
……………………Tel：0931-7849022

兰州交大工程咨询有限责任公司
地址：兰州市安宁区枣林路139号（兰州交通大学科技园）
……………………Tel：0931-7911906

甘肃省城乡规划设计研究院有限公司
地址：甘肃省兰州市城关区北滨河东路56号
……………………Tel：0931-8127693

兰州朗青交通科技有限公司
地址：甘肃省兰州市城关区酒泉路213号
……………………Tel：0931-8176162

信达金融租赁有限公司
地址：兰州市东岗西路638号（兰州财富中心26层）
……………………Tel：0931-8179856

兰州新区城建工程有限公司
地址：甘肃省兰州市兰州新区中川镇瑞岭雅苑44号楼
……………………Tel：0931-8257912

甘肃至仁同济大药房连锁有限公司
地址：甘肃省兰州市安宁区莫高大道39号（兰州金路交通设施有限责任公司院内办公楼4层）
……………………Tel：0931-8261280

兰州城乡公交运营管理有限公司
地址：甘肃省兰州市城关区雁南路333号
……………………Tel：0931-8322016

甘肃华运高速公路服务区管理有限公司
地址：甘肃省兰州市城关区萃英门49号
……………………Tel：0931-8326933

甘肃路桥第三公路工程有限责任公司
地址：甘肃省兰州市城关区安定门外58号甘霖大厦14-15楼
……………………Tel：0931-8402226

兰州海昌物流有限公司
地址：甘肃省兰州市城关区南昌路797号（金城盆景园花卉市场）新2楼
……………………Tel：0931-8412032

兰州市保安服务总公司
地址：甘肃省兰州市城关区砂坪村158号
……………………Tel：0931-8461745

甘肃省交通规划勘察设计院股份有限公司
地址：甘肃省兰州市城关区酒泉路213号
……………………Tel：0931-8506611

甘肃省公路建设管理集团有限公司
地址：甘肃省兰州市城关区酒泉路213号
……………………Tel：0931-8482726

甘肃圆陇路桥机械化公路工程有限责任公司
地址：甘肃省兰州市城关区滩尖子381号15、16楼
……………………Tel：0931-8529239

甘肃紫光智能交通与控制技术有限公司
地址：甘肃省兰州市城关区飞雁街98号
……………………Tel：0931-8531095

甘肃东岗物流有限责任公司
地址：甘肃省兰州市城关区店子街26号
……………………Tel：0931-8596091

甘肃省公路运输服务中心有限责任公司
地址：甘肃省兰州市七里河区安西路128号
……………………Tel：0931-8599003

甘肃新网通科技信息有限公司
地址：兰州市城关区雁滩乡张苏滩
……………………Tel：0931-8599016

甘肃省公路交通建设集团有限公司
地址：甘肃省兰州市城关区永昌路2号
……………………Tel：0931-8599046

甘肃省邮政速递物流有限公司
地址：甘肃省兰州市城关区雁滩南河路1432号
……………………Tel：0931-8705905

甘肃省远大路业集团有限公司
地址：甘肃省兰州市城关区皋兰路4号宏宇大厦第29层
……………………Tel：0931-8727530

甘肃省城乡发展投资集团有限公司
地址：甘肃省兰州市城关区南昌路1808号
……………………Tel：0931-8770918

兰州客运中心有限责任公司
地址：甘肃省兰州市城关区火车站东路338号
……………………Tel：0931-8807160

甘肃省交通工程建设监理有限公司
地址：甘肃省兰州市城关区和平新村127号
……………………Tel：0931-8615070

甘肃省公路航空旅游投资集团有限公司
地址：甘肃省兰州市城关区南昌路1716号
……………………Tel：0931-8863455

兰州雪域连邦物流有限公司
地址：甘肃省兰州市城关区嘉峪关东路45号
……………………Tel：0931-8869564

甘肃新路交通工程有限公司
地址：甘肃省兰州市城关区广场北路96号（陆都花园4号）
……………………Tel：0931-8883042

定西交通运输（集团）有限责任公司
地址：定西市安定区交通路280号
……………………Tel：0932-5982480

定西市水务投资（集团）有限公司
地址：甘肃省定西市安定区新城水务大厦
……………………Tel：0932-8260094

甘肃省景家店粮油储备库有限公司
地址：甘肃省定西市安定区凤翔镇景家店村
……………………Tel：0932-8320121

灵台县远通运业有限责任公司
地址：灵台县中台镇南环路
……………………Tel：0933-3621169

甘肃东部运输实业集团有限责任公司
地址：甘肃省平凉市崆峒区甘肃省平凉市崆峒区崆峒中路252号
……………………Tel：0933-8711078

甘肃瑞安泰运输有限责任公司
地址：甘肃省平凉市崆峒区崆峒西路157号
……………………Tel：0933-8791151

环县公共交通集团有限公司
地址：甘肃省庆阳市环县环洲路178号
……………………Tel：0934-4422345

环县惠农电子商务服务有限责任公司
地址：甘肃省庆阳市环 县环江大道（惠农公司综合业务楼6楼）
……………………Tel：0934-4426569

庆阳公共交通集团有限公司
地址：甘肃省庆阳市西峰区安化西路（原市人口委办公楼）
……………………Tel：0934-5952010

庆阳市华通汽车运输有限公司
地址：甘肃省庆阳市西峰区雄越小区
……………………Tel：0934-8276999

庆阳西峰机场管理有限公司
地址：甘肃省庆阳市西峰区彭原乡李家寺村
……………………Tel：0934-8371607

庆阳市天能物流有限公司
地址：甘肃省庆阳市西峰区彭原镇下庄村沟东队
……………………Tel：0934-8606029

庆阳广运汽车运输有限公司
地址：甘肃省庆阳市西峰区岐黄大道1号东方丽晶茂B座17楼1706室
……………………Tel：0934-8610871

庆阳市陇禧货运物流有限责任公司
地址：甘肃省庆阳市西峰区北环路中段
……………………Tel：0934-8619998

庆阳市佳吉物流配送有限公司
地址：甘肃省庆阳市西峰区兰州西路金鹏家园南侧门面房
……………………Tel：0934-8631860

武威市天泽物流有限责任公司
地址：甘肃省武威市凉州区武威工业园区天马大道26号
……………………Tel：0935-2190003

甘肃省武威南粮油储备库有限公司
地址：甘肃省武威市凉州区武南镇武南街516号
……………………Tel：0935-2711604

甘肃第九建设集团有限责任公司
地址：甘肃省武威市凉州区南关中路169号
……………………Tel：0935-6183343

张掖市山丹水泥（集团）有限责任公司
地址：山丹县交通街26号
……………………Tel：0936-2723156

甘肃恒泰炉料有限责任公司
地址：甘肃省张掖市山丹县交通东路4号
……………………Tel：0936-2733061

甘肃省王家墩粮油储备库有限公司
地址：甘肃省张掖市甘州区火车站东路185号
……………………Tel：0936-8341851

张掖市捷安物流有限责任公司
地址：甘肃省张掖市甘州区火车站西一公里处
……………………Tel：0936-8432836

张掖交通建设投资有限责任公司
地址：甘肃省张掖市甘州区民主东街321号
……………………Tel：0936-8688909

张掖市顺泰仓储物流有限责任公司
地址：甘肃省张掖市甘州区东北郊工业园区昆仑大道东侧乌兰路北侧
……………………Tel：0936-8702121

酒泉市酒嘉国际物流有限公司
地址：甘肃省酒泉市肃州区高新技术工业园区（南区）
……………………Tel：0937-2655656

中国水电四局（酒泉）新能源装备有限公司
地址：酒泉市高新技术工业园区（西园）
……………………Tel：0937-2802206

嘉峪关市公共交通有限责任公司
地址：甘肃省嘉峪关市新华北路1551号
……………………Tel：0937-6313330

嘉峪关机场管理有限公司
地址：嘉峪关市新城乡嘉峪关机场
……………………Tel：0937-6381108

甘肃中核公铁运输有限公司
地址：甘肃省甘肃矿区四区交通局办公楼
……………………Tel：0937-6764517

敦煌莫高机场管理有限公司
地址：敦煌市莫高镇敦煌机场
……………………Tel：0937-8866011

甘肃丝路敦煌山庄酒店有限公司
地址：甘肃省酒泉市敦煌市敦月路
……………………Tel：0937-8882088

敦煌国际酒店有限责任公司
地址：甘肃省酒泉市敦煌市莫高镇苏家堡村六组（安敦公路南侧）
……………………Tel：0937-8887668

天水黄河嘉酿啤酒有限公司
地址：甘肃省天水市麦积区马跑泉东路6号
……………………Tel：0938-2511191

甘肃天嘉交通运输集团有限公司
地址：天水市秦州区泰山东路31号
……………………Tel：0938-8212149

甘肃亨通运输集团有限公司
地址：甘肃省陇南市西和县汉源镇张磨村
……………………Tel：0939-6690009

徽县昌兴正达物流建材市场有限责任公司
地址：甘肃省陇南市徽 县银杏树乡高坪村罗庄社
……………………Tel：0939-7533699

甘肃兴团路桥集团有限公司
地址：甘肃省陇南市武都区城关镇上北山东路269号
……………………Tel：0939-8231766

陇南长安物流有限责任公司
地址：陇南市武都区城关北山西路002号
……………………Tel：0939-8234722

陇南东盛物流有限公司
地址：甘肃省陇南市武都区吉石坝农产品交易市场四楼
……………………Tel：0939-8263346

甘肃惠达交通运输集团甘南客运有限责任公司
地址：合作市西一路1号
……………………Tel：0941-8213005

合作市热力有限责任公司
地址：甘肃省甘南州合作市人民东街84号
……………………Tel：0941-8227902

甘南藏族自治州泱启路桥投资有限责任公司
地址：合作市玛曲路29—7号
……………………Tel：0941-8223596

白银市华瑞通物流仓储有限责任公司
地址：甘肃省白银市平川区墩墩滩
……………………Tel：0943-5993198

白银银冠汽车运输（集团）有限责任公司
地址：甘肃省白银市白银区水川路110号
……………………Tel：0943-6915073

白银市金盾保安服务有限公司
地址：甘肃省白银市白银区纺织路街道育才路社区泰安巷6号
……………………Tel：0943-8230844

青海省

青海弗迪实业有限公司
地址：青海省海东市平安区河湟新区唐蕃大道300号
Tel：029-88889999-21460

西宁城投稳当生活商务管理有限公司
地址：青海省西宁市城北区柴达木路477号
……………………Tel：0917-4515668

青海畅达物资储运有限公司
地址：西宁市城东区建国路24号
……………………Tel：0917-7168905

青海省湟源公路工程建设有限公司
地址：湟源县城关镇滨河北路4号
……………………Tel：0971-2439567

青海路桥建设机械工程有限责任公司
地址：西宁经济技术开发区甘河工业园区东区
……………………Tel：0971-5132621

西宁富畅顺物流有限公司
地址：西宁市城北区柴达木路166号
……………………Tel：0971-5219358

青海第一路桥建设有限公司
地址：青海省西宁市朝阳西路6号
……………………Tel：0971-5501909

青海建国物流有限公司
地址：青海省西宁市城北区新村路8号
……………………Tel：0971-5506216

青海物产现代物流投资管理有限公司
地址：青海省西宁市城北区朝阳东路12-28号
……………………Tel：0971-5507886

青海天棚物流有限公司
地址：青海省海西州天峻天棚货场
……………………Tel：0971-6128133

青海省交通规划设计研究院有限公司
地址：青海省西宁市城中区创业路128号办公楼5楼507室
……………………Tel：0971-6185304

青海地方铁路建设投资有限公司
地址：青海省西宁市城西区五四大街70号
……………………Tel：0971-6186007

青海省交通工程监理有限公司
地址：青海省西宁市城中区创业路128号中小企业创业园办公楼5楼501室
……………………Tel：0971-6331615

青海省交通检测有限公司
地址：青海省西宁市城北区宁张路183号407、408办公室
……………………Tel：0971-6231069

青海金丰交通建设工程有限责任公司
地址：西宁市城中区长江路128号创新大厦14楼
……………………Tel：0971-6278332

青海正和交通建设集团有限公司
地址：青海省西宁市城西区五四西路67号
……………………Tel：0971-6278373

青海第三路桥建设有限公司
地址：青海省西宁市海晏路12号
……………………Tel：0971-6302971

青海第六路桥建设有限公司
地址：青海省西宁市城中区福路巷5号4幢2层
……………………Tel：0971-6309284

青海路桥万畅工程有限公司
地址：西宁市城西区五四西路15号
……………………Tel：0971-6366203

青海青藏铁路多元投资中心
地址：西宁市城东建国路22号
……………………Tel：0971-7192143

青海交通投资有限公司
地址：青海省西宁市城中区创业路108号投资服务中心4楼413室
……………………Tel：0971-7797313

青海第二路桥建设有限公司
地址：西宁市南川西路福路巷5号
……………………Tel：0971-8817021

青海路拓工程设施制造集团有限公司
地址：青海省西宁经济技术开发区
……………………Tel：0971-8818624

水电四局投资开发有限公司
地址：西宁市城东区昆仑东路148号1号楼148-48号
……………………Tel：0971-8088286

青海三江建筑安装有限责任公司
地址：互助县威远镇台子路4号
……………………Tel：0972-8322822

海东市公共交通集团有限责任公司
地址：青海省海东市平安县平安镇化隆路49号
……………………Tel：0972-8610916

青海省海南天和路桥工程有限公司
地址：海南州共和县恰卜恰镇青海湖南大街570号
……………………Tel：0974-8512390

海西顺达物流有限公司
地址：德令哈市迎宾东路13号
……………………Tel：0977-8201572

德令哈市裕祥科技实业有限公司
地址：德令哈市工业园陶哈路1号德令哈汽配物流服务园
……………………Tel：0977-8900888

格尔木凯达物流有限责任公司
地址：青海省格尔木市察尔汗中路
……………………Tel：0979-8435239

格尔木昆仑物流运业有限公司
地址：青海省格尔木市长江西路16号
……………………Tel：0979-8484369

宁夏回族自治区

银川比亚迪实业有限公司
地址：宁夏永宁县望远工业园区永清路南侧、厦门路东侧
……………………Tel：029-88889999

宁夏港通国际物流有限公司
地址：银川经济技术开发区济民东路226号
……………………Tel：0951-3811522

宁夏大众恒通物流有限公司
地址：银川德胜工业园区109道西侧（功达西部建材城）
……………………Tel：0951-3812777

宁夏交通建设股份有限公司
地址：银川市兴庆区上海东路775号
……………………Tel：0951-3859666

宁夏鹏达运销有限公司
地址：宁夏宁东能源化工基地临河工业园A区经三路7号楼6号
……Tel：0951-3912942

宁夏亘利建筑工程有限公司
地址：银川市金凤区唐槐园16号楼南-10号营业房
……Tel：0951-4071858

宁夏领鲜物流有限公司
地址：灵武市临河镇（银川河东机场南侧）
……Tel：0951-5025558

宁夏公路勘察设计院有限责任公司
地址：宁夏银川市兴庆区北京东路165号
……Tel：0951-5053435

宁夏众一物流有限公司
地址：宁夏银川市兴庆区贺兰山路南侧、丽景北街东侧
……Tel：0951-5101888

宁夏畅顺通物流置业有限公司
地址：宁夏银川市兴庆区北京东路吉泰公园世家18号商住楼3层办公
……Tel：0951-5663375

银川三建集团有限公司
地址：银川市解放东街173号
……Tel：0951-6014897

银川宋涛物流有限公司
地址：银川市兴庆区贺兰山东路众一物流交易中心3楼45号
……Tel：0951-6028876

银川公交石油天然气销售有限公司
地址：银川市西夏区兴洲北街321号
……Tel：0951-6030029

宁夏公路工程质量检测中心（有限公司）
地址：宁夏银川市兴庆区长城东路555号
……Tel：0951-6076522

宁夏交通物流集团有限公司
地址：银川市兴庆区友爱中心路2323号
……Tel：0951-6076739

宁夏众成物流有限责任公司
地址：宁夏灵武市振兴路西侧（灵武市中心路西侧园艺村部斜对面）
……Tel：0951-6085611

宁夏远成物流有限公司
地址：宁夏银川市兴庆区贺兰山路南侧众一物流园区零担区2A-6号
……Tel：0951-6137360

宁夏德泓金荣物流有限公司
地址：银川市金凤区阅海湾中央商务区万寿路142号西CBD金融中心11层1106室
……Tel：0951-6661999

宁夏正宇泰运输有限公司
地址：宁夏灵武市宁东宝丰能源集团门口商贸区F号楼5号营业房
……Tel：0951-6663069

宁夏艾依莎空港物流有限公司
地址：灵武市银川国际空港物流中心管委会四楼
……Tel：0951-6724533

中交基础设施养护集团宁夏工程有限公司
地址：宁夏银川市西夏区丽子园北街东150米西夏区政府227室
……Tel：0951-7692005

建信财产保险有限公司
地址：宁夏回族自治区银川市金凤区万寿路142号路桥大厦1号楼第15层北半层和2号楼裙楼第1层、第2层#
……Tel：0951-7819298

宁夏众英物流有限公司
地址：贺兰县暖泉工业园区银汝公路西侧
……Tel：0951-8077161

宁夏陆港物流有限责任公司
地址：宁夏石嘴山市惠农区兴惠路1号
……Tel：0952-3691113

石嘴山市伟源物流有限公司
地址：石嘴山市经济开发区1179公里处
……Tel：0952-3813777

石嘴山市安道公共交通有限公司
地址：石嘴山市大武口区大汝路21号
……Tel：0952-5895853

宁夏天予物流有限公司
地址：大武口区综合商贸城1号楼二楼218号
……Tel：0952-6693277

宁夏永发煤业有限公司
地址：宁夏平罗县红崖子乡（宁夏精细化工基地）
……Tel：0952-8619567

宁夏积利通公路养护工程股份有限公司
地址：宁夏吴忠市利通区芦沟闸村
……Tel：0953-2023252

吴忠市恒宇物流有限公司
地址：吴忠市利通区明珠路与利通北街交汇处西北角
……Tel：0953-2037622

吴忠市众乐物流有限公司
地址：吴忠市利通区西盛街南侧自来水公司西侧水岸花城七号楼101号商业房
……Tel：0953-2262099

宁夏红太交通集团有限公司
地址：宁夏回族自治区吴忠市红寺堡区盐兴路
……Tel：0953-5090000

宁夏盐池县永生物流服务有限公司
地址：盐池县盐柳路青银高速北
……Tel：0953-6021126

盐池县中辉建筑安装工程有限公司
地址：盐池县大水坑镇南街
……Tel：0953-6719401

宁夏天豹固原汽车运输有限责任公司
地址：宁夏固原市原州区固原汽车站南楼
……Tel：0954-2061266

宁夏华侨园集团公路工程有限公司
地址：固原市经济开发区建业街
……Tel：0954-2687961

宁夏六盘山铁路有限公司
地址：宁夏银川市金凤区黄河东路663号
……Tel：0954-2688398

中卫市瑞达物流有限公司
地址：中卫市沙坡头区银河商贸楼1#楼3号
……Tel：0955-7608058

中卫市嘉运盛通物流有限公司
地址：中卫市沙坡头区迎宾大道西侧黄河花园1#楼1层103
……Tel：0955-7608118

中卫市新银通商贸有限公司
地址：中卫市迎水镇吊坡梁工业园区
……Tel：0955-7665035

新疆维吾尔自治区

新疆前海联合财产保险股份有限公司
地址：新疆乌鲁木齐经济技术开发区维泰南路1号维泰大厦1601、1602单元
……Tel：0755-22933726

新疆永盛国际物流有限责任公司
地址：新疆白杨市巴克图经济技术开发区巴克图路新疆永盛国际物流有限责任公司101室
……Tel：0901-6689666

新疆中煤华利德翔煤炭运销有限公司
地址：新疆哈密市伊州区新疆哈密市铁路启明物资站院内（北环西路1号）
……Tel：0902-2366601

哈罗铁路有限责任公司
地址：新疆哈密市伊州区北郊路铁路32单元47栋
……Tel：0902-7121327

新疆哈密广汇物流有限公司
地址：新疆哈密地区哈密市建国北路216号哈密地区运管总站综合办公楼北侧第五层
……Tel：0902-7260557

阿勒泰地区金华保安押运有限公司
地址：新疆阿勒泰地区阿勒泰市河西路1号区102#2、3层
……Tel：0906-2117835

新疆阿勒泰农村商业银行股份有限公司
地址：新疆阿勒泰地区阿勒泰市五指泉街6号
……Tel：0906-2131717

新疆喀纳斯旅游发展股份有限公司
地址：新疆阿勒泰地区布尔津县神湖路11号
……Tel：0906-6528399

阿克陶百源丰矿业有限公司
地址：新疆克州阿克陶县阿克陶县木吉乡布拉克村3组99号
……Tel：0908-7666694

博尔塔拉蒙古自治州金盾保安守护押运有限公司
地址：新疆博尔塔拉蒙古自治州博乐市北京北路2号
……Tel：0909-2227038

阿拉山口新思国际货运代理有限公司
地址：新疆博州阿拉山口艾比湖路2号（北铁三楼）
……Tel：0909-6992661

克拉玛依市诚谊科技服务有限公司
地址：新疆克拉玛依市白碱滩区金东七街1711号
……Tel：0990-6236284

新疆克拉玛依市荣昌有限责任公司
地址：新疆克拉玛依市白碱滩区东宾路23号
……Tel：0990-6827413

克拉玛依市汽车运输有限责任公司
地址：新疆克拉玛依市永红路55号
……Tel：0990-6885321

新疆友邦工程建设有限公司
地址：新疆克拉玛依市东郊路12号
……Tel：0990-6889298

克拉玛依市三为物业服务有限责任公司
地址：新疆克拉玛依市白碱滩区北兴路59号
……Tel：0990-6985236

新疆金铜国际物流有限公司
地址：新疆乌鲁木齐市天山区新华北路165号中天广场1栋38层H、I、J、K、L号
……Tel：0991-2311481

新疆天然物流有限公司
地址：新疆乌鲁木齐经济技术开发区（头屯河区）祥云中街879号天然城市花园小区1栋1层1单元商铺1
……Tel：0991-2333635

新疆西域轻工国际物流有限公司
地址：新疆乌鲁木齐市天山区大湾北路876号
……Tel：0991-2564892

新疆天山联盟物流有限公司
地址：新疆乌鲁木齐市甘泉堡经济技术开发区月恒东街29号甘泉星空春苑小区34号楼3单元101室
……Tel：0991-2640100

新疆交建市政工程有限责任公司
地址：新疆乌鲁木齐经济技术开发区融合南路688号
……Tel：0991-3071771

新疆顺通物流有限公司
地址：新疆乌鲁木齐市头屯河区铁金街119号（新疆北方钢铁物流园8号楼2层216号）
……Tel：0991-3103077

新疆灵玺国际物流有限公司
地址：新疆乌鲁木齐市头屯河区中枢南路2号
……Tel：0991-3125371

新疆北方钢铁国际物流股份有限公司
地址：新疆乌鲁木齐经济技术开发区（头屯河区）工家沟钦金街119号7号楼5层01室05号
……Tel：0991-3180800

新疆环球大酒店有限公司
地址：新疆乌鲁木齐市北京南路76号
……Tel：0991-3330752

新疆鸿信达运输有限公司
地址：新疆乌鲁木齐市米东区芦草沟人民庄子四队东瑞北路六巷一号
……Tel：0991-3365626

乌鲁木齐鑫元顺物流有限公司
地址：新疆乌鲁木齐市沙依巴克区阿勒泰路30号3栋1单元502号
……Tel：0991 3653285

新疆神华中顺物流有限责任公司
地址：新疆乌鲁木齐市甘泉堡经济技术开发区月恒东街29号甘泉星空春苑小区34号楼2单元602室
……Tel：0991-3666600

新疆日进鸿祥国际物流有限公司
地址：新疆乌鲁木齐高新区（新市区）北京南路416号10楼A座
……Tel：0991-3666612

新疆北新岩土工程勘察设计有限公司
地址：新疆乌鲁木齐市天山区新民路113号
……Tel：0991-36769799

新疆天顺泰鑫建设工程有限公司
地址：新疆五家渠22区人民南路998号阳光康居小区46栋2-3室
……Tel：0991-3691018

新疆先宇瑞通国际物流有限公司
地址：新疆乌鲁木齐经济技术开发区（头屯河区）客辆段路8号
……Tel：0991-3753878

新疆天悦恒通贸易有限公司
地址：新疆乌鲁木齐经济技术开发区厦门路15号4栋4层
……Tel：0991-3771987

新疆天域安驰物流有限公司
地址：新疆乌鲁木齐经济技术开发区浦东街3号106室114工位
……Tel：0991-3773911

新疆天顺供应链股份有限公司
地址：新疆乌鲁木齐经济技术开发区赛里木湖路133号
……Tel：0991-3792215

新疆维吾尔自治区邮政速递物流有限公司
地址：新疆乌鲁木齐经济技术开发区中亚大道25号
……Tel：0991-3795120

新疆民航实业管理有限责任公司
地址：新疆乌鲁木齐市新市区迎宾路1341号
……Tel：0991-3801929

新疆民航通信网络有限责任公司
地址：新疆乌鲁木齐市新市区迎宾路1341号
……Tel：0991 3808337

中外运长航集团新疆有限公司
地址：新疆乌鲁木齐高新技术产业开发区（新市区）昆明路147号
……Tel：0991-3831837

新疆金鑫汇通贸易有限公司
地址：新疆乌鲁木齐经济技术开发区（头屯河区）铁金街119号（新疆北方钢铁物流园8号楼3层01室11号）
……Tel：0991-3876198

新疆远成物流发展有限公司
地址：新疆乌鲁木齐市新市区友谊路230号F-56栋第3层
……Tel：0991-3972977

新疆交建公路规划勘察设计有限公司
地址：新疆乌鲁木齐高新区（新市区）天津南路682号高新技术创业服务中心1栋1405室
……Tel：0991-4210175

乌鲁木齐典创国际工程施工有限公司
地址：新疆乌鲁木齐经济技术开发区鄱阳路5号盛广和小区1栋7层
……Tel：0991-4590101

乌鲁木齐红山一卡通有限责任公司
地址：新疆乌鲁木齐市水磨沟区南湖路西一巷10号四楼
……Tel：0991-4605537

新疆罗巴鲁通讯科技工程有限公司
地址：新疆乌鲁木齐市水磨沟区南湖北路919号1单元1602号
……Tel：0991-4619393

乌鲁木齐市公交出租汽车有限责任公司
地址：乌鲁木齐经济技术开发区二期西外环北大路301号附1号
……Tel：0991-4680360

新疆华凌物流配送有限公司
地址：新疆乌鲁木齐市水磨沟区昆仑东路208号卧龙花苑小区B区10栋6层办公1
……Tel：0991-4875055

新疆交通科学研究院
地址：新疆乌鲁木齐市沙依巴克区经一路17号
……Tel：0991-5280560

新疆维吾尔自治区交通规划勘察设计研究院
地址：新疆乌鲁木齐市沙依巴克区仓房沟路12号
……Tel：0991-5281068

新疆西域公路建设集团有限责任公司
地址：新疆乌鲁木齐市沙依巴克区黄河路252号
……Tel：0991-5282278

新疆快立达物流有限公司
地址：新疆昌吉州昌吉市三工镇亚欧国际物流园
……Tel：0991-5614560

新疆顺德源物流有限公司
地址：新疆乌鲁木齐市沙依巴克区长江路383号东方花园3幢1606号
……Tel：0991-5829819

新疆路桥建设集团有限公司
地址：新疆乌鲁木齐市沙依巴克区黄河路252号第十层、第十一层
……Tel：0991-5835030

新疆双峰物流有限公司
地址：新疆乌鲁木齐市天山区燕尔窝路23号
……Tel：0991-6183183

新疆华天工程建设股份有限公司
地址：新疆乌鲁木齐高新区（新市区）桂林路75号4栋1至5层
……Tel：0991-6266267

新疆劳道建筑工程有限公司
地址：新疆乌鲁木齐经济技术开发区口岸路36号华汇商务楼商业16室
……Tel：0991-6589889

中石油新疆销售有限公司
地址：新疆乌鲁木齐市新市区天津北路西五巷99号
……Tel：0991-6600659

新疆德鲁亚国际物流有限公司
地址：新疆乌鲁木齐市高新区(新市区)河北东路1256号一单元8楼A座
……Tel：0991-6680232

新疆新筑路桥建设有限责任公司
地址：新疆乌鲁木齐市米东南路4265号11栋
……Tel：0991-6863480

新疆路桥桥梁工程建设有限责任公司
地址：新疆乌鲁木齐市米东区乌奇公路25号
……Tel：0991-6866271

新疆金豹物流有限公司
地址：乌鲁木齐市头屯河区工业园区银河街181号
……Tel：0991-7501728

中建西部建设新疆有限公司
地址：乌鲁木齐市经济技术开发区268号
……Tel：0991-7586982

新疆新捷燃气有限责任公司
地址：新疆乌鲁木齐经济技术开发区中亚南路117号
……Tel：0991-7688685

新疆新铁工业装备有限公司
地址：新疆乌鲁木齐市火车西站中枢路70号
……Tel：0991-7800965

新疆潞新力德国际贸易有限责任公司
地址：新疆乌鲁木齐高新区（新市区）喀什东路北一巷81号
……Tel：0991-7817580

奎屯市公共交通有限责任公司
地址：新疆伊犁州奎屯市团结南街57号
……Tel：0992-3904437

新疆中亚金谷国际物流有限责任公司

地址：新疆伊犁州奎屯市园一环路1号
……………………Tel：0992-3243289
新疆神华伊棉物流有限责任公司
地址：新疆伊犁州奎屯38-A区翠竹园1号
……………………Tel：0992-3289995
新疆欧安达国际物流有限公司
地址：新疆伊犁州奎屯市石化工业园区团结南街南9-9幢
……………………Tel：0992-3335506
克拉玛依市独山子鑫捷安旅客运输有限公司
地址：新疆克拉玛依市独山子区北京路14-1号
……………………Tel：0992-3881007
新疆天山路桥有限责任公司
地址：新疆塔城地区乌苏市塔里木河西路403-21号
……………………Tel：0992-8509830
石河子市宏中物流有限公司
地址：新疆石河子南山新区北外环路
……………………Tel：0993-2629668
新疆石河子农村合作银行
地址：新疆石河子市43小区天山路55号
……………………Tel：0993-2862759
新疆生产建设兵团交通建设有限公司
地址：新疆石河子开发区78小区46号
……………………Tel：0993-7583036
新疆昌运汽车运输有限责任公司
地址：新疆昌吉州昌吉市乌伊西路66号
……………………Tel：0994-2341356
新疆昌吉金剑保安有限公司
地址：新疆昌吉州昌吉市乌伊西路（南侧）
……………………Tel：0994-2343877
新疆兴亚工程建设有限公司
地址：新疆昌吉州昌吉市南公园西路滨湖.丽景尚城5幢4层1-9，18-22号
……………………Tel：0994-2359220
新疆公路建设（集团）有限责任公司
地址：新疆昌吉州昌吉市绿洲南路18号（57区1丘35栋W号）
……………………Tel：0994-2724016
新疆昌吉市政建设（集团）有限公司
地址：新疆昌吉州昌吉市绿洲南路1号
……………………Tel：0994-2724321
新疆天力建工集团有限公司
地址：新疆五家渠22人民南路998号阳光康居小区46栋2-2室
……………………Tel：0994-5800974
新疆广益工程建设有限责任公司
地址：新疆五家渠市幸福路399号客运站东楼
……………………Tel：0994-5820838
玛纳斯四方物流有限公司
地址：新疆昌吉州玛纳斯县乌伊路林业站底商
……………………Tel：0994-6668568
新疆吉木萨尔农村商业银行股份有限公司
地址：新疆昌吉州吉木萨尔县文化西路19号
……………………Tel：0994-6981345
奇台县新奇保安有限责任公司
地址：新疆昌吉州奇台县城西工业园区
……………………Tel：0994-7375195
新疆俊龙市政工程有限责任公司
地址：新疆昌吉州昌吉市乌伊东路333号农业园区208室
……………………Tel：0994-8285155
鄯善工业园区信达物流有限公司
地址：新疆吐鲁番市鄯善县火车站镇兴新南路
……………………Tel：0995-8313666
新疆维吾尔自治区巴音郭楞蒙古自治州烟草公司
地址：新疆巴州库尔勒市交通西路
……………………Tel：0996-2026719
新疆环宇建设工程（集团）有限责任公司
地址：新疆铁门关市和谐路1号政府4楼
……………………Tel：0996-2036192
新疆巴音郭楞蒙古自治州客运总站
地址：新疆巴州库尔勒市北山路
……………………Tel：0996-2077610
新疆九华物流有限责任公司
地址：新疆巴州库尔勒市新城辖区库尉路军粮供应站二楼
……………………Tel：0996-2286755
巴州长辉石油技术服务有限公司
地址：新疆巴州库尔勒市交通东路孔雀河壹号小区20栋2单元10层1005号
……………………Tel：0996-2692321
巴州美年大健康体检中心有限责任公司
地址：新疆巴州库尔勒市交通东路时代华庭珠峰大厦1栋4层1号
……………………Tel：0996-8828000
新疆一洲路桥工程有限责任公司
地址：新疆巴州库尔勒市交通路66号
……………………Tel：0996-8835066
巴州昌博物流有限责任公司
地址：新疆巴州库尔勒市东站货场旁
……………………Tel：0996-8889991
新疆锦程物流有限公司
地址：新疆阿克苏地区阿克苏市恒鑫·亚欧国际建材城物流信息园61号
……………………Tel：0997-2616319
阿克苏市政投资发展有限公司
地址：新疆阿克苏地区阿克苏市文化西路供排水公司办公楼四楼402室
……………………Tel：0997-2930527
新疆铁农物流有限责任公司
地址：新疆阿克苏地区阿克苏市交通路
……………………Tel：0997-6635129
阿克苏市公交集团有限责任公司
地址：新疆阿克苏地区阿克苏市纺织工业城（开发区）宁波路16号
……………………Tel：0997-6680807
新疆一成投资有限公司
地址：新疆阿克苏地区拜城县红旗路36号2幢402室
……………………Tel：0997-6766666
新疆乌苏啤酒（阿克苏）有限公司
地址：新疆阿克苏地区温宿县交通路3号
……………………Tel：0997-6811905
喀什新合作大唐国际物流有限公司
地址：新疆喀什地区喀什市中亚路1号（中亚南亚工业园区）
……………………Tel：0998-2875002
新疆中新建现代物流股份有限公司
地址：新疆喀什地区巴楚县火车站(巴莎公路以西)
……………………Tel：0998-6175216
新疆四方实业股份有限公司
地址：新疆可克达拉市六十六团五零路
……………………Tel：0999-3122511
伊犁伊力特现代物流有限公司
地址：新疆伊犁州伊宁县伊东工业园区B区
……………………Tel：0999-4308660
伊犁哈萨克自治州天通伊物流有限责任公司
地址：新疆伊犁州伊宁县伊东工业园区A区布列开站北侧
……………………Tel：0999-4309929
伊犁合新盛通市政工程有限责任公司
地址：新疆伊犁州伊宁边境经济合作区管委会附楼408室
……………………Tel：0999-6776003
伊犁亚欧大陆桥铁运物流有限公司
地址：新疆伊犁州伊宁县伊东工业园A区
……………………Tel：0999-7726652
伊犁鸿途交通运输有限责任公司
地址：新疆可克达拉市园区镇江西路422号一楼103室
……………………Tel：0999-8126471
霍尔果斯市金木房地产开发有限公司
地址：新疆伊犁州霍尔果斯口岸亚欧北路3号308室
……………………Tel：0999-8798111

城建房产
建材装潢

一、行业综合分析

房地产建筑业综合分析

房地产建筑行业是国民经济的重要组成部分，与整个国家经济的发展、人民生活的改善有着密切的关系。近年来，我国房地产建筑市场迅猛发展，建筑存量大幅增加，有效解决了部分市场需求，提升了城镇居民住房水平，推动了经济发展，为地方财政收入提供了巨大支撑，促进了城市化进程和城市发展。

2013年，“宏观稳、微观活”成为房地产政策的关键词，全国整体调控基调贯彻始终，不同城市政策导向出现分化。年初“国五条”及各地细则出台，继续坚持调控不动摇，“有保有压”方向明确。2013年下半年以来，新一届政府着力建立健全长效机制、维持宏观政策稳定，十八届三中全会将政府工作重心明确为全面深化改革；不动产登记、保障房建设等长效机制工作继续推进，而限购、限贷等调控政策更多交由地方政府决策。不同城市由于市场走势分化，政策取向也各有不同。在政策趋向宽松、经济平稳回升等宏观环境持续向好的情况下，2013年我国房地产行业投资环境全面回暖、城市住宅市场成交量持续回升、重点城市房价普涨、土地市场量价齐升。2013年全年房地产开发投资86013亿元，比上年增长19.8%；房地产开发企业房屋施工面积665572万平方米，比上年增长16.1%；商品房销售面积130551万平方米，比上年增长17.3%；商品房销售额81428亿元，增长26.3%。2013年，我国建筑业实现增加值38995亿元，比上年增长9.5%。全国具有资质等级的总承包和专业承包建筑业企业实现利润5575亿元，增长16.7%。

经过一轮政策调控的洗礼，房地产市场份额再度向综合实力雄厚、品牌特色显著的优秀房企集中。2013年，百亿房企军团扩大到71家，较2012年增加18家，其销售额合计达到2.3万亿元。万科等6家企业组成阵容强大的千亿俱乐部，市场领军优势凸显，已显著拉开与第二梯队的距离；其后位列500-1000亿元之间有万达、华润、世茂房地产、绿城、融创等5家企业，300-500亿元区间也仅有龙湖、金地、招商等8家企业；而年内有20多家企业销售首次突破百亿，数量为历年之最，使得300亿以下的百亿企业非常集中，共有52家。

2014年以来，全面深化改革成为关键词。新型城镇化成为未来房地产发展最大助力，一系列房地产业相关制度面临变更，长效机制陆续推进。与此同时，双向调控成为房地产政策调整的主要方向，各地根据市场实际情况探索差别化房地产政策。推进新型城镇化进程，着眼于长效机制建设，实施双向调控分类指导，成为2014年房地产调控政策的主要基调。2014年1-5月份，全国房地产开发投资30739亿元，同比名义增长14.7%；房地产开发企业房屋施工面积586081万平方米，同比增长12.0%；商品房销售面积36070万平方米，同比下降7.8%；商品房销售额23674亿元，下降8.5%。目前市场出现低迷原因在三个方面：银根收紧压缩交易；阶段性的刚需总数在萎缩；供应数和购房人口比拉大，存量居高不下。但这些利空都是属于市场自身的周期性调整，行政层面并未出台打压措施，市场震荡上升趋势仍可以期待。

2014年一季度，我国建筑业总产值达到26238亿元，比上年同期增长15.9%。自十八大至今一年多来，随着我国城镇化的加速发展，建筑业已进入到飞速发展的历史新阶段。我国正处于经济增速换挡期、结构调整阵痛期、前期刺激政策消化期，结构调整、转型升级正在不断取得新的进展。下一阶段，国家还将坚持调结构、转方式、惠民生不动摇，向深化改革要动力，向结构调整要动力，向改善民生要动力，力促国民经济社会持续健康发展，这些无疑将给建筑业提供广阔的发展空间。

随着房地产建筑业的快速发展，我国建材、建筑装饰市场亦愈加显示出了其巨大的发展潜力。2013年以来，我国建材工业“稳中有进”，产量持续增长，营收增速加快，投资理性保压，结构平稳调整，质量效益改善。2013年，建材工业完成主营业务收入6.3万亿元，同比增长16.3%。2014年一季度，我国建材工业生产增长平稳回落，产业结构调整继续推进，价格和经济效益平稳，经济运行处于合理区间。一季度规模以上建材工业主营业务收入达到9479亿元。

近年来，建筑装饰行业不仅在建筑业中的比重不断上升、作用日益突出，同时在经济发展和社会进步中，发挥的作用也日益重要。2013年，我国建筑装饰业总产值达到约2.97万亿元，同时建筑装饰领域热点不断：金螳螂牵手HBA，建筑装饰行业跨国并购首单落地；江河创建增发收购港源，打造幕墙装饰一体化航母；建筑装饰行业信用评价体系再出新标准，促进行业信用体系建设……中国建筑装饰行业在摸索中逐渐走向成熟。

未来10年中国宏观经济仍将有望保持稳步发展，带动房地产市场稳步上升。新型城镇化已成为整个中国未来发展的必然趋势，《国家新型城镇化规划（2014-2020年）》提出到2020年，我国城镇化率将达到60%左右，国内庞大的内需市场，将会给房地产的多元化发展带来新的机遇，同时也预示了建筑业更广阔的市场即将到来。随着我国经济结构的战略性调整、绿色建筑产业的发展，势必带动建材产品的需求结构变化和新产品开发。未来产品需求的绿色化、多功能化和高品质化发展趋势将更加突出，兼具绿色、节能、环保等多种功能的高品质建材产品将成为未来新的发展主体，其市场空间也将随之进一步扩大。

本文由中投顾问供稿

二、行业法规

中华人民共和国城市房地产管理法（修正）

(1994年7月5日 第八届全国人民代表大会常务委员会第八次会议通过 1994年7月5日中华人民共和国主席令第二十九号公布 根据2007年8月30日第十届全国人民代表大会常务委员会第二十九次会议《关于修改<中华人民共和国城市房地产管理法>的决定》第一次修正 根据2009年8月27日第十一届全国人民代表大会常务委员会第十次会议《关于修改部分法律的决定》第二次修正)

第一章 总 则

第一条 为了加强对城市房地产的管理，维护房地产市场秩序，保障房地产权利人的合法权益，促进房地产业的健康发展，制定本法。

第二条 在中华人民共和国城市规划区国有土地（以下简称国有土地）范围内取得房地产开发用地的土地使用权，从事房地产开发、房地产交易，实施房地产管理，应当遵守本法。

本法所称房屋，是指土地上的房屋等建筑物及构筑物。

本法所称房地产开发，是指在依据本法取得国有土地使用权的土地上进行基础设施、房屋建设的行为。

本法所称房地产交易，包括房地产转让、房地产抵押和房屋租赁。

第三条 国家依法实行国有土地有偿、有限期使用制度。但是，国家在本法规定的范围内划拨国有土地使用权的除外。

第四条 国家根据社会、经济发展水平，扶持发展居民住宅建设，逐步改善居民的居住条件。

第五条 房地产权利人应当遵守法律和行政法规，依法纳税。房地产权利人的合法权益受法律保护，任何单位和个人不得侵犯。

第六条 为了公共利益的需要，国家可以征收国有土地上单位和个人的房屋，并依法给予拆迁补偿，维护被征收人的合法权益；征收个人住宅的，还应当保障被征收人的居住条件。具体办法由国务院规定。

第七条 国务院建设行政主管部门、土地管理部门依照国务院规定的职权划分，各司其职，密切配合，管理全国房地产工作。

县级以上地方人民政府房产管理、土地管理部门的机构设置及其职权由省、自治区、直辖市人民政府确定。

第二章 房地产开发用地

第一节 土地使用权出让

第八条 土地使用权出让，是指国家将国有土地使用权（以下简称土地使用权）在一定年限内出让给土地使用者，由土地使用者向国家支付土地使用权出让金的行为。

第九条 城市规划区内的集体所有的土地，经依法征用转为国有土地后，该幅国有土地的使用权方可有偿出让。

第十条 土地使用权出让，必须符合土地利用总体规划、城市规划和年度建设用地计划。

第十一条 县级以上地方人民政府出让土地使用权用于房地产开发的，须根据省级以上人民政府下达的控制指标拟订年度出让土地使用权总面积方案，按照国务院规定，报国务院或者省级人民政府批准。

第十二条 土地使用权出让，由市、县人民政府有计划、有步骤地进行。出让的每幅地块、用途、年限和其他条件，由市、县人民政府土地管理部门会同城市规划、建设、房产管理部门共同拟定方案，按照国务院规定，报经有批准权的人民政府批准后，由市、县人民政府土地管理部门实施。

直辖市的县人民政府及其有关部门行使前款规定的权限，由直辖市人民政府规定。

第十三条 土地使用权出让，可以采取拍卖、招标或者双方协议的方式。

商业、旅游、娱乐和豪华住宅用地，有条件的，必须采取拍卖、招标方式；没有条件，不能采取拍卖、招标方式的，可以采取双方协议的方式。

采取双方协议方式出让土地使用权的出让金不得低于按国家规定所确定的最低价。

第十四条 土地使用权出让最高年限由国务院规定。

第十五条 土地使用权出让，应当签订书面出让合同。

土地使用权出让合同由市、县人民政府土地管理部门与土地使用者签订。

第十六条 土地使用者必须按照出让合同约定，支付土地使用权出让金；未按照出让合同约定支付土地使用权出让金的，土地管理部门有权解除合同，并可以请求违约赔偿。

第十七条 土地使用者按照出让合同约定支付土地使用权出让金的，市、县人民政府土地管理部门必须按照出让合同约定，提供出让的土地；未按照出让合同约定提供出让的土地的，土地使用者有权解除合同，由土地管理部门返还土地使用权出让金，土地使用者并可以请求违约赔偿。

第十八条 土地使用者需要改变土地使用权出让合同约定的土地用途的，必须取得出让方和市、县人民政府城市规划行政主管部门的同意，签订土地使用权出让合同变更协议或者重新签订土地使用权出让合同，相应调整土地使用权出让金。

第十九条 土地使用权出让金应当全部上缴财政，列入预算，用于城市基础设施建设和土地开发。土地使用权出让金上缴和使用的具体办法由国务院规定。

第二十条 国家对土地使用者依法取得的土地使用权，在出让合同约定的使用年限届满前不收回；在特殊情况下，根据社会公共利益的需要，可以依照法律程序提前收回，并根据土地使用者使用土地的实际年限和开发土地的实际情况给予相应的补偿。

第二十一条 土地使用权因土地灭失而终止。

第二十二条 土地使用权出让合同约定的使用年限届满，土地使用者需要继续使用土地的，应当至迟于届满前一年申请续期，除根据社会公共利益需要收回该幅土地的，应当予以批准。经批准准予续期的，应当重新签订土地使用权出让合同，依照规定支付土地使用权出让金。

土地使用权出让合同约定的使用年限届满，土地使用者未申请续期或者虽申请续期但依照前款规定未获批准的，土地使用权由国家无偿收回。

第二节 土地使用权划拨

第二十三条 土地使用权划拨，是指县级以上人民政府依法批准，在土地使用者缴纳补偿、安置等费用后将该幅土地交付其使用，或者将土地使用权无偿交付给土地使用者使用的行为。

依照本法规定以划拨方式取得土地使用权的，除法律、行政法规另有规定外，没有使用期限的限制。

第二十四条 下列建设用地的土地使用权，确属必需的，可以由县级以上人民政府依法批准划拨：

（一）国家机关用地和军事用地；

（二）城市基础设施用地和公益事业用地；

（三）国家重点扶持的能源、交通、水利等项目用地；

（四）法律、行政法规规定的其他用地。

第三章　房地产开发

第二十五条　房地产开发必须严格执行城市规划，按照经济效益、社会效益、环境效益相统一的原则，实行全面规划、合理布局、综合开发、配套建设。

第二十六条　以出让方式取得土地使用权进行房地产开发的，必须按照土地使用权出让合同约定的土地用途、动工开发期限开发土地。超过出让合同约定的动工开发日期满一年未动工开发的，可以征收相当于土地使用权出让金百分之二十以下的土地闲置费；满二年未动工开发的，可以无偿收回土地使用权；但是，因不可抗力或者政府、政府有关部门的行为或者动工开发必需的前期工作造成动工开发迟延的除外。

第二十七条　房地产开发项目的设计、施工，必须符合国家的有关标准和规范。

房地产开发项目竣工，经验收合格后，方可交付使用。

第二十八条　依法取得的土地使用权，可以依照本法和有关法律、行政法规的规定，作价入股，合资、合作开发经营房地产。

第二十九条　国家采取税收等方面的优惠措施鼓励和扶持房地产开发企业开发建设居民住宅。

第三十条　房地产开发企业是以营利为目的，从事房地产开发和经营的企业。设立房地产开发企业，应当具备下列条件：

（一）有自己的名称和组织机构；

（二）有固定的经营场所；

（三）有符合国务院规定的注册资本；

（四）有足够的专业技术人员；

（五）法律、行政法规规定的其他条件。

设立房地产开发企业，应当向工商行政管理部门申请设立登记。工商行政管理部门对符合本法规定条件的，应当予以登记，发给营业执照；对不符合本法规定条件的，不予登记。

设立有限责任公司、股份有限公司，从事房地产开发经营的，还应当执行公司法的有关规定。

房地产开发企业在领取营业执照后的一个月内，应当到登记机关所在地的县级以上地方人民政府规定的部门备案。

第三十一条　房地产开发企业的注册资本与投资总额的比例应当符合国家有关规定。

房地产开发企业分期开发房地产的，分期投资额应当与项目规模相适应，并按照土地使用权出让合同的约定，按期投入资金，用于项目建设。

第四章　房地产交易

第一节　一般规定

第三十二条　房地产转让、抵押时，房屋的所有权和该房屋占用范围内的土地使用权同时转让、抵押。

第三十三条　基准地价、标定地价和各类房屋的重置价格应当定期确定并公布。具体办法由国务院规定。

第三十四条　国家实行房地产价格评估制度。

房地产价格评估，应当遵循公正、公平、公开的原则，按照国家规定的技术标准和评估程序，以基准地价、标定地价和各类房屋的重置价格为基础，参照当地的市场价格进行评估。

第三十五条　国家实行房地产成交价格申报制度。

房地产权利人转让房地产，应当向县级以上地方人民政府规定的部门如实申报成交价，不得瞒报或者作不实的申报。

第三十六条　房地产转让、抵押，当事人应当依照本法第五章的规定办理权属登记。

第二节　房地产转让

第三十七条　房地产转让，是指房地产权利人通过买卖、赠与或者其他合法方式将其房地产转移给他人的行为。

第三十八条　下列房地产，不得转让：

（一）以出让方式取得土地使用权的，不符合本法第三十九条规定的条件的；

（二）司法机关和行政机关依法裁定、决定查封或者以其他形式限制房地产权利的；

（三）依法收回土地使用权的；

（四）共有房地产，未经其他共有人书面同意的；

（五）权属有争议的；

（六）未依法登记领取权属证书的；

（七）法律、行政法规规定禁止转让的其他情形。

第三十九条　以出让方式取得土地使用权的，转让房地产时，应当符合下列条件：

（一）按照出让合同约定已经支付全部土地使用权出让金，并取得土地使用权证书；

（二）按照出让合同约定进行投资开发，属于房屋建设工程的，完成开发投资总额的百分之二十五以上，属于成片开发土地的，形成工业用地或者其他建设用地条件。

转让房地产时房屋已经建成的，还应当持有房屋所有权证书。

第四十条　以划拨方式取得土地使用权的，转让房地产时，应当按照国务院规定，报有批准权的人民政府审批。有批准权的人民政府准予转让的，应当由受让方办理土地使用权出让手续，并依照国家有关规定缴纳土地使用权出让金。

以划拨方式取得土地使用权的，转让房地产报批时，有批准权的人民政府按照国务院规定决定可以不办理土地使用权出让手续的，转让方应当按照国务院规定将转让房地产所获收益中的土地收益上缴国家或者作其他处理。

第四十一条　房地产转让，应当签订书面转让合同，合同中应当载明土地使用权取得的方式。

第四十二条　房地产转让时，土地使用权出让合同载明的权利、义务随之转移。

第四十三条　以出让方式取得土地使用权的，转让房地产后，其土地使用权的使用年限为原土地使用权出让合同约定的使用年限减去原土地使用者已经使用年限后的剩余年限。

第四十四条　以出让方式取得土地使用权的，转让房地产后，受让人改变原土地使用权出让合同约定的土地用途的，必须取得原出让方和市、县人民政府城市规划行政主管部门的同意，签订土地使用权出让合同变更协议或者重新签订土地使用权出让合同，相应调整土地使用权出让金。

第四十五条　商品房预售，应当符合下列条件：

（一）已交付全部土地使用权出让金，取得土地使用权证书；

（二）持有建设工程规划许可证；

（三）按提供预售的商品房计算，投入开发建设的资金达到工程建设总投资的百分之二十五以上，并已经确定施工进度和竣工交付日期；

（四）向县级以上人民政府房产管理部门办理预售登记，取得商品房预售许可证明。

商品房预售人应当按照国家有关规定将预售合同报县级以上人民政府房产管理部门和土地管理部门登记备案。

商品房预售所得款项，必须用于有关的工程建设。

第四十六条　商品房预售的，商品房预购人将购买的未竣工的预售商品房再行转让的问题，由国务院规定。

第三节　房地产抵押

第四十七条　房地产抵押，是指抵押人以其合法的房地产以不转移占有的方式向抵押权人提供债务履行担保的行为。债务人不履行债务时，抵押权人有权依法以抵押的房地产拍卖所得的价款优先受偿。

第四十八条　依法取得的房屋所有权连同该房屋占用范围内的土地使用权，可以设定抵押权。

以出让方式取得的土地使用权，可以设定抵押权。

第四十九条　房地产抵押，应当凭土地使用权证书、房屋所有权证书办理。

第五十条　房地产抵押，抵押人和抵押权人应当签订书面抵押合同。

第五十一条　设定房地产抵押权的土地使用权是以划拨方式取得的，依法拍卖该房地产后，应当从拍卖所得的价款中缴纳相当于应缴纳的土地使用权出让金的款额后，抵押权人方可优先受偿。

第五十二条　房地产抵押合同签订后，土地上新增的房屋不属于抵押财产。需要拍卖该抵押的房地产时，可以依法将土地上新增的房屋与抵押财产一同拍卖，但对拍卖新增房屋所得，抵押权人无权优先受偿。

第四节　房屋租赁

第五十三条　房屋租赁，是指房屋所有权人作为出租人将其房屋出租给承租人使用，由承租人向出租人支付租金的行为。

第五十四条　房屋租赁，出租人和承租人应当签订书面租赁合同，约定租赁期限、租赁用途、租赁价格、修缮责任等条款，以及双方的其他权利和义务，并向房产管理部门登记备案。

第五十五条　住宅用房的租赁，应当执行国家和房屋所在城市人民政府规定的租赁政策。租用房屋从事生产、经营活动的，由租赁双方协商议定租金和其他租赁条款。

第五十六条　以营利为目的，房屋所有权人将以划拨方式取得使用权的国有土地上建成的房屋出租的，应当将租金中所含土地收益上缴国家。具体办法由国务院规定。

第五节　中介服务机构

第五十七条　房地产中介服务机构包括房地产咨询机构、房地产价格评估机构、房地产经纪机构等。

第五十八条　房地产中介服务机构应当具备下列条件：

（一）有自己的名称和组织机构；

（二）有固定的服务场所；

（三）有必要的财产和经费；

（四）有足够数量的专业人员；

（五）法律、行政法规规定的其他条件。

设立房地产中介服务机构，应当向工商行政管理部门申请设立登记，领取营业执照后，方可开业。

第五十九条　国家实行房地产价格评估人员资格认证制度。

第五章　房地产权属登记管理

第六十条　国家实行土地使用权和房屋所有权登记发证制度。

第六十一条　以出让或者划拨方式取得土地使用权，应当向县级以上地方人民政府土地管理部门申请登记，经县级以上地方人民政府土地管理部门核实，由同级人民政府颁发土地使用权证书。

在依法取得的房地产开发用地上建成房屋的，应当凭土地使用权证书向县级以上地方人民政府房产管理部门申请登记，由县级以上地方人民政府房产管理部门核实并颁发房屋所有权证书。

房地产转让或者变更时，应当向县级以上地方人民政府房产管理部门申请房产变更登记，并凭变更后的房屋所有权证书向同级人民政府土地管理部门申请土地使用权变更登记，经同级人民政府土地管理部门核实，由同级人民政府更换或者更改土地使用权证书。

法律另有规定的，依照有关法律的规定办理。

第六十二条　房地产抵押时，应当向县级以上地方人民政府规定的部门办理抵押登记。

因处分抵押房地产而取得土地使用权和房屋所有权的，应当依照本章规定办理过户登记。

第六十三条　经省、自治区、直辖市人民政府确定，县级以上地方人民政府由一个部门统一负责房产管理和土地管理工作的，可以制作、颁发统一的房地产权证书，依照本法第六十一条的规定，将房屋的所有权和该房屋占用范围内的土地使用权的确认和变更，分别载入房地产权证书。

第六章　法律责任

第六十四条　违反本法第十一条、第十二条的规定，擅自批准出让或者擅自出让土地使用权用于房地产开发的，由上级机关或者所在单位给予有关责任人员行政处分。

第六十五条　违反本法第三十条的规定，未取得营业执照擅自从事房地产开发业务的，由县级以上人民政府工商行政管理部门责令停止房地产开发业务活动，没收违法所得，可以并处罚款。

第六十六条　违反本法第三十九条第一款的规定转让土地使用权的，由县级以上人民政府土地管理部门没收违法所得，可以并处罚款。

第六十七条　违反本法第四十条第一款的规定转让房地产的，由县级以上人民政府土地管理部门责令缴纳土地使用权出让金，没收违法所得，可以并处罚款。

第六十八条　违反本法第四十五条第一款的规定预售商品房的，由县级以上人民政府房产管理部门责令停止预售活动，没收违法所得，可以并处罚款。

第六十九条　违反本法第五十八条的规定，未取得营业执照擅自从事房地产中介服务业务的，由县级以上人民政府工商行政管理部门责令停止房地产中介服务业务活动，没收违法所得，可以并处罚款。

第七十条　没有法律、法规的依据，向房地产开发企业收费的，上级机关应当责令退回所收取的钱款；情节严重的，由上级机关或者所在单位给予直接责任人员行政处分。

第七十一条　房产管理部门、土地管理部门工作人员玩忽职守、滥用职权，构成犯罪的，依法追究刑事责任；不构成犯罪的，给予行政处分。

房产管理部门、土地管理部门工作人员利用职务上的便利，索取他人财物，或者非法收受他人财物为他人谋取利益，构成犯罪的，依照惩治贪污罪贿赂罪的补充规定追究刑事责任；不构成犯罪的，给予行政处分。

第七章 附 则

第七十二条 在城市规划区外的国有土地范围内取得房地产开发用地的土地使用权，从事房地产开发、交易活动以及实施房地产管理，参照本法执行。

第七十三条 本法自1995年1月1日起施行。

中华人民共和国建筑法

（1997年11月1日第八届全国人民代表大会常务委员会第二十八次会议通过 根据2011年4月22日第十一届全国人民代表大会常务委员会第二十次会议《关于修改〈中华人民共和国建筑法〉的决定》修正）

第一章 总 则

第一条 为了加强对建筑活动的监督管理，维护建筑市场秩序，保证建筑工程的质量和安全，促进建筑业健康发展，制定本法。

第二条 在中华人民共和国境内从事建筑活动，实施对建筑活动的监督管理，应当遵守本法。

本法所称建筑活动，是指各类房屋建筑及其附属设施的建造和与其配套的线路、管道、设备的安装活动。

第三条 建筑活动应当确保建筑工程质量和安全，符合国家的建筑工程安全标准。

第四条 国家扶持建筑业的发展，支持建筑科学技术研究，提高房屋建筑设计水平，鼓励节约能源和保护环境，提倡采用先进技术、先进设备、先进工艺、新型建筑材料和现代管理方式。

第五条 从事建筑活动应当遵守法律、法规，不得损害社会公共利益和他人的合法权益。

任何单位和个人都不得妨碍和阻挠依法进行的建筑活动。

第六条 国务院建设行政主管部门对全国的建筑活动实施统一监督管理。

第二章 建筑许可

第一节 建筑工程施工许可

第七条 建筑工程开工前，建设单位应当按照国家有关规定向工程所在地县级以上人民政府建设行政主管部门申请领取施工许可证；但是，国务院建设行政主管部门确定的限额以下的小型工程除外。

按照国务院规定的权限和程序批准开工报告的建筑工程，不再领取施工许可证。

第八条 申请领取施工许可证，应当具备下列条件：

（一）已经办理该建筑工程用地批准手续；

（二）在城市规划区的建筑工程，已经取得规划许可证；

（三）需要拆迁的，其拆迁进度符合施工要求；

（四）已经确定建筑施工企业；

（五）有满足施工需要的施工图纸及技术资料；

（六）有保证工程质量和安全的具体措施；

（七）建设资金已经落实；

（八）法律、行政法规规定的其他条件。

建设行政主管部门应当自收到申请之日起十五日内，对符合条件的申请颁发施工许可证。

第九条　建设单位应当自领取施工许可证之日起三个月内开工。因故不能按期开工的，应当向发证机关申请延期；延期以两次为限，每次不超过三个月。既不开工又不申请延期或者超过延期时限的，施工许可证自行废止。

第十条　在建的建筑工程因故中止施工的，建设单位应当自中止施工之日起一个月内，向发证机关报告，并按照规定做好建筑工程的维护管理工作。

建筑工程恢复施工时，应当向发证机关报告；中止施工满一年的工程恢复施工前，建设单位应当报发证机关核验施工许可证。

第十一条　按照国务院有关规定批准开工报告的建筑工程，因故不能按期开工或者中止施工的，应当及时向批准机关报告情况。因故不能按期开工超过六个月的，应当重新办理开工报告的批准手续。

第二节　从业资格

第十二条　从事建筑活动的建筑施工企业、勘察单位、设计单位和工程监理单位，应当具备下列条件：

（一）有符合国家规定的注册资本；

（二）有与其从事的建筑活动相适应的具有法定执业资格的专业技术人员；

（三）有从事相关建筑活动所应有的技术装备；

（四）法律、行政法规规定的其他条件。

第十三条　从事建筑活动的建筑施工企业、勘察单位、设计单位和工程监理单位，按照其拥有的注册资本、专业技术人员、技术装备和已完成的建筑工程业绩等资质条件，划分为不同的资质等级，经资质审查合格，取得相应等级的资质证书后，方可在其资质等级许可的范围内从事建筑活动。

第十四条　从事建筑活动的专业技术人员，应当依法取得相应的执业资格证书，并在执业资格证书许可的范围内从事建筑活动。

第三章　建筑工程发包与承包

第一节　一般规定

第十五条　建筑工程的发包单位与承包单位应当依法订立书面合同，明确双方的权利和义务。

发包单位和承包单位应当全面履行合同约定的义务。不按照合同约定履行义务的，依法承担违约责任。

第十六条　建筑工程发包与承包的招标投标活动，应当遵循公开、公正、平等竞争的原则，择优选择承包单位。

建筑工程的招标投标，本法没有规定的，适用有关招标投标法律的规定。

第十七条　发包单位及其工作人员在建筑工程发包中不得收受贿赂、回扣或者索取其他好处。

承包单位及其工作人员不得利用向发包单位及其工作人员行贿、提供回扣或者给予其他好处等不正当手段承揽工程。

第十八条　建筑工程造价应当按照国家有关规定，由发包单位与承包单位在合同中约定。公开招标发包的，其造价的约定，须遵守招标投标法律的规定。

发包单位应当按照合同的约定，及时拨付工程款项。

第二节　发包

第十九条　建筑工程依法实行招标发包，对不适于招标发包的可以直接发包。

第二十条　建筑工程实行公开招标的，发包单位应当依照法定程序和方式，发布招标公告，提供载有招标工程的主要技术要求、主要的合同条款、评标的标准和方法以及开标、评标、定标的程序等内容的招标文件。

开标应当在招标文件规定的时间、地点公开进行。开标后应当按照招标文件规定的评标标准和程序对标书进行评价、比较，在具备相应资质条件的投标者中，择优选定中标者。

第二十一条　建筑工程招标的开标、评标、定标由建设单位依法组织实施，并接受有关行政主管部门的监督。

第二十二条　建筑工程实行招标发包的，发包单位应当将建筑工程发包给依法中标的承包单位。建筑工程实行直接发包的，发包单位应当将建筑工程发包给具有相应资质条件的承包单位。

第二十三条　政府及其所属部门不得滥用行政权力，限定发包单位将招标发包的建筑工程发包给指定的承包单位。

第二十四条　提倡对建筑工程实行总承包，禁止将建筑工程肢解发包。

建筑工程的发包单位可以将建筑工程的勘察、设计、施工、设备采购一并发包给一个工程总承包单位，也可以将建筑工程勘察、设计、施工、设备采购的一项或者多项发包给一个工程总承包单位；但是，不得将应当由一个承包单位完成的建筑工程肢解成若干部分发包给几个承包单位。

第二十五条　按照合同约定，建筑材料、建筑构配件和设备由工程承包单位采购的，发包单位不得指定承包单位购入用于工程的建筑材料、建筑构配件和设备或者指定生产厂、供应商。

第三节　承　包

第二十六条　承包建筑工程的单位应当持有依法取得的资质证书，并在其资质等级许可的业务范围内承揽工程。

禁止建筑施工企业超越本企业资质等级许可的业务范围或者以任何形式用其他建筑施工企业的名义承揽工程。禁止建筑施工企业以任何形式允许其他单位或者个人使用本企业的资质证书、营业执照，以本企业的名义承揽工程。

第二十七条　大型建筑工程或者结构复杂的建筑工程，可以由两个以上的承包单位联合共同承包。共同承包的各方对承包合同的履行承担连带责任。

两个以上不同资质等级的单位实行联合共同承包的，应当按照资质等级低的单位的业务许可范围承揽工程。

第二十八条　禁止承包单位将其承包的全部建筑工程转包给他人，禁止承包单位将其承包的全部建筑工程肢解以后以分包的名义分别转包给他人。

第二十九条　建筑工程总承包单位可以将承包工程中的部分工程发包给具有相应资质条件的分包单位；但是，除总承包合同中约定的分包外，必须经建设单位认可。施工总承包的，建筑工程主体结构的施工必须由总承包单位自行完成。

建筑工程总承包单位按照总承包合同的约定对建设单位负责；分包单位按照分包合同的约定对总承包单位负责。总承包单位和分包单位就分包工程对建设单位承担连带责任。

禁止总承包单位将工程分包给不具备相应资质条件的单位。禁止分包单位将其承包的工程再分包。

第四章　建筑工程监理

第三十条　国家推行建筑工程监理制度。

国务院可以规定实行强制监理的建筑工程的范围。

第三十一条　实行监理的建筑工程，由建设单位委托具有相应资质条件的工程监理单位监理。建设单位与其委托的工程监理单位应当订立书面委托监理合同。

第三十二条　建筑工程监理应当依照法律、行政法规及有关的技术标准、设计文件和建筑工程承包合同，对承包单位在施工质量、建设工期和建设资金使用等方面，代表建设单位实施监督。

工程监理人员认为工程施工不符合工程设计要求、施工技术标准和合同约定的，有权要求建筑施工企业改正。

工程监理人员发现工程设计不符合建筑工程质量标准或者合同约定的质量要求的，应当报告建设单位要求设计单位改正。

第三十三条　实施建筑工程监理前，建设单位应当将委托的工程监理单位、监理的内容及监理权限，书面通知被监理的建筑施工企业。

第三十四条　工程监理单位应当在其资质等级许可的监理范围内，承担工程监理业务。

工程监理单位应当根据建设单位的委托，客观、公正地执行监理任务。

工程监理单位与被监理工程的承包单位以及建筑材料、建筑构配件和设备供应单位不得有隶属关系或者其他利害关系。

工程监理单位不得转让工程监理业务。

第三十五条　工程监理单位不按照委托监理合同的约定履行监理义务，对应当监督检查的项目不检查或者不按照规定检查，给建设单位造成损失的，应当承担相应的赔偿责任。

工程监理单位与承包单位串通，为承包单位谋取非法利益，给建设单位造成损失的，应当与承包单位承担连带赔偿责任。

第五章　建筑安全生产管理

第三十六条　建筑工程安全生产管理必须坚持安全第一、预防为主的方针，建立健全安全生产的责任制度和群防群治制度。

第三十七条　建筑工程设计应当符合按照国家规定制定的建筑安全规程和技术规范，保证工程的安全性能。

第三十八条　建筑施工企业在编制施工组织设计时，应当根据建筑工程的特点制定相应的安全技术措施；对专业性较强的工程项目，应当编制专项安全施工组织设计，并采取安全技术措施。

第三十九条　建筑施工企业应当在施工现场采取维护安全、防范危险、预防火灾等措施；有条件的，应当对施工现场实行封闭管理。

施工现场对毗邻的建筑物、构筑物和特殊作业环境可能造成损害的，建筑施工企业应当采取安全防护措施。

第四十条　建设单位应当向建筑施工企业提供与施工现场相关的地下管线资料，建筑施工企业应当采取措施加以保护。

第四十一条　建筑施工企业应当遵守有关环境保护和安全生产的法律、法规的规定，采取控制和处理施工现场的各种粉尘、废气、废水、固体废物以及噪声、振动对环境的污染和危害的措施。

第四十二条　有下列情形之一的，建设单位应当按照国家有关规定办理申请批准手续：

（一）需要临时占用规划批准范围以外场地的；

（二）可能损坏道路、管线、电力、邮电通讯等公共设施的；

（三）需要临时停水、停电、中断道路交通的；

（四）需要进行爆破作业的；

（五）法律、法规规定需要办理报批手续的其他情形。

第四十三条　建设行政主管部门负责建筑安全生产的管理，并依法接受劳动行政主管部门对建筑安全生产的指导和监督。

第四十四条　建筑施工企业必须依法加强对建筑安全生产的管理，执行安全生产责任制度，采取有效措施，防止伤亡和其他安全生产事故的发生。

建筑施工企业的法定代表人对本企业的安全生产负责。

第四十五条　施工现场安全由建筑施工企业负责。实行施工总承包的，由总承包单位负责。分包单位向总承包单位负责，服从总承包单位对施工现场的安全生产管理。

第四十六条　建筑施工企业应当建立健全劳动安全生产教育培训制度，加强对职工安全生产的教育培训；未经安全生产教育培训的人员，不得上岗作业。

第四十七条　建筑施工企业和作业人员在施工过程中，应当遵守有关安全生产的法律、法规和建筑行业安全规章、规程，不得违章指挥或者违章作业。作业人员有权对影响人身健康的作业程序和作业条件提出改进意见，有权获得安全生产所需的防护用品。作业人员对危及生命安全和人身健康的行为有权提出批评、检举和控告。

第四十八条　建筑施工企业应当依法为职工参加工伤保险缴纳工伤保险费。鼓励企业为从事危险作业的职工办理意外伤害保险，支付保险费。

第四十九条　涉及建筑主体和承重结构变动的装修工程，建设单位应当在施工前委托原设计单位或者具有相应资质条件的设计单位提出设计方案；没有设计方案的，不得施工。

第五十条　房屋拆除应当由具备保证安全条件的建筑施工单位承担，由建筑施工单位负责人对安全负责。

第五十一条　施工中发生事故时，建筑施工企业应当采取紧急措施减少人员伤亡和事故损失，并按照国家有关规定及时向有关部门报告。

第六章　建筑工程质量管理

第五十二条　建筑工程勘察、设计、施工的质量必须符合国家有关建筑工程安全标准的要求，具体管理办法由国务院规定。

有关建筑工程安全的国家标准不能适应确保建筑安全的要求时，应当及时修订。

第五十三条　国家对从事建筑活动的单位推行质量体系认证制度。从事建筑活动的单位根据自愿原则可以向国务院产品质量监督管理部门或者国务院产品质量监督管理部门授权的部门认可的认证机构申请质量体系认证。经认证合格的，由认证机构颁发质量体系认证证书。

第五十四条　建设单位不得以任何理由，要求建筑设计单位或者建筑施工企业在工程设计或者施工作业中，违反法律、行政法规和建筑工程质量、安全标准，降低工程质量。

建筑设计单位和建筑施工企业对建设单位违反前款规定提出的降低工程质量的要求，应当予以拒绝。

第五十五条　建筑工程实行总承包的，工程质量由工程总承包单位负责，总承包单位将建筑工程分包给其他单位的，应当对分包工程的质量与分包单位承担连带责任。分包单位应当接受总承包单位的质量管理。

第五十六条　建筑工程的勘察、设计单位必须对其勘察、设计的质量负责。勘察、设计文件应当符合有关法律、行政法规的规定和建筑工程质量、安全标准、建筑工程勘察、设计技术规范以及合同的约定。设计文件选用的建筑材料、建筑构配件和设备，应当注明其规格、型号、性能等技术指标，其质量要求必须符合国家规定的标准。

第五十七条　建筑设计单位对设计文件选用的建筑材料、建筑构配件和设备，不得指定生产厂、供应商。

第五十八条　建筑施工企业对工程的施工质量负责。

建筑施工企业必须按照工程设计图纸和施工技术标准施工，不得偷工减料。工程设计的修改由原设计单位负责，建筑施工企业不得擅自修改工程设计。

第五十九条　建筑施工企业必须按照工程设计要求、施工技术标准和合同的约定，对建筑材料、建筑构配件和设备进行检验，不合格的不得使用。

第六十条　建筑物在合理使用寿命内，必须确保地基基础工程和主体结构的质量。

建筑工程竣工时，屋顶、墙面不得留有渗漏、开裂等质量缺陷；对已发现的质量缺陷，建筑施工企业应当修复。

第六十一条　交付竣工验收的建筑工程，必须符合规定的建筑工程质量标准，有完整的工程技术经济资料和经签署的工程保修书，并具备国家规定的其他竣工条件。

建筑工程竣工经验收合格后，方可交付使用；未经验收或者验收不合格的，不得交付使用。

第六十二条　建筑工程实行质量保修制度。

建筑工程的保修范围应当包括地基基础工程、主体结构工程、屋面防水工程和其他土建工程，以及电气管线、上下水管线的安装工程，供热、供冷系统工程等项目；保修的期限应当按照保证建筑物合理寿命年限内正常使用，维护使用者合法权益的原则确定。具体的保修范围和最低保修期限由国务院规定。

第六十三条　任何单位和个人对建筑工程的质量事故、质量缺陷都有权向建设行政主管部门或者其他有关部门进行检举、控告、投诉。

第七章　法律责任

第六十四条　违反本法规定，未取得施工许可证或者开工报告未经批准擅自施工的，责令改正，对不符合开工条件的责令停止施工，可以处以罚款。

第六十五条　发包单位将工程发包给不具有相应资质条件的承包单位的，或者违反本法规定将建筑工程肢解发包的，责令改正，处以罚款。

超越本单位资质等级承揽工程的，责令停止违法行为，处以罚款，可以责令停业整顿，降低资质等级；情节严重的，吊销资质证书；有违法所得的，予以没收。

未取得资质证书承揽工程的，予以取缔，并处罚款；有违法所得的，予以没收。

以欺骗手段取得资质证书的，吊销资质证书，处以罚款；构成犯罪的，依法追究刑事责任。

第六十六条　建筑施工企业转让、出借资质证书或者以其他方式允许他人以本企业的名义承揽工程的，责令改正，没收违法所得，并处罚款，可以责令停业整顿，降低资质等级；情节严重的，吊销资质证书。对因该项承揽工程不符合规定的质量标准造成的损失，建筑施工企业与使用本企业名义的单位或者个人承担连带赔偿责任。

第六十七条　承包单位将承包的工程转包的，或者违反本法规定进行分包的，责令改正，没收违法所得，并处罚款，可以责令停业整顿，降低资质等级；情节严重的，吊销资质证书。

承包单位有前款规定的违法行为的，对因转包工程或者违法分包的工程不符合规定的质量标准造成的损失，与接受转包或者分包的单位承担连带赔偿责任。

第六十八条　在工程发包与承包中索贿、受贿、行贿，构成犯罪的，依法追究刑事责任；不构成犯罪的，分别处以罚款，没收贿赂的财物，对直接负责的主管人员和其他直接责任人员给予处分。

对在工程承包中行贿的承包单位，除依照前款规定处罚外，可以责令停业整顿，降低资质等级或者吊销资质证书。

第六十九条　工程监理单位与建设单位或者建筑施工企业串通，弄虚作假、降低工程质量的，责令改正，处以罚款，降低资质等级或者吊销资质证书；有违法所得的，予以没收；造成损失的，承担连带赔偿责任；构成犯罪的，依法追究刑事责任。

工程监理单位转让监理业务的，责令改正，没收违法所得，可以责令停业整顿，降低资质等级；情节严重的，吊销资质证书。

第七十条　违反本法规定，涉及建筑主体或者承重结构变动的装修工程擅自施工的，责令改正，处以罚款；造成损失的，承担赔偿责任；构成犯罪的，依法追究刑事责任。

第七十一条　建筑施工企业违反本法规定，对建筑安全事故隐患不采取措施予以消除的，责令改正，可以处以罚款；情节严重的，责令停业整顿，降低资质等级或者吊销资质证书；构成犯罪的，依法追究刑事责任。

建筑施工企业的管理人员违章指挥、强令职工冒险作业，因而发生重大伤亡事故或者造成其他严重后果的，依法追究刑事责任。

第七十二条　建设单位违反本法规定，要求建筑设计单位或者建筑施工企业违反建筑工程质量、安全标准，降低工程质量的，责令改正，可以处以罚款；构成犯罪的，依法追究刑事责任。

第七十三条　建筑设计单位不按照建筑工程质量、安全标准进行设计的，责令改正，处以罚款；造成工程质量事故的，责令停业整顿，降低资质等级或者吊销资质证书，没收违法所得，并处罚款；造成损失的，承担赔偿责任；构成犯罪的，依法追究刑事责任。

第七十四条　建筑施工企业在施工中偷工减料的，使用不合格的建筑材料、建筑构配件和设备的，或者有其他不按照工程设计图纸或者施工技术标准施工的行为的，责令改正，处以罚款；情节严重的，责令停业整顿，降低资质等级或者吊销资质证书；造成建筑工程质量不符合规定的质量标准的，负责返工、修理，并赔偿因此造成的损失；构成犯罪的，依法追究刑事责任。

第七十五条　建筑施工企业违反本法规定，不履行保修义务或者拖延履行保修义务的，责令改正，可以处以罚款，并对在保修期内因屋顶、墙面渗漏、开裂等质量缺陷造成的损失，承担赔偿责任。

第七十六条　本法规定的责令停业整顿、降低资质等级和吊销资质证书的行政处罚，由颁发资质证书的机关决定；其他行政处罚，由建设行政主管部门或者有关部门依照法律和国务院规定的职权范围决定。

依照本法规定被吊销资质证书的，由工商行政管理部门吊销其营业执照。

第七十七条　违反本法规定，对不具备相应资质等级条件的单位颁发该等级资质证书的，由其上级机关责令收回所发的资质证书，对直接负责的主管人员和其他直接责任人员给予行政处分；构成犯罪的，依法追究刑事责任。

第七十八条　政府及其所属部门的工作人员违反本法规定，限定发包单位将招标发包的工程发包给指定的承包单位的，由上级机关责令改正；构成犯罪的，依法追究刑事责任。

第七十九条　负责颁发建筑工程施工许可证的部门及其工作人员对不符合施工条件的建筑工程颁发施工许可证的，负责工程质量监督检查或者竣工验收的部门及其工作人员对不合格的建筑工程出具质量合格文件或者按合格工程验收的，由上级机关责令改正，对责任人员给予行政处分；构成犯罪的，依法追究刑事责任；造成损失的，由该部门承担相应的赔偿责任。

第八十条　在建筑物的合理使用寿命内，因建筑工程质量不合格受到损害的，有权向责任者要求赔偿。

第八章　附　则

第八十一条　本法关于施工许可、建筑施工企业资质审查和建筑工程发包、承包、禁止转包，以及建筑工程监理、建筑工程安全和质量管理的规定，适用于其他专业建筑工程的建筑活动，具体办法由国务院规定。

第八十二条　建设行政主管部门和其他有关部门在对建筑活动实施监督管理中，除按照国务院有关规定收取费用外，不得收取其他费用。

第八十三条　省、自治区、直辖市人民政府确定的小型房屋建筑工程的建筑活动，参照本法执行。

依法核定作为文物保护的纪念建筑物和古建筑等的修缮，依照文物保护的有关法律规定执行。

抢险救灾及其他临时性房屋建筑和农民自建低层住宅的建筑活动，不适用本法。

第八十四条　军用房屋建筑工程建筑活动的具体管理办法，由国务院、中央军事委员会依据本法制定。

第八十五条　本法自1998年3月1日起施行。

三、相关企业介绍

北京市

北京盛世恒鑫房地产经纪有限公司
地址：北京市昌平区城北街道南环路10号1至2层04
……Tel：010-53311466

汇杰东方（北京）信息技术有限公司
地址：北京市昌平区回龙观镇北清路1号院3号楼1单元1204
……Tel：010-57243775

中建材创新科技研究院有限公司
地址：北京市昌平区未来科学城七北路9号
……Tel：010-57868888

北京博兴众业房地产开发有限公司
地址：北京市昌平区城南街道中兴路21号院4号楼23层2306室
……Tel：010-57909902

北京众邦展览有限公司
地址：北京市昌平区城南街道凉水河路1号院1号楼6层621
……Tel：010-59735146

北京志恒达科技有限公司
地址：北京市昌平区科技园区何营路8号院6号楼1至5层101
……Tel：010-60748857

圣戈班伟伯（北京）建材有限公司
地址：北京市昌平区马池口镇北小营村东
……Tel：010-60753199-308

北京首投智慧城市建设有限公司
地址：北京市昌平区建材城西路87号2号楼7层1单元708-2
……Tel：010-63211887

北京同润建材集团有限公司
地址：北京市昌平区东小口镇中东路5号院2号11层1106-1
……Tel：010-64826299

中亿城建设发展（中国）有限公司
地址：北京市昌平区沙河镇北街家园五区2号楼11层3单元1137
……Tel：010-65068807

北京文华盛达房地产开发有限公司
地址：北京市昌平区北七家镇沟自头村村北112号1层108号
……Tel：010-67018999

北京城建中天置业有限责任公司
地址：北京市昌平区东小口镇兰各庄村委会9号
……Tel：010-68003170

北京京昌工程测绘技术有限公司
地址：北京市昌平区白浮泉路10号中关村兴业大厦五层
……Tel：010-69746071

北京城建五市政工程集团有限公司
地址：北京市昌平区北七家镇海 落村658号
……Tel：010-80181469-858

北京众智鼎昌科技产业有限公司
地址：北京市昌平区科技园区超前路9号8层8081室
……Tel：010-80199808

北京首冶新元科技发展有限公司
地址：北京市昌平区沙河镇昌平路97号
……Tel：010-80734852

北京东韦置业有限公司
地址：北京市昌平区沙河镇西沙屯8-43号3层322
……Tel：010-80762457

北京衡达盛世国际企业管理有限公司
地址：北京市昌平区十三陵镇大宫门村南300米
……Tel：010-80844242

北京城建远东建设投资集团有限公司
地址：北京市昌平区北七家镇燕丹3号
……Tel：010-81756411

北京奥通达电梯装潢有限公司
地址：北京市昌平区北七家镇西沙各庄村34号
……Tel：010-81766830

北京市北店嘉园物业管理有限公司
地址：北京市昌平区回龙观镇文化居住区C05区北店嘉园小区
……Tel：010-81795744

中冶城投建设有限公司
地址：北京市昌平区回龙观镇育知东路30号院1号楼8层3单元804-2
……Tel：010-88198320

北京未来科学城发展集团有限公司
地址：北京市昌平区小汤山镇人民政府院内113室
……Tel：010-89757195

北京未来科学城置汇建设有限公司
地址：北京市昌平区沙河镇人民政府南楼2层207房间
……Tel：010-89757195

北京未来科学城置地有限公司
地址：北京市昌平区小汤山镇大东流电信局对面
……Tel：010-89757195

北京景鼎梧桐装饰装潢有限责任公司
地址：北京市昌平区东小口镇中滩村6号院5号楼6层602
……Tel：010-89941236

北京绿地京华置业有限公司
地址：北京市朝阳区霄云里南街9号院2号楼1层102
……Tel：010-50825596

北京丰年微商网络技术服务有限公司
地址：北京市朝阳区酒仙桥路14号院甲2号楼3层303
……Tel：010-50955445

中建材中岩科技有限公司
地址：北京市朝阳区酒仙桥乙21号佳丽饭店528房间
……Tel：010-51167200

中国建筑材料科学研究总院有限公司
地址：北京市朝阳区管庄东里1号
……Tel：010-51167236

中国建材检验认证集团股份有限公司
地址：北京市朝阳区管庄东里1号科研生产区南楼
……Tel：010-51167681

北京凯盛建材工程有限公司
地址：北京市朝阳区管庄东里1号院主楼三层
……Tel：010-51167964

中铁十六局集团城市建设发展有限公司
地址：北京市朝阳区红松园北里2号院19号楼(5-8层)
……Tel：010-51884903

北京紫东投资发展有限公司
地址：北京市朝阳区青年路西里2号院11号楼-1至3层商业01
……Tel：010-52063566

北京城建道桥建设集团有限公司
地址：北京市朝阳区西大望路12号
……Tel：010-52087235

北京华创众联企业管理有限公司
地址：北京市朝阳区林萃西里16号楼4层F4-08A
……Tel：010-52660799

君融贷（北京）信息技术服务有限公司
地址：北京市朝阳区酒仙桥路14号1幢3层302室
……Tel：010-53687636

北京安和嘉邦房地产有限责任公司
地址：北京市朝阳区东三环中路7号4号楼4503
……Tel：010-53916788

北京绿智城市建设发展有限公司
地址：北京市朝阳区朝阳公园南路10号院7号楼3层302号04室
……Tel：010-56010910

北京路丰汇通汽车销售服务有限公司
地址：北京市朝阳区高碑店乡半壁店村388号
……Tel：010-56651771

北京秀水街房地产开发有限责任公司
地址：北京市朝阳区秀水东街8号
……Tel：010-56767782

北京中海广场商业发展有限公司
地址：北京市朝阳区光华东里中海大厦6层
……Tel：010-57040660

北京展拓置业有限公司
地址：北京市朝阳区广渠路23号院5号楼1层5-2
……Tel：010-57681622

游乐天下（北京）信息技术有限公司
地址：北京市朝阳区广顺南大街16号院2号楼28层3101室
……Tel：010-57839033

合金贷（北京）商务咨询服务有限公司
地址：北京市朝阳区东三环南路19号院1号楼-2至15层101内二层202号
……Tel：010-58164666

绿茵天地体育产业股份有限公司
地址：北京市朝阳区北苑路168号中安盛业大厦1008
……Tel：010-58246868

北京凯罗天下科技有限公司
地址：北京市朝阳区东三环中路39号院9号楼7层0803
……Tel：010-58695436

北京德利中天物业服务有限公司
地址：北京市朝阳区雅成二里20号楼1层121
……Tel：010-59075066

泛海物业管理有限公司
地址：北京市朝阳区姚家园路105号2号楼7层801室
……Tel：010-59282221

北京中海全盛房地产开发有限公司
地址：北京市朝阳区崔各庄乡南春路1号一层150室
……Tel：010-63220770

北京百安居装饰建材有限公司
地址：北京市朝阳区来广营西路18号
……Tel：010-63367587

北京东方华太建筑设计工程有限责任公司
地址：北京市朝阳区光华东里8号院1号楼1层101号3层318室
……Tel：010-63962028

北京建工土木工程有限公司
地址：北京市朝阳区京顺东街6号院2号楼2层202
……Tel：010-64084602

北京城建亚泰建设集团有限公司
地址：北京市朝阳区东土城路九号
……Tel：010-64225995

北京中粉建材股份有限公司
地址：北京市朝阳区将台路5号院5号楼二层2110室
……Tel：010-64375699

北京金鼎丰园物业管理有限公司
地址：北京市朝阳区左家庄中街6号院9号楼203室
……Tel：010-64676347

北京疯狂体育产业管理有限公司
地址：北京市朝阳区广顺南大街21号配套(2)号楼01-02层内1层1009
……Tel：010-64797862

北京城建五建设集团有限公司
地址：北京市朝阳区安苑东里三区十号楼
……Tel：010-64895895

北京润万苑装饰装潢有限责任公司
地址：北京市朝阳区北辰东路8号汇欣大厦B1
……Tel：010-64991985

中鑫安达货物运输（北京）有限公司
地址：北京市朝阳区建国路88号(7-10号楼)1幢503室
……Tel：010-65003189

北京市四方房地产开发有限公司
地址：北京市朝阳区小营路5号楼
……Tel：010-65006140-8000

北京猎户座投资发展有限公司
地址：北京市朝阳区广顺南大街21号1(1)号楼二层2005
……Tel：010-65058521

北京飞米工场房地产顾问有限公司
地址：北京市朝阳区望京东园11号楼47层4708室
……Tel：010-650585221

北京金朝城乡建设开发股份有限公司
地址：北京市朝阳区朝外大街3号铂宫国际中心B座1801室复式一层东侧
……Tel：010-65534290

北京燕炼骅宸物资有限公司
地址：北京市朝阳区石佛营西里12号楼5层516室
……Tel：010-65560795

中国世纪新城投资集团有限公司
地址：北京市朝阳区建国门外大街甲6号中环世贸中心C座30层
……Tel：010-65630909

北京国泰饭店有限公司
地址：北京市朝阳区建国门外永安西里12号
……Tel：010-65681529

北京常赢绿洲假日运动中心有限公司
地址：北京市朝阳区东苇路128号
……Tel：010-65788387

北京爱接力科技发展有限公司
地址：北京市朝阳区光华路4号院3号楼9层909室
……Tel：010-65815567

北京柏基置业有限公司
地址：北京市朝阳区王四营乡王四营村甲1号
……Tel：010-65857676

北京嘉泰基业置业有限公司
地址：北京市朝阳区东四环中路41号楼3层323室
……Tel：010-65953385

北京龙头房地产开发有限公司
地址：北京市朝阳区南新园西路8号
……Tel：010-67323637

北京龙凤之家家居建材市场有限责任公司
地址：北京市朝阳区十八里店乡周家庄村大羊坊路35号一层北侧、二层、三层
……Tel：010-67496308

北京海文资产经营管理有限公司
地址：北京市朝阳区劲松南路一号
……Tel：010-67731221

中国建材工业对外经济技术合作有限公司
地址：北京市海淀区三里河路11号
……Tel：010-68025791

北京金隅新型建材产业化集团有限公司
地址：北京市朝阳区高井二号
……Tel：010-80842420

北京住总新型建材有限公司
地址：北京市朝阳区十里堡壁板厂路1号北段
……Tel：010-81465150

北京城建七建设工程有限公司
地址：北京市朝阳区德外祁家豁子2号
……Tel：010-82023475

北京城建八建设发展有限责任公司
地址：北京市朝阳区立水桥甲3号院5号楼一层102、二层201
……Tel：010-82275980

中祐投资控股有限公司
地址：北京市朝阳区工人体育场北路13号院1号楼13层1503
……Tel：010-84243560

北京金阳新建材有限公司
地址：北京市朝阳区金盏乡金盏大街2号
……Tel：010-84333836

北京北投商业地产经营管理有限公司
地址：北京市朝阳区湖景东路9号2-1311
……Tel：010-84377230

中航瑞赛中小城市建设发展有限公司
地址：北京市朝阳区建国路126号1710室
……Tel：010-84534961

北京市东郊农场有限公司
地址：北京市朝阳区机场路和平农场站北
……Tel：010-84701137

北京东隆房地产开发有限公司
地址：北京市朝阳区首都机场路和平农场站北
……Tel：010-84702001

老油匠（北京）新型建材有限公司
地址：北京市朝阳区望京园402号楼10层1112
……Tel：010-84716256

易风控（北京）科技有限公司
地址：北京市朝阳区阜通东大街6号院1号楼6层702
……Tel：010-84766811

北京城建中南土木工程集团有限公司
地址：北京市朝阳区化工路59号院1号楼1至14层01内B座九层1001室
……Tel：010-84843923

北京中环博宏环境资源科技有限公司
地址：北京市朝阳区来广营红军营南路甲1号B座501
……Tel：010-84927577

北京建贸新科建材有限公司
地址：北京市朝阳区东土城路14号1418室
……Tel：010-85271126

北京鼎峰地产投资顾问有限公司
地址：北京市朝阳区光华路5号院1号楼5层601内608、610-615
……Tel：010-85712688

中铁城建集团北京工程有限公司
地址：北京市朝阳区五里桥一街1号院21号楼1层101、2层201、3层301、4层401
……Tel：010-85717577

北京市丰苑物业管理有限责任公司
地址：北京市朝阳区石佛营西里12号楼
……Tel：010-85822203

网势传媒广告（北京）有限公司
地址：北京市朝阳区八里庄西里98号20层2303
……Tel：010-85863388

国能领航城市建设投资有限公司
地址：北京市朝阳区工人体育场东路甲2号13层1301
……Tel：010-85871616-804

华瀚投资集团有限公司
地址：北京市朝阳区西大望路甲29号
……Tel：010-87352691

普莱斯德（北京）国际控股有限公司
地址：北京市朝阳区三台山路6号
……Tel：010-87606363

北京永达信工程造价咨询有限公司
地址：北京市朝阳区大郊亭中街2号院5号楼18B室
……Tel：010-87951092

北京立高殿梁防水保温建材科技有限公司
地址：北京市大兴区礼贤镇礼贤三村村委会南1000米
……Tel：010-51811092

中标集团总包建设有限公司
地址：北京市大兴区金星路12号院3号楼13层1713室
……Tel：010-53257081

北京世纪佳邦建材有限公司
地址：北京市大兴区安定镇后安定村委会北50米
……Tel：010-56532786

东方雨虹民用建材有限责任公司
地址：北京市北京经济技术开发区景园北街2号27幢4层
……Tel：010-59031875

中交四公局城市建设发展有限公司
地址：北京市北京经济技术开发区科创五街38号院2号楼862室
……Tel：010-59339616

北京中泓恒源建材科技有限公司
地址：北京市大兴区黄村镇后辛庄村北吴建路6号
……Tel：010-61200851

北京新唐兴业地产有限公司
地址：北京市大兴区南六环路磁各庄桥南200米中轴路东侧
……Tel：010-61267984

北京兴业万顺置业有限公司
地址：北京市大兴区黄村镇南六环路磁各庄立交桥南200米(中轴路东侧)
……Tel：010-61268258

中核工建设集团有限公司
地址：北京市大兴区青云店镇祥云路3号
……Tel：010-62150010-8000

北京中海盈达房地产开发有限公司
地址：北京市大兴区瀛海镇瀛顺路16号兴海大厦一层103A
……Tel：010-63220770

北京中海兴盛房地产开发有限公司
地址：北京市大兴区魏善庄镇龙海路3号一层160室
……Tel：010-63220770

中国城投建设集团有限公司
地址：北京市北京经济技术开发区景园北街2号61幢11层1101
……Tel：010-64412346

北京中兴京喜建材有限公司
地址：北京市大兴区安定镇西白塔村村民委员会西南2公里
……Tel：010-65796237

中材建设（北京）有限公司
地址：北京市北京经济技术开发区隆庆街7号1幢1至7层
……Tel：010-67285024

北京梵赫装饰装潢有限公司
地址：北京市北京经济技术开发区荣华南路7号院5号楼16层1902
……Tel：010-67742933

北京海顺德钛催化剂有限公司
地址：北京市北京经济技术开发区东环北路甲一号1号楼5层
……Tel：010-67861166

北京帝园商城
地址：北京市大兴区黄村兴丰大街
……Tel：010-69241659

北京市大兴城镇建设综合开发集团有限公司
地址：北京市大兴区黄村镇清源路11号综合办公楼
……Tel：010-69243089

北京汇鑫联合电梯工程股份有限公司
地址：北京市大兴区金苑路23号院4号楼6层602
……Tel：010-69263616

北京兴创东兴投资有限公司
地址：北京市大兴区采育镇育星苑13号楼1层1-101室
……Tel：010-69265313

北京南海子投资管理有限公司
地址：北京市北京经济技术开发区宏达北路10号1幢3层3103室
……Tel：010-69277109

中城兴建（北京）投资有限公司
地址：北京市大兴区青云店镇祥云路9号
……Tel：010-80280510

北京兴城丽源房地产开发有限公司
地址：北京市大兴区黄村镇丽园B区27号楼06号商业
……Tel：010-81293550

北京城建金固建设集团股份有限公司
地址：北京市大兴区魏善庄镇龙发大街北京密码1号院1号楼2单元4层423室
……Tel：010-81299119

中经城投建设集团有限公司
地址：北京市大兴区天华街9号院3号楼10层1102
……Tel：010-83326166

北京永源兴置业有限公司
地址：北京市大兴区兴华大街(二段)13号院2号楼9层901
……Tel：010-83362780

北京金地格林物业管理有限公司
地址：北京市北京经济技术开发区天宝园三里111楼302室
……Tel：010-85808891

北京天宇顺德工程造价咨询有限公司
地址：北京市北京经济技术开发区科创十三街31号院二区14号楼8层801
……Tel：010-87227157-817

北京城建强丽建设有限公司
地址：北京市北京经济技术开发区荣华北路2号院9号楼1507
……Tel：010-87856822

北京金盾时代建筑防水工程有限责任公司
地址：北京市大兴区榆垡镇榆顺路12号1-24室
……Tel：010-88211010

新立基（北京）建材有限公司
地址：北京市大兴区魏善庄镇工业区龙发大街1号
……Tel：010-89202010

北京京铁联建建筑工程有限公司
地址：北京市东城区夕照寺中街绿景苑3号楼东门4层
……Tel：010-51837034

北京爱狄特信息科技有限公司
地址：北京市东城区新中街乙12号A座403
……Tel：010-52186365

万国置地（北京）商务咨询有限公司
地址：北京市东城区东长安街1号东方广场东方经贸城中二办公楼二层6、7、8室
……Tel：010-56082355

北京职业梦科技有限公司
地址：北京市东城区东长安街1号东方广场东方经贸城西三办公楼8层12A室
……Tel：010-57129013

北京金隅商业管理有限公司
地址：北京市东城区北三环东路36号1号楼8层A803房间
……Tel：010-58257993

北京新城创置房地产开发有限公司
地址：北京市东城区广渠门内大街41号5层41-(05)01室
……Tel：010-59513955

北京新城万隆房地产开发有限公司
地址：北京市东城区广渠门内大街41号5层41-(05)03室
……Tel：010-59513955

北京东方嘉诚文化产业发展有限公司
地址：北京市东城区青龙胡同甲1号、3号2幢1层101
……Tel：010-59865818

北京京诚集团景山房屋管理有限公司
地址：北京市东城区大佛寺东街5号
……Tel：010-64018326

北京京诚集团北新桥房屋管理有限公司
地址：北京市东城区东直门内大街14号楼-8
……Tel：010-64062028

北京天安门物业管理有限公司
地址：北京市东城区东交民巷44号406房间
……Tel：010-65118672

中纺物业管理有限公司
地址：北京市东城区建国门内大街19号
……Tel：010-65135783

华纺房地产开发公司
地址：北京市东城区正义路甲4号
……Tel：010-65229100

国田科技发展有限公司
地址：北京市东城区建国门内大街18号5层办公楼二座516-4
……Tel：010-65536868

北京冠亚伟业民用建筑设计有限公司
地址：北京市东城区法华寺街91号6幢127室
……Tel：010-66173156

北京世纪金龙物业管理有限责任公司
地址：北京市东城区东花市南里东区13号楼3单元111号
……Tel：010-67013149

北京正阳恒瑞置业公司
地址：北京市东城区天坛路55号
……Tel：010-67083669

北京通利达汽车租赁有限责任公司
地址：北京市东城区体育馆路4号
……Tel：010-67146022

北京商鲲教育控股集团有限公司
地址：北京市东城区白桥大街22号主楼405室
……Tel：010-67186521

北京京诚集团交道口房屋管理有限公司
地址：北京市东城区蓑衣胡同13号旁门
……Tel：010-84027253

北京国华京都置业有限公司
地址：北京市东城区东直门南大街3号
……Tel：010-84180033

北京市东城区房屋修建工程有限公司
地址：北京市东城区小黄庄前街2号
……Tel：010-84282116

北京天空建筑设计顾问有限公司
地址：北京市东城区方家胡同46号371房间
……Tel：010-85502960

北京城乡中昊建设有限责任公司
地址：北京市东城区永定门外东滨河路11号
……Tel：010-87274581

北京智德盛投资顾问有限公司
地址：北京市东城区崇文门外大街16号写字楼11层1103室
……Tel：010-87555060

桃源投资（北京）有限公司
地址：北京市东城区演乐胡同100号2幢1层121室
……Tel：010-87780085

北京荣丰房地产开发有限公司
地址：北京市房山区拱辰街道月华大街1号A8-1827
……Tel：010-51757610

瑞宝中晟国际城建发展股份有限公司
地址：北京市房山区城关街道顾八路1区1号-T77
……Tel：010-56198176

瑞宝中跃国际城建发展股份有限公司
地址：北京市房山区城关街道顾八路1区1号-T78
……Tel：010-56198176

北京金地兴远房地产开发有限公司
地址：北京市房山区青龙湖镇大苑村村委会南110米
……Tel：010-59158701

北京北一良工机械有限公司
地址：北京市房山区长阳镇葫芦垡村西万兴路86号B-1-6
……Tel：010-60308548

北京京辉高尔夫俱乐部有限公司
地址：北京市房山区青龙湖镇崇各庄村
……Tel：010-60320188

北京金隅窦店科技企业管理有限公司
地址：北京市房山区窦店镇大高舍村北
……Tel：010-61376007

中岩房勘（北京）建设工程有限公司
地址：北京市房山区城关街道办事处西大街1号4层401
……Tel：010-61376720

北京中城基建设发展有限公司
地址：北京市房山区城关街道顾八路1区1号-L425
……Tel：010-65393599

北京世纪京喜建材有限公司
地址：北京市房山区长阳镇葫芦垡村西万兴路80号
……Tel：010-65796237

北京金隅加气混凝土有限责任公司
地址：北京市房山区窦店镇亚新路16号
……Tel：010-69242009

北京市房山区窦店农牧工商总公司
地址：北京市房山区窦店镇窦店村
……Tel：010-69392081

北京方吉丰国际家居建材有限公司
地址：北京市房山区窦店镇窦店村东(建筑队)1栋1层1号
……Tel：010-69397985

北京京城久筑节能科技有限公司
地址：北京市房山区琉璃河镇东南吕村村委会东75米
……Tel：010-80326638

北京京城久筑节能科技有限公司
地址：北京市房山区琉璃河镇东南吕村村委会东75米
……Tel：010-80326638

北京燕房新城投资有限公司
地址：北京市房山区城关街道顾八路1区1号-J80
……Tel：010-81307136

北京邦本物业管理有限公司
地址：北京市房山区房山矿机路1号
……Tel：010-81369281

北京衡达投资有限公司
地址：北京市房山区城关街道顾八路1区1号-I100
……Tel：010-82194016

北京五连顺装饰装潢有限公司
地址：北京市房山区城关街道顾八路1区1号-K6
……Tel：010-82419819

北京潢图装饰设计有限公司
地址：北京市房山区西潞街道长虹西路73号1幢1层B112
……Tel：010-83395522

北京窦店蓝海创享城镇建设开发有限公司
地址：北京市房山区窦店镇窦店村京保路5号
……Tel：010-85283358

北京蓝海创融城镇建设开发有限公司
地址：北京市房山区窦店镇下坡店村三区1号
……Tel：010-85283358

北京九汇华纳产权经纪有限公司
地址：北京市房山区良乡镇良官大街58号-C41
……Tel：010-85890353

中电易德实业有限公司
地址：北京市房山区燕山燕东路17号A座一区1335
……Tel：010-87926988

中电易德实业有限公司
地址：北京市房山区燕山燕东路17号A座一区1335
……Tel：010-87926988

中建新城（北京）投资发展有限公司
地址：北京市房山区阎村镇阎富路1号-E396
……Tel：010-89311800

北京海聚博源科技孵化器有限公司
地址：北京市房山区阎村镇翠柳南大街13号
……Tel：010-89313998

中铁嘉业（北京）投资有限公司
地址：北京市房山区德润街6号院8号楼6层
……Tel：010-89321188-8038

北京永兴丰源建筑工程有限公司
地址：北京市房山区城关街道饶乐府村西
……Tel：010-89324569

北京房山城市建设投资有限公司
地址：北京市房山区良乡拱辰北大街11号309房间
……Tel：010-89351419

巴斯夫化学建材（北京）有限公司
地址：北京市丰台区长辛店镇产业基地2号
……Tel：010-56831718

北京圣远装饰装潢有限公司
地址：北京市丰台区小屯路9号2号楼A座地下一层D8011
……Tel：010-57223819

北京中海鑫海房地产开发有限公司
地址：北京市丰台区南三环西路65号C座2层059号
……Tel：010-63220770

北京中诚天下投资顾问有限公司
地址：北京市丰台区广安路9号院2号楼16层1613号
……Tel：010-63252893-821

北京蓝景丽泽家居建材有限公司
地址：北京市丰台区西三环南路甲20号
……Tel：010-63261755

北京国润酒店管理有限公司
地址：北京市丰台区西四环南路46号国润商务大厦B座812室
……Tel：010-63816666

北京世纪保佳建筑材料有限责任公司
地址：北京市丰台区五里店北里一区4号楼2层217室
……Tel：010-63841888

北京正成市政工程有限责任公司
地址：北京市丰台区西三环南路57号4层405室
……Tel：010-63953302

北京北卫旭博工程咨询有限公司
地址：北京市丰台区丰台北路32号8幢8101室
……Tel：010-63965313

北京首农供应链管理有限公司
地址：北京市丰台区草桥东路2号院1号楼
……Tel：010-67526838

北京京丰广建装饰装潢有限公司
地址：北京市丰台区南三环中路65号楼1206室
……Tel：010-67570400

中建材信息技术股份有限公司
地址：北京市丰台区南四环西路186号二区9号楼-1至11层101内2层01室
……Tel：010-68738963

北京中筑鑫盛置业有限公司
地址：北京市丰台区辛庄大灰厂东路甲12号
……Tel：010-68946691

北京诚至博纳建材有限公司
地址：北京市丰台区南三环中路70号1幢1层C07号
……Tel：010-80222198

东方红城市建设集团有限公司
地址：北京市丰台区南三环西路甲88号五层
……Tel：010-83068199

北京美洁金信商业有限公司
地址：北京市丰台区右外东滨河路10号2栋503号房间
……Tel：010-83519011

北京鸿鹄物业管理有限公司
地址：北京市丰台区樊羊路益辰欣园小区10号楼
……Tel：010-83706009

北京新发地丰和顺农产品市场有限公司
地址：北京市丰台区新发地京良桥西侧2000米路北
……Tel：010-83715970

北京榆树庄园房地产开发有限公司
地址：北京市丰台区榆树庄村(人民村小学南50米)
Tel：010-83816900

北京东兴联永同昌投资管理有限公司
地址：北京市丰台区丰管路16号9号楼
Tel：010-83832716

北京西国贸大酒店管理有限公司
地址：北京市丰台区丰管路16号8号楼
Tel：010-83832716

北京城乡建设集团有限责任公司
地址：北京市丰台区草桥东路8号院7号楼
Tel：010-87888866

北京城市铁建轨道交通投资发展有限公司
地址：北京市丰台区南四环西路188号七区3号楼301
Tel：010-89027398

中铁民爆物资有限公司
地址：北京市海淀区西四环中路19号26号楼5层
Tel：010-51886649

北京无限向溯科技有限公司
地址：北京市海淀区莱圳家园18号楼4层4008室
Tel：010-53526613

中铁房地产集团设计咨询有限公司
地址：北京市海淀区复兴路40号铁建大厦B座14层部分
Tel：010-53856888

中城银信控股集团开发建设有限公司
地址：北京市海淀区阜石路甲69号院2号楼6层二单元615
Tel：010-56206868

北京建祥恒通装饰装潢有限公司
地址：北京市海淀区厢黄旗2号楼1层X05-4-114室
Tel：010-57094205

北新集团建材股份有限公司
地址：北京市海淀区复兴路17号国海广场2号楼15层
Tel：010-57868888

北京中盛国华工程技术有限公司
地址：北京市海淀区清河永泰庄北路9号院内东侧一层063室
Tel：010-57973800

中电建物业管理有限公司
地址：北京市海淀区玲珑路9号院东区9号楼11层1109
Tel：010-58684497

中建材国际装备有限公司
地址：北京市海淀区首体南路9号主语商务中心4号楼19层
Tel：010-59340588

中京华（北京）工程咨询有限公司
地址：北京市海淀区复兴路12号43号楼三层308室
Tel：010-62161407

北京五邦建材有限公司
地址：北京市海淀区明光西路8号好家居建材市场二通道15号
Tel：010-62166093

北京城建集团有限责任公司
地址：北京市海淀区北太平庄路18号
Tel：010-62256027

北京吉顺永昌装饰装潢有限公司
地址：北京市海淀区苏家坨镇台头村95号
Tel：010-62422258

北京市西郊农场有限公司
地址：北京市海淀区上庄乡
Tel：010-62471210

北京香山旅游文化发展有限公司
地址：北京市海淀区香山普安店268号
Tel：010-62592067

北京大华天坛服装有限公司
地址：北京市海淀区中关村大街人民大学南路三义庙
Tel：010-62612565

北京北大临湖科技发展有限公司
地址：北京市海淀区海淀路44号北大资源西楼2512房间
Tel：010-62750889

北京京晨通达建筑装饰工程有限公司
地址：北京市海淀区苏家坨镇西埠头村东温北路海驾路口北侧平房
Tel：010-62895268

北京博尔斯达数云科技有限公司
地址：北京市海淀区西北旺镇亮甲店村村委会东侧平房
Tel：010-62964521

稳盈财富（北京）科技有限公司
地址：北京市海淀区中关村东路1号院9号楼04-08A室
Tel：010-65818300

中国建材集团有限公司
地址：北京市海淀区复兴路17号国海广场2号楼(B座)
Tel：010-68138199

中建材联合投资有限公司
地址：北京市海淀区紫竹院南路2号
Tel：010-68138199

凯盛科技集团有限公司
地址：北京市海淀区紫竹院南路2号
Tel：010-68139075

北京三达经济技术合作开发中心
地址：北京市海淀区万寿路27号
Tel：010-68200615

北京城建二建设工程有限公司
地址：北京市海淀区复兴路81号
Tel：010-68215588

北京市海淀区玉渊潭农工商总公司
地址：北京市海淀区阜成路73号
Tel：010-68415083

中建材国际贸易有限公司
地址：北京市海淀区首体南路9号主语商务中心4号楼17层
Tel：010-68796661

中建材集团进出口有限公司
地址：北京市海淀区首体南路9号主语商务中心4号楼17-21层
Tel：010-68796666

北新建材集团有限公司
地址：北京市海淀区首体南路9号4楼10层1001号
Tel：010-68799790

绿城创新建设管理有限公司
地址：北京市海淀区首体南路22号楼14层16层D
Tel：010-68989700

北京城建投资发展股份有限公司
地址：北京市海淀区大柳树富海中心2号楼19层
Tel：010-82275566

北京华文品致物业管理有限公司
地址：北京市海淀区北三环西路甲18号501
Tel：010-82386666

北京九龙广厦物业管理中心
地址：北京市海淀区四季青乡巨山村甲368号
Tel：010-82592571

北京城建兴华地产有限公司
地址：北京市海淀区丹棱街16号
Tel：010-82716521

北京城建四建设工程有限责任公司
地址：北京市海淀区王庄路27号
Tel：010-82835101

北京城建十六建筑工程有限责任公司
地址：北京市海淀区王庄路27号院29号楼406
Tel：010-82835101

北京城建建设工程有限公司
地址：北京市海淀区学清路38号B座611室
Tel：010-82838899

北京城建一建设发展有限公司
地址：北京市海淀区西三旗建材城西路32号
Tel：010-82981661

中节能绿色建筑产业有限公司
地址：北京市海淀区西直门北大街42号A座十层
Tel：010-83052531

北京北方空间建筑科技股份有限公司
地址：北京市海淀区增光路三十八号401、403室
Tel：010-85271521

北京城建兴业置地有限公司
地址：北京市海淀区大柳树富海中心2号楼20层
Tel：010-87528391

中建城市建设发展有限公司
地址：北京市海淀区三里河路13号一层南
Tel：010-88082255

北京裕泽房地产开发有限责任公司
地址：北京市海淀区彰化路18号东配楼18-2号楼301
Tel：010-88122387

中房资产管理有限责任公司
地址：北京市海淀区中关村南大街乙56号10层
Tel：010-88384664-6613

中建材资产管理有限公司
地址：北京市海淀区紫竹院南路2号
Tel：010-88410076

北京远东环渤海建材有限公司
地址：北京市海淀区西三环北路50号院6号楼18层2101室
Tel：010-88421888

北京万邦璞锐克建材有限公司
地址：北京市海淀区半壁店甲1号院5号楼5层506
Tel：010-88629618

北京智信恒远资产管理有限公司
地址：北京市海淀区西三环北路89号办公楼B2
Tel：010-88820010

北京北方世纪建筑装饰工程有限公司
地址：北京市海淀区紫竹院路81号院3号楼北方地产大厦1011室
Tel：010-88829606

北京北方光电有限公司
地址：北京市海淀区紫竹院路81号院3号楼北方地产大厦10层1001室
Tel：010-88829950

四季嘉诚物业服务集团北京昊永物业管理有限公司
地址：北京市海淀区蓝靛厂金源时代购物中心B区写字楼6层
Tel：010-88895031

北京城建华夏基础建设工程有限公司
地址：北京市怀柔区杨宋镇凤翔东大街9号A座2263室
Tel：010-50927187

北京怀建混凝土有限责任公司
地址：北京市怀柔区庙城镇李两河村151号
Tel：010-60699457

北京雁栖湖国际高尔夫俱乐部有限公司
地址：北京市怀柔区怀北镇
Tel：010-61666969

北京中鸿物业管理有限公司
地址：北京市怀柔区雁栖经济开发区乐园大街21号三号楼6号
Tel：010-64161732

北京均赢物业管理有限公司
地址：北京市怀柔区雁栖工业开发区三区16号
Tel：010-64216132

北京维科尔安全技术咨询有限责任公司
地址：北京市怀柔区乐园西大街13号院28号楼1层28-3
Tel：010-64800086

北京怀胜城市建设开发有限公司
地址：北京市怀柔区府前东街乙10号
Tel：010-68184833

北京天地神通房地产经纪有限公司
地址：北京市怀柔区南大街2号-1至2层2-3、2-4
Tel：010-69643922

北京和能建筑装饰工程有限公司
地址：北京市怀柔区庙城镇庙城村临300号401室
Tel：010-83677532

北京典方建设工程咨询有限公司
地址：北京市怀柔区渤海镇环镇路80号202室
Tel：010-83688529

北京中天元工程设计有限责任公司
地址：北京市怀柔区雁栖镇雁栖环岛西侧50米
Tel：010-88141881

北京怀柔科学城建设发展有限公司
地址：北京市怀柔区雁栖经济开发区杨雁路88号一层北侧8号
Tel：010-89695800

北京中联天晟工程材料有限责任公司
地址：北京市门头沟区石龙经济开发区永安路20号3号楼A-6545室
Tel：010-57524763

中科安达（北京）建设工程有限公司
地址：北京市门头沟区杨坨粮库院内CZ0947室
Tel：010-58700633

北京中骏房地产开发有限公司
地址：北京市门头沟区永定镇栗园庄村东
Tel：010-60803588

北京中集信达建设有限公司
地址：北京市门头沟区石龙经济开发区永安路20号3号楼B1-2272室
Tel：010-62171069

北京中集大房工程管理有限公司
地址：北京市门头沟区增产路154号109室
Tel：010-62171069

北京顺天府投资管理有限公司
地址：北京市门头沟区石龙经济开发区永安路20号3号楼312室
Tel：010-63830772

北京国煤建装饰有限责任公司
地址：北京市门头沟区石龙经济开发区永安路20号3幢-1-0056室
Tel：010-64463850-201

北京长峰航鑫建筑工程有限公司
地址：北京市门头沟区雁翅镇大村村DCC002号
Tel：010-68385351

北京国信嘉业房地产开发有限公司
地址：北京市门头沟区新桥南大街44号
Tel：010-69843581

中电建京西（北京）置业有限公司
地址：北京市门头沟区石龙开发区平安路7号北楼2层二层210室
Tel：010-69851003

建洲建设工程集团有限公司
地址：北京市门头沟区门头沟路11号院5号楼15层1521
Tel：010-80698138

中农华开城镇发展建设有限公司
地址：北京市门头沟区清水镇台上村TSC006号
Tel：010-87385567

北京乐平公寓物业管理有限公司
地址：北京市密云区经济开发区兴盛南路8号开发区办公楼501室-2494(经济开发区集中办公区)
Tel：010-53652598

北京奥园华富置业有限公司
地址：北京市密云区溪翁庄镇环湖路66号镇政府1号楼110室-2268(溪翁庄镇集中办公区)
Tel：010-59408975

北京城建兴云房地产有限公司
地址：北京市密云区西大桥路67号十里堡镇政府办公楼407室-197
Tel：010-61069511

北京城建六建设集团有限公司
地址：北京市密云区河南寨镇滨河工业开发区
Tel：010-61088751

绿城北方建设管理有限公司
地址：北京市密云区经济开发区兴盛南路8号开发区办公楼501室-1886(经济开发区集中办公区)
Tel：010-64860358

北京嘉纳福新型建材有限公司
地址：北京市密云区经济开发区科技路甲53号
Tel：010-65228258

北京宏扬迅腾科技发展有限公司
地址：北京市密云区密云镇靶场路
Tel：010-69046666

北京首政置业集团有限公司
地址：北京市密云区密云镇新中街34号
Tel：010-69050167

北京禹神医疗器材有限责任公司
地址：北京市密云区工业开发区A区大盛路123号
Tel：010-69075792

中城国能有限公司
地址：北京市密云区古北口镇古御路外街11号镇政府办公楼212室-628
Tel：010-82371596

首创新城镇建设投资有限公司
地址：北京市密云区水源路南侧A-04地块2#商业办公楼5层1单元-517南侧
Tel：010-85283358

北京瑞卓喜创科技发展有限公司
地址：北京市平谷区金海湖镇韩庄南大街111号
Tel：010-53679787

中城创展智慧城市建设有限公司
地址：北京市平谷区中卫世纪城3号楼4层401
Tel：010-56236046

北京杰盈鸿华建筑工程有限公司
地址：北京市平谷区平谷镇兴谷西路8号
Tel：010-57194822

北京天下一家建筑工程有限公司
地址：北京市平谷区平谷镇北环东路24号24-11
Tel：010-60916950

中恒营造建筑科技（北京）集团有限公司
地址：北京市平谷区兴谷经济开发区6区303-43号
Tel：010-65771630

北京方盛华装饰装潢工程有限公司
地址：北京市平谷区兴谷开发区乐园东小区7号楼
Tel：010-67375773

北京恒源通建筑工程有限公司
地址：北京市平谷区东鹿角河东区209号
Tel：010-69931980

北京今日玉林热能投资管理有限公司
地址：北京市平谷区林荫北街13号信息大厦1002-10室
Tel：010-82967320

北京中蓝水韵建筑工程有限公司
地址：北京市平谷区中关村科技园区平谷园兴谷A区6号-803
Tel：010-83616566

北京蓝海创盈城镇建设开发有限责任公司
地址：北京市平谷区大兴庄镇顺福路81号-1905
Tel：010-85283358

北京城乡房屋建设开发有限责任公司
地址：北京市平谷区黄松峪乡东街402号
Tel：010-87627689

北京开禾房地产经纪有限公司
地址：北京市平谷区平谷镇新开街31号楼2至3层7-2
Tel：010-89996585

北京鼎创新型建材有限公司
地址：北京市石景山区实兴大街30号院3号楼2层C-0017
Tel：010-53345116

中外建华诚工程技术集团有限公司
地址：北京市石景山区实兴大街30号院3号楼2层B-0066房间
Tel：010-59050615

中铁京诚工程检测有限公司
地址：北京市石景山区石景山路35号5幢、6幢
Tel：010-60355293

北京怡昌投资有限公司
地址：北京市石景山区广宁村东山增产居

委会二号楼一层1021房间
Tel：010-66235137

中城投集团第五工程局有限公司
地址：北京市石景山区金顶街西福村1号
Tel：010-88726766

北京建筑材料科学研究总院有限公司
地址：北京市石景山区实兴大街30号院3号楼2层A-3088房间
Tel：010-88752692

北京保汇物业管理有限公司
地址：北京市石景山区金府路32号院3号楼5层508室
Tel：010-88962866

中交城乡开发建设有限公司
地址：北京市顺义区临空经济核心区融慧园6号楼3-52
Tel：010-56679166

北京东方嘉禾建筑材料有限公司
地址：北京市顺义区李桥镇南半壁店村李天路20号
Tel：010-59153600

九天艾（北京）生物科技有限公司
地址：北京市顺义区北小营镇前鲁各庄村迎宾路7号B
Tel：010-60497123

北京市天房建筑工程公司
地址：北京市顺义区后沙峪地区枯柳树村北
Tel：010-61400791

北京京建顺城建设投资有限公司
地址：北京市顺义区天竺地区府前一街13号6幢
Tel：010-63265959-0

北京瑞斯建材有限公司
地址：北京市顺义区北务工业区
Tel：010-65768399

北京昆冈装潢有限公司
地址：北京市顺义区仁和地区站前街8号院1号楼16层1617
Tel：010-65782859

北京忠丽顺城建筑劳务分包有限公司
地址：北京市顺义区林河北大街21号院1幢10层2单元1102
Tel：010-67854569

北京京环装备设计研究院有限公司
地址：北京市顺义区马坡镇龙跃街13号院2号1层101
Tel：010-69426500

北京建宝装饰装潢有限公司
地址：北京市顺义区后沙峪镇铁匠营村铁兴西街13号
Tel：010-69458808

北京振威宏盛装饰装潢有限公司
地址：北京市顺义区高丽营镇河津营村荷花巷89号
Tel：010-69491495

北京美驰建筑材料有限责任公司
地址：北京市顺义区后沙峪地区双裕街33号
Tel：010-80415311

北京远业土木工程有限公司
地址：北京市顺义区高丽营镇金马园二街248号
Tel：010-80466606

北京宝脉兄弟建筑装饰装潢有限公司
地址：北京市顺义区仁和镇怡馨家园39号楼1层首层商店39-02
Tel：010-80829311

北京城建新城投资开发有限公司
地址：北京市顺义区顺泽大街65号
Tel：010-82837689

普度投资控股有限公司
地址：北京市顺义区天竺空港工业区A区天柱西路8号
Tel：010-84101303

帝飞（北京）装饰装潢有限公司
地址：北京市顺义区南法信镇焦各庄街9号院2号楼5层506室
Tel：010-84320116

北京顺义新城建设开发有限公司
地址：北京市顺义区泰和宜园1号楼-3至3层01内-1层B1-03
Tel：010-89048099

北京城建北方集团有限公司
地址：北京市顺义区牛栏山镇牛板路2号
Tel：010-89411836

中海金城建设工程有限公司
地址：北京市通州区砖厂北里140号楼2层2239
Tel：010-51798835

北京建工新城投资发展有限公司
地址：北京市通州区新华北路55号2幢4层037室
Tel：010-52801003

北京东金华建筑材料有限公司
地址：北京市通州区台湖北里29号楼5层519号05室
Tel：010-53602290

北京厚祚科技集团有限公司
地址：北京市通州区西集镇国防路42号A1323号
Tel：010-57322296

北京银地联合房地产土地资产评估有限公司
地址：北京市通州区通胡大街25号10幢三层302
Tel：010-60565377

海德鲁建材（北京）有限公司
地址：北京市通州区中关村科技园通州园金桥科技产业基地景盛南四街15号5C区
Tel：010-60595686

北京市北泡轻钢建材有限公司
地址：北京市通州区张家湾镇光华路8号
Tel：010-61565728

北京东方亿达建材有限公司
地址：北京市通州区张家湾镇张辛庄村北
Tel：010-61574331

北京城建轨道交通建设工程有限公司
地址：北京市通州区新华西街60号院4号楼16层1603室
Tel：010-62091305

北京城市副中心投资建设集团有限公司
地址：北京市通州区潞城镇武兴路7号
Tel：010-64428366

北京城建十建设工程有限公司
地址：北京市通州区宋庄镇徐辛庄大街1号466室
Tel：010-64895240

唐姆节能建材（北京）股份有限公司
地址：北京市通州区经海六路1号院1号楼14层1402
Tel：010-68315916

北京中联新航建材有限公司
地址：北京市通州区宋庄镇管头村
Tel：010-69597370-1127

北京瑞帝斯建材有限公司
地址：北京市通州区永乐店镇柴厂屯村北
Tel：010-80513009

北京通达事顺建筑工程有限公司
地址：北京市通州区于家务回族乡南刘庄村村委会西500米
Tel：010-80535808

北京奥力神新型建材有限公司
地址：北京市通州区　县镇工业开发区
Tel：010-80583501

北京联东世纪房地产租赁有限公司
地址：北京市通州区环科中路17号7幢
Tel：010-80806449

北京禹茂房地产开发有限公司
地址：北京市通州区新华西街58号院2号楼11层1115
Tel：010-80886851

中宇怡康城镇建设发展有限公司
地址：北京市通州区中关村科技园区通州园国际种业科技园区聚和七街2号-195
Tel：010-88203809

北京满意通达物业管理有限公司
地址：北京市西城区红莲南路28号6-1幢20387
Tel：010-56693369

中国城市建设研究院有限公司
地址：北京市西城区德胜门外大街36号楼
Tel：010-57365736

鸿玮建材贸易（北京）有限公司
地址：北京市西城区阜外大街1号四川大厦东塔楼1907室
Tel：010-57789111

北京城建房地产开发有限公司
地址：北京市西城区马甸南村4号
Tel：010-62100859

北京广安置业投资公司
地址：北京市西城区宣武门外大街10号庄胜广场中央办公楼北翼13层1319号
Tel：010-63105888

北京长盛思源环保科技有限公司
地址：北京市西城区南线阁街60号南部1幢1层108房间
Tel：010-63694933

今格资本管理（北京）有限公司
地址：北京市西城区朱家胡同14号3幢平房
Tel：010-65533531

北京宝宸物业管理有限公司
地址：北京市西城区金融街G区2号楼地下一层
Tel：010-66214688

北京大成房地产开发有限责任公司
地址：北京市西城区宣武门西大街甲127号大成大厦21层
Tel：010-66417870

东方邦信（北京）物业管理有限公司
地址：北京市西城区阜成门内大街410号楼4单元201
Tel：010-66506116

北京易正通房地产经纪有限公司
地址：北京市西城区三里河北街甲5号金帝雅宾馆402室
Tel：010-67186929

北京中实行物业管理有限责任公司
地址：北京市西城区阜外大街11号国宾写字楼406室
Tel：010-67580979

北京嘉和日盛装饰工程有限公司
地址：北京市西城区黄寺大街甲23号院1号楼9层901-9
Tel：010-67885197

中国海外经济合作有限公司
地址：北京市西城区阜成门外大街6号
Tel：010-68032336

北京中房研协技术服务有限公司
地址：北京市西城区百万庄大街22号院1号楼4层401室
Tel：010-68323566

北京中协成工程管理有限公司
地址：北京市西城区车公庄大街3号6层
Tel：010-68339392

中城建投资控股有限公司
地址：北京市西城区鼓楼西大街150号1号楼201室
Tel：010-82255036

北京广安置地投资有限公司
地址：北京市西城区宣武门外大街6、8、10、12、16、18号10号楼7层746
Tel：010-83140642

北京市城捷建设集团有限公司
地址：北京市西城区西二环路甲1号院1号楼半地下室106号房
Tel：010-83294266

北京金融街资产管理有限公司
地址：北京市西城区金城坊街3号B1-1
Tel：010-83326099

北京建工新型建材有限责任公司
地址：北京市西城区南礼士路19号1号楼3层301室
Tel：010-84355109

中联财联网科技有限公司
地址：北京市西城区复兴门内大街28号凯晨世贸中心东座F4层639室
Tel：010-88000000

北京化科工程管理有限公司
地址：北京市西城区裕民中路6号西楼5层517室
Tel：010-88139991

北京城建设计发展集团股份有限公司
地址：北京市西城区阜成门北大街五号
Tel：010-88336135

北京城建兴华康庆房地产开发有限公司
地址：北京市延庆区康庄镇工业园区服务中心办公楼316室
Tel：010-50911501

北京兆华建筑工程有限公司
地址：北京市延庆区延庆镇川北小区商业综合楼甲25号楼1层101室
Tel：010-61286096

世园置业（北京）有限责任公司
地址：北京市延庆区延庆镇百康路1号院三区14号楼(世园会园区)
Tel：010-81189816

北京碧晟凤盈房地产开发有限公司
地址：北京市延庆区延庆镇百泉街9号1幢3层1-316-1
Tel：010-83057589

东方家园家居建材商业有限公司
地址：北京市延庆区湖南东路1号202室
Tel：010-84951111

天津市

天津伟励冠华建材城有限公司
地址：天津宝坻九园工业园区办公楼四楼415-417房间
Tel：022-22406020

天津实德新型建材科技有限公司
地址：天津宝坻经济开发区（原天宝工业园）
Tel：022-22458815

天津市嘉祥城市建设有限公司
地址：天津市宝坻区渔阳路北侧、光华路西侧
Tel：022-29242430

天津智诚城市建设有限公司
地址：天津市宝坻区京津新城唐泉尚苑1号楼510室
Tel：022-29666911

天津信诚城市建设有限公司
地址：天津市宝坻区京津新城唐泉尚苑1号楼509室
Tel：022-29666911

天津东方广厦新型建材科技有限公司
地址：天津宝坻节能环保工业区宝中道30号
Tel：022-59950002

天津冠中塑料销售有限公司
地址：天津市宝坻区天宝工业园宝中道北侧（天津鑫洋地毯有限公司办公楼四楼）
Tel：022-82558888

天津仁道房地产经纪有限公司
地址：天津市宝坻区周良街道周良庄村老大街30号
Tel：022-82655100

天津市金地城市建设有限公司
地址：天津市宝坻区宝平街道菁华豪庭商业1四楼405室
Tel：022-82661021

天津市金钰城市建设有限公司
地址：天津市宝坻区宝平街道菁华豪庭商业1四楼406室
Tel：022-82661021

天津市华鼎城市建设有限公司
地址：天津市宝坻区宝平街道菁华豪庭商业1三楼306室
Tel：022-82661021

天津市嘉源城市建设有限公司
地址：天津市宝坻区宝平街道菁华豪庭商业1四楼403室
Tel：022-82661021

天津华城建业有限公司
地址：天津市宝坻区宝平街道南关大街111号南裙楼102室
Tel：022-82666208

天津市国益建筑材料销售有限责任公司
地址：天津市北辰区天穆镇朝阳路南仓货运站对面
Tel：022-26145661

天津市天材兴辰建材有限公司
地址：天津市北辰区天穆镇朝阳路
Tel：022-26340753

天津拜西菲空列技术开发有限公司
地址：天津新技术产业园区北辰科技工业园兴中路9号236
Tel：022-26739509

天津市禹神建筑防水材料有限公司
地址：天津市北辰区双口镇津永公路北侧（天津市东方盛景园艺场院内）
Tel：022-26827165

天津市鹏腾新型建筑材料有限公司
地址：北辰区王秦庄村
Tel：022-26830791

天津市新中医疗器械有限公司
地址：天津北辰科技园区津围公路东侧
Tel：022-26896128

天津市伟星新型建材有限公司
地址：北辰区大张庄镇津围公路西侧（大张庄桥南）
Tel：022-26992488

天津市辰兴城市建设开发有限公司
地址：天津市北辰区北仓镇北韩公路龙洲道9号
Tel：022-285103635

优博络客新型建材（天津）有限公司
地址：天津市北辰区西堤头镇福康路185号
Tel：022-58667299

天津北城建设发展有限公司
地址：天津市北辰区大张庄镇政府院内
Tel：022-58956787

天津正荣正宏置业发展有限公司
地址：天津市北辰区小淀镇淮东路与沁河中道交口
Tel：022-83129855

天津天晟泰和建材有限公司
地址：天津市北辰科技园区淮河道5号中捷火炬创业大厦507B
Tel：022-84016666

天津市亿嘉合置业有限公司
地址：北辰科技园区宜兴埠工业园
Tel：022-86228888

天津宝士力置业发展有限公司
地址：天津市北辰科技园区
Tel：022-86343591

天津市禹红建筑防水材料有限公司
地址：天津市北辰区陆路港物流装备产业园二经路9号
Tel：022-86878025

天津市北辰城市基础设施建设投资有限责任公司
地址：北辰区京津路西北辰大厦
Tel：022-86918627

天津市津菱机电工程有限公司
地址：天津经济技术开发区南港工业区综合服务区办公楼D座二层213室(天津信星商务秘书服务有限公司托管第710号)
Tel：022-23555530

天津城市基础设施建设投资集团有限公司
地址：天津市和平区大沽北路161号城投大厦
Tel：022-23958856

天津华利保温建材有限公司
地址：天津滨海高新区塘沽海洋科技园丹江路126号
Tel：022-25211666

天津海门建材有限公司
地址：天津滨海高新区塘沽海洋科技园塘汉路2352-600号
Tel：022-25226603

天津鸿立东方体育发展有限公司
地址：天津滨海高新区塘沽海洋科技园塘黄路13829号
Tel：022-25271089

瑞尔斯达（天津）现代建材有限公司
地址：天津市塘沽海洋高新技术开发区黄山道2区60号
Tel：022-25288565

天津市海润世纪建材有限公司

地址：天津市滨海新区华北建材陶瓷城103号
…………Tel：022-25352333

天津滨海天筑永利建材有限公司
地址：天津市滨海新区临港经济区渤海十八路420号
…………Tel：022-25388620

天津市新湘隆建材有限公司
地址：天津市滨海新区津塘公路7-189号华北陶瓷市场石材3区26号C
…………Tel：022-25523325

天津诚通物流发展有限公司
地址：天津自贸试验区（东疆保税港区）非洲路6054号106室
…………Tel：022-25601470

天津港新兴建材码头有限公司
地址：天津市滨海新区临港经济区1号1号楼271室
…………Tel：022-25703300

天津滨海新城建设发展有限公司
地址：天津市滨海新区塘沽响螺湾商务区第50号
…………Tel：022-25868711

天津大港油田景盛石油技术服务有限公司
地址：天津大港油田港西二矿
…………Tel：022-25931217

天津滨海新区大港城市建设综合开发公司
地址：天津市滨海新区大港世纪大道（东）352号
…………Tel：022-25994612

大通旅居（天津）置业有限公司
地址：天津自贸试验区（东疆保税港区）亚洲路6865号金融贸易中心北区1-1-509-E
…………Tel：022-27654321-8060

天津葛龙湾城镇建设投资有限公司
地址：天津滨海民营经济成长示范基地创意中心A728
…………Tel：022-28685800

天津市瑞友教育科技有限公司
地址：天津市滨海新区泰祥里1-1-105号
…………Tel：022-58371618

天津津滨中轩建材有限公司
地址：天津市滨海新区古林街福芳园14-1-1003
…………Tel：022-59325900

天津滨海新区均利建材市场有限公司
地址：天津市滨海新区临港经济区渤海十二南路109号
…………Tel：022-59857777

天津生态城建设投资有限公司
地址：滨海新区中新天津生态城动漫中路865号创意大厦10-12层
…………Tel：022-59918181

中铁城建集团第三工程有限公司
地址：天津滨海高新区塘沽海洋科技园桂海路21号
…………Tel：022-60615964

天津市交通集团滨海有限公司
地址：天津市滨海新区津塘公路5976号
…………Tel：022-60718139

天津湖振电子有限公司
地址：天津市滨海新区大港经济开发区
…………Tel：022-63251661

天津江东石油化工有限公司
地址：天津市滨海新区大港石化产业园区金汇路66号
…………Tel：022-63811799

天津市普丰房地产开发有限公司
地址：天津市滨海新区海滨街幸福路820号
…………Tel：022-63958083

天津紫光云庭产业园有限公司
地址：天津滨海高新区塘沽海洋科技园信安创业广场7号楼602室
…………Tel：022-65150808

天津海滨旅游度假建设开发有限公司
地址：天津市滨海新区塘沽海滨大道16169号
…………Tel：022-65291099

天津生态城公屋建设有限公司
地址：天津滨海新区中新生态城动漫中路865号创意大厦6号楼6层
…………Tel：022-65376820

天津滨海集团粮油经营有限公司
地址：天津滨海高新区塘沽海洋科技园塘汉公路1-19A区厂房
…………Tel：022-65377173

天津滨海新区南港轻工城建设有限公司
地址：天津市滨海新区塘沽上高路8号（集中办公区）
…………Tel：022-65542088

天津中晶建筑材料有限公司
地址：天津滨海高新区滨海科技园创新大道9号C6、C7、C8车间
…………Tel：022-65611818

天津中交海滨新城建设有限公司
地址：天津滨海旅游区1号楼一层161室
…………Tel：022-65633122

天津泰达城市轨道投资发展有限公司
地址：天津市滨海新区旅游区滨旅产业园13号楼五层第558-7房间
…………Tel：022-65832579

天津市滨海新区塘沽城市建设投资集团有限公司
地址：天津市滨海新区福州道818号
…………Tel：022-66308333

天津生态城能源投资建设有限公司………"地址：天津市滨海新区中新天津生态城动漫中路865号创意大厦5-601"
…………Tel：022-66328633

天津滨海新区轨道交通运营管理有限公司
地址：天津滨海新区中新生态城中成大道以西、中滨大道以南生态建设公寓9号楼3层301房间-40
…………Tel：022-66332993

天津天材滨汉建筑材料有限责任公司
地址：天津市滨海新区汉沽街东风路东滨街
…………Tel：022-67195769

天津开发区安能石油技术发展服务有限公司
地址：天津经济技术开发区汉沽现代产业区长虹街28号
…………Tel：022-67222995

天津昌盛装潢印刷有限公司
地址：天津市滨海新区汉沽茶淀镇后沽村
…………Tel：022-67273598

天津龙湖睿沣置业有限公司
地址：天津经济技术开发区滨海-中关村科技园融汇商务园三区11栋4门
…………Tel：022-81267777

经纬置地（天津）有限公司
地址：天津市滨海新区大港育才路394号
…………Tel：022-82191180

天津金科骏旭房地产开发有限公司……"地址：天津自贸试验区（东疆综合保税区）重庆道以南、呼伦贝尔路以西铭海中心1号楼-2、7-610（创实商务秘书服务（天津）有限公司托管第751号）"
…………Tel：13821493778

天津航天北斗科技发展有限公司
地址：天津市津汉公路13888号滨海高新区滨海科技园高新七路168号综合配套服务楼
…………Tel：022-84478610

天津国冶物业管理有限公司
地址：天津滨海高新区滨海科技园日新道188号3号孵化楼2层01室
…………Tel：022-84974077

天津市军粮城散货物流区开发建设有限公司
地址：天津市东丽区无瑕街道十号桥招商大厦A区2280-256房间
…………Tel：022-24351103

天津钢宏建材有限公司
地址：天津市东丽区津塘公路398号天津钢铁集团公司电炉院内
…………Tel：022-24708619

天津滨恺投资发展有限公司
地址：天津市东丽经济开发区一经路一号402室
…………Tel：022-24878865

天津帝达投资有限公司
地址：天津市东丽区东丽开发区一纬路24号东谷中心2号楼1201-01室
…………Tel：022-24878865

天津市惠民安居建设有限公司
地址：天津市东丽区招远路与环宇道交口东北侧海雅园配套公建一-4-101
…………Tel：022-24951222

天津市天材伟业建筑材料有限公司
地址：天津市东丽区津塘公路409号
…………Tel：022-24982498

天津市滨新城市建设投资有限公司
地址：天津市东丽开发区一经路3号
…………Tel：022-24985370

天津华基耀业投资控股有限公司
地址：天津市东丽开发区一纬路24号东谷中心1号楼1门1201室
…………Tel：022-24985990

天津市米兰物业管理有限公司
地址：天津市东丽区张贵庄街先锋路15号院内102室
…………Tel：022-26271817

天材宏业（天津）建筑材料有限公司
地址：天津市东丽区金钟河道跃进路北1199号
…………Tel：022-26791360

天津万盛隆达实业有限公司
地址：天津市东丽区华明高新技术产业区EOD总部港新华大厦607室
…………Tel：022-58237881

天津东辉置业有限公司
地址：天津市东丽区万新街成林道与登州路交口万新香邑广场招商中心大楼10楼1007室
…………Tel：022-58677678

天津名津建筑材料有限公司
地址：天津市东丽区津塘公路-407号三楼3131室
…………Tel：022-83281699

中楠江（天津）建材贸易有限公司
地址：天津市东丽区东丽湖街绿洲花园35-3-102室
…………Tel：022-84373279

天津东方时代建筑材料有限公司
地址：天津市东丽区成林道与登州路交口万新香邑广场招商中心大楼5楼504-1
…………Tel：022-84718575

天津市滨丽小城镇建设开发有限公司
地址：天津市东丽区军粮城示范镇杨台大街4号511室
…………Tel：022-84950810

天津市滨丽建设开发投资有限公司
地址：天津市东丽区华明高新区华丰路6号D座3-401室
…………Tel：022-84950810

天津市长城房地产开发有限公司
地址：天津市和平区哈尔滨道18号13-16层
…………Tel：022-23125856

天津市凯泰建材经营有限公司
地址：天津市和平区常德道80号1009号
…………Tel：022-23261880

天津华港房地产开发有限公司
地址：天津市和平区成都道126号天津奥林匹克大厦
…………Tel：022-23355888

天津城建总诚基础设施建设投资有限公司
地址：天津市和平区柳州路义顺里6号101室
…………Tel：022-83752477

天津城铁港铁建设有限公司
地址：天津市河北区海河东路62号101
…………Tel：022-23202060

天津中冶名瑞置业有限公司
地址：天津市河北区光复道街光明道24号C座301室
…………Tel：022-23238010

天津市海河资产经营管理有限公司
地址：河北区狮子林大街200号泰鸿大厦
…………Tel：022-24156780

天津轨道交通集团枢纽运营管理有限公司
地址：天津市河北区建国道6号
…………Tel：022-24460588

天津市河北区建设开发公司
地址：河北区翔纬路169号
…………Tel：022-26234930

天津市河北城市建设投资有限公司
地址：天津市河北区鸿顺里街律纬路五马路诺德中心10号楼15层
…………Tel：022-26267971

天津市河北区北鹏城市建设投资有限公司
地址：天津市河北区鸿顺里街律纬路五马路诺德中心10号楼15层-1
…………Tel：022-26267971

天津市东达房地产开发有限公司
地址：天津市河东区直沽园12-2层全部
…………Tel：022-24129812

天津市华夏典当行有限责任公司
地址：天津市河东区琳科东路68号-101（104二层）
…………Tel：022-24161909

天津东房安居建设有限责任公司
地址：河东区七纬路106号嘉华大厦706-708
…………Tel：022-24224202

天津市河东房地产开发总公司
地址：河东区华昌道45号
…………Tel：022-24312650

天津市嘉华城市建设投资发展有限公司
地址：天津市河东区建新路25号第三层房屋305室
…………Tel：022-24556606

天津市天材恒泰物业服务有限责任公司
地址：天津市河东区津塘路59号
…………Tel：022-58911615

天津天材恒业建筑材料有限责任公司
地址：天津市河东区津塘路59号增1号
…………Tel：022-58911660

泰达（天津）商业管理有限公司
地址：河西区友谊路5号北方金融大厦4F-F
…………Tel：022-23201522

天津市海华客运有限公司
地址：河西区郁江道21号3-419室
…………Tel：022-28170163

天津绿城全运村建设开发有限公司
地址：天津市河西区渌水道南侧棣棠园2-101
…………Tel：022-28189999

天津市河西房地产开发有限公司
地址：天津市河西区大沽南路与琼州道交口东南侧恒华大厦2-1-507
…………Tel：022-83834501

天津市新材房地产开发有限公司
地址：天津市河西区紫金山路73号
…………Tel：022-88292583

天津博雅置业有限公司
地址：天津市河西区友谊路35号城市大厦27层2702
…………Tel：022-88391666

中铁中基（天津）建材贸易有限公司
地址：天津市红桥区咸阳北路48号（银泰大厦8层）
…………Tel：022-58306008

天津市红桥城市建设投资有限公司
地址：红桥区勤俭道208号区政府大楼西配楼508室房间
…………Tel：022-86516800

天津冶建特种材料有限公司
地址：天津市蓟州区京津州河科技产业园东昌路3号
…………Tel：022-29893166

天津万事兴建材实业有限公司
地址：天津市蓟州区京津州河科技产业园经济开发区八一路
…………Tel：022-29897166

天津渔阳城市建设发展有限公司
地址：天津市蓟州区许家台镇商务中心
…………Tel：022-59138158

天津蓟州新城建设投资有限公司
地址：天津市蓟县中昌南大道2号
…………Tel：022-82711138

天津蓟州新城棚改建设投资有限公司
地址：天津市蓟州区中昌南大道2号综合服务中心412室
…………Tel：022-82711138

天津广成投资集团有限公司
地址：天津市蓟州区人民东大街48号
…………Tel：022-82778068

天津市蓟州城镇基础设施建设投资有限公司
地址：天津市蓟州区渔阳北路5号
…………Tel：022-82798888

天津仁恒和海置业有限公司
地址：天津海河教育园区新慧路1号管理中心二区301-2
…………Tel：022-27266666

天津华富兴邦投资发展有限公司
地址：天津市津南区八里台镇津港路与白万路交口
…………Tel：022-28337629

天津兴建城镇建设投资有限公司
地址：天津市津南区咸水沽体育场路南
…………Tel：022-28545501

天津铸徽城镇建设开发投资有限公司
地址：天津市津南区小站镇政府院内
…………Tel：022-28611717

天津祥水馨苑城镇建设投资有限公司
地址：天津市津南区双桥河创意产业园区津沽路18号1109室
…………Tel：022-28721683

中建方程（天津）城市建设发展有限公司
地址：天津市津南区葛沽镇创意中心10层
…………Tel：022-84228119

天津石泰集团有限公司
地址：津南区双桥河镇工业园区欣欣南路1号
…………Tel：022-88516922

天津津南城市建设投资有限公司
地址：天津市津南区咸水沽镇聚兴道7号1号楼
…………Tel：022-88737162

天津市南洋建筑设计有限公司
地址：天津市津南区咸水沽镇海河科技园区聚兴道9号
…………Tel：022-88912316

天津中冶新华商业管理有限责任公司
地址：天津市津南区咸水沽镇建国大街北侧沽上江南城3号楼-底商3号
…………Tel：022-88918005

天津滨海旺辉工程咨询有限公司
地址：天津自贸试验区（空港经济区）西三道158号金融中心5-401
…………Tel：022-24893666

中钢海洋工程服务有限公司
地址：天津经济技术开发区洞庭路74号3号楼
…………Tel：022-25215306

天津亚发物业服务有限公司
地址：天津自贸试验区（空港经济区）中心大道华盈大厦216室
…………Tel：022-25622572

天津市津领建筑材料集团有限公司
地址：天津市静海县大邱庄镇百亿元工业区
…………Tel：022-28898265

天津市宇泰房地产开发有限公司
地址：天津市静海经济开发区科技大道7号
…………Tel：022-28916333

天津宝能泰丰房地产开发有限公司
地址：天津市静海区大邱庄镇恒泰路1号508
…………Tel：022-58108700

天津波士宏达汽车销售服务有限公司
地址：天津经济技术开发区第五大街57号

东-1
……………………Tel：022-58800995
天津中南企业管理有限公司
地址：天津生态城国家动漫园文三路105号读者新媒体大厦第三层办公室A区311房间
……………………Tel：022-58828899
天津百得利汽车服务有限公司
地址：天津自贸试验区（空港经济区）汽车园中路59号
……………………Tel：022-58919911
天津欧贝姆建材有限公司
地址：天津市静海区蔡公庄工业园区西区22号
……………………Tel：022-59186163
天津天纺高新物流有限公司
地址：天津自贸试验区（空港经济区）中环南路98号
……………………Tel：022-60405863
诚通物流包装有限公司
地址：天津自贸试验区（空港经济区）保航路1号航空产业支持中心435室
……………………Tel：022-60723005
天津盛为利华新型建材技术有限公司
地址：天津市静海经济开发区广海道
……………………Tel：022-68298678
天津市静海城市基础设施建设投资集团有限公司
地址：天津市静海区静海镇旭华道76号
……………………Tel：022-68600158
天津市巨仁和建材有限公司
地址：天津市静海县大邱庄镇胡连庄村
……………………Tel：022-83729910
天津滨奥置业有限公司
地址：天津市静海区团泊大桥收费站南侧津团公路东侧
……………………Tel：022-83761001
天津杰伦圆通速递有限公司
地址：天津自贸试验区（空港经济区）空港国际物流区第三大街8号411室
……………………Tel：022-84887727
天津众兴汽车贸易有限公司
地址：天津自贸试验区（空港经济区）汽车园中路5号
……………………Tel：022-84909927
天津永盛鸿邺科技有限公司
地址：天津市静海经济开发区庶海道13号
……………………Tel：022-89983333
天津市建筑材料科学研究院有限公司
地址：天津市南开区体育中心红旗南路508号
……………………Tel：022-23382544
天津天材建业投资有限公司
地址：天津市南开区西湖道31号（原60号）
……………………Tel：022-27484171
天津城建集团有限公司
地址：天津市南开区鞍山西道260号
……………………Tel：022-27491999
天津万泽建设工程咨询有限公司 "地址：天津市滨海高新区华苑产业区兰苑路1号增2号911
"
……………………Tel：13920706186
天津国安社区科技有限公司……………
"地址：天津市南开区鞍山西道与南丰路交口处信诚大厦1-1304-24
"
……………………Tel：022-58157000
天津市南开城市建设投资有限公司
地址：南开区红旗路与西湖道交口西南侧博雅轩6-1601
……………………Tel：022-58289597
天津圣卓融置业有限公司
地址：天津西青学府工业区才智道35号海澜德大厦5号楼B座215-2
……………………Tel：022-58603399
天津市荣罡物业管理有限公司
地址：华苑产业区鑫茂科技园综合楼二层204室
……………………Tel：022-58692660
天津城建道桥工程有限公司
地址：天津市南开区红旗南路奥林匹克村5幢
……………………Tel：022-58693593
中城开建筑安装工程有限公司
地址：天津市南开区南京路309号环球置地广场3106
……………………Tel：022-87878103
天津京裕正大建筑材料有限公司
地址：天津市宁河区七里海镇兰台子村外西侧
……………………Tel：022-69362526
富华海斯（天津）建筑材料有限公司
地址：天津市武清区京滨工业园
……………………Tel：022-22190982
天津巨业投资发展有限公司
地址：天津市武清区高村镇政府大街8号
……………………Tel：022-22220380
时代众森（天津）装潢设计有限公司
地址：天津市武清区京滨工业园京滨睿城7号楼703-26（集中办公区）
……………………Tel：022-28333218
天津武清建筑建材集团仁利混凝土有限公司
地址：天津市武清区下朱庄街杨北公路北8号
……………………Tel：022-29367008
天津优和物联网科技有限公司
地址：天津市武清区大良镇新良道76号
……………………Tel：022-29566881
天津天房建材有限公司
地址：武清区下朱庄街杨北公路北16号
……………………Tel：022-58963261
日丰企业（天津）有限公司
地址：天津市武清开发区源和道7号
……………………Tel：022-59667607
雍汇（天津）有限公司
地址：天津市武清区东蒲洼街南东路6号
……………………Tel：022-59686555
万城建基置业（天津）有限公司
地址：天津市武清区下朱庄街富民路8号
……………………Tel：022-60126683
天津市房信节能建材科技有限公司
地址：天津市武清区汊沽港镇裕港道8号
……………………Tel：022-60911011
天津武清区天鹅湖温泉度假村有限公司
地址：武清开发区福源道北
……………………Tel：022-82113935
乐金华奥斯（天津）有限公司
地址：天津新技术产业园区武清开发区泉发路12号
……………………Tel：022-82125558
经纬城市绿洲（天津）置地有限公司
地址：天津市武清开发区福源道18号503-32（集中办公区）
……………………Tel：022-82191180
天津武清城市建设投资开发集团有限公司
地址：天津市武清区东蒲洼街泉发南路12号
……………………Tel：022-82191936
天津市东方巨龙建材科技有限公司
地址：天津市武清区梅厂镇福源经济区
……………………Tel：022-82280033
天津市精诚建筑装潢工程有限公司
地址：武清区梅厂镇
……………………Tel：022-83978387
天津金保银房置业有限公司
地址：天津西青学府工业区管委会办公楼431室
……………………Tel：022-23262688
天津方正置业有限公司
地址：天津开发区第三大街8号豪威大厦1门601-1室
……………………Tel：022-23744666
天津赫斯曼电梯有限公司
地址：西青区精武镇工业区鑫谷路2号
……………………Tel：022-23989090
天津市政建设发展有限公司
地址：天津新技术产业园区华苑产业区梓苑路2号
……………………Tel：022-58281018
天津市好美家装饰建材市场有限公司
地址：天津市西青经济开发区大寺工业园津荣道118号
……………………Tel：022-59005050-8005
天津津齐工程建设监理有限责任公司
地址：天津开发区第四大街95号1-303
……………………Tel：022-65171978
天津中泰投资有限责任公司
地址：天津开发区第三大街51号W2-B-11层
……………………Tel：022-66283846
正荣荣域（天津）置业发展有限公司
地址：天津西青汽车工业区（张家窝工业区）丰泽道9号318室
……………………Tel：022-83129855
天津市华忠医药科技有限公司
地址：天津市西青区辛口镇工业区（乘运道16号-4号）
……………………Tel：022-87928538
天津市环城建设发展有限公司
地址：西青区张家窝工业区
……………………Tel：022-87981519
天津市外国企业专家服务有限公司
地址：天津开发区第三大街51号滨海金融街W5号楼C1座6层
……………………Tel：022-88380019
天津城市管家科技股份有限公司
地址：天津市高新产业园区物华道2号A座2069号
……………………Tel：022-23780972
天津滨海富民实业集团有限公司
地址：津塘公路十号桥
……………………Tel：022-24366058
天津城市道路管网配套建设投资有限公司
地址：天津市新产业园区华苑产业区榕苑路7号
……………………Tel：022-58595600
天津北方建筑材料商贸有限公司
地址：天津经济技术开发区洞庭路 2 号
……………………Tel：022-58615510

上海市

上海房地产经营（集团）有限公司
地址：上海市宝山区真陈路1000号（工业园区大厦2142）
……………………Tel：021-20770600
优时吉博罗石膏建材（上海）有限公司
地址：上海市宝山区银石路199号
……………………Tel：021-26090300
上海金圣建筑装潢有限公司
地址：上海市宝山区一二八纪念路968号1311室
……………………Tel：021-31127255
上海元桥建筑装潢有限公司
地址：上海市宝山区高逸路111号2幢198室
……………………Tel：021-32205919
上海歆禺房屋租赁有限公司
地址：上海市宝山区蕴川路5475号4幢部分4603室
……………………Tel：021-33685777
上海川东建筑装潢有限公司
地址：上海市宝山区沪太路6397号1-2层A1473室
……………………Tel：021-33790309
上海举帆建筑装潢工程有限公司
地址：上海市宝山区沪太路8885号6幢D2769室
……………………Tel：021-35050203
润权供应链管理（上海）有限公司
地址：上海市宝山区毛家路451弄39号
……………………Tel：021-35318955
上海同济城市建设投资有限公司
地址：上海市宝山区淞良路10号1203室
……………………Tel：021-35371500
上海华烁建筑装饰工程有限公司
地址：上海市宝山区庆安路16号
……………………Tel：021-36010706
上海东方压缩机厂有限公司
地址：宝山区顾村工业园区富联二路318号
……………………Tel：021-36044366
上海宝山城乡建设投资经营有限公司
地址：上海市宝山区牡丹江路1398号16楼
……………………Tel：021-36100465
上海招商置业有限公司
地址：上海市宝山区潘泾路4333弄217号101室
……………………Tel：021-50292288
上海丰扬房地产开发有限公司
地址：宝山区 川路2488弄218号
……………………Tel：021-50293353
上海万业企业宝山新城建设开发有限公司
地址：上海市宝山区宝杨路3528号
……………………Tel：021-50366699
沪鑫（上海）建设发展有限公司
地址：上海市宝山区德都路266号C-66室
……………………Tel：021-50841289
上海增惠装饰装潢有限公司
地址：上海市宝山区长江西路2351号二楼3室235室
……………………Tel：021-51866617
嘉丰瑞德（上海）投资管理咨询有限公司
地址：上海市宝山区共和新路5000弄6号912A室
……………………Tel：021-51950597
上海烨烽金属材料有限公司
地址：上海市宝山区牡丹江路1325号3D-489
……………………Tel：021-54799208
德韦斯（上海）建筑材料有限公司
地址：上海市宝山区金石路1688号C-342
……………………Tel：021-54862769
上海美畅装饰设计工程有限公司
地址：上海市宝山区萧月路7号1层A606室
……………………Tel：021-54862769
上海方机企业发展有限公司
地址：上海市宝山区月罗路559号R-149室
……………………Tel：021-55066666
上海新多建设工程有限公司
地址：上海市宝山区逸仙路2816号1幢1层H0008室
……………………Tel：021-55136591
上海宏春装潢有限公司
地址：上海市宝山区上大路668号1幢592G
……………………Tel：021-55151883
仙客来环境管理（上海）有限公司
地址：上海市宝山区梅林路358号11幢B1188室
……………………Tel：021-55900237
上海二鑫门业集团有限公司
地址：上海市宝山区潘塘路13号
……………………Tel：021-56108420
上海宝龙建材有限公司
地址：上海市宝山区联水路368号
……………………Tel：021-56151402
上海宝田新型建材有限公司
地址：上海市宝山区蕴川路5075号
……………………Tel：021-56158558
上海宙正实业有限公司
地址：上海市宝山区宝林八村101号420I室
……………………Tel：021-56163935
博华建筑规划设计有限公司
地址：上海市宝山区沪太路4361号3号楼3307A室
……………………Tel：021-56170018
上海巴顿建筑装潢有限公司
地址：宝山区河曲路118号3037室
……………………Tel：021-56181681
上海中亿企业发展集团有限公司
地址：上海市宝山区高逸路112-118号3幢201室
……………………Tel：021-56200283
上海舍汇信息技术有限公司
地址：上海市宝山区长江南路668号A3555室
……………………Tel：021-56413657
上海龙港建材有限公司
地址：上海市宝山区长逸路15号
……………………Tel：021-56446628
上海港贤建材装潢有限公司
地址：上海市宝山区罗店镇東里桥村
……………………Tel：021-56446628
上海建配龙建材配送有限公司
地址：宝山区长逸路15号
……………………Tel：021-56452120
上海奕砻装潢有限公司
地址：上海市宝山区逸仙路2816号1幢9层B0961室
……………………Tel：021-56555528
上海宝教建筑装潢有限公司
地址：上海市宝山区宝杨路1800号2号楼357室
……………………Tel：021-56642875
上海友谊建筑装潢有限公司
地址：上海市宝山区盘古路572号
……………………Tel：021-56693894
上海润乘建筑工程有限公司
地址：上海市宝山区双城路803弄11号1602A-3466室
……………………Tel：021-56695039
上海祥泰建筑装潢工程有限公司
地址：上海市宝山区锦秋路48号D91
……………………Tel：021-56711978
上海富艾砉建筑装潢工程有限公司
地址：上海市宝山区同济路2号1幢527室
……………………Tel：021-56786998
上海建工谊建材料工程有限公司
地址：上海市宝山区江杨南路2618号
……………………Tel：021-56801483
上海生发建筑工程装潢有限公司
地址：上海市宝山区市一路200号W-4
……………………Tel：021-56803126
上海朝勃装饰工程有限公司
地址：上海市宝山区梅林路358号13幢A937室
……………………Tel：021-56807906
上海金昕装潢材料有限公司
地址：上海市宝山区共和新路5308弄68支弄2号2层2001室
……………………Tel：021-56818619
上海罗店城镇建设投资有限公司
地址：上海市宝山区罗店开发区（市一路200号）
……………………Tel：021-56861317
上海罗华建筑装潢工程有限公司
地址：上海市宝山区园和路235号3幢A2140室
……………………Tel：021-56921658
上海骏利（集团）有限公司
地址：上海市宝山区通河六村232号
……………………Tel：021-56994715
上海智酷建筑装潢工程有限公司
地址：上海市宝山区双城路803弄11号1602A-3470室
……………………Tel：021-58216939
上海中深建筑装饰工程有限公司
地址：宝山区长逸路15号A幢1201至1208室
……………………Tel：021-58334628
上海广容建筑装潢有限公司
地址：上海市宝山区上大路668号1幢508G
……………………Tel：021-59157816
上海苏奔建筑装潢有限公司
地址：上海市宝山区沪太路8786弄275号
……………………Tel：021-59559272
上海会新实业有限公司
地址：上海市宝山区罗芬路689弄40号F区1936室
……………………Tel：021-59900650
上海桦亨建筑装潢设计有限公司
地址：上海市宝山区友谊路1518弄10号1层D-236室
……………………Tel：021-60716153
上海长江口置业有限公司
地址：上海市宝山区牡丹江路1755号4楼
……………………Tel：021-60838725
上海陆荣广告装潢有限公司
地址：上海市宝山区双城路803弄11号901室

…………Tel：021-61808842
上海超沣建筑装潢装饰有限公司
地址：上海市宝山区真陈路1000号1幢6楼A、B、C、D、E、F、G、H、K、N、Z座
…………Tel：021-62504448
上海庆阳建筑装潢设计有限公司
地址：上海市宝山区沪太路6397号1-2层B1122室
…………Tel：021-62579813
上海弈睿轨道交通工程技术有限公司
地址：上海市宝山区顾北东路365号A区1212
…………Tel：021-62596001
上海置荟谷信息科技股份有限公司
地址：上海市宝山区逸仙路2816号1幢12层A1201、1202室
…………Tel：021-64033350
上海远至实业有限公司
地址：上海市宝山区牡丹江路1325号3303-M室
…………Tel：021-65668636
上海恒畴建筑设备材料有限公司
地址：上海市宝山区萧月路7号1层A618室
…………Tel：021-66025908
上海振熠建筑装潢有限公司
地址：上海市宝山区杨鑫路158号13幢456室
…………Tel：021-66031729
上海章杰装潢有限公司
地址：上海市宝山区泰和西路3389号1-406室
…………Tel：021-66045826
上海北翼（集团）有限公司
地址：上海市宝山区梅林路762号201室
…………Tel：021-66150172
上海三同装潢设计有限公司
地址：上海市宝山区逸仙路3438号206室
…………Tel：021-66205530
上海达奥斯电梯装潢有限公司
地址：上海市宝山区罗宁路1288弄10号1层101室、2层201室
…………Tel：021-66308007
上海真大建筑装潢有限公司
地址：上海市宝山区环镇南路858弄9号1105
…………Tel：021-66360216
上海焱其盛实业有限公司
地址：上海市宝山区爱辉路201号3幢3021-C室
…………Tel：021-66397662
上海中铁宝丰置业有限公司
地址：上海市宝山区友谊路1518弄10号1层A-170室
…………Tel：021-66680533
上海江杰建筑装潢有限公司
地址：上海市宝山区真陈路1000号
…………Tel：021-66761888
上海宝山西城区建设开发有限公司
地址：上海市宝山区水产西路2699号三楼
…………Tel：021-66763626
上海宝冶建筑装饰有限公司
地址：上海市宝山区罗店开发区（市一路102号A-150）
…………Tel：021-66799953
上海橙青装潢设计有限公司
地址：上海市宝山区金石路1688号C-161
…………Tel：021-66983583
上海美娇建设工程有限公司
地址：上海市宝山区月罗路559号W-285室
…………Tel：021-67711969
上海射睿防水装潢工程有限公司
地址：上海市崇明区城桥镇官山路2号6幢C区114室
…………Tel：021-20980183
上海嘉正通讯技术有限公司
地址：上海市崇明区竖新镇响椿路58号西一楼101室（上海竖新经济开发区）
…………Tel：021-22210808
麦斯兰服装有限公司
地址：上海市崇明区城桥镇秀山路68号203室（上海市崇明工业园区）
…………Tel：021-24099199
上海汉谦建筑装饰工程有限公司
地址：上海市崇明区城桥镇秀山路7号5幢C区204室（上海市崇明工业园区）
…………Tel：021-31210102
上海嘉展建筑装潢工程有限公司
地址：上海市崇明区港沿镇港沿公路1700号5幢2303室（上海港沿经济小区）
…………Tel：021-31270888-501
上海锦美建筑装潢有限公司
地址：上海市崇明区新村乡耀洲路741号1幢444室（上海新村经济小区）
…………Tel：021-31825879
上海紫丰璜农业发展有限公司
地址：崇明区新村乡耀洲路741号1幢145室（上海新村经济小区）
…………Tel：021-32036138
上海奇高阀门制造有限公司
地址：上海市崇明区堡镇堡镇南路300号2幢103室（上海堡镇经济小区）
…………Tel：021-32050777
中城建第九工程局有限公司
地址：上海市崇明区横沙乡富民支路58号C3-61室（上海横泰经济开发区）
…………Tel：021-32522245
上海瑞永建筑工程有限公司
地址：崇明县港东公路1500号205室（上海津桥经济开发区）
…………Tel：021-32529691
上海天市装潢工程有限公司
地址：上海市崇明县横沙乡富民支路58号A1-3298室（上海横泰经济开发区）
…………Tel：021-32536509
上海新秀建设工程有限公司
地址：上海市崇明县城桥镇秀山路8号3幢4层P区2029室（上海市崇明工业园区）
…………Tel：021-32583078
上海扬战装潢装饰工程有限公司
地址：崇明县潘园公路1800号1433室（上海泰和经济发展区）
…………Tel：021-33194270
上海尊阮建筑装潢工程有限公司
地址：上海市崇明区堡镇堡镇南路58号15幢B区213-3室（上海堡镇经济小区）
…………Tel：021-33975039
上海勋伟文化传媒有限公司
地址：上海市崇明区长兴镇北兴村凤西路1512号1013室（上海泰和经济发展区）
…………Tel：021-34207525
上海叶辰建筑装潢有限公司
地址：上海市崇明区新村乡耀洲路741号5幢2355室（上海新村经济小区）
…………Tel：021-34679268
上海银龙建设（集团）有限公司
地址：上海市崇明区横沙乡富民支路58号D3-1017室（上海横泰经济开发区）
…………Tel：021-34711130
上海城市新建设集团有限公司
地址：中国（上海）自由贸易试验区临港新片区环湖西二路888号C楼
…………Tel：021-34735688
上海鼎置室内装潢有限公司
地址：上海市崇明县绿华镇富华路58号5幢109室（上海绿华经济小区）
…………Tel：021-34791826
上海兴鸿建设工程有限公司
地址：上海市崇明区庙镇窑桥村社南780号2幢199室（上海庙镇经济开发区）
…………Tel：021-36060796
上海必恒资产经营管理有限公司
地址：上海市崇明县长兴镇潘园公路1800号2号楼2041室（上海泰和经济发展区）
…………Tel：021-36303094
上海锦丽华建筑装潢工程有限公司
地址：上海市崇明区城桥镇东门路101号
…………Tel：021-36521880
上海质尖建筑装潢工程有限公司
地址：上海市崇明区北沿公路2111号3幢169-15室（上海崇明森林旅游园区）
…………Tel：021-50351582
上海禾乾消防工程技术有限公司
地址：上海市崇明县三星镇宏海公路4588号16号楼116室（上海三星经济小区）
…………Tel：021-50398198
上海中威建筑工程有限公司
地址：上海崇明区城桥镇官山路2号3幢C区2114室
…………Tel：021-50833303
木佐（上海）建筑装潢有限公司
地址：上海市崇明区横沙乡富民支路58号A2-7155室（上海横泰经济开发区）
…………Tel：021-51068155
链家建筑装潢有限公司
地址：上海市崇明县长兴镇潘园公路1800号3号楼2566室（上海泰和经济发展区）
…………Tel：021-51095109
上海湘涟建筑装饰有限公司
地址：上海市崇明区陈家镇前裕公路199号7幢480室
…………Tel：021-51362679
上海浦鼎企业管理服务有限公司
地址：上海市崇明区潘园公路2528号E幢220室（上海泰和经济开发区）
…………Tel：021-51692999
上海星泓企业管理有限公司
地址：上海市崇明区新河镇新开河路825号8幢A区281室（上海新河经济小区）
…………Tel：021-51799002
中核恒睿（上海）城市建设发展有限公司
地址：上海市崇明区长兴镇潘园公路1800号3号楼15367室（上海泰和经济发展区）
…………Tel：021-52550575
上海禾柃房地产开发有限公司
地址：上海市崇明区长兴镇潘园公路1800号3号楼4894室（上海泰和经济发展区）
…………Tel：021-52557588
上海兴阅房地产开发有限公司
地址：上海市崇明区长兴镇潘园公路1800号3号楼4864室（上海泰和经济发展区）
…………Tel：021-52557588
上海友茂建筑材料有限公司
地址：上海市崇明区向化镇陈彷公路1585号211室
…………Tel：021-52980000
上海国启广告有限公司
地址：上海市崇明区港沿镇港沿公路1700号3幢10341室（上海港沿经济小区）
…………Tel：021-53836385
上海昊金建材有限公司
地址：上海市崇明区城桥镇新闸路48号18幢204室
…………Tel：021-54177710
天下无漏（上海）建材科技有限公司
地址：上海市崇明区长兴镇潘园公路1800号3号楼24565室（上海泰和经济发展区）
…………Tel：021-54862769
冠海城市更新建设（上海）有限公司
地址：上海市崇明区横沙乡富民支路58号D1-3750室（上海横泰经济开发区）
…………Tel：021-56425992
上海棠人商业管理有限公司
地址：上海市崇明区横沙乡富民支路58号D1-9663室（上海横泰经济开发区）
…………Tel：021-56425992
上海关镇铨建筑装潢设计有限公司
地址：上海市崇明区富民支路58号D1-895室（上海横泰经济开发区）
…………Tel：021-56512027
威适特（上海）建筑系统工程有限公司
地址：上海市崇明区横沙乡富民支路58号3688室（上海横泰经济开发区）
…………Tel：021-56550411
上海宸屹建筑装潢有限公司
地址：上海市崇明县长兴镇潘园公路1800号2号楼4624室（上海泰和经济发展区）
…………Tel：021-56558851
上海瀛江建筑装潢工程有限公司
地址：上海市崇明县城桥镇运粮小区288号5幢109-3（崇明森林旅游园区）
…………Tel：021-56723006
上海京堂商业管理有限公司
地址：上海市崇明区城桥镇东河沿68号B幢111室（上海城桥经济开发区）
…………Tel：021-56966869
上海画邑文化传播有限公司
地址：上海市崇明县新河镇新申路921号
…………Tel：021-57401515
上海八方东德建筑装潢工程有限公司
地址：上海市崇明区城桥镇东门路108号
…………Tel：021-58005990
上海观禾建筑装潢工程有限公司
地址：上海市崇明区港西镇三双公路987号17幢106室（上海津桥经济开发区）
…………Tel：021-58369556
上海东宁物业经营管理有限公司
地址：上海市崇明区新河镇新开河路825号10幢358室
…………Tel：021-58501728
上海冬梅建筑装潢有限公司
地址：上海市崇明县潘园公路1800号2号楼2258室（上海泰和经济开发区）
…………Tel：021-58513864
上海润泰建筑劳务有限公司
地址：上海市崇明区建设镇建星路108号3幢2A-503室（上海建设经济小区）
…………Tel：021-58893719
上海森苏建筑工程有限公司
地址：上海市崇明区北沿公路2111号3幢230-70室（上海崇明森林旅游园区）
…………Tel：021-58905163
上海森谦建筑材料（集团）有限公司
地址：上海市崇明区中兴镇兴工路18号5号楼402室（上海广福经济开发区）
…………Tel：021-58931292
上海登飞建筑装潢工程有限公司
地址：上海市崇明区港沿镇港沿公路1700号3幢2612室（上海港沿经济小区）
…………Tel：021-59421988
上海章发建筑安装工程有限公司
地址：上海市崇明区向化镇米新村乐兴178号11幢1楼159-A室（上海永冠经济开发区）
…………Tel：021-59443180
上海全椒建筑装潢有限公司
地址：上海市崇明县港沿镇富国村齐乐1221号
…………Tel：021-59460389
上海崇珍建筑装潢工程有限公司
地址：上海市崇明区庙镇窑桥村社南780号2幢277室（上海庙镇经济开发区）
…………Tel：021-59638067
上海市瑞华实业有限公司
地址：上海市崇明区新海镇北沿公路3156号
…………Tel：021-59657039
上海港西资产经营有限公司
地址：上海市崇明区港西镇镇政府内
…………Tel：021-59671396
上海卫敏建筑装潢工程有限公司
地址：上海市崇明区城桥镇三沙洪路89号3幢276室（上海崇明供销经济开发区）
…………Tel：021-60225602
亿彩网络科技有限公司
地址：上海市崇明县庙镇宏海公路1825号1幢409室
…………Tel：021-60571133
上海营通建筑装潢有限公司
地址：上海市崇明县横沙乡富民支路58号7687室（上海横泰经济开发区）
…………Tel：021-61275610
上海丰鸣建筑装潢工程有限公司
地址：崇明区港沿镇港沿村建联985号101室（上海港沿经济小区）
…………Tel：021-61677479
上海戛绅家居装潢服务有限公司
地址：上海市崇明县长兴镇潘园公路1800号2号楼8854室（上海泰和经济发展区）
…………Tel：021-61726768
中铁建业啸伦（上海）新材料科技有限公司
地址：上海市崇明县横沙乡富民支路58号D1-3488室（上海横泰经济开发区）
…………Tel：021-62126910-801
上海思令乐建筑装潢工程有限公司
地址：上海市崇明区长兴镇潘园公路1800号3号楼34421室（上海泰和经济发展区）
…………Tel：021-62257711
上海利品建筑材料贸易有限公司
地址：上海市崇明区东平镇东风公路399号5067室
…………Tel：021-62263888
上海奥盛建筑装潢工程有限公司
地址：上海市崇明区城桥镇秀山路8号3幢一层Z区2019室（上海市崇明工业园区）
…………Tel：021-62453279
上海仕乐装潢工程有限公司
地址：上海市崇明区东门路108号南二楼304室
…………Tel：021-62528006
上海嘉邦建筑装潢工程有限公司
地址：崇明区港沿镇齐力村561号123室（上海港沿经济小区）
…………Tel：021-62971877
上海鼎星信息咨询服务有限公司
地址：上海市崇明区横沙乡富民支路58号481室（上海横泰经济开发区）
…………Tel：021-63020580
上海茶亭建筑装潢工程有限公司
地址：上海市崇明县庙镇窑桥村社南756号2幢8351室（上海庙镇经济开发区）
…………Tel：021-63057710
上海绿地建筑材料集团有限公司
地址：上海市崇明区长兴镇潘园公路1800号3号楼18916室（上海泰和经济发展区）
…………Tel：021-63156900
上海俊沁建筑装潢工程有限公司
地址：上海市崇明区港沿镇港沿公路1700号2幢2324室
…………Tel：021-63235336
上海喆峰建筑装潢工程有限公司
地址：上海市崇明区港沿镇港沿公路1700号3幢10582室（上海港沿经济小区）
…………Tel：021-63235336
上海吉帆建筑装潢有限公司
地址：上海市崇明区城桥镇中津桥路116号1幢203-6室
…………Tel：021-63529596
上海恒利益建装潢工程有限公司
地址：上海市崇明区横沙乡富民沙路3201弄14号3层301室
…………Tel：021-63800606
上海昂逸装饰设计工程有限公司
地址：上海市崇明区长兴镇潘园公路1800号3号楼16627室（上海泰和经济发展区）
…………Tel：021-64277212
磊居建筑装潢工程（上海）有限公司
地址：上海堡镇工业区（崇明县堡镇大通路529号）
…………Tel：021-64718099
上海城投航道建设有限公司
地址：上海市崇明区长兴镇江南大道1333弄1号楼109室4座（上海长兴海洋装备产业基地）
…………Tel：021-65018855
上海川勤建筑工程有限公司
地址：上海市崇明区绿华镇富华路79号6幢183室
…………Tel：021-65153698
上海恒若建筑装潢有限公司
地址：上海市崇明区长兴镇潘园公路1800号3号楼68806室（上海泰和经济发展区）
…………Tel：021-65757468
上海嘉益装潢工程有限公司
地址：上海市崇明区港沿镇港沿公路1700号2幢2306室（上海港沿经济小区）
…………Tel：021-65977088
合耀（上海）网络科技有限公司
地址：上海市崇明区横沙乡富民支路58号9235室（上海横泰经济开发区）
…………Tel：021-66076100
上海中中建筑装潢工程有限公司

地址：上海市崇明区横沙乡富民支路58号D3－3229室（上海横泰经济开发区）
…………………………Tel：021－66222109
上海秋琼建筑装潢设计有限公司
地址：上海市崇明区庙镇宏海公路2052号D幢3层8128室（庙镇经济开发区）
…………………………Tel：021－66359106
上海德洋建筑装潢有限公司
地址：上海市崇明县北沿公路2111号3幢125－2室（上海崇明森林旅游园区）
…………………………Tel：021－66380963
上海方嘉建筑工程有限公司
地址：上海市崇明县横沙乡富民支路58号7212室（上海横泰经济开发区）
…………………………Tel：021－66408288
上海千若装潢有限公司
地址：上海市崇明区北沿公路2111号30幢103室－1（上海崇明森林旅游园区）
…………………………Tel：021－67699027
上海益街商业经营管理有限公司
地址：上海市崇明区长兴镇光荣村208－1号144室（上海泰和经济发展区）
…………………………Tel：021－68581691
上海敬三装潢设计有限公司
地址：上海市崇明县城桥镇新闸路48号13幢109室
…………………………Tel：021－68671870
上海宇田建筑工程有限公司
地址：上海市崇明区绿华镇富华路58号5幢117室（上海绿华经济小区）
…………………………Tel：021－68816201
上海好客农业科技发展有限公司
地址：上海市崇明区庙镇宏海公路2008号21幢
…………………………Tel：021－68906989
上海置宏网络科技有限公司
地址：上海市崇明区长兴镇潘园公路1800号3号楼3396室（上海泰和经济发展区）
…………………………Tel：021－68922077
上海友心室内装潢有限公司
地址：上海市崇明区中兴镇汲浜老街42号11幢1楼185室（上海广福经济开发区）
…………………………Tel：021－69447589
上海文友建筑装潢有限公司
地址：上海市崇明区中兴镇兴工路37号7号楼1027室（上海广福经济开发区）
…………………………Tel：021－69447589
上海众倩广告装潢有限公司
地址：上海市崇明区建设公路1259号4幢208室（上海建设经济小区）
…………………………Tel：021－69600169
上海明爵建筑装潢工程有限公司
地址：上海市崇明县绿华镇富华路58号2幢119室（上海绿华经济开发区）
…………………………Tel：021－69602030
上海丰泽建筑装潢有限公司
地址：上海市崇明区陈家镇瀛东村53号3幢949室（上海智慧岛数据产业园）
…………………………Tel：021－69631213
上海笙铂建筑装潢有限公司
地址：上海市崇明区港沿镇港沿公路1700号（上海港沿经济小区）
…………………………Tel：021－69690838
上海崇明生态城镇投资建设有限公司
地址：上海市崇明区城桥镇朝阳门路11号1306室
…………………………Tel：021－69695898
上海怡鼎建筑装饰装潢有限公司
地址：上海市崇明区北沿公路2111号4幢103－10（崇明森林旅游园区）
…………………………Tel：021－69696306
上海明益建筑装潢有限公司
地址：上海市崇明区新河镇新申路829号176室（上海富盛经济开发区）
…………………………Tel：021－69696885
上海欣丞建筑装潢有限公司
地址：上海市奉贤区环城西路3111弄555号4幢－1787
…………………………Tel：021－20919597
上海数办科技有限公司
地址：上海市奉贤区沿钱公路5601号1幢
…………………………Tel：021－22876500
上海畅艺建筑装潢有限公司
地址：上海市奉贤区航塘公路1768号三幢3层3074车间
…………………………Tel：021－31127025
上海宏想建筑装潢有限公司
地址：上海市奉贤区金汇镇金碧路665、685号1幢1555室
…………………………Tel：021－31178819
上海扩腾建筑装潢工程有限公司
地址：上海市奉贤区金钱公路228号2幢853室
…………………………Tel：021－31178819
上海炯璨建筑装潢材料有限公司
地址：上海市奉贤区南桥镇国顺路936号5幢
…………………………Tel：021－31271866
姿彩装潢设计工程（上海）有限公司
地址：上海市奉贤区青村镇青村南路355号3幢205室
…………………………Tel：021－33517393
上海润庐建筑装潢工程有限公司
地址：上海市奉贤区南桥镇江海南路95弄2号6幢6138室－3
…………………………Tel：021－33655555
上海霭斯建筑装潢有限公司
地址：上海市奉贤区茂园路661号901室
…………………………Tel：021－33656180
上海安桥建筑安装工程有限公司
地址：上海市奉贤区柘林镇海湾路1609弄3496号
…………………………Tel：021－33656558
上海冶栗装潢工程有限公司
地址：上海市奉贤区柘林镇胡桥新街17号8幢1153室
…………………………Tel：021－34657845
上海禧勒建材装潢有限公司
地址：上海市奉贤区南桥镇江海南路95弄2号7幢7115室－3
…………………………Tel：021－37118999
上海奉贤新城建设发展有限公司
地址：上海市奉贤区南桥镇南奉公路6899号
…………………………Tel：021－37196678
上海地通建筑材料设备有限公司
地址：上海市奉贤区南桥镇人民中路252号
…………………………Tel：021－37199586
上海叁鹰建筑装潢装饰有限公司
地址：上海市奉贤区沿钱公路5599号10862室
…………………………Tel：021－37199996
上海佳裕建设发展有限公司
地址：上海市奉贤区南桥镇解放东路121号401室
…………………………Tel：021－37511313
上海国灿建设工程有限公司
地址：上海市奉贤区四团镇邵厂北区89号南幢2号楼272室
…………………………Tel：021－37519533
上海强立建筑装潢有限公司
地址：上海市奉贤区庄行镇新村村352号
…………………………Tel：021－37526561
上海玥越建筑装潢工程有限公司
地址：上海市奉贤区南桥镇江海南路95弄2号3幢3112室－7
…………………………Tel：021－37565898
上海联华建筑装潢有限公司
地址：上海市奉贤区柘林镇沪杭公路1588号9栋201A
…………………………Tel：021－37566998
上海恒冉房地产开发有限公司
地址：上海市奉贤区五四公路2011号14幢205室
…………………………Tel：021－37580055
上海缘诚建筑装潢工程有限公司
地址：上海市奉贤区南桥镇金海路3369号1幢418室－4
…………………………Tel：021－38219218
上海啸美建筑装潢工程有限公司
地址：上海市奉贤区南桥镇南桥路377号1幢
…………………………Tel：021－39177004
上海江绅室内装潢有限公司
地址：上海市奉贤区金汇镇金钱公路1818号（10）
…………………………Tel：021－50561151
上海龙运装潢工程设计有限公司
地址：上海市奉贤区北村路101号3幢
…………………………Tel：021－50680679
上海东迪建筑工程有限公司
地址：上海市奉贤区宁富路288号2幢4302室
…………………………Tel：021－50752081
上海优速建筑装饰工程有限公司
地址：上海市奉贤区新四平公路468弄10幢1层27室
…………………………Tel：021－50916128
上海鋆朗贸易有限公司
地址：上海市奉贤区庄行镇南亭公路1176号221室
…………………………Tel：021－51333282
上海优典家具有限公司
地址：上海市奉贤区展发路303号
…………………………Tel：021－51359008
上海盟昌贸易有限公司
地址：上海市奉贤区金汇镇金泰青公路340号B区26室
…………………………Tel：021－51380365
上海镛禾建筑装潢材料有限公司
地址：上海市奉贤区海湾镇五四公路1558弄1号3幢147室
…………………………Tel：021－51695863
上海力馨建筑装潢设计有限公司
地址：上海市奉贤区庄行镇南亭公路1176号7幢1196室
…………………………Tel：021－51860026
上海立罗装潢材料有限公司
地址：上海市奉贤区光泰路1999号23幢
…………………………Tel：021－51860396
上海居汇建筑装潢有限公司
地址：上海市奉贤区庄行镇南亭公路2788号5幢1065室
…………………………Tel：021－51860659
上海雨祥食品有限公司
地址：上海市奉贤区大叶公路6758号4幢L023室
…………………………Tel：021－52962615
上海伟秋建筑装潢有限公司
地址：上海市奉贤区四团镇平港路8号1幢3029室
…………………………Tel：021－54282613
上海平亮装潢设计有限公司
地址：上海市奉贤区邬桥镇庄胡公路618号－105
…………………………Tel：021－54284388
上海轩阳建筑工程有限公司
地址：上海市奉贤区海湾镇五四支路171号3幢662室
…………………………Tel：021－54426091
旋艺装潢（上海）有限公司
地址：上海市奉贤区金齐路868号1166室
…………………………Tel：021－54587895
上海庐申建筑装潢有限公司
地址：上海市奉贤区柘林镇夹路村一组
…………………………Tel：021－54862405
上海洲际建筑安装工程有限公司
地址：上海市奉贤区柘林镇窑桥村五组
…………………………Tel：021－54867090
东久（上海）投资管理咨询有限公司
地址：上海市奉贤区青村镇奉村路458号1幢336室
…………………………Tel：021－56069666
亿音乐器（上海）有限公司
地址：上海市奉贤区五四公路2011号5幢201室
…………………………Tel：021－56082795
上海明航汽车租赁有限公司
地址：上海市奉贤区奉柘公路2539弄99号1幢324室
…………………………Tel：021－56518618
上海勤增建筑装潢设计工程有限公司
地址：上海市奉贤区海湾镇五四公路1558弄1号3幢540室
…………………………Tel：021－56818481
上海华展建筑装潢有限责任公司
地址：奉贤区南桥镇环城北路东口
…………………………Tel：021－57101100
上海灵斐建筑装潢有限公司
地址：上海市奉贤区新四平公路468弄10幢6层76室
…………………………Tel：021－57102162
上海余闲建筑装潢有限公司
地址：上海市奉贤区南虹路5,9,15号11幢603室
…………………………Tel：021－57102608
上海奉投建设发展有限公司
地址：上海市奉贤区南桥镇宏伟路24号5幢1051室
…………………………Tel：021－57106010
上海奉贤城乡建设投资开发有限公司
地址：奉贤区南桥镇南桥路156－158号
…………………………Tel：021－57106516
上海索峰建设工程有限公司
地址：上海市奉贤区南桥镇光迎路125号1幢1373室
…………………………Tel：021－57107572
上海碧海金沙投资发展有限公司
地址：上海市奉贤区海湾旅游区海涵路6号
…………………………Tel：021－57127803
上海贤楷建筑装饰材料有限公司
地址：上海市奉贤区海杰路1568号2幢1266室
…………………………Tel：021－57142748
上海谊帮建筑装潢有限公司
地址：上海市奉贤区南桥镇金海公路3265号18号楼8137室
…………………………Tel：021－57158259
上海春橄建筑装潢有限公司
地址：上海市奉贤区浦卫公路1602、1626号202室
…………………………Tel：021－57401655
上海奋赢建筑装潢有限公司
地址：上海市奉贤区浦卫公路1602、1626号202室
…………………………Tel：021－57404578
上海章露建筑装潢设计有限公司
地址：上海市奉贤区浦卫公路1602、1626号202室
…………………………Tel：021－57404578
上海辽昂建筑装潢工程有限公司
地址：上海市奉贤区庄行镇北环路800号第3幢1062室
…………………………Tel：021－57404578
上海磐业建筑装潢有限公司
地址：上海市奉贤区庄行镇浦卫公路1626号302室
…………………………Tel：021－57406198
上海灵个装潢有限公司
地址：上海市奉贤区南桥镇宏伟路24号5幢9250室
…………………………Tel：021－57411232
上海奉安建筑装潢有限公司
地址：上海市奉贤区南桥镇南桥路839号（奉工）
…………………………Tel：021－57411528
上海晶闳装潢有限公司
地址：上海市奉贤区岚丰路1150号2幢2156室
…………………………Tel：021－57423785
上海申星建筑装潢有限公司
地址：奉贤区南桥镇西渡工业区莘奉公路－338号
…………………………Tel：021－57433741
上海韵虞建筑装潢有限公司
地址：上海市奉贤区南桥镇江海南路95弄2号5幢5127室－4
…………………………Tel：021－57444362
上海贤临实业发展有限公司
地址：上海市奉贤区柘林镇发工路1268号
…………………………Tel：021－57448621
上海昊辰建筑装潢工程有限公司
地址：上海市奉贤区旗港路1008号1幢
…………………………Tel：021－57492666
上海憩凤装潢设计有限公司
地址：上海市奉贤区海湾镇海兴路518号8幢186室
…………………………Tel：021－57505881
上海豪蜀装潢设计有限公司
地址：上海市奉贤区海湾镇海兴路518号8幢197室
…………………………Tel：021－57505881
上海憩迹装潢设计有限公司
地址：上海市奉贤区海湾镇海兴路518号8幢185室
…………………………Tel：021－57505881
上海星秦建筑工程有限公司
地址：上海市奉贤区海坤路1号1幢
…………………………Tel：021－57512688
上海儒惠装潢工程有限公司
地址：上海市奉贤区奉城镇新奉公路2013号1幢1146室
…………………………Tel：021－57513195
上海艳峰建筑装潢工程有限公司
地址：上海市奉贤区奉城镇南奉公路1478号2号综合楼2999室
…………………………Tel：021－57522118
正消集团有限公司
地址：上海市奉贤区南桥镇杨王村杨跃路158号
…………………………Tel：021－57523888
上海金酷制冷装潢工程有限公司
地址：上海市奉贤区四团镇川南奉公路8501号
…………………………Tel：021－57533154
上海黎申建筑装潢工程有限公司
地址：上海市奉贤区四团镇川南奉公路8503号
…………………………Tel：021－57533267
上海礼新建筑装潢有限公司
地址：上海市奉贤区西闸公路1036号1幢
…………………………Tel：021－57565612
上海奉南建筑装潢有限公司
地址：上海市奉贤区青村镇人民北路918号A2645室
…………………………Tel：021－57568908
上海良杰建筑装潢有限公司
地址：上海市奉贤区环城西路3111弄555号2幢－2900
…………………………Tel：021－57576259
上海彩虹建筑装潢有限公司
地址：上海市奉贤区青村镇钱桥金钱公路4888号A0213
…………………………Tel：021－57595138
上海莫蜀装潢工程有限公司
地址：上海市奉贤区南桥镇环城南路1338号A楼132室
…………………………Tel：021－57676091
上海华美电梯装潢有限公司
地址：上海市奉贤区金汇镇益民村3组－245
…………………………Tel：021－57862057
上海栀达置业有限公司
地址：上海市奉贤区青村镇奉柘公路2799号1097室
…………………………Tel：021－58335183
上海居云建筑装潢工程有限公司
地址：奉贤区庄行镇华严村
…………………………Tel：021－58602878
上海旺洁建筑装潢有限公司
地址：上海市奉贤区庄行镇南亭公路1176号260室
…………………………Tel：021－58614036
上海隆州投资管理有限公司
地址：上海市奉贤区奉浦工业区远东北路1329号1幢107室
…………………………Tel：021－58861035
上海道恒装潢装饰有限公司
地址：上海市奉贤区大叶公路5225号5幢3013室
…………………………Tel：021－58882219
上海臣缘建筑装潢工程有限公司
地址：上海市奉贤区海湾旅游区奉炮公路314号2幢432室

…………Tel：021-58910687

上海缘海建筑装潢有限公司
地址：上海市奉贤区金汇镇工业路1399号2幢1287室
…………Tel：021-58942370

上海城投竹园污水处理建设发展有限公司
地址：上海市奉贤区奉浦工业区奉浦大道111号7楼4164室
…………Tel：021-58950702

上海缓卓建筑装潢有限公司
地址：上海市奉贤区庄行镇东街265号7幢1191室
…………Tel：021-59167213

上海艺登设计装潢工程有限公司
地址：上海市奉贤区四团镇平安堂前街4号1-259室
…………Tel：021-59199300

上海尚饰建筑装潢工程有限公司
地址：上海市奉贤区南桥镇金海公路3265号18号楼10064室
…………Tel：021-59199515

上海伊龙建筑装潢有限公司
地址：上海市奉贤区岚丰路1150号2幢1745室
…………Tel：021-59562005

上海蝶旺建筑装潢设计有限公司
地址：上海市奉贤区青高路368号3幢1305室
…………Tel：021-59948582

上海骜贤建筑装潢设计有限公司
地址：上海市奉贤区青高路368号3幢1409室
…………Tel：021-59948582

上海智高装潢工程有限公司
地址：上海市奉贤区南桥镇六墩村斩行135号2幢101室
…………Tel：021-60193606

上海共爽汽车租赁有限公司
地址：上海市奉贤区大叶公路5995号5幢1410室
…………Tel：021-60510898

上海芷翔装饰装潢有限公司
地址：上海市奉贤区奉浦工业区奉浦大道111号4楼2835室
…………Tel：021-60798979

上海星杰设计装饰工程有限公司
地址：上海奉城经济小区高桥路251号
…………Tel：021-60883744

上海纯美建筑装潢工程有限公司
地址：上海市奉贤区青村镇光明东街1号第8幢115室
…………Tel：021-61114906

上海焰德建筑装潢有限公司
地址：上海市奉贤区茂园路661号2230室
…………Tel：021-61189836

上海平鸣建筑装潢工程有限公司
地址：上海市奉贤区南桥镇南桥路377号1幢
…………Tel：021-61559660

上海江助装潢有限公司
地址：上海市奉贤区金钱公路228号2幢1403室
…………Tel：021-61996269

上海丹雅建筑装潢工程有限公司
地址：上海市奉贤区奉城镇南奉公路686号4幢
…………Tel：021-62218008

上海淮信建筑装潢有限公司
地址：上海市奉贤区新四平公路468弄12幢4楼208室
…………Tel：021-62269998

上海聚钻建筑装潢工程有限公司
地址：上海市奉贤区金海公路3265号18幢7层
…………Tel：021-62279139

上海佑齐国际贸易有限公司
地址：上海市奉贤区庄胡支路67号第七幢707室
…………Tel：021-62791803

上海佩琪信息技术有限公司
地址：上海市奉贤区四团镇平安平福路1236号5幢334室
…………Tel：021-62960162

上海邑帆装潢有限公司
地址：上海市奉贤区奉金路469号4幢5277室
…………Tel：021-62961622

上海比才室内装潢设计有限公司
地址：上海市奉贤区岚丰路1150号2幢2577室
…………Tel：021-63061888

上海金螺装潢有限公司
地址：上海市奉贤区金汇镇北新路146号
…………Tel：021-63133286

上海中程建设装饰工程有限公司
地址：上海市奉贤区岚丰路1150号2幢3022室
…………Tel：021-63333335

上海瑞房房地产经纪有限公司
地址：上海市奉贤区德丰路299弄3号804室
…………Tel：021-63333361

上海卓翰房地产开发有限公司
地址：上海市奉贤区五四公路2011号1幢233室
…………Tel：021-64076688

上海冉娟装潢工程有限公司
地址：上海市奉贤区目华北路388号第一幢1354室
…………Tel：021-64076688

上海好美家南桥装潢建材有限公司
地址：上海市奉贤区南桥镇江海南路95弄2号2幢2131室-7
…………Tel：021-64227573

上海一中建筑工程有限公司
地址：上海市奉贤区南桥运河北路292号1706、1708室
…………Tel：021-64261749

上海亿唐建筑装饰工程有限公司
地址：上海市奉贤区青村镇人民北路818号19幢211室
…………Tel：021-64681350

上海意佳装潢设计有限公司
地址：上海市奉贤区奉城镇南奉公路55号133室
…………Tel：021-64923351

上海圣明建设实业有限公司
地址：上海市奉贤区平安镇邵厂路31号1号楼208
…………Tel：021-65628026

上海同济建筑装潢有限公司
地址：上海市奉贤区四团镇平安堂前4号1-51室
…………Tel：021-65981578

上海同济建筑装潢有限公司
地址：上海市奉贤区四团镇平安堂前4号1-51室
…………Tel：021-65981578

上海沙涛建筑装潢有限公司
地址：上海市奉贤区环城西路2200号第一幢B297室
…………Tel：021-67100560

上海宝迹建筑材料有限公司
地址：上海市奉贤区南桥镇环城南路1338-1号2168室
…………Tel：021-67102079

上海纽律贸易有限公司
地址：上海市奉贤区南桥环城西路2225号第三幢117室
…………Tel：021-67102079

上海翱鹏建筑装潢有限公司
地址：上海市奉贤区金大公路8218号5幢291室
…………Tel：021-67180389

上海创佳建筑装潢有限公司
地址：上海市奉贤区江海南路89号第二幢第三车间
…………Tel：021-67180925

上海奉贤置业（集团）有限公司
地址：上海市奉贤区南桥镇南桥路563号12幢
…………Tel：021-67185800

上海飞寅建筑装潢有限公司
地址：上海市奉贤区庄行镇三民路621号202室
…………Tel：021-67193183

上海头桥大方家具市场经营管理有限公司
地址：上海市奉贤区奉城镇大叶公路7633号
…………Tel：021-67550600

上海林昕实业有限公司
地址：上海市奉贤区奉城镇二桥村748号5幢348室
…………Tel：021-67558780

元贞建筑装潢工程（上海）有限公司
地址：上海市奉贤区四团镇六团公路288号9幢3071室
…………Tel：021-67586535

上海增耀建筑装潢工程有限公司
地址：上海市奉贤区金碧路1990号1层
…………Tel：021-67712379

上海共康建筑装潢有限公司
地址：上海市奉贤区望园南路1288弄80号1904、1909室
…………Tel：021-67712379

上海阅锋园林建筑工程有限公司
地址：上海市奉贤区金钱公路39号3幢229室
…………Tel：021-67765138

上海锡美电梯装潢有限公司
地址：上海市奉贤区浦卫公路1602、1626号202室
…………Tel：021-67768111

上海广阔建筑设计工程有限公司
地址：奉贤区胡桥镇农贸路10号316室
…………Tel：021-68120160

上海任呈建筑装潢工程有限公司
地址：上海市奉贤区联合北路215号第2幢1126室
…………Tel：021-68126006

上海铁德不锈钢装潢有限公司
地址：上海市奉贤区海湾镇农工商大道28号6幢105室
…………Tel：021-68468547

上海璞雨防水材料有限公司
地址：上海市奉贤区庄行镇南亭公路2788号5幢149室
…………Tel：021-68559906

上海荣湾兆业房地产开发有限公司
地址：上海市奉贤区庄行镇三城路433号202室
…………Tel：021-68875001

上海滏然装饰装潢有限公司
地址：上海市奉贤区岚丰路1150号2幢6797室
…………Tel：021-69002297

上海陶仕新型材料有限公司
地址：上海市奉贤区金海公路4808弄30号408室
…………Tel：021-69227261

上海奥山实业有限公司
地址：上海市奉贤区柘林镇胡桥社区农交路28号第2幢2638室
…………Tel：021-69296666

上海林芳装饰设计工程有限公司
地址：上海市奉贤区宁富路288号2幢5330室
…………Tel：021-69921538

上海汉聚实业发展有限公司
地址：上海市奉贤区青村镇人民路48号5幢107室
…………Tel：021-69921538

上海丰爱建筑装潢有限公司
地址：上海市奉贤区金海公路3265号18幢7层
…………Tel：021-69924428

上海怡和印刷有限公司
地址：上海市虹口区昆山路170号
…………Tel：021-20941273

上海鑫城建筑装饰工程有限公司
地址：上海市虹口区武进路255号601、602室
…………Tel：021-22351760

上海欣融汇金融信息服务有限公司
地址：上海市虹口区东大名路1191号16001室
…………Tel：021-51255888

上海福泽网络科技有限公司
地址：上海市虹口区水电路692号临
…………Tel：021-51919999

上海厚杰建设工程有限公司
地址：上海市虹口区四平路773号815室
…………Tel：021-55151005

上海文歌建筑装潢有限公司
地址：上海市虹口区凉城路465弄60号2750室
…………Tel：021-55491908

上海新正国际物流有限公司
地址：上海市虹口区中山北一路705号710室
…………Tel：021-55502178

戎马建筑装潢工程（上海）有限公司
地址：上海市虹口区海宁路137号7层（集中登记地）
…………Tel：021-56573066

莱坊房地产经纪（上海）有限公司
地址：上海市虹口区广中路44号乙323室
…………Tel：021-60321788

上海坤彭实业有限公司
地址：上海市虹口区汶水东路51号436室
…………Tel：021-61731395

上海海申建筑装潢工程有限公司
地址：上海市虹口区霍山路201号1幢216室
…………Tel：021-62277668

上海外经贸工程有限公司
地址：上海市虹口区中山北一路1230号A区308室
…………Tel：021-63172581

上海顺谷投资发展有限公司
地址：上海市虹口区同心路723号13幢3楼311室
…………Tel：021-63336913

上海堡邦装潢有限公司
地址：上海市虹口区广粤路439弄3号202-8室
…………Tel：021-63762800

好美家装潢建材有限公司
地址：上海市虹口区水电路1015号2层
…………Tel：021-64031973

好美家装潢建材有限公司
地址：上海市虹口区水电路1015号2层
…………Tel：021-64031973

上海莱诚建筑装饰工程有限公司
地址：上海市虹口区凉城路465弄60号1952室
…………Tel：021-64066908

上海星宏建设发展有限公司
地址：上海市虹口区四川北路838号601K室
…………Tel：021-64797078

上海雍安建筑装潢工程有限公司
地址：上海市虹口区凉城路465弄60号1622室
…………Tel：021-65299803

海绵城市建设（上海）有限公司
地址：上海市虹口区水电路1388号1305-S室
…………Tel：021-65424668

上海盈浩建筑材料有限公司
地址：上海市虹口区霍山路201号3幢107室
…………Tel：021-65929301

绿地城市建设发展集团有限公司
地址：上海市虹口区水电路180号3幢5层
…………Tel：021-66299999

上海悦控建材科技有限公司
地址：上海市虹口区霍山路170号3幢10楼028室
…………Tel：021-68823731

上海伊河建筑装潢有限公司
地址：上海市虹口区广纪路173号1001-1007室157O
…………Tel：021-69769089

上海市城市建设设计研究总院（集团）有限公司
地址：上海市黄浦区西藏南路1170号
…………Tel：021-20507000

上海云济信息科技有限公司
地址：上海市黄浦区复兴东路2号1幢10层1004室
…………Tel：021-23151565

上海金外滩城市更新建设发展有限公司
地址：上海市黄浦区福建中路66号西楼7楼01单元
…………Tel：021-23169800

上海敬业房地产有限公司
地址：上海市黄浦区四川中路145号1-22室部分
…………Tel：021-28971283

上海城投环城高速建设发展有限公司
地址：上海市黄浦区永嘉路18号102室
…………Tel：021-31151000

上海市市政工程建设发展有限公司
地址：上海市黄浦区马当路430号
…………Tel：021-31151000

上海华亭海外旅游有限公司
地址：上海市黄浦区茂名南路58-3号610室
…………Tel：021-32128781

上海市南建筑装潢有限公司
地址：上海市黄浦区南车站路1号5F516室
…………Tel：021-33765462

上海迅发建设工程有限公司
地址：上海市黄浦区南苏州路381号405C05室
…………Tel：021-52358131

上海富顺建设工程有限公司
地址：上海市黄浦区东街48号210室D座
…………Tel：021-57561823

上海申浦广告装潢有限公司
地址：上海市淮海东路49号1001室
…………Tel：021-61377171

苒泰商贸（上海）有限公司
地址：上海市黄浦区淮海中路138号3101室-002
…………Tel：021-62250777

中城建物业管理有限公司
地址：上海市黄浦区外马路974号17楼
…………Tel：021-63181000

上海孙林物业管理有限公司
地址：上海市黄浦区中山南路1420号二层2456室
…………Tel：021-63187364

上海南滩城市建设发展有限公司
地址：上海市黄浦区四川中路276号5层
…………Tel：021-63233111

上海外滩城市更新建设有限公司
地址：上海市黄浦区四川中路276号9层
…………Tel：021-63233111

上海新城建筑装潢安装工程有限公司
地址：上海市黄浦区宁波路284弄24号
…………Tel：021-63284769

上海黄浦城市更新建设发展有限公司
地址：上海市黄浦区福建中路66号8楼02单元
…………Tel：021-63302286

上海福兴建筑装潢有限公司
地址：上海市黄浦区浙江中路283号24楼B010室
…………Tel：021-63614357

上海装潢工艺印刷厂
地址：上海市黄浦区和顺街18号
…………Tel：021-63665099

上海美达建筑工程有限公司
地址：瑞金二路120号
…………Tel：021-64313605

上海重朝装潢工程有限公司
地址：上海市黄浦区肇嘉浜路212号11楼09室
…………Tel：021-64665799

上海新城万嘉物业服务有限公司
地址：上海市嘉定区云屏路1399弄23、25号1707室
…………Tel：021-22835888

上海磐洛企业管理有限公司

地址：上海市嘉定区江桥镇华江路129弄7号楼4层4366室
……Tel：021-30308008
上海尚慧建筑装潢有限公司
地址：上海市嘉定区菊园新区平城路2222号1幢J5215室
……Tel：021-31257101
上海珀盛装潢工程有限公司
地址：上海市嘉定区曹新公路1352号1幢7273室
……Tel：021-32110028
徽响建筑装潢工程（上海）有限公司
地址：上海市嘉定区南翔镇惠申路420号5幢3066室
……Tel：021-33510690
上海纵朋建筑装潢有限公司
地址：上海市嘉定区南翔镇惠申路420号5幢1080室
……Tel：021-33510690
上海百室装潢设计有限公司
地址：上海市嘉定区真新街道金沙江路3131号2幢JT2808室
……Tel：021-33680043
上海嘉方市政建筑有限公司
地址：上海市嘉定区安亭镇翔方公路2377号
……Tel：021-39508363
上海云见实业有限公司
地址：上海市嘉定区沪宜公路831号2楼
……Tel：021-39519126
上海韦亿钢结构工程有限公司
地址：上海市嘉定区嘉定镇沪宜公路3638号7幢1162室
……Tel：021-39523038
上海东华环球建材交易市场经营管理有限公司
地址：嘉定区安亭镇黄渡曹安路4058号
……Tel：021-39596318
上海均源建筑修缮有限公司
地址：嘉定区真新街道曹安路1926号L012
……Tel：021-50150983
上海欣粤建设工程有限公司
地址：上海嘉定环城路200号A349
……Tel：021-50388318
上海欧普士装潢设计工程有限公司
地址：嘉定区华亭镇浏翔公路6899号7号楼020室
……Tel：021-51098052
上海苗柏装潢设计工程有限公司
地址：上海市嘉定区南翔镇沪宜公路1101号13幢108室
……Tel：021-51117159
上海城地香江数据科技股份有限公司
地址：嘉定区恒永路518弄1号B区502-1
……Tel：021-52373455
上海满隆装潢装饰有限公司
地址：上海市嘉定工业区叶城路1630号7幢2146室
……Tel：021-52380777
上海繁邑群建筑装饰有限公司
地址：上海市嘉定区众仁路505号B区102
……Tel：021-52396278
上海同继建筑装潢有限公司
地址：上海市嘉定区科福路358_368号4幢1层E区J2276室
……Tel：021-52727225
上海文全装潢设计有限公司
地址：上海市嘉定工业区叶城路925号B区4幢J2298室
……Tel：021-52753557
上海强和建筑装潢有限公司
地址：上海市嘉定区真南路4268号2幢J6025室
……Tel：021-52924596
上海永然建筑材料有限公司
地址：上海市嘉定区嘉定镇博乐路70号36幢2086室
……Tel：021-52980000
上海永芮建筑材料有限公司
地址：上海市嘉定区嘉定镇博乐路70号36幢2090室
……Tel：021-52980000
上海雅市晶科技有限公司
地址：上海市嘉定区沪宜公路5358号1层J1782室
……Tel：021-54072360
上海扬斯机器人科技股份有限公司
地址：上海市嘉定区嘉戬公路328号7幢520室
……Tel：021-54500553
上海利厦建材有限公司
地址：上海市嘉定区沪宜公路1575弄2号201室
……Tel：021-55062178
上海森津建筑装潢工程有限公司
地址：上海市嘉定区真南路4268号2幢J10704室
……Tel：021-55389514
中轨建设集团第一工程有限公司
地址：上海市嘉定区南翔镇德力西路88号2幢A区1975室
……Tel：021-55507770
上海宝质实业有限公司
地址：嘉定区胜辛南路500号11幢2303室
……Tel：021-55668185
上海磊岳建筑装潢工程有限公司
地址：上海市嘉定区南翔镇　北公路1755弄5号4层4497室
……Tel：021-56354853
上海源舟建筑工程有限公司
地址：上海市嘉定区安亭镇安智路78号A1081室
……Tel：021-56557268
上海城建建设实业（集团）有限公司
地址：上海市嘉定区众仁路535号1号楼
……Tel：021-56722288
上海元洲景观装饰工程有限公司
地址：上海市嘉定区华亭镇浏翔公路6899号7号楼889室
……Tel：021-56813677
上海明施工贸有限公司
地址：上海市嘉定区封周路655号14幢201室J3461
……Tel：021-57436061
上海庭之梦装潢有限公司
地址：上海市嘉定区永新路58号
……Tel：021-58213382
上海百联嘉定购物中心有限公司
地址：上海市嘉定区澄浏中路3172号1层，澄浏中路3128弄28号、30号1层
……Tel：021-59036666
上海郑海建筑装潢工程有限公司
地址：上海市嘉定区南翔镇美裕路600号3幢J670室
……Tel：021-59121805
上海翔贤建筑装潢工程有限公司
地址：上海市嘉定区环城路601号1147室
……Tel：021-59126766
上海政荟建筑装潢工程有限公司
地址：上海市嘉定区宝安公路4229号4层J895室
……Tel：021-59133258
上海嘉定联谊建筑装潢工程有限公司
地址：上海市嘉定区江桥镇华江公路129弄7号J1748室
……Tel：021-59147583
上海志高装潢有限公司
地址：嘉定区福海路355号
……Tel：021-59166108
上海优格装潢有限公司
地址：上海市嘉定区浏翔公路3365号
……Tel：021-59513669
上海众拓建筑装潢有限公司
地址：嘉定工业区群裕路8-14号
……Tel：021-59552007
上海优延装潢有限公司
地址：上海市嘉定区沪宜公路5358号2层J300室
……Tel：021-59570771
上海典郎建筑装潢有限公司
地址：上海市嘉定区安亭镇墨玉路185号1层J330室
……Tel：021-59579900
上海申角装潢设计工程有限公司
地址：上海市嘉定区安亭镇曹安公路4811号1层J108室
……Tel：021-59595150
上海协通建筑装潢有限公司
地址：上海市嘉定区曹安路4671号25幢238室
……Tel：021-59598888
上海兴佳宜投资有限公司
地址：嘉定区宝安公路2889号2幢A1946室
……Tel：021-59906715
上海市嘉定区建设工程（集团）有限公司
地址：上海市嘉定区金沙江西路1555弄393号10层88室
……Tel：021-59911990
上海快居装潢设计有限公司
地址：上海市嘉定区江桥镇华江公路129弄7号J632室
……Tel：021-59919531
上海爱沙建筑装潢有限公司
地址：嘉定工业区叶城路925号U542
……Tel：021-59946315
上海双权建筑装潢工程有限公司
地址：上海市嘉定区华亭镇浏翔公路6899号2号楼365室
……Tel：021-59953877
上海华亭城镇建设发展有限公司
地址：嘉定区华亭镇嘉行公路3188号12幢
……Tel：021-59956066
上海同锦建筑装潢工程有限公司
地址：上海嘉定华亭镇浏翔公路7275号
……Tel：021-59970214
上海奥弗珍建筑装潢设计有限公司
地址：上海市嘉定区菊园新区树屏路588弄40号1031室
……Tel：021-59973881
上海嘉定城市建设投资有限公司
地址：上海市嘉定区迎园路999号
……Tel：021-59991889
上海勇昊建筑装潢工程有限公司
地址：嘉定区新成路882号
……Tel：021-59995296
上海任新装潢有限公司
地址：上海市嘉定区曹安路4988号6幢2210室
……Tel：021-60444289
上海九美建筑装饰设计工程有限公司
地址：嘉定区南翔镇　北公路1755弄22号3105室
……Tel：021-60445102
上海缘环建筑装潢有限公司
地址：嘉定区叶城路1288号A-055室
……Tel：021-60519808
上海杰冉装潢装饰工程有限公司
地址：嘉定区曹安路4988号6幢3065室
……Tel：021-60520224
上海佳坤装潢工程有限公司
地址：上海市嘉定区封周路655号14幢201室J345
……Tel：021-60528619
容霞建筑装潢工程（上海）有限公司
地址：上海市嘉定区江桥镇华江路129弄6号楼3350室
……Tel：021-60535875
上海展坤装饰装潢有限公司
地址：上海市嘉定区陈翔路88号1幢3层B区2018室
……Tel：021-60957603
上海旭傲建筑装潢有限公司
地址：上海市嘉定区陈翔路88号1幢2层B区2460室
……Tel：021-60957608
碧桂园（上海）房地产开发有限公司
地址：上海市嘉定区嘉罗公路1661弄40号一层、二层A区
……Tel：021-61277570
上海利鑫建筑装潢有限公司
地址：上海市嘉定区安亭镇曹安公路4811号1层J192室
……Tel：021-61416319
上海轩枞室内装潢有限公司
地址：嘉定区安亭镇方伟路36-38号
……Tel：021-61422688
上海居奥装潢工程有限公司
地址：上海市嘉定区陈翔路88号1幢2层B区2409室
……Tel：021-61497228
上海舒畅装饰工程有限公司
地址：上海嘉定区环城路200号B486
……Tel：021-62419784
上海联城房地产评估咨询有限公司
地址：上海市嘉定区曹安公路1615号706室-6
……Tel：021-62537685
上海锦鹏装潢有限公司
地址：上海市嘉定区安亭镇墨玉路185号1层J475室
……Tel：021-62566789
上海嘉荣贸易有限公司
地址：上海市嘉定区华亭镇浏翔公路6899号3幢102室
……Tel：021-62632600
上海佐尔装潢装饰有限公司
地址：上海市嘉定区众仁路399号1幢12层B区J2229室
……Tel：021-62768317
上海三欣广告装潢有限公司
地址：嘉定区宝园一路588号3幢
……Tel：021-62881717
上海丰山建筑装潢工程有限公司
地址：上海市嘉定区沪宜公路1188号36幢1层C区1094室
……Tel：021-63167790
上海缘诺装潢有限公司
地址：上海市嘉定区嘉戬公路328号7幢J371室
……Tel：021-64048559
上海杨氏建筑装潢发展有限公司
地址：嘉定区黄渡镇方黄公路7735号
……Tel：021-64155719
上海超峰建设工程有限公司
地址：嘉定区沪宜公路1158号5楼506室
……Tel：021-65895236
上海爱创装潢设计有限公司
地址：上海市嘉定区南翔镇科福路358_368号4幢1层E区J363室
……Tel：021-66180893
上海仁河建筑装潢工程有限公司
地址：上海市嘉定区科福路358_368号4幢1层E区J508室
……Tel：021-68970356
上海涛涌建筑装潢工程有限公司
地址：上海市嘉定区曹安公路2038号501室
……Tel：021-69015001
上海绿洲徐行城镇建设投资有限公司
地址：上海市嘉定区嘉定镇金沙路555号316室
……Tel：021-69066639
上海梦玺建筑装潢有限公司
地址：上海市嘉定区众仁路399号1幢12层B区J1529室
……Tel：021-69126058
上海桃宏装饰装潢有限公司
地址：上海市嘉定区菊园小区嘉安公路2555号
……Tel：021-69168817
上海卫兵建筑装潢材料有限公司
地址：嘉定区嘉好路1558号
……Tel：021-69170977
上海乾翔门窗幕墙有限公司
地址：上海市嘉定区南翔镇惠申路350号7幢1层
……Tel：021-69171076
上海城建博远置业有限公司
地址：上海市嘉定区安亭镇嘉松北路6988号1幢1层108室J09
……Tel：021-69503222
上海市嘉定工业区经济发展有限公司
地址：嘉定工业区叶城路925号
……Tel：021-69526603
上海正飞装饰工程有限公司
地址：嘉定区永靖路1188号
……Tel：021-69527183
上海汇信建筑装潢有限公司
地址：嘉定工业区福海路766号
……Tel：021-69529598
上海坤地阳建筑发展有限公司
地址：嘉定区华亭镇浏翔公路7865号1幢
……Tel：021-69529976
上海眷象建筑装潢工程有限公司
地址：上海市嘉定区安亭镇曹安公路4811号1层J582室
……Tel：021-69596083
上海纯森装潢设计有限公司
地址：上海市嘉定区仓场路103号
……Tel：021-69901771
上海江桥城镇建设发展有限公司
地址：上海市嘉定区江桥镇沙河路337号1-203室-128
……Tel：021-69972227
上海魅昊建筑装潢工程有限公司
地址：上海市嘉定区翔江公路3333号6幢J966室
……Tel：021-69981176
上海金山城市建设投资集团有限公司
地址：上海市金山区浩源路289号9层
……Tel：021-31116212
上海石化城市建设综合开发有限公司
地址：上海市金山区石化隆安路290号
……Tel：021-31116266
上海求精建筑装潢工程有限公司
地址：上海市金山区建安路168号4幢101室
……Tel：021-33522913
上海金山新城区建设发展有限公司
地址：上海市金山区山阳镇亭卫中路69号
……Tel：021-33698458
上海进念佳园装潢有限公司
地址：上海市金山区朱泾镇南横街4号4幢1052室J座
……Tel：021-33772855
上海凰羽装潢装饰有限公司
地址：上海市金山区枫泾镇环东一路65弄2号3563室
……Tel：021-33800057
上海惠怡装潢设计有限公司
地址：上海市金山区干巷镇金张公路2550号207室
……Tel：021-33936359
上海民众装饰设计工程有限公司
地址：上海市金山区枫泾镇枫冠路228号
……Tel：021-34717569
上海羽颂建筑装潢设计工程有限公司
地址：上海市金山区枫泾镇环东一路65弄2号3577室
……Tel：021-36368369
上海恒群建筑装潢设计工程有限公司
地址：上海市金山区山阳镇浦卫公路236号5幢144室
……Tel：021-50130932
上海亮晨新能源科技有限公司
地址：上海市金山区枫泾镇新金山路459号A座217A室
……Tel：021-50186693
上海法拉德建材有限公司
地址：上海市金山区干巷镇红光路4200-4201号2229室
……Tel：021-50315777
上海定卓网络科技有限公司
地址：上海市金山区金山卫镇秋实路688号1号楼6单元101室A座
……Tel：021-50753278
上海统帅建筑装潢有限公司
地址：上海市金山区石化地区松南支路48号-557座
……Tel：021-51096166
上海领颖建筑装饰设计有限公司
地址：上海市金山区卫清西路423号五楼353室
……Tel：021-51267822
上海威盟斯建筑工程有限公司

地址：上海市金山区干巷镇红光路4200－4201号1628室
……Tel：021－52825381

上海易坤金属装潢制品有限公司
地址：上海市金山区亭林镇车亭公路3398弄8号769室
……Tel：021－54131535

上海易磊建筑装潢有限公司
地址：上海市金山区枫泾镇一号桥北埮2号39号厅3室
……Tel：021－54731801

上海栩杰建筑装饰工程有限公司
地址：上海市金山区廊下镇南大街4056号108室52座
……Tel：021－54816673

上海佳绩建筑装潢工程有限公司
地址：上海市金山区漕泾镇东海3150号326室
……Tel：021－55802661

上海艳云建筑装潢有限公司
地址：上海市金山区卫昌路293号2幢2665室
……Tel：021－56089807

上海司如实业有限公司
地址：上海市金山工业区亭卫公路6558号9幢2180室
……Tel：021－56554011

上海鑫崧实业有限公司
地址：上海市金山区亭林镇林宝路39号6幢S10室
……Tel：021－56575289

上海中繁建材科技有限公司
地址：上海市金山工业区朱漕路122号C幢
……Tel：021－57100707

上海北建保温材料有限公司
地址：上海市金山区张堰镇旧港村三组
……Tel：021－57218383

上海豫宏建筑防水材料有限公司
地址：上海市金山区山阳镇山德路28号－4
……Tel：021－57247878

上海豫宏建材集团有限公司
地址：上海市金山区山阳镇山德路28－4号7幢101室
……Tel：021－57247878

上海易乐装潢有限公司
地址：上海市金山区山阳镇龙翔路753、755号
……Tel：021－57282503

上海晋喆物业管理有限公司
地址：上海市金山区朱泾镇临源街750号1幢388C
……Tel：021－57310221

上海锦珊门窗工程合作公司
地址：上海市金山区朱泾镇亭枫公路4900弄6号
……Tel：021－57335218

上海吉杰建筑工程有限公司
地址：上海市金山区朱泾镇新农浦银路503号
……Tel：021－57340685

上海博岚森食品有限公司
地址：上海市金山区廊下镇万勇路75号C幢
……Tel：021－57376868

上海顺新装潢工程有限公司
地址：上海市金山区卫清西路423号五楼434室
……Tel：021－57708795

上海明权援实业有限公司
地址：上海市金山区山阳镇浦卫公路236号5幢2333室
……Tel：021－57750050

上海顶径建筑装潢有限公司
地址：上海市金山区亭林镇兴工路225号1幢A326室
……Tel：021－57883866

上海驰硕建筑装潢有限公司
地址：上海市金山区枫泾镇一号桥北埮2号13号厅32室
……Tel：021－58208823

上海城建投资发展有限公司
地址：上海市金山区山阳镇红旗东路518号
……Tel：021－58306688

上海佘金建筑材料装潢有限公司
地址：上海市金山区枫泾镇环东一路65弄6号3105室
……Tel：021－58390061

上海恬艺建筑装潢设计有限公司
地址：上海市金山区吕巷镇溪南路86号22幢3108室
……Tel：021－58390862

上海光董标识有限公司
地址：上海市金山工业区立新村横泾2109号7幢105室
……Tel：021－58861836

上海浚直装潢设计有限公司
地址：上海市金山区廊下镇景乐路228号7幢G554室
……Tel：021－59919531

上海隼羿装潢设计工程有限公司
地址：上海市金山区金山卫镇钱鑫路297号125－B室
……Tel：021－60196415

上海帛饰建筑装潢材料有限公司
地址：上海市金山区亭林镇松隐育才路121弄22号1幢1027室
……Tel：021－61213653

上海高铁化学建材有限公司
地址：上海市金山区漕泾镇工业开发区西部规划二路2－20号
……Tel：021－61470593

鸿榜实验室设施装潢（上海）有限公司
地址：上海市奉贤区沿钱公路5601号1幢
……Tel：021－61517790

上海启居建设工程有限公司
地址：上海市金山区张堰镇花贤路69号1幢A2999室
……Tel：021－61556100

上海阿琪玛斯建设工程有限公司
地址：上海市金山区蒙山路1480号220室
……Tel：021－62781840

上海惠优建筑装潢有限公司
地址：上海市金山区卫昌路293号2幢9772室
……Tel：021－63531239

上海皇饰建筑装潢有限公司
地址：上海市金山区吕巷镇璜溪西街88号2幢4322室
……Tel：021－64220506

德庭（上海）装饰工程有限公司
地址：上海市金山区海丰路65号1295室
……Tel：021－64368815

上海嘉施装潢设计有限公司
地址：上海市金山区漕泾镇致富路11号4幢111室
……Tel：021－64392192

上海青杉建筑装潢设计有限公司
地址：上海市金山区亭林镇油车村7046号B幢259室
……Tel：021－64518881

上海卓观建筑装潢设计工程有限公司
地址：上海市嘉定区华江公路129弄6号J9761室
……Tel：021－64669166

上海严龙装潢设计工程有限公司
地址：上海市金山区石化卫清西路1355号第33幢607室
……Tel：021－64690901

上海旭璟建筑装潢有限公司
地址：上海市金山工业区亭卫公路6558号9幢4613室
……Tel：021－66012153

上海朱吕建筑装潢（集团）有限公司
地址：上海市金山区龙展路150号703室
……Tel：021－67225229

上海仁禄建筑装潢有限公司
地址：上海市金山区亭林镇金展路2229号7号楼144室
……Tel：021－67232839

上海安美利特环保材料科技有限公司
地址：上海市金山区山阳镇卫清东路2229号2幢
……Tel：021－67299262

上海钰唐建筑装潢工程有限公司
地址：上海市金山区枫泾镇一号桥北埮2号39号厅32室
……Tel：021－67352136

隧廊建筑材料科技（上海）有限公司
地址：上海市金山区枫泾镇万枫公路2498弄181号2幢5124室
……Tel：021－67660620

上海梦享建筑装潢有限公司
地址：上海市金山区卫昌路293号2幢1726室
……Tel：021－67712379

上海欧本建筑工程有限公司
地址：上海市金山区亭林镇兴工路225号1幢281室
……Tel：021－68641250

上海培哲装潢有限公司
地址：上海市金山区亭林镇金展路2229号7号楼855室
……Tel：021－68682678

上海沃枫建筑装潢工程有限公司
地址：上海市金山区金山卫镇秋实路688号1号楼4单元268室A座
……Tel：021－68873995

上海机翼广告传播有限公司
地址：上海市金山区山阳镇浦卫公路16393号4幢二层2014室
……Tel：021－69105995

上海垚妆建筑装潢有限公司
地址：上海市金山区枫泾镇环东一路65弄11号1381室
……Tel：021－69950533

上海阜宁装饰装潢设计有限公司
地址：上海市金山区亭林镇寺平南路19号1幢U67室
……Tel：021－69983359

中国诚通东方资产经营管理有限公司
地址：上海市静安区威海路647弄15号
……Tel：021－23124999

上海咨酷信息科技有限公司
地址：上海市静安区江场三路238号1601－025室
……Tel：021－23156839

上海静安城市更新建设发展有限公司
地址：上海市静安区武定路222号1层
……Tel：021－32521273

昱乔设计装潢（上海）有限公司
地址：上海市静安区共和新路4666弄11号九楼910室
……Tel：021－32525959

上海静投城市建设发展有限公司
地址：上海市静安区安远路423号1－2层
……Tel：021－32588890

上海润宁体育发展有限公司
地址：上海市静安区广中西路1207号307室
……Tel：021－36363536

上海市北高新集团物业管理有限公司
地址：上海市静安区江场三路93号408室
……Tel：021－55698770

上海宏誉建筑装饰有限公司
地址：上海市静安区安远路127号2幢1层C2J室
……Tel：021－56652060

上海致诚装潢材料有限公司
地址：上海市静安区万荣路128号
……Tel：021－56656726

上海万荣投资管理有限公司
地址：上海市静安区汶水路269号
……Tel：021－56658567

上海中改投资（集团）有限公司
地址：上海市静安区北京西路605弄57号5层A02室
……Tel：021－58215627

上海柏乐居装潢装饰有限公司
地址：上海市静安区威海路696号9栋302－046室
……Tel：021－60712990

上海筑想信息科技股份有限公司
地址：上海市静安区万荣路700号7幢B17室
……Tel：021－60867766

上海中进永逸投资管理有限公司
地址：上海市静安区江宁路495号1907室甲
……Tel：021－61350588

住商装潢设计（上海）有限公司
地址：上海市静安区阳城路183号501－66室
……Tel：021－61480336

上海三和房地产有限公司
地址：上海市静安区延平路121号30层A室
……Tel：021－62462600

上海恒吉建筑装潢工程配套有限公司
地址：上海市静安区中山北路756号8幢308室
……Tel：021－62595028

中城建四局集团金控投资有限公司
地址：上海市静安区南京西路1168号1305室
……Tel：021－62601885

上海百臣装潢工程有限公司
地址：上海市静安区安远路285号105H座
……Tel：021－63452099

上海达威建筑工程有限公司
地址：上海市静安区康定路1147号9幢1017室
……Tel：021－64018607

上海米琪建筑装潢工程有限公司
地址：上海市静安区中山北路966号8－18室
……Tel：021－64133422

上海华映文化传媒股份有限公司
地址：上海市静安区延平路340弄3－4号403室
……Tel：021－64669997

巴斯夫化学建材（中国）有限公司
地址：上海市闵行区黄坪路180号
……Tel：021－20393382

优时吉博罗石膏系统（上海）有限公司
地址：上海市闵行区陈行镇塘口
……Tel：021－24039850

上海万科企业有限公司
地址：闵行区七莘路3333号
……Tel：021－24088888

上海申庚实业发展有限公司
地址：上海市闵行区虹梅南路1755号一幢一层CD1020室
……Tel：021－31787878

保利汽车（上海）有限公司
地址：上海市闵行区华翔路299号第1幢101室
……Tel：021－32203666

上海虹桥城镇投资建设发展有限公司
地址：上海市闵行区万源路2800号N192室
……Tel：021－33580797

中海海洋城市建设发展有限公司
地址：上海市闵行区元江路5500号第1幢
……Tel：021－34202986

上海唐源装潢有限公司
地址：上海市闵行区合川路3071号－1008
……Tel：021－34319608

上海建大建筑装潢设计有限公司
地址：上海市闵行区元江路5500号第1幢
……Tel：021－34320500

上海建秀建筑工程有限公司
地址：上海市闵行区元江路5500号第1幢F2965室
……Tel：021－34529730

上海锦媛装潢设计有限公司
地址：上海市闵行区莘北路505号14幢107室
……Tel：021－34685652

上海坡略装潢设计工程有限公司
地址：上海市闵行区三鲁路1598弄101支弄13号
……Tel：021－34793077

上海凯纳建筑装潢工程有限公司
地址：上海市闵行区光华路2118号第3幢206室
……Tel：021－37568632

上海裕富室内设计装潢有限公司
地址：上海市闵行区庙泾路66号L310室
……Tel：021－51045689

上海图阁实业有限公司
地址：上海市闵行区澄江路1278号12幢118室
……Tel：021－51297611

上海铭鸿装饰工程设计有限公司
地址：上海市闵行区中春路7001号2幢3楼
……Tel：021－51791703

上海平易装潢材料有限公司
地址：上海市闵行区北翟路1444弄165号5幢106室
……Tel：021－52178829

上海杰翊盛室内装潢有限公司
地址：上海市闵行区闵北路88弄18－30号第9幢167室
……Tel：021－52265513

上海达龙建筑装潢工程有限公司
地址：上海市闵行区北江榉588弄2号318室A区
……Tel：021－52273108

上海鸿坤房地产开发有限公司
地址：上海市闵行区春德路395号1幢3楼318室
……Tel：021－52550290

上海利仕美电梯装潢有限公司
地址：上海市闵行区平阳路258号一层R1205室
……Tel：021－54136077

上海乐城建筑装潢工程有限公司
地址：上海市闵行区庙泾路58号1209室
……Tel：021－54162966

上海乐笛斯室内外装饰工程有限公司
地址：上海市闵行区金都路4299号6幢1楼A9室
……Tel：021－54235511

上海佰基建筑安装工程有限公司
地址：上海市闵行区庙泾路66号A163室
……Tel：021－54309863

上海银石房地产开发有限公司
地址：上海市闵行区江川路1800号2栋103室
……Tel：021－54321596

上海江沁建筑装潢材料有限公司
地址：上海市闵行区鲁陈路4081号
……Tel：021－54333600

上海魁元建设工程有限公司
地址：上海市闵行区莘庄镇西环路777弄1号
……Tel：021－54373767

上海业鑫建设工程有限公司
地址：上海市闵行区虹梅南路2638弄300号13幢一层东
……Tel：021－54408559

上海裕友实业发展有限公司
地址：上海市闵行区景联路388号3幢
……Tel：021－54408815

上海精盛建筑工程有限公司
地址：上海市闵行区元江路5500号第1幢
……Tel：021－54422358

上海东亚建筑装潢有限公司
地址：上海市闵行区莘浜路89号
……Tel：021－54429809

上海和裕丰田汽车服务有限公司
地址：上海市闵行区沪青平路999号
……Tel：021－54496201

上海永质装潢材料有限公司
地址：上海市闵行区梅陇镇爱国村
……Tel：021－54633338

上海华璨建筑装潢有限公司
地址：上海市闵行区中春路8633弄20号802室
……Tel：021－54731801

上海为华实业有限公司
地址：上海市闵行区沪松公路450号2层
……Tel：021－54797688

上海誉冠装潢工程有限公司
地址：上海市闵行区光华路2118号B幢316－E室
……Tel：021－54862621

上海前创建筑工程有限公司
地址：上海市闵行区沪青平公路206弄8号3幢1楼1036室

……………………Tel：021-54868659
上海闵默建筑装潢有限公司
地址：上海市闵行区澄江路1278号7幢110室
……………………Tel：021-54936271
上海通诚装饰装潢有限公司
地址：上海市闵行区金都路4299号D幢3室
……………………Tel：021-54942973
上海沁繁遮阳工程有限公司
地址：上海市闵行区虹梅南路1755号
……………………Tel：021-57676091
上海域立环境科技有限公司
地址：上海市闵行区沪青平公路277号5楼
……………………Tel：021-58999538
上海通明建设工程有限公司
地址：上海市闵行区庙泾路66号L146室
……………………Tel：021-60298272
上海东方智媒城建设开发有限公司
地址：上海市闵行区陈行公路2388号3号楼101-4室
……………………Tel：021-60339300
上海地高国际贸易有限公司
地址：上海市闵行区莘凌路211号1号楼118室
……………………Tel：021-60839288
上海怀念建筑装潢工程有限公司
地址：上海市嘉定区华江公路129弄6号J5041室
……………………Tel：021-60959933
上海裕昌装潢工程有限公司
地址：上海市闵行区虹梅南路1755号一幢一层EJ1029室
……………………Tel：021-61177164
上海天邑室内设计装潢有限公司
地址：上海市闵行区闵北路88弄18-30号第5幢143室
……………………Tel：021-61219165
上海名甲家具有限公司
地址：上海市闵行区闵北路88弄1-30号第22幢AB114室
……………………Tel：021-61482936
上海文羿装潢有限公司
地址：上海市闵行区中春路4880号1幢8106室
……………………Tel：021-62216118
上海策源房地产投资有限公司
地址：上海市闵行区虹建路99号第6幢3楼305室
……………………Tel：021-62318288
上海顶诚装饰工程有限公司
地址：上海市闵行区联航路1515号1幢3316室
……………………Tel：021-62891570
上海龙沿控股集团有限公司
地址：上海市闵行区莘浜路280号1幢340室
……………………Tel：021-62892137
上海港艺室内装潢有限公司
地址：上海市闵行区纪高路1316号第3幢
……………………Tel：021-62965646
上海好美家梅陇装潢建材有限公司
地址：上海市闵行区沪闵路7388号
……………………Tel：021-64031973
上海雅逸装饰集团有限公司
地址：上海市闵行区虹中路385号2幢208室
……………………Tel：021-64050128
上海科发建筑装潢有限公司
地址：上海市闵行区闵北路88弄1-30号104幢1层A区
……………………Tel：021-64050586
上海长信建筑装潢工程有限公司
地址：上海市闵行区中春路4755弄99号
……………………Tel：021-64092869
上海东鑫建设工程有限公司
地址：上海市闵行区水清路1000弄8号
……………………Tel：021-64126823
上海宝营建设工程有限公司
地址：上海市闵行区浦江镇陈行街75号
……………………Tel：021-64126823
上海华唐装饰集团有限公司
地址：上海市闵行区七莘路2888号818室
……………………Tel：021-64286299
上海丰亚建筑装潢有限公司
地址：上海市闵行区元江路5500号第1幢
……………………Tel：021-64289379
上海余美红建筑装潢有限公司
地址：上海市闵行区虹梅南路1755号一幢一层L18-012室
……………………Tel：021-64341108
上海城建预制构件有限公司
地址：上海市闵行区澄江路5号
……………………Tel：021-64345964
上海升信农业科技有限公司
地址：上海市闵行区庙泾路66号K138室
……………………Tel：021-64388711
上海锦明房地产经纪有限公司
地址：上海市闵行区莘建东路58弄2号508室
……………………Tel：021-64428806
上海吉富建筑安装工程有限公司
地址：上海市闵行区虹梅南路4999号第三幢111室
……………………Tel：021-64523569
上海田恒装潢工程有限公司
地址：上海市闵行区闵北路88弄1-17号、18-30号第8幢133室
……………………Tel：021-64614375
上海十方圆设计装潢有限公司
地址：上海市闵行区吴中路1050号15幢108室
……………………Tel：021-64618919
上海紫江国际贸易有限公司
地址：上海市闵行区七莘路1388号1号楼218室
……………………Tel：021-64676900
上海居丽建筑装潢工程有限公司
地址：上海市闵行区平阳路258号
……………………Tel：021-64869239
上海光彩城市建设发展有限公司
地址：上海市闵行区莘松路475弄16号第四层
……………………Tel：021-64888114
上海东晨建筑装潢实业有限公司
地址：上海市闵行区浦江镇东方经济城
……………………Tel：021-64911274
上海圣大建筑装潢有限公司
地址：上海市闵行区莘东路367号202室
……………………Tel：021-64922288
上海加美装潢工程有限公司
地址：上海市闵行区莘福路388号1幢1208室
……………………Tel：021-64926600
上海家树建筑工程有限公司
地址：上海市闵行区虹梅南路2638弄333号
……………………Tel：021-64979292
上海闵行城市建设投资开发有限公司
地址：上海市闵行区莘浜路421号
……………………Tel：021-64989544
上海枸尨装潢设计工程有限公司
地址：上海市闵行区沪青平公路277号5楼J119室
……………………Tel：021-65626662
上海申合建筑装潢有限公司
地址：上海市闵行区闵北路88弄1-30号104幢1层A区
……………………Tel：021-67195266
上海美惠建筑装潢有限公司
地址：上海市闵行区庙泾路66号D112室
……………………Tel：021-80120128
圣戈班高科技材料（上海）有限公司
地址：上海市浦东新区王桥路968号
……………………Tel：021-20376012
建银城投（上海）绿色环保股权投资有限公司
地址：中国（上海）自由贸易试验区陆家嘴环路900号17楼D座
……………………Tel：021-20576217
上海悦港汽车销售服务有限公司
地址：中国（上海）自由贸易试验区康桥东路688号5幢（一层、二层）B区、6幢一层K区
……………………Tel：021-20906915
上海威斯莱克酒店公寓有限公司
地址：浦东新区沪南路3217号
……………………Tel：021-23567523
上海浦秦风资产管理有限公司
地址：上海市浦东新区上丰路633号1幢1089室
……………………Tel：021-31138050
上海申赐建筑装饰工程有限公司
地址：浦东新区花木镇芳草路273号303室
……………………Tel：021-31750889
上海广告装潢有限公司
地址：浦东新区南汇新城镇环湖西二路888号1幢1区9041室
……………………Tel：021-33103306
上海市龙光房地产有限公司
地址：上海市浦东新区凌河路158号201室
……………………Tel：021-33286097
上海陆家嘴城市建设开发投资有限公司
地址：上海市浦东新区御青路328弄59-64号3楼
……………………Tel：021-33848832
上海定帮建筑装潢设计有限公司
地址：上海市浦东新区环湖西二路888号C楼
……………………Tel：021-33975033
上海惠沣建筑工程有限公司
地址：上海市浦东新区杨高北路528号14幢3E75室
……………………Tel：021-34786201
上海远洋实业有限公司
地址：浦东新区栖山路1805号1号楼
……………………Tel：021-35124888
上海临港新城城市建设发展有限公司
地址：浦东新区南汇新城镇环湖西一路333号2号楼101室
……………………Tel：021-38072265
上海南汇新城开发建设有限公司
地址：浦东新区南汇新城镇环湖西一路333号C层128室
……………………Tel：021-38073310
上海耀华建材系统集成临港供应中心有限公司
地址：浦东新区泥城镇南芦公路1786号2号303室
……………………Tel：021-38298424
上海世源建材贸易有限公司
地址：上海市浦东新区张杨北路5509号5012室
……………………Tel：021-38611188-8801
上海艾菲迪建材贸易有限公司
地址：中国（上海）自由贸易试验区浦东大道2123号3E-1675室
……………………Tel：021-38611188-8801
上海信鸿装饰工程有限公司
地址：浦东新区泥城镇倚天路333号2幢1层
……………………Tel：021-38705179
上海张江智芯城市建设有限公司
地址：上海市浦东新区秀浦路3999弄1号
……………………Tel：021-38959000
上海盐商建筑装潢有限公司
地址：浦东新区南汇新城镇港辉路509号202室42A
……………………Tel：021-50152677
上海川招东申建筑工程有限公司
地址：上海市浦东新区唐陆路2685号5号楼301室
……………………Tel：021-50201825
上海得可信建筑装饰装潢工程有限公司
地址：上海市浦东新区历城路70号甲2038室
……………………Tel：021-50310732
上海羽江实业发展有限公司
地址：上海市浦东新区祝桥镇川南奉公路1226号
……………………Tel：021-50318625
上海金桥工程建设发展有限公司
地址：浦东新区金桥路1389号1410室
……………………Tel：021-50326235
上海港睿建筑装潢有限公司
地址：上海市崇明区北沿公路2111号3幢420-70室（上海崇明森林旅游园区）
……………………Tel：021-50351582
上海民主建筑装饰工程有限公司
地址：浦东新区高桥镇北新村中新村53号1-6幢
……………………Tel：021-50351582
上海翔云建筑装潢有限公司
地址：浦东新区南汇新城镇秋萍路4号121室
……………………Tel：021-50393826
上海浦东高江建筑装潢有限公司
地址：上海市浦东新区高桥镇石家街121号东半幢
……………………Tel：021-50410603
上海浦东朋大建筑装潢有限公司
地址：浦东新区外高桥和龙路539号
……………………Tel：021-50416755
上海恒大建材市场管理股份有限公司
地址：上海市浦东新区云台路453弄2、4、5、7号1-3层，成山路436、452、456、462、468、472、474、480、500号1-3层及地下一层商场，云台路453弄1-8号地下一层商场
……………………Tel：021-50568898
上海新云传媒投资有限公司
地址：浦东新区祝桥镇施湾八路1026号1-6幢
……………………Tel：021-50588282
上海锦绣华城房地产开发有限公司
地址：浦东新区锦绣路3218号
……………………Tel：021-50860177
上海叶鹏市政建设工程有限公司
地址：浦东新区新场镇曹沿路696号二层
……………………Tel：021-50888618
上海浦泓市政养护工程有限公司
地址：上海市浦东新区丽正路1628号4幢1-2层
……………………Tel：021-50888708
上海星宏建筑工程有限公司
地址：浦东新区航头镇航头路144-164号9幢777室
……………………Tel：021-50900888
上海富科建筑装潢设计有限公司
地址：上海市浦东新区莲振路298号4号楼J132室
……………………Tel：021-51078995
上海旻知环保科技有限公司
地址：浦东新区泥城镇新城路2号3幢N1081室
……………………Tel：021-51829800
上海公学投资管理有限公司
地址：浦东新区杨新东路25号302室
……………………Tel：021-52581688
上海建筑材料集团水泥有限公司
地址：中国（上海）自由贸易试验区张江路1406弄1号
……………………Tel：021-53074105
上海金浦装潢工程有限公司
地址：上海市浦东新区绿科路90号1幢3层302室A座
……………………Tel：021-53079311
上海城建城市运营（集团）有限公司
地址：上海市浦东新区东方路3447号1002室
……………………Tel：021-53578800
上海卓异装潢装饰工程有限公司
地址：浦东新区泥城镇云汉路979号2楼
……………………Tel：021-54240825
上海御浜建筑装潢工程有限公司
地址：浦东新区泥城镇新城路2号3幢N0276室
……………………Tel：021-56519387
上海繁兴建筑装潢工程有限公司
地址：浦东新区惠南镇东城花苑二村36幢109-111号502室
……………………Tel：021-58004246
上海南汇城乡建设开发投资总公司
地址：浦东新区惠南镇城西路81号
……………………Tel：021-58011343
上海宏羿建筑装潢工程有限公司
地址：浦东新区惠南镇城东路789弄3号407室
……………………Tel：021-58024731
上海聚悦资产管理有限公司
地址：上海市浦东新区南汇新城镇康乃馨路148弄7号108-1室
……………………Tel：021-58070066
上海南泥建筑装潢工程有限公司
地址：浦东新区泥城镇新城西路
……………………Tel：021-58071764
上海航九建设发展有限公司
地址：浦东新区航头镇航头路144-164号9幢581室
……………………Tel：021-58077761
上海汇和船舶装潢有限公司
地址：浦东新区泥城镇人民村
……………………Tel：021-58077916
上海利源建筑工程有限公司
地址：浦东新区津行路818号
……………………Tel：021-58090769
上海申健包装装潢有限公司
地址：浦东新区祝桥镇金亮路11号
……………………Tel：021-58102211
上海春果实业有限公司
地址：浦东新区祝桥镇祝潘公路702号A区11号
……………………Tel：021-58106119
上海凯强建筑装潢有限公司
地址：浦东新区祝桥工业园区一区8号
……………………Tel：021-58109430
胜凯装饰工程（上海）有限公司
地址：浦东新区祝桥镇祝潘公路225号
……………………Tel：021-58109828
上海申怡机械设备有限公司
地址：浦东新区航鹤路2298号1幢、3幢
……………………Tel：021-58131301
上海汇丽建材股份有限公司
地址：上海市浦东新区周浦镇横桥路406号1幢213室
……………………Tel：021-58138717
上海中远汇丽建材有限公司
地址：浦东新区康桥工业区康桥东路201号3幢208室
……………………Tel：021-58138717
圣戈班伟伯（上海）建材有限公司
地址：上海市浦东新区宣桥镇沪南公路9117号
……………………Tel：021-58180098
上海倪一板建筑材料有限公司
地址：上海市浦东新区川图路300号6幢丁301室
……………………Tel：021-58240002
上海浦东房地产集团物业管理有限公司
地址：上海市浦东新区沪南路865号A楼
……………………Tel：021-58315048
上海聚通装饰集团有限公司
地址：上海市浦东新区德州路300弄15号
……………………Tel：021-58326699
上海妍妍装饰装潢有限公司
地址：浦东新区万祥镇宏祥北路83弄1-42号20幢118室
……………………Tel：021-58513864
上海天春石材装潢有限公司
地址：浦东新区龚路镇庙后3号
……………………Tel：021-58562891
上海秀珀装潢有限公司
地址：浦东新区上丰路659号2幢2层
……………………Tel：021-58583404
上海浦东川沙城投开发建设有限公司
地址：浦东川沙路5278号2号楼
……………………Tel：021-58594569
上海港城建筑安装工程有限公司
地址：浦东新区草高支路777号
……………………Tel：021-58671096
上海华船资产管理有限公司
地址：中国（上海）自由贸易试验区浦东大道1号2408室、25层
……………………Tel：021-58790010
上海美基美装潢设计有限公司
地址：浦东新区南汇新城镇环湖西二路888号
……………………Tel：021-58813033
上海涛金装潢有限公司

地址：浦东新区新场镇沪南公路7508弄2-24（双）号3层
……………… Tel：021-58829698

上海聚福建筑工程有限公司
地址：浦东新区宣桥镇南六公路876号106室3号
……………… Tel：021-58879089

上海通易建材有限公司
地址：浦东新区三林镇新春村王家浜665号-3室
……………… Tel：021-58882889

上海安得利包装装潢有限公司
地址：浦东新区北蔡镇莲振路269号
……………… Tel：021-58912694

上海利华建筑装潢有限公司
地址：浦东新区祝桥镇金闻路1003号
……………… Tel：021-58933269

上海界龙建设工程有限公司
地址：上海市浦东新区川沙新镇界龙二路610号2幢
……………… Tel：021-58949610

上海姚喂逝商业有限公司
地址：浦东新区泥城镇泥城路101号151室
……………… Tel：021-58953586

上海堂木建筑装潢有限公司
地址：上海市浦东新区三林镇久丰村徐家队第一幢
……………… Tel：021-58966188

上海枫丹丽舍房地产开发有限公司
地址：上海市浦东新区上丰路977号1幢一层
……………… Tel：021-58966616

上海东浦塑料包装装潢有限公司
地址：浦东新区合庆镇小白路888号2幢109室
……………… Tel：021-58971148

上海新庆包装装潢有限责任公司
地址：浦东合庆镇跃丰村三队凌家宅65-66号
……………… Tel：021-58978124

上海祥喜建筑装潢有限公司
地址：上海市浦东新区东塘路675弄50号4幢163室
……………… Tel：021-58979199

上海申川建筑安装装潢有限公司
地址：浦东新区唐镇唐陆路3528号（乙）10幢203室
……………… Tel：021-58982630

上海金陵投资有限公司
地址：浦东新区康桥镇康士路17号277室
……………… Tel：021-58997061

上海中喜建筑装潢有限公司
地址：上海市浦东新区泥城镇云汉路979号2楼
……………… Tel：021-60408199

上海金水装饰装潢有限公司
地址：上海市浦东新区万祥镇宏祥北路83弄1-42号20幢118室
……………… Tel：021-60513550

上海玥岚实业有限公司
地址：上海市浦东新区行南路349弄30号4幢101室
……………… Tel：021-60522577

上海久焱国际贸易有限公司
地址：中国（上海）自由贸易试验区浦东南路1341弄9号205室
……………… Tel：021-60909188

上海裔藤装潢工程有限公司
地址：浦东新区高青路3400号3层103室
……………… Tel：021-61069111

上海协仁建筑材料有限公司
地址：上海市浦东新区上南路3855号9幢105室
……………… Tel：021-61258750

中诚新兴企业发展有限公司
地址：浦东新区宣桥镇南芦公路193弄314号
……………… Tel：021-61600426

家得宝投资管理（上海）有限公司
地址：中国（上海）自由贸易试验区陆家嘴环路1366号11层
……………… Tel：021-61648000

上海喜悦实业有限公司
地址：中国（上海）自由贸易试验区浦东大道2000号23C座
……………… Tel：021-61828088

上海南凯置业发展有限公司
地址：浦东新区书院镇丽正路1628号A幢（临港）
……………… Tel：021-61943789

上海品筑建设发展有限公司
地址：浦东新区沪南路9828号
……………… Tel：021-62038602

上海宜顿国际贸易有限公司
地址：中国（上海）自由贸易试验区浦东大道2000号6层612室
……………… Tel：021-62381155

唐承（上海）建筑装潢设计有限公司
地址：上海市浦东新区川沙路1098号8幢
……………… Tel：021-62508698

上海市房地产交易资金管理有限公司
地址：中国（上海）自由贸易试验区浦东大道2123号3D-1072室
……………… Tel：021-62880909

中建材供应链管理有限公司
地址：上海市浦东新区御桥路270弄20号201室
……………… Tel：021-63230088

中建材绿色能源有限公司
地址：中国（上海）自由贸易试验区世博村路231号2单元3层328室
……………… Tel：021-63230088

上海锦怡建设发展有限公司
地址：浦东新区万祥镇宏祥北路83弄1-42号28幢A区20室
……………… Tel：021-63501701

上海建材工业投资发展有限公司
地址：中国（上海）自由贸易试验区张江路1406弄1号一号楼
……………… Tel：021-64176123

上海城超建设发展有限公司
地址：上海市浦东新区秀浦路3999弄1号
……………… Tel：021-64241155

上海城投（集团）有限公司
地址：中国（上海）自由贸易试验区浦东南路500号
……………… Tel：021-64338222

上海源涞实业有限公司
地址：浦东新区书院镇老芦公路701号
……………… Tel：021-64473011

上海因邸阁装潢设计工程有限公司
地址：中国（上海）自由贸易试验区浦东大道599号3006室
……………… Tel：021-64756587

金苏（上海）实业有限公司
地址：浦东新区南汇工业园区沪南路9828号312室10号
……………… Tel：021-64958300

91310115754301950J
地址：浦东新区大团镇永春东路10号202室6号
……………… Tel：021-65111857

上海杰文建筑装潢有限公司
地址：浦东新区南汇新城镇港辉路509号403室4＃4002
……………… Tel：021-65666700

上海城建物资有限公司
地址：中国（上海）自由贸易试验区浦东南路1930号
……………… Tel：021-65888133

上海豪盛建筑装潢工程有限公司
地址：浦东新区航头镇沪南公路5469弄126号
……………… Tel：021-65914863

上海海东房地产有限公司
地址：浦东新区万祥镇宏祥北路1-42号20幢118室
……………… Tel：021-67614320

上海奔涌检测技术有限公司
地址：浦东新区惠南镇人民东路2577_2591（单）号303室
……………… Tel：021-68008089

上海展通装潢通讯工程有限公司
地址：浦东新区南汇新城镇环湖西二路888号C楼
……………… Tel：021-68008660

上海元石装潢设计工程有限公司
地址：浦东新区南汇新城镇环湖西二路888号C楼
……………… Tel：021-68031639

上海建工惠城置业发展有限公司
地址：浦东新区惠南镇城西路200号10楼408室
……………… Tel：021-68095470

上海集城建设发展有限公司
地址：浦东杨高北路528号16幢189室
……………… Tel：021-68100099

上海周浦城镇建设投资集团有限公司
地址：浦东新区周浦镇年家浜路365号2号楼
……………… Tel：021-68125016

爱康企业集团（上海）有限公司
地址：上海市浦东新区新场镇申江南路4828号
……………… Tel：021-68153111

上海沪新城乡建设投资有限公司
地址：浦东新区新场镇石笋街121号
……………… Tel：021-68172400

上海国际机场候机楼餐饮有限公司
地址：上海市浦东新区迎宾大道6000号浦东机场T1候机楼1B-C-1
……………… Tel：021-68342230

上海唐巢投资有限公司
地址：上海市浦东新区创新西路361号
……………… Tel：021-68386962

上海居淼装潢设计工程有限公司
地址：中国（上海）自由贸易试验区临港新片区新城路2号24幢C2845室
……………… Tel：021-68520353

上海浦越建筑工程有限公司
地址：浦东新区惠南镇城西路200号5楼30室
……………… Tel：021-68529603

上海万街商业经营管理有限公司
地址：上海市浦东新区五星路707弄12号301室
……………… Tel：021-68581691

上海茂业投资有限公司
地址：浦东新区莲林路33号3号楼
……………… Tel：021-68659888

上海顺固建筑装饰设计有限公司
地址：浦东新区沈梅路99弄1-9号1幢819室
……………… Tel：021-68880966

上海友南特幕墙装潢有限公司
地址：上海市浦东新区川杨路588号1幢
……………… Tel：021-68910285

上海松风建筑新材料有限公司
地址：上海市浦东新区东川公路5273号18幢
……………… Tel：021-68910285

上海浦东庆达市政绿化养护有限公司
地址：上海市浦东新区前哨路335号2幢
……………… Tel：021-68918932

上海浙匠古建筑工程有限公司
地址：浦东新区新场镇沪南公路7508弄2-24（双）号3层
……………… Tel：021-68932224

上海冠易资产管理有限公司
地址：浦东新区川沙新镇南六公路1437号11幢224室
……………… Tel：021-80135060

上海甄会选电子商务有限公司
地址：上海市普陀区桃浦路130弄100号2018室
……………… Tel：021-31761026

上海新长征华德美居建材仓储有限公司
地址：上海市普陀区梅川路1258号
……………… Tel：021-31820888-6792

上海宽儒建筑材料有限公司
地址：上海市普陀区真光路1473弄3号4层4220室
……………… Tel：021-33505329

上海佳建工程有限公司
地址：上海市普陀区真光路1473弄3号4层4104室
……………… Tel：021-34617005

上海新朝辉建筑装潢有限公司
地址：上海市普陀区真光路1473弄3号5层5414室
……………… Tel：021-34617008

格林豪泰酒店（中国）有限公司
地址：上海市普陀区中山北路1238号6、7、8、9号楼
……………… Tel：021-36174886

上海田氏包装装潢印刷有限公司
地址：上海市普陀区武威路259号A4座
……………… Tel：021-51097003

上海恒峰建设工程有限公司
地址：上海市普陀区银杏路4号195-2室
……………… Tel：021-52127708

上海国洋建筑装潢有限公司
地址：上海市普陀区柳园路556号5幢一层
……………… Tel：021-52552578

上海中骏商业管理有限公司
地址：上海市松江区沪亭北路218号19幢188单元
……………… Tel：021-52636666

上海市普陀区城市建设投资有限公司
地址：上海市普陀区凯旋北路1299号1层
……………… Tel：021-52667000

上海常真建筑装潢工程有限公司
地址：上海市普陀区同普路1130弄7号206-215室
……………… Tel：021-52700200

上海沪翔建筑装饰工程有限公司
地址：上海市普陀区大渡河路1718号A区618-1号
……………… Tel：021-52759370

上海久宁建筑工程有限公司
地址：上海市普陀区大渡河路1258号201室
……………… Tel：021-52800085

上海长征城乡建设开发有限公司
地址：上海市普陀区万镇路180号二、三楼
……………… Tel：021-52806036

上海中天置业发展有限公司
地址：上海市普陀区中江路938号1003室
……………… Tel：021-52817007

上海真如城市副中心开发建设投资有限公司
地址：上海市普陀区大渡河路1718号D区401室
……………… Tel：021-52826699

上海德栋幕墙工程有限公司
地址：上海市普陀区真光路1288号2F层G08-2F-0-B2F016室
……………… Tel：021-52850830

中国建材国际工程集团有限公司
地址：上海市普陀区中山北路2000号中期大厦27层
……………… Tel：021-52916280

上海百姓装潢有限公司
地址：上海市普陀区真光路1473弄3号6层6236室
……………… Tel：021-54083760

纳什企业发展（上海）有限公司
地址：上海市普陀区真北路958号20幢1350室
……………… Tel：021-56319693

上海隆信建筑装潢工程有限公司
地址：上海市普陀区新村路423弄46号1010室
……………… Tel：021-56959388

上海幸庭建筑装潢有限公司
地址：上海市普陀区梅川路1247号4幢266室
……………… Tel：021-57461353

上海高爽建筑装潢工程有限公司
地址：上海市普陀区同普路1220号3楼301室-116
……………… Tel：021-59188506

上海汇杰建筑安装有限公司
地址：上海市普陀区光复西路683弄6号102室
……………… Tel：021-60299796

上海昭今建筑装潢工程有限公司
地址：上海市普陀区大渡河路1718号A区410-1室
……………… Tel：021-60456208

上海圣路建材有限公司
地址：上海市普陀区真南路1226弄6号101室-2
……………… Tel：021-60828888

上海安殷生态城建工程有限公司
地址：上海市普陀区曹杨路1017号一幢四楼4015室
……………… Tel：021-60958238

上海博利昂装潢材料有限公司
地址：上海市普陀区常和路100号5号楼2楼东侧
……………… Tel：021-61670521

上海真雄建筑装潢有限公司
地址：上海市普陀区绥德路2弄1号5-68室
……………… Tel：021-61838239

上海海升环盛房地产开发有限公司
地址：上海市普陀区大渡河路1718号A区620-G室
……………… Tel：021-61908555

上海荣欣装潢有限公司
地址：上海市普陀区志丹路184-190（双）号510室
……………… Tel：021-62086736

上海荣欣装潢设计有限公司
地址：上海市普陀区志丹路184-190号530室
……………… Tel：021-62086736

上海城淞建设发展有限公司
地址：上海市普陀区宜昌路458弄8号3楼339室
……………… Tel：021-62421155

上海淼亚建筑装潢有限公司
地址：上海市普陀区绥德路889弄3号202-82室
……………… Tel：021-62504888

上海红子鸡美食总汇有限公司
地址：上海市普陀区澳门路188号
……………… Tel：021-62668905

上海清京装潢材料销售有限公司
地址：上海市普陀区怒江北路427号365室
……………… Tel：021-62888579

上海卫中建筑装饰有限公司
地址：上海市普陀区长寿路587号2612-2615室
……………… Tel：021-62984553

上海桃浦智创城开发建设有限公司
地址：上海市普陀区真南路124号208室
……………… Tel：021-63635298

上海武威建设工程有限公司
地址：上海市普陀区祁连山南路2891弄105号6069室
……………… Tel：021-63639297

上海九龙建材贸易有限公司
地址：上海市普陀区交通路2123号
……………… Tel：021-65025098

上海好杰建筑装潢工程有限公司
地址：上海市普陀区金昌路1858号2幢一层2530室
……………… Tel：021-66269684

上海银硕建设工程发展有限公司
地址：上海市普陀区银杏路659号5号楼219室
……………… Tel：021-66279159

上海潢朝建筑装潢工程有限公司
地址：上海市普陀区武威路88弄21号3层312-32室
……………… Tel：021-66787613

上海中梁物业发展有限公司
地址：上海市普陀区绥德路889弄3号218-63室
……………… Tel：021-80198950

上海全畅营销策划有限公司
地址：青浦区公园路348号607-7室
……………… Tel：021-22192888

上海宽趣装潢设计工程有限公司
地址：上海市青浦区外青松公路5655号1幢

2层L区204室
……………………Tel：021-23561106
上海园青装潢装饰有限公司
地址：上海市青浦区盈港路239号
……………………Tel：021-31007972
上海威鸣建筑装潢有限公司
地址：上海市青浦区徐泾镇双浜路333号10幢2层B区220室
……………………Tel：021-32083567
上海渝沪建筑装潢有限公司
地址：青浦区城中北路119号208室
……………………Tel：021-32090567
上海同腾建设工程有限公司
地址：青浦区沪青平公路3841弄5号67宗地29幢一层B区108室
……………………Tel：021-32512851
上海石信建筑装潢有限公司
地址：上海市青浦区天辰路2801-2809号5幢3层F区388室
……………………Tel：021-33862466
上海大威建设发展有限公司
地址：上海市青浦区香花桥街道郏一村7号3幢F区154室
……………………Tel：021-33863558
品宝建筑装潢工程（上海）有限公司
地址：上海市青浦区天辰路2801-2809号5幢3层M区363室
……………………Tel：021-33869050
上海慷克设计装潢工程有限公司
地址：青浦区练塘镇练新西路264号1131室
……………………Tel：021-33932636
上海翔奔建筑装饰工程有限公司
地址：上海市青浦区练塘镇章练塘路588弄15号1幢一层7区086室
……………………Tel：021-34683336
上海昱阳建筑装饰有限公司
地址：上海市青浦区重固镇北青公路6878号1幢2层B区224室
……………………Tel：021-34722122
上海中建东孚资产管理有限公司
地址：上海市青浦区蟠文路333号2层202室
……………………Tel：021-38912200
上海豪青建设发展有限公司
地址：青浦区盈港东路8300弄6-7号1幢3层C区305室
……………………Tel：021-39279999
上海芳士房产建筑装潢有限公司
地址：青浦区一线街48号2号楼底楼1-2室
……………………Tel：021-39720417
上海龙赞装潢工程有限公司
地址：上海市青浦区练塘镇章练塘路588弄15号1幢1层5区078室
……………………Tel：021-39889189
上海明锐装潢有限公司
地址：青浦区朱家角镇康业路951弄32号1幢2层D区268室
……………………Tel：021-51012858
上海盛洋室内装潢有限公司
地址：上海市松江区玉树路1569号11幢7层G08
……………………Tel：021-51079111
上海茂禄建筑装潢工程有限公司
地址：上海市青浦区朱枫公路3424号1幢2层I区236室
……………………Tel：021-51922536
上海悦盛信息科技有限公司
地址：青浦区赵巷镇沪青平公路3797号2303室
……………………Tel：021-52046830
上海徽墨建筑装潢设计有限公司
地址：青浦区公园路348号307-8室
……………………Tel：021-52110326
上海建今建筑装潢工程有限公司
地址：上海市青浦区白鹤镇外青松公路3560号4号楼2层东裙楼B区2382室
……………………Tel：021-52667198
上海动必建筑装潢工程有限公司
地址：上海市青浦区练塘镇朱枫公路3534弄1号4幢1层X区117室
……………………Tel：021-53016361
上海漆靓建材商行
地址：上海市青浦区重固镇北青公路6598弄18号113室G1-13
……………………Tel：021-54166235
上海以信取业装潢有限公司
地址：青浦区外青松公路7548弄588号10幢1层F区146室
……………………Tel：021-55671699
上海胜迁建筑装潢工程有限公司
地址：上海市青浦区盈港东路8300弄6-7号1幢3层O区339室
……………………Tel：021-56503391
上海汉泽环保科技有限公司
地址：青浦区金泽镇莲湖路53号-N347室
……………………Tel：021-56762560
上海潭兆实业有限公司
地址：青浦区浦仓路485号322-0
……………………Tel：021-57616122
上海豪华建筑装璜有限公司
地址：上海市青浦区沪青平公路5251号二楼A区123室
……………………Tel：021-57759999
上海三盛城市建设发展（集团）有限责任公司
地址：上海市青浦区外青松公路5045号508室E区12号
……………………Tel：021-58111616
上海钛绿环境工程有限公司
地址：上海市青浦区沈砖路建新221号1幢3层B区372室
……………………Tel：021-58482718
穗康医疗科技（上海）有限公司
地址：上海市青浦区外青松公路7548弄588号1幢1层S区149室
……………………Tel：021-59203256
青钢金属建材（上海）有限公司
地址：上海市青浦工业园区汇金路1133号
……………………Tel：021-59705558
亚士节能装饰建材销售（上海）有限公司
地址：上海市青浦区香花桥街道郏一村7号7幢E区184室
……………………Tel：021-59705888
上海亿攀实业有限公司
地址：青浦区外青松公路6969弄7幢62号
……………………Tel：021-59714278
上海华源复合新材料有限公司
地址：上海市青浦区新金路888号
……………………Tel：021-59732001-8012
上海青浦白鹤建筑装潢有限公司
地址：青浦区白鹤镇鹤祥路312号
……………………Tel：021-59747761
上海亮常建筑装潢有限公司
地址：上海市青浦区香花桥街道郏一村7号7幢P区104室
……………………Tel：021-59760277
上海歌昱木业有限公司
地址：上海市青浦区联民路1881号7幢1层B区132室
……………………Tel：021-59765555
上海科隆建设工程有限公司
地址：上海市青浦区华腾路1288号1幢2层E区258室
……………………Tel：021-59773222
上海绿叶装饰装潢有限公司
地址：上海市青浦区重固镇北青公路6878号1幢2层D区262室
……………………Tel：021-59789842
上海侨荣建筑装潢工程有限公司
地址：上海市青浦区华腾路1288号1幢5层B区590室
……………………Tel：021-59795782
上海耀达冶金材料有限公司
地址：上海市青浦区章练塘路588弄15号1幢一层8区063室
……………………Tel：021-59810969
上海青浦现代农业园区发展有限公司
地址：上海市青浦区练塘镇蒸淀蒸富路100号
……………………Tel：021-59820123
上海衡森建筑装潢工程有限公司
地址：青浦区华纺路69号3幢2层B区236室
……………………Tel：021-59857338
上海茗恒实业有限公司
地址：上海市青浦区华新镇华腾路1288号1幢3层B区346室
……………………Tel：021-59898999
上海澄心堂实业有限公司
地址：青浦区新桥路南侧1203弄1号2幢1层A区122室
……………………Tel：021-60471366
上海锦佩实业有限公司
地址：青浦区赵巷镇沪青平公路3797号2309室
……………………Tel：021-60498078
上海洲信建筑装潢有限公司
地址：上海市青浦区工业园区郏一工业区7号3幢1层T区110室
……………………Tel：021-61204016
上海悦合建筑装潢工程有限公司
地址：青浦区工业园区郏一工业区7号4幢1层A区104室
……………………Tel：021-61211263
上海杰居实业有限公司
地址：青浦区公园路99号舜浦大厦二层E区298室
……………………Tel：021-6146138
上海源艺装潢材料有限公司
地址：上海市奉贤区金海公路6055号11幢5层
……………………Tel：021-61908389
上海曙军装潢工程有限公司
地址：上海市青浦区朱枫公路3424号三层8区335室
……………………Tel：021-61996375
上海锦湖室内装潢有限公司
地址：青浦区练塘镇朱枫公路3035号158-A室
……………………Tel：021-62259206
上海欧开建筑装饰工程有限公司
地址：上海市青浦区华新镇华腾路1288号1幢5层J区506室
……………………Tel：021-62310177
上海九分建筑工程有限公司
地址：上海市青浦区香大东路1318号1幢6层F区6230室
……………………Tel：021-62504064
上海卓旭建筑装潢工程有限公司
地址：青浦区城中东路350号
……………………Tel：021-62686626
上海诺伴装饰设计有限公司
地址：青浦区华纺路69号3349室
……………………Tel：021-63642652
上海赢莹建设工程有限公司
地址：上海市闵行区元江路5500号第1幢
……………………Tel：021-63809962
上海轩鹿建筑装潢有限公司
地址：上海市青浦区西岑街349号2幢2层N区228室
……………………Tel：021-64305662
上海智展建筑装潢工程有限公司
地址：上海市青浦区青昆路53弄13号6幢S区108室
……………………Tel：021-64308533
上海悉所建筑装潢设计有限公司
地址：上海市青浦区华浦路500号6幢E区6288室
……………………Tel：021-64310103
上海海工建筑装饰工程有限公司
地址：青浦区浦仓路485号223-D
……………………Tel：021-64313333
上海中星联合咨询有限公司
地址：青浦区金泽镇沪青平公路9565号1号楼C区331室
……………………Tel：021-64390000
上海中易建筑装潢有限公司
地址：上海市青浦区香花桥街道郏一村7号3幢1层J区155室
……………………Tel：021-64788100-8170
第一建材（上海）集团有限公司
地址：上海市青浦区华浦路480号1幢2层I区206室
……………………Tel：021-64898899
上海日燕建筑装潢有限公司
地址：上海市青浦区朱家角镇康业路901弄98号3层P区393室
……………………Tel：021-64971123
上海恩月装潢工程有限公司
地址：青浦区朱家角镇康业路951弄32号1幢2层B区274室
……………………Tel：021-65196383
上海融品装潢设计有限公司
地址：上海市青浦区练塘镇章练塘路588弄15号1幢二层9区073室
……………………Tel：021-66550566
上海铁赢建材有限公司
地址：上海市青浦区华新镇凤星路1588号1幢2层F区20室
……………………Tel：021-66775955
上海华起建筑装潢工程有限公司
地址：青浦区朱家角镇康业路951弄32号3333室
……………………Tel：021-66873393
上海青湾兆业房地产开发有限公司
地址：上海市青浦区重固镇北青公路6878号1幢2层A区232室
……………………Tel：021-68875001
上海帅金建筑工程有限公司
地址：青浦区外青松公路7548弄588号1幢1层X区163室
……………………Tel：021-69238618
上海兴冠建筑装潢有限公司
地址：青浦区城中东路350号
……………………Tel：021-69403267
上海萍曲船舶服务有限公司
地址：上海市青浦区公园路99号舜浦大厦7层M区712室
……………………Tel：021-69711620
上海纵通贸易有限公司
地址：青浦区朱家角镇康业路951弄32号3537室
……………………Tel：021-69721124
上海明硕精密机械设备有限公司
地址：上海市青浦区白鹤镇鹤祥路115号1幢1楼
……………………Tel：021-69791291
上海弗是通建材有限公司
地址：上海市青浦区城中西路111号4幢三层A区399室
……………………Tel：021-69799938
上海绿准企业管理咨询服务有限公司
地址：上海市青浦区浦仓路485号1幢2层
……………………Tel：021-80128508
上海炯丰建筑装潢材料有限公司
地址：上海市松江区永丰街道玉树路269号5号楼33586室
……………………Tel：021-31271866
上海三进装潢制品有限公司
地址：上海市松江区九亭镇金马路76号第四幢厂房
……………………Tel：021-33588802
上海峨姿建筑装潢工程有限公司
地址：上海市松江区永丰街道玉树路269号5号楼34282室
……………………Tel：021-33733636
上海恒毓建筑装潢有限公司
地址：上海市松江区永丰街道玉树路269号5号楼32660室
……………………Tel：021-33733691
上海银威建筑装饰设计有限公司
地址：上海市松江区佘山镇沈砖公路3256号1幢121室、122室、123室、124室
……………………Tel：021-34711130
上海志昌建设工程有限公司
地址：上海市松江区永丰街道玉树路269号5号楼33796室
……………………Tel：021-37651236
上海松江新城投资建设集团有限公司
地址：上海市松江区三新北路900弄683号405室
……………………Tel：021-37720064
上海松江大学城建设发展有限公司
地址：上海市松江区三新北路900弄683号303室
……………………Tel：021-37720736
上海今晶装潢设计有限公司
地址：上海市松江区石湖荡镇塔汇路609号
……………………Tel：021-37728391
上海鹭城建设集团有限公司
地址：上海市金山区枫泾镇兴豪路10号3幢A区
……………………Tel：021-37729501
上海鑫威房地产开发有限公司
地址：上海市松江区新桥镇新站路361号
……………………Tel：021-39129888
上海德基置业有限公司
地址：上海市松江区洞泾镇泗砖南路1500弄1号
……………………Tel：021-50816888
上海荣芝装潢有限公司
地址：上海市松江区泖港镇中厍路181号
……………………Tel：021-50936221
上海总泉置业有限公司
地址：上海市松江区九亭镇沪亭北路218号19幢888单元
……………………Tel：021-51693688
上海明韬建筑装潢材料有限公司
地址：上海市松江区华生综合经济区
……………………Tel：021-51707577
上海来伊份云商网络有限公司
地址：上海市松江区九亭镇九新公路855号26幢三层03室
……………………Tel：021-51760999
上海煌宁贸易有限公司
地址：上海市松江区新桥镇新格路505号3幢三楼3312室
……………………Tel：021-51860026
上海中泰城市建设发展有限公司
地址：上海市松江区九亭镇坊东路100号2幢305室
……………………Tel：021-52301988
上海金丰易居房地产顾问有限公司
地址：上海市松江区石湖荡镇塔汇路609号405室
……………………Tel：021-52396900
上海公耀装潢装饰有限公司
地址：上海市松江区泖港镇西厍路288弄1号201室
……………………Tel：021-54244174
上海犇泰建筑装潢工程有限公司
地址：上海市松江区永丰街道玉树路269号5号楼33186室
……………………Tel：021-55068577
上海屹达建筑装潢有限公司
地址：上海市松江区小昆山镇山西路16号124室
……………………Tel：021-56306611
上海城建建设实业集团投资有限公司
地址：上海市松江区佘山镇陶干路701号A幢265室
……………………Tel：021-56722288
上海城建建设实业集团新型建筑材料有限公司
地址：上海市松江区佘山镇沈砖公路3129弄7号303室
……………………Tel：021-56722288
上海城建建设实业集团建筑科技发展有限公司
地址：上海市松江区新浜镇许村路1340号
……………………Tel：021-56722288
上海城建建设实业集团新型建筑材料有限公司
地址：上海市松江区佘山镇沈砖公路3129弄7号303室
……………………Tel：021-56722288
上海唯富建筑装潢材料有限公司
地址：上海市松江区泗泾镇文化路298号
……………………Tel：021-57605623
上海伶雅建筑装潢有限公司
地址：上海市松江区泗泾镇文化路298号
……………………Tel：021-57611078
上海求舒装潢有限公司
地址：上海市松江区泗泾镇文化路298号
……………………Tel：021-57611218

上海基慧建筑装潢有限公司
地址：上海市松江区泗泾镇文化路298号
…………Tel：021-57613868

上海安言实业有限公司
地址：上海市松江区石湖荡镇长塔路945弄20号327室
…………Tel：021-57616122

建华建材（上海）有限公司
地址：上海市松江区泗泾镇沪松公路2033号
…………Tel：021-57626174

上海禾尚建设工程有限公司
地址：上海市松江区鼎源路618弄1号29幢184室
…………Tel：021-57630120

上海磊鑫建筑装潢有限公司
地址：上海市松江区九亭镇寅西路99号
…………Tel：021-57636610

上海福琴建筑装潢有限公司
地址：上海市松江区佘山镇天马山天鸡路68号
…………Tel：021-57660844

上海洞泾商贸投资管理发展有限公司
地址：上海市松江区洞泾镇周家浜路186号一楼
…………Tel：021-57697058

上海嵘辉建筑装饰材料有限公司
地址：上海市松江区泖港镇中库路165号
…………Tel：021-57709443

上海企一实业（集团）有限公司
地址：上海市松江区松卫北路188号1层
…………Tel：021-57717171

上海松江城镇建设投资开发集团有限公司
地址：上海市松江区荣乐东路2111号
…………Tel：021-57744630

上海富艺幕墙工程科技有限公司
地址：上海市松江区石湖荡镇长塔路825号一幢一层
…………Tel：021-57793315

上海赐贵建设工程有限公司
地址：上海市松江新城区玉湖村门面房513号B27座
…………Tel：021-57812158

上海隆城建筑装潢有限公司
地址：上海市松江区乐都路358号云间大厦14楼
…………Tel：021-57814140

上海绿邹置业有限公司
地址：上海市松江区岳阳街道乐都路481弄497号2楼
…………Tel：021-57824695

上海江美装潢设计有限公司
地址：上海市松江区石湖荡镇唐明路600号4楼456室
…………Tel：021-57842495

上海杰深建材有限公司
地址：上海市松江区鼎源路618弄1号26幢1-3层
…………Tel：021-57868089

上海凯尚建筑装潢工程有限公司
地址：上海市松江区叶榭镇叶旺路1号三楼
…………Tel：021-58503139

上海皋皇建筑装潢工程有限公司
地址：上海市松江区泗泾镇文化路298号
…………Tel：021-59886630

上海送福建材有限公司
地址：上海市松江区松米路2号14幢2楼B-44室
…………Tel：021-60497537

上海梅高美实业有限公司
地址：上海市松江区荣乐中路12弄136号
…………Tel：021-60705353

上海福筑建筑装潢工程有限公司
地址：上海市松江区车墩镇莘莘路32号4635
…………Tel：021-61494200

上海庭隽装潢有限公司
地址：上海市松江区洞泾镇长兴东路1586号
…………Tel：021-61556100

上海栋波建筑装潢有限公司
地址：上海市松江区永隆路407号1层
…………Tel：021-61557366

上海合生锦廷房地产开发有限公司
地址：上海市松江区新松江路1800弄3号3层338室
…………Tel：021 61670088

上海龙嘉置业有限公司
地址：上海市松江区陶干路189弄701号345室
…………Tel：021-61670088

上海奥誉置业有限公司
地址：上海市松江区新浜镇新绿路398号
…………Tel：021-62290876

上海唐诚建筑装潢工程有限公司
地址：上海市松江区石湖荡镇长塔路775弄1-7号9幢2层
…………Tel：021-62310177

上海惠建投资有限公司
地址：上海市松江区佘山工业区陶干路76号A幢158室
…………Tel：021-62363339

上海卉乐市政园林工程有限公司
地址：上海市松江区新浜镇叶新公路5361弄25号206室
…………Tel：021-62809321

上海庆懋建筑装潢工程发展有限公司
地址：上海市松江区南期昌路751号1幢9楼
…………Tel：021-63170043

上海弘利建筑装潢工程有限公司
地址：上海市松江区新桥镇莘砖公路650号1101室-3
…………Tel：021-64984000

上海慕研木业有限公司
地址：上海市松江区荣乐中路89号
…………Tel：021-65224278

上海劲誉物资有限公司
地址：上海市松江工业区洞泾分区B区（洞薛路122号）
…………Tel：021-67614058

上海丹敏贸易有限公司
地址：上海市松江区邱家湾44号15幢319室
…………Tel：021-67618793

上海强冠建筑装潢有限公司
地址：上海市松江区石湖荡镇长塔路945弄22号221室
…………Tel：021-67633591

上海华洁实业发展有限公司
地址：上海市松江区中山街道沪松路229号5层511室
…………Tel：021-67658770

上海鑫丰建筑装潢有限公司
地址：上海市松江区九亭镇同利路133号1幢3层
…………Tel：021-67690758

上海利都建设工程集团有限公司
地址：上海市松江区叶榭镇浦亭路186号1476室
…………Tel：021-67712777

上海广富林文化发展有限公司
地址：上海市松江区三新北路900弄683号305室
…………Tel：021-67720101

上海长谷陶瓷有限公司
地址：上海市松江工业区仓桥分区长谷路118号
…………Tel：021-67728924

上海于度建筑装潢工程有限公司
地址：上海市松江区乐都西路825弄89、90号5层
…………Tel：021-67731563

上海典美电梯装潢有限公司
地址：上海市松江区泖港镇叶新公路3428弄13号
…………Tel：021-67743128

上海松江新城建设发展有限公司
地址：上海市松江区三新北路900弄683号402室
…………Tel：021-67751806

上海聚欢建筑装潢工程有限公司
地址：上海市松江区中山西路174号2幢322室
…………Tel：021-67759327

上海壕鉴装潢工程有限公司
地址：上海市松江区洞泾镇沈砖公路5398弄16号-1
…………Tel：021-67818560

上海茸立建筑装潢有限公司
地址：上海市松江区新松江路1800弄3号3层331室
…………Tel：021-67829999

上海腾闻网络科技有限公司
地址：上海市徐汇区柳州路399号甲第9层1101室
…………Tel：021-26063606

上海飞洲文化旅游发展有限公司
地址：上海市徐汇区零陵路899号1-5地下一层
…………Tel：021-51506828

上海好美家斜土装潢建材有限公司
地址：上海市斜土路645号
…………Tel：021-53021525

上海六德建筑装潢工程有限公司
地址：上海市徐汇区龙腾大道2879号3楼3329室
…………Tel：021-54093364

上海华太物业管理有限公司
地址：上海市徐汇区漕溪北路86号301室
…………Tel：021-54258848

上海赛兴建筑工程有限公司
地址：上海市徐汇区桂林东街99弄9号2幢
…………Tel：021-54975585

上海科拉圣建材进出口有限公司
地址：上海市徐汇区宜山路436号F18室
…………Tel：021-60298203

上海刚德装饰工程有限公司
地址：上海市徐汇区上中路462号1号楼3层
…………Tel：021-64038876

上海国际网球中心有限公司
地址：上海市徐汇区衡山路516号
…………Tel：021-64155588

上海华盛电力安装装潢工程有限公司
地址：上海市徐汇区上中路462号
…………Tel：021-64374990

上海好饰家建材园艺超市有限公司
地址：漕溪路198号
…………Tel：021-64387158

上海兴力达建筑装饰材料有限公司
地址：上海市徐汇区凯旋路2500号
…………Tel：021-64392148

上海祥龙建筑装潢工程有限公司
地址：上海市徐汇区龙华后马路147号15幢201室
…………Tel：021-64572379

上海上房装潢总汇有限公司
地址：上海市徐汇区宜山路408号
…………Tel：021-64646565

上海建筑材料集团科技发展有限公司
地址：上海市徐汇区瑞金南路438号102-2室
…………Tel：021-64698999

上海城建滨江置业有限公司
地址：上海市徐汇区瑞金南路438号101-2室
…………Tel：021-64877000

上海平可行智能科技有限公司
地址：上海市徐汇区中山西路1602号9层02、03、05室
…………Tel：021-67733311

上海馥庭建筑装潢设计有限公司
地址：上海市徐汇区田林东路588号D419室
…………Tel：021-69029781

上海中远汇丽建筑装潢有限公司
地址：上海市杨浦区大连路970号1602室
…………Tel：021-20421711

上海百安居建材超市有限公司
地址：上海市杨浦区黄兴路1616号
…………Tel：021-31820888-1970

匠人规划建筑设计股份有限公司
地址：上海市杨浦区长阳路1568号228幢201单元
…………Tel：021-35361212

上海世茂北外滩开发建设有限公司
地址：上海市四平路421弄20号522室
…………Tel：021-38611088

上海友达建筑装潢有限公司
地址：上海市杨浦区平凉路2716号28号楼3楼303室
…………Tel：021-39878588

上海善亲贸易有限公司
地址：上海市杨浦区国定支路26号3172室
…………Tel：021-51452048

上海乾帆实业有限公司
地址：上海市杨浦区杨树浦路1169号
…………Tel：021-51534738

上海远江建筑装潢有限公司
地址：上海市杨浦区民京路853号1幢518室
…………Tel：021-55063832

上海矩点建筑装潢工程有限公司
地址：上海市杨浦区鞍山路5号20A-20
…………Tel：021-55139002

上海杨浦城市建设投资（集团）有限公司
地址：上海市杨浦区营口路798号6楼606室
…………Tel：021-55229238

上海佳里美装饰装潢有限公司
地址：上海市杨浦区国定路323号401-1室
…………Tel：021-55520261

上海胤晏商贸有限公司
地址：上海市杨浦区波阳路16号8号楼173室
…………Tel：021-56126548

上海众国宝嘉汽车销售服务有限公司
地址：上海市杨浦区国和路680号1幢101室
…………Tel：021-60075006

上海国大健一网大药房有限公司
地址：上海市杨浦区政益路48号802室
…………Tel：021-60351111

上海五角场（集团）有限公司
地址：上海市杨浦区国伟路135号1幢
…………Tel：021-60955337

上海房雀信息技术有限公司
地址：上海市杨浦区政通路177号1602-01室
…………Tel：021-61097588

上海鸿基机电工程有限公司
地址：上海市杨浦区宁国路228号707室
…………Tel：021-61807652

上海比昂建筑装潢工程有限公司
地址：上海市杨浦区鞍山二村61号3室
…………Tel：021-62877666

上海好美家平凉装潢建材有限公司
地址：上海市杨浦区平凉路853号
…………Tel：021-63085615

上海兆发房地产开发有限公司
地址：上海市杨浦区水丰路180号1幢253-2室
…………Tel：021-63935508

上海绿色建材研究中心有限公司
地址：上海市杨浦区翔殷路128号11号楼C座105-106室
…………Tel：021-64310826

上海欣龙建筑装潢设计工程有限公司
地址：上海市杨浦区延吉中路65号52室
…………Tel：021-64662727

上海青鹰科贸有限公司
地址：上海市杨浦区翔殷路81号2幢145室
…………Tel：021-65015577

上海翔华建筑装潢有限公司
地址：上海市杨浦区世界路95号
…………Tel：021-65066079

上海洪忠建筑装潢有限公司
地址：上海市杨浦区杨树浦路1736弄3号201室
…………Tel：021-65191995

上海虞申建筑装潢工程有限公司
地址：上海市杨浦区延吉一村16号
…………Tel：021-65385713

上海凯栋建筑装潢工程有限公司
地址：上海市控江路980弄5号701-703室
…………Tel：021-65433737

上海美捷建筑装潢工程有限公司
地址：上海市杨浦区周家嘴路3215号
…………Tel：021-65433785

上海正元建筑装潢工程有限公司
地址：上海市杨浦区延吉东路555弄13号
…………Tel：021-65566387

上海杨卫建筑装潢工程有限公司
地址：上海市杨浦区许昌路1480号
…………Tel：021-65666829

上海乾平装潢工程有限公司
地址：上海市控江路1555号A座313室-13
…………Tel：021-65672317

上海天怡建筑装潢有限公司
地址：上海市杨浦区宁城路203号
…………Tel：021-65672601

上海城诺建筑装潢工程有限公司
地址：上海市杨浦区波阳路16号8号楼1209室
…………Tel：021-65720091

上海公共安全器材厂
地址：上海市杨浦区民京路918号
…………Tel：021-65741281

上海申远建筑装饰工程有限公司
地址：上海市杨浦区国权北路1688弄2号401-2室
…………Tel：021-65794758

上海杨浦城市更新建设发展有限公司
地址：上海市杨浦区国顺东路238号218室
…………Tel：021-65862630

上海瑞克建筑工程技术有限公司
地址：上海市杨浦区抚顺路360号（集中登记地）
…………Tel：021-65976506

上海船厂投资管理有限公司
地址：上海市杨浦区杨树浦路468号厂区8号楼
…………Tel：021-69680296

上海晋誉实业集团有限公司
地址：上海市杨浦区国和路60号（集中登记地）
…………Tel：021-80161881

上海晋誉实业有限公司
地址：上海市杨浦区国和路60号（集中登记地）
…………Tel：021-80161881

美囤妈妈（上海）电子商务有限公司
地址：上海市杨浦区翔殷路1128号19楼19A-1室
…………Tel：021-80180493

上海润美物业管理有限公司
地址：上海市长宁区中山西路750号2幢566室
…………Tel：021-23561106

上海好美家天山装潢建材有限公司
地址：上海市长宁区北虹路1068号
…………Tel：021-32082729

上海好美家天山装潢建材有限公司
地址：上海市长宁区北虹路1068号
…………Tel：021-32082729

上海千喜装潢设计有限公司
地址：上海市长宁区长宁路1488弄6号116室
…………Tel：021-34161289

上海加度建筑装潢材料有限公司
地址：上海市长宁区中山西路750号1幢16128室
…………Tel：021-37771849

摩利投资控股（集团）股份有限公司
地址：上海市长宁区娄山关路523号2201室
…………Tel：021-51210760

上海新晨建筑装潢有限公司
地址：上海市长宁区虹桥路1019-1号底层
…………Tel：021-52185588

上海祺绩装饰工程有限公司
地址：上海市长宁区江苏路499弄28号108室
…………Tel：021-52690731

上海申德医院有限公司
地址：上海市长宁区虹桥路2281号
…………Tel：021-53308008

顶全装潢工程（上海）有限公司
地址：上海市长宁区水城南路37号1104室

…………………………Tel：021-57619558
上海浅深投资管理集团有限公司
地址：上海市长宁区延安西路1146号68幢3层
…………………………Tel：021-60255956
上海绿城泓盛建设发展有限公司
地址：上海市长宁区虹桥路1157号475室
…………………………Tel：021-60670900
钰材装潢（上海）有限公司
地址：上海市长宁区天山支路154号407B室
…………………………Tel：021-61703800
方叔叔餐饮管理（上海）有限公司
地址：上海市闵行区申虹路666弄3号102室
…………………………Tel：021-61813637
上海瑞虹实业有限公司
地址：上海市长宁区仙霞路700弄2号至4号
…………………………Tel：021-62098659
上海新长宁集团建筑装饰实业有限公司
地址：上海市长宁区武夷路179号
…………………………Tel：021-62129916
上海好装装饰装潢有限公司
地址：上海市长宁区宣化路89号底层-丙
…………………………Tel：021-62210822
石绿坊（上海）建筑装潢设计有限公司
地址：上海市长宁区定西路650号6212室
…………………………Tel：021-62331019
上海隆茂建筑装潢有限公司
地址：上海市长宁区华阳路92号三楼
…………………………Tel：021-62524759
上海盛恒建筑装饰工程有限公司
地址：上海市长宁区淮阴路485号102室
…………………………Tel：021-62680002
上海仲盛建设工程有限公司
地址：上海市长宁区广顺路33号8幢351室
…………………………Tel：021-62801133
上海城建置业发展有限公司
地址：上海市长宁区伊犁南路491号
…………………………Tel：021-64877000
上海广永国际贸易有限公司
地址：上海市长宁区江苏路369号4A室
…………………………Tel：021-68189852
上海益荥建筑装潢工程有限公司
地址：上海市长宁区武夷路491弄15号585幢317室
…………………………Tel：021-69189697
上海策延建材有限公司
地址：上海市长宁区古北路678号1203E室
…………………………Tel：021-87877233
普菲尔德顾问（上海）有限公司
地址：中国（上海）自由贸易试验区花园石桥路66号东亚银行金融大厦19层1901B、1902B室
…………………………Tel：021-20329001
上海外高桥企业发展促进中心有限公司
地址：中国（上海）自由贸易试验区杨高北路2001号205室
…………………………Tel：021-20765001
长江实业（上海）企业管理有限公司
地址：中国（上海）自由贸易试验区峨山路91弄98号105D室
…………………………Tel：021-22166288
上海豪昌建设工程有限公司
地址：上海富盛经济开发区
…………………………Tel：021-32220721
中城建（上海）融资租赁有限公司
地址：中国（上海）自由贸易试验区杨高北路2001号1幢4部位三层333室
…………………………Tel：021-32522245
上海莉源房地产开发有限公司
地址：中国（上海）自由贸易试验区峨山路613号11幢3层28室
…………………………Tel：021-32535800
上海虹都建筑装潢安装工程有限公司
地址：上海市藏东路41号
…………………………Tel：021-33010465
上海越明装饰装潢有限公司
地址：中国（上海）自由贸易试验区北张家浜路128号103-1室
…………………………Tel：021-33114633
上海时宏实业有限公司
地址：上海市沪宜公路1255号D-69
…………………………Tel：021-33733933
中格万象（上海）城镇建设开发有限公司
地址：中国（上海）自由贸易试验区耀华路251号一幢一层
…………………………Tel：021-36327386
上海临港新城投资建设有限公司
地址：中国（上海）自由贸易试验区临港新片区临港新城环湖西一路333号
…………………………Tel：021-38072265
上海宏信琨腾城市建设发展有限公司
地址：中国（上海）自由贸易试验区耀江路9号1幢10层1002B1020单元
…………………………Tel：021-38913000
上海新型建材岩棉有限公司
地址：上海市沪青平公路3828弄99号
…………………………Tel：021-39291299
上海浦东城市建设投资有限责任公司
地址：中国（上海）自由贸易试验区浦明路1229号6-8楼
…………………………Tel：021-50113327
上海张江国信安地产有限公司
地址：中国（上海）自由贸易试验区张衡路500弄1号楼501室
…………………………Tel：021-50195900
金茂商业房地产（上海）有限公司
地址：中国（上海）自由贸易试验区世纪大道88号7层701室
…………………………Tel：021-50476688
上海滨洋设计装潢工程有限公司
地址：上海市嘉定区众仁路399号1幢12层B区J6524室
…………………………Tel：021-50583099
上海元宇建筑装饰工程有限公司
地址：上海市沪宜公路1255号A-203
…………………………Tel：021-50780763
上海长甲置业有限公司
地址：中国（上海）自由贸易试验区浦电路490号，世纪大道1589号2层209单元
…………………………Tel：021-50816888
上海上中云品餐饮管理有限公司
地址：中国（上海）自由贸易试验区银城中路501号6801、6806室
…………………………Tel：021-50877528
上海寓意物业管理有限公司
地址：中国（上海）自由贸易试验区张杨路560号1201室
…………………………Tel：021-50909028
上海市室内装潢工程有限公司
地址：上海市云南南路293号
…………………………Tel：021-50909580
上海卫海汽车配件市场经营管理有限公司
地址：汶水路19号1楼
…………………………Tel：021-51011712
京伦装潢设计工程（上海）有限公司
地址：上海市崇明区庙镇宏海公路2052号F幢1层8321室
…………………………Tel：021-51699088
上海惠瑞建筑装潢材料有限公司
地址：上海市杨树浦路1639号
…………………………Tel：021-52080233
上海惠瑞建筑装潢材料有限公司
地址：上海市杨树浦路1639号
…………………………Tel：021-52080233
上海世平投资有限公司
地址：中国（上海）自由贸易试验区泰谷路18号1幢12层1205A室
…………………………Tel：021-52580757
上海拓远建筑工程有限公司
地址：车站南路39号2008室
…………………………Tel：021-52833851
上海顺豪房地产发展有限公司
地址：上海市西藏南路381号
…………………………Tel：021-53838588
上海建材集团实业有限公司
地址：中国（上海）自由贸易试验区富特西一路477号2层B7室
…………………………Tel：021-54102122
上海自贸区徐家汇商城实业有限公司
地址：中国（上海）自由贸易试验区新灵路118号1809室
…………………………Tel：021-54129839
上海迪申建筑装潢有限公司
地址：中国（上海）自由贸易试验区东方路989号中达广场3A02B室
…………………………Tel：021-54362482
上海虹道电子商务有限公司
地址：中国（上海）自由贸易试验区德堡路38号2幢楼四层404-47室
…………………………Tel：021-54431003
上海洹瑞建筑装潢有限公司
地址：上海横泰经济开发区（崇明区富民支路58号A1-73室）
…………………………Tel：021-54614588
上海城建水务工程有限公司
地址：上海市汶水东路291号
…………………………Tel：021-55219929
上海方驰建设有限公司
地址：上海市国和路91号302室
…………………………Tel：021-55235972
上海城建市政工程（集团）有限公司
地址：中国（上海）自由贸易试验区崮山路788号
…………………………Tel：021-56088833
上海文妍装饰装潢工程有限公司
地址：上海市青浦区金泽镇练西公路4815号1层B区192室
…………………………Tel：021-56559169
上海东德建筑装潢安装工程有限公司
地址：中国（上海）自由贸易试验区临港新片区先进村路庄503号
…………………………Tel：021-58005990
西宝生物科技（上海）股份有限公司
地址：中国（上海）自由贸易试验区毕升路299弄11号502室
…………………………Tel：021-58183712
上海大康建设有限公司
地址：中国（上海）自由贸易试验区临港新片区南果公路806号
…………………………Tel：021-58190226
上海海螺建材国际贸易有限公司
地址：中国（上海）自由贸易试验区东方路738号裕安大厦1101-1102室
…………………………Tel：021-58209601
上海城建（集团）公司
地址：蒙自路654号
…………………………Tel：021-58301000
上海联合包装装潢有限公司
地址：中国（上海）自由贸易试验区金湘路1111号
…………………………Tel：021-58347171
上海江海建设开发有限公司
地址：中国（上海）自由贸易试验区张杨路818号1楼
…………………………Tel：021-58355785
上海天豪企业发展集团有限公司
地址：中国（上海）自由贸易试验区浦电路330弄19号
…………………………Tel：021-58365700
上海金饰联合装潢工程有限公司
地址：中国（上海）自由贸易试验区金藏路258号5幢506室
…………………………Tel：021-58544402
上海外联发商务咨询有限公司
地址：中国（上海）自由贸易试验区基隆路6号15楼
…………………………Tel：021-58690769
上海和谐汽车维修服务有限公司
地址：中国（上海）自由贸易试验区乐园路198号1幢、3幢
…………………………Tel：021-58821325
上海置天营销策划有限公司
地址：中国（上海）自由贸易试验区临港新片区泥城路101号138室
…………………………Tel：021-58953586
上海御诺实业（集团）有限公司
地址：上海沪宜公路1158号M77
…………………………Tel：021-59121219
上海沪太锦昌建筑装潢有限公司
地址：上海市沪太路7258号
…………………………Tel：021-59949273
好点信息科技（上海）有限公司
地址：中国（上海）自由贸易试验区晨晖路88号1幢411-415室
…………………………Tel：021-60314997
上海致宠生物科技有限公司
地址：上海市双阳路181号东大楼108-5室
…………………………Tel：021-61174563
上海舜瀛物业管理有限公司
地址：中国（上海）自由贸易试验区耀华路215号2号楼112室
…………………………Tel：021-61679545
上海新富建筑装潢工程有限公司
地址：中国（上海）自由贸易试验区临港新片区宏祥北路83弄1-42号20幢118室
…………………………Tel：021-61908389
城牵建筑装潢工程（上海）有限公司
地址：中国（上海）自由贸易试验区东方路286号4楼412室
…………………………Tel：021-62480666
上海光明房地产服务集团有限公司
地址：中国（上海）自由贸易试验区临港新片区丽正路1628号2幢3层313室
…………………………Tel：021-62623100
上海纺织时尚产业发展有限公司
地址：建国西路283号1幢501室
…………………………Tel：021-62701652
东方创业（上海）国际服务贸易有限公司
地址：上海市闵行区申昆路2377号4幢901-1541室
…………………………Tel：021-62708988
上海安达建筑装潢有限公司
地址：上海市河南南路790弄5号
…………………………Tel：021-63187305
中建材国际物产有限公司
地址：中国（上海）自由贸易试验区耀华路251号一幢一层
…………………………Tel：021-63239100
上海中瀚置业有限公司
地址：宝昌路319号5楼
…………………………Tel：021-63258586
上海海浦中心房地产有限公司
地址：上海市永寿路88号
…………………………Tel：021-63551889
上海三意楼宇实业有限公司
地址：上海市金陵东路396号701室
…………………………Tel：021-63554828
上海嘉耘建筑材料设备有限公司
地址：上海邵厂经济小区C区429号
…………………………Tel：021-64076688
上海好美家装潢建材配送有限公司
地址：中国（上海）自由贸易试验区 东绣路999弄9号101室
…………………………Tel：021-64227336
上海好美家金桥装潢建材有限公司
地址：中国（上海）自由贸易试验区金高路1296弄151号
…………………………Tel：021-64227573
上海陆家嘴好美家装潢建材有限公司
地址：中国（上海）自由贸易试验区金高路1296弄151号三楼
…………………………Tel：021-64227573
上海中宁建筑安装高级装潢有限公司
地址：汶水路19号3楼3107室
…………………………Tel：021-64756692
上海博宝建筑装潢工程有限公司
地址：虬江路1379号1号楼402室L座
…………………………Tel：021-65249206
上海好美家曲阳装潢建材有限公司
地址：上海市伊敏河路55号
…………………………Tel：021-65524202
上海联捷贸易有限公司
地址：上海市邯郸路173号1幢318室
…………………………Tel：021-65545788
上海柏申建筑有限公司
地址：上海市白城路318号
…………………………Tel：021-65744379
上海邦民投资管理有限公司
地址：中国（上海）自由贸易试验区商城路341号201室11座
…………………………Tel：021-65756609
上海艺翔建筑装潢工程有限公司
地址：惠民路150弄5号
…………………………Tel：021-65863422
上海易秋木装潢有限公司
地址：阳城路183号915室
…………………………Tel：021-66252680
上海敬乐建筑装潢工程有限公司
地址：上海新闵经济开发区（新北街402号）A区
…………………………Tel：021-66312487
上海城投兴港投资建设有限公司
地址：中国（上海）自由贸易试验区临港新片区南汇新城镇环湖西二路888号892室
…………………………Tel：021-68286682
上海凡迪基因科技有限公司
地址：中国（上海）自由贸易试验区盛夏路500号4号楼3楼
…………………………Tel：021-68828366

重庆市

华南城商业管理（重庆）有限公司
地址：重庆市巴南区东城大道292号附170号
…………………………Tel：023-61766661
重庆乐源房地产开发有限公司
地址：重庆市巴南区巴南大道9号46幢28-6号
…………………………Tel：023-63116777
重庆市城南建设投资有限公司
地址：重庆市巴南区龙洲湾公园北路16号
…………………………Tel：023-66230026
重庆嘉道房地产开发有限公司
地址：重庆市巴南区渝南大道200号23-1
…………………………Tel：023-66293975
重庆欣宗申职教城开发建设有限公司
地址：重庆市巴南区花溪街道民主村学堂嘴（宗申工业园内）
…………………………Tel：023-66372369
重庆融永房地产开发有限公司
地址：重庆市巴南区龙洲大道1号31幢负一楼
…………………………Tel：023-67111728
重庆巴和城市建设投资有限公司
地址：重庆市巴南区花溪街道王家坝路中建·瑜和城营销中心
…………………………Tel：023-86308081
重庆典雅酒店有限公司
地址：重庆市巴南区渝南大道70号
…………………………Tel：023-86956666
重庆麻柳水务有限公司
地址：重庆市巴南区木洞镇水口寺村
…………………………Tel：023-86998707
重庆普润房地产开发有限公司
地址：重庆市巴南区龙洲大道99号16幢12-4
…………………………Tel：023-88732678
重庆中交置业有限公司
地址：重庆市巴南区渝南大道297号1幢23-1
…………………………Tel：023-88965800
重庆市恒隆健康产业有限公司
地址：重庆市北碚区新茂路1号（自贸区）
…………………………Tel：023-60361759
重庆金科金辰酒店管理有限公司
地址：重庆市北碚区水土高新技术产业园云汉大道5号附401
…………………………Tel：023-66136666-6542
重庆锦腾房地产开发有限公司
地址：重庆市北碚区新茂路1号（自贸区）
…………………………Tel：023-67908716
重庆三圣实业股份有限公司
地址：重庆市北碚区三圣镇街道
…………………………Tel：023-68234428
重庆富皇建材有限公司
地址：重庆市北碚区水土镇大地村
…………………………Tel：023-68348938
重庆缙碚城市建设有限公司
地址：重庆市北碚区碚南大道122号
…………………………Tel：023-68865085

重庆世信新型节能建材股份公司
地址：重庆市北碚区水土高新技术产业园云汉大道5号附34号
……Tel：023-88065823
重庆普罗旺斯房地产开发有限责任公司
地址：重庆市璧山区璧泉街道福顺大道9号附147、148、149、150号
……Tel：023-41400877
重庆利雅房地产开发有限公司
地址：重庆市璧山区青杠街道白云大道276号
……Tel：023-41881189
重庆贵晟房地产开发有限公司
地址：重庆市璧山区璧泉街道华龙社区
……Tel：023-67347658
重庆璧晖实业有限公司
地址：重庆市璧山区璧泉街道仙山路7号附21号2-1、2-2号
……Tel：023-87388188
重庆城口工业园区开发建设有限公司
地址：重庆市城口县葛城街道东后街32号3幢
……Tel：023-59216939
城口县鑫城建材有限公司
地址：重庆市城口县高燕乡来凤村一社
……Tel：023-59508277
重庆市安安物业管理有限公司
地址：重庆市大渡口区四达路16号附19号
……Tel：023-68101733
重庆飞腾城市建设发展有限公司
地址：重庆市大渡口区春晖路街道金桥路8号
……Tel：023-68173590
重庆旺才商场设施制造有限公司
地址：重庆市大渡口区八桥镇民新村四社
……Tel：023-68550845
重庆融品汇智房地产开发有限公司
地址：重庆市大渡口区大渡口组团H分区H15-13-1/04地块7幢11-1
……Tel：023-68570321
重庆壹街商业管理有限公司
地址：重庆市大渡口区新山村街道文体路88号A5栋4-1
……Tel：023-68831211
重庆恒通控股集团有限公司
地址：重庆市大渡口区松青路1699号
……Tel：023-68922278
重庆澜筹投资发展有限公司
地址：重庆市大足区石马镇太平社区五组
……Tel：023-43400521
重庆祥建建设有限公司
地址：重庆市大足区龙岗街道办事处南环路安居工程第三幢五单元二层1号
……Tel：023-43732266
重庆市双桥经开区野旷建材经营部
地址：重庆市双桥经开区车城大道25号附12号（丽阳天下2号楼）
……Tel：023-49636984
重庆金若管道制造有限公司
地址：重庆市大足区高新技术产业开发区
……Tel：023-67662811
重庆恒涛建材有限公司
地址：重庆市大足区龙水工业园区十里村
……Tel：023-81098701
重庆市德恒实业股份有限公司
地址：重庆市大足区龙水镇龙棠大道178号3幢2-1
……Tel：023-85228008
重庆红星美龙置业有限公司
地址：重庆市垫江县桂阳街道工业园区内5号楼2-24-2
……Tel：023-62455797
重庆楚月建材有限公司
地址：重庆市垫江县太平地税所办公楼
……Tel：023-67308921
天津中民爱普城市建设发展有限公司
地址：天津市东丽区东丽湖汇智北道与汇智环路交口处东南侧智空间广场一期四号楼8层02室71号
……Tel：023-88732678
重庆丰都县久桓房地产开发有限公司
地址：重庆市丰都县三合街道平都大道东段5号10楼
……Tel：023-70600680
重庆恒安实业有限公司
地址：重庆市丰都县三合街道名山大道南路2号
……Tel：023-70707081
重庆渝富兴都城市建设发展有限公司
地址：重庆市丰都县三合街道平都大道东段5号八层、九层
……Tel：023-70707705
重庆奉节城市建设有限公司
地址：重庆市奉节县永安街道竹枝路下王家坪农贸市场及市政停车场综合楼地上第六层
……Tel：023-56562318
重庆福坤建材有限公司
地址：重庆市奉节县鱼复街道诗城路333号4楼
……Tel：023-85964111
重庆崎辉实业有限公司
地址：重庆市涪陵区点易路66号江北街道办事处三楼3018室
……Tel：023-67717921
重庆泽胜商业管理有限公司
地址：重庆市涪陵区双宝路4号11-12号
……Tel：023-72208362
重庆澳海汇渠房地产开发有限公司
地址：重庆市涪陵区鹤凤大道38号
……Tel：023-72258300
重庆爱科卡尔新型建材有限公司
地址：重庆市涪陵李渡开发区聚龙大道88号
……Tel：023-72261319
重庆市涪陵区江普住房建设投资集团有限公司
地址：重庆市涪陵区顺江大道顺园路万景风情别院2栋2楼
……Tel：023-72267195
重庆市金科汇宜房地产开发有限公司
地址：重庆市涪陵区中山路9号
……Tel：023-72270909
重庆太极房地产开发有限公司
地址：重庆市涪陵区太极大道1号
……Tel：023-88602499
重庆金九建材集团有限公司
地址：重庆市合川区盐井街道办事处糖坝村
……Tel：023-42750889
重庆市合川工业投资（集团）有限公司
地址：重庆市合川工业园区核心区科技孵化大楼
……Tel：023-42750900
重庆善信实业有限公司
地址：重庆市合川区南办处南滨西路4号
……Tel：023-42753285
重庆彦民建筑安装有限公司
地址：重庆市合川区南办处南津街352号2-1-1
……Tel：023-67112267
重庆鼎豪建设工程有限公司
地址：重庆市合川区太和镇义让街17号
……Tel：023-67525555
重庆迈克尔轨枕有限公司
地址：重庆市合川区三汇镇江北社区居委会
……Tel：023-68163366
重庆市合川区民祺建设发展有限公司
地址：重庆市合川区南办处南园东路99号19、20层
……Tel：023-85188937
中铁房地产集团重庆有限公司
地址：重庆市江北区北滨二路450号附13号（自编号内5号房）
……Tel：023-67603355
世纪星光百货（重庆）有限公司
地址：重庆市江北区洋河一路68号
……Tel：023-67651111
重庆中置物业发展有限公司
地址：重庆市江北区红黄路1号1幢25层
……Tel：023-67675588
重庆大港电力设备安装有限公司
地址：重庆市江北区建新西路4号25-2、3；24-8
……Tel：023-67751789
绿地集团重庆置业有限公司
地址：重庆市江北区鸿恩二路53号
……Tel：023-67766511
重庆市平正房地产测量事务所
地址：重庆市江北区建新西路2号特1号9楼
……Tel：023-67861143
重庆金丰宜居商业运营管理有限公司
地址：重庆市江北区建新东路123号
……Tel：023-67862202
重庆长安同顺实业有限公司
地址：重庆市江北区建新东路260号
……Tel：023-67864212
重庆力帆渝宸物业服务有限公司
地址：重庆市江北区聚贤岩广场6号28层
……Tel：023-67916569
新兴栈（重庆）建材有限公司
地址：重庆市江北区港城工业园D区
……Tel：023-81633700
重庆市中通人力资源服务有限公司
地址：重庆市江北区建新北路38号2幢10-1
……Tel：023-88192230
重庆市新城开发建设股份有限公司
地址：重庆市江北区东升门路63号19楼
……Tel：023-88313276
重庆中华置业有限公司
地址：重庆市江北区余溪路137号附16号2-1
……Tel：023-88355666
重庆呈圆工程管理有限公司
地址：重庆市江北区杨河一村70号14-8#
……Tel：023-89870859
重庆市江津区福渝建材有限公司
地址：重庆市江津区珞璜镇合解村七社
……Tel：023-47606209
重庆市豪朗建材有限公司
地址：重庆市江津区夹滩镇石堡河
……Tel：023-47618978
重庆锐升置业有限公司
地址：重庆市江津区双福镇双福新区A4-03-1/01号地块第一宗地
……Tel：023-63368607
重庆大鼎物业服务有限公司
地址：重庆市九龙坡区谢家湾正街7号2幢
……Tel：023-60332803
联发集团重庆房地产开发有限公司
地址：重庆市九龙坡区西彭铝城大道88号附7号
……Tel：023-62771316
重庆华颂房地产开发有限公司
地址：重庆市九龙坡区九龙园区云湖路1号3幢
……Tel：023-65315018
重庆中油现代交通油料有限责任公司
地址：重庆市九龙坡区白市驿镇牟家村
……Tel：023-65701173
重庆磊城建筑劳务有限公司
地址：重庆市九龙坡区杨家坪西郊支路24号2栋408#
……Tel：023-68473003
重庆龙力巴国城文化旅游发展有限公司
地址：重庆市九龙坡区红狮大道6号14幢
……Tel：023-68915222-8027
重庆喜联科技发展有限公司
地址：重庆市九龙坡区科园一路73号附20-2号
……Tel：023-81153999
重庆利安电力建设工程有限公司
地址：重庆市九龙坡区石坪桥正街65号1-17-4#
……Tel：023-86359099
重庆平伟地产有限公司
地址：重庆市高新区石桥铺南方花园C区嘉华楼三楼
……Tel：023-89180026
重庆星星套装门（集团）有限责任公司
地址：重庆市开州区汉丰街道九龙社区百成街308号办公楼
……Tel：023-52205222
湖北爽爽装饰装潢有限公司
地址：利川市谋道镇柏杨村十四组
……Tel：023-58563538
重庆市国信通讯息科技产业有限公司
地址：重庆市南岸经开区梅花路1号
……Tel：023-61252086
重庆庆诚温泉酒店管理有限公司
地址：重庆市南岸区玉马路1号
……Tel：023-62495888
重庆桓通建筑工程材料有限公司
地址：重庆市南岸区学府大道51号10号楼2单元8-1号
……Tel：023-62613401
重庆汇庭房地产开发有限公司
地址：重庆市南岸区长生路86号9栋负2层101号
……Tel：023-62829021
重庆宛亦房地产开发有限公司
地址：重庆市彭水苗族土家族自治县保家镇彭水工业园区科技孵化楼B区5-062
……Tel：023-62829021
重庆华林天美印务有限公司
地址：重庆市南岸区迎春路9号
……Tel：023-62907886
重庆浦辉商业管理有限公司
地址：重庆市南岸区海棠溪街道南坪东路581号A区3号楼海天居
……Tel：023-62942110
重庆天盈置地有限公司
地址：重庆市南岸区白鹤路45号附10号2-5
……Tel：023-62975806
重庆南宜城乡建设发展有限公司
地址：重庆市南岸区复兴街9号中讯时代18楼
……Tel：023-62984380
重庆市南发城建发展有限公司
地址：重庆市南岸区南坪街道南城大道199号8-1号
……Tel：023-62988602
重庆大业昇新型建材有限公司
地址：重庆市南岸区玉马路6号3层1号
……Tel：023-63073336
重庆南合盛通商业管理有限公司
地址：重庆市南岸区莲池路11号3-2
……Tel：023-63203737
重庆华运房地产经纪有限公司
地址：重庆市南岸区长生桥镇天文大道587号
……Tel：023-67139517
重庆康居物业发展有限公司
地址：重庆市南岸区南坪街道宏声路洋河南滨花园2栋
……Tel：023-67579351
重庆中工建设有限公司
地址：重庆市南岸区南城大道199号正联大厦8楼
……Tel：023-67639928
重庆东原澄方实业有限公司
地址：重庆市南岸区南坪镇白鹤路108号负1层商业206室
……Tel：023-81155690
重庆万房通实业有限公司
地址：重庆市南岸区南滨路22号1栋23层
……Tel：023-86337606
重庆渝信路桥发展有限公司
地址：重庆市南岸区江南大道66号1幢
……Tel：023-89020001
重庆市新嘉南建材有限责任公司
地址：重庆市南川区东城街道办事处大铺子居委9、10组陈家沟办公楼1-1
……Tel：023-71401448
重庆市南川区城市建设投资（集团）有限公司
地址：重庆市南川区西城街道办事处渝南大道10号传媒中心
……Tel：023-71420989
重庆南森投资有限公司
地址：重庆市南川区东城街道办事处新华路4号（五楼）
……Tel：023-71423555
重庆渝富兴南城市建设发展有限公司
地址：重庆市南川区西城街道办事处渝南大道10号传媒中心
……Tel：023-71663958
筑邦建筑科技投资控股（深圳）股份公司
地址：深圳市前海深港合作区前湾一路1号A栋201室（入驻深圳市前海商务秘书有限公司）
……Tel：023-63061730
彭水县泰安实业有限责任公司
地址：重庆市彭水县保家工业园区（保家镇鹿山居委1组）
……Tel：023-64709144
重庆碧桂园顺碧企业管理有限公司
地址：重庆市彭水工业园区科技孵化楼B区4-1122室
……Tel：023-67466220
彭水县城市建设投资有限责任公司
地址：重庆市彭水县汉葭镇高家台10号
……Tel：023-78442736
彭水新城盘龙投资建设有限公司
地址：重庆市彭水县靛水乡靛水村一组
……Tel：023-78867686
重庆建工新城置业有限公司
地址：重庆市彭水县靛水街道靛水社区公安大楼2号楼4楼401
……Tel：023-78896899
重庆建工高新建材有限公司
地址：重庆市綦江区綦江工业园区A区
……Tel：023-48203259
重庆国能物业管理有限公司
地址：重庆市万盛区万盛国际大酒店六楼
……Tel：023-48308005
重庆綦江西南水泥有限公司
地址：重庆市綦江区永城镇温泉村
……Tel：023-48485128
重庆市綦江区东部新城开发建设有限公司
地址：重庆市綦江区东部新城滨河大道二号桥
……Tel：023-48678107
千里传媒有限公司
地址：重庆市綦江区文龙街道九龙大道82号恒都世纪花城9幢3-门面1，1-门面1、2
……Tel：023-85888341
重庆盛钢实业有限公司
地址：重庆市万盛经开区平山工业园区天星路2号
……Tel：023-87001999
重庆美坤实业有限公司
地址：重庆市綦江区古南街道交通路59号
……Tel：023-87268751
重庆市黔江区城市建设投资（集团）有限公司
地址：重庆市黔江区城西办事处西山步行街749号
……Tel：023-79229533
重庆新禹投资（集团）有限公司
地址：重庆市黔江区行署街768号民警新村宿舍A栋2楼1号
……Tel：023-79230169
重庆黔龙阳光地产发展有限公司
地址：重庆市正阳工业园区金龙路
……Tel：023-79244493
重庆弘扬建材集团弘龙水泥有限公司
地址：重庆市黔江区正阳工业园区
……Tel：023-79578899
重庆阿泊罗哈实业有限公司
地址：重庆市荣昌区工业园区
……Tel：023-46766684
重庆旭辰置业发展有限责任公司
地址：重庆市沙坪坝区晒光坪70号附1号、附25号
……Tel：023-65035792
重庆市沙坪坝区城乡建设开发公司
地址：重庆市沙坪坝区小新街42号
……Tel：023-65305171
重庆迈瑞城市建设投资有限责任公司

地址：重庆市沙坪坝区土主中路199号
…………Tel：023-65305211
重庆鑫砼达新型建材有限公司
地址：重庆市沙坪坝区富洲路8号附5号16-4
…………Tel：023-65373851
中铁十七局集团重庆城铁建设有限公司
地址：重庆市璧山区璧泉街道双星大道50号1幢7-6
…………Tel：023-65557933
重庆市金科星聚置业有限公司
地址：重庆市沙坪坝区大学城学智路95号
…………Tel：023-67397065
重庆台阳房地产开发有限公司
地址：重庆市沙坪坝区大学城中路1号第2层
…………Tel：023-68795555
重庆广达康复医院有限公司
地址：重庆市沙坪坝区上桥二村11号
…………Tel：023-81391288
重庆图展建筑工程有限公司
地址：重庆市南岸区回龙路66号5栋3单元10-3
…………Tel：023-86885591
石柱土家族自治县城市建设综合开发有限公司
地址：重庆市石柱土家族自治县南宾镇都督大道95号（南滨尚城）16幢17-1
…………Tel：023-73326929
重庆裕鑫城市建设投资有限公司
地址：重庆市石柱土家族自治县南宾镇鲤塘坝楼房湾综合写字楼7楼
…………Tel：023-73330668
重庆市铜梁区金龙城市建设投资（集团）有限公司
地址：重庆市铜梁区巴川街道办事处营盘路39号
…………Tel：023-45683567
重庆市铜梁区龙廷城市开发建设有限公司
地址：重庆市铜梁区东城街道办事处迎宾路金龙体育馆
…………Tel：023-45698889
重庆诚迅城市建设开发有限公司
地址：重庆市铜梁区巴川街道办事处学府大道267号（重庆艺术工程学院内）
…………Tel：023-45699066
重庆龙珠建筑工程有限公司
地址：重庆市铜梁区旧县街道办事处新华街32号
…………Tel：023-45866805
重庆市潼南区城市建设投资（集团）有限公司
地址：重庆市潼南区桂林街道办事处金佛大道46号
…………Tel：023-44578388
重庆蕴鸥地产有限公司
地址：重庆市潼南区梓潼街道办事处金潼大道88号（重庆潼南蔬菜批发物流市场7号楼三层）
…………Tel：023-63743179
重庆弘扬建材（集团）有限公司
地址：重庆市正阳工业园区群力居委三组
…………Tel：023-79578899
重庆（上海）汇丽建材有限公司
地址：重庆市万州区檬兴路9号2#厂房
…………Tel：023-50558316
重庆亚昌建筑工程有限公司
地址：重庆市万州区周家坝石城路156号
…………Tel：023-58376277
重庆市万州区鸿鸥地产发展有限公司
地址：重庆市万州区万川大道555号
…………Tel：023-58541587
重庆万州友豪置业有限公司
地址：重庆市万州区科龙路88号（万商城）
…………Tel：023-58831355
重庆市万州区国药集团有限公司
地址：重庆市万州区沙龙路三段218号8楼A区
…………Tel：023-58969288
重庆吉泰建设（集团）有限公司
地址：重庆市万州区静园路193号3楼
…………Tel：023-85733550
重庆市拓金建设集团有限公司
地址：重庆市武隆区芙蓉街道芙蓉西路59号
…………Tel：023-63113796
重庆市武隆区建设投资（集团）有限公司
地址：重庆市武隆区巷口镇芙蓉东路22号1幢3-1
…………Tel：023-77717171
重庆市武隆区隆江城市建设有限公司
地址：重庆市武隆区芙蓉街道芙蓉东路22号1幢3-1
…………Tel：023-77723099
重庆市务远建设工程有限公司
地址：重庆市武隆区巷口镇芙蓉中路63号7幢15号（门面）
…………Tel：023-77729260
重庆市荣融房地产开发有限公司
地址：重庆市武隆区芙蓉街道芙蓉中路77号2单元4-1
…………Tel：023-77826175
秀山福广建材市场有限公司
地址：重庆市秀山县中和街道花灯大道南段46号3幢
…………Tel：023-76050833
重庆市秀山城建开发有限责任公司
地址：重庆市秀山县中和镇凤栖北路
…………Tel：023-76682086
重庆共启科技有限公司
地址：重庆市秀山县工业园区启动区永安大道E栋1楼
…………Tel：023-76686061
重庆中材参天建材有限公司
地址：重庆市永川区红炉会龙桥村千堰塘村民小组
…………Tel：023-49336258
重庆竣祥物业管理有限公司
地址：重庆市永川区经济技术开发区红河大道28号
…………Tel：023-49582200
重庆实地房地产开发有限公司
地址：重庆市永川区科园北路1号18栋1-16号
…………Tel：023-49585888
重庆市渝琥石英砂有限公司
地址：重庆市永川区南大街街道办事处大南村
…………Tel：023-49600389
重庆市永川区城市建设投资有限公司
地址：重庆市永川区汇龙大道东一路19号
…………Tel：023-49817889
中交一公局重庆城市建设发展有限公司
地址：重庆市永川区和顺大道799号（永川区软件与信息服务服务外包产业园B区3号楼3层）
…………Tel：023-85372015
重庆康仕达生物制药有限公司
地址：重庆市永川经济技术开发区星光大道978号
…………Tel：023-87161616
中城投集团第三工程局有限公司
地址：重庆市永川区渝西大道西段47号
…………Tel：023-88928929
酉阳县城建实业集团有限公司
地址：重庆市酉阳县钟多街道钟南大道3号1号楼吊二层
…………Tel：023-75687165
重庆两江新区新亚航实业有限公司
地址：重庆市渝北区龙兴镇两江大道618号两江企业总部大厦三楼
…………Tel：023-63063800
重庆吾悦房地产开发有限公司
地址：重庆市渝北区仙桃街道百果路99号
…………Tel：023-63363188
重庆博亿电力安装工程有限公司
地址：重庆市渝北区龙溪街道红锦大道57号嘉州协信中心2幢5-1
…………Tel：023-63833330
新空间（重庆）科技有限公司
地址：重庆市渝北区仙桃街道数据谷东路19号
…………Tel：023-65954234
龙湖悦来城市管理有限公司
地址：重庆市两江新区礼贤路12号（2001室）
…………Tel：023-67064554
重庆丹彤实业有限公司
地址：重庆市渝北区回兴街道双湖路1号水木天地1号楼
…………Tel：023-67135333
北城致远集团有限公司
地址：重庆市渝北区龙溪街道龙华大道2号
…………Tel：023-67578888
重庆临空都市基础设施建设运营有限公司
地址：重庆市渝北区龙塔街道景园大道16号
…………Tel：023-67623660
北京城建重庆地产有限公司
地址：重庆市渝北区龙溪松石北路102-23号
…………Tel：023-67790976
重庆海特环保（集团）有限公司
地址：重庆市渝北区松牌路523号金龙商厦4楼
…………Tel：023-67815772
重庆中升亿网络科技有限公司
地址：重庆市渝北区龙溪街道红锦大道59号"嘉州·协信中心"北塔"嘉州创意公园"写字楼22楼1号房、23楼1号房
…………Tel：023-67949013
重庆百安居装饰建材有限公司
地址：重庆市渝北区龙山街道余松一支路3号龙湖紫都城1幢2-1
…………Tel：023-86369399
重庆杨歌机电设备安装工程有限公司
地址：重庆市渝北区金开大道四段210二层1-2号
…………Tel：023-86788279
重庆两江新区创新创业投资发展有限公司
地址：重庆市渝北区财富大道19号1幢（财富三号A栋）5F5#
…………Tel：023-88283536
重庆天江坤宸置业有限公司
地址：重庆市渝北区农业园区宝石路167号
…………Tel：023-88313038
重庆中建投城建一号股权投资基金合伙企业（有限合伙）
地址：重庆市渝北区龙塔街道紫园路186号
…………Tel：023-88505582
重庆大易房地产开发有限公司
地址：重庆市渝北区黄龙路38号
…………Tel：023-88602449
重庆华宇盛泰房地产开发有限公司
地址：重庆市渝北区泰山大道东段118号附17-1号
…………Tel：023-88956206
重庆市城投公租房建设有限公司
地址：重庆市渝中区中山三路128号重庆投资大厦28层
…………Tel：023-62300383
重庆市美术有限责任公司
地址：重庆市渝中区新华路447号
…………Tel：023-62812963
重庆盛源建设（集团）有限公司
地址：重庆市渝中区捍卫路32号临华大厦2号楼第10层
…………Tel：023-63511026
重庆宾馆有限公司
地址：重庆市渝中区民生路235号
…………Tel：023-63554079
重庆城建控股（集团）有限责任公司
地址：重庆市渝中区捍卫路8号
…………Tel：023-63605715
重庆市城市建设土地发展有限责任公司
地址：重庆市渝中区中山三路128号23楼
…………Tel：023-63606967
重庆市城市建设投资（集团）有限公司
地址：重庆市渝中区中山三路128号
…………Tel：023-63612289
重庆轩能石油天然气有限公司
地址：重庆市渝中区李子坝正街88号
…………Tel：023-63799339
重庆市渝中城市建设投资有限公司
地址：重庆市渝中区和平路5号5楼
…………Tel：023-63817898
重庆盈泽宏实业有限公司
地址：重庆市渝中区朝千路99、101号时代天骄三楼
…………Tel：023-63821056
重庆远域房地产开发有限公司
地址：重庆市渝中区新华路4号附1号正2层
…………Tel：023-63821059
重庆顺民物业有限责任公司
地址：重庆市渝中区渝建村128号
…………Tel：023-63866197
重庆市城市建设发展有限公司
地址：重庆市渝中区长江一路61号39楼
…………Tel：023-63893011
重庆协信购物中心发展管理有限公司
地址：重庆市渝中区新华路4号附1号
…………Tel：023-67029666
重庆常青基业旅游发展股份有限公司
地址：重庆市渝中区民族路101号第十九层-3
…………Tel：023-89066690
重庆长寿西南水泥有限公司
地址：重庆市长寿区化北路7号
…………Tel：023-40715626
重庆维丰房地产开发有限责任公司
地址：重庆市长寿区维江路28号
…………Tel：023-68974740
重庆旭凯建设集团有限公司
地址：重庆市忠县忠州大道红星路3号
…………Tel：023-54450387
重庆京投万昱置业有限公司
地址：重庆市忠县忠州街道人民路202号附5号2-2
…………Tel：023-63077159
重庆聚融建设（集团）股份有限公司
地址：重庆市忠县忠州街道新桥社区三组
…………Tel：023-85828333
重庆聚威节能建材有限公司
地址：重庆市忠县忠州街道乐天路3号
…………Tel：023-85828333
重庆新希望实业有限公司
地址：重庆市九龙坡区谢家湾正街49号18-1号
…………Tel：023-60848100
卓越置业集团重庆两江有限公司
地址：重庆市两江新区西湖支路2号精信中心写字楼B塔10层1-7号
…………Tel：023-63013909
重庆裕弘昇物业管理有限公司
地址：重庆市北部新区星光五路8号25-7
…………Tel：023-63023020
重庆渝富城市建设发展有限公司
地址：重庆市两江新区黄山大道东段198号
…………Tel：023-63420954
重庆远香房地产开发有限公司
地址：重庆市两江新区礼洁路188号附27号2-6
…………Tel：023-63863999
重庆隆恒酒店有限公司
地址：重庆市两江新区黄山大道东段172号1层
…………Tel：023-66136666
重庆融创基洋置业有限公司
地址：重庆市北部新区经开园金童路100号附23号
…………Tel：023-67139517
重庆市碧桂园碧城房地产开发有限公司
地址：重庆市北部新区金渝大道85号汉国中心B-21-7
…………Tel：023-67460488
重庆金泰国有资产经营有限公司
地址：重庆市渝北区鸳鸯街道金渝大道66号B栋
…………Tel：023-67463580
重庆永鑫工程项目管理有限公司
地址：重庆市北部新区金开大道1228号3幢9-1.9-2
…………Tel：023-67516160
重庆滨湖物业管理有限公司
地址：重庆市北部新区湖彩路88号3幢8-1
…………Tel：023-67517638
豪元建设有限公司
地址：贵州省贵安新区黔中大道贵安国际数字文化产业园5号楼14层6号
…………Tel：023-67637837
重庆建工建材物流有限公司
地址：重庆市经开区北区金开大道1596号7层部分、8层、9层
…………Tel：023-68638119
重庆棕榈泉房地产开发有限公司
地址：重庆市北部新区金开大道90号2幢31-1
…………Tel：023-89078907

河北省

河北中岳城市建设投资有限公司
地址：磁县磁州镇磁州路57号（财政局楼上）
…………Tel：0310-2316635
邯郸市复兴城市和交通建设投资有限公司
地址：河北省邯郸市复兴区建设北大街519号政府16楼1606室
…………Tel：0310-3140055
邯郸市恒润新型建材有限公司
地址：邯郸市丛台区北仓路1号
…………Tel：0310-3191888
魏县城投集团有限公司
地址：河北省邯郸市魏县东壁东路24号
…………Tel：0310-3533666
涉县城市基础设施建设运营有限公司
地址：河北省邯郸市涉县龙山大街566号行政综合办公楼北五楼
…………Tel：0310-3897816
邯郸市复兴冶金建材总厂
地址：邯郸市复兴区后百家村西
…………Tel：0310-4026606
馆陶县鳌洋城市建设发展有限公司
地址：馆陶县金凤街中段路南（馆陶县房产交易中心）
…………Tel：0310-4586909
邯郸陶瓷集团花纸装潢有限责任公司
地址：邯郸市峰峰矿区彭城三和后地胡同3号
…………Tel：0310-5022844
河北太行华信建材有限责任公司
地址：邯郸市峰峰矿区建国路2号
…………Tel：0310-5062920
邯郸市宝峰建材有限公司
地址：邯郸市峰峰矿区义井镇北羊台一街村西北邯峰电厂南侧
…………Tel：0310-5086828
新兴际华新能源发展（邯郸）有限公司
地址：河北省邯郸市鸡泽县人民路辣椒工贸城
…………Tel：0310-5101850
邯郸市峰峰矿区新峰城市建设发展有限公司
地址：河北省邯郸市峰峰矿区滨河东路188号
…………Tel：0310-5166119
邯郸市新市水建材有限公司
地址：邯郸市峰峰矿区峰峰镇羊渠河村南
…………Tel：0310-5325866
曲周县广厦城乡建设投资有限公司
地址：曲周县财政局办公楼五楼
…………Tel：0310-5379908
邯郸鑫港国际建材家偏城市场经营管理有限公司
地址：邯郸市丛台区滏河北大街656号鑫港建材家 城四层
…………Tel：0310-5515182

河北滏淼房地产开发有限公司
地址：邯郸冀南新区城南办事处王家庄村东（中华大街与滨河东路交叉口路东）
……………………Tel：0310-5519677

邯郸金隅太行建材有限公司
地址：河北省邯郸市丛台区黄粱梦镇高南村
……………………Tel：0310-5601553

邯郸市南方城市开发建设有限公司
地址：邯郸冀南新区马头经济开发区诚信路南侧、创业大道东侧
……………………Tel：0310-6299502

邯郸市永年区永鑫资产运营管理有限公司
地址：河北省邯郸市永年区临名关镇新名南路88号（财政局办公大楼）
……………………Tel：0310-6820758

邯郸市永年区城市建设投资集团有限公司
地址：河北省邯郸市永年区临 关镇新北街150号
……………………Tel：0310-6835505

成安县城市建设投资有限公司
地址：河北省邯郸市成安县有所为路95号
……………………Tel：0310-7280005

邯郸泽佳建材有限公司
地址：河北省邯郸市鸡泽县铸造工业园区12号
……………………Tel：0310-7522806

邯郸泽利建材有限公司
地址：河北省邯郸市鸡泽县棉纺工业园区15号
……………………Tel：0310-7522972

临漳县城乡建设发展集团有限公司
地址：河北省邯郸市临漳县建安路中段路北
……………………Tel：0310-7850158

邯郸邺贤建材有限公司
地址：河北省邯郸市临漳县工业园区
……………………Tel：0310-7867333

临漳县筑邺城乡建设有限公司
地址：河北省邯郸市临漳县永阳路行政办公人楼西二楼
……………………Tel：0310-7888168

河北招贤新型建材科技有限公司
地址：河北省邯郸市临漳县邺都工业园横一路与纵一路交叉口西南角
……………………Tel：0310-7921166

邯郸鑫德资产管理有限公司
地址：邯郸市丛台区东环路中段北方装饰城内
……………………Tel：0310-8027196

邯郸市辰信投资有限公司
地址：邯郸市丛台区滏河北大街396号1-016号
……………………Tel：0310-8062020

邯郸市中和房地产开发有限公司
地址：河北省邯郸市经济开发区联纺东路588号
……………………Tel：0310-8066931

河北新圆旭包装装潢有限公司
地址：涉县经济开发区开元大街西侧
……………………Tel：0310-8549348

邯郸市肥乡区兴业城乡建设投资有限公司
地址：河北省邯郸市肥乡区广安路西107号财政局4楼
……………………Tel：0310-8558071

石家庄市盛邦伟业房地产开发有限公司
地址：石家庄市裕华区建设南大街227号
……………………Tel：0311-66175563

河北建设勘察研究院有限公司
地址：河北省石家庄市鹿泉区槐安西路555号
……………………Tel：0311-66723211

乐仁堂投资集团股份有限公司
地址：石家庄市青园街57号
……………………Tel：0311-67260866

石家庄中冶名盛房地产开发有限公司
地址：河北省石家庄市新华区中华北大街309号宏远大厦10层1008室
……………………Tel：0311-67261223

河北祁福乾悦房地产开发有限公司
地址：河北省石家庄市长安区平安北大街158号紫晶苑1号楼24层
……………………Tel：0311-67591501

河北金科天翼房地产开发有限公司
地址：中国（河北）自由贸易试验区正定片区正定新区宝能中心6号楼810室
……………………Tel：0311-67663698

河北建工房地产有限公司
地址：石家庄市新华区友谊北大街146号
……………………Tel：0311-67903366

石家庄北城房地产开发有限公司
地址：河北省石家庄市长安区柳阳街58号半岛名邸（一区）9号10号底商二层0-110室
……………………Tel：0311-68000933

长城建设集团工程局有限公司
地址：河北省石家庄市长安区胜利北街156号
……………………Tel：0311-68008213

河北众诚新型建材有限公司
地址：河北省石家庄市新华区西营村丰产路
……………………Tel：0311-68009162

河北亨伦房地产经纪有限公司
地址：河北省石家庄市长安区谈固西街79号恒通金地商务楼1-702
……………………Tel：0311-68010173

河北新绿城市建设投资有限公司
地址：石家庄市栾城区政府院内
……………………Tel：0311-68015809

河北省电子认证有限公司
地址：河北省石家庄市桥西区红旗大街88号翰林观天下23-1-2701
……………………Tel：0311-68051986

河北融创润江房地产开发有限公司
地址：石家庄高新区长江大道319号8号楼2单元3楼
……………………Tel：0311-68091608

石家庄融创财信房地产开发有限公司
地址：石家庄市栾城区鑫源路268号
……………………Tel：0311-68091608

石家庄市巨邦房地产开发有限公司
地址：石家庄市裕华区建华南大街212号绿园商业办公楼102号
……………………Tel：0311-68091608

创合城建有限公司
地址：河北省石家庄市桥西区中华南大街380号盛景大厦三楼
……………………Tel：0311-69112888

河北德服物业服务有限公司
地址：河北省石家庄市桥西区建设南大街82号
……………………Tel：0311-81555519

石家庄优丰磊德新型建材有限公司
地址：河北省石家庄市井陉县上安镇白王庄村北
……………………Tel：0311-82094151

石家庄市曲寨建材有限公司
地址：石家庄市鹿泉区大河镇曲寨村
……………………Tel：0311-82290859

石家庄新浩城市建设有限公司
地址：河北省石家庄市商务中心东门803室
……………………Tel：0311-82457629

河北黄金寨旅游开发有限责任公司
地址：平山县王坡乡曹土沟村土沟路16号
……………………Tel：0311-82885353

平山县城建投资有限公司
地址：平山县平山镇建设北大街建设局院内
……………………Tel：0311-8290168

平山县大都会装潢装饰有限公司
地址：平山县冶河东路
……………………Tel：0311-82909222

辛集市钢信新型建材有限公司
地址：辛集市南智邱镇赵马村东
……………………Tel：0311-83197736

正定县开元城市建设投资有限公司
地址：正定县常山西路52号（中行五楼）
……………………Tel：0311-83706653

石家庄市藁城区建设投资有限公司
地址：河北省石家庄市藁城区四明北街98号
……………………Tel：0311-83772738

庆益石家庄建材租赁有限公司
地址：石家庄裕华区东岗路168号全城绿洲19-1-2509
……………………Tel：0311-83887117

河北风景园林工程有限公司
地址：河北省石家庄市高新区湘江道319号孵化器C座栋01单元0701号
……………………Tel：0311-83897353

高邑县城市建设投资有限公司
地址：高邑县南星路125号（县财政局院内）
……………………Tel：0311-83950090

晋州市城市建设开发投资有限公司
地址：晋州市财政局院内
……………………Tel：0311-84319652

河北双牛建材纤维素有限公司
地址：河北省石家庄市晋州市经济开发区纬四路9号
……………………Tel：0311-84449786

元氏信融村镇银行股份有限公司
地址：元氏县槐阳镇蟠龙路142号
……………………Tel：0311-84316677

石家庄市新华鑫圆城市建设投资有限责任公司
地址：石家庄市新华区联盟路707号
……………………Tel：0311-85028569

石家庄雷恩贸易有限公司
地址：石家庄新华区公里街10号新华商业广场商务楼东座1914号
……………………Tel：0311-85110996

河北彩食鲜供应链管理有限公司
地址：河北省石家庄市鹿泉区大河镇大河村大河路166号大河物流园106库
……………………Tel：0311-85138130

石家庄市城市建设投资控股集团有限公司
地址：河北省石家庄市新华区中华北大街358号城投集团512室
……………………Tel：0311-85270065

石家庄城投建设开发有限公司
地址：河北省石家庄市桥西区新石北路6号福地新园小区4-1-103室
……………………Tel：0311-85273079

石家庄城投乾丰管廊建设工程有限责任公司
地址：河北省石家庄市新华区中华北大街358号212、216房间
……………………Tel：0311-85277026

河北建投城镇化建设开发有限公司
地址：河北省石家庄市桥西区裕华西路9号
……………………Tel：0311-85288980

石家庄名都企业管理集团有限公司
地址：石家庄市长安区和平东路289号
……………………Tel：0311-85369813

北投河北城市建设发展集团有限公司
地址：河北省石家庄市桥西区友谊南大街122号振头大厦917室
……………………Tel：0311-85391998

辛集建设投资有限公司
地址：辛集市府东大街52号林业局办公楼四楼
……………………Tel：0311-85395966

石家庄金隅混凝土有限公司
地址：石家庄市栾城区窦妪工业区
……………………Tel：0311-85468222

石家庄金隅混凝土有限公司
地址：石家庄市栾城区窦妪工业区
……………………Tel：0311-85468222

河北三楷深发科技股份有限公司
地址：石家庄装备制造基地（裕翔街与衡井公路交叉口东北角）
……………………Tel：0311-85469855

河北塔坛易海科技有限公司
地址：河北省石家庄市桥西区车站街14号801室
……………………Tel：0311-85628877

河北卓达建材研究院有限公司
地址：河北省石家庄市裕华区塔南路192号卓达小区综合服务楼
……………………Tel：0311-85811700

华亿通沧州城市建设有限公司
地址：河北省沧州市黄骅市经济开发区管委会二楼206-207室
……………………Tel：0311-85927109

石家庄创研建材科技有限公司
地址：石家庄长安区沿西街40-3-501
……………………Tel：0311-85958355

石家庄市长安育才建材有限公司
地址：石家庄（栾城）装备制造基地富城路11号
……………………Tel：0311-85978899

石家庄市城市建设开发总公司
地址：石家庄市长安区中山东路275号
……………………Tel：0311-86049454

石家庄市永庆建材木业有限公司
地址：正定县北早现乡木都产业园区（南早现村）
……………………Tel：0311-86127767

河北装潢印刷机械股份有限公司
地址：河北省石家庄市桥西区汇通路20号
……………………Tel：0311-86139990

无极卡森建材装饰城有限公司
地址：无极县北苏镇北苏村村西北
……………………Tel：0311-86315444

石家庄市新型建筑材料工程有限公司
地址：河北省石家庄市长安区光华路16号
……………………Tel：0311-86861753

石家庄市美的房地产开发有限公司
地址：河北省石家庄市长安区中山东路567号嘉和广场4号楼1101、1102
……………………Tel：0311-86905172

河北省建筑材料工业设计研究院
地址：石家庄市合作路159号
……………………Tel：0311-86958007

石家庄金正房地产集团有限公司
地址：河北省石家庄市桥西区裕华西路66号海悦天地A座3518室
……………………Tel：0311-87030666

河北乾昊佳德建材有限公司
地址：井陉县于家乡狼窝村
……………………Tel：0311-87562389

河北汇文大酒店有限责任公司
地址：河北省石家庄市桥西区站前街6号
……………………Tel：0311-87865601

河北省荣军印刷厂
地址：河北省石家庄市新华区中华北大街275号
……………………Tel：0311-87894307

河北青华建材有限公司
地址：河北省石家庄市藁城区兴安镇正公村北1030米处
……………………Tel：0311-88316656

新乐市彦平建材经销处
地址：新乐市木村乡木村
……………………Tel：0311-8852456

河北展新防水建材有限公司
地址：新乐市承安镇东王庄工业区1号
……………………Tel：0311-88569986

石家庄市昌升包装装潢印刷有限公司
地址：正定县车站西街4号
……………………Tel：0311-88712819

石家庄金河房地产开发有限公司
地址：正定县恒山西路89号
……………………Tel：0311-88785607

河北新星佳泰建筑建材有限公司
地址：正定县西洋村西
……………………Tel：0311-88798586

中通建工城建集团有限公司
地址：石家庄市新华区合作路328号
……………………Tel：0311-88802001

河北燕港（集团）富源城房地产开发有限公司
地址：河北省石家庄市高新区天山南大街235号御灏府中心广场
……………………Tel：0311-89108903

河北林宏建材科技有限公司
地址：河北省石家庄市平山县平山镇西柏坡经济开发区装备路8号
……………………Tel：0311-89115977

河北绿地房地产开发有限公司
地址：石家庄市鹿泉区白鹿泉乡梁庄
……………………Tel：0311-89175099

石家庄沛昇房地产开发有限公司
地址：石家庄市鹿泉区上庄镇台头村村南
……………………Tel：0311-89179955

河北省冀中城建集团有限公司
地址：石家庄市正定新区和顺路6号
……………………Tel：0311-89190051

石家庄森特麦瑞物业服务有限公司
地址：河北省石家庄市裕华区育才街168号中茂海悦写字楼707室
……………………Tel：0311-89620005

石家庄永昌足球俱乐部有限公司
地址：河北省石家庄市裕华区南二环东路21号
……………………Tel：0311-89658086

石家庄昂进房地产开发有限公司
地址：河北省石家庄市正定新区新城大街9号天山壹方中心15栋1单元1005室
……………………Tel：0311-89669695

石家庄宝晟房地产开发有限责任公司
地址：河北省石家庄市长安区胜利北街172号鑫紫利大厦B座1408
……………………Tel：0311-89929056

保定市爱情地产集团有限公司
地址：河北省保定市莲池区朝阳南大街2066号
……………………Tel：0312-2196045

河北巨宏城市建设投资有限公司
地址：定州市自来佛北街君悦华府写字楼五层
……………………Tel：0312-2308855

定州市城市建设投资集团有限公司
地址：定州市建设街
……………………Tel：0312-2332882

高碑店市鼎创建材销售有限公司
地址：河北省保定市高碑店市文化路西侧
……………………Tel：0312-2800123

高碑店市广跃城市建设有限公司
地址：河北省保定市高碑店市东方路北侧兴隆大街西侧
……………………Tel：0312-2810407

保定隆和房地产开发有限公司
地址：高碑店市新昌北大街6号
……………………Tel：0312-2810407

高碑店市白沟五金机电灯饰建材城有限公司
地址：白沟镇雄十公路东侧魏庄村东D2-04号
……………………Tel：0312-2897777

河北绿色建筑科技有限公司
地址：河北省保定市高碑店市112线东侧东方路南侧
……………………Tel：0312-2908888

保定市康远房地产开发有限公司
地址：保定市莲池区韩庄乡北八里庄村西
……………………Tel：0312-3012988

河北尺度装饰装潢有限公司
地址：保定市鲁岗路127号一层103
……………………Tel：0312-3050333

涞源华中假日酒店有限公司
地址：河北省保定市涞源县白石山镇白石山村南侧
……………………Tel：0312-3158893

雄安秀兰城市建设有限公司
地址：河北省保定市安新县建设大街287号
……………………Tel：0312-3200718

涿州市城市建设总公司
地址：涿州市范阳路54号
……………………Tel：0312-3633320

保定鸿图装饰装潢有限公司
地址：保定市满城区玉川路12号楼
……………………Tel：0312-4251232

河北柯壮建材销售有限公司
地址：河北省保定市唐县黄石口乡花塔村
……………………Tel：0312-4945052

保定顺安建筑环保材料科技有限公司

地址：保定市莲池区瑞祥大街1123号门脸
…………………Tel：0312-5093855
安新县华傲建筑工程有限公司
地址：安新县永安大街西侧
…………………Tel：0312-5358838
定州市长城建筑工程有限公司
地址：定州市兴华中路
…………………Tel：0312-5533230
定州旭阳房地产开发有限公司
地址：定州市胜利路（焦化厂院内）
…………………Tel：0312-5533899
涿州市建投城镇化建设开发有限公司
地址：涿州市松林店镇松高路58号
…………………Tel：0312-5590539
高碑店市建投城镇化建设开发有限公司
地址：高碑店市兴华中路107号
…………………Tel：0312-5590539
高碑店市盛飞建筑材料销售有限公司
地址：河北省保定市高碑店市和平东路南侧
…………………Tel：0312-5591888
河北小山新型环保建材科技有限公司
地址：白沟镇工业园区443号
…………………Tel：0312-5598007
高碑店市鑫厚建材销售有限公司
地址：高碑店市团结西路北侧八通市场2号楼
…………………Tel：0312-5599155
河北勃宏新永发建材销售有限公司
地址：河北省保定市容城县容城镇北关村金三角南边正义路198号
…………………Tel：0312-5621111
雄安绿地城市建设有限公司
地址：河北省保定市容城县奥威路8号
…………………Tel：0312-5628188
涞水冀东发展建材有限责任公司
地址：涞水县娄村乡车厂村
…………………Tel：0312-5848666
雄县鼎邦建筑建材有限公司
地址：雄 县高庄村
…………………Tel：0312-5865400
保定盛拓建材加工有限公司
地址：河北省保定市唐县中山北大街消防综合楼
…………………Tel：0312-5930368
保定尚等建材销售有限公司
地址：保定市朝阳北大街凯悦国际大厦1905室
…………………Tel：0312-5956969
保定盛乾城市市容管理服务有限公司
地址：河北省保定市莲池区未来金融港1栋2405房间
…………………Tel：0312-5958871
河北跃都城市建设投资有限公司
地址：保定市东三环西、七一路北（未来石1-2510房间）
…………………Tel：0312-5958871
河北久申防水建筑材料有限公司
地址：河北省保定市易县易水工业园区
…………………Tel：0312-6379888
高碑店市昆仑房地产开发有限公司
地址：高碑店市幸福南路东侧迎宾路南侧世纪广场B区内25号
…………………Tel：0312-6390157
首特华峰装配式建材股份有限公司
地址：高碑店市梁家营乡蔡庄村南
…………………Tel：0312-6391083
高碑店市凯顺建材有限公司
地址：河北省保定市高碑店市文化路西侧
…………………Tel：0312-6400078
高阳县兴阳城乡建设有限公司
地址：河北省保定市高阳县正阳路84号
…………………Tel：0312-6699611
保定荔枝房地产开发有限公司
地址：保定市北二环路5699号大学科技园4号楼501室
…………………Tel：0312-6775572
涞源县城市建设投资集团有限公司
地址：河北省保定市涞源县百泉路36号
…………………Tel：0312-7315199
河北蓝太建材集团有限公司
地址：保定市御风路388号
…………………Tel：0312-7510131
涞源县增志建材有限公司
地址：河北省保定市涞源县南山街68号
…………………Tel：0312-7844500
河北耀龙房地产开发有限公司
地址：保定市清苑区发展西路333号（办公楼3层314号）
…………………Tel：0312-7953888
保定市润城新型建材科技有限公司
地址：保定市满城区满城镇北辛庄村
…………………Tel：0312-8105666
河北鹏跃幕墙装饰工程有限公司
地址：易 县北东村
…………………Tel：0312-8283276
保定慕湖恒源新型建材有限公司
地址：保定市莲池区南常保村
…………………Tel：0312-8567660
保定市城兴市政建设投资有限公司
地址：保定市莲池北大街493号
…………………Tel：0312-8632881
保定凯圣兰包装装潢彩印有限公司
地址：保定市满城区东苟村
…………………Tel：0312-8925666
张家口市宣化新北方装潢印刷有限责任公司
地址：河北省张家口市宣化区宣府大街155号院
…………………Tel：0313-3073969
张家口市宣化区利民房地产开发有限责任公司
地址：宣化区人民西路1号院尚东国际13号楼
…………………Tel：0313-3861928
张家口崇礼区瑞祥美华建筑工程装潢有限公司
地址：河北省张家口市崇礼区西湾子镇陵园街同舟购物广场
…………………Tel：0313-4018002
张家口荣江建材销售有限公司
地址：张家口市高新区纬二路学府大街1号12层1201号房
…………………Tel：0313-4190368
尚义城乡建设投资有限公司
地址：河北省张家口市尚义县南壕堑镇平安大街8号
…………………Tel：0313-4338877
尚义县建城市政工程建设有限公司
地址：河北省张家口市尚义县南壕堑镇平安西街25号
…………………Tel：0313-4338877
张家口市下花园东诚城市建设投资集团有限责任公司
地址：下花园区住房和城乡规划建设局四楼
…………………Tel：0313-5053155
宣化县东海实业有限公司
地址：河北省张家口市宣化区顾家营镇北碱台村
…………………Tel：0313-5063338
宣化县贾家营镇姚真装饰装潢中心
地址：河北省张家口市宣化区贾家营镇元台子村
…………………Tel：0313-5091075
张家口市兴垣城建开发有限公司
地址：河北省张家口经济开发区长城西大街凤凰国际2期27号楼1211室
…………………Tel：0313-5860153
张家口融创基业房地产开发有限公司
地址：河北省张家口市崇礼区西湾子镇东村万龙路以北
…………………Tel：0313-5895742
张家口市城市开发建设有限公司
地址：张家口市桥西区西坝岗路1号
…………………Tel：0313-5901978
张家口建设发展集团有限公司
地址：河北省张家口市经济开发区朝阳西大街27号主城区污水管网维护中心11、12、13层
…………………Tel：0313-5905700
张家口融侨房地产开发有限公司
地址：张家口市桥东区东兴街46号
…………………Tel：0313-5987882
怀来县现代建筑装潢有限责任公司
地址：怀来县京西建材市场(312-314)号
…………………Tel：0313-6219828
怀来县城镇化建设投资有限公司
地址：怀来县沙城镇民营园区建设路东侧
…………………Tel：0313-6226100
赤城县利宏水利项目建设开发有限公司
地址：河北赤城经济开发区第九号厂房A-5区
…………………Tel：0313-6313288
赤城县国兴绿色建材有限公司
地址：赤城县田家窑镇近北庄村
…………………Tel：0313-6496878
河北浩盛房地产开发有限责任公司
地址：河北省张家口市怀来县沙城镇富达园小区二期410栋6号底商
…………………Tel：0313-6863339
张家口蔚县源恒建设发展集团有限公司
地址：河北省张家口市蔚县蔚州镇人民路69号
…………………Tel：0313-7015689
蔚县东方房地产开发有限责任公司
地址：蔚县蔚州镇前进路
…………………Tel：0313-7015689
赤城县扶农建设服务有限公司
地址：河北赤城经济开发区第九号厂房B-5区
…………………Tel：0313-7603037
承德统建房地产开发有限公司
地址：承德双桥区承德市双桥区一市场３４号
…………………Tel：0314-2023975
承德蜗牛房地产经纪有限公司
地址：河北省承德市双桥区翠兴大厦1幢8层806号-1
…………………Tel：0314-2039998
承德市金汇房地产开发有限公司
地址：承德双桥区南营子大街１４号文化大厦南塔１１－１５层
…………………Tel：0314-2077007
中基名都建设集团有限公司
地址：河北省承德市双桥区马市街名城时代广场1幢10层1003、1004、1005号房
…………………Tel：0314-2109065
承德市城市建设投资有限责任公司
地址：河北省承德市双桥区桥东飞机场世纪城三期1-2#办公楼14层1416室
…………………Tel：0314-2384200
承德天成印刷科技股份有限公司
地址：承德县下板城镇下板城村南
…………………Tel：0314-3011955
荣盛兴城（兴隆）园区建设发展有限公司
地址：河北省承德市兴隆县兴隆镇小河南村（河北兴隆经济开发区汇丰创意园商业4号楼12室001号房间）
…………………Tel：0314-5082000
承德恒旭建设集团有限公司
地址：宽城镇滨河园商业楼A座4号5层（滨河街43号）
…………………Tel：0314-5720666
河北承大环保科技有限公司
地址：兴隆县北营房镇北营房村
…………………Tel：0314-5796666
承德新新建材有限公司
地址：承德双滦区白庙子矿库
…………………Tel：0314-5912007
丰宁满族自治县博磊建材制造有限公司
地址：河北省承德市丰宁满族自治县大阁镇六间房村
…………………Tel：0314-5978088
平泉市亿丰投资有限责任公司
地址：平泉市平泉镇白庙子村承德泉盛投资有限责任公司院内
…………………Tel：0314-6058569
承德瑞丰盛业建设集团有限公司
地址：宽城满族自治县宽城镇大马沟村
…………………Tel：0314-6865568
宽城兴业水利建设有限公司
地址：宽城满族自治县宽城镇育才路
…………………Tel：0314-6876002
宽城宽兴水利建设有限公司
地址：宽城满族自治县宽城镇育才路
…………………Tel：0314-6876333
隆化县天诚城市建设与发展投融资有限公司
地址：河北省承德市隆化县安州街道自然资源和规划局2楼203室
…………………Tel：0314-7062004
承德中石建材科技有限公司
地址：河北省承德市隆化县经济开发区园区路1号
…………………Tel：0314-7165896
宽城满族自治县诚信城市建设投资有限公司
地址：宽城满族自治县宽城镇河西路财政局一楼
…………………Tel：0314-7577970
承德县盛达城市建设投资有限责任公司
地址：承德县综合文化活动中心十六层
…………………Tel：0314-7595990
中正华信工程咨询有限公司
地址：河北省承德市双桥区汇强矿业大厦第1幢2单元604、605号办公
…………………Tel：0314-7660166
滦平泰腾爆破工程有限公司
地址：滦平县滦平镇三地沟门村
…………………Tel：0314-7961203
丰宁满族自治县融华城市建设投资有限公司
地址：丰宁满族自治县大阁镇新丰路九龙桥北
…………………Tel：0314-8034954
丰宁满族自治县建宇房地产开发有限公司
地址：河北省承德市丰宁满族自治县大阁镇胜利街路南天鸿商业楼8、9、10号
…………………Tel：0314-8035581
承德隆兴防水建筑材料制造有限公司
地址：丰宁满族自治县五道营乡九道沟村西河套
…………………Tel：0314-8038866
炫靓集团建材有限公司
地址：河北丰宁经济开发区开发区路20号2.5创新产业园22号
…………………Tel：0314-8238888
炫靓集团有限公司
地址：河北丰宁经济开发区开发区路26号京北中小企业总部基地1号楼101户
…………………Tel：0314-8398888
承德永续营建房地产开发有限公司
地址：河北省承德市隆化县茅荆坝乡茅荆坝村2组204
…………………Tel：0314-8863290
唐山创新城市建设发展有限公司
地址：唐山高新技术产业园区建设北路东侧（建设北路199号）
…………………Tel：0315-2036532
唐山兆瑞投资有限公司
地址：唐山路北区朝阳道与滨河大道交叉口钓北二社区
…………………Tel：0315-2312267
唐山新天地美域房地产开发有限公司
地址：河北省唐山市路北区友谊路70号汇金中心C座25层
…………………Tel：0315-2313499
唐山原创装饰装潢有限公司
地址：河北省唐山市路南区新天地购物乐园E区19号三层
…………………Tel：0315-2316666
唐山曹妃甸工业区林昊建材有限公司
地址：曹妃甸工业区（华润电厂南侧）
…………………Tel：0315-2820609
唐山市联谊房地产开发有限公司
地址：河北省唐山市路北区华岩路东侧、新华西道北侧
…………………Tel：0315-2843718
唐山市冀东乐业汽车销售服务有限公司
地址：唐山路南区建设南路南新道交叉口东侧
…………………Tel：0315-2855825
唐山市众友建筑装饰有限公司
地址：唐山路南区工业园区
…………………Tel：0315-2891155
中非冀东建材投资有限责任公司
地址：曹妃甸工业区装备制造产业园区
…………………Tel：0315-3083306
唐山城乡建设集团有限公司
地址：唐山市路南区复兴路152号
…………………Tel：0315-3108810
唐山市丰润区城乡建设有限公司
地址：河北省唐山市丰润区团结路6号
…………………Tel：0315-3127260
唐山市丰润区城市建设投资有限公司
地址：唐山丰润区5小区118楼601室
…………………Tel：0315-3127922
唐山市行龙科技发展有限公司
地址：滦县榛子镇上尤各庄村
…………………Tel：0315-3155032
唐山唐龙新型建材有限公司
地址：河北省唐山市开平区
…………………Tel：0315-3177258
中材建设有限公司
地址：唐山丰润区幸福道７号
…………………Tel：0315-3241249
唐山市古冶区城市建设投资有限公司
地址：唐山古冶区永盛路东205国道道北
…………………Tel：0315-3255853
唐山百货大楼集团志方购物有限责任公司
地址：唐山开平区新苑路开平影剧院东
…………………Tel：0315-3363558
唐山城建路桥投资有限公司
地址：唐山开平区新苑路２号
…………………Tel：0315-3369258
唐山市煜城房地产开发有限公司
地址：唐山古冶区金山和合婚庆文化广场
…………………Tel：0315-3568088
唐山绿岛装饰装潢工程有限公司
地址：曹妃甸区唐海镇长丰路东侧
…………………Tel：0315-3616688
唐山市文化旅游投资集团有限公司
地址：唐山路南区建设南路增45号
…………………Tel：0315-3723779
河北钢铁建设集团乐亭新型建材有限公司
地址：河北乐亭经济开发区
…………………Tel：0315-3737216
唐山兴唐建材有限公司
地址：唐山丰润区王官营镇北黑山沟村西
…………………Tel：0315-3845880
唐山忠义机械制造有限公司
地址：唐山路北区华岩北路48号
…………………Tel：0315-3856802
乐亭投资集团有限公司
地址：乐亭镇金融街29号
…………………Tel：0315-4610262
唐山北环国家粮食储备库
地址：唐山路北区北外环立交桥西孙家庄南
…………………Tel：0315-5011666
唐山市城市建设投资集团有限公司
地址：唐山路南区建设南路增9号南湖休闲美食广场2-181号
…………………Tel：0315-5066577
唐山市城市发展集团有限公司
地址：河北省唐山市路北区竹安南路城发集团6层610房间
…………………Tel：0315-5066621
唐山市丰南舜丰村镇银行股份有限公司
地址：河北省唐山市丰南区汇通路荣盛商铺
…………………Tel：0315-5107198
唐山市丰润区盛业昌房地产开发有限公司
地址：河北省唐山市丰润区富力城3号楼底商13号
…………………Tel：0315-5139016
唐山市天信装饰装潢有限公司
地址：高新区大庆道22号

……………………Tel：0315－5281388
建投煦城遵化热力有限责任公司
地址：河北省遵化市新店子镇程庄子村村北
……………………Tel：0315－5312206
河北明营建材科技股份有限公司
地址：迁安市太平庄乡田庄营村明营街1号
……………………Tel：0315－5358858
唐山润泓新型建材有限公司
地址：河北省唐山市丰润区沙流河镇沙流河村东
……………………Tel：0315－5566700
唐山盾石干粉建材有限责任公司
地址：永庆道３５号
……………………Tel：0315－5588803
迁西县新京城乡开发建设投资有限公司
地址：迁西县城关凤凰东街6号
……………………Tel：0315－5615797
迁西县荣盛置业旅游开发有限公司
地址：迁西县城秀峰里喜峰北路58号四层B409室
……………………Tel：0315－5660999
河北迁西景忠山旅游发展有限责任公司
地址：迁西县三屯营镇至山庄村
……………………Tel：0315－5837997
迁西县城市建设投资有限责任公司
地址：迁西县城关凤凰东街6号
……………………Tel：0315－5860088
唐山市融创嘉元房地产开发有限公司
地址：河北省唐山市路南区唐柏路以东、环城水系以南、205国道以西、檀庄商业（6－2号）
……………………Tel：0315－5916667
唐山市鸿禧建筑材料有限公司
地址：唐山市路北区老唐丰路东侧正东大厦九号商业一层
……………………Tel：0315－5929209
荣盛兴城（唐山）园区建设发展有限公司
地址：河北省唐山市路南区南湖大道602号唐山创新小镇D4栋1层13号
……………………Tel：0315－5933601
荣盛（唐山）城南建设开发有限公司
地址：河北省唐山市路南区唐山信息物流大厦1909室
……………………Tel：0315－5933601
唐山市银厦建材贸易有限公司
地址：唐山市路北区友谊路西侧
……………………Tel：0315－5937056
唐山清雅装潢装饰有限公司
地址：河北省唐山市玉田县玉田镇北环路北侧
……………………Tel：0315－6103630
玉田县长春装饰装潢有限公司
地址：玉田县城西无终街北侧
……………………Tel：0315－6110166
玉田县鸿丰装饰装潢有限公司
地址：玉田县凤凰春城凤栖园66号门市
……………………Tel：0315－6110166
唐山梦天装饰装潢有限公司
地址：河北省唐山市玉田县金茂华府商业住宅小区第11座01单元1902号
……………………Tel：0315－6128582
玉田县城市建设投资有限责任公司
地址：玉田县鼓楼东街
……………………Tel：0315－6194933
迁安首嘉建材有限公司
地址：河北省迁安市木厂口镇松汀村
……………………Tel：0315－7010258
河北洋帆建筑工程有限公司
地址：滦县滦州建材大市场Ｄ区７号
……………………Tel：0315－7162970
银河幕墙装饰工程有限公司
地址：唐山路北区韩城镇前新庄村
……………………Tel：0315－7216000
城建重工（唐山曹妃甸）新能源汽车科技有限公司
地址：曹妃甸工业区中日生态工业园
……………………Tel：0315－7333520
滦州市城市建设投资有限公司
地址：滦州市新城安康北路33号
……………………Tel：0315－7386189
迁安市城乡建设投资管理有限责任公司
地址：迁安市花园街689号（建设局院内东附楼）
……………………Tel：0315－7661503
唐山天宏物业服务有限公司
地址：迁安市惠民大街南侧、丰喜路东侧
……………………Tel：0315－7685068
迁安市城市建设投资发展有限公司
地址：迁安市迁安镇花园街689号410室
……………………Tel：0315－7699901
迁安首钢兴矿实业有限公司
地址：迁安市杨店子镇滨河村首钢集团有限公司矿业公司西南1号路东
……………………Tel：0315－7710171
唐山市路北区城市建设投资集团有限公司
地址：唐山路北区机场路付3号
……………………Tel：0315－7830356
迁安市盛久建材有限公司
地址：迁安市木厂口镇松汀村（迁安市九江线材有限责任公司院内）
……………………Tel：0315－7957539
河北东华置业集团有限公司
地址：唐山古冶区京华道南侧
……………………Tel：0315－8050760
唐山市丰南区盛丰建筑装饰工程有限公司
地址：丰南区小翟庄村南
……………………Tel：0315－8159891
唐山市丰南建设投资有限公司
地址：丰南区国丰大街126号
……………………Tel：0315－8185362
中城建筑材料有限公司
地址：唐山市丰南开发区迎宾路东侧
……………………Tel：0315－8297377
唐山市鑫研建材有限公司
地址：丰南区王兰庄镇大麦铺村南
……………………Tel：0315－8316758－801
唐山晟誉建材科技有限公司
地址：丰南区小集镇工业园区
……………………Tel：0315－8590069
唐山金德瑞科技发展有限公司
地址：曹妃甸区唐海镇综合贸易市场3－13号
……………………Tel：0315－8716883
唐山市曹妃甸区城市建设投资集团有限公司
地址：唐山市曹妃甸区唐海镇建设大街271号（建设大厦）
……………………Tel：0315－8728768
唐山市开平区城镇建设开发有限公司
地址：唐山市开平区规划新开路以东、东西道北侧、矿中南路以西（新开路与东西道交叉口东行200米）
……………………Tel：0315－8738379
唐山珏海新型建材有限公司
地址：曹妃甸中小企业园区宏远路南侧、宏途路西侧
……………………Tel：0315－8791160
唐山曹妃甸城市开发建设有限公司
地址：中国（河北）自由贸易试验区曹妃甸片区曹妃甸工业区市政服务大厦B座9019室
……………………Tel：0315－8820392
唐山曹妃甸建城实业有限公司
地址：中国（河北）自由贸易试验区曹妃甸片区曹妃甸工业区市政服务大厦
……………………Tel：0315－8820392
唐山市大学城开发建设有限公司
地址：唐山湾生态城管委会大楼
……………………Tel：0315－8829000
唐山市曹妃甸新城沿海滩涂开发建设有限公司
地址：唐山市曹妃甸新城
……………………Tel：0315－8829000
唐山曹妃甸国际生态城创新产业开发建设有限公司
地址：曹妃甸国际生态城
……………………Tel：0315－8829195
唐山曹妃甸科教城开发建设有限公司
地址：曹妃甸国际生态城
……………………Tel：0315－8829866
唐山曹妃甸盾石新型建材有限公司
地址：曹妃甸工业区
……………………Tel：0315－8877058
廊坊市福益彩印包装装潢有限公司
地址：廊坊市广阳区新华路146号
……………………Tel：0316－2012222
廊坊市顺旺建材有限公司
地址：廊坊市广阳区上善颐园芷菱苑商业1号楼1单元8层801号
……………………Tel：0316－2027277
河北德仁房地产开发集团有限公司
地址：河北省廊坊市安次区永兴路1号
……………………Tel：0316－2143333
中太房地产集团股份有限公司
地址：廊坊市广阳区广阳道20号
……………………Tel：0316－2228300
晟宸城市建设发展有限公司
地址：河北省廊坊市安次区南龙道39号创业大厦二期13层
……………………Tel：0316－2289321
廊坊华夏新城建设发展有限公司
地址：固安县京开路西侧工业园区2号路南侧
……………………Tel：0316－2310038
大厂金隅现代工业园管理有限公司
地址：河北省廊坊市大厂回族自治县夏垫镇夏安南路269号
……………………Tel：0316－2352160
星牌优时吉建筑材料有限公司
地址：河北省廊坊市大厂回族自治县夏垫镇夏安路８号
……………………Tel：0316－2352999
廊坊市鑫煜包装装潢有限公司
地址：廊坊市安次区葛渔城东街村葛马路南侧
……………………Tel：0316－2576006
廊坊市嘉联包装装潢有限公司
地址：廊坊市安次区码头镇中响口村
……………………Tel：0316－2583688
开新城市开发建设有限公司
地址：河北省廊坊市经济技术开发区友谊路国际会议中心4幢
……………………Tel：0316－2596674
廊坊市中房市政工程有限公司
地址：廊坊市广阳区北外环南侧、银河北路东侧（银河北路馨领地小区中房创展大厦14层）
……………………Tel：0316－2600288
廊坊市安次区惠安城乡建设发展有限责任公司
地址：河北省廊坊市安次区行政服务中心328、329室（办公场所）
……………………Tel：0316－2631881
廊坊市盛阳辉业包装装潢有限公司
地址：廊坊开发区富中路东侧
……………………Tel：0316－2830666
兴隆县融创恒业房地产开发有限公司
地址：河北省承德市兴隆县兴隆融创城一期1＃商业
……………………Tel：0316－2987001
霸州舜丰村镇银行股份有限公司
地址：河北省廊坊市霸州市市政府南迎宾山水小区西沿街房
……………………Tel：0316－3250888
河北金威新型建筑材料有限公司
地址：大城县留各庄
……………………Tel：0316－3261199
廊坊龙柏建材有限公司
地址：大城县龙华桥村西
……………………Tel：0316－3289766
三河市龙源水业有限公司
地址：三河市燕郊开发区潮白河大堤东侧、兴都村西北
……………………Tel：0316－3316525
燕新控股集团有限公司
地址：三河市高楼镇孤山
……………………Tel：0316－3416880
三河首嘉建材有限公司
地址：三河市灵山水泥厂南侧
……………………Tel：0316－3723270
河北智慧彩钢建材有限公司
地址：河北文安经济开发区新桥环保科技产业园
……………………Tel：0316－5102929
三河蒙银村镇银行股份有限公司
地址：三河市　阳镇　阳西大街173号
……………………Tel：0316－5166875
文安县城乡建设开发有限责任公司
地址：河北省廊坊市文安县西关外西大街南侧
……………………Tel：0316－5232054
河北建投路劲城镇化建设开发有限公司
地址：廊坊市广阳区康庄道北康荣里4栋
……………………Tel：0316－5278183
大城县骥亨金属材料有限公司
地址：大城县张次花
……………………Tel：0316－5609888
普莱斯德节能科技有限责任公司
地址：大城县田马策村南侧
……………………Tel：0316－5616999
河北正丰保温建材有限公司
地址：河北省廊坊市大城县里坦镇石圪村
……………………Tel：0316－5631001
霸州市新城建设投资有限公司
地址：霸州市益津中路122号
……………………Tel：0316－5689770
永清荣恒房地产开发有限公司
地址：河北省廊坊市永清县工业园区内（榕花路14号）
……………………Tel：0316－5691560
廊坊福洛斯建材有限公司
地址：大城县东汪村
……………………Tel：0316－5707555
华赛节能科技有限责任公司
地址：大城县留邻居村
……………………Tel：0316－5786799
华能中天节能科技集团有限责任公司
地址：河北省大城县留各庄工业区
……………………Tel：0316－5787555
廊坊四通化工建材有限公司
地址：大城县杜权村村东
……………………Tel：0316－5788488
廊坊新时代化工建材有限公司
地址：大城县王张吉
……………………Tel：0316　5790188
廊坊富尔达化工建材有限公司
地址：大城县娘娘庄村北
……………………Tel：0316－5793119
三河天洋广场商业管理有限公司
地址：三河市燕郊开发区规划路南侧天洋城天洋广场南区商业
……………………Tel：0316－5858502
廊坊开发区盛泽房地产开发有限公司
地址：廊坊开发区春明道
……………………Tel：0316－5900666
廊坊市城市建设投资开发有限公司
地址：廊坊市广阳区广阳道20号
……………………Tel：0316－5907959
宝德购物中心（固安）有限公司
地址：固安县新中东街北侧
……………………Tel：0316－5926920
廊坊亚兴保温建材有限公司
地址：大城县郭王只保村
……………………Tel：0316－5951135
固安金盾时代建筑防水材料有限公司
地址：固安县工业园区南区
……………………Tel：0316－6175587
中科建（廊坊）房地产开发有限公司
地址：永清县韩村镇韩村村
……………………Tel：0316－6517758
中海金城（廊坊）建设工程有限公司
地址：河北省廊坊市广阳区华夏奥韵第23幢1单元7层702号房
……………………Tel：0316－6517888
廊坊益田房地产开发有限公司
地址：永清工业园区内
……………………Tel：0316－6658081
三河市兴达开元建材有限责任公司
地址：三河市高楼镇北杨庄村
……………………Tel：0316－7150772
东之乔科技有限公司
地址：河北省廊坊市经济技术开发区金源道帼华　小区11－4202
……………………Tel：0316－7166666
荣盛兴城（霸州）园区建设发展有限责任公司
地址：河北省廊坊市霸州市金康道南侧创富金街12－09号
……………………Tel：0316－7272423
霸州市武平房地产开发有限公司
地址：河北省廊坊市霸州经济技术开发区朝阳社区（火车站广场北侧）
……………………Tel：0316－7272718
霸州市胜芳万路建材有限公司
地址：胜芳镇二三类工业区（廊大路东侧）
……………………Tel：0316－7683955
河北胜兴房地产开发有限公司
地址：霸州市胜芳镇廊大路东霸杨路南
……………………Tel：0316－7861999
雏菊新型城镇化建设投资有限公司
地址：河北省廊坊市三河市新村市场商住楼86号
……………………Tel：0316－8018666
香河县腾达城市建设投资公司
地址：香河县淑阳镇府前街5号
……………………Tel：0316－8316753
大厂回族自治县禹赫装潢有限公司
地址：大厂县城北新街北侧
……………………Tel：0316－8317717
大厂回族自治县天硕艺术装饰装潢有限公司
地址：大厂县邵府乡尚各庄村
……………………Tel：0316－8921653
大厂回族自治县赢佳装潢有限公司
地址：大厂县城关兴旺路
……………………Tel：0316－8930575
河北敏崃建材有限公司
地址：香河经济技术开发区运河大道东侧（东临8号路，南临7号路）
……………………Tel：0316－9975938
沧州东盟房地产开发有限公司
地址：沧州市运河区新华西路13号
……………………Tel：0317－2126720
任丘市恒帆建材有限公司
地址：任丘市中华路街道办事处西凉村
……………………Tel：0317－2211927
任丘市城镇化建设投资有限公司
地址：任丘市裕华中路25号
……………………Tel：0317－2227221
任丘市正发建材有限公司
地址：任丘市北环西路（西凉村）
……………………Tel：0317－2266928
河北华北石油房地产开发有限公司
地址：任丘市会战道
……………………Tel：0317－2785483
华夏兴城建设集团有限公司
地址：任丘市燕山南道道西康济医院北侧
……………………Tel：0317－2810261
河北兴盟建筑器材有限公司
地址：任丘市吕公堡镇东庄
……………………Tel：0317－2833739
河北中建物业服务有限公司
地址：任丘市裕华东路市场东街41号（工农道东侧裕华东路北侧）
……………………Tel：0317－2836251
河北三庆机械制造有限公司
地址：沧州市新华区小赵庄乡鞠官屯（新华区工业园）
……………………Tel：0317－3082880
河北京都保温建材有限公司
地址：河北省沧州市河间市束城镇高辛庄村
……………………Tel：0317－3217400
河北新中冶建筑材料有限责任公司
地址：河北省沧州市河间市诗经村乡蒲和屯村
……………………Tel：0317－3235626
河间市冀中装潢社

地址：河间市东环
…………Tel：0317-3658107
河间市城乡投资发展集团有限责任公司
地址：河北省沧州市河间市瀛州镇曙光中路财政局五楼
…………Tel：0317-3688588
沧州建投瀛州城镇化建设发展有限公司
地址：河北省沧州市河间市曙光中路南侧
…………Tel：0317-3688588
沧州富隆发化工建材有限公司
地址：河间市束城东开发区
…………Tel：0317-3810222
河北京九保温材料有限公司
地址：河间市束城镇西呈各庄村
…………Tel：0317-3811888
河间市九龙建材有限公司
地址：河间市束城镇高辛庄村
…………Tel：0317-3813999
凯达铁建电气化铁路器材有限公司
地址：河北省沧州市河间市黎民居乡留念桥
…………Tel：0317-3814518
河间市华宇保温建材有限公司
地址：河间市尊祖庄乡马户生村
…………Tel：0317-3816666
百耐尔河北建材科技有限公司
地址：河北省青县经济开发区
…………Tel：0317-4189588
青县青隆村镇银行股份有限公司
地址：青县南海大街南海国际门市20号
…………Tel：0317-4305366
青县城乡建设投资有限公司
地址：河北省沧州市青县清州镇新华东路39号
…………Tel：0317-4329388
河北信和建材科技有限公司
地址：河北省沧州市献县106国道西侧
…………Tel：0317-4516999
献县亮雪建材有限公司
地址：河北省沧州市献县乐寿镇小梅庄村
…………Tel：0317-4601018
沧州金岩建材集团有限公司
地址：河北省沧州市运河区姚庄子村南104国道东侧
…………Tel：0317-4700138
沧州乾新新型建材有限责任公司
地址：河北省沧州市沧县杜林乡许庄子村
…………Tel：0317-4907699
肃宁县城乡建设发展有限公司
地址：河北省沧州市肃宁县武垣西路北侧
…………Tel：0317-5018200
沧州荣盛房地产开发有限公司
地址：沧州市运河区黄河西路北侧阿尔卡迪亚国际大酒店103室
…………Tel：0317-5203311
黄骅市城市投资集团有限公司
地址：黄骅市文化路
…………Tel：0317-5236602
凯华新型建材沧州有限公司
地址：沧州临港经济技术开发区西区化工大道以南、经四路以东
…………Tel：0317-5266606
世纪东华建筑规划设计有限公司
地址：沧州高新技术产业开发区河工大科技园4号楼11层10号房间
…………Tel：0317-5298128
沧州恒顺房地产开发有限公司
地址：沧州市运河区顺城街西路6号楼
…………Tel：0317-5501234
沧县吉银村镇银行股份有限公司
地址：沧州市新华区黄河东路76号昌盛大厦
…………Tel：0317-5518767
沧州丰汇房地产开发有限公司
地址：南大港管理区兴港路东、南环路南（青少年文化宫内）
…………Tel：0317-5555836
沧州裕宝房地产开发有限公司
地址：南大港管理区兴港路东、南环路南（青少年文化宫内）
…………Tel：0317-5555836
沧州渤海新区城市建设投资有限公司
地址：中捷产业园区创业路
…………Tel：0317-5838363
黄骅东方建材科技有限公司
地址：黄骅市官庄开发区
…………Tel：0317-5883333
河北求实装饰装潢有限公司
地址：盐山县北环路
…………Tel：0317-6213900
孟村回族自治县饶安城乡建设开发投资有限责任公司
地址：河北省沧州市孟村回族自治县交通局院内
…………Tel：0317-6828100
沧州临港兴化城市建设投资集团有限公司
地址：河北省沧州市渤海新区临港开发区
…………Tel：0317-7559892
河北博威建材有限公司
地址：河间市经济技术开发区（尊祖庄工业园区）
…………Tel：0317-7686222
沧州金辉包装装潢有限公司
地址：河北省沧州市东光县于桥乡马祠堂村
…………Tel：0317-7765616
河北浩越建材有限公司
地址：河北省沧州市海兴县海防公路西侧七星佳园小区2号楼4单元201室
…………Tel：0317-8555179
沧州建升建筑防水材料有限公司
地址：南皮县王寺镇西工业区
…………Tel：0317-8661777
衡水城市建设集团有限公司
地址：衡水市桃城区红旗大街808号（地质大厦5楼）
…………Tel：0318-2195998
衡水龙马医药连锁有限公司
地址：河北省衡水市桃城区京大路西侧、大庆路北侧
…………Tel：0318-2201128
衡水中铁建工工材料制造有限公司
地址：衡水市桃城区北方工业基地橡塑路1号
…………Tel：0318-2218052
衡水仁博包装装潢贸易有限公司
地址：武邑县循环经济园区威武大街印刷城北路5号
…………Tel：0318-2280276
衡水盛景城乡建设开发有限公司
地址：河北省衡水市桃城区大庆西路156号
…………Tel：0318-2399905
衡水精信房地产开发有限公司
地址：河北省衡水市桃城区红旗大街1409号未来资产大厦1608-1613号、1617-1623号
…………Tel：0318-2687805
深州市城乡建设投资集团有限公司
地址：河北省衡水市深州市博陵路80号
…………Tel：0318-3111266
河北盛信莹雪建材科技有限责任公司
地址：河北省衡水市武强县经济开发区西中旺三队
…………Tel：0318-3863666
衡水中石油昆仑燃气有限公司
地址：衡水市胜利西路2588号
…………Tel：0318-5218821
安平惠民村镇银行股份有限公司
地址：安平县西马路8号
…………Tel：0318-5287206
武邑金航新型城镇化建设投资有限公司
地址：武邑县城宁武路创业大厦
…………Tel：0318-5716089
河北鹏福房地产开发有限公司
地址：河北省衡水滨湖新区彭杜乡赵杜村
…………Tel：0318-6101106
衡水生态城开发建设投资有限公司
地址：衡水市红旗大街3369号（衡水湖管委会）
…………Tel：0318-6909088
饶阳铁建电务器材有限公司
地址：饶阳县北官庄村北
…………Tel：0318-7252272
河北金标建材科技股份有限公司
地址：安平县工业园区东区（纬二路27号）
…………Tel：0318-7793866
枣强县城市建设投资开发有限责任公司
地址：枣强县城新华中街9号
…………Tel：0318-8220503
中建材钢构工程有限公司
地址：枣强县城东外环路东侧，郑昔路北侧
…………Tel：0318-8225273
衡水市冀州区东部新城房地产开发建设有限公司
地址：衡水市冀州区温泉小区（衡水市信都城市建设投资有限公司院内）
…………Tel：0318-8632216
衡水市信都城市建设投资有限公司
地址：衡水市冀州区温泉小区
…………Tel：0318-8632953
邢台宏坤房地产开发有限公司
地址：河北省邢台市桥东区邢州北路80号翟村村民委员会办公楼308室
…………Tel：0319-2075222
邢台轧辊铸诚机械制造有限公司
地址：邢台市开发区二干河以南、永安路以东
…………Tel：0319-2116466
邢台城乡房地产开发有限公司
地址：邢台市桥西区公园东街74号
…………Tel：0319-2133956
邢台市房地产开发总公司
地址：邢台市桥西区新兴西大街39号
…………Tel：0319-2158838
邢台富力房地产开发有限公司
地址：河北省邢台市桥西区泉北西大街1001号创业服务中心21层
…………Tel：0319-2182777
邢台盛景爱家物业服务有限责任公司
地址：邢台市桥西区钢铁北路盛世公馆售楼部办公楼二层
…………Tel：0319-2601882
邢台大榕树房地产开发有限公司
地址：河北省邢台市桥西区钢铁北路522号万城新天地购物广场第4号楼4-1-501号
…………Tel：0319-2602911
河北云山化工股份有限公司
地址：邢台县宋家庄村
…………Tel：0319-2764026
河北于氏防水材料有限公司
地址：河北文安工业园区
…………Tel：0319-2785146
邢台中联新型建材有限公司
地址：河北省邢台市邢台县会宁镇马鞍山工业园区
…………Tel：0319-2827277
河北锦鹏房地产开发有限公司
地址：河北省邢台经济开发区兴泰大街1899号1012室
…………Tel：0319-3133193
河北皓顺房地产开发有限公司
地址：邢台市桥西区守敬北路386号520队办公楼
…………Tel：0319-3177786
巨鹿县古郡城市建设运营有限公司
地址：河北省邢台市巨鹿县巨鹿镇新华北街127号
…………Tel：0319-4326246
邢台巨业房地产开发有限公司
地址：河北省邢台市襄都区建设大街和顺德南路交叉口东北角
…………Tel：0319-5212661
邢台双达房地产开发有限公司
地址：河北省邢台市桥东区开元路与团结路交叉口东北角恒大城南区销售中心
…………Tel：0319-5250772
邢台锦宸房地产开发有限公司
地址：河北省邢台经济开发区中兴东大街1889号河北工业大学科技园1号楼10层1009室
…………Tel：0319-5259912
清河金农村镇银行股份有限公司
地址：河北省邢台市清河县长江东街与济华路交叉口
…………Tel：0319-5532806
宁晋县城市建设投资开发有限公司
地址：宁晋县永安街1号
…………Tel：0319-5890662
威县威州城镇化建设投资集团有限公司
地址：威县东迎宾大道北侧（开放路巨腾商务中心楼内）
…………Tel：0319-6158001
河北誉宏包装装潢有限公司
地址：河北柏乡县经济开发区贸易路北侧
…………Tel：0319-7697777
平乡县三和城市建设投资有限公司
地址：平乡县县城中华路83号，平乡县文明路北侧自行车研究中心
…………Tel：0319-7836079
临西县正和城市建设投资有限公司
地址：临西县玉兰路财政局院内
…………Tel：0319-8569360
沙河市磅礴建材有限公司
地址：沙河市南高村北
…………Tel：0319-8686888
沙河襄通村镇银行股份有限公司
地址：沙河市新兴路北段
…………Tel：0319-8704888
邯郸城市发展投资集团有限公司
地址：邯郸市丛台区和平路261号
…………Tel：0320-2030559
昌黎县盛世装饰装潢工程有限公司
地址：昌黎县昌黎镇一街东花园鼓楼大街东侧
…………Tel：0335-2023376
昌黎北源建材集团有限公司
地址：昌黎县两山乡河西张各庄村
…………Tel：0335-2181936
昌黎县嘉泰装饰装潢工程有限公司
地址：昌黎县两山乡草粮屯东南（205国道南）
…………Tel：0335-2192199
秦皇岛市六合建设开发项目管理有限公司
地址：秦皇岛市海港区北环路324号
…………Tel：0335-3070266
秦皇岛市国有房地产开发有限公司
地址：秦皇岛市海港区河北大街中段136号
…………Tel：0335-3201903
秦皇岛北戴河新区滨丽城镇建设开发有限公司
地址：秦皇岛北戴河新区大蒲河码头北侧政务服务中心258室
…………Tel：0335-3592969
秦皇岛市城市建设投资有限公司
地址：秦皇岛市海港区迎宾路98号（金属大厦二楼）
…………Tel：0335-3630678
河北港口集团城市建设发展有限公司
地址：河北省秦皇岛市海港区东山立交桥秦港一号门内
…………Tel：0335-3699570
秦皇岛市江盟房地产开发有限公司
地址：秦皇岛市海港区西港路西侧首府14号楼一层
…………Tel：0335-5302008
秦皇岛华盈房地产开发有限公司
地址：河北省秦皇岛市海港区河北大街中段240号臻顺房地产4层401
…………Tel：0335-5871888
秦皇岛恒茂科技发展有限公司
地址：河北省秦皇岛市抚宁区迎宾路发改局院内招商局202
…………Tel：0335-6181518
河北武山水泥有限公司
地址：卢龙县石门镇武山
…………Tel：0335-7616888
秦皇岛金建钢绞线有限公司
地址：秦皇岛市海港区北港大街西段
…………Tel：0335-7661885
秦皇岛市抚宁区绿源城乡建设投资有限公司
地址：河北省秦皇岛市抚宁区抚宁镇长征路254号
…………Tel：0335-7811701
秦皇岛恒盈房地产开发有限公司
地址：秦皇岛市海港区西港路温州大厦1702室
…………Tel：0335-8366688
佳美物业服务有限公司
地址：秦皇岛市经济技术开发区富堡商城A座311号
…………Tel：0335-8866789

山西省

朔州市垒厚装潢有限责任公司
地址：朔城区贺家河村.
…………Tel：0349-2170509
大同煤矿集团建材有限责任公司
地址：朔州怀仁县何家堡乡梧道村
…………Tel：0349-3151854
朔州市鑫港汽车装饰装潢有限公司
地址：朔州民福西街
…………Tel：0349-4066888
山阴炫昂建材有限公司
地址：山阴县北周庄镇村西
…………Tel：0349-7020772
山西省繁峙县长田建材科技有限公司
地址：山西省忻州市繁峙县东山乡山会村冶金装备制造园116号
…………Tel：0350-5564981
繁峙县新田村镇银行股份有限公司
地址：山西省繁峙县滨河北路兴隆公寓1号楼2号
…………Tel：0350-6110685
山西晋兴奥隆建材有限责任公司
地址：岢岚经济技术开发区胡家滩新型产业园区002号
…………Tel：0350-8131904
忻州市城乡建设开发有限公司
地址：忻州市忻府区云中路商业回迁办公楼
…………Tel：0350-8671042
山西省太原市外贸（集团）有限责任公司
地址：太原市杏花岭区解放路255号
…………Tel：0351-2020072
山西省广告装潢有限公司
地址：太原市迎泽区迎泽大街３３０号办公楼４层
…………Tel：0351-2023306
山西汉王装潢工程有限公司
地址：太原市小店区南内环街４１８号
…………Tel：0351-2149664
山西贞爱妇产医院有限公司
地址：太原市万柏林区和平南路105号2幢1-6层
…………Tel：0351-2152819
山西宏厚建材科技发展有限公司
地址：山西省忻州市忻府区兰村乡西曲村
…………Tel：0351-2182188
太原市万柏林城乡建设投资有限公司
地址：太原市万柏林区西矿街35号万柏林区政务服务中心312室
…………Tel：0351-2358688
太原万达广场有限公司
地址：太原市杏花岭区解放路175号万达中心B座39层
…………Tel：0351-2367593
山西博饰达建设工程股份有限公司
地址：太原市尖草坪区兴华街329号1号楼105号二层
…………Tel：0351-2466899
中铁城建集团第一工程有限公司
地址：山西省太原市万柏林区迎泽西大街169号
…………Tel：0351-2654912
太原铁路房建有限公司
地址：太原市杏花岭区建设北路532号7幢

…………Tel：0351-2690504

清徐县新玉力建材有限公司
地址：清徐县徐沟镇武家庄村工业区村北1-2号
…………Tel：0351-2834161

山西淼鑫广告装潢有限公司
地址：太原市铜锣湾宝地小区A1座11号1层
…………Tel：0351-3086056

太原市东城装潢有限公司
地址：太原市迎泽区郝庄新正街8号
…………Tel：0351-3191413

山西荣欣装潢有限公司
地址：太原市杏花岭区北仓巷小区4号楼西半部
…………Tel：0351-3195580

山西宝洁房地产开发有限公司
地址：太原市杏花岭区滨河东路北段298号宝洁地产101室
…………Tel：0351-3236179

太原中联装潢工程有限公司
地址：太原市府东街138号
…………Tel：0351-3238185

山西文安装潢设计安装工程有限公司
地址：太原市迎泽区新建南路156号407室
…………Tel：0351-3343628

山西融易达拍卖有限公司
地址：太原市府西街9号王府商务大厦A幢13层A号
…………Tel：0351-3377318

山西宏德建筑装潢工程有限公司
地址：太原市杏花岭区柳溪街11号B座1601号
…………Tel：0351-3660370

太原市众帆广告装潢有限公司
地址：太原市杏花岭区新民东街8号
…………Tel：0351-3957682

太原市迎泽区城市建设综合开发公司
地址：太原市迎泽区开化寺市场81号楼5层
…………Tel：0351-4079195

山西信通联物业管理有限公司
地址：太原市迎泽区双塔西街17号13幢1层1号
…………Tel：0351-4090234

太原市泓瑞仙建筑装潢有限公司
地址：太原市民营区经园路5号三江源鞋城三层3012号
…………Tel：0351-4415266

山西精美装潢工程有限公司
地址：太原市杏花岭区鼓楼巴黎大街旧金山20-21号
…………Tel：0351-4953358

山西明环科技建材有限公司
地址：山西省太原市古交市阴家沟村
…………Tel：0351-5171171

山西省城镇建设投资有限责任公司
地址：山西省太原市小店区南中环街426号山西国际金融中心5号楼13层
…………Tel：0351-5222255

山西地矿海外工程建设有限公司
地址：山西省太原市杏花岭区府西街106号力鸿大厦B区7层
…………Tel：0351-5271350

喜跃发国际环保新材料股份有限公司
地址：太原市阳曲县侯村乡尧子尚村小岗头村
…………Tel：0351-5570093

山西路桥房地产开发有限公司
地址：太原市小店区体育路81号星河广场一号商铺
…………Tel：0351-5600567

太原旭凰房地产开发有限公司
地址：太原市尖草坪区和平北路299号203室
…………Tel：0351-5635390

山西保源昌房地产开发有限公司
地址：山西省太原市万柏林区晋祠路一段8号中海国际中心B座1206-1209号
…………Tel：0351-5650865

太原双明美凯房地产开发有限公司
地址：山西省太原市杏花岭区东峰路北段46号红星紫御半山售楼部101室
…………Tel：0351-5691066

太原城市建设有限公司
地址：太原市杏花岭区新建路85号
…………Tel：0351-5696851

山西地方电力发展有限公司
地址：太原市小店区平阳路96号华康大厦
…………Tel：0351-5698059

山西佳艺建筑装饰有限公司
地址：太原市迎泽区迎泽大街229号附201-217号房
…………Tel：0351-6068000

山西西山华通建材有限公司
地址：太原市万柏林区白矿五二街白家庄矿招待所二楼
…………Tel：0351-6202541

太原市荣飞豪泰贸易有限公司
地址：太原市小店区体育路晋阳街口云水世纪明珠A5幢2402号
…………Tel：0351-6373557

山西亚泰圣景房地产开发有限公司
地址：太原市万柏林区迎泽西大街8号1层
…………Tel：0351-6675673

太原融创慧丰房地产开发有限公司
地址：太原市万柏林区西矿街70号创意大厦12层1205间
…………Tel：0351-6816100

晋中太平洋时景置业有限公司
地址：山西省晋中市榆次区定阳路万科朗润园商业楼A5幢1504室
…………Tel：0351-6819665

太原星光城房地产开发有限公司
地址：太原市万柏林区西峪西街176号1层4、5、6号
…………Tel：0351-6819665

陆美建设集团股份有限公司
地址：太原市万柏林区千峰南路海盛科技大厦12A
…………Tel：0351-6851828

中车置业（太原）有限公司
地址：太原市杏花岭区解放北路10号344幢二层
…………Tel：0351-6856668-8016

山西德茂置业有限责任公司
地址：山西省太原市万柏林区长风商务区长兴路1号华润大厦T5栋29层
…………Tel：0351-6870500

山西鑫大华房地产开发有限公司
地址：太原市万柏林区西苑南路44号海唐投资办公楼1001号
…………Tel：0351-6877288

山西龙城建设集团有限责任公司
地址：太原市尖草坪区和平北路296号
…………Tel：0351-6992391

山西山田木琴建筑装潢工程有限公司
地址：太原经济技术开发区大运路20号亚宝药业309室
…………Tel：0351-7024858

山西鑫盛联房地产开发有限公司
地址：太原市杏花岭区新建路187号1栋西塔楼13层5号
…………Tel：0351-7036009

山西盛世乾元装潢设计工程有限公司
地址：山西省太原市迎泽区双塔东街36号时代特区B单元1006
…………Tel：0351-7039665

山西宝佳房地产开发有限公司
地址：太原市迎泽区并州北路45号
…………Tel：0351-7044266

山西汇超建设工程有限公司
地址：太原市小店区南内环街480号盛伟大厦17层F座
…………Tel：0351-7065089

山西省高速公路集团太原有限责任公司
地址：山西省太原市小店区太榆路太原南站西广场国际商务港南区2号楼（太原同创谷孵化器西南一区二层239号）
…………Tel：0351-7077150

山西长城路桥建设开发有限公司
地址：太原市杏花岭区府西街169号华宇国际大厦A18层C户
…………Tel：0351-7091166

太原市小店区综合开发公司
地址：太原市小店区小店人民北路.
…………Tel：0351-7173516

太原尚雅装潢有限公司
地址：太原市小店区永丰路巩家堡村东
…………Tel：0351-7173516

山西恒实房地产开发有限责任公司
地址：太原市长风街705号
…………Tel：0351-7229871

中铁十七局集团房地产开发有限公司
地址：太原市小店区平阳南路34号中铁十七局集团建筑科技大厦8层
…………Tel：0351-7259808

太原绿缘建材家居有限公司
地址：太原市小店区长风街579号1幢
…………Tel：0351-7336407

山西乡镇企业焦炭供销有限责任公司
地址：太原市迎泽区解放路83号
…………Tel：0351-7526985

山西国信物业管理服务有限公司
地址：太原市小店区南中环街265号国信嘉园18号楼17层
…………Tel：0351-7531520

山西享居装潢设计有限公司
地址：太原市小店区平阳路130号水龙盛大厦A区815室
…………Tel：0351-7559416

华松电力集团有限公司
地址：山西综改示范区太原唐槐园区马练营路129号
…………Tel：0351-7563288

山西多源电力建筑工程有限责任公司
地址：太原市小店区亲贤北街21号（宏安国际商务大厦10层）
…………Tel：0351-7591482

山西安居建设发展有限责任公司
地址：山西示范区新化路8号1幢B座五层
…………Tel：0351-7660012

山西鸿源建设集团有限公司
地址：山西综改示范区太原学府园区创业街27号时代广场1714A室
…………Tel：0351-7832666

太原市卯生装修装潢有限公司
地址：太原市小店区昌盛西街9号
…………Tel：0351-7921743

山西盛宝达建筑工程有限公司
地址：太原市小店区平阳路65号平阳景苑B区第14幢2306号
…………Tel：0351-8065287

山西清泽阳光环保科技有限公司
地址：山西转型综合改革示范区学府产业园长治路249号省创业中心众创空间第29号工位（一照多址）
…………Tel：0351-8371347

太原颖沅房地产开发有限公司
地址：太原市晋源区晋祠路二段161号兰亭御湖城12#财富中心首层南区房屋
…………Tel：0351-8395661

山西省投资集团物业管理有限公司
地址：太原市杏花岭区半坡东街158号府西街煤炭公寓楼2层5号房
…………Tel：0351-8395970-613

太原新凯房地产开发有限公司
地址：太原市万柏林区和平南路139号
…………Tel：0351-8721166

山西众良志成建筑工程有限公司
地址：山西综改示范区太原学府园区晋阳街176号纳达大厦东-301
…………Tel：0351-8820277

大同华建房地产开发有限责任公司
地址：大同市御河桥东古城村北
…………Tel：0352-2016980

大同新城悦盛房地产开发有限公司
地址：山西省大同市云冈区南环西路北侧吾悦广场办公室
…………Tel：0352-2100866

大同市平城投资集团有限公司
地址：大同市南环路红旗街口云锦里14号楼底商
…………Tel：0352-2368139

大同市平城国有资产经营管理有限责任公司
地址：大同市平城区南环路红旗街口云锦里14号楼底商
…………Tel：0352-2368169

大同瑞城建筑产业化有限公司
地址：大同市装备园区管委会办公楼一层（云州街7789号）
…………Tel：0352-2899005

大同市万城房地产开发有限责任公司
地址：大同市南环西延路枫林逸景小区
…………Tel：0352-5022525

大同市匠心装饰工程有限公司
地址：大同市财富官邸附属5#-7#志坚商7号
…………Tel：0352-5052972

大同市福达房地产开发有限公司
地址：山西省大同市平城区迎宾街234号
…………Tel：0352-5103301

山西中惠宜家智慧物业服务有限公司
地址：山西省大同市平城区迎宾街77号
…………Tel：0352-5337383

大同好运达广告装潢有限责任公司
地址：大同市城区振华南街28号龙新花园A8楼4号
…………Tel：0352-5351877

大同天诚泰瑞城建开发有限公司
地址：山西省大同市天镇县新城区南一道街
…………Tel：0352-6129212

大同开发区经济发展投资有限公司
地址：山西省大同市开发区思贤街67号
…………Tel：0352-6204803

大同明城建设置业有限公司
地址：大同市城区大十字街凤凰嘉园小区13号楼403号商铺
…………Tel：0352-7559918

大同市平城建设房地产开发有限公司
地址：大同市南环路红旗街口云锦里14号底商
…………Tel：0352-7690230

大同市深特新林置业有限责任公司
地址：山西省大同市平城区拥军南路
…………Tel：0352-7785168

大同市城镇建设有限责任公司
地址：山西省大同市平城区文瀛湖办公区武警楼101室
…………Tel：0352-7789902

大同煤矿同塔建材有限责任公司
地址：大同市南郊区塔山工业园区
…………Tel：0352-7822569

大同开发建设集团有限公司
地址：山西省大同市振华南街1号
…………Tel：0352-7932526

山西金地九鑫建筑装潢有限公司
地址：山西省大同市灵丘县南水芦村南
…………Tel：0352-8526208

山西昌达伟业实业集团有限公司
地址：山西省阳泉市郊区大阳泉村西
…………Tel：0353-2155323

山西绿居新型建材有限公司
地址：山西省阳泉市平定县冠山镇南　石村（益智商贸中心后院）
…………Tel：0353-5660037

平定县城乡建设投资有限公司
地址：阳泉平定县平阳路(财政局大楼内)
…………Tel：0353-6067261

阳泉太行房地产开发有限公司
地址：山西省阳泉市矿区北大街207号
…………Tel：0353-7033061

山西亚美建筑工程材料有限责任公司
地址：山西省阳泉市经济技术开发区驼岭头村（白泉工业园）
…………Tel：0353-7089006

盂县东宇装潢有限公司
地址：阳泉盂县孙家庄镇东坪村
…………Tel：0353-8068066

山西五二五储运有限责任公司
地址：山西省晋中市榆次区新生东街14号
…………Tel：0354-2026222

晋中市汇锦投资管理有限责任公司
地址：山西省晋中市榆次区思凤街400号
…………Tel：0354-2051213

晋中市力新环保建材有限公司
地址：山西省晋中市榆次区乌金山镇小峪口村
…………Tel：0354-2510345

山西山丰装潢工程有限公司
地址：山西省晋中市榆次区新建南街71号
…………Tel：0354-3059582

晋中润锦置业有限公司
地址：山西省晋中市山西示范区晋中开发区汇通产业园区鸣李汽贸园中航北路东端
…………Tel：0354-3063156

榆次城市建设综合开发总公司
地址：山西省晋中市榆次新建街花园巷口
…………Tel：0354-3601162

晋中开发区泰鑫经济技术发展有限公司
地址：山西省晋中市山西示范区晋中开发区汇通产业园龙湖西大街829号（鑫发大拇指广场10幢10层）
…………Tel：0354-3981393

祁县晋祁城乡投资建设有限公司
地址：山西省晋中市祁县紫金路7号
…………Tel：0354-5085625

祁县汇通城乡建设有限公司
地址：山西省晋中市祁县紫金路7号
…………Tel：0354-5085625

祁县顺驰城乡道路交通投资建设有限公司
地址：山西省晋中市祁县新建北路260号202室
…………Tel：0354-5241425

平遥中城旅游观光线建设发展有限公司
地址：晋中市平遥县康宁街游客中心
…………Tel：0354-5605567

山西晋宇伟业路桥新型建材有限公司
地址：太原市小店区大马村东三排
…………Tel：0354-6135351

晋中市太谷区房地产开发公司
地址：山西省晋中市太谷区小南街
…………Tel：0354-6227066

山西晋投夏工新型建材有限公司
地址：山西省晋中市灵石县夏门村牛槽沟
…………Tel：0354-7740698

山西戴尔蒙德不锈钢科技有限公司
地址：山西省晋中市山西示范区晋中开发区汇通产业园园区7号路北
…………Tel：0354-8593109

山西玉港装饰装潢工程有限公司
地址：长治市府后东街105号
…………Tel：0355-2023475

长治市金成发展房地产有限公司
地址：长治市英雄台广场小区3号楼
…………Tel：0355-2026587

山西鑫全成装饰装潢有限公司
地址：山西省长治市潞州区景里街429号益康小区6号楼5号商铺二层
…………Tel：0355-2038850

长治市诚远建材集团有限公司
地址：长治高新区长邯路关村段
…………Tel：0355-2121518

山西汇通建筑装潢工程有限公司
地址：长治市延安中路云步街9号楼
…………Tel：0355-2169229

长治市金一诺建筑装饰有限公司
地址：长治市防爆电机厂家属院东区北端新开路南新楼一层
…………Tel：0355-2612856

长治市正大装饰装潢工程有限公司
地址：山西省长治市潞州区威远门中路266号
…………Tel：0355-3082750

山西万利来建筑装饰工程有限公司
地址：山西省长治市屯留区渔泽镇岗上村村南
…………Tel：0355-3367388

长治市维康装饰装潢材料有限公司
地址：长治市城东路503号龙盛装饰城C区6号
…………Tel：0355-3556629

长治市龙江装潢有限公司
地址：长治市凯丰市场三期八排5–10号
…………Tel：0355–5880608
山西潞安鸿源房地产开发有限公司
地址：山西省太原市万柏林区长风商务区长兴路1号华润大厦T5栋29层
…………Tel：0355–5958161
山西清和之韵建筑装潢工程有限公司
地址：长治市保宁门西街世纪嘉园A区5幢1单元1401号
…………Tel：0355–6063399
山西中技金谷新型建材有限公司
地址：黎城县西仵乡隔道村口1–7幢
…………Tel：0355–6585998
长治市鹏翔装饰装潢有限公司
地址：长治市太行东街桃园西路8号
…………Tel：0355–6685333
潞城市潞新建设发展有限公司
地址：山西省长治市潞城市中华西街148号
…………Tel：0355–6779058
山西永腾建材股份有限公司
地址：山西省潞城市潞华办事处候家庄村
…………Tel：0355–6959766
襄垣县兴通城市建设投资管理有限公司
地址：长治市襄垣县府前南路289号
…………Tel：0355–7792733
沁源县谷远投资集团有限公司
地址：沁源经济开发区（郭道镇棉上村东）
…………Tel：0355–7838886
山西中胜格瑞保温建材有限公司
地址：山西省长治高新区翟店镇羌城村
…………Tel：0355–8127999
长治县银河湾实业集团有限公司
地址：长治县黎都东街银河湾公寓
…………Tel：0355–8277777
长治市鼎海云栋装饰装潢有限公司
地址：山西省长治市太行北路168号（钜星创业大厦2幢4层408）
…………Tel：0355–8587785
山西建投城建控股有限公司
地址：山西省晋城市开发区金鼎路规划展览馆
…………Tel：0356–2026001
晋城晋建国道改线工程有限公司
地址：山西省晋城市城区泽州路3869号
…………Tel：0356–2052696
山西金九建设工程集团有限公司
地址：山西省晋城市城区苑北路1518号（银领尚品小区0号楼商业6号3楼）
…………Tel：0356–2139966
山西路桥第七工程有限公司
地址：山西省晋城市城区凤台东街2096号
…………Tel：0356–2189010
晋城市园区开发建设运营有限公司
地址：山西省晋城市晋城经济技术开发区顺安街山西智创城6号
…………Tel：0356–2313220
晋城市丹河新城建设投资集团有限公司
地址：山西省晋城市泽州县金村镇霍秀村（山西兰花国际物流园区置业开发有限公司办公楼701室）
…………Tel：0356–3080178
晋城康厦建材工程有限公司
地址：山西省晋城市城区北石店凤凰山矿保卫科楼
…………Tel：0356–3637428
晋城康厦建材工程有限公司
地址：山西省晋城市城区北石店凤凰山矿保卫科楼
…………Tel：0356–3637428
晋城宏圣建筑工程有限公司
地址：山西省晋城市城区北石店镇
…………Tel：0356–3664455
晋城市顺盛新型环保建材股份有限公司
地址：山西省泽州县巴公镇李村村
…………Tel：0356–3878803
山西百事嘉房地产开发有限公司
地址：山西省晋城市泽州县金村镇枣园村南洋花城1号楼
…………Tel：0356–3905026
高平市诚建综合开发有限公司
地址：山西省晋城市高平市长平东街长平苑小区
…………Tel：0356–5241976
泽州县房地产综合开发总公司
地址：山西省晋城市泽州县南村镇杨洼社区岭杰小区14号楼东侧办公楼301室
…………Tel：0356–8881366
晋城市圣拓房地产开发有限公司
地址：山西省晋城市城区晋韩路宜家轻纺城5楼
…………Tel：0356–8886775
弘泰城建集团有限公司
地址：临汾市尧都区广宣街9号
…………Tel：0357–2023322
临汾市品逸装饰装潢有限公司
地址：临汾市鼓楼西大街西关社区农培中心八层809
…………Tel：0357–2590233
山西鑫联智慧科技股份有限公司
地址：山西省临汾市尧都区贾得乡新兴产业园工业大道南侧标准化厂房内
…………Tel：0357–3101286
山西天工建材有限公司
地址：临汾市尧都区汾河街道办事处盘龙社区309国道新西段11号
…………Tel：0357–3185888
临汾市功臣御苑房地产开发有限公司
地址：临汾市尧都区彩虹桥西西南角富力湾营销体验中心
…………Tel：0357–3232777
临汾平阳房地产开发有限公司
地址：临汾市鼓楼西大街滨汾苑西侧西关社区农培中心八层
…………Tel：0357–3317776
侯马市汇丰建材有限责任公司
地址：侯马市张村办事处大南庄村南
…………Tel：0357–3563699
山西汇丰新型建材集团有限公司
地址：侯马市花园南街金水桥市场3幢3号
…………Tel：0357–3563699
襄汾县理海建材城有限责任公司
地址：襄汾县丁陶西路南侧　海建材城A区25号
…………Tel：0357–3600956
山西大地华基建材科技有限公司
地址：襄汾县邓庄镇令伯村北
…………Tel：0357–3611817
临汾市中梁城房地产开发有限公司
地址：临汾市尧都区华康路中梁首府物业楼2层201
…………Tel：0357–3659999
襄汾县鸿达集团水泥建材有限公司
地址：襄汾县古城镇西王村
…………Tel：0357–3873118
山西鸿瑞阁建筑装饰工程有限公司
地址：侯马市合欢街58号
…………Tel：0357–4022777
翼城县新强绿色环保建材科技有限公司
地址：山西省临汾市翼城县中卫乡中卫村（原翼城县鑫华钢铁有限公司院内）
…………Tel：0357–4885666
蒲县龙祥建材有限公司
地址：蒲县黑龙关镇店上村
…………Tel：0357–5320300
山西耀泽公路工程有限公司
地址：隰县龙泉镇古桥北新土坡1号
…………Tel：0357–7385777
古县众益城乡建设投资开发有限公司
地址：古县岳阳路41号
…………Tel：0357–8322166
襄汾县星原集团水泥建材有限公司
地址：襄汾县景毛乡北高村
…………Tel：0357–8867585
山西路桥集团吕梁新城公路建设管理有限公司
地址：吕梁市离石区龙凤南大街与丽景街交汇处永宁国际商务酒店6层
…………Tel：0358–3365180
柳林县金源输变电有限责任公司
地址：山西省柳林县柳林镇毛家庄
…………Tel：0358–4072517
柳林县环城公路建设管理有限公司
地址：柳林县薛村中石化加油站旁（原柳林县公路段收费站）
…………Tel：0358–4313231
山西金恒建材有限公司
地址：山西省吕梁市柳林县柳林镇王家庄村68号
…………Tel：0358–4323006
交口县新型城市建设有限公司
地址：山西省吕梁市交口县青城大街3号415
…………Tel：0358–5555758
孝义市城镇公共服务和基础设施建设有限公司
地址：山西省吕梁孝义市新义街道府前街党政大楼731室
…………Tel：0358–7828131
孝义市城市建设投资有限公司
地址：山西省吕梁孝义市崇文街道（崇文街小学北楼8层）
…………Tel：0358–7830996
吕梁市城市基础设施建设投资开发有限公司
地址：吕梁市离石区北川河西路集控中心
…………Tel：0358–8257898
山西祥宏建筑装潢有限公司
地址：离石区永宁西路世纪花苑
…………Tel：0358–8359380
运城市鑫佰融交通建设有限公司
地址：运城市盐湖区红旗东街204号
…………Tel：0359–2029114
山西华商盛天城市投资建设有限公司
地址：运城市盐湖区条山街北（御沁园25号楼8层）
…………Tel：0359–2036333
闻喜县樊氏装饰装潢有限公司
地址：闻喜县城南大街创业孵化示范基地（闻喜体育馆）025号
…………Tel：0359–2127388
山西中铁铁诚建材科技有限公司
地址：运城市盐湖区运临路蓝海学校北一公里处
…………Tel：0359–2180333
鑫马建设集团有限公司
地址：运城市盐湖区人民北路鑫地阳光城
…………Tel：0359–2188088
运城市环湖建设投资有限公司
地址：山西省运城市盐湖区东城街道红旗东街355号（国税培训中心南楼三层）
…………Tel：0359–2222083
运城市鑫万瑞房地产开发有限公司
地址：运城市盐湖区红旗东街华龙大厦B幢602室
…………Tel：0359–2255192
运城市恒鑫房地产开发有限公司
地址：运城市盐湖区学苑路恒大影城3、4层
…………Tel：0359–2255196
运城市金鑫大酒店有限公司
地址：运城市盐湖区槐东南路88号（禹都大道南交警支队对面）
…………Tel：0359–2258709
山西凯迪建材有限公司
地址：山西省万荣县荣河化工园区（东环路1号）
…………Tel：0359–2268296
山西亿磊建材有限公司
地址：运城市盐湖区城西机电化工聚集区运解路化工园纵二路7号
…………Tel：0359–2286688
运城市房地产开发公司
地址：运城市盐湖区红旗东街251号（办公楼三楼305）
…………Tel：0359–2286721
运城市盐湖区文化旅游投资建设有限公司
地址：运城市盐湖区市府街30号盐湖区人民政府西楼5楼501室
…………Tel：0359–2360091
运城空港开发区东花园建设开发有限公司
地址：运城市空港开发区东花园北侧营房大院
…………Tel：0359–2399153
运城市城市建设投资开发集团有限公司
地址：运城市盐湖区铺安街989号
…………Tel：0359–2399678
山西方兴建材有限公司
地址：山西省运城市盐湖区陶村镇半坡村
…………Tel：0359–2448111
运城市典雅装潢有限公司
地址：运城安邑办事处禹都大道水库对面（二到三楼）
…………Tel：0359–2503137
运城市盐湖区鑫鸿建材有限公司
地址：运城市盐湖区大运路五曹村口东100米处1号门面房
…………Tel：0359–2550855
运城空港开发区城市建设投资开发有限公司
地址：运城市空港开发区陶朱公街创业大厦506室
…………Tel：0359–2578098
山西康惠中天医药科技有限公司
地址：山西省运城市空港开发区机场工业园经三北路2号
…………Tel：0359–2590055
运城市鑫沣工程担保有限公司
地址：山西省运城市盐湖区学苑路大世界花园西侧商务楼1101室
…………Tel：0359–2618197
运城市盐湖区建设投资有限公司
地址：运城市盐湖区人民北路以东御沁园1号楼1–2层2号商铺
…………Tel：0359–2655816
运城市郭玉兰建设工程开发有限公司
地址：山西省运城市空港开发区康杰北路36号乾得龙大卖场8#楼15号商铺
…………Tel：0359–2798228
运城市泓翔建材有限公司
地址：运城市盐湖区大渠办董家营村
…………Tel：0359–2896502
山西金博雅房地产开发有限公司
地址：运城经济开发区库东路1号尚东商务四楼
…………Tel：0359–2898306
山西远航建材有限公司
地址：山西省临猗县楚侯乡南阳姚村
…………Tel：0359–2899008
山西凯辰建材有限公司
地址：运城市盐湖区姚孟乡南村（运城市盐湖区文化产业园南风大道以西）
…………Tel：0359–4133333
山西鑫隆基建材有限公司
地址：山西省临猗县楚侯乡南阳姚村
…………Tel：0359–4389010
山西不冻泉建材有限公司
地址：山西省运城市万荣县荣河工业园区
…………Tel：0359–4584888
山西中腾建材科技有限公司
地址：万荣县荣河镇荣河村
…………Tel：0359–4588668
山西三雄建材有限公司
地址：山西省万荣县荣河镇荣河村荣宝路南
…………Tel：0359–4588812
山西桑穆斯建材化工有限公司
地址：山西省万荣县荣河贾巷枣园区
…………Tel：0359–4588888
山西恒泰伟业建材有限公司
地址：山西省万荣县荣河镇化工工业园区
…………Tel：0359–4658777
山西奥瑞特建材科技有限公司
地址：山西省万荣县后土街北
…………Tel：0359–4680588
山西康瑞建材新技术有限责任公司
地址：山西省万荣县荣河建材工业园区
…………Tel：0359–4680881
山西杰克科技有限公司
地址：山西省运城市万荣县荣河化工园区
…………Tel：0359–4722222
山西世纪阳光建材科技有限公司
地址：山西省万荣县皇甫循环经济工业园区（镁工业园区）
…………Tel：0359–4886666
山西永翔建材有限公司
地址：山西万荣县光华乡贵兰村北
…………Tel：0359–4896134
山西飞宇建材有限公司
地址：运城市运风高速公路口西1000米处
…………Tel：0359–6302058
山西龙门五色石建材有限公司
地址：河津市清涧街道办事处龙门村
…………Tel：0359–6319999
运城晋建热电有限公司
地址：运城市盐湖区运永路03901号
…………Tel：0359–6388159
山西瑞邦建材科技有限公司
地址：山西省万荣县城恒磁工业园区（泰盛公司内）
…………Tel：0359–6711111
闻喜县丰楷建材有限公司
地址：闻喜县东城区光明路万福花园小区14号楼1单元202室
…………Tel：0359–7012349
山西诚鑫聚建材有限公司
地址：运城市盐湖区北相镇曹允村东800米处
…………Tel：0359–7299555
永济电气建筑安装有限责任公司
地址：运城永济市电机大街18号
…………Tel：0359–8072895
山西金瑞宝建材有限公司
地址：运城市盐湖区城西机电化工产业集聚区
…………Tel：0359–8132666

内蒙古自治区

阿荣旗城市建设投资开发有限公司
地址：呼伦贝尔市阿荣旗自来水公司办公楼
…………Tel：0470–4227014
满洲里市合作区城市建设投资发展集团有限公司
地址：内蒙古自治区满洲里市合作区胪五街，南滨三路西，南外环路南
…………Tel：0470–6260625
新巴尔虎右旗城市建设投资置业有限公司
地址：内蒙古自治区呼伦贝尔市新右旗建设局二楼
…………Tel：0470–6406856
内蒙古立信房地产开发有限责任公司
地址：内蒙古自治区呼伦贝尔市牙克石市牧原镇兴安新城中富凯成逸苑小区156号楼101号
…………Tel：0470–7378806
呼伦贝尔翼海建材有限公司
地址：内蒙古呼伦贝尔经济技术开发区
…………Tel：0470–8265550
内蒙古管通实业股份有限公司
地址：内蒙古自治区呼伦贝尔市经济技术开发区起步区
…………Tel：0470–8333462
呼伦贝尔经济技术开发区城市建设投资集团有限责任公司
地址：内蒙古自治区呼伦贝尔市经济技术开发区管理委员会415办公室
…………Tel：0470–8575600
内蒙古第六地质矿产勘查开发有限责任公司
地址：扎兰屯市地质街
…………Tel：0470–8577779
北控城市服务（鄂温克族自治旗）有限公司
地址：内蒙古自治区呼伦贝尔市鄂温克族自治旗大雁镇艳华街
…………Tel：0470–8600111
呼伦贝尔市中心城新区基础设施建设发

展投资有限公司
地址：呼伦贝尔市海区友好东山家园7号楼106室
……Tel：0470-8819925
内蒙古欣天艺建筑装饰工程有限责任公司
地址：内蒙古自治区呼和浩特市新城区东库街鼎盛华世纪广场16号楼1313室
……Tel：0471-2345671
呼和浩特祥生房地产开发有限公司
地址：内蒙古自治区呼和浩特市回民区二十四米规划路以南成吉思汗西街以北祥生东方樾20#楼二层
……Tel：0471-2386796
内蒙古集通凯宸房地产开发有限责任公司
地址：内蒙古自治区锡林郭勒盟锡林浩特市锡多公司办公楼南侧（集通指挥部）
……Tel：0471-2690207
呼和浩特市蒙辉装饰装潢有限责任公司
地址：内蒙古自治区呼和浩特市赛罕区大学东路北侧１２３号德美公寓５单元５层８号
……Tel：0471-3266910
通辽市恒大世家房地产开发有限公司
地址：内蒙古自治区通辽市科尔沁区和平路与滨河大街交汇处今日印刷厂三楼
……Tel：0471-3281998
金誉建设集团有限公司
地址：内蒙古自治区呼和浩特市新城区土默特中学勤工楼第五层
……Tel：0471-3289601
呼和浩特恒伟健康产业有限公司
地址：内蒙古自治区呼和浩特市和林格尔县金盛路东恒大养生谷销售中心3楼301室
……Tel：0471-3305217
内蒙古泽大装饰装潢有限责任公司
地址：内蒙古自治区呼和浩特市新城区海东路家和小区5号楼2单元601号
……Tel：0471-3489358
内蒙古健飞卓远科技信息工程有限公司
地址：内蒙古自治区呼和浩特市赛罕区乌兰察布东街政协小区10号楼6层601号
……Tel：0471-3906621
呼和浩特市鹏盛房地产开发有限公司
地址：内蒙古自治区呼和浩特市玉泉区西菜园乡西苑小区北２百米
……Tel：0471-3961695
呼和浩特协友装饰装潢有限责任公司
地址：内蒙古自治区呼和浩特市玉泉区南茶坊十字路口新天地广场Ｂ号楼四楼４０５号
……Tel：0471-4610569
呼和浩特市城乡建设投资有限责任公司
地址：内蒙古自治区呼和浩特市赛罕区大学东路18号呼市财政局东二楼205室
……Tel：0471-4675539
内蒙古蒙中建设工程有限责任公司
地址：内蒙古自治区呼和浩特市新城区乌兰恰特东街15号内蒙古巴彦塔拉饭店贵宾楼三楼
……Tel：0471-4951285
内蒙古通益建筑工程有限公司
地址：内蒙古自治区呼和浩特市新城区海东路泰和小区1楼西18号二层
……Tel：0471-5200191
呼和浩特光大环城建设开发有限公司
地址：内蒙古自治区呼和浩特市赛罕区兴安南路84号中海蓝湾财富广场D座5楼
……Tel：0471-5299220
呼和浩特市中海宏洋地产有限公司
地址：内蒙古自治区呼和浩特市赛罕区兴安南路84号中海蓝湾财富广场D座5楼
……Tel：0471-5299220
内蒙古特弘亮化工程有限公司
地址：内蒙古自治区呼和浩特市新城区新华大街58号经济信息中心1至13层1号6层601室
……Tel：0471-5317982
内蒙古卓越华物业服务有限责任公司
地址：内蒙古自治区呼和浩特市新城区中山东路８号波士名人国际Ａ座１２层４１号
……Tel：0471-6208327
内蒙古龙川城市基础设施建设有限责任公司
地址：内蒙古自治区呼和浩特市武川县可镇执力公司办公楼（青山路东，文化局南）
……Tel：0471-8820530
包头市心源科技材料有限公司
地址：内蒙古自治区包头市昆区西哈公路北侧（包头广达耐火材料公司东侧）
……Tel：0472-2110217
包头市青建水泥制品有限责任公司
地址：内蒙古自治区包头市青山区厂前路二电厂西
……Tel：0472-3154464
包头市城乡建设发展集团有限公司
地址：包头市稀土开发区黄河路城乡建设委员会大厦８０２室
……Tel：0472-5220908
包头海德酒店有限公司
地址：内蒙古自治区包头市中心区希望小区“希望２#”地块
……Tel：0472-5365501
包头房地产置业担保有限责任公司
地址：内蒙古自治区包头市青山区幸福路4号街坊惠众综合楼八楼
……Tel：0472-5996833
包头市金润贸易有限责任公司
地址：内蒙古自治区包头市青山区装备制造产业园区远大路与青源路交叉口西南角内蒙古阿尔法科技创客中心有限公司办公楼（原包头市国安科技有限责任公司办公楼）
……Tel：0472-6867380
包头城建集团股份有限公司
地址：内蒙古自治区包头稀土高新开发区呼得木林大街160号
……Tel：0472-6975991
包头新创瑞图环保建材有限公司
地址：包头稀土高新技术产业开发区万水泉新区
……Tel：0472-7060201
包头市东兆保温建材有限公司
地址：内蒙古自治区包头市青山区赵家营东门底店9号
……Tel：0472-7100293
固阳县赋诚城市建设投资有限公司
地址：固阳县光荣街住建局院内
……Tel：0472-8116705
内蒙古包头大和建筑装饰装潢有限责任公司
地址：内蒙古自治区包头市固阳县财政巷北侧１号
……Tel：0472-8121650
土默特右旗城市建设改造与资产管理（集团）有限公司
地址：土默特右旗萨拉齐镇机关服务中心八楼
……Tel：0472-8920359
内蒙古广泰城建工程有限责任公司
地址：内蒙古自治区乌海市海勃湾区海北东街北八街坊温馨家园综合商业楼A段-201号
……Tel：0473-2057799
乌海市城建投融资有限责任公司
地址：内蒙古自治区乌海市滨河区档案馆
……Tel：0473-2881270
乌海市城市建设投资集团有限责任公司
地址：内蒙古自治区乌海市海勃湾区110国道1090公里处（原儿童福利院院内）
……Tel：0473-2881912
乌海市海勃湾区城市建设投融资有限责任公司
地址：内蒙古自治区乌海市海勃湾区海北大街党政办公大楼215室
……Tel：0473-3136829
内蒙古星光煤炭集团鄂托克旗华鑫建材有限公司
地址：内蒙古自治区鄂尔多斯市鄂托克旗蒙西工业园区北5公里处
……Tel：0473-6925195
丰镇市城市建设有限责任公司
地址：内蒙古自治区乌兰察布市丰镇市科技文化服务中心
……Tel：0474-3580126
凉城县城市建设投资经营有限责任公司
地址：内蒙古自治区乌兰察布市凉城县岱海镇（城建局楼内）
……Tel：0474-4207299
察右后旗宏宇建材有限责任公司
地址：内蒙古自治区乌兰察布市察右后旗乌兰哈达苏木
……Tel：0474-6586688
内蒙古迈拓新型建筑材料有限公司
地址：内蒙古自治区乌兰察布市商都县工业园区
……Tel：0474-6749001
化德县建筑安装工程有限责任公司
地址：内蒙古自治区乌兰察布市化德县长顺镇先锋街４４１号
……Tel：0474-7904822
乌兰察布万达地产置业有限公司
地址：内蒙古自治区乌兰察布市集宁区察哈尔东街商务科技文化中心B区3号楼1楼118室
……Tel：0474-8229888
乌兰察布市投资开发有限公司
地址：内蒙古自治区乌兰察布市集宁区工农南路新区水厂院内
……Tel：0474-8308031
乌兰察布市亿利金威城市建设投资开发有限公司
地址：内蒙古自治区乌兰察布市集宁区民建路福景佳苑十一号
……Tel：0474-8309560
乌兰察布市集宁区城建投资开发（集团）有限责任公司
地址：内蒙古自治区乌兰察布市集宁区商务科技文化中心A区8号楼
……Tel：0474-8810583
通辽批发城有限责任公司
地址：内蒙古自治区通辽市民主路55号
……Tel：0475-2211806
内蒙古科尔沁城市建设投资集团有限公司
地址：内蒙古自治区通辽市科尔沁区霍林河大街1793号
……Tel：0475-2730687
开鲁县城市基础设施建设投资有限公司
地址：开鲁县开鲁镇工农街7-120号
……Tel：0475-6119001
内蒙古中厚融合投资有限公司
地址：内蒙古自治区通辽市科尔沁区永安路与永清大街交汇处（芙蓉园商业楼-1/1-3层二室）
……Tel：0475-6201191
内蒙古鸿宇房地产开发有限责任公司
地址：内蒙古自治区通辽市霍林郭勒市中心路17号鸿宇商务楼1号4楼
……Tel：0475-7925679
通辽泽信希望房地产开发有限公司
地址：内蒙古自治区通辽市科尔沁区解放路二号
……Tel：0475-8260807
重药控股蒙东（通辽）医药有限公司
地址：通辽市科左后旗甘旗卡镇镇东工业园区
……Tel：0475-8288772
通辽市美林家具有限公司
地址：内蒙古自治区通辽市经济技术开发区
……Tel：0475-8618158
通辽市城市投资集团有限公司
地址：内蒙古自治区通辽市经济技术开发区瑞丰汽贸物流园K6商务楼三楼
……Tel：0475-8836565
内蒙古城冶建设项目管理有限公司
地址：内蒙古自治区通辽市经济技术开发区管委会创业大厦1606室
……Tel：0475-8860999
赤峰宝源热力有限责任公司
地址：内蒙古自治区赤峰市元宝山区平庄银河街西段南侧平煤公司运输部铁路西
……Tel：0476-3475677
内蒙古大盛堂医药连锁有限公司
地址：赤峰市宁城县天义镇中京工业园区
……Tel：0476-4243018
赤峰新型城镇化建设发展有限公司
地址：内蒙古赤峰市红山区桥北镇红山地税局五楼
……Tel：0476-5988991
赤峰市红山城市基础设施建设投资有限公司
地址：内蒙古自治区赤峰市红山区桥北财税综合楼
……Tel：0476-5988991
阿鲁科尔沁旗城市建设投资开发有限公司
地址：阿鲁科尔沁旗天山镇新城区集通路东天元大街北
……Tel：0476-7272211
内蒙古中铁建业城市发展有限公司
地址：内蒙古自治区赤峰市松山区五甲万京B区商业楼4号楼5层
……Tel：0476-8171522
赤峰市启元城市建设投资有限责任公司
地址：内蒙古自治区赤峰市松山区物流园区巴林大街北侧五金机电城二期1号写字楼-1-1-1910
……Tel：0476-8171728
内蒙古嘉裕建筑工程有限公司
地址：内蒙古自治区赤峰市红山区经济开发区
……Tel：0476-8210698
赤峰市城市建设投资（集团）有限公司
地址：内蒙古自治区赤峰市新城区八家组团大明街南侧、天义路西
……Tel：0476-8243003
赤峰九天建材化工（集团）有限责任公司
地址：内蒙古自治区赤峰市新城区八家组团临潢大街南，锦山路西1幢（临潢大街25号）
……Tel：0476-8288195
内蒙古亿和电子设备有限公司
地址：内蒙古自治区赤峰市红山区桥北镇姚家洼居委会赤峰蒙东云计算产业孵化园（云谷）B区8号楼05011室
……Tel：0476-8331108
内蒙古灵信房地产评估有限责任公司
地址：内蒙古自治区赤峰市红山区长青街中段（红山区房产处三楼）
……Tel：0476-8428080
鄂尔多斯市佳奇城市建设投资开发有限责任公司
地址：内蒙古自治区鄂尔多斯市东胜区装备制造基地新兴技术产业发展中心孵化中心A座
……Tel：0477-2775079
杭锦大众村镇银行有限责任公司
地址：内蒙古自治区鄂尔多斯市杭锦旗锡尼镇库布其大街与林荫路交汇处
……Tel：0477-3810870
鄂尔多斯市琪泰装饰装潢有限公司
地址：内蒙古自治区鄂尔多斯市东胜区铁西广场街南诃额伦路东东威大酒店12层
……Tel：0477-3897094
准格尔旗城市基础设施建设投资有限公司
地址：内蒙古自治区鄂尔多斯市准旗薛家湾镇
……Tel：0477-4893946
鄂尔多斯市金威城市建设投资开发有限责任公司
地址：内蒙古自治区鄂尔多斯市东胜区鄂尔多斯西街44号亿利资源大楼708室
……Tel：0477-5104052
鄂尔多斯市泰发祥工贸（集团）有限公司
地址：乌兰镇八居委阿尔巴斯街西
……Tel：0477-6212641
鄂托克旗正和城市建设发展投资有限责任公司
地址：鄂托克旗乌兰镇阿尔寨街西
……Tel：0477-6212877
鄂尔多斯市蒙西建材有限责任公司
地址：内蒙古自治区鄂尔多斯鄂托克旗棋盘井镇乌珠尔路东恒卓水泥西200米处
……Tel：0477-6480505
杭锦旗锦龙城市建设投资有限责任公司
地址：内蒙古自治区鄂尔多斯市杭锦旗锡尼镇阿斯尔大街北
……Tel：0477-6864522
鄂尔多斯市乌审旗城市建设投资有限公司
地址：内蒙古自治区鄂尔多斯市乌审旗嘎鲁图镇党政新区6号楼B座
……Tel：0477-7217523
鄂尔多斯市宏兴城市建设投资开发有限公司
地址：内蒙古自治区鄂尔多斯市伊旗阿镇新可汗路
……Tel：0477 8160007
鄂尔多斯市东易达装饰装璜石材有限责任公司
地址：内蒙古自治区鄂尔多斯市伊煤路
……Tel：0477-8167653
鄂尔多斯市东胜城市建设开发投资集团有限责任公司
地址：内蒙古自治区鄂尔多斯市东胜区那日松南路11号世纪华庭6号楼7-15层
……Tel：0477-8182699
鄂尔多斯市东胜区铭缘装饰装潢有限责任公司
地址：内蒙古自治区鄂尔多斯市东胜区团结路３号街坊１０１号
……Tel：0477-8359038
内蒙古东信公路股份有限公司
地址：鄂尔多斯市东胜区包府路9公里处
……Tel：0477-8397073
鄂尔多斯市城市建设投资集团有限公司
地址：内蒙古自治区鄂尔多斯市康巴什新区
……Tel：0477-8398300
鄂尔多斯市诚泰建设有限公司
地址：内蒙古自治区鄂尔多斯市康巴什区东乌铁路大楼９０８室
……Tel：0477-8398346
万宇佳业城市建设投资集团有限公司
地址：东胜区伊化南路９号街坊１号楼７层
……Tel：0477-8533977
鄂尔多斯市东新城市建设投资开发有限责任公司
地址：东胜区乌审街南１０号
……Tel：0477-8590904
内蒙古万正装饰装潢有限责任公司
地址：内蒙古自治区鄂尔多斯市东胜区鄂托克西街95号
……Tel：0477-8590904
伊金霍洛旗宏泰城市建设投资有限责任公司
地址：内蒙古自治区鄂尔多斯市伊金霍洛旗阿勒腾席热镇水岸金钻大厦东塔12层1201室
……Tel：0477-8688705
内蒙古春雪置业有限公司
地址：内蒙古自治区巴彦淖尔市万丰经济开发区西环办第十七街坊
……Tel：0478-2231540
巴彦淖尔市大兴高新建材有限公司
地址：内蒙古自治区巴彦淖尔市巴彦淖尔经济开发区
……Tel：0478-2670179
巴彦淖尔中联水泥有限公司
地址：内蒙古自治区巴彦淖尔市乌拉特前旗乌拉山镇八居区四街坊
……Tel：0478-3619199
乌拉特后旗誉宝农牧业和城市建设投资有限责任公司
地址：内蒙古自治区巴彦淖尔市乌拉特后

旗巴音宝力格镇民政局附属楼4楼
…………Tel：0478-4667330
巴彦淖尔市临河黄河村镇银行股份有限公司
地址：内蒙古巴彦淖尔市临河区胜利路39号（花园酒店对面）
…………Tel：0478-7909658
五原蒙银村镇银行股份有限公司
地址：五原县隆兴昌镇110国道南（原交警队）
…………Tel：0478-7933035
巴彦淖尔市双河区城市建设投资有限公司
地址：内蒙古巴彦淖尔市临河区双河镇万宇佳业办公室三楼301室
…………Tel：0478-8766113
巴彦淖尔市巨力城市建设开发有限公司
地址：内蒙古自治区巴彦淖尔市临河区新华东街
…………Tel：0478-8951261
东乌珠穆沁旗兴东城市建设投资有限责任公司
地址：内蒙古自治区锡林郭勒盟东乌珠穆沁旗乌镇乌拉盖西路（财政局楼）
…………Tel：0479-3227608
西乌珠穆沁旗城乡建设投资有限责任公司
地址：内蒙古自治区锡林郭勒盟西乌珠穆沁旗巴拉嘎尔高勒镇文化大厦10楼
…………Tel：0479-3520918
西乌珠穆沁旗沁阳城市基础设施建设投资有限责任公司
地址：内蒙古锡林郭勒盟西乌珠穆沁旗巴拉嘎尔高勒镇
…………Tel：0479-3529381
多伦县城乡建设投资有限公司
地址：内蒙古自治区锡林郭勒盟多伦县诺尔镇财审综合办公楼208室
…………Tel：0479-4522789
正镶白旗城乡基础设施建设投资有限公司
地址：正镶白旗明安图镇财政楼
…………Tel：0479-6521058
正蓝旗城乡建设投资有限责任公司
地址：正蓝旗上都镇侍郎城街（金元宾馆301室）
…………Tel：0479-6766602
内蒙古港航城建投资发展有限公司
地址：内蒙古自治区锡林郭勒盟多伦县诺尔镇善因社区会盟大街都市花园小区3号商住楼121铺
…………Tel：0479-6782688
苏尼特右旗城乡建设改造与资产管理有限责任公司
地址：内蒙古锡林郭勒盟苏尼特右旗赛汉塔拉镇旗住建局大楼211室
…………Tel：0479-7215515
二连市阳澜保温装饰一体化板有限公司
地址：内蒙古自治区锡林郭勒盟二连浩特市欧亚大道西、成吉思汗大街北
…………Tel：0479-7318280
二连浩特市城市建设投资开发公司
地址：内蒙古自治区锡林郭勒盟二连浩特市锡林街北、诚信路西（锡林街西0722号）
…………Tel：0479-7524249
锡林浩特市晨辉城市基础设施建设投资有限责任公司
地址：锡林浩特市财政办公楼10层
…………Tel：0479-8247607
锡林郭勒盟城乡投资集团有限公司
地址：内蒙古自治区锡林郭勒盟锡林浩特市经济开发区阿巴嘎街17号盟住建局办公楼
…………Tel：0479-8886677
科尔沁右翼中旗新融城镇建设投资有限公司
地址：内蒙古自治区兴安盟科尔沁右翼中旗环境保护局307号
…………Tel：0482-4666689
乌兰浩特市新城城市基础设施建设投资有限责任公司
地址：内蒙古自治区兴安盟乌兰浩特市综合办公大楼后楼三楼
…………Tel：0482-8299958
乌兰浩特市隆福房地产开发有限公司
地址：内蒙古自治区兴安盟乌兰浩特市普惠东街5号
…………Tel：0482-8516011
阿拉善左旗瀛海建材有限责任公司
地址：内蒙古自治区阿拉善盟阿拉善左旗巴润别立镇
…………Tel：0483-2245375
内蒙古太豪国际物流有限公司
地址：内蒙古阿拉善盟额济纳旗策克口岸
…………Tel：0483-3966802
内蒙古晨宏力环保科技有限责任公司
地址：内蒙古自治区阿拉善盟阿拉善经济开发区(乌斯太镇）繁荣路南侧
…………Tel：0483-3987839
内蒙古龙泰新型环保建材有限责任公司
地址：内蒙古阿拉善盟阿拉善经济开发区乌斯太镇庆华大道
…………Tel：0483-3991606
阿拉善盟吉盐化建材有限公司
地址：内蒙古自治区阿拉善盟阿拉善经济开发区乌兰布和街北侧
…………Tel：0483-8182223
阿拉善左旗城市建设投资开发有限公司
地址：内蒙古自治区阿拉善盟阿拉善左旗巴彦浩特镇腾格里社区府南街南侧、纬四路至纬五路南B4号301办公
…………Tel：0483-8227161
阿拉善左旗城市基础设施建设开发有限公司
地址：内蒙古自治区阿拉善盟阿拉善左旗巴彦浩特镇沙产业创新科技园区3-4楼
…………Tel：0483-8597111
阿拉善盟基础设施建设投资经营有限责任公司
地址：内蒙古自治区阿拉善盟阿拉善左旗巴彦浩特镇额鲁特西路005号城投大厦10楼
…………Tel：0483-8597773

辽宁省

沈阳地铁房地产开发有限公司
地址：辽宁省沈阳市沈河区大西路338号
…………Tel：024-22959667
宏运集团沈阳房地产开发有限公司
地址：沈阳市和平区和平北大街156号
…………Tel：024-23263939
东方家园沈阳保工装饰建材有限公司
地址：辽宁省沈阳市于洪区太湖街15甲号（全部）
…………Tel：024-23267528
辽宁足球俱乐部股份有限公司
地址：沈阳市和平区和平北大街156号
…………Tel：024-23283100
沈阳时尚商业有限公司
地址：辽宁省沈阳市和平区太原北街86甲号
…………Tel：024-23287448
沈阳五洲城建材广场有限公司
地址：沈阳市苏家屯区机场路1001号
…………Tel：024-23531588
沈阳万赢新城建设投资有限公司
地址：辽宁省沈阳市浑南区泗水街2-3号
…………Tel：024-24718616
中国船舶工业物资东北有限公司
地址：沈阳市沈河区风雨坛街1号
…………Tel：024-24811844
沈阳华樾置业有限公司
地址：沈阳市东陵区远航中路3-6号902室
…………Tel：024-24900037
沈阳冠隆置业发展有限公司
地址：沈阳市于洪区黄海路16号甲
…………Tel：024-25316915
洛斐尔建材（沈阳）集团有限公司
地址：沈阳化学工业园细河七北街
…………Tel：024-25523322
沈阳铁西新城综合管廊开发建设有限公司
地址：沈阳经济技术开发区花海路28号
…………Tel：024-25558125
沈阳兴运辉劳务派遣有限公司
地址：沈阳市铁西区沈辽中路44号453
…………Tel：024-25604848
沈阳市城建房地产开发集团有限公司
地址：沈阳市铁西区凌空一街6号
…………Tel：024-25893316
沈阳市中瑞建材市场经营管理有限公司
地址：辽宁法库经济开发区
…………Tel：024-27042777
辽宁利筑新材有限公司
地址：辽宁省沈阳市法库经济开发区
…………Tel：024-27165895
辽宁鹏润城镇建设发展集团有限公司
地址：辽宁省沈阳市新民市辽河大街11号
…………Tel：024-27859987
沈阳市苏家屯区城乡建设投资有限公司
地址：沈阳市苏家屯区枫杨路78号
…………Tel：024-29816762
沈阳市晨曦商贸有限公司
地址：法库县卧牛石乡卧牛石村
…………Tel：024-29830885
沈阳市晨霞建筑材料有限公司
地址：辽宁省沈阳市法库县卧牛石乡卧牛石村
…………Tel：024-29830885
辽宁城投建设工程有限公司
地址：沈阳市浑南新区彩霞街36-10号262室
…………Tel：024-31010013
沈阳绿地香颂置业有限公司
地址：辽宁省沈阳市东陵区白塔街158号309室
…………Tel：024-31253888
沈阳麟沣建材有限公司
地址：辽宁省沈阳经济技术开发区开发二十二号路61
…………Tel：024-31338118
沈阳孔雀城房地产开发有限公司
地址：辽宁省沈阳市苏家屯区桂竹香街68-A4号
…………Tel：024-31387823
亚泰集团沈阳建材有限公司
地址：沈阳市沈北新区虎石台南大街29号
…………Tel：024-31398305
吉林亚泰集团（辽宁）建材有限公司
地址：辽宁省沈阳市沈北新区清泉街道四井
…………Tel：024-31398615
辽宁龙源教育产业投资管理集团物业管理有限公司
地址：沈阳市沈河区北热闹路50号
…………Tel：024-31682109
辽宁城润建设工程有限公司
地址：辽宁省沈阳市浑南区涌泉路8-3号（231）
…………Tel：024-31820709
本溪富虹房地产开发建筑有限公司
地址：辽宁省本溪市明山区华山街4栋1至2层4门
…………Tel：024-3895220
辽宁华兴热电集团有限公司
地址：明山区环山路8-8号
…………Tel：024-42987808
本溪同盛村镇银行股份有限公司
地址：本溪满族自治县小市镇政府南路32号
…………Tel：024-43336568
本溪市城市建设投资发展有限公司
地址：平山区东明三路33栋1至8层
…………Tel：024-43895288
辽宁北辰窗业有限公司
地址：本溪市经济技术开发区东部
…………Tel：024-45859088
桓仁城发城市建设投资有限公司
地址：桓仁满族自治县桓仁镇中心街（桓仁满族自治县国有资产经营有限公司三楼）
…………Tel：024-48861739
本溪双水建材有限公司
地址：辽宁省本溪市桓仁满族自治县五里甸子镇五里甸子村三组
…………Tel：024-48897777
抚顺对外建设经济合作（集团）股份有限公司
地址：抚顺市新抚区凤翔路41号
…………Tel：024-52420506
抚顺市城建投资有限公司
地址：新抚区永宁路4号
…………Tel：024-52443500
抚顺矿业集团房地产综合开发有限责任公司
地址：抚顺市胜利经济开发区南昌路
…………Tel：024-52515005
辽宁罕王绿色建材有限公司
地址：辽宁省沈抚新区拉古工业园区
…………Tel：024-54024703
抚顺经济开发区城建投资有限公司
地址：辽宁省沈抚新区金枫街75-1号0401
…………Tel：024-56606010
抚顺市城市建设发展有限公司
地址：抚顺市顺城区临江路中段25号
…………Tel：024-57592070
东北金城建设股份有限公司
地址：沈阳市铁西区凌空二街四号甲
…………Tel：024-62386160
沈阳大东城市开发建设投资有限公司
地址：沈阳市大东区东站街57-3号
…………Tel：024-62615270
华信北方城建集团股份有限公司
地址：辽宁省沈阳市浑南区祝科街18号
…………Tel：024-62787999-628
沈阳中南屹盛房地产开发有限公司
地址：辽宁省沈阳市铁西区奖工南街1甲号（4-8-3）
…………Tel：024-67911952
辽宁省城乡建设融资租赁有限公司
地址：中国（辽宁）自由贸易试验区沈阳片区机场路1005号G4026号
…………Tel：024-67919118
铁岭城市建设投资发展有限公司
地址：铁岭市新城区金沙江路28号
…………Tel：024-72682660
铁岭东北金城建筑安装工程有限公司
地址：辽宁省铁岭市银州区银州路39号
…………Tel：024-72897005
开原象牙山村镇银行股份有限公司
地址：辽宁省铁岭市开原市孙台路56号
…………Tel：024-73600810
开原市房产改造开发有限公司
地址：辽宁省铁岭市开原市新城街老人委路268号
…………Tel：024-73801299
幸福古城（开原）富硒产业建设有限公司
地址：辽宁省铁岭市开原市新城街石台社区7委5组
…………Tel：024-73821876
辽宁嘉隆房地产开发有限公司
地址：辽宁省铁岭市银州区光荣街南段58号1-1
…………Tel：024-74010678
铁岭立新建材有限公司
地址：铁岭县凡河镇红光村
…………Tel：024-74988182
昌图县城乡一体化建设投资有限公司
地址：昌图县老四平工业园区
…………Tel：024-75165099
调兵山市城市建设投资开发有限责任公司
地址：辽宁省铁岭市调兵山市财政局三楼
…………Tel：024-76143981
辽宁佳时农业发展有限公司
地址：辽宁省铁岭市新城区东北城大道53-A7号1-9东北城农资物流园A区7幢1-9
…………Tel：024-79091907
建华建材（辽宁）有限公司
地址：辽宁省铁岭经济开发区官台工业园区
…………Tel：024-79892318
沈阳中铁建城建筑劳务有限公司
地址：辽宁省沈阳市皇姑区长江街133号（1-16-9）
…………Tel：024-85742136
本溪大略房地产开发有限公司
地址：本溪满族自治县小市镇青石岭村
…………Tel：024-85855555
野泽积水好施新型建材（沈阳）有限公司
地址：沈阳经济技术开发区浑河二十街15号
…………Tel：024-85905406
辽宁太极金园商贸股份有限公司
地址：中国（辽宁）自由贸易试验区沈阳片区全运路109-1号（109-1号）2层247-10163室
…………Tel：024-86418641
沈阳天丰国际酒店有限公司
地址：沈阳市铁西区兴华南街31号
…………Tel：024-86678888
沈阳北汤养老服务有限公司
地址：沈阳市沈北新区杭州路189号
…………Tel：024-86808789
辽宁荣信房地产开发有限公司
地址：沈阳市沈北新区聚农路34号
…………Tel：024-88042200
沈阳辉山农业高新区建设开发有限公司
地址：沈阳市沈北新区辉山大街123-28号
…………Tel：024-88081455
沈阳铬丞实业有限公司
地址：沈阳经济技术开发区浑河二十街15号
…………Tel：024-88105588
沈阳东鑫建防水建材有限公司
地址：沈阳市大东区沈铁路222号2门
…………Tel：024-88316850
沈阳亿博房地产开发有限公司
地址：辽宁省沈阳市沈北新区蒲河大道888号西五区41号
…………Tel：024-88489999
辽宁恒盟房屋开发有限公司
地址：沈阳市沈河区广宜街2号
…………Tel：024-88531997
沈阳多维格诺建筑系统有限公司
地址：沈阳市沈北新区蒲平路8号
…………Tel：024-88797567
沈阳霓峰房地产开发有限公司
地址：沈阳市大东区滂江街22号
…………Tel：024-88922888
沈阳浩博实业有限公司
地址：辽宁省沈阳市大东区建设路100号
…………Tel：024-89715063
瓦房店市城市建设投资开发有限公司
地址：辽宁省瓦房店市五四路147号
…………Tel：0411-39111859
大连华盈建材有限公司
地址：辽宁省大连市普兰店区铁西街道办事处快马厂社区张屯115号
…………Tel：0411-39159219
恒盛阳光鑫地（大连）置业有限公司
地址：辽宁省大连市金州区先进街道七里村五一路401号
…………Tel：0411-39570111
大连尊荣捷路汽车销售服务有限公司
地址：辽宁省大连市甘井子区虹城路556-1号、556-2号
…………Tel：0411-39570680
大连京信置业有限公司
地址：辽宁省大连市甘井子区辛寨子街道辛博街1号
…………Tel：0411-39676377
辽宁正泉工程造价咨询服务有限公司
地址：辽宁省大连市甘井子区中华西路137号
…………Tel：0411-39728150
大连保税区路迈顺国际贸易有限公司
地址：辽宁省大连保税区中轻大厦2#楼112号
…………Tel：0411-39808555

中直装饰装潢工程（大连）有限公司
地址：辽宁省大连市中山区宏大路18号9层3号
……Tel：0411-39813333

瓦房店市新城区开发建设有限公司
地址：辽宁省瓦房店市西长春路西段148号
……Tel：0411-62577790

大连飞天新型建材有限公司
地址：辽宁省大连花园口经济区迎春街8号花园公寓4号楼5单元902室
……Tel：0411-62655677

大连圣跃房地产开发有限公司
地址：辽宁省大连市甘井子区辛寨子街道大东沟村
……Tel：0411-65858066

瓦房店市谢屯新型城镇化开发建设有限公司
地址：辽宁省大连市瓦房店市谢屯镇谢屯村
……Tel：0411-66501958

大连全明星装潢工程有限公司
地址：辽宁省大连市中山区上海路4号7层C4号
……Tel：0411-66523336

大连泰达新城建设发展有限公司
地址：辽宁省大连市甘井子区营城子街道金龙寺沟村
……Tel：0411-66888342

法施达（大连）实业集团有限公司
地址：辽宁省大连市沙河口区中山路478号1单元25层1号（仅限办公使用）
……Tel：0411-82182211

大连三和住邦物业管理有限公司
地址：辽宁省大连市中山区友好路101号北塔楼13层10号
……Tel：0411-82559558

大连鑫港大厦有限公司
地址：辽宁省大连市中山区人民路26号
……Tel：0411-82810638

大连天泰装饰工程有限公司
地址：辽宁省大连市中山区宏大路18号26层
……Tel：0411-82812266

大连天行健装饰工程有限公司
地址：辽宁省大连市中山区解放街9号24层F号
……Tel：0411-82828176

圣邦铭阳建材（大连）有限公司
地址：辽宁省大连市普兰店区海湾新城31号1单元13层3号
……Tel：0411-83194666

贷贷通（大连）网络科技有限公司
地址：辽宁省大连市西岗区黄河路126号
……Tel：0411-83628822

大连蓝堡酒店管理有限公司
地址：辽宁省大连市甘井子区小平岛路39号（含辽宁省大连市甘井子区亲海街10号）
……Tel：0411-84731813

恒润丰城市基础设施建设（大连）有限公司
地址：辽宁省瓦房店市仙浴湾镇望海村
……Tel：0411-85129000

御璧建材（大连）有限公司
地址：辽宁省瓦房店市西长春路西段130号4层
……Tel：0411-85176388

大连长兴岛港泰城建投资有限公司
地址：辽宁省大连长兴岛经济区管理委员会办公楼
……Tel：0411-85280683

大连时泰城市建设发展有限公司
地址：辽宁省大连普湾新区普湾广场一号
……Tel：0411-85779060

辽宁省城乡建设集团大连有限公司
地址：辽宁省大连市沙河口区香周路299-1号
……Tel：0411-86666924

大连石域天下新型建材有限公司
地址：辽宁省大连市甘井子区革镇堡镇中革村
……Tel：0411-86686677

大连彤阳建筑材料有限公司
地址：辽宁省大连市甘井子区南关岭镇下沟街1号
……Tel：0411-86776555

大连鹏生集团有限公司
地址：辽宁省大连市甘井子区甘北路16号
……Tel：0411-86777588

大连好特客建材有限公司
地址：辽宁省大连市金州区友谊街道龙水路15号1-3层
……Tel：0411-87318748

大连保税区黑山物流产业园有限公司
地址：辽宁省大连保税区二十里堡街道办事处416室
……Tel：0411-87385605

中城建东北建设发展有限公司
地址：辽宁省大连经济技术开发区红梅小区81栋-1-28-2号
……Tel：0411-87587188

骊住通世泰建材（大连）有限公司
地址：辽宁省大连经济技术开发区东北大街25号
……Tel：0411-87639999

大连金普新区海绵城市建设投资有限公司
地址：辽宁省大连经济技术开发区金窑路38号
……Tel：0411-87935160

大连实德新型建材制造有限公司
地址：辽宁省大连长兴岛经济区新港村
……Tel：0411-88128150

大连实德塑料建材有限公司
地址：辽宁省大连长兴岛经济区产业区
……Tel：0411-88128180

大连实德建材发展有限公司
地址：辽宁省大连长兴岛经济区新港村
……Tel：0411-88128180

大连实德节能建材有限公司
地址：辽宁省大连长兴岛经济区新港村
……Tel：0411-88128180

金鹏置业集团有限公司
地址：辽宁省庄河市延安路一段10号
……Tel：0411-89283333

大连中建海绵城市建设发展有限公司
地址：辽宁省大连庄河市城关街道水仙委水仙园E31-1＃新华路南段358号
……Tel：0411-89823802

辽宁盛世华银信息科技有限公司
地址：辽宁省鞍山市千山区达道湾韩国商业街1＃楼14层19号写字间
……Tel：0412-2567892

辽宁精华新材料股份有限公司
地址：海城市泰山街23号
……Tel：0412-3600126

鞍山旺通投资开发建设有限公司
地址：海城市西柳镇综合事务办公楼
……Tel：0412-3857826

辽宁恒泰新型建筑材料有限公司
地址：鞍山市台安县高力房镇长安路南
……Tel：0412-4942485

辽宁东北摩尔置业有限公司
地址：鞍山市千山区千山西路666号
……Tel：0412-5606022

辽宁东北摩尔置业有限公司
地址：鞍山市千山区千山西路666号
……Tel：0412-5606022

鞍山铁东城南城市建设投资有限公司
地址：辽宁省鞍山市铁东区园林东山街68栋
……Tel：0412-5723399

辽宁泓润达建筑工程有限公司
地址：辽宁省鞍山市立山区友爱街71栋56号
……Tel：0412-6064628

鞍山金榜祎铭建筑工程有限公司
地址：辽宁省鞍山市千山区达道湾韩国商业街1＃楼12层03号
……Tel：0412-6450001

鞍山紫云房产开发有限公司
地址：辽宁省鞍山市立山区鞍千路112栋3层S61号
……Tel：0412-6920888

鞍山国泰大厦有限公司
地址：鞍山市铁东区二道街68号
……Tel：0412-7130213

南亚塑胶工业（鞍山）有限公司
地址：辽宁省鞍山高新技术产业开发区西区协作路10号
……Tel：0412-7200333

岫岩满族自治县城市建设集团有限责任公司
地址：辽宁省鞍山市岫岩满族自治县岫岩镇一街道
……Tel：0412-7779982

岫岩满族自治县财兴城市建设投资发展有限公司
地址：辽宁省鞍山市岫岩满族自治县岫岩镇岫玉大街财政局411室
……Tel：0412-7900033

鞍山市铁西区城市建设投资有限公司
地址：辽宁省鞍山市铁西区人民路171号
……Tel：0412-8591364

鞍山达道湾回迁房建设有限公司
地址：鞍山市千山西路501号
……Tel：0412-8929005

海城市富强土地房屋投资有限公司
地址：海城市牌楼镇富强街道
……Tel：041-3899096

丹东装潢美术广告有限公司
地址：丹东市振安区临江后街7-4号
……Tel：0415-2132855

丹东市城乡建设房地产开发有限公司
地址：丹东市振兴区五经街6号
……Tel：0415-2136533

丹东市鑫源城市建设投资有限公司
地址：辽宁省丹东市元宝区九江街5号
……Tel：0415-2596010

丹东城市开发建设投资有限公司
地址：振兴区六纬路城建小区23号楼
……Tel：0415-2866012

辽宁摩利特新型建筑材料有限公司
地址：丹东市立业路2-6号
……Tel：0415-3311566

宽甸满族自治县城市开发建设投资有限公司
地址：宽甸镇东关街道30组
……Tel：0415-5115099

东港市城市建设发展集团有限公司
地址：辽宁省丹东市东港市大东区振兴街36号
……Tel：0415-7589666

辽宁凤凰山旅游（集团）有限公司
地址：凤城市凤凰城管理区凤凰大街南侧
……Tel：0415-8140960

凤城市现代产业园区开发建设投资有限公司
地址：辽宁省丹东市凤城市二龙工业园区党群活动中心二层
……Tel：0415-8244887

锦州广建建设安装有限公司
地址：锦州市凌河区兰花里18甲号
……Tel：0416-2355766

锦州经济技术开发区第二建筑工程有限公司
地址：辽宁省锦州经济技术开发区渤海大街四段1号
……Tel：0416-3581506

锦州城建（集团）有限公司
地址：辽宁省锦州市太和区凌南东里宝地城C区44-2号
……Tel：0416-3707101

锦州凌云建材有限公司
地址：锦州市太和区三屯工业开发区
……Tel：0416-4116998

锦州市城市建设投资发展（集团）有限公司
地址：辽宁省锦州市中央南街45号
……Tel：0416-5085105

辽宁万达建材科技有限公司
地址：锦州七里河工业园区
……Tel：0416-7873898

锦州东方雨虹建筑材料有限责任公司
地址：辽宁省锦州经济技术开发区西海大街一段20号
……Tel：0416-7988261

辽宁金城现代农业有限公司
地址：辽宁省锦州市凌海市金城原种场
……Tel：0416-8260865

锦州盛文北方新生活新华书店有限公司
地址：辽宁省锦州市凌河区中央大街三段3号茂业天地1-4层
……Tel：0416-8974888

营口市站前区城市建设投资有限公司
地址：营口市站前区盼盼路南30甲
……Tel：0417-2668819

营口市城市建设投资发展有限公司
地址：辽宁省营口市西市区渤海大街西64号
……Tel：0417-2800178

辽宁金地房地产开发有限公司
地址：辽宁省营口市辽宁（营口）沿海产业基地新联大街东1号
……Tel：0417-2953305

营口晟鼎裕龙阁实业有限公司
地址：营口市站前区学府路南4号
……Tel：0417-2990673

营口渤海建材有限公司
地址：辽宁（营口）沿海产业基地管委会新联大街东1号
……Tel：0417-3253877

沈阳贻添建材有限公司
地址：沈阳法库辽河经济区
……Tel：0417-3253889

营口金地球水泥有限公司
地址：老边区柳树镇
……Tel：0417-3896968

辽宁金禹实业有限公司
地址：辽宁省营口市鲅鱼圈区鹊鸣湖科技产业园新兴产业发展中心1号楼
……Tel：0417-5519503

营口兴港实业有限公司
地址：辽宁省营口市鲅鱼圈区辽东湾大街西侧龙港花园A3幢6号门市
……Tel：0417-6178668

营口经济技术开发区城市开发建设投资有限公司
地址：营口经济技术开发区投资服务中心12楼
……Tel：0417-6200725

营口华海（集团）有限公司
地址：营口市鲅鱼圈区天山大街中段华海佳苑
……Tel：0417-6250816

营口港房地产开发有限责任公司
地址：鲅鱼圈区港房地产综合楼
……Tel：0417-6264866

建华建材（营口）有限公司
地址：辽宁省营口辽宁省盖州市西海办事处双泉眼村
……Tel：0417-6571051

营口北海新区城区开发建设投资有限公司
地址：营口北海新区
……Tel：0417-6578092

营口鑫荣建材有限公司
地址：辽宁省营口市鲅鱼圈区绿色工业园A-202号二楼
……Tel：0417-7265876

辽宁九仓房地产开发有限公司
地址：盖州市西海办事处工业园区
……Tel：0417-7718999

盖州市隆峰建筑材料有限公司
地址：辽宁省营口盖州市怡祥花苑小区
……Tel：0417-7859909

阜新市海州区昕彬小额贷款有限公司
地址：阜新市海州区前进路31-11
……Tel：0418-2817888

阜新昌旺建材贸易有限公司
地址：阜新市细河区东风路63-6门
……Tel：0418-6083331

辽宁亿达新型建材有限公司
地址：辽宁省阜新市彰武县兴工路8-3号
……Tel：0418-7895666

辽宁沈彰新城开发建设有限公司
地址：辽宁省阜新市彰武县西六家子乡本街10号
……Tel：0418-7976012

辽阳鸿飞商品混凝土有限公司
地址：辽阳市文圣区安康路20号
……Tel：0419-3179985

辽阳市河东新城开发建设有限公司
地址：辽阳市文圣区中华大街东段
……Tel：0419-3189063

辽阳富兴城市建设投资有限公司
地址：辽阳市文圣区中华大街东段528号
……Tel：0419-3189063

辽阳襄平城市建设投资有限公司
地址：辽宁省辽阳市
……Tel：0419-3189063

辽阳和兴城市开发建设有限公司
地址：辽阳市文圣区中华大街东段528号
……Tel：0419-3189063

灯塔佟二堡海宁皮革城有限责任公司
地址：灯塔市佟二堡镇佟二堡村
……Tel：0419-3515001

辽宁意邦新型材料科技集团有限公司
地址：辽阳市高新开发区南环街二段
……Tel：0419-4151498

辽阳忠旺宏建金属材料有限公司
地址：辽宁省辽阳市宏伟区曙光乡忠旺-37-3-3
……Tel：0419-4268732

辽阳辽化房地产经营开发有限责任公司
地址：辽阳市宏伟区荣华街
……Tel：0419-5152718

辽阳合成催化剂有限公司
地址：辽宁省辽阳市宏伟区南七路6-1号
……Tel：0419-5169714

辽宁科隆精细化工股份有限公司
地址：辽宁省辽阳市宏伟区万和七路36号
……Tel：0419-5589850

辽阳诚达重工机械有限公司
地址：辽宁省辽阳市辽阳县首山镇鞍阳街33号 1-3
……Tel：0419-7182999

辽宁通达建材实业有限公司
地址：辽阳首山冶金工业园区9号
……Tel：0419-7479277

灯塔城市建设开发有限公司
地址：辽宁省辽阳市灯塔市葛西河回迁小区12号楼3层
……Tel：0419-8583357

朝阳金泰房地产开发有限责任公司
地址：朝阳市双塔区龙山街四段788号
……Tel：0421-2976018

朝阳市华盈商品混凝土有限公司
地址：朝阳市龙城区龙城工业项目区
……Tel：0421-3933911

喀左县万豪包装装潢印刷制品有限公司
地址：喀左县大城子镇五家子村
……Tel：0421-4313987

朝阳燕都国际酒店有限责任公司
地址：朝阳市双塔区新华路二段77号
……Tel：0421-6621188

辽宁兴诺房地产开发集团有限公司
地址：朝阳市双塔区朝阳大街四段172号
……Tel：0421-7253505

朝阳昊融旅游开发有限公司
地址：辽宁省朝阳市朝阳县清风岭镇后西地村
……Tel：0421-8471700

盘锦峰泽建筑材料有限公司
地址：辽宁省盘锦辽东湾新区荣兴街道创业大厦二楼204室
……Tel：0427-2259555

盘锦晟腾石油化工有限公司
地址：辽宁省盘锦市大洼县新兴镇王家村
……Tel：0427-2288221

盘锦永诚防水建材有限公司
地址：盘锦市大洼县新立镇苏家村
……Tel：0427-5844111

鹤城建设集团股份公司

地址：辽宁省盘锦市兴隆台区兴油北区
Tel：0427－5886321

辽宁大禹防水科技发展有限公司
地址：盘锦新型防水材料产业基地（盘山县陈家）
Tel：0427－5918015

辽宁女娲防水建材科技集团有限公司
地址：辽宁省盘锦市盘山县陈家镇郎家村
Tel：0427－6577558

盘锦辽通化工有限责任公司
地址：盘锦大洼县新建乡西张家村
Tel：0427－6822300

大洼县城市建设投资有限公司
地址：辽宁省盘锦市大洼区中心路117号
Tel：0427－6920005

盘锦市大洼区国有资本投资运营集团有限公司
地址：辽宁省盘锦市大洼区中心路117号
Tel：0427－6920005

盘锦辽滨鑫诚建筑新材料有限公司
地址：辽宁省盘锦辽东湾新区滨海路北，长春路西盘锦辽滨鑫诚建筑新材料有限公司办公楼
Tel：0427－6939393

盘锦盛达房地产开发有限公司
地址：盘锦市兴隆台区渤海街钻工村
Tel：0427－7810166

葫芦岛市连山区城市建设投资有限责任公司
地址：葫芦岛市连山区红星路
Tel：0429－2132301

宏运物业管理服务有限公司
地址：辽宁省葫芦岛市龙港区锦葫路41号楼
Tel：0429－2191085

葫芦岛市连山区连兴城建管理有限公司
地址：辽宁省葫芦岛市连山区新大路小区3区15号楼
Tel：0429－2685859

葫芦岛华泰国际酒店有限公司
地址：葫芦岛市龙港区龙湾大街62号楼
Tel：0429－3077065

葫芦岛市城市建设投资有限公司
地址：葫芦岛市龙港区龙警街１２号
Tel：0429－3122799

葫芦岛市城建交通集团有限公司
地址：辽宁省葫芦岛市龙港区海辰路93－1号
Tel：0429－3236100

圣戈班石膏建材（葫芦岛）有限公司
地址：葫芦岛市绥中县滨海经济区
Tel：0429－3936061

兴城市城建交通集团有限公司
地址：辽宁省葫芦岛市兴城市古城办事处外环路东二村6号
Tel：0429－5670314

绥中县马家联合石油有限责任公司
地址：绥中县沙河乡马家村
Tel：0429－6220299

吉林省

长春汽车城万达广场投资有限公司
地址：长春汽车经济技术开发区西湖大路与腾飞大路交汇车城万达广场购物中心A1－1＃楼401室
Tel：0431－80576701

长春经济技术开发区城市建设集团有限责任公司
地址：长春经济开发区自由大路5188号
Tel：0431－80762690

长春鑫安阳光物业服务集团有限公司
地址：开发区海口路583号
Tel：0431－80852108

长春新城万博房地产开发有限公司
地址：吉林省长春市北湖科技开发区易华录国际食品安全创新产业园A座1003室
Tel：0431－81100555

长春高新城市建设投资（集团）有限公司
地址：吉林省长春市长德新区长德大街1号268室
Tel：0431－81187060

中铁置业集团长春房地产开发有限公司
地址：长春汽车经济技术开发区普阳街3505号1040、1041室
Tel：0431－81222975

吉林省嘉艺新型建材有限公司
地址：长春市经济开发区102国道以东，北区丙一路以北
Tel：0431－81244000

龙翔投资控股集团有限公司
地址：吉林省长春市高新北区吉星大厦2301室
Tel：0431－81269303

中城投集团第二工程局有限公司
地址：长春市人民大街10606号
Tel：0431－81343334

九台市鑫泽装潢设计有限公司
地址：吉林省长春市九台市南山街上台村2社
Tel：0431－81365299

长春市百姓绿森林装饰装潢有限公司
地址：吉林省长春市宽城区新月路1－1号B9栋二单元102
Tel：0431－81751733

吉林省栖乐荟商业运营管理有限公司
地址：长春市高新技术产业开发区博文路18号
Tel：0431－81807640

长春远大房地产置业有限公司
地址：长春市南关区华庆路1288号远大购物广场323室
Tel：0431－81815878

长春市彤地丽天装饰工程有限公司
地址：长春市宽城区一匡街康泰乐园E－4E－7[幢]101号房
Tel：0431－81856686

吉林省长发新型城镇化产业有限公司
地址：宽城区欣园街道办事处孟家村春城北岸小区七号楼101－102号
Tel：0431－81858869

长春市爱尚装潢装饰工程有限公司
地址：长春市高新开发区电台街天盛名都第2幢106号房
Tel：0431－81898800

吉林省新居房地产开发有限公司
地址：吉林省长春市高新开发区电台街天盛名都1幢0单元104号房
Tel：0431－81898800

长春兴城城建投资控股有限公司
地址：长春市南关区亚泰大街2633号城开大厦7楼
Tel：0431－81903015

长春汇发城建投资有限公司
地址：长春市南关区亚泰大街2633号城开大厦7楼
Tel：0431－81903015

长春旺达城市发展建设投资有限公司
地址：长春市南关区亚泰大街2633号城开大厦7楼
Tel：0431－81903015

长春建和城市建设投资有限公司
地址：长春市南关区亚泰大街2633号城开大厦7楼
Tel：0431－81903015

长春建发城市建设投资有限公司
地址：长春市南关区亚泰大街2633号城开大厦7楼716室
Tel：0431－81903015

长春建通城市建设投资有限公司
地址：长春市南关区亚泰大街2633号城开大厦7楼
Tel：0431－81903015

长春建仁城市建设投资有限公司
地址：长春市南关区亚泰大街2633号城开大厦7楼
Tel：0431－81903015

长春亚泰金安房地产开发有限公司
地址：吉林省长春市净月开发区生态大街5666号亚泰华府销售中心
Tel：0431－81923911

长春实德节能建材有限公司
地址：吉林省榆树市环城工业集中区（榆陶公路3公里处）
Tel：0431－81995655

长春市城市发展投资控股集团建设有限公司
地址：吉林省长春市经济开发区浦东路3499号
Tel：0431－82006026

长春城市管线建设投资（集团）有限公司
地址：长春市朝阳区育民路1199号
Tel：0431－82532506

长春市中澳城物流有限公司
地址：长春九台经济开发区省道101八公里南侧
Tel：0431－82563316

长春市中澳城物流有限公司
地址：长春九台经济开发区省道101八公里南侧
Tel：0431－82563316

长春华大房地产开发有限责任公司
地址：吉林省长春市宽城区小南街华大城二期A2号楼
Tel：0431－82667555

吉林省中晟伟业装饰工程有限责任公司
地址：吉林省长春市朝阳区西安大路北、辽宁路西经纬大厦6＃座2单元1103号
Tel：0431－82950999

榆树市融泽城市建设投资有限公司
地址：吉林省长春市榆树市府前路畜牧局五楼
Tel：0431－83699009

长春新都市建设开发有限公司
地址：长春市双阳区长清公路16公里处（幸福村马架子屯）
Tel：0431－84163533

吉林省吉鹿源生物科技有限公司
地址：长春双阳经济开发区(梅花鹿产业园办公楼四楼)
Tel：0431－84353001

长春净月新城房地产开发有限公司
地址：长春市净月开发区净月大街2950号众创大厦410室
Tel：0431－84529400

长春市金达洲汽车销售有限责任公司
地址：长春市深圳街20号
Tel：0431－84644874

中建材矿业吉林有限公司
地址：长春市经济技术开发区东环城路8518号
Tel：0431－84676562

中建材资源与环境工程吉林有限公司
地址：长春市经济技术开发区东环城路8518号
Tel：0431－84690068－8012

吉林省长城路桥建工有限责任公司
地址：长春市南关区人民大街7350号
Tel：0431－84696810

吉林省中大建材市场有限公司
地址：长春市二道区英俊镇和平村
Tel：0431－84721986

吉林省力旺商业运营管理有限公司
地址：吉林省长春市朝阳区前进大街集商国际项目A1、A2、A3、A4、A5号楼2144号
Tel：0431－84786800

吉林省翔河建筑材料有限公司
地址：公主岭市陶家屯镇同庆小学房后
Tel：0431－84852444

中国城市建设控股集团吉林投资有限公司
地址：吉林省长春市宽城区团山路与长新街交汇中城建世界名城项目B区（B2－B202）
Tel：0431－84870468

中城建交通建设股份有限公司
地址：长春市朝阳区解放大路84号
Tel：0431－84870488

中国城市建设控股集团吉林有限公司
地址：吉林省长春市朝阳区宽平大路与进化街交汇交通花园小区101室
Tel：0431－84870488

中城建第十一工程局集团有限公司
地址：吉林省长春市二道区长吉南线1199号302室
Tel：0431－84870488

吉林中城建中大房地产开发有限公司
地址：长春市南关区南岭大街9号
Tel：0431－84870488

亚泰集团长春建材有限公司
地址：长春市二道区四通路北（经营场所：二道区长石公路十公里）
Tel：0431－84875000

亚泰建材集团有限公司
地址：长春市二道区吉林大路1801号
Tel：0431－84974500

东方家园长春前进建材家居有限公司
地址：朝阳区前进大街1816号
Tel：0431－85072058

吉林省中和商业开发有限公司
地址：长春市长江路57号
Tel：0431－85072200

长春盛世投资置业发展集团有限公司
地址：长春汽车经济技术开发区东风大街4209号
Tel：0431－85122989

长春市万龙物业有限公司
地址：南关区亚泰大街万龙原色生活小区1号楼
Tel：0431－85333349

吉林省弘盛交通建设开发有限公司
地址：长春市绿园区富民大街108号
Tel：0431－85355466

吉林省祥盛装饰装潢有限公司
地址：长春市南关区吉宇大厦D座14楼
Tel：0431－85589501

吉林中远建设集团有限公司
地址：长春市朝阳区宽平大路北一胡同6号
Tel：0431－85832457

吉林省尚宏装饰装潢有限公司
地址：长春市宽城区长新路与亚泰大街交汇处北城华府（包豪新国际社区）6[幢]410号房
Tel：0431－85834177

长春市联创装潢有限公司
地址：朝阳区工农大路1055号时代服饰广场1608室
Tel：0431－85931171

长春城投城镇化建设投资有限公司
地址：宽城区兰家大街155号6楼
Tel：0431－86000893

长春城投建设投资（集团）有限公司
地址：长春市二道区新开大街277号206室
Tel：0431－86000968

吉林省幸福家装饰装潢有限公司
地址：长春市绿园区升阳街35号西安花园三期1[幢]503－3室
Tel：0431－86115225

吉林龙泽伟业装修装潢有限公司
地址：经济开发区佳泰缔景城二期第8/9/10幢708号房
Tel：0431－86144444

长春中泰实业有限公司
地址：长春市宽城区北凯旋路4888号中泰新光复路市场1期G1号楼
Tel：0431－86802666

长春市名典地铁置业有限公司
地址：宽城区凯旋路1555号
Tel：0431－87829722

长春市百川装潢有限公司
地址：长春市绿园区新竹路虹桥小区4栋602室
Tel：0431－87884567

长春市英东装潢装饰有限公司
地址：吉林省长春市绿园区普阳街与景阳大路交汇中海凯旋门A5号楼717号房
Tel：0431－87904009

长春市城建维护集团股份有限公司
地址：吉林省长春市绿园区万福街688号
Tel：0431－87972375

吉林省俊业置地有限公司
地址：吉林省长春市绿园区青州路与青龙路交汇处“大禹华邦”C区3号办公楼
Tel：0431－87995581

吉林民发建筑装饰装潢有限公司
地址：经济开发区天地十二坊C31幢101号房
Tel：0431－88001166

长春盒合装饰装潢有限公司
地址：经济开发区长吉南线盈嘉大厦1420号
Tel：0431－88471849

吉林德运实业集团有限公司
地址：吉林省长春市朝阳区前进大街3号15号楼604室
Tel：0431－88546695

吉林省嘉华房地产开发有限公司
地址：吉林省长春市经济技术开发区会展大街1839号（嘉惠·红山郡小区）14号楼305室
Tel：0431－88966500

吉林省今朝装饰设计有限公司
地址：长春市朝阳区西安小区B座高层
Tel：0431－88968200

吉林省艺鸿建筑工程有限公司
地址：长春市朝阳区西安大路660号国际大厦B座1522室
Tel：0431－88986608

吉林省顺天建材产业园有限公司
地址：吉林省长春市经开区兴隆山101省道与中山大街交汇处北区办公楼305室
Tel：0431－88998999

吉林省中嘉装饰装潢有限公司
地址：吉林省长春市朝阳区西安大路8号新世纪鸿源广场【幢】821号房
Tel：0431－89122929

吉林省华航房地产开发有限公司
地址：长春汽车经济技术开发区东风大街50号701房
Tel：0431－89247066

华润置地长春房地产开发有限公司
地址：长春市北湖科技开发区和安街与大学城路交汇华润置地公元九里G6商业
Tel：0431－89996600

吉林孤店子城镇化建设投资有限公司
地址：吉林省吉林市昌邑区孤店子镇大荒地村
Tel：0432－62170009

吉林森煌建筑材料集团有限公司
地址：吉林市吉林经济技术开发区建新街36号
Tel：0432－62229457

吉林市森邦实业有限公司
地址：昌邑区江湾路19号
Tel：0432－62401655

吉林市宜安房地产开发有限公司
地址：吉林省吉林市船营区光华路5号5层
Tel：0432－62449945

吉林市昌和建筑安装工程有限责任公司
地址：昌邑区东局子街道社区综合楼1号网点
Tel：0432－62485532

吉林福麟装饰装潢工程有限公司
地址：吉林省吉林市丰满区兴隆街500号C号办公楼6层134号
Tel：0432－62536110

吉林市国元投资控股集团有限公司
地址：吉林省吉林市船营区雾凇西路中凯红星家居建材港37号办公楼商业0单元7层100号
Tel：0432－63300002

吉林万利装饰装潢工程有限公司
地址：吉林市昌邑区珲春中街1508号神华万利城17号商业裙房二层一间
Tel：0432－63521111

吉林市骏杰建筑装潢工程有限公司
地址：龙潭区朋程二区2＃－5号网点
Tel：0432－63687999

吉林市晟田建筑装饰装潢工程有限公司
地址：吉林省吉林市昌邑区正垣美伦堡3号

楼1单元001号
………………………Tel：0432-63689525

吉林市北斗建筑装饰装潢设计有限公司
地址：船营区德胜路202号(众安居家装大世界)
………………………Tel：0432-64082999

吉林市华锦装饰装潢有限公司
地址：吉林省吉林市龙潭区江密峰镇茶棚村01幢0001001室
………………………Tel：0432-65093607

吉林省美之居装饰装潢有限公司
地址：桦甸市明华街长白山特产商贸城D区1号35门
………………………Tel：0432-66222372

桦甸市城市基础设施开发建设投资有限公司
地址：桦甸市安居福兴家园小区9号楼5门
………………………Tel：0432-66269555

蛟河市中信城镇化建设管理有限公司
地址：吉林省吉林市蛟河市新区红叶大街102号（交通局办公楼）六楼
………………………Tel：0432-67267055

吉林市宏俐达建筑安装工程有限公司
地址：吉林（中国-新加坡）食品区总部大厦333室
………………………Tel：0432-68019808

舒兰市城镇建设投资有限公司
地址：舒兰市滨河大街2006号
………………………Tel：0432-68255085

吉林省延房置业集团有限公司
地址：延吉市河南街天池路2169号
………………………Tel：0433-2222766

延边世林创品装饰装潢有限公司
地址：延吉市进学街3251号
………………………Tel：0433-2519147

延边华阳实业集团有限公司
地址：延吉市公园路1188号
………………………Tel：0433-2731766

吉林乾清建材有限公司
地址：延吉市长白路119-7号
………………………Tel：0433-2838916

延吉市新元建材科技有限公司
地址：延吉市旺盛路1399-1号1001
………………………Tel：0433-2910761

延边嘉泰建筑材料有限公司
地址：龙井市工业集中区
………………………Tel：0433-3256777

延吉市城市建设投资集团有限公司
地址：延吉市建工街388号
………………………Tel：0433-5000701

延吉市市政工程管理有限公司
地址：延吉市朝阳街爱丹路86号
………………………Tel：0433-5000808

长白山保护开发区城镇开发建设有限公司
地址：吉林省长白山保护开发区池北区白山大街
………………………Tel：0433-5720266

长白山城镇基础设施建设有限公司
地址：吉林省长白山保护开发区池北区白山大街
………………………Tel：0433-5720266

吉林省梓健新型建材股份有限公司
地址：吉林省磐石市富太镇东新西北屯
………………………Tel：0433-65043777

珲春市城市综合管廊建设管理有限责任公司
地址：吉林省珲春市河南街（住房和城乡建设局北侧办公楼五楼西侧）
………………………Tel：0433-7553229

珲春华宇新型建筑材料有限公司
地址：珲春边境经济合作区3号小区（热力燃气楼）
………………………Tel：0433-7612226

汪清县吉祥装饰工程有限公司
地址：汪清县汪清镇大川街
………………………Tel：0433-8806789

四平市四通城市基础设施建设投资有限公司
地址：吉林省四平市经济开发区办公楼401室
………………………Tel：0434-3253105

中国电建集团四平线路器材有限公司
地址：四平市铁东区铁东经济开发区东泰大街298号
………………………Tel：0434-3517876

四平市海绵城市建设运营管理有限公司
地址：吉林省四平市铁东区城东乡长发路901号
………………………Tel：0434-3670550

伊通满族自治县兴伊城乡建设投资有限公司
地址：吉林省伊通满族自治县农村信用合作联社办公室
………………………Tel：0434-4203789

吉林省富强装潢材料有限公司
地址：吉林省伊通满族自治县家阖上品小区22号楼1层15门
………………………Tel：0434-4602888

四平市京平海绵城市建设运营管理有限公司
地址：吉林省四平市铁西区北新华大街98号
………………………Tel：0434-5017729

吉林省范家屯城乡一体化建设有限公司
地址：公主岭市范家屯镇硅谷大街北侧
………………………Tel：0434-5067200

梨树县城镇化建设开发有限公司
地址：吉林省四平市梨树县梨树镇建设小区北区1号楼5楼
………………………Tel：0434-5260228

通化市城建投资集团有限公司
地址：通化市东昌区江雪路1066号
………………………Tel：0435-3569902

通化北为城市建设有限公司
地址：吉林省通化市通化县快大茂镇同德路1-6666号
………………………Tel：0435-5112303

通化市二建节能建材有限公司
地址：通化市东昌区江东乡佐安村一组
………………………Tel：0435-5862999

吉林恒帝药业有限公司
地址：通化县快大茂镇同德路6777号
………………………Tel：0435-5880897

辉南县宝利装饰装潢有限责任公司
地址：辉南县朝阳镇富强大街173-7号
………………………Tel：0435-8237188

吉林白城地建建筑工程股份有限公司
地址：吉林省白城市中兴西大路64号
………………………Tel：0436-3329960

白城东升城市基础设施建设有限公司
地址：白城洮北经济开发区
………………………Tel：0436-3507607

白城市丽辉装饰装潢有限公司
地址：白城市青年北大街21号
………………………Tel：0436-3510159

白城市建城项目管理有限公司
地址：白城市胜利东路1楼-1
………………………Tel：0436-3532932

白城市起点装饰装潢设计有限公司
地址：白城市明珠花园41-2门市
………………………Tel：0436-3605999

拓丰建设集团有限公司
地址：白城市洮白公路333号
………………………Tel：0436-3678163

白城市新开城市建设集团有限公司
地址：白城市生态新区东海西路999号
………………………Tel：0436-5882219

白城市中城投资建设有限公司
地址：白城市胜利东路1号楼-1
………………………Tel：0436-5883911

白城长营集团路桥有限公司
地址：白城市胜利西路633号
………………………Tel：0436-5895562

白城市奇源装潢有限公司
地址：吉林省白城市洮北区白平公路76号
………………………Tel：0436-6101598

白城经济开发区禹宇市政建设有限公司
地址：白城市富裕路99号
………………………Tel：0436-6182111

辽源市和源装潢工程有限公司
地址：吉林省辽源市龙山区西宁大路5729号
………………………Tel：0437-3171898

东丰县横道河城市开发建设有限公司
地址：东丰县横道河镇内
………………………Tel：0437-6777000

吉林众方大业装潢股份有限公司
地址：吉林省松原市宁江区郭尔罗斯大路1299号
………………………Tel：0438-2133711

松原市名源装饰装潢有限公司
地址：吉林省松原市宁江区建设街万灵小区3010号
………………………Tel：0438-2138585

松原市利民新型建材有限公司
地址：吉林省松原经济技术开发区厦门街1015号
………………………Tel：0438-2160439

松原市城市开发建设有限责任公司
地址：松原市青年大街4569号
………………………Tel：0438-2196027

吉林省萨日朗建设工程有限公司
地址：松原市经济技术开发区创业发展有限公司1楼105室
………………………Tel：0438-2204444

松原市宁江区温暖装潢装饰工程有限公司
地址：吉林省松原市宁江区文化街新城东路1128号
………………………Tel：0438-2212616

松原市金钻百货有限公司
地址：松原市宁江区乌兰大街3085号
………………………Tel：0438-2229008

松原经开城市基础设施建设开发有限公司
地址：吉林省松原经济技术开发区行政审批大厅五楼
………………………Tel：0438-2886816

前郭尔罗斯蒙古族自治县城乡建设投资开发有限公司
地址：五环大街前郭县地震监测中心五楼
………………………Tel：0438-5027002

扶余惠民村镇银行股份有限公司
地址：吉林省松原市扶余市育才南街222号
………………………Tel：0438-5161016

扶余市宇航装潢设计有限公司
地址：扶余市东北街
………………………Tel：0438-5555355

松原市恒鹏建筑材料有限公司
地址：吉林省松原市宁江区前进街宏冠家园小区2栋101
………………………Tel：0438-6938270

长岭县宏业装潢设计有限责任公司
地址：长岭县客运站南150米路西
………………………Tel：0438-7236319

吉林省驿站之家农业科技有限公司
地址：吉林省白山市靖宇县蒙江乡中华村000400室（白山经济开发区新区）
………………………Tel：0439-3258686

白山市城市建设投资开发有限公司
地址：吉林省白山市浑江区长白山大街3456号（开发区）
………………………Tel：0439-3271066

白山市城市建设开发有限公司
地址：白山市浑江区浑江大街1277号浑江农商银行银行大楼三层东侧
………………………Tel：0439-3562351

白山市江源区盛源新型建筑材料有限责任公司
地址：江源区石人镇林子头村
………………………Tel：0439-3785799

白山市城市综合管廊建设投资开发有限公司
地址：吉林省白山市浑江区北安大街涵月楼酒店东侧办公楼4楼（江北开发区）
………………………Tel：0439-5018688

白山市江源区诚真装饰装潢有限责任公司
地址：白山市江源区湾沟镇齐心村
………………………Tel：0439-5021888

白山市东北亚新型建筑材料有限公司
地址：白山市浑江区六道江镇胜利一村(开发区)
………………………Tel：0439-5118969

吉林省林海雪原饮品有限公司
地址：抚松县松江河镇松林大街
………………………Tel：0439-6174521

抚松县生态城镇化建设有限公司
地址：吉林抚松经济开发区
………………………Tel：0439-6235606

白山市民生城镇化建设开发有限公司
地址：吉林省白山市浑江区幸福园小区2号楼101（开发区）
………………………Tel：0439-6669166

吉林省长白山仙人桥温泉旅游度假区有限公司
地址：抚松县仙人桥镇温泉街
………………………Tel：0439-6688000

黑龙江省

黑龙江龙缘水利建设工程有限责任公司
地址：黑龙江省哈尔滨市香坊区公滨路37号高丽风情小镇18栋4单元6层1室（住宅）
………………………Tel：0451-51016388

哈尔滨华南城商业管理有限公司
地址：哈尔滨市道外区长江路1608号B栋3层01号
………………………Tel：0451-51018078

哈尔滨市新阳物业管理有限责任公司
地址：道里区福民街84号
………………………Tel：0451-51021009

哈尔滨中海龙祥房地产开发有限公司
地址：哈尔滨市道里区群力第六大道中海寰宇天下2617号
………………………Tel：0451-51060685

黑龙江省龙恒建筑工程有限责任公司
地址：黑龙江省哈尔滨市香坊区通乡街117号
………………………Tel：0451-51127379

建龙阿城钢铁有限公司
地址：哈尔滨市阿城区北环路2号
………………………Tel：0451-51538012

建龙黑龙江新材料科技有限公司
地址：哈尔滨市阿城区金城街北环路2号
………………………Tel：0451-51538012

黑龙江省世界闽商顺盛建材城有限公司
地址：双城市新兴工业园区泰山路西侧
………………………Tel：0451-51732888

哈尔滨美瑞物业管理有限公司
地址：哈尔滨市道里区建国-钢铁小区1栋1层102室06号
………………………Tel：0451-51754328

哈尔滨哈投城乡建设投资有限公司
地址：哈尔滨开发区南岗集中区汉水路172号5层
………………………Tel：0451-51845028

哈尔滨泽晟农产品有限公司
地址：哈尔滨市松北区万宝大道2166号A区1号沿街商铺
………………………Tel：0451-51855199

哈尔滨好民居建设投资发展有限公司
地址：哈尔滨市道里区建国街30号
………………………Tel：0451-51870828

哈尔滨东鸿房地产开发有限公司
地址：哈尔滨经开区南岗集中区长江路380号宏洋综合楼10层1号
………………………Tel：0451-51892764

哈尔滨银开房地产开发有限公司
地址：哈尔滨市道里区通江街27号
………………………Tel：0451-51975725

双城市城市基础设施建设投资有限公司
地址：双城市新兴路建设大厦办公楼一楼101、102室
………………………Tel：0451-53166866

五常市常兴城市建设发展有限公司
地址：五常市金山大街市政府办公楼264室
………………………Tel：0451-53503728

黑龙江中能电力装备有限公司
地址：五常市五常铁西
………………………Tel：0451-53584628

哈尔滨正大龙祥医药股份有限公司
地址：哈市利民开发区鑫天食品北、萧红大街东212米办公楼
………………………Tel：0451-55583039

黑龙江省华谊石化有限责任公司
地址：哈尔滨市道外区化工路173号
………………………Tel：0451-55606838

尚志市腾飞商厦有限公司
地址：尚志市尚志镇同心委腾飞路
………………………Tel：0451-56765555

哈尔滨宾西城镇化建设有限公司
地址：宾县宾西镇宾西经济技术开发区
………………………Tel：0451-57981106

哈尔滨哈南万达广场投资有限公司
地址：黑龙江省哈尔滨市平房区哈南万达广场F6-22商服
………………………Tel：0451-5886777

黑龙江省新纪元房地产开发有限公司
地址：黑龙江省哈尔滨市平房区新月街116号
………………………Tel：0451-59930877

黑龙江龙建城镇建设发展有限公司
地址：哈尔滨市南岗区嵩山路109号
………………………Tel：0451-82260258

黑龙江龙煤瑞隆能源有限责任公司
地址：林口县林业局办公楼内
………………………Tel：0451-82279281

黑龙江农垦金宇建设工程有限公司
地址：黑龙江省哈尔滨市香坊区香坊实验农场北开发区
………………………Tel：0451-82349955

黑龙江龙塔国际旅游有限公司
地址：哈尔滨市南岗区长江路龙塔内
………………………Tel：0451-82368859

哈尔滨汇欣龙房地产开发有限责任公司
地址：哈尔滨经开区南岗集中区泰山路95号软件园小区B-1-1栋1层3号门市
………………………Tel：0451-82380628

哈尔滨卓鑫越装饰工程有限公司
地址：哈尔滨市道外区民主乡新发村
………………………Tel：0451-82400542

哈尔滨禧龙国际商贸物流园区有限公司
地址：哈尔滨市道外区先锋路6号
………………………Tel：0451-82405815

黑龙江亿发鸿运汽车销售服务有限公司
地址：哈尔滨市道外区先锋路469号
………………………Tel：0451-82874767

黑龙江省鸿铭路桥工程有限公司
地址：黑龙江省哈尔滨市南岗区平明街6号3单元6层1号
………………………Tel：0451-82966333

哈尔滨中实汽车销售有限公司
地址：哈尔滨高新技术产业开发区群力园区（经营地点：道里区机场路9号）
………………………Tel：0451-84304888

哈尔滨中大型材科技股份有限公司
地址：哈尔滨开发区迎宾路集中区崂山路4号
………………………Tel：0451-84340222

哈尔滨市房地产经营公司
地址：哈尔滨市道里区安心街123号
………………………Tel：0451-84548760

黑龙江宇辉新型建筑材料有限公司
地址：哈尔滨利民开发区北大公司东侧
………………………Tel：0451-85967711

哈尔滨平房城市建设投资有限公司
地址：哈尔滨市平房区卫国小区卫健街5-9号
………………………Tel：0451-86520816

黑龙江省高速公路开发建设有限公司
地址：黑龙江省哈尔滨市南岗区高新路1号1-5层
………………………Tel：0451-86780867

哈尔滨哈南新城城园区开发建设有限公司
地址：哈尔滨市平房区渤海路7号
………………………Tel：0451-86786759

黑龙江哈西高等级公路有限责任公司
地址：哈尔滨经开区南岗集中区康顺街38号4层
………………………Tel：0451-86797638

哈尔滨市松江避暑城投资建设发展有限公司
地址：哈尔滨市利民开发区土山屯
……………………Tel：0451-87176875

哈尔滨华鸿世贸花园房地产开发有限公司
地址：哈尔滨市南岗区金色莱茵小区11栋（会所）508室
……………………Tel：0451-87221156

哈尔滨市振业房地产开发有限公司
地址：哈尔滨市香坊区永泰城2号楼1-2层015号
……………………Tel：0451-87699000

哈尔滨苏宁易购广场商业管理有限公司
地址：哈尔滨市香坊区赣水路68号
……………………Tel：0451-87717266

哈尔滨出版社股份有限公司
地址：哈尔滨高新区科技创新城创新创业广场世坤路738号9号楼
……………………Tel：0451-87900292

哈尔滨万鑫石墨谷科技有限公司
地址：哈尔滨高新区科技创新城创新创业广场10号楼巨宝一路508号二单元401室
……………………Tel：0451-88118909

哈尔滨和耀房地产开发有限公司
地址：哈尔滨市道里区安广街71号Y398号
……………………Tel：0451-89358888

黑龙江省鹤城建设投资发展集团有限公司
地址：黑龙江省齐齐哈尔市龙沙区雄鹰南街火电5号楼
……………………Tel：0452-2687846

克东县蒙西建材有限责任公司
地址：黑龙江省齐齐哈尔市克东县宝泉镇振兴街
……………………Tel：0452-4650050

齐齐哈尔市华信建筑材料有限公司
地址：齐齐哈尔市甘南县食品工业园区
……………………Tel：0452-5632777

齐齐哈尔蒙西水泥有限公司
地址：黑龙江省齐齐哈尔市富拉尔基区富景公路
……………………Tel：0452-5887411

黑龙江兢山建筑工程有限公司
地址：齐齐哈尔市克东县克东镇保安街惠达茗居1号楼1单元1层南17号
……………………Tel：0452-8297777

林口县新兴城市建设投资开发有限公司
地址：林口县广播局住宅楼楼下
……………………Tel：0453-3537453

绥芬河海融城市建设投资发展有限公司
地址：绥芬河市站前路9号（站前路东，新华街北，中东楼54幢）
……………………Tel：0453-5620005

东宁市新世纪城市建设投资开发有限责任公司
地址：黑龙江省牡丹江市东宁市东宁镇光明街（路）1号
……………………Tel：0453-5856620

牡丹江建材石油机械有限责任公司
地址：黑龙江省牡丹江市爱民区东新荣街58号
……………………Tel：0453-6522366

牡丹江市江达城建商品砼有限责任公司
地址：黑龙江省牡丹江市西安区卡路火车站西侧
……………………Tel：0453-6610000

宁安市大地城市建设投资开发有限责任公司
地址：黑龙江省牡丹江市宁安市通江路5号
……………………Tel：0453-7623181

海林市城市投资建设有限责任公司
地址：黑龙江省牡丹江市海林市海林镇英雄街157号
……………………Tel：0453-8188165

黑龙江省永力建设安装有限责任公司
地址：黑龙江省牡丹江市海林市华林御景B区4#楼新华北区24委404室
……………………Tel：0453-8868788

抚远市安和城乡建设投资有限公司
地址：抚远市畜牧兽医局办公楼四楼
……………………Tel：0454-2132360

抚远县东极城市基础设施建设投资有限公司
地址：黑龙江省佳木斯市抚远县抚远镇迎宾路
……………………Tel：0454-2171001

黑龙江沐源生物工程有限公司
地址：佳木斯郊区江北经济开发区
……………………Tel：0454-3821460

桦川县桦富装潢材料有限公司
地址：桦川县华兴小区2号住宅楼0单元0108
……………………Tel：0454-3911111

中建材佳星玻璃（黑龙江）有限公司
地址：黑龙江省佳木斯市东风区双合路6号
……………………Tel：0454-6075755

桦南县城市建设投资有限公司
地址：桦南县宏兴小区1号楼-2号楼西侧一至二层办公楼
……………………Tel：0454-6223420

汤原县兴原城镇建设投资有限公司
地址：黑龙江省佳木斯市汤原县汤原镇文化街
……………………Tel：0454-7610846

黑龙江华强集团供热有限公司
地址：黑龙江省佳木斯市汤原县汤原镇中华路东段
……………………Tel：0454-7636588

佳木斯富城建设工程有限公司
地址：黑龙江省佳木斯市前进区安庆街386-1号
……………………Tel：0454-8354415

佳木斯中建材光电材料有限公司
地址：黑龙江省佳木斯市东风区（高新区）光复东路881号
……………………Tel：0454-8366689

黑龙江跃发建材集团有限公司
地址：东风区江山社区
……………………Tel：0454-8383991

佳木斯市东兴城市建设投资有限公司
地址：佳木斯市东风区东风社区
……………………Tel：0454-8391274

佳木斯市新时代城市基础设施建设投资（集团）有限公司
地址：黑龙江省佳木斯市郊区长安路1778号
……………………Tel：0454-8699147

桦川县信瀛城市建设投资有限公司
地址：黑龙江省佳木斯市桦川县悦来镇悦强街道悦来大街23号
……………………Tel：0454-8904980

黑龙江省建三江农垦九州方圆生物质新材料有限公司
地址：黑龙江省佳木斯市同江市建三江前进农场二抚路西一区柒号职工集资住宅楼03幢0117号
……………………Tel：0454-8954777

青冈县猛犸城市建设投资开发有限公司
地址：青冈县公共资源交易中心六楼
……………………Tel：0455-2753605

兰西县宏远建筑工程有限公司
地址：黑龙江省绥化市兰西县新建街二委十五组
……………………Tel：0455-5635804

安达市国欣城镇化建设开发投资有限公司
地址：黑龙江省绥化市安达市哈大齐工业走廊（新兴街1委21-37）北方商谷大厦1011室
……………………Tel：0455-7330737

安达市城市建设投资开发有限公司
地址：黑龙江省绥化市安达市南环七至八道街府城书苑A区A15幢三楼301、302、303、304室（朝阳街9委1-4）
……………………Tel：0455-7563300

肇东市东盛城市建设投资有限责任公司
地址：黑龙江省绥化市肇东市西园路
……………………Tel：0455-7785183

绥化市鑫源城市建设投资发展有限公司
地址：黑龙江省绥化市北林区北四西路173号
……………………Tel：0455-8799899

五大连池市华艺建筑装潢有限公司
地址：五大连池市金烨小区1#楼1102室
……………………Tel：0456-6316777

黑龙江省北安农垦现代装潢安装有限公司
地址：黑龙江省黑河市北安市赵光农场四委84幢1号
……………………Tel：0456-6603564

北安市兴安投资开发有限责任公司
地址：黑龙江省北安市庆华西路187号
……………………Tel：0456-6665404

黑河市关鸟河商贸旅游大酒店有限责任公司
地址：黑龙江省黑河市合作区通江路商贸大厦
……………………Tel：0456-6766666

五大连池风景区城市建设投资有限公司
地址：五大连池风景区财政局
……………………Tel：0456-7222267

嫩江县墨尔根城市建设投资有限责任公司
地址：黑龙江省黑河市嫩江县嫩江镇育才大街121号
……………………Tel：0456-7532776

嫩江松彬建筑材料有限公司
地址：黑龙江省黑河市嫩江县长福镇
……………………Tel：0456-7575999

黑河市城市建设投资开发有限责任公司
地址：黑龙江省黑河市合作区王肃街246号
……………………Tel：0456-7777019

大兴安岭地区城市建设投资开发有限责任公司
地址：黑龙江省大兴安岭地区加格达奇区地区行政服务中心916室
……………………Tel：0457-6108276

铁力市黑马城市建设投资有限责任公司
地址：黑龙江省伊春市铁力市建设大街100号
……………………Tel：0458-2873066

伊春富祥科技有限公司
地址：黑龙江省伊春市西林区新兴办新民街315房号506室、512室
……………………Tel：0458-3789316

伊春药业有限公司
地址：黑龙江省伊春市翠峦区翠东高新技术工业园区
……………………Tel：0458-3986432

铁力市望高广告装潢设计有限公司
地址：铁力市铁力镇正阳街八委林源木业有限公司楼1层南数第2厅
……………………Tel：0458-6180399

大庆市广益房地产开发有限公司
地址：黑龙江省大庆市龙凤区龙政路83号欣凤学城小区A4#楼4号商服
……………………Tel：0459-2688818

杜尔伯特蒙古族自治县公路工程有限责任公司
地址：黑龙江省大庆市杜尔伯特蒙古族自治县泰康镇西街
……………………Tel：0459-3437668

大庆达源新型建筑材料有限公司
地址：黑龙江省大庆市让胡路区北一路500号
……………………Tel：0459-5058955

大庆市正大方盛建材有限公司
地址：黑龙江省大庆市高新区世纪大道北侧
……………………Tel：0459-6039989

大庆市侫金房地产开发有限公司
地址：黑龙江省大庆市让胡路区远望04-30-1-63
……………………Tel：0459-6116017

大庆奕盈汽车销售服务有限公司
地址：黑龙江省大庆市让胡路区北方汽配城31号综合楼商服12-2（经营场所：让胡路区未来城居住小区15号楼商服101，让胡路区北方汽配城9号修配厂商服3）
……………………Tel：0459-6136008

大庆市城安物业管理有限公司
地址：黑龙江省大庆市萨尔图区格林小镇B20号底层车库商服办公楼3-5层办公楼
……………………Tel：0459-6151025

中城开（大庆）建筑安装工程有限公司
地址：黑龙江省大庆市高新区10-28-7
……………………Tel：0459-6285967

大庆高新城市建设投资开发有限公司
地址：黑龙江省大庆高新区文化创意产业园数码设计大厦B座五层
……………………Tel：0459-6999196

大庆市中顺宝汽车销售服务有限公司
地址：黑龙江省大庆市高新区新兴东街8号
……………………Tel：0459-6999959

大庆市城市建设投资开发有限公司
地址：黑龙江省大庆市萨尔图区格林小镇B20号底层车库商服办公楼3-5层办公楼
……………………Tel：0459-8186008

黑龙江省顺峰房地产开发有限公司
地址：黑龙江省大庆市萨尔图区世纪大道北、金融东街西工商银行办公楼17层
……………………Tel：0459-8880982

七台河市七棚城市建设投资发展有限责任公司
地址：黑龙江省七台河市茄子河区湖东家园CS4-1商服楼
……………………Tel：0464-6117009

七台河市城市建设投资发展有限公司
地址：黑龙江省七台河市桃山区学府街97号
……………………Tel：0464-8328800

勃利县昊鑫城市建设投资开发有限公司
地址：勃利经济开发区绿色食品园区电商园
……………………Tel：0464-8528582

七台河晟新凯特新型建材有限公司
地址：黑龙江省七台河市茄子河区（龙洋焦电北侧）
……………………Tel：0464-8619666

鸡西市东方公路运输有限公司
地址：黑龙江省鸡西市鸡冠区利民路5号
……………………Tel：0467-2182001

鸡东县惠民城市建设投资有限公司
地址：黑龙江省鸡西市鸡东县百批办公楼南华街264号
……………………Tel：0467-5523737

虎林市绿洲城市建设投资有限责任公司
地址：黑龙江省鸡西市虎林市虎林镇革命街道西园委
……………………Tel：0467-5997936

密山市新发城市建设投资（集团）有限公司
地址：黑龙江省鸡西市密山市连珠山镇
……………………Tel：0467-8236608

鹤岗电力安装有限公司
地址：黑龙江省鹤岗市工农区40委10组（育才路42号）
……………………Tel：0468-3301829

鹤岗市城市建设投资开发集团有限责任公司
地址：黑龙江省鹤岗市工农区电信路19号
……………………Tel：0468-3340758

鹤岗市丰麟建筑有限责任公司
地址：黑龙江省鹤岗市工农区育才路65号
……………………Tel：0468-3342010

鹤岗市宏基房地产开发有限责任公司
地址：黑龙江省鹤岗市向阳区振兴花园16号楼
……………………Tel：0468-3710100

鹤岗龙运餐饮有限公司
地址：黑龙江省鹤岗市工农区东解放路10号
……………………Tel：0468-6121068

双鸭山市大地城市建设开发投资有限公司
地址：双鸭山市尖山区双福路东侧世纪大道70号城投大厦12层
……………………Tel：0469-2651019

双鸭山市同力城市建设有限公司
地址：黑龙江省双鸭山市尖山区科创中心办公楼内11层11C08室（双鸭山经济技术开发区）
……………………Tel：0469-6688167

江苏省

南京宁锦成建材发展有限公司
地址：南京市江宁经济技术开发区博爱路
……………………Tel：025-2153500

南京龙池金盛新型建材有限公司
地址：南京市六合区龙池街道方新路1号
……………………Tel：025-51806992

南京汤山新城建设有限公司
地址：南京市江宁区汤山街道上峰宁峰路18号
……………………Tel：025-51839161

江苏嘉辉新型建材科技发展有限公司
地址：南京市江北新区长芦街道方水路169号三楼325-328室
……………………Tel：025-52000723

南京江宁开发区城市开发建设有限公司
地址：南京市江宁经济技术开发区将军中路166号
……………………Tel：025-52106888

家智装建筑装潢南京有限公司
地址：南京市江宁区东山街道竹山路68号江宁万达广场（西区）6幢1313室
……………………Tel：025-52184448

南京明月建设集团有限公司
地址：南京市江宁区东山镇江宁商城
……………………Tel：025-52190918

南京酿造集团有限公司
地址：秦淮区升州路385号
……………………Tel：025-52262124

南京越城建设集团有限公司
地址：南京市秦淮区甘雨巷22号
……………………Tel：025-52270286

南京中联水泥有限公司
地址：南京市江宁区淳化街道青山社区
……………………Tel：025-52298581

南京安城建设集团有限公司
地址：南京市秦淮区御道街32-3号
……………………Tel：025-52303780

江苏苏伟项目管理有限公司
地址：南京市广州路140号23层H座
……………………Tel：025-52336586

江苏建盛工程质量鉴定检测有限公司
地址：南京市雨花台区铁心桥街道定坊社区综合楼门面房13号
……………………Tel：025-52374479

江苏博磊建筑装饰装潢有限公司
地址：南京市雨花台区石华街18号三楼
……………………Tel：025-52375855

南京市秦淮区士亦康建材销售中心
地址：南京市秦淮区果园村柴园北路123号
……………………Tel：025-52439777

南京君清建材有限公司
地址：南京市建邺区湖西街30号二楼
……………………Tel：025-52604442

句容国盛建材贸易有限公司
地址：句容市赤山湖水利枢纽管理处院内
……………………Tel：025-52615573

南京市南部新城开发建设（集团）有限公司
地址：南京市秦淮区大光路41号401-404室
……………………Tel：025-52619202

南京禄口空港新城建设发展有限公司
地址：南京市江宁经济技术开发区将军路666号2幢
……………………Tel：025-52730636

南京未来科技城经济发展有限公司
地址：南京市江宁区秣陵街道秣周东路11号
……………………Tel：025-52759733

南京历史城区保护建设集团有限责任公司
地址：南京市秦淮区中华路538号
……………………Tel：025-52851232

南京城南历史街区保护建设有限公司
地址：南京市秦淮区长乐路50号
……………………Tel：025-52851232

江苏天宏华信工程投资管理咨询有限公司
地址：南京市浦口区汤泉街道高华社区费庄组88-56号
……Tel：025-52853650

南京市雨花台城镇建设综合开发有限公司
地址：南京市雨花台区卡子门大街88号
……Tel：025-52880028

南京石林集团有限公司
地址：南京市建邺区奥体大街69号新城科技大厦01栋4层
……Tel：025-52880028

南京溧水城市建设集团有限公司
地址：南京市溧水区永阳镇秦淮大道401号
……Tel：025-56202893

南京溧盛城市建设有限公司
地址：南京市溧水经济开发区中兴东路18号
……Tel：025-56232857

南京溧源城市建设发展有限公司
地址：南京市溧水经济开发区中兴东路18号
……Tel：025-56232897

南京中建五局石湫新城建设投资有限公司
地址：南京市溧水区石湫街道横山西路2号
……Tel：025-56606673

南京精城创建设工程有限公司
地址：南京市海峡两岸科技工业园台中路99-520号
……Tel：025-56675021

南京扬子江新城发展有限公司
地址：南京市江北新区滨江大道398号
……Tel：025-56675842

江苏芳旭新型建材有限公司
地址：南京市高淳区淳溪镇石臼湖北路68号-16
……Tel：025-56858540

南京元翀商场有限公司
地址：南京市六合区大厂葛关路380-1号
……Tel：025-57066881

南京六合城市建设投资有限公司
地址：南京市六合区雄州街道延安路47号
……Tel：025-57101140

南京新六城市建设投资有限公司
地址：南京市六合区雄州街道长江路34号1幢3层
……Tel：025-57101140

南京六合新城建设（集团）有限公司
地址：南京市六合区雄州街道王桥路57号
……Tel：025-57126690

南京华欧舜都置业有限公司
地址：南京市六合经济开发区
……Tel：025-57139678

江苏丰彩新型建材有限公司
地址：南京六合经济开发区雄州南路449号
……Tel：025-57189516

南京石湫科教城建设集团有限公司
地址：南京市溧水区石湫街道影视大道9号
……Tel：025-57271168

千与卓亚建设有限公司
地址：南京市溧水区石湫镇工业园
……Tel：025-57271528

南京柯瑞特种陶瓷股份有限公司
地址：南京市高淳区经济开发区荆山路8号5幢
……Tel：025-57277917

南京市高淳区东坝城镇建设投资发展有限公司
地址：南京市高淳区东坝镇欧兰特大道
……Tel：025-57316671

高淳县淳西建材有限责任公司
地址：南京市高淳县淳溪镇大桥路3号
……Tel：025-57322436

南京市高淳区东部新城建设发展有限公司
地址：南京市高淳经济开发区古檀大道1号3幢
……Tel：025-57358826

南京汇聚建设材料有限公司
地址：南京市溧水区洪蓝镇无想寺行政村
……Tel：025-57422993

南京奥信房地产开发有限公司
地址：南京市建邺区永初路55-11号1层
……Tel：025-57720652

南京国际慢城建设发展有限公司
地址：南京市高淳区桠溪镇生态路6号
……Tel：025-57843968

南京溧水宝冶城市建设发展有限公司
地址：南京市溧水区洪蓝镇凤凰井路117号华塘佳苑
……Tel：025-57926767

南京中兴物联科技有限公司
地址：南京市雨花台区宁双路28号1008室
……Tel：025-58058500

江苏恒泰建材集团有限公司
地址：宝应县望直港镇（原影剧院内）
……Tel：025-58075599

南京江北新区中央商务区开发运营有限公司
地址：中国（江苏）自由贸易试验区南京片区万寿路15号南京工大科技产业园东区D4幢一层大厅、201室、301室、401室、501室、601室、701室、801室、901室、1001室、1101室
……Tel：025-58155207

南京浦口科学城建设发展有限公司
地址：南京市浦口区桥林街道秋韵路33号
……Tel：025-58236220

南京大厂新城城市建设发展有限公司
地址：南京市江北新区大厂街道新华路288号-118
……Tel：025-58398665

南京高新城市建设发展有限公司
地址：南京市江北新区新锦湖路3-1号中丹生态生命科学产业园一期A栋2201-2室
……Tel：025-58465700

江苏恒德安装工程有限公司
地址：南京市江北新区浦口大道8号万汇城（北区）06幢1单元3103室
……Tel：025-58491933

南京市浦口新城开发建设有限公司
地址：南京市江北新区天浦路1号
……Tel：025-58533135

南京膜材料产业技术研究院有限公司
地址：南京市江北新区园思路1号
……Tel：025-58536999

南京浦口城乡建设集团有限公司
地址：南京市浦口区江浦街道凤凰大街10-51号
……Tel：025-58538050

南京城西场站建设发展有限公司
地址：南京市江北新区兴隆路9号
……Tel：025-58538102

南京市浦口新城保障房开发建设有限公司
地址：南京市浦口区天浦路1号
……Tel：025-58539681

南京同创房地产开发有限公司
地址：南京高新技术产业开发区18栋北三层
……Tel：025-58581855

南京海峡城开发建设有限公司
地址：南京市建邺区双闸路98号海峡城海峡云科技园02栋309室
……Tel：025-58773399

南京孚翔置业有限公司
地址：南京市浦口区江浦街道凤凰大街10号
……Tel：025-58790099

江苏新景祥网络科技股份有限公司
地址：南京市浦口区石桥工业开发区石盛路239室
……Tel：025-58815227

南京冠宇建材实业发展有限公司
地址：南京市江宁空港经济开发区龙川路75号琉金街区1幢（江宁开发区）
……Tel：025-58833130

江苏警星消防设备有限公司
地址：江苏省南京市北京西路8号1幢6层
……Tel：025-58866751

南京谒民房地产开发有限公司
地址：南京市浦口区江浦街道文德东路10号
……Tel：025-58882776

南京辰丰建设科技发展有限公司
地址：南京市鼓楼区江东北路301号16-C座
……Tel：025-58951080

众华嘉诚咨询集团有限公司
地址：中国（江苏）自由贸易试验区南京片区望江路5号7号楼X-301
……Tel：025-59177001

建湖县顺强装饰装潢有限公司
地址：建湖县芦沟镇南街321号
……Tel：025-66067577

南京环境集团有限公司
地址：南京市秦淮区永丰大道8号南京白下高新技术产业园区3号楼A栋202室
……Tel：025-66609006

南京新希望置业有限公司
地址：南京市栖霞区迈皋桥创业园科技研发基地（寅春路18号—ZS0062）
……Tel：025-66609854

江苏正欣和通信发展有限公司
地址：南京市江宁经济开发区董村路28号
……Tel：025-66620000

江苏大升建设有限公司
地址：南京市鼓楼区管家桥9号403室
……Tel：025-66776858

南京苏宁加电子商务有限公司
地址：南京市玄武区苏宁大道1-9号
……Tel：025-66996699

江苏信宁新型建材有限公司
地址：南京市浦口区星甸镇星绰路88号
……Tel：025-68170707

南京建邺苏宁易购广场商业管理有限公司
地址：南京市建邺区江东中路98号（万达广场百货楼）
……Tel：025-68181602

南京海晏建材贸易有限公司
地址：南京市高淳区经济开发区双高路168号4幢
……Tel：025-68192352

南京苏宁环球天润广场有限公司
地址：南京江北新区柳洲东路3号天润城第七街区045幢101室
……Tel：025-68196666

南京江盛建材有限公司
地址：南京市六合区龙池街道雄州南路399号阜康园区506幢1单元301室
……Tel：025-68199763

南京丰筑建材贸易有限公司
地址：南京市栖霞区栖霞街道南水新村98号
……Tel：025-68199798

南京市麒麟科技城建设发展有限公司
地址：南京麒麟高新技术产业开发区智汇路300号
……Tel：025-68532189

江苏先行交通科技有限公司
地址：南京市玄武区太平门街6号F幢
……Tel：025-68909181

中城开惠农产业集团有限公司
地址：南京市雨花台区凤展路30号3幢2层
……Tel：025-69510756

南京荣盛康旅旅游开发有限公司
地址：南京市六合区龙池街道华欧大道8号荣盛时代广场4-17号
……Tel：025-69595286

南京桥林新城建设发展有限公司
地址：南京市浦口区桥林工业园区18-8号
……Tel：025-69676813

南京万达乐园文化产业有限公司
地址：南京市栖霞区西岗街道仙林大道181号4幢
……Tel：025-69761100

南京鹏碧房地产开发有限公司
地址：南京市江宁区汤山街道延祥路6-37号汤水雅居北苑31幢102室
……Tel：025-69789999

中国能源建设集团南京线路器材有限公司
地址：南京市六合区龙池街道龙华西路9号
……Tel：025-69975612

南京市城市建设（控股）有限公司
地址：南京市鼓楼区广州路185号
……Tel：025-83110124

南京市城市建设投资控股（集团）有限责任公司
地址：南京市玄武区中央路214号
……Tel：025-83112950

南京市城市建设发展基金有限公司
地址：南京市玄武区中央路214号
……Tel：025-83112950

南京义达生态农业科技有限公司
地址：江苏省南京市秦淮区汉中路27号28楼
……Tel：025-83130927

江苏省地质勘查技术院
地址：南京市大石桥 6 号
……Tel：025-83163120

江苏三师土地房地产资产评估测绘咨询有限公司
地址：南京市鼓楼区上海路160号7楼
……Tel：025-83206029

华盛兴伟工程咨询有限公司
地址：南京市鼓楼区草场门大街109号
……Tel：025-83213267

卓越置业集团（南京）有限公司
地址：南京市溧水经济开发区秀山东路9号
……Tel：025-83213988

南京市鼓楼区城市建设有限公司
地址：南京市鼓楼区山西路124号
……Tel：025-83236328

南京国际商城建设有限公司
地址：南京市鼓楼区中央路童家巷
……Tel：025-83271643

江苏宏图健康养老产业发展有限公司
地址：南京市雨花台区软件大道68号01幢2楼234室
……Tel：025-83274991

欧泽塔（南京）新型建材有限公司
地址：南京江宁空港枢纽经济区神舟路4号
……Tel：025-83288069

南京融新房地产开发有限公司
地址：南京市江宁区东山街道天印大道698号东山总部商务园
……Tel：025-83302333

中铁建城市建设投资有限公司
地址：江苏省南京市建邺区白龙江东街8号科技创新综合体A3栋19楼
……Tel：025-83309777

江苏省城乡建设投资有限公司
地址：南京市鼓楼区中山北路45号怡华写字楼1616室
……Tel：025-83310248

江苏银创建设有限公司
地址：南京市建邺区江东中路186-1号409室
……Tel：025-83319633

中证房地产评估造价集团有限公司
地址：南京市鼓楼区建宁路61号中央金地广场3幢1403-1406室
……Tel：025-83360023

南京珠江建筑装饰工程有限公司
地址：南京市玄武区峨嵋路13号2-105
……Tel：025-83372427

南京白沙财务咨询有限公司
地址：南京市江北新区大厂街道旭西路777号102室
……Tel：025-83405694

江苏中垠青旅投资发展有限公司
地址：南京市栖霞区马群街道马群街33号13幢
……Tel：025-83539499

南京链家房地产经纪有限公司
地址：南京市江北新区中山科技园科创大道9号D5幢111室
……Tel：025-83551751

南京正大经济开发有限公司
地址：南京市鼓楼区广州路199号
……Tel：025-83575560

南京广田荣欣装潢设计有限公司
地址：南京市雨花台区卡子门大街88号家乐家商业广场1402号
……Tel：025-83626899

南京锦城佳业营销策划有限公司
地址：南京市鼓楼区江东北路289号银城广场A座17楼1701室
……Tel：025-83628659

江苏国园物业管理服务有限公司
地址：南京市鼓楼区湖北路87号202室
……Tel：025-83650171

南京玄武城市建设集团有限公司
地址：南京市玄武区玄武大道699-1号
……Tel：025-83684678

南京玄武城建投资发展有限公司
地址：南京市玄武区玄武大道699-1号
……Tel：025-83684678

江苏钟山融合资产运营管理有限公司
地址：南京市玄武区中山东路307号
……Tel：025-83700801

江苏淘淘巷网络股份有限公司
地址：南京市鼓楼区石头城6号
……Tel：025-83728260

江苏亿众电力科技有限公司
地址：南京市溧水区柘塘镇柘宁东路358号
……Tel：025-83733777

南京天捷环保建材有限公司
地址：南京市江宁区江宁街道星辉社区大松元村188号
……Tel：025-84155199

南京哈斯工贸实业有限公司
地址：南京市江宁区淳化街道茶岗
……Tel：025-84155818

江苏东华期货有限公司
地址：江苏省南京市王府大街63号5层
……Tel：025-84207734

江苏同步投资发展有限公司
地址：南京市六合区龙池街道新东路
……Tel：025-84293656

南京建邺城镇建设开发集团有限公司
地址：南京市建邺区集庆门大街36号云河湾花园2幢一单元101室
……Tel：025-84462224

同伦拍拍科技服务有限公司
地址：南京市浦口区江浦街道雨山路48号文创园东区A栋468号
……Tel：025-84481613

南京一九一二商业管理有限公司
地址：南京市玄武区长江后街8号
……Tel：025-84517710

南京敬邺达新型建筑材料有限公司
地址：南京市江宁区汤山街道工业集中区
……Tel：025-84520284

南京壹城建设集团有限责任公司
地址：南京市秦淮区长白街86号六层部分
……Tel：025-84557459

南京金基房地产开发（集团）有限公司
地址：南京市建邺区水西门大街272号
……Tel：025-84629889

南京市城市建设开发（集团）有限责任公司
地址：南京市秦淮区洪武路198号
……Tel：025-84670919

南京新丽华实业有限公司
地址：南京市建邺区江东中路88号(金陵国际家居五楼E8302)
……Tel：025-84684159

南京东方都市报业发展有限公司
地址：南京市秦淮区龙蟠中路223号
……Tel：025-84686412

南京平涛企业管理有限公司
地址：南京市鼓楼区中山路99号1504室
……Tel：025-84709717

南京科塔电位器总厂
地址：南京市玄武区长江路136号
……Tel：025-84713855

南京城建历史文化街区开发有限责任公司
地址：南京市秦淮区熙南里街区1号

……………………Tel：025－84732746
南京临江老城改造建设投资有限公司
地址：南京市鼓楼区北祖师庵45号
……………………Tel：025－84735385
江苏省苏豪置业有限公司
地址：南京市宁南大道48号
……………………Tel：025－84785124
江苏鼎沃城市地产运营管理有限公司
地址：南京市玄武区后宰门西村95号
……………………Tel：025－84820899
南京汤山新城城市建设发展有限公司
地址：南京市江宁区汤山街道殷家边53号
……………………Tel：025－85096720
中城建五局江苏保障房建设有限公司
地址：南京市溧水区经济开发区宝塔北路8号
……………………Tel：025－85203268
江苏煊佳泽鑫股权投资基金管理有限公司
地址：南京市建邺区黄山路12号1504室
……………………Tel：025－85203782
南京栖霞城市建设发展集团有限公司
地址：南京市栖霞区燕子矶街道和燕路365号
……………………Tel：025－85309382
南京倍达建筑劳务有限公司
地址：南京市栖霞区八卦洲街道大同生态产业园447号
……………………Tel：025－85333949
江苏志诚工程咨询管理有限公司
地址：南京市建邺区创意路86号
……………………Tel：025－85337773
南京大贸房地产销售有限公司
地址：南京市玄武区红森公寓3幢101室
……………………Tel：025－85368299
南京大地建设集团绿色建筑科技有限公司
地址：南京市江宁区东山街道工业集中区
……………………Tel：025－85393665
江苏建诚工程咨询有限公司
地址：南京市建邺区所街116号
……………………Tel：025－85438960
南京栖霞房产经营有限公司
地址：南京市栖霞区迈皋桥街道和燕路354号
……………………Tel：025－85504072
南京市浦口区城市建设发展基金（有限合伙）
地址：南京市浦口区江浦街道浦口大道17号
……………………Tel：025－85529999
江苏快拍嘉网络科技有限公司
地址：南京市雨花台区绿地之窗商务广场C－1幢738室
……………………Tel：025－85539271
南京金桥城镇建设综合开发有限公司
地址：南京市栖霞区迈皋桥创业园科技研发基地寅春路18号－A203
……………………Tel：025－85552604
南京泽鑫建设有限公司
地址：南京市浦口区星甸街道三明南路8号－47
……………………Tel：025－85616897
江苏三盟物业管理有限公司
地址：南京市秦淮区中山南路414号
……………………Tel：025－85657696
江苏汉川建材有限公司
地址：南京市建邺区北圩路41号（汉中门大街123号）10层
……………………Tel：025－85768709
欧文斯科宁（南京）建筑材料有限公司
地址：南京市栖霞区经济技术开发区刀枪河路1号
……………………Tel：025－85779920
中建材通用技术有限公司
地址：南京市珠江路1号4701室
……………………Tel：025－85817122
南京市江宁区马帮孝建材经营部
地址：南京市江宁区横溪街道丹阳社区宁阳街
……………………Tel：025－86053167
江苏复城建设集团有限公司
地址：南京市江宁区吉山大道1号29幢
……………………Tel：025－86112353
江苏嘉睿城建设管理有限公司
地址：南京市江宁区滨江经济开发区天成路18号（科创中心）
……………………Tel：025－86127388
南京江宁滨江新城开发建设有限公司
地址：南京市江宁区滨江经济开发区盛安大道739号1幢
……………………Tel：025－86129639
中建材矿业投资江苏有限公司
地址：南京市麒麟科技创新园智汇路300号
……………………Tel：025－86134372
南京江宁城市建设集团有限公司
地址：南京市江宁区东山街道金箔路577号
……………………Tel：025－86189211
南京中建新型城镇化投资建设发展有限公司
地址：南京市江宁区横溪街道横云北路252号
……………………Tel：025－86189705
江苏金宁达房地产评估规划测绘咨询有限公司
地址：南京市鼓楼区江东北路88号3401室
……………………Tel：025－86200690
南京鹰眼传媒科技有限公司
地址：南京市溧水区和凤镇凤翔路9－7号
……………………Tel：025－86206851
江苏运通房地产开发有限公司
地址：南京市鼓楼区中山北路281号
……………………Tel：025－86228888
南京新城市商业置业有限公司
地址：南京市鼓楼区草场门大街99号
……………………Tel：025－86228888
南京市下关城市建设开发（集团）有限公司
地址：下关区江东北路419号
……………………Tel：025－86262222
南京金融城建设发展股份有限公司
地址：南京市建邺区江东中路377号10号楼2701室
……………………Tel：025－86330868
南京梅宝新型建材有限公司
地址：南京市中华门外新建
……………………Tel：025－86366841
江苏天威虎建筑装饰有限公司
地址：无锡市滨湖区太湖西大道2166－1－1501
……………………Tel：025－86380000
南京河西新城建设发展有限公司
地址：南京市建邺区应天西路198号
……………………Tel：025－86495660
南京青奥城建设发展有限责任公司
地址：南京市建邺区应天大街901号
……………………Tel：025－86538888
南京东南新型城镇化建设股权投资基金一期企业（有限合伙）
地址：南京市建邺区庐山路168号新地中心二期2107室/D
……………………Tel：025－86558029
南京香满源建材有限公司
地址：南京市建邺区湖西街30号
……………………Tel：025－86562973
南京茂兆建材有限公司
地址：南京市建邺区江东中路313号2幢1单元2701室
……………………Tel：025－86569007
江苏新业置业发展有限公司
地址：南京市禄口镇来凤路
……………………Tel：025－86631006
南京鼓楼房产经营有限公司
地址：南京市鼓楼区云南路24号
……………………Tel：025－86636616
南京丽利嘉投资有限公司
地址：南京市秦淮区延龄巷109号
……………………Tel：025－86642071
江苏欣城行商业管理有限公司
地址：南京市建邺区福园街129号2609室
……………………Tel：025－86659509
江苏兴宇建设集团有限公司
地址：中国（江苏）自由贸易试验区南京片区研创园团结路99号孵鹰大厦1842室
……………………Tel：025－86666866
南京市园林经济开发有限责任公司
地址：南京市建邺区梦都大街156号201室
……………………Tel：025－86697222
南京夫子庙特色街商贸发展有限公司
地址：南京市秦淮区大石坝街32号
……………………Tel：025－86701660
南京栖霞建设集团有限公司
地址：南京市栖霞区和燕路251号
……………………Tel：025－86708804
南京建邺城管水务集团有限公司
地址：南京市建邺区云锦路129号江苏保险大厦北楼5至6层
……………………Tel：025－86801607
江苏苏信房地产评估咨询有限公司
地址：南京市长江路188号德基大厦9楼D座
……………………Tel：025－86816396
永泰城建集团有限公司
地址：南京市雨花台区长虹南路310号
……………………Tel：025－86890653
江苏德通工程咨询有限公司
地址：南京市建邺区嘉陵江东街18号1幢9层
……………………Tel：025－86891296
南京家乐家商业广场有限公司
地址：南京市雨花台区卡子门大街88号
……………………Tel：025－86976500
江苏大众书局商务服务有限公司
地址：南京市六合区雄州街道棠城西路148号（金牛湖管委会内）
……………………Tel：025－86982896
南京千万间建筑安装工程有限公司
地址：南京市江宁区秣陵街道双龙大道1347号同曦大厦2606室（江宁开发区）
……………………Tel：025－87138090
南京新康达磁业股份有限公司
地址：南京市江宁区麒麟街道工业集中区天和路8号
……………………Tel：025－87139528
南京城建环保水务股份有限公司
地址：南京市江宁经济技术开发区博爱路
……………………Tel：025－87153266
南京上元城市建设发展有限公司
地址：南京市江宁区东山街道东麒路33号东山国际企业总部园D座
……………………Tel：025－87737401
绿地城市开发建设有限公司
地址：南京市建邺区云龙山路99号
……………………Tel：025－87753019
南京绿弘房地产开发有限公司
地址：南京市高新开发区高科五路5号29幢410－106室
……………………Tel：025－87776778
南京建邺城市建设集团有限公司
地址：南京市建邺区文体路56号11楼
……………………Tel：025－87785608
南京市建邺区高新科技投资集团有限公司
地址：南京市建邺区奥体大街68号01幢
……………………Tel：025－87788800
南京明发科技商务城建设发展有限公司
地址：南京高新开发区商务办公楼413－34室
……………………Tel：025－89611509
南京国资新城投资置业有限责任公司
地址：南京市建邺区所街116号710室
……………………Tel：025－89669792
南京中建鼓北城市发展有限公司
地址：南京市鼓楼区幕府东路199号A31栋
……………………Tel：025－89697300
无锡丰融城市建设发展有限公司
地址：无锡市湖滨壹号花园1－2四楼402室
……………………Tel：0510－66002859
无锡红豆包装装潢印刷有限公司
地址：无锡市锡山区东港镇陈市村
……………………Tel：0510－66865637
无锡市崇安新城龙安装饰装潢有限公司
地址：无锡市广益路289号
……………………Tel：0510－68025520
江苏南瑞恒驰电气装备有限公司
地址：无锡市滨湖区胡埭镇胡埭工业园陆藕路1号
……………………Tel：0510－68093113
江阴中建城市发展有限公司
地址：江阴市青山路136号
……………………Tel：0510－68521065
江苏省中首建材市场有限公司
地址：宜兴市万石镇余庄村
……………………Tel：0510－68555555
无锡链家房地产经纪有限公司
地址：无锡市万科城市花园二区162－5
……………………Tel：0510－68585078
无锡市德鑫装潢设计有限公司
地址：无锡市锡沪路179
……………………Tel：0510－68795130
威达（江苏）建筑材料有限公司
地址：江阴市临港新城新材料产业园桃花港路5号
……………………Tel：0510－68978681
中建材（宜兴）新能源有限公司
地址：宜兴市高塍镇桃园开发区鑫运来路1号
……………………Tel：0510－80328283
江苏兰庭上院装潢设计有限公司
地址：江阴市澄杨路88号
……………………Tel：0510－80627272
江阴市鸿发装饰装潢有限公司
地址：江阴市阳光路51－53号
……………………Tel：0510－80629518
江苏华塑新型建材有限公司
地址：江阴市华士镇华西村中康路（华西工业园）
……………………Tel：0510－80691556
宜兴市浩发建筑装饰装潢有限公司
地址：宜兴市宜城街道巷头村
……………………Tel：0510－80700061
宜兴迈高装潢有限公司
地址：宜兴市新街街道环科园绿园路1006号2205室
……………………Tel：0510－80719528
无锡绿才居装潢设计有限公司
地址：宜兴市高塍镇远东大道66号中国宜兴国际环保城39幢104室
……………………Tel：0510－80738077
江苏静远建设工程有限公司
地址：宜兴经济技术开发区庆源大道88号景苑128创新产业园C3－C4栋
……………………Tel：0510－80756618
无锡融创城市建设有限公司
地址：无锡惠山经济开发区政和大道
……………………Tel：0510－81016333
无锡融城置业有限公司
地址：无锡市梁溪区凤翔北路9号502
……………………Tel：0510－81016333
无锡盛太商业有限公司
地址：无锡经济开发区太湖街道周新苑280号6楼
……………………Tel：0510－81187078
江阴市新桥城乡一体化建设发展有限公司
地址：江阴市新桥镇新郁中路128号
……………………Tel：0510－8126026
江阴市豪华装饰有限公司
地址：江阴市华士镇澄鹿路173号
……………………Tel：0510－81602185
无锡瀚帝斯装饰装潢有限公司
地址：宜兴市万石镇茶亭路143号
……………………Tel：0510－81700596
无锡市诚信项目管理投资咨询有限公司
地址：无锡市五星家园258－8
……………………Tel：0510－82138803
无锡市世家装饰装潢有限责任公司
地址：无锡市蠡园开发区鸿桥路888号内327室
……………………Tel：0510－82307152
无锡市名居装饰装潢有限公司
地址：无锡市滨湖区雪浪街道山水东路28号
……………………Tel：0510－82329002
无锡龙慧装饰装潢工程有限公司
地址：无锡市锡沪东路10号－2－112
……………………Tel：0510－82401692
无锡华厦家居港建材市场有限公司
地址：无锡市广益镇锡沪路三号桥塊
……………………Tel：0510－82403358
无锡市崇安旧城改造建设发展有限公司
地址：无锡市通江大道898－703室
……………………Tel：0510－82409030
无锡市锡佛装潢有限公司
地址：无锡市滨湖区马山四号桥
……………………Tel：0510－82417605
无锡安佰居建设工程有限公司
地址：无锡市紫金门花苑176
……………………Tel：0510－82444666
无锡华天装饰装潢有限公司
地址：无锡市梁溪区广南路388号佳润大厦4F－401
……………………Tel：0510－82444686
无锡齐家装饰装潢有限公司
地址：无锡市梁溪区锡沪东路18号（锡沪家艺中心）B区第二层B271
……………………Tel：0510－82444686
江苏星世纪建筑装潢工程有限公司
地址：无锡市新惠路12号
……………………Tel：0510－82614869
无锡超群别墅装饰股份有限公司
地址：无锡市锡山区东亭街道迎宾北路1号
……………………Tel：0510－82700586
无锡新宝华建筑装饰工程有限公司
地址：无锡市江海西路990－2005
……………………Tel：0510－82719121
无锡恒源基业实业发展集团有限公司
地址：无锡市梁溪区后龙船浜1号
……………………Tel：0510－82761333
无锡市创佳装饰工程有限公司
地址：无锡市前西溪1－4号底层
……………………Tel：0510－82790090
江苏智汇建工程项目管理有限公司
地址：无锡新区汉江北路171－19号
……………………Tel：0510－82796055
无锡市海鼎装饰装潢有限公司
地址：无锡市广益路309－918室
……………………Tel：0510－82798380
无锡东商新型建材有限公司
地址：无锡市锡山经济开发区芙蓉四路以北
……………………Tel：0510－82810490
无锡鑫耀建材有限公司
地址：无锡惠山经济开发区阳山配套区天顺路
……………………Tel：0510－82828253
无锡绿颖置业有限公司
地址：无锡市梁溪区惠麓东苑8号10楼
……………………Tel：0510－82850171
无锡广成地铁上盖置业有限公司
地址：无锡市滨湖区锦溪路100号
……………………Tel：0510－82855785
无锡沪宁城铁惠山站区投资开发建设有限公司
地址：无锡市惠山区前洲街道常玉路52
……………………Tel：0510－83088388
无锡市小天鹅建筑机械有限公司
地址：无锡惠山经济开发区风电园风能路6号标准厂房
……………………Tel：0510－83092621
无锡市铭博装饰装潢工程有限公司
地址：无锡市滨湖区梅园徐巷20号
……………………Tel：0510－83118555
无锡市城南建设投资发展有限公司
地址：无锡市中南路86号
……………………Tel：0510－83158430
无锡城西产业发展有限公司
地址：无锡市惠山区钱桥街道钱桥大街
……………………Tel：0510－83202153
无锡鼎程装饰装潢维修有限公司
地址：无锡市新吴区广南立交桥东塊（原南方不锈钢市场内）1001号1楼
……………………Tel：0510－83219790
无锡英格莱装饰装潢有限公司

地址：无锡市惠山区钱桥惠澄大道5号
……………………… Tel：0510-83232882
宜兴市浩洋装饰装潢工程有限公司
地址：宜兴市高塍镇肖张墅村
……………………… Tel：0510-83269528
江苏中设集团工程管理有限公司
地址：无锡市山水东路53号
……………………… Tel：0510-83278988
无锡洛融城发建设有限公司
地址：无锡市惠山区洛社镇新兴西路5号
……………………… Tel：0510-83307612
无锡惠龙建设投资有限公司
地址：无锡市惠山区洛社镇雅西社区
……………………… Tel：0510-83307612
无锡东禾居之装饰装潢有限公司
地址：无锡市惠山区洛社镇洛城商业中心3-104
……………………… Tel：0510-83322928
无锡广惠城镇化建设发展有限公司
地址：无锡市惠山区政和大道188-202号
……………………… Tel：0510-83591320
无锡天一新城建设有限公司
地址：无锡市惠山区惠山大道108-4-1205（地铁西漳站区）
……………………… Tel：0510-83740237
无锡堰桥城市建设投资有限公司
地址：无锡市惠山区堰桥街道堰玉路4号
……………………… Tel：0510-83740237
无锡红缘电梯装潢有限公司
地址：无锡惠山经济开发区玉祁配套区（北工二路）
……………………… Tel：0510-83768663
无锡虹辉城镇建设发展有限公司
地址：无锡市锡山区锡港西路
……………………… Tel：0510-83790393
无锡玉祁城市建设投资发展有限公司
地址：无锡惠山经济开发区玉祁配套区（平湖城）
……………………… Tel：0510-83887928
江苏环球港汽车产业发展有限公司
地址：无锡市惠山区玉祁街道唐平路88号
……………………… Tel：0510-83889729
无锡伟鑫建材有限公司
地址：无锡市惠山区阳山镇高潮村
……………………… Tel：0510-83950528
无锡腾阳新城镇开发建设有限公司
地址：无锡市惠山区阳山镇胜利路
……………………… Tel：0510-83950927
无锡双龙艺术装潢有限公司
地址：无锡市石子街61号
……………………… Tel：0510-85042726
江苏双之禾建设工程有限公司
地址：无锡市滨湖区吟白路1-901
……………………… Tel：0510-85054989
无锡经开黄金湾科技创业产业园有限公司
地址：无锡市滨湖区太湖街道周新苑280
……………………… Tel：0510-85078098
无锡万科企业有限公司
地址：无锡市金融1街15号22f、23f
……………………… Tel：0510-85086888
无锡红飞电梯装潢有限公司
地址：无锡惠山经济开发区中惠路521号（开发区）
……………………… Tel：0510-85104393
江苏华电项目管理有限公司
地址：无锡市湖滨路688号
……………………… Tel：0510-85115166
无锡市城开实业发展集团有限公司
地址：无锡市鸿桥路879号21楼2111室
……………………… Tel：0510-85120977
江苏美世界物业管理有限公司
地址：无锡市锡山经济开发区芙蓉中三路99-8号
……………………… Tel：0510-85216229
无锡市宇新建筑装潢广告有限公司
地址：无锡市新区城南路168号
……………………… Tel：0510-85228888
无锡驰通荣丰汽车材料有限公司
地址：无锡市新吴区硕放红光工业园（无锡市新区兴盛建筑机械厂内）
……………………… Tel：0510-85323440
无锡市新区东方装潢有限公司
地址：无锡新区珠江路50
……………………… Tel：0510-85343811
中建材大宗物联有限公司
地址：无锡市新吴区和风路26号汇融商务广场C座6层
……………………… Tel：0510-85385323
无锡新轩建筑装潢有限公司
地址：无锡市新区新安花苑二区288-47-10
……………………… Tel：0510-85386228
无锡中宅装饰装潢工程有限公司
地址：无锡市梁溪区扬工路69号
……………………… Tel：0510-85400103
无锡海之峰装饰工程有限公司
地址：无锡市南湖大道590号305室
……………………… Tel：0510-85400103
无锡蓝惠建筑装饰工程有限公司
地址：无锡市惠山区惠山大道5-1506
……………………… Tel：0510-85400103
上海城建置业无锡蠡湖有限公司
地址：无锡市蠡湖大道168号蠡湖大厦2002室
……………………… Tel：0510-85502200
无锡市合景房地产开发有限公司
地址：无锡市惠山区惠山大道108-2-1102-1（地铁西漳站区）
……………………… Tel：0510-85520288
无锡山水慧谷城镇建设发展有限公司
地址：无锡市滨湖区锦溪路100号科教创业园3号楼3223
……………………… Tel：0510-85550239
江苏亚欧建设有限公司
地址：无锡市滨湖区梁青路419号-1
……………………… Tel：0510-85570010
无锡东方高速艇发展有限公司
地址：无锡市滨湖区胡埭镇振胡北路68号
……………………… Tel：0510-85598816
无锡市太湖新城发展集团有限公司
地址：无锡市太湖新城金融一街10号无锡金融中心18-21层
……………………… Tel：0510-85608332
无锡苏阳新型环保建材有限公司
地址：无锡市新吴区南开路92
……………………… Tel：0510-85611166
无锡中海太湖新城置业有限公司
地址：无锡市高浪东路999号（软件研发大厦）609室
……………………… Tel：0510-85618265
无锡太湖城建设发展有限公司
地址：无锡市高浪东路999号
……………………… Tel：0510-85622120
无锡市佳科建设有限公司
地址：无锡市隐秀路813-1825
……………………… Tel：0510-85805983
无锡城汇建设有限公司
地址：无锡市滨湖区鸿桥路879号
……………………… Tel：0510-85807393
江苏龙延建设工程有限公司
地址：无锡市人民西路60，62号八楼
……………………… Tel：0510-85813338
江苏璞石建筑装饰工程有限公司
地址：无锡市蠡园经济开发区3-5地块（滴翠路95号汇光科技园2号楼南二层201）
……………………… Tel：0510-85881873
无锡太湖国家旅游度假区城建综合开发公司
地址：无锡市滨湖区马山梅梁路22号
……………………… Tel：0510-85995757
江阴嘉鸿房地产开发有限公司
地址：江阴市云亭街道那巷路18号
……………………… Tel：0510-85999922
江阴城建产业发展有限公司
地址：江阴市环城北路258号
……………………… Tel：0510-86000326
江阴市海盛船舶配套装潢有限公司
地址：江阴市云亭街道松文头路1号
……………………… Tel：0510-86012010
建滔（江阴）复合材料有限公司
地址：江阴经济开发区石庄园区滨江路旁
……………………… Tel：0510-86035000
建滔电子材料（江阴）有限公司
地址：江阴经济开发区石庄园区（滨江路北边，嘉盛北路东侧）
……………………… Tel：0510-86035000
江阴市西邦建设工程有限公司
地址：江阴市利港街道兴港路208号
……………………… Tel：0510-86091692
无锡市德云建筑装潢工程有限公司
地址：江阴市人民西路317号1320
……………………… Tel：0510-86103151
江阴鸿盈装饰装潢有限公司
地址：江阴市新桥镇河西路92号
……………………… Tel：0510-86121237
江阴市永盛置业发展有限公司
地址：江阴市普惠北路655号1506
……………………… Tel：0510-86167993
江阴市富利达铝材有限公司
地址：江阴市南闸街道开来路11号
……………………… Tel：0510-86179175
江阴市金三角建材市场有限公司
地址：江阴市南闸街道金三角广场80、81号
……………………… Tel：0510-86179187
江阴鼎威新型建材有限公司
地址：江阴市华士镇环西路24号
……………………… Tel：0510-86213908
江苏华西霓虹广告装潢有限公司
地址：江阴市华士镇华西工业园区9号
……………………… Tel：0510-86217342
江阴市华西混凝土工程有限公司
地址：江阴市华士镇华西工业园区
……………………… Tel：0510-86217767
江阴鑫裕装潢材料有限公司
地址：江阴市周庄镇伞墩西路178号
……………………… Tel：0510-86230825
江苏金宇幕墙装饰工程有限公司
地址：江阴市姚家湾100号
……………………… Tel：0510-86281550
江阴市先锋建筑有限责任公司
地址：江阴市大桥南路8号（先锋菜场二楼）
……………………… Tel：0510-86291396
江阴市凯立得建设工程有限公司
地址：江阴市长山大道20号
……………………… Tel：0510-86292323
江阴市凯立得建设工程有限公司
地址：江阴市长山大道20号
……………………… Tel：0510-86292323
江苏澄意嘉建设发展有限公司
地址：江阴市顾山镇香山西路108号
……………………… Tel：0510-86329019
江阴裕林纺织有限公司
地址：江阴市祝塘镇文林村
……………………… Tel：0510-86343330
江阴市亿万达塑料制品有限公司
地址：江阴市华士镇陆桥村
……………………… Tel：0510-86379958
江阴市昊天印务有限公司
地址：江阴市月城镇月东路118号
……………………… Tel：0510-8658868
江苏兆丰建材科技有限公司
地址：江阴市临港街道亚包大道118号
……………………… Tel：0510-86681368
中建材浚鑫科技有限公司
地址：江阴市申港镇镇澄路1011号
……………………… Tel：0510-86687300
宿迁市中建材光伏发电有限公司
地址：宿迁市洋河新区郑楼镇郑楼街
……………………… Tel：0510-86687300
同诚汇悦（江苏）投资有限公司
地址：江阴市环城南路160号8楼
……………………… Tel：0510-86716666
江阴市同汇金典装潢设计工程有限公司
地址：江阴市永安路25号
……………………… Tel：0510-86809119
江阴市民建装饰设备安装工程有限公司
地址：江阴市朝阳路55号
……………………… Tel：0510-86859585
江阴城市建设投资有限公司
地址：江阴市暨阳路10号
……………………… Tel：0510-86861829
江阴临港惠民新农村建设有限公司
地址：江阴市临港街道珠江路198号1207室
……………………… Tel：0510-86868305
江阴临港新城开发建设有限公司
地址：江阴市滨江西路2号2幢212室
……………………… Tel：0510-86868517
江阴市璜土城乡一体化建设发展有限公司
地址：江阴市临港街道珠江路198号1201室
……………………… Tel：0510-86868536
江苏雪豹广告装潢有限公司
地址：江阴市青果路50号
……………………… Tel：0510-86898899
江苏东尚住宅工业有限公司
地址：江阴市顾山镇北国北桐路88号
……………………… Tel：0510-86956882
江阴金山建筑安装工程有限公司
地址：江阴山观东街194号
……………………… Tel：0510-86995158
宜兴市艾思欧建材有限公司
地址：宜兴经济技术开发区杏里路3号
……………………… Tel：0510-87122566
无锡市金久水泥有限公司
地址：宜兴市屺亭街道袁桥路20号
……………………… Tel：0510-87125699
无锡九如城养老产业发展有限公司
地址：宜兴市宜城街道教育西路21号
……………………… Tel：0510-87227722
宜兴市金牛建材有限公司
地址：宜兴市张渚镇东郊
……………………… Tel：0510-87317757
江苏燕雄建设工程有限公司
地址：宜兴市新街街道皇冋东路18号
……………………… Tel：0510-87356696
宜兴市兴陶建设发展有限公司
地址：宜兴市丁蜀镇公园路112号
……………………… Tel：0510-87402905
江苏宇神新型建材有限公司
地址：宜兴经济技术开发区大塍村
……………………… Tel：0510-87597500
无锡九喜龙装潢有限公司
地址：宜兴市宜城街道君悦、逸品尚东92幢104、105号
……………………… Tel：0510-87611666
宜兴市兰山房地产开发有限公司
地址：宜兴市丁蜀镇小圩村102室
……………………… Tel：0510-87708888
江苏光阳动力环保设备有限公司
地址：宜兴市高塍镇东工业开发区
……………………… Tel：0510-87891880
江苏赛特钢结构有限公司
地址：宜兴市高塍镇赛特大道88号
……………………… Tel：0510-87898285
宜兴市赛特新型建筑材料有限公司
地址：宜兴市高塍镇远东大道333号
……………………… Tel：0510-87898285
江苏旗峰新型建材有限公司
地址：宜兴市高塍镇赛特大道22号
……………………… Tel：0510-87898295
宜兴市陶都城镇化建设发展有限公司
地址：宜兴市宜城街道　溪河公园
……………………… Tel：0510-87929771
宜兴市城建文旅集团有限公司
地址：宜兴市宜城街道荆溪中路305号
……………………… Tel：0510-87950052
宜兴高铁新城商务区建设投资有限公司
地址：宜兴市丁蜀镇洛涧村
……………………… Tel：0510-87960216
无锡传承建筑装饰工程有限公司
地址：无锡市滨湖区湖滨街15号蠡湖科研大厦21楼
……………………… Tel：0510-88086808
无锡市锡山城市建设发展有限公司
地址：无锡市锡山经济技术开发区二泉东路19号
……………………… Tel：0510-88204563
无锡中格装饰装潢工程有限公司
地址：无锡市梁溪区学前东路789-6419
……………………… Tel：0510-88210051
无锡市东鑫城市建设发展有限公司
地址：无锡市锡山区东亭街道庄桥路21号
……………………… Tel：0510-88212606
江苏熙宝机电安装有限公司
地址：无锡市锡山经济技术开发区凤威路2号
……………………… Tel：0510-88214569
无锡城东城镇化建设发展有限公司
地址：无锡市锡山经济技术开发区凤威路2号
……………………… Tel：0510-88218117
江苏锡润建筑装饰工程有限公司
地址：无锡市梁溪区人民东路531号
……………………… Tel：0510-88221653
无锡锡建城市建设发展有限公司
地址：无锡市锡山区东亭南区间横路2号
……………………… Tel：0510-88223041
江苏中宜辰远信息科技有限公司
地址：无锡市新吴区行创四路89-1-402
……………………… Tel：0510-88223729
江苏云雨电梯装潢有限公司
地址：无锡市新吴区新友北路103#
……………………… Tel：0510-88223729
无锡五洲国际商业运营有限公司
地址：无锡市新区江溪街道坊前金城东路299号
……………………… Tel：0510-88231306
无锡舜天电梯装潢有限公司
地址：无锡市滨湖区胡埭工业园北区莲杆路11号
……………………… Tel：0510-88265182
江苏新圣元生态建设有限公司
地址：无锡市新吴区梅西路101
……………………… Tel：0510-88276918
无锡东港城镇建设发展有限公司
地址：无锡市锡山区东港镇朝阳村金港大道8号
……………………… Tel：0510-8835032
无锡圣丰建筑新材料有限公司
地址：江苏省无锡市锡山区东港镇工业集中区
……………………… Tel：0510-88361256
无锡锡东新城建设发展有限公司
地址：无锡市锡山区安镇镇东兴路198号
……………………… Tel：0510-88535055
无锡鸿山新城镇绿化环保建设有限公司
地址：无锡市鸿山镇至德大道803-6号
……………………… Tel：0510-88582728
江苏盈誉投资管理有限公司
地址：无锡市锡山区锡沪中路95号
……………………… Tel：0510-88702481
江苏久格工程项目管理有限公司
地址：无锡市锡山区安镇街道丹山路88号锡东创融大厦C座1203-1204
……………………… Tel：0510-88704426
无锡利创城镇建设发展有限公司
地址：无锡市锡山区东亭迎宾北路1-608
……………………… Tel：0510-88705757
无锡江南工程造价咨询有限公司
地址：无锡市湖滨街15号蠡湖科研大厦17层
……………………… Tel：0510-88706517
无锡锦杉装饰装潢工程有限公司
地址：无锡市锡山区东北塘黄兴路6号
……………………… Tel：0510-88708823
无锡百安居建材装饰仓储物流有限公司
地址：江苏锡山经济开发区云林街道团结中路2号
……………………… Tel：0510-88709999
无锡博优城镇建设发展有限公司
地址：锡山区羊尖镇工业园区
……………………… Tel：0510-88739265
无锡捷安城市建设发展有限公司
地址：锡山区鹅湖镇五星路72号
……………………… Tel：0510-88740873
无锡奕祥城市建设发展有限公司
地址：无锡市锡山区鹅湖镇五星路72号
……………………… Tel：0510-88740873
无锡市利佳包装装潢有限公司
地址：锡山区东港镇港下五星园区

………………………… Tel：0510-88760533
无锡市亿得荣升建筑装饰工程有限公司
地址：无锡市锡山区东港镇勤新村
………………………… Tel：0510-88761329
江苏美尚电梯装潢有限公司
地址：无锡市锡山区安镇街道丹山路88号锡东创融大厦C栋513
………………………… Tel：0510-88787125
无锡恒创城镇化建设发展有限公司
地址：无锡市锡山区安镇街道丹山路78号锡东创融大厦A座201号
………………………… Tel：0510-88788919
无锡居然之家商业管理有限公司
地址：无锡市锡沪东路1号
………………………… Tel：0510-88838899
无锡锦鸿城镇建设有限公司
地址：无锡市新区鸿山街道经济园区内
………………………… Tel：0510-88997159
上海城建置业无锡有限公司
地址：无锡蠡园开发区06-4地块写字楼（滴翠路100号）B幢10楼
………………………… Tel：0510-89919999
南京融势企业管理有限公司
地址：南京市鼓楼区集庆门大街272号1幢1703室
………………………… Tel：0511-80290313
句容龙山湖体育旅游休闲俱乐部有限公司
地址：句容市白兔镇龙山湖村188号
………………………… Tel：0511-80785996
江苏北固产业投资有限公司
地址：镇江市方家湾新村2幢
………………………… Tel：0511-80857800
江苏港盛城市建设有限公司
地址：镇江新区大港港口路8号
………………………… Tel：0511-80863896
镇江新区城市建设投资有限公司
地址：镇江新区大港通都雅寓1幢
………………………… Tel：0511-83179220
镇江闻乐建材有限公司
地址：镇江京口区谏壁镇西（镇江环球电子仪表有限公司内）
………………………… Tel：0511-83365999
镇江新区大路城镇建设发展有限公司
地址：镇江市大路镇人民政府院内
………………………… Tel：0511-83801289
江苏名和集团有限公司
地址：镇江润州工业园区（五州山茶场内）
………………………… Tel：0511-84560000
帝高力创意建材（江苏）有限公司
地址：镇江市丹徒区丹徒新城工业园区盛园路广园路交叉处
………………………… Tel：0511-84566688
江苏溢本投资有限公司
地址：镇江市中山东路256号第十五层
………………………… Tel：0511-85028777
镇江农副产品批发市场有限公司
地址：镇江市蒋乔镇丹公路东侧
………………………… Tel：0511-85034688
建华建材投资有限公司
地址：句容市下蜀镇沿江开发区
………………………… Tel：0511-85098636
句容市城市建设投资有限责任公司
地址：句容市华阳镇华阳南路华城公寓
………………………… Tel：0511-85172820
江苏尚元城镇建设有限公司
地址：句容市华阳镇华阳南路华城公寓
………………………… Tel：0511-85172820
句容福宏城市建设投资合伙企业（有限合伙）
地址：句容市华阳镇华阳东路16号
………………………… Tel：0511-85172820
江苏嘉国建材加工仓储有限公司
地址：镇江新区高新技术园区
………………………… Tel：0511-85212289
镇江市城镇化建设有限公司
地址：镇江市官塘桥路200号
………………………… Tel：0511-85363288
镇江生态新城投资建设有限公司
地址：镇江市丹徒区辛丰镇麻村
………………………… Tel：0511-85363288
镇江交通产业集团有限公司
地址：镇江市润州区官塘桥路200号
………………………… Tel：0511-85363288
苏州丰益兴建材有限公司
地址：苏州市吴中区木渎镇姑苏七子村
………………………… Tel：0511-85580985
西卡（江苏）建筑材料有限公司
地址：镇江市丹徒区辛丰镇工业园
………………………… Tel：0511-85588588
崇佑（中国）新材料有限公司
地址：镇江市丹徒新城恒园路66号
………………………… Tel：0511-85595900
镇江市润州区房地产开发有限公司
地址：镇江市朱方路98号四楼
………………………… Tel：0511-85612750
镇江市丹徒区闭浩建材有限公司
地址：镇江市丹徒区高资街道巫岗村西岗62号
………………………… Tel：0511-85681048

南通宝渤泰丽五金建材有限公司
地址：南通市开发区广州路42号
………………………… Tel：0511-85909509
南通诺亚欧建材有限公司
地址：南通市开发区广州路42号
………………………… Tel：0511-85909509
苏州诺欧建材有限公司
地址：苏州市广济南路19-1号2F-21-04
………………………… Tel：0511-85909509
苏州宝渤泰丽五金建材有限公司
地址：苏州市广济南路19-1号2F-21-02
………………………… Tel：0511-85909509
镇江国林城镇建设发展有限公司
地址：镇江市京口区新民洲朝阳路40号
………………………… Tel：0511-85939900
江苏富恒建设工程有限公司
地址：丹阳市丹北镇后巷振兴大街
………………………… Tel：0511-86318777
中海洋新型建材股份有限公司
地址：镇江市市辖区丹阳市访仙镇工业园区
………………………… Tel：0511-86500590
丹阳市百利装饰装潢有限公司
地址：丹阳市华南新村88幢12号
………………………… Tel：0511-86502739
丹阳爱家房地产有限公司
地址：丹阳市云阳街道阜阳路4号
………………………… Tel：0511-86509919
江苏裕康建设有限公司
地址：丹阳市司徒镇东风村村委会西侧
………………………… Tel：0511-86550553
江苏丽新建筑装饰有限公司
地址：丹阳市开发区西郊练湖工业园
………………………… Tel：0511-86571926
江苏荣光装潢有限公司
地址：丹阳市导墅镇金溪路南路
………………………… Tel：0511-86656668
江苏申阳电梯部件有限公司
地址：丹阳市导墅镇环镇西路118号
………………………… Tel：0511-86682495
丹阳市华昌建筑安装装潢工程有限公司
地址：丹阳市经济开发区齐梁路16号
………………………… Tel：0511-86882867
丹阳练湖水城投资建设有限公司
地址：丹阳市开发区齐梁路999号
………………………… Tel：0511-86883289
丹阳市成泰城镇建设有限公司
地址：丹阳市开发区齐梁路999号
………………………… Tel：0511-86883289
丹阳市天晟新城建设投资发展有限公司
地址：丹阳市开发区齐梁路999号
………………………… Tel：0511-86883289
丹阳市丹晟城镇化建设发展有限公司
地址：丹阳市开发区齐梁路999号
………………………… Tel：0511-86883289
丹阳市绿城水利建设发展有限公司
地址：丹阳市开发区齐梁路999号
………………………… Tel：0511-86883289
丹阳投资集团有限公司
地址：丹阳市开发区齐梁路999号
………………………… Tel：0511-86883289
丹阳市华东建材城有限公司
地址：丹阳市西门外老312国道西侧
………………………… Tel：0511-86906805
丹阳市新城水利建设发展有限公司
地址：丹阳市开发区齐梁路1000号
………………………… Tel：0511-86923909
丹阳尼维建材贸易有限公司
地址：丹阳市经济开发区立曜路1号
………………………… Tel：0511-86969766
江苏东华装璜有限公司
地址：丹阳市开发区北苑路29号
………………………… Tel：0511-86981599
江苏建华新型墙材有限公司
地址：句容市下蜀镇临港工业集中区1-3号
………………………… Tel：0511-87186637
建华建材（中国）有限公司
地址：句容市下蜀镇沿江开发区
………………………… Tel：0511-87188281
张家港汤始建材有限公司
地址：江苏扬子江国际冶金工业园（锦丰镇）沿江公路南侧
………………………… Tel：0511-87188281
句容碧兴房地产开发有限公司
地址：句容市华阳街道柏悦华府综合部
………………………… Tel：0511-87200718
句容市银鹏房地产开发总公司
地址：句容市华阳西路888号
………………………… Tel：0511-87261189
句容临港新城建设有限公司
地址：句容市郭庄镇迎河南路1号
………………………… Tel：0511-87357798
江苏天王建材有限公司
地址：句容市天王镇天鑫路南侧
………………………… Tel：0511-87453666
江苏辰先建设集团有限公司
地址：丹阳市开发区长段2组
………………………… Tel：0511-88033332
镇江市丹徒区城建投资有限公司
地址：镇江市丹徒新城盛丹路6号218室

………………………… Tel：0511-88055841
镇江大鹏股份有限公司
地址：镇江市环城路５４号
………………………… Tel：0511-88083170
江苏瑞联贸易有限公司
地址：镇江市润州区运河路8号
………………………… Tel：0511-88089055
江苏思瀚建材有限公司
地址：扬中市西来桥镇二桥工业集中区8号
………………………… Tel：0511-88130062
江苏国建新材料股份有限公司
地址：江苏省扬中市八桥镇长胜村二桥工业园区
………………………… Tel：0511-88208907
江苏铭创城市建设有限公司
地址：扬中市经济开发区兴隆路8号
………………………… Tel：0511-88337222
扬中市城市建设投资发展总公司
地址：扬中市环城东路989号
………………………… Tel：0511-88356683
扬中市中扬建设集团有限公司
地址：扬中市三茅街道河滨路5号
………………………… Tel：0511-88356683
扬中市龙城建设有限公司
地址：镇江市扬中市三茅街道江洲西路195号
………………………… Tel：0511-88356683
江苏星鑫工程管道有限公司
地址：扬中市经济开发区兴隆大桥南首
………………………… Tel：0511-88453071
江苏建融装饰装潢新材料科技有限公司
地址：镇江市新区银河路78号
………………………… Tel：0511-88610006
镇江城市建设产业集团有限公司
地址：镇江市南徐大道62号－1楼
………………………… Tel：0511-88699618
镇江华龙新型建材有限公司
地址：镇江市扬中市三茅街道江洲西路195号
………………………… Tel：0511-88699736
镇江市宏雅电气有限公司
地址：镇江市环城路70号
………………………… Tel：0511-88815998
江苏恒运建筑材料有限公司
地址：镇江市扬中市新坝镇长虹路42号
………………………… Tel：0511-89986189
卫斯理建筑装潢（苏州）有限公司
地址：苏州工业园区旺墩路135号融盛商务中心1幢923室
………………………… Tel：0512-12345678
江苏双建新型建材科技有限公司
地址：张家港市凤凰镇安庆村
………………………… Tel：0512-35027522
昆山鑫佳房地产开发有限公司
地址：昆山市前进西路1899号1号房
………………………… Tel：0512-36695797
昆山建银昆开城乡发展投资中心（有限合伙）
地址：昆山开发区前进东路1228号15楼
………………………… Tel：0512-36826255
昆山市浦新城市建设有限公司
地址：昆山市张浦镇新吴街（商秧路口）
………………………… Tel：0512-36829678
昆山市张浦城市建设投资有限公司
地址：昆山市张浦镇新吴街
………………………… Tel：0512-36829876
昆山市周庄城市建设投资有限公司
地址：周庄镇秀海路188号
………………………… Tel：0512-36831903
昆山市周市城乡一体化建设有限公司
地址：周市镇华扬路188号建管所515室
………………………… Tel：0512-36900837
昆山高新区城乡一体化建设有限公司
地址：玉山镇前进西路1899号
………………………… Tel：0512-50116569
昆山市惠通包装装璜有限公司
地址：昆山开发区太湖南路11号
………………………… Tel：0512-50128368
昆山浦中城市建设发展有限公司
地址：张浦镇商秧路（现张浦汽车站内）
………………………… Tel：0512-50132077
昆山市源融城村一体化建设有限公司
地址：张浦镇新吴街19号1号
………………………… Tel：0512-50132077
昆山宗兴建筑装潢材料有限公司
地址：陆家镇友谊路270号
………………………… Tel：0512-50135270
江苏华品乐康实业有限公司
地址：昆山市周市镇新浦路79号4号厂房
………………………… Tel：0512-50331433
常熟市城东碧桂园房地产开发有限公司
地址：常熟市古里镇文学街72号
………………………… Tel：0512-51529999
常熟市金鹰装饰装潢工程有限公司
地址：常熟市李闸路160号-15A幢1001、1002。
………………………… Tel：0512-51771800
常熟市金碧房地产开发有限公司
地址：常熟高新技术产业开发区东南大道1号803室
………………………… Tel：0512-52059999

常熟市莫城开发建设有限公司
地址：常熟市商城中路1号5楼
………………………… Tel：0512-52078105
菊水建材科技（常熟）有限公司
地址：江苏省常熟经济技术开发区东周路9号
………………………… Tel：0512-52101218
常熟星宇新兴建材有限公司
地址：江苏省常熟经济开发区沿江工业区
………………………… Tel：0512-52109588
常熟星海新兴建材有限公司
地址：江苏省常熟经济开发区沿江工业区
………………………… Tel：0512-52109654
常熟星岛新兴建材有限公司
地址：常熟市董浜镇华烨大道2号
………………………… Tel：0512-52109900
苏州中联新航混凝土有限公司
地址：常熟市辛庄镇双浜村
………………………… Tel：0512-52157260
常熟市城乡一体化建设投资发展有限公司
地址：常熟服装城商城中路1号商城大厦9楼
………………………… Tel：0512-52239820
常熟市梅李镇城乡一体化建设有限公司
地址：常熟市梅李镇人民路18号
………………………… Tel：0512-52262052
常熟市古里镇城乡一体化建设有限公司
地址：常熟市古里镇文学街
………………………… Tel：0512-52300323
昆山基立航空机电设备有限公司
地址：淀山湖镇翔云路东侧
………………………… Tel：0512-52313826
江苏域为装饰工程有限公司
地址：常熟市海虞北路19号亿源世纪广场326
………………………… Tel：0512-52344036
江苏建辉工程材料有限公司
地址：常熟市支塘镇泰康路9号1幢
………………………… Tel：0512-52350798
常熟市三恒建材有限责任公司
地址：常熟市常昆工业园南新路22号
………………………… Tel：0512-52356132
常熟中信建材有限公司
地址：江苏省常熟市梅李镇
………………………… Tel：0512-52389808
江苏中诚建材集团有限公司
地址：常熟市梅李镇
………………………… Tel：0512-52389808
常熟市尚湖镇城乡一体化建设有限公司
地址：常熟市尚湖镇人民南路
………………………… Tel：0512-52400223
南塑建材塑胶制品（常熟）有限公司
地址：江苏省常熟市王庄镇工业园（二区）
………………………… Tel：0512-52437008
常熟宝迪新型建筑材料有限公司
地址：江苏省常熟经济技术开发区高新技术产业园青岛路19号1幢
………………………… Tel：0512-52439206
苏州飞托克金属制品有限公司
地址：常熟市辛庄（杨园）工业园
………………………… Tel：0512-52479001
常熟市辛庄镇城乡一体化建设有限公司
地址：常熟市辛庄镇潭塘村
………………………… Tel：0512-52487962
常熟市海虞城乡一体化建设有限公司
地址：常熟市海虞镇府前路
………………………… Tel：0512-52568646
常熟市沙家浜镇城镇经营投资有限公司
地址：常熟市沙家浜镇中环路
………………………… Tel：0512-52571707
常熟东南城乡一体化建设有限公司
地址：江苏省常熟高新技术产业开发区东南大道1号1106室
………………………… Tel：0512-52576683
常熟市凯波冶金建材机械设备厂
地址：常熟市海虞镇周行
………………………… Tel：0512-52591187
常熟市万家房地产有限公司
地址：常熟市沙家浜镇金唐市路33号5幢101
………………………… Tel：0512-52591888
常熟市龙腾型材科技有限公司
地址：常熟市梅李镇梅南村
………………………… Tel：0512-52669225
常熟市董浜镇城乡一体化建设有限公司
地址：常熟市董浜镇滨河大道
………………………… Tel：0512-52687176
中建华城建设集团有限公司
地址：常熟市碧溪新区
………………………… Tel：0512-52690585
常熟市碧溪新区城乡一体化建设有限公司
地址：常熟市碧溪新区
………………………… Tel：0512-52691371
常熟市滨江城市建设经营投资有限责任公司
地址：江苏省常熟经济开发区沿江工业区常熟市滨江国际大厦
………………………… Tel：0512-52699765

常熟市城建公有资产经营有限公司
地址：常熟市琴川街道渠中路金枫家园50幢203（302）
…………Tel：0512-52701638
常熟市滨江城镇化建设有限公司
地址：常熟经济技术开发区沿江工业区望江路1号滨江国际大厦1411室
…………Tel：0512-52773782
常熟市城乡绿化建设投资有限公司
地址：常熟市珠江路380号
…………Tel：0512-52818293
常熟市城北开发建设有限公司
地址：常熟市联丰路58号
…………Tel：0512-52843088
江苏华亭建筑装饰工程有限公司
地址：常熟市枫林路耿泾桥堍
…………Tel：0512-52878922
江苏中和东华土地房地产资产评估造价有限公司
地址：常熟高新技术产业开发区湖山路333号同济科技广场1幢2楼
…………Tel：0512-52897228
常熟市支塘镇城乡一体化建设有限公司
地址：常熟市支塘镇淦昌路3号
…………Tel：0512-52937981
苏州德高防水建材有限公司
地址：常熟市珠江东路83-3号
…………Tel：0512-52955770
常熟市虞山镇城乡一体化建设有限公司
地址：常熟市联丰路58号
…………Tel：0512-52985716
太仓市华丽家装潢有限公司
地址：太仓市城厢镇上海东路5号501室
…………Tel：0512-53107188
江苏华尔美建设发展有限公司
地址：太仓市城厢镇万鸿华庭11幢505室
…………Tel：0512-53112088
太仓沙溪城镇开发建设有限公司
地址：太仓市沙溪镇沙东一号路口南西侧
…………Tel：0512-53219085
太仓市沙溪城乡建设投资有限公司
地址：太仓市沙溪镇长寿路2号
…………Tel：0512-53219085
太仓上电混凝土制品有限公司
地址：太仓市浮桥镇老闸绿化村
…………Tel：0512-53265211
太仓市华品装饰装潢有限公司
地址：太仓市沙溪镇松南村工业园区
…………Tel：0512-53304602
苏州福共新材料科技有限公司
地址：太仓市经济开发区广州东路289号
…………Tel：0512-53359278
太仓市双凤城乡投资建设发展有限公司
地址：太仓市双凤镇凤苑路
…………Tel：0512-53436160
太仓市奥虹绣品有限公司
地址：太仓市娄东街道兴业北路1号
…………Tel：0512-53447920
太仓市鸿盛建筑装潢有限公司
地址：城厢镇二0四国道建材市场2幢
…………Tel：0512-53452918
苏州新天祥建设发展有限公司
地址：太仓市城厢镇朝阳东路6号1-5幢
…………Tel：0512-53526464
苏州正利华装饰工程有限公司
地址：太仓市城厢镇浏太路东亭路北1号
…………Tel：0512-53527007
苏州恒昇城建园林发展有限公司
地址：太仓市城厢镇世纪广场财富商务大厦407室
…………Tel：0512-53530363
江苏晋仓建筑工程有限公司
地址：太仓市城厢镇岳阳路66号401室
…………Tel：0512-53533686
太仓市万路达交通设施有限公司
地址：太仓市城厢镇长春北路 山路口
…………Tel：0512-53535595
苏州欧维建设发展有限公司
地址：太仓市城厢镇城西北路8号28幢312室
…………Tel：0512-53541758
苏州晟荣建设发展有限公司
地址：太仓市城厢镇郑和中路309号2幢401室
…………Tel：0512-53542358
太仓市欣洋广告装潢有限公司
地址：太仓市娄东街道公正路11号1幢1702室
…………Tel：0512-53544399
太仓市天材装饰装潢有限公司
地址：太仓市城厢镇果园一村26幢5#-6#
…………Tel：0512-53544588
江苏森美建设发展有限公司
地址：太仓市经济开发区苏州中路511号6幢
…………Tel：0512-53566078
太仓市城镇化建设发展有限公司
地址：太仓市科教新城文治路51号
…………Tel：0512-53567275
太仓市城投环保建设投资有限公司
地址：太仓市科教新城文治路51号23楼
…………Tel：0512-53567275
太仓市新城区开发建设有限公司
地址：太仓市城厢镇南郊区
…………Tel：0512-53567275
太仓市城投能源建设投资有限公司
地址：太仓市科教新城文治路51号23楼
…………Tel：0512-53567275
苏州睿通合建设工程有限公司
地址：太仓市城厢镇长春北路9号507室、508室
…………Tel：0512-53568495
太仓市通中置业有限公司
地址：太仓市陆渡镇白云渡路南
…………Tel：0512-53570578
苏州洪才装饰装潢工程有限公司
地址：太仓市城厢镇板桥发达路
…………Tel：0512-53588495
太仓市德民城乡一体化建设发展有限公司
地址：太仓市城厢镇郑和中路397号
…………Tel：0512-53596283
太仓市缘和装潢设计工程有限公司
地址：太仓市娄东街道朝阳东路5号2幢135室
…………Tel：0512-53596628
太仓市城市发展集团有限公司
地址：太仓市城厢镇县府东街101号
…………Tel：0512-53596885
太仓市浏河城镇建设开发有限公司
地址：太仓市浏河镇郑和大街99号
…………Tel：0512-53603192
太仓市申民装饰装潢有限公司
地址：太仓市浏河镇郑和东路19号商铺31室
…………Tel：0512-53609580
太仓北新建材有限公司
地址：太仓港港口开发区协鑫中路2号
…………Tel：0512-53648868
太仓北新建材有限公司
地址：太仓港港口开发区协鑫中路2号
…………Tel：0512-53648868
江苏鑫鑫源建设发展有限公司
地址：太仓市高新区上海东路1号1-1901室
…………Tel：0512-53651000
太仓市城市建设投资集团有限公司
地址：太仓市科教新城文治路51号
…………Tel：0512-53663391
太仓市漠城开发建设有限公司
地址：太仓市科教新城文治路51号
…………Tel：0512-53663391
太仓市雁月湖城镇化建设投资有限公司
地址：太仓市璜泾镇园林路1号
…………Tel：0512-53811327
中建材光电装备（太仓）有限公司
地址：太仓港港口开发区长江大道189号
…………Tel：0512-53839005
太仓德丰城乡一体化建设发展有限公司
地址：太仓市城厢镇上海东路188号11幢2303室
…………Tel：0512-53891120
太仓市浩民城乡一体化建设发展有限公司
地址：苏州市太仓市城厢镇上海东路188号11幢2306室
…………Tel：0512-53891120
苏州德胜东奔建设发展有限公司
地址：苏州市太仓市城厢镇上海东路188号11幢2307室
…………Tel：0512-53891121
太仓娄城高新集团有限公司
地址：太仓市经济开发区宁波东路66号
…………Tel：0512-53891132
林德纳新型建筑材料（太仓）有限公司
地址：太仓经济开发区青岛东路12号
…………Tel：0512-53951000
昆山兴阳装潢有限公司
地址：周市镇青阳北路256-1号
…………Tel：0512-55009656
昆山凯辉装潢材料有限公司
地址：巴城镇景潭路西侧
…………Tel：0512-55115388
昆山市天时装璜建材有限责任公司
地址：玉山镇中华园西路2083号
…………Tel：0512-55127468
联创世纪投资管理（昆山）有限公司
地址：昆山开发区前进东路382号
…………Tel：0512-55195888
昆山开发区东城建设开发有限公司
地址：昆山开发区前进东路1228号15楼
…………Tel：0512-55380856
辛普森众泰建材（张家港）有限公司
地址：江苏省张家港经济开发区（南区）南园路10号
…………Tel：0512-56356123
张家港业冠建材贸易有限公司
地址：张家港经济技术开发区张杨公路悦丰大厦1201室
…………Tel：0512-56760855
张家港绿园置业有限公司
地址：张家港市杨舍镇南二环路1号1幢101室
…………Tel：0512-56991066
江苏鼎好一家建筑装潢工程设计有限公司
地址：花桥镇大上海国际商贸中心20号楼203-5室
…………Tel：0512-57071966
昆山城建绿和环境科技有限公司
地址：昆山市玉山镇前进西路2200号C栋
…………Tel：0512-57109156
昆山城市建设投资发展集团有限公司
地址：昆山市玉山镇前进西路2200号
…………Tel：0512-57109888
江苏朗新装饰工程有限公司
地址：昆山开发区黄河南路323号新鼎岸商务大厦801室
…………Tel：0512-57186118
昆山锦鸿城乡一体化建设有限公司
地址：锦溪镇文昌路（1）
…………Tel：0512-57235336
昆山千灯城乡一体化建设有限公司
地址：千灯镇汉昆路9号3号楼
…………Tel：0512-57279913
昆山市陆家城乡一体化建设有限公司
地址：陆家镇孔巷路7号
…………Tel：0512-57283790
江苏九如城建设有限公司
地址：昆山开发区同丰东路760号
…………Tel：0512-57322588
昆山综合保税区投资开发有限公司
地址：昆山综合保税区新南东路358号综保区商务大厦
…………Tel：0512-57353603
力福建材（昆山）有限公司
地址：江苏省昆山市玉山镇马庄路77号
…………Tel：0512-57388926
昆山智谷文创发展有限公司
地址：昆山开发区庆丰西路669号
…………Tel：0512-57391001
昆山市张浦城乡一体化建设有限责任公司
地址：张浦镇商秧路
…………Tel：0512-57455312
昆山市张浦新江南城市建设有限公司
地址：张浦镇京东路
…………Tel：0512-57455312
昆山市淀山湖城乡一体化建设有限公司
地址：淀山湖镇振淀路251号
…………Tel：0512-57488082
昆山市淀湖城市建设投资发展有限公司
地址：淀山湖镇振淀路251号
…………Tel：0512-57489226
昆山西部新城建设发展有限公司
地址：昆山市玉山镇前进西路2200号
…………Tel：0512-57507971
昆山市云洲装潢设计有限公司
地址：周市镇青阳北路111号4号房
…………Tel：0512-57531334
昆山好家居装饰建材有限公司
地址：玉山镇民营科技工业园江浦路388号
…………Tel：0512-57534788
昆山城建顺帆门窗装潢有限公司
地址：昆山市玉山镇包家桥路11号8号房
…………Tel：0512-57600288
昆山花桥国际商务城城乡一体化建设有限公司
地址：花桥镇兆丰路8号
…………Tel：0512-57608952
昆山市巴城仁宝科技园建设有限公司
地址：巴城镇新澄路918号
…………Tel：0512-57650825
昆山市巴城城乡一体化建设有限责任公司
地址：巴城镇新澄路918号
…………Tel：0512-57655108
昆山市巴城古镇建设发展有限公司
地址：巴城镇河南街21号
…………Tel：0512-57659163
昆山阳澄湖城市建设发展有限公司
地址：巴城镇明澄路198号
…………Tel：0512-57659555
昆山港龙建材有限公司
地址：周市镇339省道北侧
…………Tel：0512-57667798
江苏心匠装潢有限公司
地址：昆山开发区樾河北路209号401室
…………Tel：0512-57710235
昆山市振华装潢家具有限责任公司
地址：昆山开发区富东路26号
…………Tel：0512-57716969
昆山市正中建筑装潢工程有限公司
地址：玉山镇城北望山南路239号
…………Tel：0512-57735167
昆山市华特装饰工程有限公司
地址：昆山开发区新都银座3号楼1801室
…………Tel：0512-57738370
昆山唯美建筑装饰工程有限公司
地址：昆山开发区前进中路279号联合大楼第六层
…………Tel：0512-57768072
昆山元大建材有限公司
地址：江苏省昆山市正仪镇
…………Tel：0512-57899501
张家港新农联置业发展有限公司
地址：张家港经济开发区（张杨公路悦丰大厦）
…………Tel：0512-58119126
张家港市致盛建筑装潢工程有限公司
地址：张家港经济开发区晨丰公路
…………Tel：0512-58138977
张家港市港厦门窗装潢有限公司
地址：塘桥镇鹿苑南林开发区
…………Tel：0512-58356189
江苏华晟新型建材有限公司
地址：江苏扬子江国际化学工业园华达路西侧1幢
…………Tel：0512-58387325
张家港市锦丰建筑安装工程有限公司
地址：锦丰镇金鹿路
…………Tel：0512-58550838
张家港恒昌新型建筑材料有限公司
地址：江苏扬子江国际冶金工业园（锦丰镇九龙港西路西侧）
…………Tel：0512-58568993
张家港恒乐新型建筑材料有限公司
地址：张家港市锦丰镇新华村1幢
…………Tel：0512-58568993
张家港市强鑫门窗装潢有限公司
地址：三兴镇通沙码头
…………Tel：0512-58576709
张家港市南丰城建投资开发有限公司
地址：张家港市南丰镇南丰村
…………Tel：0512-58620263
江苏顺冠装饰装潢有限公司
地址：乐余镇兆丰街道人民路
…………Tel：0512-58659219
张家港市杨舍镇新型城镇化建设投资有限公司
地址：张家港市杨舍镇张杨公路悦丰大厦
…………Tel：0512-58676758
江苏攀杰特装饰工程有限公司
地址：张家港保税区汇达大厦110E室
…………Tel：0512-58697726
江苏达丽建筑材料有限公司
地址：张家港市凤凰镇凤凰大道20号
…………Tel：0512-58921110
张家港沙洲新城开发建设有限公司
地址：张家港市锦丰镇（江苏扬子江国际冶金工业园锦绣路3号）
…………Tel：0512-58959165
苏州市吴江城乡一体化建设投资（集团）有限公司
地址：苏州市吴江区松陵镇东太湖大厦8楼
…………Tel：0512-60900816
苏州市吴江太湖新城城镇化建设投资有限公司
地址：吴江区松陵镇中山南路1988号
…………Tel：0512-60900816
苏州市吴江城市建设开发有限公司
地址：苏州市吴江区松陵镇夏蓉街1299号东太湖大厦6-7层
…………Tel：0512-60900816
苏州市吴江区松陵城乡一体化建设投资有限公司
地址：吴江区太湖新城东太湖大道1299号（东太湖大厦）18楼1821室
…………Tel：0512-60901860
苏州工业园区娄葑城乡一体化建设有限公司
地址：苏州工业园区车坊普惠路淞泽家园三区
…………Tel：0512-62520127
苏州市同策房地产经纪有限公司
地址：苏州市相城区元和街道聚茂街185号活力商务广场B幢21层2103室
…………Tel：0512-62620280
苏州苏信农发城镇建设投资中心（有限合伙）
地址：苏州工业园区苏州大道东381号商旅大厦6幢1105室
…………Tel：0512-62720121
西卡（中国）有限公司
地址：苏州工业园区泾东路28号
…………Tel：0512-62732888
苏州工业园区唯亭城乡一体化建设有限公司
地址：苏州工业园区唯亭星澄路9号
…………Tel：0512-62759862
苏州工业园区东亚营造有限公司
地址：苏州工业园区银胜路66号
…………Tel：0512-62826168
吉田建材（苏州）有限公司
地址：苏州工业园区星龙街458号
…………Tel：0512-62836000
苏州工业园区胜浦城乡一体化建设有限公司
地址：苏州工业园区双马街2号星华产业园一号楼8楼
…………Tel：0512-62862730
苏州工业园区胜浦城镇建设投资有限公司
地址：苏州工业园区唯亭双马街2号星华产

业园一号楼8楼
…………………… Tel：0512-62862730
苏州市金库实业有限公司
地址：苏州工业园区娄葑镇通园路58号
…………………… Tel：0512-62884737
苏州雄狮山庄大酒店有限公司
地址：苏州工业园区娄葑镇永庆路139号
…………………… Tel：0512-62899999
苏州东吴高新城乡一体化建设发展基金合伙企业（有限合伙）
地址：苏州高新区通安镇华圩路18号12幢
…………………… Tel：0512-62938016
苏州市东吴城乡一体化建设引导基金合伙企业（有限合伙）
地址：苏州市高新区狮山路25号东吴证券股份有限公司苏州狮山路证券营业部2楼VIP2室
…………………… Tel：0512-62938016
苏州豪城建屋置业有限公司
地址：苏州工业园区钟园路788号丰隆城市生活广场4幢23楼2302室
…………………… Tel：0512-62966966
江苏梦嘉控股集团有限公司
地址：苏州工业园区新平街388号22幢9层
…………………… Tel：0512-62987283
苏州梦嘉信息技术有限公司
地址：苏州市工业园区新平街388号22幢8层01-12单元
…………………… Tel：0512-62987283
苏州新诚建兴建设工程有限公司
地址：吴江经济技术开发区柳胥村柳胥路988号
…………………… Tel：0512-63018527
江苏凯伦建材股份有限公司
地址：苏州市吴江区七都镇亨通大道8号
…………………… Tel：0512-63102888
苏州市汾湖城乡一体化建设有限公司
地址：吴江区黎里镇芦莘路东侧
…………………… Tel：0512-63135508
苏州市黎里城镇化建设有限公司
地址：吴江区黎里镇芦莘路东侧
…………………… Tel：0512-63135508
苏州天赢新材料科技股份有限公司
地址：吴江区同里镇屯南村
…………………… Tel：0512-63189351
江苏爱富希新型建材股份有限公司
地址：吴江区同里镇屯南村
…………………… Tel：0512-63332225
苏州万捷建筑工程有限公司
地址：吴江经济技术开发区庞北路东侧
…………………… Tel：0512-63380178
大象红枫叶新材料科技（苏州）有限公司
地址：吴江经济技术开发区交通路5235号
…………………… Tel：0512-63453777
吴江市平望城乡一体化建设投资有限公司
地址：吴江平望镇西新街8号
…………………… Tel：0512-63665180
吴江市平望镇集体资产经营公司
地址：平望镇
…………………… Tel：0512-63665180
苏州震泽新城科技建设有限公司
地址：苏州市吴江区震泽镇麻漾新城
…………………… Tel：0512-63751023
苏州市吴江片区新型城镇化建设发展有限公司
地址：吴江区松陵镇笠泽路551号
…………………… Tel：0512-63773100
吴江震泽城乡一体化建设有限公司
地址：吴江区震泽镇机关大院内
…………………… Tel：0512-63773100
江苏莱德建材股份有限公司
地址：苏州市吴江区七都镇心田湾亨通大道北侧
…………………… Tel：0512-63839995
吴江经济技术开发区城乡一体化建设有限公司
地址：吴江经济技术开发区云梨路北侧
…………………… Tel：0512-63960753
苏州市吴江经开城镇化建设有限公司
地址：吴江经济技术开发区云梨路北侧
…………………… Tel：0512-63960754
吴江市同里城乡一体化建设有限公司
地址：吴江区同里镇迎燕东路
…………………… Tel：0512-63960754
苏州充橙商业管理有限公司
地址：吴江经济技术开发区江陵西路1688号
…………………… Tel：0512-63976207
江苏哈工海渡教育科技集团有限公司
地址：中国（江苏）自由贸易试验区苏州片区苏州工业园区苏虹西路99号第3幢B区301室
…………………… Tel：0512-65001916
和成（中国）有限公司
地址：苏州市吴中区　直大道115号
…………………… Tel：0512-65010833
苏州城投资产开发有限公司
地址：苏州市苏站路1588号
…………………… Tel：0512-65098102
苏州国发兴银鼎荣绕城交通建设投资企业（有限合伙）
地址：江苏省苏州市高铁新城南天成路58号
…………………… Tel：0512-65126485
华润置地（苏州）实业有限公司
地址：苏州吴中经济开发区郭巷街道独墅湖西金悦花园32幢101室
…………………… Tel：0512-65167111
苏州历史文化名城保护集团有限公司
地址：苏州市临顿路216号7号楼
…………………… Tel：0512-65210985
苏州报业传媒集团有限公司
地址：苏州市沧浪区十梓街458号
…………………… Tel：0512-65227688
苏州城市建设投资发展（集团）有限公司
地址：苏州市沧浪区杨枝塘路116号
…………………… Tel：0512-65235239
苏州国盛城镇化建设发展有限公司
地址：苏州市吴中区宝带东路335号3楼
…………………… Tel：0512-65288470
骊住建材（苏州）有限公司
地址：江苏省苏州市苏州新区长江路
…………………… Tel：0512-65364555
苏州市相城区望亭城镇建设发展有限公司
地址：苏州市相城区望亭镇御亭路210号
…………………… Tel：0512-65381683
苏州市相城区御亭新农村建设有限公司
地址：苏州市相城区望亭镇御亭路210号
…………………… Tel：0512-65381683
德华建材（苏州）有限公司
地址：江苏省苏州市浒墅关经济开发区文昌路
…………………… Tel：0512-65393117
苏州阳澄湖新型城镇化建设发展有限公司
地址：苏州市相城区元和街道春申湖中路393号天莲大厦13楼
…………………… Tel：0512-65429708
苏州市阳澄湖城乡一体化建设发展有限公司
地址：苏州市相城区阳澄湖镇凤阳路280号
…………………… Tel：0512-65429708
苏州市阳澄湖城乡建设开发有限公司
地址：苏州市相城区阳澄湖镇凤阳路280号
…………………… Tel：0512-65429708
苏州阳澄湖湖滨市政建设开发有限公司
地址：苏州市相城区阳澄湖镇岸山村湘陆路99号
…………………… Tel：0512-65429708
苏州环宏城区建设发展有限公司
地址：苏州市相城区元和街道阳澄湖西路36号
…………………… Tel：0512-65453004
苏州市相城区元众城乡建设发展有限公司
地址：苏州市相城区元和街道嘉元路959号元和大厦604室
…………………… Tel：0512-65453004
苏州市相城区元泽建设工程有限公司
地址：苏州市相城区元和街道嘉元路959号元和大厦725室
…………………… Tel：0512-65453004
苏州市相城区元坤重建发展有限公司
地址：苏州市相城区元和街道嘉元路959号元和大厦729室
…………………… Tel：0512-65453004
苏州市相城区新和城镇建设发展有限公司
地址：苏州市相城区黄桥街道东街8号
…………………… Tel：0512-65461195
江苏建雄建筑安装有限公司
地址：苏州市相城区黄桥镇
…………………… Tel：0512-65461859
苏州市相城区黄埭城镇建设有限公司
地址：苏州市相城区黄埭镇中市路
…………………… Tel：0512-65486897
索菲装饰装潢（苏州）有限公司
地址：苏州市金阊区虎丘路388号3楼A-1号
…………………… Tel：0512-65562880
张家港弗克新型建材有限公司
地址：江苏扬子江国际化学工业园张家港市金港镇中华路东（泰来路南）
…………………… Tel：0512-65580057
苏州历史文化名城建设集团有限公司
地址：苏州市南环东路788号（南环汇邻广场3号楼4层）
…………………… Tel：0512-65631716
苏州市吴中城市建设投资发展有限公司
地址：苏州吴中经济开发区苏街103号
…………………… Tel：0512-65657398
苏州吴中城投城乡一体化建设有限公司
地址：苏州吴中经济开发区苏街103号
…………………… Tel：0512-65657398
苏州吴中新城建设配套有限公司
地址：苏州市吴中经济开发区苏街103号
…………………… Tel：0512-65657398
苏州市相城区春申水务建设有限公司
地址：苏州市相城区黄埭镇春光路
…………………… Tel：0512-65715552
苏州市相城城市建设投资（集团）有限公司
地址：苏州市高铁新城南天成路58号
…………………… Tel：0512-65768778
苏州市相城城市建设发展有限公司
地址：苏州市相城区元和街道聚茂街185号
…………………… Tel：0512-65768778
苏州市和梁城镇化建设发展有限公司
地址：苏州市相城区元和街道聚茂街185号
…………………… Tel：0512-65768778
苏州市骏澄城镇建设发展有限公司
地址：苏州相城阳澄湖生态休闲旅游度假区澄中路1号
…………………… Tel：0512-65768778
苏州市相城水务建设投资（集团）有限公司
地址：苏州市相城区古元路109号
…………………… Tel：0512-65769483
苏州相城高新建设发展有限公司
地址：苏州市相城区黄埭镇中市路寿人桥南境建设大楼3楼
…………………… Tel：0512-65796297
苏州舍得建筑材料有限公司
地址：苏州市相城区元和街道聚贤路129号峰汇商务广场1幢1612室
…………………… Tel：0512-65797031
苏州市相城交通建设投资（集团）有限公司
地址：苏州市高铁新城南天成路58号
…………………… Tel：0512-65807006
苏州市相城区正通交通工程建设有限责任公司
地址：苏州市相城区元和街道古元路105号
…………………… Tel：0512-65807006
苏州市莱科元城镇建设发展有限公司
地址：苏州市相城区元和街道古元路105号
…………………… Tel：0512-65807006
苏州飞格舒装潢材料有限公司
地址：苏州市干将西路251号
…………………… Tel：0512-65812326
苏州鼎钰轩建筑装饰装潢工程有限公司
地址：昆山市花桥镇和丰路108号64室
…………………… Tel：0512-65856332
苏州城亿绿建科技股份有限公司
地址：苏州市相城区望亭镇华阳村新华村路3号
…………………… Tel：0512-65865988
苏州市相城保障房建设开发有限公司
地址：苏州市相城区元和街道聚茂街185号
…………………… Tel：0512-65869205
苏州市相城建设发展有限责任公司
地址：苏州市相城区元和街道聚茂街185号活力商务广场C幢16层1612室
…………………… Tel：0512-65869205
苏州市振渭城镇建设发展有限公司
地址：苏州市相城区渭塘镇爱格豪路19号中国汽车零部件产业基地研发楼3楼南侧
…………………… Tel：0512-65904288
苏州星广建材有限公司
地址：苏州市吴中区横泾街道天鹅荡路2900号
…………………… Tel：0512-65984133
苏州市相城生态建设（集团）有限公司
地址：苏州市高铁新城南天成路58号
…………………… Tel：0512-65996698
苏州市湖亭城乡建设发展有限公司
地址：苏州市相城区太平街道盛泽荡路3号
…………………… Tel：0512-65996698
苏州市甪直新型城镇化建设发展有限公司
地址：苏州市吴中区　直镇鸿达路
…………………… Tel：0512-66026803
汤始建华建材（苏州）有限公司
地址：苏州市吴中区　直镇胜浦大桥南侧兴国路2号
…………………… Tel：0512-66028801
苏州华甫建材有限公司
地址：苏州市吴中区　直镇兴国路1号
…………………… Tel：0512-66028801
苏州太湖宝京旅游房地产发展有限公司
地址：苏州太湖国家旅游度假区内
…………………… Tel：0512-66037621
苏州市吴中城区建设发展有限公司
地址：苏州市吴中区吴中东路133号
…………………… Tel：0512-66058908
苏州市吴中新城城乡一体化建设有限公司
地址：苏州市吴中区吴中东路133号
…………………… Tel：0512-66058908
苏州市吴中新城保障房建设有限公司
地址：苏州市吴中区吴中东路133号
…………………… Tel：0512-66058908
苏州市吴中新城城镇建设有限公司
地址：苏州市吴中区吴中东路133号
…………………… Tel：0512-66058908
苏州江南建设项目管理有限公司
地址：苏州市相城区高铁新城南天成路88号天成信息大厦2201
…………………… Tel：0512-66158728
苏州市世嘉科技股份有限公司
地址：苏州市塘西路28号
…………………… Tel：0512-66161768
维德建材（苏州）有限公司
地址：苏州高新区浒墅关经济技术开发区
…………………… Tel：0512-66167959
苏州市融汇城镇建设发展有限公司
地址：苏州相城经济技术开发区澄阳街道澄阳路116号阳澄湖国际科技创业园1号楼A座105室
…………………… Tel：0512-66183070
苏州市欣融城镇建设发展有限公司
地址：苏州相城经济开发区永昌泾大道1号漕湖大厦7F
…………………… Tel：0512-66183070
苏州市耀邦城镇建设发展有限公司
地址：苏州相城经济技术开发区澄阳街道澄阳路116号阳澄湖国际科技创业园1号楼A座109室
…………………… Tel：0512-66183070
苏州市润邦城镇建设发展有限公司
地址：苏州相城经济技术开发区澄阳街道澄阳路116号阳澄湖国际科技创业园1号楼A座203室
…………………… Tel：0512-66183070
苏州市相城区融合城乡建设发展有限公司
地址：苏州相城经济技术开发区澄阳街道澄阳路116号阳澄湖国际科技创业园1号楼A座106室
…………………… Tel：0512-66183070
苏州市新兴新城镇建设发展有限公司
地址：苏州相城经济开发区永昌泾大道1号漕湖大厦6F
…………………… Tel：0512-66183070
苏州相城经济开发区漕湖新城建设发展有限公司
地址：苏州相城经济技术开发区澄阳街道澄阳路116号阳澄湖国际科技创业园1号楼A座201室
…………………… Tel：0512-66183070
苏州市兴北城镇建设发展有限公司
地址：苏州相城经济技术开发区澄阳街道澄阳路116号阳澄湖国际科技创业园1号楼A座305室
…………………… Tel：0512-66183070
苏州相城经济开发区谐北新农村建设有限公司
地址：苏州相城经济技术开发区漕湖街道永昌泾大道1号漕湖大厦6楼
…………………… Tel：0512-66183070
苏州市相城区协和城乡建设发展有限公司
地址：苏州相城经济技术开发区澄阳街道澄阳路116号阳澄湖国际科技创业园1号楼A座505室
…………………… Tel：0512-66183307
苏州相城区苏相建设有限公司
地址：苏州相城经济技术开发区澄阳街道澄阳路116号阳澄湖国际科技创业园1号楼A座507室
…………………… Tel：0512-66183307
苏州至诺装潢有限公司
地址：苏州市相城区元和街道嘉元路1060号时尚四季商业广场D012-6室
…………………… Tel：0512-66188800
苏州意嘉和建设工程有限公司
地址：苏州市相城区元和街道相城大道666号18010室
…………………… Tel：0512-66188800
苏州胥进新型城镇化建设发展有限公司
地址：苏州市吴中区胥口镇孙武路604号
…………………… Tel：0512-66213522
苏州胥水城镇建设有限公司
地址：苏州市吴中区胥口镇孙武路604号
…………………… Tel：0512-66213522
苏州子胥新城建设发展有限公司
地址：苏州市吴中区胥口镇孙武路604号
…………………… Tel：0512-66213522
苏州市利德装饰装潢有限公司
地址：苏州市吴中区胥口镇顾巷路258号
…………………… Tel：0512-66216628
江苏青源保安服务有限公司
地址：苏州工业园区唯华路3号君地商务广场3幢1501室
…………………… Tel：0512-66251561
苏州恒骆玉建筑装潢工程有限公司
地址：苏州工业园区一斗山路三号3号楼406室
…………………… Tel：0512-66270818
苏州美恒德装潢有限公司
地址：苏州市吴中区临湖镇渡村木东公路石马北西侧4号
…………………… Tel：0512-66293168
苏州临湖城乡一体化建设发展有限公司
地址：苏州市吴中区临湖镇东山大道3988号
…………………… Tel：0512-66293678
苏州市吴中区振胥建筑装璜工程有限公司
地址：苏州市吴中区胥口镇孙武路636号

……………………Tel：0512－66313111

苏州太湖山水城镇建设发展有限公司
地址：苏州太湖国家旅游度假区孙武路2999号
……………………Tel：0512－66319107

苏州太湖度假区城乡一体化投资建设发展有限公司
地址：苏州太湖国家旅游度假区孙武路2999号
……………………Tel：0512－66319107

苏州太湖山水城乡建设发展有限公司
地址：苏州市吴中区苏州太湖国家旅游度假区后塘路6号
……………………Tel：0512－66319107

苏州市群益工程顾问有限责任公司
地址：苏州吴中经济开发区吴中大道2588号12幢
……………………Tel：0512－66359710

苏州市胥口城乡一体化建设发展有限公司
地址：苏州市吴中区胥口镇孙武路602号
……………………Tel：0512－66517911

苏州华鑫装潢有限公司
地址：苏州市吴中区胥口镇马舍村2幢
……………………Tel：0512－66537441

苏州市吴中城镇建设发展有限公司
地址：苏州市吴中区越溪街道苏街111号
……………………Tel：0512－66565100

苏州市吴中城乡联合建设发展有限公司
地址：苏州市吴中区越溪街道苏街111号
……………………Tel：0512－66565118

苏州吴中滨湖新城工程建设管理有限公司
地址：苏州吴中经济开发区越溪苏街111号
……………………Tel：0512－66565124

苏州富林装饰装潢有限公司
地址：苏州市吴中区胥口镇三洋能源路99号
……………………Tel：0512－66587758

苏州市吴中区木渎胥江城建设发展有限公司
地址：苏州市吴中区木渎镇西垮塘
……………………Tel：0512－66590383

苏州市国裕城乡一体化建设有限公司
地址：苏州市吴中区宝带东路335号3楼
……………………Tel：0512－66592818

苏州市吴中农发城乡建设发展有限公司
地址：苏州市吴中区吴中西路87号403室
……………………Tel：0512－66596088

苏州工业园区城市重建有限公司
地址：中国（江苏）自由贸易试验区苏州片区苏州工业园区置业商务广场1幢901室
……………………Tel：0512－66606999

苏州高新区枫桥城乡一体化建设发展有限公司
地址：苏州高新区塔园路369号
……………………Tel：0512－66613918

苏州新区华枫租赁发展有限公司
地址：苏州高新区松花江路588号
……………………Tel：0512－66615666

苏州锦驰建材有限公司
地址：苏州市相城区望亭镇四旺村月城路6号
……………………Tel：0512－66702889

苏州金彪建筑装饰装潢工程有限公司
地址：苏州市相城区阳澄湖镇凤阳路238号二楼
……………………Tel：0512－66738996

苏州市木渎城乡一体化建设发展有限公司
地址：苏州市吴中区木渎镇金山路8号
……………………Tel：0512－66791506

苏州西部城镇建设发展有限公司
地址：苏州高新区镇湖街道东城路350号
……………………Tel：0512－66918778

苏州市穹窿山城乡一体化建设发展有限公司
地址：苏州市吴中区穹窿山风景管理区接驾社区
……………………Tel：0512－66930972

苏州太科城乡建设有限公司
地址：苏州太湖国家旅游度假区后塘路6号
……………………Tel：0512－66955097

苏州苏福中兴建材有限公司
地址：苏州市吴中区光福镇凤凰路100－2号
……………………Tel：0512－66955097

苏州宏基工具有限公司
地址：苏州吴中经济开发区兴吴路27号
……………………Tel：0512－67081818

苏州汇峰景装饰装潢有限公司
地址：苏州工业园区跨春路18号明德工业厂房1号楼3层局部
……………………Tel：0512－67164556

苏州姑苏古建保护发展有限公司
地址：苏州市书院巷111号
……………………Tel：0512－67225135

苏州市城北城市建设开发投资有限公司
地址：苏州市平江区江星路平泷路口（平江新城管委会8楼）
……………………Tel：0512－67227602

江苏京苏工程造价咨询有限公司
地址：苏州工业园区东环路1400号1幢1602室
……………………Tel：0512－67256848

苏州格林汉尔斯建筑材料有限公司
地址：苏州市东大街58号4层4889室
……………………Tel：0512－6727550

苏州好瑞阳装饰装潢有限公司
地址：苏州市相城区黄埭镇东桥三埂村
……………………Tel：0512－67517626

苏州五优好房信息技术有限公司
地址：中国（江苏）自由贸易试验区苏州片区苏州工业园区华池街88号晋合广场1幢2303室
……………………Tel：0512－67581194

苏州中天新型建材制造有限公司
地址：苏州工业园区星港街268号中天湖畔生活广场1幢211室
……………………Tel：0512－67616668

苏州农润资产管理有限公司
地址：苏州市总官堂路288号（耀盛大厦1615室）
……………………Tel：0512－67663121

苏州市成龙装饰装潢有限公司
地址：苏州市吴中区胥口镇灵山路1号13幢2号
……………………Tel：0512－67681918

江苏蓝园商业管理发展有限公司
地址：苏州市南门路989号
……………………Tel：0512－67682093

苏州古城投资建设有限公司
地址：苏州市平江区人民路1430号
……………………Tel：0512－67700669

苏州古城平江建设有限公司
地址：苏州市南石子街8号（4幢）
……………………Tel：0512－67700669

苏州金客莱建筑装潢设计工程有限公司
地址：苏州高新区东渚镇下许路13号
……………………Tel：0512－67772714

苏州融信一号城建发展投资中心（有限合伙）
地址：苏州高新区通安镇树山路98号
……………………Tel：0512－67867172

苏州太平城乡一体化建设发展有限公司
地址：苏州市相城区太平街道兴太路
……………………Tel：0512－67913992

苏州市相城区太平荻溪城镇建设开发有限公司
地址：苏州市相城区太平街道兴太路30号1幢111号
……………………Tel：0512－67913992

苏州市相城区太平聚源城镇建设有限公司
地址：苏州市相城区太平街道兴太路
……………………Tel：0512－67913992

苏州元联建朗城市建设投资合伙企业（有限合伙）
地址：中国（江苏）自由贸易试验区苏州片区苏州工业园区钟园路710号1幢601室
……………………Tel：0512－67993996

苏州高新区北部新城城市建设投资发展有限公司
地址：苏州高新区四明路8号(浒墅关开发区招商中心)
……………………Tel：0512－68018586

苏州滨河城乡建设投资发展有限公司
地址：苏州高新区四明路8号（浒墅关开发区招商中心内）
……………………Tel：0512－68018586

苏州浒墅关开发区城乡一体化建设发展有限公司
地址：苏州高新区四明路8号（浒墅关开发区招商中心内）
……………………Tel：0512－68018593

苏州南阳山城乡建设有限公司
地址：苏州高新区四明路8号
……………………Tel：0512－68018593

苏州苏高新集团有限公司
地址：苏州高新区狮山桥西堍
……………………Tel：0512－68096199

苏州康德运营管理有限公司
地址：苏州市桐泾南路191号
……………………Tel：0512－68129719

苏州上海金屋大酒店有限公司
地址：苏州高新区滨河路南
……………………Tel：0512－68139666

新中森泰（苏州）绿色建筑有限公司
地址：苏州市西环路1788号
……………………Tel：0512－68182234

联华超市（江苏）有限公司
地址：苏州工业园区联丰商业广场4幢102室
……………………Tel：0512－68185027

苏州联华超市有限公司
地址：苏州高新区新升新苑娱乐中心底楼
……………………Tel：0512－68185027

苏州兆坤房地产开发有限公司
地址：苏州市相城区高铁新城中泱天成花园13幢22号
……………………Tel：0512－68202899

苏州市沧浪新城建设发展有限公司
地址：苏州市沧浪区友新路888号
……………………Tel：0512－68203062

江苏新九达建筑科技有限公司
地址：苏州市三香路1338号铂金大厦2202－2203室
……………………Tel：0512－68219769

苏州高新区狮山城镇建设发展有限公司
地址：苏州高新区邓尉路109号1幢
……………………Tel：0512－68242925

苏州亿灏房地产开发有限公司
地址：苏州市吴中区　直镇长虹北路169号
……………………Tel：0512－68247652

江苏天地恒安房地产土地资产评估有限公司
地址：苏州高新区珠江路117号5幢201室
……………………Tel：0512－68326307

苏州市皇佳建筑装潢工程有限公司
地址：苏州市双桥村大庆桥堍
……………………Tel：0512－68432278

苏州名城重建发展有限公司
地址：苏州市南环东路788号3号楼4层418室
……………………Tel：0512－68557312

苏州安得装饰设计工程有限公司
地址：苏州市姑苏区干将西路1375号
……………………Tel：0512－68700008

苏州市姑苏新型建材有限公司
地址：苏州吴中经济开发区河东工业园尹中南路1979号
……………………Tel：0512－68711557

苏州高新区城市建设投资发展有限公司
地址：苏州高新区通安镇华圩路18号12幢
……………………Tel：0512－68751367

苏州高新区城乡一体化建设发展有限公司
地址：苏州高新区科普路58号1307室
……………………Tel：0512－68751369

苏州高新区城市重建有限公司
地址：苏州高新区科普路58号
……………………Tel：0512－68751392

江苏汇投贸易有限公司
地址：苏州高新区塔园路369号
……………………Tel：0512－68763385

苏州港中旅城市建设有限公司
地址：吴江经济技术开发区江兴西路塘东弄21号
……………………Tel：0512－68780131

苏州瑞聚装饰装潢工程有限公司
地址：苏州高新区幸福未来花园15幢114室
……………………Tel：0512－68781046

苏州苏诚装饰装潢有限公司
地址：苏州市高新区香缇商务广场1幢2115室
……………………Tel：0512－68787890

苏州高铁新城传媒文化有限公司
地址：苏州市高铁新城南天成路99号6层601－613、625－627室
……………………Tel：0512－68830187

苏州高新产业新城建设发展有限公司
地址：苏州高新区金山路66号－1号101室
……………………Tel：0512－69003300

苏州风云建设工程有限公司
地址：苏州高新区长江路556号5幢1401室
……………………Tel：0512－69176703

苏州相城经济技术开发区漕湖城市建设投资有限公司
地址：苏州相城经济技术开发区澄阳街道澄阳路116号阳澄湖国际科技创业园1号楼A座503室
……………………Tel：0512－69222978

苏州市金阊新城开发建设投资有限公司
地址：苏州市白洋湾富中街2号
……………………Tel：0512－69321251

苏州市相城区益荣装潢装饰有限公司
地址：苏州市相城区北桥街道凤北路308号
……………………Tel：0512－69397986

苏州市相城区顺美泰装潢装饰有限公司
地址：苏州市相城区北桥街道凤北路325号
……………………Tel：0512－69397986

勤美商业管理（江苏）有限公司
地址：中国（江苏）自由贸易试验区苏州片区苏州工业园区星桂街33号810室
……………………Tel：0512－69576201

苏高新城建发展（苏州）有限公司
地址：苏州高新区锦峰路199号锦峰国际商务广场2幢801室
……………………Tel：0512－69589255

苏州市高铁新城建设投资有限责任公司
地址：苏州市高铁新城南天成路58号
……………………Tel：0512－69593013

太仓市城乡建设投资发展有限公司
地址：太仓市城厢镇太平南路30号
……………………Tel：0512－73567275

太仓市城市基础设施开发建设有限公司
地址：太仓市科教新城文治路51号23楼
……………………Tel：0512－73567275

江苏一商裕华物流有限公司
地址：张家港保税区天津路1号
……………………Tel：0512－80178772

苏州绿原城乡建设有限公司
地址：苏州市姑苏区江宙路132号万家邻里江宙路生活中心四楼
……………………Tel：0512－80822593

堡密特建筑材料（苏州）有限公司
地址：吴江平望镇梅堰开发区
……………………Tel：0512－82191199

江苏珍龙实业有限公司
地址：杨舍镇沙洲西路109号（中联广场）B901
……………………Tel：0512－82593368

苏州森联城建投资有限公司
地址：苏州市吴中区苏蠡路81号苏蠡大厦1819室
……………………Tel：0512－86665888

苏州漕湖恒和贯石城市建设发展企业（有限合伙）
地址：江苏省苏州市相城经济开发区永昌泾大道1号漕湖大厦1205室
……………………Tel：0512－86668291

苏州贯石城市建设发展企业（有限合伙）
地址：江苏省苏州市相城区嘉元路959号元和大厦586室
……………………Tel：0512－86668291

苏州优丽奇装潢材料有限公司
地址：吴江经济技术开发区潘龙路
……………………Tel：0512－86875757

苏州市建中电梯装潢有限公司
地址：苏州市相城区太平街道诚泰路3号东南角
……………………Tel：0512－89167863

江苏天海建材有限公司
地址：张家港市金港镇南沙港西村（香南路）2幢
……………………Tel：0512－89595801

江苏冠宇装潢设计有限公司
地址：淮安经济技术开发区解放东路111号01幢1327室
……………………Tel：0512－89860048

南通爱琪装饰装潢有限公司
地址：江苏省通州湾江海联动开发示范区东海大道88号
……………………Tel：0513－12345678

南通城建江海投资基金中心（有限合伙）
地址：南通市青年西路7号1幢
……………………Tel：0513－55005135

南通金钥工贸有限公司
地址：南通市崇川区中南世纪城23号802
……………………Tel：0513－55086690

南通市中海海富房地产开发有限公司
地址：南通市开发区南通市星湖大道1692号21（22）幢
……………………Tel：0513－55882237

南通市北新城开发建设有限公司
地址：南通市港闸区幸福新城29号楼106室
……………………Tel：0513－55885612

南通河东馨城开发建设有限公司
地址：南通市港闸区幸福新城29号楼3005室
……………………Tel：0513－55885612

南通市北韵城开发建设有限公司
地址：南通市港闸区幸福新城29号楼104室
……………………Tel：0513－55885616

南通新湖置业有限公司
地址：启东市圆陀角旅游度假区圆陀角大道
……………………Tel：0513－58054974

南通市腾龙置业有限公司
地址：南通市开发区碧桂园88幢104室
……………………Tel：0513－66016666

苏州高铁新城城乡一体化建设有限公司
地址：苏州市相城区南天成路高铁服务大楼二楼
……………………Tel：0513－66158720

苏州高驰城镇建设发展有限公司
地址：苏州市高铁新城南天成路58号
……………………Tel：0513－66158720

苏州高翔城镇建设发展有限公司
地址：苏州市高铁新城南天成路58号
……………………Tel：0513－66158720

南通汇润装饰装潢工程有限公司
地址：南通市中南世纪城33幢2801、2818室
……………………Tel：0513－66699586

启东敏帆建筑装潢有限公司
地址：启东市汇龙镇人民西路1517号
……………………Tel：0513－67833567

中城建第二十工程局有限公司
地址：南通市北城一品7幢13A01－13A11室
……………………Tel：0513－68005521

中城建第二十工程局有限公司
地址：南通市北城一品7幢13A01－13A11室
……………………Tel：0513－68005521

江苏九一网络科技有限公司
地址：南通市崇川区中南世纪城27幢3210室
……………………Tel：0513－68252301

江苏通州湾中南城市开发建设有限公司
地址：南通滨海园区府前路2号
……………………Tel：0513－68350651

南通丰顺城市建设有限公司

地址：南通市通州区金沙街道新金东路42号
…………………… Tel：0513-68356608
南通一诺城镇建设开发有限公司
地址：南通市通州区先锋街道青年东路189号
…………………… Tel：0513-68385081
中南城市建设投资有限公司
地址：海门市常乐镇常青路188号
…………………… Tel：0513-68702780
无锡中南城发城市建设投资有限公司
地址：无锡市金城东路333-28-302
…………………… Tel：0513-68702780
南通中南商业发展有限公司
地址：海门市常乐镇常青路188号
…………………… Tel：0513-68702879
江苏沸水装饰装潢有限公司
地址：南通市海门市悦来镇人民西路15号
…………………… Tel：0513-68705991
南通禾泽城市建设有限公司
地址：南通市如皋市城北街道时代大厦509室
…………………… Tel：0513-68770563
江苏江中集团房地产开发有限公司
地址：如皋市吴窑镇迎宾西路18号
…………………… Tel：0513-68770777
江苏绿业园林建设工程有限公司
地址：如东县高新区（掘港镇）芳泉路333号
…………………… Tel：0513-68925607
海安万达地产开发有限公司
地址：海安市安平西路105号
…………………… Tel：0513-69883500
南通海门瑞富房地产开发有限公司
地址：南通市海门市海门镇狮山路131号内8号房
…………………… Tel：0513-69890908
南通城市建设集团有限公司
地址：南通市工农南路150-1号政务中心北楼十楼
…………………… Tel：0513-69900200
海门市城建污水处理有限公司
地址：海门市海门镇解放中路银行弄1号
…………………… Tel：0513-69906606
南通市开源产业投资有限公司
地址：海门市海门街道张謇大道897号嘉陵江商务大厦7楼
…………………… Tel：0513-69906736
南通蓓旺建材有限公司
地址：南通开发区新开苑79幢301室
…………………… Tel：0513-80108040
南通高铁新城建设发展有限公司
地址：南通市通州区平潮镇建设路298号
…………………… Tel：0513-80607050
南通潮久建材销售有限公司
地址：南通市通州区平潮镇建设路538号
…………………… Tel：0513-80607050
江苏如懿之城城市建设有限公司
地址：南通市如皋市如城街道益寿南路188号
…………………… Tel：0513-80693111
启东城投集团有限公司
地址：启东市汇龙镇新联村（启东秦茂交通设施有限公司内）
…………………… Tel：0513-80790661
启东市新城建设投资发展有限公司
地址：启东市公园中路842号
…………………… Tel：0513-80790667
启东市鑫城城镇建设开发有限公司
地址：南通市启东市汇龙镇人民中路683号
…………………… Tel：0513-80790667
启东市新城建设发展有限公司
地址：汇龙镇公园中路842号
…………………… Tel：0513-80790667
如东县掘兴城镇建设有限公司
地址：如东县掘港镇通海路3号
…………………… Tel：0513-80866534
如东县北区城市建设有限公司
地址：如东县掘港通海路3号
…………………… Tel：0513-80866534
如东县瑞泰城镇建设有限公司
地址：如东县掘港镇通海路3号
…………………… Tel：0513-80866534
如东县古城建设发展有限公司
地址：如东县　茶镇三星村五组
…………………… Tel：0513-80866534
如东县欣荣城镇开发建设有限公司
地址：如东县掘港镇通海路3号
…………………… Tel：0513-80866534
如东县康泰城镇建设有限公司
地址：如东县掘港镇通海路3号
…………………… Tel：0513-80866534
如东县祥泰城镇建设有限公司
地址：如东县掘港镇通海路3号
…………………… Tel：0513-80866534
南通锦拓置业有限公司
地址：南通市苏通科技产业园区江成路1088号内3号楼（KG）3820室
…………………… Tel：0513-80971333
南通启秀新型建材制品有限公司
地址：南通市通州经济开发区金桥路南、竖石河西
…………………… Tel：0513-80981864
启东君之地投资有限公司
地址：启隆乡永兴路120号
…………………… Tel：0513-81003999
南通盛融置业有限公司
地址：南通市港闸区幸福新城11号楼5276室
…………………… Tel：0513-81003999
南通启仁置业有限公司
地址：启东市圆陀角旅游度假区圆陀角大道
…………………… Tel：0513-81003999
江苏红峰房地产代理有限公司
地址：南通市崇川区通京大道51号COCOSPACE南通创新中心A座13层
…………………… Tel：0513-81023985
南通市通州区东居置业有限公司
地址：南通高新区扬子江路188号92号楼
…………………… Tel：0513-81159999
江苏中正装饰装潢有限公司
地址：海门市海门镇北海路339号
…………………… Tel：0513-81297666
大块建材开发（江苏）有限公司
地址：江苏省南通市经济技术开发区通顺路15号
…………………… Tel：0513-81528152
南通通湾城市基础设施建设有限公司
地址：江苏省通州湾江海联动开发示范区政务中心518
…………………… Tel：0513-81680271
南通卓强装饰装潢有限公司
地址：南通高新区双霞花苑19幢5楼
…………………… Tel：0513-81692633
海安瑞海城镇化投资建设有限公司
地址：海安市海安镇长江中路122号
…………………… Tel：0513-81811856
南通科达建材科技股份有限公司
地址：海安市高新区南海大道西8号
…………………… Tel：0513-81875020
南通科顺建筑新材料有限公司
地址：如东县洋口化工聚集区
…………………… Tel：0513-81903933
如东环通建材有限公司
地址：如东沿海经济开发区洋口化工聚集区洋口三路
…………………… Tel：0513-81906008
如东县民泰城乡建设工程有限公司
地址：如东县掘港镇泰山路东侧长江路北侧
…………………… Tel：0513-81908698
如东县开泰城建投资有限公司
地址：如东县掘港镇泰山路东侧长江路北侧
…………………… Tel：0513-81908698
如东县鼎泰城建开发有限公司
地址：如东县掘港镇迎丰路3号
…………………… Tel：0513-81908898
如东县方泰城乡建设工程有限公司
地址：如东县掘港街道珠江路118号光华大厦407
…………………… Tel：0513-81988898
如东县鑫源投资发展集团有限公司
地址：如东县掘港镇泰山路东侧长江路北侧
…………………… Tel：0513-81988898
南通市豪城市政建设有限公司
地址：海门市开发区丝绸路899号
…………………… Tel：0513-82207499
海门市方兴建筑材料有限公司
地址：海门市德胜镇瑞祥村24组
…………………… Tel：0513-82356895
海门市美忠室内装潢有限公司
地址：海门市三星镇林西村18组
…………………… Tel：0513-82356895
海门市萍锋室内装潢有限公司
地址：海门市三星镇宝兴村2组
…………………… Tel：0513-82356895
海门市玉松室内装潢有限公司
地址：海门市三星镇林西村十组
…………………… Tel：0513-82356895
海门市景柳室内装潢有限公司
地址：海门市三星镇叠石村二十七组
…………………… Tel：0513-82356895
南通宏凯建筑装潢工程有限公司
地址：南通市通州区金沙街道金余居委会28号
…………………… Tel：0513-82518660
通州市三余镇冠建建筑装潢有限公司
地址：通州市三余镇安平村
…………………… Tel：0513-82571029
南通市华优凯建筑装潢材料有限公司
地址：南通市海门市包场镇长桥村21组
…………………… Tel：0513-82862767
盐城市大丰区金盟建设有限公司
地址：盐城市大丰区临港产业园北区（盐城大丰海龙五金有限公司办公楼内）
…………………… Tel：0513-83125060
南通长达建材有限公司
地址：江苏省启东市汇龙镇汇东村
…………………… Tel：0513-83217999
启东市八达建筑工程有限公司
地址：启东市人民中路669-1号904室
…………………… Tel：0513-83301222
启东荣达建筑装潢工程有限公司
地址：启东市开发区腾飞路153号
…………………… Tel：0513-83303398
南通齐达建设工程有限公司
地址：启东市人民中路669-1号1215室
…………………… Tel：0513-83308005
江苏启安建设集团金润工程有限公司
地址：启东市汇龙镇人民中路683号
…………………… Tel：0513-83314375
江苏共振建筑装饰装潢有限公司
地址：启东市江海北路2263号
…………………… Tel：0513-83353200
江苏美科物业服务有限公司
地址：南通市青年东路23号301室
…………………… Tel：0513-83573605
南通成茂地产开发有限公司
地址：南通市崇川区城山路101号
…………………… Tel：0513-83576888
南通大明混凝土有限公司
地址：南通开发区华通路1号
…………………… Tel：0513-83599999
南通顺多建筑装潢工程有限公司
地址：启东市汇龙镇圩北村一组
…………………… Tel：0513-83652668
江苏盘龙云居装饰装潢有限公司
地址：启东市汇龙镇中央河中路789号
…………………… Tel：0513-83733666
南通鑫鹭达装饰装潢有限公司
地址：如东县掘港镇天星村24组
…………………… Tel：0513-84232228
如东红永建筑装潢有限公司
地址：如东县兵房镇新兴路2号
…………………… Tel：0513-84501063
南通九天装璜有限公司
地址：如东县曹埠镇
…………………… Tel：0513-84569383
如东县新天顺投资集团有限公司
地址：江苏省南通市如东县洋口镇洋口大道1号
…………………… Tel：0513-84813001
江苏耕龙新型建筑材料有限公司
地址：如东县　茶镇工业集中区（三星村）
…………………… Tel：0513-84821148
南通茂鑫建筑装潢有限公司
地址：如东县　茶镇　南村14组
…………………… Tel：0513-84821148
南通天诚装饰工程有限公司
地址：南通市钟秀中路106号汇隆新城A座701-703室
…………………… Tel：0513-85195665
南通市天城建设投资有限公司
地址：南通市崇川路1号9栋三楼
…………………… Tel：0513-85265190
南通星阳装璜材料有限公司
地址：南通市工农路679号
…………………… Tel：0513-85292448
江苏巨业杭萧建筑新材料有限公司
地址：如皋市如城街道十里社区1组
…………………… Tel：0513-85347389
江苏泓宇惠装饰装潢有限公司
地址：开发区富民路市政公司内
…………………… Tel：0513-85359898
海门市申海建筑装潢工程有限公司
地址：海门市货隆镇新复居委会一组
…………………… Tel：0513-85380822
南通四维幕墙装饰装潢有限责任公司
地址：南通港闸经济开发区永康路
…………………… Tel：0513-85409880
南通瀚鑫装饰装潢设计有限公司
地址：南通市崇川区世纪大道18号恒隆国际大厦B座1803室
…………………… Tel：0513-85507878
南通高峰建设工程有限公司
地址：南通市港闸区濠西路299号奥特莱斯购物广场1幢0402室
…………………… Tel：0513-85528828
南通市晋美建筑材料有限公司
地址：南通市通州区刘桥镇徐园村刘海桥一组
…………………… Tel：0513-85579808
江苏南通港闸经济开发区城市建设发展有限公司
地址：城港路28号
…………………… Tel：0513-85609334
南通市港闸区国有资产经营有限公司
地址：江苏省南通市港闸区城港路58号9楼
…………………… Tel：0513-85609818
南通北城开发建设有限公司
地址：南通市永兴大道900号
…………………… Tel：0513-85609853
南通一建集团城建有限公司
地址：南通市崇川区汇金国际广场B1幢101室
…………………… Tel：0513-85708999
南通钧艺建筑装饰工程有限公司
地址：南通市人民东路328号301室
…………………… Tel：0513-85858218
南通环球包装装璜有限公司
地址：南通市开发区滨水路28号
…………………… Tel：0513-85893838
南通开发区涌鑫地产有限公司
地址：南通市开发区长虹路6号鑫湖国贸中心3号楼205室
…………………… Tel：0513-85928111
南通通泰城乡建设有限公司
地址：南通市通州区银河路66号
…………………… Tel：0513-86119012
南通圆宏控股集团有限公司
地址：南通高新区银河路65号三楼
…………………… Tel：0513-86129183
南通富通城市建设有限公司
地址：南通市通州开发区金南村7组（碧华路6号）
…………………… Tel：0513-86129183
江苏爱玛集团有限公司
地址：南通市通州区平潮镇云台山
…………………… Tel：0513-86151010
南通锡通科技城建投资有限公司
地址：南通市通州区张芝山镇银洋河村11、14组
…………………… Tel：0513-86328232
南通欧通置业有限公司
地址：南通市通州区张芝山镇通启桥村四十三组
…………………… Tel：0513-86328232
南通海华建材有限公司
地址：南通市通州区二甲镇斜河村
…………………… Tel：0513-86434331
南通长城建设集团有限公司
地址：南通市通州区金沙镇建设路68号
…………………… Tel：0513-86511575
南通捷通城镇建设有限公司
地址：南通高新区世纪大道197号
…………………… Tel：0513-86598820
南通凯鼎城镇建设开发有限公司
地址：南通高新区银河西路99号
…………………… Tel：0513-86598820
南通百众装饰装潢有限公司
地址：南通市通州区兴仁镇横港社区居委会
…………………… Tel：0513-86682396
南通兵发石材装饰装潢有限公司
地址：南通市百花苑43幢207室
…………………… Tel：0513-86685308
江苏于成建筑装饰装潢有限公司
地址：如皋市如城街道解放中路5号
…………………… Tel：0513-87182001
如皋市城建投资有限公司
地址：如城镇宁海路2号（建委大楼二、三层）
…………………… Tel：0513-87222802
如皋富源城市建设投资发展有限公司
地址：如皋市城南街道万寿南路999号如皋高新区8号楼（3A08-213室）
…………………… Tel：0513-87225876
如皋市高寿城市建设有限公司
地址：如城街道安定广场北侧
…………………… Tel：0513-87266604
江苏龙泰睿电力设备有限公司
地址：如皋市长江镇（如皋港区）疏港路208号
…………………… Tel：0513-87282388
江苏城开地产集团有限公司
地址：如皋市城南街道惠政东路158号（时代广场3幢22-25层）
…………………… Tel：0513-87521028
南通华浔建设有限公司
地址：如皋市如城街道海阳南路佳城御龙湾项目4#-4号
…………………… Tel：0513-87536785
如皋市第三建筑工程有限公司
地址：如皋市搬经镇搬经村七组21号
…………………… Tel：0513-87553777
南通万全建设工程有限公司
地址：如皋市吴窑镇人民北路58号
…………………… Tel：0513-8756736
如皋市建筑装饰装璜工程有限公司
地址：如城镇宁海路南侧勘测大厦（岩土工程勘测公司所属房屋）
…………………… Tel：0513-87651680
如皋经济技术开发区投资发展有限公司
地址：如皋市城北街道益寿路工发大厦506室
…………………… Tel：0513-87652315
致尊建材有限公司
地址：如皋市长江镇金石大道123号
…………………… Tel：0513-87682222
江苏仁寿致尊建材发展有限公司
地址：长江镇沿江公路186号
…………………… Tel：0513-87682222
如东志明装潢用品销售部
地址：如东县掘港镇如华村
…………………… Tel：0513-88158088
海安市城建开发投资集团有限公司
地址：海安市海安镇中坝南路12号
…………………… Tel：0513-88163638
南通吉航装潢设计工程有限公司
地址：海安市城东镇迎宾路266号

……………………Tel：0513-88265555
南通亚威机械制造有限公司
地址：海安市白甸镇府前路88号
……………………Tel：0513-88402039
南通海瑞建筑装潢有限公司
地址：如皋市丁堰镇夏圩村19组24号
……………………Tel：0513-88536523
了凡城市建设发展有限公司
地址：苏州市吴江区松陵镇苏州河路18号科创园三号楼2楼
……………………Tel：0513-88577666
江苏曲水园城镇化建设投资有限公司
地址：海安市海安镇长江中路122号
……………………Tel：0513-88608593
海安鑫汇建筑装潢材料销售有限公司
地址：海安县孙庄镇祖师庙村2组
……………………Tel：0513-88686582
海安县城北建材装备发展有限公司
地址：海安市城北工业集中区A区1号
……………………Tel：0513-88755265
海安高新区城镇化建设管理有限公司
地址：海安市海安镇黄海大道（中）165号1幢1701室
……………………Tel：0513-88783945
海安城镇建设投资有限公司
地址：海安高新区（原海安镇）花园大道66号
……………………Tel：0513-88793945
南通鑫范新型建材有限公司
地址：海安县曲塘镇工业集中区（刘圩村24、25组）
……………………Tel：0513-88796986
江苏海审工程咨询有限公司
地址：海安市海安镇长江中路122号
……………………Tel：0513-88822292
海安开发区国有资产管理有限公司
地址：海安县西场镇惠民中路23号
……………………Tel：0513-88932193
南通皓海城镇化建设投资有限公司
地址：海安市城东镇长江东路2号
……………………Tel：0513-88932193
江苏云筑建工股份有限公司
地址：南通市通州区平潮镇通扬南路1566号
……………………Tel：0513-89000830
南通国城投资发展有限公司
地址：南通市国城生活广场A幢6层
……………………Tel：0513-89018812
南通中房新型建材科技有限公司
地址：南通市通州区石港镇石港科技产业园
……………………Tel：0513-89055990
南通市崇川城市建设投资有限公司
地址：南通市跃龙南路36号
……………………Tel：0513-89076530
江苏上房装潢材料有限公司
地址：南通市崇川区五一路288号
……………………Tel：0513-89077708
南通城市建设集团园林建设管理有限公司
地址：南通市崇川区沿河路25号
……………………Tel：0513-8908010
南通国盛城镇建设发展有限公司
地址：南通市崇川区新通海大厦综合楼201-203、205室
……………………Tel：0513-89087302
中城建科技产业园南通有限公司
地址：南通开发区星湖大厦1211室
……………………Tel：0513-89197529
高邮登峰城市建设运营发展有限公司
地址：高邮市经济开发区凌波路
……………………Tel：0514-80386683
江苏省宝应城市建设有限公司
地址：宝应县苏中北路41号
……………………Tel：0514-80570578
江苏浩瑞新型建材科技有限公司
地址：扬州市广陵区头桥镇朝阳路
……………………Tel：0514-80660078
江苏爱文装饰工程有限公司
地址：扬州市邗江区孙庄西路15号-2
……………………Tel：0514-80828355
东晟兴诚集团有限公司
地址：仪征市真州东路888号
……………………Tel：0514-80851333
扬州齐家装饰装潢有限公司
地址：扬州市邗江区西湖镇高蜀路26号
……………………Tel：0514-80874556
江苏万发建材科技集团有限公司
地址：扬州市邗江区竹西街道物港路111号新港物流园
……………………Tel：0514-80922832
高邮市鸿华新城镇建设有限公司
地址：高邮市凌波路30号
……………………Tel：0514-80956111
扬州广城水利建设有限公司
地址：扬州市广陵区李典镇花园路南
……………………Tel：0514-80983090
扬州市贵正建筑装潢有限公司
地址：扬州市广陵区文昌中路187号
……………………Tel：0514-80987352
扬州东升城镇建设有限公司
地址：扬州市万福路88号
……………………Tel：0514-80998010
扬州恒盛城镇建设有限公司
地址：扬州市广陵区万福路88号
……………………Tel：0514-80998073
扬州市西源建材销售有限公司
地址：扬州市邗江区邗江北路666号
……………………Tel：0514-82093968
扬州市广陵古城建设有限公司
地址：扬州市广陵区四望亭路46号1号楼601室
……………………Tel：0514-82099955
江苏永旭物业服务有限公司
地址：扬州市广陵区联谊路97号苏高新名泽园十号楼三楼
……………………Tel：0514-82101686
江苏赛迪乐节能科技有限公司
地址：扬州环保科技产业园
……………………Tel：0514-82102222
扬州市运和城市建设投资集团有限公司
地址：扬州市广陵区广陵新城信息大道1号
……………………Tel：0514-82186882
扬州市鑫辉房地产发展有限公司
地址：扬州市邗江区栖祥路85号
……………………Tel：0514-82220658
扬州华丰装饰装潢有限公司
地址：扬州市城北乡卜扬村安北组
……………………Tel：0514-82963619
扬州睿拓城镇化建设发展有限公司
地址：扬州市下圩河支路2号1-
……………………Tel：0514-82982681
扬州睿宇城镇化建设发展有限公司
地址：扬州市经济技术开发区维扬路108号
……………………Tel：0514-82982694
仪征市金美林建设材料有限公司
地址：仪征市真州镇胥浦工业集中区中兴路
……………………Tel：0514-83299352
扬州市建和城市建设发展集团有限公司
地址：仪征市真州镇真州西路39号
……………………Tel：0514-83417265
仪征市众城建设开发有限公司
地址：扬州（仪征）汽车工业园习武大楼408室
……………………Tel：0514-83429332
江苏长云建筑装饰有限公司
地址：仪征市国庆路400号
……………………Tel：0514-83441410
仪征市城市发展投资控股集团有限公司
地址：仪征市真州镇工农北路123号
……………………Tel：0514-83585816
扬州天硕建材贸易有限公司
地址：仪征市月塘镇工业集中区捺山项目区
……………………Tel：0514-83665088
仪征市尚飞建材有限公司
地址：仪征市陈集镇工业集中区
……………………Tel：0514-83871300
仪征市优龙建材贸易有限公司
地址：仪征市陈集镇工业集中区
……………………Tel：0514-83871473
扬州东瑞城建发展有限公司
地址：仪征市真州镇解放东路6号楼
……………………Tel：0514-83901299
扬州悦鑫装饰装潢工程有限公司
地址：扬州市邗江区联合广场A区-622
……………………Tel：0514-83913867
仪征市盼耀建材经营部
地址：仪征市月塘镇铁坝村党支部东侧1-6号
……………………Tel：0514-83916052
扬州业居装饰装潢工程有限公司
地址：仪征市真州镇真州东路41号
……………………Tel：0514-83939829
高邮市东煌建筑材料贸易有限公司
地址：高邮高新区创客中心（S125与神居山路交界处）
……………………Tel：0514-84242046
江苏迪生建设集团有限公司
地址：高邮市送桥镇郭集工业集中区三区迪生大道1号
……………………Tel：0514-84245888
高邮市城南开发建设有限公司
地址：高邮市南外环路1号
……………………Tel：0514-84603282
高邮市智城建设管理有限公司
地址：高邮市海潮路49号
……………………Tel：0514-84627204
高邮市兴韵城镇化建设运营有限公司
地址：高邮市文游中路98号
……………………Tel：0514-84635628
高邮市驿城新城镇投资建设发展有限公司
地址：高邮市文游中路98号
……………………Tel：0514-84635628
高邮市飞扬新城镇建设有限公司
地址：高邮经济开发区凌波路30号
……………………Tel：0514-84642448
江苏欧达新型建材有限公司
地址：高邮市汤庄镇汉留工业集中区
……………………Tel：0514-84746066
扬州湖西新城镇建设有限公司
地址：高邮市送桥镇天山兴华路
……………………Tel：0514-85082216
高邮国荣建筑材料贸易有限公司
地址：高邮高新区创客中心（S125与神居山路交界处）
……………………Tel：0514-85082216
江苏龙建装饰工程有限公司
地址：扬州市扬子江中路208号606-610室
……………………Tel：0514-85111976
扬州三盛商业管理有限责任公司
地址：扬州市邗江中路358号
……………………Tel：0514-85115888
江苏中桥控股有限公司
地址：扬州市蜀冈—瘦西湖风景名胜区瘦西湖路209号—1中桥慧谷1栋
……………………Tel：0514-85557599
扬州兴创空间装潢有限公司
地址：扬州市江都区仙女镇华山路交警大队对面
……………………Tel：0514-86384388
扬州市通达建设发展有限公司
地址：扬州市江都区仙女镇龙城路46-2号
……………………Tel：0514-86552577
扬州市旺辰装潢工程有限公司
地址：扬州市江都区城北工业园宏昌路
……………………Tel：0514-86821077
扬州上居装潢装饰有限公司
地址：扬州市江都区乐和西路13号
……………………Tel：0514-86830126
扬州江都区中江建筑装潢有限公司
地址：扬州市江都区仙女镇东方红西路28号
……………………Tel：0514-86890000
扬州鑫泰房屋开发有限公司
地址：江阳工业园区
……………………Tel：0514-87105006
扬州国脉通信发展有限责任公司
地址：扬州市凤凰桥街140号
……………………Tel：0514-87212888
扬州广和建材贸易有限公司
地址：扬州市广陵区广陵产业园创业路7号
……………………Tel：0514-87249160
扬州金鹰国际实业有限公司
地址：扬州市汶河南路120号
……………………Tel：0514-87330888
扬州市名城建设有限公司
地址：扬州市文昌中路411号
……………………Tel：0514-87331772
扬州昌隆装饰装潢有限公司
地址：扬州市邗江区邗江北路284号7-106
……………………Tel：0514-87367611
扬州品悦装饰装潢有限公司
地址：扬州市广陵区李典镇新坝社区富民西街8号
……………………Tel：0514-87414455
扬州精英建设工程有限公司
地址：扬州市广陵区运河西路230号
……………………Tel：0514-87693158
江苏艾迪尔互联科技发展有限公司
地址：扬州市邗江区恒祥苑1-412、1-512室
……………………Tel：0514-87782757
扬州市邗江城市建设发展有限公司
地址：扬州市邗江区江阳西路101号月城科技广场2号楼23、24层
……………………Tel：0514-87852263
扬州市邗江城建集团有限公司
地址：扬州市邗江区江阳西路101号月城科技广场2号楼23、24层
……………………Tel：0514-87852263
扬州鸿耀建筑装饰装潢工程有限公司
地址：扬州市邗江区江阳西路78号-303B
……………………Tel：0514-87857121
扬州市邗江城乡建设投资有限公司
地址：扬州市邗江区邗上南街（邗江党校内）
……………………Tel：0514-87876223
扬州市城建置业有限公司
地址：扬州市史可法路58号-21
……………………Tel：0514-87915188
扬州万科房地产有限公司
地址：扬州市蜀冈—瘦西湖风景名胜区瘦西湖路399号花都汇扬州园艺体验中心东门花钟西独栋2层
……………………Tel：0514-87927188
江苏时代投资咨询有限公司
地址：扬州市广陵区汶河北路65号六楼
……………………Tel：0514-87936586
扬州市城建国有资产控股（集团）有限责任公司
地址：扬州市盐阜西路11号
……………………Tel：0514-87937330
扬州市业恒城市建设投资管理有限公司
地址：蒋王街道何桥村
……………………Tel：0514-87949523
扬州金阳光控股集团有限公司
地址：扬州市邗江区蒋王街道文汇苑B区5幢
……………………Tel：0514-87988966
江苏聚龙国际建材物资交易港有限公司
地址：江苏聚龙国际建材物资交易港8幢一层01号（运河北路与物港路交汇处）
……………………Tel：0514-87991999
宝应县城市建设投资发展有限公司
地址：宝应县叶挺东路53-2号
……………………Tel：0514-88205028
江苏亚鹏建设工程有限公司
地址：宝应经济开发区光明路88号
……………………Tel：0514-88221242
宝应县元春建材经营部
地址：宝应县安宜镇西港村委会17号
……………………Tel：0514-88222272
扬州市龙扬装饰工程有限公司
地址：宝应经济开发区柳河路86号
……………………Tel：0514-88243166
扬州市诚艺门窗装潢有限公司
地址：宝应县安宜工业园区
……………………Tel：0514-88273255
扬州振港建筑材料有限公司
地址：宝应县望直港镇耿耿工业集中区联申路
……………………Tel：0514-88311002
扬州奥韵电子设备有限公司
地址：宝应县小官庄镇工业集中区圣诞路16号
……………………Tel：0514-88420858
江苏百事得装饰装潢工程有限公司
地址：宝应经济开发区七里村金湾路西侧便民服务中心3号门市房
……………………Tel：0514-88921168
江苏盛世园林工程有限公司
地址：宝应县城南大道10号
……………………Tel：0514-88991088
宝应县荣泰装饰装潢有限公司
地址：宝应县望直港镇富港路2号上海花园37号门市
……………………Tel：0514-89091798
高邮市邮兴装饰装潢有限公司
地址：高邮市四达路东部新城农贸市场
……………………Tel：0514-89585896
扬州市启发装饰装潢工程有限公司
地址：扬州市施井路22号
……………………Tel：0514-89885048
扬州海龙置业有限公司
地址：扬州市广陵区临江路205号
……………………Tel：0514-89982800
扬州海富置业有限公司
地址：扬州市邗江区运河北路115号
……………………Tel：0514-89982800
江苏圣域建设集团有限公司
地址：射阳县盘湾镇盘龙大道133号
……………………Tel：0515-2178032
江苏圣域建设集团有限公司
地址：射阳县盘湾镇盘龙大道133号
……………………Tel：0515-2178032
盐城市尚湖新农村建设管理有限公司
地址：盐城市盐都区尚庄镇人民路（J）
……………………Tel：0515-60685593
盐城东方建设投资股份有限公司
地址：盐城经济开发区盐渎东路8号
……………………Tel：0515-68086516
盐城智益工程建设有限公司
地址：盐城经济技术开发区希望大道南路5号（R）
……………………Tel：0515-68086516
江苏东方新城建设投资有限公司
地址：盐城经济技术开发区新都东路82号D1楼1008-5室
……………………Tel：0515-68086516
盐城经济技术开发区东方智造工程建设有限公司
地址：盐城经济技术开发区希望大道南路5号软件园6号楼905室
……………………Tel：0515-68086518
盐城弘辉建设开发有限公司
地址：盐城经济开发区松江路18号招商大厦630室
……………………Tel：0515-68086934
盐城市丁马港旅游建设投资有限公司
地址：盐城市盐都区楼王镇开放路6号
……………………Tel：0515-68660628
江苏海瀛腾飞市政建设工程有限公司
地址：盐城环保产业园区环保大道9号绿巢大厦二楼
……………………Tel：0515-68772855
盐城经开城乡建设发展有限公司
地址：盐城经济技术开发区希望大道南路5号6幢2 401室
……………………Tel：0515-68820958
江苏中韩盐城产业园建设发展有限公司
地址：盐城经济技术开发区希望大道南路5号6幢2-401室
……………………Tel：0515-68821512
江苏恒瑞新城开发建设有限公司
地址：盐城市大丰区开发区灶圩路北侧1幢
……………………Tel：0515-68852627
盐城大丰韩资集聚区建设发展有限公司
地址：盐城市大丰区开发区灶圩路北侧1幢
……………………Tel：0515-68852627
盐城市大丰兴丰工程建设有限公司
地址：盐城市大丰区西康南路61号

………………………… Tel：0515－68852627
江苏响水港集团有限公司
地址：响水县陈家港镇黄海大街
………………………… Tel：0515－68870610
响水县灌江新城建设发展有限公司
地址：响水县城规划路金色家园1号
………………………… Tel：0515－68871788
江苏翔远建设集团有限公司
地址：盐城市解放南路128－1号
………………………… Tel：0515－68996668
盐城市交通投资建设控股集团有限公司
地址：盐城市城南新区金融城5号楼20层
………………………… Tel：0515－69007011
盐城市滨海港铁路建设投资发展有限公司
地址：盐城市城南新区世纪大道5号金融城6号楼2403室
………………………… Tel：0515－69007068
江苏大同建材有限公司
地址：盐城市大丰区经济开发区西康路西侧、斗龙港东侧
………………………… Tel：0515－69699107
江苏盐西新城投资发展有限公司
地址：盐城市盐都区鹿鸣路988号金航财富大厦1幢1101室（B）
………………………… Tel：0515－69938965
江苏盐渎西城建设发展有限公司
地址：盐城市盐都区潘黄街道聚龙路8号人才大厦8楼（E）
………………………… Tel：0515－69938965
盐城市金大洲城镇建设发展有限公司
地址：盐城市亭湖区盐东镇富民路66号（19）
………………………… Tel：0515－69939279
盐城城投智能停车场建设管理有限公司
地址：盐城市城南新区新都街道人民南路33号16楼（CND）
………………………… Tel：0515－80500543
盐城市城市建设投资集团房地产开发有限公司
地址：盐城市解放南路168号
………………………… Tel：0515－80501408
盐城市顺碧房地产开发有限公司
地址：盐城市亭湖区太湖路99号2幢425室（18）
………………………… Tel：0515－80559999
建湖县城市建设投资有限公司
地址：建湖县城湖中北路8号
………………………… Tel：0515－80611612
盐城双湖水务发展集团有限公司
地址：建湖县近湖镇镇北村八组
………………………… Tel：0515－8061612
江苏辰茂建设有限公司
地址：建湖县京城国际S－1＃701－1
………………………… Tel：0515－80625599
江苏世纪新城投资控股集团有限公司
地址：盐城经济技术开发区黄山路9号（盐城国际会展中心内）
………………………… Tel：0515－80891505
盐城市鸿基建筑工程有限公司
地址：盐城市鹿鸣东路7号文华名城3幢407室
………………………… Tel：0515－80988089
盐城市盐都交通建设发展有限公司
地址：盐城市盐都区新都街道开发大道609号交通大厦509室
………………………… Tel：0515－81086912
盐城市城镇化建设投资集团有限公司
地址：盐城市盐都区日月路9号
………………………… Tel：0515－81086916
盐城御龙置业有限公司
地址：盐城经济技术开发区嫩江路10号606－11室（J）
………………………… Tel：0515－81601007
江苏创世纪置业有限公司
地址：盐城市盐都区新区刘朋村
………………………… Tel：0515－81777266
盐城市瑞荣建设投资有限公司
地址：盐城市盐都区郭猛镇人民路2号（H）
………………………… Tel：0515－81993393
射阳城市建设发展集团有限公司
地址：射阳县城幸福大道北侧、海润路东侧
………………………… Tel：0515－82176196
盐城鹤港建设工程有限公司
地址：射阳县射阳港经济开发区射阳港小街邮电路1号
………………………… Tel：0515－82201099
射阳县世创装潢有限公司
地址：射阳县合德镇光明二村68号
………………………… Tel：0515－82328616
射阳嘉丰贸易有限公司
地址：射阳县合德镇红旗路86号
………………………… Tel：0515－82372866
射阳县瑞阳城镇建设发展有限公司
地址：射阳县合德镇沿河西路89号
………………………… Tel：0515－82802988
盐城新城亿鸿房地产开发有限公司
地址：射阳经济开发区新城大道东侧、人民路南侧
………………………… Tel：0515－82880086
江苏鸿海建设工程有限公司
地址：盐城市大庆中路76号综合楼305室
………………………… Tel：0515－83071815
江苏捷翔建设工程有限公司
地址：盐城市区袁庄村四组3幢2楼（7）
………………………… Tel：0515－83087888
江苏丰达国润建设集团有限公司
地址：盐城市大丰区高新区新北路北侧、高丰路西侧2幢401室
………………………… Tel：0515－83282888
盐城市大丰区振城建设有限公司
地址：盐城市大丰区今日小区14号楼一楼
………………………… Tel：0515－83288833
江苏丰宇建设有限公司
地址：盐城市盐都区潘黄街道宝才居委会兴宇建材制造有限公司6幢办公楼（E）
………………………… Tel：0515－83350168
上海新型建材岩棉大丰有限公司
地址：盐城市大丰区张謇西路99号
………………………… Tel：0515－83369988
盐城市大丰区城市建设集团有限公司
地址：盐城市大丰区健康东路82号
………………………… Tel：0515－83536320
盐城市大丰区海城实业发展有限公司
地址：盐城市大丰区大丰港经济开发区中央大道1号
………………………… Tel：0515－83555062
盐城市金地带农贸商城开发有限公司
地址：盐城市亭湖区南洋镇凤洋村三组3号（8）
………………………… Tel：0515－83708883
盐城市大丰区兴通建设工程有限公司
地址：盐城市大丰区幸福西路6号
………………………… Tel：0515－83810057
江苏现代永昌建设有限公司
地址：盐城市大丰区高新技术区五一路1号
………………………… Tel：0515－83817166
江苏东远建筑有限公司
地址：盐城市大丰区开发区西康路西侧、科技孵化园1幢，2幢
………………………… Tel：0515－83839777
盐城海春幕墙装潢工程有限公司
地址：盐城市大丰区大中镇阜丰村五组
………………………… Tel：0515－83912550
盐城市大丰区丰中建筑装潢有限公司
地址：盐城市大丰区开发区万利工业园
………………………… Tel：0515－83929789
滨海县城镇建设发展有限公司
地址：盐城市滨海县经济开发区工业园北区（明达北路大学生创业园智谷D栋）
………………………… Tel：0515－84088608
江苏游恩实业有限公司
地址：江苏省滨海现代农业产业园区农产品加工园横一路
………………………… Tel：0515－84532669
滨海银鑫装饰装潢有限公司
地址：滨海县五汛镇民营创业园兴旺路东侧7号
………………………… Tel：0515－84553562
东台市正顺建材商贸中心
地址：东台市三仓镇人民路6号
………………………… Tel：0515－85037020
江苏龙光建设工程有限公司
地址：东台市范公南路88号
………………………… Tel：0515－85213505
东台市城市建设投资发展有限公司
地址：东台市广场路8号勘探设计大厦七楼
………………………… Tel：0515－85289810
东台市保障性住房建设投资有限公司
地址：东台市广场路8号勘探设计大厦七楼
………………………… Tel：0515－85289810
东台市许春妹建材经营部
地址：东台市富安镇桥梓村三组7号
………………………… Tel：0515－85300083
东台惠民城镇化建设集团有限公司
地址：东台经济开发区经八路中欧产业园内
………………………… Tel：0515－85313908
东台市徐杨建筑材料有限公司
地址：东台经济开发区纬二路13号
………………………… Tel：0515－85313908
东台益昌建材市场有限公司
地址：东台经济开发区纬一路66号伟嘉国际装饰城D5幢107、207室
………………………… Tel：0515－85319892
盐城永佳装潢有限公司
地址：东台市（原台东镇）川东河北（东台市粮食购销总公司经营性用房内）
………………………… Tel：0515－85571430
豫龙建材科技有限公司
地址：东台市高新技术园区（保丰园）
………………………… Tel：0515－85830680
盐城华荣建设工程有限公司
地址：盐城市盐都区盐龙街道研创大厦1225室（D）
………………………… Tel：0515－85861688
成盛建设集团有限公司
地址：建湖县冠华东路122号
………………………… Tel：0515－86169868
建湖城东现代园艺科技示范园有限公司
地址：建湖县近湖镇东冯村村部
………………………… Tel：0515－86203661
江苏登达建设有限公司
地址：建湖县城向阳路98号
………………………… Tel：0515－86212829
江苏美创建筑装饰装潢工程有限公司
地址：建湖县兴湖花苑商业B区1分区7号
………………………… Tel：0515－86221356
盐城驰嘉土工材料有限公司
地址：建湖县冈西镇工业园区
………………………… Tel：0515－86223624
建湖县中茂软基材料有限公司
地址：建湖县冈西镇民营工业园（建冈西路）
………………………… Tel：0515－86225897
江苏海利达纺织有限公司
地址：建湖县上冈产业园纬二路1号（上冈镇榆西村四组）
………………………… Tel：0515－86419358
盐城市城南新区开发建设投资有限公司
地址：盐城市人民南路38号新龙广场6号楼6楼
………………………… Tel：0515－86660150
盐城金融城建设投资有限公司
地址：盐城市职教园区景观大道（盐城交通技师学院内）城南新区管委会办公楼内
………………………… Tel：0515－86660150
盐城市城南建设发展有限公司
地址：盐城市职教园区景观大道（盐城交通技师学院内）
………………………… Tel：0515－86660150
盐城市城南盐卫建设有限公司
地址：盐城市城南新区新都街道盐城卫生职业技术学院艺术中心一楼办公区
………………………… Tel：0515－86660150
江苏悦达健康管理服务有限公司
地址：盐城市盐南高新区文港中路51号（江苏悦达盐城拖拉机制造有限公司内）（CNX）
………………………… Tel：0515－86667878
响水县意华建材有限公司
地址：小尖通榆河S326大桥南河西
………………………… Tel：0515－86787025
阜宁县伟业城镇建设开发有限公司
地址：阜宁县阜城镇迎宾大道88号
………………………… Tel：0515－87170080
江苏盐城二建集团有限公司
地址：阜宁县城胜利北路
………………………… Tel：0515－87213807
中科建工集团有限公司
地址：阜宁县阜城通榆北路228号（C）
………………………… Tel：0515－87266106
盐城市泰达建设工程有限公司
地址：阜宁县通榆北路56号
………………………… Tel：0515－87266106
富建集团有限公司
地址：阜宁县阜城大街118号
………………………… Tel：0515－87268813
江苏金台装饰装潢有限公司
地址：阜宁县阜城金城时代广场3＃109－110门市
………………………… Tel：0515－87380534
江苏新阜建设工程有限公司
地址：阜宁县阜城镇南城区纬二路北侧学府花苑3号楼2楼
………………………… Tel：0515－87395589
阜宁县立鼎装饰装潢有限公司
地址：阜宁县益林镇东鼎商城217号（Y）
………………………… Tel：0515－87617843
江苏名贵园装饰装潢工程有限公司
地址：阜宁县阜城胜利北路188号（C）
………………………… Tel：0515－87653999
阜宁芦蒲镇桂风建筑装潢材料经营部
地址：阜宁县芦蒲镇曹安村七组37号
………………………… Tel：0515－87811016
盐城市兴都市政工程建设有限公司
地址：盐城市盐都区潘黄街道办事处聚龙路151号兆泉商务中心1幢901室（E）
………………………… Tel：0515－88085666
盐城市金柱子建筑劳务有限公司
地址：盐城市盐都区潘黄街道办事处大庆西路南侧四方园1幢
………………………… Tel：0515－88088669
盐城和兴建设工程有限公司
地址：盐城市盐都区新都西路39号汇都商务楼1幢2206室（B）
………………………… Tel：0515－88115353
江苏农垦盐城建设工程有限公司
地址：盐城市区永宁路8号
………………………… Tel：0515－88116688
南通盐遥建材有限公司
地址：南通市中南世纪城14幢1810室
………………………… Tel：0515－88123186
南通遥运建材有限公司
地址：南通市崇川区中南世纪城14幢1802室
………………………… Tel：0515－88123186
南通达聚建材有限公司
地址：南通市崇川区中南世纪城14幢1804室
………………………… Tel：0515－88123186
南通贯回基础设施建设有限公司
地址：南通市中南世纪城14幢1802室
………………………… Tel：0515－88123186
南通盐聚建材有限公司
地址：南通市中南世纪城14幢1803室
………………………… Tel：0515－88123186
南通博满建材有限公司
地址：南通市崇川区中南世纪城14幢1802室
………………………… Tel：0515－88123186
南通盈顺建材有限公司
地址：南通市崇川区中南世纪城14幢1802室
………………………… Tel：0515－88123186
江苏龙昂建设有限公司
地址：盐城市盐南高新区世纪大道5号盐城金融城10幢2201室、2202室（CND）
………………………… Tel：0515－88176088
盐城市路桥建设工程有限公司
地址：盐城市人民中路29号
………………………… Tel：0515－88177792
江苏嘉亭实业投资有限公司
地址：盐城市建军东路180号招商服务中心B幢201室（18）
………………………… Tel：0515－88183336
江苏东拓城镇化建设发展有限公司
地址：盐城市建军东路180号招商服务中心B幢202室（18）
………………………… Tel：0515－88183336
盐城伊亚贸易有限公司
地址：盐城市富康路1号
………………………… Tel：0515－88183336
盐城盐龙湖创业投资有限公司
地址：盐城市盐都区龙冈镇华兴大道1号（附16号）（F）
………………………… Tel：0515－88237752
江苏华兴建筑装饰工程有限公司
地址：盐城市盐都区新区万胜村（B）
………………………… Tel：0515－88237837
江苏国丰建设集团有限公司
地址：盐城市盐都区盐龙街道办事处益民居委会、方向居委会研创大厦1幢604＃、605＃
………………………… Tel：0515－88246159
盐城市苏厦建设集团有限公司
地址：盐城市盐马路288号附3幢502
………………………… Tel：0515－88247092
蓝盾建设有限公司
地址：盐城市青年中路59号钱江财富广场1幢2601－2603室
………………………… Tel：0515－88248858
盐城藤咏建设有限公司
地址：盐城市盐都区盐龙街道办事处益民居委会、方向居委会研创大厦13楼1306号（D）
………………………… Tel：0515－88285880
盐城市源恒建设有限公司
地址：盐城市盐都区盐龙街道办事处益民居委会、方向居委会研创大厦1幢（D）
………………………… Tel：0515－88285880
盐城市恒恺建设有限公司
地址：盐城市盐都区盐龙街道办事处益民居委会、方向居委会研创大厦1幢（D）
………………………… Tel：0515－88285880
盐城新润成建设有限公司
地址：盐城市盐都区盐龙街道办事处益民居委会、方向居委会研创大厦1幢（D）
………………………… Tel：0515－88285880
盐城市恒旺建设有限公司
地址：盐城市盐都区盐龙街道办事处益民居委会、方向居委会研创大厦1幢（D）
………………………… Tel：0515－88285880
盐城咏创建设发展有限公司
地址：盐城市盐都区盐龙街道办事处研创大厦（D）
………………………… Tel：0515－88285880
盐城新润成建设有限公司
地址：盐城市盐都区盐龙街道办事处益民居委会、方向居委会研创大厦1幢（D）
………………………… Tel：0515－88285880
江苏恒泰丰科建工程有限公司
地址：盐城市城南新区新都街道人民南路5号盐城国际创投中心南楼9012室（CND）
………………………… Tel：0515－88290032
盐城市盐都区城市建设发展有限公司
地址：盐城市盐都区新区开发大道610号
………………………… Tel：0515－88302187
盐城市盐都区新农村建设投资有限公司
地址：盐城市盐都区开创路19号
………………………… Tel：0515－88302187
江苏盐阜大众报业营销策划有限公司
地址：盐城市城南新区新都街道新都路602号10楼（CND）
………………………… Tel：0515－88303029
江苏科晟园林景观建设集团有限公司
地址：盐城市盐南高新区新龙广场3号楼1701室（CND）
………………………… Tel：0515－88307989
江苏东方诚信建设工程有限公司
地址：射阳县海河镇沿河路29号
………………………… Tel：0515－88310688

江苏东河建设工程有限公司
地址：盐城市黄海西路36号
…………Tel：0515-88331595
江苏建兴建工集团有限公司
地址：盐城市大庆东路8号
…………Tel：0515-88334335
江苏元舜建设集团有限公司
地址：盐城市青年东路53号东亭国际商务中心B座7楼（18）
…………Tel：0515-88338388
中贸投集团江苏有限公司
地址：盐城市区新洋路58号1幢四楼（7）
…………Tel：0515-88370555
江苏璟芮建设工程有限公司
地址：盐城市城南新区新都街道人民南路38号新龙广场12号楼1202、1203、1208、1209室（CND）
…………Tel：0515-88378533
江苏景盛建设工程有限公司
地址：盐城市盐南高新区解放南路205号阳光世纪城物管楼301室（CND）
…………Tel：0515-88418807
盐城晟靓装潢设计有限公司
地址：盐城市亭湖区新兴镇联盟村七组21号（10）
…………Tel：0515-88511121
江苏都城建设工程有限公司
地址：盐城市盐都区新204国道东、盐渎路北物联大厦1601-1617室
…………Tel：0515-88518009
盐城市串场河文化产业投资有限公司
地址：盐城市解放南路168号
…………Tel：0515-88580092
盐城市城市建设投资集团有限公司
地址：盐城市解放南路168号
…………Tel：0515-88580092
盐城市海盐新城建设投资有限公司
地址：盐城市城南新区新都街道人民南路33号16楼（CND）
…………Tel：0515-88580092
盐城市串场河文化集聚区建设有限公司
地址：盐城市城南新区新都街道人民南路33号16楼（CND）
…………Tel：0515-88580092
江苏吉能达环境能源科技有限公司
地址：盐城市盐都区盐龙街道办事处健仁居委会（D）
…………Tel：0515-88582605
江苏苏亚机电制造有限公司
地址：盐城经济技术开发区泰山南路55号
…………Tel：0515-88587286
江苏联鑫建材有限公司
地址：盐城市亭湖区便仓镇便仓居委会四组
…………Tel：0515-88598257
盐城市水绿新城建设投资有限公司
地址：盐城市盐都区郭猛镇向阳路17号（R）
…………Tel：0515-88600138
江苏舒宇装饰装潢有限公司
地址：盐城市盐都区秦南镇亭湖路48号
…………Tel：0515-88600560
盐城市兴达建筑工程有限公司
地址：盐城市盐都区秦南镇虹园街58号（L）
…………Tel：0515-88601435
江苏盐西高新城市建设有限公司
地址：盐城市盐都区潘黄街道办事处美丽居委会1幢601室（E）
…………Tel：0515-88626726
江苏鼎泰置业有限公司
地址：盐城市盐都区新区开创路2号（永宁国际汽车城内）（B）
…………Tel：0515-88631901
盐城咏恒投资发展有限公司
地址：盐城市盐都区盐龙街道吴徐村七组（D）
…………Tel：0515-88638103
盐城咏恒投资发展有限公司
地址：盐城市盐都区盐龙街道吴徐村七组（D）
…………Tel：0515-88638103
盐城平坦基础设施建设有限公司
地址：盐城市盐都区盐龙街道办事处益民居委会、方向居委会研创大厦1幢1506室
…………Tel：0515-88638969
盐城市盐都区城镇化建设投资有限公司
地址：盐城市盐都新区开发大道610号（C）
…………Tel：0515-88680299
江苏广前建设集团有限公司
地址：盐城经济技术开发区步凤镇安龙村办公楼201室
…………Tel：0515-88783888
盐城市盐龙湖生态风景保护区开发建设有限公司
地址：盐城市盐都区龙冈镇华兴大道（F）
…………Tel：0515-88800556
盐城兴冈建设投资有限公司
地址：盐城市盐都区新区盐渎明城3-2幢02室（B）
…………Tel：0515-88803808
盐城荣平建设工程有限公司
地址：盐城市盐都区新都西路汇都大厦23层（B）
…………Tel：0515-88809812
江苏鑫成工装建筑装饰装潢有限公司
地址：盐城经济技术开发区希望大道南29号
…………Tel：0515-88846398
江苏盐龙湖农业发展投资有限公司
地址：盐城市盐都区龙冈镇华兴大道（F）
…………Tel：0515-88850556
盐城市赫烨新建设有限公司
地址：盐城市盐都区张庄街道迎宾路3号（G）
…………Tel：0515-88856685
盐城市大郸建设投资有限公司
地址：盐城市盐都区张庄街道迎宾路3号（G）
…………Tel：0515-88856686
盐城亿通建设工程有限公司
地址：盐城市东进中路89号现代华庭5幢101室
…………Tel：0515-88858396
盐城新碧房地产开发有限公司
地址：盐城市城南新区新都街道人民南路新都商务楼13楼（CND）
…………Tel：0515-88862286
江苏绿阳交通建设集团有限公司
地址：盐城市区希望大道58号绿地商务城12幢2-1202室（18）
…………Tel：0515-88883898
盐城市农村公路建设有限公司
地址：盐城市青年中路8号1405室
…………Tel：0515-88886107
盐城金融城建设发展有限公司
地址：盐城市新都街道新丰社区戴庄路商业街2号
…………Tel：0515-88889967
江苏华荣房地产经纪有限公司
地址：江苏省滨海现代农业产业园区同心村民委员会
…………Tel：0515-89101111
江苏承天新型建材有限公司
地址：盐城经济开发区淞江路18号
…………Tel：0515-89800169
江苏华庭建设工程有限公司
地址：盐城市盐都区盐渎街道汇都大厦十五楼（B）
…………Tel：0515-89800758
盐城市伍佑生态高效农业示范园区开发建设有限公司
地址：盐城市城南新区伍佑街道武林村
…………Tel：0515-89888008
盐城市快速路网建设有限公司
地址：盐城市青年中路8号
…………Tel：0515-89890122
中宏建兴建设集团有限公司
地址：盐城市城南新区新都街道人民南路38号新龙广场12号楼1002-1003、1010-1011室（CND）
…………Tel：0515-89902688
盐城君帆装潢设计有限公司
地址：盐城经济技术开发区新都东路31号
…………Tel：0515-8991086
苏州玖鼎城市建设投资有限公司
地址：苏州市吴中区　直镇长虹北路169号
…………Tel：051-66026561
徐州荣盛广场商业管理有限公司
地址：徐州市泉山区姚庄社区荣盛未来城
…………Tel：0516-66666763
徐州广弘城东综合管廊建设有限公司
地址：徐州市云龙区大同街1号创智汇118室
…………Tel：0516-66885680
徐州市贾汪城市建设投资有限公司
地址：徐州市贾汪区康馨园小区1号楼301室
…………Tel：0516-67020866
盐城大力神新型建材科技有限公司
地址：盐城市亭湖区便仓镇新型建材工业园区（16）
…………Tel：0516-67021006
江苏大江新型建材科技有限公司
地址：仪征经济开发区闽泰大道
…………Tel：0516-67021006
盐城大力神新型建材科技有限公司
地址：盐城市亭湖区便仓镇新型建材工业园区（16）
…………Tel：0516-67021006
徐州兴铜城市建设投资控股集团有限公司
地址：徐州市铜山新区南洋国际商城SC楼-501铺
…………Tel：0516-67069915
徐州市铜山区城市建设投资有限责任公司
地址：徐州市铜山区铜山新区湘江路北、龙山路西
…………Tel：0516-67069915
徐州市大自然装潢工程有限责任公司
地址：徐州市云龙区复兴南路与建国东路交叉口龙宝大厦一层02、二层02
…………Tel：0516-67669178
江苏惠德城市建设工程有限公司
地址：睢宁经济开发区前进路北侧
…………Tel：0516-68069676
江苏中能置业集团有限公司
地址：邳州市东湖街道南京路与环城北路交叉口东北侧
…………Tel：0516-68186818
沛县龙城之润建设有限公司
地址：沛县经济开发区韩信路北侧
…………Tel：0516-69090027
江苏超力建材科技有限公司
地址：徐州市贾汪区徐州工业园区超越大道59号
…………Tel：0516-69850966
徐州缮维建材有限公司
地址：徐州市铜山区北京南路520号缮维（淮海）国际石材商城内E区7号
…………Tel：0516-80228818
江苏润企恒力建设工程有限公司
地址：睢宁县中央大街南、小濉河东侧维景大厦8F
…………Tel：0516-80381537
徐州市恩辉房地产发展有限公司
地址：徐州市贾汪区大泉街道办事处邻里服务中心205室
…………Tel：0516-8058007
徐州盛泰城市建设基金合伙企业（有限合伙）
地址：徐州市建国西路锦绣嘉园8#-1-2302
…………Tel：0516-80807681
中粮饲料（沛县）有限公司
地址：徐州市沛县经济开发区西环路东侧、酒厂南路北侧
…………Tel：0516-81210601
沛县汤沐城镇建设有限公司
地址：沛县阳光小区2号楼103号房
…………Tel：0516-81221122
沛县歌风城镇建设有限公司
地址：沛县新城区阳光小区2号楼104号房
…………Tel：0516-81221122
新沂东城建设有限公司
地址：新沂市北沟镇黄山路北侧（无锡-新沂工业园）
…………Tel：0516-81600129
新沂金田城乡建设有限公司
地址：新沂市新安街道大桥西路99号经济开发区管委会407室
…………Tel：0516-81627666
徐州市城市建设投资总公司
地址：徐州市项王路戏马台对面
…………Tel：0516-83100550
江苏新易空间装潢设计有限公司
地址：徐州市鼓楼区殷庄路79号徐州月星家居广场编号F026、E030展位
…………Tel：0516-83161111
徐州市鹏辉房地产发展有限公司
地址：徐州市鼓楼区下淀路170号物资市场内一号楼532室
…………Tel：0516-83202530
金林置业徐州有限公司
地址：徐州高新技术产业开发区闽江路11号千禧城项目3#商业楼
…………Tel：0516-83260272
绿地地产集团徐州中部置业有限公司
地址：徐州市泉山区三环南路北侧盛世佳园小区东南角泰山街道社区服务中心301室
…………Tel：0516-83289600
徐州淮盛新城建设发展有限公司
地址：徐州市云龙区元和路1号行政中心东区综合楼D503
…………Tel：0516-83309908
江苏升辉装饰建材实业有限公司
地址：徐州市三环东路2号
…………Tel：0516-83569666
江苏丽晶装饰工程有限公司
地址：徐州市民主南路燎原巷综合楼(建银开发)707室
…………Tel：0516-83810770
江苏联泰骏城建设股份有限公司
地址：徐州市云龙区淮海食品城国际会展中心三楼
…………Tel：0516-83871088
徐州绿源为海新型建材科技有限公司
地址：徐州市铜山区大彭镇彭祖路1号2205室
…………Tel：0516-83892958
徐州奥邦建筑材料科技有限公司
地址：徐州市二环西路西都大厦1-3-315室
…………Tel：0516-83897656
江苏济舟建筑装潢工程有限公司
地址：徐州市解放北路2号汇源置地广场1-1011室
…………Tel：0516-83965978
江苏中天吉奥信息技术股份有限公司
地址：徐州市泉山区软件园路6号徐州软件园C1C号楼903-905室
…………Tel：0516-85111787
江苏宝通物流发展有限公司
地址：徐州经济技术开发区金港路88号
…………Tel：0516-85320537
徐州市奎陵建材机械厂
地址：泉山区火花街道办事处火花村村委会对面500米
…………Tel：0516-85653095
徐州国盛城建发展有限公司
地址：徐州泉山区建国西路锦绣嘉园8#-1-2305号
…………Tel：0516-85701781
江苏苏北土地房地产资产评估测绘咨询有限公司
地址：徐州市三环南路39号商办楼1-702室
…………Tel：0516-85702358
徐州盛东城市建设基金合伙企业（有限合伙）
地址：徐州市建国西路锦绣嘉园8#-1-2302
…………Tel：0516-85707226
徐州弘阳房地产开发有限公司
地址：徐州市云龙区宝龙广场B座906、907和908室
…………Tel：0516-85803776
江苏多帮物业管理有限公司
地址：徐州市贾汪区团结路地税局宿舍3-302
…………Tel：0516-85851608
江苏保利物业管理有限公司
地址：徐州市泉山区矿山东路天山绿洲小区一期商办综合楼1#101、102、103、104
…………Tel：0516-85852397
江苏华美建设投资集团有限公司
地址：徐州市云龙区钱塘路7号
…………Tel：0516-85865968
徐州明岩装潢工程有限公司
地址：徐州市泉山区庞庄办事处南隔壁商办楼205室
…………Tel：0516-85866728
江苏中能建材有限公司
地址：邳州市赵墩镇工业园区
…………Tel：0516-86251888
徐州臻石房地产开发有限公司
地址：邳州市运河街道花园路环保局北侧
…………Tel：0516-86288816
徐州新启源建材科技有限公司
地址：徐州市邳州市岔河镇工业园区16号
…………Tel：0516-86449016
邳州市新城建设开发有限公司
地址：邳州市炮车镇工业园区
…………Tel：0516-86480222
中创（徐州）建筑材料有限公司
地址：邳州市经济开发区辽河路18号
…………Tel：0516-86606008
邳州市产业投资控股集团有限公司
地址：徐州市邳州市经济开发区辽河西路科创中心5层
…………Tel：0516-86611027
邳州市陇海城乡开发建设有限公司
地址：邳州市运河街道上海路北侧、淮海路东侧
…………Tel：0516-86629790
邳州市鼎城建设有限公司
地址：邳州市运河镇上海路北侧、淮海路东侧
…………Tel：0516-86629790
徐州泽城经发建设有限公司
地址：邳州市官湖镇邳苍路东66号
…………Tel：0516-86938857
江苏金屯房地产开发有限公司
地址：徐州市大屯煤电集团有限公司中心区上海路88号
…………Tel：0516-87267589
江苏卡普丹建筑科技有限公司
地址：徐州市贾汪区徐州工业园区徐轮路西侧
…………Tel：0516-87598807
徐州新彭城市建设发展集团有限公司
地址：徐州市鼓楼区夹河东街牌楼市场3号楼四层02西区10号楼
…………Tel：0516-87636841
徐州市嘉运建材有限公司
地址：徐州市贾汪区青山泉镇姚庄村
…………Tel：0516-87708701
江苏硕硕建材科技有限公司
地址：徐州市高新技术产业开发区大学路99号大学创业园B区十一层B1115房间
…………Tel：0516-87780068
睢宁枫华丽致酒店管理有限公司
地址：睢宁县睢河街道永安路23号
…………Tel：0516-88389555
新沂经济开发区建设发展有限公司
地址：新沂市经济开发区大桥西路99号
…………Tel：0516-88899363
江苏亿泰建筑装饰工程有限公司
地址：新沂市新安镇钟吾路名商城5幢85室
…………Tel：0516-88933073
新沂市创辉城镇化建设发展有限公司

地址：新沂市钟吾路51号
……………………Tel：0516-88979011
新沂市创兴城镇化建设发展有限公司
地址：新沂市钟吾南路17号
……………………Tel：0516-88979012
沛县铁路工程公司
地址：沛城徐沛路74号
……………………Tel：0516-89634700
徐州阜丰建材有限公司
地址：沛县栖山镇姜梨园村中心北路1号
……………………Tel：0516-89767888
徐州金虹钢铁集团有限公司
地址：沛县敬安镇徐丰路北侧
……………………Tel：0516-89776123
淮安市德邦建材有限公司
地址：淮阴区三树镇周集村（原潘庄）
……………………Tel：0517-123456
淮安绿城建筑装饰装潢有限公司
地址：淮安市淮阴区中业慧谷·淮安软件创意科技园B-6幢309室
……………………Tel：0517-80323097
江苏黄花塘城镇建设综合开发有限公司
地址：盱眙县黄花塘镇街道
……………………Tel：0517-80327905
江苏大筑建设工程有限公司
地址：淮安市淮安区三堡乡工业集中区19号
……………………Tel：0517-80776688
淮安淮阴开源城乡建设有限公司
地址：淮安市淮阴区沈阳路东侧、淮河路南侧
……………………Tel：0517-80829066
淮安淮鑫新型建材有限公司
地址：清浦区华清西路18号
……………………Tel：0517-83033032
江苏淮龙新型建材有限公司
地址：淮安市工业新区金象路12号
……………………Tel：0517-83033182
淮安融侨置业有限公司
地址：淮安市淮阴区长江东路103号
……………………Tel：0517-83508689
淮安市清浦城市改造建设投资开发有限公司
地址：淮安市淮海南路268号10楼
……………………Tel：0517-83515127
淮安市清浦城市建设投资开发有限公司
地址：淮安市清浦区联盛国际广场3B31室
……………………Tel：0517-83515246
淮安市城建开发建设有限公司
地址：淮安市清河区淮海北路31号19层
……………………Tel：0517-83555578
淮安市和锦置业有限公司
地址：淮安市清江浦区淮海东路1号丰惠广场2315室
……………………Tel：0517-83606152
淮安新碧房地产开发有限公司
地址：淮安经济技术开发区青岛路36号
……………………Tel：0517-83651666
江苏九天建设集团有限公司
地址：淮安经济技术开发区海口路9号3号楼407室
……………………Tel：0517-83666708
淮安东城棚改建设有限公司
地址：淮安经济技术开发区飞耀北路6号1幢
……………………Tel：0517-83716099
淮安国创智慧城市建设有限公司
地址：淮安经济技术开发区王高路30号1幢
……………………Tel：0517-83716737
淮安高新控股有限公司
地址：淮安市福地路1号1号楼
……………………Tel：0517-83733620
淮安市清江浦城市资产经营有限公司
地址：淮安市清江浦区苹果国际公寓5号楼501室
……………………Tel：0517-83789502
淮安市清江浦城建投资有限公司
地址：淮安市清河区漕运西路社会管理大厦9楼
……………………Tel：0517-83789502
淮安市清江浦城乡建设投资发展有限公司
地址：淮安市清江浦区苹果国际公寓5号楼502室
……………………Tel：0517-83789502
淮安市鼎伟商贸有限公司
地址：淮安经济技术开发区富准路16号
……………………Tel：0517-83798085
东联建设科技股份有限公司
地址：淮安经济技术开发区小康城1区9号
……………………Tel：0517-83802233
江苏金字塔装饰工程有限公司
地址：淮安市洪泽区世纪景湾C4幢28号楼2楼1-2层
……………………Tel：0517-83909088
淮安福猴建筑装饰装潢有限公司
地址：淮安市清江浦区茂业时代广场1402室
……………………Tel：0517-83928232
淮安市淮阴区码头顺意装潢材料经营部
地址：淮阴区码头镇玉坝村四组
……………………Tel：0517-84267027
江苏永琪建筑装潢工程有限公司
地址：淮安市淮安区上河食品站院内
……………………Tel：0517-85740001
淮安中南建筑材料有限公司
地址：淮安市淮安区铁云路8号
……………………Tel：0517-85912775
上海豫宏（金湖）防水科技有限公司
地址：金湖县涂沟镇工业集中区富强路8号
……………………Tel：0517-86511558
江苏阿路美格新材料股份有限公司
地址：淮安市金湖县经济开发区东海路9号
……………………Tel：0517-86856700
江苏建源益成新材料科技有限公司
地址：江苏金湖经济开发区工二路588号
……………………Tel：0517-86882997
淮安市湖城园区建设发展有限公司
地址：淮安市金湖县金湖西路188号
……………………Tel：0517-86986918
金湖华厦装饰装潢有限公司
地址：淮安市金湖县戴楼镇工业集中区康楼路4-32号
……………………Tel：0517-86992107
淮安市城建物业管理有限公司
地址：淮安市淮阴区北京东路45号（东花园营东社区办公楼）
……………………Tel：0517-87033106
淮安市金天广告装潢有限公司
地址：淮安经济技术开发区小康城3区23号
……………………Tel：0517-87160033
淮安岔河城市投资建设有限公司
地址：淮安市洪泽区岔河镇人民政府院内
……………………Tel：0517-87218009
江苏苏靓电气有限公司
地址：淮安市洪泽区万通国际商城1-2幢151室
……………………Tel：0517-87260502
洪泽安靓装潢有限公司
地址：淮安市洪泽县朱坝街道长江东路32号
……………………Tel：0517-87630502
江苏鑫威扬新型建材有限公司
地址：淮安工业园区昆仑南路9号
……………………Tel：0517-87676788
江苏欧西建材科技发展有限公司
地址：洪泽县城科技创业园北四道南侧
……………………Tel：0517-87695226
连云港智特基础工程有限公司
地址：东海县牛山镇利民西路9号弘达花园1幢1-12号
……………………Tel：0517-87889999
盱眙周洲建筑劳务分包有限公司
地址：盱眙县盱城淮河东路48#
……………………Tel：0517-88200199
江苏恒艺装饰装潢有限公司
地址：盱眙县经济开发区新海大道23号
……………………Tel：0517-88269288
淮安市淮碧房地产开发有限公司
地址：淮安市清江浦区兴淮北路城南路交叉口
……………………Tel：0517-89007888
江苏元明装饰工程有限公司
地址：淮安市清江浦区延安东路105号武夷大厦707室
……………………Tel：0517-89083802
淮安伟立安海建材有限公司
地址：淮安市洪泽区洪泽经济开发区洞庭湖路36号
……………………Tel：0517-89339736
江苏乔申设计装潢有限公司
地址：淮安经济技术开发区淮海西路179号A幢201室
……………………Tel：0517-89339736
淮安市新型城镇化建设投资集团有限公司
地址：淮安市清河区丰惠广场3501室
……………………Tel：0517-89706308
淮安居奥装潢工程有限公司
地址：淮安经济技术开发区都市嘉源小区5号楼1907室
……………………Tel：0517-89866166
江苏环宇交通工程有限公司
地址：淮安市清浦区武墩镇工业集中区环宇路1号（普坡六组）
……………………Tel：0517-89868028
中商投（江苏）新型建材有限公司
地址：淮安工业园区管委会办公室107室
……………………Tel：0517-89890222
连云港新城万博房地产开发有限公司
地址：连云港市赣榆区青口镇海城路东侧玉带路南侧
……………………Tel：0518-6990801
东海县城市建设投资发展集团有限公司
地址：连云港市东海县牛山街道自清路8号
……………………Tel：0518-80301993
连云港市城建控股集团有限公司
地址：连云港市海州区朝阳东路72号
……………………Tel：0518-81092088
东方木韵（连云港）建筑装潢材料有限公司
地址：连云港市高新技术产业开发区民营园
……………………Tel：0518-81186866
江苏港胜建材贸易有限公司
地址：连云港市海州区解放东路东一时区A座S2003室
……………………Tel：0518-81585118
连云港成泰置业有限公司
地址：中国（江苏）自由贸易试验区连云港片区经济技术开发区出口加工区207室
……………………Tel：0518-81590559
建华建材（连云港）有限公司
地址：连云港市连云区板桥工业园区
……………………Tel：0518-82101068
灌南县城市建设投资发展有限公司
地址：灌南县新安镇泰州北路行政集中办公区（住建局办公楼）
……………………Tel：0518-83696118
江苏建云建材科技有限公司
地址：灌南县经济开发区
……………………Tel：0518-83886818
江苏上元建材建筑有限公司
地址：连云港开发区大浦工业区（昌圩路与临洪大道交汇处）
……………………Tel：0518-85161226
江苏上元建材建筑有限公司
地址：连云港开发区大浦工业区（昌圩路与临洪大道交汇处）
……………………Tel：0518-85161226
江苏鼎尊物业服务有限公司
地址：连云港市海州区海连东路26号润潮国际大厦1902-1904室
……………………Tel：0518-85280628
中铁建电气化局集团康远新材料有限公司
地址：江阴经济开发区靖江园区江防村
……………………Tel：0518-8535792
江苏鹰飞物业管理有限公司
地址：连云港市海州区秦东门大街382号兴亿达大厦22层
……………………Tel：0518-85479806
连云港展旺装饰装潢有限公司
地址：连云港市连云区东辛农场二环中路145号金色家园小区31栋115号商铺
……………………Tel：0518-85495889
连云港市市政公用有限公司
地址：连云港市海州区朝阳东路72号
……………………Tel：0518-85521388
连云港振亚建筑装潢工程有限公司
地址：连云港市海州区朝阳东路32-7号904室
……………………Tel：0518-85618898
连云港金泰世纪建材有限公司
地址：连云港市海州区苍梧路53号
……………………Tel：0518-85813215
江苏万达工程造价事务所有限公司
地址：连云港市海州区朝阳东路36号凤凰大厦1901、1902、1903、1904、1905、1906、1907、1908、1909、1910、1911、1912、1913号办公
……………………Tel：0518-85838116
连云港兴隆实业集团有限公司
地址：连云港市海州开发区瀛州路1号兴隆装饰城内
……………………Tel：0518-85918555
连云港瑞城置业有限公司
地址：连云港市海州区圣湖路18号401号房
……………………Tel：0518-85981697
连云港赣榆和安房地产开发有限公司
地址：赣榆区青口镇华中路89号
……………………Tel：0518-86212252
江苏玉龙建设工程有限公司
地址：赣榆区青口镇文化东路（青口地税分局东侧）
……………………Tel：0518-86237968
华亿建材科技有限公司
地址：江苏省赣榆海洋经济开发区海洋大道西侧
……………………Tel：0518-86811888
连云港金大地新型建材有限公司
地址：连云港市赣榆区柘汪镇大王坊村
……………………Tel：0518-86871777
江苏东海天工建设有限公司
地址：东海县牛山镇麒麟大道38号
……………………Tel：0518-87227811
东海县佳润装饰装潢有限公司
地址：东海县温泉镇驻地
……………………Tel：0518-87256639
东海高新区产业投资集团有限公司
地址：连云港市东海县光明路38号
……………………Tel：0518-87267904
灌云县城市建设投资有限公司
地址：连云港市灌云县伊山镇水利路东侧、南京西路北侧（恒驰大厦16楼）
……………………Tel：0518-88166023
江苏友邦新型建材有限公司
地址：溧阳市经济开发区润杨路8号
……………………Tel：0519-67188979
常州中联假日商业大厦有限公司
地址：天宁区延陵西路11号、13号（一至十楼）
……………………Tel：0519-67892811
常州邦吾建筑材料有限公司
地址：常州市金坛区丹阳门南路116号
……………………Tel：0519-68062207
江苏城乡建设工程有限公司
地址：常州市金坛区朱林镇永兴南路19号8幢401室
……………………Tel：0519-68081122
常州宏驰房地产开发有限公司
地址：常州西太湖科技产业园兰香路8号
……………………Tel：0519-68768688
江苏盈通建设科技发展有限公司
地址：武进区前黄镇工业集中区
……………………Tel：0519-68883568
常州龙城新型城镇化建设发展有限公司
地址：常州市新北区汉江路1号
……………………Tel：0519-69887609
江苏夏博士建材有限公司
地址：常州经济开发区横林镇横洛路6-5号
……………………Tel：0519-69996806
中铮建设集团有限公司
地址：溧阳市上黄镇上林路18号
……………………Tel：0519-80680008
江苏溧阳城建集团有限公司
地址：溧阳市昆仑街道泓口路218号
……………………Tel：0519-80952010
常州市武进西太湖滨湖城建设投资有限公司
地址：江苏武进经济开发区腾龙路2号
……………………Tel：0519-81090019
常州市滨湖生态城建设有限公司
地址：江苏武进经济开发区腾龙路2号
……………………Tel：0519-81090019
常州海德置业有限公司
地址：钟楼区邹区镇会灵东路9号
……………………Tel：0519-81166371
中城建二十二工程局有限公司
地址：江苏省仪征经济开发区闽泰大道1号403室
……………………Tel：0519-81186611
江苏丰顺新材料科技有限公司
地址：武进区礼嘉镇华渡村
……………………Tel：0519-81281706
常州运河小城镇建设发展有限公司
地址：常州市新北区奔牛镇迎宾路
……………………Tel：0519-81289510
常州新城吾悦商业管理有限公司
地址：武进区湖塘镇吾悦广场4幢401铺
……………………Tel：0519-81683590
常州市翔辉房地产发展有限公司
地址：常州市武进区湖塘镇武进万达广场C1幢1307
……………………Tel：0519-81683666
常州国鼎建筑装潢工程有限公司
地址：常州市钟楼区龙江中路6-1号万泰商务广场25楼2501室
……………………Tel：0519-81886098
常州市金坛华盛园林装潢有限公司
地址：常州市金坛区华达名都45幢1号
……………………Tel：0519-82109996
常州市科盛装潢有限公司
地址：常州市金坛经济开发区华兴路12号
……………………Tel：0519-82302015
常州市金坛区华城园区建设投资有限公司
地址：常州市金坛区华城中路168号
……………………Tel：0519-82312386
江苏城东建设工程有限公司
地址：常州市金坛区金城东环二路49号
……………………Tel：0519-82366386
常州市金坛区兴尧城乡建设投资发展有限公司
地址：常州市金坛区尧塘镇尧汤路8号
……………………Tel：0519-82368588
江苏垒怡建筑材料有限公司
地址：常州市金坛区华城中路170号
……………………Tel：0519-82396111
常州市金坛区巨龙投资发展有限公司
地址：常州市金坛区直溪镇振兴南路808号
……………………Tel：0519-82446922
常州溪城现代农业发展有限公司
地址：常州市金坛区直溪镇直溪集镇振兴南路808号
……………………Tel：0519-82446922
江苏宝能建筑材料有限公司
地址：常州市金坛区金城镇下新河集镇湖滨路8号
……………………Tel：0519-82516880
常州市金坛环球装潢工程有限公司
地址：常州市金坛经济开发区河头集镇兴隆路301号
……………………Tel：0519-82523115
常州邦泰建材有限公司
地址：常州市金坛区华城中路170号
……………………Tel：0519-82596111
常州建鑫建材有限公司
地址：常州市金坛区华城中路170号
……………………Tel：0519-82596111
常州市金坛区薛盛城乡建设投资发展有限公司
地址：常州市金坛区薛埠镇百花东路118号

……Tel：0519-82660218
江苏华科园投资发展有限公司
地址：常州市金坛区华城路1668号
……Tel：0519-82690006
江苏金坛滨湖新城开发建设有限公司
地址：常州市金坛区东环一路669号
……Tel：0519-82690956
常州市金坛区城市建设开发有限公司
地址：常州市金坛区金城镇东门大街98号
……Tel：0519-82828644
江苏金祥建设工程有限公司
地址：常州市金坛区金城镇西门大街333号
……Tel：0519-82850307
常州市金坛同城建设投资发展有限公司
地址：常州市金坛区金城镇盐港中路69号
……Tel：0519-82858514
常州市金坛区金城港投资建设有限公司
地址：常州市金坛区金城镇临港路99号
……Tel：0519-82895862
常州金坛新城建设投资发展有限公司
地址：常州市金坛区南环二路88号
……Tel：0519-82920935
常州金坛金碧房地产开发有限公司
地址：常州市金坛区华城中路168号
……Tel：0519-82980087
常州金坛新城吾悦商业管理有限公司
地址：常州市金坛区南环二路1208号（三楼）
……Tel：0519-82981009
江苏冶建新源防腐材料有限公司
地址：溧阳市南渡镇古城路336号
……Tel：0519-83109657
常州中天新材料股份有限公司
地址：常州新北区薛家镇连江桥吕南路2号
……Tel：0519-83188555
江苏协新建设发展有限公司
地址：常州市新北区奔牛镇运南新村108号
……Tel：0519-83218918
常州凤凰新城建设发展有限公司
地址：常州市中吴大道700号
……Tel：0519-83752298
常州凯创建材商城有限公司
地址：常州市天宁区中吴大道699-1号
……Tel：0519-83752298
江苏绿和环境科技有限公司
地址：常州市武进区延政西大道8号（常州市武进绿色建筑产业集聚示范区）创研中心417室
……Tel：0519-83983667
常州天马万象装饰有限公司
地址：常州新北区天山路22号
……Tel：0519-85115758
常州黑牡丹建设投资有限公司
地址：常州市新北区新桥商业广场1幢2008号
……Tel：0519-85177233
常州达辉建设有限公司
地址：常州市新北区新桥商业广场1幢1808号
……Tel：0519-85177233
江苏联恒建筑设计有限公司
地址：常州西太湖科技产业园兰香路8号
……Tel：0519-85269286
常州大卫建设工程有限公司
地址：钟楼区河景花园28号
……Tel：0519-85356668
索普瑞玛（中国）建材有限公司
地址：江苏省常州西太湖科技产业园长汀路501号
……Tel：0519-85552790
常州百俊房地产开发有限公司
地址：常州市新北区云河路10号
……Tel：0519-85559016
常州悦庭装潢工程有限公司
地址：常州市钟楼区怀德中路50-1201
……Tel：0519-85559777
常州城铁铁路建设发展有限公司
地址：常州市竹林北路18号
……Tel：0519-85578586
常州弘阳广场置业有限公司
地址：常州市中吴大道1777号1幢4号
……Tel：0519-85809902
常州泽洲城镇建设发展有限公司
地址：钟楼区邹区镇会灵东路9号
……Tel：0519-86026857
常州市雪洲城镇建设发展有限公司
地址：武进区雪堰镇雪湖路1号
……Tel：0519-86163690
常州市湖光彩印有限公司
地址：武进区雪堰镇南宅村
……Tel：0519-86201230
常州城南地铁配套建设投资有限公司
地址：武进国家高新技术产业开发区海湖路特1-3号
……Tel：0519-86229012
常州市武进城市建设投资有限责任公司
地址：常州市武进区湖塘镇武宜中路1号-1601～1608号
……Tel：0519-86310078
江苏三省管理咨询有限公司
地址：常州市武进区湖塘镇人民中路708号
……Tel：0519-86311168
常州市春秋淹城建设投资有限公司
地址：武进区湖塘镇武宜中路197号
……Tel：0519-86312802
常州市武进城建园林工程有限公司
地址：武进区湖塘镇武宜中路1号天豪商务大厦十七层
……Tel：0519-86502125
常州天一仿古园林装潢有限公司
地址：武进区湖塘镇淹城常乐坊79号
……Tel：0519-86508578
中铁建电气化局集团轨道交通器材有限公司
地址：武进区雪堰镇潘家工业集中区
……Tel：0519-86547053
江苏广湖建设有限公司
地址：常州市武进区湖塘镇人民中路625号
……Tel：0519-86551784
江苏鑫洋装饰工程有限公司
地址：江苏省常州市武进区西太湖科技产业园长扬路17号
……Tel：0519-86612568
常州晟城建设投资发展有限公司
地址：常州市天宁区青龙西路1-66号
……Tel：0519-86619206
常州亚细亚影视城股份有限公司
地址：常州市怀德北路29号
……Tel：0519-86632509
常州市凯旸置业有限公司
地址：常州市武进区礼嘉镇嘉熙园11幢7号
……Tel：0519-86667887
常州市安通石材有限公司
地址：武进区人民西路3号
……Tel：0519-86690388
江苏海达建筑装潢有限公司
地址：天宁区华海城市广场2幢115号
……Tel：0519-86698718
江苏德和行物业服务有限公司
地址：常州市钟楼区通江南路58号
……Tel：0519-86763900
常州市城市建设（集团）有限公司
地址：劳动西路12号金谷大厦21层
……Tel：0519-86908910
常州市第一建筑装潢工程有限公司
地址：常州市清潭木梳路11号
……Tel：0519-86960415
溧阳市城市建设发展集团有限公司
地址：溧阳市天目湖镇天目湖工业园区勤业路8号
……Tel：0519-87226117
常州正昌房地产开发有限公司
地址：溧阳市溧城镇码头街225号
……Tel：0519-87279667
江苏苏控城市投资建设有限公司
地址：江苏中关村科技产业园泓口路218号C幢307室
……Tel：0519-87285676
溧阳市臻隆城市建设投资有限公司
地址：溧阳市溧城镇昆仑南路3号（2号楼-3）
……Tel：0519-87287987
溧阳昆仑城建集团有限公司
地址：江苏中关村科技产业园泓口路218号C幢三楼
……Tel：0519-87302200
溧阳濑江新城建设发展有限公司
地址：常州市溧阳市昆仑街道泓口路218号C幢315室
……Tel：0519-87305230
溧阳市溧城园区建设投资有限公司
地址：江苏中关村科技产业园泓口路218号C幢三楼
……Tel：0519-87305230
溧阳苏溧建材贸易有限公司
地址：溧阳市昆仑街道泓口路218号C幢316室
……Tel：0519-87306187
溧阳东城新农村建设开发有限公司
地址：溧阳市埭头工业集中区人民路1号
……Tel：0519-87365776
溧阳市大禾建材有限公司
地址：溧阳市上黄镇山下村
……Tel：0519-87390000
溧阳市金创置业有限公司
地址：溧阳市溧城镇南环西路110号101室
……Tel：0519-87638888
溧阳市北湖科创城建设开发有限公司
地址：溧阳市上兴镇永兴大道36号8808室
……Tel：0519-87739119
江苏国强民富建材科技有限公司
地址：溧阳市上兴镇工业园区（江苏国强镀锌实业有限公司内）
……Tel：0519-87739868
溧阳市新城房地产开发有限公司
地址：溧阳市天目湖工业园区勤业路8号7幢
……Tel：0519-87809623
溧阳市住房和城乡建设投资集团有限公司
地址：溧阳市溧城镇燕园路20号
……Tel：0519-87809623
江苏福创房地产经纪有限公司
地址：溧阳市上兴镇工业园区联强路1号
……Tel：0519-87880001
圣戈班石膏建材（常州）有限公司
地址：常州新北区通江北路25号
……Tel：0519-88020300
常州新北天源建筑装璜工程有限公司
地址：常州市新北区衡山路35号
……Tel：0519-88050113
常州市金手指装潢工程有限公司
地址：常州市广化街218号（天禧办公楼2幢407号房）
……Tel：0519-88126506
江苏中企华中天资产评估有限公司
地址：天宁区北塘河路8号恒生科技园二区6幢1号
……Tel：0519-88157878
常州市钟楼区危积陋房屋改造开发有限公司
地址：常州市钟楼区勤工路99号
……Tel：0519-88160137
常州市诚强装璜工程有限公司
地址：常州市东方东路106号
……Tel：0519-88407729
江苏太以三理装饰装潢工程设计有限公司
地址：常州市新北区常信怀德名园45-301号
……Tel：0519-88667868
常州冠铭装潢有限公司
地址：常州市武进区遥观镇印墅村
……Tel：0519-88771301
巨凝集团有限公司
地址：常州市新北区薛家镇春江中路167号
……Tel：0519-88801115
常州市升欣建筑装璜工程有限公司
地址：常州市天宁区雕庄街道优胜村委周季村
……Tel：0519-88822597
江苏大成装潢有限公司
地址：钟楼区河景花园1幢2201至2208室
……Tel：0519-88870866
常州钟楼新城投资建设有限公司
地址：常州市钟楼区星港路88号
……Tel：0519-88891993
常州市科技街城市建设有限公司
地址：常州市钟楼经济开发区玉龙南路178-1号（文科融合产业园9258号）
……Tel：0519-88891993
常州东方新城建设集团有限公司
地址：常州市经开区东方东路168号
……Tel：0519-89863070
常州东方城镇化建设有限公司
地址：常州市东方东路168号
……Tel：0519-89863070
常州市东城投资发展有限公司
地址：常州市东方东路168号6楼
……Tel：0519-89863070
上建广亚工程材料有限公司
地址：常州市武进区南夏墅街道桐庄村
……Tel：0519-89988851
江苏戴南西部新城建设投资有限公司
地址：兴化市戴南镇园区大道1号
……Tel：0523-80219308
泰州市兴园科技发展有限公司
地址：泰州市高港区科技创业园振北路8号
……Tel：0523-80278028
泰州市凯城建设有限公司
地址：泰州市高港区许庄街道振北路8号
……Tel：0523-80278028
泰州市凯润城市建设有限公司
地址：泰州市高港区刁铺扬子江北路136号
……Tel：0523-80278028
泰州市宏晟装饰装潢有限公司
地址：泰州市高港高新技术产业园区振北路8号
……Tel：0523-80278028
江苏精稳营销策划有限公司
地址：泰州市锦绣国际商务中心B幢606室
……Tel：0523-80496042
靖江市城乡建设有限公司
地址：靖江市城南园区东进路88号
……Tel：0523-81155023
靖江市城南城中村建设有限公司
地址：靖江市城南园区东进西路88号
……Tel：0523-81155023
泰州福宇建筑材料有限公司
地址：泰兴市城区工业园区向荣路18号
……Tel：0523-81566099
泰州市东升建设工程有限公司
地址：泰州市泰东乡老东河村一组
……Tel：0523-82091200
江苏日达建设工程有限公司
地址：泰州市海陵区江州北路719-1号108室
……Tel：0523-82208766
兴化市智信城镇建设有限公司
地址：兴化市长安居委会长安路沧浪桥东侧北首
……Tel：0523-83186873
兴化市城市建设投资有限公司
地址：兴化市文昌路96号
……Tel：0523-83236199
兴化市世友电力设备有限公司
地址：兴化经济开发区开源村、经三路西侧（经三路1号）
……Tel：0523-83269776
江苏富安建设有限公司
地址：兴化市安丰镇府前路8号
……Tel：0523-83291088
兴化市卓越广告装潢有限公司
地址：兴化市文峰社区文峰路126号（方兴小区2幢商铺3）
……Tel：0523-83302099
兴化市前锦装潢有限公司
地址：兴化市兴东镇北贺工业集中区纬三路北侧
……Tel：0523-83662989
兴化市东南城市建设投资有限公司
地址：兴化市戴南镇人民西路
……Tel：0523-83786106
兴化市雅韵装饰装潢有限公司
地址：兴化市戴南镇迎宾大道富丽家园2号楼631号
……Tel：0523-83906889
兴化市丽都城镇建设投资有限公司
地址：兴化市张郭镇人民路108号
……Tel：0523-83907886
靖江市新桥城乡建设有限公司
地址：靖江市新桥镇新桥东路1号
……Tel：0523-84315188
江苏中晶晶润科技有限公司
地址：江苏江阴—靖江工业园区同康路15号
……Tel：0523-84633005
江苏中晶泉工建材有限公司
地址：江苏江阴—靖江工业园区同康路15号
……Tel：0523-84666881
江苏永涛实业有限公司
地址：靖江市东兴镇振兴西路98号
……Tel：0523-84682555
江苏景元建设科技有限公司
地址：靖江市行政中心信访大楼七楼
……Tel：0523-84809394
江苏鑫腾源建设集团有限公司
地址：靖江市靖城西环南路131号
……Tel：0523-84811268
靖江市北辰城乡投资建设有限公司
地址：靖江市城北园区北二环路南侧（孤山镇新一村）
……Tel：0523-84875258
靖江市华丰城市建设有限公司
地址：靖江市车站路46号
……Tel：0523-84898402
靖江市欣城建设发展有限公司
地址：靖江市车站路46号
……Tel：0523-84898402
靖江华东城市建设有限公司
地址：靖江市自在城99幢
……Tel：0523-84926059
龙信海悦置业（靖江）有限公司
地址：靖江市东进路1号
……Tel：0523-85122208
泰州市欣佳装潢有限公司
地址：泰州市开发区永兴路东侧296号
……Tel：0523-86058001
泰州市新世纪房屋综合开发有限公司
地址：泰州市永兴路东侧296号
……Tel：0523-86058055
中城建第十三工程局有限公司
地址：江苏省泰州市海陵区凤凰东路56号
……Tel：0523-86085699
泰州市中泰俊和建设发展有限公司
地址：江苏省泰州市海陵工业园区兴业路96号第5幢
……Tel：0523-86088698
泰州市聚龙源建筑装饰材料有限公司
地址：泰州市高港区许庄街道永盛路8号
……Tel：0523-86110128
江苏正太物业管理有限公司
地址：泰州市海陵南路199号周山汇水花园11幢104室
……Tel：0523-86209698
泰州市恒大装饰装潢有限公司
地址：泰州市青年南路92号1层
……Tel：0523-86238058
泰州市惠民新城建设有限公司
地址：泰州市海陵区府前路3号201室
……Tel：0523-86238646
泰州市惠城建设发展有限公司
地址：泰州市海陵区府前路3号3幢202室
……Tel：0523-86238646
泰州凤城河建设发展有限公司
地址：泰州市东南园10号
……Tel：0523-86363107
泰州市城市建设投资集团有限公司
地址：泰州市海陵区青年南路99号
……Tel：0523-86397689
泰州市城投城建项目管理有限公司
地址：泰州市济川东路289号
……Tel：0523-86397689

泰州市建业投资建设集团有限公司
地址：泰州市海陵南路308号
Tel：0523-86511210

江苏鲁艺建设工程有限公司
地址：泰州市海陵区鼓楼南路368号
Tel：0523-86665555

泰州市锡龙建筑门窗装璜有限公司
地址：泰州市江洲南路135号
Tel：0523-86881218

江苏正方工程项目管理房地产评估有限公司
地址：泰州市鼓楼南路286号B3幢1-3室
Tel：0523-86882632

泰州市城市基础设施建设发展有限公司
地址：泰州市海陵南路308号
Tel：0523-86882811

泰州市金辉建筑装饰装璜有限公司
地址：泰州市农业开发区泰良路西侧
Tel：0523-86886668

泰州市江港城市建设有限公司
地址：泰州市高港区永安洲镇迎宾大道8号
Tel：0523-86920023

泰州亚东建材有限公司
地址：泰州市高港区永安洲镇中心村
Tel：0523-86922800

泰州市港城建设投资发展有限公司
地址：泰州市高港区金港路
Tel：0523-86963508

泰州市华融城镇建设有限公司
地址：泰州市高港区金港中路119号
Tel：0523-86963508

泰州市高港区巨匠装饰装潢经营部
地址：泰州市高港区口岸街道双桥西路35号
Tel：0523-86983101

泰州滨江新型建材有限公司
地址：泰州市泰镇路东侧、疏港路北侧二号楼404室
Tel：0523-87013030

泰兴市兴虹城镇建设综合开发有限公司
地址：泰兴市虹桥工业园区虹桥大厦6楼
Tel：0523-87015061

泰兴市黄桥城市建设有限公司
地址：泰兴市黄桥镇通站路2号
Tel：0523-87211951

泰兴市东进新思想教育咨询有限公司
地址：泰兴市黄桥镇胜利东路8号
Tel：0523-87211951

江苏鸿吉防水建筑材料有限公司
地址：泰兴市珊瑚镇工业集聚区
Tel：0523-87283987

兆丰科技（泰兴）有限公司
地址：泰兴市姚王镇泰姚路1号
Tel：0523-87541030

江苏铭寓装潢设计有限公司
地址：泰兴市鼓楼南路84、86号
Tel：0523-87638277

泰兴市盛泰城镇化建设有限公司
地址：泰兴市曾涛路6号
Tel：0523-87650026

泰兴市中泰城市建设投资有限公司
地址：泰兴市国庆东路6号
Tel：0523-87650026

江苏金泰堡机械制造有限公司
地址：泰兴市宣堡工业园区
Tel：0523-87811021

泰州市爱文装饰装潢有限公司
地址：泰州市海陵区迎春东路169号（天阳花园）15室
Tel：0523-87811750

泰兴市宣堡基润建材有限公司
地址：泰兴市宣堡镇梅埝村梅东二组15号
Tel：0523-87813333

泰州栾氏装饰装潢有限公司
地址：泰州市高港区扬子江南路55-20号
Tel：0523-87893626

泰兴市融和置业有限公司
地址：泰兴市姚王镇东阳社区居民委员会
Tel：0523-87896699

江苏鑫环球建设工程有限公司
地址：泰州市姜堰区三水街道金马社区翡翠城20号楼111
Tel：0523-88226060

泰州市金东城市建设投资集团有限公司
地址：泰州市姜堰区罗塘街道三水大道888号
Tel：0523-88271158

泰州市天能城乡建设发展有限公司
地址：泰州市姜堰区罗塘街道迎宾路北侧、三水河东侧
Tel：0523-88271158

江苏维德新型建材科技有限公司
地址：泰州市姜堰区蒋垛镇许庄村十二组
Tel：0523-88380988

江苏宇顺新型建材有限公司
地址：泰州市姜堰区蒋垛镇工业集中区内
Tel：0523-88380988

江苏润烁建设工程有限公司
地址：泰州市姜堰区罗塘街道北环东路242号
Tel：0523-88503069

江苏开驰建设工程有限公司
地址：泰州市姜堰区淤溪镇淤溪村
Tel：0523-88796616

江苏美佳鑫装潢工程有限公司
地址：泰州市海陵区青年北路25号304室
Tel：0523-88802553

正威科技集团有限公司
地址：江苏省泰州市姜堰区罗塘街道姜官路165号
Tel：0523-88802806

江苏非晶电气有限公司
地址：姜堰经济开发区五金路
Tel：0523-88817956

江苏姜堰经开集团有限公司
地址：泰州市姜堰区三水街道陈庄西路518号
Tel：0523-88819016

泰州市姜堰区龙翔城镇建设发展有限公司
地址：姜堰经济开发区姜堰大道88号
Tel：0523-88819016

靖江新港城投资建设有限公司
地址：靖江经济开发区新港园区康桥路1号
Tel：0523-89109658

靖江市新城水利建设有限公司
地址：靖江市口岸联检服务中心大楼三楼
Tel：0523-89109658

靖江市临港城市建设发展有限公司
地址：靖江市新港大道99号
Tel：0523-89109658

靖江市金港城镇建设有限公司
地址：靖江市新港大道99号
Tel：0523-89109658

泰州引江城市开发建设有限公司
地址：泰州市高港区口岸街道港城路北侧
Tel：0523-89560216

泰州市润马城镇建设有限公司
地址：泰州市高港区白马镇金马大街1号
Tel：0523-8998341

宿迁市苏宿园区建设发展有限公司
地址：宿迁市普陀山大道苏宿园区生产力中心
Tel：0527-80226060

宿迁家天下装饰装潢工程有限公司
地址：宿迁经济技术开发区发展大道西侧（商务中心2295室）
Tel：0527-81886996

江苏中北建设集团有限公司
地址：宿迁市宿城经济开发区西城大厦407室
Tel：0527-81888983

江苏大爱一通科技股份有限公司
地址：宿迁经济技术开发区台商科技产业园东区A4-2标准厂房西侧
Tel：0527-81889488

江苏京杭建材科技有限公司
地址：宿迁市宿城经济开发区轩辕路1号
Tel：0527-82185777

宿迁贝斯特建材有限公司
地址：江苏省宿迁市宿城经济开发区隆锦路南侧
Tel：0527-82287021

江苏千鼎贸易有限公司
地址：宿迁市湖滨新城女贞路18号
Tel：0527-82599288

宿迁市鑫富城市建设发展投资基金合伙企业（有限合伙）
地址：宿迁市洪泽湖路151号交通局大楼2楼
Tel：0527-82966975

宿迁力达置业有限公司
地址：宿迁市经济开发区发展大道西侧
Tel：0527-82996598

江苏汇峰置业有限公司
地址：沭阳县迎宾大道168号（汇峰大饭店）
Tel：0527-83211888

沭阳克林装潢材料销售有限公司
地址：沭阳县红万桑路中段（万匹乡政府南侧）
Tel：0527-83240002

宿迁峰之会建筑装潢工程有限公司
地址：沭阳县青伊湖镇姚沟村村民委员会院内
Tel：0527-83260140

江苏苏杭建设有限公司
地址：沭阳县台州路西侧第二汽车运输公司综合楼三楼南首
Tel：0527-83560582

江苏沭阳城市投资建设开发有限公司
地址：沭阳县沭城镇上海南路（县教育产业园培训中心大楼）
Tel：0527-83668920

沭阳荣亨装饰装潢有限公司
地址：沭阳县浙江商城A5幢14号
Tel：0527-83823666

宿迁市宿豫区城镇建设开发有限公司
地址：宿迁市宿豫区韶山路2号
Tel：0527-84203155

宿迁城开建设集团有限公司
地址：宿迁市宿豫区珠江路1069号
Tel：0527-84203155

江苏利文顿装饰装潢有限公司
地址：宿迁市宿豫区顺河街道龙嫂路37号
Tel：0527-84283449

宿迁市鑫达城建工程有限公司
地址：宿迁市宿豫区锦华名园锦华名座商铺14A、14B
Tel：0527-84386363

宿迁市城市建设投资（集团）有限公司
地址：宿迁市洪泽湖路140号（建设大厦内）
Tel：0527-84387002

宿迁市吉祥广告装潢有限公司
地址：宿迁市宿豫新区六盘山路
Tel：0527-84463366

宿迁市中盟实业有限公司
地址：江苏省宿豫经济开发区太行山路北侧
Tel：0527-8446687

宿迁市新城控股集团有限公司
地址：宿迁市湖滨新城玉兰路9号
Tel：0527-84837752

江苏海通建筑材料有限公司
地址：宿迁市水杉大道1号
Tel：0527-84837999

尧顺实业宿迁有限公司
地址：宿迁市宿城区仓集镇徐淮路185号
Tel：0527-84918828

宿迁市宿城区新农村建设投资有限公司
地址：宿迁市宿城区王官集镇人民政府梨园春天四栋综合办公楼
Tel：0527-84989898

江苏四维工程咨询管理有限公司
地址：泗阳县众兴镇北京东路80号
Tel：0527-85248108

泗阳县城市建设投资集团有限公司
地址：泗阳县众兴镇北京东路（建设局院内）
Tel：0527-85269169

江苏羽鹏工程建设有限公司
地址：泗阳县来安街道办淮海东路109号（来安派出所对面）
Tel：0527-85282929

江苏晟宇地板有限公司
地址：泗阳县众兴工业园发展大道北侧、何庄路东侧
Tel：0527-85690818

江苏大二城市管廊建设工程有限公司
地址：泗洪县农机大市场7#-113号
Tel：0527-86284898

宿迁市麦赛新型建材有限公司
地址：沭阳县迎宾大道东首软件产业园A栋3楼东南侧3013室
Tel：0527-87830145

江苏王师傅装饰装潢有限公司
地址：宿迁市沭阳县李恒镇大黄村小汤组299号
Tel：0527-87889511

江苏金门建设有限公司
地址：沭阳县陇集镇工业园区31号
Tel：0527-87996002

盛基科技发展江苏有限公司
地址：宿迁市宿豫区洪泽湖东路京东科技商业街三楼A1号
Tel：0527-88310000

沭阳星龙房地产开发有限公司
地址：宿迁市沭阳县南部新城学院路5号11楼1107室
Tel：0527-88330000

泗洪明发国际大酒店有限公司
地址：泗洪县嵩山南路1号
Tel：0527-88698888

宿迁市建设工程监理咨询中心有限公司
地址：宿迁市宿城区隆城府邸2#幢401-4-2室
Tel：0527-88886165

江苏普惠四友人力资源有限公司
地址：宿迁市宿城区隆城府邸2幢401室
Tel：0527-88886165

江苏城厦建设工程有限公司
地址：宿迁市宿城区丽景湾华庭14幢三楼307
Tel：0527-88889001

宿迁市洋河市政投资集团有限公司
地址：宿迁市洋河新城洋河镇酒家路东侧
Tel：0527-88982999

宿迁市洋河新城新农村建设有限公司
地址：宿迁市洋河新城洋河镇中大街北侧
Tel：0527-88982999

南通洋森建材有限公司
地址：南通市港闸区城港路588号新永兴城E幢1503室
Tel：0527-88982999

南通宝格利建材有限公司
地址：南通市崇川区中南世纪城14幢1802室
Tel：0527-88982999

南通顺企建材有限公司
地址：南通市崇川区中南世纪城14幢1804室
Tel：0527-88982999

南通洋焱建材有限公司
地址：南通市港闸区城港路588号新永兴城E幢1503室
Tel：0527-88982999

南通洋淼建材有限公司
地址：南通市港闸区城港路588号新永兴城E幢1503室
Tel：0527-88982999

江苏贺氏装饰工程有限公司
地址：宿迁经济技术开发区邻里中心西大门2-13号商铺
Tel：0527-88987766

泗洪县城市建设投资经营集团有限公司
地址：泗洪县人民南路1号
Tel：0527-89892213

江苏百盟投资有限公司
地址：沭阳百盟物流园总部经济楼
Tel：0527-89987795

沭阳金阳建设实业有限公司
地址：沭阳县沭城镇苏州东路与台州路交叉口
Tel：0527-89996608

江苏永晟装潢有限公司
地址：泰兴市元竹镇银杏路
Tel：0528-7771366

南通风彩装潢工程设计有限公司
地址：南通市永怡路139号
Tel：0531-85678269

鲁鑫建材江苏有限公司
地址：新沂经济开发区纬九路19号
Tel：0536-2103032

靖江市新港城基础设施建设有限公司
地址：靖江经济开发区康桥路1号
Tel：053-89109568

盐城谒民保障房建设投资基金（有限合伙）
地址：盐城市城南新区世纪大道5号
Tel：0755-23675525

江阴市科源建材有限公司
地址：江阴市滨江西路1167号
Tel：0850-86651034

浙江省

凯圣新型建材科技（浙江）有限公司
地址：浙江省湖州市长兴县小浦镇郎山工业园区
Tel：0512-66302576

浙江杰康物业管理有限公司
地址：杭州市江干区凯旋路210号6004室
Tel：0517-88078032

衢州市衢江区城乡建设发展有限公司
地址：浙江省衢州市衢江区振兴路以北求实路以西（区水利局大楼5楼）
Tel：0570-2292852

衢州市佳艺装潢有限公司
地址：浙江省衢州市亭川东路337-343号
Tel：0570-3042879

浙江宏成建材有限公司
地址：浙江省衢州市衢江区峡川镇前叶村
Tel：0570-3047481

衢州市柯城区建设投资发展有限公司
地址：浙江省衢州市柯城区双港街道双港中路18号301室
Tel：0570-3061850

衢州市永盛装潢防腐工程有限公司
地址：衢州市衢江区沈家经济开发区
Tel：0570-3061926

衢州富祯房地产开发有限公司
地址：浙江省衢州市衢江区后溪镇大川村银湖山庄管理用房1幢
Tel：0570-3071812

浙江衢州巨泰建材有限公司
地址：衢州市柯城区巨化北一道216号1幢
Tel：0570-3093720

衢州同创城市建设投资有限公司
地址：衢州市双港中路18号1幢101室
Tel：0570-3830787

衢州隆港城市建设投资有限公司
地址：浙江省衢州市柯城区双港中路18号（双港管委会大楼五楼）
Tel：0570-3830787

衢州市柯城区安达交通建设投资开发有限责任公司
地址：浙江省衢州市柯城区双港街道双港中路18号1幢505室
Tel：0570-3863800

浙江新凤朝控股有限公司
地址：浙江省衢州市柯城区花园街道衢化路864号
Tel：0570-3866999

江山城市老街区改造建设有限公司
地址：江山市双塔街道中山路38号
Tel：0570-4014430

贝林集团有限公司
地址：浙江省江山市区江滨四区101号
Tel：0570-4110485

浙江蓝城江山建设管理有限公司
地址：浙江省衢州市江山市石门镇溪底街56号

…………………… Tel：0570-4898818
浙江丁典建设工程有限公司
地址：浙江省衢州市江山市双塔街道凝秀北路8幢华达峰景大厦18楼A
…………………… Tel：0570-4911200
杭州临安城镇化投资建设有限公司
地址：浙江省杭州市临安区锦城街道国联大厦1（1幢2402-2404）
…………………… Tel：0570-61082121
开化县城市建设发展有限公司
地址：浙江省衢州市开化县芹阳办事处凤凰中路55号-1
…………………… Tel：0570-6529735
开化县城市建设投资集团有限公司
地址：浙江省衢州市开化县华埠镇凤凰中路55号
…………………… Tel：0570-6669666
龙游浙农家居建材市场开发有限公司
地址：龙游县东华街道疏港大道88号
…………………… Tel：0570-7361133
浙江联润建设工程有限公司
地址：衢州市柯城区须江路81号2楼
…………………… Tel：0570-8039637
杭州京辉置业有限公司
地址：浙江省杭州市临平区崇贤街道星海南路190-8号1幢4006室
…………………… Tel：0571-28032111
绿城田园城市建设发展集团有限公司
地址：浙江省杭州市下城区岳帅桥10号1幢580室
…………………… Tel：0571-28207202
杭州慈孝堂科技有限公司
地址：浙江省杭州市萧山区闻堰街道时代大道4789号湘湖电子商务创业园3号楼
…………………… Tel：0571-28322882
杭州华正建筑设计院有限公司
地址：浙江省杭州市西湖区沁雅花园康恒大厦905-908室
…………………… Tel：0571-28808355
浙江城建建设集团有限公司
地址：浙江省杭州市余杭区良渚街道严村里路277号
…………………… Tel：0571-28869999
浙江银海进出口有限公司
地址：浙江省杭州市拱墅区香槟之约园D幢530（办公）室
…………………… Tel：0571-28879878
杭州市城市建设发展集团有限公司
地址：杭州市江干区新塘路33-35号12、13层
…………………… Tel：0571-28885736
杭州红璞酒店管理有限公司
地址：浙江省杭州市江干区全福桥路258号A座1101室
…………………… Tel：0571-28886019
杭州汉嘉房地产咨询有限公司
地址：杭州市玉皇山路1号103室
…………………… Tel：0571-28886668
浙江海兴建筑有限公司
地址：浙江省杭州市桐庐县江南镇凤鸣村外蒋坞
…………………… Tel：0571-29607256
浙江中朗物业管理有限公司
地址：杭州市西湖区三墩镇振华路200号瑞鼎大厦2号楼214室
…………………… Tel：0571-56077696
杭州启航国际大酒店有限公司
地址：杭州市西湖区留下街道百家园路128号
…………………… Tel：0571-56077999
杭州中南御锦置业有限公司
地址：杭州余杭区仓前街道绿汀路1号3幢116-2室
…………………… Tel：0571-56270888
杭州锦府置业有限公司
地址：浙江省杭州市江干区环站东路97号云峰大厦1号楼1308室
…………………… Tel：0571-56928915
杭州宝荣投资管理有限公司
地址：浙江省杭州市萧山区盈丰街道钱江深蓝国际中心1幢3107室
…………………… Tel：0571-57129051
浙江昇大节能建材科技有限公司
地址：萧山区临浦镇苎东村
…………………… Tel：0571-57176739
杭州之江城市建设投资集团有限公司
地址：浙江省杭州市西湖区五云中路1号A楼305室
…………………… Tel：0571-58112811
建德市城兴城防工程建设有限公司
地址：浙江省建德市新安江街道新安东路20号
…………………… Tel：0571-58305079
建德市城市建设发展投资有限公司
地址：浙江省杭州市建德市新安江街道溪头路168号（自主申报）
…………………… Tel：0571-58306961
杭州临安众发汽车销售服务有限公司
地址：浙江省杭州市临安区锦南街道流霞街599号
…………………… Tel：0571-58608337
浙江建德绿城置业有限公司
地址：建德市新安江街道康乐路28号
…………………… Tel：0571-60900370
杭州富阳天成装潢有限公司
地址：浙江省杭州市富阳区富春街道金浦路215号502室
…………………… Tel：0571-63100488
杭州富阳新登小城镇投资建设有限公司
地址：浙江省杭州市富阳区新登镇共和街55号
…………………… Tel：0571-63121720
杭州富阳城建集团城市经营管理有限公司
地址：浙江省杭州市富阳区富春街道桂花路69号
…………………… Tel：0571-63328072
杭州西城建筑工程有限公司
地址：浙江省杭州市富阳区富春街道春秋南路2-12号305室
…………………… Tel：0571-63366951
浙江中泰钢业集团有限公司
地址：杭州富阳区银湖街道受降村中秋（上宋街38号）
…………………… Tel：0571-63417799
杭州顺林建材有限公司
地址：浙江省杭州市富阳区渌渚镇山亚村谢家
…………………… Tel：0571-63485918
杭州富阳宏升建材有限公司
地址：浙江省杭州市富阳区新桐乡江洲村孙家
…………………… Tel：0571-63485918
杭州英和实业有限公司
地址：浙江省杭州市富阳区场口镇场康路8号第4幢
…………………… Tel：0571-63578207
杭州澳澜房地产开发有限公司
地址：浙江省杭州市富阳区富春街道春秋南路70号第1层
…………………… Tel：0571-63588666
浙江杭州青山湖科技城投资集团有限公司
地址：浙江省杭州市临安区青山湖街道星港路1519号
…………………… Tel：0571-63793334
鸿正联塑（浙江）机械有限公司
地址：浙江省杭州市临安区青山湖街道鹤亭街333号
…………………… Tel：0571-63925857
浙江国兴投资集团有限公司
地址：浙江省杭州市临安区锦城街道国联大厦1（1幢501）
…………………… Tel：0571-63962186
浙江建业微电子材料有限公司
地址：建德市梅城镇建德高新技术产业园五马洲区块
…………………… Tel：0571-64149989
杭州屹通新材料股份有限公司
地址：建德市大慈岩镇檀村村
…………………… Tel：0571-64560177
浙江坤兴建设有限公司
地址：浙江省杭州市余杭区南苑街道新丰路199号余杭商会大厦4幢1402-2室
…………………… Tel：0571-64630787
浙江华凯装饰有限公司
地址：淳安县千岛湖镇新安东路558号13幢
…………………… Tel：0571-64827333
浙江中昌装潢有限公司
地址：浙江省杭州市江干区白云大厦2幢1406室
…………………… Tel：0571-65022271
杭州桐阁堂中药饮片有限公司
地址：桐庐县凤川街道园林村上喻
…………………… Tel：0571-69819681
浙江明源地产管理咨询有限公司
地址：西湖区古墩路413号4楼411室
…………………… Tel：0571-81023718
杭州锦昊房地产开发有限公司
地址：浙江省杭州市富阳区银湖街道高桥村高桥西路2号
…………………… Tel：0571-81391017
杭州天灿房地产开发有限公司
地址：浙江省杭州市萧山区义桥镇联三村杭州萧山（中国）五金机械科技创新园二期B328
…………………… Tel：0571-82172201
杭州兴炎装潢有限公司
地址：萧山区义蓬街道河西路88号
…………………… Tel：0571-82181002
浙江祺佳装潢工程有限公司
地址：杭州市江干区杭海路238号森禾商务广场裙房421室
…………………… Tel：0571-82239731
浙江博地物业服务有限公司
地址：浙江省杭州市萧山区宁围街道时代博地大厦503室
…………………… Tel：0571-82310021
杭州萧山城市物业服务有限公司
地址：浙江省杭州市萧山区北干街道萧杭路765号202室
…………………… Tel：0571-82623902
杭州仕邦电力科技有限公司
地址：浙江省杭州市萧山区经济技术开发区红垦农场红灿路358号
…………………… Tel：0571-82632023
杭州东南纺织有限公司
地址：杭州市萧山区衙前镇山南富村
…………………… Tel：0571-82754390
港立建设（浙江）有限公司
地址：浙江省杭州市萧山区宁围街道左右商务中心2幢2101室
…………………… Tel：0571-82811308
中城建第八工程局集团有限公司
地址：杭州市江干区九环路63号1幢1楼1058室
…………………… Tel：0571-82818065
浙江竑伟集团有限公司
地址：浙江省杭州市萧山区宁围街道二桥村
…………………… Tel：0571-82874072
杭州大江东城市基础设施建设有限公司
地址：杭州市萧山区新湾镇前峰村
…………………… Tel：0571-82952912
杭州大江东城市建设开发有限公司
地址：浙江省杭州大江东产业集聚区迎康路28号
…………………… Tel：0571-82987683
东南新材料（杭州）有限公司
地址：浙江省萧山区临江新城农二场房屋427号
…………………… Tel：0571-82988232
杭州绿城鼎力建设管理有限公司
地址：浙江省杭州市滨江区长河街道滨文路358号11楼1116室
…………………… Tel：0571-83508522
浙江鼎和建材有限公司
地址：杭州市滨江区长河街道晶都路115号239室
…………………… Tel：0571-83680807
杭州萧山城区建设有限公司
地址：萧山区北干街道金城路1038号19层
…………………… Tel：0571-83696290
杭州萧山城市建设投资集团有限公司
地址：浙江省杭州市萧山区工人路59号
…………………… Tel：0571-83731268
杭州弘阳房地产开发有限公司
地址：浙江省杭州市江干区恒祺商务中心2幢1101室
…………………… Tel：0571-83731417
杭州德宏新型建材有限公司
地址：杭州市拱墅区丽水路166号
…………………… Tel：0571-83737878
汇骏建材物资贸易（杭州）有限公司
地址：杭州市萧山区新湾镇长凌路108号
…………………… Tel：0571-83737878
杭州融阳政房地产开发有限公司
地址：浙江省杭州市萧山区浦阳镇新河口村
…………………… Tel：0571-83803880
浙江光泰激光科技有限公司
地址：浙江省杭州市西湖区三墩镇西园路7号1幢6层
…………………… Tel：0571-85027207
中国新型建材设计研究院有限公司
地址：浙江省杭州市下城区华中路208号
…………………… Tel：0571-85066789
浙江城建集团股份有限公司
地址：浙江省杭州市拱墅区迪尚商务大厦403室
…………………… Tel：0571-85108999
浙江城建房地产集团股份有限公司
地址：浙江省杭州市江干区四季青街道汉嘉大厦1104室
…………………… Tel：0571-85108999
浙江城建融资租赁有限公司
地址：浙江省舟山市定海区舟山港综合保税区企业服务中心306-23室（自贸试验区内）
…………………… Tel：0571-85108999
浙江新时讯通信技术有限公司
地址：杭州市西湖区留下杨家牌楼百家园路9号
…………………… Tel：0571-85123877
浙江瑞邦建设工程检测有限公司
地址：浙江省杭州市余杭区闲林街道里东路39号1幢1001室
…………………… Tel：0571-85125072
浙江鸿远科技有限公司
地址：杭州市文一西路75号3号楼5楼东侧A区
…………………… Tel：0571-85213350
万邦资产评估有限公司
地址：浙江省宁波市海曙区布政巷16号科创大厦1903室
…………………… Tel：0571-85215055
中化蓝天集团有限公司
地址：杭州市滨江区西兴街道江南大道96号
…………………… Tel：0571-85216718
杭州胜业印刷有限公司
地址：杭州市西湖区西溪路938号
…………………… Tel：0571-85223890
杭州锦致置业有限公司
地址：浙江省杭州市江干区平安金融中心2幢2901室-1a
…………………… Tel：0571-85281306
杭州先觉房地产营销策划有限公司
地址：浙江省杭州市拱墅区祥园路108号5幢1301室
…………………… Tel：0571-85281880
杭州宝能城市发展有限公司
地址：浙江省杭州市下城区新天地商务中心1幢509室
…………………… Tel：0571-85371771
绍兴宝钜置业有限公司
地址：浙江省绍兴市越城区灵芝街道洋江西路1399号1号楼501室
…………………… Tel：0571-85371771
浙江信义房产管理咨询有限公司
地址：浙江省杭州市拱墅区文晖路118号-2（自主申报）
…………………… Tel：0571-85392000
浙江东泽设计装潢工程有限公司
地址：杭州市西湖区留和路129号511室
…………………… Tel：0571-85395708
帝豪建设有限公司
地址：浙江省杭州市江干区金色大唐城3幢1301室
…………………… Tel：0571-85788273
杭州丰安电力建设有限公司
地址：浙江省杭州市下城区沈家路319号218、219室
…………………… Tel：0571-85803516
杭州瀚高电力工程设计有限公司
地址：浙江省杭州市下城区沈家路319号215室
…………………… Tel：0571-85808705
杭州盈坤置业有限公司
地址：杭州经济技术开发区下沙街道文渊路133号-279
…………………… Tel：0571-85817637
杭州大江东绿城建设管理有限公司
地址：杭州大江东产业集聚区绿茵路222号综合楼322室
…………………… Tel：0571-86036603
浙江灿本物业管理有限公司
地址：浙江省杭州市西湖区天目山路217号603-1室
…………………… Tel：0571-86060565
浙江三六五科技有限公司
地址：浙江省杭州市拱墅区万广汇商务中心2幢1107室
…………………… Tel：0571-86093655
杭州储新信息科技有限公司
地址：杭州市余杭区仓前街道文一西路1324号3号楼13层01/02室
…………………… Tel：0571-86139836
杭州三中新型建材科技有限公司
地址：浙江省杭州市余杭区崇贤街道大安村诸家墩57-1号
…………………… Tel：0571-86177388
杭州新城德佳房地产开发有限公司
地址：萧山区北干街道建设一路1号中栋国际银座1幢1001-3室
…………………… Tel：0571-86221881
杭州余杭苕溪城市建设有限公司
地址：浙江省杭州市余杭区瓶窑镇前程路18号1幢5楼
…………………… Tel：0571-86235506
浙江一超装饰工程有限公司
地址：浙江省杭州市临平区南苑街道府前路17号202室
…………………… Tel：0571-86236606
浙江昂大建设集团有限公司
地址：浙江省杭州市余杭区临平街道西大街61-64号8层
…………………… Tel：0571-86244372
杭州博鸿建设有限公司
地址：杭州市余杭区星桥街道星星路28号
…………………… Tel：0571-86260858
杭州顺远建设有限公司
地址：浙江省杭州市余杭区仁和街道东塘村洪家舍
…………………… Tel：0571-86307617
杭州中正装饰工程有限公司
地址：浙江省杭州市江干区德珠商务中心5号楼2层
…………………… Tel：0571-86436183
浙江星优家居用品有限公司
地址：浙江省台州市椒江区洪家街道经中路2269号（自主申报）
…………………… Tel：0571-86437607
浙江中岩工程技术研究有限公司
地址：浙江省杭州市余杭区姚家路6号1幢1层、2层
…………………… Tel：0571-86622937
杭州滨江城建发展有限公司
地址：浙江省杭州市滨江区江陵路1599号22幢1-3层
…………………… Tel：0571-86626566
杭州盛世伟业房地产代理有限公司
地址：浙江省杭州市江干区新塘路660号中豪国际商业中心1幢1401室

…………Tel：0571-86627973
杭州威龙汽车装潢用品有限公司
地址：浙江省杭州市江干区维萨新筑2幢底商23
…………Tel：0571-86637073
杭州中宸城镇建设有限公司
地址：杭州市江干区庆春东路1号（江干区政府内）
…………Tel：0571-86657625
浙江天达环保有限公司
地址：杭州市华浙广场1号21A室
…………Tel：0571-86660641
杭州城投新文建设发展有限公司
地址：浙江省杭州市拱墅区祥园路99号2号楼1215室
…………Tel：0571-86721938
绿城理想小镇建设集团有限公司
地址：浙江省杭州市西湖区天目山路373号1幢
…………Tel：0571-86797333
杭州三阳建设工程有限公司
地址：浙江省杭州市西湖区双浦镇三阳村618号
…………Tel：0571-86851169
杭州市城东新城建设投资有限公司
地址：浙江省杭州市江干区东宁路18号东站枢纽东广场A座
…………Tel：0571-86882932
浙江绿城理想生活商业运营服务有限公司
地址：浙江省杭州市西湖区留和路129号418室
…………Tel：0571-86885799
浙江黑金建筑工程技术有限公司
地址：浙江省杭州市滨江区西兴街道滨康路101号7幢1309室
…………Tel：0571-86952505
杭州江干区城市建设综合开发有限公司
地址：浙江省杭州市江干区机场路一巷20号二楼
…………Tel：0571-86966636
杭州恒兴置业有限公司
地址：浙江省杭州市滨江区长河街道泰安路9号1311室
…………Tel：0571-86972217
浙江杰尔晨建设有限公司
地址：浙江省杭州市余杭区运河街道唐公村2-3幢
…………Tel：0571-86997786
杭州盈泽商业管理有限公司
地址：浙江省杭州市萧山区宁围街道广孚联合国际中心3102室
…………Tel：0571-87066069
浙江明鸿实业有限公司
地址：浙江省杭州市拱墅区上塘路327号1幢四楼421室
…………Tel：0571-87069326
杭州玖驻实业有限公司
地址：浙江省杭州市拱墅区三墩路85号2幢1012室
…………Tel：0571-87103366
杭州富阳万达置业有限公司
地址：浙江省杭州市富阳区银湖街道富闲路9号银湖创新中心11号4层436室
…………Tel：0571-87199872
中能建天信建设（浙江）有限公司
地址：浙江省杭州市萧山区杭州空港经济区保税路西侧保税大厦151-5室
…………Tel：0571-87215485
杭州玉宸地产有限公司
地址：浙江省杭州市余杭区良渚街道时代大厦604-8
…………Tel：0571-87359317
嘉凯城集团城镇化建设发展有限公司
地址：杭州市西湖区天目山路398号1幢308室
…………Tel：0571-87376611
杭州坤鑫置业有限公司
地址：浙江省杭州市余杭区顺风路2-103室
…………Tel：0571-87383023
浙江文泓地产营销代理有限公司
地址：浙江省杭州市拱墅区祥园路99号1号楼303室
…………Tel：0571-87635898
杭州绿城东部建设有限公司
地址：杭州市江干区三新北路5号
…………Tel：0571-87650966
蓝城控股有限公司
地址：浙江省宁波市大榭开发区南岗商贸18号楼109室
…………Tel：0571-87756105
杭州意法置业有限公司
地址：浙江省杭州市余杭区乔司街道杭海路1528号4幢101室-5118
…………Tel：0571-87799660
杭州翡翠城房地产开发有限公司
地址：浙江省杭州市余杭区闲林街道翡翠城商苑5-1-301
…………Tel：0571-87852713
杭州俊士铁路设备有限公司
地址：浙江省杭州余杭区瓶窑镇长命村国辅路12号
…………Tel：0571-87855085
杭州城投海潮建设发展有限公司
地址：浙江省杭州市上城区秋涛路256号秋涛发展大厦C座19层1908室
…………Tel：0571-87896203
杭州蓝城青州房地产投资建设管理有限公司
地址：杭州市灵隐路38号一号楼二层42室
…………Tel：0571-87901356
绿城建设管理集团有限公司
地址：浙江省杭州市西湖区西溪国际商务中心3幢801室
…………Tel：0571-87903586
绿城房地产建设管理集团有限公司
地址：浙江省杭州市西湖区西溪国际商务中心3幢806室
…………Tel：0571-87908735
蓝城房产建设管理集团有限公司
地址：杭州市西湖区文三西路428号118室
…………Tel：0571-87957386
杭州西湖城市建设投资集团有限公司
地址：浙江省杭州市西湖区莲花街333号莲花商务中心北楼五层506室
…………Tel：0571-87964952
浙江新世纪汽车销售服务有限公司
地址：杭州市金昌路2008号
…………Tel：0571-88017160
杭州浙财民间资本理财服务有限公司
地址：浙江省杭州市西湖区外东山弄16号337室
…………Tel：0571-88046704
中合工科技有限公司
地址：浙江省杭州市拱墅区康政路29号1幢8层
…………Tel：0571-88059852
龙邦建设股份有限公司
地址：浙江省杭州市江干区凤起东路203号中豪五福天地商业中心2幢18楼
…………Tel：0571-88066661
杭州铂祝酒店管理有限公司
地址：浙江省杭州市西湖区西溪街道莫干山路491号1号楼1-21层
…………Tel：0571-88072788
绿城科技产业服务集团有限公司
地址：浙江省杭州市余杭区五常街道溪沁街258号1幢10楼
…………Tel：0571-88103988
杭州万美置业有限公司
地址：浙江省杭州市拱墅区虎山路333号依山依水铭楼地上1-5层
…………Tel：0571-88167780
杭州御景置业有限公司
地址：浙江省杭州市西湖区转塘街道美院南街99号3118室
…………Tel：0571-88170772
浙江中润工程管理有限公司
地址：浙江省杭州市西湖区沁雅花园康恒大厦701-708室
…………Tel：0571-88210069
浙江桔瓣科技有限公司
地址：浙江省杭州市余杭区五常街道文一西路998号4号楼811-2
…………Tel：0571-88227999
浙江数源贸易有限公司
地址：浙江省杭州市西湖区教工路1号西湖数源软件园16号楼4楼
…………Tel：0571-88271056
杭州金杭包装印业有限公司
地址：浙江省杭州市余杭区塘栖镇塘盛街12号
…………Tel：0571-88292128
杭州粉象家科技有限公司
地址：浙江省杭州市西湖区紫霞街176号3号楼1201室
…………Tel：0571-88354065
浙江高速商贸经营管理有限公司
地址：浙江省杭州市下城区文晖路303号15楼
…………Tel：0571-88365595
浙江省房地产管理咨询有限公司
地址：浙江省杭州市下城区东新路608号
…………Tel：0571-88477703
杭州销颖房地产开发有限公司
地址：浙江省杭州市余杭区东湖街道天荷路58、60号
…………Tel：0571-88553999
浙江声学建设有限公司
地址：浙江省杭州市上城区世纪坊8幢4号302室
…………Tel：0571-88838278
杭州中正商业地产管理有限公司
地址：浙江省杭州市江干区庆春东路167号1101室
…………Tel：0571-88848463
杭州诺威通信技术有限公司
地址：浙江省杭州市西湖区文新街道文三西路428号2层
…………Tel：0571-88868690
浙江颐景园物业服务有限公司
地址：浙江省杭州市文二西路颐景园内
…………Tel：0571-88972702
浙江绿城房地产咨询集团有限公司
地址：浙江省杭州市西湖区西溪国际商务中心2幢601-12室
…………Tel：0571-88975720
浙江绿城建筑设计有限公司
地址：杭州市西湖区玉古路168号黄龙体育中心武术馆12-14楼
…………Tel：0571-88988988
杭州西溪山庄房地产开发有限公司
地址：杭州余杭区余杭街道沈家店
…………Tel：0571-89080231
鼎盛港口发展有限公司
地址：岱山县衢山镇岳冠
…………Tel：0571-89160893
浙江广大物业管理有限公司
地址：浙江省杭州市余杭区南苑街道迎宾同济中心1幢27楼-2
…………Tel：0571-89165666
杭州宝乐汽车销售服务有限公司
地址：浙江省杭州市余杭区仁和街道三星路20号1幢
…………Tel：0571-89188277
杭州余杭城市建设集团有限公司
地址：杭州余杭区南苑街道南大街326号
…………Tel：0571-89268586
杭州富邦装潢有限公司
地址：杭州余杭区南苑街道世纪大道（汽车南站对面）
…………Tel：0571-89285302
临海兆景房地产开发有限公司
地址：浙江省台州市临海市大洋街道临海大道（中）1925号7楼701室
…………Tel：0571-89710756
海盐利烜房地产开发有限公司
地址：浙江省嘉兴市海盐县武原街道城北西路207号
…………Tel：0571-89710756
杭州安通招商技术股份有限公司
地址：浙江省杭州市余杭区仓前街道龙潭路20号4幢601室
…………Tel：0571-89715321
中国诚通国际贸易有限公司
地址：浙江省杭州市下城区东健康路1号6楼606室
…………Tel：0571-89807622
浙江全品建筑材料科技有限公司
地址：浙江省宁波市大榭开发区永丰路128号38幢102室
…………Tel：0571-89880918
杭州东部城市建设投资集团有限公司
地址：浙江省杭州市钱塘新区白杨街道6号大街768号城建文化馆四楼
…………Tel：0571-89890405
汉嘉设计集团股份有限公司
地址：浙江省杭州市湖墅南路501号迪尚商务大厦
…………Tel：0571-89975177
蓝绿双城科技集团有限公司
地址：浙江省杭州市临平区乔司街道汀兰街253号9幢1169-1170室
…………Tel：0571-89990023
湖州织里小城市建设投资有限公司
地址：浙江省湖州市织里镇佛仙路288号
…………Tel：0572-2131985
湖州立城投资建设有限公司
地址：浙江省湖州市吴兴区南太湖高新技术产业园区工业路18-2号
…………Tel：0572-2261193
湖州市城市投资发展集团有限公司
地址：浙江省湖州市仁皇山路501号9楼
…………Tel：0572-2392918
湖州市华兴城建发展有限公司
地址：浙江省湖州市吴兴区月河街道二里桥路1019号畅欣商务楼B座305室（自主申报）
…………Tel：0572-2532327
湖州市城建投资集团有限公司
地址：湖州龙王山路888号
…………Tel：0572-2535327
湖州市交通工程建设集团有限公司
地址：浙江省湖州市环城南路132号
…………Tel：0572-2556719
湖州绿色新材股份有限公司
地址：浙江省湖州市埭溪镇上强工业园区
…………Tel：0572-2556883
南太湖城市建设开发有限公司
地址：浙江省湖州市南太湖高新技术产业园区工业路1号
…………Tel：0572-2596858
湖州荣源科技城建设开发有限公司
地址：浙江省湖州市红丰路1366号3幢12层1209-19
…………Tel：0572-2598859
湖州经开投资发展集团有限公司
地址：浙江省湖州市湖州经济技术开发区凯泰大厦2019室
…………Tel：0572-2598862
湖州交投嘉湖置业有限公司
地址：浙江省湖州市吴兴区众鑫广场购物中心一楼南街784号-3室
…………Tel：0572-2708695
湖州吴兴科技城投资建设有限公司
地址：浙江省湖州市吴兴区八里店镇区府路1188号总部自由港A幢22楼001室
…………Tel：0572-2777918
湖州东部新城投资发展集团有限公司
地址：浙江省湖州市吴兴区织里镇佛仙路288号
…………Tel：0572-2931985
湖州织里新型城镇建设发展有限公司
地址：浙江省湖州市织里镇佛仙路288号
…………Tel：0572-2931985
湖州豪文广告装潢有限公司
地址：浙江省湖州市湖州经济技术开发区嘉年华国际广场A,B座A310-1室
…………Tel：0572-2965886
湖州南浔城投市政绿化工程有限公司
地址：浙江省南浔镇朝阳路88号
…………Tel：0572-3018736
湖州南浔国际建材城有限公司
地址：浙江省湖州市南浔经济开发区强华路2333号B区6幢
…………Tel：0572-3033206
湖州南浔城市投资发展集团有限公司
地址：浙江省湖州市南浔区南浔镇年丰路1388号金融中心22层
…………Tel：0572-3036191
浙江玖象家居市场股份有限公司
地址：浙江省南浔经济开发区强华路2555号南浔建材市场五金交易区A1幢001号
…………Tel：0572-3666003
湖州嘉业建设工程有限公司
地址：浙江省湖州市南浔镇适园路东首北侧
…………Tel：0572-3912116
湖州新城鼎佳房地产开发有限公司
地址：浙江省湖州市南浔经济开发区适园西路北、南浔大道西10幢一层
…………Tel：0572-3936666
浙江湖州临杭城镇化建设集团有限公司
地址：湖州市南浔区南浔镇向阳路601号
…………Tel：0572-3952243
安吉两山高新技术产业园区开发有限公司
地址：浙江省湖州市安吉县昌硕街道胜利西路1号
…………Tel：0572-5037248
安吉智城教科文园区开发有限公司
地址：浙江省湖州市安吉县昌硕街道胜利西路1号
…………Tel：0572-5066105
浙江华悦物业服务有限公司
地址：浙江省湖州市安吉县昌硕街道云鸿社区环翠西路龙山庄园·山语墅小区41幢1-6号
…………Tel：0572-5128273
浙江德辰鸿然实业有限公司
地址：浙江省湖州市安吉县昌硕街道天荒坪南路99号（安吉商会大厦）1幢2单元1101室（东07-08号）(仅限办公使用)
…………Tel：0572-5203195
湖州旭远房地产有限公司
地址：浙江省湖州市安吉县昌硕街道凤凰路1896号（锦绣澜岸）
…………Tel：0572-5211139
浙江绿城元和房地产开发有限公司
地址：浙江省湖州市安吉县安吉经济开发区灵峰村孝子桥
…………Tel：0572-5221299
安吉鼎尚驿酒店有限公司
地址：浙江省湖州市安吉县递铺镇天目中路158号
…………Tel：0572-5681888
安吉县城市建设投资集团有限公司
地址：浙江省湖州市安吉县昌硕街道凤凰五区188号1幢
…………Tel：0572-5690026
长兴雉城新兴城镇建设服务有限公司
地址：浙江省湖州市长兴县画溪街道长和路5号
…………Tel：0572-6022646
浙江树华新型建材有限公司
地址：浙江省湖州市长兴县洪桥镇弁山工业园区
…………Tel：0572-6066558
长兴金丰建材有限公司
地址：浙江省长兴县雉城镇工业小区内
…………Tel：0572-6217218
长兴城市建设投资集团有限公司
地址：浙江省湖州市长兴县龙山街道兴国商务楼1幢1206室
…………Tel：0572-6298750
长兴丽城建设发展有限公司
地址：长兴县雉城街道金陵中路257号11楼1102室
…………Tel：0572-6298750
浙江筑家房产经纪有限公司
地址：浙江省湖州市长兴县龙山街道龙山大道71号
…………Tel：0572-6565666

浙江长兴市场经营发展有限公司
地址：浙江省湖州市长兴县太湖街道陆汇西路农批市场二期C1幢三层11－20号
……Tel：0572－66832267
台荣建材（湖州）有限公司
地址：浙江省长兴县洪桥镇地址：
……Tel：0572－6720888
湖州白岘南方水泥有限公司
地址：浙江省湖州市长兴县煤山柴界岭
……Tel：0572－6776196
浙江金麒实业有限公司
地址：浙江省湖州市长兴县和平镇官庄园区
……Tel：0572－6778795
浙江国威保安服务有限公司
地址：浙江省长兴县雉城街道县前西街506号
……Tel：0572－6791131
长兴利时建设开发有限公司
地址：长兴经济开发区中央大道与经一路交叉口东南角
……Tel：0572－6820777
德清亚特新型建材有限公司
地址：浙江省德清县乾元镇明星村
……Tel：0572－8080967
浙江昆仑建材有限公司
地址：浙江省德清经济开发区低丘缓坡二期
……Tel：0572－8201228
德清县恒达建设发展有限公司
地址：浙江省湖州市德清县武康街道群益街112号西二楼
……Tel：0572－8289128
德清县城市建设发展总公司
地址：浙江省湖州市德清县武康街道群益街112号西三楼
……Tel：0572－8289136
浙江波特兰建材科技有限公司
地址：浙江省德清县新安镇舍西村
……Tel：0572－8367280
德清县东新城建开发有限公司
地址：浙江省禹越镇政府大院内
……Tel：0572－8467880
浙江英瑞幕墙装饰有限公司
地址：浙江省德清县武康镇长虹西街83号
……Tel：0572－8831800
德清联创科技新城建设有限公司
地址：浙江省湖州市德清县舞阳街道曲园南路707号2幢803室
……Tel：0572－8886171
浙江江南城置业有限公司
地址：浙江省海宁市尖山新区潮起路28号招商中心4楼416室
……Tel：0573－80779888
嘉兴东宇地坪装潢有限公司
地址：浙江省嘉兴市海宁市海洲街道文宗路50－54号四楼
……Tel：0573－80782052
浙江恒昇建筑装饰工程有限责任公司
地址：浙江省嘉兴市桐乡市梧桐街道中华路226号
……Tel：0573－81892101
嘉兴市中正装饰工程有限公司
地址：浙江省嘉兴市经济技术开发区华云路198号6幢一楼
……Tel：0573－82050366
嘉兴市华信工程咨询有限公司
地址：浙江省嘉兴市南湖区富兴路362号1幢1301－1303、1309、1401－1403、1405－1407室
……Tel：0573－82093868
嘉兴市南湖城市建设投资集团有限公司
地址：浙江省嘉兴市南湖区凌公塘路1733号2幢219室
……Tel：0573－82163264
嘉兴市宏大建筑有限公司
地址：浙江省嘉兴市南湖区纺工路与纬一路口2幢三楼
……Tel：0573－82570259
嘉兴海时置业有限公司
地址：浙江省嘉兴市经济技术开发区商务金融大厦1幢办A1901－2室
……Tel：0573－82769003
浙江财富假日酒店管理有限公司
地址：嘉兴经济开发区中山西路385号
……Tel：0573－82773333
浙江宏创房地产经纪有限公司
地址：浙江省嘉兴市南湖区联创大厦2幢1102室－2
……Tel：0573－82805127
浙江宏喆房地产经纪有限公司
地址：浙江省嘉兴市秀洲区加创路321号上海交大（嘉兴）科技园研发楼520－B
……Tel：0573－82805127
嘉兴城市建设投资有限公司
地址：嘉兴市环城西路2418号
……Tel：0573－82872093
子城联合建设集团有限公司
地址：嘉兴市秀洲区王店镇梅东路东侧、友谊路南侧创业中心大楼一楼、八楼、九楼
……Tel：0573－83258295
房超科技有限公司
地址：浙江省嘉兴市经济技术开发区昌盛南路1560号3楼301室
……Tel：0573－83670000
嘉兴市秀湖城市建设投资开发有限公司
地址：浙江省嘉兴市秀洲区康和路1288号嘉兴光伏科创园1＃1707室
……Tel：0573－83675619
浙江龙鼎混凝土建材股份有限公司
地址：浙江省嘉兴市嘉善县西塘镇龙鼎路18号
……Tel：0573－84560999
嘉兴鑫铭行房地产经纪有限公司
地址：嘉善县大云镇创业路555号3幢1单元1101室
……Tel：0573－84575555
嘉兴骅骏房地产开发有限公司
地址：浙江省嘉兴市嘉善县姚庄镇锦绣大道1号203室－061工位（仅限于办公使用）
……Tel：0573－84606180
嘉善县城市建设投资集团有限公司
地址：浙江省嘉兴市嘉善县罗星街道站前路159号1幢9层、10层
……Tel：0573－84672688
嘉善城发建设发展有限公司
地址：浙江省嘉兴市嘉善县魏塘街道亭桥南路68号4楼
……Tel：0573－84808822
浙江桦杰装饰有限公司
地址：浙江省嘉兴市平湖市当湖街道温商大厦2幢2001－1室
……Tel：0573－85121158
平湖城市建设投资有限公司
地址：平湖市当湖街道东湖大道617号
……Tel：0573－85621078
平湖市三港农村发展有限公司
地址：平湖市当湖街道案山路199号（平湖市广联信息网络有限公司办公楼219室）
……Tel：0573－85621078
嘉兴蓝城开发建设有限公司
地址：平湖市广陈镇广中南路30号123室
……Tel：0573－85780007
平湖市独山港城建设投资有限责任公司
地址：平湖市独山港区开发建设管理委员会三号楼201室
……Tel：0573－85805285
平湖根源光大节能建材有限公司
地址：平湖市独山港镇振港路567号
……Tel：0573－85813188
浙江潮源新型建材股份有限公司
地址：浙江省独山港镇集港路278号
……Tel：0573－85822822
海盐县新城建设投资有限公司
地址：浙江省嘉兴市海盐县武原街道新桥北路168号
……Tel：0573－86022281
海盐县新型城镇化建设投资有限公司
地址：海盐县武原街道新桥北路180号
……Tel：0573－86029210
海盐县城乡水环境建设有限公司
地址：海盐县武原街道新桥北路180号
……Tel：0573－86029210
浙江东方大港实德化学建材有限公司
地址：浙江省嘉兴市海盐经济开发区大桥新区
……Tel：0573－86863121
浙江东方大港大河化学建材有限公司
地址：浙江省嘉兴市海盐经济开发区大桥新区
……Tel：0573－86863121
海宁日报有限公司
地址：浙江省嘉兴市海宁市海洲街道海昌南路509号16层
……Tel：0573－87235106
海宁南方混凝土有限公司
地址：浙江省嘉兴市海宁市马桥街道马桥路111号
……Tel：0573－87277337
海宁市久时建筑材料有限公司
地址：海宁市海洲街道西山一品商务中心1号楼12层－5
……Tel：0573－87378811
海宁长河旅游开发有限公司
地址：浙江省海宁市长安镇青年路49号
……Tel：0573－87411604
海宁仰山开发建设有限公司
地址：浙江省嘉兴市海宁市长安镇青年路49号
……Tel：0573－87411604
海宁市中大建材股份有限公司
地址：海宁市尖山新区仙侠路128号
……Tel：0573－87637091
鸿翔环境产业有限公司
地址：浙江省海宁市硖石街道杨汇桥村杨汇桥7号
……Tel：0573－87638936
海宁市旧城改造与建设投资开发有限公司
地址：浙江省嘉兴市海宁市硖石街道为民路35号703室（自主申报）
……Tel：0573－87656888
桐乡市城市水利生态建设有限公司
地址：浙江省嘉兴市桐乡市梧桐街道校场东路1518号4楼
……Tel：0573－88097195
中国巨石股份有限公司
地址：浙江省桐乡市梧桐街道文华南路669号
……Tel：0573－88136226
桐乡碧隆房地产开发有限公司
地址：浙江省嘉兴市桐乡市石门镇子恺东路26号1幢401室
……Tel：0573－88618188
浙江濮院羊毛衫城发展股份有限公司
地址：浙江省桐乡市濮院羊毛衫市场
……Tel：0573－88811544
桐乡市梅泾时尚产业投资开发有限公司
地址：浙江省嘉兴市桐乡市濮院镇广场路濮院镇政府大楼三楼
……Tel：0573－88827040
浙江华越毛衫产业发展有限公司
地址：桐乡市濮院镇金龙路516号濮院毛衫创新园41号一层东
……Tel：0573－89391209
桐乡市乌镇优格花园酒店有限公司
地址：浙江省嘉兴市桐乡市乌镇镇虹桥路188号1层
……Tel：0573－89811111
浙江宏宇装潢设计有限公司
地址：宁波海曙蓝天路9号（凯悦大厦）7楼
……Tel：0574－27877157
宁波有容网络科技有限公司
地址：宁波保税区国际发展大厦202－51室
……Tel：0574－28888168
宁波市甬银汇通投资管理有限公司
地址：宁波高新区梅墟枫香路386号301－192室
……Tel：0574－55338811
慈溪市观海卫城建投资开发有限公司
地址：慈溪市观海卫镇振观路6号
……Tel：0574－55685223
余姚市青茂开发建设有限公司
地址：浙江省余姚市保庆路17号（自主申报）
……Tel：0574－58220578
宁波杭州湾新区泽恒城市建设有限公司
地址：宁波杭州湾新区滨海一路69号328室
……Tel：0574－58965357
宁波杭州湾滨海新城开发建设有限公司
地址：宁波杭州湾新区滨海一路69号322室
……Tel：0574－58965374
宁海县跃龙鹏程城市开发建设投资有限公司
地址：浙江省宁波市宁海县跃龙街道人民大道75号(自主申报)
……Tel：0574－59950080
建新赵氏集团有限公司
地址：宁海桃源街道科园北路281号
……Tel：0574－59975000
宁海县方大城市建设投资有限公司
地址：浙江省宁海县桃源街道天明东路竹海东苑
……Tel：0574－59977016
宁海县新时代城市建设投资有限公司
地址：浙江省宁海县桃源街道竹口村
……Tel：0574－59977017
宁海县建龙城市开发建设投资有限公司
地址：浙江省宁波市宁海县桥头胡街道桥井中路148号
……Tel：0574－59983055
余姚市姚北新城开发建设投资有限公司
地址：浙江省余姚市朗霞街道迎霞北路88号
……Tel：0574－62288681
宁波科环新型建材股份有限公司
地址：浙江省宁波市余姚市城区富巷北路558号（原城区胜归山）
……Tel：0574－62633726
余姚市城市建设投资发展有限公司
地址：浙江省余姚市谭家岭东路2号南雷大厦十七楼
……Tel：0574－62755050
余姚市城镇建设开发有限公司
地址：浙江省余姚市谭家岭东路2号南雷大厦十七楼
……Tel：0574－62755050
余姚市城西工业开发建设有限公司
地址：浙江省余姚市马渚镇肖朗路188号农副产品交易中心C3幢三楼（自主申报）
……Tel：0574－62808166
宁波奥凯钢结构工程有限公司
地址：余姚市城区玉立路258号
……Tel：0574－62813233
慈溪市基建审计事务所
地址：浙江省慈溪市白沙路街道中兴大厦四层(6－10)轴
……Tel：0574－63026693
宁波杭州湾新区南部新城开发建设有限公司
地址：浙江省宁波杭州湾新区滨海四路北侧众创园5号楼A153室
……Tel：0574－63098131
浙江东海港城物业管理有限公司
地址：慈溪市浒山街道孙塘南路南段298号402室
……Tel：0574－63977671
宁波新美居建材有限公司
地址：浙江省慈溪市龙山镇龙城路5号
……Tel：0574－63986688
宁波宁海新城建设投资有限公司
地址：宁海县宁波南部滨海新区创业路39号
……Tel：0574－65105792
宁海县市场开发服务有限公司
地址：宁海县跃龙街道北斗北路22号
……Tel：0574－65131318
宁波东恒市政园林建设有限公司
地址：浙江省宁海县桃源街道兴工二路111号
……Tel：0574－65227775
宁波嘉瀚环保建材开发有限公司
地址：浙江省宁波市宁海县强蛟镇强港路19号
……Tel：0574－65232918
中信（宁波）西店新城开发建设有限公司
地址：宁波市宁海县西店镇振兴南路158号
……Tel：0574－65399606
宁波昌兴建设有限公司
地址：宁海县跃龙街道兴宁南路252弄1号
……Tel：0574－65512362
宁波华康陆鼎建设有限公司
地址：浙江省象山县丹东街道丹阳路558号2－1605室
……Tel：0574－65735573
宁波高桥应氏环球建材有限公司
地址：浙江省宁波市海曙区高桥镇岐湖村
……Tel：0574－82813301
浙江紫荆花物业服务有限公司
地址：浙江省宁波市鄞州区泰康中路459号－3
……Tel：0574－82822089
浙江房洽洽网络科技有限公司
地址：浙江省宁波市鄞州区世纪东方商业广场3、5、6号003幢（15－6）（集中办公区）
……Tel：0574－83881200
宁波华港建筑装潢工程有限公司
地址：浙江省宁波市大榭开发区金城商住楼2号楼105室
……Tel：0574－84857898
宁波滨海新城建设投资有限公司
地址：浙江省宁波市北仑区春晓镇寻海路19号
……Tel：0574－86000291
宁波市镇海区城市建设投资开发有限公司
地址：浙江省宁波市镇海区骆驼街道锦业街18号24－26层
……Tel：0574－86250158
宁波金恒德奥汽车有限公司
地址：浙江省宁波市镇海区蛟川街道俞范东路288号金恒德商业广场1号1－1，1－2，2－1，3－1，3＋1－1，G－1室
……Tel：0574－86303360
宁波市镇海浦兴城市建设投资有限公司
地址：镇海区　浦镇化工区北海路266号
……Tel：0574－86505211
宁波新城吾悦商业管理有限公司
地址：宁波市镇海区骆驼街道永平西路168号（新城核心区）
……Tel：0574－86573986
宁波骆城建设有限公司
地址：浙江省宁波市镇海区骆驼街道盛兴路经贸大楼2幢
……Tel：0574－86584381
宁波市镇海新城恒远建设投资有限公司
地址：宁波市镇海区骆驼街道永平西路168号(新城核心区)
……Tel：0574－86592619
宁波市镇海前湖城镇建设有限公司
地址：浙江省镇海区骆驼街道永平西路168号
……Tel：0574－86592619
宁波市镇海新城开发建设投资有限公司
地址：镇海区骆驼文智西路168号
……Tel：0574－86592619
宁波海尚大酒店有限公司
地址：宁波市镇海区骆驼街道东邑北路518号
……Tel：0574－86659999
宁波雄镇建材实业有限公司
地址：浙江省宁波市北仑区白峰镇长坑村
……Tel：0574－86726895
宁波紫恒建材科技有限公司
地址：浙江省北仑区柴桥万景山路213号E幢E210室
……Tel：0574－86890905
宁波北仑新世纪建材装饰市场有限公司
地址：北仑区新　街道黄山西路与凤洋一路交叉口

…………………… Tel：0574-86968696

浙江省二建建设集团有限公司
地址：浙江省宁波市镇海区城关车站路256号
…………………… Tel：0574-87028715

中铁房地产集团宁波京平置业有限公司
地址：宁波市江北区环城北路东段335号5幢（2-2）号一楼
…………………… Tel：0574-87099515

宁波市江北区城建资产管理有限公司
地址：浙江省宁波市江北区白沙路1号（2-1）-（2-8）
…………………… Tel：0574-87136389

宁波建投实业有限责任公司
地址：浙江省宁波市高新区扬帆广场8、20、32号（9-5）室-037
…………………… Tel：0574-87172864

宁波市海曙区海生保障性住房建设投资有限公司
地址：浙江省宁波市海曙区大梁街48号217室
…………………… Tel：0574-87194487

宁波桦章建筑装潢有限公司
地址：浙江省宁波市江北区倪家堰路7号1幢1楼
…………………… Tel：0574-87243706

宁波南天装饰设计工程有限公司
地址：海曙区柳庄巷71号
…………………… Tel：0574-87254448

宁波市鄞州区南部新城建设管理有限公司
地址：宁波市鄞州区中河街道四明东路588号
…………………… Tel：0574-87439015

宁波市花木有限公司
地址：海曙区祖关山1号
…………………… Tel：0574-87461016

宁波美旗建设工程有限公司
地址：浙江省宁波市海曙区中山西路988弄14号（2-1）室
…………………… Tel：0574-87504447

宁波现代建筑材料有限公司
地址：宁波市江北区三官堂
…………………… Tel：0574-87604113

宁波建乐建筑装潢有限公司
地址：宁波市江北白沙路1号8层
…………………… Tel：0574-87665063

宁波经济技术开发区赛高建筑装潢材料有限公司
地址：开发区联合区域G23工业区
…………………… Tel：0574-87803648

宁波宏泰商业广场管理有限公司
地址：浙江省宁波市鄞州区海晏北路123号（4-1）（4-2）
…………………… Tel：0574-87834602

恩凯控股有限公司
地址：浙江省宁波市鄞州区彩虹南路223号11-4、5
…………………… Tel：0574-87857869

中鼎国服（宁波）信息技术中心
地址：浙江省宁波市鄞州区百丈东路37号（20-4）（20-5）
…………………… Tel：0574-87869839

宁波希望建材有限公司
地址：甬江新区华丰庄园丹桂路178弄1号
…………………… Tel：0574-87900001

宁波开投置业有限公司
地址：浙江省宁波市鄞州区昌乐路187号（发展大厦）B座11楼
…………………… Tel：0574-87938413

宁波市公共交通场站经营有限责任公司
地址：浙江省宁波市海曙区汎园街366号3-1
…………………… Tel：0574-87939053

宁波合能房地产开发有限公司
地址：浙江省宁波市鄞州区邱隘镇百丈东路2400弄17号933室
…………………… Tel：0574-88014977

浙江凯标建筑劳务有限公司
地址：浙江省宁波市鄞州区启明路818号22幢149号
…………………… Tel：0574-88016003

宁波辰新置业有限公司
地址：浙江省宁波市鄞州区首南街道都市工业园区
…………………… Tel：0574-88120628

宁波市瑞洋房地产发展有限公司
地址：浙江省宁波市海曙区缸桥巷42号807室
…………………… Tel：0574-88170103

宁波泽众建材贸易有限公司
地址：宁波鄞州工业园区（鄞州区姜山镇新张俞村）
…………………… Tel：0574-88220286

宁波和邦投资集团有限公司
地址：宁波市鄞州区天童北路933号
…………………… Tel：0574-88326326

宁波中海润置业有限公司
地址：浙江省宁波市鄞州区江东南路707号L3-W-12B
…………………… Tel：0574-88366684

宁波中海海庭房地产有限公司
地址：浙江省宁波市鄞州区寒松路121号
…………………… Tel：0574-88366684

宁波保税区涌优贸易有限公司
地址：浙江省宁波保税区扬子江北路12号
…………………… Tel：0574-88398847

宁波市奉化区溪口城市建设投资有限公司
地址：浙江省宁波市奉化区溪口镇公园路1号
…………………… Tel：0574-88854688

宁波和谐园林工程有限公司
地址：浙江省宁波市奉化区萧王庙街道滕头村萧奉路边
…………………… Tel：0574-89017888

宁波高新区智慧绿城建设有限公司
地址：浙江省宁波高新区扬帆路999弄3号楼11-3层
…………………… Tel：0574-89079974

宁波东部城乡一体化建设有限公司
地址：浙江省宁波市鄞州区世纪大道北段1228号224室
…………………… Tel：0574-89187725

宁波市北仑区城市建设投资发展有限公司
地址：浙江省开发区长江路1166号行政大楼B座南楼
…………………… Tel：0574-89285886

宁波城建投资控股有限公司
地址：宁波市海曙解放南路208号
…………………… Tel：0574-89289860

航天科技城建设有限公司
地址：宁波象保合作区开发办公1号楼001室
…………………… Tel：0574-89527903

浙江省新昌县勤业装潢有限公司
地址：浙江省新昌县七星街道民生园1幢3031室
…………………… Tel：0575-6036513

诸暨市暨阳建筑装潢材料市场有限公司
地址：诸暨市暨阳街道应山村
…………………… Tel：0575-7370630

浙江久城建设工程有限公司
地址：诸暨市陶朱街道上海城新天地商业街5号
…………………… Tel：0575-80722000

绍兴上虞广知装饰装潢有限公司
地址：绍兴市上虞区百官街道凤鸣山庄19幢505室
…………………… Tel：0575-81223111

绍兴亨利制冷机械有限公司
地址：浙江省绍兴滨海新城沥海镇海东路331号5-6号厂房
…………………… Tel：0575-81276168

绍兴市上虞区舜汇市场投资开发有限公司
地址：浙江省绍兴市上虞区百官街道凤山路489号
…………………… Tel：0575-81288987

绍兴上虞舜龙风机有限公司
地址：绍兴市上虞区曹娥街道兴业路388号
…………………… Tel：0575-82160808

浙江仁聚人人力资源有限公司
地址：浙江省绍兴市上虞区曹娥街道嘉和路168号-绍兴（上虞）人力资源服务产业园514室
…………………… Tel：0575-82508866

浙江吉盛化学建材有限公司
地址：浙江省杭州湾上虞经济技术开发区
…………………… Tel：0575-82517372

浙江耀星建材有限公司
地址：浙江杭州湾上虞工业园区
…………………… Tel：0575-82728108

绍兴市上虞杭州湾滨海新城投资开发建设有限公司
地址：杭州湾上虞经济技术开发区纬九东路1号
…………………… Tel：0575-82734798

浙江富恒建设工程有限公司
地址：嵊州市崇仁镇平安路2号
…………………… Tel：0575-83109112

嵊州市财务开发有限公司
地址：浙江省绍兴市嵊州市三江街道领带园一路403号
…………………… Tel：0575-83119882

浙江晨益光电科技有限公司
地址：浙江省绍兴市嵊州市崇仁镇工业园区
…………………… Tel：0575-83262808

嵊州市城市建设投资发展集团有限公司
地址：浙江省绍兴市嵊州市三江街道官河南路575号2幢1501室-6（仅作办公场所使用）
…………………… Tel：0575-83335887

嵊州市城南建设投资有限公司
地址：嵊州市三江街道领带园四路11号
…………………… Tel：0575-83351661

绍兴市柯桥区中国轻纺城西市场开发经营有限公司
地址：浙江省绍兴市柯桥区柯桥街道轻纺城大道1881号
…………………… Tel：0575-84071504

绍兴市柯桥区城建投资开发集团有限公司
地址：绍兴市柯桥区群贤路2069号
…………………… Tel：0575-84123283

浙江垄业物业服务有限公司
地址：浙江省绍兴市柯桥区柯桥永泰商务综合楼603-2室
…………………… Tel：0575-84317095

绍兴丰润建设工程有限公司
地址：浙江省绍兴市柯桥区柯岩街道州山
…………………… Tel：0575-84361258

龙凯装饰控股有限公司
地址：绍兴市柯桥区钱清镇工业园区
…………………… Tel：0575-84515360

绍兴市柯桥区城市建设投资开发有限公司
地址：绍兴市柯桥区群贤路2069号
…………………… Tel：0575-84561783

墙煌新材料股份有限公司
地址：浙江省绍兴市柯桥区柯西工业区
…………………… Tel：0575-84881027

绍兴绿筑建筑材料有限公司
地址：绍兴市柯桥区浙江省绍兴柯桥经济开发区柯北大道961号422室
…………………… Tel：0575-84881818

绍兴宏景置业有限公司
地址：浙江省绍兴市越城区凤林西路155号1320室
…………………… Tel：0575-85026866

绍兴市越城区浙建投资有限公司
地址：浙江省绍兴市越城区迪荡新城崇贤街9号2505-2室
…………………… Tel：0575-85097925

绍兴市越城区浙建建设项目管理有限公司
地址：浙江省绍兴市越城区崇贤街9号2505-3室
…………………… Tel：0575-85097927

浙江中清大建筑产业化有限公司
地址：浙江省绍兴市越城区新三江闸西
…………………… Tel：0575-85106388

绍兴市城市建设投资集团有限公司
地址：浙江省绍兴市越城区解放大道288号17层（住所申报）
…………………… Tel：0575-85118067

浙江建艺装饰有限公司
地址：绍兴市胜利东路140号二楼
…………………… Tel：0575-85140287

浙江天姥建设发展有限公司
地址：浙江省新昌县桃源路38号
…………………… Tel：0575-86035998

浙江诚茂控股集团有限公司
地址：浙江省新昌县梅渚镇镇前路5号
…………………… Tel：0575-86238082

浙江新昌南岩园区投资开发有限公司
地址：浙江省新昌县南岩工业区
…………………… Tel：0575-86299038

新昌县城市建设有限公司
地址：新昌县南明街道胜利路25号五楼
…………………… Tel：0575-86335707

新昌世贸广场有限公司
地址：浙江省新昌县南明街道鼓山东路196号
…………………… Tel：0575-86600228

新昌县城市开发建设有限公司
地址：新昌县南明街道湖滨一路51号
…………………… Tel：0575-86938377

新昌县城市建设投资集团有限公司
地址：浙江省绍兴市新昌县七星街道江滨西路588号
…………………… Tel：0575-86939670

新昌县城市建设投资发展有限公司
地址：浙江省绍兴市新昌县七星街道演溪路493-2
…………………… Tel：0575-86939670

浙江祥生建设工程有限公司
地址：诸暨市暨阳街道苎萝东路195号祥生新世纪广场祥生商贸综合楼十层
…………………… Tel：0575-87016575

浙江信雅达环保工程有限公司
地址：浙江省诸暨市牌头镇新乐村徐何自然村
…………………… Tel：0575-87119560

诸暨市城乡投资集团有限公司
地址：浙江省绍兴市诸暨市暨阳街道东旺路28号7楼
…………………… Tel：0575-87119958

诸暨八达贝利梵石小城市建设投资有限公司
地址：诸暨市店口镇解放路699号
…………………… Tel：0575-87217165

华城地产集团有限公司
地址：诸暨市暨阳街道滨江中路2号
…………………… Tel：0575-87238508

诸暨市博裕装潢材料有限公司
地址：诸暨市暨阳街道滨江北路32号
…………………… Tel：0575-87239189

浙江兆山机电有限公司
地址：诸暨市浣东街道祝村
…………………… Tel：0575-87250682

诸暨市八方混凝土建材有限公司
地址：诸暨市陶朱街道陆家村
…………………… Tel：0575-87300357

浙江省诸暨市丰硕装饰装潢有限公司
地址：暨阳街道大桥东路101号
…………………… Tel：0575-87376668

浙江上峰建材有限公司
地址：诸暨市次坞镇大院里村
…………………… Tel：0575-87856518

诸暨大酒店有限公司
地址：诸暨市暨阳街道滨江中路1号
…………………… Tel：0575-87999208

浙江众和房地产营销策划有限公司
地址：浙江省绍兴市越城区联合大厦1202-1室
…………………… Tel：0575-88176768

绍兴市镜湖新区开发集团有限公司
地址：浙江省绍兴市越城区凤林西路155号主楼15楼1516室
…………………… Tel：0575-88203822

绍兴市经纬建筑装潢有限公司
地址：浙江省绍兴市越城区皋埠镇朱林路300号
…………………… Tel：0575-88262868

绍兴柯桥铭佳广告传媒有限公司
地址：绍兴市柯桥区柯桥亚太碧水苑11幢101室
…………………… Tel：0575-88318607

浙江通联建设有限公司
地址：浙江省绍兴市越城区龙湖大厦（平江路17号）404-407室
…………………… Tel：0575-88626616

浙江铭仕集团有限公司
地址：诸暨市店口镇铭仕路
…………………… Tel：0575-89006989

绍兴天天晴新型建材有限公司
地址：浙江省绍兴市越城区马山镇小潭路60号
…………………… Tel：0575-89106342

玉环华都房地产开发有限公司
地址：浙江省玉环市坎门街道新大街18号
…………………… Tel：0576-80763836

温岭宏泰建设有限公司
地址：浙江省台州市温岭市城东街道万昌中路818号建联大厦1802室
…………………… Tel：0576-81601301

台州九龙物业管理有限公司
地址：浙江省台州市温岭市城西街道下保路8号佳园小区西苑会所一楼
…………………… Tel：0576-81691051

台州市南部湾区投资集团有限公司
地址：浙江省玉环经济开发区滨江大道1号
…………………… Tel：0576-81719095

台州市路桥章杨装潢城有限公司
地址：台州市路桥区路桥章杨村
…………………… Tel：0576-82400929

新黄氏控股集团有限公司
地址：台州市路桥区路北洋叶村
…………………… Tel：0576-82433812

台州领鑫建材股份有限公司
地址：台州市路桥区金清镇蓬南大道北侧
…………………… Tel：0576-82447888

金浪科技有限公司
地址：浙江省台州市路桥区金清镇金林路1111号
…………………… Tel：0576-82754001

天台县基投建材有限公司
地址：浙江省台州市天台县赤城街道工人东路248号
…………………… Tel：0576-83171140

天台县交投建材有限公司
地址：浙江省台州市天台县平桥镇始丰西路1号
…………………… Tel：0576-83173889

天台启航建材有限公司
地址：浙江省台州市天台县始丰街道天台山西路330号（居然之家杨帆店三楼）
…………………… Tel：0576-83815008

浙江金利达装潢工程有限公司
地址：天台县赤城街道劳动路294号401室（仅限办公用）
…………………… Tel：0576-83889129

天台祥生弘景房地产开发有限公司
地址：浙江省台州市天台县始丰街道和合北路416号3楼、4楼
…………………… Tel：0576-83896887

浙江国力建设工程有限公司
地址：浙江省台州市黄岩天长南路110号
…………………… Tel：0576-84112769

台州市高美装潢有限公司
地址：浙江省台州市黄岩桔乡大道银茂大厦三楼
…………………… Tel：0576-84280481

台州市黄岩城市建设投资集团有限公司
地址：浙江省台州市黄岩区东城街道山亭社区小东门路89号（自主申报）
…………………… Tel：0576-84291138

台州市黄岩城市建设发展集团有限公司
地址：浙江省台州市黄岩区小东门路89号
…………………… Tel：0576-84291138

浙江博易通信器材有限公司

地址：浙江省杭州市西湖区西溪首座5号楼804室-1
……Tel：0576-85116008

临海伟星新型建材有限公司
地址：浙江省台州市临海市大洋街道前江南路6号
……Tel：0576-85125586

温岭市城市新区控股有限公司
地址：浙江省台州市温岭市城东街道九龙大道166号3楼301室
……Tel：0576-86198010

温岭市城市新区东区开发建设有限公司
地址：浙江省台州市温岭市城东街道九龙大道166号001室
……Tel：0576-86198010

浙江力宝高新建材股份有限公司
地址：浙江省温岭市箬横镇联谊路工业集聚区
……Tel：0576-86440949

建华呈隆建材（台州）有限公司
地址：浙江省台州市温岭市石塘镇上马工业区
……Tel：0576-86787998

玉环好多多大酒店有限公司
地址：浙江省玉环市玉城街道广陵路155号
……Tel：0576-87007979

玉环市城市建设集团有限公司
地址：浙江省玉环市玉城街道长康路
……Tel：0576-87238115

玉环市楚门城镇建设投资有限公司
地址：玉环市楚门镇南兴街28号
……Tel：0576-87475351

浙江方远新材料股份有限公司
地址：浙江省台州市椒江区开发大道东段2052号
……Tel：0576-88110998

浙江锦泰园林有限公司
地址：浙江省台州市经济开发区纬二路158号三楼
……Tel：0576-88200525

浙江百川新型建材有限公司
地址：浙江省台州市椒江区东海大道东段1007号
……Tel：0576-88222279

台州市椒江城市发展投资集团有限公司
地址：浙江省台州市椒江区东枫山路9号
……Tel：0576-88225919

浙江鸵鸟足球文化发展有限公司
地址：浙江省台州市学院路888号（体育中心网球训练馆）3-128号
……Tel：0576-88312212

台州市椒江区城镇化建设投资有限公司
地址：浙江省台州市椒江区西太和路
……Tel：0576-88516808

台州市城市建设投资发展集团有限公司
地址：浙江省台州市市府大道西段618号（自主申报）
……Tel：0576-88589633

台州市城市建设投资集团有限公司
地址：浙江省台州市市府大道299号-311号201室
……Tel：0576-88589698

台州市体育中心有限公司
地址：浙江省台州经济开发区台州学院路（市体育中心内）
……Tel：0576-88669602

台州首创建材有限公司
地址：浙江省台州市椒江区台州大道北段8号
……Tel：0576-88860792

台州市都市生活传媒广告有限公司
地址：浙江省台州市椒江区景辉小区81幢3号
……Tel：0576-88887779

台州市椒江小城镇开发建设有限公司
地址：浙江省台州市椒江区东枫山路9号
……Tel：0576-88896771

浙江东泰集团有限公司
地址：浙江省台州海洋广场1幢1001室C区
……Tel：0576-89039177

台州市路桥区城市建设集团有限公司
地址：浙江省台州市路桥区路桥街道卖芝桥东路888-5号
……Tel：0576-89223200

台州按捷融资担保有限公司
地址：台州市路桥区路北街道西路桥大道559号汇鑫商务广场1幢2302室
……Tel：0576-89282012

仙居县城市建设发展集团有限公司
地址：浙江省台州市仙居县南峰街道庆丰南街111号金融中心2号楼（自主申报）
……Tel：0576-89383950

浙江苏泊尔房地产开发有限公司
地址：玉环市大麦屿兴港西路71号
……Tel：0576-89927388

温州浙南科技城建设投资集团有限公司
地址：浙江省温州市龙湾区南洋大道浙南云谷H幢5楼
……Tel：0577-56676001

温州浙南科技城开发建设有限公司
地址：浙江省温州市龙湾区瑶溪街道南洋大道2003号浙南云谷H幢406室（自主申报）
……Tel：0577-56676001

温州浙南科技城科泰建设投资有限公司
地址：浙江省温州市龙湾区瑶溪街道南洋大道2003号浙南云谷H幢402室(自主申报)
……Tel：0577-56676016

温州北站高铁新城投资建设有限公司
地址：浙江省温州市永嘉县黄田街道千石工业区4楼
……Tel：0577-57992098

平阳县城市建设投资有限公司
地址：浙江省平阳县昆阳镇人民路375号
……Tel：0577-58105307

恒斌控股有限公司
地址：平阳县萧江镇淡浦工业区
……Tel：0577-58189999

浙江立特建筑装潢有限公司
地址：瑞安市经济开发区高新路977号
……Tel：0577-58907685

浙江升宏建设工程有限公司
地址：浙江省温州市乐清市城东街道旭阳路6688号总部经济园3幢1302室
……Tel：0577-61576177

温州市清和商业管理有限公司
地址：乐清市城南街道玉箫路111号
……Tel：0577-61577031

乐清日报有限公司
地址：浙江省乐清市城东街道伯乐东路557号
……Tel：0577-61600903

乐清市柳市城乡建设投资有限公司
地址：乐清市柳市镇柳青南路2008号
……Tel：0577-61721233

浙江新盟包装装潢有限公司
地址：浙江省乐清经济开发区纬十二路221号
……Tel：0577-62055620

华东控股集团有限公司
地址：乐清市白石街道东渎工业区
……Tel：0577-62686666

浙江建业混凝土有限公司
地址：浙江省温州市龙港市新美洲村鹏程路
……Tel：0577-64199989

祥达建设有限公司
地址：浙江省温州市泰顺县罗阳镇新城商务区1幢402室
……Tel：0577-64713888

瑞安市东新产城开发建设投资有限公司
地址：瑞安市莘塍街道莘阳大道508号
……Tel：0577-65610958

温州城发二航建设发展有限公司
地址：浙江省温州市永嘉县桥下镇 湾工业区（温州伯乐健身娱乐设备有限公司内）
……Tel：0577-67193301

浙江一城建设工程有限公司
地址：浙江省温州市永嘉县瓯北街道塔下路134幢
……Tel：0577-67328288

兰桂建设集团有限公司
地址：浙江省永嘉县江北街道白水村白水路口
……Tel：0577-67371319

温州强宏建材有限公司
地址：浙江省巨屿镇云江东路83号
……Tel：0577-67703968

浙江海润建设有限公司
地址：浙江省温州市文成县大 镇城东大道152号文成县总部经济大楼7楼A、C区
……Tel：0577-67812828

浙江顺建市政工程有限公司
地址：浙江省温州市永嘉县瓯北镇塔下路188号
……Tel：0577-67920523

浙江格立建筑科技有限公司
地址：浙江省泰顺县彭溪镇水尾村
……Tel：0577-81237771

浙江爱居装饰股份有限公司
地址：浙江省温州市文成县百丈 镇外工业区A-15号地块
……Tel：0577-85102220

温州高新技术产业开发区城市建设开发有限公司
地址：浙江省温州市龙湾区永中街道永宁西路565号1602A
……Tel：0577-85600875

温州市嘉源置业有限公司
地址：浙江省温州市龙湾区永中街道永昌路高新大楼601室
……Tel：0577-86588065

浙江金穗工程项目管理有限公司
地址：浙江省温州市机场大道5477号国大广场904室东首
……Tel：0577-86600137

温州宝信房地产开发有限公司
地址：浙江省温州市龙湾区永兴街道滨海二路28号299室
……Tel：0577-86876589

温州臻龙建设投资集团有限公司
地址：浙江省温州市龙湾区状元镇横街村财政局大楼
……Tel：0577-88017198

温州市滨江建设投资有限公司
地址：温州市鹿城区府东路宏国大厦601-607室
……Tel：0577-88136102

浙江得肯新型建材有限公司
地址：浙江省温州市龙湾区永中街道永泰路52号第一层
……Tel：0577-88180199

温州新鹿城市建设投资有限公司
地址：温州市鹿城区惠民路上陡门住宅区七组团22幢（鹿城建设大楼）
……Tel：0577-88324566

浙江东来建设集团有限公司
地址：浙江省温州市瓯海区温州大道1707号第12层
……Tel：0577-88371507

温州城建集团股份有限公司
地址：浙江省温州市瓯海区潘桥街道焦下横屿路2号1号楼4楼
……Tel：0577-88521213

温州市城市建设发展有限公司
地址：浙江省温州市鹿城区信河街松台大厦B幢612室
……Tel：0577-88612313

温州锦藤置业有限公司
地址：浙江省温州市鹿城区瓯江路鹿港大厦A幢24层-1
……Tel：0577-88666088

温州华美园林建设有限公司
地址：浙江省温州市瓯海丽岙街道下呈村曾山路
……Tel：0577-88700202

温州市城市建设投资有限公司
地址：浙江省温州市鹿城区惠民路2079号鑫港大厦1901室
……Tel：0577-88771201

浙江丑鸭实业有限公司
地址：浙江省温州瓯海区东方南路2号
……Tel：0577-88778828

浙江壹心酒店物业服务有限公司
地址：浙江省温州市鹿城区矮凳桥99号4幢606室（仅限办公使用）
……Tel：0577-88805823

鸿银项目管理有限公司
地址：浙江省温州市鹿城区大南路世贸中心大厦3405室-3
……Tel：0577-88860205

温州新城建设股份有限公司
地址：温州市新城区新城大厦
……Tel：0577-88912052

平阳县梁杰置业有限公司
地址：浙江省温州市平阳县鳌江镇火车站广场路
……Tel：0577-89857637

平阳县梁博置业有限公司
地址：浙江省温州市平阳县鳌江镇火车站广场路景煌公司综合楼4楼401
……Tel：0577-89857637

丽水碧湖镇城镇建设发展有限公司
地址：浙江省丽水市莲都区碧湖镇综合培训大楼五楼
……Tel：0578-2051340

丽水市城市建设发展有限公司
地址：浙江省丽水市莲都区大洋路384号
……Tel：0578-2073352

丽水市城市建设投资有限责任公司
地址：浙江省丽水市莲都区中山街北126号丽水日报社大楼15-17层
……Tel：0578-2124125

浙江华瑞装饰工程有限公司
地址：浙江丽水市丽青路38号
……Tel：0578-2125238

丽水万地广场商业管理有限公司
地址：浙江省丽水市莲都区花园路16号
……Tel：0578-2128998

浙江华建装饰工程有限公司
地址：浙江省丽水市莲都区丽东二村255-259号
……Tel：0578-2188986

浙江景河建设有限公司
地址：浙江省丽水市景宁畲族自治县红星街道惠明路82号三楼306室
……Tel：0578-2353009

浙江联众装饰工程有限公司
地址：浙江省丽水市莲都区银苑小区255幢八单元第五层
……Tel：0578-2657555

丽水市佳瑞建材咨询有限公司
地址：浙江省丽水市莲都区解放街476号
……Tel：0578-2780718

丽水国际车城开发有限公司
地址：浙江省丽水市莲都区南明山街道绿谷大道309号
……Tel：0578-2989896

浙江百合装饰工程有限公司
地址：浙江新碧镇黄碧山头
……Tel：0578-3123133

浙江屹立建设有限公司
地址：浙江省丽水市缙云县五云街道望溪路9号
……Tel：0578-3131644

浙江一石装潢工程有限公司
地址：浙江省丽水市缙云县五云街道大桥南路321号
……Tel：0578-3145127

晨龙集团有限责任公司
地址：浙江省丽水市缙云县壶镇溪东北路158号
……Tel：0578-3158998

浙江飞云建设有限公司
地址：浙江省丽水市缙云县五云镇黄龙香格里拉5幢316室
……Tel：0578-3315986

浙江飞云建设有限公司
地址：浙江省丽水市缙云县五云镇黄龙香格里拉5幢316室
……Tel：0578-3315986

浙江缙云城市建设开发有限公司
地址：缙云县五云街道鼎湖南路88号
……Tel：0578-3318581

浙江创驰装饰工程有限公司
地址：浙江龙泉市中山西路72号
……Tel：0578-7123819

龙泉市创美装饰装潢有限公司
地址：浙江龙泉市龙渊街道五东路西侧
……Tel：0578-7126666

松阳县城市建设发展有限公司
地址：浙江省丽水市松阳县西屏镇长虹中路146号
……Tel：0578-8061766

遂昌县城市建设发展有限公司
地址：浙江省丽水市遂昌县妙高街道西街107号
……Tel：0578-8127028

金华市凯源装潢材料有限公司
地址：浙江省金华市金华山旅游经济区赤松镇汽车城内（金华五菱汽车销售有限公司内东北角区域）
……Tel：0579-82081322

金华市浙中建筑装饰材料市场有限公司
地址：浙江省金华市金东区建才路99号
……Tel：0579-82173366

金华市金东城市建设投资集团有限公司
地址：浙江省金华市金东区多湖街道光南路1299号576办公室
……Tel：0579-82176881

金华市金东区城镇建设投资有限公司
地址：浙江省金华市金东区光南路1229号448办公室
……Tel：0579-82176881

金华市婺城区城乡建设投资集团有限公司
地址：浙江省金华市婺城区临江东路1100号合丰外包服务产业园2#商务大楼9楼（自主申报）
……Tel：0579-82365059

浙江天晟建材股份有限公司
地址：浙江省金华市金东区塘雅工业园区天晟路
……Tel：0579-82365816

金华市顺易建设有限公司
地址：浙江省金华市婺城区洋埠镇五一村161号（自主申报）
……Tel：0579-82382833

今飞控股集团有限公司
地址：浙江省金华市婺城区白露街318号厂房2楼
……Tel：0579-82523262

金华蓬勃装饰装潢材料有限公司
地址：浙江省金华市婺城区雅畈镇华南茶山背
……Tel：0579-82792891

浙江金城建设集团有限公司
地址：浙江省金华市婺城区环城南路西段1219号金城名座C幢801、1001室
……Tel：0579-83189655

金华金开城市建设投资集团有限公司
地址：浙江省金华市婺城区四联路398号网络经济中心大楼9层（自主申报）
……Tel：0579-83216980

浙江金厦物业服务有限公司
地址：浙江省金华市金东区多湖街道东湄工业园
……Tel：0579-83530711

浙江磐安锦弘建材有限公司
地址：浙江省磐安县安文镇环城北路143号
……Tel：0579-84665858

磐安融顺安建材有限公司
地址：浙江省磐安县安文镇城上街2号
……Tel：0579-84889396

义乌市城东建筑工程有限公司
地址：浙江省义乌市江东街道后成村
……Tel：0579-85383356

义乌市城市投资建设集团有限公司
地址：浙江省义乌市北苑街道雪峰东路36号
……Tel：0579-85396527

浙江东辉建筑装饰有限公司
地址：浙江省义乌市北苑街道凯吉路208号

（自主申报）
…………………… Tel：0579-85833767
义乌市天盟实业投资有限公司
地址：浙江省义乌市西站大道800号（义乌西站）
…………………… Tel：0579-85937333
东阳市横店禹山运动休闲有限公司
地址：浙江省横店影视产业实验区商务楼（工业大道）
…………………… Tel：0579-86013278
浙江金秋建筑装饰工程有限公司
地址：浙江省东阳市江滨南街473号
…………………… Tel：0579-86113333
浙江花园新型建材有限公司
地址：浙江省金华市东阳市南马镇花园村（自主申报）
…………………… Tel：0579-86138133
浙江东越建设有限公司
地址：浙江省金华市东阳市巍山镇巍山三村十字西街22号
…………………… Tel：0579-86180333
东阳市朝阳汽车销售服务有限公司
地址：浙江省东阳市白云街道城南西路302号
…………………… Tel：0579-86612888
东阳市方正建筑工程有限公司
地址：浙江省东阳市城东街道和堂村综合楼
…………………… Tel：0579-86770758
浙江红凯装饰有限公司
地址：浙江省东阳市江北街道华店社区华店新村
…………………… Tel：0579-86901688
浙江武义城市建设投资集团有限公司
地址：浙江省金华市武义县北岭新区温泉路与湖滨路交叉口202室
…………………… Tel：0579-87654092
兰溪市百城养老产业投资建设有限公司
地址：浙江省金华市兰溪市兰江街道环城西路898号（自主申报）
…………………… Tel：0579-88123399
兰溪市兰创投资集团有限公司
地址：浙江省金华市兰溪经济开发区振兴路500号企业服务中心2127室
…………………… Tel：0579-88130055
兰溪诸葛南方水泥有限公司
地址：浙江省兰溪市诸葛镇十垮岗
…………………… Tel：0579-88602688
义乌市城市建设发展有限公司
地址：浙江省义乌市北苑街道雪峰东路36号
…………………… Tel：0579-89059256
金华市金厦商品混凝土有限公司
地址：浙江省金华市金东区洪坞桥头
…………………… Tel：0579-89101502
永润建设工程有限公司
地址：浙江省金华市金东区宾虹东路358号嘉福商务大厦2幢544-546室（自主申报）
…………………… Tel：0579-89118486
金华市城市建设有限公司
地址：浙江省金华市婺城区东市北街227号南楼2楼
…………………… Tel：0579-89133909
金华市城市建设投资集团有限公司
地址：浙江省金华市婺城区东市北街227号南楼三楼（自主申报）
…………………… Tel：0579-89133909
永康市城市建设投资集团有限公司
地址：浙江省金华市永康市江南街道金胜路66号五楼（自主申报）
…………………… Tel：0579-89261702
浙江新天建筑装饰有限公司
地址：浙江省金华市永康市东城城东路580号401室
…………………… Tel：0579-89280997
浙江绿地生态建设发展有限公司
地址：浙江省永康市花街镇大屋村
…………………… Tel：0579-89289792
东阳市城市建设投资集团有限公司
地址：浙江省东阳市吴宁街道吴宁东路11号3楼、4楼
…………………… Tel：0579-89321905
义乌市概伟进出口有限公司
地址：浙江省义乌市福田街道荷叶塘工业功能区物华路31号
…………………… Tel：0579-89923668
义乌市双江湖开发集团有限公司
地址：浙江省义乌市佛堂镇蟠龙路与湖山路交叉口西侧（自主申报）
…………………… Tel：0579-89937185
舟山海城建设有限公司
地址：中国（浙江）自由贸易试验区舟山市定海区临城街道金岛路9号甲螺峙商务大楼15楼（自主申报）
…………………… Tel：0580-2081986
舟山海城房产开发建设有限公司
地址：舟山市新城海天大道681号7号楼（市城建大楼三楼303室）
…………………… Tel：0580-2265157
舟山大舟网络科技股份有限公司
地址：浙江省舟山市定海区临城街道百川道11号1401室
…………………… Tel：0580-2282227
舟山海城建设投资集团有限公司
地址：浙江省舟山市定海区临城街道田螺峙路480号城投大厦18-20楼（自贸试验区内）
…………………… Tel：0580-2296000
舟山海城投资有限公司
地址：中国（浙江）自由贸易试验区舟山市定海区临城街道城投大厦17楼（自主申报）
…………………… Tel：0580-2296088
浙江和海新型建材有限公司
地址：浙江省舟山市定海区金塘镇大丰新道东路19号1号楼169室
…………………… Tel：0580-2327525
舟山和海建材科技有限公司
地址：浙江省舟山市定海区岑港街道桃夭门社区小马柱
…………………… Tel：0580-2327525
浙江舟山环南建设工程有限公司
地址：浙江省舟山市定海区昌国街道西山社区茅岭墩19号9幢401室
…………………… Tel：0580-2860188
舟山绿城乐居建设管理有限公司
地址：舟山港综合保税区企业服务中心301-149室
…………………… Tel：0580-2961000
舟山市普陀区智创城西开发建设有限公司
地址：浙江省舟山市普陀区东港街道康腾路18号康腾大厦703-704
…………………… Tel：0580-3080063
浙江千岛建设有限公司
地址：中国（浙江）自由贸易试验区舟山市普陀区东港街道沙田街56号汇隆大厦9层
…………………… Tel：0580-3822550
嵊泗县城乡建设投资开发有限公司
地址：浙江省嵊泗县菜园镇沙河路349号4楼
…………………… Tel：0580-5598132
中城建第二十一工程局有限公司
地址：浙江省舟山市定海区临城街道船用品交易市场42幢经一路85号
…………………… Tel：0580-6378330
自在旅业集团有限公司
地址：浙江省舟山市普陀区东港街道学运路18号
…………………… Tel：0580-6636515
舟山群岛水上旅游集散中心有限公司
地址：浙江省舟山市普陀区朱家尖街道普渡路2号一楼2131、2131-1、2131-2号商铺
…………………… Tel：0580-6639567
舟山亨泰建材工程有限公司
地址：浙江省舟山市普陀区六横镇佛渡双屿
…………………… Tel：0580-6681388
浙江舟山奔腾建材制品有限公司
地址：舟山市定海区干览镇西码头
…………………… Tel：0580-8092126
城建中樱（浙江）实业发展有限公司
地址：浙江省舟山市定海区临城街道长峙如心广场688号（自主申报）
…………………… Tel：0580-8832888
舟山梁弘港置业有限公司
地址：浙江省舟山市普陀区东港街道文康街64-66
…………………… Tel：0580-8835288
深美特（浙江）环保建材有限公司
地址：余姚经济开发区滨海新城兴滨路28号（限办公）
…………………… Tel：0755-88350357

安徽省

安徽联塑科技实业有限公司
地址：安徽省滁州市凤阳县经济开发区凤宁现代产业园片区
…………………… Tel：0550-2213918
全椒县城市基础设施开发建设有限公司
地址：安徽省滁州市全椒县襄河镇儒林路709号（全椒政务区主楼）15楼
…………………… Tel：0550-2301688
来安县群力建材有限公司
地址：安徽省来安县汊河镇相官华萃街1号
…………………… Tel：0550-2353277
滁州市琅琊城乡建设发展有限公司
地址：安徽省滁州市环滁西路699号
…………………… Tel：0550-3047176
滁州市琅琊新型城镇化建设有限公司
地址：安徽省滁州市环滁西路699号
…………………… Tel：0550-3047339
滁州高教科创城建设投资发展集团有限公司
地址：安徽省滁州市南谯区乌衣镇洪武东路1500号国际科创中心1#楼
…………………… Tel：0550-3113766
安徽省琅琊山矿业总公司
地址：安徽省滁州市琅琊西路1号
…………………… Tel：0550-3515789
滁州市城市建设投资有限公司
地址：安徽省滁州市龙蟠大道99号政务中心东五楼
…………………… Tel：0550-3518310
滁州市城市基础设施开发建设有限公司
地址：安徽省滁州市龙蟠大道99号政务中心东五楼
…………………… Tel：0550-3518310
金鹏祥和物业管理有限公司
地址：安徽省滁州市开发区花山东路2999号
…………………… Tel：0550-3755553
安徽中合民生农产品市场建设有限公司
地址：安徽省滁州市琅琊区世纪大道333号
…………………… Tel：0550-3763666
滁州市南谯城乡建设投资发展有限公司
地址：滁州市南谯政务新区5号楼4层
…………………… Tel：0550-3821001
中城建第十工程局集团第六建筑工程有限公司
地址：安徽省滁州市琅琊区凤凰西路185号
…………………… Tel：0550-3912918
滁州祥源旅游发展有限公司
地址：安徽省滁州市琅琊区西大街79号
…………………… Tel：0550-3993022
定远县城乡发展投资集团有限公司
地址：安徽省滁州市定远县行政中心东副一楼
…………………… Tel：0550-4288699
滁州豪信置业有限公司
地址：安徽省滁州市全椒县襄河镇大吴路88号4号商业楼第五间门面
…………………… Tel：0550-5193333
中航城投建设集团安徽省建设工程有限公司
地址：安徽省滁州市全椒县襄河镇站前路688号（意大利名品商贸中心）1幢2202—2209号商铺
…………………… Tel：0550-5231555
来安永阳城市建设投资有限公司
地址：安徽省滁州市来安县来阳路51号
…………………… Tel：0550-5617711
来安县永阳城乡建设开发投资有限公司
地址：安徽省滁州市来安县永阳西路1号
…………………… Tel：0550-5617711
凤阳县文阳建筑装潢材料有限公司
地址：安徽省滁州市凤阳县临淮镇
…………………… Tel：0550-6576118
凤阳县中都城乡建设有限公司
地址：安徽省滁州市凤阳县府城镇仁爱路与社稷坛路交叉口
…………………… Tel：0550-6739557
天长市城市建设投资有限公司
地址：安徽省天长市政府大楼五楼
…………………… Tel：0550-7026822
天长市东茂建筑材料有限公司
地址：天长市石梁镇石街社区经十六路西侧
…………………… Tel：0550-7037592
安徽大天铸业有限责任公司
地址：安徽省天长市二桥路18号
…………………… Tel：0550-7090159
天长市新城悦兴房地产开发有限公司
地址：天长市三桥路广厦花园南园9栋YY11
…………………… Tel：0550-7666888
安徽天通建筑装潢工程有限公司
地址：天长市铜城镇高尚村
…………………… Tel：0550-7771045
安徽碧树轩装潢材料科技有限公司
地址：天长市秦栏经济开发区
…………………… Tel：0550-7811719
安徽哥伦布智能科技有限公司
地址：明光市经济开发区（产城新区）八岭湖路以北、官山大道以东
…………………… Tel：0550-8023188
明光碧胜房地产开发有限公司
地址：安徽省滁州市明光市东园路1号商业1幢碧桂园物业办公室
…………………… Tel：0550-8050886
明光跃龙投资控股集团有限公司
地址：明光市明中路131号交通局大楼3楼310室
…………………… Tel：0550-8259919
安徽省金水物业管理有限责任公司
地址：安徽省合肥市金寨路155号黄金广场
…………………… Tel：0551-3618896
合肥神舟建筑集团有限公司
地址：安徽省合肥市肥西县花岗工业聚集区
…………………… Tel：0551-62570366
东华（安徽）生态规划院有限公司
地址：安徽省合肥市高新区天智路51号3幢华东中药公司综合楼101室
…………………… Tel：0551-62621035
合肥金一文化传媒有限公司
地址：安徽省合肥市习友路1973号恒大华府2幢404室
…………………… Tel：0551-62659333
合肥城建发展股份有限公司
地址：合肥市蜀山区潜山路100号琥珀五环城和颂阁1幢201
…………………… Tel：0551-62661909
合肥城改投资建设集团有限公司
地址：合肥市黄山路596号
…………………… Tel：0551-62670897
安徽建工集团舒城投资建设有限公司
地址：安徽省六安市舒城县城关镇舒三路北侧
…………………… Tel：0551-62863397
合肥力超电梯装饰装潢有限公司
地址：合肥市蜀山区长江西路652号公园道壹号11幢1304室
…………………… Tel：0551-62900520
合肥葛洲坝房地产开发有限公司
地址：合肥市滨湖区万泉河路2167号康园商业楼
…………………… Tel：0551-62953302
合肥市房屋租赁有限公司
地址：合肥市蜀山区长江西路460号
…………………… Tel：0551-62988167
澳泰医疗科技（合肥）有限公司
地址：安徽省合肥市包河工业区纬二路18号
…………………… Tel：0551-63368661
合肥包河房地产开发有限责任公司
地址：安徽省合肥市徽州大道1388号
…………………… Tel：0551-63421000
中建材（合肥）装备科技有限公司
地址：安徽省合肥市经济技术开发区佛掌路东、紫云路北办公楼
…………………… Tel：0551-63439027
安徽环瑞电热器材有限公司
地址：合肥市肥东经济开发区经三路
…………………… Tel：0551-63444089
安徽金联地矿科技有限公司
地址：安徽省合肥市高新区望江西路800号A4楼5F
…………………… Tel：0551-63450589
绿地集团合肥美湖置业有限公司
地址：安徽省合肥市新站区新站工业物流园内A组团E区宿舍楼15幢
…………………… Tel：0551-63456157
安徽强群建材贸易有限公司
地址：安徽省合肥市包河区当涂路安徽国际五金机电商贸城三期C区6栋101
…………………… Tel：0551-63489261
安徽中昊建材有限公司
地址：肥东县合肥循环经济示范园龙兴大道西侧
…………………… Tel：0551-63489271
安徽旺阳建材有限公司
地址：安徽省合肥市政务区习友路1973号恒大华府15栋1302室
…………………… Tel：0551-63518353
安徽骏业建筑工程有限公司
地址：安徽省合肥市庐阳区百帮创业服务中心9#厂房
…………………… Tel：0551-63521730
安徽五维建筑规划设计有限公司
地址：合肥市高新区海棠路279号西楼
…………………… Tel：0551-63524832
舒城县水安水务建设投资有限公司
地址：安徽省六安市舒城县杭埠镇河南小学
…………………… Tel：0551-63612931
宁国宁港水安城市建设有限责任公司
地址：安徽宁国港口生态工业园区紫云路与凤帆路交叉口
…………………… Tel：0551-63612931
霍邱县水安城区道路工程建设投资有限责任公司
地址：霍邱县城关镇光明大道中段
…………………… Tel：0551-63612931
来安县水安新城建设投资有限公司
地址：来安县新安镇永阳西路20号
…………………… Tel：0551-63612931
合肥中亚建材装备有限责任公司
地址：安徽省合肥市经济技术开发区紫云路北天都路西
…………………… Tel：0551-63675127
国中城投建设集团有限公司
地址：合肥市包河区马鞍山南路200号和地广场12幢2508室
…………………… Tel：0551-63759998
国中城投集团有限公司
地址：合肥市包河区马鞍山路200号和地广场12幢2502室
…………………… Tel：0551-63759998
合肥市包河城市建设投资有限公司
地址：安徽省合肥市包河工业区管理委员会院内
…………………… Tel：0551-63773905
安徽成筑建筑材料有限公司
地址：安徽省合肥市蜀山区潜山路国际花都天香苑7栋503室
…………………… Tel：0551-63809761
中城投集团市政建设有限公司
地址：安徽省合肥市肥西县桃花工业园锦绣大道316号
…………………… Tel：0551-64222272
合肥信地乐汇商业管理有限公司

地址：安徽省合肥市瑶海区临泉路安徽大市场L2幢东3楼
……Tel：0551-64261886

合肥华兴物业管理有限公司
地址：合肥市明光路42号
……Tel：0551-64311668

安徽省文一投资控股集团瑶海置业有限公司
地址：合肥市龙岗开发区美菱经济开发区
……Tel：0551-64327670

安徽大众汽车运输有限责任公司
地址：安徽省合肥市瑶海工业园区内
……Tel：0551-64395556

安徽澳鑫房地产开发有限公司
地址：合肥市寿春路108号
……Tel：0551-64655599

安徽省沃瑞网络科技有限公司
地址：合肥市高新区创新大道2800号创新产业园二期F1楼408室
……Tel：0551-64682077

合肥市蜀山区城市建设投资有限责任公司
地址：合肥市蜀山区井岗路1100号蜀山区检察院北三楼
……Tel：0551-65126072

合肥市长城房地产经营开发公司
地址：安徽省合肥市清溪路66号
……Tel：0551-65127733

合肥力高宏业地产开发有限公司
地址：安徽省合肥市瑶海区芜湖路1号御景湾小区9幢储172（一）
……Tel：0551-65171613

巢湖城市建设投资有限公司
地址：安徽省合肥市包河区包河大道398号A座1-7楼
……Tel：0551-65191758

安徽智淼建材科技集团有限公司
地址：安徽省合肥市庐阳区怀宁路与固镇路交叉口旭辉铂悦府1012-1016室
……Tel：0551-65192280

中建材（合肥）新能源有限公司
地址：合肥市高新区长宁大道601号
……Tel：0551-65267067

合肥松仁广告装潢有限公司
地址：合肥市庐阳区阜阳北路121号望城公馆1幢1109
……Tel：0551-65268679

合肥沁思嘉建筑型材有限公司
地址：合肥市瑶海区铜陵路192号
……Tel：0551-65282118

安徽省新同济工程咨询集团有限公司
地址：合肥市包河区繁华大道5055号联东U谷53-2幢
……Tel：0551-65373196

合肥高新城创建设投资有限公司
地址：安徽省合肥市高新区长江西路2221号
……Tel：0551-65393010

安徽宿望南建材经营有限公司
地址：安徽省合肥市包河区金中环广场B座1402室
……Tel：0551-65451716

灵璧县岭城建设投资发展有限公司
地址：宿州市灵璧县钟灵大道与灵双路交叉口尚东国际19栋106、107、108、109号
……Tel：0551-65535399

安徽智信泰置业有限公司
地址：安徽省合肥市经济技术开发区习友路东，慈光路南南艳湖高科技研发基地（合肥清华科技城）创新广场7楼一层108室
……Tel：0551-65569005

天地间博展科技有限公司
地址：合肥市蜀山区潜山路190号华邦世贸中心超高层写字楼2906室
……Tel：0551-65596083

安徽创伟林建设集团有限公司
地址：安徽省合肥市庐阳区四里河路西侧大杨镇大杨村大杨组1栋30号
……Tel：0551-65666278

浙江广厦集团安徽置业有限公司
地址：合肥市包河区望江东路46号
……Tel：0551-65678100

合肥碧腾房地产有限公司
地址：安徽省合肥市庐阳区四里河路35号402室
……Tel：0551-65860105

合肥城建投资控股有限公司
地址：合肥市滨湖区武汉路229号
……Tel：0551-65887975

安徽广电移动电视有限责任公司
地址：安徽省合肥市蜀山区龙图路666号
……Tel：0551-65994190

中城建长三角投资有限公司
地址：安徽省合肥市徽州大道5158号滨湖世纪城临滨苑C幢3305室
……Tel：0551-66106019

安徽金楠医疗管理有限公司
地址：安徽省合肥市经济技术开发区佛掌路2089号顺捷大楼北楼702
……Tel：0551-66167772

安徽建工建筑材料有限公司
地址：合肥市包河区芜湖路325号
……Tel：0551-66180186

长丰县城乡建设投资有限公司
地址：安徽省合肥市长丰县水湖镇丽水河畔S-1楼商业用房
……Tel：0551-66398277

安徽徽风新型合成材料有限公司
地址：合肥市蜀山区小庙镇王长路
……Tel：0551-66558082

合肥新城亿盛房地产有限公司
地址：安徽省合肥市包河区滨湖区烟墩社区服务中心办公楼五楼501室
……Tel：0551-66573688

合肥力耀房地产开发有限公司
地址：安徽省合肥市瑶海区明皇路与板桥路交叉口E1902地块
……Tel：0551-67109790

合肥金烁房地产开发有限公司
地址：合肥市庐阳区临泉路和合瓦路交口金地林语别院
……Tel：0551-67192013

合肥新城吾悦房地产开发有限公司
地址：安徽省合肥市肥东县店埠镇镇北社区浮槎路拆迁安置恢复楼一期10号楼1801室
……Tel：0551-67290090

合肥东华建材有限责任公司
地址：安徽省合肥市肥东县撮镇镇河滨村
……Tel：0551-67369330

安徽建工北城工业有限公司
地址：安徽省合肥市长丰县吴山镇车左路与青年路交口0号
……Tel：0551-67601050

合肥撮城投资建设有限责任公司
地址：安徽省合肥市肥东县撮镇镇合马路
……Tel：0551-67602373

安徽友胜建材科技集团有限公司
地址：安徽省合肥市长丰县杜集镇东黄村S322省道旁
……Tel：0551-67675458

安徽宝葫芦信息科技集团股份有限公司
地址：合肥市肥东经济开发区临泉东路25号
……Tel：0551-67679998

肥东县城乡建设投资有限公司
地址：安徽省合肥市肥东县店埠镇肥东县政务服务中心4楼东北角
……Tel：0551-67707007

合肥东部新城建设投资有限公司
地址：安徽省合肥市肥东县店埠镇肥东县政务服务中心4楼东北角
……Tel：0551-67707007

合肥肥东新城经济开发园区建设投资有限公司
地址：安徽省合肥市肥东县店埠镇肥东县政务服务中心4楼东北角
……Tel：0551-67707007

合肥城建东庐置业有限公司
地址：肥东县店埠镇撮镇路９９号
……Tel：0551-67891183

瑞瑶环境科技有限公司
地址：安徽省合肥市桃花工业园八公山路与长古路交口
……Tel：0551-68109006

安徽建城建工有限公司
地址：安徽省合肥市经济技术开发区临湖社区
……Tel：0551-68110950

安徽力聚投资集团有限公司
地址：安徽省合肥市经济技术开发区桃花工业园烟墩新区
……Tel：0551-68267777

安徽誉诚新型建材有限公司
地址：安徽省合肥市肥西县官亭镇团结村
……Tel：0551-68366008

合肥市紫蓬山旅游发展有限公司
地址：安徽省合肥市肥西县紫蓬山旅游开发区
……Tel：0551-68597108

合肥鹏宇新型建材有限公司
地址：合肥市蜀山区小庙镇工业聚集区
……Tel：0551-68599893

合肥华南城商业管理有限公司
地址：安徽省合肥市肥西县桃花工业园华二路与国际大道交口西南侧合肥华南城有限公司一期3幢交易广场
……Tel：0551-68886888-8638

安徽安保新型节能建材科技有限公司
地址：安徽省合肥市肥西县上派镇工业聚集区灯塔路
……Tel：0551-68893157

合肥北城建设投资（集团）有限公司
地址：安徽省合肥市长丰县双墩镇
……Tel：0551-69015523

合肥庐阳城市更新投资集团有限公司
地址：安徽省合肥市庐阳区阜阳路47号
……Tel：0551-69020953

合肥明宇新型建材有限公司
地址：肥东县包公镇大孟村
……Tel：0551-7421999

巢湖市城镇建设投资有限公司
地址：巢湖市巢庐路20号
……Tel：0551-82337366

安徽中材宝业建筑工业化有限公司
地址：巢湖市散兵镇金龙大道1号
……Tel：0551-85213700

安徽华正建设工程咨询有限公司
地址：安徽省巢湖市半汤路51号
……Tel：0551-85226888

安徽明泉水设备有限公司
地址：安徽省合肥市庐江县汤池镇工业集中区凤凰大道1号
……Tel：0551-87086039

安徽全意装饰工程有限公司
地址：安徽省合肥市庐江县万山镇尹昭工业园内
……Tel：0551-87316967

庐江县城市建设投资有限公司
地址：安徽省合肥市庐江县庐城镇晨光路17号东方水岸写字楼13-14层
……Tel：0551-87388200

合肥悦辉房地产发展有限公司
地址：安徽省合肥市庐江高新区移湖西路16号
……Tel：0551-87878899

蚌埠中建材信息显示材料有限公司
地址：安徽省蚌埠市龙子湖龙锦路123号
……Tel：0552-2867012

安徽恒力新型建材科技有限公司
地址：安徽省蚌埠市淮上大道3333号D2栋19层2号
……Tel：0552-2870707

中城投集团第六工程局有限公司
地址：安徽省蚌埠市经济开发区东海大道3107号4楼
……Tel：0552-3072777

安徽水利（蚌埠）和顺地产有限公司
地址：蚌埠市曙光路84号（和顺新里程小区S21楼）
……Tel：0552-3096966

中城投集团第六工程局蚌埠建材贸易有限公司
地址：安徽省蚌埠市东海大道北侧龙湖招市二层
……Tel：0552-3112166

蚌埠金鹏房地产有限公司
地址：安徽省蚌埠市淮上区明珠路35号永昌国际大厦C号楼十四层1401室
……Tel：0552-3216800

安徽拓源新型建材有限公司
地址：安徽省蚌埠市固镇县新马桥镇蚌埠铜陵现代产业园硅谷大道东
……Tel：0552-3289330

中建材（蚌埠）光电材料有限公司
地址：安徽省蚌埠市龙子湖区龙锦路101号
……Tel：0552-3737019

安徽省恒鹏建筑安装材料有限公司
地址：蚌埠市迎滨路86号龙湖街道办公楼第五层
……Tel：0552-3835929

蚌埠城禹开发建设有限责任公司
地址：安徽省蚌埠市禹会区纬四街道红旗一路592号秀水新村（二村）14号楼社区用房1
……Tel：0552-4010125

中建材蚌埠玻璃工业设计研究院有限公司
地址：安徽省蚌埠市涂山路1047号
……Tel：0552-4074918

蚌埠阳光投资股份有限公司
地址：安徽省蚌埠市燕山乡创业园内2号厂房185室
……Tel：0552-4083113

蚌埠市碧盈房地产开发有限公司
地址：安徽省蚌埠市淮上区国购广场二期6号楼1单元2404室
……Tel：0552-5518888

五河县文德儒盛房地产开发有限公司
地址：安徽省蚌埠市五河县惠民路与银河路交口以东
……Tel：0552-5650062

五河经济开发区产城一体化建设有限公司
地址：五河经济开发区城南工业区管委会二楼
……Tel：0552-5890388

固镇县城市建设投资发展有限责任公司
地址：安徽省固镇县城关镇汉兴大道（投资大厦）
……Tel：0552-6025818

固镇县城乡建设投资发展有限公司
地址：安徽省固镇县城关镇汉兴大道北侧（投资大厦）
……Tel：0552-6025818

固镇县大美城镇建设投资有限公司
地址：安徽省蚌埠市固镇县城关镇投资大厦3楼
……Tel：0552-6028640

蚌埠市城市开发建设有限公司
地址：安徽省蚌埠市马场湖路88号2号楼2楼
……Tel：0552-7298803

怀远县新型城镇化建设有限公司
地址：安徽省蚌埠市怀远县荆山镇禹王东路388号
……Tel：0552-8212787

怀远县龙亢新型城镇化建设有限公司
地址：安徽省蚌埠市怀远县荆山镇禹王东路388号
……Tel：0552-8213088

怀远县海特燃气有限公司
地址：安徽省蚌埠市怀远县榴城镇卞和路39号
……Tel：0552-8612786

安徽京怀城市道路建设投资有限公司
地址：安徽省怀远县禹王东路与淮海路交叉口（原国土局办公楼）
……Tel：0552-8683899

建华建材（蚌埠）有限公司
地址：安徽省蚌埠市马城镇206国道西侧
……Tel：0552-8782015

无为市宏远城乡基础设施建设有限公司
地址：安徽省芜湖市无为市无城镇东方家园A区15幢四层
……Tel：0553-2533275

无为市城市建设投资有限公司
地址：安徽省芜湖市无为市无城镇东方家园A区15幢
……Tel：0553-2533275

无为市城乡建设发展有限公司
地址：安徽省芜湖市无为市无城镇东方家园A区15幢四层
……Tel：0553-2533275

芜湖市城市泊车建设管理有限公司
地址：芜湖市镜湖区范罗山市委档案馆大楼
……Tel：0553-2835211

安徽省江北新城建设发展有限公司
地址：安徽省芜湖市鸠江区沈巷镇沈巷街道
……Tel：0553-2881109

芜湖宣城机场建设投资有限公司
地址：芜湖市湾 区芜湖宣州机场综合办公楼503室
……Tel：0553-2882188

芜湖古城建设投资有限公司
地址：安徽省芜湖市中山北路131号(原劳动路131-133号)
……Tel：0553-3850081

芜湖临港城镇化建设开发有限公司
地址：芜湖市三山区峨桥路三华山安置小区
……Tel：0553-3918475

安徽润信农产品物流园管理股份有限公司
地址：安徽省芜湖市鸠江区汤沟镇通江大道与经五路交叉口润信农产品批发市场3号楼3楼
……Tel：0553-5226688

芜湖培树建筑装潢有限公司
地址：安徽省芜湖市鸠江区沈巷镇美华嘉园2栋106号
……Tel：0553-5368868

安徽海创新型节能建筑材料有限责任公司
地址：安徽省芜湖市江北产业集中区皖江大道与和平路交叉口东南角
……Tel：0553-5639083

芜湖新中房地产开发有限责任公司
地址：芜湖市镜湖区团结西路67号
……Tel：0553-5851644

芜湖格商房产销售代理有限公司
地址：芜湖市镜湖区镜湖万达广场3＃楼1823（申报承诺）
……Tel：0553-5988882

芜湖祥生房地产开发有限公司
地址：南陵县籍山镇籍山大道中央商业广场1栋17层
……Tel：0553-6066690

南陵县产城建设发展有限公司
地址：南陵县籍山镇经济开发区市民服务中心三楼
……Tel：0553-6820796

南陵县惠民建设投资有限公司
地址：南陵县经济开发区市民服务中心三楼
……Tel：0553-6820796

建华建材（安徽）有限公司
地址：安徽省芜湖市繁昌县新港镇
……Tel：0553-7331291

繁昌县繁瑞城镇建设发展有限公司
地址：繁昌县繁阳镇便民服务中心10楼
……Tel：0553-7877428

安徽江北海中建材贸易有限责任公司
地址：安徽省江北产业集中区管委会B楼322-J室
……Tel：0553-8396205

安徽百业建设有限公司
地址：安徽省芜湖市芜湖县湾 镇世纪广场8幢876室
……Tel：0553-8766333

淮南永科交通科技有限公司

地址：安徽省淮南市田家庵区龙泉街道中化国际城A区4栋111、211
……………………Tel：0554-2193998
安徽坤红新型环保建材有限公司
地址：安徽省淮南市田家庵区曹庵镇合淮公路南侧
……………………Tel：0554-2222259
淮南市毛集实验区城市建设投资有限责任公司
地址：安徽省淮南市毛集实验区综合楼
……………………Tel：0554-2369585
淮南市房屋建设开发集团有限公司
地址：安徽省淮南市朝阳东路
……………………Tel：0554-2674475
淮南市盛新城镇建设投资有限公司
地址：淮南市毛集实验区经济开发区文成大道
……………………Tel：0554-2679342
安徽寿县联合村镇银行股份有限公司
地址：淮南市寿县寿春镇南门外寿蔡路与寿六路交口向东20米
……………………Tel：0554-3122162
淮南经济技术开发区城镇建设投资有限公司
地址：淮南经济技术开发区政务服务中心B座616室
……………………Tel：0554-3311610
中航长城大地建工集团第八工程有限公司
地址：淮南市田家庵区永安灯具城三楼
……………………Tel：0554-3621789
淮南市众成装饰工程有限责任公司
地址：安徽省淮南市龙王沟南路12号
……………………Tel：0554-3629479
寿县城市建设投资有限公司
地址：安徽省淮南市寿县寿春镇宾阳大道宾阳大厦A座24楼
……………………Tel：0554-4108091
安徽力神新型建材有限公司
地址：安徽省淮南市潘集区田集电厂西侧
……………………Tel：0554-5335768
淮南达城建设发展有限公司
地址：淮南市山南新区智造园区综合办公楼
……………………Tel：0554-5616571
合肥吉仑建材有限公司淮南分公司
地址：淮南市田家庵区安成镇辛东村连辛路东侧
……………………Tel：0554-5822168
淮南碧欣房地产有限公司
地址：淮南市高新区淮南碧桂园小区综合楼
……………………Tel：0554-6268888
安徽省金大陆建筑装潢有限责任公司
地址：安徽省淮南市田区朝阳中路
……………………Tel：0554-6311261
淮南市南山城镇建设投资有限公司
地址：淮南市山南新区三和乡金山花园后拆迁安置菜市场
……………………Tel：0554-6629135
淮南市城镇建设开发有限责任公司
地址：淮南市田家庵区陈洞南路21号金海大厦
……………………Tel：0554-6645336
淮南市城市建设投资有限责任公司
地址：安徽省淮南市田家庵区陈洞路
……………………Tel：0554-6645336
淮南市国弘城镇建设投资有限公司
地址：淮南市田家庵区广场北路中环158金融中心35层
……………………Tel：0554-6657631
淮南山南新区城市基础设施投资建设有限公司
地址：安徽省淮南市田家庵区洞山口路一号
……………………Tel：0554-6678023
安徽中城建置业有限公司
地址：安徽省淮南市田家庵区三和乡（金家岭工业区办公楼）
……………………Tel：0554-6809821
中国城市建设控股集团安徽有限公司
地址：安徽省淮南市国庆西路88号
……………………Tel：0554-6809828
淮南博楚新型建材有限公司
地址：安徽省淮南市潘集区潘二矿西风井19号
……………………Tel：0554-7642308
凤台县华兴城市建设投资有限公司
地址：安徽省淮南市凤台县城关镇凤城大道国土大厦8楼
……………………Tel：0554-8889788
凤台碧发房地产开发有限公司
地址：安徽省淮南市凤台县凤凰镇凤凰湖新区凤台碧桂园1#楼
……………………Tel：0554-8998888
马鞍山市靓马城乡建设投资有限公司
地址：安徽省马鞍山市花山区太白大道与印山路交叉口国土资源局六楼
……………………Tel：0555-2118855
安徽马钢嘉华新型建材有限公司
地址：马鞍山市花山区沿江大道中段959号
……………………Tel：0555-2150618
安徽荣马置地科技有限责任公司
地址：马鞍山市花山区金溪路456号
……………………Tel：0555-2219741
安徽浦邦物业管理有限公司
地址：马鞍山市花山区金溪路456号秀山大道汇金金融国际中心2号楼307室
……………………Tel：0555-2373302
马鞍山易居建设有限责任公司
地址：马鞍山市花山区朝辉首府4-117
……………………Tel：0555-2625915
马鞍山市金家庄城市发展投资有限责任公司
地址：马鞍山市花山区江东大道1480号
……………………Tel：0555-2810375
含山县城市建设投资有限公司
地址：含山县环峰镇望梅路与花园路交叉口
……………………Tel：0555-43335259
含山县城乡建设集团有限公司
地址：含山县环峰镇望梅路西侧花园小区东南面
……………………Tel：0555-43335259
和县城市建设投资有限责任公司
地址：安徽省马鞍山市和县历阳镇历阳西路南侧和州路东侧财苑大厦
……………………Tel：0555-5308209
安徽腾飞建筑安装装潢有限公司
地址：安徽省马鞍山市和县乌江镇卜集新街巢宁路南
……………………Tel：0555-5329466
当涂县城乡建设投资有限责任公司
地址：安徽省马鞍山市当涂县姑孰镇太白路100号
……………………Tel：0555-6785996
当涂县民发新型城镇化建设开发有限公司
地址：安徽省马鞍山市当涂县姑孰镇东大街
……………………Tel：0555-6785996
当涂县建投置业有限公司
地址：安徽省马鞍山市当涂县姑孰镇太白路100号
……………………Tel：0555-6785996
马鞍山市中天新型建材有限公司
地址：安徽省马鞍山市当涂县经济开发区
……………………Tel：0555-7160099
马鞍山筑城房地产开发有限公司
地址：马鞍山市雨山区马向路88号（中加双语学校内）
……………………Tel：0555-8327755
马鞍山市汇马新型城镇化建设综合开发有限责任公司
地址：安徽省马鞍山经济技术开发区太白大道699号1
……………………Tel：0555-8336102
江东控股集团有限责任公司
地址：花山区花雨路3号
……………………Tel：0555-8338372
马鞍山凤凰湖生态植物园有限公司
地址：安徽省马鞍山市花山区霍里镇双板村（林场场部）
……………………Tel：0555-8353777
安徽天鹅科技实业（集团）有限公司
地址：安徽省安庆市岳西县天堂镇回龙社区（安徽天鹅工业园）
……………………Tel：0556-2173435
岳西县城市建设投资有限责任公司
地址：安徽省安庆市岳西县天堂镇天堂路
……………………Tel：0556-2188562
太湖县城市建设投资有限公司
地址：安徽省安庆市太湖县新城龙山路37号
……………………Tel：0556-4161550
太湖县鑫桥城镇建设投资有限公司
地址：太湖县徐桥镇新街418号
……………………Tel：0556-4517111
怀宁新县城建设发展有限公司
地址：安徽省安庆市怀宁县高河镇育儿路
……………………Tel：0556-4633806
怀宁县永鑫新型建材有限公司
地址：安徽省安庆市怀宁县月山镇月山工业小区
……………………Tel：0556-4668787
安徽省怀宁县城乡建设投资发展有限责任公司
地址：安徽省安庆市怀宁县高河镇政和路17号六楼
……………………Tel：0556-4669775
怀宁县新型城镇化建设投资有限公司
地址：安徽省安庆市怀宁县高河镇政和路17号六楼
……………………Tel：0556-4669775
怀宁县石牌镇城镇建设开发有限公司
地址：安徽省安庆市怀宁县高河镇政和路17号六楼
……………………Tel：0556-4669775
安庆市城西建设投资有限公司
地址：安徽省安庆市大观区德宽路244号
……………………Tel：0556-5057870
安庆产业新城投资建设有限公司
地址：安徽省安庆市高新区皇冠路8号安庆生命科技园6栋
……………………Tel：0556-5222096
安庆北部新城建设投资发展有限责任公司
地址：安徽省安庆市宜秀区大龙山镇永林村
……………………Tel：0556-5263009
安庆宜能物业管理有限责任公司
地址：安徽省安庆市人民路237号
……………………Tel：0556-5281442
安庆市房地产开发有限公司
地址：安徽省安庆市玉琳路33号
……………………Tel：0556-5536610
安庆市城市建设投资发展（集团）有限公司
地址：安徽省安庆市菱湖北路30号
……………………Tel：0556-5569510
安庆市经济房建设公司
地址：安徽省安庆市双井街109号
……………………Tel：0556-5589633
安庆市青园置业发展有限公司
地址：安徽省安庆市大桥开发区合安高速入口处青园农机五金机电城
……………………Tel：0556-5877168
安庆市宜秀区城镇建设投资有限责任公司
地址：安徽省安庆市宜秀区叶祠小区白泽湖乡财政所内
……………………Tel：0556-5939310
安徽卓良新材料有限公司
地址：安徽省桐城经济开发区和平东路10号
……………………Tel：0556-6088666
安徽桐城市盛晟建设开发有限公司
地址：桐城经济开发区铁东二路东侧
……………………Tel：0556-6099187
安徽桐城滨河投资建设发展有限公司
地址：安徽省桐城市文昌街道文城东路滨河广场2号楼
……………………Tel：0556-6130734
安徽省超艺建筑装饰工程有限公司
地址：安徽省桐城市正大路182号
……………………Tel：0556-6133333
桐城市建设投资发展有限责任公司
地址：安徽省桐城市文昌街道文二路
……………………Tel：0556-6137739
安徽桐城江淮村镇银行股份有限公司
地址：安徽省桐城市昌平路
……………………Tel：0556-6181127
桐城市金城建筑劳务有限公司
地址：桐城经济开发区大王社区兴源路18号
……………………Tel：0556-6200988
安徽盛运建筑安装工程有限公司
地址：安徽省桐城经济开发区东环路东侧
……………………Tel：0556-6205026
桐城市东方旅游发展有限公司
地址：安徽省桐城市孔城镇
……………………Tel：0556-6514901
中城开（安徽）建筑安装工程有限公司
地址：桐城经济开发区龙池路梧桐国际广场B幢114-117室
……………………Tel：0556-6516999
安徽省腾辰建设发展有限公司
地址：桐城经济开发区龙腾路1号
……………………Tel：0556-6566688
中国建材桐城新能源材料有限公司
地址：安徽省安庆市桐城经济开发区北三路
……………………Tel：0556-6607978
中国建材桐城新能源材料有限公司
地址：安徽省安庆市桐城经济开发区北三路
……………………Tel：0556-6607978
桐城市中辰城市建设运营有限公司
地址：桐城市龙腾街道向前村桐枫路8号
……………………Tel：0556-6608816
桐城经开区建设投资集团有限公司
地址：桐城经济开发区龙腾路62#
……………………Tel：0556-6677201
桐城经开区产城一体化建设投资有限公司
地址：桐城经济技术开发区龙腾路62#
……………………Tel：0556-6677206
桐城市国投建设集团有限公司
地址：桐城市龙眠街道沿河东路39号
……………………Tel：0556-6690895
桐城市电力实业有限责任公司
地址：桐城市龙眠街道同安南路26号
……………………Tel：0556-6699281
桐城市天正建设工程有限公司
地址：桐城市龙眠街道太平社区金大地工业园乐业路7号
……………………Tel：0556-6969900
桐城市天正控股集团有限公司
地址：桐城市经济技术开发区龙腾路62号
……………………Tel：0556-6969900
望江县新型城镇化建设开发有限公司
地址：望江县华阳镇回龙西路300号
……………………Tel：0556-7181027
安徽蓝通科技股份有限公司
地址：安徽省安庆市望江县华阳镇兴业路以南
……………………Tel：0556-7218166
望江县城市建设投资发展有限公司
地址：安徽省安庆市望江县华阳镇回龙西路（加州街3号楼）
……………………Tel：0556-7250076
宿松县新城开发建设投资有限责任公司
地址：安徽省宿松县东北新城华阳路与复兴路交叉口新城花园C20号楼
……………………Tel：0556-7813158
潜山市建筑安装工程有限公司
地址：安徽省潜山市梅城镇皖潜大道
……………………Tel：0556-8120288
潜山市城市建设项目管理有限公司
地址：安徽省安庆市潜山市开发区潜阳路0077号
……………………Tel：0556-8172788
潜山市潜润城市建设运营服务有限公司
地址：安徽省安庆市潜山市开发区潜阳路0077号
……………………Tel：0556-8937528
潜山市城乡建设投资发展有限公司
地址：安徽省安庆市潜山市开发区潜阳路0077号
……………………Tel：0556-8970087
绿地集团宿州置业有限公司
地址：安徽省宿州市宿马园区科创中心科创大楼（2区）3层301室
……………………Tel：0557-2618003
宿州市埇桥区城建配套工程运营有限公司
地址：安徽省宿州市 桥区西关街道磬云大市场
……………………Tel：0557-3026255
宿州华夏世贸广场有限责任公司
地址：安徽省宿州市汴河西路.人民路交叉口
……………………Tel：0557-3030867
宿州市城市建设投资集团（控股）有限公司
地址：安徽省宿州市银河一路建委大厦
……………………Tel：0557-3048260
宿州市创新时代置业有限公司
地址：安徽省宿州市汴河中路399号
……………………Tel：0557-3067861
宿州新城亿博房地产开发有限公司
地址：安徽省宿州市环宇国际4幢八单元1106室
……………………Tel：0557-3211111
上海庆安药业集团宿州制药有限公司
地址：安徽省宿州市淮河东路
……………………Tel：0557-3321195
宿州市国丰新型建材有限公司
地址：安徽省宿州市开发区金河路北侧创业路西侧
……………………Tel：0557-3869999
宿州现代制鞋产业城建设发展有限公司
地址：安徽省宿州市拂晓南路中国现代制鞋产业园
……………………Tel：0557-3921385
萧县新城建设投资有限公司
地址：萧县龙城镇淮海西路北侧
……………………Tel：0557-5011009
萧县豪杰装潢有限责任公司
地址：萧县龙城镇柏星建材大市场
……………………Tel：0557-5069001
萧县龙城高新建设投资管理有限责任公司
地址：萧县龙城镇龙凤大道凤祥小区
……………………Tel：0557-5090899
安徽典月新型建筑材料有限公司
地址：安徽省宿州市萧县白土镇经济开发区
……………………Tel：0557-5885559
萧县中盛建筑装潢有限公司
地址：萧县官桥镇官桥村
……………………Tel：0557-5950235
安徽省中沛建筑工程有限责任公司
地址：安徽省宿州市汴河西路215号三十处西苑小区
……………………Tel：0557-6034016
泗县深能生物质发电有限公司
地址：安徽省宿州市泗县屏山镇涂山村
……………………Tel：0557-7010823
砀山县金鼎城乡建设发展有限公司
地址：安徽省宿州市砀山县砀城镇朝阳社区旭日路桃源居二期6#商业508号
……………………Tel：0557-8096668
阜阳市卢克良装饰装潢有限公司
地址：阜阳市颍州区清河办事处八里社区卢庄
……………………Tel：0558-2111888
阜阳市城南新区建设投资有限公司
地址：安徽省阜阳市颍州区三清路与广颍路交口南100米
……………………Tel：0558-2155010
国中城投第四工程局有限公司
地址：安徽省阜阳市颍州经济开发区华山路66号

…………Tel：0558－2189068

阜阳市闽南建材有限公司
地址：安徽省阜阳市颍泉区双河路200号安徽泰睿国际建材家居生活广场S1＃商业楼118室
…………Tel：0558－2210213

阜阳市艺之丰建筑装潢工程有限公司
地址：阜阳市颍泉区颍河西路慧湖商城商住A楼102室
…………Tel：0558－2268678

阜阳常氏装潢有限公司
地址：安徽省阜阳市颍州区袁集镇徐楼村邢庄97号
…………Tel：0558－2353220

阜阳七彩世界商业运营管理有限公司
地址：阜阳市颍州区清河西路16号七彩城S3栋5楼
…………Tel：0558－2510527

阜阳市建设投资控股集团有限公司
地址：阜阳市颍州区淮河路2000号
…………Tel：0558－2553663

安徽省阜阳市汇鑫商业经营管理有限公司
地址：安徽省阜阳市颍州区颍河西路美居城A、B、C区43幢4018房
…………Tel：0558－2598949

阜阳市颍州区城市建设投资有限责任公司
地址：安徽省阜阳市颍州区阜王路637号
…………Tel：0558－2606086

阜阳市颍州城乡建设投资发展有限公司
地址：阜阳市颍州区阜王路637号四楼406、408
…………Tel：0558－2606086

阜阳新城悦晟房地产开发有限公司
地址：安徽省阜阳市颍州区淮河路南侧、颍淮大道东侧宝龙广场写字楼1206室
…………Tel：0558－2618788

阜阳市颍泉区城市建设投资有限公司
地址：安徽省阜阳市颍泉区北京中路
…………Tel：0558－2621816

安徽盛泉建筑装潢工程有限公司
地址：安徽省阜阳市颍州区清河街道清河东路916号怡和城市广场1＃713室
…………Tel：0558－2625585

阜阳新城亿博房地产开发有限公司
地址：安徽省阜阳市颍州区阜南路与淮河路交口吾悦广场营销中心一楼
…………Tel：0558－2789999

界首市城乡建设有限公司
地址：界首市力行街西侧
…………Tel：0558－2832950

安徽三宝棉纺针织投资有限公司
地址：安徽阜阳界首高新技术产业开发区东城产业园人民东路708号
…………Tel：0558－2853690

阜阳市依鑫建材有限责任公司
地址：安徽省阜阳市颍东区插花镇阜蚌路北水泥厂路口
…………Tel：0558－3661588

颍上县慎泰城市建设投资有限公司
地址：安徽省阜阳市颍上县财政局
…………Tel：0558－3900697

颍上县中城城投建设发展有限公司
地址：颍上经济开发区颍淮路
…………Tel：0558－3900736

临泉县城市建设投资有限公司
地址：临泉县城南街道政务新区县委党校三楼东
…………Tel：0558－3960889

安徽闯王建筑工程有限公司
地址：界首市法姬娜大道223号
…………Tel：0558－4889866

亳州市谯城区美好乡村建设投资有限公司
地址：亳州市谯城区十八里工业园区服务中心
…………Tel：0558－5122251

亳州城开建筑劳务有限公司
地址：安徽省亳州市高新区希夷大道汇金广场B座409室
…………Tel：0558－5273008

中联湘谯建材有限公司
地址：安徽谯城经济开发区古井大道以东，桃园路以南，文帝路以北
…………Tel：0558－5276078

亳州海创新型节能建筑材料有限责任公司
地址：亳州市亳州光源现代产业园区
…………Tel：0558－5337236

亳州文化旅游控股集团有限公司
地址：安徽省亳州市谯城区荷叶路建安文化广场五位一体楼D座
…………Tel：0558－5551030

亳州市宜居物业管理有限公司
地址：安徽省亳州市经开区养生大道南侧，药王大道东侧，漆园路西侧
…………Tel：0558－5582625

建安投资控股集团有限公司
地址：安徽省亳州市高新区亳菊路123号
…………Tel：0558－5625623

亳州城建发展控股集团有限公司
地址：安徽省亳州市养生大道南侧，龙山路（现漆园路）西侧
…………Tel：0558－5625892

亳州市谯城区天城装潢有限责任公司
地址：安徽省亳州市谯城区汤陵北路公园北门
…………Tel：0558－5757588

阜阳聚辉房地产开发有限公司
地址：安徽省阜阳市颍东区和平路13号7号S2室
…………Tel：0558－6098888

阜阳中传文旅发展有限公司
地址：安徽省阜阳市临泉县城关街道前进西路与古沈大道交叉口东北角（中环格林童话世界西南角）
…………Tel：0558－6141111

临泉中之环置业有限公司
地址：临泉县田桥街道八里社区120号
…………Tel：0558－6500119

临泉县银龙装潢有限公司
地址：临泉县城关镇　阳东路南侧王路庄新村
…………Tel：0558－6517878

阜南安华时代房地产开发有限公司
地址：安徽省阜阳市阜南县鹿城镇三塔路东侧197号
…………Tel：0558－6660000

阜南县城市建设经营投资有限责任公司
地址：阜南县鹿城镇府后路公共资源交易中心二楼
…………Tel：0558－6712915

安徽省阜南县水利建筑安装工程有限公司
地址：安徽省阜阳市阜南县鹿城镇淮河西路129号
…………Tel：0558－6727638

阜阳中建六局海绵城市投资建设有限公司
地址：安徽省阜阳市颍泉区鹿坎路南侧656号阜阳青年电子商务产业园网商栋8层802室
…………Tel：0558－7109386

安徽乐行城市建设集团有限公司
地址：涡阳县团结路19号
…………Tel：0558－7215111

涡阳县金阳城市建设投资有限公司
地址：安徽省亳州市涡阳县团结路
…………Tel：0558－7215111

涡阳县晨兴建材有限公司
地址：涡阳县城关办事处团结路2号
…………Tel：0558－7275502

涡阳县泰巽置业有限公司
地址：涡阳县育英路与石弓山路交叉口
…………Tel：0558－7288888

涡阳县晟丰新型建材有限公司
地址：安徽省亳州市涡阳县闸北镇工业园区A区
…………Tel：0558－7581222

安徽蒙城鸿业地产有限公司
地址：安徽省亳州市蒙城县南二环路（东城路南段与二环路交叉口）
…………Tel：0558－7621069

蒙城交航建设投资管理有限公司
地址：蒙城县经济开发区政通路与刘海路交叉口
…………Tel：0558－7621260

蒙城县漆园城市建设投资有限公司
地址：安徽省亳州市蒙城县庄周庄子大道南段25号
…………Tel：0558－7656135

蒙城县秭康城建投资有限责任公司
地址：亳州市蒙城县庄子大道66号
…………Tel：0558－7656135

蒙城县政通城建投资有限责任公司
地址：亳州市蒙城县庄子大道66号
…………Tel：0558－7656135

蒙城县仁和城建投资有限责任公司
地址：安徽省亳州市蒙城县庄子大道66号
…………Tel：0558－7656135

蒙城县城市发展投资控股集团有限公司
地址：安徽省亳州市蒙城县庄子大道南段25号
…………Tel：0558－7656787

蒙城县梦蝶公用事业建设投资有限公司
地址：蒙城县庄子大道西侧交通局办公楼
…………Tel：0558－7656851

蒙城县城镇建设开发有限公司
地址：蒙城县周元西路144号
…………Tel：0558－7658171

蒙城县安水建设项目管理有限公司
地址：蒙城县经济开发区刘海路
…………Tel：0558－7666107

蒙城县新城建设投资有限公司
地址：安徽省亳州市蒙城县城关镇蒙城县刘海路时代花园21＃商业
…………Tel：0558－7696180

安徽瑞沅新建置业有限责任公司
地址：蒙城县盛世漆园商业3＃106铺
…………Tel：0558－7707193

太和县路源建筑材料有限公司
地址：太和县税镇镇工业聚集区
…………Tel：0558－8290010

安徽省宝顺建材有限公司
地址：太和县城关镇沙河东路北侧私人住宅楼第三层
…………Tel：0558－8615789

太和县西城建设有限公司
地址：安徽省阜阳市太和县城关镇镜湖东路与曙光路交叉口富民家园安置区商业综合楼（二楼）
…………Tel：0558－8668008

太和县鑫泰城市建设投资有限责任公司
地址：安徽省阜阳市太和县人民北路剑光城二楼
…………Tel：0558－8668008

太和县城乡建设投资有限公司
地址：太和县友谊路与建设路住建局三楼
…………Tel：0558－8668008

安徽瑞祎建材科技有限公司
地址：安徽省亳州市利辛县城关镇光明路北段东侧
…………Tel：0558－8812648

亳州新碧房地产开发有限公司
地址：亳州市魏武大道南端东侧龙凤新城2＃楼102铺
…………Tel：0558－8816666

利辛县居建建筑装潢材料有限公司
地址：安徽省亳州市利辛县工业园区
…………Tel：0558－8831082

亳州市谯城区万达地产开发有限公司
地址：安徽省亳州市谯城区桐乡路与利辛路交叉口西南角二楼
…………Tel：0558－8898850

利辛县城乡发展建设投资集团有限公司
地址：安徽省亳州市利辛县城关镇前进路18号
…………Tel：0558－8902356

利辛县城乡建设投资有限公司
地址：安徽省亳州市利辛县前进路
…………Tel：0558－8902356

黄山市大鹏建筑装潢工程有限公司
地址：黄山市屯溪区社屋前路3号徽州公馆5幢106号
…………Tel：0559－2321126

安徽新资源稀土有限公司
地址：安徽省黄山市屯溪区花山路36号新徽天地风情街6幢105室
…………Tel：0559－2322333

黄山翼天置业有限公司
地址：黄山经济开发区梅林大道88号黄山徽文化产业园办公楼2层
…………Tel：0559－2346666

黄山城投集团有限公司
地址：黄山市屯溪区社屋前路1号
…………Tel：0559－2355110

黄山城投城建控股有限公司
地址：安徽省黄山市屯溪区齐云大道35－1号
…………Tel：0559－2355511

黄山市徽州区城市建设投资有限公司
地址：黄山市徽州区环城北路27号置业大厦8楼
…………Tel：0559－3583669

黄山市金龙房地产开发有限公司
地址：安徽省黄山市徽州区永佳大道889号新华联梦想城
…………Tel：0559－3586605

祁门县城市建设投资开发有限公司
地址：祁门县凤凰新村房地产开发公司综合楼三楼
…………Tel：0559－4515795

黄山荣盛房地产开发有限公司
地址：安徽省黄山市黄山区太平湖风景区
…………Tel：0559－5290752

歙县城市建设投资开发有限公司
地址：歙县经济开发区新安江大道008号
…………Tel：0559－6512677

歙县城镇建设投资开发有限公司
地址：歙县郑村镇郑村村
…………Tel：0559－6512677

休宁县齐云城市建设投资有限责任公司
地址：休宁县海阳镇书院路9号
…………Tel：0559－7518035

黄山兆能实业有限公司
地址：安徽黄山工业园区
…………Tel：0559－8556888

黄山区苏通建材经营部
地址：焦村镇新街
…………Tel：0559－8587612

淮北市碧城房地产开发有限公司
地址：安徽省淮北市相山区濉溪路西刘庄路南老干校院内
…………Tel：0561－2996666

安徽省港海新型建材有限公司
地址：安徽省淮北市相山区淮海西路30号
…………Tel：0561－3018228

安徽省中甲板业有限公司
地址：安徽省淮北市凤凰山食品经济开发区淮海西路30号院内
…………Tel：0561－3018228

安徽省中达源新型建材有限公司
地址：安徽省淮北市相山区淮海西路30号
…………Tel：0561－3018228

安徽省中坤元新型建材有限公司
地址：安徽省淮北市相山区淮海西路30号成品库5＃
…………Tel：0561－3018228

淮北中韩环保建材有限公司
地址：安徽省淮北市烈山区宋疃镇太山村部东
…………Tel：0561－3027177

安徽众安房地产开发有限公司
地址：安徽省淮北市人民路297号温哥华城锦华苑E栋
…………Tel：0561－3065222

淮北兆基实业有限公司
地址：安徽省淮北市相山区相山路312号
…………Tel：0561－3111188

淮北荣盛碳谷新城建设开发有限公司
地址：安徽省淮北经济开发区新区一期创业园综合楼201室
…………Tel：0561－3220280

淮北强力矸石建材综合利用有限公司
地址：安徽省淮北市濉溪县韩村镇小湖孜
…………Tel：0561－4987047

濉溪富强实业有限公司
地址：濉溪县闸河东路与龙脊山路交汇处（幸福家园小区）
…………Tel：0561－6091305

濉溪建设投资控股集团有限公司
地址：濉溪县闸河路幸福家园二期办公楼17层
…………Tel：0561－6091305

铜陵井湖房地产开发有限公司
地址：铜陵市义安区五松镇井湖大市场
…………Tel：0562－2662703

铜陵大江投资控股有限公司
地址：安徽省铜陵市翠湖二路西段1258号
…………Tel：0562－2801769

安徽顺通建材贸易大市场有限责任公司
地址：安徽省铜陵市铜陵大桥经济开发区横港物流园内
…………Tel：0562－2861777

铜陵市城市建设投资开发有限责任公司
地址：安徽省铜陵市铜都大道北段3596号投资大厦五楼
…………Tel：0562－2887500

枞阳县城镇建设投资有限责任公司
地址：安徽省铜陵市枞阳县湖滨东路48号
…………Tel：0562－2970726

铜陵有色金安物业管理有限责任公司
地址：安徽省铜陵市铜官大道北段1518号
…………Tel：0562－5860991

铜陵上峰建材有限公司
地址：铜陵市义安区天门镇板桥村
…………Tel：0562－8758066

铜陵东部城区建设投资有限公司
地址：安徽省铜陵市义安区顺安镇顺凤路95号
…………Tel：0562－8825953

安徽国弘建材科技有限公司
地址：安徽铜陵金桥经济开发区省级园区内（国电铜陵发电有限公司南侧）
…………Tel：0562－8828002

宣城宛陵科创建设投资有限公司
地址：安徽省宣城经济技术开发区文景路999号宛陵科创城
…………Tel：0563－2021766

宣城市晨兴建设投资有限公司
地址：安徽省宣城市宣州区麒麟大道11号
…………Tel：0563－2061085

宣城市政建材有限公司
地址：安徽省宣城市经济技术开发区
…………Tel：0563－2061185

宣城市宣州区新农村建设开发投资有限公司
地址：安徽省宣城市宣州区天平路17号思佳花园北15幢8室
…………Tel：0563－2233911

宣城市振宣建设有限公司
地址：安徽省宣城市宣州区思佳花园北15幢9层
…………Tel：0563－2233911

宣城市国有资本投资运营控股集团有限公司
地址：安徽省宣城市宣州区梅园路48号金色阳光大厦12层
…………Tel：0563－2283279

宣城市国有资产投资有限公司
地址：安徽省宣城市宣州区梅园路48号金色阳光大厦12－14层
…………Tel：0563－2283279

宣城市国投建设开发有限公司
地址：安徽省宣城市宣州区梅园路48号金色阳光大厦13楼
…………Tel：0563－2283279

宣城市交通投资集团有限公司
地址：安徽省宣城市宣州区响山路5号
…………Tel：0563－2531083

宣城市政建设集团有限公司
地址：安徽省宣城市经济技术开发区梅溪路

……………………Tel：0563-2611727
宣城开盛建设投资集团有限公司
地址：安徽省宣城经济技术开发区科技园
……………………Tel：0563-2626509
宣城市开达建设投资有限公司
地址：安徽省宣城经济技术开发区科技园
……………………Tel：0563-2626509
宣城经济技术开发区建设投资有限公司
地址：安徽省宣城经济技术开发区科技园
……………………Tel：0563-2626509
安徽川屹建设工程有限公司
地址：安徽省宣城经济技术开发区金瑞中心城10号门面2楼
……………………Tel：0563-2812006
安徽兴鼎建设投资有限公司
地址：安徽省宣城市飞彩办事处水阳江西大道17号
……………………Tel：0563-3035333
宣城爱家置业开发有限公司
地址：安徽省宣城市宣州区阳德路与陵阳路交叉口
……………………Tel：0563-3357228
宣城市新区建设投资有限公司
地址：安徽省宣城市宣州区金坝乡长桥村2幢彩金湖新区管委会办公楼
……………………Tel：0563-3752808
宁国宝冶城市建设投资有限公司
地址：安徽省宁国市西津街道潘村诚信大厦2104号
……………………Tel：0563-4011019
安徽绿宝房地产开发集团有限公司
地址：宁国市人民路2号
……………………Tel：0563-4033666
宁国市国新城镇化建设有限公司
地址：安徽省宣城市宁国市宁国大道106号
……………………Tel：0563-4110086
宁国城市建设投资有限公司
地址：安徽省宣城市宁国市宁国大道106号
……………………Tel：0563-4110086
安徽港鑫新型建材有限公司
地址：安徽省宁国经济技术开发区南山园区外环西路
……………………Tel：0563-4175975
宁国江南建材有限公司
地址：宁国市山门北路北段汇丰花苑八幢3层
……………………Tel：0563-4460695
宁国市宁港生态城镇投资建设有限公司
地址：宁国经济技术开发区（港口生态工业园）
……………………Tel：0563-4806128
安徽三川景观工程有限公司
地址：宁国市宁国大道时代广场8幢1003、2003室
……………………Tel：0563-4888356
安徽泾县铜源村镇银行股份有限公司
地址：安徽省宣城市泾县桃花潭中路211号
……………………Tel：0563-5127517
安徽开盛津城建设有限公司
地址：安徽省宣城经济技术开发区科技园二期后勤中心三楼（致和路与宣酒大道交叉口）
……………………Tel：0563-5217099
广德市国投建材有限公司
地址：安徽省宣城市广德市桃州镇爱民路广建兰馨大厦10楼
……………………Tel：0563-6050289
安徽五星凯虹防水建材科技有限公司
地址：安徽省广德县新杭经济开发区广安路18号
……………………Tel：0563-6086789
安徽东方佳信建材科技有限公司
地址：安徽省广德县新杭经济开发区永兴路西北
……………………Tel：0563-6088088
威尔泵浦制造有限公司
地址：安徽省宣城市广德经济开发区光藻路8号
……………………Tel：0563-6986066
绩溪县国有资产投资经营有限公司
地址：安徽省宣城市绩溪县华阳镇龙川大道商务街区6号地块A-7幢（四楼）
……………………Tel：0563-8159002
安徽涵海建筑工程有限公司
地址：安徽省宣城市绩溪县华阳镇龙川大道商住街区一期16幢179号
……………………Tel：0563-8177838
旌德县城镇化建设有限公司
地址：安徽省宣城市旌德县西门北路（县财政局内）
……………………Tel：0563-8602927
安徽省观志实业有限公司
地址：安徽省宣城市旌德县版书镇南长岭15号
……………………Tel：0563-8603089
霍邱碧桂园房地产开发有限公司
地址：霍邱县新店镇蓼城大道东段
……………………Tel：0564-2774222
舒城县交投建设有限责任公司
地址：安徽省六安市舒城县城关镇桃溪路新世纪大厦
……………………Tel：0564-2789961
六安市裕安区城乡建设投资集团有限公司
地址：安徽省六安市龙河西路裕安区政府四楼
……………………Tel：0564-3302868
六安市西城建设有限公司
地址：六安市龙河西路裕安区财政局内
……………………Tel：0564-3303056
安徽路安川工程建设有限公司
地址：安徽省六安市人民路83号
……………………Tel：0564-3323960
六安市碧海装潢有限责任公司
地址：安徽省六安市皖西东路158号
……………………Tel：0564-3336258
六安碧桂园和成房地产开发有限公司
地址：安徽省六安经济技术开发区经二路与纬三路交叉口
……………………Tel：0564-3337720
六安市鸿裕置业有限公司
地址：安徽省六安市裕安区城南镇高速铁路南侧、六佛路东侧红达星河城售楼部
……………………Tel：0564-3338993
六安东城建设集团有限公司
地址：安徽省六安市皖西大道
……………………Tel：0564-3358618
六安市城乡建设有限公司
地址：六安市皖西东路城投大厦15楼
……………………Tel：0564-3360600
六安城市建设投资有限公司
地址：安徽省六安市皖西东路城投大厦19楼
……………………Tel：0564-3360600
六安城乡建设项目管理有限公司
地址：六安市皖西东路城投大厦17楼
……………………Tel：0564-3360600
安徽勇轩新型建材有限公司
地址：安徽省六安市裕安区东大街与淠河路交汇华邦新华城52栋1层138号
……………………Tel：0564-3381117
安徽锦成天利置业有限公司
地址：安徽省六安经济技术开发区新城春天24栋3号楼402室
……………………Tel：0564-3920021
安徽六安新城建设投资有限公司
地址：六安市集中示范园区大学科技园A2栋8楼
……………………Tel：0564-3936778
霍山县城镇建设投资有限责任公司
地址：安徽霍山经济开发区高桥湾路
……………………Tel：0564-5029796
霍山县城乡工程建设投资有限公司
地址：安徽省六安市霍山县衡山镇中兴南路44号
……………………Tel：0564-5029796
霍山文象建设有限公司
地址：霍山高桥湾现代产业园
……………………Tel：0564-5033963
六安市金安区城乡建设投资有限公司
地址：六安市金安区卫生计生服务站13楼
……………………Tel：0564-5155329
六安市北城建设投资有限公司
地址：六安市金安区卫生计生服务站13楼
……………………Tel：0564-5155329
霍山经济开发区城乡建设投资有限公司
地址：霍山县衡山镇迎驾大道东段
……………………Tel：0564-5222598
霍邱县城乡综合建设有限公司
地址：霍邱县城关镇东湖社区光明大道
……………………Tel：0564-6023268
霍邱县滨湖城乡建设投资有限公司
地址：安徽省六安市霍邱县城关镇
……………………Tel：0564-6068488
霍邱县城镇建设投资有限公司
地址：霍邱县城关镇东湖社区光明大道东侧
……………………Tel：0564-6081610
霍邱县蓼西城乡建设投资有限公司
地址：安徽省霍邱县城关镇光明大道333号
……………………Tel：0564-6341076
霍邱县利民城乡建设投资有限公司
地址：安徽省六安市霍邱经济开发区
……………………Tel：0564-6977588
安徽正和建设集团有限公司
地址：安徽省六安市金寨现代产业园区正和·一中公园Y18幢211号01室
……………………Tel：0564-7060296
金寨绿城置业有限公司
地址：安徽省六安市金寨县梅山镇江环北路绿城春风里生活美学馆
……………………Tel：0564-7069666
安徽国风塑料建材有限公司
地址：安徽省六安市舒城县杭埠镇经济开发区
……………………Tel：0564-8022021
舒城县金龙水利建设有限公司
地址：安徽省六安市舒城县城关镇梅河西路规划展示中心
……………………Tel：0564-8620007
安徽恒创环保建材有限公司
地址：舒城县柏林乡秦家桥街道
……………………Tel：0564-8625677
舒城县建辉城市建设投资有限公司
地址：安徽省六安市舒城县城关镇梅河西路规划展示中心505室
……………………Tel：0564-8626422
舒城县城乡综合建设有限公司
地址：舒城县城关镇梅河路大转盘
……………………Tel：0564-8629645
舒城县寨洼建材有限公司
地址：安徽省舒城县春秋乡仓房村寨洼村民组
……………………Tel：0564-8669281
舒城县中兴建设发展有限公司
地址：安徽省六安市舒城县城关镇梅河西路规划展示中心三楼
……………………Tel：0564-8958359
舒城县城镇建设投资有限责任公司
地址：安徽省六安市舒城县城关镇
……………………Tel：0564-8958555
舒城县金龙城市建设有限公司
地址：安徽省六安市舒城县城关镇梅河西路规划展示中心
……………………Tel：0564-8958555
安徽铭科新型建材有限公司
地址：安徽省池州市贵池区前江工业园区
……………………Tel：0566-0569100
池州市城建（集团）建设有限公司
地址：安徽省池州市贵池区池州市开发区安徽省池州经济技术开发区南宜产业园14号标准化厂房
……………………Tel：0566-2121499
池州铁城海绵城市投资建设有限公司
地址：安徽省池州市贵池区建设中路12号
……………………Tel：0566-2218870
安徽梅龙建设集团有限公司
地址：安徽省池州市贵池区梅龙镇镇区
……………………Tel：0566-2812921
中电建安徽长九新材料股份有限公司
地址：安徽省池州市贵池区九华山大道98号
……………………Tel：0566-3389200
青阳建设投资集团有限公司
地址：安徽省池州市青阳县蓉城镇木镇路17-7号
……………………Tel：0566-5021677
青阳隆升建材商贸有限公司
地址：安徽省池州市青阳县经济开发区东河园
……………………Tel：0566-5753966

福建省

漳州英姿建材有限公司
地址：华安经济开发区九龙工业园
……………………Tel：0511-85580985
裕兴建材有限公司
地址：福建省泉州市南安市水头镇石材产业展示运营中心C61
……………………Tel：0513-87587777
福建冠城瑞闽新能源科技有限公司
地址：福建省福州市福清市融侨经济技术开发区光电科技园3#路
……………………Tel：0519-86555670
龙岩东肖新城建材贸易有限公司
地址：龙岩市新罗区东肖镇企业管理站一楼116室
……………………Tel：0567-2501155
龙岩东肖新城建材贸易有限公司
地址：龙岩市新罗区东肖镇企业管理站一楼116室
……………………Tel：0567-2501155
福建省闽侯城兴开发有限公司
地址：闽侯甘蔗镇街心路68号
……………………Tel：0591-22062853
福建兰天包装材料有限公司
地址：福建省福清市音西街道瑶峰村西楼村
……………………Tel：0591-22167138
福融盛（福建）包装材料有限公司
地址：福建省福州市福清市音西街道珠山村、西楼村
……………………Tel：0591-22167138
福建农村通食材供应链发展有限公司
地址：福建省福州市闽侯县南通镇鑫洲路5号福建省福州外贸食品冷冻厂有限公司外贸食品冷链仓储中心2#厂房1层-01
……………………Tel：0591-22212767
漳州建华建材有限公司
地址：龙海市程溪镇下庄工业园
……………………Tel：0591-22271089
闽清城市建设投资集团有限公司
地址：闽清县梅城镇解放大街63号世纪大厦八层
……………………Tel：0591-22321058
福建蓝海物流有限公司
地址：福州市闽侯县青口镇青口投资区
……………………Tel：0591-22766985
福建恩榕宝装潢装饰有限公司
地址：福建省福州保税区综合大楼15层A区-3257(自贸试验区内)
……………………Tel：0591-22777733
福州吉成建材有限公司
地址：闽侯县白沙镇汶溪村
……………………Tel：0591-22823855
福建鑫威扬集团有限公司
地址：福州市闽侯县上街镇马保高岐桥头1号鑫威扬工业园
……………………Tel：0591-22825157
福州紫光华业投资发展有限公司
地址：福建省福州市高新区“海西高新技术产业园”创业大厦B区1层103室（位于：闽侯县上街镇科技东路）
……………………Tel：0591-22897989
福建海源复合材料科技股份有限公司
地址：福建闽侯县荆溪镇铁岭北路2号
……………………Tel：0591-22918995
平潭豪邸装饰装潢工程有限公司
地址：平潭县潭城镇城中村东门庄（地号11/46/424）
……………………Tel：0591-23130929
平潭海峡如意城开发建设有限公司
地址：平潭县北厝镇金井湾海峡如意城展示中心三楼
……………………Tel：0591-23179006
平潭海峡如意城新都会开发建设有限公司
地址：平潭县北厝镇金井湾海峡如意城展示中心三楼
……………………Tel：0591-23179006
福建中交建新型环保建材有限公司
地址：福建省福州市仓山区城门镇白云村三角埕79号
……………………Tel：0591-23505305
福建省筑工电子商务有限公司
地址：福建省福州市永泰县葛岭镇智慧信息产业园东星小区3号楼（智慧信息产业园内）
……………………Tel：0591-24833718
福建省昌泰建材有限公司
地址：福建省福州市永泰樟城镇南湖路南湖花园17幢203#
……………………Tel：0591-24833718
连江县城市建设发展有限公司
地址：福建省连江县凤城镇敖江路21号金凤新苑D区一层
……………………Tel：0591-26101071
福建连江宏港建筑材料有限公司
地址：福建省福州市连江县坑园镇坑园村溪尾村58号
……………………Tel：0591-26169668
福建浩源建材有限公司
地址：福建省连江县浦口镇镇政府办公楼三层东侧办公室
……………………Tel：0591-26333575
连江县福连鑫建材有限公司
地址：福建省福州市连江县凤城镇文山北路6号龙华花园10#楼3层302单元
……………………Tel：0591-26387788
福建联塑新材料科技有限公司
地址：福州市罗源县松山镇福州台商投资区松山片区
……………………Tel：0591-26802128
福建超超新材有限公司
地址：福州市罗源县白塔乡赤岭村
……………………Tel：0591-26803699
福建省华宇建筑工程有限公司
地址：罗源县起步镇港头村桥上86号
……………………Tel：0591-26832124
福建永昌建筑工程有限责任公司
地址：罗源县城关莲花城东区1#楼一层
……………………Tel：0591-26861099
福建德胜新建材有限公司
地址：罗源县罗源湾开发区金港工业区可湖11号
……………………Tel：0591-26892155
福建国福实业集团有限公司
地址：罗源县松山镇滨海路1号罗源湾滨海新城金源商务中心3#楼18层
……………………Tel：0591-26931185
福建时代包装材料有限公司
地址：罗源湾开发区北工业小区
……………………Tel：0591-26988928
福建景泰包装材料有限公司
地址：福州市罗源湾开发区工业区
……………………Tel：0591-26988928
福建省南铝工程股份有限公司
地址：福建省福州市罗源湾经济开发区北工业园区闽铝路1号
……………………Tel：0591-26998601
福清祥泰装潢装饰有限公司
地址：福建省福州市福清市石竹街道珠山村蔡安48号
……………………Tel：0591-28075787
运盛（福建）地产有限公司
地址：福建省福州市鼓楼区五四路3号第28层02单元
……………………Tel：0591-28323333
福建省亚通创新集团有限公司
地址：福清市镜洋工业区
……………………Tel：0591-28377916
福建大力新型建材科技有限公司

地址：福建省福州市长乐区航城街道洋屿村（鑫通码头内）
…………Tel：0591-28774777

福建伟邦建材有限公司
地址：福建省福州市长乐区文岭镇前董村
…………Tel：0591-28973366

福建美茵世界葡萄酒城运营管理有限公司
地址：福建省长乐市营前街道和谐路西侧、洞江湖东侧（福建美茵房地产开发有限公司内）
…………Tel：0591-28980615

福州兆棋亮建材有限公司
地址：福建连江经济开发区敖江园区
…………Tel：0591-38155366

福州润颜企业管理有限公司
地址：福建省福州市晋安区宦溪镇政府招商引资办公楼1楼123室
…………Tel：0591-38165888

平潭综合实验区城市投资建设集团有限公司
地址：平潭综合实验区金井湾商务营运中心5号楼16层
…………Tel：0591-38381666

福建大有荣亨金融服务有限公司
地址：福建省福州市鼓楼区东街街道59号三山大厦（现龙盛大厦）北楼10层08室
…………Tel：0591-38506816

福州新区开发投资集团有限公司
地址：福州市长乐区福州滨海新城万新路99号
…………Tel：0591-38722655

永泰县城投实业集团有限公司
地址：永泰县樟城镇泗洲路1号
…………Tel：0591-38733663

福建天辰耀隆新材料有限公司
地址：福清市江阴工业集中区
…………Tel：0591-38757680

德立行（福州）建材贸易有限公司
地址：福建省福州市闽侯县荆溪镇永丰村杜坞42号（海峡国际家居建材城）C区7层702办公
…………Tel：0591-62333308

福建钢信新型材料有限公司
地址：罗源县罗源湾开发区南工业区岐鹤路9号
…………Tel：0591-62573853

金强（福建）建材科技股份有限公司
地址：福州市长乐市潭头镇金福路二刘村
…………Tel：0591-62609999

福州市长乐区城市建设投资控股有限公司
地址：福建省福州市长乐区吴航街道郑和中路190号二层
…………Tel：0591-62688086

福建港城能源有限公司
地址：福建省福州市江阴工业集中区
…………Tel：0591-62823856

福清市龙田镇滨海小城镇建设开发有限公司
地址：福清市龙田镇政府办公楼内
…………Tel：0591-62833933

福清市港城建设开发有限公司
地址：福建省福州市福清市城头镇元洪投资区大楼内（海城路66号）
…………Tel：0591-62838780

平潭综合实验区岚城投资开发有限公司
地址：平潭综合实验区中山大道中段155号岚 苑南区15号楼2层
…………Tel：0591-62880085

福建申马新材料有限公司
地址：福建省福州市连江县可门工业园区松岐大道1号
…………Tel：0591-62988513

福建源盛纺织服装城有限公司
地址：福州市仓山区盖山镇齐安路756号
…………Tel：0591-63197856

福州中梁荣置业有限公司
地址：福建省福州市福清市阳下街道办事处福长路大楼一层137室
…………Tel：0591-66323268

福建新华图书发行有限公司
地址：福州市晋安区福光路59号
…………Tel：0591-81478776

福州城市建设投资集团有限公司
地址：福州市台江区台江路15号城投大厦17楼
…………Tel：0591-83050759

福建闽东北城市协作开发集团有限公司
地址：福州市台江区台江路15号城投大厦17层
…………Tel：0591-83050759

福建华榕世纪城房地产开发有限公司
地址：福建省福州市福清市石竹街道清宏路666号同平公寓10楼
…………Tel：0591-83223555

名城地产（福建）有限公司
地址：福州开发区科技园区快安大道创新楼606室（自贸试验区内）
…………Tel：0591-83287888

福建可观房地产经纪有限公司
地址：福建省福州市闽侯县上街镇科技东路8号创业大厦附属楼3楼304-A133
…………Tel：0591-83300103

福州市统建房屋征收有限公司
地址：福州市台江区五一中路48号鑫国大厦三层
…………Tel：0591-83332532

福建冠城汇泰发展有限公司
地址：福建省福州市仓山区浦下洲路5号冠城大通广场1号楼C座4层402室
…………Tel：0591-83370885

福州仓前山房地产开发有限公司
地址：福州市仓山区工农街36号下池小区19号-21号楼连接体二层
…………Tel：0591-83411132

福州市城投建筑有限公司
地址：福州市仓山区则徐大道429号1＃楼
…………Tel：0591-83424668

福建省中通通信物流有限公司
地址：福州市仓山区临江街道信平路10号1号楼二层内
…………Tel：0591-83445224

福建中汽南方汽车销售服务有限公司
地址：福州市仓山区则徐大道西侧葫芦阵村原厂房
…………Tel：0591-83488911

福建钱通信息科技有限公司
地址：福建省福州市台江区鳌峰街道鳌江路8号福州金融街万达广场二期A1＃写字楼21层26室
…………Tel：0591-83515551

福州聚时代电子商务有限公司
地址：福州市鼓楼区五四路国际大厦16A单元
…………Tel：0591-83525305

福建天添福建材发展有限公司
地址：福建省福州市福清市中联城26号楼1502单元
…………Tel：0591-83571060

福建南方海峡建材城有限公司
地址：福州市晋安区连江中路168号
…………Tel：0591-83580993

福州天承物业管理有限公司
地址：福州市台江区瀛福东路83号光明港苑2＃楼底层
…………Tel：0591-83613508

福建中鹏环保科技发展有限公司
地址：福州市晋安区台江乡茶会路口
…………Tel：0591-83616393

福建美易配装饰装潢有限公司
地址：福州市仓山区建新镇百花洲路11号金山鼓楼工业园18＃三层
…………Tel：0591-83631819

福州蓝光炀玖房地产开发有限公司
地址：福建省福州市台江区光明南路1号升龙大厦35层03单元
…………Tel：0591-83632137

福建鑫九洲物业管理有限公司
地址：福州市鼓楼区杨桥东路13号中闽大厦C幢406、402
…………Tel：0591-83634962

福建整装在线信息科技有限公司
地址：福州市鼓楼区道山西路小柳新村23号-1017室
…………Tel：0591-83710871

福建粤电城市物业服务有限公司
地址：福建省福州市晋安区岳峰镇连江北路与化工路交叉处东二环泰禾城市广场（一期）3＃楼9层23办公
…………Tel：0591-83717156

海环装配式建材有限公司
地址：福建省福州市仓山区林浦路与潘墩路交汇处E6号第一层41房间、一层夹层及第二层41房间（自贸试验区内）
…………Tel：0591-83837770

福建奋安建材仓储有限公司
地址：福州市仓山区建新镇建新北路142号
…………Tel：0591-83847997

福建省恒立信装饰装潢有限公司
地址：福州市晋安区宦溪镇板桥村委会经济综合楼316室
…………Tel：0591-83859861

拓福集团有限公司
地址：福建省福州保税区综合大楼15层A区-0300（自贸试验区内）
…………Tel：0591-83881111

福建拓福物流有限公司
地址：福州市仓山区连江南路5号1号楼四层
…………Tel：0591-83881111

万象（福建）置业发展有限公司
地址：福州市台江区西环中路691号负一层
…………Tel：0591-83922555

利嘉（福清）房地产开发有限公司
地址：福建省福州市福清市清荣大道55号5层（音西街道办事处）
…………Tel：0591-85150721

名城（福清）城市建设发展有限公司
地址：福清市宏路街道办事处机关大院办公大楼1号楼101、102室
…………Tel：0591-85152833

福清市城投建设投资集团有限公司
地址：福清市音西街道西云村（福清市建设局五楼）
…………Tel：0591-85153785

福建融瀚建材有限公司
地址：福建省福州市福清市海口镇人民政府办公楼601室
…………Tel：0591-85190866

福州中庚旺福房地产开发有限公司
地址：福建省福州市福清市音西街道霞盛村胜田广场1701
…………Tel：0591-85216201

福清市利捷装潢有限公司
地址：福建省福州保税港区加工贸易区监管大楼109室045区间（福清市新厝镇新江路9号）（自贸试验区内）
…………Tel：0591-85216803

中交一公局福清城市综合开发投资建设有限公司
地址：福建省福州市福清市龙江街道松峰村村口林道利楼房第五层
…………Tel：0591-85250018

福建亚通新材料科技股份有限公司
地址：福清市镜洋工业区
…………Tel：0591-85318713

福建新福兴太阳能材料科技有限公司
地址：福建省福州市江阴工业集中区港前路口岸服务中心大楼第二层
…………Tel：0591-85363922

福建省诺希新材料科技有限公司
地址：福建省福州市福清市融侨开发区光电科技园
…………Tel：0591-85375111

福建省信兴发装潢装饰有限公司
地址：福建省福州市福清市阳下街道办事处一层
…………Tel：0591-85560669

福建泰华电力器材制造股份有限公司
地址：福清市城头镇彭洋村、新楼村
…………Tel：0591-85585357

福建富仕新材料有限责任公司
地址：福建省福州市江阴工业集中区港前路口岸服务中心大楼第二层
…………Tel：0591-85588189

福州市长乐区鸿生建材有限公司
地址：福建省福州市长乐区湖南镇鹏程路18号长乐航空港工业集中区51号厂房1-2
…………Tel：0591-85589528

福州市鸿生建材有限公司
地址：福州市元洪投资区
…………Tel：0591-85589818

福建鸿生建材发展有限公司
地址：福建省福州保税港区加工贸易区监管大楼附属楼2层211室155区间(福清市新厝镇新江路9号)(自贸试验区内)
…………Tel：0591-85589818

福建恒杰塑业新材料有限公司
地址：福清市渔溪镇渔溪村八一五路613号
…………Tel：0591-85680992

福建坤彩材料科技股份有限公司
地址：福州市元洪投资区（城头）
…………Tel：0591-85888012

福州市博泰标识有限公司
地址：福建省福州市福清市上迳镇南湾村院林14-2号
…………Tel：0591-85999889

福建省亿力文化传媒有限公司
地址：福建省福州市马尾区君竹路83号开发区科技发展中心大楼第四层405、406室（自贸试验区内）
…………Tel：0591-86128343

福建汤臣网络科技有限公司
地址：平潭县潭城镇万宝路东段北侧万宝花园（A区二期）17幢507室
…………Tel：0591-86170996

阳光城集团福建有限公司
地址：福州市台江区鳌峰街道鳌港苑4座1501单元
…………Tel：0591-86276339

福州利腾晖房地产开发有限公司
地址：福州市晋安区福马路478号鼓山镇人民政府办公楼七层716室
…………Tel：0591-86276339

福州聚光房地产营销策划有限公司
地址：福建省福州市鼓楼区水部街道古田路88号华丰大厦405室
…………Tel：0591-86276339

福州盛世达房地产开发有限公司
地址：福州市长乐区鹤上物流片区京岭路南侧阳光城花满墅
…………Tel：0591-86276339

福州百兴阳房地产开发有限公司
地址：福州市闽侯县南屿镇忠观街3号旗山商贸街商住楼5＃楼315单元
…………Tel：0591-86276339

福建索佳艺陶瓷有限公司
地址：福建省福州市仓山区盖山镇浦下村后门里122号1091室（自贸试验区内）
…………Tel：0591-86398505

福建懋盛房地产开发有限公司
地址：福建省福州市闽侯县甘蔗街道昙石山西大道136号
…………Tel：0591-87016612

福建吴钢建材市场开发有限公司
地址：福建省福州市闽侯县南通镇商贸大道18号东南国际1-1楼111复式商业
…………Tel：0591-87106999

福州远恒实业有限公司
地址：福州市台江区国货西路148号亚华大厦4-18
…………Tel：0591-87112999

福建东桃建材有限公司
地址：福建省福州市闽侯县南通镇商贸大道18号东南建材城1-1楼109号
…………Tel：0591-87270579

福建华商房地产开发有限公司
地址：福建省福州市晋安区王庄街道福马路南侧与晋安南路东侧交叉处福晟·钱隆大第9＃楼27层25办公
…………Tel：0591-87278732

玮隆集团有限公司
地址：福州市晋安区宦溪镇板桥村155号202室
…………Tel：0591-87278732

福建国脉集团有限公司
地址：福州市马尾区快安大道创新楼5层
…………Tel：0591-87307321

中城联合股份有限公司
地址：福州市鼓楼区八一七北路133号国际商厦十层
…………Tel：0591-87307581

福建好药师大药房连锁有限公司
地址：福州市马尾区兴业路198号3＃楼2层201、202室（自贸试验区内）
…………Tel：0591-87308693

福建联谊建材有限公司
地址：福州市晋安区宦溪镇板桥村155号208室
…………Tel：0591-87315215

福建奥特莱斯名牌折扣城有限公司
地址：福建省福州市闽侯县南通镇福通路88号天泽奥特莱斯城市广场项目A1地块1-5区三层
…………Tel：0591-87322167

福建礼恩集团有限公司
地址：福建省福州市晋安区岳峰镇岳前路125号（原连江路西侧、化工河南侧）帝国大苑8＃楼1层01商业
…………Tel：0591-87487209

福建国票金控投资集团有限公司
地址：福州市鼓楼区五一北路186号利嘉大世界商场第一层第058号
…………Tel：0591-87536225

福建省建材（控股）有限责任公司
地址：福州市北大路242号
…………Tel：0591-87621007

福建天一装潢工程有限公司
地址：福建省福州市晋安区秀山路245号4＃6层603单元
…………Tel：0591-87622770

福建冠城投资有限公司
地址：平潭综合实验区金井湾片区商务营运中心6号楼5层511室-3109（集群注册）
…………Tel：0591-87623065

福建省元泽建设发展有限公司
地址：平潭县潭城镇万宝路南侧金山丽景2幢C单元07号
…………Tel：0591-87667903

福州市城乡建设发展有限公司
地址：福建省福州市仓山区连江南路136号建总大厦1、3、8、9、10、11、12、13层
…………Tel：0591-87671807

福州兴宇装潢装修工程有限公司
地址：福州市晋安区岳峰镇连江路与化工路交叉处东二环泰禾城市广场（一期）第6＃楼5层23办公
…………Tel：0591-87677948

福建欣东海岸体育工程有限公司
地址：福州市仓山区盖山镇照屿路23号2＃厂房
…………Tel：0591-87723340

福州兵海年华建材有限公司
地址：福州市台江区洋中街道广达路378号广达汇多利专业建材装饰城1＃楼11层14室
…………Tel：0591-87762252

福建省福能新型建材有限责任公司
地址：福建省福州市鼓楼区北大路242号石结构办公楼四楼、五楼
…………Tel：0591-87822474

国材（福建）新型建材科技有限公司
地址：福建省福州市晋安区日溪乡文化活动中心2＃楼二层277室
…………Tel：0591-87825999

福建中交建设发展有限公司
地址：福州市鼓楼区福飞路86号沁芳园办公楼A座2层
…………Tel：0591-87848168

福建中海峡建材城有限公司
地址：福建省平潭综合实验区北厝镇金井二路台湾创业园28号楼4层
…………Tel：0591-87871990

福建中海峡建材城有限公司

地址：福建省平潭综合实验区北厝镇金井二路台湾创业园28号楼4层
…………Tel：0591-87871990

福州市鼓楼区城建投资发展集团有限公司
地址：福建省福州市鼓楼区津泰路239号六层
…………Tel：0591-87881397

福建同广商贸有限公司
地址：平潭县潭城镇西航路海滨城12号2单元302室
…………Tel：0591-87882336

福建九牧堂文化传媒有限公司
地址：福州市鼓楼区华林路203号地震局西配楼四层
…………Tel：0591-87882597

福建大成建材有限公司
地址：福州市晋安区新店镇南平西路85号景秀小区乙区1#楼2层02店面
…………Tel：0591-87906818

福建思嘉环保材料科技有限公司
地址：福州市晋安区宦溪工业区思嘉工业园（宦溪街288号）
…………Tel：0591-87955916

福建源润建材有限公司
地址：福州市马尾区亭江镇闽安村104国道南侧（自贸试验区内）
…………Tel：0591-87988003

福建品上新贸易有限公司
地址：罗源县罗源湾开发区北工业区
…………Tel：0591-88011332

中建（福建）城市开发运营有限公司
地址：福州市长乐区漳港街道锦绣路88号
…………Tel：0591-88023526

福建众联富投资有限公司
地址：福建省福州市马尾区罗星街道罗星西路17号观海国际广场13层A05商务办公（自贸试验区内）
…………Tel：0591-88028055

中基城投建设有限公司
地址：福建省福州开发区君竹路83号科技发展中心大楼第四层Q446室（自贸试验区内）
…………Tel：0591-88068199

福建省伯大尼装饰工程有限公司
地址：福州市晋安区华林路338号福城花园西区22层1608号房
…………Tel：0591-88074730

福州新榕城市建设发展有限公司
地址：福州市台江区新港街道群众东路99号元一小区15#楼6层01室内
…………Tel：0591-88083697

福建怡创建筑材料有限公司
地址：福州市台江区广达路68号金源大广场西区32层
…………Tel：0591-88086789

福建安固新型环保建材有限公司
地址：福建省福州市闽清县白中镇白金工业园区
…………Tel：0591-88088022

福建省城乡综合开发投资有限责任公司
地址：福建省福州市鼓楼区华林路93号2座3层
…………Tel：0591-88133221

中城建设有限责任公司
地址：福建省闽清县梅城镇南北大街122号
…………Tel：0591-88260621

正荣（福州）投资发展有限公司
地址：福建省福州市晋安区新店镇猫岭路9号福州金城民营工业集中区9号楼205室
…………Tel：0591-88280706

福建星之元环保科技有限公司
地址：福州市仓山区盖山镇浦口村南三环路158号
…………Tel：0591-88310088

福建中路天辰建设发展有限公司
地址：福建省福州市仓山区盖山镇齐安路100号综合楼二楼201-210单元
…………Tel：0591-88520288

福建好邦房产策划代理有限公司
地址：福州保税区综合大楼14层015区间（自贸试验区内）
…………Tel：0591-88521979

福建省建筑材料设备有限责任公司
地址：福建省福州市鼓楼区东街33号武夷中心20层
…………Tel：0591-88522701

福建省建福建材有限公司
地址：福州市晋安区新店镇南平东路98号金城投资区工业中心金城楼三层
…………Tel：0591-88561889

福州鼎沃汽车销售服务有限公司
地址：福建省福州市仓山区城门镇黄山村园田顶80号9号楼
…………Tel：0591-88688711

阳光城控股集团有限公司
地址：福州市经济技术开发区登龙路99号12#楼016室（自贸试验区内）
…………Tel：0591-88706706

平潭综合实验区鑫合装饰装潢有限公司
地址：平潭县北厝镇天山北路8号平潭海峡如意城G002地块（三期）22号楼2601
…………Tel：0591-88887536

凯普康（福建）城镇化建设项目投资管理有限公司
地址：福建省福州市鼓楼区温泉公园路28号4层03
…………Tel：0591-88935857

鸿荣（漳州）信息技术有限公司
地址：福建省漳州市长泰县经济开发区台湾工业园
…………Tel：0592-3387817

福建三钢新型材料投资有限公司
地址：龙海市港尾镇后石村后石电厂行政楼
…………Tel：0592-3936108

厦门市同安区第三建筑工程公司
地址：厦门市同安区大同街道双溪路东溪里7号之5
…………Tel：0592-7022520

南安致尊建材有限公司
地址：福建省泉州市南安市水头镇石材产业展示运营中心C60
…………Tel：0592-8536222

福建省九龙房地产有限公司
地址：宁德市东侨区闽东中路18号山水大酒店四楼
…………Tel：0593-2098099

宁德市金港弘毅商贸有限公司
地址：宁德市蕉城区东湖商业城C栋四楼
…………Tel：0593-2316887

福建百盛源混凝土有限公司
地址：宁德市蕉城区宁川路31号城东花苑二期8幢607
…………Tel：0593-2317166

福建罗兰蒂新材料有限公司
地址：霞浦县松港江边村220号
…………Tel：0593-2352758

卓辉（福建）建设工程有限公司
地址：宁德市东侨经济开发区福宁北路2号（东城国际）11幢306室三层
…………Tel：0593-2568515

宁德市碧晟房地产开发有限公司
地址：宁德市蕉城区蕉城南路74号地产综合大楼9层902室
…………Tel：0593-2696009

福建中海西建筑工程有限公司
地址：宁德市蕉城区鹤峰路边3号203室
…………Tel：0593-2697836

宁德市交投实业发展有限公司
地址：福建省宁德市东侨区余复路16号天行商务中心10层
…………Tel：0593-2727766

宁德福寿高速公路有限责任公司
地址：宁德市东侨区万安东路2号（金港名都B区）14幢五层501-517
…………Tel：0593-2765605

宁德市钳固建材有限责任公司
地址：宁德市蕉城区漳湾镇南埕村工业区内
…………Tel：0593-2878789

屏南县包秀娟建材店
地址：屏南县古峰镇环城路136号
…………Tel：0593-3326468

古田县城市建设投资开发有限公司
地址：古田县城东街道解放路198号
…………Tel：0593-3668397

三祥新材股份有限公司
地址：福建省寿宁县解放街292号
…………Tel：0593-5522776

宁德市城建集团有限公司
地址：福建省宁德市东侨经济开发区正大路8号八一九层
…………Tel：0593-6100389

福鼎市恒丰建筑工程有限公司
地址：福鼎市万辉嘉园8栋1梯803号
…………Tel：0593-6173606

福安市城市建设投资集团有限公司
地址：福建省宁德市福安市城南街道棠兴路806号21、22层
…………Tel：0593-6565198

福建正维建材有限公司
地址：福安市京都商业城B005写字楼
…………Tel：0593-6588312

福安市青拓环保建材有限公司
地址：福建省宁德市福安市湾坞镇上洋村
…………Tel：0593-6600777

福安青丰置业有限公司
地址：福建省宁德市福安市湾坞镇新兴路站前广场
…………Tel：0593-6600810

福建宏昊新材料有限公司
地址：宁德市惠风路1号（华府豪庭）1幢1层101
…………Tel：0593-7188817

福建省妙缘石材有限公司
地址：厦门市思明区民族路50号厦门世纪中心16层06单元
…………Tel：0593-7250052

福建懋华房地产开发有限公司
地址：福建省宁德市福鼎市桐山街道镇西村委会江滨北路381号
…………Tel：0593-7691969

福鼎市城市建设投资有限公司
地址：福建省宁德市福鼎市桐城街道流美社区流美路333号（市公交大楼第八层）
…………Tel：0593-7836201

福建瑞丰诚建设发展有限公司
地址：福建省宁德市福鼎市玉龙北路310号鼎融广场2栋2102室
…………Tel：0593-7859196

福鼎市安然燃气有限公司
地址：福建省宁德市福鼎市桐亨大厦七层写字楼
…………Tel：0593-7998498

福建东方帝景国际酒店有限公司
地址：霞浦县松港街道太康路365号
…………Tel：0593-8799999

霞浦世邦房地产开发有限公司
地址：福建省宁德市霞浦县赤岸大道96号红星美凯龙15幢108D
…………Tel：0593-8851529

福建福华新材料集团有限公司
地址：福建省宁德市福安市赛岐经济开发区小留工业园区内
…………Tel：0593-8986968

莆田妈祖工艺城股份有限公司
地址：莆田市荔城区黄石镇塘头
…………Tel：0594-2126363

福建华彩新材料有限公司
地址：福建省莆田市秀屿区东峤镇前沁村前沁1339号
…………Tel：0594-2176028

福建荔枝新材料有限公司
地址：福建省莆田市秀屿区东峤镇前江村
…………Tel：0594-2176028

福建艾腾云软件有限公司
地址：福建省莆田市荔城区拱辰街道荔园中路259号
…………Tel：0594-2201992

福建省裕方集团有限公司
地址：莆田市荔城区镇海街道镇海南街113院办公大楼三层东侧
…………Tel：0594-2267999

莆田市城市建设投资开发集团有限公司
地址：莆田市荔城区拱辰街道东圳东路1199号中海天下1#写字楼第20-24层
…………Tel：0594-2285233

福建建发工程咨询有限责任公司
地址：莆田市城厢区梅园路中段第19幢6层601
…………Tel：0594-2336005

福建海峡国际商贸城实业有限公司
地址：莆田市荔城新度镇新度村1号一层东
…………Tel：0594-2577888

亿达（福建）电力工程有限公司
地址：福建省莆田市城厢区霞林街道莆阳西路958号1号楼2梯1301室
…………Tel：0594-2582858

福建金海马建设工程有限公司
地址：莆田市城厢区东园路世全大厦2梯3楼
…………Tel：0594-2598588

福建祥荣建设投资集团有限公司
地址：福建省莆田市秀屿区东峤镇前沁村前沁1108号（木材加工区内）
…………Tel：0594-2612788

莆田市龙桥城市投资开发有限公司
地址：福建省莆田市城厢区龙桥街道溪北路99号三层310
…………Tel：0594-2655291

福建省旺隆建设工程有限公司
地址：莆田市城厢区华亭镇圳头村104号
…………Tel：0594-2721999

福建汉德邦工贸有限公司
地址：莆田市城厢区霞林办霞林居委会宏基.财富中心22层2208
…………Tel：0594-2726688

福建莆田荔城区华兴小额贷款股份有限公司
地址：莆田市荔城区镇海街道延寿中街217号
…………Tel：0594-2750069

福建省三棵树新材料有限公司
地址：福建省莆田市秀屿区月塘乡坂尾村边坑200号
…………Tel：0594-2761909

福建三棵树建筑材料有限公司
地址：福建省莆田市荔城区荔园北路519号
…………Tel：0594-2761909

福建省新茂泰工程项目管理有限公司
地址：莆田市湄洲湾北岸经济开发区经济城288号
…………Tel：0594-2817399

中建豪城建设有限公司
地址：福建省莆田市城厢区华亭镇华亭村亭前东路85号
…………Tel：0594-2825199

莆田市涵江区金涵建筑装潢有限公司
地址：莆田市涵江区国欢镇南林村
…………Tel：0594-2899928

莆田市涵江区城市建设投资有限公司
地址：莆田市涵江区国欢东路678-1号
…………Tel：0594-3288885

福建省申浩工程建设有限公司
地址：福建省莆田市涵江区白塘镇人民政府楼一层102室
…………Tel：0594-3390665

福建省瑞涵工程建设有限公司
地址：福建省莆田市秀屿区湄洲镇高朱村高厝166-1号
…………Tel：0594-3390665

福建福华特建设工程有限公司
地址：涵江区白塘镇洋尾村后楼
…………Tel：0594-3508116

福建省涵城建设工程有限公司
地址：莆田市涵江区涵东街道新涵街1669号
…………Tel：0594-3550292

莆田市涵江区盛达建材有限公司
地址：莆田市涵江区新涵大街卓坡路266号
…………Tel：0594-3593632

莆田市涵江区立林塑料建材有限公司
地址：莆田市涵江区兴涵街1号
…………Tel：0594-3593632

福建铭冠包装材料有限公司
地址：福建省莆田市涵江区江口镇锦江西路999号
…………Tel：0594-3696899

福建新世纪电子材料有限公司
地址：莆田高新技术产业开发区（赤港开发区）
…………Tel：0594-3761661

福建闽优建材贸易有限公司
地址：莆田市湄洲湾北岸经济开发区经济城521号
…………Tel：0594-5950026

莆田市妈祖城开发建设有限公司
地址：北岸管委会大楼五楼
…………Tel：0594-5952916

莆田市湄洲湾北岸经济开发区城市建设投资集团有限公司
地址：福建省莆田市湄洲湾北岸经济开发区北岸管委会机关2#楼205室
…………Tel：0594-5958018

莆田市秉星建筑装潢材料有限公司
地址：福建省莆田市城厢区凤凰路483号-2
…………Tel：0594-6683166

福建华峰新材料有限公司
地址：福建省莆田市秀屿区东峤工业园区东方大道
…………Tel：0594-6721072

莆田市华峰工贸有限公司
地址：莆田市荔城区黄石镇民营工业区
…………Tel：0594-6721307

福建中裕新材料技术有限公司
地址：仙游经济开发区枫亭片区（枫亭镇海安村）
…………Tel：0594-6728611

莆田市建宏贸易有限公司
地址：福建省莆田市城厢区北磨小区1号楼406室
…………Tel：0594-6731798

福建华健新材料有限公司
地址：福建省莆田市秀屿区东峤镇前江村
…………Tel：0594-6735969

莆田市腾安建材有限公司
地址：莆田市城厢区华林经济开发区（工业园区）竹林路1875号
…………Tel：0594-6797027

莆田市凤达房地产开发有限公司
地址：莆田市城厢区梅园路西段梅园桥南侧
…………Tel：0594-6981868

福建鑫瑞新材料科技有限公司
地址：福建省莆田市仙游县枫亭镇海安村海橡路229号
…………Tel：0594-7290003

福建蓝海新材料科技有限公司
地址：仙游县枫亭镇滨海新城中央大厦15楼
…………Tel：0594-7620756

莆田市正鼎建材有限公司
地址：莆田市荔城区西社小区10#27-29
…………Tel：0594-7968869

福建省建诚工程咨询有限公司
地址：福建省莆田市仙游县鲤南镇兴国东路89号
…………Tel：0594-8291903

福建鑫隆古典工艺博览城建设有限公司
地址：仙游县宝泉工艺产业园古典工艺研究中心第五层
…………Tel：0594-8676001

福建大福建设发展有限公司
地址：福建省莆田市仙游县鲤南镇八二五南街222号
…………Tel：0594-8818222

福建中锦新材料有限公司
地址：福建省莆田市秀屿区东庄镇石门澳产业园区
…………Tel：0594-8952998

泉州市农香田果蔬食品有限公司

地址：福建省泉州市洛江区万安街道桥南花苑8号楼701室
……………………… Tel：0595-22086677
泉州市城建国有资产投资有限公司
地址：泉州市丰泽区城东美仙路223号
……………………… Tel：0595-22163922
泉州市环雅装潢工程有限公司
地址：福建省泉州市丰泽区东海街道云谷社区东云路606号401室
……………………… Tel：0595-22173388
福建省佳鑫建设工程有限公司
地址：惠安县洛阳镇云庄村新村128号
……………………… Tel：0595-22179867
福建省泉州市城市综合开发有限责任公司
地址：泉州市涂门街沁园楼305-306号
……………………… Tel：0595-22186623
福建省恒远建工发展有限公司
地址：福建省泉州市洛江区安平路方圆建设大厦B幢3楼
……………………… Tel：0595-22217287
泉州城建集团有限公司
地址：福建省泉州市九一路158号泉州商务大厦
……………………… Tel：0595-22289806
泉州鲤城城市建设集团有限公司
地址：福建省泉州市鲤城区金龙街道金峰社区笋江路11号笋江花园城3幢一层
……………………… Tel：0595-22355510
泉州市鲤城区城建发展有限公司
地址：福建省泉州市鲤城区金龙街道金峰社区笋江路11号笋江花园城3幢一层
……………………… Tel：0595-22355510
福建省辉锐材料科技有限公司
地址：泉州台商投资区行政办公大楼5楼
……………………… Tel：0595-22412235
博纯材料股份有限公司
地址：福建省泉州市永春县下洋镇大荣村
……………………… Tel：0595-22412575
福建省南安市全美石材有限公司
地址：福建省泉州市南安市石井镇三乡村大奎工业区
……………………… Tel：0595 22500518
福建省福铁建材有限公司
地址：泉州台商投资区百崎乡星湖湾小区1号楼35号店
……………………… Tel：0595-22556111
福建联胜装潢有限公司
地址：泉州洛江万虹路南山联胜大厦
……………………… Tel：0595-22631589
福建安邦信息技术有限公司
地址：福建省泉州市洛江区万安街道桥南社区嘉琳广场6＃楼2002
……………………… Tel：0595-22676606
泉州城建工程管理咨询有限公司
地址：福建省泉州市丰泽区城东街道东辅路毓才花苑2号楼3层
……………………… Tel：0595-22685799
中新房远大城镇建设有限公司
地址：福建省晋江市池店镇东山村100号中远大厦
……………………… Tel：0595-22923812
三远集团（中国）有限公司
地址：晋江市龙湖镇洋安工业区
……………………… Tel：0595-22923812
福建省长冠物业管理有限公司
地址：福建省泉州市丰泽区城东街道体育街134号
……………………… Tel：0595-22980201
泉州城建工程建设有限责任公司
地址：福建省泉州市丰泽区城东街道东辅路毓才花苑2号楼3层西侧
……………………… Tel：0595-22992022
安溪鼎华建材有限公司
地址：福建省泉州市安溪县官桥镇莲美村
……………………… Tel：0595-23035128
福建顺源新型环保材料有限公司
地址：福建省泉州市南安市官桥镇泗溪村林边
……………………… Tel：0595-23195888
福建大金刚建材有限公司
地址：福建省泉州市安溪县城厢镇雅兴村
……………………… Tel：0595-23232286
福建中奥建筑工程有限公司
地址：福建省泉州市安溪县金融行政服务中心5号楼A栋707室
……………………… Tel：0595-23236899
福建省安溪县华威新材料有限公司
地址：安溪县城厢镇德苑工业区
……………………… Tel：0595-23299270
德化县益成建材有限公司
地址：德化县龙浔镇龙鹏街55号
……………………… Tel：0595-23558691
德化城建集团有限公司
地址：福建省泉州市德化县龙浔镇隆中路5幢
……………………… Tel：0595-23583168
福建省方正建筑工程有限公司
地址：永春县五里街镇溪滨花园城1号207室
……………………… Tel：0595-23702689
永春县佳亿电力工程有限公司
地址：永春县榜德工业区C-02
……………………… Tel：0595-23719662
福建省毅盛建设工程有限公司
地址：永春县留安路257-261号
……………………… Tel：0595-23872358
福建龙城建工有限公司
地址：永春县桃城镇留安路缘江新景小区1-03
……………………… Tel：0595-23881903
中博城建工有限公司
地址：永春县桃城镇留安路缘江新景1-201
……………………… Tel：0595-23881903
福建省盘古文化传媒有限公司
地址：南安市溪美街道新美新村A-09幢
……………………… Tel：0595-26066666
福建北电新材料科技有限公司
地址：福建省泉州市晋江市陈埭镇江浦社区企业运营中心大厦
……………………… Tel：0595-26098093
福建华城实业有限公司
地址：安溪县德苑工贸园
……………………… Tel：0595-26289888
海丝商报（福建）传媒有限公司
地址：南安市美林街道江北大道广播电视中心大楼14层
……………………… Tel：0595-26531006
玖伍建材有限公司
地址：福建省泉州市南安市仑苍镇中国水暖城展厅二楼
……………………… Tel：0595-26558111
锦阳消防科技有限公司
地址：福建省泉州市南安市东田镇兰溪村
……………………… Tel：0595-26568155
福建泉州市大迪石材有限公司
地址：南安市水头镇福山工业项目区
……………………… Tel：0595-26589999
福建省万贯五金机电城有限公司
地址：福建省泉州市晋江市磁灶镇陶城东路北侧中国海峡国际五金机电大市场一期（地块一）A-20幢商业301
……………………… Tel：0595-26787776
福建省金永亮石材有限公司
地址：福建省泉州市南安市水头镇石材产业展示运营中心C27号
……………………… Tel：0595-26883456
福建南安市永泰石材有限公司
地址：福建省南安市中泰（石井）石材集聚区
……………………… Tel：0595-26907222
环球石材（福建）有限公司
地址：福建省南安市水头镇福山二期项目区
……………………… Tel：0595-26907828
福建省祥洲建设工程有限公司
地址：福建省龙海市海澄镇内溪村溪田90号
……………………… Tel：0595-26915068
福建省南安市立丰微晶石材发展有限公司
地址：南安市官桥镇周厝村
……………………… Tel：0595 26928888
福建省北溪旅游开发有限公司
地址：永春县岵山镇北溪村
……………………… Tel：0595-27008888
洲豪（福建）再生资源材料有限公司
地址：安溪县南翼新城官桥乌冬格工业区
……………………… Tel：0595-27030888
泉州鸿骏商贸有限公司
地址：惠安县螺城镇建设北路君和天地小区1号楼3号店
……………………… Tel：0595-27300000
惠安县顺祥建材制品有限公司
地址：惠安县涂寨镇开发区
……………………… Tel：0595-27391555
中建（泉州）城市发展有限公司
地址：福建省泉州台商投资区洛阳镇洛阳大道411号
……………………… Tel：0595-27551821
福建省天骄化学材料有限公司
地址：福建省泉州市泉港区石化工业园区南山片区D区2号
……………………… Tel：0595-27737505
泉州市捷诚建筑材料有限公司
地址：泉州市丰泽区宝珊花园东会所3层（4号）
……………………… Tel：0595-28008301
福建泉州市鲤城区创信小额贷款有限公司
地址：鲤城区江南高新技术电子信息产业园区紫山路2号办公楼三楼
……………………… Tel：0595-28120036
福建省桃城建设工程有限公司
地址：福建省泉州台商投资区杏惠路1129号福建桃城大厦
……………………… Tel：0595-28163399
中泓（福建）建设工程有限公司
地址：福建省泉州市丰泽区坪山路338号云谷大厦后楼四楼401
……………………… Tel：0595-28183091
骏源（福建）物业管理发展有限公司
地址：福建省泉州市丰泽区安吉路中骏柏景湾12-1703
……………………… Tel：0595-28229788
福建省泉州市万国汽车销售服务有限公司
地址：泉州市鲤城区江南高新园区常泰路68号
……………………… Tel：0595-28292012
泉州丰泽城市建设集团有限公司
地址：泉州市丰泽区津淮街西段G5幢70号店铺及二层写字楼
……………………… Tel：0595-28355001
泉州市福龙建材贸易有限公司
地址：泉州市洛江区河市镇禾洋工业区A幢0003号
……………………… Tel：0595-28398888
泉州城建城市运营有限责任公司
地址：福建省泉州市丰泽区东泽路泉州商城综合楼7楼
……………………… Tel：0595-28961887
泉州市城市地下管网投资建设有限公司
地址：福建省泉州市丰泽区城东街道东辅路毓才花苑2号楼2层西侧
……………………… Tel：0595-28985619
华城建设集团有限公司
地址：福建省泉州市洛江区安平路方圆建设大厦B幢五楼
……………………… Tel：0595-28995587
泉州市城建置业有限责任公司
地址：泉州市丰泽区城东街道东辅路毓才花苑2号楼
……………………… Tel：0595-29881882
晋江市房屋建设开发有限公司
地址：晋江市长兴路172号
……………………… Tel：0595-68096331
米亚索乐装备集成（福建）有限公司
地址：福建省泉州市鲤城区高新区紫山路42号
……………………… Tel：0595-68283632
晋江市康胜置业发展有限公司
地址：福建省泉州市晋江市新塘街道塘市社区新韵路1号
……………………… Tel：0595-68582888
德化县城市投资建设有限公司
地址：福建省泉州市德化县龙浔镇隆中小区
……………………… Tel：0595-68760688
德化县瓷艺城投资建设有限公司
地址：福建省泉州市德化县龙浔镇浔南西路222号
……………………… Tel：0595-68761566
泉州德化厦沙高速公路有限公司
地址：德化县浔中镇富东街265号
……………………… Tel：0595-68765909
福建石狮城市投资建设集团有限责任公司
地址：福建省泉州市石狮市湖滨街道子芳路512号5层
……………………… Tel：0595-68870505
福建省南安市旭隆石材有限公司
地址：南安市石井镇苏内村
……………………… Tel：0595-68900007
福建省南安市尚泓石材有限公司
地址：南安市水头镇康店村
……………………… Tel：0595-68906865
福建省南安市盈磊石材有限公司
地址：南安市水头镇大盈工业区
……………………… Tel：0595-68979788
福建省晋江城市建设投资开发集团有限责任公司
地址：福建省泉州市晋江市青阳街道崇德路267号金融广场一期一号楼12-13层
……………………… Tel：0595-82030599
晋江金龙置业有限公司
地址：晋江市金井镇西环路金龙华侨城商业中心
……………………… Tel：0595-82698888
福建港星建筑材料集团有限公司
地址：福建省福州市仓山区建新镇金林路31号4楼408室
……………………… Tel：0595-83505321
福建海西仓储有限公司
地址：福建省泉州市南安市海联创业园海西石材城
……………………… Tel：0595-83671889
福建夜光达科技股份有限公司
地址：晋江市龙湖埔锦井发区
……………………… Tel：0595-85225888
晋江龙翔置业有限公司
地址：晋江市龙湖中山街中山南路33号
……………………… Tel：0595-85236321
福建中瓷电子材料科技有限公司
地址：福建省泉州市晋江市龙湖镇南浔村龙翔北路452号
……………………… Tel：0595-85289888
福建省特尔高新材料有限公司
地址：晋江市金井镇装备制造业基地工业园区
……………………… Tel：0595-85330677
晋江七匹狼贸易有限责任公司
地址：晋江市金井镇滨海新城金祥苑01-03＃店面
……………………… Tel：0595-85386106
福建百宏高新材料实业有限公司
地址：晋江市龙湖晋南工业区
……………………… Tel：0595-85566666
福建恒安卫生材料有限公司
地址：晋江市安海镇第三工业区
……………………… Tel：0595-85708888
福建省华联包装材料有限公司
地址：安海山兜村
……………………… Tel：0595-85732439
福建欣兴泰新材料股份有限公司
地址：福建省泉州市晋江市灵源街道大山后工业区进士路139号
……………………… Tel：0595-85739690
福建福泰钢铁有限公司
地址：晋江安海桥头
……………………… Tel：0595-85796768
福建省晋江豪山建材有限公司
地址：福建省泉州市晋江市磁灶镇钱坡村西区252号
……………………… Tel：0595-85831333
福建信源集团发展有限公司
地址：晋江市磁灶钱埔
……………………… Tel：0595-85833333
福建省晋江华源石材有限公司
地址：晋江市磁灶镇香埔头
……………………… Tel：0595-85881415
福建省晋江市联兴建材有限公司
地址：磁灶大埔东工业区
……………………… Tel：0595-85885878
福建省凤山石材集团有限公司
地址：福建省泉州市晋江市磁灶镇大埔村延泽路1号
……………………… Tel：0595-85887888
福建名奇陶瓷有限公司
地址：福建省泉州市晋江市磁灶镇下灶村内塘工业区132号
……………………… Tel：0595-85891557
福建田洋九九文旅发展有限公司
地址：福建省泉州市晋江市池店镇田洋村
……………………… Tel：0595-85933821
泉州市晋江中远发展有限公司
地址：晋江市紫帽镇
……………………… Tel：0595-85958788
福建南磊建设工程有限公司
地址：南安市水头镇海都新区
……………………… Tel：0595-86001257
福建泉州市明利石材有限公司
地址：福建省泉州市南安市水头镇西锦福山工业区
……………………… Tel：0595-86003678
泉州市高时新型建材有限公司
地址：南安市水头镇福山二期工业项目区
……………………… Tel：0595-86007079
石狮市鑫盛建筑装潢有限公司
地址：福建省泉州市石狮市灵秀镇南洋路兴闽商厦504室
……………………… Tel：0595-86011066
福建亿辉集团有限公司
地址：南安市美林街道南美工业区南洪路
……………………… Tel：0595-86050999
福建省南安市扬子石材有限公司
地址：南安市石井镇院前村
……………………… Tel：0595-86077666
福建省南安市远新石业有限公司
地址：南安市石井镇林柄村金鸡山工业区
……………………… Tel：0595-86086518
福建省南安市力丰石材有限公司
地址：福建省泉州市南安市水头镇石材产业展示运营中心B60
……………………… Tel：0595-86095900
福建中节能新型材料有限公司
地址：福建省泉州南安市滨海工业基地石井区域48号地
……………………… Tel：0595-86097889
百安消防科技有限公司
地址：南安市英都镇水美桥
……………………… Tel：0595-86166878
南安市仑苍城市建设发展投资有限公司
地址：南安市仑苍镇中国水暖城展示厅二楼
……………………… Tel：0595-86181003
福建省三鲸消防器材有限公司
地址：福建省南安经济开发区扶茂工业园茂盛路
……………………… Tel：0595-86281988
福建省三辉消防器材有限公司
地址：南安市柳城街道办事处露江工业项目区
……………………… Tel：0595-86288912
南安市华达建材市场有限公司
地址：南安市观音山现代物流产业基地
……………………… Tel：0595-86289889
中宇建材集团有限公司
地址：南安市仑仓镇
……………………… Tel：0595-86301002
福建欧尔陶住宅工业材料有限公司
地址：南安市柳城办事处杏莲工业区
……………………… Tel：0595-86303690

天广中茂股份有限公司
地址：南安市成功科技工业区
……Tel：0595-86314888
福建宏发集团有限公司
地址：南安市帽山工业区
……Tel：0595-86355888
福建溪石石材有限公司
地址：福建省泉州市南安市水头镇福山工业区
……Tel：0595-86359000
福建省高品科技管材有限公司
地址：福建省泉州市南安市柳城街道露江村露江工业路7号
……Tel：0595-86363710
南安市城市建设发展投资有限公司
地址：福建省泉州市南安市美林街道梅亭村江北保障房三层301室
……Tel：0595-86390686
南安市城市公共资产建设管理有限公司
地址：福建省泉州市南安市美林街道办事处梅亭村江北保障性住房3楼
……Tel：0595-86390686
福建省合达建设工程有限公司
地址：南安市码头镇码头街98号
……Tel：0595-86468195
福建卓越鸿昌环保智能装备股份有限公司
地址：福建省南安市雪峰华侨经济开发区
……Tel：0595-86539999
福建泉州中工艺石材有限公司
地址：南安市水头镇前梧邦吟工业项目区
……Tel：0595-86667077
泉州市龙展建材贸易有限公司
地址：南安市水头镇中心大街永顺职工楼B幢401室
……Tel：0595-86668586
福建省南安市智盛石材有限公司
地址：南安市官桥镇南联科技工业园区
……Tel：0595-86838822
福建省南安市华宏石材有限公司
地址：南安市水头镇奎峰工业区
……Tel：0595-8685762
福建省南安市东凌石材有限公司
地址：南安市水头镇劳光村
……Tel：0595-86879888
福建省茂兴建材发展有限公司
地址：南安市官桥镇石鸡山工业区
……Tel：0595-86882698
福建省南安市泉隆石业有限公司
地址：南安市官桥镇南联工业区
……Tel：0595-86889888
万隆建材集团有限公司
地址：福建省泉州市南安市水头镇福山中路36号
……Tel：0595-86901909
福建万隆建材有限公司
地址：南安市水头镇朴一村
……Tel：0595-86901909
瑞发控股集团有限公司
地址：南安市水头仁福村
……Tel：0595-86905555
福建省南安市忠进石材有限公司
地址：南安市水头镇下店村
……Tel：0595-86906916
福建省南安市远达石材有限公司
地址：福建省泉州市南安市水头镇石材产业展示运营中心C85
……Tel：0595-86908686
中首塔星石材发展集团有限公司
地址：南安市水头镇福山工业区
……Tel：0595-86966213
南安市水头城市建设发展投资有限公司
地址：南安市水头镇厦盛街56号
……Tel：0595-86985281
福建南安市新艺发石材有限公司
地址：南安市水头镇奎峰工业区
……Tel：0595-86989222
福建省泉港城乡建设开发有限责任公司
地址：福建省泉州市泉港区科技和知识产权局办公楼
……Tel：0595-87002676
福建坚石电力线路器材有限公司
地址：泉州市泉港区德和工业园
……Tel：0595-87067889
日恒（福建）新材料科技有限公司
地址：泉港区普安高新技术开发区
……Tel：0595-87092999
泉州市光达生态旅游有限公司
地址：泉州市惠安县涂寨镇工业区
……Tel：0595-87213678
泉州铭泽建设有限公司
地址：福建省泉州市惠安县螺城镇前型村2#5层
……Tel：0595-87307383
泉州嘉泰鞋业有限公司
地址：百崎乡后海工业区
……Tel：0595-87319208
福建名城建工有限公司
地址：福建省泉州台商投资区洛阳镇洛阳大道465号
……Tel：0595-87336333
福建省中城建设工程有限公司
地址：惠安县东桥镇政府二楼
……Tel：0595-87364333
惠安交发集团有限公司
地址：福建省泉州市惠安县螺阳镇世纪大道广电大厦三楼
……Tel：0595-87365766
惠安城建集团有限公司
地址：福建省泉州市惠安县螺城镇石灵街196号公用事业与建筑管理局四楼
……Tel：0595-87383767
福建惠安长兴隆石材有限公司
地址：泉州市惠安县崇武镇西工业区
……Tel：0595-87683378
福建省艾森装潢工程有限公司
地址：福建省泉州市泉港区港六街龙清商住楼703室
……Tel：0595-87722555
福建纳川管材科技股份有限公司
地址：泉州市泉港区普安工业区
……Tel：0595-87767777
泉州泉港新城投资有限责任公司
地址：福建省泉州市泉港区南山中路投总大厦19-11号
……Tel：0595-87989229
泉州市泉港化工建材有限公司
地址：泉州市泉港区泉五路投总大厦二楼
……Tel：0595-87989229
福建路桥翔通建材科技有限公司
地址：福建省泉州市泉港区驿峰路中心工业区南侧莲盛商住楼404室
……Tel：0595-87993108
福建振狮实业有限公司
地址：福建省泉州市晋江市永和镇巴厝村柯西232号
……Tel：0595-88076777
福建省晋江市火炬建材有限公司
地址：内坑社仔工业区
……Tel：0595-88323488
晋江市品质陶瓷建材有限公司
地址：晋江市内坑长埔
……Tel：0595-88325866
福建新华中兴建筑装潢有限公司
地址：福建省泉州市石狮市灵秀镇四号工业区36号楼10层
……Tel：0595-88586558
福建省益家建材市场有限公司
地址：福建省泉州市石狮市蚶江镇北环路111号益家万博城A栋19楼
……Tel：0595-88607333
嘉华建材（福建）有限公司
地址：南安市官桥镇南联工业园
……Tel：0595-88689999
石狮市城市建设有限公司
地址：福建省泉州市石狮市湖滨街道子芳路512号5层
……Tel：0595-88720366
石狮市长江豪爵投资有限公司
地址：福建省泉州市石狮市灵秀镇八七路2207号（大长江集团综合楼六楼）
……Tel：0595-88763901
漳州市芗城区城市建设开发有限公司
地址：福建省漳州市芗城区腾飞路645-28号
……Tel：0596-2055078
福建漳州城投集团有限公司
地址：福建省漳州市龙文区江滨路碧湖展示馆第三层
……Tel：0596-2111870
福建仁昌物业服务有限公司
地址：漳州市新浦东路荣昌花园厚泽苑9号楼一楼
……Tel：0596-2168955
福建海峡两岸农产品物流城发展有限公司
地址：漳州市龙文区朝阳镇漳龙高速路口北出口处200米
……Tel：0596-2193636
漳州华远建材有限公司
地址：福建省漳州市龙文区朝阳镇漳龙高速路口北出口处200米（海峡物流城15号楼）
……Tel：0596-2193636
漳州城投市政集团有限公司
地址：漳州市芗城区漳州发展广场第十三层1303室
……Tel：0596-2870976
福建常瀛实业有限公司
地址：福建省漳州市芗城区南坑北路32-8号
……Tel：0596-2926060
漳州宝利来电梯装潢有限公司
地址：福建省漳州市芗城区元光南路百嘉花园C幢205号
……Tel：0596-2939229
福建荣凯建设工程有限公司
地址：福建省漳州市芗城区美久花园2幢405号
……Tel：0596-2939805
佰凌集团有限公司
地址：福建省漳州市芗城区新浦路45号
……Tel：0596-2957525
安华城投集团有限公司
地址：福建省漳州市龙文区迎宾大道226号鸿达嘉园507、509、513室
……Tel：0596-2957887
漳州唐盛房地产有限公司
地址：漳州市芗城区大通北路65号三楼308室
……Tel：0596-2999100
福建漳州芗城区华兴小额贷款股份有限公司
地址：福建省漳州市芗城区延安北路639号延安广场13-14商场D501号
……Tel：0596-2999218
漳州万新物业管理有限公司
地址：漳浦县绥安镇朝阳路万新广场
……Tel：0596-31100961
诏安城投集团有限公司
地址：福建省漳州市诏安县南诏镇文体中心商住小区A 幢15楼
……Tel：0596-3330488
诏安县城建市政建设有限公司
地址：福建省漳州市诏安县南诏镇梅园北路1号
……Tel：0596-3359925
车城汽车配件（福建）有限公司
地址：福建省漳州市漳浦县湖西畲族乡后溪村184号
……Tel：0596-3603388
福建铭盛新型建材科技有限公司
地址：福建省漳州市平和工业园区南区漳州市程盛再生资源有限公司厂房内
……Tel：0596-5562222
东山县城镇建设开发有限公司
地址：福建省漳州市东山县西埔镇白石街泽园路341号
……Tel：0596-5883991
东山经济技术开发区建设发展总公司
地址：东山经济技术开发区管委会大楼
……Tel：0596-5885011
东山县旅游区建筑安装工程有限公司
地址：东山县西埔镇白石街育新路160号
……Tel：0596-5886668
云霄县亿美贸易有限公司
地址：云霄县云陵工业开发区
……Tel：0596-6013666
福建正霸新材料股份有限公司
地址：漳州市常山华侨经济开发区工业区
……Tel：0596-6016369
漳州靖圆发展有限公司
地址：福建省漳州高新区靖圆片区金城路与圆山大道交接西南侧
……Tel：0596-6032772
福建东山城投集团有限公司
地址：福建省漳州市东山县西埔镇创业路7号
……Tel：0596-6063887
漳州市城市建设投资开发有限公司
地址：福建省漳州市龙文区江滨路碧湖展示馆102室
……Tel：0596-6066271
金海峡（福建）物流城有限公司
地址：福建省漳州开发区成功大道66号
……Tel：0596-6078986
金海峡（福建）物流城有限公司
地址：福建省漳州开发区成功大道66号
……Tel：0596-6078986
福建大成金属材料有限公司
地址：漳州市龙文区工业开发区内
……Tel：0596-6083830
漳州圆山新城建设有限公司
地址：福建省漳州高新区九湖镇衍后村吉吉高办公楼418室
……Tel：0596-6289952
龙海市城市建设投资开发有限公司
地址：龙海市石码镇工农路建行大厦
……Tel：0596-6523086
福建省中材九龙江投资有限公司
地址：福建省龙海市石码镇紫崴路泷澄经济大楼17层2区
……Tel：0596-6586677
科之杰新材料集团福建有限公司
地址：福建省漳州开发区汀江路3号
……Tel：0596-6852709
福建省鑫诚房地产营销策划有限公司
地址：福建省漳州台商投资区角美镇仁和西路嘉和时代2幢306
……Tel：0596-6863055
福建漳州闽粤第一城有限公司
地址：诏安县深桥镇汾水关
……Tel：0596-6863267
新港热能工程（漳州）有限公司
地址：龙海市港尾镇南太武高新技术产业区
……Tel：0596-6881708
漳浦县碧桂园房地产开发有限公司
地址：福建省漳州市漳浦县绥安镇鹿溪村113号
……Tel：0596-6989030
漳州城投建材集团有限公司
地址：福建省漳州市龙文区江滨路碧湖展示馆
……Tel：0596-7070591
漳州城投建材集团有限公司
地址：福建省漳州市龙文区江滨路碧湖展示馆
……Tel：0596-7070591
漳州城投建工集团有限公司
地址：福建省漳州市龙文区碧湖路5号下洲花园B商业区213室
……Tel：0596-7070639
华安龙达木业有限公司
地址：华安县城关平湖路21号
……Tel：0596-7362050
福建同盛达电工材料有限公司
地址：南靖县靖城万利达产业集群项目区
……Tel：0596-7666186
福建省百鑫辉路桥工程材料有限公司
地址：福建省漳州市华安经济开发区九龙工业园
……Tel：0596-7668887
福建省南靖城投集团有限公司
地址：福建省漳州市南靖县山城镇南环路公租房项目2#楼
……Tel：0596-7855582
福建富达城市发展集团有限公司
地址：福建省漳州市长泰县武安镇人民西路103号
……Tel：0596-8329209
长泰县富达建材贸易有限公司
地址：福建省漳州市长泰县武安镇官山工业区海投（长泰）科创中心510单元
……Tel：0596-8331889
福建益百利包装材料有限公司
地址：漳州市长泰县古农银塘工业区泰坤工业园
……Tel：0596-8338151
福建省御宫玉石建材有限公司
地址：长泰县经济开发区兴泰工业园区
……Tel：0596-8369166
福建云霄圣城投资集团有限责任公司
地址：福建省云霄县云陵镇将军大道766-76号三楼
……Tel：0596-8523918
福建鹭光广告传媒有限公司
地址：云霄县云陵镇元光路25-1、2号
……Tel：0596-8535476
云霄县房地产综合开发公司
地址：云霄县云漳路535号
……Tel：0596-8550886
福建省科鑫房地产开发有限公司
地址：福建省龙岩市新罗区龙门镇新街002号龙门企管站综合大楼二层
……Tel：0597-2020868
经纬空间信息科技有限公司
地址：福建省龙岩市龙岩经济技术开发区龙工路19号（天隆商务区）3号楼7层701室
……Tel：0597-2105598
福建省龙岩市城市建设投资发展有限公司
地址：龙岩市新罗区南环西路52号建设大厦主楼三层
……Tel：0597-2108033
福建方鼎建筑材料有限公司
地址：福建省龙岩市新罗区东肖镇菜园村
……Tel：0597-2113191
福建宜快多钢材贸易有限公司
地址：龙岩市新罗区西陂街道北外环路18号（福建龙州工业园）1#生产车间1层106号
……Tel：0597-2338555
福建紫金恒发建材有限公司
地址：龙岩市新罗区中城中山路（麒丰商厦）六楼（南面第607室）
……Tel：0597-2382068
福建省金明建设工程有限公司
地址：龙岩市新罗区南环路康佳商住楼
……Tel：0597-2396185
龙岩交发资产运营有限公司
地址：龙岩市闽西交易城A6四楼
……Tel：0597-2526596
福建龙岩亿城建材有限公司
地址：龙岩市新罗区雁石镇上老村林田坑
……Tel：0597-2600256
福建新华夏建工有限公司
地址：龙岩市新罗区南城莲东北路3号南城社区服务大楼六层东侧
……Tel：0597-2625258
龙岩市五星建材贸易有限公司
地址：龙岩市新罗区曹溪镇石粉村
……Tel：0597-2752869
福建龙麟集团有限公司
地址：龙岩市新罗区曹溪镇中甲路南山盂
……Tel：0597-2753999
福建春驰集团新达建材有限公司
地址：龙岩市新罗区西陂街道华莲社区龙岩大道中282号B幢1301室
……Tel：0597-2770333
龙岩新达建材有限公司
地址：龙岩市新罗区曹溪镇石粉村中粉路53号三层
……Tel：0597-2772281

福建天甫电子材料有限公司
地址：上杭县蛟洋镇坪埔村新村路71号3层
……………………Tel：0597－3039286

龙岩交发地产有限公司
地址：福建省龙岩市新罗区西陂街道西陂路303号"西湖科技大厦"第十层1017、1018、1019室
……………………Tel：0597－3221201

龙岩之星汽车销售服务有限公司
地址：福建省龙岩市新罗区龙门镇物流大道338－2号
……………………Tel：0597－3229888

龙岩市永定区宏辉城市建设发展有限公司
地址：福建省龙岩市永定区凤城街道沿河路1－2层
……………………Tel：0597－3255681

福建省天玉方圆矿业有限公司
地址：龙岩经济技术开发区连圣片区（龙岩地质八队正对面）
……………………Tel：0597－3290186

福建连城兰花股份有限公司
地址：连城县朋口镇朋口建新段A幢
……………………Tel：0597－3328311

福建龙地建设发展有限公司
地址：龙岩市新罗区东肖镇经济技术开发区东发路5号（龙腾花园）9幢4层406
……………………Tel：0597－3378903

龙岩市吉城建设发展有限公司
地址：福建省龙岩市新罗区东肖镇东肖南路13号农业科技大楼16－17层
……………………Tel：0597－3378909

福建兴朝阳硅材料股份有限公司
地址：上杭县南阳工业区
……………………Tel：0597－3542888

上杭县城市建设发展有限公司
地址：上杭县临城镇北环路436号
……………………Tel：0597－3939551

上杭县城发城乡建设投资有限公司
地址：上杭县临城镇北环路436号
……………………Tel：0597－3939551

福建华轩新型建材有限公司
地址：福建省龙岩市新罗区中城街道龙川西路36号6楼
……………………Tel：0597－5305599

福建高富城镇建设发展有限公司
地址：福建省龙岩市永定区高陂镇工业园区办公楼3层2号
……………………Tel：0597－5616206

福建省欣雨虹新型建材有限公司
地址：长汀县策武镇汀州大道南路19号
……………………Tel：0597－6653666

福建中意铁科新型材料有限公司
地址：长汀县工贸新城
……………………Tel：0597－6653666

福建天守纺织新材料有限公司
地址：长汀腾飞经济开发区
……………………Tel：0597－6819989

福建三达节能新材料股份有限公司
地址：龙岩市漳平市工业园区工贸新区登榜工业区
……………………Tel：0597－7770688

福建正盛无机材料股份有限公司
地址：漳平市富山工业园区白沙洋
……………………Tel：0597－7772886

福建省水利投资开发集团连城水务有限公司
地址：福建省龙岩市连城县莲峰镇栗园路1号
……………………Tel：0597－8180011

福建连城红心地瓜干股份有限公司
地址：连城县莲峰镇江坊村红心地瓜干园区1幢
……………………Tel：0597－8911222

福建连城国有投资集团有限公司
地址：福建省龙岩市连城县莲峰镇莲中北路1号莲花花园一号楼2层
……………………Tel：0597－8920779

连城县连发城市建设有限公司
地址：福建省龙岩市连城县莲峰镇莲中北路1号莲花花园1号楼二层
……………………Tel：0597－8928328

福建泰达高新材料有限公司
地址：福建省将乐县积善工业园区鹏程大道2号
……………………Tel：0598－2386909

福建省富强石材有限公司
地址：建宁县均口镇修竹村
……………………Tel：0598－3233333

福建华永新材料有限公司
地址：永安市大湖镇新湖路110号
……………………Tel：0598－3574247

福建新越金属材料科技有限公司
地址：永安市尼葛工业园北区1188号
……………………Tel：0598－3650555

超然（福建）新材料科技有限公司
地址：永安市尼葛开发区尼葛路1888号
……………………Tel：0598－3686888

永安市城市建设开发有限公司
地址：永安市南山路2号7幢三层
……………………Tel：0598－3853169

永安市城市建设投资集团有限公司
地址：永安市南山路2号7幢
……………………Tel：0598－3853899

三明市名成冷冻物流有限公司
地址：三明市三元区长安路3号
……………………Tel：0598－5153666

福建盈展路桥工程有限公司
地址：福建省三明市三元区长安路17号2幢304
……………………Tel：0598－5320053

福建有道贵金属材料科技有限公司
地址：福建省沙县金古工业园区北区中节能海西（三明）节能环保产业园第25幢厂房
……………………Tel：0598－5505077

福建黄腾建材有限公司
地址：福建省三明市沙县富口镇白溪口村90号
……………………Tel：0598－5592800

福建雅鑫电子材料有限公司
地址：三明市清流经济开发区氟新材料产业园9号
……………………Tel：0598－5669186

沙县城市建设投资有限责任公司
地址：沙县城关西大桥北桥头东侧
……………………Tel：0598－5822037

福建省沙县福禹新型材料有限责任公司
地址：三明金沙高新技术产业开发区金沙园
……………………Tel：0598－5822055

福建三明生态工贸区生态新城集团有限公司
地址：福建省沙县虬江街道金泉路三明港务联检中心大楼十二楼
……………………Tel：0598－5825711

清流县永乐装潢材料有限责任公司
地址：清流县龙津镇北大路219号
……………………Tel：0598－5900138

尤溪县瑞锦城市建设投资有限公司
地址：福建省三明市尤溪县城关镇滨河大道6号（经贸大厦23层）
……………………Tel：0598－6336080

福建兴田城市建设投资有限责任公司
地址：大田县均溪镇银山北路2号1幢
……………………Tel：0598－7229899

福建省大田县岩城水泥有限责任公司
地址：大田县广平镇万筹村
……………………Tel：0598－7416126

福建省南泰电力实业有限公司
地址：福建省三明市泰宁县杉城镇开泰路11号
……………………Tel：0598－7843338

福建丹霞城市建设投资有限公司
地址：泰宁县杉城镇归化路6号
……………………Tel：0598－7866815

三明市城市建设发展集团有限公司
地址：福建省三明市梅列区徐碧街道东乾路109号城发大厦23－25层
……………………Tel：0598－7992799

三明市城市建设投资集团有限公司
地址：福建省三明市梅列区乾龙新村348幢裙楼3－4层
……………………Tel：0598－7992799

福建翔丰华新能源材料有限公司
地址：福建省永安市贡川镇水东园区38号
……………………Tel：0598－8061233

福建省明光新型材料有限公司
地址：福建省三明市沙县金古开发区
……………………Tel：0598－8205758

闽晟集团城建发展有限公司
地址：三明市梅列区乾龙新村17幢3楼2号
……………………Tel：0598－8210766

福建闽新集团有限公司
地址：梅列区乾龙新村416幢二十三层
……………………Tel：0598－8239209

三明明房房地产服务有限公司
地址：三明市梅列区列东街1号明宇大厦裙楼201、202号
……………………Tel：0598－8282363

福建省东亚金属材料有限公司
地址：三明市三元区工业南路118号8幢7楼
……………………Tel：0598－8306189

福建城建建设有限公司
地址：福建省三明市沙洲路11号
……………………Tel：0598－8337088

福建省三明市期盛新材料有限公司
地址：福建省三明市三元区莘口镇渡头坪工业园3号3幢1层
……………………Tel：0598－8375318

福建三明市第一建设工程有限公司
地址：三明市三元区青年路38号1幢3层
……………………Tel：0598－8592152

尤溪县荣盛城市建设投资有限公司
地址：福建省三明市尤溪县西城镇三车大道3号闽中电子商务创业园17号楼3层
……………………Tel：0598－8765681

福建铜浪建材科技发展有限公司
地址：三明市梅列区小蕉工业园区
……………………Tel：0598－8877787

福建省厦松城建投资有限公司
地址：福建省南平市松溪县松源大街241号
……………………Tel：0599－2321459

福建水投集团松溪县水美城市建设管理有限公司
地址：福建省南平市松溪县松源街道河滨路54号601－602
……………………Tel：0599－2326222

福建康百赛新材料有限公司
地址：福建省南平市松溪县河东乡横垅路8号
……………………Tel：0599－2380637

浦城恒鑫建筑工程有限公司
地址：浦城县兴浦路33号（仙楼新境小区）2#幢3层301
……………………Tel：0599－2829625

浦城县鸟之巢装潢装饰有限公司
地址：浦城县跃进小区五排（城关怡园C区大门正对面）
……………………Tel：0599－2840933

福建圣农发展（浦城）有限公司
地址：福建省浦城县梦笔大道396号
……………………Tel：0599－2869777

福建省建州物产集团有限公司
地址：建瓯市水西路269号
……………………Tel：0599－3726792

厦门水务集团（建瓯）城建投资有限公司
地址：建瓯市中山西路55米大道23#楼西侧
……………………Tel：0599－3832114

福建水投集团建瓯市水美城市项目管理有限公司
地址：福建省建瓯市城东工业区瓦厂洋（恒松大厦）
……………………Tel：0599－3837769

建瓯市城东工业开发建设有限公司
地址：福建省建瓯市竹海商贸城A区1#第四层
……………………Tel：0599－3856956

福建省武夷鸿三建工发展有限公司
地址：武夷山市崇安街1－1号
……………………Tel：0599－5112385

武夷山市品乘装饰装潢有限公司
地址：武夷山市度假区大王峰北路208号（紫阳古城）19幢1层123
……………………Tel：0599－5166666

福建世竹新材料股份有限公司
地址：武夷山市武夷新区环保科技园区
……………………Tel：0599－5280033

福建世竹思维高新材料研发中心（普通合伙）
地址：武夷山市生态创业园区仙店路6号
……………………Tel：0599－5322555

福建海源新材料科技有限公司
地址：南平市建阳区武夷新区童游大街2号
……………………Tel：0599－5507190

福建省宜家房地产开发有限公司
地址：南平市建阳区潭城街道人民西路883号建发金座18楼1809号
……………………Tel：0599－5508555

致和（福建）供应链管理有限公司
地址：南平市建阳区龙翔路666号（塔下工业园区）
……………………Tel：0599－5810326

福建新纪建设集团有限公司
地址：南平市建阳区朱熹大道1969号
……………………Tel：0599－5822983

福建中都新型建材有限公司
地址：南平市武夷新区建阳童游工业园区四期新岭材料产业园
……………………Tel：0599－5830000

南平市建阳区城市建设投资集团有限公司
地址：南平市建阳区人民西路498号
……………………Tel：0599－5830692

南平市江南城市建设开发有限公司
地址：南平市延平新城站前大道1号
……………………Tel：0599－6131770

福建鑫森新型炭材料有限公司
地址：邵武市经济开发区紫金工业平台
……………………Tel：0599－6301155

福建海德福新材料有限公司
地址：福建省邵武市吴家塘镇金塘工业园区三期七牧平台
……………………Tel：0599－6339999

南平建设集团有限公司
地址：南平市建阳区顺昌街213号祥乐苑15幢4楼
……………………Tel：0599 6908035

福建省顺昌富宝腾达化工有限公司
地址：顺昌县大干镇
……………………Tel：0599－7513796

福建金孚新材料科技有限公司
地址：邵武市金塘工业园区
……………………Tel：0599－7553117

福建鸿志兴股份有限公司
地址：建瓯市城东工业园区（东门笋竹城开发区D区16号）
……………………Tel：0599－8225584

福建国运建设发展有限公司
地址：福建省南平市延平区东山路177号佳祥大厦9楼
……………………Tel：0599－8600770

福建南平太阳高新材料有限公司
地址：福建省南平市延平区延平新城太阳路1号
……………………Tel：0599－8725592

福建省南铝商务服务有限公司
地址：福建省南平市延平区工业路153号
……………………Tel：0599－8737915

福建福能南纺卫生材料有限公司
地址：福建省南平市延平区安丰路63号
……………………Tel：0599－8813217

南平瑞峰置业有限公司
地址：南平市延平区李侗路188号406室
……………………Tel：0599－8886699

福建锐丰建材有限公司
地址：福州市台江区达道路68号华兴广场一层三区
……………………Tel：0951－83881111

福建晨星建材股份有限公司
地址：福建省福州市仓山区下渡街道连江南路13号拓福广场1－3#楼连接体1层108商业
……………………Tel：0951－83881111

福建恒实建设发展有限公司
地址：宁德市东侨经济开发区东湖臻悦3#201、202、301
……………………Tel：0953－2861173

江西省

上饶市城市建设投资开发集团有限公司
地址：江西省上饶市信州区中山路84号（市检察院老办公大楼）
……………………Tel：0397－8035455

贵溪市国有控股集团有限公司
地址：江西省贵溪市冶金大道9号
……………………Tel：0701－3793796

余江县铁城市政建设投资经营有限公司
地址：江西省鹰潭市余江区鹰南大道1号
……………………Tel：0701－5898963

余江县城市建设投资开发集团有限公司
地址：江西省鹰潭市余江县邓埠镇鹰南大道1号
……………………Tel：0701－5898963

鹰潭市国有控股集团有限公司
地址：江西省鹰潭市月湖区府前路7号
……………………Tel：0701－6441915

分宜县小城镇建设投资有限公司
地址：分宜县安仁路58号
……………………Tel：0790－5819029

分宜县城市建设投资开发有限公司
地址：江西省新余市分宜县万年北路31号
……………………Tel：0790－5881517

新余市渝水区城区建设投资开发有限公司
地址：江西省新余市渝水区康泰路21号新经济大楼8楼808室
……………………Tel：0790－6207780

新余市渝水区投资控股集团有限公司
地址：江西省新余市渝水区康泰路21号新经济大楼
……………………Tel：0790－6268810

江西景嵘建设工程有限公司
地址：江西省新余市渝水区水北镇颖江大道9号
……………………Tel：0790－6331517

江西新余南方建材有限公司
地址：江西省新余市渝水区袁河工业平台
……………………Tel：0790－6731906

新余市城乡建设投资（集团）有限公司
地址：江西省新余市仰天大道体育中心东北门四楼
……………………Tel：0790－6736689

新余市城市建设投资开发有限公司
地址：江西省新余市渝水区北湖中路360号
……………………Tel：0790－6736689

江西赣江新区绿地置业有限公司
地址：江西省赣江新区直管区儒乐湖新城金山大道儒乐星镇2栋202室
……………………Tel：0791－82207727

江西赣江新区绿地金开实业有限公司
地址：江西省赣江新区直管区金山大道儒乐星镇2栋102室
……………………Tel：0791－82207727

江西赣江新区绿地申赣置业有限公司
地址：江西省赣江新区直管区金山大道儒乐星镇2栋101室
……………………Tel：0791－82207727

中承国际工程有限公司
地址：江西省南昌市青云谱区三店西路218号
……………………Tel：0791－82217868

江西荣胜新型建材有限公司
地址：江西省南昌市安义县长均乡曹村
……………………Tel：0791－83388699

江西省安义城市投资集团有限公司
地址：江西省南昌市安义县工业园区凤凰西路
……………………Tel：0791－83413466

安义县城市建设开发有限公司
地址：江西省南昌市安义县龙津镇文峰路

农业局综合楼602铺
Tel：0791-83413466

江西教育印务实业有限公司
地址：江西省南昌市新建区长　外商投资工业区
Tel：0791-83701968

江西文城建筑工程有限公司
地址：江西省南昌市新建区长　工业园区管委会办公大楼801室
Tel：0791-83702928

南昌市新建区鑫城置业有限公司
地址：江西省南昌市新建区长　镇天兴地址：翰林苑一号楼办公区
Tel：0791-83706519

南昌市新建区城市建设投资发展有限公司
地址：江西省南昌市新建区长　镇天兴翰林苑1号楼
Tel：0791-83706519

江西联泰实业有限公司
地址：江西省南昌市红谷滩新区赣江南大道1688号联泰香域滨江44栋102店面（1-2层）
Tel：0791-83722125

江西贝融循环材料股份有限公司
地址：江西省鹰潭市月湖区经济技术开发区白露乡双凤街
Tel：0791-83785665

南昌中节能环境科技有限责任公司
地址：江西省南昌市南昌经济技术开发区黄家湖西路1589号
Tel：0791-83803963

江西绿地城市建设投资有限公司
地址：南昌市新建区长　镇立新路59号
Tel：0791-83823312

江西天九幸福企业咨询集团有限公司
地址：江西省南昌市红谷滩新区红谷中大道1568号红谷凯旋商业办公综合楼及商业六1402室（第14层）
Tel：0791-83826345

南昌金开集团有限公司
地址：江西省南昌经济技术开发区榴云路商业街A栋3楼
Tel：0791-83831218

南昌弘阳房地产开发有限公司
地址：江西省南昌市湾里区招贤镇梅岭大道216号310室
Tel：0791-83840089

南昌典和装潢印刷有限公司
地址：江西省南昌市南昌经济技术开发区江西紧固件厂内
Tel：0791-83866950

江西翰飞建设有限公司
地址：江西省南昌市南昌经济技术开发区菊圃路以北、榴云路以西办公楼二楼202室
Tel：0791-83869029

朝晖城建集团有限公司
地址：江西省南昌市新建区长　外商投资工业二区璜溪大道39号
Tel：0791-83870625

江西城泰投资有限公司
地址：江西省南昌市红谷滩新区庐山南大道1999号保利国际高尔夫花园公共配套中心6#办公楼写字楼105室
Tel：0791-83871290

江西省朝晖城市建设工程有限公司
地址：江西省南昌市新建区长　外商投资工业二区璜溪大道39号
Tel：0791-83878695

中建泰基城市建设集团有限公司
地址：江西省南昌市南昌县富山乡迎富大道茗坊雅苑6栋026号
Tel：0791-83882666

南昌盈佳建材贸易有限公司
地址：江西省南昌市南昌经济技术开发区青岚大道南昌市昌北投资公司3号厂房（第1-2层）
Tel：0791-83893867

南昌金开市政设施建设管护有限公司
地址：江西省南昌经济技术开发区榴云路商业街Ａ栋三楼
Tel：0791-83901975

南昌城建集团有限公司
地址：江西省南昌经济技术开发区双港西大街528号
Tel：0791-83980596

江西南方建设工程有限公司
地址：江西省南昌市西湖区抚河北路117号
Tel：0791-83980667

南昌城市建设投资发展有限公司
地址：江西省南昌市红谷滩新区丰和中大道456号
Tel：0791-83987267

南昌广电数字网络有限公司
地址：江西省南昌市红谷滩新区绿茵路广电中心大楼11楼
Tel：0791-83988611

江西中城建设发展有限公司
地址：江西省南昌市新建区望城新区璜溪大道19号
Tel：0791-84696888

江西雄基钢构建材有限公司
地址：江西省南昌市进贤县张公镇张公大道600号
Tel：0791-85533699

建华建材（江西）有限公司
地址：江西省南昌市南昌县南新乡西江村
Tel：0791-85886158

江西中恒地下空间科技有限公司
地址：江西省南昌市南昌县小蓝经济开发区富山东大道1155号
Tel：0791-85951850

江西瑞邦实业集团有限公司
地址：江西省南昌小蓝经济开发区富山二路889号
Tel：0791-85999888

中建城开环境建设有限公司
地址：江西省南昌市南昌县河洲路398号中建城开大厦
Tel：0791-86171901

中建国信海绵城市建设有限公司
地址：江西省南昌市南昌县莲塘镇南井路134号
Tel：0791-86171901

华赣城建集团股份有限公司
地址：江西省南昌市红谷滩区江报路69号唐宁街A座B座写字楼B座1901室-1902室
Tel：0791-86201616

江西建工城市建设有限责任公司
地址：江西省南昌市南昌高新技术产业开发区紫阳大道3399号（云中城C#楼二楼）
Tel：0791-86225535

南昌中铁穗城轨道交通建设运营有限公司
地址：江西省南昌市红谷滩新区世贸路942号远帆大厦A座11层1102-1112室
Tel：0791-86255163

江西省洪晟建设投资有限公司
地址：江西省南昌市红谷滩新区会展路1088号莱蒙都会商业中心5#办公、商业楼2101室
Tel：0791-86265169

江西中原地产经纪有限公司
地址：江西省南昌市红谷滩区嘉言路668号语音服务中心第7层B07001室
Tel：0791-86296696

江西省城镇建设投资集团有限公司
地址：江西省南昌市省政府大院西二路省发改委综合楼12楼
Tel：0791-86318289

南昌市城建建筑产业投资中心（有限合伙）
地址：江西省南昌市红谷滩新区丰和中大道1318号建设大厦10楼
Tel：0791-86388168

中建华夏建设集团股份有限公司
地址：江西省南昌市南昌县河洲路398号（千亿建筑科技产业园）61号中建华夏大厦
Tel：0791-86538688

南昌市林业投资发展有限公司
地址：江西省南昌市西湖区桃苑西路36号（第5-7层）
Tel：0791-86575892

城开建设集团有限公司
地址：江西省南昌市高新技术产业开发区火炬大街126号江山大厦A座404室
Tel：0791-86651225

南昌厚新港务有限公司
地址：江西省南昌市新建区厚田乡振兴街1号
Tel：0791-86653671

南昌华南城商业管理有限公司
地址：江西省南昌市红谷滩新区华南大道1号C02地块南昌华南城一期物流2号交易广场4层B区034号
Tel：0791-86766666

江西省林亿尚品建筑装潢有限公司
地址：江西省南昌市西湖区南铁三村40栋4单元102室
Tel：0791-86818799

江西省城建集团有限公司
地址：江西省高安市瑞阳大道世博华城
Tel：0791-86891203

中铁城建集团南昌建设有限公司
地址：江西省南昌市西湖区二七南路１１６号
Tel：0791-87023247

中国铁建十六局集团置业江西京诚房地产有限公司
地址：江西省南昌经济技术开发区双港东大街华东交通大学北区招待所附楼
Tel：0791-87045712

南昌临空经济区城市建设投资开发集团有限公司
地址：江西省南昌市临空经济区祥和四路360号三层
Tel：0791-87651868

南昌县城市建设投资发展有限公司
地址：江西省南昌市南昌县莲塘镇斗柏路598号
Tel：0791-87703262

江西高能物业管理有限公司
地址：江西省南昌市高新区火炬大街６８号创业大楼
Tel：0791-88109955

江西省建材集团有限公司
地址：江西省南昌市东湖区省政府大院北一路１号
Tel：0791-88160359

江西新型建材投资发展有限公司
地址：江西省南昌市南昌高新技术产业开发区京东大道399号
Tel：0791-88160359

江西泓泰企业集团有限公司
地址：江西省南昌市高新开发区高新六路１１６号
Tel：0791-88162211

江西联创博雅照明股份有限公司
地址：江西省南昌市南昌高新技术产业开发区京东大道699号研发大楼第八层
Tel：0791-88167668

南昌新铭房地产开发有限公司
地址：江西省南昌市红谷滩新区赣江北大道888号阅江商业中心一期A栋办公楼-2129室
Tel：0791-88176272

江西金麒麟置业有限公司
地址：江西省南昌市新建县长　工业园区管委会大楼805室
Tel：0791-88176272

江西财富装潢工程有限公司
地址：江西省南昌市东湖区八一大道357号财富广场B座13层1306号房
Tel：0791-88178177

江西中创建设工程有限公司
地址：江西省抚州市南城县建昌镇河东大道百望电商中心二楼D208
Tel：0791-88189332

江西康华企业发展有限公司
地址：江西省南昌市青山湖区昌东开发区昌东一路１号
Tel：0791-88209831

江西华东装潢建材博览城有限责任公司
地址：江西省南昌市青云谱区广州路189号
Tel：0791-88280001

江西洪都建筑装潢有限公司
地址：江西省南昌市青云谱区新溪桥
Tel：0791-88280860

南昌深农冷链物流有限公司
地址：南昌市青云谱区朱桥东路99号
Tel：0791-88298785

江西银湾物业管理有限公司
地址：江西省南昌市红谷滩新区红谷中大道1619号南昌国际金融大厦A栋3602室（第36层）
Tel：0791-88323678

江西省城市建筑集团有限公司
地址：江西省南昌市高新区紫阳大道3088号（泰豪科技广场712号）
Tel：0791-88329918

南昌城东建设投资有限公司
地址：江西省南昌市高新技术产业开发区火炬五路899号电子创意产业园
Tel：0791-88367156

江西森凯筑信物联科技有限公司
地址：江西省新余市渝水区仙来办事处升恒路212号
Tel：0791-88451361

南昌高投城市建设开发有限公司
地址：江西省南昌市高新技术产业开发区瑶湖大道昌万公路6号
Tel：0791-88561900

南昌嘉茂置业有限公司
地址：江西省南昌市红谷滩新区中央商务区B-7-3地块商都路88号锐拓资本大厦1栋1单元12层
Tel：0791-88656634

南昌中海豪锦地产有限公司
地址：江西省南昌市南昌经济技术开发区白水湖管理处对面车塘湖水产场附楼A132室
Tel：0791-88890793

南昌中海豪轩地产有限公司
地址：江西省南昌市南昌经济技术开发区枫林大道269号蛟桥镇办公楼324室
Tel：0791-88890793

抚州金晨房地产开发有限公司
地址：江西省抚州市宜黄县凤冈镇新农商银行大院内（水北大桥旁）
Tel：0791-88896265

武宁自来水有限公司
地址：江西省九江市武宁县新宁镇新宁路65号
Tel：0792-2764280

武宁县城市建设投资开发有限公司
地址：江西省九江市武宁县沙田新区武陵岩大道财政局大楼二楼
Tel：0792-2777906

九江朗诚建设有限公司
地址：江西省九江市永修县立新乡政府大楼308
Tel：0792-3183888

九江市八里湖新区兴城建设管理中心（有限合伙）
地址：江西省九江市九江经济技术开发区八里湖新区八里湖公园三期C栋二楼
Tel：0792-3906283

九江市八里湖新区兴城建设有限公司
地址：江西省九江市八里湖新区东组团安置小区二期1号商业房
Tel：0792-3906283

瑞昌市投资有限责任公司
地址：江西省九江市瑞昌市市府西路5号
Tel：0792-4228388

江西诚鑫实业有限公司
地址：江西省九江市共青城工业大道北纬三路
Tel：0792-4315189

共青城建鑫投资管理合伙企业（有限合伙）
地址：江西省九江市共青城市私募基金创新园内
Tel：0792-4395333

共青城中外建星寿投资合伙企业（有限合伙）
地址：江西省九江市共青城市私募基金创新园内
Tel：0792-4395333

共青城信中利建信投资管理合伙企业（有限合伙）
地址：江西省九江市共青城市私募基金创新园内
Tel：0792-4395333

江西省富煌钢构有限公司
地址：江西省九江市德安县宝塔工业园区富煌路1号
Tel：0792-4616335

德安县城市建设投资有限公司
地址：江西省九江市德安县蒲塘路205号
Tel：0792-4665606

九江伟梦新型建材有限公司
地址：江西省九江市都昌县蔡岭工业园
Tel：0792-5272308

彭泽县玖银城市建设投资管理中心（有限合伙）
地址：江西省九江市彭泽县山南新区财政局四楼
Tel：0792-5661891

彭泽县江浙湖建材有限公司
地址：江西省九江市彭泽县马当镇杨柳村
Tel：0792-5822930

湖口县城市建设投资开发有限公司
地址：江西省九江市湖口县三里大道
Tel：0792-6322980

九江县玖银城镇建设投资管理中心（有限合伙）
地址：江西省九江市柴桑区财政局办公大楼
Tel：0792-6813722

江西古景建材有限公司
地址：江西省九江市经济技术开发区城西港区裕港路以南、忠宇河以北
Tel：0792-6832887

江西博莱农业高科技股份有限公司
地址：江西省九江市柴桑区马回岭镇
Tel：0792-6893398

江西赣江新区裕德成建材科技有限公司
地址：江西省九江市永修县新城湖东区开发大道信南山水美地16栋
Tel：0792-7719611

庐山市城市建设投资有限公司
地址：江西省九江市庐山市渊明西路西拓安置小区
Tel：0792-7751198

九江市城市建设投资有限公司
地址：江西省九江市浔阳区浔阳东路39号
Tel：0792-8186817

九江市城发市政建设管理有限公司
地址：江西省九江市浔阳区浔阳东路39号
Tel：0792-8186817

九江市浔阳区城市建设投资有限公司
地址：江西省九江市浔阳区学洲湖一号
Tel：0792-8233369

九江德润实业有限公司
地址：江西省九江市经济技术开发区文博大道01号
Tel：0792-8332258

九江开城市政工程建设有限公司
地址：江西省九江市开发区九瑞大道188号
Tel：0792-8366660

九江电建建材有限公司
地址：瑞昌市黄金乡
Tel：0792-8374706

江西联盛奥特莱斯贸易有限公司
地址：江西省九江市濂溪区威家镇庐山大道旁庐山国际新城一期8幢不分单元109
Tel：0792-8771111

九江市庐山三叠泉旅游服务有限公司
地址：江西省九江市庐山市海会镇三叠泉景区
Tel：0792-8792558

九江市建华安防材料有限公司

地址：江西省九江市经济技术开发区城西港区
……Tel：0792-8798737

九江鄱湖新城投资建设有限公司
地址：江西省九江市濂溪区濂溪大道699号
……Tel：0792-8958899

九江市利平城市建设有限公司
地址：江西省九江市濂溪区濂溪大道699号
……Tel：0792-8958899

九江市濂溪区城投（集团）市政建设有限公司
地址：江西省九江市濂溪区长虹大道246号
……Tel：0792-8990016

九江濂庐城乡建设有限公司
地址：江西省九江市濂溪区木樨路96号
……Tel：0792-8990016

玉山县玉投城市建设有限公司
地址：江西省上饶市玉山县冰溪镇府前路89号4栋31号
……Tel：0793-2135581

广丰月兔实业总公司
地址：江西省上饶市广丰区经济开发区月兔大道
……Tel：0793-2620025

兴物城建集团有限公司
地址：江西省上饶市广丰区大石街道兴旺国际建材城19号楼1301室
……Tel：0793-2622522

上饶市广丰区城市建设投资发展有限公司
地址：江西省上饶市广丰区永丰街道天桂路33号
……Tel：0793-2652150

江西兴旺房地产开发有限公司
地址：江西省上饶市广丰区永丰街道月湖北路67号三楼
……Tel：0793-2966666

万年县城市建设开发有限公司
地址：江西省上饶市万年县陈营镇建德大街66号
……Tel：0793-3837378

铅山县蓝翔装潢装饰有限公司
地址：江西省上饶市铅山县河口镇城中商贸大厦40A室
……Tel：0793-5169555

横峰县蓝丰建材商贸有限公司
地址：江西省上饶市横峰县岑阳镇园道西路121号3-5
……Tel：0793-5766666

江西欣晟实业有限公司
地址：江西省上饶市横峰县平安小区3号1/6
……Tel：0793-5783277

江西弋阳海螺新型建材有限责任公司
地址：江西省上饶市弋阳县三县岭镇姚畈村
……Tel：0793-5811306

弋阳县城市建设投资开发有限公司
地址：江西省上饶市弋阳县南岩镇城南新区
……Tel：0793-5826335

弋阳县城市建设综合开发有限责任公司
地址：江西省上饶市弋阳县南岩镇圭峰大道59号
……Tel：0793-5826335

上饶市新城吾悦房地产开发有限公司
地址：江西省上饶市广信区凤凰西大道76号1幢1501-1507号
……Tel：0793-5868888

江西婺源翼天文化旅游股份有限公司
地址：江西省上饶市婺源县紫阳镇梅林路翼天文化旅游城1号
……Tel：0793-7376666

德兴市投资控股集团有限公司
地址：江西省上饶市德兴市南门新区金山大道市委党校内（北侧）
……Tel：0793-7818936

上饶市城投建工集团有限公司
地址：江西省上饶市信州区茶圣中路169号茶圣花园(与紫阳大道交汇处)
……Tel：0793-8035715

上饶市城南城市建设投资发展有限公司
地址：江西省上饶市信州区三江大道185号
……Tel：0793-8076636

上饶市恒大置业有限公司
地址：江西省上饶市信州区北环路260号260
……Tel：0793-8088202

上饶市城投远盛建筑工业有限公司
地址：江西省上饶市信州区朝阳产业园朝阳七路七号
……Tel：0793-8318288

江西西城建设工程有限公司
地址：江西省上饶市广信区罗桥街道办旭日北大道320号
……Tel：0793-8452058

上饶市广信城投集团有限公司
地址：江西省上饶市广信区惟义路122号
……Tel：0793-8452058

上饶市城镇基础设施建设产业中心（有限合伙）
地址：江西省上饶经济技术开发区兴园大道32号双创科技城7号楼6楼
……Tel：0793-8462911

江西天峰建材有限公司
地址：江西省上饶市经济开发区黄源片区(县枫岭头镇南山村)
……Tel：0793-8493666

上饶友邦房地产开发有限公司
地址：江西省上饶市广信区旭日工业园区
……Tel：0793-8665278

上饶市城投中大建筑工业有限公司
地址：江西省上饶市广信区茶亭经济开发区通仁路1号
……Tel：0793-8826386

广昌县莲源城镇建设发展有限公司
地址：江西省抚州市广昌县 江镇河东新区澳沪阳光花园3栋17-18号
……Tel：0794-3688068

抚州祥生房地产开发有限公司
地址：江西省抚州市东乡区景泰凤凰城三期29栋B座11号楼
……Tel：0794-4281000

江西云帆环保建材有限公司
地址：江西省抚州市东乡区经济开发区渊山岗工业园区广州路01号
……Tel：0794-4391558

南城县城镇建设投资有限公司
地址：江西省抚州市南城县建昌镇城东路99号
……Tel：0794-7262099

南城县工业园标准厂房建设项目管理有限公司
地址：江西省抚州市南城县河东工业园区服务中心大楼内
……Tel：0794-7913137

江西硕丰投资控股有限公司
地址：江西省南昌市红谷滩新区红谷中大道998号绿地中央广场A1#办公楼-607室
……Tel：0794-8267777

建昌帮药业有限公司
地址：江西省抚州市抚州高新技术产业开发区金 大道198号新智科技园A4栋4楼08号
……Tel：0794-8271688

江西卓朗数字科技有限公司
地址：江西省抚州市抚州高新技术产业开发区西至园纵四路、南至王安石大道、北至惠泉路
……Tel：0794-8271718

抚州市文昌里保护开发有限公司
地址：江西省抚州市临川区文昌里历史文化街区
……Tel：0794-8291099

抚州市临川区城镇建设开发投资有限公司
地址：江西省抚州市临川区临川上顿渡桥东路南侧与中心路东侧交汇处
……Tel：0794-8439189

抚州市临川区城镇综合开发公司
地址：江西省抚州市临川区上顿渡行政新区建设大楼
……Tel：0794-8441906

江西宜安居装潢有限公司
地址：江西省宜春市平安路336号
……Tel：0795-2191111

日门（江西）建材有限公司
地址：江西省宜春市经济技术开发区
……Tel：0795-3139009

江西省东龙实业股份有限公司
地址：江西省宜春经济技术开发区
……Tel：0795-3566555

宜春市袁州新城建设有限公司
地址：江西省宜春市袁州区袁州大厦东3楼
……Tel：0795-3588362

宜春市城市建设投资开发有限公司
地址：江西省宜春市袁州区秀江东路482号
……Tel：0795-3595771

江西荣城建设有限公司
地址：江西省宜春经济技术开发区经开大道1号广汇万豪国际20楼
……Tel：0795-3598693

宜春市赛威特房地产开发有限公司
地址：江西省宜春市宜湖路（海驿山庄内）
……Tel：0795-3669697

宜春中新房建设发展有限公司
地址：江西省宜春市袁州区卢洲北路669号-5商务楼1-5层
……Tel：0795-3695966

宜春市新城建设发展有限公司
地址：江西省宜春市袁州区宜阳大道60号
……Tel：0795-3997498

江西新明珠建材有限公司
地址：江西省高安市八景镇（中国建筑陶瓷产业基地）
……Tel：0795-5603998

江西大城市场开发有限公司
地址：江西省高安市大城昌西文化产业园（大城开发区迎宾路188号）
……Tel：0795-5688000

丰城市新城投资建设有限公司
地址：江西省宜春市丰城市龙津湖总部经济基地管委会
……Tel：0795-6206259

丰城市剑江城镇建设有限公司
地址：丰城市龙津湖总部经济基地管委会
……Tel：0795-6206259

丰城剑邑城乡建设发展投资有限公司
地址：江西省宜春市丰城市龙津湖总部经济基地管委会
……Tel：0795-6206259

丰城市城市建设投资有限公司
地址：江西省丰城市龙津湖总部经济基地管委会
……Tel：0795-6206259

丰城市剑邑建设投资有限公司
地址：江西省丰城市新城区梦祥路339号
……Tel：0795-6206259

丰城市交通运输投资建设有限责任公司
地址：江西省宜春市丰城市商会大厦二楼东侧
……Tel：0795-6607922

高安市城市建设投资有限责任公司
地址：江西省宜春市高安市瑞阳新区东区瑞祥苑43栋
……Tel：0795-7067682

樟树市城镇建设投资发展有限公司
地址：江西省宜春市樟树市兆丰花苑36栋109号（自主承诺）
……Tel：0795-7377860

万载县城乡建设发展投资有限公司
地址：江西省宜春市万载县康乐街道迎宾大道2799号附39栋125号到142号
……Tel：0795-8827729

江西金池新型建材有限公司
地址：江西省宜春市万载县工业园区象湖路
……Tel：0795-8868170

万载县城达建设投资有限公司
地址：江西省宜春市万载县城东路600号
……Tel：0795-8953567

永丰县城市建设投资开发有限公司
地址：江西省吉安市永丰县行政中心大楼三楼
……Tel：0796-2206568

江西金鑫建材有限公司
地址：江西省吉安市新干县城北工业园（金川镇鹧鸪山）
……Tel：0796-2628968

新干县城乡建设投资开发有限责任公司
地址：江西省吉安市新干县滨江大道城投大楼
……Tel：0796-2692296

江西建仕新材料科技有限公司
地址：江西省吉安市新干县城上乡大坑村老桥洲
……Tel：0796-2805169

泰和县金海建材贸易有限公司
地址：江西省吉安市泰和县卫生巷35号
……Tel：0796-5333779

遂川县城市建设投资开发有限公司
地址：江西省吉安市遂川县龙泉商贸城二区54号二、三楼
……Tel：0796-6110229

井冈山市城市建设投资开发有限公司
地址：江西省井冈山市新城区延安路农业开发办公室办公大楼3楼
……Tel：0796-6890979

安福县轻化建材公司
地址：江西省吉安市安福县县城武功山大道18号
……Tel：0796-7622573

安福县城市建设投资开发有限公司
地址：江西省吉安市安福县平都镇泸水河大道215号
……Tel：0796-7626656

吉安市飞鑫房地产开发有限公司
地址：江西省吉安市青原区青原大道555号
……Tel：0796-8102199

江西省高精科技有限公司
地址：江西省吉安市井冈山经济技术开发区河东经济开发区新工业园高航路以东C20-1、C21、D3-1地块
……Tel：0796-8182688

江西一诺实业发展有限公司
地址：吉安市青原区818小区对面学府嘉园四楼
……Tel：0796-8207688

吉安市万家房地产开发公司
地址：江西省吉安市吉州区吉州大道306号（吉安市房地产交易大楼10楼）
……Tel：0796-8222052

吉安医药有限公司
地址：江西省吉安市吉州区井冈山大道159号
……Tel：0796-8222162

吉安市吉州区石阳城建开发有限责任公司
地址：江西省吉安市吉州区财政局局内
……Tel：0796-8222238

吉安市吉州区城市建设投资开发有限公司
地址：吉安市吉州区吉安北大道6号（吉州区行政中心内）
……Tel：0796-8223590

吉安市江南建筑工程有限公司
地址：江西省吉安市新干县金川镇灌溪村
……Tel：0796-8237222

吉安市赣电装潢工程有限公司
地址：江西省吉安市吉州区井冈山大道153号
……Tel：0796-8256798

泰和县城市建设投资有限公司
地址：江西省吉安市泰和县澄江镇澄江大道163号
……Tel：0796-8638260

江西吉湖发展集团有限公司
地址：江西省吉安市吉水县滨江南苑1号楼二楼（滨江中大道50号）
……Tel：0796-8937172

全南县城市建设投资有限责任公司
地址：江西省赣州市全南县县城二中桥旁（原二小教学楼位置）
……Tel：0797-2639922

信丰县城市建设投资开发有限公司
地址：江西省赣州市信丰县嘉定镇南山东路与阳明中路交汇路口处
……Tel：0797-3379760

安远县城乡建设经营管理有限公司
地址：江西省赣州市安远县游泳馆三楼
……Tel：0797-3722556

安远县城镇建设综合开发有限公司
地址：江西省赣州市安远县游泳馆三楼
……Tel：0797-3725860

安远县城镇建设投资有限公司
地址：江西省赣州市安远县版石镇镇政府院内
……Tel：0797-3780188

崇义县国盛城乡建设有限公司
地址：江西省赣州市崇义县横水镇中营村锦绣华府1号楼205室附3号
……Tel：0797-3833223

定南城建投资集团有限公司
地址：定南县历市镇广州大道北C栋
……Tel：0797-4282567

赣州市赣县区城市建设投资集团有限公司
地址：江西省赣州市赣县区梅林镇杨仙大道（客家文化城）客家文化街29号
……Tel：0797-4449933

江西中盛和置业有限公司
地址：江西省赣州市章贡区新赣州大道18号
……Tel：0797-5557104

石城县城镇建设投资经营集团有限公司
地址：江西省赣州市石城县迎宾大道55号
……Tel：0797-5701861

赣州新力未来置业有限公司
地址：江西省赣州市赣州经济技术开发区华裕路东侧、紫荆路南侧
……Tel：0797-5882333

赣州新能源汽车科技城建设开发有限公司
地址：江西省赣州市赣州经济技术开发区香江大道88号综合楼4楼419号办公室
……Tel：0797-6577733

江西鑫南城建设投资有限公司
地址：江西省赣州市南康区南水新区岭额下五星公馆10栋7#、8#铺
……Tel：0797-6610289

赣州市南康区城市建设发展集团有限公司
地址：江西省赣州市南康区东山街道陈赞贤大道与赣南大道交界处金融中心2#楼
……Tel：0797-6627509

宁都县城市建设投资集团有限公司
地址：江西省赣州市宁都县梅江镇登峰大道西侧.龙湖路北侧翠微春苑安置小区1号楼
……Tel：0797-6830076

信丰县城乡建设开发有限公司
地址：江西省赣州市信丰县嘉定镇南山东路与阳明中路交汇路口处
……Tel：0797-7101027

赣州市章贡区城市建设投资开发有限公司
地址：江西省赣州市章贡区知荣路2号软件产业园5楼501室
……Tel：0797-7386260

石城县城市建设投资发展有限公司
地址：江西省赣州市石城县迎宾大道55号
……Tel：0797-7775780

兴国城投建材有限公司
地址：江西省赣州市兴国县经济开发区新区大道中段（御庭嘉园扶贫安置点D3-201）
……Tel：0797-7792615

中农批市场（赣州）有限公司
地址：江西省赣州市章贡区水西镇和乐新村E8-01地块赣州农产品国际物流园（一期）1号楼交易区3-2#
……Tel：0797-8218777

赣州葆和润实业有限公司

地址：江西省赣州市章贡区琴江路3号第五大道一期洛克广场AB座37#商铺
Tel：0797-8359101

赣州市开元建材有限责任公司
地址：江西省赣州市章贡区沙河镇华林村办公楼
Tel：0797-8381188

赣州市荣华广告装潢有限公司
地址：江西省赣州市章贡区金钻广场东座1102号
Tel：0797-8389599

赣州新型建材投资有限责任公司
地址：江西省赣州市章贡区长冈路13号盛汇城市中心5号楼803室
Tel：0797-8480298

上犹县城市建设投资有限公司
地址：上犹县东山镇稍口行政小区财政大楼
Tel：0797-8548660

赣州城投建工集团有限责任公司
地址：江西省赣州市章贡区长冈路13号盛汇城市中心5号楼706室
Tel：0797-8681330

赣州市城市基础设施建设投资管理有限公司
地址：江西省赣州市章贡区长冈路13号盛汇城市中心5号楼705室
Tel：0797-8681330

大余县城市建设开发投资有限公司
地址：江西省赣州市大余县南安镇南安大道12号中国银行6楼
Tel：0797-8711806

景德镇市华阳广告装潢有限公司
地址：江西省景德镇市珠山区解放路79号（华阳新时代广场B区3栋2楼）
Tel：0798-8201179

景德镇市恒宸置业有限公司
地址：江西省景德镇市珠山区景东大道南侧陶阳支线东侧（恒大悦府小区）
Tel：0798-8271222

景德镇市城市建设综合开发公司
地址：江西省景德镇市昌江区珠山西路14号
Tel：0798-8293270

景德镇市城市建设投资开发公司
地址：江西省景德镇市昌江区沿江西路60号(建设服务大楼)
Tel：0798-8528177

景德镇市城市建设投资集团有限责任公司
地址：江西省景德镇市昌江区西山路新城大厦5楼
Tel：0798-8528337

景德镇市昌江区城市建设投资开发有限公司
地址：江西省景德镇市昌江区瓷都大道（昌江区政府东一楼101室）
Tel：0798-8529705

萍乡市鑫宇建筑材料有限公司
地址：江西省萍乡市安源区白源街道办事处长溪管理处
Tel：0799-2189555

江西家福实业有限责任公司
地址：江西省萍乡市湘东区下埠镇（陶瓷产业基地）
Tel：0799-3499206

上栗县城市建设投资有限公司
地址：江西省萍乡市上栗县上栗镇萍栗南路（县住房和城乡建设局内）
Tel：0799-3888600

江西华健汽车有限公司
地址：江西省萍乡市安源区安源新区（319国道与萍高路交汇处）
Tel：0799-6232222

萍乡市新人类广告装潢有限公司
地址：江西省萍乡市安源区后埠街跃进北路113号
Tel：0799-6239966

萍乡市中铁建大桥局海绵城市建设有限公司
地址：江西省萍乡市安源区八一街总部经济大楼360室
Tel：0799-6320899

萍乡市豪天利装潢工程有限公司
地址：萍乡经济技术开发区东壁管理处办公楼103号
Tel：0799-6356669

萍乡中合农产品市场有限公司
地址：江西省萍乡市安源区城郊管委会流万管理处313室
Tel：0799-6660756

江西智慧海绵城市建设发展投资集团有限公司
地址：江西省萍乡市萍乡经济技术开发区东壁管理处工业大道边（安源中大道14号）
Tel：0799-6663728

萍乡市金诚装潢工程有限公司
地址：江西省萍乡市开发区昌华街
Tel：0799-6666898

萍乡市水电八局万龙湾海绵城市建设有限公司
地址：江西省萍乡市安源区后埠街楚萍东路8号
Tel：0799-6685758

萍乡市汝顺装潢工程有限公司
地址：萍乡经济技术开发区公园中路85-3号
Tel：0799-6767868

萍乡市翼天中梁城置业有限公司
地址：江西省萍乡市萍乡经济技术开发区经贸大厦13层
Tel：0799-6770369

萍乡市城市建设投资集团有限公司
地址：江西省萍乡市经济开发区新城区通久路清竹山庄
Tel：0799-6775671

萍乡恒辉地产有限公司
地址：江西省萍乡市萍乡经济技术开发区苏州东街光丰电子商务大厦1201室
Tel：0799-6777550

萍乡市房地产综合开发公司
地址：江西省萍乡市萍乡经济开发区安源中大道
Tel：0799-6777615

萍乡达金装潢工程有限公司
地址：江西省萍乡市经济开发区建设东路55号
Tel：0799-6780222

萍乡市房地产经营总公司
地址：江西省萍乡市安源区八一路中街
Tel：0799-6832368

萍乡市碧桂园投资有限公司
地址：萍乡经济技术开发区横板管理处办公室一楼
Tel：0799-6856666

江西瑞世建筑工程有限公司
地址：江西省萍乡市安源区五陂镇安源文化创意产业园125号
Tel：0799-6886189

萍乡绿地申飞置业有限公司
地址：江西省萍乡市萍乡经济技术开发区经贸大厦20楼
Tel：0799-6957001

江西无限广告装潢有限公司
地址：江西省萍乡市安源经济开发区公园中路36号
Tel：0799-7139999

莲花县城市建设投资发展有限公司
地址：江西省萍乡市莲花县永安北路146号
Tel：0799-7225889

莲花县中顺建材有限公司
地址：江西省萍乡市莲花县良坊镇商业街43号
Tel：0799-7281009

芦溪县承志建材有限公司
地址：江西省萍乡市芦溪县芦溪镇葛溪村
Tel：0799-7587588

芦溪金恒环保建材有限公司
地址：江西省萍乡市芦溪县工业园西区
Tel：0799-7589992

山东省

华塑建材有限公司
地址：四川省成都市龙泉驿区龙泉镇星光中路6号
Tel：028-84877901

济宁祥城贯石城市建设合伙企业（有限合伙）
地址：山东省济宁市经济开发区呈祥大道与嘉诚路交界处(圣祥小镇)
Tel：0512-86668291

郓城华仁建设投资有限公司
地址：山东省菏泽市郓城县唐塔街道西门街北段67号
Tel：0523-80681288

建华建材（菏泽）有限公司
地址：山东省巨野县工业园区（老327国道以南，金山路以西）
Tel：0530-2028569

菏泽市定陶区建设开发总公司
地址：山东省菏泽市定陶区白土山路中段
Tel：0530-2211840

定陶鲁意建筑开发工程有限公司
地址：菏泽市定陶县城中街151号
Tel：0530-22212017

山东菏泽望烨建材有限公司
地址：山东省菏泽市郓城县陈王街道办事处北外环以北与临商路交界处
Tel：0530-2917103

菏泽高新区城建运营管理有限公司
地址：山东省菏泽市高新区万福街道办事处中华路2059号
Tel：0530-3158880

菏泽开发区城建运营管理有限公司
地址：菏泽市开发区闽江路2999号
Tel：0530-3158880

菏泽高新城市建设投资集团有限公司
地址：山东省菏泽市高新区万福办事处中华西路2059号
Tel：0530-3158966

菏泽金知业营销策划有限公司
地址：菏泽市黄河东路1566号
Tel：0530-3962678

单县城市建设投资有限公司
地址：山东单县健康路163号财政局院内
Tel：0530-4671517

山东中干建设工程有限公司
地址：山东省菏泽市开发区郑州路1688号
Tel：0530-5188808

菏泽城建绿源环保科技有限公司
地址：菏泽市开发区湘江路999号
Tel：0530-5265296

菏泽市金铁城投城市建设有限公司
地址：菏泽市开发区中华路298号中银大厦20层
Tel：0530-5311896

菏泽铁投鑫创城市建设有限公司
地址：山东省菏泽市牡丹区成阳路86号
Tel：0530-5311896

菏泽开发区城建投资开发有限公司
地址：菏泽开发区人民路中段668号开发区管理委员会711室
Tel：0530-5329885

菏泽城投控股集团有限公司
地址：菏泽市牡丹区中华路2626号
Tel：0530-5616962

菏泽城建投睿琪实业有限公司
地址：山东省菏泽市牡丹区泰山路588号
Tel：0530-5856687

菏泽市银通城市建设投资发展基金（有限合伙）
地址：山东省菏泽市牡丹区中华西路
Tel：0530-5876576

成武文亭城市建设投资有限公司
地址：成武县住房和城乡建设局三楼
Tel：0530-6111001

菏泽市富力房地产开发有限公司
地址：菏泽市经济开发区丹阳街道办事处中山路228号
Tel：0530-6272777

山东圣玉集团有限公司
地址：山东省菏泽市郓城县经济开发区八里河社区五岔路口南300米路西
Tel：0530-6568717

郓城县水浒城市建设投资有限公司
地址：郓城县临城路68号
Tel：0530-6588088

菏泽市中瑞建材有限公司
地址：菏泽市开发区上海路与钱塘路交叉口东南角
Tel：0530-7155360

菏泽市大田房地产开发有限公司
地址：菏泽市广福街888号(菏泽市广福北街73号)
Tel：0530-7156123

山东天华高新技术产业发展有限公司
地址：山东省菏泽市牡丹区长城路3666号
Tel：0530-7355766

菏泽绿地凤冠城投置业有限公司
地址：山东省菏泽市开发区岳程办事处黄河东路王集（原岳程派出所院内）
Tel：0530-7717777

单县绿邦置业有限公司
地址：山东省菏泽市单县南城街道单州路与天台路交叉口南300米路东
Tel：0530-7918888

山东巨润建材有限公司
地址：山东巨野县麒麟镇双孙庄
Tel：0530-8025835

巨野县瑞东建材有限公司
地址：巨野县麒麟镇玻璃工业园出港路路东
Tel：0530-8268129

中铁（山东）城市建设综合开发有限公司
地址：山东省济南市济阳区崔寨街道中心大街1号崔寨商务中心A105室
Tel：0531-55518108

山东闽鲁建材物流园有限公司
地址：山东省济南市历城区郭店街道闽鲁建材办公楼207室
Tel：0531-55566666

济南城鲁建设工程有限公司
地址：山东省济南市槐荫区济齐路149号305室、306室、307室、309室
Tel：0531-55626590

济南荣程房地产开发有限公司
地址：济南市天桥区济泺路53号济泺名都公建107
Tel：0531-55660077

中垠物业管理有限公司
地址：山东省济南市高新区舜泰广场B5-9层
Tel：0531-55667924

山东闽鲁建材科技发展有限公司
地址：山东省济南市历城区郭店街道闽鲁建材办公楼207室
Tel：0531-55702100

山东宏海卓邦置业有限公司
地址：济南市历城区洪家楼南路3号隆悦花园5号楼3单元118室
Tel：0531-55706601

济南城市建设集团资产运营管理有限公司
地址：济南市长清区大学科技园紫薇路中段商务公园1号楼（山东数娱广场A座）
Tel：0531-55707122

山东中演文化传播有限公司
地址：山东省济南市槐荫区日照路1号山东省会大剧院4层409室
Tel：0531-55707357

山东百俊房地产开发有限公司
地址：山东省济南市槐荫区西城大厦第8层801-802、806-809室
Tel：0531-55735101

济南万达城建设有限公司
地址：山东省济南市历城区经十路199号港沟街道办事处院内西侧103室
Tel：0531-55769660

济南致胜置业发展有限公司
地址：济南市历城区人民政府唐冶街道办事处院内115室
Tel：0531-55769660

济南城市建设集团投资有限公司
地址：山东省济南市历城区将军路80号
Tel：0531-55776087

济南仁恒置业有限公司
地址：济南市历下区龙奥西路1号银丰财富广场C座1304室
Tel：0531-55825888

济南盖亚物业管理有限公司
地址：济南市高新区贤文北区12号楼1单元502室
Tel：0531-58018558

山东东辰共赢物业管理有限公司
地址：山东省济南市章丘区埠村街道北埠矿机关
Tel：0531-58536380

济南长清城市建设开发有限公司
地址：山东省济南市长清区文昌街道大学路8178号自来水服务中心201室
Tel：0531-66581606

山东凯瑞物业服务有限公司
地址：济南市高新区新宇路750号1号楼501室
Tel：0531-66620299

济南城市建设集团有限公司
地址：济南市历城区将军路80号
Tel：0531-66667202

济南西投城镇化建设投资有限公司
地址：山东省济南市长清区大学路4366号
Tel：0531-66668307

山东力高盛鸿房地产有限公司
地址：山东省济南市历城区工业北路88号东都国际广场4号楼16层
Tel：0531-66679899

济南城市静态交通管理运营集团有限公司
地址：济南市历下区经十路10567号成城大厦B座9层
Tel：0531-66690707

济南中海地产投资有限公司
地址：山东省济南市市中区二环南路6636号中海广场写字楼33楼
Tel：0531-66771394

济南荣恩房地产开发有限公司
地址：济南市历城区北园路43号310室
Tel：0531-66899977

济南荣商房地产开发有限公司
地址：山东省济南市历城区北园路43号
Tel：0531-66899977

山东国华时代投资发展有限公司
地址：济南市市中区旅游路28666号1区8号楼
Tel：0531-67753555

山东祥瑞众泰建筑工程有限公司
地址：山东省济南市历下区经十路14380号海尔时代大厦1401
Tel：0531-67816873

山东赛伯乐城市建设发展基金合伙企业（有限合伙）
地址：山东省济南市市中区英雄山路129号7号楼201室
Tel：0531-67877101

泰安赛伯乐城市建设发展投资基金合伙企业（有限合伙）
地址：山东省泰安市岱岳区天平湖路7号
Tel：0531-67877101

济南联益建材有限公司
地址：济南市历下区经十路14717号齐源大厦2-1201室
Tel：0531-67897677

济南泰捷房地产开发有限公司
地址：济南市槐荫区张庄路72-4号
Tel：0531-67961900

济南中建西区城市建设发展有限公司
地址：济南市槐荫区经十路29851号槐荫政务中心东北角附二楼D011厅
Tel：0531-67968722

济南城市建设投资集团有限公司
地址：济南市历下区经十东路10567号

……………………Tel：0531-67989500

济南市城市建设投资有限公司
地址：济南市历下区经十东路10567号
……………………Tel：0531-67989500

商河城乡一体化建设有限公司
地址：山东省济南市商河县鑫源路建行办公楼二楼
……………………Tel：0531-68781063

山东潜能建材有限公司
地址：济南市市中区党家镇东渴马村村北山鲍家峪
……………………Tel：0531-69981339

山东嘉信建设管理咨询有限公司
地址：山东省济南市莱芜区鹏泉东大街68号
……………………Tel：0531-76228188

山东三岳建材有限公司
地址：济南市莱芜区高庄街道办事处任家洼村
……………………Tel：0531-76368888

山东大汉城市建设集团有限公司
地址：莱芜经济开发区张家洼街道办事处书香街16号
……………………Tel：0531-78558788

山东海瑞建材科技有限公司
地址：山东省章丘市圣井高科技园内
……………………Tel：0531-80950277

济南旭荣房地产开发有限公司
地址：山东省济南市高新区舜海路219号华创观礼中心4号楼1503室、1504室
……………………Tel：0531-80975577

山东天诚国土规划设计院有限公司
地址：济南市历山路146-2号
……………………Tel：0531-80989136

济南祥弘房地产开发有限公司
地址：山东省济南市济阳县济北街道正安社区龙海路18号301室（祥生中央华府瑞和园小区东门马路对过）
……………………Tel：0531-81177817

山东大众海蓝信息科技有限公司
地址：山东省济南市历下区泺源大街2号大众传媒大厦9层909
……………………Tel：0531-81182783

山东秋猛电子商务有限公司
地址：山东省济南市高新区舜华路1号齐鲁软件园1号楼（创业广场C座）地下一层6-017室
……………………Tel：0531-81215856

济南市历下区城市更新建设发展有限公司
地址：山东省济南市历下区解放东路95号东楼311
……………………Tel：0531-81288110

济南易通城市建设集团股份有限公司
地址：济南市历下区转山西路22号3号楼101
……………………Tel：0531-81288182

山东中润置业有限公司
地址：济南市历下区经十路13866号中润世纪财富中心1号楼502室
……………………Tel：0531-81660222

华泰永信工程咨询有限公司
地址：济南市历下区经十路9999号黄金时代广场F座14层1411-1417室
……………………Tel：0531-81761808

山东三力建筑设计有限公司
地址：济南市历城区华信路389号山东巨匠大厦901、902、1001室
……………………Tel：0531-81908758

山东国邦勘测规划设计有限公司
地址：山东省济南市历城区闵子骞路13-1北楼101房间
……………………Tel：0531-82053376

济南龙宏房地产开发有限公司
地址：山东省济南市历下区中林路9号盛福花园小区29号楼528室
……………………Tel：0531-82083500

山东万斯达工程建设有限公司
地址：济阳县济阳镇华阳路66号
……………………Tel：0531-82315306

山东杨帆环保工程股份有限公司
地址：山东省济南市高新区舜华路街道舜海路219号华创观礼中心2号楼14层
……………………Tel：0531-82353660

山东元亨建通新材料有限公司
地址：山东省济南市市中区经七路28-1号1004室
……………………Tel：0531-82375536

山东环城城建工程有限公司
地址：济南市历下区解放东路81号
……………………Tel：0531-82376970

济南铁箭物业有限公司
地址：济南市市中区英雄山路224号
……………………Tel：0531-82423337

山东长洋空调工程有限公司
地址：济南市市中区伟东新都二区4号楼1-1202号
……………………Tel：0531-82562200

山东三联城市建设有限责任公司
地址：济南市市中区阳光舜城中十一区1-1号楼
……………………Tel：0531-82597700

山东高速建材集团有限公司
地址：济南市历下区龙奥北路8号山东高速大厦10-11层
……………………Tel：0531-82622532

山东中天建华工程咨询管理有限公司
地址：山东省济南市市中区小纬二路66号财富自由港1806、1807、1808、1809室
……………………Tel：0531-82773000

山东海福德机械有限公司
地址：山东省济南市章丘区双山街道明堂路54号
……………………Tel：0531-83266169

济南东城建设置业有限公司
地址：章丘市明塘路西侧（明堂街2455号）5#楼2-3层
……………………Tel：0531-83266377

山东华塑建材有限公司
地址：山东省章丘市鲁宏大道一号
……………………Tel：0531-83312093

山东鲁宏新型化学建材股份有限公司
地址：山东省章丘市明水绣水路59号
……………………Tel：0531-83312093

济南中天建材有限公司
地址：山东省济南市章丘区官庄街道养军店村西济王路南
……………………Tel：0531-83312788

田横岛建设发展集团有限公司
地址：山东省青岛市即墨区田横岛省级旅游度假区田横岛度假村1号
……………………Tel：0531-83536622

济南中康房地产开发有限公司
地址：章丘市明水工业二路1352号
……………………Tel：0531-83619999

山东天玉建材科技股份有限公司
地址：山东省济南市章丘区圣井高科园
……………………Tel：0531-83687703

山东昱铭源建筑材料有限公司
地址：山东省济南市章丘区明水街道办事处赭山工业园柳岗路东首
……………………Tel：0531-83699677

济南绿城智慧城市建设有限公司
地址：山东省济南市高新区新泺大街1768号齐鲁软件大厦B座A216-93
……………………Tel：0531-83817779

济阳和合油气综合开发中心
地址：山东省济南市济阳县济北开发区富强街东首（济阳县油区工作管理委员会办公楼203室）
……………………Tel：0531-84237879

济南市济阳区城市建设投资集团有限公司
地址：山东省济南市济阳区济北开发区黄河大街17号总部经济中心办公楼B座12楼
……………………Tel：0531-84588529

济南华百置业有限公司
地址：山东省济南市济阳县济北开发区华阳路97号综合楼6楼603室
……………………Tel：0531-84588663

山东中大千方制药有限公司
地址：济南市高新区天辰路666号
……………………Tel：0531-84992255

山东金鲁班物业管理有限公司
地址：济南市历下区转山西路1-17号219室
……………………Tel：0531-85691547

济南四建集团智能消防工程有限责任公司
地址：山东省济南市天桥区前黄屯79号1幢2楼
……………………Tel：0531-85826097

济南城建集团有限公司
地址：济南市天桥区济洛路汽车厂东路29号
……………………Tel：0531-85829909

山东卫视传媒有限公司
地址：济南市青年东路18号
……………………Tel：0531-85852946

山东省工程造价咨询有限公司
地址：山东省济南市市中区经四纬四46号
……………………Tel：0531-85893985

济南四建集团房地产开发有限责任公司
地址：济南市天桥区无影山中路48-15号四建美林大厦2-23层
……………………Tel：0531-85919766

齐鲁置业有限公司
地址：济南市历下区黑虎泉西路139号胜利大厦七层
……………………Tel：0531-86078888

济南中居信建材有限公司
地址：济南市历下区文化东路51号1-1116室
……………………Tel：0531-86081111

山东锐房网络科技有限公司
地址：山东省济南市市中区二环南路6636号中海广场1904B
……………………Tel：0531-86115707

山东天业房地产开发集团有限公司
地址：济南市历下区山大路201号创展中心
……………………Tel：0531-86171121

山东中实勘察测绘有限公司
地址：山东省济南市历下区黑虎泉北路187号解放阁商务中心3016室
……………………Tel：0531-86328998

济南高新城市建设发展有限公司
地址：济南市高新区舜华路2000号舜泰广场6号楼3301房间
……………………Tel：0531-86518163

山东省水利水电建筑工程承包有限公司
地址：山东省济南市历下区历山路121号
……………………Tel：0531-86554559

山东瑞祥置业股份有限公司
地址：山东省济南市济阳区仁风镇丰盛街97号镇政府院内1排34号
……………………Tel：0531-86919641

山东宇宸建设工程有限公司
地址：济南市历下区工业南路100号枫润大厦A座1-1307
……………………Tel：0531-86972677

济南国发物业管理有限公司
地址：济南市历城区二环东路2717号111室
……………………Tel：0531-87087320

山东润天凯利商贸有限公司
地址：济南市槐荫区济兖路239号-1
……………………Tel：0531-87299896

济南槐荫城市建设投资集团有限公司
地址：山东省济南市槐荫区经十路29851号502、504房
……………………Tel：0531-87589502

济南明府城文旅投资控股有限公司
地址：山东省济南市历下区泉城路277号泰府广场3-104室
……………………Tel：0531-87806775

济南绿园物业有限责任公司
地址：济南市槐荫区经十路464号
……………………Tel：0531-87979222

山东山水建筑材料有限公司
地址：济南市长清区104国道西侧（山水工业园内）
……………………Tel：0531-87991931-8477

山东历城建设集团有限公司
地址：山东省济南市历城区花园路57号
……………………Tel：0531-88023593

达盛集团山东置业有限公司
地址：山东省济南市章丘区圣井街道经十东路14111号
……………………Tel：0531-88025118

达盛集团山东建设有限公司
地址：济南市高新区舜华路1118号1号楼
……………………Tel：0531-88025118

山东美盾建材科技有限公司
地址：济南市市中区纬四路4号
……………………Tel：0531-88070001

山东建华房地产服务集团有限公司
地址：山东省济南市历下区东关大街5号中泰大厦3楼南区
……………………Tel：0531-88110826

济南高新技术产业开发区物业管理总公司
地址：济南高新区崇华路1111号205室
……………………Tel：0531-88115899

山东舜资建筑工程有限公司
地址：山东省济南市历城区鲍山街道叔牙南街济钢新村2号楼428室
……………………Tel：0531-88167600

山东鹊华投资发展有限公司
地址：山东省济南市历城区华山街道大桥路117号
……………………Tel：0531-88261077

山东祥禄建材有限公司
地址：山东省泰安市肥城市新城泰西大街西工业四路南福顺园3号
……………………Tel：0531-88270706

山东北方滨河城建开发集团有限公司
地址：山东省济南市济阳县纬三路39号（原济阳镇政府办公楼404室）
……………………Tel：0531-88329999

光合新兴产业控股集团股份有限公司
地址：山东省济南市历城区二环东路2277号金桥国际大厦1号楼6层
……………………Tel：0531-88554427

日照鲍德房地产开发有限公司
地址：山东省日照市东港区兖州路西，滨州路北(蓝天花园9#-2-701)
……………………Tel：0531-88560946

山东新亿新建设工程有限责任公司
地址：山东省济南市天桥区无影山中路153号香港国际小区7号楼2-803
……………………Tel：0531-88661560

济南贵达置业有限公司
地址：济南市历城区郭店街道办事处李家庄东村248号
……………………Tel：0531-88779907

山东中建西城楷悦置业有限公司
地址：济南市槐荫区泰安路1456号锦绣城14号楼二楼
……………………Tel：0531-88805858

山东中建西城益昕置业有限公司
地址：山东省济南市槐荫区泰安路1456号锦绣城14号楼二楼
……………………Tel：0531-88805858

山东华森新型建材有限公司
地址：山东省济南市章丘区明水经济技术开发区管理委员会保障楼411号
……………………Tel：0531-88810506

山东和润置业有限公司
地址：济南市历城区唐冶新区围子山1号
……………………Tel：0531-88813275

山东建大颐和地产策划有限公司
地址：山东省济南市历城区凤岐路2888号D1-02室
……………………Tel：0531-88817603

济南鲁新新型建材股份有限公司
地址：山东省济南市历城区郭店街道工业北路8818号
……………………Tel：0531-88854655

济南建招工程咨询有限公司
地址：济南市高新区新泺大街1666号齐盛广场1号楼1505室
……………………Tel：0531-88870555

济南海博置业有限公司
地址：山东省济南市天桥区二环北路7299号
……………………Tel：0531-88872117

济南天辰机器集团有限公司
地址：山东省济南市高新区科云路88号
……………………Tel：0531-88877019

济南汇通热力有限公司
地址：济南市历下区朝山街50号
……………………Tel：0531-88913836

临沂飞达投资有限公司
地址：山东省临沂市兰山区沂蒙路与武汉路交汇处银丰雅园7号楼203室
……………………Tel：0531-89019695

青岛（平度）城乡社区建设投资有限公司
地址：青岛平度市凤台办事处朝阳路3号
……………………Tel：0532-27312208-509

青岛银盛泰恒润房地产有限公司
地址：山东省青岛市城阳区正阳路196号国际商务港裙房301等
……………………Tel：0532-55565811

青岛银盛泰开源城市建设有限公司
地址：青岛市崂山区香山路12号1单元2001室
……………………Tel：0532-55565826

烟台恒昌旅游开发有限公司
地址：山东省烟台市莱阳市金山旅游度假区
……………………Tel：0532-55568641

青岛万亩生态林业发展有限公司
地址：青岛市红岛经济区河套街道龙海路569-20号
……………………Tel：0532-55571169

青岛和达置地有限公司
地址：山东省青岛市平度市南村镇海涛路57号
……………………Tel：0532-55765388

青岛大唐世纪建筑有限公司
地址：山东省青岛市崂山区深圳路38号太极科技产业园1604
……………………Tel：0532-58080518

平度市城市开发集团有限公司
地址：山东省青岛市平度市凤台街道办事处重庆路589号
……………………Tel：0532-58580010

青岛中杰置业集团有限公司
地址：山东省青岛市平度市李园街道办事处红旗路246号（商业1#楼）
……………………Tel：0532-58580989

青岛西海岸交通投资集团有限公司
地址：山东省青岛市黄岛区海西二路997号
……………………Tel：0532-58658066

青岛汽车产业新城开发建设有限公司
地址：山东省青岛市即墨区龙泉街道办事处青烟路388号
……………………Tel：0532-58667861

青岛东港新世纪置业有限公司
地址：青岛市黄岛区积米崖港区兴港路17号
……………………Tel：0532-58700220

青岛中建幸福城置业有限公司
地址：青岛市李沧区衡水路7号-22
……………………Tel：0532-58701775

青岛云佳房地产开发有限公司
地址：山东省青岛市胶州市九龙街道办事处郑家小庄96号
……………………Tel：0532-58703666

青岛环华城建有限公司
地址：青岛市李沧区虎山路27号甲105室
……………………Tel：0532-58731805

澳斯顿建材（青岛）有限公司
地址：青岛市城阳区金岭工业园
……………………Tel：0532-58753069

青岛瑞曜建材有限公司
地址：山东省青岛市胶州市经济技术开发区汾河路6号
……………………Tel：0532-58821926

青岛禧泰房地产数据有限公司
地址：山东省青岛市高新区火炬路91号蓝湾智谷5号楼301室
……………………Tel：0532-58860567

青岛自贸城开发建设有限公司
地址：山东省青岛市保税港区上海路10号1

层119室（B）
…………………… Tel：0532−58930697

青岛宝龙英聚文化旅游开发有限公司
地址：青岛胶州市香港路1号.
…………………… Tel：0532−58996666

青岛掌控传媒有限公司
地址：山东省青岛市高新区新业路31号远创国际蓝湾创意园B区5号楼
…………………… Tel：0532−66007895

青岛冠通市政建设有限公司
地址：山东省青岛市市北区金华路46号
…………………… Tel：0532−66025395

山东鲁信置业有限公司
地址：青岛市崂山区王哥庄街道办事处仰口5号楼
…………………… Tel：0532−66063307

青岛传诚建材有限公司
地址：山东省青岛市城阳区夏庄街道银河路社区服务中心二楼208
…………………… Tel：0532−66063506

青岛市丽洲置业有限公司
地址：青岛胶州市香港路与正阳路交界处少海新城服务楼B座1楼103室
…………………… Tel：0532−66065200

青岛慧泰置业有限公司
地址：青岛市红岛经济区红岛街道香东南路以东、小庄社区以北
…………………… Tel：0532−66065200

青岛慧鼎置业有限公司
地址：青岛市红岛经济区红岛街道香东南路以东、小庄社区以北
…………………… Tel：0532−66065200

青岛城乡建设融资租赁有限公司
地址：青岛市市北区上清路20号3号楼410户
…………………… Tel：0532−66567116

青岛城乡建设小额贷款有限公司
地址：山东省青岛市李沧区四流中路46号A2−丙
…………………… Tel：0532−66567188

青岛中瀛建筑装饰装潢工程有限公司
地址：山东省青岛市市南区明月峡路42号
…………………… Tel：0532−66650018

青岛正浩建材有限公司
地址：青岛胶南市北京路阳光大厦2层0201−0203号
…………………… Tel：0532−66791623

青岛蔚蓝天地置业有限公司
地址：山东省青岛市城阳区城阳街道荟城路506号17号楼
…………………… Tel：0532−67768986

青岛城阳市政开发建设投资集团有限公司
地址：山东省青岛市城阳区泰城路701号
…………………… Tel：0532−67769199

青岛城乡社区建设投资集团有限公司
地址：青岛市崂山区海尔路168号808室
…………………… Tel：0532−67781705

青岛城鑫智慧物流有限公司
地址：山东省青岛市即墨区青岛蓝谷高新区山云路327号即墨综合保税区内鑫谷保税产业园1号楼109室
…………………… Tel：0532−67781705

青岛（黄岛）城乡社区建设投资有限公司
地址：山东省青岛市黄岛区海王路346号
…………………… Tel：0532−67781705

青岛城乡社区建设融资担保有限公司
地址：青岛市红岛经济区红岛街道香东南路西侧
…………………… Tel：0532−67781818

青岛西海岸投资促进有限公司
地址：山东省青岛市黄岛区太白山路19号德国企业中心南区318室
…………………… Tel：0532−67791607

青岛爱可施装饰装潢有限公司
地址：青岛经济技术开发区紫金山路117−1幢805室
…………………… Tel：0532−67798257

青岛龙湖置业拓展有限公司
地址：青岛市城阳区流亭街道双元路西
…………………… Tel：0532−68005772

青岛红建北部城区开发有限公司
地址：山东省青岛市高新区河东路378号中科研发城汇智园1号楼甲1501
…………………… Tel：0532−68012060

誉光评估工程咨询（青岛）有限公司
地址：山东省青岛市高新区竹园路18号10号楼502室
…………………… Tel：0532−68012688

青岛全球财富中心开发建设有限公司
地址：山东省青岛市崂山区金家岭街道苗岭路15号青岛金融中心大厦1801室
…………………… Tel：0532−68066938

青岛洋业贸易有限公司
地址：山东省青岛市崂山区株洲路20号海信创智谷专家公寓2号楼2103室
…………………… Tel：0532−68069605

青岛泛华园林市政建设有限公司
地址：青岛市市南区闽江路6号1304室
…………………… Tel：0532−68098718

青岛鲁城建设集团有限公司
地址：山东省青岛市市北区昆山路17号3号楼406、407
…………………… Tel：0532−68851166

青岛国大药业有限公司
地址：青岛经济技术开发区井岗山路750号
…………………… Tel：0532−80656303

山东启尚智能科技有限公司
地址：山东省青岛市市北区辽宁路247−263号中新大厦22层2209室
…………………… Tel：0532−80798879

青岛鑫富盛源建筑劳务有限公司
地址：青岛市市北区宁安路58号−1−236室
…………………… Tel：0532−80820295

青岛皇兴富尔玛家居有限公司
地址：青岛市市北区辽阳西路118号.
…………………… Tel：0532−80903976

双星国际地产（青岛）有限公司
地址：山东省青岛市黄岛区月亮湾路1号
…………………… Tel：0532−80958776

青岛盛联装饰装潢有限公司
地址：青岛市城阳区上马街道东张社区
…………………… Tel：0532−80966696

青岛海洋投资集团有限公司
地址：山东省青岛市黄岛区漓江西路877号山东高速西海岸中心T1楼2202户
…………………… Tel：0532−80987215

青岛中腾双创置地有限公司
地址：山东省青岛市高新区汇智桥路151号3号楼5层
…………………… Tel：0532−80993182

青岛青特华安置业有限公司
地址：山东省青岛市城阳区城阳街道文阳路与正阳西路交叉口青岛天谷产业园8号楼315室
…………………… Tel：0532−81101777

青岛地铁青特置业有限公司
地址：山东省青岛市城阳区夏庄街道企业服务中心楼112室
…………………… Tel：0532−81101777

青岛青特华奕置业有限公司
地址：山东省青岛市城阳区怡海路33号3号楼A座221室
…………………… Tel：0532−81101777

青岛海鑫锦鹏实业有限公司
地址：青岛市城阳区惜福镇街道后金社区王沙路北侧
…………………… Tel：0532−81156999

青岛宏东建设工程有限公司
地址：青岛莱西市河头店镇南岚村
…………………… Tel：0532−81873388

青岛恩马房地产开发有限公司
地址：青岛市崂山区山东头路58号（盛和大厦）1号楼16层
…………………… Tel：0532−81920999

青岛图腾置业有限公司
地址：山东省青岛市黄岛区积米崖港区
…………………… Tel：0532−81927563

青岛铁路红宇建设集团有限公司
地址：青岛市市南区广州路46号
…………………… Tel：0532−82088958

青岛海誉水利水电工程开发有限公司
地址：山东省青岛市黄岛区泊里镇王家岭村西
…………………… Tel：0532−82152677

青岛市胶州新城建设发展有限公司
地址：青岛胶州市北京东路228号
…………………… Tel：0532−82200876

青岛泰辉房地产有限公司
地址：山东省青岛市胶州市胶东办事处兰州东路689号少海雅居小区15号楼商业101
…………………… Tel：0532−82231961

青岛市胶州城市建设发展集团有限公司
地址：山东省青岛市胶州市九龙街道办事处扬州支路308号澄韵大厦
…………………… Tel：0532−82289131

青岛垣豪商业管理有限公司
地址：青岛市市南区太平路51号17楼1718房间
…………………… Tel：0532−82971773

青岛新天物业发展有限责任公司
地址：山东省青岛市市南区太平路51号山东国际贸易大厦26层北户
…………………… Tel：0532−82972590

青岛克曼建设装饰工程有限公司
地址：青岛市市南区武昌路2号1栋1单元301户
…………………… Tel：0532−83067690

青岛茂源金属集团有限公司
地址：青岛经济技术开发区黄河西路28号
…………………… Tel：0532−83196133

锋泾（中国）建材集团有限公司
地址：青岛胶州市马店镇大后屯村
…………………… Tel：0532−83225767

青岛和兴新型建材有限公司
地址：山东省青岛市平度市旧店镇大王头村
…………………… Tel：0532−83321999

中交（青岛）城镇化建设投资有限公司
地址：山东省青岛市即墨区环秀街道办事处文峰路198−1号
…………………… Tel：0532−83558111

青岛薪火垣发展有限公司
地址：青岛市市南区南京路181号−9
…………………… Tel：0532−83662971

青岛天华鑫瑞建筑材料有限公司
地址：山东省青岛市市南区香港中路40号2518
…………………… Tel：0532−83771333

青岛五环房屋装潢工程有限公司
地址：青岛市市北区莱州路7号
…………………… Tel：0532−83873961

青岛林源智和管理服务有限公司
地址：山东省青岛市市北区延吉路59号1号楼B座1019户
…………………… Tel：0532−83950103

青岛双城房地产有限公司
地址：山东省青岛市胶州市经济技术开发区、尚德大道东侧
…………………… Tel：0532−83958189

青岛莱西城市建设投资集团有限责任公司
地址：山东省青岛市莱西市烟台路96号
…………………… Tel：0532−83960087

青岛（莱西）城乡社区建设投资有限公司
地址：青岛莱西市烟台路96号
…………………… Tel：0532−83961978

青岛德盛利立体停车设备有限公司
地址：青岛市黄岛区张家楼工业园
…………………… Tel：0532−84130096

平度市城市建设投资开发有限公司
地址：青岛平度市东阁街道办事处人民东路557号六楼610室
…………………… Tel：0532−84350018

平度市城乡建设发展有限公司
地址：山东省青岛市平度市经济开发区长江路17号上品广场A座15层
…………………… Tel：0532−84350060

青岛三龙城市建设综合开发有限公司
地址：青岛平度市广州路17−1号
…………………… Tel：0532−84357075

青岛北苑环保建材有限公司
地址：青岛市平度市东阁街道办事处广州路北端西侧
…………………… Tel：0532−84388559

青岛伟力环保建材有限公司
地址：山东省青岛市平度市南村镇海川路10号
…………………… Tel：0532−84399967

青岛国际院士港开发投资有限公司
地址：青岛市李沧区金水路187号青岛国际院士港产业加速器4号楼2层240室
…………………… Tel：0532−84670598

青岛爱华工程有限公司
地址：青岛市市北区金坛二路17号
…………………… Tel：0532−85018538

青岛海高城市开发集团有限公司
地址：青岛市黄岛区大珠山北路东、胶州湾西路南
…………………… Tel：0532−85186068

青岛四方园林工程公司
地址：山东省青岛市市北区上饶路7号
…………………… Tel：0532−85620756

青岛市市北区普京同顺汽车装潢店
地址：青岛市市北区辽阳西路169号
…………………… Tel：0532−85625667

青岛恒东电气有限公司
地址：青岛市市北区鞍山路108号703户−1
…………………… Tel：0532−85651293

青岛德坤建设项目管理有限公司
地址：山东省青岛市李沧区重庆中路412号5号楼2单元102户
…………………… Tel：0532−85651377

青岛市北城市建设投资有限公司
地址：山东省青岛市市北区辽阳西路16号907
…………………… Tel：0532−85669568

青岛金科天宸房地产开发有限公司
地址：青岛市李沧区黑龙江中路615号2号楼208户
…………………… Tel：0532−85669797

山东博泉金服企业信息服务有限公司
地址：山东省青岛市崂山区秦岭路15号海韵东方804室
…………………… Tel：0532−85716789

青岛城市建设投资（集团）有限责任公司
地址：青岛市市南区澳门路121号甲
…………………… Tel：0532−85729180

山东金东数字创意股份有限公司
地址：青岛市市南区银川西路67、69号青岛国际动漫产业园E座409、410室
…………………… Tel：0532−85763937

山东巴龙装饰装潢工程有限公司
地址：青岛市市南区香港中路59号30层
…………………… Tel：0532−85793030

青岛德瑞建筑装饰工程有限公司
地址：青岛崂山区苗岭路29号（澳柯玛大厦）8层
…………………… Tel：0532−85811577

青岛交通建设工程有限公司
地址：青岛市市北区大港一路2号院内办公楼1−2层
…………………… Tel：0532−85835107

青岛中天恒物业管理有限公司
地址：青岛市市南区福州南路8号0601室
…………………… Tel：0532−85891211

青岛欣合投资有限公司
地址：青岛市四方区重庆南路165−1号
…………………… Tel：0532−86101828

青岛裕龙昊河建材科技有限公司
地址：山东省青岛市平度市仁兆镇朱诸路1号
…………………… Tel：0532−86108503

青岛捷利达地理信息集团有限公司
地址：青岛市黄岛区泊里镇驻地
…………………… Tel：0532−86152886

青岛西海岸城市建设工程有限公司
地址：山东省青岛市黄岛区井冈山路756号
…………………… Tel：0532−86175787

青岛金客隆保温建材有限公司
地址：青岛市李沧区升平东路16号
…………………… Tel：0532−86590811

青岛永辉置业有限公司
地址：青岛即墨市通济街道办事处天山一路301号
…………………… Tel：0532−86597876

青岛昱达建材有限公司
地址：青岛即墨市通济办事处蓝家庄村
…………………… Tel：0532−86597876

青岛永合金丰建材有限公司
地址：青岛即墨市长江二路136号
…………………… Tel：0532−86597876

青岛董家口新港城建设发展有限公司
地址：青岛市黄岛区董家口经济区商务中心（贡口湾新港城）
…………………… Tel：0532−86611388

青岛柏高市政园林建设集团有限公司
地址：青岛市市南区山东路40号
…………………… Tel：0532−86660266

青岛弘昌建设工程有限公司
地址：青岛市市南区山东路27号港澳大厦20E户
…………………… Tel：0532−86685788

青岛发国工贸有限公司
地址：青岛经济技术开发区昆仑山南路699号
…………………… Tel：0532−86720999

青岛昊河建筑建材科技有限公司
地址：山东省青岛市胶州市洋河镇艾山工业园
…………………… Tel：0532−86722018

青岛铭豪实业发展有限公司
地址：青岛经济技术开发区创业路373号
…………………… Tel：0532−86812887

青岛胜季丰建材有限公司
地址：山东省青岛市黄岛区茂山路1723号南二十九号线东999
…………………… Tel：0532−86836888

青岛中林投资发展有限公司
地址：中国（山东）自由贸易试验区青岛片区黄河东路18号
…………………… Tel：0532−86856160

青岛新大陆国际工程建设有限公司
地址：山东省青岛市黄岛区紫金山路117栋21楼2102号
…………………… Tel：0532−86899155

山东宝都房地产开发有限公司
地址：山东省青岛市黄岛区天目山路46号
…………………… Tel：0532−86995772

青岛环城建工集团有限公司
地址：青岛经济技术开发区北江支路51号702户705−708室
…………………… Tel：0532−86998088

青岛高实置业有限公司
地址：青岛高新技术产业开发区香东路101号
…………………… Tel：0532−87011068

青岛天一集团樱珠山房地产开发有限公司
地址：青岛市黄岛区隐珠街道办事处长城路商业街
…………………… Tel：0532−87195300

青岛福海洋建设集团有限公司
地址：青岛市胶州市艾山工业园
…………………… Tel：0532−87263950

青岛福海洋建设集团有限公司
地址：青岛市胶州市艾山工业园
…………………… Tel：0532−87263950

青岛永鸿源信建筑装潢工程有限公司
地址：山东省青岛市胶州市九龙街道办事处李家河村北
…………………… Tel：0532−87266011

青岛乐仁置业有限公司
地址：山东省青岛市胶州市福州南路中仁.清华园小区40号楼商业110
…………………… Tel：0532−87271588

青岛胶城建设集团有限公司
地址：青岛胶州市温州路248号
…………………… Tel：0532−87283117

青岛胶城建筑劳务作业有限公司
地址：青岛市胶州市温州路248号.

…………Tel：0532-87283117

青岛宏景房地产开发有限公司
地址：青岛莱西市沽河街道办事处驻地
…………Tel：0532-87466218

青岛新世纪路桥工程有限公司
地址：山东省青岛市即墨区北安街道办事处营西村村南
…………Tel：0532-87505518

青岛华美集团有限公司
地址：即墨市经济开发区烟青一级路256号
…………Tel：0532-87551326

即墨市城市建设开发有限公司
地址：青岛市即墨市长江一路101号
…………Tel：0532-87561000

青岛中建新城投资建设有限公司
地址：山东省青岛市即墨市创智新区宁东路168号
…………Tel：0532-87568767

青岛百通城市建设集团股份有限公司
地址：青岛市李沧区青山路601号38号楼
…………Tel：0532-87631588

青岛协荣管件制造有限公司
地址：青岛市城阳区流亭工业园.
…………Tel：0532-87718021-106

青岛天一仁和房地产集团有限公司
地址：山东省青岛市城阳区王沙路1373号16号楼0 6号网点
…………Tel：0532-87765196

青岛新海园房地产开发有限责任公司
地址：山东省青岛市崂山区中韩街道王家村52号
…………Tel：0532-87971647

青岛城矿建材研究院有限公司
地址：山东省青岛市黄岛区藏南镇黄家营村以南
…………Tel：0532-88173798

青岛国清置业集团有限公司
地址：青岛市市南区南海支路5号15层
…………Tel：0532-88256356

青岛绿盈嘉合新型建材科技有限公司
地址：山东省青岛市胶州市里岔镇大草泊村
…………Tel：0532-88260093

青岛龙溪劳务作业有限公司
地址：青岛市胶州市胶东镇小麻湾村村西
…………Tel：0532-88260098

平度市城建发展小额贷款有限公司
地址：青岛平度市长江路17号上品广场1号楼506室
…………Tel：0532-88399377

青岛豪都置业有限公司
地址：青岛莱西市水集街道办事处辽宁路南、广州路西
…………Tel：0532-88407617

青岛天富莱股份有限公司
地址：青岛市莱西市烟青路6号
…………Tel：0532-88410188

青岛水集建筑有限公司
地址：山东省青岛市莱西市青岛路北端288号
…………Tel：0532-88484239

青岛昌阳建筑工程有限公司
地址：山东省青岛市莱西市龙口东路9号
…………Tel：0532-88492397

青岛海信五环房地产开发有限公司
地址：青岛市崂山区沙子口街道北姜社区
…………Tel：0532-88610611

青岛海信信邦置业有限公司
地址：山东省青岛市崂山区海口路88号海信君汇商务中心31号楼401室
…………Tel：0532-88610611

青岛阿斯特防腐保温建材有限公司
地址：青岛市市北区保张路12号
…………Tel：0532-88722500

青岛高科技工业园山东头房地产开发公司
地址：青岛高科技工业园山东头
…………Tel：0532-88978216

青岛建设物业管理有限公司
地址：青岛市市南区东海西路15号一层A户
…………Tel：0532-89072588

山东新华包装有限公司
地址：山东省淄博市张店区烟厂东路2号
…………Tel：0533-2060289

淄博绿源建材有限责任公司
地址：张店区湖田镇湖罗路5号
…………Tel：0533-2073698

淄博市齐旭资产经营有限责任公司
地址：山东省淄博市张店区人民西路与重庆路路口西北侧
…………Tel：0533-2166329

淄博鲁中房地产开发股份有限公司
地址：淄博市张店区商场西街62号
…………Tel：0533-2180183

山东慧达城市建设发展有限公司
地址：山东省淄博市张店区鲁泰大道西路189号104室
…………Tel：0533-2211876

山东恒兴茂业地产发展有限公司
地址：山东省淄博市张店区恒兴花园小区18甲号楼
…………Tel：0533-2763118

山东金城荣基地产有限公司
地址：淄川区经济开发区招村村北
…………Tel：0533-2921759

淄博新阳光热力有限公司
地址：山东省淄博市张店区南定镇花园路24号
…………Tel：0533-2944496

淄博圣隆建工有限公司
地址：张店华光路88号
…………Tel：0533-3113527

山东金鼎智达集团有限公司
地址：张店区北西五路怡心园1＃楼
…………Tel：0533-3117221

淄博美达房地产开发有限公司
地址：山东省淄博市张店区联通路96号
…………Tel：0533-3119956

山东瀚广建设项目管理有限公司
地址：山东省淄博市高新区中润大道39号九宏大厦三楼
…………Tel：0533-3173357

山东蒙山建设置业有限公司
地址：山东省沂源县城新城路中段（历山街道办事处西沙沟村）
…………Tel：0533-3223579

山东远东建设工程有限公司
地址：山东省淄博市沂源县城健康路12-2号
…………Tel：0533-3233886

山东华业国建工程有限公司
地址：山东省淄博市张店区人民西路176号金石晶城4号楼507室
…………Tel：0533-3580196

淄博鲁创城镇化建设发展有限公司
地址：山东省淄博市高新区鲁泰大道51号高分子材料产业创新园A座2205室
…………Tel：0533-3586212

淄博高新城市开发建设有限公司
地址：山东省淄博市高新区鲁泰大道51号高分子材料产业创新园A座2206室
…………Tel：0533-3586212

山东颜山城建开发有限公司
地址：山东省淄博市博山区峨嵋山路74号
…………Tel：0533-4127669

山东金晶节能玻璃有限公司
地址：博山区经济技术开发区金晶路
…………Tel：0533-4188186

山东聚益电力股份有限公司
地址：山东省淄博市博山区山头镇乐疃村
…………Tel：0533-4431111

山东金城建设有限公司
地址：淄川区山川路1号
…………Tel：0533-5130777

山东威通实业集团股份有限公司
地址：淄博市淄川区淄城路2号
…………Tel：0533-5183057

淄博金梁城建开发有限公司
地址：淄川区洪山路12号
…………Tel：0533-5282849

淄博鲁王装饰装潢有限公司
地址：周村区丝绸路106号
…………Tel：0533-6180099

淄博万佳物业服务有限公司
地址：山东省淄博市张店区心环东路金街1号创业大厦6层
…………Tel：0533-6200376

山东圣海装潢工程有限公司
地址：山东省淄博市高新区宝山路45号
…………Tel：0533-6215200

淄博金熠城乡建设有限公司
地址：山东省淄博市周村区王村镇兴华路56号1层103室
…………Tel：0533-6698029

淄博佳泰广告装潢有限公司
地址：县城文化路34号
…………Tel：0533-6968199

山东新天鹤塑胶有限公司
地址：淄博市临淄区辛店南一路2号
…………Tel：0533-7118378

淄博齐德城市建设投资有限公司
地址：山东省淄博市临淄区晏婴路161-1号
…………Tel：0533-7158966

淄博旺宏建设工程有限责任公司
地址：山东省淄博市临淄区桓公路270号水利科技楼二层
…………Tel：0533-7221789

山东齐鲁盛华房地产开发有限责任公司
地址：临淄区人民西路212号齐都花园生活区39号楼
…………Tel：0533-7316405

淄博金宝建筑新材料有限公司
地址：临淄区凤凰镇南金村
…………Tel：0533-7601887

山东欣洲旅游发展有限公司
地址：山东省淄博市周村区南郊工业园东首（兴鲁大道吴家村段路东）
…………Tel：0533-7867868

淄博于飞置业有限公司
地址：山东省淄博市高新区鲁山大道以东，鲁泰大道以南，中润大道以北
…………Tel：0533-7870990

淄博银亿置业有限公司
地址：淄博市桓台县索镇镇工业街58号
…………Tel：0533-8160966

淄博天煜置业有限公司
地址：山东省淄博市桓台县齐鲁创智谷C3座
…………Tel：0533-8162666

山东文远环保科技股份有限公司
地址：山东省淄博市临淄区经三路6号
…………Tel：0533-8170199

山东新城建工股份有限公司
地址：桓台县新城镇
…………Tel：0533-8880818

德州海沣建筑材料有限公司
地址：德州经济开发区苹果园路以南
…………Tel：0534-2100750

德州盛科建设工程有限公司
地址：德州市德城区天衢办事处王家院沿街楼12号营业房
…………Tel：0534-2185986

山东晶鑫装潢材料有限公司
地址：德州市德城区天衢工业园
…………Tel：0534-2233226

德州市房屋建设综合开发集团总公司
地址：山东省德州市德城区德兴北大道377号德州市房屋开发集团办公楼
…………Tel：0534-2236678

德州市城市建设投资发展集团有限公司
地址：山东省德州市经济技术开发区长河大道187号
…………Tel：0534-2239756

德州城建工程集团有限公司
地址：德州市德城区新湖北路70号
…………Tel：0534-2261929

德州金辰房地产开发有限公司
地址：德州经济开发区晶华路
…………Tel：0534-2299836

德州中科新材料有限公司
地址：德州市德城区天衢工业园
…………Tel：0534-2359696

德州德达城市建设投资运营有限公司
地址：德城区湖滨中大道1268号
…………Tel：0534-2382169

德州大坝建材有限公司
地址：德州市德城区天衢路2号
…………Tel：0534-2465600

山东华科铁塔有限公司
地址：德州经济开发区高速东一路、双福大道交汇口（华海建筑公司院内）
…………Tel：0534-2565868

山东黑马集团德州房地产开发有限公司
地址：德州市德城区新港前街2号
…………Tel：0534-2636315

德州市德城区重点建设投资有限公司
地址：山东省德州市德城区天衢街道办事处大学西路1156号东附楼202室
…………Tel：0534-2681503

德州光大建材科技发展有限公司
地址：德州经济开发区高速东一路北首（金中源公司院内）
…………Tel：0534-2722618

庆云绿岸城市景观建设开发有限公司
地址：山东省德州市庆云县中心街南首路西，信家村商住楼底三层
…………Tel：0534-3226699

山东新天地木业有限公司
地址：夏津县经济开发区（西外环路东）
…………Tel：0534-3525188

夏津县城市建设投资开发有限公司
地址：山东省德州市夏津县中山北路与银城路交叉路口西北
…………Tel：0534-3888107

山东宏建房地产开发集团有限公司
地址：山东省临邑苍圣大街195号
…………Tel：0534-4221127

临邑县宏建有限公司
地址：临邑县县城苍圣大街195号
…………Tel：0534-4221127

齐河兴齐建筑有限责任公司
地址：山东省齐河县城齐晏大街东段（迎宾广场北侧）
…………Tel：0534-5339828

宁津惠宁投资控股集团有限公司
地址：山东省德州市宁津县泰山路36号
…………Tel：0534-5423016

齐河创信城乡建设有限公司
地址：山东省德州市齐河县城区新华路207号
…………Tel：0534-5651491

齐河齐鑫置业有限公司
地址：山东省德州市齐河县城区齐鲁大街1081号
…………Tel：0534-5807666

齐河县城市经营建设投资有限公司
地址：齐河县城齐鲁大街282号
…………Tel：0534-5960367

齐河城乡建设集团有限公司
地址：山东省德州市齐河县城区齐文大街560号B座1702室
…………Tel：0534-5960367

齐河县惠民城镇化建设投资有限公司
地址：齐河县城齐鲁大街282号
…………Tel：0534-5960367

安德湖投资发展有限公司
地址：山东省德州市齐河县黄河国际生态城8号
…………Tel：0534-5987004

德州外海假日酒店有限公司.
地址：德州经济开发区东风东路2555号
…………Tel：0534-6088888

山东省庆云县建筑工程公司
地址：山东省德州市庆云县石佛大街977号
…………Tel：0534-6102966

山东长信化学科技股份有限公司
地址：山东省德州市庆云县东环路1689号
…………Tel：0534-6107000

乐陵市城市资产经营建设投资有限公司
地址：乐陵市枣城南大街6号
…………Tel：0534-6117017

山东浩利置业有限公司
地址：武城县运河经济开发区
…………Tel：0534-6218818

武城县财金发展有限公司
地址：武城县振华街南青年路西
…………Tel：0534-6219256

德州市富力房地产开发有限公司
地址：山东省德州市宁津县经济开发区党群服务中心南楼101室
…………Tel：0534-7077977

山东省禹城市建筑工程公司
地址：山东省德州市禹城市市中路298号
…………Tel：0534-7221811

禹城市众益城乡建设投资有限公司
地址：山东省德州市禹城市行政街中段路北瑞明国际2号楼
…………Tel：0534-7260850

禹城市宝泰投资有限公司
地址：山东省德州市禹城市行政街中段路北265号
…………Tel：0534-7260850

禹城市鲁泰建筑有限公司
地址：山东省德州市禹城市房寺镇
…………Tel：0534-7360599

禹城市禹王房地产开发有限公司
地址：山东省德州市禹城市通衢路
…………Tel：0534-7365915

平原科好建材科技有限公司
地址：山东省德州市平原县经济开发区北二环路北
…………Tel：0534-8107132

德州科顺建筑材料有限公司
地址：山东省德州市临邑县林子镇北部大工业区
…………Tel：0534-8566888-6999

烟台市嘉泰物业管理有限公司
地址：芝罘区文化五巷7-A228
…………Tel：0535-2150999

莱州市东海城建综合开发有限公司
地址：山东省烟台市莱州市文昌路街道文昌南路550
…………Tel：0535-2217140

莱州珠江村镇银行股份有限公司
地址：山东省莱州市文化东街672号
…………Tel：0535-2750000

山东华德隆建材科技有限公司
地址：山东省莱州市柞村镇积福村
…………Tel：0535-2850788

烟台盐粮集团有限公司
地址：山东省烟台市芝罘区南通路73号
…………Tel：0535-2931151

烟台中海兴业地产有限公司
地址：山东省烟台市高新区科技大道69号创业大厦西塔26层
…………Tel：0535-3020688

万华节能科技集团股份有限公司
地址：烟台市经济技术开发区太原路56号
…………Tel：0535-3038005

海阳珠江村镇银行股份有限公司
地址：山东省海阳市海阳路181号
…………Tel：0535-3107730

烟台彪赫建材有限公司
地址：山东省烟台市海阳市凤城街道邵兴庄村委
…………Tel：0535-3160903

海阳市自来水有限公司
地址：山东省烟台市海阳市区海阳路西首
…………Tel：0535-3236198

海阳市港城港口建设开发有限公司
地址：山东省烟台市海阳市凤城街道凤阳路21号
…………Tel：0535-3303877

山东华兴环保科技有限公司
地址：山东省蓬莱市北沟镇聂家村北
…………Tel：0535-3455521

烟台市清泉建筑建材有限公司
地址：莱山区莱山经济开发区三垒路9号
…………Tel：0535-3725522

烟台市牟平区泰润城市建设投资有限公司
地址：山东省烟台市牟平区政府大街535号
…………Tel：0535-4310987

烟台市牟平区安泰城市建设投资有限公司
地址：山东省烟台市牟平区政府大街535号
………………Tel：0535-4310987
烟台启程德瑞新型建材科技股份有限公司
地址：山东省烟台市牟平区留德街859号
………………Tel：0535-4717979
烟台海风置业有限公司
地址：山东省烟台市莱山区凤凰西路358号凤凰山庄6号楼2楼
………………Tel：0535-5528975
山东广发建材制品有限公司
地址：山东省烟台市栖霞市桃村镇荆子埠村204国道北
………………Tel：0535-5565889
蓬莱市城市建设投资集团有限公司
地址：山东省烟台市蓬莱市蓬莱阁街道北关路133号
………………Tel：0535-5602766
蓬莱碧桂园房地产开发有限公司
地址：山东省蓬莱市海市路32号7-101
………………Tel：0535-5757338
烟台世基置业有限公司
地址：山东省烟台市蓬莱区蓬莱阁街道南关路306号
………………Tel：0535-5821568
烟台南尧实业有限公司
地址：山东省烟台市芝罘区南尧街56号
………………Tel：0535-6012919
烟台飞轮涂料制罐有限责任公司
地址：芝罘区凤凰台路90号
………………Tel：0535-6095338
烟台市芝罘青银城镇建设发展基金中心（有限合伙）
地址：山东省烟台市芝罘区胜利路1号
………………Tel：0535-6096070
烟台金桥集团有限公司
地址：烟台开发区淮河路2号
………………Tel：0535-6105720
烟台市城市建设发展集团有限公司
地址：山东省烟台市高新区科技大道59号海科大厦1902
………………Tel：0535-6291107
烟台福松置业开发有限公司
地址：福山区福新街道办事处富康街2号
………………Tel：0535-6303258
烟台市福山区城市建设发展有限公司
地址：山东省烟台市福山区清洋街道河滨路108号
………………Tel：0535-6307871
烟台市福山区幸福城建设投资有限公司
地址：山东省烟台市福山区河滨路106号
………………Tel：0535-6307871
立境（烟台）环保建材科技有限公司
地址：山东省烟台市经济技术开发区衡阳路17号
………………Tel：0535-6377316
烟台市坤原餐饮管理咨询有限公司
地址：山东省烟台市经济技术开发区厦门大街12号
………………Tel：0535-6381426
烟台正邦建筑材料有限公司
地址：山东省烟台市福山区永达街757号
………………Tel：0535-6657936
烟台城发置业有限公司
地址：芝罘区科技工业园汇滨路8-1号
………………Tel：0535-6702100
烟台市发达置业有限公司
地址：烟台高新技术产业园区纬三路29号
………………Tel：0535-6710119
朗建城市设计研究院有限公司
地址：莱山区迎春大街125号
………………Tel：0535-6715596
烟台市昊佳实业有限公司
地址：芝罘区黄务街道办事处官庄居委会驻地
………………Tel：0535-6730127
烟台凯鸿置业有限公司
地址：山东省烟台市芝罘区黄务街道夏家居委
………………Tel：0535-6730217
烟台龙门建筑有限公司
地址：烟台高新区马山街道办事处郭家屯村
………………Tel：0535-6756692
烟台市酱油酿造厂有限公司
地址：山东省烟台市芝罘区冰轮路20号
………………Tel：0535-6804268
烟台市建城实业发展有限责任公司
地址：山东省烟台市莱山区观海路75号付3号4层
………………Tel：0535-6881727
烟台青湖电子股份有限公司
地址：烟台市高新技术产业开发区
………………Tel：0535-6882882
烟台新星实业公司
地址：莱山区黄海办事处迟家
………………Tel：0535-6885622
烟台市青银城镇建设发展基金中心（有限合伙）
地址：山东省烟台市芝罘区胜利路1号
………………Tel：0535-6887256
烟台平安瑞银城市建设发展投资中心（有限合伙）
地址：山东省烟台市芝罘区胜利路1号
………………Tel：0535-6887376
烟台永盛建筑开发有限公司
地址：莱山区澳柯玛大街69号
………………Tel：0535-6890118
烟台市正源城市建设投资有限公司
地址：山东省烟台市莱山区府后路12号
………………Tel：0535-6891087
烟台市城市建设投资有限责任公司
地址：山东省烟台市芝罘区观海路75号附2号501室-515室
………………Tel：0535-6899927
烟台海滨实业公司
地址：山东省烟台市莱山区观海路18号
………………Tel：0535-6906089
烟台市正大城市建设发展有限公司
地址：山东省烟台市莱山区银海路36号
………………Tel：0535-6926209
蓬莱永泰置业有限公司
地址：山东省蓬莱市海滨西路6号
………………Tel：0535-6936611
烟台海信瀚海置业有限公司
地址：山东省烟台市经济技术开发区天山路206号海信天山郡商业2号楼5楼504室
………………Tel：0535-6939106
烟台天马产业开发有限公司
地址：山东省烟台市经济技术开发区长江路161号天马中心1号楼4206室
………………Tel：0535-6952026
山东盛隆置业集团有限公司
地址：山东省莱阳市龙门路9号
………………Tel：0535-7291291
青岛汤始建华建材有限公司
地址：青岛胶州市洋河镇大相家村
………………Tel：0535-7818506
烟台冀东润泰建材有限公司
地址：山东省烟台市开发区珠江路32号内1号301号
………………Tel：0535-8013816
山东招和环保建材有限责任公司
地址：山东省烟台市招远市金龙路88号
………………Tel：0535-8091718
中铁十局集团招远城建有限公司
地址：山东省招远市府前路78号
………………Tel：0535-8262875
龙口嘉元华诚房地产开发有限公司
地址：山东省龙口市东江街道高新技术产业园区嘉元路
………………Tel：0535-8536599
龙口市城乡建设投资发展有限公司
地址：山东省龙口市港城大道1001号
………………Tel：0535-8537130
山东南山暖通新材料有限公司
地址：山东省龙口市东江镇南山村
………………Tel：0535-8616938
龙口矿业集团龙盛置业有限公司
地址：山东省龙口市龙口振兴路249号
………………Tel：0535-8654107
龙口宇安建设有限公司
地址：山东省龙口市高新技术工业园（原东江南智村）
………………Tel：0535-8662866
龙口兴港实业有限公司
地址：山东省龙口市环海中路1899号
………………Tel：0535-8848187
山东天维膜技术有限公司
地址：山东省潍坊高新区新城街道玉清社区光电路155号潍坊高新区光电产业加速器（一期）1号楼6楼
………………Tel：0536-2105379
山东星合建业集团有限公司
地址：山东省潍坊市高密市凤凰大街1837号
………………Tel：0536-2128799
山东鲁高路桥城市建设有限公司
地址：山东省潍坊市高密市姜庄镇平日路6号4号办公用房
………………Tel：0536-2128880
山东同盛建材有限公司
地址：青州市王府街道办事处工业园区昭德南路4555号
………………Tel：0536-2134666
潍坊保税港区发展集团有限公司
地址：潍坊综合保税区北区商务中心309房间
………………Tel：0536-2227002
潍坊市中昊佳信城市发展集团有限公司
地址：潍坊市坊子区朝凤路中段（朝风路与凤中街交叉口东491号）
………………Tel：0536-2281823
高密市醴泉城市建设投资开发有限公司
地址：山东省潍坊市高密市镇府街1286号
………………Tel：0536-2323570
高密市明亮家具有限公司
地址：山东省潍坊市高密市经济开发区高博木业产业园
………………Tel：0536-2325757
高密市鸿洋建业有限公司
地址：山东省潍坊市高密市卞家庄社区239号
………………Tel：0536-2348728
高密市朝阳城市建设发展有限公司
地址：山东省潍坊市高密市朝阳街道康成大街东首1688号（朝阳街道办事处办公楼）
………………Tel：0536-2369038
高密市华洋建业有限公司
地址：山东省潍坊市高密市北外环路南侧（爱梁路西侧）
………………Tel：0536-2718828
潍坊三建建材科技有限公司
地址：山东省潍坊市寒亭区固堤街道北海路13888号
………………Tel：0536-3086760
潍坊立正源城建项目管理有限公司
地址：山东省潍坊市坊子区凤凰街39号2号楼
………………Tel：0536-3089722
山东泰丰城建发展集团有限公司
地址：青州市西环路5988号
………………Tel：0536-3092020
临朐沂山实业有限公司
地址：临朐县城龙泉路60号
………………Tel：0536-3181526
青州市新亚房地产开发有限公司
地址：青州市南环东路3171号
………………Tel：0536-3209576
青州市发展投资控股集团有限公司
地址：山东省潍坊市青州市王府街道范公亭西路1035号
………………Tel：0536-3228125
青州市天源城乡建设发展有限公司
地址：青州市范公亭西路1035号
………………Tel：0536-3228125
山东泰汇康门业有限公司
地址：山东省潍坊市临朐县东城街道南二环路2777号
………………Tel：0536-3377888
青州诚谊建材有限公司
地址：青州市明祖山路西首南侧
………………Tel：0536-3544918
青州市永祥包装装潢有限公司
地址：青州市王坟镇兰家村
………………Tel：0536-3731070
山东乐高建筑材料股份有限公司
地址：山东省潍坊市临朐县蒋峪镇蒋峪村
………………Tel：0536-3775511
青州市城市建设投资开发有限公司
地址：青州市北城大街567号
………………Tel：0536-3883728
安丘市青云城市建设投资发展有限公司
地址：山东省潍坊市安丘市大汶河旅游开发区新安路与滨河路交叉路口东200米路南滨河路106号
………………Tel：0536-4396701
山东云科新型建材有限公司
地址：山东省潍坊市安丘经济开发区新安路与闫成北路交叉口东800米路北
………………Tel：0536-4396701
潍坊市地大建设有限公司
地址：山东省潍坊市安丘市新安街道青云大街中段路北
………………Tel：0536-4930116
潍坊市基础设施投资建设发展有限公司
地址：潍坊潍城区东风西街408号三楼
………………Tel：0536-5018398
寿光市房泰建筑安装有限公司
地址：寿光市公园北街95号
………………Tel：0536-5101923
山东金桥建设项目管理有限公司
地址：寿光市农圣东街万华金融财富中心B座11层
………………Tel：0536-5103598
潍坊市西城建设投资有限公司
地址：潍坊市潍城区东风西街408号
………………Tel：0536-5108398
寿光市城市建设投资开发有限公司
地址：山东省潍坊市寿光市洛城街道圣城街以南、豪源路以西，企业总部群3号楼2208室
………………Tel：0536-5112519
安丘安兴青云旅游发展有限公司
地址：山东省潍坊市安丘市青云大街北侧，建设路西侧（建设局院）办公4楼401室
………………Tel：0536-5127088
安丘市安顺城乡建设发展有限公司
地址：山东省潍坊市安丘市青云大街北侧（水利局院）附属楼北楼107室
………………Tel：0536-5127088
安丘市安建城市建设投资有限公司
地址：山东省潍坊市安丘经济开发区拥翠街建设路西侧办公楼7楼702室
………………Tel：0536-5127088
安丘市城建企业管理服务有限公司
地址：山东省潍坊市安丘经济开发区拥翠街建设路西侧办公楼7楼702室
………………Tel：0536-5127088
安丘市景盛城乡建设发展有限公司
地址：安丘市青云大街建设路西侧（建设局院）办公楼5楼502室
………………Tel：0536-5127088
安丘市潍安国有资产经营有限公司
地址：山东省潍坊市安丘市青云大街北侧，建设路西侧（建设局院）办公楼102室
………………Tel：0536-5127088
安丘市潍安水务有限公司
地址：山东省潍坊市安丘经济开发区青云大街建设路西侧办公楼3楼305室
………………Tel：0536-5127088
潍坊龙舟防水科技股份有限公司
地址：寿光市台头镇工业园区三号路中段
………………Tel：0536-5222399
潍坊滨海新城公有资产经营管理有限公司
地址：潍坊市滨海经济开发区海源街以北、喜海路以东1号楼
………………Tel：0536-5310888
山东万华物业服务有限公司
地址：寿光市圣城街道98号玫瑰园二号楼2498号
………………Tel：0536-5387111
山东寿光鲁清石化有限公司
地址：寿光市渤海工业园
………………Tel：0536-5456800
寿光广潍汽车销售服务有限公司
地址：寿光市文家街道圣城西街666号
………………Tel：0536-5500060
中建科顺新型防水材料科技股份有限公司
地址：山东省潍坊市寿光市台头镇北洋头村丰台路北首
………………Tel：0536-5511023
山东汇源建材集团工程有限公司
地址：寿光市台头工业园
………………Tel：0536-5512988
山东汇源建材集团有限公司
地址：寿光市台头镇
………………Tel：0536-5512988
潍坊石花化工建材有限公司
地址：寿光市化龙镇丰城北侧
………………Tel：0536-5535159
潍坊市跃富建材有限公司
地址：寿光市化龙镇潍高路北侧（京博油站东）
………………Tel：0536-5538518
山东新嘉置业有限公司
地址：潍坊高新区福寿东街以北，广场东路以东
………………Tel：0536-5596709
高密市城市建设投资集团有限公司
地址：山东省潍坊市高密市朝阳街道康成大街（东）2999号7幢1号商业用房
………………Tel：0536-5608011
高密市锦添农业发展有限公司
地址：山东省潍坊市高密市醴泉街道人民大街（西）245号1幢1号
………………Tel：0536-5608011
高密市城市基础设施建设基金合伙企业（有限合伙）
地址：山东省潍坊市高密市朝阳街道康成大街东首2999号融智商务综合体4号楼502室
………………Tel：0536-5608722
寿光金诚城市建设投资有限公司
地址：寿光市羊口镇和谐路与渤海大道交叉口金融商务中心6楼603
………………Tel：0536-5673736
寿光市宏景城镇建设投资有限公司
地址：山东省潍坊市寿光市洛城街道农圣街999号东城商务区21号楼909室
………………Tel：0536-5673736
寿光市滨海远景城镇建设开发有限公司
地址：寿光市羊口镇太平东路北19号
………………Tel：0536-5673736
高密市凤城新农村建设投资有限公司
地址：山东省潍坊市高密市朝阳街道康成大街2999号
………………Tel：0536-5855519
诸城市政泰城市建设有限公司
地址：山东省潍坊市诸城市兴华东路9号
………………Tel：0536-6017508
诸城市盛园城乡建设投资有限公司
地址：山东省潍坊市诸城市兴华东路9号
………………Tel：0536-6065708
诸城安邦建设有限公司
地址：山东省潍坊市诸城市兴华东路9号
………………Tel：0536-6075708
诸城市新龙装饰装潢有限公司
地址：山东省潍坊市诸城市龙都街道西土墙村
………………Tel：0536-6118423
潍坊康泰置业有限公司
地址：山东省潍坊市诸城市龙都现代城177-1-2
………………Tel：0536-6166199
潍坊兴盛公路工程有限责任公司
地址：山东省潍坊市安丘市兴安街道潍徐路46号

……Tel：0536-6205522

诸城市龙城建设投资有限公司
地址：山东省潍坊市诸城市和平街162号
……Tel：0536-6217177

昌乐齐城新农村建设投资有限公司
地址：昌乐县城步行街97号
……Tel：0536-6250708

昌乐县城市建设投资开发有限公司
地址：山东省潍坊市昌乐县新昌路1351号城投大厦18楼
……Tel：0536-6272712

潍坊九龙湖城市建设综合开发有限公司
地址：山东省潍坊市昌乐县宝通西街789号
……Tel：0536-6279999

新郎希努尔集团股份有限公司
地址：山东省潍坊市诸城市东环路58号
……Tel：0536-6325600

山东精典机电工程有限公司
地址：山东省潍坊市诸城市北环路580号
……Tel：0536-6439966

山东国桥建材科技有限公司
地址：山东省潍坊市昌乐县朱刘街道站北街与万山路口西360米路北
……Tel：0536-6777280

昌邑市城市建设发展投资集团有限公司
地址：山东省潍坊市昌邑市奎聚路368号1幢701
……Tel：0536-7110657

昌邑市昌盛城市建设投资有限公司
地址：山东省潍坊市昌邑市奎聚路368号1幢701
……Tel：0536-7110657

潍坊庆鹏集团有限公司
地址：潍坊市寒亭区霞飞路北首
……Tel：0536-7265002

潍坊方达城镇建设投资有限公司
地址：潍坊市寒亭区通亭街3379号寒亭金融中心1号楼1513室
……Tel：0536-7286299

天同宏基集团股份有限公司
地址：潍坊市坊子区崇文街399号
……Tel：0536-7515773

潍坊泰和置业有限公司
地址：潍坊市奎文区宝通街13288号宝通陆号小区2号综合楼1401
……Tel：0536-7528868

潍坊滨海央城开发建设有限公司
地址：山东省潍坊市滨海区央子街道黄河西街00909号海宁大厦
……Tel：0536-7572303

潍坊滨城建设集团有限公司
地址：山东省潍坊市滨海经济开发区未来大厦19楼
……Tel：0536-7572397

潍坊滨毅城镇基础设施建设管理中心（有限合伙）
地址：山东省潍坊市寒亭区通亭街3379号寒亭金融中心1号楼01-1614室
……Tel：0536-7572822

潍坊鲁元建材有限公司
地址：潍坊市坊子区双羊街1633号智能装备产业园综合楼
……Tel：0536-7661036

潍坊永通工程有限公司
地址：山东省潍坊市峡山区 山街道潍峡路8号
……Tel：0536-7732198

昌邑市永顺包装装潢有限公司
地址：昌邑市围子镇天保村
……Tel：0536-7874036

山东英德隆置业有限公司
地址：山东省潍坊市潍城区和平路3555号和平广场1号楼1
……Tel：0536-8051811

潍坊恒润置业有限公司
地址：潍坊市潍城区浮烟山放飞场观礼台
……Tel：0536-8135666

潍坊经济区城市建设投资发展集团有限公司
地址：山东潍坊经济开发区月河路3177号高新技术产业园孵化器3楼308房间
……Tel：0536-8161817

潍坊潍州城建投资有限公司
地址：山东省潍坊市潍城区胜利西街1500号圣基大酒店7楼708室
……Tel：0536-8188483

潍坊市潍城区城市建设综合开发公司
地址：向阳路106号
……Tel：0536-8188780

潍坊市城市建设发展投资集团有限公司
地址：山东省潍坊市奎文区文化路439号
……Tel：0536-8198718

汇港管理咨询集团有限公司
地址：山东省潍坊市奎文区虞河路2613号左岸华庭4号楼909、910室
……Tel：0536-8200777

潍坊广丰商贸有限公司
地址：潍城区广丰街168号
……Tel：0536-8211960

潍坊查爱纳美建材科技有限公司
地址：山东省潍坊综合保税区规划路以南，高新三路以东3号楼
……Tel：0536-8221168

潍坊正坤产业发展集团有限公司
地址：奎文区虞河路426号
……Tel：0536-8250169

潍坊大川置业有限公司
地址：潍坊高新技术开发区北海花园小区39号楼1001、1005房间(仅限办公用)
……Tel：0536-8291177

潍坊市城市建设开发有限公司
地址：潍坊高新区东风东街华通大厦4-6层
……Tel：0536-8324075

潍坊潍城置业有限公司
地址：山东省潍坊市潍城区青年路218号坤泰城1号楼4楼406室
……Tel：0536-8559808

潍坊外商投资开发区万众综合开发服务有限公司
地址：潍坊市外商投资开发区彩虹路与卧龙西街交叉口
……Tel：0536-8559885

潍坊高新城市建设工程有限公司
地址：山东省潍坊高新区健康东街以北潍安路以西创新大厦东北附楼316室
……Tel：0536-8675227

潍坊高新区城市建设发展有限公司
地址：山东省潍坊高新区清池街道府东社区健康东街以北、潍安路以西创新大厦507室
……Tel：0536-8675227

山东高创建设投资集团有限公司
地址：潍坊高新区健康东街6699号
……Tel：0536-8791812

潍坊一诺建材有限公司
地址：山东省潍坊市奎文区樱前街13300号21号楼1703
……Tel：0536-8797938

潍坊钜力建材股份有限公司
地址：山东省潍坊市滨海区珠江西街01998号科研楼201
……Tel：0536-8880536

潍坊鲁伟实业有限公司
地址：潍坊高新区东方路2566号鲁伟商务港1002室
……Tel：0536-8880720

济宁城乡振兴开发建设有限公司
地址：山东省济宁市任城区李营街道金融大厦2层201室
……Tel：0537-2163976

盛泰润泽房地产开发有限公司
地址：山东省济宁市任城区观音阁街道盛泰广场G座13-15层
……Tel：0537-2316722

山东东方红建设装饰有限公司
地址：山东省济宁市任城区仙营路16号
……Tel：0537-2387799

济宁市高耸安桥圣景房地产开发有限公司
地址：济宁北湖省级旅游度假区车站南路东，石佛路（规划路）南，古运河西
……Tel：0537-2389567

山东光大空间地理信息有限责任公司
地址：济宁市建设北路125号
……Tel：0537-2567857

济宁聚能热力保温建材有限公司
地址：山东省济宁市任城区李营街道金融大厦2层201室
……Tel：0537-2670028

山东宁大建设集团有限公司
地址：济宁市金塔路北首
……Tel：0537-2786905

济宁市立国房地产开发有限公司
地址：汶上县经济开发区（金城路中段管理委员会办公楼）
……Tel：0537-2882966

山东天银新型建材有限公司
地址：曲阜市陵城镇孔子大道西首路南
……Tel：0537-3060663

山东鲁泰环保建材有限公司
地址：山东省鱼台县张黄镇鹿洼工业园内
……Tel：0537-3118783

山东汇源杭萧钢构有限公司
地址：山东省济宁市任城区唐口工业园区，唐尧路以南，园发路以东
……Tel：0537-3166466

曲阜市方兴城市建设经营有限公司
地址：山东省济宁市曲阜市小雪街道大成路66号
……Tel：0537-3198399

济宁高新城建投资有限公司
地址：济宁高新区海川路9号就业促进及科技推广中心A2楼401室
……Tel：0537-3255106

济宁市兖州区城市建设综合开发公司
地址：山东省济宁市兖州区鼓楼街道办事处红花村红花西街亨利广场11号楼
……Tel：0537-3412659

济宁市兖州区兖北建筑安装有限责任公司
地址：山东省济宁市兖州区金谷大道北站路口西
……Tel：0537-3413480

中材建科有限公司
地址：山东省济宁市兖州创业大道西首
……Tel：0537-3421188

济宁市兖州区惠民城建投资有限公司
地址：济宁市兖州区建设西路（牛旺地质家园西邻）
……Tel：0537-3492579

济宁市兖州区九州城建投资有限公司
地址：济宁市兖州区建设西路（牛旺地质家园西邻）
……Tel：0537-3492579

济宁市兖州区海鹏建筑装潢工程有限公司
地址：济宁市兖州区龙桥街道办事处恒隆广场海润豪庭8号办公楼412室
……Tel：0537-3895366

山东同泰城建工程有限公司
地址：山东省济宁市兖州区龙桥街道九州中路68号
……Tel：0537-3899766

山东富弘建材有限公司
地址：济宁市泗水县经济开发区金鑫路2号
……Tel：0537-4117888

泗水县城建投资开发有限责任公司
地址：泗水县泗河办文化路18号
……Tel：0537-4283666

泗水天石建材有限公司
地址：山东省济宁市泗水县济河办光明路南首
……Tel：0537-4289058

泗水县鼎顺建材有限公司
地址：山东省济宁市泗水县济河街道滨河水苑1号楼2号房
……Tel：0537-4305518

山东正兴集团有限公司
地址：曲阜市归德南路
……Tel：0537-4423848

山东君泰房地产开发集团有限公司
地址：山东省济宁市曲阜市陵城镇人民政府西楼
……Tel：0537-4449379

山东犁铧春秋置业有限公司
地址：山东省济宁市曲阜市时庄街道裕隆路198号
……Tel：0537-4586777

曲阜中联水泥有限公司
地址：曲阜市书院街道办事处陶瓷路16号
……Tel：0537-4612226

曲阜中联水泥有限公司
地址：曲阜市书院街道办事处陶瓷路16号
……Tel：0537-4612226

山东忠龙环保建材有限责任公司
地址：济宁市微山县留庄镇政府南2000米处路西
……Tel：0537-5038678

山东美恒投资有限公司
地址：山东省济宁市任城区美恒济宁国际汽车博览城沿街1号楼
……Tel：0537-5047760

邹城市邹鲁湿地公园开发建设有限公司
地址：山东省济宁市邹城市顺河路56号
……Tel：0537-5119098

济宁市远大建材有限公司
地址：济宁市金宇路百丰大厦16层1610号
……Tel：0537-5157007

山东顺鸿威通用机械设备有限公司
地址：山东省济宁北湖省级旅游度假区石桥工业园C区（太白湖新区石桥辖区倪庙村）
……Tel：0537-5157019

邹城市铸诚新型建材有限公司
地址：邹城市石墙镇高保庄村
……Tel：0537-5181818

邹城市铸诚新型建材有限公司
地址：邹城市石墙镇高保庄村
……Tel：0537-5181818

邹城市城建实业发展有限公司
地址：邹城市平阳西路429号
……Tel：0537-5370977

邹城市利民建设发展集团有限公司
地址：邹城市孟子湖新区彭更路666号
……Tel：0537-5575577

山东中材大力专用汽车制造有限公司
地址：山东省济宁市嘉祥县省道S338线公路北、洪山路东
……Tel：0537-6082688

鱼台县鑫兴城市建设开发有限公司
地址：鱼台县城鱼新一路中段路南、湖陵二路西（县财局院内）
……Tel：0537-6258051

山东中建材优科建筑科技有限公司
地址：山东省济宁市曲阜市经济开发区西区南邻长春路西邻工业一路
……Tel：0537-6721777

济宁市市中区城建投资有限公司
地址：市中区太白东路64号（市中区财政局）
……Tel：0537-6772772

嘉祥城市建设集团有限公司
地址：山东省济宁市嘉祥县机场路6号
……Tel：0537-6810366

济宁恒运建材有限公司
地址：山东省济宁北湖省级旅游度假区济宁大道35号济宁城市展示馆
……Tel：0537-6867168

济宁运河新城开发建设有限公司
地址：山东省济宁市任城区车站西路567号运河壹号食汇城
……Tel：0537-7038227

汶上县圣都震宇建材有限公司
地址：汶上县郭仓乡驻地
……Tel：0537-7299728

山东水泊梁山城建投资有限公司
地址：山东省济宁市梁山县水泊街道忠义路1号
……Tel：0537-7319868

兖州碧桂园房地产开发有限公司
地址：济宁市兖州区龙桥街道办事处九州中路111号
……Tel：0537-7923888

山东新达环保建材有限公司
地址：山东省济宁市微山县欢城镇工业园区园六路8号
……Tel：0537-8236888

微山县欢城建筑有限公司
地址：山东省微山县欢城镇欢城西村欢城派出所东邻
……Tel：0537-8613677

金乡城建投资运营集团有限公司
地址：金乡县城金司路北段东侧
……Tel：0537-8776709

泰安市安居房地产有限公司
地址：泰安市温泉路906号（安居.金城缇香小区院内）
……Tel：0538-2117276

新泰市城市建设综合开发有限公司
地址：新泰市开拓路129号
……Tel：0538-2173719

山东卓远新型建材有限公司
地址：山东省泰安市东平县大羊镇响场村
……Tel：0538-2822608

山东鲁泰建筑工程集团有限公司
地址：山东省泰安市肥城王瓜店镇朱庄村西
……Tel：0538-3151888

兴润建设集团有限公司
地址：山东省泰安市肥城市祥山大街216号
……Tel：0538-3212667

永康建设投资集团有限公司
地址：山东省泰安市肥城市工业三路211号
……Tel：0538-3259766

山东兴润园林生态股份有限公司
地址：山东省泰安市肥城市龙山路北建设小区东兴润富丽桃源26幢1-2层3号营业房
……Tel：0538-3269199

信邦建设集团有限公司
地址：山东省泰安市肥城市龙山路甲069号
……Tel：0538-3270988

肥城市城市市政建设置业有限公司
地址：肥城市新城文化东路099号
……Tel：0538-3271309

山东泰银建设有限公司
地址：山东省泰安市肥城市湖屯镇中心街006号
……Tel：0538-3306269

肥城市鲁强建安工程有限公司
地址：山东省泰安市肥城市仪阳街道办事处祥山大街以东、肥桃路以南
……Tel：0538-3308756

山东鲁泰建筑产业化材料有限公司
地址：山东省泰安市肥城市王瓜店街道办事处穆庄村
……Tel：0538-3462978

山东铁建路桥工程材料有限公司
地址：山东省泰安市肥城市高新区老泰临路169号15幢
……Tel：0538-3511777

肥城建源新材料有限公司
地址：山东省泰安市肥城市湖屯镇鑫国产业园
……Tel：0538-3613898

山东瑞腾建材开发有限公司
地址：山东省泰安市肥城市孙伯镇泰东路南侧
……Tel：0538-3629168

泰安市龙墨建材有限公司
地址：山东省泰安市新泰市新甫街道办事处辉城村村北
……Tel：0538-5350083

东平中联水泥有限公司
地址：山东省泰安市东平县梯门镇驻地
……Tel：0538-5358666

泰安市泰山城建投资有限公司
地址：泰安市望岳西路21号
……Tel：0538-5366968

宁阳鲁基新型建材有限公司
地址：山东省泰安市宁阳县东疏镇疏里村村东北
……Tel：0538-5668166

宁阳康宁房地产开发有限公司

地址：宁阳县城交通路103号
……Tel：0538-5672766

泰安市盛华置业投资有限公司
地址：泰安市泰山区省庄镇蚕子峪村老村委
……Tel：0538-6116368

山东泰安恒基置业发展有限公司
地址：泰安市唐訾路中段
……Tel：0538-6127768

德盛合成材料有限公司
地址：泰安高新区龙腾路泰山基业东临
……Tel：0538-6226788

泰安润恒置业有限公司
地址：山东省泰安市岱岳区（泰安大汶口石膏工业园）
……Tel：0538-6303222

肥城市城市建设投资有限公司
地址：山东省泰安市肥城市新城龙山路008号
……Tel：0538-6380269

泰安市科苑基础产业投资建设有限公司
地址：山东泰山经济开发区管理委员会办公楼
……Tel：0538-6950139

山东鲁岳检测科技有限公司
地址：肥城市新城泰临路011号新城房地产开发公司第二分公司沿街综合楼3-4层
……Tel：0538-6979869

泰安市城建国有资产经营有限公司
地址：泰安市泰山区附中西路17号
……Tel：0538-6987078

新泰市城镇建设投资有限公司
地址：山东泰安新泰青云平阳446号
……Tel：0538-7233393

泰安市泰新商品混凝土有限公司
地址：山东省泰安高新区北集坡办事处北集坡工业园
……Tel：0538-7823157

泰安鲁润装饰装潢有限责任公司
地址：泰安市环山路36号
……Tel：0538-8019611

优时吉博罗石膏建材（山东）有限公司
地址：泰安市大汶口石膏工业园
……Tel：0538-8161025

泰安市联合绿色建材产业集聚区运营有限公司
地址：山东省泰安大汶口工业园
……Tel：0538-8168017

泰安市良庄建筑安装工程有限公司
地址：山东省泰安高新区良庄镇驻地
……Tel：0538-8267167

泰安市泰山矿产资源开发投资有限公司
地址：泰安市岱岳区粥店街道办事处驻地（办公楼西侧三楼）
……Tel：0538-8297687

泰安市泰山城市建设投资有限公司
地址：山东省泰安市岱岳区长城路十二号街五环小区一期26号
……Tel：0538-8496115

泰安市联合绿色建材产业集聚区管理有限公司
地址：山东省泰安市岱岳区满庄镇山水苑8号别墅
……Tel：0538-8560888

泰安泰山城乡建设发展有限公司
地址：山东省泰安市岱岳区灵山大街西首市城市发展投融资管理中心办公楼西侧
……Tel：0538-8561300

泰安市岱岳新城建设发展有限公司
地址：泰安市泰山青春创业开发区
……Tel：0538-8566349

泰安市广联建材有限公司
地址：山东省泰安市东平县接山镇政府
……Tel：0538-8569025

泰安建业工程咨询有限公司
地址：泰安市泰山青春创业园振兴街中段路南3号楼
……Tel：0538-8637799

泰安市岱岳城乡建设投资发展有限公司
地址：山东省泰安市岱岳区粥店办事处过驾院村
……Tel：0538-8999808

沂水城市建设投资集团有限公司
地址：山东省临沂市沂水县鑫华路北中区（县财政局沿街楼37号207）
……Tel：0539-2226006

山东东泰房地产开发有限公司
地址：沂水县双成路西段
……Tel：0539-2275508

山东优佳置业有限公司
地址：山东省沂水县沂博路39号（沂水县沂水镇田庄村北）
……Tel：0539-2313066

山东艾士富建材有限公司
地址：临沂高新区马厂湖镇工业园
……Tel：0539-2911797

临沂鲁商地产有限公司
地址：临沂市兰山区涑河北路1号铂尔曼大酒店20楼
……Tel：0539-3117788

临沂鲁商置业有限公司
地址：临沂市河东区汤头街道办事处办公楼206房
……Tel：0539-3117788

沂南县房地产综合开发公司
地址：沂南县城祥和路
……Tel：0539-3221072

山东邦盛新型建材有限公司
地址：山东省临沂市沂南县经济开发区太合路8 号
……Tel：0539-3251777

山东诺达环保建材有限公司
地址：山东省临沂市兰山区枣园镇蒙山科技园内
……Tel：0539-3283188

沂南闽海建筑材料有限公司
地址：沂南县大庄镇经济开发区
……Tel：0539-3518899

东岳机械股份有限公司
地址：山东省临沂市沂南县砖埠镇东岳庄村
……Tel：0539-3800066

临沂金海源置业有限公司
地址：平邑县城板桥路与金花路交汇处
……Tel：0539-4219788

梦牌新材料（平邑）有限公司
地址：山东省临沂市平邑县保太镇万庄村东南侧
……Tel：0539-4480456

兰陵县城市建设投资有限公司
地址：山东省临沂市兰陵县城惠民路7号院内
……Tel：0539-5120188

新沂蒙集团有限公司
地址：山东省临沂市费县胡阳镇北尹社区
……Tel：0539-5252717

临沂电力实业有限公司
地址：临沂市金雀山路中段
……Tel：0539-5277343

兰陵美华环保科技有限公司
地址：山东省临沂市兰陵县鲁城镇太平村
……Tel：0539-5488000

山东红花防水建材有限公司
地址：山东省临沂市兰陵县南桥镇远沟村
……Tel：0539-5526118

费县城乡建设投资集团有限公司
地址：山东省临沂市费县费城文化路18号
……Tel：0539-5802708

沂南县城市发展集团有限公司
地址：山东省临沂市沂南县界湖街道振兴路志华大厦
……Tel：0539-5971005

临沂中裕能源有限公司
地址：山东省临沂市经济开发区沃尔沃路67号
……Tel：0539-6011802

临沂经济开发区城市建设投资有限公司
地址：山东省临沂市经济开发区长安路19号
……Tel：0539-6016766

临沭城乡建设投资集团有限公司
地址：山东省临沂市临沭县临沭街道印象城国际大厦10楼1010室
……Tel：0539-6216013

临沭县城市建设投资开发有限公司
地址：临沭县城沭河大街69号
……Tel：0539-6216013

郯城县城市建设投资集团有限公司
地址：山东省临沂市郯城县北环路57号
……Tel：0539-6220658

山东金佰利健康产业开发有限公司
地址：山东省临沂市兰山区柳青街道北京路与滨河西路交汇环球汇金湾国际商务中心1号楼1701室
……Tel：0539-7056200

临沂罗美城市建设有限公司
地址：山东省临沂市罗庄区沂河路与湖东二路交汇处临商银行（盛发支行）
……Tel：0539-7086613

临沂市罗庄区城市建设投资开发有限公司
地址：罗庄区湖东二路西侧（国土罗庄分局土地矿产交易中心4楼）
……Tel：0539-7086613

山东维罗纳新型节能建材有限公司
地址：山东省临沂市罗庄区沂堂镇寨子村西
……Tel：0539-7106595

山东城发实业有限公司
地址：山东省临沂市莒南县淮海路东段南侧
……Tel：0539-7212120

山东华泉新型建材有限公司
地址：莒南县十字路镇温泉居委(人民路东段)
……Tel：0539-7212338

鲁盟地产集团有限公司
地址：通达路与涑河南街交汇处临商一号10楼10022-10034
……Tel：0539-7297396

临沂市北斗建设工程有限公司
地址：山东省临沂市兰山区蒙山北路63号辰坤国际
……Tel：0539-7309116

沂南县阳都建材有限公司
地址：山东省临沂市沂南县振兴路北、玉液路以东
……Tel：0539-7323977

临沂奥德民创城市建设运营有限公司
地址：山东省临沂市河东区北京东路与智圣路交汇处奥德国际商务中心三楼
……Tel：0539-7705288

临沂未来科技城开发建设集团有限公司
地址：临沂高新技术产业开发区科技大道火炬大厦
……Tel：0539-7958608

山东泰盛恒房地产有限公司
地址：山东省临沂市兰山区武汉路与孝河路交汇处东北角
……Tel：0539-7976610

临沂隆丰行怡景房地产开发有限公司
地址：临沂市高新技术产业开发区
……Tel：0539-7979882

山东天元物业管理有限公司
地址：银雀山路东段
……Tel：0539-8115585

天元（临沂）绿色材料智造小镇市政工程建设管理有限公司
地址：山东省临沂市罗庄区盛庄街道沂河路73号
……Tel：0539-8115585

山东天基置业集团有限公司
地址：临沂市沂蒙路426号
……Tel：0539-8136908

临沂城市建设投资集团有限公司
地址：山东省临沂市兰山区北京路37号临商大厦29楼
……Tel：0539-8139969

山东房源实业集团有限公司
地址：兰山区苗庄小区综合1号楼
……Tel：0539-8176012

山东南亚物业集团有限公司
地址：临沂市兰山区涑河北街5号德兴雅苑2号楼701室
……Tel：0539-8213799

临沂诺蒂菲尔建材有限公司
地址：山东省临沂市莒南县莒南临港产业园
……Tel：0539-8271671

临沂市兰山区城市开发建设投资集团有限公司
地址：山东省临沂市兰山区沂蒙路南段东侧338号
……Tel：0539-8310398

山东高强新材料科技有限公司
地址：山东省临沂市兰山区半程镇金锣科技园小湖村17号
……Tel：0539-8382266

临沂东城建设投资集团有限公司
地址：山东省临沂市河东区北京东路与温泉路交汇西100米路北写字楼
……Tel：0539-8387003

临沂骏业城建项目管理有限公司
地址：临沂市河东区九曲街道北京东路岚兖公路北侧
……Tel：0539-8389672

临沂西部新城开发建设投资有限公司
地址：兰山区义堂镇大义堂村008号
……Tel：0539-8560382

临沂汇金置业有限公司
地址：山东省临沂市兰山区柳青街道北京路与滨河西路交汇处环球汇金湾国际商务中心1号楼209室
……Tel：0539-8600365

临沂奥德置业发展有限公司
地址：兰山区环球国际商务中心1号楼A-905
……Tel：0539-8610575

山东弘力实业集团有限公司
地址：山东省临沂市兰山柳青街道上海路与孝河路交汇西50米路南IEC1号楼2129-2130
……Tel：0539-8611390

临沂城市发展集团有限公司
地址：山东省临沂市北城新区上海路与孝河路交汇北200米路西城开大厦
……Tel：0539-8613900

临沂城资新鸥鹏房地产开发有限公司
地址：山东省临沂市兰山区柳青街道武汉路与大青山路交汇东和商务大厦1713室
……Tel：0539-8616702

临沂铁路建设投资集团有限公司
地址：山东省临沂市兰山区白沙埠镇孝圣街白沙埠镇政府东200米路北（地税分局白沙埠所）
……Tel：0539-8667811

山东吉宇建材有限公司
地址：临沂经济开发区临工路107号
……Tel：0539-8808206

临沂国际生态城建设投资集团有限公司
地址：山东省临沂市河东区滨河东路与解放东路交汇处领秀豪庭沿街
……Tel：0539-8819616

临沂东立塑胶建材有限公司
地址：山东省临沂经济技术开发区昆明路与沈阳路交汇处
……Tel：0539-8854038

山东鲁南商报传媒有限公司
地址：山东省临沂市兰山区北京路与沭河路交汇北50米路西
……Tel：0539-8966156

山东滨化新型建材有限责任公司
地址：山东省滨州市黄河五路869号滨化集团研发中心1号楼101
……Tel：0543-2118000

山东省富泰新型建材有限公司
地址：博兴县兴福工业园
……Tel：0543-2165618

邹平市城镇化建设开发有限公司
地址：山东省滨州市邹平市黄山街道办事处鹤伴二路888号106室
……Tel：0543-2181666

山东邹金城市开发建设有限公司
地址：山东省滨州市邹平市黄山街道办事处鹤伴二路888号
……Tel：0543-2188611

山东龙脉广告装潢有限公司
地址：山东沾化经济开发区永馆路北侧2号
……Tel：0543-2273501

山东承安管业有限公司
地址：山东省滨州市滨城区滨北办事处梧桐六路66号
……Tel：0543-2292699

京博乐安置业有限公司
地址：博兴县乐安大街881号
……Tel：0543-2313130

山东瑞丰不锈钢有限公司
地址：博兴县经济开发区(新博路东、新农村路南)
……Tel：0543-2315908

博兴县城市房地产综合开发公司
地址：博城四路288号
……Tel：0543-2321936

山东昌隆建工集团公司
地址：博兴县曹王镇驻地
……Tel：0543-2410268

山东舜鑫达新型建材有限公司
地址：博兴县兴福镇兴二村
……Tel：0543-2567889

山东博尚光电科技有限公司
地址：博兴县经济开发区
……Tel：0543-2600633

山东省博兴县天成建材有限公司
地址：山东省滨州市博兴县乔博路以东（高家村）
……Tel：0543-2877566

滨州中海城市投资开发集团有限公司
地址：滨州市渤海十八路667号
……Tel：0543-3060972

山东鑫达节能科技有限公司
地址：山东省滨州市经济技术开发区黄河六路333号丰泽御景18号楼522
……Tel：0543-3155516

山东滨州城建集团有限公司
地址：滨州市黄河三路605号
……Tel：0543-3157039

滨州城建投资集团有限公司
地址：山东省滨州市滨城区渤海十六路736号
……Tel：0543-3181889

滨州市魅力城乡建设有限公司
地址：山东省滨州市滨城区黄河十六路997号
……Tel：0543-3317280

滨州市路达置业有限责任公司
地址：滨州市黄河六路501号
……Tel：0543-3363217

滨州汇美嘉家居有限公司
地址：滨州市经济开发区现代物流中心园24路南首
……Tel：0543-3417082

胜利油田华滨房地产开发有限责任公司
地址：山东省滨州经济技术开发区黄河十二路598号
……Tel：0543-3461507

滨州市兴龙建材销售有限公司
地址：山东省滨州市高新区小营办事处广青路南侧
……Tel：0543-3612288

邹平市城市建设经营有限公司
地址：山东省邹平市鹤伴二路（建设局内）
……Tel：0543-4266981

滨州中云置业有限公司
地址：山东省滨州市邹平县黛溪街道办事处黄山三路151号
……Tel：0543-4337068

山东齐星建筑有限公司
地址：滨州市邹平韩店镇开发区
……Tel：0543-4617268

邹平县凯茗装饰装潢有限公司
地址：山东省滨州市邹平县高新街道办事处新大村
……Tel：0543-4667111

无棣县城市建设投资公司
地址：无棣县城棣州大街西首(国土大厦)
……………………Tel：0543-5077698
惠民县昌瑞工贸有限公司
地址：山东省滨州市惠民县姜楼镇崔寨新村（姜楼镇金三角开发区）
……………………Tel：0543-5231181
山东玉瑞农牧科技有限公司
地址：山东省滨州市惠民县皂户李镇新屯村南
……………………Tel：0543-5255555
惠民县城镇建设有限公司
地址：惠民县城开源街12号
……………………Tel：0543-5357018
滨州庆民建材有限公司
地址：滨州市无棣县西小王乡东黄村东、新海路东侧
……………………Tel：0543-6276999
滨州北海城市开发建设集团有限公司
地址：滨州市北海新区北海大街1号
……………………Tel：0543-6588716
无棣鼎鑫城建工程有限公司
地址：无棣县府前大街财政大厦7楼
……………………Tel：0543-6782276
沾化金海城乡建设有限公司
地址：山东省滨州市沾化区创新数码港大楼
……………………Tel：0543-7325781
滨州市新星城建有限公司
地址：滨州经济开发区渤海十八路667号
……………………Tel：0543-8191298
阳信县城市建设投资集团有限公司
地址：山东省滨州市阳信县信城街道办事处阳城六路567-2号
……………………Tel：0543-8212025
阳信华兴盛投资开发建设有限公司
地址：山东省滨州市阳信县信城街道办事处阳城六路567-2号
……………………Tel：0543-8228178
山东胜通房地产开发有限公司
地址：东营市垦利区新兴路377号
……………………Tel：0546-2169588
山东和利时建设工程有限公司
地址：东营市垦利区胜坨镇永莘路69号10幢
……………………Tel：0546-2265555
东营市集好运业有限责任公司
地址：东营市垦利区振兴路205号
……………………Tel：0546-2568688
东营市垦利区城市建设投资集团有限公司
地址：东营市垦利区中兴路31号
……………………Tel：0546-2890996
东营津卓城市建设投资集团有限公司
地址：山东省东营市利津县利二路508号利津经济开发区办公楼816室
……………………Tel：0546-5625588
利津县金津城乡道路建设有限公司
地址：山东省东营市利津县大桥路158号
……………………Tel：0546-5683178
利津县胜瑞城市建设集团有限公司
地址：山东省东营市利津县滨南采油四矿以北200米路东
……………………Tel：0546-5685969
利津县城市投资发展建设有限公司
地址：利津县城津一路33号
……………………Tel：0546-5685969
利津营海建材有限公司
地址：利津县盐窝镇后邢村北
……………………Tel：0546-6085886
东营恩诚建设工程有限公司
地址：广饶县大王经济开发区（田门）
……………………Tel：0546-6853788
山东东源新材料科技有限公司
地址：广饶县经济开发区（月河路以东，15号路以南）
……………………Tel：0546-6877567
东营金岭置业有限公司
地址：山东省东营市广饶县广饶街道傅家路588号
……………………Tel：0546-6882976
山东渤海峰源置业有限公司
地址：山东省东营市广饶县广饶街道民安路88号颐和大厦7层712室
……………………Tel：0546-6929522
山东大金建设工程有限公司
地址：山东省东营市东营区千佛山路万海金地B座901
……………………Tel：0546-7363006
东营市福祥工贸有限责任公司
地址：山东省东营市东营区黄河路以北、水源路以东富海交运大厦4层4010室
……………………Tel：0546-7367508
胜利油田中胜实业有限公司
地址：东营市东营区西四路604号
……………………Tel：0546-7663709
东营亿鑫化工有限公司
地址：东营市河口区通海工业园
……………………Tel：0546-7717108
东营创展置业有限公司
地址：山东省东营市东营区东二路225号
……………………Tel：0546-7763333
东营旭东工程有限公司
地址：山东省东营市东营区东二路306号第8幢
……………………Tel：0546-7765609
胜利油田大明新型建筑防水材料有限责任公司
地址：山东省东营市东营区浏阳河路69号
……………………Tel：0546-7769001
东营市城市建设投资集团有限公司
地址：山东省东营市东营经济技术开发区东三路258号
……………………Tel：0546-8055950
东营大海房地产开发有限公司
地址：东营开发区东四路西、府前街南
……………………Tel：0546-8056819
东营科英置业有限公司
地址：东营市东城经济开发区
……………………Tel：0546-8090137
山东大舜建设集团有限公司
地址：山东省东营市开发区府前街北、东四路东东四路55号
……………………Tel：0546-8280888
山东华隆集团有限公司
地址：山东省东营市东营区海通路12号4幢303室
……………………Tel：0546-8312888
东营华为工程项目管理有限公司
地址：山东省东营市东营区庐山路1188号华泰国际金融中心2幢1316室
……………………Tel：0546-8328511
胜辉木业有限公司
地址：东营区北二路161号
……………………Tel：0546-8369666
山东康泊能源科技有限公司
地址：东营市河口区孤岛镇孤岛工业园区光明路66号
……………………Tel：0546-8370609
胜利油田宏海实业有限责任公司
地址：东营市河口区孤岛镇
……………………Tel：0546-8885800
山东新邦房地产开发有限责任公司
地址：东营区北二路318号
……………………Tel：0546-8917268
东营市城投京路投资建设有限公司
地址：山东省东营市东营区府前大街55号
……………………Tel：0546-8951999
东营市天诚建材有限公司
地址：东营市东营区信州路1号
……………………Tel：0546-8956669
东营星凯置业有限公司
地址：山东省东营市东营区峨眉山路16号105
……………………Tel：0546-8970713
山东俊昌建设工程股份有限公司
地址：济宁市阜桥辖区光河路北秦庄居民委员会
……………………Tel：0597-2385599
威海市极富房地产开发有限公司
地址：山东省威海临港经济技术开发区周宁路1号187室1席
……………………Tel：0631-2817777
威海悦美亭置业有限公司
地址：威海市阳亭中路-28-7号
……………………Tel：0631-3652666
威海宝能城市发展有限公司
地址：威海经济技术开发区滨海大道黄石圈东部滨海新城建设指挥部305室（自主申报）
……………………Tel：0631-3670820
威海启程德瑞绿色建材有限公司
地址：山东省威海市荣成市成山镇成大路238号
……………………Tel：0631-3856988
威海城投置业有限公司
地址：山东省威海市环翠区竹岛办事处青岛北路158号6、7层
……………………Tel：0631-5197017
威海国有资产经营（集团）有限公司
地址：威海市环翠区世昌大道8号
……………………Tel：0631-5198701
威海市滨海新城建设投资股份有限公司
地址：山东省威海市经济技术开发区
……………………Tel：0631-5201956
威海威港置业有限公司
地址：威海市和平路1号
……………………Tel：0631-5225858
威海西港游艇有限公司
地址：威海市环翠区科技南路969号
……………………Tel：0631-5251450
威海城建泛华投资管理有限公司
地址：山东省威海市高区怡园街道恒泰街附99-1号
……………………Tel：0631-5271902
威海城市投资集团有限公司
地址：山东省威海市环翠区竹岛街道青岛北路158号
……………………Tel：0631-5319356
威海富民村镇银行有限责任公司
地址：威海市渔港路38号
……………………Tel：0631-5355378
威海震晔建筑工程有限公司
地址：山东省威海市经济技术开发区珠海路657-1号（自主申报）
……………………Tel：0631-5673272
威海凯朗建设工程有限公司
地址：山东省威海市经济技术开发区海南路21号
……………………Tel：0631-5921643
威海绿城物业服务股份有限公司
地址：山东省威海经济技术开发区华夏路51号鼎信大厦17层
……………………Tel：0631-5923678
威海广安城市建设投资有限公司
地址：山东省威海市经济技术开发区海疃路-28号-504（自主申报）
……………………Tel：0631-5970071
威海华隆建筑材料有限公司
地址：威海经技区渤海路-81-1号
……………………Tel：0631-5991798
乳山市城市建设投资集团有限公司
地址：山东省威海市乳山市城区胜利街84号
……………………Tel：0631-6650096
乳山市恒基建筑工程有限公司
地址：乳山市北环路53号
……………………Tel：0631-6699899
乳山松海房地产开发有限公司
地址：山东省威海市乳山市白沙滩镇白沙滩村
……………………Tel：0631-6722399
乳山金鼎房地产开发有限公司
地址：山东省威海市乳山市胜利街87号
……………………Tel：0631-6777377
乳山天骄村镇银行股份有限公司
地址：山东省乳山市世纪大道100号
……………………Tel：0631-6872879
荣成市滨海城建开发有限公司
地址：山东省威海市荣成市黄海中路294号
……………………Tel：0631-7315897
山东荣城建筑集团装潢有限公司
地址：荣成市邹泰南街
……………………Tel：0631-7552282
山东荣城建筑集团有限公司
地址：荣成市邹泰南街296号
……………………Tel：0631-7588088
荣成城区教育基础设施建设运营有限公司
地址：荣成市邹泰南街296号
……………………Tel：0631-7588088
荣成慧华置业投资有限公司
地址：荣成市青山西路22号
……………………Tel：0631-7591588
荣成好运角城乡建设开发有限公司
地址：荣成市成山镇荣山路175号
……………………Tel：0631-7869958
威海市文登区德利源投资有限公司
地址：山东省威海市文登区环山办文山西路12-1号
……………………Tel：0631-8185503
威海汤泊温泉度假有限公司
地址：山东省威海市文登经济开发区止马岭村
……………………Tel：0631-8666666
同信建材有限公司
地址：山东省枣庄市滕州市界河镇大通货场北邻
……………………Tel：0632-2721176
滕州新奥能源物流港有限公司
地址：山东省枣庄市滕州市滨湖镇后辛安村西70米处
……………………Tel：0632-2896606
枣庄市新时代城市基础设施建设发展有限公司
地址：山东省枣庄市薛城区光明大道3909号市住建局办公楼九层东区
……………………Tel：0632-3086186
枣庄中汇住宅开发有限公司
地址：市中区振兴路
……………………Tel：0632-3099105
中建材光芯科技有限公司
地址：山东省枣庄市市中区长江路35号
……………………Tel：0632-3186211
枣庄市城市建设投资有限公司
地址：山东省枣庄市薛城区黄山路东侧枣庄市财政大厦1010室
……………………Tel：0632-3317429
山东枣庄长城建筑集团有限公司
地址：山东省枣庄市市中区枣庄经济开发区谷山路2-1号
……………………Tel：0632-3318671
枣庄金色城乡基础设施建设投资开发有限公司
地址：山东省枣庄市薛城民生路616号财政局大楼1101
……………………Tel：0632-3330698
山东晟鸿城市建设发展集团有限公司
地址：山东省枣庄市薛城区海河路2号
……………………Tel：0632-4411809
枣庄市薛城区城市建设综合开发公司
地址：山东省枣庄市薛城区海河路2号
……………………Tel：0632-4411897
枣庄助达投资有限公司
地址：山东省枣庄高新区张范街道府前路1号张范街道办事处院内西侧206室
……………………Tel：0632-4615098
枣庄汇正实业有限公司
地址：枣庄市薛城区陶庄镇经济民营园区789号。
……………………Tel：0632-4821177
枣庄翼云城镇建设综合开发有限公司
地址：山亭区崇文路樱花园小区
……………………Tel：0632-5106566
枣庄市山亭区城镇建设综合开发公司
地址：枣庄市市中区青檀中路18号
……………………Tel：0632-5106566
山东省典筑建筑工程有限公司
地址：山东省枣庄市滕州市龙泉中路99号美铭广场B座2201室
……………………Tel：0632-5162868
滕州市亿丰房地产综合开发有限责任公司
地址：滕州市善国北路福临佳园（执法局南邻）
……………………Tel：0632-5250500
滕州市安居工程开发建设中心
地址：山东省枣庄市滕州市善国南路80号
……………………Tel：0632-5558819
山东华东建设集团有限公司
地址：山东省枣庄市滕州市新华东路阳光国际商务楼A座
……………………Tel：0632-5575897
滕州嘉庆阳光物业服务有限公司
地址：滕州市龙泉路（七彩阳光城院内）
……………………Tel：0632-5611779
滕州市城市建设综合开发公司
地址：滕州市善国南路20号
……………………Tel：0632-5826500
山东华奥斯新型建材有限公司
地址：滕州经济开发区兴业南路218号
……………………Tel：0632-5967222
滕州海德公园地产有限公司
地址：山东省枣庄市滕州市学院东路1819号市委党校5楼
……………………Tel：0632-5981339
山东合鑫建材有限公司
地址：枣庄市台儿庄区涧头集镇贺窑村
……………………Tel：0632-6619209
山东祥和乳业有限责任公司
地址：台儿庄区马兰屯镇
……………………Tel：0632-6692015
枣庄市鑫城房地产开发有限公司
地址：山东省枣庄市枣庄高新区茂源路5号
……………………Tel：0632-7625303
枣庄水辰置业有限公司
地址：山东省枣庄高新区长白山路与宁波路交汇处君悦府小区售楼处
……………………Tel：0632-8279007
山东连银山环保建材有限公司
地址：山东省枣庄市山亭区北京路2号
……………………Tel：0632-8581188
山东国宁新型建材有限公司
地址：山东省枣庄高新区张范街道北于村（原北于水泥厂院内）
……………………Tel：0632-8765432
枣庄市山亭区城市开发建设有限公司
地址：枣庄市山亭区财政局
……………………Tel：0632-8811858
山东秀美汇鑫建材有限公司
地址：枣庄市山亭区徐庄镇涝岭村
……………………Tel：0632-8812099
枣庄市北辰置业有限公司
地址：山亭区零九公路西
……………………Tel：0632-8818555
枣庄市山亭区房屋建设综合开发公司
地址：山亭区新城崇文路樱花园小区沿街门市房4号
……………………Tel：0632-8867556
日照赛福特房地产开发有限公司
地址：山东省日照市东港区海滨三路3号
……………………Tel：0633-2211667
日照新晟供应链有限公司
地址：山东省日照高新区高新七路电子信息产业园8号研发楼
……………………Tel：0633-2296205
日照高新城市建设有限公司
地址：山东省日照高新区高新七路电子信息产业园8号研发楼
……………………Tel：0633-2296779
日照市岚山区城市建设发展有限公司
地址：山东省日照市岚山区圣岚西路188号
……………………Tel：0633-2603688
日照市岚山区城建投资有限公司
地址：山东省日照市岚山中路169号（信合大厦13楼）
……………………Tel：0633-2611366
日照创想房地产开发有限公司
地址：山东省日照市东港日照街道日照北路西、西海路南
……………………Tel：0633-3383088
日照汇通置业有限公司
地址：五莲县长青路23号
……………………Tel：0633-5883880

莒县昊运新型建材有限公司
地址：山东省日照市莒县阎庄镇当门社区张家当门村西老学校
…………………… Tel：0633-6222379

莒县城市建设投资集团有限公司
地址：山东省日照市莒县城阳街道沭河公园内、莒安大桥北临（沭河西路以东）
…………………… Tel：0633-7880800

五莲县城建有限公司
地址：山东省日照市五莲县济南路203号
…………………… Tel：0633-7957986

日照市汉金缘城市公园建设有限公司
地址：山东省日照市东港区海曲路与绿舟路交汇处喜来登广场6号写字楼东座5层
…………………… Tel：0633-7976198

日照经济开发区城镇建设开发有限公司
地址：日照经济开发区天津路北、西安路西（香樟园）6#楼
…………………… Tel：0633-8080027

日照市东港区碧桂园房地产开发有限公司
地址：山东省日照市东港区兖州路以西、云海路以南沙墩六区
…………………… Tel：0633-8190555

日照东港城市建设投资有限公司
地址：山东省日照市东港区山东路1000号华润置地广场1号楼41层
…………………… Tel：0633-8250019

日照豪成建材有限公司
地址：山东省日照高新区荟阳路北段
…………………… Tel：0633-8298077

日照江成建材有限公司
地址：山东省日照市东港区荟阳路北段（后楼村段）
…………………… Tel：0633-8298077

日照江豪建材有限公司
地址：山东省日照高新区荟阳路85号
…………………… Tel：0633-8299099

山东岚桥地产有限公司
地址：山东省日照山海天旅游度假区太公二路86号
…………………… Tel：0633-8310112

日照山海天城建开发有限公司
地址：日照市山海天路南侧
…………………… Tel：0633-8316867

山东易和建材科技有限公司
地址：日照市临沂路东，沿海路北001幢101号（临沂路南段日照鲁碧新型建材）
…………………… Tel：0633-8362088

日照大地依索新建材有限公司
地址：山东省日照市经济开发区上海路500号
…………………… Tel：0633-8368001

日照华纳房地产开发有限公司
地址：日照经济开发区刘石公路大岭二村段
…………………… Tel：0633-8610666

日照市隆纳新型建材有限公司
地址：山东省日照市国际海洋城涛雒镇高旺庄
…………………… Tel：0633-8677117

日照安泰建设有限公司
地址：山东省日照市东港区烟台路269号国际金融中心2号楼17A层
…………………… Tel：0633-8828077

中煦建筑装潢（日照）有限公司
地址：山东省日照市东港区后村镇曙光路东段
…………………… Tel：0633-8831898

日照市中铭房地产开发有限公司
地址：山东省日照市经济开发区北京路与大连路交汇处南路西北李广场项目部
…………………… Tel：0633-8853619

日照市城乡建设勘察测绘院有限公司
地址：山东省日照市东港区济南路269号
…………………… Tel：0633-8899388

日照市城市建设投资集团有限公司
地址：日照市烟台路187号
…………………… Tel：0633-8899590

山东嬴城控股集团有限公司
地址：山东省济南市莱芜区口镇澳门南路中段(嬴城集团大厦)
…………………… Tel：0634-5878869

莱芜茂业置业有限公司
地址：山东省济南市莱芜区文化南路001号
…………………… Tel：0634-6328503

山东鲁碧建材有限公司
地址：济南市钢城区颜庄镇驻地
…………………… Tel：0634-6469633

莱芜凤凰建工集团有限公司
地址：山东省济南市莱芜区长勺北路306号
…………………… Tel：0634-6588378

山东莱芜城市建设投资控股有限公司
地址：山东省济南市莱芜区龙潭东大街29号
…………………… Tel：0634-8896013

聊城市昌泰城镇建设有限责任公司
地址：聊城市铁塔路38号
…………………… Tel：0635-2112213

聊城旭润建设有限公司
地址：山东省聊城经济技术开发区物流园区京通路1号（兴业大厦7楼）
…………………… Tel：0635-2115125

聊城昌润住房开发建设有限公司
地址：山东省聊城市东昌府区新区街道办事处东昌中路3号昌润莲湖大厦21层
…………………… Tel：0635-2119065

山东聊建现代建设有限公司
地址：聊城市开发区黄山路南段路东
…………………… Tel：0635-2121596

聊城市晟源城市建设发展有限公司
地址：聊城市东昌西路119号
…………………… Tel：0635-2125255

聊城财瑞建设发展有限公司
地址：山东省聊城市东昌府区湖南路西安交大科技园9号楼11层
…………………… Tel：0635-2127876

莘县城市开发建设发展有限公司
地址：山东省聊城市莘县莘州街道办事处武阳街中段路北
…………………… Tel：0635-2909077

东阿县顺达城市公共客运有限公司
地址：东阿县西外环北段路东
…………………… Tel：0635-3190668

山东中普建材有限公司
地址：东阿县工业园区香江路东修元公司北
…………………… Tel：0635-3268885

东阿县昌隆房地产发展有限公司
地址：东阿县城青年街10号
…………………… Tel：0635-3283771

东阿县金隆建材有限公司
地址：东阿县姜楼镇陈店村（山东鑫华特钢集团有限公司东临）
…………………… Tel：0635-3544189

高唐县金城建设投资开发有限公司
地址：北湖路965号
…………………… Tel：0635-3963939

茌平县兴泰城镇化建设投资有限公司
地址：山东省聊城市茌平县振兴街道建设路东段
…………………… Tel：0635-4219681

茌平鼎泰建材有限公司
地址：茌平县温陈乡
…………………… Tel：0635-4258128

山东华航环保建材有限公司
地址：茌平县信发工业园
…………………… Tel：0635-4718366

山东银三岩建材有限公司
地址：山东省聊城市茌平区信发街道龙山北路3406号
…………………… Tel：0635-4856866

山东天龙建设发展有限公司
地址：聊城市高新技术产业开发区天津路1号
…………………… Tel：0635-5055117

山东壹街区产业发展集团有限公司
地址：山东省聊城市高新区长江路111号壹街区集团6号办公楼501室
…………………… Tel：0635-5056968

阳谷景阳冈城市开发建设有限公司
地址：阳谷县谷山北路
…………………… Tel：0635-6262825

阳谷兴阳城乡建设有限公司
地址：山东省聊城市阳谷县侨润办事处谷山北路府前街南
…………………… Tel：0635-6361665

山东润华城建工程有限公司
地址：聊城市东昌府区昌润路秀水苑商务港三楼
…………………… Tel：0635-6586666

茌平县民安城镇建设有限公司
地址：山东省聊城市茌平县建设路东段路北
…………………… Tel：0635-7109608

聊城高新区财金建设发展有限公司
地址：山东省聊城高新区长江路111号财金大厦
…………………… Tel：0635-7111984

聊城高新区智控综合管廊建设运营管理有限公司
地址：山东省聊城市高新区长江路111号5号楼
…………………… Tel：0635-7111984

山东莘县永安房地产开发有限公司
地址：莘县燕塔街道办事处振兴街西段路南
…………………… Tel：0635-7701689

山东聊城建工集团有限公司
地址：聊城市东昌西路32号
…………………… Tel：0635-8208666

山东聊建集团有限公司
地址：聊城市东昌东路139号
…………………… Tel：0635-8210391

山东华东园林建设集团有限公司
地址：聊城市湖南路东首
…………………… Tel：0635-8215711

山东金艺城建股份有限公司
地址：聊城市茌平县博平镇南部工业园区（聊城市一鸣玻璃制品有限公司院内）
…………………… Tel：0635-8265223

聊城市财金建设发展有限公司
地址：聊城市东昌西路119号
…………………… Tel：0635-8285628

聊城市华经高科建设开发有限公司
地址：山东省聊城经济技术开发区蒋官屯街道黑龙江路16号智能光电信息产业园内
…………………… Tel：0635-8360069

聊城市安康住房置业融资担保有限公司
地址：聊城市柳园南路聚源巷2号
…………………… Tel：0635-8368856

聊城东方新阳建设发展有限公司
地址：山东聊城江北水城旅游度假区民生凤凰城四号院综合楼二楼
…………………… Tel：0635-8421373

聊城江北水城建设管理有限公司
地址：山东省聊城市东昌府区向阳路168号
…………………… Tel：0635-8426331

山东新鹏都建工集团有限公司
地址：聊城市经济技术开发区锦园路南、华通路西（新鹏都绿岛院内）
…………………… Tel：0635-8466690

山东九州高科建设有限公司
地址：山东省聊城市高新区黄河路30号
…………………… Tel：0635-8507163

聊城市龙安节能建材有限责任公司
地址：山东省聊城市东昌府区堂邑镇罗屯村中华大电厂西邻
…………………… Tel：0635-8671073

山东昌裕集团有限公司
地址：山东省闫寺工业区
…………………… Tel：0635-8721107

青岛容宝古建筑装潢有限公司
地址：青岛经济技术开发区长江中路353号A座7楼701室
…………………… Tel：0832-86870978

河南省

荣盛新城（新乡）城市开发建设有限公司
地址：河南省新乡市红旗区金穗大道东段宝龙城市广场A区3-3号楼104室
…………………… Tel：0316-5766789

郑州公用众城路桥建设管理有限公司
地址：郑州经济技术开发区南三环与二十五大街京航办事处院内215、216室
…………………… Tel：0317-55359090

商丘市阳光物业管理有限公司
地址：商丘市牡丹花苑小区
…………………… Tel：0370-2668666

商丘市商源城市建设投资开发有限公司
地址：商丘市九州路与张巡路交叉口西北角平安花园东门南侧二楼
…………………… Tel：0370-2730798

商丘碧御置业有限公司
地址：商丘市睢阳区宋城路南侧华夏路西侧堤口社区东1-2号
…………………… Tel：0370-2763886

河南路桥房地产开发有限公司
地址：商丘市南京路与星林路交叉口
…………………… Tel：0370-2788217

永城市城市建设集团有限公司
地址：永城市产业集聚区总部经济楼（经营地址：永城市商务中心区建设路与雪枫路交叉口东北角）
…………………… Tel：0370-3150519

商丘市古城保护开发建设有限公司
地址：商丘市睢阳区小隅首东一街（原区委院内）
…………………… Tel：0370-3335928

商丘弘基建材有限公司
地址：商丘市示范区方城路与阳光路交叉口西20米路北
…………………… Tel：0370-3567021

商丘新城建设投资集团有限公司
地址：河南省商丘市示范区阳光路1号
…………………… Tel：0370-3822012

宝斯卡（商丘）化工有限公司
地址：商丘市开发区星林路西侧
…………………… Tel：0370-3861787

永城市铁路建设发展有限公司
地址：永城市东城区东方大道财政局院内
…………………… Tel：0370-5550769

商丘市洁士美建材科技有限公司
地址：商丘市梁园区八一西路梁园产业集聚区内
…………………… Tel：0370-6032306

商丘市诚宇城市建设工程有限公司
地址：夏邑县产业集聚区工业路东段南侧
…………………… Tel：0370-6218166

兰考鑫盛建筑装饰材料有限公司
地址：兰考县南彰镇南彰村
…………………… Tel：0371-22061367

开封市禹通城市建设投资有限公司
地址：开封市禹王台区三里堡街45号
…………………… Tel：0371-22656870

中城投建设集团直属第一工程局有限公司
地址：河南自贸试验区开封片区郑开大道298号自贸大厦B座1011-1014室
…………………… Tel：0371-22889597

河南锐投房地产开发有限公司
地址：开封市五大街欧洲小镇C12-102号营业房
…………………… Tel：0371-23157777

开封海马房地产有限公司
地址：河南自贸试验区开封片区安顺路与八大街交汇处中心商务区A区海汇中心A座3号
…………………… Tel：0371-23323777

杞县豫资城乡发展建设有限公司
地址：杞县财政局院内
…………………… Tel：0371-23388836

开封市宋都古城建设投资有限公司
地址：开封市龙亭区体育路14号
…………………… Tel：0371-23399901

开封“开封府”旅游开发有限公司
地址：包公东湖北岸开封府院内
…………………… Tel：0371-23937028

兰考县兴业城镇建设有限公司
地址：兰考县城区朝阳路中段普惠金融中心六楼
…………………… Tel：0371-26923896

兰考县城市建设投资发展有限公司
地址：兰考县兴兰大道西段北侧
…………………… Tel：0371-26992899

杞县水投城镇化建设有限公司
地址：杞县建设路中段路北财政局院内
…………………… Tel：0371-28963301

郑州新威龙置业有限公司
地址：河南新郑市龙湖镇中山路西侧
…………………… Tel：0371-53309333

河南乐善网络科技有限公司
地址：河南自贸试验区郑州片区（郑东）商都路北站南路西1号楼1单元7层7001号
…………………… Tel：0371-53369587

中建（郑州）城市开发建设有限公司
地址：郑州经济技术开发区航海东路1405号三楼
…………………… Tel：0371-53369618

巩义市城镇建设开发有限公司
地址：巩义市园丁街19号
…………………… Tel：0371-53656602

巩义市新型城镇建设有限公司
地址：巩义市园丁街19号
…………………… Tel：0371-53656607

河南国保合惠置业有限公司
地址：郑州市惠济区绿源路10号
…………………… Tel：0371-55008981

郑州易建通建材有限公司
地址：郑州市郑东新区祥盛街3号2号楼1211室
…………………… Tel：0371-55038077

河南惠沣城乡建设发展有限公司
地址：郑州市惠济区开元路11号506、509房间
…………………… Tel：0371-55071081

郑州万科大都会房地产有限公司
地址：郑州市二七区德化街36号德化无限城9楼913房间
…………………… Tel：0371-55118888

河南颐城金安建设发展有限公司
地址：郑州市金水区徐庄东街（路）97号B座11层3-1106号
…………………… Tel：0371-55130160

河南金大福集团有限公司
地址：河南自贸试验区郑州片区（郑东）才高街6号东方鼎盛中心A座15层
…………………… Tel：0371-55261377

河南融创晟元置业有限公司
地址：郑州市中原区桐柏路98号帝湖花园D区8号
…………………… Tel：0371-55351861

新郑市通润城乡建设开发有限公司
地址：新郑市人民路与中华路交叉口
…………………… Tel：0371-55362958

新郑市政瀚城乡建设发展有限公司
地址：新郑市中华路与人民路交叉口东北角
…………………… Tel：0371-55362990

新郑市政欣城乡建设发展有限公司
地址：新郑市中华路与人民路交叉口东北角二楼北侧
…………………… Tel：0371-55362990

河南荣田房地产开发有限公司
地址：郑州高新技术产业开发区化工路1号
…………………… Tel：0371-55669666

郑州东原房地产开发有限公司
地址：郑州高新技术产业开发区化工路1号
…………………… Tel：0371-55669666

新郑市鼎晟房地产开发有限公司
地址：新郑市郭店镇107国道连接线与希望路交叉口南一千米
…………………… Tel：0371-55887576

郑州市中原城市开发建设投资有限公司
地址：郑州市中原区桐柏路206号1号楼
…………………… Tel：0371-55903477

郑州天九幸福企业管理咨询有限公司
地址：郑州市金水区黑庄路未来滨河小区怡乐商务A座26层01-08单元
…………………… Tel：0371-55915487

郑州鼎盛置业有限公司

地址：郑州市管城区尚德路9号1号楼1层
Tel：0371-55916357

河南大京江城乡建设有限公司
地址：郑州市金水区农业路东段关虎屯小区海特大厦9层901、902
Tel：0371-55916666

中牟城市建设投资发展有限公司
地址：郑州市中牟县新城区广惠街与商都大道交叉口牟山宾馆
Tel：0371-55950001

河南惠居城乡建设发展有限公司
地址：郑州市惠济区开元路11号办公楼一层
Tel：0371-55955313

郑州市惠辰置业有限公司
地址：郑州市惠济区开元路与文化北路交叉口西北角郑州动漫产业基地大楼C区四层
Tel：0371-55955313

郑州航空港山顶房地产开发有限公司
地址：郑州航空港区郑港六路北侧26号50号楼2层
Tel：0371-55956699

中航泓鑫建设有限公司
地址：郑州市中原区嵩山北路292号6号楼
Tel：0371-55965502

中建（郑州）城市发展有限公司
地址：郑州高新技术产业开发区沟赵办事处锦和苑1幢1001室
Tel：0371-55969282

河南悦如网络技术有限公司
地址：河南省郑州市高新区长椿路与莲花街交叉口谦祥万和城D区12号楼3单元110C室
Tel：0371-56099229

新密财源城市开发建设有限公司
地址：新密市东大街7号
Tel：0371-56516976

郑州华安置业有限公司
地址：郑州市郑东新区白沙园区郑信路与瑞凤路交叉口上东城小区7号楼东08号商铺
Tel：0371-56527756

郑州博源机械有限公司
地址：郑州市中牟县汽车产业集聚区纬四路以南、康平路以西
Tel：0371-56537861

河南好喜地置业有限公司
地址：郑州市郑东新区郑开大道136号6楼
Tel：0371-56551509

河南瀚海港汇置业有限公司
地址：河南省开封市尉氏县福园路宏泰宾馆402室
Tel：0371-56551509

河南鸿丰新型建材有限公司
地址：新郑市辛店镇迎宾大道1号
Tel：0371-56565699

郑州龙港置业有限公司
地址：郑州市中牟县商都大街蓝爵世家小区物业楼二楼
Tel：0371-56576766

郑州碧泽置业有限公司
地址：河南省郑州市郑东新区明理路与七里河南路交叉口（碧桂园天琴湾）31号楼一单元102
Tel：0371-56581999

登封中大家居建材有限公司
地址：登封市嵩阳办事处高庄村
Tel：0371-56588002

河南路翔建筑材料有限公司
地址：郑州高新技术产业开发区桂花西街3号1号楼东3单元6层西户
Tel：0371-56611662

河南惠泰城乡建设有限公司
地址：郑州市惠济区文化北路292号郑州动漫基地C区四楼
Tel：0371-58578699

河南省鼎鑫源置业有限公司
地址：郑州市中牟县文通路东宝兴路北交叉口
Tel：0371-58621666

中航寰鼎建设股份有限公司
地址：河南省郑州市郑东新区绿地原盛国际一号楼A座17楼83号
Tel：17700653858

河南通利房地产发展有限公司
地址：郑州市黄河路45号院1号楼2号
Tel：0371-60125011

河南惠昌城乡建设发展有限公司
地址：郑州市惠济区绿源路10号
Tel：0371-60126931

河南东方金沙湖国际高尔夫俱乐部有限公司
地址：郑州经济技术开发区经开第八大街1号
Tel：0371-60175563

河南荣佑房地产开发有限公司
地址：郑州市郑东新区龙湖办事处副CBD龙湖企业服务中心130室
Tel：0371-60195055

新乡怡和城建发展有限公司
地址：新乡市平原示范区祝楼乡祝楼村（乡政府院内）
Tel：0371-60195323

郑州拓达房地产开发有限公司
地址：郑州市中牟县大孟镇大韩庄村民委员会
Tel：0371-60196100

河南康广房地产有限公司
地址：郑州经济技术开发区第十七大街以西、经南八北支路以北康桥悦城二号院2号楼
Tel：0371-60196100

郑州迁善置业有限公司
地址：郑州市中牟县大孟镇余庄村委会院内
Tel：0371-60217856

河南新路基公路建材有限公司
地址：郑州市郑东新区兴荣街32号2号楼1-2层105号
Tel：0371-60237066

郑州海龙居然之家家居建材市场有限公司
地址：荥阳市康泰路与福民路交叉口海龙时代明都广场1-4层
Tel：0371-60250823

河南省山顶房地产开发有限公司
地址：郑州市金水区福彩路1号
Tel：0371-60271100

郑州市二七城乡更新建设开发有限公司
地址：郑州市二七区行云路与赣江路交叉口东北角行政服务中心五楼518房间
Tel：0371-60809113

开封晖达中南置业有限公司
地址：开封市三大街与东京大道交叉口西南角中南林樾售楼部
Tel：0371-60857979

河南省豫资城乡一体化建设发展有限公司
地址：郑州市金水区经三路27号
Tel：0371-60905895

九州工程设计有限公司
地址：郑州航空港区豫港大道西侧、空港二路南侧
Tel：0371-60908603

郑州瑞信房地产开发有限公司
地址：郑州高新技术产业开发区梧桐街50号28号楼1栋
Tel：0371-61287309

中城建华北市政环境工程有限公司
地址：郑州市郑东新区商务中央花园2号1号楼21层2109
Tel：0371-61703185

郑州欣宇原房地产开发有限公司
地址：郑州经济技术开发区经北二路66号46号楼1单元13层1303号
Tel：0371-61873007

中牟县兴农小城镇建设有限公司
地址：郑州市中牟县商都大街399号临街办公楼602室
Tel：0371-62160586

郑州牟建城市建设投资有限公司
地址：郑州市中牟县商都大道房产大厦19楼1910号
Tel：0371-62186141

新郑市万隆实业有限公司
地址：新郑市中华北路１３号
Tel：0371-62696813

登封海创城市建设开发有限公司
地址：登封市嵩山路与书院河路交叉口向南50米路东
Tel：0371-62839605

郑州锦鹏酒店管理有限公司
地址：登封市天中路北段（锦鹏生态酒店1号楼）
Tel：0371-62988888

河南和信新型建材有限公司
地址：新密市岳村镇赵寨村
Tel：0371-63133581

郑州建信耐火材料成套有限公司
地址：新密市来集镇宋楼工业区
Tel：0371-63162629

河南嵩阳房地产经纪有限公司
地址：河南自贸试验区郑州片区（郑东）商务外环路24号中国人保大厦19层1905号
Tel：0371-63303283

郑州开元房地产有限公司
地址：郑州市中原区桐柏路101号
Tel：0371-63376817

河南星明建材有限公司
地址：郑州市管城区陇海路新天地通讯大厦16栋16-16-03
Tel：0371-63385798

河南道林建材有限公司
地址：郑州市管城区未来大道666号兰天厨具市场B区05号
Tel：0371-63385798

河南城源建设工程有限公司
地址：郑州市惠济区开元路100号
Tel：0371-63579980

河南省宏光天地实业有限公司
地址：河南自贸试验区郑州片区（郑东）七里河南路75号意中大厦6层
Tel：0371-63848950

河南裕华置业有限公司
地址：郑州市南阳路135号
Tel：0371-63898668

河南德宇实业有限公司
地址：郑州市中原区伊河路工人路交叉口光合家园3号楼1楼105号
Tel：0371-63898668

巩义市宏超建材有限公司
地址：巩义市北山口镇山川村
Tel：0371-64121616

巩义市豫源建筑工程材料有限责任公司
地址：巩义市民营科技创业园
Tel：0371-64128518

郑州中兴智慧产业有限公司
地址：郑州经济技术开发区航海东路1766号中兴线通讯产业园86号楼5层
Tel：0371-65586112

河南大华城建集
地址：郑州市金水区鑫苑路三石大厦13层
Tel：0371-65721939

河南大华城建集团有限公司
地址：郑州市金水区鑫苑路三石大厦13层
Tel：0371-65721939

亚鹰城市建设投资有限公司
地址：郑州市郑东新区商都路北站南路西建正东方中心1号楼
Tel：0371-65785758

河南新长城实业有限公司
地址：郑州市经三路１４号
Tel：0371-65797687

海马（郑州）房地产有限公司
地址：河南自贸试验区郑州片区（郑东）商都路166号郑东新区电子商务大厦A座507室
Tel：0371-65813216

郑州清华大溪地置业有限公司
地址：荥阳市郑上路与商隐路交叉口西南侧市民广场文化庭院（四合院）1号楼1-2层
Tel：0371-66120662

河南省汇城基础建设有限公司
地址：郑州市金水区金水路99号7-8层E号
Tel：0371-66216918

新野上亿置业有限公司
地址：新野县健康路东段
Tel：0371-66331111

河南兴业投资发展有限公司
地址：郑州市二七区德化街亚细亚商场10层
Tel：0371-66382979

河南恒基城建集团有限公司
地址：郑州市金水区农业路72号2号楼18层1808号
Tel：0371-66617939

河南庭瑞物业管理有限公司
地址：郑州市管城回族区航海东路2号60号楼3单元5层577号
Tel：0371-66736900

河南江铃汽车销售有限公司
地址：郑州市惠济区中州大道北四环交叉口花园口汽车城院内
Tel：0371-66737337

河南惠兴城乡建设有限公司
地址：郑州市惠济区古荥镇古荥大街1号院主楼2楼西侧
Tel：0371-66815299

河南正商古城建设开发有限公司
地址：新密市城关镇人民政府院内6号楼105、106室
Tel：0371-66815299

河南永恒凯悦地产开发有限公司
地址：郑州市管城区五里堡西堡壹号院
Tel：0371-66831277

郑州国立建材销售有限公司
地址：河南自贸试验区郑州片区（经开）航海东路第九大街正商经开广场2号楼402室
Tel：0371-66871666

郑州中兴城建基础发展有限公司
地址：郑州市友爱路一号
Tel：0371-67003891

郑州高新城建设发展有限公司
地址：郑州高新技术产业开发区莲花街338号6楼3层13号
Tel：0371-67386963

河南纺织研究院有限公司
地址：郑州市桐柏北路９２号
Tel：0371-67551656

郑州发展投资集团有限公司
地址：郑州市中原区中原西路郑发大厦2层、4层
Tel：0371-67581396

河南绿城建设工程有限公司
地址：荥阳市广武中山路337号
Tel：0371-67611779

河南东方今典城建集团有限公司
地址：河南自贸试验区郑州片区（经开）经南三路59号
Tel：0371-67630799

河南万隆方正置业有限公司
地址：郑州市二七区兴华南街166号院1号楼2单元15号
Tel：0371-67636318

郑州城建发展有限公司
地址：郑州市中牟县文汇路16号
Tel：0371-67637152

郑州城建绿色建材有限公司
地址：新郑市辛店镇辛千路西侧具茨山路南侧
Tel：0371-67668251

河南开祥置业股份有限公司
地址：郑州市金水区天明路86号3层
Tel：0371-67778089

河南五建置业有限公司
地址：河南省郑州市中原区秦岭路10号
Tel：0371-67869535

河南长基雁鸣湖新农村建设开发有限公司
地址：郑州市中牟县雁鸣湖镇韩寨安置区南面
Tel：0371-67885891

河南开城建筑工程有限公司
地址：河南自贸试验区郑州片区（经开）经南二路北经开第九大街东正商经开广场2号楼806房间
Tel：0371-67911899

河南盛润置业集团有限公司
地址：郑州市金水区金水路219号1号楼1单元25层03号
Tel：0371-68261111

郑州铁路华东实业有限公司
地址：郑州市京广南路北福华街7号楼
Tel：0371-68321181

河南中原铁道地产置业有限公司
地址：郑州市二七区西中和路6号
Tel：0371-68350019

中铝长城建设有限公司
地址：河南省新乡市平原示范区滨湖大道9号市民之家210房间
Tel：0371-68923623

巩义市碧海置业有限公司
地址：巩义市孝义路38号
Tel：0371-69001005

河南新鑫建筑装潢安装工程有限公司
地址：新密市刘寨镇政府南100米处
Tel：0371-69827062

郑州华南汇房地产开发有限公司
地址：新郑市郭店镇文化路1号
Tel：0371-85128002

郑州市上街区城市开发建设投资有限公司
地址：郑州市上街区中心路81号
Tel：0371-85705005

郑州市鼎通城市开发建设有限公司
地址：河南省郑州市上街区济源路139号
Tel：0371-85765099

郑州君利置业有限公司
地址：新郑市孟庄镇新孟公路东侧（孟庄镇政府院内）
Tel：0371-85951299

河南红革幕墙有限公司
地址：郑州市郑东新区白沙镇白沙工业园区
Tel：0371-85966558

河南正弘九如实业有限公司
地址：河南省郑州市市辖区郑东新区九如路59号正弘瓴筑小区8号楼3单元203室
Tel：0371-69363399

河南省吉锐节能建材有限公司
地址：郑州市金水区鑫苑西路6号院8号楼1单元20层55号
Tel：0371-86031606

河南省华美龙置业有限公司
地址：郑州经济技术开发区郑尉路北、第一大街西
Tel：0371-86052093

郑州梧之桐商业管理有限公司
地址：河南省郑州市市辖区郑东新区博学路257号局外太格茂负二层A区物业办公室
Tel：0371-86058100

河南郑地新城建设产业发展有限公司
地址：郑州市中原区桐柏路23号
Tel：0371-86080286

河南卓越建设工程有限公司
地址：河南自贸试验区郑州片区（郑东）商鼎路70号河南省煤田科技中心信息处理中心内
Tel：0371-86082002

河南大河锦悦酒店有限公司
地址：郑州市郑东新区商务西七街南、商务外环路东
Tel：0371-86089999

郑州绿锦置业有限公司
地址：郑州市管城区十八里河宇通工业园F04-006号710房间
Tel：0371-86171889

郑州绿基置业有限公司
地址：郑州市管城区十八里河宇通工业园F04-006号703房间
Tel：0371-86171889

郑州城建集团投资有限公司

地址：郑州市中原区华山路92号
……Tel：0371-86181151

河南盛世嘉典城建集团有限公司
地址：河南自贸试验区郑州片区（郑东）金水东路88号1号楼24层2413号
……Tel：0371-86189111

河南惠花城乡建设发展有限公司
地址：郑州市惠济区金桥路2号
……Tel：0371-86237777

千业财富资产管理有限公司
地址：河南省郑州市金水区农业路东1号豫博大厦1号106室
……Tel：0371-86252111

河南鸿宝置业有限公司
地址：郑州市金水区鸿宝路66号
……Tel：0371-86538278-6822

郑州华图利合实业发展有限责任公司
地址：郑州经济技术开发区航海东路1074号
……Tel：0371-86549237

荥阳市城乡建设投资开发有限公司
地址：荥阳市王村镇司村
……Tel：0371-86570925

河南中原建业城市发展有限公司
地址：郑州市金水区庙李镇科技文化服务中心810室
……Tel：0371-86596585

河南省清华房地产开发有限公司
地址：郑州市金水区中州大道欢乐家园王庄社区服务站三楼
……Tel：0371-86618200

河南能源化工集团龙城建设投资有限公司
地址：郑州市惠济区文化北路168号
……Tel：0371-86633170

郑州市二七新城建设投资开发有限公司
地址：郑州市二七区淮河中路68号
……Tel：0371-86633171

河南惠东城乡建设发展有限公司
地址：郑州市惠济区大河路龙泽文苑社区物业楼
……Tel：0371-86635771

河南山水房地产有限公司
地址：郑州市郑东新区郑开大道67号河南地矿郑东大厦5楼
……Tel：0371-86692190

河南建业环球美食城置业有限公司
地址：郑州市郑东新区郑开大道19号1楼01号
……Tel：0371-86693223

郑州国地置业有限公司
地址：郑州市二七区南三环569号
……Tel：0371-87075506

郑州煤电长城房产开发投资有限公司
地址：郑州市中原区中原西路188号
……Tel：0371-87788079

郑州永威商业管理有限公司
地址：郑州市郑东新区九如东路6号21号楼203-205号
……Tel：0371-88888833

河南天明置业有限公司
地址：郑州市中牟县雁鸣湖镇中东路西北2号楼
……Tel：0371-88888837

郑州港荣实业有限公司
地址：郑州航空港区郑港四街与郑港七路交叉口东北角
……Tel：0371-88888837

河南天海置业有限公司
地址：郑州市郑东新区郑开大道136号12层1206号
……Tel：0371-88888837

河南锦雍置业有限公司
地址：郑州市郑东新区平安大道湖心环路西建业智慧大厦2单元9层902号
……Tel：0371-88889511

郑州龙兴房地产开发有限公司
地址：郑州高新技术产业开发区春藤路5号
……Tel：0371-88921002

郑州汇泉博澳房地产开发有限公司
地址：郑州市郑东新区白沙镇商都路北、前程路西
……Tel：0371-89916609

河南千易城市基础建设有限公司
地址：河南省郑州市郑东新区商务外环路23号中科金座大厦19层1919号
……Tel：0371-89986887

河南中平能源供应链管理有限公司
地址：郑州航空港经济综合实验区兴瑞汇金国际A2楼4层406室30
……Tel：0371-89987211

天明城乡建设开发集团有限公司
地址：郑州市经济技术开发区管委会家属楼东楼一层
……Tel：0371-89997213

中国联合装备集团安阳机械有限公司
地址：安阳市开发区长江大道东段北侧
……Tel：0372-2160900

河南北方城建集团有限公司
地址：安阳市北关区安漳大道44号
……Tel：0372-2923855

河南城建建设集团有限责任公司
地址：北关区人民大道东段路北18号
……Tel：0372-2959056

河南缔拓实业有限公司
地址：安阳市殷都区安钢大道（安钢生活服务公司办公楼二层）
……Tel：0372-3123609

安阳市城乡一体化示范区建设投资有限公司
地址：安阳市城乡一体化示范区管委会大楼6楼
……Tel：0372-3265712

安阳东飞航空运动城建设发展有限公司
地址：安阳市城乡一体化示范区新安路与龙山大道交叉口西南角
……Tel：0372-3803869

安阳建业城市建设有限公司
地址：安阳市安东新区文峰东路与海兴路交叉口东南角
……Tel：0372-5715311

安阳市安房住宅开发有限责任公司
地址：安阳市龙安区龙康大道中段（安阳市产业集聚区）
……Tel：0372-5991311

河南太岳建筑工程有限公司
地址：林州市开元区卓越太阳城商业楼四楼
……Tel：0372-6122231

河南京科房地产开发集团有限公司
地址：河南省安阳市林州市林虑大道
……Tel：0372-6163222

中城华安建设集团有限公司
地址：林州市临淇镇人民政府大院一楼
……Tel：0372-6177198

林州市豫资城乡建设发展有限公司
地址：林州市开元区振林路27号
……Tel：0372-6186168

河南庄鑫建筑工程有限公司
地址：安阳市城乡一体化示范区白璧镇原镇政府院内
……Tel：0372-8922722

河南省嘉德建筑工程有限公司
地址：获嘉县红旗路东段路北
……Tel：0373-2056888

新乡生态城建设投资有限公司
地址：新乡市凤泉区区府路东段植物园
……Tel：0373-2096266

新乡市碧桂园房地产开发有限公司
地址：卫辉市孙杏村镇新乡碧桂园项目综合楼
……Tel：0373-2177089

新乡市瑞龙装饰工程设计有限公司
地址：金桂大厦3号楼808号
……Tel：0373-2621666

潢川县凯旋建筑安装工程有限公司
地址：潢川县城关环城路阳光小区4号楼
……Tel：0373-3118288

卫辉市金光新型建材有限公司
地址：卫辉市唐庄镇后沟村
……Tel：0373-4199888

卫辉富民村镇银行股份有限公司
地址：卫辉市建设路中段路北
……Tel：0373-4498201

获嘉县建城置业有限公司
地址：河南省新乡市获嘉县新获快速路与东外环路交叉口西北01号
……Tel：0373-4555558

新乡国际饭店有限公司
地址：红旗区金穗大道461号
……Tel：0373-5069372

新乡市洁神建材科技有限公司
地址：新乡县七里营镇工业园区
……Tel：0373-5682678

新乡市又一城置业有限公司
地址：新乡市红旗区新东大道（南）299号10号标准厂房3楼3-1（107以东）
……Tel：0373-5938899

河南孟电集团恒达房地产开发有限公司
地址：辉县市东外环中段路西
……Tel：0373-6209998

辉县市中天建材有限公司
地址：辉县市百泉镇土城村
……Tel：0373-6292873

辉县市兴泰建材有限公司
地址：辉县市常村镇固村东
……Tel：0373-6855580

河南隆基房地产开发有限责任公司
地址：新乡市东大街53号
……Tel：0373-7086996

长垣市小城智谷建设开发有限公司
地址：河南省长垣市蒲西亿隆大道1号
……Tel：0373-8061300

玉和建设有限公司
地址：长垣市蒲北防腐蚀及新材料产业园
……Tel：0373-8068567

河南平原同力建材有限公司
地址：长垣县常村镇西新长北线路北
……Tel：0373-8123521

中建长城建设有限公司
地址：长垣市武丘开发区中心大道109号
……Tel：0373-8633336

长垣市投资集团有限公司
地址：长垣市蒲西区人民路67号
……Tel：0373-8858009

神华联合建设有限公司
地址：长垣县蒲北防腐蚀及新材料产业园
……Tel：0373-8858199

河南省长城建设集团有限公司
地址：长垣市蒲东长城大道东段
……Tel：0373-8876900

长垣县豫港新型建材有限公司
地址：长垣县蒲北区防腐蚀及新材料园区内卫河路北段东侧
……Tel：0373-8962000

禹州市新型城镇化建设开发有限公司
地址：禹州市政府办公楼一楼
……Tel：0374-2079006

河南联力建材科技有限公司
地址：许昌县尚集产业聚集区博林企业公园A1-306号
……Tel：0374-2115051

许昌普天建材有限公司
地址：许昌尚集产业集聚区新元大道与东拓区3号交汇处
……Tel：0374-2115051

河南金石地产有限公司
地址：许昌市劳动路中段
……Tel：0374-2166777

长葛市丽园城市开发建设有限公司
地址：长葛市东区葛天大道北侧双创大厦
……Tel：0374-2516155

禹州瑞浩建材有限公司
地址：禹州市火龙镇老关陈村
……Tel：0374-2629590

许昌市鼎鑫房地产开发有限公司
地址：许昌市魏都区文峰办事处文峰路以东，长青街以南，塔东街以西三鼎大厦1幢
……Tel：0374-2659777

许昌建投城市建设开发有限公司
地址：河南省许昌市市辖区建安大道东段财政综合大楼8楼
……Tel：0374-2699158

许昌帝景置业有限公司
地址：许昌市东城区学院路3777号恒大绿洲18幢201、301、302房
……Tel：0374-2961416

许昌市昊瑞房地产开发有限公司
地址：许昌市龙兴路东段华豫樽营销中心
……Tel：0374-4510077

许昌县豫资城乡建设发展有限公司
地址：许昌县新元大道兴业大厦3楼3051房间
……Tel：0374-5115889

许昌市曹魏古城开发建设有限公司
地址：许昌市南九曲街西大办事处四楼
……Tel：0374-6060655

禹州市锦晟建材有限公司
地址：禹州市磨街乡关庙村2组
……Tel：0374-6067668

长葛市城建投资有限公司
地址：长葛市东区葛天大道北侧财税大楼7楼720、722、725、727室
……Tel：0374-6189780

河南金拇指防水科技有限公司
地址：长葛市佛耳湖镇辛集村（107国道西侧）
……Tel：0374-6846998

鄢陵县豫资城乡建设发展有限公司
地址：鄢陵县柏梁镇花都大道北侧特色商业区建设发展办公室院内
……Tel：0374-7101568

许昌开诚城市建设有限公司
地址：许昌市阳光大道南侧科技创业园综合办公楼601室
……Tel：0374-8030909

许昌假日宝呈置业有限公司
地址：河南省许昌市建安区镜水路062号
……Tel：0374-8386616

襄城县城建设投资有限公司
地址：河南省许昌市襄城县文昌路东段永兴颐景园2号楼
……Tel：0374-8390505

襄城县襄鑫城乡建设投资发展有限公司
地址：襄城县烟城路东段（住建局院内）
……Tel：0374-8390505

襄城县豫资城乡建设发展有限公司
地址：襄城县文昌路东段
……Tel：0374-8390505

襄城县紫云建设投资有限公司
地址：襄城县文昌路东段
……Tel：0374-8399895

襄城县灵武城市开发建设有限公司
地址：襄城县烟城路东段住建局院内
……Tel：0374-8510505

禹州市成磊建材有限公司
地址：禹州市鸿畅镇贾湾村
……Tel：0374-8882900

河南神马华威塑胶股份有限公司
地址：河南省叶县尼龙深加工产业园七号楼207
……Tel：0375-2220037

平顶山湛源城市建设发展有限公司
地址：平顶山市湛河区沁园西路（湛河区财政局院内）
……Tel：0375-2290229

河南远驰实业有限公司
地址：平顶山市新城区菊香路北200米16号
……Tel：0375-2578277

平顶山市兴华城市建设发展有限公司
地址：河南省平顶山市新华区凌云路与园林路交叉口向西100米路南蓝天学校六楼
……Tel：0375-2579996

河南鹰城集团有限公司
地址：平顶山市卫东区开源路中段大众路口（鹰城大厦五楼）
……Tel：0375-2881087

河南广厦集团广厦建筑工程有限公司
地址：平顶山市卫东区建设路中段57号
……Tel：0375-2995687

中釉彩涂釉股份有限公司
地址：平顶山市高新区建设路东段612号彩涂釉产业园
……Tel：0375-3766661

平顶山市建西建材装饰城
地址：平顶山市新华区建设路西段
……Tel：0375-4869629

郏县城镇建设投资有限责任公司
地址：郏县城关镇行政路中段路北（财政局四楼）
……Tel：0375-5150010

河南省大地建材集团有限公司
地址：宝丰县杨庄镇仝岭村
……Tel：0375-6136629

河南宇隆建材股份有限公司
地址：宝丰县商酒务镇房庄村白衣堂自然村
……Tel：0375-6139169

河南青城建设有限公司
地址：河南省平顶山市新城区祥云路与公明路交叉口向西100米路北九天商务四楼
……Tel：0375-6155602

平顶山市应山城乡建设发展有限公司
地址：平顶山市新城区复兴路与菊香路交叉口西南角15号楼4楼
……Tel：0375-6162066

平顶山碧玺置业有限公司
地址：河南省平顶山市卫东区建设路中段卫东区政府对面（平顶山碧桂园应国府销售中心）
……Tel：0375-6166632

河南厦鹰水务城建投资有限公司
地址：河南省平顶山市高新区遵化店镇第一污水处理厂办公楼三楼
……Tel：0375-6189161

宝丰县恒安建材销售有限公司
地址：宝丰县文峰路东段北侧（特色商业区内）
……Tel：0375-6519919

宝丰县诚康建材有限公司
地址：河南省平顶山市宝丰县杨庄镇演艺中心3楼
……Tel：0375-6519919

汝州市平安保安服务有限责任公司
地址：汝州市云禅大道东侧（气象路南侧）
……Tel：0375-6751999

平顶山市兴城城市建设有限责任公司
地址：平顶山市新华区稻香路中段（市生态园办公楼一楼）
……Tel：0375-7033290

郏县众和建材有限公司
地址：郏县郏景路与工业园区路交叉口东北角
……Tel：0375-7068216

平顶山市天浩城市建设发展有限公司
地址：河南省平顶山市卫东区建设东路790号（原东高皇乡政府院内）
……Tel：0375-7091929

平顶山尼龙城建设投资有限公司
地址：平顶山市叶县德化街中段
……Tel：0375-7275393

舞钢市玉垒建材有限公司
地址：河南省平顶山市舞钢市庙街乡曹庄村戚庄东组
……Tel：0375-7571818

平顶山市东部城市建设有限公司
地址：河南省平顶山高新区建设路东段706号高新区管委会7楼
……Tel：0375-7678956

叶县城建投资集团有限责任公司
地址：河南省叶县新文化路与德化街交叉口往北100米
……Tel：0375-8059788

舞钢市城乡开发建设投资有限公司
地址：舞钢市党群服务中心三楼313室
……Tel：0375-8123222

舞钢市融成建材有限公司
地址：河南省平顶山市舞钢市垭口街道党群服务中心三楼313室
……Tel：0375-8123222

河南省鑫春建设工程有限公司
地址：河南新县城关京九路
……Tel：0376-2666058

河南潢绣建筑防水材料股份有限公司
地址：潢川经济开发区
…………Tel：0376-3118158
河南省京西农业科技开发有限责任公司
地址：潢川县产业集聚区京西农业办公楼
…………Tel：0376-3183655
潢川县艺峰装饰有限公司
地址：潢川县春申办事处黄国新城A26号楼门面房
…………Tel：0376-3299599
信阳五岳创新环保建材科技股份有限公司
地址：息县产业集聚区远方大道北侧
…………Tel：0376-3787666
河南美森铝业有限公司
地址：信阳市平桥工业园
…………Tel：0376-3880880
河南旭龙建安股份有限公司
地址：河南省潢川县航空路28号
…………Tel：0376-3961899
潢川县九龙装饰广告有限责任公司
地址：潢川县迎宾路218号
…………Tel：0376-3976000
河南江海园林绿化产业有限责任公司
地址：河南省信阳市潢川县白店乡龚营村孔小庄020号
…………Tel：0376-3983333
河南信房集团东方置业有限公司
地址：河南省固始县陈元光大道东段
…………Tel：0376-4062999
固始县豫资城乡建设发展有限公司
地址：河南省固始县财政局办公大楼
…………Tel：0376-4628123
固始城投开源建材资源生产经营有限公司
地址：河南省信阳市固始县蓼北路西段金色雅居社区内
…………Tel：0376-4632383
息县城市建设投资有限公司
地址：息县城关镇息州大道东段与合德大道交叉口商务中心区C8办公楼。
…………Tel：0376-5961988
息县城投建材贸易有限责任公司
地址：河南省信阳市息县城关镇息州大道东段与合德大道交叉口商务中心区C8办公楼
…………Tel：0376-5961988
息县城投建材贸易有限责任公司
地址：河南省信阳市息县城关镇息州大道东段与合德大道交叉口商务中心区C8办公楼
…………Tel：0376-5961988
潢川县铁牛装卸运输有限责任公司
地址：潢川经济开发区货场路
…………Tel：0376-6119977
河南信生制药股份有限公司
地址：信阳市信阳工业城迎宾大道999号
…………Tel：0376-6231539
河南信房集团置业有限公司
地址：信阳市羊山新区新七大道63号龙飞山城3号楼1-9层
…………Tel：0376-6235908
河南东方城房地产开发有限公司
地址：信阳市羊山新区新十一大道与新二十大街交叉口东方今典.中央城售楼部
…………Tel：0376-6295619
信阳大阳置业有限公司
地址：信阳市平桥区平西路泰安小区6栋67号
…………Tel：0376-6512827
信阳市国道一零七线绕城公路建设管理有限公司
地址：信阳市平桥区平桥镇富民路28号
…………Tel：0376-6606006
信阳市国道三一二线绕城公路建设管理有限公司
地址：信阳市　河区五星街行政路8号
…………Tel：0376-6606006
河南东方房地产开发有限公司
地址：信阳市羊山新区前进办事处戴庙村
…………Tel：0376-6650131
信阳泰岩房地产开发有限公司
地址：河南省信阳市羊山新区新三大道99号
…………Tel：0376-6887777
河南省商城县鑫源建设工程有限公司
地址：商城县崇福大道
…………Tel：0376-7863199
商城县城市建设投资发展有限公司
地址：商城县文体广场财政局办公四楼
…………Tel：0376-7956655
潢川县亮剑装饰工程有限公司
地址：潢川县环城路世博国际城红星美凯龙建材市场21号楼一层
…………Tel：0376-8186817
光山县城市建设投资有限公司
地址：光山县城紫水办事处光辉大道财富广场3#楼东1号
…………Tel：0376-8568895
南阳交投新城开发建设有限公司
地址：南阳市宛城区滨河东路2396号
…………Tel：0377-60329378
南阳市大帝建材有限公司
地址：南阳市卧龙路172号港岛玫瑰园13号楼1楼
…………Tel：0377-60577100
河南省鸿润建材发展有限公司
地址：内乡县工业园区
…………Tel：0377-60689999
南阳非凡置业有限公司
地址：南阳市农运路与杜诗路交叉口向北200米
…………Tel：0377-60799565
南阳东方红城市建设发展有限公司
地址：南阳市迎宾大道6号（南阳天润国际酒店）
…………Tel：0377-61186580
鸿发商贸集团龙达置业有限公司
地址：方城县新能源产业集聚区西园合兴路西侧弘裕1号公租房1号楼221-225房间
…………Tel：0377-61189996
南阳建园置业有限公司
地址：河南省南阳市高新区张衡办事处人民北路与312国道交叉口北建材市场1号楼2层105室
…………Tel：0377-61638888
河南万家园房地产开发集团有限公司
地址：南阳市滨河西路
…………Tel：0377-61696811
邓州中联水泥有限公司
地址：邓州市杏山开发区
…………Tel：0377-62281367
中建（南阳）城市建设开发有限公司
地址：南阳市长江东路与华山路交叉口
…………Tel：0377-62378201
南阳中建锦瑞城市建设发展有限公司
地址：南阳市长江东路与华山路交叉口
…………Tel：0377-62378668
邓州市东星置业有限公司
地址：邓州市星河湾商业区三楼
…………Tel：0377-62639999
南阳市星照建材有限公司
地址：南阳市白河大道东段南侧三川花园小区11幢2单元102室
…………Tel：0377-62898999
南阳市拓宝玉器有限公司
地址：南阳市卧龙路181号
…………Tel：0377-63137349
南阳市兴达房地产开发有限公司
地址：南阳市工业路225号（兴达卧龙苑12楼）
…………Tel：0377-63138861
南阳市明伦房地产开发有限公司
地址：南阳市天山路中段
…………Tel：0377-63501111
南阳鸭河工区城市建设投资有限公司
地址：南阳市鸭河工区皇路店镇（鸭河工区管委会办公楼）
…………Tel：0377-63631688
河南中达置业集团有限公司
地址：南阳市长江路3号（与经十路交叉口东）
…………Tel：0377-63705766
内乡县泰隆建材有限公司
地址：内乡大桥灵山
…………Tel：0377-65433288
河南晶鑫装潢材料有限公司
地址：方城县八里桥产业集聚区吴府大道西西清路路北
…………Tel：0377-67229018
南阳中岩建材有限公司
地址：安棚镇化工城
…………Tel：0377-68352999
唐河县龙祥城乡建设发展投资有限公司
地址：唐河县文峰街道新春路北段
…………Tel：0377-68516589
唐河县房地产开发公司
地址：唐河县产业集聚区工业路与旭生路交叉口东
…………Tel：0377-68978606
河南省恒晏房地产开发有限公司
地址：西峡县白羽路与稻香路交叉口
…………Tel：0377-69878899
河南城发交通建设开发有限公司
地址：西峡县紫金街道紫金路西段南侧、二道河东侧公路局四楼
…………Tel：0377-69996916
方城县山河水利建设投资有限公司
地址：方城县县城体育馆西隔壁外路北100米
…………Tel：0377-83858076
西峡县鸿运房地产开发有限责任公司
地址：县城建设路48号
…………Tel：0377-83987825
河南东方今典城市建设投资管理有限公司
地址：开封市西蔡屯A区17号
…………Tel：0378-23881926
中铁十五局集团城市建设工程有限公司
地址：洛阳市伊滨区科技大厦东塔楼8016室
…………Tel：0379-60176086
偃师市商都城市投资控股集团有限公司
地址：偃师市首阳山街道办事处(浙江大厦6楼)
…………Tel：0379-60215037
栾川县伊水湾大酒店有限公司
地址：河南省洛阳市栾川县栾川乡伊水路2号
…………Tel：0379-60638881
洛阳金元古城文化建设有限公司
地址：洛阳市老城区中州东路318号怡和大厦五楼东
…………Tel：0379-60658891
洛阳八佳电气科技股份有限公司
地址：中国（河南）自由贸易试验区洛阳片区高新开发区滨河北路96号
…………Tel：0379-60693807
洛阳华创旅游发展有限公司
地址：河南省洛阳市孟津县朝阳镇卫坡村九组
…………Tel：0379-60858666
洛阳西艾尔建筑材料有限公司
地址：洛阳市西工区道北路279号
…………Tel：0379-62303868
洛阳市凯瑞房地产置业有限公司
地址：洛阳市洛龙区牡丹大道246号院5-1幢2
…………Tel：0379-63126999
中建材（濮阳）光电材料有限公司
地址：濮阳县产业集聚区
…………Tel：0379-63908573
洛阳城乡建设投资集团有限公司
地址：洛阳市伊滨区科技大厦A座1905室
…………Tel：0379-63923839
洛阳市美伦房地产开发有限公司
地址：洛阳市涧西区天津路19号
…………Tel：0379-64683077
洛阳市西城建设开发有限公司
地址：洛阳市涧西区周山路70号涧西区行政服务中心三楼
…………Tel：0379-64823696
偃师亚新房地产开发有限公司
地址：偃师市伊洛街道办事处槐新南路与伊洛路交汇处（橄榄城小区22号楼2楼）
…………Tel：0379-65070109
洛阳市广华置业集团有限公司
地址：偃师市首阳山街道办事处府西路东
…………Tel：0379-65079778
孟津县城市建设集团有限公司
地址：河南省洛阳市孟津县城关镇河图路与金谷路交叉口东北角
…………Tel：0379-65136619
洛阳市名城交通建设投资有限公司
地址：洛阳市洛龙区古城路15号0幢121
…………Tel：0379-65151200
国控地产（洛阳）有限公司
地址：洛阳市涧西区世纪华阳53#1502室
…………Tel：0379-65151906
中建材（洛阳）节能科技有限公司
地址：洛阳市涧西区洛阳市先进制造业集聚区
…………Tel：0379-65183177
宜阳福洛置业有限责任公司
地址：洛阳市宜阳县锦屏镇高桥村
…………Tel：0379-65216178
河南佳宇物业管理有限公司
地址：中国（河南）自由贸易试验区洛阳片区佳宝路英之轩商务会所401室
…………Tel：0379-65222686
河南煌宇城市建设发展有限公司
地址：洛阳市老城区井胡同32号
…………Tel：0379-65230799
河南建业太阳城置业有限公司
地址：中国（河南）自由贸易试验区洛阳片区涧西区蓬莱路2号洛阳国家大学科技园3-2幢407室
…………Tel：0379-65550062
洛阳苏宁百货有限公司
地址：洛阳市涧西区辽宁路170号万达广场
…………Tel：0379-65581222
洛宁县豫资城乡一体化建设发展有限公司
地址：洛阳市洛宁县兴宁中路（财政局院内）
…………Tel：0379-66297815
洛宁县城市建设投资集团有限公司
地址：洛宁县兴宁中路
…………Tel：0379-66297816
嵩县城市建设发展有限公司
地址：嵩县建设路84号
…………Tel：0379-66557997
洛阳欣荣房地产开发有限公司
地址：新城上海路建设大厦六楼
…………Tel：0379-67289625
河南卓金光电科技股份有限公司
地址：洛阳市伊滨区佃庄镇大郎庙村
…………Tel：0379-67433668
洛阳首龙铝业有限责任公司
地址：偃师市首阳山街道办事处310国道南侧
…………Tel：0379-67569918
洛阳建龙微纳新材料股份有限公司
地址：偃师市产业集聚区（工业区军民路）
…………Tel：0379-67759617
洛阳盛世建材产业发展有限公司
地址：河南省洛阳市孟津县朝阳镇洛吉路西新丝路建材城1号
…………Tel：0379-67871997
河南天地辉煌置业有限公司
地址：栾川县栾川乡方皮路南枫丹白露小区
…………Tel：0379-68583777
洛阳利尔功能材料有限公司
地址：洛阳市伊川县白沙镇产业集聚区
…………Tel：0379-68613238
宜阳县城乡建设发展投资有限公司
地址：洛阳市宜阳县锦屏大道住建局五楼
…………Tel：0379-68828317
河南河阳鸿丰建材有限公司
地址：偃师市高龙镇石牛村西南
…………Tel：0379-69615118
新安县昌胜建设投资有限公司
地址：新安县万基工业园区（产业集聚区办公楼）
…………Tel：0379-69760800
栾川城市建设发展有限公司
地址：河南省洛阳市栾川县城钼都路环保大厦8楼
…………Tel：0379-80867208
河南中轴中汇汽车零部件有限公司
地址：博爱县工业园区
…………Tel：0391-2106211
河南建业置地焦作有限公司
地址：焦作市山阳区长恩路1506号
…………Tel：0391-2106679
焦作市解放城市建设投资开发有限公司
地址：焦作市解放区团结东街1号民生办事处5楼
…………Tel：0391-2131685
河南金博实业有限公司
地址：焦作市解放区河嘉路中段西侧
…………Tel：0391-2311059
焦作市世友科教仪器有限公司
地址：焦作市城乡一体化示范区韩愈路1369号百大嘉苑
…………Tel：0391-2317111
焦作中铁太行国际生态城建设发展有限公司
地址：焦作市中站区解放西路中站公安消防大队二楼
…………Tel：0391-2502676
焦作碧御置业有限公司
地址：焦作市城乡一体化示范区玉溪路科技总部新城东区2号楼201号
…………Tel：0391-3138888
焦作市盛世铭达建材有限公司
地址：焦作市马村区演马街道办事处耿村
…………Tel：0391-3165678
焦作市建设投资（控股）有限公司
地址：焦作市焦东南路5号
…………Tel：0391-3991509
沁阳市城市建设投资开发有限公司
地址：沁阳市财政局院内
…………Tel：0391-5611866
沁阳东方今典城建投资有限公司
地址：沁阳市产业集聚区沁南产业园区(庞门覃怀机械厂三楼南)
…………Tel：0391-5692886
温县一建置业有限公司
地址：温县工业路中段南侧慈胜小学东邻
…………Tel：0391-6186788
河南凯华万洋新型建材有限公司
地址：济源市思礼镇思礼村北万洋科技大楼
…………Tel：0391-6267866
河南强耐新材股份有限公司
地址：河南省焦作市武陟县产业集聚区工业路018号
…………Tel：0391-6318003
济源腾飞新型建材有限公司
地址：济源市五龙口镇裴村东
…………Tel：0391-6615555
济源市城投建设发展有限公司
地址：济源市黄河路与文博路交叉口东南角
…………Tel：0391-6617001
焦作示范区中建城中村改造建设运营有限公司
地址：焦作市示范区创业服务中心研发楼A区402室
…………Tel：0391-6630639
济源豫资城乡建设发展有限公司
地址：济源市黄河大道98号财政局7楼
…………Tel：0391-6639360
济源市太行建材有限公司
地址：五龙口镇裴村
…………Tel：0391-6757585
修武县城市建设投资开发有限责任公司
地址：环城东路2号建委三楼
…………Tel：0391-7199986
武陟县城市建设投资开发有限责任公司
地址：武陟县城东产业集聚区

……………………Tel：0391-7232558

博爱中鼎置业有限公司
地址：博爱县清化镇街道办事处八街清义路北
……………………Tel：0391-8099888

孟州市城市建设投资开发有限公司
地址：孟州市产业集聚区创业园二楼220号
……………………Tel：0391-8156202

孟州市新城建设发展有限公司
地址：孟州市产业集聚区
……………………Tel：0391-8156202

河南中获建设工程有限公司
地址：河南省焦作市马村区九里山街道办事处九里山社区居民委员会院内
……………………Tel：0391-8305920

修武荣盛文化旅游古镇开发有限公司
地址：修武县特色商业区丰收路与青龙大道交叉口西南
……………………Tel：0391-8336077

焦作市南水北调建设发展有限公司
地址：焦作市人民路中段999号
……………………Tel：0391-8395111

河南省华智新型建材科技有限公司
地址：博爱县海华路（北段）166号
……………………Tel：0391-8677777

焦作市绿能建材有限责任公司
地址：焦作市中站区龙翔街道办事处院内3楼301
……………………Tel：0391-8765435

焦作市城建投资开发有限公司
地址：河南省焦作市示范区中原路1365号河南理工大学科技园10号楼502
……………………Tel：0391-8868728

焦作市新城建设运营有限公司
地址：焦作市示范区世纪路东段1661号
……………………Tel：0391-8868728

河南瑞兴堡建材有限公司
地址：鹤壁市山城区石林陶瓷产业集聚区陶瓷大道北侧
……………………Tel：0392-2206188

鹤壁市山城区惠民城市建设开发有限公司
地址：鹤壁市山城区红旗街中段惠福苑小区南楼1层
……………………Tel：0392-2626163

鹤壁鹤煤环保建材有限公司
地址：鹤壁市山城区朝霞街中段（鹤煤大厦十楼）
……………………Tel：0392-2913152

鹤壁市鑫光建设工程有限公司
地址：淇县朝歌镇朝歌北路中段（河南天天如家酒店管理有限公司院内南三楼302室）
……………………Tel：0392-3272166

鹤壁东方今典城建投资有限公司
地址：鹤壁市淇滨区淇滨大道与兴鹤大街交叉口西南角（市工行办公楼）
……………………Tel：0392-3287066

鹤壁市百盈城市建设投资有限责任公司
地址：鹤壁市淇滨区湘江东路创业创新园成长中心四号楼508
……………………Tel：0392-3663306

鹤壁市中辰城市建设开发有限责任公司
地址：河南省鹤壁市淇滨区湘江东路创业创新园成长中心四号楼511
……………………Tel：0392-3663306

通号鹤壁海绵城市投资建设管理有限公司
地址：河南省鹤壁市淇滨区嵩山路与卫河路交叉口工贸巷23号
……………………Tel：0392-3999609

浚县古城保护建设有限公司
地址：浚县城镇黎阳路中段路南
……………………Tel：0392-5521082

鹤壁市城市建设投资集团有限公司
地址：河南省鹤壁市淇滨区黄山路与漓江路交叉口向东200米路南
……………………Tel：0392-6852760

鹤壁市凯利节能建材工程有限公司
地址：鹤壁市淇滨区金山工业园区内
……………………Tel：0392-6928826

濮阳豫开百城建设有限公司
地址：河南省濮阳县解放路258号
……………………Tel：0393-3260569

河南华创新型建材有限公司
地址：濮阳县产业聚集区文化路和电厂路交汇处250米路西
……………………Tel：0393-3536086

河南汉神广告装潢有限公司
地址：濮阳市开州路与中原路交叉口南300米路西
……………………Tel：0393-4697888

南乐县城市建设投资开发有限公司
地址：南乐县昌州路南侧155号农行院内
……………………Tel：0393-5319816

濮阳新壹城置业有限公司
地址：河南省濮阳市范县新区板桥路69号
……………………Tel：0393-5775777

濮阳豫联置业有限公司
地址：南乐县一行路中段路西
……………………Tel：0393-6600666

濮阳恒启置业有限公司
地址：河南省濮阳市濮阳县红旗路350号
……………………Tel：0393-6661037

濮阳市城市综合开发有限公司
地址：市人民路中段
……………………Tel：0393-6665038

濮阳市房地产开发经营公司
地址：市建委办公楼西楼
……………………Tel：0393-6665171

濮阳建业城市发展有限公司
地址：濮阳市中原路与兴濮路交叉口路北
……………………Tel：0393-8066666

濮阳市众成金属建材有限公司
地址：濮阳市中原路与新东路交叉口豫北大厦北楼305室
……………………Tel：0393-8080389

濮阳市融通建材化工有限公司
地址：河南濮阳工业园区大河寨村经八路南段
……………………Tel：0393-8081828

河南中建城市建设有限公司
地址：濮阳市五一路与振兴路交叉口东北角人民防空大楼6楼
……………………Tel：0393-8099986

濮阳龙建城乡建设有限公司
地址：濮阳市开州路与安泰路交叉口北50米路东
……………………Tel：0393-8250788

濮阳经济技术开发区城市建设投资有限公司
地址：濮阳市中原路与濮上路交叉口东北角
……………………Tel：0393-8991978

西华城市建设投资开发总公司
地址：西华县安康大道中段商务中心2号楼3楼302室
……………………Tel：0394-2557839

淮阳县建业城市建设有限公司
地址：淮阳县羲皇大道与五彩路交叉口东北角
……………………Tel：0394-2770708

郸城县豫资城乡建设发展有限公司
地址：郸城县新华路西段财政局
……………………Tel：0394-3298269

河南彩虹建材科技有限公司
地址：项城市产业集聚区南环路6号
……………………Tel：0394-4267777

项城市国有资产控股管理集团有限公司
地址：项城市人民路1号市政府A楼三楼
……………………Tel：0394-4623999

沈丘县恒泰建材有限公司
地址：河南省周口市沈丘县北城产业集聚区北区001
……………………Tel：0394-5106578

河南金达建筑工程有限公司
地址：沈丘县世纪大道西侧商务中心区管委会办公楼
……………………Tel：0394-5218201

商水县豫资城乡建设发展有限公司
地址：河南省周口市商水县纬三路产业集聚区综合楼
……………………Tel：0394-5608888

扶沟县城建投资发展有限公司
地址：河南省扶沟县城关镇昌盛西路财政局院内
……………………Tel：0394-6308186

扶沟县豫资城乡建设发展有限公司
地址：河南省扶沟县产业集聚区创业大道综合楼五楼
……………………Tel：0394-6308186

太康县城市建设开发有限公司
地址：太康县谢安路中段（住建局院内）
……………………Tel：0394-6822580

周口市川汇城建开发有限公司
地址：周口市川汇产业集聚区
……………………Tel：0394-7023019

鹿邑县城市建设投资有限公司
地址：鹿邑县紫气大道中段（财政局院内）
……………………Tel：0394-7187736

周口市城建投资发展有限公司
地址：周口市东新区文昌大道与人和路交叉口东北角10楼
……………………Tel：0394-7739978

中基建工城建有限公司
地址：周口市八一路南段
……………………Tel：0394-7965788

周口市行政事业资产经营投资有限公司
地址：周口市财政局（太昊路266号）
……………………Tel：0394-8319675

周口市综汇城市开发建设有限公司
地址：周口市高新区企业孵化中心（大庆路与伏羲路交叉路口）
……………………Tel：0394-8687600

河南省水利第一工程局漯河房地产开发有限公司
地址：漯河市源汇区泰山路桥南
……………………Tel：0395-2170275

中国电建集团河南电力器材有限公司
地址：漯河市解放路南段
……………………Tel：0395-2629226

河南恒润置业有限公司
地址：漯河市源汇区湘江路272号
……………………Tel：0395-2916899

漯河市城投基础设施建设发展有限公司
地址：河南省漯河市源汇区玉兰大厦六楼
……………………Tel：0395-3105755

漯河市城市投资控股集团有限公司
地址：漯河市源汇区太行山路玉兰大厦
……………………Tel：0395-3166856

河南大河新型建材有限公司
地址：漯河市郾城区孟南工业开发区实德工业园
……………………Tel：0395-3227639

河南开源房地产开发有限责任公司
地址：漯河市源汇区五一路南段
……………………Tel：0395-3333322

漯河市盛旭房地产开发有限公司
地址：河南省漯河市郾城区辽河路嵩山小区4#楼2幢5层44号
……………………Tel：0395-3336977

临颍豫资投资控股集团有限公司
地址：临颍县黄龙路财政局五楼
……………………Tel：0395-5567990

漯河经济技术开发区信达城市建设投资有限公司
地址：漯河经济技术开发区人民路东段闽豫建材城
……………………Tel：0395-5757909

河南天鑫置业有限公司
地址：漯河市郾城区辽河路9幢1层104号
……………………Tel：0395-6120777

漯河城发生态建设开发有限公司
地址：漯河市海河路与太行山路交叉口中国银行漯河郾城支行办公大楼西楼3层
……………………Tel：0395-6169960

漯河江山天安新型建材有限公司
地址：漯河市郾城区孟庙镇纬十路1号（老107国道）
……………………Tel：0395-6188755

漯河市郾城区淞江投资发展有限公司
地址：漯河市郾城区辽河路交通局三楼
……………………Tel：0395-6197067

漯河永信建材有限公司
地址：漯河市召陵区邓襄镇韩庄村
……………………Tel：0395-6881998

舞阳新瑞城市建设投资有限公司
地址：舞阳县舞泉镇人民路西段南侧
……………………Tel：0395-7126262

临颍县城镇建设投资发展有限公司
地址：临颍县颍北新区管委会院内
……………………Tel：0395-8665826

驻马店市长海路桥有限公司
地址：驻马店市高新区纬六路8号
……………………Tel：0396-2129930

驻马店新城建设发展有限公司
地址：驻马店市乐山路与通达路交叉口东100米路北
……………………Tel：0396-2602626

驻马店市城乡建设投资集团有限公司
地址：驻马店市金雀路中段
……………………Tel：0396-2610867

驻马店市城市建设投资开发有限公司
地址：驻马店市前进大道19号（金属材料公司院内）
……………………Tel：0396-2612839

河南省华舆城市建设投资开发有限公司
地址：平舆县清河南路南侧
……………………Tel：0396-2755888

驻马店市万博建筑工程有限公司
地址：驻马店市解放大道与盘龙山路交叉口东南角万博林地海湾3号楼第2层208
……………………Tel：0396-2899577

驻马店市飞龙房地产综合开发有限公司
地址：驻马店市富强路中段
……………………Tel：0396-2909992

驻马店市正华置地城建开发有限公司
地址：驻马店市文明大道与慎阳路交叉口西南角天中第一城C座4楼
……………………Tel：0396-3330116

驻马店市百通建材有限公司
地址：驻马店市风光路
……………………Tel：0396-3691600

河南惠洁新型建材科技有限公司
地址：驻马店市驿城大道北段驻马店经济技术产业集聚区综合服务中心办公楼
……………………Tel：0396-3699699

汝南县天中投资有限公司
地址：汝南县梁祝大道与南海大道交叉口南200米
……………………Tel：0396-3700837

荥阳市石纳建材有限公司
地址：河南省郑州市荥阳市贾峪镇恒大山水城4-102号
……………………Tel：0396-3737543

河南嵖岈山旅游实业发展集团股份有限公司
地址：河南省遂平县　嵖岈山风景区南山门大楼
……………………Tel：0396-4779766

平舆县城市建设投资开发有限公司
地址：平舆县清河大道中段东侧
……………………Tel：0396-5022832

新蔡县城市建设投资集团有限公司
地址：新蔡县月亮湾街道市民之家B座三楼
……………………Tel：0396-5922788

西平县源鑫建筑材料有限公司
地址：河南省驻马店市西平县宋集镇丁庄村99号
……………………Tel：0396-6221188

西平县城乡建设有限公司
地址：西平县西平大道与南街交叉口东南角
……………………Tel：0396-6229556

上蔡县城市建设投资开发有限公司
地址：上蔡县卧龙办事处腾飞路中段路北
……………………Tel：0396-6916998

确山县城乡一体化建设发展有限公司
地址：确山县产业集聚区联播大道路北（产业集聚区管理委员会院内）
……………………Tel：0396-7019880

确山县冠龙建材有限公司
地址：确山县普会寺乡冠龙大道1号
……………………Tel：0396-7148428

正阳玉川村镇银行股份有限公司
地址：正阳县
……………………Tel：0396-8718999

正阳县城乡一体化建设投融资有限公司
地址：正阳县真阳镇东大街2号
……………………Tel：0396-8966055

正阳县青蚨城镇建设投资发展有限公司
地址：正阳县产业集聚区综合服务中心四楼
……………………Tel：0396-8966055

卢氏县锦融城乡建设投资有限公司
地址：卢氏县翰林路中段住建局办公楼二楼
……………………Tel：0398-2155799

灵宝市公共城市道路路网建设发展有限公司
地址：河南省三门峡市灵宝市城关镇城市北区开元大道西侧万象新城11幢1单元1层101
……………………Tel：0398-2390007

三门峡市城乡一体化示范区城乡建设投资有限公司
地址：三门峡产业集聚区圆通路东段
……………………Tel：0398-2751897

三门峡市城市建设投资开发有限公司
地址：文明路商业街6楼
……………………Tel：0398-2843853

渑池城市建设投资有限公司
地址：渑池县会盟路中段（住建局五楼）
……………………Tel：0398-4817166

义马市豫资城乡建设发展有限公司
地址：河南省三门峡市义马市千秋路街道千符路义马市投资集团有限公司五楼5号
……………………Tel：0398-5822577

河南九晟环境科技有限公司
地址：灵宝市故县镇故县街
……………………Tel：0398-8786933

灵宝市城市建设投资有限责任公司
地址：灵宝市金城大道
……………………Tel：0398-8788565

郑州建业十八城置业有限公司
地址：郑州市管城区城东南路117二楼
……………………Tel：0898-88703225

巩义市宝冶城达建设有限公司
地址：巩义市商务中心区明泰大厦15层1509—1510室
……………………Tel：0971-60321277

湖北省

武汉光谷中心城建设投资有限公司
地址：武汉市东湖新技术开发区高新大道788号
……………………Tel：027-51015399

今晨集团有限公司
地址：武汉经济技术开发区东荆河路558号
……………………Tel：027-51766208

老百姓大药房连锁（湖北）有限公司
地址：武昌区彭刘杨路232号
……………………Tel：027-51836062

湖北神州建材有限责任公司
地址：武汉市汉南区纱帽街兴五路8号
……………………Tel：027-51858228

武汉海潮海宁皮革城有限公司
地址：武汉市汉阳区龙阳大道188号武汉海宁皮革城4A223号
……………………Tel：027-52302745

湖北省葛店开发区科技新城建设投资有限公司
地址：湖北省葛店经济技术开发区仁义路38号小综合楼
……………………Tel：027-53080137

湖北欣瑞汽车销售服务有限公司
地址：武汉市江汉区姑嫂树路附10号
……………………Tel：027-59201188

武汉市中联晟鸣置业有限公司
地址：武汉市汉阳区黄金口工业园东南片

建银汽车产业大厦1栋A座单元12层9室
…………………… Tel：027-59496565
青年城投资集团有限公司
地址：武汉市黄陂区盘龙城经济开发区楚天大道特1号1A栋1-5层
…………………… Tel：027-59900666
武汉庙山投资集团有限公司
地址：武汉市江夏经济开发区江夏大道1号（庙山办事处内）
…………………… Tel：027-59906451
武汉市黄陂区城建投资开发有限公司
地址：黄陂区前川街油岗村、定远村万象城S2栋1-3层（9）商室
…………………… Tel：027-61006380
武汉冶建伟业工程材料有限公司
地址：武汉市黄陂区祁家湾街古潭寺（祁泡公路旁）
…………………… Tel：027-61681288
湖北尚腾汽车贸易有限公司
地址：武汉市江岸区石桥村黄埔科技园特3号
…………………… Tel：027-61871530
武汉江来建筑装饰工程有限公司
地址：黄陂区盘龙城开发区巨龙大道下集（还建小区）
…………………… Tel：027-61873506
武汉远大电气制造有限公司
地址：武汉市黄陂区临空产业园临空北路东通汇纺织服装研发加工中心综合楼
…………………… Tel：027-61881259
武汉盘龙城镇建设发展有限公司
地址：武汉市黄陂区黄陂大道379号
…………………… Tel：027-61900520
长江建投（武汉）城市发展有限公司
地址：武汉市江岸区谌家矶大道85号
…………………… Tel：027-62315575
湖北锐翔建材有限公司
地址：孝昌县汇通大道延伸线祥麒搅拌站内
…………………… Tel：027-62437968
武汉阳逻港口服务有限公司
地址：湖北省武汉市新洲区阳逻开发区红岭村长江御龙新城6栋0单元1-2层16室
…………………… Tel：027-63370790
武汉奥山圣达置业有限公司
地址：武汉经济技术开发区军山街小军山社区商业楼1楼102
…………………… Tel：027-63496610
武汉瑞虹置业有限公司
地址：中国（湖北）自贸区高新大道788号光谷中心城办公地址-十五冶办公楼13层1302
…………………… Tel：027-63496610
武汉海绵城市建设有限公司
地址：武汉市青山区临江大道868号6栋办公
…………………… Tel：027-65028345
湖北保存建筑装饰有限公司
地址：武昌区中华路街红巷25号1栋4号（恒安信商务秘书-AC072）
…………………… Tel：027-65380097
中城建第二十六工程局有限公司
地址：武汉市蔡甸区蔡甸街汉阳大街2363-3号
…………………… Tel：027-65385951
武汉顺民房地产开发有限责任公司
地址：武汉市江夏区纸坊街北华街
…………………… Tel：027-65523189
武汉昌利源经贸有限公司
地址：武汉市汉阳区永丰街仙山社区周湾特1号-1-8-3
…………………… Tel：027-65694849
湖北华中盘龙收藏品交易市场开发有限公司
地址：武汉市黄陂区盘龙城经济开发区机场高速以西、霞飞路以北（新力·帝泊湾）售楼部
…………………… Tel：027-66668686
武汉后官湖湿地公园发展有限公司
地址：武汉市蔡甸区彭家山头58号
…………………… Tel：027-69112389
中核建材有限公司
地址：武汉市蔡甸区凤凰山经济开发区凤凰路1号
…………………… Tel：027-69113966
中建武汉知音城发展有限公司
地址：武汉市蔡甸区蔡甸街宋湾村1-3栋
…………………… Tel：027-69600331
武汉市蔡甸建筑开发集团有限公司
地址：蔡甸汉阳大街
…………………… Tel：027-69810253
武汉金口新城建设投资有限公司
地址：武汉市江夏区金口街道办事处三楼
…………………… Tel：027-81561825
湖北利建建材有限公司
地址：武汉市江夏经济开发区大桥新区何家湖村白云山旁
…………………… Tel：027-81715099
武汉当代城市建设发展有限公司
地址：武汉东湖新技术开发区关南园一路20号当代华夏创业中心1、2、3栋1号楼单元13层4号
…………………… Tel：027-81732200
中建鼎元建设工程有限公司
地址：武汉市江夏区庙山办事处阳光大道阳光一路2号
…………………… Tel：027-81801377
武汉市江夏亚太房地产开发有限公司
地址：武汉市东湖新技术开发区庙山小区汤逊湖山庄
…………………… Tel：027-81810577
湖北富丽园集团有限公司
地址：江夏区纸坊文化路
…………………… Tel：027-81810577
武汉新开城建筑工程有限公司
地址：武汉市江夏区纸坊街齐心大道1号新鸿发房地产公司院内
…………………… Tel：027-81813949
武汉南部新城建设发展有限公司
地址：武汉市江夏区人民政府郑店街道办公楼202号房
…………………… Tel：027-81817106
武汉市江夏城投集团有限公司
地址：武汉市江夏区纸坊街纸坊大街518号
…………………… Tel：027-81820175
武汉诚成城商业管理有限公司
地址：武汉市江夏区庙山开发区邬树村武汉奥特莱斯商业城
…………………… Tel：027-81828778
武汉思凯精冲模具有限责任公司
地址：武汉市江夏区藏龙岛科技园
…………………… Tel：027-81977661
武汉元慧置业有限公司
地址：武汉市汉阳区翠微横路18号-2号2层1室
…………………… Tel：027-82287155
武汉弘盛永泰置业有限公司
地址：武汉市汉阳区翠微横路18号-3号1层1室
…………………… Tel：027-82287155
武汉盛兴潘龙文化城建设开发有限公司
地址：武汉市东西湖区啤砖路51号台商大厦1716号（1）
…………………… Tel：027-82293338
武汉岸房建筑工程有限公司
地址：香港路３２号二楼
…………………… Tel：027-82440352
武汉博生物业管理有限公司
地址：武汉市江岸区江大路28号德威大厦2604室
…………………… Tel：027-82609760
武汉地铁地产联合置业有限公司
地址：武汉市江汉区新华路25号伟业大厦12层
…………………… Tel：027-82612237
武汉房地产开发有限公司
地址：江岸区发展大道357号田园商务大厦17楼
…………………… Tel：027-82619228
武汉中鄂联房地产股份有限公司
地址：新洲区阳逻高潮
…………………… Tel：027-82627714
武汉大桥实业集团有限公司
地址：江岸区建设大道971号
…………………… Tel：027-82639105
武汉天馨物业发展有限公司
地址：江汉区解放大道单洞路武汉国际大厦
…………………… Tel：027-82703220
武汉星汇城建开发有限公司
地址：武汉东湖新技术开发区光谷三路777号A办公楼4层402-170号
…………………… Tel：027-82705527
武汉臻合聚美房地产营销顾问有限公司
地址：武汉市江岸区中山大道1627号企业天地3号28层2803房
…………………… Tel：027-82757688
武汉城开新兴建材有限责任公司
地址：武汉市黄陂区滠口街长松村段家咀2层21间
…………………… Tel：027-82798658
湖北中阳建设集团装饰装璜有限公司
地址：新洲区阳逻经济开发区平江东路
…………………… Tel：027-82860228
武汉市丰盛城建综合开发有限公司
地址：武汉市汉南区纱帽街汉南大道353号
…………………… Tel：027-83312323
武汉鑫金珏建材有限公司
地址：武汉市东西湖区柏泉茅店集街43号
…………………… Tel：027-83387989
武汉平安中信置业有限公司
地址：武汉经济技术开发区12C2地块武汉经开万达广场B区S5-2幢22层B2-14号
…………………… Tel：027-83550899
武汉誉天东方置地有限公司
地址：武汉市汉阳区李家嘴8号一楼102室
…………………… Tel：027-83601585
武汉长江大酒店有限责任公司
地址： 口区解放大道１１３１号
…………………… Tel：027-83632828
武汉城投停车场投资建设管理有限公司
地址：武汉市江汉区江兴路6号（经济开发区0104地块）
…………………… Tel：027-83668032
武汉新硚建筑开发有限责任公司
地址： 口区油坊巷２６号
…………………… Tel：027-83735990
湖北绿城盛世建设工程有限公司
地址：武汉市东湖高新技术开发区高新大道999号
…………………… Tel：027-83739009
武汉锦御中南房地产开发有限公司
地址：武汉市黄陂区横店前进大街72号
…………………… Tel：027-83777577
武汉锦苑中南房地产开发有限公司
地址：武汉市黄陂区横店前进大街72号
…………………… Tel：027-83777577
新八建设集团装饰装潢有限公司
地址：新洲区辛冲镇东城湾
…………………… Tel：027-83781018
武汉市硚口城市建设投资有限公司
地址：武汉市 口区解放大道21号汉正街都市工业区B03栋
…………………… Tel：027-83821288
湖北省新华印刷产业园有限公司
地址：武汉市汉口解放大道145号
…………………… Tel：027-83831516
武汉招平海盈置业有限公司
地址：武汉市青山区工业三路1幢1-3层
…………………… Tel：027-83855897
武汉评贷网金融服务有限公司
地址：武汉市江汉区中央商务区泛海国际SOHO城（一期）第2幢13层4号
…………………… Tel：027-83877888
武汉市房搜搜信息科技有限公司
地址：武汉市江汉区中央商务区泛海国际SOHO城（一期）第2幢14层7号
…………………… Tel：027-83877888
武汉市东西湖城市建设投资发展有限公司
地址：武汉市东西湖区吴北路29号（6）
…………………… Tel：027-83898967
武汉临空港经济技术开发区城市建设发展投资集团有限公司
地址：武汉市东西湖区三店农场二大队五环时尚广场5号楼27楼（10）
…………………… Tel：027-83898967
长江建投集团（武汉）产业投资有限公司
地址：江汉区经济发展区０１０７号区域（江发路８号）
…………………… Tel：027-83941482
武汉市华康新型建材有限责任公司
地址：武汉市黄陂区横店街红旗村幸福工业园红旗路1号
…………………… Tel：027-83942465
武汉长江新城建设投资集团有限公司
地址：武汉市江岸区谌家矶大道85号
…………………… Tel：027-83948809
武汉金银湖国际高尔夫实业发展有限公司
地址：武汉市东西湖区径口大队28号
…………………… Tel：027-83966140
武汉泛亚城市建设发展有限公司
地址：武汉市汉阳区江城大道368号和昌都汇华府二期办公楼21层办公室3号
…………………… Tel：027-83992232
武汉海天实业集团有限公司
地址：蔡甸区沌口小区海天汽配城海天大楼
…………………… Tel：027-84220815
武汉市颐海房地产开发有限公司
地址：武汉经济技术开发区芳草一路19号Q1座7号商铺
…………………… Tel：027-84582126
湖北恒雨泰建材科技有限公司
地址：武汉经济技术开发区洪湖新滩经济合作区共建大道以北（华融益辰以南、南铁涂料以西）
…………………… Tel：027-84612600
湖北总部经济投资有限公司
地址：武汉市蔡甸区常兴路1号
…………………… Tel：027-84663177
武汉祥泰源置业有限公司
地址：武汉市汉阳区磨山路口
…………………… Tel：027-84666605
武汉市城市建设投资开发集团有限公司
地址：汉阳区晴川街解放一村8号
…………………… Tel：027-84719552
拜尔斯道夫日化（武汉）有限公司
地址：武汉经济技术开发区东风大道512号拜尔斯道夫工业园
…………………… Tel：027-84732803
武汉侨亚置业集团有限公司
地址：武汉市江夏区大桥新区办事处渔牧村文史馆旁侨亚国际广场25层（5）办号
…………………… Tel：027-84765618
武汉市雅苑房地产开发有限责任公司
地址：汉阳区夹河路107号3栋
…………………… Tel：027-84813227
武汉市第一市政工程有限公司
地址：武汉市汉阳区肖家中湾103号
…………………… Tel：027-84841394
武汉市祁万顺酒楼股份有限公司
地址：汉阳区汉阳大道１１４号
…………………… Tel：027-84843483
武汉中元城建投资开发有限公司
地址：武汉市汉南区纱帽正街518号
…………………… Tel：027-84851908
武汉汉南城乡建设投资开发有限公司
地址：汉南区纱帽正街518号
…………………… Tel：027-84851908
武汉永幸管业有限公司
地址：汉阳区永丰街四台村工业园特10号
…………………… Tel：027-84861256
武汉如森建材科技有限公司
地址：武汉市蔡甸区蔡甸街红光村
…………………… Tel：027-84900352
武汉智慧生态科技投资有限公司
地址：武汉经济技术开发区高科技产业园1号楼1楼
…………………… Tel：027-84975815
武汉市奓山小城镇建设发展有限公司
地址：武汉市蔡甸区 山街 山村还建小区14栋1-2层商铺
…………………… Tel：027-84982356
武汉缤购城置业有限公司
地址：武汉市洪山街南李路2附1号
…………………… Tel：027-85354521
武汉速八高科水溶肥有限公司
地址：武汉市江岸区解放公园路50号永成大厦10楼
…………………… Tel：027-85381498
武汉合富锦绣地产顾问有限公司
地址：武汉市东西湖区七支沟以西、九支沟以东、团结大道以南、科研综合楼项目2号研发楼17层8号（8）
…………………… Tel：027-85490287
武汉石油集团实友房地产开发有限责任公司
地址：新洲区李集街正街
…………………… Tel：027-85499329
中铁房地产集团武汉有限公司
地址：武汉市汉阳区磨山村甲1号
…………………… Tel：027-85508812
武汉中央商务区城建开发有限公司
地址：江汉区新华路218号（浦发银行大厦）22层1室
…………………… Tel：027-85552786
武汉尚文之星体育产业有限公司
地址：武昌区向阳村张浩湾5层
…………………… Tel：027-85575547
武汉中正世纪建设工程有限公司
地址：武汉市新洲区徐古街正街
…………………… Tel：027-85619011
武汉卓尔城投资发展有限公司
地址：武汉市东西湖区将军路街武汉客厅小型会展中心E栋5层04室
…………………… Tel：027-85626567
武汉东西湖啤酒集团股份有限公司
地址：湖北省武汉市东西湖区金银湖路18号财富大厦14楼
…………………… Tel：027-85703582
武汉基建项目管理有限公司
地址：武汉市江岸区台北路106号澎湖高级公寓B栋5层1室
…………………… Tel：027-85709596
联发集团武汉房地产开发有限公司
地址：武汉市 口区古田四路12号
…………………… Tel：027-85728399
武汉统建城市开发有限责任公司
地址：武汉经济技术开发区鼎力大厦
…………………… Tel：027-85794471
武汉亚展房地产顾问有限公司
地址：汉南区纱帽街汉南大道汉南家园6栋2层14室
…………………… Tel：027-85797566
湖北天准建设工程有限公司
地址：武汉市江汉区中央商务区泛海国际SOHO城第5幢15层6号房
…………………… Tel：027-85806971
武汉双艺装潢工程有限公司
地址：武汉市江岸区碧波大厦18层5室
…………………… Tel：027-85806977
武汉双联创和置业有限公司
地址：武汉江岸区后湖四路67-48号
…………………… Tel：027-85811746
湖北中原地产营销策划有限公司
地址：武汉市汉口建设大道568号新世界国贸大厦Ⅰ座48层08-12、15-16室
…………………… Tel：027 85836309
武汉市江汉区房地产公司
地址：江汉区民意一路111号
…………………… Tel：027-85865096
湖北港仁物业发展有限公司
地址：黄陂区前川大南街15号
…………………… Tel：027-85902880
武汉巧手物业集团有限公司
地址：武汉市黄陂区前川民安街214号
…………………… Tel：027-85910909
长江建投集团（武汉）城市建设有限公司
地址：武汉市江岸区谌家矶大道85号
…………………… Tel：027-85999300

长江建投集团（武汉）城市建设有限公司
地址：武汉市江岸区谌家矶大道85号
Tel：027-85999300

武汉武钢城市建设投资有限责任公司
地址：武汉市青山区工人村都市工业园内
Tel：027-86217023

孝昌县教育城工程建设有限公司
地址：孝昌县花园镇桥西六0四队
Tel：027-86328045

武汉找劳保网科技有限公司
地址：武汉市黄陂区盘龙城汉口北大道88号第W8区四楼4010室
Tel：027-86461783

武汉龙源实业有限公司
地址：武汉蔡甸经济开发区龙王工业园龙王路16号
Tel：027-86518888

武汉市华宇建材集团有限公司
地址：洪山区广八路115号银海雅苑E栋7层E01室
Tel：027-86521029

新六建设集团装饰装璜有限公司
地址：武汉市新洲区辛冲镇辛冲街
Tel：027-86540995

武汉武新新型建材股份有限公司
地址：武汉市青山区工人村青山都市工业园
Tel：027-86590335

武汉君茂投资置业有限公司
地址：洪山区白沙洲大道5号爱家优优城3号商业
Tel：027-86602325

湖北楚天中大物业管理有限公司
地址：武昌区黄鹂路65号
Tel：027-86624986

中建三局城市投资运营有限公司
地址：武汉东湖新技术开发区高新大道799号中建光谷之星总部办公大楼13-15层
Tel：027-86649796

武汉天际丽豪酒店管理有限公司
地址：洪山区和平街大洲村
Tel：027-86660188

湖北天地房地产开发有限公司
地址：武汉市洪山区熊家嘴180号
Tel：027-86696500

武汉三星建工集团装饰装潢有限公司
地址：武汉市新洲区辛冲镇辛冲街8号
Tel：027-86815631

武汉化工区城市建设发展有限公司
地址：武汉化学工业区管理委员会内（青山冶金大道2号）
Tel：027-86865685

武汉源锦建材科技有限公司
地址：武汉市青山区工人村都市工业园（南）E区12号
Tel：027-86866337

武汉化工新城建设开发投资有限公司
地址：武汉市青山区冶金大道75号
Tel：027-86869878

武汉安康运输有限公司
地址：武汉市青山区长青路55号附29号
Tel：027-86888082

武汉红钢城商务城建设投资有限公司
地址：武汉市青山区红钢二街29号中交江锦湾10栋B号楼一单元20层3号
Tel：027-86888106

武汉市青山城市建设有限公司
地址：武汉市青山区红钢二街29号中交红钢城10栋B号楼一单元20层12号
Tel：027-86888260

武钢绿色城市建设发展有限公司
地址：青山区冶金大道122号
Tel：027-86893010

武汉辉卓置业有限公司
地址：武汉市江岸区汉口花园一期B区2栋1层6室
Tel：027-87115211

武汉美好幸福房地产咨询有限公司
地址：武汉市汉阳区五龙路60号名流公馆NK4地块4栋2层（11）商-1
Tel：027-87131866

湖北福星惠誉常青置业有限公司
地址：武汉市江汉区常青路67号（佳兴苑甲栋商网）1层，夹层1室
Tel：027-87139500

武汉青菱城镇建设投资有限公司
地址：洪山街马湖村武汉创意天地三、四期创意工坊6号3层1号
Tel：027-87190090

武汉思创世纪房地产营销策划有限公司
地址：武昌区水果湖街汉街武汉中央文化旅游区K3地块第3幢3层1号
Tel：027-87222221

武汉锦联房地产有限公司
地址：武汉市东湖开发区关东科技工业园1号地块
Tel：027-87289999

武汉盈锦嘉园房地产开发有限公司
地址：洪山区白沙洲大道烽火五金建材水暖市场G栋9、10号
Tel：027-87305369

湖北金凯达置业有限公司
地址：鄂州市庙岭镇大雄村十组
Tel：027-87312318

武汉新洲万达地产开发有限公司
地址：武汉市新洲区阳逻街正街59号三楼303-304室
Tel：027-87312338

湖北中腾建设工程有限公司
地址：武汉市武昌区中北路天源城天府阁A座4单元1001室
Tel：027-87329995

科思达工程技术有限公司
地址：武汉市武昌区中南二路2号
Tel：027-87338281

武汉金川建设工程有限公司
地址：洪山区熊家咀柳林雅居9栋1单元7层702室
Tel：027-87383857

武汉市顺宏建筑装饰装潢有限公司
地址：武汉市新洲区三店街道三店街
Tel：027-87453297

武汉达权绿色建材集团有限公司
地址：武汉市东湖开发区东信路SBI创业街2幢1502号
Tel：027-87506525

武汉洪山城市建设投资有限公司
地址：洪山区洪山街马湖村武汉创意天地三、四期创意工坊6号3层
Tel：027-87508980

武汉居明房地产顾问有限公司
地址：武汉市东湖开发区软件园东路1号软件产业三期A3栋3层03室
Tel：027-87688821

泰康之家楚园（武汉）养老服务有限公司
地址：武汉东湖新技术开发区严西湖路66号泰康之家楚园项目1-11＃楼
Tel：027-87706713

湖北诚功房地产开发有限公司
地址：武汉市洪山区洪山乡洪山村
Tel：027-87788755

武汉建筑材料工业设计研究院有限公司
地址：武汉市东湖新技术开发区光谷大道77号金融港A12栋
Tel：027-87823170

武汉佳颂房地产有限公司
地址：洪山区珞南街珞狮北路附十一号2层05号
Tel：027-87828805

武汉臻享行物业管理有限公司
地址：武昌区水果湖街道中北路118号复地东湖国际小区3期16号商铺运动会馆1层-2层
Tel：027-87832888

武汉美好新城建设发展有限公司
地址：武汉经济技术开发区洪湖新滩经济合作区张家地村
Tel：027-87836686

武汉维佳置业有限责任公司
地址：洪山区文治街文昌路武昌府
Tel：027-87878055

湖北经视传媒有限公司
地址：武汉市武昌区粮道街紫金村特1号
Tel：027-87893607

武汉京伦科技开发有限公司
地址：武昌区中北路24号龙源大厦A座1单元10楼12号
Tel：027-87895577

武汉未来科技城投资建设有限公司
地址：武汉市东湖开发区高新大道999号
Tel：027-87920139

武汉金碧物业服务有限公司
地址：武汉市江夏区五里界介子山庄
Tel：027-87931516

武汉峻潢建筑装饰有限公司
地址：武汉市江岸区解放公园路83号金色华府8栋31层1室
Tel：027-88089076

武汉世纪宏图房产经纪有限公司
地址：武汉市汉阳区龙阳大道58号人信汇6栋6层2室
Tel：027-88180016

武汉九基财富投资管理有限公司
地址：武汉市江岸区黄孝河路45号雅琪大厦一层1号
Tel：027-88328678

武汉市山河广昌盈物业管理有限公司
地址：武昌区中北路166号东湖春树里8号楼21层31室
Tel：027-88381001

湖北楚天房地产开发有限责任公司
地址：武汉市武昌区东湖路181号
Tel：027-88568152

湖北城政建设有限公司
地址：武汉市新洲区徐古镇徐古村徐古政府136号
Tel：027-88617170

武汉城市铁路建设投资开发有限责任公司
地址：武汉市武昌区中北路151号（武汉控股大厦）18、19层
Tel：027-88771869

武汉誉城建设集团有限公司
地址：武昌区中北路151号商业写字楼（武汉控股大厦）2001-2010号
Tel：027-88772008

武汉美丰采房地产有限公司
地址：武汉市　口区长丰街长丰村特10号
Tel：027-88862988

中冶南方城市建设工程技术有限公司
地址：武汉市东湖开发区大学园路33号
Tel：027-88935599

武汉绿城建发房地产有限公司
地址：武汉市新洲区阳逻经济开发区汉施路特1号创业服务中心十五楼(阳逻经济开发区管委会)
Tel：027-89002888

武汉涂鸦装饰装潢工程有限责任公司
地址：武汉市新洲区仓埠街仓阳大道一楼003室
Tel：027-89023755

武汉临港城镇建设投资有限公司
地址：武汉市新洲区阳逻街红岗村(创业服务中心)
Tel：027-89620166

武汉滨港城市建设项目管理有限公司
地址：武汉市新洲区阳逻经济开发区红岗村(创业服务中心三楼309房)
Tel：027-89620166

襄阳宝泽汽车销售服务有限公司
地址：襄阳经济技术开发区深圳工业园A39
Tel：0710-2177720

襄阳金佳泰房地产开发有限公司
地址：襄阳市樊城区红光路22号
Tel：0710-2359999

湖北昂富新型材料有限公司
地址：南漳县经济技术开发区涌泉工业园白马山村5组
Tel：0710-2399825

襄阳联发地控房地产开发有限公司
地址：襄阳市襄州区钻石大道时代天街2-1栋A4063
Tel：0710-2825555

武汉铁路地产置业襄阳物业管理有限公司
地址：襄阳市樊城区新华路7号
Tel：0710-3025589

襄阳市樊城区金振城镇化建设有限公司
地址：襄阳市樊城区人民路58号
Tel：0710-3155959

襄阳新津城乡开发建设有限公司
地址：襄阳市东津新区（经开区）特1号
Tel：0710-3158903

襄阳汉江欣城建设养护运营有限公司
地址：襄阳市东津新区（经开区）大湾区（襄阳）工业园
Tel：0710-3158903

襄阳汉江欣城建材经营有限公司
地址：襄阳市东津新区（经开区）大湾区（襄阳）工业园
Tel：0710-3158903

襄阳展锐鑫建材有限公司
地址：襄阳市高新区桐树店村光彩工业园B4区17栋17-2-002号（住所申报）
Tel：0710-3336464

襄阳市溪苑实业总公司
地址：湖北省襄阳市襄城区檀溪路
Tel：0710-3605335

襄阳睿城城镇化建设有限公司
地址：襄阳市襄城区檀溪路139号
Tel：0710-3613878

谷城县生态林业工程建设投资有限公司
地址：谷城县城关镇城垣路1号
Tel：0710-3708688

襄阳中润广通投资实业有限公司
地址：襄阳市高新区长虹北路与追日路交汇处中润大厦
Tel：0710-3709388

华新混凝土襄阳有限公司
地址：襄阳市高新区汽车工业园新光路6号4幢
Tel：0710-3727894

襄阳高新国有资本投资运营集团有限公司
地址：襄阳市高新区追日路2号A座6楼
Tel：0710-3759655

襄阳高欣城乡建设投资有限公司
地址：襄阳市高新区东风汽车大道管委会办公楼7楼8705室
Tel：0710-3759655

襄阳江河源房地产开发有限公司
地址：襄阳市樊城区前进路9号
Tel：0710-3800929

襄阳海王星实业投资股份有限公司
地址：襄阳市樊城区前进路9号（天丽国际家居博览中心）1幢501-504房
Tel：0710-3800929

襄阳亿景房地产开发有限公司
地址：襄阳市樊城区大庆西路24号
Tel：0710-3801011

湖北嘉鑫汇建材科技有限公司
地址：襄阳市襄城区襄城经济开发区7号路以南、14号路以东
Tel：0710-3805986

宜城市襄大建筑工程有限公司
地址：湖北省襄阳市宜城市文昌路48号
Tel：0710-4151641

宜城市建设投资经营有限公司
地址：宜城中华路35号
Tel：0710-4217679

宜城市安居新型城镇化建设投资有限公司
地址：宜城市中华大道35号
Tel：0710-4217679

宜城市水利交通建设投资有限公司
地址：宜城市中华大道35号
Tel：0710-4221033

宜城市富华实业有限公司
地址：湖北省襄阳市宜城汉江路
Tel：0710-4229618

中交一公局集团宜城投资建设有限公司
地址：湖北省宜城市207国道旁（太平村段）
Tel：0710-4909666

南漳县建设投资集团有限公司
地址：南漳县城关便河北路38号
Tel：0710-5245000

枣阳市城市建设投资经营有限公司
地址：湖北省枣阳市人民路东侧
Tel：0710-6225513

谷城县交通建设投资有限责任公司
地址：谷城县城关镇粉阳路69号
Tel：0710-7265110

谷城县水利工程建设投资有限公司
地址：谷城县城关镇横街12号
Tel：0710-7333100

谷城县建设投资经营有限公司
地址：谷城县城关镇振兴路
Tel：0710-7333100

湖北美亚达集团有限公司
地址：湖北谷城经济开发区1号
Tel：0710-7337808

湖北北河建筑工程有限责任公司
地址：谷城县城关镇西关街108号
Tel：0710-7402001

湖北省鄂州市冠合建材有限公司
地址：鄂州市泽林镇泽林村
Tel：0711-2366688

鄂州市城市建设投资有限公司
地址：鄂州市滨湖南路市住房公积金大楼五楼
Tel：0711-3282221

湖北鄂州建鑫工业有限公司
地址：鄂州市七里界
Tel：0711-3351066

鄂州常鑫建筑材料有限公司
地址：鄂州市凡川路25路
Tel：0711-3612273

越秀（湖北）高速公路有限公司
地址：武汉市东西湖区二雅路66号
Tel：0711-3706962

湖北宇辉新型建筑材料有限公司
地址：孝感市孝天路路边118号
Tel：0712-2055779

湖北天隆装饰装璜有限公司
地址：孝感市城站路百佳豪庭小区商都一栋百商大厦102、202、302号
Tel：0712-2326608

孝感市东诚房地产开发有限公司
地址：孝感市高新区孝天办事处柏树村胡彭湾
Tel：0712-2717777

湖北振鹏温泉酒店娱乐有限公司
地址：应城市八汤线松林岗
Tel：0712-3282988

湖北振鹏实业发展有限公司
地址：应城市八汤线松林岗
Tel：0712-3282989

湖北汤池温泉旅游有限责任公司
地址：应城市汤池镇温泉路121号
Tel：0712-3778888

云梦县城市建设投资公司
地址：湖北省云梦县城关镇曲阳东路
Tel：0712-4320878

云梦县宏远建设开发有限公司
地址：云梦县城关镇曲阳东路10号
Tel：0712-4320878

孝昌县顺意再生建筑材料有限公司
地址：孝昌县小河镇柘树建材加工厂
Tel：0712-4773767

湖北祥麒建筑材料有限公司
地址：湖北孝昌县城区汇通大道延伸线以南（凤新村）
Tel：0712-4788666

湖北东宝泰建设集团装饰装潢有限公司
地址：大悟县城关镇发展大道
Tel：0712-7232789

汉川市富安装饰装潢有限公司
地址：湖北省汉川市经济开发区电厂六号路阳光城小区4-9号门面

……………………Tel：0712-8411212
泰尔美建材汉川有限公司
地址：汉川经济开发区铁路货场路
……………………Tel：0712-8599999
湖北华亿纺织科技有限公司
地址：汉川市田二河镇春秋大道
……………………Tel：0712-8751888
汉川天福建材有限公司
地址：汉川市人民大道益成佳园B栋2单元501号
……………………Tel：0712-8899366
湖北省华建石材股份有限公司
地址：麻城市南湖办事处十里铺村
……………………Tel：0713-2700077
湖北毅博尔新型建材有限公司
地址：湖北省麻城市中部石材产业园QZ-02（白果辖区）
……………………Tel：0713-2790016
湖北省燕加瑞置业有限公司
地址：湖北省麻城市神光花园第51栋以北第132-135号商铺
……………………Tel：0713-2800000
湖北麻一建设有限公司
地址：麻城市南正街85号地址：
……………………Tel：0713-2912567
麻城市润泰建设投资有限责任公司
地址：麻城市金桥大道48号（会展中心）
……………………Tel：0713-2928660
麻城市城市发展投资集团有限公司
地址：麻城市金桥大道48号地址：
……………………Tel：0713-2957001
湖北万吉建筑装潢装饰有限公司
地址：湖北省黄冈市黄梅县黄梅镇蔡枫树社区誉天下13号楼
……………………Tel：0713-3112345
湖北新明珠绿色建材科技有限公司
地址：浠水县兰溪镇鲇鱼尾村
……………………Tel：0713-4657000
湖北风驰雅格建设工程有限公司
地址：浠水县清泉镇熊湖路
……………………Tel：0713-4668888
浠水碧桂园房地产开发有限公司
地址：浠水县散花镇李渡村大桥北路
……………………Tel：0713-4858886
湖北问鼎置业有限公司
地址：湖北省黄冈市罗田县凤山镇民建街
……………………Tel：0713-5052168
罗田县广源城建投资开发有限公司
地址：罗田县凤山镇城南新区凤城二路
……………………Tel：0713-5064001
红安县通达运输有限责任公司
地址：红安县城关镇沿河路1号
……………………Tel：0713-5243199
红安皇家实业有限公司
地址：红安县城关镇沿河大道坚实新天地（红安县王家畈村）
……………………Tel：0713-5277159
湖北万润建设工程有限公司
地址：红安县城关镇城南大道民政转盘第二排房屋三楼
……………………Tel：0713-5288997
团风县城市建设投资集团有限公司
地址：团风县迎宾大道2号东方丽都写字楼10楼
……………………Tel：0713-6153639
武穴市城市建设投资开发有限公司
地址：湖北省武穴市玉湖路34号
……………………Tel：0713-6270696
武穴市梅府矿业有限公司
地址：武穴市刊江梅府村
……………………Tel：0713-6392687
湖北神力汽车零部件股份有限公司
地址：英山县温泉镇梦丝家大道218号
……………………Tel：0713-7026361
蕲春景隆建材有限公司
地址：蕲春县漕河镇李咀村四组
……………………Tel：0713-7239555
湖北雅华建筑安装有限公司
地址：蕲春县漕河镇蕲阳北路6号
……………………Tel：0713-7245056
浠水嘉盛建材有限责任公司
地址：湖北省黄冈市浠水县洗马镇圻白路6号
……………………Tel：0713-7602388
湖北红裕旅游投资有限公司
地址：英山县国营桃花冲林场
……………………Tel：0713-7725556
黄冈市安泰德置业有限公司
地址：黄冈市黄州区私营经济园赤壁北路
……………………Tel：0713-8302222
黄冈市城市建设投资有限公司
地址：黄冈市黄州区东门路126号
……………………Tel：0713-8611006
黄冈浙城投资开发有限公司
地址：黄冈市黄州区赤壁大道76号
……………………Tel：0713-8626777
黄冈市华窑中洲窑炉有限公司
地址：黄冈市宝塔大道169号
……………………Tel：0713-8690758
湖北交投鄂黄长江公路大桥有限公司
地址：黄冈市黄州区明珠大道8号
……………………Tel：0713-8821754
黄冈实创置业有限公司
地址：黄冈市黄州区高新大道特1号
……………………Tel：0713-8881878
大冶大中城镇化建设投资开发有限公司
地址：大冶市高铁大道（武黄城际高铁大冶北站公共交通枢纽中心）
……………………Tel：0714-3168351
大冶大瑞城镇化建设投资开发有限公司
地址：大冶市高铁大道（武黄城际高铁大冶北站公共交通枢纽中心）
……………………Tel：0714-3168351
湖北兴天瑞工程有限公司
地址：黄石市金山街道办事处鹏程大道217号
……………………Tel：0714-3805380
湖北恒大置业有限公司
地址：黄石市明珠花园15号楼
……………………Tel：0714-6263998
湖北宏维置业集团有限公司
地址：湖北省黄石杭州西路98号
……………………Tel：0714-6372883
黄石交投建材有限公司
地址：黄石市黄石港区黄石大道1399号
……………………Tel：0714-6522086
黄石市城市建设投资开发有限责任公司
地址：黄石市磁湖东路28号
……………………Tel：0714-6535388
黄石市中梁房地产有限公司
地址：黄石市黄石港区花湖大道30号3号楼2424室
……………………Tel：0714-6575778
湖北航宇置业发展有限公司
地址：鄂州市花湖经济开发区振兴大道168号
……………………Tel：0714-6578016
阳新新鑫城镇建设投资有限责任公司
地址：阳新县兴国镇兴国大道106号
……………………Tel：0714-7395135
阳新县城镇建设投资开发有限公司
地址：阳新县城北工业园民福路1号
……………………Tel：0714-7395138
黄石碧诚房地产开发有限公司
地址：黄石市西塞山区沿湖路566号
……………………Tel：0714-86333333
湖北迪峰科技集团有限公司
地址：大冶市东风路街道七里界11号三单元402室
……………………Tel：0714-8771203
大冶市振恒城市发展投资有限公司
地址：大冶市高新区青松路1号
……………………Tel：0714-8863321
通山星火原实业有限公司
地址：通山县经济开发区工业路8号
……………………Tel：0715-2358555
湖北隐水洞旅游发展有限公司
地址：通山县大畈镇板桥道街
……………………Tel：0715-2750666
崇阳三特隽水河旅游开发有限公司
地址：崇阳县白霓镇浪口村古镇路
……………………Tel：0715-3658666
通城城市发展建设投资（集团）有限公司
地址：通城县隽水镇通城大道88号
……………………Tel：0715-4322323
通城县城市建设投资开发有限责任公司
地址：通城县隽水镇民主路09号
……………………Tel：0715-4322323
中旅赤壁景区开发有限责任公司
地址：湖北省赤壁市凤凰山赤壁大道774号
……………………Tel：0715-5048888
赤壁市建工材料有限公司
地址：湖北省咸宁市赤壁市蒲圻沿河大道34号
……………………Tel：0715-5061088
赤壁市蓝天城市建设投资开发有限责任公司
地址：赤壁市瑞通大道198号
……………………Tel：0715-5330958
赤壁城市发展集团有限公司
地址：赤壁市瑞通大道国土资源局办公楼第十二层
……………………Tel：0715-5330958
赤壁市城市建设综合开发有限责任公司
地址：赤壁市河北大道东风路
……………………Tel：0715-5359190
嘉鱼县住房和城乡建设投资有限公司
地址：嘉鱼县鱼岳镇发展大道131号
……………………Tel：0715-6668626
嘉鱼县山湖温泉旅游有限公司
地址：嘉鱼县鱼岳镇涟江大道
……………………Tel：0715-6668888
田野集团股份有限公司
地址：湖北省嘉鱼县官桥镇田野大道1号
……………………Tel：0715-6716666
湖北香城泉都建设投资有限公司
地址：咸宁市温泉双鹤路18号
……………………Tel：0715-8111355
咸宁市城市建设投资开发有限公司
地址：咸宁大道45号
……………………Tel：0715-8111386
大洲湖（咸宁）生态新城建设投资开发有限公司
地址：咸宁市温泉淦河大道31号
……………………Tel：0715-8119666
咸宁城发建工集团有限责任公司
地址：咸宁市温泉银泉大道368号
……………………Tel：0715-8133086
咸宁市咸安区城乡建设投资开发有限公司
地址：咸安区银桂路186号
……………………Tel：0715-8688178
湖北天安新型建材股份有限公司
地址：湖北咸安经济开发区
……………………Tel：0715-8908688
咸宁四航建设有限公司
地址：通城县五里镇五里大道168号
……………………Tel：0715-8909052
湖北穆一装饰装潢有限公司
地址：湖北省荆州市洪湖市新堤街道茅江大道帝豪景城二期1号楼1幢1楼0114
……………………Tel：0716-2254889
洪湖市成婷装饰装潢有限公司
地址：湖北省洪湖市新堤办事处乌林大道
……………………Tel：0716-2288555
洪湖新绿房地产开发有限公司
地址：湖北省荆州市洪湖市新滩镇江夏村村民委员会办公楼二楼
……………………Tel：0716-2298888
洪湖市祥生置业有限公司
地址：新堤办事处赤卫西路
……………………Tel：0716-2432699
洪湖四海建设工程有限公司
地址：洪湖市新堤办事处柏枝一巷（家和园小区）
……………………Tel：0716-2436000
监利核建文体中心城市开发有限责任公司
地址：湖北省荆州市监利县红城大道杨铺市场北楼1层
……………………Tel：0716-3300816
玉沙集团有限公司
地址：监利县工业园区
……………………Tel：0716-3321122
福江集团有限公司
地址：监利县容城镇华容路8号
……………………Tel：0716-3324888
湖北超强建材发展有限公司
地址：监利县工业园
……………………Tel：0716-3389599
荆州红星广场房地产开发有限公司
地址：荆州市荆州区东环路11号
……………………Tel：0716-4307022
湖北富亿建材股份有限公司
地址：公安县青吉工业园，友谊东路以北，瑞捷机械以东，天乐新材料以西
……………………Tel：0716-5110688
公安县城建投资有限公司
地址：公安县斗湖堤镇五九路商业街1栋1-6层
……………………Tel：0716-5154855
湖北凯科塑业有限公司
地址：公安县斗湖堤镇潺陵新区环城路19号
……………………Tel：0716-5155266
湖北君尚建设有限公司
地址：公安县斗湖堤镇柳浪湖小区10栋1-2层
……………………Tel：0716-5222833
湖北众亮积防水建材有限公司
地址：公安县杨家厂镇青吉工业园（琼霸防水）第1栋第三层
……………………Tel：0716-5393386
湖北盛埠实业股份有限公司
地址：公安县青吉工业园民生路以南、中心路以东
……………………Tel：0716-5395668
湖北富森装潢材料股份有限公司
地址：公安县章庄铺镇裹东大道458号
……………………Tel：0716-5892480
石首市金都实业有限公司
地址：石首市绣林办事处解放东路
……………………Tel：0716-7108888
石首市利达房地产开发有限公司
地址：石首市绣林街道办事处南岳山社区八组5号
……………………Tel：0716-7187777
石首市博雅城市建设投资有限公司
地址：石首市绣林办事处建宁大道295号
……………………Tel：0716-7298898
湖北省润荆装潢有限公司
地址：石首市绣林办事处绣林大道238号
……………………Tel：0716-7818808
湖北铭城建设工程有限公司
地址：石首市笔架山街道东方大道333号
……………………Tel：0716-7818892
湖北瀚煜建材科技有限公司
地址：石首市经济开发区金平工业园区
……………………Tel：0716-7890868
荆州葛洲坝城北快速路投资建设有限公司
地址：荆州开发区江津路南侧（恒新材料）2栋
……………………Tel：0716-8023858
湖北沙市阀门总厂
地址：沙市区北京东路169号
……………………Tel：0716-8246830
荆州市城市建设投资开发有限公司
地址：荆州市沙市区北湖路8号
……………………Tel：0716-8257738
荆州开发区城市建设投资开发有限公司
地址：荆州市豉湖路58号
……………………Tel：0716-8333723
荆州市荆州区城乡建设投资开发有限公司
地址：荆州市荆州区荆南路12号
……………………Tel：0716-8456567
荆州市住宅开发总公司
地址：沙市区江汉南路124号
……………………Tel：0716-8819958
荆州市保障房投资建设开发有限公司
地址：荆州市沙市区高家巷3号（五中片区拆迁房）1楼5-6号
……………………Tel：0716-8819959
荆州市沙市区碧桂园房地产开发有限公司
地址：沙市区江汉南路和平街小区2栋1门1楼6号
……………………Tel：0716-8880123
荆州碧桂园房地产开发有限公司
地址：沙市区园林路116号
……………………Tel：0716-8880777
湖北兴润置业有限责任公司
地址：兴山县古夫镇昭君路
……………………Tel：0717-2528159
兴山县城乡建设投资有限公司
地址：兴山县古夫镇高阳大道龙珠广场
……………………Tel：0717-2581299
湖北泓博锐建设工程有限公司
地址：兴山县古夫镇龙珠社区桑树拐小区999号
……………………Tel：0717-2586590
湖北皇嘉文化旅游有限公司
地址：秭归县茅坪镇经济开发区西楚工业园
……………………Tel：0717-2661001
湖北城堡投资有限责任公司
地址：当阳市玉泉办事处三桥村
……………………Tel：0717-3158001
当阳市鑫泉产业开发有限公司
地址：当阳市玉阳办事处玉阳路127号
……………………Tel：0717-3236898
湖北三峡新型建材股份有限公司
地址：当阳市经济技术开发区
……………………Tel：0717-3282423
湖北省当阳豪山建材有限公司
地址：当阳市王店镇木店村地址：
……………………Tel：0717-3509999
远安县栖凤城市建设投资开发有限公司
地址：远安县鸣凤镇沮阳路23号附1号
……………………Tel：0717-3758998
湖北卓众之众辰旺防水材料有限公司
地址：当阳市王店镇木店村六组（木店陶瓷工业园）
……………………Tel：0717-3903518
湖北东方年华农业开发有限公司
地址：枝江市安福寺镇秦家 村
……………………Tel：0717-4480298
湖北三峡九凤谷旅游开发有限公司
地址：宜都市五眼泉镇弭水桥村十组
……………………Tel：0717-4779667
华新新材（长阳）有限公司
地址：长阳龙舟坪镇长阳大道538号
……………………Tel：0717-5308009
长阳城市建设投资控股集团有限公司
地址：长阳龙舟坪镇星城二路8号
……………………Tel：0717-5317268
宜昌益智建材有限责任公司
地址：宜昌市点军区江南大道99号
……………………Tel：0717-6281203
湖北城乡建设集团有限公司
地址：中国（湖北）自贸区宜昌片区发展大道13号水悦城32楼
……………………Tel：0717-6333826
中建三局宜昌城市管廊建设运营有限公司
地址：宜昌市点军区五龙大道15号
……………………Tel：0717-6350708
宜昌城市建设投资控股集团有限公司
地址：宜昌市伍家岗区沿江大道189号
……………………Tel：0717-6353028
宜昌市城市建设投资开发有限公司
地址：宜昌市沿江大道189号
……………………Tel：0717-6353360
荣盛兴城（宜昌）园区建设发展有限公司
地址：中国（湖北）自贸区宜昌片区发展大道57-6号（三峡云计算中心）
……………………Tel：0717-6356657
宜昌车溪文化旅游发展有限公司
地址：宜昌市点军区土城乡
……………………Tel：0717-6488626
宜昌清能碧桂园房地产开发有限公司

地址：宜昌市点军区南站路与五龙三路交汇处
……Tel：0717-6498888

宜昌伍家新城投资控股集团有限公司
地址：宜昌市伍家岗区东艳路29号东城SOHO中心
……Tel：0717-6560529

宜昌江南碧桂园房地产开发有限公司
地址：宜昌市点军区桥边镇石堰村二组
……Tel：0717-6622631

宜昌市融泰嘉业房地产开发有限公司
地址：宜昌市伍家岗区沿江大道188号外滩领馆写字楼7楼
……Tel：0717-6856558

湖北长江城建投资有限公司
地址：宜昌市西陵区解放路52号
……Tel：0717-6857638

宜昌金亚房地产有限公司
地址：宜昌市夷陵区夷兴大道136号
……Tel：0717-7101861

宜昌夷陵城市建设投资有限公司
地址：宜昌市夷陵区发展大道111号（夷陵国际）
……Tel：0717-7105826

恩施州长鑫建设有限公司
地址：建始县业州镇建始大道长兴产业城物管大楼附楼整栋1-2层
……Tel：0718-3229951

建始县金建始城镇开发投资有限公司
地址：建始县业州镇奎星楼路28号
……Tel：0718-3232597

建始县怡宁装饰装潢有限公司
地址：建始县高坪镇桑园坝社区三组
……Tel：0718-3540989

巴东县兴东建设总公司
地址：信陵镇云沱小区北京大道132号
……Tel：0718-4331421

巴东县乾峰房地产开发有限公司
地址：野三关镇名相路新颜村五楼
……Tel：0718-4397282

来凤县城市建设投资有限公司
地址：来凤县翔凤镇武汉大道农业展示中心大楼4楼
……Tel：0718-6227565

来凤县金凤建材工业有限责任公司
地址：湖北省来凤县翔凤镇中华山
……Tel：0718-6282373

咸丰县城市建设投资有限责任公司
地址：咸丰县高乐山镇楚蜀大道县交警大队办公楼四楼
……Tel：0718-6799000

湖北省利川鑫鑫路桥有限公司
地址：湖北省利川市高速公路出口
……Tel：0718-7256577

利川市靓利城市建设发展有限公司
地址：利川市六合路97号
……Tel：0718-7287188

利川市嘉和广告装潢有限责任公司
地址：利川市公园路20号（富丽苑小区A栋201室）
……Tel：0718-7287777

湖北省壹加壹装饰装潢工程设计有限公司
地址：湖北省利川市滨江大道滨江花园A2栋2F
……Tel：0718-7291111

利川市千禧龙实业发展有限公司
地址：利川市清江大道183号
……Tel：0718-7296303

玛雅森林（恩施州）装配式建筑材料有限责任公司
地址：湖北省恩施市龙凤镇三河村大块地组
……Tel：0718-8210555

湖北月日升装饰装潢工程有限公司
地址：湖北省恩施市金桂大道硒都茶城9号119室
……Tel：0718-8237222

恩施城市建设投资有限公司
地址：湖北省恩施市施州大道222号
……Tel：0718-8414898

恩施州鸿兴装饰装潢有限公司
地址：恩施市东风大道351号
……Tel：0718-8901839

竹溪县农业综合开发投资有限公司
地址：竹溪县城关镇鄂陕大道1734号
……Tel：0719-2727896

房县城市基础设施建设开发投资有限公司
地址：房县城关镇西水北路11号
……Tel：0719-3246386

神农架林区城市建设投资开发有限公司
地址：神农架林区连峰街
……Tel：0719-3332122

神农架林区城投兆沣建材有限公司
地址：神农架林区松柏镇龙沟村
……Tel：0719-3332122

神农架林区荣盛置业旅游开发有限公司
地址：湖北省神农架林区木鱼镇龙降坪
……Tel：0719-3366889

湖北可盛建设集团有限公司
地址：竹山县城关镇纵横大道畅安家园2号楼201室
……Tel：0719-4443688

汉江集团丹江口地产有限责任公司
地址：丹江口市电站路3号3层
……Tel：0719-5375828

十堰武当山城市建设投资有限公司
地址：武当山特区新区旅游发展中心
……Tel：0719-5662829

丹江口市城镇化建设投资有限公司
地址：丹江口市六里坪镇中生路
……Tel：0719-5715116

十堰国有资本投资运营集团有限公司
地址：十堰市柳林路柳小巷8号
……Tel：0719-8116686

湖北中线工程建设有限公司
地址：十堰市浙江路34号皓景丽苑2-19-1
……Tel：0719-8120896

十堰和瑞阳光房地产开发有限公司
地址：十堰市北京北路57号阳光栖谷3号楼
……Tel：0719-8663888

湖北锦润居建筑材料有限公司
地址：十堰市茅箭区五堰街办北京北路82号6栋10楼10、11号
……Tel：0719-8669768

湖北容太实业有限公司
地址：武汉市东湖新技术开发区花城大道8号武汉软件新城三期D7栋1501室
……Tel：0719-8690418

中建十堰城市管廊建设运营管理有限责任公司
地址：十堰市张湾区紫霄大道68号
……Tel：0719-8787547

湖北质升昌建筑有限公司
地址：十堰市浙江路1号M天下1号楼606
……Tel：0719-8899758

随州市城市建设综合开发投资有限公司
地址：湖北省随州市沿河大道105号
……Tel：0722-3321885

随州市城市建设实业有限责任公司
地址：随州市沿河大道住建委7楼
……Tel：0722-3988019

湖北永阳材料股份有限公司
地址：湖北省广水市十里工业园区
……Tel：0722-6261276

荆门市盛业城镇化建设投资有限公司
地址：荆门市漳河新区白石坡大道20号（生态运动公园西区）
……Tel：0724-0301980

荆门市城市建设投资有限公司
地址：荆门市东宝区雨霖路6号
……Tel：0724-2301920

荆门市顺泰城镇化建设投资有限公司
地址：荆门市东宝区雨霖路6号
……Tel：0724-2301980

荆门市东宝区城乡建设投资有限公司
地址：荆门市东宝区长兴大道9号D3二楼
……Tel：0724-2321219

荆门市第一房地产开发有限公司
地址：荆门市东宝区长宁大道35号
……Tel：0724-2332045

湖北荆门城建集团房地产开发有限公司
地址：荆门市漳河新区生态运动公园体育场北区
……Tel：0724-2366677

湖北岚光燃气有限公司
地址：荆门高新区 掇刀区虎牙关大道忠勇路北侧
……Tel：0724-2495008

钟祥市城市建设投资公司
地址：钟祥市郢中镇莫愁大道58号
……Tel：0724-4230526

湖北省钟祥宇风运业有限公司
地址：钟祥市郢中镇王府大道48号
……Tel：0724-4931166

荆门市鑫建城镇化建设投资有限公司
地址：荆门市漳河新区运动公园路南凤凰小区B3栋1层
……Tel：0724-6065529

荆门市城市建设投资控股集团有限公司
地址：荆门市东宝区雨霖路6号
……Tel：0724-6077538

湖北云帆物业服务有限公司
地址：荆门高新区·掇刀区象山大道166号（丹桂广场）5幢
……Tel：0724-6505888

荆门市天城市政建设有限公司
地址：荆门高新区·掇刀区虎牙关大道8号1-2幢2层201号
……Tel：0724-6509882

沙洋弘润建材有限公司
地址：沙洋县沙洋镇洪岭大道2幢
……Tel：0724-6700911

湖北农谷富民城镇化建设投资有限公司
地址：湖北省荆门市屈家岭管理区太子路农谷实业大厦
……Tel：0724-7490567

湖北达权绿色房屋建材集团有限公司
地址：京山经济开发区轻机大道东段（万盛米业旁）
……Tel：0724-7536616

湖北京兰建材有限公司
地址：湖北省京山市永兴镇盘堰村
……Tel：0724-7539099

沙洋县宏图城市建设投资有限公司
地址：沙洋县启林大道6号
……Tel：0724-8568069

湖北洪森实业（集团）有限公司
地址：荆门市沙洋县官 镇高桥村
……Tel：0724-8573171

湖北腾辰科技股份有限公司
地址：仙桃市西流河镇化工产业园
……Tel：0728-2552188

仙桃市城投保障性住房投资建设有限公司
地址：仙桃市干办仙桃大道西段与汉江路交汇处（自来水公司办公楼）
……Tel：0728-3265510

仙桃市城市建设投资开发有限公司
地址：仙桃市何李路20号
……Tel：0728-3322510

天门市城市建设投资有限公司
地址：天门市竟陵陆羽大道中3号
……Tel：0728-3909009

天门市城市建设综合开发有限责任公司
地址：天门市陆羽大道西40号（综合办公楼D栋5楼）
……Tel：0728-5225397

湖北诺克雷新型建材有限公司
地址：天门市经济开发区创业大道
……Tel：0728-5353053

天门玖玺置业有限公司
地址：天门市竟陵街道办事处众善社区10组
……Tel：0728-5885999

湖北卓秀汉城建设工程有限公司
地址：潜江市杨市办事处章华南路205号
……Tel：0728-6401118

潜江市城市建设投资开发有限公司
地址：潜江市泰丰办事处潜阳东路62号
……Tel：0728-6491435

潜江市智建城市建设有限公司
地址：潜江市泰丰办事处潜阳东路62号
……Tel：0728-6491435

天门市天力城市建设综合开发有限公司
地址：天门市竟陵陆羽大道中3号（城投大厦五楼）
……Tel：0728-8503986

湖南省

湖南昱得时装配式建筑科技有限公司
地址：湖南省岳阳市湘阴县工业园区（湖南君德工贸有限公司内）
……Tel：0730-2219189

湖南海日食品有限公司
地址：湖南省岳阳市湘阴县高新区工业大道西侧
……Tel：0730-2260205

湘阴县城市建设投资有限责任公司
地址：湘阴县文星镇新世纪大道
……Tel：0730-2268406

湖南公元建材有限公司
地址：岳阳市湖南城陵矶新港区通关服务中心办公楼540室
……Tel：0730-3051866

湖南省楚之晟控股实业集团有限公司
地址：湖南省岳阳市汨罗市归义街路128号
……Tel：0730-5221030

岳阳市屈原管理区城市建设投资有限公司
地址：岳阳市屈原管理区营田镇兴盛北街（原社保站）
……Tel：0730-5722541

平江县长城建筑工程有限公司
地址：平江县长寿镇长富路
……Tel：0730-6779788

平江县城市建设投资有限公司
地址：湖南省岳阳市平江县天岳新区政务服务中心十一楼
……Tel：0730-68888609

岳阳市万家居房地产开发有限公司
地址：岳阳县荣家湾镇富荣西路南侧（岳阳县工商局对面）
……Tel：0730-7623308

岳阳弘辉城乡建设开发有限公司
地址：岳阳县荣家湾镇天鹅路10号
……Tel：0730-7648171

岳阳市君山区城市建设投资有限公司
地址：岳阳市君山区挂口
……Tel：0730-8115511

湖南晨光建设工程有限公司
地址：湖南省岳阳经济技术开发区巴陵东路君临国际新城1幢2310-2325号
……Tel：0730-8382988

岳阳市云城开发建设投资有限公司
地址：岳阳市云溪区胜利西路云城大厦9楼
……Tel：0730-8410879

岳阳兴和装潢工程有限公司
地址：湖南省岳阳城陵矶新港区云港路军民融合产业园欣登孵化器办公楼3楼
……Tel：0730-8422210

岳阳市云溪区城市建设投资有限责任公司
地址：岳阳市云溪区云溪镇洗马路3号
……Tel：0730-8466601

长沙市望城区基础设施建设有限公司
地址：长沙市望城区雷锋北大道1688号行政中心副楼投融资中心
……Tel：0730-88082837

岳阳市洞庭新城投资建设开发有限公司
地址：岳阳市岳阳楼区云梦南路南津港1号
……Tel：0730-8811009

湖南锦腾环保新材发展有限公司
地址：岳阳市岳阳楼区岳阳大道西408号圣鑫城.财智公馆2601、2602、2606、2607室
……Tel：0730-8815919

岳阳南湖城市建设投资有限公司
地址：岳阳市南湖新区金星路壹中心A座17-18楼
……Tel：0730-8807168

岳阳鑫泰荣欣装潢设计工程有限公司
地址：岳阳市岳阳楼区三眼桥街道鲤鱼嘴社区十号网格63栋1单元401
……Tel：0730-8866599

岳阳市城市建设投资有限公司
地址：岳阳经济技术开发区岳阳大道国土资源信息化大楼9楼
……Tel：0730-8966789

岳阳市城市建设投资集团有限公司
地址：岳阳市经济技术开发区岳阳大道国土资源信息化科技大楼
……Tel：0730-8966789

岳阳雄城置业有限公司
地址：岳阳市南湖新区学院路998号南湖御龙湾S1栋
……Tel：0730-8969697

湖南艺光装饰装潢有限责任公司
地址：株洲市石峰区杉木塘二村
……Tel：0731-22320578

株洲芦淞国有资产投资发展集团有限公司
地址：湖南省株洲市芦淞区太子路
……Tel：0731-22371568

湖南尚格置业有限公司
地址：湖南省株洲大道8号
……Tel：0731-22398998

株洲市亿都房地产开发有限责任公司
地址：湖南省株洲市荷塘区新塘路1660号亿都铂金中心24层
……Tel：0731-22476288

株洲金城投资控股集团有限公司
地址：湖南省株洲市荷塘区区政府院内
……Tel：0731-22580152

株洲市湘江新城开发建设投资有限公司
地址：株洲市天元区黄河南路150号天台金谷商务会所四楼401-424号
……Tel：0731-22883236

株洲神农城开发建设有限公司
地址：株洲市天元区栗雨工业园创新大厦商务楼7层
……Tel：0731-22913100

湖南奥悦冰雪旅游有限公司
地址：湖南省株洲市石峰示范区云峰大道1769号现代服务业总部园法式商务办公别墅（12）
……Tel：0731-22976858

金元（湖南）化学建材有限公司
地址：湖南省株洲市天元区长江北路333号
……Tel：0731-22998333

醴陵市渌江新城投资开发建设有限公司
地址：醴陵市长庆示范区黄沙村
……Tel：0731-23048777

醴陵市房地产公司
地址：醴陵市建国路174号
……Tel：0731-23234125

醴陵市基础设施建设投资有限公司
地址：醴陵市国瓷南路8号
……Tel：0731-23287033

湖南醴陵釉下五彩城开发建设有限公司
地址：醴陵市经济开发区凤凰大道A区
……Tel：0731-23308818

湖南省攸州国投特色城镇开发建设有限公司
地址：湖南省株洲市攸县皇图岭镇西街社区车街组2号
……Tel：0731-24221968

株洲宏信科技发展有限公司
地址：攸县江桥街道攸州工业园吉龙路
……Tel：0731-24256991

湖南省攸州投资发展集团有限公司
地址：湖南省株洲市攸县联星街道富康社区拱桥组攸州大道71号
……Tel：0731-24259218

茶陵县洣水投资发展集团有限公司
地址：茶陵县城关镇公路路国资大楼
……Tel：0731-25664610

炎陵县城市建设投资经营有限责任公司
地址：炎陵县霞阳镇炎陵西路1号
……Tel：0731-26220018

醴陵市滨城开发建设有限公司
地址：醴陵市经济开发区A区

……Tel：0731-27572090

株洲渌湘投资发展集团有限公司
地址：株洲市渌口区渌口镇津口东路渌湘大厦6、7、8楼
……Tel：0731-27619972

株洲渌建新材料科技有限公司
地址：株洲市渌口区南洲镇南洲工业园标准厂房B2栋
……Tel：0731-27620851

湖南银源投资股份有限公司
地址：株洲高新技术产业开发区泰山路47号
……Tel：0731-28303133

株洲中天建材机械有限公司
地址：芦淞区人民中路67号鸿益贺家广场1栋1713号
……Tel：0731-28355698

湖南云龙大数据产业新城建设经营有限公司
地址：湖南省株洲市云龙示范区云峰大道1769号现代服务业总部园区6栋
……Tel：0731-28632721

株洲市城市建设投资控股有限公司
地址：湖南省株洲市天元区湘江大桥西北侧金城大厦第12层
……Tel：0731-28669192

株洲市城市建设发展集团有限公司
地址：湖南省株洲市天元区联谊路86号金城大厦9-13楼
……Tel：0731-28685476

株洲市武广新城开发建设有限公司
地址：湖南省株洲市天元区湘江大桥西北侧金城大厦12楼
……Tel：0731-28686693

株洲经济开发区投资控股集团有限公司
地址：湖南省株洲市云龙示范区云龙大道88号
……Tel：0731-28689917

株洲经开置业有限公司
地址：株洲市云龙示范区云龙大道88号
……Tel：0731-28689966

湘潭市城市建设投资经营有限责任公司
地址：湘潭市岳塘区宝塔街道河东大道37号办公楼
……Tel：0731-52517885

湘潭城乡建设发展水利投资有限公司
地址：湖南省湘潭市岳塘区宝塔街道河东大道37号办公楼
……Tel：0731-52517885

湘潭城乡交通建设投资有限公司
地址：湘潭市雨湖区平政街道平政路1号410地段1栋办公楼
……Tel：0731-52517885

湖南汉源建安有限公司
地址：湘潭县易俗河镇吴家巷（湘潭天易示范区）
……Tel：0731-52638868

湖南九华国际新城开发建设有限公司
地址：湘潭经济技术开发区沿江北路89号
……Tel：0731-52802607

湘潭市万楼新城开发建设投资有限公司
地址：湘潭市雨湖区万楼街道富强村护潭西路万楼公租房2栋2楼
……Tel：0731-52877707

韶山市新联建材有限公司
地址：韶山市大坪乡新联村宁家湾组
……Tel：0731-55650050

韶山市城乡建设发展集团有限公司
地址：韶山市清溪镇枣园路14号
……Tel：0731-55684760

湖南万业房地产开发有限公司
地址：湘潭经开区江南大道6号
……Tel：0731-55858888

湘潭万达广场投资有限公司
地址：湘潭市高新区湘潭大道281号万达广场综合楼B座7楼
……Tel：0731-55988008

湘乡城乡建设发展集团有限公司
地址：湖南省湘乡市东山办事处大将南路与育才路交汇处01栋
……Tel：0731-56403888

湘潭天易启运城市发展建设有限公司
地址：湘潭县易俗河镇天易示范区创业大厦8915室
……Tel：0731-57576390

湖南云海实业投资有限公司
地址：湘潭县易俗河镇云龙路69号
……Tel：0731-57802073

湘潭万通投资置业有限公司
地址：湘潭县易俗河镇大鹏西路188号
……Tel：0731-57888957

湘潭江麓综合服务有限公司
地址：湘潭市雨湖区解放北路4号
……Tel：0731-58295362

湖南腾飞集团有限公司
地址：湖南省湘潭市九华经开区九华大道8号
……Tel：0731-58308827

金芙蓉置业有限公司
地址：湘潭市岳塘区河东大道99号（盛世楼7-8号）
……Tel：0731-58513888

长沙天心城市建设投资开发集团有限公司
地址：长沙市天心区雀园路568号
……Tel：0731-81829525

长沙岳麓山国家大学科技城建设投资有限公司
地址：湖南省长沙市岳麓区环湖路1177号方茂苑（二期）12、13、15栋2816-21室
……Tel：0731-81868865

长沙市芙蓉城市建设投资集团有限公司
地址：长沙市芙蓉区浏阳河大道588号红橡华园1栋1701房
……Tel：0731-82193180

湖南兴马实业股份有限公司
地址：长沙市雨花区万家丽路南路二段18号管理服务中心办公楼415室
……Tel：0731-82250268

长沙市芙蓉实业有限公司
地址：湖南省长沙市天心区金盆岭街道芙蓉中路三段268号
……Tel：0731-82256609

湖南国广置业有限公司
地址：长沙市雨花区砂子塘路146号五凌大厦4楼
……Tel：0731-82282626

湖南省中国旅行社有限公司
地址：长沙市芙蓉区车站北路289号梦泽园商务楼6楼
……Tel：0731-82289699

长沙京武房地产开发有限公司
地址：湖南省长沙市雨花区劳动东路260号浪琴山花园裙楼与地下室3039
……Tel：0731-82293956

湖南中砼建材有限公司
地址：长沙县江背镇白石中路109号
……Tel：0731-82298195

湖南兴凯天成建筑装饰工程有限公司
地址：长沙县黄花镇黄谷路社区黄花商业街118号
……Tel：0731-82473007

湖南青竹湖国际商务社区开发有限公司
地址：湖南省长沙市开福区芙蓉中路一段593号国际金融大厦21楼
……Tel：0731-82681111

浏阳市工业新城建设开发有限公司
地址：浏阳高新技术产业开发区永阳路1号
……Tel：0731-82728092

湖南维一实业开发有限公司
地址：长沙市人民路57号
……Tel：0731-82768309

湖南万家丽家居生活广场有限公司
地址：长沙市芙蓉区万家丽中路一段85号
……Tel：0731-82868686

湖南浔龙河泰维置业有限公司
地址：湖南省长沙县果园镇浔龙河村杜鹃路88号浔龙河现代农庄接待中心1栋108房
……Tel：0731-82906888

长沙隆熙致远房地产开发有限公司
地址：湖南省长沙市开福区清水塘路6号
……Tel：0731-82930066

长沙市房地产开发有限公司
地址：长沙市芙蓉区人民东路99号长房东郡大厦第十九层
……Tel：0731-82960138

长沙市旧城改建开发有限公司
地址：湖南省长沙市开福区中山路369号
……Tel：0731-82960181

湖南省恒盛综合开发有限公司
地址：长沙市岳麓区南园路159号广厦新苑三期会所栋301
……Tel：0731-82960181

长沙市东旭置业有限公司
地址：湖南省长沙市雨花区平阳社区黎托街道办事处社区用房328房
……Tel：0731-82961315

湖南美郡国际酒店管理有限公司
地址：湖南省长沙市岳麓区车塘河路18号晚安床具工业基地9号栋综合楼
……Tel：0731-83088889

浏阳鼎盛投资有限公司
地址：浏阳高新技术产业开发区永阳路1号
……Tel：0731-83130018

浏阳市城市建设集团有限公司
地址：浏阳市人民东路60号
……Tel：0731-83678368

浏阳市瑶和城镇建设投资有限公司
地址：浏阳市大瑶镇人民政府院内二楼
……Tel：0731-83800471

湖南金山粮油食品有限公司
地址：长沙县开慧乡骄杨东路1号
……Tel：0731-84022081

长沙县北部新城建设投资有限公司
地址：湖南省长沙县安沙镇毛塘工业小区综合楼三楼
……Tel：0731-84028228

长沙县星城发展集团有限公司
地址：湖南省长沙县星沙街道东升路52号
……Tel：0731-84060349

湖南元拓建材集团股份有限公司
地址：长沙市望城经济技术开发区金星西路8号
……Tel：0731-84123258

长沙市城市建设投资开发集团有限公司
地址：长沙市雨花区人民中路400号
……Tel：0731-84167927

湖南新华书店实业发展有限责任公司
地址：长沙市芙蓉中路二段76号
……Tel：0731-84308509

湖南锦达发房地产有限公司
地址：湖南省长沙市岳麓区天顶街道环湖路1177号金茂广场北塔写字楼3609房
……Tel：0731-84312322

长沙开福城市建设投资有限公司
地址：长沙市开福区幸福桥145号
……Tel：0731-84390992

中建五局园林有限公司
地址：长沙市雨花区中意一路158号2201房
……Tel：0731-84436978

弘坤企业城建股份有限公司
地址：长沙市开福区芙蓉中路一段6号沙坪商务中心5楼
……Tel：0731-84489999

长沙市建设综合开发有限公司
地址：长沙市开福区东风路４８号
……Tel：0731-84514153

湖南淞江万顺投资有限公司
地址：湖南省湘潭市九华经开区传奇西路9号创新创业中心综合楼1012室
……Tel：0731-84660588

湖南高桥投资有限公司
地址：湖南省长沙市东二环路258号高桥大市场
……Tel：0731-84687088

湖南金斗房地产开发有限公司
地址：长沙市望城区月亮岛街道金色阳光家园一期5.6.7#及-109#商铺
……Tel：0731-84718122

湖南申湘汽车销售有限责任公司
地址：长沙市芙蓉区远大一路602号
……Tel：0731-84723088

中城投第九建设集团有限公司
地址：湖南省长沙市雨花区树木岭路16号双铁兴苑1号综合楼2614-2621
……Tel：0731-84760196

长沙申湘丰田汽车销售服务有限公司
地址：长沙经济技术开发区申湘路800号申湘商务广场D区
……Tel：0731-84872275

湖南省高富进出口贸易有限公司
地址：长沙市芙蓉区五一大道800号中隆国际大厦1207房
……Tel：0731-84882298

青竹湖建设集团有限公司
地址：长沙市开福区金马路377号福天兴业大楼综合楼7楼
……Tel：0731-84911478

湖南天岳美品置业有限公司
地址：湖南省长沙市望城区月亮岛街道普瑞大道二段888号富基世纪公园三期37-38栋110
……Tel：0731-85018888

湖南恒盛瑞通新型建材有限公司
地址：湖南省长沙市开福区青竹湖街道彩霞社区四组钢结构厂房一号栋
……Tel：0731-85099201

湖南省蓝宝石能源投资有限公司
地址：长沙市天心区劳动路199号政力世纪大厦2001室
……Tel：0731-85152838

湖南梅溪湖建设有限公司
地址：长沙市天心区芙蓉中路380号汇金国际银座305房
……Tel：0731-85188709

湖南建工建筑材料有限公司
地址：长沙市天心区水竹街34号
……Tel：0731-85213758

湖南亿利达实业有限公司
地址：长沙市雨花区万家丽南路二段98号
……Tel：0731-85269789

大汉城镇建设有限公司
地址：长沙市芙蓉区红旗路大汉建材城1栋
……Tel：0731-85289010

长沙市南湖新城建设开发有限责任公司
地址：长沙市天心区芙蓉中路二段168号湖南天玺大酒店二十四楼
……Tel：0731-85312813

长沙恒诚业房地产开发有限公司
地址：湖南省长沙市岳麓区观沙岭街道茶子山东路288号
……Tel：0731-85350032

长沙中建未来科技城投资有限公司
地址：湖南省长沙市岳麓区望江路与学士路交汇处国家智能网联汽车（长沙）测试区综合服务楼
……Tel：0731-85350293

中城建中南城市建设有限公司
地址：湖南省长沙市天心区雀园路568号创谷产业园B3栋417房
……Tel：0731-85367888

湖南嘉宇实业有限公司
地址：长沙市雨花区树木岭路126号长沙重型机械厂办公楼3楼
……Tel：0731-85380356

湖南天健众源物业管理有限公司
地址：长沙市雨花区劳动西路291号大华宾馆办公楼505室
……Tel：0731-85500835

湖南福天桦郡置业有限公司
地址：湖南省长沙市天心区芙蓉南路四段107号福天藏郡雅苑一期负101房
……Tel：0731-85513118

湖南天心建材集团有限公司
地址：湖南省长沙市天心区雀园路568号创谷产业园1栋12层1237-1238房
……Tel：0731-85518928

湖南圣特罗佩房地产开发有限公司
地址：湖南省长沙市开福区伍家岭街道芙蓉中路一段109号华创国际广场1栋34层01、02房
……Tel：0731-85530727

湖南三润地产有限公司
地址：长沙市望城区月亮岛街道桑梓社区金泽园小区10A北
……Tel：0731-85531579

湖南永宏实业有限公司
地址：长沙市望城区月亮岛街道金星北路三段198号山与墅花苑6号栋
……Tel：0731-85534508

浩天科技创新发展有限公司
地址：长沙市天心区劳动西路289号嘉盛商务广场25016室
……Tel：0731-85571388

长沙雅士亚酒店有限公司
地址：长沙市雨花区万家丽中路三段199号雅士大厦
……Tel：0731-85581111

湖南省汇儿贸易有限公司
地址：长沙市雨花区劳动东路268号半山国际中心6栋1404房
……Tel：0731-85591298

湖南中绿联绿色建材产业投资有限公司
地址：湖南省长沙市雨花区沙湾路289号运达中央广场二期商务综合楼17006
……Tel：0731-85621809

长沙市城市建设开发公司
地址：长沙市雨花区桔园路7号城开大厦4楼
……Tel：0731-85662917

蓝天豚绿色建筑新材料有限公司
地址：长沙高新开发区麓云路100号（9号车间）101房
……Tel：0731-85772548

蓝天豚绿色建筑新材料（湘阴）有限公司
地址：湖南省岳阳市湘阴县轻工产业园顺天大道88号
……Tel：0731-85772548

长沙麓谷公共租赁住房管理有限公司
地址：长沙高新开发区文轩路27号麓谷钰园创业大楼2001、2002房
……Tel：0731-85832706

株洲名流绿色装配式建筑材料有限公司
地址：湖南省株洲市云龙示范区迎宾大道2229号兴隆山公租房5号门面
……Tel：0731-85863503

长沙经济技术开发区经沣高新建材有限公司
地址：长沙经济技术开发区星沙产业基地（长龙街道）开元东路1336号
……Tel：0731-86305819

长沙礼盛房地产开发有限公司
地址：长沙高新开发区岳麓西大道660潇湘奥园11栋101
……Tel：0731-8637982

湖南大力电建器材制造有限公司
地址：长沙市远大二路1285号
……Tel：0731-86457269

湖南中胤建设工程有限公司
地址：长沙市开福区秀峰街道金霞中路长沙市经济开发区秀峰商贸城20栋9号1-4层
……Tel：0731-86780877

湖南安沙国际建材城置业发展有限公司
地址：湖南省长沙县安沙镇万家丽北路安沙段168号
……Tel：0731-86880088

湖南安沙国际建材城经营管理有限公司
地址：湖南省长沙县安沙镇万家丽北路安沙段168号安沙国际建材城9栋102号
……Tel：0731-86880088

湖南安沙国际建材城置业发展有限公司
地址：湖南省长沙县安沙镇万家丽北路安沙段168号
……Tel：0731-86880088

湖南安沙国际建材城经营管理有限公司
地址：湖南省长沙县安沙镇万家丽北路安沙段168号安沙国际建材城9栋102号
……Tel：0731-86880088

长沙空港城建设开发有限公司
地址：湖南省长沙县黄花镇远大三路2899号紫气东来21栋301
……Tel：0731-86882900

湖南旺福投资有限公司

地址：长沙市天心区暮云街道办事处芙蓉南路四段1129号幸福庄园
…………Tel：0731-86909960

长沙丽发环保建材有限公司
地址：湖南省长沙市天心区暮云街道万家丽南路二段989号丽发新城一期1栋109号
…………Tel：0731-86955988

长沙市润泽房地产开发有限公司
地址：宁乡县玉潭镇三环路（旺和家园）L栋
…………Tel：0731-87012666

湖南时代天街置业有限公司
地址：宁乡县玉潭镇宁乡大道168号（城投集团5楼）
…………Tel：0731-87234669

长沙郦晶物业管理有限公司
地址：宁乡县玉潭镇花明北路（水晶郦城）A1栋
…………Tel：0731-87802006

长沙金洲新城开发建设投资有限公司
地址：宁乡高新技术产业园区金洲北路001号
…………Tel：0731-87806256

宁乡市城镇开发建设投资有限公司
地址：宁乡市玉潭街道花明北路424号（宁乡市城乡规划建设局内）
…………Tel：0731-87891028

宁乡新玉城镇建设有限公司
地址：湖南省长沙市宁乡县玉潭街道塘湾社区二环南路玉兴综合大楼三楼
…………Tel：0731-87891028

宁乡市城市建设投资集团有限公司
地址：宁乡市玉潭街道宁乡大道168号
…………Tel：0731-87899817

湖南中环地产顾问有限公司
地址：湖南省长沙市芙蓉区东屯渡街道万家丽中路一段99号万家丽国际16楼1609、1613-1、1615A房
…………Tel：0731-87968706

湖南智谷新城开发建设投资有限责任公司
地址：长沙市岳麓区学士街道含浦科教产业园综合服务楼4011室
…………Tel：0731-88051336

长沙市望城区交通建设投资有限公司
地址：长沙市望城区雷锋北大道1688号投融资中心4楼
…………Tel：0731-88082819

长沙市望城区沿江建设开发有限公司
地址：长沙市望城区高塘岭街道雷锋北大道1688号行政中心副楼投融资中心
…………Tel：0731-88082837

长沙市望城区城市建设投资集团有限公司
地址：长沙市望城区雷锋北大道1688号行政中心副楼投融资中心
…………Tel：0731-88082837

湖南乔口建设有限公司
地址：长沙市望城区望城大道96号湘峰广场2#栋301号
…………Tel：0731-88088808

长沙市雨花城市建设投资集团有限公司
地址：长沙市雨花区人民中路245号
…………Tel：0731-88091177

长沙智光城乡基础设施建设有限公司
地址：湖南省长沙市岳麓区学士街道学士路8号含浦科教产业园综合服务楼4楼
…………Tel：0731-88096756

望城经济开发区铜官循环经济工业基地投资开发建设有限公司
地址：长沙市望城经济技术开发区铜官循环经济工业园花实村村委会办公楼
…………Tel：0731-88207777

长沙居然之家家居建材营销有限公司
地址：长沙市开福区金霞新区22号地块
…………Tel：0731-88236208

湖南大汉悦家营销有限公司
地址：长沙市望城经济技术开发区普瑞大道一段1555号金桥国际市场集群区2区4栋22层2204号房
…………Tel：0731-88254779

长沙互恒房地产开发有限公司
地址：长沙市望城区金山桥街道金山桥社区蛟龙冲重建地(龙罗生私房)
…………Tel：0731-88259999

望建（集团）有限公司
地址：长沙市望城区高塘岭街道郭亮北路477号
…………Tel：0731-88267777

湖南望城建筑安装工程有限公司
地址：长沙市望城区高塘岭街道郭亮北路84号
…………Tel：0731-88267777

湖南泰宇投资发展有限公司
地址：长沙经济技术开发区东十路南段58号高峰零部件交易中心23栋公寓式酒店204物管用房
…………Tel：0731-88288625

湖南靓兴房地产开发有限公司
地址：长沙市岳麓区望城坡商贸城D-7栋第18、19、20
…………Tel：0731-88291670

长沙盛谷绿色供应链管理有限公司
地址：长沙市望城区靖港镇长沙船舶厂整体搬迁综合办公楼
…………Tel：0731-88305638

宁乡碧桂园凤凰酒店有限公司
地址：宁乡县金洲新区金洲大道288号
…………Tel：0731-88312222

长沙明发城市建设开发有限公司
地址：长沙市望城区雷锋大道1999号
…………Tel：0731-88315666

嘉丽购物有限责任公司
地址：长沙市雨花区湘府东路一段989号长沙广电新大楼12楼
…………Tel：0731-88315809

湖南湘旭鸿商业科技股份有限公司
地址：长沙市芙蓉区马王堆火炬村中山集团公司
…………Tel：0731-88329839

湖南华廷筑邦住宅工业有限公司
地址：湖南省长沙市岳麓区洋湖街道潇湘南路600号
…………Tel：0731-88331861

长沙双湖置业有限公司
地址：长沙市望城区金融路联诚国际城职工之家二楼东
…………Tel：0731-8836111

湖南湾田电子商务有限公司
地址：长沙市望城区太阳山路388号
…………Tel：0731-88401775

湖南牛力建材有限公司
地址：长沙市岳麓区坪塘街道兴合村
…………Tel：0731-88500357

湖南润和城商业运营管理有限公司
地址：长沙市望城区月亮岛街道润和星城57#栋4楼412
…………Tel：0731-88555946

湖南恒邦物流有限公司
地址：湖南省长沙县湘龙街道石塘路17号（恒邦）综合楼101室1楼
…………Tel：0731-88591013

湖南宏吉置业发展有限公司
地址：长沙市开福区湘江北路三段48号楚雅苑商业101
…………Tel：0731-88605666

长沙成城银山房地产开发有限公司
地址：长沙市岳麓区桐梓坡西路138号长房时代城19栋15楼
…………Tel：0731-88627010

湖南固特邦土木技术发展有限公司
地址：长沙高新开发区麓谷工业园麓云路18号
…………Tel：0731-88653066

长沙麓山投资控股集团有限公司
地址：长沙市岳麓区岳麓大道385号3楼
…………Tel：0731-88672835

湖南南洋电气有限公司
地址：长沙经济技术开发区星沙产业基地（长龙街道）凉塘东路1319号湖南久纳科技实业有限公司厂房
…………Tel：0731-88702877

长沙安居客信息技术有限公司
地址：湖南省长沙市岳麓区西湖街道枫林一路西湖文化园创意文化街B区C10号
…………Tel：0731-88705858

长沙市滨江新城建设开发有限责任公司
地址：湖南省长沙市岳麓区滨江景观道6号滨江新城展示中心
…………Tel：0731-88707886

湖南发展集团湘发城市建设投资有限公司
地址：湘潭市九华示范区宝马路以北逸墅庄园G61栋
…………Tel：0731-88732986

湖南东方红房地产开发有限公司
地址：长沙市岳麓区双东路1号湖南东方红建设集团有限公司办公楼405号
…………Tel：0731-88769138

湖南海捷先进装备创业投资有限公司
地址：长沙高新开发区谷苑路186号湖南大学科技园创业大厦517室
…………Tel：0731-88780176

湖南成市建筑工程有限公司
地址：湖南省长沙市岳麓区银盆岭街道火炬城社区M7-2号
…………Tel：0731-88800518

长沙中海融城房地产开发有限公司
地址：湖南省长沙市雨花区机电市场E区和平村委大楼
…………Tel：0731-88840688

长沙润洋置业有限公司
地址：湖南省长沙市岳麓区洋湖街道潇湘南路与莲坪路交汇处东南角白庙子社区办公楼211号
…………Tel：0731-88840688

湖南省新雅置业有限公司
地址：长沙市岳麓区银杉路31号绿地时代广场5栋19楼（1908-1914房）
…………Tel：0731-88867778

长沙宝坤投资管理有限公司
地址：湖南省长沙市天心区湘江中路二段36号华远华中心5号楼层1908号
…………Tel：0731-88910588

湖南金荣企业集团有限公司
地址：长沙市高新技术开发区麓湖路39号央谷金苑A座1220—1222房
…………Tel：0731-88925228

长沙市武广新城开发建设有限责任公司
地址：湖南省长沙市雨花区杜花路166号
…………Tel：0731-88969198

长沙建益新材料有限公司
地址：宁乡经济开发区创业大道
…………Tel：0731-88980160

宁乡市文化旅游投资有限公司
地址：湖南省宁乡市黄材镇黄材村黄材镇文化站内
…………Tel：0731-88980799

宁乡沩东新城建设开发有限公司
地址：宁乡市历经铺街道历经铺村十八组
…………Tel：0731-88981515

八戒科技服务有限公司
地址：长沙市岳麓区麓云路金悦雅苑楼盘二期商业14栋A区房产1203-45
…………Tel：0731-88988008

中铁城建集团房地产开发有限公司
地址：长沙市岳麓区洋湖路695号
…………Tel：0731-89590657

中铁城建集团有限公司
地址：长沙市岳麓区洋湖路695号
…………Tel：0731-89590708

长沙绿地麓山新城置业有限公司
地址：湖南省长沙市岳麓区望月湖街道荣湾镇190号第001栋一层
…………Tel：0731-89662800

长沙绿地新里程置业有限公司
地址：长沙市雨花区东山街道黎托社区曲塘路与花侯路交叉口新里佳苑小区T1栋101号
…………Tel：0731-89662800

长沙高新开发区大学科技城建设发展有限公司
地址：长沙高新开发区麓谷大道662号软件中心大楼专业楼、孵化楼二楼2C房
…………Tel：0731-89755371

湖南建工地产投资有限公司
地址：长沙市天心区韶山南路254号南园大厦二楼
…………Tel：0731-89777955

长沙鑫喜达商业管理有限公司
地址：长沙市雨花区劳动东路一段178号欧亚达商业中心1栋、2栋、3栋及裙楼101
…………Tel：0731-89787568

湖南兴荣投资有限公司
地址：长沙市天心区芙蓉南路二段252号浅水湾住宅小区会所
…………Tel：0731-89806559

长沙金茂城市建设开发有限公司
地址：湖南省长沙市岳麓区天顶街道环湖路1177号方茂苑二期13栋2505房
…………Tel：0731-89806608

长沙乾琼置业有限公司
地址：湖南省长沙市岳麓区天顶街道环湖路1177号方茂苑二期13栋2605房
…………Tel：0731-89806608

长沙隆鑫房地产开发有限公司
地址：长沙市岳麓区福祥路289号隆鑫时光苑三号栋14层
…………Tel：0731-89851666

望城经开区建设开发公司
地址：长沙市望城经济技术开发区同心路1号
…………Tel：0731-89892198

长沙市望城经开区基础设施建设有限公司
地址：长沙市望城区白沙洲街道同心路1号
…………Tel：0731-89892198

长沙市望城经开区兴望建设开发有限公司
地址：湖南省长沙市望城经技术开发区同心路1号
…………Tel：0731-89892198

有家实业（湖南）有限公司
地址：湖南省长沙市芙蓉区隆平高科技园湖南省科研成果转化中心厂房4栋101号306室
…………Tel：0731-89920496

长沙先导酒店投资有限公司
地址：湖南省长沙市岳麓区玉兰路433号西枢纽商务中心T1栋21楼
…………Tel：0731-89923652

湖南韶峰南方水泥有限公司
地址：湖南湘乡经济开发区引凤路005号（生产所在地包括：湖南省湘乡市棋梓镇）
…………Tel：0732-56942887

攸县城市建设开发有限公司
地址：湖南省株洲市攸县联星街道富康社区拱桥新村71号（攸发集团办公大楼6楼）
…………Tel：0733-24259073

湖南金钟传媒有限公司
地址：湖南省衡阳市雁峰区天后街3号
…………Tel：0734-2839999

湖南中大建设集团有限公司
地址：衡阳市华新开发区解放大道12号
…………Tel：0734-2880199

衡阳市城市建设投资有限公司
地址：衡阳市雁峰区蒸湘南路29号
…………Tel：0734-2886995

衡阳市石鼓区城市建设投资有限公司
地址：衡阳市石鼓区石鼓路66号
…………Tel：0734-2898310

湖南华侨城文旅投资有限公司
地址：衡阳市石鼓区合江路112号
…………Tel：0734-2919999

衡阳杰辉置业有限公司
地址：湖南省衡阳市高新区富民花园5-2栋
…………Tel：0734-3100888

衡阳市白沙片区整体城镇化建设投资有限公司
地址：湖南省衡阳市高新区凤顺路10号
…………Tel：0734-3120366

衡阳市武广新区新型城镇化建设投资有限公司
地址：湖南省衡阳市高新区凤顺路10号
…………Tel：0734-3120366

衡阳市柏毅置业有限公司
地址：湖南省衡阳市蒸湘区立新路32号融冠.水映豪廷23号楼1409室
…………Tel：0734-3333393

耒阳市城市和农村建设投资有限公司
地址：耒阳市蔡子池办事处金盆巷66号
…………Tel：0734-4354352

耒阳市欣城建设投资开发有限公司
地址：湖南省耒阳市蔡子池街道金盆居委会五一东路348号
…………Tel：0734-4895133

湖南富城新区开发建设投资有限公司
地址：衡东县河西新区坪桥路公租房2栋二楼大厅
…………Tel：0734-5215833

湖南朝阳建材有限公司
地址：衡东县大浦镇衡东经济开发区
…………Tel：0734-5378537

衡阳市南岳农村和城市建设投资开发有限公司
地址：湖南省衡阳市南岳区祝融南路53号
…………Tel：0734-5678853

衡山县城市和农村建设投资有限公司
地址：湖南省衡山县开云镇麋城路45号
…………Tel：0734-5806722

衡山县城镇建设开发公司
地址：湖南省衡山县开云镇建设街２４号
…………Tel：0734-5888396

湖南恒信新型建材有限公司
地址：湖南省衡山县开云镇工业园
…………Tel：0734-5955555

祁东县城乡建设投资开发有限公司
地址：祁东县工商局机关办公楼
…………Tel：0734-6281471

衡阳城乡建设工程有限公司
地址：衡阳县西渡镇五岭路28号
…………Tel：0734-6656677

衡阳县城市和农村建设投资有限公司
地址：衡阳县西渡镇春风东路
…………Tel：0734-6656677

常宁市城市建设开发总公司
地址：常宁市宜阳镇青阳南路泉峰大市场
…………Tel：0734-7221968

常宁珠江村镇银行股份有限公司
地址：湖南省常宁市群英西路101号、102号
…………Tel：0734-7330833

常宁市正大置业投资有限公司
地址：常宁市西一环
…………Tel：0734-7605333

常宁市城市和农村建设投资有限公司
地址：常宁市培元办事处莲花新区步行街13号
…………Tel：0734-7686096

湖南衡南南方水泥有限公司
地址：衡南县花桥镇畔塘村
…………Tel：0734-8066966

衡阳沛霖新型环保建材有限公司
地址：衡阳市石鼓区人民路20号9004室
…………Tel：0734-8138999

衡阳天河摩登百货有限公司
地址：衡阳市雁峰区解放路55号
…………Tel：0734-8188800

衡阳融冠物业服务有限公司
地址：衡阳市蒸湘区立新大道32号
…………Tel：0734-8233277

衡阳市珠晖区农村和城市建设投资开发有限公司
地址：衡阳市珠晖区东风路218号二楼
…………Tel：0734-8333097

衡阳湘海建筑材料有限公司
地址：湖南省衡阳市珠晖区东阳渡镇曙光村8号（白沙洲工业园内）
…………Tel：0734-8383501

衡南县城乡建设发展投资有限公司
地址：湖南省衡阳市衡南县云集镇清泉路3号县经科信局办公楼
…………Tel：0734-8556133

衡阳市蒸湘区城市建设投资管理有限公司
地址：衡阳市蒸湘区船山大道（蒸湘区人民政府东附楼311室）
……Tel：0734-8827481

衡阳市达德置业发展有限公司
地址：衡阳市珠晖区湘江东路328号
……Tel：0734-8837777

衡阳市湘源新型城镇化投资建设有限公司
地址：衡阳市高新区27号街区01号地块四楼501、502房
……Tel：0734-8877007

湖南中库投资有限公司
地址：衡阳市珠晖区蔡家皂179号
……Tel：0734-8880688

衡阳雅士林房地产有限公司
地址：衡阳市高新技术产业开发区祝融路雅士林湘苑02号商铺203室
……Tel：0734-8899667

郴州市发展投资集团有限公司
地址：湖南省郴州市苏仙区青年大道城投大厦二号栋11楼
……Tel：0735-2161295

郴州市保障性安居工程投资有限公司
地址：湖南省郴州市苏仙区青年大道城投大厦二号栋12楼1233-1263房
……Tel：0735-2166617

郴州市振兴房地产开发有限公司
地址：郴州市北湖区龙泉路58号龙泉名邸二期第4栋二至五层
……Tel：0735-2197195

郴州仁大房地产开发有限公司
地址：郴州市开发区招商大楼604室
……Tel：0735-2222626

郴州市国际温泉城开发有限公司
地址：湖南省郴州市苏仙区许家洞镇温泉三组（村委会办公楼二层）
……Tel：0735-2591858

湖南林邑新能源有限公司
地址：郴州市苏仙区五里牌镇街洞村兴林路苏仙工业集中区中小企业科技孵化基地科研楼502室
……Tel：0735-2771157

郴州五岭碧桂园房地产开发有限公司
地址：郴州市北湖区五岭大道73号招商广场大楼430室。
……Tel：0735-2869999

郴州北湖碧桂园房地产开发有限公司
地址：湖南省郴州市北湖区民生路3号福星景苑小区9栋1003号房
……Tel：0735-2869999

资兴市城市建设投资有限责任公司
地址：资兴市唐洞街道阳安中路18号
……Tel：0735-3335236

宜章大汉城镇建设有限公司
地址：湖南省郴州市宜章县玉溪镇民主西路大汉风情商业街3栋202室
……Tel：0735-3656607

宜章县兴城建设投资有限公司
地址：宜章县南京洞开发区富豪路工商银行6楼
……Tel：0735-3729527

桂阳县城市建设投资有限公司
地址：桂阳县龙潭街道欧阳海大道城投大厦三楼
……Tel：0735-4442007

桂阳县恒晖市场投资开发有限公司
地址：桂阳县龙潭街道园艺东路安全生产监督局办公楼六楼
……Tel：0735-4470138

安仁县大源投资有限责任公司
地址：湖南省郴州市安仁县工业集中区
……Tel：0735-5229699

安仁县城建开发有限责任公司
地址：湖南省郴州市安仁县永乐江镇仁信北路工业集中区（大源集团）
……Tel：0735-5229699

永兴银都投资发展集团有限公司
地址：湖南省永兴县便江街道永兴大道491号
……Tel：0735-5520790

永兴县永建房地产开发有限公司
地址：湖南省郴州市永兴县便江街道大桥路320号
……Tel：0735-5522970

永兴县城市基础设施建设投资有限公司
地址：湖南省郴州市永兴县便江街道永兴大道491号
……Tel：0735-5561506

临武县舜民城镇建设投资有限责任公司
地址：临武县四家大院办公楼（县政府办公楼）
……Tel：0735-6266367

临武浦发村镇银行股份有限公司
地址：临武县武水镇东塔区临武大道沙溪路口
……Tel：0735-6388898

嘉禾铸都发展集团有限公司
地址：湖南省郴州市嘉禾县珠泉镇原钟水乡政府院内
……Tel：0735-6632088

汝城县路网建设开发有限公司
地址：汝城县卢阳镇郴义路
……Tel：0735-8198278

汝城县城建开发有限责任公司
地址：汝城县城关镇文化路方圆四楼
……Tel：0735-8198438

桂东县城市建设投资有限责任公司
地址：桂东县沤江镇郴桂路36号
……Tel：0735-8629002

常德市成邦房地产经纪有限公司
地址：常德市武陵区府坪街道办事处青阳阁社区武陵大道26号（首创大厦1栋1104房）
……Tel：0736-2557101

汉寿县金诚城市建设投资经营有限公司
地址：湖南省常德市汉寿县龙阳街道办事处南郊社区公园路18号（人民银行南侧）
……Tel：0736-2880938

汉寿县沧浪新城建设投资经营有限公司
地址：湖南省常德市汉寿县龙阳街道办事处南郊社区公园路18号（人民银行南侧）
……Tel：0736-2880938

湖南泰尔顺投资有限公司
地址：常德市汉寿县龙阳镇新街社区龙阳大道西侧（武装部四楼）
……Tel：0736-2881838

澧县城市建设投资有限公司
地址：湖南省澧县澧阳街道办事处珍珠居委会解放北路1099号
……Tel：0736-3245088

澧县城市建设投资开发有限公司
地址：湖南省澧县澧阳街道办事处珍珠居委会解放路1099号
……Tel：0736-3245088

湖南津市市定升实业有限责任公司
地址：常德市津市市嘉山工业新区龙岗大道
……Tel：0736-4220920

湖南省津澧融城投资建设开发有限责任公司
地址：湖南省津市市三洲驿办事处桥北社区银苑路199号
……Tel：0736-4236439

津市市城市建设投资开发有限责任公司
地址：常德市津市市汪家桥办事处汪家桥社区太子庙22号
……Tel：0736-4236439

安乡县城市建设投资开发有限责任公司
地址：湖南省安乡县深柳镇文昌湾社区深柳大道003号（县财政局六楼）
……Tel：0736-4313378

石门县城市建设投资开发有限责任公司
地址：湖南省常德市石门县宝峰街道宝塔社区梯云东路18号（县总工会办公楼5楼501号）
……Tel：0736-5155286

湖南湘福新型建材有限公司
地址：常德市临澧县经济开发区安福工业园
……Tel：0736-5558687

桃源县城市建设投资开发有限公司
地址：常德市桃源县漳江镇义丰坊社区漳江南路文化体育中心办公楼3楼
……Tel：0736-6639108

常德德源资产经营管理有限公司
地址：湖南省常德经济技术开发区桃林路661号（双创大厦18楼）
……Tel：0736-7315067

湖南高德建材有限公司
地址：湖南省常德经济技术开发区樟木桥街道苏家渡社区改德路1号
……Tel：0736-7318938

常德市鼎城区朗州城市建设投资开发有限公司
地址：常德市鼎城区郭家铺街道孔家溶社区金霞路朗泰尚象郡1号楼
……Tel：0736-7393630

常德市鼎城区朗泰住房建设开发有限公司
地址：湖南省常德市鼎城区郭家铺街道孔家溶社区金霞路（朗泰尚象郡1号楼）
……Tel：0736-7393630

湖南省兴业肉类机械有限公司
地址：常德经济技术开发区石门桥镇高家港村三组
……Tel：0736-7588888

常德市天富实业有限公司
地址：湖南省常德市武陵区穿紫河街道办事处惠家坪社区皂果路396号
……Tel：0736-7708067

常德市城市建设投资集团有限公司
地址：湖南省常德市武陵区穿紫河街道办事处惠家坪社区皂果路396号
……Tel：0736-7708123

常德市海绵城市建设投资开发有限公司
地址：湖南省常德市武陵区穿紫河街道办事处晓岛社区居委会柳叶大道2533号
……Tel：0736-7728559

常德天马电器股份有限公司
地址：湖南省常德经济技术开发区德山街道青山社区乾明路81号
……Tel：0736-7790913

常德市经泽建设开发有限公司
地址：湖南省常德市武陵区府坪街道青阳阁社区5组武陵大道南段华达大厦9楼
……Tel：0736-7956199

益阳欣达电力建设集团有限公司
地址：益阳市赫山区益阳大道（东）208号
……Tel：0737-2215906

益阳市城市建设投资运营集团有限责任公司
地址：益阳市赫山区梓山环路888号
……Tel：0737-2222007

沅江市城市建设投资开发有限责任公司
地址：沅江市琼湖西路新华园三楼
……Tel：0737-2800048

沅江市金桥房地产开发有限公司
地址：沅江市永兴路228号
……Tel：0737-2800536

益阳市资阳区城市建设投资开发有限公司
地址：益阳市资阳区广场路171号
……Tel：0737-3800866

益阳铭豪房地产开发有限公司
地址：益阳市花乡路与云树路相交西南角
……Tel：0737-3809989

南县城乡发展投资有限公司
地址：湖南省益阳市南县南洲镇兴盛东路92号
……Tel：0737-5215211

益阳大通湖投资发展（集团）有限公司
地址：益阳市大通湖区五一路48-1号
……Tel：0737-5664588

桃江县城市建设开发有限责任公司
地址：湖南省益阳市桃江县桃花江镇芙蓉路65号
……Tel：0737-8211642

桃江县城市建设投资运营集团有限公司
地址：湖南省益阳市桃江县桃花江镇芙蓉路12号
……Tel：0737-8211642

桃江县顺鸿建材有限公司
地址：桃江县桃花江镇近桃路北侧102号
……Tel：0737-8884668

新化县城市建设投资开发有限责任公司
地址：新化县梅苑开发区重庆路民政局4楼
……Tel：0738-3219575

涟源市城乡建设投资开发集团有限公司
地址：涟源市体育路体育文化中心三楼
……Tel：0738-4433038

涟源市新城镇建设投资开发有限公司
地址：涟源市体育路体育文化中心三楼
……Tel：0738-4433038

湖南三创富泰环保材料股份有限公司
地址：冷水江市沙塘湾街道办事处长铺村5组（冷水江经济开发区）
……Tel：0738-5225783

湘潭城乡建设发展集团有限公司
地址：湘潭市雨湖区中山路街道韶山西路199号湘潭城发创新创业中心主楼
……Tel：0738-58581179

双峰县城乡建设投资集团有限公司
地址：湖南省娄底市双峰县永丰镇国藩大道南161号
……Tel：0738-6831148

双峰县城市建设投资开发有限责任公司
地址：双峰县永丰镇国藩路与宾园路交汇处
……Tel：0738-6831148

娄底锑都投资发展有限公司
地址：冷水江市金竹西路桃园小区南组团东11栋1单元
……Tel：0738-6975866

冷水江市城东生态城建设投资有限公司
地址：冷水江市金竹西路(桃园小区南组团东11栋1单元)
……Tel：0738-6975866

娄底市城市发展集团有限公司
地址：娄底市娄星区建设街建设大厦4楼
……Tel：0738-8220771

湖南上成建设有限公司
地址：湖南省娄底市经济技术开发区湘中国际物流园B区2栋101、102号
……Tel：0738-8227688

娄底市创元建设开发有限责任公司
地址：湖南省娄底市娄星区吉星路与金融街交叉口西北处吉星金融广场4栋05-1602号
……Tel：0738-8333295

湖南智达房地产物业管理有限公司
地址：娄底市经济开发区娄星北路（畜牧局1～3门面）
……Tel：0738-8339198

娄底碧桂园房地产开发有限公司
地址：湖南省娄底市娄星区大石山路1号万宝新区管委会办公楼2楼
……Tel：0738-8360956

湖南泰基建材有限公司
地址：娄底市经济技术开发区（吉星路以东、娄涟公路以北）
……Tel：0738-8632255

湖南省安石城镇化建设发展有限公司
地址：娄底市娄星区月塘街吉泰邦臣
……Tel：0738-8819963

娄底市水务投资开发有限责任公司
地址：娄底市娄星区乐坪东街58号（市水利局院内）
……Tel：0738-8980199

娄底市宁邦置业有限公司
地址：娄底市娄星区大科街道办事处吉星路南垅安置小区10栋601室
……Tel：0738-8986309

邵阳市北塔区新城建筑工程有限公司
地址：湖南省邵阳市北塔区江北开发区87号地东北转角B栋综合楼三楼
……Tel：0739-2362169

湖南鑫艺华文化传媒有限公司
地址：湖南省邵阳市邵东县宋家塘办事处金富路40-42号
……Tel：0739-2385888

邵阳市昭阳投资发展有限公司
地址：湖南省邵阳市邵东市宋家塘街道农科所
……Tel：0739-2867182

邵阳赛双清建设投资经营集团有限公司
地址：新邵县酿溪镇新涟街（小溪路交叉口）
……Tel：0739-3609918

新邵县自来水公司
地址：湖南省邵阳市新邵县酿溪镇大新街
……Tel：0739-3661217

邵阳都梁投资发展有限公司
地址：武冈市东升北路1号
……Tel：0739-4227928

新宁县城镇农村建设投资有限公司
地址：湖南省邵阳市新宁县金石镇春风路41宗地1-8号县住建局二楼
……Tel：0739-4822528

邵阳珂信肿瘤医院有限公司
地址：邵阳市大祥区火车南站站前区24-2地2栋D-10号
……Tel：0739-5165082

邵阳市拓城建设投资开发有限公司
地址：邵阳市北塔区蔡锷路与龙山路交汇处东南广厦名都4#商业楼
……Tel：0739-5321802

邵阳龙昇新城镇建设投资开发有限公司
地址：邵阳市北塔区蔡锷路与龙山路交汇处东南广厦名都4#商业楼
……Tel：0739-5321802

邵阳市城市建设投资经营集团有限公司
地址：邵阳市北塔区蔡锷路与龙山路交汇处东南广厦名都4#商业楼
……Tel：0739-5321802

湖南乾道房地产开发有限公司
地址：湖南省邵阳市双清区宝庆东路808号
……Tel：0739-5335777

邵阳市宝庆工业新城建设投资开发有限公司
地址：湖南省邵阳市双清区邵阳大道旁宝庆工业集中区主孵化楼
……Tel：0739-5486067

洞口县城关建筑有限责任公司
地址：洞口县洞口镇双洲路166号
……Tel：0739-7140897

洞口雪峰建材城有限公司
地址：洞口县洞口镇龙山街18号
……Tel：0739-7223388

绥宁县城市建设投资开发有限责任公司
地址：湖南省邵阳市绥宁县长铺镇绿洲大道32号
……Tel：0739-7614928

隆回鹏阳义乌商贸城开发建设有限公司
地址：湖南省隆回县桃洪镇桃洪中路28号
……Tel：0739-8699999

隆回新合作城市地下空间开发建设有限公司
地址：湖南省邵阳市隆回县桃洪镇双井村桃洪中路28号（三楼）
……Tel：0739-8877788

邵阳魏源投资发展有限公司
地址：湖南省隆回县县委大院
……Tel：0739-8888200

隆回县新城建设投资开发有限公司
地址：隆回县桃洪镇桃洪中路69号
……Tel：0739-8888200

湘西自治州瑞联文化旅游发展有限责任公司
地址：吉首市人民北路胡麻井（州广电播控大楼8层）
……Tel：0743-2121967

湘西自治州天源建材有限公司
地址：湖南省湘西经济开发区吉凤街道办事处长潭路1号
……Tel：0743-2816919

湘西自治州成美建材有限公司
地址：湖南省湘西土家族苗族自治州龙山县民安街道办事处红星村
……Tel：0743-2821668

凤凰县城市建设投资开发有限责任公司
地址：湖南省凤凰县沱江镇民俗园
……Tel：0743-3221351

湖南省凤凰县建筑公司
地址：沱江镇大众街34号
……………………Tel：0743-3228224
凤凰铭城建设投资有限公司
地址：湖南省凤凰县沱江镇城北游客服务中心A1栋5楼201室
……………………Tel：0743-3668209
古丈县城市建设综合开发有限责任公司
地址：古丈县古阳镇新建区
……………………Tel：0743-4727161
龙山县城市建设投资开发集团有限公司
地址：龙山县华塘开发区
……………………Tel：0743-6222659
龙山县龙为房地产开发有限公司
地址：湖南省湘西土家族苗族自治州龙山县民安街道办事处长沙路51号
……………………Tel：0743-6224218
花垣县城市建设投资开发有限责任公司
地址：湖南省湘西土家族苗族自治州花垣县政务中心28楼
……………………Tel：0743-7255188
张家界溇澧城镇开发建设投资有限责任公司
地址：慈利县零阳镇毕架路县政府机关大院
……………………Tel：0744-3223303
张家界禾田居投资有限公司
地址：慈利县三官寺土家族乡罗潭村七组
……………………Tel：0744-3366666
张家界通达旅游置业有限公司
地址：张家界市永定区鹭鸶湾大桥头
……………………Tel：0744-8259999
张家界中科城建投资发展有限公司
地址：湖南省张家界市永定区南庄坪办事处永康社区居委会（山水印象）7栋201
……………………Tel：0744-8300888
张家界鸿泰文化旅游开发有限公司
地址：湖南省张家界市永定区沙堤街道办事处沙堤社区武陵山大道东侧古庸城内
……………………Tel：0744-8556622
张家界荣佳实业有限公司
地址：湖南省张家界市永定区南庄坪办事处三眼桥居委会九组
……………………Tel：0744-8955555
湖南怀化恒光电力集团有限公司
地址：湖南省怀化市鹤城区正清路56号
……………………Tel：0745-2202528
怀化市一建房地产开发有限公司
地址：怀化市鹤城区府星路78号
……………………Tel：0745-2232004
湖南怀化公路运输集团有限责任公司
地址：怀化市鹤城区迎丰西路238号
……………………Tel：0745-2262477
湖南华鼎城镇建设开发有限公司
地址：湖南省怀化市鹤城区本业大道信息大楼B栋三楼
……………………Tel：0745-2262999
怀化市城市建设投资有限公司
地址：湖南省怀化市鹤城区府前路（智慧大厦）
……………………Tel：0745-2268879
怀化市大怀房地产开发有限责任公司
地址：怀化市迎丰西路207号（琼天广场25楼25005室）
……………………Tel：0745-2270107
湖南东星建设材料有限公司
地址：怀化市鹤城区顺天北路
……………………Tel：0745-2276888
怀化金磊房地产开发有限公司
地址：怀化市鹤城区广电花园9栋1楼
……………………Tel：0745-2277888
怀化城安建设工程有限公司
地址：怀化市鹤城区金海路152号
……………………Tel：0745-2557927
怀化市鹤城区城市建设投资有限公司
地址：怀化市鹤城区金海路152号
……………………Tel：0745-2557927
怀化市澳海房地产开发有限公司
地址：湖南省怀化市鹤城区环城东路（澳海澜庭47栋201室）
……………………Tel：0745-2777566
怀化市大汉置业有限公司
地址：湖南省怀化市鹤城区紫东路大汉龙城兴龙府8号楼2层207号
……………………Tel：0745-2853666-8000
怀化明达建材有限公司
地址：湖南省怀化市中方县泸阳镇中方县工业园管理委员会服务中心
……………………Tel：0745-2886666
溆浦县城市建设投资有限公司
地址：溆浦县卢峰镇迎宾路
……………………Tel：0745-3320755
沅陵县房地产公司
地址：沅陵镇天宁南路39号
……………………Tel：0745-4230978
芷江侗族自治县城市建设投资开发有限责任公司
地址：芷江侗族自治县芷江镇前进路280号
……………………Tel：0745-6852000
湖南武陵山四维住工集团有限公司
地址：湖南省洪江市双溪镇严家团村
……………………Tel：0745-7355158
怀化市洪江区农村信用合作联社
地址：洪江区巫水路29号
……………………Tel：0745-7626216
怀化市洪江城市建设投资开发有限责任公司
地址：湖南省怀化市洪江区体育中心负一楼
……………………Tel：0745-7636386
靖州苗族侗族自治县城市建设投资有限责任公司
地址：靖州县渠阳西路
……………………Tel：0745-8235367
蓝山县土市建筑有限公司
地址：永州市蓝山县塔峰镇湘粤路312号（土市大厦）
……………………Tel：0746-2214608
蓝山县城市建设投资开发有限责任公司
地址：蓝山县塔峰镇湘粤路258号一楼
……………………Tel：0746-2226963
蓝山元嘉城建发展有限公司
地址：蓝山县塔峰镇湘 路258号一楼（蓝山县城市建设投资开发有限责任公司内）
……………………Tel：0746-2226963
湖南省祁阳县南天建筑安装工程公司
地址：祁阳县浯溪镇康宁街18号
……………………Tel：0746-3211061
祁阳县开元城建投资开发有限公司
地址：祁阳县浯溪街道办事处浯溪中路66号
……………………Tel：0746-3214637
祁阳县城镇建设投资开发有限公司
地址：湖南省祁阳县浯溪街道办事处浯溪中路175号
……………………Tel：0746-3214637
祁阳万亿商业管理有限公司
地址：湖南省永州市祁阳县长虹街道金盆西路71号
……………………Tel：0746-3261666
东安县城镇建设投资开发有限公司
地址：东安县白牙市镇舜皇路北侧
……………………Tel：0746-4223569
东安县城乡建设开发有限公司
地址：湖南省东安县白牙市镇舜皇路北侧
……………………Tel：0746-4223569
永州招银地产有限公司
地址：湖南省东安县经济开发区
……………………Tel：0746-4612555
湖南青云发展集团有限公司
地址：新田县龙泉镇滨河西路58号
……………………Tel：0746-4752778
新田县南峰水泥有限公司
地址：新田县龙泉镇龙脉塘村(新嘉公路旁)
……………………Tel：0746-4761800
湖南省道州建设工程公司
地址：道县道江镇月岩中路1巷
……………………Tel：0746-5223587
道县城市发展集团有限责任公司
地址：道县道江镇文化路158号
……………………Tel：0746-5228236
道县城乡开发建设投资有限责任公司
地址：湖南省永州市道县文化路158号
……………………Tel：0746-5228236
江永县城市建设投资有限责任公司
地址：江永县财政局办公大楼
……………………Tel：0746-5755351
永州市回龙圩管理区城市建设投资开发有限责任公司
地址：永州市回龙圩管理区政府大楼内
……………………Tel：0746-5912095
永州市零陵城建投资有限公司
地址：永州市零陵区百万庄6号路110号
……………………Tel：0746-6360788
永州市城鑫保障性安居工程投资建设开发有限公司
地址：永州市零陵区百万庄6号路110号
……………………Tel：0746-6360788
湖南中明新材料有限公司
地址：湖南省永州市宁远县（十里铺工业园超检站对面）
……………………Tel：0746-7222002
宁远县城市建设投资开发有限责任公司
地址：宁远县舜陵街道莲花社区九疑中路251号
……………………Tel：0746-7229300
双牌新老板广告装潢设计有限公司
地址：湖南省永州市双牌县泷泊镇潇水路滨湖花园门面
……………………Tel：0746-7721353
双牌城发建设集团有限公司
地址：湖南省永州市双牌县泷泊镇峦山西巷8号
……………………Tel：0746-7724468
双牌县城市建设投资有限公司
地址：湖南省永州市双牌县泷泊镇峦山西巷8号
……………………Tel：0746-7724468
永州市宏信新型建材有限责任公司
地址：永州市冷水滩区凤凰园高科技工业园
……………………Tel：0746-8332999
永州市新城安众建设发展有限公司
地址：永州市冷水滩区公路局零陵大道公路站办公楼
……………………Tel：0746-8369711
永州市市政工程机械化施工公司
地址：永州市冷水滩区曲河大桥桥头沿江路1号
……………………Tel：0746-8371967
永州市城市建设投资发展有限责任公司
地址：湖南永州市冷水滩区梅湾路168号
……………………Tel：0746-8376906
永州市市政工程有限公司
地址：湖南省永州市冷水滩区河东铁塔路
……………………Tel：0746-8475999
永州市奋钧装潢设计有限公司
地址：湖南省永州市冷水滩区湘江东路（电力花园）22-25门面
……………………Tel：0746-8615833

广东省

广东百脑汇商业设施租赁管理有限公司
地址：广东省广州市天河区天河路598号广州百脑汇商贸广场IT2F-2C43
……………………Tel：020-22001069
广东安华美博置业集团有限公司
地址：广东省广州市白云区白云大道北888号17楼
……………………Tel：020-22216255
广州市德智福贸易有限公司
地址：广州市白云区北太路1633号广州民营科技园科华路11号弘实商务大厦609-612房（仅限办公用途）
……………………Tel：020-23304585
中山市方都房地产开发有限公司
地址：中山市火炬开发区东镇东二路30号方直香山墅商铺1楼15卡
……………………Tel：020-23389606
广州鼎信保安服务有限公司
地址：广州市白云区机场路航云北街自编339栋首层
……………………Tel：020-2627233
保利若比邻（广州）科技有限公司
地址：广州市越秀区建设大马路18号502房自编502a
……………………Tel：020-28372962
保利酒店管理有限公司
地址：广州市海珠区暄悦东街23号自编B2栋（部位：5层自编02）
……………………Tel：020-28372991
承志供应链有限公司
地址：广州市天河区花城大道20号703、704、705房
……………………Tel：020-28630608
建滔（广州）高新材料有限公司
地址：广州市南沙区南沙街环市大道北9号（办公楼）（仅限办公）
……………………Tel：020-28655555
广州中海达测绘科技有限公司
地址：广州市南沙区进港大道8号606、607房（仅限办公）（临时经营场所）（一址多照3）
……………………Tel：020-28688373
广东中世物业服务有限公司
地址：广州市天河区天河路242号2102室（部位：B）（仅限办公）
……………………Tel：020-28988004
广东安快大道互联网金融信息服务有限公司
地址：广州市天河区体育西路191号B塔18楼1803-1810单元（仅限办公用途）
……………………Tel：020-29078866
广东友森建材科技有限公司
地址：广州市白云区同和街广州大道北同和政府大院财政楼302房
……………………Tel：020-29822969
广州市风鸟室内装潢有限公司
地址：广州市天河区黄埔大道中309号自编3-17-5A房
……………………Tel：020-29863685
广州创新城建设投资有限公司
地址：广州市番禺区新造镇谷围路4号楼的一楼101和二楼201
……………………Tel：020-31122968
广东禾润建设工程有限公司
地址：茂名市电白区水东镇向阳大道70号512单元
……………………Tel：020-31137354
广东万洋众创城企业管理有限公司
地址：广州市番禺区东环街东艺路139号20栋205房、206房（自主申报）
……………………Tel：020-31169311
广东华腾建设工程有限公司
地址：广州市天河区棠德东一街21号602房（仅限办公用途）
……………………Tel：020-32038167
广州香林电子产品有限公司
地址：广州高新技术产业开发区科学城新桂一路5号
……………………Tel：020-32085262
广州市国营汽车集装箱运输公司
地址：广州市黄埔区黄埔大沙镇双沙工业区D小区东侧
……………………Tel：020-32313588
广东中汽南方胜沃汽车销售服务有限公司
地址：广州市天河区宦溪石宦路7号一层、2楼A（不可作厂房使用）
……………………Tel：020-32382636
广东省建材有限公司
地址：广州市越秀区北较场横路12号六楼
……………………Tel：020-32388591
广州亿账柜信息科技有限公司
地址：广州市天河区翰景路1号1501房自编D2H2、GEF（仅限办公用途）
……………………Tel：020-32567719
广州市东凌房地产开发有限公司
地址：广州市增城新塘镇永和荔湖城大道1号3栋
……………………Tel：020-32817888
广州市元建建材有限公司
地址：广州市增城增江街西山村霞余（即增城东区高科技工业基地）
……………………Tel：020-32853500
富顿技术（广州）有限公司
地址：广州市增城区永宁街誉山国际融景一路17号601号
……………………Tel：020-32899957
广州市寰通实业有限公司
地址：广州市增城中新镇大田村中福北路23号
……………………Tel：020-32962968
广州新宝实业发展有限公司
地址：广州市海珠区南华东路547号2楼自编之八
……………………Tel：020-34205383
广州市花都华美实业有限公司
地址：广州市花都区新华街新华路192号
……………………Tel：020-34268168
广州市番禺区房地产联合开发总公司
地址：广州市番禺区市桥兴大道11号
……………………Tel：020-34518637
广州五洲城市场经营管理有限公司
地址：广州市番禺区洛浦街洛溪村北环路北侧（办公楼）（市场地址：广州市番禺区洛浦街迎宾路140-214号）
……………………Tel：020-34526270
广东古格母婴健康科技有限公司
地址：广州市南沙区金环街4号越鸿都会广场（自编号7号商业办公楼）301房（仅限办公）
……………………Tel：020-34689339
广州华源供应链股份有限公司
地址：广州市番禺区钟村街雄峰北大街6号（雄峰北大街6号G-2）1401房
……………………Tel：020-34700089
国家珠宝检测中心（广东）有限责任公司
地址：广州市番禺区沙湾镇福龙路999号2座（首层）A11区
……………………Tel：020-34734622
广东超能投资集团有限公司
地址：广州市番禺区沙头街丽骏路28号708
……………………Tel：020-34771234
广州市华诺物业管理有限公司
地址：广州市番禺区钟村街锦绣花园趣园2座291号
……………………Tel：020-34777711
广州市东湖洲房地产开发有限公司
地址：广州市番禺区石基镇傍雁路883号东湖洲花园1区12座1847房
……………………Tel：020-34819882
广东美伦建材有限公司
地址：广州市番禺区大龙街茶东村东盛路7号之一102
……………………Tel：020-34881222
广东国通新型建材有限公司
地址：广州市南沙区黄阁镇黄阁大道中乌洲大道1号之三
……………………Tel：020-34970577
广州谷城集团有限公司
地址：广州市白云区永平街东平大道东泰大厦9楼
……………………Tel：020-36018688
肇庆昌恒筑工建材制造有限公司
地址：德庆县德城镇工业园指挥部127室（雅昌公司内）
……………………Tel：020-36019999
广州市鸦湖物业管理有限公司
地址：广州市白云区人和镇华通综合市场309室（仅作办公用途）
……………………Tel：020-36031388
广州市顺泰置业有限公司
地址：广州市白云区永平街东平大道1号东泰大厦815房（仅作办公用途）
……………………Tel：020-36088808
广州高雅房地产开发有限公司
地址：广州市白云区白云大道北大一大街23号

…………Tel：020-36336111

广东龙树实业集团有限公司
地址：广州市白云区石井街唐阁村旧广花路西侧（唐阁北路28号）
…………Tel：020-36518919

广州市白云城市建设投资有限公司
地址：广州市白云区政民路17号302、303房
…………Tel：020-36680988

广州美林湖实业投资有限公司
地址：广州市越秀区环市东路371－375号世贸大厦南塔30楼S3003房
…………Tel：020-36728343

广州佳裕投资有限公司
地址：广州市番禺区钟村街泽溪街9号（单）18楼
…………Tel：020-36748888

广东永科建设有限公司
地址：广州市增城新塘镇汇美新村荔新路A7－7号（厂房A2）216室之二
…………Tel：020-36970875

广东建造现代技术有限公司
地址：广州市黄埔区黄埔大道东856号（A－2）2804、2805室（仅限办公）
…………Tel：020-37164599

广州乾刚实业有限公司
地址：广州市白云区同和街同和路334号701房（自主申报）
…………Tel：020-37218399

广州宏网电讯科技有限公司
地址：广州市天河区华观路1933号之一516房（仅限办公用途）
…………Tel：020-37281156

广东尚品服饰实业有限公司
地址：广州市白云区北太路1633号广州民营科技园科园路18号自编C栋
…………Tel：020-37312402

广州竞宇金融服务有限公司
地址：广州市天河区临江大道5号（自编保利中心6号楼）第20层2002房（仅限办公用途）
…………Tel：020-37585116

广州力洋建设工程有限公司
地址：广州市越秀区水荫路54号自编四楼403房
…………Tel：020-37638786

广东艾德教育科技有限公司
地址：广州市越秀区先烈中路100号23－1栋501、503房
…………Tel：020-37666453

广州市番禺创雅物业管理有限公司
地址：广州市番禺区南村镇汇智三路77、79、81、83、85号
…………Tel：020-37759980

广东瑞建工程有限公司
地址：广州市天河区柯木 欧岗东街二巷7号101房
…………Tel：020-37856986

广州金良工程咨询有限公司
地址：广州市天河区天河软件园高普路1023号5122室（仅限办公用途）
…………Tel：020-37880769

广州市骏合展览策划有限公司
地址：广州市天河区黄埔大道西668－28号（市场地址）
…………Tel：020-37888333

广州市克来斯特建材科技有限公司
地址：广州市从化区鳌头镇聚丰北路348号
…………Tel：020-37973384

广州盈雅投资有限公司
地址：广州市番禺区市桥街西丽路西秀园南排23号铺
…………Tel：020-38078888

广州宏昇房地产实业有限公司
地址：广州市天河区金穗路1号36层04单元
…………Tel：020-38093333

广东圣茂建设投资有限公司
地址：广州市增城区新城大道400号新城总部中心6号楼301
…………Tel：020-38097999

广州威尼国际酒店有限公司
地址：广州市天河区林和西路167号
…………Tel：020-38119999

广东科德投资顾问有限公司
地址：广州市天河区天河北路898号3301－3302室
…………Tel：020-38182098

广州宏瀚房地产开发有限公司
地址：广州市越秀区中山五路219号十层01单元之自编1019C6房
…………Tel：020-38209410

广州凯旋国际会餐饮管理有限公司
地址：广州市天河区珠江新城清风街1号第6层、2号1－6层
…………Tel：020-38361998

广东益建集团有限公司
地址：广州市荔湾区六二三路336号H幢三楼305室
…………Tel：020-38398899

广州嘉德乐生化科技有限公司
地址：广州经济技术开发区永和区华峰路6号
…………Tel：020-38480511

广州天澳置业有限公司
地址：广州市番禺区南村镇万惠一路48号811
…………Tel：020-38686666

宏冠轩（广州）建筑材料有限公司
地址：广州市番禺区桥南街市良路9号文化长廊14座首层自编B2房
…………Tel：020-38686666

广东精地规划科技有限公司
地址：广州市天河区天河北路689号804－813房自编812单元（仅限办公）
…………Tel：020-38732525

广州树德科技股份有限公司
地址：广州市海珠区工业大道南882号自编9号
…………Tel：020-38772777

广东茶叶进出口有限公司
地址：广州市天河区天河路351号28楼
…………Tel：020-38819203

广州华侨房产开发有限公司
地址：广州市天河区天河北路366号3楼
…………Tel：020-38824552

广州旺地房地产发展顾问有限公司
地址：广州市天河区林和中路150号1002房
…………Tel：020-38841275

广州房旺旺网络科技有限公司
地址：广州市天河区林和西路161号303A房
…………Tel：020-38841275

广州市金碧华府物业有限公司
地址：广州市天河区花城大道金碧华府B1栋首层南面
…………Tel：020-38858255

广东吉塑建材科技有限公司
地址：广州市天河区天河北路侨林街47号1105房之A469房（仅限办公）
…………Tel：020-38880711

广州力通投资有限公司
地址：广州市天河区华夏路10号5301房（仅限办公用途）
…………Tel：020-38882777

广州天力建筑工程有限公司
地址：广州市越秀区较场东路19号第12层
…………Tel：020-38882777

广东中广兴房地产土地与资产评估咨询有限公司
地址：广州市越秀区东风中路300号之一17楼B房
…………Tel：020-38934517

广州润智房地产有限公司
地址：广州市海珠区沥 村东街10号五楼之一
…………Tel：020-38960645

广州程顺房地产开发有限公司
地址：广州市天河区员村三横路东巷1、2号
…………Tel：020-38960645

广州舜吉实业有限公司
地址：广州市天河区庆亿街3号1701房自编之M（不可作厂房）（仅限办公）
…………Tel：020-38960649

广州渤威城镇化建设有限公司
地址：广州市海珠区南洲路1998号202房自编之三
…………Tel：020-38960712

广州南鸿房地产开发有限公司
地址：广州市南沙区兴业路1号三楼
…………Tel：020-39002399

深圳家美高建材科技有限公司
地址：深圳市南山区粤海街道中科大厦孵化楼502室
…………Tel：020-39024311

广州南沙开发建设集团有限公司
地址：广州市南沙区丰泽东路106号1601房（仅限办公用途）
…………Tel：020-39065768

广州市锐丰音响科技股份有限公司
地址：广州市番禺区石楼镇市莲路石楼路段10号
…………Tel：020-39280111

广州市惠博资产管理有限公司
地址：广州市番禺区市桥街东兴路170号首、二层
…………Tel：020-39371386

广州奥园商业经营管理有限公司
地址：广州市南沙区进港大道10号101室自编D区（仅限办公用途）
…………Tel：020-39376399

广州凯泓管理咨询有限公司
地址：广州市南沙区南沙街港前大道南162号1802之三（仅限办公用途）（自主申报）
…………Tel：020-39393555

益农控股（广东）有限公司
地址：广州市海珠区凤浦中路679号第13层自编04、05、06号单元（仅限办公）
…………Tel：020-39683300

广州卓思道酒店管理有限公司
地址：广州市番禺区南村镇观景路190号
…………Tel：020-39959077

广州黄沙铁路房地产开发有限公司
地址：广州市荔湾区华誉三街2号101房
…………Tel：020-61359900

广州市仪伴房地产有限公司
地址：广州市增城区新塘镇荔新十二路96号1幢1901房
…………Tel：020-61739052

广州市桐晖药业有限公司
地址：广州高新技术产业开发区科学城科汇二街3号401房、501房
…………Tel：020-61855200

广州廓鑫建材有限公司
地址：广州市番禺区石壁街屏山二村兴宏二街4号（1号厂房）103
…………Tel：020-61992722

广州祥通投资有限公司
地址：广州市海珠区会展南五路1号5号1718房（仅限办公用途）
…………Tel：020-62312323

广州合生东宇房地产有限公司
地址：广州市经济技术开发区夏港大道科技园1号楼B501
…………Tel：020-62613018

广州粤海动漫星城有限公司
地址：广州市越秀区吉祥路1号
…………Tel：020-62681393

广州知识城创新创业园建设发展有限公司
地址：广州市黄埔区凤湖四路穗科街3号广州知识城国际领军人才集聚区A03栋首层
…………Tel：020-22203999

广东新瑞龙生态建材有限公司
地址：广州市花都区花都大道西民主20号之一（自编）002
…………Tel：020-66356362

广州市城市建设开发有限公司
地址：广州市天河区珠江新城珠江西路5号广州国际金融中心15楼自编号01
…………Tel：020-66373969

广州市城市建设开发集团有限公司
地址：广州市天河区珠江新城珠江西路5号15楼自编号04
…………Tel：020-66373969

广州凯峰房地产开发有限公司
地址：广州市番禺区大石街御峰二街97号4栋210
…………Tel：020-66607888

广州敏信广告有限公司
地址：广州市番禺区市桥街光明北路12号307之一
…………Tel：020-66607888

中城建业工程有限公司
地址：广东省广州市海珠区赤岗西路265号2号楼自编9号楼之一
…………Tel：020-66675916

广东鑫泰洋实业有限公司
地址：广州市海珠区琶洲大道东8号1120房（仅限办公）
…………Tel：020-66842105

广州粤和能源有限公司
地址：广州市增城石滩镇南北大道8号
…………Tel：020-80739612

奥联物业股份有限公司
地址：广州市海珠区琶洲大道东8号1603房
…………Tel：020-80929268

广州嘉泰富投资有限公司
地址：广州市荔湾区浣花路48号102房（仅限办公）
…………Tel：020-81224612

广州黄沙水产交易市场有限公司
地址：广州市荔湾区丛桂路21号（市场地址）
…………Tel：020-81227100

广州富凯实业有限公司
地址：广州市荔湾区陆居路2号1201房
…………Tel：020-81250147

广东圣约翰服饰股份有限公司
地址：广州市天河区珠江西路17号2001－1房（不作厂房使用，仅限办公用途）
…………Tel：020-81306666

广州捷泰房地产开发有限公司
地址：广州市越秀区中山六路218－222号捷泰广场12楼1208室
…………Tel：020-81320888

广州市穗航实业有限公司
地址：广州市荔湾区芳村大道中278号
…………Tel：020-81596810

广州市新之地环保产业股份有限公司
地址：广州市荔湾区花地大道中83号16楼1601－1614房（仅作写字楼功能用）
…………Tel：020-81615032

广州市元力建设工程有限责任公司
地址：广州市荔湾区荷景路1号1013房（仅限办公用途）
…………Tel：020-81615856

广州市云埔工业区白云实业发展总公司
地址：广州经济技术开发区连云路2号101房
…………Tel：020-82119809

广州开发区才汇创业服务有限公司
地址：广州市黄埔区科学城香雪八路98号D栋315房
…………Tel：020-82151239

广州傲胜人造草股份有限公司
地址：广州经济技术开发区东区骏达路19号
…………Tel：020-82264488

广东鸿山环境集团有限公司
地址：广州市黄埔区大沙东路新庠街新溪苑小区C栋二楼（仅限办公用途）
…………Tel：020-82391660

广东省保安消防机电装饰工程有限公司
地址：广州市天河区中山大道车陂路308号美景花苑501房
…………Tel：020-82578179

增城市新乐房地产有限公司
地址：广州市增城新塘镇东坑三横中路1号1幢401房（仅限于写字楼功能使用）
…………Tel：020-82620561

广东誉丰地产发展有限公司
地址：广州市增城荔城街广汕公路北侧（不可作厂房使用）
…………Tel：020-82672788

广州增城开发区建设发展有限公司
地址：广州市增城区永宁街香山大道2号（增城经济开发区核心区内）
…………Tel：020-82692655

广州市新碧房地产开发有限公司
地址：广州市增城朱村碧桂园城市花园花岸苑八街10号302房
…………Tel：020-82801138

增城市碧桂园凤凰城酒店有限公司
地址：广州市增城市新塘镇广园东碧桂园凤凰城酒店
…………Tel：020-82808888

广东森海投资控股集团有限公司
地址：广州市增城区派潭镇白水寨大道101号
…………Tel：020-82826638

广州市盈毅房地产有限公司
地址：广州市增城新塘镇东江大道北8号
…………Tel：020-82883180

广东尼克泰克地产顾问有限公司
地址：云浮市云安区都杨镇云祥大道53号广东华立城市学院门楼201号
…………Tel：020-82900189

洛科威防火保温材料（广州）有限公司
地址：广州经济技术开发区永和区泰华街3号
…………Tel：020-82986668

增城市亿泰纺织品染整有限公司
地址：广州市增城石滩镇三棵竹
…………Tel：020-82996916

广东二十一世纪传媒股份有限公司
地址：广州市天河区黄埔大道中336号704房
…………Tel：020-83000456

广州市城市建设投资集团有限公司
地址：广州市越秀区中山四路228号5－7楼11－12楼
…………Tel：020-83061779

广州地铁商业发展有限公司
地址：广州市海珠区新港东路1238号A塔18楼（仅限办公用途）
…………Tel：020-83158887

广东靓美住宅产业有限公司
地址：广州市天河区华穗路406号之二1818室（部位：A）（不可作厂房）（仅限办公）
…………Tel：020-83183689

华邦幸福家园集团有限公司
地址：广州市海珠区广州大道南788号自编14栋之266房
…………Tel：020-83261888

广东中城建设集团有限公司
地址：茂名市迎宾路179号大院
…………Tel：020-83264486

广州广建国际金融城投资发展有限公司
地址：广州市越秀区广仁路1号12层
…………Tel：020-83273020

广州市建设投资发展有限公司
地址：广州市越秀区沿江中路298号江湾新城大酒店商业中心19楼
…………Tel：020-83283405

广州市建材发展集团有限公司
地址：广州市越秀区广卫路四号建工大厦11－14楼
…………Tel：020-83341110

广州市承爱汇医疗设备有限公司
地址：广州市增城区新塘镇广深大道西277号401
…………Tel：020-83480088

广州市益民实业有限公司
地址：广州市越秀区恒福路155号自编16号之一103房
…………Tel：020-83491555

广州市怡地环保有限公司
地址：广州市越秀区东风中路２６８号交易广场１８１０室
…………Tel：020-83510569

广州机电物业管理有限公司
地址：广州市越秀区大德路187号

……Tel：020-83521205
广东邦浩成投资咨询有限公司
地址：广州市越秀区北京路238号26层2615、2616、2617、2618、2619、2620、2621自编08、09、10房
……Tel：020-83528294
广州市诚铁监理咨询有限公司
地址：广州市南沙区丰泽东路106号（自编1号楼）1001房（仅限办公用途）
……Tel：020-83643448
广州建材企业集团有限公司
地址：广州市越秀区较场东路19号4、5层
……Tel：020-83750568
广州聚房宝网络科技股份有限公司
地址：广州市天河区大灵山路61号第28栋三层G-303房
……Tel：020-83811599
广州市演出电影有限公司
地址：广州市越秀区建设三马路11号二楼、502、503、506房
……Tel：020-83822133
广州市鼎盛建设工程有限公司
地址：广州市越秀区较场东路19号10层自编之一
……Tel：020-83851236
广州市柏同智富投资有限公司
地址：广州市越秀区环市东路邮电中三街8、9号902房
……Tel：020-83870441
广州颐和商务酒店有限公司
地址：广州越秀区环市东路416号
……Tel：020-83969888
广州中远海运物业发展有限公司
地址：广州市海珠区滨江中路308号
……Tel：020-84100151
广州市保瑞房地产开发有限公司
地址：广州市荔湾区喜鹊路283号四层4D09A
……Tel：020-84120157
广州百安居装饰建材有限公司
地址：广州市海珠区广州大道南1276-1356号
……Tel：020-84206611
广东思泽物业服务有限公司
地址：广州市番禺区钟村街汉溪大道南国奥林匹克花园北奥一路4区1座4层5号（仅限办公用途）
……Tel：020-84229843
广州市海珠区城市更新投资有限公司
地址：广州市海珠区大干围振兴大街3号2栋（可作厂房使用）
……Tel：020-84263198
广州城建开发南沙房地产有限公司
地址：广州市南沙区广隆管理区
……Tel：020-84683962
广州威乐珠宝产业园有限公司
地址：广州市番禺区沙湾镇福涌福龙公路沙湾珠宝产业园
……Tel：020-84738022
广州海伦堡物业管理有限公司
地址：广州市番禺区桥南街南华路168号华景新城海伦堡二期23座01号
……Tel：020-84812888
广州市锦基房地产开发有限公司
地址：广州市增城区新塘镇锦鑫三街3号801房
……Tel：020-85201860
雅卓房地产顾问有限公司
地址：广州市南沙区丰泽东路106号（自编1号楼）X1301-G551（仅限办公用途）（JM）
……Tel：020-85235616
中洋国际咨询有限公司
地址：广东省广州市天河区黄埔大道西106号第十楼16室
……Tel：020-85270165
广州市暹岗大有投资有限公司
地址：广州经济技术开发区开泰大道603号124房
……Tel：020-85276138
广州市城建天誉房地产开发有限公司
地址：广州市天河区林和中路8号海航大厦3001房
……Tel：020-85501181
广州市汇毅物业管理有限公司
地址：广州市天河区新岑四路2号（科研办公楼）803B房（仅限办公）
……Tel：020-85521717
广东协展建设工程有限公司
地址：广州市黄埔区联和街木棉街75号301房
……Tel：020-85655050
广东朗誉酒店集团有限公司
地址：广州市海珠区新港东路148号101、301、501-508、601-608、701-709、801-808、901-908、1001-1009、1101-1109、1201-1209、1301-1309、1501-1509、1601-1609、1701房
……Tel：020-86093283
广东空港置业有限公司
地址：广东省广州市白云区机场路航云北街66号自编7至10层
……Tel：020-86112793
广州市广天合传媒有限公司
地址：广州市白云区机场路南云东街38号（仅作办公用途使用）
……Tel：020-86121311
广州市时代邻里邦网络科技有限公司
地址：广州市越秀区东风中路410号自编1205房（仅限办公用途）
……Tel：020-86277322
广州云腾物业管理有限公司
地址：广州市白云区政通路1号之二102、202房
……Tel：020-86361349
广东广艺实业有限公司
地址：广州市白云区人和镇凤和村凤和大街8号
……Tel：020-86451313
广州市花都第四建筑工程有限公司
地址：广州市花都区新华镇秀全大道55号二楼
……Tel：020-86812618
广州骏威房地产开发有限公司
地址：广州市花都区新华街云山大道21号南座五层
……Tel：020-86831848
广州大荣酒店有限公司
地址：广州市天河区林和西横路196号
……Tel：020-87014488
广东铭建建设工程有限公司
地址：广州市天河区粤垦路614号202
……Tel：020-87037766
广东东图规划科技有限公司
地址：广州市天河区天源路804号大院内8栋自编号B07-4C、4E（仅限办公）
……Tel：020-87042596
广州市广晟物业管理有限公司
地址：广州市天河区上元岗路中成路300号大院自编(1)808房
……Tel：020-87077033
广州市惠勤物业管理有限公司
地址：广州市海珠区广州大道南368号四楼
……Tel：020-87116678
广州华南信息技术有限公司
地址：广州市白云区沙太路华苑街18号大院内自编19号2层
……Tel：020-87233766
广州达而球物业管理服务有限公司
地址：广州市天河区陶庄路5号四层4F001-1房（仅限办公）
……Tel：020-87242693
广东曦达工程咨询有限公司
地址：广州市天河区天河北路183-187号5楼03-06房（仅限办公）
……Tel：020-87312820
广州伟中装潢有限公司
地址：广州市越秀区先烈中路76号中侨大厦23A、A单元
……Tel：020-87320478
广东上城建设有限公司
地址：广州市越秀区渔唱街1号501房自编02室
……Tel：020-87351866
广州金亚物业服务有限公司
地址：广州市越秀区二沙岛大通路金亚南街9、13、17号
……Tel：020-87353547
广州市南都周刊传媒股份有限公司
地址：广州市越秀区广州大道中289号
……Tel：020-87362796
广东春晖园后勤服务管理有限公司
地址：广州市黄埔区红山三路101号广州航海学院北区一楼北侧
……Tel：020-87517383
广州市雅丰建筑材料有限公司
地址：广州市黄埔区广州中新广州知识城九佛建设路自编650室
……Tel：020-87573423
广东天骄建材有限公司
地址：清远市清新区三坑镇矮车村委会"革命岗"
……Tel：020-87631711
中铁城建集团第二工程有限公司
地址：广州市南沙区丰泽西路华飞街2号6号楼6-503室
……Tel：020-87657007
广州市金的物业管理有限公司
地址：广州市越秀区先烈中路81号大院80、81、82号516房
……Tel：020-87683696
广州宗贵实业发展有限公司
地址：广州市天河区广州大道北62号101号铺之105房（不可作厂房使用）（仅限办公）
……Tel：020-87743333
广州大禹建筑防水材料有限公司
地址：广州市从化太平镇飞鹅工业区（自编8号）
……Tel：020-87809962
马贝建筑材料（广州）有限公司
地址：广东从化经济开发区丰盈路6号
……Tel：020-87810701
广州富妆生物科技有限公司
地址：广东从化经济开发区高技术产业园创业路33号（综合楼、厂房3）
……Tel：020-87829969
广州市增城区方圆明盛房地产有限公司
地址：广州市增城区石滩镇三江富江二街33号之二
……Tel：020-88215222
广州荣盛房地产有限公司
地址：广州市天河区花城大道68号5903室（部位：B单元）（仅限办公）
……Tel：020-88525523
湛江市领航房地产开发有限公司
地址：湛江市坡头区灯塔路18号财政局办公楼副楼202房
……Tel：020-88828883
广州市粤新商业管理有限公司
地址：广州市黄埔区（中新广州知识城）亿创街1号3楼
……Tel：020-88828883
中联国际评估咨询有限公司
地址：广州市越秀区中山六路232号2001、2002A房（仅限办公用途）
……Tel：020-88905028
广州国际轻纺城有限公司
地址：广州市海珠区金纺路2号D7001a号铺
……Tel：020-88993717
广州茶花家庭用品有限公司
地址：广州市南沙区东涌镇沥裕街12号
……Tel：020-89049650
广州融都置业有限公司
地址：广州市花都区花东镇山前旅游大道3号九龙湖社区中心区门楼
……Tel：020-89177999
广州环城地下管廊建设投资有限公司
地址：广州市海珠区新港东路1226号19至20层
……Tel：020-89449153
广州市土木金建筑工程有限公司
地址：广州市白云区均禾街广花一路227号833室（自主申报）
……Tel：020-89617769
昊居科技有限公司
地址：广州市南沙区环市大道中29号1620房（仅限办公）
……Tel：020-89635910
广州旺地园林工程有限公司
地址：广州市海珠区新港东路1024号1026号1028号401房自编之三（仅限办公用途）
……Tel：020-89662888
广州凯创商务投资有限公司
地址：广州市南沙区双山大道7号万达广场自编B1栋1804房A01（仅限办公用途）
……Tel：020-89815220
广州佳合宝金属建材科技有限公司
地址：广州市黄埔区九龙镇龙村屋吓路27号之四101房
……Tel：020-89850049
广州市骏天建筑设计有限公司
地址：广州市海珠区大干围23号之五（仅限办公）
……Tel：020-89890860
保利商业管理有限公司
地址：广州市越秀区建设大马路18号502房自编502a
……Tel：020-89898766
广州市尚泰物业管理有限公司
地址：广州市海珠区新港东路东约二巷1号
……Tel：020-89899888
佛山市南海区欧泰置业有限公司
地址：佛山市南海区狮山中心城区俊景花园H区F座商铺F07
……Tel：020-89918009
佛山市顺德区顺亚方向房产有限公司
地址：佛山市顺德区大良驹荣路桂畔上东区东乐路93号
……Tel：020-89918009
广东同伦拍拍科技有限公司
地址：广州市越秀区德政北路538号23楼（部位：北向2306房）
……Tel：025-84481613
广东景翔建设工程有限公司
地址：汕尾市城区红海东路和顺花园2栋3梯402号
……Tel：0660-3229111
汕尾市达成城市综合建设有限公司
地址：汕尾市区腾飞路中段万盛针织时装有限公司办公楼三楼
……Tel：0660-3390324
汕尾市鸿景园房地产开发有限公司
地址：汕尾市区滨海小区鸿景园C栋2梯1601—1701号
……Tel：0660-3800888
广东正上工程管理有限公司
地址：汕尾市区汕尾大道西侧（原香洲头）金宝城豪庭小区1栋2101、2102号
……Tel：0660-3802208
汕尾汇能综合能源服务有限公司
地址：汕尾市区四马路西段南侧明珠楼十楼
……Tel：0660-3817150
汕尾市弘扬碧桂园房地产开发有限公司
地址：汕尾市城区通航路北侧、华师附中汕尾学校东侧
……Tel：0660-3871222
汕尾市碧桂园实业投资有限公司
地址：汕尾市城区香湖路汕尾碧桂园清湖上品小区滨海商业街204号商铺
……Tel：0660-3871222
华耀城（海丰）置业有限公司
地址：海丰县附城镇市民广场华耀城招商中心一楼B区
……Tel：0660-6908888
陆丰市高盛汽车运输有限公司
地址：陆丰市东海镇连厝围广汕公路北侧
……Tel：0660-8830323
广东顺泰建筑工程有限公司
地址：陆丰市东海镇东海大道月宝路南侧顺泰华宇楼四楼
……Tel：0660-8932088
阳江市恒业混凝土有限公司
地址：阳江市高新区产业转移园
……Tel：0662-2206883
阳江市恒财城投滨海建设有限公司
地址：阳江市江城区东门南路333号购物中心1号楼三楼北侧
……Tel：0662-2684616
阳江市中集房地产开发有限公司
地址：阳江市江城区西平北路上东新城内
……Tel：0662-2813322
广东绿科建材有限公司
地址：阳春市河朗镇新阳村委会办寨村
……Tel：0662-3698938
阳江市大地环保建材有限公司
地址：阳江高新区港口工业园海港三横路8号
……Tel：0662-3828036
阳江市海陵岛北洛湾旅游开发有限公司
地址：阳江市海陵岛闸坡镇北洛湾
……Tel：0662-3898238
阳西县源河房地产开发有限公司
地址：阳西县城滨江北路3号南湖新城商住小区商业A栋A63号
……Tel：0662-5523666
建华建材（阳江）有限公司
地址：阳西县新圩镇阳茂高速公路南面、省道282线西面用地
……Tel：0662-5798000
阳西博德精工建材有限公司
地址：阳西县（新圩）工业产业园
……Tel：0662-5798668
阳江市阳东区城市建设开发总公司
地址：阳江市阳东区昌和路一号
……Tel：0662-6611866
阳江市滨海新区碧桂园房地产开发有限公司
地址：阳江市江城区东门南路388号阳光马德里花园2幢1单元602房
……Tel：0662-6667078
阳春市中兴房地产开发有限公司
地址：阳春市春城街道东湖公园二期会展中心综合楼B幢22楼
……Tel：0662-7741551
阳春市金科新型建筑材料有限公司
地址：阳春市黎湖工业园
……Tel：0662-7756822
广东阳胜人防工程有限公司
地址：阳江市阳东区十里工业城八区
……Tel：0662-8197366
普宁市南园瑞锦纺织印染有限公司
地址：普宁市纺织印染环保处理中心起步区纺织西路北侧
……Tel：0663-2110470
广东超亿美投资有限公司
地址：普宁市流沙西赵华路新时代华庭A幢A2-A3首层
……Tel：0663-2699222
广东白石实业有限公司
地址：揭阳市揭东经济开发区25#地块人民大道东侧
……Tel：0663-3432334
揭阳市城市投资建设集团有限公司
地址：揭阳市榕城区东山晓翠路中国银行办公大楼十一楼
……Tel：0663-8159196
揭阳市城通投资建设有限公司
地址：揭阳经济开发试验区京冈办事处林厝码头旁
……Tel：0663-8305822
揭阳市恒大置业有限公司
地址：揭阳空港经济区环岛路溪南街道前光村路段
……Tel：0663-8309656
揭阳建鑫城市建设有限公司
地址：揭阳市榕城区公园二路一座办公大楼1-3层
……Tel：0663-8603822
茂名市水东湾新城建设投资有限公司
地址：茂名市茂港区进港大道28号
……Tel：0668-2156088
茂名富港投资有限公司

地址：茂名市油城九路1号大院20、21、22号首层103室
…………Tel：0668-2203595
茂名华粤园林建筑工程有限公司
地址：茂名市德政路8号大院9、11、13号首层29-32号房
…………Tel：0668-2245232
茂名市茂南建安集团有限公司
地址：茂名市人民南路龙湖二街1号
…………Tel：0668-2282991
茂名建筑集团工业设备安装有限公司
地址：茂名市茂南大道西南岭大厦三楼
…………Tel：0668-2522683
茂名市高地智慧城投资建设有限公司
地址：茂名市茂港区进港大道边28号
…………Tel：0668-2538930
深圳华侨城文化旅游建设有限公司
地址：深圳市前海深港合作区前湾一路1号A栋201室（入驻深圳前海商务秘书有限公司）
…………Tel：0668-2873708
茂名市京粤实业有限公司
地址：茂名市向阳街25号302房
…………Tel：0668-2928201
茂名市城市建设投资发展有限公司
地址：茂名市油城八路3号
…………Tel：0668-2988311
广东威朗工程咨询有限公司
地址：茂名市油城九路6号大院1、2、3号第4层
…………Tel：0668-3992150
广东城市建设集团有限公司
地址：茂名市电白区水东镇龙泉路8号安泰华府H1-040号
…………Tel：0668-5110718
茂名港铭昕建材贸易有限公司
地址：茂名市电白区电城镇工贸小区府前大道电城镇政府办公大楼六楼东侧办公室
…………Tel：0668-5496686
广东茂名电白城海建设工程有限公司
地址：茂名市电白区水东镇人民路88号
…………Tel：0668-5522466
茂名安泰大酒店有限公司
地址：茂名市电白区水东镇龙泉路8号（安泰大酒店13楼）
…………Tel：0668-5591586
广东金华城建设集团有限公司
地址：茂名市电白区水东镇海滨新区28号
…………Tel：0668-5862999
电白城市交通建设投资集团有限公司
地址：茂名市电白区水东镇迎宾大道70号
…………Tel：0668-5865622
高州市城乡基础设施建设投资有限公司
地址：高州市中山路169号
…………Tel：0668-6630068
高州市第三汽车运输有限公司
地址：高州市茂名大道328号三楼
…………Tel：0668-6664290
茂名市雅尊装潢工程有限公司
地址：高州市沙河南四区34号四楼（办公场所）
…………Tel：0668-6881666
高州市淦江实业有限公司
地址：高州市石仔岭（乐天大道1号四楼）
…………Tel：0668-6882862
中航长城第十二工程建设有限公司
地址：化州市鉴江区北京路低坡村6号二楼
…………Tel：0668-7320299
化州市城镇基础设施建设投资有限公司
地址：化州市罗江南路13号
…………Tel：0668-7355218
茂名博贺湾生态新城建设有限公司
地址：茂名市电白区电城镇工贸小区府前大道电城镇政府办公楼六楼
…………Tel：0668-7777777
广东众源投资有限公司
地址：茂名市河东人民北路50号大院（食堂综合楼）
…………Tel：0668-8387486
开平富琳裕邦房地产开发有限公司
地址：开平市三埠街道办事处金钊路1号裕邦新外滩1幢首层08铺位
…………Tel：0750-2209880
开平市骏景湾星誉房地产开发有限公司
地址：开平市长沙街道八姓路19号星誉花园3幢101-109铺位
…………Tel：0750-2322931
广东开平建安集团有限公司
地址：开平市长沙幕桥西路金都花园金都南区二号
…………Tel：0750-2323766
开平龙臻制衣有限公司
地址：开平市百合镇北郊路1号
…………Tel：0750-2518213
江门市万隆投资发展有限公司
地址：江门市良化新村西102号铺位
…………Tel：0750-3103333
江门越秀城建房地产开发有限公司
地址：江门市蓬江区北环路星汇名庭天枢星院1幢二、三层
…………Tel：0750-3160123
江门市新英房地产开发有限公司
地址：江门市蓬江区迎宾大道中9号2幢505
…………Tel：0750-3168878
江门市城市建设投资集团有限公司
地址：江门市江会路3号
…………Tel：0750-3272812
台山市诚恩建材有限公司
地址：台山市台城西湖外商投资示范区西湖路7-9号内办公楼之二
…………Tel：0750-3299299
中铁（江门）城镇化建设投资发展有限公司
地址：江门市蓬江区建设二路102号11楼
…………Tel：0750-3309588
江门市鲁星建筑工程有限公司
地址：江门市蓬江区西区工业区二合山
…………Tel：0750-3501090
广东海盛建设工程集团有限公司
地址：江门市蓬江区天河中路198号3幢4楼自编408号
…………Tel：0750-3518321
江门市蓬江区棠下碧桂园房地产开发有限公司
地址：江门市蓬江区棠下镇篁竹路1号二层（自编之十一）
…………Tel：0750-3689888
江门市龙发投资有限公司
地址：江门市蓬江区胜利路129号厂区综合楼5楼
…………Tel：0750-3776337
江门市特卫物业管理有限公司
地址：江门市江海区外海金溪乡西仓里侧3号（自编301）
…………Tel：0750-3786668
台山金安玻璃工艺有限公司
地址：台山市水步镇台鹤南路工业区1号第2幢
…………Tel：0750-5456889
佳光电子（台山）有限公司
地址：台山市台城东坑路85号之一厂房
…………Tel：0750-5625521
广东省台山市第六建筑工程总公司
地址：台山市台城镇龙光里3-9号
…………Tel：0750-5662513
广东合朗建筑工程有限公司
地址：台山市三合镇那金工业园3号之一1号办公楼之一
…………Tel：0750-5665803
台山万达地产开发有限公司
地址：台山市台城陈宜禧路中158号台山市总工会综合楼第二层（北边）之一（信息申报制）
…………Tel：0750-5678751
江门市江会水果批发市场有限公司
地址：江门市新会区会城冈州大道东10号
…………Tel：0750-6102868
广东汇上佳投资有限公司
地址：江门市新会区会城启超大道2号新会万达广场负一层
…………Tel：0750-6607088
江门市威臻混凝土发展有限公司
地址：江门市新会区福盛路2号（办公宿舍楼）
…………Tel：0750-6782977
广东大林建材五金有限公司
地址：江门市新会区大泽镇外经贸委工业开发区
…………Tel：0750-6890999
江门市人人乐商业有限公司
地址：江门市江会路31号之二
…………Tel：0750-7173758
鹤山工业城园区建设有限公司
地址：鹤山市鹤城镇鹤山工业城管理委员会办公大楼
…………Tel：0750-8380276
翁源县龙腾城市建设投资经营有限公司
地址：翁源县县城前进路33号
…………Tel：0751-2823698
始兴县建筑工程公司
地址：广东省始兴县县城东门路口（太平镇政府对面）
…………Tel：0751-3333777
乳源瑶族自治县建筑公司
地址：乳源县乳城镇解放中路
…………Tel：0751-5382380
乐昌市恒胜环保建材有限公司
地址：乐昌市乐城站前路99号及第二层
…………Tel：0751-5568988
乐昌市中建材水泥有限公司
地址：广东省韶关市乐昌长来镇
…………Tel：0751-5662541
仁化县丹霞新城房地产开发有限公司
地址：仁化县九龄路9号
…………Tel：0751-6289666
仁化县振华建筑工程有限公司
地址：仁化县五谷村1号一、二层
…………Tel：0751-6329445
韶关市筑城新型节能建材有限公司
地址：韶关市曲江区乌石镇　　村（乌石电站旁）
…………Tel：0751-6637778
韶关市碧桂园芙景湾酒店有限公司
地址：韶关市武江区西联镇丹霞大道中18号韶关碧桂园太阳城凤凰酒店
…………Tel：0751-6992999
韶关市南菱富田汽车销售服务有限公司
地址：韶关市浈江区韶南大道南郊八公里公路东侧（以消防表述面积为准）
…………Tel：0751-8262631
广东联合金地不动产评估勘测设计有限公司
地址：韶关市武江区沐阳东路12号卓越雅苑商住小区第5栋11层10号房
…………Tel：0751-8776655
惠州市达润房地产开发有限公司
地址：惠州市惠阳区镇隆镇联溪村雍华庭4幢1层002号-003号铺
…………Tel：0752-2209966
广东百年方正建设工程有限公司
地址：惠州市惠州大道（大湖溪段）25号
…………Tel：0752-2363298
惠州市天健盈丰工贸发展有限公司
地址：惠州仲恺高新区松阳路6号天健盈丰公馆2层01号
…………Tel：0752-2637666
惠州市水投实业开发有限公司
地址：惠州市惠城区惠沙堤二路89号
…………Tel：0752-2688183
昱科（惠州）科技发展有限公司
地址：惠州市惠城区惠博大道388号奥林匹克241栋102房二楼
…………Tel：18676633012
惠州市丰诚房地产开发有限公司
地址：惠州市仲恺高新区陈江大陂
…………Tel：0752-2831210
中海宏洋惠州城市建设开发有限公司
地址：惠州市江北文明一路中信城市时代B座19楼1903房
…………Tel：0752-2880701
惠州市华威房地产开发有限公司
地址：惠州市惠城区三环南路23号泰丰千花岛花园第35栋1层18号
…………Tel：0752-3105166
惠州时尚公园商业运营管理有限公司
地址：惠州市仲恺高新区仲恺大道（惠环段）376号时尚公园购物广场6层01、38号（仅限办公）
…………Tel：0752-3219863
广东宏锋实业有限公司
地址：惠州市惠城区马安镇新乐路惠州经济职业技术学院行政楼五楼
…………Tel：0752-3256852
惠州市百富达投资有限公司
地址：惠州市仲恺高新区陈江街道曙光路31号凯旋公寓酒店17层
…………Tel：0752-3261068
惠阳鸿江房地产开发有限公司
地址：惠阳区淡水镇广场东路华翠苑办公楼二楼
…………Tel：0752-3396812
惠州市俊峰鹏峰房地产开发有限公司
地址：惠阳区新圩镇新市场背地税分局旁
…………Tel：0752-3531111
惠州市瑞锦丰实业有限公司
地址：惠州市惠阳区新圩镇牧云溪谷花园商业及文化中心三层02号
…………Tel：0752-3533066
有利华建材（惠州）有限公司
地址：广东省惠州市惠阳区新圩镇红田村
…………Tel：0752-3622200
有利兴建材（惠州）有限公司
地址：广东省惠州市惠阳区新圩镇红田村
…………Tel：0752-3649031
惠州市东方地毯生产有限公司
地址：广东省惠州市惠阳区秋长镇
…………Tel：0752-3721777
惠州市惠阳区岐山度假村发展有限公司
地址：惠阳区三和经济开发试验区
…………Tel：0752-3736218
惠州市锐志恒丰建材有限公司
地址：惠州仲恺高新区潼湖镇三和村军民路8号厂房
…………Tel：0752-3881983
惠州市保利天同房地产开发有限公司
地址：惠州市惠阳区秋长西湖村老围小组18号
…………Tel：0752-3913306
惠州市嘉霖智远房地产开发有限公司
地址：惠州大亚湾西区龙海三路28号骏禧园营销中心一楼
…………Tel：0752-5160888
惠州大亚湾丰谷房地产开发有限公司
地址：惠州大亚湾西区移民村秋谷阳光园11栋2楼
…………Tel：0752-5183808
惠州晶地基业投资有限公司
地址：惠州大亚湾西区龙盛一路18号晶地顺苑2栋一单元212号房
…………Tel：0752-5201186
惠州市秋谷实业集团有限公司
地址：惠州大亚湾西区龙山七路秋谷阳光园11栋201号房
…………Tel：0752-5368936
惠州大亚湾灿邦新城建设有限公司
地址：惠州大亚湾澳头石化大道中399号灿邦国际广场1栋112号房
…………Tel：0752-5536606
惠州市新华联嘉业房地产开发有限公司
地址：惠州大亚湾澳头石化大道中438号
…………Tel：0752-5556516
惠州市其美装潢设计工程有限公司
地址：惠州大亚湾西区大亚湾大道226号德丰公馆10楼1013号房
…………Tel：0752-5558481
惠州市大东实业投资有限公司
地址：惠州大亚湾澳头进港大道６３号
…………Tel：0752-5569888
惠州市大亚湾经济技术开发集团有限公司
地址：惠州市澳头镇
…………Tel：0752-5574282
惠州大亚湾城市开发建设集团有限公司
地址：惠州大亚湾区中兴五路102号
…………Tel：0752-5577158
惠州东方雨虹建筑材料有限责任公司
地址：惠州大亚湾石化区精工南环路1号
…………Tel：0752-5588908
博罗县佳兆业置业有限公司
地址：惠州市博罗县罗阳镇佳兆业东江新城四期75栋02号房
…………Tel：0752-5707808
建华建材（惠州）有限公司
地址：惠东县白花镇谟岭村
…………Tel：0752-5909256
广东瑞铠实业发展有限公司
地址：博罗县石湾镇明月大道铁场朱黎段东侧格水口1-1号
…………Tel：0752-6619211
博罗县第二建筑工程总公司
地址：博罗县罗阳镇桥西四路3号
…………Tel：0752-6634528
惠州市德盈装潢设计有限公司
地址：博罗县罗阳镇城东区曙光路68号江山美苑4栋5栋6栋商铺1-120号
…………Tel：0752-6650830
惠州市城市建设投资集团有限公司
地址：惠州市惠城区江北三新南路2-1号市城市管理执法局办公楼7楼
…………Tel：0752-7218338
惠州颐景园置业发展有限公司
地址：博罗县罗阳街道惠博大道595号深惠颐景园39号楼左侧一层
…………Tel：0752-7779396
龙门县城市建设投资有限公司
地址：龙门县龙城街道办事处金龙大道边塘厦路段（龙门县财政局内）
…………Tel：0752-7788619
惠州市灿邦商业管理有限公司
地址：惠州大亚湾澳头石化大道中399号灿邦国际广场1栋118号房
…………Tel：0752-7850117
惠州市旭晓置业有限公司
地址：惠州大亚湾霞涌晓联径东村
…………Tel：0752-8263207
惠州明辉投资发展有限公司
地址：惠州大亚湾西区明珠花园叁幢102房
…………Tel：0752-8309226
惠州市惠城区碧桂园弘盛投资发展有限公司
地址：惠州市惠城区水口大道53号碧桂园珑城广场三楼A
…………Tel：0752-8309226
惠州市惠宇投资发展有限公司
地址：惠州市惠城区水口镇联和村青塘湖地段
…………Tel：0752-8309226
惠东县华盛实业开发有限公司
地址：惠东县稔山镇盐灶背村871乡道旁
…………Tel：0752-8312293
惠州市粤台投资有限责任公司
地址：惠东县平海镇龙泉新村商业街138号
…………Tel：0752-8657666
惠东县第三建筑工程公司
地址：惠东县平山镇建设路八十六号
…………Tel：0752-8826233
惠东县建筑工程总公司
地址：惠东县平山新平大道648号第五层楼
…………Tel：0752-8893805
梅州市鸿艺房地产开发有限公司
地址：梅州市彬芳大道(鸿都大厦三楼)
…………Tel：0753-2179926
梅州市江南新城基础设施建设有限公司
地址：梅州市中环路嘉应新区管委会大楼
…………Tel：0753-2188021
梅州市威华水利水电建设工程有限公司
地址：平远县大柘镇河唇路（县自来水公司大院内）
…………Tel：0753-2191683
梅州市清凉山供水有限公司
地址：梅州市沿江东路滨江新村1幢二楼
…………Tel：0753-2191689
广东梅雁吉祥实业投资股份有限公司
地址：广东省梅州市梅县区沿江南路15号

………………………Tel：0753－2212838
梅州建鑫城市建设有限公司
地址：梅州市梅江区三角镇坊明中环路
………………………Tel：0753－2230218
梅州日报社报业发展有限公司
地址：梅州市沿江东路梅州日报社办公楼一楼
………………………Tel：0753－2252343
梅州中冶城市建设发展有限公司
地址：梅州市梅江区江南中环路中段嘉应新区管委会2楼4层
………………………Tel：0753－2262866
广东省盐业集团梅州有限公司
地址：梅州市爱心路（中心坝市场对面）
………………………Tel：0753－2280481
梅州市梅县区中燃城市燃气发展有限公司
地址：梅州市梅县区程江镇人民南路骏业雅苑C栋5号店
………………………Tel：0753－2308188
梅州华建城市建设有限公司
地址：梅州市中环路嘉应新区管委会办公大楼侧大楼七楼
………………………Tel：0753－2310199
梅州市粤城投资建设有限公司
地址：梅州市梅江区东升工业园园区办公大楼二楼205室
………………………Tel：0753－2329290
梅州市勇兴集团有限公司
地址：梅州市梅县区程江镇槐岗村风门岌
………………………Tel：0753－2575688
广东鸿源集团有限公司
地址：兴宁市宁新东风路
………………………Tel：0753－3388898
兴宁市宁江建材集团有限公司
地址：兴宁市岗背镇振光村罗子圹
………………………Tel：0753－3505322
兴宁市齐兴输变电工程有限公司
地址：兴宁市兴城南坛西路18号
………………………Tel：0753－3682533
兴宁市产业转移工业园城建投资开发有限公司
地址：兴宁市兴合线叶塘段产业转移工业园管委会办公楼一楼
………………………Tel：0753－3876836
五华县华源电力发展有限公司
地址：五华县水寨镇大岭村红旗036号（五华供电局原物流中心）
………………………Tel：0753－4188111
广东集一家居建材连锁有限公司
地址：梅州市梅县区程江镇扶外村（梅县区宪梓中路2号）
………………………Tel：0753－6116988
梅州市立创源装潢工程有限公司
地址：丰顺县汤坑镇河滨新城顺风路河滨大街
………………………Tel：0753－6666635
广东建艺石材有限公司
地址：平远县仁居镇五福村
………………………Tel：0753－8354886
梅州市源财城市建设发展有限公司
地址：梅州市彬芳大道中28号6－9楼
………………………Tel：0753－8586990
平远县裕兴万年水泥实业有限公司
地址：平远县大柘镇河陂水工业大道49号
………………………Tel：0753－8836933
梅州市客天下碧桂园房地产开发有限公司
地址：梅州市梅江区三角镇东升村客天下碧桂园天誉一街1栋016号
………………………Tel：0753－8981111
汕头市中海宏洋置业有限公司
地址：汕头市濠江区中信滨海新城南滨片区02－02－04东侧
………………………Tel：0754－81880147
广东达诚技术股份有限公司
地址：汕头市大学路中段金平民营科技园管委大楼7楼
………………………Tel：0754－81885180
汕头市深源金域房地产有限公司
地址：汕头市金陵路10号金骏园二幢一层22号单元
………………………Tel：0754－82555222
汕头市胜达电器有限公司
地址：汕头市杏花路２号一至二层
………………………Tel：0754－82909888
广东五星玩具有限公司
地址：汕头市澄海区莱美工业区兴业东路
………………………Tel：0754－85506066
广东金航食品有限公司
地址：汕头市龙湖区龙盛工业区内
………………………Tel：0754－86316187
中交（汕头）东海岸新城投资建设有限公司
地址：汕头市乐山路1号之二
………………………Tel：0754－86863028
汕头建鑫城市建设有限公司
地址：汕头市金平区龙眼路6号大洋大厦602号房
………………………Tel：0754－87274516
汕头市达泰建材实业有限公司
地址：汕头市濠江区　石街道磊广公路鹤头田螺山地段
………………………Tel：0754－87496669
汕头市城市建设开发总公司
地址：汕头市跃进路３２号
………………………Tel：0754－88272480
汕头市建材企业集团公司
地址：汕头市迎春路4号4、5楼
………………………Tel：0754－88274008
广东省汕头经济特区建设（集团）公司
地址：汕头市龙湖区黄河路17号
………………………Tel：0754－88368441
中国抽纱汕头进出口有限公司
地址：汕头市海滨路16号
………………………Tel：0754－88545104
汕头市住宅建筑工程公司
地址：汕头市长平路２６号
………………………Tel：0754－88553453
汕头海悦度假村有限公司
地址：汕头市濠江区东湖村湖口洋
………………………Tel：0754－88656568
汕头国瑞建材家居博览中心有限公司
地址：汕头市中山东路南侧进港路东侧
………………………Tel：0754－88781992
汕头市华峰房地产开发有限公司
地址：汕头市潮阳区和平镇井仔湾山下
………………………Tel：0754－88803012
汕头市路杰汽车销售服务有限公司
地址：汕头市大学路300号之B单元
………………………Tel：0754－88806565
汕头市龙华建筑总公司
地址：汕头市天山路18号203.303.403号房
………………………Tel：0754－88837123
广东龙光集团物业管理有限公司
地址：汕头市龙湖区珠池路光明大厦502号房之三
………………………Tel：0754－88993553
汕头中建新型城镇化投资有限公司
地址：汕头市澄海区凤翔街道莱美路与凤新一路交界处凤新写字楼二楼209－216号
………………………Tel：0754－89875513
汕头市龙光房地产有限公司
地址：汕头市龙湖区珠池路23号光明大厦3/1202号房之三
………………………Tel：0754－89998803
汕头市龙光嘉悦房地产开发有限公司
地址：汕头市龙湖区珠池路光明大厦802号房之一
………………………Tel：0754－89998803
深圳市雅堂控股投资股份有限公司
地址：深圳市南山区桃源街道留仙大道南山云谷二期八栋301
………………………Tel：0755－21624348
深圳市万科城市更新有限公司
地址：深圳市盐田区大梅沙环梅路33号万科中心总部大楼3楼E区
………………………Tel：0755－22186000
宝能城市发展建设集团有限公司
地址：深圳市罗湖区笋岗街道宝安北路2088号深业物流大厦1007
………………………Tel：0755－22189088
深圳中建城发地产投资有限公司
地址：深圳市南山区南山街道南山大道枫叶大厦二十楼K室
………………………Tel：0755－22678389
深圳市凯发建材贸易有限公司
地址：深圳市罗湖区笋岗街道梨园路128号宝能汽车大楼604
………………………Tel：0755－22911255
深圳市天通万年房地产开发有限公司
地址：深圳市宝安区西乡街道凤凰岗社区凤凰岗路60号
………………………Tel：0755－22961496
深圳华之彩包装装潢设计有限公司
地址：深圳市罗湖区南湖街道嘉宾路2018号深华商业大厦1904室
………………………Tel：0755－22984353
广东德上科技发展有限公司
地址：深圳市宝安区西乡街道水库路103号陈容桂大厦9楼901
………………………Tel：0755－23148066
深圳市中城建设集团有限公司
地址：深圳市龙华区龙华街道清华社区梅龙大道2125号卫东龙商务大厦A栋3层309
………………………Tel：0755－23305255
深圳市共创美好房地产开发建筑建材有限公司
地址：深圳市龙华新区龙华街道龙观路鸿宇大厦14楼01A
………………………Tel：0755－23316991
深圳市创新世界产业园运营有限公司
地址：深圳市龙岗区坪地街道高桥社区盛佳道2号东维丰新材料厂区5#综合楼2楼东面
………………………Tel：0755－23505989
深圳市联投置地有限公司
地址：深圳市福田区香梅路1061号中投国际商务中心B栋2层201－B1
………………………Tel：0755－23931212
深圳市开元国际物业管理有限公司
地址：深圳市光明区凤凰街道塘尾社区面前岭一排彩生活物业管理处101
………………………Tel：0755－23966712
深圳市星若文化传媒有限公司
地址：深圳市福田区福田街道深南大道与彩田路交汇处嘉麟豪庭B座2801
………………………Tel：0755－23972620
深圳市联美实业发展有限公司
地址：深圳市罗湖区黄贝街道碧波社区黄贝路2134号碧波花园25栋104
………………………Tel：0755－23998366
大悦城控股集团股份有限公司
地址：深圳市宝安区新安街道3区龙井二路3号中粮地产集团中心第1层101室
………………………Tel：0755－23999000
深圳市中装城建工程有限公司
地址：深圳市罗湖区桂园街道深南东路4002号鸿隆世纪广场B座4楼408
………………………Tel：0755－25115282
深圳世展创意实业有限责任公司
地址：深圳市罗湖区嘉宾路4018号爵士大厦14B13
………………………Tel：0755－25138818
燕加隆家居建材股份有限公司
地址：深圳市龙岗区吉华街道甘李二路9号金苹果创新园B栋第3层
………………………Tel：0755－25160926
深圳市横岗佳兆业投资咨询有限公司
地址：深圳市龙岗区龙城街道龙翔大道3001号大运中心体育场4楼
………………………Tel：0755－25181898
深圳市环陶建筑装饰材料有限公司
地址：深圳市盐田区沙深路95号七楼1号
………………………Tel：0755－25360828
深圳市侨社汽车运输有限公司
地址：深圳市罗湖区和平路西华侨大厦1号楼
………………………Tel：0755－25594580
深圳市家得福实业有限公司
地址：深圳市福田区园岭街道八卦岭工业区八卦岭厂房426栋一楼103
………………………Tel：0755－25620009
深圳市布心实业股份有限公司
地址：深圳市罗湖区布心村
………………………Tel：0755－25778375
深圳市万人市场调查股份有限公司
地址：深圳市龙华区龙华街道清祥路1号宝能科技园7栋A座8楼
………………………Tel：0755－25844583
深圳市城建产业园发展有限公司
地址：深圳市罗湖区笋岗街道红岭北路3002号
………………………Tel：0755－25846551
深圳市财盛通建材有限公司
地址：深圳市罗湖区红岗北路龙园山庄30栋211
………………………Tel：0755－25877458
深圳市三溪房地产开发有限公司
地址：深圳市龙岗区南湾街道厦村社区桂新三路2号206
………………………Tel：0755－26046464
深圳市西部城建工程有限公司
地址：深圳市南山区桃园西路南山市政大厦五楼
………………………Tel：0755－26163188
深圳市索迪统计师事务所有限公司
地址：深圳市南山区粤海街道高新区社区科技南十二路009号迈瑞研发大楼5层
………………………Tel：0755－26521603
深圳市中城建设工程有限公司
地址：深圳市南山区玉泉路毅哲大厦205
………………………Tel：0755－26526882
深圳市新成创汇投资发展有限公司
地址：深圳市宝安区沙井街道沙一社区围仔新村二巷20号1301
………………………Tel：0755－26564301
中建城投（深圳）建设有限公司
地址：深圳市福田区福保街道福保社区市花路8号和合仓储大厦仓储区一层T8旅游创意（保税）园109A－2
………………………Tel：0755－26565016
深圳市九祥岭投资发展有限公司
地址：深圳市南山区西丽路西丽镇九祥岭村办公大楼三楼
………………………Tel：0755－26628255
深圳市福晨资产管理有限公司
地址：深圳市宝安区西乡街道宝安大道4018号华丰国际商务大厦201
………………………Tel：0755－26747201
方大集团股份有限公司
地址：深圳市南山区高新技术产业园南区科技南十二路方大科技大厦
………………………Tel：0755－26788571
建滔电子材料（中国）有限公司
地址：深圳市前海深港合作区前湾一路1号A栋201室（入驻深圳市前海商务秘书有限公司）
………………………Tel：0755－26901360
深圳汇基建材有限公司
地址：深圳市南山区桃源街道龙珠大道121号202
………………………Tel：0755－26902731
深圳中城建工程建设有限公司
地址：深圳市南山区南山街道南山大道枫叶大厦二十楼J室
………………………Tel：0755－26928389
深圳市固亿建材水泥制品有限公司
地址：深圳市光明区公明街道西田社区第三工业区第49栋201B座
………………………Tel：0755－27153588
威可楷爱普建材有限公司
地址：深圳市宝安区沙井街道南环路512号
………………………Tel：0755－27234288
深圳市塘尾股份合作公司
地址：深圳市宝安区福永街道塘尾社区居委办公大楼三楼（办公场所）
………………………Tel：0755－27377544
深圳市怀德股份合作公司
地址：深圳市宝安区福永街道怀德综合楼（办公场所）
………………………Tel：0755－27392643
深圳市晋荣建材有限公司
地址：深圳市光明区新湖街道楼村社区西光月二路32号祥发科技园厂房B栋一层104
………………………Tel：0755－27400938
深圳市西成联合开发有限公司
地址：深圳市宝安区西乡街道西成工业区永昌楼八、九层（办公场所）
………………………Tel：0755－27494769
深圳市丰用实业集团有限公司
地址：深圳市宝安区航城街道三围社区航城大道172号B1栋110－112
………………………Tel：0755－27597993
深圳市华丰世纪物业管理有限公司
地址：深圳市宝安区西乡街道银田路4号宝安智谷科技创新园C座一楼101
………………………Tel：0755－27856999
深圳市衢芳股份合作公司
地址：深圳市宝安区西乡街道新湖路与劳动路交汇处北侧永丰综合楼十一楼
………………………Tel：0755－27901828
深圳市泉堂实业发展有限公司
地址：深圳市龙华区龙华街道景龙社区和平东路源发大厦801
………………………Tel：0755－28113333
广东巨原新材料有限公司
地址：深圳市龙华区民治街道新牛社区民治大道690号东盟大厦3楼E30
………………………Tel：0755－28122012
芝加哥金属制品（深圳）有限公司
地址：深圳市光明新区公明办事处田寮社区桔生工业园第1栋第1层A区及第2层
………………………Tel：0755－28129518
网网科技（深圳）有限公司
地址：深圳市龙华新区民治街道锦绣江南四期1栋8C
………………………Tel：0755－28222142
深圳市鑫多德建材有限公司
地址：深圳市罗湖区黄贝街道深南东路1027号文华大厦西座9A
………………………Tel：0755－28262144
深圳市金荣建材有限公司
地址：深圳市龙岗区龙岗街道龙东社区龙湖路129号101
………………………Tel：0755－28293319
深圳市鹏安顺物业管理有限公司
地址：深圳市坪山区坑梓街道宝梓北路55号4－112
………………………Tel：0755－28328883
深圳市百利源投资发展有限公司
地址：深圳市龙华区龙华街道景龙社区中环路65号办公楼二层
………………………Tel：0755－28351978
深圳市金碧房地产开发有限公司
地址：深圳市坪山区坪山街道深汕路246号投资大厦1208
………………………Tel：0755－28448929
深圳市富思源房地产开发有限公司
地址：深圳市龙岗区横岗街道六园路26栋4楼
………………………Tel：0755－28603333
深圳市李朗珠宝投资有限公司
地址：深圳市龙岗区南湾街道布澜路31号中盈珠宝工业厂区C区1楼
………………………Tel：0755－28781111
深圳市龙岗天安数码新城有限公司
地址：深圳市龙岗区龙城街道中心城龙岗天安数码创新园一号厂房A201
………………………Tel：0755－28969999
深圳市中绿投城建文化产业企业（有限合伙）
地址：深圳市罗湖区桂园街道深南东路5002号地王大厦909室
………………………Tel：0755－28995455
深圳市龙岗区城市建设投资集团有限公司
地址：深圳市龙岗区龙城街道腾飞路创投大厦23楼
………………………Tel：0755－28998028
广东城城工程建设有限公司
地址：深圳市宝安区新安街道海秀路熙龙湾花园一期7B1203室
………………………Tel：0755－29073435

深圳市前海城景园林建设有限公司
地址：深圳市前海深港合作区前湾一路1号A栋201室(入住深圳前海商务秘书有限公司)
Tel：0755-29615803

深圳市创星城建设工程有限公司
地址：深圳市宝安区福永街道凤凰社区广深路福永段109号锦灏大厦1307
Tel：0755-29633863

深圳市汉文装潢材料有限公司
地址：深圳市南山区粤海街道麻岭社区高新中二道2号深圳软件园5栋4层401-K6
Tel：0755-29677037

深圳城建房地产开发有限公司
地址：深圳市龙华新区观澜街道岗头社区观澜大道448号四楼(办公场所)
Tel：0755-29831066

深圳市深广通环保建材有限公司
地址：深圳市龙岗区龙岗街道新生村水岸新都40栋A1602
Tel：0755-29831685

深圳市深汕特别合作区海港新城投资建设有限公司
地址：深圳市深汕特别合作区鹅埠镇创元路与同心路交汇处东部新时代大厦21-22层
Tel：0755-22106095

深圳坤易泰建材有限公司
地址：深圳市宝安区松岗街道燕川社区燕山大道老虎坑环境园B栋
Tel：0755-33682171

深圳市大绿地环保科技建材有限公司
地址：深圳市坪山新区坪山街道大万北区一巷6号
Tel：0755-36936694

深圳市鹏城建筑集团有限公司
地址：深圳市福田区香蜜湖街道农林路鑫竹苑A栋25层
Tel：0755-36986888

广东华宇建筑工程有限公司
地址：江门市新会区同庆路18号商业一街118
Tel：0755-6399057

深圳同济建筑装潢有限公司
地址：深圳市南山区南头街道关口一路华府国际3栋7单元21A
Tel：0755-81474600

深圳市金地建材有限公司
地址：深圳市福田区振华路深纺大厦六楼西
Tel：0755-82039999

深圳市城建集团有限公司
地址：深圳市福田区福保街道福田保税区市花路25号银东大厦1座1楼
Tel：0755-82054518

深圳市皇城地产有限公司
地址：深圳市福田区福田南路7号皇城广场写字楼29层、31层
Tel：0755-82211966

中建材投资有限公司
地址：深圳市罗湖区人民南路国贸大厦12楼南
Tel：0755-82212102

中航长城华龙工程建设有限公司
地址：深圳市罗湖区深南东路1133号长安大厦505室
Tel：0755-82247893

深圳市城市建设开发（集团）有限公司
地址：深圳市罗湖区桂园街道滨河东路1011号鹿丹大厦15层
Tel：0755-82249743

深圳市盛康源贸易有限公司
地址：深圳市福田区沙头街道天安社区深南大道6021号喜年中心A栋1901
Tel：0755-82266788

深圳市城建置地发展有限公司
地址：深圳市罗湖区桂园街道红岭南路金华街19号
Tel：0755-82333717

深圳市富士投资（集团）有限公司
地址：深圳市福田区景田商报路奥林匹克大厦1701（仅限办公）
Tel：0755-82510947

东大洋控股集团有限公司
地址：深圳市罗湖区深南东路鸿昌广场4201室
Tel：0755-82682311

深圳市鹏信投资管理有限公司
地址：深圳市龙岗区龙岗街道南联社区龙岗大道4004号A栋3楼A区201号
Tel：0755-82776668

永发印务（东莞）有限公司
地址：东莞市大岭山镇龙山村饮食岭
Tel：0755-82788093

深圳市博思堂文化传媒股份有限公司
地址：深圳市福田区华富街道田面设计之都10栋5A
Tel：0755-82816066

深圳市嘉霖集团有限公司
地址：深圳市南山区北环路与深云路交汇处智慧广场A栋1601A,1601B,1601C,1601D,1601E,1601F
Tel：0755-82839000

中城投集团六局（深圳）投资有限公司
地址：深圳市南山区科技园中三路海王银河科技大厦6层
Tel：0755-82880811

中城投建设（深圳）有限责任公司
地址：深圳市南山区粤海街道科技园中三路1号海王银河科技大厦六楼602
Tel：0755-82880811

深圳市信城建源投资发展企业（有限合伙）
地址：深圳市福田区梅林街道梅林路卓越梅林中心广场（南区）B座2203
Tel：0755-82881110

深圳龙谷集团有限公司
地址：深圳市福田区新洲路深圳国际商会大厦B座605A
Tel：0755-82931929

深圳市中项资产评估房地产土地估价有限公司
地址：深圳市福田区侨香三道国华大厦28G
Tel：0755-82933840

深圳市皇悦建材有限公司
地址：深圳市福田区福保街道福民路131号石厦宾馆五层516室
Tel：0755-82981098

深圳市家家发房屋理财中心有限公司
地址：深圳市福田区彩田路中深花园A座2915#、2917#、2919#
Tel：0755-82995288

深圳中城建融实业发展有限公司
地址：深圳市福田区沙头街道新沙路惠民街市一楼A01
Tel：0755-82995451

深圳市幸福天天到家电子商务有限公司
地址：深圳市福田区梅林街道梅华路377号裕林花园1栋6单元811
Tel：0755-83102040

深圳市尚美建设控股集团有限公司
地址：深圳市福田区沙头街道沙嘴社区沙嘴路8号红树华府A、B、C、D栋A栋19层1911
Tel：0755-83203359

深圳金伟琛装饰装潢有限公司
地址：深圳市龙岗区布吉街道甘李五路科伦特研发大厦808
Tel：0755-83217101

深圳市迈超商业运营有限责任公司
地址：深圳市福田区福田街道金田大中华交易广场23层2301
Tel：0755-83229057

深圳市清景铜箔投资有限公司
地址：深圳市南山区招商街道南海大道以西美年国际广场1栋604-20
Tel：0755-83235706

深圳市绿景物业管理有限公司
地址：深圳市福田区新洲六街绿景中城天邑花园3栋二楼架空层
Tel：0755-83404249

深圳市日昇生态科技股份有限公司
地址：深圳市福田区沙头街道天安社区泰然九路与泰然六路交汇处红松大厦A区5C
Tel：0755-83547401

中城建华南有限公司
地址：深圳市福田区福田街道福安社区深南大道4011号香港中旅大厦19层A
Tel：0755-83553256

深圳市城建物业管理有限公司
地址：深圳市福田区深南中路统建办公楼1栋15层
Tel：0755-83626419

深圳市合和投资发展有限公司
地址：深圳市南山区环西路天悦园A座三层南半部
Tel：0755-83710062

深圳市鹏辉基业建设工程有限公司
地址：深圳市福田区沙尾西村金地一路22号新沙千部楼A栋一单元202室
Tel：0755-83826663

中城建融资租赁（深圳）有限公司
地址：深圳市前海深港合作区前湾一路1号A栋201室（入驻深圳市前海商务秘书有限公司）
Tel：0755-83846095

中建材智慧物联有限公司
地址：深圳市福田区深南大道1006号深圳国际创新中心（福田科技广场）F栋5层房间号4403040060100600007000005
Tel：0755-83885244

深圳稳健建设集团有限公司
地址：深圳市龙岗区坂田街道岗头社区天安云谷产业园二期4栋1503
Tel：0755-83912180

深圳市联发科网络技术有限公司
地址：深圳市龙华区龙华街道工业东路油松第六工业区二巷6栋
Tel：0755-83950058

深圳市中骏城建设有限公司
地址：深圳市龙岗区龙城街道爱联社区陂头背新三区16号三楼
Tel：0755-84068686

惠州市鸿楷业发展有限公司
地址：惠州市大亚湾西区樟树埔
Tel：0755-84119092

深圳市中楠建设工程有限公司
地址：深圳市坪山区坪山街道六联社区金碧路8号104
Tel：0755-84289128

深圳市名众房地产开发有限公司
地址：深圳市大鹏新区南澳街道水头沙社区东区28号
Tel：0755-84428399

深圳金和前海城市建设有限公司
地址：深圳市前海深港合作区前湾一路1号A栋201室（入驻深圳市前海商务秘书有限公司）
Tel：0755-84505900

深圳市华之美电梯有限公司
地址：深圳市龙岗区平湖街道平湖社区平安大道3号铁东物流区11栋903
Tel：0755-84528833

深圳市坪山区城市建设投资有限公司
地址：深圳市坪山区马峦街道东纵路147号地税9楼
Tel：0755-84539996

深圳市为海建材有限公司
地址：深圳市龙岗区布吉街道水径社区八约二街36号1栋一楼
Tel：0755-84739688

深圳市南方鸿达实业有限公司
地址：深圳市龙岗区龙城街道黄阁坑社区龙飞大道333号启迪协信5栋A座513-519
Tel：0755-84827113

深圳市维德建材有限公司
地址：深圳市龙岗区坂田街道中浩工业城7栋第一层
Tel：0755-85592545

深圳市华威环保建材有限公司
地址：深圳市南山区粤海街道高新区社区高新南九道10号深圳湾科技生态园10栋B座522
Tel：0755-86000497

深圳锦瀚城乡建设投资控股有限公司
地址：深圳市南山区朗山路16号华瀚大厦A座9楼A-10-11
Tel：0755-86016669

深圳市海岸城置业有限公司
地址：深圳市南山区商业文化中心区海岸大厦西座3003
Tel：0755-86063888

深圳百安居装饰建材有限公司
地址：深圳市罗湖区宝安北路4008号
Tel：0755-86121626

深圳市怡化物业管理有限公司
地址：深圳市南山区粤海街道滨海社区白石路3939号怡化金融科技大厦25层06单元
Tel：0755-86158333

深圳市新豪方酒店管理有限公司
地址：深圳市南山区深南大道11018号新豪方大厦17A-1
Tel：0755-86183999

深圳市信和商业股份有限公司
地址：深圳市罗湖区南湖街道深南东路中建大厦15楼1501室
Tel：0755-86293078

深圳市德赛电池科技股份有限公司
地址：深圳市南山区高新科技园南区高新南一道德赛科技大厦东座26楼
Tel：0755-86299888

深圳市德赛电池科技股份有限公司
地址：深圳市南山区高新科技园南区高新南一道德赛科技大厦东座26楼
Tel：0755-86299888

深圳新安湖实业有限公司
地址：深圳市宝安区新城五区新安湖畔
Tel：0755-86310389

深圳海雅（集团）有限公司
地址：深圳市南山区南油大道东鹏龙商业城六层
Tel：0755-86310389

深圳中绿环境集团有限公司
地址：深圳市龙岗区龙岗街道南联社区圳埔岭路2号F栋三楼301
Tel：0755-86364888

深圳市兆新能源股份有限公司
地址：深圳市罗湖区笋岗街道笋西社区梨园路8号HALO广场一期五层
Tel：0755-86922999

深圳市光明区建设发展集团有限公司
地址：深圳市光明区凤凰街道凤凰社区观光路招商局光明科技园A1A2栋A1栋1701
Tel：0755-88211950

深圳市光森建材有限公司
地址：深圳市福田区市花路5号长富金茂大厦61楼6101室
Tel：0755-88295858

深圳市朗迈建材工程有限公司
地址：深圳市南山区桃源街道学苑大道1001号智园B1栋17楼
Tel：0755-88308336

深圳市小小金融服务有限公司
地址：深圳市福田区华强北街道深南中路3018号交通银行大厦21层
Tel：0755-88312578

深圳市美味源餐饮管理有限公司
地址：深圳市福田区福田街道民田路购物公园北园地下室B06-A
Tel：0755-88604865

深圳市前海商务秘书有限公司
地址：深圳市前海深港合作区前湾一路1号A栋201室
Tel：0755-88988988

深圳市宇合凯环保建材有限公司
地址：深圳市龙岗区龙岗街道龙西社区陂头肚工业区综合楼二楼202
Tel：0755-89218950

南塑建材塑胶制品（深圳）有限公司
地址：深圳市龙岗区平湖街道新厦大道33号
Tel：0755-89234699

中城建第二十一工程局（广东）有限公司
地址：深圳市龙岗区坂田街道杨美侨联东1巷1号201
Tel：0755-89350830

中城建第二十一工程局（深圳）有限公司
地址：深圳市龙岗区坂田街道杨美社区侨联东1巷1栋305
Tel：0755-89350830

深圳市明远建材科技有限公司
地址：深圳市坪山新区坑梓街道金沙社区金康路52号
Tel：0755-89935701

中航城投建设集团有限公司
地址：珠海市横琴新区洋环村41号第4层
Tel：0756-2638218

中山市华利高房地产投资有限公司
"地址：中山市坦洲镇沙坦南路61号香槟花园11卡（住所申报）
"
Tel：0756-2882998

珠海幸福家网络科技股份有限公司
地址：珠海市横琴新区宝华路6号105室-3281
Tel：0756-3330993

珠海横琴中居房地产投资有限公司
地址：珠海市横琴新区宝华路6号105室-3286
Tel：0756-6129992

珠海城建智慧能源有限公司
地址：珠海市横琴新区宝华路6号105室-51458（集中办公区）
Tel：0756-8578826

珠海开元金城建设工程有限公司
地址：珠海市横琴新区宝华路6号105室-24137（集中办公区）
Tel：0756-8615074

中交珠海城际轨道交通投资建设有限公司
地址：珠海市横琴新区宝华路6号105室-666
Tel：0756-8938050

广东新信德城建有限公司
地址：佛山市顺德区大良街道办事处金榜居委会鉴海北路322号新信德大厦6楼B区
Tel：0757-22229999

广东泰林电力工程有限公司
地址：佛山市顺德区伦教街道办事处永丰村委会永丰工业区北路48号
Tel：0757-22309838

佛山市顺德区大良德良物业管理有限公司
地址：佛山市顺德区大良县前路16号
Tel：0757-22316829

广东迅兴建设工程有限公司
地址：佛山市顺德区大良街道办事处金榜社区居民委员会凤山中路12号二层商场C之一、D之二
Tel：0757-22330261

广东金诺物业管理服务有限公司
地址：佛山市顺德区大良古鉴龙良路龙湖新城2号康格斯花园一期2座P1号商铺
Tel：0757-22361599

广州昊博益海投资咨询有限公司
地址：广州市南沙区香江金融商务中心南沙街金隆37号1701房006号（仅限办公）
Tel：0757-22399508

佛山市顺德区鉴洪电气安装工程有限公司
地址：佛山市顺德区大良街道永同路1号中怡名都广场3号楼1022（住所申报）
Tel：0757-22808778

佛山市顺德区中油龙桥燃料有限公司
地址：佛山市顺德区陈村镇勒竹工业区
Tel：0757-23832315

广东联盟家居建材有限公司
地址：佛山市顺德区龙江镇西溪第三工业区
Tel：0757-23888589

广州美峻房地产开发有限公司
地址：广州市南沙区东涌镇同乐路12号二

层（自主申报）
………………………Tel：0757-26606045
广东美的物业发展有限公司
地址：佛山市顺德区北 镇广教社区居民委员会广教西洲街前25号广夏花园商业街3座122之一
………………………Tel：0757-26607729
佛山市钜鑫科技工程有限公司
地址：佛山市顺德区大良街道办事处北区居委会新宁路43号顺德家电城九座175号二层之一（住所申报）
………………………Tel：0757-26911177
广东美涂士建材股份有限公司
地址：佛山市顺德区伦教三洲工业区
………………………Tel：0757-27332260
佛山市新城开发建设有限公司
地址：佛山市顺德区乐从镇岭南大道2号中欧中心D栋首层102（住所申报）
………………………Tel：0757-28102070
广东宏充实业有限公司
地址：佛山市顺德区容桂街道办事处小黄圃居委会创业路2号C座
………………………Tel：0757-28377831
佛山市顺德区海骏达房地产开发有限公司
地址：佛山市顺德区容桂街道桂洲大道中13号之二
………………………Tel：0757-28873908
广东威博投资控股有限公司
地址：佛山市顺德区容桂顺德高新技术产业开发区科技产业园建业中路15号（公司住所仅作办公用途）
………………………Tel：0757-28999128
广东联塑五金电气建材商城有限公司
地址：佛山市顺德区龙江镇龙江社区居民委员会登东路东侧之三4楼
………………………Tel：0757-29226904
广东东恒家具集团有限公司
地址：佛山市顺德区乐从镇沙 路口
………………………Tel：0757-29236308
广东瑞兴医药股份有限公司
地址：佛山市顺德区陈村镇旧圩居委会合成路百花楼2、3层商场三楼301号之六（住所申报）
………………………Tel：0757-29271163
佛山市顺德区中维房地产开发有限公司
地址：广东省佛山市顺德区乐从镇乐从社区东平新城文华南路8号保利商务中心1座1601室-1603室、1608-1612室（住所申报）
………………………Tel：0757-29328892
广东合创领兴五金建材有限公司
地址：佛山市顺德区龙江镇龙江社区居民委员会登东路东侧之三5楼
………………………Tel：0757-29392677
佛山市顺德溢盛汽车销售服务有限公司
地址：佛山市顺德区陈村镇南涌社区居民委员会南涌105国道芸香围路段22号之一
………………………Tel：0757-29833388
广东乐从钢铁世界有限公司
地址：佛山市顺德区乐从镇广东乐从钢铁世界F1区15座二层15单元
………………………Tel：0757-29878888
广东宝丽雅实业发展有限公司
地址：佛山市顺德区勒流镇富安工业区
………………………Tel：0757-29976811
广东亿海自动化设备有限公司
地址：佛山市顺德区伦教街道办事处荔村村委会伦教工业大道荔村段3号（佛山市顺德区华南机械城有限公司）D1座
………………………Tel：0757-29997799
广东新一派建材有限公司
地址：广东省清远市清新区禾云镇云龙工业园B-6
………………………Tel：0757-5678001
佛山市科顺建筑材料有限公司
地址：佛山市高明区杨和镇桃花街2号
………………………Tel：0757-63819924
广东华力通变压器有限公司
地址：佛山市南海区里水镇和顺和桂工业园B区顺福东路2号车间五第一、二层（住所申报）
………………………Tel：0757-66823268
广州碧科智城开发建设投资有限公司
地址：广州市番禺区新造镇新广路16号办公楼
………………………Tel：0757-66832422
广东梅沙教育发展有限公司
地址：佛山市南海区桂城街道桂澜中路23号万科金域国际花园10座2幢701号房-22
………………………Tel：0757-66859844
佛山市南海国昌投资有限公司
地址：佛山市南海区大沥镇黄岐海北建设大道南自编2至6号办公楼二楼
………………………Tel：0757-66862688
佛山市广佛里投资开发有限公司
地址：佛山市南海区里水镇和顺幸福大道8号智领商业广场31座首层101号铺（住所申报）
………………………Tel：0757-66886699
佛山市三水云东海新城开发投资有限公司
地址：佛山市三水区云东海大道大学路云东海林区服务用房206室
………………………Tel：0757-66897055
佛山市万利钢铁加工有限公司
地址：佛山市南海区九江镇龙高路河清段钢铁西四路15号C区49-50（住所申报）
………………………Tel：0757-81016999
佛山市和信商用物业经营管理有限责任公司
地址：佛山市南海区狮山镇博爱中路61号和信商业广场四楼
………………………Tel：0757-81208888
广东华飞建材有限公司
地址：佛山市南海区桂城B8街区聚龙商业楼一首层162A室（住所申报）
………………………Tel：0757-81776873
佛山奥冠置业有限公司
地址：佛山市南海区桂城街道石龙南路1号嘉邦国金中心1座611室之一（住所申报）
………………………Tel：0757-81806888
佛山禅城水乡新城开发建设有限公司
地址：佛山市禅城区南庄镇南庄大道西13号机关大院3号楼
………………………Tel：0757-82013912
佛山市新纪元置业有限公司
地址：佛山市禅城区华祥路10号世茂望德公馆首层（住所申报）
………………………Tel：0757-82093669
广东省六建工程总承包有限公司
地址：佛山市亲仁路3号
………………………Tel：0757-82241939
佛山市东建集团有限公司
地址：佛山市禅城区汾江中路121号东建大厦33楼
………………………Tel：0757-82259498
广东衍发建设工程管理有限公司
地址：佛山市禅城区佛山大道北203号二楼
………………………Tel：0757-82266208
佛山市丽普盾通信科技有限公司
地址：佛山市禅城区人民西路11号自编1号楼第3-4层(住所申报)
………………………Tel：0757-82302238
广东昊泰智能化工程有限公司
地址：佛山市禅城区南庄镇龙津村樵乐路北侧厂房（原旧龙珠厂）展厅1号（住所申报）
………………………Tel：0757-82531109
广东博德精工建材有限公司
地址：佛山市三水区芦苞镇工业开发区
………………………Tel：0757-82566312
广东德徕酒店管理有限公司
地址：佛山市禅城区绿景三路4号首层大堂局部、5层、7-18层
………………………Tel：0757-82819999
佛山市禅城区新圣商务区投资建设有限公司
地址：佛山市禅城区魁奇二路2号内4号楼五层520室
………………………Tel：0757-83070051
禅城东部商务区投资建设有限公司
地址：佛山市禅城区魁奇二路2号内4号楼五层543室
………………………Tel：0757-83072251
佛山市雄力建材贸易有限公司
地址：佛山市禅城区佛山大道中189号家博城C座八层C8-8003B（住所申报）
………………………Tel：0757-83120212
佛山市和筑建材贸易有限公司
地址：佛山市禅城区佛山大道中189号家博城C座八层C8-8003A，C8-8005号
………………………Tel：0757-83120212
佛山市宝磊建材贸易有限公司
地址：佛山市禅城区季华一路28号四座1202房之三
………………………Tel：0757-83121688
广东星域房地产开发有限公司
地址：佛山市禅城区季华七路北侧星星工业园（自编13号）办公楼一楼
………………………Tel：0757-83270579
佛山市顺德区龙光铂绅房地产有限公司
地址：佛山市顺德区大良街道办事处德和居委会国泰南路1号保利中辰大厦1座1907（住所申报）
………………………Tel：0757-83784888
广东弘讯通信技术有限公司
地址：佛山市禅城区汾江南路38号世博广场六层09号商铺
………………………Tel：0757-83937023
佛山通威饲料有限公司
地址：佛山市南海区里水镇和顺鲁岗村
………………………Tel：0757-85121518
皓腾实业（广东）有限公司
地址：鹤山市鹤山工业城和顺路637号自编号101
………………………Tel：0757-85126975
广东粤特变压器有限公司
地址：佛山市南海区狮山镇松岗松夏工业园置业路5号（五金厂房车间1）
………………………Tel：0757-85203716
佛山市南海瑜顺不锈钢五金制品有限公司
地址：佛山市南海区狮山镇松岗山南开发区
………………………Tel：0757-85239899
广东卡隆纳家居建材有限公司
地址：佛山市禅城区季华西路68号中国陶瓷产业总部基地（季华西路与紫洞路交汇处）中心C座03栋首层（住所申报）
………………………Tel：0757-85332021
佛山市南海禅昌汽车服务有限公司
地址：佛山市南海区大沥桂江公路亚洲铝厂南侧
………………………Tel：0757-85599996
广东佛山珠江科技数码城建设有限公司
地址：佛山市南海区里水镇里水大道南26号峰景湾10栋104至106号铺（住所申报）
………………………Tel：0757-85615618
广东新怡内衣集团有限公司
地址：佛山市南海区大沥镇盐步蟾尚路5号2栋0227号（仅作办公用途）（住所申报）
………………………Tel：0757-85761303
佛山正通众锐汽车销售服务有限公司
地址：佛山市南海区桂城街道61街区桂江立交桥东南侧
………………………Tel：0757-86082692
佛山市桂园建筑工程有限公司
地址：佛山市南海区桂城佛平路20号
………………………Tel：0757-86220772
广东天与地商业运营管理有限公司
地址：广州市天河区天河路208号天河城东塔楼第18层06B、07A单元（仅限办公）
………………………Tel：0757-86289390
广东房又房网络科技有限公司
地址：佛山市南海区桂城街道季华东路31号天安中心7座308室（住所申报）
………………………Tel：0757-86327079
佛山市南海区丽雅苑房地产发展有限公司
地址：佛山市南海区桂城南海大道北33号
………………………Tel：0757-86327126
佛山市南海区拓华汽车贸易有限公司
地址：佛山市南海区桂城叠 大道G12号地
………………………Tel：0757-86368986
广东弘磊建材贸易有限公司
地址：佛山市南海区狮山镇罗村沿江北路1号富弘广场9层B39号（住所申报）
………………………Tel：0757-86602993
广东名阳信息科技有限公司
地址：佛山市南海区桂城街道夏南路12号天富科技中心1号楼6层611-613室（住所申报）
………………………Tel：0757-86677968
佛山市锦泰汽车销售服务有限公司
地址：佛山市南海区狮山镇穆院村博爱路一环路边（自编号：001）
………………………Tel：0757-86686655
佛山樵科投资管理有限公司
地址：佛山市南海区西樵科技工业园内
………………………Tel：0757-86838655
广东中旅（南海）旅游投资有限公司
地址：佛山市南海区西樵镇西岸庆云洞风景区（迎宾馆副楼）2103号
………………………Tel：0757-86855715
佛山市南海区西樵恒建混凝土有限公司
地址：佛山市南海区西樵西江公路路南边东朗
………………………Tel：0757-86897133
佛山市南海雅诺士纺织科技有限公司
地址：广东省佛山市南海区九江镇沙头工业区
………………………Tel：0757-86910143
佛山市三水协佳化工有限公司
地址：佛山市三水工业区大塘园55-2号地
………………………Tel：0757-87292733
佛山百利丰建材有限公司
地址：佛山市三水区白坭镇进港大道
………………………Tel：0757-87567338
佛山市三水区淼城建设投资有限公司
地址：佛山市三水区西南街道健力宝北路21号西南边三层（三楼自编号3）
………………………Tel：0757-87717881
佛山市三水富港商业经营管理有限公司
地址：佛山市三水区西南街张边路9号三水广场1座1楼
………………………Tel：0757-87785666
佛山市利隆汽车销售服务有限公司
地址：佛山市三水区云东海街道石湖洲村民委员会"下三津"之一（住所申报）
………………………Tel：0757-87789189
佛山市三水华盛房地产发展有限公司
地址：佛山市三水区西南街张边路9号三水广场三座1040
………………………Tel：0757-87838823
广东立信电力服务有限公司
地址：佛山市高明区跃华路473号2座
………………………Tel：0757-88223170
佛山市高明富逸湾实业开发有限公司
地址：佛山市高明区荷城街道沿江中路666号君御海城一期商铺
………………………Tel：0757-88265838
佛山标美服饰有限公司
地址：佛山市南海区大沥镇盐步联安大道89号综合楼
………………………Tel：0757-88564249
佛山市高明西江新城建设运营有限公司
地址：佛山市高明区荷城街道怡乐路130号三层308室（住所申报）
………………………Tel：0757-88881862
佛山市雅路斯工业设备有限公司
地址：广东省佛山市高明区荷城街道恒昌路16号（住所申报）
………………………Tel：0757-88933069
佛山市富惟汽配有限公司
地址：佛山市禅城区南庄镇利源二路12号之一（住所申报）
………………………Tel：0757-89959011
肇庆市天骄御景投资有限公司
地址：肇庆市端州区大鼎路10号肇庆锦绣山河花园二区18号楼12卡商铺
………………………Tel：0758-2163396
肇庆市城建投资开发集团有限公司
地址：肇庆市端州区新元北路5号城投汇金大厦十七楼
………………………Tel：0758-2203203
肇庆市时代广场经营管理有限公司
地址：肇庆市端州五路2号
………………………Tel：0758-2229228
肇庆市星湖雅苑房地产有限公司
地址：肇庆市端州区星湖大道9号
………………………Tel：0758-2301516
肇庆市鼎湖区城发建设投资有限公司
地址：肇庆市鼎湖区住建局大楼4楼1-3室
………………………Tel：0758-2605677
肇庆市加洲新城房地产实业开发有限公司
地址：肇庆市端州区信安五路2号华生商住中心商业办公楼第一层L1-88
………………………Tel：0758-2708666
肇庆市高诚房地产开发有限公司
地址：肇庆市106区肇庆大道南侧蓝塘四路海伦堡花园内
………………………Tel：0758-2799979
肇庆恒裕建设工程总承包有限公司
地址：肇庆市端州区星湖大道9号
………………………Tel：0758-2851577
广东栢兴建设有限公司
地址：四会市东城街道陶冲村委会苏江四村内80号之一(仅作办公场所)
………………………Tel：0758-3116738
肇庆荣仕宝电子科技实业有限公司
地址：肇庆高新区兴隆一街2号
………………………Tel：0758-3139188
四会市江谷碧桂园房地产开发有限公司
地址：四会市江谷镇石岗庙三号（镇政府大院内）
………………………Tel：0758-3152008
肇庆保达建筑材料有限公司
地址：四会市龙甫镇惠源大道11号（生产调度办公楼）
………………………Tel：0758-3202998
广东城鑫房地产开发有限公司
地址：四会市城中街道新风三巷十三座1号（首层）（申报制）
………………………Tel：0758-3371393
广东得时宝化工建材有限公司
地址：肇庆高新区临江工业园正隆二街3号
………………………Tel：0758-3621555
广东华途仕建材实业有限公司
地址：肇庆市高新技术开发区建设路43号
………………………Tel：0758-3637897
怀集县红宇广告装潢设计有限公司
地址：怀集县怀城镇工业大道一路2号（住改商）
………………………Tel：0758-5529119
怀集县悦德实业发展有限公司
地址：怀集县县城西区沿江路腾业办公大楼B楼第三层（仅限于办公场所用途）
………………………Tel：0758-5568820
广东垣宇建筑工程有限公司
地址：怀集县幸福街道横洞工业区世杰工贸城A 栋403室（办公场所）
………………………Tel：0758-5598698
怀集县建宇实业有限公司
地址：怀集县怀城镇黄岗下朗口
………………………Tel：0758-65506633
德庆县嘉辉城乡建设投资开发有限公司
地址：德庆县德城镇德庆大道县财政大楼四楼412室第三卡
………………………Tel：0758-7796681
德庆县富昌城乡建设投资开发有限公司
地址：德庆县德城镇德庆大道县财政大楼四楼402室第3卡
………………………Tel：0758-7796898
广宁县恒兴实业有限公司
地址：广宁县南街镇城南村委会仁安路段
………………………Tel：0758-8099938
肇庆市高要区城南市政建设有限公司
地址：肇庆市高要区南岸福源路28号二楼之一
………………………Tel：0758-8394161
广宁县鸿城房地产开发有限公司

地址：广宁县南街镇广玉路12号
Tel：0758－8619913

广东维庆橡塑建材有限公司
地址：广宁县南街镇南东一路18号四楼之二[仅作办公场所]
Tel：0758－8623608

湛江荣利橡胶制品有限公司
地址：湛江市麻章金川路32号
Tel：0759－2705443

湛江市东海水泥制品有限公司
地址：湛江市东海湛林路北
Tel：0759－2966333

广东民大投资集团有限公司
地址：湛江市赤坎区海滨大道北128号民大广场B幢（民大中心）22－23层
Tel：0759－3131888

广东恒悦物业服务有限公司
地址：湛江开发区人民大道中51号之一威格大厦506房
Tel：0759－3372777

湛江飞鹏尧丰房地产开发有限公司
地址：湛江市赤坎区双港路8号
Tel：0759－3386222

湛江新怡房地产开发有限公司
地址：湛江市霞山区绿塘路120号新澳城市花园5号楼二层07号
Tel：0759－3386778

湛江开发区梧阔广大实业股份有限公司
地址：湛江开发区体育南路东1号
Tel：0759－3391098

湛江市交通投资集团有限公司
地址：湛江市坡头区南调街道麻西村湛江海湾大桥桥头北侧湛江海湾大桥管理中心办公楼3层和4层
Tel：0759－3396806

湛江市梧阔置业有限公司
地址：湛江市开发区梧阔村新村场20巷24号（面对南国公园一、二层）房屋
Tel：0759－3835827

吴川市鼎龙湾文化旅游开发有限公司
地址：吴川市覃巴镇吉兆湾六鳌度假小区办公楼012房
Tel：0759－5130988

吴川市城乡建设投资开发有限公司
地址：吴川市梅录街道建设路(国有资产公司)
Tel：0759－5571851

吴川市茂源房产开发有限公司
地址：吴川市海滨街道创业路与海港大道交界处东北面海岸万和城3号楼二层28号商铺
Tel：0759－5582997

广东威王集团有限公司
地址：广东省廉江市九洲江经济开发区
Tel：0759－6526280

湛江喜红集团有限公司
地址：佛山顺德（廉江）产业转移工业园鹤岭片二号
Tel：0759－6699494

遂溪县生态城建设投资有限公司
地址：遂溪县遂城镇遂海路38号（遂溪县人力资源和社会保险局办公楼副楼一楼）
Tel：0759－7763206

广东安达利建设集团有限公司
地址：遂溪县遂城镇南门街附城旧粮所15号
Tel：0759－7783211

遂溪县吉城电力有限公司
地址：遂溪县遂城镇湛化路
Tel：0759－7784009

中山市富稞城市建设有限公司
地址：中山市东区中山五路2号紫马奔腾广场一区6座16楼3卡
Tel：0760－23801888

中山市创志建材科技有限公司
地址：中山市黄圃镇兴圃大道东马新工业区
Tel：0760－23971678

中山新纪元面粉有限公司
地址：广东省中山市火炬开发区中山港沿江东一路11号之一1幢、2幢、3幢
Tel：0760－85310088

广东粤皖建筑建材有限公司
地址：中山市民众镇沙仔村沙仔路西三街4－1号1卡
Tel：0760－85313661

中山火炬城建集团有限公司
地址：中山市火炬开发区同乐西路1号香晖园香滨阁（2、3层）
Tel：0760－85316886

中山火炬市政工程有限公司
地址：中山市火炬开发区张家边东镇大道15号
Tel：0760－85596263

中山市板芙镇城市建设投资有限公司
地址：中山市板芙镇府大院内
Tel：0760－86517168

中山市逸骏置业发展有限公司
地址：中山市坦洲镇环市南路109号星光明悦花园41卡
Tel：0760－86639139

中山市春城房地产开发有限公司
地址：中山市坦洲镇环市南路131号佳景水岸花园综合市场
Tel：0760－86786862

中山市骏佳房地产开发有限公司
地址：中山市坦洲镇谭隆南路23号佳境康城90卡
Tel：0760－86787600

中山深城建房地产开发有限公司
地址：中山市坦洲镇神农路8号御城金湾花园1卡二层
Tel：0760－86788700

中山市众力高荷载建材有限公司
地址：中山市横栏镇中横大道
Tel：0760－87610662

中山市金帝城置业开发有限公司
地址：中山市坦洲镇祥顺街48号C区
Tel：0760－87983838

中山市迪兴建筑装饰工程有限公司
地址：中山市东区中山四路82号三层1－2卡
Tel：0760－88238888

广东圣城建设有限公司
地址：中山市三角镇沙栏西路71号二楼
Tel：0760－88261898

广东永怡集团股份有限公司
地址：中山市石岐区富丽路2号永欣阁1－3幢二层商场
Tel：0760－88304788

广东惠邦物业综合服务有限公司
地址：中山市东区夏洋新村46号首层
Tel：0760－88306488

中山恒富金属包装装潢有限公司
地址：中山市板芙镇顺景工业区信诚创意园12号厂房
Tel：0760－88310227

广东顺景实业发展有限公司
地址：中山市东区博爱五路1号第27层
Tel：0760－88313212

中山市良安市政建筑工程有限公司
地址：中山市东区齐乐路8号良安大厦22层04单元
Tel：0760－88333238

中山市盛迪嘉房地产开发有限公司
地址：中山市东区东苑南路103号大东裕商务大楼1601室
Tel：0760－88362636

中山市广浩房地产有限公司
地址：中山市西区沙朗金华南路广浩华庭入口广浩发展中心
Tel：0760－88552832

中山上境房地产开发有限公司
地址：中山市西区金港路130号A幢四层
Tel：0760－88661685

中山市大信灯饰城商业有限公司
地址：中山市古镇镇新兴大道东161号
Tel：0760－88783525

中山市广安劳动保护用品有限公司
地址：中山市石岐区中山二路80号102卡
Tel：0760－88871005

湛江东高新型建材有限公司
地址：湛江经济技术开发区东海岛中线公路一号东海大厦312C室
Tel：0760－88888225

中山庆丰汽车投资有限公司
地址：中山市西区彩虹大道172号之一
Tel：0760－88888818

广东海粤集团有限公司
地址：中山市南区城南一路213－233号
Tel：0760－88898888

中山市志朗包装印刷有限公司
地址：中山市东凤镇民乐社区同吉路同兴工业区5座
Tel：0760－89760289

中山市金澳房地产开发有限公司
地址：中山市南区悦来南路34号滨河湾花园综合商业二期4层33卡之五
Tel：0760－89917777

中山珠三角建材城有限公司
地址：中山市民众镇珠三角建材城配套楼一座七层二室
Tel：0760－89926003

中山市合和实业有限公司
地址：中山市火炬开发区博爱七路123号尚东新天地花园一期1幢32－35卡
Tel：0760－89927338

中山市城市建设投资集团有限公司
地址：中山市石岐区民生中路38号8楼805室
Tel：0760－89983631

河源市一通实业发展有限公司
地址：河源市万绿湖大道与西环路交汇处北侧一通国际汽车城
Tel：0762－2230828

河源市坚基演艺有限公司
地址：河源市区越王大道139号河源市商业中心展示中心第4层
Tel：0762－3119118

河源市益顺兴实业有限公司
地址：河源市江东新区东环中路28号河源碧桂园凤凰山综合楼二楼1卡
Tel：0762－3133880

河源市碧桂园物业发展有限公司
地址：河源市江东新区碧桂园东江凤凰城商业中心2栋
Tel：0762－3139888

龙川县鸿儒实业有限公司
地址：龙川县老隆镇东风路16号二楼
Tel：0762－3291073

河源市源城区楠基土石方工程有限公司
地址：河源市新市区永和路南边新风路西面佳和花园03－201号
Tel：0762－3314102

河源建鑫西优城市建设有限公司
地址：河源市源城区旺源路北边二排一栋西起第一卡
Tel：0762－3617188

河源建鑫城南城市建设有限公司
地址：河源市新市区学前坝旺源路北边二排一栋西起第一卡
Tel：0762－3617388

河源市城策地产顾问有限公司
地址：河源市新市区越王大道与永和东路交汇处华达万福基金中银大厦20层04－05号单元
Tel：0762－3696112

河源市合和创展房地产开发有限公司
地址：河源市源城区永康大道东226号
Tel：0762－3699810

连平县金财城建投资有限公司
地址：连平县城九连新城财政局办公楼内
Tel：0762－4322012

连平县伟业城镇建设投资有限公司
地址：连平县财政局大楼一楼102室
Tel：0762－4322012

龙川育园房地产开发有限公司
地址：龙川县老隆镇洋溪桥商住5号小区A/B5
Tel：0762－6677888

广东东岸实业有限公司
地址：河源市江东新区华南城十里东岸四区6栋首层
Tel：0762－7106666

紫金县嘉福房地产开发有限公司
地址：紫金县城永安大道南72号
Tel：0762－7333399

河源市金杰环保建材有限公司
地址：东源县漳溪乡上蓝村
Tel：0762－8729616

东源县万丰润建材有限公司
地址：东源县205国道边神角桥地段A2－04卡3楼
Tel：0762－8831165

广东宝墩湖温泉假日酒店有限公司
地址：英德市望埠镇S347省道广东宝墩湖生态旅游度假区项目指挥部103室（仅限办公）
Tel：0763－2618866

亮明（英德）包装装潢有限公司
地址：英德市东华镇英东工业项目区4号厂房
Tel：0763－2630668

广东禹能建材科技股份有限公司
地址：广东省英德市东华镇清远华侨工业园南区金竹大道8号
Tel：0763－2658868

广东汇家美物业发展有限公司
地址：清远市新城静福路27号朝南国际商务中心8层办公室13号
Tel：0763－3126616

佛冈县城乡建设经营有限公司
地址：佛冈县汤塘镇政府办公楼四楼
Tel：0763－3172365

清远南方建材卫浴有限公司
地址：清远市清城区源潭镇星科建材陶瓷工业城
Tel：0763－3296001

清远市汉铿物业发展有限公司
地址：清远市北江一路1号丁香花园
Tel：0763－3362739

清远市歌美嘉酒店管理有限责任公司
地址：清远市清城区S253线石角段1号好家园十六幢首层
Tel：0763－3581555

清远市万豪房地产开发有限公司
地址：清远市新城北江一路二十号金海湾豪庭海涛路29号别墅（仅限办公）
Tel：0763－3660806

清远市美亚宝铝业有限公司
地址：清远市龙塘镇银盏收费站侧
Tel：0763－3680201

清远市融达城建投资有限公司
地址：清远市新城北江二路5号市财政局办公楼三楼319室
Tel：0763－3877321

清远市德晟投资集团有限公司
地址：清远市新城5号区烟草综合楼三层、四层（仅限办公）
Tel：0763－3901111

佛冈中御城镇化建设有限公司
地址：佛冈县行政服务中心一楼118室
Tel：0763－3933968

广东省佛冈县电力有限责任公司
地址：佛冈县石角镇106国道北供电局办公楼（仅供办公使用）
Tel：0763－4276313

清远市清新区德盛投资开发有限公司
地址：清远市清新区太和镇清新大道16号二楼之三
Tel：0763－5813206

广东宏业建设工程有限公司
地址：连州市连州镇北湖路58号五楼自编二室
Tel：0763－6639320

清远南方丰田汽车销售服务有限公司
地址：清远市清城区人民路与二桥引道交接处
Tel：0763－6886726

清远市南菱星晖汽车有限公司
地址：清远市清城区横荷街道百加村委会107国道东侧
Tel：0763－6887005

清远市南菱源通汽车销售服务有限公司
地址：清远市新城B23号区天诚广场13号（2#综合楼）
Tel：0763－6899809

新兴鼎盛文化产业投资有限公司
地址：新兴县太平镇上沙村
Tel：0766－2898020

新兴县诚匠建筑工程有限公司
地址：新兴县新城镇广兴大道东凌丰工业园（技研中心）二楼（办公住所）
Tel：0766－2957908

新兴县筠城交通投资建设有限公司
地址：新兴县新城镇广兴大道东（县交通局行政楼一室）（办公住所）
Tel：0766－2988226

广东广液实业股份有限公司
地址：广东省罗定市区泷江路41号
Tel：0766－3722706

罗定市亿安资产资源运营有限公司
地址：罗定市罗城镇宝定路29号
Tel：0766－3726123

罗定市冠新建材贸易有限公司
地址：罗定市罗城街道泷洲中路13号第四卡三楼
Tel：0766－3826023

广东鸿业建材科技有限公司
地址：郁南县南江口镇港口村委会六角塘新城区陈丽明房屋1－3层
Tel：0766－7262125

郁南县建筑工程有限公司
地址：郁南县都城镇陵园路6号
Tel：0766－7593569

云浮市贞英木业有限公司
地址：郁南县南江口镇下明村开发区
Tel：0766－8498238

广东云硫建筑安装工程有限公司
地址：云浮市云城区高峰镇
Tel：0766－8723462

云浮市港盛港务有限公司
地址：云浮市云城区浩林西路南洋花园聚豪庭B幢4楼
Tel：0766－8875883

云浮市新达城市建设投资公司
地址：云浮市云城区城南路
Tel：0766－8923885

云浮市新世纪广场物业管理有限公司
地址：云浮市市区过境公路西侧（地号：19－02－0111）
Tel：0766－8937777

潮州市城西吉街工艺美术彩瓷厂
地址：潮州市湘桥区（河内片）工业区北山路北侧（地块一）（地号：02692，兴业陶瓷公司第二车间）
Tel：0768－2120018

广东瑞和城市建设投资有限公司
地址：广东省潮州市潮州大道南段11层1号室
Tel：0768－2278288

潮州市碧桂园房地产开发有限公司
地址：潮州市湘桥区凤新街道五斗山片区潮州碧桂园6幢附属楼3号商铺
Tel：0768－2360567

广东腾瑞投资有限公司
地址：广东省潮州市城新西路外贸综合楼B幢第三层
Tel：0768－2383374

广东西荣文化科技有限公司
地址：广东省潮州市二期工业园区鼎兴工北路东侧
Tel：0768－2853318

广东雅诚德实业有限公司
地址：潮州市潮安区凤塘镇双岗村塘边沟西西面片
Tel：0768－5320999

潮州市潮安区必胜装潢印务有限公司
地址：潮州市潮安区潮安大道1号G栋2楼A218室
Tel：0768－5820217

潮州市潮安区建筑安装总公司
地址：潮州市潮安区城区安南路北侧
Tel：0768－6616929

潮州市第四建筑安装公司
地址：广东省潮州市潮枫路云梯路段四建综合楼
…………Tel：0768-6880109

广东省东莞纺织品进出口有限公司
地址：东莞市莞城运河东一路175号
…………Tel：0769-22222004

东莞天安数码城民间金融街发展有限公司
地址：东莞市南城区莞太路111号民间金融大厦三号楼1楼
…………Tel：0769-22281588

东莞市华维建设工程有限公司
地址：东莞市东城街道主山振兴路333号A栋A101-28
…………Tel：0769-22299668

广东宏远集团房地产开发有限公司
地址：东莞市南城区宏远工业区
…………Tel：0769-22411960

东莞市广物君豪实业投资有限公司
地址：广东省东莞市万江街道泰新路29号101室
…………Tel：0769-22703999

东莞市佳兆业房地产开发有限公司
地址：东莞市南城区胜和路金盈大厦第10层1001、1002室
…………Tel：0769-22801111

东莞市明茵物业管理有限公司
地址：广东省东莞市大朗镇康丽路385号910室
…………Tel：0769-22825860

广东福地投资有限公司
地址：东莞市南城区周溪工业区
…………Tel：0769-22986501

利得建材（广东）有限公司
地址：东莞市莞城街道罗沙社区东城中路8号达鑫创富大厦4楼413
…………Tel：0769-22997567

广东光泰物业发展有限公司
地址：东莞市莞城八达路158号澳南大楼144号铺之一
…………Tel：0769-23034563

广东三丰建设有限公司
地址：东莞市东城区八一路立新工业区一栋5号
…………Tel：0769-23051111

东莞市海岸桃源实业投资有限公司
地址：东莞市大岭山镇连平村连马路140号
…………Tel：0769-23128888

东莞市南城国际商务区开发建设有限公司
地址：东莞市南城区稻花路1号
…………Tel：0769-23366393

东莞市旗山投资发展有限公司
地址：东莞市万江区墟徐屋街10号
…………Tel：0769-23366393

东莞智慧城市投资建设运营有限公司
地址：东莞松山湖高新技术产业开发区礼宾路1号控股大厦2楼205室
…………Tel：0769-26622881

广东海德东方物业服务有限公司
地址：东莞市南城街道鸿福路200号海德广场写字楼35层04号
…………Tel：0769-28823686

东莞市长健物业管理有限公司
地址：广东省东莞市南城街道银丰路19号205室
…………Tel：0769-33206662

东莞市华美乐建材超市有限公司
地址：东莞市南城区科技工业园
…………Tel：0769-38868866

广东冠辉科技有限公司
地址：广东省东莞市长安镇厦边文德街6号
…………Tel：0769-38871666

广东广量资产土地房地产评估与规划有限公司
地址：东莞市南城区黄金路1号东莞天安数码城B区2号807号
…………Tel：0769-39003333

东莞市莞城建筑工程有限公司
地址：东莞市莞城区汇峰路1号汇峰中心C区8层01单元
…………Tel：0769-39008878

东莞市唯美装饰材料有限公司
地址：东莞市东城区温塘工业区
…………Tel：0769-81133333

东莞市粤源包装有限公司
地址：东莞市洪梅镇洪屋涡村
…………Tel：0769-81336002

广东天利来标识设计有限公司
地址：东莞市大岭山镇太公岭村渭溪路62号天利来科技工业园
…………Tel：0769-81625098

东莞市珠银南粤港口管理有限公司
地址：东莞市沙田镇福禄沙村联检路
…………Tel：0769-81716690

东莞云旅置业有限公司
地址：东莞市麻涌镇大步村新涌北六巷2号
…………Tel：0769-81903208

东莞市怡新房地产有限公司
地址：东莞市塘厦镇林村新南路3-105号
…………Tel：0769-82109719

广东巨三实业有限公司
地址：广东省东莞市东城街道东城振兴路798号1栋402室
…………Tel：0769-82215688

东莞市晶怡实业投资有限公司
地址：东莞市凤岗镇黄洞村东升工业二路19-2号
…………Tel：0769-82850428

东莞景华装潢标牌有限公司
地址：东莞市黄江镇北岸社区联成工业区内C号厂房
…………Tel：0769-83628399

东莞宝建高分子材料有限公司
地址：东莞市黄江镇裕元工业区
…………Tel：0769-83631221

东莞市丰泰建设房地产有限公司
地址：东莞市虎门镇S358省道大板地路段裕田丰诚集团办公楼二楼218室
…………Tel：0769-85221133

广东创信物业发展有限公司
地址：广东省东莞市厚街镇厚街振华路47号138室
…………Tel：0769-85825395

东莞市大喜房地产开发有限公司
地址：东莞市樟木头镇帝豪路1号汇景香樟公馆八号商业住宅楼商铺219号
…………Tel：0769-85883031

广东天智餐饮集团有限公司
地址：东莞市石龙镇西湖中路二十八号
…………Tel：0769-86328816

东莞市石龙第二建筑工程有限公司
地址：东莞市石龙镇西湖村温泉南路35号5楼502-508
…………Tel：0769-86600222

东莞市中帆房地产开发有限公司
地址：东莞市黄江镇田美社区大厦5楼
…………Tel：0769-87005519

东莞市永江集团有限公司
地址：东莞市凤岗镇凤清路路口
…………Tel：0769-87840888

东莞东深经济发展有限公司
地址：东莞市塘厦镇高丽五路1号
…………Tel：0769-87880221

顺威建材（东莞）有限公司
地址：东莞市中堂镇槎　工业园元洲区
…………Tel：0769-88112266

广东可耐福新型建筑材料有限公司
地址：广东省东莞市麻涌镇麻二村
…………Tel：0769-88222708

东莞南山轻型建材有限公司
地址：广东省东莞市麻涌镇麻涌兴南路4号
…………Tel：0769-88285438

东莞（国际）货柜码头有限公司
地址：东莞市沙田镇斜西村
…………Tel：0769-88864620

东莞荣轩货柜码头有限公司
地址：东莞市沙田镇斜西村
…………Tel：0769-88867946

东莞鸿辉建筑材料制品有限公司
地址：东莞市沙田镇福禄沙村
…………Tel：0769-88868880

东莞地王稻香饮食有限公司
地址：东莞市长安镇长青南路303号长安商业广场第三区3401单元
…………Tel：0769-88975122

东莞天景稻香饮食有限公司
地址：东莞市南城区鸿福路第一国际财富中心E座4楼
…………Tel：0769-88975122

东莞市大益茶业科技有限公司
地址：广东省东莞市东城街道伟祥路3号
…………Tel：0769-88980582

广东广达建设集团有限公司
地址：广东省东莞市东城街道下桥工业园路5号
…………Tel：0769-89182608

广西壮族自治区

防城港市城市建设投资有限责任公司
地址：防城港市行政中心区兴城路
…………Tel：0770-2292027

广西源盛矿渣综合利用有限公司
地址：港口区公车工业区小龙门
…………Tel：0770-2808567

广西业嘉建设工程有限公司
地址：防城港市港口区中心区德城丽苑小区B-16号
…………Tel：0770-2871663

恒大地产集团防城港有限公司
地址：防城港市港口区北部湾大道99号
…………Tel：0770-2880937

防城港市港发控股集团有限公司
地址：防城港市防城区云朗科技园一期工程综合业务楼1号楼九楼
…………Tel：0770-2881381

广西金星建筑工程有限公司
地址：防城港市防城区二桥东路27号
…………Tel：0770-3252522

广西丰华建设工程有限公司
地址：防城港市防城区防港大道153号7楼
…………Tel：0770-3263222

广西兴达建筑工程有限公司
地址：防城港市防城区金花茶大道1208号商铺1-2号房
…………Tel：0770-6189868

东兴市园区开发建设有限责任公司
地址：东兴市江平工业园民生路8号
…………Tel：0770-7221139

东兴管道天然气有限公司
地址：东兴镇高兴大道53号
…………Tel：0770-7656968

广西建华建筑工程有限公司
地址：东兴市解放东路256号
…………Tel：0770-7689388

南宁双龙实业有限责任公司
地址：南宁市新民路6号
…………Tel：0771-2097858

广西南宁天湖酒店
地址：南宁市兴宁区杭州路3号
…………Tel：0771-2195588

广西木偶剧团有限责任公司
地址：南宁市青秀区建政路24号
…………Tel：0771-2229891

南宁市荣和建锐房地产开发有限公司
地址：南宁市青秀区佛子岭路11号荣和E中心A座22楼
…………Tel：0771-2268888

南宁市荣和辰景房地产有限公司
地址：南宁市良庆区歌海路9号广西体育中心配套工程综合体东塔楼A、B座（广西体育中心配套工程综合体东A座、东B座）办公区11楼1118号房
…………Tel：0771-2268888

广西荣和置业开发有限责任公司
地址：南宁市兴宁区明秀东路88号荣和·山水绿城商业中心三楼
…………Tel：0771-2268888

广西南宁康迈商业有限责任公司
地址：南宁市华西路19号
…………Tel：0771-2425513

广西鼎丰投资集团有限公司
地址：南宁市青秀区仙葫大道西16号
…………Tel：0771-2513205

南宁市利泰国际大酒店有限公司
地址：南宁市西乡塘区明秀东路157号
…………Tel：0771-2528088

广西海彬源科技股份有限公司
地址：广西南宁市青秀区民族大道12号丽原·天际A1217号
…………Tel：0771-28116333

广西金瑞恒实业有限公司
地址：南宁市兴东路10号高峰林场厢竹小区6栋3单元901号房
…………Tel：0771-3226406

广西远昌建设有限公司
地址：玉林市福绵管理区福绵镇玉福公路西北侧H05号2楼
…………Tel：0771-3256991

广西金旺角酒店投资集团有限公司
地址：南宁市青秀区民族大道182号
…………Tel：0771-3280888

南宁启迪创新科技投资有限公司
地址：南宁市邕宁区永福路33号
…………Tel：0771-3396199

广西六塑管业有限公司
地址：南宁市安津路1号安津五金机电市场2栋四层401号
…………Tel：0771-3398859

广西青龙化学建材有限公司
地址：隆安华侨管理区福南路
…………Tel：0771-3861509

中城投远海建设集团有限公司
地址：南宁市高新三路10号南宁-东盟农业科技开发企业总部基地研发楼第22层
…………Tel：0771-3866362

中城投集团西南建筑工程有限公司
地址：南宁市高新三路10号南宁-东盟农业科技开发企业总部基地研发楼第21-24层
…………Tel：0771-3866581

广西茂功建筑有限公司
地址：广西-东盟经济技术开发区武华大道37号华强会展综合楼6楼620-8室
…………Tel：0771-3916281

广西康华药业有限责任公司
地址：南宁市科园大道58号
…………Tel：0771-3939820

广西纵购建材有限公司
地址：南宁市安园东路北面南大物流市场第A1-1(A1)号
…………Tel：0771-3949736

广西科达建材化工有限公司
地址：南宁市良庆区亮岭二街9号
…………Tel：0771-4018692

广西大志汇建材市场管理有限公司
地址：南宁市良庆区玉洞大道3号
…………Tel：0771-4018722

南宁狮座建材有限公司
地址：南宁市江南区友谊路吴圩段45号
…………Tel：0771-4208191

南宁市能博建材有限责任公司
地址：南宁市吴圩镇明阳工业区明阳二路A-6-2号
…………Tel：0771-4301357

广西盛科置业有限公司
地址：南宁市良庆区龙佑街1号盛科城商业中心
…………Tel：0771-4500396

南宁威宁文化体育发展有限公司
地址：南宁市良庆区五象大道西段669号广西体育中心
…………Tel：0771-4736956

南宁科巨建设投资有限责任公司
地址：南宁市那洪大道12号A栋第6层643室
…………Tel：0771-4739213

南宁轨道混凝土有限公司
地址：南宁市邕宁区银峰路36号水产畜牧培训中心大楼二楼36-1号房
…………Tel：0771-4760512

广西建工积健建材制造有限公司
地址：南宁市青秀区伶俐工业集中区
…………Tel：0771-4792711

广西众擎易举投资有限公司
地址：南宁市良庆区庆林路17号
…………Tel：0771-4795821

广西广药新时代医药有限公司
地址：南宁市青秀区东葛路62号综合大楼第五层南区
…………Tel：0771-4823698

广西绢麻纺织科学研究所有限公司
地址：（一）南宁市江南区亭洪路43号（二）南宁市江南区五一东路4号3栋
…………Tel：0771-4832711

广西住朋购友文化传媒有限公司
地址：南宁市江南区星光大道7-1号泰富大厦第5层5A-7室
…………Tel：0771-4852902

广西大都恒城房地产开发有限公司
地址：南宁市良庆区平乐大道19号广西建工大厦1号楼第八层
…………Tel：0771-4871630

南宁市城市建设投资发展有限责任公司
地址：南宁市壮锦大道33号
…………Tel：0771-4888700

广西北港建材有限公司
地址：南宁市良庆区银海大道1215号中国东盟进出口大宗商品交易展示中心9楼920、921号
…………Tel：0771-4895591

南宁城市建设投资集团有限责任公司
地址：南宁市江南区壮锦大道33号1号楼
…………Tel：0771-4898151

南宁城建管廊建设投资有限公司
地址：南宁市良庆区飞龙路19号
…………Tel：0771-4898907

广西盛科房地产有限公司
地址：南宁市良庆区龙佑街1号
…………Tel：0771-4953430

广西松宇机电设备有限公司
地址：南宁市友谊路48-18号24栋1、2、3、4、5、6、7、8号
…………Tel：0771-4988878

南宁市龙光骏诚房地产开发有限公司
地址：南宁市白沙大道57号龙光玖誉城营销中心
…………Tel：0771-4989063

南宁市耀鑫房地产开发有限公司
地址：南宁市良庆区凤凰路11号龙光·玖珑湖S2栋213号商铺
…………Tel：0771-4989063

南宁市耀泰房地产开发有限公司
地址：南宁市良庆区良庆大道9号龙光玖誉湖营销中心一楼102号
…………Tel：0771-4989063

中城投第十一工程建设集团有限公司
地址：中国（广西）自由贸易试验区南宁片区凯旋路16号广西裕达集团南宁五象总部基地广东大厦二十二层2202号
…………Tel：0771-4989081

广西融创城市建设投资有限公司
地址：南宁市青秀区金湖路59号地王国际商会中心5220号
…………Tel：0771-5385287

南宁中建邕申城市建设投资有限公司
地址：南宁市青秀区民族大道166号上东国际裙房T3-301号
…………Tel：0771-5385906

广西汉华建筑设计有限公司
地址：南宁市西乡塘区荔园路9号东凯国际商业广场1号楼1-0713号房
…………Tel：0771-5386064

广西荣良房地产开发有限公司
地址：南宁市武鸣区城厢镇红岭社区香山大道277号麒麟御府
…………Tel：0771-5386075

广西天鹰建设有限公司
地址：防城港市港口区灵秀街18号恒源新都2号楼6层

……………………Tel：0771－5387355
广西和易地产有限公司
地址：南宁市青秀区园湖南路6号德宝大厦2#楼402号
……………………Tel：0771－5503939
广西鸿业城建设集团有限公司
地址：南宁市江南区福建路23号荣耀江南10号楼11号楼12号楼二层商铺
……………………Tel：0771－5505111
广西金融投资集团城建发展有限公司
地址：中国（广西）自由贸易试验区南宁片区金海路20号南宁综合保税区商务中心1号楼3层3－02号
……………………Tel：0771－5507523
广西嘉路建筑工程有限公司
地址：南宁市青秀区星湖路28号C座4－2号房
……………………Tel：0771－5511135
广西江宇房地产有限责任公司
地址：南宁市华侨投资区武侨大道嘉园阁三楼308号
……………………Tel：0771－5516909
广西湘桂糖业集团有限公司
地址：南宁市青秀区金湖路５７号文德大厦６－７层
……………………Tel：0771－5517888
广西东成建筑工程有限责任公司
地址：南宁市青秀区锦春路5号
……………………Tel：0771－5524502
南宁海田房地产开发有限公司
地址：南宁市金浦路１６号汇东国际Ｅ座２５０８号
……………………Tel：0771－5527049
广西金源置业集团有限公司
地址：南宁市兴宁区玉蟾路3号金源城·金源悦府35号楼105号
……………………Tel：0771－5528000
广西国悦房地产开发有限公司
地址：南宁市兴宁区三塘镇九曲湾农场办公楼106号
……………………Tel：0771－5531666
广西中恒伟业商贸有限公司
地址：南宁市良庆区歌海路9号广西体育中心配套工程综合体塔楼A、B座（广西体育中心配套工程综合体东A座、东B座）办公区12楼1216号房
……………………Tel：0771－5551119
广西唐沁同光投资有限公司
地址：南宁市良庆区平乐大道21号大唐总部1号1号楼19层
……………………Tel：0771－5552380
广西三实城乡建设集团有限公司
地址：南宁市科园大道68号南宁高新区软件园二期13号楼601室
……………………Tel：0771－5555505
广西晨天建设集团有限公司
地址：南宁市青秀区金湖路58－2号南湖街道办事处　东九组三产综合楼A栋六楼622号
……………………Tel：0771－5569836
广西威壮房地产有限责任公司
地址：南宁市双拥路３６－１号“绿城画卷”Ａ座２２层Ａ２３０７号房
……………………Tel：0771－5570188
广西中稷康元置业有限公司
地址：南宁市青秀区中柬路8号龙光世纪1号楼2207号
……………………Tel：0771－5572097
诚鑫集团有限公司
地址：防城区防城镇民族大道
……………………Tel：0771－5573556
广西湘桂华糖制糖集团有限公司
地址：南宁市青秀区金湖路３８号
……………………Tel：0771－5582221
广西和瑞房地产开发有限公司
地址：南宁市江南区白沙大道15号12栋3、4楼
……………………Tel：0771－5582499
广西迎创建设工程有限公司
地址：南宁市青秀区锦春路15号威宁大厦3层
……………………Tel：0771－5588616
广西安信物业服务有限公司
地址：南宁市青秀区吉祥路9号吉祥·凤景湾小区110号商铺第三层
……………………Tel：0771－5610019
广西建设工程项目管理中心有限责任公司
地址：南宁市青秀区建政路10号服务综合楼
……………………Tel：0771－5638008
南宁市海茵房地产开发有限责任公司
地址：南宁市青秀区长湖路３６号金湖·富地广场五楼
……………………Tel：0771－5640060
广西杂技团有限责任公司
地址：南宁市青秀区建政路２４号
……………………Tel：0771－5640170
南宁市和总轮胎汽车配件有限公司
地址：南宁市青秀区竹溪路73号领东尚层01号商铺
……………………Tel：0771－5676894
广西铁投大岭投资有限公司
地址：南宁市青秀区朱槿路6号越南园区保利铭门201号
……………………Tel：0771－5679602
广西三和建设工程有限责任公司
地址：南宁市青秀区望园路７号紫光阁５楼
……………………Tel：0771－5708168
广西盛邦房地产开发有限公司
地址：南宁市良庆区玉洞大道28号
……………………Tel：0771－5712666
广西中旭房地产开发集团有限公司
地址：南宁市青秀区民族大道１３６－２号南宁华润中心西写字楼３１楼０１号房
……………………Tel：0771－5713357
广西北港商贸有限公司
地址：南宁市青秀区金浦路33号北部湾港务大厦10楼1003室
……………………Tel：0771－5714265
广西绿邕建设工程有限公司
地址：南宁市青秀区仙葫大道西5号中茂国际大厦综合楼19层
……………………Tel：0771－5715613
广西城建投资集团有限公司
地址：南宁市良庆区平乐大道10号商务街2号楼
……………………Tel：0771－5772629
南宁容州文化传播有限公司
地址：南宁市双拥路３６号南方食品大厦第２层２０２室
……………………Tel：0771－5775043
广西盛泽投资有限公司
地址：南宁市良庆区五象大道西段665号
……………………Tel：0771－5775988
广西尊和实业有限公司
地址：南宁市青秀区民族大道168号翡翠园紫青庭7号商铺
……………………Tel：0771－5776179
广西中梁溢置业有限公司
地址：南宁市高新区滨河路28号中国－东盟企业总部基地三期综合楼南宁广告产业园大楼402室
……………………Tel：0771－5801680
广西人和天成投资有限公司
地址：南宁市西乡塘区衡阳西路11号8027室
……………………Tel：0771－5803051
广西银泉化工有限责任公司
地址：南宁市邕宁区蒲庙镇张村村邑平坡５０号
……………………Tel：0771－5807411
南宁民族影业文化娱乐有限责任公司
地址：南宁市青秀区民族大道150号
……………………Tel：0771－5807780
广西桂海高速公路有限公司
地址：南宁市青秀区民族大道146号三祺广场46楼
……………………Tel：0771－5811901
南宁市世纪君悦大酒店有限公司
地址：南宁市金湖路与长湖路交界处金湖路７１号
……………………Tel：0771－5818866
广西国悦九曲湾旅游开发有限公司
地址：南宁市兴宁区三塘温泉路９号
……………………Tel：0771－5822538
广西益和工程项目管理有限公司
地址：南宁市青秀区越秀路7号金盛时代B座B－0601号
……………………Tel：0771－5825023
南宁振宁开发有限责任公司
地址：南宁市江南区壮锦大道19号江南区人民政府办公楼B座206－1号
……………………Tel：0771－5849643
广西全程劳务有限公司
地址：南宁市青秀区祥宾路16号琅东生活区高层住宅楼3单元三十层3002号房
……………………Tel：0771－5851884
广西五金矿产进出口集团有限公司
地址：南宁市青秀区园湖路３２号
……………………Tel：0771－5853719
广西环城建设集团有限公司
地址：南宁市鲤湾路4号办公楼五、六、八层北半部分
……………………Tel：0771－5857146
南宁市中鼎浩景投资有限公司
地址：南宁市兴宁区兴工路36号南宁恒大雅苑4号楼1单元八层801号
……………………Tel：0771－5871225
广西物磊新型建材有限公司
地址：南宁市青秀区东葛路78号综合楼
……………………Tel：0771－5881903
南宁轨道地产建筑工程有限责任公司
地址：南宁市民族大道１６８号翡翠园蓝青庭负一楼商铺１－６轴
……………………Tel：0771－5890240
广西世纪同人城房地产开发有限公司
地址：南宁市良庆区歌海路9号广西体育中心配套工程综合体东塔楼A、B座办公区16楼1616号。
……………………Tel：0771－5892930
南宁红狮水泥有限公司
地址：南宁市伊岭工业集中区城西工业园（宁武镇）
……………………Tel：0771－6018866
南宁侨运资产管理有限公司
地址：广西－东盟经济技术开发区武华大道37号华强会展综合楼2楼204－2室
……………………Tel：0771－6098265
南宁武鸣漓江村镇银行有限责任公司
地址：广西壮族自治区南宁市武鸣区兴武大道187号祥福公寓1－8号门面
……………………Tel：0771－6319728
广西隆安农村商业银行股份有限公司
地址：广西隆安县城厢镇蝶城路407号
……………………Tel：0771－6522034
广西强盾物业服务有限公司
地址：崇左市友谊大道弄岗路口西北角崇左碧桂园第16栋102号房
……………………Tel：0771－7833110
广西崇左市城市建设投资发展集团有限公司
地址：崇左市江州区兰怀山路18号
……………………Tel：0771－7837718
崇左市壶城棚户区建设投资有限公司
地址：崇左市江州区兰怀山路18号
……………………Tel：0771－7837718
广西崇左市城市工业投资发展集团有限公司
地址：广西崇左市工业大道1号中泰产业园服务中心
……………………Tel：0771－7886125
广西中腾建设工程有限公司
地址：南宁市青秀区金浦路7号世纪商都1803号房
……………………Tel：0771－8016806
广西新东善投资有限公司
地址：南宁市洪胜路5号丽汇科技工业园标准厂房综合楼1413－16号房
……………………Tel：0771－8058886
广西华控金控企业管理有限公司
地址：南宁市洪胜路5号丽汇科技工业园标准厂房综合楼1418－21号房
……………………Tel：0771－8058886
广西善淳投资有限公司
地址：南宁市青秀区竹溪大道14－2号新新旺角综合楼副楼7层711室
……………………Tel：0771－8058886
广西万之顺投资有限公司
地址：南宁市洪胜路5号丽汇科技工业园标准厂房综合楼1414－39
……………………Tel：0771－8058886
广西中烟天成投资管理有限责任公司
地址：南宁市西乡塘区北湖南路２８号广西中烟工业有限责任公司研发大楼６０３室
……………………Tel：0771－8099011
广西盛世家园物业服务有限责任公司
地址：宾阳县宾州镇广源路98号
……………………Tel：0771－8232155
南宁市宾阳城建集团宾州置业有限公司
地址：宾阳县宾州镇府前路113号
……………………Tel：0771－8235583
南宁市宾阳城建集团有限公司
地址：宾阳县宾州镇府前路113号
……………………Tel：0771－8235583
广西凭祥综合保税区开发投资有限公司
地址：中国（广西）自由贸易试验区崇左片区凭祥市大象路８号皇龙西城时代３—１０７—２号
……………………Tel：0771－8522037
凭祥绿城森园广告装潢有限公司
地址：凭祥市屏山路81号2F
……………………Tel：0771－8530001
凭祥市城市建设投资有限责任公司
地址：凭祥市政务服务中心7楼（新行政中心西面）
……………………Tel：0771－8531268
柳州中海宏洋房地产有限公司
地址：柳州市水南路221号灯台花苑16栋1、2层
……………………Tel：0772－2102180
柳州中建东城文化发展有限公司
地址：柳州市柳东新区水湾路2号柳东标准厂房2号配套办公楼三层313
……………………Tel：0772－2123708
柳州中建钢构东城会展建设有限公司
地址：柳州市新柳大道89号柳东新区企业总部大楼D座12层东南侧
……………………Tel：0772－2159896
广西柳州市城市建设投资发展集团有限公司
地址：柳州市城中区学院路35号
……………………Tel：0772－2302908
鹿寨县远道房地产开发有限公司
地址：鹿寨县中渡镇大兆村下末屯
……………………Tel：0772－2502446
广西恒大项目管理有限公司
地址：柳州市马鹿山奇石公园内11－1B栋
……………………Tel：0772－2627227
柳州益菱汽车投资发展有限公司
地址：柳州市河西路１８号
……………………Tel：0772－2651901
柳州东城石油化工有限公司
地址：柳州市冠东路7号
……………………Tel：0772－2671527
柳州市新安湖实业有限公司
地址：柳州市水南路221号灯台花苑16栋2层5－6间
……………………Tel：0772－2672085
柳州台泥新型建材有限公司
地址：柳州市鹧鸪江路１０２号
……………………Tel：0772－2755566
广西曜源保安服务有限公司
地址：柳州市三中路45号龙都2栋10－3号
……………………Tel：0772－2830060
柳州市城市投资建设发展有限公司
地址：柳州市潭中东路72号
……………………Tel：0772－2830681
柳州市瀚丰房地产开发有限公司
地址：柳州市阳和大道北2号盛天龙湾20栋17层2号
……………………Tel：0772－3041918
灵川县融创房地产开发有限公司
地址：灵川县灵川镇桂建路2号
……………………Tel：0772－3041918
柳州翰博房地产开发有限公司
地址：柳州市鱼峰区车园横六路7号柳东新区C区标准厂房4栋317
……………………Tel：0772－3041918
广西新主张城市管理服务有限公司
地址：柳州市阳和工业新区古亭大道100号冠亚·国际星城17栋13－21、13－22
……………………Tel：0772－3215184
启迪（柳州）置业有限公司
地址：柳州市柳江区基隆开发区居宁路东一街15号
……………………Tel：0772－3593426
广西海螺建工建材有限责任公司
地址：来宾市凤翔路48号河南工业园区综合楼A2－1栋3楼
……………………Tel：0772－4253499
融水县龚氏装饰装潢材料连锁有限公司
地址：融水县融水镇民族路５号
……………………Tel：0772－5124883
武宣县仙城城乡建设投资有限责任公司
地址：武宣县武宣镇华宾路标准厂房技术研发楼
……………………Tel：0772－5210366
武宣县益丰农村建设发展投资有限公司
地址：武宣县武宣镇华宾路标准厂房技术研发楼南楼3楼
……………………Tel：0772－5216870
广西合山虎鹰建材有限公司
地址：合山市转型工业园马安片区
……………………Tel：0772－6493099
柳州市柳江区新城建设发展有限公司
地址：柳州市柳江区拉堡镇塘兴街29号
……………………Tel：0772－7219897
柳城县中天城建投资有限责任公司
地址：柳城县大埔镇白阳中路
……………………Tel：0772－7616995
柳州绿城房地产开发有限公司
地址：柳州市柳北区黄村乡白沙村193号
……………………Tel：0772－8252003
广西旅发集团三江通达旅游投资发展有限公司
地址：三江县古宜镇江峰街15号
……………………Tel：0772－8581682
三江县程阳桥城建投资开发有限责任公司
地址：三江县古宜镇侗乡大道22号4栋楼15层
……………………Tel：0772－8622257
三江侗族自治县三江文化旅游投资发展有限责任公司
地址：三江县古宜镇福临路（旅游集散中心）
……………………Tel：0772－8626525
柳州鸿成市场管理有限公司
地址：柳州市飞鹅路53号新时代商业港高层公寓五层
……………………Tel：0772－8801126
广西来宾城建投资集团有限公司
地址：广西来宾市滨江北路288号裕达大厦17层
……………………Tel：0772－8900282
合山市建合城市开发投资有限责任公司
地址：合山市人民南路63号
……………………Tel：0772－8915996
桂林国奥城投资开发有限公司
地址：桂林市中山北路１４７号３０３－２室
……………………Tel：0773－2555968
漓江出版社有限公司
地址：桂林市南环路２２号
……………………Tel：0773－2581210
桂林富欣房地产开发有限公司
地址：灵川县定江镇八里街（丘（地）213号）
……………………Tel：0773－2602777
广西嘉华建设项目管理咨询有限公司
地址：桂林市秀峰区西凤路４号

…………………………Tel：0773-2850616
桂林市中山路置业建设管理有限责任公司
地址：桂林市中山中路9号佳信华庭2-6-2号
…………………………Tel：0773-2885890
桂林临桂万达房地产开发有限公司
地址：临桂区临桂镇山水大道以南、经二路以西、纬二路以北(建设大厦南楼第11层)
…………………………Tel：0773-3115939
桂林市龙光铂骏房地产开发有限公司
地址：桂林市象山区凯风路7号
…………………………Tel：0773-3119600
桂林大龙投资有限公司
地址：桂林市秀峰区阳江路26号G2#楼1-09号商铺
…………………………Tel：0773-3603966
广西德丰投资开发有限公司
地址：桂林市凯风路90号
…………………………Tel：0773-3653666
桂林新城投资开发集团有限公司
地址：临桂县临桂镇西城北路山水凤凰城原会所
…………………………Tel：0773-3680518
桂林汇荣建设开发有限公司
地址：桂林市临桂县临桂镇世纪大道西路北侧
…………………………Tel：0773-3686666
广西农垦良丰农场有限公司
地址：桂林市雁山区良丰路18号
…………………………Tel：0773-3860147
全州县城市建设投资有限公司
地址：全州县全州镇江南路12号
…………………………Tel：0773-4831300
桂林市临桂世纪家园房地产开发有限公司
地址：桂林市临桂世纪大道中段桂林奥林匹克花园销售中心
…………………………Tel：0773-5582618
桂林市临桂东源房地产开发有限责任公司
地址：临桂县临桂镇世纪大道金源新城福邸嘉园销售中心
…………………………Tel：0773-5584566
桂林雄森熊虎山庄娱乐城
地址：临桂区临桂镇鲁山路63号
…………………………Tel：0773-5594062
桂林山水凤凰城房地产开发有限公司
地址：临桂区世纪北道
…………………………Tel：0773-5599709
桂林矿产地质研究院工程有限公司
地址：桂林市七星区辅星路9号
…………………………Tel：0773-5839745
兴安县鑫泰城市建设投资发展有限公司
地址：兴安县兴安镇城台路36号
…………………………Tel：0773-6222169
桂林市兴进投资发展有限公司
地址：桂林市七星区环城南一路14号10栋9层
…………………………Tel：0773-7796083
桂林市临桂区万福宝商业有限公司
地址：临桂区临桂镇西城南路1号花样年花样城1幢1-5层47号
…………………………Tel：0773-7998603
桂林新城万博房地产开发有限公司
地址：临桂区临桂镇世纪西路以南、平桂路以东、凤凰路以西
…………………………Tel：0773-8103555
阳朔县富安旅游发展有限公司
地址：阳朔县阳朔镇观莲路（阳朔县富安大酒店二楼）
…………………………Tel：0773-8881868
桂林碧桂园房地产开发有限公司
地址：桂林市叠彩区抗战路7号抗战路1栋商住楼1-4-12号住宅
…………………………Tel：0773-8988188
梧州恒美健康产业有限公司
地址：梧州市龙圩镇龙湖东路50内2幢A单元403号房（龙湖春天）
…………………………Tel：0774-2251212
梧州市城市建设投资开发有限公司
地址：广西梧州市长洲区三龙东一路23号2楼夹层
…………………………Tel：0774-2830500
贺州市城市建设投资开发有限公司
地址：贺州市鞍山西路83-1号
…………………………Tel：0774-3358822
广西贺州城建投资集团有限公司
地址：贺州市鞍山西路83-1号
…………………………Tel：0774-3358831
梧州市市场建设管理中心
地址：梧州市新兴一路183-1号
…………………………Tel：0774-3866028
梧州市城建城市投资运营集团有限公司
地址：梧州市长洲区三龙东一路23号
…………………………Tel：0774-3950093
梧州市城建投资发展集团有限公司
地址：梧州市长洲区三龙东一路23号
…………………………Tel：0774-3956632
梧州市城安建设工程集团有限公司
地址：梧州市文澜路97号第1幢东座一、二层
…………………………Tel：0774-3956803
贺州市爱莲湖碧桂园房地产开发有限公司
地址：贺州市城东新区回建地C地块75号（滨泰二路）
…………………………Tel：0774-5102100
贺州市金泰粮油集团有限公司
地址：贺州市新兴北路32号
…………………………Tel：0774-5135848
广西贺州市新城文化旅游投资有限公司
地址：贺州市太福南路3号
…………………………Tel：0774-5681111
广西贺州姚江漂流有限公司
地址：昭平县黄姚镇黄姚街
…………………………Tel：0774-6728195
广西美尔奇建材有限公司
地址：梧州市藤县中和陶瓷产业园腾源大道1号
…………………………Tel：0774-7582888
贺州市平桂城市建设投资有限公司
地址：贺州市平桂区平桂大道2号1栋桂隆发展大厦A座6楼
…………………………Tel：0774-8835788
钟山盛泽发展集团有限公司
地址：钟山县城新兴北路
…………………………Tel：0774-8985666
玉林市宏源资产经营有限责任公司
地址：玉林市清淳路106号
…………………………Tel：0775-2097226
玉林市思谊建材有限公司
地址：玉林市江口里41号
…………………………Tel：0775-2303133
广西玉林通洲物流有限公司
地址：玉林市人民东路398号原交通局办公大楼三楼
…………………………Tel：0775-2309818
广西腾达建设集团有限公司
地址：广西兴业县石南镇商贸东路1-7号
…………………………Tel：0775-2332819
广西玉林市泽斌豪建设工程有限公司
地址：玉林市玉州区大新里西17-3号
…………………………Tel：0775-2333038
广西四方建设工程有限公司
地址：玉林市福绵区文化艺术中心三楼
…………………………Tel：0775-2676778
玉林市东瑞房地产开发有限公司
地址：玉林市金玉路377号万昌.东方巴黎商住小区8栋01号铺
…………………………Tel：0775-2690111
玉林市超时代广告装潢有限公司
地址：玉林市人民东路40-1号新都香格里拉花园2-2F-02号房
…………………………Tel：0775-2838642
玉林市城市建设投资集团有限公司
地址：玉林市体育中心东侧
…………………………Tel：0775-2853033
玉林市振业房地产有限责任公司
地址：玉林市新民中路民新小区市电脑电器专业市场商务楼七楼
…………………………Tel：0775-2892367
玉林市恒大金碧置业有限公司
地址：玉林市玉州区二环北路1111号
…………………………Tel：0775-3275250
桂平市碧桂园房地产开发有限公司
地址：广西桂平市西山镇大起村1、18队（污水处理厂旁）
…………………………Tel：0775-3335139
桂平市中联投资发展有限公司
地址：广西桂平市人民西路金融投资大厦16楼
…………………………Tel：0775-3338333
桂平大藤峡谷文化旅游有限责任公司
地址：广西桂平市西山镇白兰开发区
…………………………Tel：0775-3369335
广西桂平市新金前建材贸易有限公司
地址：广西桂平市粤桂花城A-3栋2-A5号
…………………………Tel：0775-3507718
广西南兴房地产开发有限公司
地址：玉林城区站前路
…………………………Tel：0775-3833399
广西现代路桥工程有限责任公司
地址：玉林市苗园路76号
…………………………Tel：0775-3882483
广西兴业县远大建材有限公司
地址：兴业县葵阳镇新荣村
…………………………Tel：0775-3910058
广西恒庆建材有限公司
地址：兴业县葵阳镇（玉林市葵山水泥厂）
…………………………Tel：0775-3916668
贵港亿博房地产开发有限公司
地址：广西贵港市港北区金港大道与广场中路交汇处东南角
…………………………Tel：0775-4216800
广西贵港港耀新型建材有限公司
地址：贵港市港北区贵城街道办事处南平社区（南平中路6号院贵钢集团内）
…………………………Tel：0775-4283208
贵港市兴港中盛城乡建设有限责任公司
地址：贵港市布山路与仙衣路交汇处西北角、市苗圃地段天河花园小区（5号楼商铺）
…………………………Tel：0775-4292089
贵港市建壹建材有限公司
地址：广西贵港市港南区木格镇柳塘村平石岭队
…………………………Tel：0775-4600788
广西港桥水泥有限公司
地址：贵港市覃塘区石卡镇
…………………………Tel：0775-4857066
广西容州物流产业园有限公司
地址：容县容州镇侨乡大道8号
…………………………Tel：0775-5318682
广西城建建设集团有限公司
地址：北流市北流镇一环北路0103号
…………………………Tel：0775-6223368
北流市城市建设投资股份有限公司
地址：北流市桂塘路四区（原北流市委党校大院办公区内）办公楼
…………………………Tel：0775-6292366
陆川县城乡建设投资集团有限公司
地址：陆川县温泉镇江滨东路28号
…………………………Tel：0775-7330093
广西中浩置业有限公司
地址：陆川县城城东新区三峰东路北面18栋第1层B1商铺
…………………………Tel：0775-7339188
平南县城市建设投资有限公司
地址：平南县工业园区投资大厦
…………………………Tel：0775-7833680
平南县宇能投资有限责任公司
地址：平南县平南镇八达街
…………………………Tel：0775-7866878
博白县小城镇建设投资有限公司
地址：博白县博白镇锦绣东路政务服务中心大楼七楼
…………………………Tel：0775-8336585
广西农垦阳圩农场有限公司
地址：百色市阳圩镇柳羊村
…………………………Tel：0776-2455048
广西百色盛辉投资有限公司
地址：广西百色市右江区那毕大道12号百色投资大厦第2-3层
…………………………Tel：0776-2863566
百色市路通交通投资有限公司
地址：广西百色市右江区百罗高速公路百色城西引道旁东合六组拆迁安置三产综合楼8#商铺
…………………………Tel：0776-2867777
广西百色力东城市建设投资有限公司
地址：广西百色市右江区四塘镇百东企业服务站
…………………………Tel：0776-2881006
百色广安房地产开发有限公司
地址：百色市右江区大旺路1-1号C区01座
…………………………Tel：0776-2960882
平果建安装璜有限公司
地址：平果铝城大道1060号
…………………………Tel：0776-5585197
平果城投建筑材料有限责任公司
地址：平果县新安镇那曹屯东侧
…………………………Tel：0776-5728888
广西华众建材有限公司
地址：平果工业区综合化工园M地块
…………………………Tel：0776-5809995
广西平果市城市建设投资有限责任公司
地址：平果市马头镇铝城大道东段龙景世家第1栋25层2501号
…………………………Tel：0776-5828662
平果县华冠建材有限公司
地址：平果县高速公路进城线西侧大都汇第A3幢1-3层17号
…………………………Tel：0776-5857567
平果飞虎国际建材城有限公司
地址：平果县马头镇高速路进城线达岭段
…………………………Tel：0776-5866888
广西靖西万商慧投资有限公司
地址：靖西市新靖镇城东路宾山小区一小区42号
…………………………Tel：0776-6220888
广西乐百高速公路有限公司
地址：南宁市青秀区民族大道146号三祺广场45楼4501室
…………………………Tel：0776-7535103
广西振凌物业有限责任公司
地址：广西百色市凌云县泗城镇新秀社区西灵小区206号（县财政局内五楼）
…………………………Tel：0776-7538318
广西中意达电气工程有限公司
地址：百色市右江区那毕大道百色投资大厦西塔楼1单元22层
…………………………Tel：0776-8880105
钦州市盛享碧桂园房地产开发有限公司
地址：钦州市扬帆北大道86号泰禾江山美地
…………………………Tel：0777-2699006
钦州市钦南区杰达建材店
地址：钦州市金海湾东大街99号北部湾国际建材商贸城9栋102号商铺
…………………………Tel：0777-2808555
钦州市金海水电建筑工程有限公司
地址：钦州市沙井大道89号
…………………………Tel：0777-2828705
广西地矿正元房地产开发有限公司
地址：钦州市钦州湾大道71号
…………………………Tel：0777-2867568
广西钦州松宇置业投资有限公司
地址：钦州市子材东大街18号
…………………………Tel：0777-3233399
广西滨海城市建设发展有限公司
地址：钦州市钦南区大番坡镇百川路一号
…………………………Tel：0777-3608152
广西钦州华元置业有限公司
地址：钦州市子材东大街8号奥林财富中心1号楼24F
…………………………Tel：0777-3616168
广西钦州文华装饰装潢工程管理有限公司
地址：钦州市永福东大街19号大华.富贵世家9号楼2-4层
…………………………Tel：0777-3663337
钦州市泰俊置业有限公司
地址：钦州市钦北区皇马工业园一区
…………………………Tel：0777-5311919
广西海巍实业有限公司
地址：钦州市龙祥路8号
…………………………Tel：0777-5518066
广西钦州金达装潢装饰工程有限责任公司
地址：钦州市新兴街2-6号锦绣家园一期A7名211号
…………………………Tel：0777-5656995
广西六和投资有限公司
地址：灵山县十里工业区（荔香大道旁）广西灵山电子信息产业园A6栋1层
…………………………Tel：0777-6219999
广西灵山鸿安房地产开发有限责任公司
地址：灵山县三海街道灵山大道1118号
…………………………Tel：0777-6577558
广西华森建设工程有限公司
地址：灵山县灵城镇新光路G4G5号（原灵山县宝石开发区G区4号5号）
…………………………Tel：0777-6889886
河池市创志工程有限公司
地址：河池市解放东路181号
…………………………Tel：0778-2182153
广西壮族自治区河池市建筑工程公司
地址：河池市建设路48号
…………………………Tel：0778-2188025
河池市供销社仁和资产管理有限公司
地址：河池市金城江区金城中路278号
…………………………Tel：0778-2290671
河池市金城江区城乡建设投资有限公司
地址：河池市金城中路302号
…………………………Tel：0778-2291077
河池市城市投资建设发展有限公司
地址：河池市西环路107号
…………………………Tel：0778-2296550
河池市金鑫商贸有限责任公司
地址：河池市金城江区金城中路260号
…………………………Tel：0778-2557561
广西鑫磊新型环保建材投资有限公司
地址：河池市金城西路（惠文小区斜对面）
…………………………Tel：0778-2557561
河池市碧桂园房地产开发有限公司
地址：河池市金城西路惠文小区
…………………………Tel：0778-2788277
河池市同享碧桂园房地产开发有限公司
地址：河池市宜州区庆远镇山谷路24号
…………………………Tel：0778-3111666
广西河池市宜州区城乡投资建设发展有限公司
地址：河池市宜州区财政局生活小区大院内
…………………………Tel：0778-3188070
巴马城市建设投资开发有限公司
地址：巴马镇寿乡大道120号
…………………………Tel：0778-6216267
南丹庆达惜缘矿业投资有限公司
地址：南丹县城关镇民行中路华星大厦
…………………………Tel：0778-7236984
罗城仫佬族自治县城乡建设投资有限责任公司
地址：罗城东门镇长春路27号财政局院内
…………………………Tel：0778-8362088
环江毛南族自治县城乡建设投资有限责任公司
地址：环江县思恩镇迎宾路2号
…………………………Tel：0778-8805515
北海亿博房地产开发有限公司
地址：北海市银海区政府行政中心副楼420室11号
…………………………Tel：0779-2022072
北海市城市建设投资发展有限公司
地址：北海市北海大道建设大厦附楼6、7楼
…………………………Tel：0779-2026251
北海市大禹建设工程有限公司
地址：市广东路69号
…………………………Tel：0779-2076022
北海市大正混凝土有限公司

地址：北海市北海工业园区科锦路49号
……Tel：0779-2096388

北海彰泰房地产开发有限公司
地址：北海市银海区上海路666号1栋2号房
……Tel：0779-2248897

中航鼎盛建设发展有限公司
地址：广西北海市合浦县廉州镇御珠广场三单元1205号
……Tel：0779-2256368

合浦国民村镇银行有限责任公司
地址：广西合浦县廉州镇民生路3号明园新城B幢一、二层商铺
……Tel：0779-2262298

北海南国天堂房地产开发有限公司
地址：北海市银海区金海岸大道88号恒大御景半岛45幢301号1室
……Tel：0779-2287400

北海嘉和商务酒店有限公司
地址：北海市金海岸大道1号
……Tel：0779-3182613

北海现代建筑安装有限公司
地址：市北京路川南商厦三楼中部
……Tel：0779-3209961

北海金癸房地产有限责任公司
地址：北海市北海大道南、北京路东金癸星园市场第二层
……Tel：0779-3216578

广西中新银城市建设投资开发有限公司
地址：北海市广东南路213号同和水岸香堤小区45幢406号
……Tel：0779-3807660

广西桐洋房地产开发有限公司
地址：北海市北海工业园区管委会综合楼111号
……Tel：0779-3837052

北海曼哈顿世纪酒店管理有限公司
地址：北海市北海大道８４号俊杰华府１－６层
……Tel：0779-6666606

合浦红林大酒店有限公司
地址：合浦县廉州镇廉州大道１６８号
……Tel：0779-7200608

合浦碧桂园房地产开发有限公司
地址：广西北海市合浦县廉州镇南北高速公路龙门入城支线两侧廉东钟屋队就业地18号
……Tel：0779-7283368

合浦县建筑工程总公司
地址：广西北海市合浦县廉州镇珠浦街1号
……Tel：0779-7289378

海南省

海南卓亚众诚置业有限公司
地址：海南省三亚市吉阳区迎宾路360-1号阳光金融广场17楼
……Tel：0808-88869217

海南一龄原驻房地产开发有限公司
地址：海南省琼海市博鳌乐城国际医疗旅游先行区康祥路13号一龄行政楼一层办公室
……Tel：0890-36869988

海南农垦实业集团有限公司
地址：海口市滨海大道115号海垦国际金融中心30楼
……Tel：0890-66737907

海南蓝岛环保产业股份有限公司
地址：儋州市木棠镇木棠大道东侧
……Tel：0898-23258689

海南方成建设工程集团有限公司
地址：儋州市军屯新区昌盛路38号
……Tel：0898-23390886

海南万方盛宏城市建设投资有限公司
地址：海南省儋州市那大镇文化中路7号
……Tel：0898-23509946

儋州夏日房地产开发有限公司
地址：海南省儋州市那大三洋北路111号
……Tel：0898-23800368

儋州市城投城乡开发建设有限公司
地址：海南省儋州市那大镇迎宾大道怡心花园B15栋四楼
……Tel：0898-23881250

临高县城镇建设投资有限公司
地址：临高县临城镇解放路13号(工行三楼)
……Tel：0898-28277388

三亚保力房地产投资开发有限公司
地址：海南省三亚市迎宾路468号
……Tel：0898-31090612

三亚海棠湾兰海温泉旅业投资有限公司
地址：三亚市海棠湾镇青田村薄尾岭半岛
……Tel：0898-31501909

三亚珑玥湾酒店管理有限公司
地址：海南省三亚市天涯区跃进路西端
……Tel：0898-31526652

海南盛秦农业开发有限公司
地址：海南省三亚市天涯区凤凰路159号凯丰大酒店1726室
……Tel：0898-31529669

海南铁路经济技术开发有限公司
地址：海口市粤海大道１号３号楼
……Tel：0898-31686489

海南中汽南方汽车销售服务有限公司
地址：海口市南海大道高新区高新汽车广场
……Tel：0898-31918166

海南琦享置业有限公司
地址：万宁市东澳镇南荣湾南燕半岛海景酒店15幢202房
……Tel：0898-32018888

海南檀溪新型材料有限公司
地址：海南澄迈老城镇美玉坡
……Tel：0898-32830546

海南三叶投资有限公司
地址：海南省海口市龙华区海秀路100号办公楼7楼6间房
……Tel：0898-32889057

海南海商椰网传媒科技有限公司
地址：海南省海口市美兰区新埠大道3号海南海商智谷智慧产业园办公楼三楼
……Tel：0898-36383633

建华建材（海南）有限公司
地址：海南省海口市琼山区云龙镇海榆北路168号云龙产业园纵四路2号
……Tel：0898-36666506

中国城投建设集团（海南）有限公司
地址：海南省海口市美兰区滨江西路滨江壹号C栋11层1101室
……Tel：0898-36687733

海南中城建南药开发集团有限公司
地址：海南省海口市国兴大道63号盛达景都A座A1501房
……Tel：0898-36687733

中国城市建设控股集团海南有限公司
地址：海南省海口市龙华区国贸大道45号银通国际中心28层
……Tel：0898-36689911

海口恒大酒店投资有限公司
地址：海南省海口市龙华区海棠路2号恒大.海口湾一期项目8号楼一楼C(北侧)
……Tel：0898-36696789

海南普瑞恒生实业有限公司
地址：洋浦新浦大厦0905室
……Tel：0898-36982176

海南润茂置业有限公司
地址：海南省三亚市崖州区创意产业园标准厂房二期三楼C257区
……Tel：0898-38264177

海南诗波特投资有限公司
地址：海南省三亚市田独镇荔枝沟社区万科森林度假公园商业小镇万科地产办公区
……Tel：0898-38883688

中交一公局（海口）城市投资建设有限责任公司
地址：海南省海口市美兰区和平大道30号回龙小区A0幢
……Tel：0898-47656287

万宁市城市投资建设有限公司
地址：万宁市万州大道202号3、4层
……Tel：0898-62266203

海南和融房地产开发有限公司
地址：海南省琼海市万泉河口海滨旅游区（博鳌金湾内）
……Tel：0898-62693300

海南博鳌国际医疗旅游先行区开发建设有限公司
地址：海南省琼海市嘉积镇人民路488号淼方大厦7楼
……Tel：0898-62777730

琼海市城市投资建设有限公司
地址：海南省琼海市爱华东路１９号
……Tel：0898-62824001

海南文昌发展控股集团有限公司
地址：文昌市文城镇文东路88号文航国际办公楼五楼
……Tel：0898-63220500

海南文昌航天文化旅游发展有限公司
地址：海南省文昌市文清大道文昌市开发区管委会办公楼
……Tel：0898-63389009

海南亿兴城建投资有限公司
地址：海南省文昌市龙楼镇铜鼓岭国际生态旅游区钻石大道89号
……Tel：0898-63588888-6877

海南亿隆城建投资有限公司
地址：海南省文昌市龙楼镇彩虹南路7号
……Tel：0898-63588888-6877

海南宏发置业有限公司
地址：海南省文昌市潭牛镇
……Tel：0898-63628807

海南琼安建筑工程有限公司
地址：海南省定安县定城镇见龙大道春阳花园S2栋303室
……Tel：0898-63983666

海南三赢土地房地产评估规划有限公司
地址：海南省海口市美兰区大英山东一路10号海阔天空国瑞城（铂仕苑）办公楼2单元六层601房-602房
……Tel：0898-65226887

海南电力物业管理有限公司
地址：海南省海口市美兰区海府路32号
……Tel：0898-65317127

海南华阳金盛达建材实业有限公司
地址：海南省海口市龙华区丘海大道海南金盛达建材商城办公大楼1-6层
……Tel：0898-65678989

海南天鸿海岛房地产开发有限公司
地址：海口市龙昆北路2号珠江广场之帝都大厦第九层A、B、C、D座
……Tel：0898-65699999

三沙永兴机场管理有限公司
地址：海南省三沙市永兴岛机场路机场航站楼
……Tel：0898-65799703

海南胜世实业有限公司
地址：海南省海口市秀英区永兴镇人民政府北路202房
……Tel：0898-65823566

海南胜丽实业有限公司
地址：海南省海口市秀英区永兴镇人民政府北楼401房
……Tel：0898-65823566

海口天峡实业有限公司
地址：海南省海口市琼山区府城镇新大洲大道368-1号
……Tel：0898-6582555

海口海中城建项目管理有限公司
地址：海南省海口市美兰区海甸岛和平大道43号八和园小区6栋
……Tel：0898-66256237

海南艺格文化传媒有限公司
地址：海南省海口市龙华区金贸街道滨海大道117号海南滨海国际金融中心B座1501单元
……Tel：0898-66256633

海南金洋房地产开发集团有限公司
地址：海口市秀英区长滨四路16号罗曼帝克销售中心
……Tel：0898-66295789

海南金林热带生态农业开发有限公司
地址：海南省海口市秀英区海秀西路2号金城·新天地2号楼312室
……Tel：0898-66526859

海南惠饮实业股份公司
地址：海南省海口市龙华区滨海大道泰华路2号
……Tel：0898-66667989

海南琼台建设开发公司
地址：海口市美兰区海甸五西路78号美丽沙花园B座三楼
……Tel：0898-66708558

海南省建设集团有限公司
地址：海南省海口市美兰区国兴大道1号海阔天空国兴城二期A14地块1号楼S401
……Tel：0898-66716536

华富（海口）城乡建设有限公司
地址：海南省海口市美兰区海甸岛万恒路28号海岸绿洲G1幢别墅A101房
……Tel：0898-66719889

海南高速公路房地产开发公司
地址：海口市蓝天路１６号金银岛大酒店７楼
……Tel：0898-66733147

海南地恒实业投资有限公司
地址：海南省三亚市凤凰镇凤凰机场出口南侧三亚春天2#楼
……Tel：0898-66772548

海口百龙飞环保建材有限公司
地址：海南省海口市南海大道221号西城1号A幢401房
……Tel：0898-66789551

海南裕泰投资有限公司
地址：海口市琼山区滨江街道凤翔东路绿色佳园天上人间酒店式管理公寓十五层1506房
……Tel：0898-66870805

海口新明印刷有限公司
地址：海口市国家高新区狮子岭工业园光伏南路1号
……Tel：0898-66986569

海南微城实业有限公司
地址：海南省老城高新技术产业示范区海南生态软件园
……Tel：0898-67485768

澄迈城市建设投资有限公司
地址：海南省澄迈县金江镇金马大道17号
……Tel：0898-67629388

海口市城建集团有限公司
地址：海南省海口市世纪广场路1号世纪大桥监控中心
……Tel：0898-68502105

中商联合国建实业有限公司
地址：海南省海口市滨海大道105号百方广场B座百方大厦18A
……Tel：0898-68508176

中际城市建设有限公司
地址：海口市美兰区大英山一路10号国瑞城（铂仕苑）1单元20层2003房
……Tel：0898-68515332

海南鼎顶建材股份有限公司
地址：海南省文昌市铺前镇新埠海　望坡9号
……Tel：0898-68525629

海口龙郦置业有限公司
地址：海南省海口市龙华区金贸东路与明珠路交接处华润大厦B座16F1601-5房
……Tel：0898-68527229

海南金缘投资开发有限公司
地址：海南省海口市龙华区玉沙路23号海岸金城商住楼A座21层21F房
……Tel：0898-68542318

海口市城市建设投资有限公司
地址：海口市秀英区海盛路39号蓝城商务大厦
……Tel：0898-68556500

海南东方明珠房地产有限公司
地址：海南省海口市龙华区海棠路2号恒大海口湾一期项目8号楼一楼A（北侧）
……Tel：0898-68575931

海南农垦商业开发管理有限公司
地址：海南省海口市海秀路71号职工安置楼7号铺面一二层
……Tel：0898-68590239

海南银辉实业有限公司
地址：海口市龙珠新城12幢901室
……Tel：0898-68593567

海口市秀英区城市建设投资有限公司
地址：海南省海口市秀英区秀英大道29号海秀商城五楼
……Tel：0898-68613921

海南福隆集团有限公司
地址：海南省海口市秀英区滨海大道159-2号福隆广场三期G栋住宅楼5层502房
……Tel：0898-68643648

远大置业（海南）有限公司
地址：海南省海口市秀英区长海大道6号远大购物广场1#楼3层308房
……Tel：0898-68725637

海南三叶天富置业有限公司
地址：海南省海口市龙华区海秀中路100号
……Tel：0898-68915764

海南海岛临空产业集团有限公司
地址：海口市美兰区国兴大道7号新海航大厦15层
……Tel：0898-69960139

海南保亭常青雨林旅业有限公司
地址：海南省保亭县响水镇毛岸片区茶场招待所
……Tel：0898-82855019

陵水香水湾滨海休闲娱乐有限公司
地址：海南省陵水县光坡镇香水湾B区N-20号休闲娱乐中心会所
……Tel：0898-83081111

陵水海韵商业投资运营管理有限公司
地址：海南省陵水县椰林镇滨河南路6号
……Tel：0898-83305551

海南陵水润达科技投资有限公司
地址：陵水县英州镇高峰温泉大道（现代农业科技示范基地）
……Tel：0898-83308899

海南香水湾海滨假日酒店有限公司
地址：陵水县香水湾Ａ区
……Tel：0898-83346611

海南国茂实业投资有限公司
地址：海南省陵水县英州镇万安红草坡金源山庄
……Tel：0898-83383005

海南清水湾旅业有限公司
地址：海南省陵水县英州镇（地号010031-1)
……Tel：0898-83387759

海南创基房地产开发有限公司
地址：保亭县南美假日小区5号楼1-2层
……Tel：0898-83665666

中城建（乐东）投资开发有限公司
地址：乐东黎族自治县抱由镇乐安路455号
……Tel：0898-85598125

海南农垦烨运宏实业有限公司
地址：琼中县营根镇海榆路6号
……Tel：0898-86222607

海南恺晟项目管理有限公司
地址：海南省三亚市吉阳区迎宾路416-3号苏商大厦9层903房
……Tel：0898-88225986

三亚鹿回头旅游区开发有限公司
地址：三亚市河东区小东海路6号
……Tel：0898-88226863

三亚城投置业有限公司
地址：海南省三亚市天涯区解放路743号工商银行大厦第五层（仅限办公场所使用）
……Tel：0898-88261916

三亚市城乡建设土地开发有限公司
地址：三亚市新风路金鹿大厦二楼
……Tel：0898-88263276

三亚城市投资建设集团有限公司
地址：海南省三亚市天涯区三亚湾路国际客运港区国际养生度假中心酒店B座（2#楼）3楼312室
……Tel：0898-88269188

三亚海绵城市投资建设有限公司
地址：海南省三亚市天涯区解放路743号中国工商银行股份有限公司三亚分行营业培训楼5层
……Tel：0898-88269188

海南东朋祥泰房地产开发有限公司
地址：海南省三亚市河东路榕根居委会一楼284号
……Tel：0898-88277349

三亚市国成市场开发服务有限公司
地址：三亚市解放四路第三市场三楼
……Tel：0898-88292727

三亚和泓房地产开发有限公司
地址：海南省三亚市吉阳区吉阳大道和泓假日阳光0#楼
……Tel：0898-88331999

三亚明珠实业有限公司
地址：三亚市解放三路
……Tel：0898-88368688

三亚兰海亚龙北部湾区开发有限公司
地址：海南省三亚市亚龙湾路115号亚龙湾亚泰商业中心
……Tel：0898-88566679

三亚兰德国际玫瑰谷发展有限公司
地址：海南省三亚市亚龙湾国际玫瑰谷
……Tel：0898-88568895

中恺鼎铭项目咨询管理（海南）集团有限公司
地址：海南省三亚市吉阳区迎宾路416-3号苏商大厦9楼9层901、902、908、909、910、911
……Tel：0898-88658566

浙大网新（海南）智慧城市建设投资有限公司
地址：海南国际旅游岛先行试验区文黎大道8号A座615室
……Tel：0898-88662240

国旅（海南）投资发展有限公司
地址：海南省三亚市海棠湾区三亚国际免税城地下一层1号办公室
……Tel：0898-88691600

华菱星马（海南）物流有限公司
地址：海南省三亚市天涯区文明路三亚合诚房地产公司综合楼C座601房
……Tel：0898-88701228

海南瑞泽新型建材股份有限公司
地址：海南省三亚市崖城镇创意产业园区中央大道9号
……Tel：0898-88703858

三亚峰鑫实业有限公司
地址：海南省三亚市海棠区林旺223国道294公里旁铁炉村
……Tel：0898-88753011

三亚崖州湾科技城开发建设有限公司
地址：海南省三亚市崖州区创意产业园2号路标准厂房一期旁
……Tel：0898-88759501

海南旭茂投资有限公司
地址：海南省三亚市海棠区神泉大道六和悦城小区综合楼
……Tel：0898-88818123

三亚中业南田投资有限公司
地址：海南省三亚市南田农场东风分厂办公楼一楼
……Tel：0898-88818718

四川省

成都惠都丽行建材有限公司
地址：中国（四川）自由贸易试验区成都高新区吉泰路666号2栋21层12号
……Tel：028-12345678

安岳县兴安城市建设投资开发有限公司
地址：四川省资阳市安岳县岳阳镇西大街98号
……Tel：028-24523172

四川省特丽达实业有限公司
地址：四川省资阳市安岳县石桥铺镇（资阳经济技术开发区安岳工业园）
……Tel：028-24580888

四川省大华农产品市场管理有限公司
地址：简阳市石桥镇 龙寺村
……Tel：028-26159888

四川省资阳得宇房地产开发有限责任公司
地址：资阳市雁江区娇子大道北2巷333号
……Tel：028-26577116

四川筑鼎投资有限公司
地址：资阳市雁江区外环路中段158号凯旋国际1号楼二层
……Tel：028-26577777

四川浙粤置业有限公司
地址：四川省资阳市雁江区书台路251号
……Tel：028-26597017

四川禾邦实业集团有限公司
地址：资阳市雁江区宝台镇迎宾大道会展中心3号楼3（F）11-1号
……Tel：028-26650002

四川资阳临空产业新城建设开发有限公司
地址：四川省资阳市雁江区政府东路62号原区政府机关大院内原区政府办公大楼4楼408室
……Tel：028-26755255

资阳市城市建设投资有限公司
地址：资阳市雁江区车城大道139号
……Tel：028-26760503

简阳市兴东和建材有限公司
地址：成都市简阳市石桥镇东滨路南段44号20号楼B栋2层1号（江水湾三期）
……Tel：028-27092693

四川三地房地产开发有限公司
地址：四川省资阳市雁江区外环路西二段115号置地城一期4号楼4（F）2-1C
……Tel：028-27195555

成都国际空港新城建设开发有限公司
地址：中国（四川）自由贸易试验区成都高新区府城大道中段88号1栋13层13号
……Tel：028-27250853

成都中铁空港新城建设有限公司
地址：成都高新区玉成乡袁家坝综合体A栋7号
……Tel：028-27556075

简阳亿联置业发展有限公司
地址：简阳市回龙大道99号
……Tel：028-27750723

仁寿县鑫城建设开发有限责任公司
地址：仁寿县文林镇文林路389号
……Tel：028-35030666

四川省慧博智城建设工程有限公司
地址：仁寿县视高镇花海大道大学路1号
……Tel：028-35035480

四川银凯新材料有限公司
地址：眉山市东坡区白马镇
……Tel：028-36253111

四川洪瑞建工集团有限公司
地址：仁寿县文林镇陵州路330号
……Tel：028-36266255

青神海通城镇建设发展有限公司
地址：青神县罗波乡龙泉村5组
……Tel：028-37118823

丹棱县城市投资建设有限责任公司
地址：丹棱县丹棱镇东升路219号
……Tel：028-37201590

丹棱大雅堂酒店有限公司
地址：丹棱县丹棱镇大雅堂片区（大雅堂酒店）3栋3单元5/5层
……Tel：028-37218888

柯美特建材集团股份有限公司
地址：丹棱县丹棱镇机械产业园区
……Tel：028-37261609

巴斯夫化学建材（四川）有限公司
地址：四川省眉山市彭山区彭溪镇彭祖大道一段339号17栋4单元3层302号
……Tel：028-37657119

四川彭祖文化旅游开发有限公司
地址：四川省眉山市彭山区武阳镇武阳郡田园新村营业用房24栋
……Tel：028-37688987

四川岷东城市建设开发有限公司
地址：眉山市东坡区眉州大道东沿段5号
……Tel：028-38016925

四川省众生房地产开发有限公司
地址：青神县青城镇眉青路89号(县汽车客运中心站二楼)
……Tel：028-38810268

四川省龙福建材有限公司
地址：中国（四川）自由贸易试验区成都高新区吉泰五路118号3栋17层2号
……Tel：028-56489717

巢客遇家（成都）科技有限公司
地址：四川省成都市武侯区武阳大道三段5号1栋2单元6楼14号
……Tel：028-60116514

成都小六优选科技有限公司
地址：成都市武侯区领事馆路7号1栋2单元19层1907号
……Tel：028-60196900

四川优易数智信息技术有限公司
地址：中国（四川）自由贸易试验区成都高新区天府五街200号4栋8层802室
……Tel：028-60262954

成都市新都区兴城建设投资有限公司
地址：成都市新都区新都街道香城南路180号
……Tel：028-60322328

四川汇德物业服务有限公司
地址：成都市武侯区郭家桥南街5号（望江街办2楼）
……Tel：028-61030201

成都川志和金融服务有限公司
地址：成都市金牛区沙湾东二路1号1栋1单元17层14号
……Tel：028-61312252

中核城市建设发展有限公司
地址：成都市武侯区长益路13号1栋1单元7层702号
……Tel：028-61339981

四川大成智慧城市建设投资有限公司
地址：成都市温江区南江路208号2栋9层904号
……Tel：028-61362377

四川融鸥置业有限公司
地址：四川省德阳市广汉市新丰镇狮象村11组
……Tel：028-61386135

成都衣恋纽可商贸有限公司
地址：成都市成华区建设路53号B1至6层、55号1层至6层
……Tel：028-61398666

成都天呈快快信息技术有限公司
地址：中国（四川）自由贸易试验区成都高新区天府三街199号B区15楼1、2号
……Tel：028-61511999-625

成都通祥福明物流有限公司
地址：成都市新都区中集大道227号
……Tel：028-61629599

成都中铁建投资有限公司
地址：成都高新区仁和街39号1栋1层1号
……Tel：028-61682255

中城投集团科创建设发展有限公司
地址：成都市温江区新华大道二段728号9-1-4层
……Tel：028-61706060

四川德普铝业科技有限公司
地址：四川省成都市都江堰市四川都江堰经济开发区龙翔路2号
……Tel：028-61752858

成都金辉居业置业有限公司
地址：中国（四川）自由贸易试验区成都高新区府城大道西段399号7栋1单元5层507号
……Tel：028-61816022

成都兴华营韵企业管理有限公司
地址：成都市武侯区二环路南四段5号
……Tel：028-61862039

四川安格斯装饰设计有限公司
地址：成都市武侯区星狮路711号1栋2单元12楼1202号
……Tel：028-61895506

成都麓山实业有限公司
地址：四川省成都市天府新区万安街道麓山大道二段六号
……Tel：028-61909711

都江堰市同心置业发展有限公司
地址：四川省成都市都江堰市幸福镇永丰路1号
……Tel：028-61927216

万源市本鑫城市建设有限公司
地址：四川省达州市万源市太平镇河西盛锦苑五号楼1单元202号
……Tel：028-61988840

华润城市交通设施（成都）有限公司
地址：四川省成都市青羊区人民南路一段86号"城市之心"大厦
……Tel：028-62121800

四川合顺源建设工程有限公司
地址：成都市武侯区长益路11号1栋9层22号
……Tel：028-62129556

四川省欣源通信工程有限责任公司
地址：成都市锦江区静沙南路18号3栋1单元505号
……Tel：028-62317090

成都招商远康房地产开发有限公司
地址：成都高新区科华南路1366号8栋
……Tel：028-62490177

成都海兴冷业贸易股份有限公司
地址：成都市成华区府青路三段十二号
……Tel：028-62490228

四川省商投城乡建设集团有限责任公司
地址：成都市武侯区长益东二路1号10栋16层1601号-1609号
……Tel：028-62677821

成都瑞华一九九商业管理有限公司
地址：中国（四川）自由贸易试验区成都市高新区天府一街535号1栋1层1号、2层1号
……Tel：028-62778611

四川德善投资集团股份有限公司
地址：中国（四川）自由贸易试验区成都市高新区益州大道中段722号2幢1单元23层2305号
……Tel：028-62877777

中融国城建设有限公司
地址：成都市锦江区双桥子立交桥8栋7-10号
……Tel：028-62938033

成都天冠世邦房地产开发有限公司
地址：成都市武侯区武侯新城管委会武兴二路9号2号楼4层A1、A2、B1、B2号
……Tel：028-63911177

成都生物城建设有限公司
地址：中国（四川）自由贸易试验区成都高新区天府三街199号A区501号
……Tel：028-63915050

成都中梁宏泰置业有限公司
地址：四川省成都市龙泉驿区成龙大道二段888号成都经开区总部经济港G组团4号楼5层
……Tel：028-63915566

成都市温江城投顺源生态环境建设有限公司
地址：成都市温江区柳城镇泰康东路236号
……Tel：028-63975108

四川蜀鹏新型建材有限公司
地址：成都市青白江区工业集中发展区向阳路779号
……Tel：028-64014519

成都大农科技有限公司
地址：中国（四川）自由贸易试验区成都高新区天府大道中段1366号2栋5层
……Tel：028-64056546

四川星速机电安装工程有限公司
地址：成都市武侯区洗面桥街14号附9号1楼
……Tel：028-64237343

四川兴凯歌建设工程有限公司
地址：成都市青羊区清溪东路2号1-2幢407室
……Tel：028-64777257

中建铝新材料成都有限公司
地址：成都市新都区工业东区龙虎大道699号
……Tel：028-64970127

四川交投房地产营销策划有限公司
地址：成都市锦江区工业园区三色路163号银海芯座B幢3层303号
……Tel：028-64981088

成都水都投资有限公司
地址：四川省成都市金堂县赵镇滨江路二段322号
……Tel：028-65128888

上海外服（四川）人力资源服务有限公司
地址：中国（四川）自由贸易试验区成都市高新区天府大道中段688号大源国际中心3栋1601、1602室
……Tel：028-65180088

成都智慧码投科技有限公司
地址：中国（四川）自由贸易试验区成都高新区天府四街189号2栋7楼1号
……Tel：028-65279055

四川大力士建材有限公司
地址：成都市郫县犀浦镇国宁路西部国际装饰石材城9栋1号
……Tel：028-65951512

成都锦绣岷江城市建设开发有限公司
地址：成都市新津县邓双镇岷江大道三段666号
……Tel：028-66325885

成都嘉昱房地产有限责任公司
地址：成都市青羊区大安东路1号
……Tel：028-66505296

四川省壹天丰商贸有限公司
地址：成都高新区创业路38号-E
……Tel：028-66662222

四川长征汽车贸易有限公司
地址：成都市成华区航天路2号15层
……Tel：028-66667161

四川安城骏宇建材有限公司
地址：四川省成都市成华区东三环路二段宝耳路2号内第3号办公楼4楼408号
……Tel：028-66761881

成都启阳领航汽车销售服务有限公司
地址：四川省成都市天府新区华阳街道华府大道一段1号
……Tel：028-67076888

成都昌谦房地产开发有限公司
地址：成都市金牛区韦家碾三路205号
……Tel：028-67136010

四川翰景置业有限公司
地址：仁寿县视高镇中建大道一段2号
……Tel：028-67174008

中建西部建设新材料科技有限公司
地址：眉山市彭山区青龙经济开发区
……Tel：028-67176121

四川科华时代实业集团有限公司
地址：中国（四川）自由贸易试验区成都高新区天府大道北段1199号2栋31楼3105号
……Tel：028-67178028

四川中德城发建设工程有限公司
地址：成都市武侯区洗面桥街14号附9号1楼
……Tel：028-67223511

成都圣华房地产开发有限公司
地址：中国（四川）自由贸易试验区成都市天府新区华阳街道麓山大道一段381号
……Tel：028-67281662

成都市盛博置业投资有限公司
地址：成都市新都区斑竹园镇竹园大道488号
……Tel：028-67339080

成都融创仁源房地产开发有限公司
地址：成都高新区中和中柏路23号附2号3层
……Tel：028-67592332

成都融创辛祥房地产开发有限公司
地址：成都市成华区熊猫大道1250号2楼208室
……Tel：028-67592332

成都申融房地产开发有限公司
地址：成都市锦江区三圣街道办事处驸马社区联合三组82号附6号
……Tel：028-67592332

成都怡悦置业有限公司
地址：成都市金牛区西华街道侯家社区二组

…………………………Tel：028－67658788
成都融创汇润商业管理有限公司
地址：四川省成都市都江堰市玉堂镇永康社区青城水街北段58号6栋2楼213号
…………………………Tel：028－67996048
四川中节能新型建筑材料有限公司
地址：四川省彭州市桂花镇红石桥村十六组90号
…………………………Tel：028－68370137
四川云背篓科技集团有限公司
地址：成都市青羊区锣锅巷122号云龙大厦1、5楼
…………………………Tel：028－68780888
国信利安建设（成都）有限公司
地址：成都市锦江区华兴正街35－61号1栋1单元10层1001号
…………………………Tel：028－68782520
成都城投建筑科技投资管理集团有限公司
地址：成都金牛高新技术产业园区金周路589号
…………………………Tel：028－68814225
成都统建城市建设开发有限责任公司
地址：成都市青羊区西玉龙街6号
…………………………Tel：028－68814688
成都城投建设集团有限公司
地址：成都金牛高新技术产业园区金周路589号
…………………………Tel：028－68814700
成都城建投资管理集团有限责任公司
地址：成都市金牛区金周路589号
…………………………Tel：028－68814936
四川西翔投资管理有限公司
地址：成都市青羊区清江东路59号1栋2层8号
…………………………Tel：028－68889550
中建铝新材料有限公司
地址：成都市青羊区腾飞大道51号E区18栋
…………………………Tel：028－68890902
成都市羊安新城开发建设有限公司
地址：邛崃市羊安镇泉水金泉大道150号
…………………………Tel：028－69208830
成都成华城市建设投资有限责任公司
地址：成都市成华区建设北路一段58号
…………………………Tel：028－69283311
成都深报地铁传媒有限公司
地址：中国（四川）自由贸易试验区成都高新区吉泰五路88号3栋38层1号
…………………………Tel：028－69887777
四川省锦艺生态环境有限公司
地址：成都市锦江区华兴正街5号2幢11楼5号
…………………………Tel：028－69899169
平昌县新阳置业有限公司
地址：四川省平昌县同州街道办事处信义社区信义大道26号金锣湾商业城1幢1单元第13层4号
…………………………Tel：0287－6617788
成都天投新城市建设投资有限公司
地址：中国（四川）自由贸易试验区成都天府新区片区正兴街道湖畔路北段269号2栋4层401
…………………………Tel：028－80256577
四川兴城港瑞建材有限公司
地址：成都市双流区西南航空港经济开发区工业集中发展区
…………………………Tel：028－80516317
四川兴城港瑞建材有限公司
地址：成都市双流区西南航空港经济开发区工业集中发展区
…………………………Tel：028－80516317
成都市新都中铁动力新城建设投资有限公司
地址：成都市新都区石板滩镇石木路198号
…………………………Tel：028－80518820
四川省城乡建设投资有限责任公司
地址：中国（四川）自由贸易试验区成都市天府新区兴隆街道湖畔路西段6号成都科学城天府菁蓉中心C区
…………………………Tel：028－80587293
成都康杰医疗器材有限公司
地址：成都市青羊区将军街16号附3号2单元1楼2号
…………………………Tel：028－81465108
成都双流新产城建设发展有限公司
地址：成都市双流区西南航空经济开发区长城路二段二号
…………………………Tel：028－81503702
成都同森锦泰房地产开发有限公司
地址：四川省成都市成华区双林路44号
…………………………Tel：028－81505020
成都恩威道源圣城旅游开发有限公司
地址：四川省成都市大邑县鹤鸣乡平阳街1栋1楼1号附7号
…………………………Tel：028－81663333
成都领创汇润酒店管理有限公司
地址：四川省成都市都江堰市玉堂镇永康社区闲山悦一期6栋1单元702号
…………………………Tel：028－8172008
四川路桥通锦房地产开发有限公司
地址：成都市武侯区一环路南四段２７号
…………………………Tel：028－81726823
成都中投信置业有限责任公司
地址：成都市温江区成都海峡两岸科技产业开发园（教院内）
…………………………Tel：028－82000011
成都戛纳湾商业经营管理有限公司
地址：四川省成都市天府新区华阳街道滨河路二段368号
…………………………Tel：028－82003456
成都领地泛太房地产开发有限公司
地址：成都市成华区昭觉寺横路19号4幢附7号1楼
…………………………Tel：028－82120295
都江堰蓝光旅游资源开发有限公司
地址：四川省成都市都江堰市玉堂镇三台社区三台路35号
…………………………Tel：028－82123092
四川蓝光文化旅游产业有限公司
地址：成都高新区新创路2号附10号6楼
…………………………Tel：028－82123092
成都澳力鑫新型建材有限公司
地址：四川省成都市崇州市经济开发区世纪大道759号
…………………………Tel：028－82186760
索菲亚家居（成都）有限公司
地址：成都崇州经济开发区宏业大道北段1251号
…………………………Tel：028－82228851
四川金盆地（集团）有限公司
地址：成都市崇州市锦江乡余塘村十组
…………………………Tel：028－82396198
四川川投置信丽景置业有限公司
地址：新津县花源镇白云路街102号
…………………………Tel：028－82480308
新津县城市建设投资集团有限公司
地址：新津县五津镇兴园3路222号50栋1层2号
…………………………Tel：028－8248530
四川恒泽建材有限公司
地址：成都市新津工业园区新材料产业功能区新材18路南侧
…………………………Tel：028－82518088
成都东南钢结构有限公司
地址：四川新津工业园区A区
…………………………Tel：028－82551805
成都新城兴建设投资有限公司
地址：新津县梨花大道529号
…………………………Tel：028－82552810
成都主导科技有限责任公司
地址：成都市青羊区文家路389号
…………………………Tel：028－82570013
成都力进房地产开发有限公司
地址：成都市青羊区文家街道文兴北路32号
…………………………Tel：028－82571888
西卡四川建筑材料有限公司
地址：四川新津工业园区（邓双镇）兴化2路89号
…………………………Tel：028－82590831
成都智慧城市交通建设投资有限公司
地址：成都市温江区柳城街道凤溪大道南段559号
…………………………Tel：028－82601123
成都瑞新创世地产顾问有限公司
地址：成都市青羊区腾飞大道189号15栋4层403号
…………………………Tel：028－82612157
成都鑫城联创建设工程有限公司
地址：成都市温江区万春镇春江东路15号万春新政府办公大楼四楼
…………………………Tel：028－82617563
成都宏信投建材有限公司
地址：成都市温江区公平街办惠和村民惠巷锦绣城小区2、4、6、8号
…………………………Tel：028－82622070
成都市温江区升达建筑装饰材料有限公司
地址：成都市温江区海峡两岸科技产业开发园蓉台大道北段566号
…………………………Tel：028－82632012
成都金强实业有限公司
地址：成都市温江区公平街办正阳街1号
…………………………Tel：028－82765999
成都万贯实业集团有限公司
地址：成都市武侯区晋阳路128号
…………………………Tel：028－82842666
成都汇都商业管理有限公司
地址：成都市双流区东升街道双楠大道中段888号南辰汇都一期5－305
…………………………Tel：028－82886517
四川省友豪罗曼酒店有限公司
地址：成都市青羊区人民中路二段22号
…………………………Tel：028－82929822
成都市新都香城建设投资有限公司
地址：成都市新都区新都镇马超东路289号金融大厦3楼
…………………………Tel：028－83018278
成都巅峰投资有限公司
地址：成都市新都区斑竹园镇回南村四社
…………………………Tel：028－83091144
成都众牌医药有限责任公司
地址：成都市成华区羊子山路68号4栋2单元511－516、538－540
…………………………Tel：028－83154635
四川蜀联股份有限公司
地址：成都市西二路１７号
…………………………Tel：028－83170584
中城投西部建设集团有限公司
地址：中国（四川）自由贸易试验区成都高新区天府大道中段530号1栋19楼1907号
…………………………Tel：028－83170921
成都浩瑞成企业管理有限公司
地址：中国（四川）自由贸易试验区成都高新区天府大道北段1199号2栋20楼2009号
…………………………Tel：028－83208586
成都紫光科城智业科技服务有限公司
地址：中国（四川）自由贸易试验区成都高新区吉泰五路118号2栋5层1号
…………………………Tel：028－83212820
成都产兴城市建设有限公司
地址：成都高新区芦葭镇芦新街8，10号一层
…………………………Tel：028－83220517
成都华益房地产有限责任公司
地址：成都市二环路东四段24号附20号
…………………………Tel：028－83226275
成都传媒文化投资有限公司
地址：成都市成华区建设南支路4号
…………………………Tel：028－83238295
成都中营贸易有限公司
地址：成都市成华区双荆路111号
…………………………Tel：028－83297715
成都香城电建水环境治理有限公司
地址：成都市新都区北星大道二段757号
…………………………Tel：028－83298796
四川华西绿舍建材有限公司
地址：成都市成华区成华大道二段298号
…………………………Tel：028－83337422
四川省众志成城建筑劳务工程有限公司
地址：成都市武侯区聚龙路68号1栋7层76号
…………………………Tel：028－83338868
四川远丰森泰能源集团股份有限公司
地址：四川省成都市武侯区高阳路62号4层附403号
…………………………Tel：028－83339910
四川华通佳达实业有限公司
地址：中国（四川）自由贸易试验区成都高新区天府二街166号3栋1522号
…………………………Tel：028－83361627
四川省蜀府房屋建设开发有限公司
地址：成都市青羊区太升南路155号5楼
…………………………Tel：028－83382655
成都市东锦置业有限公司
地址：成都市锦江区上沙河铺街208号
…………………………Tel：028－83389606
四川精昕项目管理有限公司
地址：成都市青羊区光华北三路98号15栋10层1004号
…………………………Tel：028－83397977
四川兰丰水泥有限公司
地址：成都市彭州市桂花镇庆桂路中段
…………………………Tel：028－83458200
成都市沪宁商业管理有限公司
地址：成都市锦江区红星路三段1号国际金融中心3号楼2701号
…………………………Tel：028－83518888
成都新开元城市建设投资有限公司
地址：成都市青白江区凤凰大道一段凤凰西七路366号
…………………………Tel：028－83627712
成都市青白江区富发新型建材有限公司
地址：成都市青白江区福洪乡幸福村四组
…………………………Tel：028－83647262
成都金茂青弘房地产开发有限公司
地址：成都市青白江区大同镇大同路42号
…………………………Tel：028－83668886
成都阳氏田鸭肠餐饮文化有限责任公司
地址：成都市彭州市天彭镇东湖南巷6号
…………………………Tel：028－83704666
彭州市歆越达房地产开发有限责任公司
地址：四川省成都市彭州市天彭镇三圣北路80号6栋3层301号
…………………………Tel：028－83771776
四川方正电力工程有限公司
地址：成都市锦江区上东大街36号1－1幢9楼16号
…………………………Tel：028－83811778
成都城投城建科技有限公司
地址：成都市新都区新都工业东区龙虎大道
…………………………Tel：028－83959015
万科中西部城镇建设发展有限公司
地址：中国（四川）自由贸易试验区成都天府新区兴隆湖街道湖畔路西段成都科学城天府菁蓉中心D区
…………………………Tel：028－84096300
四川天府水城新区开发建设有限公司
地址：四川省成都市金堂县赵镇迎宾大道一段398号
…………………………Tel：028－84158233
中建西部建设建材科学研究院有限公司
地址：中国（四川）自由贸易试验区成都市天府新区兴隆街道科学城北路东段1659号
…………………………Tel：028－84195379
中天新合建设咨询有限公司
地址：中国（四川）自由贸易试验区成都高新区益州大道中段555号1栋2单元24层2402、2403号
…………………………Tel：028－84196972
成都富源燃气股份有限公司
地址：成都市成华区双建路1号
…………………………Tel：028－84355660
中唐空铁（凉山）城乡建设有限公司
地址：四川省凉山彝族自治州西昌市胜利南路一环路二段6号光彩.城市风景1幢层1－5号
…………………………Tel：028－84386700
成都市鼎诚达房地产开发有限公司
地址：成都市双流区东升街道星空路898号
…………………………Tel：028－84430998
华三建设工程有限公司
地址：四川省成都市武侯区玉林北街1号1栋3单元24层2401号
…………………………Tel：028－84439291
四川省中兴城建设工程有限责任公司
地址：成都市武侯区高升桥路9号5栋12楼1212号
…………………………Tel：028－8444488
四川物流物资贸易有限公司
地址：成都市成华区龙潭寺东路396号
…………………………Tel：028－84445656
四川隆阳房地产开发有限公司
地址：四川省成都市龙泉驿区西河镇广场路87号城市家园2栋1层41号
…………………………Tel：028－84458931
成都锦江房地产（集团）有限公司
地址：成都市锦江区牛沙北路89号
…………………………Tel：028－84527555
成都淮州新城建设投资有限公司
地址：四川省成都市金堂县淮口镇金履街113号
…………………………Tel：028－84588820
四川省银河投资集团有限公司
地址：四川省成都市成华区双成三路18号10栋1层7号
…………………………Tel：028－84623878
资阳卓锦商业综合体管理有限公司
地址：四川省资阳市雁江区娇子大道与二环路交叉口（F）2－2A
…………………………Tel：028－84777676
四川路桥盛通建筑工程有限公司
地址：成都市锦江区上沙河铺街212号
…………………………Tel：028－84784788
四川航天天盛科技有限责任公司
地址：四川省成都市龙泉驿区龙泉镇驿都中路29号
…………………………Tel：028－84801297
四川鸥鹏建筑工程公司
地址：四川省成都市龙泉驿区龙泉镇鸥鹏大道66号
…………………………Tel：028－84852627
四川实德化学建材有限公司
地址：四川省成都经济技术开发区(龙泉驿区)星光西路24号
…………………………Tel：028－84859000
成都市城市发展东移开发建设有限公司
地址：四川省成都市龙泉驿区龙泉街道玉扬路302号
…………………………Tel：028－84861728
成都经济技术开发区城市建设投资经营有限公司
地址：四川省成都市龙泉驿区龙泉街道南京路31号附3号
…………………………Tel：028－84870096
成都瑞龙绿城建设投资有限公司
地址：四川省成都市龙泉驿区龙泉街道南京路31号附3号
…………………………Tel：028－84870096
成都市吉平建材有限公司
地址：四川省成都市龙泉驿区龙泉街办书房村四组129号
…………………………Tel：028－84873066
四川蜀鸿建设工程有限公司
地址：四川省巴中市恩阳区登科路西三巷17号
…………………………Tel：028－84894525
四川铁科新型建材有限公司
地址：四川省成都市金堂县淮口镇现代大道997号（四川金堂工业园内）
…………………………Tel：028－84910806
成都花园水城城乡建设投资有限责任公司
地址：四川省成都市金堂县赵镇栖谷北路15号
…………………………Tel：028－84928968
四川天府水城鸿业建设开发有限公司
地址：四川省成都市金堂县赵镇文化街219号
…………………………Tel：028－84931253
金堂县山水生态城建设投资有限责任公司

地址：成都市金堂县赵镇金中路建设局二号楼5楼
……………………Tel：028-84931928
成都宜居水城城乡交通建设投资有限公司
地址：四川省成都市金堂县赵镇栖谷北路15号
……………………Tel：028-84938648
成都天府水城城乡水务建设有限公司
地址：四川省成都市金堂县成金大道2870号
……………………Tel：028-84973166
成都武侯资本投资管理集团有限公司
地址：成都市武侯区武科西五路360号
……………………Tel：028-85002926
成都市武侯新城建设投资有限责任公司
地址：成都市武侯区武科西五路360号10栋1单元7楼715号
……………………Tel：028-85002926
四川川泰众鑫建设工程有限公司
地址：成都市武侯区七里路499号首信红星国际广场3A栋1单元8楼806室
……………………Tel：028-85010729
成都亿泽房地产经纪有限公司
地址：成都市武侯区科华北路153号
……………………Tel：028-85027721
四川君和物业管理有限公司
地址：成都市武侯区一环路西一段130号1栋19层1915、1917号
……………………Tel：028-85054445
四川省华盾建筑工程有限公司
地址：成都高新区盛和一路88号1栋1单元11层1110号
……………………Tel：028-85058130
四川蜀泰锦绣安全服务有限公司
地址：成都市武侯区武侯大道双楠段22号1单元3楼
……………………Tel：028-85061088
成都长城实业集团有限公司
地址：成都市武侯区二环路南四段九号
……………………Tel：028-85072743
成都鲁能压缩天然气有限责任公司
地址：成都市青羊区新开寺街88号
……………………Tel：028-85094211
百悦（成都）城乡建设投资有限公司
地址：四川省成都市龙泉驿区大面街道办事处金桉路1号商业楼栋1层1号
……………………Tel：028-85113311
成都鑫有上房物业管理有限公司
地址：成都高新区紫荆南路52号附10号14栋1层22号
……………………Tel：028-85124966
宇妥藏药股份有限公司
地址：四川省阿坝州红原县邛溪镇
……………………Tel：028-85127820
成都和平蓉星汽车销售服务有限公司
地址：四川省成都市高新区火车南站西路2080号
……………………Tel：028-85130228
成都鑫博泰房地产开发有限公司
地址：四川省成都市龙泉驿区西河镇阙家村十二组90号
……………………Tel：028-85131377
四川新程物流有限公司
地址：成都高新区新加坡工业园新园南2路
……………………Tel：028-85184435
四川铁投城乡投资建设集团有限责任公司
地址：成都市高新区九兴大道12号1幢4层
……………………Tel：028-85187676
网众验房（成都）科技有限公司
地址：中国（四川）自由贸易试验区成都高新区天府大道北段1480号8号楼04层02号
……………………Tel：028-85190181
四川青禾物业管理有限公司
地址：成都市武侯区一环路南三段40号综合楼1楼
……………………Tel：028-85192671
四川东华机械集团有限公司
地址：成都市高新区九兴大道９号
……………………Tel：028-85195672
四川他山石能源投资有限公司
地址：旺苍县尚武镇寨梁村四社
……………………Tel：028-85215218
成都信创置业有限公司
地址：四川省成都市天府新区华阳街道广都上街135号
……………………Tel：028-85220793
四川聚峰谷农业科技开发有限公司
地址：四川省成都市金堂县淮口镇龚家村二十一组(龚家村委员会办公室)
……………………Tel：028-85228626
成都星泓商流科技发展有限公司
地址：成都市武侯区郭家桥南街望江路街道办事处内
……………………Tel：028-85229889
中城建四川投资建设有限公司
地址：成都市金牛区三洞桥街8号1幢6楼
……………………Tel：028-85235622
中城建崇州城市建设投资有限公司
地址：成都市崇州市羊马镇鹤兴路429号
……………………Tel：028-85235622
四川资阳雁城城市基础设施建设有限公司
地址：资阳市雁江区河堰街12号
……………………Tel：028-85235622
中城投集团第六工程局四川实业有限公司
地址：成都市锦江区工业园区锦盛路138号2楼附3号
……………………Tel：028-85256730
成都慈铭健康管理有限公司
地址：成都市青羊区金沙遗址路5号附3号1楼
……………………Tel：028-85259155
四川君源物流有限公司
地址：成都市成华区龙潭工业园华盛路58号60幢
……………………Tel：028-85266251
成都君源物流有限公司
地址：成都市成华区龙潭工业园华盛路58号60栋4楼
……………………Tel：028-85266252
成都市朗源房地产开发有限公司
地址：中国（四川）自由贸易试验区成都高新区吉泰路33号1栋11层3号
……………………Tel：028-85267111
四川邦城投资有限责任公司
地址：成都市武侯区桐梓林南路7号1层附19、20号
……………………Tel：028-85267111
成都启阳嘉航汽车销售服务有限公司
地址：成都市锦江区皇经楼路279号
……………………Tel：028-85270260
四川美程置地有限责任公司
地址：成都市青白江区凤凰西七路31号
……………………Tel：028-85293733
四川亚丁旅游投资股份有限公司
地址：中国（四川）自由贸易试验区成都高新区天府大道北段20号高新国际广场B座7楼5号
……………………Tel：028-85311903
成都发动机（集团）房地产开发有限公司
地址：成都市成华区经华北路19号
……………………Tel：028-85312338
成都德商达置业有限公司
地址：四川省成都市天府新区华阳街道正北中街165号
……………………Tel：028-85313131
成都高新区绛溪城市建设有限公司
地址：成都高新区芦葭镇芦新街8，10号一层
……………………Tel：028-85321033
成都锦绣城旅游开发有限公司
地址：四川省成都市天府新区兴隆镇瓦窑村四组200号
……………………Tel：028-85323058
四川西建兴城建材有限公司
地址：成都市双流区金桥镇金沙社区1组300号
……………………Tel：028-85329095
成都天府软件园有限公司
地址：成都高新区天府大道中段765号天府软件园
……………………Tel：028-85331111-8712
中城建银资产管理成都有限公司
地址：中国（四川）自由贸易试验区成都市天府新区兴隆街道湖畔路西段6号成都科学城天府菁蓉中心C区
……………………Tel：028-85353028
中城北方西南建筑有限公司
地址：成都市高新区芳草东街玉南苑２－２－７号
……………………Tel：028-85356105
成都武侯产业发展投资管理集团有限公司
地址：成都市武侯区一环路南三段49号
……………………Tel：028-85369808
成都佳发教育服务有限公司
地址：中国（四川）自由贸易试验区成都市天府新区兴隆街道湖畔路西段99号5栋1单元22层
……………………Tel：028-85373869
成都欧米尔食品有限公司
地址：成都市蒲江县寿安镇博世路689号19栋1层1号
……………………Tel：028-8538666
成都如享房地产有限公司
地址：成都市新都区清流镇西街32号
……………………Tel：028-85411132
成都建设城建工程咨询管理有限公司
地址：成都市青羊区西大街1号
……………………Tel：028-85449708
天地建筑创新技术成都有限公司
地址：成都市武侯区科华北路65号四川大学科研综合楼（世外桃源广场）B座21层第20号
……………………Tel：028-85466666
成都凯迪飞研科技有限责任公司
地址：成都市青羊区工业集中发展区西区第3#地块，第5#－A6－2F厂房
……………………Tel：028-85509958
四川君源工程管理有限公司
地址：成都市武侯区广福路99号4栋10层1002号
……………………Tel：028-85547500
四川仲投电力有限公司
地址：成都市武侯区武晋路1488号11栋1单元15楼1510号
……………………Tel：028-85552591
成都思睿地产顾问有限公司
地址：成都市武侯区航空路6号4栋3单元7层702号
……………………Tel：028-85562138
成都美好家园房地产开发有限公司
地址：成都西南航空港开发区希望路
……………………Tel：028-85563888
成都中信城市建设有限公司
地址：成都市郫县望丛中路1881号
……………………Tel：028-85577700
成都远大房地产开发有限责任公司
地址：中国（四川）自由贸易试验区成都高新区天府大道南段325号
……………………Tel：028-85634119
成都长冶房地产开发有限公司
地址：四川省成都市天府新区华阳街道正东中街188号
……………………Tel：028-85642955
四川绿工城市建设开发有限公司
地址：四川省成都市双流区东升街道龙桥路155号1栋5层503号
……………………Tel：028-85666655
四川省鼎讯科技股份有限公司
地址：成都市高新区益州大道中段722号复城国际2栋10楼08号
……………………Tel：028-85700846
成都乐源不动产房屋经纪有限公司
地址：成都市青羊区牧电路16号
……………………Tel：028-85761818
成都花雨实业有限公司
地址：成都市双流区协和街道华府大道二段265号
……………………Tel：028-85769123
成都空港兴城建设管理有限公司
地址：成都市双流区东升街道棠湖北路一段57号
……………………Tel：028-85800287
成都双流诚民村镇银行有限责任公司
地址：成都市双流区东升街道藏卫路南二段100号
……………………Tel：028-85803573
成都空港兴城投资集团有限公司
地址：中国（四川）自由贸易试验区成都市双流区西航港街道成新大件路289号825室
……………………Tel：028-85807708
成都市华兴住宅房地产开发有限公司
地址：成都双流区东升街道长冶路一段120号
……………………Tel：028-85835808
成都中建材光电材料有限公司
地址：成都市双流区西航港街道空港二路558号
……………………Tel：028-85880587
成都金林嘉华置业投资有限公司
地址：成都市琉璃乡琉璃村三组成仁公路旁二公里处
……………………Tel：028-85919977
成都竹岛置地发展有限公司
地址：成都高新区锦灿街19号
……………………Tel：028-85922412
中鼎世纪工程设计有限公司
地址：成都市锦江区毕　路256号中加国际大厦5幢16楼1号
……………………Tel：028-85925651
成都大唐房地产经纪有限公司
地址：成都市双流区东升街道西航港大道中二段130号
……………………Tel：028-85999929
四川亿联科技有限公司
地址：中国（四川）自由贸易试验区成都高新区天府大道北段1480号8栋2单元10层2号-8号
……………………Tel：028-86021991
成都国信安信息产业基地有限公司
地址：中国（四川）自由贸易试验区成都市高新区云华路333号6栋四楼
……………………Tel：028-86038689
成都金丰阳置业有限公司
地址：成都市双流区东升街道龙桥路6号119栋1单元8层807号
……………………Tel：028-86056250
中交二航局（成都）建设工程有限公司
地址：四川省成都市天府新区兴隆镇场镇社区正街57号1幢1单元8号
……………………Tel：028-86057668
成都奇天幻影数字娱乐有限公司
地址：成都市武侯区太平园东三街28、30号1层
……………………Tel：028-86058312
成都捷出置业集团有限公司
地址：中国（四川）自由贸易试验区成都高新区吉泰五路88号3栋12层13号
……………………Tel：028-86117567
都江堰裕川建材有限责任公司
地址：四川省成都市都江堰市四川都江堰经济开区泰兴大道2号
……………………Tel：028-86127666
中海佳隆成都房地产开发有限公司
地址：中国（四川）自由贸易试验区成都天府新区兴隆街道湖畔路西段123号
……………………Tel：028-86165888
成都信新置业有限公司
地址：四川省成都市天府新区华阳美岸路一段66号9栋3楼1号
……………………Tel：028-86165888
四川新港联行置业股份有限公司
地址：成都市青羊区西大街84号金色夏威夷A1301号
……………………Tel：028-86202220
四川国际会展有限公司
地址：四川省成都市青羊区下南大街2号宏达国际广场1栋21楼1-3号
……………………Tel：028-86210188
成都正合云智数据科技有限公司
地址：中国（四川）自由贸易试验区成都高新区天韵路150号1栋4层404号
……………………Tel：028-86246868
成都盛誉合能房地产有限公司
地址：成都市成华区二环路东二段29号1层
……………………Tel：028-86248000
成都能管家企业管理有限公司
地址：成都市青羊区西大街19号4-1幢5层
……………………Tel：028-86248000
四川大陆房地产开发有限公司
地址：成都市青羊区东胜街2号
……………………Tel：028-86255906
四川方正测量有限公司
地址：成都市青羊区江汉路182号
……………………Tel：028-86267026
成都市弘阳蜀兴房地产开发有限公司
地址：四川省成都市都江堰市奎光塔街道滨河社区彩虹大道南段1045号
……………………Tel：028-86277712
成都城投远大建筑科技有限公司
地址：郫县成都现代工业港北片区港通北四路999号
……………………Tel：028-86370990
中建材西南勘测设计有限公司
地址：成都市青羊区锣锅巷67号
……………………Tel：028-86381266-703
成都崇文酒店管理有限公司
地址：成都市成华区建设南路160号1栋1层7号
……………………Tel：028-86527878
中城建城市建设发展有限公司
地址：成都市锦江区金石路166号A座6楼
……………………Tel：028-86532697
四川时代仁通医药有限公司
地址：成都市金牛区友联一街18号8栋2层201-206号、3层301-303号、312号
……………………Tel：028-86561527
成都市恒业东升资产经营管理有限公司
地址：四川省成都市金牛区商贸大道一段111号
……………………Tel：028-86587999
成都万通北站商场有限公司
地址：成都市青羊区三多里82号7楼
……………………Tel：028-86615155
四川省新立新进出口有限责任公司
地址：四川天府新区万安街道梓州大道7589号附1026号
……………………Tel：028-86644291
成都建工建材有限责任公司
地址：成都市青白江区物流园内
……………………Tel：028-86646515
成都家慈地产顾问有限公司
地址：成都市武侯区二环路西一段59号
……………………Tel：028-86666804
中铁建川（成都）建材有限公司
地址：成都市新都区新都街道君跃路8号11栋2层3号
……………………Tel：028-86667088
云硕科技有限公司
地址：成都青羊区清江东路368号附8号1幢1层
……………………Tel：028-86667688
中城建第十六工程局有限公司
地址：成都市锦江区工业园区锦盛路138号2楼附32号
……………………Tel：028-86668416
成都恒锦旧城改造投资建设有限责任公司
地址：成都市锦江区琉璃场科创路118号6楼
……………………Tel：028-86677415
成都市兴锦城市建设投资有限责任公司
地址：成都市锦江区天仙桥南路3号
……………………Tel：028-86677415
中盛精诚工程项目管理有限公司
地址：成都市金牛区西安北路三洞桥15号5楼512、516、519号
……………………Tel：028-86754780

成都成房物业有限公司
地址：成都市青羊区人民中路一段28号六楼602室
Tel：028-86761258

成都怡建工程咨询代理有限公司
地址：成都市青羊区琼楼路138号1幢1单元4层2-26号
Tel：028-86785533

四川省兴华工程项目管理有限公司
地址：成都市青羊区太升北路55号1幢2单元11楼4号、12楼3号
Tel：028-86943589

四川达通工程管理咨询有限公司
地址：成都市青羊区光华东三路489号2栋10楼1006-1011号
Tel：028-86983086

成都市圣沅房地产开发有限公司
地址：成都市武侯区一环路西一段35号
Tel：028-87053750

成都圣沅投资有限责任公司
地址：成都市郫都区犀浦镇万福村(成都后花园北美生活馆内)
Tel：028-87053750

成都置信实业（集团）有限公司
地址：成都市武侯区丽都路6号
Tel：028-87071132

中城建第十九工程局集团有限公司
地址：成都市武侯区航空路10号1栋12层1203号
Tel：028-87099869

都江堰新城建设投资有限责任公司
地址：四川省成都市都江堰市灌口镇观景路宝瓶花园内
Tel：028-87114006

都江堰市建工建材有限责任公司
地址：四川省成都市都江堰市江安路19号
Tel：028-87114006

都江堰市建工建材总公司
地址：四川省成都市都江堰市建设路205号
Tel：028-87114006

四川省易和建筑工程有限公司
地址：四川省成都市都江堰市幸福镇江安路1栋1单元3层18号
Tel：028-87118783

四川都江堰川旅旅游发展有限公司
地址：四川省成都市都江堰市翔凤路693号3楼
Tel：028-87218888

四川康特能药业有限公司
地址：四川省成都市都江堰市四川都江堰经济开发区紫金路1号
Tel：028-87234291

成都金珠酒店管理有限公司
地址：四川省成都市都江堰市建设路202号
Tel：028-87237777

四川中瑞新城建设有限公司
地址：中国（四川）自由贸易试验区成都高新区府城大道西段399号天府新谷7号楼C座6楼7号
Tel：028-87283911

四川锦煌城建筑工程有限公司
地址：成都市锦江区大业路6号1栋3单元7层715号
Tel：028-87355078

成都市兴城建实业发展有限责任公司
地址：成都市青羊区大墙东街178号
Tel：028-87364991

成都市兴光华城市建设有限公司
地址：成都市青羊区苏坡中路8号
Tel：028-87461178

四川帝华汽车科技股份有限公司
地址：四川省成都经济技术开发区南一路666号
Tel：028-87488880

成都兴怡包装装潢有限公司
地址：成都市金牛区西华街道付家碾村6组152号
Tel：028-87507716

四川荣鑫送变电工程有限公司
地址：成都市武侯区二环路南三段1号2-2幢19层4号
Tel：028-87508422

成都市金牛城市建设投资经营集团有限公司
地址：成都金牛高新技术产业园区信息园西路81号兴盛国际商务部9楼
Tel：028-87510517

中科坤林建设有限公司
地址：成都市金牛区蜀通街98号19幢5层17号
Tel：028-87520300

神州长城建业工程有限公司
地址：成都市金牛区蜀西路46号8栋2单元13层
Tel：028-87521699

四川同富建筑工程有限公司
地址：成都市武侯区簇桥中街146号1幢1层
Tel：028-87525072

四川省秭源建设工程有限公司
地址：成都市武侯区簇桥镇新苗工业区34号
Tel：028-87532851

四川省亚辉建筑安装工程有限公司
地址：崇州市道明镇白塔湖大道316号
Tel：028-87533282

成都西星汽车投资有限公司
地址：成都市金牛区蜀汉路339号
Tel：028-87534309

四川兴天府送变电工程有限公司
地址：成都金牛高新技术产业园区蜀西路46号2栋1403号
Tel：028-87538087

四川航空工业大汉生态建设有限公司
地址：成都市金牛区营门口路507号1-1-17号
Tel：028-87549111

成都锦蓉资产管理有限公司
地址：成都市金牛区蜀蓉路116号
Tel：028-87562199

四川省佳业建设有限公司
地址：成都金牛高新技术产业园区兴平路100号1栋15层1号
Tel：028-87586866

四川省仙都物业服务有限责任公司
地址：成都市青羊区青龙街27号1幢3单元18楼1415号
Tel：028-87588295

成都畅风物业服务有限责任公司
地址：成都市金牛区振兴路22号3栋3层306号
Tel：028-87589815

成都渝瑞房地产开发有限公司
地址：四川省成都市成华区龙潭寺龙井路6号
Tel：028-87628118

坤森项目管理有限公司
地址：四川省阿坝藏族羌族自治州理县杂谷脑镇北山路
Tel：028-87633123

成都万贯房地产开发有限公司
地址：成都市金牛区金府路555号
Tel：028-87635956

成都万贯五金机电配送市场有限责任公司
地址：中国（四川）自由贸易试验区成都市青白江区清泉大道一段716号
Tel：028-87635956

江油梁实置业有限公司
地址：江油市太平镇会昌村居安路269号
Tel：028-87653457

德能森智能科技（成都）有限公司
地址：中国（四川）自由贸易试验区成都高新区天和西二街189号
Tel：028-87660520

四川康加旅居科技有限公司
地址：成都市温江区永宁镇八一路北段18号1栋4单元4层401号
Tel：028-87691052

特缆电工（成都）电缆有限公司
地址：成都市郫都区成都现代工业港北片区港通北四路976号
Tel：028-87697593

成都青桐城市酒店有限公司
地址：成都市金牛区花牌坊北顺街2号、10号、12号、14号
Tel：028-87702222

四川省华建项目管理有限公司
地址：四川省成都市青羊区鼓楼南街117号1幢11层4-5号
Tel：028-87771068

四川长城建筑（集团）有限公司
地址：成都市金牛区槐树街79号6层
Tel：028-87787169

四川瀚信置业有限公司
地址：四川省成都市都江堰市青城山镇青正街98号
Tel：028-87791313

成都天创精密模具有限公司
地址：成都市郫都区成都现代工业港北片区小微企业创新园望丛东路753号
Tel：028-87804023

四川通达铁路工程有限公司
地址：成都市金牛区茶店子东街31-37号
Tel：028-87843122

成都市新益州城市建设发展有限公司
地址：成都市郫都区德源镇红旗大道北段221号
Tel：028-87919387

成都市西汇投资有限公司
地址：成都市郫都区郫筒镇何公路28号
Tel：028-87926888

成都百维置业有限公司
地址：郫县红光镇高店路西段226号
Tel：028-87980655

成都前锋电子电器集团股份有限公司
地址：成都高新区百草路1179号
Tel：028-87988552

成都中衡网络有限公司
地址：成都高新区（西区）百草路898号
Tel：028-87999618

四川江口醇惠山宾馆有限公司
地址：四川省成都市大邑县晋原镇东濠沟北段
Tel：028-88209066

成都市惠邑城市建设投资有限公司
地址：四川省成都市大邑县晋原镇富民路中段80号
Tel：028-88223886

成都西岭城市投资建设集团有限公司
地址：四川省成都市大邑县晋原镇富民路中段80号
Tel：028-88223886

四川金兴邑都建筑材料有限公司
地址：四川省成都市大邑县晋原镇兴业八路59号（工业园区）
Tel：028-88269193

四川凯西金属薄板有限公司
地址：四川省成都市大邑县大安路99号(大邑工业集中发展区内)
Tel：028-88316868

中电建电力器材有限责任公司
地址：中国（四川）自由贸易试验区成都天府新区正兴街道宁波路东段
Tel：028-88400543

四川发展城市建设投资有限责任公司
地址：四川省成都经济技术开发区成龙大道二段888号成都经开区总部经济港C组团6号楼
Tel：028-88427079

蒲江县城乡建设项目管理投资有限公司
地址：成都市蒲江县鹤山镇飞龙路49号
Tel：028-88526005

成都中鑫海置业有限公司
地址：成都市邛崃市临邛镇临邛大道958号
Tel：028-88770808

四川省文君井酒业集团有限公司
地址：成都市邛崃市卧龙镇酒源大道42号
Tel：028-88787168

四川星田建设工程项目管理有限公司
地址：中国（四川）自由贸易试验区成都市高新区天府大道中段1388号1幢7层790、791号
Tel：028-89462161

至源拓土科技集团有限公司
地址：成都金牛高新技术产业园区天龙大道8号
Tel：028-89644998

中水君信工程勘察设计有限公司
地址：成都市青羊区贝森北路5号1栋8层801、802、803、804、805号
Tel：029-61671036

攀枝花市建筑机械化施工有限公司
地址：攀枝花市仁和区攀枝花大道南段756号
Tel：0812-2260701

攀枝花市东区城市建设投资经营有限责任公司
地址：攀枝花市东区大渡口街152号附5-1号
Tel：0812-2613541

攀枝花金泰房地产集团有限公司
地址：攀枝花市炳草岗大街137号
Tel：0812-3333752

攀枝花城市投资建设（集团）有限公司
地址：攀枝花市炳仁路独松树梁子隧道监控大楼
Tel：0812-3359402

攀枝花市华恒房地产开发有限公司
地址：四川省攀枝花市西区格萨拉大道38号2幢附16号
Tel：0812-5152835

攀枝花市西部城市建设综合开发有限公司
地址：攀枝花市西区大水井
Tel：0812-5551181

米易县安宁城市建设综合开发有限公司
地址：米易县攀莲镇安宁路56号商会大厦14楼
Tel：0812-8170399

米易恒邦领晟置业有限公司
地址：米易县政务中心8楼825、826号
Tel：0812-8189968

自贡市通达房地产开发有限公司
地址：自贡市汇东新区明珠小区A1号房
Tel：0813-2119203

自贡市远景置业有限公司
地址：四川省自贡市沿滩区新城古盐道62号远达龙湖半岛临街商业用房1-08铺
Tel：0813-2211505

自贡市龙都城市基础设施建设有限公司
地址：自贡市大安区广华支路14号
Tel：0813-2300930

自贡邦泰置业有限公司
地址：四川省自贡市高新区南湖生态城远达.南湖领御24幢-1层-1-02铺
Tel：0813-2303088

自贡市城市建设投资开发集团有限公司
地址：四川省自贡市自流井区鸿鹤路228号东源半岛14号楼
Tel：0813-2517017

自贡建工建设工程有限公司
地址：大安区人民路111号附1号
Tel：0813-2616537

自贡市长兴玻纤有限公司
地址：自贡市贡井区富兴路258号（厂房1号）
Tel：0813-3306299

自贡市西城建设有限责任公司
地址：自贡市贡井区长土镇盐都大道西一段1364号综合楼六楼
Tel：0813-3306351

中交自贡城市建设发展有限公司
地址：四川省自贡市沿滩区沿滩新城古盐道华润·龙湖雅居1栋商业2-1-6号
Tel：0813-3749538

四川融汇项目管理集团有限公司
地址：成都市武侯区武侯大道顺江段77号4幢10层2号
Tel：0813-5357775

四川名城建筑工程集团有限公司
地址：自贡市自流井区丹桂街东段泰丰大厦二区5层2-5-3号
Tel：0813-5509008

自贡泰丰房地产开发有限公司
地址：自贡市汇东新区丹桂街东段泰丰大厦1区27层
Tel：0813-5509993

自贡嘉丰皮革城管理有限公司
地址：自贡市大安区大山铺镇大山村11组
Tel：0813-5800011

四川昌鑫玉城建筑工程有限公司
地址：富顺县互助镇吉祥街1、2、3号（限于行政办公和通讯联络）
Tel：0813-5866817

荣县东城建设有限公司
地址：荣县旭阳镇环城东路233号
Tel：0813-6288287

自贡市思天建材有限责任公司
地址：四川省自贡市自流井区汇兴路银华社区居委会13组英祥新美居家3栋1层1号
Tel：0813-6981313

富顺县富州城市建设开发有限公司
地址：富顺县富世镇釜江大道15号
Tel：0813-7100461

四川省怀德建设工程有限公司
地址：富顺县怀德镇民主街一号
Tel：0813-7206359

自贡市晶泽实业有限公司
地址：四川省自贡市自流井区南湖路东方威尼斯泰丰东方威尼斯44栋-1
Tel：0813-7787792

自贡华西东城投资建设有限公司
地址：自贡市沿滩区高新工业园区龙乡大道68号（1号厂房）
Tel：0813-8104904

自贡市恒信置地开发有限公司
地址：自贡市贡井区长土镇洞桥村10组
Tel：0813-8228008

自贡华建城市建设项目管理有限公司
地址：四川省自贡市自流井区汇川路奇龙.林润美墅21栋2层2-05铺
Tel：0813-8589962

绵阳科久置业有限公司
地址：绵阳高新区绵兴东路97号
Tel：0816-2126011

四川雅美特建设工程有限公司
地址：绵阳科创区孵化大楼C318室
Tel：0816-2206066

四川绵阳富临房地产开发有限公司
地址：绵阳市安昌路17号
Tel：0816-2229596

绵阳富城建筑工程有限公司
地址：绵阳市文庙街13号
Tel：0816-2262511

绵阳市文辰建筑工程有限责任公司
地址：绵阳高新区虹阳街15号
Tel：0816-2265028

绵阳市教育投资发展（集团）有限公司
地址：四川省绵阳市科创园区教育南路62号
Tel：0816-2265837

绵阳城东投资控股（集团）有限公司
地址：绵阳市游仙区游仙镇游仙路188号
Tel：0816-2270057

绵阳市畅泰实业有限公司
地址：绵阳市涪城区跃进路16号62幢一楼
Tel：0816-2468097

新兴栈（绵阳）建材有限公司
地址：绵阳高新区磨家镇接龙寺村五社
Tel：0816-2584369

四川新艾潇汽贸有限公司
地址：绵阳市涪城区长虹大道北段（156-158）号
Tel：0816-2695068

绵阳建设商品混凝土有限公司
地址：四川省绵阳市经开区塘汛镇板桥村七组
Tel：0816-2822388

绵阳市同立建筑工程有限公司
地址：绵阳市经开区绵州大道北段13号
Tel：0816-2827807

四川武都电站有限公司
地址：绵阳市涪城区长虹大道北段39号
Tel：0816-2981471

四川翠微新型建材有限公司
地址：江油市三合镇新发村1、2、3组
……Tel：0816-3524751

四川广通建设有限公司
地址：江油市华丰新村9号
……Tel：0816-3621292

四川长钢机电建设发展有限公司
地址：四川省江油市建南路
……Tel：0816-3651096

四川万生御福堂会务服务有限公司
地址：绵阳市安州区桑枣镇松林村（五组68号）
……Tel：0816-4499999

绵阳海珂实业有限公司
地址：绵阳市安州区花 镇大北街西侧（海珂花郡）16幢201铺
……Tel：0816-4505867

四川省女娲建材有限公司
地址：绵阳安州区睢水镇青云村（银河公司内）
……Tel：0816-4562906

江油市城乡建设发展有限公司
地址：江油市三合镇江彰大道中段机械产业园1期1#办公楼
……Tel：0816-5111310

三台县昌德房产开发有限公司
地址：三台县潼川镇西外街138号
……Tel：0816-5281113

四川倍乐房地产开发有限公司
地址：三台县北坝镇梓州干道北段
……Tel：0816-5333788

绵阳市川金机械制造有限公司
地址：绵阳市游仙经济试验区游仙西路68号
……Tel：0816-6283632

绵阳科发城市综合管廊建设有限公司
地址：绵阳科创区灵创孵化器202号
……Tel：0816-6336160

四川三阳汽车有限公司
地址：绵阳科创园区创业大道中段15号
……Tel：0816-6355036

绵阳经开万达广场投资有限公司
地址：四川省绵阳市经开区CBD万达广场写字楼B座（21栋）24层
……Tel：0816-7077775

四川孟林能源投资开发有限公司
地址：绵阳市经开区塘汛镇三元社区8组
……Tel：0816-8383102

西充县阳光大地置业有限公司
地址：四川省南充市西充县晋城镇莲花巷2号（湖畔园景A幢）6单元4楼2号
……Tel：0817-2151125

四川南充市富能达汽车运输有限公司
地址：南充市顺庆区滨江中路二段87号
……Tel：0817-2223339

南充华塑建材有限公司
地址：南充市潆华工业集中区潆华北路
……Tel：0817-2446935

南充和骏置业有限公司
地址：南充市顺庆区舞凤街清泉坝村
……Tel：0817-2532156

四川泰鑫实业发展有限责任公司
地址：南充市顺庆区潆华工业园区BC地块
……Tel：0817-2569871

果城建工集团有限公司
地址：南充市顺庆区长征路119号1幢2层202号
……Tel：0817-2766888

南充合府置业有限公司
地址：四川省南充市高坪区江东中路七段340号、342号附1号
……Tel：0817-3369888

南充固美建材有限公司
地址：四川省南充市高坪区十里工业街经济技术开发区小龙镇十二村一社
……Tel：0817-3375888

四川鸿通春天房地产开发有限公司
地址：南充市顺庆区站前大道一段6号春天花城7幢2层3号
……Tel：0817-3528888

南充儒盛置业有限公司
地址：南充市顺庆区站前大道一段6号春天花城2幢1层136铺
……Tel：0817-3528888

南充市大地阳光置业有限公司
地址：南充市嘉陵区文峰大道南充经济开发区企业服务中心7楼705号
……Tel：0817-3625136

南充市嘉陵城市建设投资有限公司
地址：嘉陵区嘉兴路67号
……Tel：0817-3631418

南充志达建材有限公司
地址：南充市嘉陵区工业园冯家桥
……Tel：0817-3665860

南充经开城镇投资建设有限责任公司
地址：南充市嘉陵区文峰大道企业服务中心九楼
……Tel：0817-3698679

四川相如建设集团有限公司
地址：四川省南充市蓬安县相如镇相如大道南四街
……Tel：0817-3971185

西充县安汉建材有限公司
地址：西充县观音乡七村
……Tel：0817-4297777

南部县大地阳光置业有限公司
地址：南部县南隆镇金葫路奥体1号2幢2-1号
……Tel：0817-5333999

四川森行房地产开发有限公司
地址：南部县蜀北街道五城国际3-3-3-1号
……Tel：0817-5651227

阆中城市建设经营投资有限公司
地址：阆中市张飞北路81号
……Tel：0817-6130868

南充王府井购物中心管理有限公司
地址：南充市高坪区江东大道中路5段309号
……Tel：0817-7186026

四川南部县聚力机械有限公司
地址：南部县蜀北街道办事处新安路233号
……Tel：0817-7910055

营山科胜建材有限公司
地址：营山县朗池镇兴隆路天胜国际大酒店一楼2号
……Tel：0817-8218001

营山县阳光大地置业有限公司
地址：四川省南充市营山县阳光·公园学府4幢
……Tel：0817-8337777

南充友豪商业管理有限公司
地址：四川省南充市高坪区永丰路二段48号友豪国际家居博览中心22幢7层1号
……Tel：0817-8860038

达州市建华房地产开发公司
地址：达州市通川区来凤路新建巷4号
……Tel：0818-2131718

达州茂源城市建设有限公司
地址：达州经开区长田新区三中心办公大楼十楼二十五号
……Tel：0818-2388115

达州市精匠装饰装潢工程有限公司
地址：达州市通川区文家梁新街1号（原市曲酒厂院内综合楼1单元3楼1号）
……Tel：0818-2627666

达州市达川空港新区开发建设有限公司
地址：达州市达川区通达东路142号
……Tel：0818-2828822

达州凯龙置业有限公司
地址：达州市莲花湖新区金龙大道北
……Tel：0818-3136978

宣汉县天意装饰装潢工程有限公司
地址：宣汉县东乡镇解放中路18号西至东10号门市
……Tel：0818-3320777

宣汉县城乡建设发展有限公司
地址：宣汉县东乡镇衙墙街1号
……Tel：0818-5214777

四川大竹县百岛湖城市建设开发有限公司
地址：四川省达州市大竹县竹阳街道东湖路东湖公园旁荷兰映像商业B幢
……Tel：0818-6108105

大竹县兴竹城市建设有限公司
地址：四川省达州市大竹县白塔街道双燕路54号二楼
……Tel：0818-6775678

四川中陶建材有限公司
地址：达州市达川区三里坪街道同安路301号水印长滩A幢3-1号
……Tel：0818-7233891

渠县汇兴祥泰装饰装潢工程有限公司
地址：渠县汇东乡白蜡村7组
……Tel：0818-7898668

达州市城市投资建设有限公司
地址：达州市通川区朝阳街道办金兰路77号"罗浮中心"9层（整层）及10层2、3、4、5、6号
……Tel：0818-8031311

四川罗浮建工有限公司
地址：四川省达州市通川区罗浮阳光小区2号楼底楼
……Tel：0818-8031555

万源市万宝源城市建设投资有限公司
地址：万源市太平镇建设路5号
……Tel：0818-8508088

四川城世建设工程集团有限公司
地址：遂宁市创新工业园区南师路
……Tel：0825-2248893

遂宁市路新建材有限公司
地址：遂宁市开发区九莲街道办事处6村
……Tel：0825-2331166

遂宁发展投资集团有限公司
地址：遂宁市船山区明月路561号
……Tel：0825-2395000

遂宁裕城建设有限公司
地址：四川省遂宁市船山区广德路20号
……Tel：0825-2689387

遂宁市新城建设投资有限公司
地址：遂宁市河东新区香林北路243号
……Tel：0825-2922473

遂宁市天泰鸿涪建材有限公司
地址：四川省遂宁市船山区嘉禾东路55号综合楼4楼402室
……Tel：0825-3126071

蓬溪共创城市建设有限责任公司
地址：蓬溪县赤城镇映月街138号2楼
……Tel：0825-5420588

射洪馨宁房地产开发有限公司
地址：四川省遂宁市射洪县经济开发区河东大道88号
……Tel：0825-5987022

四川射洪城市建设投资有限责任公司
地址：射洪县太和镇太和大道南段1号
……Tel：0825-6676156

四川省射洪川中建材有限公司
地址：射洪县瞿河镇夏家大田村
……Tel：0825-6706392

大英县城市建设投资发展有限公司
地址：大英县蓬莱镇卓筒大道42号2楼商业
……Tel：0825-7800355

大英县金地城市建设投资有限公司
地址：大英县蓬莱镇金地路
……Tel：0825-7800355

大英县禾鑫城市建设投资有限公司
地址：大英县工业集中发展区 江东路西段1号（县工业企业服务中心办公楼4楼10号办公室）
……Tel：0825-7878288

大英县嘉泰城市建设投资开发有限责任公司
地址：大英县工业企业服务中心大楼
……Tel：0825-7880377

广安市城市建设投资有限公司
地址：四川省广安市广安区金安大道88号201号
……Tel：0826-2130928

广安中诚房地产开发有限公司
地址：广安市广安区凌云巷43号附6号
……Tel：0826-2226033

邻水县城镇建设投资有限责任公司
地址：邻水县宣传文化中心三楼
……Tel：0826-32267568

华蓥市城市建设投资有限责任公司
地址：华蓥市红星路232号
……Tel：0826-4891180

四川省渠江建筑有限公司
地址：四川省广安市岳池县建设路东段城市金地5栋一单元202号
……Tel：0826-5220505

四川腾烽电力工程有限公司
地址：岳池县九龙镇广岳大道一段电力世纪城西区1栋19-1号
……Tel：0826-5896261

武胜县智创建筑材料有限责任公司
地址：四川省广安市武胜县沿口镇迎宾大道北侧、国际商贸城西侧（武胜客运中心镇附属用房K-P三层）
……Tel：0826-6961012

广安广顺运业有限公司
地址：四川省广安枣山物流商贸园区站前大道西段2号
……Tel：0826-8902222

巴中市君道置业有限公司
地址：四川巴中经济开发区置信街18号6楼604号
……Tel：0827-2300115

巴中市巴州区城镇建设投资有限公司
地址：四川省巴中市巴州区印合路
……Tel：0827-2303883

巴中中银富登村镇银行有限责任公司
地址：四川省巴中市巴州区西华街23号
……Tel：0827-3333655

宏锋建工集团有限公司
地址：四川省巴中市恩阳区登科寺街168号
……Tel：0827-5257589

巴中市悦兴装饰安装工程有限公司
地址：四川省巴中市巴州区中城北街13号（原茶果站集资楼）
……Tel：0827-5330168

巴中市恩阳区城乡建设投资有限责任公司
地址：四川省巴中市恩阳区何家坝公租房小区3号楼4层
……Tel：0827-5333456

巴中市新阳置业有限公司
地址：四川省巴中市恩阳区文治街道魁字湾二街33号
……Tel：0827-5399317

巴中市城市建设投资集团有限公司
地址：四川省巴中市巴州区江北大道中段36号
……Tel：0827-5553381

巴中市城市建设有限公司
地址：巴中市江北大道中段160（市住建局二楼）
……Tel：0827-5553381

巴中建丰新材料有限公司
地址：四川省巴中市经济开发区工业园区（兴文镇中山村）
……Tel：0827-5588222

四川秦巴新城投资集团有限公司
地址：四川省巴中市经济开发区置信路18号2栋2单元401号
……Tel：0827-5588309

巴中市迈华酒店经营管理有限公司
地址：四川省巴中市巴州区新市街36号蓝湾国际D区帝景湾12栋
……Tel：0827-5777287

四川省金佛房地产开发有限公司
地址：四川省平昌县江口镇新平街西段（金佛花园）
……Tel：0827-6224567

四川鑫德福新型建材有限公司
地址：四川省巴中市平昌县星光工业园区
……Tel：0827-6296558

通江县千帆房地产开发有限公司
地址：四川巴中通江县高明新区石牛嘴（商务写字楼）
……Tel：0827-7211016

四川省南江春晖土地开发建设有限公司
地址：四川省巴中市南江县南江镇光雾山大道朝阳段513号
……Tel：0827-8223335

四川南江交通建设投资有限公司
地址：四川省巴中市南江县南江镇光雾山大道红星段21号
……Tel：0827-8233329

南江县城市建设投资开发有限公司
地址：四川省巴中市南江县南江镇红塔大道体育馆负一楼
……Tel：0827-8280616

成都温江华亨酒店资产管理有限责任公司
地址：成都市温江区天府街51号左侧
……Tel：082-82731473

泸州工投建设建材科技有限公司
地址：四川省泸州市纳溪区朱坪村88号
……Tel：0830-2273775

合江县阳光置业房地产开发有限公司
地址：合江县合江镇川源第一城A区1-A056号
……Tel：0830-2275217

泸州兴泸居泰房地产有限公司
地址：泸州市江阳区酒城大道三段17号1号楼901号
……Tel：0830-2294129

泸州市城南建设投资有限公司
地址：泸州市江阳区童家路1号
……Tel：0830-2294588

四川王氏房地产开发有限公司
地址：泸州市龙马潭区龙南路24号7层
……Tel：0830-2518069

泸州江北港建材有限公司
地址：泸州市江阳区江北镇江正街20号2楼
……Tel：0830-2574181

泸州市阳光盛世置业有限公司
地址：泸州市江阳区华阳乡泸宜路133号
……Tel：0830-2580972

泸州市城市建设投资集团有限公司
地址：泸州市江阳区龙腾路10号
……Tel：0830-2589733

四川垒城建筑工程有限公司
地址：泸县天兴镇天兴街村
……Tel：0830-2739366

中铁泸州城乡道路建设有限公司
地址：泸州市江阳区泰安街道泰阳路三段5号
……Tel：0830-2755653

泸州两江新城建设投资有限公司
地址：泸州市纳溪区蓝安路三段17号
……Tel：0830-2808369

泸州沱江新城建设投资有限公司
地址：泸州市江阳区瓦窑坝80号
……Tel：0830-2808369

泸州天誉房地产开发有限公司
地址：四川自贸区川南临港片区玉雨路88号
……Tel：0830-2808888

泸州市龙马潭区龙腾城市建设投资有限公司
地址：泸州市龙马潭区龙马大道三段1号区政府党政大楼8楼802室
……Tel：0830-2880791

泸州市龙驰建筑工程有限公司
地址：中国（四川）自由贸易试验区川南临港片区龙马大道三段77号1栋8楼802室
……Tel：0830-2880791

泸州腾杰房地产开发有限公司
地址：四川省泸州市纳溪区东升街道同德路阳光小区1幢1层19号
……Tel：0830-2885889

泸州城投建材科技有限责任公司
地址：四川自贸区川南临港片区春雨路9号1幢1号
……Tel：0830-2966666

泸州市市政建设有限责任公司
地址：泸州市龙马潭区醇香路119号
……Tel：0830-3163156

泸州市金信房地产开发有限公司
地址：泸州市江阳区黄桷路10号1栋1层1201号
……Tel：0830-3171648

泸州市蜀润建材有限公司
地址：四川省泸州市纳溪区蓝安大道三段3号（纳溪经开区）（自主申报）
……………………Tel：0830-4188086
合江县银丰城市基础设施建设投资有限公司
地址：合江县符阳街道荔城大道198号
……………………Tel：0830-5135981
叙永县宏旭置业有限公司
地址：叙永县永宁路西1楼
……………………Tel：0830-6232338
叙永县城市建设投资开发有限公司
地址：叙永县新区和平大道盛龙香颂湾1-2号楼
……………………Tel：0830-6254497
四川省同汇房地产开发有限公司
地址：泸州市江阳区滨江路四段七号
……………………Tel：0830-6660060
泸州赐富房地产开发有限公司
地址：泸州市江阳区刺园路5号院内
……………………Tel：0830-6664091
泸州市万诚实业有限公司
地址：泸州市江阳区江南轻工业集中发展区
……………………Tel：0830-6666888
四川恒信伟业投资有限公司
地址：泸州市龙马潭区罗汉高坝商城7、8、9号门市
……………………Tel：0830-6667335
泸州中建城市建设投资有限公司
地址：泸州市江阳区康城路一段1号1号楼2单元1802、1803号
……………………Tel：0830-6669860
沈酒集团有限公司
地址：叙永县向林镇向林街245号
……………………Tel：0830-6699999
古蔺县长欣城镇开发建设有限公司
地址：古蔺县水口镇水口街社区蔺茅路329号
……………………Tel：0830-7770002
古蔺县兴城城市投资建设经营有限公司
地址：古蔺县金兰大道财政综合楼四楼
……………………Tel：0830-7888866
泸州大川建材贸易有限公司
地址：泸州市江阳区蓝安东路26号2号楼2层18号
……………………Tel：0830-8961369
泸州苏宁易购销售有限公司
地址：泸州市江阳区花园路168号附一号（天一商业港）
……………………Tel：0830-8961818
正一集团有限公司
地址：宜宾市翠屏区象鼻街道金象社区象府路115号1-1
……………………Tel：0831-2327377
总添建设管理有限公司
地址：宜宾市翠屏区思坡镇东坡社区大顺组78号。
……………………Tel：0831-2364307
宜宾华西能源北城建设有限公司
地址：四川省宜宾市翠屏区民乐居小区1幢1层7号
……………………Tel：0831-2399930
江安县城乡建设工程有限公司
地址：四川省宜宾市江安县四面山镇人民政府办公楼内
……………………Tel：0831-2629238
江安城交建设工程集团有限公司
地址：四川省宜宾市江安县江安镇竹都大道东段竹都大厦B区三楼东侧
……………………Tel：0831-2638669
江安县城市建设投资有限责任公司
地址：四川省江安县江安镇竹都大道东段竹都大厦B区三楼东侧
……………………Tel：0831-2638669
宜宾市南溪区财源国有资产经营有限责任公司
地址：宜宾市南溪区德公路91号（政务中心六楼）
……………………Tel：0831-3321660
四川省宜宾市燕君贸易连锁有限责任公司
地址：四川省宜宾市翠屏区东街与南街交汇处经纬商场2层D号
……………………Tel：0831-3502222
四川省宜宾普什建材有限责任公司
地址：四川省宜宾市临港经开区长江北路西段附三段17号
……………………Tel：0831-3531158
四川易景智能终端有限公司
地址：宜宾临港经济技术开发区长江北路西段附三段17号326室
……………………Tel：0831-3789931
宜宾满意建筑建材有限公司
地址：四川省宜宾市高县月江镇磨顶村9队
……………………Tel：0831-4381278
宜宾华福双三水泥建材有限责任公司
地址：宜宾市珙县巡场镇
……………………Tel：0831-4381336
宜宾市城市和交通工程建设集团有限公司
地址：四川省宜宾市翠屏区西郊两路桥苗圃六村4号
……………………Tel：0831-5130353
高县鑫洋置业有限公司
地址：四川省宜宾市高县庆符镇兰庭绿洲9幢1层1-15号
……………………Tel：0831-5230999
高县城乡开发建设有限责任公司
地址：四川省宜宾市高县庆符镇白鹤林大道99号
……………………Tel：0831-5852373
宜宾市叙州区城市建设投资开发有限公司
地址：四川省宜宾市叙州区柏溪镇翠柏大道1123号1栋1单元4楼
……………………Tel：0831-6209571
四川鼎仁投资集团有限责任公司
地址：宜宾市宜宾县城北新区仁和路
……………………Tel：0831-6617777
宜宾市南溪区千福实业发展有限责任公司
地址：宜宾市南溪区新城福临大道
……………………Tel：0831-7856088
江安县阳光大地置业有限公司
地址：四川省宜宾市江安县江安镇南屏大道东段东韵华府8幢一层1-108号
……………………Tel：0831-8187895
宜宾邦泰置业有限公司
地址：宜宾市临港经济开发区化工路70号
……………………Tel：0831-8187900
宜宾华泓置业有限公司
地址：宜宾市翠屏区象鼻街道金穗路86号
……………………Tel：0831-8189131
宜宾五新城市建设有限公司
地址：四川省宜宾市翠屏区岷江新区兴盛路737号龙泉苑A区
……………………Tel：0831-8739911
兴文县天悦置业有限公司
地址：兴文县太平镇火箭村一组原村公所
……………………Tel：0831-8788888
宜宾同瑞置业有限公司
地址：四川省宜宾市叙州区南岸东区组团D-5地块莱茵春天商业中心4层228号
……………………Tel：0831-8880616
内江城建总诚绕城高速公路投资有限公司
地址：内江市东兴区兴隆路88号
……………………Tel：0832-2071544
内江嘉宏城建集团有限公司
地址：四川省内江市市中区滨江东路399号2幢201-202号
……………………Tel：0832-2102227
内江德天力建筑材料有限公司
地址：内江市市中区南环路156号1幢附36号
……………………Tel：0832-2485566
隆昌御星新世纪建材市场服务有限公司
地址：隆昌市隆泸大道213号
……………………Tel：0832-3958867
中建材（内江）玻璃高新技术有限公司
地址：资中县水南镇凤翔东路2号
……………………Tel：0832-5632221
威远兴城建设开发有限公司
地址：威远县严陵镇西街2号
……………………Tel：0832-8226178
四川万晟房地产有限公司
地址：四川省内江市东兴区汉安大道东二段222号3层1号
……………………Tel：0832-8800190
内江市嘉瑞建材贸易有限公司
地址：资中县成渝上街99号
……………………Tel：0832-8833037
乐山苏稽新区城市基础设施建设有限公司
地址：乐山市市中区苏沙路1922号
……………………Tel：0833-2111520
乐山城市建设工程有限公司
地址：乐山市市中区鹤翔路877号3楼、4楼
……………………Tel：0833-2138804
乐山天牛投资（集团）有限公司
地址：乐山市市中区通江镇王河村三组
……………………Tel：0833-2265599
四川汉诚置业有限公司
地址：乐山市市中区人民北路78号
……………………Tel：0833-2275890
四川蓝雁房地产开发有限公司
地址：乐山市市中区柏杨东路326号2层
……………………Tel：0833-2412110
乐山城市建设投资有限公司
地址：四川省乐山市市中区春华路28号
……………………Tel：0833-2412606
乐山领地房地产开发有限公司
地址：乐山市市中区春华路西段797号11幢4楼5、7号
……………………Tel：0833-2422136
乐山市沙湾海天建材有限责任公司
地址：乐山市沙湾区太平镇老街790号
……………………Tel：0833-2437663
乐山城市建设投资发展（集团）有限公司
地址：四川省乐山市市中区宝莲路1998号
……………………Tel：0833-2503999
乐山市乐高城市建设工程有限公司
地址：乐山高新区乐高大道2号
……………………Tel：0833-2508581
乐山义博建材有限公司
地址：四川省乐山市市中区苏稽镇苏沙路1922号
……………………Tel：0833-2567488
乐山晟嘉电气股份有限公司
地址：四川省乐山高新区乐高大道3号
……………………Tel：0833-2596758
乐山意凡投资有限公司
地址：乐山市高新区迎宾大道
……………………Tel：0833-2598697
四川省乐山市铁人冶金有限公司
地址：乐山市金口河区金河镇
……………………Tel：0833-2712292
井研阳光大地置业有限公司
地址：四川省乐山市井研县研城镇解放街76号
……………………Tel：0833-3020888
乐山市沙湾区恒越城市建设投资有限公司
地址：乐山市沙湾区沫若大道中段2号
……………………Tel：0833-3442015
犍为县恒实城市建设投资有限公司
地址：犍为县玉津镇滨江路303号
……………………Tel：0833-4266769
马边寰岛波罗水力发电有限公司
地址：马边彝族自治县梅子坝乡
……………………Tel：0833-4565009
峨眉山市阳光置业有限公司
地址：峨眉山市绥山镇城北路89号1幢附1号
……………………Tel：0833-5089885
峨边彝族自治县城市建设投资有限公司
地址：四川省乐山市峨边彝族自治县沙坪镇景阳路82号
……………………Tel：0833-5229053
四川申阳置业有限公司
地址：峨眉山市绥山镇名山东路
……………………Tel：0833-5329267
峨眉山市卓信城市投资建设开发有限公司
地址：峨眉山市绥山镇佛光东路399号3号楼
……………………Tel：0833-5472942
峨眉山市名山城镇建设开发有限公司
地址：峨眉山市绥山镇佛光东路793号
……………………Tel：0833-5472942
峨眉山市城市建设投资有限公司
地址：峨眉山市胜利镇旅博大道99号3栋6楼物业
……………………Tel：0833-5472942
夹江县拓展城市基础设施建设投资有限公司
地址：夹江县　城镇建设北路190号
……………………Tel：0833-5662292
西昌城市建设投资管理有限责任公司
地址：西昌市健康路298号
……………………Tel：0834-2220023
西昌邦泰置业有限公司
地址：西昌市胜利南路2段（灵龙尚居）3幢2单元1层1号
……………………Tel：0834-2230733
凉山州一帆建材有限责任公司
地址：西昌市小庙乡袁家山村迎宾路4号阳光路苑小区8幢1单元4楼2号（仅作办公使用）
……………………Tel：0834-2320203
西昌国瑞新型建材开发有限公司
地址：四川省凉山彝族自治州西昌市河东大道116号
……………………Tel：0834-2339801
四川省地质矿产勘查开发局一〇二厂
地址：西昌市长安北路
……………………Tel：0834-2681644
西昌市建筑勘测设计院有限公司
地址：西昌市胜利南路二段
……………………Tel：0834-3223647
四川华西第九建筑工程有限公司
地址：西昌市天王山大道二段1号攀西国际商贸城1号楼9楼
……………………Tel：0834-3359966
普格县城镇开发建设投资有限责任公司
地址：普格县普基镇中心街4号
……………………Tel：0834-4783858
会理鼎宸城市建设和旅游产业投资有限公司
地址：会理县中央大道201号
……………………Tel：0834-5620976
甘洛众垚建材商贸有限公司
地址：甘洛县种子公司院内6幢4-2号
……………………Tel：0834-7836503
雅安市名山区茶城建设工程有限公司
地址：雅安市名山区蒙阳镇建设路22号
……………………Tel：0835-3227801
雅安蜀天新城开发建设有限责任公司
地址：四川省雅安市雨城区草坝镇金沙村文教新城前线指挥部
……………………Tel：0835-3581118
四川泰昌建材集团有限公司
地址：汉源县河西乡
……………………Tel：0835-4228866
雅安城市建设投资开发有限公司
地址：四川省雅安市雨城区人民路31号
……………………Tel：0835-5963333
康定市建筑公司
地址：四川省甘孜藏族自治州康定市炉城镇向阳街62-72号
……………………Tel：0836-2812334
甘孜州交通和城乡建设投资集团有限公司
地址：四川康定炉城镇向阳街61号
……………………Tel：0836-2876659
九寨沟县城市经营管理有限公司
地址：九寨沟县南坪镇中街6号
……………………Tel：0837-7729383
理县锦江建材经营有限责任公司
地址：理县杂谷脑镇营盘村
……………………Tel：0837-8851123
四川和筑中一建材有限公司
地址：四川省德阳市旌阳区城北街道办事处圣风村四组
……………………Tel：0838-2436006
德阳方兴建设有限责任公司
地址：四川省德阳市市玉泉小区宝山街
……………………Tel：0838-2563838
四川德阳锦虹建筑房产有限公司
地址：四川省德阳市市区华山南路8号
……………………Tel：0838-2823229
四川通融统筹城乡建设投资有限公司
地址：四川省德阳市罗江区景乐北路78号附5号
……………………Tel：0838-3121202
广汉市城乡建设发展有限公司
地址：四川省德阳市广汉市韶山路五段109号8栋
……………………Tel：0838-5105528
四川省广汉市包装装潢有限责任公司
地址：四川省广汉市新丰镇三亚路一段
……………………Tel：0838-5198053
建华建材（四川）有限公司
地址：四川省广汉市小汉镇小南村二社
……………………Tel：0838-5703993
中江凯兴建材有限公司
地址：四川省德阳市中江县凯江镇玄武南路98号205办公室
……………………Tel：0838-5938813
四川城建五基础建设发展有限公司
地址：四川省德阳市青云山路北段19号德阳恒大国际商贸城4栋1-1、1-14、1-15号
……………………Tel：0838-6887777
德阳城建五基础建设发展有限公司
地址：四川省德阳市市区南街65号南华春天购物广场C座栋3-11号
……………………Tel：0838-6887777
中江洋洋百货有限公司
地址：四川省德阳市中江县凯江镇伍城南路88号
……………………Tel：0838-7070806
中江凯城建设投资集团有限公司
地址：四川省德阳市中江县凯江镇玄武南路98号
……………………Tel：0838-7207997
四川蓥峰实业有限公司
地址：什邡市方亭镇雍城北路216号
……………………Tel：0838-8230845
四川磊蒙机械设备有限公司
地址：四川什邡经济开发区香山路1号
……………………Tel：0838-8665666
四川利森建材集团有限公司
地址：四川省德阳市什邡市洛水镇
……………………Tel：0838-8704555
广元市房地产经营有限公司
地址：广元市利州区蜀门北路二段97号
……………………Tel：0839-2889509
广元建工集团有限公司
地址：广元市利州区土桥街（东坝街道办事处旁）
……………………Tel：0839-3265063
广元建工集团有限公司
地址：广元市利州区土桥街（东坝街道办事处旁）
……………………Tel：0839-3265063
广元市城建投资集团有限公司
地址：广元市利州区苴国路东城国际1栋18楼
……………………Tel：0839 3310915
广元城投建材有限公司
地址：利州东路908号
……………………Tel：0839-3310917
广元波鸿汽车销售服务有限公司
地址：广元经济技术开发区下西王家营工业园区
……………………Tel：0839-3411190
四川广元西南商品混凝土有限公司
地址：广元市利州区回龙河工业小区群心村三、四组
……………………Tel：0839-3423903
四川广元国栋建设新材料有限公司
地址：广元市利州开发区北京路１１７号

…………………………Tel：0839－3504648
广元市天成实业有限公司
地址：广元利州区南河郑州路133号
…………………………Tel：0839－3512008
旺苍县城乡建设发展有限公司
地址：旺苍县东河镇凤凰路87号
…………………………Tel：0839－4203700
苍溪县城乡建设投资有限公司
地址：苍溪县陵江镇解放路东段329号
…………………………Tel：0839－5222701
广元市利州区城乡建设发展集团有限公司
地址：广元市利州区万源新区万达广场（西区）3#写字楼17－12号、17－13号、17－14号、17－15号、17－16号
…………………………Tel：0839－6057660
广元市昭化区东旭盛达城乡建设投资有限公司
地址：四川省广元市昭化区元坝镇汉寿路67号
…………………………Tel：0839－6280051

贵州省

贵州梁源置业有限公司
地址：贵州省贵阳市云岩区北京西路南侧G（09）39地块金龙星岛国际广场第7,8号楼（8）1单元20层5号房
…………………………Tel：028－87666080
水城县瑞通建设发展有限公司
地址：贵州省六盘水市水城县双水街道黄家桥社区钟山大道双水汽贸城
…………………………Tel：0512－68508210
中国城投建设集团第四工程局有限公司
地址：贵州省毕节市七星关区碧阳街道招商财智中心8楼888号
…………………………Tel：0551－62558701
仁怀市南部新城建设投资开发有限责任公司
地址：贵州省遵义市仁怀市鲁班镇冠英村
…………………………Tel：0851－22223337
仁怀市城市开发建设投资经营有限责任公司
地址：贵州省遵义市仁怀市国酒新城北区安置房一组团
…………………………Tel：0851－22227417
仁怀市城乡建设投资开发有限公司
地址：贵州省遵义市仁怀市原检察院办公室内
…………………………Tel：0851－22227417
高筑城建设有限公司
地址：贵州省遵义市习水县杉王街道木楠村华润大道中段（新党校旁）
…………………………Tel：0851－22610102
习水县赤河建材投资有限责任公司
地址：贵州省遵义市习水县杉王街道红一路77号
…………………………Tel：0851－22610130
习水县城建交通投资（集团）有限公司
地址：贵州省遵义市习水县杉王街道城西区
…………………………Tel：0851－22736256
贵州绿景新城开发投资有限责任公司
地址：贵州省遵义市习水县杉王街道城西区
…………………………Tel：0851－22736256
贵州赤水恒信置业有限公司
地址：贵州省遵义市赤水市葫市镇科教中心办公楼
…………………………Tel：0851－22821369
绥阳黔北村镇银行有限责任公司
地址：贵州省遵义市绥阳县洋川镇晨光路（盛通公寓内）
…………………………Tel：0851－23100565
遵义市汇川区建投房地产开发有限公司
地址：贵州省遵义市汇川区汇川大道汇川城投大厦23楼
…………………………Tel：0851－23122177
正安县鼎安城建投资有限责任公司
地址：贵州省遵义市正安县凤仪镇行政中心一楼
…………………………Tel：0851－23176005
正安县城乡建设投资有限责任公司
地址：贵州省遵义市正安县建设银行正安支行四楼
…………………………Tel：0851－23176005
遵义市汇川区城市建设投资经营有限公司
地址：贵州省遵义市汇川区汇川大道汇川城投大厦
…………………………Tel：0851－23179191
桐梓鑫洋房地产开发有限公司
地址：贵州省遵义市桐梓县燎原镇蟠龙大道蟠龙雅苑14栋8－4
…………………………Tel：0851－23267777
贵州湄潭中和城市建设投资有限公司
地址：贵州省遵义市湄潭县黄家坝街道办事处政府食堂二楼
…………………………Tel：0851－24226905
贵州天下第一壶旅游投资置业有限公司
地址：贵州省遵义市湄潭县湄江镇塔坪火焰山
…………………………Tel：0851－24526335
余庆长沐建筑装潢有限公司
地址：贵州省遵义市余庆县子营街道文峰路84号
…………………………Tel：0851－24623438
贵州泰达瑞凤城乡建设投资有限公司
地址：贵州省遵义市凤冈县茶园路国企楼8楼
…………………………Tel：0851－25224100
务川自治县洪渡河城市建设投资有限公司
地址：贵州省遵义市务川仡佬族苗族自治县市场监督管理局B栋二楼
…………………………Tel：0851－25629696
道真仡佬族苗族自治县城兴建设投资经营有限公司
地址：贵州省遵义市道真仡佬族苗族自治县道真自治县人民政府办公楼一楼
…………………………Tel：0851－25722119
绥阳城市建设投资经营开发有限责任公司
地址：绥阳县洋川镇幸福大道中段千工堰一号还房区临街商厦三楼
…………………………Tel：0851－26120322
绥阳县鸿泰城乡建设投资开发有限公司
地址：绥阳县洋川街道幸福大道中段千工堰一号三楼
…………………………Tel：0851－26223369
遵义市播州区城市建设投资经营（集团）有限公司
地址：贵州省遵义市播州区桂花桥街道遵南大道589号
…………………………Tel：0851－27301276
遵义播州汇隆村镇银行有限责任公司
地址：贵州省遵义市播州区西大街北段432号
…………………………Tel：0851－27394777
遵义博茂园装饰装潢工程有限公司
地址：贵州省遵义市南部新区遵南大道黔北国际汽车博览中心主楼16楼
…………………………Tel：0851－27395388
遵义中建地产有限公司
地址：贵州省遵义市新蒲新区合兴大道中建幸福城C区46栋
…………………………Tel：0851－27579232
遵义市播州区城投建工有限公司
地址：贵州省遵义市播州区桂花桥街道遵南大道589号
…………………………Tel：0851－27698807
遵义红城城乡建设投资有限责任公司
地址：贵州省遵义市红花岗区中华南路二职高临中华路1层
…………………………Tel：0851－28429964
遵义市红花岗城市建设投资经营有限公司
地址：贵州省遵义市红花岗区海尔大道3号小区10号楼
…………………………Tel：0851－28429964
遵义市投资（集团）有限责任公司
地址：贵州省遵义市汇川区北海路遵投大厦
…………………………Tel：0851－28478599
遵义市国泰大世界酒店有限责任公司
地址：贵州省遵义市汇川区珠海路（鸿宇大厦后）
…………………………Tel：0851－28666666
贵州航天建设工程有限公司
地址：遵义市汇川区大连路航天阳光天润楼
…………………………Tel：0851－28690558
贵州新融汇置业有限公司
地址：贵州省遵义市道真自治县玉溪镇新城社区瓦宅统建房2栋1单元6楼2号
…………………………Tel：0851－28779666
贵州顺天达房地产开发有限公司
地址：贵州省遵义市红花岗区东联线汤家湾
…………………………Tel：0851－28820369
中民基础设施投资有限公司
地址：贵州省遵义市新蒲新区长征大道与支六路交叉口西北侧
…………………………Tel：0851－28856692
中民建设集团有限公司
地址：贵州省遵义市新蒲新区长征大道与支六路交叉口西北侧
…………………………Tel：0851－28857757
遵义市乳制品有限公司
地址：贵州省遵义市红花岗区海龙镇
…………………………Tel：0851－28910078
遵义碧桂园房地产开发有限公司
地址：贵州省遵义市红花岗区忠庄街道办事处共青大道碧桂园3－18号门面
…………………………Tel：0851－28911888
贵州同瑞祥建材有限公司
地址：贵州省遵义市新蒲新区新蒲街道办事处中桥村樱桃组
…………………………Tel：0851－28914480
贵州绿居房地产开发有限责任公司
地址：贵州省遵义市新蒲新区新蒲街道林达阳光城13幢24－5号
…………………………Tel：13639283767
贵州富锦建筑安装工程有限公司
地址：贵州省遵义市红花岗区海尔大道中段绅达广场写字楼18楼7－20号
…………………………Tel：0851－28975789
安顺市城市建设投资有限责任公司
地址：贵州省安顺市西秀区黄果树大街印象安顺财富中心B幢6楼、7楼
…………………………Tel：0851－33225599
贵州安顺银城房地产开发有限公司
地址：贵州省安顺市经济技术开发区北航路碧水园１９号楼
…………………………Tel：0851－33466299
贵州兴贵恒远新型建材有限公司
地址：贵州省安顺市西秀区开发区内
…………………………Tel：0851－33605777
安顺市平坝区欣雅装饰装潢有限责任公司
地址：贵州省安顺市平坝区安平办事处东风港商住楼11号
…………………………Tel：0851－34229588
安顺市平坝区惠民城市建设投资有限责任公司
地址：贵州省安顺市平坝区安平办事处平黎大道和谐小区内A栋一楼
…………………………Tel：0851－34610111
贵州安联建材开发有限公司
地址：贵州省贵安新区湖潮乡集镇
…………………………Tel：0851－34754367
镇宁自治县兴镇城市建设投资有限责任公司
地址：贵州省安顺市镇宁布依族苗族自治县三合路（原计生局卫生局办公大楼）
…………………………Tel：0851－3622271
贵阳花溪城市建设投资发展有限公司
地址：贵州省贵阳市花溪区清溪路212号
…………………………Tel：0851－3623450
贵州安顺城市运营投资（集团）有限公司
地址：贵州省安顺市西秀区黄果树大街西秀区行政中心8号楼
…………………………Tel：0851－38187512
关岭自治县花江城市建设投资有限责任公司
地址：贵州省安顺市关岭布依族苗族自治县花江镇和平西街1号
…………………………Tel：0851－38189706
普定县普信城市建设投资有限责任公司
地址：贵州省安顺市普定县城关镇普化路民族风情一条街
…………………………Tel：0851－38671555
贵州黔贵盛远新建材有限公司
地址：贵州省黔南布依族苗族自治州长顺县广顺镇凯佐建材产业园洞口村野毛井组
…………………………Tel：0851－4852222
贵阳恒隆置业有限公司
地址：贵州省贵阳市观山湖区西二环235号北大资源梦想城6号地块A03、A04、A05号楼及S02中A03号楼第11层2号房
…………………………Tel：0851－82200810
贵阳东原房地产开发有限公司
地址：贵州省贵阳市清镇市站街镇甘坝村三组
…………………………Tel：0851－82216155
贵州双龙航空港临云建材产业有限责任公司
地址：贵州省贵阳市双龙航空港经济区龙洞堡电子商务港A2栋2单元8层805号
…………………………Tel：0851－82274382
修文县城建开发有限公司
地址：贵州省贵阳市修文县龙场镇黄杨巷（县财政局内）
…………………………Tel：0851－82320258
修文县城市建设投资开发有限责任公司
地址：贵州省贵阳市修文县龙场镇翠微路2楼
…………………………Tel：0851－82373789
清镇兴邦村镇银行有限责任公司
地址：贵州省贵阳市清镇市云岭中路185号
…………………………Tel：0851－82518666
清镇市广大城体育文化公园开发建设有限责任公司
地址：贵州省贵阳市清镇市百职路与金清线交汇处尚湖城展示中心
…………………………Tel：0851－82525851
贵州榕森环保墙体建材有限公司
地址：贵州省贵阳市清镇市卫城镇凤凰村
…………………………Tel：0851－82535368
贵州清镇新城亿博房地产开发有限公司
地址：贵州省贵阳市清镇市百马大道吾悦广场4号楼3层
…………………………Tel：0851－82539584
贵州温企城建投资开发有限公司
地址：贵州省贵阳市清镇市红旗路金枫府邸小区2号2－3－4
…………………………Tel：0851－82586100
清镇市城市建设投资有限公司
地址：贵州省贵阳市清镇市延河路朱家河污水处理厂内
…………………………Tel：0851－82621790
清镇市荣城建材商贸有限公司
地址：贵州省贵阳市清镇市延河路朱家河污水处理厂内
…………………………Tel：0851－82621790
贵阳清怡城市建设投资有限公司
地址：贵州省贵阳市清镇市延河路朱家河污水处理厂内
…………………………Tel：0851－82774356
贵州十和田实业发展有限公司
地址：贵州省贵阳市花溪区孟关乡孟关汽贸城雷诺店3层
…………………………Tel：0851－83150758
贵阳花溪联办建材有限公司
地址：贵州省贵阳市花溪区杨中村
…………………………Tel：0851－83659296
贵州西部建材城开发有限公司
地址：贵州省贵阳市花溪区石板镇花鱼井村办公楼
…………………………Tel：0851－83757777
贵阳经济开发区城市建设投资（集团）有限公司
地址：贵州省贵阳市经济技术开发区黄河路４４３号
…………………………Tel：0851－83840686
贵阳市瑞筑城市建设有限公司
地址：贵州省贵阳市南明区花果园五里冲花果园项目V区第15栋（15）1单元53层2号[花果园社区]
…………………………Tel：0851－83857989
贵州中建城投工程管理有限责任公司
地址：贵州省贵安新区湖潮乡双创孵化基地（湖潮乡星湖社区24栋1楼0213号）
…………………………Tel：0851－83902000
贵州西南鱼峰水泥有限公司
地址：贵州省贵阳市观山湖区诚信北路黔桂金阳商务办公楼23层1、2、3号
…………………………Tel：0851－84106360
贵阳地铁物业管理有限公司
地址：贵州省贵阳市观山湖区诚信路西侧贵阳市轨道交通运管中心及配套项目（腾祥·迈德国际）一期A1栋2层
…………………………Tel：0851－84113351
贵阳远大房地产开发有限公司
地址：贵州省贵阳市观山湖区金阳新区金阳南路房交中心
…………………………Tel：0851－84123851
贵州国安社区科技有限公司
地址：贵州省贵阳市贵阳国家高新技术产业开发区长岭南路160号黎阳大厦（高科一号）大楼A栋8层
…………………………Tel：0851－84139707
贵州裕丰合置业投资有限公司
地址：贵阳市经济技术开发区金竹镇金竹板块贵安大道回迁安置点（鑫中路朝晖厂大门口）
…………………………Tel：0851－84179765
贵阳园成置业有限公司
地址：贵州省贵阳市观山湖区诚信北路81号大西南·富力中心A2栋20楼
…………………………Tel：0851－84282777
贵阳白云城市建设投资集团有限公司
地址：贵州省贵阳市白云区云城尚品A3－3组团19栋数字内容产业园
…………………………Tel：0851－84355696
贵州新阳光项目管理有限公司
地址：贵州省贵阳市观山湖区诚信北路8号绿地联盛国际5号楼1单元30层1号
…………………………Tel：0851－84398712
中城投（贵安新区）工程建设有限公司
地址：贵安新区白马大道碧桂园贵安1号领航中心B栋（B）1单元10层10、11号房
…………………………Tel：0851－84723138
贵州红星金服资产管理有限公司
地址：贵州省贵阳市观山湖区金阳大道与梨园路交界处麒龙贵州塔（1）北－22－11号房
…………………………Tel：0851－84726367
贵州巨盛信亿资产管理有限公司
地址：贵州省贵阳市观山湖区金阳烈变国际广场（A）1单元11层2号
…………………………Tel：0851－84726367
中建西部建设贵州有限公司
地址：贵州省贵阳市白云区龚家寨（中国铝业贵州分公司机械厂内）
…………………………Tel：0851－84800955
贵州中建汇城建设有限公司
地址：贵州省贵安新区大学城贵安数字经济产业园3号楼第11层2号房
…………………………Tel：0851－84826180
贵州丰瑞达商贸有限公司
地址：贵州省贵阳市云岩区扁井巷76号A栋
…………………………Tel：0851－84840715
贵州众黔城建设工程有限公司
地址：贵州省贵阳市观山湖区绿地联盛国际第10、11号楼（10）1单元17层5号房
…………………………Tel：0851－84843086
贵州申仕劳务工程有限公司
地址：贵州省贵阳市贵阳国家高新技术产业开发区金阳科技产业园标准厂房辅助用房B359室

…………Tel：0851-84853563
贵州鸿乐幕墙门窗装饰有限公司
地址：贵州省贵阳市贵阳国家高新技术产业开发区湖滨路89号时光俊园2、3栋4层40号
…………Tel：0851-84856410
贵阳金地尚呈房地产开发有限公司
地址：贵州省贵阳市南明区朝阳洞路29号后巢乡人民政府内五楼办公室[后巢乡]
…………Tel：0851-84875359
贵州亨达公路资产运营管理有限公司
地址：贵州省贵阳市贵阳国家高新技术产业开发区毕节路58号联合广场A座12楼01-08号
…………Tel：0851-84876008
贵州虹祥房地产开发有限公司
地址：贵州省贵阳市云岩区延安中路２号
…………Tel：0851-85213131
贵州多彩贵州城建设经营有限公司
地址：贵州省贵阳市南明区小碧乡人民政府内[双龙区]
…………Tel：0851-85223111
贵阳保利投资房地产开发有限公司
地址：贵州省贵阳市乌当区新添办事处奶牛场保利公园2010（3-1-A区）
…………Tel：0851-85285111
贵州省城建工程有限公司
地址：贵州省贵安新区行政中心1号楼办公室
…………Tel：0851-85506515
贵州中伟达城镇建设投资有限公司
地址：贵州省贵阳市南明区新华路富中国际大厦26层A区[新华社区]
…………Tel：0851-85523136
贵州西奥涂装技术工程有限公司
地址：贵州省贵阳市南明区市南路217号宏泰世家1幢1单元8层2号
…………Tel：0851-85533533
中裕控股有限公司
地址：贵阳市观山湖区金阳北路7号附2号金北大厦商业办公楼第26层8号
…………Tel：0851-8555515
贵州中裕房地产开发有限公司
地址：贵州省铜仁市碧江区大寨北路23号
…………Tel：0851-85555515
贵州和源聚文旅小镇置业有限公司
地址：贵州省黔南州龙里县冠山街道三林路龙馨苑2-14号
…………Tel：0851-85611111
长城建业建设有限公司
地址：贵州省贵阳市南明区花果园后街彭家湾花果园彭家湾棚户区改造项目B区第B北11号楼11层26号房[花果园社区]
…………Tel：0851-85628849
贵州中民嘉熙投资有限公司
地址：贵州省贵阳市南明区护国路82号香格里拉大厦1层3号[大南社区]
…………Tel：0851-85814247
贵阳市城市建设投资集团有限公司
地址：贵州省贵阳市观山湖区杭州路1号贵阳西南国际商贸城2-G栋
…………Tel：0851-85821888
贵阳市城市建设投资有限责任公司
地址：贵州省贵阳市观山湖区杭州路1号贵阳西南国际商贸城2-G栋
…………Tel：0851-85821888
龙里碧桂园凤凰城房地产开发有限公司
地址：贵州省黔南布依族苗族自治州龙里县谷脚镇王关社区（碧桂园）
…………Tel：0851-85858088
贵州贵龙碧桂园置业有限公司
地址：贵州省黔南布依族苗族自治州龙里县谷脚镇王关社区（碧桂园）
…………Tel：0851-85858088
中城建设工程（贵安新区）有限公司 "地址：贵州省贵安新区思雅路3号数字经济产业园5号楼3层1号
"
…………Tel：0851-85861532
中尚城建（贵安新区）建设有限公司
地址：贵州省贵安新区贵安综合保税区电子信息产业园电商科创园B＃楼8层B803办公室87号工位（临时住所）
…………Tel：0851-85866166
贵州中城建城建矿能投资有限公司
地址：贵州省贵阳市南明区花果园彭家湾花果园项目B区第B南12（国际金融街6）栋（12）1单元15层1号
…………Tel：0851-85911002
长顺县宏德城市建设有限公司
地址：贵州省黔南州长顺县长寨街道办事处和平社区老农工办公楼301室
…………Tel：0851-85911963
中城投集团第十二工程局有限公司
地址：贵州省毕节市七星关区麻园街道办金源城市花园D3幢11层Dy号
…………Tel：0851-85952886
皓城建工有限公司
地址：贵州省贵安新区湖潮乡星湖社区电商生态城23栋3楼1-15号
…………Tel：0851-85960612
贵州大地华融城置业有限公司
地址：贵州省贵阳市花溪区磊花路口
…………Tel：0851-86203888
贵阳筑水水利产业发展有限公司
地址：贵州省贵阳市观山湖区金阳北路237号
…………Tel：0851-86220039
贵州振华置业投资有限公司
地址：贵州省贵阳市乌当区新天大道１５０号
…………Tel：0851-86301391
贵州全林企业集团房地产开发有限公司
地址：贵州省贵阳市南明区富水南路２号
…………Tel：0851-86419559
贵州物业运营管理有限公司
地址：贵州省贵阳市观山湖区诚信路东侧群升千禧广场07B栋11楼7号房
…………Tel：0851-86504236
贵州客兴鼎盛装饰装潢有限公司
地址：贵州省贵阳市云岩区三桥新街28号
…………Tel：0851-86550127
贵州之格建设工程有限公司
地址：贵州省贵阳市观山湖区金阳北路7号附2号“金北大厦”商业，办公楼1幢1单元13层5号
…………Tel：0851-86621208
贵州开迪绿色建筑材料有限公司
地址：贵州省贵阳市息烽县小寨坝镇盘脚营村龙井坝（磷石膏办公楼）41幢
…………Tel：0851-86750939
贵州浙商汇文化传播有限公司
地址：贵州省贵阳市清镇市金清线中段广大城投（售楼部）
…………Tel：0851-86816523
贵州林城恒通建设工程有限公司
地址：贵州省贵阳市云岩区中华北路284号天毅大厦22楼1、2号
…………Tel：0851-86828995
贵阳泉丰城市建设投资有限公司
地址：贵州省贵阳市乌当区高新路116号办公楼
…………Tel：0851-86846698
贵州能辉实业发展有限公司
地址：贵州省贵阳市南明区花溪大道北段3号A单元17层-20层
…………Tel：0851-86928400
中天城投集团城市建设有限公司
地址：贵州省贵阳市云岩区渔安安井片区温泉旅游城“未来方舟”项目G6组团负4层7号楼
…………Tel：0851-86988650
中天城投集团贵州文化广场开发建设有限公司
地址：贵州省贵阳市南明区瑞金南路104号2栋[河滨社区]
…………Tel：0851-86988650
中天城投集团（贵州）建设管理有限公司
地址：贵州省贵阳市观山湖区中天路3号贵阳国际会议展览中心C区（C2001大厦18层1号）
…………Tel：0851-86988650
贵州中天尚城建设管理中心（有限合伙）
地址：贵阳市白云区云城尚品A3-3组团19栋数字内容产业园
…………Tel：0851-86988650
息烽县城市建设投资有限公司
地址：贵州省贵阳市息烽县永靖镇育才路
…………Tel：0851-87727022
贵州天隆城市建设投资有限公司
地址：贵州省贵阳市观山湖区诚信北路8号绿地联盛国际10号楼1单元18层6号
…………Tel：0851-87791777
贵阳北控城市开发建设有限公司
地址：贵州省贵阳市花溪区磊花路口
…………Tel：0851-87987276
贵阳观山湖投资（集团）城市建设发展有限公司
地址：贵州省贵阳市观山湖区林城东路与长岭路西北角贵阳国际金融中心一期商务区10号楼第11层
…………Tel：0851-88165670
贵州亚冉新型建材有限公司
地址：贵州省贵阳市修文县龙场镇军民村
…………Tel：0851-88405777
贵阳观城产业建设投资发展有限公司
地址：贵州省贵阳市观山湖区朱昌镇金钟路
…………Tel：0851-88507666
贵阳益田实业发展有限公司
地址：贵州省贵阳市云岩区黔灵镇沙河村长冲农民新村102号二楼201号
…………Tel：0851-88515777
贵州中投腾达置业有限公司
地址：贵州省黔南布依族苗族自治州龙里县冠山街道体育路
…………Tel：0851-88551833
贵州龙里天宸房地产开发有限公司
地址：贵州省黔南州龙里县谷脚镇王关社区继望路1号
…………Tel：0851-88585111
贵州卓美装饰装潢有限公司
地址：贵州省贵阳市经济技术开发区花溪大道中曹司汽车品牌专卖及商住楼续建工程商场
…………Tel：0851-88585883
贵州德坤置业有限公司
地址：贵州省贵阳市开阳县城关镇开磷盛世新城旁新天地45号楼
…………Tel：0851-88593333
贵州科建建材有限责任公司
地址：贵州省贵阳市修文县扎佐镇工业园区（修文县扎佐镇三元村）
…………Tel：0851-88616598
中交贵州海绵城市投资建设有限公司
地址：贵州省贵安新区行政中心11号楼
…………Tel：0851-88628331
贵阳亨特碧桂园房地产开发有限公司
地址：贵州省贵阳市花溪区甲秀南路16号亨特.公园里
…………Tel：0851-88633888
贵州贵安新区碧桂园物业发展有限公司
地址：贵州省贵安新区行政中心岐山村贵安新区管委会6号楼6113室
…………Tel：0851-88688868
赤水市城市建设投资经营有限公司
地址：贵州省遵义市赤水市瀑都大道与锦绣路交叉口国投大厦5层1号
…………Tel：0852-22883118
遵义新城亿博房地产开发有限公司
地址：贵州省遵义市红花岗区共青一路城投大厦14楼
…………Tel：0852-27587777
福泉市城镇建设投资开发有限责任公司
地址：贵州省黔南布依族苗族自治州福泉市葛镜西路统建安置区3号楼二楼
…………Tel：0854-2220956
贵州麒龙集团（福泉）置业有限公司
地址：贵州省黔南布依族苗族自治州福泉市金山办事处葛镜西路
…………Tel：0854-2589993
瓮安朵云中核城市建设开发有限责任公司
地址：贵州省黔南布依族苗族自治州瓮安县银盏镇麒龙摩尔城财富中心B座17F
…………Tel：0854-2778686
三都中核城市建设开发有限责任公司
地址：贵州省黔南州三都县麻光新区丰乐路
…………Tel：0854-3028311
荔波县城乡建设投资有限责任公司
地址：贵州省黔南布依族苗族自治州荔波县玉屏街道国土资源开发中心办公楼3-4层
…………Tel：0854-3612260
三都水族自治县城乡建设有限责任公司
地址：贵州省黔南布依族苗族自治州三都水族自治县三合镇
…………Tel：0854-3921776
三都水族自治县城镇建设投资有限公司
地址：贵州省黔南布依族苗族自治州三都水族自治县三合街道滨江苑二单元1楼
…………Tel：0854-4811488
惠水县顺兴劳务服务有限公司
地址：贵州省黔南布依族苗族自治州惠水县涟江街道南苑花城三期A区二十五栋
…………Tel：0854-4900762
惠水城投集团城市建设投资发展有限公司
地址：贵州省黔南布依族苗族自治州惠水县 江街道 江大道北段城北办公区（“北城嘉苑”四组团二楼）
…………Tel：0854-4900765
福泉市兴泉城乡环境建设发展有限责任公司
地址：贵州省黔南布依族苗族自治州福泉市牛场镇社区综合服务中心
…………Tel：0854-4982011
贵定县城乡建设和保障性住房投资建设管理有限公司
地址：贵州省黔南布依族苗族自治州贵定县城关镇金南大道住建局办公楼
…………Tel：0854-5224326
龙里县城乡建设发展有限公司
地址：贵州省黔南布依族苗族自治州龙里县冠山街道西关坡（国资大楼）
…………Tel：0854-5630113
中新房贵州城建开发有限公司
地址：贵州省黔南布依族苗族自治州龙里县龙山镇水桥村
…………Tel：0854-5666345
贵州长泰源节能建材股份有限公司
地址：贵州省黔南布依族苗族自治州龙里县谷脚镇千家卡
…………Tel：0854-5670702
惠水县朝阳装潢部
地址：惠水县涟江街道建设西路63号
…………Tel：0854-6221465
惠水星城建设有限公司
地址：贵州省黔南布依族苗族自治州惠水县 江街道首创村二组
…………Tel：0854-6280110
贵州涟江源建材有限公司
地址：贵州省黔南布依族苗族自治州惠水县 江街道大坝社区山河村
…………Tel：0854-6527588
贵州聚商创新房地产开发有限公司
地址：贵州省黔南布依族苗族自治州惠水县 江街道贵惠大道消防队旁
…………Tel：0854-6532888
长顺县力投城乡建设投资开发有限公司
地址：贵州省黔南布依族苗族自治州长顺县长寨镇长征大道
…………Tel：0854-6822889
贵州联和新型建材有限公司
地址：贵州省黔南布依族苗族自治州贵定县盘江镇冒沙井
…………Tel：0854-7030177
黔南州建筑工程有限公司
地址：贵州省黔南布依族苗族自治州都匀市河滨路５６号
…………Tel：0854-7106855
都匀市城市建设投资发展有限公司
地址：贵州省都匀市开发区帝景豪园4-7号商铺
…………Tel：0854-7139116
罗甸县兴甸置业有限责任公司
地址：贵州省黔南布依族苗族自治州罗甸县龙坪镇河滨北路红水河投资公司大楼六楼
…………Tel：0854-7617700
贵州杰傲建材有限责任公司
地址：贵州省黔南布依族苗族自治州都匀市西园村十组
…………Tel：0854-8260888
都匀市新匀国发城市建设投资发展基金管理中心（有限合伙）
地址：贵州省黔南布依族苗族自治州都匀市环城西路26号德达集团办公楼3楼
…………Tel：0854-8316678
黄平县城镇建设投资有限责任公司
地址：贵州省黔东南苗族侗族自治州黄平县新州镇林溪苑
…………Tel：0855-2358306
贵州水投水务集团麻江有限公司
地址：贵州省黔东南苗族侗族自治州麻江县金竹街道迎宾南路3号
…………Tel：0855-2671666
凯里东南村镇银行有限责任公司
地址：贵州省黔东南苗族侗族自治州凯里市凯运大道35号
…………Tel：0855-3831577
施秉县新东方广告装潢工程有限公司
地址：贵州省黔东南苗族侗族自治州施秉县城关镇中沙路
…………Tel：0855-3961989
黔东南水投台江水务有限责任公司
地址：贵州省黔东南苗族侗族自治州台江县台拱镇翁你东路9号
…………Tel：0855-5322152
台江县畅通城乡建设投资经营有限公司
地址：贵州省黔东南苗族侗族自治州台江县苗家湾二期五栋六楼
…………Tel：0855-5363623
贵州锦屏经济开发区城市建设投资有限公司
地址：贵州省黔东南苗族侗族自治州锦屏县敦寨镇敦寨街上
…………Tel：0855-7287976
锦屏县康源建材开发有限公司
地址：贵州省黔东南州锦屏县三江镇杉乡路农资配送中心综合楼四楼
…………Tel：0855-7369399
天柱县城镇建设投资开发有限责任公司
地址：贵州省黔东南苗族侗族自治州天柱县凤城镇凤山路（原国资办办公室）
…………Tel：0855-7523668
凯里市佳和房地产开发有限公司
地址：贵州省黔东南苗族侗族自治州凯里市迎宾大道25号
…………Tel：0855-8216761
黔东南州风讯传媒广告有限责任公司
地址：贵州省黔东南苗族侗族自治州凯里市北京西路24号清江公寓A栋4层B号
…………Tel：0855-8224498
凯里东方城建置业开发有限公司
地址：贵州省黔东南苗族侗族自治州凯里市北京西路25号
…………Tel：0855 8235848
凯里市新阳置业有限公司
地址：贵州省凯里经济开发区金汇大道6号民生馨苑二期1栋A区1楼14号门面
…………Tel：0855-8257733
贵州省凯里城镇建设投资有限公司
地址：贵州省黔东南苗族侗族自治州凯里市风情大道1号
…………Tel：0855-8262106
贵州凯里瑞安建材有限公司
地址：贵州省黔东南苗族侗族自治州凯里市洗马河街道新营村
…………Tel：0855-8367870
贵州宸力建设工程有限责任公司

地址：贵州省黔东南苗族侗族自治州凯里市博南路西侧荷香居1号楼1层11号
…………Tel：0855-8517958

贵州省富蓝物业服务有限公司
地址：贵州省黔东南苗族侗族自治州凯里市凯运大道市房地产经营公司2号商住楼七单元76号
…………Tel：0855-8686815

松桃嘉恒居家设计装潢有限公司
地址：贵州省铜仁市松桃苗族自治县蓼皋镇经济开发区
…………Tel：0856-2323856

贵州中伟投资集团有限公司
地址：贵州省铜仁市大龙经济开发区开发大道旁
…………Tel：0856-3322838

贵州省玉屏侗族自治县鑫源城乡建设开发有限公司
地址：贵州省铜仁市玉屏侗族自治县平溪办事处红花路51号（原老人事局5楼）
…………Tel：0856-3376786

铜仁市万山区开源投资集团鑫源城市建设开发有限责任公司
地址：贵州省铜仁市万山区谢桥产业园区主楼B座2楼
…………Tel：0856-3463918

贵州省印江自治县银丰城乡建设投资有限公司
地址：贵州省铜仁市印江土家族苗族自治县龙津街道官庄南路普瑞斯汀大酒店B座12楼
…………Tel：0856-3907223

贵州财通新材料科技有限公司
地址：贵州省铜仁市大龙经济开发区朱家冲
…………Tel：0856-4167979

贵州弘毅建筑设计有限公司
地址：贵州省铜仁市碧江区滨江大道万丰国际15栋
…………Tel：0856-5233932

铜仁梵净山城市建设投资有限公司
地址：贵州省铜仁市碧江区锦江北路39号御风锦江15栋3楼
…………Tel：0856-5235200

贵州博宇城镇建设发展有限公司
地址：贵州省铜仁市思南县思唐镇城北街月亮湾
…………Tel：0856-6900060

铜仁丰源村镇银行有限责任公司
地址：贵州省铜仁市碧江区南长城路金滩休闲港7-9号
…………Tel：0856-6956789

贵州海捷房地产开发有限公司
地址：贵州省铜仁市碧江区东太大道交通大楼附楼2楼
…………Tel：0856-6986999

铜仁市碧江区碧桂园置业有限公司
地址：贵州省铜仁市碧江区麒龙国际会展城A2栋1单元
…………Tel：0856-6991888

贵州思南城市建设投资发展有限公司
地址：贵州省铜仁市思南县行政服务中心333号
…………Tel：0856-7150099

石阡县城镇建设投资有限责任公司
地址：贵州省铜仁市石阡县泉都街道办事处大关社区甘溪路6号
…………Tel：0856-7620610

德江县城市建设投资开发有限公司
地址：贵州省铜仁市德江县玉水办事处红旗路政府大院内
…………Tel：0856-8521122

贵州省铜仁碧江智慧城市运营集团股份有限公司
地址：贵州省铜仁市碧江区灯塔铜兴大道170号
…………Tel：0856-8892999

赫章县煜城建设投资有限公司
地址：赫章县白果镇会展中心北楼
…………Tel：0857-3228375

贵州同心房地产开发有限公司
地址：贵州省毕节市黔西县莲城办事处同心商贸城展示中心
…………Tel：0857-4847888

黔西悦都置业有限公司
地址：贵州省毕节市黔西县莲城办事处贵毕公路002号
…………Tel：0857-4884777

黔西花都村镇银行有限责任公司
地址：贵州省毕节市黔西县城关镇文化路司法局大楼
…………Tel：0857-4888800

大方金龙城镇开发建设投资有限公司
地址：贵州省毕节市大方县镇书院街植保站院内
…………Tel：0857-5228671

大方县城市建设投资集团有限公司
地址：贵州省毕节市大方县东关乡罗寨村
…………Tel：0857-5228671

大方县顺德城镇建设投资有限公司
地址：贵州省毕节市大方县顺德街道办事处迎宾大道中段
…………Tel：0857-5228671

大方县家园建材有限公司
地址：贵州省毕节市大方县顺德街道办事处新庄村迎宾大道互通处
…………Tel：0857-5229671

大方县睿城建设投资有限公司
地址：贵州省毕节市大方县东关乡神龙大道安置区13栋
…………Tel：0857-5248889

威宁城乡建设投资有限公司
地址：威宁自治县五里岗街道工业五路
…………Tel：0857-6229148

织金县城市建设投资（集团）有限公司
地址：贵州省毕节市织金县平安房地产开发公司四楼
…………Tel：0857-7625590

织金惠民村镇银行有限责任公司
地址：贵州省毕节市织金县城关镇金中路63号
…………Tel：0857-7629432

织金县腾达交通投资有限责任公司
地址：贵州省毕节市织金县文腾街道（现新华北路20号）
…………Tel：0857-7630131

织金县山禾源房地产开发有限公司
地址：贵州省毕节市织金县城关镇安居大道路口山禾源商都六号楼2楼
…………Tel：0857-7635922

毕节市工业能源投资建设有限公司
地址：贵州省毕节市七星关区百里杜鹃路愉景华庭D栋A座五楼
…………Tel：0857-8253933

贵州毕节酒厂有限公司
地址：贵州省毕节市七星关区环城北路234号
…………Tel：0857-8284792

毕节市城乡建设工程第二建筑有限公司
地址：贵州省毕节市七星关区德溪街道百里杜鹃路杜鹃小区A7栋4楼
…………Tel：0857-8333669

贵州碧阳恒通置业有限公司
地址：贵州省毕节市七星关区碧阳大道
…………Tel：0857-8437771

贵州泛华（西南）石材物流建设开发有限公司
地址：两河工业园区三特饮片厂门面（两河街道办）
…………Tel：0858-3496777

水城精建卓城建设投资有限公司
地址：贵州省六盘水市水城县双水大道东部国际城一期二号楼一单元附1-2号
…………Tel：0858-6215028

贵州水城经济开发区博远建材有限公司
地址：贵州省六盘水市水城县开发区管理委员会办公楼二楼
…………Tel：0858-6541221

贵州鸿福宇建筑工程有限公司
地址：贵州省六盘水市钟山区凤凰大道北侧步云路东侧山海观天下-1层05室
…………Tel：0858-6766559

贵州昊龙胜境建材有限责任公司
地址：贵州省六盘水市盘州市鸡场坪镇白龙洞村
…………Tel：0858-8136799

贵州融城投资开发有限责任公司
地址：贵州省六盘水市盘州市亦资街道胜境大道延长线宏财投资大厦号字楼15楼
…………Tel：0858-8139693

贵州水矿控股集团太阳石房地产开发有限公司
地址：贵州省六盘水市钟山区松坪路水城煤电办公楼8楼
…………Tel：0858-8183867

贵州新建业工程有限责任公司
地址：贵州省六盘水市钟山区松坪北路水城煤电大楼
…………Tel：0858-8189736

六盘水市城市建设投资有限责任公司
地址：贵州省六盘水市钟山区凤凰城市综合体9栋10号
…………Tel：0858-8222022

六盘水市新世纪城市基础设施建设工程有限公司
地址：贵州省六盘水市钟山区大道与水西路交汇处中国凉都开投大厦
…………Tel：0858-8222022

六盘水丰华装饰装潢有限公司
地址：贵州省六盘水市钟山区凉都大道62号
…………Tel：0858-8222612

六盘水市钟山区城市建设投资有限公司
地址：贵州省六盘水市钟山区市场南路（开发区管委会办公楼10楼）
…………Tel：0858-8233706

贵州钟城市政建设投资有限公司
地址：贵州省六盘水市钟山区凤凰大道北侧会展中心103室
…………Tel：0858-8233706

贵州钟山城投远大建筑工业有限公司
地址：贵州省六盘水市钟山区广场社区市场南路管委会大楼10楼
…………Tel：0858-8233706

六盘水市房地产开发总公司
地址：贵州省六盘水市钟山区西路８６号
…………Tel：0858-8324885

六盘水市钟山区荷城花园房地产开发有限公司
地址：贵州省六盘水市钟山区官厅路口（湖东苑大厦）
…………Tel：0858-8960080

中城建恒远（贵州六盘水）新型建材有限公司
地址：贵州省六盘水市钟山区荷城办事处教场村七组
…………Tel：0858-8960334

贵州安凯达实业股份有限公司
地址：贵州省六盘水市钟山区大河镇裕民村九组
…………Tel：0858-8963399

贵州新东观城市建设投资有限责任公司
地址：贵州省黔西南布依族苗族自治州晴隆县莲城镇五里
…………Tel：0859-2259567

兴义市信恒城市建设投资有限公司
地址：兴义市桔山办汇金中心A栋8-1
…………Tel：0859-3117130

黔西南州城市建设投资有限公司
地址：贵州省黔西南布依族苗族自治州兴义市桔山街道办瑞金大道会展中心
…………Tel：0859-3117551

黔西南州皇冠酒店有限责任公司
地址：贵州省黔西南布依族苗族自治州兴义市桔山新区瑞金路
…………Tel：0859-3119129

贵州富康实业投资（集团）有限公司
地址：贵州省黔西南布依族苗族自治州兴义市桔山办瑞金路
…………Tel：0859-3220968

贵州全隆建设工程有限公司
地址：贵州省黔西南布依族苗族自治州兴义市坪东广场迎新路白鹭大厦11层A座
…………Tel：0859-3222724

兴义市方舟殡葬服务有限公司
地址：贵州省黔西南布依族苗族自治州兴义市坪东街道办事处幸福社区福禄山
…………Tel：0859-3229358

贵州荣盛（集团）建材有限公司
地址：贵州省黔西南布依族苗族自治州兴义市郑屯镇绒泥村
…………Tel：0859-3388293

贵州财丰城市建设管理有限公司
地址：贵州省黔西南布依族苗族自治州安龙县新桥镇人民政府内
…………Tel：0859-3388968

贵州兴电新型建材有限公司
地址：贵州省黔西南布依族苗族自治州兴义市清水河工业园区内
…………Tel：0859-3546876

贵州黔桂金州建材有限公司
地址：贵州省黔西南布依族苗族自治州兴义市清水河镇金星村
…………Tel：0859-3558805

册亨县城乡建设投资有限公司
地址：贵州省黔西南布依族苗族自治州册亨县纳福广场中华苑三楼
…………Tel：0859-4212296

册亨县利优城乡基础设施建设有限公司
地址：贵州省黔西南布依族苗族自治州册亨县住建局办公楼
…………Tel：0859-4216669

望谟县城镇建设开发有限公司
地址：贵州省黔西南布依族苗族自治州望谟县防灾减灾教育基地
…………Tel：0859-4612628

安龙县由榔府城建设有限责任公司
地址：贵州省黔西南布依族苗族自治州安龙县招堤街道办事处金龙市场
…………Tel：0859-5222966

贵州东湖新城市建设投资有限公司
地址：贵州省兴仁市经济开发区办公大楼A栋10层
…………Tel：0859-6200333

贵州贞丰金园农特建材综合物流交易有限公司
地址：贵州省黔西南布依族苗族自治州贞丰县珉谷镇塔山村
…………Tel：0859-6611789

贞丰县鼎昌城乡建设投资开发有限责任公司
地址：贵州省黔西南布依族苗族自治州贞丰县珉谷街道
…………Tel：0859-6737890

普安县民安城市建设经营管理有限公司
地址：贵州省黔西南布依族苗族自治州普安县青山镇百合小区
…………Tel：0859-7340129

织金县顺和房屋征收投资管理有限责任公司
地址：贵州省毕节市织金县双堰街道远智星河湾5楼房屋征收补偿局办公室
…………Tel：0875-7630116

云南省

西双版纳博腾房地产开发有限公司
地址：云南省西双版纳傣族自治州景洪市嘎兰中路24号
…………Tel：0691-2124661

景洪鸿曦房地产开发经营有限公司
地址：云南省西双版纳州景洪市清泉路13号五金建材城33幢
…………Tel：0691-2136188

西双版纳绿洲投资控股有限公司
地址：云南省西双版纳傣族自治州景洪市园林巷9号
…………Tel：0691-2147635

西双版纳云城置业有限公司
地址：西双版纳旅游度假区二期曼弄枫片区
…………Tel：0691-2150225

华新红塔水泥（景洪）有限公司
地址：云南省西双版纳傣族自治州景洪市勐罕镇曼法村委会曼空那朵村小组旁
…………Tel：0691-2425088

西双版纳云投建设泛亚置业有限公司
地址：云南省西双版纳州景洪市嘎洒镇人民政府内
…………Tel：0691-2712280

西双版纳告庄西双景物业服务有限公司
地址：云南省西双版纳傣族自治州景洪市江北澜沧江边
…………Tel：0691-3011328

西双版纳勐腊长江村镇银行股份有限公司
地址：云南省西双版纳傣族自治州勐腊县迎宾路2号
…………Tel：0691-3081709

勐海县水务开发投资有限公司
地址：云南省西双版纳傣族自治州勐海县勐海镇景管路288号（老公安局刑侦业务楼）
…………Tel：0691-5121799

西双版纳勐巴拉雨林小镇发展有限公司
地址：云南省西双版纳傣族自治州勐海县勐海镇曼兴水库旁（勐巴拉索可泰区营销中心一层）
…………Tel：0691-5138515

勐腊海诚城市发展有限公司
地址：云南省西双版纳傣族自治州勐腊县新城（景兰大酒店负一楼）
…………Tel：0691-8120017

芒市城市建设投资开发有限公司
地址：云南省德宏州芒市大街105号
…………Tel：0692-2135955

瑞丽市发创装潢装饰有限公司
地址：云南省德宏州瑞丽市古龙珠宝步行街1-11-10号
…………Tel：0692-4100666

瑞丽市城市建设投资开发有限责任公司
地址：中国（云南）自由贸易试验区德宏片区瑞丽市勐卯路13号6楼1-1号
…………Tel：0692-4150357

云南翔鸿建工设计有限公司
地址：中国（云南）自由贸易试验区德宏片区瑞丽市人民路72号1幢3楼301号
…………Tel：0692-4154486

德宏秦瑞（集团）电力投资开发有限公司
地址：云南省德宏州芒市丙午路3号
…………Tel：0692-8886815

西双版纳浩宇房地产开发有限公司
地址：云南省西双版纳州勐海县G214国道旁(鑫海花园对面)
…………Tel：0694-5121050

昆明呈贡区春晖城市建设有限公司
地址：云南省昆明市呈贡区环城西路48号裕顺大厦C座6楼
…………Tel：0817-67482809

昭通市城市建设投资开发有限公司
地址：云南省昭通市昭阳区凤凰街道温泉泰鹤城12栋3号门
…………Tel：0870-2127598

云南省盐业昭通有限公司
地址：云南省昭通市昭阳区环城东路463号
…………Tel：0870-2128709

昭通融创鸿毅房地产开发有限公司
地址：云南省昭通市昭阳区学庄小区馨园街30号
…………Tel：0870-2222385

镇雄县天源建筑建材有限责任公司
地址：云南省镇雄县乌峰镇建设街118号
…………Tel：0870-3120773

镇雄县三和建材有限公司
地址：镇雄县赤水源镇洗白村赵家湾
…………Tel：0870-3843803

彝良县城乡建设投资有限责任公司
地址：云南省昭通市彝良县角奎镇东正街人民巷
…………Tel：0870-5121133

威信县城乡建设投资有限公司
地址：云南省昭通市威信县扎西镇麒麟新

区
……Tel：0870-6126299
云南昊峰建设工程有限公司
地址：云南省昭通市鲁甸县文屏镇文屏东路300号
……Tel：0870-8121176
鲁甸县城乡建设投资开发有限公司
地址：云南省昭通市鲁甸县世纪大道县财政局（三楼）
……Tel：0870-8125377
水富城投开发集团有限公司
地址：云南省昭通市水富县云富街道办事处工农东路67号
……Tel：0870-8458006
水富县旭辉装潢有限责任公司
地址：云南省昭通市水富县云富街道办事处团结路国税局四楼
……Tel：0870-8631553
昭通昆钢嘉华水泥建材有限公司
地址：云南省昭通市大关县翠华镇顺城北路1号办公楼三楼
……Tel：0870-8890567
昭通汇宝建筑建材有限公司
地址：云南省昭通市鲁甸县茨院乡板板房村工业园区
……Tel：0870-8899577
云南省城乡建设投资有限公司
地址：云南省昆明经开区信息产业基地林溪路188号
……Tel：0871-3166545
昆明城业房地产有限公司
地址：云南省昆明市盘龙区云山社区云山村股份合作社444号（园博路6号）
……Tel：0871-3813832
云南擎川建材有限责任公司
地址：云南省昆明市东川区铜都街道金水二期3-13-802室
……Tel：0871-62166588
昆明滇池置业有限责任公司
地址：昆明市书林街134号二楼
……Tel：0871-62182371
云南营家优鲜供应链有限公司
地址：云南省昆明市经济技术开发区国际银座映象欣城C区2501-2503号
……Tel：0871-63111315
云南华锐建材工贸有限公司
地址：云南省昆明市西昌路708号
……Tel：0871-63111315
云南浙滇置业有限公司
地址：云南省昆明经开区经开路3号科技创新园A7-71号
……Tel：0871-63114180
云南中劲房地产开发有限公司
地址：云南省昆明市北京路1127号
……Tel：0871-63117789
昆明市土投资产管理有限公司
地址：云南省昆明市西山区日新东路77号润城第二大道7栋7楼
……Tel：0871-63163600
云南山水房地产开发有限公司
地址：云南省昆明市东风东路东风巷87号云南山水大酒店三楼
……Tel：0871-63193189
昆明市城投建设投资有限责任公司
地址：云南省昆明市西山区崇善街盘龙路25号
……Tel：0871-63195228
昆明市城建投资开发有限责任公司
地址：昆明市华昌路128号
……Tel：0871-63195298
昆明交投建材有限公司
地址：中国（云南）自由贸易试验区昆明片区官渡区环城东路246号
……Tel：0871-63351670
中关村电子城（昆明）科技产业园开发建设有限公司
地址：云南省滇中新区秧旺街306号中关村电子城（昆明）科技产业园11号楼1单元
……Tel：0871-63369708
昆明中北交通旅游（集团）有限责任公司
地址：昆明市广福路119号
……Tel：0871-63382173
云南世博国际旅行社有限公司
地址：云南省昆明市春城路289号10号门4楼(昆明国际会展中心)
……Tel：0871-63532114
云南建投建材科技有限责任公司
地址：中国（云南）自由贸易试验区昆明片区经开区林溪路188号
……Tel：0871-63565512
昆明佳湖房地产开发有限公司
地址：云南省昆明市前兴路中天融域写字楼6幢
……Tel：0871-63648172
云南建工云岭水泥有限公司
地址：昆明市寻甸县金所乡工业开发区
……Tel：0871-63959399-8556
昆明城投中交城建科技有限公司
地址：云南省昆明市宜良县工业园区
……Tel：0871-64119266
云南景浩建筑工程有限公司
地址：云南省昆明市寻甸回族彝族自治县倘甸镇新规划小区1幢1号
……Tel：0871-64131368
昆明万达广场投资有限公司
地址：云南省昆明市西山区前兴路688号万达昆明双塔南塔八楼
……Tel：0871-64322166
云南宸磊建材有限公司
地址：云南省楚雄彝族自治州禄丰县广通镇广通村委会
……Tel：0871-64592541
云南济生药业有限公司
地址：云南省昆明市富民县大营街道办事处富民大道医药物流园区3幢1单元
……Tel：0871-64879158
昆明双龙商场有限公司
地址：云南省昆明市官渡区环城南路985号
……Tel：0871-64895865
昆明红星海汇房地产有限公司
地址：云南省昆明市官渡区小板桥镇中街10号2楼303室
……Tel：0871-65023888
昆明天和实业发展公司
地址：昆明市环城北路２４５－２４６号
……Tel：0871-65127278
云南国道主干线昆明绕城高速公路建设有限公司
地址：云南省昆明市黑林铺昌源中路20号
……Tel：0871-65139981
云南汇和房地产开发经营（集团）有限公司
地址：云南省昆明市环城西路328号
……Tel：0871-65153168
云南城投众和建设集团有限公司
地址：云南省昆明市官渡区民航路869号融城金阶广场A座5楼、7楼、8楼
……Tel：0871-65321805
云南易房房地产经纪有限公司
地址：云南省昆明市盘龙区白云路与穿金路交叉口金尚俊园B幢14层13A01号
……Tel：0871-65344555
云南优选广告有限公司
地址：云南省昆明市五华区东风西路280号文贸大厦6层A座
……Tel：0871-65344555
昆明风行防水材料有限公司
地址：云南省昆明市安宁市禄　街道办安丰营村委会上禄　村
……Tel：0871-65355592
云南建投房地产开发经营有限公司
地址：云南省昆明市西站12号
……Tel：0871-65358711
云南长水航城开发建设有限公司
地址：云南省昆明市官渡区大板桥街道办事处云南龙港综合加工厂有限公司1、2号楼
……Tel：0871-65365911
昆明都市时报传媒有限责任公司
地址：昆明市丹霞路198号昆明市新闻中心大楼附楼0103、0203室
……Tel：0871-65391903
昆明新城亿晟房地产开发有限公司
地址：云南省昆明市盘龙区北京路928号同德广场A6地块写字楼29楼02号、03号房屋
……Tel：0871-65612308
滇利诺（昆明）建材科技有限公司
地址：云南省昆明市寻甸回族彝族自治县仁德镇金所街道办事处哨上村
……Tel：0871-65613509
昆明承曜建材有限公司
地址：云南省昆明市官渡区工业园区大板桥工业城
……Tel：0871-65617711
昆明绿地滇池置业有限公司
地址：云南省昆明市滇池国家旅游度假区怡景园度假酒店培训中心附楼1606室
……Tel：0871-65629977
昆明绿地春城置业有限公司
地址：云南省昆明市官渡区关上街道办事处巫家巷666号巫家坝建设指挥部一楼109室
……Tel：0871-65629977
云南伦华房地产开发经营有限公司
地址：云南省昆明市五华区五台路6号
……Tel：0871-65701788
云南阳光城房地产开发有限公司
地址：云南省昆明市盘龙区北京路同德广场A6地块写字楼2303室
……Tel：0871-65718197
云南骁阔房地产开发有限公司
地址：云南省昆明市盘龙区北京路同德广场A6地块写字楼23楼
……Tel：0871-65718197
云南凯榭房地产开发有限公司
地址：云南省昆明市盘龙区北京路延长线恒业游泳馆2号楼6楼601室
……Tel：0871-65748666
昆明立德商业运营管理有限公司
地址：云南省昆明市五华区滇缅大道2589号建发曦城・商业广场A座608室
……Tel：0871-65818555
云南博昊泽人力资源有限公司
地址：云南省昆明市盘龙区北京路和北辰大道旁欣都龙城5栋A座16层01号
……Tel：0871-65886885
昆明西游洞公园管理有限公司
地址：云南省昆明市五华区沙朗白族乡沙朗大村天生桥
……Tel：0871-65895552
云南锡业房地产开发经营有限公司
地址：云南省昆明市官渡区新亚洲体育城星都总部基地商务办公区59号
……Tel：0871-66218899
云南昆钢嘉华水泥建材有限公司
地址：云南省昆明市安宁市昆钢洛阳池
……Tel：0871-66250051
云南滇中城市建设投资开发有限责任公司
地址：云南省滇中新区大板桥街道办事处云水路1号滇中新区管委会办公楼A2栋406室
……Tel：0871-67171369
云南省城市建设投资集团有限公司
地址：云南省昆明市高新区海源北路六号高新招商大厦
……Tel：0871-67199709
昆明欣江合达城市建设有限公司
地址：云南省昆明市晋宁区晋城镇三合村办公楼第四层
……Tel：0871-67199763
昆明海伦堡实业有限公司
地址：云南省昆明市官渡区广福路与金源大道交汇处春城时光花园1座31层
……Tel：0871-67203011
云南中冠建材家居市场管理有限公司
地址：云南省昆明市安宁市太平镇政府204室
……Tel：0871-67338168
昆明海诚旅游发展有限责任公司
地址：云南省昆明市五华区青年路延长线448号华尔顿大厦9楼
……Tel：0871-67419900
云南顶固建筑材料有限公司
地址：云南省昆明市呈贡工业园区大哨箐片区
……Tel：0871-67457776
昆明市智慧城市建设投资有限公司
地址：云南省昆明市呈贡区科技信息产业创新孵化中心研发办公A座
……Tel：0871-67483708
石林电力工程发展有限公司
地址：云南省昆明市石林县鹿阜街道办事处东城区龙泉路
……Tel：0871-67796866
昆明七彩云南城市建设投资有限公司
地址：云南省昆明市晋宁区晋城镇三合村委会办公楼4层
……Tel：0871-67881888
云南兰盾门业有限公司
地址：云南省昆明市晋宁区工业园区上蒜片区
……Tel：0871-67888666
云南原和房地产开发有限公司
地址：云南省昆明市官渡区金马街道办事处金马寺大村6号1号办公楼206室
……Tel：0871-68010383
昆明海鸥宾馆有限公司
地址：云南省昆明市五华区翠湖南路112号
……Tel：0871-68011999
云南正基物业服务有限公司
地址：中国（云南）自由贸易试验区昆明片区官渡区春城路62号证券大厦2606室
……Tel：0871-68065348
昆明中冶城市建设有限公司
地址：云南省昆明市西山区华苑路358号马街街道办事处806办公室
……Tel：0871-68106920
云南中升宏达汽车销售服务有限公司
地址：云南省昆明市高新区小屯汽车城7区1号
……Tel：0871-68122389
云南华海中逸房地产开发有限公司
地址：云南省昆明市西山区前兴路前卫街道办事处办公大楼2楼218号
……Tel：0871-68133330
玉溪金嘉房地产开发有限公司
地址：云南省玉溪市红塔区环山路3号
……Tel：0871-68135666
云南杰鑫宁房地产开发有限公司
地址：云南省昆明市前卫西路金地悦天下一期ES1栋3楼
……Tel：0871-68186111
昆明赛格迈电气有限公司
地址：云南省昆明市高新技术开发区 昌源路M1-1-3号地
……Tel：0871-68215149
云南广视传媒地产有限公司
地址：云南省昆明市呈贡区吴家营亚广传媒产业园区
……Tel：0871-68217150
昆明耀龙综合服务有限公司
地址：云南省昆明市官渡区春城路22号
……Tel：0871-68250722
中铁建昆仑云南房地产有限公司
地址：中国（云南）自由贸易试验区昆明片区官渡区民航路663号A栋15楼
……Tel：0871-68261258
云南城投会展中心物业服务有限公司
地址：云南省昆明市官渡区六甲街道办事处滇池国际会展中心（3-2地块）滇西北10单元3层308、309、310、311、313、314号
……Tel：0871-68301809
云南交投交通运输有限公司
地址：云南省昆明市五华区王家桥片区、靠近城市西北出口、昆沙路（昆明市西北部汽车客运站内）
……Tel：0871-68308642
云南华新建材投资有限公司
地址：云南省昆明经开区经景路36号浩宏商集1号楼10-11层
……Tel：0871-68355915
昆明嘉绩钢结构工程有限责任公司
地址：昆明市西山区马街镇普坪办事处石咀二社
……Tel：0871-68420587
安宁花千里房地产开发有限公司
地址：云南省昆明市安宁市太平新城街道办太安路8号202室
……Tel：0871-68520666
云南水泥建材集团有限公司
地址：云南省昆明市西山区环城南路777号昆钢大厦8楼
……Tel：0871-68609314
安宁市城市建设投资发展有限公司
地址：云南省昆明市安宁市滨川东路东湖新天地11-2北C栋20层
……Tel：0871-68685056
昆明新城亿博房地产开发有限公司
地址：云南省昆明市安宁市连然街道东湖第一城C栋锦禾酒店16楼
……Tel：0871-68688588
安宁东湖置业房地产开发有限公司
地址：云南省昆明市安宁市连然街133号
……Tel：0871-68783333
富民金锐水泥建材有限责任公司
地址：云南省昆明市富民县大营街道办事处沙锅村
……Tel：0871-68830150
云南汉华温泉国际文化旅游度假村有限公司
地址：云南省昆明市富民县大营街道办事处完家村
……Tel：0871-68860068
昆明韩锦房地产开发有限公司
地址：云南省昆明市五华区陈家营路五华园博园内5栋
……Tel：0871-68893333
云南碧宇房地产开发有限公司
地址：云南省昆明市盘龙区北京路1006号房屋二楼
……Tel：0871-68893333
云南博欣虹桥房地产开发有限公司
地址：云南省昆明市盘龙区云山社区云山村股份合作社（园博路6号）416室
……Tel：0871-68893333
昆明市西山区城市建设投资开发有限责任公司
地址：昆明市西山区春雨路188号19楼
……Tel：0871-8222737
大理华成纸业有限公司
地址：云南省大理市下关北郊
……Tel：0872-2225555
大理佳利建筑装饰工程有限公司
地址：云南省大理白族自治州大理市大理经济开发区高新技术园区
……Tel：0872-2326276
大理洱海金沙旅游度假置业有限公司
地址：云南省大理白族自治州大理市大理经济开发区满江片区洱海国际生态城
……Tel：0872-2337777
大理州城乡建设投资开发有限公司
地址：云南省大理白族自治州大理市下关镇嘉士伯大道38号
……Tel：0872-2361366
云南通大高速公路扩建工程有限公司
地址：云南省大理白族自治州大理市下关镇南涧路39号
……Tel：0872-2560078
剑川奥云文化旅游发展有限公司
地址：云南省大理白族自治州剑川县金华镇环城西路
……Tel：0872-4736999
云龙县城市建设投资有限公司
地址：云南省大理白族自治州云龙县诺邓镇沿江路30号
……Tel：0872-5524118
永平县城市建设和土地投资开发有限公司
地址：永平县博南镇荷花小区2号
……Tel：0872-6526228
大理乐居房地产开发有限公司

地址：云南省大理白族自治州大理市凤仪镇工业园区
……………………Tel：0872-6889988
云南润超建筑工程有限公司
地址：云南省大理白族自治州弥渡县弥城镇毗江路18号
……………………Tel：0872-8358888
华润水泥（弥渡）有限公司
地址：云南省大理州弥渡县寅街镇蔡家地
……………………Tel：0872-8378209
个旧市城市建设投资有限责任公司
地址：云南省红河州个旧市金湖西路建设广场318号四楼
……………………Tel：0873-2156717
云南齐星建材有限公司
地址：云南省红河州蒙自市文澜镇椅子山
……………………Tel：0873-3713366
蒙自中城建设投资有限公司
地址：云南省红河州蒙自市民兴街21号
……………………Tel：0873-3999357
石屏县龙朋林场
地址：云南省红河州石屏县异龙镇陶村新区
……………………Tel：0873-4952826
元阳县城乡建设投资开发有限公司
地址：云南省红河哈尼族彝族自治州元阳县南沙镇常青路1号
……………………Tel：0873-5782618
弥勒市城建市政公用设施管理有限公司
地址：云南省红河州弥勒市中山北路
……………………Tel：0873-6128016
弥勒市城乡建设投资有限公司
地址：云南省红河哈尼族彝族自治州弥勒市弥阳镇上清路以南、庆来路（福地天街一期）4-12一楼
……………………Tel：0873-6181572
弥勒市城市建设投资开发有限责任公司
地址：云南省红河州弥勒市弥阳镇人民路南段福地半岛一期加州湾5-1至5-10号商铺
……………………Tel：0873-6387978
弥勒市城投建设工程有限公司
地址：云南省红河哈尼族彝族自治州弥勒市弥阳镇人民路南段福地半岛一期加州湾5-1至5-10号商铺
……………………Tel：0873-6387978
泸西县城乡建设投资集团有限公司
地址：云南省红河哈尼族彝族自治州泸西县阿庐大街财政局
……………………Tel：0873-6652390
开远市建筑建材集团有限公司
地址：云南省红河州开远市灵泉东路建筑建材集团有限公司综合楼（338号）
……………………Tel：0873-7122770
红河啤酒有限公司
地址：云南省红河州开远市西南路120号
……………………Tel：0873-7123420
开远市融诚城乡建设有限公司
地址：云南省红河哈尼族彝族自治州开远市灵泉东路84号
……………………Tel：0873-7177224
开远市融和城市建设投资有限公司
地址：云南省红河州开远市灵泉东路84号
……………………Tel：0873-7177228
建水古城旅游投资有限公司
地址：云南省红河哈尼族彝族自治州建水县临安镇学政考棚内
……………………Tel：0873-7807366
曲靖市沾益区宏泰城镇建设开发经营公司
地址：曲靖市沾益区腰堡路35号
……………………Tel：0874-3028368
曲靖市麒麟区城建房地产开发有限公司
地址：曲靖市麒麟区城南片区银屯路中段区住建局四楼
……………………Tel：0874-3186375
曲靖市金江建筑建材有限责任公司沾益分公司
地址：云南省曲靖市沾益区龙华街道温州商城26幢2楼8-S6
……………………Tel：0874-3212858
曲靖市城市建设投资开发有限责任公司
地址：曲靖市麒麟区凤苑路市住房和城乡建设局办公楼三楼
……………………Tel：0874-3213968
曲靖市金博房地产开发有限公司
地址：曲靖市子午路广电花园十三幢
……………………Tel：0874-3285255
曲靖市建宁建筑建材有限责任公司
地址：云南省曲靖市麒麟区麻黄河北商业街171号1-5层
……………………Tel：0874-3510629
云南自然空间门窗有限公司
地址：曲靖市麒麟区西城街道办事处高家屯居委会
……………………Tel：0874-3968708
富源县城市建设投资开发有限公司
地址：云南省曲靖市富源县胜境街道富源北站胜境广场南楼
……………………Tel：0874-40387979
曲靖昆钢嘉华水泥建材有限公司
地址：云南省曲靖市师宗县丹凤镇
……………………Tel：0874-5056706
曲靖会泽长江村镇银行股份有限公司
地址：云南省曲靖市会泽县通宝路龙湖花园三小区
……………………Tel：0874-5504446
云南滇北建材实业有限责任公司
地址：云南省曲靖市会泽县者海镇拖木村
……………………Tel：0874-5641369
陆良县城市建设投资集团有限公司
地址：云南省曲靖市陆良县同乐街道爨乡大道旁社会福利中心内D栋
……………………Tel：0874-6883001
宣威市传宇广告装潢有限公司
地址：云南省曲靖市宣威市西宁街道河滨路22号
……………………Tel：0874-7207077
曲靖市马龙区城镇化建设开发投资有限公司
地址：云南省曲靖市马龙区龙翔路（大剧院四楼）
……………………Tel：0874-8077722
罗平县兴城城建实业有限公司
地址：罗平县罗雄镇万峰路建设局三楼
……………………Tel：0874-8212375
保山市科丹建筑装饰有限公司
地址：云南省保山市隆阳区锦溪路65号
……………………Tel：0875-2160326
保山市东南绕城高速公路建设开发有限公司
地址：云南省保山市隆阳区兰城街道东门经济园区（正东商务酒店内）
……………………Tel：0875-2199777
保山城投建设投资开发有限责任公司
地址：云南省保山市隆阳区青华街道廖沈小区5号地块商2栋
……………………Tel：0875-2220866
保山市三川装潢有限责任公司
地址：云南省保山市隆阳区永昌镇兰城路彩蝶家园25号
……………………Tel：0875-2239567
腾冲恒达房地产开发有限公司
地址：腾冲市腾越镇观音塘社区翡翠古镇一期07幢
……………………Tel：0875-2861477
龙陵盛源城乡建设投资开发有限公司
地址：云南省保山市龙陵县龙山镇龙山中路202号
……………………Tel：0875-6126069
保山昆钢嘉华水泥建材有限公司
地址：云南省保山市施甸县水长乡七0七
……………………Tel：0875-8884687
文山州华宇房地产开发有限责任公司
地址：云南省文山壮族苗族自治州文山市秀峰路99号
……………………Tel：0876-2186177
文山城市建设投资（集团）有限公司
地址：云南省文山壮族苗族自治州文山市新平街道里布嘎社区城南大桥头(原云锡会所)
……………………Tel：0876-2615988
云南筑成新型建材有限公司
地址：云南省文山壮族苗族自治州文山市环城南路203号原通用机械厂老厂区
……………………Tel：0876-2835967
广南县住房和城乡建设投资开发有限公司
地址：云南省文山壮族苗族自治州广南县莲城镇永安社区北宁路120号
……………………Tel：0876-5150367
玉溪城市建设投资集团有限公司
地址：云南省玉溪市红塔区环山北路嘉阳商业城7幢
……………………Tel：0877-2038566
云南省玉溪市科技彩印有限公司
地址：云南省玉溪市高新区抚仙路31号
……………………Tel：0877-2067121
玉溪市华控环境海绵城市建设有限公司
地址：云南省玉溪市红塔区环山北路嘉阳商业城7幢5层501-505号
……………………Tel：0877-2080123
玉溪东冶海绵城市建设运营有限责任公司
地址：云南省玉溪市红塔区玉带街道黄官居委会办公楼四层
……………………Tel：0877-2992999
峨山宏峰建材有限责任公司
地址：云南省峨山县小街街道办事处小海沿村旁
……………………Tel：0877-6167117
玉溪通力红供应链管理有限公司
地址：云南省玉溪市红塔区红塔工业园区观音山17号
……………………Tel：0877-6169415
云南澄江老鹰地旅游度假村有限公司
地址：云南省玉溪市澄江市环湖东路10号
……………………Tel：0877-6715480
玉溪汇成汽车销售服务有限公司
地址：云南省玉溪市红塔区李棋街道办事处九龙路以北九龙立交以东
……………………Tel：0877-8896716
楚雄州城镇建设开发投资有限责任公司
地址：云南省楚雄彝族自治州楚雄市东新路54号（云南省楚雄州人防办办公区院内）
……………………Tel：0878-3013637
楚雄市城乡建设投资集团有限公司
地址：云南省楚雄彝族自治州楚雄市威楚大道72号二楼
……………………Tel：0878-3022830
楚雄三桥房地产开发有限公司
地址：云南省楚雄开发区振兴路456号
……………………Tel：0878-3100516
楚雄市智地房地产开发有限公司
地址：云南省楚雄彝族自治州楚雄市鹿城镇青龙社区雄宝路1552号
……………………Tel：0878-3111018
楚雄雍和居装饰装潢有限公司
地址：云南省楚雄彝族自治州楚雄市鹿城镇彝海南路195号雍和居小区11幢商铺3层
……………………Tel：0878-3374000
楚雄城建投资开发有限公司
地址：云南省楚雄开发区振兴路559号
……………………Tel：0878-3393085
楚雄彝风小镇旅游产业发展有限公司
地址：云南省楚雄开发区彝人古镇三期C75（土司府）
……………………Tel：0878-3399291
禄丰县城市建设开发投资有限公司
地址：禄丰县金山镇泰安路南小区原国税局院内
……………………Tel：0878-4127766
武定县兴武城乡建设投资有限公司
地址：云南省楚雄彝族自治州武定县狮山镇中心街19号
……………………Tel：0878-6018700
楚雄州惠彝城乡建设投资有限公司
地址：云南省楚雄彝族自治州楚雄市鹿城镇阳光大道283号
……………………Tel：0878-6169505
大姚县新型城镇建设开发投资有限公司
地址：云南省楚雄彝族自治州大姚县金碧镇南塔路23号
……………………Tel：0878-6212698
南华县腾龙物流有限公司
地址：云南省楚雄彝族自治州南华县龙川镇大秋树
……………………Tel：0878-7225966
元谋瑞景置业有限公司
地址：云南省楚雄彝族自治州元谋县元马镇图书馆南侧、凤凰公园东侧（远达·21°时光1#楼附112号）
……………………Tel：0878-8323333
楚雄四季花园城置业有限公司
地址：云南省楚雄经济开发区永安路435号
……………………Tel：0878-8983333
普洱天恒市场经营集团有限责任公司
地址：云南省普洱市思茅区边城西路10 号
……………………Tel：0879-2158122
普洱柏雅装饰装潢有限公司
地址：云南省普洱市思茅区茶苑路27号
……………………Tel：0879-2308666
普洱茶马文化发展有限公司
地址：普洱市思茅区振兴大道68号中心商务区商务楼3楼
……………………Tel：0879-2883967
澜沧三环建材有限公司
地址：澜沧县勐朗镇富本村
……………………Tel：0879-3029222
普洱江城力量生物制品有限公司
地址：江城县康平镇勐康村
……………………Tel：0879-3861119
墨江北回归线发展有限公司
地址：墨江县北回归线标志园内
……………………Tel：0879-4235165
普洱昆钢嘉华水泥建材有限公司
地址：云南省普洱市镇沅彝族哈尼族拉祜族自治县者东镇者东村踩簸田
……………………Tel：0879-5877068
临沧市城市建设投资有限公司
地址：云南省临沧市临翔区团结路市人大办公楼二楼
……………………Tel：0883-2135221
永德林腾建筑装潢工程有限公司
地址：云南省临沧市永德县德党镇茶贸市场
……………………Tel：0883-5221266
镇康水泥建材有限公司
地址：云南省临沧市镇康县南伞镇小桥水
……………………Tel：0883-6631128
双江拉祜族佤族布朗族傣族自治县城乡建设投资开发管理有限责任公司
地址：云南省临沧市双江拉祜族佤族布朗族傣族自治县勐勐镇新大街北回归大道3-2号
……………………Tel：0883-7626807
泸水市城乡建设投资开发有限责任公司
地址：云南省怒江傈僳族自治州泸水市六库新城区泸水市行政中心附楼
……………………Tel：0886-3625768
迪庆州子元房地产开发有限公司
地址：云南省迪庆州香格里拉市坛城商业文化中心二期D6栋
……………………Tel：0887-8228338
华新水泥（迪庆）有限公司
地址：云南省迪庆藏族自治州香格里拉市上江乡木高村
……………………Tel：0887-8835836
丽江晨光装饰装潢有限公司
地址：云南省丽江市古城区荣华路399号丽月林语小区南片区1栋
……………………Tel：0888-5118066
丽江市城乡建设投资运营集团有限公司
地址：云南省丽江市古城区西安路205号
……………………Tel：0888-5172723
丽江玉龙城市建筑有限公司
地址：丽江市玉龙县南口复烤厂
……………………Tel：0888-5179789
丽江玉龙城乡建设投资运营有限责任公司
地址：云南省丽江市玉龙纳西族自治县文笔路1号
……………………Tel：0888-5330091
华坪县城市建设开发有限责任公司
地址：云南省丽江市华坪县中心镇迎宾路46号
……………………Tel：0888-6123199

西藏自治区

西藏大城工程建设有限公司
地址：西藏自治区拉萨市柳梧新区海亮世纪新城河畔家园142栋1单元301号
……………………Tel：0592-5559923
拉萨市林周城镇化建设投资发展集团有限公司
地址：林周县太湖路
……………………Tel：0891-6123007
西藏藏中建材股份有限公司
地址：拉萨市堆龙德庆县乃琼镇加木沟村
……………………Tel：0891-6157132
西藏吉圣高争新型建材有限公司
地址：拉萨市曲水县聂当乡
……………………Tel：0891-6167181
西藏雅喜实业有限公司
地址：西藏自治区拉萨市城关区金珠西路80-1号
……………………Tel：0891-6222108
拉萨市城市建设投资经营有限公司
地址：西藏拉萨市城关区纳金路74号拉萨城投大厦
……………………Tel：0891-6231012
西藏圣城建设集团有限公司
地址：西藏自治区拉萨市堆龙德庆区工业园B区领峰智慧物流园龙创空间三楼316号
……………………Tel：0891-6231105
西藏嘉丰建材商贸有限公司
地址：拉萨经济技术开发区金珠西路158号世通阳光新城3幢1单元4层1号
……………………Tel：0891-6231716
西藏建工建材集团有限公司
地址：西藏拉萨市柳梧新区规划路2号（东西走向）
……………………Tel：0891-6307179
拉萨仙足岛房地产开发有限公司
地址：拉萨市生态路仙足岛开发区
……………………Tel：0891-6335611
西藏业之峰装饰装潢有限公司
地址：西藏自治区拉萨市城东区藏热北路颐神苑3栋11楼4号
……………………Tel：0891-6359425
西藏产权交易中心有限责任公司
地址：拉萨市北京中路29号金鑫酒店2楼
……………………Tel：0891-6365081
西藏高新建材集团有限公司
地址：西藏自治区拉萨市北京中路67号
……………………Tel：0891-6404276
西藏石化城市建设投资有限公司
地址：拉萨经济技术开发区林琼岗路16号孵化园西藏世峰实业有限公司众创空间ZCH020
……………………Tel：0891-6528682
西藏升航建材产业集团有限公司
地址：西藏自治区拉萨市城东区纳金路74号
……………………Tel：0891-6563824
拉萨市城市建设工程有限公司
地址：西藏自治区拉萨市堆龙德庆区工业园区管委会1354号
……………………Tel：0891-6600796
西藏涛扬新型建材科技有限公司
地址：拉萨经济技术开发区林琼岗东一路7号西欣大厦714号
……………………Tel：0891-6621311
拉萨城投建筑材料有限公司
地址：拉萨市柳梧新区柳梧大厦1413室
……………………Tel：0891-6800509
西藏人和实业有限公司
地址：拉萨市金珠西路191号—193号
……………………Tel：0891-6805328
拉萨子木装饰装潢有限公司
地址：拉萨市柳梧新区察古大道中段浙商

国际7栋2-07号
……Tel：0891-6854717

西藏金顶建设有限公司
地址：拉萨市金珠西路189号（开发区A区）
……Tel：0891-6868083

拉萨市柳梧新区城市投资建设发展集团有限公司
地址：西藏拉萨市柳梧新区拉萨之窗4号楼4楼
……Tel：0891-6958218

西藏山南市建工集团有限责任公司
地址：泽当镇乃东路27号
……Tel：0893-7829222

波密县润鑫建材有限公司
地址：西藏自治区林芝市波密县平安街与318国道交叉口西100米司法局商品房二楼
……Tel：0894-5536799

西藏昌都高争建材股份有限公司
地址：西藏昌都市卡若区特贡村经济技术开发区（水泥厂）
……Tel：0895-4810398

西藏诚兴城市建设有限公司
地址：西藏那曲地区比如县占嘎尔路1号
……Tel：0896-3922116

阿里地区改则县永诚建筑建材有限责任公司
地址：西藏改则县城
……Tel：0897-2826560

阿里城锦装饰装潢有限公司
地址：阿里地区噶尔县北京北路2号外贸公司院内
……Tel：0897-2830173

西藏札达金城建筑有限责任公司
地址：阿里地区狮泉河镇文化路东段
……Tel：0897-2832153

陕西省

西安杨林房地产开发有限公司
地址：西安市未央区元朔路与建元二路十字东南角隆源大厦26层
……Tel：027-87766043

秦汉新城保障房建设管理有限公司
地址：陕西省西咸新区秦汉新城周陵周武路长信工业园8栋8-2-238号
……Tel：029-33185220

陕西西咸新区城建投资集团有限公司
地址：陕西省西咸新区沣东新城企业路中段东厂区
……Tel：029-33186716

陕西地矿区研院有限公司
地址：陕西省咸阳市秦都区滨河西路7号
……Tel：029-33313352

咸阳新达房屋建设公司
地址：陕西省咸阳市秦都区秦宝小区富西路18-1号楼
……Tel：029-33361573

陕西空港城乡发展建设有限公司
地址：陕西省西咸新区空港新城空港大道与曹参路十字西北角航投大厦C座2楼
……Tel：029-33635979

陕西省西咸新区空港新城物业管理有限责任公司
地址：陕西省西咸新区空港新城第五大道1号自贸大都汇4层
……Tel：029-33636039

陕西省西咸新区空港新城开发建设集团有限公司
地址：陕西省西咸新区空港新城第五大道1号
……Tel：029-33637679

陕西华敏装饰装潢有限公司
地址：陕西省西咸新区
……Tel：029-33673280

咸阳威力克能源有限公司
地址：陕西省西咸新区沣西新城滨河南路西段
……Tel：029-33685097

西安蓝港数字医疗科技股份有限公司
地址：陕西省西安市高新区科技二路65号
……Tel：029-33691660

陕西建工新型建材有限公司
地址：陕西省西咸新区秦汉新城周陵街办西石羊村
……Tel：029-33736553

陕西西咸新区泾河新城城市建设投资有限公司
地址：陕西省西咸新区泾河新城产业孵化中心
……Tel：029-34057017

长武县城乡建设开发有限公司
地址：陕西省咸阳市长武县南大街财政局4楼
……Tel：029-34202452

彬州市城市建设投资开发有限责任公司
地址：陕西省咸阳市彬州市财政局院内
……Tel：029-34921910

咸阳东方雨虹建筑材料有限公司
地址：陕西省咸阳市礼泉县新型材料产业园雨虹大道1号（312国道与107省道交汇处）
……Tel：029-35611919

陕西世贸之都建设开发有限公司
地址：陕西省西咸新区泾河新城产业孵化中心4号楼3层
……Tel：029-36380626

西咸新区泾河新城城建开发有限公司
地址：陕西省西咸新区泾河新城产业孵化中心3号楼2层B206室
……Tel：029-36384979

陕西省西咸新区泾河新城开发建设（集团）有限公司
地址：陕西省西咸新区泾河新城泾河大道中段产业孵化中心
……Tel：029-36385504

咸阳市城市建设投资控股集团有限公司
地址：陕西省咸阳市秦都区人民西路49号
……Tel：029-38106408

咸阳陶瓷研究设计院有限公司
地址：陕西省咸阳市秦都区渭阳西路35号
……Tel：029-38136155

兴平市城市建设投资开发有限责任公司
地址：陕西省咸阳市兴平市中心大街商务局楼上
……Tel：029-38732530

冀东发展泾阳建材有限责任公司
地址：陕西省咸阳市泾阳县王桥镇
……Tel：029-38957195

陕西华商传媒集团有限责任公司
地址：陕西省西安市曲江新区雁翔路3001号华商传媒文化中心1号楼14层
……Tel：029-62503001

西安鹏润置业有限公司
地址：西安市长安区郭杜街道文化站
……Tel：029-63608996

陕西和元实业有限公司
地址：陕西省西安市新城区韩森路61号嘉惠小区1幢10714号
……Tel：029-63619161

陕西东泰天信置业有限公司
地址：陕西省渭南市高新技术产业开发区崇业大道6号
……Tel：029-65635598

西安金都工艺美术集团有限公司
地址：西安市雁塔中路33号
……Tel：029-65657871

西安瑞德宝尔建材有限公司
地址：西安市 邑区西安西户科技企业孵化器D4栋
……Tel：029-65660003

国药控股西安有限公司
地址：西安国际港务区港务大道89号办公楼二楼
……Tel：029-65663333

陕西开城建设工程有限公司
地址：西安市雁塔区长安南路86A长丰国际广场A幢1单元14层1401号房
……Tel：029-68202800

陕西亚新控股有限公司
地址：陕西省西安市高新区锦业路6号绿地领海大厦1幢10801
……Tel：029-68625838

西安苏宁易购商业管理有限公司
地址：西安市碑林区雁塔路北段8号西安万达广场百货楼地下二层至地上四层
……Tel：029-68653012

西安曲江城市建设发展有限公司
地址：西安曲江新区杜陵邑南路6号
……Tel：029-68660268

陕西科莉建筑装潢设计有限公司
地址：陕西省西安市高新区唐延南路十一号逸翠园(西安)都会3幢1单元11301室
……Tel：029-81024640

陕西金合信息科技股份有限公司
地址：陕西省西安市高新区锦业路32号锦业时代B3-2304号
……Tel：029-81026199

西安中铁铂丰置业有限公司
地址：西安市雁塔区朱雀大街阳阳国际广场1幢2单元31层23110房
……Tel：029-81029010

当代置业（西安）有限公司
地址：陕西省西安市高新区锦业一路58号嘉昱大厦B座10层
……Tel：029-81145311

西安市碑林区和裕装饰装潢有限责任公司
地址：陕西省西安市碑林区文艺北路恒兴服饰布艺大楼2楼B11号
……Tel：029-81206000

西安渭北城镇开发建设运营有限公司
地址：西安市临潼区秦王一路中段
……Tel：029-81367080

陕西瀛湖置业有限公司
地址：陕西省西安市莲湖区北关街道龙首北路西段22号
……Tel：029-81618528

西安高新城市开发建设有限责任公司
地址：西安市高新区锦业路1号都市之门A座1906室
……Tel：029-81887204

西安百寰建材实业有限责任公司
地址：西安市大明宫遗址区太华北路北二环立交桥东北角
……Tel：029-82128181

陕西陕钢物业资产管理有限公司
地址：陕西省西安市新城区东郊咸宁中路120号物业综合楼
……Tel：029-82241491

西安鑫龙物业集团有限公司
地址：西安市雁塔区建工路中段（鑫龙天然居小区物业办）内
……Tel：029-82296818

西安市多国建筑艺术装潢公司
地址：西安市新城区东六路23号406室
……Tel：029-82401177

红城国际工程项目管理有限公司
地址：陕西省西安市高新区高新六路21号CROSS万象汇6幢1单元7层
……Tel：029-82481368

中十冶集团投资开发有限公司
地址：陕西省西安市碑林区火炬路10号企图时代五层B区
……Tel：029-83210026

西安市碑林城市开发建设投资有限责任公司
地址：西安市碑林区火炬路7号东新世纪广场五层10501室
……Tel：029-83237766

陕西至诚实业有限公司
地址：西安市长乐西路3号
……Tel：029-83382109

西安浐河半坡湖旅游度假有限责任公司
地址：西安市咸宁东路草南村
……Tel：029-83389304

西安雁程置业有限公司
地址：陕西省西安市雁塔区朱雀南路1589号南飞鸿广场5号楼10316室
……Tel：029-83399075

西安大明宫灞桥建材家居有限公司
地址：西安市灞桥区半坡路1600号郭家滩1幢1单元10401室内
……Tel：029-83501611

华南城商业管理（西安）有限公司
地址：西安国际港务区港务大道8号223办公室
……Tel：029-83502222

西安中新华胜房地产开发有限公司
地址：西安市 灞生态区 灞大道1号 灞商务中心B段三层
……Tel：029-83590800

西安世园城市开发建设有限公司
地址：西安市 灞生态区世博大道一号世园指挥中心203室
……Tel：029-83597040

陕西华尊立达房地产开发有限公司
地址：西安市 灞生态区 灞大道一号商务中心5B01
……Tel：029-83597660

西安宝能弘石置业有限公司
地址：陕西省西咸新区秦汉新城周陵街道办新庄村天工一路东段长信工业园6-2号
……Tel：029-83598721

西安康派房地产开发有限公司
地址：陕西省西安市国家民用航天产业基地飞天路709号19幢202室
……Tel：029-83620956

陕西高速公路开发有限公司
地址：陕西省西安市碑林区长安北路8号
……Tel：029-83691002

陕西隆生建材有限公司
地址：陕西省西安市临潼区西泉镇贾村草临路6号
……Tel：029-83958091

西安市长安城乡建设开发有限公司
地址：陕西省西安市长安区韦曲街办西长安街599号智慧国际大厦12层
……Tel：029-84193119

西安汇馨物业管理有限责任公司
地址：西安市高新区新区丈八一路1号2幢1单元10201室
……Tel：029-84276531

西安星火地产开发有限公司
地址：西安市劳动南路旭景名园小区12号楼00111室
……Tel：029-84277229

西安景臻置业有限公司
地址：陕西省西安市雁塔区科技路305号高新大都荟6号楼
……Tel：029-84318048

陕西恒和房地产开发有限公司
地址：陕西省西安市莲湖区大庆路2号恒天国际城1号楼18层17A1号字楼
……Tel：029-84352203

西安秦邑置业有限公司
地址：西安市 邑区朝阳路南段御苑新城西大门南侧41号楼
……Tel：029-84812672

绿纪源（陕西）防水科技有限公司
地址：西安市 邑区余下镇占西村
……Tel：029-84965899

陕西方华控股集团有限公司
地址：陕西省西安市周至县马召镇方华路1号
……Tel：029-85198777

陕西耀杰建设集团有限公司
地址：西安市雁塔区含光南路261号2号楼1601号
……Tel：029-85431890

西安重点户外运动有限公司
地址：西安市碑林区长安路北段14号省体育场陕西国际展览中心主楼一层展馆
……Tel：029-85565566

西安兴航城乡建设发展有限公司
地址：西安市航天基地航天中路369号
……Tel：029-85688976

中能建西北城市建设有限公司
地址：西安市高新区唐延南路都市之门D座20层12010、12011
……Tel：029-85722055

西安雅荷庆隆房地产开发有限公司
地址：西安市 灞生态区东风路东段八家堡村村委会
……Tel：029-85723377

西安乐道生物科技有限公司
地址：西安市高陵区泾河工业园泾渭十一路
……Tel：029-86033921

西安大明宫建材家居股份有限公司
地址：西安市未央区太华北路三环北1号
……Tel：029-86188360

西安大方置业发展有限公司
地址：西安市莲湖区未央路38号农展馆内三层
……Tel：029-86279533

西安全鑫建筑装饰材料有限公司
地址：西安市未央区北辰大道88号大明宫五金机电灯饰城一排61-62号
……Tel：029-86318718

陕西志诚丽景房地产开发有限公司
地址：陕西省西安市未央区北二环西段未央宫街道办西隔壁和生国际食品交易中心办公楼101室
……Tel：029-86356739

陕西国元企业管理有限公司
地址：陕西省西安市 灞区金融路以西6号
……Tel：029-86359959

西安环城建设旅游开发有限公司
地址：西安曲江新区雁翔路3168号雁翔广场4楼04号
……Tel：029-86451060

西安浐灞城市投资建设有限公司
地址：陕西省西安市 灞生态区 灞大道1号 灞商务中心二期五楼505室
……Tel：029-86489232

西安经发城市发展有限公司
地址：西安经济技术开发区凤城二路27号天心大厦6、7层
……Tel：029-86513211

陕西声威建材集团有限公司
地址：陕西省咸阳市泾阳县云阳镇蒋村
……Tel：029-86520216

陕西华融佳宇建设工程有限公司
地址：陕西省西安市经开区凤城二路12号
……Tel：029-86520586

西安经开城市投资建设管理有限责任公司
地址：西安经济技术开发区文景路中段16号白桦林国际A座6层
……Tel：029-86527371

西安弘阳锦业置业有限公司
地址：西安市航空基地蓝天三路6号
……Tel：029-86528661

陕西常泰建筑装潢工程有限公司
地址：陕西省西安市未央区大明宫中央广场B座12A01室
……Tel：029-86531444

西安长庆地产集团有限公司
地址：西安经济技术开发区长庆兴隆园小区
……Tel：029-86573825

西安经开城建集团有限责任公司
地址：西安经济技术开发区朱宏路391号
……Tel：029-86682370

中建西安城市发展有限公司
地址：西安市未央区渭滨街158号东楼二层1-10号
……Tel：029-86688018

西安家豪实业有限公司
地址：西安市新城区太华南路141号
……Tel：029-86703088

陕西宏远现代实业集团有限公司
地址：陕西省西安市莲湖区北关正街33号
……Tel：029-86853118

西安市阎良区荆源装饰装潢有限公司
地址：陕西省西安市阎良区新型工业园经发路西侧001号
……Tel：029-86853988

西安经新置业有限责任公司
地址：西安经济技术开发区泾渭新城泾渭中路36号
……Tel：029-86962909

西安泾渭开发建设有限公司
地址：西安经济技术开发区泾渭工业园泾信路9号
……Tel：029－86965132

陕西润翔置业有限公司
地址：陕西省西安市未央区凤城五路兴盛园小区27号楼
……Tel：029－86979713

泾阳中昊建材有限责任公司
地址：陕西省咸阳市泾阳县口镇镇政府院内
……Tel：029－87211777

西安斯迈物业服务有限公司
地址：陕西省西安市雁塔区长安西路1985号世家星城小区三期G区物业办公楼2楼
……Tel：029－87305099

陕西建工新城建设投资有限公司
地址：西安市新城区尚勤路283号尚勤大厦201室
……Tel：029－87372826

西安新城城市开发建设有限公司
地址：陕西省西安市新城区民乐园万达步行街1号楼10116号
……Tel：029－87388676

西安新城基础设施建设投资有限公司
地址：西安市新城区解放路85号民生餐厅6号独立楼301－306室
……Tel：029－87390027

正衡房地产资产评估有限公司
地址：陕西省西安市国家民用航天产业基地雁塔南路391号1幢1单元23层
……Tel：029－87517843

西安万业房地产开发有限公司
地址：西安市曲江新区雁南一路118号曲江6号5号楼1F102室
……Tel：029－87543018

西安城市公共停车设施建设管理有限公司
地址：西安市碑林区盐店街7号院办公楼五层
……Tel：029－87626551－601

西安市工商业房产经营有限公司
地址：西安市碑林区开通巷37号5幢
……Tel：029－87627792

西安市置诚资产管理有限公司
地址：西安市莲湖区西大街116号206室
……Tel：029－87628202

西安渊垣实业有限公司
地址：西安曲江新区春林路与观风路十字阳光城丽兹PLUS售楼部4号楼4－30101
……Tel：029－87636688

陕西中贸房地产开发有限公司
地址：陕西省西安市碑林区南关正街16号
……Tel：029－87805999

陕西绿地益华实业有限公司
地址：陕西省西安市雁塔区朱雀大街与天坛西路十字明德广厦C座501室
……Tel：029－87874163

西安我要加油电子商务有限公司
地址：西安市碑林区长安北路89号1幢1单元11201室中信大厦
……Tel：029－87892202

西安大明宫建材实业（集团）有限公司
地址：西安市太华北路甲字88号
……Tel：029－88119987

西安东方家园北沙坡装饰建材有限公司
地址：西安市碑林区南二环东段1号
……Tel：029－88135559

西安百安居装饰建材有限公司
地址：西安市雁塔区电子正街50号临街二层3室
……Tel：029－88169797

西安秦尚置业有限责任公司
地址：西安曲江新区雁翔路与南三环交汇处西北角雁翔广场项目1号楼9层B2室
……Tel：029－88178777

西安市高新区软件新城建设发展有限公司
地址：西安市高新区锦业一路34号培训楼二层201室
……Tel：029－88265895

西安高科建材科技有限公司
地址：西安市高新技术产业开发区科技一路19号
……Tel：029－88318691

陕西鸿钧实业有限责任公司
地址：陕西省西安市高新区南二环金叶家园D单元904
……Tel：029－88329825

陕西长江矿业新能源股份有限公司
地址：陕西省西安市高新区高新路33号新汇大厦A座23层2301室
……Tel：029－88331685

西安高新科学城建设开发有限公司
地址：西安市高新区科技路33号高新国际商务中心34层
……Tel：029－88337222

西安泽美酒店管理有限公司
地址：陕西省西安市雁塔区长安南路南段西三爻村长丰园15幢B座12层商铺
……Tel：029－88338555

汉中兆德兴装潢材料有限公司
地址：陕西省汉中市南郑区大河坎镇东大街瞻和园小区一层3101
……Tel：029－88360409

西安前进出租汽车（集团）有限公司
地址：西安市高新技术产业区高新一路6号
……Tel：029－88375172

陕西地建土地综合开发有限责任公司
地址：陕西省西安市高新区高新路52号高科大厦1幢11901室
……Tel：029－88489654

西安华美机械有限责任公司
地址：西安市莲湖区环城西路北段330号
……Tel：029－88623855

陕西中电建秦海实业发展有限公司
地址：陕西省西安市沣东新城征和四路2168号自贸产业园4号楼2层4－2－5245室
……Tel：029－88666200

陕西置地投资发展有限公司
地址：陕西省西安市莲湖区桃园南路29号锦园小区门面房2002室
……Tel：029－88770596

陕西铭璐电子商务有限公司
地址：陕西省西安市周至县马召镇方华路1号
……Tel：029－88813367

西安瑞房投资有限公司
地址：陕西省西安市高新区锦业一路与丈八二路十字东南角永威时代中心1幢1单元10201室
……Tel：029－88859933

西安四季装饰工程有限公司
地址：西安市高新区高新路凯创国际1幢1单元21层12104号房
……Tel：029－88861102

陕西驷平置业有限公司
地址：陕西省西安市　灞生态区　灞三路蔚蓝东庭6幢3单元1层30102号
……Tel：029－89119994

西安曲江文商商业运营管理有限公司
地址：西安曲江新区芙蓉南路1800号芙蓉新天地6号楼B1层
……Tel：029－89129100

中建西安新型城镇化投资建设有限公司
地址：西安市高陵区通远街道通远创想小镇创想空间T316
……Tel：029－89161186

西安长征酒店有限公司
地址：西安市高新区西部大道1号
……Tel：029－89188918

西安沣东城建开发有限公司
地址：西安市沣东新城启航时代广场A座20－21层
……Tel：029－89199930

西安城区供热有限公司
地址：西安市含光北路23号
……Tel：029－89323309

西安建工建设项目管理集团有限公司
地址：陕西省西安市高新区丈八街办太白南路22号西安建工集团大楼15层
……Tel：029－89385067

陕西金石天成建筑装饰材料有限公司
地址：陕西省西安市未央区东杨善综合市场99号办公室
……Tel：029－89568304

西安坤源建材有限公司
地址：陕西省西安市　灞生态区东元路7号F区4排01室
……Tel：029－89579580

西安京硕置业有限公司
地址：西安市　灞生态区北辰大道与渭青路什字东北角欧罗巴小镇咨询中心三层
……Tel：029－89601832

中城建二局集团西北有限公司
地址：陕西省西安市经济技术开发区凤城二路37号蓝海风中心9层06室
……Tel：029－89610991

中建西安海绵城市建设投资有限公司
地址：陕西省西安市雁塔区兴善寺西街42号三号楼4层
……Tel：029－89642158

陕西文投商业管理有限公司
地址：西安曲江新区芙蓉西路以东芙蓉南路以南西安曲江芙蓉新天地1栋1单元0层10000号房
……Tel：029－89666888

西安市城市建设开发集团有限公司
地址：陕西省西安市高新区丈八街办太白南路22号西安建工集团大楼8层
……Tel：029－89852456

西安朗诗樾企业管理咨询有限公司
地址：陕西省西安市国家民用航天产业基地神舟四路239号航创广场C座七楼708－61
……Tel：029－89861311

延安宏安工贸有限公司
地址：陕西省延安市宝塔区百米大道欣欣家园5#1单元301室
……Tel：0911－2214685

延安城市建设投资（集团）有限责任公司
地址：陕西省延安市宝塔区枣园西川河南路1号
……Tel：0911－2325900

延安旭坤汽车装饰装潢清洁服务有限公司
地址：陕西省延安市
……Tel：0911－2330200

陕西龙邸装饰工程设计有限公司
地址：陕西省延安市宝塔区百米大道通圣园5－1－101
……Tel：0911－2516666

延安市宝塔区语瞳装饰装潢有限责任公司
地址：陕西省延安市宝塔区东关尹家沟
……Tel：0911－2938868

延安百通商贸有限公司
地址：陕西省延安市宝塔区粮油批发市场
……Tel：0911－2982111

志丹县嘉丽装饰装潢电子安装有限公司
地址：陕西省延安市志丹县城北（钻采公司对面）
……Tel：0911－6623229

志丹县城市建设投资开发有限责任公司
地址：陕西省延安市志丹县城南迎宾大道8号楼三楼
……Tel：0911－6636636

延安文安驿古镇文化旅游投资有限公司
地址：陕西省延安市延川县文安驿镇下驿村文安驿文化园区
……Tel：0911－8330000

延川县荣擎装潢有限公司
地址：陕西省延安市延川县南大街文财小区一单元401室
……Tel：0911－8438821

延长县城乡建设发展有限责任公司
地址：陕西省延安市延长县政府南楼东204室
……Tel：0911－8611791

榆林雅智汽车装潢美容有限公司
地址：陕西省榆林市
……Tel：0912－2330096

榆林市八依装璜有限责任公司
地址：陕西省榆林市榆林市榆阳区榆阳中路（工人文化宫1层）
……Tel：0912－3284306

陕西泰发祥实业集团有限公司
地址：陕西省榆林市榆阳区西沙航宇路建委对面
……Tel：0912－3528833

靖边县城市建设投资开发有限公司
地址：陕西省榆林市靖边县人民路县政府第二办公区
……Tel：0912－4634757

榆林华源电力有限责任公司
地址：陕西省榆林市榆阳区长城南路203号
……Tel：0912－6096591

榆林山水环保建材有限公司
地址：陕西省榆林市高新技术产业园区榆横工业区煤化工园区
……Tel：0912－7180153

榆林市榆阳区永康商贸有限公司
地址：陕西省榆林市榆阳区长城北路广榆建材市场一排14－15号
……Tel：0912－8130001

陕西广电网络传媒（集团）股份有限公司榆林高新区支公司
地址：陕西省榆林市榆阳区常乐南路6号
……Tel：0912－8190225

陕西裕佳财装饰装潢有限公司
地址：陕西省榆林市神木市九龙大道与继业路北300米
……Tel：0912－8309686

神木市城市建设投资有限公司
地址：陕西省榆林市神木市滨河新区和谐广场南侧金控大厦九楼
……Tel：0912－8310331

神木市建材集团有限责任公司
地址：陕西省榆林市神木市原地区煤炭公司院内二楼
……Tel：0912－8338307

准北矿业（府谷）长城有限公司
地址：陕西省榆林市府谷县花石峁村盐沟（恒安家园）三号楼2单元
……Tel：0912－8756520

陕西秦东化工有限责任公司
地址：陕西省渭南市临渭区站南一路16号A
……Tel：0913－2083049

陕西双鑫建材有限公司
地址：陕西省渭南市高新技术产业开发区良田办安陈村一组
……Tel：0913－2516111

渭南市城市投资集团有限公司
地址：陕西省渭南市临渭区车雷大街中段财富大厦A座
……Tel：0913－3036818

陕西红岭机电有限责任公司
地址：陕西省渭南市华州区新秦南路139号
……Tel：0913－3320722

华阴市华建城乡建设综合开发有限公司
地址：陕西省渭南市华阴市住房和城乡建设局
……Tel：0913－4611033

陕西西岳华山城市建设投资开发有限公司
地址：陕西省渭南市华阴市东环路与东岳路丁字口东南角
……Tel：0913－4655319

渭南市华州区恒辉城镇建设有限公司
地址：陕西省渭南市华州区政务中心四楼
……Tel：0913－4717985

韩城市城市投资（集团）有限公司
地址：陕西省韩城市金塔东路与东二环丁字路口新兴产业示范基地3号楼5层
……Tel：0913－5167006

韩城市城市投资（集团）有限公司
地址：陕西省韩城市金塔东路与东二环丁字路口新兴产业示范基地3号楼5层
……Tel：0913－5167006

韩城市城市建设投资开发有限责任公司
地址：陕西省韩城市金塔东路与东二环丁字路口新兴产业示范基地3号楼5层
……Tel：0913－5167006

韩城市象山科教文化新城开发建设有限责任公司
地址：陕西省韩城市金城区陕文投韩城公司
……Tel：0913－5205750

韩城市土地建设有限责任公司
地址：陕西省韩城市桢州大街南段
……Tel：0913－5215981

韩城市城建投资发展有限责任公司
地址：陕西省韩城市新城区太史大街泰山新天地2号楼3楼
……Tel：0913－5305081

韩城产投商贸有限公司
地址：陕西省韩城市经开区孵化大厦11楼
……Tel：0913－5329897

韩城市濡水河生态建设开发有限责任公司
地址：陕西省韩城市金城区　水桥南200米
……Tel：0913－5416541

合阳县城乡建设投资有限公司
地址：陕西省渭南市合阳县东大街35号工行四楼
……Tel：0913－5511196

澄城县诚辉建设投资开发有限公司
地址：陕西省渭南市澄城县丰盛东路东段
……Tel：0913－6011567

白水县城市建设投资开发有限公司
地址：陕西省渭南市白水县东风路鑫源大厦15楼
……Tel：0913－6298050

澄城县城乡建设综合开发公司
地址：陕西省渭南市澄城县南大街108号
……Tel：0913－6712529

陕西荣兴实业集团有限公司
地址：陕西省渭南市澄城县中心街文化广场东侧
……Tel：0913－6988899

蒲城县投资发展有限公司
地址：陕西省渭南市蒲城县南转盘新城大道南1号
……Tel：0913－7205676

蒲城县教育建设投资有限公司
地址：陕西省渭南市蒲城县城关镇尧山路14号（教育局院内）
……Tel：0913－7222143

蒲城县扶贫移民搬迁工程建设投资有限公司
地址：陕西省渭南市蒲城县政府二号楼三楼
……Tel：0913－7261700

蒲城县交通建设投资有限公司
地址：陕西省渭南市蒲城县城关镇延安路东段49号
……Tel：0913－7852123

渭南亚鑫亚食品有限公司
地址：陕西省渭南市临渭区乐天大街东段曙光村五组18号
……Tel：0913－8131567

西安富阎城市建设有限公司
地址：陕西省西安市阎良区凤凰路街道办断垣村新型社区11号
……Tel：0913－8265014

陕西龙飞陶瓷科技有限公司
地址：陕西省韩城市西庄煤化工业园陶瓷工业区
……Tel：0913－8381520

商洛市商州区城建总公司
地址：陕西省商洛市商州区江滨路桂园花都三楼
……Tel：0914－2313315

商洛市商州区城市建设投资开发有限公司
地址：陕西省商洛市商州区朝阳路东侧朝阳家园2号楼1－3层
……Tel：0914－2320079

商南县城镇建设投资有限公司
地址：陕西省商洛市商南县塘坝广场
……Tel：0914－6376116

洛南县城市建设投资开发有限责任公司
地址：陕西省商洛市洛南县农业银行办公楼二楼
……………………Tel：0914-7668915
商洛市城投建设工程管理有限公司
地址：陕西省商洛市商州区北新街西端城投大厦
……………………Tel：0914-8099134
商洛市城市建设投资开发有限公司
地址：陕西省商洛市商州区江滨大道西端城投大厦
……………………Tel：0914-8099778
山阳县城市建设投资开发有限公司
地址：陕西省商洛市山阳县幸福家园小区
……………………Tel：0914-8882207
岚皋县城镇建设投资开发有限责任公司
地址：陕西省安康市岚皋县城关镇肖家坝溢河路35号
……………………Tel：0915-2111688
安康中心城市建设投资开发有限公司
地址：陕西省安康市高新技术产业开发区创新创业中心A栋15、16层
……………………Tel：0915-2112311
陕西汉滨城镇投资建设开发有限责任公司
地址：陕西省安康市汉滨区南环干道8号（诚鹏机电城院内）
……………………Tel：0915-3207156
陕西新华发行集团安康市新华书店有限责任公司
地址：陕西省安康市汉滨区西大街94号
……………………Tel：0915-3231980
安康城市建设开发集团工程建设有限公司
地址：陕西省安康市汉滨区江北锦绣花园2号别墅
……………………Tel：0915-3268129
安康市满意建材市场有限公司
地址：陕西省安康市汉滨区香溪大道
……………………Tel：0915-3332828
安康万达置业有限公司
地址：陕西省安康市高新技术产业开发区创新创业中心
……………………Tel：0915-3355050
安康城区环城干道江北段建设工程项目有限公司
地址：陕西省安康市高新技术产业开发区创新创业中心8层
……………………Tel：0915-3368860
陕西建工（安康）新型建材有限公司
地址：陕西省安康市汉滨区五里工业集中区
……………………Tel：0915-3918106
紫阳县城建投资开发有限责任公司
地址：陕西省安康市紫阳县城关镇桥沟路
……………………Tel：0915-4421697
紫阳县安昌建材有限责任公司
地址：陕西省安康市紫阳县城关镇河堤路（世纪大厦24楼）
……………………Tel：0915-4423345
陕西康达力德建材有限公司
地址：陕西省安康市石泉县城关镇新桥村双沟小区1号楼101
……………………Tel：0915-6323999
白河县城市建设投资有限责任公司
地址：陕西省安康市白河县城关镇狮子山新城
……………………Tel：0915-7811168
陕西省白河县金龙建材有限公司
地址：陕西省安康市白河县构扒镇凉水村一组
……………………Tel：0915-7913666
平利县城市建设投资有限责任公司
地址：陕西省安康市平利县城关镇城东平安大道（县住建局三楼）
……………………Tel：0915-8421345
中材汉江水泥股份有限公司
地址：陕西省汉中市汉台区西郊许家田坝
……………………Tel：0916-2169862
汉中市汉源城市建设开发有限责任公司
地址：陕西省汉中市汉台区荔枝路951号祥瑞四季印象7号楼3层302室
……………………Tel：0916-2576151
陕西省汉中堂宏投资有限责任公司
地址：陕西省汉中市汉台区西关正街800号
……………………Tel：0916-2681555
陕西开龄建设工程有限公司
地址：陕西省汉中市汉台区太白路百嘉汇美居广场B座6楼602区
……………………Tel：0916-2698188
镇巴县城市建设投资开发有限责任公司
地址：陕西省汉中市镇巴县泾洋街道办河滨南路
……………………Tel：0916-2999118
汉中汉钢新型建材有限公司
地址：陕西省汉中市勉县定军山镇诸葛村
……………………Tel：0916-3315485
陕西省宁强县建筑工程公司
地址：陕西省汉中市宁强县汉源街道办事处羌州路中段93号
……………………Tel：0916-4221467

陕西鸿兴建设有限责任公司
地址：陕西省汉中市略阳县中学路
……………………Tel：0916-4822246
汉中胶东建材有限公司
地址：陕西省汉中市南郑区梁山镇梁山村
……………………Tel：0916-5392167
陕西南郑城市建设投资开发有限责任公司
地址：陕西省汉中市南郑区汉山街道办事处建设巷
……………………Tel：0916-5515255
西乡县城乡基础设施建设有限公司
地址：陕西省汉中市西乡县金牛路（住建局四楼）
……………………Tel：0916-6221366
西乡县通达建材工程有限责任公司
地址：陕西省汉中市西乡县莲花南小区17号楼
……………………Tel：0916-6386666
城固县西六路建设工程有限责任公司
地址：陕西省汉中市城固县博望街道办事处博望广场
……………………Tel：0916-7234935
陕西三星建材有限公司
地址：陕西省汉中市城固县老庄镇
……………………Tel：0916-7341598
汉中新城万博房地产开发有限公司
地址：陕西省汉中市汉台区民主西路航站院内滨江新区管委会
……………………Tel：0916-8810056
宝鸡高新天下汇商贸有限公司
地址：陕西省宝鸡市高新开发区高新大道48号
……………………Tel：0917-2658899
宝鸡华厦（集团）房地产发展有限责任公司
地址：陕西省宝鸡市高新开发区蟠龙路北段28号院5幢3层2号
……………………Tel：0917-3302288
广向（陕西）化学建材有限责任公司
地址：陕西省宝鸡市高新开发区高新大道333号
……………………Tel：0917-3371188
宝鸡丰成新型建材有限公司
地址：陕西省宝鸡市岐山县祝家庄镇建材工业园建材大道北侧
……………………Tel：0917-3412328
陕西聚旺伟业房地产开发有限公司
地址：陕西省宝鸡市高新开发区高新大道61号（城市新天地）
……………………Tel：0917-3533965
开元商城宝鸡有限公司
地址：陕西省宝鸡市渭滨区经二路154号
……………………Tel：0917-3656789
宝鸡市旧城改造建设投资有限责任公司
地址：陕西省宝鸡市金台区陈仓园市市民中心1#楼9楼
……………………Tel：0917-3659615
宝鸡市秦成工贸（集团）有限责任公司
地址：陕西省宝鸡市渭滨区巨福路37号
……………………Tel：0917-3809574
宝鸡市新城投资建设开发有限公司
地址：陕西省宝鸡市渭滨区高新大道40号（左岸旺角3栋4层）
……………………Tel：0917-3811868
宝鸡市郭家崖旧城改造建设投资有限公司
地址：陕西省宝鸡市高新开发区高新大道61号融金国际大厦
……………………Tel：0917-3905108
陕西太白农村商业银行股份有限公司
地址：陕西省宝鸡市太白县南大街30号
……………………Tel：0917-4952702
陕西宝深机械（集团）有限公司
地址：陕西省宝鸡市眉县城关镇平阳街8号
……………………Tel：0917-5554098
宝鸡秦建城市建设开发有限公司
地址：陕西省宝鸡市陈仓区虢镇西大街城建大楼三楼
……………………Tel：0917-6219963
陕西国器双力铸造有限公司
地址：陕西省宝鸡市凤翔县横水镇北务村
……………………Tel：0917-7723456
麟游县城镇开发建设投资有限责任公司
地址：陕西省宝鸡市麟游县九成宫镇杜阳路36号
……………………Tel：0917-7962107
陕西周原城市建设投资开发有限公司
地址：陕西省宝鸡市岐山县凤鸣镇南大街城建大楼
……………………Tel：0917-8212598
宝鸡鼎丰置业有限公司
地址：陕西省宝鸡市高新开发区高新十路18号
……………………Tel：0917-8721688
铜川金立置业有限公司
地址：陕西省铜川市王益区五一路南北公房铜华小区18号楼二层
……………………Tel：0919-2186939
陕西欣塑建材有限公司
地址：陕西省铜川市新区南部工业园区大唐五路中段
……………………Tel：0919-3151099
铜川金利天成建材有限公司
地址：陕西省铜川市新区野狐坡村北（原下高埝乡黏土砖厂）
……………………Tel：0919-3282078
铜川航天城建设投资有限公司
地址：陕西省铜川市新区正阳路18号正阳财富中心15层
……………………Tel：0919-6611011
陕西建工建材科技有限公司
地址：陕西省铜川市新区新材料产业园区照金路与经二路十字东北角
……………………Tel：0919-6921636
陕西铜川凤凰建材有限公司
地址：陕西省铜川市耀州区董家河镇
……………………Tel：0919-7183168

甘肃省

甘肃天盛电气成套设备有限公司
地址：甘肃省武威市凉州区新能源装备制造产业园32号
……………………Tel：0925-2889655
和政县城乡建设投资有限公司
地址：甘肃省临夏州和政县城关镇人力资源中心办公楼5楼508室
……………………Tel：0930-5521123
甘肃云发建筑工程有限公司
地址：甘肃省临夏州和政县城关镇西关下新村
……………………Tel：0930-5521895
广河县努萨房地产开发有限公司
地址：广河县城关镇双泉村南街42号
……………………Tel：0930-5625445
广河县城乡基础设施建设投资有限责任公司
地址：甘肃省临夏州广河县城关镇西街25号
……………………Tel：0930-5629805
临夏市南利建材家居商贸城有限责任公司
地址：甘肃省临夏州临夏市南龙镇穆斯林物流园区
……………………Tel：0930-5918888
临夏州天羚装饰装潢工程有限公司
地址：甘肃省临夏州临夏市大柳树巷14-1号
……………………Tel：0930-6210356
临夏市振兴装潢有限责任公司
地址：甘肃省临夏州临夏市西部综合批发市场
……………………Tel：0930-6213362
临夏联谊（集团）有限公司
地址：临夏市北滨河中路60号
……………………Tel：0930-6319222
永靖县金城村镇银行股份有限公司
地址：甘肃省临夏州永靖县古城新区春明路福门城市广场北角A1号
……………………Tel：0930-8834425
兰州新区环卫物业有限公司
地址：甘肃省兰州市兰州新区纬三路经五路十字湿地公园1#游客中心
……………………Tel：0931-2106004
甘肃沙井驿建材集团有限公司
地址：甘肃省兰州市安宁区北滨河西路1416号
……………………Tel：0931-2113193
兰州万嘉和建材市场发展有限公司
地址：甘肃省兰州市兰州新区中川镇何家梁村
……………………Tel：0931-2124182
甘肃省杂技团有限责任公司
地址：甘肃省兰州市七里河区安西路568号
……………………Tel：0931-2351982
甘肃令牌房地产开发有限公司
地址：甘肃省兰州市城关区庆阳路149号红楼时代广场32层3201号
……………………Tel：0931-2357588
兰州宏建建业集团有限公司
地址：兰州市七里河区河湾堡西街25号
……………………Tel：0931-2561904
兰州欣和置业有限公司
地址：甘肃省兰州市城关区南昌路6号（原东湖宾馆）
……………………Tel：0931-2661099
渭源县正和城市建设投资经营有限责任公司
地址：甘肃省定西市渭源县清源镇首阳路21号
……………………Tel：0931-4132187
甘肃新源置业（集团）有限公司
地址：兰州市城关区通渭路1号
……………………Tel：0931-4607242
甘肃省长城建设集团设备有限公司
地址：甘肃省兰州市城关区定西路332号
……………………Tel：0931-4637097
甘肃祁连山建材控股有限公司
地址：永登县中堡镇
……………………Tel：0931-4900619

兰州经济技术开发区城市建设投融资发展公司
地址：甘肃省兰州市安宁区九州通西路70号（兰州新城科技孵化大厦B塔16楼）
……………………Tel：0931-4910608
甘肃铁发物业工程有限公司
地址：甘肃省兰州市城关区火车站西路3号
……………………Tel：0931-4927155
甘肃铁发置业房地产开发有限公司
地址：兰州市城关区火车站西路3号
……………………Tel：0931-4952685
甘肃建投兴隆建筑工程有限公司
地址：甘肃省兰州市榆中县城关镇栖云南路257号
……………………Tel：0931-5228775
兰州甘草环保建材股份有限公司
地址：兰州市榆中县甘草店98号
……………………Tel：0931-5381148
兰州晶亮玻璃有限责任公司
地址：甘肃省兰州市西固区西固东路177号
……………………Tel：0931-7508615
甘肃省公路发展集团有限公司
地址：甘肃省兰州市安宁区桃林路3号
……………………Tel：0931-7673005
甘肃鑫雁房地产开发有限公司
地址：甘肃省兰州市安宁区建安东路3196号荣光陇汇广场A01商业楼1-2层（威廉公馆商铺）
……………………Tel：0931-7701381
兰州市安宁城市发展集团有限公司
地址：甘肃省兰州市安宁区安宁东路281号
……………………Tel：0931-7750870
甘肃帝之诺商贸有限公司
地址：甘肃省兰州市城关区张掖路71号5单元1404
……………………Tel：0931-7817929
白银市供销集团有限公司
地址：甘肃省白银市白银区工农路700号
……………………Tel：0931-7842980
甘肃广通物业有限公司
地址：甘肃省兰州市城关区东岗西路226号
……………………Tel：0931-7870295
鸣森项目管理咨询有限公司
地址：甘肃省兰州市城关区天水北路280号枫叶国际9号楼B塔2单元13层
……………………Tel：0931-8106955
兰州泓源智慧城市建设有限公司
地址：甘肃省兰州市城关区雁东路102号6楼A01号
……………………Tel：0931-8237122
兰州百年奥特莱斯经营管理有限公司
地址：甘肃省兰州市兰州新区兴隆山路1956号
……………………Tel：0931-8258804
京陇节能建材有限公司
地址：甘肃省兰州市兰州新区中川镇货站北路以北、昆仑山大道以西区域
……………………Tel：0931-8258822
甘肃温商房地产开发有限公司
地址：甘肃省兰州市七里河区西津西路马滩
……………………Tel：0931-8361998
兰州新乐雅新型建材有限公司
地址：甘肃省兰州市高新大厦东塔20层01室
……………………Tel：0931-8389268
甘肃兰东房地产开发有限责任公司
地址：甘肃省兰州市城关区武都路329号（金惠大厦20F）
……………………Tel：0931-8430596
甘肃建锋建设工程有限公司
地址：甘肃省兰州市城关区嘉峪关西路399号民航空港酒店5楼506室
……………………Tel：0931-8439608
全信项目管理咨询有限公司
地址：甘肃省兰州市七里河区西津西路16号兰州中心第45幢1单元2415室、2419室
……………………Tel：0931-8441563
甘肃天鸿金运置业有限公司
地址：甘肃省兰州市城关区庆阳路219号（金运大厦24层）
……………………Tel：0931-8449588
中维信达项目管理咨询有限公司
地址：甘肃省兰州市城关区庆阳路75号1802室
……………………Tel：0931-8462308
兰州华宇航天服务保障有限责任公司
地址：甘肃省兰州市城关区雁兴路108号
……………………Tel：0931-8467358
中海建国际招标有限责任公司
地址：甘肃省兰州市城关区民主西路97号
……………………Tel：0931-8477504
兰州居然之家万佳家居建材有限公司
地址：甘肃省兰州市城关区高新雁北路1683号1-5层
……………………Tel：0931-8551800
甘肃省城乡发展投资集团有限公司
地址：甘肃省兰州市城关区南昌路1808号
……………………Tel：0931-8622990
甘肃省长城建设集团有限责任公司
地址：兰州市城关区定西路332号

……………………………Tel：0931－8634982
兰州国资利民资产管理集团有限公司
地址：甘肃省兰州市城关区闵家桥242号
……………………………Tel：0931－8723057
甘肃中天泰富房地产开发有限公司
地址：甘肃省兰州市城关区东岗西路555号金融国际大厦写字楼23楼2323号
……………………………Tel：0931－8790755
甘肃信通通利房地产开发有限公司
地址：甘肃省兰州市城关区段家滩路456号
……………………Tel：0931－8798822－413
甘肃省安全生产科学研究院有限公司
地址：甘肃省兰州市城关区天水南路333号
……………………………Tel：0931－8824451
兰州悦达通讯有限公司
地址：兰州市城关区张掖路（房地产大厦第16层）
……………………………Tel：0931－8885190
通渭县城市建设投资经营有限责任公司
地址：甘肃省定西市通渭县平襄镇文化街后街南二楼
……………………………Tel：0932－5552346
定西市安定区凤城建设管理有限公司
地址：甘肃省定西市安定区中华路
……………………………Tel：0932－5972955
陇西恒盛装潢材料购销有限公司
地址：甘肃省定西市陇西县巩昌镇二渠村城壕社147号
……………………………Tel：0932－6600622
岷县城市建设投资经营管理（集团）有限公司
地址：甘肃省定西市岷县岷阳镇岷州西路住建局五楼
……………………………Tel：0932－7722225
甘肃铭源装饰装潢有限公司
地址：甘肃省定西市安定区交通路409号
……………………………Tel：0932－8326999
静宁县德美房地产开发有限责任公司
地址：甘肃省平凉市静宁县城关镇西环支路德美小区11幢办公楼三楼
……………………………Tel：0933－2596000
平凉市城乡建设投资有限责任公司
地址：甘肃省平凉市崆峒区绿地广场广电大厦19层
……………………………Tel：0933－5928156
庄浪县城市建设投资有限责任公司
地址：甘肃省平凉市庄浪县水洛镇南城区南城花苑5号楼3层
……………………………Tel：0933－6820961
甘肃省庄浪县陇原建筑安装有限责任公司
地址：甘肃省平凉市庄浪县水洛镇西关街13号
……………………………Tel：0933－6822261
平凉巨星集团房地产开发有限公司
地址：平凉西大街73号
……………………………Tel：0933－8215857
平凉新世纪物业服务集团有限责任公司
地址：甘肃省平凉市崆峒区兴北路12号平凉世纪花园B1区1＃楼B段2＃营业房
……………………………Tel：0933－8235688
平凉市崆峒宏基城市建设投资发展有限责任公司
地址：甘肃省平凉市崆峒区望台巷1号区住建局5楼
……………………………Tel：0933－8629199
庆城县金城村镇银行股份有限公司
地址：甘肃省庆阳市庆城县兴庆路21号
……………………………Tel：0934－3202111
庆城县城乡建设发展投资有限公司
地址：甘肃省庆阳市庆城县西大街67号
……………………………Tel：0934－3267988
合水县精美广告设计装潢有限责任公司
地址：甘肃省庆阳市合水县西华北街富康路口105号
……………………………Tel：0934－5521803
庆阳陇沣海绵城市建设管理运营有限责任公司
地址：甘肃省庆阳市西峰区东方丽晶茂B栋21层2111室
……………………………Tel：0934－5651234
庆阳市海绵城市建设投资开发有限公司
地址：甘肃省庆阳市西峰区朔州西路7号建设大厦
……………………………Tel：0934－5951082
西峰城市建设投资有限公司
地址：甘肃省庆阳市西峰区东大街5号
……………………………Tel：0934－8212377
庆阳市泰和城市建设投资有限公司
地址：甘肃省庆阳市西峰区朔州西路9号
……………………………Tel：0934－8234990
庆阳光明电力工程有限公司
地址：甘肃省庆阳市西峰区西大街155号
……………………………Tel：0934－8372736
甘肃龙诚建筑工程有限公司
地址：甘肃省庆阳市西峰区大明宫嘉鑫国际建材家具城B2－4层
……………………………Tel：0934－8884400
庆阳陇洁海绵城市建设管理运营有限公司
地址：甘肃省庆阳市西峰区陇尚城小区17号楼13层
……………………………Tel：0934－8889926
庆阳城乡建设发展投资集团有限公司
地址：甘肃省庆阳市西峰区朔州西路9号
……………………………Tel：0934－8895001
民勤县城镇建设投资发展有限责任公司
地址：甘肃省武威市民勤县三雷镇东大街14号
……………………………Tel：0935－5816929
古浪县城乡建设发展有限公司
地址：甘肃省武威市古浪县昌灵路
……………………………Tel：0935－5818596
甘肃省武威宏宇建筑装潢有限责任公司
地址：甘肃省武威市凉州区皇台路65号今朝同心苑1号商业1层
……………………………Tel：0935－6119987
武威市幸业养老服务有限公司
地址：甘肃省武威市凉州区金沙镇赵家磨村
……………………………Tel：0935－6123012
武威电力光明工贸有限责任公司
地址：甘肃省武威市凉州区南关中路31号
……………………………Tel：0935－6186431
金昌市水电工程局
地址：甘肃省金昌市永昌县东大街
……………………………Tel：0935－7521651
甘肃八冶第二建设有限公司
地址：甘肃省金昌市金川区金建里（金川路58号）
……………………………Tel：0935－8214307
山丹县房地产开发公司
地址：甘肃省张掖市山丹县北大街
……………………………Tel：0936－2729255
张掖祁连山水泥有限公司
地址：甘肃省张掖市甘州区冶金建材产业园
……………………………Tel：0936－8362212
张掖市荣昌市政发展有限责任公司
地址：甘肃省张掖市甘州区青年东街19号
……………………………Tel：0936－8566921
张掖市城市投资发展（集团）有限公司
地址：甘肃省张掖市甘州区南二环1306号基督教堂斜对面祥和园小区
……………………………Tel：0936－8889909
酒泉市经济开发投资（集团）有限责任公司
地址：甘肃省酒泉市肃州区盘旋东路83号
……………………………Tel：0937－2856907
嘉峪关市城市基础设施建设投资开发（集团）有限公司
地址：甘肃省嘉峪关市供热公司（昌盛街锅炉房）综合楼
……………………………Tel：0937－6310381
甘肃华建新材料股份有限公司
地址：甘肃省天水市天水经济技术开发区社棠工业园
……………………………Tel：0938－2352009
天水聚信城镇化建设开发有限公司
地址：甘肃省天水市麦积区书苑路（桥南体育场西侧）
……………………………Tel：0938－2356515
天水华阳实业开发有限公司
地址：甘肃省天水市麦积区商埠路东42号
……………………………Tel：0938－2736425
甘肃信谊天森药业有限公司
地址：甘肃省天水市天水经济技术开发区社棠工业园区3号路西延段
……………………………Tel：0938－2888589
甘肃张家川新天德新型绿色建材有限公司
地址：甘肃省天水市张家川回族自治县恭门镇毛磨村、天河村
……………………………Tel：0938－4903333
天水金开元新型建材有限公司
地址：甘肃省天水市秦安县兴国镇秦南路段开天置业公司综合楼一层1－3号
……………………………Tel：0938－6518639
天水兰天城市广场有限公司
地址：天水市秦州区大众路官泉1号
……………………………Tel：0938－8215204
天水市城市建设投资（集团）有限公司
地址：甘肃省天水市秦州区藉河北路天水建筑科技中心23－25楼
……………………………Tel：0938－8270666
天水飞天雕漆工艺家俱有限责任公司
地址：天水经济技术开发区东十里工业园区
……………………………Tel：0938－8382019
天水市交发公路建材有限公司
地址：甘肃省天水市秦州区环城东路东方红新村
……………………………Tel：0938－8511774
天水不动产储备有限公司
地址：甘肃省天水市秦州区官泉路阳光丽景湾C座三楼
……………………………Tel：0938－8895600
陇南海峰商贸有限公司
地址：甘肃省陇南市成县城关镇北泉村七社
……………………………Tel：0939－3200687
甘肃威特再生资源建材有限公司
地址：甘肃省陇南市武都区城关镇南桥路祥瑞城5楼
……………………………Tel：0939－8218831
临潭县文化旅游交通建设有限公司
地址：甘肃省甘南州临潭县"四馆"综合楼三楼
……………………………Tel：0941－3106212
迭部县文化旅游交通建设有限公司
地址：甘肃省甘南州迭部县旧统办楼二楼
……………………………Tel：0941－5931001
碌曲县文化旅游交通建设有限公司
地址：甘肃省甘南州碌曲县文广局2楼
……………………………Tel：0941－6622833
夏河县城乡建设投资有限责任公司
地址：甘肃省甘南州夏河县发展和改革局三楼
……………………………Tel：0941－7126039
夏河县文化旅游交通建设有限公司
地址：甘肃省甘南州夏河县拉卜楞镇人民东街12号（原县公安局政府统办楼）
……………………………Tel：0941－7126039
合作市文化旅游交通建设有限公司
地址：甘肃省甘南州合作市市政府统办4楼
……………………………Tel：0941－8219150
景泰县城市建设投资开发有限责任公司
地址：甘肃省白银市景泰县一条山镇建设路12号（原财政局综合办公楼三楼）
……………………………Tel：0943－5930151
靖远县城市建设投资有限责任公司
地址：甘肃省白银市靖远县北城区人民路6号金城华府小区3幢1单元7层
……………………………Tel：0943－6256591

青海省

青海博友建材有限公司
地址：湟中县西堡镇东花园村
……………………………Tel：0971－2277582
湟源城市建设投资管理有限公司
地址：湟源县城关镇滨河路51号
……………………………Tel：0971－2431589
湟源县城市建设开发管理有限责任公司
地址：湟源县城关镇西小路2号
……………………………Tel：0971－2433708
大通鑫巩固建材有限责任公司
地址：大通县北川工业园区黄河小微企业创业基地54号
……………………………Tel：0971－2790005
西宁万达地产置业有限公司
地址：青海省西宁市城北区宁大路44号人才公寓7楼
……………………………Tel：0971－4311168
西宁腾龙装饰装潢工程有限公司
地址：青海省西宁市城东区曹一路38号
……………………………Tel：0971－4328997
西宁农商投资建设开发管理有限公司
地址：青海省西宁市城北区柴达木路477号
……………………………Tel：0971－4516999
西宁地安君泰房地产开发有限公司
地址：青海省西宁市城北区宁张路44号（西宁市创业孵化基地内）
……………………………Tel：0971－4919099
西宁中海宏洋房地产开发有限公司
地址：青海省西宁市城北区宁张路42号创业创新大厦11层11－5室
……………………………Tel：0971－5110979
青海品饰建设工程有限公司
地址：西宁市城西区海湖路8号第A10号楼2单元2071室
……………………………Tel：0971－5565019
西宁市城市交通投资建设有限公司
地址：西宁市城东区昆仑东路188号
……………………………Tel：0971－6109166
青海一建建筑工程有限责任公司
地址：青海省西宁市西关大街19号
……………………………Tel：0971－6122418
西宁房地产集团有限公司
地址：西宁市城西区黄河路142号（联通大厦18楼）
……………………………Tel：0971－6129168
西宁城辉建设投资有限公司
地址：西宁市城西区五四大街13号21世纪大厦19楼
……………………………Tel：0971－6131218
青海雅第建设工程有限公司
地址：西宁市城北区朝阳东路57号2号楼2单元2032室
……………………………Tel：0971－6140731
青海福荘装潢装饰设计有限公司
地址：青海省西宁市城东区互助路144号东部华盛C楼28层
……………………………Tel：0971－6242161
青海省鹏程城建有限责任公司
地址：西宁市柴达木西路40号
……………………………Tel：0971－6255885
青海金圆建材有限公司
地址：青海省西宁市城中区沈家寨福禄巷21号
……………………………Tel：0971－6267660
西宁伟业物业管理有限公司
地址：西宁经济技术开发区金桥路38号
……………………………Tel：0971－6269403
西宁不冻泉建材化工有限公司
地址：西宁市城中区南川东路100号
……………………………Tel：0971－6272229
青海假日王朝大酒店有限公司
地址：西宁市城西区五四大街西路48号
……………………………Tel：0971－6301169
青海四宁建筑装潢有限公司
地址：西宁市城西区昆仑路7号
……………………………Tel：0971－6302223
青海玖业建筑装饰有限公司
地址：西宁市城西区冷湖路2号13幢3单元322室
……………………………Tel：0971－6316985
青海西海巢装饰装潢有限公司
地址：青海省西宁市城西区五四大街71号1号楼1单元30层13015室、13016室
……………………………Tel：0971－6337675
青海青藏铁路房地产开发有限公司
地址：青海省西宁市城东区互助中路155号
……………………………Tel：0971－7197635
西宁爱琴海房地产开发有限公司
地址：西宁市城西区盐湖巷6号10号楼（城西总部经济大厦）办公楼24层10913室
……………………………Tel：0971－7569999
青海圣煜达装饰装潢有限公司
地址：青海省西宁市城西区黄河路21号副1号1052室
……………………………Tel：0971－7617929
青海林涛建设工程有限公司
地址：西宁市城北区祁连路98号1号楼1单元302室
……………………………Tel：0971－7717123
青海健翔新型环保建材集团有限公司
地址：西宁市大通县北川工业园区
……………………………Tel：0971－7738939
湟中县鲁坚建材有限公司
地址：湟中县多巴镇石板沟村
……………………………Tel：0971－7922319
青海思维佳建设工程有限公司
地址：西宁市城西区胜利路54号4单元421室
……………………………Tel：0971－8018663
青海环悦装饰装潢有限公司
地址：西宁市城中区七一路318号综合楼一层
……………………………Tel：0971－8085750
西宁宁雄实业有限公司
地址：青海省西宁市城东区昆仑中路18号国际壹号1号楼18－6号
……………………………Tel：0971－8130777
宁夏中房集团海东实业有限公司
地址：青海省海东市乐都区鄯州大街16号萨尔斯堡1号楼物业办公室
……………………………Tel：0971－8130777
青海熠集装饰装潢有限公司
地址：西宁市城西区西关大街130号5号楼14层11407室
……………………………Tel：0971－8219853
西宁万居候装饰装潢有限公司
地址：西宁市城北区柴达木路18号(健康2号18楼2单元222室)
……………………………Tel：0971－8222737
中航长城大地建工集团青海有限公司
地址：青海省西宁市城东区建国路66号19号楼1106号
……………………………Tel：0971－8231217
康美中药城（青海）有限公司
地址：青海生物科技产业园经二路65号
……………………………Tel：0971－8235897
青海东新实业有限公司
地址：青海省西宁市城东区南山东路128号
……………………………Tel：0971－8806493
青海嘉安装饰装潢有限公司
地址：青海省海东市民和县川垣三路18号中意国际5楼
……………………………Tel：0972－7514443
海东城市开发建设投资有限公司
地址：青海省海东市乐都区碾伯镇西关街88号
……………………………Tel：0972－7916608
海东市平安区城市建设投资开发有限公司
地址：青海省海东市平安区平安镇平安路41号
……………………………Tel：0972－8611583
黄南诺尔邦传统建筑工程有限公司
地址：青海省同仁县隆务镇迎宾大道（县旅游小区3号楼）
……………………………Tel：0973－8726555
青海君程建设工程有限公司
地址：青海省海南州贵德县河阴镇纵四路东01块地2号楼
……………………………Tel：0974－8555717
青海海西化工建材股份有限公司
地址：海西州德令哈市迎宾路东
……………………………Tel：0977－8201748
海西金海建材科技有限公司
地址：青海省德令哈市都兰路5号
……………………………Tel：0977－8202855

德令哈城乡建设综合开发有限公司
地址：青海省海西蒙古族藏族自治州德令哈市长江路巴音河酒店南100米（锦江花苑商铺24栋）
Tel：0977-8901408

格尔木申升商贸有限责任公司
地址：青海省格尔木市柴达木西路3号1幢商铺2层2001室
Tel：0979-8433868

青海佳路投资有限公司
地址：青海省格尔木市长江路与109国道交汇处东南角
Tel：0979-8434333

格尔木聚湶新型建材有限公司
地址：青海省格尔木市昆仑经济开发区长江路
Tel：0979-8466708

格尔木精信诚装饰装潢有限公司
地址：青海省格尔木市光明路8号
Tel：0979-8496692

宁夏回族自治区

灵武市城乡建设投资开发有限公司
地址：宁夏灵武市中兴路西侧
Tel：0950-4022406

宁夏建材集团股份有限公司
地址：银川市西夏区新小线二公里处
Tel：0951-2085256

宁夏城建集团有限公司
地址：银川市兴庆区长城东路86号办公楼七层
Tel：0951-2169696

宁夏路丰置业有限公司
地址：宁夏永宁县望远镇宁夏路丰建材物流园6号楼第4层2号
Tel：0951-3891976

宁夏凤凰城智能制造有限公司
地址：宁夏永宁县望远镇永清路北
Tel：0951-3936280

宁夏佰鳍房地产开发有限公司
地址：贺兰县虹桥御景底商1-101室
Tel：0951-4030903

宁夏宏瑞建设工程有限公司
地址：宁夏银川市兴庆区规划北塔东路北侧胡商国际商贸城4号商服楼十三层
Tel：0951-4111661

宁夏百力德建筑工程有限公司
地址：银川保伏桥银通公司西侧
Tel：0951-5030779

宁夏宝丰物业管理有限公司
地址：银川市兴庆区丽景北街中国国际商贸城东配楼办公楼
Tel：0951-5111626

宁夏乾坤广告装潢设计有限公司
地址：银川高新区易大紫荆花商务中心B801
Tel：0951-5123400

宁夏光耀房地产开发有限公司
地址：银川市兴庆区民族南街光耀美居五层营业房
Tel：0951-5159506

宁夏皓顺建设有限公司
地址：银川市金凤区北京中路大世界商务广场E座1505室
Tel：0951-5956258

宁夏盛唐新丝路城镇建设投资有限公司
地址：银川市金凤区安居苑小区12号楼2号营业房
Tel：0951-6010120

宁夏黄河明珠投资有限公司
地址：银川市兴庆区新华东街520号
Tel：0951-6036666

宁夏美德亨实业发展有限公司
地址：宁夏银川市兴庆区长城东路855号
Tel：0951-6091777

宁夏柏盛环保装备工程有限公司
地址：银川市兴庆区银横路掌政镇
Tel：0951-6131027

银川世茂房地产开发有限公司
地址：宁夏银川市金凤区规划路东侧中阿之轴北侧世茂悦海国际社区售楼部二楼
Tel：0951-7630179

银川尚质房地产开发有限公司
地址：宁夏永宁县征沙渠三沙园
Tel：0951-7677273

宁夏实德新型建材有限公司
地址：宁夏银川经济技术开发区文昌南街218号
Tel：0951-7680190

银川润恒置业有限公司
地址：宁夏银川市西夏区润恒农副产品冷链物流产业园商务办公综合楼一层
Tel：0951-7866339

银川吉邦房地产开发有限公司
地址：宁夏永宁县征沙渠三沙园
Tel：0951-7881866

宁夏瀛海天琛建材有限公司
地址：宁夏永宁县闽宁镇
Tel：0951-8032196

宁夏沙坡头水利枢纽有限责任公司
地址：银川市金凤区宁安大街国贸新天地A座23层
Tel：0951-8558474

宁港城市建设发展有限公司
地址：银川市兴庆区北塔东路北侧胡商国际商贸城4号楼1616室
Tel：0951-8558666

永泰房地产集团（银川）有限公司
地址：宁夏银川市兴庆区新华东街901号
Tel：0951-8560010

中铁建（银川）城市发展有限公司
地址：宁夏银川市金凤区阅海湾中央商务区阅海路35号银基大厦B座第16层
Tel：0951-8671010

银川市满城街地下综合管廊建设管理有限公司
地址：宁夏银川市金凤区陶然水岸6号楼3单元402室
Tel：0951-8698196

银川新城吾悦房地产开发有限公司
地址：宁夏银川市兴庆区新华保险大厦3108-3111室
Tel：0951-8827567

宁夏绿悦乐居置业有限公司
地址：贺兰县正源北街与园艺路交汇处向北600米银川丝路康养小镇116号楼101室
Tel：0951-8994627

宁夏星源建筑安装有限公司
地址：宁夏石嘴山市平罗县贺兰山路132号
Tel：0952-6583154

吴忠市利通区融通城乡建设投资有限公司
地址：宁夏吴忠市利通区朝阳东街113号
Tel：0953-2121068

吴忠市城乡建设投资开发有限公司
地址：吴忠市利通区世纪大道（吴忠市第一污水处理公司院内）
Tel：0953-2271960

宁夏兴启建设有限公司
地址：吴忠市利通区裕民西街南侧富康商务中心八层
Tel：0953-2278988

宁夏宏远建设工程有限公司
地址：吴忠市朝阳东街188号
Tel：0953-2621666

宁夏金帝置业有限公司
地址：吴忠市银平公路东侧、利华街西侧
Tel：0953-2702000

宁夏美建稀土铝合金新材料有限公司
地址：宁夏青铜峡工业园区（纬四路东）
Tel：0953-3052070

宁夏苏锡电工材料科技有限公司
地址：青铜峡市嘉宝工业园区
Tel：0953-3626108

宁夏青银建筑安装工程有限公司
地址：青铜峡市嘉宝工业园区
Tel：0953-3626108

宁夏明峰萌成建材有限公司
地址：宁夏盐池县惠安堡镇萌城村
Tel：0953-6022066

同心县城市建设投资控股有限公司
地址：宁夏吴忠市同心县建设路
Tel：0953-8039939

固原市九龙城市建设集团有限公司
地址：宁夏回族自治区固原经济开发区六盘路
Tel：0954-2024689

宁夏昶沣新型建材有限公司
地址：宁夏固原市原州区轻工产业园油坊路南侧（中河乡政府向南800米）
Tel：0954-2061778

宁夏东海房地产开发有限公司
地址：宁夏固原市原州区六盘山路东海太阳城会所
Tel：0954-2075327

固原市赛马新型建材有限公司
地址：宁夏固原市经济开发区新材料产业园
Tel：0954-2860120

宁夏首创海绵城市建设发展有限公司
地址：宁夏回族自治区固原市原州区清河北路67-1号
Tel：15509553701

梦想之城（中卫）开发建设股份有限公司
地址：中卫市沙坡头区紫云新都时尚商业广场3号楼1层01号商铺
Tel：0955-3953018

宁夏隆盛建设工程有限公司
地址：宁夏回族自治区中卫市中宁县宁安镇殷庄大社区C区1号楼104、105号营业房
Tel：0955-3953352

宁夏瀛海天祥建材有限公司
地址：宁夏中宁县宁新工业园区
Tel：0955-5619115

吴忠赛马新型建材有限公司
地址：吴忠市红寺堡区大河乡刘家沟湾盐兴公路以南两公里、同土路以西
Tel：0955-5619238

宁夏天元建材有限公司
地址：中宁县宁新工业园区
Tel：0955-5993592

中卫市玉龙水电建筑安装有限公司
地址：中卫市城区鼓楼西街（中卫商城）
Tel：0955-7067225

新疆维吾尔自治区

新疆金业建筑安装有限责任公司
地址：新疆塔城额敏县168团（乌什水）屯垦东街1022号
Tel：0901-3386835

塔城南岗建材有限责任公司
地址：新疆塔城地区第九师一七0团
Tel：0901-3810609

塔城地区保障性住房投资建设管理有限公司
地址：新疆塔城地区塔城市杜别克街道光明路西部综合楼A座3楼
Tel：0901-6269677

哈密市恒安城市建设投资经营有限公司
地址：新疆哈密市伊州区红星南路综合办公楼
Tel：0902-2238119

哈密市宏通停车场运营管理有限公司
地址：新疆哈密市伊州区建国北路203号
Tel：0902-2250062

新疆君泽建筑装饰工程有限责任公司
地址：新疆哈密市伊州区八一路新禧花园3号楼1302室
Tel：0902-2324666

新疆红星城市建设投资有限公司
地址：新疆哈密市伊州区黄田农场国泰路与五星大道交汇处全鑫小区48#办公室二层
Tel：0902-2507081

哈密新丝路城镇建设开发投资有限公司
地址：新疆哈密地区哈密红星二场场部
Tel：0902-6521090

伊吾县城市建设投资管理有限公司
地址：新疆哈密地区伊吾县伊吾镇振兴路西642号
Tel：0902-6720191

哈密新越装饰装潢有限公司
地址：新疆哈密市伊州区大营房幸福路2号楼（建设大厦）1单元10-B室
Tel：0902-6731062

巴里坤蒲辉城市建设投资经营有限公司
地址：新疆哈密市巴里坤县天山路121号
Tel：0902-6802160

新疆星海华宜房地产开发有限公司
地址：新疆哈密市火箭农场五一路以西、和谐路以北的农贸市场2号楼103号
Tel：0902-8668888

新疆承泽建设工程有限公司
地址：新疆和田地区和田市人民路18号玉都国际广场银座5层02号
Tel：0903-2035005

新疆双龙建设工程有限公司
地址：新疆和田地区和田市屯垦西路47号（玉泉大厦）三楼
Tel：0903-2035005

和田市丝路名城城市建设投资开发有限公司
地址：新疆和田地区和田市乌鲁木齐北路101号
Tel：0903-2511228

新疆双路建设工程有限公司
地址：新疆和田地区和田市拉斯奎镇青年就业基地
Tel：0903-2518050

和田青松建材有限责任公司
地址：新疆昆玉市皮墨北京工业园区
Tel：0903-6561528

新疆生产建设兵团第十四师昆玉城市建设投资经营有限公司
地址：新疆昆玉市西滨路2号
Tel：0903-6561800

墨玉县鑫玉城市建设开发有限责任公司
地址：新疆和田地区墨玉县英协海尔路12号
Tel：0903-7882546

洛浦县农村信用合作联社
地址：新疆和田地区洛浦县和田路36号
Tel：0903-7887601

阿勒泰市聚金城建设投资开发有限公司
地址：新疆阿勒泰地区阿勒泰市团结路/区215栋201室、202室、205室
Tel：0906-2103773

北屯得仁城市建设投资经营有限公司
地址：新疆北屯市龙疆东街365号行政服务中心
Tel：0906-3189009

北屯青松南岗建材有限责任公司
地址：新疆北屯市工业园区（318省道15公里以东）
Tel：0906-3319222

北屯市北新路桥城市建设发展有限公司
地址：新疆北屯市龙山路206号土地学会服务中心五楼
Tel：0906-3328079

福海县鑫源城市开发建设有限公司
地址：新疆阿勒泰地区福海县博海路11号
Tel：0906-3682697

新疆兴居名筑工程建设有限责任公司
地址：新疆阿勒泰地区布尔津县河滨路16号
Tel：0906-6521986

富蕴县宏信建筑工程有限责任公司
地址：新疆阿勒泰地区富蕴县一区人民路234-101-201号13栋
Tel：0906-8727585

阿图什市恒安建材有限责任公司
地址：新疆克州阿图什市松他克路南12院（市住建局楼）
Tel：0908-7666960

博尔塔拉蒙古自治州西部矿业有限公司
地址：新疆博州博乐市石灰窑
Tel：0909-2317998

博乐市青松南岗建材有限责任公司
地址：新疆博州博乐市33区建设路2号
Tel：0909-2323072

新疆恒盛房地产开发有限公司
地址：新疆博州精河县城镇解放路怡河花园小区1号综合楼
Tel：0909-5332918

博尔塔拉蒙古自治州丰源城乡投资建设有限公司
地址：新疆博州五台工业园区（湖北工业园）
Tel：0909-6256327

新疆普耀新型建材有限公司
地址：新疆双河市荆楚工业园区迎宾路17号
Tel：0909-6256703

新疆双河国投运营集团有限公司
地址：新疆双河市89团荆楚工业园区双创孵化园基地办公楼262-16室
Tel：0909-6286660

新疆双河城市建设（集团）有限责任公司
地址：新疆双河市89团设市指挥部大楼三层
Tel：0909-6666098

新疆瑞基投资集团有限公司
地址：新疆克拉玛依市迎宾大道75-15-1号
Tel：0990-6222370

克拉玛依市金鑫科技有限公司
地址：新疆克拉玛依市鸿雁路80号
Tel：0990-6234628

克拉玛依市永安建筑安装总公司
地址：新疆克拉玛依市友谊路187号
Tel：0990-6238643

克拉玛依融汇城市建设投资开发有限责任公司
地址：新疆克拉玛依市克拉玛依区拓湖路35-11号
Tel：0990-6280589

克拉玛依广盛实业投资有限公司
地址：新疆克拉玛依市白碱滩区门户路95-701至721号
Tel：0990-6380082

克拉玛依市盛势工贸有限公司
地址：新疆克拉玛依市南新路89号
Tel：0990-6669371

和布克赛尔蒙古自治县全荣有限责任公司
地址：新疆塔城地区和布克赛尔县巴音傲瓦乡
Tel：0990-6722692

新疆三叶管道技术有限责任公司
地址：新疆克拉玛依市白碱滩区通运路15号
Tel：0990-6830612

新疆油联秋林工程建设有限责任公司
地址：新疆克拉玛依市克拉玛依区新月路52号
Tel：0990-6887585

新疆金牛能源物联网科技股份有限公司
地址：新疆克拉玛依市白碱滩区跃北路4号
Tel：0990-6917116

克拉玛依市腾飞粮油购销储备有限责任公司
地址：新疆克拉玛依市纬四路11号
Tel：0990-6968973

克拉玛依市城市建设投资发展有限责任公司
地址：新疆克拉玛依市友谊路36号
Tel：0990-6969920

克拉玛依市乾盛物业服务有限责任公司
地址：新疆克拉玛依市克拉玛依区东彩路21-3-18号
Tel：0990-7563158

新疆金谷房地产开发有限责任公司
地址：新疆乌鲁木齐市新市区喀什东路27号
Tel：0991-2304180

新疆兆龙迪尚房地产开发有限公司
地址：新疆乌鲁木齐市水磨沟区华光街200号公元南湖·天境B2号楼2单元1803室

……………………Tel：0991－2350088
新疆雁池新型建材有限公司
地址：新疆乌鲁木齐市天山区红雁池北路179号
……………………Tel：0991－2570758
新疆兆龙诚祥房地产开发有限公司
地址：新疆乌鲁木齐市水磨沟区南湖东路139号中国人寿高层办公住宅楼1栋14层办公用房14
……………………Tel：0991－2622238
轻工业设计研究院（新疆）控股有限责任公司
地址：新疆乌鲁木齐市天山区新华北路8号红山新世纪大厦31层
……………………Tel：0991－2824144
中城多路建设集团有限公司
地址：新疆乌鲁木齐高新区（新市区）洞庭路294号塞外明珠（二期）会所1栋－1层103
……………………Tel：0991－2833994
新疆雅境花语房地产开发有限公司
地址：新疆乌鲁木齐市米东区碱沟西路2238号米东区荷兰小镇二期商住小区S11商务楼商铺201室
……………………Tel：0991－2871187
新疆亿科房地产开发有限责任公司
地址：新疆乌鲁木齐经济技术开发区上海路16号
……………………Tel：0991－2871187
新疆汇润恒投资有限公司
地址：新疆乌鲁木齐市米东区永顺街1908号（天汇福达汽车销售汽车展厅加层）
……………………Tel：0991－2871187
乌鲁木齐城市建设投资（集团）有限公司
地址：新疆乌鲁木齐市天山区新华南路808号怡和大厦1栋A座写字楼第七、八、九层
……………………Tel：0991－2888960
新疆准东经济技术开发区汉唐筑业新型建材有限公司
地址：新疆昌吉州准东经济技术开发区五彩湾新城卡拉麦里路50号鑫城商业街1栋306室（五彩湾）
……………………Tel：0991－3025098
乌鲁木齐深长城物业服务有限公司
地址：新疆乌鲁木齐市水磨沟区五星北路东二巷306号公园壹号小区南苑9栋101室
……………………Tel：0991－3071038
新疆城建洪源市政园林有限公司
地址：新疆乌鲁木齐经济技术开发区十色街7号1栋－1至4层
……………………Tel：0991－3126155
新疆中浩建材集团有限公司
地址：新疆乌鲁木齐高新技术产业开发区（新市区）北区青藤路街532号
……………………Tel：0991－3193486
中建未来城市（新疆）投资有限公司
地址：新疆乌鲁木齐高新区(新市区)江苏东路369号吐哈石油大厦会议中心5楼
……………………Tel：0991－3196425
新疆伍怡天宇建筑工程有限公司
地址：新疆乌鲁木齐市头屯河区烧坊沟路151号
……………………Tel：0991－3196912
新疆国统管道股份有限公司
地址：新疆乌鲁木齐市林泉西路765号
……………………Tel：0991－3325685
新疆前进腾瑞建材有限公司
地址：新疆乌鲁木齐市米东区石化南路1888号
……………………Tel：0991－3327188
新疆隆力奇生物科技城开发建设有限公司
地址：新疆乌鲁木齐高新区（新市区）高新街258号数码港大厦715室
……………………Tel：0991－333290
新疆和兴恒石新型建材股份有限公司
地址：新疆乌鲁木齐经济技术开发区（头屯河区）维泰南路898号和兴总部办公楼6层商业3室
……………………Tel：0991－3333379
新疆聚砼恒业建材有限责任公司
地址：新疆乌鲁木齐市乌鲁木齐县南旅基地雪岭路102号一号楼221室
……………………Tel：0991－3333717
新疆金地城建房地产开发有限公司
地址：新疆乌鲁木齐市乌鲁木齐县南旅基地雪岭路102号四号楼216号
……………………Tel：0991－3333797
新疆盛忆通房地产开发有限公司
地址：新疆乌鲁木齐经济技术开发区（头屯河区）大白山街1518号
……………………Tel：0991－3337650
新疆北控新开城市建设投资有限公司
地址：新疆乌鲁木齐市水磨沟区龙翔路268号南湖港湾小区物业楼2楼
……………………Tel：0991－3366009
新疆金顺源房地产开发有限公司
地址：新疆乌鲁木齐市米东区广兴东街51号三楼
……………………Tel：0991－3373137
新疆天山建材集团耐火材料有限责任公司
地址：新疆乌鲁木齐市铁厂沟林泉路北侧工业区
……………………Tel：0991－3386920
新疆恒城鼎盛建设（集团）有限公司
地址：新疆乌鲁木齐市头屯河区乌昌路2037号
……………………Tel：0991－3638673
尉犁县中建材浚鑫光伏发电有限公司
地址：新疆巴州尉犁县团结东路棉麻小区3号楼3单元101
……………………Tel：0991－3681752
柯坪县中建材光伏发电有限公司
地址：新疆阿克苏地区柯坪县启浪乡光伏产业园内
……………………Tel：0991－3681752
新疆九点阳光房地产开发有限公司
地址：新疆乌鲁木齐经济技术开发区（头屯河区）黄山街81号5号楼2座25楼2506室
……………………Tel：0991－3725421
新疆蝶王针织有限责任公司
地址：新疆乌鲁木齐市新市区北京中路307号
……………………Tel：0991－3726775
新疆机场（集团）天缘绿色产业有限责任公司
地址：新疆昌吉州昌吉市红旗西路天缘嘉和小区天缘会所二楼
……………………Tel：0991－3805529
新疆宝地产城发展有限公司
地址：新疆乌鲁木齐市新市区迎宾路东三巷13号
……………………Tel：0991－3882155
新疆凯鑫房地产开发有限公司
地址：新疆乌鲁木齐经济技术开发区（头屯河区）卫星路481号
……………………Tel：0991－3928378
新疆宏锦源房地产开发有限公司
地址：新疆乌鲁木齐经济技术开发区卫星路499号秦基大厦1栋2002室
……………………Tel：0991－3928378
新疆君豪置业房地产有限公司
地址：新疆五家渠市青经开南区上海路1659号君豪御园006室
……………………Tel：0991－3958718
新疆君豪物业服务有限公司
地址：新疆五家渠24区友好东街君豪·绿园1088号005室
……………………Tel：0991－3958893
新疆德坤绿色建筑科技有限公司
地址：新疆阿拉尔市大学生创业园2号楼310室
……………………Tel：0991－4166506
乌鲁木齐城投城建资源开发有限公司
地址：新疆乌鲁木齐市天山区五星南路136号
……………………Tel：0991－4180052
新疆天山建材（集团）房地产开发有限公司
地址：新疆乌鲁木齐市新市区西八家户路710号高A二层
……………………Tel：0991－4316762
新疆开源岩土工程勘察设计有限公司
地址：新疆乌鲁木齐市沙依巴克区河滩北路245号
……………………Tel：0991－4521079
新疆凯盛建材设计研究院（有限公司）
地址：新疆乌鲁木齐市沙依巴克区西虹西路12号
……………………Tel：0991－4524330
新疆盛世华业装饰工程有限公司
地址：新疆乌鲁木齐市沙依巴克区长胜四队工业园
……………………Tel：0991－4547518
新疆俊发房地产开发有限责任公司
地址：新疆乌鲁木齐市天山区西河街85号
……………………Tel：0991－4626888
新疆俊发红光山生态旅游有限责任公司
地址：新疆乌鲁木齐市米东区红光山
……………………Tel：0991－4626888
新疆汇展城市建设综合开发有限公司
地址：新疆乌鲁木齐市水磨沟区安居南路802号鸿瑞豪庭3栋1404室
……………………Tel：0991－4673328
新疆金辉房地产开发有限责任公司
地址：新疆乌鲁木齐市沙依巴克区友好北路4号1栋
……………………Tel：0991－4843130
新疆广汇飞虎篮球俱乐部有限公司
地址：新疆喀什地区喀什经济开发区深喀大道总部经济区川渝大厦10层007号
……………………Tel：0991－4873602
新疆中亚建材城有限公司
地址：新疆乌鲁木齐市水磨沟区西虹东路9号
……………………Tel：0991－4875055
乌鲁木齐城基众建工程管理有限公司
地址：新疆乌鲁木齐市水磨沟区红光山路3号国际会展中心
……………………Tel：0991－4875298
新疆城建（集团）股份有限公司
地址：新疆乌鲁木齐市水磨沟区南湖路133号城建大厦1栋22层
……………………Tel：0991－4889832
新疆元水建设开发（集团）有限公司
地址：新疆乌鲁木齐市头屯河区三坪农场育坪街111号B区2－22号
……………………Tel：0991－5057129
新疆百成鲜食（集团）供应链有限公司
地址：新疆乌鲁木齐经济技术开发区六盘山街358号
……………………Tel：0991－5263117
新疆银海鼎峰软件有限公司
地址：新疆乌鲁木齐经济技术开发区（头屯河区）喀纳斯湖北路455号新疆软件园E1楼6层601
……………………Tel：0991－5266329
新疆绿巨能能源科技发展有限公司
地址：新疆乌鲁木齐经济技术开发区卫星路499号秦郡小区1栋4层4号写字间
……………………Tel：0991－5560857
新疆乐天建设投资有限公司
地址：新疆乌鲁木齐市新市区喀什东路559号东方智慧园一期4号楼售房大厅2楼
……………………Tel：0991－5566837
新疆新果投资有限责任公司
地址：新疆乌鲁木齐市沙依巴克区长江路25号（1楼）
……………………Tel：0991－5580562
新疆生产建设兵团城市建设投资集团有限责任公司
地址：新疆五家渠长征西街1284号
……………………Tel：0991－5589388
新疆青松建材有限责任公司
地址：新疆乌鲁木齐市达坂城区祁家沟
……………………Tel：0991－5916021
新疆帕尔拉克房地产开发有限责任公司
地址：新疆乌鲁木齐市天山区团结路601号
……………………Tel：0991－6203125
乌鲁木齐富力城房地产开发有限公司
地址：新疆乌鲁木齐市水磨沟区七道湾南路西11巷16号
……………………Tel：0991－6362777
新疆万泰房地产开发有限公司
地址：新疆乌鲁木齐经济技术开发区（头屯河区）西泉街777号万泰阳光城小区8栋贰层商业1
……………………Tel：0991－6532215
昌吉市北新路桥城市建设有限公司
地址：新疆昌吉州昌吉市宁边西路68号宁边路市场综合楼三楼（18区1丘6栋）
……………………Tel：0991－6557775
新疆北新建材工业集团有限公司
地址：新疆乌鲁木齐市水磨沟区红山路235号
……………………Tel：0991－6658601
新疆德坤建材有限责任公司
地址：新疆乌鲁木齐市米东南路2600号
……………………Tel：0991－6880146
新疆广天成建设集团有限公司
地址：新疆乌鲁木齐经济技术开发区卫星路523号507室
……………………Tel：0991－7502391
乌鲁木齐市红星星石房地产开发有限公司
地址：新疆乌鲁木齐市沙依巴克区克拉玛依西街652号第6层
……………………Tel：0991－8120000
新疆绿大地房地产开发有限公司
地址：新疆乌鲁木齐市高新区(新市区)长沙路158号
……………………Tel：0991－8730675
新疆德源房地产开发有限公司
地址：新疆乌鲁木齐沙依巴克区苜蓿沟北路2890号
……………………Tel：0991－8732079
新疆骑马山热力有限公司
地址：新疆乌鲁木齐经济技术开发区厦门路21号三楼31号
……………………Tel：0991－8781403
新疆天恒基城市建设开发股份有限公司
地址：新疆乌鲁木齐经济技术开发区中亚南路308号
……………………Tel：0991－8792701
新疆恒兴源房地产开发有限公司
地址：新疆乌鲁木齐市沙依巴克区苜蓿沟北路2975号附3号
……………………Tel：0991－8793972
新疆中豪房地产开发有限公司
地址：新疆乌鲁木齐市沙依巴克区西山西街276号第18幢第1层0单元商业03号房
……………………Tel：0991－8795378
新疆恒轩房地产开发有限公司
地址：新疆乌鲁木齐市沙依巴克区苜蓿沟北路2977号附1号
……………………Tel：0991－8798175
新疆大晨报股份公司
地址：新疆乌鲁木齐市天山区东风路257号
……………………Tel：0991－8805096
新疆东湖新型建材有限责任公司
地址：新疆吐鲁番市高昌区新编30区大河沿镇车师路北侧原大河沿建行底高住宅楼33－1222
……………………Tel：0991－8807237
乌鲁木齐赛波尔商贸有限公司
地址：新疆乌鲁木齐市天山区红山路192号
……………………Tel：0991－8860598
奎屯市城建投资集团有限公司
地址：新疆伊犁州奎屯市哈英德-北京西路14幢
……………………Tel：0992－3358788
克拉玛依市独山子建业房地产开发有限责任公司
地址：新疆克拉玛依市独山子区奎河路57号
……………………Tel：0992－3682733
克拉玛依市独山子区天鼎投资集团有限责任公司
地址：新疆克拉玛依市独山子大庆东路2806号
……………………Tel：0992－3686093
新疆生产建设兵团第七师一三0团国有资产投资有限公司
地址：新疆克拉玛依市共青镇一三0团机关楼二楼
……………………Tel：0992－3939600
新疆天北城市建设投资有限公司
地址：新疆伊犁州奎屯市天北大道33号
……………………Tel：0992－6681607
乌苏市青松建材有限责任公司
地址：新疆塔城地区乌苏市北京东路526号
……………………Tel：0992－7357108
石河子城市建设投资集团有限公司
地址：新疆石河子市城区43小区东三路100－A1、A2号
……………………Tel：0993－2859358
石河子市建富城市管廊建设投资有限公司
地址：新疆石河子开发区北一东路2号
……………………Tel：0993－2903643
新疆创未来房地产开发有限公司
地址：新疆塔城地区沙湾县三道河子镇四十区广场路（原蓝天宾馆二楼）
……………………Tel：0993－6028138
昌吉州圣新合工程建材有限责任公司
地址：新疆昌吉州昌吉高新技术产业开发区科技大道9号综合办公室196室
……………………Tel：0994－2230020
新疆东方环宇房地产开发有限公司
地址：新疆昌吉州昌吉市延安北路198号（东方广场26层5区3丘3栋）
……………………Tel：0994－2266800
昌吉州建发实业有限责任公司
地址：新疆昌吉州准东经济技术开发区五彩湾新城卡拉麦里路50号鑫城商业楼3栋201室（五彩湾）
……………………Tel：0994－2341246
新疆华中房地产开发有限公司
地址：新疆昌吉州昌吉市北京南路79号四层（58区1丘123栋）
……………………Tel：0994－2367711
昌吉城建商品砼有限责任公司
地址：新疆昌吉州昌吉高新技术产业开发区建材工业园昌祥路与建设路路口
……………………Tel：0994－2581577
新疆闽建金属材料制品有限公司
地址：新疆昌吉州阜康市产业园中区晋商工业园内S303南侧太原路西侧山西路北侧
……………………Tel：0994－3292808
克拉玛依恒泰制造安装工程有限责任公司
地址：新疆克拉玛依市准噶尔路驻145－1号
……………………Tel：0994－3831873
新疆五洋房地产开发有限公司
地址：新疆昌吉州呼图壁县西市南路18号五洋假日酒店三楼（五街29区2院1栋）
……………………Tel：0994－4505580
新疆五家渠青松建材有限责任公司
地址：新疆五家渠工业区东工业区纬一路以南、经四路以西
……………………Tel：0994－5650202
新疆城创建设工程集团有限公司
地址：新疆五家渠市军垦北路970号（六师医院斜对面）
……………………Tel：0994－5672941
新疆国恒投资发展集团有限公司
地址：新疆五家渠市天山北路291号（原师机关联合办公楼）
……………………Tel：0994－5829062
玛纳斯县恒欣中盛城市保障性住房投资建设管理有限公司
地址：新疆昌吉州玛纳斯县乌奎高速引线以西（玛纳斯县碧玉大道286号）玛纳斯县住房和城乡建设局办公楼二楼
……………………Tel：0994－6669933
吉木萨尔县城市建设投资有限公司
地址：新疆昌吉州吉木萨尔县北庭综合物流园综合服务区综合大楼4楼
……………………Tel：0994－8367869
昌吉城市建设投资发展有限责任公司
地址：新疆昌吉州昌吉市建国西路原职业

技术学院档案楼三楼（40区5丘5栋）
……Tel：0994-8385592
呼图壁县景化城市建设投资发展有限责任公司
地址：新疆昌吉州呼图壁县上二工路与S201路交叉口（县财政局五楼）
……Tel：0994-8862292
鄯善三立正基建材有限公司
地址：新疆吐鲁番市鄯善县大学生创业园
……Tel：0995-6288721
吐鲁番中建城市建设投资有限公司
地址：新疆吐鲁番市高昌区青年路670号建设银行五楼
……Tel：0995-7602581
新疆中特建材有限公司
地址：新疆吐鲁番市高昌区七泉湖镇
……Tel：0995-7615515
吐鲁番国创城市建设投资有限公司
地址：新疆吐鲁番市高昌区绿洲中路187号商务综合楼1#9层
……Tel：0995-8568675
吐鲁番市国泰城市建设投资开发有限公司
地址：新疆吐鲁番市高昌区军民共建路128号
……Tel：0995-8701715
新疆福星建设（集团）有限公司
地址：新疆巴州库尔勒市青年路北三巷１３号
……Tel：0996-2029891
库尔勒南天城建（集团）建业房地产开发有限责任公司
地址：新疆巴州库尔勒市建设路辖区新华路65号
……Tel：0996-2033253
新疆四运置业有限公司
地址：新疆巴州库尔勒市索克巴格路39号东岸美庐小区13号楼
……Tel：0996-2077967
新疆愿景智慧城房地产开发有限公司
地址：新疆巴州库尔勒经济技术开发区安庆大道北侧，康盛路西侧
……Tel：0996-2080000
新疆领地房地产开发有限公司
地址：新疆巴州库尔勒市石化大道6号领地凯旋公馆
……Tel：0996-2160212
巴州青松绿原建材有限责任公司
地址：新疆巴州库尔勒市塔什店镇矿山大道旁五层
……Tel：0996-2188918
巴州七星华誉物业服务有限公司
地址：新疆巴州库尔勒市人民东路２８号
……Tel：0996-2215886
巴州正岱建材有限公司
地址：新疆巴州库尔勒市铁克其乡喀拉苏路38号京龙美湖5栋3层7号
……Tel：0996-2903009
新疆铁门关市泽源城市建设开发有限公司
地址：新疆铁门关市和谐路1号市政府四楼
……Tel：0996-2937869
库尔勒城市建设（集团）有限责任公司
地址：新疆巴州库尔勒市梨乡路西侧
……Tel：0996-2969905
库尔勒龙城公共设施建设投资有限公司
地址：新疆巴州库尔勒市香梨大道6号1栋3层01
……Tel：0996-2969905
库尔勒盛城公共设施建设投资有限公司
地址：新疆巴州库尔勒市香梨大道6号1栋三楼
……Tel：0996-2969905
新疆和钢装备制造集团股份有限公司
地址：新疆巴州和静县南疆铁路西侧
……Tel：0996-5380198
新疆华汇城建建设集团有限公司
地址：新疆巴州和硕县6区18号浩宇商务大厦八楼
……Tel：0996-5622738
新疆南天城建（集团）股份有限公司
地址：新疆巴州库尔勒市建设辖区新华路65号
……Tel：0996-6875820
轮台县新丝路城乡建设发展集团有限公司
地址：新疆巴州轮台县博斯坦北路45号
……Tel：0996-8732806
阿克苏金砼建材有限公司
地址：新疆阿克苏地区阿克苏市阿克苏经济技术开发区西湖路
……Tel：0997-2136128
阿克苏城乡建设发展集团有限公司
地址：新疆阿克苏地区阿克苏市英巴扎区人民南路1号（原市财政局二楼）
……Tel：0997-2159888
阿克苏纺织城保障性住房投资建设管理有限责任公司
地址：新疆阿克苏地区阿克苏纺织工业城（开发区）钱江路西、嘉兴路南
……Tel：0997-2611156
新疆青松建材化工（集团）股份有限公司
地址：新疆阿拉尔市秋收大道西1245号
……Tel：0997-2812244
新疆天象建材有限公司
地址：新疆阿克苏地区温宿县洪积平原开发区
……Tel：0997-4536685
阿拉尔浙建城市建设投资有限公司
地址：新疆阿拉尔市新井子路南252号军垦家园1-4-201室
……Tel：0997-4610876
阿拉尔市西北兴业投资发展（集团）有限公司
地址：新疆阿拉尔市金银川路南1331号望河大厦15层、16层
……Tel：0997-4686770
阿瓦提县城市保障性住房投资建设管理有限公司
地址：新疆阿克苏地区阿瓦提县建设北路27号
……Tel：0997-5121287
阿瓦提县城投建设发展管理有限公司
地址：新疆阿克苏地区阿瓦提县建设北路27号
……Tel：0997-6666330
阿克苏塔河矿业有限责任公司
地址：新疆阿克苏地区库车县开发区幸福路65号企业公馆B座1202室
……Tel：0997-6722299
库车顺泽城市建设有限公司
地址：新疆阿克苏地区库车市东城街道长安社区幸福路65号企业服务中心（企业公馆）
……Tel：0997-6864191
库车青松水泥有限责任公司
地址：新疆阿克苏地区库车县伊西哈拉镇夏马力巴克村
……Tel：0997-7228238
库车城乡建设投资（集团）有限公司
地址：新疆阿克苏地区库车县幸福路65号经济技术开发区企业公馆A座12楼
……Tel：0997-7331086
新疆渝江盛世建设工程有限责任公司
地址：新疆阿克苏地区新和县解放路以南5号
……Tel：0997-8127158
沙雅县金桥名品百货有限公司
地址：新疆阿克苏地区沙雅县人民南路以西
……Tel：0997-8391888
拜城县城乡建设投资发展（集团）有限公司
地址：新疆阿克苏地区拜城县团结路6号
……Tel：0997-8692702
新疆雨润建材有限公司
地址：新疆喀什地区疏勒县南疆齐鲁工业园塔河路016号
……Tel：0998-2303211
喀什城建投资集团有限公司
地址：新疆喀什地区喀什市人民东路336号
……Tel：0998-2835826
疏附县城乡建设发展投资有限责任公司
地址：新疆喀什地区疏附县团结北路26号
……Tel：0998-3252042
英吉沙县宏宇城市建设投资有限公司
地址：新疆喀什地区英吉沙县鲁英工业园管委会
……Tel：0998-3786612
图木舒克城市投资集团有限公司
地址：新疆图木舒克市锦绣东街21号警苑小区物业综合服务楼二楼
……Tel：0998-5702863
疏勒城乡建设投资有限公司
地址：新疆喀什疏勒县南疆齐鲁工业园区管理委员会310室
……Tel：0998-6143668
疏勒县利民城乡建设发展有限公司
地址：新疆喀什疏勒县南疆齐鲁工业园区管理委员会313室
……Tel：0998-6143668
伽师县铜兴装饰装潢安装工程有限公司
地址：新疆喀什地区伽师县胜利北路21号
……Tel：0998-6738648
岳普湖县城乡建设投资开发有限责任公司
地址：新疆喀什地区岳普湖县泰岳工业园区迎宾大道四号
……Tel：0998-6827078
察布查尔投资发展集团有限公司
地址：新疆伊犁州察布查尔锡伯自治县查鲁盖东街（5-1）（120）
……Tel：0999-3627658
新疆正隆电器设备有限公司
地址：新疆伊犁州察布查尔县伊南工业园区
……Tel：0999-3639603
伊宁县伊宁宾馆
地址：新疆伊犁州伊宁县迎宾路
……Tel：0999-4029000
伊犁青松南岗建材有限责任公司
地址：新疆伊犁州伊宁县六区城南产业区（314省道以东）
……Tel：0999-4308169
巩留县蝶湖城乡建设发展有限公司
地址：新疆伊犁州巩留县新华东路建设局办公楼二楼
……Tel：0999-5624663
察布查尔锡伯自治县城市建设投资经营有限公司
地址：新疆伊犁州察布查尔县查鲁盖路东街
……Tel：0999-6511667
伊犁九鼎富通房地产开发有限公司
地址：新疆伊犁州伊宁市合作区218国道以北城西市场内
……Tel：0999-6725550
伊宁市城建投资（集团）有限公司
地址：新疆伊犁州伊宁市边境经济合作区成都南路650号
……Tel：0999-6777798
新疆伊源乳业股份有限公司
地址：新疆伊犁州伊宁市边境经济合作区深圳路
……Tel：0999-6788331
伊犁星杰建筑工程有限公司
地址：新疆伊犁州伊宁市经济合作区青海路590号佳源新天地小区17号楼4层418号商铺
……Tel：0999-7723762
特克斯县易居城市建设发展有限责任公司
地址：新疆伊犁州特克斯县阿扎提街四环
……Tel：0999-7765305
新疆泰克图建材有限公司
地址：新疆伊犁州霍尔果斯口岸工业园区内
……Tel：0999-7851188
新疆祥汇绿城房地产开发有限公司
地址：新疆伊犁州伊宁市伊犁河新路九号
……Tel：0999-8050702
伊犁仁和房地产开发（集团）有限责任公司
地址：新疆伊犁州伊宁市经济合作区深圳路白桦林居
……Tel：0999-8134500
新疆可克达拉市城市建设发展有限公司
地址：新疆可克达拉市和谐东路99号鑫正大厦第七、八、九层
……Tel：0999-6777613

文化教育

一、行业综合分析

文化教育业综合分析

文化产业是随着社会主义市场经济体制的逐步完善和现代生产方式的不断进步而发展起来的新兴产业。当前，文化产业已经成为各个省市、各个政府经济工作的重要组成部分。目前，文化产业与旅游、休闲、制造、电信、交通、房地产等国民经济产业部门正在发生普遍的渗透和融合，形成以文化内容为纽带、关联度日益密切的庞大产业链和产业集群。十六大以来，得益于一系列加快文化体制改革和发展文化产业的优惠政策，我国文化产业始终保持高速发展的良好态势，市场规模和实力不断壮大。2012年，我国文化产业法人单位实现增加值1.8万亿元，按同口径和现价计算，比上年增长16.5%，比同期GDP现价增速高6.8个百分点。2013年，中国文化产业增加值达到2.1万亿元，约占GDP比重3.77%，对社会经济的拉动作用进一步加强。另外，中国文化产业固定资产投资规模持续扩大，2012年我国文化及相关产业的固定资产投资额为1.6万亿元，是2005年的5.6倍，年平均增长近28%。在发展模式上，我国以文化产业园区/基地的发展形式推动行业的发展，文从2004年至2012年，文化部先后命名了五批266家国家文化产业示范基地、四批8家国家级文化产业示范园区和首批4家国家级文化产业试验园区。截止2014年1月，共有8家基地被撤销资格，所以我国共有265家国家文化产业示范基地。中国文化产业的快速发展主要的一部分原因是我国政策的大力支持。从2000年至2013年，国家相继出台了120部以上与文化产业相配套的扶持政策、法规和文件，这些政策的实施对文化产业的发展起到了积极推动作用。到2014年上半年，几项支持文化产业发展的重要政策陆续出台，《关于推进文化创意和设计服务与相关产业融合发展的若干意见》、《关于深入推进文化金融合作的意见》、《关于印发文化体制改革中经营性文化事业单位转制为企业》、《进一步支持文化企业发展两个规定》、《国务院关于加快发展对外文化贸易的意见》、《文化部 中国人民银行财政部关于深入推进文化金融合作的意见》、《国家文化产业示范基地管理办法》。这些政策从各个方面全面地推动文化产业的快速发展。从产业发展生命周期来看，过去十多年以来我国文化产业的发展处于初级阶段。因此，今后产业政策制定的关键着眼点在于，在未来10年如何推动文化产业的高速增长，甚至加倍增长，推动文化产业进入稳定增长阶段和成熟发展阶段。“十二五”期间文化方面财政投入增长幅度将持续高于财政一般性收入增长幅度，同时，国家也出台政策鼓励民间资本投资文化产业，在国家许可范围内，允许社会资本以多种形式投资文化产业，参与国有经营性文化单位转企改制，参与重大文化产业项目实施和文化产业园区建设。

教育是一种不完全市场下的准公共产品，是集消费的排他性、一定竞争性、拥挤性和正外部性等特征于一身的准公共产品。教育是国家的民生大，然而，随着人们对教育的重视增加，由教育繁衍出来的相关行业正如潮水般涌来。目前我国城市家庭平均年教育支出已经达到6000-9000元。截止2013年，由于政策原因，我国已有8家教育公司在美主板上市。国内教育市场整体回暖，使得正保远程教育、学大教育、好未来（学而思）、弘成教育及新东方五家公司表现不俗，截至2013年12月19日，新东方、学大教育、好未来、正保远程教育、弘成教育、ATA、安博教育、诺亚舟8家在美上市中国教育公司市值合计76.98亿美元，较2012年12月31日的54.93亿美元增加29.53%。近年来，教育市场呈现旺盛的增长趋势，成为我国经济领域闪亮的市场热点，成为创业投资最热门的关键词。从教育业投资的细分领域看，在线互联网教育、学前教育、民办教育业、教育培训等领域的投资更为火热。在我国新一轮教改中，民办教育必定是不可或缺的重要力量。十八届三中全会公报指出，要深化教育领域综合改革，期待民办教育能在改革中呈现新的面貌，更期待民办教育在整体教育改革中做出突破性贡献，成就教育的新传奇。中国的教育市场巨大，机会仍然很多，但是教育市场的竞争将更加激烈，行业将进入比拼内功和规模的圈地时代。教育业是未来投资的热点，全国教育市场巨大，市县级城市市场急需开发。另一方面，教育业的智能化、信息化、便捷化将是未来发展方向。

从整体来看，随着我国物质生活的不断提高，人们越来越关注精神层次的投资，文化教育业成为了我国投资的热点。文化教育业属于前期投资大，回报长久的一种软性消费产品。作为国家的软实力，中央政策不断倾向于文化教育业，促使其朝产业化方向蓬勃发展。

本文由中投顾问供稿

二、行业法规

中华人民共和国民办教育促进法

(2002年12月28日第九届全国人民代表大会常务委员会第三十一次会议通过 根据2013年6月29日第十二届全国人民代表大会常务委员会第三次会议《关于修改<中华人民共和国文物保护法>等十二部法律的决定》修正)

第一章 总 则

第一条 为实施科教兴国战略，促进民办教育事业的健康发展，维护民办学校和受教育者的合法权益，根据宪法和教育法制定本法。

第二条 国家机构以外的社会组织或者个人，利用非国家财政性经费，面向社会举办学校及其他教育机构的活动，适用本法。本法未作规定的，依照教育法和其他有关教育法律执行。

第三条 民办教育事业属于公益性事业，是社会主义教育事业的组成部分。

国家对民办教育实行积极鼓励、大力支持、正确引导、依法管理的方针。

各级人民政府应当将民办教育事业纳入国民经济和社会发展规划。

第四条 民办学校应当遵守法律、法规，贯彻国家的教育方针，保证教育质量，致力于培养社会主义建设事业的各类人才。

民办学校应当贯彻教育与宗教相分离的原则。任何组织和个人不得利用宗教进行妨碍国家教育制度的活动。

第五条 民办学校与公办学校具有同等的法律地位，国家保障民办学校的办学自主权。

国家保障民办学校举办者、校长、教职工和受教育者的合法权益。

第六条 国家鼓励捐资办学。

国家对为发展民办教育事业做出突出贡献的组织和个人，给予奖励和表彰。

第七条 国务院教育行政部门负责全国民办教育工作的统筹规划、综合协调和宏观管理。

国务院劳动和社会保障行政部门及其他有关部门在国务院规定的职责范围内分别负责有关的民办教育工作。

第八条 县级以上地方各级人民政府教育行政部门主管本行政区域内的民办教育工作。

县级以上地方各级人民政府劳动和社会保障行政部门及其他有关部门在各自的职责范围内，分别负责有关的民办教育工作。

第二章 设 立

第九条 举办民办学校的社会组织，应当具有法人资格。

举办民办学校的个人，应当具有政治权利和完全民事行为能力。

民办学校应当具备法人条件。

第十条 设立民办学校应当符合当地教育发展的需求，具备教育法和其他有关法律、法规规定的条件。

民办学校的设置标准参照同级同类公办学校的设置标准执行。

第十一条　举办实施学历教育、学前教育、自学考试助学及其他文化教育的民办学校，由县级以上人民政府教育行政部门按照国家规定的权限审批；举办实施以职业技能为主的职业资格培训、职业技能培训的民办学校，由县级以上人民政府劳动和社会保障行政部门按照国家规定的权限审批，并抄送同级教育行政部门备案。

第十二条　申请筹设民办学校，举办者应当向审批机关提交下列材料：

（一）申办报告，内容应当主要包括：举办者、培养目标、办学规模、办学层次、办学形式、办学条件、内部管理体制、经费筹措与管理使用等；

（二）举办者的姓名、住址或者名称、地址；

（三）资产来源、资金数额及有效证明文件，并载明产权；

（四）属捐赠性质的校产须提交捐赠协议，载明捐赠人的姓名、所捐资产的数额、用途和管理方法及相关有效证明文件。

第十三条　审批机关应当自受理筹设民办学校的申请之日起三十日内以书面形式作出是否同意的决定。

同意筹设的，发给筹设批准书。不同意筹设的，应当说明理由。

筹设期不得超过三年。超过三年的，举办者应当重新申报。

第十四条　申请正式设立民办学校的，举办者应当向审批机关提交下列材料：

（一）筹设批准书；

（二）筹设情况报告；

（三）学校章程、首届学校理事会、董事会或者其他决策机构组成人员名单；

（四）学校资产的有效证明文件；

（五）校长、教师、财会人员的资格证明文件。

第十五条　具备办学条件，达到设置标准的可以直接申请正式设立，并应当提交本法第十二条和第十四条三）、（四）、（五）项规定的材料。

第十六条　申请正式设立民办学校的，审批机关应当自受理之日起三

个月内以书面形式作出是否批准的决定，并送达申请人；其中申请正式设立民办高等学校的，审批机关也可以自受理之日起六个月内以书面形式作出是否批准的决定，并送达申请人。

第十七条　审批机关对批准正式设立的民办学校发给办学许可证。

审批机关对不批准正式设立的，应当说明理由。

第十八条　民办学校取得办学许可证，并依照有关的法律、行政法规进行登记，登记机关应当按照有关规定即时予以办理。

第三章　学校的组织与活动

第十九条　民办学校应当设立学校理事会、董事会或者其他形式的决策机构。

第二十条　学校理事会或者董事会由举办者或者其代表、校长、教职工代表等人员组成。其中三分之一以上的理事或者董事应当具有五年以上教育教学经验。

学校理事会或者董事会由五人以上组成，设理事长或者董事长一人。理事长、理事或者董事长、董事名单报审批机关备案。

第二十一条　学校理事会或者董事会行使下列职权：

（一）聘任和解聘校长；

（二）修改学校章程和制定学校的规章制度；

（三）制定发展规划，批准年度工作计划；

（四）筹集办学经费，审核预算、决算；

（五）决定教职工的编制定额和工资标准；

（六）决定学校的分立、合并、终止；

（七）决定其他重大事项。

其他形式决策机构的职权参照本条规定执行。

第二十二条　民办学校的法定代表人由理事长、董事长或者校长担任。

第二十三条　民办学校参照同级同类公办学校校长任职的条件聘任校长，年龄可以适当放宽。

第二十四条　民办学校校长负责学校的教育教学和行政管理工作，行使下列职权：

（一）执行学校理事会、董事会或者其他形式决策机构的决定；

（二）实施发展规划，拟订年度工作计划、财务预算和学校规章制度；

（三）聘任和解聘学校工作人员，实施奖惩；

（四）组织教育教学、科学研究活动，保证教育教学质量；

（五）负责学校日常管理工作；

（六）学校理事会、董事会或者其他形式决策机构的其他授权。

第二十五条　民办学校对招收的学生，根据其类别、修业年限、学业成绩，可以根据国家有关规定发给学历证书、结业证书或者培训合格证书。

对接受职业技能培训的学生，经政府批准的职业技能鉴定机构鉴定合格的，可以发给国家职业资格证书。

第二十六条　民办学校依法通过以教师为主体的教职工代表大会等形式，保障教职工参与民主管理和监督。

民办学校的教师和其他工作人员，有权依照工会法，建立工会组织，维护其合法权益。

第四章　教师与受教育者

第二十七条　民办学校的教师、受教育者与公办学校的教师、受教育者具有同等的法律地位。

第二十八条　民办学校聘任的教师，应当具有国家规定的任教资格。

第二十九条　民办学校应当对教师进行思想品德教育和业务培训。

第三十条　民办学校应当依法保障教职工的工资、福利待遇，并为教职工缴纳社会保险费。

第三十一条　民办学校教职工在业务培训、职务聘任、教龄和工龄计算、表彰奖励、社会活动等方面依法享有与公办学校教职工同等权利。

第三十二条　民办学校依法保障受教育者的合法权益。

民办学校按照国家规定建立学籍管理制度，对受教育者实施奖励或者处分。

第三十三条　民办学校的受教育者在升学、就业、社会优待以及参加先进评选等方面享有与同级同类公办学校的受教育者同等权利。

第五章　学校资产与财务管理

第三十四条　民办学校应当依法建立财务、会计制度和资产管理制度，并按照国家有关规定设置会计帐簿。

第三十五条　民办学校对举办者投入民办学校的资产、国有资产、受赠的财产以及办学积累，享有法人财产权。

第三十六条　民办学校存续期间，所有资产由民办学校依法管理和使用，任何组织和个人不得侵占。

任何组织和个人都不得违反法律、法规向民办教育机构收取任何费用。

第三十七条　民办学校对接受学历教育的受教育者收取费用的项目和标准由学校制定，报有关部门批准并公示；对其他受教育者收取费用的项目和标准由学校制定，报有关部门备案并公示。

民办学校收取的费用应当主要用于教育教学活动和改善办学条件。

第三十八条　民办学校资产的使用和财务管理受审批机关和其他有关部门的监督。

民办学校应当在每个会计年度结束时制作财务会计报告，委托会计师事务所依法进行审计，并公布审计结果。

第六章　管理与监督

第三十九条　教育行政部门及有关部门应当对民办学校的教育教学工作、教师培训工作进行指导。

第四十条　教育行政部门及有关部门依法对民办学校实行督导，促进提高办学质量；组织或者委托社会中介组织评估办学水平和教育质量，并将评估结果向社会公布。

第四十一条　民办学校的招生简章和广告，应当报审批机关备案。

第四十二条　民办学校侵犯受教育者的合法权益，受教育者及其亲属有权向教育行政部门和其他有关部门申诉，有关部门应当及时予以处理。

第四十三条　国家支持和鼓励社会中介组织为民办学校提供服务。

第七章　扶持与奖励

第四十四条　县级以上各级人民政府可以设立专项资金，用于资助民办学校的发展，奖励和表彰有突出贡献的集体和个人。

第四十五条　县级以上各级人民政府可以采取经费资助，出租、转让闲置的国有资产等措施对民办学校予以扶持。

第四十六条　民办学校享受国家规定的税收优惠政策。

第四十七条　民办学校依照国家有关法律、法规，可以接受公民、法人或者其他组织的捐赠。

国家对向民办学校捐赠财产的公民、法人或者其他组织按照有关规定给予税收优惠，并予以表彰。

第四十八条　国家鼓励金融机构运用信贷手段，支持民办教育事业的发展。

第四十九条　人民政府委托民办学校承担义务教育任务，应当按照委托协议拨付相应的教育经费。

第五十条　新建、扩建民办学校，人民政府应当按照公益事业用地及建设的有关规定给予优惠。教育用地不得用于其他用途。

第五十一条　民办学校在扣除办学成本、预留发展基金以及按照国家有关规定提取其他的必需的费用后，出资人可以从办学结余中取得合理回报。取得合理回报的具体办法由国务院规定。

第五十二条　国家采取措施，支持和鼓励社会组织和个人到少数民族地区、边远贫困地区举办民办学校，发展教育事业。

第八章　变更与终止

第五十三条　民办学校的分立、合并，在进行财务清算后，由学校理事会或者董事会报审批机关批准。

申请分立、合并民办学校的，审批机关应当自受理之日起三个月内以书面形式答复；其中申请分立、合并民办高等学校的，审批机关也可以自受理之日起六个月内以书面形式答复。

第五十四条　民办学校举办者的变更，须由举办者提出，在进行财务清算后，经学校理事会或者董事会同意，报审批机关核准。

第五十五条　民办学校名称、层次、类别的变更，由学校理事会或者董事会报审批机关批准。

申请变更为其他民办学校，审批机关应当自受理之日起三个月内以书面形式答复；其中申请变更为民办高等学校的，审批机关也可以自受理之日起六个月内以书面形式答复。

第五十六条　民办学校有下列情形之一的，应当终止：

（一）根据学校章程规定要求终止，并经审批机关批准的；

（二）被吊销办学许可证的；

（三）因资不抵债无法继续办学的。

第五十七条　民办学校终止时，应当妥善安置在校学生。实施义务教育的民办学校终止时，审批机关应当协助学校安排学生继续就学。

第五十八条　民办学校终止时，应当依法进行财务清算。

民办学校自己要求终止的，由民办学校组织清算；被审批机关依法撤销的，由审批机关组织清算；因资不抵债无法继续办学而被终止的，由人民法院组织清算。

第五十九条　对民办学校的财产按照下列顺序清偿：

（一）应退受教育者学费、杂费和其他费用；

（二）应发教职工的工资及应缴纳的社会保险费用；

（三）偿还其他债务。

民办学校清偿上述债务后的剩余财产，按照有关法律、行政法规的规定处理。

第六十条　终止的民办学校，由审批机关收回办学许可证和销毁印章，并注销登记。

第九章　法律责任

第六十一条　民办学校在教育活动中违反教育法、教师法规定的，依照教育法、教师法的有关规定给予处罚。

第六十二条　民办学校有下列行为之一的，由审批机关或者其他有关部门责令限期改正，并予以警告；有违法所得的，退还所收费用后没收违法所得；情节严重的，责令停止招生、吊销办学许可证；构成犯罪的，依法追究刑事责任：

（一）擅自分立、合并民办学校的；

（二）擅自改变民办学校名称、层次、类别和举办者的；

（三）发布虚假招生简章或者广告，骗取钱财的；

（四）非法颁发或者伪造学历证书、结业证书、培训证书、职业资格证书的；

（五）管理混乱严重影响教育教学，产生恶劣社会影响的；

（六）提交虚假证明文件或者采取其他欺诈手段隐瞒重要事实骗取办学许可证的；

（七）伪造、变造、买卖、出租、出借办学许可证的；

（八）恶意终止办学、抽逃资金或者挪用办学经费的。

第六十三条　审批机关和有关部门有下列行为之一的，由上级机关责令其改正；情节严重的，对直接负责的主管人员和其他直接责任人员，依法给予行政处分；造成经济损失的，依法承担赔偿责任；构成犯罪的，依法追究刑事责任：

（一）已受理设立申请，逾期不予答复的；

（二）批准不符合本法规定条件申请的；

（三）疏于管理，造成严重后果的；

（四）违反国家有关规定收取费用的；

（五）侵犯民办学校合法权益的；

（六）其他滥用职权、徇私舞弊的。

第六十四条　社会组织和个人擅自举办民办学校的，由县级以上人民政府的有关行政部门责令限期改正，符合本法及有关法律规定的民办学校条件的，可以补办审批手续；逾期仍达不到办学条件的，责令停止办学，造成经济损失的，依法承担赔偿责任。

第十章　附　则

第六十五条　本法所称的民办学校包括依法举办的其他民办教育机构。

本法所称的校长包括其他民办教育机构的主要行政负责人。

第六十六条　在工商行政管理部门登记注册的经营性的民办培训机构的管理办法，由国务院另行规定。

第六十七条　境外的组织和个人在中国境内合作办学的办法，由国务院规定。

第六十八条　本法自2003年9月1日起施行。1997年7月31日国务院颁布的《社会力量办学条例》同时废止。

三、相关企业介绍

北京市

北京瑞普思技术培训有限公司
地址：北京市丰台区丰北路甲79号79－2幢903室
……………………Tel：010－51338387

北京科信教育发展有限公司
地址：北京市海淀区北三环西路48号1号楼B座20至21层20－21G1
……………………Tel：010－51627596

北京星亮点艺术培训有限公司
地址：北京市西城区西便门东里甲1号10号楼二层201
……………………Tel：010－56199739

北京科大中冶技术培训有限公司
地址：北京市海淀区中关村东路16号院10号楼13层1610
……………………Tel：010－56760888

北京爱博教育发展有限公司
地址：北京市平谷区兴谷经济开发区6区201－1959
……………………Tel：010－58076785

北京市昌平华能培训中心
地址：北京市昌平区小汤山镇常兴庄村南264号
……………………Tel：010－58386988

北京方寸天魔术艺术培训有限公司
地址：北京市朝阳区建国路35号2号楼14层1413号
……………………Tel：010－62135340

心乐土（北京）文化发展有限公司
地址：北京市顺义区南法信镇金关北二街3号院3号楼10层1027
……………………Tel：010－62660682

中智职业发展有限公司
地址：北京市朝阳区光华路7号7层7B3
……………………Tel：010－65613920

威第安质量管理认证技术培训（北京）有限公司
地址：北京市朝阳区东三环北路8号院6号楼5层0512室
……………………Tel：010－65900059

北京盛开如兰艺术培训有限责任公司
地址：北京市海淀区景和园底商9－9
……………………Tel：010－82556893

北京华阳奥通技术培训有限公司
地址：北京市朝阳区来广营乡北苑东路顾家庄桥北300米路西
……………………Tel：010－84930280

星之路国际艺术培训（北京）有限公司
地址：北京市密云区河南寨镇密顺路18号产业基地办公楼420室－108
……………………Tel：010－85801450

毫米映画（北京）教育科技有限公司
地址：北京市丰台区马家堡路180号6层706－2
……………………Tel：010－87673489

上海市

上海市杨梅红教育培训有限公司
地址：上海市浦东新区成山路462号三层001单元
……………………Tel：021－24150580

上海迄迪教育科技有限公司
地址：上海市奉贤区环城西路3111弄555号4幢－3390
……………………Tel：021－32585380

上海稷问教育科技有限公司
地址：上海市宝山区逸仙路2816号1幢9层
……………………Tel：021－33561770

上海绿优培训学校有限公司
地址：上海市徐汇区龙华中路759号一层WA－106a室
……………………Tel：021－33635198

帆至教育科技（上海）有限公司
地址：上海市松江区永丰街道玉树路269号5号楼33142室
……………………Tel：021－33733636

箐麦教育科技（上海）有限公司
地址：上海市崇明区堡镇堡镇南路58号15幢B区220－7室（上海堡镇经济小区）
……………………Tel：021－33975039

上海名升教育科技有限公司
地址：上海市崇明区长兴镇潘园公路1800号3号楼26384室（上海泰和经济发展区）
……………………Tel：021－34080635

上海凯斯尔培训学校有限公司
地址：上海市闵行区七莘路1809弄2号8楼801、802、803、804、805室
……………………Tel：021－34240788

上海云领将来教育科技有限公司
地址：上海市闵行区合川路3152号1栋北一楼103室
……………………Tel：021－34970652

上海赛壹赛管理咨询有限公司
地址：中国（上海）自由贸易试验区浦建路15号二楼288－299、2103、2110－2115室
……………………Tel：021－50137301

上海玟誉教育科技有限公司
地址：上海市宝山区长江西路2311号1－2层
……………………Tel：021－50683205

上海赤望教育科技有限公司
地址：上海市宝山区高逸路112－118号3幢2631室
……………………Tel：021－51068155

上海士逊教育科技有限公司
地址：上海市长宁区中山西路933号1007－1008室
……………………Tel：021－51113119

上海至优慧培训学校有限公司
地址：上海市普陀区梅川路1325号1楼A室、2楼A室
……………………Tel：021－52559339

上海卡思佳教育培训有限公司
地址：上海市杨浦区淞沪路151号二楼2－5铺位
……………………Tel：021－52559339

上海昂立智立方教育培训有限公司
地址：上海市闵行区都市路5001号地上三层326A、327B号
……………………Tel：021－52588866

上海璞远教育科技有限公司
地址：上海市嘉定区科福路358_368号4幢1层E区JT6611室
……………………Tel：021－53099629

上海立洋乐顿教育科技有限公司
地址：上海市浦东新区秀浦路2388号10幢3层
……………………Tel：021－53530025

上海鳌选教育科技有限公司
地址：上海市崇明区庙镇宏海公路98号8116室（上海庙镇经济开发区）
……………………Tel：021－54390899

上海铭思教育培训有限公司
地址：上海市闵行区春东路508号2幢113、115、116室
……………………Tel：021－54561569

上海青本教育科技有限公司
地址：上海市宝山区环镇南路858弄58号楼
……………………Tel：021－54793369

剪意教育科技（上海）有限公司
地址：上海市金山区廊下镇景乐路228号7幢G263室
……………………Tel：021－54856285

上海小问号教育培训有限公司
地址：上海市杨浦区黄兴路1625号321室、323室、325室
……………………Tel：021－55063303

上海旭莲教育科技有限公司
地址：上海市宝山区江杨南路880号D8室
……………………Tel：021－55099816

上海宝旭教育科技有限公司
地址：上海市宝山区盘古路727号5幢A区101室
……………………Tel：021－56105610

赋韵教育科技（上海）有限公司
地址：上海市崇明县横沙乡富民支路58号A2－331室
……………………Tel：021－58420173

上海兰麒培训学校有限公司
地址：上海市嘉定区沪宜公路1158号1607－1612室
……………………Tel：021－59965917

上海东方尚学培训中心有限公司
地址：上海市普陀区中山北路3553号704、705、706、707室
……………………Tel：021－60317687

上海红颜教育科技有限公司
地址：上海市崇明区长兴镇潘园公路1800号3号楼29688室（上海泰和经济发展区）
……………………Tel：021－60527993

上海燊喆教育科技有限公司
地址：上海市崇明县横沙乡富民支路58号A1－6191室（上海横泰经济开发区）
……………………Tel：021－60833531

尊虞教育科技（上海）有限公司
地址：上海市奉贤区南桥镇江海南路92弄2号5幢5159室－2
……………………Tel：021－61281563

布睿祺教育科技（上海）有限公司
地址：上海市长宁区愚园路753号2幢5V－5317室
……………………Tel：021－61289298

上海晋通教育培训有限公司
地址：上海市金山区金山卫镇钱鑫路301号208－Y室
……………………Tel：021－61504008

上海优毕慧培训学校有限公司
地址：上海市杨浦区永吉路380－382、384－386、388－390、392－394、396－398号
……………………Tel：021－61527880

上海圆梦圆教育科技有限公司
地址：上海市虹口区曲阳路299号801室（集中登记地）
……………………Tel：021－61737599

上海精思锐教育培训有限公司
地址：上海市虹口区花园路66弄1号201－207室；花园路38号201－206室
……………………Tel：021－61922952

美珠教育科技（上海）有限公司
地址：上海市浦东新区东方路3601号7号楼五层
……………………Tel：021－63278066

上海乐课力教育培训有限公司
地址：上海市闵行区古美路569号
……………………Tel：021－63312006

上海悦光宝盒教育科技有限公司
地址：上海市嘉定区江桥镇金运路299弄19幢5号210室、211室、212室、213室、214室、215室
……………………Tel：021－63636463

上海学大博才教育培训有限公司
地址：上海市虹口区东江湾路188号5幢220室
……………………Tel：021－63729900

上海学思教育培训有限公司
地址：上海市虹口区大连路1053号12幢202－214、301－314、401－414、501－514、601－613室、7幢102－110室、202－208室
……………………Tel：021－64079911

上海辅仁教育投资有限公司
地址：上海市徐汇区田林东路588号A391室
……………………Tel：021－64417799

上海梦航教育科技有限公司
地址：上海市闵行区七莘路182号32幢32－1号103a室
……………………Tel：021－64588869

上海德伟思教育培训有限公司
地址：上海市杨浦区延吉东路557号134幢二楼、三楼301－306室，175幢一楼104室
……………………Tel：021－65300012

上海学明堂培训学校有限公司
地址：上海市普陀区延长西路328－330号二层
……………………Tel：021－66110025

上海心花晶晶教育科技有限公司
地址：上海市崇明区长兴镇潘园公路1800号3号楼26407室（上海泰和经济发展区）
……………………Tel：021－66273207

上海牛班教育培训有限公司
地址：上海市虹口区溧阳路649号3号楼101－105、201－205室
……………………Tel：021－66340008

上海子藤教育科技（集团）有限公司
地址：上海市普陀区桃浦路130弄100号3090室
……………………Tel：021－66696859

上海知周教育科技有限公司
地址：浦东新区南汇新城镇环湖西二路888号C楼
……………………Tel：021－67668808

上海启源教育培训股份有限公司
地址：上海市松江区仓丰路855弄1号4层B区
……………………Tel：021－67828888

重庆市

重庆延梦教育文化咨询有限公司
地址：重庆市荣昌区昌元街道荣滨南路西段134号
……………………Tel：023－46731836

重庆市永川区智能量教育培训有限公司
地址：重庆市永川区人民西路16号附5号
……………………Tel：023－49338899

重庆市松林职业培训有限公司
地址：重庆市巫山县巫峡路688号
……………………Tel：023－57655888

城口县茂林教育投资有限公司
地址：重庆市城口县葛城街道城岚路13号
……………………Tel：023－59267666

重庆市沙坪坝区精锐学涯教育培训有限公司
地址：重庆市沙坪坝区沙南街4－3号
……………………Tel：023－61691907

重庆熹禾教育科技有限公司
地址：重庆市南岸区南坪东路18号"N18LOFT小院"7号楼1－3号商铺
……………………Tel：023－62982691

重庆艾希贝尔艺术培训有限公司
地址：重庆市北部新区东湖南路40号3幢12－5
……………………Tel：023－63019100

重庆东桥郡学生课后看护服务有限公司
地址：重庆市沙坪坝区明德路5号附1194、1195、1196号
……………………Tel：023－63026863

源创多特（重庆）心理咨询有限公司 重庆市渝北区龙山一路5号扬子江商务小区4幢A2－5（自主承诺）
……………………Tel：023－63800581

重庆万卓教育咨询有限公司
地址：重庆市九龙坡区石坪桥正街9号1幢附95号
……………………Tel：023－67088666

重庆欧文教育信息咨询服务有限公司
地址：重庆市渝中区八一路108号37层部分
……………………Tel：023－67308412

重庆盛才文化传播有限公司
地址：重庆市南岸区福民路30号4幢14－5号
……………………Tel：023－67462799

重庆玖陆零教育科技有限公司
地址：重庆市江北区天澜大道11号21幢14－5
……………………Tel：023－67747599

重庆国际劳务培训中心有限公司
地址：重庆市渝北区仙桃街道数据谷东路19号

……………………Tel：023-68622637

重庆纯文教育科技集团有限公司
地址：重庆市九龙坡区奥体运动街128号、130号D区名店2、3号商铺
……………………Tel：023-68631098

重庆嘉迪教育科技有限公司
地址：重庆市江北区天澜大道11号12幢20-3
……………………Tel：023-68903220

重庆市渝中区艺鑫光芒艺术培训中心有限公司
地址：重庆市渝中区时代天街3号C馆4楼L4-08/09
……………………Tel：023-81700009

重庆众奥艺术培训有限公司
地址：重庆市渝中区中山三路131号第六层602
……………………Tel：023-88151899

重庆乐融儿童之家文化发展有限公司
地址：重庆市北部新区鸳鸯街道龙宁路2号
……………………Tel：023-88196555

重庆甲丁艺术培训有限公司
地址：重庆市江北区建新东路339号4幢4-16
……………………Tel：023-89115185

河北省

邯郸丹阳教育咨询有限公司
地址：河北省邯郸市邯山区农林路39号
……………………Tel：0310-3058999

邯郸市昂立教育科技有限公司
地址：河北省邯郸市丛台区滏河北大街396号华浩天际A座1单元9层904号商铺
……………………Tel：0310-3143131

石家庄圣山教育科技有限公司
地址：河北省石家庄市桥西区南小街129号盈伴大厦A座308室
……………………Tel：0311-83116244

张家口崇礼区艺苑文化交流有限公司
地址：河北省张家口市崇礼县西湾子镇风情商业街
……………………Tel：0313-4616987

滦州金振教育科技有限公司
地址：河北省唐山市滦州市新城和平里4号
……………………Tel：0315-7109985

廊坊市国顺驾驶员培训有限公司
地址：廊坊市安次区码头镇祁营村南
……………………Tel：0316-2585858

山西省

山西新舞教育科技有限公司
地址：山西省太原市小店区学府街126号B座8层（进驻太原和空间企业孵化园管理有限公司276号）
……………………Tel：0351-2151535

山西颂之典教育科技有限公司
地址：山西省太原市小店区亲贤北街120号1幢101号
……………………Tel：0351-2161113

山西研之路教育科技有限公司
地址：太原市小店区南内环街财富大厦1402室
……………………Tel：0351-2216262

山西煜学教育咨询有限公司
地址：太原市杏花岭区肖墙路9号御花园假日广场B座13层8、9号
……………………Tel：0351-2355416

山西雅正教育科技有限公司
地址：太原市小店区长风街145号长风万厦苑9号楼3层302号
……………………Tel：0351-2509007

山西蓝妮教育科技有限公司
地址：太原市万柏林区白家庄街道九院新村（403小区）内
……………………Tel：0351-2566552

太原学达人教育科技有限公司
地址：太原市小店区学府街158号
……………………Tel：0351-2575558

山西尚学苑教育科技有限公司
地址：太原市小店区平阳路132号2号楼3单元702室
……………………Tel：0351-2590729

山西狼腾教育科技有限公司
地址：太原市小店区南内环街财富大厦1306室
……………………Tel：0351-2598898

山西虹聪教育科技有限公司
地址：山西省太原市小店区人民北路俪和苑小区二号楼3单元402室
……………………Tel：0351-2598898

山西九如教育科技有限公司
地址：太原市迎泽区文源巷15号5层501号
……………………Tel：0351-2727191

山西中高大智教育科技有限公司
地址：太原市杏花岭区七府园路11号1号楼2层201
……………………Tel：0351-2802263

山西彩乐星文化艺术有限公司
地址：太原市迎泽区解放路26号新星大世界六楼中厅南侧
……………………Tel：0351-2917877

山西皓华教育科技有限公司
地址：太原市杏花岭区小新街平民路5号万达天玺小区5号楼2单元 1002室
……………………Tel：0351-2988917

山西崇德国际文化教育有限公司
地址：山西省太原市尖草坪区和平北路361号（辰兴 优山美郡）30幢1002号商铺
……………………Tel：0351-3177868

太原瑞吉欧教育咨询有限公司
地址：山西综改示范区太原唐槐园区大昌路91号201室
……………………Tel：0351-3534577

山西泛智大教育咨询有限公司
地址：太原市迎泽区海边街1号
……………………Tel：0351-4078787

山西立师得教育科技有限公司
地址：山西省太原市小店区亲贤北街79号茂业中心1007室
……………………Tel：0351-5220228

山西骏驰教育咨询有限公司
地址：山西省太原市迎泽区双塔寺街38号闻汇商务大厦4层412-1-2号
……………………Tel：0351-5233466

山西世成教育咨询有限公司
地址：山西省太原市小店区长风街131号A座13层1311号
……………………Tel：0351-5620738

太原我家贝贝教育科技有限公司
地址：山西省太原市小店区晋阳街22号江天国际3层060号
……………………Tel：0351-5682349

山西多元合创教育科技有限公司
地址：太原市小店区平阳路96号华康大厦15层A
……………………Tel：0351-5698666

山西梦幻启航文化艺术有限公司
地址：太原市万柏林区长风商务区华润中心万象城L3城L339号
……………………Tel：0351-6220999

山西艺道文化交流有限公司
地址：山西省太原市万柏林区新庄北街（万象城）3层306号
……………………Tel：0351-6693694

山西硕成文化艺术有限公司
地址：太原市小店区平阳路14号赛格商务大厦十二层A座
……………………Tel：0351-7028128

太原启航世纪教育咨询有限公司
地址：太原市小店区平阳路14号赛格商务大厦十二层C座
……………………Tel：0351-7028128

山西新乾元航空飞行俱乐部有限责任公司
地址：山西省太原市小店区亲贤北街50号万泉大厦8层0806号
……………………Tel：0351-7029916

山西三晋教育咨询有限公司
地址：山西省太原市迎泽区双塔寺街38号1幢B座20层2002号
……………………Tel：0351-7065222

山西哈福沃教育发展有限公司
地址：山西省太原市小店区平阳路98号4层405号
……………………Tel：0351-7221822

山西世纪博汇教育科技有限公司
地址：太原市小店区文华苑E区3幢4单元1层01号
……………………Tel：0351-7224922

太原柒彩飞象文化传媒有限公司
地址：太原市迎泽区新建南路189号三层7号
……………………Tel：0351-7227887

山西九知乐学教育科技有限公司
地址：山西省太原市晋源区新晋祠路299号S1底商201
……………………Tel：0351-7282288

山西九知教育科技有限公司
地址：山西省太原市小店区长风街132号长风大厦2506
……………………Tel：0351-7282288

山西千锋教育科技有限公司
地址：山西省太原市小店区平阳路街道平阳路101号国瑞苑1层5-2号商铺
……………………Tel：0351-7287546

山西金奥教育咨询有限公司
地址：太原市小店区平阳路1号金茂国际数码中心B座29层F户
……………………Tel：0351-7627778

太原星海智立文化传播有限公司
地址：山西综改示范区太原唐槐园区大昌路69号宇翔大厦1210室
……………………Tel：0351-7631020

山西智风武道教育科技有限公司
地址：山西省太原市杏花岭区晋安东街7号富力城A区103号商铺
……………………Tel：0351-7864351

山西新华教育培训有限公司
地址：山西省晋中市山西示范区晋中开发区汇通产业园区太谷街525号A座
……………………Tel：0354-2519033

黎城县黄崖洞红色文化培训有限责任公司
地址：黎城县黄崖洞景区
……………………Tel：0355-7770586

晋城市常春藤教育培训学校有限公司
地址：山西省晋城市城区文博路889号
……………………Tel：0356-2057777

临汾市博奥开拓文化艺术有限公司
地址：临汾市尧都区县底镇刘村
……………………Tel：0357-8600777

内蒙古自治区

内蒙古天翊教育服务有限公司
地址：海拉尔区满洲里南路呼伦贝尔市科技创业服务中心212室
……………………Tel：0470-3560971

内蒙古思科瑞特教育咨询有限责任公司
地址：内蒙古自治区呼和浩特市回民区新华西街阿拉善北路西侧新街坊2号楼
……………………Tel：0471-5164092

内蒙古润德教育文化产业发展有限公司
地址：内蒙古自治区包头市青山区包头市青少年发展中心二层201
……………………Tel：0472-3639888

包头市北方优学外国语教育有限公司
地址：内蒙古自治区包头市九原区职教园区科教大厦606
……………………Tel：0472-7100066

鄂尔多斯市东胜区新文杰培训有限责任公司
地址：内蒙古自治区鄂尔多斯市东胜区团结路4号街坊大兴家和苑小区B号楼
……………………Tel：0477-3878765

内蒙古卓越软件财务服务有限责任公司
地址：内蒙古自治区锡林郭勒盟多伦县诺尔镇龙泽湖路创业孵化园二期一楼底商
……………………Tel：0479-4822380

江苏省

南京金贝园文化艺术培训有限公司
地址：南京市浦口区滨江大道1号明发滨江新城157-163幢2001室
……………………Tel：025-52115003

南京微乐文化艺术培训有限公司
地址：南京市江宁区秣陵街道秣周中路188号
……………………Tel：025-52115003

南京创声文化发展有限责任公司
地址：南京市江宁区秣陵街道天印大道1369号广博苑02幢214室
……………………Tel：025-52192111

南京鸿羲职业技能培训有限公司
地址：南京市栖霞区尧化街道水田村118号南京十月军校
……………………Tel：025-52210345

南京承为融通文化艺术培训有限公司
地址：南京市秦淮区石鼓路42号901室
……………………Tel：025-52225409

南京崇鼎文化艺术培训有限公司
地址：南京市六合区中山科技园科创大道9号A6栋2077室
……………………Tel：025-52266770

南京腾智艺术培训有限公司
地址：南京市六合区雄州街道白果路134号（含二层）
……………………Tel：025-57123399

南京金子塔艺术培训有限公司
地址：南京市溧水经济开发区机场路8号塞纳名邸幼儿园旁
……………………Tel：025-57420388

南京爱多文化艺术培训有限公司
地址：南京市鼓楼区江苏路138-1号
……………………Tel：025-57714437

南京树艺華文化传媒有限公司
地址：南京市建邺区云锦路188号地下车库负二层1-6室
……………………Tel：025-58498801

南京苏教点启教育咨询有限公司
地址：南京市建邺区河西大街198号三单元3层305室
……………………Tel：025-58711336

江苏尚品文化传媒有限公司
地址：南京市栖霞区马群街道紫东路1号G4-107室
……………………Tel：025-58772988

南京太仁兴发教育科技有限公司
地址：南京市浦口区江浦街道锦上路1号07幢1509室
……………………Tel：025-58886891

南京赛诚智慧教育科技股份有限公司
地址：南京市雨花经济开发区凤华路18号8幢213室
……………………Tel：025-58969359

南京香海职业技能培训有限公司
地址：南京市雨花台区小行路16号1号楼
……………………Tel：025-66157330

南京扬帆品奥文化发展有限公司
地址：南京市江宁区吉印大道3789号
……………………Tel：025-66163166

南京世柯梵文化传媒有限公司
地址：南京市秦淮区龙蟠中路418号-18
……………………Tel：025-66693703

南京梦道文化传媒有限公司
地址：南京市江宁开发区马浦街6号（江宁开发区）
……………………Tel：025-68027077

南京佳朝教育科技有限公司
地址：南京市鼓楼区古平岗4号
……………………Tel：025-83170856

南京乐铭思文化艺术培训有限公司
地址：南京市秦淮区延龄巷27号
……………………Tel：025-83172685

南京鼎誉教育科技有限公司
地址：南京市鼓楼区中央北路103号
……………………Tel：025-83238386

南京赞真文化艺术培训有限公司
地址：南京市秦淮区洪武路293-2号
……………………Tel：025-83240877

南京明泰文化艺术培训有限公司
地址：南京市秦淮区中山东路198号817室
……………………Tel：025-83240877

南京基石美育文化艺术培训有限公司
地址：南京市秦淮区太平南路168号2幢1310室
……………………Tel：025-83322030

南京凤凰天晴国际职业教育有限公司
地址：南京市鼓楼区湖南路1号B幢17层
……………………Tel：025-83408103

南京鹰爸教育科技有限公司
地址：南京市秦淮区四条巷12号202室
……………………Tel：025-83530112

江苏马力教育培训有限公司
地址：南京市白下区石鼓路33号2401室
……………………Tel：025-84461358

南京麦多多艺术培训有限公司
地址：南京市建邺区江东中路229号2幢1101室
……………………Tel：025-84700731

南京巴托克文化艺术培训有限公司
地址：南京市栖霞区燕子矶街道神农路5-3号
……………………Tel：025-85285456

南京梦承霓裳教育科技有限公司
地址：南京市鼓楼区龙凤花园隽凤园1号212室

……………………Tel：025-85515253
南京梦承霓裳艺术培训有限公司
地址：南京市江宁区金鹰购物中心三层A03-00122
……………………Tel：025-85515253
南京燕智汇文化艺术培训有限公司
地址：南京市秦淮区天堂新村14号
……………………Tel：025-85519769
南京小金鱼文化艺术有限公司
地址：南京市秦淮区瑞金路48号1004室
……………………Tel：025-85557213
南京致睿文化发展有限公司
地址：南京市雨花台区凤台南路138号4楼415
……………………Tel：025-85564122
南京正人教育科技有限公司
地址：南京市玄武区北京东路1号
……………………Tel：025-85568768
南京十方有易教育培训中心有限公司
地址：南京市鼓楼区草场门大街101号6层B、F、L室
……………………Tel：025-85718778
南京铸砺艺术培训有限公司
地址：南京市江宁区江宁街道陆郎集镇大元街62号
……………………Tel：025-85807948
南京博林文化艺术培训有限责任公司
地址：南京市江宁区莱茵达路102-4（高新园）
……………………Tel：025-85923289
南京卓石教育科技有限公司
地址：南京市鼓楼区中山路55号华龙电子城3楼
……………………Tel：025-85927861
南京力树教育投资有限公司
地址：南京市江宁区九竹路99号（江宁开发区）
……………………Tel：025-86127701
南京金箔教育产业发展股份公司
地址：南京市江宁区科宁路268号
……………………Tel：025-86166619
南京沃赢教育科技有限公司
地址：南京市鼓楼区新模范马路66号南邮大厦4层（西）创客孵化器
……………………Tel：025-86520859
南京寻找爱丽丝文化艺术培训有限公司
地址：南京市雨花台区西柿路9号1幢107室二楼
……………………Tel：025-86615592
南京者的文化传媒有限公司
地址：南京市江宁区麒麟科技创新园智汇路300号B单元二楼
……………………Tel：025-86646661
南京奥亚体育文化发展有限公司
地址：南京市建邺区河西大街198号三单元6楼601室
……………………Tel：025-86806649
南京乐果艺术培训有限公司
地址：南京市江宁区秣陵街道双龙大道1118号新都汇广场1-1幢803室（江宁开发区）
……………………Tel：025-86883193
南京蒙特氏教育科技有限公司
地址：南京市建邺区河西大街198号三单元2层304室
……………………Tel：025-96889996
无锡通典培训有限公司
地址：无锡市新区龙山路2-18-1509
……………………Tel：0510-81819823
无锡地铁培训学院有限公司
地址：无锡市清扬路228号
……………………Tel：0510-81960438
无锡金南教育投资股份有限公司
地址：无锡市广石路88号（黄石大桥东堍南侧）
……………………Tel：0510-83119118
无锡陶氏灵感培训有限公司
地址：无锡市锡山区东安路273-303、273-304、273-305、273-306、273-307室
……………………Tel：0510-85210181
无锡格局方寸教育科技有限公司
地址：无锡市五湖大道9号蠡湖科创中心北楼5楼509室
……………………Tel：0510-85853118
无锡柠青教育培训中心有限公司
地址：无锡市新吴区旺庄路107号2层16号
……………………Tel：0510-88558008
无锡市阿拉貘艺术培训有限公司
地址：无锡市长江北路280-286号3栋235-240号
……………………Tel：0510-88818699
镇江云翔教育咨询有限公司
地址：镇江市新区大港吉祥街22幢22号201室
……………………Tel：0511-83378188
常熟市乾文教育培训中心有限公司
地址：常熟市珠海路33号天惠商务广场A幢102
……………………Tel：0512-52717113
常熟市艺秀艺术培训有限公司
地址：常熟市虞山镇珠海路6幢208-212号
……………………Tel：0512-52883682
常熟市南艺艺术培训有限公司
地址：常熟市环城东路55号
……………………Tel：0512-52986386
齐桓文化艺术培训（苏州）有限公司
地址：太仓市城厢镇人民北路9-4号
……………………Tel：0512-53990551
昆山所放艺术培训有限公司
地址：昆山市花桥镇香榭丽大道779号
……………………Tel：0512-57574877
苏州课后教育科技有限公司
地址：苏州工业园区金鸡湖大道1355号国际科技园内A2001-53单元
……………………Tel：0512-62620281
苏州交响乐团有限公司
地址：苏州工业园区观枫街1号
……………………Tel：0512-62899573
苏州工业园区服务外包有限公司
地址：苏州工业园区若水路99号
……………………Tel：0512-62932136
苏州英才培欣文化艺术有限公司
地址：苏州工业园区南榭雨街9号凤凰新天地39-305B
……………………Tel：0512-62993728
金世达（苏州）教育科技有限公司
地址：苏州市干将西路305号荣利大厦3层
……………………Tel：0512-65123385
芭莎培训（苏州）有限公司
地址：苏州工业园区顺达商业广场1幢619室
……………………Tel：0512-65513422
苏州树人堂教育科技有限公司
地址：苏州工业园区东环路1408号1幢2009室
……………………Tel：0512-65856332
新起点教育科技（苏州）有限公司
地址：苏州工业园区锦丰商业广场3幢3215室
……………………Tel：0512-65856332
苏州声米培训有限公司
地址：苏州工业园区企鸿路18号苏州双湖广场B1层B1-2
……………………Tel：0512-66954686
苏州润琨文化艺术发展有限公司
地址：苏州吴中经济开发区郭巷街道尹中南路909号1幢
……………………Tel：0512-66986710
苏州梦希之星艺术培训中心有限公司
地址：苏州吴中经济开发区东吴南路125-1号仁泰花园
……………………Tel：0512-67879097
苏州市美正源文化传播有限公司
地址：苏州高新区长江路436号（绿宝休闲购物广场2幢2091室）
……………………Tel：0512-68033999
华亿教育科技（苏州）有限公司
地址：苏州市吴中区木渎镇木渎东门町商业广场2幢908室
……………………Tel：0512-68050869
弘德大森教育科技（苏州）有限公司
地址：苏州市吴中区吴中大道1368号411室
……………………Tel：0512-68666559
苏州新立德教育科技有限公司
地址：苏州工业园区星湖街999号99幢1111室
……………………Tel：0512-68666559
常州千佳普拉斯体育发展有限公司
地址：常州市武进区湖塘镇花园街301号万达广场百-4F-01号
……………………Tel：0512-68781565
苏州市姑苏区授之以渔教育培训中心有限公司
地址：苏州市干将东路599号东凌大厦504室
……………………Tel：0512-68833200
阳山智谷（苏州）培训有限公司
地址：苏州高新区鸿禧路148号创业大厦2楼
……………………Tel：0512-68838528
苏州白泽体育文化发展有限公司
地址：苏州工业园区科成路6号2栋504室
……………………Tel：0512-69577869
苏州财瑞企业管理培训有限公司
地址：苏州市干将东路178号（7号楼401室）
……………………Tel：0512-88860026
南通开发区轩铭培训学校有限公司
地址：南通市开发区五洲家园1幢105室
……………………Tel：0513-51013088
南通开发区轻盟环球培训学校有限公司
地址：南通市开发区永旺梦乐城一层NO.171
……………………Tel：0513-55096611
南通市普乐士培训有限公司
地址：南通市崇川区颐景苑商业8-104室
……………………Tel：0513-55880400
南通市崇川区乐思堂课外培训中心有限公司
地址：南通市崇川区城山路129号2幢202室、203室
……………………Tel：0513-85157778
南通市崇海教育科学研究院有限公司
地址：南通市崇川区中南世纪城20幢1003号
……………………Tel：0513-85667660
南通微思登教育发展有限公司
地址：南通市开发区广州路42号502室
……………………Tel：0513-86677883
南通海贝教育咨询有限公司
地址：南通市开发区竹行龙田花苑29幢
……………………Tel：0513-89161000
扬州天歌艺术培训有限公司
地址：扬州市邗江区兴城西路207号八方汇大厦5层501-511号房
……………………Tel：0514-85860699
宿北文化传媒（徐州）有限公司
地址：徐州市云龙区淮海经济区文化艺术品展示交易中心1号楼1-101
……………………Tel：0516-66699444
徐州浩博击剑培训有限公司
地址：徐州市云龙区民祥园路西侧民祥大厦三楼
……………………Tel：0516-82100657
徐州苏政教育科技有限公司
地址：徐州经济技术开发区金龙湖公馆1号楼1-1306室
……………………Tel：0516-83729947
徐州好未来教育培训有限公司
地址：徐州市云龙区建国东路111号广达大厦3层
……………………Tel：0516-83801202
徐州瑞艺教育科技有限公司
地址：徐州市戏马台纺织市场综合楼三层1室
……………………Tel：0516-85733777
盱眙如中乐器培训有限公司
地址：淮安市盱眙县鲍集镇工业集中区
……………………Tel：0517-88295235
淮安市淮报教育培训中心有限公司
地址：淮安市清江浦区西大街116号
……………………Tel：0517-89880080
连云港市家贝保育服务有限公司
地址：连云港市海州区通灌南路96号连云港三十六艺商业管理有限公司第三层商铺⑥⑦号
……………………Tel：0518-85988917
连云港市朗英教育培训有限公司
地址：连云港市海州区苍梧路53号同科汇丰国际3#商业A段301铺
……………………Tel：0518-85988917
常州普智教育科技有限公司
地址：常州市钟楼区常春路6号
……………………Tel：0519-86906562
常州红泉书院有限公司
地址：溧阳市昆仑街道经济开发区经一路6号1幢
……………………Tel：0519-87162382
溧阳市优倍青少年美术活动中心有限公司
地址：溧阳市别桥镇文化路8号
……………………Tel：0519-87962666
常州兮兮文化艺术有限公司
地址：常州市钟楼区广化街7、9号SF2008
……………………Tel：0519-88288803
常州市恐龙人教育科技有限公司
地址：常州市新北区晋陵路511号保纳商业广场4幢101-106
……………………Tel：0519-88812626
泰州福臻教育有限公司
地址：兴化市英武南路699-18号
……………………Tel：0523-80518521
泰州市翰林童话教育管理有限公司
地址：泰州市海陵区翰林雅居114幢1号房幼儿园
……………………Tel：0523-86118188
泰州市海陵区展景教育培训中心有限公司
地址：泰州市海陵区凤城国际花园23幢111室
……………………Tel：0523-86878108
宿迁市新科教育培训有限公司
地址：沭阳县蓝天国际商贸城第abcd幢b单元b1160号
……………………Tel：0527-83383777
宿迁点滴艺术培训有限公司
地址：宿迁市沭阳县丰润名苑5幢1单元201号商铺
……………………Tel：0527-83938818
宿迁市天开智慧教育科技发展有限公司
地址：泗洪县水岸城邦32#-2商铺
……………………Tel：0527-86222783

浙江省

浙江黄龙体育文化培训有限公司
地址：浙江省杭州市西湖区天目山路159号（现代国际大厦北座）9层905室
……………………Tel：0571-87630525
杭州恒阳亲子培训咨询有限公司
地址：浙江省杭州市西湖区西溪街道城市芯宇公寓1幢102室
……………………Tel：0571-87759991
杭州盈熙文化艺术有限公司
地址：浙江省杭州市下城区朝晖路97号（中山花园）第一层裙房1-8号
……………………Tel：0571-87783219
杭州嘉爱教育咨询有限公司
地址：浙江省杭州市富阳区银湖街道富闲路9号银湖创新中心6号10层1015室
……………………Tel：0571-87889895
杭州明日之芯艺术培训有限公司
地址：浙江省杭州市拱墅区祥园路47号1幢1楼107室
……………………Tel：0571-87904890
杭州唐风汉格赛事文化管理有限公司
地址：浙江省杭州市西湖区三墩镇龙申综合发展中心4幢928室
……………………Tel：0571-88302491
浙江明路文化教育有限公司
地址：杭州市西湖区天目山路248号华鸿大厦2号楼A05室
……………………Tel：0571-89715053
杭州崇音文化艺术有限公司
地址：杭州市转塘街道美上商业中心1号楼-5二楼
……………………Tel：0571-89739339
长兴维多利培训学校有限公司
地址：浙江省龙山街道龙山大道431号202室、461号203室
……………………Tel：0572-6532875
嘉兴市育杰培训有限公司
地址：嘉兴市秀洲工业区中山路南侧（浙江老爷车服饰有限公司内第十层3号）
……………………Tel：0573-82230298
海宁恒扬艺术培训有限公司
地址：浙江省中国（浙江）影视产业国际合作实验区基地海宁市影视科创中心16楼1621-10室
……………………Tel：0573-89238596
慈溪市子轩培训学校有限公司
地址：浙江省慈溪市浒山街道三北大街古塘华苑2号楼161号4-5层
……………………Tel：0574-63028484
宁波瑭宁教育信息咨询有限责任公司
地址：江北区老外滩羊山巷48号2A304、404
……………………Tel：0574-87746753
宁波芝士可响声乐培训有限公司

地址：浙江省宁波市海曙区启文路157弄6号2幢202室
…………………… Tel：0574-87784882
绍兴市上虞阳明书院教育培训有限公司
地址：浙江省绍兴市上虞区曹娥街道鸿雁路785-787号
…………………… Tel：0575-82509642
绍兴市上虞德馨课外培训学校有限公司
地址：浙江省绍兴市上虞区曹娥街道鸿雁路785-787号
…………………… Tel：0575-82509642
台州市椒江精锐教育培训学校有限公司
地址：浙江省台州市椒江区凤凰铂金广场2042号
…………………… Tel：0576-88876888
浙江海霞军旅文化培训有限公司
地址：浙江省温州市洞头区北岙街道城南大道92号
…………………… Tel：0577-63366705
温州市鹿城区学而思文化培训有限公司
地址：浙江省温州市鹿城区黎明西路29弄6号1-2层
…………………… Tel：0577-88936190
丽水云星教育投资发展有限公司
地址：浙江云和县浮云街道中山东路10号
…………………… Tel：0578-5558869
东阳市轻松教育科技有限公司
地址：浙江省东阳市巍山镇工人路19号301室
…………………… Tel：0579-86922472
衢州市百特汇职业技能培训有限公司
地址：衢州市衢江区东迹大道12号105、106室
……………………Tel：0570-2831011
衢州青创培训服务有限公司
地址：衢州市衢江区东迹大道12号401室、402室
……………………Tel：0570-2831011
北影（杭州）教育科技有限公司
地址：浙江省杭州市富阳区东洲街道鸡笼山村
…………………… Tel：0571-23210779
杭州赋森教育科技有限责任公司
地址：浙江省杭州市江干区凤起东路358号天星龙大厦裙楼项目东区块顺福路与凤起东路交叉口裙楼第三层3-2
…………………… Tel：0571-28121551
杭州泽学教育科技有限公司
地址：萧山区萧山经济技术开发区启迪路198号A-B102-61室
…………………… Tel：0571-28222022
浙江黄龙绿鹰体育文化有限公司
地址：杭州市西湖区天目山路159号（现代国际大厦北座）10层1006室
…………………… Tel：0571-28880972
杭州果仁童乐园教育科技有限公司
地址：浙江省杭州市上城区婺江路217号裙房1-4层第二层208室
…………………… Tel：0571-56176809
杭州富阳明辉教育科技有限公司
地址：浙江省杭州市富阳区鹿山街道日月大道2号第8幢308室
…………………… Tel：0571-63323572
杭州广的休闲运动有限公司
地址：杭州市西湖区马塍路3号509室
…………………… Tel：0571-81881967
吉图文化创意发展（杭州）有限公司
地址：浙江省杭州市萧山区宁围街道广孚联合国际中心5层503室（自行分割）
…………………… Tel：0571-82616600
杭州锐洋教育科技有限公司
地址：萧山区宁围街道富业巷3号、23号浙江民营企业发展大厦2幢2401-2402室
…………………… Tel：0571-82919990
杭州音果文化艺术有限公司
地址：浙江省杭州市滨江区滨盛路1508号海亮大厦1005室
…………………… Tel：0571-85163893
浙江新之江教育文化有限公司
地址：杭州市下城区皇亲苑17幢写字楼三层303、305、306、307、310、312室
…………………… Tel：0571-85170300
杭州沃尔德教育信息咨询有限公司
地址：杭州市江干区天城铭园2幢12号
…………………… Tel：0571-86468733
杭州英莱教育信息咨询有限公司
地址：上城区婺江路338号1-36号
…………………… Tel：0571-86560639
杭州久拍教育咨询有限公司
地址：萧山区市心路旺角城金座1幢901-904室
…………………… Tel：0571-86602686
杭州童星闪闪艺术培训有限公司
地址：浙江省杭州市滨江区长河街道滨河路998号中赢国际商务大厦1幢601室
…………………… Tel：0571-86783116
杭州三捷教育咨询有限公司
地址：杭州市上城区牛羊司巷1-4号
…………………… Tel：0571-86892805
杭州唯思教育咨询有限公司
地址：上城区秋涛路178号5号楼134室
…………………… Tel：0571-86892811
杭州牛通社培训学校有限公司
地址：浙江省杭州市下城区中河北路77号317、318室
…………………… Tel：0571-87001023
浙江财商教育咨询有限公司
地址：上城区中河中路258号702室
…………………… Tel：0571-87038787

安徽省

安徽新恒远教育咨询有限公司
地址：安徽省滁州市上海北路611号（滁州国际商城A区）23幢商业123室
……………………Tel：0550-3052373
来安县龙艺云文化艺术培训中心有限公司
地址：安徽省滁州市来安县汊河新区供销社二楼
……………………Tel：0550-5961332
合肥星思为教育科技有限公司
地址：合肥市蜀山区长江西路与振兴路交叉口东北角加侨悦山城S4幢110上室
…………………… Tel：0551-36515650
合肥易渡教育咨询有限公司
地址：合肥市庐阳区庐江路111号
…………………… Tel：0551-62103711
安徽海朵教育发展有限公司
地址：合肥市瑶海区当涂路与临泉路交口西北角森海豪庭幼儿园内
…………………… Tel：0551-62105835
安徽音海教育文化发展有限公司
地址：合肥市包河区万振道通苑联体别墅3幢307、407
…………………… Tel：0551-62141017
安徽凯博教育科技有限公司
地址：合肥市包河区马鞍山路720号绿地赢海国际大厦B座1413室
…………………… Tel：0551-62593956
安徽熊孩子梦工厂教育咨询有限公司
地址：安徽省合肥市包河区南二环与马鞍山路交口西南角洪瑞商业中心（加侨国际广场）三层F3-40铺位
…………………… Tel：0551-62599568
安徽启哲教育发展有限公司
地址：安徽省合肥市包河区紫云路与庐州大道交叉口东南角蓝山花园15幢商105商105上室
…………………… Tel：0551-62620562
安徽毕方教育投资有限公司
地址：安徽省合肥市庐阳区金寨路206号老报馆L楼四楼
…………………… Tel：0551-62636933
安徽风之谷教育科技有限公司
地址：合肥市政务区南二环路3818号合肥天鹅湖万达广场1-8幢2-办1003
…………………… Tel：0551-62637393
安徽海燕教育科技有限公司
地址：安徽省合肥市经济技术开发区繁华大道276号徽园内安徽旅游艺术中心二层
…………………… Tel：0551-62655660
合肥光之行体育文化有限公司
地址：合肥市包河区芜湖路258号6号楼605室
…………………… Tel：0551-62799070
安徽众龙培训学校有限公司
地址：合肥市包河区淝河路99号玫瑰绅城花园B8幢101上
…………………… Tel：0551-62818940
安徽大富鸿学教育科技有限公司
地址：合肥市庐阳区砀山路（北二环）2565号大富绿洲11幢12幢商113/商113上
…………………… Tel：0551-62822206
安徽中安教育投资有限公司
地址：安徽省合肥市蜀山区荷叶地街道潜山路190号华邦世贸中心超高写字楼3304
…………………… Tel：0551-62825261
安徽擎天教育咨询服务有限公司
地址：合肥市包河区马鞍山南路140号万振城市广场C幢1813
…………………… Tel：0551-62828667
安徽凡成文化教育有限公司
地址：合肥市政务区蔚蓝商务港城市广场A座1204-1205室
…………………… Tel：0551-62830430
安徽大门牙教育咨询有限公司
地址：合肥市蜀山区潜山路399号汉嘉都市森林55栋4楼
…………………… Tel：0551-62868976
安徽理美教育培训咨询有限公司
地址：合肥市包河区万泉河路3128号滨湖金融服务中心B区105、107室
…………………… Tel：0551-63352015
合肥盛夏教育科技有限公司
地址：合肥市包河区徽州大道与南京路交口金融港A1栋604室
…………………… Tel：0551-63432959
安徽日月星教育科技有限公司
地址：合肥市包河区美菱大道124号水阳江南侧百花苑2幢402室
…………………… Tel：0551-63455590
安徽麦田新教育科技有限责任公司
地址：合肥市包河区马鞍山南路760号绿地赢海A座713
…………………… Tel：0551-63482432
安徽贝贝湾教育咨询有限公司
地址：安徽省合肥市经济技术开发区青龙潭路西、肥光路东、滨河小区北出口加工区公租房1栋129室
…………………… Tel：0551-63517680
安徽省九盟教育科技有限公司
地址：合肥市蜀山区望江西路269号学府公馆商业B-2幢
…………………… Tel：0551-63519199
安徽长力教育服务有限公司
地址：合肥市高新区创新大道2800号创新产业园二期G2栋7楼
…………………… Tel：0551-63547712
安徽弘文教育科技有限公司
地址：安徽省合肥市桐城南路曙宏新村27幢307室
…………………… Tel：0551-63628000
安徽昊颢教育科技有限公司
地址：安徽省合肥市经济技术开发区卧云路68号
…………………… Tel：0551-63659688
安徽尚予教育咨询有限公司
地址：合肥市包河区徽州大道6669号滨湖时代广场C6北-2309
…………………… Tel：0551-63666696
安徽吉之堡教育投资管理有限公司
地址：合肥市高新区黄山路612-1号
…………………… Tel：0551-63739696
安徽智道教育科技有限责任公司
地址：合肥市蜀山区望江西路金色名郡1号综合楼2205室
…………………… Tel：0551-63739698
安徽齐煜教育咨询服务有限公司
地址：安徽省合肥市庐阳区长江中路426号金川大厦603室
…………………… Tel：0551-63775344
安徽育竞教育科技有限公司
地址：合肥市包河区南二环与宿松路交口绿地中心C座808室
…………………… Tel：0551-63860521
安徽美华教育科技投资有限公司
地址：安徽省合肥市高新区黄山路612-1号科大智能综合楼3楼328室
…………………… Tel：0551-63870635
安徽东方慧智教育管理有限公司
地址：合肥市高新区黄山路612-1号
…………………… Tel：0551-63870635
安徽领培教育管理有限公司
地址：安徽省合肥市瑶海区凤阳路与胜利路交口西北侧海耀商务中心1-办310室
…………………… Tel：0551-64152387
安徽言知培训学校有限公司
地址：安徽省合肥市瑶海区和平路百大周谷堆商业街3栋307室
…………………… Tel：0551-64227230
合肥橙彩教育咨询有限公司
地址：安徽省合肥市包河区金融港中心A2栋604
…………………… Tel：0551-64257708
安徽岩诚教育咨询管理有限公司
地址：合肥市瑶海区胜利路与明光路交叉口金色梧桐公寓商住楼1，2，3幢3-3006
…………………… Tel：0551-64694989
安徽育之画教育科技有限公司
地址：安徽省合肥市经济技术开发区紫云路方兴社区商业综合楼二楼
…………………… Tel：0551-65127627
安徽星璨教育有限公司
地址：合肥市庐阳区濉溪路2号54幢
…………………… Tel：0551-65261919
安徽画里画外教育咨询有限公司
地址：合肥市包河区天山支路清华园A5-113
…………………… Tel：0551-65268685
安徽省国华教育科技有限公司
地址：合肥市政务区蔚蓝商务港城市广场A座512室
…………………… Tel：0551-65358818
安徽厚恒教育咨询有限公司
地址：安徽省合肥市蜀山区习友路1988号香槟花园27幢商101/商101上
…………………… Tel：0551-65501638
安徽知美教育科技有限公司
地址：安徽省合肥市蜀山区怀宁北路蜀沁园9单元503室
…………………… Tel：0551-65506386
安徽腾力教育科技有限公司
地址：安徽省合肥市庐阳区濉溪路425号远航大厦901室
…………………… Tel：0551-65528070
安徽冰童教育科技有限公司
地址：安徽省合肥市经济技术开发区莲花路西、石门路北尚泽时代广场A5幢办909室
…………………… Tel：0551-65575777
合肥优博教育科技有限公司
地址：安徽省合肥市经济技术开发区莲花路与丹霞路交口名筑花园32幢401室
…………………… Tel：0551-65594849
安徽皖新研学教育有限公司
地址：合肥市庐阳区砀山路10号
…………………… Tel：0551-65600761
安徽宜树教育咨询有限公司
地址：安徽省合肥市蜀山区蔚蓝商务港城市广场C座502室
…………………… Tel：0551-65637156
安徽捷越教育咨询有限公司
地址：合肥市蜀山区望江西路99号城市天地家园18幢1006
…………………… Tel：0551-65653690
安徽绿山墙教育培训有限公司
地址：合肥市高新区天柱路22号梦园商城B座三层
…………………… Tel：0551-65772029
安徽省勤志书院教育咨询有限责任公司
地址：安徽省合肥市包河区九华山路99号九华山庄综合楼2209室
…………………… Tel：0551-65818773
安徽耘读教育科技有限公司
地址：合肥市庐阳区濉溪路9号富荣大厦2804
…………………… Tel：0551-65868388
安徽戴氏多分堂教育科技有限公司
地址：合肥市蜀山区望江西路159号黄山花园21-23幢101号门面
…………………… Tel：0551-65907888
安徽解忧教育有限公司
地址：合肥市庐阳区四里河路万科中心1703室
…………………… Tel：0551-66016668
安徽信道教育科技有限公司
地址：合肥市包河区高速时代广场C7座2015-2016
……………………Tel：0551-6689671
安徽艺海晋贤教育科技有限责任公司
地址：安徽省合肥市经济技术开发区宿松路与紫蓬路交口向北20米合众教育街B栋401、501
…………………… Tel：0551-67121607
安徽进星教育咨询有限公司
地址：安徽省合肥市庐阳区长江中路279号安徽图书城附属楼二楼
…………………… Tel：0551-67123999
安徽省鹏图教育咨询有限公司
地址：合肥市瑶海区龙岗开发区大鹏怡和华庭20幢

……………………Tel：0551－67753222

合肥滴训教育文化传媒有限责任公司
地址：安徽省合肥市蜀山区天鹅湖路121号旭辉花园2幢1105
……………………Tel：0551－67880882

安徽皖思培训学校有限公司
地址：安徽省合肥市经济技术开发区玉屏路与云谷路交口临湖社区二期S3商铺二楼
……………………Tel：0551－68342625

肥西育之菁培训中心有限公司
地址：安徽省合肥市肥西县上派镇滨河家园安置点经营性用房S2＃楼275－2105
……………………Tel：0551－68844887

肥西县巴比松培训中心有限公司
地址：安徽省合肥市肥西县上派镇新华街水晶城B2号楼401.402室
……………………Tel：0551－68845887

肥西珍之珠培训中心有限公司
地址：安徽省合肥市肥西县上派镇青年北路凉亭雅苑商2号楼二层
……………………Tel：0551－68846687

肥西育之光培训中心有限公司
地址：安徽省合肥市肥西县上派镇三河路盛世珑门7号楼301室
……………………Tel：0551－68846887

安徽奇思创享教育科技有限公司
地址：合肥市庐阳区荷塘路50号杏花国际广场A办2205
……………………Tel：0551－68991387

合肥皖智教育科技集团有限公司
地址：合肥市蜀山区长江西路200号置地投资广场1401室
……………………Tel：0551－68998910

安徽合正教育管理有限公司
地址：安徽省合肥市蜀山区长江西路888号西12栋307室
……………………Tel：0551－6964689

安徽梦翔教育科技有限公司
地址：巢湖市城市之光中心广场C2－2铺
……………………Tel：0551－82393344

蚌埠市经济开发区英佳尚美培训学校有限公司
地址：安徽省蚌埠市体育东路218号
……………………Tel：0552－3138688

安徽道乾教育咨询有限公司
地址：安徽省蚌埠市淮上区紫阳大厦18层1号
……………………Tel：0552－3817899

安徽合卓教育咨询有限公司
地址：安徽省芜湖市镜湖区联盛国际商业广场1号楼1102室（申报承诺）
……………………Tel：0553－5887223

安徽博登教育科技有限公司
地址：安徽省芜湖市弋江区服务外包产业园4号楼1801室
……………………Tel：0553－7475042

芜湖县美育艺术培训中心有限公司
地址：芜湖县湾　镇飞扬商务中心A座三楼
……………………Tel：0553－8813171

马鞍山市朝之阳教育培训学校有限公司
地址：马鞍山市花山区湖东北路1000号
……………………Tel：0555－8220916

安徽天铎文化传媒有限公司
地址：安徽省安庆市开发区同安路239号
……………………Tel：0556－5323623

安庆文杰培训学校有限公司
地址：安徽省安庆市开发区英德利花园11号商业用房1－2层
……………………Tel：0556－5358562

安庆市三人行教育咨询有限公司
地址：安徽省安庆市迎江区龙眠山路新城吾悦B1－3101号
……………………Tel：0556－5521033

安徽易今文化发展有限公司
地址：桐城市文昌街道龙眠西路碧峰小区东侧
……………………Tel：0556－6028678

桐城市周国亮书画印培训学校有限公司
地址：桐城市文昌街道和平尚城13栋
……………………Tel：0556－6069668

安徽天空教育艺术中心有限公司
地址：安徽省宿松县孚玉镇人民路205号
……………………Tel：0556－7778899

宿州市埇桥区参然教育培训中心有限公司
地址：安徽省宿州市　桥区银河三路龙登和城B区17栋106－017室
……………………Tel：0557－2588369

阜阳市颍州区音尚艺术培训中心有限公司
地址：安徽省阜阳市颍州区中清路519号银河金座小区1＃商住楼110室
……………………Tel：0558－2228160

阜南县嘻哈派文化传媒有限公司
地址：阜南县鹿城镇地城路
……………………Tel：0558－2882535

安徽寰宇新能源科技有限公司
地址：安徽省亳州市谯城区新华路
……………………Tel：0558－5589165

阜阳舞姿梦舞蹈培训有限公司
地址：安徽省阜阳市颍州区颍河西路455号古商城H5二层
……………………Tel：0558－7118853

安徽睿航教育科技有限公司
地址：安徽省亳州市经开区紫苑路一品居11号楼1单元1002铺
……………………Tel：0558－7183226

安徽童悠教育科技有限公司
地址：涡阳县城西街道青牛广场2号楼B201
……………………Tel：0558－7566662

安徽省少儿创客空间教育科技有限公司
地址：亳州市谯城区药都大道建安文化广场6号楼3楼
……………………Tel：0558－8102866

安徽学尔教育信息科技有限责任公司
地址：亳州市谯城区薛阁办事处站前路孙湾商业街
……………………Tel：0558－8561333

安徽金鸣教育科技发展有限公司
地址：利辛县港口路中段西侧公疗办北五一广场对面
……………………Tel：0558－8850669

歙县红杉树教育培训中心有限公司
地址：黄山市歙县徽府置业广场3026、3027室
……………………Tel：0559－2315598

黄山市教育投资发展有限公司
地址：黄山市屯溪区迎宾大道52号
……………………Tel：0559－2534241

六安山香时代教育科技有限公司
地址：六安市集中示范园区大学科技园
……………………Tel：0560－3378866

六安市艺聪培训中心有限公司
地址：六安市金安区万鼎世纪城西门4号楼101、102商铺
……………………Tel：0564－3225928

安徽佰盛教育科技有限公司
地址：六安市云路街12号光明大厦4楼
……………………Tel：0564－3381117

安徽大未来文化艺术有限公司
地址：六安市解放路浙东商贸城B区商场2154铺
……………………Tel：0564－3388072

霍山县爱宝培训学校有限公司
地址：霍山县衡山镇迎驾大道东段北侧（大圆盘附近）
……………………Tel：0564－5108185

安徽省国材教育培训有限公司
地址：安徽省六安市霍邱县城关镇霍寿路书香门第东门S103
……………………Tel：0564－6012777

安徽飞天文化艺术培训有限公司
地址：安徽省池州市贵池区长江中路402号交通驾校内老教学楼
……………………Tel：0566－2028866

安徽益智乐教育培训有限责任公司
地址：安徽省池州市贵池区桃园小区B1＃商住楼110
……………………Tel：0566－2625236

安徽沃土教育科技有限公司
地址：合肥市庐阳区固镇路188号海棠别院2幢504室
……………………Tel：0571－88885888

福建省

福建龙翔军旅文化创意有限公司
地址：福清市镜洋镇甘厝口福清龙翔中英文学校内1号楼
……………………Tel：0591－85318718

福建京师教育文化有限公司
地址：福州市仓山区建新镇红江路6号金山工业集中区浦上工业园C区4＃楼3层厂房301
……………………Tel：0591－87806136

莆田荔城擢英幼儿园有限公司
地址：福建省莆田市荔城区镇海街道田庄街299号
……………………Tel：0594－2259888

泉州市至善教育咨询有限公司
地址：福建省泉州市丰泽区城东街道体育街滨海华庭A204－A205
……………………Tel：0595－22885632

石狮樱蜂教育科技有限公司
地址：福建省泉州市石狮市湖滨街道东港路850号一楼103室
……………………Tel：0595－88718166

龙岩市艺力通企业管理培训服务有限公司
地址：龙岩市新罗区东肖街道洋潭村拜沼岭118号（地质八队）19号楼
……………………Tel：0597－2779911

福建睿和教育传媒有限公司
地址：武夷山市武夷镇公馆村三菇街1层、1－3层
……………………Tel：0599－5252929

江西省

南昌乐智教育有限公司
地址：江西省南昌市红谷滩新区怡园路999号香城中央25幢一单元1802室（第18层）
……………………Tel：0791－83832755

江西欧乐教育咨询有限公司
地址：江西省南昌市红谷滩新区丰和北大道269号（A区）（第1－25层）3层306室
……………………Tel：0791－83883327

南昌白塔岭文化教育有限公司
地址：江西省南昌市青云谱区博览路500号
……………………Tel：0791－85216269

江西省汽车贸易有限公司
地址：江西省南昌市东湖区青山北路13号
……………………Tel：0791－86823449

上饶市祝博士教育科技有限公司
地址：江西省上饶市信州区中山路39－8号F1幢1－2、2－2
……………………Tel：0793－7893333

江西省风华教育培训有限公司
地址：江西省上饶市德兴市南门新区清华苑小区
……………………Tel：0793－7973188

江西芳尼教育科技有限公司
地址：江西省上饶市信州区赣东北大道15号6楼
……………………Tel：0793－8451221

上饶市广信区大海艺术培训中心有限公司
地址：江西省上饶市广信区凤凰西大道177号18幢202号
……………………Tel：0793－8878315

寻乌县南艺艺术培训中心有限公司
地址：江西省赣州市寻乌县长宁镇青少年活动中心一楼
……………………Tel：0797－2848777

董氏儒学文化研究院（赣州）有限公司
地址：江西省赣州市章贡区长征大道17号中廷广场四层写字楼东座
……………………Tel：0797－8085699

江西卫强教育信息咨询有限责任公司
地址：江西省赣州市章贡区厚德路31号5栋201室
……………………Tel：0797－8299700

江西省赣南教育发展中心
地址：江西省赣州市章贡区红旗大道94号国际时代广场10栋1804室
……………………Tel：0797－8374198

山东省

山东乐智启明星教育咨询有限公司
地址：菏泽市丹阳办事处丹阳路社区金都华庭18号楼01单元10101、10201室
……………………Tel：0530－5709000

山东新航产业培训基地有限公司
地址：山东省济南市历下区文化东路50号
……………………Tel：0531－55632150

山东天诺教育科技有限公司
地址：山东省济南市高新区工业南路59号中铁财智中心2－1707－B2
……………………Tel：0531－58189292

山东益优教育科技有限公司
地址：山东省济南市莱芜区鲁中东大街63号（阳光美郡1号楼）
……………………Tel：0531－78856988

济南市济阳区义学教育培训学校有限公司
地址：山东省济南市济阳区济北街道银河路澄波湖壹号小区18号楼3号商铺一楼
……………………Tel：0531－84315789

山东慈明教育发展有限公司
地址：山东省济南市长清区灵岩寺旅游区管理委员会院内
……………………Tel：0531－87468058

青岛广电国际教育有限公司
地址：山东省青岛市市南区银川西路67、69号动漫产业园B座 211C室
……………………Tel：0532－55522658

青岛征途教育科技有限公司
地址：山东省青岛市黄岛区青岛古镇口军民融合创新示范区融和路1号
……………………Tel：0532－55585986

青岛百年优学教育科技有限公司
地址：山东省青岛市胶州市阜安街道办事处福州南路中央公园项目C26
……………………Tel：0532－58970972

山东师古堂文化艺术有限公司
地址：山东省青岛市市北区台柳路468号德馨筑家30号网点商品房101室
……………………Tel：0532－66010203

青岛博格思教育有限公司
地址：山东省青岛市高新区智力岛路1号蓝色人才港C座605
……………………Tel：0532－68013939

山东儿推天下教育培训有限公司
地址：青岛市李沧区京口路106号绿地科创1609室
……………………Tel：0532－80925489

青岛艾博体育发展有限公司
地址：山东省青岛市黄岛区滨海大道2788号
……………………Tel：0532－81133076

青岛国信汇泉湾管理有限公司
地址：青岛市市南区南海路15号甲
……………………Tel：0532－82861292

青岛欧迪森教育管理咨询有限公司
地址：山东省青岛市市南区正阳关路6号甲
……………………Tel：0532－83873519

青岛东方贝尔教育发展有限公司
地址：山东省青岛市崂山区深圳路185号1601室
……………………Tel：0532－84893489

青岛有善道体育文化有限公司
地址：山东省青岛市崂山区秦岭路15号海韵东方908
……………………Tel：0532－85085330

青岛乐学都教育文化发展有限公司
地址：山东省青岛市市北区哈尔滨路88号和达中心城甲楼栋二层66－94号商铺
……………………Tel：0532－85618188

青岛海大文化教育咨询有限公司
地址：山东省青岛市市南区伏龙路9号521室
……………………Tel：0532－85901180

山东响马文化传媒有限公司
地址：山东省青岛市黄岛区长江中路467号汇商国际D－1503
……………………Tel：0532－86108190

山东大财有道教育科技有限公司
地址：中国（山东）自由贸易试验区青岛片区前湾保税港区北京路45号东办公楼一楼－680（商务秘书公司托管地址）（A）
……………………Tel：0532－86109314

青岛论道未来教育科技有限公司
地址：山东省青岛市黄岛区双珠路238号丙
……………………Tel：0532－86111199

青岛玄鸟学艺之家文化传播有限公司
地址：山东省青岛市黄岛区喜鹊山路27号西海岸汽车城
……………………Tel：0532－86113555

青岛华诺教育科技有限公司
地址：山东省青岛市黄岛区长江东路443号1栋711室
……………………Tel：0532－86768209

青岛沃顿商学国际教育有限公司
地址：山东省青岛市市南区山东路9号深

业中心B座15楼H室
…………………… Tel：0532-88002321

青岛承道艺术文化交流有限公司
地址：山东省青岛市黄岛区灵山湾路36-2号
…………………… Tel：0532-88161711

青岛蓝色经济教育发展有限公司
地址：山东省青岛市市南区宁夏路288号青岛软件园1号楼502
…………………… Tel：0532-8890069

青岛世纪风行教育科技有限公司
地址：山东省青岛市市北区瑞昌路141号金科星辰风车小镇F3-09号
…………………… Tel：0532-88915507

淄博爱贝熙悦教育培训学校有限公司
地址：山东省淄博市高新区中润大道20号华侨城北区1#商业楼F1-S02号
…………………… Tel：0533-2398217

淄博优智教育培训学校有限公司
地址：山东省淄博市张店区共青团西路203号恒大帝景3-108、3-111
…………………… Tel：0533-2398217

淄博英嘉教育科技有限公司
地址：山东省淄博市临淄区凯利世龙城沿街商业楼
…………………… Tel：0533-7321833

德州市德兴联盟教育有限公司
地址：山东省德州市德城区德州金田高新技术创业发展有限公司综合楼四层406号
…………………… Tel：0534-2660799

烟台博仁教育咨询有限公司
地址：山东省烟台市烟台大学南校区学生生活综合服务楼五楼528室
…………………… Tel：0535-3485777

山东中瑞立信教育科技有限公司
地址：山东省烟台市芝罘区南大街213号1820室
…………………… Tel：0535-4082015

烟台开发区爱乐彼教育培训学校有限公司
地址：山东省烟台市经济技术开发区淮河路1号
…………………… Tel：0535-6106000

烟台好莱喔教育科技有限公司
地址：山东省烟台市莱山区港城东大街1188号二楼701房间
…………………… Tel：0535-6856451

山东辅唐文化艺术有限公司
地址：山东省潍坊市安丘市兴安街道昌安南路安丘新汽车站沿街
…………………… Tel：0536-4186786

寿光市英才教育培训学校有限公司
地址：寿光市羊口镇区向阳街太平路路口南
…………………… Tel：0536-5722787

山东虞大教育科技股份有限公司
地址：山东省潍坊市经济开发区张氏街道新华路1398号富鑫花园5号楼405室
…………………… Tel：0536-6106595

山东东坡文化教育培训有限公司
地址：山东省潍坊市诸城市和平北街84号
…………………… Tel：0536-6217779

山东共好教育发展有限公司
地址：山东省潍坊市滨海区渤海东路002016号5号楼
…………………… Tel：0536-7570222

邹城市阳光圣城教育发展有限公司
地址：山东省济宁市邹城市太平西路1582号
…………………… Tel：0537-5119098

邹城市童蒙养正教育科技有限公司
地址：山东省济宁市邹城市唐村镇长青路1号（邹县电厂院内）
…………………… Tel：0537-5976123

泰安高新区引航教育培训学校有限公司
地址：山东省泰安高新区石灰官庄社区安居幸福里4-5商铺
…………………… Tel：0538-5059876

鲁商（山东）教育科技有限公司
地址：山东省泰安市岱岳区满庄镇迎驾路29号
…………………… Tel：0538-6186166

山东一本教育培训学校有限公司
地址：泰安市泰山区青年路80号1#楼2#楼
…………………… Tel：0538-8280618

山东假日环宇教育服务有限公司
地址：山东省临沂市兰山区山东兰华集团股份有限公司三楼306室
…………………… Tel：0539-3129668

临沂沂蒙山红色教育培训有限公司
地址：山东省临沂市沂南县汉街诸葛亮城
…………………… Tel：0539-5255777

山东中图教育发展有限公司
地址：山东省临沂市费县建设西路333号（交通局家属院西侧20米）
…………………… Tel：0539-7079555

山东洲际互联教育科技有限公司
地址：山东省临沂市兰山区临西十路北段砚台岭小区沿街楼33-38号
…………………… Tel：0539-7333599

汇泰国际人才合作（山东）有限公司
地址：山东省滨州北海经济开发区北海大街以北汇泰集团办公楼102室
…………………… Tel：0543-5071555

阳信得瑞金孔雀培训学校有限公司
地址：山东省滨州市阳信县河流镇得瑞九龙湖壹号办公楼301、401
…………………… Tel：0543-8266688

山东美澳教育培训学校有限公司
地址：山东省东营市东营区运河路421号507室
…………………… Tel：0546-8076345

山东有高教育咨询有限公司
地址：山东省东营市东营区黄河街道办事处黄河路728号
…………………… Tel：0546-8239900

山东睿诚教育文化发展有限责任公司
地址：济南市市中区舜耕路399号瑞驰上城2号楼1-102室
…………………… Tel：0591-81958789

河南省

郑州傲星体育文化传媒有限公司
地址：郑州市惠济区长兴路38号河南省体育中心2号门副场地
…………………… Tel：0371-55262555

郑州迈辉教育科技有限公司
地址：郑州高新技术产业开发区53号2号楼5层136号
…………………… Tel：0371-55965283

河南省龙湖教育科技有限公司
地址：河南省郑州市二七区二七路200号3号楼17层1号
…………………… Tel：0371-60206860

河南百思得教育科技有限公司
地址：郑州高新技术产业开发区翠竹街1号院23号楼01号
…………………… Tel：0371-66688681

巩义市成泰职业技能培训学校有限公司
地址：巩义市万洋国际商贸城38号楼2楼南
…………………… Tel：0371-69571266

河南广泽瑞达教育咨询有限公司
地址：河南省郑州市金水区东风路北、丰庆路西北塔商业6层609
…………………… Tel：0371-86097599

许昌普天文化教育发展有限公司
地址：许昌市莲城大道亨源通世纪广场1号楼19层东侧南8号
…………………… Tel：0374-8090122

河南铂得文化传播有限公司
地址：河南省平顶山市湛河区湛南路79号楼四单元502（植物园门口）
…………………… Tel：0375-3996990

河南高师数学教育咨询有限公司
地址：河南省平顶山市新华区朝阳路16号楼201-205（老门楼土家菜楼上）
…………………… Tel：0375-8927777

河南省优甲优育教育科技有限公司
地址：信阳市　河区东方红大道与文化街交汇处文化花园1号楼1单元3层2号
…………………… Tel：0376-8188838

南阳市语宣培训学校有限公司
地址：河南省南阳市市辖区范蠡路（483号东50米）
…………………… Tel：0377-62378880

方城县睿源教育培训学校有限公司
地址：河南省南阳市方城县文化路百合园小区商铺25间
…………………… Tel：0377-66113588

济源市愚公移山红色教育基地有限公司
地址：济源市王屋镇迎门村迎门沟
…………………… Tel：0391-6736669

武陟县九久艺术培训学校有限公司
地址：武陟县木栾街道前牛村工业路东段
…………………… Tel：0391-7229899

湖北省

湖北多思克立兹文化传播发展有限公司
地址：洪山区李桥村融科智谷工业项目一期A22号楼1-3层2号
…………………… Tel：027-59737358

湖北明桥企业商务秘书服务有限公司
地址：武汉东湖新技术开发区光谷大道3号激光工程设计总部二期研发楼06幢06单元15层5号
…………………… Tel：027-59883599

武汉致林教育发展有限公司
地址：武汉市东湖新技术开发区珞喻东路4号慧谷时空14层06室
…………………… Tel：027-67861665

武汉市博尔雅教育培训中心有限公司
地址：洪山区珞喻路152号华中师范大学满江红大楼四楼
…………………… Tel：027-67866768

湖北纽云教育科技发展有限公司
地址：武汉市江岸区二七街黄浦大街86、88号（黄埔京宫）1栋A单元24层7室
…………………… Tel：027-82888515

湖北弈业教育科技有限公司
地址：洪山区珞瑜路461号武汉体育学院大学生创业特区
…………………… Tel：027-87875388

湖北学而勤教育咨询服务有限公司
地址：鄂州市文苑路15号文苑花园3号楼1层44号及2层1号
…………………… Tel：0711-3380876

汉川市托马斯素质教育培训学校有限公司
地址：汉川市广场路世纪新城A区5号楼3层
…………………… Tel：0712-8295566

荆州市鑫盟软件新技术发展有限公司
地址：沙市区园林路33-8号
…………………… Tel：0716-8201818

宜昌三寅教育服务有限公司
地址：宜昌高新区兰台路13路
…………………… Tel：0717-6093333

竹溪县欢畅教育培训有限公司
地址：竹溪县城关镇鄂陕大道420号
…………………… Tel：0719-2701111

中视科普（荆门）教育科技有限公司
地址：湖北省荆门市东宝区泉口路21号万华城云创智谷园区1-19号
…………………… Tel：0724-2331866

湖北金色农谷研学实践营地有限公司
地址：荆门市屈家岭管理区易家岭农谷大道东
…………………… Tel：0724-7412333

湖南省

学尚教育科技（湖南）有限公司
地址：岳阳市岳阳楼区巴陵中路九盛欣邦写字楼7楼
…………………… Tel：0730-3339888

湖南橙子文化教育有限责任公司
地址：湖南省岳阳市岳阳楼区北港路香缇半岛1401号
…………………… Tel：0730-8123111

湖南学田教育科技有限公司
地址：湖南省株洲市天元区长江北路嵩山社区康华小区11栋102号
…………………… Tel：0731-22282173

湘潭市锐益文化艺术培训学校有限责任公司
地址：湘潭市岳塘区火炬路云盘汽车商业街区C区8栋二层2号门面
…………………… Tel：0731-58531198

湖南悦侨教育发展有限公司
地址：湘潭市岳塘区宝塔街道福星中路169号福星国际金融中心1栋1单元1801002号
…………………… Tel：0731-58635666

湖南越航教育有限公司
地址：湖南省长沙市岳麓区银盆岭街道岳麓大道57号奥克斯广场第1栋2320房
…………………… Tel：0731-83753559

长沙市岳麓区玖爱教育培训学校有限公司
地址：湖南省长沙市岳麓区西湖街道枫林一路西湖文化园58小镇A57-1号
…………………… Tel：0731-84324382

湖南体坛之星体育产业有限公司
地址：邵阳县塘渡口镇峡山社区大木山162号
…………………… Tel：0731-84514857

湖南鑫学教育科技有限公司
地址：湖南省长沙县星沙街道开元路北、天华路东开源商务文化中心湘商世纪鑫城3104
…………………… Tel：0731-85521901

长沙县尚睿教育培训学校有限公司
地址：湖南省长沙县星沙街道东三路118号国泰九龙湾10栋3楼
…………………… Tel：0731-86399631

湖南欧雅教育科技有限公司
地址：长沙高新开发区麓泉路与麓松路交汇处延农综合大楼14楼14-G030房
…………………… Tel：0731-87826894

湖南华中工业技工学校有限公司
地址：湖南省长沙市开福区捞刀河街道长湘路马王岭
…………………… Tel：0731-89580658

益阳红海职业技能培训学校有限公司
地址：湖南省益阳市桃江县松木塘镇松木塘村蛟湖组
…………………… Tel：0737-2234889

湖南好方法教育科技有限公司
地址：益阳市赫山区三里桥关公路13号
…………………… Tel：0737-2641737

湖南邱瑞斯特教育科技有限公司
地址：益阳市赫山区桃花仑街道桃花仑社区长坡路1号
…………………… Tel：0737-3333898

湖南砺晗教育科技有限公司
地址：益阳市赫山区三里桥关公路11号
…………………… Tel：0737-4246336

益阳市赫山区思路通培训学校有限公司
地址：湖南省益阳市赫山区益鑫泰路益阳师范旁
…………………… Tel：0737-6987860

娄底市和祺文化培训学校有限公司
地址：湖南省娄底市娄星区长青中街1幢131号
…………………… Tel：0738-8116161

武冈市仙韵文化传媒有限公司
地址：湖南省武冈市辕门口办事处王城花园10栋2层6-14号门面
…………………… Tel：0739-4277488

张家界熊风文化艺术产业有限公司
地址：湖南省张家界市武陵源区索溪峪街道办事处双文村（老村部办公楼）
…………………… Tel：0744-5559876

桑植县青青果教育文化传媒有限公司
地址：湖南省桑植县澧源镇朱家台天趣苑小区1号楼2-13号商铺
…………………… Tel：0744-6238136

张家界一心文化传媒有限公司
地址：湖南省张家界市永定区南庄坪办事处南庄坪居委会原区党校对面
…………………… Tel：0744-8219988

怀化市胜大教育有限公司
地址：湖南省怀化市鹤城区锦溪北路市总工会4楼
…………………… Tel：0745-2586250

湖南一品会教育咨询有限公司
地址：湖南省永州市冷水滩区零陵中路潇湘步行街B区4楼4116
…………………… Tel：0746-8415551

广东省

广州市闻君文化教育有限公司
地址：广州市越秀区珠光路80号301房
…………………… Tel：020-23344133

广州奥飞嘉佳教育有限公司
地址：广州市越秀区人民北路686号自编13栋五楼自编504房（仅限办公用途）
…………………… Tel：020-26187775

中子智慧教育科技（深圳）有限公司
地址：深圳市前海深港合作区前湾一路1号A栋201室（入驻深圳市前海商务秘书有限公司）
…………………… Tel：020-31104406

广东新一代教育学院有限公司
地址：广州市天河区沙太南路85号5楼521-32房

……………………Tel：020-32206656

中科研学科技教育（深圳）有限公司
地址：深圳市前海深港合作区前湾一路1号A栋201室（入驻深圳市前海商务秘书有限公司）
……………………Tel：020-38277028

广州华萌艺术培训有限公司
地址：广州市天河区长兴路68号整栋（部位：4A-C7）
……………………Tel：020-38917737

深圳前海育亨鼎教育管理有限公司
地址：深圳市前海深港合作区前湾一路1号A栋201室（入驻深圳市前海商务秘书有限公司）
……………………Tel：020-38939647

广州保德励教育发展有限公司
地址：广州市天河区天河北路侨林街47号1105房之E62房（仅限办公）
……………………Tel：020-80923349

广州铁诚职业技能培训有限公司
地址：广州市荔湾区花蕾路99号8027（仅限办公用途）
……………………Tel：020-81961414

深圳市京幼文化教育有限公司
地址：深圳市前海深港合作区前湾一路1号A栋201室（入驻深圳市前海商务秘书有限公司）
……………………Tel：020-84820058

广州中资教育发展有限公司
地址：广州高新技术产业开发区科学城科珠路201号509、511
……………………Tel：020-85540831

广州德寓人才培训有限公司
地址：广州市越秀区新河浦路86号二层之六（自主申报）
……………………Tel：020-87754116

广东健德教育实践有限公司
地址：揭阳市榕城区东阳东山社区东源路4号
……………………Tel：0663-8224233

惠州市高登基教育发展有限公司
地址：惠州市惠城区江北文昌一路11号铂金府华贸大厦3号楼1单元39层01、05、06号
……………………Tel：0752-2806718

惠州牧马教育咨询有限公司
地址：惠州大亚湾澳头南山国际大厦A区3楼325号房
……………………Tel：0752-3105166

惠州市博语艺术教育管理有限公司
地址：惠州市惠阳区淡水土湖刘屋英之皇商业文化中心1号楼4层02号铺
……………………Tel：0752-3766600

博罗县龙溪宝麒幼儿园有限公司
地址：博罗县龙溪街道上埔路11号
……………………Tel：0752-6287333

深圳考必胜文化传播有限公司
地址：深圳市罗湖区东晓街道太白路双御雅轩裙楼2楼202室
……………………Tel：0755-13631853

乐艺（深圳）文化艺术培训有限公司
地址：深圳市龙华新区民治街道致远南路金众金城阁三楼2号3号4号
……………………Tel：0755-21033455

深圳市国传盛世文化传播有限公司
地址：深圳市宝安区西乡街道固戍社区固戍二路华丰智慧创新港C座201
……………………Tel：0755-21195291

深圳市二元培训教育机构有限公司
地址：深圳市前海深港合作区前湾一路1号A栋201室（入驻深圳市前海商务秘书有限公司）
……………………Tel：0755-21300008

深圳机智宝宝教育咨询有限公司
地址：深圳市南山区招商街道沿山路3号6305房
……………………Tel：0755-21610696

深圳市百星教育科技发展有限公司
地址：深圳市龙华区大浪街道新石社区华宁路40号港深创新园D栋204
……………………Tel：0755-21612795

深圳市百盛达射箭俱乐部有限公司
地址：深圳市前海深港合作区前湾一路1号A栋201室（入驻深圳市前海商务秘书有限公司）经营场所：深圳市南山区蛇口街道沿山路胜发大厦A栋4楼
……………………Tel：0755-21613780

兰德教育控股（深圳）有限公司
地址：深圳市福田区莲花街道福中社区金田路4028号荣超经贸中心B1012
……………………Tel：0755-21617044

深圳明道三生国学有限公司
地址：深圳市前海深港合作区前湾一路1号A栋201室（入驻深圳市前海商务秘书有限公司）
……………………Tel：0755-21617044

深圳市滴动科技有限公司
地址：深圳市龙岗区坂田街道城市山海A栋417室
……………………Tel：0755-21621766

深圳市贵族辣妈文化发展有限公司
地址：深圳市前海深港合作区前湾一路1号A栋201室（入驻深圳市前海商务秘书有限公司）
……………………Tel：0755-21623533

深圳市一号公路教育管理有限公司
地址：深圳市南山区粤海街道中山大学深圳产学研大楼205室
……………………Tel：0755-21635086

锦承礼德教育科技（深圳）有限公司
地址：深圳市前海深港合作区梦海大道4008号卓越前海壹号7栋32层3201单元
……………………Tel：0755-2165164

深圳幸福教育发展有限公司
地址：深圳市前海深港合作区前湾一路1号A栋201室（入驻深圳市前海商务秘书有限公司）
……………………Tel：0755-21659205

深圳市卓藤少年教育科技有限公司
地址：深圳市前海深港合作区前湾一路1号A栋201室（入驻深圳市前海商务秘书有限公司）
……………………Tel：0755-21670070

深圳市当代庄子文化传播有限公司
地址：深圳市龙华新区大浪街道新区大道鹏华香城花园金捷广场2006
……………………Tel：0755-22193736

深圳市竹蜻蜓教育有限责任公司
地址：深圳市前海深港合作区前湾一路1号A栋201室（入驻深圳市前海商务秘书有限公司）
……………………Tel：0755-22201400

深圳匠魁文化教育有限公司
地址：深圳市罗湖区黄贝街道深南东路集浩大厦A座1801室
……………………Tel：0755-22214600

深圳市轩德文化发展有限公司
地址：深圳市福田区福田街道海滨社区福强路1038号海滨广场201
……………………Tel：0755-22475163

深圳市前海禹景教育科技有限公司
地址：深圳市前海深港合作区前湾一路1号A栋201室（入驻深圳市前海商务秘书有限公司）
……………………Tel：0755-22654220

云动体育文化（深圳）有限公司
地址：深圳市福田区沙头街道深南大道4001号时代金融中心28A5
……………………Tel：0755-22669310

原典正和教育（深圳）企业（有限合伙）
地址：深圳市南山区南山街道南油大道西桃园路南西海明珠花园E座707-1
……………………Tel：0755-22670034

深圳市英学联教育文化发展有限公司
地址：深圳市南山区南山街道桃园路田厦国际A/B栋之间4楼
……………………Tel：0755-22670535

深圳市驱动力体育文化有限公司
地址：深圳市福田区园岭街道华林社区八卦四路72号八卦岭工业区411栋815
……………………Tel：0755-22933678

广东新起点国际教育投资有限公司
地址：深圳市宝安区新安街道兴东社区69区信义领御研发中心8栋1003
……………………Tel：0755-22967064

深圳酷里体育公园管理有限公司
地址：深圳市龙岗区布吉街道罗岗社区信义荔景御园E区3栋B座-201
……………………Tel：0755-22985929

脉圈科技（深圳）有限公司
地址：深圳市南山区西丽街道新围社区西丽湖路4227号九祥岭新工业区1栋一层103
……………………Tel：0755-23007199

深圳市博文教育培训有限公司
地址：深圳市宝安区西乡街道固戍社区香格丽湾园商务公寓楼A10
……………………Tel：0755-23013959

深圳市珺赏艺术文化发展有限公司
地址：深圳市龙岗区南湾街道上李朗社区李朗布澜路182号182设计园2号楼702B
……………………Tel：0755-23085660

深圳市天之宝文化传播有限公司
地址：深圳市龙华区民治街道民康路122号民兴工业区1970科技小镇5栋6楼602号
……………………Tel：0755-23088971

深圳市壹群教育有限公司
地址：深圳市前海深港合作区前湾一路1号A栋201室（入驻深圳市前海商务秘书有限公司）
……………………Tel：0755-2310560

深圳市书童教育服务发展有限公司
地址：深圳市福田区沙头街道天安社区深南大道6021号喜年中心A栋2608-3
……………………Tel：0755-23171021

深圳市麦腾教育服务发展有限公司
地址：深圳市福田区沙头街道天安社区深南大道6021号喜年中心A栋2608-2
……………………Tel：0755-2318001

深圳市东篮星盟体育文化传播有限公司
地址：深圳市龙华新区大浪街道云峰路1号展润商务大厦1103室
……………………Tel：0755-23217956

深圳市极客体育有限公司
地址：深圳市龙华新区大浪街道上岭排翠湖花园一楼
……………………Tel：0755-23282288

深圳市乐本教育科技有限公司
地址：深圳市福田区华富街道莲花一村社区笋岗西路4001号莲花一村12栋305
……………………Tel：0755-23282769

深圳市智海文化教育有限公司
地址：深圳市龙华区观湖街道新田社区团和路4号201
……………………Tel：0755-23300330

深圳市学到在线教育科技有限公司
地址：深圳市前海深港合作区前湾一路1号A栋201室（入驻深圳市前海商务秘书有限公司）
……………………Tel：0755-23339804

深圳市优教优学教育科技发展有限公司
地址：深圳市龙华区民治街道新牛社区民治大道与工业东路交汇处展滔科技大厦A座1908
……………………Tel：0755-23372500

深圳市无忧体育发展有限公司
地址：深圳市福田区园岭街道上步北路深圳市体育中心3-33
……………………Tel：0755-23570087

深圳市旭日东升教育培训有限公司
地址：深圳市龙华区民治街道新牛社区阳光新境园2010-11
……………………Tel：0755-23576080

深圳市新竹教育投资有限公司
地址：深圳市福田区香蜜湖街道农林路建业三街竹园小区27栋怡馨酒店公寓8318房
……………………Tel：0755-23600929

深圳市鸿源云涯文化产业有限公司
地址：深圳市福田区沙头街道天安社区泰然五路6号天安数码城天经大厦二层CD座2C07
……………………Tel：0755-23615674

深圳市怀德教育管理有限公司
地址：深圳市宝安区福永街道怀德社区翠岗工业五区49栋701
……………………Tel：0755-23702699

鲁沃商学院（深圳）有限公司
地址：深圳市前海深港合作区前湾一路1号A栋201室（入驻深圳市前海商务秘书有限公司）
……………………Tel：0755-23720455

深圳市普乐思奇文化体育投资有限公司
地址：深圳市南山区粤海街道中心路（深圳湾段）3019号4楼4005
……………………Tel：0755-23720455

深圳拓时代育星艺术培训有限公司
地址：深圳市宝安区新安街道新安湖社区龙江二巷71号资安商务大楼1902
……………………Tel：0755-23727463

深圳市拓时代文化发展有限公司
地址：深圳市前海深港合作区前湾一路1号A栋201室（入驻深圳市前海商务秘书有限公司）经营场所：深圳市宝安区新安街道新安二路资安商务大楼401之1902室
……………………Tel：0755-23727463

深圳市共享教育咨询有限公司
地址：深圳市龙华新区龙华街道龙观东路1号望成大厦321
……………………Tel：0755-23732646

深圳市博祥教育咨询有限公司
地址：深圳市龙华区民治街道樟坑社区民康路213号蓝坤大厦1101
……………………Tel：0755-23765051

小虎磨牙（深圳）教育发展有限公司
地址：深圳市前海深港合作区前湾一路1号A栋201室（入驻深圳市前海商务秘书有限公司）
……………………Tel：0755-23771391

星皓教育（深圳）有限公司
地址：深圳市福田区福田街道水围社区金田路1009号嘉意台209
……………………Tel：0755-23884012

深圳市智丰趣国际教育管理有限公司
地址：深圳市前海深港合作区前海一路1号A栋201室(入驻深圳市前海商务秘书有限公司)
……………………Tel：0755-23894301

深圳帆光教育咨询有限公司
地址：深圳市福田区福田街道金田路皇岗商务中心1号楼1808单元
……………………Tel：0755-23914694

深圳市瑾玥教育投资有限公司
地址：深圳市前海深港合作区前湾一路1号A栋201室（入驻深圳市前海商务秘书有限公司）
……………………Tel：0755-23914694

深圳市大咖高尔夫管理有限公司
地址：深圳市前海深港合作区前湾路1号201室（入驻深圳市前海商务秘书有限公司）
……………………Tel：0755-23915656

深圳市酷高体育文化有限公司
地址：深圳市前海深港合作区前湾一路1号A栋201室（入驻深圳市前海商务秘书有限公司）
……………………Tel：0755-23915656

深圳市酷高传媒有限公司
地址：深圳市前海深港合作区前湾路1号201室（入驻深圳市前海商务秘书有限公司）
……………………Tel：0755-23915656

深圳市福娃文化体育发展有限公司
地址：深圳市福田区沙头街道福强路30号福田体育公园游泳馆325号
……………………Tel：0755-23962028

深圳市立刻说教育有限公司
地址：深圳市福田区沙头街道天安社区泰然六路泰然科技园苍松大厦十八层1801-150
……………………Tel：0755-23963978

深圳绿茵天沃体育文化发展有限公司
地址：深圳市罗湖区东湖街道东湖路彩世界家园裙楼二楼302d
……………………Tel：0755-25010383

深圳舫里文化交流有限公司
地址：深圳市南山区招商街道太子路111号深圳自贸中心7栋6楼6F
……………………Tel：0755-25111477

深圳市家嘉宝投资发展有限公司
地址：深圳市盐田区海山街道云汉路13号四楼
……………………Tel：0755-25211189

深圳市奋字诀文化发展有限公司
地址：深圳市龙岗区龙城街道飞扬路中海康城国际花园20栋2单元3A
……………………Tel：0755-25369586

深圳动能联盟体育运动有限公司
地址：深圳市福田区华富街道红荔路5002莲花大厦北座1102
……………………Tel：0755-25577997

深圳指南针教育网络科技有限公司
地址：深圳市罗湖区东晓街道独树社区罗湖区布心路3008号水贝珠宝总部大厦A座2101(IBC环球商务中心A座2101A号)
……………………Tel：0755-25793280

深圳市德信乐教育咨询有限公司
地址：深圳市罗湖区东门街道深南东路深南东路2008号京鹏大厦三楼
……………………Tel：0755-25826792

深圳未来创想文化传播有限公司
地址：深圳市前海深港合作区前湾一路1号A栋201室（入驻深圳市前海商务秘书有限公司）
……………………Tel：0755-25849359

深圳前海中外教育发展有限公司
地址：深圳市前海深港合作区前湾一路63号前海企业公馆3栋B单元1层整层
……………………Tel：0755-25856575

深圳市华瀚教育产业发展有限公司
地址：深圳市罗湖区笋岗街道田心社区宝安北路3008号宝能中心A栋16层宝能慧谷1610
……………………Tel：0755-25856575

朴和教育科技（深圳）有限公司
地址：深圳市前海深港合作区前湾一路1号A栋201室（入驻深圳市前海商务秘书有限公司）
……………………Tel：0755-25857209

十三皇智慧发展（深圳）有限公司
地址：深圳市龙岗区布吉街道西环路88号文博宫A-27栋
……………………Tel：0755-25858780

深圳市汉为体育发展有限公司
地址：深圳市福田区沙头街道泰然九路21号皇冠科技园二栋
……………………Tel：0755-25870826

华宇国际科技教育发展（深圳）有限公司
地址：深圳市罗湖区清水河街道红岗路1003号红岗大厦一楼101室
……………………Tel：0755-25915285

深圳博信教育文化投资有限公司
地址：深圳市罗湖区笋岗街道笋西社区宝安北路2011号桃园商业大厦5013
……………………Tel：0755-25927040

深圳市高师教育投资有限公司
地址：深圳市福田区福田街道福中路17号国际人才大厦7楼709房
……………………Tel：0755-25928809

深圳市新东星文化艺术发展有限公司
地址：深圳市福田区园岭五街圆龙园一栋三楼
……………………Tel：0755-25940179

深圳无界运动文化传播有限公司
地址：深圳市罗湖区东湖街道太安路47号联江大厦三号楼3楼整层
……………………Tel：0755-25993567

深圳市秋实教育管理有限公司
地址：深圳市前海深港合作区前湾一路1号A栋201室（入驻深圳市前海商务秘书有限公司）

…………………… Tel：0755-26038252
深圳童创教育科技有限公司
地址：深圳市龙华区民治街道北站社区龙悦居三期3栋3P07
…………………… Tel：0755-26097223
深圳市邦林英语文化发展有限公司
地址：深圳市前海深港合作区前湾一路1号A栋201室（入驻深圳市前海商务秘书有限公司）
…………………… Tel：0755-26422457
深圳市卡比龙体育产业发展有限公司
地址：深圳市南山区桃源街道塘朗社区塘益路塘朗工业区B区1栋2层
…………………… Tel：0755-26452588
深圳市亲子堡国际教育科技有限公司
地址：深圳市前海深港合作区前湾一路1号A栋201室（入驻深圳市前海商务秘书有限公司）
…………………… Tel：0755-26452680
深圳市思学佳教育有限公司
地址：深圳市宝安区新安街道大浪社区创业二路东联大厦A609
…………………… Tel：0755-26462028
深圳厚德育人教育科技有限公司
地址：深圳市前海深港合作区前湾一路1号A栋201室（入驻深圳市前海商务秘书有限公司）
…………………… Tel：0755-26496779
深圳力合悦学教育科技有限公司
地址：深圳市南山区西丽街道高新科技园北区清华信息港一期综合楼5层504室
…………………… Tel：0755-26608576
深圳耀德体育文化有限公司
地址：深圳市南山区南山街道南光社区南海大道2309号山东大厦主楼B1103
…………………… Tel：0755-26608731
话商（深圳）教育发展有限公司
地址：深圳市前海深港合作区前湾一路1号A栋201室（入驻深圳市前海商务秘书有限公司）
…………………… Tel：0755-26622226
深圳市云心国际教育有限公司
地址：深圳市福田区莲花街道狮岭社区景田路77号擎天华庭华庭阁25C
…………………… Tel：0755-26641916
深圳市嘉言国际教育有限公司
地址：深圳市福田区莲花街道狮岭社区景田路77号擎天华庭华庭阁25C
…………………… Tel：0755-26641919
深圳市青藤时代教育科技有限公司
地址：深圳市前海深港合作区前湾一路1号A栋201室（入驻深圳市前海商务秘书有限公司）
…………………… Tel：0755-26651607
深圳市爱派斯国际教育科技发展有限公司
地址：深圳市南山区粤海街道后海大道与海德一道交汇处中洲控股金融中心B栋6L,6M,6N
…………………… Tel：0755-26654211
深圳市乐研教育咨询有限公司
地址：深圳市南山区粤海街道高新南四道创维半导体设计大厦西座16层
…………………… Tel：0755-26656677
深圳市班尼宝贝教育咨询有限公司
地址：深圳市南山区粤海街道海珠社区海德三道15号海岸大厦东座1605
…………………… Tel：0755-26657870
深圳市蓝途兴创实业有限公司
地址：深圳市南山区南山街道创业路3117号亿利达大厦A栋B区B223
…………………… Tel：0755-26670238
深圳潼学教育发展有限公司
地址：深圳市南山区招商街道招商桃花园五期1栋
…………………… Tel：0755-26755557
北定（深圳）教育咨询有限公司
地址：深圳市宝安区福永街道桥头村桥南11号2楼2A
…………………… Tel：0755-26789854
海楠锦承国际教育科技（深圳）有限公司
地址：深圳市前海深港合作区南山街道桂湾片区二单元前海卓越金融中心(一期)8号楼906A-12
…………………… Tel：0755-26819590
深圳市闻达教育科技有限公司
地址：深圳市南山区蛇口街道太子路兴龙大厦二楼
…………………… Tel：0755-26864096
深圳市艺族文化教育科技有限公司
地址：深圳市前海深港合作区前湾一路1号A栋201室（入驻深圳市前海商务秘书有限公司）
…………………… Tel：0755-26893006
深圳前海恩华教育培训有限公司
地址：深圳市前海深港合作区前湾一路1号A栋201室（入驻深圳市前海商务秘书有限公司）
…………………… Tel：0755-26901363
云豹子（深圳）商学院有限公司
地址：深圳市南山区粤海街道深南大道9678大冲商务中心B座31B
…………………… Tel：0755-26912705
深圳市悦月时光教育培训机构有限公司
地址：深圳市宝安区新安街道大浪社区27区华联城市全景E、F、G栋2楼163
…………………… Tel：0755-26915693
深圳市汇恒教育发展有限公司
地址：深圳市福田区华强北路上步工业区管理中心大厦501栋A段12楼1214室
…………………… Tel：0755-26939872
深圳市博雅创客教育科技有限公司
地址：深圳市前海深港合作区前湾一路1号A栋201室（入驻深圳市前海商务秘书有限公司）
…………………… Tel：0755-26984801
深圳学信优教育科技有限公司
地址：深圳市福田区梅林街道梅丰社区梅华路183号碧华庭居碧园4栋梅华路183-5
…………………… Tel：0755-26993388
深圳市小小勇士教育管理有限公司
地址：深圳市光明新区公明街道马山头社区振兴街一巷四号三楼
…………………… Tel：0755-27123339
中科睿师教育发展（深圳）有限公司
地址：深圳市南山区桃源街道长源社区学苑大道1001号南山智园C2栋1801E区003
…………………… Tel：0755-27185636
深圳市唯尤文化艺术传播有限公司
地址：深圳市南山区招商街道桃花园社区兴工路美年国际广场3栋美年国际广场3栋301
…………………… Tel：0755-27373799
深圳前海心学院有限公司
地址：深圳市前海深港合作区前湾一路1号A栋201室（入驻深圳市前海商务秘书有限公司）
…………………… Tel：0755-27382040
深圳第五力管理咨询有限公司
地址：深圳市南山区粤海街道东滨路世纪广场912
…………………… Tel：0755-27382040
深圳犹太智慧教育科技有限公司
地址：深圳市前海深港合作区前湾一路1号A栋201室（入驻深圳市前海商务秘书有限公司）
…………………… Tel：0755-27399925
深圳市前海智慧教育有限公司
地址：深圳市前海深港合作区前湾一路1号A栋201室（入驻深圳市前海商务秘书有限公司）
…………………… Tel：0755-27413319
深圳睿思特教育投资有限公司
地址：深圳市宝安区海秀路19号国际西岸商务大厦20层2001
…………………… Tel：0755-27605666
深圳前海万动体育智能科技有限公司
地址：深圳市前海深港合作区前湾一路1号A栋201室（入驻深圳市前海商务秘书有限公司）
…………………… Tel：0755-27605666
深圳市前海尚武英雄体育文化发展有限公司
地址：深圳市前海深港合作区前湾一路1号A栋201室（入驻深圳市前海商务秘书有限公司）
…………………… Tel：0755-27605666
中咨联教育技术（深圳）有限公司
地址：深圳市南山区南山街道阳光棕榈社区学府路263号大新时代大厦A座1904、1905、1906单元
…………………… Tel：0755-27638179
深圳市童宇教育科技有限公司
地址：深圳市前海深港合作区前湾一路1号A栋201室（入驻深圳市前海商务秘书有限公司）
…………………… Tel：0755-27674383
维镁文化传播（深圳）有限公司
地址：深圳市龙华区民治街道龙塘社区远景家园3栋102（新区大道997号远景大厦一层102）
…………………… Tel：0755-27707313
深圳智慧火文化传播有限公司
地址：深圳市前海深港合作区前湾一路1号A栋201室（入驻深圳市前海商务秘书有限公司）经营场所：深圳市福田区福保街道益田村16栋201
…………………… Tel：0755-27721382
深圳久章教育有限公司
地址：深圳市宝安区西乡街道河东社区宝安80区好运来广场河东大厦F8B-001
…………………… Tel：0755-27751145
深圳市必卓教育有限公司
地址：深圳市福田区福星路福滨新村13栋1楼
…………………… Tel：0755-27753086
深圳市高腾体育文化传播有限公司
地址：深圳市宝安区107国道47区华创达怡晖大厦412室
…………………… Tel：0755-27784250
木仓（深圳）文体发展有限公司
地址：深圳市龙岗区坪地街道高桥社区泥塘排路C栋C405
…………………… Tel：0755-27808576
深圳市上善文化教育有限公司
地址：深圳市福田区沙头街道泰然三路天安数码城庆泰公寓H5.8-213
…………………… Tel：0755-27809190
深圳市天空教育管理有限公司
地址：深圳市龙华区民治街道民强社区民治大道东边商务大楼8098
…………………… Tel：0755-27848474
深圳创博仕教育科技有限公司
地址：深圳市南山区南山街道前海路1083号鼎太风华南会所一楼
…………………… Tel：0755-27881123
深圳市红树林教育开发有限公司
地址：深圳市前海深港合作区前湾一路1号A栋201室（入驻深圳市前海商务秘书有限公司）
…………………… Tel：0755-27889793
深圳市洪鹏盛世培训教育有限公司
地址：深圳市宝安区西乡街道臣田社区臣田博智中心C栋210
…………………… Tel：0755-27906426
深圳市九龙迷彩教育实践基地有限公司
地址：深圳市宝安区西乡街道龙腾社区共和工业路西发B区旭生研发大厦5层519-8
…………………… Tel：0755-28068719
深圳帆瑞德文化传播有限公司
地址：深圳市盐田区梅沙街道大梅沙湖心岛C511
…………………… Tel：0755-28106561
知音（深圳）文化发展有限公司
地址：深圳市坪山区马峦街道体育二路京基御景印象二期商铺2209
…………………… Tel：0755-28106561
深圳脊美健健康管理有限公司
地址：深圳市福田区华强北街道振中路新亚洲电子商城二期N3D028室
…………………… Tel：0755-28106561
优程国际教育发展（深圳）有限公司
地址：深圳市前海深港合作区前湾一路1号A栋201室（入驻深圳市前海商务秘书有限公司）
…………………… Tel：0755-28120741
深圳市艺特皇家教育传播有限公司
地址：深圳市龙岗区龙城街道盛平社区回龙路2号悦澜山花园7栋2B01-B07
…………………… Tel：0755-28155388
深圳市致良知养心堂国学文化有限公司
地址：深圳市龙岗区横岗街道荷坳社区龙岗大道8288号大运软件小镇54栋208室
…………………… Tel：0755-28187871
鱼式（深圳）国际体育有限公司
地址：深圳市前海深港合作区前湾一路1号A栋201室（入驻深圳市前海商务秘书有限公司）
…………………… Tel：0755-28269780
鑫诚训网络科技（深圳）有限公司
地址：深圳市龙岗区横岗街道龙岗大道8288号大运软件小镇8栋3层302
…………………… Tel：0755-28344387
鑫达训网络科技（深圳）有限公司
地址：深圳市龙岗区横岗街道龙岗大道8288号大运软件小镇8栋3层302
…………………… Tel：0755-28344387
鑫泽训网络科技（深圳）有限公司
地址：深圳市龙岗区横岗街道龙岗大道8288号大运软件小镇8栋3层302
…………………… Tel：0755-28344387
深圳市前海哥伦布国际教育有限公司
地址：深圳市前海深港合作区前湾一路1号A栋201室（入驻深圳市前海商务秘书有限公司）
…………………… Tel：0755-28484186
广东铁润华旅教育培训有限公司
地址：深圳市大鹏新区大鹏街道鹏城社区鹏飞路315号B区2栋101
…………………… Tel：0755-28681020
深圳贝喜家教育科技有限公司
地址：深圳市南山区粤海街道软件产业基地4D210
…………………… Tel：0755-28689192
深圳市加温文化传播有限公司
地址：深圳市龙岗区布吉街道湖西路300号大芬油画交易广场文乐培训中心S25
…………………… Tel：0755-28704701
深圳市梦工厂教育咨询有限公司
地址：深圳市福田区沙头街道车公庙泰然九路盛唐商务大厦西座30楼01-04房
…………………… Tel：0755-29050878
深圳市广成教育有限公司
地址：深圳市宝安区新安街道海旺社区N23区龙光世纪大厦1栋305
…………………… Tel：0755-29122230
深圳市杨文精英教育投资有限公司
地址：深圳市前海深港合作区前湾一路1号A栋201室（入驻深圳市前海商务秘书有限公司）
…………………… Tel：0755-29230952
深圳市星梦园文化艺术教育有限公司
地址：深圳市龙华区大浪街道同胜社区同富裕工业园29栋三层M317-M320
…………………… Tel：0755-29368830
深圳市前海优立胜科技教育有限公司
地址：深圳市前海深港合作区前湾一路1号A栋201室（入驻深圳市前海商务秘书有限公司）经营场所：深圳市宝安区新安街道天御豪庭301-3
…………………… Tel：0755-29492741
深圳市博仕学汇教育投资有限公司
地址：深圳市龙华新区龙华街道东环一路旭日大厦3楼301A室
…………………… Tel：0755-29509565
团因教育咨询（深圳）有限公司
地址：深圳市宝安区新安街道裕安二路北侧裕安楼3栋127号
…………………… Tel：0755-29631133
深圳市捷报文化传播有限公司
地址：深圳市宝安区新安街道新安六路御景湾花园1栋101、201A、301、401之二楼201A-G4-1
…………………… Tel：0755-29666112
深圳小小活动家文化传播有限公司
地址：深圳市宝安区新安街道84区裕安西路宝安区体育中心体育馆三楼北301
…………………… Tel：0755-29698882
深圳市水润天下教育科技有限公司
地址：深圳市南山区西丽街道大学城西平山一路北桑泰丹华园（二期）1-14D
…………………… Tel：0755-29806573
深圳市元合教育科技有限公司
地址：深圳市南山区招商街道南海大道1067科技大厦一期1FB23室
…………………… Tel：0755-29825159
深圳市前海启慧教育开发有限公司
地址：深圳市前海深港合作区前湾一路1号A栋201室（入驻深圳市前海商务秘书有限公司）
…………………… Tel：0755-29883080
深圳市归元文化传播有限公司
地址：深圳市前海深港合作区前湾一路1号A栋201室（入驻深圳市前海商务秘书有限公司）
…………………… Tel：0755-29962985
深圳市健智会国际教育培训有限公司
地址：深圳市前海深港合作区前湾一路1号A栋201室（入驻深圳市前海商务秘书有限公司）
…………………… Tel：0755-29962985
前海龙脉商汇国际体育文化发展（深圳）有限公司
地址：深圳市前海深港合作区前湾一路1号A栋201室（入驻深圳市前海商务秘书有限公司）
…………………… Tel：0755-29962985
深圳合众体育文化发展有限公司
地址：深圳市前海深港合作区前湾一路1号A栋201室（入驻深圳市前海商务秘书有限公司）
…………………… Tel：0755-29977222
深圳市前海慧乐星艺术教育有限公司
地址：深圳市前海深港合作区前湾一路1号A栋201室（入驻深圳市前海商务秘书有限公司）经营地址：深圳市宝安区新安街道天御豪庭301-3
…………………… Tel：0755-29977368
深圳学呗教育科技有限公司
地址：深圳市南山区南头街道马家龙社区南山大道3186号明江大厦C单元五层506室
…………………… Tel：0755-32809138
深圳市神良教育科技有限公司
地址：深圳市盐田区海山街道鹏湾社区深盐路2015号盐田综合保税区沙头角片区工业区23栋7层南701B
…………………… Tel：0755-32953681
深圳飘扬体育发展有限公司
地址：深圳市前海深港合作区前湾一路1号A栋201室（入驻深圳市前海商务秘书有限公司）
…………………… Tel：0755-3300611
深圳市卓创体育文化发展有限公司
地址：深圳市宝安区新安街道海乐社区43区兴华一路华创达创客创新联盟A栋A417
…………………… Tel：0755-33127617
深圳前海牛盾商学院有限公司
地址：深圳市前海深港合作区前湾一路1号A栋201室（入驻深圳市前海商务秘书有限公司）
…………………… Tel：0755-33152220
星辰文化教育投资（深圳）有限公司
地址：深圳市前海深港合作区前湾一路1号A栋201室（入驻深圳市前海商务秘书有限公司）
…………………… Tel：0755-33156688
深圳市好学者教育科技有限公司
地址：深圳市宝安区福海街道桥头社区

宝安大道6099号星港同创汇玉衡座210
…………………… Tel：0755-33156688

深圳市硕果文化传播有限公司
地址：深圳市前海深港合作区前湾一路1号A栋201室（入驻深圳市前海商务秘书有限公司）
…………………… Tel：0755-33156688

深圳市洋光文化传播有限公司
地址：深圳市前海深港合作区前湾一路1号A栋201室（入驻深圳市前海商务秘书有限公司）
…………………… Tel：0755-33156688

深圳市星空体育文化发展有限公司
地址：深圳市罗湖区莲塘街道莲塘聚宝路101号聚宝华府B栋24B
…………………… Tel：0755-33156688

深圳瀚海教育科技有限公司
地址：深圳市前海深港合作区前湾一路1号A栋201室（入驻深圳市前海商务秘书有限公司）
…………………… Tel：0755-33160309

深圳市比拜特培训咨询有限公司
地址：深圳市福田区沙头街道新洲九街沙尾机楼1306
…………………… Tel：0755-33335492

深圳市启航体育文化管理有限公司
地址：深圳市宝安区新安街道大宝路友谊大厦501
…………………… Tel：0755-33537178

深圳市格蓝图教育信息咨询有限公司
地址：深圳市前海深港合作区前湾一路1号A栋201室（入驻深圳市前海商务秘书有限公司）
…………………… Tel：0755-33552526

深圳市近卫实用射击运动俱乐部有限公司
地址：深圳市罗湖区南湖街道人民南路国商东座1915室
…………………… Tel：0755-33552527

深圳市前海小金人教育投资有限公司
地址：深圳市前海深港合作区前湾一路1号A栋201室（入驻深圳市前海商务秘书有限公司）
…………………… Tel：0755-33557890

深圳前海国信诺教育科技有限公司
地址：深圳市前海深港合作区前湾一路1号A栋201室（入驻深圳市前海商务秘书有限公司）
…………………… Tel：0755-33558088

易思（深圳）文化控股有限公司
地址：深圳市前海深港合作区前湾一路1号A栋201室（入驻深圳市前海商务秘书有限公司）
…………………… Tel：0755-33654752

乐美健文化体育（深圳）股份有限公司
地址：深圳市宝安区福海街道蚝业路4号
…………………… Tel：0755-36304533

前海华亚国际人才教育培训（深圳）有限公司
地址：深圳市前海深港合作区前湾一路1号A栋201室（入驻深圳市前海商务秘书有限公司）
…………………… Tel：0755-36320826

深圳前海超铭体育文化有限公司
地址：深圳市前海深港合作区前湾一路1号A栋201室（入驻深圳市前海商务秘书有限公司）
…………………… Tel：0755-3638733

深圳市阿呀学语网络有限公司
地址：深圳市宝安区西乡街道银田路宝安智谷H栋305
…………………… Tel：0755-36538387

优培（深圳）教育培训有限公司
地址：深圳市前海深港合作区前湾一路1号A栋201室（入驻深圳市前海商务秘书有限公司）
…………………… Tel：0755-36564116

深圳市领冠体育投资发展有限公司
地址：深圳市罗湖区东晓街道独树社区布心路3008号IBC商务珠宝大厦B座3501
…………………… Tel：0755-36607099

前海毓秀教育投资（深圳）有限公司
地址：深圳市前海深港合作区前湾一路1号A栋201室（入驻深圳市前海商务秘书有限公司）
…………………… Tel：0755-36630309

深圳博尔德企业咨询有限公司
地址：深圳市龙岗区龙城街道黄阁坑社区龙飞大道333号启迪协信商务公寓1栋A2501
…………………… Tel：0755-36641808

启航教育科技（深圳）有限公司
地址：深圳市前海深港合作区前湾一路1号A栋201室（入驻深圳市前海商务秘书有限公司）
…………………… Tel：0755-36823702

本真教育科技（深圳）有限公司
地址：深圳市前海深港合作区前湾一路1号A栋201室（入驻深圳市前海商务秘书有限公司）
…………………… Tel：0755-36823702

水木日语教育科技（深圳）有限公司
地址：深圳市前海深港合作区前湾一路1号A栋201室（入驻深圳市前海商务秘书有限公司）
…………………… Tel：0755-36823702

深圳有为孩子教育咨询有限公司
地址：深圳市龙岗区坂田街道塘排东4巷7号
…………………… Tel：0755-36979588

深圳市合智文化发展有限公司
地址：深圳市前海深港合作区前湾一路1号A栋201室（入驻深圳市前海商务秘书有限公司）
…………………… Tel：0755-36985214

深圳前海高地培训有限公司
地址：深圳市前海深港合作区前湾一路1号A栋201室（入驻深圳市前海商务秘书有限公司）
…………………… Tel：0755-61335611

深圳市汉商联合文化教育有限公司
地址：深圳市福田区南园街道南园社区南园路70号上田大厦十一层C单元
…………………… Tel：0755-61354566

深圳市启程教育服务有限公司
地址：深圳市龙岗区龙城街道爱联社区金华北一巷5号101
…………………… Tel：0755-61595756

深圳市课匠堂教育科技有限公司
地址：深圳市宝安区福海街道桥头社区富桥工业区一区14栋厂房14栋厂房整套302
…………………… Tel：0755-61960851

深圳市一兜堂文化传播有限公司
地址：深圳市前海深港合作区前湾一路1号A栋201室（入驻深圳市前海商务秘书有限公司）
…………………… Tel：0755-66631969

深圳市前海大时代教育管理有限公司
地址：深圳市前海深港合作区前湾一路1号A栋201室（入驻深圳市前海商务秘书有限公司）
…………………… Tel：0755-66692773

智乐达教育投资服务（深圳）有限公司
地址：深圳市盐田区沙头角街道建工大厦717室
…………………… Tel：0755-81691867

深圳市温莎堡国际文化发展有限公司
地址：深圳市南山区粤海街道商业文化中心区后海路与创业路交汇处的劲力.海岸明珠园A区裙楼02层商铺及01层09、10号商铺
…………………… Tel：0755-81787037

深圳市港深和信投资发展有限公司
地址：深圳市前海深港合作区前湾一路1号A栋201室（入驻深圳市前海商务秘书有限公司）
…………………… Tel：0755-82074154

深圳市华富洋体育文化发展有限公司
地址：深圳市南山区粤海街道麻雀岭工业区9栋（厂房）二层
…………………… Tel：0755-82128822

深圳市奥克兰户外文化传播有限公司
地址：深圳市前海深港合作区前湾一路一号A栋201室（入驻深圳市前海商务秘书有限公司）
…………………… Tel：0755-82131809

深圳市泽童教育发展有限公司
地址：深圳市宝安区新安街道建安一路雅景居二栋201
…………………… Tel：0755-82191999

深圳国信教育投资发展有限公司
地址：深圳市罗湖区桂园街道宝安南路2066号大信大厦16F
…………………… Tel：0755-82264052

深圳实践菁英教育科技有限公司
地址：深圳市前海深港合作区前湾一路1号A栋201室(入驻深圳市前海商务秘书有限公司)
…………………… Tel：0755-82334533

极真空手道运动发展（深圳）有限公司
地址：深圳市福田区莲花街道景华社区景田东路32号景莲花园112-A
…………………… Tel：0755-82360182

深圳市前海凤图体育文化管理有限责任公司
地址：深圳市前海深港合作区前湾一路1号A栋201室（入驻深圳市前海商务秘书有限公司）
…………………… Tel：0755-82522912

深圳市财富大同教育合伙企业（有限合伙）
地址：深圳市前海深港合作区前湾一路1号A栋201室（入驻深圳市前海商务秘书有限公司）
…………………… Tel：0755-82551689

深圳市财富广元教育合伙企业（有限合伙）
地址：深圳市前海深港合作区前湾一路1号A栋201室（入驻深圳市前海商务秘书有限公司）
…………………… Tel：0755-82551689

深圳聚心教育管理有限公司
地址：深圳市前海深港合作区前湾一路1号A栋201室（入驻深圳市前海商务秘书有限公司）
…………………… Tel：0755-82552495

深圳市功倍教育科技有限公司
地址：深圳市福田区福田街道福山社区彩田路2066号国丰酒店5层A
…………………… Tel：0755-82552633

君汉咨询（深圳）有限公司
地址：深圳市福田区莲花街道福中社区福中三路1006号诺德金融中心5E-1
…………………… Tel：0755-82554289

深圳市智善教育管理有限公司
地址：深圳市福田区福田街道岗厦社区彩田路3069号星河世纪A栋3901
…………………… Tel：0755-82561500

深圳市吉纽思教育管理服务有限公司
地址：深圳市前海深港合作区前湾一路鲤鱼门街一号前海深港合作区管理局综合办公楼A栋201室（入驻深圳市前海商务秘书有限公司）
…………………… Tel：0755-82562630

深圳市前海君康健文化体育发展有限公司
地址：深圳市前海深港合作区前湾一路1号A栋201室（入驻深圳市前海商务秘书有限公司）
…………………… Tel：0755-82562836

深圳新格林教育投资有限公司
地址：深圳市南山区粤海街道高新南九道威新软件园7号楼104
…………………… Tel：0755-82569026

深圳市前海生涯教育科技有限公司
地址：深圳市前海深港合作区前湾一路1号A栋201室（入驻深圳市前海商务秘书有限公司）
…………………… Tel：0755-82569420

深圳市有为科技教育有限公司
地址：深圳市宝安区松岗街道办楼岗大道南35号楼房第二层
…………………… Tel：0755-82598778

深圳市聚思教育科技有限公司
地址：深圳市罗湖区东湖街道布心路乐群楼、乐怡楼裙楼3层323、323A
…………………… Tel：0755-82641919

深圳市皇庭教育发展有限公司
地址：深圳市福田区福田街道岗厦社区福华路350号岗厦皇庭大厦28A08单元
…………………… Tel：0755-82706105

深圳共济文化传播有限公司
地址：深圳市龙华新区民治街道丰泽湖山庄21栋B单元1002
…………………… Tel：0755-82709536

深圳邦尼成长艺术教育有限公司
地址：深圳市福田区沙头街道天安社区深南大道6019号金润大厦6F
…………………… Tel：0755-82720597

深圳前海睿阳教育咨询管理有限公司
地址：深圳市前海深港合作区前湾一路1号A栋201室（入驻深圳市前海商务秘书有限公司）
…………………… Tel：0755-82726545

深圳市美艺田国际艺术教育有限公司
地址：深圳市宝安区新安街道创业二路与新湖路交汇西南处壹方城L3层007号商铺
…………………… Tel：0755-82733930

美艺天国际艺术教育（深圳）有限公司
地址：深圳市前海深港合作区前湾一路1号A栋201室（入驻深圳市前海商务秘书有限公司）
…………………… Tel：0755-82733930

太尼斯菲特文化传播（深圳）有限公司
地址：深圳市罗湖区莲塘街道罗沙路经二路华清园A栋1706
…………………… Tel：0755-82765165

深圳华邦培训学院有限公司
地址：深圳市前海深港合作区前湾一路1号A栋201室（入驻深圳市前海商务秘书有限公司）
…………………… Tel：0755-82771575

深圳市博派国际教育有限责任公司
地址：深圳市前海深港合作区前湾一A栋201室（入驻深圳市前海商务秘书有限公司）
…………………… Tel：0755-82816066

深圳启幼教育有限公司
地址：深圳市南山区粤海街道高新区社区高新南九道009号威新软件科技园7号楼1层101A
…………………… Tel：0755-82844971

深圳市杰雄尚德教育有限公司
地址：深圳市前海深港合作区前湾一路1号A栋201室（入驻深圳市前海商务秘书有限公司）
…………………… Tel：0755-82897987

悦一堂教育（深圳）有限公司
地址：深圳市前海深港合作区前湾一路1号A栋201室（入驻深圳市前海商务秘书有限公司）
…………………… Tel：0755-82897987

新思道培训（深圳）有限公司
地址：深圳市南山区招商街道南海大道1079号花园城数码大厦B座202、203-499
…………………… Tel：0755-82927366

深圳一加教育培训机构有限公司
地址：深圳市南山区粤海街道深圳湾创业投资大厦25层02、03室
…………………… Tel：0755-82931272

深圳芳草地教育投资管理有限公司
地址：深圳市福田区福田街道福民路18号皇安大厦1座19楼
…………………… Tel：0755-82947276

深圳睿生文化科技发展有限公司
地址：深圳市宝安区西乡街道富华社区78区流塘路万福阁中粮幸福花园503
…………………… Tel：0755-82982006

深圳市学而德教育文化发展有限公司
地址：深圳市龙岗区龙岗街道盐龙大道岸上林居三栋一层商铺
…………………… Tel：0755-82982006

深圳世通教育有限公司
地址：深圳市前海深港合作区前湾一路1号A栋201室（入驻深圳市前海商务秘书有限公司）
…………………… Tel：0755-83130758

深圳学姐教育科技有限公司
地址：深圳市前海深港合作区前湾一路1号A栋201室（入驻深圳市前海商务秘书有限公司）
…………………… Tel：0755-83130758

深圳市利鹏文化传播有限公司
地址：深圳市前海深港合作区前湾一路1号A栋201室（入驻深圳市前海商务秘书有限公司）
…………………… Tel：0755-83140581

星越教育（深圳）有限公司
地址：深圳市福田区福田街道金田路嘉意台裙楼2层商场A209号铺
…………………… Tel：0755-83170162

深圳前海好课在线教育科技有限公司
地址：深圳市前海深港合作区前湾一路1号A栋201室（入驻深圳市前海商务秘书有限公司）
…………………… Tel：0755-83180025

深圳伯特利教育信息咨询有限公司
地址：深圳市南山区粤海街道科技园社区科技路11号 伟杰大厦412
…………………… Tel：0755-83180322

深圳前海曼哈顿科技文化有限公司
地址：深圳市前海深港合作区前湾一路1号A栋201室（入驻深圳市前海商务秘书有限公司）
…………………… Tel：0755-83188376

前海逐梦体育文化发展（深圳）有限公司
地址：深圳市前海深港合作区前湾一路1号A栋201室（入驻深圳市前海商务秘书有限公司）
…………………… Tel：0755-83216970

深圳市萝卜教育咨询有限公司
地址：深圳市福田区南园街道玉田社区上步南路1001号、1005号锦峰大厦518
…………………… Tel：0755-83231289

深圳市众跑团健康管理有限公司
地址：深圳市龙岗区龙岗街道深汕路6号粤长辉大厦4A
…………………… Tel：0755-83232000

家懂会（深圳）教育科技有限公司
地址：深圳市前海深港合作区前湾一路1号A栋201室（入驻深圳市前海商务秘书有限公司）
…………………… Tel：0755-83249085

深圳市摩西教育培训有限公司
地址：深圳市宝安区西乡街道兴业路3004号（与西乡大道交汇处）五楼A3号
…………………… Tel：0755-83264123

深圳市尚为教育文化发展有限公司
地址：深圳市福田区福强路4001号深圳市实际工艺品文化广场313栋E5-05-01A
…………………… Tel：0755-83338620

深圳前海悦强文化体育发展有限公司
地址：深圳市前海深港合作区前湾一路1号A栋201室（入驻深圳市前海商务秘书有限公司）
…………………… Tel：0755-83358394

深圳市捷诚文化培训有限公司
地址：深圳市福田区南园街道上步中路工会大厦B座9楼
…………………… Tel：0755-83461181

深圳市尚圆教育传播有限公司
地址：深圳市福田区八卦路八卦岭工业区512栋二楼227A号
…………………… Tel：0755-83482292

传奇国际教育（深圳）有限公司
地址：深圳市福田区福保街道市花路4号综合服务中心四楼A区
…………………… Tel：0755-83484231

深圳市金艺文化艺术有限公司
地址：深圳市福田区农林路41号深南汽配市场二楼南侧

…………………… Tel：0755－83530019

凯西雅（深圳）英语教育培训有限公司
地址：深圳市龙岗区布吉街道龙岗大道375号名城国际广场一楼74－81号铺
…………………… Tel：0755－83555461

深圳市梵星世纪教育投资有限公司
地址：深圳市宝安区沙井街道上星路162号华瑞阁A单元1701
…………………… Tel：0755－83573915

深圳阿卡拉资讯有限公司
地址：深圳市福田区福田街道深南中路3027号汇商中心907室
…………………… Tel：0755－83583580

深圳市棒棒堂教育管理有限公司
地址：深圳市前海深港合作区前湾一路1号A栋201室（入驻深圳市前海商务秘书有限公司）
…………………… Tel：0755－83595900

深圳市和美文化发展有限公司
地址：深圳市福田区南园街道玉田社区南园路75号青艺楼上步南路1071号一楼东侧店铺
…………………… Tel：0755－83622206

深圳市禹文学前教育发展有限公司
地址：深圳市福田区梅林街道梅河社区梅林路139号宏安花园A栋(梅中路65号)
…………………… Tel：0755－83695444

深圳薪火教育发展有限公司
地址：深圳市福田区南园街道东园路196号玉田大厦205
…………………… Tel：0755－83743200

深圳市菲杨妮国际教育有限公司
地址：深圳市龙华区龙华街道景龙社区人民路4022号壹成中心花园301
…………………… Tel：0755－83751860

深圳市华粤文化教育有限公司
地址：深圳市福田区华富街道红荔西路5003－3－3
…………………… Tel：0755－83751860

翔宇国际少儿教育（深圳）有限公司
地址：深圳市前海深港合作区前湾一路1号A栋201室（入驻深圳市前海商务秘书有限公司）
…………………… Tel：0755－83821985

深圳市前海巧绘教育文化发展有限公司
地址：深圳市前海深港合作区前湾一路1号A栋201室（入驻深圳市前海商务秘书有限公司）
…………………… Tel：0755－83864051

深圳市智丰趣教育科技有限公司
地址：深圳市前海深港合作区前湾一路1号A栋201室（入驻深圳市前海商务秘书有限公司）
…………………… Tel：0755－83864743

深圳四一九文化传播有限公司
地址：深圳市前海深港合作区前湾一路1号A栋201室（入驻深圳市前海商务秘书有限公司）
…………………… Tel：0755－83864743

深圳市震宇体育文化传播有限公司
地址：深圳市南山区南头街道田厦社区桃苑单身宿舍A栋702
…………………… Tel：0755－83865510

深圳市童心力文化传播有限公司
地址：深圳市龙岗区坂田街道大发埔社区百利路6号1栋商铺S029
…………………… Tel：0755－83951127

深圳市英杰国际教育有限公司
地址：深圳市前海深港合作区前湾一路1号A栋201室（入驻深圳市前海商务秘书有限公司）
…………………… Tel：0755－84306818

深圳市前海云起时文化艺术有限公司
地址：深圳市前海深港合作区前湾一路1号A栋201室（入驻深圳市前海商务秘书有限公司）
…………………… Tel：0755－84361345

深圳童来童趣教育科技有限公司
地址：深圳市南山区粤海街道高新南九道9号威新软件科技园7号楼3层
…………………… Tel：0755－84369800

深圳书写力教育管理有限公司
地址：深圳市龙岗区平湖街道华南城1号交易广场五楼F区5F－001号
…………………… Tel：0755－84519991

深圳市秀才教育有限公司
地址：深圳市龙岗区坂田街道里石排1巷20号坂田集团商务中心301
…………………… Tel：0755－84654500

深圳市全英汇体育文化有限公司
地址：深圳市龙岗区平湖街道凤凰社区平园路47号二楼202
…………………… Tel：0755－84682997

深圳市伯兰语教育科技有限公司
地址：深圳市龙华新区民治街道布龙路1010号智慧谷创新园3楼
…………………… Tel：0755－84711491

深圳市佳合教育发展有限公司
地址：深圳市龙岗区龙城街道吉祥社区龙腾三路2号201
…………………… Tel：0755－84824211

深圳市邦勤教育科技有限公司
地址：深圳市龙岗区龙城街道黄阁北路441号天安数码城4栋B座1203－1
…………………… Tel：0755－84865586

深圳市众粤贸易有限公司
地址：深圳市福田区沙头街道天安社区泰然九路21号皇冠工业区厂房2栋三层
…………………… Tel：0755－86023909

超脑学府（深圳）教育有限公司
地址：深圳市南山区西丽街道西丽朗麓家园9栋ZT001号
…………………… Tel：0755－86061005

深圳市双湾国际教育咨询有限公司
地址：深圳市南山区蛇口街道蛇口东填海区鸿威海怡湾畔花园141、142
…………………… Tel：0755－86105030

深圳康之莱文化传播有限公司
地址：深圳市前海深港合作区前湾一路1号A栋201室（入驻深圳市前海商务秘书有限公司）
…………………… Tel：0755－86199581

深圳市财智康教育有限公司
地址：深圳市南山区粤海街道现代城华庭6栋1单元11F
…………………… Tel：0755－86199679

深圳市童年盒子文化科技发展有限公司
地址：深圳市前海深港合作区前湾一路1号A栋201室（入驻深圳市前海商务秘书有限公司）
…………………… Tel：0755－86225050

深圳市赫菲特教育投资有限公司
地址：深圳市前海深港合作区前湾一路1号A栋201室（入驻深圳市前海商务秘书有限公司）
…………………… Tel：0755－86250869

深圳市加速成长教育科技有限公司
地址：深圳市福田区园岭街道华林社区八卦四路72号八卦岭工业区411栋212
…………………… Tel：0755－86341565

韩端体验馆机器人（深圳）有限公司
地址：深圳市宝安区新安街道兴东社区67区大仟工业厂区1号厂房2层A12
…………………… Tel：0755－86350915

深圳市果辉少客体育发展传播有限公司
地址：深圳市福田区香蜜湖街道农林路龙溪花园21栋104
…………………… Tel：0755－86374603

深圳市馨佳艺文化传播有限公司
地址：深圳市龙华区龙华街道油松社区水平新围村万承滔创业园A04号
…………………… Tel：0755－86378996

深圳华臻国际文化体育有限公司
地址：深圳市南山区南头街道大汪山社区桃园路8号田厦国际中心B座1928
…………………… Tel：0755－86501365

深圳英塔教育科技有限公司
地址：深圳市南山区沙河街道深南大道9030号沙河世纪假日广场B座509
…………………… Tel：0755－86518166

深圳高励教育有限公司
地址：深圳市前海深港合作区南山街道桂湾片区二单元前海卓越金融中心(一期)7号楼1505
…………………… Tel：0755－86529110

威尔第（深圳）音乐有限责任公司
地址：深圳市福田区福田街道车公庙泰然六路苍松大厦北座308B
…………………… Tel：0755－86543320

深圳市华侨城旅游教育有限公司
地址：深圳市南山区沙河街道深南大道9003号锦绣阁
…………………… Tel：0755－86548027

深圳三明教育有限公司
地址：深圳市龙岗区宝龙街道宝龙社区宝荷大道76号智慧家园B座1002
…………………… Tel：0755－86561614

深圳市思珂特教育科技有限公司
地址：深圳市前海深港合作区前湾一路1号A栋201室（入驻深圳市前海商务秘书有限公司）
…………………… Tel：0755－86571607

深圳市铭将健身时尚运动有限公司
地址：深圳市龙岗区龙城街道公园大地花园公建二期商业楼202－204号
…………………… Tel：0755－86615266

深圳华路国际教育投资有限公司
地址：深圳市前海深港合作区前湾一路鲤鱼门街一号前海深港合作区管理局综合办公楼A栋201室（入驻深圳市前海商务秘书有限公司）
…………………… Tel：0755－86616366

深圳拳天下体育文化发展有限公司
地址：深圳市南山区西丽街道官龙村官龙第一工业区H栋5楼整层
…………………… Tel：0755－86626718

深圳实践教育服务有限公司
地址：深圳市前海深港合作区前湾一路1号A栋201室（入驻深圳市前海商务秘书有限公司）
…………………… Tel：0755－86639596

深圳市慧侨国际教育有限公司
地址：深圳市福田区福田街道岗厦社区深南大道2001号嘉麟豪庭B2603
…………………… Tel：0755－86642131

深圳市本成文化教育传播有限公司
地址：深圳市福田区沙头街道天安社区深南大道6007号安徽大厦1523
…………………… Tel：0755－86681191

深圳卓汇普睿教育有限公司
地址：深圳市福田区福田街道福山社区彩田路2010号中深花园B座2005F
…………………… Tel：0755－86696786

深圳市奥体康健教育科技有限公司
地址：深圳市光明新区公明街道将石社区南环大道西50号2栋2层
…………………… Tel：0755－86702153

与知教育（深圳）有限公司
地址：深圳市前海深港合作区前湾一路1号A栋201室（入驻深圳市前海商务秘书有限公司）
…………………… Tel：0755－86703315

深圳六艺启优教育科技有限公司
地址：深圳市前海深港合作区前湾一路1号A栋201室（入驻深圳市前海商务秘书有限公司）
…………………… Tel：0755－86706233

深圳前海中盛一点教育有限公司
地址：深圳市前海深港合作区前湾一路1号A栋201室（入驻深圳市前海商务秘书有限公司）
…………………… Tel：0755－86717305

深圳市好学习教育投资有限公司
地址：深圳市前海深港合作区前湾一路1号A栋201室（入驻深圳市前海商务秘书有限公司）
…………………… Tel：0755－86913662

深圳前海星空八号教育科技有限公司
地址：深圳市前海深港合作区前湾一路1号A栋201室（入驻深圳市前海商务秘书有限公司）
…………………… Tel：0755－86932349

深圳迪迪教育投资有限公司
地址：深圳市前海深港合作区前湾一路1号A栋201室(入驻深圳市前海商务秘书有限公司)
…………………… Tel：0755－86962590

深圳市鼎汇教育发展合伙企业（有限合伙）
地址：深圳市南山区招商街道沿山路12号万联大厦C座1楼
…………………… Tel：0755－88273319

深圳前海炫点文化传播有限公司
地址：深圳市前海深港合作区前湾一路1号A栋201室（入驻深圳市前海商务秘书有限公司）
…………………… Tel：0755－88298661

深圳市铿锵玫瑰体育文化发展有限公司
地址：深圳市前海深港合作区前湾一路1号A栋201室（入驻深圳市前海商务秘书有限公司）
…………………… Tel：0755－88298661

深圳市晖腾教育实业发展有限公司
地址：深圳市前海深港合作区前湾一路1号A栋201室（入驻深圳市前海商务秘书有限公司）
…………………… Tel：0755－88373737

深圳亚博瀚立教育产业发展有限公司
地址：深圳市前海深港合作区前湾一路1号A栋201室（入驻深圳市前海商务秘书有限公司）
…………………… Tel：0755－88664036

深圳市达而闻教育投资有限公司
地址：深圳市龙华新区梅龙路光浩国际中心大厦5ABC
…………………… Tel：0755－88880079

深圳鼎宝宏绿色教育有限公司
地址：深圳市前海深港合作区前湾一路1号A栋201室（入驻深圳市前海商务秘书有限公司）
…………………… Tel：0755－88980088

阿里汇教育培训（深圳）有限公司
地址：深圳市龙岗区龙岗街道平南社区龙岗大道(龙岗段)4001号万汇大厦801
…………………… Tel：0755－89203085

牛津国际教育科技（深圳）有限公司
地址：深圳市龙岗区南湾街道南岭村社区南新路12号中丝园5栋锦苑306－307室
…………………… Tel：0755－89244493

深圳市阳光丽质教育投资发展有限公司
地址：深圳市龙岗区龙岗中心城徽王府S102
…………………… Tel：0755－89307594

深圳乐学教育文化发展有限公司
地址：深圳市龙华区民治街道民乐社区星河WORLD二期D栋301
…………………… Tel：0755－89320966

深圳市龙大咖教育培训有限公司
地址：深圳市福田区沙头街道滨河路北侧嘉洲华苑裙楼102－3之二
…………………… Tel：0755－89350830

深圳市星河趣汇创新发展有限公司
地址：深圳市福田区福田街道福安社区中心五路18号星河发展中心主楼21层办公2101－48
…………………… Tel：0755－89373717

深圳市大风车艺术教育有限公司
地址：深圳市龙岗区布吉街道育苗路9号208
…………………… Tel：0755－89382188

深圳市象行教育有限公司
地址：深圳市福田区沙头街道天安社区泰然九路11号海松大厦B座1807
…………………… Tel：0755－89582555

华外教育培训（深圳）有限公司
地址：深圳市前海深港合作区前湾一路1号A栋201室（入驻深圳市前海商务秘书有限公司）
…………………… Tel：0755－89808933

深圳行之教育发展股份有限公司
地址：深圳市前海深港合作区前湾一路1号A栋201室（入驻深圳市前海商务秘书有限公司）
…………………… Tel：0755－89808933

珠海泓江教育科技有限公司
地址：珠海市横琴新区宝华路6号105室－10290
…………………… Tel：0756－8714319

佛山市顺德区大良德佳教育培训中心有限公司
地址：佛山市顺德区大良德和居委会新城区彩虹路1号大信新都汇顺德店二层L2006号（住所申报）
…………………… Tel：0757－22998898

佛山市顺德区圣博文化艺术培训有限公司
地址：佛山市顺德区北　镇顺德碧桂园西苑会所二楼A20
…………………… Tel：0757－66832506

佛山天行达阵体育发展有限公司
地址：佛山市南海区桂城街道桂澜北路6号南海39°空间艺术创意社区北区商铺9座101室之一
…………………… Tel：0757－81231812

佛山市顺德区乐从镇长大鸟文化艺术培训中心有限公司
地址：佛山市顺德区乐从镇乐从社区居民委员会佛山新城富华路6号怡翠晋盛御园1座08至14商铺（住所申报）
…………………… Tel：0757－86083317

广东博宏教育科技有限公司
地址：湛江开发区人民大道中28号财富中心6层602房
…………………… Tel：0759－2284438

湛江市众利文化投资发展有限公司
地址：廉江市廉城镇中环三路4号二楼
…………………… Tel：0759－6687666

清远美林教育科技有限公司
地址：清远市清城区S253线石角段1号美林湖西岸商业广场1－6号楼2层2096号
…………………… Tel：0763－3518019

广东三叶草教育投资有限公司
地址：广东省东莞市东城街道堑头新凤路横街六巷8号501室
…………………… Tel：0769－22170586

广东博众教育科技有限公司
地址：东莞市南城街道石竹花园五座63号铺01室
…………………… Tel：0769－22271499

广东艺象美刻教育投资有限公司
地址：东莞市南城街道宏图大道21号万科金域华府海月轩4号楼304
…………………… Tel：0769－22360969

东莞市科翰教育科技有限公司
地址：东莞市莞城街道东纵大道地王广场二区3楼C012铺
…………………… Tel：0769－22450906

广东技加教育咨询有限公司
地址：广东省东莞市松山湖园区总部二路9号1栋2单元315室
…………………… Tel：0769－33354383

东莞市灵岛文化艺术有限公司
地址：东莞市樟木头镇石新社区元长四街55号
…………………… Tel：0769－6390451

深圳前海多方教育科技有限公司
地址：深圳市前海深港合作区前湾一路1号A栋201室（入驻深圳市前海商务秘书有限公司）
…………………… Tel：0769－82661237

广东遵鸿教育文化有限公司
地址：广东省东莞市大朗镇大朗景泰路1号富盈1栋1512房
…………………… Tel：0769－89619191

深圳华逸国际教育有限公司
地址：深圳市福田区福田街道福安社区益田路4068号卓越时代广场大厦1510－1512之1510
…………………… Tel：400－816－5808

南宁市西乡塘区润英教育培训学校有限公司
地址：南宁市西乡塘区北湖北路33－2号综合楼1202号
…………………… Tel：0771－3360985

广西壮族自治区

广西托业教育咨询有限公司
地址：南宁市青秀区东葛路88号嘉园小区B座403号房“商务秘书企业（广西南宁鸿得瑞商务秘书有限公司）托管”
……………………Tel：0771-3393843

广西国格教育科技有限公司
地址：南宁市青秀区蓉茉大道84号A区55号
……………………Tel：0771-5786011

广西融水亚帝教育投资有限公司
地址：融水县融水镇寿星中路5-2号华都商贸城4幢101号房
……………………Tel：0772-5125538

桂林德正教育投资有限公司
地址：桂林市象山区净瓶路5号（桂林电厂招待所）
……………………Tel：0773-8999097

河池市金城江区爱童幼儿园有限公司
地址：河池市金城江区城西路36号
……………………Tel：0778-2281899

海南省

海南自贸区华培人才培训管理有限责任公司
地址：海南省海口市龙华区海秀中路138号A幢中平广场1104房
……………………Tel：0898-32859071

海南星风尚文化创意有限公司
地址：海南省海口市琼山区国兴大道国秀城B05商铺
……………………Tel：0898-65378942

海南光树文化教育服务有限公司
地址：海南省海口市美兰区桂林洋高校区海涛大道中段产学研大楼服务大厅
……………………Tel：0898-65797521

海南童学事教育科技有限公司
地址：海南省海口市琼山区朱云路18号A703房
……………………Tel：0898-65810691

海南中经人才培训管理服务有限公司
地址：海南省海口市美兰区美坡路水滨花3号商业第一层4号铺面
……………………Tel：0898-66271105

海南国际文化培训学院
地址：海南省海口市美兰区蓝天路36号欣怡综合楼501房
……………………Tel：0898-66698366

海南爱谱瑞教育投资有限公司
地址：海南省海口市美兰区龙昆南路1号华新商务大厦B栋1201室
……………………Tel：0898-66727252

海南京海阳光教育科技有限公司
地址：海南省海口市龙华区龙昆南路和信广场11号楼902室
……………………Tel：0898-66754065

海南焱森教育科技有限公司
地址：海南省海口市秀英区南海大道266号海口国家高新区创业孵化中心A楼5层A2-5室
……………………Tel：0898-66791691

海南启智盛丰教育科技有限公司
地址：海南省海口市美兰区海秀东路64号海口吕记弘生城第7层
……………………Tel：0898-66791691

海南中艺培教育科技有限公司
地址：海南省海口市龙华区中沙路15号广电大厦11层
……………………Tel：0898-66809726

海南儒学教育培训有限公司
地址：海南省海口市美兰区海秀东路6号望海国际广场26楼2617室
……………………Tel：0898-68513269

海口嘉勋幼儿园有限公司
地址：海南省海口市秀英区紫园路14号
……………………Tel：0898-68582293

海南西玛斯水上运动服务有限公司
地址：海口市金盘路11-1号金碧雅苑1-A、1-B商住楼1号铺面
……………………Tel：0898-68586331

海南星智慧教育科技有限公司
地址：海南省乐东县黄流镇星智慧大楼（黄流法院斜对面）
……………………Tel：0898-85855516

四川省

四川成辰教育发展有限公司
地址：眉山市东坡区桐花巷236号1幢17层
……………………Tel：028-38780379

四川尚武九州教育咨询有限公司
地址：成都市新都区新都街道马超东路649号
……………………Tel：028-61601521

四川孟母文化传播有限公司
地址：崇州市崇阳街道蜀南西路95号
……………………Tel：028-82290999

四川早卓教育科技有限公司
地址：成都市温江区柳城人和路188号15栋6层601号
……………………Tel：028-82767529

成都航利航空工程职业教育有限公司
地址：四川省彭州市丽春镇白鹤社区四组
……………………Tel：028-83898182

四川明磬教育咨询有限公司
地址：成都市新都区新都街道桂湖西路245号
……………………Tel：028-83997568

成都市番茄树教育有限公司
地址：成都高新区（西区）天宇路2号
……………………Tel：028-87984871

绵阳启明星职业培训有限公司
地址：绵阳市安州区桑枣镇松林村
……………………Tel：0816-4638195

泸州市四叶草文化艺术培训学校有限责任公司
地址：泸州市江阳区酒城大道二段3号11号楼2层201号、瑞景西路3号附1号
……………………Tel：0830-2989848

泸州朴新文化传播有限公司
地址：泸州市江阳区江阳南路3幢5层12号
……………………Tel：0830-3197508

合江符阳文化艺术培训学校有限公司
地址：四川省泸州市合江县合江镇佳荔路1号
……………………Tel：0830-5280093

宜宾市南溪区首创文化艺术培训学校有限公司
地址：宜宾市南溪区南溪街道正信路二段2、4、6、8、10、12、14号
……………………Tel：0831-7852388

凉山州映山红教育咨询服务有限责任公司
地址：西昌市长安南路68号附4号1幢1层4号
……………………Tel：0834-3952057

广元市墨云教育信息咨询有限公司
地址：广元市利州区南河街道北京路凯盛大厦9楼05、06号
……………………Tel：0839-2868889

贵州省

贵州农信教育培训有限公司
地址：贵州省贵阳市观山湖区长岭北路与林城东路交汇左侧
……………………Tel：0851-82592226

贵州道兴教育投资管理有限公司
地址：贵州省贵阳市开阳县城关镇开州大道城关镇人民政府5楼
……………………Tel：0851-82620741

贵州三厘米教育文化发展有限公司
地址：贵州省贵阳市贵阳国家高新技术产业开发区金阳科技产业园标准厂房辅助用房B218室
……………………Tel：0851-84852126

贵州彩虹娱乐文化传媒有限公司
地址：贵州省贵阳市南明区花果园后街彭家湾第E7（国际金融街1号）楼（E7）1单元28层14号房
……………………Tel：0851-88415005

贵州天智智慧文化传播有限公司
地址：贵州省黔东南苗族侗族自治州凯里市红洲路商住综合楼A栋2层1号
……………………Tel：0855-8271960

贵州省一光年教育科技有限责任公司
地址：贵州省毕节市大方县红旗街道办事处庆春中路
……………………Tel：0857-5948886

贵州鑫隆元学成教育咨询有限公司
地址：贵州省毕节市七星关区碧阳街道公务员小区碧水星苑6幢1单元10层1号
……………………Tel：0857-8738999

云南省

云南麦普职业技能培训有限公司
地址：云南省昆明市盘龙区金刀营村西侧盘江苑幼儿园B幢1-4层
……………………Tel：0871-63187459

云南理根教育发展有限公司
地址：云南省昆明市呈贡区书香大地D06幢商铺15号
……………………Tel：0871-65956305

云南中创东方教育发展有限公司
地址：云南省昆明市官渡区关上街道办事处关坡村关中路3号6幢4楼401-2室
……………………Tel：0871-65957799

云南锦闻教育科技有限公司
地址：云南省大理白族自治州大理市大理经济开发区蝶泉路49号
……………………Tel：0872-2188860

红河州梦工场素质教育有限公司
地址：蒙自市朝阳路与育才路路口东南侧塞纳公馆4幢1层4-1-7号商铺
……………………Tel：0873-3996666

云南建水崇正书院文化投资发展有限公司
地址：云南省红河州建水县临安镇书院街崇正书院内
……………………Tel：0873-7615611

丽江安通文化传播有限公司
地址：丽江市古城区安通路74号
……………………Tel：0888-5312698

丽江旅院幼儿教育有限公司
地址：云南省丽江市古城区束河街道玉泉路1号
……………………Tel：0888-5356656

永胜县安通摩托车驾驶员培训有限公司
地址：云南省丽江市永胜县永北镇工业园区
……………………Tel：0888-6560690

永胜县鑫盛机动车驾驶员培训有限公司
地址：云南省丽江市永胜县永北镇工业园区
……………………Tel：0888-6560690

陕西省

陕西墨道教育科技有限公司
地址：西安市碑林区古迹岭枣园巷1幢1单元12002室
……………………Tel：029-68531022

陕西宝天教育科技有限公司
地址：陕西省西安市高新区科技七路15号国宾中央区11幢1单元28层12801号
……………………Tel：029-68663296

西安智云教育科技有限公司
地址：陕西省西安市未央区未央路80号盛龙广场2号地第5幢1单元17层11703号房
……………………Tel：029-68962969

陕西拜特思伦教育科技有限公司
地址：陕西省西安市高新区锦业路1号绿地中央广场领海AB座第2幢11307号房
……………………Tel：029-68965619

西安铃兰托育服务有限公司
地址：陕西省西安市长安区郭杜街办樱花二路茅坡新城12号楼301室
……………………Tel：029-81581366

陕西秦星培训有限公司
地址：陕西省西安市碑林区太乙路郦景豪庭1号楼2802室
……………………Tel：029-83217738

陕西无线星空教育科技有限公司
地址：西安市莲湖区北大街88号假日国际公寓2层
……………………Tel：029-84561188

陕西现代日韩语职业培训学校有限公司
地址：陕西省西安市雁塔区长安中路111号嘉汇大厦1幢1单元11501室
……………………Tel：029-85214233

西安博昱教育科技有限公司
地址：陕西省西安市高新区科技路48号创业广场1幢C0201号房2F040室
……………………Tel：029-86111052

陕西明世教育科技有限公司
地址：陕西省西安市雁塔区南二环西段58号成长大厦1918室
……………………Tel：029-86698717

西安太元教育科技有限公司
地址：陕西省西安市未央区未央宫街办阁老门西村2号付一号门面房
……………………Tel：029-86739068

陕西红星干部培训中心有限公司
地址：陕西省西安市碑林区交大街2号帝源豪庭大厦23E
……………………Tel：029-88186582

西安檀摩书院教育科技有限公司
地址：陕西省西安市碑林区长安路北段14号省体育场陕西国际展览中心主馆二层展馆2FC4-2FC6
……………………Tel：029-89353508

陕西学有教育科技有限公司
地址：西安曲江新区芙蓉西路与芙蓉南路十字东南侧芙蓉新天地4号楼3层10301号
……………………Tel：029-89833721

延安红史红色文化培训有限公司
地址：陕西省延安市宝塔区国胜宾馆五楼、八楼
……………………Tel：0911-2126886

延安新征程红色文化培训有限公司
地址：陕西省延安市宝塔区枣园路三产商用楼2号
……………………Tel：0911-2180058

吴起长征文化研学培训管理有限公司
地址：陕西省延安市吴起县粮食局百货大楼1904室
……………………Tel：0911-2711698

延安红迹红色文化培训有限公司
地址：陕西省延安市宝塔区枣园路志丹大厦写字楼502室
……………………Tel：0911-2851777

延安好地方红色文化培训有限公司
地址：陕西省延安市宝塔区枣园路延园里商业步行街7号楼401室
……………………Tel：0911-2852080

延安润泽东方红色文化培训有限公司
地址：陕西省延安市宝塔区新城东方红大道治平大厦A座5楼
……………………Tel：0911-2908687

延安艰苦奋斗红色文化培训有限公司
地址：陕西省延安市宝塔区创业小镇东区B-214号
……………………Tel：0911-6396666

延安中红红色文化培训有限公司
地址：陕西省延安市宝塔区210国道欧景园治平建工集团6楼615-622室
……………………Tel：0911-7770808

延安红色睿智文化传播有限公司
地址：陕西省延安市宝塔区延安大学窑苑酒店办公楼一楼102室
……………………Tel：0911-8230003

延安西部红色文化培训有限公司
地址：陕西省延安市宝塔区南十里铺圣都大道49号
……………………Tel：0911-8685968

延安溯源红色文化培训有限公司
地址：陕西省延安市宝塔区东大街14号
……………………Tel：0911-8896010

榆林腾博教育信息咨询有限公司
地址：陕西省榆林市榆阳区大河塔镇西尧则村
……………………Tel：0912-6666926

陕西榆林艺德阁文化传媒有限公司
地址：陕西省榆林市榆阳区新建路军分区3号
……………………Tel：0912-7688999

府谷县金东方教育有限责任公司
地址：陕西省榆林市府谷县人民西路98号
……………………Tel：0912-8811158

陕西申知教育科技有限公司
地址：陕西省渭南市高新技术产业开发区东兴街27号
……………………Tel：0913-2022608

陕西知行堂教育文化科技有限公司
地址：陕西省汉中市镇巴县泾洋街道办事处南关社区新街林产品公司三楼
……………………Tel：0916-6716588

陕西英创教育文化传播有限公司
地址：宝鸡市渭滨区经二路东段9号（秦岭饭店）中楼四楼
……………………Tel：0917-3223110

宝鸡市渭滨区中天教育培训学校有限责任公司
地址：陕西省宝鸡市渭滨区广元路1号
……………………Tel：0917-3225669

陕西莱恩教育科技有限公司
地址：陕西省宝鸡市扶风县城新区祥云华府小区祥云幼儿园内
……………………Tel：0917-5158000

铜川八音盒文化发展有限公司
地址：铜川市王益区中心商业广场C段三层北
……………………Tel：0919-2193387

甘肃省

甘肃正和东方教育管理咨询有限公司
地址：甘肃省兰州市七里河区建工中街30号901
……………………Tel：0931-2895191

甘肃华晟食安食品安全科技有限公司
地址：甘肃省兰州市城关区正宁路117号瑞云酒店中楼526-1室
……………………Tel：0931-4545337

甘肃智信教育评估有限公司
地址：甘肃省兰州市城关区佛慈大街2号（兰州大桥饭店520室）
……………………Tel：0931-5102992

甘肃建投培训中心有限公司
地址：甘肃省兰州市西固区雅新小区9号楼西固西路589-1、589-2号
……………………Tel：0931-6115258

甘肃盛世教育科技股份有限公司
地址：甘肃省兰州市兰州新区纬二支路甘肃盛世国金国银股份有限公司院内
……………………Tel：0931-6839621

兰州英之辅教育咨询有限公司
地址：兰州市城关区拱星墩街道东岗东路1917号第1单元21层2102室
……………………Tel：0931-8123666

兰州腾翔体育文化发展有限公司
地址：兰州市城关区雁南路1771号301室（雁滩安居小区）
……………………Tel：0931-8181818

兰州柏优思教育培训学校有限公司
地址：甘肃省兰州市城关区甘肃省兰州市城关区高新技术开发区飞雁街130号陇星总部园区2-2号楼

…………………………Tel：0931-8537527
甘肃昕冉教育咨询有限公司
地址：甘肃省兰州市城关区中山路1号
…………………………Tel：0931-8627812
兰州市城关区乐学优培训学校有限公司
地址：甘肃省兰州市城关区酒泉路358号第2层001室
…………………………Tel：0931-8821302
兰州大象教育科技有限公司
地址：甘肃省兰州市城关区皋兰路街道民主西路226号西北弘大厦第28层001室
…………………………Tel：0931-8859629
平凉市盛世教育培训管理有限公司
地址：甘肃省平凉市崆峒区世纪花园B6区2号楼4－5层
…………………………Tel：0933-4166668
平凉培多分教育培训学校有限公司
地址：甘肃省平凉市崆峒区临泾路世纪花园B2区1号
…………………………Tel：0933-5999181
平凉国瑞大诚教育咨询有限责任公司
地址：甘肃省平凉市崆峒区工商联大厦四楼402室
…………………………Tel：0933-8212169
平凉启智教育咨询有限公司
地址：甘肃省平凉市崆峒区泾水嘉苑6号楼商铺2楼门面房
…………………………Tel：0933-8219796
平凉梦航教育培训有限责任公司
地址：甘肃省平凉市崆峒区广成花园B区商务楼西侧三楼
…………………………Tel：0933-8719664
庆阳中博教学设备有限公司
地址：甘肃省庆阳市西峰区凤凰路北街试验小学向北500米
…………………………Tel：0934-8240581
武威市凉州区博师教育课外培训中心有限公司
地址：甘肃省武威市凉州区南关西路3号E楼3层
…………………………Tel：0935-2355618
甘肃青禾教育科技有限公司
地址：甘肃省武威市凉州区西大街265号（原149号）
…………………………Tel：0935-6119789
甘肃韵儒国际文化咨询有限公司
地址：甘肃省张掖市甘州区青年东街金厦综合楼1幢1层西106室
…………………………Tel：0936-8242333
嘉峪关博汇教育咨询有限公司
地址：甘肃省嘉峪关市中鹏嘉年华居住小区（建设西路北侧文化南路西侧）
…………………………Tel：0937-6382020
甘肃易学通教育咨询有限公司
地址：甘肃省天水市秦州区伊民巷44号
…………………………Tel：0938-6878753

宁夏回族自治区

宁夏中联泰润教育发展有限公司
地址：宁夏银川市西夏区银川中关村创新中心A座11层1106室
…………………………Tel：0951-3968950
银川市兴庆区瑜昕教育培训中心有限公司
地址：银川市兴庆区光耀商务中心20号楼213室
…………………………Tel：0951-4129886
乐学菁英（宁夏）教育科技有限公司
地址：宁夏银川市西夏区银川中关村创新中心2号楼一层B116、B117室
…………………………Tel：0951-5988509
宁夏欧美思教育科技有限公司
地址：银川市金凤区新昌东路5号银川育成广告文化产业园
…………………………Tel：0951-6822220
宁夏森焱卓道教育科技有限公司
地址：宁夏银川市兴庆区民族北街宝丰银座1幢8单元42号
…………………………Tel：0951-8681432
固原市十方文化艺术培训学校有限公司
地址：宁夏回族自治区固原市原州区安康路东海太阳城13号楼三层
…………………………Tel：0954-7225101

新疆维吾尔自治区

新疆众舞欣玥艺术培训有限公司
地址：新疆塔城地区额敏县第九师建安南路绿翔商服楼二楼30-31号
…………………………Tel：0901-3382022
哈密天鹰文化艺术有限公司
地址：新疆哈密地区哈密市文化东路海玉综合楼底商2-2号
…………………………Tel：0902-2252399
新疆孜雅心理咨询有限公司
地址：新疆和田地区洛浦县双拥路56号
…………………………Tel：0903-6627252
克拉玛依新油国际文体传媒有限公司
地址：新疆克拉玛依市准噶尔路106号
…………………………Tel：0990-6850661
新疆红梅花开教育培训有限责任公司
地址：新疆乌鲁木齐市米东区碱沟西路1702号
…………………………Tel：0991-3388782
新疆跃动悦酷轮滑俱乐部有限公司
地址：新疆乌鲁木齐经济技术开发区厦门路11号4单元301号
…………………………Tel：0991-3741070
新疆乐思嘉教育培训中心有限公司
地址：新疆乌鲁木齐经济技术开发区（头屯河区）大明湖路777号和兴绿景园商住小区4号楼2层商业1室
…………………………Tel：0991-3767756
乌鲁木齐经济技术开发区（头屯河区）修竹教育培训学校有限公司
地址：新疆乌鲁木齐经济技术开发区香山街450号绿谷佳苑北-201、301商铺
…………………………Tel：0991-3814521
新疆普洒爱健康文化发展有限公司
地址：新疆乌鲁木齐市水磨沟区南湖北路锦峰巷267号1单元201号
…………………………Tel：0991-4186618
新疆兴狼牙文化发展有限公司
地址：新疆乌鲁木齐市沙依巴克区骑马山路8号格林威治城丙11-1-402
…………………………Tel：0991-4545506
新疆华工盛达教育发展研究院（有限公司）
地址：新疆乌鲁木齐市沙依巴克区西北路499号1号楼102室
…………………………Tel：0991-4567618
新疆智慧苗圃文化传播有限公司
地址：新疆乌鲁木齐市沙依巴克区友好商场南巷12号天一大厦A座15-5
…………………………Tel：0991-4811951
乌鲁木齐李亚军教育培训有限公司
地址：新疆乌鲁木齐市水磨沟区昆仑东街102号南湖小区A区(华凌公馆)1栋商业201号
…………………………Tel：0991-4888637
新疆华宇恒祥教育研究院（有限公司）
地址：新疆乌鲁木齐市沙依巴克区友好商场南巷12号天一大厦1栋A座802室
…………………………Tel：0991-5563310
新疆盈圣翔教育研究院（有限公司）
地址：新疆乌鲁木齐经济技术开发区上海路浦东街3号众创空间1楼102-21室
…………………………Tel：0991-6640661
新疆巨人智汇教育培训有限公司
地址：新疆乌鲁木齐市新市区北京中路51号大陆桥酒店一、二层
…………………………Tel：0991-7596888
新疆金石课外教育培训学校有限公司
地址：新疆昌吉市长宁南路华洋广场A座2层（68区4丘63-65栋）
…………………………Tel：0994-2362777
新疆丰博课外教育培训学校有限公司
地址：新疆昌吉州昌吉市中山路133号B区三层L3061号
…………………………Tel：0994-2562555
昌吉州方舟课外教育培训学校有限公司
地址：新疆昌吉州昌吉市建国西路城建新村步行街
…………………………Tel：0994-6588173
阿拉尔市凯仑职业培训学校有限公司
地址：新疆阿拉尔市大学生创业园1号楼3层02室
…………………………Tel：0997-4672315
新疆泛沐堂教育咨询管理有限公司
地址：新疆阿克苏地区阿克苏纺织工业城（开发区）之江大道以西1幢102室
…………………………Tel：0997-6158234
新疆惠顿文化教育有限公司
地址：新疆喀什地区喀什经济开发区总部经济区（明宇广场）8号楼4层409-1
…………………………Tel：0998-2590766
新疆羿飞教育科技有限公司
地址：新疆喀什地区喀什经济开发区深喀大道总部经济区浙商大厦24楼635室
…………………………Tel：0998-6851111
伊犁英才教育有限责任公司
地址：新疆伊犁州伊宁市辽宁路656号
…………………………Tel：0999-8129222
伊宁市子爱教育咨询有限责任公司
地址：新疆伊犁州伊宁市新华西路566号新矿·滨河家园东区G16号201室
…………………………Tel：0999-8323095
霍尔果斯市金色摇篮教育咨询有限公司
地址：新疆伊犁州霍尔果斯市亚欧北路琪瑞大厦1102室
…………………………Tel：0999-8796760
霍尔果斯七灯台全脑训练有限公司
地址：新疆伊犁州霍尔果斯经济开发区伊宁园区宁远路2号中小企业园1316号
…………………………Tel：0999-8799002

医疗卫生行业

一、行业综合分析

医疗卫生行业综合分析

2013年医药工业经济运行分析

转引自 中国健康网（www.healthoo.com）

根据统计快报数据，2013年医药工业增加值同比增长12.7%，增速较上年的14.5%有所回落，但高于全国工业平均水平3.0个百分点，处于各工业大类前列，在整体工业增加值中所占比重不断增加。从季度情况看，各季度累计增速分别为14.0%、12.6%、12.9%、12.7%，增势平稳，未出现大的波动。

（二）主营收入突破2万亿大关，但增长放缓

根据统计快报数据，2013年医药工业规模以上企业实现主营业务收入21681.6亿元，同比增长17.9%。主营业务收入突破了2万亿元大关，但增长速度较2012年的20.4%下降了2.5个百分点，自2007年以来首次低于20%。八个子行业中，中药饮片、制药装备、卫生材料及医药用品、中成药的主营业务收入高于行业平均增长水平，生物制品、医疗器械、化药制剂、化学原料药的主营业务收入增速低于行业平均水平，化学原料药继2012年继续成为增长最慢的子行业。

2013年医药工业主营业务收入完成情况

行业	主营业务收入(亿元)	同比(%)
化学药品原料药制造	3819.9	13.7
化学药品制剂制造	5730.9	15.8
中药饮片加工	1259.4	26.9
中成药制造	5065.0	21.1
生物药品制造	2381.4	17.5
卫生材料及医药用品制造	1398.2	21.8
制药专用设备制造	138.2	22.3
医疗仪器设备及器械制造	1888.6	17.2
合计	21681.6	17.9

（三）整体盈利能力略有下降

根据统计快报数据，2013年医药工业规模以上企业实现利润总额2197.0亿元，同比增长17.6%，增速较2012年下降2.8个百分点。营业收入利润率为10.1%，较上年低0.03个百分点，略有下降，八个子行业中，化学原料药和中药饮片利润率低于行业平均水平。2013年医药工业规模以上企业实现利税总额3336.3亿元，同比增长17.6%。亏损企业数量同比增加12.8%，亏损总额同比增加9.6%，显示企业效益进一步分化。

2013年医药工业利润总额及利润率

行业	利润总额(亿元)	利润率(%)	利润率同比（百分点）
化学药品原料药制造	284.7	7.45	0.02

行业	利润总额(亿元)	利润率(%)	利润率同比（百分点）
化学药品制剂制造	639.4	11.16	0.06
中药饮片加工	94.2	7.48	0.23
中成药制造	538.4	10.63	0.03
生物药品制造	282.4	11.86	-0.45
卫生材料及医药用品制造	142.2	10.17	0.14
制药专用设备制造	16.5	11.91	-0.27
医疗仪器设备及器械制造	199.2	10.55	-0.37
医药工业	2197.0	10.13	-0.03

（四）医药出口仍为个位数增长

根据统计快报数据，2013年医药工业规模以上企业实现出口交货值1606.4亿元，同比增长5.8%，与2012年比增速下降1.5个百分点，仍处于自2012年以来的个位数增长。根据海关进出口数据，2013年医药出口额为511.8亿美元，同比增长6.8%，增速较2012年下降0.1个百分点，其中出口居前列的化学原料药出口额为236.0亿美元，同比增长2.6%，医院诊断与治疗设备出口额为84.8亿美元，同比增长9.5%。

（五）固定资产投资增长快规模大

2013年医药工业规模以上企业共完成固定资产投资额 4526.8亿元，同比增长26.5%，投资规模在全国制造业中位居前列，增长速度高出制造业平均水平8个百分点，延续了“十二五”以来快速增长的势头。根据调研，企业投资的重点是GMP改造升级、新厂区建设和新产品产业化。

（六）中西部地区医药经济增速快于东部地区

2013年医药工业主营业务收入居前5位的地区是山东、江苏、广东、河南、吉林，共有17个省、区、市的主营业务收入增速超过行业平均水平，中西部地区的增速整体快于东部地区，一些传统医药强省（市），如浙江、河北、上海等，增长明显放缓。利润总额居前5位的地区是山东、江苏、广东、河南、北京，19个省、区、市的利润总额增速超过行业平均水平，有5个地区利润总额出现负增长。

（七） 药品终端市场规模扩大

中国是用药大国，药品终端市场总规模在“十五”期间复合增长率为15%，“十一五”期间，复合增长率上升至20%，进入“十二五”，2012年和2013年分别增长18%和15%，2013年的销售规模达到10985亿元。

二、行业法规

中华人民共和国国境卫生检疫法（修正）

(1986年12月2日第六届全国人民代表大会常务委员会第十八次会议通过 1986年12月2日中华人民共和国主席令第四十六号公布 根据2007年12月29日第十届全国人民代表大会常务委员会第三十一次会议《关于修改〈中华人民共和国国境卫生检疫法〉的决定》第一次修正 根据2009年8月27日第十一届全国人民代表大会常务委员会第十次会议《关于修改部分法律的决定》第二次修正)

第一章 总 则

第一条 为了防止传染病由国外传入或者由国内传出，实施国境卫生检疫，保护人体健康，制定本法。

第二条 在中华人民共和国国际通航的港口、机场以及陆地边境和国界江河的口岸（以下简称国境口岸），设立国境卫生检疫机关，依照本法规定实施传染病检疫、监测和卫生监督。

国务院卫生行政部门主管全国国境卫生检疫工作。

第三条 本法规定的传染病是指检疫传染病和监测传染病。

检疫传染病，是指鼠疫、霍乱、黄热病以及国务院确定和公布的其他传染病。

监测传染病，由国务院卫生行政部门确定和公布。

第四条 入境、出境的人员、交通工具、运输设备以及可能传播检疫传染病的行李、货物、邮包等物品，都应当接受检疫，经国境卫生检疫机关许可，方准入境或者出境。具体办法由本法实施细则规定。

第五条 国境卫生检疫机关发现检疫传染病或者疑似检疫传染病时，除采取必要措施外，必须立即通知当地卫生行政部门，同时用最快的方法报告国务院卫生行政部门，最迟不得超过二十四小时。邮电部门对疫情报告应当优先传送。

中华人民共和国与外国之间的传染病疫情通报，由国务院卫生行政部门会同有关部门办理。

第六条 在国外或者国内有检疫传染病大流行的时候，国务院可以下令封锁有关的国境或者采取其他紧急措施。

第二章 检 疫

第七条 入境的交通工具和人员，必须在最先到达的国境口岸的指定地点接受检疫。除引航员外，未经国境卫生检疫机关许可，任何人不准上下交通工具，不准装卸行李、货物、邮包等物品。具体办法由本法实施细则规定。

第八条 出境的交通工具和人员，必须在最后离开的国境口岸接受检疫。

第九条 来自国外的船舶、航空器因故停泊、降落在中国境内非口岸地点的时候，船舶、航空器的负责人应当立即向就近的国境卫生检疫机关或者当地卫生行政部门报告。除紧急情况外，未经国境卫生检疫机关或者当地卫生行政部门许可，任何人不准上下船舶、航空器，不准装卸行李、货物、邮包等物品。

第十条 在国境口岸发现检疫传染病、疑似检疫传染病，或者有人非因意外伤害而死亡并死因不明的，国境口岸有关单位和交通工具的负责人，应当立即向国境卫生检疫机关报告，并申请临时检疫。

第十一条　国境卫生检疫机关依据检疫医师提供的检疫结果，对未染有检疫传染病或者已实施卫生处理的交通工具，签发入境检疫证或者出境检疫证。

第十二条　国境卫生检疫机关对检疫传染病染疫人必须立即将其隔离，隔离期限根据医学检查结果确定；对检疫传染病染疫嫌疑人应当将其留验，留验期限根据该传染病的潜伏期确定。

因患检疫传染病而死亡的尸体，必须就近火化。

第十三条　接受入境检疫的交通工具有下列情形之一的，应当实施消毒、除鼠、除虫或者其他卫生处理：

（一）来自检疫传染病疫区的；

（二）被检疫传染病污染的；

（三）发现有与人类健康有关的啮齿动物或者病媒昆虫的。

如果外国交通工具的负责人拒绝接受卫生处理，除有特殊情况外，准许该交通工具在国境卫生检疫机关的监督下，立即离开中华人民共和国国境。

第十四条　国境卫生检疫机关对来自疫区的、被检疫传染病污染的或者可能成为检疫传染病传播媒介的行李、货物、邮包等物品，应当进行卫生检查，实施消毒、除鼠、除虫或者其他卫生处理。

入境、出境的尸体、骸骨的托运人或者其代理人，必须向国境卫生检疫机关申报，经卫生检查合格后，方准运进或者运出。

第三章　传染病监测

第十五条　国境卫生检疫机关对入境、出境的人员实施传染病监测，并且采取必要的预防、控制措施。

第十六条　国境卫生检疫机关有权要求入境、出境的人员填写健康申明卡，出示某种传染病的预防接种证书、健康证明或者其他有关证件。

第十七条　对患有监测传染病的人、来自国外监测传染病流行区的人或者与监测传染病人密切接触的人，国境卫生检疫机关应当区别情况，发给就诊方便卡，实施留验或者采取其他预防、控制措施，并及时通知当地卫生行政部门。各地医疗单位对持有就诊方便卡的人员，应当优先诊治。

第四章　卫生监督

第十八条　国境卫生检疫机关根据国家规定的卫生标准，对国境口岸的卫生状况和停留在国境口岸的入境、出境的交通工具的卫生状况实施卫生监督：

（一）监督和指导有关人员对啮齿动物、病媒昆虫的防除；

（二）检查和检验食品、饮用水及其储存、供应、运输设施；

（三）监督从事食品、饮用水供应的从业人员的健康状况，检查其健康证明书；

（四）监督和检查垃圾、废物、污水、粪便、压舱水的处理。

第十九条　国境卫生检疫机关设立国境口岸卫生监督员，执行国境卫生检疫机关交给的任务。

国境口岸卫生监督员在执行任务时，有权对国境口岸和入境、出境的交通工具进行卫生监督和技术指导，对卫生状况不良和可能引起传染病传播的因素提出改进意见，协同有关部门采取必要的措施，进行卫生处理。

第五章　法律责任

第二十条　对违反本法规定，有下列行为之一的单位或者个人，国境卫生检疫机关可以根据情节轻重，给予警告或者罚款：

（一）逃避检疫，向国境卫生检疫机关隐瞒真实情况的；

（二）入境的人员未经国境卫生检疫机关许可，擅自上下交通工具，或者装卸行李、货物、邮包等物品，不听劝阻的。

罚款全部上缴国库。

第二十一条　当事人对国境卫生检疫机关给予的罚款决定不服的，可以在接到通知之日起十五日内，向当地人民法院起诉。逾期不起诉又不履行的，国境卫生检疫机关可以申请人民法院强制执行。

第二十二条　违反本法规定，引起检疫传染病传播或者有引起检疫传染病传播严重危险的，依照《中华人民共和国刑法》第一百七十八条的规定追究刑事责任。

第二十三条　国境卫生检疫机关工作人员，应当秉公执法，忠于职守，对入境、出境的交通工具和人员，及时进行检疫；违法失职的，给予行政处分，情节严重构成犯罪的，依法追究刑事责任。

第六章　附　则

第二十四条　中华人民共和国缔结或者参加的有关卫生检疫的国际条约同本法有不同规定的，适用该国际条　约的规定。但是，中华人民共和国声明保留的条款除外。

第二十五条　中华人民共和国边防机关与邻国边防机关之间在边境地区的往来，居住在两国边境接壤地区的居民在边境指定地区的临时往来，双方的交通工具和人员的入境、出境检疫，依照双方协议办理，没有协议的，依照中国政府的有关规定办理。

第二十六条　国境卫生检疫机关实施卫生检疫，按照国家规定收取费用。

第二十七条　国务院卫生行政部门根据本法制定实施细则，报国务院批准后施行。

第二十八条　本法自1987年5月1日起施行。1957年12月23日公布的《中华人民共和国国境卫生检疫条例》同时废止。

三、相关企业介绍

北京市

北京远洋健康博雅诊所有限公司
*北京市朝阳区利泽中一路1号A区
…………………………Tel：010-50831593
北京圣马克医院有限公司
地址：北京市朝阳区东四环南路53号院5号楼
…………………………Tel：010-50967986
北京安娜贝儿妇产医院有限责任公司
地址：北京市通州区工业开发区光华路15号1到5层
…………………………Tel：010-50977688
北京新世纪妇儿医院有限公司
地址：北京市朝阳区望京北路51号院
…………………………Tel：010-51783339
北京宽街中医医院管理有限公司
地址：北京市东城区美术馆后街23号
…………………………Tel：010-52176957
智慧华川养老（北京）有限公司
地址：北京市石景山区实兴大街30号院17号楼5层10号
…………………………Tel：010-52281053
北京宜和诊所有限公司
地址：北京市朝阳区安慧北里小区逸园5号楼
…………………………Tel：010-52346555
北京美中宜和妇儿医院有限公司
地址：北京市朝阳区芳园西路9号
…………………………Tel：010-52346666
北京亚运村美中宜和妇儿医院有限公司
地址：北京市朝阳区安慧北里逸园5号楼
…………………………Tel：010-52346881
北京德尔康尼骨科医院有限公司
地址：北京市海淀区阜石路甲19号(西南区)
…………………………Tel：010-52713366
北京希玛林顺潮眼科医院有限公司
地址：北京市朝阳区建国路27号院2号楼
…………………………Tel：010-53090999
爱康国宾健康体检管理集团有限公司
地址：北京市朝阳区建国路甲92号
…………………………Tel：010-53206688
北京精诚博爱康复医院有限公司
地址：北京市朝阳区崔各庄乡南皋路188号
…………………………Tel：010-53220500
北京远程视界眼科医院管理有限公司
地址：北京市海淀区海淀北二街10号泰鹏大厦8层0805室
…………………………Tel：010-53235571
北京远程金卫肿瘤医院管理有限公司
地址：北京市海淀区杏石口路80号B区2号楼二层214
…………………………Tel：010-53235571
北京远程心界医院管理有限公司
地址：北京市海淀区海淀北二街10号8层0802室
…………………………Tel：010-53255588
中控天昱智慧养老有限公司
地址：北京市朝阳区建国路93号院10号楼19层2203
…………………………Tel：010-53310139
长信中医养生有限公司
地址：北京市平谷区迎宾街1号院17号楼3层2单元302号
…………………………Tel：010-53517201
北京泰禾医院有限公司
地址：北京市通州区宋庄镇徐辛庄大街1号544室
…………………………Tel：010-53821520
万福年华养老服务有限公司
地址：北京市海淀区玉泉路5号
…………………………Tel：010-53822662
北京联合丽格第二医疗美容医院有限公司
地址：北京市朝阳区成慧路1号院3号楼1至5层101
…………………………Tel：010-53917781
北京生命湖综合诊所有限公司
地址：北京市房山区凯宾路58号院
…………………………Tel：010-53949227
北京英康环球医院管理有限公司
地址：北京市昌平区科技园区振兴路8号亚东大厦311室
…………………………Tel：010-56016678
北京瑞裕中医诊所有限公司
地址：北京市朝阳区小庄6号2号楼1层102B-002-1
…………………………Tel：010-56272261
卡罗琳医院管理（北京）有限公司
地址：北京市房山区良乡凯旋大街建设路18号-D289
…………………………Tel：010-56279122
北京嘉禾妇儿医院有限公司
地址：北京市丰台区马家堡路69号院1号楼、2号楼
…………………………Tel：010-56309999
中金银龄养老产业发展有限公司
地址：北京市丰台区新宫体育健身休闲园8号中福2号楼258-2室
…………………………Tel：010-56537431
北京阜诚医院有限公司
地址：北京市海淀区黄家坟阜石路南侧
…………………………Tel：010-56718829
汉典中医医院有限公司
地址：北京市朝阳区石佛营东里133号院4号楼1层4-3
…………………………Tel：010-56903300
北京美莱医疗美容医院有限公司
地址：北京市朝阳区朝外大街227号1幢
…………………………Tel：010-56935526
北京普祥中医肿瘤医院有限公司
地址：北京市大兴区亦庄镇成寿寺路2号
…………………………Tel：010-57072188
金谷泰老年服务有限责任公司
地址：北京市平谷区林荫北街13号信息大厦802室
…………………………Tel：010-57251628
东方环球养老服务有限公司
地址：北京市朝阳区建国路93号院A座16层2011
…………………………Tel：010-57282977
北京道生济医院管理有限公司
地址：北京市石景山区八大处路49号院1号楼3层310
…………………………Tel：010-57455831
清檬养老服务有限公司
地址：北京市大兴区宏福路1号院1号楼4层405
…………………………Tel：010-57565281
北京围凯艾医疗美容医院有限责任公司
地址：北京市朝阳区高碑店乡西店村90号楼1-01号
…………………………Tel：010-57733740
北京乐健东外门诊部有限公司
地址：北京市东城区东直门外大街39号院2号
…………………………Tel：010-57842188
阳光颐康（北京）养老服务有限公司
地址：北京市通州区商通大道3号院3号楼3层101-305
…………………………Tel：010-58062503
北京爱康君安门诊部有限公司
地址：北京市朝阳区建国门外大街乙12号二层
…………………………Tel：010-58111222
北京爱康庇利积臣门诊部有限公司
地址：北京市朝阳区光华路9号楼
…………………………Tel：010-58111222
北京爱康国宾兴天阳门诊部有限公司
地址：北京市密云区鼓楼南大街22号三层F301
…………………………Tel：010-58111222
北京迦南门诊部有限公司
地址：北京市海淀区阜成路81号院1号楼
…………………………Tel：010-58164362
北京美和眼科诊所有限公司
地址：北京市西城区西直门外大街1号院3号楼19D1-D5
…………………………Tel：010-58301998
中航医疗健康产业有限公司
地址：北京市顺义区顺通路25号5幢2层216室
…………………………Tel：010-58354408
北京丽都医疗美容医院有限公司
地址：北京市朝阳区慧忠里103楼D座
…………………………Tel：010-58396903
北京龙山中医医院有限公司
地址：北京市昌平区城南街道白浮泉路19号
…………………………Tel：010-58563990
先农开拓（北京）医院管理有限公司
地址：北京市朝阳区东三环中路59号楼19层2205室
…………………………Tel：010-58621009
北京优联眼耳鼻喉医院有限公司
地址：北京市朝阳区东四环南路53号院7号楼
…………………………Tel：010-59153056
北京优联医院有限公司
地址：北京市朝阳区东四环南路53号院
…………………………Tel：010-59153299
北京美汇医学检验实验室有限公司
地址：北京市朝阳区东四环南路53号院6号楼3层301
…………………………Tel：010-59153303
北京世纪康瑞医院管理有限公司
地址：北京市朝阳区东三环中路甲10号8层903
…………………………Tel：010-59153398
北京优联美汇门诊部有限公司
地址：北京市朝阳区东四环南路53号院1号楼14层1701、15层1801
…………………………Tel：010-59153588
北京和睦家医院有限公司
地址：北京市朝阳区将台路2号
…………………………Tel：010-59277000
北京和睦家京北妇儿医院有限公司
地址：北京市朝阳区北苑路甲170号院1号楼
…………………………Tel：010-59277274
北京惠佳丰医院管理有限公司
地址：北京市西城区太平街甲8号院内2幢108
…………………………Tel：010-59362105
中民康颐健康养老服务有限公司
地址：北京市西城区广安门南街48号10层1009室
…………………………Tel：010-59393555
北京慈铭奥亚上地辉煌门诊部有限公司
地址：北京市海淀区上地十街1号院6号楼2层213
…………………………Tel：010-59658999
中信颐养康复医院（北京）有限公司
地址：北京市朝阳区青年路7号院4号楼24层
…………………………Tel：010-85810106
北京禧月阁母婴护理有限公司
地址：北京市海淀区闵庄路乙91号A1座
…………………………Tel：010-59709666
德中医院管理（北京）有限公司
地址：北京市海淀区信息路甲28号B座(二层)02B-052号
…………………………Tel：010-59713558
北京明德医院有限公司
地址：北京市朝阳区酒仙桥北路9号
…………………………Tel：010-59850466
北京宜善堂医院管理有限公司
地址：北京市大兴区金苑路3号1幢5层007室
…………………………Tel：010-60212222
北京博昊云天医学检验实验室有限公司
地址：北京市大兴区中关村科技园区大兴生物医药产业基地天荣街9号3号楼2层
…………………………Tel：010-60277002
北京益润心血管病医院有限公司
地址：北京市大兴区欣荣北大街45号院1号楼1层8号-8
…………………………Tel：010-60290430
维视眼科医院集团有限公司
地址：北京市顺义区杜杨南街10号院5号楼9层910
…………………………Tel：010-60411166
北京鸣一医疗管理有限公司
地址：北京市顺义区空港街道裕东路3号
010-67621717
北京泰康燕园康复医院有限公司
地址：北京市昌平区南邵镇景荣街2号
…………………………Tel：010-60727403
北京华佑精神康复医院有限公司
地址：北京市昌平区城北街道中山口临27号
…………………………Tel：010-60781988
北京华泰益康医学检验实验室有限公司
地址：北京市大兴区中关村科技园区大兴生物医药产业基地天富大街9号4幢1层
…………………………Tel：010-60845608
北京万柳美中宜和妇儿医院有限公司
地址：北京市海淀区万柳中路7号
…………………………Tel：010-60846666
北京北大医疗康复医院有限公司
地址：北京市昌平区科技园区回龙观镇中关村生命科学园医疗园路6号院4C楼2层209室
…………………………Tel：010-60849517
北京华生康复医院有限公司
地址：北京市丰台区光彩路1号院6号楼
…………………………Tel：010-87872567
北京新颜兴医疗美容医院有限公司
地址：北京市朝阳区民族园路1号57号楼-02层
…………………………Tel：010-62053828
北京美中宜和北三环妇儿医院有限公司
地址：北京市海淀区新街口外大街1号
…………………………Tel：010-62091655
北京国卫生殖健康专科医院有限公司
地址：北京市海淀区大慧寺12号5号楼
…………………………Tel：010-62188888
北京国卫医院有限公司
地址：北京市海淀区四道口路11号
…………………………Tel：010-62196881
北京优迅医学检验实验室有限公司
地址：北京市海淀区西杉创意园四区7号楼1-4层101
…………………………Tel：010-62673635
北京星健养老服务有限公司
地址：北京市海淀区万安东路普安店266号
…………………………Tel：010-62876102
北京中圣颐安医院有限公司
地址：北京市海淀区青龙桥槐树居甲2号院(综合楼西半部三层楼房)
…………………………Tel：010-62884489
北京清河医院有限公司
地址：北京市海淀区昌平路南段36号
…………………………Tel：010-62955718
北京西鹤年堂中医医院
地址：北京市丰台区大台子9号
…………………………Tel：010-63027599
北京银建方庄门诊部有限公司
地址：北京市丰台区方庄芳星园三区20(乙)号楼A单元等2幢
…………………………Tel：010-63041210
北京星宜诊所有限公司
地址：北京市西城区丰汇园21号楼
…………………………Tel：010-63383288
甲子养老服务有限公司
地址：北京市丰台区南四环西路188号二区9号楼4层401
…………………………Tel：010-63398648
北京市健宫医院有限公司
地址：北京市西城区儒福里6号
…………………………Tel：010-63563617
北京善方医院有限公司
地址：北京市朝阳区工人体育场北路13号院4号楼6层1单元601
…………………………Tel：010-64136759
北京美冠塔医院管理有限公司
地址：北京市朝阳区安贞西里三区10号楼-1-6层内4层
…………………………Tel：010-64359162
北京家泰养老服务有限公司
地址：北京市昌平区东小口镇天通苑六区29号楼-1至5层
…………………………Tel：010-64388800
北京麦瑞骨科医院有限公司
地址：北京市朝阳区北苑路1号
…………………………Tel：010-64479911
北京煤医西坝河医疗美容医院有限公司
地址：北京市朝阳区西坝河南路甲1号
…………………………Tel：010-64488199
北京新世纪温榆门诊部有限公司
地址：北京市顺义区天竺镇丽来花园一区1号L1-11
…………………………Tel：010-64567012
北京爱恩亮马桥口腔门诊部有限公司
地址：北京市朝阳区东三环北路6号楼3层
…………………………Tel：010-64650649
北京美憬医疗美容诊所有限公司
地址：北京市朝阳区东三环北路甲2号8幢二层4260室
…………………………Tel：010-64669825
北京善尔医院有限公司
地址：北京市朝阳区望京西园四区412栋
…………………………Tel：010-64759911
北京欧蒙未一医学检验实验室有限公司
地址：北京市顺义区安祥街10号院1号楼2层201
…………………………Tel：010-58045091
神州本草中医医院有限公司
地址：北京市通州区北苑南路42号院6号楼四层4066室
…………………………Tel：010-64912288
北京质子医疗中心有限公司
地址：北京市朝阳区樱花园东街2号
…………………………Tel：010-64950357
北京颂仪医疗美容门诊部有限公司
地址：北京市朝阳区惠新东街甲2号楼-3至25层101内105、202号
…………………………Tel：010-64968388
北京华德眼科医院有限公司
地址：北京市朝阳区金台路甜水园东街10号
…………………………Tel：010-65025061
君康大健康产业管理（北京）有限公司
地址：北京市顺义区复兴四街3号院4号楼1至8层101内6层607室

……………………Tel：010-65027333
北京雅朴丽德医疗美容诊所有限公司
地址：北京市朝阳区甜水园23号楼107室
……………………Tel：010-65035706
北京朝阳糖尿病医院股份有限公司
地址：北京市朝阳区甜水园东街1号
……………………Tel：010-65079996
北京同仁堂中医医院有限责任公司
地址：北京市东城区西打磨厂街46号
……………………Tel：010-65112011
北京帕森诊所有限公司
地址：北京市朝阳区东三环北路甲26号楼博瑞大厦B1-01+02+03+04号
……………………Tel：010-65167667
北京保信龙马医院管理有限公司
地址：北京市海淀区清河三街95号综合服务楼12层163室
……………………Tel：010-65189760
北京弘和妇产医院有限公司
地址：北京市朝阳区红松路2号院1号楼
……………………Tel：010-65491911
保信健康产业发展有限公司
地址：北京市东城区东直门南大街14号4号楼十七层1764室
……………………Tel：010-65511385
北京王丽康明视界眼科诊所有限公司
地址：北京市海淀区甘家口街道阜成路43号3号楼1层102
……………………Tel：010-65596878
中期医疗服务股份有限公司
地址：北京光华医疗有限公司…………
"……………………Tel：010-65807365
"
日医（北京）居家养老服务有限公司
地址：北京市朝阳区静安里26号楼6层601内6028室
……………………Tel：010-65973615
北京微医全科诊所有限公司
地址：北京市西城区西单北大街111号
……………………Tel：010-66165868
首都医疗健康产业集团有限公司
地址：北京市丰台区南四环西路188号三区15号楼3层303室
……………………Tel：010-66573366
北京众大华香医院有限责任公司
地址：北京市大兴区亦庄镇贵园中路5号院3号楼205-3室
……………………Tel：010-67011232
北京普华脑科医院管理有限公司
地址：北京市海淀区高里掌路1号院6号楼1层106-04
……………………Tel：010-67035566
北京普华道格特医院管理有限公司
地址：北京市西城区灵境胡同42号1号楼4层4920室
……………………Tel：010-67035566
北京惠民中医儿童医院有限公司
地址：北京市东城区珠市口东大街6号3层东侧301号
……………………Tel：010-67086611
北京四惠中医医院有限责任公司
地址：北京市朝阳区高碑店乡半壁店村惠河南街1092号
……………………Tel：010-67289555
北京维特奥医院有限公司
地址：北京市朝阳区东三环南路乙52楼商服9-11
……………………Tel：010-67727789
北京博尔诚医学检验所有限公司
地址：北京市北京经济技术开发区宏达南路18号院
……………………Tel：010-67902791
三网融合医疗养老有限公司
地址：北京市海淀区西四环北路15号二层216
……………………Tel：010-67979163
北京天宜乳腺医院有限公司
地址：北京市海淀区西四环中路19号8号楼
……………………Tel：010-68236666
怡养爱晚（北京）养老实业发展有限公司
地址：北京市平谷区黄松峪乡黄松峪东街402号
……………………Tel：010-68515357
中国职工之家
地址：北京市西城区真武庙一号
……………………Tel：010-68576699
北京英智京西康复医院有限公司
地址：北京市石景山区杨庄北区29栋1层、2层、3层
……………………Tel：010-68882928
北京博奥医学检验所有限公司
地址：北京市北京经济技术开发区科创六街88号院9号楼1、2单元
……………………Tel：010-69002900
北京爱育华妇儿医院有限公司
地址：北京市北京经济技术开发区景园南街2号
……………………Tel：010-69079666
北京京顺医院有限公司
地址：北京市顺义区府前西街15号
……………………Tel：010-69423999
北京优护万家康养服务集团有限公司
地址：北京市朝阳区东土城路13号院1号楼2层1-2内102号
……………………Tel：010-69736020
北京潭柘仁寿中医医院有限公司
地址：北京市门头沟区潭柘寺镇鲁家滩大街79号院1-2号楼一层
……………………Tel：010-69846490
中安民生养老服务有限公司北京市通州分公司
地址：北京市通州区怡乐北街乙86号18号楼
……………………Tel：010-69943660
北京侯丽萍风湿病中医医院有限公司
地址：北京市昌平区科技园区振兴路8号
……………………Tel：010-80111155
北京珈溪医疗美容诊所有限公司
地址：北京市朝阳区金汇路9号楼
……………………Tel：010-59007088
北京阳光鹿童医院管理有限公司
地址：北京市昌平区北七家镇名流花园综合服务楼
……………………Tel：010-80787950
北京中科西苑医院有限公司
地址：北京市房山区长阳镇嘉州水郡209号
……………………Tel：010-81315019
北京东方医院管理有限公司
地址：北京市昌平区回龙观镇龙泽苑东区H1-06
……………………Tel：010-81796809
北京同善堂中医医院有限公司
地址：北京市昌平区十三陵镇锥石口村北700米
……………………Tel：010-81902902
北京诚和敬养老服务有限公司
地址：北京市昌平区回龙观镇农学院北路9号院二区19号楼
……………………Tel：010-81911666
北京宝岛国际医院管理有限公司
地址：北京市海淀区新街口外大街1号12层1202室
……………………Tel：010-82091656
北京德易临床检验所有限公司
地址：北京市西城区新街口外大街8号
……………………Tel：010-82220345
北京秀中门诊部有限公司
地址：北京市东城区南竹杆胡同2号1幢1层50119
……………………Tel：010-82350883
北京家恩德运医院有限公司
地址：北京市海淀区知春路29号11栋
……………………Tel：010-82351133
北京康旭医学检验所有限公司
地址：北京市海淀区杏石口路益园文化创意产业基地C区(西杉创意园四区)10号楼二层201-203
……………………Tel：010-82444060
国科康健医院有限公司
地址：北京市房山区阎富路66号院1号楼2层202
……………………Tel：010-82483829
北京北大医疗肿瘤医院管理有限公司
地址：北京市通州区运河东大街1号北京国际医疗服务区002室
……………………Tel：010-82524147
北京北医医院管理有限公司
地址：北京市昌平区生命科学园生命园路8号院一区6号-2至12层101(3层307室)
……………………Tel：010-82524352
保利养老服务管理有限公司
地址：北京市海淀区冷泉林语山庄二区15号楼102室
……………………Tel：010-82870085
北京谱尼医学检验实验室有限公司
地址：北京市海淀区锦带路66号院1号楼5层101
……………………Tel：010-83055000
北京宝泽康国际医院管理有限公司
地址：北京市西城区红莲南路57号1幢1207室
……………………Tel：010-83060592
好生一百健康养老有限公司
地址：北京市昌平区回龙观镇中关村生命科学园生命园路8号院一区6号楼4层411室
……………………Tel：010-83288980
北京汇安国际医院管理有限公司
地址：北京市丰台区北甲地路2号院玺萌鹏苑4号楼一层
……………………Tel：010-83322665
狮瑞（北京）医院管理有限公司
地址：北京市怀柔区兴怀大街4号4层402-411室
……………………Tel：010-83421406
北京燕化医院有限公司
地址：北京市房山区燕山迎风街15号
……………………Tel：010-83614800
北京长和大蕴儿科诊所有限公司
地址：北京市朝阳区酒仙桥路13号6-1楼二层(南侧部分)
……………………Tel：010-84176878
致尚国际医院有限公司
地址：北京市朝阳区来广营东路东口(北京市东郊首饰工艺品厂)9幢
……………………Tel：010-84308336
致尚医院（北京）有限公司
地址：北京市朝阳区来广营东路东口(北京市东郊首饰工艺品厂)12幢
……………………Tel：010-84308336
北京慈诚医疗诊所股份有限公司
地址：北京市朝阳区芍药居北里101号1幢21层1座2505-2511
……………………Tel：010-84351791
北京天健华夏医院管理有限公司
地址：北京市朝阳区金台西路8号2幢一层10053
……………………Tel：010-84374566
北京美年美灿门诊部有限责任公司
地址：北京市朝阳区建国门外大街24号1幢1-3层
……………………Tel：010-84411975
北京美年美福门诊部有限公司
地址：北京市海淀区花园北路35号9号楼
……………………Tel：010-84411975
北京美年美合门诊部有限公司
地址：北京市海淀区中关村南大街甲12号1幢四层402
……………………Tel：010-84411975
北京二十一世纪医院有限公司
地址：京市朝阳区亮马桥路甲40号1幢首层北段、二层
……………………Tel：010-84446168
北京惟视嘉眼科门诊部有限公司
地址：北京市朝阳区东三环北路霞光里18号1幢3层306A
……………………Tel：010-84474747
北京华益医院管理有限公司
地址：北京市朝阳区豆各庄黄厂西路1号A1栋一层1304
……………………Tel：010-84716965
北京北亚中医医院
地址：北京市朝阳区安定门外安苑里1号院1号楼
……………………Tel：010-84726566
北京中卫康虹医院管理有限公司
地址：北京市东城区东长安街1号东方广场东方经贸城东二办公楼十五层1室
……………………Tel：010-84933249
北京百草园中医医院有限公司
地址：北京市朝阳区清林路1号院9号楼1层101
……………………Tel：010-84940931
北京泰禾鸿运养老产业发展有限公司
地址：北京市朝阳区建国路乙118号17层1701D
……………………Tel：010-85175199
慧关爱（北京）养老服务产业发展有限公司
地址：北京市丰台区南四环西路188号五区26号楼
……………………Tel：010-83680088
中房(北京)养老产业发展有限公司
地址：北京市朝阳区望京街2号楼12层1203
……………………Tel：010-59393699
北京泰禾誉战居家养老服务有限公司
地址：北京市朝阳区建国路乙118号17层1701A
……………………Tel：010-85175560
北京陆道培血液病医院有限公司
地址：北京市顺义区高丽营镇顺于路120号
……………………Tel：010-85288227
北京和睦家中西医结合医院有限公司
地址：北京市东城区西总布胡同46号1幢-4至11层101
……………………Tel：010-85293034
北京养依乐养老服务发展有限公司
地址：北京市平谷区大兴庄镇顺福路81号
……………………Tel：010-85326055
国医汇医疗美容诊所有限公司
地址：北京市朝阳区亮马河南路16号1幢1层TG66-3-1R
……………………Tel：010-85328916
北京和睦家康复医院有限公司
地址：北京市朝阳区东风乡将台洼村甲168号
……………………Tel：010-85581814
北京国医汇医院管理有限责任公司
地址：北京市朝阳区亮马河南路16号1幢TG66-3-1C
……………………Tel：010-85660589
北京圈凯艾医院管理有限责任公司
地址：北京市朝阳区青年路西里3号院7号楼1层F1-51
……………………Tel：010-85756170
北京存济口腔医院有限公司
地址：北京市朝阳区阜通东大街6号院1号楼9层1002
……………………Tel：010-85868399
北京家中家医院有限公司
地址：北京市房山区长沟镇金元大街1号422号
……………………Tel：010-85885886
北京新华卓越康复医院有限公司
地址：北京市丰台区莲花池西里8号
……………………Tel：010-86412669
北京椿山万树健康咨询有限公司
地址：北京市门头沟区石龙经济开发区永安路20号3号楼A-6447室
……………………Tel：010-86499317
北京弘泰嘉业医学检验所有限公司
地址：北京市北京经济技术开发区科创十四街20号院14号楼2单元2-4层
……………………Tel：010-87163365
东方红蕴（北京）国际养老服务有限公司
地址：北京市北京经济技术开发区荣京东街3号1幢16层2单元1414室
……………………Tel：010-87163892
北京幸福康城养老服务有限公司
地址：北京市朝阳区朝外大街16号1幢5层P5室
……………………Tel：010-87227646
北京茗视光眼科医院管理有限公司
地址：北京市东城区崇文门外大街16号1幢14/15层
……………………Tel：010-87551911-820
北京苏亚医疗美容医院有限公司
地址：北京市朝阳区三间房东路4号16幢1层8309室
……………………Tel：010-87728888
北京五洲妇儿医院有限责任公司
地址：北京市朝阳区西大望路24号
……………………Tel：010-87769899
北京同仁堂粹和养老服务有限公司
地址：北京市东城区珠市口东大街2号6层6-A-616室
……………………Tel：010-87839467
北京卫人中医医院有限公司
地址：北京市丰台区永外大红门西马场甲14号4号楼101
……………………Tel：010-87861233
北京华生康复医院有限公司
地址：北京市丰台区光彩路1号院6号楼1至5层、7号楼1层
……………………Tel：010-87872567
北京霄云诊所有限公司
地址：北京市朝阳区霞光里15号楼2层203、205、206、207室
……………………Tel：010-88016678
北京新世纪儿童医院有限公司
地址：北京市西城区南礼士路56号
……………………Tel：010-88046057
北京普祥中医院有限公司
地址：北京市海淀区西四环北路136号
……………………Tel：010-88139788
北京瑞京糖尿病医院有限责任公司
地址：北京市丰台区石榴园南里15号3幢
……………………Tel：010-88229999
北京马应龙长青医院管理有限公司
地址：北京市海淀区闵庄路3号玉泉慧谷园17号楼B118室
……………………Tel：010-88850789
北京怡宁医院有限公司
地址：北京市海淀区闵庄路9号
……………………Tel：010-88855532
北京添福家中医康复医院有限公司
地址：北京市海淀区昆明湖南路9号南区7号楼101-18室
……………………Tel：010-88856967
北京太和妇产医院有限公司
地址：北京市海淀区闵庄路3号玉泉慧谷9-1号楼
……………………Tel：010-88865599
北京美和门诊部有限公司
地址：北京市海淀区金夕园甲1号楼1段1至2层1段1至2层
……………………Tel：010-88869300
北京太和广源养老产业服务有限公司
地址：北京市海淀区北坞嘉园南里24号楼1层101室
……………………Tel：010-88870972
北京圣慈医疗美容医院有限公司
地址：北京市丰台区海鹰路6号院6号楼一层131-145、二层221-240、三层、四层、五层(园区)
……………………Tel：010-8916688
中科领军(北京)综合门诊部有限公司
地址：北京市海淀区中关村南大街24号5号楼6层601
……………………Tel：010-81991111

天津市

天津武清爱尔眼科医院有限公司
地址：天津市武清区杨村街光明道559号
……………………Tel：022-22966688
天津圣佑医院有限公司
地址：天津市东丽区天山南路万新大厦
……………………Tel：022-23144038
**天津伊美尔医疗整形美容专科医院有限公

司
地址：河西区小围堤道12号
……Tel：022-23532170
天津爱尔眼科医院有限责任公司
地址：南开区复康路102号
……Tel：022-23669900
天津英卓口腔门诊有限公司
地址：天津经济技术开发区第二大街8号E座1-3层
……Tel：022-25283268
天津市安泰养老服务有限公司
地址：天津市滨海新区汉沽街新开北路56号
……Tel：022-25666666
天津南开区美奥口腔门诊有限公司
地址：天津市南开区城厢东路与鼓楼东街交口西南侧新隆轩15号楼
……Tel：022-26526666
天津永济医院有限公司
地址：天津市北辰区天穆镇亿达东路1-3号
……Tel：022-26686666
天津河西区环湖美奥口腔医院有限公司
地址：天津市河西区环湖东路与体院北道交口蕴逸园9号楼1号底商、9-201、9-301
……Tel：022-27357760
天津滨海新区美奥口腔门诊有限公司
地址：天津经济技术开发区黄海路88号D座3门101室、D座2门102-202室
……Tel：022-27357760
福康安（天津市）养老产业发展有限公司
地址：天津市河西区湛江路20号浙昆大厦3号楼-524
……Tel：022-27509522
天津宜善养老服务有限责任公司
地址：天津市西青区中北镇星光路76号
……Tel：022-27920131
美曦堂（天津）医疗门诊有限公司
地址：天津市河西区紫金山路35号3-1301
……Tel：022-28217777
天津和睦家医院有限公司
地址：天津市河西区潭江道天潭园22号
……Tel：022-58568500
天津迪安执信医学检验所有限公司
地址：天津市东丽区华明高新技术产业区低碳科技园B区2号楼4层、5层
……Tel：022-58603920
天津滨海新区爱康卓悦门诊部有限公司
地址：天津经济技术开发区第二大街45号泰达MSD-F区F5-101/201/301单元
……Tel：022-58688900
天津恒大原辰美容医院有限公司
地址：天津市东丽区东丽湖路与东丽大道交汇处
……Tel：022-59019639
天津乐聆智慧养老服务有限公司
地址：天津市河东区大王庄帅领科技园689
……Tel：022-59068586
天津宝坻区爱尔眼科医院有限公司
地址：天津市宝坻区钰华街道环城东路东侧（劝宝购物广场南）
……Tel：022-59952766
天津市河东区梅赛尔医学影像诊断有限公司
地址：天津市河东区富民路街海河东路2042号
……Tel：022-60931903
天津泰达普华医院有限责任公司
地址：天津经济技术开发区第三大街61号1楼东侧、5楼东侧、11楼、12楼
……Tel：022-65208484
中福老龄产业开发（天津）有限公司
地址：天津生态城中天大道2018号生态城科技园办公楼15号楼4楼401室
……Tel：022-66885757
泰济生健康管理有限公司
地址：天津市武清开发区新源道18号B5座B1009室
……Tel：022-82124400
天狮圣辉堂（天津）医院管理有限公司
地址：天津市武清开发区新源道北侧
……Tel：022-82137503
天津河东美莱医学美容医院有限公司
地址：天津市河东区华昌道80-92号
……Tel：022-84164381
天津诺伊城第一血液透析中心有限公司
地址：天津市河东区紫乐广场3号楼3-5层
……Tel：022-84953336
天津北辰区天士力医院有限公司
地址：天津市北辰区天津北辰经济技术开发区科技园淮河道9号
……Tel：022-86344681
天津仁和天成医院有限公司
地址：天津旅游区美林道2号天成温泉酒店201-205
……Tel：022-88162976
天津天同老龄产业发展集团有限公司
地址：天津小站工业区六号路17号461室
……Tel：022-88562338

上海市

上海沃德医疗有限公司
地址：中国（上海）自由贸易试验区南泉北路399号1-6楼
……Tel：021-20207888
上海艾儿贝佳妇产科医院有限公司
地址：上海市浦东新区居家桥路595号
……Tel：021-20562018
上海芯超医学检验所有限公司
地址：上海市浦东新区紫萍路908弄15号
……Tel：021-20790351
上海云端口腔门诊部有限公司
地址：中国（上海）自由贸易试验区海科路777、799、835号1幢1层104室，2层105-6室，3层301室
……Tel：021-20969765
上海瑞美医疗保健股份有限公司
地址：上海市静安区昌平路868号3层
……Tel：021-22139290
上海美张门诊部有限公司
地址：上海市浦东新区海科路777、799、835号1幢1层105-1室，2层105-5室，3层105-7室、3层302室
……Tel：021-22139290
上海美宏门诊部有限公司
地址：上海市闵行区申滨路88号5号楼201、202、203、204、205、206、207室
……Tel：021-22139290
上海和睦家医院有限公司
地址：上海市长宁区平塘路699号
……Tel：021-22163900
上海美莱医疗美容门诊部有限公司
地址：上海市长宁区延安西路789号1楼-16楼
……Tel：021-22235926
上海秀可儿门诊部有限公司
地址：上海市黄浦区北京东路99号三层L301A、L301B、L302、L303、L304A、L304B、L304C、K312、L307、L308、L309、L310、L311A、L311B、L311C、K314
……Tel：021-23100540
上海百汇医院有限责任公司
地址：上海市闵行区闵北路88弄1-30号第31幢A-8
……Tel：021-23156000
上海瑞新医疗中心有限公司
地址：上海市静安区南京西路1376号
……Tel：021-23156019
上海瑞虹诊所有限公司
地址：上海市闵行区虹许路788号名都城11号楼底层
……Tel：021-23156020
上海新瑞医疗有限公司
地址：上海市黄浦区西藏中路336号101-1室、101-3室、201室、3层、4层
……Tel：021-23156069
上海卓尔荟综合门诊部有限公司
地址：上海市黄浦区中山东二路600号1幢6层（实际楼层5层）01、02、03、04、05、06、07单元
……Tel：021-23158889
上海星璨门诊部有限公司
地址：上海市闵行区申长路1588弄13号101、201、301、302、401、402、501、502室
……Tel：021-24150866
上海铂颂锦安门诊部有限公司
地址：上海市闵行区东川路555号丙楼2层02室E座、03室
……Tel：021-24238800
上海沛源门诊部有限公司
地址：上海市黄浦区西藏南路228号402单元
……Tel：021-24238903
上海国瑞怡康国康门诊部有限公司
地址：上海市闵行区闵北路675号1幢5层
……Tel：021-26067474
上海星堡老年服务有限公司
地址：上海市宝山区环镇南路858弄5号楼101室、108室，201-205室、8-2号楼
……Tel：021-31001500
上海安诺优达医学检验实验室有限公司
地址：上海市青浦区华浦路500号3幢6层A区
……Tel：021-31109266
上海美兆喆源门诊部有限公司
地址：上海市黄浦区望达路1号B3-C-3F、4F
……Tel：021-31583185
上海美华妇儿医院有限公司
地址：上海市徐汇区宋园路155号
……Tel：021-31751999
上海壹博医院有限公司
地址：上海市奉贤区新四平公路2380号50幢1-4层
……Tel：021-32097217
上海和睦家新睦妇儿医院有限公司
地址：上海市静安区北京西路1314、1320号3幢和1幢1楼A区
……Tel：021-32113000
上海康奥医疗美容医院有限公司
地址：上海市静安区江宁路街道新闸路1423号
……Tel：021-32220472
上海美中嘉和肿瘤门诊部有限责任公司
地址：上海市黄浦区重庆南路149号
……Tel：021-33319991
上海蔷薇阳光医疗美容门诊部有限公司
地址：上海市黄浦区西藏南路228号3层B1单元
……Tel：021-33356788
上海同心护理院有限公司
地址：上海市闵行区双柏路1328号
……Tel：021-33509171
上海千麦博米乐医学检验所有限公司
地址：上海市闵行区闵北路675号新虹桥国际医学中心医技中心3层东侧
……Tel：021-33587298
上海九圣源中医门诊部有限公司
地址：上海市闵行区闵北路675号4楼4701室
……Tel：021-34122719
上海卓珏医疗美容门诊部有限公司
地址：中国（上海）自由贸易试验区百业路198、200、202号1层，百业路206、208号1层，荣科路190号2层，荣科路190号3层
……Tel：021-34161395
上海之江医学检验所有限公司
地址：上海市浦东新区芙蓉花路500弄21号1-4层
……Tel：021-34680598
上海善方医院有限公司
地址：上海市闵行区申虹路1188弄21号，申虹路1186号1层，申虹路1180号1层，申虹路1176号1层，申虹路1170号1层，申虹路1168号1层，申虹路1162号1层，申虹路1158号1层，申虹路1150号1_2层
……Tel：021-34686607
上海思路迪医学检验所有限公司
地址：上海市浦东新区康新公路3399弄25号楼8层
……Tel：021-34696522
上海虹信医技中心有限责任公司
地址：上海市闵行区闵北路88弄1-30号第22幢J136室
……Tel：021-34719990
上海玫瑰医疗美容医院有限公司
地址：上海市静安区长安路1138号1-3层、404（D）、405（E）、406（F）、407室
……Tel：021-36365666
上海理想护理院有限公司
地址：上海市虹口区场中路628、658号
……Tel：021-36366998
上海闸新中西医结合医院有限公司
地址：上海市静安区场中路2516、2522、2526号1层，2518、2538号2-4层、5层501室
……Tel：021-36561999
上海君爱康复医院有限公司
地址：上海市浦东新区仁庆路356号2号楼
……Tel：021-36696688
上海圆和新太门诊部有限公司
地址：上海市黄浦区瑞金二路118号11幢2层、2.5层
……Tel：021-36810000
上海圆和新永门诊部有限公司
地址：上海市黄浦区思南路35号
……Tel：021-36810097
上海亿康医学检验所有限公司
地址：上海市奉贤区望园路1698弄26号17幢
……Tel：021-37190363
上海眼视光眼科医院有限公司
地址：上海市浦东新区广丹路222弄2号
……Tel：021-38804518
上海和睦家新城医院有限公司
地址：中国（上海）自由贸易试验区新金桥路1598号1-2幢
……Tel：021-38862888-2361
上海光博士医疗美容医院有限公司
地址：中国（上海）自由贸易试验区民生路1399号3层、405单元、407单元、409部分单元
……Tel：021-50307951
上海瑞慈高境妇儿医院有限公司
地址：上海市宝山区一二八纪念路375号
……Tel：021-50623962
上海商赢互联网医院有限公司
地址：上海市徐汇区徐虹中路8号
……Tel：021-50688888
上海友医友杨中医门诊部有限公司
地址：上海市杨浦区通北路883号101室、201室
……Tel：021-50808612
上海韩镜医疗美容医院有限公司
地址：上海市闵行区伊犁南路111号301室、401室
……Tel：021-51160088
上海伊丽莎白国际妇产医院有限公司
地址：上海市浦东新区康新公路3399弄25号3楼333室
……Tel：021-51192222
上海明珠医院有限公司
地址：上海市浦东新区上南路3300号
……Tel：021-51333333
上海虹口长江医院有限公司
地址：上海市周家嘴路515号
……Tel：021-51606666
上海合川莱茵医院有限公司
地址：上海市闵行区合川路3071号2幢
……Tel：021-51876888
上海九和堂中医医院有限公司
地址：上海市金山区杭州湾大道128号1号楼
……Tel：021-52238060
上海安法门诊部有限公司
地址：上海市长宁区娄山关路533号8层整层
……Tel：021-52319180
上海俏佳人医疗美容门诊部股份有限公司
地址：上海市徐汇区番禺路752号2-4层
……Tel：021-52357630
医博肛肠连锁医院管理有限公司
地址：上海市黄浦区徐家汇路550号17B-101室
……Tel：021-52359717
上海衡山人寿堂护理院有限公司
地址：浦东新区惠南镇城南路88号1幢一层、二层
……Tel：021-52826288
上海宏康医院有限公司
地址：上海市普陀区大渡河路1933号
……Tel：021-52827766
上海华顺医院有限公司
地址：上海市乌鲁木齐中路12号
……Tel：021-52887226
上海摩尔同乐口腔医院有限公司
地址：上海市闵行区七莘路1318号1幢7层
……Tel：021-52961383
上海全康医疗有限公司
地址：上海市静安区南京西路1788号3层02-03单元
……Tel：021-52980163
上海联合丽格医疗美容门诊部有限公司
地址：上海市长宁区凯旋路1048号
……Tel：021-52980185
上海生命汇美力三生医疗门诊部有限公司
地址：上海市静安区北京西路718号1-3层
……Tel：021-52997559
上海泰思特医学检验所有限公司
地址：上海市浦东新区天雄路588弄1-28号第18幢104、105、201、202、203、204、205、302、303、304、305、401、402、403、404、405室
……Tel：021-53013652
上海英博口腔门诊部有限公司
地址：上海市黄浦区老太平弄99号商业裙楼一层01单元、02单元、二层
……Tel：021-53098225
上海美楷门诊部有限公司
地址：上海市长宁区凯旋路399号1幢B1层08室
……Tel：021-53391157
上海嘉会国际医院有限公司
地址：上海市徐汇区桂平路689号
……Tel：021-53393000
上海嘉静门诊部有限公司
地址：上海市静安区常熟路88号1楼101、102、103单元、2楼整层、3楼整层
……Tel：021-53393000
上海嘉尚门诊部有限公司
地址：上海市杨浦区江湾城路99号3幢一层、二层
……Tel：021-53393000
上海静和门诊部有限公司
地址：上海市黄浦区黄陂北路227号5层01-12室，6层01-06室、12室
……Tel：021-53521626
上海唯涵儿科门诊部有限公司
地址：上海市黄浦区湖滨路202号218、219、220室
……Tel：021-53862626
上海凯健华展养老院有限公司
地址：上海市徐汇区华展东路33号
……Tel：021-54337768
上海帝妍迎采医疗美容门诊部有限公司
地址：上海市黄浦区斜土路428号201室
……Tel：021-54500331
上海希玛瑞视眼科医院有限公司
地址：上海市黄浦区西藏南路758号二楼A室、D室、三楼
……Tel：021-54657501
上海美中宜和妇产医院有限公司
地址：中国（上海）自由贸易试验区紫薇路601号1层、607号地下1层、201-202室、206-210室、301-314室、401-426室、501-525室

……………………Tel：021-54719958
上海欧萨评价咨询股份有限公司
地址：上海市杨浦区平凉路720号6幢5楼
……………………Tel：021-55217751
上海美翎医学影像诊断中心有限公司
地址：上海市静安区灵石路697号10幢A区
……………………Tel：021-55609900
上海俊维寓医医院有限公司
地址：上海市杨浦区包头路62-2号
……………………Tel：021-55629955
上海全景云医学影像诊断有限公司
地址：上海市虹口区中山北一路1111号3号楼1层
……………………Tel：021-55668815
上海杨浦养老服务有限公司
地址：上海市杨浦区鞍山路5号1203室
……………………Tel：021-55669235
上海博厚口腔医院有限公司
地址：上海市静安区沪太路565、567号101、201室，559、561、565、567号3层
……………………Tel：021-56089610
上海无忧谷康复医院有限公司
地址：上海市奉贤区海湾旅游区莘奉公路4994号
……………………Tel：021-57121950
上海颐丹养老服务有限公司
地址：上海市金山区朱泾镇鸿安路381弄2号2幢201室
……………………Tel：021-57348000
上海中博惠众口腔医院有限公司
地址：上海市金山区龙山路319号-2，319号-3，龙山路295弄55号302室
……………………Tel：021-57609555
上海绿港莫朗护理院有限公司
地址：上海市浦东新区康新公路4358号、望春花路399弄3号
……………………Tel：021-58000337
上海香树湾护理院有限公司
地址：浦东新区宣桥镇六奉公路5033弄1、2、9号
……………………Tel：021-58181378
上海瑞东医院有限公司
地址：中国（上海）自由贸易试验区罗山路1507弄50号
……………………Tel：021-58339595
铂雅医疗美容医院有限公司
地址：上海市浦东新区浦东大道2536号504室
……………………Tel：021-58503139
施明中医诊所（上海）有限公司
地址：中国（上海）自由贸易试验区藿香路188号115-1、115-2、115-3室
……………………Tel：021-58556005
上海德视佳眼科医疗有限公司
地址：中国（上海）自由贸易试验区世纪大道88号金茂大厦裙楼五层5S-（05-11）铺位
……………………Tel：021-58697999
上海东方国际医院有限公司
地址：中国（上海）自由贸易试验区浦东南路551号
……………………Tel：021-58799999
上海新浦口腔门诊部有限公司
地址：中国（上海）自由贸易试验区耀华路387号
……………………Tel：021-58897777
上海凯普医学检验所有限公司
地址：上海市浦东新区紫萍路908弄8号
……………………Tel：021-58950638
上海远康门诊部有限公司
地址：上海市浦东新区兰谷路2111号201室、202室、203室、205室、206室、207室、208室、209室、210室、211室
……………………Tel：021-58996299
上海金卫医学检验所有限公司
地址：上海市青浦区外青松公路5800号C区16幢
……………………Tel：021-59258180
上海淀山湖医疗保健有限公司
地址：青浦区外青松公路7188号14幢
……………………Tel：021-59263227
上海美云门诊部有限公司
地址：上海市嘉定区洪德路202号、204号、206号
……………………Tel：021-59575301
上海孟超肿瘤医院有限公司
地址：上海市嘉定区安亭镇园国路1585号
……………………Tel：021-59593168
上海白泽医学检验所有限公司
地址：上海市嘉定区安亭镇园国路1585号7幢1层
……………………Tel：021-59593168
上海统嘉护理院有限公司
地址：上海市嘉定区环城路2222号2幢、3幢、4幢、5幢
……………………Tel：021-59984300
上海首尔丽格医疗美容医院有限公司
地址：上海市杨浦区秦皇岛路32号B栋2、3层
……………………Tel：021-60191133
上海新培晶医学检验所有限公司
地址：上海市黄浦区思南路105号二楼
……………………Tel：021-60321600
上海慈源康复医院有限公司
地址：上海市嘉定区南翔镇银翔路1227弄1幢20号
……………………Tel：021-60355999
上海浦滨儿童医院有限公司
地址：中国（上海）自由贸易试验区滨江大道1616号
……………………Tel：021-60610688
上海微医互联网医院有限公司
地址：上海市杨浦区政高路38号601-603室
……………………Tel：021-60885152
上海索敏医学检验实验室有限公司
地址：上海市崇明区陈家镇陈西村646号16幢
……………………Tel：021-60901207
上海大域养老服务有限公司
地址：闵行区天星路171号C区1-10座
……………………Tel：021-60937166
鸿福养老服务股份有限公司
地址：上海市浦东新区老港镇同发路123弄1-38号1幢540室
……………………Tel：021-61059438
上海品众口腔门诊部有限公司
地址：中国（上海）自由贸易试验区花园石桥路66号303室
……………………Tel：021-61093800
上海纳诺医院有限公司
地址：上海市闵行区申滨南路1099号
……………………Tel：021-61157188-8037
永盛（上海）养老服务有限公司
地址：上海市徐汇区吴中路8号1幢915室
……………………Tel：021-61367076
中房（上海）养老服务有限公司
地址：上海市宝山区南　藻路408号2幢1047室
……………………Tel：021-61407525
上海名宾门诊部有限公司
地址：上海市普陀区兰田路363号1-3楼
……………………Tel：021-61422668
上海华测艾普医学检验所有限公司
地址：上海市静安区江场三路309号101、201室
……………………Tel：021-61489558
上海瑞慈瑞山门诊部有限公司
地址：上海市宝山区共和新路4727号11层、12层
……………………Tel：021-61811379
圣德瑞安（上海）医学检验所有限公司
地址：上海市静安区万航渡路888号30层D室
……………………Tel：021-61823288
上海方程医学检验所有限公司
地址：上海市静安区万航渡路888号30层C室
……………………Tel：021-61823288
上海品安亨廷顿妇科门诊部有限公司
地址：上海市嘉定区裕民南路1768弄1号101、102、103室
……………………Tel：021-61910081
上海瑞格医疗美容门诊部有限公司
地址：上海市徐汇区漕宝路111号一楼、二楼
……………………Tel：021-61918691
上海禾新医院有限公司
地址：上海市徐汇区钦江路102号辅楼
……………………Tel：021-61957888
上海联新医院有限公司
地址：上海市闵行区合川路东侧
……………………Tel：021-61957888
上海企华医院有限公司
地址：中国（上海）自由贸易试验区济阳路688号4号101室
……………………Tel：021-61972388
上海美羡健康体检中心有限公司
地址：上海市奉贤区南奉公路8509弄28号C幢C101-C110，C201-205室
……………………Tel：021-61984599
上海共立医院有限公司
地址：上海市长宁区协和路1358号上海建滔中心1号楼、2号楼
……………………Tel：021-62037756
上海艺星医疗美容医院有限公司
地址：上海市长宁区虹桥路1165号1-8层
……………………Tel：021-62088088
上海佳富美医疗美容门诊部有限公司
地址：上海市普陀区金沙江路1989号101、201-204室
……………………Tel：021-62100177
上海伊尔美港华医疗美容医院有限公司
地址：上海市长宁区武夷路100号
……………………Tel：021-62115900
上海纽菲思医疗美容门诊部有限公司
地址：上海市徐汇区宛平南路308号101、201、301室
……………………Tel：021-62129188
上海悦心综合门诊部有限公司
地址：上海市闵行区闵北路675号6楼6101、6102室
……………………Tel：021-62208776
上海美立方医疗美容医院有限公司
地址：上海市长宁区延安西路934号
……………………Tel：021-62255522
上海美华丁香妇儿门诊部有限公司
地址：上海市长宁区华山路800弄6号（裙房）二楼、三楼
……………………Tel：021-62262379
上海万宏养老服务集团有限公司
地址：上海市长宁区广顺路33号7幢606室
……………………Tel：021-62348801
上海兰卫医学检验所股份有限公司
地址：上海市长宁区临新路268弄1号楼6、7、8、9层
……………………Tel：021-62385566
上海国宾医疗中心有限公司
地址：上海市静安区西康路252号
……………………Tel：021-62473737
上海新视界眼科医院有限公司
地址：上海市长宁区汇川路18号
……………………Tel：021-62510868
上海爱康君安门诊部有限公司
地址：上海市长宁区兴国路72号27幢
……………………Tel：021-62516109
上海美奥口腔门诊部有限公司
地址：上海市长宁区长宁路1661弄1号1、2、3、4层
……………………Tel：021-62580000
上海岳养中医门诊部有限公司
地址：上海市普陀区中山北路2020号101室西区、201室、301室、401室
……………………Tel：021-62589919
上海申德医院有限公司
地址：上海市长宁区虹桥路2281号
……………………Tel：021-62698881
上海晟乐门诊部有限公司
地址：上海市长宁区延安西路2299号4楼A81-A89，A76-A79，A73，A75，B73-B76，N05，N07，N11，N13，N15，C73，C75
……………………Tel：021-62710832
上海览海西南骨科医院有限公司
地址：上海市闵行区闵北路88弄1-30号第31幢A-6
……………………Tel：021-62758000
上海览海康复医院有限公司
地址：上海市闵行区闵北路88弄1-30号第21幢一层
……………………Tel：021-62758000
上海人寿堂文锦护理院有限公司
地址：上海市长宁区虹桥路2302号6幢B1-6层
……………………Tel：021-62903018
上海古北悦丽医疗美容门诊部有限公司
地址：上海市长宁区水城南路55号3楼整层
……………………Tel：021-62940579
上海爱尔眼科医院有限公司
地址：上海市徐汇区吴中路71、75、77、79、81号1-2层，吴中路83号2-3、5-12、15-17层
……………………Tel：021-62956699
上海红枫国际妇儿医院有限公司
地址：上海市徐汇区三江路89号1幢2-8层
……………………Tel：021-62958700
上海颜鉴医疗美容门诊部有限公司
地址：上海市黄浦区陆家浜路719，721、723号底层-1-2单元
……………………Tel：021-63219373
上海玺美医疗美容门诊部有限公司
地址：上海市黄浦区福州路318号4楼406-410室
……………………Tel：021-63307873
上海卡多利亚门诊部有限公司
地址：上海市黄浦区延安东路134、142、150号底层东部、底夹层、二层东部、三层、四层
……………………Tel：021-63335993
上海联和医疗门诊部有限公司
地址：上海市黄浦区济南路9号202单位
……………………Tel：021-63339672
上海阿特蒙医院有限公司
地址：中国（上海）自由贸易试验区台北东路170号
……………………Tel：021-63350128
上海知颜医疗美容门诊部有限公司
地址：上海市黄浦区陆家浜路428号地上二层20010-20080室
……………………Tel：021-63381017
上海德馨医院有限公司
地址：上海市陆家浜路1283、1295号90幢4楼东南侧410-420室
……………………Tel：021-63458339
上海爱以德浦岸护理院有限公司
地址：上海市黄浦区广东路525号西主楼全幢1层01室、2层01室、7到20层，西主楼全幢地下1层，西主楼地下自行车库、地下2层，东主楼锅炉房及烟囱间，广东路495号地下一层01室
……………………Tel：021-63566366
上海爱以德养老服务有限公司
地址：上海市杨浦区松花江路127号1幢104室
……………………Tel：021-63566366
上海济爱老码头门诊部有限公司
地址：上海市黄浦区新码头街55号5幢2F、3F、4F、5F
……………………Tel：021-63676607
上海万丽医疗美容门诊部有限公司
地址：上海市静安区威海路233号505、506室
……………………Tel：021-63720666
上海万嘉中医门诊有限公司
地址：上海市闵行区吴中路1100号5幢1层C座、2层202室
……………………Tel：021-64015126
上海美年门诊部有限公司
地址：上海市徐汇区小木桥路251号1层、2层、3层
……………………Tel：021-64031188
上海敦复医院有限公司
地址：上海市徐汇区中山南二路555号22幢
……………………Tel：021-64033020
上海逸仙医院有限公司
地址：上海市徐汇区枫林路180号
……………………Tel：021-64041990
上海天大医疗美容医院有限公司
地址：上海市长宁区中山西路339号
……………………Tel：021-64080808
上海慈弘妇产科医院有限公司
地址：上海市闵行区闵北路88弄1-30号第27幢二层A-8
……………………Tel：021-64307165
上海博爱医院有限公司
地址：上海市徐汇区淮海中路1590号
……………………Tel：021-64312600
上海伽玛医院有限公司
地址：上海市吴中东路518号
……………………Tel：021-64385336
上海百汇华鹰门诊部有限公司
地址：上海市黄浦区南京西路389号上海明天广场裙房4楼B401-404、A407-410
……………………Tel：021-64451515
上海蓝生宏德医院有限公司
地址：闵行区虹梅南路4855号
……………………Tel：021-64523001
上海乐邦养老服务有限公司
地址：上海市闵行区中春路8633弄41号911室
……………………Tel：021-64555361
上海仁爱医院有限公司
地址：上海市徐汇区漕溪路135号
……………………Tel：021-64688888
大虹桥国际医学抗衰老医院有限公司
地址：上海市长宁区宣化路68号201室
……………………Tel：021-64780901
上海医都医院有限公司
地址：上海市青浦区徐泾镇联民路1881号8幢5层B区529室
……………………Tel：021-64824259
上海蓝十字脑科医院有限公司
地址：上海市闵行区七莘路2880号
……………………Tel：021-64879999
上海海阳医疗服务集团有限公司
地址：上海市杨浦区靖宇东路265号3楼320、322室
……………………Tel：021-65390000
上海慕颜门诊部有限公司
地址：上海市杨浦区逸仙路661号部位_1、部位_8A、部位_9A
……………………Tel：021-65676199
上海新视界中兴眼科医院有限公司
地址：上海市静安区中兴路1618号
……………………Tel：021-66299009
上海中大肿瘤医院有限公司
地址：上海市虹口区场中路685弄8号1-2楼
……………………Tel：021-66611016
上海德达医院有限公司
地址：上海市青浦区徐泾镇徐乐路109号
……………………Tel：021-67007777
上海德达德西门诊部有限公司
地址：上海市长宁区红宝石路188号1幢3层
……………………Tel：021-67007777
上海云康医学检验所有限公司
地址：上海市奉贤区望园路1698弄3号2楼、3楼
……………………Tel：021-67187111
上海善夷康复医院有限公司
地址：上海市金山区板桥东路488号2幢
……………………Tel：021-67298896
上海东开医院有限公司
地址：上海市松江区锦昔路180弄134、136、138号
……………………Tel：021-67753530
上海美涛门诊部有限公司
地址：上海市松江区梅家浜路800弄2-9号1-2层、10-16号1层、17-24号2层
……………………Tel：021-67756686
上海赫尔森康复医院有限公司

地址：上海市松江区九亭镇九新公路528号
…………Tel：021-67885303
上海新启养老服务有限公司
地址：中国（上海）自由贸易试验区张衡路1227号、哈雷路1118号3幢104室
…………Tel：021-68370606
上海观诺儿科门诊部有限公司
地址：中国（上海）自由贸易试验区花园石桥路66号
…………Tel：021-68380225
上海凯健华鹏养老院有限公司
地址：上海市浦东新区华鹏路96号
…………Tel：021-68387000
上海华隆堂中医门诊部有限公司
地址：上海市浦东新区东方路2121号1-2层
…………Tel：021-68392358
上海森茂诊所有限公司
地址：中国（上海）自由贸易试验区陆家嘴环路1000号汇丰大厦3F
…………Tel：021-68410539
上海泰和诚肿瘤医院有限公司
地址：上海市闵行区闵北路88弄1-30号第22幢A-8
…………Tel：021-68410868
君康综合医院（上海）有限公司
地址：上海市浦东新区北艾路1195号
…………Tel：021-68580333
上海览海门诊部有限公司
地址：中国（上海）自由贸易试验区陆家嘴环路533号1层二区、B1层、B2层
…………Tel：021-68673333
上海金高中西医结合医院有限公司
地址：浦东新区金高路1115号
…………Tel：021-68682008
上海鸿泰护理院有限公司
地址：上海市长宁区凯旋路558号
…………Tel：021-68777166
上海复翔医学检验所有限公司
地址：上海市嘉定区南翔镇翔乐路28号3号楼
…………Tel：021-68810670
上海金科门诊部有限公司
地址：中国（上海）自由贸易试验区金科路1800号86幢B座地下一层、一层、二层、三层
…………Tel：021-68825508
上海妙可堂中医门诊部有限公司
地址：上海市静安区万航渡路803号2层
…………Tel：021-68885155
上海御康医院有限公司
地址：浦东新区沪南路2441弄1号1-4层
…………Tel：021-68937036
上海百思瑞产科医院有限公司
地址：上海市嘉定区进明渡路190号
…………Tel：021-69503278
上海晚晴护理院有限公司
地址：上海市嘉定区安亭镇曹安公路4671号一幢2号楼1-5层
…………Tel：021-69586660
上海感恩护理院有限公司
地址：上海市宝山区宝安公路7弄8号
…………Tel：021-69588628
上海绿叶利兰医院有限公司
地址：上海市闵行区闵北路88弄1-30号第22幢DR123室
…………Tel：021-80212888
上海绿叶爱丽美医疗美容医院有限公司
地址：上海市闵行区闵北路88弄1-30号第21幢二层
…………Tel：021-80212888
泰康之家申园（上海）养老服务有限公司
地址：上海市松江区广轩路298号
…………Tel：021-80299999
上海泰康申园康复医院有限公司
地址：上海市松江区广富林街道辰花路2125弄125号101、103、104、105、2-9层
…………Tel：021-80362999
上海诺诗雅医疗美容医院有限公司
地址：上海市浦东新区金高路2388号1幢109-111室、301-306室
…………Tel：021-82586666

重庆市

重庆合川爱尔眼科医院有限公司
地址：重庆市合川区南津街街道办事处望鹿街58-86号S3商业
…………Tel：023-42736006
重庆合川花滩医院有限公司
地址：重庆市合川区钓鱼城街道办事处丁香路26号7号商业1-6
…………Tel：023-42861019
重庆泽晨养老产业发展有限公司
地址：重庆市合川区合阳办涪滨路1000号1幢1-1
…………Tel：023-42886570
重庆合川宏仁医院有限公司
地址：重庆市合川区合阳办蟠龙村堰塘湾
…………Tel：023-42889120
重庆香山医院有限责任公司
地址：重庆市大足区棠香街道和平村3组43号
…………Tel：023-43727251
重庆铜梁爱尔眼科医院有限公司
地址：重庆市铜梁区东城街道迎春东街271号
…………Tel：023-45511166
重庆綦江荣民中西医结合医院有限公司
地址：重庆市綦江区文龙街道双龙路51号
…………Tel：023-48777120
重庆市永川区爱尔阳光眼科医院有限公司
地址：重庆市永川玉屏北路333号
…………Tel：023-49337808
重庆永川艺雕蝶姿美容医院有限责任公司
地址：重庆市永川区中山路街道兴龙大道123号15幢2层1至5、15幢3层1至9、11至13、16幢3层18至25号
…………Tel：023-49853333
重庆永川爱尔眼科医院有限公司
地址：重庆市永川区凤凰大道904号附5号
…………Tel：023-49881000
重庆特康养老服务有限公司
地址：重庆市开州区汉丰街道驷马社区凤凰城南山中路1号
…………Tel：023-52228868
重庆爱里养老服务有限责任公司
地址：重庆市云阳县双江街道金华路155号
…………Tel：023-55165947
重庆渝东医院有限责任公司
地址：重庆市奉节县永安街道竹园路80号
…………Tel：023-56572156
重庆文康医院有限公司
地址：重庆市万州区北山大道847-863号
…………Tel：023-58878120
重庆万州川东骨科医院有限公司
地址：重庆市万州区复兴路59号
…………Tel：023-58898060
重庆恒韵瑞慈医院有限公司
地址：重庆市北碚区蔡家组团凤林路182号4号商业楼负一至八楼
…………Tel：023-61300321
重庆华英惠民健康产业有限公司
地址：重庆市渝中区嘉陵江滨江路253号12-8#
…………Tel：023-61625735
重庆爱尔眼科医院有限公司
地址：重庆市江北区华唐路2号农垦大厦AB区1-11层
…………Tel：023-61757666
重庆美莱整形美容医院有限公司
地址：重庆市江北区观音桥步行街16号附1号1-6号3-商业
…………Tel：023-61788888
重庆欧瑞医院有限公司
地址：重庆市渝北区双龙湖支路1号
…………Tel：023-62196618
重庆衡爱聚源养老服务股份有限公司
地址：重庆市沙坪坝区小龙坎街339号附3号20-5、20-6、20-7、20-8、20-9、20-10.
…………Tel：023-62613346
重庆鹏爱医疗美容医院有限公司
地址：重庆市南岸区海铜路1号新宝龙钻石国际A座1、4、5、6层
…………Tel：023-62625258
重庆华医中西医结合医院有限公司
地址：重庆市南岸区南坪街道南城大道23号5栋负2层-4层
…………Tel：023-62626121
重庆盛景医院有限公司
地址：重庆市南岸区腾黄路11号附27、28号
…………Tel：023-62752665
重庆爱尔麦格眼科医院有限公司
地址：重庆市经开区南城大道288号商住楼
…………Tel：023-62810108
重庆现代女子医院有限公司
地址：重庆市南岸区南坪街道南坪东路8-5号
…………Tel：023-62901999
重庆康美佳血液透析有限公司
地址：重庆市两江新区慈济路1号B栋7楼
…………Tel：023-63023282
重庆北部妇产医院有限公司
地址：重庆市渝北区翠渝路68号
…………Tel：023-63066555
重庆嘉一悦口腔医院有限公司
地址：重庆市沙坪坝区小龙坎新街74号商1-3
…………Tel：023-63116116
重庆嘉悦口腔医院有限公司
地址：重庆市渝北区洪湖西路26号2幢8-7
…………Tel：023-63116116
重庆铭医堂医院有限公司
地址：重庆市渝北区青枫北路10号2幢即重庆北部新区高新园拓展区（A1A2）2号楼1楼
…………Tel：023-63208666
重庆联合丽格美容医院有限公司
地址：重庆市渝中区临江支路28号负1、1、2、3层
…………Tel：023-63255651
重庆重医附二院宽仁康复医院有限公司
地址：重庆市渝中区华一坡33号
…………Tel：023-63311633
中恒国信医院有限公司
地址：重庆市江北区海尔路319号4-10-88（两路寸滩保税港区）
…………Tel：023-63319965
重庆医药贝瑞医学检验所有限公司
地址：重庆市渝中区经纬大道789号5层3、4、5、6号
…………Tel：023-63502450
重庆美华友好医院有限公司
地址：重庆市江北区海尔路319号4-3-75（两路寸滩保税港区）
…………Tel：023-63503306
重庆普瑞眼科医院有限公司
地址：重庆市渝中区中山一路210号
…………Tel：023-63532373
重庆医药和平医疗器械有限公司
地址：重庆市渝中区长江二路12号3层部分（除3003-3005）、4层
…………Tel：023-63709370
中商恒生养老产业有限公司
地址：重庆市渝中区中华路1号LG09号-1#
…………Tel：023-63813637
重庆适达口腔医院有限公司
地址：重庆市渝中区八一路53号第三层部分
…………Tel：023-63851089
重庆枢纽医院有限公司
地址：重庆市渝中区人民路150号底层
…………Tel：023-63862065
重庆市青圣谷养老产业发展有限公司
地址：重庆市丰都县仙女湖镇竹子社区1组
…………Tel：023-65307878
重庆爱德华医院有限公司
地址：重庆市沙坪坝区天陈路27号
…………Tel：023-65366410
重庆康华众联心血管病医院有限公司
地址：重庆市江北区海尔路168号
…………Tel：023-67000067
重庆国信医疗美容医院有限公司
地址：重庆市渝北区两路寸滩保税港区空港综合大楼B栋B377
…………Tel：023-67033431
重庆兴碚医院管理有限公司
地址：重庆市北碚区双柏路172-3号
…………Tel：023-67067731
重庆大家医学检验所有限公司
地址：重庆市大渡口区重庆市建桥工业园C区楼宇标准厂房第31栋1-3层
…………Tel：023-67096775
重庆华厦眼科医院有限公司
地址：重庆市江北区建新东路282号、282号1幢
…………Tel：023-67115832
重庆苏亚医疗美容医院有限公司
地址：重庆市江北区建北八支路36号附15号4-9
…………Tel：023-67119887
重庆未来妇产医院有限公司
地址：重庆市渝北区龙山街道新南路439号中国华融现代广场3幢8-22层
…………Tel：023-67166687
重庆创泰金易医院有限公司
地址：重庆市渝北区双龙湖街道五星路180号1幢0
…………Tel：023-67289120
重庆泷源骨科医院有限公司
地址：重庆市渝北区回兴街道金石大道456号三亚湾水产品交易市场3幢3-1
…………Tel：023-67349895
重庆宝石花医院有限公司
地址：重庆市江北区红石路270号
…………Tel：023-67350755
重庆华融曜阳养老服务有限公司
地址：重庆市渝北区金开大道341号第7层
…………Tel：023-67595195
重庆玛恩医疗美容医院有限公司
地址：重庆市渝北区星光大道69号4幢
…………Tel：023-67683088
椿山万树健康产业发展有限公司
地址：重庆两江新区礼嘉街道礼贤路12号（自编号：3011）
…………Tel：023-67732268
重庆美仑美奂整形美容医院有限公司
地址：重庆市江北区北城天街11号附1号3-1
…………Tel：023-67766666
重庆爱尔儿童眼科医院有限公司
地址：重庆市江北区建新南路11号附1至11号
…………Tel：023-67865666
重庆北安医院有限责任公司
地址：重庆市江北区石马河街道原半边街合作社
…………Tel：023-67898918
重庆浩恩综合门诊部有限责任公司
地址：重庆市江北区金渝大道149号普泰广场2栋2F层3、4、5、6、7、8、9、10、11、12号
…………Tel：023-67930481
重庆万家燕医院有限公司
地址：重庆市大渡口区春晖路街道柏华街23号
…………Tel：023-68080535
重庆金熙中西医结合门诊部有限公司
地址：重庆市北碚区悦复大道8号附9号
…………Tel：023-68218111
重庆长城骨科医院有限责任公司
地址：重庆市九龙坡区渝州路79号后工.星座商业综合楼B座-1层、B座1层A号、B座2层、B座3-6层
…………Tel：023-68590036
重庆植恩研康医疗管理有限公司
地址：重庆市九龙坡区石桥铺渝州路33号25-6-1号
…………Tel：023-68601945
重庆康华医院有限责任公司
地址：重庆市九龙坡区歇台子科园四路108号、109号2-1号
…………Tel：023-68605248
重庆中德生殖医院有限公司
地址：重庆市渝中区两路口新干线大厦A栋1-2层
…………Tel：023-68722112
重庆眼视光眼科医院有限公司
地址：重庆市渝中区大坪长江二路77号西南兵工科技楼西配楼
…………Tel：023-68770505
重庆世纪美奥口腔医院有限公司
地址：重庆市渝北区龙溪街道松牌路115号附3号商业3幢1-1、2-1、3-1
…………Tel：023-68805867
重庆华健友方医院有限公司
地址：重庆市九龙坡区华龙大道189号6幢17-1号
…………Tel：023-68822930
重庆聚孝园养老服务有限公司
地址：重庆市合川区三庙镇西环街70号4-2
…………Tel：023-68913202
重庆涪陵爱尔眼科医院有限公司
地址：重庆市涪陵区太极大道44号1栋鹏翔大厦1-1号、第一层2号、2-1号、2-2号、3-1号、3-2号、4-1号、4-2号和第2层附1号、韵动人家3-1
…………Tel：023-72763626
石柱仁康医院有限公司
地址：重庆市石柱土家族自治县南宾镇万寿大道36号1幢1-2
…………Tel：023-73205511
华奥诊所（重庆）股份有限公司
地址：重庆市江北区建新西路2号21-1（自编号4号）
…………Tel：023-80792999
重庆医药集团大足医院管理有限公司
地址：重庆市大足区龙水镇平桥社区6组、高坡村8组、幸光社区5、6组
…………Tel：023-81098374
重庆市颐宁医院有限公司
地址：重庆市巴南区渝南大道10号附1号、附2号、附3号、附4号、附5号
…………Tel：023-81159119-8006
重庆丽华薇汀门诊部有限公司
地址：重庆市江北区建北八支路36号附15号4-17至4-33
…………Tel：023-81689942
重庆涪陵衡生中医医院有限公司
地址：重庆市涪陵区建涪路50号未来映象
…………Tel：023-81812813
重庆黔江民族医院有限公司
地址：重庆市黔江区正阳街道桐坪居委5组
…………Tel：023-85088888
重庆荣昌荣海医院有限责任公司
地址：重庆市荣昌区昌州街道迎宾大道南段12号至26号
…………Tel：023-85263377
重庆荣昌熙和医院有限责任公司
地址：重庆市荣昌区昌州街道迎宾大道南段40号
…………Tel：023-85263377
重庆万年湖养老服务有限公司
地址：重庆市万州金龙开发区金龙大道88号302号房
…………Tel：023-85753886
安正（重庆）医院有限公司
地址：重庆市渝北区黄杨路5号B7幢4层1号房
…………Tel：023-86006999
慎安（重庆）医院有限公司
地址：重庆市渝北区华山中路2号
…………Tel：023-86006999
重庆铭博医院有限公司

地址：重庆市渝北区洪湖西路18号附1号至9号
……Tel：023－86868333

重庆存济口腔医院有限公司
地址：重庆市江北区聚贤岩广场6号、7号（力帆中心3号办公楼）
……Tel：023－86873551

重庆爱丽美医疗美容门诊部有限公司
地址：重庆市江北区红盛路28号负1－1至负1－35和红盛路28号负1－47至负1－52号
……Tel：023－88560866

重庆欧雷医疗管理有限公司
地址：重庆市渝北区金开大道351号7－12
……Tel：023－88795277

中旭康复医院管理有限公司
地址：重庆市江津区四面山镇燕子村石坎村民小组
……Tel：023－88950516

河北省

河北天兆养老服务有限公司
地址：河北省邯郸市磁县讲武城镇西陈村村东（邯郸市漳河生态园区内）
……Tel：0310－2323101

邯郸宝岛妇产医院有限公司
地址：河北省邯郸市邯山区兴和路288号
……Tel：0310－3090100

河北邯钢医疗管理有限责任公司
地址：河北省邯郸市邯山区农林路188号邯钢医院西二楼203号
……Tel：0310－6077295

上宫中医医院邯郸有限公司
地址：河北省邯郸市经济开发区美的路6号办公楼
……Tel：0310－8378780

石家庄华明中西医结合医院有限公司
地址：石家庄裕华区塔冢裕园B区2期7、8、9号楼底商
……Tel：0311－66501136

石家庄平安医院有限公司
地址：石家庄市裕华区仓丰路48号
……Tel：0311－67802266

河北平安医养服务有限公司
地址：河北省石家庄市裕华区仓丰路34号
……Tel：0311－67802316

河北普济医养服务有限公司
地址：河北省石家庄市裕华区汇通路39号华勘大厦8层
……Tel：0311－67908910

河北高康医院有限公司
地址：石家庄市鹿泉区翠屏大街98号
……Tel：0311－67909689

河北庆亿养老服务有限公司
地址：河北省石家庄市新华区联盟路368号宏基花园411室
……Tel：0311－68003520

石家庄诺万医疗美容医院有限公司
地址：石家庄市裕华区雅清街66号
……Tel：0311－68012306

河北宝康医养服务有限公司
地址：河北省石家庄市新华区中华北大街309号
……Tel：0311－80694267

河北宏远医院有限公司
地址：河北省石家庄市新华区中华北大街309号东南角宏远综合楼
……Tel：0311－80694267

河北正源养老服务有限公司
地址：河北省石家庄市裕华区裕华路与谈固大街交叉口国际名邸A座2602室
……Tel：0311－80876285

石家庄和美静嘉妇产医院有限公司
地址：河北省石家庄市桥西区新华路358号－1号
……Tel：0311－80990739

石家庄中冀康复医院有限公司
地址：河北省石家庄市桥西区中华南大街350－3号
……Tel：0311－82621981

石家庄德缘养老服务有限公司
地址：河北省石家庄市平山县温塘镇温塘路9号
……Tel：0311－82836511

辛集市聚友乐园养老服务有限公司
地址：辛集市北区迎宾路西侧
……Tel：0311－83268883

河北百老慧养老服务有限公司
地址：河北省石家庄市桥西区中华南大街336号3层
……Tel：0311－83859988

复明眼科医院集团有限公司
地址：河北省辛集市北区迎宾路东侧（市政府西邻）
……Tel：0311－83965022

河北珑玺山医院有限公司
地址：石家庄市鹿泉区上庄镇大车行村
……Tel：0311－85021998

河北国和兰丁病理诊断中心有限公司
地址：河北省石家庄市桥西区师范街132号
……Tel：0311－85038000

飓风医疗救护中心有限公司
地址：河北省石家庄市新华区天苑小区B区5号楼3单元401室
……Tel：0311－85109320

河北济康医院有限公司
地址：河北省石家庄市高新区学苑路91号
……Tel：0311－85290870

石家庄翼展医学影像诊断中心有限公司
地址：石家庄高新区长江大道168号天山银河广场C座2201室
……Tel：0311－85376797

石家庄兴业盛睿口腔医院有限责任公司
地址：河北省石家庄市裕华区槐安东路106号
……Tel：0311－85690888

河北以岭健康管理医院有限公司
地址：石家庄高新区天山大街238号集团办公楼
……Tel：0311－85906122

石家庄德美尔医院有限公司
地址：河北省石家庄市长安区建设北大街67号汇金大厦二楼216室
……Tel：0311－86032708

河北医工云医疗服务有限公司
地址：河北省石家庄市裕华区建华南大街215号万达写字楼B座1312室
……Tel：0311－86189301

华北健康养老产业有限公司
地址：石家庄高新区恒山街196号综合楼216号
……Tel：0311－86608860

石家庄美莱医学美容医院有限公司
地址：河北省石家庄市长安区广安大街91号世纪方舟1－5层
……Tel：0311－86777688

河北颐坤医院有限公司
地址：河北省石家庄市长安区翟营北大街10号上东城写字楼
……Tel：0311－87567068

湖南获安商贸有限公司
地址：醴陵市仙岳山街道碧山社区建新组
……Tel：0731－23108888

河北圣奥养老服务有限公司
地址：石家庄市鹿泉区获鹿镇八街银山花园第1幢
……Tel：0311－87567068

河北戴梦喜宝国际生殖医院有限公司
地址：河北省石家庄市长安区广安大街18－1号
……Tel：0311－87860018

河北馨宇喜宝国际生殖医院有限公司
地址：河北省石家庄市新华区和平西路68号益圣大厦17层
……Tel：0311－87860018

河北恒生医院股份有限公司
地址：河北省石家庄市栾城区楼底镇东许营东龙府邸小区西区11号商铺
……Tel：0311－88700288

石家庄明瀚医院有限公司
地址：河北省石家庄市长安区红星街39号
……Tel：0311－88960618

石家庄合泰恒医院股份有限公司
地址：河北省石家庄市新华区飞翼路5号
……Tel：0311－89262188

河北仁爱医养服务集团有限公司
地址：河北省石家庄市新华区友谊北大街302号西院
……Tel：0311－89296633

河北兆华医院有限公司
地址：河北省石家庄市正定新区园博园大街1号
……Tel：0311－89616020

石家庄尚真健康养老产业有限公司
地址：河北省石家庄市裕华区槐安东路158号鑫科国际广场B座810室
……Tel：0311－89868756

北京同仁堂（保定）直隶中医医院有限公司
地址：保定市瑞祥大街470号
……Tel：0312－2061188

保定普惠体检有限公司
地址：保定市复兴中路3108号康泰国际三层
……Tel：0312－3331635

涿州质子肿瘤医院有限公司
地址：河北省保定市涿州市码头镇301保障基地院内
……Tel：0312－3970080

河北一洲肿瘤医院有限公司
地址：河北省保定市涿州市码头镇301保障基地院内
……Tel：0312－3970080

保定慈铭门诊部有限公司
地址：河北省保定市莲池区联盟路街道办事处玉兰大街483号
……Tel：0312－6788688

保定爱尔眼科医院有限公司
地址：保定市建华大街702号
……Tel：0312－6798166

定兴县荣福聚养老服务有限公司
地址：河北省保定市定兴县国道北大街192号
……Tel：0312－6923040

河北朗域养老产业发展有限公司
地址：河北省保定市涞水县石亭镇渐村保野路东侧
……Tel：0312－7240985

保定安享晚年养老服务有限公司
地址：河北省保定市易县迎晖北大街85号
……Tel：0312－8210567

张家口仁爱医疗有限公司
地址：张北县张北镇兴和路28号
……Tel：0313－5219998

张家口爱尔眼科医院有限公司
地址：张家口市桥东区建设东街16号
……Tel：0313－5803666

张家口通泰医院有限公司
地址：河北省张家口经济开发区纬二路嘉华国际4002室房间
……Tel：0313－5889987

河北华奥医院有限公司
地址：河北省张家口市高新区纬三路6号世纪豪园20＃14层001－009
……Tel：0313－5910016

星联星互联网医院张家口股份有限公司
地址：河北省张家口市宣化区东土关街二号(原宣化县财政局办公楼第三层)
……Tel：0313－5922022

张家口宣钢医院有限公司
地址：河北省张家口市宣化区钟楼大街57号院1号楼
……Tel：0313－8675571

承德爱尔眼科医院有限公司
地址：河北省承德市双桥区迎宾路59号汇强矿业大厦A－B座中间底商1－2层
……Tel：0314－2057888

承德承钢医院有限公司
地址：河北省承德市双滦区滦河镇河钢承钢医院办公楼
……Tel：0314－4073938

唐山弘新医院有限公司
地址：河北省唐山市路南区光明南路南湖金地L组组团综合办公楼（金恒大厦）
……Tel：0315－2319022

唐山宝岛妇儿医院有限公司
地址：河北省唐山市路南区新华西道118号
……Tel：0315－2579007

唐山乐城养老服务有限公司
地址：河北省唐山市路北区西窑道30号陶然居小区商业A段
……Tel：0315－3260189

唐山爱尔眼科医院有限公司
地址：河北省唐山市路北区兴源道61号
……Tel：0315－3795777

唐山车城医院有限公司
地址：唐山丰润区幸福道72号
……Tel：0315－5018114

唐山冀东眼科医院有限公司
地址：唐山市路北区长宁道25号
……Tel：0315－5260085

唐山新华卓越门诊部有限公司
地址：河北省唐山市路北区新华西道99号世纪华庭底商三层
……Tel：0315－5395567

唐山首佳安宁疗护医院有限公司
地址：唐山市高新区机场连接线8号－1号老年养护院（2039年4月30日）
……Tel：0315－5519918

唐山市中心医院有限公司
地址：河北省唐山市路北区友谊路西辅路以西，光明路东辅路以东，长宁道北辅路以北，龙富南道以南
……Tel：0315－6271087

唐山弘慈医院有限公司
地址：河北省唐山市路北区荣华道15号
……Tel：0315－6272670

唐山仁德医疗康复医院有限公司
地址：唐山市高新技术开发区龙泽北路359号
……Tel：0315－6321111

唐山达润慢性病诊疗中心有限公司
地址：唐山市路北区站前南路新天地美域14区
……Tel：0315－6371917

河北礼同养老服务有限公司
地址：河北省遵化市西留村乡老庄子村
……Tel：0315－6886888

遵化市坤桐医院有限公司
地址：河北省遵化市华明南路南通西侧
……Tel：0315－6997333

大城县桑榆养生中心建设有限公司
地址：大城县新城区人民路东侧
……Tel：0316－3263883

廊坊市爱尔眼科医院有限公司
地址：廊坊市广阳区广阳道192号银河领城小区商业2号楼
……Tel：0316－5219555

沧州爱尔眼科医院有限公司
地址：河北省沧州市运河区黄河西路北侧阿尔卡迪亚新儒苑1＃商业楼301铺A区
……Tel：0317－2029666

任丘康济新图医院有限责任公司
地址：河北省沧州市任丘燕山道西侧、北站路南侧
……Tel：0317－2288188

沧州美年大健康门诊部有限公司
地址：河北省沧州市新华区黄河路青春家园综合楼1401号
……Tel：0317－3035018

朗洁医院管理服务有限公司
地址：河北省沧州市新华区南环中路青春家园10＃商业楼108铺
……Tel：0317－3502808

中冀衡水康复医院有限责任公司
地址：河北省衡水市高新区宁安路959号
……Tel：0318－2233806

衡水影和医学影像诊断有限公司
地址：衡水市开发区西环路东、宁安路北3幢1－3层
……Tel：0318－5178977

衡水爱尔眼科医院有限公司
地址：河北省衡水市桃城区和平路22号4幢
……Tel：0318－6106060

南宫市康育卫生开发建设有限公司
地址：河北省邢台市南宫市胜利街南侧
……Tel：0319－5700587

秦皇岛铭德医院管理有限公司
地址：秦皇岛市经济技术开发区北环西路381号
……Tel：0335－3107777

秦皇岛潘纳茜医院有限责任公司
地址：秦皇岛北戴河新区北戴河生命科学园3号楼
……Tel：0335－5320063

秦皇岛爱尔眼科医院有限公司
地址：秦皇岛市海港区红旗路229号
……Tel：0335－5816666

秦皇岛北戴河新区国创健康产业发展有限公司
地址：秦皇岛北戴河新区滨海新大道南段生物产业孵化器5号楼207房间
……Tel：0335－5918015

秦皇岛城发健康产业发展有限公司
地址：秦皇岛北戴河新区南娱大道北戴河新区行政中心225房间
……Tel：0335－5988020

秦皇岛一百健康产业发展有限公司
地址：秦皇岛市海港区建设大街187号1804－1号
……Tel：0335－7519136

秦皇岛美城健康养老产业发展有限公司
地址：秦皇岛市经济技术开发区秦皇西大街88－4号秦皇新天地8号楼D座
……Tel：0335－8583333

惠福泰养老服务有限公司
地址：秦皇岛市经济技术开发区锦绣佳成5号楼底商19号
……Tel：0335－8866789

山西省

山西华颐宝康康养服务有限公司
地址：山阴县岱岳镇城西森林公园西北侧
……Tel：0349－5617666

朔州通济中西医结合医院有限公司
地址：朔州市朔城区市府西街现代装饰城临街主楼
……Tel：0349－5686696

朔州爱尔眼科医院有限公司
地址：朔州市朔城区北城街道古北街南侧马邑路西1号
……Tel：0349－5952120

怀仁市仁德综合医院有限责任公司
地址：怀仁市怀贤街68号
……Tel：0349－5958777

朔州中信新健康医院有限公司
地址：朔州市朔城区开发北路1号
……Tel：0349－8082999

忻州爱尔眼科医院有限公司
地址：山西省忻州市忻府区新建北路14号
……Tel：0350－3338120

繁峙县普尔泰中西医结合医院有限公司
地址：繁峙县繁城镇108国道南笔峰村北
……Tel：0350－5586120

山西太钢医疗有限公司
地址：太原市尖草坪区迎新路7号
……Tel：0351－2132998

山西太钢康健整形美容医院有限公司
地址：山西省太原市杏花岭区北大街213号山西省烧伤救治中心综合楼
……Tel：0351－2132998

太原润坤妇产医院有限公司
地址：山西综改示范区太原潇河园区马练营路300号1号楼四层
……Tel：0351－2358055

太原同善康复医院有限公司
地址：山西综改示范区太原学府园区长治路280号1幢北楼

…………………………Tel：0351-2419840

山西盛大齿科医院有限公司
地址：太原市杏花岭区北大街126号门面房1-2号
…………………………Tel：0351-3182999

山西莱佛仕妇儿医院有限公司
地址：太原市万柏林区西矿街124号闫家沟商务楼
…………………………Tel：0351-3209088

山西和济肾脏病医院有限公司
地址：山西省太原市小店区学府街128号6幢1-12层
…………………………Tel：0351-5225983

太原市恒伦口腔医院有限公司
地址：太原市迎泽区杏花岭街18号1幢1-5层
…………………………Tel：0351-5263892

太原恒伦悦伦口腔医院有限公司
地址：太原市小店区平阳路132号一层南侧、二层及三层
…………………………Tel：0351-5265363

山西和谐医疗健康中心有限公司
地址：山西综改示范区太原学府园区晋阳街200号和谐大厦1-8层(一照多址)
…………………………Tel：0351-5618333

山西和谐医学检验实验室有限公司
地址：山西综改示范区太原学府园区晋阳街200号和谐大厦7层
…………………………Tel：0351-5618333

山西陆航医疗救援股份有限公司
地址：山西综改示范区太原唐槐园区唐华路15号综合楼7层710室
…………………………Tel：0351-6095120

山西转型综改示范区人本位医院有限公司
地址：山西综改示范区太原唐槐园区龙盛街唐槐路交叉口孵化基地1号楼10层1018室
…………………………Tel：0351-7024837

山西国信凯尔医学检验所有限公司
地址：山西综改示范区太原学府园区佳华街7号C座四层
…………………………Tel：0351-7191883

山西高科技医学检测中心
地址：太原市体育西路南段39号
…………………………Tel：0351-7326903

太原云水医院有限公司
地址：山西综改示范区太原学府园区长治路310号
…………………………Tel：0351-7673333

太原绚素医疗美容门诊部有限公司
地址：太原市迎泽区南内环街129号2层202室
…………………………Tel：0351-7677778

山西广誉远中医馆连锁有限公司
地址：山西省太原市杏花岭区三桥街36号四合院
…………………………Tel：0351-7923688

山西现代妇产医院有限责任公司
地址：太原市迎泽区南内环街25号
…………………………Tel：0351-8820000

大同慈济医院有限公司
地址：山西省大同市同云路北侧
…………………………Tel：0352-2101160

大同怡宁医院有限公司
地址：山西省大同市云冈区云佛小区内北侧
…………………………Tel：0352-3159315

大同爱尔眼科医院有限公司
地址：大同市育才南街新世纪花园综合楼
…………………………Tel：0352-5330120

山西长盈科技有限公司
地址：山西省大同市平城区西京街南侧东方名城南北区商业1-2层14号商铺
…………………………Tel：0352-6203111

大同美中嘉和肿瘤医院有限责任公司
地址：大同市昌泰街117号
…………………………Tel：0352-7205500

大同市平城区凯霖医疗管理有限责任公司
地址：大同市平城区工农路（永泰南路）14号
…………………………Tel：0352-7238871

山西安德森肿瘤医院有限公司
地址：阳泉盂县秀水镇北关村
…………………………Tel：0353-2139966

阳泉市康爱体检医院有限公司
地址：山西省阳泉经济技术开发区保晋路盛世新城9号底商
…………………………Tel：0353-5080000

晋中天玺老龄医院有限公司
地址：晋中开发区西荣村3-89号
…………………………Tel：0354-2077122

昔阳中兴东南医院（有限公司）
地址：山西省晋中市昔阳县迎宾街晋裕商厦底商1号
…………………………Tel：0354-4135120

昔阳县普济医院（有限公司）
地址：山西省晋中市昔阳县松溪大道（207国道东侧、胡窝村南）名仕嘉园2#商业楼、3#商业楼一区
…………………………Tel：0354-4136333

平遥四贤医院有限公司
地址：山西省晋中市平遥县岳壁乡西郭村平南路
…………………………Tel：0354-5650111

平遥第三人民医院有限公司
地址：山西省晋中市平遥县岳壁乡西郭村平南路95号
…………………………Tel：0354-5650111

太原爱尔眼科医院有限公司
地址：太原市迎泽区南内环街1号
…………………………Tel：0355-4720120

长治市北大医疗潞安医院有限公司
地址：山西省长治市城区太行西街与西二环路西南角
…………………………Tel：0355-5922495

长治市爱尔眼科医院有限公司
地址：长治市城区城东路206号
…………………………Tel：0355-8128120

山西天享养老服务有限公司
地址：山西省长治市长治县光明北路明源酒店
…………………………Tel：0355-8204555

长治市松禾医疗美容诊所有限公司
地址：山西省长治市捉马西大街36号悦城C幢3-15号3层
…………………………Tel：0355-8888866

高平市长平中西医结合医院有限公司
地址：山西省晋城市高平市太华路126号
…………………………Tel：0356-5222333

晋城市禾瑞尚康医院有限公司
地址：山西省晋城市城区白水东街花园世纪城景和苑小区1号楼01号商铺
…………………………Tel：0356-8880678

临汾爱尔眼科医院有限公司
地址：临汾市尧都区贡院街7号
…………………………Tel：0357-2229229

山西仁济医院有限公司
地址：临汾经济技术开发区河汾路南侧临汾深国投商业中心一期1号楼1单元22号
…………………………Tel：0357-2999130

山西瑞景养老产业有限公司
地址：侯马市合欢街98号办公楼一层东三间
…………………………Tel：0357-4181818

临汾和泽佳源中西医结合医院有限公司
地址：临汾市尧都区古城路109号
…………………………Tel：0357-6767778

临汾建峰齿科医院有限公司
地址：山西省临汾市尧都区富力湾-商业2#东段101号门面
…………………………Tel：0357-8296611

孝义市医疗工程建设管理有限公司
地址：山西省吕梁孝义市新义街道三皇路（卫生大楼）
…………………………Tel：0358-2127515

吕梁爱尔眼科医院有限公司
地址：吕梁市离石区久安路23号(原慈坤医院)
…………………………Tel：0358-3321999

吕梁安康精神病医院（有限公司）
地址：吕梁市离石区交口街道办新纵十二街
…………………………Tel：0358-8345120

山西天慈医院有限公司
地址：山西省运城市运城经济技术开发区诺维兰路10号
…………………………Tel：0359-2097120

运城同创医学检验实验室有限公司
地址：山西省运城市盐湖区人民北路运城市第一医院医技楼201室
…………………………Tel：0359-2355415

运城市爱尔眼科医院有限公司
地址：山西省运城市盐湖区黄河大道东侧幸福庄13号（运城市黄河金三角第一医院）门诊楼4层4B西区
…………………………Tel：0359-2355667

运城荣德中医医院有限公司
地址：运城市盐湖区周西路周家坡村村口
…………………………Tel：0359-2650211

运城华康医院有限公司
地址：运城市盐湖区圣惠南路18号
…………………………Tel：0359-6302098

内蒙古自治区

呼伦贝尔爱尔眼科医院有限公司
地址：内蒙古自治区呼伦贝尔市海拉尔区阿里河路8号
…………………………Tel：0470-2776116

呼伦贝尔朝聚眼科医院有限公司
地址：内蒙古自治区呼伦贝尔市海拉尔区胜利办满洲里路64号
…………………………Tel：0470-3577200

内蒙古天兆健康管理有限公司
地址：呼和浩特市赛罕区科尔沁南路天江明邸小区综合办公楼二层
…………………………Tel：0471-3288000

内蒙古青藤养老服务股份有限公司
地址：内蒙古自治区呼和浩特市玉泉区滨河北路万锦誉城小区商业1号楼
…………………………Tel：0471-3294327

内蒙古安谷国际医疗管理咨询有限公司
地址：内蒙古自治区呼和浩特市回民区呼和浩特市金海工业园区管委会院内内蒙古电商中心三楼37-39号
…………………………Tel：0471-3965007

内蒙古爱明医院有限公司
地址：内蒙古自治区呼和浩特市赛罕区东影南路39号巨华商业楼1号楼1至3层101、102
…………………………Tel：0471-4599933

朝聚（内蒙古）眼科医院有限公司
地址：内蒙古自治区呼和浩特市新城区车站西街40号
…………………………Tel：0471-6373749

内蒙古中安类风湿骨关节病专科医院有限责任公司
地址：内蒙古自治区呼和浩特市回民区通道街１２号
…………………………Tel：0471-6383333

包头现代医院有限责任公司
地址：内蒙古自治区包头市青山区钢铁大街26号
…………………………Tel：0472-6940888

包头市朝聚眼科医院有限公司
地址：内蒙古自治区包头市九原区沙河镇文明路6号
…………………………Tel：0472-7165783

包头市朝聚眼科医疗有限公司
地址：内蒙古自治区包头市九原区沙河镇文明路
…………………………Tel：0472-7165783

乌兰察布颐寿医院股份有限公司
地址：乌兰察布市集宁新区康宁南路与满达东侧十字路口西北角
…………………………Tel：0474-8886069

通辽爱尔圣安眼科医院有限责任公司
地址：内蒙古自治区通辽市科尔沁区红胜大街东段霍林办事处二号综合楼1-4层
…………………………Tel：0475-8808120

朝聚（赤峰）眼科医院有限公司
地址：内蒙古自治区赤峰市红山区哈达街中段路北96号朝聚眼科医院
…………………………Tel：0476-5888372

锡林郭勒盟蒙医医院
地址：锡林浩特市阿巴嘎街与多伦路交接
…………………………Tel：0479-8105123

锡林郭勒盟医院
地址：锡市那达慕街9号
…………………………Tel：0479-8243406

辽宁省

沈阳恩喜医疗美容医院有限公司
地址：沈阳市和平区十三纬路23号
…………………………Tel：024-22592922

沈阳爱尔卓越眼科医院有限公司
地址：辽宁省沈阳市和平区南京北街272号
…………………………Tel：024-23169999

沈阳知源养老服务有限公司
地址：辽宁省沈阳市浑南区文汇街19-22号
…………………………Tel：024-23757878

辽宁隆合生血液净化集团有限公司
地址：辽宁省沈阳市皇姑区黄河北大街262号
…………………………Tel：024-23789286

辽宁吉康血液净化中心有限公司
地址：辽宁省沈阳市皇姑区黄河北大街262号
…………………………Tel：024-23789286

沈阳京桥中医院有限公司
地址：辽宁省沈阳市沈河区热闹路88号
…………………………Tel：024-24818777

辽宁安联脑科医院有限公司
地址：辽宁省沈阳市铁西区凌空二街18号
…………………………Tel：024-24892888

沈阳华润润家养老服务有限公司
地址：辽宁省沈阳市沈河区小南街276号
…………………………Tel：024-28118888

沈阳普瑞眼科医院有限公司
地址：辽宁省沈阳市铁西区兴工北街96号
…………………………Tel：024-31172000

辽宁乐享居家养老服务有限公司
地址：辽宁省沈阳市铁西区国工二街48号（2-1-1）
…………………………Tel：024-31205847

沈阳铁西美莱医疗美容医院有限公司
地址：沈阳市铁西区兴工北街89号
…………………………Tel：024-31229896

沈阳安联妇婴医院有限公司
地址：沈阳市大东区东北大马路136号
…………………………Tel：024-31353333

菲洛嘉（沈阳）医疗美容诊所有限公司
地址：辽宁省沈阳市和平区青年大街288号L6层L608号商铺
…………………………Tel：024-31379982

沈阳麦克奥迪病理诊断中心有限公司
地址：辽宁省沈阳市大东区清泉路69号
…………………………Tel：024-31391332

沈阳承基中医医院有限公司
地址：辽宁省沈阳市沈河区文化东路3号
…………………………Tel：024-31524858

沈阳金爱康国宾医院有限公司
地址：沈阳市大东区中学堂路15号（网点1）
…………………………Tel：024-31579999

沈阳兴齐眼科医院有限公司
地址：辽宁省沈阳市和平区三好街136号1、2门
…………………………Tel：024-31836872

本溪爱尔眼科医院有限公司
地址：辽宁省本溪市平山区广裕路85号33栋
…………………………Tel：024-42626555

辽宁上卓电子辐照有限公司
地址：本溪市溪湖区石桥子香槐路112-3A栋
…………………………Tel：024-45627998

抚顺爱尔眼科医院有限公司
地址：辽宁省抚顺市顺城区新城路西段12号楼
…………………………Tel：024-54306666

沈阳汇智医院有限公司
地址：辽宁省沈阳市和平区南京北街165甲1
…………………………Tel：024-62539755

沈阳和合医学检验所有限公司
地址：沈阳市浑南新区文汇街19号15栋一层、二层、302室
…………………………Tel：024-62643951

沈阳爱尔眼科医院有限公司
地址：辽宁省沈阳市大东区北海街222号、224号
…………………………Tel：024-67850000

铁岭美年大健康健康管理有限公司
地址：辽宁省铁岭市银州区柴河街光明路龙翔花园5号楼
…………………………Tel：024-76110688

沈阳迪安医学检验所有限公司
地址：辽宁省沈阳经济技术开发区中央南大街18-2号
…………………………Tel：024-81687788

辽宁中置盛京老年病医院有限公司
地址：沈阳市和平区胜利南街36号
…………………………Tel：024-81863518

沈阳铁西恩泽中医院有限公司
地址：沈阳市铁西区保工北街38-2号6门
…………………………Tel：024-83892155

辽宁杏林医美产业发展有限公司
地址：辽宁省本溪高新技术产业开发区产业开发区神农大街18号标准化厂房2#楼
…………………………Tel：024-85861901

辽宁智宇养老产业有限公司
地址：辽宁省沈阳市和平区三好街96号2209-2213房间
…………………………Tel：024-86012349

沈阳安娜宝士丽医疗美容医院有限公司
地址：辽宁省沈阳市皇姑区昆山中路10号甲
…………………………Tel：024-86211166

沈阳鑫健林居家养老服务有限公司
地址：沈阳市皇姑区秀水街67号（6门）
…………………………Tel：024-86721845

沈阳北汤养老服务有限公司
地址：沈阳市沈北新区杭州路189号
…………………………Tel：024-86808789

沈阳美德因妇儿医院股份有限公司
地址：沈阳市皇姑区泰山路15号
…………………………Tel：024-86904455

大连华庚医院有限公司
地址：辽宁省大连市甘井子区中华西路151号1层2号
…………………………Tel：0411-39249999

大连森智中医医院有限公司
地址：辽宁省大连市甘井子区汇信街54-1号、54-2号、54-3号、54-4号、52-2号、52-3号、54-5号（3层1号-3层9号、4层1号-4层9号、5层1号-5层9号、6层1号-6层9号）
…………………………Tel：0411-39640685

大连富生天然药物开发有限公司
地址：辽宁省大连经济技术开发区铁山中路5号
…………………………Tel：0411-39962677

大连云鼎伟业健康养老服务有限公司
地址：辽宁省大连市沙河口区永平北街89号5层2号
…………………………Tel：0411-62276900

大连全好医疗门诊服务有限公司
地址：辽宁省大连市甘井子区七贤路8-1号
…………………………Tel：0411-82559861

大连华正眼科医院有限公司
地址：辽宁省大连市沙河口区五一路40号
…………………………Tel：0411-84311157

大连何氏眼科医院有限公司
地址：辽宁省大连市沙河口区西南路586-1号
…………………………Tel：0411-84570588

大连沁辰血液透析中心有限公司

地址：辽宁省大连市沙河口区春光街11-1号
……Tel：0411-84975544

瓦房店市中心医院
地址：辽宁省瓦房店市前进街3号
……Tel：0411-85603809

瓦房店第三医院有限责任公司
地址：辽宁省大连市瓦房店市共济办事处北共济街三段36号
……Tel：0411-85621462

恒康北方（大连）护理医院有限责任公司
地址：辽宁省瓦房店市共济办事处北共济街三段36号
……Tel：0411-85621462

恒康北方（大连）康复医院有限责任公司
地址：辽宁省瓦房店市共济办事处北共济街三段36号17楼1703室
……Tel：0411-85621462

中健医院（大连）股份有限公司
地址：辽宁省大连市旅顺口区革新街38-3号2层
……Tel：0411-86398189

大连爱尔眼科医院有限公司
地址：辽宁省大连市甘井子区山东路208A号
……Tel：0411-86511817

辽宁中加诊所有限公司
地址：辽宁省大连保税区自贸大厦813室
……Tel：0411-88177333

大连九洲世纪医院有限公司
地址：辽宁省大连庄河市城关街道景泰委延安路南段588B号-1-19层
……Tel：0411-89835111

鞍山何氏眼科医院有限公司
地址：辽宁省鞍山市铁东区庐颐园
……Tel：0412-2573987

世针堂中医科技有限公司
地址：辽宁省鞍山市铁东区中华南路300号和300甲号
……Tel：0412-5061005

鞍山大健康医养服务有限公司
地址：辽宁省鞍山市铁东区鞍千路271号
……Tel：0412-5219790

鞍山金普医院有限责任公司
地址：辽宁省鞍山市立山区园林大道499-1号
……Tel：0412-5544120

鞍山钢铁集团医疗美容医院有限公司
地址：辽宁省鞍山市铁东区健身街
……Tel：0412-6706754

鞍山美年大健康管理有限公司
地址：辽宁省鞍山市铁西区千华悦城小区一至四层
……Tel：0412-6931111

鞍山高新医院有限公司
地址：辽宁省鞍山市高新区科技路26号
……Tel：0412-7169999

鞍山爱尔眼科医院有限公司
地址：辽宁省鞍山市铁东区新华街1-17
……Tel：0412-8216666

丹东爱尔眼科医院有限公司
地址：辽宁省丹东市振兴区江沿街1号
……Tel：0415-2146888

丹东福祉医院有限公司
地址：丹东市振兴区桃源街40号
……Tel：0415-2167921

丹东宗裕温泉养老有限公司
地址：辽宁省丹东市元宝区学院东街19-25号
……Tel：0415-2583395

辽宁凤凰医疗养老有限公司
地址：辽宁省丹东凤城市凤凰城区凤华街77号
……Tel：0415-8230852

锦州爱尔眼科医院有限公司
地址：辽宁省锦州市凌河区解放路七段37-1号
……Tel：0416-3237289

锦州家之园健康医疗养老服务有限公司
地址：辽宁省锦州市凌海市翠岩镇刘家村
……Tel：0416-7118466

凌海大凌河医院有限责任公司
地址：辽宁省锦州市凌海市凌海大街82号
……Tel：0416-8112346

辽宁大德血栓病医疗有限公司
地址：中国（辽宁）自由贸易试验区营口市渤海大街西93号111-202
……Tel：0417-3304998

华君医院（营口）有限公司
地址：辽宁（营口）沿海产业基地新联大街东1号
……Tel：0417-5515301

华君医院（盖州）有限公司
地址：辽宁省营口盖州市西城办事处长征社区金都大厦B-14号
……Tel：0417-5515301

营口普仁医院有限公司
地址：辽宁省营口市鲅鱼圈区熊岳镇（忆江南温泉疗养院-1-6层）一层
……Tel：0417-7026333

方大群众（营口）医院有限公司
地址：辽宁省营口市老边区新东路北17号
……Tel：0417-8183666

辽宁蓝色港湾大健康养老管理有限公司
地址：辽宁省辽阳市宏伟区南环街
……Tel：0419-4923335

喀左县仁爱医疗康复养老养护有限公司
地址：辽宁省朝阳市喀左县大城子街道五家子村
……Tel：0421-4822943

盘锦爱尔眼科医院有限公司
地址：辽宁省盘锦市双台子区晟华苑44#A号
……Tel：0427-2218222

盘锦福居养老服务有限公司
地址：辽宁省盘锦市大洼区大洼镇15号街151001-21：11层
……Tel：0427-6920005

葫芦岛爱尔眼科医院有限公司
地址：辽宁省葫芦岛市连山区红星路1号楼
……Tel：0429-2127777

葫芦岛宝石花医疗健康管理有限公司
地址：辽宁省葫芦岛市龙港区海滨路9号楼C、D、E室
……Tel：0429-2179971

葫芦岛市格万姆养老服务有限公司
地址：辽宁省葫芦岛市龙港区龙程街46号楼
……Tel：0429-3038009

葫芦岛市格万姆医疗有限公司
地址：辽宁省葫芦岛市龙港区龙程街46号楼
……Tel：0429-3038009

辽宁首山颐和养老有限公司
地址：辽宁省葫芦岛市兴城市四家乡郦家村新东路32号
……Tel：0429-3609229

吉林省

长春迪安医学检验所有限公司
地址：吉林省长春市朝阳区安达街508号旺座国际商务广场101室
……Tel：0431-81169779

吉林省中德医疗投资管理有限公司
地址：长春市宽城区贵阳街287号
……Tel：0431-81915699

长春盈康医院有限公司
地址：经济技术开发区东南湖大路2380号
……Tel：0431-81967120

吉林省仙山美城养生养老产业有限公司
地址：长春空港经济开发区
……Tel：0431-82729599

吉林省医大卡伦医院有限公司
地址：吉林省长春市九台市卡伦湖大街
……Tel：0431-84639588

吉林省白求恩重离子医院有限公司
地址：长春市高新开发区北湖科技开发区宝成路888号亚泰国际医药健康产业园
……Tel：0431-84971088

长春爱康国宾佳昌综合门诊有限公司
地址：长春市南关区亚泰大街6988号鸿城西城小区南湖大路小区B区14（二区）[幢]102号房
……Tel：0431-85200302

长春宽城区爱康国宾建设综合门诊有限公司
地址：吉林省长春市宽城区贵阳街287号建设大厦302-312室
……Tel：0431-85200302

吉林安瑞医疗护理有限责任公司
地址：长春市南关区东岭南街以西虹馆小区25幢4单元103号房
……Tel：0431-85345588

中建投健康疗养有限公司
地址：吉林省长春市南关区人民大街10606号
……Tel：0431-85399195

吉林省康健养老服务有限公司
地址：吉林省长春市朝阳区明德路4号兆丰国际写字楼710室
……Tel：0431-85575786

吉林百合口腔医院股份有限公司
地址：长春市南关区民康路1180号
……Tel：0431-88656666

长春爱尔眼科医院有限公司
地址：长春市南关区解放大路21号中粮大厦
……Tel：0431-88689120

吉林国金医院有限公司
地址：吉林省长春市朝阳区建设街1101号1楼105-107室
……Tel：0431-89213733

长春同仁眼科医院有限公司
地址：长春市南关区人民大街7988号
……Tel：0431-89998160

吉林市华正眼科医院有限公司
地址：吉林省吉林市船营区解放中路116号
……Tel：0432-62037289

吉林市大鼎爱医院有限公司
地址：吉林高新区吉林大街6号
……Tel：0432-62185555-7778

吉林市普仁中医院有限公司
地址：吉林省吉林市船营区金岸名苑A号楼
……Tel：0432-63295806

延吉爱尔汇锋眼科医院有限公司
地址：延吉市公园路2038号
……Tel：0433-2523933

四平市肿瘤医院有限公司
地址：四平市铁东区四马路街花木兰委
……Tel：0434-3125005

长春国文质子肿瘤医院有限公司
地址：长春市南关区人民大街7088号1601室
……Tel：0434-6952524

国文（长春）医院有限公司
地址：吉林省长春市南关区人民大街7088号
……Tel：0434-6952851

通化爱尔眼科医院有限公司
地址：吉林省通化市东昌区建设大街3676号
……Tel：0435-3300120

吉林省万生医疗股份有限公司
地址：吉林省柳河镇振兴大街88号
……Tel：0435-7250120

白城爱尔眼科医院有限公司
地址：白城市金辉北街11号
……Tel：0436-3583000

前郭尔罗斯蒙古族自治县医养社会福利中心有限公司
地址：前郭县经济开发区工业园区207幢1-5层1号
……Tel：0438-2110478

松原华正眼科医院有限公司
地址：吉林省松原市宁江区文化街中天公司10号楼3区
……Tel：0438-3065588

扶余市中医院有限公司
地址：扶余市南环路南育才街西侧
……Tel：0438-5061715

白山德馨医院有限公司
地址：吉林省白山市浑江区城南街道铁南新城鑫德综合办公楼6楼
……Tel：0439-3367666

白山弘济中医肛肠医院（普通合伙）
地址：白山市浑江区浑江大街850号（原电力商厦）
……Tel：0439-3520666

白山弘济医院有限公司
地址：白山市浑江区浑江大街850号（原电力商厦）
……Tel：0439-3520666

白山怡康养老服务有限责任公司
地址：吉林省白山市浑江区北安大街青松路357号
……Tel：0439-3535916

吉林佳康健康产业集团有限公司
地址：白山市浑江区北安大街宏泰花园4号楼附房102门市（江北开发区）
……Tel：0439-3535916

白山怡康医院有限责任公司
地址：白山市浑江区北安大街宏泰花园4号楼2-101门市（江北开发区）
……Tel：0439-3535916

白山泰康医疗养护服务有限公司
地址：吉林省白山市江源区学园街与文化路交汇金鼎盛世购物广场二期
……Tel：0439-3535916

白山昌泰养老产业集团有限公司
地址：白山市浑江区北安大街宏泰花园4号楼附房102门市（江北开发区）
……Tel：0439-3720081

抚松德阳医院管理有限公司
地址：抚松县抚松新城松抚大街33号抚松新城医院内
……Tel：0439-5017908

吉林省锶泉颐生实业有限责任公司
地址：吉林省白山市浑江区建设街66号
……Tel：0439-6700888

黑龙江省

黑龙江金域医学检验所有限公司
地址：哈尔滨高新技术产业开发区科技创新城创新创业广场企业加速器10号楼巨宝一路508号3单元1-4层
……Tel：0451-51058088

哈尔滨市乐活医养家园老年公寓有限公司
地址：哈尔滨市利民开发区北京路2号B栋办公楼
……Tel：0451-51703378

哈尔滨英华医院有限公司
地址：哈尔滨市双城区双城镇永治村
……Tel：0451-53166328

哈尔滨禄丹中西医结合医院有限公司
地址：哈尔滨市道外区南二十道街崇俭小区1层2号（13栋2-4层1号、14栋3层1号为其他经营场所）
……Tel：0451-53990777

哈尔滨顺迈医院有限公司
地址：哈尔滨市呼兰区利民经济技术开发区利民大道西侧
……Tel：0451-55539560

黑龙江焦视眼科医院股份有限公司
地址：哈尔滨市道里区上海街9-11号
……Tel：0451-55580059

哈尔滨市仙端康复医院有限公司
地址：哈尔滨市道里区群力大道与朗江路交汇处星光耀广场三期1栋1-2层S06号
……Tel：0451-55616662

哈尔滨嘉润医院有限公司
地址：哈尔滨市呼兰区南大街38号
……Tel：0451-56888966

哈尔滨市白渔泡老年医疗护理院有限公司
地址：哈尔滨市道外区巨源镇前进村
……Tel：0451-57681525

黑龙江天元妇产医院有限公司
地址：黑龙江省哈尔滨市松北区世茂大道508号18楼1号
……Tel：0451-58627281

黑龙江现代肛肠医院有限责任公司
地址：哈尔滨市南岗区西大直街120号
……Tel：0451-58815502

哈尔滨爱德智能养老服务股份有限公司
地址：哈尔滨市道里区西四道街6号
……Tel：0451-58909998

黑龙江仁萨医疗管理有限公司
地址：哈尔滨市道里区西八道街37号马迭尔大厦14层E2号
……Tel：0451-81900999

哈尔滨昊效科生殖医院有限公司
地址：哈尔滨市香坊区和平路26号黑龙江中医药大学人才博士楼22栋四单元六层一号
……Tel：0451-82119168

黑龙江惠好医院有限责任公司
地址：哈尔滨市道里区友谊路184-2号
……Tel：0451-82120120

黑龙江和平医院有限责任公司
地址：哈尔滨市南岗区宣化街457号
……Tel：0451-82823998

黑龙江珠江心脑血管医院有限公司
地址：哈尔滨市香坊区珠江路25号
……Tel：0451-82878888

黑龙江远东心脑血管医院有限公司
地址：哈尔滨市香坊区通乡街169号-1-7层
……Tel：0451-83277777

哈尔滨上仁健康体检中心有限公司
地址：哈尔滨高新技术产业开发区科技创新城创新创业广场20号楼（秀月街128号）B501室
……Tel：0451-84093688

哈尔滨高新医院股份有限公司
地址：哈尔滨市道里区机场路副212号
……Tel：0451-84104800

哈尔滨伊丽莎白健康体检有限公司
地址：哈尔滨市道里区经纬二道街58号新阳名苑5栋
……Tel：0451-84594559

黑龙江和合医学检验所有限公司
地址：哈尔滨高新技术产业开发区迎宾路集中区天平路22号对俄贸易产业园3号楼南单元3层、4层
……Tel：0451-86812123

哈尔滨欧兰仁美医院有限公司
地址：哈尔滨市南岗区文昌街71号3-4层
……Tel：0451-86883999

哈尔滨市友爱医院有限公司
地址：哈尔滨市道外区巨源镇
……Tel：0451-87093681

哈尔滨美联致美整形医院有限责任公司
地址：哈尔滨市道里区西十道街24号
……Tel：0451-87702323

齐齐哈尔一脉阳光医学影像诊断中心有限公司
地址：黑龙江省齐齐哈尔市龙沙区卜奎南大街700号
……Tel：0452-2549157

齐齐哈尔爱尔眼科医院有限公司
地址：黑龙江省齐齐哈尔市建华区中华路2号
……Tel：0452-2558829

齐齐哈尔久和医学检验有限公司
地址：黑龙江省齐齐哈尔市龙沙区国际五金建材城B04号楼00单元01层05号
……Tel：0452-6166290

佳木斯爱尔眼科医院有限公司
地址：佳木斯市前进区长安东路41号
……Tel：0454-5173333

佳木斯爱视眼科医院有限公司
地址：佳木斯市郊区光复西路678号
……Tel：0454-8708127

安达市济仁医院有限责任公司
地址：安达市南横七道街街口
……Tel：0455-7257899

绥化市怡安精神心理康复医院有限责任公司

地址：绥化经济开发区宝山路20号
……………………Tel：0455-8429999
牡丹江爱尔眼科医院有限公司
地址：黑龙江省牡丹江市爱民区东地明街27号
……………………Tel：0456-7789777
大庆万里云医学影像诊断有限责任公司
地址：黑龙江省大庆高新区科技路101号B栋公寓
……………………Tel：0459-6030120
七台河七煤医院有限公司
地址：黑龙江省七台河市桃山区桃东街大同路168号
……………………Tel：0464-8799069
鸡西鸡矿医院有限公司
地址：黑龙江省鸡西市鸡冠区和平大街198号
……………………Tel：0467-2350247
鸡西爱尔眼科医院有限公司
地址：鸡西市鸡冠区西郊乡东胜村（兴国东路168号）
……………………Tel：0467-6106222
鹤岗鹤矿医院有限公司
地址：黑龙江省鹤岗市向阳区红军街宝山路1号
……………………Tel：0468-3735369
鹤岗鹤康肿瘤医院有限公司
地址：黑龙江省鹤岗市工农区解放路西段110号
……………………Tel：0468-8945509
双鸭山双矿医院有限公司
地址：黑龙江省双鸭山市尖山区新兴大街200号；黑龙江省双鸭山市尖山区南市区13号地块南山路114号
……………………Tel：0469-4012572

江苏省

南京华银医学检验所有限公司
地址：南京市江宁区高新园龙眠大道568号南京生命科技创新园A区4号楼
……………………Tel：025-52105006
江苏岐祖堂中医有限公司
地址：南京市秦淮区中山南路360号同坤大厦
……………………Tel：025-52107700
南京江宁红楼梦中医门诊有限公司
地址：南京江宁经济技术开发区天元中路126号新城发展中心02幢601、602、605、606
……………………Tel：025-52161234
南京爱尔眼科医院有限公司
地址：南京市秦淮区仙鹤街100号
……………………Tel：025-52225170
南京明基医院有限公司
地址：南京市建邺区河西大街71号
……………………Tel：025-52238800
南京维多利亚美容医院有限公司
地址：南京市秦淮区虎踞南路100号1、2层
……………………Tel：025-52258888
南京美宜门诊部有限公司
地址：南京市江宁高新园区天元东路52号
……………………Tel：025-52320156
南京美楷门诊部有限公司
地址：南京市建邺区江东中路126号-101室
……………………Tel：025-52320156
江苏苏豪健康产业有限公司
地址：南京市汤山温泉旅游度假区规划展览中心
……………………Tel：025-52605809
南京溧水爱尔眼科医院有限公司
地址：南京市溧水区永阳镇中山西路29号
……………………Tel：025-56600777
南京南钢医院有限公司
地址：南京市六合区卸甲甸南钢四村（康乐路1号）
……………………Tel：025-57066703
南京南钢医疗投资有限公司
地址：南京市江北新区大厂街道卸甲甸南钢四村
……………………Tel：025-57066703
南京股骨髋骨科医院有限公司
地址：南京市鼓楼区建宁路65号
……………………Tel：025-58057566
南京康颐养老服务有限公司
地址：南京市浦口区永宁街道侯冲社区街南组819号
……………………Tel：025-58157190
南京大爱眼科医院有限公司
地址：南京市鼓楼区南通路99号
……………………Tel：025-58373585
南京市复瑞健养老服务有限公司
地址：南京市栖霞区西岗街道纬地路28号1幢101-111室、301室
……………………Tel：025-58829788
南京融康博医学检验实验室有限公司
地址：南京市江北新区浦东北路7号扬子健康科技产业园2号楼1层和2层
……………………Tel：025-58900910
南京牙科医院有限公司
地址：南京市鼓楼区江东北路91号
……………………Tel：025-66107777
领秀医疗美容有限公司
地址：南京市建邺区庐山路158号嘉业国际城4幢1503室
……………………Tel：025-66981277
南京中泰妇幼保健服务有限公司
地址：南京市鼓楼区管家桥9号华新大厦16楼A座
……………………Tel：025-68201743
南京中泰医疗护理服务有限公司
地址：南京市鼓楼区管家桥9号华新大厦16楼A座
……………………Tel：025-68201743
江苏君游老年产业股份有限公司
地址：南京市秦淮区太平南路305号江苏饭店商务大楼六层
……………………Tel：025-68277266
南京金域医学检验所有限公司
地址：南京市江北新区药谷大道11号加速器二期01栋
……………………Tel：025-68570888
南京浦口尽孝道护理院有限公司
地址：南京市浦口区珠泉西路17号
……………………Tel：025-69556199
江苏博亚健康产业管理有限公司
地址：南京市鼓楼区中山北路281号2309室
……………………Tel：025-81310738
南京中天皮肤病医院（普通合伙）
地址：南京市雨花台区卡子门大街8号
……………………Tel：025-82232278
南京美贝尔美容医院有限公司
地址：南京市鼓楼区石头城117号101、102、103室
……………………Tel：025-83200929
南京香格里拉医疗美容有限公司
地址：南京市鼓楼区中山北路45号27楼
……………………Tel：025-83308888
南京悦美美容医院有限公司
地址：南京市鼓楼区中山北路307-1号
……………………Tel：025-83370626
南京紫峰妇产医院有限公司
地址：南京市鼓楼区汉中路140号
……………………Tel：025-83453288
南京长江医院集团有限公司
地址：南京市鼓楼区钟阜路新门口18号
……………………Tel：025-83537960
南京佳和妇幼医院有限公司
地址：南京市鼓楼区南通路99号
……………………Tel：025-83556297
南京银城康养养老服务有限公司
地址：南京市鼓楼区江东北路289号2101室
……………………Tel：025-83628521
南京玄武口腔医院管理有限公司
地址：南京市玄武区板仓街100号
……………………Tel：025-83684901
南京江宁医宁中医医院有限公司
地址：南京市江宁经济技术开发区临淮街18号
……………………Tel：025-84800480
泰康仙林鼓楼医院有限公司
地址：南京市栖霞区仙林街道仙林大学城灵山北路188号
……………………Tel：025-85358120
南京瑞慈瑞星门诊部有限公司
地址：南京市秦淮区太平南路450号斯亚财富中心4楼401、402、403室，5楼501、502、503室
……………………Tel：025-85361211
江苏仁杰血液病医院有限公司
地址：南京市秦淮区中华路302号西华大厦203
……………………Tel：025-85419330
南京卓典医学影像诊断中心有限公司
地址：南京市玄武区苏园路6号1幢
……………………Tel：025-85589071
南京衍生雨花客厅中医门诊部有限公司
地址：南京市雨花台区软件大道109号一楼24、25号商铺
……………………Tel：025-85626056
南京夕阳红养老服务中心（有限合伙）
地址：南京市秦淮区中山东路532-1号
……………………Tel：025-85631710
江苏树仁妇幼健康管理有限公司
地址：南京市秦淮区太平南路305号江苏钟山宾馆集团商务大楼16楼至18楼
……………………Tel：025-85721777
南京逸养三生养老产业管理有限公司
地址：南京市玄武区北京东路31号
……………………Tel：025-85923439
南京艾迪康医学检验所有限公司
地址：南京市江宁区龙眠大道568号生命科技创新园北区11号楼（江宁高新园）
……………………Tel：025-86183688
南京梅山医院有限责任公司
地址：南京市雨花台区雄风路505号
……………………Tel：025-86364316
南京衍生双闸中医门诊部有限公司
地址：南京市建邺区邺城路19号B座1楼
……………………Tel：025-86526280
南京华世佳宝妇产医院有限公司
地址：南京市建邺区文体西路9号
……………………Tel：025-86577709
江苏星海荟医院管理有限公司
地址：南京市建邺区嘉陵江东街50号康缘智汇港3号楼与4号楼之间裙楼、3号楼主楼3层及4号楼主楼3层
……………………Tel：025-86601698
南京天京美奥口腔门诊有限公司
地址：南京市建邺区应天大街888号金鹰世界5层F524-2号
……………………Tel：025-86609883
南京宁益眼科中心有限公司
地址：鼓楼区中山路321号
……………………Tel：025-86635839
南京菲洛伽医疗美容诊所有限公司
地址：南京市玄武区中山路18号六层
……………………Tel：025-86777673
南京永龄医院有限公司
地址：南京市建邺区河西大街230号（台湾名品城内7馆2楼）
……………………Tel：025-86809181
中健医养健康集团股份有限公司
地址：南京市雨花台区西春路1号北楼8层807室
……………………Tel：025-86906990
江苏安汇健康养老产业有限公司
地址：南京市江宁经济技术开发区前庄路518号
……………………Tel：025-87158955
南京享悦医院有限公司
地址：南京市江宁区科学园营宁路58号
……………………Tel：025-87168339
无锡华清医院有限公司
地址：无锡市滨湖区华庄街道苏锡路50号
……………………Tel：0510-66619129
丽都整形美容医院股份有限公司
地址：无锡市中山路807、819、821号
……………………Tel：0510-66689999
无锡凯宜医院有限公司
地址：无锡市新吴区香山路3号
……………………Tel：0510-68338668
无锡弘轲医院有限公司
地址：无锡惠山经济开发区惠山大道1719-2号五层B区
……………………Tel：0510-68578981
江苏长寿椿健康产业股份有限公司
地址：宜兴市湖父镇张公村小路组
……………………Tel：0510-80709558
无锡国药康养服务有限公司
地址：无锡市滨湖区惠河路7号
……………………Tel：0510-81008999
无锡市汇德养老发展有限公司
地址：无锡市滨湖区绣溪路50号3号楼317-5室
……………………Tel：0510-82111256
无锡联合利康临床检验所有限公司
地址：无锡市滨湖区绣溪路59号恒华科技园12栋
……………………Tel：0510-82820391
无锡市金太阳养老产业发展有限公司
地址：无锡市惠山区前洲街道樱花路5号
……………………Tel：0510-83399939
无锡华厦眼耳鼻咽喉科医院有限公司
地址：无锡市梁溪区兴源路100号
……………………Tel：0510-85058999
无锡朗高养老集团股份有限公司
地址：无锡市滨湖区仙蠡路11号
……………………Tel：0510-85165700
无锡爱尔眼科医院有限公司
地址：无锡市滨湖区梁溪路11-1号
……………………Tel：0510-85533018
江阴德美嘉妇儿医院有限公司
地址：江阴市新华路285号
……………………Tel：0510-86270000
江阴澄西医院有限公司
地址：江阴市镇澄路2257号
……………………Tel：0510-86602211
江阴临港医院有限公司
地址：江阴市申港街道崇文路108号
……………………Tel：0510-86621258
江阴开泰医院有限公司
地址：江阴市砂山路81号
……………………Tel：0510-86665999
江阴市顾山护养院有限公司
地址：江阴市顾山镇新沈路东、府前街南
……………………Tel：0510-86781188
江苏国兴颐年养生康复有限公司
地址：宜兴环科园东河路18号
……………………Tel：0510-87068609
江苏康禄养老产业发展有限公司
地址：宜兴市宜城街道南园村百果园
……………………Tel：0510-87197008
无锡嘉仕恒信医院有限公司
地址：无锡市蠡溪路118号
……………………Tel：0510-88206666
无锡美奥口腔门诊部有限公司
地址：无锡市五爱路58-3，58-4号
……………………Tel：0510-89990999
扬中市恒康医院管理有限公司
地址：镇江市扬中市三茅街道翠竹南路401号鸣翠山庄36号楼3楼
……………………Tel：0511-80306601
镇江市爱康国宾门诊部有限公司
地址：镇江市长江路33号镇江广电大厦3层
……………………Tel：0511-80858729
丹阳市邵红良健康养老服务有限公司
地址：丹阳市丹北镇埤城村环城路100号
……………………Tel：0511-86342056
镇江东吴医院有限公司
地址：镇江市东吴路60号
……………………Tel：0511-88836111
苏州姑苏美奥口腔诊所有限公司
地址：苏州市三香路188号
……………………Tel：0512-33332888
昆山东方绿地医院有限公司
地址：花桥镇绿地大道709号
……………………Tel：0512-36608326
昆山爱尔眼耳鼻喉医院有限公司
地址：玉山镇跃进路22号
……………………Tel：0512-36883588
昆山慈铭健康体检中心有限公司
地址：昆山开发区青阳南路310号
……………………Tel：0512-50159999
常熟美迪柯医院有限公司
地址：常熟市虞山街道长江路618号
……………………Tel：0512-50918888
苏州市铼健康医疗护理服务有限公司
地址：常熟高新技术开发区湖山路333号1001
……………………Tel：0512-52265098
常熟市福虞健康养老有限公司
地址：常熟市环城东路55号
……………………Tel：0512-52341854
常熟颐年九如城护理院管理有限公司
地址：常熟市环城东路55号
……………………Tel：0512-52776308
常熟市银发护理院有限公司
地址：常熟市尚湖镇临湖路58号
……………………Tel：0512-52879900
常熟市民福产业发展有限公司
地址：常熟市珠江路172号
……………………Tel：0512-52884281
张家港澳洋医院有限公司
地址：杨舍镇金港大道279号
……………………Tel：0512-56999555
无锡澳洋康复医院有限公司
地址：无锡市梁东路55号
……………………Tel：0512-56999813
昆山宗仁卿纪念医院有限公司
地址：江苏省昆山开发区前进东路
……………………Tel：0512-57159999
昆山佳悦康复医院有限公司
地址：昆山市玉山镇江浦路689号
……………………Tel：0512-57169999
昆山金陵医院有限公司
地址：张浦镇振新东路946号楼1-13号房
……………………Tel：0512-57275666
昆山乐佳护理院有限公司
地址：江苏省昆山开发区陆家配套区
……………………Tel：0512-57671036
昆山城西牙博士口腔门诊部有限公司
地址：昆山市玉山镇前进西路1277号
……………………Tel：0512-57890590
昆山美奥口腔门诊部有限公司
地址：昆山市前进西路2号
……………………Tel：0512-57996666
张家港港城康复医院有限公司
地址：张家港市杨舍镇塘市镇中路澳洋国际大厦
……………………Tel：0512-58166963
无锡怡和康复医院有限公司
地址：无锡市周新路与南湖大道交叉口东南侧地块
……………………Tel：0512-58318179
苏州美奥口腔门诊部有限公司
地址：中国（江苏）自由贸易试验区苏州片区苏州工业园区苏州时代广场6幢
……………………Tel：0512-62538578
苏州九龙医院股份有限公司
地址：苏州工业园区万盛街118号
……………………Tel：0512-62629000
苏州禧华妇幼保健医院有限公司
地址：苏州工业园区万盛街118号
……………………Tel：0512-62629858
苏州永鼎医院有限公司
地址：吴江区松陵镇高新路1388号
……………………Tel：0512-63180001
苏州普康智慧养老产业科技有限公司
地址：苏州市吴江区七都镇吴越南路西侧
……………………Tel：0512-63853680
苏州沧浪医院有限公司
地址：苏州市吴中西路609号
……………………Tel：0512-65096528
苏州凯健友谊养老服务有限公司
地址：苏州市竹辉路349号
……………………Tel：0512-65166166
苏州理想眼科医院有限公司

地址：苏州市干将东路200号
······················· Tel：0512-65813678
苏州华康医院有限公司
地址：苏州市南环东路601号
······················· Tel：0512-65968085
苏州苏哈医院有限公司
地址：苏州高新区漓江路1号
······················· Tel：0512-66891666
苏州市安琪儿妇产医院有限公司
地址：苏州市吴中区东方大道1210-1号（双银1号金融城）
······················· Tel：0512-66982878
东吴养老产业发展有限公司
地址：苏州工业园区东环路1408号1幢606室
······················· Tel：0512-67503899
苏州御亭医院有限公司
地址：苏州市相城区望亭镇鹤溪路1号太阳路口
······················· Tel：0512-67566008
苏州口腔医院有限公司
地址：苏州市人民路1505号
······················· Tel：0512-67575215
苏州工业园区新宁诊所股份有限公司
地址：苏州工业园区星海街198号星海大厦2幢1楼
······················· Tel：0512-67671655
苏州蓝生脑科医院有限公司
地址：苏州市相城区元和街道阳澄湖东路1号第2幢楼
······················· Tel：0512-68109999
苏州蓝盾脑科医院有限公司
地址：苏州市相城区元和街道阳澄湖东路1号第8幢楼
······················· Tel：0512-68109999
苏州蓝十字脑科医院有限公司
地址：苏州市相城区元和街道阳澄湖东路1号第2幢楼、第7幢楼
······················· Tel：0512-68109999
苏州同济医院有限公司
地址：苏州市沧浪区南环西路36号
······················· Tel：0512-68111999
苏州喜之家母婴护理服务股份有限公司
地址：苏州市相城区元和街道生态农业示范园区园中路
······················· Tel：0512-69223766
苏州美贝尔美容医院有限公司
地址：苏州高新区狮山路75号102、202、203、302、303室
······················· Tel：0512-69996999
苏州明基医院有限公司
地址：江苏省苏州高新区竹园路181号
······················· Tel：0512-80838800
苏州星健康复医院有限公司
地址：苏州市姑苏区总官堂路1188号2幢1-6层
······················· Tel：0512-86867599
苏州新世纪儿童医院有限公司
地址：苏州工业园区钟南街92号
······················· Tel：0512-88186978
南通华城康复护理有限公司
地址：南通市人民西路59号1幢4层
······················· Tel：0513-55087996
南通泰思特医学检验所有限公司
地址：南通市崇川区医疗器械产业园6号区西楼
······················· Tel：0513-55888508
江苏华医大健康服务股份有限公司
地址：如皋市城北街道庆余路399号健乐楼公寓10-11F
······················· Tel：0513-68169311
海安城南医院有限公司
地址：南通市海安市海安镇镇南路529号5幢
······················· Tel：0513-69889616
南通阳光佰仁健康产业有限公司
地址：南通市崇川区工农南路185号6幢2002室
······················· Tel：0513-69969988
南通阳光佰仁护理院有限公司
地址：南通市崇川区新城桥街道启秀社区附属用房
······················· Tel：0513-69969999
如皋妇产医院有限公司
地址：如皋市如城街道解放西路59号1幢
······················· Tel：0513-80690098
海安美年健康管理有限公司
地址：海安市城东镇黄河东路18号
······················· Tel：0513-8115958
南通泽然养老服务有限公司
地址：江苏省如东县马塘镇马北村六组
······················· Tel：0513-84546059
南通市阳光养老产业集团有限公司
地址：南通市崇川区工农南路185号
······················· Tel：0513-85250099
南通瑞慈医院有限公司
地址：开发区星湖大道2000号
······················· Tel：0513-85969880
深圳精诚医疗集团如皋医院有限公司
地址：如皋市如城街道福寿西路2号综合楼一层
······················· Tel：0513-87287988
南通瑞慈瑞兴健康体检中心有限公司
地址：南通市港闸区永和路588号绿洲国际商务城B幢201室及3层
······················· Tel：0513-89052103
南通衡惠华慈健康管理有限公司
地址：南通市崇川区青年中路69号裕丰大厦A单元东室
······················· Tel：0513-89060656
南通摩尔口腔医院有限公司
地址：南通市崇川区工农南路156号鑫乾国际广场0401室
······················· Tel：0513-89089954
南通爱尔眼科医院有限公司
地址：南通市崇川区工农路555号
······················· Tel：0513-89120000
南通市阳光澳洋护理院有限公司
地址：南通市崇川区青年西路39号
······················· Tel：0513-89129999
江苏暖田医院有限公司
地址：扬州市邗江区秋雨路11号-32-35轴
······················· Tel：0514-87995573
盐城悦达瑞康医院有限公司
地址：盐城市盐南高新区文港中路55号第四幢第一层（CNH）
······················· Tel：0515-80505999
江苏复兴医院有限公司
地址：盐城市盐都区盐都区张庄街道办事处仓头村六组（G）
······················· Tel：0515-80991699
江苏明卓养老产业发展有限公司
地址：江苏滨海经济开发区工业园沙庄社区新安大道南侧
······················· Tel：0515-84082799
江苏康生医疗股份有限公司
地址：江苏省响水开发区响陈路99号
······················· Tel：0515-86688822
阜宁拜博口腔医院有限公司
地址：阜宁县阜城崔湾村六、八组（哈尔滨518号）第一层、第二层、第三层、第四层（C）
······················· Tel：0515-87648888
盐城千鹤湾老年医院有限公司
地址：盐城市亭湖区盐东镇盐新路1号（19）
······················· Tel：0515-89089088
徐州复兴眼科医院有限公司
地址：徐州市云龙区复兴南路388号
······················· Tel：0516-66662102
江苏安妮儿医院管理有限公司
地址：徐州市泉山区蓝湾商务广场南区2号楼
······················· Tel：0516-67010665
徐州安妮儿妇产医院有限公司
地址：徐州市泉山区蓝湾商务广场南区2号楼
······················· Tel：0516-67010665
邳州市东大医院有限公司
地址：邳州市新城区建设北路与海河东路交汇处
······················· Tel：0516-67681115
徐州金源康复医院有限公司
地址：徐州市泉山区矿山路22号155栋
······················· Tel：0516-69685588
徐州爱康卓悦体检门诊部有限公司
地址：徐州市泉山区西安北路2号瑞银中心1号楼4-5层
······················· Tel：0516-80125555
徐州强华医院有限公司
地址：徐州市云龙区兵马俑路30号世茂广场商务酒店1单元101号
······················· Tel：0516-82528880
徐州医心斋中西医结合医院有限公司
地址：徐州经济技术开发区君庭湖畔商业4号楼1单元101、102、103、201、202室
······················· Tel：0516-83057978
徐州九龙妇产医院有限公司
地址：徐州市鼓楼区黄河东岸39号
······················· Tel：0516-83572028
徐州瑞晶医学美容门诊部
地址：徐州市云龙区绿地商务城（B7-2地块）LOFTC号楼1-101、106
······················· Tel：0516-83711588
徐州医大悦心口腔医院有限责任公司
地址：徐州市云龙区尚仕名邸（D地块）D2、D3、D5商业裙房号楼3-101
······················· Tel：0516 83773838
徐州京城皮肤病医院有限公司
地址：徐州市铜山路246号电信分局
······················· Tel：0516-83838866
江苏东博养老产业发展有限公司
地址：徐州市邳州市运河镇香港东路南侧、东泰路东侧
······················· Tel：0516-86221229
徐州市肿瘤医院有限公司
地址：徐州市鼓楼区环城路131号急诊楼三楼西侧办公室
······················· Tel：0516-87537117
徐州美奥口腔门诊部有限公司
地址：徐州市鼓楼区牌楼市场2#楼1-3层
······················· Tel：0516-87788699
丰县润城养老服务有限公司
地址：徐州市丰县健康路4002
······················· Tel：0516-89237318
盱眙恒山中医医院有限公司
地址：淮安市盱眙县盱城五墩西路20号
······················· Tel：0517-80972266
淮安慈铭华康门诊部有限公司
地址：淮安经济技术开发区迎宾大道19号正中尚品小区21号商业楼
······················· Tel：0517-83333999
淮安市英东健康管理有限公司
地址：淮安市淮安区平桥镇工商路244号
······················· Tel：0517-85804957
淮安曙光医院有限公司
地址：淮安市淮安区长安路1号
······················· Tel：0517-85999666
淮安候鸟湾养老服务有限公司
地址：淮安市洪泽区老子山镇艳阳度假老子山国际养生中心8幢101室
······················· Tel：0517-87319555
淮安爱尔医院有限公司
地址：淮安市淮阴区北京北路536号
······················· Tel：0517-89719998
连云港裕隆健康体检门诊部有限公司
地址：连云港市海州区海州开发区朐凤路3号
······················· Tel：0518-80201698
连云港海州湾健康产业发展有限公司
地址：中国（江苏）自由贸易试验区连云港片区连云区墟沟镇海滨大道2号阳光国际中心D08室
······················· Tel：0518-82308750
连云港爱尔眼科医院有限公司
地址：连云港市海州区学院路55号凤舞铭居2#商业楼
······················· Tel：0518-82882222
常州武进爱康国宾常武门诊部有限公司
地址：武进国家高新技术产业开发区天禄商务广场A栋301
······················· Tel：0519-69695592
常州金林骨科医院有限公司
地址：常州市钟楼经济开发区合欢路61号
······················· Tel：0519-69897577
常州市星空医疗美容门诊有限公司
地址：常州西太湖科技产业园揽月路666-1号
······················· Tel：0519-81283653
常州金东方护理院有限公司
地址：常州市武进区湖滨南路99号-88幢
······················· Tel：0519-81662981
常州北极星口腔医院有限公司
地址：常州市新北区通江路268号B座101室
······················· Tel：0519-83028701
中乐健康养老产业发展股份有限公司
地址：常州市天宁区富邦商业广场1幢乙单元1701室、1702室
······················· Tel：0519-83331686
常州阳光康复医院有限公司
地址：常州市新北区龙城大道1398号
······················· Tel：0519-85181119
常州九悦医院有限公司
地址：常州市新北区珠江路120号
······················· Tel：0519-85191999
常州鼎武中西医结合医院有限公司
地址：常州市武进区湖塘镇花园街159号新天地不夜城
······················· Tel：0519-85253330
常州华森康复医院有限公司
地址：常州市武进区湖塘镇鸣中街26号
······················· Tel：0519-85516299
常州晋陵医疗门诊部有限公司
地址：常州市新北区晋陵北路1号
······················· Tel：0519-85583556
常州爱尔眼科医院有限公司
地址：常州市天宁区飞龙东路28号
······················· Tel：0519-86026900
常州美年大健康门诊部有限公司
地址：常州市钟楼区怀德中路82号
······················· Tel：0519-86867086
溧阳国宾医疗门诊部有限公司
地址：溧阳市昆仑街道泓口路218号C幢210室（江苏中关村科技产业园内）
······················· Tel：0519-87296996
江苏国宾医疗中心有限公司
地址：溧阳市昆仑街道泓口路218号C幢210室（江苏中关村科技产业园内）
······················· Tel：0519-87296996
江苏福恬康复医院有限公司
地址：溧阳市戴埠镇东大街8号6幢
······················· Tel：0519-87916603
常州明州康复医院有限公司
地址：常州市武进区湖塘镇青洋南路105号
······················· Tel：0519-88231999
常州市江南春养老服务有限公司
地址：常州市天宁区迎宾路39号1号楼
······················· Tel：0519-88261617
贰万伍健康产业发展有限公司
地址：常州市钟楼区清潭商业中心1-101号
······················· Tel：0519-88883008
常州美斯奥口腔门诊部有限公司
地址：江苏省常州市钟楼区嘉宏盛世商务广场10-101号（1F-19-2）、10-401号（4F-1-2、4F-2/3）、10-501号（5F-1/2）
······················· Tel：0519-88911818
泰州安琪妇产医院有限公司
地址：泰州市海陵区泰顺路168号
······················· Tel：0523-80509111
兴化市爱尔眼科医院有限公司
地址：兴化市英武南路嘉鸿4号地块3号楼
······················· Tel：0523-80530516
泰州美好医院有限公司
地址：泰州市海陵区美好易居城领域20幢
······················· Tel：0523-81555901
泰州姜堰博爱医院
地址：泰州市姜堰区罗塘街道三水大道550号
······················· Tel：0523-82577120
泰州爱尔眼科医院有限公司
地址：泰州市海陵区济川东路98号（东侧1-7层）
······················· Tel：0523-86505080
泰州市妇女儿童医院有限公司
地址：泰州市东风南路568号
······················· Tel：0523-86859999
泰州妇产医院有限公司
地址：泰州市海陵区东风南路568号
······················· Tel：0523-86859999
泰州爱康国宾门诊部有限公司
地址：泰州市海陵区青年南路480号201室
······················· Tel：0523-86862106
泰州明州康复医院有限公司
地址：泰州市海陵区兴泰南路99号6幢、8幢、9幢、10幢
······················· Tel：0523-89891818
泗阳县中医院有限公司
地址：泗阳县众兴镇解放北路15号
······················· Tel：0527-80832445
宿迁市钟吾医院有限责任公司
地址：宿迁经济开发区厦门路86号
······················· Tel：0527-80978666
宿迁市新星康复体检有限公司
地址：宿迁市宿城区洞庭湖路99号
······················· Tel：0527-81261777
宿迁市洋河人民医院有限公司
地址：宿迁市洋河新区洋河镇梦都大道6号
······················· Tel：0527-82166201
宿迁湖滨盘古基因股份有限公司
地址：宿迁市湖滨新区玉兰路9号
······················· Tel：0527-84837919
沭阳县第二人民医院有限公司
地址：沭阳县南湖街道新城路与智慧路交汇处
······················· Tel：0527-8788111
泗洪县佳宝妇产医院有限公司
地址：泗洪县开发大道17号
······················· Tel：0527-88359999

浙江省

江山康利眼科医院有限公司
地址：浙江省衢州市江山市双塔街道鹿溪北路216幢第一层、第二层
······················· Tel：0570-4370888
江山邦尔骨科医院有限公司
地址：浙江省衢州市江山市虎山街道虎山路399号
······················· Tel：0570-4998010
开化爱视眼科医院有限公司
地址：浙江省衢州市开化县芹阳办事处芹北路32号
······················· Tel：0570-6528802
衢州迪安医学检验实验室有限公司
地址：衢州市柯城区白云中大道39号中央商务广场3幢3-8、3-9号
······················· Tel：0570-8018781
衢州市宜视眼科医院有限公司
地址：浙江省衢州市西安路156号
······················· Tel：0570-8033000
衢州怡宁医院有限公司
地址：浙江省衢州市柯城区双港街道皂角村555号
······················· Tel：0570-8250862
衢州口腔医院有限公司
地址：浙江省衢州市白云中大道39号中央商务广场3幢3-3号
······················· Tel：0570-8286336
衢州物产凤凰医院有限公司
地址：浙江省衢州市东港三路58号
······················· Tel：0570-8739787
衢州康复医院有限公司
地址：衢州市世纪大道672号1楼
······················· Tel：0570-8756386
衢州爱尔眼科医院有限公司
地址：浙江省衢州市柯城区白云中大道39号中央商务广场3幢3-11号

…………Tel：0570-8899120

杭州口腔医院集团萧山口腔医院有限公司
地址：浙江省杭州市萧山区城厢街道横河社区市心中路1号
…………Tel：0571-22665717

杭州萧山宏福医院有限公司
地址：浙江省杭州市萧山区衙前镇新林周村
…………Tel：0571-22816896

杭州富阳城中中西医结合医院有限公司
地址：浙江省杭州市富阳区富春街道巨利村585号
…………Tel：0571-23236773

杭州乐天派英智康复医院有限公司
地址：杭州市滨江区长河街道滨文路200号2幢
…………Tel：0571-26201100

杭州美新医疗门诊部有限公司
地址：浙江省杭州市江干区城星路59号102室2-3层、301室
…………Tel：0571-28033116

杭州康馨康复医院有限公司
地址：浙江省杭州市下城区华中路2-38号
…………Tel：0571-28037660

杭州美贸医疗门诊部有限公司
地址：浙江省杭州市西湖区灵隐街道曙光路122号世贸中心一期展厅3-4F
…………Tel：0571-28201955

杭州文仲中医医院有限公司
地址：浙江省杭州市下城区临丁路2177号佳美大厦一楼部分及二楼、三楼、四楼整层
…………Tel：0571-28259090

杭州新华卓越门诊部有限公司
地址：杭州市上城区婺江路319号5-7层
…………Tel：0571-28290877

杭州庆春口腔门诊部有限公司
地址：浙江省杭州市上城区庆春路221号2-6层
…………Tel：0571-28313846

杭州迪安健检医疗门诊部有限公司
地址：浙江省杭州市西湖区三墩镇城北商贸园33幢
…………Tel：0571-56095891

杭州华实医院有限公司
地址：浙江省杭州市上城区西湖大道37号201室
…………Tel：0571-56137131

杭州萧山微医门诊部有限公司
地址：萧山区北干街道华瑞汇金中心301、302、303、304、305、306、307室
…………Tel：0571-56171057

浙江九洲邻家医疗投资管理有限公司
地址：浙江省杭州经济技术开发区七格路459号4楼407室
…………Tel：0571-56210535

杭州韩诺医疗门诊部有限公司
地址：浙江省杭州市江干区财富金融中心2幢2901、2902、2903、2904、2905、2906、2907、2908室
…………Tel：0571-56662698

义乌市绿康天佑康复护理院有限公司
地址：浙江省义乌市苏溪镇蒋宅中街185号（自主申报）
…………Tel：0571-56664956

杭州亮贝美口腔医院有限公司
地址：浙江省杭州市江干区浙商国际中心1幢301-318室
…………Tel：0571-56700800

树兰（杭州）医院有限公司
地址：浙江省杭州市下城区东新路848号、836号（临）
…………Tel：0571-56757030

杭州珈禾医疗美容医院有限公司
地址：浙江省杭州市下城区中山北路638号202室
…………Tel：0571-56766661

桐庐桐诚医院有限公司
地址：浙江省杭州市桐庐县桐庐经济开发区白云源东路321号
…………Tel：0571-56986118

杭州华厦眼科医院有限公司
地址：浙江省杭州市西湖区三墩镇古墩路671号1-3层
…………Tel：0571-58119782

杭州富阳颐乐医院有限公司
地址：浙江省杭州市富阳区富春街道桂花西路63号
…………Tel：0571-63226777

淳安千岛湖德美医院有限公司
地址：浙江省杭州市淳安县千岛湖镇阳光路819号
…………Tel：0571-65120740

宁波明峰医学影像诊断有限公司
地址：浙江省宁波市江北区人民北路1679号（创富商业中心D号楼）
…………Tel：0571-81060166

杭州萧山国投瑞康医学影像诊断中心有限公司
地址：浙江省杭州市萧山区蜀山街道紫荆老年养生公寓33号楼1-2层
…………Tel：0571-82316068

杭州国雅口腔医院有限公司
地址：浙江省杭州市萧山区城厢街道文化路291号3至5层
…………Tel：0571-82639999

杭州明州医院有限公司
地址：浙江省杭州市萧山区宁围街道市心北路590、592号
…………Tel：0571-83817699

杭州澳医博护理院有限公司
地址：浙江省杭州市下城区衣锦路388号1幢209室
…………Tel：0571-85081587

杭州整形医院有限公司
地址：杭州市下城区上塘路168号
…………Tel：0571-85331622

杭州和康康复医院有限公司
地址：浙江省杭州市拱墅区沈半路476号一、二、三、四、五、六层
…………Tel：0571-85351050

杭州爱德医院有限公司
地址：浙江省杭州市下城区东新路509号
…………Tel：0571-85351399

浙江凯银养老服务有限公司
地址：浙江省杭州市萧山区蜀山街道严家埭社区
…………Tel：0571-85831099

杭州郡康怡德医院有限公司
地址：浙江省杭州市拱墅区学院北路22-32号（双号）一、二层、隐秀路209、211、213、219、221号一、二层
…………Tel：0571-86069327

杭州全景医学影像诊断有限公司
地址：上城区江城路893号
…………Tel：0571-86088989

杭州余杭儿童医院有限公司
地址：浙江省杭州市余杭区钱江经济开发区顺达路539号1幢、2幢、3幢
…………Tel：0571-86287888

杭州任远博康医院有限责任公司
地址：浙江省杭州市余杭区塘栖镇重阳路57号1幢
…………Tel：0571-86320568

杭州永春堂中医门诊部有限公司
地址：浙江省杭州市下城区上塘路188号（临）、188-2号（临）
…………Tel：0571-86459142

杭州恒钥医疗美容门诊部有限公司
地址：浙江省杭州市滨江区西兴街道滨安路12号101室
…………Tel：0571-86922057

杭州瑞慈医疗门诊部有限公司
地址：浙江省杭州市下城区凤起路438号401室
…………Tel：0571-87086575

江苏存济网络医院有限公司
地址：南京市秦淮区玉带园62号
…………Tel：0571-87283599

杭州艾迪康医学检验中心有限公司
地址：浙江省杭州市西湖区三墩镇振中路208号2幢北楼1至5层、2幢南楼1至3层
…………Tel：0571-87359350

浙江明州康复医院有限公司
地址：浙江省杭州市下城区永华街117号3幢1楼
…………Tel：0571-87699328

杭州薇琳医疗美容医院有限公司
地址：浙江省杭州市上城区清泰街2号
…………Tel：0571-87819589

杭州明安医院有限公司
地址：上城区中山中路249号、266号
…………Tel：0571-87851070

杭州金色年华医院有限公司
地址：浙江省杭州市西湖区转塘街道金家岭188号8幢1层、2层、3层东侧
…………Tel：0571-87958691

杭州三江阳光康复医院有限公司
地址：浙江省杭州市下城区兴业街3号1-2幢
…………Tel：0571-87988801

杭州萧山御健医院有限公司
地址：浙江省杭州市萧山区闻堰街道三江汇中心10幢
…………Tel：0571-87988801

杭州美墅综合门诊部有限公司
地址：浙江省杭州市拱墅区莫干山路949号佳源银座501-516室
…………Tel：0571-88041088

杭州文晖美奥口腔医院有限公司
地址：浙江省杭州市下城区文晖路60号3幢、4幢、6幢、7幢、8幢
…………Tel：0571-88105555

杭州城星美奥口腔门诊部有限公司
地址：浙江省杭州市江干区城星路89号尊宝大厦201-1室
…………Tel：0571-88108848

杭州爱琴海医疗美容门诊部有限公司
地址：杭州市江干区富春路887号
…………Tel：0571-88115906

杭州怡康护理院有限公司
地址：浙江省杭州市下城区石祥路59号41号楼
…………Tel：0571-88133053

杭州芯美昕医疗美容门诊部有限公司
地址：浙江省杭州市滨江区西兴街道江陵路336号鑫都汇大厦1幢1105室
…………Tel：0571-88183333

杭州迪安医学检验中心有限公司
地址：浙江省杭州市西湖区三墩镇金蓬街329号1号楼
…………Tel：0571-88235020

杭州美莱医疗美容医院有限公司
地址：浙江省杭州市西湖区莫干山路333号
…………Tel：0571-88268888

杭州怡宁医院有限公司
地址：杭州市余杭区五常街道辅助南路38号1幢
…………Tel：0571-88661130

杭州莘佳瓒美医疗美容门诊部有限公司
地址：上城区长生路60号、湖滨路46号292室
…………Tel：0571-88888838

杭州宾康医院有限公司
地址：浙江省杭州市滨江区浦沿街道东冠路279号二、三、四、五层
…………Tel：0571-88898667

杭州太学眼科门诊部有限公司
地址：浙江省杭州市江干区景昙路9号西子国际中心A座1002、1003、1004、1005
…………Tel：0571-88899280

杭州余杭坚信康悦老年病医院有限公司
地址：浙江省杭州市余杭区南苑街道广和街51号
…………Tel：0571-89176668

杭州华方医院有限公司
地址：浙江省杭州市余杭区五常街道联胜路10号1幢
…………Tel：0571-89305708

杭州余杭邦尔医院有限公司
地址：杭州余杭经济开发区新天路81号
…………Tel：0571-89889956

杭州菁华妇儿医院有限公司
地址：浙江省杭州市西湖区天目山路182号A座
…………Tel：0571-89939229

泰康之家（杭州）养老服务有限公司
地址：浙江省杭州市西湖区转塘街道美院南街99号6098室
…………Tel：0571-89990302

湖州浙北迪安医学检验所有限公司
地址：浙江省湖州市吴兴区区府路1188号总部自由港H幢7楼
…………Tel：0572-2060276

湖州东城医院有限公司
地址：浙江省湖州市吴兴区湖东街道章家埭路180号
…………Tel：0572-2116052

湖州滨湖医学影像诊断中心有限公司
地址：浙江省湖州市仁皇山路501号901室-2
…………Tel：0572-2121989

湖州滨湖健康体检中心有限公司
地址：浙江省湖州市望湖大道2558号-1
…………Tel：0572-2121989

湖州美年健康综合门诊部有限公司
地址：浙江省湖州市长兴路258号湖报二期南辅楼1层至3层
…………Tel：0572-2125635

浙江鑫达医院有限公司
地址：浙江省湖州市太湖路3558号
…………Tel：0572-2200968

湖州美亚健康体检中心有限公司
地址：浙江省湖州市华悦商业广场7幢二环西路1556-1574号(双号)
…………Tel：0572-2208999

湖州爱山健康体检中心有限公司
地址：浙江省湖州市吴兴区爱山广场5号楼5楼
…………Tel：0572-2272899

浙江山屿海幸福城养老服务有限公司
地址：浙江省湖州市浮霞路568号
…………Tel：0572-2298085

湖州爱尔眼科医院有限公司
地址：湖州市吴兴区环城西路199号
…………Tel：0572-2299868

湖州浙北明州医院有限公司
地址：浙江省湖州市吴兴区公园路255号（老三院院区）
…………Tel：0572-2737688

银川山屿海互联网医院有限公司
地址：宁夏银川市滨河新区中兴智慧银川大数据中心三楼B区
…………Tel：0572-2779800

湖州邦尔骨科医院有限公司
地址：湖州市湖东路1877号1幢
…………Tel：0572-2921526

湖州澳洋康复医院有限公司
地址：浙江省湖州市吴兴区环渚工业园区福莱福路1号8幢1001室
…………Tel：0572-2922700

安吉第二医院有限公司
地址：浙江省湖州市安吉县梅溪镇晓墅新区(安吉县人民医院房屋)
…………Tel：0572-5099909

安吉医院有限公司
地址：浙江省湖州市安吉县孝丰镇营源路388-8号
…………Tel：0572-5518283

浙江安吉健恒糖尿病医院有限公司
地址：浙江省安吉经济开发区范潭顶森路588号
…………Tel：0572-5685678

长兴国泰康复医院有限公司
地址：浙江省湖州市长兴县雉城街道图影大道318号
…………Tel：0572-6223933

长兴爱尔眼科医院有限公司
地址：浙江省湖州市长兴县雉城街道明珠路758号
…………Tel：0572-6757110

嘉兴邦尔骨科医院有限公司
地址：嘉兴市朝晖路33号2幢、3幢
…………Tel：0573-82070054

嘉兴口腔医院有限公司
地址：浙江省嘉兴市秀洲区新城街道东升西路1566号
…………Tel：0573-82281979

嘉兴市曙光美容医院有限公司
地址：浙江省嘉兴市南湖区嘉兴世界贸易中心2幢一至四层
…………Tel：0573-82535510

嘉兴老年医疗中心有限公司
地址：浙江省嘉兴市南湖区由拳路1295号
…………Tel：0573-82583322

嘉兴悦程妇产医院有限公司
地址：浙江省嘉兴市南湖区庆丰路1407号
…………Tel：0573-82793562

浙江新安国际医院有限公司
地址：浙江省嘉兴市秀洲新区二期
…………Tel：0573-82794627

嘉兴梅花洲中医康复医院股份有限公司
地址：浙江省嘉兴市南湖区凤桥镇三星路10号3幢-1
…………Tel：0573-83199727

嘉兴爱尔眼科医院有限公司
地址：嘉兴市秀洲区昌盛中路252号
…………Tel：0573-83388777

嘉兴明瑷眼科医院有限公司
地址：浙江省嘉兴市南湖区大桥镇嘉兴总部商务花园5号楼101室16号、201室1号、301室1号、401室1号
…………Tel：0573-83996666

嘉善姚庄医院有限公司
地址：浙江省嘉兴市嘉善县姚庄镇兴学路389号
…………Tel：0573-84457704

海盐邦尔医院有限公司
地址：海盐县武原街道城东路1322号
…………Tel：0573-86586580

海宁美年健康体检中心有限公司
地址：浙江省嘉兴市海宁市海洲街道海宁大道338号白领氏大厦301、302、303室
…………Tel：0573-87696604

桐乡九悦医院有限公司
地址：浙江省嘉兴市桐乡市梧桐街道复兴南路91号
…………Tel：0573-88952149

浙江嘉科智慧养老服务有限公司
地址：浙江省嘉兴市南湖区洪波路310号
…………Tel：0573-89995055

宁波百佳妇产医院有限公司
地址：浙江省宁波市海曙区丽园南路501号附属楼
…………Tel：0574-27673333

宁波老年康复医院有限公司
地址：浙江省宁波市江北区洪盛路2号
…………Tel：0574-55012284

宁波广济眼科医院有限公司
地址：浙江省宁波市海曙区壹都文化广场59号2-5层
…………Tel：0574-55332238

宁波云医院有限公司
地址：浙江省宁波市鄞州区中山东路1999号1幢（3-1）（4-1）
…………Tel：0574-55666129

宁波鄞州眼科医院有限公司
地址：宁波市鄞州区甬兴西路88号
…………Tel：0574-55849372

宁波鄞州四季康来中医门诊有限公司
地址：浙江省宁波市鄞州区东吴镇北村
…………Tel：0574-56182712

宁海县同瑞医院有限公司
地址：浙江省宁波市宁海县跃龙街道外环西路38-1号
…………Tel：0574-59971826

慈溪第五医院有限公司
地址：浙江省慈溪市浒山街道南二环西路26-28号
…………Tel：0574-63403079

慈溪协和医院有限公司
地址：浙江省慈溪市宗汉街道明州西路299号

…………………… Tel：0574-63927091
慈林医院有限公司
地址：中国浙江省慈溪市观海卫镇世纪大道599号
…………………… Tel：0574-63995890
宁海眼科医院有限公司
地址：浙江省宁海县桃源街道兴工二路7号（自主申报工改商）
…………………… Tel：0574-65063698
宁波爱尔光明眼科医院有限公司
地址：浙江省宁波市江北区环城北路西段8号
…………………… Tel：0574-81666106
宁波市鄞州易和综合门诊部有限公司
地址：宁波市鄞州区麦德龙路68号传奇广场四楼
…………………… Tel：0574-83003333
宁波镇海第二医院
地址：浙江省宁波市镇海区蛟川街道俞范东路811号
…………………… Tel：0574-86433195
宁波海曙太学眼科门诊部有限公司
地址：浙江省宁波市海曙区县学街91号
…………………… Tel：0574-87305827
宁波海曙美莱医疗美容专科门诊有限公司
地址：浙江省宁波市海曙区灵桥路713号
…………… Tel：0574-87310880-8608
宁波江北彰基健康体检中心有限公司
地址：浙江省宁波市江北区使君街9号6-1、6-2、6-3、7-1
…………………… Tel：0574-87332002
宁波瑞合康复医院有限公司
地址：宁波市江北区宁慈东路518号2幢
…………………… Tel：0574-87629345
宁波江北康养医院有限公司
地址：宁波市江北区甬江街道东昌路737号3幢
…………………… Tel：0574-87679998
宁波鄞州华茂医院有限公司
地址：浙江省宁波市鄞州区桑田路666号、百丈东路909弄152号1F
…………………… Tel：0574-87768603
宁波华茂医学影像诊断有限公司
地址：浙江省宁波市鄞州区百丈东路909弄158号3F、桑田路656号2F
…………………… Tel：0574-87869109
宁波鄞州浙东骨科医院有限公司
地址：浙江省宁波市鄞州区中河街道四明东路628号
…………………… Tel：0574-88013803
宁波口腔医院集团城南口腔医院有限公司
地址：宁波市鄞州区贸城中路225、227、229号
…………………… Tel：0574-88037135
宁波美康盛德医学检验所有限公司
地址：宁波市鄞州区启明南路269号
…………………… Tel：0574-88367999
宁波鄞州固生堂钟益寿堂中医门诊部有限公司
地址：宁波市鄞州区民安路102-120号(1-1)(1-2)(1-3)(1-4)(1-5)
…………………… Tel：0574-89119300
嵊州城南骨科医院有限公司
地址：浙江省嵊州市三江街道四海路1306号
…………………… Tel：0575-83037120
绍兴梦享门诊部有限公司
地址：浙江省绍兴市越城区梦享城11幢四层一九层
…………………… Tel：0575-85153728
绍兴梦享医学影像诊断有限公司
地址：浙江省绍兴市越城区梦享城11幢3层
…………………… Tel：0575-85333815
绍兴美兆门诊医疗有限公司
地址：浙江省绍兴市越城区蓝海大厦第1幢1单元401号房
…………………… Tel：0575-85352503
浙江长泰医院有限公司
地址：浙江省诸暨市浣东街道东祥路19号富润屋13楼
…………………… Tel：0575-87107027
绍兴越城口腔医院有限公司
地址：浙江省绍兴市越城区解放北路180号1幢一至三层
…………………… Tel：0575-88951991
浙江金宸养老产业有限公司
地址：浙江省绍兴市越城区勾乘路以北（森海豪庭大酒店）A-8
…………………… Tel：0575-89100383
诸暨爱尔眼科医院有限公司
地址：浙江省诸暨市暨阳街道暨阳北路65号
…………………… Tel：0575-89719015
台州爱尔眼科医院有限公司
地址：浙江省台州市路桥区路桥街道南官大道72号
…………………… Tel：0576-82512711
台州朗高医养护理院有限公司
地址：浙江省台州市路桥区金清镇同心中路168号
…………………… Tel：0576-82700701
浙江朗高医疗股份有限公司
地址：台州市黄岩区江口街道黄椒路878号
…………………… Tel：0576-84229229
温岭朗高医养护理院有限公司
地址：浙江省台州市温岭市太平街道三星大道64号
…………………… Tel：0576-86129518
台州美兆健康体检中心（普通合伙）
地址：台州经济开发区市府大道东段2号（景和大厦2楼-4楼）
…………………… Tel：0576-88199768
台州眼视光医院有限公司
地址：浙江省台州市椒江区广场南路406号
…………………… Tel：0576-88201262
台州浙东医院有限公司
地址：浙江省台州市椒江区海门街道市府大道东581号
…………………… Tel：0576-88858169
台州黄岩朗高康复医疗中心有限公司
地址：浙江省台州市黄岩区南城街道康体路9号
…………………… Tel：0576-89176170
临海市东城骨伤医院
地址：浙江省台州市临海市大田东城中路
…………………… Tel：0576-89369605
临海广民医院有限公司
地址：浙江省台州市临海市江南街道靖江南路588号
…………………… Tel：0576-89583568
瑞安瑞丽医疗美容医院有限公司
地址：浙江省瑞安市安阳路7-11号（瑞安云海花苑二期3号楼）1-3层
…………………… Tel：0577-25882528
苍南迪安健检医院有限公司
地址：浙江省苍南县灵溪镇人民大道华府新世界花园1幢2层
…………………… Tel：0577-55566999
温州迪安美生健康医院有限公司
地址：浙江省温州市鹿城区学院东路1388号
…………………… Tel：0577-55568888
温州迪安健检医院有限公司
地址：浙江省温州市鹿城学院东路1388号
…………………… Tel：0577-55568888
温州老年病医院有限公司
地址：浙江省温州市鹿城区大士门27号
…………………… Tel：0577-56552097
温州和平国际医院有限公司
地址：温州市瓯海区南白象街道上蔡村南湖地段E-3-11地块
…………………… Tel：0577-56790470
温州王侨骨伤医院有限公司
地址：温州市龙湾区永中街道罗东南街678弄1号-1
…………………… Tel：0577-56900828
温州童乐医院有限公司
地址：乐清经济开发区纬十七路
…………………… Tel：0577-62660121
平阳县长庚医院有限责任公司
地址：浙江省平阳县鳌江镇鳌江大道591-611号
…………………… Tel：0577-63638785
永嘉康宁医院有限公司
地址：浙江省温州市永嘉县上塘中心城区南城街道西前村
…………………… Tel：0577-67027123
苍南海西中山医院有限公司
地址：浙江省温州市苍南县灵溪镇东方景园19幢506-1室
…………………… Tel：0577-68889807
温州慈铭中西医结合门诊部有限公司
地址：温州市上江路198号经开区商务广场1-2幢102、203-204室
…………………… Tel：0577-81299999
温州慈宁医院有限公司
地址：浙江省温州市牛山南路96号
…………………… Tel：0577-86088888
温州鹿城口腔医院有限公司
地址：温州市鹿城区锦绣路宏嘉大厦201
…………………… Tel：0577-88155192
温州牙科医院有限公司
地址：浙江省温州市鹿城区五马街道府前街利府大楼一层123号、利府大楼A幢201-1号、201-2号、202号、203号
…………………… Tel：0577-88294589
浙江睦邻养老服务有限公司
地址：浙江省温州市瓯海区三　街道温州生态园黄屿片A-41地块（鸿汇名苑）5幢1206室
…………………… Tel：0577-88556021
温州康宁医院股份有限公司
地址：温州市黄龙住宅区盛锦路
…………………… Tel：0577-88789108
丽水挚爱综合门诊部有限公司
地址：浙江省丽水市莲都区城北路与东地路东北侧（艾莱依总部大楼1号楼4-6层）
…………………… Tel：0578-2096507
丽水华厦眼科医院有限责任公司
地址：浙江省丽水市莲都区丽青路592号
…………………… Tel：0578-2663999
遂昌康复医院有限公司
地址：浙江遂昌县妙高街道凯恩路536号
…………………… Tel：0578-8281111
金华长庚医院有限公司
地址：浙江省金华市婺城区金帆街966号金帆孵化基地1号楼1楼中部1001室
…………………… Tel：0579-82027272
浦江第二医院有限公司
地址：浙江省浦江县黄宅镇黄治路39号
…………………… Tel：0579-84254807
义乌爱尔眼科医院有限公司
地址：浙江省义乌市江东街道黎明湖路77号
…………………… Tel：0579-85991260
东阳市红枫林养老服务有限公司
地址：浙江省东阳市城东街道东锋村洪良
…………………… Tel：0579-86226789
武义唐风医院有限公司
地址：浙江省金华市武义县塔山风景区
…………………… Tel：0579-87628299
武义康利眼科医院有限公司
地址：浙江省金华市武义县白洋街道武阳东路4号
…………………… Tel：0579-89096800
金华芘丽芙美容医院股份有限公司
地址：浙江省金华市婺城区双溪西路298号
…………………… Tel：0579-89115879
舟山爱尔光明眼科医院有限公司
地址：舟山市定海区人民北路84号304-306室
…………………… Tel：0580-2607597
舟山广安医院有限责任公司
地址：浙江省舟山市普陀区东港街道海洲路239号二楼
…………………… Tel：0580-3089034
舟山普陀仁济医院有限公司
地址：浙江省舟山市普陀区沈家门街道宫下路90号
…………………… Tel：0580-3801666
岱山广华骨伤医院有限公司
地址：浙江省舟山市岱山县高亭镇沿港西路717号
…………………… Tel：0580-4162558
舟山市明峰医学影像诊断有限公司
地址：浙江省舟山市普陀区东港街道沙田街66号普陀商会大厦1501-79室（自贸试验区内）
…………………… Tel：0580-6870288
舟山市普陀广华医院有限责任公司
地址：浙江省舟山市普陀区东港街道海莲路451号
…………………… Tel：0580-8126017

安徽省

滁州市名儒健康管理有限公司
地址：滁州市南谯中路1936号201室
…………………… Tel：0550-2187916
凤阳县鼓楼医院有限公司
地址：安徽省滁州市凤阳县府城镇前门路北侧
…………………… Tel：0550-6020120
肥东仁爱医院有限公司
地址：安徽省合肥市肥东县肥东经济开发区桥头集路西横大路北4幢仁爱医院
…………………… Tel：0551-62534390
安徽天星智慧养老中心有限公司
地址：安徽省合肥市蜀山区史河路9号
…………………… Tel：0551-62640828
安徽威兰迪眼科医院有限公司
地址：安徽省合肥市庐阳区蒙城北路2218号成品车间301
…………………… Tel：0551-63454885
安徽复明眼科医院有限公司
地址：安徽省合肥市庐阳区蒙城北路2218号
…………………… Tel：0551-63454885
安徽瑞洁医疗技术有限公司
地址：安徽省合肥市新站区工业园
…………………… Tel：0551-64456952
合肥平安好医医学影像中心有限公司
地址：合肥市高新区长江西路与创新大道交口置地投资创新中心（裙房）1-4层商128-144、商205、商488-490
…………………… Tel：0551-64915808
亳州森爱驰医学检验所有限公司
地址：亳州市谯城区华佗大道与文帝西路交叉口（亳州中心医院内）
…………………… Tel：0551-65313468
安徽省悠然时光养老产业发展有限公司
地址：安徽省合肥市经济技术开发区莲花路西，石门路北尚泽时代广场A1#楼1602
…………………… Tel：0551-65390362
合肥爱尔眼科医院有限公司
地址：安徽省合肥市望江西路198号
…………………… Tel：0551-65580788
安徽乐馨健康管理有限公司
地址：安徽省合肥市蜀山区黄山路665号西环商贸中心12幢618
…………………… Tel：0551-65901037
安徽名流健康管理有限公司
地址：合肥市包河区庐州大道8号
…………………… Tel：0551-66181212
合肥大众口腔医疗有限公司
地址：安徽省合肥市包河区太湖东路111号新里海顿公馆商业B-1幢
…………………… Tel：0551-6685033
合肥京东方医院有限公司
地址：合肥市新站区东方大道与东忠路交口
…………………… Tel：0551-66981666
肥东东城医院有限公司
地址：安徽省合肥市肥东县店埠镇青春社区合蚌路东侧新城派出所南侧
…………………… Tel：0551-67896113
合肥美奥口腔门诊部有限公司
地址：合肥市庐阳区濉溪路254号
…………………… Tel：0551-68995630
安徽质子肿瘤医院有限公司
地址：安徽省蚌埠市大学科技园1号楼西楼1401室
…………………… Tel：0552-3062253
蚌埠兰卫医学检验所有限公司
地址：安徽省蚌埠市淮上区双墩路801号9栋
…………………… Tel：0552-3305232
蚌埠爱尔和平眼科医院有限公司
地址：安徽省蚌埠市禹会区红旗一路258号茗香金庭商业楼
…………………… Tel：0552-4042728
芜湖市宁静医院有限公司
地址：安徽省芜湖市镜湖区港一路20号（申报承诺）
…………………… Tel：0553-5015120
芜湖爱尔眼科医院有限公司
地址：芜湖市镜湖区文化路36号
…………………… Tel：0553-6960000
淮南达实智慧医疗有限公司
地址：安徽省淮南市高新区科技研发中心(江淮云)大厦2号楼3层
…………………… Tel：0554-2385718
淮南新康医院有限责任公司
地址：淮南市田家庵区舜耕中路2号
…………………… Tel：0554-2672029
淮南养心居养老服务有限公司
地址：安徽省淮南市田家庵区舜耕东路61号
…………………… Tel：0554-5211222
淮矿健康养老服务有限责任公司
地址：淮南市田家庵区淮舜南路淮矿职防院（疗养院）内
…………………… Tel：0554-7626629
马鞍山戴氏骨科医院有限公司
地址：马鞍山经济技术开发区湖东南路699号北楼六层
…………………… Tel：0555-2293828
马鞍山汇京医院有限公司
地址：马鞍山市花山区幸福路61号
…………………… Tel：0555-2376755
安徽国电志立疗养产业服务有限公司
地址：芜湖经济技术开发区万春商业街A1#-401室
…………………… Tel：0555-2399915
马鞍山爱尔眼科医院有限公司
地址：马鞍山市雨山区湖西北路1号2-5栋
…………………… Tel：0555-2765666
马鞍山江东颐养有限责任公司
地址：安徽省马鞍山市湖西南路（市经济技术开发区内）
…………………… Tel：0555-2773820
太湖县万年青养老服务有限公司
地址：太湖县晋熙镇师范路5号
…………………… Tel：0556-4397999
安徽菜子湖养老文化产业园发展有限公司
地址：安徽省安庆市宜秀区罗岭镇姥山社区
…………………… Tel：0556-5200715
南京鼓楼医院集团安庆市石化医院有限公司
地址：安徽省安庆市大观区石化一路11号
…………………… Tel：0556-5377737
安庆秉风医院有限公司
地址：安徽省安庆市大观区纺织南路厂区医院16栋
…………………… Tel：0556-5866667
宿州美康健康体检验有限公司
地址：安徽省宿州市元一公园道一号S1#楼四楼
…………………… Tel：0557-2561666
宿州明州康复医院有限公司
地址：安徽省宿州市城东循环经济示范园（宿州酒业厂房内）
…………………… Tel：0557-3055899
安徽皖北医院管理有限责任公司
地址：安徽省宿州市开发区金海大道8号
…………………… Tel：0557-3972762
亳州中心医院有限公司
地址：亳州市工业园区科源悦府小区

G2#101
……………………Tel：0558-2809112
亳州爱尔眼科医院有限公司
地址：亳州市谯城区魏武大道688号
……………………Tel：0558-3050120
界首市京安骨科医院有限公司
地址：界首市新阳路东段
……………………Tel：0558-4882320
安徽省德源养老有限公司
地址：亳州市谯城区魏武大道1332号
……………………Tel：0558-5528098
香雪（亳州）中医院管理有限公司
地址：亳州经济开发区养生大道南侧、嵇康路东侧、龙凤新河西侧
……………………Tel：0558-5566444
安徽亿人安股份有限公司
地址：亳州经济开发区亳菊路916号
……………………Tel：0558-5620819
临泉泉河医院有限公司
地址：临泉县城关镇四化西路
……………………Tel：0558-6599120
阜阳七院爱尔眼科医院有限公司
地址：安徽省阜阳市颍东区向阳办事处涡阳南路356号颍汇农资大市场二期B1商业楼101室
……………………Tel：0558-6682888
黄山圣天地养老产业发展有限公司
地址：黄山经济开发区梅林大道与金鸡路交叉口圣天地颐养公馆
……………………Tel：0559-2584881
铜陵爱尔眼科医院有限公司
地址：安徽省铜陵市北京西路494号
……………………Tel：0562-2810000
铜陵市南山养老服务有限责任公司
地址：安徽省铜陵市铜井西路2706号五层
……………………Tel：0562-2871814
铜陵博爱医院有限公司
地址：安徽省铜陵市翠湖一路1851号
……………………Tel：0562-2888803
铜陵中房老龄产业发展有限公司
地址：安徽省铜陵市开发区泰山大道同方信息港
……………………Tel：0562-8811122
铜陵民康养老服务有限公司
地址：安徽省铜陵市经济开发区翠湖四路五环国际门诊楼
……………………Tel：0562-8828120
安徽金海健康医疗有限公司
地址：安徽省宣城市广德县桃州镇桃州南路与爱民路交叉口
……………………Tel：0563-2102530
宣城市骨科医院有限公司
地址：安徽省宣城市飞彩办事处梅园路108号
……………………Tel：0563-2915866
六安竹子口腔医院有限公司
地址：六安市解放南路和顺名都城101-401号
……………………Tel：0564-2517777
合肥竹子口腔医院有限责任公司
地址：安徽省合肥市瑶海区胜利路号瑞景花园5幢1-3层
……………………Tel：0564-2517777
六安康视眼科医院有限公司
地址：六安金环万象城5#楼（21世纪广场）
……………………Tel：0564-3213333
六安世立医院有限公司
地址：安徽省六安市裕安区磨子潭路西侧
……………………Tel：0564-3302012
安徽百旬康复养老发展股份有限公司
地址：六安市开发区（原科达电脑学校内）
……………………Tel：0564-3303090
安徽鸿阳医疗有限公司
地址：六安市人民东路以北健康路以东金水湾17#
……………………Tel：0564-3330000
六安中山医院有限责任公司
地址：安徽省六安经济技术开发区皖西大道与迎宾大道交叉口
……………………Tel：0564-5151111
霍邱华之康精神专科医院有限公司
地址：霍邱县长集镇长集街道
……………………Tel：0564-6521120
池州市元墅康养护理有限公司
地址：安徽省池州市贵池区池阳街道石城大道339号
……………………Tel：0566-3385297
安徽幸福华厦健康产业发展有限公司
地址：安徽省池州市贵池区康庄路银茂新天地会所三楼
……………………Tel：0566-3390286
寿县益佰肿瘤医院有限公司
地址：安徽省淮南市寿县寿春镇东津大道寿县县医院内
……………………Tel：0851-84716874

福建省

福建省鸣峰养老服务有限公司
地址：福建省莆田市仙游县赖店镇山尾村89号
……………………Tel：0534-8336999
福建省瑞森口腔医院有限责任公司
地址：福建省福州市长乐区航城街道西洋南路666号
……………………Tel：0591-27523555
福州泰普医学检验所有限公司
地址：福建省福州市仓山区建新镇金洲北路7号16号楼1-3层
……………………Tel：0591-28053599
福能（福州）健康体检中心有限公司
地址：福建省福州市鼓楼区杨桥路大王里62号1层、2层、3层、4层、5层A区、6层、7层
……………………Tel：0591-38251328
福建广生医院有限公司
地址：福建省长乐市数字福建产业园东湖路33号8号研发楼
……………………Tel：0591-38305326
福州和睦家广生妇儿医院有限公司
地址：福建省福州市长乐区数字福建产业园东湖路33号8号研发楼
……………………Tel：0591-38305326
福州市晋安区融和养老服务有限公司
地址：福建省福州市晋安区秀峰路188号闽台广告创意产业园9号楼1层105号
……………………Tel：0591-38505065
福州福其祥中医院有限公司
地址：福建省福州市闽侯县尚干镇祥通路45号
……………………Tel：0591-62009996
福州同道口腔医院有限公司
地址：福建省福州市鼓楼区福屿后路40号福屿三区20#-22#连体一、二层店面
……………………Tel：0591-62620167
福州福泽医院有限公司
地址：福州市鼓楼区西洪路528号11#望江楼
……………………Tel：0591-63363192
泉州昊宇妇产医院有限公司
地址：福建省泉州市丰泽区通港西街136号
……………………Tel：0591-83219166
福州美兆综合门诊部有限公司
地址：福州市鼓楼区五四路9号宁德大厦3-7层
……………………Tel：0591-83258000
福州仓山区熙康综合门诊部有限公司
地址：福建省福州市仓山区金山街道浦上大道306号正祥一品商务汇（二期）4#楼二层、三层商铺
……………………Tel：0591-83338178
福建省福能总医院有限责任公司
地址：福建省福州市鼓楼区洪山镇后县路18号
……………………Tel：0591-83711168
漳州市康怡养老服务有限公司
地址：福建省漳州台商投资区角美镇福龙工业园英明路11号
……………………Tel：0591-83775935
福建馨医堂康复医疗中心有限公司
地址：福建省福州市鼓楼区西二环中路475号富通中心2楼（整层）
……………………Tel：0591-83800097
福州市台江区海峡美容医院有限公司
地址：福建省福州市台江区五一中路124号北楼1-6层
……………………Tel：0591-83826211
福州海西口腔医院有限公司
地址：福建省福州市福清市龙江街道东南大道19号
……………………Tel：0591-85257817
平潭爱维口腔门诊部有限公司
地址：平潭综合实验区岚城乡中湖村万宝中路岚城乡卫生院5楼
……………………Tel：0591-86170022
福建省上医苑医院有限公司
地址：福州市台江区苍霞街道同德路78号同德新村1号楼一层A-66
……………………Tel：0591-86393179
福州一脉阳光综合门诊有限公司
地址：福建省福州市鼓楼区安泰街道八一七中路98号渔阳大厦2F
……………………Tel：0591-87117571
福州格致医院有限公司
地址：福建省福州市仓山区城门镇福峡路2219号办公综合楼整座
……………………Tel：0591-87119726
福州国德医院有限公司
地址：福建省福州市仓山区城门镇福峡路2219号高新技术产业楼2整座2幢301房
……………………Tel：0591-87119726
福州美萨缔尔医疗美容门诊部有限公司
地址：福建省福州市鼓楼区化民营路78号基星阁2楼、3楼
……………………Tel：0591-87293333
福建国脉养老产业有限公司
地址：福建省连江县西江滨大道7号
……………………Tel：0591-87307665
福州泰禾佑儿康佳儿科门诊部有限公司
地址：福建省福州市晋安区新店镇坂中路6号泰禾城市广场（三期）6#楼2层45集中式商业的编号为L210的商铺
……………………Tel：0591-87313201
福建华颐养老产业发展有限公司
地址：福建省福州市鼓楼区五四路16号营业厅外贸中心大楼12层01.02.03室
……………………Tel：0591-87533163
福州上工汇门诊有限公司
地址：福建省福州市鼓楼区水部街道五一北路157号正祥商务中心二层、三层
……………………Tel：0591-87801059
福州美可普口腔医院有限公司
地址：福州市晋安区福新中路107号福州市消毒站综合楼大厅及2至8层
……………………Tel：0591-87807756
福州同道医疗美容门诊部有限公司
地址：福建省福州市鼓楼区安泰街道福中路146号福兴商厦2层06室
……………………Tel：0591-87818082
福州市鼓楼同道医院有限公司
地址：福建省福州市鼓楼区安泰街道福中路146号福兴商厦2层03室
……………………Tel：0591-87818082
福州市鼓楼区杏福龙腰中医门诊部有限公司
地址：福建省福州市鼓楼区福飞南路137-1号
……………………Tel：0591-87839643
福建宏恩医院有限公司
地址：福州市仓山区盖山镇天水路6号（原天水路北侧）利嘉海峡商业城（二区）6A#馆地下2层62#、63#店面（作为办公场所使用）
……………………Tel：0591-88058262
福州艾迪康医学检验所有限公司
地址：福建省福州市仓山区盖山镇阳岐路53号3号楼
……………………Tel：0591-88306311
福州爱康国宾门诊有限公司
地址：福州市鼓楼区六一北路西侧金源花园A、B区连接体商场二层、三层
……………………Tel：0591-88508500
福州眼科医院有限公司
地址：福州市仓山区六一南路88号
……………………Tel：0591-88510601
福州玛恩医疗美容门诊部有限公司
地址：福建省福州市鼓楼区柳桥巷10号陆庄庭苑1#、4#楼连接体商场五层
……………………Tel：0591-8855589
福州爱尔眼科医院有限公司
地址：福建省福州市仓山区建新镇盘屿路5号奥体正祥城6号楼1-7层
……………………Tel：0591-88705566
宁德爱尔眼科医院有限公司
地址：福建省宁德市蕉城区城南镇宁川南路1号华景嘉园5幢101、201、301
……………………Tel：0593-2908668
华厦眼科医院集团宁德眼科医院有限公司
地址：福建省宁德市蕉城区蕉城南路西侧鹤鸣路北侧（城南总部经济大厦1-7层）
……………………Tel：0593-2993098
宁德金北医院有限公司
地址：福建省宁德市蕉城区金涵小区二期B区集中商业楼
……………………Tel：0593-2999120
福建新安国际医院有限公司
地址：莆田市秀屿区人民政府大院财政楼212室
……………………Tel：0594-2379991
华厦眼科医院集团莆田眼科医院有限公司
地址：福建省莆田市荔城区镇海街道文献东路1958号
……………………Tel：0594-2708888
国药莆田涵江医疗投资管理有限公司
地址：莆田市涵江区顶铺路366号
……………………Tel：0594-6706500
泉州福泽医院有限公司
地址：福建省泉州市鲤城区开元街道东北社区东街42号
……………………Tel：0595-22318868
福建省中科南山养老有限公司
地址：泉州市丰泽区北峰街道泉州软件园综合楼9楼920室
……………………Tel：0595-22615363
福建万禾健康管理服务有限公司
地址：福建省泉州市丰泽区东海湾御花园7号楼3705
……………………Tel：0595-22908631
泉州国宇医院有限公司
地址：安溪县城关德苑片区A13地块
……………………Tel：0595-26283888
华厦眼科医院集团泉州眼科医院有限公司
地址：泉州市丰泽区田安北路安东大厦B号
……………………Tel：0595-28100866
泉州爱尔眼科医院有限公司
地址：福建省泉州市丰泽区湖心街东段25号宏泰兴3号楼
……………………Tel：0595-28166618
泉州神和医院有限公司
地址：福建省泉州市鲤城区常泰街道新塘社区泰新街66号
……………………Tel：0595-28668120
泉州颐和医院有限公司
地址：泉州台商投资区东园镇南北主干道与洛杏大道交界处（现住所：泉州台商投资区行政办公大楼2楼204室）
……………………Tel：0595-68196770
武夷山国际健康管理集团有限公司
地址：武夷山市五九北路61号
……………………Tel：0595-68288802
武夷山国际健康小镇有限公司
地址：武夷山市五九北路61号
……………………Tel：0595-68288802
武夷山国际康复疗养中心有限公司
地址：武夷山市五九北路61号
……………………Tel：0595-68288802
武夷山国际医疗旅游旅行社有限公司
地址：武夷山市五九北路61号
……………………Tel：0595-68288802
武夷山国际转诊中心有限公司
地址：武夷山市五九北路61号
……………………Tel：0595-68288802
武夷山国际抗衰老中心有限公司
地址：武夷山市五九北路61号
……………………Tel：0595-68288802
武夷山国际体检中心有限公司
地址：武夷山市五九北路61号
……………………Tel：0595-68288802
晋江爱尔眼科医院有限公司
地址：福建省泉州市晋江市青阳街道洪宅文华路67号
……………………Tel：0595-82000619
漳州科宏眼科医院有限公司
地址：福建省漳州市龙文区下洲商城A栋（九龙大道与景会路交界处）
……………………Tel：0596-2051333
漳州华厦眼科医院有限公司
地址：福建省漳州市芗城区胜利东路45号八达大厦
……………………Tel：0596-2876657
龙岩北城医院有限公司
地址：福建省龙岩市新罗区北城工业西路98号
……………………Tel：0597-2566969
龙岩华厦眼科医院有限公司
地址：福建省龙岩市新罗区雁石镇西一道路8号
……………………Tel：0597-5307813
龙岩红房子妇产医院有限公司
地址：福建省龙岩市新罗区东肖镇榕树小区C1幢
……………………Tel：0597-5377777
福建格正龙昕医养中心有限公司
地址：福建省南平市延平区新建路70号A座五楼
……………………Tel：0599-8605007
福建龙昕漫庭健康养老产业园有限公司
地址：福建省南平市延平区新建路70号A座五楼
……………………Tel：0599-8605007

江西省

南昌曙光手足外科医院有限公司
地址：江西省南昌市青云谱区解放西路49号
……………………Tel：0791-82105319
南昌洪城爱尔眼科医院有限公司
地址：江西省南昌市红谷滩新区碟子湖中大道莱蒙都会小区商业中心（B-14地块）3#商业楼-101、201、301、401、501室
……………………Tel：0791-83808818
江西医至初医学病理诊断管理有限公司
地址：江西省南昌市红谷滩新区红角洲学府大道899号慧谷产业园4号楼第3层309室
……………………Tel：0791-83818986
赣江新区绿地瑞慈体检门诊部有限公司
地址：江西省赣江新区经开组团曰修路五联花园13号楼401室
……………………Tel：0791-83856855
南昌普瑞眼科医院有限责任公司
地址：江西省南昌市青山湖区北京东路125号
……………………Tel：0791-86311000
南昌鹏爱秀琪医疗美容医院有限公司
地址：江西省南昌市东湖区八一大道358号（江西饭店二部大楼）
……………………Tel：0791-86318558
南昌爱尔眼科医院有限公司
地址：江西省南昌市西湖区解放西路68号
……………………Tel：0791-86371205
南昌天江园健康产业集团有限公司
地址：江西省南昌市东湖区三经路998号水天一色小区5#办公楼第20层2002室
……………………Tel：0791-86532070
南昌博大耳鼻咽喉医院有限公司
地址：江西省南昌市青云谱区洪都南大道

237号
………………… Tel：0791－86633333

南昌平安爱普德医学检验所有限公司
地址：江西省南昌市临空经济区儒乐湖大街55号
………………… Tel：0791－87350799

南昌龙来福中西医结合门诊部有限公司
地址：江西省南昌市青山湖区高新技术产业园区东升大道699号百特工业园内1＃厂房东面二楼
………………… Tel：0791－88181338

赣州一脉阳光医学影像诊断有限公司
地址：江西省赣州市章贡区红旗大道25号16栋一、二、三、四层西侧部分区域
………………… Tel：0791－88182736

江西长天医养象湖养老服务有限公司
地址：江西省南昌市南昌高新技术产业开发区火炬大街539号园中源大楼2205室
………………… Tel：0791－88337868

南昌康健生殖医院有限公司
地址：江西省南昌市东湖区福州路183号
………………… Tel：0791－88512512

南昌爱康卓悦秋水体检中心有限公司
地址：江西省南昌市红谷滩新区翠林路669号南昌香格里拉大酒店
………………… Tel：0791－88530012

江西长青城生态养老发展有限公司
地址：江西省南昌市安义县鼎湖镇前溪村
………………… Tel：0791－88591216

南昌康桥健康体检中心有限公司
地址：江西省南昌市青山湖区高新大道1807号南昌世界之窗科技创业园区A号楼2层201、202室
………………… Tel：0791－88606329

江西省天同健康产业发展集团有限公司
地址：江西省南昌市红谷滩新区金融街1885号17层
………………… Tel：0791－88629986

庐山市禾中健康产业有限公司
地址：江西省九江市庐山市温泉镇温泉度假区
………………… Tel：0792－2600555

江西庐山糖尿病康复中心有限公司
地址：江西省九江市星子县温泉镇
………………… Tel：0792－2618898

九江中鼎健康体检管理有限公司
地址：江西省九江市浔阳区南湖路116号远洲国际商务港东区写字楼二楼202号
………………… Tel：0792－8112277

九江市美年慈铭健康体检管理有限公司
地址：江西省九江市浔阳区滨江路51号
………………… Tel：0792－8362198

九江美年大健康体检中心有限公司
地址：江西省九江市濂溪区浔南大道中段南侧世茂商务中心一层
………………… Tel：0792－8362198

余干仁和医院有限公司
地址：江西省上饶市余干县玉亭镇冕山大道中段
………………… Tel：0793－3241513

余干县庆云堂医院
地址：江西省上饶市余干县玉亭镇城北新区世纪大道北侧
………………… Tel：0793－3397688

余干县楚东医院有限公司
地址：江西省上饶市余干县玉亭镇南昌大道北侧B79地块
………………… Tel：0793－3558880

鄱阳县颐养老年病医院有限责任公司
地址：江西省上饶市鄱阳县鄱阳镇迎宾大道18号
………………… Tel：0793－6281199

上饶爱尔眼科医院有限公司
地址：江西省上饶市信州区民德路60号－1－1
………………… Tel：0793－7920228

江西汉氏医学发展有限公司
地址：江西省上饶经济技术开发区滨江片区
………………… Tel：0793－8199578

上饶口腔医院有限公司
地址：江西省上饶市信州区带湖路10号
………………… Tel：0793－8208080

东信医疗管理集团有限公司
地址：江西省上饶市高铁经济试验区石狮乡石狮村281号
………………… Tel：0793－8318001

抚州第八医院有限公司
地址：江西省抚州市临川区临川大道766号
………………… Tel：0794－8218698

抚州爱尔眼科医院有限公司
地址：江西省抚州市临川区玉茗大道647号1幢1－1室
………………… Tel：0794－8297999

宜春爱尔眼科医院有限公司
地址：江西省宜春市袁州区明月南路166号
………………… Tel：0795－2175139

宜春拜博口腔医院有限公司
地址：江西省宜春市宜春北路888号
………………… Tel：0795－3203777

同济明月山健康医学有限责任公司
地址：江西省宜春市袁州区温汤镇泉都北路10号
………………… Tel：0795－3518937

永丰邦尔医院有限公司
地址：江西省吉安市永丰县工业园南区工业大道旁
………………… Tel：0796－2529120

赣州爱尔眼科医院有限公司
地址：江西省赣州市章贡区栎木坑81号
………………… Tel：0797－2136004

兴国县第二医院有限公司
地址：江西省赣州市兴国县红门工业园
………………… Tel：0797－5342573

赣州市蟠桃园养老服务有限公司
地址：江西省赣州市南康区南水新区天马山大道
………………… Tel：0797－6628861

宁都仁爱康复医院（普通合伙）
地址：江西省赣州市宁都县梅江镇梅江南路62号
………………… Tel：0797－6811867

赣州美维口腔医院有限公司
地址：江西省赣州市章贡区长冈路13号盛汇城市中心11号楼三层写字楼
………………… Tel：0797－8066266

赣州谢牙医口腔医疗集团有限公司
地址：江西省赣州市章贡区水南新村东三区101号
………………… Tel：0797－8302892

江西省五福康医疗有限公司
地址：江西省赣州市大余县南安镇尚水龙城小区第1栋四楼
………………… Tel：0797－8748299

乐平大连医院有限公司
地址：江西省景德镇市乐平市大连路与人民交叉口东北角
………………… Tel：0798－6566536

景德镇爱尔眼科医院有限公司
地址：江西省景德镇市昌江区瓷都大道1251号（昌江区新鹏程宾馆）
………………… Tel：0798－8525717

萍乡市赣西医院有限公司
地址：江西省萍乡市湘东区萍钢厂内
………………… Tel：0799－3497722

萍乡市赣西肿瘤医院有限责任公司
地址：萍乡经济技术开发区登岸管理处上湾居委会公园中路201号
………………… Tel：0799－6770210

萍乡市养怡实业有限责任公司
地址：江西省萍乡市安源区东大街新建社区1号
………………… Tel：0799－6889182

山东省

菏泽未来智城颐养健康服务有限公司
地址：山东省菏泽市定陶区北环热力公司办公楼
………………… Tel：0530－2660077

郓城县郓州医院有限公司
地址：山东省菏泽市郓城县经济开发区金河路东段路南
………………… Tel：0530－3131995

单县精神康复医院有限公司
地址：山东省菏泽市单县东城新大街8号
………………… Tel：0530－4263021

菏泽瑞琪养老服务有限公司
地址：山东省菏泽市牡丹区牡丹办事处庞王行政村陈大庙村
………………… Tel：0530－5315566

山东北康护理院有限公司
地址：山东省德州市齐河县城区永乐大街路南友谊路以东
………………… Tel：0530－5554599

山东九华京秀护理院有限公司
地址：山东省菏泽市开发区广州路以西、钱江路以北
………………… Tel：0530－5554599

菏泽炎黄义善医养集团有限公司
地址：山东省菏泽市牡丹区李村镇李庄集沿黄路口东一百米
………………… Tel：0530－5711011

菏泽华厦眼科医院有限公司
地址：菏泽市开发区和平路666号
………………… Tel：0530 5810889

郓城新友谊医院有限公司
地址：山东省菏泽市郓城县郓州街道东门街南段路东
………………… Tel：0530－6528882

郓城永安医院有限公司
地址：郓城县黄安镇驻地
………………… Tel：0530－68851111

山东枫叶正红养老发展有限公司
地址：山东省菏泽市牡丹区临商路以东1公里、220国道北侧
………………… Tel：0530－7156123

东明阳光康复医院
地址：山东省菏泽市东明县工业路中段路东（五里河北）
………………… Tel：0530－7601208

山东水发康养发展有限公司
地址：山东省菏泽市成武县经济开发区先农坛街东段南侧（千佛山路东侧）
………………… Tel：0530－8918502

山东建邦养老服务有限公司
地址：济南市历下区泺源大街26号中银大厦二期16层1611号
………………… Tel：0531－55579586

新华卓越门诊部（济南）有限公司
地址：济南市历下区龙洞街道龙奥北路8号玉兰广场1号楼2－3层
………………… Tel：0531－55685068

山东云天使医疗护理有限公司
地址：山东省济南市历城区华龙路1825号嘉恒大厦1－2301
………………… Tel：0531－55699999

济南云天使护理院有限公司
地址：山东省济南市历城区工业北路297号（维尔康北邻）
………………… Tel：0531－55699999

山东逸乐医院管理有限公司
地址：山东省济南市章丘区圣井街道办事处埠村煤矿二号井22号楼201室
………………… Tel：0531－58536900

济南安佳妇产医院有限责任公司
地址：山东省济南市历下区解放路12号
………………… Tel：0531－58626291

施尔明视光眼科医院有限公司
地址：山东省济南市槐荫区经七路586号新泉城大厦A座28楼2801室
………………… Tel：0531－58859660

山东省鲁商福瑞达养老发展有限公司
地址：山东省济南市高新技术产业开发区大正路1777号生物医药园中小企业产业化基地中试楼503房间
………………… Tel：0531－66697895

山东保法肿瘤治疗股份有限公司
地址：济南市历下区经十东路45号
………………… Tel：0531－69924300

山东颐养健康产业发展集团莱芜中心医院有限公司
地址：山东省济南市钢城区颜庄镇友谊北路3号
………………… Tel：0531－76056138

山东水发医疗有限公司
地址：山东省济南市历城区经十东路33399号九层西
………………… Tel：0531－80876243

济南泰康拜博口腔医院有限公司
地址：济南市历下区历山路65号
………………… Tel：0531－80975333

汇仁弘德中医医院有限公司
地址：济南市历下区文化东路24号普利文东花园1号楼1单元1504室
………………… Tel：0531－81850699

山东省南山医院有限责任公司
地址：山东省济南市市中区英雄山路134号
………………… Tel：0531－82163021

济南中尊医道安洛医院有限公司
地址：山东省济南市天桥区凤凰山路3号凤凰广场A2114－10
………………… Tel：0531－82360120

山东诺安健康管理有限公司
地址：济南市历下区奥体东路奥体中心网球馆4层
………………… Tel：0531－82966283

济南普济医院有限公司
地址：山东省济南市商河县贾庄镇甜辛路1号
………………… Tel：0531－84811029

济南爱尔眼科医院有限公司
地址：济南市历城区二环东路1916号
………………… Tel：0531－85809188

济南中尊医道宝铸医院有限公司
地址：山东省济南市天桥区凤凰山路3号凤凰广场A2114－8
………………… Tel：0531－86017397

济南华视眼科医院有限公司
地址：山东省济南市历下区经十一路32济南广播电视台院内12号楼
………………… Tel：0531－86080808

济南中尊医道康和医院有限公司
地址：山东省济南市历城区黄台南路5号康和东苑5－19（3号楼1－102）
………………… Tel：0531－86107357

济南高新医疗健康有限公司
地址：山东省济南市高新区大正路1777号生物医药园中小企业产业化基地17号楼410－28
………………… Tel：0531－86518171

山东苏汉养老服务有限公司
地址：山东省济南市长清区平安街道办事处滨河路滨河华庭5－1－101
………………… Tel：0531－87267966

济南囿凯艾医疗美容医院有限责任公司
地址：济南市历下区经十东路济南奥林匹克体育中心网球馆C－13
………………… Tel：0531－8766833

济南国际医院有限公司
地址：济南市历城区彩石镇两岔河二区三号
………………… Tel：0531－87967177

山东水发瑞祥养老服务有限公司
地址：山东省济南市市中区七里山西路18号
………………… Tel：0531－88719756

山东龙翔现代中医妇幼健康服务有限公司
地址：山东省济南市高新区天泺路88号1号楼A座502－2室
………………… Tel：0531－88870327

山东德源大健康产业有限公司
地址：山东省济南市高新区大正路1777号生物医药园中小企业产业化基地17号楼409－5
………………… Tel：0531－88891705

青岛维可迈中医康复医院有限公司
地址：山东省青岛市市北区四流南路9号10号楼
………………… Tel：0532－55576599

青岛丽人妇科医院有限公司
地址：山东省青岛市黄岛区武当山路18号
………………… Tel：0532－58612600

青岛市华熙医院有限公司
地址：山东省青岛市崂山区九水东路592－16号A座
………………… Tel：0532－58661887

青岛博奥医学检验所有限公司
地址：山东省青岛市李沧区金水路171号3号楼
………………… Tel：0532－58807586

青岛海伦美容医院有限公司
地址：山东省青岛市崂山区香港中路160号
………………… Tel：0532－58818888

青岛龙田金秋妇女儿童医院有限公司
地址：青岛市李沧区金水路731号
………………… Tel：0532－6608866

青岛华誉医院有限公司
地址：山东省青岛市城阳区兴阳路778号1号楼商业308
………………… Tel：0532－66792733

青岛惠娅妇幼医院有限公司
地址：山东省青岛市城阳区兴阳路702号2号楼
………………… Tel：0532－66792733

青岛华誉中医医院有限公司
地址：山东省青岛市城阳区流亭街道兴阳路702号1号楼2号网点
………………… Tel：0532－66792733

青岛松乔康复医院有限公司
地址：山东省青岛市城阳区夏庄街道崔家沟社区（青岛市城阳区山佳老年公寓院内）
………………… Tel：0532－67762523

青岛城投健康产业管理有限公司
地址：山东省青岛市市北区阜新路12号－15
………………… Tel：0532－67781880

青岛城投医疗管理有限责任公司
地址：山东省青岛市高新区智力岛路1号创业大厦B座三层306室（集中办公区）
………………… Tel：0532－67781880

青岛锦康医疗养老服务有限公司
地址：山东省青岛市崂山区王哥庄街道文体中心
………………… Tel：0532－67783959

青岛市南汇慈门诊部有限公司
地址：青岛市市南区延安一路77号
………………… Tel：0532－80911511

青岛可恩口腔医院有限公司
地址：山东省青岛市市北区福州北路166号
………………… Tel：0532－80915888

青岛盈海医院有限公司
地址：山东省青岛市崂山区海尔路180号大荣中心裙楼1、2楼和写字楼4楼
………………… Tel：0532－80998772

青岛和睦家医院有限公司
地址：青岛市崂山区香港东路319号
………………… Tel：0532－81633000

青岛阜外心血管病医院有限公司
地址：青岛市市北区南京路201号
………………… Tel：0532－82989899

青岛市普济众生医疗管理有限公司
地址：山东省青岛市市北区威海路232号网点
………………… Tel：0532－83022762

青岛华厦眼科医院有限公司
地址：青岛市市南区贵州路47号
………………… Tel：0532－83091798

青岛珠山母婴护理有限公司
地址：山东省青岛市黄岛区滨海大道南、大学园东一路东
………………… Tel：0532－83159006

青岛福柏眼科医院有限公司
地址：山东省青岛市市北区杭州路41号
………………… Tel：0532－83768120

青岛伊美尔国宾整形外科医院有限公司
地址：山东省青岛市市北区黄台路6号

……………………… Tel：0532-83786166
青岛珠山秀谷颐养管理有限公司
地址：山东省青岛市黄岛区滨海街道办事处大珠山南路909号
……………………… Tel：0532-85183278
青岛天使生殖与妇产医院股份有限公司
地址：山东省青岛市市北区山东路178号5栋2单元103户
……………………… Tel：0532-85621835
青岛明亮骨科医院有限公司
地址：山东省青岛市即墨区环秀办事处长江二路239号
……………………… Tel：0532-85998888
青岛龙田金秋医疗集团有限公司
地址：山东省青岛市崂山区泉岭路8号1号楼1701
……………………… Tel：0532-86102251
青岛胶州湾医院
地址：青岛胶州市广州北路113号.
……………………… Tel：0532-87292101
青岛臻萃中医医院有限公司
地址：青岛市崂山区香港东路97号甲
……………………… Tel：0532-88707000
青岛开泰耳鼻喉头颈外科医院有限公司
地址：青岛市崂山区香港东路77号
……………………… Tel：0532-88708086
淄博市张店区人民医院南院有限公司
地址：山东省淄博市张店区洪沟路2号
……………………… Tel：0533-2187260
淄博新华医院有限公司
地址：山东省淄博市张店区洪沟路2号A区
……………………… Tel：0533-2196847
北大医疗淄博医院有限公司
地址：山东省淄博市张店区山铝宿舍西山五街2号
……………………… Tel：0533-2344936
淄博丽美整形美容医院有限公司
地址：山东省淄博市张店区东一路51号
……………………… Tel：0533-3100456
山东源缘养老服务有限公司
地址：山东省淄博市沂源县城螳螂河东路94号
……………………… Tel：0533-3244511
淄博淄川区医院西院有限公司
地址：山东省淄博市淄川经济开发区管委会办公大楼
……………………… Tel：0533-3571429
淄博凯富瑞康复医院有限公司
地址：山东省淄博市博山区山头街道樵岭前村601号
……………………… Tel：0533-4188888
高青县中医医院有限公司
地址：山东省淄博市高青县城北环路39号
……………………… Tel：0533-6961541
山东北大医疗鲁中医院有限公司
地址：山东省淄博市临淄区太公路65号
……………………… Tel：0533-7698018
山东佳美健康管理服务连锁有限公司
地址：山东省淄博市高新区鲁泰大道1号生物医药产业创新园科研中心主楼22楼
……………………… Tel：0533-8171566
山东鸿巢医养有限公司
地址：山东省淄博市桓台县果里镇果里大道336号商业街B3号楼
……………………… Tel：0533-8487777
鸿巢医养控股有限公司
地址：山东省淄博市桓台县果里镇果里大道336号商业街B3号楼
……………………… Tel：0533-8487777
德州爱尔眼科医院有限公司
地址：山东省德州市经济技术开发区宋官屯街道办事处康博大道以东三八路以南盛和大酒店南楼1-7层
……………………… Tel：0534-2278688
德州德达颐养健康管理有限公司
地址：山东省德州市经济技术开发区东方红东路6596号德州中元科技创新园股份有限公司3号楼211
……………………… Tel：0534-2382169
德州善德养老服务产业股份有限公司
地址：山东省德州市德城区花园口商场西口五号楼1-3层
……………………… Tel：0534-2728518
德州海恩健康产业发展有限公司
地址：山东省德州市德城区湖滨中大道1186号喜俪园大酒店九层901室
……………………… Tel：0534-2757965
庆云县康养医院有限公司
地址：山东省德州市庆云县渤海路1177号
……………………… Tel：0534-3228999
德州圣韩美医疗美容门诊部
地址：德州经济开发区东方红路高地世纪城3号楼5号商铺
……………………… Tel：0534-5011115
宁津县健康医疗发展有限公司
地址：山东省德州市宁津县卫生和计划生育局
……………………… Tel：0534-5423781
山东老来寿医养健康产业有限公司
地址：山东省德州市禹城市人民路1630号（明德养老服务评估公司院内西南楼）
……………………… Tel：0534-7288936
德州百佳妇婴医院有限公司
地址：山东省德州市经济技术开发区天衢东路1168号一楼
……………………… Tel：0534-8028889
烟台市诺亚方舟颐居养老有限公司
地址：山东省烟台市莱州市文昌路街道文化东路北五里村
……………………… Tel：0535-2179111
莱州爱尔眼科医院有限公司
地址：山东省烟台市莱州市文昌路街道光州东街1号房
……………………… Tel：0535-2526120
万巢旅居（山东）养老服务有限公司
地址：山东省烟台市海阳市旅游度假区滨海大厦商业楼9号-201
……………………… Tel：0535-2603500
山东水发中昌养老服务有限公司
地址：山东省烟台市莱州市文昌路街道文泉东路
……………………… Tel：0535-2812877
北儿医院（烟台）有限公司
地址：山东省烟台市经济技术开发区泰山路11号3号楼
……………………… Tel：0535-3465122
烟台王忠诚脑科医院有限公司
地址：山东省烟台市经济技术开发区Ⅲ-7泰和大厦
……………………… Tel：0535-3469999
烟台赛泽医学检验中心有限公司
地址：烟台高新区科技大道39号
……………………… Tel：0535-3808174
烟台润美养老服务有限公司
地址：山东省烟台市福山区门楼镇昌宁街1号
……………………… Tel：0535-5133322
蓬莱康颐医院有限公司
地址：山东省蓬莱市南王街道长江东路3号
……………………… Tel：0535-5725789
金天御源健康科技有限公司
地址：山东省烟台市福山区永达街1023号
……………………… Tel：0535-6300838
烟台好未来口腔门诊部有限公司
地址：山东省烟台市高新区海博路8号
……………………… Tel：0535-6575222
烟台爱尔眼科医院有限公司
地址：山东省烟台市芝罘区文化宫西街52号
……………………… Tel：0535-6696333
烟台国泰医院有限公司
地址：山东省烟台市莱山区迎春大街163号
……………………… Tel：0535-6729999
新华卓越健康（烟台）门诊部有限公司
地址：烟台市莱山区迎春大街172号4楼
……………………… Tel：0535-6793553
烟台兰信口腔医院有限公司
地址：山东省烟台市莱山区枫林路2号
……………………… Tel：0535-6833999
烟台市顺鑫养老服务有限公司
地址：山东省烟台市芝罘区青年南路367号
……………………… Tel：0535-6853666
山东省文登整骨烟台医院有限公司
地址：山东省烟台市莱山经济开发区绿斯达路中段
……………………… Tel：0535-6911601
烟台观海榆悦健康养老有限公司
地址：山东省烟台市芝罘区环山路10号301号
……………………… Tel：0535-7398589
招远市东晟康复医院有限公司
地址：山东省烟台市招远市初山东路75号
……………………… Tel：0535-8120999
蕾娜范（招远）养老服务有限公司
地址：山东省烟台市招远市金城路471号
……………………… Tel：0535-8162901
烟台爱丽美妇产医院有限公司
地址：烟台高新区海博路8号（山东国际生物科技园内7号楼）
……………………… Tel：0535-8207599
烟台华医康复医院有限公司
地址：烟台高新区科技大道39号
……………………… Tel：0535-8207599
山东新济养老产业有限公司
地址：山东省潍坊市高密市密水街道石庵路（西）2568号
……………………… Tel：0536-2361916
青州桃花源里养老产业有限公司
地址：山东省潍坊市青州市云门山街道办事处昭德南路3088号泰华城金泰大厦1413房间
……………………… Tel：0536-3500199
潍坊颐骏养老服务有限公司
地址：山东省潍坊市安丘市兴安街道健康路248号
……………………… Tel：0536-4283688
高密民生医疗有限公司
地址：山东省潍坊市高密市朝阳街道康成大街2999号
……………………… Tel：0536-5855519
昌邑济贤养老中心有限公司
地址：山东省潍坊市昌邑北海路2号北海名居
……………………… Tel：0536-7198398
济宁任城爱尔眼科医院有限公司
地址：山东省济宁市任城区景苑路以北、环城西路以东润通城尚城
……………………… Tel：0537-2312120
济宁新城福苑医疗有限公司
地址：济宁北湖省级旅游度假区创业大厦16层
……………………… Tel：0537-3166629
山东千泉医院有限公司
地址：山东省济宁市邹城市太平东路与接驾山路交汇处
……………………… Tel：0537-3262551
济宁市好一生互联网医院有限公司
地址：济宁高新区玉满城东片区酒店式公寓0106号
……………………… Tel：0537-3281808
济宁敏盛紫越医院有限公司
地址：山东省济宁经济开发区呈祥大道与嘉诚路交界处（圣祥小镇）
……………………… Tel：0537-3711333
济宁万紫千红养老服务有限公司
地址：山东省济宁市泗水县泗河办文化路18号
……………………… Tel：0537-4283666
曲阜红十字医院有限公司
地址：山东省济宁市曲阜市大同路28号
……………………… Tel：0537-4468399
微山县微山湖医院有限公司
地址：山东省济宁市微山县昭阳街道微山湖大道星月城南800米
……………………… Tel：0537-5038880
山东明慈医院有限公司
地址：山东省济宁市邹城市峄山南路城南变电站北邻
……………………… Tel：0537-5111750
山东益民医院有限公司
地址：山东省济宁市邹城市邾国大道3666号
……………………… Tel：0537-5311001
济宁颐康医养有限公司
地址：济宁市任城区运河佳园C区49号楼
……………………… Tel：0537-6726120
汶上县中都怡养苑医疗养老有限公司
地址：汶上县中都大街南段西侧向阳路南侧988号
……………………… Tel：0537-7076799
肥城民生中西医结合医院有限公司
地址：山东省泰安市肥城市新城街道办事处古店社区19号楼
……………………… Tel：0538-6336766
泰安长城智慧健康养老有限公司
地址：山东省泰安市岱岳区满庄镇北迎村
……………………… Tel：0538-6391120
泰安市泰山景区钟秀山庄养老服务有限公司
地址：山东省泰安市泰山景区大津口乡范家庄村津山路路北
……………………… Tel：0538-8415130
泰安光明爱尔眼科医院有限公司
地址：泰安市泰山区唐王街107号
……………………… Tel：0538-8598666
山东紫御康养发展有限公司
地址：沂水县沂城街道东院村
……………………… Tel：0539-2262666
兰陵华瑞医院有限公司
地址：山东省临沂市兰陵县经济开发区抱犊固路北段东侧天勤物流院内
……………………… Tel：0539-2430277
临沂福瑞达健康投资建设有限公司
地址：山东省临沂市河东区鲁商知春湖B幢商业楼101室
……………………… Tel：0539-3117788
临沂爱尔眼科医院有限公司
地址：山东省临沂市兰山区通达路184号10号楼101、13号楼101号（与金一路交汇向南300米路东）
……………………… Tel：0539-3122177
临沂凯瑞康妇婴医院有限公司
地址：山东省临沂市兰山区中丘路18号（与陶然路交汇向南500米路东沿街）
……………………… Tel：0539-3126777
蒙阴颐养苑养老产业有限公司
地址：山东省临沂市蒙阴县新城路203号
……………………… Tel：0539-4277569
山东省鲁南眼科医院有限公司
地址：山东省临沂市兰山区育才路109号门诊楼一楼内部西侧101、102房间
……………………… Tel：0539-7326906
山东福瑞六和老年公寓有限公司
地址：山东省临沂市费县探沂镇王富村
……………………… Tel：0539-7578910
临沂高新医院有限公司
地址：山东省临沂高新技术产业开发区火炬路135号
……………………… Tel：0539-8288601
临沂华厦眼科医院有限公司
地址：山东省临沂市兰山区左岸2012小区1号楼2号楼
……………………… Tel：0539-8297258
京城医馆（临沂）有限公司
地址：山东省临沂市兰山区柳青街道颐高上海街3期1号楼112号
……………………… Tel：0539-8311566
临沂市河东区人民医院有限公司
地址：临沂市河东区九曲安居街133号
……………………… Tel：0539-8380263
临沂阳光国际肿瘤医院有限公司
地址：临沂经济开发区205国道与327国道交汇处
……………………… Tel：0539-8769156
滨州市康颐医疗有限公司
地址：山东省滨州市开发区杜店乡渤海二十四路361号
……………………… Tel：0543-3254977
滨州沪滨爱尔眼科医院有限公司
地址：山东省滨州市滨城区黄河十二路1017号；黄河五路以北、渤海十一路以东富尔玛购物广场第3幢105号房、106号房
……………………… Tel：0543-3350217
山东中博养老服务有限公司
地址：山东省邹平市黛溪街道办事处黄山五路长途汽车站东500米路南
……………………… Tel：0543-4330699
东营佰昆康复医院有限公司
地址：山东省东营市东营区北一路361号2号楼201室
……………………… Tel：0546-6230678
东营市佰昆养老服务有限公司
地址：山东省东营市东营区北一路361号3号楼301室
……………………… Tel：0546-6382333
山东西苑中医医院有限公司
地址：山东省东营市东营区运河路384号101室
……………………… Tel：0546-7155959
东营中尊医道槟香医院有限公司
地址：山东省东营市东营区宁阳路55号
……………………… Tel：0546-7265868
东营中尊医道安兴医院有限公司
地址：山东省东营市东营区淮河路231号231幢204，202
……………………… Tel：0546-7276858
东营爱尔眼科医院有限公司
地址：山东省东营市东营区北二路675号、东三路186号
……………………… Tel：0546-7770025
东营鸿港医院有限公司
地址：山东省东营市东营区黄河街道太行山路239号
……………………… Tel：0546-8175688
东营诚华铭瑞中医医院有限公司
地址：山东省东营市东营区汾河路296号
……………………… Tel：0546-8300366
威海正源美容医院有限公司
地址：山东省威海市环翠区青岛中路39号海韵华府C6
……………………… Tel：0631-5196666
威海中道医院养护院有限公司
地址：威海市威海经济技术开发区皇冠办事处乐天世纪城13号B座
……………………… Tel：0631-5969201
天国医院股份有限公司
地址：山东省威海市经济技术开发区皇冠办事处海埠路-129号254-106
……………………… Tel：0631-5987600
中星医院管理有限公司
地址：山东省威海经济技术开发区蓝星万象城23号A座一层
……………………… Tel：0631-5988018
威海广业百汇医院有限公司
地址：山东省威海市环翠区文化中路-59-8号1401、1403、1416室
……………………… Tel：0631-5993968
威海大溪谷健康养老有限公司
地址：山东省威海市文登经济开发区广州路58-1号
……………………… Tel：0631-8669056
威海华深乐龄养老服务有限公司
地址：山东省威海市南海经济开发区金海滩阳光城23号、甲23号
……………………… Tel：0631-8967777
枣庄爱尔眼科医院有限公司
地址：山东省枣庄市市中区各塔埠办事处光明中路29号第1幢
……………………… Tel：0632-3395999
山东恒宜养老服务有限公司
地址：山东省枣庄市枣庄市齐村镇盛北商贸城西邻
……………………… Tel：0632-3820788
金牌母婴护理连锁有限公司
地址：山东省枣庄高新区燕山北路东侧、神工路南交汇处
……………………… Tel：0632-4480617
威海爱尔眼科医院有限公司
地址：威海市环翠区青岛中路-8号（负一至六层）

……Tel：0632-5336088
枣庄美年大健康科技有限公司
地址：山东省枣庄高新区光明西路1999号1层
……Tel：0632-7551999
山东银光智慧康养有限公司
地址：山东省枣庄市山亭区汉诺路6号
……Tel：0632-8863977
日照交通医康健康产业开发有限公司
地址：山东省日照市东港区石臼阳光社区办公楼三楼
……Tel：0633-3318666
山东医邦医疗有限公司
地址：山东省日照市五莲县利民路20号
……Tel：0633-5677999
日照香集居温泉小镇开发有限公司
地址：山东省日照市五莲县松柏镇驻地
……Tel：0633-6883457
山东华方医疗产业发展有限公司
地址：山东省日照市山东路北侧
……Tel：0633-8221283
日照康晟医养健康产业有限公司
地址：山东省日照山海天旅游度假区两城街道新都置业办公楼2楼
……Tel：0633-8518881
日照爱尔眼科医院有限公司
地址：山东省日照市东港区海曲中路南艳阳路东001幢
……Tel：0633-8804888
聊城正信颐养健康服务有限公司
地址：山东省聊城经济技术开发区东昌东路159号正信招标公司院内C座302室
……Tel：0635-2928867
聊城忠仁中医医院有限公司
地址：山东省聊城市茌平县振兴街道迎宾大道与建设路交汇处
……Tel：0635-2989558
山东宁康养老医疗有限公司
地址：聊城市东昌府区建设东路肿瘤医院北300米
……Tel：0635-5089955
鲁西南医院有限公司
地址：山东省聊城市阳谷县祥光生态工业园区
……Tel：0635-7136062
阳谷伏城医养健康开发有限公司
地址：山东省聊城市阳谷县祥光生态工业园区祥光路6号新凤祥大厦10层
……Tel：0635-7136062
聊城蕾娜范养老服务有限公司
地址：山东省聊城市东昌府区龙山南路9号（聊城市社会福利院原址）
……Tel：0635-7290288
聊城美康盛德医学检验实验室有限公司
地址：山东省聊城市东昌府区柳园办事处小康路与松桂路交叉口东昌府人民医院
……Tel：0635-8227768
聊城市南湖医养服务有限公司
地址：聊城市江北水城旅游度假区南湖湿地公园内荷苑大厦6楼
……Tel：0635-8266213
聊城博爱妇女儿童医院有限公司
地址：山东省聊城市东昌府区兴华西路22号
……Tel：0635-8323651
瑞祥（聊城）养老服务有限公司
地址：聊城市高新技术产业开发区淮河路19号
……Tel：0635-8510801

河南省

河南医健健康产业有限公司
地址：永城市产业集聚区总部经济楼（经营地址：永城市东城区滨河路东广场南侧）
……Tel：0370-5201031
开封新圣玛医院有限公司
地址：开封市西环路与向阳路交叉口鑫泰丽都大厦一号
……Tel：0371-22226666
河南民生医院管理有限公司
地址：开封市十大街与东京大道交叉口西北角开封市中心医院科教园内
……Tel：0371-22517111
开封市和弘居养老服务有限公司
地址：开封市金明大道南段路东
……Tel：0371-22634535
兰考东方医院有限公司
地址：兰考县考城镇张西村（城区兰曹路北侧）
……Tel：0371-26440377
兰考第一医院有限公司
地址：兰考县城区中山北街北段西侧
……Tel：0371-26982120
河南银基健康医疗有限公司
地址：新密市刘寨镇刘寨村迎宾大道南侧6号汤屋
……Tel：0371-53313118
郑州仁济医院有限公司
地址：郑州市管城回族区金岱产业集聚区文治路25号
……Tel：0371-55023191
郑州美康盛德医学检验所有限公司
地址：郑州市惠济区开元路东风渠交叉口
……Tel：0371-55028000
郑州欧华医疗美容医院有限公司
地址：郑州市金水区文化路86-1号
……Tel：0371-55059525
郑州陇海医院有限公司
地址：郑州市管城区陇海东路303号
……Tel：0371-55159898
郑州明州护理院有限公司
地址：郑州市金水区优胜南路1号
……Tel：0371-56057611
郑州爱尔眼科医院有限公司
地址：郑州市二七区航海中路99号
……Tel：0371-56181605
郑州万安妇产医院有限公司
地址：河南自贸试验区郑州片区（郑东）万安街17号2号楼9层
……Tel：0371-56533333
郑州唯爱康白佛医院有限公司
地址：河南自贸试验区郑州片区（郑东）贾陈街与汉月路交叉口西北角白佛路便民服务中心1、2、3层
……Tel：0371-56582818
郑州华厦眼科医院有限公司
地址：郑州市管城区商城路20号
……Tel：0371-60100601
郑州芳艺医疗美容医院有限公司
地址：郑州市二七区航海中路77号门面
……Tel：0371-60157777
郑州普瑞眼科医院有限责任公司
地址：郑州市金水区东明路170号
……Tel：0371-60195888
河南颐享养老服务有限公司
地址：荥阳市泽众路与飞龙路交叉口西北角
……Tel：0371-60252666
郑州悦和佳康复医院有限公司
地址：荥阳市荥泽大道与荥运路交叉口东北侧
……Tel：0371-60253999
河南赛思口腔医院有限公司
地址：郑州市金水区东明路177号综合楼五楼
……Tel：0371-60302239
郑州辰星医疗美容医院有限公司
地址：郑州市金水区金水路280号
……Tel：0371-60630247
郑州市和美妇儿医院有限公司
地址：河南自贸试验区郑州片区（郑东）东风南路东、金水东路北、绿地新都会二期7号楼
……Tel：0371-61235525
河南美奥口腔医院有限公司
地址：郑州市管城区紫荆山路72号4号楼1-3层
……Tel：0371-61653698
河南整形美容医院有限公司
地址：郑州市农业东路3号
……Tel：0371-63378523
河南中欧医疗养老管理有限公司
地址：郑州市金水区园田路19号5层5号
……Tel：0371-63897068
河南华世恒康医院有限公司
地址：河南省郑州市巩义市孝义路38号
……Tel：0371-64111777
河南鸿禧阳光养老公寓有限公司
地址：郑州市金水区鑫苑路16号1号楼606室
……Tel：0371-65550778
郑州帝尔美医疗美容门诊有限公司
地址：郑州市金水区黄河路11号豫粮大厦西配楼2楼
……Tel：0371-65676567
河南绿康联合医疗管理有限公司
地址：河南省郑州市郑东新区农业南路51号3层306号
……Tel：0371-66382788
河南明峰医学影像诊断有限公司
地址：郑州高新技术产业开发区西四环路399号2号楼一楼东
……Tel：0371-66681350
郑州圣玛妇产医院有限公司
地址：郑州市郑东新区农业东路3号医疗综合楼1-6层
……Tel：0371-66903333
郑州阳光男科医院有限公司
地址：郑州市中原区华山路108号
……Tel：0371-67033336
郑州华影医学影像诊断服务有限公司
地址：河南自贸试验区郑州片区（郑东）商务外环路19号18楼115号
……Tel：0371-69106377
河南张仲景国医馆有限公司
地址：郑州市管城回族区金岱工业园文兴路22号
……Tel：0371-69329995
河南光大欧安乐龄医疗养老股份有限公司
地址：郑州市高新区西三环路289号18号楼A座12层
……Tel：0371-86520120
郑州华厦视光眼科医院有限公司
地址：郑州市郑东新区祥盛街8号门诊楼1楼
……Tel：0371-86626766
河南新中金养老服务有限公司
地址：河南自贸试验区郑州片区（郑东）商务外环5号河南国际商会大厦17层1708室
……Tel：0371-86678322
河南省省立医院有限公司
地址：郑州航空港经济综合实验区洞庭湖路6号
……Tel：0371-87083502
河南颐养乐福福乐居养老服务有限公司
地址：郑州市金水区经五路23号院6号楼101室
……Tel：0371-88817909
安阳市昌泰医院管理服务有限责任公司
地址：河南省安阳市文峰区大胡同1号楼4层
……Tel：0372-3681068
河南康圣达医学检验所有限公司
地址：河南省安阳市文峰区文峰大道与朝阳路交叉路口国贸中心海天城市广场C-3写字楼2301室
……Tel：0372-5368007
国药中原医院管理有限公司
地址：新乡市金穗大道151号世都大厦11楼
……Tel：0373-2030756
新乡同盟医院有限公司
地址：河南省获嘉县和平路中段路北
……Tel：0373-4526906
新乡市乾坤医院有限公司
地址：封丘县鲁岗镇和寨村
……Tel：0373-8355888
封丘艾格眼科医院有限公司
地址：封丘县幸福路792号
……Tel：0373-8373888
河南金源伟业健康医疗管理有限公司
地址：长垣县南蒲巨人大道东方富地二期商铺44号
……Tel：0373-8761777
河南宏力医院有限公司
地址：长垣市蒲西区博爱路西文明路南
……Tel：0373-8882028
禹州市爱馨老龄产业发展服务有限公司
地址：禹州市轩辕大道与祥云大道交汇处
……Tel：0374-2078868
许昌郭医颈肩腰腿痛医院有限公司
地址：许昌市东城区学院路许昌颈肩腰腿痛医院院内
……Tel：0374-2986019
许昌华厦眼科医院有限公司
地址：许昌市文峰办事处毓秀路19号1幢1-6层南侧
……Tel：0374-8522180
国药（平顶山）医疗健康产业有限公司
地址：河南省平顶山市湛河区姚电大道西段1号
……Tel：0375-4895905
郏县普明眼科医院有限公司
地址：郏县东城街道大屯社区
……Tel：0375-5160000
郏县惠康医院有限公司
地址：郏县城八一路北段
……Tel：0375-5508333
河南信合医疗投资有限公司
地址：河南省固始县番国大道66号
……Tel：0376-4678168
圣德国际医院集团有限公司
地址：信阳市羊山新区河南圣德医院13号楼
……Tel：0376-6268707
河南天颐康养集团有限公司
地址：河南省信阳市　河区东双河镇杜河村灵龙湖旅游区游客中心2楼
……Tel：0376-6511166
信阳市富邦医院有限公司
地址：河南省信阳市　河区工区路160号
……Tel：0376-6566000
信阳爱尔眼科医院有限公司
地址：信阳市羊山新区南京路2号
……Tel：0376-6663888
河南圣德怡和宸血液净化服务有限公司
地址：河南省信阳市羊山新区河南圣德医院13号楼
……Tel：0376-6966026
信阳泰阳健康养老产业发展有限公司
地址：信阳市鸡公山管理区李家寨镇新店村后湾组5B
……Tel：0376-6992270
南阳尖峰眼科医院有限公司
地址：南阳市高新区两相路518号
……Tel：0377-60869188
河南省夕阳红温康养老服务有限公司
地址：南阳市长江路200号南阳纺织集团有限公司职工医院住院部2号楼
……Tel：0377-62236288
邓州市和康医养服务有限公司
地址：邓州市邓九路与西一环交叉口
……Tel：0377-62339188
河南省仁爱体检中心有限公司
地址：河南省南阳市三川商务中心金融街4栋401
……Tel：0377-62898999
南阳市张仲景医院有限公司
地址：南阳市滨河西路1888号
……Tel：0377-63536666
南阳瑞视眼科医院有限公司
地址：南阳市宛城区仲景街道办事处孔明路凯旋广场11幢101室
……Tel：0377-63586627
南阳开源投资发展集团有限公司
地址：镇平县平安大道政务服务中心五楼
……Tel：0377-65973678
河南桃花源养老有限公司
地址：内乡县湍东镇湍河东路北段
……Tel：0377-83972622
河南张仲景医院有限公司
地址：郑州市管城区文兴路22号
……Tel：0377-83978888
河南省依悦禾养老产业股份有限公司
地址：洛阳市涧西区九都西路中弘中央广场小区8#楼1101,1105,1110号
……Tel：0379-60135518
洛阳互丰实业有限公司
地址：洛阳市孟津县城关镇桂花大道长华社区居民委员会10楼
……Tel：0379-60691998
张清堂（河南）肿瘤医院有限公司
地址：洛阳市西工区凯旋西路19号院壹品瀚景1幢1513号
……Tel：0379-63915785
河南百善养老产业集团有限公司
地址：洛阳市　河区杨文邙山路10号
……Tel：0379-65199332
河南美维口腔医疗管理有限公司
地址：洛阳市西工区七一路六号院1幢101
……Tel：0379-65811111
洛阳三个太医养老产业有限公司
地址：洛阳市洛龙区洛龙路788号院楼房一幢二层南面
……Tel：0379-65977777
河南聚福乐养老服务有限公司
地址：洛阳市洛龙区开元大道248号1幢1720
……Tel：0379-69938071
河南明德幸福养老服务有限公司
地址：武陟县兴华路519号
……Tel：0391-2527666
焦作尖峰眼科医院有限公司
地址：焦作市山阳区太行中路2121-4号
……Tel：0391-3591666
孟州市人民医院有限责任公司
地址：孟州市黄河大道东段
……Tel：0391-8168810
孟州市民生医院有限公司
地址：孟州市市内会昌南路271号
……Tel：0391-8397555
鹤壁仁合眼科医院有限公司
地址：鹤壁市淇滨区军民花园一区58号
……Tel：0392-6909508
鹿邑真源医疗发展有限公司
地址：鹿邑县卫真路西段路南（真源医院四楼）
……Tel：0394-7213939
淮阳县羲皇家人颐养有限公司
地址：淮阳县城关南环路南侧
……Tel：0394-7786886
周口医疗产业投资管理有限公司
地址：河南省周口市城乡一体化示范区文昌大道南侧、经二路东侧
……Tel：0394-8687109
河南金康万安医疗养老服务有限公司
地址：河南省漯河市源汇区长江路中段13号北侧万安医院院内
……Tel：0395-3725126
河南中发城镇化养老发展有限公司
地址：漯河市郾城区黄河路296号
……Tel：0395-6671136
驻马店眼科医院有限公司
地址：驻马店市文明路与纬二路交叉口东南角12层
……Tel：0396-2628126
新蔡同安医院有限公司
地址：新蔡县古吕街道健康路东段105号
……Tel：0396-2732100
遂平仁安医院有限公司
地址：遂平县建设路西段（瞿阳镇遂查路北侧）
……Tel：0396-4900222
上蔡县蔡州中心医院有限公司
地址：河南省驻马店市上蔡县蔡都镇蔡侯大道东段南侧678号
……Tel：0396-6920058

湖北省

武汉大众口腔医疗股份有限公司
地址：武昌区中南路街民主路786号华银大厦11层5号、6层601、608-612号
…………Tel：027-50704827

武汉第一口腔医院有限责任公司
地址：武汉市江汉区建设大道675号
…………Tel：027-51766666

武汉新城医院有限公司
地址：武汉市新洲区阳逻经济开发区花园村
…………Tel：027-58902618

武汉一脉阳光医学影像诊断中心有限公司
地址：武汉市江岸区建设大道718号浙商国际大厦1层商场（1）、2层商场（1）、4层商场（1）、6层商场（1）
…………Tel：027-58905829

武汉广发肿瘤医院有限责任公司
地址：武汉市 口区长丰大道120号一楼
…………Tel：027-59001966

武汉尚医邦康综合门诊部有限公司
地址：武汉市江岸区建设大道718号浙商国际大厦3、4层商场
…………Tel：027-59328808

武汉华大医学检验所有限公司
地址：武汉市东湖开发区高新大道666号武汉国家生物产业基地项目B、C、D区研发楼B2栋
…………Tel：027-59557788

武汉瑞慈瑞岳综合门诊部有限公司
地址：武昌区徐东路50号5层
…………Tel：027-59727821

武汉平安好医医学影像诊断中心有限公司
地址：武汉市江岸区石桥一路18号黄浦创立方项目4号楼第1-5层
…………Tel：027-59866699

武汉第一健康兰丁医疗管理有限公司
地址：武汉市武昌区水果湖街汉街武汉中央文化旅游区K3-2地块第K3-4幢6层1-10号
…………Tel：027-59907178

湖北济民瑞浩老年康复服务有限公司
地址：武汉市东湖高新技术开发区虎泉街299号
…………Tel：027-62435716

武汉存济口腔医院有限公司
地址：湖北省武汉市江汉区姑嫂树路10号京华国际A座
…………Tel：027-63376888

武汉九州通人寿堂医疗养老服务有限公司
地址：武汉市江汉区发展大道198号B座
…………Tel：027-65663888

武汉亚洲实业有限公司
地址：武汉市江汉区京汉大道753号
…………Tel：027-65796674

武汉百佳妇产医院有限公司
地址：武汉市江岸区建设大道1091号
…………Tel：027-66666333

武汉光谷医院股份有限公司
地址：武汉市东湖高新技术开发区鲁巷绿化广场东南侧光谷广场5楼
…………Tel：027-67885255

武汉玛丽亚妇产医院有限公司
地址：武汉市武昌区中山路128号
…………Tel：027-68892996

武汉爱尔眼科医院有限公司
地址：武昌区中山路481号
…………Tel：027-68893999

武汉远萱养老服务有限公司
地址：武汉市汉阳区翠微横路18号-3号2层3室
…………Tel：027-82287155

人民养老服务有限公司
地址：武汉市黄陂区前川车站东路55-61号
…………Tel：027-82288508

武汉民生眼耳鼻喉专科医院有限公司
地址：武汉市江岸区黄孝河路107号
…………Tel：027-82636002

武汉爱思特医疗美容医院有限公司
地址：武汉市江岸区金源世界中心1-4层
…………Tel：027-82825558

武汉锦欣中西医结合妇产医院有限公司
地址：武汉市江岸区黄浦大街266号
…………Tel：027-82889918

武汉西美禾综合门诊部有限公司
地址：武昌区友谊大道371号V+合伙人大厦裙楼第4层
…………Tel：027-82965266

武汉雅禾美综合门诊部有限公司
地址：武昌区友谊大道371号V+合伙人大厦裙楼第三层
…………Tel：027-82965266

武汉临空港养老有限公司
地址：武汉市走马岭办事处新建村11号（13）
…………Tel：027-83229188

武汉欧燕医疗美容医院有限公司
地址：武汉市 口区建设大道423号
…………Tel：027-83318888

武汉华美整形外科医院有限公司
地址：武汉市 口区解放大道1087号
…………Tel：027-83356177

武汉艾迪康医学检验所有限公司
地址：武汉市江汉区经济开发区江兴路17号欣欣中信科技孵化器3栋2、3、4层
…………Tel：027-83365135

武汉同济现代医学检验实验室有限公司
地址：武汉市 口区航空路1-5办公楼房4层403室
…………Tel：027-83530075

武汉同济现代名仁医疗中心有限公司
地址：武汉市 口区航空路1-5号院内办公楼4层402室
…………Tel：027-83530075

同济现代（武汉）精准医学检测中心有限公司
地址：武汉市 口区航空路1-5号院内办公楼房3-5层（301、401、501）
…………Tel：027-83530075

武汉美慈奥亚科技管理有限公司
地址：武汉市 口区建设大道142号湘商大厦19楼-1
…………Tel：027-83668585

武汉汉秀医疗美容医院有限责任公司
地址：武汉市 口区 口路160号武汉城市广场2层1号、3层1号
…………Tel：027-83793588

武汉仁爱医院有限公司
地址： 口区解放大道３４８号
…………Tel：027-83798807

武汉明州康复医院有限公司
地址：武汉市 口区南泥湾大道63号1栋、3栋、4栋2-4层
…………Tel：027-83996088

武汉东苑中西医结合医院有限公司
地址：武汉经济技术开发区神龙大道121号
…………Tel：027-84397777

武汉亚心总医院有限公司
地址：武汉经济技术开发区3MA地块金凯公寓4号楼第一层
…………Tel：027-84788999

湖北国控医疗有限公司
地址：武汉市江岸区球场横街小区1栋1、2层
…………Tel：027-84854339

武汉爱尔眼科汉阳医院有限公司
地址：武汉市汉阳区罗七北路12号金龙公馆综合楼栋1-2层（1）商
…………Tel：027-84886578

武汉中原医院有限公司
地址：武汉市武昌区铁机路特1号
…………Tel：027-86555868

武汉楠山康养有限责任公司
地址：武汉市青山区随州街11附56号（原101街武钢计控公司）
…………Tel：027-86806536

湖北玖康养老服务发展集团有限公司
地址：湖北省武汉市东湖新技术开发区光谷大道108号久阳科技工业园
…………Tel：027-86899162

武汉微检综合门诊部有限公司
地址：武汉市江汉区中山大道818号平安大厦49层5501室1-13号
…………Tel：027-87109618

武汉武昌艾格眼科医院有限公司
地址：武昌区武珞路460号（华宫大厦）1-5楼
…………Tel：027-87188888

武汉真爱妇产医院有限公司
地址：洪山区雄楚大街489号领秀城2栋1层01室、2层01室、3层01室
…………Tel：027-87189999

武汉楷恩医院有限公司
地址：武汉市东湖生态旅游风景区八一路延长线特1号
…………Tel：027-87588888

迈飞（武汉）医学影像诊断中心有限公司
地址：武汉市汉阳区鹦鹉大道48号长江广场7层A室706
…………Tel：027-87654321

武汉泰康楚园康复医院有限公司
地址：武汉东湖新技术开发区严西湖路66号1栋208
…………Tel：027-87706713

武汉泰康医院有限公司
地址：武汉市汉阳区江堤街鲤鱼洲社区四新北路还建房26栋A座1楼108号
…………Tel：027-87719630

武汉爱康国宾健康管理有限公司
地址：地址：武昌区水果湖街中北路86号汉街武汉中央文化旅游区K3地块2栋2层2室
…………Tel：027-87819871

武汉贝蓓医疗美容医院有限公司
地址：武汉市 口区古田二路汇丰企业天地3栋
…………Tel：027-87868888

武汉侨亚博爱康复医院有限公司
地址：武汉市江夏区藏龙岛科技园栗庙村湖北美术学院对面
…………Tel：027-87960808

武汉市重离子肿瘤医院有限公司
地址：武汉经济技术开发区22MB地块1号楼1-4层1503室
…………Tel：027-88100856

武汉珂信肿瘤医院有限公司
地址：洪山区青菱街白沙洲大道36号白沙洲农贸大市场对面整栋大楼
…………Tel：027-88606166

湖北华泰文旅养老产业发展有限公司
地址：武汉市东湖新技术开发区高新大道666号光谷生物创新园C7栋501室
…………Tel：027-88708389

襄阳爱尔眼科医院有限公司
地址：襄阳市樊城区建设路56号
…………Tel：0710-3260000

襄阳乐氏同仁中医门诊部有限公司
地址：襄阳市樊城区人民路65号（原251号12-1幢）
…………Tel：0710-3276558

湖北长松养老产业股份有限公司
地址：襄阳市襄城区春园东路1号左岸春天18幢1单元3层2室
…………Tel：0710-3281365

湖北乐康和邦医疗健康管理有限公司
地址：襄阳市襄州区春园东路（天润万象城）8.9幢301室
…………Tel：0710-3702666

宜城爱尔眼科医院有限公司
地址：宜城市自忠路
…………Tel：0710-4253120

枣阳爱尔眼科医院有限公司
地址：枣阳市南城中兴大道186号（御景豪庭17号楼）
…………Tel：0710-6221558

鄂州精准医疗中心有限责任公司
地址：湖北省鄂州市鄂州经济开发区滨港路1号
…………Tel：0711-5019700

孝感爱尔眼科医院有限公司
地址：孝感市槐荫大道西段路北52号
…………Tel：0712-2856677

孝昌十真医院管理有限公司
地址：孝昌县北京路特1号
…………Tel：0712-4765610

孝昌黎民医院有限公司
地址：孝昌县中天大道冯山新村
…………Tel：0712-4828208

湖北福善堂医养有限公司
地址：汉川市仙女山街道办事处西湖路西湖国际8幢二座二层
…………Tel：0712-8668688

湖北省麻城众悦颐养有限公司
地址：湖北省麻城市乘马岗镇苏区北路
…………Tel：0713-2781180

湖北省英山众悦温泉颐养有限公司
地址：英山县温泉镇九龙口村九组
…………Tel：0713-7113555

湖北蕲春石顺康肾病医院有限公司
地址：蕲春县漕河镇蕲春大道127号
…………Tel：0713-7210166

湖北大别山康复医院有限公司
地址：湖北省蕲春县李时珍医药工业园区
…………Tel：0713-7339819

黄石宏悦妇产医院有限公司
地址：黄石市杭州东路6号
…………Tel：0714-3051890

黄石华中福康医院有限公司
地址：湖北省黄石市黄石大道275号
…………Tel：0714-3099999

黄石广慈老年病医院有限公司
地址：黄石市黄石港区武汉路17号
…………Tel：0714-3169106

黄石市第五医院有限公司
地址：黄石市下陆区下陆大道98号
…………Tel：0714-5317323

黄石人福养老服务有限公司
地址：黄石市下陆区新下陆街228号
…………Tel：0714-5392908

黄石市第四医院有限公司
地址：黄石市铁山区广友路10号
…………Tel：0714-5418419

黄石市爱康医院有限责任公司
地址：湖北省黄石市颐阳路562号
…………Tel：0714-6212782

黄石仁爱中西医结合医院有限公司
地址：黄石市下陆区青龙山路21号
…………Tel：0714-6266120

湖北鄂东医养集团有限公司
地址：黄石市下陆区桂林北路34号
…………Tel：0714-6368522

黄石市第二医院有限公司
地址：黄石市黄石港区青山桥102号
…………Tel：0714-6515361

湖北圣海养老服务有限公司
地址：大冶市大箕铺镇八流村赵显湾68号
…………Tel：0714-8010031

通山康泰医院有限公司
地址：通山县通羊镇洋都大道138号
…………Tel：0715-2356828

湖北科奥医疗器械产业园投资有限公司
地址：通山县经济开发区医疗器械工业园
…………Tel：0715-2369955

嘉鱼县康泰医院有限公司
地址：嘉鱼县鱼岳镇沙阳大道116号
…………Tel：0715-6065120

湖北康悦医疗健康管理有限公司
地址：湖北省咸宁市咸安区贺胜桥镇梓山湖新城贺滨大道北面
…………Tel：0715-8369555

咸宁麻塘风湿病医院有限公司
地址：咸宁市咸安区桂乡大道2号
…………Tel：0715-8618888

湖北欣乐怡养医疗管理有限公司
地址：湖北省荆州市洪湖市新堤办事处新闸大道17号2号公寓
…………Tel：0716-2254889

监利武新单采血浆站有限公司
地址：监利县容城镇城东工业园（裴家村）
…………Tel：0716-3384119

荆州爱尔眼科医院有限公司
地址：荆州市沙市区红星北路（活力花园小区）
…………Tel：0716-8886663

宜昌环生英尔达医院有限公司
地址：宜昌市伍家岗区八一路6号
…………Tel：0717-6569900

宜昌邦康综合门诊有限公司
地址：宜昌市高新区城东大道21号地址：
…………Tel：0717-6770237

宜昌爱康卓悦综合门诊部有限公司
地址：宜昌市西陵区西陵一路51号均瑶国际广场7-8楼
…………Tel：0717-6915500

宜昌家和医院有限公司
地址：宜昌市夷陵区发展大道（黄金卡路段）
…………Tel：0717-7701666

恩施光大炎黄养老服务有限公司
地址：湖北省恩施市金子路州传媒中心报业大楼一楼
…………Tel：0718-3102262

湖北普源医疗管理有限公司
地址：巴东县信陵镇沿江大道203号
…………Tel：0718-4261888

利川市和谐百年健康管理中心（普通合伙）
地址：利川市东城街道办事处下坝村南环大道东路32号
…………Tel：0718-7233888

恩施慧宜中西医结合风湿医院有限公司
地址：湖北省恩施市龙凤镇三河村
…………Tel：0718-8309850

恩施慧宜眼科医院有限责任公司
地址：湖北省恩施市舞阳街道办事处耿家坪村
…………Tel：0718-8309850

恩施华龙总医院有限公司
地址：湖北省恩施市施州大道469号
…………Tel：0718-8902111

恩施美年大健康管理有限公司
地址：湖北省恩施市金桂大道国际服装城1号楼3层
…………Tel：0718-8958001

南山五福堂（竹山）医院有限公司
地址：竹山县城关镇南门村一组
…………Tel：0719-4229888

十堰瑞邦美养老产业有限公司
地址：十堰市张湾区茅坪乡梁家沟村二组
…………Tel：0719-8213269

湖北清大中医院（普通合伙）
地址：十堰市茅箭区东城经济开发区何家沟路7号
…………Tel：0719-8452390

十堰惠爱残疾人康复医院有限公司
地址：十堰市张湾区花果街办大路村四组
…………Tel：0719-8564058

十堰君和养老服务有限公司
地址：十堰市张湾区花果村新疆路96号
…………Tel：0719-8569458

十堰爱尔眼科医院有限公司
地址：十堰市茅箭区北京南路39号
…………Tel：0719-8845758

随州太上中医馆有限公司
地址：随州市曾都区青年路30号同兴苑2号楼1单元206-212号
…………Tel：0722-3309000

荆门爱尔眼科医院有限公司
地址：荆门市东宝区象山二路11号1栋4楼
…………Tel：0724-6065656

湖北遵道医养服务有限公司
地址：京山温泉新区温泉路（中行培训中心）
…………Tel：0724-7329988

湖北农谷森林康养有限公司
地址：京山市石龙镇农谷大道1号
…………Tel：0724-7466666

潜江爱尔眼科医院有限公司
地址：潜江市泰丰办事处东方路3号
…………Tel：0728-8108120

湖北爱普医疗投资有限公司
地址：仙桃市汪洲河路3号

……………………Tel：0728-8870999

湖南省

岳阳市鹏安铁山康复医院有限公司
地址：岳阳县公田镇金牛路（铁山小区鑫宝大厦3号楼901）
……………………Tel：0730-2270001

岳阳华厦恒康医院有限公司
地址：岳阳市岳阳楼区巴陵中路520号
……………………Tel：0730-2280568

岳阳市肾佑医院有限公司
地址：湖南省岳阳市岳阳楼区琵琶王路339号
……………………Tel：0730-2288120

岳阳强生肛肠医院有限公司
地址：岳阳市岳阳楼区站前路178号（原天宇大厦）
……………………Tel：0730-2995555

湘阴县华雅医院有限公司
地址：湘阴县文星镇新世纪大道北侧嘉雅豪园综合楼
……………………Tel：0730-3058998

湖南福泽园养老服务有限公司
地址：岳阳市君山区挂口新区亚华市场2栋504房
……………………Tel：0730-3238688

岳阳南湖医院有限公司
地址：岳阳市岳阳楼区洞庭大道171号
……………………Tel：0730-3336669

平江县汉昌老年公寓有限公司
地址：湖南省岳阳市平江县城关镇三犊源
……………………Tel：0730-6223925

岳阳康乐生态养生园有限公司
地址：岳阳县荣家湾镇麻塘村黎家组
……………………Tel：0730-8692255

岳阳广济医院有限公司
地址：岳阳市岳阳楼区洞庭大道1号（原洞纺职工医院）
……………………Tel：0730-8780123

岳阳市国泰阳光老年服务有限责任公司
地址：岳阳市岳阳楼区北港乡奇家村
……………………Tel：0730-8868111

岳阳圣安医养健康产业有限公司
地址：岳阳市南湖新区宜登路88号
……………………Tel：0730-8881314

株洲康乐医养服务有限公司
地址：株洲市荷塘区茨菇塘街道办事处六0一生活区永红村（株硬原内招）
……………………Tel：0731-22131683

茶陵县宏泰健康养生园有限公司
地址：湖南省株洲市茶陵县城关镇炎帝社区瓯江南路
……………………Tel：0731-22989088

醴陵市福田健康养老服务中心有限公司
地址：醴陵市来龙门街道珊田村龙塘组
……………………Tel：0731-23333542

攸县康泰健康养老有限公司
地址：湖南省株洲市攸县谭桥街道流和社区下屋场组
……………………Tel：0731-24251611

湖南政德医疗有限责任公司
地址：湖南省株洲市茶陵县城关镇云盘社区三公里
……………………Tel：0731-25259607

湖南柏霖医美医疗科技股份有限公司
地址：湖南省株洲市荷塘区新华西路819号富华商业广场28楼2801、2802、2803号
……………………Tel：0731-27552222

株洲三三一爱尔眼科医院有限公司
地址：芦淞区董家
……………………Tel：0731-28557331

湖南慈航普惠养老产业发展有限公司
地址：湖南省株洲市天元区中达路9号企业会所智尚科技大厦2楼06号
……………………Tel：0731-28828226

湖南松鹤居老年事业有限公司
地址：湖南省湘潭市岳塘区中洲路街道(第三完全小学内)
……………………Tel：0731-55258999

湖南明和福寿养老服务有限公司
地址：湘潭县易俗河镇凤凰路、银杏路东北拐角步步高同丰广场2-1819号
……………………Tel：0731-57293329

湖南科姿医疗美容有限公司
地址：湖南省长沙市岳麓区银盆岭街道银杉路31号绿地时代广场5栋2010房
……………………Tel：0731-82227307

长沙柏瑞口腔医院有限公司
地址：长沙市雨花区圭塘街道万家丽中路二段539号万科金域华府10栋、11栋-111号
……………………Tel：0731-82258137

长沙和盛园养生养老服务有限公司
地址：湖南省长沙市天心区金盆岭街道劳动西路229号凯华大厦602号
……………………Tel：0731-82568451

湖南旺旺医院有限公司
地址：长沙市芙蓉区人民东路318号
……………………Tel：0731-82775411

长沙昌恒康复医院有限公司
地址：长沙市岳麓区靳江路以北后湖小区综合楼（后湖新村村委会集体房产）
……………………Tel：0731-82786677

湖南泰禹医疗中心有限公司
地址：长沙市雨花区白沿路168号泰禹家园4栋
……………………Tel：0731-82800118

长沙亚韩医学美容医院有限公司
地址：长沙市雨花区韶山北路256号
……………………Tel：0731-82828003

湖南柳奕绿色养生有限公司
地址：湖南省长沙市芙蓉区文艺路街道韶山北路城市花园C座1601房
……………………Tel：0731-82922389

长沙美莱医疗美容医院有限公司
地址：湖南省长沙市雨花区芙蓉中路339号
……………………Tel：0731-83077712

长沙红枫康复医院（普通合伙）
地址：湖南省长沙市岳麓区银盆岭街道火炬城社区C4组团A栋2楼201室
……………………Tel：0731-83385776

湖南东奇医疗养老股份有限公司
地址：湖南省浏阳市行政中心西北角9楼905-907号
……………………Tel：0731-83657298

浏阳爱尔眼科医院有限公司
地址：浏阳市淮川街道办事处白沙东路48号
……………………Tel：0731-83667889

长沙星怡康健康体检中心有限公司
地址：浏阳市燎原中路50号105室（浏阳市燎原中路与双拥东路交汇处东南角）
……………………Tel：0731-83669995

湖南三博脑科医院有限公司
地址：长沙经济技术开发区人民东路先进储能节能创意示范产业园20栋1001
……………………Tel：0731-84065798

长沙颐而康颈肩腰腿痛医院有限公司
地址：湖南省长沙市开福区福康里13号（湖南省道路运输管理局招待所内）
……………………Tel：0731-84426788

湖南楷熙健康养老管理有限公司
地址：长沙市岳麓区银盆岭街道桐梓坡路26号火炬城C4组团C栋
……………………Tel：0731-84620666

长沙市芙蓉区知行门诊部有限公司
地址：湖南省长沙市芙蓉区朝阳街街道五一大道249号湘城中央花苑1号栋201房
……………………Tel：0731-84682309

湖南省孝颐堂医养院有限公司
地址：湖南省长沙市天心区友谊路413号运成大厦16楼3号房
……………………Tel：0731-84691059

湖南山水人家颐养健康发展有限公司
地址：长沙市雨花区万家丽中路三段36号喜盈门商业广场1、2栋及地下室8036
……………………Tel：0731-84699875

中信湘雅生殖与遗传专科医院有限公司
地址：长沙市湘雅路88号
……………………Tel：0731-84805319

湖南湘雅夕乐苑健康养老管理有限公司
地址：湖南省长沙市岳麓区银盆岭街道银双路199号湖南湘雅制药有限公司办公楼三楼
……………………Tel：0731-84812349

长沙圣达综合门诊部有限责任公司
地址：长沙经济技术开发区人民东路二段169号先进储能节能创意示范产业园11栋101、102、201、202、301、302
……………………Tel：0731-84875492

湖南竑溢置业发展有限公司
地址：湖南省长沙市天心区新姚北路398号美城公寓18栋102房
……………………Tel：0731-85071855

湖南湘雅博爱康复医院有限公司
地址：长沙县湘龙街道办事处万家丽北路61号
……………………Tel：0731-85099500

爱尔眼科医院集团股份有限公司
地址：长沙市芙蓉区长沖路99号隆平高科技园省科研成果转化中心一楼
……………………Tel：0731-85179288

湖南恒泰康康复医疗产业发展有限公司
地址：湖南省长沙市天心区芙蓉中路692号
……………………Tel：0731-85179288

湖南爱尔国际医疗健康产业城有限公司
地址：湖南省长沙市岳麓区梅溪湖街道嘉顺苑小区商业楼1号栋二楼201房
……………………Tel：0731-85179288-8665

长沙涵瑞医疗管理有限公司
地址：湖南省长沙市天心区芙蓉中路二段692号603、605、606房
……………………Tel：0731-85179288-8665

长沙湘江爱尔眼科医院有限责任公司
地址：湖南省长沙市岳麓区咸嘉湖街道咸嘉新村综合楼（长沙市岳麓区桐梓坡路336号
……………………Tel：0731-85229229

长沙仁康医院有限公司
地址：湖南省长沙县星沙街道金茂路11号
……………………Tel：0731-85255151

长沙南湖医院有限公司
地址：湖南省长沙市天心区南湖路270号
……………………Tel：0731-85427177

长沙市睦邻康复医院有限公司
地址：湖南省长沙市岳麓区西湖街道咸嘉湖路熊家湾小区黄花塘（队）物业大楼8号楼，共八层
……………………Tel：0731-85502886

长沙普瑞生殖与遗传专科医院有限责任公司
地址：湖南省长沙市天心区木莲西路587号水墨林溪苑19栋1111号
……………………Tel：0731-85523611

湖南普亲老龄产业发展有限公司
地址：湖南省长沙市岳麓区银盆岭街道杜鹃路99号天骄福邸综合楼2103房
……………………Tel：0731-85562580

长沙拜尔口腔医院有限公司
地址：长沙市雨花区万家丽中路二段539号万科金域华府10栋、11栋-111、-112号
……………………Tel：0731-85568011

长沙和乐健康产业有限公司
地址：长沙市雨花区王家冲路288号汇峰苑1栋609房
……………………Tel：0731-85579165

湖南万医康养集团有限公司
地址：湖南省长沙市雨花区时代阳光大道216号全洲药业集团有限公司综合楼栋一楼
……………………Tel：0731-85688900

中骨医疗有限公司
地址：湖南省长沙市天心区芙蓉中路200号体育公寓4栋16楼
……………………Tel：0731-85817555

湖南青竹湖活力养老社区实业有限公司
地址：长沙市开福区捞刀河高尔夫球会2号楼
……………………Tel：0731-86783999

长沙融城医院有限公司
地址：湖南省长沙市天心区融城路15号长沙融城医院食堂综合楼101三楼
……………………Tel：0731-86917078

湖南未名青羊湖国际森林康养发展有限公司
地址：长沙市宁乡县黄材镇青羊湖国有林场内
……………………Tel：0731-87523333

宁乡圆方医疗投资有限公司
地址：宁乡县玉潭镇宁乡大道168号
……………………Tel：0731-87804625

湖南华珍堂健康管理有限公司
地址：湖南省长沙市开福区芙蓉北路街道江滨社区附十号重建地42栋1楼整层
……………………Tel：0731-88112238

瑞澜医疗美容医院股份有限公司
地址：长沙市雨花区洞井中路219号万象美城2栋四楼
……………………Tel：0731-88210976

长沙吉强眼科医院有限公司
地址：长沙市望城区月亮岛街道银星路二段599号
……………………Tel：0731-88311084

湖南治未堂大健康产业有限公司
地址：湖南省长沙市天心区五凌路328号欧洲城19栋109号
……………………Tel：0731-88331263

湖南霖德医疗产业有限公司
地址：长沙高新开发区麓云路8号生产科研、移植中心343房
……………………Tel：0731-88395626

大康医疗健康产业有限公司
地址：湖南省长沙市岳麓区潇湘中路328号麓枫和苑5栋6001房
……………………Tel：0731-88549017

宁乡妇女儿童医院有限公司
地址：宁乡县城郊乡东沩社区东沩西路273号
……………………Tel：0731-88571577

长沙湘之雅国际医院有限公司
地址：长沙经济技术开发区人民东路以北、东十一线以西、映霞路以南长沙经开区产业工人活动中心内
……………………Tel：0731-88678726

长沙千麦君盛医学检验所有限公司
地址：长沙高新开发区汇智中路179号金导园工业用房D栋102-602
……………………Tel：0731-88707356

湖南未名健康管理有限公司
地址：长沙市雨花区杜家冲试验林场第44栋楼
……………………Tel：0731-88713425

湖南万年堂医疗有限公司
地址：长沙高新开发区桐梓坡西路229号麓华微电子研发楼四楼406房
……………………Tel：0731-88722881

湖南三真康复医院股份有限公司
地址：长沙高新开发区麓谷大道627号海创科技工业园B-1栋加速器生产车间1006号
……………………Tel：0731-88887025

湖南一养养老管理服务有限公司
地址：湖南省长沙市岳麓区银盆岭街道岳麓大道158号泽西城5栋2701房
……………………Tel：0731-89605798

湖南大康五福养老服务运营有限公司
地址：湖南省长沙市芙蓉区定王台街道五一大道826号湖南新华大厦2005室
……………………Tel：0731-89706375

长沙江湾生殖与遗传专科医院有限公司
地址：湖南省长沙市开福区芙蓉北路盛世路3号101室
……………………Tel：0731-89707399

长沙瑞上健康管理有限公司
地址：湖南省长沙市芙蓉区朝阳街街道五一大道65号（原五一东路87号）101房
……………………Tel：0731-89728210

岳阳恒骏置业有限公司
地址：岳阳经济技术开发区木里港大道（岳阳现代装备制造产业园办公科研楼5楼）
……………………Tel：0731-89772106

百灵中医糖尿病医院（长沙）有限责任公司
地址：长沙市雨花区新建西路117号湘凯综合楼B栋
……………………Tel：0731-89792716

湖南省国杏健康产业科技发展有限公司
地址：长沙高新开发区麓谷大道662号软件中心大楼后栋5层
……………………Tel：0731-89845058

湖南省阳光老龄医疗保健服务有限公司
地址：湖南省长沙市开福区双拥路529号水木轩7栋104房
……………………Tel：0731-89909321

长沙美奥口腔医院有限公司
地址：长沙市雨花区人民中路568号融圣国际10栋
……………………Tel：0731-89912222

浏阳市耀通健康养老产业发展有限公司
地址：浏阳市关口街道办事处浏阳大道118号国际烟花贸易大厦1204号
……………………Tel：0731-89915001

湖南卡梅洛国际医疗美容有限公司
地址：湖南省长沙市芙蓉区芙蓉中路二段98号明城国际中心4211
……………………Tel：0731-89915500

长沙汇仁皮肤病医院有限公司
地址：长沙市雨花区洞井铺和平村001栋
……………………Tel：0731-89919970

湖南天驰中医馆有限责任公司
地址：湖南省衡阳市高新区解放大道12号名城物业综合楼A栋1-2层
……………………Tel：0734-3103777

衡阳市衡山科学城医疗健康产业有限公司
地址：湖南省衡阳市雁峰区岳屏镇衡山科学城红树林研发创新区A1栋
……………………Tel：0734-3330033

耒阳雅康医院有限公司
地址：湖南省衡阳市耒阳市五里牌街道办事处栖凤园居民委员会城北中路280号
……………………Tel：0734-4288799

祁东祁丰医院有限公司
地址：湖南省衡阳市祁东县洪桥街道办南山路337号
……………………Tel：0734-6398068

衡阳华程医院有限公司
地址：衡阳市石鼓区中山北路175号
……………………Tel：0734-8139999

湖南华晨健康养老服务有限公司
地址：湖南省衡阳市石鼓区中山北路175号
……………………Tel：0734-8236978

衡阳南华星辉生殖健康专科医院有限公司
地址：衡阳市石鼓区解放路30号
……………………Tel：0734-8719111

郴州市瑞澜医疗美容医院有限公司
地址：郴州市北湖区五岭大道1号林邑财富中心四楼
……………………Tel：0735-2121939

郴州市第三人民医院健康园有限公司
地址：湖南省郴州市北湖区国庆北路与健康路交汇处23幢一层
……………………Tel：0735-2335157

郴州市第一人民医院东院有限公司
地址：郴州市苏仙区白露塘镇林邑大道坪田标准厂房企业服务中心518室
……………………Tel：0735-2999999

湖南宜章颐安养老服务有限公司
地址：湖南省郴州市宜章县玉溪镇文明北路虹桥
……………………Tel：0735-3709888

湖南宜章广慈医养服务有限公司
地址：湖南省郴州市宜章县玉溪镇宜黄路(城南中心小学对面)
……………………Tel：0735-3715600

桂阳神农蜂老年疗养公寓有限公司
地址：湖南省郴州市桂阳县正和镇全义村
……………………Tel：0735-4428796

嘉禾县惠民医疗有限公司
地址：湖南省郴州市嘉禾县珠泉镇荫溪村车头大桥西端
Tel：0735-6859180

桂阳佰骏泰康医院有限公司
地址：桂阳县鹿峰街道向阳路34号
Tel：0735-8191600

郴州爱尔眼科医院有限公司
地址：郴州市北湖区香雪路（市基督教培训大楼）
Tel：0735-8880120

津市馨兰老年病医院有限公司
地址：湖南省津市市三洲驿办事处护市社区1组
Tel：0736-2750088

汉寿清水湖肾病医院有限公司
地址：湖南省常德市汉寿县株木山街道黄福社区黄田碑组
Tel：0736-2888115

湖南常德博爱康复医院有限公司
地址：湖南省常德市武陵区河 镇合兴路1号
Tel：0736-2989011

澧县凤凰医院有限公司
地址：湖南省澧县澧西街道办事处关心居委会澧州路1099号
Tel：0736-3212222

湖南圣心医生联盟医疗有限公司
地址：湖南省常德市武陵区丹阳街道办事处健民巷社区建设路（泓鑫桃林6栋1901号）
Tel：0736-7125588

常德市嘉乐苑养老产业有限公司
地址：湖南省常德市武陵区南坪街道竹根潭社区吉生东路308号
Tel：0736-7265000

常德朗鑫养老服务有限公司
地址：湖南省常德市鼎城区玉霞街道永安社区鼎城路（桥南家电城中心市场3号）
Tel：0736-7393630

湖南慈孝养老服务管理有限公司
地址：益阳市高新区朝阳办事处海棠社区世纪金源广场1408室
Tel：0737-2632605

益阳和睦佳妇幼医院有限公司
地址：湖南省益阳市赫山区赫山街道十洲路茂林社区（原茂林综合楼）
Tel：0737-2666120

沅江佛手养老服务有限公司
地址：湖南省益阳市沅江市琼湖办事处五岛社区跑马岭路188号
Tel：0737-2801058

湖南康雅医院有限公司
地址：益阳市高新区梓山西路212号
Tel：0737-3333666

益阳德雅康复医院有限公司
地址：益阳市高新区梓山西路212号
Tel：0737-3333666

益阳馨雅护理院有限公司
地址：益阳市高新区梓山西路212号
Tel：0737-3333666

益阳市瑞澜医疗美容医院有限公司
地址：益阳市赫山区桃花仑办事处康富路社区301
Tel：0737-4222708

安化圣力骨科医院有限公司
地址：湖南省益阳市安化县城南区林家村辰溪东路辰东小区2栋
Tel：0737-6633016

益阳何氏康复医院股份有限公司
地址：益阳市赫山区团圆路1号
Tel：0737-6808020

湖南桃江达实智慧医养有限公司
地址：湖南省益阳市桃江县桃花江镇桃花中路82号（县人民医院院内）
Tel：0737-8636888

桃江桃花江健康养老有限公司
地址：湖南省桃江县桃花江镇桃花村82号
Tel：0737-8888399

桃江百华养老服务有限公司
地址：湖南省益阳市桃江县桃花江镇资江路东侧
Tel：0737-8888399

新化佰骏金穗医院有限公司
地址：湖南省娄底市新化县上梅镇天华南路116号
Tel：0738-3553268

冷水江市展辉医院有限责任公司
地址：冷水江市环城东路（与锑都北路交汇处往东第二栋）
Tel：0738-5666091

娄底环生医院有限责任公司
地址：湖南省娄底市娄星区氐星路8号0002幢
Tel：0738-8316666

武冈云山医院有限公司
地址：湖南省邵阳市武冈市水西门办事处乐洋西路汽车西站旁
Tel：0739-42200000

湖南云山医院管理有限公司
地址：湖南省邵阳市武冈市水西门办事处乐洋西路88号
Tel：0739-4228888

邵阳创伤骨科医院有限公司
地址：邵阳市大祥区城南乡祭旗坡新村祭旗坡社区大楼
Tel：0739-5129002

邵阳和康医院有限公司
地址：邵阳市大祥区宝庆中路312号
Tel：0739-5332017

邵阳宸美医疗美容有限公司
地址：邵阳市大祥区敏州西路西苑公园旁的上善珑湖公馆1#楼
Tel：0739-7775555

湖南魏源医院有限公司
地址：湖南省邵阳市隆回县桃洪镇澄水村四组（茶山社区）
Tel：0739-8381777

张家界吉首大学张家界学院附属医院股份有限公司
地址：湖南省张家界市永定区官黎坪居委会汽车总站西侧禾田居现代城
Tel：0744-2222906

张家界大众医院有限责任公司
地址：张家界市永定区崇文办事处凤湾居委会子午路19号
Tel：0744-2251619

张家界星辉妇产医院有限公司
地址：湖南省张家界市永定区北正街古庸路208号
Tel：0744-8222270

张家界曼哈顿医疗美容有限公司
地址：湖南省张家界市永定区崇文办事处南正居委会东门桥中国银行四楼
Tel：0744-8885888

怀化美年大健康医疗服务有限公司
地址：湖南省怀化市鹤城区紫东路与应民路交汇处西南侧（恒福一品109号）
Tel：0745-2323175

怀化爱尔眼科医院有限公司
地址：湖南省怀化市经开区天星西路201号
Tel：0745-2361666

怀化红雅妇女儿童医院有限公司
地址：湖南省怀化市经开区舞阳大道德天商业广场德天商厦2栋
Tel：0745-2528569

济民健康医疗股份有限公司
地址：怀化市溆浦县卢峰镇民主街
Tel：0745-3337222

洪江市桑逸医养结合养老有限公司
地址：湖南省怀化市洪江市黔城镇市人民医院后二栋
Tel：0745-7738899

永州中南口腔医院有限公司
地址：永州市冷水滩区育才路与逸云路交汇处（公安小区）A栋201
Tel：0746-2833333

永州大自然医院集团健康养生苑有限公司
地址：湖南省永州市冷水滩区凤凰园湖塘路（湘器小区北门对面）
Tel：0746-2851869

永州大自然医院集团健康养老有限公司
地址：湖南省永州市冷水滩区凤凰园湖塘路（湘器小区北门对面）
Tel：0746-2851889

永州观音山吉庆禅苑有限公司
地址：湖南省永州市冷水滩区湖塘路北侧401
Tel：0746-2851889

祁阳佰骏康原肾病医院有限公司
地址：湖南省祁阳县长虹街道盘龙西路1号
Tel：0746-3388120

永州康乃馨养老产业投资置业有限公司
地址：永州市零陵区芝山大道东侧
Tel：0746-6681811

永州大自然医院集团有限公司
地址：湖南省永州市冷水滩区凤凰园湖塘西路588号
Tel：0746-8633120

永州大自然糖尿病专科医院有限公司
地址：湖南省永州市冷水滩区凤凰园湖塘路（湘器小区北门对面）
Tel：0746-8633120

广东省

广州泰和肿瘤医院有限公司
地址：广州市黄埔区慈济路9号
Tel：020-22050826

广州现代医院有限责任公司
地址：广州市天河区沙河濂泉路42号
Tel：020-22221111

广州泰康之家粤园养老服务有限公司
地址：广州市黄埔区永顺大道西126号
Tel：020-22617388

广州拜博口腔医院有限公司
地址：广州市番禺区大石街迎宾路207号
Tel：020-22939983

国医堂中医院（广州）有限公司
地址：广州市海珠区艺苑南路13号大院2号101房
Tel：020-23883998

前海人寿（广州）总医院有限公司
地址：广州市增城区新城大道703号1栋101
Tel：020-26217857

广州爱博恩医疗门诊部有限公司
地址：广州市天河区金穗路62号侨鑫国际金融中心第22层02、03单元
Tel：020-28116379

广州南洋肿瘤医院有限公司
地址：广州市白云区机场路292号
Tel：020-28803888

广州英华眼科门诊部有限公司
地址：广州市天河区天河路518号2-201铺（部位：自编2-001、2-003、2-005、2-007、2-009、2-011、2-015单元）
Tel：020-29808080

广州飞悦医疗美容集团连锁有限公司
地址：广州市天河区黄埔大道西路201号之一2楼100号铺
Tel：020-29835917

广州白云启德医院有限公司
地址：广州市白云区永平街东平凤凰东路33号
Tel：020-31210903

广州新春天医疗门诊部有限公司
地址：广州市越秀区中山二路54、56号3、4楼
Tel：020-31650729

广州广钢泰颐健康管理有限公司
地址：广州市海珠区工业大道中293号
Tel：020-31952001

广州达安临床检验中心有限公司
地址：广州市高新技术产业开发区荔枝山路6号
Tel：020-32106666

广州同和医院有限公司
地址：广州市增城区新塘镇垌紫村茅山大道南4号
Tel：020-32178266

广州亚太国际健康体检有限公司
地址：广州市黄埔区开泰大道603号3层6-301-306商铺
Tel：020-3239592

广州燃石医学检验所有限公司
地址：广州国际生物岛螺旋四路7号3栋第六层601房
Tel：020-34037871

广州凯普医学检验所有限公司
地址：广州市黄埔区九龙镇中新知识城凤凰三横路71号生产实验楼2层
Tel：020-34072008

广州嘉检医学检测有限公司
地址：广州国际生物岛螺旋四路9号第二层C201单元
Tel：020-34397876

广州天博医院有限公司
地址：广州市海珠区凤和乡鹭江村南约大街38号之一
Tel：020-34416099

广州瑞森国金医疗门诊部有限公司
地址：广州市天河区天河北路366号三层商场自编301房
Tel：020-35963155

广州和睦家医院有限公司
地址：广州市海珠区琶洲路厚德街
Tel：020-36102000

广州珈禾整形美容门诊部有限公司
地址：广州市天河区珠江新城花城大道84号第五层自编之一-502、503房
Tel：020-36222838

广州中兴运动损伤专科医院有限公司
地址：广州市白云区三元里街机场路松云街39号
Tel：020-36229300

广东恒颐医疗有限公司
地址：广州市黄埔区科学城金峰园路2号（自编第一栋）（仅限办公用途）
Tel：020-37277291

广州博德嘉联门诊部有限公司
地址：广州市越秀区环市东路华侨新村光明路28号内首层东南侧、二层东南侧和北侧
Tel：020-37574016

东莞宏韵中医门诊部有限公司
地址：东莞市东城街道主山东宝路124号A1025
Tel：020-38109788

广东宝瑞国际医学中心有限公司
地址：广州市海珠区新港中路466号赤岗大厦
Tel：020-38219208

广州市天河区爱来医疗美容门诊部有限公司
地址：广州市天河区林和西路161号二楼A201-A208商铺
Tel：020-38310111

广州招商高利泽养老服务有限公司
地址：广州市番禺区东环街东艺路139号12栋
Tel：020-38330235

广州保柏卓健综合门诊部有限公司
地址：广州市天河区珠江东路11号、13号301房之自编305、305A单元
Tel：020-38837863

广州柏德口腔门诊部有限公司
地址：广州市天河区天河东路220号101自编A、104、105、106、107房
Tel：020-38850767

广州鹏爱医疗美容医院有限公司
地址：广州市天河区天河东路65号二楼、三楼、四楼自编之一
Tel：020-38869999

广州富力国际医院有限公司
地址：广州市番禺区钟村街商贸城5排32铺
Tel：020-38882777

广州华美医疗美容医院有限公司
地址：广州市天河区黄埔大道西493号
Tel：020-38905008

广州艾迪康医学检验所有限公司
地址：广州市南沙区环市大道南8号生产大楼3楼（仅作医学检验及办公功能用）
Tel：020-39098983

广州现代肿瘤医院有限公司
地址：广州市天河区濂泉路42号自编1号大院内自编9栋
Tel：020-39236548

澳兰斯健康产业有限公司
地址：广州市南沙区榄核镇海义街1号2#二楼
Tel：020-39906259

广州丰康肿瘤医院有限公司
地址：广州市黄埔区石化路241号5号楼302室
Tel：020-60981888

安丽维（广州）医疗美容门诊部有限责任公司
地址：广州市海珠区滨江中路382号三楼自编02
Tel：020-80927882

广州壹加壹整形美容医院有限公司
地址：广州市越秀区建设三马路1号九楼
Tel：020-81459696

广州视源门诊部有限责任公司
地址：广州市黄埔区云埔四路6号1栋3、4楼
Tel：020-82086168

广州锐康医学检验所有限公司
地址：广州高新技术产业开发区科学城科学大道182号创新大厦C3区101室
Tel：020-82119435

广州市暨华医院有限公司
地址：广州市增城新塘镇陈家林路2号
Tel：020-82606782

费朗卓博血液透析所（广州）有限公司
地址：广州市荔湾区信义路13号-1
Tel：020-83070729

国药集团广东省医学检验有限公司
地址：广州市越秀区沿江中路298号C座7楼（仅限办公用途）
Tel：020-83282199

广州港颐康医院有限公司
地址：广州市越秀区横枝岗路70号大院自编1栋、2栋、7栋首层
Tel：020-83592099

广东罗汉司精准医疗有限公司
地址：广州经济技术开发区隧达街11号3栋301室
Tel：020-84470160

广东祈福医院有限公司
地址：广州市番禺区鸿福路3号
Tel：020-84518222

华邦美好家园养老集团有限公司
地址：广州市越秀区沿江东路408号港口中心裙楼第五层整层之自编一号
Tel：020-85580666

美好家园居家养老有限公司
地址：广州市海珠区新港东路2429号首层自编080-1房（仅限办公）
Tel：020-85580666

阿里健康网络医院有限公司
地址：广州经济技术开发区友谊路196号5号楼4楼
Tel：020-85720688

广州花都华狄眼科医院有限公司
地址：广州市花都区建设北路135号
Tel：020-86826687

广州国投悦康养老服务有限公司
地址：广州市越秀区先烈南路31号601房（仅限办公用途）
Tel：020-87003560

广东韩妃医疗美容医院有限公司
地址：广州市越秀区东风东路745号之一首层
Tel：020-87338888

广州仁慈医院有限公司
地址：广州市海珠区素社直街29号101房
Tel：020-89033369

广州精科医学检验所有限公司
地址：广州国际生物岛螺旋四路7号第6层602单元
Tel：020-89053717

广州保利和悦健康养老服务有限公司
地址：广州市海珠区阅江中路688号208房（自主申报，仅限办公用途）
…………Tel：020-89629346

广州莲之花口腔医疗门诊部有限公司
地址：广州市天河区海安路13号301自编之三
…………Tel：020-89888650

汕尾泰林医院有限公司
地址：海丰县梅陇镇月池村
…………Tel：0660-6959999

广东蓝太阳中心医院有限公司
地址：陆丰市南塘镇139省道蓝太阳大厦八楼
…………Tel：0660-8899999

广东蓝太阳康复养老有限公司
地址：陆丰市南塘镇139省道蓝太阳大厦八楼801房
…………Tel：0660-8899999

阳江爱尔眼科医院有限公司
地址：阳江市江城区新华北路198号
…………Tel：0662-3516666

阳江市恒大医院管理有限公司
地址：阳西县新城桥平一路346号
…………Tel：0662-6137888

普宁慧明眼科医院有限公司
地址：普宁市普宁大道商业街南侧林青段西起第2幢
…………Tel：0663-2900555

揭阳爱尔眼科医院有限公司
地址：揭阳市揭东区城西三路口龙光花园3幢148、150、474、476、478、480、482、484、486、488号
…………Tel：0663-6190666

揭阳潮汕妇女儿童医院有限公司
地址：揭阳空港经济区进贤门大道以南、渔二路西侧
…………Tel：0663-8609888

信宜市鑫良实业有限公司
地址：广东省茂名市信宜市东镇达北线开发区信宜市安泰混凝土有限公司自建屋首层
…………Tel：0666-8838338

茂名和家宝妇女儿童医院有限公司
地址：茂名市迎宾路139号大院4号楼
…………Tel：0668-2135111

茂名致美口腔医院有限公司
地址：茂名市高凉南路157号
…………Tel：0668-2857222

江门五邑爱尔新希望眼科医院有限公司
地址：江门市港口一路190号
…………Tel：0750-3092928

台山市爱尔新希望医院有限公司
地址：台山市台城环北大道111号首层、夹层及202、203、204、401、402房
…………Tel：0750-5683939

江门新会爱尔新希望眼科医院有限公司
地址：江门市新会区会城圭峰东路26号
…………Tel：0750-6172290

韶关市华南康复医疗有限公司
地址：韶关市浈江区十里亭镇碧亭路68号韶关市浈江新达机械制造有限公司综合楼五楼
…………Tel：0751-8127899

韶关爱尔眼科医院有限公司
地址：韶关市武江区沿江路12号
…………Tel：0751-8806699

惠州华康医院有限公司
地址：惠州市演达大道55号
…………Tel：0752-2163168

惠州市康寿园养老服务有限公司
地址：惠州市龙丰上排十小区瑶芳大厦第五层
…………Tel：0752-2282993

惠州致美口腔医院有限公司
地址：惠州市鹅岭南路38号
…………Tel：0752-2561222

惠州全影医疗影像科技有限公司
地址：惠州市河南岸白泥三路4号1层北面
…………Tel：0752-3158566

博罗惠博医院有限公司
地址：博罗县园洲镇梁屋高头村委会园洲大道地段
…………Tel：0752-5711126

惠州爱尔眼科医院有限公司
地址：惠州市惠城区河南岸斑樟湖二横街8号
…………Tel：0752-5756333

中信惠州医院有限公司
地址：惠州仲恺高新区仲恺大道346号
…………Tel：0752-5855608

惠东县长者屋银滩投资发展有限公司
地址：惠东县稔山镇亚婆角地段惠东碧桂园商业中心
…………Tel：0752-8738829

梅州泽山口腔医院有限公司
地址：梅州市梅江区江南彬芳大道12号首层北面
…………Tel：0753-2209110

梅州爱尔眼科医院有限公司
地址：梅州市梅县区程江镇程江村梅塘西路297、299、301、303号
…………Tel：0753-2569678

梅州市鸿惠医院有限公司
地址：兴宁市宁新街道寨子村坝子岭
…………Tel：0753-3388898

汕头口腔医疗中心有限公司
地址：汕头市金平区东厦路62号一层部分、二层及三层北侧
…………Tel：0754-81881555

汕头第一口腔医院有限公司
地址：汕头市金平区东厦路62号三层南侧
…………Tel：0754-81883530

汕头市慧晶眼科医院有限公司
地址：汕头市潮阳区文光西门居委西门加工区商业住宅楼
…………Tel：0754-82134555

汕头爱尔眼科医院有限公司
地址：汕头市龙湖区衡山路47号
…………Tel：0754-87271288

汕头市长平康复医疗中心有限公司
地址：汕头市金平区长平路29号
…………Tel：0754-87272691

汕头潮南民生医院
地址：汕头市潮南区峡山镇练南管区石美村白坟洋片324国道北侧
…………Tel：0754-87833013

广东欧瑞医学检验有限公司
地址：汕头市龙湖区黄山路79号五楼东区
…………Tel：0754-88802133

深圳江南阳光医疗美容医院
地址：深圳市罗湖区东门街道东门中路2002号江南大厦2、3、4楼
…………Tel：0755-22210611

深圳杜娟养老产业开发有限公司
地址：深圳市龙岗区坂田街道雅园路荣诚大厦6楼
…………Tel：0755-22270516

深圳欢乐英卓名医诊疗中心投资管理有限公司
地址：深圳市福田区南园街道上步南路佳兆业中心2层201
…………Tel：0755-22308629

广州市宝仁医院有限公司
地址：广州市增城石滩镇增滩路郑田路段（临时经营场所使用证明有效期至2017年1月10日）
…………Tel：0755-22911255

深圳前海人寿健康管理有限公司
地址：深圳市前海深港合作区前湾路1号A栋201室（入驻深圳市前海商务秘书有限公司）
…………Tel：0755-22916932

深圳普众健康股份有限公司
地址：深圳市福田区沙头街道天安社区天安车公庙工业区天安数码城天发大厦二层2D-202B-07
…………Tel：0755-22938797

视界医疗投资（深圳）有限公司
地址：深圳市前海深港合作区前湾一路1号A栋201室（入驻深圳市前海商务秘书有限公司）
…………Tel：0755-23614616

深圳市颐园康养产业运营管理有限公司
地址：深圳市前海深港合作区前湾一路1号A栋201室（入驻深圳市前海商务秘书有限公司）
…………Tel：0755-2361648

深圳爱丽斯医疗美容医院
地址：深圳市福田区新洲三街与新洲八街交汇处蜜园101
…………Tel：0755-23883985

深圳市耀昌医疗器械有限公司
地址：深圳市福田区香蜜湖街道侨香路侨香三道一号国华大厦30F
…………Tel：0755-23946961

深圳天使儿童医院有限公司
地址：深圳市龙华区龙华街道景龙社区景龙新村东区20号骏华北路19号
…………Tel：0755-25114120-6688

深圳宝坪医院
地址：深圳市龙岗区宝龙街道锦龙四路1号宝昌利工业厂区综合楼101
…………Tel：0755-25466060

深圳博爱医院
地址：深圳市罗湖区南湖街道深南东路2105号中建大厦4楼
…………Tel：0755-25571166

深圳博爱曙光医院
地址：深圳市罗湖区桂园街道红宝路38号
…………Tel：0755-25571166

深圳鹏程医院
地址：深圳市罗湖区桂园街道笋岗东路3013号长虹大厦1-4楼
…………Tel：0755-25579539

深圳市佳兆业健康养老服务有限公司
地址：深圳市罗湖区南湖街道人民南路2008号深圳嘉里中心3301室
…………Tel：0755-25838984

梅奥口腔（深圳）有限公司
地址：深圳市前海深港合作区前湾一路1号A栋201室（入驻深圳市前海商务秘书有限公司）
…………Tel：0755-25889396

深圳仁济中西医结合医院门诊部有限公司
地址：深圳市南山区南山街道南新田厦统建楼六栋2046-1
…………Tel：0755-26493329

深圳鹏爱医疗美容医院
地址：深圳市南山区南山大道1122号
…………Tel：0755-26650122

深圳鹏爱医疗美容医院有限公司（简称：鹏爱医疗美容医院）
地址：深圳市南山区南山大道1122号
…………Tel：0755-26650122

深圳五洲中医院
地址：深圳市宝安区西乡街道固戍社区田心工业区爱美得A栋1层、2-7层，B栋1-5层
…………Tel：0755-26719191

深圳万丰医院
地址：深圳市宝安区沙井中心路11号
…………Tel：0755-27236635

深圳前海力宝佳裕医疗投资管理有限公司
地址：深圳市前海深港合作区前湾一路1号A栋201室（入驻深圳市前海商务秘书有限公司）
…………Tel：0755-27722733

深圳同仁妇产医院
地址：深圳市宝安区西乡街道乐群社区南沙新村西一巷7-9-11-13-15-17号
…………Tel：0755-27903568

深圳可丽雅医疗美容有限公司
地址：深圳市龙华区民治街道建设南路宇丰综合楼C1104号
…………Tel：0755-28102819

深圳可丽雅医疗美容门诊部有限公司（简称：可丽雅医疗美容门诊部）
地址：深圳市龙华新区民治街道建设南路宇丰综合楼C1104号
…………Tel：0755-28102819

深圳龙济医院
地址：深圳市龙华区龙华街道龙观西路171号1楼102号铺2至4楼及龙观西路169号二楼
…………Tel：0755-28111000

深圳正夫口腔医疗管理连锁有限公司
地址：深圳市南山区粤海街道海珠社区海德一道88号中洲控股金融中心A栋5A
…………Tel：0755-28168820

深圳市远望远程医疗服务有限公司
地址：深圳市前海深港合作区前湾一路1号A栋201室（入驻深圳市前海商务秘书有限公司）
…………Tel：0755-28938123

赛斯医院有限公司
地址：深圳市罗湖区清水河街道银湖路齐明别墅B2-4号
…………Tel：0755-29006792

深圳瑞联医学影像诊断中心
地址：深圳市宝安区新安街道创业二路7号创业大厦六层6012室
…………Tel：0755-29766786

深圳平安行救援服务有限公司
地址：深圳市龙华区民治街道上芬社区工业西路与中环路交汇处大楼211
…………Tel：0755-3073967

深圳希玛林顺潮眼科医院
地址：深圳市福田区沙头街道天安社区泰然九路盛唐商务大厦泰然九路1-1号、西座301-314、东座303-304
…………Tel：0755-32905600

壹医健医疗健康管理有限公司
地址：深圳市前海深港合作区前湾一路1号A栋201室（入驻深圳市前海商务秘书有限公司）
…………Tel：0755-33071136

深圳燕罗塘医院
地址：深圳市宝安区燕罗街道塘下涌社区众福路61号101
…………Tel：0755-33870698

深圳乐土沃森生殖医院有限公司
地址：深圳市大鹏新区葵涌街道生命科学产业园A11栋201
…………Tel：0755-36383000

深圳市益尔康健康管理有限公司
地址：深圳市福田区南园街道红岭大厦4栋5栋裙楼第2层
…………Tel：0755-36883994

深圳正康骨科医院
地址：深圳市宝安区75区前进二路42号
…………Tel：0755-61669808

颐合（深圳）医院有限公司
地址：深圳市前海深港合作区前湾一路1号A栋201室（入驻深圳市前海商务秘书有限公司）
…………Tel：0755-61880811

颐合医疗（深圳）股份有限公司
地址：深圳市前海深港合作区前湾一路1号A栋201室（入驻深圳市前海商务秘书有限公司）经营场所：深圳市福田区车公庙雪松大厦B座14D
…………Tel：0755-61880811

颐合（深圳）医疗控股有限公司
地址：深圳市前海深港合作区前湾一路1号A栋201室（入驻深圳市前海商务秘书有限公司）
…………Tel：0755-61880811

深圳金恪医药投资俱乐部有限公司
地址：深圳市前海深港合作区前湾一路A栋201室（入驻深圳市前海商务秘书有限公司）
…………Tel：0755-66629788

深圳金恪福歆康复医院投资管理有限公司
地址：深圳市前海深港合作区前湾一路1号A栋201室（入驻深圳市前海商务秘书有限公司）
…………Tel：0755-66629788

深圳金恪未来医院投资管理有限公司
地址：深圳市前海深港合作区前湾一路1号A栋201室（入驻深圳市前海商务秘书有限公司）
…………Tel：0755-66685688

深圳星源艾美医疗美容门诊部
地址：深圳市罗湖区南湖街道人民南路发展中心大厦1栋5层A区
…………Tel：0755-81379999

深圳非凡医疗美容医院
地址：深圳市罗湖区东门街道东门社区人民北路2055号人民北路2055号139、2083号和兴大楼整栋
…………Tel：0755-82186318

深圳中山泌尿外科医院
地址：深圳市福田区福强路1001号
…………Tel：0755-82220030

深圳爱视眼科医院
地址：深圳市罗湖区南湖街道和平路宝平街1号1-5层及附楼1-2层
…………Tel：0755-82300999

深圳市爱康健齿科集团股份有限公司
地址：深圳市罗湖区建设路罗湖火车站大楼C区首层.7-8楼南面
…………Tel：0755-82321010

韩美人美容医生集团（深圳）有限公司
地址：深圳市福田区福田街道新沙路君临天下B栋3402
…………Tel：0755-82377628

深圳归真堂中医馆有限公司
地址：深圳市福田区新洲南路沙尾工业区308栋1楼104
…………Tel：0755-82489111

华万健康产业发展有限公司
地址：深圳市福田区莲花街道福新社区益田路6001号太平金融大厦4203
…………Tel：0755-82732201

幸福生活集团有限公司
地址：深圳市福田区莲花街道景华社区莲花路2005号文博大厦3301
…………Tel：0755-82779723

深圳市幸福生活健康养老有限公司
地址：深圳市福田区莲花街道景华社区莲花路2005号文博大厦3301-4
…………Tel：0755-82779723

深圳颐安妇产医院
地址：深圳市南山区深南大道北中山园路西钱柜商业大楼1-3层共147铺位
…………Tel：0755-82785868

深圳怡宁医院
地址：深圳市龙华新区观澜街道樟坑径三唛科技厂区一期
…………Tel：0755-82788312

深圳市云杉医疗管理有限公司
地址：深圳市福田区莲花街道益田路6001号太平金融大厦4楼
…………Tel：0755-83021399

深圳市前海华侨生物治疗中心有限公司
地址：深圳市前海深港合作区前湾一路鲤鱼门街一号前海深港合作区管理局综合办公楼A栋201室（入驻深圳市前海商务秘书有限公司）
…………Tel：0755-83021680

深圳康济医院有限公司
地址：深圳市福田区福田街道金田路3037号金中环大厦3007室
…………Tel：0755-83025994

深圳云杉云里医院
地址：深圳市龙岗区坂田街道发达路云里智能园1栋2楼-6楼、2栋1楼
…………Tel：0755-83131515

深圳市合正医疗中心有限公司
地址：深圳市福田区莲花街道新闻路16号合正名园C座6楼6006
…………Tel：0755-83174448

深圳华汉门诊部
地址：深圳市福田区香蜜湖街道深南大道8000号（园博园东侧）建安大厦7楼
…………Tel：0755-83257523

深圳福华医疗美容医院
地址：深圳市福田区福华路医疗综合楼7#整栋
…………Tel：0755-83337088

深圳南方医疗研究中心
地址：深圳市罗湖区银湖路质量检测大楼1栋第7层711室

………………………… Tel：0755－83360999
深圳市沂宸妇儿门诊部有限公司
地址：深圳市南山区粤海街道高新区社区高新南环路8号博海名苑3栋\4栋3栋4B
………………………… Tel：0755－83368896
深圳理想儿童医院有限公司
地址：深圳市龙华新区大浪街道高峰社区安丰工业园二期E栋
………………………… Tel：0755－83503725
深圳理想妇产医院有限公司
地址：深圳市龙华新区大浪街道高峰社区安丰工业区二期厂房A栋
………………………… Tel：0755－83503725
中山亚太医院有限公司
地址：中山市石岐区悦来南南安路2号
………………………… Tel：0755－83579713
深圳爱尔眼科医院
地址：深圳市福田区南园街道华强南路2048号机械大厦主楼1－12层
………………………… Tel：0755－83970888
深圳市供销圣辉堂医疗投资有限公司
地址：深圳市福田区华富街道国际创新中心A座3902
………………………… Tel：0755－84366099
深圳中海医院
地址：深圳市龙岗区布吉街道南三社区吉政路25号布吉中海医院整套、23号
………………………… Tel：0755－84701208
深圳慈海医院
地址：深圳市龙岗区龙岗街道鹏达路69号
………………………… Tel：0755－84818000
深圳新园素门诊部
地址：深圳市南山区粤海街道沙河西路深圳湾科技生态园7栋B座4层01－15、5层01、02、10－13室
………………………… Tel：0755－85900555
深圳王狮医疗美容门诊部
地址：深圳市南山区南头街道麒麟路西侧麒麟花园A区12栋B1、B2二楼203、204
………………………… Tel：0755－86547697
深圳市都安全健康产业投资有限公司
地址：深圳市前海深港合作区前湾一路1号A栋201室（入驻深圳市前海商务秘书有限公司）
………………………… Tel：0755－86632599
惠州市风景智联医疗服务有限公司
地址：博罗县长宁镇罗村大涧水库旁
………………………… Tel：0755－86649898
深圳市北科医院投资管理有限公司
地址：深圳市南山区粤海街道科技园南区科园路18号北科大厦12楼
………………………… Tel：0755－86681121
赣商医疗器械有限公司
地址：深圳市前海深港合作区前湾一路鲤鱼门街一号前海深港合作区管理局综合办公楼A栋201室（入驻深圳市前海商务秘书有限公司）经营场所：南山区前海路星海名城七期12层01
………………………… Tel：0755－86706186
深圳恒辉医疗投资有限公司
地址：深圳市前海深港合作区前湾一路1号A栋201室（入驻深圳市前海商务秘书有限公司）
………………………… Tel：0755－86728873
深圳前海九信医疗产业投资企业（有限合伙）
地址：深圳市前海深港合作区前湾一路1号A栋201室（入驻深圳市前海商务秘书有限公司）
………………………… Tel：0755－86960155
深圳富道医养门诊部有限公司
地址：深圳市南山区粤海街道高新科技园南区学府路深圳软件产业基地2栋C座1103
………………………… Tel：0755－86962582
深圳美奥口腔医院
地址：深圳市南山区南山街道南海大道2289南海大道西、海德二道北东华产品检测中心
………………………… Tel：0755－86963188
深圳市太平洋口腔医疗投资股份有限公司
地址：深圳市南山区南山街道南海大道2289南海大道西、海德二道北东华产品检测中心
………………………… Tel：0755－86963188
深圳新生医疗美容门诊部
地址：深圳市罗湖区东门街道深南东路3018号祥祺商厦一层101商铺、二楼、三楼
………………………… Tel：0755－88308250
深圳新安希玛林顺潮眼科医院
地址：深圳市宝安区新安街道灵芝园社区创业二路南侧都市翠海华苑1栋106、1－2层
………………………… Tel：0755－88322999
惠州希玛林顺潮眼科医院有限公司
地址：惠州市惠阳区淡水桥背规划小区B4号
………………………… Tel：0755－88322999
深圳市广缘风湿病医院有限公司（简称：广缘风湿病医院）
地址：深圳市光明新区汇业路13号
………………………… Tel：0755－88662007
深圳市广缘医疗投资有限公司
地址：深圳市福田区华强北路长盛大厦1426－1433房
………………………… Tel：0755－88662007
深圳远东妇产医院
地址：深圳市罗湖区南湖街道深南东路2097号
………………………… Tel：0755－88808888
深圳亚太医疗美容门诊部
地址：深圳市福田区福田街道福华路北大中华国际交易广场裙楼909
………………………… Tel：0755－88890959
贵宾医院股份有限公司
地址：深圳市前海深港合作区前湾一路1号A栋201室（入驻深圳市前海商务秘书有限公司）
………………………… Tel：0755－88907788
沪康医生集团（深圳）有限公司
地址：深圳市前海深港合作区前湾一路1号A栋201室（入驻深圳市前海商务秘书有限公司）
………………………… Tel：0755－88917155
深圳市康普瑞生健康管理有限公司
地址：深圳市前海深港合作区前湾一路1号A栋201室（入驻深圳市前海商务秘书有限公司）
………………………… Tel：0755－89534461
深圳汇生联合医疗发展有限公司
地址：深圳市前海深港合作区前湾一路1号A栋201室（入驻深圳市前海商务秘书有限公司）
………………………… Tel：0755－89648866
深圳联合丽格医疗美容门诊部
地址：深圳市南山区粤海街道华彩天成居商场三楼
………………………… Tel：0755－89891818
广东顺德爱尔眼科医院有限公司
地址：佛山市顺德区大良街道办事处中区委员会新宁路20号首层之三
………………………… Tel：0757－22331523
广东暨博医疗管理有限公司
地址：佛山市禅城区文华北路181号二层2P2号之一（住所申报）
………………………… Tel：0757－22685633
佛山市顺德区康意医院管理投资有限公司
地址：佛山市顺德区容桂街道朝阳居委会环新路1号之1
………………………… Tel：0757－26680801
佛山市顺德区容桂街道新容奇医院有限公司
地址：佛山市顺德区容桂大道北97号
………………………… Tel：0757－28818144
广东同江医院有限公司
地址：佛山市顺德区大良街道办事处德和社区居民委员会南国东路东延线1号
………………………… Tel：0757－29281025
佛山市南海拜博口腔医院有限公司
地址：佛山市南海区桂城街道南海大道北50号第二、八层
………………………… Tel：0757－63521388
佛山爱尔眼科医院有限公司
地址：佛山市禅城区佛平路66号
………………………… Tel：0757－66836788
佛山市中医院老年病医院有限公司
地址：佛山市禅城区佛罗公路35号之一自编5号
………………………… Tel：0757－81066000
佛山市中医院康复护理医院有限公司
地址：佛山市禅城区佛罗公路35号之一化验综合楼
………………………… Tel：0757－81066000
佛山市美年大健康体检管理有限公司
地址：佛山市禅城区汾江南路6号一座601室（住所申报）
………………………… Tel：0757－82092075
佛山市禅城区中心医院有限公司
地址：佛山市禅城区石湾三友南路3号
………………………… Tel：0757－82263333
广东海思康尔康复医疗有限公司
地址：佛山市禅城区祖庙街道同济东路33号一座二层之一（住所申报）
………………………… Tel：0757－83387212
佛山华厦眼科医院有限公司
地址：佛山市禅城区华远东路69号C区
………………………… Tel：0757－83908486
佛山市南海怀仁国医堂中医门诊部有限公司
地址：佛山市南海区桂城街道桂澜中路20号东侧1－3楼
………………………… Tel：0757－86231112
佛山市三水健翔医院有限公司
地址：佛山市三水工业园区芦苞园D区2号（自编1号楼）
………………………… Tel：0757－87238110
佛山三水华厦眼科医院有限公司
地址：佛山市三水区对外经济开发区西区十九小区9号地（住所申报）
………………………… Tel：0757－87659918
广东云海颐园投资开发有限公司
地址：佛山市三水区云东海街道德兴北路1号恒福新里程花园二区4座102（住所申报）
………………………… Tel：0757－87831188
佛山市三水增康颈腰椎医院有限公司
地址：佛山市三水区西南街道广海大道西43号首层101－112、二－四层及广海大道西地质街2号一、二座（住所申报）
………………………… Tel：0757－88528266
肇庆市安逸养老服务有限公司
地址：肇庆市端州区工农北路10号第五层502室
………………………… Tel：0758－2232050
肇庆市力捷环卫服务有限公司
地址：肇庆市西江南路23号（肇庆万豪裕龙大酒店有限公司）7楼02号房
………………………… Tel：0758－2312000
广东民生眼科医院有限公司
地址：肇庆市端州区西江北路东侧（47）区东二商业楼A幢A2
………………………… Tel：0758－2822955
四会万隆医院有限公司
地址：四会市城中区朝阳街6号
………………………… Tel：0758－3393526
广东环粤健康医疗有限公司
地址：肇庆市太和北路12号B1区6幢501办公楼
………………………… Tel：0758－6925518
肇庆爱尔眼科医院有限公司
地址：肇庆市端州区建设二路三十号厚岗第四经济合作社综合楼首层东一卡及二至六层
………………………… Tel：0758－6989160
湛江岭南医院有限公司
地址：湛江开发区龙潮西路
………………………… Tel：0759－2829040
广东同华心理医疗有限公司
地址：中山市板芙镇深湾村里溪大道14号之二101
………………………… Tel：0760－28153120
广东同华心理医院有限公司
地址：中山市板芙镇里溪大道14号之二C栋1－4层（增设一处经营场所，具体为：中山市板芙镇深湾村启发北路23号之二5－10层）
………………………… Tel：0760－28153520
中山民爱医院有限公司
地址：中山市西区金港路13号九层905室
………………………… Tel：0760－88166393
中山市香山健康投资管理有限公司
地址：中山市东区孙文东路土瓜岭村口起湾商业城4楼东侧204室
………………………… Tel：0760－88384559
中山国丹中医院有限公司
地址：中山市火炬开发区创业路与兴业路交汇处（中京大厦）
………………………… Tel：0760－88588109
中山爱尔奥理德眼科医院有限公司
地址：中山市西区中山一路148号白朗峰花园商铺16、17卡
………………………… Tel：0760－88669955
河源德康医院管理有限公司
地址：广东省河源市河源大道与建设大道交接处（原虹桥酒店）
………………………… Tel：0762－3333000
河源康乐邨养老产业发展有限公司
地址：东源县康禾镇街镇康泉十八项目办公楼三楼302室
………………………… Tel：0762－3613009
河源爱尔眼科医院有限公司
地址：河源市新市区兴源路12号
………………………… Tel：0762－3617666
广东馨颐健康服务有限公司
地址：清远市新城横荷镇荷兴工业园富强南路怡升（清远）制衣有限公司厂房三层自编01－02
………………………… Tel：0763－3696083
罗定市晶亮眼科医院有限公司
地址：罗定市兴华三路276、278、280号
………………………… Tel：0766－3713229
云浮养可血液透析有限公司
地址：云浮市市区环市中路68号首层一号商铺
………………………… Tel：0766－8832120
广东德祥康养老院有限公司
地址：云浮市云安区六都镇港口新城区【土地使用证：云县府国用（2008）第000001号】三楼
………………………… Tel：0766－8863218
云浮民安精神病医院有限公司
地址：云浮市云城区高峰镇营地村
………………………… Tel：0766－8866120
潮州韩溪眼科医院有限公司
地址：潮州市桥东东山路中段卧石大厦（一号至五号门市连二层至五层）
………………………… Tel：0768－2506002
潮州市乐文颐养有限公司
地址：潮州市金山大桥西右侧亿骏大厦第七层703室
………………………… Tel：0768－3908525
东莞松山湖美年健康门诊部有限公司
地址：东莞松山湖高新技术产业开发区研发五路2号宏远研发大厦6号研发楼1层（13号铺、14号铺）、2层、3层、4层、5层、6层
………………………… Tel：0769－21687988
东莞口腔医院有限公司
地址：东莞市南城街道雅园工业区路33号
………………………… Tel：0769－22220333
东莞东城美兆健康医疗门诊部有限公司
地址：东莞市东城街道东泰社区鸿福东路1号民盈国贸城5号楼四层L4014号商铺
………………………… Tel：0769－22231969
东莞市华厦眼科医院有限公司
地址：东莞市南城街道莞太大道17¯19号外运大厦综合楼
………………………… Tel：0769－22239139
东莞市光华医院有限公司
地址：东莞市寮步镇西南路段
………………………… Tel：0769－22666781
东莞爱尔眼科医院有限公司
地址：东莞市东城区莞樟路石井路段171号
………………………… Tel：0769－22668992
东莞常安医院有限公司
地址：东莞市常平镇环常西路常安路1号
………………………… Tel：0769－33322333
东莞台心医院有限公司
地址：东莞市东城区台心路2号
………………………… Tel：0769－33335678
东莞爱领妇儿医院有限公司
地址：广东省东莞市厚街镇莞太路厚街段28号603室
………………………… Tel：0769－8156888
东莞市塘厦莞华医院有限公司
地址：广东省东莞市塘厦镇塘厦大道北489号101室、491号101室、493号
………………………… Tel：0769－82169009
东莞市常平健明眼科医院有限公司
地址：东莞市常平镇板石村霞村新村南街中仁大厦三至五层
………………………… Tel：0769－82206171
东莞市长安镇新安医院有限公司
地址：东莞市长安镇新安社区新安一路3号
………………………… Tel：0769－85544922
东莞广济医院有限公司
地址：广东省东莞市凤岗镇镇田北路56号
………………………… Tel：0769－87866333
东莞三局医院有限公司
地址：东莞市塘厦镇三局社区花园新街北十号
………………………… Tel：0769－87907008
东莞东城福华健康门诊部有限公司
地址：东莞市东城区东莞大道19号鼎峰国际广场1栋301－311（三楼）
………………………… Tel：0769－88666888

广西壮族自治区

防城港爱尔眼科医院有限公司
地址：防城港市防城区群星大道8号
………………………… Tel：0770－6189999
南宁华厦眼科医院有限公司
地址：南宁市青秀区桐竹大道8号综合楼
………………………… Tel：0771－2248888
广西嘉铖益民医院有限公司
地址：南宁市青秀区东葛路105号俊世大厦第一层1－1号
………………………… Tel：0771－2823399
前海人寿医院广西有限公司
地址：南宁市良庆区平乐大道35号
………………………… Tel：0771－2836086
南宁爱尔眼科医院有限公司
地址：南宁市西乡塘区秀灵路１２６号
………………………… Tel：0771－3393619－8030
广西蓁和蓁大智养老服务有限公司
地址：南宁市西乡塘区新阳北三里路18号
………………………… Tel：0771－3804956
广西美丽之星美容医院有限公司
地址：南宁市青秀区云景路11号春晖花园C区商业街8号
………………………… Tel：0771－4888558
广西旅发集团广西自贸区医院管理有限公司
地址：南宁市良庆区新良路15号
………………………… Tel：0771－4953461
广西医大健康产业管理有限责任公司
地址：南宁市青秀区桂花路9号香港园区1栋512号
………………………… Tel：0771－5387772
广西美澳妇产医院有限公司
地址：南宁市青秀区柳园路8－8号
………………………… Tel：0771－5572208
广西爱思特整形外科医院有限公司
地址：南宁市青秀区青环路90号汇东郦城综合公寓楼
………………………… Tel：0771－5822988
四季健康医疗股份有限公司
地址：广西南宁市青秀区民族大道136－5号南宁华润中心南写字楼3404号房
………………………… Tel：0771－5828308

云天健康医疗股份有限公司
地址：南宁市青秀区民族大道136-5号南宁华润中心商写字楼3404号房
…………Tel：0771-5828338

广西吉恩养老产业有限公司
地址：南宁市青秀区双拥路30号南湖名都广场B栋C单元2501号
…………Tel：0771-5870161

广西大睿谷医学检验有限公司
地址：南宁市青秀区双拥路22号广西医科大学医学科学实验中心楼101、102室
…………Tel：0771-5883058

广西宝华福寿养老服务有限公司
地址：横县那阳镇宝华村委红宜村89号一楼
…………Tel：0771-6753180

广西华银医学检验所有限公司
地址：南宁市壮锦大道东侧、国凯大道南侧北部湾科技园总部基地一期工程B-4办公楼3层
…………Tel：0771-6785238

崇左爱尔眼科医院有限公司
地址：崇左市江州区友谊大道龙胤财富广场一号楼
…………Tel：0771-7883588

崇左晶亮眼科医院有限公司
地址：崇左市江州区新民路37号
…………Tel：0771-7980630

广西柳钢医院有限公司
地址：柳州市雀儿山路
…………Tel：0772-2592557

柳州爱尔眼科医院有限公司
地址：柳州市柳石路151号同和佳境1号楼
…………Tel：0772-3111009

来宾爱尔眼科医院有限公司
地址：广西来宾市兴宾区大桥路86-1号
…………Tel：0772-4211124

广西牙印象口腔医院有限公司
地址：来宾市兴宾区鑫都国际东二路132-3-317号
…………Tel：0772-4256999

象州怡养园养老服务有限公司
地址：象州县象州镇河西二级路收费站旁
…………Tel：0772-4306777

桂林爱尔眼科医院有限公司
地址：桂林市七星区穿山乡三联村委环城北二路2号
…………Tel：0773-2187666

桂林仙源健康产业股份有限公司
地址：桂林市象山区相人山路18号
…………Tel：0773-3604926

桂林阳朔颐养庄园健康产业有限公司
地址：阳朔县葡萄镇桂阳公路旁独山脚下（原阳朔县职业技术学校）
…………Tel：0773-8706289

广西梧州广投医院投资管理有限公司
地址：梧州市三龙大道东侧到劳处地块
…………Tel：0774-3839620

梧州爱尔眼科医院有限公司
地址：梧州市西环路中段100号
…………Tel：0774-3888666

广西中乐康养老服务有限公司
地址：梧州市红岭路7号7号楼一层31号商业用房
…………Tel：0774-3998161

玉林仁康养老服务有限公司
地址：广西玉林市人民东路北侧中建．时代广场31幢01号
…………Tel：0775-2678996

贵港广嗣堂中医医院有限责任公司
地址：贵港市港北区荷城路中段三合龙岗新村197号至200号
…………Tel：0775-2918002

玉林慈铭门诊部有限公司
地址：玉林市一环北路128号鑫星商住小区地下室03号商铺
…………Tel：0775-3281000

贵港爱尔眼科医院有限公司
地址：贵港市港北区荷城路龙岗新村（一）7号（贵港市政务中心北门对面）
…………Tel：0775-4272787

贵港市东晖医院有限公司
地址：贵港市桂林路与仙衣路交汇处东北角
…………Tel：0775-4361238

贵港蓝天口腔医院有限公司
地址：贵港市港北区金港大道美嘉宝花城A幢8号
…………Tel：0775-4557098

玉林爱尔眼科医院有限公司
地址：玉林市一环东路151号
…………Tel：0775-5807828

北流市展仁堂大鹏医院有限公司
地址：北流市城南二路0032号
…………Tel：0775-6666120

广西环球医院有限公司
地址：广西百色市右江区那毕大道百色投资大厦商业裙楼第三层
…………Tel：0776-2661066

靖西环大医院有限公司
地址：靖西市新靖镇古龙路1号
…………Tel：0776-3056883

钦州爱尔眼科医院有限公司
地址：钦州市永福西大街33号
…………Tel：0777-3552988

灵山爱尔眼科医院有限公司
地址：灵山县三海街道江南路79号
…………Tel：0777-6661159

广西浦北绿天健康产业股份有限公司
地址：钦州市浦北县县城金浦新区投资大厦一楼
…………Tel：0777-8318088

广西河池市医疗器械有限公司
地址：河池市金城江区金城中路2-4铜鼓园写字楼六楼A区
…………Tel：0778-2307288

河池爱尔眼科医院有限公司
地址：河池市宜州区庆远镇黄莺路东正国际小区2号公寓楼
…………Tel：0778-3170066

广西宝隆健康管理有限责任公司
地址：南宁市青秀区东葛路118号南宁青秀万达广场东9栋三十一层3118号房
…………Tel：0778-5872222

北海爱尔眼科医院有限公司
地址：北海市四川路30号越亚天赐碧园3幢3-0101、3-0301、3-0401
…………Tel：0779-3806123

海南省

海南济民博鳌国际医院有限公司
地址：海南省琼海市博鳌乐城国际医疗旅游先行区康祥路11号
…………Tel：0898-36820222

慈铭博鳌国际医院有限公司
地址：海南省琼海市中原镇博鳌乐城国际医疗旅游先行区康祥路18号
…………Tel：0898-36862666

海南博鳌银丰康养国际医院有限公司
地址：海南省琼海市博鳌乐城国际医疗旅游先行区
…………Tel：0898-36863777

海南博鳌恒大国际医院有限公司
地址：海南省琼海市博鳌镇朝博路中信博鳌千舟湾B幢1-2-D1
…………Tel：0898-36868733

海南博鳌恒康医院有限公司
地址：海南省琼海市博鳌镇海南博鳌恒大国际医院医疗楼一楼自编104号
…………Tel：0898-36868733

三亚老来寿健康养老服务有限公司
地址：海南省三亚市吉阳区吉阳大道185号综合办公楼二楼
…………Tel：0898-38210370

三亚哈尔滨医科大学鸿森医院有限公司
地址：海南省三亚市天涯区凤凰镇下恶村南新农场十一队（仅限办公使用）
…………Tel：0898-38277999

五指山金泰德晖阳度假养老产业发展有限公司M
地址：海南省五指山市南圣路口原通什镇材料厂
…………Tel：0898-38626111

海南万宁前海人寿医院有限公司
地址：海南省万宁市万城镇望海大道东星工业区农村信用社3楼
…………Tel：0898-62138216

海南博鳌金域国际医学检验中心有限公司
地址：海南省琼海市博鳌乐城国际医疗旅游先行区乐颐大道9号中国干细胞集团海南博鳌附属干细胞医院A栋二层
…………Tel：0898-62799996

中国干细胞集团海南博鳌附属干细胞医院有限公司
地址：海南省琼海市博鳌乐城国际医疗旅游先行区09单元乐颐大道9号中国干细胞集团博鳌大厦C幢309室
…………Tel：0898-62928888

海南博鳌长昇源国际医院有限公司
地址：海南省琼海市嘉积镇万泉河路7号伊比亚河畔D3商铺二楼
…………Tel：0898-62930375

海南博鳌超级医院有限公司
地址：海南省琼海市博鳌乐城国际医疗旅游先行区康祥路6号
…………Tel：0898-62988000

海南乐康医疗健康管理有限公司
地址：海南省海口市美兰区国兴大道61号盛达商务广场三楼
…………Tel：0898-65220185

海南福大医院有限责任公司
地址：海南省海口市琼山区云龙镇云定路118号
…………Tel：0898-65969616

海南爱尔新希望眼科医院有限公司
地址：海口市龙华区滨涯路14号
…………Tel：0898-66100638

海南整形美容医院有限公司
地址：海南省海口市美兰区和平大道21号世博大厦402房、一层、负一层
…………Tel：0898-66284225

海南潮滩湾医院有限公司
地址：海南省文昌市锦山镇革新街1号镇政府院内
…………Tel：0898-66527708

海南现代妇婴医院有限公司
地址：海口市金宇路4号健成商厦整栋
…………Tel：0898-66569180

海南广安堂健康产业控股有限公司
地址：海南省海口市秀英区南海大道145号6楼
…………Tel：0898-66772293

海南爱肾肾病医院有限公司
地址：海南省海口市龙华区南海大道豪苑路1号亚洲豪苑城市广场南海居商铺201.202号
…………Tel：0898-66836127

海南一龄医院有限公司
地址：海南省澄迈县老城经济开发区海阳光九龙温泉度假酒店副11、12楼
…………Tel：0898-67206777

海南汇健健康科技有限公司
地址：海南省老城高新技术产业示范区海南生态软件园A17幢一层4001
…………Tel：0898-67309120

鹏翔医疗投资管理有限公司
地址：海南省海口市龙华区玉沙路11号中盐大厦24A2房
…………Tel：0898-68508676

海南荣丰健康医疗有限公司
地址：海南省琼海市博鳌镇滨海大道1号长滩雨林14栋2单元101室
…………Tel：0898-68596699

海南美年大健康医院有限公司
地址：海南省海口市秀英区滨海大道159-2号福隆广场三期G栋住宅楼三层
…………Tel：0898-68955165

海南慈航国际医院有限公司
地址：海南省海口市美兰区国兴大道7号海航大厦24楼
…………Tel：0898-69960997

海南朗园健康产业有限公司
地址：海南省陵水黎族自治县英州镇英榆大道　轩大酒店3楼
…………Tel：0898-83095502

五指山田园纳里养生服务有限责任公司
地址：海南省五指山市通什镇庄园路1号未来.田园纳里
…………Tel：0898-86631033

海南五指山椰枫养老服务有限公司
地址：海南省五指山市理文路山水名城商业楼215号
…………Tel：0898-86667222

三亚恒大健康医疗有限公司
地址：海南省三亚市海棠区龙海风情小镇起步区L9-2商业A室（仅限办公使用）
…………Tel：0898-88365996

三亚恒合融医院投资管理有限公司
地址：海南省三亚市海棠区林旺社区林旺南路18号
…………Tel：0898-88365996

三亚圣迪亚整形美容医院有限公司
地址：海南省三亚市河东区榆亚大道195号（三亚君锦花园酒店东侧第二栋）
…………Tel：0898-88889688

四川省

四川归然养老服务有限公司
地址：中国（四川）自由贸易试验区成都高新区天府三街69号1栋9层903号
…………Tel：028-21345645

资阳巴川精神病医院有限公司
地址：四川省资阳市雁江区宝台镇大洪村四社大洪坳街30号
…………Tel：028-26397017

简阳济仁医院有限公司
地址：简阳市简城镇滨江路南段91-97（东方威尼斯一期）1-3层
…………Tel：028-27023902

仁寿运长医院有限责任公司
地址：仁寿县文林镇陵州大道六号
…………Tel：028-36666019

仁寿爱尔眼科医院有限公司
地址：仁寿县文林镇仁眉路104号
…………Tel：028-36687285

眉山子由心脑血管病医院有限公司
地址：四川省眉山市东坡区齐通路西三段66号
…………Tel：028-38161582

眉山肿瘤医院管理有限公司
地址：四川省眉山市东坡区湖滨路中二段168号
…………Tel：028-38195033

成都鹰阁医院有限责任公司
地址：四川省成都市成华区锦绣大道5333号鹏瑞利国际医疗健康中心第A2座1楼
…………Tel：028-60216666

成都诺森医学检验有限公司
地址：成都市温江区永宁镇芙蓉大道二段733号11栋2层、3层、4层
…………Tel：028-61037888

成都天府新区安琪儿国际妇女儿童医院有限公司
地址：四川省成都市天府新区华阳街道天府大道南段846号
…………Tel：028-61133333

成都武侯俏佳人医疗美容门诊部有限公司
地址：成都市武侯区星狮路711号2幢1单元105、106号
…………Tel：028-61158855

成都金牛逸先血液透析中心有限公司
地址：成都市金牛区沙湾路268号1栋3层2号
…………Tel：028-61505999

成都温江锐变医疗美容诊所有限公司
地址：成都市温江区凤凰北大街666号39栋1层1号
…………Tel：028-61717288

成都青羊朗博医疗门诊部有限公司
地址：成都市青羊区蜀鑫东路88号金沙海棠9号商业楼4楼
…………Tel：028-61861818

成都泰康蜀园医院有限责任公司
地址：成都市温江区永宁镇民康路299号2号楼
…………Tel：028-62000600

成都新蜀肿瘤医院有限公司
地址：成都高新区科园南路5号1栋5层2号
…………Tel：028-62031618

四川米诺娃妇女儿童医院有限公司
地址：成都市武侯区武兴路18号
…………Tel：028-62072113

成都西囡妇科医院有限公司
地址：成都市锦江区毕　路66号、88号1栋
…………Tel：028-62256812

成都高新西囡妇科医院有限公司
地址：成都市高新区起步科技园科园南一路4号
…………Tel：028-62256812

成都八大处医疗美容医院有限公司
地址：中国（四川）自由贸易试验区成都高新区天府大道中段688号1-5楼
…………Tel：028-62268888

成都金牛爱康国宾熙门综合门诊部有限公司
地址：成都市金牛区一品天下大街399号1栋5层1号
…………Tel：028-62300666

西昌仁爱肿瘤医院有限公司
地址：四川省凉山彝族自治州西昌市航天大道一段371号
…………Tel：028-62301058

资阳恒健肿瘤医院有限公司
地址：资阳市雁江区娇子大道山水名城综合楼综1（F）1-1、2-1、3-1、4-1、5-1号
…………Tel：028-62301059

成都武侯三松德森医院有限公司
地址：成都市武侯区武阳大道一段299号
…………Tel：028-62322890

首都医疗四川眼科医院有限公司
地址：四川省成都高新区天府四街117、153号1栋1楼1号
…………Tel：028-62373292

成都锦江爱康君安综合门诊部有限公司
地址：成都市锦江区人民东路6号四川航空广场31-33楼
…………Tel：028-63916666

锦官城有限公司
地址：四川省成都市青羊区清江中路12号1栋1层29-32号
…………Tel：028-64079687

成都新都恒轩医院有限公司
地址：成都市新都区宝光大道南段2388号1楼、4楼、5楼
…………Tel：028-64752101

四川锦欣妇女儿童医院有限公司
地址：成都市锦江区静秀路66号
…………Tel：028-65077783

成都铜雀台医学美容医院有限公司
地址：成都市武侯区新南路8号1-3层
…………Tel：028-65088856

知几未来（成都）临床医学检验有限公司
地址：成都高新区科园南路5号1栋1层1号附3号
…………Tel：028-65214809

成都新世纪妇女儿童医院有限公司
地址：成都市青羊区包家巷77号
…………Tel：028-65311666

成都高新达安医学检验有限公司
地址：成都高新区天辰路88号
…………Tel：028-66767261

成都博奥独立医学实验室有限公司
地址：成都市温江区永宁镇八一路北段88号
…………Tel：028-67257888

北京同仁堂（四川）中西医结合医院有限公司
地址：成都市新都区大丰街道高家村七社大天路968号1-3楼

…………………………Tel：028-6732222
成都正诚医疗管理有限公司
地址：成都市郫都区安靖镇正义路3号
…………………………Tel：028-67430011
成都锦欣精神病医院有限公司
地址：成都市锦江区南三环路二段501号
…………………………Tel：028-67695358
成都喜马拉雅藏医医院有限公司
地址：四川省成都市成华区光明滨河路60号
…………………………Tel：028-67695981
成都天使儿童医院有限公司
地址：成都市武侯区人民南路四段46号附1号
…………………………Tel：028-67899999
成都东区爱尔眼科医院有限公司
地址：成都市成华区双林路388号1幢1-4层
…………………………Tel：028-68100666
成都康福肾脏病医院有限公司
地址：成都市武侯区二环路西一段15号
…………………………Tel：028-68187277
四川华孝大德养老服务有限公司
地址：成都高新区荟锦路265号2楼附203、204号
…………………………Tel：028-68381816
成都中医大银海眼科医院股份有限公司
地址：成都市金牛区星辉西路8号
………………Tel：028-68398866-6118
成都西区安琪儿妇产医院有限公司
地址：成都市金牛区蜀汉路532号附1-12号1层1-2号、10栋2-4层1号、10栋2层2号
…………………………Tel：028-68718588
四川君安康健康养老产业集团有限公司
地址：成都市武侯区玉林北街1号1栋3单元19层1901号
…………………………Tel：028-68969673
成都博爱医院有限公司
地址：成都市大慈寺路1号
…………………………Tel：028-68999999
成都锦江第一健康国金门诊部有限公司
地址：成都市锦江区红星路三段1号国际金融中心1号办公楼12楼整层
…………………………Tel：028-69107812
美莱医学美容医院有限公司
地址：成都市青羊区青华路31号
…………………………Tel：028-69331640
四川晶肤医学美容医院有限公司
地址：成都市青羊区中同仁路55号
…………………………Tel：028-69981049
成都圣丹福整形美容医院有限公司
地址：成都市成华区锦绣大道5333号A1座1、4、5、6层D单元
…………………………Tel：028-69993999
成都美绽美整形美容医院有限公司
地址：成都市成华区杉板桥南二路38号1栋
…………………………Tel：028-80801166
四川大家医学检测有限公司
地址：成都高新区安和二路8号2栋7层A区
…………………………Tel：028-81730888
成都安琪儿妇产医院有限公司
地址：成都市武侯区高攀路3号
…………………………Tel：028-81922222
崇州二医院有限公司
地址：崇州市崇阳街道唐安西路431号
…………………………Tel：028-82271120
成都市圣沅乐康医院有限公司
地址：崇州市崇阳街道蜀州南路32号
…………………………Tel：028-82272554
四川省志辉医院有限责任公司
地址：新津县五津镇瑞通路
…………………………Tel：028-82517920
成都福美国际妇产医院有限公司
地址：成都市温江区杨柳河西岸（五洞桥路）柳岸锦城1号、2号、3号楼
…………………………Tel：028-82761711
成都福美医学影像诊断中心有限公司
地址：成都市温江区永宁镇芙蓉大道二段733号1栋1、2、5层
…………………………Tel：028-82761711
毕士大（成都）肾病医院有限公司
地址：成都市郫都区犀浦镇犀团路500号附1号
…………………………Tel：028-83167522
成都华厦眼科医院有限公司
地址：成都高新区玉林北路2号附1号、附2号
…………………………Tel：028-83168000
成都温江瑞慈瑞文门诊部有限公司
地址：成都市温江区光华大道三段1588号珠江国际写字楼701-716，801-816
…………………………Tel：028-83250318
南充影泰影像诊断研究有限公司
地址：南充市高坪区永丰路48号
…………………………Tel：028-83332921
四川友谊医院有限责任公司
地址：成都市锦江区上沙河铺街96号
…………………………Tel：028-83339993

成都百灵中医糖尿病医院有限公司
地址：成都市金牛区星辉西路8号附2号
…………………………Tel：028-83389166
四川谦庭养老服务有限公司
地址：成都市金牛区三洞桥街2号
…………………………Tel：028-83513436
四川思微尔口腔医疗有限公司
地址：成都市青羊区人民中路二段70号2层
…………………………Tel：028-83590233
彭州四方医院有限责任公司
地址：四川省成都市彭州市天彭镇牡丹大道北三段336-382号
…………………………Tel：028-83881538
成都成华三松医院有限责任公司
地址：四川省成都市成华区东紫路499号1层1号、2号、2层1号、3层328-344号、4层428-446号、5层529-547号、6层642-660号、7层720-738号
…………………………Tel：028-84113777
四川德铭养老服务有限公司
地址：成都市成华区跳蹬河南路140号
…………………………Tel：028-84352038
成都鹏瑞利锦绣中医医院有限公司
地址：成都市成华区锦绣大道5333号A1座L4-3
…………………………Tel：028-84360020
成都成华鹏瑞利锦城综合门诊部有限公司
地址：四川省成都市成华区锦绣大道5333号A2座1.2层2单元
…………………………Tel：028-84360020
成都百汇馨康门诊部有限公司
地址：四川省成都市武侯区小天竺街75号1栋12、13、14层
…………………………Tel：028-84400685
四川金域医学检验中心有限公司
地址：成都市成华区龙潭工业总部基地成济路1号
…………………………Tel：028-84493788
成都新丽美医疗美容医院有限公司
地址：中国（四川）自由贸易试验区成都高新区名都路166号1栋1层1号
…………………………Tel：028-84855785
成都高新博力医院有限公司
地址：成都市高新区高朋东路1号
…………………………Tel：028-85001234
成都市圣洁医院有限公司
地址：成都市武侯区武侯新城管委会鞋都南路8号5、6、7栋楼
…………………………Tel：028-85005163
四川华普医院有限公司
地址：成都市武侯区新光北路1号
…………………………Tel：028-85160692
成都市康蕙俊医院有限公司
地址：成都市金牛区金府路699号2栋3层4号
…………………………Tel：028-85177748
四川长城肾脏病医院有限公司
地址：成都市高新区一环路南四段3号
…………………………Tel：028-85179000
成都贝瑞和康医学检验所有限公司
地址：中国（四川）自由贸易试验区成都高新区天府大道北段1480号1栋3层37、38号
…………………………Tel：028-85199255
成都泰禾妇产医院有限公司
地址：成都市武侯区董家湾南街333号
…………………………Tel：028-85215838
成都新基因格医学检验所有限公司
地址：成都市高新区高朋大道5号创新中心A座5楼
…………………………Tel：028-85313236
成都西婵环球医疗美容医院有限公司
地址：中国（四川）自由贸易试验区成都高新区天府一街535号3栋1层1号
…………………………Tel：028-85315507
成都迪安医学检验所有限公司
地址：成都市武侯区武侯新城管委会武科西四路二号联强国际大楼5F
…………………………Tel：028-85458881
乐山中科麦海思医学影像诊断有限公司
地址：乐山市市中区平江中街43号
…………………………Tel：028-85534589
成都保髋股骨头医院有限公司
地址：成都市金牛区马家花园路1号
…………………………Tel：028-85551120
成都武侯泰康蓉健综合门诊部有限公司
地址：成都市武侯区人民南路四段3号1栋4层401、402号、5层502号
…………………………Tel：028-85566989
成都中山高新骨科医院有限公司
地址：成都高新区一环路南三段28号
…………………………Tel：028-85579999
成都市翠薇谷养老服务有限公司
地址：崇州市公议乡巴南路288号
…………………………Tel：028-85595926
四川宝石花医院有限公司
地址：四川省成都市天府新区华阳街道通济巷26号1栋-1-12层
…………………………Tel：028-85608019
成都登特牙科技术开发有限公司
地址：成都市双流区西南航空港经济开发区腾飞二路355号第二栋
…………………………Tel：028-85672448
四川赫尔森康复医院有限公司
地址：成都市武侯区晋阳路145号
…………………………Tel：028-85801000
成都玛丽亚天府妇产儿童医院有限公司
地址：四川省成都市天府新区华阳街道天府大道南段2039号极地海洋公园世界主馆及商1栋1-5层1-2号，2栋1-16号
…………………………Tel：028-85896666
成都和畅消化病医院有限公司
地址：成都高新区二环路南4段9号
…………………………Tel：028-86055813
成都西华医院有限公司
地址：成都市金牛区西三环路五段188号
…………………………Tel：028-86058531
国药集团四川医学检验有限公司
地址：四川省成都市锦江区锦华路三段88号2栋12层1号
…………………………Tel：028-86134211
成都亚美天使儿童医院有限公司
地址：成都市武侯区人民南路四段46号附1号1栋
…………………………Tel：028-86253946
中海国投国际医疗康复有限公司
地址：四川省成都市天府新区兴隆镇社区正街57号1幢2单元8号
…………………………Tel：028-86264728
成都泰禾天府医院有限公司
地址：四川省成都市天府新区正兴街道顺圣路172号
…………………………Tel：028-86267890
成都凡迪医学检验所有限公司
地址：成都市武侯区武侯新城管委会武兴三路32号39栋
…………………………Tel：028-86283502
成都上善天使儿童医院有限公司
地址：成都市武侯区人民南路四段46号附1号1栋
…………………………Tel：028-86284143
成都锦欣妇产科医院有限公司
地址：成都市锦江区光华街35号
…………………………Tel：028-86674131
四川米兰柏羽医学美容医院有限公司
地址：成都市武侯区人民南路四段21号
…………………………Tel：028-86693888
成都爱尔眼科医院有限公司
地址：成都市万和路86号
…………………………Tel：028-87010707
成都上品未来医院有限公司
地址：四川省成都市武侯区一环路西一段4号1栋2楼
…………………………Tel：028-87034822
都江堰爱尔眼科医院有限公司
地址：四川省成都市都江堰市安康南路135号-151号
…………………………Tel：028-87224120
成都青羊奥洛瑞浣花香综合门诊部有限公司
地址：成都市青羊区一环路西二段2号2层、3层
…………………………Tel：028-87323693
四川统领旅居养老服务有限公司
地址：成都市成华区仁义路55号1层
…………………………Tel：028-87369299
成都中航成飞医院有限公司
地址：成都市青羊区黄田坝经一路105号
…………………………Tel：028-87455832
成都怡宁医院有限公司
地址：成都市金牛区科兴南路90号
…………………………Tel：028-87508859
成都市西区医院有限公司
地址：成都市金牛区二环路西三段2号
…………………………Tel：028-87565091
成都蓉雅晶肤医疗美容门诊部有限公司
地址：成都市金牛区蜀汉路89号1-1幢3层3001号
…………………………Tel：028-87576057
成都玛丽亚妇产儿童医院有限公司
地址：成都市金牛区一环路北一段125号星原大厦
…………………………Tel：028-87665515
成都恒博医院有限责任公司
地址：成都市营门口路50号
…………………………Tel：028-87764016
成都存济口腔医院有限公司
地址：成都市金牛区花牌坊北街99号4栋5单元7-26楼
…………………………Tel：028-87767743
四川旅居乐养老服务有限公司
地址：成都市青羊区一环路西二段2号1栋13楼1306号
…………………………Tel：028-87783992
成都天佑养老服务有限公司
地址：成都市郫都区三道堰镇青杠树村九组119号
…………………………Tel：028-87983999
邛崃福利医院有限公司
地址：邛崃市临邛镇南宁街56号
…………………………Tel：028-88790493

绵竹市泰元医院有限公司
地址：四川省绵竹市九龙镇双同村七组
…………………………Tel：0383-6791889
攀枝花爱尔眼科医院有限公司
地址：攀枝花市东区德阳巷15附3-1号（510402、002001、GB00022、F00030002）
…………………………Tel：0812-2901188
米易黄风湿医院有限责任公司
地址：米易县攀莲镇桥东街107号
…………………………Tel：0812-8127415
自贡晨天实业有限公司
地址：自贡市自流井区汇东路大西洋.汇东壹品6栋商1-02号
…………………………Tel：0813-2710120
富顺西区医院管理有限公司
地址：富顺县自贡市晨光科技园区
…………………………Tel：0813-3260835
自贡高新医院有限公司
地址：四川省自贡市沿滩区卫坪镇时代大道111号
…………………………Tel：0813-7780060
自贡爱尔眼科医院有限公司
地址：四川省自贡市大安区凤凰乡马吃水盐都大道南侧马吃水路143号
…………………………Tel：0813-8108151
绵阳名仁肾病医院有限公司
地址：四川省绵阳市经开区文武西路457号
…………………………Tel：0816-2206866
绵阳富临医院有限公司
地址：绵阳高新区普明南路东段100号
…………………………Tel：0816-2540994
四川智东慈福养老服务有限公司
地址：三台县潼川镇新西街宏盛房产2号楼二层
…………………………Tel：0816-5268155
四川护博医疗科技有限公司
地址：四川省绵阳市游仙区小枧沟镇顺河村1,3,8社
…………………………Tel：0816-8339989
南充乐得乐康养产业发展有限公司
地址：四川省南充市高坪区小龙街道办江东北路60号成达铁路公司火车东站家属宿舍片区成达铁路公司火车东站家属宿舍片区
…………………………Tel：0817-3546166
西充仁爱精神病医院有限公司
地址：西充县橡胶坝园区
…………………………Tel：0817-4462508
南部县陵江医养有限公司
地址：南部县滨江街道办事处丝绸路丝绸花园
…………………………Tel：0817-5530606
南部县嘉伦医养综合服务有限公司
地址：四川省南充市南部县南隆镇北环路阳光水岸A座A幢1层1-1号
…………………………Tel：0817-5666668
川北医学院（南充）国际医院有限责任公司
地址：四川省南充市嘉陵区白燕大道二段99号
…………………………Tel：0817-6026333
四川慈念医院有限公司
地址：阆中市七里办事处七里大道152号
…………………………Tel：0817-6300136
南充友豪医疗管理有限公司
地址：四川省南充市高坪区永丰路二段48号友豪国际家具博览中心22号
…………………………Tel：0817-6992106
南充友豪医院有限公司
地址：四川省南充市高坪区永丰路二段48号友豪国际家居博览中心22栋
…………………………Tel：0817-6992106
达州南方医院有限公司
地址：达州市达川区翠屏街道办事处一新路21号
…………………………Tel：0818-2691263
达州医科肿瘤医院有限公司
地址：四川省达州市通川区朝阳西路汽车西站二层2-1、2-2号-1、2-2号-2、3-1、3-2号-1、3-2号-2号
…………………………Tel：0818-3208999
达州爱尔眼科医院有限公司
地址：四川省达州市通川区朝阳西路669号
…………………………Tel：0818-3388137
四川省安泊大健康管理有限公司
地址：达州市达川区翠屏街道办事处杨柳路288号秦巴医贸园B区医贸大厦9楼
…………………………Tel：0818-3949999
宣汉康宁精神病医院有限公司
地址：宣汉县清溪镇锣寨村九组
…………………………Tel：0818-5615120
大竹中信长生医院有限公司
地址：四川省达州市大竹县白塔街道迎宾路211号艺麟商务楼1至6层
…………………………Tel：0818-6668333
万源中信长生医院有限公司
地址：四川省达州市万源市茶垭乡李家沟村二社远东果蔬仓储物流综合园区商业8

栋1-3层
…………Tel：0818-8616120

四川京鑫达养老服务有限公司
地址：万源市太平镇综贸西巷（环保大厦）21-1-12-7
…………Tel：0818-8630987

遂宁嘉慧妇儿医院有限公司
地址：遂宁市河东新区五彩缤纷路1号附1号、附2号、2层201号、2层202号、3层301号、3层302号；河东新区五彩缤纷路33号1层101号、2层201号
…………Tel：0825-2652153

遂宁瑞慈瑞邦门诊部有限公司
地址：四川省遂宁市船山区和平西路225号4层
…………Tel：0825-2681961

广安福源医院有限责任公司
地址：广安市广安区五福西路91号
…………Tel：0826-2601206

广安正康医院有限责任公司
地址：广安市广安区学街28号1幢、2幢、3幢
…………Tel：0826-2667556

巴中万寿苑医养产业有限公司
地址：四川省巴中市巴州区回风大道金凤星城G幢12层1号
…………Tel：0827-5888788

南江青云仁济医院集团有限公司
地址：四川省巴中市南江县长赤镇玉赤大道东二段145号
…………Tel：0827-8171150

泸州锦欣妇产医院有限公司
地址：四川省泸州市江阳区华升南路107号
…………Tel：0830-2868002

合江健欣医院有限公司
地址：合江县合江镇少岷北路158、160号
…………Tel：0830-5255176

泸州爱尔眼科医院有限公司
地址：泸州市江阳区江阳中路37号1-3层
…………Tel：0830-8887120

宜宾民心创伤骨科医院有限责任公司
地址：宜宾市翠屏区古塔路51号一幢二层1-2号
…………Tel：0831-5159203

长宁县众康医疗有限责任公司
地址：长宁县长宁镇东山宜长路外侧众望种业1号楼
…………Tel：0831-5561332

宜宾和康医疗管理有限责任公司
地址：四川省宜宾市叙州区城北新区天柏组团22-01-01地块
…………Tel：0831-6880561

宜宾旌宏眼科医院有限公司
地址：四川省宜宾市翠屏区致富路158号
…………Tel：0831-8887577

内江瑞慈瑞川门诊部有限公司
地址：四川省内江市甜城大道999号3栋1单元四楼
…………Tel：0832-2207626

隆昌通康医院有限公司
地址：四川省隆昌县人民中路C3段
…………Tel：0832-3998120

乐山市老年病专科医院有限责任公司
地址：四川省乐山市市中区人民西路283号
…………Tel：0833-2150625

乐山嘉康医疗有限责任公司
地址：乐山市市中区雪杉街555号1楼
…………Tel：0833-2155366

乐山市仁心医疗有限责任公司
地址：四川省乐山市五通桥区竹根镇岷江大道北段190号
…………Tel：0833-2192978

乐山爱尔眼科医院有限公司
地址：乐山市市中区白燕路169号
…………Tel：0833-2193111

乐山世纪康乐医疗服务有限公司
地址：四川省乐山市市中区碧山路2580号1幢2层
…………Tel：0833-2350011

乐山惠爱医疗服务有限公司
地址：乐山市市中区碧山路2584号
…………Tel：0833-2350011

沐川中医医院有限责任公司
地址：沐川县幸福乡幸福大道3段2号
…………Tel：0833-4608668

凉山爱尔眼科医院有限责任公司
地址：西昌市健康路东巷28号
…………Tel：0834-2586176

德阳第五医院股份有限公司
地址：四川省德阳市华山北路531号
…………Tel：0838-2412497

德阳康成中医医院有限责任公司
地址：四川省德阳市旌阳区庐山路与北泉路交汇处1幢
…………Tel：0838-2552255

四川瑞康颐养养老产业有限责任公司
地址：四川省德阳市旌阳区天元镇东海路东段76号
…………Tel：0838-2800398

中江爱尔眼科医院有限公司
地址：四川省德阳市中江县凯江镇人民西路20号附1号1-7层
…………Tel：0838-7202120

广元爱尔眼科医院有限公司
地址：广元市利州区胤国路668号
…………Tel：0839-3225555

苍溪县老百姓养老服务有限公司
地址：苍溪县陵江镇杜里坝景观房B7
…………Tel：0839-6091601

贵州省

湄潭素远皮肤病医院有限公司
地址：贵州省遵义市湄潭县湄江街道办事处天文大道麒龙新城一组团4-2-4号
…………Tel：0851-24220419

正安西南宏仁医院有限公司
地址：贵州省遵义市正安县凤仪镇北苑社区8号路右侧
…………Tel：0851-26017777

遵义美年大健康产业医院有限公司
地址：贵州省遵义市汇川区北海路13号楼3-4层
…………Tel：0851-28321122

贵医安顺医院有限责任公司
地址：贵州省安顺市西秀区黄果树大街（贵黄公路青苑村）
…………Tel：0851-33285968

贵州三力健康管理有限公司
地址：贵州省安顺市平坝区夏云工业园区
…………Tel：0851-38113395

思南乌江健康产业有限公司
地址：贵州省铜仁市思南县思唐街道办事处城北社区盛世豪庭
…………Tel：0851-84721559

贵阳悦程妇幼医院有限公司
地址：贵州省贵阳市观山湖区金阳南路6号贵阳世纪城X组团医院综合楼1，2，3号
…………Tel：0851-84815966

贵州太阳谷大健康产业发展有限公司
地址：贵州省黔南州龙里县贵州快递物流集聚区
…………Tel：0851-85195506

贵阳爱尔眼科医院有限公司
地址：贵州省贵阳市南明区市南路69号
…………Tel：0851-85271666

贵阳云岩阿玛施眼科门诊部（有限合伙）
地址：贵州省贵阳市云岩区渔安安井回迁安置居住区D组团A2栋1层1号
…………Tel：0851-85283368

贵州星臣医疗管理有限公司
地址：贵州省贵阳市经济技术开发区金竹镇2层
…………Tel：0851-85862420

贵州利美康外科医院股份有限公司
地址：贵州省贵阳市云岩区中华北路101号
…………Tel：0851-86823657

贵州百灵中医糖尿病医院有限责任公司
地址：贵州省贵阳市云岩区宝山北路258号
…………Tel：0851-88114753

贵州福万康康复医院（有限合伙）
地址：贵州省贵阳市乌当区东风镇介牌
…………Tel：0851-88208108

贵州普惠健康体检有限公司
地址：贵州省贵阳市南明区花果园项目一期第16栋1单元5层1号房
…………Tel：0851-88502257-887

贵州大数据生命健康医院有限公司
地址：贵州省贵安新区党武镇党湖立交东侧
…………Tel：0851-88928666

贵州惠馨夕阳养生养老有限公司
地址：贵州省黔南布依族苗族自治州龙里县冠山街道东门东关坡
…………Tel：0854-5635008

都匀民生医院
地址：贵州省黔南布依族苗族自治州都匀市小围寨南苑路18号
…………Tel：0854-8329087

黔东南众康医院有限公司
地址：贵州省黔东南苗族侗族自治州凯里经济开发区经济开发区开元大道原贵医附院
…………Tel：0855-3833262

黔东南康源健康体检管理有限公司
地址：贵州省黔东南州凯里市北京西路9号邮政大厦二、三层、地下一层及一楼通道
…………Tel：0855-8569666

凯里市爱康国宾健康体检有限公司
地址：贵州省黔东南苗族侗族自治州凯里市永乐路28号1幢2、4层
…………Tel：0855-8585998

思南西南医院
地址：贵州省铜仁市思南县许家坝镇街联村印江行组
…………Tel：0856-4160120

铜仁天翼大健康产业发展有限公司
地址：贵州省铜仁市碧江区川硐镇三和公司
…………Tel：0856-5320333

毕节市大健康产业投资有限公司
地址：小坝大道乌蒙山产业园
…………Tel：0857-7188085

贵州黎明医院有限公司
地址：贵州省毕节市金沙县西洛乡中心村
…………Tel：0857-7250338

毕节市爱康国宾健康体检有限公司
地址：贵州省毕节市七星关区市西街道松山路95号三江花园B栋二层及一层4号商业
…………Tel：0857-8331111

贵州省六枝特区博大医院有限公司
地址：贵州省六盘水市六枝特区平寨镇贵烟路
…………Tel：0858-5550179

贵州怡养医疗有限公司
地址：贵州省黔西南州兴义市顶效镇开发东路民成华尔街内
…………Tel：0859-3666135

望谟县晨阳服务有限公司
地址：贵州省黔西南布依族苗族自治州望谟县防灾减灾教育基地
…………Tel：0859-4612628

云南省

昭通华山眼科医院有限公司
地址：云南省昭通市昭阳区昭阳大道405号
…………Tel：0870-2830888

昭通仁安医院有限责任公司
地址：昭通市昭阳工业园区
…………Tel：0870-8890942

昆明长和天城康复医院有限公司
地址：云南省昆明市西山区南坝路3号天城花园A幢1-5层
…………Tel：0871-62857969

昆明韩辰医疗美容医院有限公司
地址：云南省昆明市西山区金碧路26号大德大厦（1-3）楼
…………Tel：0871-63128810

昆明爱尔眼科医院有限公司
地址：中国（云南）自由贸易试验区昆明片区官渡区环城南路687号
…………Tel：0871-63137666

昆明眼科医院（有限公司）
地址：云南省昆明市五华区云瑞西路44号
…………Tel：0871-63214840

云南云药堂骨科中医馆有限公司
地址：云南省昆明市盘龙区青云办事处青龙321号
…………Tel：0871-63326389

昆明高尚医学影像诊断中心有限公司
地址：云南省昆明市滇池度假区滇池路1199号福悦商务楼
…………Tel：0871-63332349

昆明医投医学超声诊断有限公司
地址：昆明市人民东路245号延安医院心血管住院部一楼
…………Tel：0871-63385095

昆明杏德医院有限公司
地址：云南省昆明市官渡区东郊老贵昆路149号-1幢
…………Tel：0871-63512289

昆明市口腔医院有限公司
地址：昆明市永胜路65号
…………Tel：0871-63544223

云南昊邦医学影像诊断中心有限公司
地址：云南省昆明市高新区海源北路与科技路交汇处云南昊邦医药技术研发基地行政办公楼2幢1-2层
…………Tel：0871-63630330

昆明顺康心血管病医院有限公司
地址：云南省昆明市官渡区新民航路（春城路204号）主楼2层
…………Tel：0871-63854905

昆明同仁医院有限公司
地址：昆明市广福路1099号
…………Tel：0871-64562234

云南帕塔拉健康管理发展有限公司
地址：云南省昆明市滇池度假区滇池路1045号颐庆园综合楼第二层204室
…………Tel：0871-64563939

昆明同仁实业开发有限公司
地址：昆明怡景园度假酒店
…………Tel：0871-64589002

昆明康特森眼科医院有限公司
地址：云南省昆明市盘龙区联盟路与万宏路交汇处万宏嘉园沣苑（地块3）B座1层BS102号、6层、7层
…………Tel：0871-65100999

昆明官房康复医院有限公司
地址：云南省昆明市盘龙区新迎小区新迎路176号
…………Tel：0871-65186666

昆明美奥口腔医院有限公司
地址：云南省昆明市盘龙区联盟路与万宏路交汇处万宏嘉园1栋1-3层商场1-1号
…………Tel：0871-65188688

昆明丽都医疗美容医院有限公司
地址：昆明龙泉路68号
…………Tel：0871-65193383

石林博康中医医院管理有限公司
地址：云南省昆明市石林彝族自治县鹿阜街道办事处屯喜路石林彝族自治县中医医院
…………Tel：0871-65352989

云南博康凤凰谷健康产业开发有限责任公司
地址：云南省红河哈尼族彝族自治州开远市南洞路热带植物观赏园
…………Tel：0871-65352996

昆明正脉门诊部有限公司
地址：云南省昆明市五华区金碧路136号1层
…………Tel：0871-65532602

云南尚乐养老产业经营管理有限公司
地址：云南省昆明市盘龙区青云街道办事处龙华路666号枫桥尚院负一层1-1＃1-2＃商铺
…………Tel：0871-65652768

云南美丽家园康复养老中心有限责任公司
地址：云南省昆明市盘龙区北京路豆腐厂53号办公楼519室
…………Tel：0871-65700007

云南祖迹堂肿瘤医院有限公司
地址：云南省昆明市盘龙区北辰财富中心商住楼C幢1单元3007号
…………Tel：0871-65722227

云南新新华医院有限公司
地址：云南省昆明市金实小区南门小庄立交桥旁
…………Tel：0871-65723105

云南瑞奇德医院有限公司
地址：云南省昆明市盘龙区北京路延长线尚都国际1-3楼
…………Tel：0871-65744205

康美康养产业投资（昆明）有限公司
地址：云南省昆明市呈贡区大学城仕林街9栋188号
…………Tel：0871-65936611

云南城投医疗产业开发有限公司
地址：昆明市滇池国家旅游度假区
…………Tel：0871-66268178

云南博亚医院有限公司
地址：云南省昆明市滇池国家旅游度假区广福路429号
…………Tel：0871-66323666

昆明骨科医院有限公司
地址：云南省昆明市盘龙区司家营街与严家山路交汇处1栋综合楼
…………Tel：0871-67333120

昆明中加婴吉丽医院有限公司
地址：中国（云南）自由贸易试验区昆明片区官渡区广福路普自村星都总部基地A幢（星耀路36号）
…………Tel：0871-67375333

昆明安琪儿妇产医院有限责任公司
地址：昆明市西站16号
…………Tel：0871-67379999

宜良红房子妇科医院有限公司
地址：云南省昆明市宜良县匡远镇人民路67号
…………Tel：0871-67520111

昆明天艺健康管理有限公司
地址：云南省昆明市宜良县匡远镇昆石公路北段西侧
…………Tel：0871-67541613

昆明乡鸭湖康养投资有限公司
地址：云南省昆明市宜良县南羊街道办事处钰桥路与东环路交叉口东侧乡鸭湖小区
…………Tel：0871-67541888

昆明菲悦健康体检中心有限公司
地址：云南省昆明市西山区棕树营街道办事处鱼翅路社区保利六合1栋1101-1112、1201-1212号
…………Tel：0871-67599990

石林天奇医院有限责任公司
地址：石林县鹿阜街道办事处东城区
…………Tel：0871-67717717

昆明滇池康悦健康产业有限公司
地址：云南省昆明市晋宁区晋城镇三合村委会“七彩云南.新太阳养生苑”（A-09-02号地块）A01幢
…………Tel：0871-67888555

昆明梦想医疗美容医院有限公司
地址：云南省昆明市盘龙区白云路177号金尚壹号（1-3层）
…………Tel：0871-67888888

云南结石病医院有限公司
地址：云南省昆明市金碧办事处西昌路143号
…………Tel：0871-68094692

云南中德骨科医院有限公司
地址：云南省昆明市官渡区小板桥镇中闸社区居民委员会
…………Tel：0871-68120121

昆明宏德医院管理有限公司
地址：中国（云南）自由贸易试验区昆明

片区官渡区关上街道办事处双凤社区宏德村285号
…………Tel：0871-68177120

云南华达康业养生养老有限公司
地址：云南省昆明市安宁市太平新城街道办事处201室
…………Tel：0871-68251977

云南伊丽莎白医院有限公司
地址：云南省昆明市高新区科高路1666号
…………Tel：0871-68313398

云南纤雅整形美容医院有限公司
地址：云南省昆明市高新区科高路1666号
…………Tel：0871-68313398

安宁仁济医院有限公司
地址：云南省昆明市安宁市八街街道五里坡八街矿医院原址
…………Tel：0871-68711787

昆明德硕老年病医院有限公司
地址：云南省安宁市温泉镇温泉办事处小村
…………Tel：0871-68833881

昆明阿玛施眼科门诊有限公司
地址：云南省昆明市官渡区北京路152号（中明大厦三楼）
…………Tel：0871-68896286

云南云投医疗扶贫开发个旧中医医院有限责任公司
地址：云南省红河州个旧市人民路275号
…………Tel：0873-2136719

红河美年大健康体检中心有限公司
地址：红河州蒙自市学海路瀛洲河畔三期1幢三层
…………Tel：0873-3730088

云南云投医疗扶贫开发红河妇幼保健院有限责任公司
地址：云南省红河州蒙自市朝阳路中段州妇幼院办公楼基建办办公室
…………Tel：0873-3745259

红河爱尔眼科医院有限公司
地址：云南省红河州蒙自市观澜路与银河路交叉口（银河路南延和平二区）
…………Tel：0873-3989599

云南弥勒博康中医医院管理有限公司
地址：云南省红河哈尼族彝族自治州弥勒市弥阳镇湖泉金秋旅游小镇F区弥勒市中医医院医技楼7楼
…………Tel：0873-6127337

云南湖泉圣仁医院有限责任公司
地址：云南省红河州弥勒市弥阳镇西城区生态园湖泉湾I号
…………Tel：0873-6188522

弥勒市龚益民医院有限责任公司
地址：云南省红河哈尼族彝族自治州弥勒市弥阳镇吉山南路延长线（弥勒市气象局旁）
…………Tel：0873-6188592

曲靖国立老年病专科医院有限公司
地址：云南省曲靖市麒麟区南宁北路197号
…………Tel：0874-3282777

曲靖博亚医院有限公司
地址：云南省曲靖市麒麟区珠江源大道与三江大道交叉路口
…………Tel：0874-3337120

曲靖爱尔眼科医院有限公司
地址：云南省曲靖市麒麟区廖廓北路与教场西路交叉口佳宸华庭附楼
…………Tel：0874-3910000

保山华山眼科医院有限公司
地址：云南省保山市隆阳区九隆街道永昌路184号
…………Tel：0875-7891111

文山美年大健康体检中心有限公司
地址：云南省文山壮族苗族自治州文山市凤凰路凤凰铭座
…………Tel：0876-2140666

云南云投医疗扶贫开发文山医院有限责任公司
地址：云南省文山壮族苗族自治州文山市开化街道兴隆社区秀峰路13号
…………Tel：0876-2180660

云南云投医疗扶贫开发广南中医医院有限责任公司
地址：云南省文山壮族苗族自治州广南县莲城镇机场路东西走向段
…………Tel：0876-5157003

文山华山眼科医院有限公司
地址：云南省文山壮族苗族自治州文山市卧龙街道大以古社区华龙北路与凤凰路交汇处
…………Tel：0876-6889099

云南云投医疗扶贫开发元江人民医院有限公司
地址：云南省玉溪市元江县红河街道红河社区红河街10号（元江县人民医院院内急救中心三楼）
…………Tel：0877-6011792

玉溪爱尔眼科医院有限公司
地址：云南省玉溪市红塔区龙马路与迎春街交汇处（中鑫综合服务部）
…………Tel：0877-6618108

云南云投医疗扶贫开发澄江人民医院有限责任公司
地址：云南省玉溪市澄江县凤麓街道办事处环城北路29号
…………Tel：0877-6918828

楚雄爱尔眼科医院有限公司
地址：云南省楚雄高新区丰胜路南侧中国轻纺城市场1幢AB-2室、1幢AB-3室
…………Tel：0878-3373332

云南德润养老服务投资有限公司
地址：禄丰县金山镇世纪大街南段西侧兴龙苑1幢
…………Tel：0878-4140277

云南云投医疗扶贫开发楚雄市中医医院有限责任公司
地址：云南省楚雄彝族自治州楚雄市鹿城镇青龙路189号
…………Tel：0878-6169396

普洱美年大健康体检中心有限公司
地址：云南省普洱市思茅区普洱人家映山和园107栋
…………Tel：0879-2135856

临沧市老年护理有限责任公司
地址：云南省临沧市临翔区忙畔街道园区路332号
…………Tel：0883-2160688

云南云投医疗扶贫开发凤庆县第二医院有限责任公司
地址：云南省临沧市凤庆县人民医院（内）
…………Tel：0883-4212152

云南云投医疗扶贫开发兰坪有限公司
地址：云南省怒江傈僳族自治州兰坪白族普米族自治县县城怒江路75-2号
…………Tel：0886-3268102

昆明医科大学丽江康疗中心有限公司
地址：云南省丽江市古城区福慧路鱼米河商业步行街BW2栋15号商铺
…………Tel：0888-5333552

丽江西南中医医院有限公司
地址：云南省丽江市古城区祥和街道太和西路锦绣苑小区1幢17号
…………Tel：0888-6999888

西藏自治区

西藏玉拓趣赞康养有限责任公司
地址：西藏拉萨市城东区教育城318国道以南，蔡公堂乡政府以东蔡公堂路19号。
…………Tel：0891-6314050

西藏信鼎医疗器械有限公司
地址：西藏自治区拉萨市达孜县工业园区镇江路2014-2(西藏君联医疗科技有限公司内)
…………Tel：0891-6506890

西藏吴孟超互联网医院有限公司
地址：西藏自治区拉萨市城关区纳金路北哈达兴农住宅小区4区6栋2单元2层91号
…………Tel：0891-6517588

西藏阜康医疗股份有限公司
地址：拉萨市林廓北路14号
…………Tel：0891-6928222

陕西省

咸阳爱尔眼科医院有限责任公司
地址：陕西省咸阳市秦都区滨河西路大秦御港城9号楼西侧裙房
…………Tel：029-33245588

咸阳泰舜眼科医院有限公司
地址：陕西省咸阳市秦都区渭阳西路东方巴黎C5栋5层5号
…………Tel：029-33570635

延安大学咸阳医院有限公司
地址：陕西省咸阳市渭城区文林路中段38号
…………Tel：029-33783173

永寿高新医院
地址：陕西省咸阳市永寿县城兴寿路中段
…………Tel：029-37666116

三原康仁医院管理有限公司
地址：陕西省咸阳市三原县清河工业园区食品一路北段东侧
…………Tel：029-38941111

陕西美惠欧莱福体检管理有限公司
地址：陕西省西安市未央区朱宏路66号福清大厦第13幢1单元10302室
…………Tel：029-61896186

西安钻石恒美医疗美容有限公司
地址：西安市高新区丈八街办沣惠南路34号数字大厦1栋1单元10702室
…………Tel：029-62521881

陕西高一生医疗美容医院有限公司
地址：陕西省西安市碑林区长安北路1号会展国际裙楼1-5楼
…………Tel：029-62738818

杨凌广通健康服务有限公司
地址：陕西省杨凌示范区自贸大街东段
…………Tel：029-68001205

西安存济眼科医院有限公司
地址：西安市新城区金花北路28号胡家庙购物中心11905室
…………Tel：029-68613766

西咸新区空港新城全域医院有限公司
地址：陕西省西咸新区空港新城底张街办明义路16号
…………Tel：029-68899004

商洛善达医院管理有限公司
地址：陕西省商洛市商州区民居路（现商洛市残疾人联合会院内）
…………Tel：029-81108733

陕西善达医院股份有限公司
地址：西安市灞桥区纺北路18号陕西颐高新经济产业园12楼01室
…………Tel：029-81108733

西安艾迪康医学检验实验室有限公司
地址：西安市高新区草堂科技产业基地秦岭大道西2号17幢1-2-2，1-3-2
…………Tel：029-81495635

陕西国药福芯养老服务有限公司
地址：陕西省西安市高新区丈八街办高新四路高科广场A幢1单元1303号
…………Tel：029-81771306

西安云影医学影像诊断有限公司
地址：西安市新城区含元路12号含元花世界3号楼
…………Tel：029-82539460

西安碑林美奥口腔门诊部有限公司
地址：陕西省西安市碑林区兴庆路98号兴庆花园2幢10201室
…………Tel：029-82698297

西安碑林创新美奥口腔门诊部有限公司
地址：陕西省西安市碑林区友谊西路127号西工大科技创新大楼2楼201室
…………Tel：029-82698297

西安市华山中心医院有限公司
地址：西安市东郊韩森寨17街坊8号
…………Tel：029-83202525

西安国际港务区爱瑞康健康体检管理有限公司
地址：西安国际港务区港务大道99号D座5F
…………Tel：029-83520911

长安医院有限公司
地址：西安市经济技术开发区文景路17号
…………Tel：029-83668888

西安秦皇医院有限公司
地址：西安市临潼区新区秦汉大道中段
…………Tel：029-83824576

西安市沣东新城泰和医院有限公司
地址：陕西省西咸新区沣东新城王寺西街141号
…………Tel：029-84185694

西安惠安医院有限公司
地址：西安市户县余下镇中心南路159号
…………Tel：029-84913264

西安乐宁医院有限责任公司
地址：周至县二曲街道周普路5号
…………Tel：029-85186555

西安凯文医院有限公司
地址：陕西省西安市雁塔区二环南路西段64号凯德广场02层20号
…………Tel：029-85251112

西安艾薇美医疗美容医院有限公司
地址：陕西省西安市雁塔区雁塔西路六号VI生活汇1-5层
…………Tel：029-85252568

西安爱尔眼科医院有限责任公司
地址：陕西省西安市雁塔区丈八东路6号
…………Tel：029-85561590-8168

陕西国利中西医结合医院有限公司
地址：陕西省西安市雁塔区长安南路2号
…………Tel：029-85579822

西安泰和医疗管理有限公司
地址：西安市高新区唐延南路东侧逸翠园-西安（二期）第3幢1单元3层10337号
…………Tel：029-86186868

西安爱尔古城眼科医院有限责任公司
地址：西安市莲湖区自强西路59号
…………Tel：029-86288155

陕西佛缘中药产业集团股份有限公司
地址：西安国际港务区港务大道99号1号楼B座6层325号
…………Tel：029-86511264

西安经开妇幼医院有限公司
地址：西安经济技术开发区凤城七路150号
…………Tel：029-86522122

西安天博医学检验所有限公司
地址：西安经济技术开发区草滩生态产业园草滩十路1155号智巢产业园2号楼1、2层
…………Tel：029-86554262

周至联合医院有限公司
地址：陕西省西安市周至县中心东街30号
…………Tel：029-87113236

西安慈爱妇产医院有限公司
地址：西安市碑林区端履门31号
…………Tel：029-87396280

商洛国际医学中心医院有限公司
地址：陕西省商洛市商州区北新街西段60号
…………Tel：029-88332551

延安国际医学中心有限公司
地址：陕西省延安市宝塔区北门口居委建行家属院2-202室
…………Tel：029-88332551

西安附儿中医医院有限责任公司
地址：陕西省西安市莲湖区汉城南路1300号旭弘同德国际1-4层
…………Tel：029-88635812

西安米兰柏羽医疗美容医院有限公司
地址：西安市莲湖区桃园南路21号公园天下1幢1单元3层10301室
…………Tel：029-88693338

西安高尚医学影像诊断中心有限公司
地址：陕西省西安市莲湖区二环南路西段60号永安大厦3层
…………Tel：029-88698810

西安俪人医院有限公司
地址：西安市高新区科技路30号
…………Tel：029-88850508

小白兔口腔医疗控股有限公司
地址：西安市高新区高新一路7号2幢1单元10304室
…………Tel：029-88897979

西咸新区格瑞医疗产业开发股份有限公司
地址：陕西省西咸新区秦汉新城兰池大道中段规划展览中心A111室
…………Tel：029-88993070

陕西福德兴和养老服务有限公司
地址：西安曲江新区雁塔南路299号曲江观邸17号楼1单元2楼202室
…………Tel：029-89124887

西安长安强森医院有限公司
地址：西安市长安区西长安街989号国色天香小区22号商业楼
…………Tel：029-89257325

西安强森星童医院有限公司
地址：西安曲江新区芙蓉东路唐城墙遗址公园九区A2-1、A2-2、A2-3号商铺
…………Tel：029-89313015

小白兔口腔医疗科技集团股份公司
地址：西安市高新区高新一路7号2幢1单元10304室
…………Tel：029-89553616

西安慈益医院有限公司
地址：西安曲江新区翠华路808号科泰大厦一至三层
…………Tel：029-89555500

榆林爱尔眼科医院有限责任公司
地址：陕西省榆林市榆阳区榆阳西路75-84号
…………Tel：0912-3254222

榆林高新区仁济妇女儿童医院有限公司
地址：陕西省榆林市高新技术产业园区桃李路惠森大厦13层1305
…………Tel：0912-3543345

韩城社会福利园投资有限责任公司
地址：陕西省韩城市新城区新兴产业示范基地3号楼6楼
…………Tel：0913-5165619

韩城社会福利园发展有限责任公司
地址：陕西省韩城市新城区新兴产业示范基地3号楼6楼
…………Tel：0913-5165619

白水县济民医院有限公司
地址：陕西省渭南市白水县东风路008号
…………Tel：0913-6165208

陕西孝忆养老服务有限公司
地址：陕西省渭南市澄城县韦庄镇郑家坡村
…………Tel：0913-6723536

澄城天佑实业有限公司
地址：陕西省渭南市澄城县城关镇工万泉街与雷独路十字东北角
…………Tel：0913-6738009

蒲城高新医院管理有限公司
地址：陕西省渭南市蒲城县城关镇关帝村
…………Tel：0913-7712799

陕西健悦医养康复有限公司
地址：陕西省商洛市洛南县城关街道办事处刘涧社区（电信局院内）
…………Tel：0914-2057114

紫阳硒康医养有限公司
地址：陕西省安康市紫阳县蒿坪镇东关村二组
…………Tel：0915-8231888

陕西安康高新健康产业发展有限公司
地址：陕西省安康市高新技术产业开发区高新大道12号
…………Tel：0915-8955618

汉中市汉台区褒国康乐养老管理有限公司
地址：陕西省汉中市汉台区河东店镇河东店村一组褒姒路15号
…………Tel：0916-8109966

宝鸡高一生医疗美容门诊部有限公司
地址：陕西省宝鸡市渭滨区清姜路46号第二层营业房202号
…………Tel：0917-3409999

宝鸡爱尔眼科医院有限责任公司

地址：陕西省宝鸡市金台区大庆路55号
…………Tel：0917-3418886

宝鸡高新人民医院有限公司
地址：陕西省宝鸡市高新开发区高新四路19号
…………Tel：0917-3532042

陇县泰和医院有限公司
地址：陕西省宝鸡市陇县城关镇东关路25号
…………Tel：0917-4505555

陕西药王山药业有限公司
地址：陕西省铜川市耀州区柳公路北9号
…………Tel：0919-6286216

甘肃省

兰州时光实业集团有限公司
地址：甘肃省兰州市城关区白银路312号4层401-403室
…………Tel：0931-4641218

兰州时光妇儿医院（有限合伙）
地址：甘肃省兰州市城关区白银路312号5层-12层
…………Tel：0931-4641218

兰州德济中医医院有限公司
地址：甘肃省兰州市红古区海石湾镇大通路511号
…………Tel：0931-6235796

兰州连铝医疗服务有限责任公司
地址：甘肃省兰州市永登县河桥镇建设坪七里福利区
…………Tel：0931-6906551

兰州华厦眼科医院有限公司
地址：甘肃省兰州市城关区北滨河东路无号（甘肃电投陇能家园B区）
…………Tel：0931-7216039

甘肃医养乐健康管理有限责任公司
地址：甘肃省兰州市城关区张掖路街道庆阳路350号第2单元20层
…………Tel：0931-7810889

兰州五零四医院管理有限责任公司
地址：甘肃省兰州市西固区新安路183号
…………Tel：0931-7915422

甘肃迪安同享医学检验中心有限公司
地址：甘肃省兰州市城关区草场街街道北龙口永新化工园区(永新集团综合楼六楼)
…………Tel：0931-8321047

甘肃惠康健康管理有限公司
地址：甘肃省兰州市城关区白银路街道白银路93-97号
…………Tel：0931-8470271

甘肃世康医疗投资管理有限公司
地址：甘肃省兰州市城关区武都路315号901室
…………Tel：0931-8475794

甘肃省誉陇黄河医院有限公司
地址：甘肃省兰州市城关区雁滩路2583号
…………Tel：0931-8502222

甘肃亚东医院有限公司
地址：甘肃省兰州市城关区静宁路154号第1层至第4层
…………Tel：0931-8745678

兰州爱尔眼科医院有限公司
地址：兰州市城关区民主东路290号
…………Tel：0931-8783666

甘肃润泽医疗养护服务有限责任公司
地址：甘肃省定西市陇西县巩昌镇长安路南侧通安路东侧宏图商贸城3#楼、4#楼、10#楼、11#楼
…………Tel：0932-6626236

武威市古浪县中医医院股份有限公司
地址：甘肃省武威市古浪县开发区1号
…………Tel：0935-2331669

甘肃重离子医院股份有限公司
地址：甘肃省武威市凉州区清源镇
…………Tel：0935-6151222

八冶建设集团金昌康颐医养置业服务有限责任公司
地址：甘肃省金昌市金川区新华东路八冶大厦七楼
…………Tel：0935-6930616

甘肃丝路健康产业发展股份有限公司
地址：甘肃省张掖市甘州区龙首路丰泽园A区4号楼106号商铺
…………Tel：0936-6919999

张掖孔文养老产业发展有限公司
地址：甘肃省张掖市甘州区东北郊新区二号路东侧红顶地产置业公司1幢门店
…………Tel：0936-8276161

甘肃华大健康产业发展有限公司
地址：甘肃省张掖市甘州区龙首路丰泽园A区4号楼109号商铺
…………Tel：0936-8360388

中核四〇四医院管理有限公司
地址：甘肃省甘肃矿区12号
…………Tel：0937-6786602

天水中慈医养产业有限责任公司
地址：甘肃省天水市秦州区环城西路11号行政楼四楼2号
…………Tel：0938-8234880

天水四零七医院股份有限公司
地址：天水市秦州区环城西路11号
…………Tel：0938-8234880

天水爱尔眼科医院有限公司
地址：甘肃省天水市秦州区天水市秦州区岷山路五里铺海林厂1号区御园财富公馆5号楼
…………Tel：0938-8598888

陇南宜康医院有限责任公司
地址：甘肃省陇南市徽县城关镇建新路金徽城门瑞丰置业广场1号楼101室
…………Tel：0939-7581999

甘南州合作市卡加曼藏药开发有限公司
地址：甘肃省甘南州合作市卡加曼寺院
…………Tel：0941-8257111

白银常春中医医疗养老服务有限公司
地址：甘肃省白银市平川区长征西路尚文坊文化一条街E-8号
…………Tel：0943-6629888

青海省

青海泽铭医院管理有限责任公司
地址：青海省西宁经济技术开发区民和路39号
…………Tel：0971-4321095

青海诚和医疗投资管理集团有限公司
地址：西宁市城中区长江路124号
…………Tel：0971-4915046

青海美莱馨怡整形美容医院集团有限公司
地址：青海省西宁市城西区游园巷3号
…………Tel：0971-5161888

西宁爱尔眼科医院有限公司
地址：西宁市城东区民和路39号
…………Tel：0971-8085666

青海省康乐医院有限公司
地址：青海省西宁市城东区互助中路215号
…………Tel：0971-8087795

宁夏回族自治区

银川爱尔眼科医院有限公司
地址：宁夏银川市兴庆区太阳都市花园B8号楼1号房
…………Tel：0951-3056666

银川滨河国际医疗城管理有限公司
地址：宁夏银川市兴庆区银川滨河新区管委会办公楼
…………Tel：0951-4033146

宁夏开明眼科医院有限公司
地址：宁夏银川市兴庆区清和南街149号
…………Tel：0951-4063077

宁夏西京妇产医院（有限公司）
地址：宁夏银川市兴庆区解放东街中心巷58号
…………Tel：0951-4091622

宁夏国龙医疗发展股份有限公司
地址：宁夏银川市兴庆区长城东路536号
…………Tel：0951-4108568

宁夏海基雅医院（有限公司）
地址：宁夏银川市兴庆区长城东路400号
…………Tel：0951-4116909

宁夏阳光医院有限公司
地址：银川市兴庆区双怡路清苑小区17号楼
…………Tel：0951-5068999

银川隆光养老产业有限公司
地址：宁夏银川市西夏区黄河西路与文萃南街交会处西萃芳庭小区南大门8号楼二层
…………Tel：0951-5092369

宁夏爱康国宾健康体检投资控股有限公司
地址：宁夏银川市兴庆区文化西街106号银川国际贸易中心B段十层B9号办公用房
…………Tel：0951-5155848

宁夏宝丰医院有限公司
地址：银川市兴庆区中国穆斯林商贸城6号办公楼一楼
…………Tel：0951-5192989

宁夏长生医院有限公司
地址：宁夏银川市兴庆区丽景北街满春家园1号综合楼
…………Tel：0951-6718567

银川卡瓦心脏中心有限责任公司
地址：银川市利群西街2号
…………Tel：0951-6997150

宁夏迪安乐嘉医学检验中心（有限公司）
地址：银川市金凤区宁安大街490号银川IBI育成中心5号楼6层
…………Tel：0951-8302992

宁夏养老产业集团股份有限公司
地址：银川市金凤区庆祥街9号柏桂苑1号楼709号
…………Tel：0951-8829601

宁夏吴忠市仁爱老年病医院有限公司
地址：吴忠市金湖路观湖名邸西南角商网
…………Tel：0953-2022022

吴忠新区医院（股份有限公司）
地址：吴忠市裕民西街北侧、西环一路东侧
…………Tel：0953-3950965

吴忠马莲渠张氏医院（有限公司）
地址：宁夏吴忠市利通区友谊路车检中心综合楼
…………Tel：0953-6595152

宁夏闽宁友好医疗服务有限公司
地址：宁夏固原经济开发区中小企业创业园
…………Tel：0954-6519911

固原市爱尔眼科医院有限公司
地址：宁夏固原市原州区文化西街98号
…………Tel：0954-8706666

宁夏中宁县元亨养老服务有限公司
地址：中宁县城中央大道以东、中宁四中以西
…………Tel：0955-6588106

新疆维吾尔自治区

新疆金色年华养老事业发展有限责任公司
地址：新疆阿勒泰地区阿勒泰市金山步行街3栋4层2号
…………Tel：0906-7501333

乌鲁木齐慕嘉中医医院有限公司
地址：新疆乌鲁木齐高新区（新市区）北京中路149号西部国际超市小区办公楼11栋13层3
…………Tel：0991-2316923

新疆整形美容医院（有限公司）
地址：新疆乌鲁木齐市天山区人民路222号1栋三层至十二层
…………Tel：0991-2597052

乌鲁木齐普瑞眼科医院（有限公司）
地址：新疆乌鲁木齐市天山区青年路333号
…………Tel：0991-2672111

新疆天惠宏业养老服务发展有限公司
地址：新疆乌鲁木齐经济技术开发区兵团工业园区蔷薇三街3-45号
…………Tel：0991-3350767

新疆禾欣医疗管理有限公司
地址：新疆克拉玛依市乌尔禾区柳树街3号
…………Tel：0991-3707778

乌鲁木齐四圣心源中医医院管理有限公司
地址：新疆乌鲁木齐经济技术开发区乌昌路94号
…………Tel：0991-3778397

新疆兰慈仁惠中医医院（有限公司）
地址：新疆乌鲁木齐市头屯河区三坪农场育坪街111号D区4-1号
…………Tel：0991-3827787

乌鲁木齐诚裕慈惠综合门诊部（有限公司）
地址：新疆乌鲁木齐市新市区西八家户路508号诚信花园高层商住楼1栋3层B段商铺1
…………Tel：0991-4313099

哈密市西脉医院有限公司
地址：新疆哈密市伊州区前进西路南侧锦绣园A栋301号
…………Tel：0991-4560272

乌鲁木齐优佳贝口腔医院有限公司
地址：新疆乌鲁木齐市沙依巴克区友好南路421号金领时代2-3层
…………Tel：0991-4592277

新疆佳音医院集团股份有限公司
地址：新疆乌鲁木齐市水磨沟区龙盛街119号
…………Tel：0991-4887128

新疆长安中医脑病医院（有限公司）
地址：新疆乌鲁木齐高新技术产业开发区(新市区)抚顺街北三巷151号1栋散热器生产车间01室
…………Tel：0991-5058076

乌鲁木齐恒爱医院有限公司
地址：新疆乌鲁木齐高新技术产业开发区（新市区）天津南路新美一巷151号101室
…………Tel：0991-5080999

乌鲁木齐爱尔眼科医院有限公司
地址：新疆乌鲁木齐高新技术产业开发区（新市区）长春中路401号锦城大厦1-4楼
…………Tel：0991-5203777

乌鲁木齐青峰骨科医院（有限责任公司）
地址：新疆乌鲁木齐沙依巴克区青峰路633号综合楼1-5层
…………Tel：0991-5649996

乌鲁木齐美和老年病医院（有限公司）
地址：新疆乌鲁木齐市水磨沟区水磨沟路489号
…………Tel：0991-8203399

乌鲁木齐美奥口腔门诊有限公司
地址：新疆乌鲁木齐市天山区光明路58号金碧华府三楼
…………Tel：0991-8891735

新疆天富养老服务有限责任公司
地址：新疆兵团石河子高新技术产业开发区火炬路146号
…………Tel：0993-2901115

奇台县华府逸园养老院有限公司
地址：新疆昌吉州奇台县城解放中街4-4-188号
…………Tel：0994-7351282

库尔勒爱尔眼科医院有限公司
地址：新疆巴州库尔勒市退水渠路孔雀蓝湾1号
…………Tel：0996-2115515

喀什博优科骨科医院有限公司
地址：新疆喀什地区喀什市阔纳乃则尔巴格路33号一层
…………Tel：0998-2306755

伊犁爱尔眼科医院有限公司
地址：新疆伊犁州伊宁市天山后街3巷9号天成公寓商住楼第1幢106号
…………Tel：0999-8866888

霍尔果斯中健医养健康管理有限公司
地址：新疆伊犁州霍尔果斯口岸滨河路一巷华亭嘉苑小区B栋B432
…………Tel：0999-8960066

酒店旅游
餐饮娱乐

一、行业综合分析

酒店旅游、餐饮娱乐行业综合分析

旅游是在一定的社会经济条件下产生的一种社会经济现象，是人们以游览为主要目的的非定居者的旅行和暂住居留引起的一切现象和关系的总合。人们为了休闲、商务和其它目的，离开他们惯常的环境，到某些地方去以及在某些地方停留，但连续停留时间不超过一年。

旅游活动是人类的生活需求之一，是较高品位和格调的消费方式，是精神追求和文化享乐的新型载体。经济越发达，社会越进步，外出旅游在现代人们生活需求结构中的地位就愈发突出，旅游是较发达社会评估生活质量的重要指标。

“十一五”期间，在政府的大力支持下，我国旅游行业紧抓机遇，借助北京奥运会、上海世博会等有利时机，妥善应对汶川特大地震灾害、国际金融危机等众多不利因素冲击，完成了“十一五”规划确定的主要任务，旅游业保持了平稳较快发展的良好势头。

“十一五”期间，我国国内旅游人数年均增长12%；入境过夜旅游人数年均增长3.5%，出境旅游人数年均增长19%；全国旅游业总收入年均增长15%，居民人均出游率达1.5次；旅游消费对社会消费的贡献超过10%。我国目前已跃居全球第三大入境旅游接待国和第四大出境旅游消费国。旅游业对我国经济社会发展的积极作用更加明显。

2013年中国旅游经济总体上平稳运行，消费需求旺盛，投资持续增长，产业运行相对景气。国内旅游人数35.8亿人次，同比增长8.5%；入境旅游人数1.31亿人次，同比增长1.5%；出境旅游人数1.14亿人次。

2014年一季度中国旅游经济运行总体稳定，接待总人数超过11.5亿人次，同比增11.8%，旅游总收入达9630亿元人民币，同比增15.2%。一季度旅游经济发展环境较去年同期有所好转，主要原因是世界经济增长动力有所增强，国内经济运行平稳；社会消费需求旺盛，旅游相关投资需求强劲；交通运力不断增强，为中国旅游业的发展提供支撑等。

旅游业作为新兴服务产业，具备高附加值、高成长性的特点，近年来更是成为拉动内需消费的重要途径之一，也是社会资本追逐的新热点。随着行业法规和扶持政策的相继出台，旅游业将逐步进入规范化的快速增长期，未来有望成为国民支柱产业之一。

一段时间来，在关于旅游业发展的讨论中，人们的注意力比较多地集中于旅游市场的开拓、旅游资源的开发和旅游交通条件的改善等方面。这些领域的发展的确重要，但不应忽视的另一个重要方面是“住”。旅游系统组合不可能离开“住”的条件。探索酒店业在国民经济发展过程中的战略定位，需要进一步认识酒店业在旅游系统中的功能与定位。

走过80年代的茫然无措，90年代的突然启动，中国酒店业呈现一片生机盎然的景象。2013年，即使略受经济、政策、成本的影响，中国酒店市场仍存在诸多发展机遇。中国民族酒店品牌遭遇挑战，寻思破局；国际联号下沉三四线城市，暴露出瓶颈，力争完美；中档酒店品牌迎发展潮，乘势而起；经济型酒店遇拐点，积极转型。

中国酒店业未来发展将呈现六个特点：

一是饭店发展前景广阔。随着旅游业发展，对休闲度假饭店的需求也将有成倍的增长。

二是饭店竞争更加激烈。大量国际、国内资本流向饭店业，集团之间的较量、“软实力”的竞争将更加突出。

三是饭店集团的收购、兼并、重组进一步加速。尤其是跨地区甚至跨国的收购、兼并和重组。

四是饭店发展对软件建设的要求越来越高。以人为本，提高人性化、精细化服务的水平，满足消费者的个性化需求，将对每一家饭店构成挑战。

五是对环境保护更加重视，绿色理念更加深入。旅游饭店将全面承担社会责任，更加重视环境保护，减少污染排放，降低能源消耗，提高能源使用效率。

六是科技应用更加普遍，智能化水平进一步提升。随着世界科学技术的发展和进步，旅游饭店将会更多地应用新技术、新材料、新设备，不断提高智能化、现代化水平。

由于经济发展，人们收入增加，生活节奏加快，社会交往日益频繁，生活观念也悄然改变，家务劳动社会化正成为一种时尚和趋势。正是在这种背景下，在餐饮服务业更是出现了许多有利的市场机会。

一是外出用餐人口的增加。家庭结构和生活习惯的变化引起消费行为的改变，越来越多的人不愿在买菜做饭这种琐事上花费过多的时间，因而外出用餐人口增加。目前中国平均每人每周就会有一次在外用餐的机会。这对于餐饮业来说无疑是个巨大的市场。

二是旅游者的增加。目前旅游业是中国发展最快的行业之一，人均旅游消费额不断提高，外出旅行的群体不断扩大。对于旅游者来说，旅游目的地的饮食也是深具吸引力的。

三是入住经济型酒店的消费群体有如下特征：“一是年轻、二是文化层次高、三是收入较丰”，是酒店潜在的“二次消费”者。

2013年全国餐饮收入25392亿元，同比增长9%，增幅创21年来最低值；值得一提的是，高端餐饮（指年营业额200万元以上）收入近年来首次出现负增长，同比降1.8%。

2014年一季度，国内消费市场增长基本平稳，价格保持稳定，实现良好平稳开局。据国家统计局统计，1-3月全国实现社会消费品零售总额62081亿元，同比增长12%，比上年同期放缓0.4个百分点；扣除价格因素，实际增长10.9%，比上年同期加快0.1个百分点。

从餐饮业的发展前景看，尽管目前高端餐饮经营遇到需求减弱等影响，但从国国内居民的消费需求和习俗看，只要高端餐饮企业转变观念，迎合中低端消费，其发展趋势仍是较乐观的。尤其是在中国，餐饮业更是一个大有可为的朝阳产业。

随着经济全球化、知识化、信息化的兴起，产业价值链上、中、下游的关联性越来越密切，产业内部的相互服务和配套层次越来越高级，企业和企业的系统协作也越来越频繁。

从旅游产业来看，旅游产业链的产出呈现出多种形态，涵盖了以行、游、住、食、购、娱六大要素为主的诸多产品服务及其部门。它们按照递进关系横向构造旅游产品形成旅游产业链，若干产业链的纵横交错和前后延伸形成了结构较为完善的旅游产业网络系统。

目前国内外社会经济交往活动急剧增加，商务、旅游、会展活动逐步增多，推动了旅游、酒店、餐饮业快速发展。根据“十二五”规划，未来五年我国将积极推动旅游、酒店、餐饮业的产业化、市场化、国际化和现代化，把该陈治炼真正提升至国家战略性产业之地位。国内旅游、酒店、餐饮行业之政策环境获得持续改善，将迎来一个崭新的发展阶段。

本文由中投顾问供稿

二、行业法规

中华人民共和国旅游法

（2013年4月25日第十二届全国人民代表大会常务委员会第二次会议通过
2013年4月25日中华人民共和国主席令第三号公布 自2013年10月1日起施行）

第一章　总　则

第一条　为保障旅游者和旅游经营者的合法权益，规范旅游市场秩序，保护和合理利用旅游资源，促进旅游业持续健康发展，制定本法。

第二条　在中华人民共和国境内的和在中华人民共和国境内组织到境外的游览、度假、休闲等形式的旅游活动以及为旅游活动提供相关服务的经营活动，适用本法。

第三条　国家发展旅游事业，完善旅游公共服务，依法保护旅游者在旅游活动中的权利。

第四条　旅游业发展应当遵循社会效益、经济效益和生态效益相统一的原则。国家鼓励各类市场主体在有效保护旅游资源的前提下，依法合理利用旅游资源。利用公共资源建设的游览场所应当体现公益性质。

第五条　国家倡导健康、文明、环保的旅游方式，支持和鼓励各类社会机构开展旅游公益宣传，对促进旅游业发展做出突出贡献的单位和个人给予奖励。

第六条　国家建立健全旅游服务标准和市场规则，禁止行业垄断和地区垄断。旅游经营者应当诚信经营，公平竞争，承担社会责任，为旅游者提供安全、健康、卫生、方便的旅游服务。

第七条　国务院建立健全旅游综合协调机制，对旅游业发展进行综合协调。

县级以上地方人民政府应当加强对旅游工作的组织和领导，明确相关部门或者机构，对本行政区域的旅游业发展和监督管理进行统筹协调。

第八条　依法成立的旅游行业组织，实行自律管理。

第二章　旅游者

第九条　旅游者有权自主选择旅游产品和服务，有权拒绝旅游经营者的强制交易行为。

旅游者有权知悉其购买的旅游产品和服务的真实情况。

旅游者有权要求旅游经营者按照约定提供产品和服务。

第十条　旅游者的人格尊严、民族风俗习惯和宗教信仰应当得到尊重。

第十一条　残疾人、老年人、未成年人等旅游者在旅游活动中依照法律、法规和有关规定享受便利和优惠。

第十二条　旅游者在人身、财产安全遇有危险时，有请求救助和保护的权利。

旅游者人身、财产受到侵害的，有依法获得赔偿的权利。

第十三条　旅游者在旅游活动中应当遵守社会公共秩序和社会公德，尊重当地的风俗习惯、文化传统和宗教信仰，爱护旅游资源，保护生态环境，遵守旅游文明行为规范。

第十四条　旅游者在旅游活动中或者在解决纠纷时，不得损害当地居民的合法权益，不得干扰他人的旅游活动，不得损害旅游经营者和旅游从业人员的合法权益。

第十五条　旅游者购买、接受旅游服务时，应当向旅游经营者如实告知与旅游活动相关的个人健康信息，遵守旅游活动中的安全警示规定。

旅游者对国家应对重大突发事件暂时限制旅游活动的措施以及有关部门、机构或者旅游经营者采取的安全防范和应急处置措施，应当予以配合。

旅游者违反安全警示规定，或者对国家应对重大突发事件暂时限制旅游活动的措施、安全防范和应急处置措施不予配合的，依法承担相应责任。

第十六条　出境旅游者不得在境外非法滞留，随团出境的旅游者不得擅自分团、脱团。

入境旅游者不得在境内非法滞留，随团入境的旅游者不得擅自分团、脱团。

第三章　旅游规划和促进

第十七条　国务院和县级以上地方人民政府应当将旅游业发展纳入国民经济和社会发展规划。

国务院和省、自治区、直辖市人民政府以及旅游资源丰富的设区的市和县级人民政府，应当按照国民经济和社会发展规划的要求，组织编制旅游发展规划。对跨行政区域且适宜进行整体利用的旅游资源进行利用时，应当由上级人民政府组织编制或者由相关地方人民政府协商编制统一的旅游发展规划。

第十八条　旅游发展规划应当包括旅游业发展的总体要求和发展目标，旅游资源保护和利用的要求和措施，以及旅游产品开发、旅游服务质量提升、旅游文化建设、旅游形象推广、旅游基础设施和公共服务设施建设的要求和促进措施等内容。

根据旅游发展规划，县级以上地方人民政府可以编制重点旅游资源开发利用的专项规划，对特定区域内的旅游项目、设施和服务功能配套提出专门要求。

第十九条　旅游发展规划应当与土地利用总体规划、城乡规划、环境保护规划以及其他自然资源和文物等人文资源的保护和利用规划相衔接。

第二十条　各级人民政府编制土地利用总体规划、城乡规划，应当充分考虑相关旅游项目、设施的空间布局和建设用地要求。规划和建设交通、通信、供水、供电、环保等基础设施和公共服务设施，应当兼顾旅游业发展的需要。

第二十一条　对自然资源和文物等人文资源进行旅游利用，必须严格遵守有关法律、法规的规定，符合资源、生态保护和文物安全的要求，尊重和维护当地传统文化和习俗，维护资源的区域整体性、文化代表性和地域特殊性，并考虑军事设施保护的需要。有关主管部门应当加强对资源保护和旅游利用状况的监督检查。

第二十二条　各级人民政府应当组织对本级政府编制的旅游发展规划的执行情况进行评估，并向社会公布。

第二十三条　国务院和县级以上地方人民政府应当制定并组织实施有利于旅游业持续健康发展的产业政策，推进旅游休闲体系建设，采取措施推动区域旅游合作，鼓励跨区域旅游线路和产品开发，促进旅游与工业、农业、商业、文化、卫生、体育、科教等领域的融合，扶持少数民族地区、革命老区、边远地区和贫困地区旅游业发展。

第二十四条　国务院和县级以上地方人民政府应当根据实际情况安排资金，加强旅游基础设施建设、旅游公共服务和旅游形象推广。

第二十五条　国家制定并实施旅游形象推广战略。国务院旅游主管部门统筹组织国家旅游形象的境外推广工作，建立旅游形象推广机构和网络，开展旅游国际合作与交流。

县级以上地方人民政府统筹组织本地的旅游形象推广工作。

第二十六条　国务院旅游主管部门和县级以上地方人民政府应当根据需要建立旅游公共信息和咨询平台，无偿向旅游者提供旅游景区、线路、交通、气象、住宿、安全、医疗急救等必要信息和咨询服务。设区的市和县级人民政府有关部门应当根据需要在交通枢纽、商业中心和旅游者集中场所设置旅游咨询中心，在景区和通往主要景区的道路设置旅游指示标识。

旅游资源丰富的设区的市和县级人民政府可以根据本地的实际情况，建立旅游客运专线或者游客中转站，为旅游者在城市及周边旅游提供服务。

第二十七条　国家鼓励和支持发展旅游职业教育和培训，提高旅游从业人员素质。

第四章　旅游经营

第二十八条　设立旅行社，招徕、组织、接待旅游者，为其提供旅游服务，应当具备下列条件，取得旅游主管部门的许可，依法办理工商登记：

（一）有固定的经营场所；

（二）有必要的营业设施；

（三）有符合规定的注册资本；

（四）有必要的经营管理人员和导游；

（五）法律、行政法规规定的其他条件。

第二十九条　旅行社可以经营下列业务：

（一）境内旅游；

（二）出境旅游；

（三）边境旅游；

（四）入境旅游；

（五）其他旅游业务。

旅行社经营前款第二项和第三项业务，应当取得相应的业务经营许可，具体条件由国务院规定。

第三十条　旅行社不得出租、出借旅行社业务经营许可证，或者以其他形式非法转让旅行社业务经营许可。

第三十一条　旅行社应当按照规定交纳旅游服务质量保证金，用于旅游者权益损害赔偿和垫付旅游者人身安全遇有危险时紧急救助的费用。

第三十二条　旅行社为招徕、组织旅游者发布信息，必须真实、准确，不得进行虚假宣传，误导旅游者。

第三十三条　旅行社及其从业人员组织、接待旅游者，不得安排参观或者参与违反我国法律、法规和社会公德的项目或者活动。

第三十四条　旅行社组织旅游活动应当向合格的供应商订购产品和服务。

第三十五条　旅行社不得以不合理的低价组织旅游活动，诱骗旅游者，并通过安排购物或者另行付费旅游项目获取回扣等不正当利益。

旅行社组织、接待旅游者，不得指定具体购物场所，不得安排另行付费旅游项目。但是，经双方协商一致或者旅游者要求，且不影响其他旅游者行程安排的除外。

发生违反前款规定情形的，旅游者有权在旅游行程结束后三十日内，要求旅行社为其办理退货并先行垫付退货货款，或者退还另行付费旅游项目的费用。

第三十六条　旅行社组织团队出境旅游或者组织、接待团队入境旅游，应当按照规定安排领队或者导游全程陪同。

第三十七条　参加导游资格考试成绩合格，与旅行社订立劳动合同或者在相关旅游行业组织注册的人员，可以申请取得导游证。

第三十八条　旅行社应当与其聘用的导游依法订立劳动合同，支付劳动报酬，缴纳社会保险费用。

旅行社临时聘用导游为旅游者提供服务的，应当全额向导游支付本法第六十条第三款规定的导游服务费用。

旅行社安排导游为团队旅游提供服务的，不得要求导游垫付或者向导游收取任何费用。

第三十九条　取得导游证，具有相应的学历、语言能力和旅游从业经历，并与旅行社订立劳动合同的人员，可以申请取得领队证。

第四十条　导游和领队为旅游者提供服务必须接受旅行社委派，不得私自承揽导游和领队业务。

第四十一条　导游和领队从事业务活动，应当佩戴导游证、领队证，遵守职业道德，尊重旅游者的风俗习惯和宗教信仰，应当向旅游者告知和解释旅游文明行为规范，引导旅游者健康、文明旅游，劝阻旅游者违反社会公德的行为。

导游和领队应当严格执行旅游行程安排，不得擅自变更旅游行程或者中止服务活动，不得向旅游者索取小费，不得诱导、欺骗、强迫或者变相强迫旅游者购物或者参加另行付费旅游项目。

第四十二条　景区开放应当具备下列条件，并听取旅游主管部门的意见：

（一）有必要的旅游配套服务和辅助设施；

（二）有必要的安全设施及制度，经过安全风险评估，满足安全条件；

（三）有必要的环境保护设施和生态保护措施；

（四）法律、行政法规规定的其他条件。

第四十三条　利用公共资源建设的景区的门票以及景区内的游览场所、交通工具等另行收费项目，实行政府定价或者政府指导价，严格控制价格上涨。拟收费或者提高价格的，应当举行听证会，征求旅游者、经营者和有关方面的意见，论证其必要性、可行性。

利用公共资源建设的景区，不得通过增加另行收费项目等方式变相涨价；另行收费项目已收回投资成本的，应当相应降低价格或者取消收费。

公益性的城市公园、博物馆、纪念馆等，除重点文物保护单位和珍贵文物收藏单位外，应当逐步免费开放。

第四十四条　景区应当在醒目位置公示门票价格、另行收费项目的价格及团体收费价格。景区提高门票价格应当提前六个月公布。

将不同景区的门票或者同一景区内不同游览场所的门票合并出售的，合并后的价格不得高于各单项门票的价格之和，且旅游者有权选择购买其中的单项票。

景区内的核心游览项目因故暂停向旅游者开放或者停止提供服务的，应当公示并相应减少收费。

第四十五条　景区接待旅游者不得超过景区主管部门核定的最大承载量。景区应当公布景区主管部门核定的最大承载量，制定和实施旅游者流量控制方案，并可以采取门票预约等方式，对景区接待旅游者的数量进行控制。

旅游者数量可能达到最大承载量时，景区应当提前公告并同时向当地人民政府报告，景区和当地人民政府应当及时采取疏导、分流等措施。

第四十六条　城镇和乡村居民利用自有住宅或者其他条件依法从事旅游经营，其管理办法由省、自治区、直辖市制定。

第四十七条 经营高空、高速、水上、潜水、探险等高风险旅游项目，应当按照国家有关规定取得经营许可。

第四十八条 通过网络经营旅行社业务的，应当依法取得旅行社业务经营许可，并在其网站主页的显著位置标明其业务经营许可证信息。

发布旅游经营信息的网站，应当保证其信息真实、准确。

第四十九条 为旅游者提供交通、住宿、餐饮、娱乐等服务的经营者，应当符合法律、法规规定的要求，按照合同约定履行义务。

第五十条 旅游经营者应当保证其提供的商品和服务符合保障人身、财产安全的要求。

旅游经营者取得相关质量标准等级的，其设施和服务不得低于相应标准；未取得质量标准等级的，不得使用相关质量等级的称谓和标识。

第五十一条 旅游经营者销售、购买商品或者服务，不得给予或者收受贿赂。

第五十二条 旅游经营者对其在经营活动中知悉的旅游者个人信息，应当予以保密。

第五十三条 从事道路旅游客运的经营者应当遵守道路客运安全管理的各项制度，并在车辆显著位置明示道路旅游客运专用标识，在车厢内显著位置公示经营者和驾驶人信息、道路运输管理机构监督电话等事项。

第五十四条 景区、住宿经营者将其部分经营项目或者场地交由他人从事住宿、餐饮、购物、游览、娱乐、旅游交通等经营的，应当对实际经营者的经营行为给旅游者造成的损害承担连带责任。

第五十五条 旅游经营者组织、接待出入境旅游，发现旅游者从事违法活动或者有违反本法第十六条规定情形的，应当及时向公安机关、旅游主管部门或者我国驻外机构报告。

第五十六条 国家根据旅游活动的风险程度，对旅行社、住宿、旅游交通以及本法第四十七条规定的高风险旅游项目等经营者实施责任保险制度。

第五章 旅游服务合同

第五十七条 旅行社组织和安排旅游活动，应当与旅游者订立合同。

第五十八条 包价旅游合同应当采用书面形式，包括下列内容：

（一）旅行社、旅游者的基本信息；

（二）旅游行程安排；

（三）旅游团成团的最低人数；

（四）交通、住宿、餐饮等旅游服务安排和标准；

（五）游览、娱乐等项目的具体内容和时间；

（六）自由活动时间安排；

（七）旅游费用及其交纳的期限和方式；

（八）违约责任和解决纠纷的方式；

（九）法律、法规规定和双方约定的其他事项。

订立包价旅游合同时，旅行社应当向旅游者详细说明前款第二项至第八项所载内容。

第五十九条 旅行社应当在旅游行程开始前向旅游者提供旅游行程单。旅游行程单是包价旅游合同的组成部分。

第六十条 旅行社委托其他旅行社代理销售包价旅游产品并与旅游者订立包价旅游合同的，应当在包价旅游合同中载明委托社和代理社的基本信息。

旅行社依照本法规定将包价旅游合同中的接待业务委托给地接社履行的，应当在包价旅游合同中载明地接社的基本信息。

安排导游为旅游者提供服务的，应当在包价旅游合同中载明导游服务费用。

第六十一条　旅行社应当提示参加团队旅游的旅游者按照规定投保人身意外伤害保险。

第六十二条　订立包价旅游合同时，旅行社应当向旅游者告知下列事项：

（一）旅游者不适合参加旅游活动的情形；

（二）旅游活动中的安全注意事项；

（三）旅行社依法可以减免责任的信息；

（四）旅游者应当注意的旅游目的地相关法律、法规和风俗习惯、宗教禁忌，依照中国法律不宜参加的活动等；

（五）法律、法规规定的其他应当告知的事项。

在包价旅游合同履行中，遇有前款规定事项的，旅行社也应当告知旅游者。

第六十三条　旅行社招徕旅游者组团旅游，因未达到约定人数不能出团的，组团社可以解除合同。但是，境内旅游应当至少提前七日通知旅游者，出境旅游应当至少提前三十日通知旅游者。

因未达到约定人数不能出团的，组团社经征得旅游者书面同意，可以委托其他旅行社履行合同。组团社对旅游者承担责任，受委托的旅行社对组团社承担责任。旅游者不同意的，可以解除合同。

因未达到约定的成团人数解除合同的，组团社应当向旅游者退还已收取的全部费用。

第六十四条　旅游行程开始前，旅游者可以将包价旅游合同中自身的权利义务转让给第三人，旅行社没有正当理由的不得拒绝，因此增加的费用由旅游者和第三人承担。

第六十五条　旅游行程结束前，旅游者解除合同的，组团社应当在扣除必要的费用后，将余款退还旅游者。

第六十六条　旅游者有下列情形之一的，旅行社可以解除合同：

（一）患有传染病等疾病，可能危害其他旅游者健康和安全的；

（二）携带危害公共安全的物品且不同意交有关部门处理的；

（三）从事违法或者违反社会公德的活动的；

（四）从事严重影响其他旅游者权益的活动，且不听劝阻、不能制止的；

（五）法律规定的其他情形。

因前款规定情形解除合同的，组团社应当在扣除必要的费用后，将余款退还旅游者；给旅行社造成损失的，旅游者应当依法承担赔偿责任。

第六十七条　因不可抗力或者旅行社、履行辅助人已尽合理注意义务仍不能避免的事件，影响旅游行程的，按照下列情形处理：

（一）合同不能继续履行的，旅行社和旅游者均可以解除合同。合同不能完全履行的，旅行社经向旅游者作出说明，可以在合理范围内变更合同；旅游者不同意变更的，可以解除合同。

（二）合同解除的，组团社应当在扣除已向地接社或者履行辅助人支付且不可退还的费用后，将余款退还旅游者；合同变更的，因此增加的费用由旅游者承担，减少的费用退还旅游者。

（三）危及旅游者人身、财产安全的，旅行社应当采取相应的安全措施，因此支出的费用，由旅行社与旅游者分担。

（四）造成旅游者滞留的，旅行社应当采取相应的安置措施。因此增加的食宿费用，由旅游者承担；增加的返程费用，由旅行社与旅游者分担。

第六十八条　旅游行程中解除合同的，旅行社应当协助旅游者返回出发地或者旅游者指定的合理地点。由于旅行社或者履行辅助人的原因导致合同解除的，返程费用由旅行社承担。

第六十九条　旅行社应当按照包价旅游合同的约定履行义务，不得擅自变更旅游行程安排。

经旅游者同意，旅行社将包价旅游合同中的接待业务委托给其他具有相应资质的地接社履行的，应当与地接社订立书面委托合同，约定双方的权利和义务，向地接社提供与旅游者订立的包价旅游合同的副本，并向地接社支付不低于接待和服务成本的费用。地接社应当按照包价旅游合同和委托合同提供服务。

第七十条　旅行社不履行包价旅游合同义务或者履行合同义务不符合约定的，应当依法承担继续履行、采取补救措施或者赔偿损失等违约责任；造成旅游者人身损害、财产损失的，应当依法承担赔偿责任。旅行社具备履行条件，经旅游者要求仍拒绝履行合同，造成旅游者人身损害、滞留等严重后果的，旅游者还可以要求旅行社支付旅游费用一倍以上三倍以下的赔偿金。

由于旅游者自身原因导致包价旅游合同不能履行或者不能按照约定履行，或者造成旅游者人身损害、财产损失的，旅行社不承担责任。

在旅游者自行安排活动期间，旅行社未尽到安全提示、救助义务的，应当对旅游者的人身损害、财产损失承担相应责任。

第七十一条　由于地接社、履行辅助人的原因导致违约的，由组团社承担责任；组团社承担责任后可以向地接社、履行辅助人追偿。

由于地接社、履行辅助人的原因造成旅游者人身损害、财产损失的，旅游者可以要求地接社、履行辅助人承担赔偿责任，也可以要求组团社承担赔偿责任；组团社承担责任后可以向地接社、履行辅助人追偿。但是，由于公共交通经营者的原因造成旅游者人身损害、财产损失的，由公共交通经营者依法承担赔偿责任，旅行社应当协助旅游者向公共交通经营者索赔。

第七十二条　旅游者在旅游活动中或者在解决纠纷时，损害旅行社、履行辅助人、旅游从业人员或者其他旅游者的合法权益的，依法承担赔偿责任。

第七十三条　旅行社根据旅游者的具体要求安排旅游行程，与旅游者订立包价旅游合同的，旅游者请求变更旅游行程安排，因此增加的费用由旅游者承担，减少的费用退还旅游者。

第七十四条　旅行社接受旅游者的委托，为其代订交通、住宿、餐饮、游览、娱乐等旅游服务，收取代办费用的，应当亲自处理委托事务。因旅行社的过错给旅游者造成损失的，旅行社应当承担赔偿责任。

旅行社接受旅游者的委托，为其提供旅游行程设计、旅游信息咨询等服务的，应当保证设计合理、可行，信息及时、准确。

第七十五条　住宿经营者应当按照旅游服务合同的约定为团队旅游者提供住宿服务。住宿经营者未能按照旅游服务合同提供服务的，应当为旅游者提供不低于原定标准的住宿服务，因此增加的费用由住宿经营者承担；但由于不可抗力、政府因公共利益需要采取措施造成不能提供服务的，住宿经营者应当协助安排旅游者住宿。

第六章　旅游安全

第七十六条　县级以上人民政府统一负责旅游安全工作。县级以上人民政府有关部门依照法律、法规履行旅游安全监管职责。

第七十七条　国家建立旅游目的地安全风险提示制度。旅游目的地安全风险提示的级别划分和实施程序，由国务院旅游主管部门会同有关部门制定。

县级以上人民政府及其有关部门应当将旅游安全作为突发事件监测和评估的重要内容。

第七十八条　县级以上人民政府应当依法将旅游应急管理纳入政府应急管理体系，制定应急预案，建立旅游突发事件应对机制。

突发事件发生后，当地人民政府及其有关部门和机构应当采取措施开展救援，并协助旅游者返回出发地或者旅游者指定的合理地点。

第七十九条　旅游经营者应当严格执行安全生产管理和消防安全管理的法律、法规和国家标准、行业标准，具备相应的安全生产条件，制定旅游者安全保护制度和应急预案。

旅游经营者应当对直接为旅游者提供服务的从业人员开展经常性应急救助技能培训，对提供的产品和服务进行安全检验、监测和评估，采取必要措施防止危害发生。

旅游经营者组织、接待老年人、未成年人、残疾人等旅游者，应当采取相应的安全保障措施。

第八十条　旅游经营者应当就旅游活动中的下列事项，以明示的方式事先向旅游者作出说明或者警示：

（一）正确使用相关设施、设备的方法；

（二）必要的安全防范和应急措施；

（三）未向旅游者开放的经营、服务场所和设施、设备；

（四）不适宜参加相关活动的群体；

（五）可能危及旅游者人身、财产安全的其他情形。

第八十一条　突发事件或者旅游安全事故发生后，旅游经营者应当立即采取必要的救助和处置措施，依法履行报告义务，并对旅游者作出妥善安排。

第八十二条　旅游者在人身、财产安全遇有危险时，有权请求旅游经营者、当地政府和相关机构进行及时救助。

中国出境旅游者在境外陷于困境时，有权请求我国驻当地机构在其职责范围内给予协助和保护。

旅游者接受相关组织或者机构的救助后，应当支付应由个人承担的费用。

第七章　旅游监督管理

第八十三条　县级以上人民政府旅游主管部门和有关部门依照本法和有关法律、法规的规定，在各自职责范围内对旅游市场实施监督管理。

县级以上人民政府应当组织旅游主管部门、有关主管部门和工商行政管理、产品质量监督、交通等执法部门对相关旅游经营行为实施监督检查。

第八十四条　旅游主管部门履行监督管理职责，不得违反法律、行政法规的规定向监督管理对象收取费用。

旅游主管部门及其工作人员不得参与任何形式的旅游经营活动。

第八十五条　县级以上人民政府旅游主管部门有权对下列事项实施监督检查：

（一）经营旅行社业务以及从事导游、领队服务是否取得经营、执业许可；

（二）旅行社的经营行为；

（三）导游和领队等旅游从业人员的服务行为；

（四）法律、法规规定的其他事项。

旅游主管部门依照前款规定实施监督检查，可以对涉嫌违法的合同、票据、账簿以及其他资料进行查阅、复制。

第八十六条 旅游主管部门和有关部门依法实施监督检查，其监督检查人员不得少于二人，并应当出示合法证件。监督检查人员少于二人或者未出示合法证件的，被检查单位和个人有权拒绝。

监督检查人员对在监督检查中知悉的被检查单位的商业秘密和个人信息应当依法保密。

第八十七条 对依法实施的监督检查，有关单位和个人应当配合，如实说明情况并提供文件、资料，不得拒绝、阻碍和隐瞒。

第八十八条 县级以上人民政府旅游主管部门和有关部门，在履行监督检查职责中或者在处理举报、投诉时，发现违反本法规定行为的，应当依法及时作出处理；对不属于本部门职责范围的事项，应当及时书面通知并移交有关部门查处。

第八十九条 县级以上地方人民政府建立旅游违法行为查处信息的共享机制，对需要跨部门、跨地区联合查处的违法行为，应当进行督办。

旅游主管部门和有关部门应当按照各自职责，及时向社会公布监督检查的情况。

第九十条 依法成立的旅游行业组织依照法律、行政法规和章程的规定，制定行业经营规范和服务标准，对其会员的经营行为和服务质量进行自律管理，组织开展职业道德教育和业务培训，提高从业人员素质。

第八章 旅游纠纷处理

第九十一条 县级以上人民政府应当指定或者设立统一的旅游投诉受理机构。受理机构接到投诉，应当及时进行处理或者移交有关部门处理，并告知投诉者。

第九十二条 旅游者与旅游经营者发生纠纷，可以通过下列途径解决：

（一）双方协商；

（二）向消费者协会、旅游投诉受理机构或者有关调解组织申请调解；

（三）根据与旅游经营者达成的仲裁协议提请仲裁机构仲裁；

（四）向人民法院提起诉讼。

第九十三条 消费者协会、旅游投诉受理机构和有关调解组织在双方自愿的基础上，依法对旅游者与旅游经营者之间的纠纷进行调解。

第九十四条 旅游者与旅游经营者发生纠纷，旅游者一方人数众多并有共同请求的，可以推选代表人参加协商、调解、仲裁、诉讼活动。

第九章 法律责任

第九十五条 违反本法规定，未经许可经营旅行社业务的，由旅游主管部门或者工商行政管理部门责令改正，没收违法所得，并处一万元以上十万元以下罚款；违法所得十万元以上的，并处违法所得一倍以上五倍以下罚款；对有关责任人员，处二千元以上二万元以下罚款。

旅行社违反本法规定，未经许可经营本法第二十九条第一款第二项、第三项业务，或者出租、出借旅行社业务经营许可证，或者以其他方式非法转让旅行社业务经营许可的，除依照前款规定处罚外，并责令停业整顿；情节严重的，吊销旅行社业务经营许可证；对直接负责的主管人员，处二千元以上二万元以下罚款。

第九十六条 旅行社违反本法规定，有下列行为之一的，由旅游主管部门责令改正，没收违法所得，并处五千元以上五万元以下罚款；情节严重的，责令停业整顿或者吊销旅行社业务经营许可证；对直接负责的主管人员和其他直接责任人员，处二千元以上二万元以下罚款：

（一）未按照规定为出境或者入境团队旅游安排领队或者导游全程陪同的；

（二）安排未取得导游证或者领队证的人员提供导游或者领队服务的；

（三）未向临时聘用的导游支付导游服务费用的；

（四）要求导游垫付或者向导游收取费用的。

第九十七条　旅行社违反本法规定，有下列行为之一的，由旅游主管部门或者有关部门责令改正，没收违法所得，并处五千元以上五万元以下罚款；违法所得五万元以上的，并处违法所得一倍以上五倍以下罚款；情节严重的，责令停业整顿或者吊销旅行社业务经营许可证；对直接负责的主管人员和其他直接责任人员，处二千元以上二万元以下罚款：

（一）进行虚假宣传，误导旅游者的；

（二）向不合格的供应商订购产品和服务的；

（三）未按照规定投保旅行社责任保险的。

第九十八条　旅行社违反本法第三十五条规定的，由旅游主管部门责令改正，没收违法所得，责令停业整顿，并处三万元以上三十万元以下罚款；违法所得三十万元以上的，并处违法所得一倍以上五倍以下罚款；情节严重的，吊销旅行社业务经营许可证；对直接负责的主管人员和其他直接责任人员，没收违法所得，处二千元以上二万元以下罚款，并暂扣或者吊销导游证、领队证。

第九十九条　旅行社未履行本法第五十五条规定的报告义务的，由旅游主管部门处五千元以上五万元以下罚款；情节严重的，责令停业整顿或者吊销旅行社业务经营许可证；对直接负责的主管人员和其他直接责任人员，处二千元以上二万元以下罚款，并暂扣或者吊销导游证、领队证。

第一百条　旅行社违反本法规定，有下列行为之一的，由旅游主管部门责令改正，处三万元以上三十万元以下罚款，并责令停业整顿；造成旅游者滞留等严重后果的，吊销旅行社业务经营许可证；对直接负责的主管人员和其他直接责任人员，处二千元以上二万元以下罚款，并暂扣或者吊销导游证、领队证：

（一）在旅游行程中擅自变更旅游行程安排，严重损害旅游者权益的；

（二）拒绝履行合同的；

（三）未征得旅游者书面同意，委托其他旅行社履行包价旅游合同的。

第一百零一条　旅行社违反本法规定，安排旅游者参观或者参与违反我国法律、法规和社会公德的项目或者活动的，由旅游主管部门责令改正，没收违法所得，责令停业整顿，并处二万元以上二十万元以下罚款；情节严重的，吊销旅行社业务经营许可证；对直接负责的主管人员和其他直接责任人员，处二千元以上二万元以下罚款，并暂扣或者吊销导游证、领队证。

第一百零二条　违反本法规定，未取得导游证或者领队证从事导游、领队活动的，由旅游主管部门责令改正，没收违法所得，并处一千元以上一万元以下罚款，予以公告。

导游、领队违反本法规定，私自承揽业务的，由旅游主管部门责令改正，没收违法所得，处一千元以上一万元以下罚款，并暂扣或者吊销导游证、领队证。

导游、领队违反本法规定，向旅游者索取小费的，由旅游主管部门责令退还，处一千元以上一万元以下罚款；情节严重的，并暂扣或者吊销导游证、领队证。

第一百零三条　违反本法规定被吊销导游证、领队证的导游、领队和受到吊销旅行社业务经营许可证处罚的旅行社的有关管理人员，自处罚之日起未逾三年的，不得重新申请导游证、领队证或者从事旅行社业务。

第一百零四条　旅游经营者违反本法规定，给予或者收受贿赂的，由工商行政管理部门依照有关法律、法规的规定处罚；情节严重的，并由旅游主管部门吊销旅行社业务经营许可证。

第一百零五条　景区不符合本法规定的开放条件而接待旅游者的，由景区主管部门责令停业整顿直至符合开放条件，并处二万元以上二十万元以下罚款。

景区在旅游者数量可能达到最大承载量时，未依照本法规定公告或者未向当地人民政府报告，未及时采取疏导、分流等措施，或者超过最大承载量接待旅游者的，由景区主管部门责令改正，情节严重的，责令停业整顿一个月至六个月。

第一百零六条　景区违反本法规定，擅自提高门票或者另行收费项目的价格，或者有其他价格违法行为的，由有关主管部门依照有关法律、法规的规定处罚。

第一百零七条　旅游经营者违反有关安全生产管理和消防安全管理的法律、法规或者国家标准、行业标准的，由有关主管部门依照有关法律、法规的规定处罚。

第一百零八条　对违反本法规定的旅游经营者及其从业人员，旅游主管部门和有关部门应当记入信用档案，向社会公布。

第一百零九条　旅游主管部门和有关部门的工作人员在履行监督管理职责中，滥用职权、玩忽职守、徇私舞弊，尚不构成犯罪的，依法给予处分。

第一百一十条　违反本法规定，构成犯罪的，依法追究刑事责任。

第十章　附　则

第一百一十一条　本法下列用语的含义：

（一）旅游经营者，是指旅行社、景区以及为旅游者提供交通、住宿、餐饮、购物、娱乐等服务的经营者。

（二）景区，是指为旅游者提供游览服务、有明确的管理界限的场所或者区域。

（三）包价旅游合同，是指旅行社预先安排行程，提供或者通过履行辅助人提供交通、住宿、餐饮、游览、导游或者领队等两项以上旅游服务，旅游者以总价支付旅游费用的合同。

（四）组团社，是指与旅游者订立包价旅游合同的旅行社。

（五）地接社，是指接受组团社委托，在目的地接待旅游者的旅行社。

（六）履行辅助人，是指与旅行社存在合同关系，协助其履行包价旅游合同义务，实际提供相关服务的法人或者自然人。

第一百一十二条　本法自2013年10月1日起施行。

餐饮服务食品安全监督管理办法

卫生部令第71号

颁布日期：20100304　实施日期：20100501　颁布单位：卫生部

《餐饮服务食品安全监督管理办法》已于2010年2月8日经卫生部部务会议审议通过，现予以发布，自2010年5月1日起施行。

二〇一〇年三月四日

第一章　总　则

第一条　为加强餐饮服务监督管理，保障餐饮服务环节食品安全，根据《中华人民共和国食品安全法》（以下简称《食品安全法》）、《中华人民共和国食品安全法实施条例》（以下简称《食品安全法实施条例》），制定本办法。

第二条　在中华人民共和国境内从事餐饮服务的单位和个人（以下简称餐饮服务提供者）应当遵守本办法。

第三条　国家食品药品监督管理局主管全国餐饮服务监督管理工作，地方各级食品药品监督管理部门负责本行政区域内的餐饮服务监督管理工作。

第四条　餐饮服务提供者应当依照法律、法规、食品安全标准及有关要求从事餐饮服务活动，对社会和公众负责，保证食品安全，接受社会监督，承担餐饮服务食品安全责任。

第五条　鼓励社会团体、基层群众性自治组织开展餐饮服务食品安全知识和相关法律、法规的普及工作，增强餐饮服务提供者食品安全意识，提高消费者自我保护能力；鼓励开展技术服务工作，促进餐饮服务提供者提高食品安全管理水平。

餐饮服务相关行业协会应当加强行业自律，引导餐饮服务提供者依法经营，推动行业诚信建设，宣传、普及餐饮服务食品安全知识。

第六条　鼓励和支持餐饮服务提供者为提高食品安全水平而采用先进技术和先进的管理规范，实施危害分析与关键控制点体系，配备先进的食品安全检测设备，对食品进行自行检查或者向具有法定资质的机构送检。

第七条　任何组织和个人均有权对餐饮服务食品安全进行社会监督，举报餐饮服务提供者违反本办法的行为，了解有关餐饮服务食品安全信息，对餐饮服务食品安全工作提出意见和建议。

第二章　餐饮服务基本要求

第八条　餐饮服务提供者必须依法取得《餐饮服务许可证》，按照许可范围依法经营，并在就餐场所醒目位置悬挂或者摆放《餐饮服务许可证》。

第九条 餐饮服务提供者应当建立健全食品安全管理制度，配备专职或者兼职食品安全管理人员。

被吊销《餐饮服务许可证》的单位，根据《食品安全法》第九十二条的规定，其直接负责的主管人员自处罚决定作出之日起5年内不得从事餐饮服务管理工作。

餐饮服务提供者不得聘用本条前款规定的禁止从业人员从事管理工作。

第十条 餐饮服务提供者应当按照《食品安全法》第三十四条的规定，建立并执行从业人员健康管理制度，建立从业人员健康档案。餐饮服务从业人员应当依照《食品安全法》第三十四条第二款的规定每年进行健康检查，取得健康合格证明后方可参加工作。

从事直接入口食品工作的人员患有《食品安全法实施条例》第二十三条规定的有碍食品安全疾病的，应当将其调整到其他不影响食品安全的工作岗位。

第十一条 餐饮服务提供者应当依照《食品安全法》第三十二条的规定组织从业人员参加食品安全培训，学习食品安全法律、法规、标准和食品安全知识，明确食品安全责任，并建立培训档案；应当加强专（兼）职食品安全管理人员食品安全法律法规和相关食品安全管理知识的培训。

第十二条 餐饮服务提供者应当建立食品、食品原料、食品添加剂和食品相关产品的采购查验和索证索票制度。

餐饮服务提供者从食品生产单位、批发市场等采购的，应当查验、索取并留存供货者的相关许可证和产品合格证明等文件；从固定供货商或者供货基地采购的，应当查验、索取并留存供货商或者供货基地的资质证明、每笔供货清单等；从超市、农贸市场、个体经营商户等采购的，应当索取并留存采购清单。

餐饮服务企业应当建立食品、食品原料、食品添加剂和食品相关产品的采购记录制度。采购记录应当如实记录产品名称、规格、数量、生产批号、保质期、供货者名称及联系方式、进货日期等内容，或者保留载有上述信息的进货票据。

餐饮服务提供者应当按照产品品种、进货时间先后次序有序整理采购记录及相关资料，妥善保存备查。记录、票据的保存期限不得少于2年。

第十三条 实行统一配送经营方式的餐饮服务提供者，可以由企业总部统一查验供货者的许可证和产品合格的证明文件等，建立食品进货查验记录。

实行统一配送经营方式的，企业各门店应当建立总部统一配送单据台账。门店自行采购的产品，应当遵照本办法第十二条的规定。

第十四条 餐饮服务提供者禁止采购、使用和经营下列食品：

（一）《食品安全法》第二十八条规定禁止生产经营的食品；

（二）违反《食品安全法》第四十八条规定的食品；

（三）违反《食品安全法》第五十条规定的食品；

（四）违反《食品安全法》第六十六条规定的进口预包装食品。

第十五条 餐饮服务提供者应当按照国家有关规定和食品安全标准采购、保存和使用食品添加剂。应当将食品添加剂存放于专用橱柜等设施中，标示“食品添加剂”字样，妥善保管，并建立使用台账。

第十六条 餐饮服务提供者应当严格遵守国家食品药品监督管理部门制定的餐饮服务食品安全操作规范。餐饮服务应当符合下列要求：

（一）在制作加工过程中应当检查待加工的食品及食品原料，发现有腐败变质或者其他感官性状异常的，不得加工或者使用；

（二）贮存食品原料的场所、设备应当保持清洁，禁止存放有毒、有害物品及个人生活物品，应当分类、分架、隔墙、离地存放食品原料，并定期检查、处理变质或者超过保质期限的食品；

（三）应当保持食品加工经营场所的内外环境整洁，消除老鼠、蟑螂、苍蝇和其他有害昆虫及其孳生条件；

（四）应当定期维护食品加工、贮存、陈列、消毒、保洁、保温、冷藏、冷冻等设备与设施，校验计量器具，及时清理清洗，确保正常运转和使用；

（五）操作人员应当保持良好的个人卫生；

（六）需要熟制加工的食品，应当烧熟煮透；需要冷藏的熟制品，应当在冷却后及时冷藏；应当将直接入口食品与食品原料或者半成品分开存放，半成品应当与食品原料分开存放；

（七）制作凉菜应当达到专人负责、专室制作、工具专用、消毒专用和冷藏专用的要求；

（八）用于餐饮加工操作的工具、设备必须无毒无害，标志或者区分明显，并做到分开使用，定位存放，用后洗净，保持清洁；接触直接入口食品的工具、设备应当在使用前进行消毒；

（九）应当按照要求对餐具、饮具进行清洗、消毒，并在专用保洁设施内备用，不得使用未经清洗和消毒的餐具、饮具；购置、使用集中消毒企业供应的餐具、饮具，应当查验其经营资质，索取消毒合格凭证；

（十）应当保持运输食品原料的工具与设备设施的清洁，必要时应当消毒。运输保温、冷藏（冻）食品应当有必要的且与提供的食品品种、数量相适应的保温、冷藏（冻）设备设施。

第十七条　食品药品监督管理部门依法开展抽样检验时，被抽样检验的餐饮服务提供者应当配合抽样检验工作，如实提供被抽检样品的货源、数量、存货地点、存货量、销售量、相关票证等信息。

第三章　食品安全事故处理

第十八条　各级食品药品监督管理部门应当根据本级人民政府食品安全事故应急预案制定本部门的预案实施细则，按照职能做好餐饮服务食品安全事故的应急处置工作。

第十九条　食品药品监督管理部门在日常监督管理中发现食品安全事故，或者接到有关食品安全事故的举报，应当立即核实情况，经初步核实为食品安全事故的，应当立即向同级卫生行政、农业行政、工商行政管理、质量监督等相关部门通报。

发生食品安全事故时，事发地食品药品监督管理部门应当在本级人民政府领导下，及时做出反应，采取措施控制事态发展，依法处置，并及时按照有关规定向上级食品药品监督管理部门报告。

第二十条　县级以上食品药品监督管理部门按照有关规定开展餐饮服务食品安全事故调查，有权向有关餐饮服务提供者了解与食品安全事故有关的情况，要求餐饮服务提供者提供相关资料和样品，并采取以下措施：

（一）封存造成食品安全事故或者可能导致食品安全事故的食品及其原料，并立即进行检验；

（二）封存被污染的食品工具及用具，并责令进行清洗消毒；

（三）经检验，属于被污染的食品，予以监督销毁；未被污染的食品，予以解封；

（四）依法对食品安全事故及其处理情况进行发布，并对可能产生的危害加以解释、说明。

第二十一条　餐饮服务提供者应当制定食品安全事故处置方案，定期检查各项食品安全防范措施的落实情况，及时消除食品安全事故隐患。

第二十二条　餐饮服务提供者发生食品安全事故，应当立即封存导致或者可能导致食品安全事故的食品及其原料、工具及用具、设备设施和现场，在2小时之内向所在地县级人民政府卫生部门和食品药品监督管理部门报告，并按照相关监管部门的要求采取控制措施。

餐饮服务提供者应当配合食品安全监督管理部门进行食品安全事故调查处理，按照要求提供相关资料和样品，不得拒绝。

第四章 监督管理

第二十三条 食品药品监督管理部门可以根据餐饮服务经营规模，建立并实施餐饮服务食品安全监督管理量化分级、分类管理制度。

食品药品监督管理部门可以聘请社会监督员，协助开展餐饮服务食品安全监督。

第二十四条 县级以上食品药品监督管理部门履行食品安全监督职责时，发现不属于本辖区管辖的，应当及时移送有管辖权的食品药品监督管理部门。接受移送的食品药品监督管理部门应当将被移送案件的处理情况及时反馈给移送案件的食品药品监督管理部门。

第二十五条 县级以上食品药品监督管理部门接到咨询、投诉、举报，对属于本部门管辖的，应当受理，并及时进行核实、处理、答复；对不属于本部门管辖的，应当书面通知并移交有管辖权的部门处理。

发现餐饮服务提供者使用不符合食品安全标准及有关要求的食品原料或者食用农产品、食品添加剂、食品相关产品，其成因属于其他环节食品生产经营者或者食用农产品生产者的，应当及时向本级卫生行政、农业行政、工商行政管理、质量监督等部门通报。

第二十六条 食品药品监督管理部门在履行职责时，有权采取《食品安全法》第七十七条规定的措施。

第二十七条 食品安全监督检查人员对餐饮服务提供者进行监督检查时，应当对下列内容进行重点检查：

（一）餐饮服务许可情况；

（二）从业人员健康证明、食品安全知识培训和建立档案情况；

（三）环境卫生、个人卫生、食品用工具及设备、食品容器及包装材料、卫生设施、工艺流程情况；

（四）餐饮加工制作、销售、服务过程的食品安全情况；

（五）食品、食品添加剂、食品相关产品进货查验和索票索证制度及执行情况、制定食品安全事故应急处置制度及执行情况；

（六）食品原料、半成品、成品、食品添加剂等的感官性状、产品标签、说明书及储存条件；

（七）餐具、饮具、食品用工具及盛放直接入口食品的容器的清洗、消毒和保洁情况；

（八）用水的卫生情况；

（九）其他需要重点检查的情况。

第二十八条 食品安全监督检查人员进行监督检查时，应当有2名以上人员共同参加，依法制作现场检查笔录，笔录经双方核实并签字。被监督检查者拒绝签字的，应当注明事由和相关情况，同时记录在场人员的姓名、职务等。

第二十九条 县级以上食品药品监督管理部门负责组织实施本辖区餐饮服务环节的抽样检验工作，所需经费由地方财政列支。

第三十条 食品安全监督检查人员可以使用经认定的食品安全快速检测技术进行快速检测，及时发现和筛查不符合食品安全标准及有关要求的食品、食品添加剂及食品相关产品。使用现场快速检测技术发现和筛查的结果不得直接作为执法依据。对初步筛查结果表明可能不符合食品安全标准及有关要求的食品，应当依照《食品安全法》的有关规定进行检验。

快速检测结果表明可能不符合食品安全标准及有关要求的，餐饮服务提供者应当根据实际情况采取食品安全保障措施。

第三十一条　食品安全监督检查人员抽样时必须按照抽样计划和抽样程序进行，并填写抽样记录。抽样检验应当购买产品样品，不得收取检验费和其他任何费用。

食品安全监督检查人员应当及时将样品送达有资质的检验机构。

第三十二条　食品检验机构应当根据检验目的和送检要求，按照食品安全相关标准和规定的检验方法进行检验，按时出具合法的检验报告。

第三十三条　对检验结论有异议的，异议人有权自收到检验结果告知书之日起10日内，向组织实施抽样检验的食品药品监督管理部门提出书面复检申请，逾期未提出申请的，视为放弃该项权利。

复检工作应当选择有关部门共同公布的承担复检工作的食品检验机构完成。

复检机构由复检申请人自行选择；复检机构与初检机构不得为同一机构。复检机构出具的复检结论为最终检验结论。

复检费用的承担依《食品安全法实施条例》第三十五条的规定。

第三十四条　食品药品监督管理部门应当建立辖区内餐饮服务提供者食品安全信用档案，记录许可颁发及变更情况、日常监督检查结果、违法行为查处等情况。食品药品监督管理部门应当根据餐饮服务食品安全信用档案，对有不良信用记录的餐饮服务提供者实施重点监管。

食品安全信用档案的形式和内容由省级食品药品监督管理部门根据本地实际情况作出具体规定。

第三十五条　食品药品监督管理部门应当将吊销《餐饮服务许可证》的情况在7日内通报同级工商行政管理部门。

第三十六条　县级以上食品药品监督管理部门依法公布下列日常监督管理信息：

（一）餐饮服务行政许可情况；

（二）餐饮服务食品安全监督检查和抽检的结果；

（三）查处餐饮服务提供者违法行为的情况；

（四）餐饮服务专项检查工作情况；

（五）其他餐饮服务食品安全监督管理信息。

第五章　法律责任

第三十七条　未经许可从事餐饮服务的，由食品药品监督管理部门根据《食品安全法》第八十四条的规定予以处罚。有下列情形之一的，按未取得《餐饮服务许可证》查处：

（一）擅自改变餐饮服务经营地址、许可类别、备注项目的；

（二）《餐饮服务许可证》超过有效期限仍从事餐饮服务的；

（三）使用经转让、涂改、出借、倒卖、出租的《餐饮服务许可证》，或者使用以其他形式非法取得的《餐饮服务许可证》从事餐饮服务的。

第三十八条　餐饮服务提供者有下列情形之一的，由食品药品监督管理部门根据《食品安全法》第八十五条的规定予以处罚：

（一）用非食品原料制作加工食品或者添加食品添加剂以外的化学物质和其他可能危害人体健康的物质，或者用回收食品作为原料制作加工食品；

（二）经营致病性微生物、农药残留、兽药残留、重金属、污染物质以及其他危害人体健康的物质含量超过食品安全标准限量的食品；

（三）经营营养成分不符合食品安全标准的专供婴幼儿和其他特定人群的主辅食品；

（四）经营腐败变质、油脂酸败、霉变生虫、污秽不洁、混有异物、掺假掺杂或者感官性状异常的食品；

（五）经营病死、毒死或者死因不明的禽、畜、兽、水产动物肉类及其制品；

（六）经营未经动物卫生监督机构检疫或者检疫不合格的肉类，或者未经检验或者检验不合格的肉类制品；

（七）经营超过保质期的食品；

（八）经营国家为防病等特殊需要明令禁止经营的食品；

（九）有关部门责令召回或者停止经营不符合食品安全标准的食品后，仍拒不召回或者停止经营的；

（十）餐饮服务提供者违法改变经营条件造成严重后果的。

第三十九条　餐饮服务提供者有下列情形之一的，由食品药品监督管理部门根据《食品安全法》第八十六条的规定予以处罚：

（一）经营或者使用被包装材料、容器、运输工具等污染的食品；

（二）经营或者使用无标签及其他不符合《食品安全法》、《食品安全法实施条例》有关标签、说明书规定的预包装食品、食品添加剂；

（三）经营添加药品的食品。

第四十条　违反本办法第十条第一款、第十二条、第十三条第二款、第十六条第（二）、（三）、（四）、（八）、（九）项的有关规定，按照《食品安全法》第八十七条的规定予以处罚。

第四十一条　违反本办法第二十二条第一款的规定，由食品药品监督管理部门根据《食品安全法》第八十八条的规定予以处罚。

第四十二条　违反本办法第十六条第十项的规定，由食品药品监督管理部门根据《食品安全法》第九十一条的规定予以处罚。

第四十三条　餐饮服务提供者违反本办法第九条第三款规定，由食品药品监督管理部门依据《食品安全法》第九十二条第二款进行处罚。

第四十四条　本办法所称违法所得，指违反《食品安全法》、《食品安全法实施条例》等食品安全法律法规和规章的规定，从事餐饮服务活动所取得的相关营业性收入。

第四十五条　本办法所称货值金额，指餐饮服务提供者经营的食品的市场价格总金额。其中原料及食品添加剂按进价计算，半成品按原料计算，成品按销售价格计算。

第四十六条　餐饮服务食品安全监督管理执法中，涉及《食品安全法》第八十五条、第八十六条、第八十七条适用时，“情节严重”包括但不限于下列情形：

（一）连续12个月内已受到2次以上较大数额罚款处罚或者连续12个月内已受到一次责令停业行政处罚的；

（二）造成重大社会影响或者有死亡病例等严重后果的。

第四十七条　餐饮服务提供者主动消除或者减轻违法行为危害后果，或者有其他法定情形的，应当依法从轻或者减轻处罚。

第四十八条　在同一违反《食品安全法》、《食品安全法实施条例》等食品安全法律法规的案件中，有两种以上应当给予行政处罚的违法行为时，食品药品监督管理部门应当分别裁量，合并处罚。

第四十九条　食品药品监督管理部门作出责令停业、吊销《餐饮服务许可证》、较大数额罚款等行政处罚决定之前，应当告知当事人有要求举行听证的权利。

当事人要求听证的，食品药品监督管理部门应当组织听证。

当事人对处罚决定不服的，可以申请行政复议或者提起行政诉讼。

第五十条　食品药品监督管理部门不履行有关法律法规规定的职责或者其工作人员有滥用职权、玩忽职守、徇私舞弊行为的，食品药品监督管理部门应当依法对相关负责人员或者直接责任人员给予记大过或者降级的处分；造成严重后果的，给予撤职或者开除的处分；其主要负责人应当引咎辞职。

第六章　附　则

第五十一条　省、自治区、直辖市食品药品监督管理部门可以结合本地实际情况，根据本办法的规定制定实施细则。

第五十二条　国境口岸范围内的餐饮服务活动的监督管理由出入境检验检疫机构依照《食品安全法》和《中华人民共和国国境卫生检疫法》以及相关行政法规的规定实施。

水上运营的餐饮服务提供者的食品安全管理，其始发地、经停地或者到达地的食品药品监督管理部门均有权进行检查监督。

铁路运营中餐饮服务监督管理参照本办法。

第五十三条　本办法自2010年5月1日起施行，卫生部2000年1月16日发布的《餐饮业食品卫生管理办法》同时废止。

三、相关企业介绍

北京市

东方酒店控股有限公司
地址：北京市西城区金融街23号平安大厦
……………………Tel：010－50831448

中投国创（北京）企业管理有限公司
地址：北京市西城区珠市口西大街105号8幢205室
……………………Tel：010－50851199

乐咖互娱信息技术（北京）有限公司
地址：北京市朝阳区姚家园路105号3号楼7层805
……………………Tel：010－50963113

北京玉蜓酒店管理有限公司
地址：北京市丰台区蒲黄榆二里十一号
……………………Tel：010－51029000－2300

灵光谷数字科技有限公司
地址：北京市西城区南菜园街1号1层1－2内101室
……………………Tel：010－51078069

北京鲁能广俊亿辉投资管理有限公司
地址：北京市东城区沙滩北街31号
……………………Tel：010－51098888

北京北纬四十度大酒店有限公司
地址：北京市海淀区长春桥路5号新起点嘉园9号楼
……………………Tel：010－51297777

黑芝麻娱乐文化（北京）有限公司
北京市朝阳区化工路59号院4号楼1至14层101内05层622
……………………Tel：010－51645222

北京瑞世银通信息技术有限公司
地址：北京市海淀区大柳树富海中心2号楼1208－252
……………………Tel：010－51649016

欢橙（北京）数字娱乐科技有限公司
地址：北京市朝阳区西坝河北里16号楼1－6层16－1号2层218室
……………………Tel：010－51659969

大董餐饮投资有限公司
地址：北京市东城区东四十条甲22号1号楼2层02层商业东侧中部
……………………Tel：010－51690580

北京金源联合控股有限公司
地址：北京市海淀区清河嘉园东区1号楼1层104－4
……………………Tel：010－51721639

中交南方建设工程（北京）有限公司
地址：北京市昌平区东小口镇天通东苑三区30号楼1至3层101一层139
……………………Tel：010－51832145

北京京铁列车服务有限公司
地址：北京市大兴区芦花路北京动车段院内配餐基地综合楼4层406
……………………Tel：010－51855382

北京京铁天佑酒店管理有限公司
地址：北京市丰台区北京西站东附楼二层
……………………Tel：010－51861555

北京鹦鹉娱乐文化传播有限公司
地址：北京市密云区兴盛南路8号院2号楼106室－489(商务中心集中办公区)
……………………Tel：010－51883106

北京华贸素拉潘酒店发展有限公司
地址：北京市朝阳区建国路89号院15号楼803号
……………………Tel：010－52037777

泉润佰合餐饮管理有限公司
地址：山东省济南市历城区工业北路277号翡翠清河29号楼104室二楼
……………………Tel：010－52079033

博雅国际酒店管理有限公司
地址：北京市海淀区成府路298号4层0430室
……………………Tel：010－52289999

北京汇诚聚德餐饮管理有限公司
地址：北京市顺义区南法信镇金穗路2号院9号楼3层316
……………………Tel：010－52409576

北京光合田野文化旅游发展有限公司
地址：北京市房山区良乡凯旋大街建设路18号－D1735
……………………Tel：010－52808759

生命湖酒店有限公司
地址：北京市房山区凯宾路58号院一区1号
……………………Tel：010－52808777

熙海旅游文化发展（北京）有限公司
地址：北京市房山区凯宾路58号院一区1号生命湖酒店三层307室
……………………Tel：010－52808777

中视体育娱乐有限公司
地址：北京市朝阳区光华路15号院1号楼16层
……………………Tel：010－52813333

北京大都会娱乐有限公司
地址：北京市朝阳区顺源里13号楼
……………………Tel：010－52831971

北京天合缘旅游开发有限公司
地址：北京市海淀区蓟门里北区甲4号楼205室
……………………Tel：010－52836010

净雅食品股份有限公司
地址：北京市丰台区丰北路77号2号楼1层105室
……………………Tel：010－52838013

北京辉煌净雅餐饮股份有限公司
地址：北京市海淀区西翠路19号地下1层－3层；5层－7层
……………………Tel：010－52838013

北京爱陌客酒店管理有限责任公司
地址：北京市昌平区回龙观镇瑞旗家园30号楼6层603室
……………………Tel：010－52868910

北京东耀餐饮管理有限公司
地址：北京市朝阳区将台路乙2号院1号楼1至3层公建商业4内1至2层
……………………Tel：010－52901822

中佳信融投资（北京）有限公司
地址：北京市朝阳区双惠苑甲3号楼1至2层11
……………………Tel：010－53021173

北京碧云天国际酒店有限公司
地址：北京市顺义区蓝庭苑5号楼
……………………Tel：010－53200178

北京嘉辰食尚餐饮管理有限公司
地址：北京市朝阳区光华路15号院5号楼4层商铺
……………………Tel：010－53300913

北星传媒（北京）有限公司
地址：北京市丰台区汽车博物馆东路1号院2号楼11层北座1207
……………………Tel：010－53321575

中童旅国际旅游（北京）有限公司
地址：北京市延庆区康庄镇天庆路190号
……………………Tel：010－53343327

布鲁诺餐饮管理（北京）有限公司
地址：北京市朝阳区王四营官庄大队唐家坟村(北京王府井百货(集团)股份有限公司仓库)11幢3层1161
……………………Tel：010－53354353

北京好当家餐饮文化有限公司
地址：北京市朝阳区工人体育场北路13号院五幢－1层－0101内C－B101－2
……………………Tel：010－53359276

北京水源影业文化传媒有限公司
地址：北京市朝阳区东四环中路78号楼8层9B06
……………………Tel：010－53380332

丝路华兴旅游发展集团有限公司
地址：北京市朝阳区永安东里甲3号院1号楼B座8层907C
……………………Tel：010－53381830

北京爱炉餐饮管理有限公司
地址：北京市朝阳区百子园5号楼5层C单元505
……………………Tel：010－53384173

北京盛琪餐饮管理有限公司
地址：北京市丰台区广安路9号院1号楼6层602
……………………Tel：010－53393885

汇亚中融（北京）管理顾问有限公司
地址：北京市朝阳区光华路15号院1号楼4层405内A103
……………………Tel：010－53395975

盈科美辰国际旅行社有限公司
地址：北京市朝阳区东四环中路76号楼4层5B08
……………………Tel：010－53511277

北京青草娱乐文化有限公司
地址：北京市石景山区实兴大街30号院3号楼2层B－0353房间
……………………Tel：010－53526012

星美太和娱乐文化（北京）有限公司
地址：北京市朝阳区高碑店乡半壁店村惠河南街1102号C座4层4052
……………………Tel：010－53606286

乐融互娱信息科技（北京）有限公司
地址：北京市朝阳区姚家园路105号3号楼5层601
……………………Tel：010－53606531

北京捷豹之星文化体育发展有限公司
地址：北京市朝阳区小营路19号1幢商业2号105室
……………………Tel：010－53651807

恩伯瑞斯（北京）国际餐饮连锁管理有限公司
地址：北京市朝阳区北花园街甲1号院1号楼1层124
……………………Tel：010－53677889

北京红秀坊科技文化有限公司
地址：北京市朝阳区广渠东路唐家村45幢平房29A－01
……………………Tel：010－53965186

北京源世娱乐文化传媒有限公司
地址：北京市北京经济技术开发区经海四路25号11号楼4层401
……………………Tel：010－56037666

当代盈泰实业发展有限公司
地址：北京市朝阳区盛昌路9号院6号楼1至4层内一层136室
……………………Tel：010－56037666

北京新农利合酒店管理有限公司
地址：北京市门头沟区石龙经济开发区永安路20号3号楼A－4430室
……………………Tel：010－56071779

北京富欣餐饮管理有限公司
地址：北京市朝阳区大鲁店文化街16号3幢1层1112
……………………Tel：010－56075999

华腾恒逸（北京）餐饮管理有限公司
地址：北京市海淀区蓝靛厂西路1号1层102室
……………………Tel：010－56131007

北京国泰防震餐饮管理有限公司
地址：北京市怀柔区北房镇幸福西街1号301室
……………………Tel：010－56142788

北京优鼎优餐饮管理有限公司
地址：北京市大兴区阜顺南路6号院1号楼1层201室
……………………Tel：010－56216905

北京地心娱乐有限公司
地址：北京市朝阳区双桥中路甲12号二层2056
……………………Tel：010－56230885

康斯文化娱乐投资（北京）有限公司
地址：北京市朝阳区广渠路66号院甲19号楼2层B2
……………………Tel：010－56236048

北京天时合一信息咨询服务有限公司
地址：北京市朝阳区新房路3号院6号楼5层603
……………………Tel：010－56395624

希杰必品阁（北京）餐饮管理有限公司
地址：北京市昌平区沙河镇松兰堡村西9号楼901室
……………………Tel：010－56396013

北京倪氏海泰白云餐饮有限公司
地址：北京市西城区莲花池东路5号
……………………Tel：010－56613988

北京寰城季诺餐饮有限公司
地址：北京市朝阳区东大桥路9号楼2单元501室内B07单元
……………………Tel：010－56903688

好侍美家餐饮管理（北京）有限公司
地址：北京市朝阳区广渠路28号223号楼四层L415
……………………Tel：010－56916321

嘉利控股集团有限公司
地址：北京市朝阳区八里庄西里96号4层1－501
……………………Tel：010－57018965

北京盛日资产管理有限责任公司
地址：北京市朝阳区小营路9号3号楼2层204
……………………Tel：010－57028579

北京名仕供应链管理有限公司
地址：北京市朝阳区朝外大街22号12层1220室
……………………Tel：010－57029739

北京名仕供应链管理有限公司
地址：北京市朝阳区朝外大街22号12层1220室
……………………Tel：010－57029739

星东方文化旅游开发（北京）有限公司
地址：北京市朝阳区东大桥路8号院3号楼13层1505
……………………Tel：010－57128379

北京乐伯餐饮管理有限公司
地址：北京市朝阳区五里桥二街1号院10号楼5层0521
……………………Tel：010－57142821

乐娱星映（北京）文化有限公司
地址：北京市昌平区沙河镇百葛路1号院3号楼1层1单元102
……………………Tel：010－57167191

八维玄景娱乐科技（北京）有限公司
地址：北京市东城区藏经馆胡同17号1幢2层2175室
……………………Tel：010－57234545

本纯道餐饮管理有限公司
地址：北京市东城区前门东大街3号6幢首层东北侧
……………………Tel：010－57267358

北京宝玉影音娱乐有限公司
地址：北京市朝阳区望京园601号楼22层2603室
……………………Tel：010－57281360

北京尚良德谷资产管理有限公司
地址：北京市朝阳区左家庄15号四号楼211室
……………………Tel：010－57295077

北京乐娱互动网络科技有限公司
地址：北京市朝阳区望京园401号楼15层1816
……………………Tel：010－57296839

北京北投世纪集团有限公司
地址：北京市平谷区马坊镇金河街106号院3号楼9层927
……………………Tel：010－57297538

北京吾家品味餐饮服务有限公司
地址：北京市海淀区燕西台嘉苑甲15号楼二层2007室、2008室
……………………Tel：010－57327855

稻香永丰（北京）餐饮管理有限公司
地址：北京市大兴区庞各庄镇隆盛大街4号院1号楼3－503
……………………Tel：010－57341919

北京昆仑鸿星互动娱乐科技有限公司
地址：北京市朝阳区广顺南大街16号院2号楼7层720
……………………Tel：010－57351956

喜达屋环球酒店及度假村有限公司
地址：北京市海淀区远大路25号2号楼A座
……………………Tel：010－57376722

北京嘉骅娱乐投资有限公司
地址：北京市朝阳区芳草地西街8号燕都宾馆内5层8503
……………………Tel：010－57382687

北练娱乐文化（北京）有限公司
地址：北京市朝阳区工人体育场北路8号院6幢－1层－1619
……………………Tel：010－57414511

砭世堂（北京）中医学研究有限责任公司
地址：北京市石景山区城通街26号院8号楼10层1005
……………………Tel：010－57461088

北京金世纪大酒店有限公司
地址：北京市朝阳区东三环南路1号
……………………Tel：010－57508649

北京黑之美餐饮文化有限公司
地址：北京市门头沟区石龙经济开发区永安路20号3号楼A－6577室
……………………Tel：010－57524763

梦东方文化娱乐集团有限公司
地址：北京市通州区宋庄文化创意产业集聚区艺术大道108号
……………………Tel：010－57529829

北京完美时空数字娱乐软件有限公司
地址：北京市石景山区八大处高科技园区西井路3号3号楼5032房间
……………………Tel：010－57805217

北京京西文化旅游股份有限公司
地址：北京市门头沟区水闸北路21号12幢
……………………Tel：010－57807777

北京云时代数字技术有限公司
地址：北京市海淀区知春路51号慎昌大厦563室
……………………Tel：010－57839055

北京红山宜宏酒店管理有限公司
地址：北京市海淀区黑山扈红山口8号C座C105室
……………………Tel：010－57909368

中视云投文化旅游产业投资有限公司
地址：北京市海淀区北三环中路67号25号楼四层443号房
……………………Tel：010－58092030

凤仪文化娱乐集团有限公司
地址：北京市海淀区长春桥路11号2号楼18层
……………………Tel：010－58143000

中青旅遨游科技发展有限公司
地址：北京市东城区东直门南大街5号中青旅大厦1706
……………………Tel：010－58158337

首都大酒店

地址：北京市东城区前门东大街3号
……………………Tel：010-58159988
北京天伦松鹤大酒店有限公司
地址：北京市东城区灯市口大街88号
……………………Tel：010-58168999
奥普乐四季体育娱乐（北京）有限公司
地址：北京市朝阳区垡头村北人集团公司第十印刷机械厂13幢一层34号
……………………Tel：010-58206975
龙池曼（北京）投资有限公司
地址：北京市丰台区丰台路青塔东里7号5幢4层416
……………………Tel：010-58220192
北京云狐时代科技有限公司
地址：北京市北京经济技术开发区经惠东路5号院4号楼13层1606室
……………………Tel：010-58228888
北京启新金牌娱乐传媒咨询有限公司
地址：北京市海淀区中关村东路1号院8号楼15层C1508B
……………………Tel：010-58263932
中国旅游集团投资和资产管理有限公司
地址：北京市西城区广安门内大街338号十层1013室
……………………Tel：010-58287317
中国旅游集团交通投资有限公司
地址：北京市密云区滨河路172号
……………………Tel：010-58287317
港中旅房车休闲旅游发展有限公司
地址：北京市西城区广安门内大街338号港中旅维景国际大酒店1010室
……………………Tel：010-58287317
北京三源二号酒店有限公司
地址：北京市朝阳区曙光西里甲5号院17号楼
……………………Tel：010-58296666
北京海德休闲酒店管理有限公司
地址：北京市朝阳区青年路西里一号院2号楼
……………………Tel：010-58395565
北京海航珺府投资有限公司
地址：北京市朝阳区霄云路26号院2号楼23层
……………………Tel：010-58576688
北京万喜餐饮管理有限公司
地址：北京市海淀区永丰路5号院1号楼101-1
……………………Tel：010-58597123
汤驿（北京）酒店管理有限公司
地址：北京市朝阳区广渠门外大街8号东座13层1607
……………………Tel：010-58612629
国金中安文化集团有限公司
地址：北京市朝阳区东三环中路59号楼12层1502号
……………………Tel：010-58622945
北京北翠餐饮管理有限公司
地址：北京市东城区朝阳门南小街18号楼24-25号C502室
……………………Tel：010-58641994
北京徽商故里餐饮管理有限公司
地址：北京市东城区朝阳门内南小街2号楼
……………………Tel：010-58642222
北京黑金时代娱乐文化有限公司
地址：北京市朝阳区金盏乡皮村村西5号厂房(谷仓科技孵化器4299号)
……………………Tel：010-58674842
北京盛源恒达资产管理有限公司
地址：北京市朝阳区建国路93号院4号楼2008
……………………Tel：010-58692257
北京林妈妈饮食管理有限公司
地址：北京市怀柔区渤海镇怀沙路536号
……………………Tel：010-58693120
云季（北京）娱乐文化有限公司
地址：北京市朝阳区三间房乡西柳村中街(三间房动漫集中办公区449号)
……………………Tel：010-58695339
北京东利多餐饮管理有限公司
地址：北京市朝阳区朝外大街16号1幢5层03室
……………………Tel：010-58771852
北京旗旗娱乐传媒有限公司
地址：北京市朝阳区五里桥二街1号院10号楼12层1230
……………………Tel：010-58772362
北京恒信艺能文化娱乐有限公司
地址：北京市平谷区林荫北街13号信息大厦802室
……………………Tel：010-58792319
华夏新国际体育娱乐（北京）有限公司
地址：北京市朝阳区朝外大街乙12号0-1909号
……………………Tel：010-58797706
阿里巴巴文化娱乐有限公司
地址：北京市朝阳区望京东园四区9号楼23层2301房
……………………Tel：010-58851881
北京娱乐宝影视传媒有限公司
地址：北京市怀柔区雁栖经济开发区雁栖路33号院1号楼103室
……………………Tel：010-58851881
北京厚德臻膳餐饮管理股份有限公司
地址：北京市通州区江米店街2号院5号楼7层717
……………………Tel：010-58859568
永稻星（北京）文化娱乐有限公司
地址：北京市东城区交道口北头条76号101房间
……………………Tel：010-59005023
北京山海旅游集团有限公司
地址：北京市朝阳区光华路9号楼6层620室
……………………Tel：010-59007019
北京山海文旅集团有限公司
地址：北京市朝阳区光华路9号楼10层1004
……………………Tel：010-59007188
北京富力家园麦乐迪娱乐有限公司
地址：北京市朝阳区东三环中路61号地下一层
……………………Tel：010-59037185
北京鹏飞麦乐迪娱乐有限公司
地址：北京市朝阳区建国路99号四层
……………………Tel：010-59037185
北京姐妹厨房餐饮管理有限公司
地址：北京市朝阳区朝阳门外大街甲6号4层3座401内E室
……………………Tel：010-59047554
海鸿达（北京）餐饮管理有限公司
地址：北京市大兴区盛吉街13号院3号楼四层408室
……………………Tel：010-59066000
盘古民国际大酒店有限责任公司
地址：北京市朝阳区北四环中路27号B座
……………………Tel：010-59067777
北京华安融信非融资性担保有限公司
地址：北京市朝阳区兴隆家园1号楼1层102
……………………Tel：010-59075066
东江米巷花园（北京）餐饮有限公司
地址：北京市东城区前门东大街23号院
……………………Tel：010-59117441
钓鱼台美高梅酒店管理有限公司
地址：北京市东城区东长安街1号东方广场东方经贸城中二办公楼八层4.5.6.7A室
……………………Tel：010-59200800
北京鑫融金酒店管理有限公司
地址：北京市海淀区上地东路33号1号楼B1层
……………………Tel：010-59217800
北京复华旅游文化发展有限公司
地址：北京市朝阳区三间房南里4号院[8-6]9幢1层104室
……………………Tel：010-59262285
北京中宸国际安保科技集团有限公司
地址：北京市朝阳区豆各庄1号16幢1层101室
……………………Tel：010-59283126
北京金博利企业管理咨询有限公司
地址：北京市朝阳区工人体育场北路8号院1号楼1层1106
……………………Tel：010-59359107
中化国际物业酒店管理有限公司
地址：北京市西城区复兴门外大街A2号
……………………Tel：010-59368103
北京金丰餐饮有限公司
地址：北京市海淀区知春路59号中关村海关办公楼二层
……………………Tel：010-59441191
北京百纳众铭酒店管理有限公司
地址：北京市丰台区羊坊紫光园909号院137号
……………………Tel：010-59442065
北京大格娱乐文化有限公司
地址：北京市朝阳区十里堡甲3号B座11层11D001室
……………………Tel：010-59478326
北京老铺国际商业管理发展集团有限公司
地址：北京市通州区梨园北街186号二层210-2
……………………Tel：010-59509128
大德通餐饮管理有限公司
地址：北京市海淀区东北旺西路8号院37号楼3层301D
……………………Tel：010-59513866
北京锦江会餐饮有限公司
地址：北京市西城区月坛北小街13号北京中船宾馆6、7、10、13幢
……………………Tel：010-59518278
北京万达主题娱乐文化有限公司
地址：北京市朝阳区建国路93号院12号楼17层2005号
……………………Tel：010-59603339-6800
俏江南股份有限公司
地址：北京市朝阳区建国门外大街1号L220店
……………………Tel：010-59623158
春草影视文化传媒（北京）有限公司
地址：北京市海淀区中关村东路18号1号楼6层C-608-005号
……………………Tel：010-59626100
北京吉祥钱柜娱乐有限公司
地址：北京市朝阳区惠新东街4号
……………………Tel：010-59639888
北京西兰花娱乐科技有限公司
地址：北京市朝阳区广顺北大街33号院1号楼9层2单元1001内1001-3室
……………………Tel：010-59646025
北京漫亚娱乐文化传媒有限公司
地址：北京市石景山区实兴东街11号4层4282室
……………………Tel：010-59647352
北京开元名都大酒店管理有限公司
地址：北京市西城区菜市口大街1号院2号楼
……………………Tel：010-59775466
北京尚雨轩餐饮管理有限公司
地址：北京市东城区草园胡同76号1号楼2层2030
……………………Tel：010-59786986
高联酒店管理（中国）有限公司
地址：北京市海淀区交大东路60号4层60-62-1
……………………Tel：010-59876188
北京希杰世纪娱乐传媒咨询有限公司
地址：北京市朝阳区望京园602号楼4层532
……………………Tel：010-59941872
中军军弘（北京）餐饮服务有限公司
地址：北京市大兴区中兴南路3号院1号楼一层
……………………Tel：010-60202957
北京君禾百年餐饮管理有限公司
地址：北京市大兴区金星西路5号及5号院5号楼8层4单元914
……………………Tel：010-60237222
湊湊餐饮管理有限公司
地址：北京市大兴区海鑫南路15号院2号楼101-01号
……………………Tel：010-60265826
呷哺呷哺餐饮管理有限公司
地址：北京市大兴区黄村镇孙村组团物顺南路北侧
……………………Tel：010-60265888
乐马梦工厂娱乐有限公司
地址：北京市大兴区西红门镇欣旺北大街8号
……………………Tel：010-60290430
北京顺义文化旅游投资集团有限公司
地址：北京市顺义区北小营镇白马路19号(奥林匹克水上公园院内)
……………………Tel：010-60489550
北京珠江白云酒店设备有限公司
地址：北京市通州区永顺西街89号1号楼甲4
……………………Tel：010-60519166
北京地坛麦乐迪娱乐有限公司
地址：北京市东城区安定门外大街198号一、二层
……………………Tel：010-60569050
北京永盛时代餐饮管理有限责任公司
地址：北京市海淀区东升镇西三旗昌临801号院18-17、18-18、18-19、18-20、18-21、18-22、18-23、18-24室
……………………Tel：010-60600256
北京凤娱网络技术有限公司
地址：北京市朝阳区启阳路4号院2号楼8层906房
……………………Tel：010-60676000
北京军都大酒店有限责任公司
地址：北京市昌平区水库路12号
……………………Tel：010-60713744
北京宏信瑞腾装饰有限公司
地址：北京市房山区良乡长虹西路翠柳东街1号-2769
……………………Tel：010-60740656
北京东贸国际餐饮管理有限公司
地址：北京市丰台区方庄南路2号7层1单元716
……………………Tel：010-60846478
中国旅游集团酒店控股有限公司
地址：北京市西城区广安门内大街338号港中旅维景国际大酒店十层1061室
……………………Tel：010-60848013
中国旅游集团酒店控股有限公司
地址：北京市西城区广安门内大街338号港中旅维景国际大酒店十层1061室
……………………Tel：010-60848013
港中旅酒店有限公司
地址：北京市朝阳区北三环东路2号中旅大厦9层
……………………Tel：010-60848013
蓝帕国际酒店（北京）有限公司
地址：北京市平谷区平谷镇迎宾街1号院1号楼
……………………Tel：010-60996666
北京都盛祥汽车租赁有限公司
地址：北京市平谷区马坊镇西大街西路6号
……………………Tel：010-60998009
美诺（北京）餐饮管理有限公司
地址：北京市西城区阜外大街1号东塔楼第24层2402房间
……………………Tel：010-61057106
北京恒达易通信息技术有限公司
地址：北京市海淀区中关村东路1号院9号楼搜狐网络大厦10层07房间
……………………Tel：010-61135075
北京玉山汽车教练娱乐中心
地址：北京市房山区岳各庄乡岳各村西
……………………Tel：010-61312451
北京华卓餐饮连锁股份有限公司
地址：北京市顺义区安泰大街9号院4号楼6层604室
……………………Tel：010-61468922
御香苑餐饮管理（北京）有限公司
地址：北京市朝阳区朝外大街乙6号9层1035
……………………Tel：010-61565555
北京市慕田峪长城旅游服务有限公司
地址：北京市怀柔区慕田峪村
……………………Tel：010-61626986
麦酷（北京）文化娱乐有限责任公司
地址：北京市怀柔区雁栖经济开发区雁栖大街53号H楼
……………………Tel：0106-1666606
北京静之湖度假酒店有限公司
地址：北京市昌平区兴寿镇桃峪口静之湖休闲山庄A区23-24号楼
……………………Tel：010-61709988
北京中泰建投建设工程有限公司
地址：北京市昌平区兴寿镇香屯村西草莓博览园内
……………………Tel：010-61785588
北京龙脉温泉疗养院龙脉温泉大酒店
地址：北京市昌平区小汤山镇大柳树村北
……………………Tel：010-61794528
北京鲜蜂餐饮管理有限公司
地址：北京市朝阳区太阳宫中路12号楼2层202
……………………Tel：010-61845888
北京稼轩博盛文化娱乐有限公司
地址：北京市怀柔区北房镇南房村西临656号
……………………Tel：010-61847300
北京溪山桃园旅游文化发展有限公司
地址：北京市门头沟区妙峰山镇水丁路1号院190室
……………………Tel：010-61882016
北京歌华开元大酒店有限公司
地址：北京市朝阳区鼓楼外大街19号
……………………Tel：010-62028888
北京世纪明珠酒店管理有限公司
地址：北京市西城区黄寺大街21号
……………………Tel：010-62043066
中油阳光餐饮（北京）有限责任公司
地址：北京市昌平区沙河镇黄河街10号院1号楼C座276室
……………………Tel：010-62069805
桔子酒店管理（中国）有限公司
地址：北京市海淀区红联南村44号2幢5层501号
……………………Tel：010-62156699
北京朗丽兹精选酒店管理有限公司
地址：北京市海淀区丰智东路13号A2栋8层9028室
……………………Tel：010-62163328
北京今典影业有限公司
地址：北京市海淀区文慧园北路9号今典花园9号楼空间蒙太奇大厦2层210室
……………………Tel：010-62218877
北京众泽宏达餐饮管理有限公司
地址：北京市海淀区北清路160号平房11号
……………………Tel：010-62403051
红火台网络科技有限公司
地址：北京市海淀区北清路68号院2号楼3层02311、02333房间
……………………Tel：010-62438715
文津国际酒店管理（北京）有限公司
地址：北京市海淀区中关村东路1号院5号楼中间裙楼地下一层至地上四层、东楼地下一层至地上四层、东楼5至21层(除506\509\517\525\609\610\708\717\718\720\804\813\814\906\907\915\916\921\1002\1003\1007房间外)
……………………Tel：010-62525566
益国利民有限公司
地址：北京市朝阳区天力街3号楼1至2层8
……………………Tel：010-62660607
北京黑钛影视娱乐文化发展有限公司
地址：北京市海淀区清河朱房路16号院1号楼(配套公建)5层563室
……………………Tel：010-62670467
北京爱奇艺智慧娱乐科技有限公司
地址：北京市海淀区海淀北一街2号3层303
……………………Tel：010-62677171
北京好麦道餐饮管理有限公司
地址：北京市海淀区海淀中街16号3单元501
……………………Tel：010-62684900

联众数字娱乐科技（北京）有限公司
地址：北京市海淀区王庄路1号B座11层1220
……Tel：010-62745500

启迪物产（北京）有限公司
地址：北京市海淀区中关村东路1号院1号楼A1407室
……Tel：010-62785888

北京四季顺鑫餐饮有限公司
地址：北京市海淀区瑞王坟甲12号23号24号平房
……Tel：010-62858118

北京西山居互动娱乐科技有限公司
地址：北京市海淀区西二旗中路33号4号楼4层001号
……Tel：010-62927777

北京优乐互娱科技有限公司
地址：北京市海淀区农大南路1号院2号楼4层办公B-408-1
……Tel：010-62988849

北京华鉴新媒文化有限公司
地址：北京市西城区天桥南大街1号-2至5层101内4层401-1
……Tel：010-63135246

北京市岭南汇餐饮管理有限公司
地址：北京市西城区太平街8号30号楼4层401
……Tel：010-63168066

北京聚全餐饮有限责任公司
地址：北京市西城区前门西河沿街217号
……Tel：010-63181478

北京大玩家计划文化娱乐有限公司
地址：北京市朝阳区东三环中路39号院16号楼11层1208-07
……Tel：010-63290879

北京棒约翰餐饮发展有限公司
地址：北京市顺义区李桥镇头二营村东侧3号楼408室
……Tel：010-63330995

北京上河元酒店有限公司
地址：北京市西城区南线阁街58号
……Tel：010-63694870

北京居然之家文化娱乐有限公司
地址：北京市东城区东直门南大街甲3号2006号
……Tel：010-63708683

北京万博鱼文化娱乐有限责任公司
地址：北京市密云区经济开发区兴盛南路8号开发区办公楼501室-2123(经济开发区集中办公区)
……Tel：010-63771285

北京市梦都餐饮管理有限公司
地址：北京市丰台区万丰路303号
……Tel：010-63805777

十美娱乐传媒（北京）股份有限公司
地址：北京市朝阳区建华南路11号1幢7层1-8内704
……Tel：010-63853113

北京仟佰佳餐饮管理有限公司
地址：北京市丰台区丰管路乙1号丰管路乙1号1幢
……Tel：010-63855990

北京金海滩七号温泉酒店有限公司
地址：北京市朝阳区平房乡姚家园村姚家园公园西北角
……Tel：010-63862929

国合丝路旅游发展有限公司
地址：北京市东城区朝阳门北大街1号11层A办公室A5区
……Tel：010-64082339

北京金典太阳餐饮管理有限公司
地址：北京市海淀区中关村南大街5号二区683栋116
……Tel：010-64099917

北京元星娱乐文化发展有限公司
地址：北京市朝阳区垡头化工东里3号36号楼6层A615房间
……Tel：010-64141234

北京星宸盈耀餐饮管理有限公司
地址：北京市朝阳区南三里屯路1号楼102内一层1-C单元
……Tel：010-64179733

北京首旅景区投资管理有限公司
地址：北京市朝阳区雅宝路10号9层901室
……Tel：010-64280513-2023

北京顺景小镇文化产业有限公司
地址：北京市门头沟区石龙经济开发区永安路20号3号楼A-1903室
……Tel：010-64332919

北京太合娱乐文化发展股份有限公司
地址：北京市通州区翠景北里1号楼19层2201室
……Tel：010-64362299-149

有稻投资有限公司
地址：北京市朝阳区酒仙桥路10号4层412室
……Tel：010-64387252

北京有稻餐饮管理有限公司
地址：北京市朝阳区博大路3号院9号楼3层311
……Tel：010-64387252

北京缘草堂生物科技开发有限公司
地址：北京市平谷区王辛庄镇乐园路14号
……Tel：010-64401938

中航旅业酒店管理有限公司
地址：北京市顺义区南彩镇彩园工业区9号309房间
……Tel：010-64413555-6112

北京古韵酒店管理有限公司
地址：北京市朝阳区朝阳门外大街甲6号4层2座401-007
……Tel：010-64457026

众信旅游集团股份有限公司
地址：北京市朝阳区朝阳公园路8号西2门01号
……Tel：010-64489696

北京天瑞加商务中心有限公司
地址：北京市顺义区天竺镇
……Tel：010-64568896

东航大酒店有限公司
地址：北京市顺义区小天竺路1号(D栋办公楼)
……Tel：010-64570511

好食特汇成（北京）餐饮管理有限公司
地址：北京市顺义区天竺镇府前一街13号明豪大厦4幢404室
……Tel：010-64586416

北京远洋酒店有限公司
地址：北京市东城区东四南大街189号
……Tel：010-64669863

北京米斯特比萨餐饮管理有限公司
地址：北京市朝阳区望京利泽中园二区203号内3号楼八层1801
……Tel：010-64688808

中视合创（北京）娱乐有限公司
地址：北京市朝阳区东三环中路55号楼13层1602号1318
……Tel：010-64705755

北京汉金华域餐饮管理有限公司
地址：北京市顺义区顺沙路高丽营段8号院3号楼一层106-108室
……Tel：010-64705885

乐天利（北京）餐饮管理有限公司
地址：北京市朝阳区望京湖光中街甲6号望京港旅大厦713室
……Tel：010-64735977

北京蜜儿科技有限公司
地址：北京市石景山区古城大街(特钢公司厂内)北京国际汽车贸易服务园区F区16号十一层1125室
……Tel：010-64738165

名人国际大酒店有限公司
地址：北京市朝阳区安立路99号
……Tel：010-64963003

北京兜有电子商务有限公司
地址：北京市朝阳区外馆东街51号商业4层407
……Tel：010-64985555

北京中票娱乐文化有限公司
地址：北京市海淀区北三环中路31号4号楼东半部3层324
……Tel：010-64985555

北京柠檬草互动娱乐传媒有限公司
地址：北京市朝阳区麦子店街39号三层3011号
……Tel：010-65001159

中信国安旅游投资有限责任公司
地址：北京市朝阳区关东店北街1号2号楼四层
……Tel：010-65007700

北京博悦东投酒店管理咨询有限公司
地址：北京市朝阳区芳园西路6号院1号楼、2号楼、3幢颐锦酒店内2号楼1层103
……Tel：010-65011967

北京亮星美食娱乐有限公司
地址：北京市朝阳区东三环北路8号
……Tel：010-65028730

北京永和大王餐饮有限公司
地址：北京市东城区东兴隆街58号606室
……Tel：010-65070350

北京金咖杯餐饮管理有限公司
地址：北京市东城区永定门内东街中里9-17号2幢2788房间
……Tel：010-65070355

顺峰饮食酒店管理股份有限公司
地址：北京市门头沟区石龙经济开发区永安路20号产业孵化中心3#科研办公楼213室
……Tel：010-65071528

北京中视网元娱乐科技有限公司
地址：北京市海淀区云会里金雅园过街楼五层5772室
……Tel：010-65104185

华润太平洋餐饮管理（北京）有限公司
地址：北京市东城区前门大街64号
……Tel：010-65115526

北京翠庭温泉酒店管理有限公司
地址：北京市东城区天坛东里甲9号
……Tel：010-65116969

北京嘉盛伟德集团有限公司
地址：北京市海淀区西三环北路21号南楼4层401
……Tel：010-65122279

北京首旅置业集团有限公司
地址：北京市朝阳区建国门外大街5号建国饭店100室
……Tel：010-65128833-2777

北京首旅置业集团有限公司
地址：北京市朝阳区建国门外大街5号建国饭店100室
……Tel：010-65128833-2777

北京兆华艺海教育文化有限公司
地址：北京市朝阳区建国门外大街丙24号25层2501室
……Tel：010-65156584

万达宝贝王集团有限公司
地址：北京市东城区新中西街2号楼新中大厦8层8216室
……Tel：010-65167600

北京大国绝酿投资有限公司
地址：北京市延庆区经济技术开发区管委会办公楼376号
……Tel：010-65170088

天星文化娱乐有限公司
地址：北京市东城区建国门内大街7号
……Tel：010-65188118

腾轩旅游集团股份有限公司
地址：北京市东城区南竹杆胡同2号1幢4层50519
……Tel：010-65206689

北京中馨佳谊集团有限公司
地址：北京市朝阳区东四环中路62号楼20层2006
……Tel：010-65210530

中国妇女儿童事业发展中心吾家人和娱乐服务分中心
地址：北京市海淀区燕西台嘉苑甲15号楼二层2030室
……Tel：010-65225328

北京合兴鹏展餐饮管理有限公司
地址：北京市朝阳区向军北里28号院1号楼2层202室内2006号
……Tel：010-65225588

探索乐娱（北京）商务咨询有限公司
地址：北京市东城区王府井大街219号7层101内07-123
……Tel：010-65228009

中谷酒店（北京）有限公司
地址：北京市东城区北京站东街6号
……Tel：010-65265588

北京博克森娱乐科技有限公司
地址：北京市海淀区西北旺德政路南茉莉园甲19号楼2层A-2141号
……Tel：010-65267311

北京蓝色音符餐饮娱乐有限公司
地址：北京市东城区前门东大街23号F座地下一层、地下二层
……Tel：010-65270288

北京思味浓餐饮管理有限公司
地址：北京市东城区十字坡街8号2层211-2
……Tel：010-65275609

北京中益久福科贸有限公司
地址：北京市东城区东四西大街弓箭大院AB座京春酒店一层001室
……Tel：010-65284808

华娱百纳（北京）影视娱乐文化传播有限公司
地址：北京市东城区东四十条甲25号1号楼二层A203室
……Tel：010-65388513

北京埃顿酒店服务有限公司
地址：北京市北京经济技术开发区科创十三街29号院一区2号楼13层1302-A35
……Tel：010-65389099

北京美景新锐科技有限公司
地址：北京市房山区良乡凯旋大街建设路18号-D8378
……Tel：010-65432281

北京丽富房地产开发有限公司
地址：北京市朝阳区东坝乡单店大队辛街村1号
……Tel：010-65456299

北京大董富春山居餐饮管理有限公司
地址：北京市朝阳区工人体育场北路17、18号
……Tel：010-65511808

北京有璟阁餐饮文化发展有限公司
地址：北京市朝阳区幸福二村40号楼-1层40-201-42
……Tel：010-65512098

北京协信投资有限公司
地址：北京市朝阳区慧忠北里309号楼2层203-2室
……Tel：010-65536262

红星坞娱乐传媒投资有限公司
地址：北京市朝阳区朝外大街3号院2号楼903室(铂宫国际中心)
……Tel：010-65536966

伟光汇通文化旅游产业发展有限公司
地址：北京市朝阳区安外小关街甲38号7号地12幢平房5号
……Tel：010-65543188

伟光汇通旅游产业发展有限公司
地址：北京市朝阳区安外小关街甲38号7号地12幢平房1号
……Tel：010-65543188

北京斑羚娱乐文化有限公司
地址：北京市石景山区实兴大街30号院3号楼八层8101房间
……Tel：010-65568155

北京嘉里大酒店有限公司
地址：北京市朝阳区光华路1号
……Tel：010-65618833

北京格迪王儿童娱乐有限公司
地址：北京市朝阳区建国路93号院4号楼21层2503—2
……Tel：010-65630772

北京烁果酒店发展有限公司
地址：北京市朝阳区建华南路11号1-3号三、四、五层沐阳时尚宾馆内503
……Tel：010-65660319

北京天浩盛世娱乐文化有限公司
地址：北京市东城区东花市南里东区8号楼6层2单元602-316
……Tel：010-65666776

北京坤音娱乐经纪有限公司
地址：北京市朝阳区东三环北路甲26号楼4层A60室
……Tel：010-65777997

中廉国诚（北京）酒店管理有限公司
地址：北京市朝阳区光华路22号11层1单元1216
……Tel：010-65802631

北京华谊兄弟创星娱乐科技股份有限公司
地址：北京市海淀区花园北路14号6幢106室
……Tel：010-65805863

北京华谊兄弟娱乐投资有限公司
地址：北京市怀柔区杨宋镇和平路10号316室
……Tel：010-65805888-5541

北京招康酒店管理有限公司
地址：北京市朝阳区东三环北路29号楼-2层101室
……Tel：010-65846380

北京秀兰酒店管理有限公司
地址：北京市东城区新中街7号北5-36
……Tel：010-65857177-8012

北京阿斯牛牛春天实业有限公司
地址：北京市朝阳区工人体育场北路4号66栋1层
……Tel：010-65858857

北京工体富国海底世界娱乐有限公司
地址：北京市朝阳区三里屯北京工人体育场
……Tel：010-65913397

北京中复餐饮娱乐有限责任公司
地址：北京市朝阳区工体东路18号2号楼地下一层(东侧部分)
……Tel：010-65916591

北京赛梁园酒店管理有限公司
地址：北京市朝阳区延静里中街5号楼一层部分、二至五层
……Tel：010-65928986

四面八方餐饮管理有限公司
地址：北京市顺义区赵全营镇兆丰产业基地东盈路19号
……Tel：010-65937708

北京金龙水道娱乐俱乐部有限公司
地址：北京市朝阳区麦子店街39号
……Tel：010-65938080

首北龙腾酒店（北京）有限公司
地址：北京市朝阳区工人体育场北路2号1幢1-21层
……Tel：010-65972848

泛海酒店投资管理有限公司
地址：北京市东城区建国门内大街28号3幢2103室
……Tel：010-65988705

北京首旅酒店（集团）股份有限公司
地址：北京市西城区复兴门内大街51号
……Tel：010-66014466

北京首旅酒店（集团）股份有限公司
地址：北京市西城区复兴门内大街51号
……Tel：010-66014466

北京潇湘会餐饮有限公司
地址：北京市西城区宣武门西大街95号
……Tel：010-66038571

北京景波顺恒实业集团有限公司
地址：北京市西城区复兴门内大街45号4号楼2层228室
……Tel：010-66094278

北京前门京泰龙酒店管理有限公司
地址：北京市东城区珠市口东大街19号4层401室
……Tel：010-67075888

北京新世纪钱柜餐饮娱乐有限公司
地址：北京市东城区崇外大街9号正仁大厦1段
……Tel：010-67083448

北京新世纪钱柜餐饮娱乐有限公司
地址：北京市东城区崇外大街9号正仁大厦1段

…………………………Tel：010－67083448
北京欢腾国际文化娱乐有限公司
地址：北京市朝阳区东三环南路1号院2号楼19层1901B
…………………………Tel：010－67108826
北京市新利兴酒店用品有限公司
地址：北京市丰台区大红门西路19号3层F324
…………………………Tel：010－67219592
北京北旅时代商务旅游投资有限公司
地址：北京市海淀区紫竹院路32号
…………………………Tel：010－67271695
北京丰大国际大酒店有限责任公司
地址：北京市北京经济技术开发区荣华中路20号
…………………………Tel：010－67518000
北京万方苑国际酒店有限公司
地址：北京市丰台区南三环西路4号院1号楼
…………………………Tel：010－67586316
北京帝人房地产开发有限公司
地址：北京市丰台区方庄芳星园二区12号1号楼5层01
…………………………Tel：010－67618163
北京安乐大酒店有限公司
地址：北京市丰台区南方庄1号院
…………………………Tel：010－67649849
北京香香鸟餐饮投资管理有限公司
地址：北京市北京经济技术开发区天华园二里二区20号楼6层612
…………………………Tel：010－67665380
北京五环酒店管理有限公司
地址：北京市朝阳区东三环南路15号6层6号
…………………………Tel：010－67673888
北京北人大酒店有限公司
地址：北京市朝阳区东三环南路48号
…………………………Tel：010－67737741
北京鸿禧国际体育娱乐有限公司
地址：北京市北京经济技术开发区东环北路8号
…………………………Tel：010－67806668
北京国华诚和餐饮管理有限公司
地址：北京市通州区兴贸三街18号院1号楼1单元06
…………………………Tel：010－67857133
汇泽丰（北京）餐饮管理有限公司
地址：北京市北京经济技术开发区荣华南路16号1幢15层A座1503
…………………………Tel：010－67868841
北京金月宫娱乐有限公司
地址：北京市西城区月坛北街月坛公园内
…………………………Tel：010－68086170
北京开心麻花娱乐文化传媒股份有限公司
地址：北京市通州区永乐店镇学府路08304号
…………………………Tel：010－68104066
北京金百万餐饮股份有限公司
地址：北京市顺义区府前西街南侧(储备库)
…………………………Tel：010－68155665
北京汉拿山金宝餐饮管理有限公司
地址：北京市顺义区马坡镇聚源中路甲15号院2号楼1至3层101内1层01号
…………………………Tel：010－68235556
北京盛嘉梦幻娱乐有限公司
地址：北京市海淀区复兴路69号3号楼三层302－F3－A032号
…………………………Tel：010－68258320
北京城乡商业（集团）股份有限公司城乡华懋商厦
地址：北京市海淀区复兴路甲23号
…………………………Tel：010－68298057
华联咖世家（北京）餐饮管理有限公司
地址：北京市西城区阜外大街1号四川大厦东塔楼5层524室
…………………………Tel：010－68341188
北京宝通天下文化集团有限公司
地址：北京市昌平区回龙观镇科星西路106号院2号楼12层1212－3
…………………………Tel：010－68546976
北京荷香悦商贸有限公司
地址：北京市石景山区石景山路2号北京台湾街C2－10－1－A
…………………………Tel：010－68647380
北京奥悦冰雪旅游投资集团有限公司 北京市大兴区双高路6号院1号楼4层101
…………………………Tel：010－68687099
路带旅游文化产业开发（北京）有限公司
地址：北京市石景山区实兴大街30号院7号楼1层107号
…………………………Tel：010－68809766
北京金陵会餐饮有限公司
地址：北京市海淀区西三环北路87号三层303、304、305室
…………………………Tel：010－68908989
北京福旺餐饮有限公司
地址：北京市密云区季庄小区10号楼东侧商住楼(中门一至三层)
…………………………Tel：010－69068891
北京奎百宜山居旅游文化有限公司
地址：北京市密云区经济开发区恒通路9号
…………………………Tel：010－69091250
北京归云酒店管理有限公司
地址：北京市延庆区大庄科乡汉家川河南村14号
…………………………Tel：010－69109919
北京中威宏酒店设备有限公司
地址：北京市大兴区宏福路1号院1号楼3层325
…………………………Tel：010－69281718
北京马会娱乐有限公司
地址：北京市顺义区马坡乡
…………………………Tel：010－69403023
北京爱特国际酒店有限公司
地址：北京市顺义区马坡镇顺成大街29号(三层)
…………………………Tel：010－69448210
北京春晖园文化娱乐有限责任公司
地址：北京市顺义区高丽营镇于庄
…………………………Tel：010－69454433－1005
北京和园景逸大酒店有限公司
地址：北京市顺义区后沙峪地区边河路57号院二区1－9号楼
…………………………Tel：010－69457777
北京航港之佳大酒店有限公司
地址：北京市顺义区南法信镇南陈路35号
…………………………Tel：010－69479898
北京通苑大歌星餐饮娱乐有限公司
地址：北京市通州区新华西街58号1号楼4层4FA
…………………………Tel：010－69550666
飞扬灵顿（北京）娱乐文化传播有限公司
地址：北京市通州区榆西一街1号院4号楼6层601室471
…………………………Tel：010－69587996
北京万万时代娱乐有限责任公司
地址：北京市昌平区北七家镇王府街32号北京顺厚寓商务有限公司内6343号
…………………………Tel：010－69756667
北京中海天霖创新科技有限公司
地址：北京市昌平区沙河镇白各庄新村88－1B107
…………………………Tel：010－69756667
顺玮阁大酒店管理（北京）有限公司
地址：北京市昌平区北七家镇名佳花园四区2号楼4单元412
…………………………Tel：010－69756667
北京京西山水文化旅游投资控股有限公司
地址：北京市门头沟区石龙经济开发区永安路20号3号楼A－4058室
…………………………Tel：010－69838691
北京川海餐饮管理有限公司
地址：北京市石景山区杨庄大街69号特钢公司办公楼十一层11092室
…………………………Tel：010－69860930
北京市海中鲜餐饮管理有限公司
地址：北京市大兴区西红门镇京良路10号4F－003
…………………………Tel：010－80251498
航程国际酒店管理有限公司
地址：北京市西城区西直门外大街甲143号地下三层B3－M28
…………………………Tel：010－80490103
美索国际影音娱乐文化传媒（北京）有限公司
地址：北京市朝阳区工人体育场北路4号40号楼421
…………………………Tel：010－80549491
新华联旅游管理有限公司
地址：北京市通州区外郎营村北1号2幢101号
…………………………Tel：010－80559007
新华联酒店管理有限公司
地址：北京市通州区台湖镇台湖村迤西星湖工业区1号办公楼216室
…………………………Tel：010－80559007
北京香菜娱乐网络科技有限公司
地址：北京市朝阳区广顺北大街33号院1号楼10层1单元1101室5635号
…………………………Tel：010－80699111－8475
北京百诚金宇酒店设备有限公司
地址：北京市朝阳区十八里店乡横街子村16号2层2002室
…………………………Tel：010－80854158
北京中科永胜企业管理集团有限公司
地址：北京市门头沟区双峪路35号院1号7层F701－472
…………………………Tel：010－80883035
北京古北水镇旅游有限公司
地址：北京市密云区古北口镇司马台村十三区19号楼
…………………………Tel：010－81009999
最高梦想（北京）娱乐有限公司
地址：北京市朝阳区东风乡将台洼村驼房营南里甲6号东风艺术区北院2－10号2层
…………………………Tel：010－81039881
北音娱乐文化发展（北京）有限公司
地址：北京市通州区云景南大街68号六幢305号
…………………………Tel：010－81571111－8071
探路者控股集团股份有限公司
地址：北京市通州区光华路甲1号院5号楼六层613号
…………………………Tel：010－81782981
北京食立方餐饮管理有限公司
地址：北京市平谷区王辛庄镇校园路20号411－21
…………………………Tel：010－82023915－616
金沙盛世股权投资基金（北京）有限公司
地址：北京市海淀区中关村南大街2号1号楼25层A座2906
…………………………Tel：010－82101020
北京约泰酒店管理有限公司
地址：北京市东城区东花市南里东区8号楼1单元512号房
…………………………Tel：010－82127369
北京卖卖餐饮管理有限公司
地址：北京市西城区马连道路19号15层1545
…………………………Tel：010－82132900
北京悦华庭酒店管理有限公司
地址：北京市海淀区西小口路66号中关村东升科技园C－5、C－6号楼
…………………………Tel：010－82156669
北京浓香餐饮有限公司
地址：北京市朝阳区祁家豁子2号(南院)10号楼四层413室
…………………………Tel：010－82253345
北京东方快捷酒店有限公司
地址：北京市朝阳区民族园路2号3幢2层201内218室
…………………………Tel：010－82279998
北京金山数字娱乐科技有限公司
地址：北京市海淀区西二旗中路33号院5号楼11层002号
…………………………Tel：010－82334488
中健国际餐饮服务有限公司
地址：北京市海淀区中关村大街57号15号楼一层101
…………………………Tel：010－82419461
北京海淀文化旅游产业发展集团有限责任公司
地址：北京市海淀区永丰路5号院3号楼2层201－10室
…………………………Tel：010－82471169
北京奥普利文化旅游发展有限公司
地址：北京市海淀区长春桥路5号十号楼4层501
…………………………Tel：010－82562262
北京五粮丰投资有限公司
地址：北京市大兴区丽园路9号13层1303
…………………………Tel：010－82600998
北京健力源餐饮管理有限公司
地址：北京市海淀区天秀路10号中国农大国际创业园3号楼6068
…………………………Tel：010－82601831
北京景安世华上地酒店管理有限公司
地址：北京市海淀区上地东路33号1号楼B1层01号
…………………………Tel：010－82709999
北京三六三教育科技股份有限公司
地址：北京市海淀区西四环北路15号8层903
…………………………Tel：010－82823113
北京朗丽兹西山花园酒店管理有限公司
地址：北京市海淀区丰智东路13号
…………………………Tel：010－82868888
北京正方伟业文化发展有限公司
地址：北京市昌平区瑞旗家园28号楼2层215
…………………………Tel：010－83127027
北京正方鸿业餐饮管理有限公司
地址：北京市平谷区林荫北街13号信息大厦802室
…………………………Tel：010－83127027
北京欣燕都酒店连锁有限公司
地址：北京市西城区新街口南大街44号
…………………………Tel：010－83221433
北京广安门维景国际大酒店有限公司
地址：北京市西城区广内大街338号
…………………………Tel：010－83529999
北京中民博雅国际酒店连锁有限公司
地址：北京市西城区白广路7号院大厦主楼1－10层及配楼地上三层
…………………………Tel：010－83539988
中启兴业集团有限公司
地址：北京市平谷区平谷镇平翔东园43排6号102室
…………………………Tel：010－83619131
北京和益世纪酒店管理有限公司
地址：北京市丰台区汽车博物馆东路6号院4号楼一层－101
…………………………Tel：010－83677451
北京麦斗娱乐文化传媒有限公司
地址：北京市朝阳区东三环中路39号院24号楼18层2106
…………………………Tel：010－83686816
北京市益智发商务酒店有限公司
地址：北京市丰台区期颐百年24号楼5－6层
…………………………Tel：010－83790680
北京嘉鼎元铭置业有限公司
地址：北京市大兴区香留园105号1层101－9
…………………………Tel：010－83792899
益亚鼎（北京）国际企业管理有限公司
地址：北京市朝阳区建国路15号院甲1号北岸1292三间房创意生活园区9号楼7层240
…………………………Tel：010－83833033
北京橙乐新娱文化传媒有限公司
地址：北京市东城区青龙胡同1号6层616
…………………………Tel：010－84059613
华视娱乐投资集团股份有限公司
地址：北京市朝阳区工人体育场北路13号院1号楼14层1602室
…………………………Tel：010－84059808
北京天府邓家菜餐饮管理有限公司
地址：北京市海淀区永泰庄北路9号A－10号院1层101室
…………………………Tel：010－84156777
金科文化旅游投资发展有限公司
地址：北京市延庆区八达岭经济开发区康西路1800号
…………………………Tel：010－84245866
乐库互娱（北京）科技有限公司
地址：北京市朝阳区北苑东路19号院2号楼3层310
…………………………Tel：010－84288517
北京君驰雅洁餐饮管理有限公司
地址：北京市朝阳区望京园602号楼13层1610
…………………………Tel：010－84294273
三弦文旅（北京）科技有限公司
地址：北京市延庆区中关村延庆园风谷四路8号院27号楼1816
…………………………Tel：010－84299989
北京眉州酒店管理有限公司
地址：北京市朝阳区东风乡将台洼甲4号
…………………………Tel：010－84301666
眉州东坡餐饮管理（北京）有限公司
地址：北京市朝阳区东风乡将台洼甲4号
…………………………Tel：010－84301666
中农春雨（北京）餐饮管理有限公司
地址：北京市朝阳区金盏乡皮村路521号平房
…………………………Tel：010－84332209
北京阿那亚旅游发展有限公司
地址：北京市丰台区王佐镇西王佐村182号北楼103室
…………………………Tel：010－84338900
国航物业酒店管理有限公司
地址：北京市朝阳区霄云路36号1幢5层05A
…………………………Tel：010－84387612
戏逍堂（北京）娱乐文化发展有限公司
地址：北京市东城区朝阳门北小街71号B106室
…………………………Tel：010－84388938
北京朝天轮旅游观光有限责任公司
地址：北京市朝阳区亮马桥路甲40号1幢16层1602内06－10室
…………………………Tel：010－84448816
北京大地阳光酒店投资管理有限公司
地址：北京市朝阳区霄云路35号[6－5]50幢一层001号
…………………………Tel：010－84464006
北京市新宏状元餐饮管理有限公司
地址：北京市海淀区三里河路甲11号二层
…………………………Tel：010－84466718
北京国广华夏互动娱乐有限公司
地址：北京市西城区砖塔胡同56号农垦宾馆215室
…………………………Tel：010－84471992
北京礼信年年餐饮管理有限公司
地址：北京市怀柔区乐园西大街16号院13号楼1至2层13－4
…………………………Tel：010－84475517－8004
中国旅游集团中免股份有限公司
地址：北京市东城区东直门外小街甲2号A座8层
…………………………Tel：010－84478866－6115
北京颐锦酒店有限公司
地址：北京市朝阳区芳园西路6号院1号楼、2号楼、3幢
…………………………Tel：010－84501324
北京新声娱乐有限公司
地址：北京市朝阳区酒仙桥路4号原公司办公楼(综合楼)2层205室
…………………………Tel：010－84599463
北京万国城酒店运营管理有限公司
地址：北京市东城区香河园街1号院11号楼
…………………………Tel：010－84602586
北京中安信成投资有限公司
地址：北京市东城区东直门外大街46号701室
…………………………Tel：010－84608626
北京中联博爱互动娱乐有限公司
地址：北京市朝阳区酒仙桥东路18号1号楼12层B1202
…………………………Tel：010－84709599

北京大王开心娱乐有限公司
地址：北京市朝阳区化工路59号院1号楼1至14层01内B座十层1148室
……………………Tel：010－84765193

北京世博蓝调娱乐有限公司
地址：北京市朝阳区望京东园523号楼13层11601
……………………Tel：010－84787906

幸星数字娱乐科技（北京）有限公司
地址：北京市朝阳区酒仙桥14号50幢四层
……………………Tel：010－84799092

北京中经华阳投资有限公司
地址：北京市朝阳区亮马桥路32号5层603室
……………………Tel：010－84891234

北京耀莱恒业教育文化发展有限公司
地址：北京市朝阳区幸福二村40号楼7层40－271
……………………Tel：010－84894990

北京手游天下数字娱乐科技股份有限公司
地址：北京市石景山区实兴大街30号院3号楼2层B－0087房间
……………………Tel：010－84942601

二月二餐饮投资管理有限公司
地址：北京市朝阳区双桥西路16号一层1116
……………………Tel：010－84985449

北京宇康餐饮管理有限公司
地址：北京市朝阳区金盏乡东苇路55号
……………………Tel：010－84990572

北京海航旅游开发有限责任公司
地址：北京市东城区崇文门外大街18号301室
……………………Tel：010－85072507

汉堡王（北京）餐饮管理有限公司
地址：北京市顺义区顺通路25号5幢
……………………Tel：010－85110517

中录华纳家庭娱乐有限公司
地址：北京市朝阳区建国门外大街22号赛特大厦308室
……………………Tel：010－85116660

北京首寰文化旅游投资有限公司
地址：北京市通州区新华北街117号2001室
……………………Tel：010－85135621

圆核秀都娱乐发展（北京）有限公司
地址：北京市丰台区东管头1号院3号楼2001－1室
……………………Tel：010－85152238

圆核文娱设计（北京）有限公司
地址：北京市门头沟区石龙经济开发区永安路20号3号楼A－6166室
……………………Tel：010－85152238

中国国际旅行社总社有限公司
地址：北京市东城区东单北大街1号1号楼
……………………Tel：010－85228888

中信旅游集团有限公司
地址：北京市朝阳区建国门外大街19号1号楼7层05室
……………………Tel：010－85263636

北京新原野娱乐传媒有限公司
地址：北京市顺义区国门商务区机场东路2号
……………………Tel：010－85315388

泉盛三餐饮管理（北京）有限公司
地址：北京市朝阳区朝外雅宝路12号8层807
……………………Tel：010－85617808

北京爱其原味餐饮管理有限公司
地址：北京市朝阳区霄云路甲26号院1号楼二层201内西侧
……………………Tel：010－85691611

北京美迅娱乐传媒集团有限公司
地址：北京市朝阳区广渠东路3号院中水电国际大厦附楼3层330
……………………Tel：010－85708610

北京享趣明珠酒店有限公司
地址：北京市朝阳区光华路5号院1号楼5层601内601
……………………Tel：010－85712688

融创（北京）文化旅游规划研究院有限公司
地址：北京市朝阳区望京东园523号楼23层(20)12302
……………………Tel：010－85712711

香草香草（北京）科技股份有限公司
地址：北京市海淀区苏州街55号名商大厦二层
……………………Tel：010－85715868

北京创美天成娱乐传媒有限公司
地址：北京市朝阳区安立路1号1幢一层63
……………………Tel：010－85723231

中综投旅游开发有限公司
地址：北京市房山区燕山岗北路2号A座一层1076
……………………Tel：010－85731091

城市魔方（北京）物业管理有限公司
地址：北京市朝阳区酒仙桥北路7号112幢001
……………………Tel：010－85731236

北京天河汇餐饮娱乐管理有限公司
地址：北京市朝阳区高碑店乡高碑店村一区33号楼三层301室四层401室
……………………Tel：010－85752971

中投西南资产管理有限公司
地址：北京市海淀区成府路27号二层
……………………Tel：010－85768575

传亚国际文化传媒（北京）有限公司
地址：北京市朝阳区东四环南路53号院3号楼18层1810室
……………………Tel：010－85768575

北京国泰润峰置业有限公司
地址：北京市朝阳区日坛北路17号院2号楼地下一层B056、B057、B058
……………………Tel：010－85776336

北京开欣文化传播有限公司
地址：北京市朝阳区高井文化园路8号东亿国际传媒产业园区二期C15号楼4层402室
……………………Tel：010－85781690

北京联合映像国际娱乐文化有限公司
地址：北京市朝阳区黄寺大街15号二层235室
……………………Tel：010－85782750

北京北角娱乐股份有限公司
地址：北京市海淀区大柳树富海中心2号楼4层408－012
……………………Tel：010－85791136

北京七个小矮人餐饮娱乐管理有限公司
地址：北京市朝阳区南三里屯路1号楼4层4－C单元
……………………Tel：010－85832752

北京七个小矮人餐饮娱乐管理有限公司
地址：北京市朝阳区南三里屯路1号楼4层4－C单元
……………………Tel：010－85832752

兴世堂（北京）餐饮管理有限公司
地址：北京市房山区良乡凯旋大街建设路18号—D4434
……………………Tel：010－85860335

热先生（北京）餐饮文化有限公司
地址：北京市朝阳区东三环中路1号楼地下B1M层01单元至12单元、13单元部分面积、14单元及15单元
……………………Tel：010－85878595

北京伯豪瑞廷酒店有限责任公司
地址：北京市朝阳区光华路15号院3号楼
……………………Tel：010－85885588

优客先锋（北京）科技有限公司
地址：北京市石景山区八大处高科技园区西井路3号1号楼210
……………………Tel：010－85890567

北京大玩家娱乐股份有限公司
地址：北京市朝阳区光华路4号院3号楼8层806室
……………………Tel：010－85893329

天府融德酒店（北京）有限公司
地址：北京市朝阳区建国门南大街
……………………Tel：010－85901637

北京天下互动娱乐产业投资有限公司
地址：北京市海淀区温泉乡颐温路南6号楼2层211室
……………………Tel：010－85906918

山海云舍（北京）酒店管理有限公司
地址：北京市朝阳区光华路9号楼10层1002号内1号
……………………Tel：010－85907188

北京碟成山实业集团有限公司
地址：北京市朝阳区金汇路6号楼21层2503
……………………Tel：010－85907977

中国旅游集团旅行服务有限公司
地址：北京市东城区东交民巷8号
……………………Tel：010－85908013

百润万丰餐饮管理（北京）有限公司
地址：北京市通州区砖厂北里140号楼3层3316
……………………Tel：010－85912459

北京亿好声音娱乐有限公司
地址：北京市朝阳区朝阳北路145号院13号楼地下一层部分
……………………Tel：010－85918396

北京景晟美宿酒店管理有限公司
地址：北京市朝阳区柳芳南里甲1号楼1至2层甲1－3－1
……………………Tel：010－85950383

北京市紫光园餐饮有限责任公司
地址：北京市朝阳区红庙北里85号楼
……………………Tel：010－85983167

北京吉佳餐饮管理有限公司
地址：北京市顺义区裕龙花园二区7号楼1层四单元101
……………………Tel：010－86205307

纽摩本（北京）娱乐有限公司
地址：北京市朝阳区百子湾路29、31号2号楼2层245室
……………………Tel：010－86462823

北京畅享互娱技术有限公司
地址：北京市海淀区清河西三旗环岛东南95号办公楼三层320室
……………………Tel：010－86487379

北京金霖酒店管理有限公司
地址：北京市东城区珠市口东大街346号
……………………Tel：010－87157777－6602

北京麦堂娱乐传媒有限公司
地址：北京市北京经济技术开发区地盛北街1号院30号楼4层102
……………………Tel：010－87220209

北京向东方花园国际酒店管理有限公司
地址：北京市朝阳区东四环南路小武基桥北300米路东
……………………Tel：010－87352030

北京快客利餐饮管理有限公司
地址：北京市北京经济技术开发区经海六路5号院15号楼1、2、3层
……………………Tel：010－87360335

北京李先生餐饮管理股份有限公司
地址：北京市北京经济技术开发区经海二路9号1幢3层301
……………………Tel：010－87396552

北京世纪佳明餐饮管理有限公司
地址：北京市大兴区亦庄镇东工业区56号
……………………Tel：010－87397585

北京龙瑞文谦餐饮管理有限公司
地址：北京市大兴区亦庄镇科创三街56号
……………………Tel：010－87397587

北京乐华圆娱文化传播股份有限公司
地址：北京市朝阳区广百东路2号V8
……………………Tel：010－87510072

北京国宏金桥因为所以餐饮管理有限公司
地址：北京市海淀区翠微中里14号楼三层A178
……………………Tel：010－87521391

北京红黄蓝儿童教育科技发展有限公司
地址：北京市丰台区方庄芳古园一区29号楼4层F1－1
……………………Tel：010－87675611

北京润水美婷国际酒店用品有限公司
地址：北京市北京经济技术开发区荣京东街3号1幢29层1单元2713
……………………Tel：010－87693697

北京四川五粮液龙爪树宾馆
地址：北京市朝阳区龙爪树北里312号
……………………Tel：010－87699988

任我行餐饮管理（北京）有限公司
地址：北京市朝阳区百子湾南2路70号楼1层101－1
……………………Tel：010－87771766

北京鱼乐城娱乐科技有限公司
地址：北京市海淀区蓝靛厂金源时代购物中心B区2＃B座522室
……………………Tel：010－87782563

北京斑比娱乐传媒有限公司
地址：北京市朝阳区半壁店(康艺家俱公司)8幢平房120号
……………………Tel：010－87817777

北京山水凯信娱乐文化有限公司
地址：北京市朝阳区周庄嘉园东里33号楼2层201内(01)
……………………Tel：010－87831188

北京豪帝酒店管理有限公司
地址：北京市丰台区南三环中路70号1－3层
……………………Tel：010－87875268

北京德元九和酒店物业管理有限公司
地址：北京市北京经济技术开发区博兴九路2号院3号楼12层1310
……………………Tel：010－87922114

中童旅游有限公司
地址：北京市通州区通胡大街15号院7号楼3层336室
……………………Tel：010－87926988

北京首都旅游集团财务有限公司
地址：北京市朝阳区广渠路38号9层
……………………Tel：010－87953555

北京贝斯坎普娱乐有限公司
地址：北京市海淀区四季青廖公庄166号
……………………Tel：010－88207979

北京大地花园酒店
地址：北京市海淀区海淀大街35号
……………………Tel：010－88207979

北京央厨餐饮管理有限责任公司
地址：北京市西城区闹市口大街9号院1号楼1层101
……………………Tel：010－88278606

首都城投文化旅游发展有限公司
地址：北京市西城区文兴街1号2号楼305室
……………………Tel：010－88382080

北京莲花商务酒店有限公司
地址：北京市丰台区西三环中路38号院1号楼
……………………Tel：010－88421185

北京金泰恒业国际旅游有限公司
地址：北京市东城区安德路18号
……………………Tel：010－88461284

北京凯瑞御仙都餐饮投资控股集团有限公司
地址：北京市海淀区西四环北路117号一层3号
……………………Tel：010－88495181

北京寰宇国际酒店管理有限公司
地址：北京市海淀区中关村南大街17号3号楼11层1110
……………………Tel：010－88579211

锦航（北京）娱乐机器人科技股份有限公司
地址：北京市海淀区上庄乡上庄村北京市西郊农场机关4幢平房412
……………………Tel：010－88589989

锦航（北京）娱乐设备科技股份有限公司
地址：北京市海淀区上庄乡上庄村北京市西郊农场机关4幢平房411
……………………Tel：010－88589989

北京网元圣唐娱乐科技有限公司
地址：北京市石景山区八大处高科技园区内6－C号地3号楼623室
……………………Tel：010－88756551

北京九凤信息科技有限公司
地址：北京市石景山区实兴大街30号院3号楼2层B－0115房间
……………………Tel：010－88756551

北京鼎盛裕隆科技有限公司
地址：北京市通州区群芳二园底商1号楼5号
……………………Tel：010－88778989

北京鼎盛裕隆科技有限公司
地址：北京市通州区群芳二园底商1号楼5号
……………………Tel：010－88778989

北京世纪华天酒店管理有限公司
地址：北京市海淀区蓝靛厂西路11号商业中心一层108号
……………………Tel：010－88856888

北京今日良缘休闲娱乐俱乐部有限公司
地址：北京市海淀区远大路1号金源时代购物中心二期四层
……………………Tel：010－88861520

玺舍酒店管理（北京）有限公司
地址：北京市海淀区蓝靛厂东路2号院2号楼(金源时代商务中心2号楼)9层1单元(A座)10C－8
……………………Tel：010－88863280

北京数字娱乐发展有限公司
地址：北京市石景山区八大处路49号院6号楼十五层1530号
……………………Tel：010－88909988

北京五星派对娱乐管理有限公司
地址：北京市石景山区八大处高科技园区创新园I座I－065
……………………Tel：010－88956166

黑老宋餐饮股份有限公司
地址：北京市密云区利宝公司商住楼A区8－9
……………………Tel：010－89098911

北京睿华宏科网络科技有限公司
地址：北京市丰台区玉泉营111号西边3幢3301室
……………………Tel：010－89234478

北京绿野洋信娱乐有限公司
地址：北京市大兴区榆垡镇北京绿野晴川动物园有限公司南侧100米
……………………Tel：010－89290661

北京御生堂健康产业集团有限公司
地址：北京市房山区良乡金光南街3号
……………………Tel：010－89360771

北京麦金穗餐饮管理有限责任公司
地址：北京市顺义区仁和镇顺强路2号
……………………Tel：010－89401322

北京麦金穗餐饮管理有限责任公司
地址：北京市顺义区仁和镇顺强路2号
……………………Tel：010－89401322

北京菲林格尔酒店管理有限公司
地址：北京市顺义区仁和镇平各庄村顺通路27号4幢
……………………Tel：010－89445551

北京东润月亮河酒店管理有限公司
地址：北京市密云区溪翁庄镇政府东侧第2幢
……………………Tel：010－89526688

北京拉斐特城堡酒店有限公司
地址：北京市昌平区北七家镇八仙别墅仙霞东里0201号
……………………Tel：010－89758866

天津市

天津市达人电玩娱乐有限公司
地址：天津市南开区长江道94号（一、二层底商）
……………………Tel：022－12345678

维乐互娱（天津）信息技术有限公司
地址：天津市武清区黄花店镇政府南路265号
……………………Tel：022－22152133

天津众联达餐饮管理有限公司
地址：天津市河东区七纬路83号第六层B区第644单元
……………………Tel：022－23048962

天津鑫茂天财酒店有限公司
地址：华苑产业区榕苑路1号
……………………Tel：022－23080048

天津十盛井餐饮管理有限公司
地址：天津市武清区京津科技谷产业园祥

园道164号108室
……………………Tel：022-23114990

天津合嘉兴泰餐饮管理有限公司
地址：天津市武清区京津科技谷产业园和园道89号29栋501室-38（集中办公区）
……………………Tel：022-23114990

天津五大道文化旅游发展有限责任公司
地址：天津市和平区马场道180号（现122号）
……………………Tel：022-23267010

天津市云顶百家餐饮娱乐有限公司
地址：天津市和平区解放北路188号47-47层跃
……………………Tel：022-23288225

凑凑（天津）餐饮管理有限公司
地址：天津市西青经济技术开发区天安路1号天安数码城611室
……………………Tel：022-23322172

天津市粤唯鲜文化产业投资集团有限公司
地址：和平区河北路283号
……………………Tel：022-23399777

天津体育之窗互动娱乐有限公司
地址：天津市滨海新区中新生态城国家动漫园文三路105号读者新媒体大厦第三层办公室A区311房间（天津全新全易商务秘书服务有限公司托管第1156号）
……………………Tel：022-23820483

天津艾丝碧西餐饮管理有限公司
地址：天津市南开区南开三马路37号一层104室
……………………Tel：022-23855066

乐创文景（天津）娱乐有限公司
地址：天津自贸试验区（中心商务区）滨海华贸中心-145
……………………Tel：022-23937799

天津华膳餐饮管理有限公司
地址：天津自贸试验区（空港经济区）保航路1号航空产业支持中心645AR134房间
……………………Tel：022-23986670

天津市玉泉轩美食康体娱乐有限公司
地址：天津市河北区民族路25号
……………………Tel：022-24032001

天津市银河大酒店有限公司
地址：天津市东丽区无瑕街津塘公路十号桥北无瑕花园内
……………………Tel：022-24353933

九九食味（天津）餐饮管理服务有限公司
地址：天津市东丽区津塘公路十号桥李庄子路无瑕街道老办公楼104房间
……………………Tel：022-24356621

天津海底捞餐饮管理有限公司
地址：华苑产业区华天道2号2100室-C1013（集中办公区）
……………………Tel：022-24411791

天津旺海鑫酒店管理有限公司
地址：天津市河东区晨阳道中段北侧林语居16-1-103
……………………Tel：022-24571234

领聚乐娱科技（天津）有限公司
地址：天津空港经济区西二道82号丽港大厦裙房二层202-F028
……………………Tel：022-24866353

天津方圣酒店管理有限公司
地址：天津市东丽区华明街华明大道12号增1号
……………………Tel：022-24877539

天津市东丽湖旅游开发总公司
地址：天津市东丽区东丽湖
……………………Tel：022-24889507

天津市煜饸琦餐饮管理有限公司
地址：天津自贸试验区（空港经济区）中心大道与东二道交口东北侧瑞航广场1-16,17-2,1-203
……………………Tel：022-24958228

天津泰达酒店有限公司
地址：天津开发区第三大街16号
……………………Tel：022-25206950

天津康德利餐饮设备技术开发有限公司
地址：天津市武清区高村镇高王路西侧1号506室-19（集中办公区）
……………………Tel：022-25213388

天津贻成渤海湾餐饮广场有限公司
地址：天津滨海高新区塘沽海洋科技园河北路4862号一层
……………………Tel：022-25213906

天津滨海一号酒店管理有限公司
地址：天津生态城动漫中路482号创智大厦204
……………………Tel：022-25228888

天津临港城市资源经营有限公司
地址：天津市滨海新区临港经济区渤海三十路300号
……………………Tel：022-25262273

天津香岛旅游村开发有限公司
地址：天津市滨海新区塘沽经济开发小区厦门路83区310号
……………………Tel：022-25286195

天津开发区三意祥商贸有限公司
地址：天津开发区捷达路26号A区公寓楼104室
……………………Tel：022-25295777

天津东方公主游轮旅游发展有限公司
地址：天津市滨海新区塘沽东方公主游轮内
……………………Tel：022-25306800

天津泰达酒店投资有限公司
地址：天津开发区第二大街8号
……………………Tel：022-25325555

天津泰盈酒店管理有限公司
地址：天津市开发区黄海路8号海盈公寓202室
……………………Tel：022-25326039

天津极地旅游有限公司
地址：天津自贸区(中心商务区)响螺湾商务区第61号
……………………Tel：022-25380298

天津瑞湾南苑酒店有限公司
地址：天津市津南区双桥河镇津南经济开发区
……………………Tel：022-25797215

天津市金色娱乐有限公司
地址：天津滨海-中关村科技园东海路1019号201-197室
……………………Tel：022-25810007

天津市一洋旅游管理有限公司
地址：天津自贸试验区(空港经济区)中心大道华盈大厦318房间（纳百川（天津）商务秘书服务有限公司托管第002号）
……………………Tel：022-25858166

安佳（天津）酒店管理有限公司
地址：天津自贸试验区（东疆保税港区）重庆道以南，呼伦贝尔路以西铭海中心5号楼-4、10-707（天津东疆商服商务秘书服务有限公司滨海新区分公司托管第437号）
……………………Tel：022-25858166

天津巨川酒店管理集团有限公司
地址：天津自贸区（中心商务区）解放路4号
……………………Tel：022-25867777

天津盛腾通贸易有限公司
地址：天津市红桥区勤俭道200号601-1
……………………Tel：022-26554166

天津市天山运河旅游文化服务有限公司
地址：西青区杨柳青青云里北七排2号
……………………Tel：022-26954330

天津市赛达世纪酒店用品有限公司
地址：天津市和平区营口道44号101-102
……………………Tel：022-27118843

天津永泰君悦酒店管理有限公司
地址：天津市河北区民族路与博爱道交口君临大厦西门
……………………Tel：022-27127189

天津文华酒店管理有限公司
地址：天津市河东区大直沽八号路486号
……………………Tel：022-27289977

天津燕园国际大酒店有限责任公司
地址：天津市河西区紫金山路31号
……………………Tel：022-27313388-1133

华君酒店（天津）有限公司
地址：天津自贸试验区（空港经济区）国际物流区第三大街8号326号（北创益员（天津）商务秘书有限公司托管第BCX371号）
……………………Tel：022-27316566

天津市旅游（控股）集团有限公司
地址：河西区友谊路18号
……………………Tel：022-28137032

朝廷水会温泉酒店（天津）有限公司
地址：天津市河西区纪庄子4号
……………………Tel：022-28217777

佰富朝廷（天津）酒店管理集团有限公司
地址：天津自贸试验区（空港经济区）安和路21号2幢701
……………………Tel：022-28217777

天津耳朵眼炸糕餐饮有限责任公司
地址：红桥区丁字沽12段副食
……………………Tel：022-28230000

天津海景花园酒店有限责任公司
地址：河西区黑牛城道19号
……………………Tel：022-28325064

天津市美都大酒店有限公司
地址：天津市河西区围堤道117号
……………………Tel：022-28356565

天津市津旅旅游汽车有限公司
地址：天津市河西区紫金山路36号
……………………Tel：022-28371256

天津泽峰餐饮管理有限公司
地址：天津市武清区杨村街禄源道5号
……………………Tel：022-29306683

天津东方之珠中信文化娱乐有限公司
地址：武清区中信广场A区8号
……………………Tel：022-29393311

育香德仁餐饮技术有限公司
地址：天津市武清区京滨工业园古达路22号
……………………Tel：022-29468155

玉圭园（天津）文化娱乐有限公司
地址：天津市武清区杨村雍和道北侧
……………………Tel：022-29588888

天津蓝光和骏小站文旅娱乐发展有限公司
地址：天津市津南区小站镇葛万北路与津歧路交口润淼佳苑创意中心401-3室
……………………Tel：022-58085988

天津蓝光小站文旅娱乐发展有限公司
地址：天津市津南区小站镇工业区六号路17号449-7室
……………………Tel：022-58085988

天津津居酒店管理有限公司
地址：天津自贸区（天津港保税区）通达广场1号5楼C区585
……………………Tel：022-58190206

天津航空旅游有限公司
地址：天津自贸试验区（空港经济区）中心大道与东二道交口东北侧瑞航广场20-4-702
……………………Tel：022-58208326

天津天宾酒店管理有限公司
地址：天津市河西区宾水道16号
……………………Tel：022-58223558

茶米茶餐饮管理有限公司
地址：天津西青汽车工业区（张家窝工业区）天安路1号天安数码城3号楼613室
……………………Tel：022-58531618

幻景娱乐科技发展（天津）有限公司
地址：天津华苑产业区榕苑路7号综合楼C区3层303
……………………Tel：022-58570478

天津市方盛顺昌商贸有限公司
地址：天津市河东区八经路23号
……………………Tel：022-58711809

天津丝路之星酒店管理有限责任公司
地址：天津自贸试验区（空港经济区）中环东路115号致勤公寓15号楼整栋
……………………Tel：022-59002228

天津亿利金威旅游开发有限公司
地址：天津市滨海新区中新天津生态城中生大道3500号亿利生态主题公园旱雪4楼A区
……………………Tel：022-59060095

呷哺呷哺餐饮管理（天津）有限公司
地址：天津市西青经济技术开发区天安路1号天安数码城610室
……………………Tel：022-59061209

天津帝景温泉酒店有限公司
地址：天津市宝坻区京津新城珠江大道2号
……………………Tel：022-59229555

天津龙膳堂餐饮管理有限公司
地址：天津市武清区梅厂镇灰锅口村
……………………Tel：022-59670777

天津万金文化娱乐有限公司
地址：天津市武清区高村镇高王路西侧1号305室-23（集中办公区）
……………………Tel：022-59685863

天津世侨威尔德酒店管理有限公司
地址：天津市武清区大王古庄镇京滨大道北侧侨英中心1-11#
……………………Tel：022-59690366

天津嘉乐汇歌舞娱乐有限公司
地址：天津市和平区劝业场街新华路5号百货大楼7层
……………………Tel：022-59780777

天津荣盛餐饮管理有限公司
地址：中新天津生态城和旭路276号天和新乐汇6号楼101跃层
……………………Tel：022-59809992

天津德升酒店管理有限公司
地址：天津市蓟州区迎宾大街北侧龙庭庄园景园110号楼108
……………………Tel：022-59886618

天津壹玖伍捌国际大酒店有限公司
地址：天津市津南区双港镇北京街36号
……………………Tel：022-60215888

天津国鑫酒店管理股份有限公司
地址：红桥区明华里6号楼底商-2
……………………Tel：022-60220580

天津利好团膳餐饮管理有限公司
地址：天津自贸区（中心商务区）响螺湾旷世国际大厦A座1704-991号房间
……………………Tel：022-60923001

天津小古林集团有限公司
地址：天津市滨海新区大港上古林海鲜街
……………………Tel：022-63219807

天津海滨旅游度假建设开发有限公司
地址：天津市滨海新区塘沽海滨大道16169号
……………………Tel：022-65291099

天佑林酒店管理（天津）有限公司
地址：天津市滨海新区中心商务区响螺湾旷世国际大厦B座305-805号
……………………Tel：022-65520678

天津嘉程娱乐有限公司
地址：天津经济技术开发区泰达时尚购物中心负一层003号
……………………Tel：022-65559996

天津盛嘉梦幻娱乐有限公司
地址：天津市河东区七纬路83号8505-05
……………………Tel：022-65838666

天津融源泰金属材料有限公司
地址：天津市滨海新区临港经济区海港创业园1-1，6-201-1
……………………Tel：022-66196866

道生健康管理（天津）有限公司
地址：天津自贸区（中心商务区）响螺湾旷世国际大厦B座305-255
……………………Tel：022-66200066

天津泰达国际酒店集团有限公司
地址：天津经济技术开发区第二大街8号
……………………Tel：022-66209147

天津滨海泰达酒店开发有限公司
地址：天津开发区第二大街29号
……………………Tel：022-66209147

华漫兄弟（天津）互动娱乐有限公司
地址：天津市滨海新区中新生态城动漫中路以北，动漫环路以东华漫大厦
……………………Tel：022-66885900

天津滨海泰达航母旅游集团股份有限公司
地址：天津市滨海旅游区汉北路航母园区综合办公楼
……………………Tel：022-67282161

天津滨海旅游区国有资产管理有限公司
地址：天津市滨海新区旅游区滨旅产业园1号楼二层第205房间
……………………Tel：022-67288980

天津滨海旅游区建设开发有限公司
地址：天津市滨海旅游区1号楼一层122室
……………………Tel：022-67289753

天津滨海旅游区滨拓投资有限公司
地址：天津市滨海新区旅游区投资服务中心一层第111-1房间
……………………Tel：022-67289753

天津滨海旅游区豪苑投资有限公司
地址：天津市滨海新区旅游区投资服务中心一层第111-2房间
……………………Tel：022-67289753

天津滨海旅游区公用事业发展有限公司
地址：天津市滨海旅游区1号楼一层111室
……………………Tel：022-67289840

天津滨海旅游区旅游业发展有限公司
地址：天津市滨海旅游区1号楼一层128室
……………………Tel：022-67289856

天津滨海旅游区投资控股有限公司
地址：天津市滨海新区旅游区安正路188号
……………………Tel：022-67289999

天津市团泊湖温泉酒店有限公司
地址：天津市静海区团泊镇团泊村北侧
……………………Tel：022-68578888

天津市锦祥餐饮管理有限公司
地址：天津市武清区南蔡村镇福兴道1号312-32（集中办公区）
……………………Tel：022-82106775

天津市广义信餐饮管理有限公司
地址：天津市武清区杨村街道源泉路28号
……………………Tel：022-82106775

天津市全食餐饮管理有限公司
地址：天津市武清区杨村街道源泉路30号
……………………Tel：022-82106775

天津亿豪酒店管理有限公司
地址：天津市蓟州区渔阳镇东大屯东市政疗养院东侧山水郡1号楼
……………………Tel：022-82892628

天津蓟州旅游文化集团有限公司
地址：天津市蓟州区渔阳镇兴华大街南侧、天津市蓟州区人力资源和社会保障局用地界西侧
……………………Tel：022-82898790

天津润江食品有限公司
地址：天津市西青经济技术开发区赛达工业园盛达三支路40号-1
……………………Tel：022-83267815

天津环亚酒店管理有限公司
地址：天津滨海高新区华苑产业区（环外）海泰华科九路16号2-5层
……………………Tel：022-83728888

世嘉（天津）娱乐游艺有限公司
地址：天津市南开区宾水西道与凌宾路交口西南侧奥城商业广场13-305
……………………Tel：022-83788678

天津东丽湖华侨城旅游投资有限公司
地址：天津市东丽区东丽湖渡假区（天津市东丽湖旅游开发总公司大楼206室）
……………………Tel：022-84977094

天津东方鸿铭旅游地产开发有限公司
地址：天津滨海高新区塘沽海洋科技园塘黄路13829号
……………………Tel：022-86259827

福喜达酒店管理股份有限公司
地址：天津自贸试验区（空港经济区）中心大道与东五道交口东北侧颐景公寓9-2-204
……………………Tel：022-87726266

天津天宇假日置业有限公司
地址：天津市静海城东天津新技术产业园区天宇科技园
……………………Tel：022-87890383

中快（天津）餐饮管理有限公司
地址：天津经济技术开发区第十三大街29号天津科技大学第二学生食堂一层东侧
……………………Tel：022-88229289

天津市瀚金佰集团有限公司
地址：河西区大沽南路985号

……………………Tel：022－88323663

上海市

上海南星宫娱乐投资有限公司
地址：上海市静安区中兴路1105号803室
……………………Tel：021－12345678
上海世茂世天投资有限公司
地址：灵石路695号14幢315室
……………………Tel：021－20203298
科雅（上海）酒店管理有限公司
地址：上海市浦东新区张杨北路5642号
……………………Tel：021－20218888
上海比比客餐饮管理有限公司
地址：中国（上海）自由贸易试验区南泉路1315号288室
……………………Tel：021－20255098
上海州际卓逸酒店和度假村管理有限公司
地址：中国（上海）自由贸易试验区杨高南路889号东锦江索菲特大酒店商务楼二楼204室
……………………Tel：021－20375157
锦江国际酒店管理有限公司
地址：中国（上海）自由贸易试验区浦电路489号1213室
……………………Tel：021－20375253
上海锦江国际餐饮投资管理有限公司
地址：上海市静安区天目西路285号407室
……………………Tel：021－20375305
上海普快餐饮管理有限公司
地址：上海市浦东新区洪山路172号
……………………Tel：021－20516836
上海申辛酒店管理有限公司
地址：上海市浦东新区秀浦路3188弄1号
……………………Tel：021－20578888
云咖（上海）餐饮管理有限公司
地址：上海市黄浦区河南南路33号7层A室
……………………Tel：021－20702781
好食特（上海）餐饮管理有限公司
地址：上海市浦东新区川沙路1098号8幢
……………………Tel：021－20702920
上海世博国际酒店投资管理有限公司
地址：上海市浦东新区浦东南路3588号1号楼3楼301室
……………………Tel：021－20770777
钜枫控股集团有限公司
地址：上海市浦东新区黄赵路318号109D2室
……………………Tel：021－20781066
上海临港大酒店有限公司
地址：浦东新区大团镇南芦公路888号
……………………Tel：021－20917992
上海城置酒店管理有限公司
地址：上海市浦东新区浦三路3801号1幢第一层112－A室
……………………Tel：021－20928000
英唯奕（上海）餐饮管理有限公司
地址：上海市浦东新区黄赵路318号104A1室
……………………Tel：021－20995837
上海国际旅游度假区横沔开发建设管理有限公司
地址：上海市浦东新区秀浦路3999弄1号
……………………Tel：021－20996098
上海国际旅游度假区置业有限公司
地址：上海市浦东新区黄赵路318号103A4室
……………………Tel：021－20996116
上海东方娱乐传媒集团有限公司
地址：上海市静安区威海路298号298－30幢上视大厦1802室
……………………Tel：021－22005899
上海炫动传播有限公司
地址：中国（上海）自由贸易试验区郭守敬路351号2幢420室
……………………Tel：021－22005899
上海新娱乐传媒有限公司
地址：上海市静安区威海路298号298－30幢1701室
……………………Tel：021－22005899
上海声动亚洲文化发展有限公司
地址：上海市浦东新区东方路2000号18楼1806室
……………………Tel：021－22009696
上海浦东巴满泉娱乐有限公司
地址：浦东凌兆路857号
……………………Tel：021－22060510
上海庚创信息科技集团有限公司
地址：上海市奉贤区柘林镇花园路121号
……………………Tel：021－22139030
上海兰奥酒店管理有限公司
地址：上海市嘉定区武都路698号1幢2层2013室
……………………Tel：021－22157674
法丽乡村旅游发展有限公司
地址：上海市静安区延安中路1440号第20幢阿波罗大厦2H12室
……………………Tel：021－22194221
上海统超商贸有限公司
地址：上海市黄浦区南塘浜路103号209室E座
……………………Tel：021－22271188
上海虹港大酒店有限公司
地址：上海市虹桥机场迎宾一路688号
……………………Tel：021－22340865
上海佰翔酒店管理有限公司
地址：上海市长宁区虹桥机场迎宾一路425号1504室
……………………Tel：021－22355000
上海零点依九思酒店管理有限公司
地址：上海市宝山区真陈路1000号1幢5楼A座79室
……………………Tel：021－22872001
上海奥嘉娱乐有限公司
地址：上海市虹口区广中路40号D－54室
……………………Tel：021－22876767
上海老城隍庙餐饮（集团）有限公司
地址：上海市文昌路8号
……………………Tel：021－23029900
上海豫园商城创造餐饮管理有限公司
地址：上海市黄浦区文昌路10号二楼1室
……………………Tel：021－23029906
上海豫园旅游商城（集团）股份有限公司
地址：上海市文昌路19号
……………………Tel：021－23029999
上海锦麟天地酒店式公寓管理有限公司
地址：上海市黄浦区淡水路135号2层会所，兴业路168弄3号3层、5－12层、15－23层、25－33层（实际楼层3－29层）
……………………Tel：021－23060000
上海雪浪湖农家乐观光旅游股份有限公司
地址：上海市松江区新浜镇胡曹路699弄100号A区
……………………Tel：021－23099999
上海上勤餐饮管理有限公司
地址：上海市黄浦区江西中路209号2、3、4幢
……………………Tel：021－23113747
双狮旅游管理（中国）有限公司
地址：中国（上海）自由贸易试验区希雅路69号2幢四层4053室
……………………Tel：021－23151688
上海复星旅游管理有限公司
地址：上海市崇明区新开河路825号8幢A区266室
……………………Tel：021－23155415
上海豫园大酒店有限公司
地址：上海市黄浦区福佑路398号
……………………Tel：021－23218952
上海外滩半岛酒店有限公司
地址：上海市黄浦区中山东一路32号
……………………Tel：021－23272888
上海威斯莱克酒店公寓有限公司
地址：浦东新区沪南路3217号
……………………Tel：021－23567523
上海镜观健康管理有限公司
地址：上海市松江区佘山镇沈砖公路3256号1幢101室
……………………Tel：021－23570118
上海国融莘闵置业有限公司
地址：闵行区七莘路305号
……………………Tel：021－24088888
上海筌云娱乐有限公司
地址：上海市闵行区恒南路819号
……………………Tel：021－24207142
李派斯（上海）餐饮管理有限公司
地址：上海市徐汇区虹梅路1535号3幢11层1101室
……………………Tel：021－24226000
上海天矢禾念娱乐有限公司
地址：中国（上海）自由贸易试验区富特西一路115号2号楼1层T部位
……………………Tel：021－25099255
小南国（集团）有限公司
地址：上海市杨浦区佳木斯路777号
……………………Tel：021－25258888
上海小南国花园酒店有限公司
地址：上海市杨浦区佳木斯路777号5层501室
……………………Tel：021－25259999
上海小南国海之源餐饮管理有限公司
地址：上海市杨浦区国和路575号底层
……………………Tel：021－25259999
上海虹桥小南国餐饮管理有限公司
地址：上海市闵行区虹桥镇虹梅路3337号
……………………Tel：021－25259999
上海慧捷餐饮管理有限公司
地址：上海市浦东新区黄赵路318号102B8室
……………………Tel：021－25259999
上海船捷餐饮管理有限公司
地址：上海市浦东新区黄赵路318号119B1室
……………………Tel：021－25259999
上海小南国餐饮有限公司
地址：上海市黄浦区思南路59号
……………………Tel：021－25259999
融创（上海）文化旅游发展有限公司
地址：上海市长宁区仙霞路319号2703－11室
……………………Tel：021－28903890
六洲酒店管理（上海）有限公司
地址：中国（上海）自由贸易试验区花园石桥路33号花旗集团大厦22层
……………………Tel：021－28933296
马上诺餐饮（上海）有限公司
地址：上海市黄浦区黄陂南路700号A207室
……………………Tel：021－31007088
上海巨路酒店管理有限公司
地址：中国（上海）自由贸易试验区耀华路251号一幢一层
……………………Tel：021－31038800
上海巨舟餐饮管理有限公司
地址：中国（上海）自由贸易试验区耀华路251号一幢一层
……………………Tel：021－31038800
上海三甲港海滨度假娱乐有限公司
地址：浦东三甲港人民塘路4120号
……………………Tel：021－31063000
上海华夏文化旅游区开发有限公司
地址：浦东新区华夏东路1539号
……………………Tel：021－31063000
北练文化娱乐传播（上海）有限公司
地址：上海市静安区灵石路695号25幢4层404室
……………………Tel：021－31121700
上海宝燕乐园有限公司
地址：上海市闵行区都市路3825弄11号111－113，115－120，135－140，201－203，205－213，215－223，225－233，235－243，245－253，255－261，301室
……………………Tel：021－31187577
上海意明餐饮企业管理有限公司
地址：上海市金山区朱泾镇大茫村增产5052号二栋104室
……………………Tel：021－31235153
上海腾扬娱乐有限公司
地址：上海市浦东新区海徐路2577号5幢405室
……………………Tel：021－31300867
上海申迪旅游度假开发有限公司
地址：中国（上海）自由贸易试验区浦东大道981号2幢205室
……………………Tel：021－31598021
上海歌言餐饮管理有限公司
地址：中国（上海）自由贸易试验区金高路2355号1层
……………………Tel：021－31651848
上海华润帕瑟菲克餐饮管理有限公司
地址：上海市浦东新区杜丹路60号1301－J室
……………………Tel：021－31653785
上海高汲餐饮（集团）有限公司
地址：上海市崇明区横沙乡富民支路58号A2－6606室（上海横泰经济开发区）
……………………Tel：021－31661111
猫山王餐饮管理股份有限公司
地址：上海市闵行区平阳路1501号7层706A室
……………………Tel：021－32140085
和三昧（上海）餐饮管理有限公司
地址：上海市静安区南京西路1618号9楼S909室
……………………Tel：021－32174838
上海摩力游数字娱乐有限公司
地址：嘉定区宝安公路2889号2幢A1829室
……………………Tel：021－32279898
食之秘餐饮管理（上海）有限公司
地址：上海市黄浦区西藏中路268号B1－02室
……………………Tel：021－32300583
上海尚九一滴水餐饮管理有限公司
地址：上海市虹口区东大名路500号1－3层
……………………Tel：021－32301739
喀纳餐饮管理（上海）有限公司
地址：上海市普陀区云岭东路599弄11号401室
……………………Tel：021－32501058
上海祥乐娱乐有限公司
地址：上海市杨浦区四平路2500号20楼2005室
……………………Tel：021－32525631
上海汤姆熊娱乐有限公司
地址：上海市黄浦区南京东路627号地下一层
……………………Tel：021－32525639
上海航空国际旅游（集团）有限公司
地址：上海市浦东国际机场大道100号
……………………Tel：021－32526666
上海良宝酒店管理有限公司
地址：上海市闸北区长安路920号
……………………Tel：021－32529999
上海龙旗餐饮管理有限公司
地址：上海市虹口区塘沽路309号14层C室（集中登记地）
……………………Tel：021－32551093
上海家合酒店管理有限公司
地址：上海市南京西路931、933、941号
……………………Tel：021－33024990
上海古象大酒店有限公司
地址：上海市九江路595号
……………………Tel：021－33134888
碧恩食（上海）餐饮管理有限公司
地址：上海市闵行区元江路5500号第1幢E2848室
……………………Tel：021－33283595
上海侨德酒店管理有限公司
地址：上海市闵行区申虹路9号（包括地下1层01酒店用房、地下2层01酒店用房、地下1层21、22、23、24室）
……………………Tel：021－33295588
上置实业（上海）有限公司
地址：上海市静安区宝昌路399弄6号
……………………Tel：021－33356900
上海七斗星商旅酒店管理有限公司
地址：上海市浦东新区凌河路204号212室
……………………Tel：021－33373333
上海驿居酒店管理有限公司
地址：中国（上海）自由贸易试验区新灵路106号8101室
……………………Tel：021－33373333
上海如家酒店管理有限公司
地址：上海市徐汇区上中路462号12幢316室
……………………Tel：021－33373333
美居酒店管理（上海）有限公司
地址：浦东新区惠南镇通济路150号304室
……………………Tel：021－33373333
上海璞风酒店管理有限公司
地址：中国（上海）自由贸易试验区临港新片区宏祥北路83弄1－42号20幢F区1080室
……………………Tel：021－33373333
上海莫泰酒店管理有限公司
地址：上海市青浦区香花桥街道郏一村7号3幢H区173室
……………………Tel：021－33373333
和美酒店管理（上海）有限公司
地址：上海市浦东新区龙东大道5179号5幢2层D座
……………………Tel：021－33373429
辉屹酒店设施设备租赁（上海）有限公司
地址：上海市嘉定工业区回城南路1128号B215、112－113室
……………………Tel：021－33373438
辉聚酒店设施设备租赁（上海）有限公司
地址：上海市浦东新区上丰西路55号11幢101室H座
……………………Tel：021－33373438
上海绿地酒店旅游（集团）有限公司
地址：青浦区重固镇外青松公路4925号A－22
……………………Tel：021－33383600
上海绿地酒店旅游（集团）有限公司
地址：青浦区重固镇外青松公路4925号A－22
……………………Tel：021－33383600
东方既白（上海）餐饮管理有限公司
地址：上海市浦东新区牡丹路60号801D室
……………………Tel：021－33398888
上海卡缤餐饮有限公司
地址：上海市长宁区天山路341号第2幢第109单元
……………………Tel：021－33506991
快箭影视文化娱乐（上海）有限责任公司
地址：上海市松江区富永路425弄212号2楼3671室
……………………Tel：021－33521187
柏曼（上海）餐饮管理有限公司
地址：上海市长宁区茅台路179号一层L288X室
……………………Tel：021－33561611
上海线茂娱乐有限公司
地址：上海市闵行区莲花南路1388弄7号三楼L3－04a/L3－04b
……………………Tel：021－33581629
上海迪顺酒店管理有限公司
地址：上海市杨浦区彰武路50号301室
……………………Tel：021－33626888
上海水晶之恋餐饮娱乐有限公司
地址：上海市杨浦区逸仙路519号
……………………Tel：021－33627108
上海诚瑞酒店管理有限公司
地址：上海市徐汇区斜土路2601号6号楼102部位240室
……………………Tel：021－33632118
上海云雀餐饮管理有限公司
地址：上海市黄浦区西藏南路831弄2号805室
……………………Tel：021－33661071
上海二有餐饮管理有限公司
地址：上海市徐汇区肇嘉浜路1111号3层A区3－17K、3－17out1单元
……………………Tel：021－33685552
上海前滩国际商务区投资（集团）有限公司
地址：上海市浦东新区灵岩南路728号6幢205室
……………………Tel：021－33848888
上海荣融文化旅游发展有限责任公司
地址：上海市青浦区盈港东路6433号2幢

137室
……………………Tel：021-33862466
上海证大商业旅游投资发展有限公司
地址：浦东新区牡丹路60号428室
……………………Tel：021-33927888
上海八尚企业管理有限公司
地址：上海市嘉定区真南路4268号2幢J582室
……………………Tel：021-33973558
上海芸营家餐饮管理有限公司
地址：上海市奉贤区肖塘路255弄10号1层
……………………Tel：021-33975037
上海紫竹酒店有限公司
地址：上海市闵行区东川路555号丙楼5202室
……………………Tel：021-34029000
上海天禧嘉福酒店管理有限公司
地址：上海市闵行区虹许路358号10层
……………………Tel：021-34059898
携程旅游信息技术（上海）有限公司
地址：中国（上海）自由贸易试验区碧波路518号302室
……………………Tel：021-34064880
飞程（上海）旅游用品贸易有限公司
地址：上海市长宁区金钟路968号12号楼702室
……………………Tel：021-34064880
上海亿一文化娱乐（集团）有限公司
地址：上海市闵行区金都路4299号6幢1楼C63室
……………………Tel：021-34078809
上海申龙客车有限公司
地址：上海市闵行区华宁路2898号A区
……………………Tel：021-34099188
上海龙犟旅游有限责任公司
地址：上海市崇明区城桥镇三沙洪路89号4幢9室（上海崇明供销经济开发区）
……………………Tel：021-34200602
安德福（上海）酒店管理有限公司
地址：上海市浦东新区川沙路6999号28幢288室
……………………Tel：021-34243533
上海水莲天企业发展有限公司
地址：上海市闵行区虹井路225号608室
……………………Tel：021-34312996
上海水莲天餐饮有限公司
地址：上海市奉贤区海湾镇五四公路4399号78幢
……………………Tel：021-34312996
华富亭酒店管理（上海）有限公司
地址：上海市闵行区吴中路1465号
……………………Tel：021-34315757
吉祥酒店管理（上海）有限公司
地址：上海市闵行区吴中路1361号1幢101室
……………………Tel：021-34315757
上海会阳商务咨询有限公司
地址：上海市普陀区长寿路432号
……………………Tel：021-34318598
上海妈咪厨房餐饮管理有限公司
地址：上海市闵行区都市路3825弄11号250室
……………………Tel：021-34511666
上海柚爱科技有限公司
地址：上海市徐汇区小木桥路456号2号楼209室
……………………Tel：021-34605712
上海大蔬无界餐饮管理有限公司
地址：上海市徐汇区天平路392号502室
……………………Tel：021-34682857
逸柏酒店集团有限公司
地址：上海市闵行区沪青平公路899号二楼B-18室
……………………Tel：021-34786623
上海左庭右院企业管理有限公司
地址：上海市杨浦区淞沪路98号1503办公、1504室
……………………Tel：021-35358557
上海爱七餐饮管理有限公司
地址：上海市宝山区锦秋路48号G143
……………………Tel：021-36161791
格美豪庭酒店管理（上海）有限公司
地址：上海市奉贤区城乡路333号1幢一层1088室
……………………Tel：021-36174886
格林豪泰酒店（中国）有限公司
地址：上海市普陀区中山北路1238号6、7、8、9号楼
……………………Tel：021-36174886
上海合德食品有限公司
地址：上海市宝山区宝杨路1941弄14号
……………………Tel：021-36216188
上海苏宁宝丽嘉酒店管理有限公司
地址：上海市虹口区北苏州路188号
……………………Tel：021-36806666
上海井城兄弟餐饮管理有限公司
地址：上海市奉贤区庄行镇光明中心路68号4幢4层431室
……………………Tel：021-37118962
上海域友健康娱乐俱乐部有限公司
地址：上海市奉贤区环城东路277号2幢1层101室
……………………Tel：021-37198660
上海耀盾酒店投资有限公司
地址：上海市奉贤区望园路2165弄16号220室
……………………Tel：021-37509009
尚睿淳餐饮管理有限公司
地址：上海市奉贤区奉城镇新奉公路2013号2幢3056室
……………………Tel：021-37590507
上海银湖酒店有限公司
地址：上海市松江区泗陈公路3388弄1号333室
……………………Tel：021-37611800
中科民生集团有限公司
地址：上海市松江区九亭镇九新公路339号1幢14楼
……………………Tel：021-37622090
鹿鸣谷旅游发展（集团）有限公司
地址：上海市松江区佘山镇林荫新路288弄2103号
……………………Tel：021-37658888
上海新晖大酒店有限公司
地址：上海市松江区文诚路765号
……………………Tel：021-37662666
上海彻迪酒店管理咨询有限公司
地址：上海市松江区小昆山镇港业路216号
……………………Tel：021-37668188
上海富悦酒店集团有限公司
地址：上海市松江区茸悦路208弄1号102室
……………………Tel：021-37688888
上海羿鑫餐饮管理有限公司
地址：上海市松江区洞泾路8号18幢
……………………Tel：021-37695893
上海雅居乐米克尔森俱乐部管理有限公司
地址：上海市浦东新区滨海旅游度假区东大公路5333弄1－5号
……………………Tel：021-38001888
泰会生活（上海）酒店管理有限公司
地址：上海市浦东新区大团镇园中路888号5幢
……………………Tel：021-38212001
上海盛高酒店发展有限公司
地址：浦东新区秀沿路1088号
……………………Tel：021-38291888
上海上航航站酒店管理有限公司
地址：浦东新区祝桥镇江镇路1909号
……………………Tel：021-38489888
上海航空酒店投资管理有限公司
地址：上海市长宁区天山西路789号2409室
……………………Tel：021-38489888
上海秀仕酒店经营有限公司
地址：中国（上海）自由贸易试验区世纪大道100号上海环球金融中心86楼012室
……………………Tel：021-38551118
上海九间堂休闲餐饮管理有限公司
地址：浦东唐镇上丰西路55号11栋101室A座
……………………Tel：021-38580886
上海世茂喜达酒店管理有限公司
地址：中国（上海）自由贸易试验区浦东大道2123号三层
……………………Tel：021-38611088
上海淳大酒店投资管理有限公司
地址：中国（上海）自由贸易试验区迎春路719号
……………………Tel：021-38714888
上海富淳餐饮管理有限公司
地址：中国（上海）自由贸易试验区东方路10号地下一层09单元
……………………Tel：021-38720769
上海马陆葡萄旅游发展有限公司
地址：嘉定区封周路655号14幢1013室
……………………Tel：021-39153078
上海一片天餐饮有限公司
地址：上海市嘉定区兴庆路1551号1幢
……………………Tel：021-39197275
上海蛟龙酒店管理有限公司
地址：上海市青浦区华新镇华卫路89号1幢
……………………Tel：021-39207777
上海珍达碗餐饮管理有限公司
地址：上海市青浦区沪青平公路2008号竞衡大业广场18层1821单元
……………………Tel：021-39281818
上海远洲庐廷酒店有限公司
地址：上海市长宁区临虹路5号、7号1幢1-10层
……………………Tel：021-39558888
上海梵德餐饮管理有限公司
地址：上海市嘉定区安亭镇安驰路488号三层3135、3137、3139室
……………………Tel：021-39598126
上海盈动酒店管理有限公司
地址：上海市青浦区盈港东路7776号地下一层
……………… Tel：021-39718888-6201
上海新诸绿地铂骊酒店管理有限公司
地址：上海市青浦区徐泾镇诸光路1588弄200号
……………………Tel：021-39796698
中鑫能源科技集团有限公司
地址：上海市浦东新区东方路1988号6层471席位
……………………Tel：021-39983090
上海中心大厦锦江酒店资产管理有限公司
地址：中国（上海）自由贸易试验区浦东南路500号3楼F2室
……………………Tel：021-50125801
上海洲景酒店管理有限公司
地址：中国（上海）自由贸易试验区浙桥路277号3幢1906室
……………………Tel：021-50185798
上海豪利商务信息咨询有限公司
地址：中国（上海）自由贸易试验区浦东大道2123号1A-1室
……………………Tel：021-50282187
上海豪利商务信息咨询有限公司
地址：中国（上海）自由贸易试验区浦东大道2123号1A-1室
……………………Tel：021-50282187
蓝蛙餐饮管理（上海）有限公司
地址：中国（上海）自由贸易试验区碧云路633号1R3
……………………Tel：021-50306426
上海兴邦餐饮管理有限公司
地址：上海市浦东新区江东路2215号2幢221室
……………………Tel：021-50338772
上海聚锦投资管理有限公司
地址：上海市浦东新区衡安路1000号1幢222室
……………………Tel：021-50403318
上海博丰餐饮娱乐管理有限公司
地址：浦东新区高科西路2991号1号楼6层
……………………Tel：021-50428761
上海红塔大酒店有限公司
地址：中国（上海）自由贸易试验区东方路889号
……………………Tel：021-50504567
上海东锦江大酒店有限公司
地址：中国（上海）自由贸易试验区杨高南路889号
……………………Tel：021-50504888
和伊授桌餐饮管理（上海）有限公司
地址：中国（上海）自由贸易试验区峨山路91弄98号201B室
……………………Tel：021-50540765
上海麦格灵企业管理有限公司
地址：上海浦东新区龙阳路2233号
……………………Tel：021-50591378
上海静安波士堂休闲娱乐有限公司
地址：上海市静安区长宁路209弄1号底层南部
……………………Tel：021-50591378
泰盛旅游发展有限公司
地址：中国（上海）自由贸易试验区德堡路38号1幢三层303-23室
……………………Tel：021-50620093
上海酷竹餐饮管理有限公司
地址：中国（上海）自由贸易试验区华申路198号1幢六层F-01部位
……………………Tel：021-50687337
沿海澎湃旅游发展（上海）有限公司
地址：上海市浦东新区泥城镇云汉路979号2楼
……………………Tel：021-50700667
上海佳图瑞品文化发展有限公司
地址：上海市浦东新区胶东路508号二楼205室
……………………Tel：021-50706009
上海瑞越酒店管理有限公司
地址：上海市普陀区大渡河路1718号A区506-2室
……………………Tel：021-50733288
上海峥嵘岁月娱乐有限公司
地址：上海市浦东新区上南路4941号4幢
……………………Tel：021-50785855
上海跳跃互动娱乐发展有限公司
地址：上海市闵行区紫星路588号2幢2232室
……………………Tel：021-50801857
上海军怡餐饮管理有限公司
地址：上海市浦东新区三林路344号
……………………Tel：021-50838889
上海周家豪餐饮管理有限公司
地址：中国（上海）自由贸易试验区银城中路501号6802、6803室
……………………Tel：021-50877528
不将就餐饮管理有限公司
地址：浦东新区惠南镇通济路150号204室
……………………Tel：021-50887999
上海麟誉酒店管理有限公司
地址：上海市崇明县城桥镇秀山路8号3幢一层T区2095室（上海市崇明工业园区）
……………………Tel：021-50902896
上海佰丰荟餐饮管理有限公司
地址：中国（上海）自由贸易试验区商城路618号6F-1-29室
……………………Tel：021-50916128
上海明悦酒店管理有限公司
地址：中国（上海）自由贸易试验区峝山路500号2层201室、15-20层
……………………Tel：021-50933333
馨月汇母婴专护服务（上海）有限公司
地址：中国（上海）自由贸易试验区桃林路1160号
……………………Tel：021-50936765
上海国际旅游度假区川沙开发建设有限公司
地址：上海市浦东新区川沙路6999号49幢4001室
……………………Tel：021-50968600
吉泰酒店集团有限公司
地址：长安路1088号24幢203室
……………………Tel：021-51001876
上海未来家泛娱乐科技有限公司
地址：上海市崇明区堡镇堡镇南路58号15幢1楼126-9室（上海堡镇经济小区）
……………………Tel：021-51068155
上海青年城邦酒店管理有限公司
地址：上海市崇明区堡镇堡镇南路58号16幢2楼221-2室（上海堡镇经济小区）
……………………Tel：021-51068155
上海食公理餐饮管理集团有限公司
地址：上海市杨浦区军工路1599号1幢5层
……………………Tel：021-51068155
金机餐饮配送（上海）有限公司
地址：上海市青浦区香花桥街道沪青平公路3978号13幢西侧
……………………Tel：021-51079111
望湘园（上海）餐饮管理股份有限公司
地址：中国（上海）自由贸易试验区东方路796号302-A室
……………………Tel：021-51085177
上海定睿酒店管理有限公司
地址：上海市金山区吕巷镇璜溪西街88号2幢3983室
……………………Tel：021-51095109
滋奇餐饮管理有限公司
地址：上海市金山工业区亭卫公路6558号4幢3037室
……………………Tel：021-51095109
上海老涂餐饮有限公司
地址：上海市闵行区向阳路228弄66号2幢、3幢
……………………Tel：021-51096932
上海鲁能酒店管理有限公司
地址：上海市黄浦区南京东路201号2楼201室
……………………Tel：021-51190978
上海朝代文化娱乐有限公司
地址：上海市乌鲁木齐北路459号
……………………Tel：021-51206666
上海国际旅游度假区新能源有限公司
地址：上海市浦东新区申迪西路236弄8号
……………………Tel：021-51215266
上海铁路国际旅游（集团）有限公司
地址：上海市静安区天目东路220号
……………………Tel：021-51222473
上海钱亿娱乐有限公司
地址：上海市虹口区四川北路1661号4幢4层04-A区、B区、C区
……………………Tel：021-51288300
辅特（上海）酒店管理有限公司
地址：上海市虹口区武昌路258号516室
……………………Tel：021-51302333
上海金冠酒店服务有限公司
地址：上海市黄浦区福州路555号
……………………Tel：021-51503588
上海佩登餐饮管理有限公司
地址：上海市黄浦区汉口路309号407室
……………………Tel：021-51690799
上海领先餐饮管理有限公司
地址：上海市黄浦区淮海中路333号1801室
……………………Tel：021-51696855
中国葛洲坝集团文旅发展有限公司
地址：中国（上海）自由贸易试验区浦电路438号205（K）室
……………………Tel：021-51718535
上海斗牛士餐饮管理有限公司
地址：上海市徐汇区岳阳路1号
……………………Tel：021-51856999
上海广迪娱乐有限公司
地址：上海市徐汇区华山路2038号4层G49-F04-1-001
……………………Tel：021-51879066
上海好乐迪餐饮娱乐有限公司
地址：上海市黄浦区淮海中路438号3、5、6楼
……………………Tel：021-51879066
上海颖迪娱乐有限公司
地址：中国（上海）自由贸易试验区陆家嘴西路168号8F05室
……………………Tel：021-51879066
上海曼乐音乐娱乐有限公司
地址：上海市杨浦区淞沪路8号9楼3室
……………………Tel：021-51879066
上海浦迪餐饮娱乐有限公司

地址：中国（上海）自由贸易试验区张杨路579号四层、五层东区
……Tel：021-51879066
上海建迪娱乐有限公司
地址：上海市闵行区沪闵路6088号地下一层B1-02A号
……Tel：021-51879066
上海好乐迪餐饮娱乐有限公司
地址：上海市黄浦区淮海中路438号3、5、6楼
……Tel：021-51879066
上海爱尔置业有限公司
地址：上海市浦东新区金桥路2345号401室
……Tel：021-51909000
瑞的（上海）酒店管理有限公司
地址：上海市宝山区高逸路112-118号6幢3277室
……Tel：021-51950597
上海彧翎餐饮管理有限公司
地址：上海市普陀区华阴路218号305室U
……Tel：021-51952242
极客娱乐传媒（上海）有限公司
地址：上海市嘉定区嘉戬公路328号7幢628室
……Tel：021-51953833
上海欧拜餐饮管理有限公司
地址：上海市崇明区长兴镇潘圆公路161弄7幢105室
……Tel：021-51978336
上海美仑大酒店有限公司
地址：上海市长宁区武夷路789号第2幢
……Tel：021-52060855
上海豚朝餐饮管理有限公司
地址：上海市普陀区丹巴路98弄5号101-E室
……Tel：021-52120897
上海奥隆娱乐有限公司
地址：上海市长宁区天山西路118号4楼
……Tel：021-52199686
新德辉酒店管理（上海）有限公司
地址：上海市闵行区闵北路88弄1-30号104幢1层A区
……Tel：021-52199806
上海星玥国际旅行社有限公司
地址：上海市奉贤区望园路1698弄31号22幢320室
……Tel：021-52218188
上海豪涧实业有限公司
地址：上海市闵行区闵北路88弄1-30号第22幢AN160室
……Tel：021-52263958
上海迪园餐饮酒店管理有限公司
地址：浦东新区泥城镇云汉路979号2楼
……Tel：021-52280187
万代南梦宫（上海）互动娱乐有限公司
地址：中国（上海）自由贸易试验区基隆路6号外高桥大厦6层620室
……Tel：021-52319070
上海萨莉亚餐饮有限公司
地址：上海市徐汇区上中西路280号310室
……Tel：021-52371376
上海嘉煊酒店管理有限公司
地址：青浦区章练塘路588弄15号1幢1层T区108室
……Tel：021-52388077
上海百乐门大酒店有限公司
地址：上海市静安区南京西路1730号
……Tel：021-52539888
上海来鹭餐饮管理有限公司
地址：上海市青浦区练塘镇章练塘路588弄15号1幢2层4区1068室
……Tel：021-52559975
亿骏餐饮管理（上海）有限公司
地址：上海市长宁区宣化路3号二层2466室
……Tel：021-52581767
雄晋企业管理（上海）有限公司
地址：上海市普陀区真北路3199弄24号楼4015室
……Tel：021-52657825
上海路卡娱乐有限公司
地址：上海市普陀区兰溪路182号2层B区
……Tel：021-52668032
银绣（上海）娱乐管理有限公司
地址：上海市金山区枫泾镇朱枫公路9135号4幢0473室
……Tel：021-52668081
上海德盛人酒店有限公司
地址：浦东新区宣桥镇南六公路578弄1017号
……Tel：021-52669035
上海莎诺娱乐有限公司
地址：上海市普陀区大渡河路168弄136号5层501B+502+503室
……Tel：021-52689298
上海梨树餐饮管理有限公司
地址：上海市徐汇区淮海中路999号2幢2号7楼752室
……Tel：021-52697211
上海东迈文化科技发展有限公司
地址：上海市普陀区金沙江路588号401室
……Tel：021-52716695
上海帝赋苑餐饮娱乐管理有限公司
地址：上海市普陀区兰溪路277、289号
……Tel：021-52717997
万美瑞酒店股份有限公司
地址：上海市长宁区凯旋路166号8幢4楼F座
……Tel：021-52726060
乐声盈娱乐（上海）有限公司
地址：上海市闸北区平型关路108弄138号2层201、202、203、205、206、207、208、209、210室
……Tel：021-52728781
上海绿泽文化旅游有限公司
地址：上海市青浦区双联路158号2层R区235室
……Tel：021-52751811
叁陆玖互动娱乐有限责任公司
地址：上海市宝山区高逸路112-118号6幢5835室
……Tel：021-52808188
上海宏泉酒店管理有限公司
地址：上海市普陀区桃浦路210号
……Tel：021-52859052
上海全德酒店管理有限公司
地址：上海市闵行区申长路630弄1号101(1-9层)，2号101(1-9层)，3号101(1-9层)，申虹路9号地下1层15、16室，地下2层15、18、19、22、23、25、28室
……Tel：021-52907533
上海维泰三六一度假酒店管理有限公司
地址：浦东新区泥城镇新城路2号24幢S1307室
……Tel：021-52910766
上海新体育旅游有限公司
地址：上海市普陀区华池路58弄5号316室
……Tel：021-52913046
上海狮子王酒店管理有限公司
地址：上海市金山工业区亭卫公路6558号4幢2379室
……Tel：021-52913046
上海狮子王餐饮管理有限公司
地址：上海市金山工业区亭卫公路6558号4幢2378室
……Tel：021-52913046
新派（上海）餐饮管理有限公司
地址：上海市宝山区双城路803弄11号1601室-6
……Tel：021-52919781
上海昊霆餐饮有限公司
地址：上海市长宁区长宁路890号地下一层B20室
……Tel：021-52921172
典扬文化娱乐（上海）有限公司
地址：上海市徐汇区龙腾大道2879号3楼3466室
……Tel：021-52930691
上海爱那里文化娱乐股份有限公司
地址：上海市黄浦区徐家汇路550号20B室
……Tel：021-52981788
上海氢宣文化娱乐有限公司
地址：上海市普陀区金沙江路788号405室
……Tel：021-52996651
上海怡隽酒店管理有限公司
地址：上海市嘉定区安亭镇昌吉路156弄37号202室
……Tel：021-52998986
上海怡隽酒店管理有限公司
地址：上海市嘉定区安亭镇昌吉路156弄37号202室
……Tel：021-52998986
上海兴膳餐饮管理有限公司
地址：上海市宝山区同济路60弄48号846室
……Tel：021-52998986
上海斯格威大酒店有限公司
地址：上海市黄浦区打浦路15号
……Tel：021-53010908
上海岐黄养生有限公司
地址：上海市鲁班路166号
……Tel：021-53021603
和民餐饮管理（上海）有限公司
地址：上海市黄浦区普安路187-189号曙光大厦18楼B座
……Tel：021-53062901
御宝餐饮（上海）有限公司
地址：上海市黄浦区北京东路99号四层L402、L403室
……Tel：021-53081188
成旅酒店管理有限公司
地址：上海市闵行区沪青平公路277号5楼C131室
……Tel：021-53292235
上海万达酒店投资有限公司
地址：上海市黄浦区龙潭路6号
……Tel：021-53688888
上海赛微商务信息咨询有限公司
地址：上海市松江区叶榭镇东勤村东勤公路298号
……Tel：021-53838433
上海歌城娱乐管理有限公司
地址：中国（上海）自由贸易试验区芳春路400号1幢3层
……Tel：021-53852197
上海梵瀚餐饮管理有限公司
地址：上海市黄浦区南苏州路955号、991号3层311室
……Tel：021-53863703
上海金玉兰娱乐有限公司
地址：上海市黄浦区打浦路1号
……Tel：021-53961438
上海王宝和大酒店有限公司
地址：上海市黄浦区九江路555号
……Tel：021-53965000
上海新亚富丽华餐饮股份有限公司
地址：淮海中路808号
……Tel：021-54034122
上海至尊衡山酒店投资有限公司
地址：岳阳路77弄20号213室
……Tel：021-54048191
上海瑞峰酒店管理有限公司
地址：上海市长宁区延安西路1066号
……Tel：021-54077000
上海棋登商业管理有限公司
地址：上海市闵行区吴中路1068号1幢1楼B室
……Tel：021-54135801
上海潭江龙娱乐有限公司
地址：上海市闵行区沈杜公路2759号5幢
……Tel：021-54178809
上海南锦资产管理有限公司
地址：上海市奉贤区庄行镇南亭公路2516号4幢118室
……Tel：021-54225019
王品（中国）餐饮有限公司
地址：上海市长宁区仙霞路80号1楼1A、2楼2A
……Tel：021-54242928
上海亿鼎休闲娱乐有限公司
地址：上海市徐汇区天钥桥路123号
……Tel：021-54255399
赛万味餐饮管理（上海）有限公司
地址：上海市虹口区新广路124号1层
……Tel：021-54260153
哈比特餐饮管理有限公司
地址：上海市金山区张堰镇新华西路276号30幢101室
……Tel：021-54283282
上海老惠满企业集团有限公司
地址：上海市闵行区联航路1588号（浦江镇481街坊9/5丘）3幢A座地下一层，一层、二层，三层，B座一层
……Tel：021-54303588
上海联成娱乐有限公司
地址：上海市闵行区古方路76号地下1层01-12室
……Tel：021-54309863
诺亚方舟（上海）餐饮娱乐管理有限公司
地址：上海市崇明县横沙乡富民支路58号A1-4941室
……Tel：021-54327654
利满美餐饮（上海）有限公司
地址：上海市黄浦区西藏南路569号2层中部202、206、257、258、261、267、268、269、270、271、272、273、275室
……Tel：021-54365200
卓联（上海）餐饮服务有限公司
地址：上海市浦东新区黄赵路318号102B2室
……Tel：021-54365200
上海依然餐饮管理有限公司
地址：上海市闵行区申长路688号501、502室
……Tel：021-54432394
上海韶愔音乐娱乐有限公司
地址：中国（上海）自由贸易试验区新金桥路581号东单元二楼
……Tel：021-54519520
白色城堡（上海）餐饮管理有限公司
地址：上海市浦东新区川宏路528号
……Tel：021-54560980
花源酒店管理有限公司
地址：上海市徐汇区柳州路399号甲110室
……Tel：021-54566768
这一锅（上海）餐饮管理有限公司
地址：上海市徐汇区宜山路425号6楼608室
……Tel：021-54591285
上海一茶一坐餐饮有限公司
地址：上海市虹口区四平路710号728-C室
……Tel：021-54649520
上海建业里酒店管理有限公司
地址：上海市徐汇区建国西路474-482号（双号）、建国西路488弄1-43、45-56号，建国西路468弄8号、9号
……Tel：021-54658562
星界晖企业管理咨询（上海）有限公司
地址：上海市徐汇区漕溪路165号1301室
……Tel：021-54666565
上海曼玲餐饮管理有限公司
地址：上海市闵行区申滨南路1136号703室
……Tel：021-54700875
黑猫餐饮管理有限公司
地址：上海市宝山区罗芬路689弄40号A区232室
……Tel：021-54717279
上海龙通休闲服务有限公司
地址：上海市闵行区七宝镇吴中路2115号
……Tel：021-54869199
上海尚格餐饮娱乐有限公司
地址：上海市黄浦区雁荡路109号
……Tel：021-54960290
上海钱汇文化娱乐有限公司
地址：上海市徐汇区天钥桥路580号六层01-13室
……Tel：021-54960290
上海钱瑞娱乐有限公司
地址：上海市浦东新区浦城路398号地下一层01区A区-1
……Tel：021-54960290
上海尚格餐饮娱乐有限公司
地址：上海市黄浦区雁荡路109号
……Tel：021-54960290
上海轻扬餐饮管理有限公司
地址：上海市闵行区元江路5500号第1幢2710室
……Tel：021-54973211
上海华隅酒店管理有限公司
地址：上海市虹口区塘沽路309号14C室1026
……Tel：021-55232872
上海五鲸旅游开发有限公司
地址：上海市宝山区逸仙路2816号1幢1层A0101室
……Tel：021-55384274
上海笼百味餐饮管理有限公司
地址：上海市杨浦区国定支路26号3030室
……Tel：021-55396187
上海粤海大酒店有限公司
地址：上海市虹口区逸仙路328号
……Tel：021-55589888
上海宝丰联大酒店有限公司
地址：上海市纪念路301号
……Tel：021-55589988
鸥游酒店管理（上海）有限公司
地址：上海市崇明区港西镇三双公路1021号12幢W1226室
……Tel：021-55697723
欢乐互娱（上海）科技股份有限公司
地址：上海市浦东新区丹桂路999弄2号5楼
……Tel：021-55698900
上海欢乐互娱网络科技有限公司
地址：上海市宝山区上大路668号237J室
……Tel：021-55698900
上海长庚实业发展有限公司
地址：中兴路1618号
……Tel：021-55782335
上海南角餐饮管理有限公司
地址：上海市崇明区堡镇堡镇南路58号22幢1楼112-3室（上海堡镇经济小区）
……Tel：021-55891985
戏逍堂（上海）文化娱乐有限公司
地址：上海市虹口区沽源路110弄15号210-428室
……Tel：021-55906688
上海天乙兆餐饮管理有限公司
地址：上海市虹口区飞虹路360弄9号3655Q室
……Tel：021-55906688
上海优涵供应链管理有限公司
地址：上海市崇明区城桥镇秀山路8号3幢4层D区2016室（崇明工业园区）
……Tel：021-55965269
上海牧兮娱乐设备有限公司
地址：上海市崇明区陈家镇层海路888号3号楼1334室（上海智慧岛数据产业园）
……Tel：021-55970277
安卓（上海）娱乐有限公司
地址：上海市黄浦区淮海中路98号2楼202室
……Tel：021-56066666
上海帝廷酒店管理有限公司
地址：上海市静安区江宁路826弄5号4楼017室
……Tel：021-56175561
上海儒安互联网信息技术有限公司
地址：上海市宝山区月浦镇西街198号7幢A区1124室
……Tel：021-56383617
唐印（上海）酒店管理有限公司
地址：上海市虹口区海宁路137号7层（集中登记地）
……Tel：021-56425026
上海高号理餐饮管理有限公司
地址：上海市宝山区沪太路6397号1-2层F25区1409室
……Tel：021-56467951
上海蔡先生餐饮管理有限公司

地址：上海市普陀区同普路299弄2号701室
……………………Tel：021-56520187
馨缇酒店管理（上海）有限公司
地址：上海市长宁区愚园路753号3号楼营区D栋7楼B室
……………………Tel：021-56562372
上海明兴廊文化经营有限公司
地址：上海市宝山区盘古路365号
……………………Tel：021-56566992
宝发展酒店物业管理有限公司
地址：宝山区牡丹江路1813号2301室
……………………Tel：021-56600843
上海曦达供应链管理有限公司
地址：上海市宝山区真陈路1000号6楼C座282室
……………………Tel：021-56737068
上海贤士聚娱乐有限公司
地址：上海市浦东新区启帆路430号108室
……………………Tel：021-56856516
上海长兴岛芦荡迷宫度假娱乐有限公司
地址：崇明县长兴岛永丰圩
……………………Tel：021-56858838
上海朗域餐饮娱乐有限公司
地址：宝山区北安路118号1－3幢
……………………Tel：021-56922388
上海棕榈滩海景酒店有限公司
地址：上海市奉贤区海湾旅游区海鸥路1888号
……………………Tel：021-57121777
上海旺廷贸易有限公司
地址：上海市奉贤区江海镇江海花园20号南星集贸市场
……………………Tel：021-57182000
上海东兰汇聚酒店管理有限公司
地址：上海市金山区朱泾镇临仓街150号
……………………Tel：021-57318686
上海新长岭大酒店有限公司
地址：上海市金山区枫泾镇枫湾路798号A幢、C幢
……………………Tel：021-57353535
上海乾晏餐饮企业管理有限公司
地址：上海市金山区石化卫清西路1355号第33幢8120室
……………………Tel：021-57390313
上海快聿娱乐有限公司
地址：上海市奉贤区庄行镇大叶公路2089号第6幢2031室
……………………Tel：021-57402183
浦蓝（上海）旅游文化发展有限公司
地址：上海市奉贤区庄行镇大叶公路1939号第1幢3018室
……………………Tel：021-57402526
上海翼若餐饮管理有限公司
地址：上海市奉贤区庄行镇大叶公路2189号第4幢2039室
……………………Tel：021-57404578
上海腾邑餐饮管理有限公司
地址：上海市奉贤区庄行镇大叶公路2189号第4幢2051室
……………………Tel：021-57404578
上海新发展圣淘沙大酒店有限公司
地址：上海市奉贤区南桥镇南桥路1号
……………………Tel：021-57429999
上海天骄府休闲娱乐有限公司
地址：上海市奉贤区庄行镇南庄路698号
……………………Tel：021-57467375
上海海景海港大酒店有限公司
地址：上海市奉贤区海杰路1588号
……………………Tel：021-57530000
上海泗润会林实业发展有限公司
地址：上海市松江区泗泾镇古楼公路462号4楼8407、8408室
……………………Tel：021-57620101
上海九歌餐饮娱乐有限公司
地址：上海市松江区新桥镇九新公路2730号三楼A区-1
……………………Tel：021-57656739
上海世纪香港城西部餐饮娱乐有限公司
地址：上海市松江区莘松路1088号第三、四层
……………………Tel：021-57688260
上海穗鑫餐饮管理有限公司
地址：上海市松江区中山西路174号2幢213室
……………………Tel：021-57708795
上海达明娱乐有限公司
地址：上海市松江区人民北路88号四楼403
……………………Tel：021-57713211
曼哈顿星岛（上海）娱乐有限公司
地址：上海市松江区环城路515、535、555号1125室
……………………Tel：021-57757192
上海笠嘉温建设发展有限公司
地址：上海市松江区石湖荡镇贵南路889号12幢5楼559室
……………………Tel：021-57812408
上海颐思殿大酒店有限公司
地址：上海市松江区松东路219弄29号1301室
……………………Tel：021-57812408
上海博海餐饮集团有限公司
地址：上海市金山区廊下镇漕廊公路7275号1幢
……………………Tel：021-57935870
龙凤呈祥酒店集团有限公司
地址：上海市浦东新区川沙路1098号8幢
……………………Tel：021-57947777
上海泰迪娱乐有限公司
地址：上海市金山区金山工业区月工路888号8号楼第三层366室
……………………Tel：021-57950800
上海正傲游戏机娱乐有限公司
地址：上海市金山区卫零路133、137号、金零路27号、金零路39弄56号第三层局部
……………………Tel：021-57961758
上海盛魅娱乐有限公司
地址：上海市金山区龙翔路390号、392号、396号、398号、400号、402号101室、406号
……………………Tel：021-57963783
上海康儒文化创意有限公司
地址：上海市浦东新区秀浦路3999弄1号
……………………Tel：021-58137797
逸宿（上海）酒店管理有限公司
地址：上海市松江区谷阳北路1500号5楼502室
……………………Tel：021-58160066
吃饭喽餐饮管理有限公司
地址：上海市金山区朱泾镇人民路121号1幢3073室
……………………Tel：021-58215627
上海锦江汤臣大酒店有限公司
地址：中国（上海）自由贸易试验区张杨路777号
……………………Tel：021-58362319
上海金燕文化娱乐有限公司
地址：中国（上海）自由贸易试验区梅花路3号2楼
……………………Tel：021-58368866
上海中邦世家酒店投资管理有限公司
地址：上海市静安区石门一路116号206室
……………………Tel：021-58386666
上海呼根企业管理有限公司
地址：上海市虹口区海宁路137号7层（集中登记地）
……………………Tel：021-58386666
上海贰食贰酒店管理有限公司
地址：上海市奉贤区星火开发区莲塘路251号8幢
……………………Tel：021-58390061
上海新海龙餐饮管理有限公司
地址：中国（上海）自由贸易试验区东昌路1号
……………………Tel：021-58406858
天下一锅餐饮管理有限公司
地址：上海市宝山区宝林八村101号2幢1168室
……………………Tel：021-58438953
堡其林餐饮管理（中国）有限公司
地址：中国（上海）自由贸易试验区富特北路211号302部位368室
……………………Tel：021-58503139
开味膳餐饮管理（上海）有限公司
地址：上海市奉贤区金碧路2012号
……………………Tel：021-58513013
上海学子餐饮管理有限公司
地址：中国（上海）自由贸易试验区浦东大道2056号748室
……………………Tel：021-58513466
上海芳甸御龙湾商务酒店管理有限公司
地址：中国（上海）自由贸易试验区杨高中路2112号东区1-3层
……………………Tel：021-58525589
上海锦鸿娱乐有限公司
地址：上海市闵行区联明路334-336号502室
……………………Tel：021-58581111
上海外高桥保宏大酒店有限公司
地址：上海市浦东新区杨高北路1000号
……………………Tel：021-58621000
上海麦金地集团股份有限公司
地址：上海市浦东新区宣桥镇沪南公路8888号1号楼101-105室
……………………Tel：021-58683003
上海安全建筑装饰工程有限公司
地址：上海市崇明区长兴镇潘园公路1800号3号楼11325室（上海泰和经济发展区）
……………………Tel：021-58697577
翻斗乐娱乐有限公司
地址：上海市浦东新区华高一村47号1层
……………………Tel：021-58737665
咖世家咖啡（上海）有限公司
地址：上海市黄浦区北京东路666号H区（东座）27楼B1室
……………………Tel：021-58761133
上海明珠水上娱乐发展有限公司
地址：中国（上海）自由贸易试验区世纪大道1号
……………………Tel：021-58791888
上海西贝俊义餐饮管理有限公司
地址：上海市奉贤区肖塘路255弄10号1层
……………………Tel：021-58810032
上海富康城酒店管理有限公司
地址：上海市奉贤区金碧路1990号1层
……………………Tel：021-58821999
新写食餐饮管理（上海）有限公司
地址：中国（上海）自由贸易试验区浦东大道2123号3E-1855室
……………………Tel：021-58885960
上海榕书商务咨询有限公司
地址：上海市崇明区横沙乡富民支路58号A2-8980室（上海横泰经济开发区）
……………………Tel：021-58890000
上海沛玉设备租赁有限公司
地址：上海市浦东新区莲振路298号4号楼V238室
……………………Tel：021-58918888
上海博尼酒店投资管理有限公司
地址：上海市浦东新区川沙路6999号49幢3072室
……………………Tel：021-58937763
上海吉庆餐饮管理有限公司
地址：中国（上海）自由贸易试验区陆家嘴西路168号B1层OF03室
……………………Tel：021-58957189
上海钱皇酒店管理有限公司
地址：浦东新区川环南路958号
……………………Tel：021-58988622
上海金益酒店管理有限公司
地址：中国（上海）自由贸易试验区金港路318号
……………………Tel：021-58993838
上海光辉岁月娱乐有限公司
地址：上海市嘉定区曹安公路2080号104-107、301-340室
……………………Tel：021-59115959
上海上勤景苑酒店管理有限公司
地址：青浦区朱家角镇西井街300号-1幢
……………………Tel：021-59249345
上海新迎园餐饮发展（集团）有限公司
地址：嘉定区嘉定镇清河路150号1幢101室
……………………Tel：021-59520952
上海迎园娱乐管理有限公司
地址：嘉定区清河路150号
……………………Tel：021-59525772
上海协通大酒店有限公司
地址：上海市曹安路4671号
……………………Tel：021-59595858
上海光明长征农场有限公司
地址：崇明区长征农场
……………………Tel：021-59631902
上海好家福餐饮娱乐管理有限公司
地址：上海市青浦区联民路1881号2幢5层A区538室
……………………Tel：021-59761688
泉盛餐饮（上海）有限公司
地址：上海市奉贤区南桥镇奉金路118号
……………………Tel：021-59895352
泉盛二餐饮管理（上海）有限公司
地址：上海市奉贤区扶港路1088号5幢311室
……………………Tel：021-59895352
香港假日酒店（中国）有限公司
地址：上海市静安区天目西路285号
……………………Tel：021-60167777
上海新亚广场长城酒店有限公司
地址：上海市静安区天目西路285号1401室
……………………Tel：021-60167777
上海千曦餐饮管理有限公司
地址：上海市普陀区金昌路1858号1幢165室
……………………Tel：021-60171888
上海如博酒店管理有限公司
地址：上海市普陀区曹杨路867号5楼501-03室
……………………Tel：021-60190801
上海喜姿味餐饮管理有限公司
地址：上海市嘉定区叶城路1118号507室
……………………Tel：021-60192118
上海丞雅酒店管理有限公司
地址：上海市嘉定区嘉戬公路500号21幢4层405室
……………………Tel：021-60248100
城家酒店管理有限公司
地址：中国（上海）自由贸易试验区浦东大道2123号3E-2220室
……………………Tel：021-60248141
上海美珑互动娱乐科技有限公司
地址：上海市普陀区真光路1219号2层
……………………Tel：021-60256880
上海美凯龙七星酒店管理有限公司
地址：上海市虹口区东大名路391-393号（单层）4层（集中登记地）
……………………Tel：021-60257952
攀答（上海）酒店管理有限公司
地址：上海市嘉定区真南路4268号2幢JT5969室
……………………Tel：021-60278949
迈皇酒店管理（上海）股份有限公司
地址：上海市普陀区志丹路168号2049室
……………………Tel：021-60314243
岩田（上海）餐饮管理有限公司
地址：上海市长宁区延安西路1023号2703室
……………………Tel：021-60318290
中科文化旅游产业发展有限公司
地址：上海市奉贤区海湾旅游区海马路3859弄1号102室
……………………Tel：021-60325588
中青旅集团上海金宇豪国际酒店有限公司
地址：上海市嘉定区叶城路1128号
……………………Tel：021-60366999
圣摩珂餐饮管理（上海）有限公司
地址：上海市闵行区吴中路1100号5幢10层1013室
……………………Tel：021-60402309
南极英熊餐饮管理（上海）有限公司
地址：上海市长宁区镇宁路465弄161号3号楼435室
……………………Tel：021-60433617
上海都锦养老服务有限公司
地址：浦东新区航头镇沪南公路5029号1幢
……………………Tel：021-60435853
上海锺模餐饮管理有限公司
地址：上海市奉贤区金海公路6055号6号楼6号109室
……………………Tel：021-60513550
上海金恪旅游投资有限公司
地址：中国（上海）自由贸易试验区金高路2361号3层311室
……………………Tel：021-60538273
上海凯旺餐饮管理有限公司
地址：上海市黄浦区西藏中路18号十四层1601室
……………………Tel：021-60560136
上海飞驴湾特制旅游服务有限公司
地址：嘉定区江桥镇华江路129弄6号楼4090室
……………………Tel：021-60561616
上海景域旅游投资有限公司
地址：上海市嘉定区真新街道金沙江路3131号5幢J121室
……………………Tel：021-60561616
上海奇创旅游集团有限公司
地址：上海市嘉定区鹤望路733弄3号7层701室
……………………Tel：021-60561616
上海汽车世界娱乐经营管理有限公司
地址：上海市嘉定区安亭镇墨玉南路888号1201室
……………………Tel：021-60568888
上海瀛汉司酒店有限公司
地址：上海市嘉定区安亭镇博园路6555号
……………………Tel：021-60568888
上海适达餐饮管理有限公司
地址：上海市奉贤区西韩路228号6幢1层2号
……………………Tel：021-60579699
上海棒约翰餐饮管理有限公司
地址：上海市奉贤区西韩路228号6幢1层1号
……………………Tel：021-60579699
享鲜趣餐饮管理（上海）有限公司
地址：中国（上海）自由贸易试验区花园石桥路33号2360室
……………………Tel：021-60589269
上海盖仁国际贸易有限公司
地址：中国（上海）自由贸易试验区加太路29号2号楼西部204-A27室
……………………Tel：021-60606096
心动互动娱乐有限公司
地址：上海市闵行区紫星路588号2幢13层006室
……………………Tel：021-60727072
心动娱乐有限公司
地址：上海市闵行区紫星路588号2幢2层2007室
……………………Tel：021-60727072
上海新汇文化娱乐（集团）有限公司
地址：上海市虹口区辽宁路46号第三幢102室
……………………Tel：021-60747188
上海高德之远旅游发展有限公司
地址：上海市崇明区横沙乡富民支路58号D1-4771室（上海横泰经济开发区）
……………………Tel：021-60760024
石二锅（上海）餐饮管理有限公司
地址：上海市闵行区合川路3051号22幢402室
……………………Tel：021-60769000
上海福瑷餐饮娱乐有限公司
地址：上海市奉贤区肖塘路255弄10号2层
……………………Tel：021-60796976
凯诗帝酒店管理（上海）有限公司
地址：上海市浦东新区川沙路151号1幢H2005室
……………………Tel：021-60798392
快乐蜂（中国）餐饮管理有限公司
地址：上海市黄浦区瑞金二路120号

…………………………Tel：021-60812345
鸿运鸿（上海）餐饮管理有限公司
地址：上海市黄浦区瞿溪路754-774号4号楼267室
…………………………Tel：021-60812345
上海嘉湾实业投资有限公司
地址：上海市崇明区兴工路18号1号楼283室（上海广福经济小区）
…………………………Tel：021-60886666
珍香（上海）餐饮管理有限公司
地址：上海市宝山区月罗路559号R-484
…………………………Tel：021-60900598
荟金声娱乐（上海）有限公司
地址：上海市闸北区天目西路429号3层次301A室
…………………………Tel：021-60912608
天星乐娱乐（上海）有限公司
地址：上海市宝山区长逸路258号3幢304、306、307、308、309部分、310部分、311、312、313、314室
…………………………Tel：021-60912608
光宝号娱乐（上海）有限公司
地址：上海市松江区中山中路71号4楼401-409室
…………………………Tel：021-60912608
上海瀚海明玉大酒店有限公司
地址：上海市杨浦区周家嘴路1888号
…………………………Tel：021-61001888
上海巴贝拉意舟餐饮管理有限公司
地址：上海市浦东新区沈梅路99弄1-9号1幢4楼
…………………………Tel：021-61036755
面包先生餐饮管理（中国）有限公司
地址：中国（上海）自由贸易试验区美盛路55号2幢1层136室
…………………………Tel：021-61037568
上海慧品资产管理有限公司
地址：中国（上海）自由贸易试验区峨山路77号甲幢111A室
…………………………Tel：021-61062017
上海索乐互娱科技有限公司
地址：上海市嘉定区真南路4268号2幢JT6679室
…………………………Tel：021-61075799
途捷（上海）餐饮管理有限公司
地址：上海市徐汇区长乐路989号23楼05单元
…………………………Tel：021-61096332
富宇（上海）房地产开发有限公司
地址：上海市静安区恒丰路10号
…………………………Tel：021-61103899
徐氏（中国）实业有限公司
地址：上海市崇明县庙镇剧场路80号5幢201室
…………………………Tel：021-61139111
上海超翊餐饮管理有限公司
地址：上海市黄浦区北京东路270号3层323室
…………………………Tel：021-61156900
品琉（上海）餐饮管理有限公司
地址：上海市静安区恒通路360号B1202室
…………………………Tel：021-61158286
上海宝安大酒店有限公司
地址：上海市浦东新区金海路3288号
…………………………Tel：021-61159888
耀亚酒店管理（上海）有限公司
地址：上海市长宁区中山西路750号2号楼605室
…………………………Tel：021-61195091
雅华酒店管理（上海）有限公司
地址：上海市长宁区遵义路150号C幢1201、1203-1208室
…………………………Tel：021-61197841
上海德鲁酒店管理有限公司
地址：上海市闵行区闵虹路166弄1号1111室
…………………………Tel：021-61202759
上海恒升半岛国际酒店有限公司
地址：上海市虹口区吴淞路205号
…………………………Tel：021-61205888
索尼互动娱乐（上海）有限公司
地址：中国（上海）自由贸易试验区德林路268号1层113a部位
…………………………Tel：021-61216161
上海用川餐饮管理有限公司
地址：上海市嘉定区华江公路129弄7号JT3767室
…………………………Tel：021-61242692
连我咖啡餐饮管理有限公司
地址：上海市徐汇区东安路360号511室
…………………………Tel：021-61255784
栊翠阁（上海）餐饮管理有限公司
地址：上海市黄浦区淮海中路283号1508室
…………………………Tel：021-61259552
上海佑盟酒店管理有限公司
地址：上海市金山区枫泾镇环东一路65弄9号1036室
…………………………Tel：021-61261767
上海蜗牛娱乐有限公司
地址：上海市闵行区虹井路120弄2号422、423、425、476、477、478、479、481、482、483、485、486
…………………………Tel：021-61268397
上海菲笛餐饮娱乐有限公司
地址：上海市崇明区横沙乡富民支路58号A1-4672室
…………………………Tel：021-61323536
上海菲笛餐饮娱乐有限公司
地址：上海市崇明区横沙乡富民支路58号A1-4672室
…………………………Tel：021-61323536
新元素餐饮管理（上海）有限公司
地址：上海市黄浦区北京东路666号东H楼6A13室
…………………………Tel：021-61359488
上海新旺餐饮管理有限公司
地址：上海市黄浦区山东中路311号底楼（A-1）及二层A区
…………………………Tel：021-61363505
上海人民大舞台国际文化娱乐有限公司
地址：上海市九江路663号
…………………………Tel：021-61371903
神旺大酒店（上海）有限公司
地址：上海市徐汇区宜山路650号
…………………………Tel：021-61451111
上海味之都餐饮管理有限公司
地址：上海市静安区安泽路67-103号（单）一楼159室
…………………………Tel：021-61480031
上海全餐餐饮管理有限公司
地址：上海市普陀区真南路829号1楼F座
…………………………Tel：021-61490579
玉富多（上海）餐饮管理有限公司
地址：上海市闵行区光华路2118号第7幢F016室
…………………………Tel：021-61495033
上海洲际假日酒店有限公司
地址：上海市长宁区延安西路1088号3105室
…………………………Tel：021-61612088
上海陆家嘴东怡酒店管理有限公司
地址：中国（上海）自由贸易试验区丁香路555号
…………………………Tel：021-61621118
优胜美地酒店经营管理（上海）有限公司
地址：中国（上海）自由贸易试验区碧波路699号
…………………………Tel：021-61621160
博荣旅游信息咨询（上海）有限公司
地址：上海市长宁区镇宁路465弄161号3号楼330室
…………………………Tel：021-61677605
上海金科文化旅游发展集团有限公司
地址：上海市崇明区长兴镇潘园公路1800号3号楼56217室（上海泰和经济发展区）
…………………………Tel：021-61679875
上海美丽园大酒店有限公司
地址：上海市静安区延安西路396号
…………………………Tel：021-6171558
上海民新影视娱乐有限公司
地址：上海市黄浦区黄河路333号201室A区008单元
…………………………Tel：021-61730570
上海香蕉计划娱乐文化有限公司
地址：上海市静安区灵石路695号23幢124室
…………………………Tel：021-61736888
上海水晶荔枝娱乐文化有限公司
地址：上海市静安区灵石路695号23幢123室
…………………………Tel：021-61736888
花丸餐饮管理（上海）有限公司
地址：上海市闵行区沪光东路89号9幢201室及三层
…………………………Tel：021-61737601
乔埃侯布雄（上海）餐饮有限公司
地址：上海市虹口区柳营路125号9楼905A室
…………………………Tel：021-61800168
上海冉丰酒店管理（集团）有限公司
地址：上海市浦东新区洪山路164号C124室
…………………………Tel：021-61806399
方叔叔餐饮管理（上海）有限公司
地址：上海市长宁区宣化路3号2209室
…………………………Tel：021-61813637
中环国际酒店（上海）有限公司
地址：上海市普陀区富平路800号
…………………………Tel：021-61815888
上海玄霆娱乐信息科技有限公司
地址：中国（上海）自由贸易试验区碧波路690号6幢101室、201室
…………………………Tel：021-61870500
上海芙曼酒店管理有限公司
地址：上海市闵行区秀文路898号5幢5层607室
…………………………Tel：021-61910600
上海期芭久网络科技有限公司
地址：上海市虹口区物华路58号223室
…………………………Tel：021-61921332
东航天合汽车运输服务有限公司
地址：中国（上海）自由贸易试验区杨高路2268号
…………………………Tel：021-61921979
汉庭星空（上海）酒店管理有限公司
地址：中国（上海）自由贸易试验区浦东大道2123号3层F33室
…………………………Tel：021-61952011
亿居（上海）酒店管理有限公司
地址：中国（上海）自由贸易试验区浦东南路2162号5幢、6幢、7幢、8幢
…………………………Tel：021-61952011
上海汉庭酒店管理集团有限公司
地址：上海市徐汇区虹漕路461号57幢4楼
…………………………Tel：021-61952011
上海齐庭酒店管理有限公司
地址：中国（上海）自由贸易试验区浦东大道2123号三楼西南区
…………………………Tel：021-61952011
上海申守实业有限公司
地址：上海市宝山区蕰川路5503号4881室
…………………………Tel：021-61994964
上海海鸥国际酒店投资管理有限公司
地址：上海市长宁区延安西路2588号
…………………………Tel：021-62085888
上海钱源娱乐有限公司
地址：上海市普陀区新会路131-139（单）号314室
…………………………Tel：021-62100086
上海逸和龙柏饭店有限公司
地址：上海市虹桥路2451号
…………………………Tel：021-62110365
上海鑫鼎王无老餐饮管理有限公司
地址：上海市长宁区天山西路568号2幢602-C29室
…………………………Tel：021-62116305
上海慈鼎餐饮管理有限公司
地址：上海市长宁区广顺路33号8幢一层1221室
…………………………Tel：021-62118580
上海金沙江大酒店有限公司
地址：上海市普陀区怒江路257号第3幢
…………………………Tel：021-62167711
上海德沅堂酒店管理股份有限公司
地址：上海市静安区中山北路178号349栋楼一层180-1
…………………………Tel：021-62170568
填充文化创意发展有限公司
地址：上海市静安区华山路708号二层
…………………………Tel：021-62193765
心品印象（上海）餐饮管理有限公司
地址：中国（上海）自由贸易试验区民生路600号16幢108室
…………………………Tel：021-62197566
上海安宸酒店管理有限公司
地址：上海市闵行区沪闵路7398号22幢一层部分，三层301室，四层至十四层
…………………………Tel：021-62209999-283
上海宝龙展飞大酒店有限公司
地址：上海市闵行区新镇路1399号602B室
…………………………Tel：021-62215008
新东田娱乐（上海）有限公司
地址：中国（上海）自由贸易试验区马吉路2号3层305室
…………………………Tel：021-62228822
上海吉之祥酒店管理有限公司
地址：上海市长宁区广顺路33号8幢281室
…………………………Tel：021-62257723
上海芈禧餐饮管理有限公司
地址：中国（上海）自由贸易试验区松林路357号2层01室
…………………………Tel：021-62260856
上海亿信伟业投资管理有限公司
地址：上海市闵行区虹梅南路3509弄88号第4幢301-8室
…………………………Tel：021-62268921
上海普君商贸有限公司
地址：上海市普陀区江宁路1400号5幢第六层A区
…………………………Tel：021-62270059
尊茂酒店控股有限公司
地址：上海市普陀区江宁路1207号19层
…………………………Tel：021-62272667
上海紫泰酒店管理有限公司
地址：上海市长宁区虹桥路2270号
…………………………Tel：021-62289199
上海阳光大酒店有限公司
地址：上海市长宁区虹桥路2266号
…………………………Tel：021-62289199
上海佰威大酒店有限公司
地址：上海市长宁区古北路456号
…………………………Tel：021-62290099
观腾文化科技（上海）有限公司
地址：上海市崇明区向化镇陈彷公路4925号101-108室（上海永冠经济开发区）
…………………………Tel：021-62300116
上海上象星作娱乐（集团）股份有限公司
地址：上海市普陀区云岭东路89号2107-K室
…………………………Tel：021-62327613
东方恒业控股有限公司
地址：上海市黄浦区南塘浜路103号107室D座
…………………………Tel：021-62350086
上海松屋餐饮管理有限公司
地址：上海市长宁区天山路310，316号504A室
…………………………Tel：021-62350591
号堂娱乐（上海）有限公司
地址：上海市宝山区长逸路128号A0042室
…………………………Tel：021-62363980
上海古北文化娱乐建设发展有限公司
地址：上海市长宁区荣华西道59号
…………………………Tel：021-62368668
上海恒乐餐饮管理有限公司
地址：上海市长宁区茅台路179号一层L221X室
…………………………Tel：021-62372201
上海谷润餐饮有限公司
地址：上海市长宁区临虹路168弄1号地下室301室
…………………………Tel：021-62389707
上海世纪仙霞影城有限公司
地址：上海市长宁区仙霞西路88号4楼
…………………………Tel：021-62397625
贝尔特酒店（亚太区）有限公司
地址：上海市长宁区定西路1525号15F1302室
…………………………Tel：021-62408888
上海中兴保龄球娱乐有限公司
地址：上海市普陀区中山北路3663号
…………………………Tel：021-62451100
上海行页贸易有限公司
地址：上海市金山区卫昌路293号2幢4341室
…………………………Tel：021-62455223
上海锦沧文华大酒店有限公司
地址：上海市静安区南京西路1225号
…………………………Tel：021-62476828
上海渔堂餐饮管理有限公司
地址：上海市闵行区虹梅南路1755号一幢一层CE1035室
…………………………Tel：021-62480375
上海美丽园娱乐休闲有限公司
地址：上海市静安区延安西路396号二楼
…………………………Tel：021-62482250
上海银泰酒店管理有限公司
地址：上海市静安区延安中路1111号北楼2-5层
…………………………Tel：021-62497388
上海百乐门文化娱乐有限公司
地址：上海市静安区愚园路218号
…………………………Tel：021-62498866
上海申泽酒店管理有限公司
地址：上海市普陀区武威路88弄21号3层255室
…………………………Tel：021-62506173
上海贝尔特酒店管理有限公司
地址：上海市黄浦区淮海中路300号52层5218室
…………………………Tel：021-62510252
上海凯硕酒店投资管理有限公司
地址：上海市长宁区天山路1900号2楼A室
…………………………Tel：021-62510382
上海益世餐饮管理咨询有限公司
地址：上海市静安区西康路379号屋顶层13室
…………………………Tel：021-62530628
上海悠游堂投资发展股份有限公司
地址：上海市闵行区鹤庆路398号41幢4层M4045室
…………………………Tel：021-62580133
上海鸿龙晓餐饮娱乐管理有限公司
地址：上海市静安区江宁路188号2、3、4、5楼及4、5楼裙房
…………………………Tel：021-62581586
上海古承酒店管理有限公司
地址：上海市长宁区万航渡路2453号6幢2层2234室
…………………………Tel：021-62597861
上海普天同庆餐饮有限公司
地址：上海市长宁区万航渡路2453号17幢1层、2层
…………………………Tel：021-62597861
上海金色圆梦源餐饮娱乐管理有限公司
地址：中国（上海）自由贸易试验区浦东新区北张家浜路68号5幢502室
…………………………Tel：021-62616475
昱明资产管理（上海）有限公司
地址：宝山区长建路777号967室
…………………………Tel：021-62626217
上海寰城季诺餐饮管理有限公司
地址：上海市长宁区天山路310号703-A室
…………………………Tel：021-62626838
上海安国酒店有限公司
地址：上海市普陀区长寿路600号
…………………………Tel：021-62665000
上海梦岛旅游发展有限公司
地址：上海市徐汇区漕溪北路333号605室
…………………………Tel：021-62705198
上海新发展大酒店有限公司

地址：上海市普陀区大渡河路158号B1区
……………………Tel：021-62708527
上海东钦餐饮管理有限公司
地址：上海市虹口区曲阳路379、383号四层4034室
……………………Tel：021-62732396
上海扬子江大酒店有限公司
地址：上海市延安西路2099号
…………… Tel：021-62750000-2581
三商餐饮管理（上海）有限公司
地址：中国（上海）自由贸易试验区峨山路488号1号楼116室
……………………Tel：021-62766250
上海古井金豪酒店管理有限公司
地址：上海市普陀区长寿路700号
……………………Tel：021-62768888
上海豆荚悦餐饮管理有限公司
地址：上海市静安区华康路118号A-52室
……………………Tel：021-62780157
壹番屋餐饮管理（中国）有限公司
地址：上海市长宁区古北路507号801室、802室、803室
……………………Tel：021-62789525
上海平安娱乐有限公司
地址：上海市静安区南京西路1193号
……………………Tel：021-62790827
津味（上海）餐饮管理有限公司
地址：上海市静安区威海路598号604室
……………………Tel：021-62806585
上海增泽商务娱乐有限公司
地址：上海市延安西路1590号
……………………Tel：021-62808675
上海五观堂餐饮有限公司
地址：上海市长宁区新华路345号
……………………Tel：021-62813667
福迪食餐饮管理（上海）有限公司
地址：上海市嘉定工业区汇源路200号718-1室
……………………Tel：021-62820239
都喜富都酒店管理（上海）有限公司
地址：中国（上海）自由贸易试验区商城路1287号1幢二层、三层305A室
……………………Tel：021-62877108
上海景璨娱乐传媒有限公司
地址：上海市崇明县长兴镇潘园公路1800号3号楼8484室（上海泰和经济发展区）
……………………Tel：021-62882019
上海人寿堂文锦护理院有限公司
地址：上海市长宁区虹桥路2302号6幢B1-6层
……………………Tel：021-62903018
余仁生餐饮管理（上海）有限公司
地址：上海市徐汇区建国西路283号2号楼2305室
……………………Tel：021-62905899
上海海立阁餐饮管理有限公司
地址：上海市长宁区仙霞路697号A5-A7
……………………Tel：021-62909521
上海万特园置业有限公司
地址：上海市闵行区古北路1551弄31号
……………………Tel：021-62958713
上海星嘉娱乐有限公司
地址：上海市普陀区长寿路393号四楼
……………………Tel：021-62983416
乐娱娱乐传媒有限公司
地址：上海市杨浦区隆昌路588_1号26楼2601-136室
……………………Tel：021-63092218
上海新鸿基环贸广场房地产有限公司
地址：上海市徐汇区淮海中路3号B地块
……………………Tel：021-63115588
上海家有好面餐饮管理有限公司
地址：上海市青浦区外青松公路5537号101室
……………………Tel：021-63139878
上海镇三关餐饮管理有限公司
地址：上海市宝山区金石路1688号2-197室
……………………Tel：021-63139928
上海鑫新娱乐有限公司
地址：上海市黄浦区西藏南路1313号底层
……………………Tel：021-63162254
提姆（上海）餐饮管理有限公司
地址：上海市黄浦区黄陂北路227号22层01室
……………………Tel：021-63166616
上海新翔餐饮有限公司
地址：上海市奉贤区庄行镇大叶公路2058弄18号1幢311室
……………………Tel：021-63176198
上海华东酒店管理有限公司
地址：上海市静安区天目西路111号一幢一层东南间101室
……………………Tel：021-63177999
钻美餐饮管理（上海）有限公司
地址：上海市长宁区芙蓉江路36号150室
……………………Tel：021-63179162
上海璨辉酒店管理有限公司
地址：上海市黄浦区国货路10，12号5层
……………………Tel：021-63187288
上海金南娱乐有限公司
地址：上海市黄浦区西藏南路1090弄2号517室
……………………Tel：021-63188656
上海联易酒店管理有限公司
地址：上海市青浦区徐泾镇育才路421号A室
……………………Tel：021-63211111
上海耀青酒店管理有限公司
地址：上海市青浦区徐泾镇京华路26-62号1幢3层A区328室
……………………Tel：021-63211111
哈克桑（上海）餐饮管理有限公司
地址：上海市黄浦区中山东一路18号5层
……………………Tel：021-63219188
贸滬餐饮（上海）有限公司
地址：上海市徐汇区淮海中路999号6层606室、7层705室
……………………Tel：021-63236886
上海锦亚餐饮管理有限公司
地址：上海市浦东新区金桥路999号203室
……………………Tel：021-63253033
上海锦江国际旅游股份有限公司
地址：上海市黄浦区延安东路100号27楼
……………………Tel：021-63264000
上海锦江资本股份有限公司
地址：上海市杨新东路24号316-318室
……………………Tel：021-63264000
朗虹（上海）酒店有限公司
地址：上海市闵行区申虹路333号201室
……………………Tel：021-63268877
上海礼兴酒店有限公司
地址：上海市黄浦区马当路99号1层1室
……………………Tel：021-63268877
上海标成建筑装饰材料有限公司
地址：上海市嘉定区安亭镇方德路200弄175号
……………………Tel：021-63300789
上海忆皓缤纷娱乐有限公司
地址：上海市静安区南京西路580号附楼5层
……………………Tel：021-63306302
炫美餐饮（上海）有限公司
地址：上海市黄浦区西藏南路569号2层230室
……………………Tel：021-63312227
上海新茂房地产开发有限公司
地址：上海市太仓路233号B1层
……………………Tel：021-63316016
麦隆餐饮管理有限公司
地址：上海市闵行区绍虹路99号602室
……………………Tel：021-63330970
米斯特比萨金鹰餐饮管理（上海）有限公司
地址：上海市徐汇区宛平南路75号2401-02室
……………………Tel：021-63336116
上海梦幻几河园林娱乐有限公司
地址：上海市外马路1588号
……………………Tel：021-63357389
上海南新雅大酒店有限公司
地址：上海市黄浦区九江路690号-714号
……………………Tel：021-63500000
上海浦江荟餐饮集团有限公司
地址：中国（上海）自由贸易试验区滨江大道1850号A号楼
……………………Tel：021-63507156
上海粮昭君餐饮管理有限公司
地址：上海市杨浦区翔殷路165号9幢五层（集中登记地）
……………………Tel：021-63507159
上海大都市酒店有限公司
地址：上海市黄浦区湖北路131号101室
……………………Tel：021-63519668
上海新协通国际大酒店有限公司
地址：上海市北京东路390号
……………………Tel：021-63522888
上海顺风餐饮集团股份有限公司
地址：上海市黄浦区西藏中路500号第七层G10-F07-1-001
……………………Tel：021-63527092
上海海浦中心房地产有限公司
地址：上海市永寿路88号
……………………Tel：021-63551889
杏花楼食品餐饮股份有限公司
地址：上海市黄浦区福州路343号
……………………Tel：021-63553777
汉堡王（上海）餐饮有限公司
地址：上海市黄浦区南京西路2号地下一层03室
……………………Tel：021-63595604
吉野家餐饮管理（上海）有限公司
地址：上海市黄浦区新闸路126号1幢二楼208室
……………………Tel：021-63617700
上海普圆餐饮管理有限公司
地址：上海市嘉定区众仁路389号2幢201室
……………………Tel：021-63636463
上海松柏酒店管理有限公司
地址：上海市浦东新区建豪路95号552室
……………………Tel：021-63732937
上海锦江国际酒店股份有限公司
地址：中国（上海）自由贸易试验区杨高南路889号东锦江大酒店商住楼四层（B区域）
……………………Tel：021-63741122
上海华克文化娱乐有限公司
地址：上海市黄浦区宁海东路200号1A、2-3层室
……………………Tel：021-63741188
上海兴荣酒店管理有限公司
地址：浦东新区浦东大道2288号
……………………Tel：021-63761122
上海兴荣瑞璟酒店有限公司
地址：上海市浦东新区浦东大道2288号、万德路1、3号308室
……………………Tel：021-63761122
上海相米酒店管理有限公司
地址：浦东新区泥城镇新城路2号24幢C2272室
……………………Tel：021-63808503
上海礼仕酒店有限公司
地址：上海市黄浦区嵩山路88号1层1室
……………………Tel：021-63870011
上海克顿伙伴电视剧制作有限公司
地址：上海市崇明区长江农场长江大街161号2幢5575室（上海长江经济园区）
……………………Tel：021-63906990
上海元一酒店有限公司
地址：上海市闵行区红松东路1116号503室
……………………Tel：021-64011888
上海金钱豹宴会餐饮管理有限公司
地址：上海市闵行区恒南路1111弄16号712B室
……………………Tel：021-64014599
上海龙辉餐饮管理有限公司
地址：中国（上海）自由贸易试验区张杨路828-838号26楼E、F室
……………………Tel：021-64032575
上海东其娱乐有限公司
地址：上海市闵行区漕宝路1245号4幢2楼
……………………Tel：021-64053976
上海天中文化传播有限公司
地址：上海市徐汇区漕宝路80号2205室
……………………Tel：021-64055009
上海玉墅临枫餐饮管理有限公司
地址：上海市徐汇区漕宝路38号12楼1218室
……………………Tel：021-64059100
上海亚朵商业管理（集团）股份有限公司
地址：上海市浦东新区牡丹路60号10-11层
……………………Tel：021-64059928
上海天鹅湖大酒店有限公司
地址：上海市闵行区合川路3098号21幢一层101室、二层、四层、五层501室
……………………Tel：021-64067923
卡乐星（上海）餐饮管理有限公司
地址：上海市徐汇区天钥桥路30号第22层2211室
……………………Tel：021-64070072
上海锦苑工贸有限公司
地址：共和新路3501号
……………………Tel：021-64072289
上海寰怡餐饮管理有限公司
地址：上海市闵行区三鲁公路2697号3幢
……………………Tel：021-64111079
上海龙亘实业有限公司
地址：上海市奉贤区奉金路469号4幢3层1578室
……………………Tel：021-64135991
食邻（上海）餐饮管理有限公司
地址：上海市浦东新区成山路855弄17号301E室
……………………Tel：021-64177808
上海叶叶酒店管理有限公司
地址：上海市宝山区河曲路118号7329室
……………………Tel：021-64209266
上海融晟酒店管理有限公司
地址：上海市静安区乌鲁木齐北路30弄25号201室
……………………Tel：021-64209565
上海艺灿酒店管理有限公司
地址：上海市徐汇区小木桥路268弄1号楼906室
……………………Tel：021-64226969
上海观艺酒店管理有限公司
地址：上海市徐汇区小木桥路268弄1号楼902室
……………………Tel：021-64226969
上海金仔餐饮管理有限公司
地址：上海市闵行区沪青平公路1209号
……………………Tel：021-64227788
富邑酒店管理（上海）有限公司
地址：浦东新区泥城镇云端路1446弄2号3楼5室
……………………Tel：021-64263722
上海美罗城商业管理有限公司
地址：上海市徐汇区肇嘉浜路1111号
……………………Tel：021-64268380
上海麦乐迪娱乐有限公司
地址：上海市徐汇区龙华西路585号B座5B6-01室
……………………Tel：021-64275690
上海大众大厦有限责任公司
地址：上海市徐汇区中山西路1515号
……………………Tel：021-64288888
上海天泰餐饮服务有限公司
地址：上海市黄浦区汝南街63号404-28单元
……………………Tel：021-64311134
上海帝玛咖啡股份有限公司
地址：上海市长宁区定西路650号6345室
……………………Tel：021-64333333
上海上实南洋大酒店有限公司
地址：上海市静安区威海路500号
……………………Tel：021-64336688
上海鹏远餐饮有限公司
地址：上海市闵行区莲花南路2399号3号楼甲
……………………Tel：021-64346805
上海上勤酒店管理有限公司
地址：上海市徐汇区田林路9-21号、田林路1号6幢二层A室
……………………Tel：021-64367070
上海田浦实业发展有限公司
地址：上海市闵行区古美西路420弄4-6号103室
……………………Tel：021-64380883
上海学庸管理咨询有限公司
地址：上海市徐汇区老沪闵路385号5幢203室
……………………Tel：021-64417799
上海麦乐餐饮管理有限公司
地址：上海市徐汇区天等路400号1幢312室
……………………Tel：021-64417799
上海龙神食品（集团）有限公司
地址：上海市闵行区繁安路618号2幢
……………………Tel：021-64420658
上海兆倍实业有限公司
地址：嘉定区南翔镇嘉好路1690号2幢563室
……………………Tel：021-64465228
丰收日（集团）股份有限公司
地址：上海市黄浦区复兴东路789号4088室
……………………Tel：021-64515166
上海丰祖（集团）有限公司
地址：上海市黄浦区复兴东路789号5088室
……………………Tel：021-64515166
上海万悦颐凯酒店投资管理股份有限公司
地址：上海市虹口区杨树浦路248号2101室
……………………Tel：021-64609995
上海羽扬餐饮管理有限公司
地址：上海市金山区山阳镇卫清东路2312号4幢401室
……………………Tel：021-64636137
上海普世南山旅游开发有限公司
地址：中国（上海）自由贸易试验区碧云路1186号4层
……………………Tel：021-64650395
上海赤坂亭餐饮投资管理有限公司
地址：上海市闵行区鹤庆路398号41幢3层3058室
……………………Tel：021-64659177
上海采华餐饮管理有限公司
地址：上海市徐汇区富民路291号102B室
……………………Tel：021-64668555
上海合发餐饮有限公司
地址：上海市松江区新飞路951号D栋2号
……………………Tel：021-64668555
上海采和物业管理有限公司
地址：上海市徐汇区漕溪路111号
……………………Tel：021-64682794
上海同温层文化娱乐传播有限公司
地址：上海市闵行区元江路5500号第1幢B436
……………………Tel：021-64688000
上海伯衡酒店管理有限公司
地址：上海市徐汇区乌鲁木齐南路55号
……………………Tel：021-64699969
锦江国际旅游中心有限公司
地址：上海市长乐路400号
……………………Tel：021-64726888
捞王（上海）餐饮管理有限公司
地址：上海市杨浦区控江路1142号23幢5122-63室
……………………Tel：021-64755705
上海洛菲斯酒店管理有限公司
地址：上海市奉贤区青村镇奉柘公路3108号2396室
……………………Tel：021-64777776
上海和斯娱乐有限公司
地址：上海市闵行区七宝镇新镇路顾戴路口
……………………Tel：021-64783333
上海到海餐饮管理有限公司
地址：上海市闵行区虹井路288号602、603室

……………………Tel：021-64791379

上海氖朵酒店有限公司
地址：上海市奉贤区环城西路3111弄555号2幢-2598
……………………Tel：021-64811681

上海新龙华大酒店有限公司
地址：上海市徐汇区柳州路138号
……………………Tel：021-64820178

上海手乐电子商务股份有限公司
地址：上海市嘉定区嘉戬公路328号7幢JT2600室
……………………Tel：021-64829587

上海东利多餐饮管理有限公司
地址：上海市嘉定区马陆镇嘉戬公路328号7幢212室
……………………Tel：021-64851671

上海畅星娱乐有限公司
地址：上海市闵行区七莘路1016号第二幢北部一～三层
……………………Tel：021-64989777

上海金富门酒店有限公司
地址：上海市宝山区牡丹江路1285号
……………………Tel：021-65011931

上海丽安娜投资管理有限公司
地址：上海市杨浦区宁武路269号14号楼301室
……………………Tel：021-65113303

上海东客面包有限公司
地址：上海市浦东新区川沙路520号309室
……………………Tel：021-65185004

上海富控互动娱乐股份有限公司
地址：上海市虹口区广粤路437号2幢215室
……………………Tel：021-65287111

上海创思餐饮管理有限公司
地址：上海市虹口区高阳路246号138室
……………………Tel：021-65351020

上海星宇娱乐有限公司
地址：上海市虹口区广灵四路24号甲202室
……………………Tel：021-65361868

上海龟兔餐饮管理有限公司
地址：上海市宝山区长江西路2351号1楼111室
……………………Tel：021-65363565

上海莱金食代餐饮管理有限公司
地址：上海市宝山区长江西路2351号2楼4室-30
……………………Tel：021-65363565

上海天翔大酒店有限公司
地址：上海市虹口区曲阳路701号801室
……………………Tel：021-65445215

上海杨浦文化娱乐有限公司
地址：上海市杨浦区控江路1155号3幢
……………………Tel：021-65636595

上海茶田餐饮管理有限公司
地址：上海市杨浦区国定支路26号2308室
……………………Tel：021-65667679

瓦城餐饮管理有限公司
地址：上海市宝山区同济路60弄48号752室
……………………Tel：021-65676888

上海雨花石餐饮经营管理有限公司
地址：四平路851号
……………………Tel：021-65956988

上海璞金大酒店有限公司
地址：上海市宝山区松兰路879号-7-8-9号
……………………Tel：021-66016699

上海广长电子商务有限公司
地址：上海市闵行区中春路988号第11幢二楼O31室
……………………Tel：021-66017870

上海豫园餐饮食品有限公司
地址：宝山区殷高西路880弄361室
……………………Tel：021-66020538

斐蔬餐饮管理（上海）有限公司
地址：上海市虹口区溧阳路735号2幢2209室
……………………Tel：021-66083177

上海南苑易家酒店管理有限公司
地址：上海市普陀区曹杨路1017号1幢三楼3373室
……………………Tel：021-66115252

上海磐萱实业有限公司
地址：上海市宝山区真陈路1000号6楼B座1630室
……………………Tel：021-66201536

上海尚集医药科技有限公司
地址：宝山区河曲路118号2894室
……………………Tel：021-66210088

上海慧治酒店管理有限公司
地址：上海市宝山区锦乐路947号2幢B0123室
……………………Tel：021-66289077

上海边度餐饮管理有限公司
地址：上海市静安区宝源路285号一层
……………………Tel：021-66289108

上海显达度假酒店有限公司
地址：上海市普陀区交通路2779号10幢
……………………Tel：021-66771078

上海盛香食品有限公司
地址：上海市宝山区铁力路2491-1号
……………………Tel：021-66791507

上海永辰娱乐有限公司
地址：宝山区月浦镇安家路7号
……………………Tel：021-66931268

上海美豪酒店管理股份有限公司
地址：上海市闵行区元江路5500号第2幢706室
……………………Tel：021-66978901

上海琪璞实业发展有限公司
地址：上海市宝山区吉浦路545-551号2432室
……………………Tel：021-66986896

骊隆（上海）酒店管理有限公司
地址：上海市崇明区陈家镇揽海路799弄1号36幢、37幢
……………………Tel：021-67031234

上海谦谷餐饮管理有限公司
地址：上海市奉贤区环城西路3111弄555号4幢-3855
……………………Tel：021-67102881

上海丽洲大酒店有限公司
地址：上海市奉贤区航南公路4988弄28号
……………………Tel：021-67107112

上海众来能源有限公司
地址：上海市奉贤区环城西路2200号第一幢D585室
……………………Tel：021-67187780

上海大济资产经营管理有限公司
地址：上海市松江区泗泾镇沪松公路2565号3幢203室
……………………Tel：021-67617979

上海飞翼餐饮有限公司
地址：上海市松江区新桥镇莘砖公路258号33幢102室
……………………Tel：021-67619522

上海爱德酒店用品有限公司
地址：上海市崇明区横沙乡富民支路58号8690室（上海横泰经济开发区）
……………………Tel：021-67627443

上海泰然餐饮管理有限公司
地址：浦东新区书院镇丽正路1628号4幢1-2层
……………………Tel：021-67635848

暹畅餐饮服务（上海）有限公司
地址：上海市奉贤区海湾镇五四公路4399号37幢1401室
……………………Tel：021-67721089

上海佘山国家旅游度假区联合发展有限公司
地址：上海佘山国家旅游度假区林荫新路1999号
……………………Tel：021-67751806

上海红康娱乐有限公司
地址：上海市金山区石化新城路318号2楼
……………………Tel：021-67960727

上海彼岸桌球娱乐有限公司
地址：上海市金山区金山卫镇南阳湾路1342-1364号（双号）二楼
……………………Tel：021-67960727

上海亢发商贸有限公司
地址：上海市奉贤区四团镇南十街村
……………………Tel：021-68009399

上海临港新城酒店投资管理有限公司
地址：浦东新区临港新城主城区环湖西一路99号1号楼1A01室
……………………Tel：021-68281671

上海万河酒店管理有限公司
地址：上海市浦东新区海阳路681弄5号11-19层,10层02室
……………………Tel：021-68328888

精选餐饮管理（上海）有限公司
地址：上海市浦东机场迎宾大道6000号候机楼3层国际禁区、出发区
……………………Tel：021-68339875

上海南园之星餐饮有限公司
地址：中国（上海）自由贸易试验区临港新片区环湖西二路888号B楼645室
……………………Tel：021-68341509

上海迪昂实业发展有限公司
地址：上海市黄浦区延安东路110号720室
……………………Tel：021-68369083

上海琨玉金银珠宝有限公司
地址：上海市金山区朱泾镇金龙新街528弄1118号-1178
……………………Tel：021-68373013

食全石美有限公司
地址：浦东新区宣桥镇南六公路500号二层D区
……………………Tel：021-68397910

笑辉餐饮管理（上海）有限公司
地址：上海市长宁区虹桥路1386号717室
……………………Tel：021-68411008

上海橙旗金融信息服务有限公司
地址：上海市奉贤区望园路2351弄11号201室
……………………Tel：021-68587666

上海浦东大酒店有限公司
地址：中国（上海）自由贸易试验区浦东南路1888号
……………………Tel：021-68758800

上海亚萨酒店管理有限公司
地址：中国（上海）自由贸易试验区临港新片区环湖西二路888号C楼
……………………Tel：021-68766009

上海浦东鲍香余餐饮有限公司
地址：浦东新区川沙新镇华夏二路701-709号
……………………Tel：021-68785387

上海越城旅游文化发展有限公司
地址：上海市浦东新区申迪东路399弄188号2号楼
……………………Tel：021-68798881

上海昊美旅游文化有限公司
地址：中国（上海）自由贸易试验区祖冲之路2277弄1号301室
……………………Tel：021-68799991

上海保利物业酒店管理集团有限公司
地址：中国（上海）自由贸易试验区浦东南路528号北幢21层05-06室
……………………Tel：021-68801600

默林娱乐（上海）有限公司
地址：中国（上海）自由贸易试验区张杨路2389弄1-2号置汇旭辉广场购物中心L3层3F-01b&32&K1室
……………………Tel：021-68815791

上海浦东新区香格里拉酒店有限公司
地址：中国（上海）自由贸易试验区富城路33号
……………………Tel：021-68828888

上海梅帛实业有限公司
地址：上海市奉贤区青村镇光明浦星公路6965号第2幢1345室
……………………Tel：021-68847887

上海豪普生达商业管理有限公司
地址：上海市浦东机场迎宾大道6000号候机楼国内区、中间区、国际区
……………………Tel：021-68855075

上海紫金山大酒店有限公司
地址：中国（上海）自由贸易试验区东方路778号
……………………Tel：021-68868888

上海四次元文化集团有限公司
地址：上海市奉贤区青村镇钱桥路756号1088室
……………………Tel：021-68888201

上海恒润文化娱乐发展有限公司
地址：上海市奉贤区青村镇奉柘公路2799号2422室
……………………Tel：021-68888201

上海那晔实业有限公司
地址：上海市浦东新区川沙路5278号2号楼3层305室
……………………Tel：021-68905588

特威茶餐饮管理（上海）有限公司
地址：中国（上海）自由贸易试验区英伦路38号七层717室
……………………Tel：021-68906079

上海郑信宫餐饮管理有限公司
地址：中国（上海）自由贸易试验区富城路10号
……………………Tel：021-68915670

上海衡乾餐饮管理有限公司
地址：上海市奉贤区环城西路3111弄555号4幢-456
……………………Tel：021-68953263

比利牛斯餐饮管理股份有限公司
地址：上海市长宁区延安西路726号6楼E座
……………………Tel：021-69017178

汉美酒店管理有限公司
地址：上海市金山区漕泾镇亭卫公路3688号5幢2008室
……………………Tel：021-69136917

上海东耀餐饮管理有限公司
地址：浦东新区祝桥镇祝潘公路1号4幢2层
……………………Tel：021-69225801

上海鑫禾餐饮配送有限公司
地址：上海市青浦区北盈路333、355号2幢一层东侧
……………………Tel：021-69226080

鸭王集团有限公司
地址：上海市嘉定区嘉松北路6996号18楼
……………………Tel：021-69596699

上海天鹤大酒店有限公司
地址：崇明县城桥镇南门路178号
……………………Tel：021-69690000

上海盈博建筑劳务有限公司
地址：崇明区新村乡新村村1450号1幢125室（上海新村经济小区）
……………………Tel：021-69691718

海客瑞斯（上海）实业有限公司
地址：青浦区联民路1881号1幢一层A区102室
……………………Tel：021-69765000

九橙（上海）餐饮服务有限公司
地址：上海市嘉定区菊园新区六里中心路168号
……………………Tel：021-69968277

上海暖暖酒店管理有限公司
地址：中国（上海）自由贸易试验区金新路99号1层、3层、6-26层（部分）
……………………Tel：021-80117888

长荣（上海）酒店有限公司
地址：中国（上海）自由贸易试验区祖冲之路1136号
……………………Tel：021-80169988

上海高乐英餐饮管理有限公司
地址：上海市浦东新区康桥镇沪南路2575号808室
……………………Tel：021-80181617

钧宝娱乐（上海）有限公司
地址：浦东新区新场镇沪南公路7508弄2-24（双）号3层
……………………Tel：021-80197090

上海馔山餐饮管理有限公司
地址：上海市普陀区真北路788号5-001室
……………………Tel：021-80241717

上海星颖餐饮管理有限公司
地址：上海市闵行区平阳路258号一层P1194室
……………………Tel：021-80312300

上海俭直堂集团有限公司
地址：浦东新区航头镇沪南路5268号二层
……………………Tel：021-80322654

上海圣莎酒店投资管理有限公司
地址：浦东新区金桥路2628号305B室
……………………Tel：021-80325824

上海连连看数字娱乐有限公司
地址：上海市静安区万荣路700号7幢A182室
……………………Tel：021-80357777

衣恋（上海）餐饮管理有限公司
地址：上海市闵行区莲花南路3130号第4幢207室
……………………Tel：021-80361818

魔纷娱乐发展（上海）有限公司
地址：上海市徐汇区龙漕路299号2幢1-10层南部第三层302室
……………………Tel：021-80394981

重庆市

重庆长寿乡村旅游发展有限公司
地址：重庆市长寿区桃源大道3号一号商务楼5-6楼
……………………Tel：023-40660530

重庆长寿古镇文化旅游开发有限公司
地址：重庆市长寿区桃源西四路2号长寿古镇C区25栋
……………………Tel：023-40667333

重庆禹舜生态文化旅游发展有限公司
地址：重庆市璧山区璧泉街道福顺大道9号附147、148、149、150号
……………………Tel：023-41400877

重庆鑫顿国际酒店有限责任公司
地址：重庆市合川区南办处南滨西路22号
……………………Tel：023-42871111

重庆丽湖旅游开发有限公司
地址：重庆市双桥经开区通桥镇双湖路2号
……………………Tel：023-43337079

重庆大足石刻国际旅游集团有限公司
地址：重庆市大足区宝顶镇香山社区北宋街195号
……………………Tel：023-43712828

重庆市大足区茂田城市文化旅游发展有限公司
地址：重庆市大足区龙岗街道办事处龙中路89号
……………………Tel：023-43789069

重庆市潼南区两景旅游开发有限公司
地址：重庆市潼南区双江镇正街62号
……………………Tel：023-44213875

重庆市潼南区涪润农业开发有限公司
地址：重庆市潼南区桂林街道办事处向阳路200号（桂林街道5楼20号）
……………………Tel：023-44520999

重庆金至樽娱乐有限公司
地址：重庆市潼南区桂林街道办事处兴潼大道96、98、100号三楼
……………………Tel：023-44597029

重庆市潼南区欢乐迪娱乐城
地址：重庆市潼南区梓潼街道办事处外滩西路2号
……………………Tel：023-44599111

重庆玄天湖旅游投资开发有限公司
地址：重庆市铜梁区南城街道办事处桐梓社区鹿角湾
……………………Tel：023-45616201

重庆中铁安居文化旅游发展有限公司
地址：重庆市铜梁区安居镇油坊街258号
……………………Tel：023-45671999

重庆诚迅城市建设开发有限公司
地址：重庆市铜梁区巴川街道办事处学府大道267号（重庆艺术工程学院内）
……………………Tel：023-45699066

重庆新凯悦酒店投资管理有限公司
地址：重庆市南岸区南滨路22号1栋13-2号
……………………Tel：023-45856666

重庆市万灵山旅游开发集团有限公司
地址：重庆市荣昌区昌州街道昌龙大道43号附2号3-2、3-3
……………………Tel：023-46236911
重庆市兴荣旅游发展有限公司
地址：重庆市荣昌区昌元街道迎宾大道20号2-14
……………………Tel：023-46772711
重庆白沙文化旅游发展管理有限公司
地址：重庆市江津区白沙镇滨江中路115号
……………………Tel：023-47338910
重庆市四面山旅游投资有限公司
地址：重庆市江津区四面山风景名胜区龙潭路3幢1-1号
……………………Tel：023-47666196
重庆市四面山旅游（集团）有限公司
地址：重庆市江津区四面山龙潭路
……………………Tel：023-47666196
重庆市四面山酒店管理有限责任公司
地址：重庆市江津区四面山龙潭路A幢79号、B幢80号
……………………Tel：023-47773999
重庆市云海旅游开发有限公司
地址：重庆市綦江区郭扶镇交通路50号
……………………Tel：023-48699055
重庆市綦江区餐饮文化产业投资有限公司
地址：重庆市綦江区古南街道农场村1组150号附1号
……………………Tel：023-48888022
重庆市永川区名豪饮食娱乐有限公司
地址：重庆市永川区萱花路133-157号
……………………Tel：023-49848888
重庆市开州区盈盛旅游开发有限公司
地址：重庆市开州区汉丰街道锦程社区安康路（开州大道中136号附3号）
……………………Tel：023-52612612
重庆市开州区云顶南山大酒店有限公司
地址：重庆市开州区汉丰街道南元村7组
……………………Tel：023-52630000
重庆湖山投资集团有限公司
地址：重庆市开州区汉丰街道滨湖中路517号
……………………Tel：023-52669601
重庆市开州区爱丁堡歌城（普通合伙）
地址：重庆市开州区汉丰街道凤凰社区滨湖中路下段一号楼
……………………Tel：023-52985555
重庆驿路香餐饮发展有限公司
地址：重庆市梁平区双桂街道昌隆路6号5幢1-7
……………………Tel：023-53255298
云阳巴乡清旅游开发有限公司
地址：重庆市云阳县双江街道迎宾大道288号1幢2-19-D
……………………Tel：023-55128840
重庆市赤甲旅游文化创意开发集团有限责任公司
地址：重庆市奉节县永安街道县政路64号2楼
……………………Tel：023-56515336
奉节县名胜旅游投资有限公司
地址：重庆市奉节县永安街道县政路64号2楼
……………………Tel：023-56515336
重庆奉节生态旅游开发有限公司
地址：重庆市奉节县康乐镇河水村16组
……………………Tel：023-56689323
重庆市巫山旅游发展集团有限公司
地址：重庆市巫山县高唐街道宁江路111号
……………………Tel：023-57585202
渝旅集团有限公司
地址：重庆市万州区白岩一支路98号二楼
……………………Tel：023-58125660
重庆市万州区尼斯酒店有限责任公司
地址：重庆市万州区白岩路3号
……………………Tel：023-58159300
重庆诗仙文化旅游开发有限公司
地址：重庆市万州区天城镇塘坊大道466号行政办公大楼3楼
……………………Tel：023-58661789
重庆大巴山旅游投资开发有限公司
地址：重庆市城口县葛城街道广场路7号
……………………Tel：023-59210860
城口县巴腾旅游开发有限公司
地址：重庆市城口县葛城街道广场路7号
……………………Tel：023-59210860
重庆德尚养老产业发展有限公司
地址：重庆市沙坪坝区晒光坪1-21-4号
……………………Tel：023-6000000
重庆市北碚区餐饮文化产业投资有限公司
地址：重庆市北碚区北温泉街道云华路170号17-1
……………………Tel：023-60300010
华润太平洋餐饮管理（北京）有限公司重庆龙湖时代天街店
地址：重庆市渝中区长江二路174号龙湖时代天街B区2层B-21、B-22号
……………………Tel：023-60332269
重庆悦来两江国际酒店会议管理有限公司
地址：重庆市渝北区悦来滨江大道86号
……………………Tel：023-60358816
岭域文化旅游发展（重庆）有限公司
地址：重庆市九龙坡区谢家湾正街49号43-3号、43-4号、43-5号
……………………Tel：023-60391555
重庆市乐和乐都旅游有限公司
地址：重庆市永川区卫星湖街道凤龙场
……………………Tel：023-61162885
咖世家咖啡（上海）有限公司重庆星光时代店
地址：重庆市南岸区江南大道28号星光时代广场3F层007号
……………………Tel：023-62385815
重庆佳永小天鹅餐饮有限公司
地址：重庆市涪陵区黎明路70号（总部经济楼）2楼210室
……………………Tel：023-62633880
渝乐汤（重庆）度假酒店有限公司
地址：重庆市南岸区铜元局街道风临路2号
……………………Tel：023-62964341
咖世家咖啡（上海）有限公司重庆天地二店
地址：重庆市渝中区瑞天路136号BG01a号商铺
……………………Tel：023-63001335
重庆佳永小天鹅餐饮有限公司渝中区洪鼎食府
地址：重庆市渝中区天成巷402号、412号433B#、414号505A#、414号605A#
……………………Tel：023-63039901
咖世家咖啡（上海）有限公司重庆洪湖东路店
地址：重庆市渝北区洪湖东路1号一层1、4号商铺
……………………Tel：023-63050936
重庆瑞利丰鼎兆餐饮投资中心（有限合伙）
地址：重庆市江北区金源路62号4幢14-6
……………………Tel：023-63065608
重庆餐饮文化产业投资集团股份有限公司
地址：重庆市九龙坡区科园三街46号4-5-1号
……………………Tel：023-63072511
重庆江畔酒店管理有限公司
地址：重庆市渝中区临江路2号
……………………Tel：023-63103999
重庆麦乐迪餐饮娱乐有限公司
地址：重庆市渝中区中华路189号国贸中心6层
……………………Tel：023-63106786
重庆完美天路科技有限公司
地址：重庆市渝北区洪湖西路26号5幢一层
……………………Tel：023-63116000
重庆海宇酒店有限公司
地址：重庆市北碚区双元大道198号
……………………Tel：023-63179881
重庆地科温泉旅游开发有限公司
地址：重庆市北碚区静观镇素心村
……………………Tel：023-63211925
重庆两江有约文化产业发展有限公司
地址：重庆市渝北区黄山大道中段70号两江星界A.B栋第一层2号部分
……………………Tel：023-63418408
重庆戴斯盛天温泉酒店有限公司
地址：重庆市江津区珞璜工业园区大道26号
……………………Tel：023-63436666
重庆悦璃文化旅游发展有限公司
地址：重庆市渝北区悦来街道悦融一路1号
……………………Tel：023-63467198
重庆在之味餐饮管理有限公司
地址：重庆市渝中区瑞天路138号LG层CG01-7、CG01-8号
……………………Tel：023-63638912
重庆佳永小天鹅餐饮有限公司洪崖洞店
地址：重庆市渝中区天成巷403号附2号、附10号424C#
……………………Tel：023-63661940
重庆大都会东方广场有限公司第三餐饮分公司
地址：重庆市渝中区邹容路68号(大都会广场商场)L213A-213B号
……………………Tel：023-63662888
重庆国贸中心大酒店有限公司
地址：重庆市渝中区青年路66号
……………………Tel：023-63666206
重庆国贸中心大酒店有限公司格兰维大酒店
地址：重庆市渝中区青年路66号
……………………Tel：023-63666666
重庆发展置业管理有限公司
地址：重庆市渝北区青枫北路8号B8栋18、19层
……………………Tel：023-63670198
重庆重电实业公司
地址：重庆市渝中区南区路188#
……………………Tel：023-63685808
重庆东广饭店有限公司
地址：重庆市渝中区邹容路68号
……………………Tel：023-63700888
重庆时间记忆餐饮管理有限公司
地址：重庆市渝中区瑞天路6号6楼部分
……………………Tel：023-63711366
咖世家咖啡（上海）有限公司重庆时代广场店
地址：重庆市渝中区邹容路100号LG110、LG120号商铺
……………………Tel：023-63728805
中商恒生酒店管理有限公司
地址：重庆市渝中区中华路1号LG10号-2#
……………………Tel：023-63813637
重庆中瀚旅游发展（集团）有限公司
地址：重庆市渝北区龙溪街道佳园路2号康田凯旋国际1幢1-4
……………………Tel：023-63838015
重庆街吧餐饮管理有限公司
地址：重庆市北部新区金开大道56号11层3号
……………………Tel：023-63857115
重庆佳永小天鹅餐饮有限公司渝中区民权路分公司
地址：重庆市渝中区民权路26号6楼03号商铺
……………………Tel：023-63923298
重庆山水都市旅游开发有限公司
地址：重庆市南川区南城街道办事处三汇路93号
……………………Tel：023-64569002
重庆汤问餐饮文化有限公司
地址：重庆市沙坪坝区西双大道21号2幢5-8
……………………Tel：023-65600806
重庆沙坪坝文化旅游发展有限责任公司
地址：重庆市沙坪坝区土主镇土主中路199号附639号
……………………Tel：023-65707215
重庆弘阳欧中国际旅游文化发展有限公司
地址：重庆市北部新区经开园金渝大道83号15幢10-4
……………………Tel：023-65854299
重庆融创铭晟文化旅游发展有限公司
地址：重庆市沙坪坝区土主镇月台路18号【口岸贸易服务大厦】B1单元9楼903室92号
……………………Tel：023-65858020
重庆荣富邦厨具设备有限公司
地址：重庆市南岸区腾龙大道56号附95号
……………………Tel：023-66481626
华润太平洋餐饮管理（北京）有限公司重庆星光六八店
地址：重庆市江北区洋河一路68号（星光68广场）L2层03B号商铺
……………………Tel：023-67026215
重庆旅游投资集团有限公司
地址：重庆市江北区北滨一路526号
……………………Tel：023-67062000
希杰福味园（重庆）餐饮管理有限公司
地址：重庆市江北区北城天街6、8号龙湖北城天街X馆-3F006a、X馆-3F006b
……………………Tel：023-67110908
希杰福味园（重庆）餐饮管理有限公司时代天街店
地址：重庆市渝中区时代天街1号、2号（龙湖时代天街）A馆-L1-54号商铺
……………………Tel：023-67110908
重庆云飞酒店管理有限公司
地址：重庆市潼南区桂林街道办事处54-1号地块
……………………Tel：023-67166789
重庆渝北华地王朝大酒店有限公司
地址：重庆市渝北区双龙湖街道兰馨大道24号港城国际售房部3-办公用房
……………………Tel：023-67219386
重庆统景旅游开发有限公司
地址：重庆市渝北区统景镇景泉路66号
……………………Tel：023-67288596
重庆市泽胜御临景区管理有限公司
地址：重庆市渝北区龙兴镇迎龙大道19号
……………………Tel：023-67345487
重庆两江新区瑞尔酒店管理有限公司
地址：重庆市江北区鱼嘴镇长和路73号
……………………Tel：023-67349888
天来酒店有限公司
地址：重庆市北部新区高新园金开大道7号第一层
……………………Tel：023-67395577
重庆佳源中恒文化旅游开发有限公司
地址：重庆市江北区海尔路319号4-1-1-80
……………………Tel：023-67470379
重庆长江三峡旅游开发有限公司
地址：重庆市渝北区新牌坊一路139号
……………………Tel：023-67520567
重庆长江黄金游轮有限公司
地址：重庆市大渡口区春晖南路1号4-2第4层8号房
……………………Tel：023-67524845
咖世家咖啡（上海）有限公司重庆中渝广场店
地址：重庆市渝北区红锦大道100号L108
……………………Tel：023-67526533
重庆大零娱乐有限公司
地址：重庆市江北区庆云路2号一层L111b号商铺、L114号商铺
……………………Tel：023-67532216
重庆万汇置业有限公司
地址：重庆市江北区兴隆路26号
……………………Tel：023-67666313
重庆财信丽晶酒店有限公司
地址：重庆市江北区红黄路1号1幢23-1至23-4
……………………Tel：023-67675588
重庆饭巢餐饮文化有限公司
地址：重庆市渝北区财富大道1号16-9
……………………Tel：023-67700366
重庆两江假日酒店管理有限公司
地址：重庆市江北区北滨一路526号二层
……………………Tel：023-67715800
上海适达餐饮管理有限公司重庆建新北路店
地址：重庆市江北区建新北路68号星光68广场第LG层第05号
……………………Tel：023-67716293
重庆旅游产业发展（集团）有限公司
地址：重庆市江北区金融街.重庆市金融中心街B幢6-1
……………………Tel：023-67721315
重庆凯撒门文化传播有限公司
地址：重庆市江北区兴隆路10号303
……………………Tel：023-67726752
重庆富万酒店管理有限公司
地址：重庆市万州区北滨大道二段1001号
……………………Tel：023-67733288
重庆万驰酒店管理有限公司
地址：重庆市南岸区江南大道10号重庆富力艾美酒店20-2
……………………Tel：023-67733288
重庆喜地山戴斯大酒店有限公司
地址：重庆市渝北区双凤桥街道金港国际10/11幢裙楼幢-2-25
……………………Tel：023-67875766
喜地山东方餐饮管理有限公司
地址：重庆市江北区杨河一村78号17-1-2
……………………Tel：023-67875766
重庆华邦颐康旅游发展有限责任公司
地址：重庆市北部新区人和星光大道69号（办公楼）1-1室
……………………Tel：023-67886900
重庆市伊可莎大酒店有限责任公司
地址：重庆市两江新区昆仑大道44号
……………………Tel：023-67893333
重庆博瑞恒祥旅游开发有限公司
地址：重庆市双桥经开区双龙西路61号
……………………Tel：023-67956723
上海适达餐饮管理有限公司重庆长江二路店
地址：重庆市渝中区长江二路174号龙湖时代天街A馆-L5-17号商铺
……………………Tel：023-68006344
重庆堃骄餐饮文化管理有限公司
地址：重庆市奥林匹克体育中心北区2楼3号至9号
……………………Tel：023-68058500
重庆佳宇英皇酒店有限公司
地址：重庆市九龙坡区杨家坪直港大道206号
……………………Tel：023-68129999
重庆渝隆资产管理有限公司
地址：重庆市九龙坡区华龙大道4号8栋22号
……………………Tel：023-68422670
上海适达餐饮管理有限公司重庆文体路店
地址：重庆市大渡口区文体路88号壹街购物中心1114号商铺
……………………Tel：023-68492790
深圳棒约翰餐饮管理有限公司重庆国泰广场店
地址：重庆市渝中区邹容路108号国泰广场商场L2层7,8号商铺
……………………Tel：023-68575505
重庆陶然居饮食文化（集团）股份有限公司
地址：重庆市九龙坡区含谷镇谷中街11号1-1号
……………………Tel：023-68624666
上海适达餐饮管理有限公司重庆珠江路店
地址：重庆市珠江路48号2幢3层3F04号商铺
……………………Tel：023-68642431
咖世家咖啡（上海）有限公司重庆国金中心店
地址：重庆市江北区江北城北大街38号国金中心商场第三层L336号
……………………Tel：023-68722096
重庆恒寿旅游开发有限公司
地址：重庆市长寿区长寿湖镇湖滨路53号富盈长寿湖商业广场项目9号楼附18号

……………………Tel：023－68795555

上海适达餐饮管理有限公司重庆日月光店
地址：重庆市渝中区民权路89号（日月光中心广场）B1层B1035商铺
……………………Tel：023－68804414

汉庭星空（上海）酒店管理有限公司重庆大坪店
地址：重庆市渝中区大坪正街116号1幢
……………………Tel：023－68806888

格林豪泰酒店（中国）有限公司重庆第一分公司
地址：重庆市九龙坡区谢家湾正街76、78号
……………………Tel：023－68855998

重庆金刀峡旅游开发有限责任公司
地址：重庆市北碚区金刀峡镇小塘村1号
……………………Tel：023－68862729

重庆青水间旅游开发有限公司
地址：重庆市合川区合阳城街道办事处财富天街9号2幢20层2005
……………………Tel：023－68913202

重庆市碧桂园凤城酒店有限公司
地址：重庆市长寿区文苑大道7号
……………………Tel：023－68988888

重庆丰都名山旅游（集团）有限公司
地址：重庆市丰都县名山街道名山路152号
……………………Tel：023－70613323

丰都县旅游发展有限公司
地址：重庆市丰都县三合街道平都大道东段138号三层、四层
……………………Tel：023－70706933

重庆市丰都县餐饮文化产业投资有限公司
地址：重庆市丰都县三合街道龙城大道228号（一期）
……………………Tel：023－70718269

重庆市南川区惠农文化旅游发展集团有限公司
地址：重庆市南川区西城街道办事处渝南大道10号传媒中心
……………………Tel：023－71411598

重庆悦景文化旅游发展有限公司
地址：重庆市南川区西城街道办事处渝南大道10号传媒中心
……………………Tel：023－71433389

重庆国际赛车场旅游综合开发有限公司
地址：重庆市南川区西城街道办事处渝南大道10号传媒中心
……………………Tel：023－71992333

重庆市涪陵区华景酒店管理有限公司
地址：重庆市涪陵新区太白大道18号
……………………Tel：023－72166888

重庆市涪陵交通旅游建设投资集团有限公司
地址：重庆市涪陵区兴华东路（荔枝顺江1、2社）C区负1层至13层
……………………Tel：023－72275997

重庆涪陵华地王朝大酒店有限公司
地址：重庆市涪陵区点易路66号江北办事处办公楼4001室
……………………Tel：023－72319885

重庆回味碗餐饮文化集团有限公司
地址：重庆市江北区观音桥步行街2号附23号23－10
……………………Tel：023－73324777

重庆黄水旅游投资有限公司
地址：重庆市石柱土家族自治县南宾镇玉带南街13号（老邮局5楼）
……………………Tel：023－73377801

酉阳桃花源旅游地产开发有限责任公司
地址：重庆市酉阳县桃花源镇城北社区（源泉新路3号）
……………………Tel：023－75557477

酉阳县怡豪大酒店有限公司
地址：重庆市酉阳县钟多镇城北新区
……………………Tel：023－75666666

重庆大河口旅游开发有限责任公司
地址：重庆市酉阳县苍岭镇苍岭村三组
……………………Tel：023－75671155

酉阳县桃花源旅游投资（集团）有限公司
地址：重庆市酉阳县钟多镇桃花源大道桃源金水岸
……………………Tel：023－75685777

秀山县秀锋娱乐有限公司
地址：重庆市秀山县武陵山农产品综合交易市场（中药材交易中心花灯美食街5号）C栋2层1－13、25－58号
……………………Tel：023－76661757

秀山县融城文化旅游开发有限公司
地址：重庆市秀山县中和街道解放居委会
……………………Tel：023－76888981

秀山县华城文化旅游开发有限公司
地址：重庆市秀山县中和街道解放居委会
……………………Tel：023－76888982

秀山县西街文化旅游开发有限公司
地址：重庆市秀山县中和街道站前新区2号楼3－22
……………………Tel：023－76888982

重庆洲扬文化旅游开发有限责任公司
地址：重庆市秀山县梅江镇两路村两路口组
……………………Tel：023－76899887

重庆华邦酒店旅业有限公司
地址：重庆市武隆区仙女山森林公园侯家坝
……………………Tel：023－77737656

重庆市阳光童年旅游开发有限公司
地址：重庆市武隆区仙女山镇黄家湾金鼎山广场116号
……………………Tel：023－77823500

重庆九黎旅游控股集团有限公司
地址：重庆市彭水县汉葭镇北门乌江商贸园汇景4#2－1
……………………Tel：023－78492078

彭水县盐丹文化旅游开发有限公司
地址：重庆市彭水县靛水街道张家坝社区一组
……………………Tel：023－78492078

彭水县摩围山旅游开发有限公司
地址：重庆市彭水县靛水街道洋蕉村红椿坨
……………………Tel：023－78495778

重庆九黎旅游股份有限公司
地址：重庆市彭水县靛水街道张家坝居委一组
……………………Tel：023－78839555

重庆市黔江区旅游投资开发有限公司
地址：重庆市黔江区正阳街道黔州大道西段50号博宏大厦1幢2－3、2－4、2－5
……………………Tel：023－79081176

重庆橘城旅游投资开发有限责任公司
地址：重庆市忠县忠州街道香山二路1号第二层3号、4号
……………………Tel：023－81199109

重庆浙商酒店有限公司
地址：重庆市渝北龙兴镇迎龙大道19号
……………………Tel：023－81391827

重庆合川华地王朝酒店有限责任公司
地址：重庆市合川区南津街办事处中南路678号
……………………Tel：023－85136666

重庆华地王朝大酒店有限公司
地址：重庆市大足区棠香街道办事处五星大道386号
……………………Tel：023－85226666

壹国华汇（重庆）旅游开发有限责任公司
地址：重庆市永川区凤栖路44号附12号
……………………Tel：023－85351199

重庆金科两江大酒店有限公司
地址：重庆市涪陵区滨江大道二段6号
……………………Tel：023－85677777

上海适达餐饮管理有限公司重庆万州万达店
地址：重庆市万州区北滨大道二段998号五幢3049号商铺
……………………Tel：023－85727577

奉节县皇廷大酒店有限公司
地址：重庆市奉节县永安街道平湖街98号
……………………Tel：023－85991588

重庆奉节工业有限公司
地址：重庆市奉节县朱衣镇胡家社区2组
……………………Tel：023－85998361

重庆墨迹文化娱乐有限公司
地址：重庆市渝北区龙兴镇两江大道618号
……………………Tel：023－86011118

重庆巴尔德尔酒店管理有限公司
地址：重庆市渝北区回兴街道两港大道258号
……………………Tel：023－86018888

重庆润築生态旅游发展有限公司
地址：重庆市南岸区南滨路22号2栋9－2号
……………………Tel：023－86305981

重庆上邦酒店有限公司
地址：重庆市九龙坡区上邦路3号
……………………Tel：023－86638899

重庆朗悦商务酒店有限公司
地址：重庆市江北区西环路8号B幢15－20层
……………………Tel：023－86815727

重庆九卡商业运营管理有限公司
地址：重庆市南岸区崇文路45号84幢自编3号
……………………Tel：023－86816730

重庆奥格斯酒店管理有限公司
地址：重庆市渝北区龙山街道龙山一路296号祈年悦城6幢1－商业6
……………………Tel：023－86961111

重庆市潼南区旅游开发（集团）有限公司
地址：重庆市潼南区梓潼街道办事处石院街118号
……………………Tel：023－87280016

重庆山水主题小镇娱乐发展有限公司
地址：重庆市璧山区璧泉街道双星大道369号后勤服务中心302－3室
……………………Tel：023－87386709

重庆山水主题小镇文化旅游发展有限公司
地址：重庆市璧山区璧泉街道双星大道369号后勤大楼C区302
……………………Tel：023－87386709

重庆山水主题小镇酒店管理有限公司
地址：重庆市璧山区璧泉街道双星大道369号后勤服务中心302－3室
……………………Tel：023－87386709

重庆市万州区星歌餐饮娱乐有限公司
地址：重庆市万州区北滨大道二段998号5幢附8号
……………………Tel：023－87666623

重庆富雅云端假日酒店有限公司
地址：重庆市武隆县仙女山镇银杏大道一号
……………………Tel：023－87700888

百胜餐饮（武汉）有限公司必胜客万州万达餐厅
地址：重庆市万州区北滨大道二段998号五幢1040、2042A、2042B商铺
……………………Tel：023－88037532

百胜餐饮（武汉）有限公司必胜客重庆上海城餐厅
地址：重庆市南岸区南坪西路32号百联南岸上海城
……………………Tel：023－88037532

百胜餐饮（武汉）有限公司必胜客重庆茂业餐厅
地址：重庆市江北区建新北路16号1层、2层
……………………Tel：023－88037532

百胜餐饮（武汉）有限公司必胜客重庆黔江餐厅
地址：重庆市黔江区城东办事处解放路大十字购物广场AB幢总层数32层1－1、2－1号商铺
……………………Tel：023－88037532

百胜餐饮（武汉）有限公司必胜客重庆北碚万达餐厅
地址：重庆市北碚区冯时行路300号（万达广场）1A017号商铺
……………………Tel：023－88037532

百胜餐饮（武汉）有限公司必胜客重庆观音桥餐厅
地址：重庆市江北区渝北二村一支路英利大厦一、二层
……………………Tel：023－88037532

百胜餐饮（武汉）有限公司必胜客重庆财富中心餐厅
地址：重庆市渝北区洪湖东路1号负1号
……………………Tel：023－88037532

百胜餐饮（武汉）有限公司必胜客重庆松青路餐厅
地址：重庆市大渡口区松青路1099号（新天泽国际广场）一层、二层
……………………Tel：023－88037532

百胜餐饮（武汉）有限公司必胜客重庆大学城餐厅
地址：重庆市沙坪坝区景苑路8号附1号一层、二层
……………………Tel：023－88037532

百胜餐饮（武汉）有限公司必胜客巴南万达餐厅
地址：重庆市巴南区渝南大道297号万达广场1B025号商铺
……………………Tel：023－88037532

百胜餐饮（武汉）有限公司必胜客重庆泽科弹子石餐厅
地址：重庆市南岸区群慧路7号（泽科“星泽汇”购物中心）L1－02B、L2－01、L2－02商铺
……………………Tel：023－88037532

百胜餐饮（武汉）有限公司必胜客重庆金渝路餐厅
地址：重庆市北部新区汇流路1号
……………………Tel：023－88037532

百胜餐饮（武汉）有限公司必胜客重庆万达广场餐厅
地址：重庆市南岸区江南大道8号万达广场商业1号1层1011号商铺、2层2013号、2015号商铺
……………………Tel：023－88037532

百胜餐饮（武汉）有限公司必胜客重庆时代天街餐厅
地址：重庆市渝中区长江二路174号龙湖时代天街1号L1－L2层
……………………Tel：023－88037532

百胜餐饮（武汉）有限公司重庆必胜客华宇餐厅
地址：重庆市沙坪坝区小龙坎新街29号1－2层
……………………Tel：023－88037532

百胜餐饮（武汉）有限公司必胜客重庆金开大道餐厅
地址：重庆市北部新区金开大道70号星光天地1层1号商铺
……………………Tel：023－88037532

百胜餐饮（武汉）有限公司必胜客重庆融信餐厅
地址：重庆市沙坪坝区渝碚路50号融信大厦商业裙楼一层－二层
……………………Tel：023－88037532

百胜餐饮（武汉）有限公司必胜客重庆万象城餐厅
地址：重庆市九龙坡区谢家湾正街55号第LG层LG146号商铺
……………………Tel：023－88037532

百胜餐饮（武汉）有限公司必胜客重庆綦江九龙大道餐厅
地址：重庆市綦江区文龙街道九龙大道15号（老法院片区）名扬国际广场6栋附2号、附3号、1－78号、1－79号、2－57号、2－58号、2－59号、2－60号、2－61号、2－62号、2－63号
……………………Tel：023－88037532

百胜餐饮（武汉）有限公司必胜客重庆北城天街餐厅
地址：重庆市江北区洋河路6、8号北城天街4号3F
……………………Tel：023－88037532

百胜餐饮（武汉）有限公司必胜客重庆江北机场餐厅
地址：重庆市渝北区双凤桥街道渝航路0（重庆机场）T3A航站楼三层中心商业区L3E38、L3E72
……………………Tel：023－88037532

百胜餐饮（武汉）有限公司必胜客重庆大坪餐厅
地址：重庆市渝中区大坪正街19号一层、二层
……………………Tel：023－88037532

百胜餐饮（武汉）有限公司必胜客重庆红星广场餐厅
地址：重庆市渝北区金开大道1003号一、二层L1－27－b、L2－26商铺
……………………Tel：023－88037532

百胜餐饮（武汉）有限公司必胜客重庆八一路餐厅
地址：重庆市渝中区八一路183号平街二楼
……………………Tel：023－88037587

重庆羽天承汇文化旅游发展有限公司
地址：重庆市江北区庆云路6号13－1至13－3、13－5至13－13
……………………Tel：023－88192888

重庆橡树林酒店管理有限公司
地址：重庆市经开区青龙路36号7栋1楼
……………………Tel：023－88608666

乡村基（重庆）投资有限公司
地址：重庆市黔江区正阳工业园区园区路白家河标准化厂房A栋5楼
……………………Tel：023－88668866

重庆兴红得聪餐饮管理有限公司
地址：重庆市渝中区中华路178号18－1
……………………Tel：023－88668866

重庆迅升酒店管理有限公司
地址：重庆市南岸区南滨路22号2幢5层
……………………Tel：023－88668888

重庆海印餐饮管理有限公司
地址：重庆市渝北区龙塔街道渝鲁大道666号鲁能星城七街区14幢
……………………Tel：023－88707210

重庆星游娱乐有限公司
地址：重庆市两江新区黄山大道中段6号（星汇两江艺术商业中心第四区一、二层）附18－12－0013
……………………Tel：023－88957621

重庆万达酒店管理有限公司
地址：重庆市南岸区江南大道8号
……………………Tel：023－88962000

重庆两江丽景酒店有限公司
地址：重庆市渝中区双钢路3号
……………………Tel：023－89065555

重庆洲际酒店投资有限公司
地址：重庆市渝中区民族路101号
……………………Tel：023－89066001

丽晶国际酒店有限公司
地址：重庆市江北区金沙门路66号
……………………Tel：023－89088888

重庆隆鑫文化旅游产业集团有限公司
地址：重庆市九龙坡区石坪桥横街2号附5号
……………………Tel：023－89666666

河北省

邯郸市赵都大酒店有限公司
地址：邯郸市丛台区中华大街74号
……………………Tel：0310－2113501

邯郸市丽都国际大酒店有限公司
地址：邯郸市丛台区人民东路328号
……………………Tel：0310－3018888

河北大浪娱乐服务有限公司
地址：河北省邯郸市邯山区中华南4号小区10号楼4单元7号
……………………Tel：0310－3087171

河北华饶娱乐服务有限公司
地址：邯郸市复兴区复兴路56号邯郸市服务公司综合楼
……………………Tel：0310－3087222

邯郸市七克拉文化娱乐有限公司
地址：河北省邯郸市东环北路133号江泉大厦四层401号
……………………Tel：0310－3187777

九合渠生态旅游开发有限公司
地址：河北省邯郸市峰峰矿区峰峰镇鼓山中街（峰峰镇政府院内）

…………………………Tel：0310－3206667
河北梦幻赵都餐饮服务有限公司
地址：河北省邯郸市复兴区联防西路178号锦玉鑫旺大厦2102室
…………………………Tel：0310－3258088
邯郸爱新艺文化娱乐有限公司
地址：河北省邯郸市丛台区联纺路505号新龙大厦阳光天鸿广场C座5层
…………………………Tel：0310－3650888
河北红色文化旅游发展有限公司
地址：河北省邯郸市涉县经济开发区
…………………………Tel：0310－3922936
邯郸市成语小镇酒店管理有限公司
地址：河北省邯郸市丛台区滏东北大街555号国际会展中心428室
…………………………Tel：0310－5511668
邯郸市新影艾伊斯克生态旅游开发有限公司
地址：河北省邯郸市峰峰矿区临水镇滏阳东路44号
…………………………Tel：0310－5515772
邯郸市公共交通集团有限公司
地址：邯郸市复兴区人民西路43号
…………………………Tel：0310－5602025
邯郸市招商大酒店有限公司
地址：邯郸市丛台区联纺东路５１２号
…………………………Tel：0310－5706665
邯郸市渤海老渔民餐饮娱乐有限公司
地址：邯郸市邯山区陵园路128号
…………………………Tel：0310－5768211
河北西湾旅游开发有限公司
地址：河北省邯郸市武安市活水乡常王庄村
…………………………Tel：0310－5781817
邯郸市海沐温泉假日酒店有限公司
地址：河北省邯郸市永年区永合会镇新安村村东
…………………………Tel：0310－6788903
鸡泽县自荐之路旅游有限公司
地址：河北省邯郸市鸡泽县人民路中段文化广场内
…………………………Tel：0310－7559632
河北万景旅游开发集团有限公司
地址：河北省邯郸市涉县涉城镇将军路1号
…………………………Tel：0310－7915999
五谷源餐饮管理股份有限公司
地址：河北省邯郸市丛台路495号中道大厦四层401号
…………………………Tel：0310－8027196
唐山湾国际旅游岛安通建筑有限公司
地址：唐山湾国际旅游岛林场
…………………………Tel：0311－5
石家庄市藁城区旭丰餐饮娱乐有限公司
地址：石家庄经济技术开发区扬子路6号
…………………………Tel：0311－66571248
石家庄鹏鸿贸易有限公司
地址：石家庄长安区煤机街８号（原１号）
…………………………Tel：0311－66619345
河北汉城旅游开发有限公司
地址：河北省邢台市柏乡县槐东大街8号
…………………………Tel：0311－66665197
石家庄勒泰欧悦体育娱乐有限公司
地址：石家庄长安区中山东路39号勒泰中心F5－04
…………………………Tel：0311－66767666
河北刘秀文化旅游开发有限公司
地址：河北省石家庄市高邑县高邑镇光武路花园村村东
…………………………Tel：0311－67260828
定州盈瑞酒店管理有限公司
地址：定州市南城区回民街54号
…………………………Tel：0311－67666668
石家庄市金庄餐饮服务有限公司
地址：石家庄桥西区中山西路506号综合楼地上六层603
…………………………Tel：0311－67798168
石家庄市金庄餐饮服务有限公司
地址：石家庄桥西区中山西路506号综合楼地上六层603
…………………………Tel：0311－67798168
平山西柏坡柏里水乡旅游开发有限公司
地址：河北省石家庄市平山县西柏坡镇柏里村柏里水乡游客中心
…………………………Tel：0311－68011331
河北兆丰酒店服务有限公司
地址：石家庄市鹿泉区大河镇徐家庄村西
…………………………Tel：0311－68039868
河北元南旅游开发有限公司
地址：河北省石家庄市平山县古月镇黑山口村
…………………………Tel：0311－68055932
源味真品餐饮管理有限公司
地址：河北省石家庄市桥西区友谊南大街106号中环广场14层D室
…………………………Tel：0311－68120094
河北新石尚旅游开发有限公司
地址：河北省石家庄市井陉县城建设南路12号
…………………………Tel：0311－82376009
河北太陉文化旅游开发有限公司
地址：河北省石家庄市井陉县于家乡于家村新建区游客中心二楼
…………………………Tel：0311－82376065
河北漫山花溪谷生态旅游开发有限公司
地址：河北省石家庄市灵寿县南营乡漫山村
…………………………Tel：0311－82601111
河北红崖山旅游开发有限公司
地址：河北省石家庄市平山县温塘镇鹿台村
…………………………Tel：0311－82800923
正定县开元旅游开发有限公司
地址：正定县常山西路52号（中国银行五楼）
…………………………Tel：0311－83706653
石家庄大歌星餐饮娱乐有限公司
地址：石家庄裕华区槐安东路123号万达广场2楼
…………………………Tel：0311－85030000
河北国林投资管理有限公司
地址：河北省石家庄市裕华区育才街168号中茂海悦写字楼9层908A室
…………………………Tel：0311－85178208
河北旅投文化旅游发展有限公司
地址：石家庄市裕华西路裕园广场A座12层
…………………………Tel：0311－85205855
石家庄市闪凝文化传播有限公司
地址：河北省石家庄市长安区体育北大街56号美丽华大酒店2502室
…………………………Tel：0311－85268968
河北旅投国际酒店管理集团有限公司
地址：石家庄桥西区裕华西路9号裕园广场A座20楼
…………………………Tel：0311－85277171
河北旅游投资集团股份有限公司
地址：石家庄市裕华西路9号裕园广场A座12楼
…………………………Tel：0311－85278881
石家庄悦泰酒店有限公司
地址：河北省石家庄市长安区中山路39号勒泰中心C座B3－F5，F7－F21
…………………………Tel：0311－85369022
河北瑞捷酒店管理有限公司
地址：石家庄市东大街5号开元金融中心27层2701－E室
…………………………Tel：0311－85369899
河北怀特天桂山旅游开发有限公司
地址：河北省石家庄市平山县北冶乡燕尾庄村星河避暑山庄
…………………………Tel：0311－85826651
河北华宁餐饮服务有限公司
地址：河北省石家庄市新华区九中街16号华宁春天大厦708、709室
…………………………Tel：0311－85834999
石家庄堂悦餐饮管理有限公司
地址：河北省石家庄市栾城区冶河镇北辛庄村信步闲庭小区西门北侧
…………………………Tel：0311－85875333
河北劝业场酒店管理有限公司
地址：石家庄市中山东路51号
…………………………Tel：0311－85914663
河北聚军文化旅游发展有限责任公司
地址：河北省石家庄市裕华区槐中路育才街宾南花园C座1单元701室
…………………………Tel：0311－85967731
石家庄亚太大酒店
地址：石家庄裕华区青园街２１５号
…………………………Tel：0311－85999630
河北宝华旅游发展有限公司
地址：河北省石家庄市桥西区裕华东路49号中天世都商务公馆5层
…………………………Tel：0311－86662009
石家庄云臻金陵世贸广场酒店有限公司
地址：石家庄长安区中山东路３０３号
…………………………Tel：0311－86678888
石家庄云瑞国宾酒店有限公司
地址：石家庄市长安区中山东路99号
…………………………Tel：0311－86911666
河北燕山大酒店有限责任公司
地址：石家庄市裕华西路40号
…………………………Tel：0311－87012233
石家庄海泽盛悦酒店管理有限责任公司
地址：河北省石家庄市桥西区裕华西路66号海悦国际8层
…………………………Tel：0311－87030666
石家庄市银泰商贸有限公司
地址：石家庄市鹿泉区获鹿镇北斗路银山花园新区10＃商业楼一层
…………………………Tel：0311－87567068
河北慧谷餐饮管理有限公司
地址：石家庄高新区黄河大道118号新华大厦1506室
…………………………Tel：0311－87652221
石家庄新干线客运有限公司
地址：河北省石家庄市新华区惠中南街19号
…………………………Tel：0311－87710606
河北冀铁天佑宾馆有限公司
地址：河北省石家庄市长安区中山东路９７号
…………………………Tel：0311－87911010
河北金圆天洋餐饮管理服务有限公司
地址：河北省石家庄市新华区新华路219号金恒基.鹿城707室
…………………………Tel：0311－87987370
石家庄丰捷餐饮管理有限公司
地址：河北省石家庄市鹿泉区石获北路83号
…………………………Tel：0311－88339696
河北瀚文建设工程集团有限公司
地址：河北省石家庄市长安区谈南路12号熙和商务606室
…………………………Tel：0311－88888757
石家庄真园府文化旅游发展有限公司
地址：正定县河堤路1号
…………………………Tel：0311－89197979
石家庄江南文化旅游发展有限公司
地址：正定县河堤路1号
…………………………Tel：0311－89197979
石家庄石门制造酒店管理集团有限责任公司
地址：石家庄市长安区中山东路195号
…………………………Tel：0311－89266950
石家庄石门制造酒店管理集团有限责任公司
地址：石家庄市长安区中山东路195号
…………………………Tel：0311－89266950
石家庄安悦酒店有限公司
地址：河北省石家庄市正定新区园博园大街1号
…………………………Tel：0311－89668010
石家庄文化旅游投资集团有限公司
地址：中国（河北）自由贸易试验区正定片区正定新区石家庄传媒大厦16楼
…………………………Tel：0311－89889251
保定市颂颂娱乐服务有限公司
地址：河北省保定市莲池区裕华西路269号
…………………………Tel：0312－2013398
保定市西大街旅游发展有限公司
地址：保定市莲池区东大街169号
…………………………Tel：0312－2135555
保定贺阳教育投资有限公司
地址：保定市南二环1956号
…………………………Tel：0312－2195678
保定卓润酒店管理有限公司
地址：白洋淀温泉城一号公路北侧、五号公路西侧
…………………………Tel：0312－2438888
定州睿裕酒店有限公司
地址：定州市中山东路北侧（崇文街42号）
…………………………Tel：0312－2720000
悦动国际酒店有限公司
地址：河北省保定市高碑店市七一路南侧33号
…………………………Tel：0312－2858883
保定杰拉佛儿童娱乐有限公司
地址：河北省保定市竞秀区朝阳北大街99号万博广场三层302号
…………………………Tel：0312－3011011
保定深度休闲俱乐部有限公司
地址：保定市时代路55号
…………………………Tel：0312－3050666
保定唐人美食山餐饮有限公司
地址：保定市天鹅西路111号
…………………………Tel：0312－3166666
保定市金悦正和餐饮有限公司
地址：保定市复兴中路鑫和花园
…………………………Tel：0312－3190665
保定市绿雅旅游开发有限公司
地址：保定市竞秀区江城乡大激店村农业生态园内商用
…………………………Tel：0312－3227062
河北正迪旅游开发有限公司
地址：河北省保定市清苑区清苑北街437号
…………………………Tel：0312－3278153
涿州利兹假日酒店管理有限公司
地址：涿州市石佛林场（京都商务主题公园花园）商业街3号
…………………………Tel：0312－3705111
华侨城涿州文化旅游开发有限公司
地址：涿州市开发区范阳东路3号开发区管委会5楼506室
…………………………Tel：0312－3750376
涿州阳光大酒店有限公司
地址：范阳东路高速路出口
…………………………Tel：0312－3855818
涞水县野三坡洛伽餐饮娱乐有限公司
地址：涞水县三坡镇都衙村南
…………………………Tel：0312－4561557
涞水荣盛娱乐服务有限公司
地址：河北省保定市涞水县三坡镇苟各庄村百里峡商业街
…………………………Tel：0312－4569300
河北野三坡旅游发展有限公司
地址：涞水县三坡镇苟各庄村百里峡商业街
…………………………Tel：0312－4569300
保定市鑫时代酒店管理有限公司
地址：保定市红旗大街198号
…………………………Tel：0312－5033699
河北孔雀开屏酒店有限公司
地址：河北省保定市容城县容祥大街东侧
…………………………Tel：0312－5516666
加德香餐饮管理有限公司
地址：河北省保定市易县东关新村
…………………………Tel：0312－5634333
涞水县涞都娱乐有限公司
地址：河北省保定市涞水县石亭镇东水峪村
…………………………Tel：0312－5848777
保定宾至酒店有限公司
地址：保定市白沟富民路电子商贸大厦
…………………………Tel：0312－6393368
河北博康娱乐服务有限公司
地址：河北省保定市唐县光明路南棉麻公司院内
…………………………Tel：0312－6413538
唐县秀水峪旅游开发有限责任公司
地址：唐县倒马关乡南上沟村
…………………………Tel：0312－6431499
蠡县中泰酒店有限公司
地址：河北省保定市蠡县永盛北大街777号
…………………………Tel：0312－6581111
河北三利文化旅游发展有限公司
地址：河北省保定市高阳县锦华街道高任路88号
…………………………Tel：0312－6606866
天美旅游开发有限公司
地址：河北省保定市涞源县白石山镇庄伙村
…………………………Tel：0312－7365888
河北天弦乐典娱乐有限公司
地址：保定市竞秀区韩村乡天鹅中路699号商用
…………………………Tel：0312－7926519
易县三利生态旅游开发有限公司
地址：易 县东古县村
…………………………Tel：0312－8252021
保定易水湖旅游开发有限公司
地址：河北省保定市易县金坡村
…………………………Tel：0312－8252801
河北荣峰酒店管理有限公司
地址：白沟镇富强路东侧
…………………………Tel：0312－8480599
保定市大斑马娱乐服务有限公司
地址：保定市竞秀区朝阳北大街99号万博广场403（四层）
…………………………Tel：0312－8927996
张家口建设发展旅游投资集团有限责任公司
地址：河北省张家口市高新区西苑中路37号天秀花园39号楼
…………………………Tel：0313－2174684
张家口旭邦温泉假日酒店有限公司
地址：河北省张家口市宣化区侯家庙乡二台子村
…………………………Tel：0313－3680012
蓝鲸悦海（张家口）国际商务酒店有限公司
地址：河北省张家口市高新区胜利中路233号
…………………………Tel：0313－4016672
张家口瑞海润鲸酒店管理有限公司
地址：张家口市桥东区胜利中路12号商业2号楼
…………………………Tel：0313－4083599
张家口蓝鲸大厦泛海酒店有限公司
地址：张家口市桥东区胜利中路12号商业1号楼
…………………………Tel：0313－4083806
张家口蓝鲸大厦泛海酒店有限公司
地址：张家口市桥东区胜利中路12号商业1号楼
…………………………Tel：0313－4083806
张家口市万龙运动旅游有限公司
地址：河北省张家口市崇礼区西湾子镇黄土嘴村红花梁马场
…………………………Tel：0313－4613876
张家口裕林房地产开发有限公司
地址：张家口市崇礼区西湾子镇风情商业街11号楼6号房
…………………………Tel：0313－4617027
张家口雪都公馆娱乐服务有限公司
地址：河北省张家口市崇礼区西湾子镇府街雅源小区1＃22底商
…………………………Tel：0313－4699666
张家口崇礼太舞旅游度假有限公司
地址：河北省张家口市崇礼区四台嘴乡
…………………………Tel：0313－4725058
河北馨康健餐饮有限公司
地址：张家口市万全区宣平堡乡霍家房村
…………………………Tel：0313－4883999
张家口市宏昊餐饮娱乐有限公司
地址：张北县兴华东路北侧（中都大街东侧）
…………………………Tel：0313－5354552
张家口市宏昊餐饮娱乐有限公司

地址：张北县兴华东路北侧（中都大街东侧）
……………………Tel：0313-5354552

张家口崇礼山水旅游开发有限公司
地址：河北省张家口市崇礼区西湾子镇大夹道沟奥雪小镇综合楼五楼
……………………Tel：0313-5691128

张家口富乐欢享儿童娱乐有限公司
地址：河北省张家口市崇礼区富龙滑雪场
……………………Tel：0313-5691222

张家口富龙文化旅游有限公司
地址：河北省张家口市崇礼区西湾子镇万龙路富龙国际酒店
……………………Tel：0313-5691222

张家口富龙国际酒店管理有限公司
地址：河北省张家口市崇礼区西湾子镇万龙路口
……………………Tel：0313-5691222

密苑（张家口）旅游胜地有限公司
地址：河北省张家口市崇礼区四台嘴乡太子城村
……………………Tel：0313-5695555

五道沟（张家口）旅游胜地有限公司
地址：河北省张家口市崇礼区四台嘴乡太子城村
……………………Tel：0313-5695555

沽源县港湾餐饮娱乐有限公司
地址：沽源县平定堡镇桥西大街
……………………Tel：0313-5815777

沽源县港湾餐饮娱乐有限公司
地址：沽源县平定堡镇桥西大街
……………………Tel：0313-5815777

蓝鲸瑞海（河北）酒店管理集团有限公司
地址：河北省张家口市桥东区胜利中路12号商业楼2号楼
……………………Tel：0313-5889999

张家口华邑酒店有限公司
地址：张家口市桥东区胜利北路56号容辰庄园（东区）城市综合体商业区2号楼
……………………Tel：0313-5889999

张家口文化旅游投资集团有限公司
地址：河北省张家口市桥东区站前东大街28号河北国控北方硅谷高科新城6号楼三层
……………………Tel：0313-5892779

张家口时代酒店管理有限公司
地址：张家口市桥东区胜利北路53号容辰商业楼1号楼
……………………Tel：0313-5893503

赤城县新雪国旅游度假发展有限公司
地址：赤城县镇宁堡乡丁字路村
……………………Tel：0313-6413000

怀来县嘉润酒店管理有限公司
地址：怀来县沙城镇存瑞东大街北侧张家口银行股份有限公司怀来县支行营业楼四楼418号
……………………Tel：0313-6868651

张家口市国宾东升大酒店有限公司
地址：张家口市桥东区胜利北路2号
……………………Tel：0313-7158880

沽源县昊成酒店管理有限公司
地址：沽源县平定堡镇桥西中环西路欧景缘住宅小区A16号楼2层2号
……………………Tel：0313-7627858

康保县聚方源文化餐饮有限公司
地址：康保县康保镇建设西街沿线路南3号
……………………Tel：0313-7638889

塞外明珠房地产开发有限责任公司
地址：张北县张北镇师范路北侧花园小区南苑商业A区一层133室
……………………Tel：0313-7675009

张家口迈锦酒店有限公司
地址：张家口市崇礼区四台嘴乡太子城村梧桐大道
……………………Tel：0313-7686688

禾中（张家口）生态农业旅游开发有限公司
地址：怀安县柴镇新区迎宾大道与禾力街交叉口
……………………Tel：0313-7826666

张家口市宣化区泽盛龙假日休闲酒店有限公司
地址：张家口宣化区建国街19号
……………………Tel：0313-7939999

北垣兴奥（张家口）文化旅游开发有限公司
地址：河北省张家口市崇礼区西湾子镇商贸新区酒吧文化城4#商业楼
……………………Tel：0313-8029539

张家口奥京酒店有限公司
地址：河北省张家口市桥西区工业西街13号金华怡园小区9号楼
……………………Tel：0313-8546666

承德智乔体育休闲投资有限公司
地址：河北省承德市双桥区双峰寺镇双峰寺村空港城控制01单元
……………………Tel：0314-2132210

永昌文化旅游发展（承德）有限公司
地址：河北省承德市双桥区北兴隆街东区16号313
……………………Tel：0314-2182777

承德市森林旅游开发有限责任公司
地址：河北省承德市双桥区环城南路9 9号僧冠峰景区
……………………Tel：0314-2295588

承德信岳旅游开发有限公司
地址：承德市高新技术开发区中广有线A座四层405室（仅限办公）
……………………Tel：0314-2555426

信山四季旅游开发有限公司
地址：承德市高新技术开发区中广有线A座四层403室（仅限办公）
……………………Tel：0314-2555426

承德信山旅游开发有限公司
地址：承德市高新技术开发区中广有线A座四层402室（仅限办公）
……………………Tel：0314-2555426

承德山岳旅游开发有限公司
地址：河北省承德市开发区中广有线A座四层411室（仅限办公）
……………………Tel：0314-2555426

承德天奇溶洞旅游开发有限公司
地址：河北省承德市承德县下板城镇中磨村（承德荣达市场服务有限公司三楼）
……………………Tel：0314-3263666

荣盛（兴隆）旅游发展有限公司
地址：河北省承德市兴隆县青松岭镇青松岭村（青松岭镇人民政府办公楼201室）
……………………Tel：0314-5678910

隆化通晓美地旅游开发有限公司
地址：河北省承德市隆化县隆化镇利民路阳光馨园中心小区A幢号3楼商业
……………………Tel：0314-5776669

滦平旅投旅游投资有限公司
地址：滦平县滦平镇北大街115号（建行办公楼三层303-305号）
……………………Tel：0314-5960000

承德天首旅游开发有限公司
地址：河北省承德市丰宁满族自治县五道营乡十七道沟村
……………………Tel：0314-5973031

承德花溪城生态旅游发展有限公司
地址：河北省承德市宽城满族自治县龙须门镇药王庙村河北宽河电子商务有限公司办公楼内
……………………Tel：0314-6958888

承德天门湖娱乐服务有限公司
地址：河北省承德市承德县仓子乡唐家湾村（承德县恒伟唐家湾景区内）
……………………Tel：0314-7052290

承德中电易德文化旅游开发有限公司
地址：河北省承德市隆化县隆化镇阿拉营村
……………………Tel：0314-7162020

围场满族蒙古族自治县文化旅游发展有限公司
地址：围场镇伊逊路152号（二街七组）
……………………Tel：0314-7886898

河北盈源农业发展集团鸳鸯湖景区旅游开发有限公司
地址：丰宁满族自治县西官营乡西官营村
……………………Tel：0314-8031688

维瑞斯酒店有限公司
地址：河北丰宁经济开发区开发区路24号
……………………Tel：0314-8389999

炫靓国际酒店有限公司
地址：河北丰宁经济开发区开发区路2号
……………………Tel：0314-8395555

丰宁满族自治县旅投旅游发展有限公司
地址：河北省承德市丰宁满族自治县大阁镇金穗家园底商四幢01号房
……………………Tel：0314-8488008

滦平庄普酒店有限公司
地址：滦平县滦平镇西瓜园村
……………………Tel：0314-8580955

滦平县鼎适酒店管理有限公司
地址：滦平县城关东街社区
……………………Tel：0314-8988008

滦平北山大酒店有限公司
地址：滦平县滦平镇北山新区
……………………Tel：0314-8988009

承德金山岭长城国际酒店有限公司
地址：滦平县滦平镇北山新区（滦平北山大酒店有限公司院内）
……………………Tel：0314-8988009

唐山沃和酒店管理有限公司
地址：迁西县三屯营镇北街村81号02室
……………………Tel：0315-2430909

河北畅远旅游投资有限公司
地址：河北省唐山市路北区建设路90号
……………………Tel：0315-2819453

唐山南湖紫天鹅大酒店管理有限公司
地址：中国（河北）自由贸易试验区曹妃甸片区曹妃甸工业区市政服务大厦B座9034室
……………………Tel：0315-2977688

唐山丰润昌盛国际酒店有限公司
地址：唐山丰润区林荫东路3号
……………………Tel：0315-3151805

唐山光华文体娱乐有限公司
地址：唐山丰润区林荫路31号
……………………Tel：0315-3247199

京粥府餐饮有限公司
地址：河北省唐山市古冶区林西道南侧（华园商务酒店三层335房间）
……………………Tel：0315-3603330

唐山盛泰大酒店有限责任公司
地址：河北省唐山市古冶区205国道西侧商业楼
……………………Tel：0315-3666501

唐山新华大酒店有限责任公司
地址：唐山路北区新华道１０５号
……………………Tel：0315-3721187

唐山文旅体育发展有限公司
地址：唐山市路南区商务中心六层
……………………Tel：0315-3721970

唐山市文化旅游投资集团有限公司
地址：唐山路南区建设南路增45号
……………………Tel：0315-3723779

唐山湾国际旅游岛能源水务林业发展有限公司
地址：唐山湾国际旅游岛捞渔尖村
……………………Tel：0315-4026112

唐山湾国际旅游岛文化体育传媒有限公司
地址：唐山国际旅游岛捞渔尖村
……………………Tel：0315-4026112

唐山湾菩提岛文化旅游发展有限公司
地址：唐山国际旅游岛捞渔尖村
……………………Tel：0315-4026112

唐山金融控股集团担保有限公司
地址：唐山市路北区金融中心1号写字楼20层
……………………Tel：0315-4026113

唐山佳翰房地产开发有限公司
地址：唐山国际旅游岛林场
……………………Tel：0315-4026113

唐山金融控股集团股权投资基金管理有限公司
地址：唐山市路北区金融中心E座写字楼15层1501
……………………Tel：0315-4026113

唐山湾月岛文化旅游管理有限公司
地址：唐山国际旅游岛林场
……………………Tel：0315-4026113

唐山湾祥云岛文化旅游发展有限公司
地址：唐山国际旅游岛捞渔尖村
……………………Tel：0315-4026113

唐山森兰林业资源开发有限公司
地址：唐山国际旅游岛林场
……………………Tel：0315-4026127

唐山金融控股集团土地整理有限公司
地址：唐山国际旅游岛林场
……………………Tel：0315-4026160

唐山湾三岛旅游区旅游开发建设有限公司
地址：唐山国际旅游岛林场
……………………Tel：0315-4026160

唐山湾国际旅游岛海洋经济发展有限公司
地址：唐山国际旅游岛林场
……………………Tel：0315-4026160

唐山金控产业孵化器集团有限公司
地址：唐山市路北区金融中心E座写字楼15层
……………………Tel：0315-4026160

唐山湾月岛文化旅游发展有限公司
地址：唐山国际旅游岛捞渔尖村
……………………Tel：0315-4026160

唐山湾国际旅游岛捞渔尖房地产开发有限公司
地址：唐山湾国际旅游岛林场
……………………Tel：0315-4099816

唐山中南国际旅游岛房地产投资开发有限公司
地址：唐山湾国际旅游岛中南·未来海岸小区综合楼四楼
……………………Tel：0315-4850000

唐山瑞柯斯娱乐管理有限公司
地址：河北省唐山市路北区北新西道298号勒泰购物中心第二层第F2C-104A号
……………………Tel：0315-5018027

唐山大唐凤凰园餐饮娱乐有限公司
地址：唐山路北区新华西道63号
……………………Tel：0315-5018226

唐山南湖大酒店有限责任公司
地址：唐山路南区建设南路11号
……………………Tel：0315-5102800

唐山市战友酒店有限公司
地址：唐山湾国际旅游岛打网岗岛
……………………Tel：0315-5223666

唐山安捷鑫德旅游开发有限公司
地址：唐山湾国际旅游岛打网岗岛
……………………Tel：0315-5223777

唐山双赢餐饮有限公司
地址：唐山开平区开平镇北环路
……………………Tel：0315-5251335

唐山华磊餐饮文化传播股份有限公司
地址：唐山路北区广达街22号弘驰都汇七层
……………………Tel：0315-5262733

唐山多玛乐园旅游文化有限公司
地址：曹妃甸湿地文化旅游度假区东环路南侧、迁曹公路西侧
……………………Tel：0315-5330666

唐山金融控股集团股份有限公司
地址：唐山市路北区金融中心1号楼2001、2002、2003
……………………Tel：0315-5645248

迁西县畅途旅游发展有限公司
地址：迁西县长城北路东侧景忠东街北侧壹品华府11座1单元1层凤凰东街36号
……………………Tel：0315-5662998

唐山中大国际娱乐俱乐部有限公司
地址：唐山市路北区龙泽南路53号
……………………Tel：0315-5699999

滦南县丽水健身娱乐有限责任公司
地址：河北省唐山市滦南县嘴东大街北侧、文化路西侧
……………………Tel：0315-5705111

唐山大歌星餐饮娱乐有限公司
地址：河北省唐山市路南区新华东道100号万达广场C座14、15F
……………………Tel：0315-5783133

迁西县亚滦湾大酒店（普通合伙）
地址：迁西县小黑汀村北
……………………Tel：0315-5970888

唐山开滦大酒店有限责任公司
地址：唐山路南区新华西道７６号
……………………Tel：0315-6325116

唐山国丰维景国际大酒店有限公司
地址：丰南区运河东路
……………………Tel：0315-6338888

迁安天波国际酒店有限公司
地址：迁安市惠泉大街中段北侧
……………………Tel：0315-6530791

遵化东方花园酒店管理有限公司
地址：河北省遵化市华明路南通西侧
……………………Tel：0315-6688186

唐山曹妃甸宏丰餐饮有限公司
地址：曹妃甸工业区三佳酒吧一条街
……………………Tel：0315-6736677

唐山凯斯乐国际大酒店有限公司
地址：唐山市路南区花园里凤城盛世复兴路77号（一层）
……………………Tel：0315-6816565

遵化融禧酒店有限公司
地址：河北省遵化市汤泉乡汤泉村
……………………Tel：0315-6956850

唐山湾国际旅游岛旅游发展有限公司
地址：唐山湾国际旅游岛捞渔尖村
……………………Tel：0315-7119138

迁西县祥福凤凰旅游开发有限公司
地址：迁西县新集镇新集村
……………………Tel：0315-7359688

华联龙湾国际娱乐迁安有限公司
地址：迁安市迁安镇广场馨园燕惠小区41-2号底商
……………………Tel：0315-7632270

唐山湾国际旅游岛开发建设管理有限公司
地址：唐山国际旅游岛林场
……………………Tel：0315-8736098

唐山曹妃甸湿地旅游开发有限公司
地址：曹妃甸区人民武装部国防训练基地
……………………Tel：0315-8826208

唐山市曹妃甸区聚景旅游开发有限公司
地址：曹妃甸区四农场双龙河西侧（国防训练基地院内）
……………………Tel：0315-8840055

廊坊市博爱餐饮服务有限公司
地址：廊坊市广阳区爱民东道42甲尚都金茂中心A座1401号-1室
……………………Tel：0316-2039580

廊坊市天都大酒店
地址：廊坊市广阳区广阳道１８８号
……………………Tel：0316-2339998

新奥文化产业园运营有限公司
地址：廊坊开发区金源道艾力枫社中区
……………………Tel：0316-2596674

永清首督大千世界娱乐有限公司
地址：永清县首督路1号
……………………Tel：0316-2776550

三河金都餐饮娱乐有限公司
地址：三河市土地局北侧
……………………Tel：0316-3153526

燕达国宾酒店管理有限公司
地址：三河市燕郊开发区思菩兰西侧
……………………Tel：0316-3302659

福成肥牛餐饮管理有限公司
地址：三河市高楼镇兴隆庄
……………………Tel：0316-3319533

廊坊市泰炯餐饮管理有限公司
地址：河北省廊坊市广阳区爱民东道109号新朝阳广场F1014
……………………Tel：0316-3366666

福成国际大酒店有限公司
地址：三河市燕郊经济技术开发区102国道北侧
……………………Tel：0316-3386666

廊坊市大歌星餐饮娱乐有限公司
地址：河北省廊坊市广阳区新华路50号A区三号楼F座三层300A
……………………Tel：0316-5268121

文安鲁能生态旅游房地产开发有限公司
地址：文安县国营界围农场
……………………Tel：0316-5677027

三河燕山福成娱乐有限公司
地址：河北省廊坊市三河市区黄土庄镇椅山一村南
Tel：0316-5750179

固安县俪豪娱乐服务有限公司
地址：河北省廊坊市固安工业区南区服务中心街道A1-1号商铺
Tel：0316-5920055

固安麦乐迪娱乐有限公司
地址：河北省廊坊市固安县北开发区孔雀环湖路内大湖花园天地8号楼
Tel：0316-5929192

廊坊鼎润投资股份有限公司
地址：三河市燕郊行宫东大街北侧
Tel：0316-5996835

廊坊市沁元春餐饮酒店管理有限公司
地址：廊坊市广阳区和平路北端
Tel：0316-6071444

廊坊市沁元春餐饮酒店管理有限公司
地址：廊坊市广阳区和平路北端
Tel：0316-6071444

廊坊市悦廊渡餐饮管理有限公司
地址：河北省廊坊市广阳区高新技术园区内
Tel：0316-6071444

新绎七修酒店管理有限公司
地址：廊坊开发区友谊路
Tel：0316-6089999

永清县锦秀房地产开发有限公司
地址：永清台湾工业新城恒山路
Tel：0316-6691000

霸州市海悦酒店管理有限公司
地址：霸州市西环路西侧开发区大何庄村
Tel：0316-7213422

霸州市梅地亚酒店管理有限公司
地址：霸州市开发区106国道东侧
Tel：0316-7286110

廊坊市铭启餐饮管理有限公司
地址：河北省廊坊市广阳区和平路59号
Tel：0316-8665888

廊坊正泰大通房地产开发有限公司
地址：河北省廊坊市经济技术开发区九干渠东、友谊路西
Tel：0316-8668888

大厂回族自治县京通大酒店有限公司
地址：大厂县城西环路东三村段
Tel：0316-8857222

沧州汇源白洋淀旅游度假有限公司
地址：河北省沧州市任丘市青塔乡尚书村
Tel：0317-2228888

任丘源平美璟商业广场有限公司
地址：河北省任丘市渤海东路
Tel：0317-2228888

河间市瀛州国际酒店有限公司
地址：河间市瀛州镇京开北大街
Tel：0317-3151011

河北银都酒店有限公司
地址：献 县县城南环西路1号
Tel：0317-4596666

黄骅华悦凯旋大酒店有限公司
地址：河北省黄骅经济开发区
Tel：0317-5232869

沧州益聚房地产开发有限公司
地址：南大港管理区兴港路东、南环路南（青少年文化宫内）
Tel：0317-5555836

沧州恒大童世界旅游开发有限公司
地址：南大港管理区兴港路东、南环路南（青少年文化宫内）
Tel：0317-5555836

沧州童世界旅游开发有限公司
地址：南大港管理区兴港路东、南环路南（青少年文化宫内）
Tel：0317-5555836

沧州昌捷房地产开发有限公司
地址：南大港兴港路东、南环路南（青少年文化宫内）
Tel：0317-5555836

沧州信和金狮国际酒店有限公司
地址：沧州市运河区迎宾大道金狮酒店
Tel：0317-5630888

吴桥云臻金陵杂技酒店有限公司
地址：吴桥县桑园镇104西侧辽河路北侧珠峰道西侧
Tel：0317-7385188

吴桥云瑞杂技酒店有限公司
地址：吴桥县桑园镇珠峰道西侧
Tel：0317-7385188

沧兴餐饮文化有限公司
地址：沧州市北京路33号沧兴总部
Tel：0317-7580111

沧州临港康旅盛泰温泉酒店有限公司
地址：中捷产业园区黄赵公路南富民路西
Tel：0317-8579999

衡水市龙泽大酒店有限责任公司
地址：衡水市冀州区滏阳东路598号（河北路通专用汽车制造有限公司院内）
Tel：0318-2029688

衡水成博万豪酒店管理有限公司
地址：河北省衡水滨湖新区彭杜乡张辛庄
Tel：0318-2396821

河北惠众休闲娱乐服务有限责任公司
地址：衡水市冀州区金鸡大街58号
Tel：0318-5177759

景县碧水蓝天酒店有限公司
地址：景 县高适路西
Tel：0318-6966666

河北大峡谷旅游开发有限公司
地址：邢台县路罗镇贺家坪村
Tel：0319-2097130

邢台飞亚娱乐有限公司
地址：河北省邢台市桥东区新华南路69号甜橙商住公寓1号楼1层铺113、二层铺213
Tel：0319-2111696

邢台万峰酒店管理有限公司
地址：邢台市桥西区邢州大道3188号
Tel：0319-2569329

河北天尔旅游开发有限公司
地址：邢台县皇寺镇皇寺村（皇寺镇人民政府院内）
Tel：0319-2681555

河北浩宇旅游开发有限公司
地址：内丘县侯家庄乡天井村村东南
Tel：0319-5211099

河北岐山湖旅游开发有限公司
地址：河北省邢台市临城县临城镇北关街（县武装部旧办公楼三楼）
Tel：0319-5326853

河北唐潮酒店有限公司
地址：河北省邢台市宁晋县友谊大街南侧、凤凰路西侧
Tel：0319-5801234

邢台邺炜房地产开发有限公司
地址：邢台市中兴东大街路南江东五路东侧
Tel：0319-5901234

河北兴台古镇旅游开发集团有限公司
地址：河北省邢台市邢台县龙冈经济开发区
Tel：0319-5908928

安华酒店有限公司
地址：河北省邢台市威县 州镇团结路2号
Tel：0319-6120099

河北华威酒店有限公司
地址：威县团结路北侧
Tel：0319-6120099

内丘县新概念餐饮娱乐有限公司
地址：内丘县城西泰和苑商铺S33号
Tel：0319-6866666

内丘县新概念餐饮娱乐有限公司
地址：内丘县城西泰和苑商铺S33号
Tel：0319-6866666

河北山水洞天旅游开发有限公司
地址：河北省邢台市临城县岐山湖产业园区（西竖村西南）
Tel：0319-7092222

邢台迪迪儿童娱乐有限公司
地址：河北省邢台市桥东区中兴东大街18号世贸天街购物广场7#楼一层7A29
Tel：0319-7300830

沙河市海铭酒店有限公司
地址：沙河市新兴路北段东侧
Tel：0319-8704999

河北九夏新能源科技有限公司
地址：昌黎县昌黄公路北张官庄村南
Tel：0335-2208585

河北九夏新能源科技有限公司
地址：昌黎县昌黄公路北张官庄村南
Tel：0335-2208585

秦皇岛电子城房地产开发有限公司
地址：昌黎县黄金海岸四纬路
Tel：0335-2289330

昌黎县观沧海旅游开发有限公司
地址：昌黎县碣阳大街南侧、国土局东侧（建设大厦七楼）
Tel：0335-2608938

河北港口集团餐饮管理有限公司
地址：秦皇岛市海港区东山街63号
Tel：0335-3092667

秦皇岛海景酒店有限公司
地址：秦皇岛市海港区海港区东港路２５号
Tel：0335-3430888

秦皇岛市金原大酒店有限公司
地址：秦皇岛市海港区秦皇小区109栋
Tel：0335-3653333

秦皇岛魅力金座餐饮娱乐有限公司
地址：秦皇岛市海港区迎宾路99号
Tel：0335-3688086

秦皇岛秦皇旅游文化投资有限公司
地址：秦皇岛市经济技术开发区珠江道2号盛景金领域4层
Tel：0335-3990012

秦皇岛市北戴河区全域旅游发展有限公司
地址：河北省秦皇岛市北戴河区红石路23号
Tel：0335-4046735

秦皇岛市南戴河国际娱乐中心有限公司
地址：河北省秦皇岛市南戴河国际娱乐中心院内
Tel：0335-4085111

秦皇岛北戴河北华园观海酒店有限公司
地址：秦皇岛市北戴河区东海滩路一号
Tel：0335-4680518

秦皇岛旅投酒店管理有限公司
地址：秦皇岛市北戴河区鹰角路7号
Tel：0335-4688111

秦皇岛森广日盛旅游开发有限公司
地址：河北省秦皇岛市山海关区老龙头路269号
Tel：0335-5067107

秦皇岛蟹岛拓展水上娱乐服务有限公司
地址：河北省秦皇岛市山海关区石河镇沟渠寨村北侧大北河
Tel：0335-5069390

秦皇岛兴榆旅游文化有限公司
地址：山海关区行政中心A座728室
Tel：0335-5136175

秦皇岛市山海关渤海明珠国际酒店有限责任公司
地址：秦皇岛市山海关区南海西路（原苗圃院内）
Tel：0335-5186998

秦皇岛市山海关龙城旅游开发有限公司
地址：秦皇岛市山海关区古城胜利胡同以北(总兵府)
Tel：0335-5252555

秦皇岛市山海关旅游开发总公司
地址：秦皇岛市山海关区文物旅游局院内
Tel：0335-5265068

河北天粮餐饮管理集团有限公司
地址：秦皇岛市经济技术开发区巫山路3号
Tel：0335-5312345

五佛山文化旅游开发有限公司
地址：秦皇岛市山海关区古城北大街11号悦来楼酒店B区
Tel：0335-5351503

香格里拉大酒店（秦皇岛）有限公司
地址：河北省秦皇岛市海港区河滨路123号
Tel：0335-5808888

秦皇岛天行九州酒店管理有限公司
地址：秦皇岛北戴河新区黄金海岸中区、沿海公路东侧（黄金假日滨海度假城）010113
Tel：0335-5822999

秦皇岛首岭娱乐文化发展有限公司
地址：昌黎县黄金海岸四纬路
Tel：0335-5862335

秦皇岛盛泰建国国际酒店有限公司
地址：秦皇岛市北戴河新区小蒲河村抚昌黄公路南侧
Tel：0335-5967777

秦皇岛环港旅游发展股份有限公司
地址：秦皇岛市海港区建国路281号
Tel：0335-6886111

旅投秦皇岛旅游开发有限公司
地址：河北省秦皇岛市海港区建国路281号
Tel：0335-6886111

青龙满族自治县祖山新绎旅游发展有限公司
地址：河北省秦皇岛市青龙满族自治县青龙镇燕山路中段北侧
Tel：0335-6981101

秦皇岛阿那亚房地产开发有限公司
地址：秦皇岛北戴河新区黄金海岸中区、沿海公路东侧（黄金假日滨海度假城）010207
Tel：0335-7168315

秦皇岛蓝调庄园休闲娱乐有限公司
地址：卢龙县刘田各庄镇后双庙村
Tel：0335-7314111

青龙满族自治县祖山旅游开发有限公司
地址：河北省秦皇岛市青龙满族自治县祖山镇柏树村
Tel：0335-7752205

秦皇岛旅游控股集团有限公司
地址：河北省秦皇岛市北戴河区联峰路72号
Tel：0335-7808011

秦皇岛秦旅酒店管理有限公司
地址：河北省秦皇岛市北戴河区联峰路97号
Tel：0335-7808011

秦皇岛圣蓝皇家旅游发展有限公司
地址：秦皇岛市北戴河新区中心片区滨海新大道东侧（黄金海岸路延伸线北侧）
Tel：0335-7815088

秦皇岛泛星文化旅游开发有限公司
地址：秦皇岛北戴河新区侯里村
Tel：0335-7831159

青龙满族自治县花果山旅游开发有限公司
地址：河北省秦皇岛市青龙满族自治县隔河头镇花果山村
Tel：0335-7990009

秦皇岛世纪星健身娱乐有限公司
地址：秦皇岛市经济技术开发区珠江道8号
Tel：0335-8065582

悬阳河谷秦皇岛文化旅游开发有限公司
地址：河北省秦皇岛市山海关区古城北大街11-6号
Tel：0335-8352639

秦皇岛秦皇国际大酒店有限公司
地址：秦皇岛市经济技术开发区珠江道2号盛景金领域4层
Tel：0335-8368301

惠广大央厨餐饮有限公司
地址：秦皇岛市经济技术开发区锦绣佳成5-商07
Tel：0335-8866789

山西省

朔州市平鲁区天鑫源餐饮有限公司
地址：朔州平鲁区胜利南路67号
Tel：0349-6063788

朔州福朋喜来登酒店有限公司
地址：朔州市朔城区平朔南路东、民福街南
Tel：0349-6180256

山西永昌国际酒店有限公司
地址：朔州市右玉县玉林西街南侧
Tel：0349-8099999

忻州泛华酒店管理有限公司
地址：忻州市忻府区七一北路东、利民街北
Tel：0350-2678888

山西东辉五台山大酒店有限公司
地址：山西省忻州市五台县金岗库乡大甘河村一巷300号
Tel：0350-3318888

山西交通控股集团忻州顿村职工培训有限责任公司
地址：山西省忻州市忻府区顿村
Tel：0350-3619200

宁武芦芽山旅游发展有限责任公司
地址：宁武县东寨镇三马营村
Tel：0350-4785315

代县银泰旅游发展有限公司
地址：山西省忻州市代县上馆镇新南街财政局
Tel：0350-8101111

代县银泰雁门旅游开发有限公司
地址：山西省忻州市代县上馆镇新南街代县财政局
Tel：0350-8101111

忻州黄河长城太行旅游开发投资有限公司
地址：山西省忻州市忻府区利民西街18号
Tel：0350-8671061

山西五台山文化旅游集团有限公司
地址：五台山风景名胜区金岗库移民商住区七号楼
Tel：0350-8753627

山西锦丰世纪庄园餐饮服务有限公司
地址：太原市杏花岭区营西街18号2幢
Tel：0351-2361314

山西漾倾城餐饮管理有限公司
地址：太原市小店区亲贤北街79号茂业天地负一层0003号
Tel：0351-2484319

山西尚品名人餐饮管理有限公司
地址：太原市小店区许坦东街中段锦东国际西塔楼14层1403号（入驻山西企连商务秘书有限公司-B0020号）
Tel：0351-2578665

太原铁路新创餐饮旅游集团有限公司
地址：太原市迎泽区迎泽南街19号
Tel：0351-2639905

太原市华太晋府贸易有限公司
地址：太原市小店区平阳路1号金茂国际数码中心5层
Tel：0351-2738880

太原好主妇餐饮有限公司
地址：太原市迎泽区桃园南路60号1幢1层
Tel：0351-2792559

山西海逸中庭餐饮有限公司
地址：山西省太原市杏花岭区三桥街道新建路179号
Tel：0351-3191111

山西蒙山佛光房地产开发有限公司
地址：太原市晋源区蒙山北路133号
Tel：0351-3357777

山西宜品膳餐饮管理有限公司
地址：山西省太原市小店区亲贤北街9号大唐双喜城355号底商
Tel：0351-3866990

太原胜家酒店有限公司
地址：太原市迎泽区西羊市街48号综合服务大楼
Tel：0351-4150000

山西餐饮文化产业投资股份有限公司
地址：山西综改示范区太原学府园区产业路38号小微企业孵化器西区701室
Tel：0351-4153956

山西太原江南餐饮集团有限公司
地址：山西省太原市杏花岭区上肖墙18号2幢3层
Tel：0351-4153956

山西东港中盛投资有限公司
地址：太原市尖草坪区柴村大西街58号

…………………………Tel：0351-4168388
山西新世纪健身娱乐有限公司
地址：太原市朝阳街1号
…………………………Tel：0351-4185999
山西华稷餐饮股份有限公司
地址：太原市迎泽区侯家巷20号山西文化馆一层2号门面房
…………………………Tel：0351-4198885
山西金速物流有限公司
地址：太原市民营区迎泽物流旁
……………… Tel：0351-4946143-8006
山西惠东文化旅游投资集团有限公司
地址：太原市小店区长治路103号1幢A座23层
…………………………Tel：0351-5205269
华宇伟业实业发展有限公司
地址：山西省太原市小店区平阳路385号学府国际大厦6层
…………………………Tel：0351-5660509
山西帝泽文化娱乐有限公司
地址：太原市迎泽区西羊市街18号办公楼三层309号
…………………………Tel：0351-5698816
太原滨河体育保龄文化有限公司
地址：太原万柏林区漪汾街1号
…………………………Tel：0351-6269198
太原金昌盛娱乐有限公司
地址：太原市万柏林区西苑南路南段88号
…………………………Tel：0351-6271331
山西高新普惠旅游文化发展有限公司
地址：山西综改示范区太原学府园区南中环街418号千禧中环大厦12层1201室
…………………………Tel：0351-6819283
山西金广快捷酒店管理有限公司
地址：太原市小店区建设南路459号
…………………………Tel：0351-6922760
山西省旅游投资控股集团有限公司
地址：山西省太原市万柏林区千峰北路中段77号
…………………………Tel：0351-6969655
太原天天渔港餐饮娱乐有限公司
地址：太原市小店区长治路198号.
…………………………Tel：0351-7024272
山西金铄航数据科技有限公司
地址：山西综改示范区太原学府园区长治路227号高新国际大厦A座19层1、3号房间
…………………………Tel：0351-7026681
山西珍记茶餐厅餐饮管理有限公司
地址：太原市小店区龙城南街301号23幢1-2层商业1001号房
…………………………Tel：0351-7035012
太原市鑫洋休闲娱乐有限公司
地址：太原市小店区西温庄乡武宿村太榆路辅路68号1-3层
…………………………Tel：0351-7173549
山西润瑞文化旅游开发有限公司
地址：山西省晋中市榆次区环城东路3079号
…………………………Tel：0351-7282851
山西偏桥文化旅游开发有限公司
地址：山西省太原市万柏林区千峰北路85号漪汾花园北区1号楼1单元1-2层
…………………………Tel：0351-7282855
山西航空旅游集团有限公司
地址：山西省太原市经济技术开发区龙盛街18号科技创新孵化基地5号楼815室
…………………………Tel：0351-7287028
山西鼎盛坊福漾餐饮管理有限公司
地址：太原市小店区滨河东路以西南中环桥以南约450米处
…………………………Tel：0351-7566666
山西海天海世界贵宾楼餐饮管理有限公司
地址：太原市小店区亲贤北街西1号
…………………………Tel：0351-7588888
山西晋汇天下餐饮有限公司
地址：太原市小店区学府街123号逸居时代小区院内北楼3层10号
…………………………Tel：0351-7633337
山西万狮京华（维景国际）大酒店有限公司
地址：山西省太原市平阳路126号
…………………………Tel：0351-7658876
山西宸羽道久工贸有限公司
地址：太原市小店区康宁街157号万马仕商城5号商铺
…………………………Tel：0351-7772211
山西文旅酒店管理集团有限公司
地址：山西省太原市小店区平阳路38号7层
…………………………Tel：0351-7776370
山西文旅酒店管理集团有限公司
地址：山西省太原市小店区平阳路38号7层
…………………………Tel：0351-7776370
太原万达文华酒店管理有限公司
地址：太原市杏花岭区解放路169号
…………………………Tel：0351-7776666
云游旅行集团有限公司
地址：山西综改示范区太原学府园区长治路226号高新动力港1幢8层8006室
…………………………Tel：0351-7778902
山西省文化旅游投资控股集团有限公司
地址：山西省太原市长治路226号高新动力港1幢8层8010、8011室
…………………………Tel：0351-7785015
太原威斯可餐饮文化有限责任公司
地址：太原市迎泽区水西关正街19号国贸大厦二层
…………………………Tel：0351-7898308
山西大昌国际酒店有限公司
地址：太原市小店区南中环街200号国际大都会中心广场4幢A单元5层0501号
…………………………Tel：0351-7998866
山西大昌生态餐饮有限公司
地址：山西省太原市小店区平阳路398号
…………………………Tel：0351-7998866
山西天逸文化旅游发展有限责任公司
地址：山西省晋中市平遥县古陶镇书林家园门面602号
…………………………Tel：0351-8211919
太原市文化旅游有限公司
地址：太原市迎泽区迎泽大街118号太原并州饭店西楼401室
…………………………Tel：0351-8226085
山西华宇酒店管理有限责任公司
地址：山西省太原市小店区学府街132号A座1层-26层
…………………………Tel：0351-8308002
山西国信文化旅游投资发展集团有限公司
地址：山西省太原市杏花岭区府西街69号B座25层
…………………………Tel：0351-8689909
山西愉园大酒店有限责任公司
地址：太原市迎泽区开化寺街86号
…………………………Tel：0351-8823333
山西大酒店有限公司
地址：山西省太原市迎泽区新建南路5号
…………………………Tel：0351-8829999
山西康莱德国际酒店有限公司
地址：太原市小店区长治路111号1幢A座18层1806号
…………………………Tel：0351-8956355
山西凤临阁餐饮有限公司
地址：大同市鼓楼西街凤临阁
…………………………Tel：0352-2059699
大同市宏悦酒店管理有限公司
地址：大同市平城区西环路北段东侧宏洋美都2号商铺
…………………………Tel：0352-2108618
大同市布娜尼娱乐有限公司
地址：山西省大同市平城区开源街北侧晶玉商业广场13层
…………………………Tel：0352-2116788
山西欣宇酒店管理有限公司
地址：山西省大同市平城区南环路与文兴路交汇处
…………………………Tel：0352-2886666
大同市华唐大酒店有限公司
地址：大同市开发区蔚洲瞳村
…………………………Tel：0352-2996554
大同市北魏皇都饭店有限责任公司
地址：大同市平城区迎宾西路迎宾园配套16号
…………………………Tel：0352-3312871
大同市平城文化旅游有限公司
地址：大同市迎宾街迎宾园机关综合办公大楼16层
…………………………Tel：0352-5193021
阳高县新乐源文化旅游开发有限公司
地址：山西省大同市阳高县城新华一路17号
…………………………Tel：0352-5193045
大同市王府至尊酒店有限责任公司
地址：大同市平城区新建南路东侧.
…………………………Tel：0352-5207777
大同云冈旅游实业有限责任公司
地址：山西省大同市平城区迎宾东路北侧
…………………………Tel：0352-5398888
大同市金利餐饮管理有限公司
地址：大同市城区迎宾街南侧金利综合服务楼1层
…………………………Tel：0352-5528888
大同市富泰融通旅游开发有限公司
地址：山西省大同市平城区魏都大道46号
…………………………Tel：0352-5686777
大同市宏安国际酒店有限责任公司
地址：山西省大同市宾西路.
…………………………Tel：0352-5866655
大同睿和集团国宾大酒店有限责任公司
地址：大同市平城区御河北路御馨花城综合楼
…………………………Tel：0352-6017000
大同市佳峪文化旅游有限责任公司
地址：大同市天镇县马家皂乡安家皂村
…………………………Tel：0352-7231888
阳高县凤凰岭大泉山文化旅游有限责任公司
地址：阳高县大白登镇西南
…………………………Tel：0352-7231888
山西高原古道许家窑文化旅游有限公司
地址：阳高县马家皂乡安家皂村
…………………………Tel：0352-7231888
方特欢乐世界（大同）旅游发展有限公司
地址：大同市平城区南环路南侧3666号
…………………………Tel：0352-7690800
浑源县恒山冰雪嘉年华娱乐有限公司
地址：浑源县永安镇南顺村
…………………………Tel：0352-8322255
浑源县华泰餐饮有限责任公司
地址：浑源县恒山南路（国税局对面）
…………………………Tel：0352-8334666
山西恒山文化旅游发展有限公司
地址：浑源县永安镇恒山北路
…………………………Tel：0352-8426008
浑源县恒岳国际商务酒店有限公司
地址：浑源县永安镇大灵路东侧（原水利培训中心）
…………………………Tel：0352-8496123
盂县凯悦城娱乐有限公司
地址：阳泉盂县县城秀水西街（凯悦城）
…………………………Tel：0353-6622299
山西藏山旅游开发有限公司
地址：阳泉盂县苌池镇藏山村
…………………………Tel：0353-8145078
山西大汖温泉大酒店股份有限公司
地址：阳泉盂县梁家寨乡大崔家庄村
…………………………Tel：0353-8145678
山西大汖温泉大酒店股份有限公司
地址：阳泉盂县梁家寨乡大崔家庄村
…………………………Tel：0353-8145678
山西颐景国际酒店有限责任公司
地址：山西省晋中市榆次区西顺城街71号
…………………………Tel：0354-2088936
山西德御农贸有限责任公司
地址：山西省晋中市榆次区什贴镇山庄头村
…………………………Tel：0354-2463669
山西顾地文化旅游开发有限公司
地址：山西省晋中市山西示范区晋中开发区汇通产业园园区建业街1号
…………………………Tel：0354-2634413
晋中市南江商贸有限公司
地址：山西省晋中市榆次区安宁大街108号
…………………………Tel：0354-3072680
山西景世恒华文化传播有限公司
地址：山西省晋中市榆次区龙湖大街880号1幢1单元19层1901室
…………………………Tel：0354-3078780
山西万豪美悦国际酒店有限公司
地址：山西省晋中市开发区迎宾西街345号
…………………………Tel：0354-3166666
山西乌金山文化旅游开发有限公司
地址：山西省晋中市榆次区乌金山镇平地泉村
…………………………Tel：0354-3263533
山西水蜜芭莎温泉酒店有限公司
地址：山西省晋中市山西示范区晋中开发区大学城产业园区文苑街（定阳路121号）
…………………………Tel：0354-3973333
山西玖块酒餐饮管理服务有限公司
地址：山西省晋中市昔阳县松溪大道名仕嘉园三号商业四区3号商铺
…………………………Tel：0354-4415002
山西新祁旅游有限公司
地址：山西省晋中市祁县昌源北路新祁广场冠中商务楼5号
…………………………Tel：0354-5085522
祁县乡之韵乡村文化旅游发展有限公司
地址：山西省晋中市祁县昌源北路新祁广场冠中商务楼5号
…………………………Tel：0354-5085522
祁县古城文化旅游开发有限公司
地址：山西省晋中市祁县南大街91号原房管所办公楼四层402室
…………………………Tel：0354-5085621
山西昭馀文旅产业发展有限公司
地址：山西省晋中市祁县南大街91号
…………………………Tel：0354-5220889
祁县渡秋餐饮娱乐有限公司
地址：山西省晋中市祁县新建北路昭馀中心广场中汇新天地3层3029B
…………………………Tel：0354-5223555
祁县果汇娱乐有限公司
地址：山西省晋中市祁县新建北路中汇新天地3003
…………………………Tel：0354-5223555
祁县乔家堡旅游景点开发有限公司
地址：山西省晋中市祁县东观镇乔家堡村
…………………………Tel：0354-5321797
平遥中城旅游观光线建设发展有限公司
地址：晋中市平遥县康宁街游客中心
…………………………Tel：0354-5605567
山西义兰酒店管理有限公司
地址：晋中市平遥县顺城路37号
…………………………Tel：0354-5668888
山西麒麟阁酒店有限公司
地址：山西省晋中市平遥县城隍庙街76号
…………………………Tel：0354-5689988
平遥县九成文化旅游投资有限公司
地址：山西省晋中市平遥县顺城路154号
…………………………Tel：0354-5868168
平遥峰岩大酒店有限公司
地址：山西省晋中市平遥县曙光路26号
…………………………Tel：0354-5869999
太谷县古城旅游开发有限公司
地址：山西省晋中市太谷县北关道29号
…………………………Tel：0354-6258380
山西凯嘉张壁古堡生态旅游有限公司
地址：山西省晋中市介休市龙凤镇张壁村
…………………………Tel：0354-7086156
介休市天峻山旅游开发有限公司
地址：山西省晋中市介休市连福镇赵家庄村村南
…………………………Tel：0354-7374109
介休市绵岳旅游服务有限公司
地址：山西省晋中市介休市绵山镇绵山风景区水涛沟宾馆201-202室
…………………………Tel：0354-7398085
灵石县晋阳豪威娱乐有限公司
地址：山西省晋中市灵石县常青路西133号
…………………………Tel：0354-7617279
山西中汇大地旅游产业有限公司
地址：山西省晋中市和顺县城新和路南（和顺县新二中对面）
…………………………Tel：0354-8135699
介休市本色文化娱乐有限责任公司
地址：山西省晋中市介休市北坛中路（百姓渔村二层、三层）
…………………………Tel：0354-8509999
左权华遨文化旅游开发有限公司
地址：山西省晋中市左权县城北大街6号（原司法局大楼）
…………………………Tel：0354-8635008
山西峡飞娱乐有限公司
地址：山西省长治市壶关县桥上红豆峡景区
…………………………Tel：0355-2026918
长治市海外海美食娱乐有限公司
地址：长治市府后东街9号
…………………………Tel：0355-2038555
长治市丽都美食娱乐有限公司
地址：长治市华丰街
…………………………Tel：0355-2168035
长治市长青山庄餐饮娱乐有限公司
地址：长治市郊区老顶山旅游开发区滴谷寺村
…………………………Tel：0355-2183666
长治市璟宴餐饮管理有限公司
地址：山西省长治市潞州区太行西街66号潞鼎广场3层3012
…………………………Tel：0355-2195361
山西上党荫城古镇旅游开发有限公司
地址：山西省长治市长治县荫城镇荫城村新建北街小聪聪幼儿园对面
…………………………Tel：0355-3591811
长治市金海大酒店有限公司
地址：长治市襄垣县侯堡镇西周村
…………………………Tel：0355-5925666
山西红太阳旅游开发有限公司
地址：山西省长治市潞城市潞宝生态工业园区
…………………………Tel：0355-6966381
长治市浩洋国际大酒店有限公司
地址：山西省屯留县城镇羿神东街
…………………………Tel：0355-7666668
山西太岳国际大酒店有限责任公司
地址：沁源县沁河镇桥西街
…………………………Tel：0355-7832222
长治县明源酒店有限公司
地址：长治县光明北路
…………………………Tel：0355-8204555
山西黎都文化旅游产业发展有限公司
地址：山西省长治市长治县文化局6楼（光明北路）
…………………………Tel：0355-8211890
山西襄垣国际大酒店有限公司
地址：长治市襄垣县迎宾东街3号
…………………………Tel：0355-8788888
山西路桥集团晋城太行旅游公路有限公司
地址：山西省晋城市开发区凤台东街2096号（山西晋城路桥建设有限公司办公楼326室）
…………………………Tel：0356-2056660
山西湖滨餐饮股份有限公司
地址：山西省晋城市城区泽州路1855号（后院西二楼）
…………………………Tel：0356-2067599
晋城市好乐迪文化娱乐有限公司
地址：山西省晋城市城区苑北路1518号银领尚品小区0#楼3层商业301号
…………………………Tel：0356-2121111
晋城市方程文化娱乐有限公司
地址：山西省晋城市城区凤台西街576号
…………………………Tel：0356-2129999
晋城大酒店有限责任公司
地址：山西省晋城市城区凤台西街88号
…………………………Tel：0356-2228995
山西兰花商务支付有限公司
地址：山西省晋城开发区兰花路1103号（兰花睿智培训中心办公楼）

……Tel：0356-2628902

晋城国投交通旅游投资集团有限公司
地址：山西省晋城市城区泽州北路白马寺山森林公园西侧（凤城国际酒店）
……Tel：0356-3198070

山西太行古书院文化旅游有限公司
地址：山西省晋城市城区书院街古书院矿办公楼803室
……Tel：0356-3646884

山西阳泰析城山旅游有限公司
地址：山西省晋城市阳城县水村鸦岩底74号
……Tel：0356-4228228

阳城县皇城相府（集团）实业有限公司
地址：山西省晋城市阳城县北留镇皇城村
……Tel：0356-4858326

山西阳城蟒河生态旅游有限责任公司
地址：山西省晋城市阳城县蟒河镇蟒河村
……Tel：0356-4868302

山西高平神农炎帝文化旅游开发有限公司
地址：山西省晋城市高平市神农镇庄里村南炎帝陵景区
……Tel：0356-5921936

山西太行云顶文化旅游发展有限公司
地址：山西省晋城市陵川县古郊乡（王莽岭景区）
……Tel：0356-6878600

山西晋城普惠旅游文化发展有限公司
地址：山西省晋城市城区黄华街临街四层楼C9-02幢
……Tel：0356-6999997

沁水县文化旅游开发投资有限公司
地址：山西省晋城市沁水县城新建西街248号
……Tel：0356-7021933

临汾市亚鹏皇家一号娱乐休闲有限公司
地址：临汾市尧都区华州路与尧贤街交汇处
……Tel：0357-2687777

临汾市天鹅大酒店有限公司
地址：临汾市向阳西路2号
……Tel：0357-2999999

山西丁陶国际大酒店有限公司
地址：襄汾县兴农路
……Tel：0357-3695630

山西汇百家餐饮服务有限公司
地址：侯马生态工业园区管委会办公楼203室
……Tel：0357-4216060

曲沃县新沃文化娱乐有限公司
地址：曲沃县乐昌镇踏实大厦七、八层
……Tel：0357-4545555

霍州市文化旅游发展有限公司
地址：霍州市开元街中镇广场西侧
……Tel：0357-5610777

人祖山酒店管理有限公司
地址：临汾市吉县车城乡兰家河村吉州大道东侧
……Tel：0357-6195872

洪洞县恒富温泉酒店管理有限公司
地址：洪洞县辛村乡南段村
……Tel：0357-6226666

临汾晋海源餐饮有限公司
地址：临汾市向阳西路裕馨花苑0003-01-03号
……Tel：0357-8203111

临汾市柠檬娱乐有限公司
地址：临汾开发区向阳西路中大街西南角圣会花园0001号楼
……Tel：0357-8670000

孝义市鹏飞国宾友谊酒店有限公司
地址：山西省吕梁孝义市中阳楼街道办事处新庄村
……Tel：0358-2883995

庞泉沟国际假日酒店有限公司
地址：吕梁市交城县庞泉沟镇二合庄村保护区院内
……Tel：0358-3522988

山西西流餐饮管理有限公司
地址：太原市万柏林区旧晋祠路南屯村华彩国际七层
……Tel：0358-3914662

柳林县煤炭大酒店有限公司
地址：山西省柳林县青龙大街宝宁小区1楼
……Tel：0358-4098866

山西昌龙御凤民间文化娱乐有限公司
地址：山西省吕梁孝义市大众路（长春大酒店）
……Tel：0358-7829217

吕梁国际大酒店有限责任公司
地址：吕梁市离石区滨河南中路268号
……Tel：0358-8241000

山西晋西园旅游有限公司
地址：吕梁市离石区永宁东路387号（吕梁金地资产管理有限公司办公楼301室、303室）
……Tel：0358-8267689

运城黄龙旅游开发有限公司
地址：运城市盐湖区韩信路以东、盐湖大道以北外滩首府28#4层412
……Tel：0359-2092889

运城市盐湖区文化旅游投资建设有限公司
地址：运城市盐湖区市府街30号盐湖区人民政府西楼5楼501室
……Tel：0359-2360091

万荣县莺皇娱乐城有限公司
地址：山西省运城市万荣县宝鼎北路世纪新城门面房
……Tel：0359-4793777

运城市丰喜大酒店有限公司
地址：运城市盐湖区黄河大道279号
……Tel：0359-6300908

河津市天都大酒店有限公司
地址：河津市振兴东路
……Tel：0359-8594111

内蒙古自治区

香格里拉大酒店（满洲里）有限公司
地址：内蒙古满洲里市六道街99号
……Tel：0470-3968888

内蒙古京师文化旅游发展股份有限公司
地址：内蒙古自治区呼伦贝尔市海拉尔区扎兰屯路金色家园6号楼36门市
……Tel：0470-8109996

呼伦贝尔文化旅游投资（集团）有限责任公司
地址：呼伦贝尔市海拉尔区胜利办满洲里路东侧（审计局办公楼）
……Tel：0470-8219502

呼伦贝尔市南一清真餐饮连锁服务有限公司
地址：海拉尔区巴彦托海路丰泽南苑六号一单元103号
……Tel：0470-8352345

内蒙古云湃餐饮管理有限公司
地址：内蒙古自治区呼和浩特市赛罕区东影南路桥华世纪村B区2号商业楼10号
……Tel：0471-2571919

呼和浩特万达文华酒店管理有限公司
地址：内蒙古自治区呼和浩特市赛罕区新华东街26号文华酒店2022号
……Tel：0471-3352777

香格里拉大酒店（呼和浩特）有限公司
地址：内蒙古自治区呼和浩特市回民区锡林南路5号
……Tel：0471-3366888

荣氏国际酒店管理有限公司
地址：内蒙古自治区呼和浩特市赛罕区南二环5号蒙汉双语法官培训基地
……Tel：0471-3455008

内蒙古航空旅游投资（集团）有限公司
地址：内蒙古自治区呼和浩特市如意工业园区新华东街甲6号5楼
……Tel：0471-3914356

内蒙古欧深生态旅游股份有限公司
地址：内蒙古自治区呼和浩特市赛罕区巨海城六区3单元3、4、5楼西户
……Tel：0471-3952393

内蒙古进丰大酒店有限公司
地址：内蒙古自治区呼和浩特市赛罕区呼和浩特市档案局2号楼1单元1楼商住楼2幢9号
……Tel：0471-4969533

内蒙古西贝餐饮有限责任公司
地址：内蒙古自治区呼和浩特市新城区成吉思汗大街呼和浩特体育场西门A区一、二层
……Tel：0471-5164288

内蒙古润隆餐饮管理有限公司
地址：内蒙古自治区鄂尔多斯市康巴什区东方纽蓝地综合办公楼
……Tel：0471-5193662

内蒙古发展大厦酒店有限公司
地址：内蒙古自治区呼和浩特市如意开发区敕勒川大街发展大厦A座
……Tel：0471-5287777

内蒙古金土旅游土地投资开发有限责任公司
地址：卓资县卓资山镇长胜街水利局办公楼
……Tel：0471-5305867

内蒙古东达酒店有限公司
地址：内蒙古自治区呼和浩特市赛罕区呼伦南路119号（东达城市广场内）
……Tel：0471-5666666

内蒙古额尔敦餐饮管理有限公司
地址：内蒙古自治区呼和浩特市新城区成吉思汗大街呼和浩特体育场东侧5号
……Tel：0471-6273366

内蒙古包钢海德酒店管理有限公司
地址：内蒙古自治区呼和浩特市新城区赛马场东路东侧（内蒙古华天大厦）
……Tel：0471-6308505

内蒙古国投旅游开发有限公司
地址：内蒙古自治区呼和浩特市赛罕区鄂尔多斯东街凌云大厦（现港湾大厦）20楼2012室
……Tel：0471-6321276

内蒙古鹊桥酒店管理有限公司
地址：内蒙古自治区呼和浩特市回民区中山西路9号世奥大厦19层1901-1903
……Tel：0471-6625966

内蒙古新城元宾楼酒店投资管理有限责任公司
地址：内蒙古自治区呼和浩特市呼伦南路40号
……Tel：0471-6660423

内蒙古敕勒川旅游股份有限公司
地址：内蒙古自治区呼和浩特市土左旗哈素海度假村办公楼
……Tel：0471-8165925

赤峰万富酒店管理有限公司
地址：内蒙古自治区赤峰市红山区西拉沐沦大街12号（万达广场）
……Tel：0472-2322777

包头市碧海云天娱乐有限责任公司
地址：内蒙古自治区包头市昆都仑区少先路17号街坊神华公寓-A-A22C1
……Tel：0472-2622998

内蒙古森林公社文化旅游投资有限公司
地址：内蒙古自治区包头市昆都仑区民族东路与兵工路东北角包头市三森机电广场B座六层601、602室
……Tel：0472-3351272

内蒙古南海文化旅游投资有限公司
地址：内蒙古自治区包头市东河区巴彦塔拉大街北侧，耐火厂东侧时代天骄住宅小区B1
……Tel：0472-4388189

包头市南海投资（集团）有限责任公司
地址：东河区二里半
……Tel：0472-4618181

包头市欢乐天地生态文化旅游投资开发有限公司
地址：内蒙古自治区包头市九原区奶业公司西家属区
……Tel：0472-5220695

包头稀土国际大酒店有限责任公司
地址：内蒙古自治区包头稀土高新区黄河路北、阿尔丁大街东
……Tel：0472-5358966

包头海德酒店有限公司
地址：内蒙古自治区包头市中心区希望小区"希望2#"地块
……Tel：0472-5365501

香格里拉大酒店（包头）有限公司
地址：内蒙古自治区包头市青山区民族东路66号
……Tel：0472-5998104

内蒙古朗德酒店有限公司
地址：内蒙古自治区包头市青山区少先路28号御融公馆2号楼第一、二、三、四层
……Tel：0472-6960177

内蒙古小肥羊餐饮连锁有限公司
地址：内蒙古自治区包头市昆区乌兰道9#
……Tel：0472-6980101

内蒙古小尾羊餐饮连锁股份有限公司
地址：内蒙古自治区包头市青山区文化路77号
……Tel：0472-6980870

内蒙古小尾羊牧业科技股份有限公司
地址：包头市青山区文化路77号
……Tel：0472-6980870

达茂旗文化旅游投资有限公司
地址：内蒙古自治区包头市达茂旗百灵那达慕文化产业园
……Tel：0472-8316703

敕勒川文化旅游产业投资有限责任公司
地址：内蒙古自治区包头市土右旗萨拉齐镇振华大街
……Tel：0472-8808462

内蒙古敕勒川国际大酒店有限责任公司
地址：内蒙古自治区包头市土默特右旗萨拉齐镇新区科技大街南侧欧美路西
……Tel：0472-8999999

乌海市甘德尔生态旅游有限公司
地址：内蒙古自治区乌海市海勃湾区海北大街二层44-1
……Tel：0473-2055998

乌海市蓝梦二十一世纪餐饮有限公司
地址：内蒙古自治区乌海市海勃湾区人民路九十三号
……Tel：0473-6995080

乌海市世纪元大酒店有限责任公司
地址：内蒙古自治区乌海市海勃湾区海北大街
……Tel：0473-8889777

内蒙古联宇旅游投资有限责任公司
地址：内蒙古乌兰察布市凉城县岱海办事处中水塘村洞金山温泉酒店
……Tel：0474-4201165

内蒙古红召九龙湾森林旅游有限公司
地址：内蒙古自治区乌兰察布市卓资县红召乡
……Tel：0474-4627777

内蒙古富华餐饮有限责任公司
地址：内蒙古自治区乌兰察布市卓资县新区富华大酒店17楼
……Tel：0474-4700401

内蒙古卓宇旅游投资开发有限责任公司
地址：卓资县卓资山镇县政府旧楼1楼
……Tel：0474-4709837

察右中旗新维花园酒店有限责任公司
地址：察右中旗科布尔镇幸福路东
……Tel：0474-5690138

内蒙古辉腾锡勒旅游文化股份有限公司
地址：内蒙古自治区乌兰察布市察哈尔右翼中旗辉腾锡勒园区大阳卜子南
……Tel：0474-5908880

内蒙古鼎浩餐饮娱乐有限责任公司
地址：商都县七台镇振兴东路北（商业三条街）
……Tel：0474-6818188

内蒙古乌兰察布恩格图圖旅游投资有限责任公司
地址：内蒙古自治区乌兰察布市集宁区中央商务广场A座11层
……Tel：0474-8382161

内蒙古联首旅游投资有限公司
地址：乌兰察布市旅游中心（集宁新区体育馆四楼东北角）
……Tel：0474-8981499

内蒙古金港文化旅游有限公司
地址：内蒙古自治区通辽市库伦旗银沙湾旅游区内
……Tel：0475-2323229

霍林郭勒市滨河酒店有限责任公司
地址：内蒙古自治区通辽市霍林郭勒市珠区滨河路东侧
……Tel：0475-2347111

库伦旗锡勒图三大寺文化旅游开发有限公司
地址：内蒙古自治区通辽市库伦旗库伦镇文明街居委（三大寺院内）
……Tel：0475-4713377

库伦旗三大寺旅游服务有限公司
地址：内蒙古自治区通辽市库伦旗库伦镇文明街居委（三大寺院内）
……Tel：0475-4713377

霍林郭勒市文化旅游产业投资开发有限责任公司
地址：内蒙古自治区通辽市霍林郭勒市新城区党政大楼五楼西侧
……Tel：0475-6161295

内蒙古诚友佳欣酒店管理有限公司
地址：内蒙古自治区赤峰市红山区西屯办事处西屯居委会三西街路北
……Tel：0475-6168668

霍林郭勒市中泰餐饮有限公司
地址：内蒙古自治区通辽市霍林郭勒市东方家园1号—7
……Tel：0475-6381299

通辽市荣达酒店管理有限公司
地址：内蒙古自治区通辽市科尔沁区胜利路北段路西（鹏通花园小区A16-/-101）
……Tel：0475-8285810

通辽旅游产业投资有限公司
地址：内蒙古自治区通辽市经济技术开发区创业大厦16楼1610室
……Tel：0475-8883639

克什克腾旗旅游产业发展有限责任公司
地址：赤峰市克什克腾旗经棚镇克旗三特旅业办公楼五楼
……Tel：0476-2831097

克什克腾旗文化旅游产业发展有限责任公司
地址：内蒙古赤峰市克什克腾旗经棚镇克旗三特旅业办公楼五楼
……Tel：0476-2831097

美林体育旅游有限公司
地址：内蒙古自治区赤峰市喀喇沁旗美林镇美林谷（滑雪公司办公楼）
……Tel：0476-3962553

宁城县垠川交通旅游投资有限公司
地址：宁城县天义镇长青路中段东侧友谊路西（原交通运输局办公楼）
……Tel：0476-4257275

宁城县圣泉旅游发展有限公司
地址：内蒙古自治区赤峰市宁城县温泉街道（56号御水花园2号楼-202室）
……Tel：0476-4820667

内蒙古克什克腾旗创建阿斯哈图旅游有限责任公司
地址：内蒙古克什克腾旗巴彦查干苏木巴彦乌拉嘎查
……Tel：0476-5070998

克什克腾旗达里诺尔国家级自然保护区生态旅游有限责任公司
地址：克什克腾旗达里湖渔场场区
……Tel：0476-5090032

林西县铜都文化旅游发展有限责任公司
地址：内蒙古赤峰市林西县财政局办公楼
……Tel：0476-5327837

赤峰契丹文化旅游投资有限公司
地址：内蒙古自治区赤峰市红山区桥北镇姚家洼居委会红山物流园区1#楼01015室
……Tel：0476-5988806

翁牛特旗胜景文化旅游投资有限责任公司
地址：翁牛特旗党政综合楼1楼12号办公

室
……………………Tel：0476-6360281
内蒙古金山海贝尔文化娱乐管理有限公司
地址：赤峰市新城区八家组团68号
……………………Tel：0476-8282670
内蒙古龙谷旅游资源投资有限公司
地址：赤峰市翁牛特旗乌丹镇乌丹路北段东侧
……………………Tel：0476-8451407
赤峰市海贝尔文化娱乐服务有限公司
地址：内蒙古自治区赤峰市新城区八家组团全宁街南、锦山路以东全宁街5号
……………………Tel：0476-8821015
鄂托克前旗文化旅游集团有限公司
地址：内蒙古鄂托克前旗敖镇上海庙南路文化产业园C6-2
……………………Tel：0477-2242558
鄂尔多斯市文化旅游投资集团有限公司
地址：内蒙古自治区鄂尔多斯市东胜区铁西亿昌现代城17层
……………………Tel：0477-2260009
内蒙古皇室酒店管理有限公司
地址：内蒙古自治区鄂尔多斯市东胜区宝日陶亥西街18号
……………………Tel：0477-3843333
鄂尔多斯市易享成餐饮管理股份有限公司
地址：鄂尔多斯市东胜区维邦大厦F座20层2007室
……………………Tel：0477-3887978
内蒙古成吉思汗陵旅游开发有限责任公司
地址：内蒙古自治区鄂尔多斯市伊金霍洛旗伊金霍洛镇
……………………Tel：0477-3965213
内蒙古富凯龙大酒店有限公司
地址：内蒙古自治区鄂尔多斯市东胜区天骄北路82号
……………………Tel：0477-3988958
准格尔旗文化旅游投资有限公司
地址：内蒙古自治区鄂尔多斯市准格尔旗大路新区建业大厦5号楼
……………………Tel：0477-4886458
杭锦旗文化旅游发展有限责任公司
地址：内蒙古自治区鄂尔多斯市杭锦旗锡尼镇荣乌高速连接线南横二路北旗游客服务中心
……………………Tel：0477-6899986
内蒙古萨拉乌苏旅游文化发展有限公司
地址：乌审旗无定河镇巴图湾村
……………………Tel：0477-7529018
内蒙古准格尔召民族文化旅游开发有限公司
地址：内蒙古自治区鄂尔多斯市准格尔旗准格尔召镇
……………………Tel：0477-8122303
内蒙古嘉瑞酒店管理有限责任公司
地址：东胜区鄂托克西街91号
……………………Tel：0477-8139781
鄂尔多斯市东仕戴斯大酒店有限责任公司
地址：内蒙古自治区鄂尔多斯市东胜区鄂尔多斯西街（华宇名门底商）
……………………Tel：0477-8319911
内蒙古东联控股集团有限公司
地址：内蒙古自治区鄂尔多斯市东胜区乌审西街 7 号街坊
……………………Tel：0477-8526552
鄂尔多斯市空港大数据运营有限公司
地址：鄂尔多斯空港物流园区管委会办公楼
……………………Tel：0477-8901960
新湃电视娱乐（内蒙古）有限公司
地址：伊旗阿镇蒙古源流文化产业园区013室
……………………Tel：0477-8959170
鄂尔多斯文化旅游发展有限公司
地址：伊金霍洛旗蒙古源流文化产业园区
……………………Tel：0477-8962583
巴彦淖尔市河港商贸有限责任公司
地址：内蒙古巴彦淖尔市临河区胜利北路
……………………Tel：0478-8221848
巴彦淖尔华澳大酒店有限责任公司
地址：内蒙古巴彦淖尔市临河区团结办胜利路西华澳大酒店（附属楼）1502号
……………………Tel：0478-8299250
西乌珠穆沁旗维力斯旅游产业发展有限责任公司
地址：内蒙古自治区锡林郭勒盟西乌珠穆沁旗巴拉嘎　高勒镇文化大厦10楼
……………………Tel：0479-3520919
内蒙古夏佳假日酒店有限公司
地址：内蒙古自治区锡林郭勒盟多伦县会盟大街湖景花园（龙泽湖社区对面）
……………………Tel：0479-4523113
多伦县旅游集散中心有限公司
地址：内蒙古自治区锡林郭勒盟多伦县诺尔镇会盟大街康都苑小区
……………………Tel：0479-4526870
内蒙古弘钜实业有限公司
地址：内蒙古自治区锡林郭勒盟多伦县诺尔镇财政审计综合办公楼228号
……………………Tel：0479-4528049
内蒙古龙栖湾大酒店有限公司
地址：内蒙古自治区锡林郭勒盟多伦县诺尔镇多伦大街288号
……………………Tel：0479-4889999
正蓝旗元上都文化旅游投资有限公司
地址：正蓝旗上都镇
……………………Tel：0479-6766608
内蒙古大蒙神州旅游开发有限公司
地址：锡林浩特市宝办锡林大街88号
……………………Tel：0479-6938888
内蒙古蒙古丽宫草原文化旅游有限公司
地址：锡林浩特市巴彦查干办事处
……………………Tel：0479-8109999
太仆寺旗御马苑文化旅游有限责任公司
地址：内蒙古自治区锡林郭勒盟太仆寺旗贡宝拉嘎苏木所在地
……………………Tel：0479-8808670
锡林浩特大酒店有限公司
地址：内蒙古自治区锡林郭勒盟锡林浩特市河西开发区
……………………Tel：0479-8816126
科右中旗文化旅游产业发展有限责任公司
地址：内蒙古自治区兴安盟科尔沁右翼中旗代钦塔拉苏木卫生院东侧（原为代钦塔拉卫生院）
……………………Tel：0482-4760000
六和大酒店有限公司
地址：内蒙古自治区兴安盟阿尔山市温泉街
……………………Tel：0482-7127777
阿尔山市圣煜度假酒店有限公司
地址：内蒙古自治区兴安盟阿尔山市温泉街2丘1幢
……………………Tel：0482-7896666
阿拉善盟陶来假日酒店有限公司
地址：内蒙古阿拉善盟额济纳旗达来呼布镇居延东街以北、滨河路以西
……………………Tel：0483-2246888
阿拉善大酒店有限责任公司
地址：内蒙古自治区阿拉善盟阿拉善左旗巴彦浩特镇东关街1号（体育场东北侧）
……………………Tel：0483-3988888
阿拉善禾天下文化旅游发展投资有限公司
地址：内蒙古自治区阿拉善盟阿拉善左旗巴彦浩特镇阿拉善人酒店一楼
……………………Tel：0483-6529858
阿拉善盟文化旅游投资开发有限责任公司
地址：内蒙古自治区阿拉善盟阿拉善左旗巴彦浩特镇雅布赖东路矿能大厦2楼
……………………Tel：0483-8356555
阿拉善盟旅游基础设施投资有限责任公司
地址：内蒙古自治区阿拉善盟阿拉善左旗巴彦浩特镇雅布赖东路矿能大厦2楼西侧
……………………Tel：0483-8356555

辽宁省

辽宁五女山旅游开发集团有限公司
地址：桓仁满族自治县桓仁镇刘家沟街哈达河东岸
……………………Tel：024-18234999
沈阳珀丽酒店有限公司
地址：沈阳市沈河区北站路99号
……………………Tel：024-22532828
东北大厦酒店集团有限公司
地址：沈阳市沈河区北站路112号
……………………Tel：024-22583003
辽宁东方大酒店有限公司
地址：辽宁省沈阳市沈河区北站路112号
……………………Tel：024-22583077
沈阳喜鹊国际酒店管理有限公司
地址：沈阳市沈河区中山路339号
……………………Tel：024-22699983
沈阳力天世纪餐饮连锁经营管理有限公司
地址：沈阳市沈河区青年大街50-3号
……………………Tel：024-22705188
沈阳皇盛酒店管理有限公司
地址：沈阳市和平区十一纬路 8 2 号
……………………Tel：024-22857255
辽宁光大赛马娱乐有限公司
地址：沈阳市沈河区北三经街3-1号3-3-1
……………………Tel：024-22877775
沈阳大和餐饮娱乐有限公司
地址：沈阳市沈河区西顺城街133号
……………………Tel：024-22939136
辽宁深茂能源发展有限公司
地址：本溪满族自治县小市镇黄山路28号-201
……………………Tel：024-23180920-8048
沈阳建威图文设计有限公司
地址：沈阳市和平区十四纬路10号
……………………Tel：024-23246665
百胜餐饮（沈阳）有限公司
地址：沈阳市和平区青年大街286号
……………………Tel：024-23341718
沈阳恒大水世界旅游开发有限公司
地址：辽宁省沈阳市沈北新区辉山农业高新区耀阳路18-12号302室
……………………Tel：024-23406730
沈阳童世界旅游发展有限公司
地址：辽宁省沈阳市苏家屯区南京南街1001-19甲号（2门）
……………………Tel：024-23406730
沈阳恒泰旅游发展有限公司
地址：辽宁省沈阳市苏家屯区南京南街1001-19甲号（2门）
……………………Tel：024-23406730
辽宁虎跃酒店管理股份有限公司
地址：沈阳市沈河区友好街21-1号
……………………Tel：024-23418055
沈阳彦展娱乐有限公司
地址：沈阳市和平区北四马路24号
……………………Tel：024-23461100
辽宁清辛千伊餐饮管理有限公司
地址：沈阳市沈河区友好街10-3号2601室
……………………Tel：024-23523666
沈阳诺富特酒店有限公司
地址：沈阳市沈河区北站二路58号（602室）
……………………Tel：024-23839801
沈阳芊丽酒店有限公司
地址：辽宁省沈阳市和平区青年大街416号
……………………Tel：024-23869888
沈阳新世界新汇置业有限公司
地址：辽宁省沈阳市和平区南京南街16号
……………………Tel：024-23870076
沈阳黎明酒店管理有限公司
地址：沈阳市大东区长安路 1 0 号
……………………Tel：024-24359999
香格里拉大酒店（沈阳）有限公司
地址：沈阳市沈河区青年大街115号
……………………Tel：024-24366666
沈阳金冠热带雨林健身休闲酒店有限公司
地址：沈阳市沈河区文化路108号
……………………Tel：024-24521279
沈阳大通娱乐设备有限公司
地址：沈阳市于洪区于洪街道西和平村洪滨路永裕街
……………………Tel：024-25362283
沈阳格轩旅游度假发展有限公司
地址：辽宁康平经济开发区朝阳工业园
……………………Tel：024-27345678
沈阳北一路大歌星餐饮娱乐有限公司
地址：沈阳市铁西区北一中路1号
……………………Tel：024-31223508
沈阳信基实业有限公司
地址：沈阳市沈北新区道义北大街57-1号
……………………Tel：024-31238120
沈阳大龙餐饮管理有限公司
地址：沈阳市浑南新区营盘北街5号B座408室
……………………Tel：024-31250823
沈阳富虹餐饮有限公司
地址：辽宁省沈阳市浑南区浑南中路61-5号-101-104室
……………………Tel：024-31259522
辽宁大健康旅游有限公司
地址：中国（辽宁）自由贸易试验区沈阳片区全运路109-1号（109-1号）2层247-9514室
……………………Tel：024-31328508
辽宁千纸鹤餐饮管理集团有限公司
地址：沈阳市沈北新区道义北大街126-1号
……………………Tel：024-31485948
辽宁欧罗巴食品有限公司
地址：辽宁省沈阳经济技术开发区开发二十二号路25号甲
……………………Tel：024-31530088
辽宁客莱乐餐饮管理有限公司
地址：沈阳市和平区和平北大街97号703房间
……………………Tel：024-31610456
沈阳万达文华酒店管理有限公司
地址：辽宁省沈阳市浑南新区营盘西街17-5号
……………………Tel：024-31628888
辽宁港旅旅游开发有限公司
地址：辽宁省营口市鲅鱼圈区昆仑大街北段港丰大酒店1201、1202号房
……………………Tel：024-31912810
本溪市闽溪彩虹旅游有限公司
地址：辽宁省本溪市南芬区思山岭街道办事处三道河村红庙子48-2栋1至4层
……………………Tel：024-42913799
本溪水洞旅游（集团）股份公司
地址：辽宁省本溪市本溪县水洞风景办公楼
……………………Tel：024-44891248
沈阳嘿尬网络科技有限公司
地址：辽宁省沈阳市沈河区万寿寺街259号（1-7轴、A-C轴、1-5轴、C-K轴、1-4轴、K-L轴）360室
……………………Tel：024-45828486
辽宁恒润旅游发展有限公司
地址：本溪满族自治县田师付建设东路
……………………Tel：024-46134118
辽宁汤沟国际温泉旅游度假有限公司
地址：本溪满族自治县草河掌镇胡堡村
……………………Tel：024-46135008
本溪关门山旅游有限公司
地址：辽宁省本溪市本溪满族自治县小市镇陈英村（综合楼）
……………………Tel：024-46358055
本溪九鼎铁刹旅游有限公司
地址：辽宁省本溪市本溪满族自治县小市镇陈英村（综合楼）
……………………Tel：024-46358055
辽宁关门山旅游（集团）有限公司
地址：辽宁省本溪市本溪满族自治县小市镇政府路186号
……………………Tel：024-46866766
辽宁回龙湖旅游文化产业股份有限公司
地址：辽宁省本溪市桓仁满族自治县向阳乡和平村一组
……………………Tel：024-48115588
抚顺健娱乐健身运动有限公司
地址：抚顺市新抚区浑河南路中段14-5号楼1单元303号
……………………Tel：024-52402666
抚顺大歌星餐饮娱乐有限公司
地址：抚顺市新抚区浑河南路（中段）56号万达广场三层
……………………Tel：024-52662111
抚顺万达嘉华酒店管理有限公司
地址：辽宁省抚顺市新抚区浑河南路(中段)56-11号楼1号
……………………Tel：024-53956666
金丰园集团有限责任公司
地址：顺城区临江路1号
……………………Tel：024-57810088
抚顺韩帝园餐饮管理有限公司
地址：抚顺市顺城区新城一街1号甲（院内）办公楼
……………………Tel：024-58039683
抚顺新南海绿洲餐饮有限公司
地址：辽宁省抚顺市望花区丹东路东段68号
……………………Tel：024-58599990
沈阳希尔斯池典商务休闲有限公司
地址：沈阳市铁西区建设中路46号
……………………Tel：024-62588888
铁岭金城岳海国际酒店有限公司
地址：铁岭市银州区广裕街28号
……………………Tel：024-74299999
铁岭星光酒店管理有限公司
地址：辽宁省铁岭市凡河新区赣江东路9-5号
……………………Tel：024-74983777
铁岭星悦餐饮管理有限公司
地址：辽宁省铁岭市凡河新区赣江东路9号
……………………Tel：024-74983777
铁岭兴隆大船娱乐有限公司
地址：铁岭市新城区长江路兴隆大船三、四、五层
……………………Tel：024-76218575
调兵山市竹溪源温泉文化旅游发展有限公司
地址：辽宁省铁岭市调兵山市南工业园区南六路
……………………Tel：024-76918333
调兵山市竹溪源温泉文化旅游发展有限公司
地址：辽宁省铁岭市调兵山市南工业园区南六路
……………………Tel：024-76918333
调兵山保龄餐饮娱乐有限公司
地址：辽宁省铁岭市调兵山市中央大街 8 8 号
……………………Tel：024-76921506
辽宁昌图天力酒店有限公司
地址：辽宁省昌图县政府路33号建行5-6楼
……………………Tel：024-79597922
辽宁天力酒店有限公司
地址：铁岭市凡河新区金沙江路37号如意大厦9楼
……………………Tel：024-79797971
沈阳东软物业管理有限公司
地址：辽宁省沈阳市和平区三好街78号625
……………………Tel：024-83688110
沈阳旅游集团有限公司
地址：沈阳市浑南区全运北路109-5号（109-5）
……………………Tel：024-83766602
沈阳小米粒娱乐股份有限公司
地址：辽宁省沈阳市和平区长白南路232号L3层305商铺
……………………Tel：024-83916465
辽宁省旅游投资集团有限公司
地址：辽宁省沈抚新区金枫街75-1号
……………………Tel：024-86230019
辽宁港湾旅游投资有限公司
地址：辽宁省沈阳市浑南区全运路109-3号（109-3号）
……………………Tel：024-86230020
沈阳新年代投资有限公司
地址：沈阳市浑南新区金辉街6号
……………………Tel：024-86806170
沈阳辽风旅游产业运营有限公司

地址：辽宁省沈阳市法库县法库镇辽代风情小镇A2号楼2号网点
………………………Tel：024-87156199
沈阳佐威餐饮管理有限公司
地址：辽宁省沈阳市沈阳市皇姑区蒲河街9-1号301房间
………………………Tel：024-88574999
沈阳千锦汇花园酒店有限公司
地址：沈阳市苏家屯区雪莲街168号
………………………Tel：024-89150138
辽宁龙源白清寨旅游度假管理有限公司
地址：沈阳市苏家屯区广福路69-1号
………………………Tel：024-89552102
沈阳仟睿达水上娱乐有限公司
地址：沈阳市沈北新区虎石台镇新华村
………………………Tel：024-89729888
大连大歌星娱乐有限公司
地址：辽宁省大连高新技术产业园区黄浦路500号大连高新万达广场地下二层715号
………………………Tel：0411-39073659
辽宁中跃德源文化旅游开发管理有限公司
地址：辽宁省大连市甘井子区金四街55号3单元3层1号
………………………Tel：0411-39361986
辽宁华艾创信实业集团有限公司
地址：中国（辽宁）自由贸易试验区大连海富路9-1号4923室
………………………Tel：0411-39416618
大连和怡阳光酒店有限公司
地址：辽宁省大连高新技术产业园区黄浦路710号
………………………Tel：0411-39421111
喜鼎餐饮管理有限公司
地址：辽宁省大连市中山区海之韵路49号第B31幢1单元1跃3层1号
………………………Tel：0411-39557531
大连衡丰酒店管理有限公司
地址：辽宁省大连市中山区五五路4A号36层7号
………………………Tel：0411-39587711
亚洲渔港餐饮管理有限公司
地址：辽宁省大连市西岗区香秀街6号213室
………………………Tel：0411-39738666
大连凯莱大酒店有限公司
地址：辽宁省大连市中山区一德街5号
………………………Tel：0411-39865759
大连昱圣苑国际酒店有限公司
地址：辽宁省大连市沙河口区太原街6号
………………………Tel：0411-39888888
大连海天白云大酒店有限公司
地址：辽宁省大连市西岗区滨海西路81号
………………………Tel：0411-39907755
大连嘉信大酒店有限公司
地址：辽宁省大连市中山区五五路53号
………………………Tel：0411-62277999
鑫隆基业（大连）酒店管理有限公司
地址：辽宁省大连市西岗区建设街26.28号
………………………Tel：0411-62628988
大连开世酒店有限公司
地址：辽宁省大连市旅顺口区长江路191号
………………………Tel：0411-62685895
大连唐·银大酒店有限公司
地址：辽宁省大连市西岗区兴业街10、12号
………………………Tel：0411-62912999
大连全在体育休闲娱乐有限公司
地址：辽宁省大连市普兰店区莲山街道高瓦房社区孙西
………………………Tel：0411-65833888
大连盈樱餐饮娱乐管理有限公司
地址：辽宁省大连市沙河口区星海广场E区23号
………………………Tel：0411-66660998
美仕（大连）生态旅游发展有限公司
地址：辽宁省大连市普兰店区皮口街道建设社区
………………………Tel：0411-82285215
大连富斯特索道娱乐有限公司
地址：辽宁省大连市中山区解放路5号（劳动公园内）
………………………Tel：0411-82300524
大连渤海明珠餐饮管理有限公司
地址：辽宁省大连市中山区胜利广场8号
………………………Tel：0411-82312817
大连三寰大酒店有限公司
地址：辽宁省大连市西岗区仲夏路159号
………………………Tel：0411-82400488
大连华能宾馆有限公司
地址：辽宁省大连市西岗区付家庄滨海西路4号
………………………Tel：0411-82413888
大连乔智保龄球娱乐有限公司
地址：辽宁省大连市中山区胜利广场28号B3
………………………Tel：0411-82502980
大连香格里拉酒店有限公司
地址：辽宁省大连市中山区人民路66号
………………………Tel：0411-82525000
大连獐子岛上达国际酒店有限公司
地址：辽宁省大连市长海县獐子岛镇沙包村南山屯
………………………Tel：0411-82558300
大连良运大酒店有限公司
地址：辽宁省大连市中山区五五路12号
………………………Tel：0411-82589188
大连兴洲贸易有限公司
地址：辽宁省大连市沙河口区南沙街137号1单元5层2号
………………………Tel：0411-82640350
大连全城德科技有限公司
地址：辽宁省大连市甘井子区静蕙街10号3单元6层1号
………………………Tel：0411-82640530
大连中远海运大厦酒店有限公司
地址：辽宁省大连市中山区友好广场6号
………………………Tel：0411-82653106
大连玉兔岛旅游产业发展有限公司
地址：辽宁省大连市金州区七顶山街道拉树山村
………………………Tel：0411-82739807
大连碧龙潭温泉大酒店有限公司
地址：辽宁省大连市普兰店区大谭街道大谭社区
………………………Tel：0411-82739807
大连天通房地产开发有限公司
地址：辽宁省大连市中山区鲁迅路58号2401室
………………………Tel：0411-82778015
大连新时代餐饮有限公司
地址：辽宁省大连市中山区北斗街40号
………………………Tel：0411-82779588
大连卧龙湾香格里拉大酒店有限公司
地址：辽宁省大连经济技术开发区小窑湾国际商务区42号路西侧1号
………………………Tel：0411-82789204
大连中山大酒店有限公司
地址：辽宁省大连市中山区青泥洼街40号
………………………Tel：0411-82812888
大连北方工业资产管理有限公司
地址：辽宁省大连市中山区人民路19号
………………………Tel：0411-82818388
大连金石文化旅游投资有限公司
地址：辽宁省大连经济技术开发区金石滩街道庙上村柳屯
………………………Tel：0411-82819588
大连山川酒店管理有限公司
地址：辽宁省大连市中山区延安路9号13层C号
………………………Tel：0411-82827091
阳光大叔娱乐文化发展（大连）有限公司
地址：辽宁省大连市沙河口区高尔基路273号二层
………………………Tel：0411-82855395
普兰店安波旅游度假发展有限公司
地址：辽宁省普兰店市安波镇安波社区
………………………Tel：0411-83207722
大连巍霸山旅游项目开发有限公司
地址：辽宁省大连市普兰店区台山泰晟小区8#-306
………………………Tel：0411-83320958
大连心族大酒店有限公司
地址：辽宁省大连市西岗区长江路586号
………………………Tel：0411-83636626
威新房地产开发（大连）有限公司
地址：辽宁省大连市中山区杏林街2号
………………………Tel：0411-83641133
大连中勃亚餐饮管理有限公司
地址：辽宁省大连市西岗区黄河路338A号
………………………Tel：0411-83684567
大连暖宝贝儿童娱乐有限公司
地址：辽宁省大连市大连市沙河口区不老街65-1号
………………………Tel：0411-83783185
大连圣亚旅游控股股份有限公司
地址：辽宁省大连市沙河口区中山路608-6-8号
………………………Tel：0411-84581813
大连洺流房屋租赁有限公司
地址：辽宁省大连高新技术产业园区凌水街道河口村
………………………Tel：0411-84731877
大连海洋之星文化旅游发展有限公司
地址：辽宁省大连高新技术产业园区七贤岭学子街2-4号楼3单元1楼
………………………Tel：0411-84753837
东方慕尼黑（大连）文化产业有限公司
地址：辽宁省大连市沙河口区中山路584B座1-1609
………………………Tel：0411-84893133
大连宝岛休闲娱乐有限公司
地址：辽宁省大连长兴岛经济区长兴路606号嘉恒国际小区3-11号
………………………Tel：0411-85288999
大连横山北普陀主题文化公园有限公司
地址：辽宁省大连市旅顺口区龙王塘街道大石洞村
………………………Tel：0411-86297111
大连蟹将军餐饮有限公司
地址：辽宁省大连市甘井子区大连湾街道宋家村宋屯
………………………Tel：0411-87109669
大连城堡酒店开发有限公司
地址：辽宁省大连市沙河口区星海广场C1区9号
………………………Tel：0411-87385605
大连天鹅湖酒店有限公司
地址：辽宁省大连保税区二十里堡街道办事处文化中心一楼102室
………………………Tel：0411-87385965
大连国际娱乐有限公司
地址：辽宁省大连经济技术开发区金石滩国家旅游度假区金座庄园
………………………Tel：0411-87556777
大连丰茂酒店管理有限公司
地址：辽宁省大连经济技术开发区小窑湾国际商务区42号路西侧1号
………………………Tel：0411-87564065
中安金元大酒店有限公司
地址：辽宁省大连经济技术开发区金马路143号
………………………Tel：0411-87618888
大连羊羊羊高科惠民集团有限公司
地址：辽宁省大连经济技术开发区永德街1号
………………………Tel：0411-88017777
大连金山互动娱乐科技有限公司
地址：辽宁省大连高新技术产业园区宏川东路20号6层601-605室
………………………Tel：0411-88123366
大连高登商务酒店有限公司
地址：辽宁省大连市中山区延安路9号14层E号
………………………Tel：0411-88128178
大连梦幻乐园娱乐有限公司
地址：辽宁省大连市沙河口区兴工南五街19号
………………………Tel：0411-88891865
大连弘润旅游开发有限公司
地址：辽宁省庄河市昌盛街道张屯社区李坎屯
………………………Tel：0411-89379555
辽宁千山温泉旅游发展有限公司
地址：辽宁省鞍山市千山区鞍千路42-41
………………………Tel：0412-2558061
鞍山千山风景名胜旅游发展有限公司
地址：鞍山市旧堡区千山
………………………Tel：0412-2558061
海城市冠恒盛仕商业有限公司
地址：海城市北关街田水委
………………………Tel：0412-3111988
海城市宗骏餐饮娱乐有限公司
地址：海城市北关街合力委
………………………Tel：0412-3788888
海城市宗骏餐饮娱乐有限公司
地址：海城市北关街合力委
………………………Tel：0412-3788888
鞍山新伍餐饮服务有限公司
地址：辽宁省鞍山市辽宁激光产业园新能源园1号楼(立山区越岭路264号)
………………………Tel：0412-5228866
鞍山鞍钢东山酒店管理有限公司
地址：鞍山市铁东区东风街108号
………………………Tel：0412-5592252
千山国际文化旅游产业园区有限公司
地址：鞍山市千山区千山镇韩家峪村2号
………………………Tel：0412-6427777
鞍山市山水庄园旅游服务有限公司
地址：鞍山高新技术产业开发区千山镇谷首峪村
………………………Tel：0412-6481111
辽宁千山旅游集团有限公司
地址：辽宁省鞍山市千山风景区庙尔台村三组
………………………Tel：0412-7124466
岫岩满族自治县玉林餐饮娱乐有限公司
地址：辽宁省鞍山市岫岩满族自治县岫岩镇一街道（站前大街，农电家属楼东侧）
………………………Tel：0412-7887333
岫岩满族自治县玉林餐饮娱乐有限公司
地址：辽宁省鞍山市岫岩满族自治县岫岩镇一街道（站前大街，农电家属楼东侧）
………………………Tel：0412-7887333
丹东淮扬娱乐有限公司
地址：辽宁省丹东市振安区新兴街39-1号101室
………………………Tel：0415-2237177
丹东五龙高尔夫有限公司
地址：丹东市振安区楼房镇梨树村
………………………Tel：0415-2357777
丹东市九连城夹心岛生态旅游有限公司
地址：丹东市振安区九连城镇九连城村五组
………………………Tel：0415-2357890
凤城市凤凰山庄餐饮服务有限公司
地址：凤城市凤山管理区凤凰山上．山上宾馆
………………………Tel：0415-2581111
丹东江户置业有限公司
地址：丹东临港产业园区新城区
………………………Tel：0415-3188225
丹东江户置业有限公司
地址：丹东临港产业园区新城区
………………………Tel：0415-3188225
丹东万力酒店管理有限公司
地址：辽宁省丹东市振兴区锦山大街300号502室
………………………Tel：0415-3788888
凤城市天鹏旅游发展有限公司
地址：凤城市赛马镇赛马村道西区
………………………Tel：0415-8361777
凤城市天鹏旅游发展有限公司
地址：凤城市赛马镇赛马村道西区
………………………Tel：0415-8361777
凤城市蒲石河文旅有限公司
地址：辽宁省丹东凤城市赛马镇北街
………………………Tel：0415-8378955
黑山丽都餐饮娱乐有限公司
地址：辽宁省锦州市黑山县
………………………Tel：0416-2200000
黑山丽都餐饮娱乐有限公司
地址：辽宁省锦州市黑山县
………………………Tel：0416-2200000
北镇市龙之梦娱乐有限公司
地址：辽宁省锦州市北镇市北镇街道办事处城西社区闾山路66号新区农贸综合市场4层1门
………………………Tel：0416-2261111
锦州旅游发展（集团）有限公司
地址：辽宁省锦州市太和区凌云里宝地曼哈顿B区43-1号
………………………Tel：0416-3216196
锦州市元都大酒店有限公司
地址：锦州市凌河区中央大街二段41-43号
………………………Tel：0416-3321515
凌海花园集团有限责任公司
地址：凌海市凌海大街
………………………Tel：0416-3366021
锦州亿达希尔顿酒店有限公司
地址：辽宁省锦州经济技术开发区长白山路以北、兴海北路以南
………………………Tel：0416-3588821
锦州岭地旅游发展有限公司
地址：辽宁省锦州滨海新区（经济技术开发区）天桥街道办事处一楼
………………………Tel：0416-3891889
锦州精英商务酒店有限公司
地址：锦州市古塔区解放路三段11号
………………………Tel：0416-4980000
黑山百悦宾馆有限责任公司
地址：黑山镇南广场西侧
………………………Tel：0416-5586000
黑山百悦宾馆有限责任公司
地址：黑山镇南广场西侧
………………………Tel：0416-5586000
锦州东一璞邸酒店有限公司
地址：辽宁省锦州经济技术开发区富海街8号
………………………Tel：0416-7911013
锦州洪业娱乐有限责任公司
地址：辽宁省锦州经济技术开发区兴海路下朱口小区4-9号
………………………Tel：0416-8092015
铂海（营口）酒店发展有限公司
地址：辽宁省营口市民生路28-3-301号
………………………Tel：0417-2985020
大石桥市和润新泽商贸有限公司
地址：辽宁省营口大石桥市泰和国际小区4#楼
………………………Tel：0417-3198888
营口金陵春梦娱乐有限公司
地址：辽宁省营口市西市区通惠路10丁-甲5号
………………………Tel：0417-6148878
营口红运酒店管理有限公司
地址：营口市青花大街东39号
………………………Tel：0417-6188888
辽宁万福赤山旅游开发有限公司
地址：盖州市万福镇贵子沟村
………………………Tel：0417-6571133
营口北海臻品花园酒店有限公司
地址：辽宁省营口北海新区
………………………Tel：0417-6578048
营口河畔集团有限公司
地址：辽河大街成福里小区
………………………Tel：0417-6656740
天宝商务酒店管理（辽宁）股份有限公司
地址：辽宁省营口市站前区金牛山大街东28-7号
………………………Tel：0417-7011756
华君大酒店有限公司
地址：辽宁省营口市鲅鱼圈区熊岳镇金星村
………………………Tel：0417-7011756
营口金泰珑悦海景大酒店有限公司
地址：辽宁省营口市鲅鱼圈区辽东湾大街南段(旅游开发有限公司)
………………………Tel：0417-7188888
盖州市中辰酒店有限公司
地址：辽宁省营口市盖州市红旗大街54号

……………………Tel：0417-7806158

辽宁红运旅游（集团）有限公司
地址：营口经济技术开发区日月大路13号（新城区25-红运综合楼18楼）
……………………Tel：0417-8202299

葡萄酒店管理（辽宁）有限公司
地址：辽宁省营口市鲅鱼圈区新城区25-红运综合楼17层
……………………Tel：0417-8202299

阜新新益达馋神餐饮连锁有限公司
地址：辽宁省阜新市细河区八一路东段31号
……………………Tel：0418-2192017

阜新黄家沟旅游度假有限公司
地址：辽宁省阜新市细河区四合镇黄家沟
……………………Tel：0418-3880274

辽宁一水云天温泉文化度假酒店有限公司
地址：辽阳市弓长岭区汤河镇柳河村42号
……………………Tel：0419-3503299

辽阳嘉濠国际大酒店有限公司
地址：辽阳市白塔区民主路86号
……………………Tel：0419-3792777

辽宁万兴隆国际温泉酒店有限公司
地址：辽阳市弓长岭区汤河镇柳河村
……………………Tel：0419-5206850

辽阳明达意航半岛酒店有限公司
地址：辽阳市文圣区文昌街26-11号
……………………Tel：0419-5565941

辽宁新兴农业观光旅游开发有限公司
地址：辽宁省辽阳市辽阳县首山镇胜利街
……………………Tel：0419-5587899

御品源（辽阳）餐饮管理有限公司
地址：辽宁省辽阳市太子河区沙岭镇高洛子村村西厂区
……………………Tel：0419-7236999

朝阳博澳斯卡拉娱乐有限公司
地址：辽宁省朝阳市龙城区文化路五段77C号77号
……………………Tel：0421-3456789

青旅（喀左）文化旅游发展有限公司
地址：辽宁省朝阳市喀左县南哨街道梁家营子村2-59号410室
……………………Tel：0421-4830909

朝阳庙子沟滑雪有限公司
地址：朝阳市龙城区大平房镇大板村
……………………Tel：0421-7246116

朝阳天地游旅游股份有限公司
地址：辽宁省朝阳市双塔区龙腾大街347#-1号
……………………Tel：0421-7298881

盘锦文化旅游发展集团有限责任公司
地址：辽宁省盘锦市辽东湾新区2幢101（辽东湾新区创业中心综合楼A座2层）
……………………Tel：0427-2685456

诚通生态旅游发展有限公司
地址：辽宁省盘锦市辽河口生态经济区东郭镇
……………………Tel：0427-2982232

盘锦晟华苑大酒店有限公司
地址：盘锦市双台子区晟华苑23#C
……………………Tel：0427-3315678

盘锦君澜旅游开发有限公司
地址：盘锦市双台子区
……………………Tel：0427-3330003

盘锦永利酒店管理有限公司
地址：辽宁省盘锦市双台子区辽河南路西辽河左岸酒店
……………………Tel：0427-3330003

盘锦宝来东湖温泉宾馆有限公司
地址：辽宁省盘锦市大洼县大洼镇15号街15300201
……………………Tel：0427-3406666

盘锦天星国际酒店有限公司
地址：盘山县太平镇东五村
……………………Tel：0427-3713232

辽宁东方雨文化旅游有限公司
地址：辽宁省盘锦市盘山县新县城创业大厦810室
……………………Tel：0427-3786717

盘锦新宇大酒店有限公司
地址：盘锦市兴隆台区双兴中路77号
……………………Tel：0427-6686777

盘锦红都旅游开发有限公司
地址：辽宁省盘锦市大洼县赵圈河镇园林村
……………………Tel：0427-6880182

辽宁天格旅游发展有限公司
地址：辽宁省盘锦辽东湾新区电子商务大厦四层4-39办公区
……………………Tel：0427-6988850

辽宁章河旅游发展有限公司
地址：辽宁省盘锦辽东湾新区电子商务大厦四层4-47办公区
……………………Tel：0427-6988850

辽宁蓝波湾旅游发展有限公司
地址：辽宁省盘锦辽东湾新区电子商务大厦四层4-46办公区
……………………Tel：0427-6988850

辽宁元吉湖旅游发展有限公司
地址：辽宁省盘锦辽东湾新区电子商务大厦四层4-45办公区
……………………Tel：0427-6988850

辽宁热带雨林旅游发展有限公司
地址：辽宁省盘锦辽东湾新区电子商务大厦四层4-44办公区
……………………Tel：0427-6988850

盘锦尚珍餐饮服务有限公司
地址：辽宁省盘锦市大洼县唐家镇天格东湖湾C区办公楼
……………………Tel：0427-6988850

盘锦尚宾餐饮服务有限公司
地址：辽宁省盘锦市大洼县唐家镇天格东湖湾C区办公楼
……………………Tel：0427-6988850

盘锦红海滩旅游发展有限公司
地址：盘锦市大洼县赵圈河镇鹤吉街28号
……………………Tel：0427-6989999

盘锦长青酒店管理有限公司
地址：辽宁省盘锦市兴隆台区兴隆台大街以北广厦新城二期34号楼102
……………………Tel：0427-8611777

盘锦居美酒店管理有限公司
地址：辽宁省盘锦市兴隆台区兴隆台大街以北广厦新城二期北方文化中心101
……………………Tel：0427-8618777

葫芦岛宏跃梦幻水芙宫酒店有限公司
地址：辽宁省葫芦岛市龙港区锦葫路158号楼
……………………Tel：0429-2025268

葫芦岛百大万美温泉酒店有限公司
地址：辽宁省葫芦岛市连山区锦郊街道二台子村
……………………Tel：0429-2656666

葫芦岛龙庭房地产开发有限公司
地址：辽宁省葫芦岛市龙港区龙湾大街48号楼2单元1214室
……………………Tel：0429-3025000

葫芦岛滨海文化旅游发展有限公司
地址：辽宁省葫芦岛市兴城市温泉办事处一六四住宅4-302
……………………Tel：0429-3520270

葫芦岛丽汤旅游房地产开发有限公司
地址：辽宁省葫芦岛市兴城市曹庄乡刘家沟村303号
……………………Tel：0429-3532666

葫芦岛丽汤养生酒店管理有限公司
地址：辽宁省葫芦岛市兴城市温泉街道首山路16丙-8号楼A室
……………………Tel：0429-3532666

辽宁磨盘岛旅游开发有限公司
地址：辽宁省葫芦岛市龙港区龙程街8号楼
……………………Tel：0429-3555010

佳兆业旅游开发有限公司
地址：葫芦岛市绥中县滨海经济区25号2-39
……………………Tel：0429-3938034

可域酒店置业管理（绥中）有限公司
地址：葫芦岛市绥中滨海经济区
……………………Tel：0429-3938034

兆瑞景酒店置业管理（绥中）有限公司
地址：葫芦岛市绥中县前所镇洪家村电厂路东
……………………Tel：0429-3938034

葫芦岛亨达文化旅游集团有限公司
地址：辽宁省葫芦岛市连山区打渔山开发区振兴大街北侧与沈港路东侧
……………………Tel：0429-4017999

兴城市盛发旅游文化发展有限公司
地址：辽宁省葫芦岛市兴城市兴海北路兴荣二里11-8号
……………………Tel：0429-5199977

兴城龙回头海景假日酒店有限公司
地址：辽宁省葫芦岛市兴城市龙回头兴海栈道风景区
……………………Tel：0429-5769999

吉林省

香橙酒店餐饮管理有限公司
地址：经济开发区仙台大街天地十二坊C03幢1单元101号房301室
……………………Tel：0341-88868887

公主岭桐波房地产开发有限公司
地址：公主岭市大岭镇岭城壹号13号楼010109（107室）
……………………Tel：0431-80793666

吉林省恒大水世界旅游开发有限公司
地址：长春市二道区自由大路79号长春浙江商务广场2529号
……………………Tel：0431-80793666

吉林省狮子互娱泛娱乐文化有限公司
地址：吉林省长春市朝阳区前进大街集商国际项目A1-A5101号
……………………Tel：0431-80885635

长春净月潭旅游建设集团有限公司
地址：吉林省长春市净月开发区净月大街2950号众创大厦405室
……………………Tel：0431-81165055

长春宏汇酒店管理有限公司
地址：长春市朝阳区人民大街3299号
……………………Tel：0431-81175008

长春高新文化旅游建设开发有限公司
地址：吉林省长春市高新北区吉星大厦2106室
……………………Tel：0431-81269303

长春九牛盛宴餐饮管理有限公司
地址：吉林省长春市朝阳区人民大街4111号兆丰国际1单元501-3室
……………………Tel：0431-81298888

吉林省豪仕百达娱乐有限公司
地址：农安县合隆镇街内万隆广场3层（302国道旁）
……………………Tel：0431-81610062

吉林省国盛大酒店有限公司
地址：长春市人民大街7008号
……………………Tel：0431-81788888

吉林省旅游控股集团有限责任公司
地址：吉林省长春市南关区人民大街7008号
……………………Tel：0431-81788910

吉林海汇旅游发展有限公司
地址：吉林省长春市净月开发区华荣泰商务综合体一期第6幢0单元2701号房(租期至2047-02-28)
……………………Tel：0431-81806886

长春吉实益田酒店管理有限公司
地址：净月经济开发区净月分团丁二十二路以南、丁二十五路以北
……………………Tel：0431-81811111

长春市飞翔休闲娱乐有限公司
地址：吉林省长春市宽城区亚泰大街中环6区14号楼2020室
……………………Tel：0431-81812520

吉林省文化产业投资基金管理有限公司
地址：长春市人民大街4111号兆丰国际1304室
……………………Tel：0431-81881082

吉林省恒曜旅游文化产业集团有限公司
地址：长春市经济开发区仙台大街1468号彩晶大厦东侧103.105房
……………………Tel：0431-81881309

长春米兰商誉酒店有限公司
地址：吉林省长春市南关区亚泰大街与丙八路交汇新星宇之洲上邻A2地块6号楼
……………………Tel：0431-81913666

长春天行健酒店管理有限公司
地址：吉林省长春市净月开发区净月小镇B幢110号房（租期至2026年10月12日）
……………………Tel：0431-82008555

长春意科环境科技有限公司
地址：长春市绿园区和平大街30号和平花园A栋4单元208室
……………………Tel：0431-82045111

吉林省嘉泰道路运输集团有限公司
地址：长春市宽城区鞍山路与利国街交汇利国街1号
……………………Tel：0431-82605333

长春国商餐饮管理有限公司
地址：宽城区辽宁路162号国商百货14楼
……………………Tel：0431-82856906

吉林省大汉娱乐管理有限公司
地址：长春市朝阳区红旗街与同德路交汇处长春红旗街万达广场3【幢】2单元1231室
……………………Tel：0431-83355111

长春净月潭旅游发展集团有限公司
地址：长春市净月潭（净月开发区净月潭公园正门东侧200米）
……………………Tel：0431-84513521

长春鹿鸣谷生态旅游建设有限公司
地址：净月经济开发区净月大街5678号上峰小镇1号
……………………Tel：0431-84566500

长白山保护开发区阳光温泉国际度假酒店有限公司
地址：吉林省长白山保护开发区池北区长白山北山门500米处（原飞狐山庄）
……………………Tel：0431-85174666

吉林省同乐旅游服务有限公司
地址：吉林省长春市农安县合隆镇合兴大路南侧（长春农安经济开发区总部基地办公楼2011号）
……………………Tel：0431-85623033

长春市星际动漫娱乐有限公司
地址：朝阳区桂林路21号
……………………Tel：0431-85629577

吉林省永大娱乐有限公司
地址：吉林省长春市同志街41号
……………………Tel：0431-85672980

长春国信南山酒店有限公司
地址：长春市双阳区长清公路16公里处幸福村马架子屯
……………………Tel：0431-85837777

吉林省高尔夫餐饮管理有限公司
地址：吉林省长春市汽车开发区腾飞南路与长沈路交汇长沈路学校院内食堂
……………………Tel：0431-85983781

吉林省高尔夫餐饮管理有限公司
地址：吉林省长春市汽车开发区腾飞南路与长沈路交汇长沈路学校院内食堂
……………………Tel：0431-85983781

吉林车城花园酒店有限公司
地址：长春市创业大街1447号
……………………Tel：0431-85988888

长春开元锐至投资管理有限公司
地址：绿园区景阳大路2299号
……………………Tel：0431-87068971

吉林省瑞星乐园有限公司
地址：长春市绿园区皓月大路2838号吉粮花园（吉粮康郡）二期2[幢]801号房
……………………Tel：0431-87850509

吉林森工森林康养发展集团有限责任公司
地址：长春市南关区人民大街4036号
……………………Tel：0431-88480769

长春新天地娱乐有限公司
地址：长春市西安大路16号
……………………Tel：0431-88485381

长春市天定山旅游度假小镇开发有限公司
地址：吉林省长春莲花山生态旅游度假区莲花雅居小区1栋101门市
……………………Tel：0431-88497067

吉林省旅游集团有限责任公司
地址：长春市新民大街1296号
……………………Tel：0431-88787373

延边琵岩山旅游开发有限公司
地址：龙井市临江路348号
……………………Tel：0431-88787373

长春力农文体娱乐管理有限公司
地址：吉林省长春莲花山生态旅游度假区劝农山镇东风村村委会1号楼
……………………Tel：0431-88811948

长春益承文体娱乐管理有限公司
地址：吉林省长春莲花山生态旅游度假区雾九路1号长春莲花山生态发展有限公司B410室
……………………Tel：0431-88811948

吉林省金海湾饮食服务有限责任公司
地址：长春市人民大街3960号
……………………Tel：0431-88957530

吉林省金海湾饮食服务有限责任公司
地址：长春市人民大街3960号
……………………Tel：0431-88957530

吉林省吉隆坡大酒店有限公司
地址：长春市西安大路823号
……………………Tel：0431-88962688

长春香格里拉大酒店有限公司
地址：长春市西安大路569号
……………………Tel：0431-88981818-6302

长春市英码娱乐有限公司
地址：朝阳区文化街3号
……………………Tel：0431-88982693

长春净月潭旅游经济开发区先锋会馆有限公司
地址：净月大街3070号（使用期至2022-05-29）
……………………Tel：0431-88989126

吉林省广泽农业综合开发建设有限公司
地址：长春市绿园区西安大路4388号
……………………Tel：0431-89577704

吉林省广泽旅游开发有限公司
地址：长春市朝阳区西昌小区130栋2楼202室
……………………Tel：0431-89577750

吉林庙香山冰雪体育旅游集团有限公司
地址：吉林省长春市九台区波泥河街道办事处大顶子村三社
……………………Tel：0431-89590666

吉林省旅游投资集团有限责任公司
地址：长春市人民大街4036号
……………………Tel：0431-89963658

中罡云娱乐文化传媒（吉林）有限公司
地址：长春市九台区卡伦湖街道办事处湖畔香湾小区A22#楼116栋无单元104（二层）
……………………Tel：0432-62099217

吉林市麒麟团膳餐饮管理集团有限公司
地址：吉林省吉林市龙潭区徐州西路9号K厂房
……………………Tel：0432-62288333

吉林市麒麟大厨房餐饮服务有限责任公司
地址：吉林市高新技术产业开发区东山街2990号2号厂房
……………………Tel：0432-62288333

吉林市阳光假日娱乐有限公司
地址：吉林省吉林市船营区解放中路100号1-2层2区
……………………Tel：0432-63077777

吉林北大湖体育旅游产业开发有限责任公司
地址：北大壶经济开发区24-12-10-113
……………………Tel：0432-64202058

吉林瀚星集团有限公司
地址：吉林市中兴街136号
……………………Tel：0432-65088888

吉林瀚星集团有限公司
地址：吉林市中兴街136号
……………………Tel：0432-65088888

吉林省吉林国际大酒店有限公司
地址：吉林市中兴街20号
……………………Tel：0432-66570548

延边丽山餐饮服务有限公司
地址：延吉市西山街1055号
……………………Tel：0433-2265333

延吉海兰湖体育旅游度假村有限公司
地址：吉林省延吉市小营镇河龙村
……Tel：0433-2511582
延边东明旅游开发有限公司
地址：延吉市长白路391号
……Tel：0433-2511582
延吉聚龙潭大酒店有限公司
地址：延吉市小营镇河龙村
……Tel：0433-2511582
延吉市柳菜休闲娱乐服务有限公司
地址：延吉市依兰镇九龙村
……Tel：0433-2721326
延吉市丰茂德尚餐饮管理有限公司
地址：延吉市长白路288号工业园2号201室
……Tel：0433-2902999
延边云森大酒店有限公司
地址：延吉市南岗街（延东桥头首尔国际酒店公寓）
……Tel：0433-2918369
龙井市海龙娱乐有限公司
地址：吉林省龙井市东盛涌镇龙山村
……Tel：0433-3221250
延边现代百合酒店有限公司
地址：延吉市新民街486号新民小区1号楼1001
……Tel：0433-4389666
长春市东方玫瑰大酒店有限公司
地址：吉林省长春市朝阳区安达街1221号
……Tel：0433-5005202
敦化万豪国际大酒店有限公司
地址：敦化市胜利街江南社区
……Tel：0433-5079333
长白山旅游股份有限公司
地址：池北区（白林西区和平街）
……Tel：0433-5310977
长白山保护开发区长白山旅游集散中心有限公司
地址：吉林省长白山保护开发区池北区白山大街（信达餐饮服务有限公司322室）
……Tel：0433-5319567
安图绿丰园温泉森林康养中心有限公司
地址：吉林省安图县二道镇政府北侧
……Tel：0433-5752066
吉林省天鼎旅游产业发展股份有限公司
地址：安图县松江镇
……Tel：0433-5806027
长白山保护开发区天伦温泉度假酒店有限公司
地址：池北区（和平度假区）
……Tel：0433-5936555
长白山保护开发区御麓泉度假酒店有限公司
地址：池北区(通场路51号)
……Tel：0433-6175666
延边金龙旅游娱乐有限责任公司
地址：敦化市民主街海龙委九组302室
……Tel：0433-6246158
吉林省好吃帝贸易有限公司
地址：吉林省珲春边境经济合作区14号小区
……Tel：0433-7611156
珲春市大海实业有限公司
地址：珲春市英安镇富民村
……Tel：0433-7627666
珲春智业旅游开发有限公司
地址：珲春市新安街长安委西城名苑1号门市
……Tel：0433-7805777
延吉秀林生态旅游开发有限公司
地址：延吉市河南街天池路曙光胡同
……Tel：0433-8637777
四平七星投资管理有限责任公司
地址：四平市铁西区站前街新立委江南世家小区1号B楼
……Tel：0434-3230989
伊通满族自治县半岛荟酒店管理有限公司
地址：吉林省四平市伊通满族自治县库仑大路与赫哲街交汇处瑞祥家园小区20号楼1层8门
……Tel：0434-4602888
梨树县生态旅游建设开发有限公司
地址：吉林省四平市梨树县梨树镇建设小区北区一号楼五楼
……Tel：0434-5260228
吉林省建华投资集团有限公司
地址：四平经济开发区
……Tel：0434-6128472
四平市华信娱乐有限公司
地址：吉林省四平经济开发区电厂西侧
……Tel：0434-6128472
通化市东方假日酒店有限公司
地址：通化市东昌区新站路16号
……Tel：0435-3678519
通化市佳禾餐饮服务有限公司
地址：吉林省通化市通化开发区兴达路桃园片区6号标准化厂房（通化华润燃气有限公司后侧）
……Tel：0435-3711677
梅河口市翰林文化娱乐有限公司
地址：吉林省梅河口市解放街7105-4735/2-01019号（站前宾馆楼下）
……Tel：0435-4540888
通化县皇冠餐饮有限责任公司
地址：通化县快大茂镇团结路1777号
……Tel：0435-5778566
通化县皇冠餐饮有限责任公司
地址：通化县快大茂镇团结路1777号
……Tel：0435-5778566
柳河县鑫北方餐饮服务有限公司
地址：柳河县柳河镇中华大街2777号（鑫润河建材城西侧）
……Tel：0435-7690456
东丰奇乐娱乐有限责任公司
地址：东丰县工业园区
……Tel：0437-2876666
辽源市博纳电影娱乐有限公司
地址：辽源市龙山区育宁路2号（原人民影院）
……Tel：0437-3129088
吉林省吉帝娱乐传媒有限公司
地址：吉林省辽源市西安区煤城新村40号楼112号门市
……Tel：0437-6680757
松原市百润乐雅水世界娱乐有限公司
地址：前郭县蒙古艾里乡妙音寺村
……Tel：0438-2222075
松原市大和宾馆有限责任公司
地址：吉林省松原市宁江区铁西街859号
……Tel：0438-2550500
松原市荣怀酒店管理有限公司
地址：松原市宁江区乌兰大街3088号
……Tel：0438-6168888
白山市铭睿国内旅游有限公司
地址：吉林省白山市江源区石人镇北山街江源工业经济开发区办公楼501-502室
……Tel：0439-3215788
吉林雨润涵悦大酒店有限公司
地址：浑江区北山公园西侧（开发区）
……Tel：0439-3270800
吉林省山地旅游开发有限公司
地址：池南区管委会办公楼220室
……Tel：0439-5077050
吉林省鸭绿江旅游投资发展有限公司
地址：临江市新市街2委10组（临江市林业局办公楼2楼201室）
……Tel：0439-5227971
长白山保护开发区翠林假日酒店有限公司
地址：吉林省长白山保护开发区池南区漫江村（原漫江林场办公室103室）
……Tel：0439-6188680
吉林长白山保护开发区白溪旅游发展有限公司
地址：吉林省长白山保护开发区池西区白溪旅游度假区（白西林场松天线13.5公里处）
……Tel：0439-6558888
吉林鲁能漫江生态旅游开发有限公司
地址：抚松县漫江镇前进村
……Tel：0439-6979612
白山大歌星餐饮娱乐有限公司
地址：长白山国际旅游度假区南区A-7（2）娱乐中心
……Tel：0439-6985710
长白山国际旅游度假区开发有限公司
地址：抚松县松江河镇（吉林抚松经济开发区办公楼内）
……Tel：0439-6985723
靖宇县蒂秀娱乐有限公司
地址：靖宇县温馨西区3号楼
……Tel：0439-7811333

黑龙江省

哈尔滨嗨梦娱乐有限公司
地址：哈尔滨市松北区世茂大道247号
……Tel：0451-51012790
哈尔滨建荣波塞冬文化旅游发展有限公司
地址：哈尔滨市呼兰区汇江路1号
……Tel：0451-51706880
哈尔滨万富酒店管理有限公司
地址：哈尔滨市南岗区中兴大道158号A1栋-2-20层
……Tel：0451-51879777
齐齐哈尔万富酒店管理有限公司
地址：黑龙江省齐齐哈尔市建华区万达广场大商业00单元01层95号
……Tel：0451-51879777
哈尔滨市春天东起薇泽酒店连锁管理有限责任公司
地址：香坊区（原动力区）电业健康馨苑小区9区号楼
……Tel：0451-51909699
枫叶小镇（哈尔滨）酒店管理有限责任公司
地址：哈尔滨市松北区智谷三街5555号
……Tel：0451-51971117
枫叶小镇（哈尔滨）酒店管理有限责任公司
地址：哈尔滨市松北区智谷三街5555号
……Tel：0451-51971117
哈尔滨太平湖温泉旅游度假有限公司
地址：哈尔滨市道里区闫家岗农场太平湖一期7号楼1层4号
……Tel：0451-5299999
黑龙江亚布力雪上亚运村大酒店有限公司
地址：尚志市亚布力滑雪场
……Tel：0451-53456168
黑龙江省波斯特酒店有限公司
地址：黑龙江省哈尔滨市南岗区邮政街147号
……Tel：0451-53626888
哈尔滨国源文化体育娱乐有限责任公司
地址：哈尔滨市南岗区东大直街350号二层201室
……Tel：0451-53627866
新北方酒店有限公司
地址：黑龙江省哈尔滨市南岗区花园街403号
……Tel：0451-53642966
黑龙江省米豆薯餐饮管理有限公司
地址：哈尔滨市松北区哈尔滨商业大学江北C区C07号楼三楼创A区A06室
……Tel：0451-53997688
哈尔滨英杰景圣文化旅游投资管理有限公司
地址：哈尔滨市宾县宾州镇友联村杨家屯
……Tel：0451-55004060
黑龙江神州风采彩票娱乐文化有限公司
地址：哈尔滨市南岗区哈西大街1号金域蓝城三期B1栋5层519号
……Tel：0451-55511111
黑龙江亲子欢乐嘉年华儿童娱乐有限公司
地址：哈尔滨市道里区建议街2号2单元14层6号
……Tel：0451-57718990
黑龙江天禄温泉酒店投资管理有限公司
地址：通河县通河镇工业园区
……Tel：0451-57776888
黑龙江莱蒂斯餐饮管理有限公司
地址：哈尔滨市松北区地中海阳光一区E栋0113
……Tel：0451-58603009
哈尔滨松北香格里拉大酒店有限公司
地址：哈尔滨市松北区松北大道1号
……Tel：0451-58629999
黑龙江泰合娱乐有限公司
地址：哈尔滨市南岗区华山北路1号
……Tel：0451-58831158
黑龙江龙珠二龙山滑雪娱乐有限责任公司
地址：宾县二龙山
……Tel：0451-82334229
黑龙江福顺天天大酒店有限公司
地址：哈尔滨市经济开发区南岗区管理服务区赣水路２０－２２号
……Tel：0451-82368888
黑龙江亚布力亚雪旅游集团有限公司
地址：黑龙江省尚志市亚布力滑雪旅游度假区
……Tel：0451-83289009
哈尔滨东方众合餐饮有限责任公司
地址：哈尔滨市道里区哈药路503号
……Tel：0451-84677999
哈尔滨香格里拉大酒店有限公司
地址：哈尔滨市道里区友谊路５５５号
……Tel：0451-84858888
哈尔滨亚美国际娱乐投资有限公司
地址：哈尔滨市道里区爱建路66号中兴家园物业21号楼3楼
……Tel：0451-85715858
黑龙江瑞博酒店投资管理有限公司
地址：黑龙江省哈尔滨市南岗区东大直街320号
……Tel：0451-85938508
黑龙江省旅游投资集团有限公司
地址：哈尔滨经开区哈南工业新城星海路20号A栋
……Tel：0451-85998902
哈尔滨华融酒店管理有限公司
地址：哈尔滨市西大直街１１８号
……Tel：0451-86291500
黑龙江名厨之家餐饮管理服务有限公司
地址：哈尔滨市香坊区三大动力路39号16层1601室
……Tel：0451-86524888
黑龙江龙门大厦酒店有限责任公司
地址：黑龙江省哈尔滨市南岗区红军街85号
……Tel：0451-86791681
哈尔滨新海都国际温泉旅游度假有限公司
地址：哈尔滨市香坊区向阳镇东平村
……Tel：0451-87110511
黑龙江北大荒唐都生态园餐饮有限公司
地址：黑龙江省哈尔滨市香坊区香福路146号
……Tel：0451-87230603
哈尔滨龙龙奇幻世界娱乐有限公司
地址：哈尔滨市道里区机场路198号
……Tel：0451-87258888
哈尔滨卡斯摩投资管理有限责任公司
地址：哈尔滨市道里区汇丽广场C栋（107、207室）
……Tel：0451-87655298
黑龙江旭隆国际旅游股份有限公司
地址：哈尔滨经开区南岗集中区长江路368号2606室
……Tel：0451-87913833
黑龙江旅游集团有限公司
地址：哈尔滨市香坊区珠江路副37号
……Tel：0451-87970773
黑龙江省国宾酒店管理有限公司
地址：哈尔滨经开区南岗集中区红旗大街301号
……Tel：0451-88026996
哈尔滨文化旅游集团有限公司
地址：哈尔滨市松北区世泽路689号4号楼17层
……Tel：0451-88118768
哈尔滨林达外语城旅游文化有限公司
地址：哈尔滨市利民开发区宜春路南、美术家大街两侧21栋1层101室
……Tel：0451-88550000
哈尔滨乐当家娱乐有限公司
地址：哈尔滨市道里区友谊路167-217号数码广场2层
……Tel：0451-89046888
哈尔滨林达维景国际大酒店有限公司
地址：哈尔滨市利民开发区宜春路南、美术家大街两侧21栋1层101室
……Tel：0451-89203399
齐齐哈尔市和美粮食仓储集团有限公司
地址：黑龙江省齐齐哈尔市龙沙区永安大街00单元01层01-1号
……Tel：0452-2476456
齐齐哈尔奥悦冰雪旅游投资有限公司
地址：黑龙江省齐齐哈尔市龙沙区民意路1号龙沙区财政局106室
……Tel：0452-2820029
讷河市企业之家餐饮有限公司
地址：讷河市嘉泰小区1号楼01层15号
……Tel：0452-3363797
泰来县家和美餐饮娱乐有限公司
地址：黑龙江省齐齐哈尔市泰来县泰来镇八一路160号
……Tel：0452-8221688
林口县鼎鑫餐饮投资有限公司
地址：林口县林口镇站前大街670号
……Tel：0453-3524833
绥芬河市绥发文旅产业发展有限公司
地址：绥芬河市花园路西，文化街北，13幢1层01
……Tel：0453-5620038
牡丹江福运久久酒店管理有限公司
地址：黑龙江省牡丹江市阳明区东四条路11号
……Tel：0453-6606262
牡丹江飞龙潭酒店发展有限公司
地址：黑龙江省牡丹江市宁安市镜泊湖虹鳟鱼场东侧
……Tel：0453-6956738
牡丹江镜泊湖酒店投资管理集团有限公司
地址：黑龙江省牡丹江市宁安市镜泊湖虹鳟鱼市场东侧
……Tel：0453-6956738
海林市九龙餐饮娱乐有限公司
地址：黑龙江省牡丹江市海林市胜利街88号
……Tel：0453-8188999
佳木斯海天大酒店管理有限公司
地址：佳木斯市前进区长安东路202号
……Tel：0454-6705155
佳木斯齐海大圣儿童娱乐有限公司
地址：郊区北焦化社区
……Tel：0454-7604888
汤原仁和旅游文化娱乐管理有限公司
地址：黑龙江省佳木斯市汤原县建设社区风情街南3号楼东起第15户
……Tel：0454-8633777
黑龙江鼎盛餐饮有限公司
地址：绥化市北林区黄河北路384号
……Tel：0455-2851010
青冈县钱潮休闲娱乐有限公司
地址：青冈县展望村（长江北路与人民大道交叉口1号）
……Tel：0455-3220555
阁山文化旅游发展有限公司
地址：绥棱县兴旺街18号（城镇文化广场北侧）
……Tel：0455-4665336
绥化金龟山庄休闲娱乐有限公司
地址：黑龙江省绥化市北林区东津乡福兴村
……Tel：0455-8116133
绥化市款城餐饮娱乐有限公司
地址：黑龙江省绥化市北林区中直北路83号
……Tel：0455-8238886
绥化华天酒店管理有限公司
地址：黑龙江省绥化市北林区北辰街南、康庄路东
……Tel：0455-8528666
黑河市关鸟河商贸旅游大酒店有限责任公司

地址：黑龙江省黑河市合作区通江路商贸大厦
………………………Tel：0456-6766666
黑龙江五大连池恒灿旅游股份有限公司
地址：黑龙江省黑河市五大连池风景区财政局
………………………Tel：0456-7228809
黑龙江省九三农垦豆都商务酒店
地址：黑龙江省黑河市嫩江县九三农垦社区A区14委迎宾路
………………………Tel：0456-7879366
黑河银建酒店有限公司
地址：黑河市爱辉区双拥大街31号
………………………Tel：0456-8260261
黑龙江省康荣旅游有限责任公司
地址：黑龙江省桃山林业局桃林六委（振兴社区19-20号厅）
………………………Tel：0458-2244888
铁力市百泰餐饮有限公司
地址：铁力市铁力镇向阳社区丰润国际广场嘉园A区13号楼第1号厅二层
………………………Tel：0458-6180399
伊春旅游发展股份有限公司
地址：黑龙江省伊春市伊春区林都体育场办公楼
………………………Tel：0458-8808823
伊春弘基酒店管理有限公司
地址：黑龙江省伊春市伊春区前进办青山大街南侧弘基酒店配套附属楼
………………………Tel：0458-8977333
大庆合韵餐饮企业管理服务有限公司
地址：黑龙江省大庆市让胡路区银亿阳光城A-01-1-101
………………………Tel：0459-5516555
大庆吉祥凯悦餐饮管理有限公司
地址：黑龙江省大庆市让胡路区红旗村远望大街19号
………………………Tel：0459-6132053
大庆万富酒店管理有限公司
地址：黑龙江省大庆市萨尔图区东风路13号大庆万达广场酒店
………………………Tel：0459-6858888
林甸明道温泉度假酒店有限公司
地址：黑龙江省大庆市林甸县大祁街南四段路东
………………………Tel：0459-8101003
黑龙江阿骨羊餐饮管理有限公司
地址：黑龙江省大庆市肇州县肇州镇民主街盛世华城S2栋商服21门
………………………Tel：0459-8688883
大庆曼哈维大酒店管理有限公司
地址：黑龙江省大庆市高新区日月星大豆工业园内
………………………Tel：0459-8972495
大庆泉潞泉温泉酒店有限公司
地址：黑龙江省大庆高新区新风路9号大豆工业园科研中心一楼
………………………Tel：0459-8979035
七台河市金融大厦酒店实业有限责任公司
地址：黑龙江省七台河市桃山区景丰路38号
………………………Tel：0464-6126666
勃利县伊鑫酒店管理有限责任公司
地址：勃利县人民路6号
………………………Tel：0464-6184345
七台河市椰风岛水上娱乐有限公司
地址：黑龙江省七台河市桃山区桃南街万宝公园
………………………Tel：0464-8308777
勃利县吉兴湖生态旅游投资有限公司
地址：勃利县吉兴河水库
………………………Tel：0464-8691999
虎林乌苏里江旅游投资有限公司
地址：黑龙江省鸡西市虎林市虎林镇红旗街道育新委（审计局三楼）
………………………Tel：0467-5997936
鹤岗龙运餐饮有限公司
地址：黑龙江省鹤岗市工农区东解放路10号
………………………Tel：0468-6121068
萝北县界江国际大酒店
地址：黑龙江省鹤岗市萝北县凤翔镇八委（景观路1号）
………………………Tel：0468-6836666
黑龙江省雁窝岛湿地生态旅游股份有限公司
地址：黑龙江省双鸭山市宝清县八五三农场四分场
………………………Tel：0469-5388844
宝清盛景酒店有限公司
地址：黑龙江省双鸭山市宝清县宝清镇国资名都1号门市
………………………Tel：0469-8838666

江苏省

南京中南天生桥旅游开发有限公司
地址：南京市溧水区永阳镇珍珠南路111号
………………………Tel：025-26600661
江苏小厨娘餐饮管理有限公司
地址：南京市江宁区东山街道国际企业研发园
………………………Tel：025-51191983
南京荣鼎餐饮管理有限公司
地址：南京市秦淮区正学路1号
………………………Tel：025-51809067
南京荣鼎餐饮管理有限公司
地址：南京市秦淮区正学路1号
………………………Tel：025-51809067
南京掌澜通信科技有限公司
地址：南京市雨花台区凤台南路138号3楼305
………………………Tel：025-51865600
南京昊越旅游发展有限公司
地址：南京市江宁区秣陵街道将军大道20号翠屏国际城6幢504室
………………………Tel：025-52073626
南京市大唐酒店用品有限公司
地址：南京市江宁区秣陵街道东大商业街B2幢
………………………Tel：025-52084677
南京瑞沨酒店管理有限公司
地址：南京市江宁经济技术开发区庄排路99号
………………………Tel：025-52105988
南京新利源餐饮管理有限公司
地址：南京市江宁区秣陵街道凤凰社区丹凤芮里农业生态园
………………………Tel：025-52106738
南京江宁旅游产业集团有限公司
地址：南京市江宁开发区苏源大道58-8号
………………………Tel：025-52110227
南京盛庄餐饮连锁有限公司
地址：南京市江宁经济技术开发区庄排路
………………………Tel：025-52116720
南京立康餐饮管理有限公司
地址：南京江宁开发区铺岗383号厂房04幢
………………………Tel：025-52175888
南京金元宝酒店集团股份有限公司
地址：南京市江宁区东山街道金箔路98号
………………………Tel：025-52180092
南京市金飞龙餐饮管理有限公司
地址：南京市江宁区东山街道土山路688号
………………………Tel：025-52181063
南京中肯酒店设备有限公司
地址：南京市溧水经济开发区柘塘镇柘宁东路368号2幢、5幢、6幢
………………………Tel：025-52182821
南京市江宁区蒙地卡罗胜太路娱乐中心
地址：南京市江宁开发区胜太路66号
………………………Tel：025-52188744
南京国信状元楼大酒店有限责任公司
地址：南京市秦淮区夫子庙状元境9号
………………………Tel：025-52202555
南京苏盟餐饮管理有限公司
地址：南京市江北新区星火路20号星火创业大厦1幢413室
………………………Tel：025-52255708
南京光达娱乐有限公司
地址：南京市秦淮区中山南路505号
………………………Tel：025-52260090
中梦娱乐养老（南京）有限公司
地址：南京市雨花台区玉兰路88号1号楼2楼
………………………Tel：025-52275434
江苏雨润涵悦酒店投资管理有限公司
地址：南京市建邺区雨润路17号
………………………Tel：025-52277156
南京娱乐购网络科技有限公司
地址：南京市鼓楼区大桥南路9号
………………………Tel：025-52365500
南京葛府餐饮服务有限公司
地址：南京市玄武区中央路302号
………………………Tel：025-52387505
南京蝶美科技发展有限公司
地址：南京市雨花台区玉兰路99号3栋212室
………………………Tel：025-52453538
南京艾丝碧西餐饮管理有限公司
地址：南京市玄武区童卫路5号7号楼二层
………………………Tel：025-52488843
江苏麦味登餐饮管理有限公司
地址：南京市建邺区庐山路188号新地中心1003室
………………………Tel：025-52608888
五季文化旅游发展有限公司
地址：南京市江宁开发区苏源大道19号九龙湖国际企业总部园
………………………Tel：025-52705566
江苏首境文化旅游发展有限公司
地址：南京市江宁开发区苏源大道19号九龙湖国际企业总部园
………………………Tel：025-52705566
江苏星源娱乐文化发展有限公司
地址：南京市江宁开发区东吉大道1号
………………………Tel：025-52769771
南京软件谷文化旅游发展有限公司
地址：南京市雨花台区铁心桥大街28号
………………………Tel：025-52887913
南京山水酒店投资有限公司
地址：南京市溧水区永阳街道天生桥大道688号
………………………Tel：025-56616705
江苏苏圣文化旅游产业投资（集团）有限公司
地址：南京市高淳区淳溪镇湖滨路175号28幢28-1号
………………………Tel：025-56810030
南京金牛湖文化旅游发展有限公司
地址：南京市六合区金牛湖风景区内
………………………Tel：025-56877079
南京金牛湖旅游风景区开发有限公司
地址：南京金牛湖风景区
………………………Tel：025-57100026
南京溧水文化旅游集团有限公司
地址：南京市溧水区永阳镇珍珠南路111号
………………………Tel：025-57212376
南京朱家边文化旅游发展有限公司
地址：南京市溧水区白马镇（江苏南京白马现代农业高新技术产业园区）
………………………Tel：025-57250060
南京高淳老街旅游开发股份有限公司
地址：南京市高淳区淳溪镇中山大街1号
………………………Tel：025-57319908
江苏高淳国际慢城文化旅游产业投资集团有限公司
地址：南京市高淳区阳江镇迎湖桃源10号
………………………Tel：025-57330012
南京高淳文化旅游投资有限公司
地址：南京市高淳区阳江镇迎湖桃源10号
………………………Tel：025-57330012
鼎鎏娱乐（江苏）有限公司
地址：南京市鼓楼区月光广场5号1906室
………………………Tel：025-57566789
江苏涵田旅游发展有限公司
地址：南京市六合区冶山街道百峰村20号
………………………Tel：025-57570435
南京天龙假日山庄酒店管理有限公司
地址：南京市六合区玉带镇白玉居委会前进巷
………………………Tel：025-57620020
江苏汇韵娱乐文化有限公司
地址：南京市高淳区经济开发区古檀大道47号
………………………Tel：025-57626783
南京水乡慢城文化旅游发展有限公司
地址：南京市高淳区砖墙经济园888号
………………………Tel：025-57805103
南京天地和娱乐有限公司
地址：南京市高淳县漆桥镇河滨路168号
………………………Tel：025-57851568
世界村国际大酒店有限公司
地址：南京市高淳区淳溪街道宝塔路269号
………………………Tel：025-57888689
南京苏宁环球大酒店有限公司
地址：南京市浦口区京新608号
………………………Tel：025-57903888
江苏苏红餐饮管理有限公司
地址：南京鼓楼区五台山1号
………………………Tel：025-57908007
南京玄武文化旅游发展集团有限公司
地址：南京市玄武大道699-1号
………………………Tel：025-58051822
江苏德科隆智能装备科技集团有限公司
地址：南京市江宁区东山街道金盛路277号12幢502室
………………………Tel：025-58075599
南京十里岸乡旅游开发有限公司
地址：南京市浦口区永宁街道联合村西埂组
………………………Tel：025-58105088
南京雨发生态园旅游开发有限公司
地址：南京市浦口区汤泉街道龙井社区龙坊组58号
………………………Tel：025-58106081
雨发厨娘餐饮管理有限公司
地址：南京市浦口区桥林街道茶棚社区茶棚路6号
………………………Tel：025-58106661
南京汤泉温泉旅游开发有限公司
地址：南京市浦口区汤泉镇工业开发区26号
………………………Tel：025-58107176
南京扬子亚创酒店管理有限公司
地址：南京市江北新区产业技术研创园浦滨路211号扬子科创中心一期A楼1030室
………………………Tel：025-58188033
南京金沙旅游发展有限公司
地址：南京市浦口区珍珠街178号
………………………Tel：025-58201888
南京蜂巢酒店管理有限公司
地址：南京市浦口区龙谷路18号
………………………Tel：025-58201888
南京豪瑞通泰旅游发展有限公司
地址：南京市浦口区江浦街道黄山岭路86号
………………………Tel：025-58284256
江苏未来域酒店管理有限公司
地址：南京市秦淮区小火瓦巷1号4楼
………………………Tel：025-58352010
南京旺腾酒店管理有限公司
地址：南京市江北新区大厂街道园西路488号
………………………Tel：025-58396096
南京新城国际大酒店有限公司
地址：南京市江北新区葛塘街道葛中路629号
………………………Tel：025-58399666
南京浦口文化旅游发展集团有限公司
地址：南京市浦口区江浦街道黄山岭路86号
………………………Tel：025-58535807
南京老山旅游发展有限公司
地址：南京市浦口区江浦街道黄山岭路88号
………………………Tel：025-58535807
南京狮子岭旅游发展有限公司
地址：南京市浦口区黄山岭86号
………………………Tel：025-58535807
南京浦口老山旅游产业园资产管理有限公司
地址：南京市浦口区江浦街道黄山岭路86号
………………………Tel：025-58535807
南京九峰山生态旅游发展有限公司
地址：南京市江北新区天浦路28号
………………………Tel：025-58538081
南京锦帆餐饮管理有限公司
地址：南京市江宁区东山街道东新南路15号瓯江大厦
………………………Tel：025-58559099
南京鼓楼旅游运营管理有限公司
地址：南京市鼓楼区建宁路202号
………………………Tel：025-58590289
南京云潭休闲娱乐有限公司
地址：南京市浦口区江浦街道文德路28号
………………………Tel：025-58600788
南京明发珍珠泉大酒店有限公司
地址：南京市浦口区珍珠街178-1号
………………………Tel：025-58611888
南京玉郎鸿鹰影视文化有限公司
地址：南京市江北新区东大路2号东南大学国家大学科技园B103、B105
………………………Tel：025-58694436
南京泉满餐饮管理有限公司
地址：南京市栖霞区仙林街道元化路8号66幢401室
………………………Tel：025-58751798
南京冀宁餐饮管理有限公司
地址：南京市鼓楼区晚市8号
………………………Tel：025-58753902
丰食（南京）餐饮管理服务有限公司
地址：南京市江北新区杨新路252号
………………………Tel：025-58784969
南京丁山花园酒店有限公司
地址：南京市察哈尔路90号
………………………Tel：025-58802888
江苏康达维娱乐服务有限公司
地址：南京市热河南路77号
………………………Tel：025-58811164
南京正晴和餐饮管理有限公司
地址：南京市鼓楼区黑龙江路33号301室、401室
………………………Tel：025-58835888
南京灵玲旅游发展有限公司
地址：南京市江北新区珍珠街178号
………………………Tel：025-58868575
南京固城水岸酒店管理有限公司
地址：南京市高淳区淳溪镇湖滨路163号
………………………Tel：025-58981037
南京白金汉爵大酒店有限公司
地址：南京市栖霞区尧化街道玄武大道888号
………………………Tel：025-66606999
南京宜雅酒店管理有限公司
地址：南京市秦淮区中华路1号03幢88号
………………………Tel：025-66660660
南京高力娱乐有限公司
地址：南京市玄武区锁金村5号
………………………Tel：025-66668988
易用互动娱乐股份有限公司
地址：南京市鼓楼区东宝路8号1幢2102室
………………………Tel：025-66785566
南京朗宁餐饮管理有限公司
地址：南京市江宁区东山街道润发路88号
………………………Tel：025-66919315
江苏广升酒店管理有限公司
地址：句容市郭庄镇百丈村02幢
………………………Tel：025-68037720
南京万达嘉华酒店管理有限公司
地址：南京市江宁区东山街道竹山路68号江宁万达广场(西区)7幢161室
………………………Tel：025-68187777
南京全尚全酒店管理有限公司
地址：南京市雨花台区西善桥街道天后村
………………………Tel：025-68199916
南京文创酒店管理有限公司
地址：南京市建邺区庐山路128号647室

……………………Tel：025-68256777
江苏凤凰动漫娱乐有限公司
地址：南京市湖南路47号凤凰台饭店九楼
……………………Tel：025-68520890
南京汉海生态农业科技有限公司
地址：南京市六合区龙池街道雄州南路399号阜康园区531幢三单元302室
……………………Tel：025-69576155
南京涵田圣泉旅游发展有限公司
地址：南京市江宁区汤山街道温泉路9号
……………………Tel：025-69579456
南京华中苑酒店有限公司
地址：南京市江宁经济技术开发区佳湖东路9号2幢
……………………Tel：025-81038888
江苏星奥娱乐有限公司
地址：南京市鼓楼区铁路北街128号南京财经大学现代服务业科技园科技楼B座九层
……………………Tel：025-81511888
城市名人资产经营有限公司
地址：南京市鼓楼区中山北路30号益来国际广场25楼
……………………Tel：025-83123959
江苏省大运河文化旅游发展基金（有限合伙）
地址：南京市秦淮区鸣羊街
……………………Tel：025-83125126
江苏凤凰京华大酒店有限公司
地址：南京市山西路51号
……………………Tel：025-83128880
南京中心大酒店有限公司
地址：南京市鼓楼区中山路75号
……………………Tel：025-83155888
江苏汇鸿国际集团莱茵达有限公司
地址：南京市湖南路181号轻工大厦1-9层
……………………Tel：025-83170038
中清餐饮（江苏）有限责任公司
地址：南京市江北新区大厂街道育英路299号一层
……………………Tel：025-83200200
南京金拱门食品有限公司
地址：南京市玄武区中央路264号8号回型楼一楼
……………………Tel：025-83223888
东庐湖酒店有限公司
地址：南京市溧水区白马镇东庐山
……………………Tel：025-83233333
南京米乐星文化发展股份有限公司
地址：南京市鼓楼区云南北路28号
……………………Tel：025-83245656
南京宽达餐饮娱乐有限公司
地址：南京市鼓楼区云南北路28号五层
……………………Tel：025-83245656
南京米乐星文化发展股份有限公司
地址：南京市鼓楼区云南北路28号
……………………Tel：025-83245656
南京三胞君善文化娱乐有限公司
地址：南京市雨花台区软件大道68号01幢424室
……………………Tel：025-83267296
三胞文化娱乐有限公司
地址：南京市雨花台区软件大道68号01幢4楼440-4
……………………Tel：025-83267429
江苏钱酒汇娱乐投资发展有限公司
地址：南京高新区星火路9号软件大厦B座413-414室
……………………Tel：025-83306767
江苏怡华酒店管理有限公司
地址：南京市鼓楼区中山北路45号
……………………Tel：025-83308888
道和娱乐南京有限公司
地址：南京市建邺区庐山路158号嘉业国际城3幢2108室
……………………Tel：025-8330889
江苏观时娱乐有限公司
地址：南京市江北新区中山科技园科创大道9号D1幢4020室
……………………Tel：025-83350717
南京梅花餐饮管理有限公司
地址：南京市秦淮区集庆路123号401室
……………………Tel：025-83365705
南京锦霆餐饮管理有限公司
地址：南京市栖霞区八卦洲街道七里村南五组
……………………Tel：025-83784440
南京奇美文化旅游发展有限公司
地址：南京市鼓楼区幕府东路118号
……………………Tel：025-84048111
南京泉野酒店开发有限公司
地址：南京市江宁区汤山街道温泉路12号
……………………Tel：025-84103627
南京华艺酒店设备制造工程有限公司
地址：南京市江宁区麒麟街道宝山路20号
……………………Tel：025-84121298
南京科尔卡诺酒店管理有限公司
地址：南京市雨花台区软件大道168号1幢302室、502室、602室
……………………Tel：025-84154963
江苏画店有限公司
地址：南京市朝天宫2号
……………………Tel：025-84201941
悦选商业管理有限公司
地址：南京市栖霞区仙林街道仙林大道138号的学生生活服务网点
……………………Tel：025-84212120
南京碟辉餐饮管理有限公司
地址：南京市栖霞区仙林街道文澜路99号南信院科技园B13栋
……………………Tel：025-84293735
南京圣和酒店管理有限公司
地址：南京市玄武区长江路300号
……………………Tel：025-84355888
南京赛马置业有限公司
地址：南京市栖霞区马群石狮路1号
……………………Tel：025-84366508
江苏梅花餐饮管理有限公司
地址：南京市玄武区童卫路5号南理工科技创新园区
……………………Tel：025-84495660
南京味千餐饮管理有限公司
地址：南京市玄武区珠江路67号4201室
……………………Tel：025-84515282
南京米乐星娱乐有限公司
地址：南京市玄武区太平北路80号三层
……………………Tel：025-84520707
南京旅游集团有限责任公司
地址：南京市玄武区太平北路82号长城大厦7楼
……………………Tel：025-84536450
南京星岳酒店有限公司
地址：南京市江宁区谷里街道牛首大道69号
……………………Tel：025-84717666
南京润美酒店管理有限公司
地址：南京市建邺区汉中门大街77号三层
……………………Tel：025-84731888
江苏涵田旅游产业投资集团有限公司
地址：南京市秦淮区正学路1号
……………………Tel：025-84762208
南京麦乐迪娱乐有限公司
地址：南京市秦淮区洪武路50号
……………………Tel：025-84782698
南京麦炫娱乐管理有限公司
地址：南京市鼓楼区中山北路105号
……………………Tel：025-84782698
南京天丰大酒店有限责任公司
地址：南京市白下区洪武路26号
……………………Tel：025-84788208
南京维景国际大酒店有限公司
地址：江苏省南京市中山东路319号
……………………Tel：025-84808888
江苏省山水大酒店集团有限公司
地址：南京市龙蟠中路118号
……………………Tel：025-84811888
南京荣邦餐饮投资管理发展有限公司
地址：南京市秦淮区夹岗双龙科技产业园3号楼
……………………Tel：025-85201777
江苏众邦酒店管理有限公司
地址：南京市玄武区中山东路147号大行宫大厦1层
……………………Tel：025-85206379
雨发国际酒店管理有限公司
地址：南京市浦口区汤泉街道龙井社区龙山豆组7号
……………………Tel：025-85288888
南京八卦洲江滩旅游开发有限公司
地址：南京市八卦洲乡五一村
……………………Tel：025-85330806
南京臻尚餐饮管理有限公司
地址：南京经济技术开发区出口加工区综合管理大楼6-206室
……………………Tel：025-85365200
南京朗昇酒店管理有限公司
地址：南京市建邺区江东中路98号
……………………Tel：025-85389266
江苏朗昇置业股份有限公司
地址：南京市玄武区红山南路89号1幢901室
……………………Tel：025-85389266
南京白马紫金阁新能源有限公司
地址：南京市玄武区锁金一村5号
……………………Tel：025-85406560
南京亚们的国际商贸有限公司
地址：南京市玄武区龙蟠中路76号
……………………Tel：025-85489018
南京嘉德福酒店管理有限公司
地址：南京市秦淮区东渡丽舍503室
……………………Tel：025-85499331
江苏好仕来餐饮管理有限公司
地址：南京市江宁区东山街道石羊路9号4楼402室
……………………Tel：025-85571717
壹闪壹闪娱乐文化东台有限公司
地址：东台市西溪景区商业街1-A座002号
……………………Tel：025-85577588
江苏乐在酒店集团有限公司
地址：南京市建邺区扬子江大道208号3幢1607室
……………………Tel：025-85593577
南京汇智酒店管理有限公司
地址：南京经济技术开发区恒泰路汇智科技园A10栋
……………………Tel：025-85775070
南京栖霞山旅游发展有限公司
地址：南京市栖霞区栖霞街道南水新村98号
……………………Tel：025-85778549
南京栖霞山文化旅游开发有限公司
地址：南京市栖霞区栖霞街道南水新村98号
……………………Tel：025-85778549
江苏汇金生态旅游发展有限公司
地址：句容市茅山风景区福地山庄4号
……………………Tel：025-85819565
葡萄酒店管理（江苏）有限公司
地址：句容市宝华镇仙林东路15号6号楼
……………………Tel：025-85862888
南京新港文化旅游发展有限公司
地址：南京经济技术开发区龙潭街道疏港路1号龙潭物流基地A-316号
……………………Tel：025-85879905
南京新侨文化旅游发展有限公司
地址：南京经济技术开发区兴智路6号兴智科技园C栋601室
……………………Tel：025-85879905
南京亨嘉荟餐饮管理有限公司
地址：南京市鼓楼区山西路8号金山大厦B楼-17E
……………………Tel：025-85923840
江苏坤伦餐饮文化管理服务有限公司
地址：南京市江宁区淳化街道天印大道1369号天印慧谷2栋328室
……………………Tel：025-86111334
南京牛首山文化旅游集团有限公司
地址：南京市江宁经济技术开发区佛城西路88号
……………………Tel：025-86116879
江苏省外事旅游汽车有限公司
地址：南京市江东北路88号
……………………Tel：025-86226777
南京仁恒酒店管理有限公司
地址：南京市建邺区庐山路116号1幢101室、2幢101室
……………………Tel：025-86268888
世嘉利集团有限公司
地址：南京市鼓楼区中山北路8号紫峰大厦（副楼）2101室
……………………Tel：025-8627999
江苏金旅华住酒店管理有限公司
地址：南京市高淳区砖墙经济园210号
……………………Tel：025-86280706
香格里拉大酒店（南京）有限公司
地址：南京市鼓楼区中央路329号
……………………Tel：025-86308888
南京旅游有限公司
地址：南京市玄武区北极阁三号
……………………Tel：025-86331088
江苏梦想假日旅游发展有限公司
地址：宜兴经济开发区庆源大道南侧
……………………Tel：025-86599275
南京繁石旅游产业发展有限公司
地址：南京市高新区高科五路5号29幢110-52室
……………………Tel：025-86601362
江苏尊汇餐饮管理有限公司
地址：南京市鼓楼区广州路140号26层
……………………Tel：025-86639635
江苏世荷翡翠酒店管理有限公司
地址：南京市建邺区创智路1号北纬国际中心A栋7层B座
……………………Tel：025-86652515
南京悦目电子科技有限公司
地址：南京市建邺区水西门大街213号
……………………Tel：025-86659823
江苏久味轩餐饮管理有限公司
地址：南京市秦淮区朝天宫西街102-3号
……………………Tel：025-86662789
江苏精典泰迪儿童娱乐有限公司
地址：南京市雨花台区凤台南路152号01栋318室
……………………Tel：025-86701797
南京东尚园餐饮管理有限公司
地址：南京市秦淮区光华路129-3号
……………………Tel：025-86727699
南京紫悦龙坛投资发展有限公司
地址：南京市玄武区中山陵园风景区梅花谷公园内商飚别馆
……………………Tel：025-86756658
南京夫子庙文化旅游集团有限公司
地址：南京市秦淮区大石坝街32号
……………………Tel：025-86772968
南京金丝利酒店管理有限公司
地址：南京市秦淮区汉中路169号
……………………Tel：025-86793785
南京大派餐饮管理有限公司
地址：南京市建邺区所街116号714室
……………………Tel：025-86806649
南京太和紫金大酒店有限公司
地址：南京市玄武区太平北路37号
……………………Tel：025-86819999
江苏辰茂新世纪大酒店有限公司
地址：南京市龙蟠路133号
……………………Tel：025-86888888
江苏学府翻译有限公司
地址：南京市六合区中山科技园科创大道9号D1幢401室
……………………Tel：025-86892990
江苏华瀚国际娱乐文化有限公司
地址：南京市玄武区锁金一村5号
……………………Tel：025-86896519
南京石林酒店管理有限责任公司
地址：南京市白下区中和桥1号6层
……………………Tel：025-86976590
南京神旺大酒店有限公司
地址：南京市江宁经济技术开发区董村路112号
……………………Tel：025-86981111
江苏和正太阳庄大酒店有限公司
地址：南京市溧水区晶桥镇仙坛村魏家太阳庄
……………………Tel：025-87106556
南京江陵国际大酒店有限公司
地址：南京市江宁区东山街道东麒路8号
……………………Tel：025-87111862
南京拉爱芙斯东酒店管理有限公司
地址：南京市江宁区汤山街道泉韵路9号
……………………Tel：025-87131188
御庭酒店管理有限公司
地址：南京市鼓楼区中山路99号1403室
……………………Tel：025-87131188
江苏金陵旅游投资管理集团有限公司
地址：南京市玄武区长江路88号
……………………Tel：025-87707933
江苏金陵旅游投资管理集团有限公司
地址：南京市玄武区长江路88号
……………………Tel：025-87707933
江苏宝地旅游开发有限公司
地址：句容市宝华镇312国道298公里南侧
……………………Tel：025-87723018
南京明发新河湾大酒店有限公司
地址：南京市雨花台区玉兰路99号2幢51128号
……………………Tel：025-89693562
无锡市欧迪豪利餐饮娱乐管理有限公司
地址：无锡市梁溪区吉庆街105-25、26
……………………Tel：0510-68003333
无锡贡湖湾旅游发展有限公司
地址：无锡市高浪东路999号（软件研发大厦）
……………………Tel：0510-68508326
无锡花园城广场大酒店有限公司
地址：无锡市中山路403号
……………………Tel：0510-68509999
无锡铭晟文化旅游管理有限公司
地址：无锡市滨湖区万达文化旅游城18号
……………………Tel：0510-68576666
无锡市翠山餐饮管理服务有限公司
地址：无锡市新吴区锡坤路6-8号东面一楼
……………………Tel：0510-68758805
皇郡金钱豹餐饮管理（无锡）有限公司
地址：无锡新区新光路555号新之城全生活广场C区2F11-13、3F17-18
……………………Tel：0510-6875999
无锡星尚酒店管理有限公司
地址：无锡市新吴区高浪东路25号101
……………………Tel：0510-68780876
无锡智创易联餐饮娱乐有限公司
地址：无锡市滨湖区绣溪路59-9号
……………………Tel：0510-68792000
无锡鸿博餐饮娱乐管理有限公司
地址：无锡市锡山区安镇街道查桥新世纪工业园先锋东路5号
……………………Tel：0510-68799810
无锡博格酒店有限公司
地址：无锡市崇安区中山路290号一楼
……………………Tel：0510-68882888
无锡惠尊盛庭酒店管理有限公司
地址：无锡市锡山区锡北镇泉山路99号
……………………Tel：0510-80223666
宜兴丁山国际大酒店有限公司
地址：宜兴市丁蜀镇民主路
……………………Tel：0510-80338888
无锡市欧泊丝餐饮娱乐有限公司
地址：无锡市梁溪区县前东街118-1
……………………Tel：0510-80554939
梦东方（无锡）娱乐管理有限公司
地址：江阴市徐霞客镇马镇霞客路77号
……………………Tel：0510-80621599
江苏品和唯一佳餐饮管理有限公司
地址：宜兴环科园南岳村
……………………Tel：0510-80710627
宜兴市东方国会娱乐有限公司
地址：宜兴市宜城街道东山西路170号
……………………Tel：0510-80716060
宜兴合一酒店有限公司
地址：宜兴市太华镇云湖村云湖南路
……………………Tel：0510-80730825
宜兴新贝斯特酒店有限公司
地址：宜兴市宜城街道太隔东路21#

…………………… Tel：0510-80736006
宜兴大歌星餐饮娱乐有限公司
地址：宜兴市宜城街道东虹路550号
…………………… Tel：0510-80736666
宜兴大歌星餐饮娱乐有限公司
地址：宜兴市宜城街道东虹路550号
…………………… Tel：0510-80736666
宜兴花园酒店有限公司
地址：宜兴市宜城街道陶都路109号
…………………… Tel：0510-80769255
无锡君来酒店管理集团有限公司
地址：无锡市永和路6号
…………………… Tel：0510-81185888
无锡壹百度餐饮管理服务有限公司
地址：无锡市新吴区硕放工业集中区五期A9号地块（振发路332号）
…………………… Tel：0510-81810078
无锡龙麦餐饮娱乐有限公司
地址：无锡市新区旺庄路156号宝龙城市广场4楼
…………………… Tel：0510-81816753
无锡中央车站商务酒店有限公司
地址：无锡市梁溪区兴昌北路18号
…………………… Tel：0510-82023030
无锡美丽都大酒店有限公司
地址：江苏省无锡市梁溪路2号
…………………… Tel：0510-82332288
无锡金代光电科技有限公司
地址：无锡市中南路20-1-301
…………………… Tel：0510-82407188
无锡市黄金海岸大酒店有限公司
地址：无锡市北大街蔡墅巷1号
…………………… Tel：0510-82616888
无锡市吟春大厦商贸有限公司
地址：无锡市中山路359号
…………………… Tel：0510-82710851
无锡智文物业有限公司
地址：江苏省无锡市县前西街118号
…………………… Tel：0510-82712333
无锡市锦仑大酒店有限公司
地址：无锡市五爱北路58号
…………………… Tel：0510-82715858
无锡锦江大酒店有限公司
地址：无锡市中山路218号
…………………… Tel：0510-82751688
无锡市接官亭旅游开发有限责任公司
地址：无锡市中南路86号
…………………… Tel：0510-83158430
无锡禾旭置业有限公司
地址：无锡市滨湖区苏锡路207号
…………………… Tel：0510-83333781
无锡艾迪花园酒店有限公司
地址：无锡惠山经济开发区智慧路17号
…………………… Tel：0510-83581777
无锡市惠山古镇文化旅游发展有限公司
地址：无锡市听松坊53-1号
…………………… Tel：0510-83707864
无锡古堰新里特色小镇文化旅游产业发展有限公司
地址：无锡市惠山区堰桥街道堰裕路997号城投公司208室
…………………… Tel：0510-83740237
无锡金海洋旅游发展有限公司
地址：无锡市锡山区锡北镇锡港路张泾东段209号
…………………… Tel：0510-83800300
无锡惠山礼社古街旅游开发有限公司
地址：无锡市惠山区玉祁街道礼社村
…………………… Tel：0510-83887928
无锡阳山生态休闲旅游度假区发展有限公司
地址：无锡阳山桃文化博览园麒麟湾8号
…………………… Tel：0510-83950927
无锡惠阳旅游文化开发建设有限公司
地址：无锡市惠山区阳山镇
…………………… Tel：0510-83950927
无锡慕阳旅游文化开发建设有限公司
地址：无锡市惠山区阳山镇胜利路
…………………… Tel：0510-83950927
无锡天曦实业投资有限公司
地址：无锡市塘南路98号
…………………… Tel：0510-85028000
无锡市园林建设发展有限公司
地址：无锡市惠山直街186号
…………………… Tel：0510-85075939
无锡市湖滨假日商业旅游发展有限公司
地址：无锡市湖滨路商业街250号
…………………… Tel：0510-85120702
无锡市滨湖旅游发展中心有限公司
地址：无锡市鸿桥路879号
…………………… Tel：0510-85120977
无锡中科云网餐饮管理有限公司
地址：无锡市蠡湖大道2009号A3栋2111A-7
…………………… Tel：0510-8518650
无锡山水慧谷旅游发展有限公司
地址：无锡市滨湖区锦溪路100号科教创业园3号楼3226
…………………… Tel：0510-85191111
无锡金诚酒店管理集团有限公司
地址：无锡市滨湖区七里风光堤99
…………………… Tel：0510-85356666
无锡海厦商务酒店管理有限公司
地址：无锡市新吴区震泽路2-101
…………………… Tel：0510-85382017
无锡市穆桂英餐饮管理有限公司
地址：无锡市梁溪区飞宏路88号F幢二楼
…………………… Tel：0510-85441758
镇江大歌星餐饮娱乐有限公司
地址：镇江市黄山西路19号
…………………… Tel：0510-85506666
无锡市文化旅游发展集团有限公司
地址：无锡市蠡湖大道508号
…………………… Tel：0510-85522370
无锡市惠灵阁酒店有限公司
地址：无锡勤新科技创业园钱荣路108号
…………………… Tel：0510-85526777
无锡市十八湾农业生态旅游发展有限公司
地址：无锡市胡埭镇刘塘九龙湾（张庄1号）
…………………… Tel：0510-85585618
苏州东方琉璃旅游发展有限公司
地址：苏州市吴中区金庭镇东河新区碧螺春街12号320室
…………………… Tel：0510-85620889
无锡太湖国际酒店管理有限公司
地址：无锡市滨湖区马山桃坞村
…………………… Tel：0510-85680066
无锡灵山文化旅游集团有限公司
地址：无锡市马山古竹路18号
…………………… Tel：0510-85683903
江苏中堂置业有限公司
地址：锡山开发区太湖大道南
…………………… Tel：0510-85684003
江苏中堂置业有限公司
地址：锡山开发区太湖大道南
…………………… Tel：0510-85684003
无锡市清名桥古运河文化旅游发展有限公司
地址：无锡市南禅寺商城30
…………………… Tel：0510-85736502
无锡滨湖大歌星餐饮娱乐有限公司
地址：无锡市滨湖区梁溪路35号滨湖万达广场步行街YLL2F
…………………… Tel：0510-85801895
无锡世纪明珠休闲娱乐有限公司
地址：无锡市湖滨路8号
…………………… Tel：0510-85866057
娱乐咖文化传媒江苏有限公司
地址：无锡市蠡湖大道2009号
…………………… Tel：0510-85915077
无锡马山国际旅游岛建设发展有限公司
地址：无锡市滨湖区马山梅梁路26#-1
…………………… Tel：0510-85992166
无锡太湖国家旅游度假区新农村建设发展有限公司
地址：无锡市滨湖区马山梅梁路26-1
…………………… Tel：0510-85992166
无锡太湖国家旅游度假区发展总公司
地址：无锡市滨湖区马山梅梁路
…………………… Tel：0510-85995356
无锡太湖国家旅游度假区城建综合开发公司
地址：无锡市滨湖区马山梅梁路22号
…………………… Tel：0510-85995757
江阴市华天大酒店有限公司
地址：江阴市迎宾路22号
…………………… Tel：0510-86031113
江苏新长江国际酒店管理有限公司
地址：江阴市临港新城五星公园西侧
…………………… Tel：0510-86031676
江阴市西城大酒店有限公司
地址：江阴市虹桥南路177号
…………………… Tel：0510-86032383
江阴市龙希国际大酒店有限公司
地址：江阴市华士镇华西新市村民族路99号
…………………… Tel：0510-86068888
江阴大歌星餐饮娱乐有限公司
地址：江阴市人民西路281号
…………………… Tel：0510-86112328
江阴市布码头旅游文化有限公司
地址：江阴市周庄镇周庄西大街118号
…………………… Tel：0510-86228559
可域酒店置业管理江阴有限公司
地址：江阴市人民东路1091号17楼1705-1706
…………………… Tel：0510-86260751
江苏丰硕酒店家具有限公司
地址：江阴市顾山镇南曹庄村
…………………… Tel：0510-86321396
江阴市天华大酒店有限公司
地址：江阴市华士镇陆桥荷花南路88号
…………………… Tel：0510-86370667
黄嘉酒店有限公司
地址：江阴市滨江中路333号
…………………… Tel：0510-86406700
江阴徐霞客旅游区发展有限公司
地址：江阴市徐霞客镇马镇徐霞客故居
…………………… Tel：0510-86538470
大娘水饺餐饮集团有限公司
地址：常州市天宁区虹阳路2号
…………………… Tel：0510-86650135
江阴泓昇苑酒店有限公司
地址：江阴市人民中路289号-1
…………………… Tel：0510-86707888
江阴国际大酒店有限公司
地址：江苏省江阴市澄江西路299号
…………………… Tel：0510-86815000
江阴临港文化旅游发展有限公司
地址：江阴市夏港街道珠江路198号1207室
…………………… Tel：0510-86868312
江阴法尔胜大酒店有限公司
地址：江阴市体育场路8号
…………………… Tel：0510-86877199
江阴高升国际大酒店有限公司
地址：江阴市五星路378号
…………………… Tel：0510-86977777
宜兴市东方星城大酒店
地址：宜兴市宜城街道阳羡东路
…………………… Tel：0510-87057777
宜兴万力酒店管理有限公司
地址：宜兴市宜城街道阳羡东路450号
…………………… Tel：0510-87198888
江南行酒店投资管理有限公司
地址：宜兴市官林镇丰义新风中路
…………………… Tel：0510-87216889
无锡金色水岸酒店管理有限公司
地址：无锡市凤翔路999（1层）
…………………… Tel：0510-87352055
宜兴市阳羡风景区旅游发展有限公司
地址：宜兴市张渚镇善卷洞
…………………… Tel：0510-87394859
宜兴明昇铂尔曼酒店有限公司
地址：宜兴市丁蜀镇赵庄社区（通蜀路）
…………………… Tel：0510-87483778
宜兴鸿立东方旅游地产开发有限公司
地址：宜兴市丁蜀镇任墅村丁张公路
…………………… Tel：0510-87496920
宜兴市周铁古镇文化旅游发展有限公司
地址：宜兴市周铁镇朝阳路
…………………… Tel：0510-87508771
宜兴市阳山荡旅游发展有限公司
地址：宜兴市芳桥街道芳阳南路50号
…………………… Tel：0510-87580085
宜兴禄漪园国际大酒店有限公司
地址：宜兴市宜城街道人民南路3#
…………………… Tel：0510-87700006
宜兴金浦酒店管理有限公司
地址：宜兴市宜城街道人民南路3号
…………………… Tel：0510-87700065
江苏揽云谷度假酒店有限公司
地址：宜兴市湖父镇大东村
…………………… Tel：0510-87720000
宜兴富陶国际酒店有限公司
地址：宜兴市和桥镇朝阳路360号至376号
…………………… Tel：0510-87872956
江苏泛太矿业发展有限公司
地址：宜兴市宜城街道通贞观路84#
…………………… Tel：0510-87900329
江苏宜兴旅游产业集团有限公司
地址：宜兴市宜城街道陶都路8号
…………………… Tel：0510-87950052
宜兴大酒店
地址：宜兴市宜城街道东山西路70号
…………………… Tel：0510-87981999
宜兴大酒店管理有限公司
地址：宜兴市宜城街道东山西路70号
…………………… Tel：0510-87981999
江苏山水云湖温泉度假酒店有限公司
地址：宜兴市太华镇龙珠路
…………………… Tel：0510-87995444
无锡吴晟文化旅游发展有限公司
地址：无锡市新吴区梅村泰伯五期708-1号
…………………… Tel：0510-88152868
无锡韵荷文化娱乐管理有限公司
地址：无锡市新吴区梅村香梅花园88-99号
…………………… Tel：0510-88153560
无锡优胜佳餐饮管理服务有限公司
地址：无锡市新吴区新光农贸市场三楼
…………………… Tel：0510-88156897
无锡长灵大酒店有限公司
地址：无锡市锡山区安镇街道锦安路27号
…………………… Tel：0510-88201103
无锡永泽旅游开发有限公司
地址：无锡市锡山经济技术开发区凤威路2号
…………………… Tel：0510-88218117
无锡锡洲旅游开发有限公司
地址：无锡市锡山区东亭二泉中路68号
…………………… Tel：0510-88223041
无锡梁鸿湿地丽笙度假酒店有限公司
地址：无锡市新区鸿山街道飞凤路205号
…………………… Tel：0510-88584888
无锡嘉仁花园酒店管理有限公司
地址：无锡市惠山区惠源路999号2栋
…………………… Tel：0510-88685000
无锡惠澄实业发展有限公司
地址：无锡市惠山经济开发区惠源路789号
…………………… Tel：0510-88685000
无锡锡州花园酒店有限公司
地址：无锡市锡山区二泉中路68号
…………………… Tel：0510-88686888
无锡万富酒店管理有限公司
地址：无锡市滨湖区梁溪路49号
…………………… Tel：0510-88987777
句容昌盛文化娱乐有限公司
地址：句容经济开发区三里井包家巷村35号
…………………… Tel：0511-80775885
江苏家家乐节能科技有限公司
地址：句容市宝华镇美亚路10-8号
…………………… Tel：0511-80788010
镇江市西津渡文化旅游有限责任公司
地址：镇江市大西路507号
…………………… Tel：0511-80856387
帝宝花园酒店（镇江）有限公司
地址：镇江市学府路127-1号
…………………… Tel：0511-80861717
国侨文化旅游产业投资江苏有限公司
地址：镇江新区丁岗镇平昌路618号
…………………… Tel：0511-8338008
镇江金山壹号餐饮管理有限公司
地址：镇江市润州区长江路98号
…………………… Tel：0511-83669999
江苏国泰餐饮管理有限公司
地址：镇江市京口区禹山路277号美馨嘉园49幢102室
…………………… Tel：0511-84413998
众星娱乐文化艺术传播（江苏）有限公司
地址：镇江市丹徒区宝堰镇宝中路19号
…………………… Tel：0511-85081136
句容福源农业旅游发展有限公司
地址：句容市华阳镇华阳东路16号
…………………… Tel：0511-85172820
江苏句容尚元文化旅游投资发展有限公司
地址：句容市华阳镇华阳南路华城公寓
…………………… Tel：0511-85172820
句容市福泽生态旅游发展有限公司
地址：句容市华阳镇华阳东路16号
…………………… Tel：0511-85172820
江苏润扬环龙酒店有限公司
地址：镇江市丹徒区世业洲大桥公园内
…………………… Tel：0511-85300888
镇江星岛酒店管理有限公司
地址：镇江市丹徒区世业镇世政路6号星岛花都4号楼312室
…………………… Tel：0511-85563095
江苏龙庆建设发展有限公司
地址：丹阳市丹北镇后巷嘉山村
…………………… Tel：0511-86082511
江苏联升餐饮管理有限公司
地址：丹阳市云阳路1号
…………………… Tel：0511-86160098
江苏联升餐饮管理有限公司
地址：丹阳市云阳路1号
…………………… Tel：0511-86160098
江苏风起沃土文化旅游投资有限公司
地址：丹阳市丹北镇338省道（埠城段）195-5号
…………………… Tel：0511-86399678
江苏鸿庆酒店管理有限公司
地址：丹阳市缇香花园26-1，26-2，26-3
…………………… Tel：0511-86510020
江苏香海琴枫文化旅游发展有限公司
地址：丹阳市河阳马陵村
…………………… Tel：0511-86838888
江苏水中仙东雅国际酒店有限公司
地址：丹阳市丹凤南路999号
…………………… Tel：0511-86877777
江苏圌山旅游文化发展有限公司
地址：镇江新区赵声路398号
…………………… Tel：0511-87059683
句容市茅山湖康体养生旅游度假有限公司
地址：句容市后白镇二圣湖管理所旁
…………………… Tel：0511-87323671
江苏赤山湖生态旅游发展有限公司
地址：句容市三岔赤山湖（赤山湖水利枢纽管理处院内）
…………………… Tel：0511-87357798
句容恒大童世界旅游开发有限公司
地址：句容市华阳街道容城大道88号
…………………… Tel：0511-87702017
句容童世界旅游发展有限公司
地址：句容市华阳街道容城大道88号
…………………… Tel：0511 87702017
句容恒朗旅游开发有限公司
地址：句容市华阳街道容城大道88号（容城大道西侧，宝华山路北侧局部地块B）
…………………… Tel：0511-87702017
句容宝华山庄餐饮休闲有限公司
地址：句容市宝华镇杨柳泉村88号
…………………… Tel：0511-87788777
江苏茅山涵田酒店有限公司
地址：句容市茅山集镇大茅路68号
…………………… Tel：0511-87826585
江苏茅山文化旅游发展有限公司
地址：句容市茅山风景区大茅路北侧B幢
…………………… Tel：0511-87829070

句容市茅山创业旅游有限公司
地址：句容市茅山风景区文化广场对面
……………………… Tel：0511－87829070

江苏蒙爱城旅游实业有限公司
地址：句容市茅山镇春城集镇南20号
……………………… Tel：0511－87871596

世达创意旅游开发扬中有限公司
地址：镇江市扬中市三茅街道环岛公路国土公园
……………………… Tel：0511－88131928

江苏天禾旅游发展有限公司
地址：扬中经济开发区园博大道1号
……………………… Tel：0511－88363235

皇朝大酒店扬中有限公司
地址：扬中市新坝镇新政东路127号
……………………… Tel：0511－88411888

扬中菲尔斯金陵大酒店有限公司
地址：扬中市三茅街道迎宾大道1888号
……………………… Tel：0511－88588000

江苏最时光餐饮管理有限公司
地址：镇江市京口区学府路中建大厦501室
……………………… Tel：0511－88884158

江苏虹之谷动漫娱乐有限公司
地址：镇江新区丁卯南纬四路36号
……………………… Tel：0511－88890638

假日酒店（中国）有限公司
地址：镇江市长江路27号
……………………… Tel：0511－88959888

江苏星际方舟互动娱乐科技有限公司
地址：镇江市润州区南徐大道101号
……………………… Tel：0511－88980667

江苏奥悦冰雪旅游投资有限公司
地址：镇江新区赵声路777号
……………………… Tel：0511－88987320

江苏科盈餐饮管理有限公司
地址：镇江市丹徒区新城谷阳大道286号丹徒粮食局6楼601
……………………… Tel：0511－88993866

江苏金山湖酒店管理有限公司
地址：镇江市润州区新河西岸路168号
……………………… Tel：0511－88999985

江苏金山湖酒店管理有限公司
地址：镇江市润州区新河西岸路168号
……………………… Tel：0511－88999985

镇江文化旅游产业集团有限责任公司
地址：镇江市京江路1号
……………………… Tel：0511－88999989

镇江市风景旅游发展有限责任公司
地址：镇江市润州区林隐路66号
……………………… Tel：0511－88999992

太仓老董餐饮管理有限公司
地址：太仓市娄东街道郑和中路396号
……………………… Tel：0512－33061777

太仓珀丽酒店有限公司
地址：太仓经济开发区上海东路106号
……………………… Tel：0512－33067777

苏州桥苑酒店投资有限公司
地址：昆山市花桥经济开发区沿沪大道2088－13号/2088－12号/2088－11号
……………………… Tel：0512－36831818

江苏嘉东休闲农业旅游有限公司
地址：苏州市昆山市周市镇青阳北路530号4号楼
……………………… Tel：0512－5000000

昆山大友酒店有限公司
地址：江苏省昆山市周市镇长江北路89号
……………………… Tel：0512－50138364

昆山锦东大酒店有限公司
地址：江苏省昆山市锦溪镇百胜路西侧
……………………… Tel：0512－50300588

江苏元汇投资发展有限公司
地址：江苏省昆山市玉山镇城北北门路888号
……………………… Tel：0512－50362101

昆山宝来酒店管理有限公司
地址：昆山开发区弘基财富广场1号楼26室
……………………… Tel：0512－50728088

常熟市虞山尚湖旅游发展有限责任公司
地址：常熟市尚湖风景区
……………………… Tel：0512－52225000

常熟市坤和假日酒店有限公司
地址：常熟市海虞南路62号
……………………… Tel：0512－52228888

常熟市梅李聚沙文化旅游发展有限公司
地址：常熟市梅李镇古荫路10号1幢
……………………… Tel：0512－52262051

常熟昆承文化旅游发展有限公司
地址：常熟市昆承湖景区东入口
……………………… Tel：0512－52353375

苏州沙家浜旅游发展有限公司
地址：常熟市沙家浜镇芦苇荡
……………………… Tel：0512－52501411

常熟阅山轩假日休闲酒店有限责任公司
地址：常熟市虞山林场鹤顶上88号
……………………… Tel：0512－52865100

常熟天铭国际大酒店有限公司
地址：常熟市海虞北路12号
……………………… Tel：0512－52877777

常熟市柏乐皇朝娱乐会所
地址：常熟市泰山北路5号
……………………… Tel：0512－52881178

常熟京国大酒店有限公司
地址：江苏省常熟经济开发区沿江工业园望江大道
……………………… Tel：0512－52939999

常熟裕坤国贸酒店有限公司
地址：常熟市珠江路176号
……………………… Tel：0512－52988888

常熟旌逸国际酒店有限公司
地址：常熟高新技术产业开发区金都路1号
……………………… Tel：0512－52998888

太仓大歌星餐饮娱乐有限公司
地址：太仓市城厢镇上海东路188号万达广场三层
……………………… Tel：0512－53208637

太仓市沙溪古镇旅游开发有限公司
地址：太仓市沙溪镇西市街61－63号
……………………… Tel：0512－53219085

苏州金双凤水乡生态旅游发展有限公司
地址：太仓市双凤镇凤林路
……………………… Tel：0512－53436181

太仓市长江口旅游开发管理有限公司
地址：太仓市浏河镇闸北村
……………………… Tel：0512－53603192

太仓熠泰旅游开发有限公司
地址：太仓市浏河镇郑和东路38号
……………………… Tel：0512－53603660

太仓恒大童世界旅游开发有限公司
地址：太仓市浏河镇郑和东路38号
……………………… Tel：0512－53603660

太仓晟宇文化产业发展有限公司
地址：太仓市浏河镇郑和东路38号
……………………… Tel：0512－53603660

太仓裕泰旅游开发有限公司
地址：太仓市浏河镇郑和东路38号
……………………… Tel：0512－53603660

太仓富泰旅游开发有限公司
地址：太仓市浏河镇郑和东路38号
……………………… Tel：0512－53603660

太仓恒泰旅游开发有限公司
地址：太仓市浏河镇郑和东路38号
……………………… Tel：0512－53603660

太仓朗泰旅游开发有限公司
地址：太仓市浏河镇郑和东路38号
……………………… Tel：0512－53603660

太仓浩泰旅游开发有限公司
地址：太仓市浏河镇郑和东路38号
……………………… Tel：0512－53603660

太仓锦泰旅游开发有限公司
地址：太仓市浏河镇郑和东路38号
……………………… Tel：0512－53603660

太仓隆泰旅游开发有限公司
地址：太仓市浏河镇郑和东路38号
……………………… Tel：0512－53603660

太仓新冠国际酒店有限公司
地址：太仓市陆渡镇陆渡村
……………………… Tel：0512－53989999

昆山金泰兴酒店有限公司
地址：江苏省昆山开发区前进东路389号1号房1室
……………………… Tel：0512－55388888

张家港红乔酒店管理有限公司
地址：张家港市塘桥镇北京路293号
……………………… Tel：0512－56776888

苏州水之梦酒店有限公司
地址：巴城镇巴解路168弄1号楼12+13号房
……………………… Tel：0512－57032588

昆山丹桂园度假酒店有限公司
地址：江苏省昆山市张浦镇阳光路1号
……………………… Tel：0512－57121729

苏州隆祺酒店管理有限公司
地址：昆山开发区前进东路767号
……………………… Tel：0512－57156333

昆山市新皇朝娱乐有限公司
地址：昆山市玉山镇环庆路946号
……………………… Tel：0512－57172888

昆山周庄太师淀旅游风景区发展有限公司
地址：周庄镇太师淀
……………………… Tel：0512－57200689

光明娱乐事业（昆山）有限公司
地址：江苏省昆山市周庄镇
……………………… Tel：0512－57211880

昆山华敏置地有限公司
地址：江苏省昆山开发区前进中路33号
……………………… Tel：0512－57311777

昆山百老汇商务酒店有限公司
地址：昆山开发区长江中路9号
……………………… Tel：0512－57328888

昆山市大千旅游服务有限公司
地址：千灯镇金丰路东侧、机场路南侧
……………………… Tel：0512－57449617

昆山市千灯生态休闲农业旅游有限公司
地址：昆山市千灯镇炎东路1538号
……………………… Tel：0512－57460078

昆山市千灯镇旅游发展有限公司
地址：昆山市千灯镇河东街47号
……………………… Tel：0512－57472152

昆山市千灯旅游商品有限公司
地址：昆山市千灯镇南大街3号
……………………… Tel：0512－57472152

昆山嘉农华美达广场酒店管理有限公司
地址：昆山市千灯镇文峰路28号
……………………… Tel：0512－57475008

昆山市淀山湖旅游发展有限公司
地址：淀山湖镇
……………………… Tel：0512－57488085

苏州鱼尾狮置业发展有限公司
地址：江苏省昆山玉山开发区
……………………… Tel：0512－57501030

昆山阳澄湖文商旅集团有限责任公司
地址：玉山镇人民路128号
……………………… Tel：0512－57535590

昆山星海西城酒店管理有限公司
地址：昆山市玉山镇前进西路1599号
……………………… Tel：0512－57572369

昆山首乌餐饮管理有限公司
地址：江苏省昆山市玉山镇昆太路580号、580－1号、580－2号、580－3号
……………………… Tel：0512－57783737

昆山申湖旅游商业发展有限公司
地址：花桥镇曹安开发区1号楼2室
……………………… Tel：0512－57788009

昆山阳澄湖滨商务度假酒店有限公司
地址：昆山市马鞍山西路3668号
……………………… Tel：0512－57800888

昆山马穆拉卡酒店有限公司
地址：江苏省昆山市前进中路
……………………… Tel：0512－57885788

昆山顺亿餐饮有限公司
地址：张浦镇林庄村工业小区
……………………… Tel：0512－57887012

张家港市怡园文化娱乐有限公司
地址：张家港市杨舍镇暨阳湖欢乐世界门面
……………………… Tel：0512－58185818

张家港双山宾馆有限公司
地址：张家港市金港镇双山岛
……………………… Tel：0512－58303923

张家港市双山旅游度假开发有限公司
地址：张家港保税区长江大厦11楼
……………………… Tel：0512－58305085

张家港市香山旅游文化发展有限公司
地址：张家港保税区长江大厦1302室
……………………… Tel：0512－58379501

张家港市凤凰文化旅游发展有限公司
地址：凤凰镇金谷路
……………………… Tel：0512－58421008

九易酒店有限公司
地址：张家港市杨舍镇金港大道1号
……………………… Tel：0512－58588888

张家港市酒店管理集团有限公司
地址：张家港市杨舍镇暨阳中路170号（沙洲宾馆内）
……………………… Tel：0512－58810103

江苏麦锐餐饮娱乐有限公司
地址：张家港市杨舍镇长安路114号1幢
……………………… Tel：0512－58915989

张家港市鹿苑古街文化旅游发展有限公司
地址：张家港市塘桥镇南京路
……………………… Tel：0512－58926071

江苏金沙洲旅游投资发展有限公司
地址：张家港市锦丰镇（江苏扬子江国际冶金工业园锦绣路3号）
……………………… Tel：0512－58959126

张家港市沙洲湖酒店有限公司
地址：张家港市杨舍镇一干河东路333号、335号
……………………… Tel：0512－58987888

苏州市吴江东太湖旅游开发有限公司
地址：吴江区松陵镇中山南路1988号
……………………… Tel：0512－60900906

苏州市吴江东太湖酒店投资管理有限公司
地址：吴江区松陵镇中山南路1988号
……………………… Tel：0512－60900906

紫一川温泉酒店（苏州）有限公司
地址：苏州工业园区阳澄湖半岛慈云路6号
……………………… Tel：0512－62553787

太阳都文化娱乐有限公司
地址：苏州市锦帆路79号
……………………… Tel：0512－62580902

苏州工业园区观园酒店管理有限公司
地址：苏州工业园区翠薇街168号
……………………… Tel：0512－62608888

苏州迈锦酒店有限公司
地址：苏州工业园区苏州大道东288号
……………………… Tel：0512－62726222

苏州美雅酒店管理有限公司
地址：苏州工业园区松涛街1088号斜塘老街区42、43、44幢
……………………… Tel：0512－62738998

苏州泓润酒店发展集团有限公司
地址：苏州吴中经济开发区越溪街道塔韵路178号1幢309室
……………………… Tel：0512－62804849

苏州沃姆餐饮管理有限公司
地址：苏州工业园区星湖街999号1幢3层
……………………… Tel：0512－62807776

苏州工业园区金鸡湖酒店发展集团有限公司
地址：苏州工业园区国宾路1号
……………………… Tel：0512－62888822

苏州工业园区翡翠湾休闲娱乐有限公司
地址：苏州工业园区唯亭镇阳澄湖浅水湾街9号
……………………… Tel：0512－62891888

苏州现代传媒广场酒店管理有限公司
地址：苏州工业园区苏州大道东275号
……………………… Tel：0512－62920039

苏州观音园建设发展有限公司
地址：苏州市吴中区金庭镇缥缈村绮里坞
……………………… Tel：0512－62921503

华夏东吴镇江文化旅游产业发展基金合伙企业（有限合伙）
地址：江苏省镇江市南徐大道62号－1楼
……………………… Tel：0512－62938016

苏州尼盛大酒店有限公司
地址：苏州工业园区苏州大道西229号
……………………… Tel：0512－62968917

苏州市黎花建国度假酒店有限公司
地址：苏州市吴江区黎里镇人民东路39号
……………………… Tel：0512－63001777

江苏中厚餐饮服务有限公司
地址：苏州市吴江区黎里镇汾湖大道558号
……………………… Tel：0512－63032536

苏州市同里湿地公园有限公司
地址：吴江区同里肖甸湖
……………………… Tel：0512－63191215

苏州宏泰酒店投资管理有限责任公司
地址：苏州市吴江区黎里镇芦墟芦莘大道888号
……………………… Tel：0512－63260777

谢谷园娱乐文化（吴江）有限公司
地址：吴江市汾湖经济开发区湖北路南侧
……………………… Tel：0512－63270711

苏州同里国际旅游开发有限公司
地址：江苏省吴江区同里镇中川南路1号
……………………… Tel：0512－63326987

苏州市吴江旅游发展有限公司
地址：吴江区松陵镇县府路99号
……………………… Tel：0512－63334770

苏州市吴江酒店管理集团有限公司
地址：吴江区松陵镇鲈乡南路1868号
……………………… Tel：0512－63339540

苏州市吴江文化旅游发展集团有限公司
地址：苏州市吴江区松陵镇通虹路68号
……………………… Tel：0512－63423769

吴江海悦花园大酒店有限公司
地址：吴江经济技术开发区
……………………… Tel：0512－63438888

苏州静思园文化旅游发展有限公司
地址：吴江经济技术开发区庞山湖吴同公路以南
……………………… Tel：0512－63439118

苏州盛虹酒店有限公司
地址：吴江区盛泽镇哈密路199号
……………………… Tel：0512－63500888

吴江市知音餐饮管理有限公司
地址：吴江区盛泽镇西白洋村
……………………… Tel：0512－63579388

苏州平望文化旅游投资发展有限公司
地址：吴江区平望镇西新街8号
……………………… Tel：0512－63665180

苏州金猫大酒店有限公司
地址：吴江区平望镇梅堰双龙路北侧、腾飞桥西侧
……………………… Tel：0512－63681188

吴江市震泽旅游文化发展有限公司
地址：吴江震泽镇藕河街
……………………… Tel：0512－63751101

吴江市震泽农业生态旅游发展有限公司
地址：吴江震泽镇藕河街
……………………… Tel：0512－63751101

吴江汇丰国际花园酒店有限公司
地址：吴江区震泽镇镇南路699号
……………………… Tel：0512－63786605

苏州亨通凯莱度假酒店有限公司
地址：吴江区七都镇环湖路、幸福路交叉口西南地块
……………………… Tel：0512－63803777

江苏南太湖投资有限公司
地址：吴江区七都镇人民路北侧
……………………… Tel：0512－63817055

苏州震泽湿地旅游文化发展有限公司
地址：苏州市吴江区震泽镇湿地公园
……………………… Tel：0512－63839052

江苏吴江苏州湾大酒店有限公司
地址：吴江区松陵镇迎宾大道518号
……………………… Tel：0512－63872882

江苏鸿达餐饮管理有限公司
地址：吴江区松陵镇文苑路151号金鹰商业中心文苑路137、141、143号
……………………… Tel：0512－63916688

中青旅（苏州）静思园国际酒店有限公司
地址：吴江经济开发区庞东路1555号
……………………… Tel：0512－63937777

苏州甪直东方文化旅游发展有限公司
地址：苏州市吴中区　直镇晓市路21号
……………………… Tel：0512－65026358

苏州市吴中区甪直碧海雲天娱乐休闲中心
地址：苏州市吴中区　直镇甫澄中路218号
……………………Tel：0512-65026888
苏州市甪直旅游发展有限公司
地址：苏州市吴中区　直镇晓市路21号
……………………Tel：0512-65029669
苏州吴宫大酒店有限公司
地址：江苏省苏州市新市路259号
……………………Tel：0512-65103388
苏州国发沧浪文化旅游投资中心（普通合伙）
地址：苏州市带城桥路101号
……………………Tel：0512-65126487
苏州中鸿置业有限公司
地址：苏州吴中经济开发区吴县汽车南站北侧
……………………Tel：0512-65152288
苏州雅戈尔富宫大酒店有限公司
地址：苏州市宫巷63号
……………………Tel：0512-65159998
苏州朋悦品牌管理有限公司
地址：苏州工业园区苏州中心广场58号A座12层08号
……………………Tel：0512-65191154
江苏赢鼎娱乐投资管理有限公司
地址：苏州市劳动路1号101室
……………………Tel：0512-65195850
苏州新佳大酒店有限公司
地址：江苏省苏州市干将东路535号
……………………Tel：0512-65218855
中道旅游产业发展股份有限公司
地址：江苏省苏州市虎丘区金山路78号
……………………Tel：0512-65336612
苏州市相城区望亭镇御亭文化旅游发展有限公司
地址：苏州市相城区望亭镇迎湖村御亭路666号-101-20
……………………Tel：0512-65381683
苏州阳澄湖生态休闲旅游有限公司
地址：苏州市阳澄湖生态休闲旅游度假区澄中路1号
……………………Tel：0512-65427535
苏州市阳澄湖绿洲文旅发展有限公司
地址：苏州市相城区阳澄湖镇阳澄街2号
……………………Tel：0512-65429758
苏州金澄大酒店有限公司
地址：苏州市相城区太平街道兴太路260号
……………………Tel：0512-65431888
苏州奇纬石路步行街企业管理有限公司
地址：苏州市金门路88号协和大厦1410室
……………………Tel：0512-65587788
苏州太湖洞庭古村旅游开发有限公司
地址：苏州太湖国家旅游度假区孙武路2013号
……………………Tel：0512-65681858
苏州鑫润酒店发展有限公司
地址：苏州市广济南路288号（金座大厦）3104室
……………………Tel：0512-65703807
无锡斯坦李文化娱乐有限公司
地址：无锡惠山经济开发区智慧路18号2502室
……………………Tel：0512-65757508
苏州相城阳澄湖旅游发展有限公司
地址：苏州市相城区阳澄湖生态休闲旅游度假区新泾村澄中路1号
……………………Tel：0512-65768778
苏州莲花岛农业旅游发展有限公司
地址：苏州市阳澄湖生态休闲旅游度假区澄中路1号
……………………Tel：0512-65768778
苏州阳澄喜澄酒店有限公司
地址：苏州市相城区阳澄湖生态休闲旅游度假区湖港路1号
……………………Tel：0512-65768778
苏州市水未央酒店管理有限公司
地址：苏州市相城区元和街道聚茂街185号
……………………Tel：0512-65768778
苏州黄埭古镇文化旅游有限公司
地址：苏州市相城区黄埭镇中市路
……………………Tel：0512-65796297
苏州月星环球港投资有限公司
地址：苏州市相城区相城大道1609号苏州月星环球港5F
……………………Tel：0512-65803068
苏州相城文化旅游发展有限公司
地址：苏州市相城区元和街道聚茂街185号
……………………Tel：0512-65808203
苏州银丽娱乐度假有限公司
地址：苏州市相城区元和街道阳澄湖东路168号
……………………Tel：0512-65866018
苏州阳澄湖兴丽娱乐度假有限公司
地址：苏州市相城区阳澄湖东路168号
……………………Tel：0512-65868343
苏州贝塔餐饮管理有限公司
地址：苏州市相城区渭塘镇玉盘路141号
……………………Tel：0512-65907789
苏州金煦公寓酒店有限公司
地址：苏州市吴中区太湖东路1号
……………………Tel：0512-65986666
苏州皇家金煦酒店有限公司
地址：苏州市吴中区太湖东路1号
……………………Tel：0512-65986666
苏州三德大酒店有限公司
地址：苏州市吴中区胥口镇
……………………Tel：0512-65988018
苏州太湖游船管理有限公司
地址：苏州市吴中区东山镇陆巷村沙滩山码头
……………………Tel：0512-66026289
苏州太湖山水文化旅游发展有限公司
地址：苏州太湖国家旅游度假区孙武路2999号10楼
……………………Tel：0512-66036517
苏州市宝带文化旅游发展有限公司
地址：苏州市吴中区吴中东路133号
……………………Tel：0512-66058908
苏州新灏农业旅游发展有限公司
地址：苏州高新区通安镇华圩路18号
……………………Tel：0512-66060999
苏州市通安旅游发展有限公司
地址：苏州高新区通安镇中心街1号
……………………Tel：0512-66063008
江苏七欣天餐饮管理连锁有限公司
地址：苏州市相城区元和街道相城大道168号新尚广场B栋1411-1412室
……………………Tel：0512-66107003
苏州环秀湖国际会议中心有限公司
地址：苏州市高铁新城南天成路58号综合服务楼
……………………Tel：0512-66158587
苏州大阳山生态旅游开发有限公司
地址：苏州高新区浒关分区阳山环路(江苏大阳山国家森林公园内)
……………………Tel：0512-66168053
苏州韵河风光文化旅游开发有限公司
地址：苏州高新区浒关分区金燕路8号
……………………Tel：0512-66168832
苏州吴中旅游发展有限公司
地址：苏州市吴中区木渎镇藏书朱买臣路1号
……………………Tel：0512-66174215
苏州市木渎文化旅游集团有限公司
地址：苏州市吴中区木渎镇藏书朱买臣路1号
……………………Tel：0512-66174215
苏州市藏书生态旅游发展有限公司
地址：苏州市吴中区木渎镇藏书朱买臣路1号
……………………Tel：0512-66174215
苏州水天一色餐饮文化发展有限公司
地址：苏州相城经济开发区漕湖南码头
……………………Tel：0512-66183070
苏州景致餐饮管理有限公司
地址：苏州市相城区阳澄湖生态休闲旅游度假区新泾村大澄路181号
……………………Tel：0512-66186586
苏州胥江文化旅游开发有限公司
地址：苏州市吴中区胥口镇孙武路602号
……………………Tel：0512-66213522
苏州胥口文化旅游发展有限公司
地址：苏州市吴中区胥口镇东大街49号
……………………Tel：0512-66216017
苏州太湖尚怡酒店有限公司
地址：苏州太湖国家旅游度假区孙武路2013号
……………………Tel：0512-66236666
苏州天平大酒店有限公司
地址：苏州市吴中区木渎金山路168号
……………………Tel：0512-66268888
苏州红棕榈酒店管理有限公司
地址：苏州太湖国家旅游度假区孙武路2999号
……………………Tel：0512-66319107
苏州澹台湖大酒店有限公司
地址：苏州市吴中区太湖东路299号
……………………Tel：0512-66358888
苏州吴都旅游文化发展有限公司
地址：苏州市吴中区木渎镇南亭路28号第三、四层
……………………Tel：0512-66360116
苏州三山岛文化旅游发展有限公司
地址：苏州市吴中区东山镇三山村
……………………Tel：0512-66373909
苏州市吴中区金庭镇生态岛旅游发展有限公司
地址：苏州市吴中区金庭镇大桥路25号
……………………Tel：0512-66376719
苏州铂漫酒店管理有限公司
地址：苏州市吴江区黎里镇东港路443号
……………………Tel：0512-66508904
苏州国发太湖旅游发展有限公司
地址：苏州太湖国家旅游度假区孙武路2999号
……………………Tel：0512-66510186
苏州太美精品酒店有限公司
地址：苏州太湖国家旅游度假区孙武路2999号
……………………Tel：0512-66518490
苏州湖宴天地酒店管理有限公司
地址：苏州太湖国家旅游度假区孙武路2999号
……………………Tel：0512-66518490
苏州尚融酒店有限公司
地址：苏州市吴中区东山镇环湖路南侧、新开河北侧
……………………Tel：0512-66556328
苏州太湖风尚酒店投资管理有限公司
地址：苏州太湖国家旅游度假区孙武路2013号太湖游客中心
……………………Tel：0512-66556630
苏州太湖尚和酒店有限公司
地址：苏州太湖国家旅游度假区孙武路2013号
……………………Tel：0512-66556630
苏州太湖旅游景区管理有限公司
地址：苏州太湖国家旅游度假区孙武路2013号
……………………Tel：0512-66560609
苏州园博园景区管理有限公司
地址：苏州市吴中区临湖镇临湖路899号
……………………Tel：0512-66567888
中青旅苏州太湖国家旅游度假区发展有限公司
地址：苏州太湖国家旅游度假区湖滨路8号
……………………Tel：0512-66608111
苏州工业园区建屋酒店投资管理有限公司
地址：苏州工业园区旺墩路188号建屋大厦20楼
……………………Tel：0512-66608934
金色三麦（苏州）餐饮管理有限公司
地址：苏州高新区狮山路35号（金河国际大厦）4楼
……………………Tel：0512-66655909
苏州白马涧旅游发展有限公司
地址：苏州高新区枫桥镇果林场内
……………………Tel：0512-66659537
苏州大阳山商旅酒店有限公司
地址：苏州市高新区阳山环路999号（苏州高新区浒关开发区观山村）
……………………Tel：0512-66676777
苏州市新浒旅游开发有限公司
地址：苏州高新区浒关镇朱家庄
……………………Tel：0512-66727798
苏州太湖湖滨生态湿地旅游开发有限公司
地址：苏州太湖国家旅游度假区环太湖大道16号
……………………Tel：0512-66796531
苏州市木渎旅游发展实业公司
地址：木渎镇金山路
……………………Tel：0512-66796930
苏州白金汉爵大酒店有限公司
地址：苏州市相城区元和街道相城大道1111号
……………………Tel：0512-66837966
苏州金科大酒店管理有限公司
地址：苏州高新区滨河路1969号
……………………Tel：0512-66906666
苏州镇湖文化旅游发展有限公司
地址：苏州高新区镇湖街道办事处办公楼
……………………Tel：0512-66911650
苏州西部文化旅游发展有限公司
地址：苏州高新区镇湖街道东城路350号
……………………Tel：0512-66918778
苏州吴中白金汉爵大酒店有限公司
地址：苏州市吴中区迎春南路97号
……………………Tel：0512-66937123
苏州霆泽餐饮管理有限公司
地址：苏州工业园区万盛街8号
……………………Tel：0512-66960069
苏州工业园区商业旅游发展有限公司
地址：苏州工业园区凤里街336号
……………………Tel：0512-66966696
苏州工业园区安泰国际商务大酒店有限公司
地址：苏州工业园区车斜路188号
……………………Tel：0512-67067925
苏州金十六区新嘉福娱乐有限公司
地址：苏州市吴中区苏蠡路55号
……………………Tel：0512-67073228
昆山金池云海酒店管理有限公司
地址：周庄镇云海路32号21号房
……………………Tel：0512-67278818
苏州文化旅游发展集团有限公司
地址：苏州市平江区人民路1430号
……………………Tel：0512-67313872
苏州佳福娱乐有限公司
地址：江苏省苏州市干将西路515号
……………………Tel：0512-67325620
苏州贡山生态旅游投资发展有限公司
地址：苏州市高新区科发路101号致远国际商务大厦：写字楼-14-1406；写字楼-14-1407；写字楼-14-1408；写字楼-14-1409；写字楼-14-1410；写字楼-14-1411。
……………………Tel：0512-67379016
苏州市东风自动化餐饮设备厂
地址：苏州相城经济技术开发区澄阳街道蠡塘河路88号
……………………Tel：0512-67571801
苏州中茵皇冠假日酒店有限公司
地址：苏州工业园区星港街168号
……………………Tel：0512-67616688
苏州晋合酒店发展有限公司
地址：苏州工业园区旺墩路288号
……………………Tel：0512-67626868
书香酒店投资管理集团有限公司
地址：苏州市平江区景德路366号
……………………Tel：0512-67631810
苏州百尔利酒店管理有限公司
地址：苏州高新区狮山路88号1幢908
……………………Tel：0512-67671523
苏州科技城科新文化旅游发展有限公司
地址：苏州高新区昆仑山路68号
……………………Tel：0512-67681437
苏州中锐华府实业有限公司
地址：苏州市平江区　葭巷46号
……………………Tel：0512-67726666
苏州苏哥利酒店有限公司
地址：苏州市平江区乔司空巷27-33号平安坊18-38号
……………………Tel：0512-67770777
苏州迎福轩餐饮有限公司
地址：苏州市平江区乔司空巷27-33号苏哥利酒店一至二层
……………………Tel：0512-67772175
苏州越城遗址文化旅游发展有限公司
地址：苏州市友新路888号
……………………Tel：0512-67873920
苏州葫芦半岛旅游开发有限公司
地址：苏州市相城区太平街道旺巷村
……………………Tel：0512-67913992
苏州浒关古镇改造旅游开发有限公司
地址：苏州高新区四明路8号（浒墅关开发区招商中心内）
……………………Tel：0512-68018586
苏州世豪国际酒店投资管理有限公司
地址：苏州高新区狮山路88号
……………………Tel：0512-68056789
苏州星轮旅游产业有限公司
地址：苏州工业园区右岸街99号
……………………Tel：0512-68137940
苏州上海金屋大酒店有限公司
地址：苏州高新区滨河路南
……………………Tel：0512-68139666
苏州新城花园酒店有限公司
地址：苏州高新区狮山路1号
……………………Tel：0512-68182888
苏州工业园区金鸡湖大酒店有限公司
地址：苏州工业园区国宾路168号
……………………Tel：0512-68227878
苏州国信雅都大酒店有限公司
地址：江苏省苏州市三香路488号
……………………Tel：0512-68291888
苏州市聚新春餐饮管理有限公司
地址：苏州市天福里37号
……………………Tel：0512-68311505
苏州阳澄丽景旅游发展有限公司
地址：苏州市相城区阳澄湖生态休闲旅游度假区澄中路旅游集散中心2楼209室
……………………Tel：0512-68701961
苏州高新旅游产业集团有限公司
地址：苏州市高新区山神湾路2号
……………………Tel：0512-68717168
苏州高新旅游产业集团有限公司
地址：苏州市高新区山神湾路2号
……………………Tel：0512-68717168
苏州高新酒店管理集团有限公司
地址：苏州高新区太湖大道999号文化馆6楼
……………………Tel：0512-68751369
苏州新锦科酒店投资发展有限公司
地址：苏州高新区镇湖镇马舍山-2
……………………Tel：0512-68756707
苏州网栈酒店有限公司
地址：江苏省苏州高新区长江路乐园南广场
……………………Tel：0512-68780723
苏州太湖旅游发展集团有限公司
地址：苏州太湖国家旅游度假区孙武路2013号
……………………Tel：0512-68790928
苏州尚雅酒店有限公司
地址：苏州市东大街459号
……………………Tel：0512-68859999
苏州风景旅游发展有限公司
地址：苏州市平泷路1258号107室
……………………Tel：0512-69329025
苏州高铁金科大酒店有限公司
地址：苏州市高铁新城南天成路67号
……………………Tel：0512-69378888
苏州花园俱乐部有限公司
地址：苏州高新区狮山路118号
……………………Tel：0512-69386202
苏州高铁新城文化旅游发展有限公司
地址：苏州市高铁新城南天成路58号
……………………Tel：0512-69593013
苏州千人会都酒店投资有限公司

地址：苏州市高铁新城南天成路58号3楼-D106工位（集群登记）
Tel：0512-69593013

苏州高铁新城聚泰大酒店有限公司
地址：苏州市相城区太平街道开泰路18号
Tel：0512-69593013

苏州市国际会议酒店有限公司
地址：苏州市高铁新城南天成路58号3楼338室
Tel：0512-69593013

苏州工业园区汇英商业服务有限公司
地址：苏州工业园区凤里街336号
Tel：0512-69990008

苏州工业园区阳澄湖旅游发展有限公司
地址：中国（江苏）自由贸易试验区苏州片区苏州工业园区华云路1号桑田岛科创园1号楼9楼
Tel：0512-69997900

迪欧餐饮管理有限公司
地址：苏州市人民路3188号5幢
Tel：0512-80815888

苏州太仓宝龙大酒店有限公司
地址：太仓市娄东街道上海东路288号
Tel：0512-82011111

同程网络科技股份有限公司
地址：苏州工业园区裕新路188号同程大厦A区4F-401室
Tel：0512-82276000

一醉集团有限公司
地址：昆山市玉山镇前进西路1277号
Tel：0512-83666666

苏州广电影视娱乐投资有限公司
地址：苏州市吴中区木渎镇金山南路288号
Tel：0512-83837230

泛悦（太仓）旅游文化发展有限公司
地址：太仓市城厢镇南郊文治路51号 华国际大厦601-610
Tel：0512-88899863

悦欧（太仓）旅游文化开发有限公司
地址：太仓市城厢镇南郊文治路51号 华国际大厦601-610
Tel：0512-88899863

悦浩（太仓）旅游文化开发有限公司
地址：太仓市城厢镇南郊文治路51号 华国际大厦601-610室
Tel：0512-88899863

悦雪（太仓）旅游文化开发有限公司
地址：太仓市城厢镇南郊文治路51号 华国际大厦601-610
Tel：0512-88899863

悦洲（太仓）旅游文化开发有限公司
地址：太仓市城厢镇南郊文治路51号 华国际大厦601-610
Tel：0512-88899863

苏州市伟业酒店用品有限公司
地址：苏州市吴中区越溪街道前珠路1号5幢
Tel：0512-89169894

南通市崇川文化旅游发展有限公司
地址：南通市崇川区和平桥街道濠北路12号
Tel：0513-55088667

南通文化旅游产业发展集团有限公司
地址：南通市人民中路79号金信大厦六楼
Tel：0513-68097981

南通文景国际大酒店有限公司
地址：南通市世纪大道55号
Tel：0513-68115555

启东柳容旅游管理服务有限公司
地址：启东市江海产业园经二路1号
Tel：0513-68183306

启东哲豪旅游发展有限公司
地址：启东市江海产业园经二路1号
Tel：0513-68183306

启东市智源文化旅游发展有限公司
地址：启东市江海产业园经二路1号
Tel：0513-68183318

启东新湖碧海旅游管理有限公司
地址：启东市汇龙镇人民路北侧公园路东侧（人民中路526号）
Tel：0513-68205781

南通渔湾旅游开发有限公司
地址：南通市通州区石港镇米市桥中路24号
Tel：0513-68210999

启东鑫华置业有限公司
地址：江苏省启东市寅阳镇恒大海上威尼斯会议中心一楼北
Tel：0513-68522703

启东欢华置业有限公司
地址：江苏省启东市寅阳镇恒大海上威尼斯会议中心一楼西
Tel：0513-68522703

海安乐家餐饮娱乐管理有限公司
地址：海安县海安镇长江西路69号4号楼
Tel：0513-68875683

启东百源豪生大酒店有限公司
地址：启东市吕四港镇幸福中心路68号
Tel：0513-68958899

海门市江海文体旅游发展投资有限公司
地址：海门市海门街道海兴中路254号
Tel：0513-69906736

启东国瑞酒店管理有限公司
地址：启东市汇龙镇新安江中路989号
Tel：0513-69919858

如东海洲大饭店有限公司
地址：江苏省如东经济开发区友谊东路1号
Tel：0513-80866060

南通东湖旅游投资开发有限公司
地址：如东县大豫镇东湖景区环湖大道9号
Tel：0513-80866534

启东蝶湖酒店管理有限公司
地址：启东市汇龙镇人民中路526号12楼
Tel：0513-80920502

南通富都国际酒店管理有限公司
地址：南通市通州经济开发区文昌路北、世纪大道东侧
Tel：0513-80953977

南通嘉驰餐饮管理有限公司
地址：南通市港闸区北大街111号南通万象城L5层L507号商铺
Tel：0513-81162001

海门东恒盛国际大酒店有限公司
地址：海门市海门镇北京中路777号
Tel：0513-81299999

江苏雅高酒店配套用品有限公司
地址：南通市苏通科技产业园海迪路1号
Tel：0513-81602708

如皋光华国际大酒店有限公司
地址：江苏省如皋市如城街道宁海西路199号
Tel：0513-81788718

海安王府邦瑞国际大酒店有限公司
地址：海安市城东镇通榆中路101号
Tel：0513-81851276

江苏中洋酒店有限公司
地址：海安县海安镇中坝南路100号
Tel：0513-81887777

江苏中江食品科技有限公司
地址：海安县海安镇永安北路99号
Tel：0513-81889120

江苏乾盛国际大酒店有限公司
地址：南通市海门市海门街道秀山东路889号
Tel：0513-82137000

南通海为龙世界花园大酒店有限公司
地址：江苏省海门市海门镇人民中路26号
Tel：0513-82193568

江苏金合旅游发展有限公司
地址：启东市合作镇五星村
Tel：0513-82501188

海门世外桃源旅游开发有限公司
地址：南通市海门市三厂街道中华西路338号
Tel：0513-82601327

启东先豪国际酒店有限公司
地址：江苏省启东经济开发区
Tel：0513-83111111

启东温莎堡娱乐休闲有限公司
地址：汇龙镇和平中路368号
Tel：0513-83115865

江苏泰城旅游开发有限公司
地址：启东市开发区华石村
Tel：0513-83128916

启东冠成酒店管理有限公司
地址：启东市惠萍镇兴惠街66-1号
Tel：0513-83308716

启东海天蜃景滨海生态园有限公司
地址：江苏省启东市近海镇
Tel：0513-83313295

启东宜居旅游发展有限公司
地址：启东市江海产业园经二路1号
Tel：0513-83343098

启东市文化旅游投资集团有限公司
地址：启东市汇龙镇林洋路1099号
Tel：0513-83360037

启东神禹旅游开发有限公司
地址：启东市圆陀角旅游度假区连兴港村49组
Tel：0513-83360037

启东市旅游开发建设有限公司
地址：启东圆陀角旅游度假区连兴港村
Tel：0513-83360037

汇宝置业（启东）有限公司
地址：江苏省启东经济开发区华石工业区
Tel：0513-83391138

南通希尔国际大酒店有限公司
地址：南通市人民西路558号
Tel：0513-83519898

柒发餐饮管理有限公司
地址：南通市崇川区中新一路18号1号楼4楼
Tel：0513-83587878

江苏圣合旅游发展有限公司
地址：启东市合作镇新建中路
Tel：0513-83966277

南通瑞丰旅游管理有限公司
地址：如东沿海经济开发区金蛤大道西侧
Tel：0513-84133376

南通瑞洋旅游投资开发有限公司
地址：江苏省如东沿海经济开发区金蛤大道3号
Tel：0513-84133376

江苏华勋东安酒店管理有限公司
地址：南通滨海园区东安工业集中区
Tel：0513-84263119

南通瑞元旅游开发有限公司
地址：江苏省如东沿海经济开发区金蛤大道8号
Tel：0513-84539618

南通海之城旅游开发有限公司
地址：江苏省如东沿海经济开发区金蛤大道8号
Tel：0513-84539618

如东三游旅游管理有限公司
地址：南通市如东沿海经济开发区洋口化学工业园
Tel：0513-84814488

南通新有斐大酒店有限公司
地址：南通市濠南路18号
Tel：0513-85050888

南通载誉餐饮娱乐管理有限公司
地址：南通市崇川区滨江时尚街A幢103-138室、A幢207-229室、A幢247-251室
Tel：0513-85111118

南通三德大酒店有限公司
地址：江苏省南通市段家坝路、青年中路口
Tel：0513-85123888

江苏品尚餐饮连锁管理有限公司
地址：南通市教育路8号
Tel：0513-85188888

南通金满地酒店管理有限公司
地址：南通开发区通盛大道38号
Tel：0513-85226789

汉姆酒店集团有限公司
地址：南通市港闸区长江北路399号
Tel：0513-85576688

南通狼山风景名胜区投资开发总公司
地址：南通市狼山镇临港路18号
Tel：0513-85719260

恒汇房地产开发（南通）有限公司
地址：如皋市如皋港经济开发区
Tel：0513-85797000

南通皇室会房地产开发有限公司
地址：江苏省如皋市长江镇（如皋港区）长江东路8号（原管委会大楼二楼西第三间）
Tel：0513-85797000

南通玄月酒店管理有限公司
地址：江苏省通州湾江海联动开发示范区康泰路北黄海路东
Tel：0513-85966118

南通皇悦广场酒店管理有限公司
地址：南通高新区文昌路南侧、世纪大道西侧
Tel：0513-86102816

南通新枭酒店用品有限公司
地址：南通市通州区金沙镇进鲜港村44组
Tel：0513-86191576

南通政昊宾馆酒店用品有限公司
地址：南通市通州区川姜镇川港工业园区D区
Tel：0513-86341555

南通清钟旅游开发有限公司
地址：南通市通州区金沙街道大庆路10号
Tel：0513-86416747

江苏综创数码科技有限公司
地址：江苏省南通市通州区兴东镇综艺数码城内
Tel：0513-86639991

南通禧鑫装饰工程有限公司
地址：江苏省通州湾江海联动开发示范区职工之家鑫凯隆超市2楼西边
Tel：0513-86911198

南通荣威娱乐用品有限公司
地址：江苏省如皋市城北街道惠民西路8号
Tel：0513-87309305

如皋市如江汇娱乐投资管理有限公司
地址：如城街道海阳路316号
Tel：0513-87630502

如皋市金鼎酒店管理有限公司
地址：江苏省如皋市如城镇解放中路（新市政府北侧）
Tel：0513-87999999

海安浩泽餐饮管理有限公司
地址：江苏省海安高新区西城街道谭港花苑
Tel：0513-88162972

海安海默酒店管理有限公司
地址：海安县李堡镇中凌村10组
Tel：0513-88212101

海安沃德酒店管理有限公司
地址：江苏省海安县李堡镇杨庄村4组
Tel：0513-88212101

海安高德酒店管理有限公司
地址：江苏省海安县李堡镇杨庄村4组
Tel：0513-88212101

南通玫瑰湖畔旅游度假村有限公司
地址：海安县白甸镇白甸村官庄一组
Tel：0513-88405696

如皋市欢乐世界娱乐有限公司
地址：如皋市城南街道万寿南路999号（如皋高新区8号楼3A08-229室）
Tel：0513-88563699

南通泛亚休闲有限公司
地址：如皋市丁堰镇丁新路79号
Tel：0513-88568799

海安亚木物业管理有限公司
地址：江苏省海安市海安镇三塘村6组
Tel：0513-88851111

南通金陵能达酒店有限公司
地址：南通开发区星湖街区A区28号
Tel：0513-89059999

美食美刻餐饮连锁有限责任公司
地址：南通市通盛大道188号南通经济技术开发区外包服务中心D幢701室
Tel：0513-89075300

南通市脱颖而出餐饮娱乐管理有限公司
地址：南通市崇川区任港路44号5号楼
Tel：0513-89082999

沐兰国际酒店投资管理（江苏）有限公司
地址：江苏省南通市苏通科技产业园江成路1088号江成研发园内3号楼2219室
Tel：0513-89196832

中城建科技产业园南通有限公司
地址：南通开发区星湖大厦1211室
Tel：0513-89197529

南通王府花园酒店有限公司
地址：海门市海门镇秀山西路888号
Tel：0513-89282229

仪征天宁寺文化旅游发展有限公司
地址：仪征市铜山办事处枣林东路
Tel：0514-12345678

宝应美雅迪酒店管理有限公司
地址：江苏省宝应县经济开发区宝应大道66号
Tel：0514-80365385

高邮市古驿名城文化旅游开发集团有限公司
地址：高邮市蝶园南路66号
Tel：0514-80366309

高邮秦邮旅游开发有限公司
地址：高邮市人民路507号
Tel：0514-80366309

惠青餐饮发展扬州有限公司
地址：仪征市新城镇新华工业集中区
Tel：0514-80389012

宝应华美达大酒店有限公司
地址：宝应经济开发区宝应大道66号
Tel：0514-80599999

宝应润荷国际大酒店有限公司
地址：宝应经济开发区宝应大道66号
Tel：0514-80599999

冶春餐饮股份有限公司
地址：扬州市丰乐下街8号
Tel：0514-80783000

扬州明珠国际大酒店有限公司
地址：扬州市江都区仙女镇新都北路
Tel：0514-80800000

江苏七河八岛生态旅游发展有限公司
地址：扬州市生态科技新城泰安镇自在岛路1号
Tel：0514-80832227

扬州西部森林旅游发展有限公司
地址：仪征市刘集镇通扬路110号
Tel：0514-80852239

扬州苏珊娜大酒店有限公司
地址：仪征市西园路
Tel：0514-80858777

苏州京格酒店有限责任公司
地址：苏州高新区塔园路379号1号楼4001室
Tel：0514-80986666

江苏省大运河（扬州）文化旅游发展基金（有限合伙）
地址：扬州市蜀冈—瘦西湖风景名胜区扬子江北路471号
Tel：0514-82055216

扬州广陵文化旅游开发集团有限公司
地址：扬州市广陵区徐凝门路1号
Tel：0514-82099955

扬州景通餐饮管理有限公司
地址：扬州市广陵区广陵新城京杭路京杭水镇1期内
Tel：0514-82151962

扬州瘦西湖旅游度假投资管理集团有限责任公司
地址：扬州市长春路一号
Tel：0514-82186802

江苏景年华文化旅游发展有限公司
地址：扬州市经济开发区华乐路81号
Tel：0514-82268798

扬州扬子枣林湾文化旅游发展有限公司
地址：仪征市铜山办事处枣林村
Tel：0514-82281133

扬州瘦西湖旅游资产管理有限公司
地址：扬州市大虹桥路18号
Tel：0514-82930270

扬州瘦西湖旅游发展集团有限公司

地址：扬州市长春路118号
………………… Tel：0514-82930301

扬州瘦西湖旅游发展建设有限公司
地址：扬州市蜀冈-瘦西湖风景名胜区鸿福路8号
………………… Tel：0514-82930328

扬州市黎明大酒店有限公司
地址：仪征市真州镇真州西路121号
………………… Tel：0514-83400088

仪征市枣林湾文化体育旅游发展有限公司
地址：仪征市铜山办事处前进村村部
………………… Tel：0514-83426975

扬州呈好餐饮文化管理有限公司
地址：仪征市刘集镇古井西路42号
………………… Tel：0514-83828078

仪征市晶崴国际大酒店投资有限公司
地址：仪征市建安路89号
………………… Tel：0514-83937777

扬州市神奇高邮湖旅游投资开发有限公司
地址：高邮市界首镇芦苇荡
………………… Tel：0514-84377526

高邮市运河旅游文化投资有限公司
地址：高邮市文游中路98号
………………… Tel：0514-84618313

扬州邵伯湖文化旅游开发有限公司
地址：扬州市江都区邵伯镇诚意路2号
………………… Tel：0514-85335180

扬州天山海世界文化旅游投资有限公司
地址：扬州市邗江区平山北路东侧123号管委会大楼519、520办公室
………………… Tel：0514-85561031

扬州云鹤金陵大饭店有限公司
地址：扬州市文昌西路318号
………………… Tel：0514-85588888

扬州星期九生态餐饮休闲有限公司
地址：扬州市湾头镇联合村(市车管所北侧)
………………… Tel：0514-85829999

扬州百骏酒店管理有限公司
地址：高邮市秦邮路138号
………………… Tel：0514-85857777

全线实景娱乐扬州有限公司
地址：扬州市江都区丁沟镇空港一路9号
………………… Tel：0514-86289302

扬州市龙川产业投资发展有限公司
地址：扬州市江都区仙女镇大会堂路10号
………………… Tel：0514-86506578

江苏双汇酒店管理有限公司
地址：扬州市江都区文昌东路
………………… Tel：0514-86525720

扬州仙女生态旅游发展有限公司
地址：扬州市江都区砖桥集镇328国道
………………… Tel：0514-86532875

金驰精密模具扬州有限公司
地址：扬州市江都区仙女镇长江路友谊花园A幢103-107号
………………… Tel：0514-86567609

扬州仙鑫生态旅游发展有限公司
地址：扬州市江都区砖桥集镇G328国道南
………………… Tel：0514-86572875

扬州市营舟文化旅游发展有限公司
地址：扬州市江都区大桥镇白沙中路一号
………………… Tel：0514-86660666

扬州景诚酒店置业有限公司
地址：扬州市江都区大桥镇白沙路
………………… Tel：0514-86661601

江苏达闻旅游农业观光有限公司
地址：扬州市江都区高端装备制造产业园北楼
………………… Tel：0514-86662202

扬州辰茂京江酒店有限公司
地址：扬州市江都区舜天路168号
………………… Tel：0514-86999999

扬州美仕企业管理有限公司
地址：扬州市广陵区开发东路188号东方国际商业广场2号楼1-5F
………………… Tel：0514-87206333

扬州市埃非尔餐饮娱乐有限公司
地址：扬州市蜀冈—瘦西湖风景名胜区北门外大街1号
………………… Tel：0514-87221868

扬州锦都国际酒店用品城有限公司
地址：杭集镇三笑大道188号
………………… Tel：0514-87276078

江苏百润餐饮管理股份有限公司
地址：扬州市广陵区秦邮路2号
………………… Tel：0514-87337937

西面针（江苏）实业有限公司
地址：杭集工业园
………………… Tel：0514-87493678

扬州九鼎香餐饮管理有限公司
地址：扬州市鼎兴路90号1（扬州市食品工业园内）
………………… Tel：0514-87569816

宝声源娱乐（淮安）有限公司
地址：金湖县金湖路7号香港城4001、4002号
………………… Tel：0514-87612526

扬州花园国际大酒店有限公司
地址：江阳中路236号
………………… Tel：0514-87803128

扬州市西园饭店有限责任公司
地址：扬州市丰乐上街1号
………………… Tel：0514-87805558

江苏汇金国际酒店有限公司
地址：平山堂路3号
………………… Tel：0514-87809999

扬州金凯酒店管理有限公司
地址：扬州市广陵区解放南路28号蓝海现代城5幢
………………… Tel：0514-87920581

扬州恒春源大酒店有限公司
地址：扬州市邗江中路427号
………………… Tel：0514-87987777

宝应尚宝酒店管理有限公司
地址：江苏省宝应县经济开发区宝应大道66号
………………… Tel：0514-88276508

宝应县大公馆娱乐会所（普通合伙）
地址：宝应县安宜南路4号
………………… Tel：0514-88280888

扬州金艺娱乐用品有限公司
地址：邗江工业园
………………… Tel：0514-89882767

扬州虹桥坊酒店管理有限公司
地址：扬州市瘦西湖路42号
………………… Tel：0514-89891126

扬州明发大酒店有限公司
地址：扬州市广陵区明发路1号（明发商业广场）8-8#1028
………………… Tel：0514-89908888

东台市西溪旅游文化景区投资发展有限公司
地址：东台市西溪旅游文化景区西溪商业街1号楼
………………… Tel：0515-60600965

东台东湖大酒店有限公司
地址：东台市城东新区经八路西侧、东进大道北侧
………………… Tel：0515-60606980

八大碗餐饮管理有限公司
地址：盐城市城南新区黄海街道开放大道西、东进路南侧（CNH）
………………… Tel：0515 68018326

阜宁县铁军文化发展有限公司
地址：阜宁县陈集镇停翅港村1号
………………… Tel：0515-68580739

江苏帆顺旅游开发有限公司
地址：盐城市盐都区楼王镇开放路6号
………………… Tel：0515-68660622

盐城市丁马港旅游建设投资有限公司
地址：盐城市盐都区楼王镇开放路6号
………………… Tel：0515-68660628

射阳华阳酒店管理有限公司
地址：射阳经济开发区人民东路8号311室
………………… Tel：0515-69016002

射阳鑫洋酒店管理有限公司
地址：射阳经济开发区人民东路8号
………………… Tel：0515-69056190

江苏苏乐旅游开发有限公司
地址：建湖县近湖街道人民路西侧小商品市场
………………… Tel：0515-69070016

盐城美丽仰徐旅游开发有限公司
地址：盐城市盐都区潘黄街道仰徐村荣泰路
………………… Tel：0515-69938965

射阳县羿城旅游开发有限公司
地址：射阳县合德镇幸福大道1号
………………… Tel：0515-69966883

建湖县旅游发展有限公司
地址：建湖县九龙口镇迎宾大道1号江苏建湖九龙口度假区内
………………… Tel：0515-80699331

滨海业之旺文化旅游发展有限公司
地址：盐城市滨海县育才西路246号
………………… Tel：0515-80868016

东亿国际大酒店有限公司
地址：盐城市亭湖区青年东路59号（18）
………………… Tel：0515-80890606

盐城大洋湾生态旅游景区有限公司
地址：盐城市亭湖区大洋湾湖滨路88号
………………… Tel：0515-80981220

盐城市亭湖旅游资产投资经营有限公司
地址：盐城市亭湖区曙光、盐海居委会
………………… Tel：0515-80981220

中柢酒店管理有限公司
地址：盐城市解放南路267号
………………… Tel：0515-80991699

江苏润都旅游发展有限公司
地址：盐城市盐都区新区世纪路
………………… Tel：0515-81086899

江苏绿锦农业发展有限公司
地址：盐城市盐都区新区世纪路
………………… Tel：0515-81086899

盐城蟒蛇河水上旅游开发有限公司
地址：盐城市盐都区新区福才社区紫金大厦1幢1909室（B）
………………… Tel：0515-81086916

江苏驿都国际大酒店有限公司
地址：盐城市世纪大道603号
………………… Tel：0515-81086916

大丰新词大酒店有限公司
地址：盐城市大丰区健康西路
………………… Tel：0515-82038888

响水县福港酒店投资有限公司
地址：响水县陈家港镇黄海大街北侧
………………… Tel：0515-82076666

射阳县旅游投资发展有限公司
地址：射阳县合德镇双拥路纺机厂综合南楼14号门市
………………… Tel：0515-82377600

射阳县丹鹤酒店管理有限公司
地址：射阳县海通镇大尖居委会
………………… Tel：0515-82377600

大丰风和日丽生态旅游发展有限公司
地址：大丰市南翔路1088号
………………… Tel：0515-83212001

江苏裕丰旅游开发有限公司
地址：盐城市大丰区新丰镇荷兰花海内
………………… Tel：0515-83216088

盐城天沐温泉度假酒店有限公司
地址：盐城市大丰区荷兰花海旅游度假区内
………………… Tel：0515-83232558

盐城市大丰区东苑酒店管理有限公司
地址：盐城市大丰区城东新区东方湿地公园内
………………… Tel：0515-83239999

盐城大丰骏荣娱乐用品有限公司
地址：盐城市大丰区草庙镇幸福路1号
………………… Tel：0515-83370333

盐城市大丰区姜尚旅游发展有限公司
地址：盐城市大丰区大学生科技创业园
………………… Tel：0515-83372002

大丰中华麋鹿园旅游发展有限公司
地址：盐城市大丰区麋鹿国家级自然保护区内
………………… Tel：0515-83391999

大丰瑞尔房地产开发有限公司
地址：盐城市大丰区高新区五一公园中心湖西南角永恒科技会所101室
………………… Tel：0515 83514988

盐城市大丰区海城旅游发展有限公司
地址：盐城市大丰区新丰镇沙港村（226省道西侧）
………………… Tel：0515-83535153

盐城大丰半岛温泉酒店有限公司
地址：盐城市大丰区港区沿湖大道9号
………………… Tel：0515-83658888

大丰瑞安生态旅游发展有限公司
地址：大丰市西团镇东塘路
………………… Tel：0515-83695421

江苏大中旅游实业发展有限公司
地址：盐城市大丰区人民南路东侧、南环路北侧19号
………………… Tel：0515-83819406

盐城大丰天池大酒店有限公司
地址：盐城市大丰区金丰南路8号
………………… Tel：0515-83838888

盐城大丰天池大酒店有限公司
地址：盐城市大丰区金丰南路8号
………………… Tel：0515-83838888

大丰恒丰农业旅游有限公司
地址：大丰市大中镇城南新区
………………… Tel：0515-83928059

林泉会餐饮管理有限公司
地址：盐城市滨海县城新区路东侧、纬西路南侧、经西路西侧（新区二号地）正鑫城市经典50-B号商业楼301室
………………… Tel：0515-84224999

江苏美轩旅游开发有限公司
地址：东台市安丰镇东风村二组
………………… Tel：0515-85301638

东台皇朝大酒店有限公司
地址：东台市新街镇府前西路南侧、育才路东侧
………………… Tel：0515-85751400

江苏永林国际酒店有限公司
地址：建湖县城湖中北路东侧
………………… Tel：0515-86154858

江苏云庐国际大酒店有限公司
地址：建湖县冠华东路1006号
………………… Tel：0515-86478888

江苏嘉豪国际大酒店有限公司
地址：建湖县建宝西路666号
………………… Tel：0515-86599066

盐城宏源旅游开发有限公司
地址：盐城市阜宁县经济开发区吴滩居委会一组
………………… Tel：0515-87283001

江苏兴谷集团有限公司
地址：阜宁阜城大街96号
………………… Tel：0515-87286902

江苏红色新四娱乐有限公司
地址：阜宁县阜城香港路88号（C）
………………… Tel：0515-87381233

江苏荣威娱乐用品有限公司
地址：江苏省阜宁经济开发区协鑫大道18号
………………… Tel：0515-87399280

射阳宝恒新宁酒店管理有限公司
地址：射阳县射阳港经济区人民东路2号
………………… Tel：0515-87756548

盐城黄海旅游产业投资基金合伙企业（有限合伙）
地址：盐城市盐都区龙冈镇华兴大道1号
………………… Tel：0515-88345000

盐城市现代纯凯娱乐有限公司
地址：盐城市城南新区新都街道解放南路278号中南城购物中心五楼5001、5002、5019（CND）
………………… Tel：0515-88555577

江苏大纵湖双新旅游开发有限公司
地址：盐城市盐都区大纵湖镇双新大道58号（M）
………………… Tel：0515-88668908

盐城大纵湖旅游发展有限公司
地址：盐城市盐都区大纵湖镇旅游度假区内（M）
………………… Tel：0515-88681138

江苏中体机会体育娱乐科技有限公司
地址：盐城市人民南路5号盐城国际创投中心北楼1020室
………………… Tel：0515-88801896

盐城大纵湖东晋水城酒店有限公司
地址：盐城市盐都区大纵湖旅游度假区内（Q）
………………… Tel：0515-88808999

盐城市文化旅游投资发展有限公司
地址：盐城市盐南高新区解放南路168号1幢2层
………………… Tel：0515-88889700

江苏金帝斯娱乐管理有限公司
地址：盐城市盐都区盐渎街道盐渎明城9幢02室（B）
………………… Tel：0515-88936666

响水县盛世文化娱乐有限公司
地址：响水县城黄海路盛都华城20#
………………… Tel：0515-89606666

响水县恒盛餐饮管理有限公司
地址：响水县陈家港镇黄海大街
………………… Tel：0515-89688801

江苏鹏缘国际大酒店有限公司
地址：阜宁县阜宁港物流集聚园区向阳东路17号
………………… Tel：0515-89718688

盐城东林海岸餐饮管理有限公司
地址：盐城市解放南路158号115室
………………… Tel：0515-8985999

徐州紫水晶实业发展有限公司
地址：徐州市湖西路1号
………………… Tel：0516-66662222

徐州市贾汪都市旅游投资发展有限公司
地址：徐州市潘安湖风景区内
………………… Tel：0516-67020866

徐州市潘东旅游发展有限公司
地址：徐州市贾汪区潘安湖街道权台村星光大道8号
………………… Tel：0516-67020866

徐州九里山文化旅游发展有限公司
地址：徐州市鼓楼区中山北路253号
………………… Tel：0516-67023796

徐州八仙过海旅游有限公司
地址：徐州市鼓楼区平山北路39号
………………… Tel：0516-68910518

徐州嘉利国际酒店有限公司
地址：徐州市津浦西路202号
………………… Tel：0516-69858888

江苏悦通餐饮娱乐管理有限公司
地址：睢宁县睢城镇八一东路1号恒隆广场1号楼1-501室
………………… Tel：0516-80375777

江苏省大运河（徐州）文化旅游发展基金（有限合伙）
地址：徐州市云龙区汉景大道36号办公房12层1201-1205室
………………… Tel：0516-80806198

徐州汉文化旅游开发有限公司
地址：沛县阳光小区1号楼102号房
………………… Tel：0516-81221122

新沂市红柏湾湿地旅游运营有限公司
地址：新沂市无锡-新沂工业园黄山路8号
………………… Tel：0516-81600062

新沂市高新区旅游投资发展有限公司
地址：新沂市无锡-新沂工业园黄山路8号
………………… Tel：0516-81600162

江苏欧彭国际酒店管理有限公司
地址：江苏新沂经济开发区马陵山西路168-3号
………………… Tel：0516-81619805

徐州市宝信酒店管理有限公司
地址：徐州市铜山新区华山路8号
………………… Tel：0516-82635020

徐州南湖餐饮娱乐有限公司
地址：徐州市湖南路以南小南湖商业广场1号商业会所
………………… Tel：0516-83378855

汉字轩餐饮管理有限公司
地址：徐州市云龙区维维大道300号
………………… Tel：0516-83398015

徐州山鹰休闲健身娱乐有限公司

地址：徐州市大学路7号
…………………… Tel：0516-83505067
徐州海天管理有限公司
地址：徐州市和平路帝都大厦1#-1-2108
…………………… Tel：0516-83600288
徐州快骑餐饮管理有限公司
地址：徐州市泉山区西苑民乐园4#-5#东头营业楼101
……………………Tel：0516-8377555
徐州玛索娱乐有限公司
地址：徐州市淮海西路尚城国际1#2层
…………………… Tel：0516-85557272
徐州凯隆娱乐有限公司
地址：徐州市云龙区和平路99号宝龙广场D号楼1-1016
…………………… Tel：0516-85581808
江苏爱豆文化娱乐发展有限公司
地址：徐州市彭城路1号"彭城壹号"5-3-41，5-3-42，4-3-37
…………………… Tel：0516-85720000
徐州市文化旅游集团有限公司
地址：徐州市淮海西路188号6013室
…………………… Tel：0516-85866558
徐州市兴潘旅游文化发展有限公司
地址：徐州泉山区淮海西路188号
…………………… Tel：0516-85866598
邳州市洪福新城实业有限公司
地址：邳州市邳城镇邳城街6号
…………………… Tel：0516-86141102
智领互动（江苏）科技发展有限公司
地址：徐州市鼓楼区广山路39-5-101号
…………………… Tel：0516-87770206
徐州市云泉山庄酒店管理有限公司
地址：徐州市金山东路29号
…………………… Tel：0516-87789999
徐州金锋风景文化旅游发展有限公司
地址：徐州经济技术开发区高铁时代广场2号楼1-904
……………………Tel：0516-8788558
徐州经济技术开发区蟠桃文化旅游发展有限公司
地址：徐州经济技术开发区徐海路9号科技大厦303室
…………………… Tel：0516-87981287
睢宁枫华丽致酒店管理有限公司
地址：睢宁县睢河街道永安路23号
…………………… Tel：0516-88389555
新沂马陵山旅游发展有限公司
地址：新沂市马陵山风景名胜区
…………………… Tel：0516-88721358
新沂市金鹰梦雅文化传媒有限公司
地址：新沂市钟吾路99号锦绣华庭23号楼3-183号
…………………… Tel：0516-88980088
新沂骆马湖旅游发展有限公司
地址：新沂市钟吾南路检察院东8楼
…………………… Tel：0516-88988010
徐州金都蓝海仕华酒店管理有限公司
地址：徐州市泉山区二环西路13-14号恒生嘉苑2-619室
…………………… Tel：0516-89227626
盱眙县大云山风景区旅游开发有限公司
地址：盱眙县马坝镇云山村大云山
…………………… Tel：0517-80237906
盱眙文体旅游集团有限公司
地址：盱眙县天泉湖镇城管分局院内
…………………… Tel：0517-80327576
江苏淮安漕运城文化旅游开发有限公司
地址：淮安生态文化旅游区康体嘉苑C9号楼C9商铺-05室
…………………… Tel：0517-80690010
淮安市文化旅游集团股份有限公司
地址：淮安市经济技术开发区海口路9号1幢2002室
…………………… Tel：0517-80698188
盱眙交通旅游产业控股有限公司
地址：盱眙县盱城镇十里营大街90号
…………………… Tel：0517-80815570
淮安天时晋国际大酒店有限公司
地址：淮安市淮安区梁红玉路17号
…………………… Tel：0517-80875555
金湖天安大酒店有限公司
地址：淮安市金湖县人民路西侧、神华大道南侧
…………………… Tel：0517-80907777
淮安开元名都大酒店有限公司
地址：淮安市清河新区水渡口大道135号
…………………… Tel：0517-80999999
涟水县五岛湖生态商务旅游开发有限公司
地址：淮安市涟水县海安路10号安东大厦
…………………… Tel：0517-82666666
淮安德润酒店有限公司
地址：淮安市涟水县城海安路2号
…………………… Tel：0517-82996666
淮安市白马湖生态旅游开发有限公司
地址：淮安市淮安区南闸镇集镇
…………………… Tel：0517-83026805
江苏飞飏旅游开发投资有限公司
地址：淮安市盱眙县淮河东路90号
…………………… Tel：0517-83359589
淮安市白鹭湖酒店管理有限公司
地址：淮安市清江浦区水渡口大道101号
…………………… Tel：0517-83570000
淮安安澜国际酒店有限公司
地址：淮安经济技术开发区绍兴北路1号
…………………… Tel：0517-83705900
淮安雨润涵月楼大酒店有限公司
地址：淮安经济技术开发区深圳路3号2幢2楼
…………………… Tel：0517-83780208
淮安市书香世家酒店有限公司
地址：淮安市清河区新区七星路1号
…………………… Tel：0517-83789888
淮安新城投资开发有限公司
地址：淮安市翔宇南道1号淮安市行政中心北楼15楼
…………………… Tel：0517-83799306
淮安国联酒店资产管理有限公司
地址：淮安市清江浦区淮安书城商务大厦办公楼1801室
…………………… Tel：0517-83900280
淮安国联酒店管理有限公司
地址：淮安市淮海北路31号书城大厦17楼1701室
…………………… Tel：0517-83900280
淮安国联酒店运营管理有限公司
地址：淮安书城商务大厦办公楼1801室
…………………… Tel：0517-83900280
江苏威宏餐饮管理有限公司
地址：淮安市淮安区三堡乡沙庄村
…………………… Tel：0517-83967977
淮安市中府餐饮管理有限公司
地址：淮安经济技术开发区承德南路266号（淮安软件园）4号楼407-408室
…………………… Tel：0517-83967977
淮安神旺大酒店有限公司
地址：淮安市翔宇中道156号
…………………… Tel：0517-83971111
淮安市古六塘休闲娱乐中心
地址：淮阴区徐溜镇徐溜村
…………………… Tel：0517-84662076
淮安金陵大酒店有限公司
地址：淮安市淮阴区翔宇北道1号
……………………Tel：0517-8481888
淮安市楚州文化旅游资源开发有限公司
地址：淮安市淮安区翔宇南道200号（河下古镇北入口14号商铺）
…………………… Tel：0517-85983918
淮安宏睿娱乐用品有限公司
地址：淮安市淮安区山阳街道季桥同心西路
…………………… Tel：0517-85996686
淮安涟泉大江户温泉酒店管理有限公司
地址：淮安经济技术开发区南京南路1号1区4幢102室
…………………… Tel：0517-86161999
淮安明发国际大酒店有限公司
地址：淮安经济技术开发区迎宾大道8号403室
…………………… Tel：0517-86283090
江苏滨湖生态旅游开发有限公司
地址：淮安市金湖县前锋镇白马湖村旅游路1号
…………………… Tel：0517-86500179
金湖明发国际大酒店有限公司
地址：江苏金湖经济开发区淮河西路北侧、淮金线东侧
…………………… Tel：0517-86529999
淮安美嘉大酒店有限公司
地址：金湖县闵桥镇荷花荡景区
…………………… Tel：0517-86781170
金湖宏源国际大酒店有限公司
地址：金湖县金湖西路101号
…………………… Tel：0517-86858888
江苏金邦石墨烯科技有限公司
地址：金湖县戴楼镇工业集中区东联路8号
…………………… Tel：0517-86888988
淮安同和国际大酒店有限公司
地址：淮安经济技术开发区海口路111号2幢A512室
…………………… Tel：0517-87079435
淮安宙辉置业有限公司
地址：淮安市淮安区翔宇南道1289号、楚州大道818号
…………………… Tel：0517-87166085
江苏天鹅湾旅游开发有限公司
地址：淮安市洪泽县蒋坝镇淮宁路98号
…………………… Tel：0517-87201098
洪泽县旅游发展投资集团有限公司
地址：淮安市洪泽区高良涧街道东风路47号
…………………… Tel：0517-87229788
江苏洪泽湖旅游发展有限公司
地址：江苏省淮安市蒋坝镇淮宁路
…………………… Tel：0517-87231188
淮安洪泽湖古堰文化旅游投资发展（集团）有限公司
地址：淮安市洪泽区高良涧街道南环路33号（水釜城内）
…………………… Tel：0517-87295128
洪泽老子山镇龟山旅游开发有限公司
地址：洪泽县老子山镇迎湖路12号
…………………… Tel：0517-87312002
江苏洪泽湖国际大酒店有限公司
地址：淮安市洪泽区洪泽湖大道92号
…………………… Tel：0517-87385307
大运旅游开发（江苏）有限公司
地址：洪泽县人民北路（洪泽天湖宾馆）四楼
…………………… Tel：0517-87808388
江苏金陵旅游发展有限公司
地址：盱眙县铁山寺国家森林公园管理委员会院内
…………………… Tel：0517-88767791
淮安日月洲酒店管理有限公司
地址：淮安经济技术开发区南马厂大道99-1-4号
…………………… Tel：0517-89083009
安东尼旅游度假开发（江苏）有限公司
地址：淮安经济技术开发区枚皋中路19号淮安智慧谷B1号楼912室
…………………… Tel：0517-89339736
金湖尧乡文化旅游发展有限公司
地址：金湖县人民路288号5#楼5-1室
…………………… Tel：0517-89700979
淮安市西顺河旅游投资发展有限公司
地址：淮安市洪泽区西顺河镇顺达路9号
…………………… Tel：0517-89723299
淮安大歌星餐饮娱乐有限公司
地址：淮安市翔宇中道167号万达广场娱乐楼
…………………… Tel：0517-89880209
淮安万达锦泰嘉华酒店管理有限公司
地址：淮安清江浦区万达广场万达酒店楼万达酒店室
…………………… Tel：0517-89908888
连云港赣榆旅游发展有限公司
地址：连云港市赣榆区青口镇新城和安大厦13层
…………………… Tel：0518-80308991
连云港管家婆餐饮管理有限公司
地址：连云港市海州区海连西路12号
…………………… Tel：0518-81198777
连云港新润酒店管理有限公司
地址：连云港经济技术开发区黄河路1号1611室
…………………… Tel：0518-81199999
连云港市文化旅游发展集团有限公司
地址：连云港市云台山风景区展竹路北侧、花果山大道东侧
…………………… Tel：0518-81588893
连云港市润东旅游开发有限公司
地址：连云港市海州区学院路8号山海国际大酒店南楼（办公楼）四楼的432房间
…………………… Tel：0518-81588893
江苏方洋现代服务产业集团有限公司
地址：连云港市徐圩新区合作路100号云湖社区服务中心327室
…………………… Tel：0518-82105073
江苏海州湾文化旅游发展集团有限公司
地址：连云港市连云区墟沟镇海滨大道2号阳光国际中心D08室
…………………… Tel：0518-82308750
连云港海州湾全域旅游投资有限公司
地址：连云港市连云区板桥工业园区纵三路（街）22号开发区管委会410-413室
…………………… Tel：0518-82308750
连云港连岛旅游开发有限公司
地址：连云港市连云区连岛街道
…………………… Tel：0518-82600831
灌南县硕项湖酒店有限公司
地址：连云港市灌南县幸福大道西侧（灌南中等职业技术学校西南侧）
…………………… Tel：0518-83888676
连云港市裕城文化旅游开发有限公司
地址：连云港市海州区盐河南路198号孔望山风景区
…………………… Tel：0518-85116663
花千谷餐饮管理有限公司
地址：连云港市海州区瀛洲路68号振兴绿园商务区1-B幢
…………………… Tel：0518-85157988
连云港市金天文化旅游开发有限公司
地址：海州区秦东门大街28号海州区政府115室
…………………… Tel：0518-85226228
江苏瀚星府国际大酒店有限公司
地址：连云港市海州区双龙街幸福南路
…………………… Tel：0518-85515200
连云港港澳城饮食娱乐有限公司
地址：连云港市海州区南极北路23号
…………………… Tel：0518-85520656
江苏冠拓建设工程有限公司
地址：连云港市海州区凤凰大道2号28号楼137号商铺
…………………… Tel：0518-85706999
连云港摩卡乐娱乐有限公司
地址：连云港市海州区解放中路9号中德国际商务大厦201室
…………………… Tel：0518-85810888
连云港钜东方酒店有限公司
地址：连云港经济技术开发区新海连大厦1126号
…………………… Tel：0518-85855588
连云港润安旅游开发有限公司
地址：江苏省赣榆经济开发区怀仁路18号
…………………… Tel：0518-86013599
江苏三洋港丝路之镇智能科技开发有限公司
地址：江苏省赣榆经济开发区怀仁路18号
…………………… Tel：0518-86013599
连云港瑞驰酒店管理有限公司
地址：江苏省赣榆经济开发区怀仁路18号
…………………… Tel：0518-86013599
东海青松岭酒店有限公司
地址：东海县李埝林场场部
…………………… Tel：0518-87160106
连云港晶城假日酒店有限公司
地址：连云港市东海县牛山镇钢铁路196号
…………………… Tel：0518-87235588
连云港百霆娱乐有限公司
地址：连云港市东海县东海南路18号金陵世纪广场二楼
…………………… Tel：0518-87793999
江苏省福如东海温泉大酒店有限公司
地址：东海县温泉镇汤姑路6号
…………………… Tel：0518-87845008
连云港弘大旅游发展有限公司
地址：连云港市灌云县伊山镇水利路东侧、南京西路北侧恒驰大厦六楼
…………………… Tel：0518-88106838
连云港镜花缘旅游发展有限公司
地址：连云港市灌云县伊山镇水利路东侧、南京西路北侧(恒驰大厦6楼)
…………………… Tel：0518-88106838
灌云恒利旅游开发有限公司
地址：灌云县伊山镇水利路东侧，南京西路北侧88号恒驰大厦16楼
…………………… Tel：0518-88166023
连云港潮河湾水上旅游娱乐有限公司
地址：连云港市灌云县杨集镇元兴村三组
…………………… Tel：0518-88833885
溧阳市天目湖华天度假村有限公司
地址：溧阳市天目湖旅游度假区内
……………………Tel：0519-6090600
常州市嘉纳酒店投资管理有限公司
地址：常州市新北区晋陵北路85号
…………………… Tel：0519-68000888
江苏甲子生态旅游发展有限公司
地址：常州市武进区雪堰镇太北路6号
…………………… Tel：0519-68211996
溧阳市宏达电梯职业技能培训学校有限公司
地址：溧阳市别桥镇兴城西路167号
…………………… Tel：0519-68691261
常州湟里金鼎国际大酒店有限公司
地址：武进区湟里镇金鼎路8号
…………………… Tel：0519-68786573
常州大歌星餐饮娱乐有限公司
地址：常州新北区通江中路88号万达广场娱乐楼4层
…………………… Tel：0519-68873196
常州九洲花园大酒店有限公司
地址：武进区延政西大道1号
…………………… Tel：0519-69968888
溧阳涵田文化旅游发展有限公司
地址：溧阳市天目湖镇东园路88号
…………………… Tel：0519-80680609
常州市西太湖旅游发展有限公司
地址：江苏武进经济开发区腾龙路2号
…………………… Tel：0519-81090019
常州万力酒店管理有限公司
地址：常州市新北区万达广场1号楼
…………………… Tel：0519-81588888
常州紫云湖旅游开发有限公司
地址：常州市金坛区薛埠镇致和村（胡成岗水库旁）
…………………… Tel：0519-82108900
江苏润澳花园大酒店集团有限公司
地址：常州市金坛区东环二路1088号
…………………… Tel：0519-82367777
江苏茅山童瑶岭旅游度假有限公司
地址：常州市金坛区薛埠镇上阳路6号
…………………… Tel：0519-82444298
江苏天旺湖旅游发展有限公司
地址：常州市金坛区直溪镇振兴南路808号
…………………… Tel：0519-82446922
江苏省长荡湖文化旅游发展有限公司
地址：常州市金坛区儒林镇政府216室
…………………… Tel：0519-82561084
常州古今旅游发展有限公司
地址：常州市金坛区长荡湖花苑5幢15号
…………………… Tel：0519-82561869
东方盐湖城旅游发展有限公司
地址：江苏省常州市金坛区薛埠镇访仙路9号
…………………… Tel：0519-82680666
江苏金坛茅山旅游度假区发展有限公司
地址：常州市金坛区薛埠镇百花东路118号

…………Tel：0519-82892908

江苏茅山旅游控股有限公司
地址：常州市金坛区茅山景区林场路1号
…………Tel：0519-82895152

江苏长荡湖旅游控股有限公司
地址：常州市金坛区儒林镇五叶集镇北街1号
…………Tel：0519-82908016

常州长荡湖旅游发展有限公司
地址：常州市金坛区儒林镇五叶集镇晨风东街72号
…………Tel：0519-82908016

常州市福记逸高酒店有限公司
地址：常州新北区汉江路99号
…………Tel：0519-83098888

常州市福记逸高酒店有限公司
地址：常州新北区汉江路99号
…………Tel：0519-83098888

常州侨裕旅游用品有限公司
地址：常州市钟楼区邹区镇殷村
…………Tel：0519-83567811

江苏麦田供应链有限公司
地址：常州市钟楼区邹区镇龙潭村委高头村48号
…………Tel：0519-83855888

江苏志逸酒店管理有限公司
地址：常州市钟楼区新昌东路1号
…………Tel：0519-83973005

江苏环宇集装箱娱乐小镇有限公司
地址：常州市天宁区郑陆镇
…………Tel：0519-83991776

常州冰河时代娱乐管理有限公司
地址：武进国家高新技术产业开发区定安中路18号5层501号
…………Tel：0519-83994100

常州市长兴集团有限公司
地址：常州市新北区晋陵北路388号
…………Tel：0519-85156666

华夏宝盛园旅游管理有限公司
地址：常州市金坛区薛埠镇茅东林场169号
…………Tel：0519-85186390

江苏新派餐饮管理集团有限公司
地址：天宁区青洋北路77号
…………Tel：0519-85325777

龙城旅游控股集团有限公司
地址：常州新北区汉江东路1号
…………Tel：0519-85605708

恐龙园文化旅游集团股份有限公司
地址：常州新北区汉江路1号
…………Tel：0519-85605851

江苏前黄杨桥古村旅游开发有限公司
地址：武进国家高新技术产业开发区海湖路特1-3号
…………Tel：0519-86229012

常州富都溪湖国际大饭店有限公司
地址：江苏武进高新技术产业开发区西湖路1号2号楼
…………Tel：0519-86229800

常州富都溪湖酒店管理有限公司
地址：武进高新技术产业开发区西湖路2号
…………Tel：0519-86229805

常州万达嘉华酒店管理有限公司
地址：常州市武进区湖塘镇武进万达广场1幢
…………Tel：0519-86308888

常州市新宝林文化旅游发展有限公司
地址：武进区湖塘镇武宜中路197号
…………Tel：0519-86312581

常州市春秋淹城建设投资有限公司
地址：武进区湖塘镇武宜中路197号
…………Tel：0519-86312802

常州市春秋乐园旅游发展有限公司
地址：武进区湖塘镇武宜中路197号
…………Tel：0519-86312825

江苏武进太湖湾旅游发展有限公司
地址：武进区雪堰镇城湾村百渎
…………Tel：0519-86543001

常州阳光国际大酒店有限公司
地址：钟楼区怀德北路35号
…………Tel：0519-86600248

江苏省大运河（常州）文化旅游发展基金（有限合伙）
地址：常州市新北区高新科技园3号楼A座101-2室
…………Tel：0519-86608622

常州康华商业服务有限公司
地址：钟楼区延陵西路91号102室
…………Tel：0519-86615196

常州扬子餐饮管理有限公司
地址：天宁区兰陵街道荡南村委陶家村86号
…………Tel：0519-86666787

江苏饭咖衣餐饮有限公司
地址：常州市武进区湖塘镇纺织工业园江东路35号
…………Tel：0519-86706977

常州欣盛酒店投资管理有限公司
地址：常州市钟楼区星港大道8号
…………Tel：0519-86873917

常州天鹅娱乐城有限公司
地址：钟楼区清潭路 266号
…………Tel：0519-86982101

溧阳市佳特森酒店管理有限公司
地址：溧阳市竹箦镇前马工业集中区
…………Tel：0519-87035858

溧阳中远酒店管理有限公司
地址：溧阳市天目湖旅游度假区管委会大楼207室
…………Tel：0519-87278723

溧阳天目景城大酒店有限公司
地址：溧阳市天目湖镇工业园区溪缘路1-8号1幢
…………Tel：0519-87679999

溧阳市宋团城文化旅游发展有限公司
地址：溧阳市天目湖镇天目湖工业园区勤业路8号7幢204室
…………Tel：0519-87809623

溧阳天目射击娱乐有限公司
地址：溧阳市天目镇迎宾大道288号1幢201室
…………Tel：0519-87880666

溧阳天目湖维景酒店有限公司
地址：溧阳市天目湖镇迎宾路8号
…………Tel：0519-87889999

江苏天目湖旅游股份有限公司
地址：溧阳市天目湖旅游度假区环湖西路1号
…………Tel：0519-87981828

溧阳天目湖金桥投资有限公司
地址：溧阳市天目湖镇中心大道8号
…………Tel：0519-87989999

江苏逅夏餐饮管理有限公司
地址：常州市天宁区关河东路66号1319室
…………Tel：0519-88056128

常州香格嘉来餐饮娱乐有限公司
地址：常州市钟楼区南大街50号
…………Tel：0519-88122028

溧阳环球融创文化旅游有限公司
地址：溧阳市上兴镇工业园区联强路1号
…………Tel：0519-88192810

江苏景尚文旅产业发展有限公司
地址：常州市钟楼区景尚路1号
…………Tel：0519-88980027

常州市牛什么牛餐饮管理有限公司
地址：钟楼区五星街道汤家村委蒋家塘6号
…………Tel：0519-88996150

常州晨光万吉贵金属有限公司
地址：常州市钟楼区通江南路58号
…………Tel：0519-89862399

常州龙汤温泉酒店有限公司
地址：常州新北区河海东路58号
…………Tel：0519-89888889

常州夏利里拉酒店有限公司
地址：常州市莱蒙都会商业街7-401
…………Tel：0519-89896888

苏州太湖国家旅游度假区科福污水处理有限公司
地址：苏州市吴中区光福镇福东路281号
…………Tel：0521-65828920

泰州市文化旅游发展集团有限公司
地址：泰州市海陵区东南园10号
…………Tel：0523-63635053

江苏乐智儿童娱乐有限公司
地址：泰州市海陵区鹏欣领誉116号
…………Tel：0523-80105850

靖江市滨江花园酒店有限公司
地址：靖江市靖城同康路1号
…………Tel：0523-80238888

泰州会宾楼酒店管理有限公司
地址：江苏省泰州市青年南路39号
…………Tel：0523-80777598

泰州国际大酒店有限公司
地址：泰州市海陵南路298号101室
…………Tel：0523-80777777

泰州市鹏欣国际大酒店有限公司
地址：泰州市海陵区鹏欣领誉小区90幢101室
…………Tel：0523-81888888

江苏友诚餐饮管理有限公司
地址：泰州市海陵区青年南路208号金鹏宾馆-9
…………Tel：0523-82113986

泰州世茂酒店有限公司
地址：泰州市泰高路329号
…………Tel：0523-82121000

泰州市天德湖壹号娱乐会所
地址：泰州市天德湖公园南门西侧
…………Tel：0523-82789198

泰州市泰富餐饮管理有限公司
地址：泰州市海陵区东进西路28号217室
…………Tel：0523-82836860

兴化市文化旅游发展有限公司
地址：兴化市英武北路北过境公路乌巾荡风景区南大门西侧
…………Tel：0523-83215316

兴化市博源旅游投资发展有限公司
地址：兴化市过境公路北侧乌巾荡湿地公园南大门
…………Tel：0523-83276555

靖江市健康城大酒店
地址：靖江市北环东路9号
…………Tel：0523-84936999

靖江市健康城大酒店
地址：靖江市北环东路9号
…………Tel：0523-84936999

泰州市凤城河旅游管理服务有限公司
地址：泰州市东南园10号
…………Tel：0523-86363107

泰州市美丽华大酒店有限公司
地址：泰州市凤凰东路66号
…………Tel：0523-86396666

江苏嘉銮国际大酒店有限公司
地址：泰州市鼓楼南路336号
…………Tel：0523-86399999

泰州市海陵区金凤都娱乐会所
地址：泰州市海陵区金田路21号
…………Tel：0523-86565555

泰州海陵万达嘉华酒店管理有限公司
地址：泰州市海陵区济川东路228号507室
…………Tel：0523-86699999

江苏黄桥文化旅游发展有限公司
地址：泰兴市黄桥镇米巷21号
…………Tel：0523-87211951

泰兴市永丰旅游发展有限公司
地址：泰兴市黄桥镇东进中路132号
…………Tel：0523-87211951

江苏城市小铺股份有限公司
地址：泰兴市姚王镇十里甸工业区
…………Tel：0523-87555239

泰兴市豪庭国际大酒店有限公司
地址：泰兴市中兴大道179号
…………Tel：0523-87700000

江苏中兴酒店设备有限公司
地址：泰兴市农产品加工园区汇丰路77号
…………Tel：0523-87789908

江苏东方朝庭娱乐管理有限公司
地址：泰兴市曾涛路88号
…………Tel：0523-87962999

泰兴银光国际大酒店有限公司
地址：泰兴市国庆东路91号
…………Tel：0523-87999333

溱湖文化旅游集团有限公司
地址：江苏省泰州市姜堰区溱湖风景区内
…………Tel：0523-88623005

宿迁市众安文化旅游发展有限公司
地址：宿迁市宿城区利民大厦13层
…………Tel：0527-80901151

沭阳文化旅游发展集团有限公司
地址：宿迁市沭阳县台州南路61号二楼
…………Tel：0527-80960560

宿迁三台山旅游发展有限公司
地址：宿迁市湖滨新区三台山大道与枫杨路交汇处（路东侧）
…………Tel：0527-80986360

宿迁文化旅游发展集团有限公司
地址：宿迁市宿城区黄河南路288号
…………Tel：0527-81001605

宿迁市知源管理服务有限公司
地址：宿迁市湖滨新区知创产业园2号楼388室
…………Tel：0527-82561018

宿迁星辰国际酒店有限公司
地址：宿迁市湖滨新城玉兰路5号
…………Tel：0527-82889888

沭阳唯秀主题娱乐会所
地址：沭阳县人民路东天玛特三、四楼
…………Tel：0527-83888885

沭阳金太阳光酒店管理有限公司
地址：沭阳县学府小区东面迎宾大道北侧
…………Tel：0527-83961175

江苏西楚旅游文化发展有限公司
地址：宿迁市宿城区幸福南路东侧项王路南侧
…………Tel：0527-84380995

江苏绿杨旅游发展有限公司
地址：泗阳县众兴镇北京东路行政服务中心
…………Tel：0527-85248703

江苏乡趣生态旅游发展有限公司
地址：泗阳县城厢街道龙门居委会河滩组
…………Tel：0527-85396219

泗洪宏源国际大酒店有限公司
地址：泗洪经济开发区泰山北路9号
…………Tel：0527-86206888

江苏梓盛发欢乐水城旅游有限公司
地址：泗洪县古徐城东区商业街C4栋
…………Tel：0527-86229089

泗洪县英皇娱乐中心
地址：泗洪县青阳镇汴河东路颖都家园E座楼
…………Tel：0527-86297788

泗洪县洪泽湖金九陵大酒店有限公司
地址：泗洪县第一街A区
…………Tel：0527-86305888

江苏古栗林旅游开发有限公司
地址：宿迁市沭阳县苏州东路19号
…………Tel：0527-87881902

宿迁世界之窗旅游文化发展有限公司
地址：宿迁经济技术开发区人民大道856号
…………Tel：0527-88187377

泗洪好口味餐饮管理有限公司
地址：泗洪县泗州大街南侧（第一街）1幢E31-E37
…………Tel：0527-88352353

江苏骆马湖文化旅游发展有限公司
地址：宿迁市湖滨新城玉兰路9号
…………Tel：0527-88588199

浙江省

浙江麦浪文化旅游发展有限公司
地址：浙江省衢州市衢江区双桥乡双桥村
…………Tel：0570-3392966

浙江常山旅游发展投资运营有限公司
地址：浙江省衢州市常山县紫港街道文坊路1号
…………Tel：0570-5125900

浙江南洋精工酒店用品制造有限公司
地址：浙江省衢州市常山县金川街道恒升路27号
…………Tel：0570-5686896

衢州醉根酒店有限公司
地址：浙江省衢州市开化县华埠镇根博路1号(醉根山房)
…………Tel：0570-6168888

开化县文化旅游集团有限公司
地址：浙江省衢州市开化县华埠镇龙潭路7号2幢
…………Tel：0570-6669985

开化国际大酒店有限公司
地址：浙江省衢州市开化县芹阳办事处江东南路1号
…………Tel：0570-6888888

龙游县文化旅游发展有限公司
地址：浙江省衢州市龙游县东华街道宝塔路46号
…………Tel：0570-7805661

杭州巨泰实业投资有限公司
地址：杭州市下城区朝晖五小区4幢西侧207室
…………Tel：0570-8361393

浙江衢州东方集团股份有限公司
地址：浙江省衢州市上街96号
…………Tel：0570-8881000

浙江陆国传媒有限公司
地址：浙江省杭州市余杭区仓前街道文一西路1380号2号楼10楼1013室
…………Tel：0571-28009845

杭州远洋新河酒店置业有限公司
地址：浙江省杭州市拱墅区沈半路232号111室
…………Tel：0571-28060122

杭州钱柜文化娱乐有限公司
地址：杭州市上城区湖滨路50-1号
…………Tel：0571-28805588

杭州云曼星酒店管理有限公司
地址：杭州余杭区余杭街道（野猫岭）长岗农场7幢202室。
…………Tel：0571-28808355

杭州华庭云栖度假酒店有限公司
地址：杭州市梅灵南路1号
…………Tel：0571-28886006

杭州大浪淘沙休闲娱乐有限公司
地址：浙江省杭州市上城区近江路1号
…………Tel：0571-28911111

杭州联梦无限娱乐软件有限公司
地址：浙江省杭州市下城区体育场路178号浙报商务楼四楼
…………Tel：0571-28933133

迈锦（杭州）酒店有限公司
地址：杭州市上城区秋涛路264号
…………Tel：0571-56111222

喜悦娱乐（杭州）股份有限公司
地址：杭州市滨江区长河街道长江路336号2幢807室
…………Tel：0571-56265588

杭州西湖会娱乐管理有限公司
地址：杭州市下城区庆春路38号B105、B106、105、106、205、206室
…………Tel：0571-56660666

杭州明豪国际酒店管理有限公司
地址：杭州市滨江区长河街道江南大道558号
…………Tel：0571-56662888

浙江谢志宇控股集团有限公司
地址：杭州市滨江区西兴街道滨康路228号3幢A座17层1701室
…………Tel：0571-56716570

杭州紫气东来餐饮娱乐有限公司
地址：浙江省杭州市下城区东新路828号瑞莱克斯大酒店二楼、三楼
…………Tel：0571-56758789

杭州紫气东来餐饮娱乐有限公司
地址：浙江省杭州市下城区东新路828号瑞莱克斯大酒店二楼、三楼
…………Tel：0571-56758789

重庆青源居旅游资源开发有限公司
地址：重庆市九龙坡区九龙园大道26号6-4九龙云端创业孵化园1124号

…………………… Tel：0571-56770711
杭州神采飞扬娱乐有限公司
地址：杭州市西湖区紫荆花路48号（东楼）第五层501室
…………………… Tel：0571-56771088
杭州西溪庄园酒店管理有限公司
地址：西湖区西溪国家湿地公园蒋村集市C2-3、5至10、14、15
…………………… Tel：0571-56888588
杭州笨笨熊餐饮有限公司
地址：浙江省杭州市西湖区三墩镇振华路6号3幢
…………………… Tel：0571-56925752
杭州东方威尼斯国际大酒店有限公司
地址：浙江省杭州市西湖区文二路387号
…………………… Tel：0571-569888
浙江雍景酒店管理有限公司
地址：浙江省杭州市上城区中山中路202号101室
…………………… Tel：0571-58081666
杭州之江国家旅游度假区农居建设发展有限公司
地址：浙江省杭州市西湖区之江路118号A楼203
…………………… Tel：0571-58101655
建德市新安旅游投资有限公司
地址：浙江省杭州市建德市新安江街道江滨中路678号
…………………… Tel：0571-58312587
浙江兴丰房地产开发有限公司
地址：桐庐县城迎春南路99号汇丰大厦2105室
…………………… Tel：0571-58501698
桐庐县文化旅游投资集团有限公司
地址：桐庐县风景旅游局大楼内
…………………… Tel：0571-58587279
杭州临安湍口众安氡温泉度假酒店有限公司
地址：浙江省杭州市临安区湍口镇湍口村
…………………… Tel：0571-58686888
杭州临安湍口镇芦荻温泉度假酒店有限公司
地址：临安市湍口镇湍口村
…………………… Tel：0571-58688666
杭州富阳新杭富旅游发展有限公司
地址：浙江省杭州市富阳区银湖街道富通新安里1号
…………………… Tel：0571-63371888
浙江富春山居健康旅游集团有限公司
地址：浙江省杭州市富阳区东洲街道江滨东大道339号
…………………… Tel：0571-63461111
杭州临安钱王大酒店有限公司
地址：浙江省杭州市临安区锦城街道城中街518号
…………………… Tel：0571-63923158
建德市江南秘境旅游发展有限公司
地址：浙江省杭州市建德市三都镇松口村游客中心
…………………… Tel：0571-64010028
杭州天溪湖旅游开发有限公司
地址：杭州市桐庐县分水镇玉华路315号
…………………… Tel：0571-64217890
杭州天溪湖旅游开发有限公司
地址：杭州市桐庐县分水镇玉华路315号
…………………… Tel：0571-64217890
桐庐红石湾旅游开发有限公司
地址：浙江省杭州市桐庐县瑶琳镇姚村
…………………… Tel：0571-64365893
桐庐奇纬旅游投资开发有限公司
地址：浙江省桐庐县瑶琳镇东琳村
…………………… Tel：0571-64605302
建德市国瑞酒店管理有限公司
地址：建德市新安江街道新安路281号1幢
…………………… Tel：0571-64717666
建德新南北大酒店有限公司
地址：建德市新安江街道严州大道水韵天城101幢202室
…………………… Tel：0571-64785730
通惠康养游千岛湖旅游有限公司
地址：浙江省淳安县千岛湖镇美山半岛洲际酒店一楼
…………………… Tel：0571-64822016
杭州千岛湖亚青酒店管理有限公司
地址：淳安县千岛湖镇康盛路247号03室
…………………… Tel：0571-64841750
杭州千岛湖滨江度假酒店有限公司
地址：浙江省杭州市淳安县千岛湖镇环湖北路600号
…………………… Tel：0571-65010092
浙江千岛湖景区旅游有限公司
地址：浙江省杭州市淳安县千岛湖镇新安大街32号4楼3号
…………………… Tel：0571-65023010
杭州旺湖酒店管理有限公司
地址：浙江省杭州市淳安县千岛湖镇环湖北路1098号
…………………… Tel：0571-65031866
淳安千岛湖旅游集团有限公司
地址：淳安县千岛湖镇新安东路189号
…………………… Tel：0571-65061286
杭州千岛龙郡酒店有限公司
地址：浙江省杭州市淳安县千岛湖镇环湖北路1086号
…………………… Tel：0571-65068106
千岛湖龙庭大酒店（杭州）有限公司
地址：浙江省淳安县千岛湖镇环湖南路1号
…………………… Tel：0571-65068888
浙江千岛湖旅游股份有限公司
地址：浙江省杭州市淳安县千岛湖镇环港路216号-9
…………………… Tel：0571-65137216
杭州千岛湖全域旅游有限公司
地址：浙江省杭州市淳安县千岛湖镇梦姑路99号一楼111-1室
…………………… Tel：0571-65189099
桐庐励骏酒店有限公司
地址：桐庐县县城金东路398号306室
…………………… Tel：0571-69809314
杭州君豪酒店管理有限公司
地址：浙江省杭州市桐庐县江南镇江南路968号
…………………… Tel：0571-69917296
外婆家餐饮集团有限公司
地址：浙江省杭州市西湖区紫荆花路2号B座2层202室
…………………… Tel：0571-81022890
建德开元芳草地酒店有限公司
地址：浙江省建德市梅城镇严东关路88号
…………………… Tel：0571-81276666
浙江悦莱酒店有限公司
地址：浙江省杭州市滨江区南环路3760号保亿创艺大厦1楼、4楼01室、19楼至23楼
…………………… Tel：0571-81609999
可行星娱乐新媒体有限公司
地址：杭州市上城区复兴路439号289室
…………………… Tel：0571-81969183
杭州村家餐饮管理有限公司
地址：浙江省杭州大江东产业集聚区临江工业园区纬六路508号
…………………… Tel：0571-82271753
浙江湘湖旅游度假区投资发展有限公司
地址：浙江省杭州市萧山区湘湖金融小镇二期中区块南岸8号楼
…………………… Tel：0571-82395028
浙江君浦医疗投资管理有限公司
地址：浙江省杭州市萧山区临浦镇临北路458号
…………………… Tel：0571-82478111
杭州空港君瑞酒店有限公司
地址：浙江省杭州市萧山区靖江街道空港新天地商城1-104号、1-105号、1幢301室、4~8层
…………………… Tel：0571-82526888
浙江农发酒店管理有限公司
地址：萧山区新江新农都物流中心二区1幢137号405室
…………………… Tel：0571-82537750
杭州千岛湖汤姆半岛酒店管理有限公司
地址：浙江省淳安县千岛湖镇千岛碧云天3幢1层3-5号
…………………… Tel：0571-82715920
绍兴市晨燕化纤有限公司
地址：浙江省绍兴市越城区城东纺织原料染料市场二层93号
…………………… Tel：0571-82757562
浙江君香悦酒店管理有限公司
地址：浙江省杭州市萧山区宁围街道保亿中心2幢3602室
…………………… Tel：0571-82820628
浙江萧山开宇美食娱乐城有限公司
地址：浙江省杭州市萧山区体育路56号
…………………… Tel：0571-82870650
杭州开元森泊旅游投资有限公司
地址：萧山区市心中路818号16楼
…………………… Tel：0571-82886290
杭州开元旅游开发有限公司
地址：萧山区进化镇大汤坞新村
…………………… Tel：0571-82886397
浙江开元曼居酒店管理有限公司
地址：浙江省杭州市萧山区市心中路818号
…………………… Tel：0571-82888320
浙江开元酒店投资管理集团有限公司
地址：杭州市萧山区北干街道市心中路818号
…………………… Tel：0571-82888888
浙江开元酒店管理股份有限公司
地址：浙江省杭州市萧山区北干街道市心中路818号18楼
…………………… Tel：0571-82888888
杭州德的酒店有限公司
地址：萧山区临江工业园区第二农垦场263号
…………………… Tel：0571-82906988
杭州衙前大酒店有限公司
地址：浙江省杭州市萧山区衙前镇衙前路北侧588号、588号2-22层
…………………… Tel：0571-83525888
杭州第一世界大酒店有限公司
地址：浙江省杭州市萧山区城厢街道湘湖路92号休博园内
…………………… Tel：0571-83866821
丽水惠富酒店管理有限公司
地址：浙江省丽水市中山街433号
…………………… Tel：0571-83873681
杭州金马国际酒店有限公司
地址：浙江省杭州市萧山区城厢街道城河街65号萧然大厦2幢1004室
…………………… Tel：0571-83886888
杭州湘湖百荣文化旅游开发有限公司
地址：浙江省杭州市萧山区湘湖金融小镇二期中区块南岸3号楼285室
…………………… Tel：0571-83893188
杭州红澳餐饮管理有限公司
地址：萧山区蜀山街道晨晖路1046号四层
…………………… Tel：0571-83899888
杭州开元森泊酒店有限公司
地址：浙江省杭州市萧山区闻堰街道湘湖路1515号
…………………… Tel：0571-83989888
杭州开元森泊酒店有限公司
地址：浙江省杭州市萧山区闻堰街道湘湖路1515号
…………………… Tel：0571-83989888
杭州速派餐饮管理有限公司
地址：浙江省杭州市拱墅区沈半路468号二层
…………………… Tel：0571-85055883
浙江大酒店有限公司
地址：浙江省杭州市延安路595号
…………………… Tel：0571-85056666
浙江艾丝碧西餐饮管理有限公司
地址：浙江省杭州市西湖区华领国际大厦903室-2
…………………… Tel：0571-85087923
杭州鎏星餐饮娱乐管理有限公司
地址：浙江省杭州市西湖区文二西路710号
…………………… Tel：0571-85102999
红楼集团有限公司
地址：杭州新华路218号
…………………… Tel：0571-85198057
杭州运河集团文化旅游有限公司
地址：浙江省杭州市拱墅区拱宸路77号（富康大厦）B座19楼1901室
…………………… Tel：0571-85280889
浙江豪门盛典餐饮娱乐管理有限公司
地址：杭州市延安路116-134号耀江广厦101室
…………………… Tel：0571-85302757
东方星空数字娱乐有限公司
地址：浙江省杭州市拱墅区上塘街道储鑫路17-1号1幢328室
…………………… Tel：0571-85311985
杭州金沙港旅游文化村有限公司
地址：杭州市灵隐路5号
…………………… Tel：0571-85386351
浙江兰墒之家酒店管理有限公司
地址：浙江省杭州市西湖区西斗门路20号第五层5521室
…………………… Tel：0571-85699208
杭州金泽环保工程有限公司
地址：浙江省杭州市西湖区留下街道百家园路79号1幢406号
…………………… Tel：0571-85809000
杭州中北大酒店有限责任公司
地址：杭州市下城区中山北路500号
…………………… Tel：0571-85822218
杭州博嘉酒店管理有限公司
地址：浙江省杭州市江干区秋涛北路451号1幢1701室
…………………… Tel：0571-85831099
浙江万华旅业集团股份有限公司
地址：杭州市东新路3号318室
…………………… Tel：0571-85838850
诸暨同方酒店管理有限公司
地址：诸暨市暨阳街道鸬鹚湾西施殿风景区（名媛馆）
…………………… Tel：0571-85860525
纳德酒店股份有限公司
地址：杭州市湖墅南路2号
…………………… Tel：0571-85880888
杭州柏诚山缦酒店有限公司
地址：浙江省杭州市余杭区百丈镇溪口村皮山坞6号
…………………… Tel：0571-86100350
杭州柏诚喜来山酒店度假有限公司
地址：浙江省杭州市余杭区百丈镇溪口村皮山坞9号
…………………… Tel：0571-86100350
杭州新世界文化娱乐发展有限公司
地址：杭州市余杭区南苑街道永安大厦2603室-2
…………………… Tel：0571-86150011
闻视频（杭州）传媒娱乐有限公司
地址：浙江省杭州市西湖区转塘街道双流643号5幢730室
…………………… Tel：0571-86210096
杭州城市花园酒店有限公司（杭州余杭国际会议中心）
地址：余杭区南苑街道人民大道505号
…………………… Tel：0571-86238888
银都餐饮设备股份有限公司
地址：杭州余杭区星桥街道星星路1号
…………………… Tel：0571-86260777
杭州余杭超山风景名胜区旅游度假有限公司
地址：浙江省杭州市余杭区塘栖镇超山村东园
…………………… Tel：0571-86311058
杭州博闲酒店管理有限公司
地址：杭州江干区富春路789号603室
…………………… Tel：0571-86504656
杭州萧山国际机场蝶来大酒店有限公司
地址：浙江省杭州萧山国际机场一号路、十四号路、十一号路交界口
…………………… Tel：0571-86610999
杭州快客利餐饮管理有限公司
地址：浙江省杭州市江干区五星路185号泛海国际中心6幢B1层
…………………… Tel：0571-86613891
杭州盼达文化娱乐有限公司
地址：浙江省杭州市萧山区经济技术开区启迪路198号B1-3-061室
…………………… Tel：0571-86633582
杭州汇然酒店管理有限公司
地址：浙江省杭州市萧山区北干街道金地德圣中心9幢2101室
…………………… Tel：0571-86661316
浙江浙大中控信息技术有限公司
地址：杭州市滨江区滨康路352号2号楼23-25层
…………………… Tel：0571-86667859
浙江炬荣集团有限公司
地址：杭州市江干区庆春东路78号紫晶商务城浙江紫晶大酒店主楼702室
…………………… Tel：0571-86720777
浙江君亭酒店管理股份有限公司
地址：杭州市西湖区学院路29号
…………………… Tel：0571-86750888
浙江昊天餐饮管理有限公司
地址：浙江省杭州市拱墅区科园路188号3幢一层132室
…………………… Tel：0571-86751268
平湖两海旅游发展有限公司
地址：浙江省嘉兴市平湖市新埭镇平兴线同心段85号内302室
…………………… Tel：0571-86753095
浙江东方豪生大酒店有限公司
地址：杭州市艮山西路288号
…………………… Tel：0571-86767888
杭州汝意餐饮管理有限公司
地址：浙江省杭州市西湖区南山路99号
…………………… Tel：0571-86777181
浙江喜望娱乐文化有限公司
地址：浙江省杭州市江干区红普路788号创智绿谷发展中心1号楼103-6室
…………………… Tel：0571-86859115
杭州卓寓酒店管理有限公司
地址：浙江省杭州经济技术开发区中豪七格商业中心2幢808室
…………………… Tel：0571-86882350
慧而特（中国）餐饮设备有限公司
地址：浙江省杭州市滨江区建业路151号
…………………… Tel：0571-86888688
杭州弘泰酒店管理有限公司
地址：杭州经济技术开发区四号大街17-6号3楼325室
…………………… Tel：0571-86913799
杭州金金牛餐饮有限公司
地址：浙江省杭州市西湖区西斗门路3号天堂软件园1号楼3楼F座
…………………… Tel：0571-86976893
杭州东福源旅游开发有限公司
地址：萧山区义桥镇 光村（塘坞）
…………………… Tel：0571-86982999
杭州绿风生态旅游集团股份有限公司
地址：浙江省环站东路97号云峰大厦1号楼1125室
…………………… Tel：0571-86985900
杭州原烧餐饮管理有限公司
地址：浙江省杭州市西湖区三墩镇西园路9号博科大厦A110室
…………………… Tel：0571-87007397
浙江省旅游集团有限责任公司
地址：杭州市环城西路2号
…………………… Tel：0571-87016671
杭州新开元大酒店有限公司
地址：浙江省杭州市上城区解放路142号
…………………… Tel：0571-87022222
杭州大北文化创意有限公司
地址：杭州市东坡路2-7#
…………………… Tel：0571-87024233
上海永和大王餐饮有限公司文一路二店
地址：杭州市西湖区文一路128号
…………………… Tel：0571-87040661
杭州永和大王餐饮有限公司
地址：杭州市上城区华光路8号
…………………… Tel：0571-87040661
杭州西湖大酒店有限公司
地址：浙江省杭州市上城区西湖大道333号

Tel：0571-87075858

杭州仁和酒店集团有限公司
地址：杭州市下城区岳帅桥10号1幢753室
Tel：0571-87076688

杭州商旅新侨酒店管理有限公司
地址：浙江省杭州市上城区解放路226号
Tel：0571-87076688

杭州娃哈哈同乐餐饮管理有限公司
地址：浙江省杭州市上城区庆春路169号
Tel：0571-87083060

浙江乐活文旅集团有限公司
地址：杭州市之江路47号03室
Tel：0571-87086803

杭州维景大酒店有限公司
地址：杭州市平海路2号
Tel：0571-87088088

杭州宋城集团控股有限公司
地址：萧山区湘湖路42号
Tel：0571-87096861

宋城演艺发展股份有限公司
地址：浙江省杭州市之江路148号
Tel：0571-87098966

米兰酒店股份有限公司
地址：浙江省杭州市下城区延安路348号米兰花园酒店602室
Tel：0571-87137088

杭州中维香溢大酒店股份有限公司
地址：杭州市上城区解放路108号
Tel：0571-87218899

绿隐红餐饮管理有限公司
地址：拱墅区教工路552号2层209室
Tel：0571-87269090

昭德（杭州）酒店有限公司
地址：浙江省杭州市法云弄22号
Tel：0571-87329999

浙江华策娱乐科技有限公司
地址：浙江省杭州市西湖区文二西路820号3幢5031室
Tel：0571-87553088

杭州西湖文化旅游投资集团有限公司
地址：浙江省杭州市西湖区天目山路518号东区
Tel：0571-87607300

锦绣天地酒店管理有限公司
地址：杭州市下城区凤起路555号
Tel：0571-87616888

君澜酒店集团有限公司
地址：杭州市曙光路122号D座16层
Tel：0571-87630612

雀圣科技有限公司
地址：杭州市西湖区天目山路238号华鸿大厦1号楼二楼
Tel：0571-87658222

杭州乐声娱乐管理有限公司
地址：浙江省杭州市西湖区三墩镇新天地商业中心13幢303室
Tel：0571-87672891

浙江银泰文化旅游产业发展有限公司
地址：浙江省杭州市西湖区西溪银泰商业中心3号楼南楼707、708室
Tel：0571-87675978

杭州雅谷泉山庄酒店有限公司
地址：杭州市三台山路147号
Tel：0571-87681818

浙江歌山品悦旅业有限公司
地址：浙江省杭州市滨江区长河街道江虹路1537号1-6层、12-24层
Tel：0571-87776688

杭州润辰文化旅游发展有限公司
地址：浙江省杭州市西湖区三墩镇紫宣路158号1幢528室
Tel：0571-87786681

浙江温莎娱乐有限公司
地址：浙江省杭州市拱墅区湖墅南路90号（苏宁大厦）五、六、七、八层
Tel：0571-87788677

浙江杭州红楼大酒店有限公司
地址：杭州市上城区西湖大道2号
Tel：0571-87839999

浙江世运火炬文化旅游股份有限公司
地址：浙江省杭州市江干区清泰小区31幢613室
Tel：0571-87870350

建德小鱼人餐饮管理有限公司
地址：浙江省杭州市建德市新安江街道叶家社区艾溪路39号
Tel：0571-87954148

浙江宋城娱乐文化传媒有限公司
地址：浙江省中国（浙江）影视产业国际合作实验区基地海宁市影视科创中心16楼1615-2室
Tel：0571-87968813

杭州花港海航度假酒店有限公司
地址：杭州市杨公堤1号
Tel：0571-87998899

杭州万国酒店管理有限公司
地址：浙江省杭州经济技术开发区杭州东部国际商务中心2幢604、605室
Tel：0571-88029546

杭州食遍天餐饮娱乐管理有限公司
地址：杭州市紫阳山10号-4
Tel：0571-88053816

浙江创胜至合餐饮管理有限公司
地址：浙江省杭州市上城区惠民路56号5幢110室
Tel：0571-88251407

浙旅蝶来酒店集团有限公司
地址：浙江省三台山路278号18幢
Tel：0571-88276862

浙旅蝶来酒店集团有限公司
地址：浙江省三台山路278号18幢
Tel：0571-88276862

天台宝明旅游发展有限公司
地址：浙江省台州市天台县赤城街道和合东街9号C8号
Tel：0571-88337593

浙江新世纪大酒店有限公司
地址：杭州市文三路18号
Tel：0571-88382448

义乌万达嘉华酒店管理有限公司
地址：浙江省义乌市稠江街道义乌万达广场3幢
Tel：0571-88622777

金华万达嘉华酒店管理有限公司
地址：浙江省金华市金东区宏济街777号酒店
Tel：0571-88622777

宁波万富酒店管理有限公司
地址：浙江省宁波市鄞州区贸城西路158弄74号
Tel：0571-88622777

浙江雅达酒店有限公司
地址：浙江省嘉兴市桐乡市乌镇镇常丰街大桥路东侧7幢
Tel：0571-88715961

桐乡市濮院旅游有限公司
地址：桐乡市濮院镇工贸大道369号A幢5楼
Tel：0571-88823356

桐乡市濮院金翔云旅游投资有限公司
地址：桐乡市濮院镇工贸大道369号A幢5楼
Tel：0571-88823386

银乐迪娱乐有限公司
地址：浙江省杭州市西湖区文三路398号裙房1-3层
Tel：0571-88825525

杭州西溪投资发展有限公司
地址：浙江省杭州市西湖区文三西路39号
Tel：0571-88976520

杭州旅游投资发展有限公司
地址：浙江省杭州市下城区岳帅桥10号1幢1272室
Tel：0571-88977255

浙江卡尔斯旅游开发有限公司
地址：杭州市余杭区中泰街道中桥村村委办公楼201、202、203室
Tel：0571-89089585

杭州西溪蓝海国际大酒店有限公司
地址：浙江省杭州市余杭区仓前街道西溪蓝海城8幢2单元101室
Tel：0571-89119666

杭州嘉澜酒店管理有限公司
地址：杭州市西湖区文二西路822号201室
Tel：0571-89775189

浙江未来域酒店管理有限公司
地址：浙江省杭州市西湖区转塘科技经济区块16号3幢471室
Tel：0571-89839382

湖州市银都电影娱乐有限公司
地址：湖州大线场路88号天民商座B幢311室
Tel：0572-2022671

湖州白蘋洲大酒店有限公司
地址：湖州市东街117号
Tel：0572-2028888

湖州天煌大酒店有限公司
地址：湖州市龙溪北路168号
Tel：0572-2117777

湖州南太湖旅游发展有限公司
地址：湖州市太湖乐园内（湖州小梅口）
Tel：0572-2159156

湖州市城投观湖酒店有限公司
地址：浙江省湖州市南太湖新区梅山路1号
Tel：0572-2261159

湖州红木房酒店管理有限公司
地址：湖州市太湖人家60幢邱城路1号
Tel：0572-2735888

湖州吴兴西山漾旅游发展有限公司
地址：浙江省湖州市吴兴区八里店镇纬四路3幢302室
Tel：0572-2777918

老娘舅餐饮有限公司
地址：浙江省湖州市吴兴区区府路1188号湖州市东部新城总部自由港B幢17层
Tel：0572-2926006

浙江南浔古镇旅游发展有限公司
地址：湖州市南浔镇适园路徐家弄
Tel：0572-3018018

浙江安吉两山振兴旅游投资发展有限公司
地址：浙江省湖州市安吉县昌硕街道胜利西路38号（第一国际城）1幢10楼1006室
Tel：0572-5030160

安吉华瑞旅游开发有限公司
地址：浙江省湖州市安吉县报福镇石岭村大场坪
Tel：0572-5072858

安吉篁都大酒店有限公司
地址：安吉经济开发区灵峰北路东侧
Tel：0572-5118282

安吉蓝宝石大酒店有限公司
地址：安吉县递铺镇浦源大道南侧、汇丰商业街西侧、县中医院北侧
Tel：0572-5119222

凯承花园酒店（安吉）有限公司
地址：浙江省湖州市安吉县递铺镇天荒坪南路
Tel：0572-5131928

浙江云上草原旅游发展有限公司
地址：浙江省湖州市安吉县山川乡山川村
Tel：0572-5137622

安吉海沃文化旅游开发有限公司
地址：浙江省湖州市安吉县灵峰街道浮玉南路61号（金融大厦）1幢2002号
Tel：0572-5200552

安吉绿元酒店管理有限公司
地址：浙江省湖州市安吉县安吉县灵峰街道灵峰村2号楼104室
Tel：0572-5221299

安吉梅子湾旅游发展有限公司
地址：浙江省湖州市安吉县杭垓镇杭垓村
Tel：0572-5225092

浙江银润休闲旅游开发有限公司
地址：浙江省湖州市安吉县安吉县递铺镇天使大道8号1楼
Tel：0572-5225128

浙江离城酒店管理有限公司
地址：浙江省湖州市安吉县昌硕街道三友社区方家头顶长龙山路188号
Tel：0572-5333333

浙江安吉乐翻天旅游发展有限公司
地址：安吉县递铺街道浦源大道4158号
Tel：0572-5333555

安吉美颂旅游开发有限公司
地址：浙江省安吉灵峰旅游度假区灵峰村
Tel：0572-5502838

浙江安吉夏纳旅游发展有限公司
地址：浙江省湖州市安吉县递铺镇安吉经济开发区老庄村环山坝水库区块
Tel：0572-5620603

浙江安吉夏纳酒店管理有限公司
地址：浙江省湖州市安吉县递铺镇胜利西路2号（第一国际城）22层2208室
Tel：0572-5620603

安吉世贸大酒店有限公司
地址：浙江省安吉经济开发区迎宾大道与云鸿西路交叉口西南侧
Tel：0572-5666797

浙江安吉璞峰酒店管理有限公司
地址：浙江省湖州市安吉县鄣吴镇鄣吴村
Tel：0572-5666987

安吉县文化旅游投资发展集团有限公司
地址：浙江省湖州市安吉县昌硕街道天荒坪南路99号（安吉商会大厦）1幢2单元2101-21-1室、2101-22室
Tel：0572-5668711

浙江瀚龙休闲旅游发展有限公司
地址：浙江省安吉县梅溪镇龙山林场
Tel：0572-5693119

港中旅（安吉）旅游发展有限公司
地址：浙江省湖州市安吉县安吉经济开发区水口村
Tel：0572-5705782

浙江秦天酒店管理有限公司
地址：安吉县昌硕街道天荒坪中路719号
Tel：0572-5822001

安吉茶蝶谷度假酒店有限公司
地址：浙江省湖州市安吉县溪龙乡黄杜村大山坞自然村（钱鹏房屋1楼101室）
Tel：0572-5907668

长兴山图水影旅游开发有限公司
地址：长兴县太湖图影旅游度假区
Tel：0572-60666258

长兴国际大酒店有限公司
地址：长兴县太湖街道太湖东路1号
Tel：0572-6266155

长兴梦蝶湖娱乐有限公司
地址：浙江省湖州市长兴县夹浦镇长兴轻纺城1幢商铺
Tel：0572-6636555

浙江长兴环太湖经济投资开发有限公司
地址：浙江省湖州市长兴县太湖图影旅游度假区
Tel：0572-6660258

浙江长兴太湖图影旅游发展有限公司
地址：浙江省长兴太湖图影旅游度假区横山集镇
Tel：0572-6660258

长兴爱德华酒店管理有限公司
地址：浙江省湖州市长兴县明珠路1278号世贸大厦A楼301室
Tel：0572-6800817

浙江湖州荣美浩翔旅游开发有限公司
地址：浙江省湖州市长兴县洪桥镇太湖村
Tel：0572-6812337

完美世界股份有限公司
地址：德清县钟管镇龙山路117号
Tel：0572-8022260

德清御隆旅游开发有限公司
地址：德清县莫干山镇燎原村郡安里度假区
Tel：0572-8052171

浙江湖州品圣旅游开发有限公司
地址：德清县莫干山镇庾村
Tel：0572-8061922

浙江绿盈旅游开发股份有限公司
地址：浙江省莫干山镇育才路
Tel：0572-8069028

德清莫干山德信旅游发展有限公司
地址：浙江省湖州市德清县莫干山镇庾村集镇
Tel：0572-8076108

浙江风升旅游开发有限公司
地址：德清县下渚湖街道下仁公路181号
Tel：0572-8323556

德清县下渚湖湿地旅游发展有限公司
地址：浙江省湖州市德清县下渚湖街道二都集镇
Tel：0572-8363006

德清防风文化旅游发展有限公司
地址：浙江省湖州市德清县下渚湖街道二都村
Tel：0572-8363008

德清乾源旅游开发有限公司
地址：德清县乾元镇西郊路32号
Tel：0572-8423249

金银岛国际大酒店有限公司
地址：浙江省德清县武康镇北湖东街818号
Tel：0572-8887588

德清县文化旅游控股有限公司
地址：德清县武康镇余英坊74幢
Tel：0572-8889123

桐乡市崇福运河文化投资发展有限公司
地址：浙江省嘉兴市桐乡市崇福镇宫前路97号3幢
Tel：0573-80897924

嘉兴市湘家荡度假村有限公司
地址：浙江省嘉兴市南湖区七星湘家荡旅游度假区内
Tel：0573-82081188

五芳斋餐饮有限公司
地址：嘉兴市中山西路2946号
Tel：0573-82097130

嘉兴富名酒店管理有限公司
地址：浙江省嘉兴市经济技术开发区富安广场1幢502-1室
Tel：0573-82203125

嘉兴市犇腾餐饮管理有限公司
地址：嘉兴市经济开发区云海路、禾平街口2幢
Tel：0573-82206288

嘉兴市麟湖文化旅游有限公司
地址：嘉兴市秀洲区油车港镇乐源路123号467室
Tel：0573-82237697

浙商世贸酒店管理有限公司
地址：嘉兴市隆禧大厦2110-B室
Tel：0573-82726017

嘉兴新国浩商贸有限公司
地址：浙江省嘉兴市南湖区东升东路211号东升大楼1幢301室
Tel：0573-83685623

嘉兴蓝城文化旅游开发有限公司
地址：浙江省嘉兴市秀洲区王江泾镇诚恒·世嘉花园3幢301室-A8
Tel：0573-83720198

嘉兴湖畔华府置业有限公司
地址：浙江省嘉兴市南湖区七星镇兴星路625号415室
Tel：0573-83903938

博雅酒店（嘉兴）有限公司
地址：嘉兴市迎宾大道88号
Tel：0573-83928888

浙江云澜湾旅游发展有限公司
地址：嘉善县大云镇温泉大道888号
Tel：0573-84668102

浙江世博大酒店有限公司
地址：嘉善县罗星街道嘉善大道555号
Tel：0573-84678280

嘉善银聚明珠大酒店有限公司
地址：嘉善县姚庄镇锦绣大道2号
Tel：0573-84775301

平湖市东湖旅游开发有限公司
地址：平湖市当湖街道东湖大道617号
Tel：0573-85021097

平湖卓宏酒店管理有限公司
地址：浙江省嘉兴市平湖市当湖街道东湖大道617号323室
Tel：0573-85030561

浙江海宣文化旅游开发有限公司
地址：浙江省嘉兴市平湖市当湖街道长胜路61号

……………………… Tel：0573-85106009
平湖市华侨饭店有限公司
地址：平湖市当湖街道育才路355号
……………………… Tel：0573-85211558
平湖白金汉爵大酒店有限公司
地址：平湖市当湖镇新华南路229号
……………………… Tel：0573-85227955
嘉兴茂旅酒店有限公司
地址：嘉兴市乍浦滨海大道1188号二楼
……………………… Tel：0573-85535788
平湖九龙山游艇湾度假酒店有限公司
地址：浙江省平湖市九龙山（乍浦镇游艇公寓1幢）
……………………… Tel：0573-85590089
平湖市佳源旅游开发有限公司
地址：平湖市乍浦镇游艇湾33幢107、108室
……………………… Tel：0573-85590658
海盐山水滨海酒店开发有限公司
地址：海盐县武原街道河南西路288号（商业）102号-10
……………………… Tel：0573-86176127
海盐山水文旅酒店投资有限公司
地址：海盐县武原街道河南西路288号（商业）102号-4
……………………… Tel：0573-86176127
海盐山水印象酒店开发有限公司
地址：浙江省武原街道河南西路288号
……………………… Tel：0573-86176127
海盐县旅游投资有限公司
地址：浙江省嘉兴市海盐县澉浦镇南浦路685号
……………………… Tel：0573-86513626
海宁长河旅游开发有限公司
地址：浙江省海宁市长安镇青年路49号
……………………… Tel：0573-87411604
海宁市钱塘新农村开发有限公司
地址：浙江省海宁市周王庙镇桑梓南路501号
……………………… Tel：0573-87533411
浙江太平洋大酒店有限公司
地址：浙江省海宁农业对外综合开发区海塘路8号(海宁市盐仓经济开发总公司内1幢108室)
……………………… Tel：0573-87578668
浙江钱江潮旅游开发有限公司
地址：浙江省海宁市盐官镇古邑路1号
……………………… Tel：0573-87616111
海宁海兴酒店有限公司
地址：海宁市海洲街道文礼路23号尚东商务中心1幢凯旋汇701室
……………………… Tel：0573-87808888
浙江新团圆投资管理有限公司
地址：桐乡经济开发区庆丰南路（南）100号戴德中心7幢101室
……………………… Tel：0573-88112188
振石大酒店有限公司
地址：浙江省嘉兴市桐乡市梧桐街道振兴东路（东）199号1幢
……………………… Tel：0573-88136556
浙江金丰生态旅游发展有限公司
地址：浙江省嘉兴市桐乡市石门镇子恺东路26号1幢402
……………………… Tel：0573-88610380
浙江雅达酒店投资管理有限公司
地址：浙江省嘉兴市桐乡市乌镇镇雅达国际健康产业园休闲商业配套项目1号楼2楼东第10间
……………………… Tel：0573-88715961
地盛集团桐乡市乌镇梵璞酒店有限公司
地址：浙江省嘉兴市桐乡市乌镇镇植材路288号
……………………… Tel：0573-88721955
地盛集团桐乡市乌镇梵璞酒店有限公司
地址：浙江省嘉兴市桐乡市乌镇镇植材路288号
……………………… Tel：0573-88721955
乌镇旅游股份有限公司
地址：浙江省桐乡市乌镇西大街448-458号
……………………… Tel：0573-88731913
浙江安派餐饮设备有限公司
地址：嘉善县罗星街道人民大道2388号
……………………… Tel：0573-89102265
嘉兴市豪仕登大酒店管理有限公司
地址：嘉兴市吉杨路639号
……………………… Tel：0573-89898500
嘉兴市美食厨房餐饮有限公司
地址：嘉兴市新气象路618号（嘉兴国际会展中心商务大楼）
……………………… Tel：0573-89979859
宇宙大世界集团有限公司
地址：浙江省嘉兴市南湖区七星街道七星花园14幢301室
……………………… Tel：0573-89991616
宁波杭州湾新区海泉湾旅游开发有限公司
地址：浙江省宁波杭州湾新区兴慈一路290号2号楼304-1室
……………………… Tel：0574-23685200
宁海金海酒店管理有限公司
地址：浙江省宁海县桃源街道金水路
……………………… Tel：0574-25552755
宁波经济技术开发区新世纪旅游发展有限公司
地址：开发区辽河路728号
……………………… Tel：0574-26898929
烤神餐饮管理有限公司
地址：浙江省宁波市海曙区丽苑商务中心23号24-1室（集中办公区）
……………………… Tel：0574-27862048
宁波青藤酒店集团有限公司
地址：浙江省宁波市鄞州区首南街道水街10号
……………………… Tel：0574-28915899
宁波同利达娱乐有限公司
地址：浙江省宁波市大榭开发区信拓路275号1幢335室
……………………… Tel：0574-55667530
宁波市中黔旅游开发有限公司
地址：宁波市海曙顺德路136弄28号617室
……………………… Tel：0574-55717019
平湖南苑酒店有限公司
地址：平湖市当湖街道九龙广场16幢207室
……………………… Tel：0574-56119185
宁波恒元大酒店有限公司
地址：浙江省宁波杭州湾新区滨海一路55号
……………………… Tel：0574-58589999
宁波杭州湾新区海捷旅游基础设施建设有限公司
地址：浙江省宁波杭州湾新区滨海一路69号337-1室
……………………… Tel：0574-58965374
宁波杭州湾新区海派旅游开发有限公司
地址：宁波杭州湾新区滨海一路69号
……………………… Tel：0574-58965374
慈溪市金色港湾旅业有限公司
地址：浙江省慈溪市道林镇五星路1号
……………………… Tel：0574-58998888
宁海燕山温泉文化旅游开发有限公司
地址：宁海县深　镇工商一路88号
……………………… Tel：0574-59977777
宁海燕山温泉文化旅游开发有限公司
地址：宁海县深　镇工商一路88号
……………………… Tel：0574-59977777
余姚世茂置业有限公司
地址：浙江省余姚市牟山镇孙魏路1号
……………………… Tel：0574-62495267
余姚大歌星餐饮娱乐有限公司
地址：余姚市四明西路855号301
……………………… Tel：0574-62852699
宁波太平洋大酒店有限公司
地址：浙江省余姚市南滨江路１６８号
……………… Tel：0574-62886288-3288
宁波白金汉爵酒店投资有限公司
地址：浙江省慈溪市浒山街道青少年宫路1号
……………………… Tel：0574-63897307
宁波四季佳利酒店有限公司
地址：浙江省象山县丹东街道象山港路888号
……………………… Tel：0574-65088888
宁海县汶溪翠谷旅游开发有限公司
地址：宁海县桥头胡街道双林村1号别墅
……………………… Tel：0574-65160913
宁海前童古镇旅游发展有限公司
地址：浙江省宁海县前童镇教育路11号
……………………… Tel：0574-65372012
象山黄金海岸大酒店有限公司
地址：浙江省象山县丹东街道松兰山旅游度假区
……………………… Tel：0574-65706888
宁波国大雷迪森广场酒店有限公司
地址：浙江省宁波市鄞州区海晏北路784-800号（双号）、会展路315号
……………………… Tel：0574-81128888
宁波伯瑞特酒店有限公司
地址：浙江省余姚市新建北路177号
……………………… Tel：0574-82377777
宁波南苑环球酒店有限公司
地址：浙江省宁波市鄞州中心区鄞县大道1278号
……………………… Tel：0574-82809999
宁波东钱湖景福旅游投资有限公司
地址：浙江省宁波东钱湖旅游度假区玉泉南路300、302号
……………………… Tel：0574-82832088
宁波嘉乐大酒店有限公司
地址：浙江省宁波市海曙区古林镇礼嘉桥村
……………………… Tel：0574-82835688
宁波波威旅游开发有限公司
地址：浙江省宁波市鄞州区横溪镇横溪村
……………………… Tel：0574-82837120
宁波开元锐至投资有限公司
地址：浙江省宁波市鄞州区首南中路666号
……………………… Tel：0574-83078888
宁波世纪繁荣旅游开发有限公司
地址：浙江省宁波市宁海县岔路镇上金村
……………………… Tel：0574-83517777
宁波财神谷旅游发展有限公司
地址：浙江省宁波市宁海县岔路镇上金村
……………………… Tel：0574-83517777
宁波市恒厚大酒店有限公司
地址：浙江省宁波市江北区洪都路159号337室
……………………… Tel：0574-83869640
宁波镇艺文化娱乐股份有限公司
地址：浙江省镇海区招宝山街道沿江东路306室四楼
……………………… Tel：0574-86254320
宁波镇海工贸酒店投资管理有限公司
地址：浙江省宁波市镇海区骆驼街道锦业街18号16-1室
……………………… Tel：0574-86273622
宁波郑氏十七房旅游投资开发有限公司
地址：宁波市镇海区蟹浦镇十七房村
……………………… Tel：0574-86298008
宁波维思酒店有限公司
地址：镇海大运路1号
……………………… Tel：0574-86315005
宁波润家餐饮有限公司
地址：浙江省宁波市镇海区蛟川街道镇海发电厂内
……………………… Tel：0574-86332777
宁波九龙湖开元酒店有限公司
地址：浙江省宁波市镇海区九龙湖镇郎家坪风景区
……………………… Tel：0574-86536101
宁波康喜乐嘉餐饮管理有限公司
地址：浙江省宁波市北仑区新　明州路775号1楼1010-1013室
……………………… Tel：0574-86889173
宁波保税区金陵富春国际大酒店有限公司
地址：宁波保税南区庐山西路139号102室
……………………… Tel：0574-86893811
宁波石浦豪生大酒店有限公司
地址：北仑区新　宝山路217号（东一时区大厦）A幢（26-1）室
……………………… Tel：0574-86967777
宁波大榭国际大酒店有限公司
地址：浙江省宁波大榭开发区信开路111号3幢201室
……………………… Tel：0574-86985888
宁波大酒店有限责任公司
地址：浙江省宁波市海曙区中山东路145号
……………………… Tel：0574-87250198
浙江博良旅游开发有限公司
地址：浙江省杭州市西湖区北山街道桃花弄8号1483室
……………………… Tel：0574-87278333
宁波好阳光集团有限公司
地址：浙江省宁波市鄞州区世纪东方商业广场3、5、6（25-6）
……………………… Tel：0574-87395888
宁波钱湖酒店有限公司
地址：浙江省宁波市东钱湖旅游度假区环湖东路799号
……………………… Tel：0574-87512978
天港酒店集团有限公司
地址：浙江省宁波市海曙区丽园南路620号
……………………… Tel：0574-87628232
宁波银亿进出口有限公司
地址：宁波市海曙区永丰路199弄8号
……………………… Tel：0574-87652006
宁波东港波特曼大酒店有限公司
地址：浙江省宁波市鄞州区彩虹北路50号
……………………… Tel：0574-87688688
宁波凯利大酒店有限公司
地址：鄞州区箕漕街７６号
……………………… Tel：0574-87707888
宁波观止酒店管理有限公司
地址：浙江省宁波高新区新晖路22号
……………………… Tel：0574-87742222
春和集团有限公司
地址：宁波高新区江南路599号7-47
……………………… Tel：0574-87780206
宁波市普乐迪娱乐有限责任公司
地址：宁波市江东区朝晖路188号四楼
……………………… Tel：0574-87809555
宁波市江徽美食餐饮有限公司
地址：浙江省宁波市海曙区石　街道联丰村综合楼888号
……………………… Tel：0574-87907070
香格里拉大酒店（宁波）有限公司
地址：浙江省宁波市鄞州区豫源街88号
……………………… Tel：0574-87998888
宁波远洲大酒店有限公司
地址：宁波市江北区江北大道99号
……………………… Tel：0574-88228888
宁波市奉化区旅游集散中心有限公司
地址：浙江省宁波市奉化区锦屏街道大成路658号（临）
……………………… Tel：0574-88591980
宁波市奉化区溪口旅游集团有限公司
地址：浙江省溪口镇中兴中路18号
……………………… Tel：0574-88861206
宁波中林森林旅游发展有限公司
地址：浙江省宁波市奉化区溪口镇商量岗（宁波美林旅游开发有限公司旁）
……………………… Tel：0574-88885757
宁波美林旅游开发有限公司
地址：浙江省宁波市奉化区溪口镇商量岗
……………………… Tel：0574-88885757
宁波东钱湖庙弄酒店管理有限公司
地址：浙江省宁波东钱湖旅游度假区连心路9号
……………………… Tel：0574-89063631
舟山七码头餐饮科技有限公司
地址：浙江省舟山市定海区盐仓街道兴舟大道西段10号第三层310-22室
……………………… Tel：0574-89073027
宁波市文化旅游投资集团有限公司
地址：浙江省宁波市鄞州区江东北路317号008幢和丰创意广场和庭楼1108室
……………………… Tel：0574-89116078
宁波海创旅游发展有限公司
地址：浙江省宁波杭州湾新区九塘路5号1号楼301室
……………………… Tel：0574-89280060
浙江永利活禅酒店管理有限公司
地址：浙江省绍兴市柯桥区杨汛桥镇上孙居委会
……………………… Tel：0575-81188290
浙江舜泉酒店投资管理有限公司
地址：绍兴市上虞区百官街道凤山路26号
……………………… Tel：0575-82177599
浙江舜泉酒店投资管理有限公司
地址：绍兴市上虞区百官街道凤山路26号
……………………… Tel：0575-82177599
浙江天玥酒店管理有限公司
地址：绍兴市上虞区百官街道峰山南路518号A区
……………………… Tel：0575-82228666
绍兴上虞雷迪森万锦大酒店有限公司
地址：浙江省绍兴市上虞区百官街道城北新区市民大道555号
……………………… Tel：0575-82798634
绍兴柯岩建设投资有限公司
地址：绍兴市柯桥区柯岩街道州山项里
……………………… Tel：0575-84318717
绍兴柯桥龙之梦酒店管理有限公司
地址：浙江省绍兴市柯桥区华舍街道兴华路后元渡
……………………… Tel：0575-84569560
绍兴市柯桥区天圣投资管理有限公司
地址：浙江省绍兴市柯桥区华舍街道双周安置（一期）商业3＃楼B325、B327、B329、B331室
……………………… Tel：0575-84810063
绍兴市咸亨酒店有限公司
地址：浙江省绍兴市越城区鲁迅中路179号
……………………… Tel：0575-85116666
绍兴鉴湖大酒店有限公司
地址：绍兴市柯桥区柯岩街道柯岩大道518号
……………………… Tel：0575-85568888
诸暨市文化旅游集团有限公司
地址：浙江省诸暨市暨阳街道艮塔东路288号A1幢
……………………… Tel：0575-87106798
绍兴东方威尼斯大酒店有限责任公司
地址：绍兴市人民东路278号
……………………… Tel：0575-87127026
浙江耀江大酒店有限公司
地址：浙江省诸暨市耀江阳光花园
……………………… Tel：0575-87262098
诸暨市西施故里旅游开发有限公司
地址：诸暨市暨阳街道浣纱南路123号
……………………… Tel：0575-87372373
浙江哈孜动漫乐园有限公司
地址：浙江省诸暨市暨阳街道城新村
……………………… Tel：0575-87715510
浙江五泄旅游开发有限公司
地址：浙江省诸暨市五泄镇五泄路景区8号
……………………… Tel：0575-87771121
浙江和瑞酒店管理有限公司
地址：浙江省诸暨市陶朱街道艮塔西路117号
……………………… Tel：0575-87785888
诸暨迪奥水立方酒店有限公司
地址：诸暨市陶朱街道望云西路11号
……………………… Tel：0575-87858999
绍兴咸亨大酒店有限公司
地址：浙江省绍兴市越城区解放南路680号
……………………… Tel：0575-88068688
浙江绍兴福斯特莱特娱乐用品有限公司
地址：浙江省绍兴市越城区启圣路
……………………… Tel：0575-88170537
诸暨西子时代广场开发有限公司
地址：浙江省诸暨市西施故里旅游区
……………………… Tel：0575-89008603
诸暨西子时代广场开发有限公司
地址：浙江省诸暨市西施故里旅游区
……………………… Tel：0575-89008603
台州市椒江鲜花港农林旅游开发有限公司
地址：浙江省台州市椒江区下陈街道后邱

村洪三路，老国土所大楼
…………Tel：0575-89011711

喜临门酒店家具有限公司
地址：浙江省绍兴市越城区群贤东路20号（组装车间一、二、三，整理车间一底楼，配件组装车间二）
…………Tel：0575-89195508

绍兴柯桥英豪环球壹号娱乐会所有限公司
地址：浙江省绍兴市柯桥区柯桥世贸中心C区二、三层
…………Tel：0575-89879982

绍兴金沙旅游发展股份有限公司
地址：浙江省绍兴市柯桥区柯岩街道稽山南路118号
…………Tel：0575-89970385

绍兴酷玩旅游发展股份有限公司
地址：浙江省绍兴市柯桥区柯岩街道柯南大道3717号
…………Tel：0575-89970385

绍兴华昌酒店管理有限公司
地址：绍兴市柯桥区柯岩街道稽山南路88号
…………Tel：0575-89990000

温岭耀达国际大酒店有限公司
地址：浙江省温岭市城东街道万昌中路889号
…………Tel：0576-80616012

温岭银泰酒店开发有限公司
地址：浙江省台州市温岭市城西街道汇龙路79-3号（101室）
…………Tel：0576-81688695

玉环市旅游集团有限公司
地址：浙江省玉环市楚南塘
…………Tel：0576-81719063

玉环观光国际酒店有限公司
地址：玉环市清港镇豪门花园68号
…………Tel：0576-81733398

台州市文化旅游投资发展有限公司
地址：浙江省台州市市府大道658号C幢10层B区
…………Tel：0576-81880818

浙江蛇蟠岛集团有限公司
地址：三门县海游街道梧桐路20号29楼
…………Tel：0576-83334730

浙江保罗大酒店有限公司
地址：浙江省三门县海游街道滨海大道18号
…………Tel：0576-83356633

杭州保罗酒店管理集团股份有限公司
地址：杭州市西湖区玉古路173号907室
…………Tel：0576-83566833

天台县国有资本运营有限公司
地址：浙江省台州市天台县赤城街道水厂路33号
…………Tel：0576-83901317

浙江天台山旅游集团有限公司
地址：浙江省台州市天台县赤城街道和合街1号
…………Tel：0576-83901317

天台县霞客餐饮管理有限公司
地址：浙江省台州市天台县赤城街道和合街1号
…………Tel：0576-83901317

台州市黄岩交通旅游投资集团有限公司
地址：浙江省台州市黄岩区北洋镇北洋路51号
…………Tel：0576-84965023

临海市新荣记餐饮服务有限公司
地址：浙江省台州市临海市大洋街道临海大道（西）239号
…………Tel：0576-85116777

台州鸿泰国际大酒店有限公司
地址：浙江省台州市临海市杜桥镇南大路117-119号（杜桥商业中心）
…………Tel：0576-85118588

台州江景国际大酒店有限公司
地址：浙江省台州市临海市古城街道临江大道1558-8号
…………Tel：0576-85168028

温岭九龙国际大酒店有限公司
地址：温岭市城东街道万昌中路688号
…………Tel：0576-86019199

温岭市东部开发建设有限公司
地址：浙江省台州市温岭市温岭经济开发区东部新区松航路1号
…………Tel：0576-86680609

浙江神仙居旅游集团有限公司
地址：浙江省台州市仙居县安洲街道弘润中心2幢6-8层（自主申报）
…………Tel：0576-87632889

台州耀达国际酒店有限公司
地址：浙江省台州市耀达路318号
…………Tel：0576-88688888

浙江瞿氏餐饮企业管理股份有限公司
地址：浙江省台州市巨鼎广场313号
…………Tel：0576-88709666

乐趣互娱科技有限公司
地址：浙江省浦江县和平南路12号
…………Tel：0576-88886021

金华乐趣互娱文化传媒有限公司
地址：浙江省金华市婺城区金帆街276号北京大学（金华）信息科技园创业孵化营9幢B1
…………Tel：0576-88886021

台州东部新区文化旅游发展有限公司
地址：浙江省台州市集聚区甲南大道东段9号集聚区行政服务中心298室
…………Tel：0576-89060660

台州市黄岩旅游事业发展集团有限公司
地址：浙江省台州市黄岩区西城街道双江社区世纪大道24号
…………Tel：0576-89187272

浙江仙台旅游发展有限公司
地址：浙江省台州市仙居县白塔镇迎仙路2号102室（自主申报）
…………Tel：0576-89378008

台州恩都酒店有限公司
地址：浙江省玉环市玉城街道城中路333号、335号
…………Tel：0576-89915925

平阳县敖江公园娱乐有限公司
地址：平阳县鳌江镇新河中路（五间桥西侧）
…………Tel：0577-23816606

温州大歌星餐饮娱乐有限公司
地址：温州市龙湾区永中街道永定路1188号万达商业广场娱乐楼三楼（局部）
…………Tel：0577-55590143

温州江心西园娱乐经营有限公司
地址：温州市江心屿西园
…………Tel：0577-55597068

路易斯物业集团有限公司
地址：浙江省温州市鹿城区锦绣路锦城商务楼1201室-1
…………Tel：0577-55878921

温州滨江酒店管理有限公司
地址：浙江省温州市府东路宏国大厦906-907室
…………Tel：0577-56688165

浙江立港娱乐有限公司
地址：浙江省温州市鹿城区滨江街道学院东路301号218室
…………Tel：0577-56777224

浙江香洲国际大酒店有限公司
地址：泰顺县罗阳镇新城大道189号
…………Tel：0577-59293960

苍南县旅游投资集团有限公司
地址：苍南县玉苍路670号
…………Tel：0577-59921101

苍南县旅游投资集团有限公司石聚堂分公司
地址：浙江省温州市苍南县灵溪镇公园路156-160号苍南玉苍支行办公楼三、四楼房屋-306室
…………Tel：0577-59921106

温州市雁荡山旅游发展集团有限公司
地址：浙江省乐清市雁荡镇雁山路88号
…………Tel：0577-62180113

温州三和酒店有限公司
地址：平阳县昆阳镇人民政府东侧
…………Tel：0577-63022816

平阳县旅游发展投资有限公司
地址：浙江省平阳县水头镇溪心岛
…………Tel：0577-63168023

平阳县文化旅游投资集团有限公司
地址：浙江省平阳县昆阳镇天来巷8号平阳影城内
…………Tel：0577-63168023

瑞安国际大酒店有限公司
地址：瑞安市安阳街道万松东路555号
…………Tel：0577-65886666

奇特乐集团有限公司
地址：浙江省永嘉县桥下镇小京岙
…………Tel：0577-67411111

浙江伯乐玩具有限公司
地址：浙江省温州市永嘉县桥下镇 湾工业区
…………Tel：0577-67470768

温州氡泉承天大酒店有限公司
地址：浙江省泰顺县雅阳镇承天氡泉
…………Tel：0577-67668888

文成县置兴旅游发展有限公司
地址：浙江省温州市文成县大 镇伯温路地税大楼4楼405室
…………Tel：0577-67836032

温州仙岩大酒店开发建设有限公司
地址：浙江省温州市瓯海区仙岩街道繁荣中路245-251号201室
…………Tel：0577 81111999

浙江天玖王酒店管理有限公司
地址：浙江省温州经济技术开发区滨海六路2650号
…………Tel：0577-85500766

温州巨一酒店管理有限公司
地址：浙江省温州市飞霞路锦绣路交叉口西南侧置信中心1幢
…………Tel：0577-85551065

温州滨海大酒店有限公司
地址：浙江省温州市龙湾区永强大道4567号
…………Tel：0577-85988888

温州云天楼实业有限公司
地址：浙江省温州市鹿城区过境公路2099号
…………Tel：0577-88056233

温州新南亚大酒店有限公司
地址：浙江省温州市东游路4号
…………Tel：0577-88077777

温州瑞兴大酒店有限公司
地址：浙江省温州市鹿城路271号
…………Tel：0577-88099999

温州王朝大酒店有限公司
地址：浙江省温州市鹿城区民航路2号
…………Tel：0577-88378888

温州开元名都大酒店有限公司
地址：浙江省温州市鹿城区南汇街道黄宅路104号
…………Tel：0577-88596066

温州将军大酒店有限公司
地址：浙江省温州市瓯海过境路1558号
…………Tel：0577-88618888

温州中心大厦建设发展有限公司
地址：浙江省温州市鹿城区七都街道老涂东路3号
…………Tel：0577-88909800

香格里拉大酒店（温州）有限公司
地址：浙江省温州市香源路1号
…………Tel：0577-89988888-6709

丽水市莲都区旅游投资发展有限公司
地址：浙江省丽水市莲都区大港头镇主游客中心二楼
…………Tel：0578-2022802

丽水市旅游投资发展有限公司
地址：浙江省丽水市莲都区大洋路384号
…………Tel：0578-2073352

浙江万地旅游集团有限公司
地址：浙江省丽水市莲都区北苑路198号财富大厦1609号
…………Tel：0578-2188838

缙云县富缙生态旅游文化产业园投资开发有限公司
地址：浙江省丽水市缙云县仙都街道仙都景区西入口办公楼1幢2楼（原黄帝文化培训中心）
…………Tel：0578-3988007

浙江善庆生态旅游开发有限公司
地址：浙江省丽水市庆元县松源街道香蕈大道31号电子商务创业园509室
…………Tel：0578-6056511

千峡湖旅游开发建设有限公司
地址：浙江省青田县北山镇泉山村泉山街3号行政中心四楼
…………Tel：0578-6095993

龙泉鼎丰酒店有限公司
地址：浙江省丽水市龙泉市东大桥东面瓯江壹号码头一号楼101室
…………Tel：0578-7117951

浙江宋城龙泉山旅游开发有限公司
地址：浙江省龙泉市龙南乡凤阳山
…………Tel：0578-7755798

龙泉市旅游投资发展股份有限公司
地址：浙江省丽水市龙泉市中山东路99号三楼
…………Tel：0578-7761663

遂昌县两山投资发展集团有限责任公司
地址：浙江省丽水市遂昌县妙高街道北溪路22号4楼401室
…………Tel：0578-8510975

浙江嘉立德娱乐用品有限公司
地址：浙江省金华市金磐开发区新区文溪街618号
…………Tel：0579-82207930

浙江金华山旅游发展集团有限公司
地址：浙江省金华市婺城区罗店镇北山路2359号
…………Tel：0579-82598477

浙江巨龙旅游开发有限公司
地址：浙江省金华市婺城区安地镇金安公路51号
…………Tel：0579-83018888

浦江不舍民宿管理有限公司
地址：浙江省浦江县虞宅乡马岭脚村7号
…………Tel：0579-83133082

义乌市金鹁鸪文化艺术有限公司
地址：浙江省义乌市稠江街道新科路C6号人力资源产业园主九楼
…………Tel：0579-83167777

金华市江南红旗大酒店有限公司
地址：浙江省金华市婺城区双龙南街307号21层
…………Tel：0579-83504382

浦江国际大酒店有限公司
地址：浙江省浦江县人民东路1号
…………Tel：0579-84566666

磐安翡翠湖度假酒店有限公司
地址：浙江省磐安县安文镇海螺山顶
…………Tel：0579-84888888

义乌市交通旅游产业发展集团有限公司
地址：浙江省义乌市稠江贝村路170号
…………Tel：0579-85766010

义乌日信国际大酒店有限公司
地址：浙江省义乌市廿三里商城大道T219号
…………Tel：0579-85938266

浙江横店文化娱乐有限公司
地址：浙江省金华市东阳市浙江横店影视产业实验区商务楼
…………Tel：0579-86091996

浙江海德酒店有限公司
地址：浙江省东阳市白云街道世贸大道601号
…………Tel：0579-86222222

东阳市花园旅游发展有限公司
地址：浙江省东阳市南马镇花园村
…………Tel：0579-86280891

浙江蓝天白云会展中心有限公司
地址：浙江省东阳市白云大道339号
…………Tel：0579-86367395

东阳大唐影视文化股份有限公司
地址：浙江省东阳市横店影视产业实验区C5-002-B
…………Tel：0579-86547608

浙江东阳华谊兄弟娱乐有限公司
地址：浙江省金华市东阳市浙江横店影视产业实验区商务楼
…………Tel：0579-86587019

浙江东阳浩瀚影视娱乐有限公司
地址：浙江省金华市东阳市浙江横店影视产业实验区商务楼
…………Tel：0579-86587019

东阳嗨乐影视娱乐有限公司
地址：浙江省金华市东阳市浙江横店影视产业实验区商务楼
…………Tel：0579-86587555

永康市文化旅游投资集团有限公司
地址：浙江省金华市永康市西城街道龙川西路88号第2层
…………Tel：0579-87192517

浙江康廷大酒店有限公司
地址：浙江省金华市永康市东城街道望春西路68号
…………Tel：0579-87228966

永康世贸酒店有限公司
地址：浙江省金华市永康市东城街道总部中心五洲路99号25楼
…………Tel：0579-87580710

德清莫干山泰豪温泉旅游开发有限公司
地址：德清县莫干山镇庾村
…………Tel：0579-87658899

浙江武义旅游投资集团有限公司
地址：浙江省金华市武义县熟溪北路13号
…………Tel：0579-87669123

浙江清水湾沁温泉度假酒店有限公司
地址：浙江省金华市武义县熟溪街道温泉路1689号
…………Tel：0579-87739500

浙江凯泰旅游开发有限公司
地址：浙江省浦江县檀溪镇大坎村
…………Tel：0579-88080099

浙江越龙山旅游开发有限公司
地址：浙江省兰溪市梅江镇中兴路36号
…………Tel：0579-88139762

浙江越龙山旅游集团有限公司
地址：浙江省兰溪市梅江镇中兴路36号
…………Tel：0579-88139762

兰溪市赤山湖旅游度假区开发有限公司
地址：浙江省兰溪市上华街道高潮水库管理处2号楼103、104室
…………Tel：0579-88277787

兰溪市国有资产投资发展有限公司
地址：浙江省兰溪市兰江街道丹溪大道49号
…………Tel：0579-88903767

浙江横店城市公共服务有限公司
地址：浙江省金华市东阳市浙江横店影视产业实验区
…………Tel：0579-89328803

浦江江南一埠酒店管理有限公司
地址：浙江省浦江县浦南街道平七路166号
…………Tel：0579-89395555

舟山三盛酒店管理有限公司
地址：浙江省舟山市普陀区东港中昌街101号颐景园3幢602室
…………Tel：0580-2039103

香格里拉大酒店（舟山）有限公司
地址：浙江省舟山市定海区千岛街道千岛路18号（自贸试验区内）
…………Tel：0580-2938888

舟山市普陀怡港酒店管理有限公司
地址：浙江省舟山市普陀区东港街道康腾路50号鑫鹏投资实业有限公司内
…………Tel：0580-3681122

舟山中瀚大酒店有限公司
地址：浙江省舟山市普陀区东港街道海天大道2830号
…………Tel：0580-3809828

舟山海中洲国际大酒店有限公司
地址：浙江省舟山市普陀区东港街道海天大道2701号
…………Tel：0580-3816666

浙江圣地亚大酒店有限公司
地址：舟山市普陀区东港街道海印路838号

……………………Tel：0580-3860509

万嘉旅游开发有限公司
地址：浙江省岱山县高亭镇峰景湾西路42-46号
……………………Tel：0580-4485418

舟山绿城蔚蓝海岸酒店管理有限公司
地址：浙江省舟山市岱山县高亭镇仙洲路24号
……………………Tel：0580-4487790

舟山绿城蔚蓝海岸酒店管理有限公司
地址：浙江省舟山市岱山县高亭镇仙洲路24号
……………………Tel：0580-4487790

舟山海都天境旅游发展有限公司
地址：浙江省舟山市嵊泗县洋山镇长河弄10号
……………………Tel：0580-5051878

嵊泗风景旅游投资有限公司
地址：浙江省嵊泗县菜园镇望海路265号四楼
……………………Tel：0580-5082094

嵊泗金滩旅游发展有限公司
地址：浙江省嵊泗县菜园镇基湖景区内海滨大酒店
……………………Tel：0580-5587256

浙江舟山旅游集团投资开发有限公司
地址：浙江省舟山市普陀区朱家尖街道普渡路2号4楼
……………………Tel：0580-6032053

舟山阿鲁亚大酒店开发有限公司
地址：舟山市普陀区沈家门街道滨港路234-236号
……………………Tel：0580-6202598

舟山阿尔法酒店发展有限公司
地址：浙江省舟山市普陀区朱家尖街道普陀国际游艇公寓·蓝堡山庄25幢
……………………Tel：0580-6393383

舟山市普陀碧海金沙旅游娱乐有限公司
地址：舟山市普陀区朱家尖情人岛
……………………Tel：0580-6631577

浙江舟山旅游股份有限公司
地址：浙江省舟山市普陀区普陀山普济路6号
……………………Tel：0580-6636521

浙江舟山旅游集团有限公司
地址：浙江省普陀山普济路7号
……………………Tel：0580-6639516

舟山市普陀山祥生大酒店有限公司
地址：舟山市普陀山合兴西苑
……………………Tel：0580-6696666

舟山市观云旅游文化发展有限公司
地址：浙江省舟山市普陀山合兴村岗墩
……………………Tel：0580-6696899

舟山布鲁特酒店有限公司
地址：浙江省舟山市普陀区东港街道昌正街48号
……………………Tel：0580-6879905

岱山县仙岛旅游投资发展有限公司
地址：浙江省舟山市岱山县高亭镇星河路268号910、911室（自主申报）
……………………Tel：0580-7336669

舟山弘生酒店管理有限公司
地址：浙江省舟山市定海区和平路7号127室
……………………Tel：0580-8260122

安徽省

滁州盛嘉梦幻游乐有限公司
地址：安徽省滁州市琅琊区育新路158号"滁州1912"文化商业街区购物中心3楼11-306至310、12-305室至321、12-3中3、3中4、3中5商铺
……………………Tel：0550-2173330

科特瑞亚餐饮设备（滁州）有限公司
地址：安徽省滁州市苏滁现代产业园现代工业坊二期23号标准化厂房
……………………Tel：0550-2178830

滁州东方明湖文化旅游有限公司
地址：安徽省滁州市中都大道1577号（世贸大厦）B楼商务办公单元1307室
……………………Tel：0550-2182117

滁州市金地大酒店股份有限公司
地址：安徽省滁州市凤凰西路181号
……………………Tel：0550-3011988

滁州长城国际动漫旅游创意园有限公司
地址：安徽省滁州市醉翁西路1号
……………………Tel：0550-3082172

滁州君家酒店有限责任公司
地址：安徽省滁州市经济技术开发区全椒路148号
……………………Tel：0550-3519856

安徽省琅琊山旅游发展有限公司
地址：安徽省滁州市琅琊古道30号
……………………Tel：0550-3525288

滁州市亭城文化旅游发展有限公司
地址：安徽省滁州市龙蟠大道99号政务中心东五楼
……………………Tel：0550-3801220

滁州市井楠生态文化旅游发展有限公司
地址：滁州市施集镇街道青云路1号（政府办公楼）
……………………Tel：0550-3801220

滁州港汇酒店管理有限公司
地址：安徽省滁州市南谯南路2918号港汇中心S-1#商业楼
……………………Tel：0550-3920862

定远县金林餐饮管理有限公司
地址：定远县工业园区金山南路西侧
……………………Tel：0550-4353888

滁州市大墅龙山旅游开发有限公司
地址：安徽省滁州市全椒县大墅镇大墅居委会桥东组50号
……………………Tel：0550-5367386

滁州冠景酒店投资管理有限公司
地址：安徽省滁州市南谯区施集镇龙蟠村
……………………Tel：0550-5778888

滁州白鹭岛国际生态旅游度假村置业有限公司
地址：安徽省滁州市来安县舜山乡
……………………Tel：0550-5779003

来安县深予娱乐有限公司
地址：来安县汊河镇碧桂园商业中心1号楼三层
……………………Tel：0550-5960999

安徽凤阳皇家影视旅游资源开发有限公司
地址：安徽省滁州市凤阳县殷涧镇洪山村
……………………Tel：0550-6023223

天长市千秋文化旅游发展有限公司
地址：天长市广陵路南侧平安路东侧千秋小额贷款股份有限公司金融大楼A-1801
……………………Tel：0550-7021608

安徽瑞景商旅（集团）有限责任公司
地址：安徽省合肥市长江东路1104号
……………………Tel：0551-62206703

安徽金环大酒店有限公司
地址：安徽省合肥市包河区屯溪路528号
……………………Tel：0551-62210888

合肥恒悦国际外商俱乐部酒店有限公司
地址：安徽省合肥市高新区科学大道83号
……………………Tel：0551-62229888

安徽丰乐大酒店有限责任公司
地址：安徽省合肥市长江西路495-501号
……………………Tel：0551-62239870

合肥海汇假日酒店有限公司
地址：安徽省合肥市明光路与大通路交口海汇大厦
……………………Tel：0551-62268888

合肥辰茂和平酒店有限公司
地址：合肥市徽州大道239号
……………………Tel：0551-62282288

安徽膳尚门餐饮管理有限公司
地址：安徽省合肥市蜀山区黄山路588号大溪地 现代城51幢904室
……………………Tel：0551-62396217

安徽梦之旅旅游开发集团有限公司
地址：安徽省合肥市高新区科学大道103号浙商创业大厦B幢1902（22楼）
……………………Tel：0551-62530109

安徽金尊国际酒店投资有限公司
地址：安徽省合肥市滨湖新区滨湖世纪城观湖苑1-商101/商201/商301
……………………Tel：0551-62572777

安徽省衡达酒店管理有限公司
地址：安徽省合肥市庐阳区长江中路98号华侨广场酒店9层
……………………Tel：0551-62589000

安徽至和餐饮娱乐有限公司
地址：安徽省合肥市蜀山区祁门路333号新地中心A座（原10幢）办1201
……………………Tel：0551-62599528

安徽省繁花娱乐有限公司
地址：合肥市蜀山区金大地1912街区16#楼1层局部
……………………Tel：0551-62631880

合肥喜福楼餐饮管理有限公司
地址：合肥市高新区天达路20号
……………………Tel：0551-62659797

安徽乐普生黄金珠宝有限责任公司
地址：安徽省合肥市庐阳区绿都商城B区
……………………Tel：0551-62686819

安徽名墅建材有限公司
地址：合肥市蜀山区新产业园振兴路自主创新产业基地7栋11层
……………………Tel：0551-62773838

安徽嘉仕顿酒店管理有限公司
地址：合肥市高新区长江西路2261号
……………………Tel：0551-62805002

合肥绿港商务发展有限公司
地址：合肥市蜀山区望江西路印象西湖花园西组团2-411室
……………………Tel：0551-62819936

安徽省旅游集团有限责任公司
地址：安徽省合肥市蜀山区梅山路18号
……………………Tel：0551-62852808

合肥蓝鼎国际酒店有限公司
地址：安徽省合肥市包河区紫云路与天山路交口滨湖世纪城观湖苑
……………………Tel：0551-62935892

安徽蓝鼎伯廷酒店有限公司
地址：安徽省合肥市滨湖新区徽州大道与紫云路交叉口
……………………Tel：0551-62935892

安徽壹号管家万众餐饮服务有限公司
地址：安徽省合肥市肥西县紫蓬镇工业聚集区紫一路
……………………Tel：0551-62980611

合肥万力酒店管理有限公司
地址：合肥市包河区马鞍山路150号万达广场8幢
……………………Tel：0551-62989888

安徽健之行健身有限公司
地址：合肥市包河区马鞍山南路海顿国际广场赢海大厦C、D座商业裙房、D座2603室
……………………Tel：0551-63358919

安徽闽丽置业有限公司
地址：合肥市瑶海区长江东大街与肥东路交口东南侧闽商国贸中心
……………………Tel：0551-63507777

安徽新现代餐饮设备有限公司
地址：安徽省合肥市庐阳区清源路中菜市一期二层东区15号
……………………Tel：0551-63517680

安徽天鹅湖大酒店有限公司
地址：安徽省合肥市政务文化新区东流路888号
……………………Tel：0551-63536666

安徽康源大酒店有限责任公司
地址：安徽省合肥市淝河路800号
……………………Tel：0551-63604888

合肥花乐雅餐饮管理有限公司
地址：合肥市蜀山区黄山路与怀宁路交汇处西南角金大地公馆2幢商住楼商112/商112上室
……………………Tel：0551-63623118

安徽岱鳌山文化旅游发展有限公司
地址：合肥市政务区东流路国际花都玫瑰苑6-1003室
……………………Tel：0551-63625010

同庆楼餐饮股份有限公司
地址：合肥市包河区万岗路10号9幢
……………………Tel：0551-63642210

安徽佳惠餐饮管理有限公司
地址：安徽省合肥市经济技术开发区天门路36号90-2幢
……………………Tel：0551-63870567

合肥港荣酒店管理有限公司
地址：安徽省合肥市新站区颍河路新站总部经济大厦B楼2301号
……………………Tel：0551-64242746-826

安徽博文娱乐有限公司
地址：安徽省合肥市包河区巢湖南路88号元一柏庄2幢1504室
……………………Tel：0551-64248022

合肥金利餐饮娱乐有限责任公司
地址：合肥市瑶海区新安江路558号东郡苑C1-1幢、C1-2幢101、102、103、104、105
……………………Tel：0551-64299999

安徽文化旅游投资集团有限责任公司
地址：安徽省合肥市高新区黄山路599号时代数码港
……………………Tel：0551-64376984

安徽百家院餐饮服务有限公司
地址：合肥市瑶海区龙岗开发区皇马花园综合楼
……………………Tel：0551-64415111

安徽金铂娱乐有限公司
地址：合肥市新站区北二环与龙门岭路交口利浩商城五楼B-5106、5107、5108号
……………………Tel：0551-64422882

安徽老乡鸡餐饮有限公司
地址：安徽省合肥市蜀山区经济开发区湖光路自主创新产业基地三期（南区）B座12层1288室
……………………Tel：0551-64656619

合肥华宇餐饮有限公司
地址：安徽省合肥市长江东路301号三十一中
……………………Tel：0551-64694989

合肥市振华餐饮管理有限公司
地址：安徽省合肥市经开区桃花工业园祝融路以南合肥市金双鸥模塑科技有限公司院内二期2号厂房
……………………Tel：0551-65102171

安徽动旅餐饮管理有限公司
地址：安徽省合肥经开区桃花工业园祝融路以南
……………………Tel：0551-65102171

合肥蜀山生态文化旅游投资有限公司
地址：合肥市蜀山区井岗路1100号北四楼
……………………Tel：0551-65126072

龙帝国酒店管理（合肥）有限公司
地址：安徽省合肥市砀山路3088号
……………………Tel：0551-65155006

安徽旅游置业有限责任公司
地址：安徽省合肥市蜀山区梅山路18号白鹭苑小区1号楼B座
……………………Tel：0551-65192389

安徽舒怡建设集团有限公司
地址：安徽省六安市舒城县城关镇经济开发区古城北路与公麟路交口77号
……………………Tel：0551-65205559

安徽玉兔餐饮管理有限公司
地址：安徽省合肥市包河区西藏路2658号合肥滨湖46中学2楼食堂
……………………Tel：0551-65225994

安徽蓝鲸湾酒店投资集团有限公司
地址：合肥市瑶海区长江东大街277号闽商国贸中心
……………………Tel：0551-65226798

安徽阿里巴巴文化娱乐有限公司
地址：安徽省合肥市阜南路166号润安大厦裙楼4层
……………………Tel：0551-65252207

安徽欢天喜地餐饮文化娱乐管理有限公司
地址：安徽省合肥市庐阳区宿州路197号仓库4幢103室
……………………Tel：0551-65252207

肥西梦江南餐饮娱乐文化有限公司
地址：安徽省合肥市肥西县三河镇东街
……………………Tel：0551-65252207

安徽圣地雅歌文化娱乐有限公司
地址：安徽省合肥市美菱大道622号
……………………Tel：0551-65252207

安徽省新贵都酒店管理有限公司
地址：安徽省合肥市包河区徽州大道与福州路交口福悦楼酒店4-9层
……………………Tel：0551-65285666

安徽李府酒店管理有限公司
地址：安徽省合肥市蜀山区科学岛内
……………………Tel：0551-65324111

安徽美高美文化发展有限公司
地址：安徽省合肥市长江西路199号安徽国际购物广场第一层B区
……………………Tel：0551-65327097

安徽蜀王优芙得餐饮集团有限公司
地址：安徽省合肥市高新区天波路4号401室
……………………Tel：0551-65327097

蜀王优芙得餐饮服务有限公司
地址：安徽省合肥市高新区天波路4号蜀王行政楼
……………………Tel：0551-65327097

蜀王餐饮投资控股集团有限公司
地址：安徽省合肥市高新区天波路4号安徽省移动通讯高新区枢纽楼402
……………………Tel：0551-65327097

熙雅酒店管理有限公司
地址：安徽省合肥市肥西县上派镇紫蓬社区上小路与翡翠路交口诚挚大厦A座1008室
……………………Tel：0551-65429680

香格里拉大酒店（合肥）有限公司
地址：安徽省合肥市庐阳区濉溪路256号
……………………Tel：0551-65509888

安徽百姓厨房餐饮娱乐投资有限公司
地址：安徽省合肥市庐阳区颍上路615号北美印象雅苑9栋
……………………Tel：0551-65525505

合肥市泛美餐饮管理有限公司
地址：合肥市高新区柏堰科技园创新大道106号明珠产业园一期二号餐厅
……………………Tel：0551-65569797

安徽万基酒店管理有限公司
地址：合肥市包河工业区北京路23号
……………………Tel：0551-65581100

合肥市吉利亚特餐饮服务有限公司
地址：合肥市蜀山区梅山路18号安徽国际金融贸易中心商3-301
……………………Tel：0551-65581777

合肥雨花塘餐饮管理有限公司
地址：安徽省合肥市蜀山区梅山路125号梅山饭店院内
……………………Tel：0551-65616677

安徽鸿锦楼餐饮服务有限公司
地址：安徽省合肥市包河区纬一路16号安徽旧机动车交易中心有形市场内东侧北数第一栋第三层
……………………Tel：0551-65617525

安徽金满楼酒店发展股份有限公司
地址：安徽省合肥市庐阳区沿河西路228号世纪别墅3栋
……………………Tel：0551-65627258

安徽元一大酒店有限公司
地址：合肥市瑶海区胜利路198号
……………………Tel：0551-65636002

安徽掌星数字娱乐科技有限公司
地址：合肥市蜀山区怀宁路288号置地广场C座办801
……………………Tel：0551-65661360

安徽蒸小皖餐饮有限公司
地址：合肥市庐阳工业园时雨路与灵溪路交口工投兴庐科技产业园5号楼A区1-3层
……………………Tel：0551-65679686

安徽天和餐饮管理有限公司
地址：安徽省合肥市经济技术开发区繁华大道北、飞虎路东生产厂区2#车间厂内食堂
……………………Tel：0551-65689461

安徽大佳一餐饮管理有限公司
地址：合肥市蜀山区经济开发区汶水路

1201号电商园三期3栋G区5楼
……………………Tel：0551-65690598
安徽仙满楼餐饮管理集团有限责任公司
地址：安徽省合肥市庐阳区蒙城北路
……………………Tel：0551-65692733
安徽千城国际大酒店管理有限公司
地址：安徽省合肥市包河区烟墩街道办事处525室西藏路与林芝路交口
……………………Tel：0551-65727663
安徽乐星互娱文化科技有限公司
地址：合肥市桐城南路355号
……………………Tel：0551-65840595
合肥九星娱乐股份有限公司
地址：安徽省合肥市高新区天潮路9号2号楼5层
……………………Tel：0551-65846601
安徽元一会宾楼餐饮管理有限公司
地址：合肥市瑶海区板桥河路东临泉路北元一名城A-18＃商1、2、3，A-16＃101，201，301
……………………Tel：0551-65873288
功道餐饮有限公司
地址：合肥市包河区徽州大道与紫云路交口滨湖世纪城福徽苑T1幢商102室
……………………Tel：0551-66019991
祥源花世界生态文化旅游区开发有限公司
地址：安徽省合肥市肥西县金寨南路8号祥源花世界花立方展示中心101室
……………………Tel：0551-66033333
安徽强远酒店投资管理有限公司
地址：合肥市新站区淮海大道与新蚌埠路交口以北800米处
……………………Tel：0551-66339188
合肥市聚宝轩休闲娱乐管理有限公司
地址：安徽省合肥市高新区科学大道7号馥邦天下26栋商306
……………………Tel：0551-66571881
六安恒大童世界旅游开发有限公司
地址：安徽省六安市舒城县杭埠镇人民政府
……………………Tel：0551-67102348
安徽冰鼎建筑工程有限公司
地址：合肥市滨湖新区南京路2588号要素大市场B区4层345
……………………Tel：0551-67109816
祥源酒店管理有限公司
地址：合肥市庐阳区濉溪路310号翡丽时代广场商业综合楼A-1201
……………………Tel：0551-67119179
祥源旅游开发有限公司
地址：合肥市庐阳区濉溪路310号翡丽时代广场商业综合楼A-2102
……………………Tel：0551-67119999
合肥祥海旅游开发有限公司
地址：安徽省合肥市庐阳区濉溪路310号翡丽时代广场商业综合楼A座2203
……………………Tel：0551-67119999
合肥快乐四季餐饮服务有限公司
地址：安徽省合肥市蜀山区集贤路98号名门首府邸SY-3幢商102-102上
……………………Tel：0551-6789999
安徽悦真餐饮有限公司
地址：合肥市高新区柏堰科技园宁西路28号
……………………Tel：0551-68153767
合肥天徽餐饮管理有限公司
地址：安徽省合肥市经济技术开发区日立公租房2＃宿舍楼商109-110
……………………Tel：0551-68160306
安徽徽王餐饮管理集团有限公司
地址：安徽省合肥市庐阳区淮河西路454号
……………………Tel：0551-68160315
合肥明发国际大酒店有限公司
地址：合肥市四里河路88号
……………………Tel：0551-68168888
合肥东怡酒店有限公司
地址：安徽省合肥市阜南路169号
……………………Tel：0551-68252292
安徽全成酒店管理有限公司
地址：安徽省合肥市肥西县紫蓬山风景区环湖西路（紫蓬山旅游开发区）
……………………Tel：0551-68597675
合肥创彩娱乐有限公司
地址：合肥市包河区绿地中心C座816
……………………Tel：0551-69106866
巢湖市文化旅游产业投资发展有限公司
地址：巢湖市巢庐路20号
……………………Tel：0551-82337366
安徽环巢湖生态发展有限公司
地址：安徽省巢湖市巢庐路（原东庵林场）
……………………Tel：0551-82604133
巢湖市双墨阁文化旅游管理有限公司
地址：安徽省合肥市巢湖市中庙街道办事处王家咀村北高速云水湾综合楼
……………………Tel：0551-85211999
安徽省庐江县金泉旅游投资发展有限公司
地址：安徽省合肥市庐江县庐城镇晨光路17号东方水岸写字楼14层
……………………Tel：0551-87388200

安徽天河湖餐饮管理有限公司
地址：安徽省蚌埠市天河水产养殖场办公楼东二层
……………………Tel：0552-2152776
蚌埠普乐思酒店餐饮管理有限公司
地址：安徽省蚌埠市高铁蚌埠南站西广场北侧商业楼
……………………Tel：0552-2565888
安徽徽香韵餐饮管理集团有限公司
地址：安徽省蚌埠市曹山路962号安徽财经大学南苑食堂二层
……………………Tel：0552-2861111
安徽天晟酒店有限公司
地址：安徽省蚌埠市东海大道2609号新能大厦20楼2006-2009室
……………………Tel：0552-2872255
安徽大明园旅游发展股份有限公司
地址：安徽省蚌埠市龙子湖区汤和南路大明文化产业园
……………………Tel：0552-4016726
蚌埠市飘飘香餐饮管理有限公司
地址：安徽省蚌埠市禹会商业中心第3＃楼1单元26层2607号
……………………Tel：0552-4097888
安徽银汉休闲娱乐有限公司
地址：安徽省怀远县榴城镇旺府公馆0单元3层S301号
……………………Tel：0552-8217198
芜湖欧贝斯餐饮娱乐有限公司
地址：安徽省芜湖市镜湖区名流印象百货店美好生活广场一层东侧
……………………Tel：0553-2309999
无为乡村振兴投资有限公司
地址：安徽省芜湖市无为县无城镇东方家园A区15幢五楼
……………………Tel：0553-2532241
芜湖县文化旅游建设投资有限公司
地址：芜湖县湾　镇湾石路县行政四号楼六楼601室
……………………Tel：0553-2592920
芜湖南湖国际大酒店有限公司
地址：安徽省芜湖市芜湖县湾　镇城南文教园区
……………………Tel：0553-2599110
芜湖新华联文化旅游开发有限公司
地址：安徽省芜湖市鸠江区海洋公园商业街游客中心二层
……………………Tel：0553-2711326
芜湖海螺国际大酒店有限公司
地址：安徽省芜湖市文化路39号（原北京东路209号）
……………………Tel：0553-3118188
芜湖市旅游投资有限公司
地址：安徽省芜湖市中山路伟基商厦C座七楼
……………………Tel：0553-3801175
安徽星光灿烂文化投资有限公司
地址：安徽省芜湖市中山北路东侧（星光灿烂大剧院）
……………………Tel：0553-3831707
安徽星光灿烂文化投资有限公司
地址：安徽省芜湖市中山北路东侧（星光灿烂大剧院）
……………………Tel：0553-3831707
芜湖美悦酒店投资管理股份有限公司
地址：安徽省芜湖市镜湖区金山国际公寓3＃楼102门面（新芜路87号）
……………………Tel：0553-3831988
芜湖伟晨餐饮娱乐服务管理有限责任公司
地址：芜湖市华亿国际购物中心B座五楼、六楼
……………………Tel：0553-3884919
芜湖煋禾文化娱乐有限公司
地址：安徽省芜湖市镜湖区长江中路92号雨耕山文化创意产业园B栋206号（申报承诺）
……………………Tel：0553-3888839
芜湖奥顿投资管理集团有限公司
地址：安徽省芜湖市北京东路10号
……………………Tel：0553-3909859
芜湖市三华山生态旅游开发有限公司
地址：芜湖市三山区峨桥路三华山安置小区门面房204
……………………Tel：0553-3918475
安徽天泰国际酒店管理有限公司
地址：芜湖市文化路30号
……………………Tel：0553-3993398
安徽臻臻餐饮管理有限公司
地址：芜湖市镜湖区旭日天都小区S1幢社区综合楼101号
……………………Tel：0553-4936127
芜湖百年同庆餐饮有限公司
地址：安徽省芜湖市鸠江区大阳　湿地公园商业配套用房地块二
……………………Tel：0553-5931001
途居露营地投资管理股份有限公司
地址：芜湖经济技术开发区九华北路128号
……………………Tel：0553-5966120
安徽易品餐饮有限公司
地址：安徽省马鞍山市和县历阳镇龙潭中路
……………………Tel：0553-5972855
芜湖市丽豪假日酒店有限公司
地址：芜湖市无为县无城东门（无为县四方建筑器材租赁有限责任公司内）
……………………Tel：0553-6364488
无为县名爵娱乐有限公司
地址：安徽省芜湖市无为县无城镇西大街新华书店三至四层
……………………Tel：0553-6899777
中港海美（芜湖）旅游开发有限公司
地址：安徽省芜湖市繁昌县繁阳镇缸窑村
……………………Tel：0553-7716178
安徽松鼠娱乐有限公司
地址：芜湖高新区服务外包园3号楼11层
……………………Tel：0553-8783333
奥顿（芜湖）酒店有限公司
地址：安徽省芜湖市镜湖区北京东路10号
……………………Tel：055-3909859
安徽长平餐饮设备有限公司
地址：淮南市山南新区三和镇金山花园小区西南处31号楼
……………………Tel：0554-3626323
安徽徽德徽州府餐饮有限公司
地址：淮南市田家庵区龙泉街道洞泉村办公楼101
……………………Tel：0554-5211999
淮南市邦盛酒店管理有限公司
地址：淮南市田家庵区广场南路198号
……………………Tel：0554-6662550
安徽百乐塑胶涂料有限公司
地址：安徽省淮南市大通九大路
……………………Tel：0554-6667651
淮南新锦江大酒店有限公司
地址：安徽省淮南市洞山中路12号
……………………Tel：0554-6679999
马鞍山米乐星娱乐有限公司
地址：马鞍山市花山区大华马鞍山国际广场三栋四层408室
……………………Tel：0555-2118888
马鞍山市乐马文化旅游投资发展有限公司
地址：马鞍山市雨山区牛渚路商业综合体B座202号（牛渚路和九华西路东南角）
……………………Tel：0555-2378278
马鞍山海外海皇冠大酒店有限公司
地址：马鞍山市花山区花雨路99号2-全部
……………………Tel：0555-2388888
马鞍山金旅旅游投资有限公司
地址：马鞍山市雨山区唐贤街64号
……………………Tel：0555-3551880
含山县文化旅游建设投资有限公司
地址：安徽省马鞍山市含山县环峰镇昭关西路6号5楼
……………………Tel：0555-4333599
马鞍山郑蒲港文化旅游有限公司
地址：安徽省马鞍山市郑蒲港新区产业孵化园6号楼4层
……………………Tel：0555-5585703
安徽和县碧桂园凤凰酒店有限公司
地址：安徽省马鞍山市和县巢湖市石杨镇街道
……………………Tel：0555-5809888
当涂县大青山文化旅游投资发展有限公司
地址：安徽省马鞍山市当涂县青黄路李白文化园南500米（大青山李白文化旅游区管理委员会）
……………………Tel：0555-6682298
安徽省嘉韵餐饮服务有限公司
地址：安徽省马鞍山市当涂县姑孰镇姑孰北路946号
……………………Tel：0555-6718222
马鞍山市横山石臼湖生态旅游农林发展有限公司
地址：博望区博望镇创业路中段
……………………Tel：0555-6763702
马鞍山市石门文化旅游开发有限责任公司
地址：博望区博望镇永新路荣博佳苑5号楼
……………………Tel：0555-6763702
当涂县姑溪文化旅游发展（集团）有限公司
地址：安徽省马鞍山市当涂县姑孰镇于湖南路4号
……………………Tel：0555-6785286
当涂县大公圩水乡旅游发展有限公司
地址：安徽省马鞍山市当涂县姑孰镇行春路103号
……………………Tel：0555-6785996
当涂县太平府文化园旅游发展有限公司
地址：安徽省马鞍山市当涂县姑孰镇白山路357号
……………………Tel：0555-6785996
马鞍山市文化旅游集团有限公司
地址：花山区花雨路3号
……………………Tel：0555-8335359
岳西县旅游投资发展有限责任公司
地址：岳西县天堂镇建设东路60号
……………………Tel：0556-2173125
岳西县睡佛山温泉生态旅游发展有限公司
地址：安徽省安庆市岳西县温泉镇温泉新街
……………………Tel：0556-2292888
安徽出版集团怀宁文化旅游有限公司
地址：安徽省安庆市怀宁县高河镇独秀大道科技创业中心
……………………Tel：0556-3510181
安徽花亭湖旅游发展有限公司
地址：安徽省安庆市太湖县晋熙镇人民东路283号
……………………Tel：0556-4162296
安徽新时代文化旅游有限责任公司
地址：太湖县晋熙镇人民东路，51幢
……………………Tel：0556-4184094
怀宁宏博国际商务酒店有限公司
地址：安徽省安庆市怀宁县新县城E区
……………………Tel：0556-4620890
安庆市泰鑫希尔顿逸林酒店有限公司
地址：安徽省安庆市长江大桥综合经济开发区管委会一楼
……………………Tel：0556-5255165
安徽杏林餐饮管理服务有限公司
地址：安徽省安庆市迎江区菱湖南路153号校园内
……………………Tel：0556-5284660
安庆三县尖生态旅游开发有限公司
地址：安徽省安庆市宜秀区北部新城学苑大厦六楼
……………………Tel：0556-5338760
安徽映山红旅游开发股份有限公司
地址：安徽省安庆市岳西县天堂镇建设西路117号
……………………Tel：0556-5766888
安徽省映山红大酒店股份有限公司
地址：安徽省安庆市岳西县天堂镇建设西路117号
……………………Tel：0556-5766888
司空山文化旅游有限公司
地址：岳西县天堂镇东山社区（天馨大道三水厂院内）
……………………Tel：0556-5770789
安庆碧桂园凤凰酒店有限公司
地址：安徽省安庆市迎江区秦潭湖南侧
……………………Tel：0556-5888888
安徽龙山凤水文化旅游发展有限责任公司
地址：安庆市宜秀区大桥管委会一楼
……………………Tel：0556-5939172
桐城市仙龙湖文化旅游发展有限公司
地址：安徽省桐城市文昌办事处
……………………Tel：0556-6181309
桐城市东方旅游发展有限公司
地址：安徽省桐城市孔城镇
……………………Tel：0556-6514901
安徽天紫大酒店有限公司
地址：安徽省安庆市桐城经济开发区龙腾路以南、高速公路以西
……………………Tel：0556-6697779
桐城市金瑞古井大酒店有限责任公司
地址：安徽省桐城市龙眠街道盛唐南路东侧金瑞古井大酒店A座A＃101
……………………Tel：0556-6966612
安徽桐城中坤旅游度假发展有限公司
地址：安徽省桐城市孔城镇孔城老街横街16号
……………………Tel：0556-6988111
宿松汉爵大酒店有限公司
地址：安徽省宿松县城门冲路1号（山水公园旁）
……………………Tel：0556-7596280
宿松县盛豪娱乐有限公司
地址：安徽省宿松县孚玉镇孚玉西路南侧
……………………Tel：0556-7777666
潜山县凯歌之王娱乐有限公司
地址：安徽省安庆市潜山县皖国新城小区S3＃楼二乔路9号
……………………Tel：0556-8356677
安徽湖田旅游开发有限公司
地址：安徽省潜山市龙潭乡湖田村
……………………Tel：0556-8383183
安徽七仙女国际大酒店有限公司
地址：安徽省安庆市潜山县天柱山路999号
……………………Tel：0556-8555777
潜山王府国际大酒店投资管理有限公司
地址：安徽省安庆市潜山县经济综合开发区
……………………Tel：0556-8827888
安徽全力集团全力国际大酒店有限公司
地址：安徽省安庆市天柱山古牧羊河
……………………Tel：0556-8968501
宿州交通文化旅游投资集团有限公司
地址：安徽省宿州市经济技术开发区南环七路南侧、拂晓大道东侧
……………………Tel：0557-2399968
安徽佳昱娱乐传媒有限公司
地址：安徽省宿州市高新区阿尔法游戏创梦产业园竹邑路3376号3楼305室
……………………Tel：0557-2880177
宿州嘉丽华酒店管理有限公司
地址：宿州市高新区呈泰创新大厦20层
……………………Tel：0557-2975678
宿州国际大酒店有限责任公司
地址：安徽省宿州市经济技术开发区金海

大道南方国际花园A区
……………………Tel：0557-6888888
泗县粤海竹柳生态农业旅游开发有限公司
地址：安徽省宿州市泗县当涂现代产业园
……………………Tel：0557-7029707
泗县运河人家文化旅游发展有限公司
地址：安徽省宿州市泗县北部新城花园路东段通济路1号
……………………Tel：0557-7355008
泗县鼎盛交通文化旅游投资有限公司
地址：安徽省宿州市泗县泗城镇泗州大道57号
……………………Tel：0557-7555668
阜阳天域酒店管理有限公司
地址：安徽省阜阳市颍州区阜南路55号银座大厦2201室
……………………Tel：0558-2197171
阜阳国际大酒店有限公司
地址：安徽省阜阳市颍州区清河东路599号
……………………Tel：0558-2198999
阜阳新濠娱乐有限公司
地址：安徽省阜阳市颍州区人民西路106号
……………………Tel：0558-2222999
阜阳市蓝鼎公爵娱乐有限公司
地址：安徽省阜阳市颍州区清河街道西湖大道123号浙商大道301-302
……………………Tel：0558-2255555
安徽中豪旅游开发有限公司
地址：安徽省阜阳市颍东区和谐路和谐家园
……………………Tel：0558-2288999
安徽舞洋健身娱乐管理有限责任公司
地址：阜阳开发区纬三路456号
……………………Tel：0558-2339966
阜阳市慧森餐饮集团有限公司
地址：安徽省阜阳市颍州区淮河路宝龙广场写字楼1301室
……………………Tel：0558-2557999
安徽谭府辉佳饮食管理有限公司
地址：颍上经济开发区经五路西侧高铁南侧
……………………Tel：0558-2827233
界首市恒兴旅游开发有限公司
地址：界首市人民东路北侧
……………………Tel：0558-2831889
颍上县慎安文化旅游发展有限公司
地址：安徽省颍上县慎城镇迎宾大道财政局四楼
……………………Tel：0558-3900690
临泉县文化旅游投资有限公司
地址：临泉县城关街道办前进路66号
……………………Tel：0558-3965698
安徽八里河旅游开发有限公司
地址：安徽省阜阳市颍上县八里河镇
……………………Tel：0558-4585005
亳州市都市之光休闲娱乐广场有限公司
地址：安徽省亳州市谯城区魏武大道南段路西
……………………Tel：0558-5131233
亳州药都旅游发展有限公司
地址：亳州市谯城区药都大道1366号
……………………Tel：0558-5136136
亳州市古井大酒店有限责任公司
地址：安徽省亳州市谯陵南路
……………………Tel：0558-5226513
亳州文化旅游控股集团有限公司
地址：安徽省亳州市谯城区荷叶路建安文化广场五位一体楼D座
……………………Tel：0558-5551030
亳州市文化旅游发展有限责任公司
地址：亳州市谯城区和平西路南侧药王大道西侧（亚珠加油站与西外环路交叉口路西）
……………………Tel：0558-5551199
亳州市谯城区中际大酒店有限公司
地址：亳州市谯城区魏武大道西侧368号
……………………Tel：0558-5822888
临泉县美味喜梦客餐饮管理有限公司
地址：临泉县城东街道办新建东路南侧水榭花都小区北门西侧10-13间
……………………Tel：0558-6180068
安徽天筑豪逸大酒店有限公司
地址：阜南县鹿城镇南阳大道
……………………Tel：0558-6658888
阜南县祥源生态文化旅游开发有限公司
地址：阜南县经济开发区府后路23号
……………………Tel：0558-6789666
祥源颍淮生态文化旅游区开发有限公司
地址：阜阳市颍泉区阜阳市生态园欧阳修路666号
……………………Tel：0558-6801191
安徽祥源文化旅游城投资有限公司
地址：安徽省阜阳市颍州区人民西路1213号祥源文化旅游城文化旅游展示中心0室
……………………Tel：0558-6801191
阜阳市乾宫娱乐有限公司
地址：安徽省阜阳市颍州区清河办卜子社区卜子东路天英宝鼎商城4栋五层
……………………Tel：0558-6889999
亳州市小猪泰德文化娱乐有限公司
地址：涡阳县城关街道九龙城303-315号
……………………Tel：0558-7561898
蒙城县梦蝶文化旅游开发有限公司
地址：亳州市蒙城县庄子大道66号
……………………Tel：0558-7656005
蒙城县温莎娱乐服务有限责任公司
地址：蒙城县玖隆国际城市综合体13＃楼401铺
……………………Tel：0558-7686770
安徽帝景酒店管理有限公司
地址：太和县长征路晶宫世纪城2号楼108铺（申报承诺）
……………………Tel：0558-8228777
太和县嘉园娱乐有限公司
地址：太和县大新镇沙颍河南向西500米
……………………Tel：0558-8608666
太和县镜湖众筹餐饮管理有限公司
地址：太和县健康路镜湖宾馆门面楼二楼
……………………Tel：0558-8666656
淝河湾餐饮管理有限公司
地址：安徽省亳州市利辛县党校
……………………Tel：0558-8948888
利辛县天昱酒店管理有限公司
地址：安徽省亳州市利辛县城关镇文州路778号
……………………Tel：0558-8956811
黄山卫康餐饮管理服务有限公司
地址：黄山市屯溪区环城北路74号
……………………Tel：0559-2178588
黄山悦榕旅游发展有限公司
地址：安徽省黄山市黟县宏村镇政务新区
……………………Tel：0559-2265000
黟县徽黄旅游发展（集团）有限公司
地址：安徽省黄山市黟县碧阳镇直街71号
……………………Tel：0559-2266606
黄山市申江假日酒店有限公司
地址：安徽省黄山市屯溪区新安北路与生态路交汇口
……………………Tel：0559-2312222
黄山市金源大酒店投资管理有限公司
地址：黄山市屯溪区阳湖镇稽灵山路1号
……………………Tel：0559-2315598
黄山市维笙徽州皖韵假日酒店有限公司
地址：黄山市屯溪区花山路14号
……………………Tel：0559-2326666
黄山旅游玉屏房地产开发有限公司
地址：安徽省黄山市屯溪区齐云大道8号
……………………Tel：0559-2329022
黄山同聚食业集团有限公司
地址：黄山市屯溪区黄山东路111号
……………………Tel：0559-2516198
黄山市市域旅游铁路投资发展有限公司
地址：安徽省黄山市屯溪区黄山西路76号
……………………Tel：0559-2530207
黄山市申江餐饮娱乐有限公司
地址：安徽省黄山市屯溪区新安北路与生态路交汇口
……………………Tel：0559-2570266
黄山旅游集团有限公司
地址：安徽省黄山市屯溪区天都大道天都大厦901号
……………………Tel：0559-2588083
黄山港荣酒店投资管理有限公司
地址：安徽省黄山市屯溪区滨江东路12号
……………………Tel：0559-2589636
黄山华茂国际大酒店有限公司
地址：安徽省黄山市屯溪区前园南路54号
……………………Tel：0559-2591201
美丽之冠（黄山）文化旅游发展有限公司
地址：黄山市徽州区龙井三路168号玫瑰花城一期39幢（1、2楼）
……………………Tel：0559-2591710
黄山市祁红文化旅游发展有限公司
地址：安徽省祁门县政务新区综合办公楼三楼
……………………Tel：0559-4518661
黄山秘境旅游开发有限公司
地址：安徽省黄山市黟县碧阳镇北街15号
……………………Tel：0559-5525766
黟县沃阁驿墅酒店有限公司
地址：安徽省黄山市黟县宏村镇龙江村墩下
……………………Tel：0559-5528888
黄山鲁徽酒店投资开发有限公司
地址：安徽省黄山市黄山区汤口镇岗村村小岭下010号
……………………Tel：0559-5579667
黄山旅游发展股份有限公司
地址：安徽省黄山市屯溪区天都大道5号（天都国际饭店D座16-18楼）
……………………Tel：0559-5580559
黄山金浦东邑酒店有限公司
地址：安徽省黄山市黄山区汤口镇汤川路128号
……………………Tel：0559-5586688
黄山唐湖五棵松酒店有限责任公司
地址：黄山市歙县桂林镇金三角华通国际城物流7幢0101室
……………………Tel：0559-6527511
齐云山投资集团有限公司
地址：安徽省黄山市休宁县齐云山镇岩前村
……………………Tel：0559-7509999
黄山横江半塔房地产开发有限公司
地址：安徽省黄山市休宁县新城区
……………………Tel：0559-7513710
黄山君能旅游资源有限公司
地址：安徽省黄山市休宁县凤湖烟柳度假村[皖赣铁路以南]
……………………Tel：0559-7513710
安徽远华国际大酒店有限公司
地址：安徽省黄山市休宁县海阳镇黄山北路御华园酒店
……………………Tel：0559-7532333
黄山幸福新世界酒店有限公司
地址：黄山市休宁县经济开发区黄山北路四号
……………………Tel：0559-7768888
黄山幸福新世界公寓酒店有限公司
地址：黄山市休宁县经济开发区黄山北路四号
……………………Tel：0559-7768888
黄山云渡旅游开发有限公司
地址：安徽省黄山市黄山区忻安华庭1号楼1单元302室
……………………Tel：0559-8531114
黄山福村旅游集团有限公司
地址：黄山市黄山区耿城镇辅村村
……………………Tel：0559-8551518
黄山东部开发投资有限公司
地址：黄山市黄山区谭家桥镇悟了大道3号
……………………Tel：0559-8556636
黄山太平湖文化旅游有限公司
地址：黄山市黄山区太平湖镇太平湖管委会
……………………Tel：0559-8561512
黄山市黄山区超越神话娱乐有限公司
地址：黄山市黄山区玉河公园南侧南山财富广场2号楼
……………………Tel：0559-8566666
黄山盛高半岛房地产发展有限公司
地址：安徽省黄山市黄山区太平湖绍岭湾
……………………Tel：0559-8566945
淮北安兴古镇文化旅游开发有限责任公司
地址：安徽省淮北市相山区长山路159号隋唐运河古镇开运街6＃街区古韵丹亭
……………………Tel：0561-3029811
淮北市南湖酒店运营管理有限公司
地址：安徽省淮北市烈山区沱河路北、花山路西
……………………Tel：0561-3388009
安徽淮海实业集团相王现代服务有限公司
地址：安徽省淮北市煤城路1号
……………………Tel：0561-3808970
濉溪富兴文化旅游产业发展有限公司
地址：濉溪县濉溪镇幸福家园二期12号写字楼17层
……………………Tel：0561-6091305
铜陵地华旅游发展有限公司
地址：安徽省铜陵市淮河大道北段111号铜官山区公共服务中心二楼
……………………Tel：0562-2199001
安徽逸顿国际大酒店有限公司
地址：安徽省铜陵市开发区
……………………Tel：0562-2886012
铜陵大通文化旅游发展有限公司
地址：安徽省铜陵市铜都大道南段8699号
……………………Tel：0562-2896104
金九国际酒店管理有限公司
地址：安徽省铜陵市学士路与规划景观大道交叉口处西南侧
……………………Tel：0562-3619019
安徽铜雀台国际大酒店有限公司
地址：铜陵市义安区江南文化园
……………………Tel：0562-8877777
广德宏华文化娱乐有限责任公司
地址：安徽省广德桃州镇横山南路（华东大酒店后二楼南边）
……………………Tel：0563-2912968
宣城文化旅游集团股份有限公司
地址：安徽省宣城市宣州区鳌峰大街南侧
……………………Tel：0563-3020966
宁国花样年华娱乐有限公司
地址：宁国市凤行路（凤行路与津河西路交叉口）
……………………Tel：0563-4014019
宁国鼎圣国际娱乐有限责任公司
地址：宁国市宁城北路与津河东路交叉口
……………………Tel：0563-4110941
宁国市青龙湾文化旅游投资有限公司
地址：宁国市竹峰街道办事处用塘码头
……………………Tel：0563-4237059
安徽印象皖南集团控股有限公司
地址：安徽省宣城市泾县泾川镇谢园东路中国宣纸城旅游集散中心
……………………Tel：0563-5102083
泾县千年古宣文化旅游有限公司
地址：安徽省宣城市泾县绿宝商业街9幢919号、920号
……………………Tel：0563-5102658
乐驰文化旅游投资有限公司
地址：泾县泾川镇谢园东路中国宣纸城旅游集散中心
……………………Tel：0563-5105035
安徽皖南印象文化旅游股份有限公司
地址：安徽省宣城市泾县泾川镇谢园东路中国宣纸城旅游集散中心
……………………Tel：0563-5105035
宁国真也农林文化旅游发展有限公司
地址：宁国市青龙乡青龙村
……………………Tel：0563-5185999
安徽省戴菲国际酒店有限公司
地址：宁国市人民路津北村综合楼
……………………Tel：0563-5186666
广德县五龙山生态旅游开发有限公司
地址：安徽省广德县天官山路9号（县林业局办公楼）
……………………Tel：0563-6039116
旌德海螺国际大酒店有限公司
地址：安徽省宣城市旌德县旌阳镇江村大道城东路
……………………Tel：0563-8029798
绩溪县文化旅游投资发展有限公司
地址：安徽省宣城市绩溪县华阳镇龙川大道商务街区6号地块A-7幢（三楼）
……………………Tel：0563-8159693
绩溪徽文化旅游发展有限公司
地址：安徽省宣城市绩溪县华阳镇望徽路2号电信局老楼3楼
……………………Tel：0563-8168186
安徽绩溪龙须山旅游开发有限公司
地址：安徽省宣城市绩溪县华阳镇步行街A楼
……………………Tel：0563-8169999
绩溪县多利国际大酒店有限公司
地址：安徽省宣城市绩溪县瀛洲乡仁里村
……………………Tel：0563-8179787
绩溪新城国际大酒店有限公司
地址：安徽省宣城市绩溪县龙川大道252号
……………………Tel：0563-8179787
旌德县好风景酒店管理有限公司
地址：安徽省宣城市旌德县三溪镇霍家桥村
……………………Tel：0563-8608578
安徽溪庐湾娱乐管理有限公司
地址：六安市裕安区东大街与淠河路交汇处华邦新华城77＃综合楼商业二楼
……………………Tel：0564-2528888
金寨响洪甸旅游开发有限公司
地址：安徽省六安市金寨县响洪甸镇齐云村
……………………Tel：0564-3219989
六安市帅府生态农业综合开发有限公司
地址：安徽省六安市金安区木厂镇五里桥村
……………………Tel：0564-3225928
安徽六安盛恒餐饮有限公司
地址：安徽省六安市皖西西路10号
……………………Tel：0564-3320290
六安嘉地酒店投资管理有限公司
地址：六安市金安区长安路六安城投大厦2601室
……………………Tel：0564-3696392
霍山大别山文化旅游发展投资有限公司
地址：安徽霍山经济开发区高桥湾路
……………………Tel：0564-5020083
六安帝财酒店管理有限公司
地址：安徽省六安市霍山县淠河西路138号
……………………Tel：0564-5022691
安徽霍山县云尚娱乐服务有限公司
地址：安徽省六安市霍山经济开发区
……………………Tel：0564-5105678
安徽大王通通文化旅游发展有限公司
地址：安徽省六安市霍山县衡山镇迎驾厂社区
……………………Tel：0564-5108179
安徽华宸文化旅游发展有限公司
地址：安徽省六安市霍山县上土市镇陡沙河温泉小镇2＃楼1楼
……………………Tel：0564-5226868
兴茂旅游股份有限公司
地址：六安市金安区三十铺镇悠然蓝溪景区内
……………………Tel：0564-5306666
六安曙光国际大酒店有限公司
地址：安徽省六安经济技术开发区许继慎路888号
……………………Tel：0564-5308888
金寨县龙子餐饮管理有限公司
地址：安徽省六安市金寨县梅山镇明发城市广场35＃商业楼3楼
……………………Tel：0564-7062875
金寨大饭店有限公司
地址：金寨县梅山镇金叶路与红军大道交叉口
……………………Tel：0564-7339780
金寨鸿福花园粤海酒店有限公司
地址：安徽省六安市金寨县梅山镇江店新城区纬九路

……Tel：0564-7388888

舒城万佛湖旅游管理实业有限公司
地址：安徽省六安市舒城万佛湖镇
……Tel：0564-8535998

安徽乐道娱乐发展有限公司
地址：安徽省池州市站前区长江南路兴惠广场3号楼
……Tel：0566-2026600

池州杏花园文化旅游发展有限公司
地址：安徽省池州市贵池区福康路1号
……Tel：0566-2216819

池州市石城城镇化投资有限公司
地址：安徽省池州经济技术开发区东湖北路新港花园3号商业楼
……Tel：0566-2226275

池州市秀山旅游业发展有限公司
地址：安徽省池州市和平路十五库2号楼
……Tel：0566-2749999

池州地华旅游发展有限公司
地址：安徽省池州市九华山风景区九华乡柯村老街
……Tel：0566-2821222

安徽金九华国际大酒店有限公司
地址：安徽省池州市九华山风景区柯村新区
……Tel：0566-2828888

安徽九华青旅游发展股份有限公司
地址：安徽省池州市青阳县朱备镇将军路2号
……Tel：0566-3261128

安徽九华山文化旅游集团有限公司
地址：安徽省池州市翠柏中路218号
……Tel：0566-3300300

青阳四季永逸酒店投资管理有限公司
地址：安徽省池州市青阳县蓉城镇滨湖东路与莲花路交叉口东南侧
……Tel：0566-5115879

安徽大渡口国际假日酒店有限公司
地址：安徽省池州市大渡口经济开发区
……Tel：0566-5299777

安徽九华山旅游发展股份有限公司
地址：安徽省池州市九华山风景名胜区九华街
……Tel：0566-5578829

丽津文化旅游发展有限公司
地址：东至县大渡口镇经济开发区八百通物联网产业园4幢一层二室
……Tel：0566-8900001

东至明发国际大酒店有限公司
地址：东至县尧渡镇东流大道与集贤西路交叉口处
……Tel：0566-8928777

福建省

福建省超温旅游管理有限公司
地址：福建省福州市马尾区琅岐镇南兜89号南山楼三楼30205号房（自贸试验区内）
……Tel：0591-07515853

创元（福建）大酒店有限公司
地址：福建省福清市音西清昌大道101号
……Tel：0591-22111111

福建省壹立方餐饮管理有限公司
地址：福建省福州市闽侯县南通镇鑫洲路5号2#1F-101
……Tel：0591-22212767

闽清启源大酒店有限公司
地址：闽清县梅城镇解放大街65号
……Tel：0591-22332890

福州创禄贸易有限公司
地址：福州市台江区鳌峰街道鳌江路8号福州金融街万达广场二期C1#写字楼22层07室
……Tel：0591-22857987

福建新东阳体育娱乐有限公司
地址：闽侯县上街镇国宾大道588号
……Tel：0591-22871678

福建欢乐频道娱乐有限公司
地址：福州市五一广场古田路83号欢乐频道大楼
……Tel：0591-22871678

福建金水湖企业集团有限公司
地址：福州市闽侯县竹岐乡竹西村
……Tel：0591-22995507

福建同元龙旺文化古镇旅游开发有限公司
地址：闽侯县竹岐乡竹岐街151号
……Tel：0591-22995555

清控天诚（平潭）旅游产业有限公司
地址：平潭综合实验区金井湾片区商务营运中心6号楼5层511室-392（集群注册）
……Tel：0591-23153666

福建安也餐饮管理有限责任公司
地址：福建省福州市闽侯县甘蔗街道入城路139号东利楼7层
……Tel：0591-2399988

平潭万丰旅游实业有限公司
地址：平潭县潭城镇西航路康德别墅A区
……Tel：0591-24172737

平潭海坛渡假娱乐有限公司
地址：平潭县潭城镇翠园路苗甫内
……Tel：0591-24333348

福州青云山御温泉酒店有限公司
地址：永泰县岭路乡潭后村转头山
……Tel：0591-24588888

福建省永泰县百际沟旅游发展有限公司
地址：永泰县同安镇芹草村百 沟
……Tel：0591-24688688

连江县正仁餐饮管理有限公司
地址：福建省福州市连江县敖江镇丹凤东路61号三楼
……Tel：0591-26130882

连江县壹号公馆娱乐有限公司
地址：连江县凤城镇金安西路2号龙芝国际商业广场5层
……Tel：0591-26201111

福建连江桃园体育娱乐有限公司
地址：连江县潘渡乡贵安村
……Tel：0591-26290688

连江县贵安温泉旅游开发建设有限公司
地址：连江县潘渡乡贵安村
……Tel：0591-26297373

福建西溪温泉森林旅游度假有限公司
地址：连江县潘渡贵安洋头西溪林果场
……Tel：0591-26298888

福州悦谷酒店管理有限公司
地址：福州市连江县潘渡乡东雁村支部委员会办公楼旁二层商业楼一层
……Tel：0591-26660333

福建龙浩新材料科技有限公司
地址：福建省福州市罗源县松山镇江滨南路1号罗源湾开发区管委会四楼
……Tel：0591-26935918

福建皇家集团有限公司
地址：福建省连江县凤城镇丹凤东路1号
……Tel：0591-27562911

福建皇家集团有限公司
地址：福建省连江县凤城镇丹凤东路1号
……Tel：0591-27562911

福建省金伯健康产业投资有限公司
地址：福州市仓山区建新镇金山大道618号金山工业区桔园洲园85#楼（34#厂房附属楼）3楼
……Tel：0591-28052690

福建成艺娱乐有限公司
地址：福建省福州市仓山区建新镇后巷路12号11#楼A2层03-3
……Tel：0591-28056158

福建省新马会旅游开发有限公司
地址：福建省福州市连江县潘渡乡贵安村科技大楼305室
……Tel：0591-28081888

福建超大全求吃餐饮管理有限公司
地址：福建省福州市仓山区盖山镇江边村上道166号-1-2165（自贸试验区内）
……Tel：0591-28378888

福州航空旅游集团有限公司
地址：福建省福州市长乐区漳港街道海鲜街5号
……Tel：0591-28629696

福州凯悦大酒店有限公司
地址：福州市鼓楼区树汤路172号东汤小区7号楼4-8层
……Tel：0591-38052888

福建璞璟温泉酒店有限公司
地址：福建省福州市鼓楼区五凤街道福飞南路156号
……Tel：0591-38077777

福州万力酒店管理有限公司
地址：福州市台江区鳌峰街道江滨中大道366号
……Tel：0591-38162777

福建盛世经典餐饮管理有限公司
地址：福州市闽侯县竹岐乡白龙村、春风村
……Tel：0591-38171517

罗源湾茂源酒店投资有限公司
地址：福建省福州市罗源县罗源湾开发区江滨南路1号
……Tel：0591-38190580

福州明谷酒店有限公司
地址：福州市鼓楼区温泉公园路8号福州温泉博物馆体验区内
……Tel：0591-3850002

福建花成餐饮管理服务有限公司
地址：福建省福州市仓山区建新镇金山大道418号汇创名居19号楼1层18店面
……Tel：0591-38505067

福清市金鹰大酒店有限公司
地址：福清市元洪路金融城
……Tel：0591-38537652

福建瑞鑫大酒店实业有限公司
地址：福清市音西街道清昌大道38号
……Tel：0591-38766666

福清多福大酒店有限公司
地址：福清市融侨经济技术开发区
……Tel：0591-38775987

福州连兴餐饮管理有限公司
地址：福建省福州市台江区义洲街道夺锦标弄62号三层-179室
……Tel：0591-5601336

福州泳泰旅游有限公司
地址：福建省福州市永泰县葛岭镇旅游路7号
……Tel：0591-62270183

福州香米拉酒店投资有限公司
地址：福建省福州市永泰县城峰镇洋亭路3号2号楼
……Tel：0591-62279999

福州闽商酒店管理有限公司
地址：福建省福州市闽侯县甘蔗街道新城区滨城大道69号闽商财富中心6层
……Tel：0591-62335988

福建同元文化古镇旅游开发有限公司
地址：福建省平潭县翠园南路与环岛路交叉口北侧，海坛古城衙门一楼
……Tel：0591-62525677

福建元尚文化古镇旅游开发有限公司
地址：平潭县环岛东路海坛古城衙门一期2号地3楼
……Tel：0591-62525677

罗源常青藤闽韵山海旅游建设管理有限公司
地址：罗源县凤山镇岐余农民新村107号
……Tel：0591-62571675

福州海瀛湾佰翔酒店有限公司
地址：福建省福州市长乐国际机场迎宾大道1号
……Tel：0591-62638888

福建和之洲酒店管理有限公司
地址：福建省福州市晋安区新店镇秀山路63号1#楼五层
……Tel：0591-62766666

福建省连江县鸿腾酒店有限公司
地址：福建省福州市连江县凤城镇敖江路9号
……Tel：0591-62999999

福建歌湖娱乐有限公司
地址：福建省福州市仓山区金山街道浦上大道276号仓山万达广场内购物中心娱乐楼三层部分区域A3-1、A3-2
……Tel：0591-63006666

福州锦颐大酒店有限责任公司
地址：福建省福州市台江区茶亭街道五一中路132号民航广场1#、2#楼连体综合二层01商场、1#-2#连体五层01商场
……Tel：0591-63023358

福建熊猫餐饮文化管理有限公司
地址：福建省福州市仓山区金山街道浦上大道208号红星点金商务中心2幢19层01单元
……Tel：0591-63023666

福州私享家花园酒店管理有限公司
地址：福建省福州市仓山区金山街道金山大道589号金山大景城商业大楼4层01集中商场
……Tel：0591-63506888

福建省平潭涵碧楼旅游开发有限公司
地址：平潭县潭城镇西航路西桂园九号楼二单元D区401
……Tel：0591-6785858

福州红鑫国惠餐饮有限公司
地址：福建省福州市台江区鳌峰路10号红星苑三期商场5楼整层及一楼大堂部分
……Tel：0591-83162888

福建华腾森实业有限公司
地址：福建省福州市晋安区宦溪镇 石由村民委员会办公楼130室
……Tel：0591-83301177

福建惠利餐饮管理有限公司
地址：福州市鼓楼区古东街道井大路七星井新村B28座404单元
……Tel：0591-83321363

福建极熠天悦投资发展有限公司
地址：福建省福州市马尾区马尾镇船政路南侧海西机电科技大厦东塔楼19层03办公（自贸试验区内）
……Tel：0591-83325222

喜来乐股份有限公司
地址：福建省福州市台江区五一中路115号运通大厦二层
……Tel：0591-83331333

澳柯（平潭）发展有限公司
地址：平潭综合实验区芦洋乡产业服务中心
……Tel：0591-83333686

福州欣景博科技有限公司
地址：福建省福州市鼓楼区水部街道五一北路129号榕城商贸中心15层03室
……Tel：0591-83333737

福清兴融物业管理有限公司
地址：福清市福俱大道
……Tel：0591-83362231

福建阳光假日大酒店
地址：福州市台江区高桥路26号
……Tel：0591-83365333

福建省好世界娱乐有限公司
地址：福建省福州市鼓楼区西二环中路60号好世界综合楼1-2层
……Tel：0591-83388888

福州螺洲生态文化旅游开发有限公司
地址：福州市仓山区螺洲街10号2F-107室
……Tel：0591-83536370

福州市壹捌壹柒餐饮有限公司
地址：福建省福州市仓山区金山街道金康路156号（建新大道东侧）中庚城1号、2号连接体2层02集中式商场5号店面-A
……Tel：0591-83561718

福州市马尾区元华酒店管理有限公司
地址：福建省福州市马尾区琅岐镇新道路408号鸿鑫楼20731号房（自贸试验区内）
……Tel：0591-83621215

福建味象餐饮管理有限公司
地址：福建省福州市台江区鳌峰街道光明南路1号（原鳌峰路南侧）升龙大厦办公主楼21层09办公-3
……Tel：0591-83628817

福建崇宇传媒有限公司
地址：福建省福州市闽清县桔林乡四宝村81号
……Tel：0591-83628817

福建海中舟实业发展有限公司
地址：福建省福州市晋安区鼓山镇福新东路478号盛丰大厦13层
……Tel：0591-83652777

福建星纳娱乐有限公司
地址：福建省福州市仓山区建新镇金山投资区金榕北路6号2号楼501室、502室
……Tel：0591-83661101

福建五谷丰登餐饮管理有限公司
地址：福建省福州市马尾区昭忠路马限山船政文化街区C6区
……Tel：0591-83699555

聚顺利本餐饮管理有限公司
地址：福建省福州市台江区国货东路70号榕禾花园综合一层A区06号
……Tel：0591-83701629

福建铂仕餐饮管理有限公司
地址：福州市鼓楼区安泰街道新权南路12号金福商厦1#楼03铺位
……Tel：0591-83711322

福建宝岛咖啡餐饮管理有限公司
地址：福建省福州市鼓楼区园 街73号5号楼二层201室
……Tel：0591-83756676

福州坊巷酒店有限公司
地址：福州市鼓楼区南街街道福州市三坊七巷历史文化街区配套服务用房南后街段B1号楼1层55商铺（南后街130号）
……Tel：0591-83766679

福州双建实业有限公司
地址：福州市晋安区华林路417号黄金大酒店5-7层
……Tel：0591-83788088

福建睦和实业发展有限公司
地址：福州市鼓楼区光荣路左海公园南侧
……Tel：0591-83788088

福建太顺娱乐有限公司
地址：福建省福州市鼓楼区安泰街道新权南路12号金福大厦1#楼4层05室-7
……Tel：0591-83875888

福州绿岛大酒店有限公司
地址：福州市仓山区三高路中段先锋商贸城7号楼
……Tel：0591-83877087

福州汇特美食娱乐有限公司
地址：福州开发区罗星西路1号（自贸试验区内）
……Tel：0591-83988967

福建纵合娱乐管理有限公司
地址：福建省福州市晋安区王庄街道福新中路89号和声工商大厦07店面
……Tel：0591-83992111

福清融侨大酒店有限公司
地址：福建省福州市福清市音西街道清昌大道1号
……Tel：0591-85285018

福建后溪恒源酒店管理有限公司
地址：福建省福州市福清市一都镇后溪村
……Tel：0591-85303777

爹地宝贝股份有限公司
地址：福清市新厝镇蒜岭村
……Tel：0591-85368198

福建永鸿文化旅游发展有限公司
地址：福建省福州市福清市海口镇岑兜村双林公园
……Tel：0591-85517888

珍享餐饮管理（福建）有限公司
地址：福建省福州市福清市城头镇元洪区
……Tel：0591-85519507

福建华强山庄酒店有限公司
地址：福州市元洪投资区（海口元华路塔仔门）
……Tel：0591-85533997

福建省龙昇旅游开发集团有限公司
地址：福清市龙田镇东壁岛海滨村
……Tel：0591-85785666

福建嘉兴达贸易有限公司
地址：福清市音西街道音西村
……Tel：0591-86090195

平潭首创旅游发展有限公司
地址：平潭县潭城镇九一六北路西侧鑫鑫

名郡第2幢10层1001号房
……………… Tel：0591-86160256
平潭旅游股份有限公司
地址：平潭综合实验区金井湾商务营运中心5号楼11层
……………… Tel：0591-86177755
福州鑫宇娱乐有限公司
地址：福建省福州市仓山区三高路152号海通广场1号楼4层整层
……………… Tel：0591-86856999
福建闽创通科技有限责任公司
地址：福建省福州市鼓楼区西洪路528号29＃楼4层4027
……………… Tel：0591-87271231
福建京台和悦酒店管理有限公司
地址：福建省福州市平潭县前湖路222号龙居华侨城小区三期C18＃楼102
……………… Tel：0591-87276592
福州海元贸易有限公司
地址：福建省福州市鼓楼区树汤路98号凯悦大酒店附属楼1-3楼
……………… Tel：0591-87278388
福建嘿派娱乐文化发展有限公司
地址：福建省福州市马尾区图书馆第四层（自贸试验区内）
……………… Tel：0591-87306730
福建包少匠餐饮管理有限公司
地址：福州市晋安区金城民营科技工业集中区5号楼
……………… Tel：0591-87319662
福建旅游投资集团有限公司
地址：福建省福州市鼓楼区鼓东街道湖东路171号中旅大厦闽江苑A座6层
……………… Tel：0591-87501982
福州市福旅寿山旅游有限公司
地址：福建省福州市晋安区寿山乡岭头街38号福州市晋安区寿山乡企业服务中心大楼908室
……………… Tel：0591-87509790
福建闽江柏联温泉洗浴有限公司
地址：福州市五四路130号(闽江饭店内)
……………… Tel：0591-87520103
福建前沿娱乐有限公司
地址：福州市仓山区三高路85号先锋农贸市场（绿岛大酒店）南边二层西向
……………… Tel：0591-87520592
福州闽东大酒店有限公司
地址：福建省福州市鼓楼区东街街道东街83号福建国际青年交流中心17层09写字间
……………… Tel：0591-87529522
福州市晋安区鑫濠汇娱乐有限责任公司
地址：福建省福州市晋安区岳峰镇长乐北路95号1＃楼2层01室、3层01室
……………… Tel：0591-87550029
福州伊思密娱乐俱乐部有限公司
地址：福建省福州市鼓楼区华大街道北二环中路北侧、福飞南路东侧恒力博纳广场（南区）连接第二层05歌舞厅
……………… Tel：0591-87550029
福州亿驰娱乐有限公司
地址：福建省福州市鼓楼区华大街道北二环中路北侧、福飞南路东侧恒力博纳广场（南区）第三层05歌舞厅和第四层02歌舞厅及桃板
……………… Tel：0591-87550029
福州市国色天香娱乐有限公司
地址：福建省福州市鼓楼区水部街道六一路558号金三桥大厦三层
……………… Tel：0591-87550029
福州市新盟实业有限公司
地址：福建省福州市仓山区建新镇半道村联建新苑一区4号楼一层05店面
……………… Tel：0591-87550197
福建闽源隆旺餐饮管理有限公司
地址：福建省福州市马尾区儒江东路136号阳光城世纪广场办公楼C＃楼3层19办公（自贸试验区内）
……………… Tel：0591-87550197
福建京元餐饮管理有限公司
地址：福建省福州市鼓楼区鼓东街道中山路23号工业品交易中心大楼二层
……………… Tel：0591-87550679
福建澳翔旅游发展有限公司
地址：福州市闽侯县荆溪镇绿洲家园B区A08
……………… Tel：0591-87553098
福建省天晴互动娱乐有限公司
地址：福建省福州市长乐区湖南镇大鹤村
……………… Tel：0591-87555588
福建神州同泰集团有限公司
地址：福州市鼓楼区梁厝路5号华雄大厦1号楼14层C区02室
……………… Tel：0591-87559999
福州凯欣娱乐有限公司
地址：福州经济技术开发区11号小区
……………… Tel：0591-87618638
福建省旅游发展集团有限公司
地址：福建省福州市鼓楼区五四路71号国贸广场25楼
……………… Tel：0591-87620188
福建省有谷集团有限公司
地址：福州市鼓楼区东街123号航空大厦15层
……………… Tel：0591-87621817
星际（福建）信息科技发展有限公司
地址：福州市鼓楼区五四路71号国贸广场19层
……………… Tel：0591-87666976
福州尚品餐饮有限公司
地址：福州市鼓楼区省府路肖威新村二层
……………… Tel：0591-87670888
福州聚春园集团有限公司
地址：福州市鼓楼区东街2号
……………… Tel：0591-87678997
福建省佛跳墙餐饮产业发展有限公司
地址：福建省福州市鼓楼区东街2号五层
……………… Tel：0591-87678997
福建福旅旅游股份有限公司
地址：福建省福州市鼓楼区湖东路171号五层B座西侧
……………… Tel：0591-87713835
福建希尔顿假日大酒店有限公司
地址：福州市五四北路新店镇南平路
……………… Tel：0591-87719788
福州市马尾区山水生态旅游文化发展有限公司
地址：福州市马尾区湖里路27号2＃楼2Z-11B室（自贸试验区内）
……………… Tel：0591-87810008
福州承创堂药膳餐饮管理有限公司
地址：福建省福州市晋安区沁园支路红星大院金桂楼4楼401
……………… Tel：0591-87828782
福州西湖大酒店
地址：福州市湖滨路158号
……………… Tel：0591-87839888
福建佳客来食品股份有限公司
地址：福建省福州市马尾区长安路1号（自贸试验区内）
……………… Tel：0591-87877775
福建洛贝斯贸易有限公司
地址：福建省福州市台江区后洲街道玉环路10号中亭街改造利生苑1＃楼5层04室-10
……………… Tel：0591-87892801
福建华丰贺氏餐饮管理有限公司
地址：福州开发区长安投资区长盛路2＃长天工业园2＃楼四层工业厂房403室（自贸试验区内）
……………… Tel：0591-87921631
福建依云房车旅游有限公司
地址：福建省晋安区新店镇井店一路2号君临香格里C区（原秀峰路与井店路交叉处）1＃楼1层03店面
……………… Tel：0591-87922588
福州华威汽车驾训有限公司
地址：福建省福州市仓山区盘屿路850号4＃楼4层
……………… Tel：0591-87956165
福州香格里拉酒店有限公司
地址：福州市鼓楼区新权南路9号
……………… Tel：0591-87988888
福建省榕坤酒店设备用品有限公司
地址：福建省福州市长乐区松下镇首祉村（长乐鑫和纺织有限公司内）
……………… Tel：0591-88067113
福建喊麦手娱乐有限公司
地址：福建省福州市鼓楼区鼓东街道五四路158号环球广场29层10室
……………… Tel：0591-88083006
福州晋都酒店有限公司
地址：福州市晋安区连江北路487号
……………… Tel：0591-88189888
福建省有伦餐饮管理有限公司
地址：福建省福州市仓山区金山街道洪湾中路201号金山公元7＃楼1层9-12店面
……………… Tel：0591-88202884
福州泽润实业有限公司
地址：福建省福州市鼓楼区鼓西街道通湖路172号保定大厦（原杨桥路东段四街区3＃楼）3层综合二层商场-F室
……………… Tel：0591-88280808
福建景都酒店投资管理有限公司
地址：福州市台江区后洲街道玉环路10号中亭街改造利生苑8＃楼10层01室
……………… Tel：0591-88287771
福建安吾洋实业有限公司
地址：福州市鼓楼区五一北路186号利嘉大世界三层
……………… Tel：0591-88310307
元速餐饮管理有限公司
地址：福建省福州市晋安区岳峰镇长乐北路116号立洲集团总部大厦17层1701-3号室
……………… Tel：0591-88352151
百胜餐饮（福州）有限公司
地址：福建省福州市鼓楼区五四路118号三盛国际中心21层01，02，03，05，12，13办公
……………… Tel：0591-88368136
福州万利会娱乐有限公司
地址：福州市鼓楼区北环中路21号1＃楼
……………… Tel：0591-88709999
爱在山水间（平潭）旅游发展集团有限公司
地址：平潭综合实验区金井湾片区商务营运中心
……………… Tel：0591-88773113
美丽之冠（平潭）国际旅游发展集团有限公司
地址：平潭综合实验区敖东镇苍海村原苍海小学内
……………… Tel：0591-88773113
柒星卡（平潭）旅游发展集团有限公司
地址：平潭县敖东镇向阳村六桥庄8号
……………… Tel：0591-88773113
平潭综合实验区旅游集团有限公司
地址：平潭综合实验区金井湾商务营运中心5号楼12层
……………… Tel：0591-88778089
福建圆融旅游休闲度假有限公司
地址：福建省福州市鼓楼区温泉公园路28号4层012
……………… Tel：0591-88805353
福建酷都娱乐投资有限公司
地址：福州市鼓楼区五凤街道福飞南路258号福泉花园7＃-9＃连接体夹层24＃商场
……………… Tel：0591-88814555
绿品餐饮股份有限公司
地址：福建省福州市鼓楼区软件大道89号福州软件园F区A楼5层
……………… Tel：0591-88833888
福建立品餐饮管理服务有限公司
地址：福州市仓山区三高路安静里22号住宅楼115单元
……………… Tel：0591-88886157
福州景城大酒店有限公司
地址：福州市鼓楼区六一北路468号福州景城大酒店
……………… Tel：0591-88983888
福州市米丹桂工贸有限公司
地址：福州市仓山区盖山镇齐安路756号（福湾工业区10号地块）GJ-13成衣车间二层（29）~（36）轴XA~D区域
……………… Tel：0591-88997939
长泰永隆置业发展有限公司
地址：长泰县马洋溪生态旅游区山重村
……………… Tel：0592-2591199
福建乐统房地产开发有限公司
地址：长泰县马洋溪生态旅游区
……………… Tel：0592-2591199
金绿（武夷山）大酒店有限公司
地址：武夷山市度假区大王峰南路5-C1号
……………… Tel：0592-3511770
福建华海宏国际旅游业有限公司
地址：厦门市同安区西柯一里六号楼302室
……………… Tel：0592-5081431
福建华鑫通国际旅游业有限公司
地址：厦门市同安区西柯一里六号楼301室
……………… Tel：0592-5366815
京洋洋餐饮管理有限公司
地址：福建省宁德市东侨经济开发区工业园区重汽公司A-7地块疏导点8幢101D
……………… Tel：0593-2063699
宁德市文化旅游发展有限公司
地址：福建省宁德市东侨经济开发区金马北路19号
……………… Tel：0593-2098855
宁德大歌星餐饮娱乐有限公司
地址：宁德市蕉城区天湖东路1号宁德万达广场三层
……………… Tel：0593-2312662
宁德聚和园大酒店有限公司
地址：福建省宁德市蕉城区漳湾镇新港路6号
……………… Tel：0593-2351003
宁德万富酒店管理有限公司
地址：福建省宁德市蕉城区天湖东路1号
……………… Tel：0593-2511111
宁德市金海湾大酒店有限公司
地址：宁德市东侨经济开发区闽东东路北侧正大路南侧港澳台侨联谊中心大楼
……………… Tel：0593-2577777
福建省唐城金海湾大酒店有限公司
地址：宁德市东侨经济开发区闽东东路北侧正大路南侧港澳台侨联谊中心大楼
……………… Tel：0593-2578787
宁德市三都澳大酒店有限公司
地址：宁德市迎宾路南侧东湖北侧三都澳迎宾馆综合楼一层
……………… Tel：0593-2936751
屏南圣阳鸳鸯溪旅游开发有限公司
地址：福建省宁德市屏南县双溪镇宜洋村65号
……………… Tel：0593-3302878
太姥山祥源旅游发展有限公司
地址：福建省宁德市福鼎市太姥山镇太姥山旅游集散服务中心2层
……………… Tel：0593-6111180
福安市新世纪银河工贸有限公司
地址：福安市解放路111号
……………… Tel：0593-6208866
福安市白云山风景名胜区旅游开发有限公司
地址：福建省宁德市福安市城南街道解放路52号
……………… Tel：0593-6393876
福安市津嘉缘贸易有限公司
地址：福安市赛岐经济开发区三江路18号
……………… Tel：0593-6990869
福建德兆海天旅游有限公司
地址：福建省宁德市福鼎市沙埕镇海滨南路27号
……………… Tel：0593-7805600
福建省金海旅游投资开发有限公司
地址：霞浦县松港街道东兴社区长溪路8号九龙商业街A号楼A601室
……………… Tel：0593-8952333
福建延寿山庄酒店管理有限公司
地址：莆田市城厢区龙桥街道延寿山庄内
……………… Tel：0594-2725533
莆田新光房地产开发有限公司
地址：莆田市荔城区东圳路红星美凯龙2＃楼帝源首座22层
……………… Tel：0594-2826816
莆田市九华经济发展有限公司
地址：莆田市荔城区西天尾镇荔园工业区（荔涵大道东北侧溪白村11组）
……………… Tel：0594-2882888
莆田市涵江建成大酒店有限公司
地址：莆田市涵江区涵东新区涵华小区457号（生产经营地：莆田市涵江区涵东街道卓坡路288号）
……………… Tel：0594-3566666
莆田市海神之星娱乐有限公司
地址：福建省莆田市秀屿区湄洲岛莲池澳东环岛北街1688号
……………… Tel：0594-5093588
莆田市必盛酒店管理有限公司
地址：福建省莆田市秀屿区笏石镇清塘大道108号
……………… Tel：0594-5199966
福建永鸿温泉大酒店有限公司
地址：仙游县鲤南镇温泉村
……………… Tel：0594-6158888
莆田天龙房地产有限公司
地址：莆田市城厢区沟头开发区
……………… Tel：0594-6661222
福建迪士尼娱乐有限公司
地址：福建省莆田市荔城区拱辰街道海丰中街1185号雅筑小区4号楼3梯1706室。
……………… Tel：0594-6698188
莆田市旅游投资集团有限公司
地址：福建省莆田市城厢区荔城中大道1366号国资大厦23层
……………… Tel：0594-6701708
莆田市湄洲岛旅游建设集团有限公司
地址：莆田市湄洲岛湄洲北大道1588号
……………… Tel：0594-6729152
福建帝宝花园大酒店有限公司
地址：莆田市荔城区镇海街道延寿南街319号
……………… Tel：0594-7556789
福建钟潭文化旅游投资有限公司
地址：福建省莆田市城厢区霞林村324国道公交南站三层北侧
……………… Tel：0594-7990345
莆田市大玩家娱乐有限公司
地址：莆田市城厢区霞林街道荔华东大道8号万达广场娱乐楼4F
……………… Tel：0594-7997688
仙游县豪门娱乐有限公司
地址：福建省莆田市仙游县鲤城街道公园街597-606号
……………… Tel：0594-8260666
莆田市盛世弘義娱乐集团有限公司
地址：福建省莆田市仙游县鲤城街道园滨东路309号201室
……………… Tel：0594-8599168
莆田市湄洲岛旅游服务有限公司
地址：莆田市湄洲岛湄洲北大道1588号
……………… Tel：0594-8958863
泉州市宏益国际酒店有限公司
地址：泉州市洛江区宏益国际城新南坊2楼
……………… Tel：0595-22072288
福建省海西天堂山旅游度假村有限公司
地址：福建省三明市尤溪县洋中镇天堂村
……………… Tel：0595-22237858
泉州太子酒店有限公司
地址：泉州经济技术开发区德泰路3-14（A）号
……………… Tel：0595-22358888
泉州市南莹君娱乐管理有限公司
地址：福建省泉州市鲤城区美食街温陵中心市场一层北侧
……………… Tel：0595-22370111
泉州市尚龙华信发展有限公司
地址：福建省泉州市惠安县崇武镇西沙湾海景花园5B1206

……………………Tel：0595－22500399
泉州鲤城假日娱乐有限公司
地址：泉州市鲤城区美食街温陵菜市场第一层及第一层的夹层
……………………Tel：0595－22500399
泉州市白鹤湾旅游度假有限公司
地址：泉州市惠安县东园镇下安村与张坂镇玉前村交界地段（沿海大通道东侧）
……………………Tel：0595－22592562
泉州海洋城旅游发展有限公司
地址：泉州市惠安县崇武青山湾（办公场所：泉州市惠安县山霞镇人民政府办公楼一楼）
……………………Tel：0595－22632222
福建省乐呵餐饮管理有限公司
地址：福建省泉州市丰泽区坪山路中段云谷工业区正路大厦8楼
……………………Tel：0595－22660665
泉州文化旅游发展集团有限公司
地址：福建省泉州市鲤城区温陵路354－1号富临新天地中侨财富中心1号楼25层
……………………Tel：0595－22730888
福建喜宴餐饮有限公司
地址：泉州市鲤城区南环路562号五层
……………………Tel：0595－22796263
泉州美亚旅游开发有限公司
地址：福建省泉州市泉港中心工业区亚伦工业园
……………………Tel：0595－22920019
福建省祥瑞酒店管理有限公司
地址：福建省泉州市丰泽区丰泽街道福田路164号
……………………Tel：0595－22959717
安溪清水岩酒店投资有限公司
地址：安溪县蓬莱镇清水岩风景区
……………………Tel：0595－23058299
安溪县文化旅游发展有限公司
地址：福建省泉州市安溪县凤城镇大同路1号
……………………Tel：0595－23262888
福建泉州新航线陶瓷文化发展有限公司
地址：福建省泉州市德化县浔中镇阳光星城1幢5单元0309室
……………………Tel：0595－23660111
福建天沐温泉旅游发展有限公司
地址：福建省泉州市永春县蓬壶镇汤城观山路372号
……………………Tel：0595－23812988
安溪迎宾酒店投资管理有限公司
地址：安溪县城厢镇二环路999号
……………………Tel：0595－26097505
太子（福建）酒店投资管理有限公司
地址：泉州经济技术开发区德泰路太子酒店办公楼四层（产权工业区纬七路3－15(F)）
……………………Tel：0595－26379999
福建南安市永昌大酒店有限公司
地址：南安市仑苍镇仑苍村
……………………Tel：0595－26899999
惠安县达利世纪酒店有限公司
地址：惠安县螺城镇世纪大道888号
……………………Tel：0595－27392880
泉州圣莎拉商城酒店有限公司
地址：泉州市台商投资区东园镇杏秀路
……………………Tel：0595－27550925
福建省聚龙旅游发展有限公司
地址：福建省泉州市惠安县黄塘镇聚龙小镇内
……………………Tel：0595－27590208
晋江宝龙大酒店有限公司
地址：晋江市泉安中路1558号
……………………Tel：0595－28088848
泉州国际酒店
地址：泉州市丰泽区东海宝山社区大、小桃花山南侧
……………………Tel：0595－28107098
福建壹佰壹拾肆科技有限公司
地址：泉州市丰泽区福华商业中心公寓楼（福华阁）2301
……………………Tel：0595－28207999
泉州南明置业有限公司
地址：泉州市丰泽区泉山路水上乐园
……………………Tel：0595－28280259
泉州丰泽新世纪餐饮有限公司
地址：泉州市丰泽区云鹿路“富临嘉园”1－5层
……………………Tel：0595－29019288
福建海丝博亚国际酒店有限公司
地址：福建省泉州市丰泽区丰海路南威大厦3号楼
……………………Tel：0595－36728865
泉州市传奇娱乐有限公司
地址：永春县桃城镇桃城小区二期桃源金龙城14#
……………………Tel：0595－3966888
泉州大歌星餐饮娱乐有限公司
地址：泉州市丰泽区宝洲路679号泉州浦西万达广场SOHO写字楼B座6层F区
……………………Tel：0595－65313666
泉州市八号公馆娱乐有限公司
地址：泉州市泉港区峰尾镇华盛时代城华祥阁二楼
……………………Tel：0595－68160235
晋江爱乐百杰聚隆酒店有限公司
地址：晋江市梅岭街道双沟泽沟北路17号2幢
……………………Tel：0595－68288888
晋江爱乐国际酒店有限责任公司
地址：晋江市梅岭街道双沟泽沟北路17号1幢－5幢
……………………Tel：0595－68288888
泉州万力酒店管理有限公司
地址：福建省泉州市丰泽区泉秀街道宝洲路719号
……………………Tel：0595－68298888
泉铭餐饮管理有限公司
地址：福建省泉州市晋江市陈埭镇洋埭村鞋都路2084号7楼
……………………Tel：0595－68361833
晋江大歌星餐饮娱乐有限公司
地址：晋江市梅岭街道世纪大道888号万达广场百货负二层
……………………Tel：0595－68506666
晋江市荣誉国际酒店有限责任公司
地址：晋江市梅岭世纪大道竹树下移动通信大楼
……………………Tel：0595－68555555
福建省南安市慧景酒店有限公司
地址：南安市霞美镇光伏基地创新大厦3楼
……………………Tel：0595－68997788
南安市大佰岛娱乐世界有限公司
地址：石井镇大百岛
……………………Tel：0595－82009097
福建省晋江文旅集团有限公司
地址：福建省泉州市晋江市青阳街道新华街289号
……………………Tel：0595－82032855
晋江佰翔世纪酒店有限公司
地址：晋江市世纪大道388号
……………………Tel：0595－82158888
晋江市天禾大酒店有限责任公司
地址：福建省泉州市晋江市金井镇滨海社区龙祥路12号
……………………Tel：0595－82168011
石狮市文化旅游发展有限公司
地址：福建省泉州市石狮市凤里街道南洋路1002号星光大厦三楼
……………………Tel：0595－83666625
泉州建明国际大酒店有限公司
地址：石狮市金盛路398号
……………………Tel：0595－83879999
福建省晋江市英林英华娱乐有限公司
地址：晋江市英林镇英林村
……………………Tel：0595－85495858
南安爱乐郁金香酒店有限公司
地址：福建省泉州市南安市官桥镇内厝村泉南创业园高级公寓9号楼
……………………Tel：0595－85666000
晋江爱乐假日酒店
地址：晋江市阳光路76号
……………………Tel：0595－85666661
晋江梦幻岛游戏娱乐有限公司
地址：晋江市安海镇鸿江中路159－1号上悦城6号楼三楼3002－3022
……………………Tel：0595－85771928
晋江宝辉大酒店有限责任公司
地址：晋江市安海镇龙山小区
……………………Tel：0595－85818888
泉州市菲莉酒店发展有限公司
地址：福建省泉州市丰泽区东海街道泉泰路菲莉中心大楼第30层
……………………Tel：0595－85986789
石狮市稻伍馋农业科技有限公司
地址：福建省泉州市石狮市灵秀镇灵狮中路76号金汇花园二期5栋3梯205
……………………Tel：0595－86011066
福建森源家具有限公司
地址：南安市康美镇福铁工业区
……………………Tel：0595－86658888
泉州市光达生态旅游有限公司
地址：泉州市惠安县涂寨镇工业区
……………………Tel：0595－87213678
泉州八仙过海旅游有限公司
地址：泉州台商投资区张坂镇井下村336
……………………Tel：0595－87350888
晋江市君兴娱乐会所有限公司
地址：福建省泉州市晋江市青阳街道高霞社区和平中路君兴爱心大厦4－5楼
……………………Tel：0595－88006668
福建赢众娱乐有限责任公司
地址：福建省泉州市惠安县螺阳镇世纪大道禹洲城市广场6＃B购物中心三层
……………………Tel：0595－88161999
石狮市星辉娱乐世界有限公司
地址：石狮市曾坑德辉开发区
……………………Tel：0595－88619891
泉州民祥餐饮管理服务有限公司
地址：福建省泉州市石狮市宝盖镇宝盖科技园宝科路62号
……………………Tel：0595－88722582
石狮万雄娱乐有限公司
地址：石狮市群英北路76－88号7－8楼
……………………Tel：0595－88880722
福建馨香谷旅游发展有限公司
地址：福建省漳州市长泰县兴泰开发区锦溪路99号
……………………Tel：0596－2105906
和美（漳州）酒店投资有限公司
地址：漳州市龙文区水仙大街88号融信·希尔顿·逸林酒店C座3楼
……………………Tel：0596－2134567
漳州佰翔圆山酒店有限公司
地址：福建省漳州市芗城区大桥路1号
……………………Tel：0596－2318888
漳州市旅游投资集团有限公司
地址：福建省漳州市芗城区胜利西路4号漳州宾馆四号楼
……………………Tel：0596－2608399
漳州旅游发展股份有限公司
地址：福建省漳州市胜利西路2号
……………………Tel：0596－2608750
漳州旅游发展股份有限公司
地址：福建省漳州市胜利西路2号
……………………Tel：0596－2608750
漳浦腾川玉龙旅游开发有限公司
地址：福建省漳州市漳浦县绥安镇石斋北路58号
……………………Tel：0596－3108799
福建食悦央厨餐饮管理有限公司
地址：福建省漳州市漳浦县旧镇镇甘林村坑仔埔175号（旧镇工业园内）
……………………Tel：0596－3909630
东山名胜旅游开发有限公司
地址：福建省东山县康美镇马銮湾东嘉开发区C21号
……………………Tel：0596－5633818
东山金殿海景大酒店有限公司
地址：东山县康美镇马銮湾
……………………Tel：0596－5688666
东山庄园大酒店有限公司
地址：东山县金銮湾规划环岛路梧龙后江段
……………………Tel：0596－5838016
漳州市马里兰大酒店有限公司
地址：漳州市东山县环岛路梧龙后江（金銮湾）
……………………Tel：0596－5881608
福建帝宝华侨大酒店有限公司
地址：福建省漳州市东山县西埔镇中兴街新城路1093号
……………………Tel：0596－5899555
漳州市经发旅游投资有限公司
地址：福建省漳州台商投资区角美镇金山村龙池商业街15号（龙池广场5楼555号）
……………………Tel：0596－6265211
龙海市华侨大酒店有限公司
地址：龙海市石码镇人民路82号
……………………Tel：0596－6561888
漳州金钰壶温泉酒店有限公司
地址：福建省漳州高新区九湖镇西环城路庵兜村路段
……………………Tel：0596－6639985
福建西航龙港文化旅游投资集团股份有限公司
地址：龙海市港尾镇梅市村1号
……………………Tel：0596－6678333
漳州大歌星餐饮娱乐有限公司
地址：漳州市龙文区建元东路2号万达广场6楼商管办公室
……………………Tel：0596－7060808
福建隆教湾国际旅游开发有限公司
地址：龙海市隆教畲族乡红星村委会办公楼
……………………Tel：0596－7075555
福建省长泰天柱山飞龙旅游开发有限公司
地址：长泰县马洋溪生态旅游区亭下国有林场
……………………Tel：0596－7075555
南靖万佳华大酒店有限公司
地址：漳州市南靖县山城镇翠眉村
……………………Tel：0596－7836553
福建省树海森林旅游有限公司
地址：福建省漳州市南靖县南坑镇富民路2号
……………………Tel：0596－7837837
万嘉豪（南靖）国际温泉大酒店有限公司
地址：南靖县山城镇建设东路
……………………Tel：0596－7872888
福建省南靖土楼旅游开发有限公司
地址：南靖县书洋镇下田村
……………………Tel：0596－7880655
长泰县如意娱乐有限公司
地址：长泰县陈巷镇戴乾村
……………………Tel：0596－8331936
漳州乌山旅游开发有限公司
地址：福建省漳州市常山华侨经济开发区行政服务中心508－509号
……………………Tel：0596－8626239
漳州云顶温泉大酒店有限公司
地址：云霄县将军山（公园大门前右侧）
……………………Tel：0596－8680333
龙岩紫金山酒店开发有限公司
地址：龙岩市新罗区龙门镇新大街001号龙门镇政府办公大楼五层503室
……………………Tel：0597－2020868
龙岩新罗区瑞泰旅游发展有限公司
地址：福建省龙岩市新罗区铁山镇洋头村铁山镇政府办公楼八楼801室
……………………Tel：0597－2112180
福建省卓驰信息科技有限公司
地址：福建省龙岩市新罗区西陂街道登高西路163号富山国际中心826单元
……………………Tel：0597－2162779
龙岩万力酒店管理有限公司
地址：福建省龙岩市新罗区曹溪街道双龙路1号龙岩万达广场B2号楼
……………………Tel：0597－2218150
龙岩中元大酒店有限公司
地址：福建省龙岩市新罗区西城街道九一南路188号
……………………Tel：0597－2258218
龙岩佰翔京华酒店有限公司
地址：福建省龙岩市新罗区西陂街道龙岩大道688号佰翔京华中心
……………………Tel：0597－2687888
龙岩万合酒店管理有限公司
地址：龙岩市新罗区西陂镇龙腾北路1号（龙腾.新地标）3幢3层304室
……………………Tel：0597－2838666
福建省月升娱乐有限公司
地址：福建省龙岩市新罗区西陂街道龙岩大道278号（龙岩商会大厦）E幢1401
……………………Tel：0597－2891608
福建众乐互娱网络科技有限公司
地址：福建省龙岩市新罗区曹溪街道莲南路313号龙祥小区5号楼1503
……………………Tel：0597－2898960
福建省海峡客家旅游有限公司
地址：福建省龙岩市新罗区曹溪街道溪园社区莲南路676号
……………………Tel：0597－2986028
福建兴龙达山水酒店有限公司
地址：漳平市桂林街道和平南路339号
……………………Tel：0597－3200668
龙岩市古田圣地旅游投资开发建设有限公司
地址：上杭县古田镇荣屋村138号
……………………Tel：0597－3609661
知多高（福建）旅游开发有限公司
地址：上杭县临城镇黄竹村（上杭农副产品加工园区）
……………………Tel：0597－3939961
福建茗匠旅游发展有限公司
地址：福建连城工业园区F4－5号地办公楼二层
……………………Tel：0597－5226405
漳平市锦辰娱乐有限公司
地址：漳平市菁城街道东湖路518号
……………………Tel：0597－5299135
福建省客家土楼旅游发展有限公司
地址：福建省龙岩市永定区湖坑镇洪坑游客服务中心
……………………Tel：0597－5939631
福建天守金仁大酒店有限公司
地址：长汀县汀州大道北路101号
……………………Tel：0597－6566666
漳平市梅戏水生态旅游开发有限公司
地址：漳平市和平中路62号中行六楼
……………………Tel：0597－7533446
福建连城豸龙旅游集团有限公司
地址：连城县莲峰镇中山路56号（连城大酒店3号楼四层）
……………………Tel：0597－8911022
龙岩佰翔冠豸秘谷酒店有限公司
地址：连城县莲峰镇大坪村
……………………Tel：0597－8918888
福建福杰娱乐管理有限公司
地址：福建省三明市永安市燕江东路369号二楼
……………………Tel：0598－3813717
朵伶朵俐餐饮管理有限公司
地址：福建省三明市清流县龙津镇屏山路66号
……………………Tel：0598－5253801
福建赖坊生态文化旅游发展有限公司
地址：福建省三明市清流县龙津镇长兴中街E幢二楼
……………………Tel：0598－5324189
清流县山城酒店有限公司
地址：清流县龙津镇高树亭
……………………Tel：0598－5335761
永顺建发实业有限公司
地址：新城西路北侧（小吃文化城二期）
……………………Tel：0598－5666952
沙县金钻娱乐有限公司
地址：沙县步行街13幢23－27号
……………………Tel：0598－5829535
沙县唐会凤凰音乐俱乐部有限公司
地址：沙县小吃城二期
……………………Tel：0598－5839638
四方桌餐饮管理有限公司
地址：福建省三明市沙县小吃文化城一期沙村A1－9号商铺

…………Tel：0598－5856700

福建闽中大酒店有限公司
地址：尤溪县城关镇闽中大道2号
…………Tel：0598－6201063

福建省凯米娱乐有限公司
地址：福建省三明市大田县均溪镇凤山西路48号3－4层
…………Tel：0598－7213888

泰宁松竹湾大酒店有限责任公司
地址：泰宁县杉城镇湖滨路399号
…………Tel：0598－7829272

福建金湖梦云邸院大酒店开发有限公司
地址：福建省三明市泰宁县杉城镇普洞度假区
…………Tel：0598－7862556

福建金泰旅游实业发展有限公司
地址：福建省三明市泰宁县杉城镇环城路县旅游集散中心二楼
…………Tel：0598－7865202

泰宁旅游发展有限公司
地址：泰宁县上北洲33号小区1号楼
…………Tel：0598－7869826

三明市梅列区聚能游艺娱乐有限公司
地址：三明市梅列区和仁新村5幢4层
…………Tel：0598－8323666

福建省天佳浩游艺娱乐有限公司
地址：福建省三明市梅列区列西五四新村4幢一层
…………Tel：0598－8911688

南平海拓娱乐有限公司
地址：福建省浦城县兴华路463号1号楼二至四层
…………Tel：0599－2626999

福建丹桂集团有限公司
地址：浦城县万安乡溪下
…………Tel：0599－2866999

福建省福美娱乐有限公司
地址：建瓯市水西汽车站东侧福美广场
…………Tel：0599－3722199

福建福兴福大酒店有限公司
地址：建瓯市七里街新区21＃22＃23＃地块
…………Tel：0599－3732588

福建省麦贝佳文化娱乐有限公司
地址：武夷山市清献大道202－4号（1－5号店）
…………Tel：0599－5101613

福建盛世欢唱娱乐投资有限公司
地址：武夷山市工业路（华侨新村）A幢7－9层
…………Tel：0599－5132288

印象大红袍股份有限公司
地址：武夷山市度假区茶博园数字茶博馆内
…………Tel：0599－5132810

福建省武夷山旅游文化投资集团有限公司
地址：武夷山市五九北路59号
…………Tel：0599－5195777

武夷山市香馨大酒店有限公司
地址：武夷山市三菇度假区天游峰路8号
…………Tel：0599－5231688

武夷山市宾廊祥夷娱乐休憩有限公司
地址：武夷山市国家旅游度假区
…………Tel：0599－5250369

武夷山市富盛房地产有限公司
地址：武夷山国家旅游度假区
…………Tel：0599－5252277

武夷山康耀园投资有限公司
地址：武夷山市武夷街道角亭村杜四村民小组
…………Tel：0599－5252885

武夷山宝岛酒店管理有限公司
地址：武夷山市武夷度假区三菇（宝岛大酒店四楼）
…………Tel：0599－5253860

福建省武夷山市佳龙文化旅游发展有限公司
地址：武夷山市环岛西路72号
…………Tel：0599－5314555

武夷山朱子文化发展有限公司
地址：武夷山市五夫镇五夫里226号
…………Tel：0599－5405160

武夷山市岚源旅游开发有限公司
地址：福建省南平市武夷山市岚谷乡文体服务中心二楼
…………Tel：0599－5456033

武夷山市红北旅游开发有限公司
地址：福建省南平市武夷山市吴屯乡街路村公路边（国友超市二楼）
…………Tel：0599－5472006

南平市建阳区凯旋游艺娱乐有限公司
地址：南平市建阳区朱熹大道3688号凯旋城1幢2层
…………Tel：0599－5550102

福建武夷浩翔酒店管理有限公司
地址：南平市建阳区将口镇西岸村村部办公大楼
…………Tel：0599－5569081

南平市花花庄苑酒店管理有限公司
地址：南平市建阳区潭城街道考亭璞石村卧龙湾路1号B区
…………Tel：0599－5620099

南平市建阳区武夷丘苑生态旅游发展有限公司
地址：南平市建阳区将口镇将口村彭历窠（将口火车站）边
…………Tel：0599－5678666

武夷山福旅生态旅游有限公司
地址：武夷山市兴田镇马埠头
…………Tel：0599－5831670

南平市建阳区悦城乐唱娱乐有限公司
地址：南平市建阳区人民西路883号建发悦城中心三层L3－26/L3－41号
…………Tel：0599－5887888

南平西方财富酒店管理有限公司
地址：南平市延平区滨江路177号
…………Tel：0599－6110114

福建武夷旅游集团有限公司
地址：南平市解放路95－97建大商厦五层
…………Tel：0599－8060511

中和（武夷山）文化旅游有限公司
地址：武夷山市武夷街道下梅新村一期5＃3室
…………Tel：0599－8208511

福建省南平康虹商贸有限公司
地址：南平市东山路2号金辉大厦2502号
…………Tel：0599－8833222

福建旺辉餐饮有限公司
地址：南平市滨江中路335—337号
…………Tel：0599－8850578

福州鑫朝阳餐饮管理服务有限公司
地址：福建省福州市晋安区新店镇福飞路西侧"金银城广场"1＃楼3层
…………Tel：0599－8857637

福建锦宏实业有限公司
地址：南平市江滨南路126号（西门岭安置区）A幢（1号裙楼）一、二层
…………Tel：0599－8888019

江西省

贵溪市旅游开发有限公司
地址：江西省贵溪市文博大楼（贵溪大道西侧）
…………Tel：0701－3318008

余江县文泰旅游发展有限公司
地址：江西省鹰潭市余江区鹰南大道1号
…………Tel：0701－5898963

江西我惠云餐饮管理有限公司
地址：江西省鹰潭市月湖区府前路5号鹰潭市老发改委大楼101室
…………Tel：0701－6231326

江西省龙虎山天师林文化旅游开发公司
地址：江西鹰潭龙虎山景区上清镇天师路23号天师府院内
…………Tel：0701－6638609

江西省龙虎山旅游文化发展（集团）有限公司
地址：江西省鹰潭市龙虎山
…………Tel：0701－6656006

鹰潭市龙虎山华泉酒店有限公司
地址：江西省鹰潭市龙虎山风景名胜区龙虎山镇天师路18号
…………Tel：0701－6656658

江西龙虎山美丽目的地文化旅游发展有限公司
地址：江西省鹰潭市龙虎山排衙石大道1号
…………Tel：0701－6656805

江西大道乾坤旅游发展有限公司
地址：江西省鹰潭市龙虎山风景旅游区鹰潭市龙虎山大道1号
…………Tel：0701－6659133

鹰潭市酒店集团有限公司
地址：江西省鹰潭市站江路21号
…………Tel：0701－6696205

新余市仙女湖爱情岛旅游有限责任公司
地址：江西省新余市仙女湖爱情岛
…………Tel：0790－6220598

新余市仙女湖区东方罗马娱乐城
地址：江西省新余市仙女湖区毓秀山国际生态城
…………Tel：0790－6267737

新余市江琴餐饮服务有限公司
地址：江西省新余市中山路606号（暨阳欧雅城）
…………Tel：0790－6336550

新余市仙女湖旅游投资发展集团有限公司
地址：江西省新余市旅游发展集团办公大楼
…………Tel：0790－6859065

新余市昌盛旅游发展有限公司
地址：江西省新余市仙女湖区太阳城路318号
…………Tel：0790－6859065

新余市仙女湖区城市建设投资有限责任公司
地址：江西省新余市仙女湖区行政中心
…………Tel：0790－6859065

新余仙女湖新城旅游开发有限公司
地址：江西省新余市仙女湖区干宝路
…………Tel：0790－6863167

江西隽恒仙沐温泉度假酒店有限公司
地址：江西省新余市仙女湖区河下镇环湖路388号
…………Tel：0790－6863167

江西仙女湖旅游股份有限公司
地址：江西省新余市仙女湖区仙女湖大道仙女湖广场4号楼
…………Tel：0790－7139999

江西阳光文化旅游发展有限公司
地址：江西省九江市德安县东风路83号
…………Tel：0791－12341234

江西省旅游集团沁庐餐饮发展有限公司
地址：江西省南昌市红谷滩新区红谷中大道998号绿地中央广场C区C1办公楼2507室
…………Tel：0791－6296738

江西南昌旅游集团有限公司
地址：江西省南昌市西湖区八一大道2号南宾国际金融大厦写字楼10层1012室
…………Tel：0791－82186660

千百味餐饮管理有限公司
地址：南昌市青云谱区昌南大道6号黄庄广场一楼
…………Tel：0791－82215233

江西千百味餐饮管理有限公司
地址：江西省南昌市青云谱区昌南大道6号黄庄广场一楼
…………Tel：0791－82215233

香格里拉国际饭店管理有限公司
地址：江西省南昌市红谷滩新区翠林路669号3楼A室
…………Tel：0791－82222888－6727

江西唱响潦河娱乐服务有限公司
地址：江西省南昌市安义县龙津镇迎宾大道为邦理想大酒店301铺
…………Tel：0791－83383777

南昌梅岭旅游发展有限公司
地址：江西省南昌市湾里区洪崖路1号
…………Tel：0791－83760117

南昌市政公用旅游投资有限公司
地址：江西省南昌市湾里区紫清路1号
…………Tel：0791－83795025

江西十贝酒店管理有限公司
地址：江西省南昌市红谷滩新区赣江北大道1号中航国际广场1017室（第10层）
…………Tel：0791－83828811

南昌市梦圆春餐饮管理有限公司
地址：江西省南昌市青山湖区桃花乡五村月池村
…………Tel：0791－83862776

南昌红谷滩万达嘉华酒店管理有限公司
地址：江西省南昌市红谷滩新区凤凰中大道1000号南昌万达中心酒店
…………Tel：0791－83862777

上饶市万达嘉华酒店管理有限公司
地址：江西省上饶市信州区广信大道8号
…………Tel：0791－83862777

南昌大歌星餐饮娱乐有限公司
地址：江西省南昌市红谷滩新区万达广场01－4001
…………Tel：0791－83975323

江西新地酒店有限公司
地址：江西省南昌市东湖区沿江北大道39号
…………Tel：0791－83989335

阿布拉江餐饮管理有限公司
地址：江西省南昌县象湖五路1666号3号楼－301
…………Tel：0791－85035729

江西沁庐酒店资产管理集团有限公司
地址：江西省南昌市红谷滩新区红谷中大道998号绿地中央广场C区C1办公楼一单元2509室
…………Tel：0791－85121830

江西奥体国际大酒店管理有限公司
地址：江西省南昌市进贤县民和镇中山大道1988号盛辉奥体国际酒店
…………Tel：0791－85682222

江西省赣江旅游控股有限公司
地址：江西省南昌市红谷滩新区红谷中大道998号绿地中央广场C区C1办公楼101室（第1层）
…………Tel：0791－85810085

南昌致膳居餐饮管理有限公司
地址：江西省南昌市红谷滩新区红谷中大道728号商城世纪村1号楼商铺109号（第1－2层）
…………Tel：0791－85951616

共青城财信旅游产业投资中心（有限合伙）
地址：江西省九江市共青城市私募基金创新园内
…………Tel：0791－86110098

江西船奇娱乐有限公司
地址：江西省赣州市赣县区赣州高新技术产业开发区火炬大道1号科技企业孵化器624室
…………Tel：0791－86121830

江西省旅游集团婺源旅游开发有限公司
地址：江西省上饶市婺源县紫阳镇园丁路园丁小区151栋
…………Tel：0791－86121835

江西南旅投资集团有限公司
地址：江西省南昌市西湖区八一大道2号南宾国际金融大厦写字楼10层1002室（第10层）
…………Tel：0791－86209950

南昌市政琴岛文化娱乐传播有限公司
地址：江西省南昌市东湖区八一大道365号艺术剧院
…………Tel：0791－86212345

江西海印餐饮管理有限公司
地址：江西省南昌市东湖区阳明路15号
…………Tel：0791－86222861

江西旅游开发集团有限公司
地址：江西省南昌市东湖区福州路183号江旅大厦817室
…………Tel：0791－86250300

江西金唛餐饮娱乐管理有限公司
地址：江西省南昌市西湖区站前西路121号（第－1－3层）一楼正门13号铺位
…………Tel：0791－86268818

共青城财信旅游发展有限公司
地址：江西省九江市共青城市鸭鸭大道西端南侧原农贸市场摊位2幢204号
…………Tel：0791－86277700

南昌市东方魅力尚歌餐饮娱乐有限公司
地址：江西省南昌市东湖区福州路197号
…………Tel：0791－86378978

九江旅游问道投资中心（有限合伙）
地址：江西省九江市濂溪区十里大道1466号
…………Tel：0791－86388168

南昌米乐星餐饮娱乐有限公司
地址：江西省南昌市西湖区中山西路28号
…………Tel：0791－86528888

南昌远东餐饮娱乐有限公司
地址：江西省南昌市西湖区抚河北路137号
…………Tel：0791－86648888

江西建银旅游产业发展投资中心（有限合伙）
地址：江西省南昌市南昌经济技术开发区英雄南路中小企业园1＃厂房
…………Tel：0791－86692560

江西省霖感电竞娱乐传媒股份有限公司
地址：江西省南昌市青云谱区解放西路49号明珠广场商务办公楼2606室（第26层）
…………Tel：0791－86760516

南昌香格里拉餐饮娱乐管理有限公司
地址：江西省南昌市东湖区民德路518号
…………Tel：0791－87086666

进贤皇豪娱乐有限公司
地址：江西省南昌市进贤县民和镇滨湖大道199号
…………Tel：0791－87313666

江西省欧思麦餐饮管理服务有限公司
地址：江西省南昌市红谷滩新区学府大道1号新地阿尔法小区2&3期34＃酒店、公寓－3208室
…………Tel：0791－87376966

南昌天沐酒店有限公司
地址：江西省南昌市青云谱区南隔堤以南敬之路1号天沐观湖国际1号楼
…………Tel：0791－87605599

江西省旅游集团股份有限公司
地址：江西省南昌市东湖区福州路183号江旅国际大厦817室
…………Tel：0791－87705029

江西省江旅融信旅游发展企业（有限合伙）
地址：江西省南昌市红谷滩新区红谷中大道998号绿地中央广场C区C1办公楼2502室
…………Tel：0791－87705030

南昌江旅旅游产业投资中心（有限合伙）
地址：江西省南昌市红谷滩新区红谷中大道998号绿地中央广场C区C1办公楼2506室
…………Tel：0791－87705030

江西省旅游产业资本管理集团有限公司
地址：江西省南昌市红谷滩新区红谷中大道998号绿地中央广场C区C1办公楼2501室
…………Tel：0791－87705030

江西省旅游集团文旅产业投资发展有限公司
地址：江西省赣州市会昌县月亮湾新区创业创新中心
…………Tel：0791－87705095

南昌茵梦湖旅游开发有限公司
地址：江西省南昌市南昌县迎宾南大道999号102室
…………Tel：0791－87708150

江西小马文化旅游发展有限公司
地址：江西省南昌市南昌县银三角翠林中路以东、莲武路以南
…………Tel：0791－87870631

江西恒基世纪大酒店有限公司
地址：江西省南昌市安义县龙津镇前进路701号

……Tel：0791-87881111

江西省峰汇餐饮娱乐有限公司
地址：江西省南昌市红谷滩新区赣江新天地20号楼（不含一楼会议室）
……Tel：0791-87926666

江西省海立方餐饮娱乐有限公司
地址：江西省南昌市红谷滩新区赣江新天地20号楼
……Tel：0791-87926666

江西玉泉岛大酒店
地址：江西省南昌市青山湖区湖滨东路888号
……Tel：0791-88111111

江西喜悦娱乐发展有限公司
地址：江西省南昌市南昌县莲塘镇澄湖东路1111号玺悦城25号楼
……Tel：0791-88259126

绿茶餐饮管理有限公司
地址：江西省南昌市青山湖区青湖大道南昌民营科技园内建材厂办公楼
……Tel：0791-88359865

江西省菜肴故事餐饮文化发展有限公司
地址：江西省南昌市青山湖区京东安居小区（公建）3楼
……Tel：0791-88382777

南昌五湖大酒店有限公司
地址：江西省南昌市东湖区青山湖湖心岛
……Tel：0791-88521888

江西豪城大酒店有限公司
地址：江西省南昌市红谷滩新区滨江豪园2#1-二层商铺02室（第1-2层）
……Tel：0791-88534773

南昌高投城市建设开发有限公司
地址：江西省南昌市高新技术产业开发区瑶湖大道昌万公路6号
……Tel：0791-88561900

江西华赣文化旅游传媒集团有限公司
地址：江西省南昌市东湖区青山路11号洪盛大厦
……Tel：0791-88611933

江西正盛时代置业有限公司
地址：江西省南昌市青云谱区洪城路160号
……Tel：0791-88651888

怡园餐饮有限公司
地址：江西省南昌市南昌高新技术产业开发区麻丘商贸城24号楼二单元201
……Tel：0791-88676777

南昌泰卓娱乐管理有限公司
地址：江西省南昌市东湖区福州路28号
……Tel：0791-88861147

南昌天圆钱柜娱乐有限公司
地址：江西省南昌市东湖区福州路28号(风雨球场)
……Tel：0791-88861147

九江帝盛酒店管理有限公司
地址：江西省九江市星子县温泉镇
……Tel：0792-2668888

武宁县旅游产业开发有限公司
地址：江西省九江市武宁县西海大道23号九江银行7楼
……Tel：0792-2866856

西海旅游股份有限公司
地址：江西省九江市庐山西海风景名胜区管理委员会大楼四楼
……Tel：0792-3068608

江西庐山西海国资旅游发展有限公司
地址：江西省九江市庐山西海风景名胜区庐山西海风景区办公大楼
……Tel：0792-3068608

江西澳润桔度假酒店有限公司
地址：永修县柘林镇西海大道东侧
……Tel：0792-3069618

共青城市富华山景区旅游发展有限公司
地址：江西省九江市共青城富华大道168号
……Tel：0792-4390899

共青城畅游文旅产业投资合伙企业（有限合伙）
地址：江西省九江市共青城市基金小镇内
……Tel：0792-4395333

共青城华融余干旅游产业投资合伙企业（有限合伙）
地址：江西省九江市共青城市私募基金创新园内
……Tel：0792-4395333

共青城市鄱阳湖旅游开发有限公司
地址：江西省九江市共青城市富华大道168号
……Tel：0792-4399085

江西省景程国际大酒店有限责任公司
地址：江西省九江市都昌县都昌镇环湖路南侧
……Tel：0792-5230833

九江市云城旅游综合开发有限公司
地址：江西省九江市九江经济技术开发区八里湖公园（环湖二路段）7#楼
……Tel：0792-6765757

九江市文化旅游发展集团有限公司
地址：江西省九江市浔阳区长虹大道32号
……Tel：0792-8112681

九江市芳兰旅游有限公司
地址：江西省九江市濂溪区濂溪大道699号
……Tel：0792-8958899

南昌海关后勤管理中心中海大酒店
地址：江西省九江市经济开发区龙开河路9号
……Tel：0792-8985786

九江濂投集团发展有限公司
地址：江西省九江市濂溪区长虹大道246号
……Tel：0792-8990016

九江环庐旅游开发有限公司
地址：江西省九江市濂溪区长虹大道246号
……Tel：0792-8990016

上饶市三清山风景名胜区上旅研学旅行有限公司
地址：江西省上饶市三清山风景名胜区三清山东部金沙服务区
……Tel：0793-2186650

上饶市三清山国际度假酒店有限公司
地址：江西省上饶市三清山风景名胜区南山外双溪
……Tel：0793-2356018

玉山县旅游投资开发有限公司
地址：江西省上饶市玉山县冰溪镇府前路89号2栋9-15号
……Tel：0793-2367076

上饶市三清美天下大酒店有限公司
地址：江西省上饶市三清山风景名胜区三清山风景区金沙规划区10号地块
……Tel：0793-2407161

豪盛国际大酒店有限公司
地址：江西省上饶市玉山县冰溪镇豪盛明珠花苑B1号
……Tel：0793-2555555

江西明德旅游开发有限公司
地址：江西省上饶市广丰县芦林街道源溪社区芦林大桥头（（丰德商务酒店9楼）
……Tel：0793-2625700

江西水浒传实业有限公司
地址：江西省上饶市广丰县永丰街道时代广场1号楼3楼
……Tel：0793-2655118

上饶市广丰区龙华旅游开发有限公司
地址：江西省上饶市广丰区丰溪街道永丰南大道200号卧龙城75号楼首层
……Tel：0793-2658977

江西大明湖国际慢城旅游发展有限公司
地址：江西省上饶市余干县玉亭镇长安东路12号（县政府大院六楼余干县旅游局）
……Tel：0793-3333268

余干县鄱湖旅游发展有限公司
地址：江西省上饶市余干县玉亭镇鄱阳湖大道新建设大厦一楼
……Tel：0793-3398627

铅山县黄岗山旅游经营管理有限公司
地址：江西省上饶市铅山县河口镇鹅湖大道76号
……Tel：0793-5331966

江西葛仙山旅游有限公司
地址：江西省上饶市铅山县葛仙山乡政府院内
……Tel：0793-5392296

上饶市信江旅游股份有限公司
地址：江西省上饶市信州区广信大道36号1幢1-2607
……Tel：0793-6189607

鄱阳县瑞晨文化旅游发展有限公司
地址：江西省上饶市鄱阳县江西省上饶市鄱阳县迎宾大道99号（九鼎生态度假山庄内）
……Tel：0793-6311778

鄱阳县翼天悦麓观堂酒店管理有限公司
地址：江西省上饶市鄱阳县团林乡三十里康村委会迎宾大道99号
……Tel：0793-6311778

江西鄱阳湖湿地公园旅游开发有限公司
地址：江西省上饶市鄱阳县团林乡乌金汊游客服务中心
……Tel：0793-6666699

上饶市孚鸿福达娱乐有限公司
地址：江西省上饶市信州区三清山中大道169号1-16、2-16
……Tel：0793-7021668

婺源国际人酒店有限公司
地址：江西省上饶市婺源县紫阳镇文博路
……Tel：0793-7217575

婺源县创景旅游开发有限公司
地址：江西省上饶市婺源县文公北路旅游集散中心
……Tel：0793-7343532

婺源县旅游发展有限公司
地址：江西省上饶市婺源县紫阳镇文公北路(旅游集散中心内)
……Tel：0793-7343532

婺源县古城旅游开发有限公司
地址：江西省上饶市婺源县紫阳镇文公北路（吴楚山庄二楼）
……Tel：0793-7343532

江西婺源旅游股份有限公司
地址：江西省上饶市婺源县紫阳镇文公北路西侧
……Tel：0793-7368367

婺源县瑞怡宝婺度假酒店有限公司
地址：江西省上饶市婺源县蚺城街道清华东路88号
……Tel：0793-7378966

婺源县丛溪庄园酒店有限公司
地址：江西省上饶市婺源县秋口镇白石村委会丛溪村
……Tel：0793-7395632

德兴市永达娱乐设备有限公司
地址：江西省德兴市新岗山镇九都工业园
……Tel：0793-7565816

江西大茅山旅游发展股份有限公司
地址：江西省德兴市梧风洞
……Tel：0793-7818128

华熙上旅全域文化旅游发展有限公司
地址：江西省上饶市信州区滨江东路169号3A-01
……Tel：0793-7896690

上饶灵山旅游发展有限公司
地址：江西省上饶市广信区清水乡左溪村左溪服务区
……Tel：0793-7985225

上饶市博达旅游开发有限公司
地址：江西省上饶市三清山风景名胜区三清乡上西坑村西坑
……Tel：0793-8059009

上饶市旅游发展集团有限责任公司
地址：江西省上饶市信州区凤凰中大道667号广信大厦
……Tel：0793-8085318

上饶市上投国际医疗旅游先行区开发建设有限公司
地址：江西省上饶市信州区凤凰中大道667号广信大厦A栋19楼
……Tel：0793-8089035

上饶市市域旅游轨道投资有限公司
地址：江西省上饶市信州区锦绣路2号广信大厦A栋19楼
……Tel：0793-8089874

江西蓝都文化旅游发展有限公司
地址：江西省上饶市上饶县惟义路122号
……Tel：0793-8229199

贵宾餐饮集团股份有限公司
地址：江西省上饶市信州区秦峰镇政府大院四楼412
……Tel：0793-8234506

上饶市九牛大峡谷旅游景点综合开发有限公司
地址：江西省上饶市广信区旭日北大道12号5006
……Tel：0793-8266796

上饶市欣凯皇冠大酒店有限公司
地址：江西省上饶市信州区凤凰大道99号1幢4-1
……Tel：0793-8278888

上饶市斯达大酒店有限公司
地址：江西省上饶市信州区三清山中大道557号2幢101号
……Tel：0793-8359999

上饶市京都国际大酒店有限公司
地址：江西省上饶市上饶县旭日北大道8号
……Tel：0793-8466777

上饶市翼天主题小镇旅游发展有限公司
地址：江西省上饶市上饶县春江大道5号1幢303号
……Tel：0793-8787756

三清山文化旅游股份有限公司
地址：江西省上饶市三清山风景名胜区金沙服务区三清山绿谷大酒店左翼1号楼
……Tel：0793-8877715

逍遥谷旅游发展有限公司
地址：江西省上饶市三清山风景名胜区金沙服务区三清山绿谷大酒店左翼3号楼
……Tel：0793-8877719

抚州市阳光海岸娱乐有限公司
地址：江西省抚州市临川区临川大道42号
……Tel：0794-2168878

资溪县外滩歌城文化娱乐有限公司
地址：江西省抚州市资溪县鹤城镇滨江路外滩国际51-59
……Tel：0794-5668899

江西大觉山旅游投资集团有限公司
地址：江西省抚州市资溪县城西大道万通中心五楼
……Tel：0794-5799032

黎川县文化旅游投资发展有限责任公司
地址：江西省抚州市黎川县行政大楼附属楼5楼
……Tel：0794-7508588

傲农文化旅游（抚州）有限公司
地址：江西省抚州市灵谷峰景区游客中心
……Tel：0794-7825915

抚州振兴文化旅游产业投资中心（有限合伙）
地址：江西省抚州市抚州高新技术产业开发区迎宾大道777号财政局9楼906室
……Tel：0794-8211058

抚州市文化旅游投资发展有限责任公司
地址：江西省抚州市高新区市城市规划艺术展示中心5楼
……Tel：0794-8260756

江西梦湖娱乐发展有限公司
地址：江西省抚州市临川区梦湖景区广场西南角
……Tel：0794-8623656

江西五叶东方旅游度假开发有限公司
地址：江西省宜春市袁州区秀江西路206号
……Tel：0795-2178878

宜丰县新和天下娱乐有限公司
地址：宜丰县渊明北大道1号（宜丰大酒店附楼）
……Tel：0795-2963888

江西明月山美高梅温泉度假酒店有限公司
地址：江西省宜春市袁州区温汤镇温汤村土库组
……Tel：0795-3129999

宜春鑫远公路旅游开发建设有限公司
地址：江西省宜春经济技术开发区春风路23号
……Tel：0795-3195099

宜春市喜来乐娱乐有限公司
地址：江西省宜春市袁州区宜阳大道211号
……Tel：0795-3205666

宜春旅游集团有限责任公司
地址：江西省宜春市袁州区宜春市十运路52号
……Tel：0795-3259623

江西明月山月之泉旅游开发有限公司
地址：江西省宜春市袁州区明月山风景名胜区温汤镇
……Tel：0795-3518011

江西明月山旅游集团有限公司
地址：江西省宜春市袁州区温汤镇温泉路289号
……Tel：0795-3518183

江西华董旅游发展有限公司
地址：江西省宜春市靖安县罗湾乡官庄街龙湾小区8号楼
……Tel：0795-4662128

丰城市领秀娱乐有限公司
地址：江西省宜春市丰城市剑光街道解放南路60号华润万家
……Tel：0795-6201111

宜春红林酒店有限公司
地址：江西省宜春市府北路10号
……Tel：0795-7091688

宜丰县旅游开发有限责任公司
地址：江西省宜春市宜丰县天宝集镇柳树街1号附4号
……Tel：0795-7139088

江西凯皇娱乐有限公司
地址：江西省宜春市奉新县工业园区广源路168号
……Tel：0795-7180881

江西宏安旅游开发有限公司
地址：江西省宜春市靖安县城清华大道
……Tel：0795-7191111

靖安县旅游开发有限公司
地址：江西省宜春市靖安县三爪仑大道东侧
……Tel：0795-7197773

樟树市九度娱乐管理有限公司
地址：江西省樟树市盐城大道177号（东方明珠）1幢2层D201号
……Tel：0795-7851555

江西铜鼓旅游产业开发有限公司
地址：江西省宜春市铜鼓县定江东路655号
……Tel：0795-8688251

江西好雨旅游发展有限公司
地址：江西省宜春市铜鼓县大 镇
……Tel：0795-8691888

江西千和旅游发展有限公司
地址：江西省吉安市泰和县马市镇蜀口村
……Tel：0796-2079226

永丰县文化旅游发展有限公司
地址：江西省吉安市永丰县新行政大楼9楼
……Tel：0796-2520236

江西水木年华休闲娱乐有限公司
地址：江西省吉安市新干县华城门塔峰楼
……Tel：0796 2600000

吉安万丽（国际）大酒店有限公司
地址：江西省吉安市吉水县工业园区
……Tel：0796-3560250

万安县谭安酒店有限公司
地址：江西省吉安市万安县工业园
……Tel：0796-5703699

万安县旅游发展有限公司
地址：江西省吉安市万安县行政中心大楼
……Tel：0796-5708685

井冈山市翠峰酒店有限责任公司
地址：江西省井冈山市茨坪镇长坑路3号
……Tel：0796-6566868

井冈山市景泰酒店管理有限责任公司

地址：江西省井冈山市茨坪红军北路20号
…………Tel：0796-6569588
井冈山市文化旅游发展有限公司
地址：江西省井冈山市新城区延安路农业开发办三楼
…………Tel：0796-6890979
吉安市文陂旅游发展有限公司
地址：江西省吉安市青原区文陂乡　陂古村
…………Tel：0796-7037006
遂川县南井岗旅游开发有限公司
地址：江西省吉安市遂川县草林镇沿河路
…………Tel：0796-7156855
井冈山市雅典红五星国际酒店管理有限公司
地址：井冈山市市民中心后勤服务中心
…………Tel：0796-7216666
吉安武功山旅游开发有限公司
地址：江西省吉安市安福县泰山乡文家村
…………Tel：0796-7323688
江西青原山旅游发展有限公司
地址：江西省吉安市青原区青原山风景名胜区内
…………Tel：0796-8120545
江西菱泰旅游度假村发展有限公司
地址：江西省吉安市遂川县碧洲镇圩镇
…………Tel：0796-8237976
吉安市旅游投资发展有限公司
地址：江西省吉安市吉州区崇文路1号
…………Tel：0796-8265839
吉安百盈实业控股集团有限公司
地址：江西省吉安市吉州区沿江路258号42幢11室
…………Tel：0796-8296176
泰和县旅游投资发展有限公司
地址：江西省吉安市泰和县澄江镇嘉禾大道县行政中心五楼
…………Tel：0796-8636160
吉安市庐陵文化旅游开发建设发展有限公司
地址：江西省吉安市吉州区吉州大道凤凰花园小区9栋
…………Tel：0796-8935310
赣州市航逸酒店管理有限公司
地址：江西省赣州市章贡区长征大道1号赣州中航城办公7B-1至7B-19
…………Tel：0797-2139999
瑞金市文化旅游开发投资有限公司
地址：江西省瑞金市旅游集散中心（经济技术开发区）
…………Tel：0797-2351199
全南县旅游投资发展有限责任公司
地址：江西省赣州市全南县城厢镇老车站东路10号
…………Tel：0797-2639696
江西华旗国际酒店发展有限公司
地址：江西省赣州市寻乌县东江源大道
…………Tel：0797-2856800
龙南旅游发展投资（集团）有限责任公司
地址：江西省赣州市龙南县龙南经济技术开发区石人片区A-1地块（龙南总部经济区企业大楼）
…………Tel：0797-3511127
老屋下酒店管理有限公司
地址：江西省赣州市龙南县龙南经济技术开发区金塘大道2号
…………Tel：0797-3517661
龙南南武当文化旅游发展有限公司
地址：江西省赣州市龙南县龙南经济技术开发区石人片区A-1地块（龙南总部经济区企业大楼）
…………Tel：0797-3529830
龙南县迎宾楼酒店有限公司
地址：江西省赣州市龙南县金水大道财政局后侧（濂江路1号）
…………Tel：0797-3575910
安远县旅游文化发展投资有限责任公司
地址：安远县东江源大道东段8号6楼
…………Tel：0797-3722533
江西风景酒店餐饮有限公司
地址：江西省赣州市安远县工业园区版石小区
…………Tel：0797-3783896
江西明城旅游开发有限公司
地址：江西省赣州市崇义县横水镇塔下集散中心3楼
…………Tel：0797-3813316
江西章江源旅游发展有限公司
地址：江西省赣州市崇义县工业园区章源片区
…………Tel：0797-3813316
赣州市赣县区客家生态旅游投资有限公司
地址：江西省赣州市赣县区梅林镇杨仙大道（客家文化城）客家文化街29号1楼102室
…………Tel：0797-4435266
江西神州九源文化旅游发展有限责任公司
地址：江西省赣州市会昌县文武坝镇月亮湾新区滨江新城1号楼二层
…………Tel：0797-5055555
赣州酒店建设运营有限公司
地址：江西省赣州市章贡区赣江源大道15号赣州市旅游集散中心酒店四楼411室
…………Tel：0797-5553900
赣州旅游投资集团有限公司
地址：江西省赣州市章贡区赣江源大道15号
…………Tel：0797-5555151
江西省会昌旅游开发投资有限责任公司
地址：江西省赣州市会昌县文武坝镇红旗大道92号
…………Tel：0797-5636585
江西石城旅游有限公司
地址：江西省赣州市石城县琴江镇西华中路（中粮大厦）
…………Tel：0797-5766880
宁都县旅游开发投资有限公司
地址：江西省赣州市宁都县梅江镇登封大道西侧、龙湖路北侧翠微春苑安置小区1号楼
…………Tel：0797-6830076
全南县久美生态旅游开发有限公司
地址：江西省赣州市全南县城厢镇黄埠村
…………Tel：0797-7162676
中森林吉旅游开发有限公司
地址：江西省赣州市全南县赣江源生态经济示范园
…………Tel：0797-7162957
石城县旅游文化发展有限公司
地址：江西省赣州市石城县琴江镇西华中路（中粮大厦）
…………Tel：0797-7181399
赣州市保利酒店管理有限公司
地址：江西省赣州市经济技术开发区客家大道（赣州国际汽车城商务综合楼）
…………Tel：0797-7307228
赣州市章贡区文化旅游发展集团有限公司
地址：江西省赣州市章贡区章江新区梅州路6号富地中心6#楼101办公
…………Tel：0797-7317083
赣州老树咖啡餐饮文化有限公司
地址：江西省赣州市章贡区长征大道天际华庭15栋1-15B、15A
…………Tel：0797-8192536
赣州市沃尔顿酒店管理有限公司
地址：江西省赣州市章贡区章江新区赣江源大道15号“星海天城”3栋401号房
…………Tel：0797-8246666
赣州市棕榈岛娱乐有限公司
地址：江西省赣州市章贡区青年路1号清华苑1号楼3楼
…………Tel：0797-8246788
赣州逸豪新材料股份有限公司
地址：江西省赣州市章贡区冶金路16号
…………Tel：0797-8334196
上犹县犹江实业发展有限公司
地址：上犹县东山镇犹江大道稍口行政小区B栋七楼
…………Tel：0797-8539799
大余县钨都公馆娱乐有限公司
地址：江西省赣州市大余县南安镇伯坚大道新世纪城入口
…………Tel：0797-8711888
乐平市富豪假日酒店
地址：江西省乐平市人民东路666号
…………Tel：0798-2097999
景德镇陶瓷文化旅游发展有限责任公司
地址：江西省景德镇市珠山区朝阳路299号
…………Tel：0798-8398188
景德镇景瀚大酒店有限公司
地址：江西省景德镇市珠山区广场南路28号
…………Tel：0798-8539277
景德镇市开门子大酒店集团有限责任公司
地址：江西省景德镇市昌江区新风路一1号
…………Tel：0798-8577777
萍乡市麓林湖文化旅游产业开发有限公司
地址：江西省萍乡市湘东区麻山镇三山村
…………Tel：0799-3387998
上栗县佳诚旅游文化发展实业有限公司
地址：江西省萍乡市上栗县彭高镇沽塘村
…………Tel：0799-3670908
萍乡市顺凯餐饮娱乐管理有限公司
地址：江西省萍乡市安源区世纪广场翡翠城4号楼4-5层
…………Tel：0799-6873333

山东省

山东惠和文化旅游有限公司
地址：山东省菏泽市定陶区珠江东路1777号
…………Tel：0530-2291234
山东齐鲁旅游文化发展集团有限公司
地址：山东省济南市高新区龙奥北路　龙奥天街主办公楼（4号楼）2209号
…………Tel：0530-2760199
菏泽谷雨花大酒店有限公司
地址：山东省菏泽高新区刘民路西郭楼以北（嘉利华荣园区内）
…………Tel：0530-5235666
菏泽五洲国际假日大酒店有限公司
地址：山东省菏泽市人民路1001号
…………Tel：0530-5310888
曹县德仕嘉酒店管理有限公司
地址：曹县青菏清江路交汇处
…………Tel：0530-6128555
山东千禧辰餐饮集团有限公司
地址：菏泽市广福南街福泽苑小区
…………Tel：0530-6290777
山东郓城水浒大厦餐饮娱乐有限公司
地址：山东省菏泽市郓城县临城路西段路南
…………Tel：0530-6827777
菏泽文化旅游投资集团有限公司
地址：山东省菏泽市开发区中山路228号
…………Tel：0530-7018989
成武财金文化旅游有限公司
地址：山东省菏泽市成武县文亭街道仪凤路文化中心
…………Tel：0530-7126757
东明国际大酒店有限公司
地址：东明县曙光路西段
…………Tel：0530-7276886
菏泽牡丹源温泉小镇旅游发展股份有限公司
地址：山东省菏泽市定陶区仿山景区西邻
…………Tel：0530-7397779
莱阳市信彬餐饮有限公司
地址：山东省烟台市莱阳市富水南路9号
…………Tel：0530-7851888
巨野金辉旅游有限公司
地址：山东省菏泽市巨野县凤凰办麟山路与会盟路交汇处向南50米路西
…………Tel：0530-8156189
山东水发旅游开发有限公司
地址：山东省济南市高新区龙奥北路龙奥天街4号楼2209
…………Tel：0531-55515998
济南凤栖梧餐饮管理有限公司
地址：济南市历下区起凤桥8号
…………Tel：0531-55585288
山东铂尔国际酒店有限公司
地址：山东省济南市天桥区济泺路75号1层1号
…………Tel：0531-55660068
济南银丰财富酒店有限公司
地址：济南市历下区龙奥西路1号银丰财富广场5号楼105室
…………Tel：0531-58029999
济南丰收餐饮管理有限公司
地址：山东省济南市历下区解放东路58号
…………Tel：0531-58196095
山东高笙文化娱乐有限公司
地址：济南市历下区泺源大街1号院内北楼4层、5层
…………Tel：0531-58567719
源动力企业管理集团股份有限公司
地址：济南市槐荫区齐州路2066号阳光保险大厦1楼、2楼、7楼
…………Tel：0531-58705237
济南领创逸品酒店管理有限公司
地址：山东省济南市历城区经十路199号港沟街道办事处院内西侧106室
…………Tel：0531-58708166
山东楚留湘餐饮管理有限公司
地址：济南市历下区奥体中心5003号
…………Tel：0531-58990189
山东澄波湖水世界娱乐有限公司
地址：济阳县济北开发区开元大街西首北侧一楼101-102室
…………Tel：0531-59662017
山东百花汀国际酒店有限公司
地址：山东省济南市历城区唐冶中路与敬德街交叉口西北角敬德街521号地矿科技大厦地上1-10层
…………Tel：0531-59818888
珍为客食品科技（山东）集团有限公司
地址：山东省济南市高新区舜风路322号生产厂3号楼1-201-1室
…………Tel：0531-62307403
济南海意净雅餐饮有限公司
地址：济南市市中区经十路21575号
…………Tel：0531-62326605
山东晓文餐饮管理有限公司
地址：山东省济南市历下区千佛山路1号CCPark艺术生活主题购物中心8层A8-02
…………Tel：0531-66670986
山东文化旅游发展集团有限公司
地址：山东省济南市历下区经十路9777号鲁商国奥城5号楼
…………Tel：0531-66690139
山东九月天餐饮管理有限公司
地址：济南市市中区二环南路4666号
…………Tel：0531-66715666
山东佰特餐饮管理有限公司
地址：山东省济南市市中区十六里河镇二环南路4666号
…………Tel：0531-66715666
小螺号餐饮服务有限公司
地址：山东省济南市市中区玉函路89号1号楼南楼
…………Tel：0531-66955132
山东黄金产业发展集团有限公司
地址：山东省济南市高新区舜华路2000号舜泰广场3号楼7层
…………Tel：0531-67710163
济南挺赛餐饮管理有限公司
地址：山东省济南市市中区卧龙花园北门公建18号楼
…………Tel：0531-67818309
山东吉时得智慧餐饮管理有限公司
地址：山东省济南市高新区汉峪金谷A3区5号楼2301-05
…………Tel：0531-67860527
山东团购帮文化传媒有限公司
地址：山东省济南市历下区山大路157号华强国际广场E栋2601室
…………Tel：0531-67868697
济南佰易居酒店管理有限公司
地址：济南市历下区文化东路76号万豪1号楼1003号
…………Tel：0531-67894686
廪膳生餐饮有限公司
地址：山东省济南市高新区汉峪金谷A3-4-1801I
…………Tel：0531-68659563
济南恒源餐饮管理有限公司
地址：山东省济南市槐荫区济南西客站东广场地下一层1006室
…………Tel：0531-69925680
山东斯铂特互动娱乐有限公司
地址：济南市市中区经四路5号万达广场A座803室
…………Tel：0531-69929850
山东泰钢娱乐城有限公司
地址：山东省济南市莱芜区凤城西大街65号
…………Tel：0531-76213234
莱芜旅游发展集团有限公司
地址：济南市莱芜区文化北路19号
…………Tel：0531-76310181
部落传奇文化旅游开发有限公司
地址：山东省济南市高新区崇华路1578号黄金时代三区2号楼320
…………Tel：0531-80876984
泰安市东岱文化旅游发展有限公司
地址：山东省泰安市岱岳区山口镇西碾疃村金山口壹号楼5号商铺
…………Tel：0531-80979727
山东红四月酒店管理有限公司
地址：济南市历下区经十路11616号奥体金融中心BC楼1单元205-B区
…………Tel：0531-80993037
山东省舜天大酒店
地址：济南市无影山中路14-16号
…………Tel：0531-80997881
济南产发运营集团有限公司
地址：山东省济南市高新区经十路7000号汉峪金融商务中心3区3号楼8层
…………Tel：0531-81286858
济南贵和皇冠假日酒店有限责任公司
地址：济南市历下区天地坛街3号
…………Tel：0531-81626217
长城齐鲁酒店投资管理有限公司
地址：济南市历下区千佛山路8号
…………Tel：0531-81699782
山东凯瑞商业集团有限责任公司
地址：济南市市中区二环南路5266号
…………Tel：0531-81767979
山东凯瑞商业集团有限责任公司
地址：济南市市中区二环南路5266号
…………Tel：0531-81767979
尚堂厨房餐饮有限公司
地址：山东省济南市历下区文化东路24号普利文东花园A-2-604
…………Tel：0531-81850699
山东美丽人生文化娱乐有限公司
地址：济南长清大学科技园紫薇路中段山东数码广场C座
…………Tel：0531-82663075
山东丽天大酒店
地址：济南市经一路66号
…………Tel：0531-8268888
山东鑫悦海味餐饮服务有限公司
地址：济南市历下区千佛山东二路7号华侨会馆餐饮楼
…………Tel：0531-82826888
济南富丽美餐饮娱乐有限责任公司
地址：济南市天桥区北园路451号
…………Tel：0531-82887028
济南富丽美餐饮娱乐有限责任公司
地址：济南市天桥区北园路451号
…………Tel：0531-82887028
山东外婆餐饮管理有限公司
地址：济南市历下区杉楠园街17号
…………Tel：0531-82929329
山东共同娱乐文化传媒有限公司
地址：山东省济南市历下区文化东路63号恒大帝景9号楼1-1914室
…………Tel：0531-82977778
济南唐卡贸易有限公司

地址：济南市槐荫区丽人商业街2号楼西段
………… Tel：0531-83181288

山东五彩山村旅游开发有限公司
地址：山东省济南市章丘区垛庄镇东车厢村
………… Tel：0531-83270666

青岛田横岛酒店娱乐管理有限公司
地址：山东省青岛市即墨区田横岛省级旅游度假区田横岛度假村1号
………… Tel：0531-83536622

青岛田横岛酒店娱乐管理有限公司
地址：山东省青岛市即墨区田横岛省级旅游度假区田横岛度假村1号
………… Tel：0531-83536622

山东百思特餐饮管理有限公司
地址：山东省济南市章丘区明水街道浅井路1号
………… Tel：0531-83720358

山东绿天机旅游开发股份有限公司
地址：山东省济南市章丘市双山芙蓉大街绣水如意国际商都硅谷345号
………… Tel：0531-83727266

济南章丘三涧溪旅游发展有限公司
地址：济南市章丘区明水街道汇泉路珍珠泉街10号108室
………… Tel：0531-83777557

济南市章丘明水古城旅游发展有限公司
地址：济南市章丘区明水街道汇泉路珍珠泉街10号101室
………… Tel：0531-83777565

七星台置业有限公司
地址：山东省济南市章丘区垛庄镇四角城村
………… Tel：0531-83797777

济南市朱家峪旅游发展有限公司
地址：山东省济南市章丘区官庄街道朱家峪景区游客中心
………… Tel：0531-83806677

浪潮软件股份有限公司
地址：泰安市虎山路中段
………… Tel：0531-85105825

山东银座旅游集团有限公司
地址：济南市泺源大街66号
………… Tel：0531-85650823

山东开元餐饮有限公司
地址：济南市历下区趵突泉北路1号开元广场二层
………… Tel：0531-86089922

济南天成同府私房菜餐饮管理有限公司
地址：山东省济南市市中区经四路万达广场室内步行街5008、5009号商铺
………… Tel：0531-86116756

济南激情飞乐餐饮娱乐有限公司
地址：山东省济南市市中区经四路5号济南魏家庄万达广场四层471铺位
………… Tel：0531-86156666-8006

济南玉泉森信大酒店有限公司
地址：济南市历下区泺源大街68号
………… Tel：0531-86934996

山东黄金五峰山旅游开发有限公司
地址：济南市长清区崮云湖街道办事处土山村
………… Tel：0531-87439955

山东老虎岭旅游开发有限公司
地址：山东省济南市长清区万德镇西3公里老虎岭1号
………… Tel：0531-87463589

山东梦幻星空文化旅游发展有限公司
地址：平阴县玫瑰镇人民政府门口东（原征收大厅）
………… Tel：0531-87666696

山东鲁润旅游开发股份有限公司
地址：济南市市中区济微路96-1号1号楼301
………… Tel：0531-87961167

山东金百餐饮管理有限公司
地址：济南市槐荫区美里湖路555号海那城59号楼102单元
………… Tel：0531-87980175

济南宾硕酒店管理有限公司
地址：济南市历下区文化东路25-8号
………… Tel：0531-88018777-9

山东黄金鹊山龙湖旅游开发有限公司
地址：济南市天桥区大桥镇
………… Tel：0531-88088908

淄博帕兰文化旅游有限公司
地址：山东省淄博市临淄区临淄大道168号
………… Tel：0531-88554427

丰贤餐饮管理有限公司
地址：山东省济南市高新区英才路2号山东英才学院兰园水上餐厅一层
………… Tel：0531-88651111

山东庆东餐饮管理咨询有限公司
地址：山东省济南市高新区空港北路山东太古飞机工程有限公司一餐厅
………… Tel：0531-88651111

济南惠泽餐饮股份有限公司
地址：济南市槐荫区经二路385号1-218
………… Tel：0531-88661555

山东与龙共舞餐饮管理有限公司
地址：山东省济南市槐荫区经二路385号3层302室
………… Tel：0531-88661555

山东兴德餐饮管理有限公司
地址：济南市历下区经十东路济南奥林匹克体育中心中心商业区5003-3室
………… Tel：0531-88805688

济南康禄商贸有限公司
地址：济南市槐荫区经三路291号圆楼108室
………… Tel：0531-88809518

山东鸿腾湖景大酒店有限公司
地址：山东省济南市历城区华山街道华山安置2区S6商务楼101号
………… Tel：0531-88881886

山东大舜餐饮文化有限公司
地址：山东省济南市历城区山大路124号科苑大厦三层315室
………… Tel：0531-88939678

济南欧尚投资有限公司
地址：山东省济南市高新区会展西路88号1号楼1-535
………… Tel：0531-88982761

银丰餐饮管理有限公司
地址：山东省济南市历下区龙奥西路1号银丰财富广场B座M层11号
………… Tel：0531-89019051

济南隆昇全运村酒店管理有限公司
地址：山东省济南市历下区龙奥北路8号喜来登酒店1702
………… Tel：0531-89706952

青岛东方伊甸园文化旅游开发有限公司
地址：山东省青岛市高新区火炬路57号
………… Tel：0532-55526812

青岛恒大水世界旅游开发有限公司
地址：山东省青岛市胶州市九龙办事处南外环路以南，胶黄铁路西侧
………… Tel：0532-55568641

青岛华士泰置业有限公司
地址：青岛市崂山区石老人国家旅游度假区
………… Tel：0532-55577561

青岛城投燕岛酒店有限公司
地址：青岛市市南区海口路12号
………… Tel：0532-55577561

青岛同康餐饮管理有限公司
地址：山东省青岛市黄岛区灵山卫街道办事灵海路3111号黄海学院内文苑餐厅三楼
………… Tel：0532-55588766

华夏世嘉（青岛）娱乐游艺有限公司
地址：山东省青岛市市南区山东路6号甲华润中心万象城L-441,L-530,L-570,L-571,L-572号商铺
………… Tel：0532-55768598

青岛喵咪互动娱乐有限公司
地址：山东省青岛市市南区香港中路8号乙2号楼30层3102户
………… Tel：0532-58555210

山东鲁信文化旅游产业有限公司
地址：青岛市四方区永丰路8号2079室
………… Tel：0532-58572211

青岛旅游文旅发展集团有限公司
地址：青岛市南区澳门路121号甲
………… Tel：0532-58617600

白领连锁餐饮有限公司
地址：山东省青岛市市北区曹县路138号甲
………… Tel：0532-58708822

青岛汉卓酒店管理有限公司
地址：山东省青岛市崂山区中韩街道海尔路176号3号楼
………… Tel：0532-58708888

青岛龙麦时尚餐饮娱乐有限公司
地址：青岛市李沧区九水路227号宝龙广场4楼4004号
………… Tel：0532-58803888

青岛国信会展酒店发展有限公司
地址：山东省青岛市崂山区仙霞岭路33号
………… Tel：0532-58827616

青岛国信会展酒店发展有限公司
地址：山东省青岛市崂山区仙霞岭路33号
………… Tel：0532-58827616

青岛海天大酒店有限公司
地址：青岛市市南区香港西路48号
………… Tel：0532-58827616

青岛银沙滩至尊酒店有限公司
地址：山东省青岛市黄岛区银沙滩路178号
………… Tel：0532-58886666

青岛悦海喜来酒店有限公司
地址：青岛市莱西市石岛路5号
………… Tel：0532-66038888

青岛旅游集团有限公司
地址：青岛市市南区澳门路121号甲
………… Tel：0532-66776720

青岛客必思味餐饮管理服务有限公司
地址：山东省青岛市市南区大沽路70号313室
………… Tel：0532-67702566

青岛李沧大歌星餐饮娱乐有限公司
地址：青岛市李沧区巨峰路178号万达广场负二层
………… Tel：0532-67706759

青岛证大商业旅游投资发展有限公司
地址：中国（山东）自由贸易试验区青岛片区茂山路687号1068室
………… Tel：0532-67781187

青岛海诚一家酒店管理股份有限公司
地址：山东省青岛市黄岛区滨海大道1969号11栋1-3层
………… Tel：0532-67795116

城发集团（青岛）旅游发展有限公司
地址：山东省青岛市黄岛区江山南路458号城发大厦1608室
………… Tel：0532-67798839

青岛小康餐饮管理有限公司
地址：山东省青岛市黄岛区庐山路104号网点
………… Tel：0532-67798865

青岛万升酒店管理有限公司
地址：山东省青岛市市北区延吉路112号
………… Tel：0532-68006888

丽濠酒店（青岛）有限公司
地址：青岛市黄岛区薛家岛街道办事处三社区345室
………… Tel：0532-68971888

青岛奥烹餐饮管理服务有限公司
地址：山东省青岛市城阳区双元路88号正进食品工业园门口西300米
………… Tel：0532-80655719

青岛经济技术开发区索菲亚国际大酒店有限公司
地址：山东省青岛市黄岛区太行山路1号
………… Tel：0532-80908888

青岛平度市福赛国际酒店管理有限公司
地址：山东省青岛市平度市凤台街道办事处重庆路589号
………… Tel：0532-80931331

青岛亿康源餐饮管理有限公司
地址：青岛市城阳区流亭街道双高路南侧西后楼社区27号
………… Tel：0532-80960839

青岛景园假日酒店有限公司
地址：青岛市城阳区兴阳路306号
………… Tel：0532-80966888

青岛星河湾酒店管理有限公司
地址：山东省青岛市城阳区滨海路773-1号1号楼
………… Tel：0532-81789999

青岛船歌餐饮管理服务有限公司
地址：青岛市市南区瞿塘峡路39号605室
………… Tel：0532-82670058

青岛权品七汤温泉度假酒店有限公司
地址：山东省青岛市黄岛区韶山路568-34.35号
………… Tel：0532-83171999

青岛海华酒店管理有限公司
地址：山东省青岛市崂山区高昌路12号1号楼302室
………… Tel：0532-83611871

青岛东都餐饮有限公司
地址：青岛市市南区香港西路52号.
………… Tel：0532-83881818

青岛香格里拉大酒店有限公司
地址：青岛市市南区香港中路9号
………… Tel：0532-83883838-6109

青岛环海凯莱商务酒店有限公司
地址：青岛市市南区东海西路29号
………… Tel：0532-83892998

青岛金查理文化娱乐发展有限责任公司
地址：山东省青岛市崂山区中韩街道仙霞岭路16号金领世家12-1-1602
………… Tel：0532-83957039

青岛崂山旅游集团有限公司
地址：青岛市崂山区梅岭路29号综合办公楼2号
………… Tel：0532-83958108

青岛豪邦大酒店有限公司
地址：山东省青岛市莱西市文化东路13号甲
………… Tel：0532-83966666

青岛欣旺达餐饮有限公司
地址：山东省青岛市胶州市兰州东路697号龙秀山庄小区A1号楼10-31号网点
………… Tel：0532-83980317

山东山孚大酒店有限公司
地址：青岛市香港中路96号
………… Tel：0532-83993888

青岛丽天大酒店有限公司
地址：青岛市市南区香港西路87号
………… Tel：0532-83999669

青岛藏马山国际旅游度假区有限公司
地址：山东省青岛市黄岛区藏马山国际旅游度假区蓝莓小镇3号楼3楼301室
………… Tel：0532-84179169

青岛黄金海岸大酒店有限公司
地址：山东省青岛市崂山区香港东路380号
………… Tel：0532-85026685

青岛安侨酒店有限公司
地址：青岛市红岛经济区红岛街道香东南路东侧
………… Tel：0532-85027099

青岛红树林旅业有限公司
地址：山东省青岛市黄岛区海王路1003号
………… Tel：0532-85167226

青岛海德立餐饮设备股份有限公司
地址：青岛胶州市九龙镇衡山路25号
………… Tel：0532-85253566

青岛隆中园山水田园生态旅游开发有限公司
地址：山东省青岛市平度市旧店镇大战村178号
………… Tel：0532-85330222

青岛良友国宴厨房制造餐饮有限公司
地址：青岛市市北区宁海路18号甲
………… Tel：0532-85607777

青岛威森歌汇娱乐有限公司
地址：青岛市市北区辽阳西路53号
………… Tel：0532-85658663

青岛颐中国际大酒店有限公司
地址：青岛市市南区香港中路76号
………… Tel：0532-85718888

青岛中苑海上广场娱乐有限公司
地址：山东省青岛市市南区西陵峡路11号
………… Tel：0532-85793117

青岛海龙号海上观光酒店有限公司
地址：山东省青岛市市南区香港中路59号23层
………… Tel：0532-85793117

青岛海龙号海上观光酒店有限公司
地址：山东省青岛市市南区香港中路59号23层
………… Tel：0532-85793117

青岛丽晶大酒店有限公司
地址：青岛市市南区香港中路110号
………… Tel：0532-85881818

青岛中泰餐饮管理有限公司
地址：山东省青岛市黄岛区隐珠街道办事处临港路1718-2号
………… Tel：0532-86196128

青岛九顶莲花山观光旅游有限公司
地址：青岛市胶州市洋河镇山相家村
………… Tel：0532-86226636

莱西市港通文化旅游发展有限公司
地址：山东省青岛市莱西市姜山镇泰莱路1号
………… Tel：0532-86432368

青岛旅游集团酒店管理有限公司
地址：青岛即墨市温泉镇大田路2997号
………… Tel：0532-86569999

烟台金山水世界娱乐有限公司
地址：山东省烟台市莱阳市穴坊镇驻地
………… Tel：0532-86597876

烟台金山旅游开发有限公司
地址：山东省莱阳市金山旅游度假区
………… Tel：0532-86597876

山东云联国骥投资管理有限公司
地址：山东省青岛市黄岛区东岳中路1399号
………… Tel：0532-86619789

青岛永新华酒店管理有限公司
地址：青岛平度市凤台街道办事处世纪大道南侧，杭州路西侧
………… Tel：0532-86637556

青岛胡桃维文化娱乐发展有限责任公司
地址：山东省青岛市市南区山东路40号606室
………… Tel：0532-86660228

青岛鼎堂文化旅游产业投资有限公司
地址：山东省青岛市市南区太平角一路23号
………… Tel：0532-86681688

青岛国敦大酒店有限公司
地址：青岛市市南区香港中路28号
………… Tel：0532-86681688

丰盛园餐饮文化管理有限公司
地址：青岛市黄岛区香江路127号一、二楼东南区
………… Tel：0532-86766903

青岛世贸海悦大酒店有限责任公司
地址：青岛经济技术开发区香江路55号
………… Tel：0532-86855555

青岛融源影视文化旅游产业发展有限公司
地址：青岛市李沧区东川路59号融源文化艺术街32号楼201
………… Tel：0532-87051668

青岛鲤鱼门餐饮有限公司
地址：青岛市黄岛区（原胶南市）滨海大道1888号
………… Tel：0532-87138888

校联娱乐有限公司
地址：山东省青岛市黄岛区滨海大道路2037号13号楼2219室
………… Tel：0532-87166606

校联餐饮管理有限公司
地址：山东省青岛市黄岛区滨海大道路2037号内13栋2220室
………… Tel：0532-87166606

山东校联餐饮管理有限公司
地址：山东省青岛市黄岛区滨海大道路2037号内13号楼22层2220室

……………………Tel：0532-87166606

青岛青康餐饮管理有限公司
地址：山东省青岛市城阳区夏庄街道铁骑山路与天风北路交叉口东300米
……………………Tel：0532-87751088

青岛中能文化旅游投资有限公司
地址：青岛市城阳区夏庄街道仙山东路18号甲
……………………Tel：0532-87797979

青岛千禧宏达体育娱乐有限公司
地址：青岛市红岛经济区海洋科技开发区（红岛经济区红岛街道）
……………………Tel：0532-87980916

山东济铁酒店管理有限责任公司
地址：山东省青岛市市南区泰安路14号
……………………Tel：0532-88081102

青岛宝利华大酒店有限公司
地址：青岛市崂山区香港东路22号
……………………Tel：0532-88251926

青岛时尚龙麦餐饮娱乐有限公司
地址：青岛即墨市振华街88号四楼
……………………Tel：0532-88529162

青岛富丽翔餐饮管理有限公司
地址：山东省青岛市崂山区香港东路316号弄海园43号楼6-6
……………………Tel：0532-88897347

坤唐菲尔克斯（青岛）国际酒店管理有限公司
地址：青岛市胶州市兰州西路156号
……………………Tel：0532-88901318

乳山市岭南生态文化旅游有限公司
地址：山东省威海市乳山市胜利街83号
……………………Tel：0532-88963395

青岛索菲亚国际酒店管理集团有限公司
地址：青岛市崂山区香港东路219号（青岛索菲亚国际大酒店内）
……………………Tel：0532-88971111

青岛千宿控股集团有限公司
地址：山东省青岛市黄岛区阿里山路18号万利国际1号楼1806室
……………………Tel：0532-88985995

青岛锦茂宾馆有限公司
地址：青岛即墨市鹤山路168号
……………………Tel：0532-89066666

青岛西海岸文化旅游集团有限公司
地址：山东省青岛市黄岛区天目山路302号3楼310室
……………………Tel：0532-89602008

山东天乐园娱乐发展有限公司
地址：山东省淄博市张店区西一路15号
……………………Tel：0533-2121999

淄博联生酒店管理有限公司
地址：山东省淄博市高新区鲁泰大道与世纪路交汇处西北角淄博阿波罗置业有限公司售楼处2楼203室
……………………Tel：0533-2876777

淄博鑫森餐饮有限公司
地址：山东省淄博市高新区北西六路212号名尚国际碧林4号楼
……………………Tel：0533-2882777

淄博明发酒店管理有限公司
地址：山东省淄博市周村区苏袁路468号创新产业园12号楼101室
……………………Tel：0533-2921759

山东上大席餐饮娱乐有限公司
地址：山东省淄博市张店区马尚镇于小村上海路与华光路路口南150米
……………………Tel：0533-3148593

山东天湖旅游文化股份有限公司
地址：山东省淄博市沂源县天湖路34号
……………………Tel：0533-3263300

山东天下第一店酒厂
地址：淄博高新区付山路9号
……………………Tel：0533-3785317

淄博颜山文化旅游发展有限责任公司
地址：山东省淄博市博山区开发区伊家楼牌坊南30米
……………………Tel：0533-4136678

山东华旅旅游发展股份有限公司
地址：博山区西过境路中段
……………………Tel：0533-4188888

山东周村古商城旅游发展有限公司
地址：山东省淄博市周村区新建西路157号周村区游客中心
……………………Tel：0533-6436336

山东金牌文化旅游开发有限公司
地址：淄博市周村区萌水镇莲花山生态园(萌山水库北2000米)
……………………Tel：0533-6812399

淄博万豪大酒店有限公司
地址：淄博市临淄区临淄大道782号
……………………Tel：0533-7129999

淄博辛加迪化工有限公司
地址：山东省淄博市临淄区临淄大道818甲9号901
……………………Tel：0533-7221222

淄博世足源齐酒店管理有限公司
地址：山东省淄博市临淄区齐文化博物馆5号馆4-402
……………………Tel：0533-7221889

山东亿方餐饮管理有限公司
地址：山东省淄博市临淄区齐鲁石化培训中心北校区7号，8号，9号楼
……………………Tel：0533-7365777

淄博市临淄区文化旅游有限公司
地址：山东省淄博市临淄区临淄大道168号
……………………Tel：0533-7901188

山东马踏湖旅游开发有限公司
地址：桓台县起凤镇旅游路2号
……………………Tel：0533-8693006

山东发林旅游开发有限公司
地址：山东省德州市齐河县东盟国际生态城东盟文化中心三层
……………………Tel：0534-2150089

德州长河永和餐饮连锁有限公司
地址：德城区湖滨北路46号
……………………Tel：0534-2182590

东海天下（德州）实业有限公司
地址：山东省德州市平原县三唐乡冯庄村
……………………Tel：0534-2211111

德州峻豪娱乐有限公司
地址：山东省德州市德城区新湖街道办事处解放北路134号（德州美丽华大酒店有限公司三楼夜总会南区）
……………………Tel：0534-2288388

德州奇幻城儿童娱乐有限公司
地址：山东省德州市德城区天衢街道办事处解放北路1188号金齐名居商用楼11号门市一层
……………………Tel：0534-2324222

德州嘉年华国际餐饮娱乐有限公司
地址：德城区德兴中大道1272号
……………………Tel：0534-2396666

德州嘉年华国际餐饮娱乐有限公司
地址：德城区德兴中大道1272号
……………………Tel：0534-2396666

德州市凯元餐饮管理有限公司
地址：德州经济开发区晶华大道316号
……………………Tel：0534-2566516

德州大酒店有限责任公司
地址：德城区东方红西路968号
……………………Tel：0534-2650106

德州市土豆哥餐饮管理有限公司
地址：德州市德城区德兴中大道1029号
……………………Tel：0534-2767000

山东鲁坤齐晏文化旅游开发有限公司
地址：山东省德州市齐河县祝阿镇小周村807号
……………………Tel：0534-5169999

惠民县浩广电力器材有限公司
地址：山东省滨州市惠民县大年陈镇大年陈街
……………………Tel：0534-564165

山东省坤河旅游开发有限公司
地址：齐河黄河国际生态城旅游路08号
……………………Tel：0534-5710678

齐河雅品汇书画艺术品有限公司
地址：山东齐河经济开发区齐齐发大市场
……………………Tel：0534-5715898

德州外海假日酒店有限公司.
地址：德州经济开发区东风东路2555号
……………………Tel：0534-6088888

德州外海假日酒店有限公司
地址：德州经济开发区东风东路2555号
……………………Tel：0534-6088888

禹城市洪泰实业有限公司
地址：山东省德州市禹城市行政街786号
……………………Tel：0534-7288936

禹城市洪泰实业有限公司
地址：山东省德州市禹城市行政街786号
……………………Tel：0534-7288936

临邑金水工贸有限公司
地址：山东省德州市临邑县恒源街道办事处华兴路北首东侧
……………………Tel：0534-8213155

中天远大餐饮集团（山东）餐饮管理有限公司
地址：山东省烟台市莱山区富明路7号
……………………Tel：0535-2106857

烟台仙客居酒店有限公司
地址：山东省烟台市经济技术开发区百色大街1号
……………………Tel：0535-2161550

莱州名都生态园餐饮有限公司
地址：山东省莱州市文峰路街道阎家村
……………………Tel：0535-2420888

烟台天马餐饮有限公司
地址：山东省烟台市经济技术开发区长江路天马中心4号楼201、204、209、210、132-2、215、216、318号
……………………Tel：0535-2450939

烟台宝尔迪酒店管理有限公司
地址：山东省烟台市经济技术开发区长江路300号内1号303号
……………………Tel：0535-2931890

海阳市宝龙大酒店有限公司
地址：山东省烟台市海阳市海阳宝龙城一期酒店
……………………Tel：0535-3106666

长岛旅游集团有限公司
地址：山东省烟台市长岛县长园路464号
……………………Tel：0535-3215769

海阳万通旅游开发有限公司
地址：山东省烟台市海阳市榆山街44号
……………………Tel：0535-3310668

海阳保利达旅游置业有限公司
地址：山东省烟台市海阳市龙山街道办事处海翔西路360号
……………………Tel：0535-3320999

烟台晋科红茶馆酒店有限公司
地址：山东省烟台市芝罘区向阳街83号
……………………Tel：0535-3383605

蓬莱文成幸福实业有限公司
地址：山东省烟台市蓬莱市刘家沟镇府东路1号
……………………Tel：0535-3543766

蓬莱阁文化旅游集团有限公司
地址：山东省烟台市蓬莱市登州街道东城社区聚财街1号
……………………Tel：0535-3735999

山东万汇娱乐集团有限公司
地址：山东省烟台市芝罘区南大街175号振华国际1606
……………………Tel：0535-3931231

烟台华宝酒店有限公司
地址：山东省烟台市牟平区北关大街650号
……………………Tel：0535-4757333

威海泉悦旅游开发有限公司
地址：山东省威海市环翠区温泉镇山水城-13号-7
……………………Tel：0535-4780000

烟台新鸿宇置业有限公司
地址：山东省烟台市经济技术开发区长江路28号
……………………Tel：0535-4780000

山东亨泰绿洲生态旅游开发股份有限公司
地址：山东省烟台市牟平区西郊路789号
……………………Tel：0535-4838177

栖霞市长春湖旅游开发有限公司
地址：山东省栖霞市霞光路西、文水河北
……………………Tel：0535-5215964

烟台霞光旅游发展有限公司
地址：山东省烟台市栖霞市松山镇郝家楼村东
……………………Tel：0535-5479607

蓬莱西海岸海洋文化旅游产业开发有限公司
地址：山东省蓬莱市北关路171号
……………………Tel：0535-5602766

蓬莱仙境海岸度假酒店有限公司
地址：山东省蓬莱市海滨路
……………………Tel：0535-5616088

蓬莱八仙过海旅游有限公司
地址：山东省蓬莱市蓬莱阁街道海滨路9号
……………………Tel：0535-5630096

烟台市蓬达胜威酒店股份有限公司
地址：山东省烟台市蓬莱市海港路80号
……………………Tel：0535-5665067

蓬莱汇美嘉酒店管理有限公司
地址：山东省蓬莱市南王街道长江东路3号
……………………Tel：0535-5725789

蓬莱市蓬莱阁旅游有限责任公司
地址：山东省蓬莱市迎宾路7号
……………………Tel：0535-5821623

烟台海怡国际发展置业有限公司
地址：山东省烟台市莱山区迎宾路1号
……………………Tel：0535-6095338

烟台佰瑞置业有限公司
地址：山东省烟台市经济技术开发区长江路77号3502号
……………………Tel：0535-6103895

烟台东银金海岸大酒店有限公司
地址：中国（山东）自由贸易试验区烟台片区烟台经济技术开发区宁波路15号内1号网点
……………………Tel：0535-6107777

烟台昊瑞商贸有限公司
地址：烟台开发区黄河路86号
……………………Tel：0535-6110588

山东驴品餐饮服务股份有限公司
地址：山东省烟台市芝罘区卧龙北路3号
……………………Tel：0535-6202658

烟台蓝白餐饮有限公司
地址：山东省烟台市芝罘区广东街2号
……………………Tel：0535-6224134

山东天嘉酒店物业管理有限公司
地址：山东省烟台市高新区马山街道海博路6号综合办公楼1层
……………………Tel：0535-6237766

烟台市坤原餐饮管理咨询有限公司
地址：山东省烟台市经济技术开发区厦门大街12号
……………………Tel：0535-6381426

烟台都市绿洲餐饮娱乐管理有限公司
地址：芝罘区幸福北路68号
……………………Tel：0535-6521999

烟台巨中伟业旅游有限公司
地址：山东省蓬莱市钟楼北路228号
……………………Tel：0535-6599833

山东京诺新能源科技有限公司
地址：山东省烟台市芝罘区APEC科技工业园楚玉路3号
……………………Tel：0535-6677105

烟台颐中苑养老服务有限公司
地址：山东省烟台市芝罘区北马路75号三水大厦15楼1713室
……………………Tel：0535-6683377

烟台金圣餐饮娱乐有限责任公司
地址：芝罘区大马路128号
……………………Tel：0535-6692369

烟台市芝罘皇宫餐饮娱乐有限责任公司
地址：芝罘区经伦街2号
……………………Tel：0535-6692369

烟台唐邦餐饮管理有限公司
地址：山东省烟台市莱山区银海路714号
……………………Tel：0535-6700101

烟台新绎虹口养生酒店有限公司
地址：山东省烟台市芝罘区大马路111号
……………………Tel：0535-6743661

烟台凯高客置业有限公司
地址：山东省烟台市经济技术开发区长江路28号华新商务大厦1615室
……………………Tel：0535-6958892

中海实业有限责任公司观海花园酒店
地址：山东省烟台市莱山区观海路40号
……………………Tel：0535-7355216

青岛鲁赫现代餐饮管理有限公司
地址：山东省青岛市莱西市日庄镇小埠阴村57号
……………………Tel：0535-7879508

烟台中泽华羿酒店管理有限公司
地址：山东省烟台市芝罘区胜利路139号
……………………Tel：0535-8208888

招远市新天地大酒店有限公司
地址：山东省招远市河西路17号
……………………Tel：0535-8236988

烟台迪迈文化娱乐有限公司
地址：山东省烟台市招远市初山路123号
……………………Tel：0535-8325105

山东俪芙文化娱乐有限公司
地址：山东省烟台市招远市罗峰路以西泉山路以南门市楼
……………………Tel：0535-8352666

南山旅游集团有限公司
地址：山东省龙口市东江镇南山村
……………………Tel：0535-8616938

山东漫游娱乐有限公司
地址：山东省烟台市莱山区长宁路368号5号楼第4层413号房
……………………Tel：0535-8943456

诸城市松旅恐龙文化旅游发展有限公司
地址：山东省潍坊市诸城市龙都街道龙昌路6号龙昌名邸沿街房102号
……………………Tel：0536-2161669

潍坊市旅游投资控股有限公司
地址：山东省潍坊市东风西街408号5层9间
……………………Tel：0536-2225277

潍坊市新艺都餐饮娱乐有限公司
地址：山东省潍坊市奎文区文化路以西，民生街以南盛世豪廷.濠景苑10号楼103号
……………………Tel：0536-2225888

山东御景大酒店有限公司
地址：寿光市南环路弥河桥东侧
……………………Tel：0536-2231888

山东荣美万象旅游开发有限公司
地址：山东省潍坊市高密市密水街道密水大街（西）717号1幢商场1
……………………Tel：0536-2719638

潍坊欢乐海商务酒店有限公司
地址：山东省潍坊市滨海区英豪商贸城9-002
……………………Tel：0536-3080066

山东华盛江泉城酒店有限公司
地址：罗庄区双月湖路中段
……………………Tel：0536-3118901

山东华建大酒店有限公司
地址：山东省潍坊市临朐县东城街道沂山路与顺河东路交叉口南100米
……………………Tel：0536-3150008

潍坊苏乐生态旅游开发有限公司
地址：山东省潍坊市临朐县柳山镇后疃村
……………………Tel：0536-3150050

山东大都万头奶牛养殖示范基地有限公司
地址：临朐县临九路东侧田村集段
……………………Tel：0536-3157877

临朐县沂山生态旅游开发有限公司
地址：山东临朐国有沂山林场
……………………Tel：0536-3169002

临朐县福润得购物城
地址：县城龙泉路中段
……………………Tel：0536-3213832

青州市海青文化旅游投资发展有限公司
地址：山东省潍坊市青州市王府范公亭西路1035号
……………………Tel：0536-3228125

青州海岱旅游发展有限责任公司
地址：山东省潍坊市青州市经济开发区益王府北路7188号
……………………Tel：0536-3228125

青州古城文化旅游发展有限公司
地址：青州市范公亭西路848号
……Tel：0536-3231079

青州市云门旅游置业发展有限公司
地址：山东省潍坊市青州市驼山南路南首大明衡王城A座
……Tel：0536-3250132

临朐文化旅游集团有限公司
地址：山东省潍坊市临朐县东城街道沂山路2495号
……Tel：0536-3317880

青州贝隆花园大酒店有限公司
地址：山东省潍坊市青州市仰天山路与凤凰山路交叉口向南1000米
……Tel：0536-3326661

青州市锦绣江南餐饮文化有限公司
地址：青州市将军山中路
……Tel：0536-3327200

山东青城养老旅游发展有限公司
地址：山东潍坊青州市谭坊镇高墓村
……Tel：0536-3870800

安丘新东方大酒店有限公司
地址：安丘市向阳路东首南侧
……Tel：0536-4389999

安丘市宜安旅游发展有限公司
地址：山东省潍坊市安丘市兴安街道人民路254号办公楼3楼310室
……Tel：0536-4397539

潍坊市文化旅游建设投资有限公司
地址：山东省潍坊市奎文区健康东街13600号1号楼世博国际商务大厦12层1221房间
……Tel：0536-5018287

寿光市生态湿地旅游开发有限公司
地址：寿光市生态农业观光园（圣城东街张建桥大桥东首北侧）
……Tel：0536-5118601

安丘安兴青云旅游发展有限公司
地址：山东省潍坊市安丘市青云大街北侧，建设路西侧（建设局院）办公4楼401室
……Tel：0536-5127088

安丘市康诺旅游发展有限公司
地址：山东省潍坊市安丘市兴安街道人民路254号办公楼3楼312室
……Tel：0536-5127088

潍坊滨海新迪拜旅游度假酒店管理有限公司
地址：山东省潍坊市滨海区游客服务中心二楼
……Tel：0536-5300888

潍坊滨海新迪拜旅游度假酒店管理有限公司
地址：山东省潍坊市滨海区游客服务中心二楼
……Tel：0536-5300888

潍坊蓝色畅想体育文化发展有限公司
地址：山东省潍坊市滨海区英豪商贸城9-002
……Tel：0536-5605689

潍坊滨海旅游建设发展有限公司
地址：山东省潍坊市滨海区创业大厦936室
……Tel：0536-5605689

潍坊滨海旅游集团有限公司
地址：潍坊滨海经济开发区创业大厦7楼712室
……Tel：0536-5605689

潍坊欢乐海沙滩管理有限公司
地址：山东省潍坊市滨海区英豪商贸城9-002
……Tel：0536-5605689

潍坊欢乐海餐饮管理有限公司
地址：山东省潍坊市滨海区英豪商贸城9-002
……Tel：0536-5605689

寿光华融旅游开发有限公司
地址：寿光市羊口镇和谐路与渤海大道交叉口金融商务中心6楼616室
……Tel：0536-5673736

寿光市夜莺娱乐有限公司
地址：寿光市晨鸣路与圣城街交叉路口
……Tel：0536-5809688

诸城市隆嘉文化旅游集团有限公司
地址：山东省潍坊市诸城市兴华东路9号（生产车间：诸城市贾悦镇闸河崖村渠河扬水站）
……Tel：0536-6067638

诸城市龙投旅游开发有限公司
地址：山东省潍坊市诸城市开发区万兴路17号
……Tel：0536-6217177

山东宝城旅游发展有限公司
地址：昌乐县商业步行街97号
……Tel：0536-6232516

山东世代名车文化旅游有限公司
地址：山东省潍坊市昌乐县朱刘街道潍昌路388号1幢2号楼
……Tel：0536-6773887

潍坊滨海旅游度假区开发有限公司
地址：山东省潍坊市滨海区央子街道旅游度假区海景路游客服务中心
……Tel：0536-7572303

山东美达控股集团有限公司
地址：山东省潍坊市滨海区央子街道蔡家央子二村
……Tel：0536-7579152

山东迪梦温泉旅游开发有限公司
地址：山东省潍坊市峡山区太保庄街道凤凰岭街197号5号楼
……Tel：0536-7730388

潍坊新汇新材料科技有限公司
地址：山东省潍坊市峡山区怡峡街197号5号楼
……Tel：0536-7730388

潍坊峡山文化旅游开发有限公司
地址：潍坊市峡山生态经济发展区怡峡街197号5号楼
……Tel：0536-7739700

山东三月餐饮管理有限公司
地址：山东省潍坊高新区新城街道北海社区胜利东街2756号北海花园商住区43号楼1号
……Tel：0536-7950060

潍坊大酒店有限责任公司
地址：潍坊市奎文区胜利东街381号
……Tel：0536-8232188

齐鲁天匯餐饮管理有限公司
地址：青岛市市南区福州南路19号综合服务楼四楼
……Tel：0536-8261268

山东可能餐饮管理有限公司
地址：山东省潍坊市奎文区福寿东街6636号7号楼433（内2号）
……Tel：0536-8290513

山东富华旅游娱乐有限公司
地址：潍坊高新区东风东街北侧
……Tel：0536-8788007

潍坊新立克（集团）有限公司
地址：潍坊高新区东风东街北侧
……Tel：0536-8788105

潍坊爱雷特健康养生有限公司
地址：山东省潍坊市奎文区宝通街186号
……Tel：0536-8812828

潍坊弘润旅游发展有限公司
地址：山东省潍坊市滨海区海汇西路00099号潍坊达美水岸29号楼
……Tel：0536-8875515

潍坊老潍县餐饮娱乐有限公司
地址：潍坊高新区东明路与福寿东街交汇处鲁伟商务港10层
……Tel：0536-8880720

潍坊东方大酒店有限公司
地址：潍坊市高新技术产业开发区东风东街181号
……Tel：0536-8881111

山东济宁北湖文化旅游有限公司
地址：山东省济宁北湖省级旅游度假区景区四合院
……Tel：0537-2292656

山东先同餐饮管理集团有限公司
地址：山东省济宁市任城区阜桥街道海关东路4号
……Tel：0537-2527758

济宁荷塘湾餐饮文化发展有限责任公司
地址：济宁如意商业楼三、四层营业房
……Tel：0537-2780010

山东万紫园旅游开发有限公司
地址：济宁市泗水县泗张镇（镇政府院内南二楼）
……Tel：0537-3146100

济宁盛宇餐饮管理有限公司
地址：山东省济宁市任城区南张中学校内
……Tel：0537-3153986

山东星星之火餐饮管理有限公司
地址：济宁市阜桥辖区中亿新苑小区商业二区东数第一间一至二层营业房
……Tel：0537-3169851

山东微山湖旅游发展集团有限公司
地址：山东省济宁市微山县经济开发区泰康街5号
……Tel：0537-3183012

微山县万顷碧荷旅游开发有限公司
地址：微山县傅村街道滨湖路1号
……Tel：0537-3183555

济宁万达嘉华酒店管理有限公司
地址：济宁太白路万达广场20号楼
……Tel：0537-3208888

济宁市富悦玖餐饮有限公司
地址：山东省济宁市兖州区龙桥街道旧关立交桥北路东(富平机动车检测有限公司院内)
……Tel：0537-3482999

济宁市兖州区国开齐鲁文化旅游开发有限公司
地址：济宁市兖州区建设西路（牛旺地质家园西邻）
……Tel：0537-3492579

泗水惠丰机械制造有限公司
地址：泗水县泉林镇李家寨村
……Tel：0537-4010977

泗水泗河源文化旅游开发有限责任公司
地址：山东省济宁市泗水县泗河办泉鑫路济宁银行西侧楼二楼
……Tel：0537-4233517

曲阜尼山文化旅游集团股份有限公司
地址：曲阜市尼山镇
……Tel：0537-4257111

曲阜阙商君廷大酒店有限公司
地址：山东省济宁市曲阜市春秋中路16号
……Tel：0537-4400077

曲阜市阿米果娱乐有限公司
地址：曲阜市浴沂路东首路南（城区）
……Tel：0537-4515666

曲阜文化旅游发展投资（集团）有限公司
地址：曲阜市孔子文化会展中心
……Tel：0537-4612789

济宁圣宝天红国际酒店有限公司
地址：山东省曲阜市崇文大道7号
……Tel：0537-4646066

曲阜石门山文化旅游发展有限公司
地址：山东省曲阜市石门山镇石门山庄村
……Tel：0537-4890890

香格里拉大酒店（曲阜）有限公司
地址：曲阜市春秋中路3号
……Tel：0537-5058888

邹城市圣城文化旅游开发有限公司
地址：邹城市峄山镇政府院内
……Tel：0537-5119809

济宁锦东国际酒店有限公司
地址：济宁高新区菱花南路北首路东
……Tel：0537-5155806

山东圣德国际酒店有限公司
地址：济宁市兖州区兖颜公路北侧327国道西侧
……Tel：0537-5177777

邹城市峄山镇梦幻海洋娱乐有限公司
地址：山东省济宁市邹城市峄山镇涝滩村村北
……Tel：0537-5290666

邹城百大生态餐饮娱乐有限公司
地址：邹城市李官村104国道路西
……Tel：0537-5373866

邹城百大生态餐饮娱乐有限公司
地址：邹城市李官村104国道路西
……Tel：0537-5373866

山东富源春生态大酒店有限公司
地址：济宁市兖州区新兖镇金村
……Tel：0537-5757598

济宁市新城发展投资有限责任公司
地址：济宁北湖省级旅游度假区新城发展大厦A座3层
……Tel：0537-6537213

梁山富源国际大酒店有限公司
地址：梁山县梁山镇独山村
……Tel：0537-6589999

山东德馨源餐饮管理服务有限公司
地址：济宁北湖省级旅游度假区新城发展大厦裙楼2层
……Tel：0537-6726338

济宁任兴文化旅游发展有限公司
地址：山东省济宁市任城区太白楼中路4号
……Tel：0537-6772772

济宁孔子文化旅游集团有限公司
地址：山东省济宁市高新区　河街道吴泰闸路23号
……Tel：0537-6776917

复大帝景酒店有限公司
地址：山东省济宁市嘉祥县机场路与吉祥路交汇处北100米路西
……Tel：0537-6985005

济宁君泰酒店管理有限责任公司
地址：山东省济宁北湖省级旅游度假区君泰大厦1-12层
……Tel：0537-7088888

济宁七星水世界健身娱乐有限公司
地址：汶上县广场路东段路北
……Tel：0537-7230303

曲阜尼山文化旅游投资发展有限公司
地址：曲阜市尼山镇南辛南村二胡同6号
……Tel：0537-7778899

山东集城文化旅游实业有限公司
地址：济宁高新区孟子大道388号
……Tel：0537-7979299

金乡县悦品汇娱乐有限公司
地址：金乡县鱼山街道苏楼村105国道西侧大蒜市场东门南临
……Tel：0537-8829555

泰安刻古明文旅游管理有限公司
地址：泰安开发区东天门大街999号
……Tel：0538-2090522

泰安千古情旅游演艺有限公司
地址：泰安旅游经济开发区岫湖山庄B2别墅
……Tel：0538-5055888

泰安东胜文化旅游有限公司
地址：山东省泰安市泰山区创业大街45号
……Tel：0538-5361963

宁阳锦华餐饮娱乐有限公司
地址：宁阳县城小吴村路北地址：
……Tel：0538-5682688

山东新达人休闲娱乐有限公司
地址：山东省泰安市宁阳县磁窑镇京台高速路东临综合楼7-8层
……Tel：0538-5950000

凌云餐饮管理有限公司
地址：山东省泰安市宁阳县文庙街道办事处建设路南首
……Tel：0538-6088809

泰安市华运餐饮娱乐有限公司
地址：泰安市岱宗大街东段毛纺厂院内
……Tel：0538-6225956

山东飞龙世嘉集团有限公司
地址：泰安市龙潭路2号；财源北街西首
……Tel：0538-6300050

泰安泰山大汶口旅游置业有限公司
地址：泰安大汶口石膏工业园
……Tel：0538-6689669

山东泰安御泽苑餐饮有限公司
地址：泰安市岱岳区夏张镇梨园村
……Tel：0538-6998126

山东世外潮泉文化旅游开发有限公司
地址：山东省泰安市肥城市潮泉镇张庄村
……Tel：0538-8066558

泰安泰山天颐森和旅游开发有限公司
地址：山东省泰安市岱岳区（泰安大汶口工业园）
……Tel：0538-8168017

泰安万达嘉华酒店管理有限公司
地址：泰安市泰山区泰山大街以南、灵山大街以北、望岳东西路之间泰安万达广场2号楼4层401、24层2402房间
……Tel：0538-8358888

济南万泉旅游发展有限公司
地址：山东省济南市长清区万德街道办事处万泉彩石溪山庄7号3楼301室
……Tel：0538-8367999

泡面娱乐（山东）有限公司
地址：山东省泰安市岱岳区灵山大街与迎胜路十字路口西北侧王府花园11号商业楼
……Tel：0538-8516333

泰安泰山旅游集团有限公司
地址：山东省泰安市泰山区岱宗大街137号
……Tel：0538-8538311

山东岳海新天街文化旅游有限公司
地址：山东省泰安市岱岳区天平办事处泰山大街29号刘老根大舞台
……Tel：0538-8561136

泰安市文化旅游发展集团有限公司
地址：山东省泰安市岱岳区泰安旅游经济开发区环湖西路商业B1-1
……Tel：0538-8563976

泰安市泰山天平湖游艇娱乐有限公司
地址：泰安市岱岳区天平乡东北
……Tel：0538-8567555

泰安市宝泰隆泰山地下大裂谷旅游开发有限责任公司
地址：泰安市泰山区邱家店镇
……Tel：0538-8662795

山东泰安瑞龙大酒店有限公司
地址：山东省泰安市泰山区岱道庵路6号
……Tel：0538-8879999

山东亲情沂蒙旅游有限公司
地址：沂水县沂水镇东院村（雪山景区）
……Tel：0539-2222378

沂水银河旅游开发有限公司
地址：沂水县沂博路以西(大沂河与小沂河交汇处)
……Tel：0539-2553901

山东龙冈旅游股份有限公司
地址：沂水县南二环与西二环交汇处
……Tel：0539-2553903

山东弘业商贸有限公司
地址：临沂市兰山区临西十路与大山路北1000米
……Tel：0539-2800003

中盈酒店管理集团有限公司
地址：山东省临沂市兰山区义堂镇朱保工业园中纬路南首与327道交汇处南路西中亿木业办公楼
……Tel：0539-2918118

临沂信立汤泉旅游投资发展有限公司
地址：临沂市河东区汤头街道办事处驻地
……Tel：0539-2932936

山东龙腾竹泉旅游发展集团有限公司
地址：山东省沂南县铜井镇竹泉村村东100米
……Tel：0539-3826913

山东吉利旅游开发有限公司
地址：沂南县铜井镇保泉村
……Tel：0539-3828829

山东百草谷旅游开发有限公司
地址：山东省临沂市兰陵县尚岩镇朱后院村101号
……Tel：0539-5171899

新沂蒙集团有限公司
地址：山东省临沂市费县胡阳镇北尹社区
……Tel：0539-5252717

兰陵县宝华大酒店有限公司
地址：兰陵县城南环路中段
……Tel：0539-5287999

山东金信酒店管理有限公司
地址：山东省临沂市兰山柳青街道成都路与沂蒙北路交汇处西北角沿街
…………Tel：0539-5337888

乐华置业有限公司
地址：兰陵县东环路东侧埝桥路北侧
…………Tel：0539-5388678

易满堂连锁餐饮服务有限公司
地址：山东省临沂市综合保税区临工路100号1204-080号
…………Tel：0539-5916888

郯城伟光汇通文化旅游开发有限公司
地址：山东省临沂市郯城县白马河路18号
…………Tel：0539-6808123

临沂罗美城市建设有限公司
地址：山东省临沂市罗庄区沂河路与湖东二路交汇处临商银行（盛发支行）
…………Tel：0539-7086613

山东盛翔体育文化娱乐发展有限公司
地址：临沂市河东九曲滨河东路与凤仪街交汇处荣盛塞纳荣府41号楼
…………Tel：0539-7116169

蒙阴御品酒店娱乐管理服务有限公司
地址：山东省临沂市蒙阴县蒙阴镇湖滨路61号
…………Tel：0539-7140111

蒙阴御品酒店娱乐管理服务有限公司
地址：山东省临沂市蒙阴县蒙阴镇湖滨路61号
…………Tel：0539-7140111

临沂绅氏娱乐服务有限公司
地址：山东省临沂市平邑县浚河东路北，汉阙北路东，浚河路中段路北与汉阙路交汇处商业楼002号01
…………Tel：0539-7185678

临沂龙窝旅游发展有限公司
地址：莒南县城淮海二路南侧
…………Tel：0539-7228858

山东天蒙旅游开发有限公司
地址：山东省临沂市费县薛庄镇谭家庄村777号
…………Tel：0539-7632102

山东先每网络科技有限公司
地址：山东省临沂市河东凤凰大街777号
…………Tel：0539-8087671

临沂尚都嘉年华餐饮娱乐有限公司
地址：兰山区银雀山路中段
…………Tel：0539-8185915

临沂嘉年华会餐饮娱乐有限公司
地址：山东临沂三山涑河北街鲁商凤凰城1号
…………Tel：0539-8185915

临沂文化旅游发展集团有限公司
地址：山东省临沂市兰山北城新区临沂市民中心1号楼1701
…………Tel：0539-8600762

临沂明轩康养文化旅游发展有限公司
地址：山东省临沂市兰山区枣园镇蒙山花园沿街楼
…………Tel：0539-8621158

临沂影视城餐饮服务有限公司
地址：山东省临沂市河东区汤头办事处沙岭子村
…………Tel：0539-8752666

山东心驿酒店管理有限公司
地址：山东省临沂市经济开发区芝麻墩温州路中段宏宸大厦606室
…………Tel：0539-8769226

临沂经济技术开发区麦颂餐饮娱乐有限公司
地址：临沂经济技术开发区香港路与广安路交汇处
…………Tel：0539-8769999

临沂鲁地山花旅游开发有限公司
地址：临沂经济技术开发区沭河大道与延安路交汇临沂动植物园内
…………Tel：0539-8800322

临沂市麻辣传说餐饮有限公司
地址：山东省临沂市经济开发区香港路15号
…………Tel：0539-8801333

山东临沂荣华大酒店有限责任公司
地址：新华路121号
…………Tel：0539-8967008

滨州麦香酒店管理有限责任公司
地址：滨州市滨城区黄河十四路渤海十一路以西100米路南
…………Tel：0543-2213292

中裕餐饮管理有限公司
地址：山东省滨州市滨城区滨北街道办事处梧桐五路91号中裕食品7幢
…………Tel：0543-2213292

善德士餐饮有限公司
地址：山东省滨州市邹平县明集镇邹魏路北侧
…………Tel：0543-2245687

山东龙华文化旅游开发有限公司
地址：山东省滨州市博兴县锦秋街道逯桥村
…………Tel：0543-2300026

博兴县中悦餐饮有限公司
地址：山东省滨州市博兴县兴福镇西外环路1号
…………Tel：0543-2889888

滨州青藤苑餐饮有限公司
地址：滨州市渤海十路黄河八路交叉口
…………Tel：0543-3352563

滨州市盛腾餐饮有限公司
地址：山东滨州高新区新五路417号安康嘉苑1号楼103
…………Tel：0543-3612288

邹平华茂实业有限公司
地址：邹平县黄山街道办事处代庄
…………Tel：0543-4267027

圣豪丽景餐饮有限公司
地址：山东省滨州市邹平县黛溪三路138号
…………Tel：0543-4351722

山东蒙驰电气有限公司
地址：山东省滨州市无棣县万佳达电子大街16号
…………Tel：0543-6381988

滨州汉乡缘旅游开发有限公司
地址：山东省滨州经济技术开发区里则街道办事处西纺村
…………Tel：0543-7067777

山东河谷旅游开发有限公司
地址：山东省滨州市博兴县乔庄镇打渔张森林公园（近黄河南岸）
…………Tel：0543-7165678

滨州市沾化区全顺盐化有限公司
地址：山东省滨州市沾化区沿河路557号
…………Tel：0543-7811306

山东汉卓酒店管理有限公司
地址：山东省滨州市邹平县黄山街道办事处醴泉七路311号1楼
…………Tel：0543-8100000

阳信老韩家餐饮娱乐有限公司
地址：山东省滨州市阳信县阳城五路东首路南
…………Tel：0543-8210789

阳信县盛世古韵文化旅游发展有限公司
地址：山东省滨州市阳信县水落坡镇皮店村，滨阳路以北
…………Tel：0543-8288005

东营亚泰新材料有限公司
地址：广饶县稻庄镇政府驻地
…………Tel：0546-6194755

山东饱口福文旅发展有限公司
地址：山东省东营市东营区巫山路88号
…………Tel：0546-6286688

东营万达嘉华酒店管理有限公司
地址：山东省东营市东营区北一路730号F座
…………Tel：0546-7086777

东营鲁宁机械科技有限公司
地址：广饶县广饶经济开发区广达路45号
…………Tel：0546-7720703

东营水城旅游开发投资有限公司
地址：山东省东营市东营区庐山路1188号华泰国际金融中心B座2309房间
…………Tel：0546-7791008

胜利油田大明餐饮有限责任公司
地址：山东省东营市东营区济南路57号
…………Tel：0546-7888577

山东蓝海酒店管理股份有限公司
地址：东营区新区黄河路以北、庐山路以西
…………Tel：0546-8151779

海泰和信集团有限公司
地址：山东省威海市文登经济开发区广州东路58-1号
…………Tel：0631-3589778

威海福地缘温泉大酒店有限公司
地址：山东省威海市文登区南海新区金海路西、环海路南
…………Tel：0631-3595551

威海仙姑顶旅游开发有限公司
地址：威海市环翠区望岛村
…………Tel：0631-5180399

威海丰盛园餐饮有限公司
地址：威海市统一路61号
…………Tel：0631-5289808

净雅食品集团有限公司
地址：威海市海滨中路19-9号
…………Tel：0631-5326466

威海威高海洋科技发展有限公司
地址：山东省威海市高技区田和街道世昌大道312-22号
…………Tel：0631-5651022

威海隆亚餐饮管理有限公司
地址：威海市环翠区公园路-附12号207
…………Tel：0631-5718999

威海市里口山旅游发展有限公司
地址：威海市环翠区张村镇蓬莱路-369号
…………Tel：0631-5757117

威海市贵禾四季酒店有限公司
地址：山东省威海市经济技术开发区-滨海大道-2-1号（自主申报）
…………Tel：0631-5975577

天冠娱乐股份有限公司
地址：山东省威海经济技术开发区皇冠街道海埠路129号-253-109室
…………Tel：0631-5987600

天国大酒店股份有限公司
地址：山东省威海经济技术开发区皇冠街道海埠路129号-253-108室
…………Tel：0631-5987600

山东乳山泰行置业有限公司
地址：山东省威海市乳山市银滩旅游度假区
…………Tel：0631-6770091

威海多福山旅游开发有限公司
地址：山东省威海市乳山市银滩旅游度假区淮河路曲水绿荫会所
…………Tel：0631-6779277

山东乳山维多利亚海湾旅游开发股份有限公司
地址：乳山市海阳所镇驻地（龙海山庄）
…………Tel：0631-6798088

乳山国际大酒店
地址：山东省威海市乳山市胜利街71号
…………Tel：0631-6870189

威海石岛赤山旅游有限公司
地址：荣成市法华路
…………Tel：0631-7388158

荣成倪氏海泰大酒店有限公司
地址：荣成市海湾路东
…………Tel：0631-7577777

荣成圣水观旅游开发有限公司
地址：荣成市崖西镇朱埠村
…………Tel：0631-7633766

荣成华霞娱乐有限公司
地址：山东省荣成市成山镇西霞口村
…………Tel：0631-7831177

威海碧海湾旅游发展有限公司
地址：山东省威海市荣成市成山镇荣山东路299号1号楼
…………Tel：0631-7869581

威海倪氏海泰大酒店有限公司
地址：山东省威海市文登区世纪大道89-1号
…………Tel：0631-8686237

济南伟光汇通旅游产业发展有限公司
地址：山东省济南市长清区济南西部创新园B座10层1006室
…………Tel：0632-2615201

山东九峰山文化旅游开发有限公司
地址：山东省枣庄市台儿庄区泥沟镇佟庄村驻地
…………Tel：0632-6510993

山东华釜娱乐有限公司
地址：枣庄市台儿庄区台儿庄古城内惠迪吉A区B区C区
…………Tel：0632-6721112

宇兴旅游开发有限公司
地址：枣庄市峄城区榴园路北侧
…………Tel：0632-7987809

华昱国际大酒店有限公司
地址：山东省枣庄高新区长白山路兴城街道中小企业产业园242室
…………Tel：0632-8016766

枣庄市森特娱乐发展有限公司
地址：山东省枣庄市市中区解放北路126号
…………Tel：0632-8801701

枣庄市山亭区翼龙文化旅游投资发展有限公司
地址：山东省枣庄市山亭区富安大道西侧、汉诺庄园南侧
…………Tel：0632-8828066

汉诺联合集团汉诺商务有限公司
地址：山亭区汉诺路6号
…………Tel：0632-8867682

山东惠康餐饮管理有限公司
地址：济南市市中区党家办事处党西村党杨路南首路东
…………Tel：0633-2228309

山东海洋文化旅游发展有限公司
地址：日照市国际海洋城涛雒镇中盛路9号
…………Tel：0633-2950086

日照山海天旅游度假区长信小额贷款有限公司
地址：山东省日照山海天旅游度假区太公一路董家滩社区商业沿街
…………Tel：0633-3015555

日照太公岛旅游度假游乐园有限公司
地址：日照市山海天太公岛一路东首、沿海路东
…………Tel：0633-3689998

日照大厨小桌餐饮管理有限公司
地址：山东省日照市东港区海曲东路北北京路西兴业王府金座025幢01单元301号
…………Tel：0633-3987000

日照市糖果娱乐文化传播有限公司
地址：五莲县解放路101号银河酒业沿街1号楼13号
…………Tel：0633-5239333

五莲山水旅游发展有限公司
地址：日照市五莲县五莲山中路
…………Tel：0633-6

日照白鹭湾文化旅游发展有限公司
地址：山东省日照市北开发区北京北路以西，滨河路以北白鹭湾文化中心4#104
…………Tel：0633-6136019

天宝酒店有限公司
地址：山东省日照市莒县浮来山镇驻地坝田路19号
…………Tel：0633-6269101

浮来山集团股份有限公司
地址：山东省日照市莒县浮来山风景区
…………Tel：0633-6269977

山东山青园餐饮服务有限公司
地址：山东省日照市莒县城阳街道岳家村社区（青岛路西侧莒州文街）
…………Tel：0633-6626416

浮来春酒店有限公司
地址：山东省日照市经济开发区大连路588号
…………Tel：0633-6668702

莒县山水旅游发展有限公司
地址：山东省日照市莒县城阳街道岳家村社区岳家村（莒国大饭店院内）
…………Tel：0633-6688666

祥润大酒店有限公司
地址：山东省日照市莒县城阳街道青年南路11号（祥云大酒店3楼）
…………Tel：0633-6738888

山东中昊鑫晟农业旅游开发有限公司
地址：山东省日照市莒县龙山镇驻地镇政府北邻
…………Tel：0633-6883588

莒县旅游开发投资有限公司
地址：山东省日照市莒县城区振兴东路59号
…………Tel：0633-7770518

莒县希尔顿大酒店有限公司
地址：山东省日照市莒县经济开发区山东北路166号
…………Tel：0633-7777969

日照宁兴酒店有限公司
地址：山东省日照市东港区黄海三路南金螺苑商城1单元235号
…………Tel：0633-7915282

山东丹凤山生态旅游度假有限公司
地址：山东省日照市莒县龙山镇邱家庄
…………Tel：0633-7962676

山东齐凤鲁韵葡萄酒有限公司
地址：山东省日照高新区聊城路与兖州路交汇处西南角
…………Tel：0633-8209009

日照汇源高速公路服务区经营管理有限公司
地址：山东省日照市东港区日照街道迎宾路以北、旭阳路以西
…………Tel：0633-8315599

日照山海天旅游度假区海岸发展有限公司
地址：山东省日照山海天旅游度假区天阁山中段蓝海商务中心B座
…………Tel：0633-8316300

山东梦之岛旅游景区开发有限公司
地址：山东省日照市东港区涛雒镇大草坡村
…………Tel：0633-8339182

山东山之韵文化旅游开发有限公司
地址：日照经济技术开发区天津路10号
…………Tel：0633-8353812

日照恩佐餐饮娱乐管理有限公司
地址：山东省日照市东港区山东路与烟台路交汇处西安泰国际5号楼
…………Tel：0633-8563888

日照大学城四季餐饮管理有限公司
地址：山东省日照市东港区秦楼街道文湖路17号
…………Tel：0633-8716090

莱芜成霖晋福餐饮娱乐有限公司
地址：山东省莱芜市莱城区花园北路（交通局对过）
…………Tel：0634-6371888

济南市莱芜区鸿润商贸有限公司
地址：山东省济南市莱芜区胜利南路16号
…………Tel：0634-8880999

山东泉林大酒店有限责任公司
地址：山东高唐县北湖路28号
…………Tel：0635-3950799

聊城茌博旅游开发有限公司
地址：山东省聊城市茌平县信发街道顺河北街747号
…………Tel：0635-4258077

东阿紫金城文化娱乐管理有限公司
地址：东阿县前进街北首路东
…………Tel：0635-5019912

山东味上尚餐饮有限公司
地址：聊城市经济技术开发区黄山路4号
…………Tel：0635-5055806

山东赛雅旅游投资有限公司
地址：冠县工业园区
…………Tel：0635-5693995

东阿县东阿阿胶旅游养生有限公司
地址：东阿县环球路洛神湖公园内
…………Tel：0635-7105898

莘县金杜餐饮管理服务有限公司
地址：山东省聊城市莘县莘亭街道办事处

大里庄村后街中段
……Tel：0635-7556518

山东白雀城旅游开发有限公司
地址：山东省聊城市东昌府区堂邑镇马庄村179号
……Tel：0635-8066686

聊城市旅游发展集团股份有限公司
地址：山东省聊城市东昌府区湖南路19号摩天轮南楼
……Tel：0635-8192222

聊城市大山坳餐饮有限公司
地址：聊城市花园南路151号
……Tel：0635-8206768

聊城市金韵旅游发展有限公司
地址：聊城市聊堂路3号临街商铺207室
……Tel：0635-8285628

聊城市隆道餐饮娱乐管理有限公司
地址：山东省聊城市东昌府区柳园街道利民东路19号（聊城兴业建筑工程安装有限公司）4楼401室
……Tel：0635-8352777

聊城市鲁信智能科技有限公司
地址：山东省聊城市东昌府区北关商业街北首路东1号
……Tel：0635-8388885

山东食源餐饮管理有限公司
地址：山东省聊城市东昌府区沙滩浴场2号商铺2-5 2-6栋门面
……Tel：0635-8518631

山东国兴卓亚葫芦小镇文化旅游发展有限公司
地址：山东省聊城市东昌府区堂邑镇北城墙街10-6号
……Tel：0635-8598080

河南省

民权县文景旅游投资开发有限公司
地址：河南省商丘市民权县南华大道20号
……Tel：0370-2062008

商丘魅力娱乐有限公司
地址：商丘市示范区中州路宇航路交叉口西南角
……Tel：0370-2510888

河南隆世达餐饮管理有限公司
地址：虞城县至诚六路南段
……Tel：0370-3185552

商丘市和森农副产品有限公司
地址：商丘市睢阳区香君路中段路北
……Tel：0370-3776655

商丘市圣贤阁餐饮管理有限公司
地址：河南省商丘市睢阳区南京西路跨境电商物流园九楼907-912室
……Tel：0370-7158588

巧喜婆餐饮连锁管理有限公司
地址：民权县消防路北段西侧
……Tel：0370-8535888

商丘梁苑旅游发展有限公司
地址：商丘市梁园区锦绣路66号
……Tel：0370-8999630

河南正东京兰酒店管理有限公司
地址：河南省开封市兰考县城关乡商务中心区玉虹路西侧1号
……Tel：0371-2119999

开封博联旅游开发有限公司
地址：河南自贸试验区开封片区郑开大道与十四大街交汇处恒大东汇名城9号楼1单元101室
……Tel：0371-22210111

开封景铄旅游开发有限公司
地址：河南自贸试验区开封片区郑开大道与十四大街交汇处恒大东汇名城9号楼1单元101室
……Tel：0371-22210111

开封盛邦旅游开发有限公司
地址：河南自贸试验区开封片区郑开大道与十四大街交汇处恒大东汇名城9号楼1单元101室
……Tel：0371-22210111

开封锦瑞旅游开发有限公司
地址：河南自贸试验区开封片区郑开大道与十四大街交汇处恒大东汇名城9号楼1单元101室
……Tel：0371-22210111

开封恒大童世界旅游开发有限公司
地址：河南自贸试验区开封片区郑开大道与十四大街交汇处恒大东汇名城9号楼1单元101室
……Tel：0371-22210111

开封博幻旅游开发有限公司
地址：河南自贸试验区开封片区郑开大道与十四大街交汇处恒大东汇名城9号楼1单元101室
……Tel：0371-22210111

开封假日酒店有限公司
地址：开封市大梁路1号
……Tel：0371-22216626

河南永基文化旅游开发有限公司
地址：郑州市金水区福元路157号17-19号楼裙房1-2层附28号
……Tel：0371-22701833

河南川慧餐饮管理有限公司
地址：开封市龙亭区晋开家园5-3营业房
……Tel：0371-23272888

开封建业大宏西北湖酒店管理有限公司
地址：开封市西门大街283号
……Tel：0371-23363308

河南小宋城文化旅游发展有限公司
地址：开封市大梁路（东京艺术中心院内）
……Tel：0371-23388017

开封市文化旅游投资集团有限公司
地址：开封市龙亭区体育路14号
……Tel：0371-23399801

开封银河东京置业有限公司
地址：开封市鼓楼区迎宾路99号
……Tel：0371-23726661

河南华博实业发展有限公司
地址：开封市万胜路1号（西郊乡政府院内付30号）
……Tel：0371-23833336

开封航天大酒店有限公司
地址：开封市大梁路99号
……Tel：0371-23868299

通许县美美娱乐服务有限公司
地址：通许县金达商贸城E区E3A5楼
……Tel：0371-24971111

河南辰星餐饮管理有限公司
地址：开封市龙亭区开柳北街85号
……Tel：0371-25555396

开封市煌极餐饮娱乐有限公司
地址：开封市汴京路89号
……Tel：0371-25983335

兰考县兰仪文化旅游投资有限公司
地址：兰考县金融大厦6楼
……Tel：0371-26111511

河南爱思嘉农业旅游开发有限公司
地址：开封市祥符区西姜寨商业街
……Tel：0371-26698889

开封市金珠老黄记餐饮服务发展有限公司
地址：开封市金明区黄河大街永和丽园1号楼
……Tel：0371-27777169

河南省金沙湾餐饮有限公司
地址：尉氏县滨河东路北段西侧
……Tel：0371-27981666

杞县一品温泉酒店娱乐有限公司
地址：杞县西开发区经一路路西
……Tel：0371-28333030

河南泓康餐饮管理有限公司
地址：河南自贸试验区郑州片区（郑东）商鼎路78号3号楼2单元14层1413号
……Tel：0371-53311163

河南绿炊餐饮服务有限公司
地址：兰考县产业集聚区迎宾大道西侧
……Tel：0371-53313808

河南金玉满堂餐饮管理有限公司
地址：郑州市金水区金水路201号12号楼
……Tel：0371-53319072

河南西西里餐饮管理有限公司
地址：郑州高新区桂花西街5号8幢东3单元3层34号
……Tel：0371-53333222

河南兴华餐饮管理有限公司
地址：郑州市金水区天伦路8号院5号楼东2单元13层01号
……Tel：0371-53728277

河南淼程餐饮管理有限公司
地址：郑州市金水区卫生路思达8号院5号楼2单元4楼东户
……Tel：0371-53739970

郑州万诚酒店管理有限公司
地址：郑州市二七区大学南路8号12号楼1单元17层1707号
……Tel：0371-55000015

河南火食餐饮管理有限公司
地址：郑州市郑东新区博学路东 湖心路北1幢18层1804号
……Tel：0371-55030887

河南花心思餐饮管理有限公司
地址：郑州市金水区黄河路、姚寨路金城时代广场8号楼一层112号
……Tel：0371-55052005

河南龙桂文化旅游发展有限公司
地址：郑州市新郑市龙湖镇滨湖路和祥和路交叉口企业总部大厦12楼1210、1211房间
……Tel：0371-55092167

郑州永利温泉假日酒店有限公司
地址：郑州市金水区城北路10号
……Tel：0371-55119999

河南拉斯维加娱乐管理有限公司
地址：郑州市金水区金水路125号院东侧6号楼
……Tel：0371-55127870

郑州大玩家娱乐有限公司
地址：郑州市二七区大学南路8号
……Tel：0371-55128318

河南好活力餐饮管理有限公司
地址：河南自贸试验区郑州片区（经开）经北二路160号附72号1层1号
……Tel：0371-55153893

河南候鸟旅居酒店管理有限公司
地址：郑州市郑东新区商务内环1号千玺广场20F10室
……Tel：0371-55328658

河南黑泥鹅餐饮管理有限公司
地址：郑州市金水区杨金路8号院聚方科技园A2西栋5层北户
……Tel：0371-55328888

河南省素可泰餐饮服务有限公司
地址：郑州市郑东新区地润路18号B座一层105号
……Tel：0371-55332976

郑州育贤斋餐饮管理有限公司
地址：郑州市高新区科学大道53号1幢10层25号
……Tel：0371-55502666

河南碧源恒泰酒店管理有限公司
地址：郑州市惠济区月湖南路与假日西路交汇处向北200米路东
……Tel：0371-55508777

郑州最强音娱乐服务有限公司
地址：郑州市管城区东太康路50号4楼
……Tel：0371-55522333

郑州航海大歌星餐饮娱乐有限公司
地址：郑州市二七区大学南路8号万达广场三楼3711号
……Tel：0371-55553987

河南嘉乐酒店管理有限公司
地址：郑州市管城回族区航海路北、帆布厂南街东永恒理想广场（A-02地块）1号楼1707号
……Tel：0371-55556568

郑州好生活餐饮管理有限公司
地址：郑州市金水区文化北路106号11号楼704号
……Tel：0371-55638681

紫君酒店管理有限公司
地址：河南自贸试验区郑州片区（郑东）寿丰街50号2号楼2层211号
……Tel：0371-55660777

河南大之齐旅游集团股份有限公司
地址：河南省郑州市郑东新区郑开大道与凤栖路交叉口地矿大厦A座10楼
……Tel：0371-55896896

河南东方黄河生态旅游开发有限公司
地址：郑州市郑东新区和光街10号C栋12层79号
……Tel：0371-55962080

河南诺信诚实业有限公司
地址：郑州市管城回族区商都路七里河南路39号华丰灯饰界设计师大厦1201号
……Tel：0371-55985977

郑州草木春餐饮管理有限公司
地址：郑州市中原区金水西路1号院6号楼2单元1506号
……Tel：0371-5599101

河南品中餐饮管理有限公司
地址：郑州高新技术产业开发区长椿路冬青街高新企业加速器产业园D7-3号楼
……Tel：0371-56018666

河南聚品餐饮管理有限公司
地址：郑州市金水区文化路15号1121室
……Tel：0371-56023797

河南中快餐饮管理有限公司
地址：郑州经济技术开发区第九大街与经北二路交叉口西北角富士康3号厂房
……Tel：0371-56067677

河南银基冰雪世界娱乐管理有限公司
地址：郑州市新密市刘寨镇大鸿路一号
……Tel：0371-56516562

郑州福缘酒店管理有限公司
地址：郑州市郑东新区东风南路与正光北街交叉口中原枕戈大厦1311号
……Tel：0371-56535678

郑州市天河集团天河酒店管理有限公司
地址：登封市中岳办事处中岳庙村
……Tel：0371-56555095

河南福康得餐饮管理咨询服务有限公司
地址：河南自贸试验区郑州片区（郑东）福禄街108号河南商会大厦1706
……Tel：0371-56572719

河南省颐品怡舍酒店管理有限公司
地址：郑州经济技术开发区经北一路与第四大街交叉口1316号招待所地下一层至地上三层
……Tel：0371-56577777

河南希悦餐饮管理有限公司
地址：河南自贸试验区郑州片区（郑东）心怡路252号2号楼13层1316号
……Tel：0371-56625158

河南大食代餐饮管理服务有限公司
地址：郑州高新技术产业开发区瑞达路96号创业中心B1005室
……Tel：0371-56686966

河南鼎旺餐饮管理有限公司
地址：郑州市金水区国基路99号24号楼2层附52号
……Tel：0371-56699183

河南安益餐饮管理有限公司
地址：郑州市二七区小赵砦生活区10号楼1单元7层13号
……Tel：0371-56699186

河南健膳房餐饮管理咨询有限公司
地址：郑州市管城区港湾路1号金色港湾7号楼东4单元1层西户
……Tel：0371-56711587

河南锄禾当午餐饮管理有限公司
地址：郑州市金水区文化路66号2号楼1单元一层102商铺
……Tel：0371-56771215

河南宝贤斋餐饮管理有限公司
地址：河南自贸试验区郑州片区（郑东）正光路109号2号楼2单元18层121号
……Tel：0371-56771215

河南省威是拆除工程有限公司
地址：郑州市中原区航海路与桐柏南路启福国际1号楼二单元20楼中户
……Tel：0371-56788161

河南银基轩辕圣境文化旅游有限公司
地址：新密市刘寨镇云岩大道一号
……Tel：0371-56919889

河南同跃文化旅游有限公司
地址：新密市刘寨镇云岩大道一号
……Tel：0371-56919889

商丘商特文化旅游发展有限公司
地址：商丘市示范区阳光路与方城路交叉口西100米路北
……Tel：0371-56928820

河南太公湖文化旅游集团有限公司
地址：河南省郑州市金水区杨金路办事处新庄家园18号楼一单元1306号
……Tel：0371-57077513

郑州警苑花园酒店有限公司
地址：郑州市郑东新区金水东路166号河南司法警官职业学院警官培训楼D-E楼
……Tel：0371-58525111

郑州沁瑞钢材有限公司
地址：河南自贸试验区郑州片区（郑东）金水东路49号5号楼2层附12号
……Tel：0371-58625582

河南昆仑餐饮管理有限公司
地址：河南自贸试验区郑州片区（郑东）CBD商务外环新芒果大厦17层1703号
……Tel：0371-58687918

郑州华侨城文化旅游开发有限公司
地址：郑州市中原区须水街道办事处210号
……Tel：0371-58692311

郑州弘润华夏大酒店有限公司
地址：郑州市金水区庙李镇宋寨村
……Tel：0371-60208866

河南省粤海酒店有限公司
地址：郑州市二七区德化街5号
……Tel：0371-60308888

郑州喜鹊空港酒店管理有限公司
地址：郑州航空港区郑港四街郑港七路交汇处锦荣悦汇城1号楼606房间
……Tel：0371-60636063

河南普汇餐饮管理有限公司
地址：郑州市金水区北环路36号华北水利水电大学14#楼西侧门面房
……Tel：0371-60948286

郑州富润滋温泉酒店有限公司
地址：郑州高新技术产业开发区连霍高速与西四环交叉口北200米路西247号
……Tel：0371-61022222

巩义市山石酒店有限公司
地址：河南省巩义市米河镇明月村
……Tel：0371-61077799

河南一嘉酒店设备有限公司
地址：郑州市中原区桐柏南路238号1号楼5层506号
……Tel：0371-61773676

盈象旅游集团有限公司
地址：郑州高新技术产业开发区金梭路41号1号楼1单元15层127号
……Tel：0371-61877468

河南瑞贝卡大酒店有限公司
地址：郑州市管城区西大街198号
……Tel：0371-62001787

港中旅（登封）嵩山少林文化旅游有限公司
地址：登封市少林景区游客中心南侧
……Tel：0371-62746999

河南味邦餐饮管理服务有限公司
地址：郑州市郑东新区明理路西、湖心岛路东3号楼11层1117
……Tel：0371-63310241

河南省一方餐饮管理有限公司
地址：郑州市金水区北三环南、文化路东瀚海北金商业中心10层10019号房
……Tel：0371-63316557

河南省旅游投资有限公司
地址：郑州市郑花路65号
……Tel：0371-63317876

艾特时尚酒店管理有限公司
地址：郑州市惠济区英才街与桂圆南街交叉口西北角三层C9号
……Tel：0371-63382903

河南东乐餐饮管理有限公司
地址：河南省郑州市金水区北环路6号经

三名筑2号楼1单元19层075号
…………………… Tel：0371-63513663
虎妹山药面餐饮管理有限公司
地址：郑州市金水区丰产路65号2号楼522号
…………………… Tel：0371-63701666
河南赤兔马实业有限公司
地址：郑州市金水区经三路北99号附1号金座2402室
…………………… Tel：0371-63711995
河南味之轩餐饮管理有限公司
地址：河南省郑州市郑东新区农业南路51号楷林商务中心南区1层104-1及2层203、204 号房
…………………… Tel：0371-63761111
黄河两岸文化旅游开发有限公司
地址：河南省郑州市高新技术产业开发区西三环路279号12号楼10层
…………………… Tel：0371-63933385
河南麦西餐饮管理有限公司
地址：郑州市金水区文化路91号附1号
…………………… Tel：0371-63962185
河南迎亿餐饮管理有限公司
地址：河南省郑州市金水区经七路32号长城宾馆5号楼一层
…………………… Tel：0371-63962891
河南翰荣旅游产业投资有限公司
地址：荥阳市广武镇广贾路东侧清华忆江南山湖居A1号楼1层101
…………………… Tel：0371-64815008
鑫万声供应链管理有限公司
地址：郑州市管城区东三马路152号16号楼13层1306号
…………………… Tel：0371-65290000
河南鸿禧阳光养老公寓有限公司
地址：郑州市金水区鑫苑路16号1号楼606室
…………………… Tel：0371-65550778
郑州物华豪悦酒店管理有限公司
地址：郑州市金水区农业路171号院5号楼1-2层
…………………… Tel：0371-65565903
河南君荷酒店管理有限公司
地址：郑州市金水区英协路6号
…………………… Tel：0371-65609888
河南省西关味餐饮管理咨询有限公司
地址：郑州市金水区经三路东、徐寨路南格林融熙国际15层1508号
…………………… Tel：0371-65752288
河南盛世民航国际酒店管理有限公司
地址：河南省郑州市金水区金水路2号
…………………… Tel：0371-65781111
河南新起航酒店管理有限公司
地址：郑州市金水区天明路66号建业森林半岛小区10号楼2号
…………………… Tel：0371-65781111
河南郑州建国饭店有限公司
地址：河南省郑州市金水区未来路街道办事处金水路272号
…………………… Tel：0371-65792222
河南尚佳餐饮管理有限公司
地址：郑州市金水区兴达路19号2号楼305号
…………………… Tel：0371-65793100
河南省小布鸡餐饮管理有限公司
地址：郑州市金水区农科路33号2单元6层615号
…………………… Tel：0371-65793100
河南豫彩商大酒店有限公司
地址：河南省郑州市金水区鑫苑路16号1号楼409室
…………………… Tel：0371-65852519
河南中州旅游酒店股份有限公司
地址：郑州市金水路115号
…………………… Tel：0371-65858880
郑州漫高娱乐股份有限公司
地址：郑州市高新技术产业开发区科学大道53号2号楼9层176号
…………………… Tel：0371-65861272
河南豫辰餐饮管理有限公司
地址：郑州市金水区农业路东16号1号楼23层2309号
…………………… Tel：0371-65862835
荥阳华侨城文化旅游开发有限公司
地址：荥阳市中原西路与织机路交叉口荥阳健康园区管委会院内
…………………… Tel：0371-65897177
河南大河酒店投资管理有限公司
地址：郑州市郑东新区商务西七街南、商务外环路东
…………………… Tel：0371-65928889
姐弟餐饮管理有限公司
地址：河南自贸试验区郑州片区（郑东）东风南路东、金水东路北9幢25层2508号
…………………… Tel：0371-65999195
郑州歌舞剧院演艺有限公司
地址：郑州市金水区紫荆山路2号
…………………… Tel：0371-66285212
郑州巴渝实业有限公司
地址：郑州市金水区郑汴路136号省检察院综合楼14层1422号
…………………… Tel：0371-66350013
河南开封宋都古城文化旅游有限公司
地址：河南省开封市龙亭区开柳路69号院1号楼
…………………… Tel：0371-66356111
河南郑州古荥古城文化旅游有限公司
地址：河南省郑州市惠济区古荥镇大河路1号院
…………………… Tel：0371-66356111
河南建业至尊酒店管理有限公司
地址：郑州市金水区中州大道1188号
…………………… Tel：0371-66519818
河南省红珊瑚酒店有限公司
地址：郑州市二马路20号
…………………… Tel：0371-66652239
河南仲记新农业发展有限公司
地址：郑州市金水区经三路23号
…………………… Tel：0371-66686666
郑州大酒店有限公司
地址：郑州市二七区兴隆街8号
…………………… Tel：0371-66760027
郑州裕达国贸酒店有限公司
地址：郑州市中原区中原中路220号
…………………… Tel：0371-66762271
郑州韩氏快餐饮食有限公司
地址：郑州经济技术开发区经南二路29号7号楼1层94号
…………………… Tel：0371-66787139
河南亨利达娱乐有限公司
地址：郑州市金水区陇海路与未来路交叉口升龙凤凰城11号楼商铺2层
…………………… Tel：0371-66868686
河南坜泓餐饮管理有限公司
地址：郑州市管城区陇海东路305号1号楼东3单元6层西户
…………………… Tel：0371-66925858
河南厚朴娱乐服务有限公司
地址：郑州市金水区中州大道民航路宏光百花里商业街租赁物业写字楼6号楼商业裙楼三层301号铺位
…………………… Tel：0371-67917887
河南美之源餐饮管理有限公司
地址：河南自贸试验区郑州片区（郑东）正光路22号行署国际广场C座12楼1206室
…………………… Tel：0371-68085698
郑州建业酒店管理有限公司
地址：郑州市上街区中心路101号院
…………………… Tel：0371-68136666
河南中原铁道旅游集团有限责任公司
地址：郑州市二七区庆丰街6号
…………………… Tel：0371-68321529
河南乐海水上娱乐有限公司
地址：新密市刘寨镇大鸿路1号
…………………… Tel：0371-68538888
河南省永和铂爵国际酒店有限公司
地址：郑州市郑东新区金水东路21号
…………………… Tel：0371-68663069
河南梁东蒸餐饮管理有限公司
地址：郑州高新技术产业开发区西三环路289号河南大学科技园（东区）8号楼5层509房
…………………… Tel：0371-68877717
郑州星公馆饮食娱乐文化有限公司
地址：郑州市郑东新区农业东路南、天泽街西、天泽街东A幢3层001号
…………………… Tel：0371-69091523
河南汉城风酒店管理有限公司
地址：河南自贸试验区郑州片区（郑东）商务外环11号6层
…………………… Tel：0371-69099999
河南众邦联合餐饮管理有限公司
地址：河南自贸试验区郑州片区（郑东）正光北街9号南2单元7层713号
…………………… Tel：0371-69315316
郑州东郊酒店管理有限公司
地址：郑州经济技术开发区第八大街82号2号楼407房
…………………… Tel：0371-69337235
兴亚集团控股有限公司
地址：郑州市金水区机场路86号
…………………… Tel：0371-69350818
郑州承誉德大酒店有限公司
地址：新密市西大街西段
…………………… Tel：0371-69858888
郑州市柯拉莫生态餐饮文化有限公司
地址：新郑市和庄镇沿河路
…………………… Tel：0371-69972666
河南金达餐饮管理有限公司
地址：郑州市金水区经三路北99号附1号2号楼6层614号
…………………… Tel：0371-86058939
郑州鸿顺达酒店管理有限公司
地址：郑州市二七区二马路68号鸿森大厦22楼2206号
…………………… Tel：0371-86065757
河南禅德商贸有限公司
地址：郑州市金水区纬四路19号1楼
…………………… Tel：0371-86107798
河南永泰旅游发展有限公司
地址：河南自贸试验区郑州片区（郑东）商务外环路29号22层2201号
…………………… Tel：0371-86226666
河南正尚酒店管理服务有限公司
地址：郑州高新区莲花街5号3号楼
…………………… Tel：0371-86231670
郑州万达文华酒店管理有限公司
地址：郑州市金水区农科路16号5层
…………………… Tel：0371-86237777
郑州蜜糖餐饮服务有限公司
地址：郑州航空港经济综合实验区锦绣枣园小区3号楼2单元102-102
…………………… Tel：0371-86238725
河南建业新生活酒店管理有限公司
地址：郑州市郑东新区地润路19号3号楼4层411号
…………………… Tel：0371-86253020
河南天成旅游产业集团有限公司
地址：郑州市郑东新区商务外环路7号29层2903号
…………………… Tel：0371-86259886
河南谢和快味餐饮管理有限公司
地址：郑州市金水区经三路北19号绿洲商务12号
…………………… Tel：0371-86522573
河南南水北调穿黄旅游公园有限公司
地址：荥阳市王村镇司村
…………………… Tel：0371-86570392
河南凯联万享餐饮管理有限公司
地址：河南自贸试验区郑州片区（郑东）金水东路心怡路楷林IFC项目2号楼2单元18层1813室
…………………… Tel：0371-87668977
河南省苏星餐饮服务有限公司
地址：郑州市二七区嵩山南路与长江西路交叉口亚星时代广场8楼805室
…………………… Tel：0371-87780100
河南福尔豪泰酒店有限公司
地址：郑州市金水区双铺路与园田路交叉口路南9号楼5层
…………………… Tel：0371-89916677
河南铭玥娱乐有限公司
地址：郑州市二七区兴华南街兴华雅苑3号楼3层301号
…………………… Tel：0371-89958858
安阳市崇漫酒店管理有限公司
地址：安阳市文峰区灯塔路东段石家沟前街东二区1排18号
…………………… Tel：0372-2597333
安阳殷商文化旅游投资有限公司
地址：安阳市文峰区光明路与安康大道交叉口东北角办公楼1楼103室
…………………… Tel：0372-3267575
安阳万达嘉华酒店管理有限公司
地址：安阳市文峰区中华路南段29号
…………………… Tel：0372-3779999
河南润东餐饮管理有限公司
地址：安阳高新区平原路与弦歌大道交汇处华强新天地1栋808室
…………………… Tel：0372-3955077
安阳金予文创旅游管理服务有限公司
地址：安阳市文峰区文峰中路环岛内威尼斯印象钻石楼三楼
…………………… Tel：0372-5038655
安阳市文化旅游发展集团有限责任公司
地址：安阳市文峰区文峰大道东段市财政大楼六楼
…………………… Tel：0372-5109273
河南省味霸王餐饮服务有限公司
地址：安阳市文峰区东工路与育兴街丁字路口往东100米路北家天下小区北门对面18号楼三楼
…………………… Tel：0372-5396077
安阳市玥嘉牵手餐饮管理有限公司
地址：河南省安阳市文峰区西关街道益民路北端粮食仓库院内东排2号
…………………… Tel：0372-5918555
林州市太行大峡谷旅游开发有限公司
地址：林州市红旗渠大道总部大厦二楼
…………………… Tel：0372-6082999
林州市红旗渠文化旅游有限公司
地址：林州市兴林路27号
…………………… Tel：0372-6808617
新乡市开元名都大酒店管理有限公司
地址：新乡市红旗区平原路888号
…………………… Tel：0373-2858888
新乡市新食尚餐饮有限公司
地址：牧野区河南师范大学东校区东苑餐厅二楼
…………………… Tel：0373-3328209
辉县市轿顶山旅游开发服务有限公司
地址：辉县市沙窑乡小井村
…………………… Tel：0373-6213678
河南宝泉旅游股份有限公司
地址：辉县市薄壁宝泉
…………………… Tel：0373-6815555
新乡市众诚餐饮管理有限公司
地址：河南省新乡市牧野区新飞大道与前进路交叉口向南200米路西
…………………… Tel：0373-7179345
长垣怡隆餐饮有限公司
地址：长垣县樊相镇张樊公路东段路南
…………………… Tel：0373-8656658
河南省金宇娱乐餐饮有限公司
地址：长垣县蒲东卫华大道中段路南
…………………… Tel：0373-8880666
河南省谷香九号餐饮有限公司
地址：河南省新乡市长垣县蒲西区人民路北侧
…………………… Tel：0373-8888187
河南鹏程翔餐饮服务有限公司
地址：许昌市东城区将官池中学
…………………… Tel：0374-2659669
长葛迎宾大酒店有限公司
地址：市钟繇大道中段西侧
…………………… Tel：0374-2758319
襄城县乐畅娱乐有限公司
地址：襄城县紫云大道中段
…………………… Tel：0374-3503333
河南蓝湾酒店有限公司
地址：长葛市魏武路西侧彭花路北侧交叉口西北角
…………………… Tel：0374-6037177
长葛市银河电影文化娱乐有限公司
地址：长葛市市区新华路488号
…………………… Tel：0374-6896100
鄢陵县花街花市风情街旅游开发有限公司
地址：鄢陵县柏梁镇东100米花博园西邻
…………………… Tel：0374-7136088
许昌花溪休闲农业旅游开发有限公司
地址：鄢陵县花溪大道中段名优花木园区
…………………… Tel：0374-7799100
许昌花都音乐会文化娱乐有限公司
地址：鄢陵县鼓楼广场十字街五楼
…………………… Tel：0374-7815988
鄢陵县五彩大地生态旅游有限公司
地址：鄢陵县柏梁镇311国道姚家路口向东100路北
…………………… Tel：0374-7966666
许昌花都温泉文化旅游发展有限公司
地址：鄢陵县陈化店镇西311国道路北
…………………… Tel：0374-7999999
长葛华阳宫酒店有限公司
地址：长葛市长社路中段南侧
…………………… Tel：0374-8552633
平顶山市文化旅游投资有限公司
地址：平顶山市新城区复兴路与菊香路交叉口西南角东方今典科技产业园园区5号楼
…………………… Tel：0375-2226939
平顶山市观湖丽景餐饮服务有限公司
地址：河南省平顶山市石龙区昌茂大道53号
…………………… Tel：0375-2527691
河南半岛酒店有限公司
地址：舞钢市龙泉路6号
…………………… Tel：0375-2603915
平顶山市蕴海锦园大酒店有限公司
地址：平顶山市新城区长安大道与怀仁路交叉口西南角
…………………… Tel：0375-2638000
平顶山市兴亚餐饮有限公司
地址：平顶山市新城区纬一路以南，经二路以东翠林蓝湾D区9号楼-1层21-39/Rj轴-1-2层39-58/Rj轴之间商业
…………………… Tel：0375-2708213
汝州市云禅教育旅游投资有限公司
地址：汝州市风穴路181号
…………………… Tel：0375-3322033
鲁山皇姑浴温泉国际酒店有限公司
地址：下汤镇老街村
…………………… Tel：0375-5667398
天瑞旅游集团股份有限公司
地址：河南省鲁山县赵村乡上汤村
…………………… Tel：0375-5767160
汝州市恒利娱乐有限公司
地址：汝州市建兴街北段
…………………… Tel：0375-6096666
平顶山市九天餐饮娱乐有限公司
地址：平顶山市新城区经二路建业森林半岛39号E商铺
…………………… Tel：0375-6189958
海宝国际酒店有限公司
地址：宝丰县产业集聚区
…………………… Tel：0375-6337066
汝州市宏盛娱乐有限公司
地址：汝州市西环路与广成路交叉口西北角
…………………… Tel：0375-6685777
汝州市天泽阳光旅游置业有限公司
地址：汝州市温泉镇温泉村
…………………… Tel：0375-6698886
平顶山市天天粥棚餐饮管理有限公司
地址：平顶山市新华区光明路中段办事处楼下二楼最南头一间
…………………… Tel：0375-7037156
河南福泉大酒店有限公司
地址：平顶山市鲁山县赵村乡上汤村
…………………… Tel：0375-7233333
舞钢市龙凤湖旅游开发投资有限公司
地址：河南省平顶山市舞钢市党群服务中心三楼313室
…………………… Tel：0375-7280568
舞钢市九号公馆假日酒店有限公司

地址：舞钢市钢城路南段路东仙境苑2号楼11楼；舞钢市支鼓山路党群文化艺术中心306室
…………………………Tel：0375-8125222

平顶山奥瑞实业有限公司
地址：叶县叶廉路花园酒店西名门加油站东路北三间两层
…………………………Tel：0375-8669999

新县裸心季生态旅游发展有限公司
地址：河南省信阳市新县城关朝阳新区2号楼106号
…………………………Tel：0376-2791553

中乐百花酒店股份有限公司
地址：信阳市羊山新区新七大道中乐百花酒店2号楼26层2601号
…………………………Tel：0376-3099999

信阳百乐酒店有限公司
地址：信阳市羊山新区新七大道中乐百花酒店2号楼26层2601号
…………………………Tel：0376-3099999

信阳中州娱乐有限公司
地址：信阳市　河区东方红大道129号
…………………………Tel：0376-3289333

固始县城南壹号娱乐有限公司
地址：河南省固始县怡和大道中段
…………………………Tel：0376-4061666

固始华阳湖生态旅游产业开发有限公司
地址：固始武庙华阳湖风景区
…………………………Tel：0376-4196111

河南淮河迎宾馆酒店管理有限公司
地址：河南省信阳市息县谯楼东街与学知路交叉口西南处。
…………………………Tel：0376-5961988

信阳市欣美餐饮服务有限公司
地址：河南省信阳市平桥区万象城和美苑9号楼0906-0909
…………………………Tel：0376-6268333

信阳楚淮上景现代生态农业文化旅游有限公司
地址：信阳市　河区双井乡何寨村周北组
…………………………Tel：0376-6375666

河南锦绣河山文化旅游有限公司
地址：信阳市　河区南湾街道二号桥新村一号楼5-6号
…………………………Tel：0376-6503766

河南中盛文旅集团有限公司
地址：信阳市金牛物流产业集聚区中小企业孵化园
…………………………Tel：0376-6511166

信阳灵龙湖旅游区发展有限公司
地址：河南省信阳市　河区东双河镇杜河村江淮美食街8号
…………………………Tel：0376-6516395

信阳鸡公山风景区经营管理有限公司
地址：信阳市鸡公山风景区府苑山庄
…………………………Tel：0376-6912009

河南新太阳文化旅游集团有限公司
地址：信阳市　河区李家寨镇新店村107国道东侧
…………………………Tel：0376-6992270

河南鸡公山文化旅游集团有限公司
地址：信阳市鸡公山管理区招商服务中心
…………………………Tel：0376-6992676

商城县金色少年娱乐活动有限责任公司
地址：商城县城关黄柏山路
…………………………Tel：0376-7896789

黄檗山旅游综合开发有限公司
地址：商城县长竹园乡药铺村
…………………………Tel：0376-8136888

光山县乡村振兴旅游发展有限公司
地址：光山县牌坊路与紫水大街交汇处西北座
…………………………Tel：0376-8758819

胜高连锁酒店管理股份有限公司
地址：河南省信阳市光山县牌坊路与紫水大街交汇处西北座
…………………………Tel：0376-8866866

南阳建业酒店有限公司
地址：南阳市宛城区信臣东路2000号
…………………………Tel：0377-60218888

淅川县交通投资有限公司
地址：淅川县金融大厦3号楼7楼
…………………………Tel：0377-60650072

南阳龙鑫国际酒店管理有限公司
地址：南阳市独山大道与滨河路交叉处盛唐商务苑12幢501室
…………………………Tel：0377-61177777

南阳张正物资有限公司
地址：南阳市宛城区建设东路宇信凯旋城门面2楼201室
…………………………Tel：0377-61609139

南阳中泰国际酒店管理有限公司
地址：南阳市张衡东路666号
…………………………Tel：0377-61999999

南阳文化旅游产业投资发展有限公司
地址：南阳市张衡路396号
…………………………Tel：0377-62372220

南阳市晨晖文化旅游发展开发有限公司
地址：南阳市卧龙路539号卧龙人民法庭楼上4楼
…………………………Tel：0377-63226366

南阳银都建国酒店
地址：南阳市中州路268号
…………………………Tel：0377-63895999

内乡奥斯卡影视娱乐有限公司
地址：内乡县城关镇县衙路财富广场后排一楼
…………………………Tel：0377-65175559

镇平县大漠明珠饮食娱乐服务有限公司
地址：镇平县紫荆城路北段路西
…………………………Tel：0377-65669999

淅川县夜宴娱乐有限公司
地址：淅川县三环路中段（上集镇朝阳社区）
…………………………Tel：0377-66026999

新野县汇创电子科技有限公司
地址：新野县城大桥路东段
…………………………Tel：0377-66237888

新野县名人花园酒店有限公司
地址：新野县汉城路中段北侧
…………………………Tel：0377-66380777

南召莲花温泉水城旅游开发集团有限公司
地址：南召县城产业集聚区
…………………………Tel：0377-66636618

南阳市五朵山旅游开发有限责任公司
地址：南召县四棵树乡五朵山景区
…………………………Tel：0377-66866146

河南省三产融合旅游发展有限公司
地址：南召县南河店镇城口湾村
…………………………Tel：0377-66888818

南阳巨麓生态旅游开发有限公司
地址：方城县释之办农贸路155号
…………………………Tel：0377-67267888

河南宣怡餐饮管理有限公司
地址：郑州市金水区文博东路29号1号楼一层24号
…………………………Tel：0377-67286681

方城县七顶山旅游开发有限公司
地址：方城县杨集乡七顶山
…………………………Tel：0377-67352888

南阳赊店酒乡小镇建设开发有限公司
地址：河南省南阳市社旗县酒业大道西侧1号
…………………………Tel：0377-67918006

桐柏县东方娱乐有限公司
地址：河南省南阳市桐柏县城关镇淮源大道禄康源商场四楼
…………………………Tel：0377-68112398

桐柏迎宾酒店管理有限公司
地址：桐柏县产业集聚区
…………………………Tel：0377-68188824

淅川县八仙洞旅游有限责任公司
地址：淅川县马蹬镇余沟村
…………………………Tel：0377-69582828

河南中原第一漂旅游集团鹳河酒店管理有限公司
地址：西峡县人民路与紫金路交叉口
…………………………Tel：0377-69696359

西峡恐龙遗迹园旅游有限公司
地址：西峡县丹水镇
…………………………Tel：0377-69778999

西峡县中濂老界岭旅游度假有限公司
地址：西峡县太平镇东坪村
…………………………Tel：0377-69915766

开封市文化旅游股份有限公司
地址：开封市龙亭区体育路14号303房间
…………………………Tel：0378-23834566

洛阳白云山文化旅游发展有限责任公司
地址：洛阳市嵩县城关镇白云大道与翠山街交叉口嵩县旅游局2楼
…………………………Tel：0379-60196956

洛阳洛蕾餐饮管理有限公司
地址：洛阳市洛龙区牡丹大道151号10幢1-204
…………………………Tel：0379-60222105

河南洛邑古城文化旅游发展有限公司
地址：洛阳市老城区唐宫东路10号古都科创园服务中心101室
…………………………Tel：0379-60633999

洛阳餐旅实业股份有限公司
地址：洛阳市洛龙区亚威卓越国际广场4号楼
…………………………Tel：0379-60666582

洛阳餐旅（集团）股份有限公司
地址：洛阳市老城区状元红路香榭里·畔山兰溪商务中心9楼
…………………………Tel：0379-60666582

洛阳餐旅（集团）股份有限公司
地址：洛阳市老城区状元红路香榭里·畔山兰溪商务中心9楼
…………………………Tel：0379-60666582

洛阳丽都国际酒店有限公司
地址：洛阳市伊川县城关镇豫港大道中段
…………………………Tel：0379-60673198

洛阳中渡旅游发展有限公司
地址：洛阳市老城区井胡同32号
…………………………Tel：0379-61299969

洛阳嘉美酒店有限公司
地址：洛阳市伊川县城关镇豫港大道东段
…………………………Tel：0379-62738888

河南英华水上旅游有限公司
地址：栾川县潭头镇古城村
…………………………Tel：0379-62776001

洛阳大为玖朝酒店管理有限公司
地址：洛阳市西工区凯旋东路59号1-15层
…………………………Tel：0379-63101202

洛阳尚合众建酒店管理有限公司
地址：洛阳市老城区滨河北路洛阳桥东100米
…………………………Tel：0379-63921762

洛阳旅游发展集团资产管理有限公司
地址：洛阳市洛龙区开元大道260号龙泉大厦16层
…………………………Tel：0379-63960000

洛阳中彤文化旅游开发有限公司
地址：洛阳市涧西区珠江路办事处院内
…………………………Tel：0379-64289999

洛阳颐和园尚品烤鸭餐饮管理集团有限公司
地址：洛阳市涧西区丽新路君临天下一层、二层
…………………………Tel：0379-64388577

洛阳牡丹大酒店有限公司
地址：河南省洛阳市涧西区中州西路15号
…………………………Tel：0379-64680000

河南黛眉山原始生态文化旅游开发有限公司
地址：洛阳市新安县石井镇黛眉山风景区
…………………………Tel：0379-65082116

洛阳新豪会娱乐有限公司
地址：洛阳市洛龙区太康路与永泰街交叉口
…………………………Tel：0379-65629999

嵩县木札岭餐饮娱乐服务有限公司
地址：嵩县白云大道电业局楼下
…………………………Tel：0379-66337777

河南省老君山文化旅游集团有限公司
地址：栾川县栾川乡七里坪村
…………………………Tel：0379-66873890

洛阳瓷泉旅游开发有限公司
地址：新安县北冶镇甘泉村
…………………………Tel：0379-67131009

洛阳盛世白云大酒店有限公司
地址：嵩县城白云名邸北门向南260米处大楼301-302室
…………………………Tel：0379-68623333

洛阳万山湖旅游有限公司
地址：新安县石井乡龙潭沟村
…………………………Tel：0379-69721188

洛阳旅游发展集团项目管理有限公司
地址：洛阳市洛龙区开元大道240号洛阳市市民之家西塔楼8楼8307室
…………………………Tel：0379-69820000

洛阳文化旅游集团有限公司
地址：洛阳市洛龙区龙门桥南
…………………………Tel：0379-69827551

洛阳龙门旅游集团有限公司
地址：洛阳市洛龙区龙门北桥东龙门文保中心三楼301-304房间
…………………………Tel：0379-69827551

洛阳旅游发展集团有限公司
地址：洛阳市洛龙区开元大道与望春门街口龙泉大厦16楼
…………………………Tel：0379-69862011

河南桃花江美人窝旅游开发有限公司
地址：河南省洛阳市高新区西元国际16-1405
…………………………Tel：0379-69997618

栾川城乡旅游发展有限公司
地址：栾川县城钼都路环保大厦8楼
…………………………Tel：0379-80867208

孟津汉魏旅游资源开发集团有限公司
地址：洛阳市孟津县城关镇小浪底大道亚威金地家园门面房010号
…………………………Tel：0379-80881325

洛阳奥特来斯餐饮娱乐有限公司
地址：河南省洛阳市涧西区长春路街道建设路50号
…………………………Tel：0379-80899898

焦作市三利达射箭器材股份有限公司
地址：山阳区焦辉路3033-2号
…………………………Tel：0391-3216606

焦作市皇廷娱乐有限公司
地址：焦作市人民路与文渊路交叉口
…………………………Tel：0391-3552222

温县海旺弘亚庄园酒店有限公司
地址：温泉镇党世头村
…………………………Tel：0391-6137666

济源市小浪底明珠岛景区开发有限公司
地址：济源市小浪底水库
…………………………Tel：0391-6268886

温县璀之璨娱乐服务有限公司
地址：河南省焦作市温县南张羌镇子夏大街与太行路交汇处北400米
…………………………Tel：0391-6596666

济源湃河森林生态旅游开发有限公司
地址：思礼镇郑坪村（原五三一将军楼）
…………………………Tel：0391-6763396

济源市文化旅游投资集团有限公司
地址：济源市高新技术产业开发区（科灵电器5号楼3楼）
…………………………Tel：0391-6833226

济源市文化旅
地址：济源市高新技术产业开发区（科灵电器5号楼3楼）
…………………………Tel：0391-6833226

焦作云台山旅游发展有限公司
地址：修武县特色商业区青龙大道和丰收路交叉口西南角
…………………………Tel：0391-7709996

焦作青龙峡旅游发展有限公司
地址：修武县西村乡双庙村（青龙峡景区内）
…………………………Tel：0391-7803315

焦作喜洋洋农业开发有限公司
地址：武陟县詹店镇溜村口东侧
…………………………Tel：0391-8360897

焦作青天河旅游发展有限公司
地址：博爱县鸿昌街道办事处葵城路中段（农机局临街商品楼3楼）
…………………………Tel：0391-8972955

河南元视际文化旅游开发有限公司
地址：浚县卫溪街道北大街中段路东古城办院内西楼二层三层
…………………………Tel：0392-2223365

鹤壁豫旅文化旅游开发有限公司
地址：鹤壁市淇滨区黄山路中段
…………………………Tel：0392-2262333

浚县皇家玖号娱乐服务有限公司
地址：浚县建设路与民生路交叉口东北角
…………………………Tel：0392-5550000

濮阳市合美酒店管理有限公司
地址：濮阳市荣城城市广场C座17层1706室
…………………………Tel：0393-2055554

濮阳联华大酒店有限公司
地址：濮阳市京开大道与胜利路交汇处
…………………………Tel：0393-4422888

清丰县文化旅游投资有限公司
地址：河南省濮阳市清丰县企业服务中心三楼
…………………………Tel：0393-7231699

濮阳市至尊名人娱乐有限公司
地址：濮阳市胜利路与长庆路交叉口西北角
…………………………Tel：0393-8157188

河南搏翔餐饮管理有限公司
地址：河南省濮阳市市辖区中原西路路南、濮水中路路东创业小镇六楼
…………………………Tel：0393-8166855

河南龙都文化娱乐有限公司
地址：淮阳县产业集聚区西部淮周路南侧
…………………………Tel：0394-7812566

漯河市紫晶城娱乐文化有限公司
地址：漯河市郾城区黄河路西段826号院
…………………………Tel：0395-2156666

河南二月二实业集团有限公司
地址：漯河市源汇区老街18号
…………………………Tel：0395-2325005

河南通慧餐饮管理有限公司
地址：漯河市郾城区西大街58号
…………………………Tel：0395-3110661

漯河市天昱大酒店有限公司
地址：漯河市召陵区人民东路与阳山路交叉口西南角
…………………………Tel：0395-3280201

漯河市禧玥酒店管理有限公司
地址：漯河市郾城区嫩江路工商联大厦1幢1321号
…………………………Tel：0395-3702199

河南好声音娱乐服务有限公司
地址：漯河源汇区汉江路西段
…………………………Tel：0395-6197518

驻马店五龙口酒业有限公司
地址：驻马店市驿城区诸市乡魏庄村
…………………………Tel：0396-2156999

驻马店市山景园林有限公司
地址：驻马店市蚁蜂镇东5公里处
…………………………Tel：0396-2195696

华润雪花啤酒（驻马店）有限公司
地址：驻马店市装备产业集聚区中原大道与东祥路交叉口东南角
…………………………Tel：0396-2390266

驻马店天龙大酒店有限公司
地址：驻马店市文明路.
…………………………Tel：0396-2859999

河南新燎原文化旅游产业发展股份有限公司
地址：河南省驻马店市桐山大道与商桐路交叉口高铁桥西路南199号
…………………………Tel：0396-3331660

驻马店市乐山旅游开发有限公司
地址：确山县乐山林场北泉寺内
…………………………Tel：0396-3550016

新蔡县悦享喜盈门娱乐有限公司
地址：新蔡县古吕街道和平街与胜利街交叉口悦享商贸有限公司四、五楼
…………………………Tel：0396-3720091

河南柏林建国国际酒店有限公司
地址：驻马店市置地大道西段北侧
…………………………Tel：0396-3791860

驻马店市三棵树酒店有限公司
地址：驻马店市前进路北段浙江国际商城5号楼

……………………Tel：0396-3835777
遂平县集美旅游发展有限公司
地址：遂平县勤政路创业大厦3号楼3560室
……………………Tel：0396-4655168
遂平锦都酒店管理有限公司
地址：遂平县瞿阳大道南段
……………………Tel：0396-4680166
遂平圆琳程生态餐饮服务管理有限公司
地址：遂平县遂景大道南侧西刘庄3幢
……………………Tel：0396-4827766
河南天中上河城酒店管理有限公司
地址：平舆县清河南路南侧
……………………Tel：0396-5055808
新蔡鼎盛娱乐服务有限公司
地址：新蔡县古吕街道驻新路（新车站北门对面）
……………………Tel：0396-5922004
河南天中重阳旅游发展有限公司
地址：上蔡县卧龙办事处腾飞路南侧
……………………Tel：0396-6929097
灵宝市水丽坊娱乐有限公司
地址：灵宝市长安路思平市场
……………………Tel：0398-2128888
三门峡弘轩娱乐有限公司
地址：三门峡上阳路南段大唐餐饮街10号
……………………Tel：0398-2366666
三门峡市天鹅湖旅游开发有限责任公司
地址：三门峡市天鹅湖城市湿地公园虢山岛办公区东侧办公室
……………………Tel：0398-2826078
三门峡市文化旅游交通发展集团有限公司
地址：三门峡市交通花园河堤路口
……………………Tel：0398-2886881
三门峡市今享人生饮食娱乐有限公司
地址：三门峡市开发区商贸路南段
……………………Tel：0398-2900544
三门峡金玫瑰酒店管理有限公司
地址：三门峡河堤路东段3号
……………………Tel：0398-2966566
三门峡金玫瑰酒店管理有限公司
地址：三门峡河堤路东段3号
……………………Tel：0398-2966566
三门峡影苑饮食娱乐有限公司
地址：三门峡西神泉路中段
……………………Tel：0398-3802243
三门峡天鹅城酒店管理集团有限公司
地址：河南省三门峡市五原西路天鹅城酒店503室
……………………Tel：0398-5199965
卢氏县九龙山旅游发展有限公司
地址：双槐树乡石门村
……………………Tel：0398-7388555

湖北省

武汉东帝王子教育投资有限公司
地址：武汉市江夏区邬树村江夏大道
……………………Tel：027-50765323
武汉东帝王子教育投资有限公司
地址：武汉市江夏区邬树村江夏大道
……………………Tel：027-50765323
武汉东帝王子教育投资有限公司
地址：武汉市江夏区邬树村江夏大道
……………………Tel：027-50765323
武汉武铁酒店旅游管理集团有限公司
地址：江岸区胜利街１７４号
……………………Tel：027-51136111
武汉武铁酒店旅游管理集团有限公司
地址：江岸区胜利街１７４号
……………………Tel：027-51136111
武汉木兰国际旅游投资有限公司
地址：武汉市黄陂区盘龙城经济开发区汉口北大道88号汉口北国际交易中心D1区15层
……………………Tel：027-52363668
武汉纽宾凯合家欢儿童娱乐有限公司
地址：武汉市汉阳区芳草路97号纽宾凯国际社区-蜜城20号楼第二层1室
……………………Tel：027-59203197
湖北紫荆酒店管理有限公司
地址：武汉市江汉区发展大道486-488号元辰世纪1栋11层10室
……………………Tel：027-59209218
武汉市金禾穗餐饮管理有限公司
地址：武汉市江汉区中央商务区泛海国际SOHO城（一期）1栋26层1室
……………………Tel：027-59216093
农友鲜生（武汉）餐饮管理有限公司
地址：武汉市黄陂区盘龙城经济开发区佳海都市工业城F31栋1-3层
……………………Tel：027-59227297
武汉丹枫白露酒店管理有限公司
地址：武汉市江岸区三阳路118号金阳新城A栋
……………………Tel：027-59598888
武汉解铃餐饮管理有限公司
地址：武昌区武珞路628号B座10层6号
……………………Tel：027-59739280
武汉源洋大酒店有限公司
地址：武汉市黄陂区前川街黄陂大道387号黄陂广场DE栋13层3室
……………………Tel：027-61001599
广亨元酒店管理有限公司
地址：武汉市江汉区泛海国际SOHO城（一期）7栋21层6室
……………………Tel：027-61769616
武汉圣星娱乐文化传播有限公司
地址：洪山区珞狮南路147号未来城第E幢8层803号
……………………Tel：027-62436201
武汉木兰三台山旅游发展有限公司
地址：武汉市黄陂区王家河街三台村冲里吴湾1-2层
……………………Tel：027-65610520
百胜餐饮（武汉）有限公司
地址：武汉市江岸区中山大道1628号29-30层
……………………Tel：027-65799000
武汉香溢大酒店有限公司
地址：武汉市宝丰路6号
……………………Tel：027-68833328
武汉武新大酒店有限公司
地址：武汉市桥口区解放大道332号
……………………Tel：027-68850675
武汉新世界酒店物业有限公司
地址：武汉市 口区解放大道634-3号新世界中心C座6楼
……………………Tel：027-68850675
武汉西湖动物王国旅游有限公司
地址：武汉市蔡甸区张湾街官塘村乌梅山特1号
……………………Tel：027-69608688
武汉鑫晨曦餐饮管理有限公司
地址：武汉市东湖新技术开发区武大园四路1号-1、-2号国家地球空间信息产业基地五期武大慧园2、3栋2单元4层09室
……………………Tel：027-81567178
武汉裕亚酒店投资有限公司
地址：武汉市东西湖区金银湖路20号(11)
……………………Tel：027-81813333
武汉安诚餐饮管理有限公司
地址：洪山区洪山村名士1号3号楼12层14号房
……………………Tel：027-81819089
武汉万达东湖置业有限公司
地址：武汉市武昌区松竹路28号7栋1单元22楼
……………………Tel：027-81881128
湖北中核国际酒店有限公司
地址：武汉市蔡甸区姚家山工业园凤凰路1号
……………………Tel：027-81885588
武汉亘星酒店管理有限公司
地址：武汉市江岸区大智路32号
……………………Tel：027-82336669
武汉科开悦城酒店管理有限公司
地址：武汉市江汉区常青路177号武汉君澜大酒店504房
……………………Tel：027-82450700
武汉金仕发酒店管理有限公司
地址：武昌区乾福巷9号1栋
……………………Tel：027-82742207
武汉伊顿威尔大酒店投资管理有限公司
地址：武汉市黄陂区天河天安道
……………………Tel：027-82755233
长江海外游轮旅游有限公司
地址：武汉市江汉区沿江大道６９号
……………………Tel：027-82765616
武汉漫思文化娱乐有限公司
地址：武汉市东湖新技术开发区光谷大道77号金融港后台服务中心基地建设项目一期1.1期展示中心1-2层2F-W21—25（自贸区武汉片区）
……………………Tel：027-82772858
湖北漫客娱乐有限公司
地址：鄂州葛店开发区创业服务中心
……………………Tel：027-82772858
武汉东方魅力钱柜文化娱乐有限公司
地址：武汉市江岸区江汉路１１８号港澳中心大厦７层
……………………Tel：027-82782788
武汉迪生贸易有限公司
地址：中山大道1090号
……………………Tel：027-82819179
武汉永和大王餐饮有限公司
地址：武汉市江岸区胜利街164号
……………………Tel：027-82823659
湖北鑫乐银兴娱乐有限公司
地址：武汉市江岸区洞庭街107号怡东大厦13层C室
……………………Tel：027-82830385
武汉金拱门食品有限公司
地址：武汉市江汉区云霞路187号泛海国际中心A单元（武汉民生金融中心）17层
……………………Tel：027-82848288
湖北华中联盟养老股份有限公司
地址：武汉市 口区解放大道21号（汉正街都市工业区）A106-2
……………………Tel：027-82861166
武汉老村长私募菜餐饮有限公司
地址：武汉市江岸区黄浦路286号
……………………Tel：027-82887979
武汉明渐餐饮管理有限公司
地址：武汉市 口区解放大道586号中御公馆1栋24层2412室
……………………Tel：027-82888188
武汉恒康捷餐饮管理有限公司
地址：武汉市东西湖区团结路九支沟西（慈惠农场慈惠大队）2栋8205室
……………………Tel：027-83335832
武汉市恒信美居酒店投资管理有限公司
地址：武汉市江汉区江发路1号
……………………Tel：027-83355888
武汉同城文化娱乐有限公司
地址： 口区解放大道1049号
……………………Tel：027-83603835
湖北中南大酒店有限责任公司
地址：武汉市武昌武珞路449号
……………………Tel：027-83626240
湖北天禄旅游酒店有限责任公司
地址：湖北省武汉市 口区青年路5号
……………………Tel：027-83630888
湖北天禄旅游酒店有限责任公司
地址：湖北省武汉市 口区青年路5号
……………………Tel：027-83630888
武汉市鑫顺河物资有限公司
地址：武汉武钢集团汉阳钢厂琴台钢材市场南区5-18号
……………………Tel：027-83736785
武汉战友金舵餐饮有限公司
地址：武汉市 口区舵落口路4号
……………………Tel：027-83737263
湖北时代娱乐有限公司
地址：武汉市 口区解放大道558号
……………………Tel：027-83739110
湖北弘歆科技有限公司
地址：汉川市湾潭乡德丰步行街６８号
……………………Tel：027-83867768
吉野家餐饮管理（武汉）有限公司
地址：武汉市江汉区解放大道557号中山广场20层2007-2008室
……………………Tel：027-83968829
武汉奥发餐饮管理有限公司
地址：武汉经济技术开发区沌阳街民营科技工业园二区15号厂房
……………………Tel：027-84236289
银湖国际大酒店有限公司
地址：武汉经济技术开发区12C2地块武汉经开万达广场B区S5-2栋17层B2-7室
……………………Tel：027-84477777
武汉沌阳大歌星餐饮娱乐有限公司
地址：武汉经济技术开发区东风大道111号经开万达广场室内步行街2楼娱乐楼
……………………Tel：027-84559878
武汉鸿坤餐饮管理有限公司
地址：武汉市汉阳区永丰街郭琴路仙山社区何家湾106号
……………………Tel：027-84666088
武汉国博文化旅游发展有限公司
地址：武汉市汉阳区鹦鹉大道619号
……………………Tel：027-84707029
武汉迈森豪餐饮管理有限公司
地址：武汉经济技术开发区枫树三路16附1号
……………………Tel：027-84733339
武汉星聚点餐饮娱乐管理有限公司
地址：武汉市汉阳区汉阳大道139号人信汉商银座DE座4层
……………………Tel：027-84771777
湖北红安富家寨山庄有限责任公司
地址：红安县高桥镇富家寨
……………………Tel：027-84810337
武汉木兰玫瑰花园旅游发展有限公司
地址：武汉市黄陂区王家河街胜天村罗家大湾
……………………Tel：027-85018959
湖北豪客嘉族餐饮管理有限公司
地址：宜昌市东山大道106号国贸大厦七楼
……………………Tel：027-85509660
武汉市黄陂天河假日大酒店有限责任公司
地址：黄陂区天河机场西侧白莲垸
……………………Tel：027-85516365
武汉五羊酒店用品有限公司
地址：黄陂区滠口刘店村（村委会旁）
……………………Tel：027-85557586
武汉旅游集团股份有限公司
地址：武汉市江岸区金桥大道西侧长江传媒大厦26、27层
……………………Tel：027-85580169
武汉市麦点九毛九餐饮管理有限公司
地址：武昌区徐家棚街三角路村福星惠誉水岸国际3号地块第1幢17层1号
……………………Tel：027-85603488
米乐星（武汉）文化发展有限公司
地址：武汉市江汉区中山大道桥西商厦3、4楼
……………………Tel：027-85686599
米乐星（武汉）文化发展有限公司
地址：武汉市江汉区中山大道桥西商厦3、4楼
……………………Tel：027-85686599
武汉卓尔万豪酒店管理有限公司
地址：武汉市东西湖区将军路街武汉客厅小型会展中心E栋5层01室
……………………Tel：027-85696292
武汉翠影水居置业有限公司
地址：武汉市 口区武胜路72号泰合广场45层之4502写字间
……………………Tel：027-85713949
武汉中锦置业投资有限公司
地址：江岸区江汉北路34号九运大厦D单元12层1室
……………………Tel：027-85758988
武汉津味餐饮管理有限公司
地址：武汉市东西湖区走马岭国际风情园6号
……………………Tel：027-85771785
武汉新美景娱乐有限责任公司
地址：江岸区台北路５３－６１号
……………………Tel：027-85777901
武汉湖锦娱乐发展有限责任公司
地址：武昌区临江大道55号
……………………Tel：027-85785138-666
武汉市轩伟太子酒店管理有限公司
地址：武汉市江汉区建设大道711号A座
……………………Tel：027-85785596
武汉市雄楚太子酒店管理有限公司
地址：武汉市江汉区建设大道711号A座
……………………Tel：027-85785596
武汉锦江国际大酒店有限公司
地址：武汉市江汉区建设大道707号
……………………Tel：027-85786888
武汉香格里拉大饭店有限公司
地址：武汉市建设大道700号
……………………Tel：027-85806868
湖北海旅酒店文化传播有限责任公司
地址：武汉市江汉区新华路272号宏元商务大厦17层
……………………Tel：027-85823102
武汉武铁江城大酒店有限公司
地址：武汉市江汉区汉口新火车站北侧
……………………Tel：027-85876508
武汉东方建国大酒店有限公司
地址：武汉市江汉区发展大道185号
……………………Tel：027-85888668
武汉大歌星餐饮娱乐有限公司
地址：武汉市江汉区唐家墩路5号菱角湖万达广场三层
……………………Tel：027-85889690
武汉金天丰商贸有限公司
地址：武汉市黄陂区前川街定远村、油岗村、新村村香城华府1栋1-2层14室
……………………Tel：027-85912798
武汉市濮锦旅游开发有限公司
地址：东湖生态旅游风景区湖光村黄家湾
……………………Tel：027-86432366
湖北品中餐饮管理有限公司
地址：湖北省武汉市青山区红钢城街道红钢二街13号中交红钢城10栋A座16层C-2、C-3号
……………………Tel：027-86461585
武汉佳嘉膳餐饮管理有限公司
地址：洪山区白沙洲大道13号红霞物流园5栋1层5-14号
……………………Tel：027-86603732
武汉光明佳源酒店管理有限公司
地址：武昌区徐东大街96号
……………………Tel：027-86621119
武汉南北湾餐饮管理有限公司
地址：洪山区洪山街马湖村武汉创意天地三、四期4号楼5层4号
……………………Tel：027-86626885
武汉唯趣互动娱乐科技有限公司
地址：洪山区珞南街武珞路744＃601室（供电局变电站旁）
……………………Tel：027-86696925
武汉锦康餐饮管理有限公司
地址：武汉市江夏区藏龙岛栗庙村（湖北日海通讯有限公司内）
……………………Tel：027-86699976
湖北华天大酒店有限责任公司
地址：武汉市洪山区徐东路7号
……………………Tel：027-86728888
湖北东华园娱乐美食有限公司
地址：武汉市青山区红钢城12街
……………………Tel：027-86806579
武汉乐娱产业园运营有限公司
地址：武汉市青山区19街坊（和平大道1540号）钰龙时代中心17-26层2307室
……………………Tel：027-86868055
武汉天艺达娱乐管理有限公司
地址：武汉市青山区建设七路52号
……………………Tel：027-86880869
武汉万吉丰和餐饮管理有限公司
地址：武汉东湖新技术开发区高新四路56号B栋
……………………Tel：027-87008999
武汉凯柏酒店管理有限公司
地址：武汉市东湖新技术开发区雄庄路8号曙光星城D区APP广场5号楼7-24层
……………………Tel：027-87050999

武汉宜家青酒店管理有限公司
地址：武昌区三角路村福星惠誉水岸国际4号地块2栋25层3室
……………………Tel：027-87151577
武汉明熙实业发展有限公司
地址：汉南区汉南大道３５５号
……………………Tel：027-87184729
湖北长江文化旅游投资发展有限公司
地址：武汉市洪山区雄楚大道268＃出版文化城出版大厦2层
……………………Tel：027-87223075
武汉金大象儿童娱乐有限公司
地址：武汉市东湖生态旅游风景区磨山景区内儿童生态乐园
……………………Tel：027-87265819
武汉红鼎豆捞餐饮股份有限公司
地址：洪山区珞瑜路1077号柏景阁高层公寓1栋1、2层01号
……………………Tel：027-87308888
武汉阳光钱柜餐饮娱乐发展有限公司
地址：武昌区八一路１０５号
……………………Tel：027-87317050
武汉鑫境域健身娱乐发展有限公司
地址：武汉市汉阳区江城大道356号博大星光天地A3地块3号楼3层
……………………Tel：027-87318505
湖北楚天汇餐饮投资有限公司
地址：黄陂区武湖街立山头队综合办公楼二楼
……………………Tel：027-87320009
武汉三特旅游投资有限公司
地址：江岸区东方恒星园1栋5、6层
……………………Tel：027-87341840
武汉旅游发展投资集团有限公司
地址：东湖生态旅游风景区磨山碧波宾馆内
……………………Tel：027-87361789
武汉鑫茂餐饮管理有限公司
地址：洪山区南李路83号武汉城市职业学院南区一食堂
……………………Tel：027-87366088
湖北梦天湖投资集团有限公司
地址：武汉东湖新技术开发区庙山小区向阳村
……………………Tel：027-87513055
武汉东方龙餐饮管理有限公司
地址：武昌区九龙井正街11号1栋4层1室
……………………Tel：027-87515139
武汉谷元吉餐饮管理有限公司
地址：武汉东湖新技术开发区佛祖岭一路2号光谷国际网球中心配套楼一楼
……………………Tel：027-87777817
武汉长江娱乐发展有限公司
地址：东湖生态旅游风景区东湖论坛
……………………Tel：027-87788755
武汉华美达光谷大酒店
地址：洪山区珞瑜路７２６号１０２－１０４号
……………………Tel：027-87806888
湖北省文化旅游投资集团有限公司
地址：湖北省武汉市武昌区中北路86号汉街总部国际E座
……………………Tel：027-87816601
武汉威斯汀酒店管理有限公司
地址：武昌区临江大道96号武汉积玉桥万达广场（一期）写字楼酒店负2-屋面2层1室
……………………Tel：027-87832777
武汉万富酒店管理有限公司
地址：武昌区水果湖街东湖路105号武汉中央文化旅游区K3-2地块5栋1-21层商1
……………………Tel：027-87832777
荆州万力酒店管理有限公司
地址：荆州区北京西路（万达广场）嘉华酒店101室
……………………Tel：027-87832777
黄石万富酒店管理有限公司
地址：黄石市黄石港区花湖大道30号酒店
……………………Tel：027-87832777
襄阳万富酒店管理有限公司
地址：襄阳市高新区长虹路9号万达广场
……………………Tel：027-87832777
宜昌万力酒店管理有限公司
地址：宜昌市伍家岗区沿江大道特169号
……………………Tel：027-87832777
武汉异次元梦空间莱特浩世餐饮文化有限公司
地址：武昌区武珞路421号帝斯曼国际中心五、六层
……………………Tel：027-87837788
武汉之乐文化娱乐投资有限公司
地址：武汉市汉阳区琴台大道368号6楼603、604
……………………Tel：027-87860018
中创新能（武汉）酒店投资有限公司
地址：武汉市武昌区公平路46号
……………………Tel：027-88238088
武汉人和生态旅游开发有限公司
地址：武汉市东湖生态旅游风景区鼓架村1号
……………………Tel：027-88712920

武汉秦源盛世餐饮管理有限公司
地址：洪山区武汉城市职业学院南校区二食堂
……………………Tel：027-88772700
湖北联胜利合实业发展有限公司
地址：武汉市汉南区湘口工业园缘顺路18号
……………………Tel：027-88867900
武汉凯瑞开元酒店管理有限公司
地址：武汉市东湖新技术开发区高新大道788号十五冶办公楼13层1301室
……………………Tel：027-88937331
武汉武昌文化创新发展有限责任公司
地址：武昌区中山路374号
……………………Tel：027-88938511
武汉市楚人乐餐饮管理有限公司
地址：武汉市新洲区双柳街大埠
……………………Tel：027-89200049
易食纵横股份有限公司
地址：武汉市青山区冶金大道（中国一冶高新技术产业园）1号办公楼栋1-6层608室
……………………Tel：029-86676508
湖北省筷乐食家餐饮管理有限公司
地址：襄阳市樊城区太平店镇陈家湖社区
……………………Tel：0710-2108652
襄阳康盈餐饮服务有限公司
地址：襄阳市襄州区伙牌镇东莞工业城J3号
……………………Tel：0710-2868969
湖北襄阳宏远酒店有限公司
地址：襄阳市襄州区张湾镇航空路98号
……………………Tel：0710-2869597
襄阳美亚水上娱乐有限公司
地址：襄阳市鱼梁洲绿洲大道
……………………Tel：0710-3078618
襄阳市襄阳牛肉面餐饮管理股份有限公司
地址：襄阳市高新区汉江北路（湖北中科电气股份有限公司院内）
……………………Tel：0710-3220015
襄阳超然旅游投资有限公司
地址：襄阳市襄城区永安街7号
……………………Tel：0710-3256227
湖北鑫睿宇餐饮管理有限公司
地址：襄阳市高新区深圳工业园（绿标）F12幢203号
……………………Tel：0710-3283346
旺前集团襄阳东湖国际酒店有限公司
地址：襄阳市高新区谢洼居委会东风国际花园
……………………Tel：0710-3392318
湖北盛景怡家酒店集团有限公司
地址：襄阳市高新区追日路9号
……………………Tel：0710-3426381
湖北襄阳隆中文化园投资有限公司
地址：襄阳市襄城区隆中路6号
……………………Tel：0710-3592387
襄阳吉阳酒店管理有限公司
地址：襄阳市襄城环城南路24号
……………………Tel：0710-3608205
湖北七里山旅游开发有限公司
地址：湖北省南漳县七里山林场曾家祠
……………………Tel：0710-3616012
襄阳智投餐饮管理有限公司
地址：襄阳市襄城区胜利街176号
……………………Tel：0710-3616751
襄阳大歌星餐饮娱乐有限公司
地址：襄阳市高新区长虹北路9号万达广场二层
……………………Tel：0710-3755871
襄阳市水阁云天酒店管理有限公司
地址：襄阳市樊城区红光路13号
……………………Tel：0710-3803838
湖北逸云旅游开发有限公司
地址：湖北省襄阳市襄城区尹集乡
……………………Tel：0710-3826172
南漳凯骑大酒店管理有限公司
地址：南漳县九集镇白马山村二组（涌泉工业园），9幢
……………………Tel：0710-5311888
南漳县皇室娱乐服务有限公司
地址：南漳县城关镇文庙路(印刷厂院内)
……………………Tel：0710-5566789
枣阳丽都实业有限公司
地址：湖北省枣阳市前进路73号
……………………Tel：0710-6229293
鄂州莲花山康福旅游有限责任公司
地址：鄂州莲花山
……………………Tel：0711-3879565
湖北恒大童世界旅游开发有限公司
地址：洪山区欢乐大道1号宏泰大厦21层
……………………Tel：0711-3888999
鄂州童梦乐园旅游发展有限公司
地址：湖北省鄂州市华容区庙岭镇红莲湖北岸恒大金碧天下（恒大酒店内）
……………………Tel：0711-3888999
鄂州王朝大剧院娱乐有限责任公司
地址：鄂州市武汉东国际家居建材博览城10号
……………………Tel：0711-5900666
鄂州市嘉浩酒店管理有限公司
地址：鄂州市葛店开发区创业北路与友谊交叉口处西南侧（鄂州市葛店开发区姚湖停车场综合楼内）
……………………Tel：0711-5906666
孝感市盛世豪门娱乐管理有限公司
地址：孝感市体育西路北侧董永美食广场南段两层门面
……………………Tel：0712-2081111
武汉鸿润置业发展有限责任公司
地址：武汉市汉南区纱帽街汉南大道
……………………Tel：0712-2084691
孝感宇济大酒店有限公司
地址：孝感市东城区董永路东侧
……………………Tel：0712-2288888
乾坤大酒店有限公司
地址：孝感市乾坤大道8号
……………………Tel：0712-2464288
孝感市南大孝陈置业有限公司
地址：孝感市南大经济小区107国道边
……………………Tel：0712-2542222
孝感中凯大酒店有限公司
地址：孝感市孝南区肖港镇教育路中段
……………………Tel：0712-2612666
孝感市丰利酒店有限公司
地址：孝感市交通西路口（乾坤大酒店）
……………………Tel：0712-2888888
湖北金港实业投资有限公司
地址：应城市城中广场大道99号
……………………Tel：0712-3269755
湖北振鹏温泉酒店娱乐有限公司
地址：应城市八汤线松林岗
……………………Tel：0712-3282988
湖北嘉航酒店投资有限公司
地址：孝昌县107国道与站前三路交汇处
……………………Tel：0712-4839111
孝昌县承华酒店管理有限公司
地址：孝昌县东洪花大道罗畈村办公楼
……………………Tel：0712-4874888
湖北双峰山旅游投资有限公司
地址：孝感市双峰山
……………………Tel：0712-4928111
安陆凤凰湖酒店有限公司
地址：安陆市太白大道458号
……………………Tel：0712-5288818
汉川泓谷健身娱乐有限公司
地址：汉川市仙女山街道办事处六合路体育馆
……………………Tel：0712-8375668
湖北兴岳园旅游开发有限公司
地址：汉川市西湖大道西湖国际酒店909室
……………………Tel：0712-8384399
湖北京邦餐饮管理有限公司
地址：汉川市刘家隔镇小兴村1号
……………………Tel：0712-8876777
汉川鑫尊荣娱乐有限公司
地址：汉川市仙女山街道办事处滨湖大道西湖国际8栋一层
……………………Tel：0712-8893999
麻城星天地娱乐投资管理有限公司
地址：麻城市新建街57号福鑫商贸城11幢
……………………Tel：0713-2932777
麻城市旅游投资开发有限公司
地址：麻城市金桥大道人防大楼
……………………Tel：0713-2938177
黄梅禅文化旅游区投资有限责任公司
地址：黄梅县黄梅镇迎宾大道481号
……………………Tel：0713-3118836
黄梅天下禅酒店管理有限公司
地址：黄梅县黄梅镇黄梅大道777号黄梅大厦4楼
……………………Tel：0713-3118888
黄梅天下禅酒店管理有限公司
地址：黄梅县黄梅镇黄梅大道777号黄梅大厦4楼
……………………Tel：0713-3118888
湖北鄂旅投黄梅文化旅游投资开发有限公司
地址：湖北省黄梅县黄梅镇五祖大道76号
……………………Tel：0713-3203657
黄梅丰太至信文化旅游发展有限公司
地址：黄梅县小池镇清江大道荣成小区1幢1406室
……………………Tel：0713-3207886
湖北妙乐村农禅旅游发展有限公司
地址：黄梅县小池镇清江大道77号荣城小区1幢1402号
……………………Tel：0713-3207886
湖北龙跃娱乐文化发展投资有限公司
地址：龙感湖管理区友谊路金源华庭小区
……………………Tel：0713-3510285
湖北滨河时代饮食文化娱乐有限公司
地址：浠水县清泉镇沿河路90号
……………………Tel：0713-4237191
湖北大别山文化旅游开发有限公司
地址：罗田县凤山镇栗香大道（林业科技大楼副楼）
……………………Tel：0713-5057715
罗田大别山温泉旅游有限公司
地址：罗田县三里畈镇桥头湾村
……………………Tel：0713-5103333

罗田大别山薄刀峰旅游有限公司
地址：罗田县大别山国家森林公园薄刀峰景区麻栗坪处（薄刀峰大酒店）
……………………Tel：0713-5109333
红安县旅游投资开发有限公司
地址：红安县城关镇小北街8号
……………………Tel：0713-5110578
红安九龙吟餐饮娱乐发展有限公司
地址：红安县高桥镇庙咀湾村
……………………Tel：0713-5355666
南国诗都文化旅游产业发展有限公司
地址：浠水县清泉镇襟湖路99号威尼斯得月大酒店5楼506室
……………………Tel：0713-5858888
浠水县威尼斯得月大酒店有限公司
地址：浠水县清泉镇襟湖路99号
……………………Tel：0713-5858888
罗田县旅游投资开发有限公司
地址：罗田县凤山镇发展大道
……………………Tel：0713-5895515
团风县旅游投资开发有限公司
地址：团风县迎宾大道二号（团风县政务服务中心十楼）
……………………Tel：0713-6153639
湖北宏泰英山旅游投资开发有限公司
地址：英山县温泉镇毕升大道85号（科技局办公楼一楼）
……………………Tel：0713-7065129
湖北顺捷旅游有限公司
地址：蕲春县漕河镇付畈大道57号
……………………Tel：0713-7609918
英山县开源交通旅游投资有限公司
地址：英山县温泉镇白石坳村四组（交通运输局一楼）
……………………Tel：0713-7810568
湖北丰佳特贸易有限公司
地址：黄冈市黄州区文峰路8号2幢2层201铺号
……………………Tel：0713-8352559
黄冈市大别山旅游开发有限公司
地址：黄冈市黄州区中环路15号
……………………Tel：0713-8362176
黄冈市贵宾楼置业有限公司
地址：黄冈市黄州赤壁大道
……………………Tel：0713-8396318
黄冈西湖置业有限公司
地址：黄冈市八一路66号地址：
……………………Tel：0713-8588189
湖北永利酒店管理有限公司
地址：黄冈市黄州区中环路
……………………Tel：0713-8810231
湖北好有味美乐园娱乐管理有限公司
地址：黄冈市黄州区东门路1号武商量贩店负一楼
……………………Tel：0713-8833961
黄石仙岛湖生态旅游投资开发有限公司
地址：湖北省阳新县王英镇镇政府内
……………………Tel：0714-3056288
黄石市文化旅游投资集团有限公司
地址：黄石市经济技术开发区园博大道2号
……………………Tel：0714-3161603
湖北鄂旅投黄石投资发展有限公司
地址：黄石市下陆大道43号
……………………Tel：0714-3189667
湖北新阳旅游投资开发有限公司
地址：阳新县城北工业园民福路1号
……………………Tel：0714-3509075
阳新县文化旅游投资开发有限公司
地址：阳新县城北工业园民福路1号
……………………Tel：0714-3509076
大冶市芭比伦娱乐服务有限公司
地址：大冶市湖滨路10号
……………………Tel：0714-3700700
湖北仙岛湖生态旅游度假区有限责任公司
地址：湖北省阳新县王英镇特1号
……………………Tel：0714-7686666
阳新国际大酒店有限公司
地址：阳新县兴国镇陵园大道特1号
……………………Tel：0714-7769999
大冶市东方魅力娱乐有限公司
地址：大冶市金湖大道一品人家E1-1
……………………Tel：0714-8400000
大冶市星月神话娱乐发展有限公司
地址：大冶市东岳办事处湖滨路9号4楼
……………………Tel：0714-8720899
大冶源湖文化旅游投资开发有限公司
地址：大冶市青松路1号
……………………Tel：0714-8863328
湖北省亚马逊娱乐投资有限责任公司
地址：大冶市金湖大道49号一品人家小区集中商业区1、2层D1-1、D2-2号
……………………Tel：0714-8865666
湖北省九宫山旅游开发有限公司
地址：通山县九宫山镇船埠
……………………Tel：0715-2065568
湖北中林富水湖发展有限公司
地址：通山县经济开发区科奥工业园办公楼四楼
……………………Tel：0715-2363203
湖北金成现代办公酒店家具制造有限公司

地址：通山县经济开发区和谐大道6号
…………Tel：0715-2882848

湖北崇阳正基文化酒店管理有限公司
地址：崇阳县天城镇鹿门铺村（原林科所）
…………Tel：0715-3900392

湖北尚禾旅游集团股份有限公司
地址：崇阳县金塘镇畈上村四组
…………Tel：0715-3901707

湖北联振文化旅游投资有限公司
地址：崇阳县天城镇鹿门铺村（原林业科学研究所）
…………Tel：0715-3901888

嘉鱼恒丰旅游投资发展有限公司
地址：嘉鱼县官桥镇田野大道1号
…………Tel：0715-6716789

湖北香泉映月生态旅游发展有限公司
地址：咸宁市碧桂园龙潭柳色三街十八号
…………Tel：0715-8066333

环球世纪会展旅游（咸宁）有限公司
地址：咸宁市温泉双鹤路28号
…………Tel：0715-8066597

咸宁温泉谷酒店经营管理有限公司
地址：咸宁市温泉月亮湾路特1号
…………Tel：0715-8189999

湖北中杨酒店投资有限公司
地址：湖北省咸宁市咸安区向阳湖镇广东畈村十二组
…………Tel：0715-8376017

咸宁恒辉旅游投资开发有限公司
地址：咸安区银桂路186号（原计生服务站大楼4楼412）
…………Tel：0715-8688178

洪湖市映日红文化旅游投资有限公司
地址：湖北省荆州市洪湖市文泉大道锦绣东城36号楼二楼
…………Tel：0716-2085008

洪湖旅游投资集团有限公司
地址：洪湖市乌林镇黄蓬山3幢（半岛温泉别墅区）
…………Tel：0716-2210707

湖北半岛温泉旅游开发有限公司
地址：湖北省洪湖市乌林镇黄蓬山
…………Tel：0716-2288888

洪湖湿地生态旅游城投资有限公司
地址：湖北省洪湖市新堤洪林大道圆梦城营销中心二楼
…………Tel：0716-2434976

洪湖市洪湖国际大酒店有限公司
地址：洪湖市洪湖大道特1号
…………Tel：0716-2716986

洪湖环湖旅游开发有限公司
地址：湖北省洪湖市茅江大道洪林村圆梦城营销中心二楼
…………Tel：0716-3182888

监利县罗玛假日健身娱乐有限公司
地址：监利县容城镇容城大道168号
…………Tel：0716-3251888

湖北红八号集团有限公司
地址：公安县斗湖堤镇潺陵新区潺陵大道37号
…………Tel：0716-5153368

湖北卓希餐饮有限公司
地址：松滋市新江口镇玉岭南路（中央天城一号楼1102号）
…………Tel：0716-6260111

松滋山水园林酒店有限公司
地址：松滋市新江口镇白云路北侧（华林置业二楼）
…………Tel：0716-6310999

松滋乐乡凯瑞国际酒店管理有限公司
地址：松滋市新江口镇环湖路2号
…………Tel：0716-6637888

湖北白云边酒店管理有限公司
地址：松滋市新江口镇金松大道东段8号
…………Tel：0716-6699888

湖北石首生态文化旅游投资有限公司
地址：石首市绣林街道办事处笔架山路文明巷7号
…………Tel：0716-7210705

石首桃花山生态发展有限公司
地址：石首市桃花山镇李花山村五组
…………Tel：0716-7888888

荆州旅游投资开发集团有限公司
地址：荆州市荆州区江津西路468号
…………Tel：0716-8106962

荆州永辉酒店管理有限公司
地址：荆州市沙市区荆沙路与太岳路交汇处城市风景小区9栋1层1号
…………Tel：0716-8182863

荆州晶崴国际大酒店投资有限公司
地址：沙市区公园路12号
…………Tel：0716-8222222

湖北联投达令港影视娱乐有限公司
地址：荆州区华中农高区太湖大道中段管委会2号楼
…………Tel：0716-8837788

荆州文化旅游投资股份有限公司
地址：荆州市荆州区江津西路468号16楼
…………Tel：0716-8859760

荆州市天喜餐饮娱乐管理有限公司
地址：荆州市沙市区红门路68号
…………Tel：0716-8882777

湖北昭君旅游文化发展有限公司
地址：兴山县古夫镇昭君路12号
…………Tel：0717-2528205

湖北省三峡平湖旅游发展有限公司
地址：秭归县茅坪镇丹阳路11号
…………Tel：0717-2881063

湖北月亮花谷生态旅游有限责任公司
地址：秭归县茅坪镇月亮包村一组
…………Tel：0717-2886678

湖北子归文化旅游投资开发有限公司
地址：秭归县茅坪镇丹阳路11号
…………Tel：0717-2886959

当阳市鑫瀚旅游投资开发有限公司
地址：当阳市玉阳办事处玉阳路127号
…………Tel：0717-3236898

湖北玉泉文化旅游开发有限公司
地址：当阳市玉阳办事处玉阳路127号
…………Tel：0717-3236898

宜都市嘉俊娱乐有限公司
地址：宜都市陆城城乡路6号（城西）
…………Tel：0717-4843388

长阳卓尔文化旅游投资有限公司
地址：长阳高家堰镇丹水大道101、102号
…………Tel：0717-5328118

湖北柴埠溪旅游股份有限公司
地址：五峰土家族自治县渔洋关镇曹家坪村五组
…………Tel：0717-5759593

五峰国际大酒店有限公司
地址：五峰渔洋关镇三房坪村一组
…………Tel：0717-5763666

宜昌国际大酒店旅游有限公司
地址：宜昌市沿江大道121号
…………Tel：0717-6088888

宜昌国际大酒店旅游有限公司
地址：宜昌市沿江大道121号
…………Tel：0717-6088888

宜昌国贸大酒店有限公司
地址：宜昌市西陵云集路1号
…………Tel：0717-6449887

宜昌光联酒店管理有限公司
地址：宜昌市伍家岗区城东大道137号
…………Tel：0717-6553204

宜昌交通旅游产业发展集团有限公司
地址：宜昌市伍家岗区沿江大道182号
…………Tel：0717-6561268

长江三峡旅游发展有限责任公司
地址：宜昌市三峡坝区江峡大道13小区5号楼
…………Tel：0717-6763035

宜昌金德瑞国际酒店有限公司
地址：宜昌市发展大道16号地址：
…………Tel：0717-7259999

宜昌龙泉旅游发展有限公司
地址：宜昌市夷陵区龙泉镇龙镇村6组
…………Tel：0717-7763666

湖北晋远酒店设备用品有限公司
地址：宜昌市夷陵区小溪塔高新技术产业园
…………Tel：0717-7819961

宜昌三峡环坝旅游发展集团有限公司
地址：宜昌市夷陵区三峡路
…………Tel：0717-7853756

湖北昌达太阳山旅游投资有限公司
地址：宜昌市夷陵区发展大道
…………Tel：0717-7876130

湖北峡州酒店产业集团有限公司
地址：宜昌市夷陵大道78号
…………Tel：0717-8861325

宜昌三峡旅游度假区开发有限公司
地址：宜昌市夷陵区南津关
…………Tel：0717-8861746

湖北扬帆旅游发展有限公司
地址：巴东县信陵镇西壤坡社区巴东县游客中心
…………Tel：0718-4331228

鹤峰县容阳文化旅游投资开发有限公司
地址：湖北省鹤峰县容美镇连升路6号8号楼二层
…………Tel：0718-5282235

湖北省绿野旅游开发有限公司
地址：宣恩县椒园镇水田坝村五组
…………Tel：0718-5849111

来凤酉水明珠大酒店有限公司
地址：来凤县翔凤镇凤翔大道152号
…………Tel：0718-6226707

咸丰县旅游建设投资有限公司
地址：咸丰县高乐山镇楚蜀大道(县交警大队办公楼四楼)
…………Tel：0718-6799000

恩施坪坝营森林度假村有限公司
地址：湖北省咸丰县坪坝营
…………Tel：0718-6821288

咸丰三特旅游开发有限公司
地址：咸丰县坪坝营镇坪坝营村
…………Tel：0718-6831922

恩施州海龙文化旅游开发有限公司
地址：湖北省恩施市舞阳坝街道办事处金子坝村现代家居城C区3号楼1203号
…………Tel：0718-7266715

利川市悦莱大酒店有限公司
地址：利川市东城街道办事处岩洞寺村一组161号
…………Tel：0718-7966777

恩施市佳我家爱情岛旅游开发有限公司
地址：湖北省恩施市小渡船街道办事处旗峰大道（土司路79号）
…………Tel：0718-8210555

湖北省鄂旅投旅游发展股份有限公司
地址：恩施市金桂大道（中国硒都茶城1幢11层1105号）
…………Tel：0718-8269422

恩施旅游集团有限公司
地址：恩施市金桂大道3号硒都茶城1号楼11层
…………Tel：0718-8277743

恩施兴恒娱乐服务有限公司
地址：湖北省恩施市施州大道（红庙下官田）1幢101、201、301、401号
…………Tel：0718-8297108

湖北施铭旅游开发有限公司
地址：湖北省恩施市学院路203号
…………Tel：0718-8299581

恩施市旅游投资有限公司
地址：湖北省恩施市施州大道222号
…………Tel：0718-8413118

恩施大峡谷旅游开发有限公司
地址：湖北省恩施市金桂大道3号硒都茶城一号楼11层
…………Tel：0718-8485866

恩施市魅力无限休闲娱乐有限公司
地址：湖北省恩施市金桂大道硒都茶城5A号楼2楼
…………Tel：0718-8908999

恩施佰翁文化旅游有限责任公司
地址：湖北省恩施市小渡船街道办事处燕建路1幢
…………Tel：0718-8966301

恩施奥山酒店管理有限公司
地址：恩施市枫香坪村奥山世纪城
…………Tel：0718-8985555

恩施市花舞人间娱乐服务有限公司
地址：恩施市火车站一路2号奥山世纪城2#楼
…………Tel：0718-8985678

恩施市金钻娱乐管理有限责任公司
地址：湖北省恩施市舞阳街道办事处金子坝恩施国际服装城2号楼501-516
…………Tel：0718-8992228

湖北神农架旅游发展股份有限公司
地址：湖北省神农架林区木鱼镇
…………Tel：0719-3452513

湖北鄂旅投神农架旅游发展有限公司
地址：神农架林区红坪镇牛场坪
…………Tel：0719-3452566

竹山县国际大酒店管理有限公司
地址：竹山县城关镇南门村、莲花村（两村一地）
…………Tel：0719-4618966

湖北和韵文化旅游开发股份有限公司
地址：十堰市武当山旅游经济特区农村信用社内
…………Tel：0719-5076186

十堰丹江国际大酒店管理有限公司
地址：丹江口市右岸新城区水都大道
…………Tel：0719-5256599

湖北武当祥源旅游发展有限公司
地址：武当山特区善水街19号
…………Tel：0719-5653555

湖北武当山文化旅游有限公司
地址：武当山特区新区太极湖中心
…………Tel：0719-5661100

武当山文化旅游发展集团有限公司
地址：武当山特区新区武当旅游发展中心
…………Tel：0719-5662829

湖北武当太极湖文化旅游有限公司
地址：武当山旅游经济特区玉虚路1号
…………Tel：0719-5668300

湖北武当太极湖旅游发展集团有限公司
地址：武当山特区玉虚路1号
…………Tel：0719-5668300

湖北卓越集团天河国际大酒店有限公司
地址：郧西县城关镇五龙河大道
…………Tel：0719-6108888

湖北卓越集团五龙河旅游开发有限公司
地址：郧西县安家乡田坑村六组
…………Tel：0719-6419987

十堰市环球娱乐管理有限公司
地址：十堰市大学星城时代广场3层66号
…………Tel：0719-8033888

十堰武当天乙旅游投资股份有限公司
地址：十堰市武当山特区农业银行办公楼
…………Tel：0719-8115590

十堰七重天餐饮管理有限公司
地址：十堰市江苏路7A号1幢-2号
…………Tel：0719-8121777

十堰市武当山旅游经济特区奥斯小额贷款股份有限公司
地址：十堰市武当山旅游经济特区永乐路23号
…………Tel：0719-8761632

随州大发商贸有限公司
地址：随州市烈山大道香港街九龙楼
…………Tel：0722-3237835

湖北悠乐网娱科技有限公司
地址：随州市高新区十里铺社区九组959号
…………Tel：0722-3581893

随州磐石旅游地产投资有限公司
地址：随州市高新区熊家社区
…………Tel：0722-4832681

广水市旅游投资开发有限公司
地址：广水市应山办事处东正街5号楼
…………Tel：0722-6280696

湖北昇信农业投资有限公司
地址：荆门市东宝区金宁路1号
…………Tel：0724-2369880

荆门市交通旅游投资集团有限公司
地址：荆门市漳河新区国华汇金中心A座15楼
…………Tel：0724-6501676

荆门市松月酒店有限公司
地址：湖北省荆门市屈家岭管理区月湖公园对面
…………Tel：0724-7413888

荆门市文化旅游发展有限公司
地址：荆门市漳河新区深圳大道66号东二楼
…………Tel：0724-8888988

仙桃市天怡大酒店有限公司
地址：仙桃市沔阳大道47号
…………Tel：0728-3266888

仙桃市文化旅游产业投资有限公司
地址：仙桃市干河办事处仙桃大道
…………Tel：0728-3322510

仙桃天诚国际大酒店有限公司
地址：仙桃市黄金大道中段88号
…………Tel：0728-3329888

潜江市华康国际大酒店有限责任公司
地址：潜江市园林办事处潜阳中路3号
…………Tel：0728-6296888

潜江市华康国际大酒店有限责任公司
地址：潜江市园林办事处潜阳中路3号
…………Tel：0728-6296888

湖北博畯置业有限公司
地址：潜江市广华办事处五七大道28号
…………Tel：0728-6510811

湖北利荣餐饮管理有限公司
地址：潜江市周矶办事处潜阳西路特7号
…………Tel：0728-6595962

潜江晓飞歌餐饮管理有限公司
地址：潜江市泰丰办事处紫月东路33号
…………Tel：0728-8669888

湖南省

湖南顺天旅游投资开发有限公司
地址：湘阴县洋沙湖吴家渡口
…………Tel：0730-2152168

湖南左公故里旅游投资发展有限公司
地址：湖南省岳阳市湘阴县文星镇太傅路环保大楼东裙楼
…………Tel：0730-2585139

湖南华冠国际大酒店有限公司
地址：湖南省岳阳市华容县田家湖生态新区人民南路088号
…………Tel：0730-4888188

汨罗市文化旅游产业建设投资有限公司
地址：湖南省汨罗市人民路15号
…………Tel：0730-5567668

平江县阳光国际大酒店有限公司
地址：平江县开发区阳光步行街
…………Tel：0730-6688888

湖南天岳幕阜山旅游开发股份有限公司
地址：平江县南江镇石浆乡张果老（平江县幕阜林场办公楼）
…………Tel：0730-6878222

平江县岳泰福寿山旅游开发有限公司
地址：湖南省岳阳市平江县开发区碧潭大道100号（旅游发展委员会办公大楼300室）
…………Tel：0730-6881608

平江县福寿山旅游开发有限公司
地址：平江县思村乡
…………Tel：0730-6889058

岳阳君山岛君澜酒店有限公司
地址：湖南省岳阳市君山区君山公园内御茶园办公楼
…………Tel：0730-8122888

岳阳市旅游发展有限公司
地址：岳阳经济技术开发区岳阳大道国土资源信息化科技大楼5楼
…………Tel：0730-8200998

岳阳美诚旅游发展有限公司
地址：岳阳市岳阳楼区洞庭北路五号（原经委北院）
…………Tel：0730-8348678

岳阳富兴酒店管理有限公司
地址：岳阳市南湖新区南湖游路6号经贸旅游招商局二楼209-210室

……Tel：0730-8720251
湖南银湖建设工程有限公司
地址：岳阳市岳阳楼区德胜南路香洲名都17栋1单元304室
……Tel：0730-8851707
广东黄河实业集团岳阳酒店有限公司
地址：岳阳市南湖新区湖滨黄河大道1号2007室
……Tel：0730-8878158
湖南天润数字娱乐文化传媒股份有限公司
地址：岳阳市岳阳楼区九华山2号
……Tel：0730-8961162
株洲宝湘堂娱乐餐饮发展有限公司
地址：株洲市天元区橡果园
……Tel：0731-22206528
株洲市大华餐饮管理有限责任公司
地址：湖南省株洲市石峰区田红路110号泉塘湾经济适用住房小区9栋406号
……Tel：0731-22440628
湖南福地餐饮管理有限公司
地址：株洲市荷塘区湖南工业大学科技学院学生食堂五楼
……Tel：0731-22516620
湖南瓷谷酒店管理有限公司
地址：醴陵市经济开发区凤凰大道A区
……Tel：0731-23276668
醴陵市渌江文化旅游投资开发建设有限公司
地址：醴陵市来龙门街道庄埠村荆潭组
……Tel：0731-23455982
株洲君美酒店服务有限公司
地址：湖南省株洲市天元区隆兴路156号栗雨湖B区16栋110室
……Tel：0731-23658888
湖南酒仙湖生态旅游开发有限公司
地址：湖南省株洲市攸县酒埠江镇酒仙湖村酒埠江游客服务中心4楼
……Tel：0731-24719999
茶陵县洣水文化旅游集团有限公司
地址：湖南省株洲市茶陵县炎帝南路（茶陵县自来水公司内）
……Tel：0731-25257856
炎陵新华联神农谷国际旅游度假区开发有限公司
地址：炎陵县霞阳镇坎坪村村委大楼
……Tel：0731-26220558
湖南天韵旅游发展有限公司
地址：湖南省炎陵县霞阳镇解放路8号
……Tel：0731-26235322
湖南炎帝盛世旅游发展有限公司
地址：株洲市炎陵县鹿原镇鹿原坡
……Tel：0731-26321666
株洲伊景房地产开发有限公司
地址：湖南省株洲市天元区二十四区创业广场-138、-140、-141、-142、-143号
……Tel：0731-28273333
株洲华天大酒店有限责任公司
地址：长江北路1号
……Tel：0731-2881999
湘潭盘龙山庄大酒店有限公司
地址：湘潭市岳塘区河东大道红旗中路1号
……Tel：0731-52518888
湖南九华东方酒店有限公司
地址：湘潭经济技术开发区沿江北路89号
……Tel：0731-52802607
湘潭文旅发展集团有限公司
地址：湖南省湘潭市雨湖区万楼街道富强村护潭西路万楼公租房2栋5楼
……Tel：0731-52877767
湘潭可可置业开发有限公司
地址：湘潭市岳塘区岚园路四号
……Tel：0731-55599002
韶山湖湘旅游开发有限公司
地址：韶山市韶山乡毛母文化旅游城9栋1单元116号、215号
……Tel：0731-55688810
韶山旅游发展集团有限公司
地址：韶山市韶山乡韶山村
……Tel：0731-55692200
湘潭昭山文化产业发展有限公司
地址：湖南省湘潭市昭山示范区两型产业发展中心南主楼五楼503-508号
……Tel：0731-55881102
湘潭县文旅建设发展有限公司
地址：湘潭县易俗河镇鸢尾路【城投（湘潭）制水有限公司内】
……Tel：0731-57886699
湘潭鑫弘紫金城娱乐有限公司
地址：湖南省湘潭市高新区芙蓉路46号先达城市花园综合楼020101号
……Tel：0731-58257777
湖南平平文化娱乐发展股份有限公司
地址：湘潭市高新区晓塘路9号火炬园创新大厦1603号
……Tel：0731-58536333
湖南中腾农业开发有限公司
地址：长沙高新开发区桐梓坡西路408号麓谷林语小区F22栋904房
……Tel：0731-82101020
湖南顺天酒店管理有限公司
地址：长沙市开福区金马路与江畔路交汇处西北角
……Tel：0731-82180133
长沙锦茂餐饮管理有限公司
地址：长沙市雨花区湘府中路18号德思勤城市广场A-2地块7-6004
……Tel：0731-82223408
长沙易爱餐饮管理有限公司
地址：湖南省长沙市岳麓区望岳街道杜鹃西路832号七里营社区集体商务楼一楼
……Tel：0731-82257388
紫东阁华天大酒店（湖南）有限公司
地址：长沙市芙蓉区远大一路88号
……Tel：0731-82288888
湖南奇葩互动娱乐有限公司
地址：长沙市开福区新河街道晴岚路68号北辰凤凰天阶苑B1E1区1栋37027房
……Tel：0731-82572771
湖南隆华国际酒店有限公司
地址：长沙市芙蓉区红旗路199号杂交水稻大厦1005号房
……Tel：0731-82698999
岳麓山旅游文化开发有限公司
地址：湖南省长沙市岳麓区牌楼路53号
……Tel：0731-82737601
湖南宜家旅游发展有限公司
地址：长沙市芙蓉区韶山北路216号维一星城国际1002号
……Tel：0731-82768099
湖南天穆大酒店有限公司
地址：湖南省长沙市岳麓区阜埠河路天马学生公寓八栋410房
……Tel：0731-82785398
湖南众东大酒店有限公司
地址：湖南省长沙市天心区芙蓉中路二段116号同发大厦102房
……Tel：0731-82805188
长沙市雨花国有资产经营集团有限公司
地址：长沙市雨花区跳马镇文体中心
……Tel：0731-82880201
湖南顺楚旅游发展有限公司
地址：湖南省长沙市开福区芙蓉北路福城路98号顺天黄金海岸13栋501
……Tel：0731-82883333
湖南九子餐饮管理有限公司
地址：长沙市开福区湘江中路一段52号凯乐国际城9栋1414（15A14）
……Tel：0731-83296777
浏阳市文化旅游产业发展有限责任公司
地址：浏阳市淮川街道人民东路60号
……Tel：0731-83460588
湖南大围山同发旅游度假酒店有限公司
地址：浏阳市大围山森林公园
……Tel：0731-83488388
湖南钟情餐饮管理有限责任公司
地址：湖南省长沙市岳麓区银盆岭街道银双路66号金色山庄11栋105号房
……Tel：0731-83525878
长沙市香他她餐饮管理有限公司
地址：湖南省长沙市芙蓉区隆平高科技园高家坡路900号金茶科技园10楼
……Tel：0731-83598878
湖南六六九互动娱乐有限公司
地址：湖南省长沙市岳麓区天顶街道麓云路268号金茂悦商业14号楼A区2403号房
……Tel：0731-83755822
湖南泡酷互动娱乐有限公司
地址：长沙市望城区月亮岛街道金富星城小区2#栋商业及车库101室
……Tel：0731-83755822
湖南芒果海外文化科技有限公司
地址：湖南省长沙市天心区芙蓉南路二段103号生活艺术城4栋609房
……Tel：0731-83886833
长沙通程国际大酒店有限公司
地址：长沙市芙蓉区韶山北路１５９号
……Tel：0731-84168888
湖南文化娱乐中心
地址：长沙市韶山北路137号
……Tel：0731-84171632
长沙三九楚云大酒店有限公司
地址：湖南省长沙市芙蓉区车站中路239号
……Tel：0731-84191400
湖南圣爵菲斯投资有限公司
地址：长沙市开福区三一大道471号
……Tel：0731-84252333
祥源凤凰旅游发展有限公司
地址：湖南省长沙市岳麓区麓云路268号金悦雅苑二期商业14号楼A区2006、2007、2008
……Tel：0731-84305936
湖南日报文旅集团有限责任公司
地址：长沙市开福区望麓园街道芙蓉中路一段442号新湖南大厦46楼4607房
……Tel：0731-84329364
湖南华天文化娱乐发展有限公司
地址：湖南省长沙市芙蓉区解放东路300号
……Tel：0731-84442888
华天酒店集团股份有限公司
地址：长沙市芙蓉区解放东路300号
……Tel：0731-84442888
长沙五十七度湘餐饮管理有限公司
地址：长沙市天心区芙蓉中路三段142号友谊阿波罗大厦一栋N单元9楼
……Tel：0731-84462338
湖南纳米娱乐网络科技有限公司
地址：长沙高新开发区麓谷大道658号湖南麓谷信息港自编B栋15楼15002号房
……Tel：0731-84553281
湖南开源鑫城酒店管理有限公司
地址：长沙经济技术开发区开元路17号湘商世纪鑫城4楼
……Tel：0731-84650888
湖南皇家花园餐饮娱乐管理有限公司
地址：长沙市开福区五一西路188号长沙新世界国际大饭店有限公司三楼
……Tel：0731-84664233
湖南今天酒店集团有限公司
地址：长沙高新开发区岳麓西大道560号荣盛花语馨苑第2号商业（幢）6层621房
……Tel：0731-84667766
湖南麓尚酒店有限公司
地址：长沙高新开发区岳麓西大道560号荣盛花语馨苑2号商业幢7层701号
……Tel：0731-84667766
湖南旅游发展有限责任公司
地址：长沙市五一东路128号芙蓉宾馆东楼
……Tel：0731-84743977
湖南芒果娱乐有限公司
地址：长沙市开福区浏阳河大桥东金鹰影视文化城金鹰大厦主楼1903房省广播电视中心内
……Tel：0731-84802289
湖南快乐芒果互娱科技有限公司
地址：长沙高新开发区尖山路39号长沙中电软件园总部大楼A327
……Tel：0731-84838685
湖南万代酒店投资管理有限公司
地址：长沙市芙蓉区黄兴路万代广场三楼
……Tel：0731-84884557
湖南迈湘餐饮投资有限公司
地址：长沙市岳麓区杜鹃西路832号七里营社区集体商务楼2楼
……Tel：0731-84899888
湖南鑫未来旅游开发有限责任公司
地址：湖南省长沙市望城区高塘岭镇雷锋东路11号
……Tel：0731-85052352
湖南微趣互动科技有限公司
地址：长沙高新开发区东方红中路23号神汉商业广场8003号
……Tel：0731-85052923
湖南新贸福酒店管理有限公司
地址：长沙市芙蓉区芙蓉中路顺天国际财富中心1901房
……Tel：0731-85090955
湖南佳程酒店有限公司
地址：长沙市天心区劳动西路386号
……Tel：0731-85118888
觅鲜餐饮文化有限公司
地址：湖南省长沙市岳麓区观沙路160号八方小区A栋铺面243号
……Tel：0731-85180136
耕客餐饮管理有限公司
地址：湖南省长沙市岳麓区观沙路160号八方小区B栋铺面243号
……Tel：0731-85180136
湖南芒果天地文化娱乐有限公司
地址：湖南省长沙高新区东方红中路406号晟华苑（原华侨假日中心）1号栋6楼613房
……Tel：0731-85184999
湖南财信酒店管理有限责任公司
地址：长沙市天心区城南西路1号
……Tel：0731-85196666
湖南金水湾餐饮管理有限公司
地址：湖南省长沙市天心区城南西路3号财信大厦301房
……Tel：0731-85196999
湖南万事利餐饮管理有限公司
地址：长沙市雨花区环保中路188号1号地块13栋1203房
……Tel：0731-85222138
长沙神农酒店管理有限公司
地址：长沙市雨花区芙蓉中路三段269号
……Tel：0731-85236730
浏阳神农山庄酒店管理有限公司
地址：浏阳市天马路80号
……Tel：0731-85236730
粉海豚（湖南）互动娱乐传媒有限公司
地址：长沙市天心区书院路9号安玺雅苑B2、B3栋2020室
……Tel：0731-85243688
湖南完美海鑫互动娱乐有限公司
地址：湖南省长沙市芙蓉区定王台街道藩后街36号湘城城邦家园东栋2503房
……Tel：0731-85361702
湖南五华酒店有限公司
地址：长沙市雨花区芙蓉中路三段255号
……Tel：0731-85388508
长沙开福万富酒店管理有限公司
地址：长沙市开福区通泰街街道中山路589号开福万达广场C区1号写字楼3714号房
……Tel：0731-85522777
湖南金源阳光酒店有限公司
地址：长沙市雨花区芙蓉中路二段279号旭日楼8楼
……Tel：0731-85558888
乐田娱乐（湖南）有限公司
地址：长沙市开福区三一大道473号娱乐中心圣爵菲斯大酒店欢城五楼
……Tel：0731-85559352
长沙文和信餐饮文化管理有限公司
地址：湖南省长沙市天心区湘江中路36号海信广场141、143、238、339、442柜位
……Tel：0731-85562232
韶山黑石寨生态旅游开发有限公司
地址：韶山市韶山乡韶北村檀山组25号
……Tel：0731-85598325
湖南金辉大酒店
地址：长沙市雨花区黄土岭路187号
……Tel：0731-85608291
湖南毛氏兄弟餐饮发展有限公司
地址：湖南省长沙市雨花区长沙大道567号运达中央广场二期商务综合楼17001
……Tel：0731-85621809
湖南和光娱乐经纪有限公司
地址：湖南省长沙市天心区雀园路568号创谷产业园A1栋1220-1232、1236室
……Tel：0731-85653799
湖南鼎宏餐饮管理有限公司
地址：株洲云龙示范区迎宾大道2229号2栋1层5号
……Tel：0731-85695625
张家界东宸酒店文化投资管理有限公司
地址：张家界市永定区南正居委会解放路23号
……Tel：0731-85710039
湖南卡布娱乐文化有限公司
地址：湖南省长沙市开福区中山路589号开福万达广场C区1号写字楼1901房
……Tel：0731-85712382
芙蓉国餐饮投资管理有限公司
地址：长沙市芙蓉区人民路440号通发公寓3号栋302室
……Tel：0731-85771777
湖南至尊如意酒店管理有限公司
地址：长沙市芙蓉区五一大道79号
……Tel：0731-85819841
湖南万家丽世贸大酒店有限公司
地址：长沙市芙蓉区万家丽中路一段99号2601房
……Tel：0731-85909990
长沙恒大童世界旅游开发有限公司
地址：湖南省长沙市岳麓区望城坡街道玉兰路433号西枢纽商务中心写字楼T2栋19层
……Tel：0731-85922600
长沙华创酒店管理有限公司
地址：湖南省长沙市开福区芙蓉中路一段109号华创国际广场8楼
……Tel：0731-85951882
长沙大歌星餐饮娱乐有限公司
地址：长沙市开福区中山路589号开福万达广场娱乐楼四层
……Tel：0731-85991558
湖南龙喜文化旅游开发有限公司
地址：湖南省长沙县黄兴镇杨梅湖路7号厂房101
……Tel：0731-86103333
湖南康帅娱乐传媒有限公司
地址：长沙高新开发区尖山路39号长沙中电软件园总部大楼6楼601室（集群注册）
……Tel：0731-86452398
长沙星芒娱乐管理有限公司
地址：长沙经济技术开发区泉塘街道板仓南路33号红星中茂商业广场4栋4楼G407a、408、409
……Tel：0731-86795999
长沙市大禾餐饮管理有限公司
地址：湖南省长沙县星沙街道开元路湘商鑫贸大楼2105房
……Tel：0731-86940777
湖南丽发酒店管理有限公司
地址：湖南省长沙市天心区暮云街道云塘社区(万家丽南路二段989号)
……Tel：0731-86955988
长沙通程温泉大酒店有限公司
地址：宁乡县玉潭镇宁乡大道二环东路口
……Tel：0731-87108888
长沙西部文化旅游产业开发有限公司
地址：宁乡经济技术开发区宁乡大道168号
……Tel：0731-87118999
宁乡县道林古镇旅游发展有限公司
地址：宁乡县道林镇盘龙村柿下塘组（镇人民政府办公楼一楼）
……Tel：0731-87129968
湖南宏图酒店有限公司

地址：湖南省宁乡市玉潭街道新康社区花明北路339号盛翠豪庭3号楼
…………Tel：0731-87192187

湖南正源尚峰尚水房地产开发有限公司
地址：宁乡县城郊乡刘海坝
…………Tel：0731-87837228

湖南宁乡金润酒店有限公司
地址：宁乡县历经铺乡南太湖村二组
…………Tel：0731-87847735

长沙联诚大酒店有限公司
地址：长沙市望城区高塘岭街道高塘岭大道18号
…………Tel：0731-88089999-898

长沙钱都文化娱乐有限公司
地址：湖南省长沙市开福区清水塘街道芙蓉中路一段479号建鸿达现代城4层
…………Tel：0731-88132688

长沙泓天酒店管理有限公司
地址：湖南省长沙市雨花区香樟路8号
…………Tel：0731-88153999

湖南九龙江天国际酒店管理有限公司
地址：湖南省宁乡市玉潭街道合安社区兆基君城南区1栋113号商铺
…………Tel：0731-88229589

长沙经济技术开发区威尼斯酒店有限公司
地址：湖南省长沙县星沙镇星沙大道325号
…………Tel：0731-88288888

普瑞酒店有限责任公司
地址：长沙市望城区月亮岛街道普瑞大道8号
…………Tel：0731-88388888

长沙新华联铜官窑国际文化旅游开发有限公司
地址：长沙市望城区铜官街道铜官窑路1号铜官窑古镇游客服务中心2楼
…………Tel：0731-88403601

湖南华夏书堂山文化旅游开发有限公司
地址：长沙市望城区铜官街道何桥村高冲组书堂山弘文馆
…………Tel：0731-88408550

湖南博易互动娱乐科技有限公司
地址：长沙市雨花区韶山南路1号湘水一城综合楼3214房
…………Tel：0731-88443333

湖南湘江新区文化旅游投资有限公司
地址：湖南省长沙市岳麓区坪塘街道狮峰山村潭州大道二段168号
…………Tel：0731-88502676

湖南一品印象湘南餐饮管理有限公司
地址：湖南省长沙市天心区劳动西路289号嘉盛商务广场14022房
…………Tel：0731-88519568

湖南华天之星酒店管理有限公司
地址：长沙市芙蓉区蔡锷中路079号101号
…………Tel：0731-88597666

湖南阿静汤品餐饮股份有限公司
地址：长沙市雨花区劳动中路102号公交公司综合楼
…………Tel：0731-88597908

湖南江山资源酒店管理有限公司
地址：长沙市天心区劳动西路256号江山资源大厦3205室
…………Tel：0731-88626708

长沙乡村基餐饮有限公司
地址：长沙市雨花区韶山南路259号家乐福超市三楼
…………Tel：0731-88653838

湖南嗨口茶业股份有限公司
地址：湖南省长沙市芙蓉区荷花园街道东二环一段1139号512号房
…………Tel：0731-88710761

湖南真到位餐饮物资有限公司
地址：湖南省长沙市岳麓区洋湖街道潇湘南路一段182号创汇商务中心G-51地块第S5栋1703、1704、1705号
…………Tel：0731-88807292

湖南小猪好味餐饮管理有限公司
地址：湖南省长沙市开福区洪西社区洪西小区26栋5单元门面
…………Tel：0731-88817779

湖南琴岛文化传播有限公司
地址：湖南省长沙市芙蓉区中山路249号红色剧院
…………Tel：0731-88838888

坛宗餐饮管理有限公司
地址：湖南省长沙市天心区桂花坪办事处石碑管区厂房
…………Tel：0731-88914852

湖南楚人娱乐有限公司
地址：湖南省长沙市天心区雀园路568号创谷产业园B3栋304室
…………Tel：0731-88938168

长沙尼依格罗酒店有限公司
地址：湖南省长沙市芙蓉区解放西路188号国金中心T1塔楼86-93层，B3层及B3M部分区域，1层部分区域、4-6层部分区域、8层部分区域
…………Tel：0731-88958888

宁乡市文化旅游投资有限公司
地址：湖南省宁乡市黄材镇黄材村黄材镇文化站内
…………Tel：0731-88980799

湖南嘉发西周文化旅游有限公司
地址：湖南省宁乡市黄材镇黄材村黄材大道14号
…………Tel：0731-88980799

湖南花明国际文化旅游开发有限公司
地址：宁乡县花明楼镇花炭路9号
…………Tel：0731-89085333

湖南快乐阳光互动娱乐传媒有限公司
地址：长沙市开福区湖南国际会展中心北四楼
…………Tel：0731-89662202

长沙绿地梅溪湖置业有限公司
地址：湖南省长沙市岳麓区梅溪湖街道嘉顺苑小区商业楼1号栋三楼302房
…………Tel：0731-89662800

湖南三源潇湘味庄餐饮管理有限公司
地址：湖南省长沙市岳麓区桔子洲街道潇湘中路70号民主党派湖南省委机关大院会议中心3楼308房
…………Tel：0731-89670488

湖南盛世娱乐文化投资有限公司
地址：长高新开发区麓谷大道658号湖南麓谷信息港B座9002
…………Tel：0731-89679131

湖南百姓家餐饮娱乐有限公司
地址：长沙市雨花区万家丽中路三段229号
…………Tel：0731-89705388

好样文化娱乐股份有限公司
地址：湖南省长沙市开福区鸭子铺路1号所属房屋17房4室
…………Tel：0731-89713777

湖南绿之韵酒店管理有限公司
地址：湖南省长沙市芙蓉区荷花路168号惠通大厦907房
…………Tel：0731-89791798

湖南五古道湘餐饮管理有限公司
地址：长沙高新开发区桐梓坡西路348号办公楼7楼西半层
…………Tel：0731-89825707

长沙先导文化旅游投资有限公司
地址：长沙市望城区月亮岛街道月亮岛社区月亮岛
…………Tel：0731-89836211

湖南骐骥餐饮管理有限责任公司
地址：湖南省长沙市天心区芙蓉南路二段249号中建芙蓉工社4栋801房
…………Tel：0731-89873528

长沙大零娱乐有限公司
地址：湖南省长沙市芙蓉区解放西路270号国金中心地下二层LG235号商铺
…………Tel：0731-89910253

湖南爱芒果互动娱乐传媒有限公司
地址：湖南省长沙市芙蓉区远大一路582号东方誉园1、2、3栋1702房
…………Tel：0731-89921442

长沙先导酒店投资有限公司
地址：湖南省长沙市岳麓区玉兰路433号西枢纽商务中心T1栋21楼
…………Tel：0731-89923652

湘潭宏融昌餐饮集团有限公司
地址：湘潭市昭山两型产业发展中心南栋501-505号（昭山示范区）
…………Tel：0732-1

常宁市印山文化旅游景区开发有限公司
地址：湖南省衡阳市常宁市庙前镇金龙村
…………Tel：0734-2631618

湖南相公寨餐饮管理有限公司
地址：湖南省衡阳市常宁市泉峰办事处公园西路1号
…………Tel：0734-2864123

湖南神洲明珠酒店有限公司
地址：湖南省衡阳市耒阳市五里牌办事处五里牌神农路499号
…………Tel：0734-4399999

湖南四方蓬源旅游开发实业有限公司
地址：衡东县吴集镇杨峰路206号
…………Tel：0734-5232699

湖南衡阳华开酒店有限公司
地址：衡阳市南岳区祝融路195号
…………Tel：0734-5689999

祁东县地心引力娱乐有限公司
地址：湖南省衡阳市祁东县永昌街道办兰芝塘村7组
…………Tel：0734-6306666

祁东县交通旅游投资开发建设有限责任公司
地址：湖南省衡阳市祁东县玉合街道办永昌大道298号汇都酒店四楼
…………Tel：0734-6332565

祁东县交通旅游集团有限公司
地址：湖南省衡阳市祁东县玉合街道永昌大道298号汇都酒店四楼
…………Tel：0734-6332565

常宁市交通旅游建设投资有限公司
地址：常宁市宜阳办事处青阳北路A29区
…………Tel：0734-7686026

衡阳市共创万豪酒店有限公司
地址：衡阳市蒸湘区衡西市场5号
…………Tel：0734-8126592

衡阳林隐假日酒店有限公司
地址：湖南省衡阳市高新区解放大道43号
…………Tel：0734-8135053

衡阳市滨江文化旅游投资有限公司
地址：湖南省衡阳市珠晖区湘江东路95号
…………Tel：0734-8153677

衡阳金色家族酒店有限责任公司
地址：湖南省衡阳市雁峰区先锋路37号
…………Tel：0734-8247588

湖南悦莱度假酒店有限公司
地址：湖南省衡阳市石鼓区红湘北路199号
…………Tel：0734-8588888

湖南雨母旅游投资发展有限公司
地址：湖南省衡阳市高新区解放大道11号
…………Tel：0734-8799519

王一实业集团有限公司
地址：衡阳市石鼓区湘江北路19号
…………Tel：0734-8819881

衡阳市蒸湘区文化旅游投资有限公司
地址：湖南省衡阳市蒸湘区船山路（蒸湘区政府内）中心栋131-133
…………Tel：0734-8827758

衡阳市雅士林雨母山旅游开发有限公司
地址：衡阳市高新开发区祝融路26号雅士林湘苑02号商铺202室
…………Tel：0734-8899667

湖南四海神龙实业集团有限公司
地址：衡阳市蒸湘区蒸湘北路3号
…………Tel：0734-8988640

中非龙华（郴州）旅游开发有限公司
地址：湖南省郴州市苏仙区王仙岭御　城市花园三期42栋103房
…………Tel：0735-2176863

郴州市发展投资集团资本运营有限公司
地址：湖南省郴州市苏仙区相山大道下白水村城投大厦二号栋11楼
…………Tel：0735-2263687

郴州华天大酒店有限责任公司
地址：郴州市北湖区南岭大道958号
…………Tel：0735-2818888

湖南林邑文化旅游开发有限公司
地址：湖南省郴州市苏仙区观山洞街道观山洞村郴州长卷林邑仙都一期4号栋
…………Tel：0735-2899567

郴州资兴江滨国际大酒店有限公司
地址：资兴市迎宾路833号
…………Tel：0735-3358918

湖南裕康圆餐饮管理有限公司
地址：湖南省郴州市宜章县经济开发区产业承接园一期标准厂房4栋
…………Tel：0735-3727768

宜章县悦源文化旅游发展有限公司
地址：湖南省郴州市宜章县玉溪镇富豪路工商银行六楼
…………Tel：0735-3729527

宜章莽山东方恒力大酒店有限公司
地址：宜章县莽山林业管理局东山坑
…………Tel：0735-3788888

湖南珠湘源旅游开发有限责任公司
地址：湖南省郴州市临武县舜峰镇财政路28号县财政局办公楼六楼622室
…………Tel：0735-6260580

嘉禾县辉煌大酒店有限公司
地址：湖南省郴州市嘉禾县晋屏镇晋屏大道与建设路交叉口
…………Tel：0735-6634888

郴州和润餐饮管理有限公司
地址：湖南省郴州市汝城经济开发区三星工业园
…………Tel：0735-7770000

郴州市仙居岭京伦酒店管理有限公司
地址：郴州市苏仙区郴江路（郴资桂交汇处）
…………Tel：0735-8188888

郴州天朗云端酒店管理有限公司
地址：湖南省郴州市北湖区民权路与郴州大道交汇处76110部队教导队旁
…………Tel：0735-8899777

郴州温德姆至尊豪廷大酒店有限公司
地址：郴州市苏仙区郴州大道2336号
…………Tel：0735-8899888

汉寿长龙大酒店有限公司
地址：湖南省常德市汉寿县株木山街道韩文村新建组
…………Tel：0736-2098078

湖南金龙玉凤集团酒店管理有限公司
地址：湖南省常德市武陵区芷兰街道办事处柳菱社区武陵大道北段877号
…………Tel：0736-2616802

汉寿县辰阳文化旅游开发建设有限公司
地址：湖南省常德市汉寿县龙阳街道新街社区芙蓉西路99号
…………Tel：0736-2866883

安乡县在河之洲文化旅游投资有限公司
地址：湖南省常德市安乡县深柳镇长岭洲社区政府三院一号大楼五楼
…………Tel：0736-2945779

安乡县现代农业文化旅游投资有限公司
地址：湖南省常德市安乡县深柳镇长岭洲社区政府三院一号大楼一楼
…………Tel：0736-4358898

安乡县洞庭大酒店有限公司
地址：湖南省安乡县深柳镇子龙庵村洞庭大道北段3401号
…………Tel：0736-4399666

石门县龙王洞旅游开发有限公司
地址：湖南省常德市石门县白云镇望羊桥村四组
…………Tel：0736-5300666

湖南壶瓶山二零九八生态旅游发展有限公司
地址：湖南省常德市石门县壶瓶山镇泥沙居委会三组
…………Tel：0736-5382098

石门县文化旅游发展有限公司
地址：湖南省常德市石门县宝峰街道中渡社区奉天西路（原征稽所院内）
…………Tel：0736-5422098

湖南炳屹酒店管理有限公司
地址：湖南省常德市临澧县经济开发区安福工业园（常德市恒威汽车销售服务有限公司二楼）
…………Tel：0736-5711111

常德市文化旅游投资开发集团有限公司
地址：湖南省常德市武陵区穿紫河街道晓岛社区柳叶大道2533号
…………Tel：0736-7070818

常德市桃花源水利建设发展有限公司
地址：湖南省常德市桃花风景名胜区桃花源镇桃花村七组
…………Tel：0736-7070818

湖南同元文化古镇旅游开发有限公司
地址：常德柳叶湖旅游度假区七里桥街道戴家岗社区环湖路大唐司马46栋
…………Tel：0736-7071888

湖南柳叶湖产业投资有限公司
地址：常德柳叶湖旅游度假区七里桥街道戴家岗社区柳叶湖清科基金小镇I型号C栋0208号
…………Tel：0736-7129523

常德鼎盛文化旅游建设投资开发有限公司
地址：湖南省常德市鼎城区红云街道停车场社区（莱茵小镇四区4-7栋5楼）
…………Tel：0736-7381098

中西洞庭大酒店有限公司
地址：常德市西洞庭祝丰镇沙河居委会农垦大道88号
…………Tel：0736-7503188

湖南泰达置业有限公司
地址：湖南省常德市武陵区穿紫河街道晓岛社区柳叶大道2533号
…………Tel：0736-7721990

益阳世纪豪廷大酒店有限公司
地址：益阳市高新区益阳大道东1089号
…………Tel：0737-2788888

沅江市沅江大酒店有限公司
地址：湖南省益阳市沅江市高新技术产业园区办公室1楼103室
…………Tel：0737-2855768

都市壹佰集团有限公司
地址：益阳市康富南路303号
…………Tel：0737-3333100

兖矿东华（湖南）文化旅游投资有限公司
地址：益阳东部新区两型社会管委会
…………Tel：0737-3666666

益阳佳宁娜国际酒店管理有限公司
地址：湖南省益阳市梓山路2号
…………Tel：0737-4288888

益阳水域芙蓉娱乐服务有限公司
地址：益阳市高新区益阳大道89号
…………Tel：0737-4380000

益阳乐嘉旅游开发有限责任公司
地址：益阳市资阳区长春镇
…………Tel：0737-5808888

湖南清溪文化旅游发展集团有限公司
地址：益阳高新区谢林港镇清溪村（山乡巨变第一村游客之家）
…………Tel：0737-6700117

桃江县桃花江旅游开发有限责任公司
地址：湖南省益阳市桃江县县政府党政大楼1210室
…………Tel：0737-8788801

新化县紫鹊界风景名胜旅游开发有限公司
地址：新化县水车镇奉家村
…………Tel：0738-3616998

涟源中惠旅湄江旅游发展有限公司
地址：湖南省娄底市涟源市湄江镇蒿子村湄江景区管理处机关
…………Tel：0738-4721268

涟源市力源旅游建设投资有限公司
地址：涟源市体育路体育文化中心三楼
…………Tel：0738-4980268

冷水江市东苑国际大酒店有限公司
地址：冷水江市锑都中路（东苑国际商业大厦1F56号）
…………Tel：0738-5189999

湖南鸿润酒店管理集团有限公司
地址：娄底市娄星区乐坪东街（金香大酒店）003幢负一楼
…………Tel：0738-8270777

娄底市文化旅游发展投资有限责任公司
地址：湖南省娄底市娄星区新星南路4339号娄底市林业局办公楼五楼
……………………Tel：0738-8286333

湖南清泉华美达国际酒店有限公司
地址：湖南省娄底市娄星区氐星路22号清泉大酒店8919室
……………………Tel：0738-8338912

娄底市宏腾大酒店管理有限公司
地址：娄底市娄星区氐星路19号
……………………Tel：0738-8551111

湖南湾盛信息科技有限公司
地址：娄底市娄星区清泉街15号市服务外包大楼（原商业行管办办公楼）一楼
……………………Tel：0738-8612168

娄底市金和康年国际大酒店有限公司
地址：娄底市娄星区建设路与吉星路路口
……………………Tel：0738-8977777

娄底华天酒店管理有限责任公司
地址：湖南省娄底市娄星区文艺路以东、涟水岸以西、娄底市新体育馆旁（华天城）1栋1301
……………………Tel：0738-8988888

武冈市云山文化旅游投资有限公司
地址：湖南省武冈市迎春亭办事处东升北路1号
……………………Tel：0739-4227928

湖南崀山盛源旅游文化发展有限公司
地址：湖南省新宁县金石镇连村村　山广场
……………………Tel：0739-4816333

湖南碧龙荫旅游文化开发有限责任公司
地址：邵阳市双清区宝庆东路461号湘桂黔建材城5号市场3栋3楼
……………………Tel：0739-5162828

邵阳市中雅置业有限公司
地址：邵阳市大祥区双拥路19号金穗花苑
……………………Tel：0739-5311299

邵阳天顺餐饮管理有限公司
地址：邵阳市双清区东风路82号昭东市场C2栋502号
……………………Tel：0739-5463588

绥宁县德鑫水利建设旅游开发有限责任公司
地址：绥宁县长铺镇长征路绿洲大道
……………………Tel：0739-7614928

湖南上堡古国生态旅游开发有限公司
地址：湖南省邵阳市绥宁县寨市苗族侗族乡黄桑村
……………………Tel：0739-7638881

邵阳华天大酒店有限责任公司
地址：邵阳市新邵经济开发区蔡锷大道旁
……………………Tel：0739-8688888

湖南邦盛利园酒店管理有限公司
地址：邵东县生态产业园里安综合区
……………………Tel：0739-8989999

湘西自治州凤凰国际酒店有限责任公司
地址：湖南省凤凰县沱江镇西门坡5号
……………………Tel：0743-2134666

湘西自治州魅力贵族好声音文化娱乐有限公司
地址：吉首市文艺路3号201-203房
……………………Tel：0743-2168168

凤凰古城景区旅游管理服务有限公司
地址：湖南省凤凰县沱江镇县政府大楼旁
……………………Tel：0743-3227166

湖南省梦回凤凰文化旅游投资有限责任公司
地址：湖南省湘西土家族苗族自治州凤凰县凤凰之窗文化旅游产业园18号楼3楼
……………………Tel：0743-3264458

湖南省凤凰宝德文化旅游开发有限公司
地址：湖南省湘西自治州凤凰县凤凰之窗文化旅游产业园18号楼
……………………Tel：0743-3264458

凤凰县飞翔旅游开发有限公司
地址：湖南省湘西州凤凰县沱江镇国际现代城A06-301
……………………Tel：0743-3666903

凤凰铭城建设投资有限公司
地址：湖南省凤凰县沱江镇城北游客服务中心A1栋5楼201室
……………………Tel：0743-3668209

湖南凤凰太丰文化旅游投资有限公司
地址：湖南省凤凰县沱江镇齐良桥村三组
……………………Tel：0743-3701555

湖南古驿生态旅游开发有限公司
地址：湖南省泸溪县白沙镇建设路北端319国道西侧（兴隆花园门面）
……………………Tel：0743-4269881

湘西芙蓉镇文化旅游开发有限公司
地址：湖南省湘西土家族苗族自治州永顺县灵溪镇永顺大道国土局办公楼七楼
……………………Tel：0743-5854532

湘西牛得一餐饮文化有限责任公司
地址：湖南省花垣县花垣镇兴农社区湖南德农牧业集团有限公司办公楼203室
……………………Tel：0743-7599999

吉首市大富豪文化传媒有限公司
地址：吉首市人民北路103号湘西大剧院
……………………Tel：0743-8272222

湖南吉凤金湘玺酒店有限公司
地址：湖南省湘西经济开发区武陵山大道7号
……………………Tel：0743-8529999

吉首市天行健文化旅游投资开发有限责任公司
地址：吉首市矮寨镇
……………………Tel：0743-8665334

张家界市亘立嘉成商业有限公司
地址：张家界武陵源军地坪
……………………Tel：0744-2155975

张家界紫御大酒店有限公司
地址：张家界市永定区子午东路南侧（人民银行西侧）
……………………Tel：0744-2209002

张家界旅游文化产业投融资有限公司
地址：张家界市永定区永定大道东2号（湘投阳光酒店三楼）
……………………Tel：0744-2837988

张家界天门旅游经济投资有限责任公司
地址：张家界市永定区永定大道251号
……………………Tel：0744-2888808

张家界苏木绰酒店管理有限公司
地址：湖南省张家界市永定区西溪坪办事处西溪坪居委会尚东御园一期A区1栋
……………………Tel：0744-2888808

张家界万福温泉国际酒店有限公司
地址：慈利工业集中区（慈利县零阳镇民和村十四组3栋）
……………………Tel：0744-3257988

慈利县旅游经济开发建设投资有限公司
地址：慈利县零阳镇笔架路1号（人民政府大院后幢1楼西）
……………………Tel：0744-3524880

张家界文华旅游投资有限公司
地址：慈利县阳和乡阳和管委会综合办公大楼第三层
……………………Tel：0744-3524881

张家界九渡仙楼文化旅游开发有限公司
地址：慈利县阳和土家族乡凤渔村（大峡谷国际旅游经济区管理委员会综合办公大楼三楼320室）
……………………Tel：0744-3524881

张家界度假酒店有限公司
地址：张家界市武陵源区宝峰居委会（湖南省大鲵救护中心内）
……………………Tel：0744-5558888

张家界快乐湘西娱乐有限公司
地址：张家界市武陵源区溪布街
……………………Tel：0744-5613206

张家界印象武陵旅游发展有限公司
地址：张家界市武陵源区军地坪街道办事处高云路（魅力湘西国际文化广场）
……………………Tel：0744-5903777

张家界魅力十年酒店经营管理有限公司
地址：张家界市武陵源区军地坪街道办事处吴家峪居委会武陵大道（天子街）
……………………Tel：0744-5958888

张家界市祥源嘉瑞房地产开发有限公司
地址：湖南省张家界市武陵源区军地坪街道办事处武陵大道天伦大酒店5楼
……………………Tel：0744-5996058

张家界市武陵源旅游产业发展有限公司
地址：张家界市武陵源区索溪峪镇军地坪
……………………Tel：0744-5996118

张家界鲵城文化旅游有限公司
地址：张家界市永定区大庸西路伍子坡99号
……………………Tel：0744-8219098

湖南鲵城旅游文化发展有限公司
地址：湖南省张家界市永定区大庸西路伍子坡99号金鲵国际酒店1号楼三楼
……………………Tel：0744-8219098

张家界鲵城文化旅游有限公司
地址：张家界市永定区大庸西路伍子坡99号
……………………Tel：0744-8219098

张家界市旅游产业投资有限公司
地址：湖南省张家界市永定区古庸路376号
……………………Tel：0744-8220195

张家界旅游观光磁浮发展有限公司
地址：湖南省张家界市永定区西溪坪办事处胡家河居委会交投集团一楼
……………………Tel：0744-8250075

张家界通达旅游置业有限公司
地址：张家界市永定区鹭鸶湾大桥头
……………………Tel：0744-8259999

张家界丝绸之路国际文化旅游产业园有限公司
地址：湖南省张家界市永定区后坪街道荷花社区13组
……………………Tel：0744-8272588

张家界逸臣国际大酒店有限公司
地址：永定区回龙路金海岸（滨河路188号）
……………………Tel：0744-8275288

张家界吉粮旅游投资有限公司
地址：张家界市永定区大庸府城地下车库
……………………Tel：0744-8288288

张家界旅游集团股份有限公司
地址：张家界市南庄坪
……………………Tel：0744-8290228

湖南张家界天门山旅游股份有限公司
地址：张家界市永定区官黎坪天门山索道下站房
……………………Tel：0744-8366063

湖南裕君源旅游投资有限责任公司
地址：张家界市永定区南庄坪大市场
……………………Tel：0744-8516988

张家界湘投阳光酒店有限公司
地址：张家界市永定区永定大道东2号
……………………Tel：0744-8558888

张家界碧桂园置业有限公司
地址：张家界市永定区沙堤乡板坪村
……………………Tel：0744-8599000

张家界老道湾旅游休闲发展有限公司
地址：张家界市永定区杆子坪村老道湾景区检票站
……………………Tel：0744-8836666

张家界垕王古寨旅游开发有限公司
地址：湖南省张家界市永定区大庸桥办事处鑫成君泰19幢第22层19-2223号
……………………Tel：0744-8869999

张家界国宾酒店有限公司
地址：湖南省张家界市武陵源区军地坪街道628号
……………………Tel：0744-8882888

张家界立仁旅游开发有限公司
地址：湖南省张家界市永定区崇文办事处凤湾居委会万众商住楼栋401号
……………………Tel：0744-8882993

湖南张家界大成山水国际大酒店有限公司
地址：张家界市永定区大庸西路（进机场路口）
……………………Tel：0744-8889999

张家界四季水世界国际大酒店有限公司
地址：湖南省张家界市永定区南庄坪办事处南庄坪居委会大庸路北侧（大成山水酒店）大成座101房
……………………Tel：0744-8889999

张家界华天酒店管理有限责任公司
地址：张家界市永定区官黎坪华天城华天大酒店内
……………………Tel：0744-8898888

怀化半岛洲际酒店有限公司
地址：怀化市鹤城区锦溪南路与天星东路交汇处
……………………Tel：0745-2216666

湖南宝圆置业有限公司
地址：怀化市鹤城区湖天北路（财富广场）
……………………Tel：0745-2222288

湖南满堂彩餐饮文化管理有限公司
地址：湖南省怀化市鹤城区湖天南路（润兰上城商业街2-3-4楼）
……………………Tel：0745-2310877

湖南大湘西文化旅游投资有限责任公司
地址：怀化市中方县舞水家园四十栋三楼
……………………Tel：0745-2816989

湖南雪峰山生态文化旅游有限责任公司
地址：溆浦县卢峰镇胜利街（西湖流金广场）2407
……………………Tel：0745-3336303

湖南金胜国际大酒店有限公司
地址：麻阳苗族自治县高村镇代远大道边
……………………Tel：0745-5931988

湖南洪江古商城文化旅游产业投资股份有限公司
地址：怀化市洪江区高坡街办事处新民路181号（政府院内03栋）
……………………Tel：0745-7628698

中方县全域旅游投资有限公司
地址：湖南省怀化市中方县生态城银杏路17号
……………………Tel：0745-8669070

永州爱塞丽雅商贸旅游开发有限公司
地址：江华瑶族自治县沱江镇阳华路
……………………Tel：0746-2318666

湖南海浩欧银酒店餐饮娱乐投资管理有限公司
地址：永州市江华瑶族自治县沱江镇江华大道国土局大楼五楼
……………………Tel：0746-2333003

祁阳县金碧辉煌娱乐有限公司
地址：湖南省祁阳县长虹街道办事处中兴路天宇第一城A20-21栋
……………………Tel：0746-3271888

永州市零陵农旅建设投资有限责任公司
地址：湖南省永州市零陵区萍洲中路90号
……………………Tel：0746-6235577

宁远县旅游建设投资有限公司
地址：宁远县舜陵街道文化路(县人武部隔壁)
……………………Tel：0746-7371913

宁远县九疑山旅游开发有限公司
地址：宁远县九疑山舜帝陵（舜帝陵管理所内）
……………………Tel：0746-7371913

双牌县农旅发展有限公司
地址：湖南省永州市双牌县泷泊镇平阳路118号
……………………Tel：0746-7721630

双牌阳明山旅游开发有限责任公司
地址：湖南省永州市双牌县阳明山林场
……………………Tel：0746-7950988

永州乐游娱乐科技有限公司
地址：湖南省永州市零陵区芝山北路与萍州西路交叉口西南角8栋2508
……………………Tel：0746-8227528

永州南华文化娱乐有限公司
地址：永州市冷水滩区河东潇湘路33号
……………………Tel：0746-8328888

湖南南华大酒店有限公司
地址：湖南省永州市冷水滩区潇湘路33号
……………………Tel：0746-8328888

永州市铸宸房地产有限责任公司
地址：永州市冷水滩区潇湘西路市劳动局对面
……………………Tel：0746-8336000

永州湘源文化旅游有限公司
地址：永州市冷水滩区河东1511工程地面指挥中心大楼7楼
……………………Tel：0746-8369327

永州华天酒店管理有限责任公司
地址：永州市冷水滩区河东曲河桥头一栋204
……………………Tel：0746-8377888

永州市外滩三号娱乐有限公司
地址：湖南省永州市冷水滩区育才路帝王广场3栋3号楼2层
……………………Tel：0746-8681333

永州泓华休闲娱乐植物园开发有限公司
地址：永州市冷水滩区上岭桥镇桐木井村彩房组冷竹路旁
……………………Tel：0746-8686186

广东省

广州海洋文化娱乐有限公司
地址：广州市天河区天河北路侨林街47号1106房之M201房（仅限办公用途）
……………………Tel：020-2121214

广东致成集团体育娱乐有限公司
地址：广州市南沙区丰泽东路106号（自编1号楼）X1301-D4150(集群注册)（JM）
……………………Tel：020-22043450

广州淇莺娱乐服务有限公司
地址：广州市白云区鹤龙街黄边北路569号B栋2楼
……………………Tel：020-22174619

广东启德酒店有限公司
地址：广州高新技术产业开发区科学城开创大道3278号106房
……………………Tel：020-22211001

广州美豪逸致酒店有限公司
地址：广州市越秀区寺右新马路87-99号(单号)首层、3-7层
……………………Tel：020-22916666

广州万达文化旅游城投资有限公司
地址：广州市花都区三东大道14号花城街综合大楼307之一
……………………Tel：020-22981501

广州至境娱乐有限公司
地址：广州市天河区广州大道中988号202房
……………………Tel：020-22998888

广州鹭音朋娱乐有限公司
地址：广州市天河区广州大道中988号602、702房
……………………Tel：020-23336851

广州恒通壹佰娱乐有限公司
地址：广州市天河区广州大道中988号圣丰广场107、109、207和208室
……………………Tel：020-23336851

广州汇丰娱乐有限公司
地址：广州市天河区广州大道中988号圣丰广场401、501房
……………………Tel：020-23336851

广州海山游乐科技股份有限公司
地址：广州市从化区温泉镇石海工业大道12号
……………………Tel：020-23889552

广州钱德娱乐有限公司
地址：广州市天河区体育西路191号中石化大厦1楼1/K03、1/27、3楼3/01A
……………………Tel：020-28028666

广州一线娱乐科技有限公司
地址：广州市海珠区瑞纺路2号601房自编之六（不可作厂房使用）
……………………Tel：020-28185508

广州市骏福酒店有限公司
地址：广州市海珠区新港中路艺苑南路13-27号自编26号23-101、201、301
……………………Tel：020-28620179

深圳快易免聚才复合餐饮管理服务有限公司
地址：深圳市罗湖区南湖街道人民南路国际贸易中心大厦B06-04
……………………Tel：020-28803475

广东粤晋情酒店管理有限公司

地址：广州市天河区海乐路12号2406房之一（仅限办公用途）
……………………Tel：020-28808768
广州市建邦贸易有限公司
地址：广州市南沙区黄阁镇金茂西四街2号南沙金茂湾（自编T6栋）1412房A04（仅限办公）
……………………Tel：020-29023219
广东汇漫娱乐科技有限公司
地址：广州市黄埔区科学大道112号1501
……………………Tel：020-29041138
广东敏贤智能商业地产投资开发有限公司
地址：广州市番禺区钟村街新六亩路23号216
……………………Tel：020-31068823
广东乐娱游网络科技有限公司
地址：广州市番禺区大龙街市新路新水坑段10号G301（仅限办公用途）
……………………Tel：020-31100922
云途（广州）游乐设备有限公司
地址：广州市番禺区东环街番禺大道北555号番禺节能科技园内天安科技产业大厦2座1101之二
……………………Tel：020-31190687
广州迅和港文化旅游发展有限公司
地址：广州市白云区人和镇凤和聚成东街二巷4号302（空港白云）
……………………Tel：020-31525152
卤方记狮头鹅（广州）餐饮管理有限公司
地址：广州市白云区云城西路888号1323房
……………………Tel：020-31528288
广州北斗网络科技有限公司
地址：广州市番禺区大石街植村一路48号531
……………………Tel：020-31568443
广州爱蒲文化传媒科技有限公司
地址：广州市黄埔区水西路26、28号1404房
……………………Tel：020-31700631
广州岭南花园大角山酒店发展有限公司
地址：广州市南沙区大角二路1号
……………………Tel：020-32108888
广州乐营互娱科技有限公司
地址：广州市增城区荔城街增城大道69号6幢822号
……………………Tel：020-32166987
广州中味餐饮服务有限公司
地址：广州高新技术产业开发区开泰大道开达路77号A1-103房
……………………Tel：020-32209092
广东威尔登酒店有限公司
地址：广州市萝岗区永和大道花轮一路1号
……………………Tel：020-32228888
青春潮娱乐有限公司
地址：梅州市环市北路（梅州市梅丽贸易有限公司2楼）
……………………Tel：020-32258862
广州皇朝御苑酒店有限公司
地址：广州市增城区仙村镇朱仙路99号
……………………Tel：020-32996606
广州艾咕娱乐有限责任公司
地址：广州市海珠区江南西路紫山大街29号101房自编之二（仅限办公用途）
……………………Tel：020-34203593
心光灿烂（广州）娱乐有限公司
地址：广州市番禺区沙头街银平路116号西排3栋105房
……………………Tel：020-34667435
广州市四海一家旅游开发有限公司
地址：广州市番禺区化龙镇林场内
……………………Tel：020-34767883
广州市三开文化娱乐有限公司
地址：广州市番禺区石楼镇国康大道岳溪路段罗岗工业区1号二层
……………………Tel：020-34813376
广州亿康餐饮服务有限公司
地址：广州市南沙区黄阁镇莲溪大道21号二层
……………………Tel：020-34973098
百姓餐饮有限公司
地址：广州市白云区柯子岭长安直街五巷3号102房
……………………Tel：020-36313331
广州华钜君悦酒店有限公司
地址：广州市花都区新华镇迎宾大道
……………………Tel：020-36852886
广州市高趣大酒店有限公司
地址：广州市花都区秀全大道43号之一
……………………Tel：020-36858888
广州市顺利餐饮管理服务有限公司
地址：广州市花都区新华街新街路7号自编2号新街水果蔬菜交易批发市场内A19商铺
……………………Tel：020-36881619
广州市九龙湖生态旅游开发有限公司
地址：广州市花都区氹湖路67号
……………………Tel：020-36908335
广州市九龙湖旅游娱乐开发有限公司
地址：广州市花都区北兴镇九龙湖度假区内
……………………Tel：020-36908366
七十二街餐饮管理（深圳）有限公司
地址：深圳市福田区沙头街道深南大道与泰然九路交界东南金润大厦19C3
……………………Tel：020-37038172
广东寰球体育娱乐有限公司
地址：广州市高新技术产业开发区科丰路87号(自编C3栋）2721房（仅限办公用途）
……………………Tel：020-37083688
广州娱乐通广告有限公司
地址：广州市天河区龙口西路573-575号201铺之三（本住所限写字楼功能）
……………………Tel：020-37083688
广州华亿电子娱乐设备有限公司
地址：广州市番禺区大龙街茶东村东盛二横路4号
…………………Tel：020-37102250-2223
广东南湖娱乐发展有限公司
地址：广州市同和广州南湖国家旅游度假区南湖宾馆
……………………Tel：020-37249289
广州太二餐饮连锁有限公司
地址：广州市天河区珠江西路5号460房广州国际金融中心裙楼4层404单元（不可作厂房使用）
……………………Tel：020-37267009
广州大晟健康管理有限公司
地址：广州市越秀区人民中路408号15楼自编1501B房（托管地址）
……………………Tel：020-37269181
广州东呈酒店投资管理集团有限公司
地址：广州市白云区大金钟路61-65号第二层201-208号房
……………………Tel：020-37420912
清大酒店建筑设计研究有限公司
地址：广州市天河区兴民路222号之三4910房（仅限办公）
……………………Tel：020-37857609
广州九毛九餐饮连锁有限公司
地址：广州市天河区花城大道85号87号四层（部位：自编423单元）
……………………Tel：020-37873399
广州撒小北餐饮管理有限公司
地址：广州市天河区黄埔大道西74号花城汇负一层（部位：北区负一层1127自编之一、1127自编之二号商铺）
……………………Tel：020-37873399
广州斯博瑞酒店有限公司
地址：广州市从化良口镇良明松院105国道
……………………Tel：020-37988888
汉堡王（广州）餐饮有限公司
地址：广州市天河区天河北233号2209房（仅限办公）
……………………Tel：020-38081833
广物服务集团有限公司
地址：广州市天河区信华一街1号1602房
……………………Tel：020-38092080
众成就娱乐传媒有限公司
地址：广东省广州市越秀区广园东云泉路163号大院自编34栋208房
……………………Tel：020-38105783
广州酷娱娱乐有限公司
地址：广州市天河区华穗路406号之二1-4层（部位：三层整层）
……………………Tel：020-38213333
广州中大餐饮管理有限公司
地址：广州市南沙区东涌镇马兴街3号（厂房二）三楼
……………………Tel：020-38255066
广州多满分食品投资有限公司
地址：广州市天河区龙口中路130号A栋1层101A12B房（仅限办公用途）
……………………Tel：020-38342699
广州君耀娱乐有限公司
地址：广州市天河区华强路9号2602房（仅限办公用途）
……………………Tel：020-38367195
广州萨莉亚餐饮有限公司
地址：广州市天河区体育西路109号23H
……………………Tel：020-38473712
广东珠光酒店管理有限公司
地址：广州市天河区天河路518号901房自编之六房（仅限办公用途）
……………………Tel：020-38788888
广州市嘉逸酒店管理集团有限公司
地址：广州市天河区林和东路200号2楼
……………………Tel：020-38803333
广州市嘉逸国际酒店有限公司
地址：广州市天河区天河北路468号
……………………Tel：020-38803333
广州珠江华侨大酒店有限责任公司
地址：广州市越秀区长堤大马路316号
……………………Tel：020-38838250
广东利舍酒店投资管理有限公司
地址：广州市天河区兴民路222号之一1905房
……………………Tel：020-38856312
广州司浦林商业保理有限公司
地址：广州市南沙区海滨路181号523房（仅限办公）
……………………Tel：020-38857891
广州采华餐饮管理有限公司
地址：广州市番禺区石壁街汉溪大道西233号1907-1922房
……………………Tel：020-38879543
江门万富酒店管理有限公司
地址：江门市蓬江区江门万达广场3幢
……………………Tel：020-38882777
广州增城区万富嘉华酒店管理有限公司
地址：广州市增城区荔城街增城大道69号10幢101号
……………………Tel：020-38882777
广州富潭酒店管理有限公司
地址：广州市南沙区丰泽东路106号（自编1号楼）X1301-G4794（仅限办公用途）(JM)
……………………Tel：020-38882777
广州富津酒店管理有限公司
地址：广州市南沙区丰泽东路106号（自编1号楼）X1301-G4809（仅限办公用途）（JM）
……………………Tel：020-38882777
广州富辽酒店管理有限公司
地址：广州市南沙区丰泽东路106号（自编1号楼）X1301-G4841（仅限办公用途）（JM）
……………………Tel：020-38882777
广州富长酒店管理有限公司
地址：广州市南沙区丰泽东路106号（自编1号楼）X1301-G4839（仅限办公用途）（JM）
……………………Tel：020-38882777
广州富鄂酒店管理有限公司
地址：广州市南沙区丰泽东路106号（自编1号楼）X1301-G4798（仅限办公用途）（JM）
……………………Tel：020-38882777
广州富升酒店管理有限公司
地址：广州市南沙区丰泽东路106号（自编1号楼）X1301-G4778（仅限办公用途）（JM）
……………………Tel：020-38882777
广州富昆酒店管理有限公司
地址：广州市南沙区丰泽东路106号（自编1号楼）X1301-G4818（仅限办公用途）(JM)
……………………Tel：020-38882777
广州富郑酒店管理有限公司
地址：广州市南沙区丰泽东路106号（自编1号楼）X1301-G4830（仅限办公用途）（JM）
……………………Tel：020-38882777
广州富晋酒店管理有限公司
地址：广州市南沙区丰泽东路106号（自编1号楼）X1301-G4805（仅限办公用途）(JM)
……………………Tel：020-38882777
广州富沈酒店管理有限公司
地址：广州市南沙区丰泽东路106号（自编1号楼）X1301-G4807（仅限办公用途）（JM）
……………………Tel：020-38882777
广州富昇酒店管理有限公司
地址：广州市南沙区丰泽东路106号（自编1号楼）X1301-G4772（仅限办公用途）（JM）
……………………Tel：020-38882777
广州富邕酒店管理有限公司
地址：广州市南沙区丰泽东路106号（自编1号楼）X1301-G4823（仅限办公用途）(JM)
……………………Tel：020-38882777
广州富琼酒店管理有限公司
地址：广州市南沙区丰泽东路106号（自编1号楼）X1301-G4771（仅限办公用途）（JM）
……………………Tel：020-38882777
广州富邦酒店管理有限公司
地址：广州市南沙区丰泽东路106号（自编1号楼）X1301-G4810(集群注册）（JM）
……………………Tel：020-38882777
广州富齐酒店管理有限公司
地址：广州市南沙区丰泽东路106号（自编1号楼）X1301-G4803（仅限办公用途）(JM)
……………………Tel：020-38882777
广州富莞酒店管理有限公司
地址：广州市南沙区丰泽东路106号（自编1号楼）X1301-G4815（仅限办公用途）（JM）
……………………Tel：020-38882777
广州富穗酒店管理有限公司
地址：广州市南沙区丰泽东路106号（自编1号楼）X1301-G4788（仅限办公用途）(JM)
……………………Tel：020-38882777
广州富唐酒店管理有限公司
地址：广州市南沙区丰泽东路106号（自编1号楼）X1301-G4804（仅限办公用途）（JM）
……………………Tel：020-38882777
广州富鲤酒店管理有限公司
地址：广州市南沙区丰泽东路106号（自编1号楼）X1301-G4806（仅限办公用途）（JM）
……………………Tel：020-38882777
广州富镐酒店管理有限公司
地址：广州市南沙区丰泽东路106号（自编1号楼）X1301-G4776（仅限办公用途）（JM）
……………………Tel：020-38882777
广州富南酒店管理有限公司
地址：广州市南沙区丰泽东路106号（自编1号楼）X1301-G4837（仅限办公用途）（JM）
……………………Tel：020-38882777
广州富冰酒店管理有限公司
地址：广州市南沙区丰泽东路106号（自编1号楼）X1301-G4811（仅限办公用途）（JM）
……………………Tel：020-38882777
广州富蒙酒店管理有限公司
地址：广州市南沙区丰泽东路106号（自编1号楼）X1301-G4797（仅限办公用途）(JM)
……………………Tel：020-38882777
广州富阜酒店管理有限公司
地址：广州市南沙区丰泽东路106号（自编1号楼）X1301-G4802（仅限办公用途）（JM）
……………………Tel：020-38882777
广州富鹤酒店管理有限公司
地址：广州市南沙区丰泽东路106号（自编1号楼）X1301-G4838（仅限办公用途）（JM）
……………………Tel：020-38882777
广州富稠酒店管理有限公司
地址：广州市南沙区丰泽东路106号（自编1号楼）X1301-G4835（仅限办公用途）（JM）
……………………Tel：020-38882777
广州富兰酒店管理有限公司
地址：广州市南沙区丰泽东路106号（自编1号楼）X1301-G4773（仅限办公用途）（JM）
……………………Tel：020-38882777
广州富西酒店管理有限公司
地址：广州市南沙区丰泽东路106号（自编1号楼）X1301-G4832（仅限办公用途）(JM)
……………………Tel：020-38882777
广州富宜酒店管理有限公司
地址：广州市南沙区丰泽东路106号（自编1号楼）X1301-G4790（仅限办公用途）(JM)
……………………Tel：020-38882777
广州富淮酒店管理有限公司
地址：广州市南沙区丰泽东路106号（自编1号楼）X1301-G4789（仅限办公用途）（JM）
……………………Tel：020-38882777
雪松文化旅游开发有限公司
地址：广州市黄埔区中新广州知识城亿创街1号406之28
……………………Tel：020-38911638
广州雪松文化旅游投资有限公司
地址：广州市黄埔区中新知识城亿创街1号406房之29
……………………Tel：020-38911638
广州南沙奥园养生酒店有限公司
地址：广州市南沙区南沙街珠江东路267、269号
……………………Tel：020-39068333
广州海力花园酒店有限公司
地址：广州市南沙区进港大道557号、553号
……………………Tel：020-39088222
广东新又好企业管理服务有限公司
地址：广州市海珠区沥　路368号2层01、02、03、07单元（仅限办公用途）
……………………Tel：020-39102501
广东摩斯贝格餐饮管理有限公司
地址：广州市番禺区洛浦街迎宾路115号905房
……………………Tel：020-39108778
广州一江戴斯酒店有限公司
地址：广州市番禺区东环街市新路78号
……………………Tel：020-39195000
广州市祈福港湾大酒店有限公司
地址：广州市南沙区南沙街进港大道16号（酒店）
……………………Tel：020-39222928
世华兄弟（广东）餐饮有限公司
地址：广州市番禺区东环街番禺大道北537号番禺节能科技园内番山创业中心2号楼1区605
……………………Tel：020-39231699
广东万有文化旅游有限公司
地址：珠海市横琴新区宝华路6号105

室-67815（集中办公区）
……………………Tel：020-39298822
广州南沙大酒店有限公司
地址：广州市南沙经济技术开发区港前大道蒲洲山以北滩涂上
……………………Tel：020-39308888
中食汇餐饮管理有限公司
地址：广州市南沙区进港大道579号自编A栋620房（仅限办公）
……………………Tel：020-39910356
广州万华酒店用品城有限公司
地址：广州市番禺区洛浦街迎宾路上 地段北侧（市场地址：广州市番禺区洛浦街上 村迎宾路北侧）
……………………Tel：020-39983156
裕通酒店管理集团有限公司
地址：广州市天河区中山大道西136号2801之3号（仅限办公用途）
……………………Tel：020-61075875
广州翠岛酒店有限公司
地址：广州市从化温泉镇温泉西路6号
……………………Tel：020-61798863
广东威思丁实业有限公司
地址：广州市番禺区市桥街西城路57号西城路三街西兴苑18幢18号D39
……………………Tel：020-66345333
广州融盛娱乐有限公司
地址：广州市天河区天河路518号501房、601房
……………………Tel：020-66379888
广州市舜德酒店管理有限公司
地址：广州市番禺区南村镇里仁洞植庄北约西环路3号107
……………………Tel：020-66607888
广州越秀金融控股集团股份有限公司
地址：广州市天河区珠江西路5号6301房自编B单元
……………………Tel：020-66611888
广州豪苑酒店有限公司
地址：广州市花都区新华街迎宾大道113号
……………………Tel：020-66822990
广州灵犀互动娱乐有限公司
地址：广州市天河区黄埔大道西平云路163号广电平云广场B塔12层自编02单元（本住所限办公用途）
……………………Tel：020-66824888
广州励丰文化科技股份有限公司
地址：广州市高新技术产业开发区科学城科学大道8号自编一至六栋
……………………Tel：020-66829500
广州君誉酒店投资有限公司
地址：广州市天河区林和西横路天伦希尔顿酒店M层01-03房
……………………Tel：020-66833616
广东南方爱视娱乐科技有限公司
地址：中山市小榄镇龙山路6号之一3楼302室
……………………Tel：020-81226834
广州聚荟贸易有限公司
地址：广州市海珠区振兴大街27号自编北2楼201
……………………Tel：020-81265692
广州亿瑞尔环保产品股份有限公司
地址：广州市白云区嘉禾街望岗上胜东街工业区2号4楼之一（仅限办公用途）
……………………Tel：020-81265692
广州市岳中数字科技有限公司
地址：广州市荔湾区海北文昌路17号自编3号
……………………Tel：020-81416249
广州酒家集团餐饮管理有限公司
地址：广州市荔湾区中山七路50号第15层（自编层第17层）02-03单元及第16层（自编层第18层）（仅限办公）
……………………Tel：020-81889737
广州艺境环保科技有限公司
地址：广州市天河区大灵山路61号第11栋自编2号楼202房（仅限办公）
……………………Tel：020-82037645
广州泉盛餐饮有限公司
地址：广州市天河区新涌口西街9号第五栋首层房
……………………Tel：020-82171776
广东新港明珠大酒店有限公司
地址：广州市萝岗区广州经济技术开发区开发大道368号
……………………Tel：020-82226688
广州沙河伊士丹顿酒店管理有限公司
地址：广州市天河区黄埔大道中路146-150号第三层十号
……………………Tel：020-82626668
广州新好景饮食娱乐中心
地址：广州市增城市新塘工业加工区中区
……………………Tel：020-82705148
广州太阳城大酒店有限公司
地址：广州市增城区新塘镇广深大道中151号
……………………Tel：020-82706888
增城市碧桂园凤凰城酒店有限公司
地址：广州市增城市新塘镇广园东碧桂园凤凰城酒店
……………………Tel：020-82808888
广东南方光原文化有限公司
地址：广州市越秀区广州大道中289号印报办公楼九楼903房
……………………Tel：020-83002939
广州澳乐游玩母婴用品有限公司
地址：广州市白云区三元里街云城东路565号1522房号
……………………Tel：020-83256100
娱粤娱乐传媒（广东）有限公司
地址：广州市越秀区麓苑路51号410房T2P房
……………………Tel：020-83312755
广州同道商业管理有限公司
地址：广州市天河区林和中路136号四层D16单元001房
……………………Tel：020-83312755
广东省旅游控股集团投资有限公司
地址：广州市南沙区丰泽东路106号1301房自编1301-A2801
……………………Tel：020-83333998
广州花园酒店有限公司
地址：广州市越秀区环市东路３６８号
……………………Tel：020-83338989
广东中旅华厦国际酒店控股有限公司
地址：广州市越秀区侨光路8号B座8楼
……………………Tel：020-83355988
广州第一庄餐饮经营有限公司
地址：广州市越秀区六榕路113号602之四（仅限办公用途）
……………………Tel：020-83366168
百胜餐饮（广东）有限公司
地址：广州市环市东路３６９号友谊商业大厦１３楼
……………………Tel：020-83588288
广州市东方酒店集团有限公司
地址：广州市越秀区流花路120号
……………………Tel：020-83753388
广州港鑫餐饮管理有限公司
地址：广州市番禺区大龙街市莲路罗家村段85号之一D203
……………………Tel：020-83805307
广州岭南佳园连锁酒店有限公司
地址：广州市越秀区沿江东路405号
……………………Tel：020-83857609
广州颐和大酒店有限公司
地址：广州市白云区同泰路颐和北街63号
……………………Tel：020-83969888
七天四季酒店（广州）有限公司
地址：广州高新技术产业开发区科学城香山路17号703房
……………………Tel：020-83995777
铂涛菲诺酒店（广州）有限公司
地址：广州经济技术开发区青年路329号A225房
……………………Tel：020-83995777
广州丽新汽车服务有限公司
地址：广州市海珠区沥 路14号第二层自编201单元
……………………Tel：020-84133195
广州中化工业设备安装集团有限公司
地址：广州市海珠区新港东路黄埔村松庆里46号（仅限办公用途）
……………………Tel：020-84293606
利海旅游投资有限公司
地址：广州市海珠区江南大道232号B座2505房
……………………Tel：020-84483899
利海集成酒店发展股份有限公司
地址：广州市海珠区江南大道中232号2208房
……………………Tel：020-84489838
广州妈妈菜餐饮服务有限公司
地址：广州市番禺区大龙街石岗东村振兴南路109号
……………………Tel：020-84617669
广州市番发东润酒店有限公司
地址：广州市番禺区石楼镇利丰大道18号
……………………Tel：020-84652222
广州市宏盛酒店有限公司
地址：广州市番禺区市桥街大北路130号（联丰楼）二楼会议室
……………………Tel：020-84662328
广州南沙开发区圣地亚哥娱乐城
地址：广州南沙经济技术开发区东瓜宇
……………………Tel：020-84686877
广州明至餐饮科技有限公司
地址：广州市南沙区合成工业区二排4号1-5楼（部位：516房）（仅限办公用途）
……………………Tel：020-84689089
广州市青麦源餐饮管理服务有限公司
地址：广州市番禺区大龙街石岗南路50号三栋
……………………Tel：020-84691583
悠瑞穗（广州）餐饮有限公司
地址：广州市番禺区大石街迎宾路星河湾商业街20号铺
……………………Tel：020-84788595
广州市古格酒店有限公司
地址：广州市南沙区环市大道中29号301-324房、2501-2524房、2601-2624房、2704-2705房、2709-2724房、2805-2816房、2901-2924房（临时经营场所）
……………………Tel：020-84988188
广州市银利餐饮管理有限公司
地址：广州市天河区先烈东路190号四层自编403B
……………………Tel：020-85169789
广州市越和商业管理有限公司
地址：广州市天河区珠江新城兴盛路11号二层自编1-11、1-12、1-13、1-15
……………………Tel：020-85239551
广东九里香膳食管理有限责任公司
地址：广州市天河区白沙水路63号四楼409室
……………………Tel：020-85289771
广东木莲庄酒店管理有限公司
地址：广州市天河区华夏路8号3701房自编08号
……………………Tel：020-85500800
广州市木莲庄酒店管理有限公司
地址：广州市天河区金穗路715号首层101房
……………………Tel：020-85500800
广东星淘娱乐有限公司
地址：广州市天河区华强路2号2515房（仅限办公用途）
……………………Tel：020-85503525
广州总统大酒店有限公司
地址：广州市天河区石牌岗顶天河路586号
……………………Tel：020-85512988
广东美美家餐饮管理有限公司
地址：广州市天河区黄埔大道西53号2604房（仅限办公用途）
……………………Tel：020-85582525
广州市纳啡餐饮服务有限公司
地址：广州市天河区天河路208号天河城第二层K270、K270A号商铺
……………………Tel：020-85588813
广州酷游娱乐科技有限公司
地址：广州市天河区科韵路16号自编1栋1601-2房（仅限办公用途）
……………………Tel：020-85618002
广州航空大酒店
地址：广州市白云区白云机场北门岗贝路36号
……………………Tel：020-86121207
广州心致餐饮食品有限公司
地址：广州市白云区江高镇江村村塔山脚自编3号
……………………Tel：020-86200238
中检科（广东）中医药生物科技有限公司
地址：广州市白云区黄石东路297号201铺
……………………Tel：020-86430806
广州益创餐饮有限公司
地址：广州市白云区黄石东路297号201铺
……………………Tel：020-86430806
凌晨（广州）娱乐文化传媒有限公司
地址：广州市天河区迎福路2号502
……………………Tel：020-86460987
蓝山小镇咖啡（广州）有限公司
地址：广州市天河区岑村樟木山20号1-4层3098室（仅限办公）
……………………Tel：020-86526056
广东蓝色派对时尚餐饮娱乐有限公司
地址：广州市白云区机场路1518号2、3、4楼
……………………Tel：020-86621666
中国大酒店
地址：广州市越秀区流花路
……………………Tel：020-86666888
云都环朋机场酒店（广州）有限公司
地址：广州市花都区花都大道东17号A座
……………………Tel：020-86788878
广州金绿园餐饮管理服务有限公司
地址：广州市白云区江人路232号之一
……………………Tel：020-86856166
广州椰林餐饮管理股份有限公司
地址：广州市花都区曙光路79号之一701室（部位：A3）801室、901室
……………………Tel：020-86884184
英联斯特（广州）餐饮设备有限公司
地址：广州市花都区花山镇两龙南街43号
……………………Tel：020-86948033
广州凰国餐饮管理有限公司
地址：广州市白云区均禾街罗岗村加石路29、31、33号罗岗农贸综合市场7楼D-065房
……………………Tel：020-87271239
广州羊城食品有限公司
地址：广州市越秀区寺右新马路131号3楼
……………………Tel：020-87304329
清远市万科酒店管理有限公司
地址：清远市清城区石角镇马头村大坑水库侧清远万科城E4栋一层
……………………Tel：020-87351866
广州凯旋大酒店有限公司
地址：广州市越秀区明月一路九号
……………………Tel：020-87369633
白天鹅酒店集团有限公司
地址：广州市越秀区环市东路367号广州白云宾馆八层820房
……………………Tel：020-87376688
广东省广晟酒店集团有限公司
地址：广东省广州市越秀区明月一路9号广州凯旋华美达大酒店24、25楼
……………………Tel：020-87376688
广州赛马娱乐总公司
地址：广州市天河区黄埔大道西668号
……………………Tel：020-87503372
广州雅致酒店有限公司
地址：广州市天河区临江大道395号2801房，2901房，3001房，3101房，3201房，3301房，3401房，3501房，3601房，3701房，3801房，3901房
……………………Tel：020-87519999
广州星河湾酒店管理有限公司
地址：广州市海珠区宝岗大道183号首层4号铺之二（仅限办公）
……………………Tel：020-87552828
广州景星酒店有限公司
地址：广州市天河区林和西路89号
……………………Tel：020-87552888
广州市天河百淘文化娱乐广场有限公司
地址：广州市天河区石牌岗顶（市场地址：广州市天河区天河路621-625号裙楼负一至五层广州天娱广场）
……………………Tel：020-87576888
广东金则利大酒店有限公司
地址：佛山市禅城区南庄镇溶洲管理区永丰村
……………………Tel：020-87617606
广州茉儿贝克餐饮有限公司
地址：广州市天河区临江大道507号之一自编214号（仅限办公用途，不可作厂房使用）
……………………Tel：020-87619155
东方丝绸大酒店
地址：广东省广州市越秀区东风东路７５２号
……………………Tel：020-87762888
广东雷曦文化有限公司
地址：广州市海珠区暄悦东街23号自编B2栋7层自编06房（仅限办公）
……………………Tel：020-88520609
广州天马酒店有限公司
地址：广州高新技术产业开发区广州科学城凝彩路28号
……………………Tel：020-88800999
香格里拉大酒店（广州琶洲）有限公司
地址：广州市海珠区会展东路1号
……………………Tel：020-89178888
恒大旅游集团有限公司
地址：广州市天河区黄埔大道西78号2901房自编之一（仅限办公用途）
……………………Tel：020-89182275
广州文旅城旅游发展有限公司
地址：广州市南沙区丰泽东路106号（自编1号楼）X1301-G6181（集群注册）（JM）
……………………Tel：020-89182275
广州宏顺旅游发展有限公司
地址：广州市南沙区黄阁镇金茂中二街01号南沙金茂湾（T7栋）及地下室1407室内（仅限办公）（自主申报）
……………………Tel：020-89182275
广州郎通旅游发展有限公司
地址：广州市南沙区黄阁镇金茂中二街01号南沙金茂湾（T7栋）及地下室1406室（自主申报）（仅限办公）
……………………Tel：020-89182275
惠州恒大童世界旅游开发有限公司
地址：惠州市惠阳区淡水镇立交桥工商银行大院内2号楼702房
……………………Tel：020-89182275
广东聚廷峰酒店有限公司
地址：肇庆市高要区回龙镇肇庆高尔夫渡假村会所大楼
……………………Tel：020-89183922
广州创为文化娱乐有限公司
地址：广州市荔湾区花地大道渔尾桥岭南节点园之二十三（仅限办公用途）
……………………Tel：020-89207170
广州金科文化科技有限公司
地址：广州市天河区车陂路113号十楼1001（仅限办公用途）
……………………Tel：020-89281556
广州星鹿互动娱乐股份有限公司
地址：广州市天河区员村二横路8号南侧之一406房
……………………Tel：020-89281858
广东星辉天拓互动娱乐有限公司
地址：广东省广州市天河区高普路1023号5530室
……………………Tel：020-89293621
广州星辉娱乐有限公司
地址：广州市天河区黄埔大道西122号之二2502、2505房（仅限办公）
……………………Tel：020-89293621
广州塔旅游文化发展股份有限公司
地址：广州市海珠区阅江西路222号

…………………………Tel：020-89338222
广州市红帆酒店有限公司
地址：广州市海珠区革新路126号之一
…………………………Tel：020-89607881
希杰（广州）餐饮管理有限公司
地址：广州市海珠区南洲路365号二层216号铺自编202
…………………………Tel：020-89623776
广东国奥文化产业控股集团有限公司
地址：广州市天河区珠江东路6号广州周大福金融中心36层03室（仅限办公用途）
…………………………Tel：020-89770673
广东漫游国际旅游集团有限公司
地址：广州市黄埔区科学大道243号A5栋1701房
…………………………Tel：020-89851397
广州宝能文化娱乐有限公司
地址：广州市萝岗区开创大道2666号
…………………………Tel：020-89851876
世华兄弟（广东）餐饮管理有限公司
地址：广州市番禺区东环街番禺大道北537号番禺节能科技园内番山创业中心2号楼1区606、607
…………………………Tel：020-89854512
佛山市南海盈裕酒店有限公司
地址：佛山市南海区里水镇草场村金碧海岸花园恒大花园酒店2楼
…………………………Tel：020-89918009
美林阁酒店管理（广州）有限公司
地址：广州市海珠区新港东路2429号226室
…………………………Tel：0220-66823655
广东美亚星娱乐传媒有限公司
地址：深圳市前海深港合作区前湾一路1号A栋201室（入驻深圳市前海商务秘书有限公司）
…………………………Tel：027-82757701
广州凤皇娱乐有限公司
地址：广州市天河区珠吉路1号四、五层
…………………………Tel：030-32366190
深圳舟游娱乐有限公司
地址：深圳市南山区粤海街道科技路9号桑达科技工业大厦5楼520室
…………………………Tel：0562-2620876
广东显达投资有限公司
地址：汕尾市区香洲路777号五至九层
…………………………Tel：0660-3288888
汕尾黄金海岸实业有限公司
地址：汕尾市区香洲路777号
…………………………Tel：0660-3288888
海丰金鹏国际酒店有限公司
地址：海丰县城广富路666号
…………………………Tel：0660-6888118
广东盛世星辉娱乐管理有限公司
地址：阳江市江城区江南新城G3-B1市总商会大厦808室
…………………………Tel：0662-3261666
阳江市碧沙滩旅游发展有限公司
地址：阳江市海陵岛东岛沙环综合楼B幢
…………………………Tel：0662-3892333
阳江市碧海岸旅游开发有限公司
地址：阳江市海陵岛东岛沙环综合楼B幢
…………………………Tel：0662-3897700
阳江市天天文化娱乐有限公司
地址：阳江市江城区金山路668号805房
…………………………Tel：0662-5506368
阳西县源河旅游投资开发有限公司
地址：阳西县桥平一路87号一楼
…………………………Tel：0662-5523198
阳江市碧桂园凤凰酒店有限公司
地址：阳江市阳东区湖滨西路工商局对面
…………………………Tel：0662-6666692
阳江市阳春春晖商务酒店有限公司
地址：阳春市春城街道西沿江二路26号
…………………………Tel：0662-7655218
春天花园（阳江）大酒店有限公司
地址：阳春市春城街道东湖西路6号春天花园大酒店第五层
…………………………Tel：0662-7715309
阳春市花园实业发展有限公司
地址：阳春市春城朝阳路乐源华庭商住楼116房（九楼）
…………………………Tel：0662-7772083
阳春东湖国际大酒店有限公司
地址：阳春市春城东湖明珠花园
…………………………Tel：0662-7888888
阳江市南海湾温泉大酒店有限公司
地址：阳江市海陵岛十里银滩西区（大王山东侧）S01-1号
…………………………Tel：0662-8300830
揭阳市市外桃园旅游投资开发有限公司
地址：揭阳市揭东区云路镇宝山果林场
…………………………Tel：0663-3192222
惠来县隆江金贤酒店有限公司
地址：惠来县隆江镇隆江新城北区
…………………………Tel：0663-6332922
普宁市金莎投资有限公司
地址：普宁市流沙市区环市北路南侧广达北路东侧时代中心C栋财富大厦第6层603-604号
…………………………Tel：0663-7637321
揭阳市榕江大酒店有限公司
地址：揭阳市榕城区东山黄岐山大道以西新阳路以南榕江大酒店商贸中心
…………………………Tel：0663-8222888
揭阳市特美思大酒店有限公司
地址：揭阳市榕城区马牙路以东建阳路以南
…………………………Tel：0663-8223888
广东星蕴娱乐传媒股份有限公司
地址：揭阳市榕城区榕东街梅兜社区莲花大道梅兜路段铺面
…………………………Tel：0663-8845888
深圳华侨城文化旅游建设有限公司
地址：深圳市前海深港合作区前湾一路1号A栋201室（入驻深圳前海商务秘书有限公司）
…………………………Tel：0668-2873708
高州市交通旅游投资集团有限公司
地址：高州市中山路169号十楼01室
…………………………Tel：0668-6623393
广东山心岭生态旅游开发有限公司
地址：化州市平定镇上双村委会大 经济合作社山心岭水电站旁（化州市平定镇山心岭水电站房屋）
…………………………Tel：0668-7212988
信宜市书香八坊旅游发展有限公司
地址：广东省茂名市信宜市镇隆镇八坊村沙街32号首层
…………………………Tel：0668-8322683
开平市美高娱乐场投资有限公司
地址：开平市三埠区祥龙六区19号首层105号铺位之一
…………………………Tel：0750-2270628
开平潭江半岛酒店有限公司
地址：开平市三埠祥龙中银路2号
…………………………Tel：0750-2333333
开平市赤坎旧埠旅游发展有限公司
地址：开平市赤坎镇北郊路94号202
…………………………Tel：0750-2630000
江门景诚旅游开发有限公司
地址：江门市蓬江区迎宾大道中131号第12层04号
…………………………Tel：0750-3120820
江门市五邑碧桂园凤凰酒店有限公司
地址：江门市蓬江区五邑碧桂园8号
…………………………Tel：0750-3289988
江门市侨都大酒店有限公司
地址：江门市蓬江区胜利路145号首二层1-9A-E轴
…………………………Tel：0750-3335233
江门市新港城饮食有限公司
地址：江门市港口路144、146号
…………………………Tel：0750-3376584
江门南海饮食娱乐有限公司
地址：江门市江海三路8号
…………………………Tel：0750-3818688
江门市粤德酒店管理有限公司
地址：江门市江海区 头联星村委会办公楼2楼
…………………………Tel：0750-3861338
广东珠西智谷酒店投资发展有限公司
地址：江门市蓬江区篁庄大道西10号7幢2-601-18室
…………………………Tel：0750-3882660
江门五邑高尔夫球场娱乐有限公司
地址：江门市北环路五邑高尔夫球场内
…………………………Tel：0750-3930805
台山市上川圆山大酒店有限公司
地址：台山市上川岛飞沙滩
…………………………Tel：0750-5396278
台山园林酒店有限公司
地址：广东省台山市台城镇南门西路
…………………………Tel：0750-5556921
台山高业大酒店
地址：台山市台城台西路２２０号
…………………………Tel：0750-5598696
台山市千帆碧湾酒店有限公司
地址：台山市川岛镇下川王府洲旅游区04-1-2
…………………………Tel：0750-5758880
江门市新会碧桂园凤凰酒店有限公司
地址：江门市新会区会城启超大道1号
…………………………Tel：0750-6629908
江门市月光曲文化旅游发展有限公司
地址：江门市新会区崖门镇古兜度假村
…………………………Tel：0750-7170403
广东古兜旅游集团有限公司
地址：广东省江门市新会区崖门镇古兜度假
…………………………Tel：0750-7170888
恩平市帝都温泉旅游区发展有限公司
地址：恩平市良西镇月水村
…………………………Tel：0750-7175421
恩平市康盛酒店管理有限公司
地址：恩平市锦江大道东2号
…………………………Tel：0750-7228888
恩平盛林生态旅游有限公司
地址：恩平市大田镇朗底河塘村西北面
…………………………Tel：0750-7332833
恩平市香飘四季饮食娱乐有限公司
地址：恩平市大田镇大田圩西区
…………………………Tel：0750-7339999
台山喜运来温泉大酒店有限公司
地址：台山市三合镇温泉新区
…………………………Tel：0750-7376666
江门丽宫酒店
地址：江门市东华二路１８号
…………………………Tel：0750-8233388
台山市碧桂园凤凰酒店有限公司
地址：台山市台城台山碧桂园凤凰街398号
…………………………Tel：0750-8262888
弗兰卡餐饮设备安装技术服务（中国）有限公司
地址：鹤山市沙坪镇莺朗工业区318号之十四
…………………………Tel：0750-8418424
鹤山市碧桂园凤凰酒店有限公司
地址：鹤山市沙坪鹤山大道623号
…………………………Tel：0750-8866388
鹤山市方圆商务酒店有限公司
地址：鹤山市沙坪镇十里方圆后勤中心
…………………………Tel：0750-8868800
帽山国际生态旅游开发有限公司
地址：新丰县丰城街道丰江大道18号4楼（仅作办公场所使用）
…………………………Tel：0751-2262188
乳源丽宫国际温泉酒店有限公司
地址：乳源县侯公渡镇青岗温泉
…………………………Tel：0751-5223388
韶关安能旅游发展有限公司
地址：广东省乳源县龙船湾
…………………………Tel：0751-5286718
祥源丹霞旅游投资（广东）有限公司
地址：仁化县丹霞镇黄屋村(水上丹霞码头咖啡厅二楼)
…………………………Tel：0751-6291938
韶关市欧亚饮食娱乐有限公司
地址：韶关市浈江区东堤北路百年东街B幢B5座3层020号商铺
…………………………Tel：0751-8167362
韶关市旅游发展投资集团有限公司
地址：韶关市浈江区启明北路19号莱斯大酒店贵宾楼一层31号至33号商铺
…………………………Tel：0751-8198188
韶关市莱斯大酒店有限公司
地址：韶关市浈江区启明北路19号
…………………………Tel：0751-8198888
韶关福苑大酒店有限公司
地址：韶关市新兴路12号
…………………………Tel：0751-8284036
韶关市碧桂园凤凰酒店有限公司
地址：韶关市浈江区十里亭镇五里亭良村公路2号韶关碧桂园凤凰酒店
…………………………Tel：0751-8838888
惠州市帝景房地产开发有限公司
地址：惠州市惠沙堤17号帝景台五层
…………………………Tel：0752-2072339
惠州金华悦国际酒店有限公司
地址：惠州市下埔大道路口
…………………………Tel：0752-2088888
广东新绿健餐饮服务有限公司
地址：惠州市下角共建路1号文星花园6号楼1单元2层01号房
…………………………Tel：0752-2108308
惠州海湖大酒店有限公司
地址：广东省惠州市南湖公园侧
…………………………Tel：0752-2248338
惠州市TCL国际酒店有限公司
地址：惠州市仲恺开发区19号小区
…………………………Tel：0752-2288333
广东南西湖文化旅游有限公司
地址：惠州市鹅岭南路60号（合和大楼）第三层（仅限办公）
…………………………Tel：0752-2388888
广东益源农产品有限公司
地址：惠州市惠城区汝湖镇虾村村四组06号
…………………………Tel：0752-2800305
广东佳裕餐饮集团有限公司
地址：惠州市东江二路一号富力丽港中心酒店式公寓2座6层06号房
…………………………Tel：0752-2893555
中佳天晟（深圳）科技有限公司
地址：深圳市南山区粤海街道高新中一道8号万和医药园南面3楼
…………………………Tel：0752-3138671
惠州市世客会旅游项目投资有限公司
地址：惠州市惠城区江北文昌一路7号华贸大厦1单元23层04号（仅限办公）
…………………………Tel：0752-3256838
广东金棕榈健康产业股份有限公司
地址：惠阳区淡水富裕花园B1幢104房
…………………………Tel：0752-3536899
惠州白鹭湖旅游实业开发有限公司
地址：广东省惠州市汝湖镇东亚角洞水库
…………………………Tel：0752-3733110
惠州市田野沐歌旅游开发有限公司
地址：惠州市惠阳区镇隆镇黄洞水库
…………………………Tel：0752-3816877
广东润杨酒店投资有限公司
地址：广东省惠州市惠阳区沙田镇田头村地段（仅作办公使用）
…………………………Tel：0752-3899333
惠州市仁信农业旅游有限公司
地址：惠州市惠阳区三和街道办全坑村全坑小学
…………………………Tel：0752-3938888
惠州市阳光海岸酒店有限公司
地址：惠州大亚湾澳头安惠大道1号3栋（5-33楼）
…………………………Tel：0752-5551188
惠州大亚湾永昶旅游度假有限公司
地址：惠州市大亚湾经济技术开发区霞涌
…………………………Tel：0752-5556280
龙门县南昆山柏祥森林度假酒店有限公司
地址：龙门县南昆山下坪
…………………………Tel：0752-6530888
深圳市檀悦度假酒店有限公司
地址：深圳市南山区蛇口街道深圳湾社区工业八路89号致远大厦A1505
…………………………Tel：0752-6531970
惠州罗浮山东门酒店发展有限公司
地址：博罗县湖镇镇东风村
…………………………Tel：0752-6810003
博罗园洲美食娱乐城
地址：广东省惠州市博罗县园洲镇兴园二路
…………………………Tel：0752-6823888
惠州依云四季酒店管理有限公司
地址：龙门县永汉镇增龙公路上埔村委埔田村路段
…………………………Tel：0752-7338888
龙门县南昆山悦龙庄温泉酒店有限公司
地址：龙门县永汉镇马星村委增马公路段南昆山1号温泉花园商业楼2栋202
…………………………Tel：0752-7899999
惠州德泽园假日大酒店有限公司
地址：惠东县巽寮松园湾
…………………………Tel：0752-8335568
惠州市海宸酒店管理有限公司
地址：惠东县巽寮镇海滨公路边
…………………………Tel：0752-8368006
惠东县君华酒店管理有限公司
地址：惠东县港口管委会东山海地段宝安壹号金岸1-8号楼8单元7层08号房
…………………………Tel：0752-8827999
梅州中维金叶国际大酒店有限公司
地址：梅州市彬芳大道30号
…………………………Tel：0753-2153956
梅州文化旅游投资开发有限公司
地址：梅州市江南路60号
…………………………Tel：0753-2188916
梅州时光文化旅游开发有限公司
地址：梅州市梅江区丽都中路10-2号
…………………………Tel：0753-2222813
梅州市梅县区客家梅县腌面餐饮连锁管理有限公司
地址：梅州市梅县区大新城泰富花园A12栋3-2号
…………………………Tel：0753-2522756
兴宁市金叶酒店管理有限公司
地址：兴宁市205国道文峰路口烟草大厦
…………………………Tel：0753-3181008
广东省兴宁市明珠酒店有限公司
地址：兴宁市兴城兴田路十二层大厦
…………………………Tel：0753-3388198
兴宁市新华娱乐中心有限公司
地址：广东省兴宁市合水镇溪唇村52号
…………………………Tel：0753-3636611
大埔县汉埔旅游产业投资管理有限公司
地址：大埔县湖寮镇大埔大道国源酒店第七层1-5号
…………………………Tel：0753-5559558
平远县绿洲旅游投资开发有限公司
地址：平远县大柘镇平远大道新村商住城（县旅游局一楼）
…………………………Tel：0753-8832669
汕头市厚福娱乐有限公司
地址：汕头市潮阳区城南一路龙井市场南幢
…………………………Tel：0754-83818788
汕头市裕通大酒店有限公司
地址：汕头市潮阳区城南新华路东侧大南地段
…………………………Tel：0754-83888888
中粤生态旅游管理有限公司
地址：汕头市潮南区陈店镇电子城北二街14号一、二层
…………………………Tel：0754-84495526
汕头市澄海区莱芜金叶山庄酒店有限公司
地址：汕头市澄海区莱芜岛
…………………………Tel：0754-85500388
奥飞娱乐股份有限公司
地址：广东省汕头市澄海区凤翔路北侧、金鸿公路东侧奥飞动漫产业园
…………………………Tel：0754-85862278
汕头市澄海花园酒店有限公司
地址：汕头市澄海区城区文冠路
…………………………Tel：0754-85887747
星辉互动娱乐股份有限公司
地址：汕头市澄海区星辉工业园（上华镇夏岛路北侧）

………………………… Tel：0754-85895700
汕头市澄海区澄都饭店有限公司
地址：汕头市澄海区德政路与南田路交界处
………………………… Tel：0754-86280001
汕头市金煌商务酒店有限公司
地址：汕头市迎宾路10号免税大厦地下一层、一层至九层
………………………… Tel：0754-86737770
汕头市金煌商务酒店有限公司
地址：汕头市迎宾路10号免税大厦地下一层、一层至九层
………………………… Tel：0754-86737770
汕头市金煌商务酒店有限公司
地址：汕头市迎宾路10号免税大厦地下一层、一层至九层
………………………… Tel：0754-86737770
汕头市环球世纪会展旅游投资开发有限公司
地址：汕头市龙湖区3号桥西侧珠港新城B-1-06A地块航天卫星大厦103房
………………………… Tel：0754-87276615
汕头市花都娱乐有限公司
地址：汕头市潮南区司马浦镇司下广汕公路边
………………………… Tel：0754-87738446
汕头市梦都娱乐城有限公司
地址：汕头市潮南区两英工业区
………………………… Tel：0754-87738999
汕头市金苑假日大酒店有限公司
地址：汕头市潮南区广祥路金苑开发区
………………………… Tel：0754-87902888
汕头市联聚旅游投资有限公司
地址：汕头市潮阳区棉北三屿围养殖西场
………………………… Tel：0754-88131189
汕头君华海逸酒店有限公司
地址：汕头市金砂路９７号
………………………… Tel：0754-88191188
汕头帝豪酒店有限公司
地址：汕头市金砂路188号
………………………… Tel：0754-88199888
海霸王（汕头）房地产开发有限公司
地址：汕头市东厦路６２号
………………………… Tel：0754-88222079
汕头经济特区金海湾大酒店有限公司
地址：汕头市金砂路９６号
………………………… Tel：0754-88263263
汕头经济特区华星娱乐广场有限公司
地址：汕头市练江路１３号
………………………… Tel：0754-88265651
汕头龙腾娱乐有限公司
地址：汕头市长江路发展大厦南座二至三楼
………………………… Tel：0754-88461886
汕头市丽潮旅游开发有限公司
地址：汕头市金平区跃进路35号6楼601-603号房
………………………… Tel：0754-88652158
汕头市天航度假酒店有限公司
地址：汕头市濠江区红桥路73号九楼之一
………………………… Tel：0754-88897383
深圳利嘉仁集团有限公司
地址：深圳市龙华新区龙华街道人民路金鹏商业广场11楼
………………………… Tel：0755-21003259
容锦酒店管理有限公司
地址：深圳市龙华区大浪街道大浪办事处工业园路1号凯豪达广场2栋1-21层整栋
………………………… Tel：0755-21005860
七鼎娱乐（深圳）有限公司
地址：深圳市龙华区龙华街道富康社区东环一路良基商业大厦5层518室
………………………… Tel：0755-21018736
深圳食范餐饮管理有限公司
地址：深圳市龙华区大浪街道浪铁天颂A2-1单元401
………………………… Tel：0755-21038416
深圳市空色餐饮品牌管理有限公司
地址：深圳市前海深港合作区前湾一路1号A栋201室（入驻深圳市前海商务秘书有限公司）
………………………… Tel：0755-21524512
深圳市好玩世界国际旅游服务有限公司
地址：深圳市罗湖区深南东路4002号鸿隆世纪广场B座3楼06室
………………………… Tel：0755-21540214
深圳市甘棠明善餐饮有限公司
地址：深圳市南山区招商街道南海大道1031号万海大厦C座三层301、302、303、304
………………………… Tel：0755-21631558
深圳力加餐饮管理有限公司
地址：深圳市南山区招商街道万海大厦C座3楼301
………………………… Tel：0755-21631558
深圳市百立勤餐饮策划管理有限公司
地址：深圳市宝安区西乡街道宝民二路臣田工业区14栋综合楼二楼
………………………… Tel：0755-21638988
彩色雪乐园体育文化娱乐（深圳）有限公司
地址：深圳市南山区招商街道赤湾一路G3库顽雪COLORSNOW滑雪基地
………………………… Tel：0755-21992199
新世代餐饮管理（深圳）有限公司
地址：深圳市罗湖区南湖街道嘉宾路城市天地广场A座1903
………………………… Tel：0755-22165985
深圳中华龙国际酒店投资有限公司
地址：深圳市罗湖区东门街道合作金融大厦10层01
………………………… Tel：0755-22199440
深圳市末落贵族影视传媒文化投资有限公司
地址：深圳市罗湖区东门街道深南东路3020号百货广场东座2604
………………………… Tel：0755-22222022
深圳市金泰餐饮管理有限公司
地址：深圳市罗湖区黄贝街道怡景路怡景花园牡丹村K径A座一楼A1、二楼、三楼
………………………… Tel：0755-22227777
世旅旅游发展（深圳）有限公司
地址：深圳市罗湖区笋岗街道梨园路6号物资控股置地大厦912室
………………………… Tel：0755-22278999
莱华国际酒店有限公司
地址：深圳市罗湖区笋岗梨园路128号宝能汽车大楼七楼701-5
………………………… Tel：0755-22278999
宝能酒店投资有限公司
地址：深圳市罗湖区笋岗梨园路128号宝能汽车大楼601-2
………………………… Tel：0755-22304360
深圳宝能酒店管理有限公司
地址：深圳市罗湖区笋岗街道宝安北路2011号桃园商业大厦（827栋）六楼B602
………………………… Tel：0755-22304360
深圳鸿兴莱华酒店有限公司
地址：深圳市大鹏新区南澳街道新东路28号桔钓沙莱华国际酒店办公楼2楼
………………………… Tel：0755-22304360
深圳市金尔豪珠宝股份有限公司
地址：深圳市罗湖区翠竹街道翠锦社区水田二街20号翠竹酒店3楼306
………………………… Tel：0755-22304560
深圳钱柜娱乐有限公司
地址：深圳市罗湖区人民南路天安商场101、502、503
………………………… Tel：0755-22312288
深圳钱仁娱乐有限公司
地址：深圳市福田区上步南路佳兆业中心1-4楼A区
………………………… Tel：0755-22312888
深圳秦商大酒店有限公司
地址：深圳市罗湖区黄贝街道爱国路1052号金通大厦A座二层210室
………………………… Tel：0755-22351859
深圳市朵颐餐饮管理有限公司
地址：深圳市盐田区海山街道大百汇高新技术工业园C栋620
………………………… Tel：0755-22355555
深圳市翡翠春天文化娱乐有限公司
地址：深圳市龙岗区吉华街道布龙路18-1三联综合楼负一层05号商铺
………………………… Tel：0755-22387278
深圳天鹏娱乐传媒有限公司
地址：深圳市福田区沙头街道新洲社区滨河大道9005号新洲酒店三层
………………………… Tel：0755-22664183
深圳市单车娱乐有限公司
地址：深圳市福田区滨河路北彩田路东交汇处联合广场A座裙楼402-D、402-E室
………………………… Tel：0755-22675493
深圳市四品居餐饮有限公司
地址：深圳市南山区南山街道登良路恒裕中心B座407A
………………………… Tel：0755-22676022
归来吧国际餐饮服务管理有限公司
地址：深圳市南山区南山街道登良恒裕中心B座408
………………………… Tel：0755-22676022
深圳市梵星娱乐文化有限公司
地址：深圳市南山区招商街道赤湾社区赤湾三路三号D4-1(18PLUS)
………………………… Tel：0755-22677621
金茂深圳酒店投资有限公司
地址：深圳市福田区深南大道6005号东麒大厦101
………………………… Tel：0755-22698832
深圳市君歌餐饮投资管理有限公司
地址：深圳市罗湖区南湖街道嘉宾路彭年酒店写字楼33楼8158号
………………………… Tel：0755-22900043
钜星汇国际娱乐策划（深圳）有限公司
地址：深圳市福田区福保街道福保社区桃花路19号江贸工贸仓储楼五层
………………………… Tel：0755-22919704
深圳市嘉年华旅游娱乐有限公司
地址：深圳市罗湖区深南中路金融中心大厦晶都酒店北面一至五楼
………………………… Tel：0755-22929697
深圳晶都酒店有限公司
地址：深圳市深南中路金融中心大厦南座
………………………… Tel：0755-22929697
深圳前海玄武旅游文化产业发展基金企业（有限合伙）
地址：深圳市前海深港合作区前湾一路1号A栋201室（入驻深圳市前海商务秘书有限公司）
………………………… Tel：0755-22961700
腾邦旅游集团有限公司
地址：深圳市福田保税区桃花路腾邦物流大厦四层
………………………… Tel：0755-22965099
深圳市智汇德贸易有限公司
地址：深圳市龙岗区坂田街道马安堂社区中兴路105号儒骏大厦808
………………………… Tel：0755-22986599
深圳米宪娱乐有限公司
地址：深圳市福田区沙头街道车公庙天吉大厦（F5.8厂房）4B1
………………………… Tel：0755-23013959
深圳市慈浩餐饮科技有限公司
地址：深圳市福田区华强北街道燕南路家乐大厦1楼49-1号
………………………… Tel：0755-23057985
深圳市前海亚洲星汇演艺娱乐有限公司
地址：深圳市前海深港合作区前湾一路1号A栋201室（入驻深圳市前海商务秘书有限公司）
………………………… Tel：0755-23071427
深圳市万胜达餐饮管理有限公司
地址：深圳市龙华区龙华街道玉翠社区龙观路12号梓浩泰工业区C栋201
………………………… Tel：0755-23109580
皇家贵族国际酒店（深圳）有限公司
地址：深圳市光明新区马田街道将石社区新围第三工业区C40栋六楼A区
………………………… Tel：0755-23191185
深圳市侏罗纪新材料有限公司
地址：深圳市大鹏新区大鹏街道布新路140号201室
………………………… Tel：0755-23250788
深圳市尊悦容御酒店管理有限公司
地址：深圳市福田区福保街道福田保税区市花路5号长富金茂大厦1号楼66层6601
………………………… Tel：0755-23311320
深圳市花样年酒店管理有限公司
地址：深圳市宝安区福永街道兴围社区兴华路2号星航华府四期F-11L
………………………… Tel：0755-23317904
深圳星宸娱乐文化有限公司
地址：深圳市前海深港合作区前湾一路1号A栋201室（入驻深圳市前海商务秘书有限公司）
………………………… Tel：0755-23318057
深圳大冠天下文化娱乐有限公司
地址：深圳市福田区华强北街道华富路1018号中航中心2303室
………………………… Tel：0755-23481234
深圳影星娱乐有限公司
地址：深圳市福田区沙头街道天安社区泰然四路6号天安数码时代大厦主楼2211-2
………………………… Tel：0755-23482791
深圳市广福盛达餐饮管理有限公司
地址：深圳市福田区福田街道圩镇社区福华路99号福田市场大厦5A10
………………………… Tel：0755-23486248
深圳市新巢商务酒店有限公司
地址：深圳市罗湖区东门街道南庆街汇商名苑4-B1至4-B3、4-B5至4-B8
………………………… Tel：0755-23628888
深圳前海高诚娱乐影业有限公司
地址：深圳市前海深港合作区前湾一路1号A栋201室（入驻深圳市前海商务秘书有限公司）
………………………… Tel：0755-23704732
古邦环境科技（深圳）有限公司
地址：深圳市龙华区龙华街道景龙社区中环路大信花园8栋3单元301
………………………… Tel：0755-23720455
广东卡苏全球商品采购展销管理（集团）有限公司
地址：深圳市龙岗区吉华街道三联社区三联珠宝城B栋201
………………………… Tel：0755-23742413
深圳市唐鋆酒店投资管理有限责任公司
地址：深圳市福田区深南大道6011号NEO大厦C座21AB
………………………… Tel：0755-23760757
深圳市迪昇影业发展有限公司
地址：深圳市南山区中山园路1001号TCL科学园区E2-4A
………………………… Tel：0755-23764456
深圳广商餐饮管理咨询有限公司
地址：深圳市龙岗区坂田街道布龙路339号鸿生源工业园A栋4楼405
………………………… Tel：0755-23769582
深圳市安潮裕餐饮管理有限公司
地址：深圳市福田区福田街道福华路北深圳国际交易广场写字楼3105
………………………… Tel：0755-23820899
深圳市拾富龙房地产开发有限公司
地址：深圳市龙岗区平湖街道新南社区国泰街18号一楼
………………………… Tel：0755-23823197
深圳小狮妹动漫娱乐科技有限公司
地址：深圳市盐田区沙头角街道工业东街盐田国际创意港2栋5F
………………………… Tel：0755-23937728
深圳豪丽斯餐饮管理有限公司
地址：深圳市福田区深南大道和泰然大道交汇处绿景纪元大厦37AEF
………………………… Tel：0755-23944884
深圳市星丽酒店经营管理有限公司
地址：深圳市福田区福华三路星河发展中心办公2101-3
………………………… Tel：0755-23952196
深圳市金昌实业投资有限公司
地址：深圳市福田区深南大道8000号建安大厦11层F单元
………………………… Tel：0755-23972920
勒韦酒店管理（深圳）有限公司
地址：深圳市罗湖区南湖街道和平路1199号金田大厦8楼803
………………………… Tel：0755-25113167
深圳市华盛国际娱乐有限公司
地址：深圳市南山区沙河街道大冲城市花园8A18A
………………………… Tel：0755-25120662
深圳恒安兴智联生活科技集团股份有限公司
地址：深圳市龙岗区南湾街道下李朗社区平吉大道9号华熠大厦A区1101
………………………… Tel：0755-25126000
百胜餐饮（深圳）有限公司
地址：深圳市福田区深南大道1006号深圳国际创新中心（福田科技广场）B栋8、9层
………………………… Tel：0755-25156188
深圳市玛雅城俱乐部酒店有限公司
地址：深圳市罗湖区沿河南路1177号
………………………… Tel：0755-25197596
广东鼎嘉餐饮管理有限公司
地址：深圳市福田区园岭街道上林社区八卦四路10号中浩大厦西227、228室
………………………… Tel：0755-25260878
深圳雍和实业有限公司
地址：深圳市福田区福保街道福保社区槟榔道1号吉虹研发大楼B栋7层713
………………………… Tel：0755-25262530
深圳富临大酒店企业有限公司
地址：深圳市罗湖区和平路1085号
………………………… Tel：0755-25586333
深圳市万国荟贸易有限公司
地址：深圳市福田区华强北街道福景路5号边防大厦11楼1102室
………………………… Tel：0755-25589083
东莞市塘厦宝光渡假娱乐有限公司
地址：东莞市塘厦镇１３８工业区湖景路塘坑水库
………………………… Tel：0755-2559055
深圳寰宇大酒店
地址：深圳市罗湖区红岭中路1002号
………………………… Tel：0755-25595024
深圳市雅园风尚酒店有限公司
地址：深圳市罗湖区东门北路117号雅园宾馆西座1-2楼
………………………… Tel：0755-25605888
深圳珀丽酒店有限公司
地址：深圳市罗湖区翠竹街道翠锦社区布心路3033号水贝壹号B16-01
………………………… Tel：0755-25610528
深圳市寰球娱乐文化发展有限公司
地址：深圳市龙岗区坂田街道万科城社区坂雪岗大道万科城F区27号、28号、29号楼商铺F106
………………………… Tel：0755-25634415
深圳市鹏翔旅游运输有限公司
地址：深圳市福田区莲花街道彩虹社区莲花支路1001号公交大厦1层
………………………… Tel：0755-25726659
舌尖餐饮文化有限公司
地址：深圳市前海深港合作区前湾一路1号A栋201室（入驻深圳市前海商务秘书有限公司）
………………………… Tel：0755-25852685
深圳市工合佛教文化旅游基金企业（有限合伙）
地址：深圳市福田区香蜜湖街道侨香路3085岭南大厦8楼
………………………… Tel：0755-25863073
深圳市香堤文化娱乐投资有限公司
地址：深圳市前海深港合作区前湾一路鲤鱼门街1号前海深港合作区管理局综合办公楼A栋201室（入驻深圳市前海商务秘书有限公司）
………………………… Tel：0755-25882286
深圳彩彩乐电子娱乐科技开发有限公司
地址：深圳市罗湖区人民南路深房广场45楼A座4501A-16室
………………………… Tel：0755-25890222
广东钜星供应链管理有限公司
地址：深圳市坪山区坪山街道六联社区深

汕路（坪山段）168号六和商业广场一期J1703
…………………… Tel：0755-25897520
深圳华宇国际酒店管理有限公司
地址：深圳市罗湖区清水河街道红岗路1003号红岗大厦715室
…………………… Tel：0755-25915285
深圳茂业大酒店有限公司
地址：深圳市罗湖区南湖街道深南东路4003号世界金融中心A37
…………………… Tel：0755-25983861
深圳市海印投资有限公司
地址：深圳市福田区梅林街道中康路北梅坳三路6号深圳市建筑工程股份有限公司办公楼
…………………… Tel：0755-26046464
深圳市都乐门餐饮实业有限公司
地址：深圳市宝安区福永街道凤塘大道50号一、三楼
…………………… Tel：0755-26068868
深圳中南海滨大酒店有限公司
地址：深圳市南山区南新路中南半岛大厦2-12楼
…………………… Tel：0755-26088736
深圳市普惠文化娱乐有限公司
地址：深圳市前海深港合作区前湾一路1号A栋201室（入驻深圳市前海商务秘书有限公司）
…………………… Tel：0755-26408850
深圳市西丽湖度假村娱乐部
地址：深圳市南山区西丽湖度假村
…………………… Tel：0755-26511681
深圳好乐互娱文化传媒有限公司
地址：深圳市前海深港合作区前湾一路1号A栋201室（入驻深圳市前海商务秘书有限公司）
…………………… Tel：0755-26523373
臻缘贡茶餐饮管理（深圳）有限公司
地址：深圳市盐田区海山街道东和路壹海城玺湾裙楼101号
…………………… Tel：0755-26601373
深圳华侨城海景酒店有限公司
地址：深圳市南山区华侨城光侨街3、5号
…………………… Tel：0755-26602222
深圳三百弄文化旅游度假酒店有限公司
地址：深圳市前海深港合作区前湾一路1号A栋201室（入驻深圳市前海商务秘书有限公司）
…………………… Tel：0755-26604089
深圳太度文化旅游酒店有限公司
地址：深圳市南山区桃源街道龙联社区龙珠大道72号鼎胜山邻居A06
…………………… Tel：0755-26604089
欢乐谷文化旅游发展有限公司
地址：深圳市前海深港合作区前湾一路1号A栋201室（入驻深圳市前海商务秘书有限公司）
…………………… Tel：0755-26606915
我要游（深圳）酒店有限公司
地址：深圳市前海深港合作区前湾一路1号A栋201室（入驻深圳市前海商务秘书有限公司）
…………………… Tel：0755-26609209
深圳市鑫辉餐饮服务管理有限公司
地址：深圳市南山区粤海街道科技园科丰路2号特发信息港C栋2、3层
…………………… Tel：0755-26612818
深圳市亿佳泰餐饮管理有限公司
地址：深圳市南山区南山大道1173号三楼北
…………………… Tel：0755-26644840
鲜娱电竞俱乐部有限公司
地址：深圳市福田区梅林街道梅都社区中康路126号卓越梅林中心广场（南区）卓悦汇B706
…………………… Tel：0755-26651651
深圳市鼎基建设工程有限公司
地址：深圳市南山区南山街道月亮湾大道2078号兆龙大楼1507
…………………… Tel：0755-26655999
深圳市欢玩游戏娱乐有限公司
地址：深圳市南山区粤海街道高新区社区高新南七道015号深港产学研基地W320A
…………………… Tel：0755-26659591
深圳市安华新桃园饮食娱乐发展有限公司
地址：深圳市南山区桃园路10号大楼
…………………… Tel：0755-26669638
深圳南海酒店有限公司
地址：深圳市南山区蛇口工业区工业一路1号
…………………… Tel：0755-26692888
深圳山海文博旅游发展有限公司
地址：深圳市龙岗区布吉街道西环路88号文博宫6号馆三楼
…………………… Tel：0755-26738195
深圳市九鹿互动娱乐有限公司
地址：深圳市南山区粤海街道东滨路4078号永新汇2号楼9楼
…………………… Tel：0755-26861899
深圳市盛世番互动娱乐有限公司
地址：深圳市南山区粤海街道高新区南区学府路深圳软件产业基地4栋B座503室
…………………… Tel：0755-26906623
深圳市一米厨房餐饮管理有限公司
地址：深圳市龙岗区吉华街道甘李6路7号4A一楼
…………………… Tel：0755-26910087
深圳市华侨城创意文化酒店有限公司
地址：深圳市南山区华侨城光侨街道13号路新侨大厦三楼东
…………………… Tel：0755-26930470
深圳九颂山河企业管理有限公司
地址：深圳市南山区沙河街道华侨城香山中街波托菲诺天鹅堡二期J栋1D
…………………… Tel：0755-26969590
深圳市多滋味农产品配送有限公司
地址：深圳市宝安区41区甲岸路33号306D
…………………… Tel：0755-26989811
深圳市慈浩餐饮服务管理有限公司
地址：深圳市龙岗区吉华街道吉华路333号上水径综合楼布吉义乌小商品城4-011室
…………………… Tel：0755-27208843
深圳市琴江酒店投资发展有限公司
地址：深圳市宝安区沙井街道新沙路上星隔陂三巷9号4-8楼
…………………… Tel：0755-27291299
深圳市力而行教育投资有限公司
地址：深圳市宝安区松岗街道红星社区蚝涌第一工业区F栋4楼
…………………… Tel：0755-27589075
深圳市美味通餐饮管理有限公司
地址：深圳市南山区粤海街道朗山路16号华瀚大厦D座105
…………………… Tel：0755-27599326
品和祥实业有限公司
地址：深圳市前海深港合作区前湾一路1号A栋201室（入驻深圳市前海商务秘书有限公司）
…………………… Tel：0755-27674383
深圳市绿保康餐饮管理有限公司
地址：深圳市龙岗区坂田街道布龙路329号1栋办公楼一至三楼
…………………… Tel：0755-27704115
深圳嘉上物业管理有限公司
地址：深圳市宝安区松岗街道广深路415号
…………………… Tel：0755-27718190
深圳市航港高尔夫球娱乐有限公司
地址：深圳市宝安区黄田机场内
…………………… Tel：0755-27777870
深圳酷娱炫乐科技有限公司
地址：深圳市罗湖区黄贝街道新秀罗芳南路城市东方公寓265
…………………… Tel：0755-27808576
深圳市顺佳成建设装饰工程有限公司
地址：深圳市龙岗区南湾街道沙湾社区沙平北路1号201(8201)
…………………… Tel：0755-27808576
深圳星宇城文化娱乐投资管理有限公司
地址：深圳市宝安区新安街道建安一路80号香缤广场4楼东区
…………………… Tel：0755-27881099
深圳市欧米伽餐饮管理有限公司
地址：深圳市前海深港合作区前湾一路1号A栋201室（入驻深圳市前海商务秘书有限公司）（经营场所：深圳市福田区福华三路与金田路交汇处卓越世纪中心3号楼2611）
…………………… Tel：0755-27881123
深圳市万悦国际酒店有限公司
地址：深圳市宝安区二十一区前进路与创业路交界
…………………… Tel：0755-27881888
深圳恒丰海悦国际酒店有限公司
地址：深圳市宝安区西乡镇宝城80区新城广场
…………………… Tel：0755-27922222
深圳市前海百佳华餐饮管理有限公司
地址：深圳市前海深港合作区前湾一路1号A栋201室（入驻深圳前海商务秘书有限公司）
…………………… Tel：0755-27928236
深圳市哥哥乐餐饮连锁有限公司
地址：深圳市龙华新区观澜街道启明社区老一1100030号、1100031号
…………………… Tel：0755-27955555
深圳观澜湖酒店有限公司
地址：深圳市龙华新区观澜高尔夫大道1号
…………………… Tel：0755-28020888
深圳市蓝色金柜娱乐有限公司
地址：深圳市龙华新区观澜街道南大富社区大布头路新华大厦一区2-3楼左
…………………… Tel：0755-28028046
深圳市观澜格兰云天大酒店投资有限公司
地址：深圳市龙华区观澜街道润城社区环观南路188-3-1-2-4-5号
…………………… Tel：0755-28059999
深圳市天成文化娱乐有限公司
地址：深圳市前海深港合作区前湾一路1号A栋201室（入驻深圳市前海商务秘书有限公司）
…………………… Tel：0755-28187871
深圳市煌烨华餐饮管理有限公司
地址：深圳市坪山区碧岭街道碧岭社区飞发路2号201
…………………… Tel：0755-28242456
乐泰都娱乐城（深圳）有限公司
地址：深圳市龙岗区布吉西环路一村市场综合大厦二楼
…………………… Tel：0755-28280003
特别特（深圳）新环保有限公司
地址：深圳市南山区西丽街道西丽社区西丽南路74号永标大厦720
…………………… Tel：0755-28400831
特别特（深圳）新环保有限公司
地址：深圳市南山区西丽街道西丽社区西丽南路74号永标大厦720
…………………… Tel：0755-28400831
深圳市君逸酒店有限公司
地址：深圳市龙岗区横岗为民路8号
…………………… Tel：0755-28661888
深圳市富贤酒店管理服务有限公司
地址：深圳市龙岗区横岗街道坳背路81-2
…………………… Tel：0755-28680888
深圳市星际动漫娱乐传媒股份有限公司
地址：深圳市龙岗区横岗街道四联社区华乐路33号庭威33创谷B栋301-1
…………………… Tel：0755-28683766
深圳市宝丽食府餐饮管理有限公司
地址：深圳市龙岗区龙岗大道（横岗段）3168号信义商业大厦1-2楼
…………………… Tel：0755-28685881
深圳市阿尔泰车载娱乐系统有限公司
地址：深圳市南山区西丽街道松白路1029号南岗第一工业园1栋4楼
…………………… Tel：0755-2881209
深圳星王妃文化娱乐有限公司
地址：深圳市龙岗区龙城街道龙兴商业广场1号楼1层
…………………… Tel：0755-28839008
深圳市乐颐餐饮管理有限公司
地址：深圳市龙岗区横岗街道大康路口安商茂雄农产品批发中心二楼
…………………… Tel：0755-28886621
深圳市贝思亲连锁管理有限公司
地址：深圳市南山区南头街道马家龙社区南山大道3186号明江大厦C单元五层506室（入驻深圳市可乐商务秘书有限公司）
…………………… Tel：0755-28996844
深圳市乐噜互动娱乐科技有限公司
地址：深圳市前海深港合作区前湾一路1号A栋201室（入驻深圳市前海商务秘书有限公司）
…………………… Tel：0755-29006792
广东孩要来娱乐文化管理有限公司
地址：深圳市龙岗区平湖街道禾花社区华南大道一号华南国际皮革皮具原辅料物流区二期4层4G-206号
…………………… Tel：0755-29006792
楚天下大酒店有限公司
地址：深圳市宝安区新安街道宝城71区E地段L幢厂房一楼、五楼、六楼之一楼A
…………………… Tel：0755-29006792
深圳市高发文旅产业投资有限公司
地址：深圳市宝安区新安街道创业路高发西岸花园3栋T208
…………………… Tel：0755-29171516
深圳韩流娱乐有限公司
地址：深圳市盐田区沙头角街道工业东街光明家私工业大楼2B(即3栋2B)
…………………… Tel：0755-29192605
深圳天启互动信息科技有限公司
地址：深圳市龙华新区民治街道梅龙路樟坑第二工业区2号优品文化创意园2栋第3楼303/305
…………………… Tel：0755-29376956
深圳市海富昌餐饮营养管理有限公司
地址：深圳市宝安区西乡街道臣田社区宝民二路臣田段东方雅苑宿舍楼B802
…………………… Tel：0755-29566114
深圳小悠电竞科技有限公司
地址：深圳市宝安区西乡街道劳动社区宝源路1065号F518时尚创意园F7栋3层
…………………… Tel：0755-29566170
深圳市至爱空间酒店管理有限公司
地址：深圳市宝安区沙井街道锦程路新三洋工业区A栋
…………………… Tel：0755-29752449
深圳市万德威新材料有限公司
地址：深圳市宝安区西乡街道宝安大道5010号佳兆纳创意大厦15楼
…………………… Tel：0755-29798558
深圳名秀捷娱乐传媒有限公司
地址：深圳市宝安区西乡街道蚝业社区蚝业雅苑3楼311号
…………………… Tel：0755-29799485
深圳市宝格利国际酒店管理有限公司
地址：深圳市宝安区西乡街道前进二路四号E栋312室
…………………… Tel：0755-29836656
深圳华海文化娱乐科技有限公司
地址：深圳市龙华新区龙华街道高翔２８号９栋一单元３２Ａ
…………………… Tel：0755-29849513
深圳市麦香村实业发展有限公司
地址：深圳市宝安区沙井街道蚝四南浦科技工业园B5栋
…………………… Tel：0755-29887311
深圳华侨城滨海有限公司
地址：深圳市宝安区新安街道宝兴路8号
…………………… Tel：0755-29910999
深圳市星范儿文化科技有限公司
地址：深圳市宝安区福海街道和平社区骏丰工业区综合楼301B
…………………… Tel：0755-29953948
深圳市勤诚达旅游投资发展有限公司
地址：深圳市福田区香蜜湖街道深南大道7006号富春东方大厦20楼
…………………… Tel：0755-29988222
深圳市乐娱互动科技有限公司
地址：深圳市宝安区西乡街道宝源路名优工业产品展示采购中心D座302
…………………… Tel：0755-32823108
深圳华实城市文化娱乐投资有限公司
地址：深圳市前海深港合作区前湾一路1号A栋201室（入驻深圳市前海商务秘书有限公司）
…………………… Tel：0755-32856389
深圳兴众财富有限公司
地址：深圳市南山区南头街道深南大道12017号劳动大厦7001
…………………… Tel：0755-32862844
深圳市威宏酒店有限公司
地址：深圳市龙岗区布吉镇宝龙大厦吉龙阁
…………………… Tel：0755-32905531
深圳市康盛餐饮科技管理服务有限公司
地址：深圳市坪山区龙田街道老坑社区锦绣中路9号1栋101
…………………… Tel：0755-32939806
客乐德（深圳）旅游文化传媒有限公司
地址：深圳市前海深港合作区前湾一路1号A栋201室(入驻深圳市前海商务秘书有限公司)
…………………… Tel：0755-32953681
深圳市山河国际旅行社有限公司
地址：深圳市龙岗区南湾街道下李朗社区平吉大道平朗路9号万国食品城B座18楼07室
…………………… Tel：0755-33123603
深圳乐橙互娱科技有限公司
地址：深圳市南山区南头街道星海名城社区南山区深南大道与前海路交汇处星海名城七期3003
…………………… Tel：0755-33145435
深圳市食美乐餐饮管理有限公司
地址：深圳市宝安区福永街道白石厦社区东区日富路34号103
…………………… Tel：0755-33259488
深圳市雷鸟数字娱乐科技有限公司
地址：深圳市前海深港合作区南山街道临海大道59号海运中心主塔楼1311号-13235
…………………… Tel：0755-33312788
深圳市融信通投资担保有限公司
地址：深圳市福田区沙头街道天安数码时代大厦副楼408F
…………………… Tel：0755-33369589
深圳市萍心安然贸易有限公司
地址：深圳市宝安区新安街道怡园路4013号35区A9栋201
…………………… Tel：0755-33557890
深圳市浪金刚文化娱乐投资发展有限公司
地址：深圳市南山区粤海街道海德三道天利名城BC座负一层
…………………… Tel：0755-33560681
深圳市浪金刚实业投资发展有限公司
地址：深圳市福田区沙头街道金地工业园122栋520室
…………………… Tel：0755-33560681
深圳华侨城酒店发展有限公司
地址：深圳市南山区沙河街道深南大道9026-1号华侨城威尼斯酒店
…………………… Tel：0755-33666666
康莱（中国）酒店管理有限公司
地址：深圳市福田区梅林街道下梅林二街颂德国际大厦23层
…………………… Tel：0755-33900573
鹏城海民族文化酒店管理有限公司
地址：深圳市福田区福田街道深南大道4019号航天大厦A2207
…………………… Tel：0755-33958333
深圳华侨城大酒店有限公司
地址：深圳市南山区华侨城
…………………… Tel：0755-33993388
深圳市华侨城国际酒店管理有限公司
地址：深圳市南山区沙河街道华侨城光桥街新侨大厦三楼西
…………………… Tel：0755-33996682
海航旅游投资控股（深圳）有限公司
地址：深圳市前海深港合作区前湾一路1号A栋201室（入驻深圳市前海商务秘书有限公司）

…………………… Tel：0755-36378390
深圳大美食代餐饮管理有限公司
地址：深圳市光明区光明街道光明社区新地中央办公楼1001A
…………………… Tel：0755-36656960
深圳市风亭晚餐饮娱乐实业投资有限责任公司
地址：深圳市宝安区沙井街道新桥社区中心路迪温大厦501
…………………… Tel：0755-36693679
深圳市前海森美泰酒店管理有限公司
地址：深圳市前海深港合作区前湾一路1号A栋201室（入驻深圳市前海商务秘书有限公司）
…………………… Tel：0755-36968575
中青旅山水酒店集团股份有限公司
地址：深圳市福田区深南中路京华街京华公司12栋112室
…………………… Tel：0755-61621386
深圳市宝亨达国际大酒店管理有限公司
地址：深圳市龙岗区南湾街道布澜路35号宝亨达国际大酒店
…………………… Tel：0755-61862222
铂瑞思实业（深圳）有限公司
地址：深圳市福田区华强北街道上步南路锦峰大厦9F
…………………… Tel：0755-61931332
深圳真人娱乐传媒有限公司
地址：深圳市南山区沙河街道新堂花园8栋一楼104
…………………… Tel：0755-66601115
深圳海创汇资产管理有限公司
地址：深圳市福田区深南大道3018号世纪汇办公大楼20楼
…………………… Tel：0755-66601115
星巴克咖啡（深圳）有限公司
地址：深圳市福田区华强北街道华富路1018号中航中心大厦7楼01单元（仅作办公用途）
…………………… Tel：0755-66618908
深圳米锐克娱乐演艺传媒有限公司
地址：深圳市福田区皇岗路与深南中路交界东北田面城市大厦22DE
…………………… Tel：0755-66635548
中晟旅游（深圳）股份有限公司
地址：深圳市龙岗区坪地街道坪西社区花园14号201
…………………… Tel：0755-66666063
深圳中快餐饮集团有限公司
地址：深圳市宝安区新安街道灵芝园社区22区中粮紫云大厦2312
…………………… Tel：0755-82047686
华储（深圳）体育有限公司
地址：深圳市前海深港合作区前湾一路1号A栋201室（入驻深圳市前海商务秘书有限公司）
…………………… Tel：0755-82049897
深圳战神互动娱乐有限公司
地址：深圳市前海深港合作区前湾一路1号A栋201室（入驻深圳市前海商务秘书有限公司）
…………………… Tel：0755-82049897
深圳市千百味餐饮管理有限公司
地址：深圳市罗湖区深南东路5015号金丰城大厦B座19层北面
…………………… Tel：0755-82073288
深圳真功夫餐饮管理有限公司
地址：深圳市罗湖区深南东路5015号金丰城B座19层北面
…………………… Tel：0755-82073288
深圳中州圣廷苑酒店有限公司
地址：深圳市福田区园岭街道华强北路4002号长兴大厦（圣廷苑主楼）、4014号长盛大厦（圣廷苑世纪楼）
…………………… Tel：0755-82078888
深圳市禾绿餐饮管理有限公司
地址：深圳市罗湖区罗沙路长岭村13号七楼
…………………… Tel：0755-82090455
深圳市仲康时代餐饮有限公司
地址：深圳市福田区福田街道福南社区深南中路3039号国际文化大厦501
…………………… Tel：0755-82093323
深圳南国影联股份有限公司
地址：深圳市罗湖区桂园路口电影大厦
…………………… Tel：0755-82119573
深圳市金讯新世纪餐饮策划管理有限公司
地址：深圳市福田区深南大道西段香蜜湖度假村西座酒店主楼西侧
…………………… Tel：0755-82119988
深圳野果投资发展有限公司
地址：深圳市南山区粤海街道前海路1340号前海明珠A1204
…………………… Tel：0755-82125992
深圳市九州好味道餐饮有限公司
地址：深圳市龙岗区龙岗街道利民农贸市场c049-050
…………………… Tel：0755-82131809
华娱（深圳）国际娱乐有限公司
地址：深圳市福田区沙头街道天安社区泰然七路25号泰然科技园苍松大厦十九层1908H2
…………………… Tel：0755-82138880
深圳市仟游互动娱乐有限公司
地址：深圳市南山区南山街道登良路汉京大厦5H-563-37
…………………… Tel：0755-82141580
深圳市凯仕利餐饮服务有限公司
地址：深圳市罗湖区莲塘街道国威路高新技术产业第一园区108栋521室
…………………… Tel：0755-82149979
深圳市深圳酒店集团有限公司
地址：深圳市罗湖区南湖街道人民南路兴业大厦（一期）一楼101
…………………… Tel：0755-82170850
富苑置地（深圳）有限公司
地址：深圳市罗湖区南湖中路3018号
…………………… Tel：0755-82172288
深圳市金色时代娱乐餐饮有限公司
地址：深圳市罗湖区南湖街道嘉北社区人民南路3005号深房广场5-7层
…………………… Tel：0755-82200336
深圳宏博宴遇餐饮管理有限公司
地址：深圳市罗湖区东湖街道梧桐山赤水洞村92号2栋101
…………………… Tel：0755-82213600
深圳迎宾馆有限公司
地址：深圳市罗湖区新园路15号
…………………… Tel：0755-82222722
深圳阳光酒店
地址：深圳市罗湖区嘉宾路2001号
…………………… Tel：0755-82233888
深圳市华春龙酒店经营管理有限公司
地址：深圳市南山区蛇口街道深圳湾社区岸湾三街5号吉祥龙花园S136
…………………… Tel：0755-82260518
深圳市鲜语餐饮管理有限公司
地址：深圳市罗湖区南湖街道沿河路好运来大厦1栋1601
…………………… Tel：0755-82299333
可域酒店管理（深圳）有限公司
地址：深圳市龙岗区坂田街道雪象社区象角塘宝吉行政办公楼109室
…………………… Tel：0755-82320530
深圳鹏鹏控股股份有限公司
地址：深圳市罗湖区春风路一号
…………………… Tel：0755-82320888
深圳市佳兆业乐园娱乐有限公司
地址：深圳市罗湖区南湖街道人民南路2008号嘉里中心2105室
…………………… Tel：0755-82326351
深圳市佳兆业酒店管理有限公司
地址：深圳市罗湖区南湖街道罗湖社区人民南路2010号发展中心大厦三十七层
…………………… Tel：0755-82326351
深圳香格里拉大酒店有限公司
地址：深圳市罗湖区建设路1002号（火车站东侧）
…………………… Tel：0755-82330888
深圳市城建置地发展有限公司
地址：深圳市罗湖区桂园街道红岭南路金华街19号
…………………… Tel：0755-82333717
深圳市奇创旅游投资发展有限公司
地址：深圳市罗湖区桂园街道解放路广场北街小区3栋2楼208
…………………… Tel：0755-82335266
深圳市春江庐山大酒店有限公司
地址：深圳市罗湖区春风路3023号庐山大厦A座31层
…………………… Tel：0755-82338888
深圳市任点餐饮管理有限公司
地址：深圳市罗湖区东晓街道松园社区红岭中路2118号建设集团大厦A902
…………………… Tel：0755-82349636
深圳市所城酒业股份有限公司
地址：深圳市大鹏新区大鹏街道鹏城社区南门街36号
…………………… Tel：0755-82357999
深圳立春文化娱乐投资有限公司
地址：深圳市福田区香蜜湖街道侨香路1011号E1
…………………… Tel：0755-82380893
深圳华谊兄弟娱乐经纪有限公司
地址：深圳市罗湖区笋岗街道笋岗东路同乐大厦同庆阁212
…………………… Tel：0755-82398066
深圳市雾人餐饮服务有限公司
地址：深圳市南山区粤海街道高新园中区高新中四道国人大厦首层
…………………… Tel：0755-82422309
深圳鼎盛乐园娱乐服务有限公司
地址：深圳市前海深港合作区前湾一路1号A栋201室（入驻深圳市前海商务秘书有限公司）
…………………… Tel：0755-82484606
深圳窝边草餐饮管理有限公司
地址：深圳市福田区莲花街道金田路4018号安联大厦B座1301号
…………………… Tel：0755-82520911
深圳市杨子江集团有限公司
地址：深圳市前海深港合作区前湾一路1号A栋201室（入驻深圳市前海商务秘书有限公司）
…………………… Tel：0755-82525589
广东会展国宴餐饮投资集团有限公司
地址：深圳市罗湖区嘉宾路与南湖路交汇处北侧深华商业大厦1410-1411
…………………… Tel：0755-82564993
深圳市皇轩酒店投资有限公司
地址：深圳市福田区福民路28号皇轩酒店
…………………… Tel：0755-82569888
中国旅游产业基金合伙企业（有限合伙）
地址：深圳市前海深港合作区梦海大道4008号前海深港创新中心C组团2楼09号
…………………… Tel：0755-82572575
理斯顿商业管理（深圳）有限公司
地址：深圳市龙华区民治街道北站社区圣莫丽斯B21栋201A
…………………… Tel：0755-82588888
深圳上横町餐饮管理有限公司
地址：深圳市福田区华富街道皇岗路5001号深业上城（南区）一期产业研发用房（LOFT）（B区）L8层LB801号
…………………… Tel：0755-82691680
思博睿影业娱乐有限公司
地址：深圳市福田区香蜜湖街道侨香路1011号B306A
…………………… Tel：0755-82705689
深圳市中科宏鑫贸易有限公司
地址：深圳市福田区华强北街道荔村社区振兴路120号赛格科技园4栋中7层A-D轴与7-14轴7H05单元
…………………… Tel：0755-82709796
深圳市梦回大唐娱乐传媒有限公司
地址：深圳市福田区香蜜湖街道竹林社区紫竹六道8号金民大厦1407
…………………… Tel：0755-82716289
深圳市悦嘉娱乐传媒有限公司
地址：深圳市南山区粤海街道科技园社区科苑路15号科兴科学园A栋A1-201
…………………… Tel：0755-82720942
亚王能源（深圳）有限公司
地址：深圳市福田区香蜜湖街道竹子林紫竹六道路敦煌大厦1栋第17层17A
…………………… Tel：0755-82750409
深圳市白鹭娱乐有限公司
地址：深圳市南山区白石路东8号欢乐海岸曲水湾13栋A区
…………………… Tel：0755-82771309
广东东贝供应链有限公司
地址：深圳市福田区华强北街道福强社区深南中路2008号华联大厦2001-2023
…………………… Tel：0755-82775742
深圳市昌盛娱乐电子有限公司
地址：深圳市南山区南山街道高新南一道009中国科技开发院中科研发园三号塔楼21A3
…………………… Tel：0755-82778597
深圳登喜路餐饮连锁股份有限公司
地址：深圳市宝安区西乡街道西乡大道与前进二路交汇处美兰商务中心1003.1002室
…………………… Tel：0755-82779545
深圳市都之华酒店管理有限公司
地址：深圳市福田区福田街道福田南路皇城广场裙楼3001A
…………………… Tel：0755-82781999
深圳市意邦达国际贸易有限公司
地址：深圳市龙岗区龙岗街道龙岗大道6002号摩尔城商业中心2004室
…………………… Tel：0755-82799180
深圳市光信餐饮集团有限公司
地址：深圳市南山区粤海街道滨海社区海天二路25号深圳湾创业投资大厦5层
…………………… Tel：0755-82809585
深圳市四季椰林餐饮管理有限公司
地址：深圳市南山区粤海街道滨海社区海天二路25号深圳湾创业投资大厦5层
…………………… Tel：0755-82809585
深圳潮江春餐饮有限公司
地址：深圳市福田区深南大道6035号深航大厦三、四楼
…………………… Tel：0755-82835032
华汇鼎诚商业保理（深圳）有限公司
地址：深圳市前海深港合作区前湾一路1号A栋201室（入驻深圳市前海商务秘书有限公司）
…………………… Tel：0755-82864256
深圳市壹柒伍星球文化科技有限公司
地址：深圳市龙岗区坂田街道南坑社区星河领创天下一期二楼办公区
…………………… Tel：0755-82878962
深圳市酷狗娱乐科技产业有限公司
地址：深圳市前海深港合作区前湾一路1号A栋201室（入驻深圳市前海商务秘书有限公司）
…………………… Tel：0755-82879725
深圳永和大王餐饮有限公司
地址：深圳市福田区沙头街道天安社区泰然四路26号泰然科技园劲松大厦9E
…………………… Tel：0755-82904876
深圳春风毕打奥饮食娱乐有限公司
地址：深圳市罗湖区向西路向西文化娱乐中心
…………………… Tel：0755-82927366
深圳市宝富花都生态科技产业集团有限公司
地址：深圳市龙华区民治街道北站社区樟坑华侨新村彩悦大厦201
…………………… Tel：0755-82934769
深圳市富佳乐娱乐有限公司
地址：深圳市罗湖区东门街道人民北路2055-2063号罗湖区文化娱乐中心三楼
…………………… Tel：0755-82965531
深圳雀友娱乐文化传播有限公司
地址：深圳市福田区南园街道上步南路1001号锦峰大厦28层
…………………… Tel：0755-83002888
意家康餐饮管理有限公司
地址：深圳市前海深港合作区前湾一路1号A栋201室（入驻深圳市前海商务秘书有限公司）
…………………… Tel：0755-83006210
深圳市东方银座酒店管理有限公司
地址：深圳市福田区竹子林深南大道与紫竹六路交汇处东方银座大厦821
…………………… Tel：0755-83029566
深圳市京基一百大厦酒店管理有限公司
地址：深圳市罗湖区桂园街道深南东路5016号京基一百大厦A栋-3、5、75-90、92、95、96、99、100层
…………………… Tel：0755-83088888
深圳市味欢进出口贸易有限公司
地址：深圳市宝安区新安街道新安六路御景湾花园1栋101、201A、301、401之二楼201A-A07
…………………… Tel：0755-83089106
华夏城旅游发展有限公司
地址：深圳市龙岗区布吉街道八约二街3号龙圣商务中心六楼607
…………………… Tel：0755-83127006
深圳市君临天下酒店管理有限公司
地址：深圳市福田区沙头街道新沙社区新沙路5号君临天下六层602、五楼
…………………… Tel：0755-83129888
深圳市百禾餐饮管理有限公司
地址：深圳市南山区沙河街道深南大道益田假日广场B1-60号
…………………… Tel：0755-83148359
深圳海蓝蓝天蓝蓝连锁酒店管理有限公司
地址：深圳市福田区福田街道福山社区滨河大道5022号联合广场A座19层1908
…………………… Tel：0755-83170944
深圳市合正文化旅游集团有限公司
地址：深圳市大鹏新区大鹏街道水头社区石角头街11号101
…………………… Tel：0755-83174448
深圳市龙盛鑫贸易有限公司
地址：深圳市福田区沙头街道天安社区深南大道与泰然九路交界东南金润大厦24D
…………………… Tel：0755-83200604
王冠（深圳）餐饮投资合伙企业（有限合伙）
地址：深圳市福田区香蜜湖街道香蜜社区香梅路口与红荔西路交汇处中投国际商务中心A栋13A
…………………… Tel：0755-83201003
深圳市腾邦梧桐在线旅游投资企业（有限合伙）
地址：深圳市福田区福保街道桃花路9号腾邦集团大厦6楼D区
…………………… Tel：0755-83205863
康美臻品餐饮管理服务有限公司
地址：深圳市福田区莲花街道紫荆社区深南大道6008号深圳特区报业大厦12A
…………………… Tel：0755-83213609
深圳市歌志轩餐饮有限公司
地址：深圳市福田区香蜜湖街道香安社区侨香路3028号侨香公馆3栋A1403
…………………… Tel：0755-83216911
肯尼罗杰斯餐饮（深圳）有限公司
地址：深圳市福田区沙头街道中联大厦东栋505
…………………… Tel：0755-83232977
深圳市卓乐互娱科技有限公司
地址：深圳市福田区福保街道菩提路68号金桂大厦二楼东侧2227
…………………… Tel：0755-83243024
深圳壹岭药业健康产业控股有限公司
地址：深圳市南山区粤海街道粤桂社区白石路3818号阳光粤海花园二期3栋1606
…………………… Tel：0755-83256815
深圳市嘉瑞禾投资集团有限公司
地址：深圳市福田区深南大道车公庙绿景广场主楼22D
…………………… Tel：0755-83259654
深圳市芝狐娱乐文化有限公司
地址：深圳市南山区粤海街道科技园社区科苑路16号东方科技大厦2112
…………………… Tel：0755-83265539
深圳市瑞禹科技有限公司
地址：深圳市福田区深南大道南、泰然九路西喜年中心裙楼401-04

……………………Tel：0755-83281777

深圳市瑞禹科技有限公司
地址：深圳市福田区深南大道南、泰然九路西喜年中心裙楼401-04
……………………Tel：0755-83281777

深圳市佰份佰娱乐有限公司
地址：深圳市福田区福星路29号福田环庆大厦B区二、三、四楼
……………………Tel：0755-83372333

深圳市晏煌餐饮管理有限公司
地址：深圳市宝安区新安街道留仙二路（隆昌路10号）丰业源工业厂区B1、B2栋之B1栋2层203室
……………………Tel：0755-83423568

深圳红色星球娱乐有限公司
地址：深圳市福田区沙头街道金地社区福强路3030号人民体育馆八层H区
……………………Tel：0755-83446496

河源祥祺龙源大酒店有限公司
地址：河源市源城区高埔岗龙源大道1号龙源温泉大酒店接待中心203房(仅限办公)
……………………Tel：0755-83522610

深圳市总章鸿盛酒店管理有限公司
地址：深圳市福田区深南中路2070号电子科技大厦A座6层07
……………………Tel：0755-83567676

深圳卡乐星球数字娱乐有限公司
地址：深圳市前海深港合作区前湾一路1号A栋201室（入驻深圳市前海商务秘书有限公司）经营场所：深圳市南山区华侨城创意文化园东部工业区H1栋6层
……………………Tel：0755-83686211

天呈养生餐饮有限公司
地址：深圳市福田区福田街道华强南路3021号三楼303室
……………………Tel：0755-83688199

深圳格兰云天酒店管理有限公司
地址：深圳市福田区深南中路华富路口航空大厦1栋27层07-12号
……………………Tel：0755-83689888

深圳铁面餐饮管理有限公司
地址：深圳市宝安区新安街道裕安二路裕安居2栋1204
……………………Tel：0755-83695013

深圳市泰威利达实业有限公司
地址：深圳市罗湖区翠竹街道水贝社区文锦北路2028号逸湖居3层
……………………Tel：0755-83707812

深圳市炫舞团体育娱乐文化有限公司
地址：深圳市南山区西丽街道中山园路1001号TCL科学园区D2-1A-3
……………………Tel：0755-83723693

深圳市旅游（集团）股份有限公司
地址：深圳市南山区西丽街道丽湖社区西丽湖路36号深圳市旅游职业训练学校办公楼107
……………………Tel：0755-83734146

深圳市世博兴云旅游投资中心（有限合伙）
地址：深圳市前海深港合作区前湾一路1号A栋201室（入驻深圳市前海商务秘书有限公司）
……………………Tel：0755-83755177

深圳市格兰德酒店有限公司
地址：深圳市福田区滨河路联合广场B座北侧
……………………Tel：0755-83780333

深圳市嗨梦王国娱乐发展有限公司
地址：深圳市福田区福田街道福华一路3号新怡景商业中心L1-048号
……………………Tel：0755-83809942

深圳市佳奇娱乐传媒有限公司
地址：深圳市福田区福保街道市花路长富金茂大厦2903
……………………Tel：0755-83830277

深圳大中华喜来登酒店有限公司
地址：深圳市福田区福华路与金田路交汇处“深圳国际交易广场”
……………………Tel：0755-83838888

深圳东之星保龄球娱乐有限公司
地址：深圳市福田区福田街道福安社区福华一路138号国际商会大厦B栋1301-1302、1313-1314（1314）
……………………Tel：0755-83860520

维也纳酒店有限公司
地址：深圳市福田区福华路福庆大厦一楼北侧、3-20楼
……………………Tel：0755-83981688

深圳市粤吃粤牛餐饮管理有限公司
地址：深圳市坪山新区坪山街道汤坑2路38号
……………………Tel：0755-83981997

深圳市聚纵控股集团有限公司
地址：深圳市南山区南头街道田厦社区田厦翡翠明珠花园3栋2408
……………………Tel：0755-84509152

深圳市祥瑞餐饮管理有限公司
地址：深圳市龙岗区宝龙街道同乐社区水田路39号A栋101（A栋整栋，B栋整栋）
……………………Tel：0755-84512799

深圳市俏八方餐饮有限公司
地址：深圳市龙岗区平湖街道平湖社区凤凰大道328号第三栋
……………………Tel：0755-84686988

深圳长银实业有限公司
地址：深圳市龙岗区龙岗街道新生社区新生路1号丽湾酒店1612-1613
……………………Tel：0755-84840000

深圳市奇华餐饮管理有限公司
地址：深圳市龙岗区龙岗街道新生社区车村东街1号厂房2层201-205
……………………Tel：0755-84855726

深圳市丽滨娱乐有限公司
地址：深圳市龙岗区龙城街道盛平社区龙平东路楚丰广场三楼至四楼
……………………Tel：0755-84871658

深圳市豪尚时代文化娱乐有限公司
地址：深圳市宝安区新安街道新安三路6号龙邦大厦803
……………………Tel：0755-85022226

深圳市康达农产品配送有限公司
地址：深圳市龙岗区宝龙街道龙东社区龙南路294号C栋102
……………………Tel：0755-85232896

深圳市沸锶餐饮娱乐管理有限公司
地址：深圳市龙岗区坂田街道上雪科技园一巷四栋A座一楼105号
……………………Tel：0755-85498615

深圳市万华汽车服务投资控股有限公司
地址：深圳市南山区南头街道大新路198号创新大厦21楼
……………………Tel：0755-86008830

爱宠（深圳）娱乐传媒有限公司
地址：深圳市前海深港合作区前湾一路1号A栋201室（入驻深圳市前海商务秘书有限公司）
……………………Tel：0755-86061005

深圳市侨城一品餐饮有限公司
地址：深圳市南山区华侨城纯水岸莱市场二层
……………………Tel：0755-86082236

深圳市瑞驰酒店投资有限公司
地址：深圳市南山区沙河东路国际市长交流中心2122
……………………Tel：0755-86099690

深圳市瑞驰酒店管理有限公司
地址：深圳市南山区沙河东路国际市长交流中心2122房
……………………Tel：0755-86099690

深圳平行宇宙数字娱乐有限公司
地址：深圳市南山区华侨城LOFT创意文化产业园C3栋304室
……………………Tel：0755-86106310

深圳华侨城都市娱乐运营有限公司
地址：深圳市南山区沙河街道滨海大道2008号
……………………Tel：0755-86122183

深圳市荣德瑞网络科技有限公司
地址：深圳市南山区南头街道桃园路西海明珠大厦F座1713-15
……………………Tel：0755-86250923

深圳市玩呗娱乐科技有限公司
地址：深圳市南山区科苑中路科兴科学园B栋1单元12F
……………………Tel：0755-86329809

乐透互娱信息技术（深圳）有限公司
地址：深圳市宝安区福永街道福围社区下沙南四巷15号404
……………………Tel：0755-86338033

深圳市益田酒店管理有限公司
地址：深圳市南山区沙河街道益田假日广场1-501
……………………Tel：0755-86348209

深圳市众乐互娱网络有限公司
地址：深圳市南山区粤海街道麻岭社区高新中四道31号研祥科技大厦501
……………………Tel：0755-86522782

娱人制造（深圳）娱乐实业发展有限公司
地址：深圳市福田区香蜜湖街道红荔西路香蜜湖中国娱乐城大剧院1号
……………………Tel：0755-86533663

蓝绿湾城（深圳）建设管理有限公司
地址：深圳市南山区粤海街道高新区社区高新南九道45号西北工业大学三航科技大厦7层701
……………………Tel：0755-86573369

深圳中幼教育网络服务有限公司
地址：深圳市福田区沙头街道车公庙天安创新科技广场A栋1204
……………………Tel：0755-86575713

深圳城家公寓酒店管理有限公司
地址：深圳市南山区南山街道南光路126号鹏都大厦裙楼4层
……………………Tel：0755-86631166

惠州市风景智联酒店投资管理有限公司
地址：博罗县长宁镇罗村大洞水库旁
……………………Tel：0755-86649898

喜狗影业（深圳）有限公司
地址：深圳市南山区蛇口街道科苑南路2277号三湘海尚E座13楼
……………………Tel：0755-86672866

深圳市创梦天地娱乐有限公司
地址：深圳市南山区粤海街道科技园中区科苑路科兴科学园A栋2单元16层01号单位
……………………Tel：0755-8668511

深圳深海谜底娱乐管理有限公司
地址：深圳市南山区粤海街道科技园高新中区科技中二路39号
……………………Tel：0755-86706132

深圳市氧橙互动科技有限公司
地址：深圳市南山区粤海街道滨海社区滨海大道3388号三诺智慧大厦22层2203
……………………Tel：0755-86721360

深圳市三九旅游酒店有限公司
地址：深圳市罗湖区黄贝街道文华社区丹枫白露酒店公寓裙楼3层（东北角）
……………………Tel：0755-86958647

深圳睿翼娱乐文化有限公司
地址：深圳市南山区粤海街道海珠社区后海滨路海德三道凯宾斯基酒店裙楼1层（76-123号铺）
……………………Tel：0755-86961465

七天酒店（深圳）有限公司
地址：深圳市南山区粤海街道蔚蓝海岸社区中心路3331号中建钢构大厦及中国建筑钢结构博物馆30层
……………………Tel：0755-86962007

深圳市大鸟御风影视娱乐有限公司
地址：深圳市福田区沙头街道金地社区福强路3030号人民体育馆八层
……………………Tel：0755-86962792

睿思客（深圳）餐饮娱乐有限公司
地址：深圳市龙岗区南湾街道南新路1983创意小镇D5全球蜂大楼一楼D1-8
……………………Tel：0755-88018808

深圳渝星控股有限公司
地址：深圳市福田区福中三路1006号诺德金融中心26层EFG
……………………Tel：0755-88262336

常青藤健康娱乐科技（深圳）有限公司
地址：深圳市前海深港合作区前湾一路1号A栋201室（入驻深圳市前海商务秘书有限公司）
……………………Tel：0755-88272692

香格里拉大酒店（深圳福田）有限公司
地址：深圳市福田区益田路4088号
……………………Tel：0755-88284088

深圳精武体育互动娱乐有限公司
地址：深圳市南山区粤海街道高新九道深圳湾科技生态园9A栋2603室
……………………Tel：0755-88300016

童心童乐儿童娱乐（深圳）有限公司
地址：深圳市前海深港合作区前湾一路1号A栋201室（入驻深圳市前海商务秘书有限公司）
……………………Tel：0755-88300416

深圳市群鹰环境工程设备有限公司
地址：深圳市龙岗区布吉街道万科红立方大厦1栋办公楼1803
……………………Tel：0755-88308538

深圳市加洲永泰餐饮管理有限公司
地址：深圳市福田区保税区桂花路11号帝港海湾豪园C、D座1至3层
……………………Tel：0755-88322115

深圳市帆船酒店管理有限公司
地址：深圳市盐田区海山街道君临海域名园（二期）1栋C1单元4501“在海山街道君临海域名园（二期）1栋107地址等2处设有经营场所从事生产经营活动，详见《备案通知书》”
……………………Tel：0755-88328800

鼎亿餐饮投资（深圳）有限公司
地址：深圳市福田区福田街道福安社区益田路4088号香格里拉大酒店(深圳福田)有限公司40层
……………………Tel：0755-88374990

远近旅游集团有限公司
地址：深圳市前海深港合作区前湾一路1号A栋201室（入驻深圳市前海商务秘书有限公司）
……………………Tel：0755-88377205

第一智能体育科技（深圳）有限公司
地址：深圳市福田区沙头街道福强路3030号中国新媒体广告产业园10楼1006室
……………………Tel：0755-8839830

深圳盘中方圆餐饮管理有限公司
地址：深圳市福田区福田街道深南中路3003号北方大厦7楼702
……………………Tel：0755-88600170

深圳市华美嘉酒店管理股份有限公司
地址：深圳市龙岗区南湾街道平吉大道80号华美嘉大楼
……………………Tel：0755-88601811

深圳市翠林高尔夫酒店管理有限公司
地址：深圳市福田区梅林街道卓越梅林中心广场（南区）A座2406室
……………………Tel：0755-88630672

深圳卓越酒店管理有限公司
地址：深圳市福田区金田路皇岗商务中心1号楼6501
……………………Tel：0755-88643575

深圳市澔悦大酒店管理有限公司
地址：深圳市宝安区沙井街道民主社区民主大道蚝三商务大厦一层/三层/四层/十四至二十二层
……………………Tel：0755-88800868

深圳泛华工程集团有限公司
地址：深圳市福田区景田北七街民华大厦5楼（限办公）
……………………Tel：0755-88800888

深圳市金皇大酒店有限公司
地址：深圳市龙华区民治街道上芬社区人民北路33号廷苑酒店101、A单元、B单元、C单元、33A号（整栋）
……………………Tel：0755-88802888

深圳市富和餐饮管理有限公司
地址：深圳市宝安区新桥街道黄埔社区南洞圳头路49号三层
……………………Tel：0755-88853822

深圳市中保国际酒店管理有限公司
地址：深圳市龙华区龙华街道油松社区东环二路21号中保大厦负一层至17A（整栋）
……………………Tel：0755-88888333

贵宾酒店（中国）有限公司
地址：深圳市宝安区新安街道前进路西侧冠利达大厦一栋1506
……………………Tel：0755-88907788

深圳市皇庭酒店管理有限公司
地址：深圳市福田区福田街道福山社区福华三路与金田路交界处东南侧卓越世纪中心、皇岗商务中心皇岗商务中心负1层、1层、5层、25楼夹层至38层、40层
……………………Tel：0755-88911111

深圳市众妙娱乐有限公司
地址：深圳市福田区福保街道市花路21号富林物流大厦A201
……………………Tel：0755-88914480

深圳市沧海熠珠时尚有限公司
地址：深圳市前海深港合作区前湾一路1号A栋201室（入驻深圳市前海商务秘书有限公司）
……………………Tel：0755-88988988

深圳市海舍酒店管理有限公司
地址：深圳市大鹏新区大鹏街道鹏城社区较场尾海滨路66号
……………………Tel：0755-89221999

深圳市九州酒店管理有限公司
地址：深圳市南山区招商街道水湾社区工业二路一号东部海洋石油大厦B401
……………………Tel：0755-89266888

深圳市依兰酒店投资管理有限公司
地址：深圳市龙岗区龙岗街道宝龙工业城宝龙二路5号依兰阁七楼八楼
……………………Tel：0755-89320666

深圳市恒银泰实业有限公司
地址：深圳市南山区南山街道月亮湾大道诺德假日花园5号楼105
……………………Tel：0755-89350103

深圳市卡卡墨墨建材有限公司
地址：深圳市龙华新区民治街道U创谷C12-13
……………………Tel：0755-89356396

深圳市味和餐饮有限公司
地址：深圳市罗湖区东门中路2048号丽苑酒店第3层之2
……………………Tel：0755-89381053

深圳市广誉清香农副产品有限公司
地址：深圳市龙岗区龙岗街道五联社区瓦陶西1号厂房1层-4层
……………………Tel：0755-89566088

深圳桑羡餐饮娱乐管理有限公司
地址：深圳市龙岗区坂田街道雅园路1号宏华大厦402
……………………Tel：0755-89603239

深圳青子衿餐饮实业有限公司
地址：深圳市龙岗区平湖街道山厦社区新厦大道86号1-3层
……………………Tel：0755-89808933

深圳比亚迪轨道交通运营有限公司
地址：深圳市大鹏新区葵涌街道延安路1号
……………………Tel：0755-89888888

深圳市中海凯骊酒店管理有限公司
地址：深圳市龙岗区大运路168号
……………………Tel：0755-89899888

深圳市丰泽餐饮管理有限公司
地址：深圳市龙岗区布吉街道翔鸽路2号华润万象汇购物中心L1层Y126号商铺
……………………Tel：0755-89912152

深圳水径盛世实业有限公司
地址：深圳市龙岗区吉华街道水径社区上水径东区一巷8号102
……………………Tel：0755-89974571

澳投（横琴）健康旅游有限公司
地址：珠海横琴新区豆蔻路1号粤澳合作中医药科技产业园科研总部大楼301室-007（集中办公区）
……………………Tel：0756-2167055

珠海横琴欢乐天地娱乐有限公司
地址：珠海市横琴新区宝华路6号105室-10467
……………………Tel：0756-2629410

珠海横琴创新方娱乐有限公司

地址：珠海市横琴新区宝华路6号105室-17506
……………………Tel：0756-2990550
珠海市横琴新区华金国际酒店管理有限公司
地址：珠海市横琴金融产业服务基地5号楼1-X
……………………Tel：0756-2997273
珠海天意木国旅游文化发展有限公司
地址：珠海市横琴新区宝华路6号105室-32872（集中办公区）
……………………Tel：0756-3232002
珠海景富旅游开发有限公司
地址：珠海市横琴新区仁山路188号22栋
……………………Tel：0756-8685812
佛山市顺德区龙江镇碧桂园凤凰酒店有限公司
地址：佛山市顺德区龙江镇龙洲西路99号
……………………Tel：0757-22199888
佛山市佘老大餐饮管理有限公司
地址：佛山市顺德区容桂马岗村委会马东路33号二区之二（住所申报）
……………………Tel：0757-22288698
佛山市顺德仙泉酒店有限公司
地址：佛山市顺德区大良街道顺峰山
……………………Tel：0757-22328333
佛山市顺德区得宝企业管理有限公司
地址：佛山市顺德区大良街道环市北路
……………………Tel：0757-22910955
佛山市伊尔派丽酒店家具实业有限公司
地址：广东省佛山市顺德区龙江镇东涌社区冠业路5号A座8楼A区（住所申报）
……………………Tel：0757-23870723
佛山市三水云东海花园房地产开发有限公司
地址：佛山市三水区云东海街道三水大道中山水庄园1号1座
……………………Tel：0757-26607619
广东经典通达酒店家具有限公司
地址：佛山市顺德区北　镇槎涌工业一区西侧2号
……………………Tel：0757-26659099
广东长鹿酒店有限公司
地址：佛山市顺德区伦教街道办三洲社区居民委员会玉带路18号首层
……………………Tel：0757-27339668
广东长鹿酒店投资有限公司
地址：佛山市顺德区伦教街道办事处三洲社区居民委员会玉带路18号首层
……………………Tel：0757-27339668
广东冈卡纳餐饮设备有限公司
地址：佛山市顺德区杏坛镇南朗工业区五路六号之三
……………………Tel：0757-27380335
广东领骏娱乐管理有限公司
地址：佛山市顺德区大良新城区德胜中路新天地高尔夫球场东南一层
……………………Tel：0757-28362959
佛山市财神酒店有限公司
地址：佛山市顺德区乐从镇乐从社区居民委员会乐从大道东B82号
……………………Tel：0757-28838888
广东天悦餐饮管理集团有限公司
地址：佛山市顺德区容桂街道办事处容山社区居民委员会东堤路合和商业大厦601、602、603、604（仅作办公用途）
……………………Tel：0757-28878116
广东星际沿文化旅游发展有限公司
地址：佛山市顺德区乐从镇沙边村委会北围物流加工园区17-2号地五层F5-01、02（住所申报）
……………………Tel：0757-29398969
佛山市顺德区君美酒店管理服务有限公司
地址：佛山市顺德区大良街道办府又社区居民委员会南国东路388号美的广场108（酒店）之二
……………………Tel：0757-29898888
佛山市三水卓越环球尼克酒店有限公司
地址：佛山市三水区云东海大道大学路云东海街道办事处404室之一（仅作办公场所使用）
……………………Tel：0757-63229066
尼克卓越（佛山三水）酒店管理有限公司
地址：佛山市三水区云东海街道红云路1号105室（仅作办公场所使用）
……………………Tel：0757-63229066
尼克卓越（佛山二水）酒店开发有限公司
地址：佛山市三水区云东海街道红云路1号104室（仅作办公场所使用）
……………………Tel：0757-63229066
广东嘉帝酒店有限公司
地址：佛山市南海区狮山镇罗村桂丹路乐安路段
……………………Tel：0757-66688666
广东千玺餐饮管理有限公司
地址：佛山市顺德区北　镇顺江居委会北　工业园骏业东路11号东面办公室二楼201-23
……………………Tel：0757-66832505
佛山市南海区创新天酒店管理有限公司
地址：佛山市南海区桂城街道南一路39号江南名居熙苑首层7号铺之十一（住所申报）
……………………Tel：0757-81220092
佛山市汇星酒店有限公司
地址：广东省佛山市南海区西樵镇环山路与南九复线交合处
……………………Tel：0757-81258999
广东好来客集团有限公司
地址：佛山市禅城区季华五路55号2211房
……………………Tel：0757-81855382
佛山市南海樵山文化旅游发展有限公司
地址：佛山市南海区西樵镇听音湖片区樵山大道旁听音湖指挥部A座3楼（住所申报）
……………………Tel：0757-81891659
佛山碧桂园酒店有限公司
地址：佛山市禅城区岭南大道北127号第一至五层局部、第六至第二十七层
……………………Tel：0757-83922998
佛山市南海枫丹白鹭酒店有限公司
地址：佛山市南海区南国桃园度假区枫丹路
……………………Tel：0757-85232288
佛山市华夏明珠大酒店有限公司
地址：佛山市禅城区南庄镇陶博大道8号、12号、16号
……………………Tel：0757-85318888
佛山市南海祈福仙湖酒店有限公司
地址：佛山市南海区丹灶仙湖旅游度假区
……………………Tel：0757-85449988
佛山市腾威酒店管理有限公司
地址：佛山市南海区大沥镇盐步横江关边村路段南侧世贸纺织城A1座18号商铺
……………………Tel：0757-85722228
丽致酒店管理有限公司
地址：佛山市南海区桂城街道南八路以东、海八路以南地段（89街区）
……………………Tel：0757-85778888
佛山市岭南荟娱乐有限公司
地址：佛山市南海区桂城街道简平路7号南舜广场5座2048-2077、3038-3048、3050-3086铺
……………………Tel：0757-86280666
佛山市三水区恒福星际酒店有限公司
地址：佛山市三水区西南街道新华路13号
……………………Tel：0757-87728888
佛山市金太阳酒店有限公司
地址：佛山市三水区西南街道广海大道东6号
……………………Tel：0757-87783333
佛山市高明区碧桂园凤凰酒店有限公司
地址：佛山市高明区荷城街道三洲碧桂路188号
……………………Tel：0757-88611111
佛山市高明区八达园大酒店有限公司
地址：佛山市高明区明城镇文喜东街8号
……………………Tel：0757-88933769
肇庆七星假日酒店有限公司
地址：肇庆市七星岩旅游度假区第二地段
……………………Tel：0758-2301516
肇庆华伦世纪酒店有限公司
地址：肇庆市端州区端州三路60号、工农北路东侧（仅限办公用途）
……………………Tel：0758-2321710
肇庆福澳假日酒店有限公司
地址：肇庆市端州区幸福街鸿益花园北苑幸福港湾酒店公寓首层102卡、第二至三层、第八至二十六层
……………………Tel：0758-2801418
肇庆旅游集团有限公司
地址：肇庆市七星岩旅游度假区七星五路8号
……………………Tel：0758-2909387
四会市碧桂园置业发展有限公司
地址：四会市东城街道玉城居委会碧桂路2号碧桂园豪园综合楼二楼02号
……………………Tel：0758-3152222
大中酒店（四会）有限公司
地址：四会市东城区四会大道南
……………………Tel：0758-3211888
四会市绿茵翡翠假日酒店有限公司
地址：四会市贞山街道贞山大道82号二楼B01号（仅限办公用途）
……………………Tel：0758-3218388
怀集县悦骏实业发展有限公司
地址：怀集县怀城街道金龙一路1号
……………………Tel：0758-5568820
汕头市猛狮凯莱酒店有限公司
地址：汕头市澄海区324国道广益路33号
……………………Tel：075-85688888
湛江万象金沙湾花园酒店管理有限公司
地址：湛江市赤坎区观海北路8号金沙湾广场4号楼一至六层、二十七至三十九层
……………………Tel：0759-3128822
湛江市旅游投资集团有限公司
地址：湛江市赤坎区体育北路15号湛江商务大厦2006号办公室
……………………Tel：0759-3160986
湛江海上旅游娱乐有限公司
地址：湛江市观海路"海上城市"
……………………Tel：0759-3480113
廉江市绿色旅游投资有限公司
地址：廉江市人民大道136号（即廉江市财政局办公楼五楼502）
……………………Tel：0759-6602081
雷州市樟树湾大酒店有限公司
地址：雷州市文化路8号
……………………Tel：0759-8206888
中山市古镇东方大酒店物业管理有限公司
地址：中山市古镇中兴大道中1号之一
……………………Tel：0760-22325568
中山市古镇大酒店物业管理有限公司
地址：中山市古镇大酒店内
……………………Tel：0760-22349874
中山市御苑酒店有限公司
地址：中山市南头镇南头大道中
……………………Tel：0760-23129999
永安酒店（中山）有限公司
地址：中山市南区兴南路8号
……………………Tel：0760-23331668
中山市迪茵湖休闲渡假酒店有限公司
地址：中山市三角镇金三大道东8号
……………………Tel：0760-23789813
中山市金马科技娱乐设备股份有限公司
地址：中山市火炬开发区沿江东三路5号
……………………Tel：0760-28132739
广东长和创建游艇水上娱乐有限公司
地址：中山市东区城桂公路16号综合大楼6楼10卡（住所申报）
……………………Tel：0760-85333332
梅汐汀酒店管理股份有限公司
地址：中山市石岐区康华路40号2、3、4层（4层458房）
……………………Tel：0760-85881111
广东隆幸食品有限公司
地址：中山市三乡镇塘敢村黄牛岭12号
……………………Tel：0760-86535116
中山市银泉酒店有限公司
地址：中山市古镇镇新兴中路117号
……………………Tel：0760-87666666
中山世纪金龙文化娱乐发展有限公司
地址：中山市港口镇恒丰六路6号15号楼一层
……………………Tel：0760-87956999
中山旅游集团有限公司
地址：中山市东区起湾南道3号竹苑广场之二7层B区
……………………Tel：0760-88380088
中山市大信酒店有限公司
地址：广东省中山市东区起湾道
……………………Tel：0760-88386888
广东德辉实业有限公司
地址：中山市西区富华道下闸路33号西座2003房（之一）（仅作办公场所）
……………………Tel：0760-88558672
中山富华酒店
地址：广东省中山市石岐富华道一号
……………………Tel：0760-88638888
亚皇（河源）国际旅游管理有限公司
地址：广东省河源市龙川县老隆镇涧洞村九龙潭办公楼A
……………………Tel：0762-2216666
河源春沐源旅游文化有限公司
地址：河源市源城区埔前镇春沐源大道西100米
……………………Tel：0762-2858868
河源市惠博农业科技发展有限公司
地址：河源市东城西片拆迁安置点（一）第一区D幢第二十五卡第二卡
……………………Tel：0762-3119086
河源市友诚文化娱乐广场有限公司
地址：河源市文化广场
……………………Tel：0762-3370777
河源市明珠银发实业投资有限公司
地址：广东省河源市河源大道13号
……………………Tel：0762-3396888
龙川泰华城国际大酒店有限公司
地址：龙川县新城一号小区泰华城内
……………………Tel：0762-6662319
龙川神鹿温泉度假酒店有限公司
地址：龙川县新城规划区一号小区泰华城D区D7栋第二层201号
……………………Tel：0762-6662319
龙川县东方名源酒店有限公司
地址：龙川县新城规划区3号小区（即龙川县国土大厦）
……………………Tel：0762-6999888
候鸟森林旅游开发有限公司
地址：河源市江东新区源南镇胜利村河紫路北面东环路西边碧桂园·东江凤凰城凤馨苑5栋2005
……………………Tel：0762-7284888
东源县万绿湖水月湾旅游发展有限公司
地址：河源市东源县新港镇杨梅管理区龙屋尾
……………………Tel：0762-8782888
广东宝墩湖生态旅游发展有限公司
地址：英德市望埠镇S347省道广东宝墩湖生态旅游度假区项目指挥部101室
……………………Tel：0763-2618866
英德海螺国际大酒店有限公司
地址：英德市英城浈阳路南桥西路东
……………………Tel：0763-2788188
清远富都娱乐城有限公司
地址：清远市清新县太和镇清和大道155号
……………………Tel：0763-3162800
清远市威康娱乐设备有限公司
地址：清远市清城区源潭镇金沙工业小区
……………………Tel：0763-3291800
清远市荣港餐饮服务有限公司
地址：清远市清城区桥北一路112号御景湖畔花园四号楼25层02号
……………………Tel：0763-3344433
清远建滔裕花园酒店有限公司
地址：清远市新城区B1＃小区
……………………Tel：0763-3388888
清远市真的好娱乐管理有限公司
地址：清远市清城区石角镇美林湖国际社区好家园博爱街商业街B栋1-4层110-113、208-210、303-306、403-406号商铺
……………………Tel：0763-3518999
广东哥弟酒店管理服务有限公司
地址：清远市清城区石角镇美林湖国际社区博爱商业街I栋4层402号商铺
……………………Tel：0763-3518999
清远市狮子湖酒店有限公司
地址：清远市狮子湖大道1号（仅限办公）
……………………Tel：0763-3556710
广东致艺高娱乐有限公司
地址：清远市新城连江西路30号翔隆花园十一号楼2层03号（仅限办公）
……………………Tel：0763-3638888
清远市高德酒店投资管理有限公司
地址：清远市银泉南路16号华茂广场酒店首层商铺09-11号、4-11层
……………………Tel：0763-3665067
清远市碧桂园假日半岛酒店有限公司
地址：清远市清城区石角镇花兜开发区
……………………Tel：0763-3836685
清远黄腾峡生态旅游开发有限公司
地址：清远市清城区东城街石板村
……………………Tel：0763-3906235
佛冈长盛谷旅游开发有限公司
地址：佛冈县汤塘镇大埔龟坑
……………………Tel：0763-4638188
广东佛冈观音山王山寺旅游开发有限公司
地址：佛冈县石角镇观音山王山寺
……………………Tel：0763-4882078
清远市清新区德盛投资开发有限公司
地址：清远市清新区太和镇清新大道16号二楼之三
……………………Tel：0763-5813206
清远新世界旅游发展有限公司
地址：清远市清新区三坑镇布坑管理区岗边碧泉宾馆之一
……………………Tel：0763-5866368
广东徐其修旅游发展有限公司
地址：英德市　镇白米庄村委（河江渡附近）
……………………Tel：0763-6866888
广东翔顺金水台温泉小镇有限公司
地址：新兴县水台镇圩镇
……………………Tel：0766-2513333
罗定市好莱湾酒店有限公司
地址：罗定市罗城镇兴华一路三桥头
……………………Tel：0766-3818138
新兴县翔顺象窝酒店有限公司
地址：新兴县太平镇象窝茶场（新兴县翔顺生态旅游发展有限公司房屋二楼）（办公住所）
……………………Tel：0766-6635666
云浮凯旋国际酒店有限公司
地址：云浮市云城区建设北路11号
……………………Tel：0766-8188618
广东省君盛康养旅游产业有限公司
地址：博罗县罗阳街道商业街北面87号三至五层
……………………Tel：0766-8322689
广东绿太阳旅游股份有限公司
地址：广东省潮州市潮安区登塘镇扬美村打石坑绿太阳路1号A幢办公楼
……………………Tel：0768-2801104
潮州市富丽戴斯度假酒店有限公司
地址：潮州市经济开发试验区富丽广场后侧
……………………Tel：0768-2852035
广东弘德益利生物科技有限公司
地址：广东省潮州经济开发试验区潮州大道北端
……………………Tel：0768-2853606
潮州市乃兴农业旅游开发有限公司
地址：广东省潮州市潮安区凤凰镇华园大道乃兴路南侧
……………………Tel：0768-6782729
广东讲饮讲食餐饮管理有限公司
地址：东莞市厚街镇环冈村横岗水库斜对面
……………………Tel：0769-21682062
东莞市绿来福餐饮管理有限公司
地址：广东省东莞市东城街道东科北路22

号104室
Tel：0769－22218817

东莞市新立高贸易有限公司
地址：广东省东莞市南城街道鸿福路200号4栋2单元3504室02
Tel：0769－22422888

东莞金拱门餐饮服务有限公司
地址：广东省东莞市长安镇长安东门中路1号10栋2053室
Tel：0769－22458691

东莞市罗马假日房地产开发有限公司
地址：东莞市寮步镇横坑村
Tel：0769－22679733

东莞市水长流花园酒店有限公司
地址：东莞市莞城区天宝路１８号
Tel：0769－22689888

东莞御景湾酒店
地址：东莞市虎英湖旁
Tel：0769－22698888

东莞市世纪城餐饮有限公司
地址：东莞市南城东莞大道世纪城
Tel：0769－22983333

广东淘气猪娱乐发展有限公司
地址：东莞市东城街道迎宾路8号
Tel：0769－22999338

广东艾力达动漫文化娱乐有限公司
地址：广东省东莞市松山湖园区研发五路1号5栋1501室
Tel：0769－23078023

东莞市艺华堂餐饮管理有限公司
地址：广东省东莞市东城街道东科路20号12栋202室
Tel：0769－23168101

广东泓盛餐饮管理有限公司
地址：广东省东莞市东城街道东科北路22号403室
Tel：0769－26626785

东莞市金希凯酒店投资有限公司
地址：东莞市南城区南城街道元美路22号黄金花园丰硕广场办公2110号
Tel：0769－28630888

东莞万富酒店管理有限公司
地址：东莞市东城街道东纵路208号东城万达广场B区6幢办公楼34层
Tel：0769－28820077

东莞市文华体育娱乐有限公司
地址：东莞市厚街镇新塘村圆新路
Tel：0769－28822888

东莞市银丰假日酒店管理有限公司
地址：东莞市东城区桑园村狮龙路
Tel：0769－28822888

广东华控实业投资有限公司
地址：东莞市万江街道胜利社区港口大道28号波普中心的7层11号
Tel：0769－33394488

东莞迎宾馆酒店有限公司
地址：东莞市南城区东莞植物园西南端
Tel：0769－38883999

广东得君行酒店有限公司
地址：东莞市凤岗镇塘沥凤深大道102号
Tel：0769－39018901

东莞市华阳湖旅游开发有限公司
地址：广东省东莞市麻涌镇麻涌兴华路22号1号楼106室
Tel：0769－81201181

广东云景旅游文化产业有限公司
地址：东莞市麻涌镇大步村创兴三路东升大厦八楼801号
Tel：0769－81903208

东莞凤岗大世界实业投资有限公司
地址：东莞市凤岗镇沙岭
Tel：0769－82071111

东莞市金涛娱乐有限公司
地址：东莞市黄江镇富海大道
Tel：0769－82606888

广东乐的互动娱乐股份有限公司
地址：广东省东莞市樟木头镇樟洋富竹一街9号1栋301室
Tel：0769－82610388

东莞世和餐饮管理有限公司
地址：东莞市东城区岗贝东城大道世博广场B区首层50－51号商铺
Tel：0769－82961122

东莞市黄江假日娱乐有限公司
地址：东莞市黄江镇黄江大道3号
Tel：0769－83362888

东莞市百利酒店管理有限公司
地址：东莞市长安镇锦绣路1号
Tel：0769－85333333

东莞市长安国际酒店有限公司
地址：东莞市长安镇德政中路222号
Tel：0769－85333333

东莞长安酒店有限公司
地址：东莞市长安镇．
Tel：0769－85532388

东莞市丰泰花园酒店有限公司
地址：东莞市虎门镇树田村横圳水库侧
Tel：0769－85708888

东莞寮步名冠金凯悦大酒店有限公司
地址：东莞市寮步镇新城中心区
Tel：0769－86188328

广东天智餐饮集团有限公司
地址：东莞市石龙镇西湖中路二十八号
Tel：0769－86328816

东莞市艾佰利餐饮管理有限公司
地址：东莞市石碣镇四甲村刘沙中路诺哲工商园D栋一楼2号
Tel：0769－86328816

东莞市三正东方娱乐城有限公司
地址：东莞市桥头镇莲城社区湖滨路2号三正半山酒店行政楼一楼
Tel：0769－87299333

半山酒店管理有限公司
地址：东莞市桥头镇湖滨路2号A
Tel：0769－87299333

东莞金湖粤海酒店有限公司
地址：东莞市塘厦镇塘厦大道南99号
Tel：0769－87880221

广东至诚德实业发展有限公司
地址：广东省东莞市南城街道东骏路南城段16号香城名门花园3栋2406房
Tel：0769－88030303

东莞市汇景酒店有限公司
地址：广东省东莞市洪梅镇洪梅大道1号
Tel：0769－88848888

厨中鲜餐饮集团有限公司
地址：东莞市寮步镇药勒村寮浮路126号
Tel：0769－88900028

广西壮族自治区

广西廊桥文化旅游投资有限公司
地址：河池市新建东路（金龙湾花园9栋1单元3楼303号房）
Tel：0745－2239055

上思县长龙休闲娱乐有限责任公司
地址：防城港市上思县思阳镇广元村那布屯二组
Tel：18677025844

广西百田娱乐有限公司
地址：防城港市港口区西湾广场北侧阳光海岸碧海新天8号楼3层318号房
Tel：0770－3396666

东兴市威荣娱乐管理有限公司
地址：东兴市兴东路266号
Tel：0770－6198818

东兴市荣威娱乐管理有限公司
地址：东兴市兴东路266号
Tel：0770－7652688

东兴市辉达酒店投资有限公司
地址：东兴市河堤路288号（东兴华美达广场）
Tel：0770－7686966

上思可乐旅游发展有限公司
地址：防城港市上思县思阳镇更生路35号（县财政局办公室内）
Tel：0770－8530088

南宁青秀山酒店管理有限公司
地址：南宁市青环路８１路
Tel：0771－2028856

广西锦华大酒店
地址：广西南宁市青秀区东葛路１号
Tel：0771－2088888

南宁红牛娱乐有限责任公司
地址：南宁市新民路６号
Tel：0771－2100398

广西南宁邕州饭店有限公司
地址：南宁市兴宁区民主路１８号
Tel：0771－2101326

广西沃顿国际大酒店有限公司
地址：广西南宁市青秀区民族大道东段８８号
Tel：0771－2111888

广西普凯兴业酒店投资有限公司
地址：南宁市青秀区民族大道８８号M层
Tel：0771－2111888

广西南宁明园新都酒店
地址：广西南宁市兴宁区新民路３８号
Tel：0771－2118668

广西东呈酒店管理有限公司
地址：南宁市壮锦大道39号B－3栋1401号房
Tel：0771－2290600

广西天知勤教育咨询有限公司
地址：南宁市青秀区通福路11号
Tel：0771－2755121

广西东葛永凯城商务酒店有限责任公司
地址：南宁市东葛路82号永凯现代城酒店27层
Tel：0771－2385588

南宁市梦享荟酒店有限公司
地址：南宁市兴宁区民生路86号
Tel：15994378266

广西铁路旅游传媒集团有限责任公司
地址：南宁市西乡塘区衡阳西路34号
Tel：0771－2730698

南宁永凯大酒店有限公司
地址：南宁市友爱南路４３－２号
Tel：13737166652

广西云海电子商务股份有限公司
地址：南宁市青秀区民族大道127号铂宫·国际写字楼12层1201－1203号房
Tel：13377133631

广西吉航飞友娱乐有限公司
地址：南宁市青秀区民生路2－3号广西壮族自治区直属机关修建大队高层综合服务楼A座3－4层
Tel：13977519333

广西明园饭店管理集团有限公司
地址：南宁市兴宁区新民路38号5号楼扩建
Tel：0771－2861106

广西巧二娘餐饮有限责任公司
地址：南宁市兴宁区民生路131号绿都商厦商住楼2722号
Tel：0771－2864316

广西欢唱娱乐有限公司
地址：南宁市兴宁区民生路１３１号绿都商厦二、三层
Tel：18076338277

广西雅斯特酒店投资有限责任公司
地址：南宁市西乡塘区衡阳东路7号5017室
Tel：0771－2869288

广西南宁一日三餐餐饮投资有限公司
地址：南宁市兴宁区松柏北路36号银盾标准厂房C厂房1楼1、2号房
Tel：15119595776

南宁荣荣大酒店有限公司
地址：南宁市星光大道２２３号荣宝华商城A５栋２０３房
Tel：0771－3139888

广西新概念餐饮投资管理有限公司
地址：南宁市青秀区桃源路62号市体育局饭堂第1、2层
Tel：0771－3146687

广西南宁顺事成老大珠宝有限公司
地址：南宁市青秀区民族大道151号祥和苑6栋1单元2001号
Tel：0123－45678910

广西来金旅游开发有限公司
地址：南宁市兴宁区南梧路2号皇龙新城10号楼3单元4D号
Tel：13277888341

广西金庆盛铂钻酒店管理有限公司
地址：南宁市青秀区民族大道166号上东国际T1栋主楼1层东侧至23层，地下1层至2层
Tel：18977115365

广西滩赞娱乐有限公司
地址：南宁市青秀区金洲路11号金旺角商住楼A栋A1303号
Tel：18275701921

广西喜屋文化旅游产业投资集团有限公司
地址：南宁市青秀区中柬路8号龙光世纪2号楼十一层1120号办公室
Tel：0771－3395718

广西侬王旅游投资开发有限公司
地址：大新县桃城镇桂园路人和新都8栋（一至五层）
Tel：0771－3628116

广西中旅德天瀑布旅游开发有限公司
地址：广西壮族自治区崇左市大新县桃城镇桂圆路人和新都8栋经营场所：广西壮族自治区崇左市大新县硕龙镇德天村德天瀑布景区
Tel：0771－3690202

广西笑约文旅娱乐发展有限公司
地址：中国（广西）自由贸易试验区南宁片区平乐大道21号大唐·总部1号2号楼1601号
Tel：18877166500

南宁笑约文旅娱乐发展有限公司
地址：南宁市良庆区平乐大道21号大唐总部1号2号楼1605号
Tel：18877166500

广西赖小毛餐饮管理有限公司
地址：南宁市长凯路9号昀和时代1号楼112铺
Tel：13377195247

广西金紫荆国际大酒店有限责任公司
地址：南宁市青秀区长湖路6号
Tel：0771－3913888

广西森广娱乐投资有限公司
地址：南宁市兴宁区人民东路1号人民公园儿童乐园内南侧
Tel：13367809846

广西歆崇餐饮服务有限公司
地址：中国（广西）自由贸易试验区南宁片区金海路20号南宁综合保税区商务中心（金海大厦）1号楼7层711号房
Tel：0771－5889066

南宁巴祥旺实业有限公司
地址：南宁市仙葫经济开发区蓉茉大道中段
Tel：0771－4780998

广西鑫伟酒店管理有限公司
地址：南宁市民族大道１３１号航洋国际城４号楼０８０１号
Tel：0771－5366688

广西古奈酒店投资有限公司
地址：南宁市青秀区中越路7号金旺角·CASA国际公馆B栋1201号
Tel：0771－5381896

广西三品王餐饮管理有限公司
地址：南宁市青秀区民族大道９２－１号新城国际２１层２１０７号房
Tel：0771－5509098

广西广投健康产业集团有限公司
地址：南宁市良庆区飞云路6号GIG国际金融资本中心15、16楼
Tel：0771－5895881

广西斯皇彩娱乐有限公司
地址：南宁市青秀区东宝路8号茶花园小区16栋1单元302号
Tel：0771－5524050

南宁国悦商贸有限公司
地址：南宁市青秀区民族大道136－2号南宁华润中心西写字楼1301号
Tel：0771－5531666

广西国悦集团有限公司
地址：南宁市青秀区民族大道136－5号南宁华润中心南写字楼3301号
Tel：0771－5531666

南宁青秀山风景名胜旅游开发有限责任公司
地址：南宁市凤岭南路６－6号
Tel：0771－5560651

广西浩星会娱乐服务有限公司
地址：南宁市青秀区金湖路57号金湖商住小区北楼16层07号
Tel：0771－5584288

广西皮皮儿童娱乐有限公司
地址：南宁市青秀区金湖路57号金湖商住小区北楼16层06号
Tel：0771－5584288

广西天使餐饮娱乐管理有限公司
地址：南宁市青秀区金浦路23号民歌湖酒吧街B区4栋
Tel：13507718560

广西境吉投资有限公司
地址：南宁市青秀区竹溪大道36号青湖中心2615、2616、2617、2619号
Tel：15994329065

广西华林股权投资基金管理有限公司
地址：南宁市青秀区金湖路５８号建兴苑C座C１０４号１－１号
Tel：13407740347

广西天龙湾璞悦酒店管理有限公司
地址：南宁市青秀区长湖路69号维也纳森林住宅小区36号楼地下一层至地下三层车库、一层住宅至二十一层住宅
Tel：0771－5650888

广西满尚餐饮娱乐投资管理有限公司
地址：南宁市青秀区民族大道131号航洋国际城2号楼2023号
Tel：0771－5683177

广西明彩娱乐有限公司
地址：南宁市青秀区柳和路1号半岛荔园3号楼202号
Tel：18172369306

广西华三投资集团有限公司
地址：南宁市青秀区朱槿路16号菲律宾园·金菲豪园6号楼B302号
Tel：0771－5733877

阳朔弘尚圣景体育休闲娱乐管理有限公司
地址：阳朔县阳朔镇大村门开发区（县政务服务中心旁三楼）
Tel：0771－5735558

广西万之邦餐饮投资有限公司
地址：南宁市青秀区金洲路25号太平洋世纪广场A座6层602号房
Tel：0771－5760205

广西旅游发展集团有限公司
地址：南宁市良庆区平乐大道10号商务街2号楼
Tel：0771－5772629

广西悦桂田园文化旅游投资有限责任公司
地址：南宁市青秀区七星路135号农垦大厦3－4楼
Tel：0771－5782335

南宁民族影业文化娱乐有限责任公司
地址：南宁市青秀区民族大道150号
Tel：0771－5807780

广西南宁三本娱乐贸易有限责任公司
地址：南宁市友爱北路11－1号锦霞大厦四楼
Tel：0771－2028118

广西广福顺餐饮管理有限公司
地址：南宁市青秀区民族大道157号财富国际广场4号楼第30层3009号
Tel：13559919999

广西星动娱乐有限公司
地址：南宁市青秀区园湖路１２－２号培训大楼5号楼
Tel：13768513157

广西碧园旅游度假酒店投资有限公司
地址：广西壮族自治区北海市银海区银滩三号路106号
Tel：17689901450

广西禾嘜餐饮有限公司
地址：南宁市那洪大道7号南宁研祥智谷C1栋

…………Tel：0771-5890020

半闲居餐饮股份有限公司
地址：南宁市青秀区园湖南路9号接力出版社4栋2层
…………Tel：0771-5891658

广西梦之队酒店集团有限公司
地址：南宁市西乡塘区鲁班路50号屯渌村二队综合楼六楼625号房
…………Tel：0771-8238888

广西秀江大酒店管理有限公司
地址：南宁市武鸣区定罗路秀江广场售楼部二楼503号
…………Tel：0771-6018333

广西悦尔威登旅游发展有限公司
地址：南宁市青秀区民族大道136-2号南宁华润中心西写字楼2902-1室07号房
…………Tel：0771-6735363

广西永凯春晖酒店有限责任公司
地址：南宁市青秀区民族大道137号春晖花园A区1号楼4层、9-26层
…………Tel：0771-6788588

广西茉莉香世界旅游开发有限公司
地址：横县校椅镇校椅南街461-1号3号展区
…………Tel：0771-7388478

广西鼎龙文化旅游有限公司
地址：广西崇左市扶绥县新宁镇空港大道东22号空港大厦第20层整层
…………Tel：0771-7612222

广西南宁大友发投资有限责任公司
地址：南宁市高新区高新南二路5号华成都市A座16层18号、19号、20号房
…………Tel：18977651308

广西宁明骆越文化旅游开发投资有限公司
地址：宁明县城中镇（政府大院花山宾馆内）；经营场所：（一）宁明县城中镇驮龙村新龙屯（地块4）宁明花山温泉国际度假村1号楼（假日酒店）
…………Tel：18775945980

广西柳州市文化旅游投资发展集团有限公司
地址：柳州市万象路2号河东综合交通枢纽中心办公楼
…………Tel：0772-2102065

柳州东城酒店投资管理有限公司
地址：广西壮族自治区柳州市柳东新区新柳大道89号企业总部大楼C座502-2室；经营场所：柳州市九子岭大道36号、柳州市翠岭路9号。
…………Tel：0772-2671542

柳州新宇大酒店有限公司
地址：柳州市杨柳路8号1#办公综合楼主楼1-9层
…………Tel：0772-3025666

广西麦克风暴文化娱乐管理有限公司
地址：柳州市驾鹤路93号江南新天地7-23号
…………Tel：0772-8808001

广西建森互联网信息咨询有限公司
地址：来宾市古三路东138号S-59-65号（丽景苑A区商业城）
…………Tel：0772-3138886

广西易飞翔风洞娱乐投资有限公司
地址：柳州市跃进路100号之三和兴园6栋2-5号
…………Tel：13877223588

广西旭航旅游投资有限公司
地址：来宾市桂中大道滨江园小区三区第30栋B1-274号
…………Tel：0772-4239772

广西融水金芦笙国际酒店有限责任公司
地址：融水县融水镇民族路1号润东·融洲风情B区B-1幢
…………Tel：0772-5120888

金秀县金秀大酒店有限公司
地址：金秀县金秀镇馨园小区B栋B-3
…………Tel：0772-6216333

广西裕达旅游发展有限公司
地址：金秀县金秀镇田村月亮垌
…………Tel：0772-6622888

广西裕达集团国际酒店有限公司
地址：来宾市人民路西288号
…………Tel：0772-6688638

鹿寨县祥鹿旅游开发有限责任公司
地址：鹿寨县鹿寨镇龙岭路11号
…………Tel：0772-6869077

柳州恒泰娱乐管理有限公司
地址：柳州市柳邕路432号迪和商厦102、103、201、202号房屋及北面三至七层
…………Tel：0772-7208298

柳城县砦美稻香旅游文化发展有限责任公司
地址：柳城县古砦仫佬族乡大户村桥头屯（古砦稻花飘香现代粮食示范区多能服务中心）
…………Tel：0772-7617559

三江县风雨桥国际大酒店
地址：古宜镇河东观鱼小区（鼓楼旁）
…………Tel：13823103128

三江县程阳桥城建投资开发有限责任公司
地址：三江县古宜镇侗乡大道22号4栋楼15层
…………Tel：18977270581

柳州丽笙酒店有限公司
地址：柳州市桂中大道南端2号阳光100城市广场1号楼（负2至5层、14-26层）
…………Tel：0772-8850183

桂林生君旅游投资有限责任公司
地址：桂林市象山区民主路虹桥区4栋4-1-5-2号房
…………Tel：0773-2200067

桂林佐悦休闲娱乐有限公司
地址：桂林市叠彩区中山北路与站前路交汇处十字路口"金河大厦"二楼
…………Tel：18877318039

阳朔悦榕酒店有限公司
地址：阳朔县福利镇老街96号
…………Tel：0773-3228888

桂林市夜宴娱乐有限公司
地址：桂林市秀峰区解放东路25号桂林市总工会展览馆商业综合楼四、五楼
…………Tel：18076766812

桂林市大公馆酒店有限责任公司
地址：桂林市秀峰区中隐路2号
…………Tel：0773-2281199

桂林两江四湖旅游有限责任公司
地址：桂林市丽君路2号丽泽苑
…………Tel：0773-2580583

广西碧宸旅游置业集团有限公司
地址：桂林市秀峰区西凤路1号桂湖花园23栋3层
…………Tel：0773-2585111

桂林碧宸旅游投资有限公司
地址：桂林市秀峰区西凤路1号桂湖花园23栋3楼
…………Tel：0773-2582999

香格里拉大酒店（桂林）有限公司
地址：桂林市环城北二路111号
…………Tel：0773-2698888

桂林龚汇文化旅游投资股份有限公司
地址：灵川县龙头岭开发区梧桐墅17幢1层1号
…………Tel：0773 2800502

桂林国际旅游胜地建设发展基金有限公司
地址：桂林市临桂区青莲路1号桂林投资发展商务大厦19楼
…………Tel：0773-2821046

桂林大龙青三舍酒店管理有限公司
地址：桂林市秀峰区东西巷历史文化街D400号
…………Tel：13481384499

桂林榕湖酒店管理集团有限公司
地址：桂林市秀峰区榕湖北路16号
…………Tel：0773-2869999

桂林市涵碧楼酒店有限责任公司
地址：桂林市雁山区柘木镇禄坊村
…………Tel：0773-2899629

桂林棕榈文化旅游投资有限公司
地址：桂林市阳朔县兴坪镇书家堡村委
…………Tel：0773-3220986

阳朔君豪大酒店有限公司
地址：阳朔县阳朔镇观莲路2号
…………Tel：0773-3370888

桂林旅游股份有限公司
地址：桂林市翠竹路27-2号
…………Tel：0773-3558986

桂林旅游发展总公司
地址：桂林市七星区自由路（原：花桥街5号楼1-3层）
…………Tel：0773-2863850

桂林互联力量实业投资集团有限责任公司
地址：桂林市叠彩区北辰路47号康城大楼1-11-19号
…………Tel：18176369168

临桂县义江旅游开发有限责任公司
地址：临桂县五通镇泗江村委沙角
…………Tel：13457363060

桂林花堂江娱乐有限责任公司
地址：临桂区临桂镇秧塘工业园西城南路1号花样年.花样城1号楼（花生唐）5楼
…………Tel：18907833654

桂林雄森熊虎山庄娱乐城
地址：临桂区临桂镇鲁山路63号
…………Tel：13877325833

桂林首科鑫福海生态旅游开发有限公司
地址：桂林市全州县全州镇桂北大道13号全街第2幢第2层03号
…………Tel：0773 4826616

桂林曼悦酒店管理有限公司
地址：桂林市象山区瓦窑西路15号商业用房
…………Tel：0773-5610888

桂林帝苑酒店有限公司
地址：桂林市临江路186-1号
…………Tel：18978691760

广西国权酒店管理有限公司
地址：桂林市七星区七里店路108号2栋3层
…………Tel：0773-5847999

桂林山水高尔夫度假酒店有限公司
地址：广西桂林市郊区朝阳乡杨门店
…………Tel：0773-5882288

桂林山水高尔夫度假酒店有限公司
地址：广西桂林市郊区朝阳乡杨门店
…………Tel：0773-5882288

桂林观光酒店
地址：桂林市漓江路20号
…………Tel：0773-5882688

桂林超然派生态旅游开发有限责任公司
地址：兴安县华江瑶族乡高寨
…………Tel：0773-6098599

桂林佛保山生态旅游开发有限公司
地址：兴安县兴安镇志玲路湘水乐园11栋1单元19楼
…………Tel：13877364268

兴安县银兴商贸有限公司
地址：兴安县兴安镇兴桂路180号
…………Tel：0773-6229446

桂林乐满地发展有限公司
地址：广西桂林市兴安县志玲路
…………Tel：0773-6229988

桂林大瑶古寨旅游开发有限公司
地址：临桂区宛田乡宛田村委东宅江村
…………Tel：13457685898

桂林荔浦东方红旅游文化投资有限公司
地址：荔浦县马岭镇荔桂路38号
…………Tel：13877381061

广西骏宪旅游投资开发有限公司
地址：荔浦县马岭镇同善村大为屯（长水岭工业集中区）
…………Tel：0773-7196608

桂林龙胜温泉旅游有限责任公司
地址：龙胜县江底乡温泉
…………Tel：0773-7482994

桂林航空旅游集团有限公司
地址：桂林市秀峰区三多路32号
…………Tel：0773-7795654

桂林广维文华旅游文化产业有限公司
地址：阳朔县阳朔镇田园路1号
…………Tel：0773-8818009

阳朔县阳航旅游有限责任公司
地址：阳朔县阳朔镇东岭路33号
…………Tel：0773-8822447

桂林市阳朔至诚旅游投资有限公司
地址：阳朔县高田镇新村路13号
…………Tel：13918909777

桂林鲜花满屋酒店管理有限公司
地址：桂林市秀峰区中山中路350号天宝大楼二楼5号
…………Tel：13397730255

阳朔新天地旅游发展有限公司
地址：阳朔县阳朔镇东岭路102号1号楼、2号楼、3号楼、5幢、13幢、14幢
…………Tel：0773-8883999

阳朔丽水旅游开发有限公司
地址：阳朔县高田镇凤楼村委九牛岭
…………Tel：18677351006

青山秀水（阳朔）旅游发展有限公司
地址：桂林市阳朔县阳朔镇龙岳路3号4幢
…………Tel：15199054665

桂林市亿联旅游投资开发有限公司
地址：桂林市秀峰区东华路5号1层3#门面
…………Tel：13978338250

梧州市喜膳餐饮投资管理有限公司
地址：梧州市西堤三路19号第25层2523号房
…………Tel：13367873356

梧州江滨国际大酒店有限公司
地址：梧州市奥奇丽路3号
…………Tel：0774-3869888

广西贺州市旅游实业集团有限公司
地址：广西贺州市八达中路190号（贺纸生活小区内）职教楼
…………Tel：0774-5128181

贺州市兴贺旅游投资有限公司
地址：贺州市八达中路190号
…………Tel：0774-5128181

广西贺州正旭农业旅游产业投资有限公司
地址：贺州市八步区城东街道灵凤路12号东方广场2楼
…………Tel：0774-5288778

广西昭平黄姚古镇文化旅游有限公司
地址：广西昭平县黄姚镇黄姚街（钱兴广场对面）
…………Tel：0774-6728019

富川瑶族自治县文化旅游发展有限公司
地址：富川瑶族自治县富阳镇城东开发区展览中心三楼
…………Tel：0774-7880665

广西金金源生态旅游养老产业开发有限公司
地址：钟山县城书香西路北侧（一中旁）
…………Tel：18676652295

广西耕读田园酒店管理有限公司
地址：玉林市体育中心商业用房D-1-05.经营场所（一）玉林市五彩田园鹿潘江蓁蓁段北面（耕读山庄）
…………Tel：0775-2135918

广西五彩田园文化旅游投资股份有限公司
地址：玉林市体育中心商业用房D-1-05.经营场所（一）玉林市五彩田园鹿潘江蓁蓁段北面（耕读山庄）
…………Tel：0775-2136886

玉林市九九国际酒店有限公司
地址：玉林市名山镇玉林市外商投资开发区
…………Tel：13977534271

玉林市光大索菲特酒店投资有限公司
地址：玉林市玉州区玉东大道88号光大·索菲特酒店-后勤服务用房8213号
…………Tel：0775-2302091

玉林市中鼎索菲特酒店投资有限公司
地址：玉林市玉州区玉东大道88号光大·索菲特酒店-后勤服务用房8213号
…………Tel：18507758615

玉林交通旅游投资集团有限公司
地址：玉林市体育中心商业用房D-3-06
…………Tel：0775-2669628

广西兴业县龙圣旅游投资开发有限公司
地址：兴业县城隍镇鹿峰山风景区内
…………Tel：0775-3726533

广西兴业葵福山旅游开发有限责任公司
地址：兴业县石南镇玉贵路祥龙花园倪祖欣铺房
…………Tel：13768273883

广西葵福山旅游发展股份有限公司
地址：南宁市青秀区金洲路17号世纪家园A座12层A1202号房
…………Tel：0771-5785992

广西杰诚融资担保有限公司
地址：玉林市双拥路39号东盛华府商住小区东盛大厦21-1号办公用房
…………Tel：13768772313

广西贵港市文化旅游投资发展集团有限公司
地址：贵港市港北区桂林路728号东方巴黎4幢16楼
…………Tel：0775-4226087

广西铜石岭旅游发展集团有限公司
地址：北流市桂塘路二区15号五楼，北流市民安镇丰村（铜石岭风景区城楼一楼内）
…………Tel：0775-6227328

广西乐源大容山文化旅游投资有限公司
地址：广西玉林市大容山林场，经营场所：（一）大容山林场（龙门景区入门150米处）；（二）大容山林场（龙门景区入门1500米处）；（三）大容山林场（九瀑谷景点附近）；（四）大容山林场（莲花景区内）
…………Tel：0775-6662589

贵港市北帝山旅游开发有限公司
地址：平南县大鹏镇景华村
…………Tel：0775-7922222

博白县蓝天大酒店有限公司
地址：博白县城绿珠大道东的北面加油站南面
…………Tel：13802343836

百色鼎盛酒店管理有限公司
地址：百色市右江区龙景LJ02-02-02（2）地块鼎盛中央城南区（二期）6楼
…………Tel：0776-2222069

广西桂源房地产开发有限公司
地址：乐业县同乐镇三乐街金源国际酒店内
…………Tel：13657760717

百色逸文酒店投资管理有限公司
地址：广西百色市右江区大旺路1-3号A区03座A楼503号
…………Tel：0776-2681606

广西万宁里文化娱乐有限公司
地址：百色市右江区东旦路东合市场三楼
…………Tel：18978601273

广西万宁酒店管理有限公司
地址：百色市右江区城北二路4号外经贸大楼万宁大酒店一楼
…………Tel：18377672316

百色毓秀旅游投资有限公司
地址：百色市右江区大旺路1-3号A区03座五楼506室
…………Tel：0776-2826968

百色市文化旅游发展有限公司
地址：广西百色市右江区中山二路3号
…………Tel：0776-2826968

百色华海酒店管理有限公司
地址：百色市右江区城北一路29号金都美食城二期A段商务楼第16层
…………Tel：15977490355

广西百色智东文化旅游投资有限公司
地址：百色市南百二级路旁百东新区BD05-12-02地块（百东企业服务站）
…………Tel：0776-2988159

广西德保凯隆国际大酒店有限公司
地址：德保县城关镇清水街115号
…………Tel：18977655238

广西乐业县顾式富氧酒店有限公司
地址：广西百色市乐业县甘田镇夏福村龙云山茶厂
…………Tel：15289558988

广西田东横山旅游投资开发有限责任公司
地址：田东县平马镇油城路13号（县财政局副楼一楼）

…………………………Tel：13377267320
广西缘满笛润文化旅游发展产业有限公司
地址：钦州市白石湖风情酒吧街（兰亭街）3#楼
…………………………Tel：0777-2336999
钦州市超达娱乐有限公司
地址：钦州市子材东大街8号奥林财富中心项目401至423号铺位
…………………………Tel：13510023382
钦州市滨海旅游开发集团有限公司
地址：广西壮族自治区钦州市钦南区钦州市滨湖路8号风情酒吧街1号楼
…………………………Tel：0777-3891728
钦州市八寨沟旅游开发有限公司
地址：钦州市钦北区八寨沟旅游景区内
…………………………Tel：0777-3891728
钦州市新东城娱乐有限公司
地址：钦州市新东城娱乐有限公司
…………………………Tel：0777-3891728
广西维多利亚娱乐有限公司
地址：钦州市银河街银河雅苑第１＃栋１－２８０１号
…………………………Tel：15677778999
钦州大蚝王旅游有限公司
地址：钦州市钦南区龙门港镇美丽蓝湾小区
…………………………Tel：13707718428
灵山县超达娱乐有限公司
地址：灵山县陆屋镇新城区29号
…………………………Tel：0777-6593333
广西灵山县欢唱城娱乐有限公司
地址：灵山县灵城街道六峰路12号
…………………………Tel：18172484405
宜州市巨人龙洲岛生态田园休闲旅游度假区有限公司
地址：宜州市刘三姐镇小龙村
…………………………Tel：0778-2081828
河池市旅游发展投资有限公司
地址：河池市金城江区金城中路296号市国资委办公楼五楼
…………………………Tel：0778-6881190
广西奇辰旅游投资开发有限公司
地址：河池市金城江区金光路3号
…………………………Tel：15676149486
河池市宜州区怀远古镇旅游文化有限公司
地址：河池市宜州区怀远镇游客集散中心
…………………………Tel：0778-3170019
广西河池市刘三姐文化旅游投资集团有限公司
地址：河池市宜州区庆远镇冯京路冯京公园内宜州市游客集散中心
…………………………Tel：0778-3170019
河池市三月花国际大酒店管理有限公司
地址：河池市宜州区庆远镇中山大道西段行政中心西侧
…………………………Tel：0778-3266999
广西珍奇缘旅游文化发展有限公司
地址：大化瑶族自治县大化镇北江滨路奇石馆
…………………………Tel：13507783608
大化车友国际大酒店有限公司
地址：大化瑶族自治县大化镇建丰路东七里1巷2号
…………………………Tel：13707787449
巴马国际旅游区投资发展（集团）有限公司
地址：广西壮族自治区河池市巴马瑶族自治县巴马镇寿乡大道195号
…………………………Tel：0778-6216267
巴马旅游投资开发有限公司
地址：巴马瑶族自治县巴马镇寿乡大道2576号科创中心A座9楼
…………………………Tel：0778-6212572
广西巴马健祥五福酒店管理投资有限公司
地址：巴马瑶族自治县巴马镇寿乡大道236号
…………………………Tel：18961112809
广西丹文化旅游投资有限公司
地址：南丹县城关镇民行北路广西丹泉酒业有限公司内
…………………………Tel：0778-7211318
广西东谋旅游开发有限责任公司
地址：南丹县里湖瑶族乡瑶里村甘河屯
…………………………Tel：0778-7271999
广西环江毛南族自治县旅游投资开发有限责任公司
地址：环江县思恩镇迎宾路2号
…………………………Tel：0778-8805515
北海香格里拉大酒店有限公司
地址：北海市茶亭路３３号
…………………………Tel：0779-2062288
北海富丽华大酒店有限公司
地址：北海市茶亭路３１号
…………………………Tel：0779-2088888
北海金海银滩娱乐有限公司
地址：巴马瑶族自治县巴马镇寿乡大道236号
…………………………Tel：18961112809
新智认知数字科技股份有限公司
地址：北海市四川南路铁路桥以南新奥大厦
…………………………Tel：17733689100
北海新绎游船有限公司
地址：北海市西藏路２９号海天花园４幢一单元５０２号
…………………………Tel：13877939320
广西北海三森休闲娱乐广场有限责任公司
地址：北海市贵州路24号
…………………………Tel：13877995702
北海银滩一号酒店有限公司
地址：北海市云南南路333号
…………………………Tel：0779-3131111
广西快珍餐饮发展有限公司
地址：北海市云南南路333号
…………………………Tel：0779-3131111
北海利源国际大酒店
地址：北海市重庆路３号
…………………………Tel：15504960360
广西旅发海岛旅游投资发展有限公司
地址：防城港市港口区马正开路72号国贸中心广场写字楼二19层
…………………………Tel：0770-2885528
北海锦丰酒店有限公司
地址：北海市新世纪大道银海区政府内（银海区行政中心副楼420室）
…………………………Tel：0779-3831118
北海辰茂海滩酒店有限公司
地址：市银滩大道海滩公园对面
…………………………Tel：0779-3888888
北海旅游集团有限公司
地址：市银滩大道海滩公园对面
…………………………Tel：0779-3888888

海南省

海南农垦旅游集团有限公司
地址：海南省儋州市国营蓝洋农场原蓝洋温泉宾馆二楼
…………………………Tel：0898-23355708
儋州金钥匙凯威酒店管理有限公司
地址：儋州市那大中兴大道22号街区
…………………………Tel：0898-23868765
昌江松之光酒店管理有限公司
地址：昌江县昌江大道东侧（昌江县现代农业检验检测预警防控技术中心左侧）
…………………………Tel：18876177660
昌江恒盛元棋子湾旅游置业有限公司
地址：海南省昌江县昌化镇石昌公路昌化镇段北侧E-54地块千和家园
…………………………Tel：0898-26771993
海南霸王岭雅加酒店管理有限公司
地址：海南省昌江县霸王岭林业局雅加林场
…………………………Tel：0898-26883001
洋浦控股酒店有限公司
地址：海南省洋浦经济开发区洋浦控股大厦606室
…………………………Tel：0898-28816666
东方索契酒店投资管理有限公司
地址：东方市八所镇琼西路西侧（HHHD假日公寓）C栋1单元901房
…………………………Tel：0898-31217777
三亚君锦滨海酒店有限公司
地址：海南省三亚市河东区榆亚路195号
…………………………Tel：15607629362
海南乐龄愉家酒店有限公司
地址：海南省陵水县椰林镇滨河南路1号珍珠大厦4楼
…………………………Tel：0898-32122222
三亚好运娱乐管理有限公司
地址：三亚市凤凰路88号蓝悦湾B10
…………………………Tel：0898-88711005
天物华乐餐饮（海南）有限公司
地址：海南省海口市美兰区蓝天路12号世纪生活港C1001
…………………………Tel：18976786928
万宁祥源新潭湾旅游投资开发有限公司
地址：海南省万宁市环市二西路海韵阳光城3号楼4、5、6、7、8号
…………………………Tel：0898-65805103
海南唐太太餐饮管理有限公司
地址：万宁市礼纪镇首创奥特莱斯F—1B28
…………………………Tel：13619947751
海南国际旅游产业融资租赁股份有限公司
地址：海口市滨海大道103号海口财富广场写字楼21-B房
…………………………Tel：13648685953
海南大圣娱乐有限公司
地址：海南省老城高新技术产业示范区海南生态软件园A17幢一层1001
…………………………Tel：020-87006440
海南盛苑鼎实业有限公司
地址：海南省海口市龙华区大同街道大同路38号财富中心1605
…………………………Tel：13807587496
海南来必堡餐饮管理有限公司
地址：海南省海口市大同路38号财富中心负二层
…………………………Tel：13807587496
海南领创汇润酒店管理有限公司
地址：海南省海口市龙华区海秀东路29号望海科技广场6层
…………………………Tel：010-69656666
海南新燕泰大酒店有限公司
地址：海口市海甸五东路18号
…………………………Tel：0898-36769666
海南雅航旅游置业有限公司
地址：海南省文昌市文城镇东风路27号二楼
…………………………Tel：0898-36881622
海南雅皓旅游置业有限公司
地址：海南省定安县定城镇大众东路10号503房
…………………………Tel：0898-36881622
儋州市文化旅游产业发展有限公司
地址：海南省儋州市那大军屯园地路33号农业银行大厦7楼
…………………………Tel：31117566
儋州兰洋地质温泉酒店有限公司
地址：儋州市兰洋镇（兰洋农场内）
…………………………Tel：23551111
海南亚泰温泉酒店有限公司
地址：海南省澄迈县老城镇盈滨半岛滨海大道290号
…………………………Tel：0898-36967777
三亚君汇酒店开发有限公司
地址：三亚市河东路555号凤凰水城B区酒店1-B层
…………………………Tel：0898-38218888
明道酒店投资管理有限公司
地址：海南省三亚市迎宾路119号天际大厦
…………………………Tel：0898-38263080
海南新华联文化旅游发展有限公司
地址：海南省陵水县光坡镇铜岭村旅游开发区(A区)
…………………………Tel：0898-38336988
海南新华联文化旅游发展有限公司
地址：海南省陵水县光坡镇铜岭村旅游开发区(A区)
…………………………Tel：0898-38336988
海南中度旅游产业开发有限公司
地址：海南省三亚市吉阳镇荔枝沟社区学院路
…………………………Tel：0898-38858687
保亭海航旅游开发有限公司
地址：海南省保亭县文明北路迎宾馆210房
…………………………Tel：18608951456
神玉岛文化旅游控股股份有限公司
地址：保亭县响水镇毛真水库神玉岛旅游度假区
…………………………Tel：0898-31831943
中民娱乐三亚有限责任公司
地址：海南省三亚市吉阳区鹿回头路16号半山半岛帆船港C03楼
…………………………Tel：0898-38818001
三亚润德湿地公园酒店有限公司
地址：海南省三亚市吉阳区凤凰路127号
…………………………Tel：0898-38833888
三亚新机场临空产业园商业娱乐开发有限公司
地址：海南省三亚市天涯区凤凰路218号海航地产办公楼三楼
…………………………Tel：0898-38855677
三亚红塘湾旅游大学投资有限公司
地址：三亚市凤凰路218号海阔天空学苑办公楼
…………………………Tel：15248927119
三亚湾海景置业投资有限公司
地址：海南省三亚市三亚湾海坡开发区220号
…………………………Tel：0899-38873887
海南机场实业投资有限公司
地址：海南省三亚市育秀路（火车站对面）学院培训中心
…………………………Tel：0898-69966023
海南华润石梅湾旅游开发有限公司
地址：海南省万宁市石梅湾旅游度假区7号地块007号办公室
…………………………Tel：13876972187
海南海韵酒店开发有限公司
地址：海南省万宁市石梅湾24号地块002号
…………………………Tel：0898-62525888
海南万宁兴隆金银岛温泉大酒店有限公司
地址：万宁市兴隆温泉大道1号
…………………………Tel：13976466411
海南兴隆明珠投资有限公司
地址：海南省万宁兴隆明珠大道三号
…………………………Tel：0898-62555999
海南华昌旅游开发有限公司
地址：海南省万宁市兴隆华侨农场兴敬路41号正对面胡同里左边22-2号
…………………………Tel：0898-62578800
海南博鳌国际医疗旅游先行区开发建设有限公司
地址：海南省琼海市嘉积镇人民路488号焱方大厦7楼
…………………………Tel：0898-62777730
海南博鳌太阳城温泉大酒店有限公司
地址：海南省琼海市博鳌水城金海岸大道8号
…………………………Tel：0898-62778888
海南万泉河温泉旅游开发股份有限公司
地址：琼海市嘉积镇官塘大道官塘休闲中心综合楼二层
…………………………Tel：0898-62801533
海南博鳌乐城国际医疗旅游投资有限公司
地址：海南省琼海市嘉积镇爱华东路19号万旅大厦三楼
…………………………Tel：0898-62917976
琼海维嘉国际大酒店有限公司
地址：海南省琼海市嘉积银海路
…………………………Tel：0989-62933515
海口红太阳文化旅游股份有限公司
地址：海南省海口市龙华区龙桥镇挺丰村委会博片村
…………………………Tel：0898-63982998
恒大旅游运营管理集团有限公司
地址：海南省儋州市白马井镇滨海二道海花岛岛外宿舍区1号楼2楼204室
…………………………Tel：0898-32669930
儋州嘉元旅游开发有限公司
地址：海南省儋州市白马井镇滨海新区第一组团B-6-3、B-6-5地块恒大金碧天下综合楼一楼217室
…………………………Tel：0898-32669930
儋州信恒旅游开发有限公司
地址：海南省儋州市白马井镇滨海二道海花岛岛外宿舍区1号楼2楼202室
…………………………Tel：0898-32669930
儋州宜倍旅游开发有限公司
地址：海南省儋州市白马井镇滨海新区第一组团B-6-3、B-6-5地块恒大金碧天下综合楼一楼119室
…………………………Tel：0898-32669930
海南蓝色星球文化传媒有限公司
地址：海南省三亚市吉阳区迎宾路鸿坤山海墅5栋1904
…………………………Tel：
保利（海南）旅游发展有限公司
地址：海南省海口市龙华区滨海大道105号百方广场B座31层
…………………………Tel：0898-65660048
海南祥源旅游发展有限公司
地址：海南省海口市龙华区滨海街道滨海大道73号宝华海景公寓1号楼A栋1807房
…………………………Tel：0898-65805103
海南和兴度假酒店有限公司
地址：海南省海口市桂林洋开发区
…………………………Tel：19917081058
海南伟图中国文化娱乐城有限公司
地址：海口市琼山区府城镇龙昆南路（中国城）
…………………………Tel：65881889
维龙（海南）体育文化娱乐有限公司
地址：海南省海口市美兰区蓝天街道国兴大道15A全球贸易之窗6层612单元
…………………………Tel：0898-66166712
海南中改院国际酒店管理有限公司
地址：海南省海口市秀英区长滨一路7号
…………………………Tel：18907641202
海南省旅游投资发展有限公司
地址：海南省海口市琼山区国兴街道办国兴大道5号海南大厦42层
…………………………Tel：0898-66185002
海南拾玩科技有限公司
地址：海南省海口市龙华区滨海大道32号复兴城A1-5002
…………………………Tel：021-63865298
海南鹏晖大酒店有限公司
地址：海南省海口市海甸岛和平大道１８号
…………………………Tel：0898-66268888
海南一品餐饮文化有限公司
地址：海南省海口市龙华区金宇街道南沙路南沙特色美食街二楼东边商铺
…………………………Tel：13807690895
海南省文创旅游产业园集团有限公司
地址：海南省海口市美兰区国兴大道15A号全球贸易之窗
…………………………Tel：0898-66638686
海口祥国饮食娱乐有限公司
地址：海口市滨海大道帝豪大厦901房
…………………………Tel：13307670929
海南儋州华富大酒店有限公司
地址：海南省儋州市白马井镇省海洋渔业总公司601幢602房
…………………………Tel：18976859277
海南美丽明珠文化娱乐有限公司
地址：海南省海口市人民西里（华达小区）甲型别墅2号第八栋
…………………………Tel：13687592023
海南京馨餐饮旅游股份有限公司
地址：海口市白龙南路73号白龙大厦一楼
…………………………Tel：13698981018
海南国商酒店管理有限公司
地址：海口市大同路38号海口国际商业大厦1207室
…………………………Tel：0898-66796999
海南海汽旅游汽车租赁有限公司

地址：海南省海口市龙华区城西镇迎宾大道5号海口汽车总站二楼
……Tel：0898-66813883

海南北斗互动娱乐有限公司
地址：海南省老城高新技术产业示范区海南生态软件园A17幢一层1001室
……Tel：13925070326

海南金棋娱乐科技有限公司
地址：海南省澄迈县老城海南自贸港生态软件园青年创业街区2幢301
……Tel：0898-67206409

海南腾讯互动娱乐有限公司
地址：海南省老城高新技术产业示范区海南生态软件园B-01
……Tel：0898-67206588

海南周天娱乐有限公司
地址：海南省澄迈县老城镇高新技术产业示范区海南生态软件园沃克公园8832栋
……Tel：0898-67206588

海南泰坦互动娱乐有限公司
地址：海南省老城高新技术产业示范区海南生态软件园A17幢一层1001
……Tel：13729180945

海南千军互动娱乐有限公司
地址：海南省老城高新技术产业示范区海南生态软件园
……Tel：13729180945

海南火豚娱乐有限公司
地址：海南省澄迈县老城镇高新技术产业示范区海南生态软件园A区A16四楼404室
……Tel：13700449002

海南火烈鸟娱乐科技有限公司
地址：海南省老城高新技术产业示范区海南生态软件园A17幢一层4001
……Tel：13501518813

海南颐和木色湖酒店管理有限责任公司
地址：海南省屯昌县屯城镇昌盛3路工商银行屯昌支行办公大楼三楼东侧
……Tel：18629258608

海南陆邦六福酒店管理有限公司
地址：海南省海口市国贸大道A5-5富成大厦B楼2#
……Tel：0898-68507777

长影（海南）娱乐有限公司
地址：海南省海口市秀英区椰海大道100号长影生态文化产业园票务区7号楼206室
……Tel：68726324

海南省大洲岛文化旅游开发股份有限公司
地址：海南省万宁市万城镇仁里安置区商业铺面F栋J103号
……Tel：18976563907

海南易博园温泉花园酒店有限公司
地址：临高县人民政府招待所三栋二楼202室
……Tel：18976563907

海口旅游文化投资控股集团有限公司
地址：海南省海口市秀英区滨海大道173-2号海旅文体中心扬帆工场
……Tel：0898-68511631

海南博濠旅游娱乐有限公司
地址：海南省国营罗豆农场场部办公楼二楼203房
……Tel：0898-88239236

海南木翼餐饮文化管理有限公司
地址：海南省海口市秀英区长信路10号柏斯观海台1号二期B栋商业楼顶层
……Tel：0898-68500508

海南壹迈酒店投资管理有限公司
地址：海南省海口市龙华区金贸西路15号环海国际商务大厦23G室
……Tel：0898-68523986

海南鼎顶旅游文化股份有限公司
地址：海南省文昌市铺前镇新埠海 望坡9号
……Tel：15008067992

海南宝华海景大酒店管理有限公司
地址：海口市滨海大道69号宝华海景大酒店13楼
……Tel：0898-68536699

三亚万嘉酒店管理有限公司
地址：三亚市三亚湾海坡开发区第13横路西侧
……Tel：0898-68552146

海南思捷生态旅游开发有限公司
地址：海南省文昌市会文镇边海福园村外小滩坡地
……Tel：18689572848

中视波米电竞娱乐（海南）有限公司
地址：海南省澄迈县老城镇海南生态软件园A17幢2层1001
……Tel：0898-68555112

海南屯昌中汇娱乐有限公司
地址：海南省屯昌县屯城镇昌盛二路（昌华家私城北侧）
……Tel：15120939338

海南自贸区佳兆业酒店管理有限公司
地址：海南省海口市龙华区滨海大道117号滨海国际金融中心A座30层
……Tel：0898-68586139

海南大坝通讯有限公司
地址：海南省海口市琼山区龙昆南路89号汇隆广场三单元3-1113
……Tel：13337636878

海南观澜湖华谊冯小刚文化旅游实业有限公司
地址：海南省海口市龙华区龙桥镇羊山大道19号电影公社
……Tel：0898-68683888

海南观澜湖酒店有限公司
地址：海口市龙华区龙桥镇海口观澜湖大道1号
……Tel：0898-68683888

海南海航国际酒店管理股份有限公司
地址：海口市美兰区国兴大道7号新海航大厦23层
……Tel：0898-68878074

海航酒店（集团）有限公司
地址：海口市海秀路29号海航发展大厦东六楼
……Tel：0898-68878074

海南逸唐飞行酒店管理有限公司
地址：海南省海口市美兰区国兴大道7号新海航大厦22层
……Tel：0898-68876008

海航旅游集团有限公司
地址：海口市美兰区国兴大道7号新海航大厦23层
……Tel：0898-68878074

海南一卡通餐饮管理有限公司
地址：海南省海口市美兰区蓝天街道国兴大道5号海南大厦1#主楼负1层
……Tel：0898-68876540

海航航空旅游集团有限公司
地址：海口市美兰区国兴大道7号新海航大厦19层
……Tel：17191069468

海航旅游投资控股有限公司
地址：海口国家高新技术产业开发区狮子岭工业园办公楼346号房
……Tel：17191069468

海南海岛酒店管理有限公司
地址：海南省海口市蓝天路168号二楼202-4房
……Tel：0898-68878074

海航国际旅游岛开发建设（集团）有限公司
地址：福建省福州市马尾区湖里路27号1#楼2-15K室（自贸试验区内）
……Tel：0591-83978537

海航旅游开发有限责任公司
地址：海南省海口市蓝天路168号二楼201-1房
……Tel：0898-66739992

海航旅游开发有限责任公司
地址：海南省海口市蓝天路168号二楼201-1房
……Tel：0898-66739992

陵水香水湾滨海休闲娱乐有限公司
地址：海南省陵水县光坡镇香水湾B区N-20号休闲娱乐中心会所
……Tel：0898-83081111

海南省国际旅游岛开发建设有限公司
地址：陵水县黎安镇中心大道39号黎安镇政府内
……Tel：0898-83302810

陵水兆南房地产开发有限公司
地址：陵水县椰林镇站前路2号兆南椰林壹号9号楼101商铺
……Tel：0898-83316788

海南香水湾富豪旅业开发有限公司
地址：海南省陵水县光坡镇香水湾旅游度假区A区C地块
……Tel：0898-83300777

海南香水湾海滨假日酒店有限公司
地址：陵水县香水湾A区
……Tel：0898-83346611

陵水丽媛文化娱乐有限公司
地址：海南省陵水县英州镇清水湾旅游度假区
……Tel：0898-83356888

中铁建海南投资有限公司
地址：中国铁建海南国际旅游岛建设管理指挥部办公大楼105室
……Tel：18976259530

海南金凤凰温泉度假酒店有限公司
地址：保亭县七仙岭温泉开发区四号地希尔顿逸林酒店后勤办公区
……Tel：68630970

保亭双大酒店投资有限公司
地址：保亭县温泉中路新星酒店二楼201房
……Tel：0898-83602888

海南龙栖湾发展置业有限公司
地址：乐东县九所镇
……Tel：0898-85829988

中交（琼中）五指山旅游开发建设有限公司
地址：海南省琼中县营根镇城北二横路2号
……Tel：0898-86220072

五指山申基实业有限公司
地址：五指山市水满乡
……Tel：13807510881

五指山佳诚建材有限公司
地址：五指山海榆北路11号
……Tel：13976165888

五指山花舞人间旅游投资有限公司
地址：五指山市南圣镇同甲村
……Tel：0989-86868686

海南大东海旅游中心股份有限公司
地址：三亚市河东区大东海
……Tel：0898-88214998

三亚中企会旅游投资有限公司
地址：海南省三亚市吉阳区榆亚路508号远洋公馆A座1201房
……Tel：15208917037

狮子娱乐（海南）有限公司
地址：海南省三亚市吉阳区榆海路1号
……Tel：18789386898

三亚合正酒店管理有限公司
地址：海南省三亚市河西区河西路259号三楼301房
……Tel：13005066068

三亚小洲岛酒店投资管理有限公司
地址：三亚市吉阳区小东海路6号A栋302房
……Tel：0898-88226863

三亚明日大酒店有限公司
地址：三亚市吉阳区新风路265号
……Tel：0898-88235522

三亚瑞兴盛典旅游文化有限公司
地址：海南省三亚市海棠区湾坡村湾坡路与C2路入口处200右侧
……Tel：0898-88813937

三亚瑞兴合泰旅游控股有限公司
地址：海南省三亚市海棠区湾坡村湾坡路与C2路入口处200米右侧
……Tel：0898-88813937

三亚玛瑞纳酒店有限公司
地址：海南省三亚市南边海路半岛龙湾公寓2号楼1-3单元
……Tel：0898-88239236

三亚椰林滩大酒店有限责任公司
地址：海南省三亚市天涯区三亚湾海龙路22号
……Tel：0898-88331888

亚太国际会议中心有限公司
地址：三亚市三亚湾旅游度假区
……Tel：0898-88332666

三亚华源温泉海景度假酒店有限公司
地址：海南省三亚市三亚湾路191号
……Tel：0898-88333999

陕旅（三亚）旅游投资有限公司
地址：海南省三亚市天涯区天涯槟榔河国际乡村文化旅游区B-1-3地块办公楼214室
……Tel：0898-88336155

海航创新股份有限公司
地址：海南省三亚市天涯区三亚湾路228号三亚湾皇冠假日度假酒店（仅限办公使用）
……Tel：13162369959

三亚辉途文化旅游投资发展有限公司
地址：海南省三亚市吉阳区龙岭路300号
……Tel：0899-88353907

三亚凤凰岭文化旅游有限公司
地址：海南省三亚市吉阳区龙岭路300号
……Tel：0899-88353907

三亚弘创娱乐投资管理有限公司
地址：海南省三亚市海棠区海棠湾镇林旺北旅游服务小镇商业区4号楼商铺
……Tel：0899-88359290

三亚红树林旅业有限公司
地址：三亚市海棠区海棠北路58号（海棠湾红树林度假酒店）
……Tel：0898-88955555-8540

三亚盈湾酒店有限公司
地址：三亚市亚龙湾旅游开发区
……Tel：0898-88330227

三亚双大国际酒店投资有限公司
地址：海南省三亚市天涯区三亚河西路91号双大国际公馆六楼
……Tel：0898-88565788

三亚曦和旅游度假俱乐部有限公司
地址：海南省三亚市吉阳区红郊社区三亚海富大酒店301号房
……Tel：0898-88285588

金茂（三亚）度假酒店有限公司
地址：海南省三亚市亚龙湾旅游度假区19-08-58号
……Tel：0898-88588229

三亚市天涯海角旅游发展有限公司
地址：三亚市天涯镇天涯海角游览区
……Tel：0898-88592986

三亚和怡阳光大酒店有限公司
地址：三亚市三亚湾路196号
……Tel：0898-88599999

三亚京海国际假日酒店有限公司
地址：海南省三亚市天涯区三亚湾路139号
……Tel：0898-88611888

中粮酒店（三亚）有限公司
地址：海南省三亚市亚龙湾国家旅游渡假区内
……Tel：0899-88639999

三亚千古情旅游演艺有限公司
地址：海南省三亚市河东区迎宾路333号
……Tel：0898-88662335

三亚皇圃大酒店有限公司
地址：三亚市海棠湾镇海棠北路28号
……Tel：0899-32998888

海南瑞泽旅游控股有限公司
地址：海南省三亚市吉阳区迎宾大道488号海南瑞泽新型建材股份有限公司办公楼
……Tel：0898-88703858

海南蜈支洲旅游开发股份有限公司
地址：海南省三亚市海棠湾区蜈支洲岛五星级中心酒店C栋3层
……Tel：88755177

三亚香格里拉大酒店有限公司
地址：海南省三亚市海棠区海棠北路88号
……Tel：0898-88758888

海南首旅投资控股有限公司
地址：海南省三亚市吉阳区凤凰路98号嘉宝花园1栋A单元1601室
……Tel：0898-88818673

海南南山文化旅游开发有限公司
地址：海南省三亚市南山文化旅游区
……Tel：0898-88837888

三亚南山普门旅游发展有限公司
地址：三亚市南山文化旅游区
……Tel：0898-88838662

三亚汇金海立方度假酒店有限公司
地址：海南省三亚市天涯区三亚湾路193-3号海坡度假区海立方度假酒店一楼
……Tel：13518897646

三亚红树林旅游文化地产开发有限公司
地址：海南省三亚市凤凰路155号(海航学院对面)
……Tel：0898-32388888-8540

海南仁恒美丽之冠文化旅游发展有限公司
地址：保亭县三道农场场部内
……Tel：66228885

四川省

成都味觉餐饮文化传播有限公司
地址：成都市锦江区一环路东四段14号3楼308号
……Tel：028-02395006

三仟翼集团有限公司
地址：中国（四川）自由贸易试验区成都高新区吉泰五路88号3栋46层6号
……Tel：13880130212

四川博尔大酒店有限公司
地址：四川省资阳市安岳县岳阳镇沱街88号
……Tel：028-24521999

四川省贺香园餐饮有限公司
地址：简阳市简城镇张家村一社2幢1层
……Tel：15708426768

资阳鼎晟泓府大酒店有限公司
地址：四川省资阳市雁江区蜀乡大道356号
……Tel：028-26166666

四川德登丰餐饮管理集团有限公司
地址：四川省资阳市雁江区天王农副产品交易中心百货交易区交易中心5-2-42.43.44.45号
……Tel：028-6229183

四川蝶彩农业旅游开发有限公司
地址：仁寿县清水镇石鼓村
……Tel：15082336363

仁寿耀欣锦诚酒店管理有限公司
地址：四川省眉山市仁寿县商城街6号、4号（世纪雅苑二期）1栋1层8号
……Tel：028-36398609

四川玉屏山旅游资源开发有限公司
地址：四川省眉山市洪雅县洪川镇人民路47号
……Tel：028-35077303

洪雅悟达文化旅游发展投资有限责任公司
地址：洪雅县洪川镇洪州大道106号
……Tel：028-37555755

四川寿星谷旅游开发投资管理有限公司
地址：四川省眉山市彭山区锦江乡联络村2组
……Tel：13778828400

四川武阳文化旅游股份有限公司
地址：四川省眉山市彭山区观音街道锦江大道191号
……Tel：028-35099999

眉山市环球世纪会展旅游开发有限公司
地址：四川省眉山市彭山区江口街道武阳郡田园新村营业用房24栋
……Tel：028-85381989

四川洪雅七里坪半山旅游开发有限公司
地址：洪雅县七里坪镇七里坪村二社
……Tel：18908232040

眉山千里婵娟文化旅游开发有限公司
地址：四川省眉山市东坡区二环东路68号15栋2层
……Tel：028-38189228

眉山东坡宋城文化旅游发展有限公司

地址：眉山市东坡区下大南街24-58号1-2层
Tel：028-36038068

四川新光盛潮青衣水城旅游开发有限公司
地址：四川省眉山市青神县青城镇青衣神广场鸿化街303号
Tel：028-38819559

成都数字娱乐软件产业发展有限公司
地址：成都金牛高科技产业园蜀西路48号
Tel：028-60177395

成都市都江堰文旅集团有限责任公司
地址：四川省成都市都江堰市永丰街道民丰社区彩虹路689号
Tel：028-60412855

四川乡村基餐饮有限公司
地址：四川省成都市锦江区总府路87号（红旗商场二楼）
Tel：028-60722490

西部印象文化旅游股份有限公司
地址：四川省成都市锦江区永安路666号
Tel：028-87330797

四川永彩娱乐有限公司
地址：中国（四川）自由贸易试验区成都高新区益州大道中段722号2栋1单元20楼2003号
Tel：028-61102031

泉盛餐饮管理（成都）有限公司
地址：中国（四川）自由贸易试验区成都高新区益州大道北段777号1栋1单元8楼810号
Tel：028-61125545

成都国色天乡旅游投资有限公司
地址：成都市温江区万春镇卫星村国色天乡西班牙馆
Tel：028-82613337

成都市文脉旅游发展有限公司
地址：邛崃市文君街道办凤凰大道326号
Tel：028-61783246

成都星宸航都国际酒店有限公司
地址：成都市双流区东升街道航林路一段8号
Tel：028-61911111

成都洛带华侨城文化旅游开发有限公司
地址：四川省成都市龙泉驿区洛带镇三峨街199号23栋附202号
Tel：028-62049368

风啸娱乐成都有限公司
地址：中国（四川）自由贸易试验区成都市天府新区湖畔路北段366号1栋3楼1号
Tel：028-62073578

遂宁千雅酒店管理有限公司
地址：四川省遂宁市蓬溪县赤城镇钟鼓楼街蓬城印象3号楼附楼
Tel：028-62084117

成都港华汉铂酒店管理有限公司
地址：中国（四川）自由贸易试验区成都高新区天府一街369号1栋2单元4层401号
Tel：028-62135588

成都乐易乐体育娱乐有限公司
地址：成都乐易乐体育娱乐有限公司
Tel：15719450330

成都慢蔓漫酒店管理有限公司
地址：成都高新区吉泰五路88号3栋9层7号
Tel：17753240363

成都宴御餐饮管理有限公司
地址：中国（四川）自由贸易试验区成都高新区吉泰五路88号3栋9层7号
Tel：17753240363

四川和缘旅游资源开发有限公司
地址：成都市青羊区家园路8号1栋7层10号
Tel：15882314489

四川和圆胤龙集团有限公司
地址：成都市新都区新都街道鑫盛路366号3栋5层502号
Tel：028-62518188

四川润利鑫酒店管理有限责任公司
地址：成都市武侯区顺江村六组
Tel：028-62560927

永乐七星文化旅游开发有限公司
地址：大英县文化产业园区
Tel：13305882008

简阳三岔湖旅游快速通道投资有限公司
地址：简阳市简城镇建设路188号
Tel：028-62828777

成都帝伦大酒店有限公司
地址：成都市金牛区西安北路110号
Tel：028-62839999

成都熹尚领鲜餐饮管理有限公司
地址：成都市锦江区一环路东五段46号1栋1单元18层20号
Tel：13880872558

四川都江堰国际大酒店有限公司
地址：四川省成都市都江堰市玉堂街道永康社区玉府街135号
Tel：028-64275077

四川太平洋旅游资源开发有限公司
地址：成都市青羊区家园路8号1栋10层17号
Tel：028-64600132

成都屹伟贸易有限公司
地址：成都市玉双路4号
Tel：028-65130012

成都市纯派对文化娱乐有限公司
地址：成都市锦江区一环路东五段8号商业楼1-3楼附1号
Tel：021-65180888

明宇文化旅游集团股份有限公司
地址：成都市锦江区东大街紫东楼段35号1栋1单元34楼
Tel：028-65251158

明宇商旅股份有限公司
地址：成都市武侯区临江西路1号
Tel：400-000-9000

四川悦蓉旅游发展有限公司
地址：四川省成都市天府新区大林街道思源路97号
Tel：18583660283

成都心向文化旅游有限公司
地址：中国（四川）自由贸易试验区成都高新区天府大道北段1700号7栋1单元17楼1730号
Tel：13550312816

四川自然道餐饮管理有限公司
地址：成都市青羊区人民南路一段97号5幢7楼5号
Tel：18040358168

喜德县小相岭旅游开发有限公司
地址：四川省凉山彝族自治州喜德县文化路西段1号
Tel：13808051933

成都品寓酒店管理股份有限公司
地址：成都高新区天府大道北段1700号3栋3单元12层1210号
Tel：028-65279668

甘孜州雪域温泉山地旅游开发有限公司
地址：泸定县磨西镇海螺沟一号营地
Tel：028-65292198

甘孜州雪域温泉山地旅游开发有限公司
地址：泸定县磨西镇海螺沟一号营地
Tel：028-65292198

崇州世龙中胜酒店管理有限公司
地址：崇州市崇阳街道永康东路116号
Tel：028-65531314

四川德胜集团文化旅游投资发展有限公司
地址：峨眉山市黄湾乡峨眉印象商业区
Tel：028-65703939

成都博克秀娱乐有限公司
地址：成都高新区天府一街703号4楼1号
Tel：028-65771173

成都博纳秀娱乐有限公司
地址：中国（四川）自由贸易试验区成都高新区天府一街695号6栋1单元705号
Tel：028-65771173

中唐空铁旅游投资有限公司
地址：成都市双流区西南航空港经济开发区工业集中发展区
Tel：028-65790138

成都宏得主人酒店管理有限公司
地址：中国（四川）自由贸易试验区成都高新区天府二街269号26栋8楼801号
Tel：18200487673

四川省竹子酒店管理有限公司
地址：成都市青羊区新华大道玉沙路157号
Tel：13808173089

四川万达大酒店管理有限公司
地址：成都市锦江区滨江中路15号
Tel：028-66669999

四川黄龙旅游股份有限公司
地址：成都市锦里西路107号锦江时代花园北楼13层6号
Tel：13980543539

四川红世耀光食品科技有限公司
地址：中国（四川）自由贸易试验区成都高新区天府大道北段1700号4栋1单元3层327号
Tel：028-67171965

成都展望酒店管理有限公司
地址：成都市锦江区走马街68号1栋3层67号
Tel：028-85287719

四川采悦文化旅游发展有限公司
地址：仁寿县仁发展大厦B座5楼
Tel：028-36751008

成都环球融创文化旅游有限公司
地址：成都市青白江区清泉大道二段6668号附713号（欧洲产业城蓉欧智谷大楼）
Tel：028-63309526

环球融创会展文旅集团有限公司
地址：中国（四川）自由贸易试验区成都高新区天府大道北段1700号2栋1单元16层1619号
Tel：18113113450

成都鹭源酒店管理有限公司
地址：中国（四川）自由贸易试验区成都市高新区天爵路150号
Tel：13602678878

四川三槐旅游产业发展股份有限公司
地址：中国（四川）自由贸易试验区成都高新区天府大道北段1700号3栋2单元15层1508号
Tel：15828208576

四川燊本餐饮管理有限公司
地址：四川省成都市成华区天祥街59号1栋2单元1楼6号
Tel：028-68739065

眉山隆和旅游开发有限公司
地址：四川省眉山市彭山区青龙镇工业大道南段669号4楼
Tel：028-65703939

眉山蓉信旅游开发有限公司
地址：四川省眉山市彭山区青龙镇工业大道南段669号4楼
Tel：028-65703939

眉山恒和旅游开发有限公司
地址：四川省眉山市彭山区青龙镇工业大道南段669号4楼
Tel：028-65703939

眉山嘉泰旅游开发有限公司
地址：四川省眉山市彭山区青龙镇工业大道南段669号4楼
Tel：028-65703939

眉山恒大童世界旅游开发有限公司
地址：四川省眉山市彭山区青龙街道工业大道南段669号4楼
Tel：028-65703939

成都迈亚美酒店管理有限公司
地址：中国（四川）自由贸易试验区成都高新区天府大道中段500号1栋34楼3420号
Tel：028-68850500

四川七维文化旅游股份有限公司
地址：中国（四川）自由贸易试验区成都高新区府城大道中段88号1栋8层5号
Tel：028-68905700

成都快客利餐饮管理有限公司
地址：四川省成都市成华区槐树店路长融街30号5栋1单元1层4号
Tel：15982363752

成都金源鸿餐饮集团有限公司
地址：成都市青羊区广富路8号9栋二楼
Tel：028-68969734

都江堰市青城山旅游投资有限责任公司
地址：四川省成都市都江堰市永丰街道民丰社区彩虹路689号
Tel：028-60412899

四川岷山拉萨大酒店
地址：成都市肖家河北街88号
Tel：028-69760127

成都天府华侨城都市娱乐有限公司
地址：成都市金牛区沙西线16号
Tel：028-80333999

成都浣花驿科技有限公司
地址：四川省成都市锦江区东大街紫东楼段35号明宇金融广场23层2304-4号（自编号）
Tel：13730858774

四川正知爱餐饮管理有限公司
地址：四川省成都市新都区工业东区君跃路618号
Tel：028-84444833

成都亿全农业科技有限公司
地址：四川省成都市天府新区籍田街道中山路353号附3、4、5号
Tel：19141000275

成都南湖餐饮文化有限公司
地址：四川省成都市天府新区华阳南湖大道529号
Tel：028-81512144

成都瑞合益实业有限公司
地址：成都市武侯区星狮路818号4栋4单元3层304号
Tel：028-81703055

成都交投旅游运业发展有限公司
地址：中国（四川）自由贸易试验区成都市高新区盛和一路66号
Tel：028-81725020

都江堰明科康乐养酒店管理有限公司
地址：四川省成都市都江堰市青城山镇味江社区13组
Tel：028-61730993

成都马哥孛罗酒店有限公司
地址：四川省成都市锦江区红星路三段1号国际金融中心三号楼
Tel：028-82208888-6701

成都市琉璃旅游投资开发有限责任公司
地址：崇州市崇阳街道清溪街412号
Tel：028-82218808

成都陇海裕弘旅游资源开发有限公司
地址：崇州市崇阳街道双桥街158号802室
Tel：028-85612299

四川省玉泉森林旅游开发有限公司
地址：崇州市公议乡天冬堰村18组4号
Tel：028-82238118

成都陇海三郎旅游资源开发有限公司
地址：崇州市街子镇凤鸣村4组8号
Tel：028-85612299

成都骊丰康旅文化传播有限公司
地址：中国（四川）自由贸易试验区成都高新区世纪城路198号附1574号1层
Tel：13551314939

新津县文旅投资集团有限公司
地址：成都市新津区岷江大道中段
Tel：028-82589229

成都百怡餐饮娱乐有限公司
地址：成都武侯区人民南路四段49号1楼
Tel：028-82631846

成都九联投资集团有限公司
地址：成都市温江区芙蓉大道二段733号3栋1层1号
Tel：028-82633823

成都西行起点旅游资源开发有限公司
地址：成都市温江区金府路西段248号
Tel：028-82666866

四川吾爱中衡餐饮文化管理有限公司
地址：成都市温江区成都海峡两岸科技产业开发园海科路西段101号1栋2楼212室
Tel：028-82749116

成都天仁大酒店有限公司
地址：四川省成都市金牛区三洞桥路18号5栋1-9层
Tel：028-82968888

四川彝家山寨科技有限公司
地址：中国（四川）自由贸易试验区成都高新区吉泰五路118号2栋2层1号
Tel：028-83123105

成都赤橙数字娱乐有限公司
地址：成都市高新区南部园区大源组团1栋1单元12层1217号
Tel：18116595359

四川欧昱餐饮娱乐有限公司
地址：四川省成都高新区盛华北路191号1层
Tel：028-83151810

大姆指文旅集团有限公司
地址：成都市武侯区簇桥中街171号附8号
Tel：028-83169889

四川省大光明山旅游发展有限公司
地址：成都市武侯区人民南路4段3号来福士广场写字楼塔一10楼05号
Tel：028-83193329

成都仰止酒店管理有限公司
地址：四川省成都市都江堰市青城山镇青正街98号
Tel：028-83203333

成都艾丝碧西餐饮管理有限公司
地址：四川省成都市温江区温泉大道4段688号
Tel：028-83225321

成都建兴宝源能源开发有限公司
地址：成都市成华区建材路66号1栋1层附3号
Tel：13200000639

成都上层名人酒店管理有限公司
地址：成都市金牛区星辉中路24号1栋1层
Tel：15102846475

四川慈心餐饮有限责任公司
地址：四川省德阳市中江县南华镇西山村七社（元丰农资公司二楼）
Tel：028-83330992

成都金控旅游发展股权投资基金有限公司
地址：四川省成都市高新区天府大道北段966号3号楼
Tel：028-85988246

成都鸿祯建设工程有限公司
地址：中国（四川）自由贸易试验区成都高新区交子大道333号2栋1单元1楼
Tel：13982235563

成都明珠国际酒店有限公司
地址：成都市金牛区解放路二段329号
Tel：028-83377171

艺能文化娱乐（成都）有限公司
地址：四川省成都市武侯区人民南路四段12号2栋二层
Tel：028-83434806

成都晶捷嘉轩网络科技有限公司
地址：成都市青白江区同华大道99号1栋1单元4楼403号
Tel：463586446@qq.com

成都珀禧酒店管理有限公司
地址：成都市青白江区同华大道123号1层
Tel：028-83612539

成都禧漫雅悦餐饮管理有限公司
地址：成都市青白江区大弯同华大道99号1单元19层1903号
Tel：028-83612539

成都市瀚宇投资有限公司
地址：中国（四川）自由贸易试验区成都市青白江区城厢镇香岛大道1509号（铁路港大厦A区楼A1301-1311、1319室）
Tel：028-64382657

四川宝山旅游有限责任公司
地址：四川省成都市彭州市龙门山镇回龙街1号、3号、5号、7号、9号
Tel：028-83852013

四川龙门山文化旅游发展有限公司
地址：四川省彭州市致和镇健康大道199号1栋1层115号
Tel：028-83885861

四川铁投文化旅游开发有限公司
地址：四川省成都市天府新区万安街道万安路西段191号
Tel：18086816973

成都佳龙旅游发展有限公司
地址：四川省成都市天府新区三星街道井石村9组300号
……………………Tel：13308171398

成都天府国际慢城文化旅游有限公司
地址：四川省崇州市白头镇五星村村委会内
……………………Tel：028-84287088

成都华天文化旅游开发有限责任公司
地址：四川省成都市成华区仙韵一路585号1栋2层201号
……………………Tel：13200000174

四川火云洞娱乐有限公司
地址：成都市青羊区西大街84号1栋1单元10层1017号
……………………Tel：028-84419337

四川未来派娱乐管理有限公司
地址：四川省成都市成华区东风路二段26号1栋1单元24、25层
……………………Tel：028-84495601

四川海诚天府文化旅游有限责任公司
地址：成都市武侯区航空路6号4栋3单元3层302号
……………………Tel：13698742012

四川香天下餐饮管理集团有限公司
地址：四川省成都市高新区世纪城路166号7栋1-3层1号
……………………Tel：15228958452

成都博瑞酒店有限公司
地址：四川省成都市龙泉驿区同安街办阳光大道11号
……………………Tel：028-84839888

成都五凤古镇生态旅游开发有限责任公司
地址：四川省成都市金堂县赵镇成金大道2888号2楼203号
……………………Tel：028-84905666

成都长湖文化旅游开发有限公司
地址：成都市金堂县淮口镇学府街2号1-3楼
……………………Tel：028-84910085

中健航天技术股份有限公司
地址：中国（四川）自由贸易试验区成都高新区天府大道北段1700号3栋1单元9楼903号
……………………Tel：13541302589

成都尚座餐饮娱乐管理有限公司
地址：成都市武侯区武侯新城管委会鞋都南路8号5栋4楼7号
……………………Tel：028-85005163

四川省顺心餐饮管理有限公司
地址：中国（四川）自由贸易试验区成都高新区天府大道北段966号8号楼
……………………Tel：028-85009906

成都天友酒店管理有限公司
地址：成都市武侯区二环路西一段100号附1号1幢1单元19层1-7号
……………………Tel：028-85080041

成都天友智慧文化旅游集团有限公司
地址：成都市武侯区二环路西一段100号附1号1幢1单元19层1-7号
……………………Tel：028-85080041

四川旅投航空旅游有限责任公司
地址：中国（四川）自由贸易试验区成都高新区吉庆三路333号1栋2单元12层1201、1202号
……………………Tel：028-85099319

四川天邑国际酒店有限责任公司
地址：成都市武侯区二环路西一段2号
……………………Tel：028-85096999

四川旅投供应链服务有限公司
地址：中国（四川）自由贸易试验区成都高新区天府大道北段1700号2栋1单元18层1803号
……………………Tel：028-85366041

成都枫格资产管理有限公司
地址：成都市武侯区簇桥乡沈家桥村八组
……………………Tel：028-64602699

四川乐客互娱信息技术有限公司
地址：中国（四川）自由贸易试验区成都高新区吉泰三路8号1栋1单元7层5号
……………………Tel：19113474927

康定国际旅游发展有限责任公司
地址：康定县榆林乡大坪村
……………………Tel：028-85135007

四川燕子沟文化旅游发展有限公司
地址：四川省甘孜藏族自治州泸定县磨西镇海螺沟
……………………Tel：028-85139633

四川元宝枫生态旅游开发有限公司
地址：中国（四川）自由贸易试验区成都高新区天府大道北段1700号2栋1单元18层1807、1809号
……………………Tel：19950326897

瓦屋山旅游发展有限公司
地址：洪雅县瓦屋山镇金花桥（瓦屋山大酒店）
……………………Tel：028-85151302

成都泰宇酒店管理有限公司
地址：成都高新区火车南站西路321号1栋14楼1号
……………………Tel：028-85156600

仁恒酒店管理（成都）有限公司
地址：四川省成都市锦江区指挥街111号
……………………Tel：028-86587999

成都上游数字娱乐有限公司
地址：成都高新区肖家河中街44号
……………………Tel：18780196221

四川蜀坛餐饮管理有限公司
地址：成都市武侯区人民南路四段49号1楼、2楼
……………………Tel：19181700237

成都神迹科技有限公司
地址：成都高新区肖家河二环路南四段16号
……………………Tel：15708416851

四川三和诚信餐饮管理有限公司
地址：四川省成都市武侯区望江路一号1栋25楼4号
……………………Tel：028-85239621

成都渝疆盛世酒店集团有限责任公司
地址：成都市武侯区潮音路2号
……………………Tel：028-88866677

成都逸海情天数字娱乐有限公司
地址：成都市武侯区二环路南三段5号人南大厦B座801
……………………Tel：028-85286217-802

四川海洋置地发展有限公司
地址：中国（四川）自由贸易试验区四川省成都市高新区天韵路150号高新国际广场D座
……………………Tel：028-85322022

四川星慧酒店管理集团有限公司
地址：成都市双流区怡心街道华府大道二段158号
……………………Tel：028-85323058

成都金山数字娱乐科技有限公司
地址：中国（四川）自由贸易试验区成都高新区万象南路669号13层16号
……………………Tel：028-85335577

成都金山互动娱乐科技有限公司
地址：中国（四川）自由贸易试验区成都高新区万象南路669号13层15号
……………………Tel：028-85335577

成都西山居互动娱乐科技有限公司
地址：中国（四川）自由贸易试验区成都高新区万象南路669号12层16号
……………………Tel：028-85335577

明宇环球置业股份有限公司
地址：成都市锦江区东大街紫东楼段35号1栋1单元3105室
……………………Tel：028-86582869

成都恒基维餐饮投资管理有限公司
地址：四川省成都市武侯区科华中路新3号
……………………Tel：13880805574

成都万悦恒实业有限公司
地址：成都市武侯区锦绣路1号附61号1层
……………………Tel：18180410706

成都天府绿道文化旅游发展集团股份有限公司
地址：成都高新区泰和二街170号1栋1单元4楼
……………………Tel：028-85369383

四川安得天馨酒店管理有限责任公司
地址：成都市武侯区科华中路新3号1幢11层1104号
……………………Tel：18030414291

环球中军文化旅游开发有限公司
地址：天府新区仁寿视高经济开发区
……………………Tel：028-85065876

四川黑龙滩长岛国际旅游度假中心有限公司
地址：眉山市仁寿县黑龙滩镇
……………………Tel：028-85382093

四川三岔湖长岛国际旅游度假中心有限公司
地址：成都东部新区丹景街道环湖西路888号
……………………Tel：028-63309526

四川泰来餐饮管理有限责任公司
地址：四川省成都市武侯区一环路南四段19号1幢9层12号
……………………Tel：028-85423166

四川省旅游投资集团有限责任公司
地址：成都市锦江区人民南路二段80号11楼
……………………Tel：028-85506118

四川旅游发展集团有限责任公司
地址：成都市锦江区人民南路二段80号
……………………Tel：028-85506118

四川川旅锦江旅游投资有限公司
地址：成都市高新区蜀锦路88号1栋二单元楚峰国际中心第【26】层第【06-08】单元
……………………Tel：19150535263

四川旅投旅游创新开发有限责任公司
地址：中国（四川）自由贸易试验区成都高新区天府大道北段966号9号楼302号
……………………Tel：028-85507958

四川旅投锦江酒店有限责任公司
地址：中国（四川）自由贸易试验区成都市天府新区万安街道麓山大道二段18号附2号4栋1层1号
……………………Tel：028-85507892

成都市老码头餐饮娱乐有限公司
地址：成都市武侯区玉林中路27号
……………………Tel：13908099930

四川高路文化旅游发展有限责任公司
地址：四川省成都市武侯区二环路南四段51号2栋10层
……………………Tel：028-85555001

成都文化旅游开发建设有限责任公司
地址：成都市青羊区东城根下街28号1栋1层4号
……………………Tel：028-85580795

成都世外桃源酒店有限公司
地址：成都市武侯区科华北路69号
……………………Tel：028-85589999

四川乔氏餐饮管理有限公司
地址：成都市武侯区人民南路四段49号1楼、2楼
……………………Tel：15908122305

成都文化旅游发展集团有限责任公司
地址：成都市洗面桥街30号2楼
……………………Tel：028-85599328

成都棠棣东方酒店有限责任公司
地址：四川省成都市双流区黄甲街道周家庵路1号
……………………Tel：028-85689999

成都炫食餐饮管理有限公司
地址：成都高新区天府大道南段1399号1栋19楼21号
……………………Tel：028-85660607

四川无界生活餐饮管理有限公司
地址：中国（四川）自由贸易试验区成都高新区天府大道中段500号1幢42层2号
……………………Tel：13693437357

四川福宏生态农业旅游开发有限公司
地址：成都市简阳市施家镇信义村1组
……………………Tel：18200487673

中玉亿达餐饮管理有限公司
地址：成都市双流区东升街道西安路四段133号附5号
……………………Tel：17318607302

成都正源禧悦酒店有限公司
地址：成都市双流区东升街道广都大道2号
……………………Tel：028-85729666

成都麓山国际乡村俱乐部有限公司
地址：四川省成都市天府新区万安镇麓山大道二段6号附33号
……………………Tel：028-85761451

成都非凡酒店管理有限公司
地址：成都市双流区东升街道星空路898号27栋3单元5层508号
……………………Tel：028-85028028

四川江畔农业科技发展有限公司
地址：成都市双流区东升街道三强西路29号3栋6单元1楼55、57号
……………………Tel：028-36369525

成都天菱阁餐饮管理有限责任公司
地址：成都市龙泉驿区龙泉街道办事处龙都南路38号
……………………Tel：028-85936367

四川石油管理局酒店管理公司
地址：成都市府青路一段三号
……………………Tel：028-86012188

成都乐趣多互娱科技有限公司
地址：四川省成都市天府新区华阳街道天府大道南段846号
……………………Tel：028-86038666

四川能投文化旅游开发有限公司
地址：中国（四川）自由贸易试验区成都高新区天府大道中段530号1栋37楼3704—3710号
……………………Tel：028-86055789

思齐文化旅游投资（成都）股份有限公司
地址：中国（四川）自由贸易试验区成都高新区交子大道575号2栋20层2004号
……………………Tel：13880240344

成都奇天幻影数字娱乐有限公司
地址：成都市武侯区太平园东三街28、30号1层
……………………Tel：028-86058312

成都世代锦江国际酒店有限公司
地址：四川省成都市锦江区下南大街59号
……………………Tel：028-86090888

四川食泰餐饮管理股份有限公司
地址：成都市锦江区昭忠祠街88号
……………………Tel：028-86149513

四川华人行农业旅游开发有限公司
地址：四川省成都市天府新区华阳街道和平路162号1层
……………………Tel：028-86153678

四川省兴文石海天下奇文化旅游投资有限责任公司
地址：兴文县古宋镇光明新城市民广场1号商业用房
……………………Tel：15183906011

成都丹景山文化旅游投资有限公司
地址：四川省彭州市天彭镇牡丹西路南段45号11层5号
……………………Tel：028-86229500

成都活力城投资管理有限公司
地址：成都市青羊区鼓楼北三街82号5楼1号
……………………Tel：18683933168

成都喜玛拉雅大酒店有限公司
地址：成都市金牛区二环路北一段8号
……………………Tel：028-86319560

四川铁道大酒店有限责任公司
地址：成都市人民北路二段九号
……………………Tel：028-86433990

成都娱乐有限公司
地址：四川省成都市上东大街6-16号
……………………Tel：028-86605077

边城豆汤面餐饮管理股份有限公司
地址：中国（四川）自由贸易试验区成都市天府新区汉州路999号1栋1层16、17号
……………………Tel：028-86617872

银河王朝大酒店有限公司
地址：四川省成都市锦江区顺城大街88号
……………………Tel：028-86618888

成都经典汇餐饮有限公司
地址：四川省成都市青羊区人民中路一段十一号
……………………Tel：028-86785061

四川齐星联动建设工程有限公司
地址：成都市金牛区黄忠街8号3楼596号
……………………Tel：13980950637

四川绿洲大酒店有限公司
地址：四川省成都市青羊区忠烈祠西街99号
……………………Tel：028-86628899

成都金渝重餐饮娱乐管理有限公司
地址：成都市锦江区东大街下东大街段216号2栋3层
……………………Tel：13553085656

成都歌王娱乐管理有限公司
地址：成都市青羊区苏坡东路12号
……………………Tel：028-86663001

成都花园城大酒店有限公司
地址：四川省成都市锦江区大业路8号
……………………Tel：028-86663388

成都美集酒店有限公司
地址：成都市金牛区蓉北商留一段1号
……………………Tel：028-86730037

花样年（成都）生态旅游开发有限公司
地址：四川省成都市蒲江县鹤山街道顺城路88号1栋1-3层999号
……………………Tel：028-86750606

成都行者无疆娱乐有限责任公司
地址：成都市青羊区太升南路288号附1号4楼
……………………Tel：028-86785061

成都西部旅游投资控股（集团）股份有限公司
地址：中国（四川）自由贸易试验区成都市高新区天韵路150号高新国际广场D座601室
……………………Tel：18783735606

成都童卫文化娱乐管理有限公司
地址：成都市青羊区人民中路一段15号
……………………Tel：028-86786828

城市名人酒店管理（中国）股份有限公司
地址：四川省成都市青羊区人民中路二段68号
……………………Tel：400-826-6333

四川成都天府阳光酒店有限责任公司
地址：成都市青羊区太升北路2号
……………………Tel：028-86922233

四川省龙王旅游开发有限公司
地址：四川省成都市成华区羊子山路68号5栋1单元13层43号
……………………Tel：18384106284

成都市美时乐旅游管理有限公司
地址：成都市锦江区三槐树路3号3幢1层
……………………Tel：028-86965271

四川第五季幸福城酒店管理有限公司
地址：成都市锦江区总府路18号1栋1单元15层1号
……………………Tel：028-87015531

成都市史贝斯餐饮管理有限公司
地址：四川省成都市成华区杉板桥路52号13栋1层5号
……………………Tel：028-86257522

成都丽景酒店有限公司
地址：四川省成都市都江堰市联盟村四组1幢2层
……………………Tel：028-87114006

成都都江堰旅游集团有限责任公司
地址：四川省成都市都江堰市翔凤路693号
……………………Tel：028-87135768

四川青城富林酒店管理有限公司
地址：四川省成都市都江堰市玉堂镇环山旅游路888号
……………………Tel：028-87152910

成都建工集团旅游有限公司
地址：四川省成都市都江堰市青城山镇豪生路33号
……………………Tel：028-87218371

都江堰市道非常酒店有限公司
地址：四川省成都市都江堰市青城山镇五

里社区7组34号
……Tel：028-87229200
成都云岭酒店管理有限公司
地址：四川省成都市都江堰市灌口街道灵岩社区九社
……Tel：028-87270999
四川睿源旅游资源开发有限公司
地址：四川省成都市都江堰市大观镇荷园社区四组高尔夫大道001号2楼
……Tel：028-87286177
中交绿坤（成都）实业有限公司
地址：成都市武侯区置信南街147号1层147室
……Tel：18881860766
成都来买车汽车销售有限公司
地址：成都市锦江区通宝街360号（2#一层）（自编号538号）
……Tel：028-84314732
成都尊悦豪生酒店有限公司
地址：成都市金牛区蜀西路28号
……Tel：028-87489999
成都青城国际疗养度假酒店管理有限公司
地址：四川省成都市都江堰市青城镇桃花村一组
……Tel：18502886920
四川泓捷非融资性担保有限公司
地址：四川省成都市金牛区沙湾东二路1号、5号2栋24层4号
……Tel：18682759923
四川省骅福宏源实业集团有限公司
地址：成都市金牛区二环路西三段133号3栋6楼
……Tel：18160039982
成都市高家庄置业有限公司
地址：成都市金牛区蜀西路29号
……Tel：028-87632667
若尔盖县众奥文化旅游发展有限公司
地址：四川省阿坝州若尔盖县唐克镇
……Tel：028-87658200
四川乐宾半岛酒店管理有限公司
地址：成都市金牛区蜀光路6号1幢5层5-B号
……Tel：028-87508963
成都锦奢酒店管理有限责任公司
地址：成都市青羊区蜀金路1号2栋21层2103号
……Tel：18781963261
成都锦玺沃特酒店管理有限公司
地址：成都市太升南路53-57号
……Tel：028-87710158
成都皇家柒号娱乐会所有限公司
地址：成都市金牛区三洞桥2号4楼
……Tel：028-87745486
四川千里走单骑文化旅游有限公司
地址：中国（四川）自由贸易试验区成都高新区盛安街401号1栋1单元18层1801号
……Tel：028-87778707
四川深空影业投资有限公司
地址：成都市青羊区东坡北三路518号1栋4楼1号
……Tel：028-87796038
成都安德斯酒店管理有限公司
地址：成都市郫都区安靖镇正义路666号
……Tel：18980146118
峨眉山蓝光文化旅游投资有限公司
地址：峨眉山市峨山镇秀湖街
……Tel：028-86100626
峨眉山蓝光文化旅游置业有限公司
地址：峨眉山市山湖路南段8号12幢
……Tel：028-86100626
成都三泰酒店有限公司
地址：四川省成都市郫都区望丛中路1088号
……Tel：028-87890888
成都蜀都文化旅游投资发展有限公司
地址：成都市郫都区中国川菜功能区安唐路川菜文化体验馆
……Tel：028-87921631
成都锦和顺餐饮管理有限公司
地址：成都市武侯区人民南路四段19号7层4号
……Tel：028-87979091
四川裕嘉阁酒店管理有限公司
地址：成都市郫县犀浦镇华都大道东二段5号附1号3层302号
……Tel：13837109963
成都西岭邑博实业发展有限公司
地址：四川省成都市大邑县安仁镇千禧路
……Tel：028-88265069
成都市鑫洲国际酒店有限公司
地址：成都市温江区万春镇长石社区3组
……Tel：13350845363
成都安仁文博旅游发展有限公司
地址：四川省成都市大邑县安仁镇迎宾路二段198号附5号
……Tel：18982072272
成都安仁华侨城文化旅游开发有限公司
地址：四川省成都市大邑县安仁镇仁和街41号
……Tel：028-88318878
四川越百麓酒店管理有限公司
地址：四川省彭州市致和街道健康大道199号1栋2层221号
……Tel：028-86229403
成都圣火文化旅游投资有限公司
地址：邛崃市司马大道531号
……Tel：028-88742075
邛崃市海天永信餐饮娱乐有限公司
地址：成都市邛崃市羊安镇新城区新民街208、210号
……Tel：028-88767333
邛崃市海天永信餐饮娱乐有限公司
地址：成都市邛崃市羊安镇新城区新民街208、210号
……Tel：028-88767333
成都文旅龙门山旅游投资有限公司
地址：四川省成都市成华区昭觉寺横路19号
……Tel：028-88782116
成都市华耕酒店管理有限公司
地址：邛崃市平乐镇福惠街139号
……Tel：028-88783072
邛崃市天际山水文化旅游投资集团有限公司
地址：邛崃市临邛街道办文昌街121号
……Tel：028-88801107
成都天台山云景假日酒店有限公司
地址：成都市邛崃市天台山镇马坪村十组
……Tel：028-88808188
香格里拉大酒店（成都）有限公司
地址：四川省成都市锦江区滨江东路9号A座
……Tel：028-88889999
四川天台山旅游开发有限公司
地址：成都市邛崃市天台山镇三角社区
……Tel：028-89235010
远东帝豪酒店管理（成都）有限公司
地址：四川省成都市青羊区西玉龙街168号
……Tel：028-89495368
成都市青城山都江堰旅游股份有限公司
地址：四川省成都市都江堰市太平街175号附9号
……Tel：028-89708330
攀枝花市得天独厚餐饮集团有限公司
地址：攀枝花市东区炳草岗望江街50号
……Tel：0812-3365522
攀枝花市名舰娱乐有限责任公司
地址：东区炳草岗人民街392号
……Tel：15183488880
四川独味轩餐饮管理有限公司
地址：四川省自贡市自流井区新街新世纪广场B区5层1-7轴
……Tel：0813-2229961
自贡华侨城文化旅游开发有限公司
地址：四川省自贡市大安区北环路88号东大.川南家居城2栋4-012号
……Tel：0813-2611820
自贡市文化旅游投资开发有限公司
地址：四川省自贡市自流井区鸿鹤路东源半岛14号楼
……Tel：0813-2601010
自贡市亮人娱乐管理有限公司
地址：自贡市贡井区长征大道西客站二楼
……Tel：0813-3101111
自贡中港文化旅游投资开发有限公司
地址：自贡市丹桂南大街2666号
……Tel：0813-5106848
自贡中置文化旅游投资有限公司
地址：四川省自贡市自流井区丹桂南大街2666号
……Tel：19828371511
自贡市燊龙文化旅游传媒集团有限公司
地址：四川省自贡市大安区团结镇土柱村1组
……Tel：0813-5108516
自贡市燊海旅游开发有限责任公司
地址：自贡市大安区大安街289号
……Tel：0813-5111183
四川坤泰文化旅游产业开发有限公司
地址：四川省自贡市大安区大山铺镇大山铺社区五组
……Tel：13990072498
荣县大佛文化旅游有限公司
地址：荣县旭阳镇大佛寺1号
……Tel：0813-6204535
自贡市观澜酒店有限公司
地址：荣县旭阳镇望家山路79号
……Tel：0813-6209328
荣县福城文化旅游有限公司
地址：荣县旭阳镇朝阳路一段155-201号
……Tel：0813-62610769
芭夯食品开发有限公司
地址：自贡市高新工业园区卫里路68号
……Tel：0813-2608206
自贡鲍鱼王餐饮娱乐有限公司
地址：自贡市自流井区汇兴路星河雅居3-5栋裙房2层一号
……Tel：0813-8215552
四川龙乡聚美农业旅游开发有限公司
地址：四川省自贡市自流井区临港商贸总部经济中心7号楼7层
……Tel：0813-8236150
自贡市明濠娱乐有限公司
地址：四川省自贡市丹桂大街南延线西侧华商国际城一期五号楼3层5-3-05、06号商铺
……Tel：0813-8587777
四川圣尼奥斯餐饮服务有限公司
地址：自贡市自流井区新街解放路2组125号
……Tel：18095054824
绵阳市观天下休闲娱乐有限责任公司
地址：绵阳市北街欧亚商城五楼
……Tel：0816-2203777
四川福天下节能科技有限公司
地址：四川省绵阳市游仙区科学城大道1号
……Tel：0816-2211811
绵阳喜瑞都酒店投资有限公司
地址：绵阳市涪城区体运村路附87号宏杰.馨雅苑1栋2层1号
……Tel：0816-2214393
四川千佛山生态旅游开发有限公司
地址：绵阳市兴达街8号兴达广场6楼
……Tel：15881663812
四川西川会议服务有限公司
地址：绵阳市游仙区芙蓉路一段一号
……Tel：0816-2284888
西科餐饮管理集团有限公司
地址：绵阳市长虹大道126号怡海明珠A13-2号
……Tel：0816-2332328
四川蓝澳岛旅游投资管理有限公司
地址：绵阳市安州区桑枣镇温泉路上段34号
……Tel：19383679325
绵阳文化旅游集团有限公司
地址：四川省绵阳市游仙区一环路东段232号
……Tel：0816-2108600
绵阳仙海文化旅游发展集团有限公司
地址：绵阳市仙海水利风景区游客中心
……Tel：0816-2760775
四川东越酒店管理有限公司
地址：四川省绵阳市游仙区凯越路2号2栋3层1号
……Tel：0816-2836282
四川金福阳实业有限公司
地址：四川省绵阳市游仙区剑南路东段326号
……Tel：0816-2881176
四川中泽万和旅游开发有限公司
地址：四川省绵阳市涪城区杨家镇万和村二组17号
……Tel：13778020011
绵阳市五牛餐饮娱乐有限责任公司
地址：绵阳市涪城区富乐路22号
……Tel：0816-2992546
绵阳市五牛餐饮娱乐有限责任公司
地址：绵阳市涪城区富乐路22号
……Tel：0816-2992546
江油市文化旅游发展有限公司
地址：江油市城区北大街西段华泰二小区三、四楼
……Tel：0816-3226392
江油市青莲竹园文化旅游开发有限公司
地址：江油市青莲镇月圆村五组（青莲世界）
……Tel：0816-3886081
绵阳地标酒店投资有限公司
地址：四川省绵阳市安州区花 镇银河大道西段南侧
……Tel：0816-4468888
四川万生御福堂会务服务有限公司
地址：绵阳市安州区桑枣镇松林村（五组68号）
……Tel：0816-4499999
绵阳市安州区旅投文化产业发展有限公司
地址：四川省绵阳市安州区花 镇大北街东侧（海珂.花郡）3幢
……Tel：0816-4332213
北川九皇山生态旅游股份有限公司
地址：四川省绵阳市北川羌族自治县桂溪镇九皇山景区
……Tel：0816-4732006
绵阳海悦润景酒店管理有限公司
地址：绵阳市高新区河边镇场镇
……Tel：0816-2853673
绵阳郪海文化旅游投资经营有限公司
地址：三台县潼川镇学街96号
……Tel：0816-5338486
四川省盛世佳农业旅游集团有限公司
地址：四川省绵阳市三台县芦溪镇玉星村一组
……Tel：0816-5668866
四川梓州酒店管理有限公司
地址：三台县解放上街49号
……Tel：0816-7119923
四川辰东酒店管理有限责任公司
地址：盐亭县云溪镇弥江路551号
……Tel：0816-7122212
四川柏悦旅游发展有限公司
地址：四川省绵阳市梓潼县文昌镇三圣路北段103号
……Tel：13778123708
四川白马王朗旅游投资管理有限公司
地址：平武县白马藏族乡。
……Tel：0816-8811111
四川雪宝顶文化旅游开发有限公司
地址：平武县龙安镇东皋湾新区
……Tel：0816-8829128
四川嘉陵江滨水文化发展股份有限公司
地址：南充市顺庆区滨江大道东侧南充港
……Tel：17328035034
四川聚鑫娱乐有限公司
地址：营山县城南镇复兴桥北部新区水木清华营业房1-3层
……Tel：13989188955
南充鹏达嘉陵江（集团）实业有限公司
地址：四川省南充市高坪区凌云山景区游客中心
……Tel：0817-3310152
四川宇航金融中心开发建设有限公司
地址：四川省南充市高坪区松林路38号东方花园酒店第4幢1901号
……Tel：0817-3359299
南充高美高娱乐管理有限公司
地址：顺庆区麦秀路26号2幢4层2号
……Tel：0817-2332966
西充百科园餐饮管理有限公司
地址：西充县义兴镇书房山村
……Tel：0817-4202555
四川凯宴餐饮娱乐有限公司
地址：四川省南部县蜀北办事处新华路450号
……Tel：0817-5592189
新华联文化旅游开发（阆中）有限公司
地址：阆中市保宁办事处北街83-93号
……Tel：0817-6232789
阆中古城旅游开发有限公司
地址：阆中市七里新区巴都大道77号2号楼
……Tel：0817-6339508
南充天来酒店有限公司
地址：四川省南充市高坪区江东中路7段1号
……Tel：0817-6588888
南充天禾兴宇大酒店有限公司
地址：南充市高坪区江东新区望城路66号
……Tel：0817-7187777
蓬安县柏亚大酒店有限公司
地址：蓬安县相如镇东梓街1号
……Tel：0817-8936666
达州市知味苑餐饮有限公司
地址：四川省达州市通川区西外新区广电花园小区E、F幢1楼14号、15号
……Tel：0818-2103777
达州市皇钻商贸有限公司
地址：达州市通川区西外金南社区（旺角城）D栋2楼1号
……Tel：13408180555
达州市锦惠实业有限公司
地址：达州市通川区马蹄街烽火巷38号
……Tel：13404038102
达州市美庐会娱乐有限公司
地址：达州市达川区三里坪街道南国大道二段472号罗浮南山美庐A栋1-3层
……Tel：0818-3366678
宣汉县巴山大峡谷旅游开发有限公司
地址：宣汉县蒲江街道多宝寺路40号
……Tel：0818-5222567
达州市文化旅游投资有限公司
地址：达州市通川区莲花湖巴山大剧院二楼
……Tel：0818-5325609
四川升华国际酒店有限责任公司
地址：达州市达川区杨柳街道健身路111号
……Tel：0818-5558888
四川一帘春休闲娱乐有限公司
地址：宣汉县东乡镇宣胡路一帘春休闲庄B幢南至北3号门市
……Tel：0818-5885685
四川食聚德仁餐饮管理有限公司
地址：四川省达州市大竹县白塔街道双燕路242号
……Tel：0818-6668688
渠县賨瑞文化旅游发展有限公司
地址：渠县渠江镇和平街19号
……Tel：0818-7835666
四川自然道农业旅游开发有限公司
地址：万源市白羊乡街道73号
……Tel：14781412345
四川省万兴文豪酒店有限公司
地址：渠县渠江镇迎宾路8号
……Tel：0818-8898888
万源市永利娱乐有限责任公司
地址：四川省达州市万源市太平镇秦川大道8号1号商业广场1楼1-9号
……Tel：0818-8938888
遂宁市明星酒店有限公司
地址：四川省遂宁市经济技术开发区明月路56号

……Tel：15388371317

遂宁仁里古镇文化旅游开发有限公司
地址：遂宁市河东新区灵泉路274号
……Tel：18280596655

四川翔泰餐饮娱乐有限公司
地址：遂宁市临江中路566号
……Tel：0825-2646137

遂宁隆基马中酒店管理有限公司
地址：四川省遂宁高新区中国西部现代物流港内
……Tel：0825-2651296

隆基马中酒店管理（四川）有限公司
地址：四川省成都市成华区双水碾村二组双荆路308号A05-02
……Tel：18048502230

遂宁市天泰旅游投资开发有限公司
地址：四川省遂宁市船山区圣莲岛圣莲小区Q区1楼
……Tel：0825-2662018

四川天遂文化旅游集团有限公司
地址：遂宁市广德路广德景区游客接待中心
……Tel：0825-2686022

四川十里荷画旅游资源开发有限公司
地址：四川省遂宁市船山区河沙镇凤凰咀村四社十里荷画游客中心88号
……Tel：0825-2899888

遂宁首座酒店管理有限公司
地址：四川省遂宁市船山区观音湖圣莲岛圣莲路南段9号
……Tel：13541163376

蓬溪县蓬南龙瑞大酒店有限公司
地址：蓬溪县蓬南镇忠烈街
……Tel：0825-5480333

死海旅游度假有限公司
地址：大英县蓬莱镇火井胡家坝
……Tel：0825-61691101

四川凯亚冠云实业有限公司
地址：射洪县太和镇太和大道恒业旺街1-3-1
……Tel：0825-6624175

四川绿然酒店管理有限公司
地址：四川省遂宁市射洪市经济开发区河东大道
……Tel：0825-6788000

大英一品帝都娱乐有限公司
地址：大英县蓬莱镇新城区中海大道1—5楼
……Tel：0825-7972222

广安旅游发展有限公司
地址：四川省广安市广安区小平故里路50号
……Tel：0826-2253237

"广安交通文化旅游投资建设开发集团有限责任公司"
地址：四川省广安市广安区迎宾大道299号1幢12-15楼
……Tel：0826-2619119

广安市金福国际大酒店有限公司
地址：四川省广安市广安区广福办事处大寨社区
……Tel：0826-2328888

四川广安思源酒店有限责任公司
地址：四川省广安市广安区五福西路301号（广安市会展中心）
……Tel：0826-2341514

广安旅游投资开发集团有限责任公司
地址：四川省广安市广安区金安大道一段1号
……Tel：0826-2619777

广安协力文化旅游投资发展有限公司
地址：四川省广安市广安区建丰街2号5幢附1号
……Tel：13350908253

广安玛瑙城国际大酒店有限公司
地址：四川省广安市广安区协兴镇保安村八组
……Tel：0826-2995166

四川碧林餐饮管理服务有限责任公司
地址：邻水县鼎屏镇兴安巷原回收公司住宅楼B2幢8号门市
……Tel：15082662655

四川泽达酒店有限公司
地址：邻水县鼎屏镇御临路3号
……Tel：15908331199

岳池银晟文化旅游开发建设有限公司
地址：四川省广安市岳池县九龙镇东湖公园西侧与九响路东侧之间"天羿大酒店"15-2号
……Tel：0826-5231187

武胜县金源酒店管理有限责任公司
地址：四川省广安市武胜县沿口镇长乐街7号
……Tel：18180269112

武胜县龙女湖旅游开发有限公司
地址：四川省广安市武胜县沿口镇迎宾大道C段904号
……Tel：0826-6232506

四川迪信通龙女湖旅游开发有限公司
地址：四川省广安市武胜县沿口镇龙女湖旅游开发区滨江路西侧沿岸
……Tel：0826-6961910

广安芯湖文化旅游资源开发有限责任公司
地址：广安市广安区枣山大道四段299号6幢2-16号
……Tel：0826-8181180

巴中义阳旅游发展有限公司
地址：四川省巴中市恩阳区恩阳古镇53号
……Tel：19149885291

四川恩阳川旅锦江旅游投资有限公司
地址：四川省巴中市恩阳区恩阳镇义阳二街80号
……Tel：0827-3369627

四川秦巴新城文化旅游投资开发有限公司
地址：四川巴中经济开发区兴文公共租赁住房二期三楼
……Tel：0827-5677716

巴中市金泰铢酒店管理有限公司
地址：四川省巴中市巴州区龙北街道龙泉社区金域华府
……Tel：19950479993

巴中市文化旅游发展集团有限公司
地址：四川省巴中市巴州区江北大道西段238号（碧水云天）1幢F1单元19层1号
……Tel：0827-5777999

巴中秦川文化旅游有限公司
地址：四川省巴中市巴州区回风北路83号
……Tel：0827-5868218

四川秦巴山水旅游开发集团有限公司
地址：四川省平昌县江口镇新华街东段（游客接待中心）
……Tel：17311056846

通江川财酒店投资有限公司
地址：四川巴中市通江县诺江镇壁山西路
……Tel：0827-7895555

四川光雾山美兮酒店有限公司
地址：四川省巴中市南江县集州街道红塔新区
……Tel：13881682588

南江县九龙山旅游资源开发有限公司
地址：四川省巴中市南江县集州街道光雾山大道城庙段三元公寓北A幢二楼01号
……Tel：15982755815

四川光雾山诺水河旅游景区管理有限公司
地址：四川省巴中市南江县光雾山镇月琴路38号
……Tel：0827-8269310

平昌水活鲜餐饮服务有限公司
地址：四川省平昌县金宝新区火车站站前广场（平昌县旅游集散中心）
……Tel：13550495001

南江县交投飞鹏酒店管理有限公司
地址：四川省巴中市南江县光雾山镇茶园路焦家村3社
……Tel：0827-8666668

四川巨洋文化旅游股份有限公司
地址：泸州市龙马潭区蜀泸大道27号3幢楼26层1单元2601号
……Tel：0830-2293619

威远巨洋旅游发展有限公司
地址：威远县严陵镇建业大道28号
……Tel：0830-2293619

四川省巨洋企业管理集团有限公司
地址：中国（四川）自由贸易试验区川南临港片区云台路一段68号西南商贸城二期C区LM-525号
……Tel：0830-2293619

四川巨洋假日饭店管理有限公司
地址：泸州市龙马潭区蜀泸大道27号3幢楼1层2单元101号
……Tel：0830-2293619

宜宾叙州区中巨酒店管理有限公司
地址：四川省宜宾市叙州区柏溪镇金沙江北路352号（金城印象）3幢24层2号
……Tel：0830-2293619

泸州首旅航发空港酒店有限公司
地址：泸州市龙马潭区石洞镇张家祠南路347号
……Tel：13079100333

合江县农业旅游开发投资集团有限公司
地址：合江县符阳街道荔城大道198号
……Tel：0830-5280021

泸州渝港旅游开发有限公司
地址：四川省泸州市合江县合江镇复兴路居委会十组17号
……Tel：0830-7388888

泸州金港旅游开发有限公司
地址：四川省泸州市合江县合江镇复兴路居委会十组17号
……Tel：0830-7388888

合江县丹荔餐饮有限公司
地址：合江县榕山镇兴隆社区产城大道1段142号
……Tel：0830-6552689

四川能投文旅福宝旅游产业有限公司
地址：四川省泸州市合江县符阳街道少岷南路265号
……Tel：0830-5227793

合江鑫森酒店有限公司
地址：四川省泸州市合江县合江县九支镇安溪大街上段78、80号
……Tel：15286189145

四川兰尊大酒店有限公司
地址：古蔺县古蔺镇金兰大道狮子坝广场南侧
……Tel：0830-3388082

泸州市文化旅游发展投资集团有限公司
地址：泸州市江阳区连江路一段81号1栋4层401号
……Tel：0830-6660867

泸州两岸文化旅游开发有限公司
地址：泸州市江阳区钓鱼台路16号24层13号
……Tel：0830-6665911

泸州市乐养旅游开发有限公司
地址：古蔺县古蔺镇金兰大道596号
……Tel：0783-7103609

古蔺天宝洞休闲度假酒店有限公司
地址：古蔺县二郎镇
……Tel：0830-7776888

四川古蔺酒城宫旅游发展有限公司
地址：古蔺县水口镇水口街村富民街98号
……Tel：0830-7776465

泸州惠新餐饮有限公司
地址：泸县立石镇下湾村南宇大道211号
……Tel：0830-8795358

四川港荣美成投资发展集团有限公司
地址：四川省宜宾市临港经开区国兴大道沙坪路段9号科创A 座3楼
……Tel：0831-2026900

四川沐之李餐饮娱乐有限公司
地址：四川省宜宾市叙州区南岸西区c-02号地块唐人财富中心1幢2层3单元17-18号
……Tel：17711223777

四川全明劲力旅游开发有限公司
地址：四川省江安县江安镇竹都大道西段149号
……Tel：0831-2506600

天人美文化旅游管理有限责任公司
地址：四川省宜宾市长宁县长宁镇竹都大道二段
……Tel：0831-3661212

长宁县绿风餐饮娱乐有限责任公司
地址：长宁县长宁镇竹海路一段180号
……Tel：0831-4628288

长宁县凯旋城休闲娱乐有限公司
地址：长宁县长宁镇东山江长路外侧竹海.温州商城一期A2号楼
……Tel：13408031313

宜宾竹海世外桃源度假酒店有限责任公司
地址：宜宾市长宁县竹海镇
……Tel：0831-3833333

江安县南屏大酒店有限公司
地址：四川省宜宾市江安县江安镇南屏大道西段盛源国际1、6-1-19、20、1、6-2-2、3、4、5、6、7、8、9、10、11、12号
……Tel：0831-8769999

四川越海天宫山旅游开发有限公司
地址：四川省宜宾市叙州区农业局2幢1-65层
……Tel：0831-6880577

四川盛晖天宫山旅游开发有限公司
地址：四川省宜宾市叙州区柏溪街道南兴大道金江路南兴佳苑253号
……Tel：0831-6880577

筠连县国会娱乐管理有限公司
地址：筠连县筠连镇学士路122号
……Tel：18990931610

筠连县浙商大酒店有限公司
地址：筠连县筠连镇煤都大道24-26号
……Tel：13706752888

宜宾竹海龙峰国际旅游发展有限公司
地址：长宁县长宁镇泽鸿路一段55号3单元2楼202号
……Tel：0831-7870839

四川长宁县竹海龙峰旅游有限公司
地址：长宁县长宁镇泽鸿路一段55号三单元二楼
……Tel：0831-7870839

宜宾酒都饭店旅游投资发展有限公司
地址：宜宾市专署街50号
……Tel：0831-8188998

宜宾恒旭国际大酒店有限公司
地址：四川省宜宾市临港经济技术开发区宜宾大道中段58号
……Tel：0831-8686666

西昌市阳光欢乐迪餐饮娱乐有限公司
地址：西昌市城南区康庄大道（瑶山村六组）
……Tel：0834-8889900

四川蜀南文化旅游健康产业投资集团有限公司
地址：四川省宜宾市叙州区清音路11号
……Tel：0831-8938669

四川蓝城蓝予旅游开发有限责任公司
地址：四川省内江市东兴区胜利镇338号
……Tel：0832-2043949

内江飘香酒店有限公司
地址：四川省内江市市中区甜城大道南段171号
……Tel：15282152222

资中县嘉年华休闲娱乐有限公司
地址：四川省内江市资中县重龙镇滨江西路306号船城首座3号楼1单元负1层7号部分及14号楼负1层3号及天桥商业门面
……Tel：17781807917

内江万富酒店管理有限公司
地址：四川省内江市东兴区汉安大道西段栖霞路888号
……Tel：028-86780777

四川云顶餐饮娱乐管理有限公司
地址：乐山市市中区嘉定中路299号
……Tel：0833-2175767

乐山锦江新嘉州文化旅游有限责任公司
地址：乐山市市中区白塔街85号1-4幢
……Tel：13908173895

乐山大佛旅游有限公司
地址：四川省乐山市市中区凌云路2435号
……Tel：0833-2355557

乐山市梓宇名流娱乐有限公司
地址：乐山市市中区凤凰路中段329号3幢4层
……Tel：18990688128

乐山大佛旅游投资开发（集团）有限公司
地址：四川省乐山市市中区凌云路2435号
……Tel：0833-2454888

乐山市红船渔楼餐饮文化有限公司
地址：乐山市市中区中河街25、27号1、2楼1、2、3、4号、29、31、33号（相连）
……Tel：18181503437

四川川投峨眉旅游开发有限公司
地址：四川省宜宾市叙州区农业局2幢1-65层
……Tel：0831-6880577

犍为怡润文旅集团有限公司
地址：犍为县玉津镇和风路30号（茉莉庄园1号楼3楼）
……Tel：0833-4212202

乐山犍为世纪旅游发展有限公司
地址：犍为县玉津镇南街297号
……Tel：0833-4225650

四川裕和文化娱乐有限公司
地址：沐川县沐溪镇梨园街269号
……Tel：0833-4721985

四川嘉恒达酒店投资管理有限公司
地址：峨眉山市峨山镇名山路南段555号
……Tel：0833-25094118

峨边彝族自治县文化旅游发展投资有限公司
地址：峨边县沙坪镇新村路156号
……Tel：0833-5266096

峨眉山世纪阳光大酒店有限责任公司
地址：峨眉山市胜利街道名山东路412号
……Tel：13088392333

峨眉山云上旅游投资有限公司
地址：四川省乐山市峨眉山市绥山镇峨川路99号
……Tel：0833-2216188

峨眉山旅游股份有限公司
地址：乐山市峨眉山市名山南路639号
……Tel：0833-5528888

中信国安峨眉旅游山城投资有限公司
地址：四川省峨眉山市绥山镇光明大道6号26幢
……Tel：0833-2558888

峨眉山旅游投资开发（集团）有限公司
地址：四川省乐山市峨眉山市宝马北街59号
……Tel：0833-5337030

旺苍县旅游建设发展有限公司
地址：旺苍县东河镇长安巷5号
……Tel：13684352808

凉山州文旅投资发展集团有限责任公司
地址：西昌市三岔口南路313号
……Tel：0834-2161623

凉山熊猫优途景区旅游集团有限公司
地址：西昌市三岔口南路317号
……Tel：0834-2186712

凉山阿斯牛牛春天旅游集团有限公司
地址：四川省凉山彝族自治州布拖县觉撒巷25号
……Tel：0834-3953168

凉山阿惹妞文化旅游有限公司
地址：西昌市三岔口南路313号火把广场
……Tel：0834-3283360

四川华旅投资集团有限公司
地址：成都市武侯区领事馆路7号1栋2单元17层1701号
……Tel：0834-2189445

西昌文旅投资集团有限公司
地址：四川省凉山彝族自治州西昌市滨河东路41号文体大楼8楼
……Tel：0834-6999408

凉山州毅展旅游开发有限公司
地址：四川省凉山彝族自治州喜德县东河乡瓦尔村二组
……Tel：0834-3774555

会理鼎宸城市建设和旅游产业投资有限公司
地址：会理县中央大道201号
……Tel：0834-5620976

会理御湖旅游景区投资建设经营有限公司
地址：会理县会中巷16号

…………Tel：0834－5620976
四川润铭文旅集团有限公司
地址：四川省凉山彝族自治州会理市古城街道滨河路243号
…………Tel：0834－5899999
四川能投川西文化旅游投资有限公司
地址：成都市锦江区静康路396号附411号
…………Tel：028－61052832
四川省俄尔则俄旅游开发有限公司
地址：四川省冕宁县灵山旅游度假区1号
…………Tel：0834－6777777
凉山阿斯牛牛餐饮管理有限公司
地址：西昌市三岔口南路313号火把广场
…………Tel：0834－3236391
凉山阿斯牛牛餐饮管理有限公司
地址：西昌市三岔口南路313号火把广场
…………Tel：0834－3236391
雅安世外乡村旅游开发有限责任公司
地址：雅安市雨城区望鱼乡罗坝村新街16号
…………Tel：0835－2239999
四川梦温泉酒店有限责任公司
地址：雅安周公山温泉公园开发区
…………Tel：13568766922
雅安楠水阁酒店有限公司
地址：雅安市雨城区周公山温泉公园
…………Tel：0835－2329889
雅安市西康文化旅游发展有限责任公司
地址：雅安市雨城区育才路202号
…………Tel：0835－2890798
四川蒙顶山茶马古道文化旅游发展有限公司
地址：四川省雅安市名山区蒙阳镇南大街54号
…………Tel：13551570464
四川百丈湖旅游发展有限公司
地址：雅安市名山区蒙阳镇茶都大道555号
…………Tel：0835－3232905
雅安蜀天旅游发展有限公司
地址：四川省雅安市名山区西蒙路10号
…………Tel：0835－3358058
雅安文化旅游集团有限责任公司
地址：四川省雅安市雨城区熊猫大道10号1栋1单元3层302－304、310－312号
…………Tel：0835－5963344
宝兴大熊猫文化旅游发展（集团）有限责任公司
地址：宝兴县穆坪镇河西下新区熊猫古城游客接待中心一楼
…………Tel：0835－6823949
天全县二郎山文化旅游投资开发有限公司
地址：天全县城厢镇洪川北路1号
…………Tel：0835－3657008
荥经饭店有限公司
地址：荥经县严道镇繁荣下街45号
…………Tel：18095081929
石棉县文化旅游发展有限责任公司
地址：石棉县长征路二段
…………Tel：18808352188
康定紫气天成酒店有限责任公司
地址：康定县沿河东路39号
…………Tel：0836－2823532
康定木格措旅游实业发展有限公司
地址：四川省甘孜藏族自治州康定市雅拉乡王母村一组120号
…………Tel：0836－2828218
康定金鑫矿业旅游股份有限公司
地址：四川省甘孜藏族自治州康定市姑咱镇鱼通路姑咱广场综合楼A幢4楼1号
…………Tel：0836－2850666
甘孜州圣洁甘孜华侨城旅游开发有限责任公司
地址：泸定县县磨西镇贡嘎大道
…………Tel：0836－3266661
甘孜州贡嘎山海螺沟旅游发展有限公司
地址：四川省甘孜藏族自治州泸定县磨西镇景区游客中心
…………Tel：13618135674
丹巴县金河大酒店有限责任公司
地址：丹巴县章谷镇五里牌新区商业街23号
…………Tel：13518449983
丹巴澜峰大酒店有限公司
地址：四川省甘孜州丹巴县五里牌新区
…………Tel：083－63525348
稻城县亚丁日松贡布旅游投资有限公司
地址：稻城亚丁皇冠假日酒店，亚丁驿站酒店，稻城亚丁华美达安可酒店。
…………Tel：0836－5725260
甘孜州岷山太阳部落大酒店有限责任公司
地址：四川省甘孜藏族自治州康定市炉城镇榆林新区新车站
…………Tel：19190228769
乡城县文化旅游投资发展有限责任公司
地址：四川省甘孜藏族自治州乡城县德西街10号
…………Tel：18990475032
丹巴风情大酒店有限责任公司
地址：四川省甘孜藏族自治州丹巴县章谷镇

…………Tel：0836－8989777
若尔盖县黄河九曲第一湾旅游有限责任公司
地址：若尔盖县达扎寺镇
…………Tel：0837－2291558
阿坝州藏乡金樽实业有限公司
地址：马尔康县三家寨
…………Tel：0837－2828878
理县毕棚沟旅游开发有限公司
地址：理县朴头乡庄房村
…………Tel：13990403391
四川希望叠松旅游文化产业有限公司
地址：茂县凤仪镇西羌大道羌林大酒店北楼
…………Tel：0837－6939666
茂县羌泰文化旅游开发有限公司
地址：四川省阿坝州茂县凤仪镇西羌大道羌城内（演艺中心）三楼
…………Tel：13678371580
四川西羌家园酒店有限公司
地址：茂县凤仪镇西羌大道
…………Tel：0837－7469000
四川九寨白河旅游开发有限公司
地址：九寨沟县永乐镇张家湾3号四川白河自然保护区管理处三楼
…………Tel：19130835181
九寨沟县枫叶美食娱乐城有限责任公司
地址：九寨沟县漳扎镇漳扎三队
…………Tel：13688008171
阿坝大九寨旅游集团有限责任公司
地址：四川省阿坝州黑水县芦花镇三达古村100号
…………Tel：0837－7766812
九寨沟县铁投空中轨道旅游有限责任公司
地址：九寨沟县张家湾安置小区
…………Tel：0837－7775038
阿坝州九寨千古情旅游发展有限公司
地址：四川省九寨沟县漳扎镇中旅大酒店旁
…………Tel：0837－7777789
松潘县香谷弗舍酒店有限公司
地址：松潘县川主寺镇漳腊新区飞机坝
…………Tel：18728233514
四川九寨国家森林公园神仙池旅游区发展有限公司
地址：九寨沟县漳扎镇甘海子
…………Tel：0837－7796555
若尔盖草原天堂旅游有限责任公司
地址：若尔盖县唐克镇
…………Tel：18783750690
四川东辉投资集团有限公司
地址：四川省德阳市旌阳区岷江西路一段256号汇通大厦
…………Tel：18111510372
德阳市玄珠湖文化娱乐有限责任公司
地址：四川省德阳市凯江路东段小山门
…………Tel：0838－2501848
四川优品源生物科技有限公司
地址：四川省德阳市广汉市深圳路西三段
…………Tel：0838－5195918
广汉市庄升晓月餐饮管理有限公司
地址：四川省德阳市广汉市西外乡狮堰村二组
…………Tel：15378111359
广汉市森水娱游乐园有限公司
地址：四川省德阳市广汉市高雄路一段9号西南建材装饰市场及物流项目2幢一层2号
…………Tel：0838－5198858
广汉柱宇西园大酒店有限责任公司
地址：四川省广汉市中山大道南一段17号
…………Tel：0838－5326529
四川天府数谷文化旅游发展有限责任公司
地址：四川省德阳市长江西路一段37号（政府大楼2楼）
…………Tel：0838－2517669
德阳莱特花园酒店有限公司
地址：四川省德阳市庐山北路一段6号庐山花园B幢
…………Tel：0838－6168888
银谷玫瑰小镇旅游开发有限公司
地址：四川省绵竹市麓棠镇政府办公楼内
…………Tel：0838－6603100
四川宏达金桥大酒店有限公司
地址：什邡市方亭镇亭江东路
…………Tel：18515747524
什邡恒阳文化旅游发展有限责任公司
地址：四川省德阳市什邡市经济开发区（南区）沱江路西段1号
…………Tel：0838－8207128
广元市凌云商贸有限责任公司
地址：广元市东坝办事处金融路居委会
…………Tel：0839－3221033
广元市文化旅游康养发展集团有限公司
地址：四川省广元市利州区万源胤国路377号国投大厦18楼
…………Tel：0839－3318816
四川广元交通旅游投资集团有限公司
地址：广元市蜀门南路54号
…………Tel：0830－3320102
广元市凤台国际酒店有限公司
地址：四川省广元市利州区南河办事处滨河路41号
…………Tel：0839－6197777
广元市滨江国际酒店有限公司
地址：广元市利州区东坝街道办事处滨河北路北侧滨江国际1＃栋7－1号、8－1号、9－1号
…………Tel：0839－3980555
广元海和洋实业有限公司
地址：广元市利州区工农镇
…………Tel：0839－6183635
广元女皇温泉旅游开发有限公司
地址：广元市利州区工农镇女皇温泉山居一期接待中心
…………Tel：0839－5571663
四川旅投利元文化旅游发展有限责任公司
地址：广元市利州区万缘新区胤国路377号万源大厦19楼1－3号
…………Tel：0839－6053398
剑门关华侨城旅游开发股份有限公司
地址：四川省广元市剑阁县下寺镇龙江大道22号剑门大厦8楼
…………Tel：0839－6666066
广元万达嘉华酒店管理有限公司
地址：广元市利州区东坝办事处万源新区万达广场（西区）
…………Tel：028－86780777
四川昭化古城文化旅游发展有限公司
地址：四川省广元市昭化区元坝镇柳桥村平乐游客中心
…………Tel：0839－8723555
广元市朝天洞天旅游开发有限公司
地址：四川省广元市朝天区朝天镇明月大道旅游局办公楼
…………Tel：0839－8619222

贵州省

贵州沐晖餐饮产业发展有限公司
地址：贵州省遵义市赤水市白云乡白云社区324号
…………Tel：0851－22026969
仁怀市阳光娱乐有限责任公司
地址：贵州省遵义市仁怀市国酒北路161号
…………Tel：0851－22293998
遵义迎宾馆酒店有限公司
地址：贵州省遵义市新蒲新区新蒲街道办三坝村
…………Tel：15329926258
习水县华畅兄弟自助娱乐城有限公司
地址：贵州省遵义市习水县东皇镇西城区中央大街
…………Tel：15185277994
贵州省土城红色文化旅游开发股份有限公司
地址：贵州省遵义市习水县土城镇长征社区盐巷组
…………Tel：0851－2266090
绥阳县慧丰旅游投资发展有限责任公司
地址：绥阳县洋川镇千工堰还房小区C栋1单元4楼
…………Tel：0851－28762000
贵州世纪柏源酒店有限公司
地址：贵州省遵义市汇川区人民路国投综合大楼
…………Tel：0851－23129007
贵州名豪康养产业（集团）股份有限公司
地址：贵州省遵义市道真仡佬族苗族自治县大　镇文家坝原村委会办公室
…………Tel：023－86521280
贵州野人谷旅游文化开发有限公司
地址：贵州省遵义市道真仡佬族苗族自治县大矸镇文家坝原村委会办公室
…………Tel：023－86521280
遵义酷星娱乐有限公司
地址：贵州省遵义市汇川区珠海路曼哈顿时代广场四楼
…………Tel：18985218366
创元千禧（贵州）大酒店有限公司
地址：贵州省遵义市新蒲新区开投大厦
…………Tel：0851－23218888
凤冈县坤健酒店管理有限公司
地址：贵州省凤冈县龙泉镇茶园路
…………Tel：18798794982
传奇文化（贵州）酒店管理有限公司
地址：贵州省遵义市汇川区高坪街道办事处海龙屯社区天鹅组（海龙屯历史文化旅游度假区传奇星空营地）
…………Tel：0852－23139500
赤水梦幻娱乐城管理有限责任公司
地址：贵州省遵义市赤水市文华办严家村万鲢路工业园区
…………Tel：0852－23300803
赤水旅游发展股份有限公司
地址：贵州省遵义市赤水市复兴镇长江新村赤水市游客接待中心
…………Tel：0851－23306809
遵义金世添华文化旅游发展有限公司
地址：贵州省遵义市红花岗区共青大道1号
…………Tel：18685642247
广元市文化旅游康养发展集团有限公司
地址：四川省广元市利州区万源胤国路377号国投大厦18楼
…………Tel：0839－3318816
贵州唯中酒店有限公司
地址：贵州省遵义市绥阳县洋川镇诗乡大道东108号
…………Tel：0852－23316888
湄潭县仙谷山旅游开发有限公司
地址：贵州省遵义市湄潭县湄江镇可桢路
…………Tel：0851－24029000
湄潭圣地酒店有限公司
地址：贵州省遵义市湄潭县湄江镇国际温泉城
…………Tel：0852－24076666
贵州茶之语文化旅游有限公司
地址：湄潭县湄江街道桃花江大桥东侧
…………Tel：15761685363
贵州天下茶园旅游文化发展有限责任公司
地址：贵州省遵义市湄潭县湄江街道办事处茶城大道（中国茶海游客中心）
…………Tel：0852－24227277
贵州花阡谷旅游发展有限公司
地址：贵州省遵义市余庆县花山乡洞水村
…………Tel：13595294918
贵州飞龙湖文化旅游开发有限责任公司
地址：贵州余庆经济开发区
…………Tel：0852－24763788
余庆圣地红城健康酒店有限责任公司
地址：贵州省遵义市余庆县白泥镇河东新区
…………Tel：13765278308
贵州长博餐饮文化有限公司
地址：贵州省遵义市凤冈县花坪镇彰教工业园区
…………Tel：13452113176
道真黔韵紫海农业旅游开发有限公司
地址：贵州省遵义市道真仡佬族苗族自治县平模镇兴宝村七林湾组朱阳台学校
…………Tel：0851－25786111
正安县真安大酒店管理有限责任公司
地址：贵州省遵义市正安县凤仪街道办事处北苑社区彭家田
…………Tel：0851－26036666
春晖国际酒店管理有限公司
地址：贵州省遵义市正安县桃园社区六小区世纪福园5－24－2号
…………Tel：18057349999
贵州清溪湖旅游开发有限公司
地址：贵州省遵义市绥阳县青杠塘镇
…………Tel：18910290002
绥阳县卧珑湖旅游开发有限公司
地址：贵州省遵义市绥阳县郑场镇卧龙村居委会龙泉组65号
…………Tel：0851－26313333
贵州大娄山文化旅游发展有限公司
地址：贵州省遵义市桐梓县娄山关镇人民路老国土局四楼
…………Tel：0852－26652801
圣地酒店管理有限公司
地址：贵州省遵义市新蒲新区村（遵义市交通防灾减灾应急管理指挥中心负1－9层）
…………Tel：0851－26726977
遵义市播州区观泽文化旅游开发有限责任公司
地址：贵州省遵义市播州区南园社区南苑新城10号楼三楼
…………Tel：0851－27231815
遵义文旅产业发展（集团）有限公司
地址：贵州省遵义市新蒲新区高铁新城新南大道遵义交旅投大厦20－22层
…………Tel：0851－28629036
遵义市播州区馨泽酒店管理有限责任公司
地址：贵州省遵义市播州区彰山湖街道办事处龙泉路23号
…………Tel：15585056141
遵义道桥酒店管理有限公司
地址：贵州省遵义市汇川区苏州路永泽大厦19－1号
…………Tel：0851－2821788
贵州仟佰创酒店管理服务有限公司
地址：贵州省遵义市新蒲新区奥体路千禧大酒店内
…………Tel：0851－28251391
遵义红色旅游（集团）有限公司
地址：贵州省遵义市红花岗区子尹路96号
…………Tel：0851－28222629
贵安新区棕榈文化置业有限公司
地址：贵州省贵安新区马场镇嘉禾村云漫湖路10号瑞士小镇10号楼
…………Tel：0851－88518060
遵义交旅投资（集团）有限公司
地址：贵州省遵义市新蒲新区村遵义市交通防灾减灾应急管理指挥中心负1－9层
…………Tel：0851－28652012
贵州鑫前酒店管理股份有限公司
地址：贵州省遵义市汇川区珠海路209号

…………………… Tel：18385133065

正安桃花源旅游投资开发有限责任公司
地址：贵州省遵义市正安县市坪乡龙坪村
…………………… Tel：13035518555

贵州省习水县红蒙旅游投资开发有限责任公司
地址：贵州省遵义市习水县杉王街道红一路77号
…………………… Tel：0851-28765801

贵州黔北记忆旅游文化股份有限公司
地址：贵州省遵义市播州区龙泉村（龙泉大道）
…………………… Tel：

贵州绘地生态旅游发展有限公司
地址：贵州省遵义市汇川区珠海路万豪国际D栋写字楼23-1号
…………………… Tel：13765288338

贵州陶缘山居度假酒店有限公司
地址：贵州省德江县煎茶镇龙盘社区
…………………… Tel：18523922488

贵州橙麦餐饮管理有限公司
地址：贵州省遵义市红花岗区湘江大道100号思达尚街2号综合楼二层、三层
…………………… Tel：15885661525

遵义丹之汇农林旅游开发有限公司
地址：贵州省遵义市汇川区人民路国投大厦18-1号
…………………… Tel：0851-28853561

遵义顺达国际大酒店有限责任公司
地址：贵州省遵义市红花岗区外环路金贸广场E栋金贸大楼
…………………… Tel：18212107636

贵州黄果树旅游区汇远有限责任公司
地址：贵州省安顺市黄果树旅游区瀑韵天城B6栋1-1、2-1、3-1商铺
…………………… Tel：0851-32216666

贵州万绿城国际酒店有限公司
地址：贵州省安顺市西秀区黄果树大街旁
…………………… Tel：0851-33229326

安顺旅游投资有限公司
地址：贵州省安顺市西秀区龙青路清水湾A区9栋
…………………… Tel：0851-33285018

贵州黄果树旅游产业开发有限责任公司
地址：贵州省安顺市黄果树风景名胜区管委会行政中心大楼
…………………… Tel：0851-33596039

贵州安顺交通旅游集团有限责任公司
地址：贵州省安顺市黄果树风景名胜区龙宫管委会游客服务中心二楼
…………………… Tel：0853-33526708

贵州夜郎国古都文化旅游发展有限公司
地址：贵州省安顺市经济技术开发区机场路贵飞公租房一层51-17、51-18、51-19号及二层铺面
…………………… Tel：0851-33456068

贵州黄果树民艺国际旅游度假区有限公司
地址：贵州省安顺市黄果树风景名胜区旅游加工博览园区
…………………… Tel：0851-33757076

安顺悦来文化旅游发展有限公司
地址：贵州省安顺市西秀区七眼桥镇
…………………… Tel：0853-38102246

安顺市西秀区文化旅游发展投资有限公司
地址：贵州省安顺市西秀区新安街道外环飞虹路（彩虹社区旁）
…………………… Tel：0853-38102246

安顺市平坝区黔美餐饮管理有限公司
地址：安顺市平坝区安平办事处平黎大道和谐小区D栋二楼
…………………… Tel：0851-34610111

贵州安顺休闲岛娱乐发展有限公司
地址：贵州省安顺市经济技术开发区北二环路新安小区对面（碧水园）
…………………… Tel：0851-33466299

安顺市平坝区创意文化旅游发展有限责任公司
地址：贵州省安顺市平坝区安平办事处平黎大道和谐小区内A栋一楼
…………………… Tel：0853-34610111

紫云苗族布依族自治县旅游文化发展投资有限责任公司
地址：贵州省安顺市紫云苗族布依族自治县松山镇（县财政局内）
…………………… Tel：15329239090

贵州黄果树旅游集团股份有限公司
地址：贵州省安顺市黄果树风景名胜区.
…………………… Tel：0853-33596501

贵阳龙行神洲旅游客运有限公司
地址：贵州省贵阳市花溪区溪北街道办事处上水村
…………………… Tel：0851-86811000

关岭自治县旅游开发集团有限责任公司
地址：贵州省安顺市关岭布依族苗族自治县顶云新区黄果树旅客服务中心4楼
…………………… Tel：15185108167

贵州大兴东旅游管理有限责任公司
地址：贵州省安顺市普定县白岩镇新寨村4组雷公坡F-2区(兴东产业园内)
…………………… Tel：13885329791

普定县盛世金座娱乐有限责任公司
地址：贵州省安顺市普定县穿洞街道中兴大道星博国际广场A3-1至43号
…………………… Tel：13508536789

中铁文化旅游投资集团有限公司
地址：贵州省贵阳市南明区龙洞堡电子商务港A栋2单元6层6号
…………………… Tel：0851-85195888

首阳餐饮集团有限公司
地址：贵州省贵阳市云岩区黔灵乡黔灵村马鞍组116B号
…………………… Tel：15180888868

贵州放马坪文化旅游投资有限公司
地址：贵州省兴仁市工业园区瓦窑寨标准厂房A栋4楼
…………………… Tel：0859-6216928

安顺黔钻娱乐管理有限公司
地址：贵州省安顺市西秀区华西街道大街东段葡华大酒店三楼
…………………… Tel：18685361061

贵州红会都餐饮娱乐有限公司
地址：贵州省贵阳市观山湖区诚信路金阳文化商业步行街B2区1层25号
…………………… Tel：13765917733

遵义黔图酒店管理有限公司
地址：贵州省遵义市红花岗区福源大厦
…………………… Tel：18008527242

贵州富驰餐饮娱乐管理有限公司
地址：贵州省贵阳市观山湖区金阳南路碧海花园宝安松景阁1幢2单元1层13号
…………………… Tel：0851-82238558

贵州凤凰天悦旅游文化有限公司
地址：贵州省铜仁市碧江区川硐镇铜仁国际会展城
…………………… Tel：0856-5259698

贵州潮流天悦娱乐投资有限公司
地址：贵州省贵阳市南明区西湖路24号甲秀新村1幢1层6号[西湖社区]
…………………… Tel：0851-82266908

贵州鹤友旅游投资集团有限公司
地址：贵州省贵阳市修文县龙场镇阳明大道
…………………… Tel：0851-82320666

贵州鹤友酒店管理有限公司
地址：贵州省贵阳市修文县阳明洞街道阳明村阳光酒店1幢（现阳明洞办事处阳明村委员会六组150号）
…………………… Tel：0851-82325777

修文县旅游文化产业投资开发有限责任公司
地址：贵州省贵阳市修文县龙场镇体育馆
…………………… Tel：0851-82320258

贵州世纪颐和旅游管理有限公司
地址：贵州省贵阳市修文县龙场镇阳明村阳光酒店
…………………… Tel：0851-82326785

贵阳旅文旅游产业发展股份有限公司
地址：贵州省贵阳市修文县六屯乡桃源
…………………… Tel：0851-82374008

贵州雅天酒店有限责任公司
地址：贵州省贵阳市清镇市云岭东路世纪阳光城
…………………… Tel：0851-82509999

贵阳清茂源农林旅游开发有限公司
地址：贵州省贵阳市清镇市百花社区鲤鱼村凤凰栖一期A区9幢2单元13号
…………………… Tel：0851-82586029

贵州省良品餐饮娱乐投资管理有限公司
地址：贵州省贵阳市清镇市前进路黔城天街A2栋4层
…………………… Tel：13639026520

贵州棕榈仟坤置业有限公司
地址：贵州省贵阳市清镇市凤凰栖二期时光贵州古镇A-1-2
…………………… Tel：0851-82774356

贵州创景旅游开发有限公司
地址：贵州省贵阳市花溪区青岩镇政府
…………………… Tel：0851-83201333

贵州巨源酒店管理有限公司
地址：贵州省贵阳市经济技术开发区淮河路1号龙湾国际一期1层1号
…………………… Tel：0851-83805678

贵州桁生源集团企业管理有限公司
地址：贵州省贵阳市经济技术开发区珠江路万科大都会北区商业综合体1单元21层5号
…………………… Tel：0851-83869440

贵州水投产业发展有限责任公司
地址：贵州省贵阳市贵阳国家高新技术产业开发区长岭南路天一国际广场第5、10、23、24栋（5）1单元4层1号房
…………………… Tel：0851-8834409

贵州省旅投旅游文化产业发展（集团）有限公司
地址：贵州省贵阳市云岩区瑞金北路136号贵州金元大厦12层1号
…………………… Tel：0851-86837358

贵州中澳房地产开发有限公司
地址：贵州省贵阳市贵阳国家高新技术产业开发区阳关大道28号西部研发基地（2）1-4-3至（2）1-4-6
…………………… Tel：0851-84700960

贵州乾食餐饮投资管理股份有限公司
地址：贵州省贵阳市贵阳国家高新技术产业开发区金阳科技产业园创业大厦674室
…………………… Tel：0851-86969666

贵州德顺源旅游开发股份有限公司
地址：贵州省贵阳市南明区遵义路2号生资大厦628号
…………………… Tel：18096128241

贵阳市酒店管理有限公司
地址：贵州省贵阳市观山湖区金阳北路298号贵阳会议中心A区6楼
…………………… Tel：0851-87980230

中铁贵州旅游文化发展有限公司
地址：贵州省黔南州龙里县冠山街道体育路
…………………… Tel：0851-85195859

贵州长城酒店投资有限公司
地址：贵州省贵阳市南明区中华南路246号
…………………… Tel：0851-85206379

贵阳君业商业发展有限公司
地址：贵州省贵阳市乌当区顺海
…………………… Tel：0851-84130805

贵州高山行景旅游开发有限公司
地址：贵州省贵阳市南明区新华路110-134号富中国际广场15层1号[新华社区]
…………………… Tel：0851-85513324

贵州梵水酒店投资管理有限公司
地址：贵州省贵阳市观山湖区林城路与长岭路西北角国际金融中心第12号楼15层6号
…………………… Tel：0851-85514091

贵州双龙航空港旅游文化传媒有限公司
地址：贵州省贵阳市南明区小碧布依族苗族乡贵州省贵阳市南明区龙洞堡电子商务港A栋2单元14层6号（经营场所：贵州省贵阳市南明区小碧布依族苗族乡贵州双龙航空港经济区龙腾路南侧贵阳空港生态酒店）
…………………… Tel：0851-85536756-8393

贵州省新毅豪文化旅游产业发展有限公司
地址：贵州省贵阳市经济开发区金竹街道办事处甲秀南路与贵安大道交汇处碧桂园星臣贵阳1号多彩贵州街7号楼
…………………… Tel：0851-85537835

贵州艾登酒店投资管理有限公司
地址：贵州省贵阳市观山湖区阳关大道28号西部研发基地4号楼负1层至10层（含北裙楼4层、东裙楼负1层、3号楼负1层）
…………………… Tel：0851-85557999

贵州雅迪尔大酒店有限公司
地址：贵州省贵阳市南明区中华南路7号
…………………… Tel：0851-85578888

贵州贵龙饭店酒店管理有限责任公司
地址：贵州省贵阳市南明区瑞金南路372号
…………………… Tel：0851-85563669

贵州苗之最西江传说餐饮管理有限公司
地址：贵州省贵阳市经济技术开发区航空南路小孟工业园区同为物流园2栋楼
…………………… Tel：0851-85770111

鼎信博成创业投资有限公司
地址：贵州省贵阳市南明区神奇路8号经协大厦1幢18层3-6号
…………………… Tel：0851-85806707

贵州栢顿酒店有限公司
地址：贵州省贵阳市云岩区延安东路18号七层
…………………… Tel：0851-85827888

贵州金鼎饮食娱乐有限公司
地址：贵州省贵阳市云岩区富水中路16号（天业大厦二、三楼）
…………………… Tel：0851-85834399

贵州龙夜郎皇宫餐饮有限公司
地址：贵州省贵阳市乌当区新天办事处新天大道北段99号
…………………… Tel：0851-85842210

贵阳市旅游文化产业投资集团有限公司
地址：贵州省贵阳市贵阳国家高新技术产业开发区都匀路89号金利大厦商业写字楼及商铺第A幢1单元26层7号
…………………… Tel：0851-85866206

贵州中海天旅游集团有限公司
地址：贵州省贵阳市南明区花果园街道办事处花果园后街彭家湾花果园项目E区E7号楼1单元28层8号[花果园办事处]
…………………… Tel：19908509006

贵阳优享宜佳酒店管理有限公司
地址：贵州省贵阳市南明区花果园彭家湾危旧房、棚户区改造项目B南13栋13楼[花果园社区]
…………………… Tel：0851-85911132

贵州新长征实业发展有限责任公司
地址：贵州省贵阳市贵阳国家高新技术产业开发区高新科技园第1号楼（1）1单元16层8号房
…………………… Tel：13908515855

贵州森林国际旅行社有限公司
地址：贵州省黔南布依族苗族自治州龙里县三林路40号
…………………… Tel：13195280117

贵州畅响文化娱乐管理有限公司
地址：贵州省贵阳市云岩区黔灵东路亨特上城1栋
…………………… Tel：13639039220

贵州小银帽餐饮文化有限公司
地址：贵州省贵阳市云岩区渔安安井片区未来方舟G6组团负1层13号
…………………… Tel：0851-86800521

贵阳汉湘商业文化旅游置业发展有限公司
地址：贵州省贵阳市南明区中山东路259号2层1号、7层1号[中南办事处]
…………………… Tel：0851-86822770

赤水锦绣河山旅游产业投资基金管理中心（有限合伙）
地址：贵州省遵义市赤水市人民东路167号
…………………… Tel：0851-86827404

贵州雅园饮食娱乐有限责任公司
地址：贵州省贵阳市云岩区北京路138号
…………………… Tel：0851-86834221

贵州旅游商业控股有限公司
地址：贵州省贵阳市云岩区北京路147号
…………………… Tel：85816619

贵阳新喜达屋置业投资有限公司
地址：贵州省贵阳市南明区新华路110-134号富中国际广场23楼0号（D座）[新华社区]
…………………… Tel：18208503101

贵州将军谷生态农业旅游开发有限公司
地址：贵州省贵阳市开阳县双流镇白安营村委会
…………………… Tel：13158012888

贵州地球村生态旅游开发有限公司
地址：贵州省贵阳市开阳县高寨乡久场村委会三楼
…………………… Tel：13027843199

贵州正平文化旅游发展有限公司
地址：贵州省贵阳市息烽县永靖南大街一品城A2-4-2
…………………… Tel：15509711282

贵阳观山湖投资（集团）旅游文化产业发展有限公司
地址：贵州省贵阳市观山湖区阳关大道北大资源梦想城4号地块军创大厦、观山湖公园（翡翠路幸福广场旁·观山湖）
…………………… Tel：0851-85808918

贵州红旅博览旅游投资发展基金（有限合伙）
地址：贵州省贵阳市观山湖区人民政府行政办公楼26层198号
…………………… Tel：0851-88219991

贵州风景旅游发展有限公司
地址：贵州省贵阳市观山湖区金阳北路233号
…………………… Tel：0851-86837358

贵州百里杜鹃康养旅游有限责任公司
地址：贵州省毕节市百里杜鹃管理区鹏程管理区云锦大道
…………………… Tel：18577260282

贵州饭店酒店管理集团有限公司
地址：贵州省贵阳市云岩区北京路66号
…………………… Tel：0851-86823888

贵州旅游投资控股（集团）有限责任公司
地址：贵州省贵阳市云岩区北京路191号
…………………… Tel：0851-88238062

贵州炎夏旅游大酒店管理有限责任公司
地址：贵州省铜仁市印江土家族苗族自治县龙津街道河滨路
…………………… Tel：13608512805

贵州绿色高荡旅游投资发展有限公司
地址：贵州省安顺市镇宁布依族苗族自治县城关镇十三旗村十三旗小学
…………………… Tel：18185551555

贵安新区尚林旅游开发有限公司
地址：贵州省贵安新区高峰镇尧上村铁林寨
…………………… Tel：13618500852

遵义夜未央娱乐有限公司
地址：贵州省遵义市汇川区昆明路御景华庭2幢1单元8层1-8-5号
…………………… Tel：0852-28939000

赤水市丹霞文化传媒有限公司
地址：贵州省遵义市赤水市瀑都大道与锦绣路交叉口国投大厦5层1号
…………………… Tel：0851-22822827

习水县贵港酒店有限公司
地址：贵州省遵义市习水县东皇镇五星路
…………………… Tel：15285222669

福泉市且兰古城文化旅游开发有限责任公司
地址：贵州省黔南布依族苗族自治州福泉市金山办事处体育中心
…………………… Tel：0854-2552856

瓮安县草塘古邑区文化旅游开发有限责任公司
地址：贵州省黔南布依族苗族自治州瓮安县猴场镇下司社区
…………………… Tel：0854-2919124

贵州草塘建设营运管理有限公司
地址：贵州省黔南布依族苗族自治州瓮安

县猴场镇下司社区宋家寨组
……………………Tel：0854-2919124

贵州独山盛典文化旅游发展有限公司
地址：贵州省黔南布依族苗族自治州独山县文化旅游园内（麻万镇）
……………………Tel：0854-3222969

贵州瑞茂旅游投资开发有限公司
地址：贵州省黔南布依族苗族自治州独山县井城街道创客大厦四楼4A-16
……………………Tel：0854-3228887

独山县金智旅游发展有限公司
地址：贵州省黔南布依族苗族自治州独山县百泉镇环西路中诚国际1号楼第6层
……………………Tel：18224832626

荔波樟江部落大酒店有限公司
地址：贵州省黔南布依族苗族自治州荔波县玉屏街道民族路1号
……………………Tel：0854-3518809

贵州荔波嘉和大酒店管理有限公司
地址：贵州省黔南布依族苗族自治州荔波县玉屏街道时来新区江滨路
……………………Tel：0854-7132555

贵州荔波旅游产业控股集团有限公司
地址：贵州省黔南州荔波县玉屏街道民族体育活动中心C栋
……………………Tel：0854-3612406

贵州荔波旅游发展（集团）有限公司
地址：贵州省黔南州荔波县民族体育中心C栋
……………………Tel：0854-3619736

荔波文化旅游有限责任公司
地址：贵州省黔南布依族苗族自治州荔波县玉屏街道樟江东路8号
……………………Tel：0854-3613499

贵州老荔波文化旅游投资集团有限责任公司
地址：贵州省黔南布依族苗族自治州荔波县民族体育中心C栋
……………………Tel：0854-3615632

贵州罗甸绿城桃花源旅游度假开发有限公司
地址：贵州省黔南布依族苗族自治州罗甸县龙坪镇五星村码头
……………………Tel：18285058832

贵州省珠江源实业集团有限责任公司
地址：贵州省黔南布依族苗族自治州三都县三合街道商贸路
……………………Tel：0854-4810508

三都麒麟文化旅游开发有限公司
地址：贵州省黔南布依族苗族自治州三都水族自治县普安镇高坪村
……………………Tel：13765444404

荔波原生茂兰旅游投资开发有限责任公司
地址：贵州省黔南州荔波县民族体育中心C栋
……………………Tel：0854-3619736

荔波县水春河生态旅游开发有限责任公司
地址：贵州省黔南州荔波县民族体育中心C栋
……………………Tel：0854-3619515

贵州涟江（国际）酒店有限公司
地址：贵州省黔南布依族苗族自治州惠水县涟江街道白果大道西侧
……………………Tel：18084241480

贵州云龙旅游发展有限责任公司
地址：贵州省黔南布依族苗族自治州龙里县冠山街道西关坡（国资大楼）
……………………Tel：0854-4979019

贵州龙里水乡餐饮管理有限责任公司
地址：贵州省黔南布依族苗族自治州龙里县冠山街道西关坡国资大楼
……………………Tel：18885172550

贵州好花红国有资本运营有限公司
地址：贵州省黔南州都匀市沙包堡街道龙山大道龙山大桥头（州人行南侧）一栋3层（仅作办公使用）
……………………Tel：0854-4911811

龙里县旅游文化发展投资有限责任公司
地址：贵州省黔南布依族苗族自治州龙里县冠山街道西关坡（国资大楼）
……………………Tel：0854-5630113

贵州天娱勇胜娱乐有限公司
地址：贵州省黔南布依族苗族自治州龙里县龙山镇环北大道东段天怡阁B3幢1层8号
……………………Tel：0854-5890888

长顺县威捷文化旅游产业发展股份有限公司
地址：贵州省黔南布依族苗族自治州长顺县长寨街道办长征大道人才公寓5楼
……………………Tel：0854-6923511

贵阳花溪云顶生态旅游娱乐有限公司
地址：贵州省贵阳市花溪区高坡乡政府内
……………………Tel：0854-6971858

荔波天泰酒店有限公司
地址：贵州省黔南布依族苗族自治州荔波县玉屏街道办事处樟江东路31号
……………………Tel：0854-7088808

都匀市旅游文化投资发展（集团）有限公司
地址：贵州省黔南州都匀市环西大道西侧（与南州国际星岸相邻）230号厂房
……………………Tel：0854-7011609

贵州向黔进旅游文化（集团）有限公司
地址：贵州省遵义市汇川区珠海路万豪国际D栋写字楼23-6号
……………………Tel：15870119885

罗甸县寿乡旅游开发投资有限公司
地址：罗甸县龙坪镇大关路河滨新区安置房3号楼二楼
……………………Tel：0854-7085368

贵州贵品楚淮酒店管理有限公司
地址：贵州省黔南布依族苗族自治州经济开发区匀东镇牛场城市中心区16号路旁
……………………Tel：15117867777

贵州省瓮安县水月江南娱乐有限责任公司
地址：贵州省黔南布依族苗族自治州瓮安县开发区（金正大旁）
……………………Tel：18786729465

贵州平塘三天旅游发展有限责任公司
地址：贵州省黔南布依族苗族自治州平塘县平舟镇东山路一段（平湖四小旁）
……………………Tel：13765429458

贵州恒景泰旅游文化发展有限公司
地址：贵州省黔南布依族苗族自治州都匀市环西大道西侧（与南州国际星岸相邻）230号厂房
……………………Tel：0854-7011609

都匀市汇悦酒店投资管理有限公司
地址：贵州省黔南布依族苗族自治州都匀市剑江中路91号都市银座2单元4层附407号
……………………Tel：0854-8259666

独山县阳光花园大酒店（普通合伙）
地址：贵州省黔南布依族苗族自治州独山县百泉镇四通路（货车停车场）
……………………Tel：17784138870

独山县盘古旅游开发有限责任公司
地址：贵州省黔南布依族苗族自治州独山县麻万镇经济开发大道（南侧）湘企独山国际商贸城7幢
……………………Tel：0854-8977777

中唐空铁雷山文化旅游发展有限公司
地址：雷山县丹江镇政务中心二楼
……………………Tel：15885020069

贵州省黄平且兰文化旅游发展有限公司
地址：贵州省黔东南苗族侗族自治州黄平县湖里中学16、17号门面
……………………Tel：18386709103

贵州省西江盛典文化旅游发展有限公司
地址：贵州省黔东南州雷山县大塘镇鸡鸠村
……………………Tel：0855-2223222

贵州从零旅游景区管理股份有限公司
地址：贵州省贵阳市南明区贵州省贵阳市南明区花果园后街彭家湾花果园项目E区第E8（国际金融街2号）楼（E8）1单元14层12号房
……………………Tel：0855-3336576

贵州省西江千户苗寨酒店管理有限公司
地址：贵州省黔东南州雷山县西江镇西江村
……………………Tel：0855-3215736

凯里云谷田园生态农业旅游开发有限公司
地址：贵州省黔东南苗族侗族自治州凯里市舟溪镇新光村
……………………Tel：0855-8586888

贵州省施秉县杉木河旅游开发有限公司
地址：贵州省黔东南苗族侗族自治州施秉县城关镇水舞云台
……………………Tel：0855-3861899

凯里市文化旅游产业投资发展股份有限公司
地址：贵州省黔东南苗族侗族自治州凯里市苗侗风情园E区6栋
……………………Tel：0855-3890005

贵州杉乡文旅产业投资（集团）有限公司
地址：贵州省黔东南州锦屏县三江镇赤溪坪社区（清水江集团大楼）
……………………Tel：0855-3900890

从江心想颂簌大酒店有限责任公司
地址：贵州省黔东南苗族侗族自治州从江县丙妹镇青平路（鼓楼旁边）
……………………Tel：18985842500

贵州嗨秀娱乐有限责任公司
地址：三穗县八弓镇三穗商贸物流城25#楼二楼
……………………Tel：0855-4522888

贵州苗疆文化旅游开发有限责任公司
地址：贵州省黔东南苗族侗族自治州台江县秀眉大道12号
……………………Tel：0855-5359199

镇远豫花园大酒店管理有限公司
地址：贵州省黔东南苗族侗族自治州镇远县舞阳镇西门街
……………………Tel：0855-5721579

镇远澜溪度假酒店有限公司
地址：贵州省黔东南苗族侗族自治州镇远县舞阳镇五里牌
……………………Tel：13985808058

天柱县旅游发展有限责任公司
地址：贵州省天柱县联山街道六合村产城互动园
……………………Tel：0855-7556888

凯里市裕豪酒店管理有限公司
地址：贵州省凯里市金山大道1号
……………………Tel：13923803383

黔东南州交通旅游建设投资（集团）有限责任公司
地址：贵州省凯里市凯开大道16号畅达国际广场市民之家15楼
……………………Tel：0855-8067676

贵州省苗疆侗乡旅游股份有限公司
地址：贵州省黔东南苗族侗族自治州凯里市北京东路10号
……………………Tel：0855-8128016

贵州宏伟欢乐大世界娱乐有限公司
地址：贵州省黔东南苗族侗族自治州凯里经济开发区开元大道26号
……………………Tel：0855-8257538

贵州龙都璟怡国际大酒店股份有限公司
地址：贵州省黔东南苗族侗族自治州凯里市民族文化园内（沪昆高速西出口）
……………………Tel：17716657577

松桃九龙民族文化旅游开发有限公司
地址：贵州省铜仁市松桃苗族自治县蓼皋镇滨江花园C区1号楼一层
……………………Tel：15985611061

贵州九黎文化旅游影视传媒演艺投资有限公司
地址：贵州省铜仁市松桃苗族自治县蓼皋街道天龙湖景区C3-16
……………………Tel：13885611065

贵州茶花泉文化旅游传媒开发投资有限公司
地址：贵州省铜仁市玉屏侗族自治县平溪街道红花路51号老人社局
……………………Tel：0856-4166856

贵州朱砂古镇旅游集团有限公司
地址：铜仁市万山区谢桥办事处创业园主楼B座6楼
……………………Tel：15185987568

铜仁市万山红酒店管理有限公司
地址：贵州省铜仁市万山区谢桥新区梵净山大道248号
……………………Tel：0856-3521729

铜仁市万山区朱砂大酒店有限公司
地址：贵州省铜仁市万山区谢桥新区梵净山大道248号
……………………Tel：0856-3521729

印江土家族苗族自治县梵天旅游发展有限公司
地址：贵州省铜仁市印江土家族苗族自治县龙津街道G352国道旁
……………………Tel：0856-3907212

铜仁太合酒店有限责任公司
地址：贵州省铜仁市江口县太平镇太平村快速大道旁
……………………Tel：0856-3910000

德江县文化旅游产业发展有限责任公司
地址：贵州省铜仁市德江县玉水街道步行街
……………………Tel：18885643305

贵州佛顶山文化旅游开发投资有限责任公司
地址：贵州省铜仁市石阡县泉都街道文笔社区佛顶山北路（原合医局办事楼二、三楼）
……………………Tel：0856-3930862

贵州省石阡华源国际大酒店有限公司
地址：贵州省铜仁市石阡县汤山镇北塔大道438号
……………………Tel：18385966550

贵州省铜仁市梵泰文化旅游投资有限公司
地址：贵州省铜仁市碧江区漾头镇九龙村仁家湾村民组
……………………Tel：0856-5206971

铜仁市国有资本运营股份有限公司
地址：贵州省铜仁市碧江区解放路36号
……………………Tel：0856-52220551

德江县灵犀（国际）酒店有限责任公司
地址：德江县青龙街道城南大道
……………………Tel：0856-3907777

贵州省铜仁市交通旅游开发投资集团有限公司
地址：贵州省铜仁市碧江区水晶路6号
……………………Tel：0856-5226660

铜仁荣和酒店管理有限责任公司
地址：贵州省铜仁市碧江区锦江南路8号
……………………Tel：13308565456

铜仁市三江文化旅游发展有限公司
地址：铜仁市碧江区锦江西路(原梵天索菲特酒店)
……………………Tel：13638133606

江口县梵净山旅游投资开发有限公司
地址：贵州省铜仁市江口县双江镇三星东路（县财政局四楼）
……………………Tel：0856-6622006

江口县文化旅游发展有限公司
地址：贵州省铜仁市江口县双江街道办事处梵净山大道游客服务中心
……………………Tel：0856-6621822

贵州江口净山旅游开发投资有限公司
地址：贵州省铜仁市江口县太平镇梵净山游客中心二楼
……………………Tel：19192686300

铜仁市栖溪酒店有限公司
地址：贵州省铜仁市江口县太平镇梵净山村黑湾河风雨桥旁
……………………Tel：0856-6825666

贵州省铜仁市寰宇娱乐有限公司
地址：贵州省铜仁市碧江区开发区桐梓巷片区
……………………Tel：18285653333

贵州省阳光旅游发展有限公司
地址：贵州省铜仁市石阡县汤山镇大关社区温泉大道泉城别苑1号楼12-13号门面
……………………Tel：15329007058

铜仁市温州大酒店有限公司
地址：贵州省铜仁市碧江区大庆北路85号
……………………Tel：0856-6918018

贵州乌江石林旅游发展有限公司
地址：贵州省铜仁市思南县思唐街道办事处城北社区九天温泉内
……………………Tel：0856-7159123

思南最佳美洲乌江酒店有限公司
地址：贵州省铜仁市思南县思唐镇城北新区
……………………Tel：13639031879

思南县润丰旅游投资开发有限公司
地址：贵州省铜仁市思南县双塘街道办事处云山社区后湾组
……………………Tel：18685460429

贵州交建梵净山温泉小镇旅游开发有限公司
地址：贵州省铜仁市石阡县中坝街道办事处河西村
……………………Tel：18085607399

贵州画廊乌江旅游开发有限责任公司
地址：贵州省铜仁市沿河土家族自治县团结街道滨江大道思州温泉城5号楼
……………………Tel：15329959860

铜仁市净江文化旅游有限责任公司
地址：贵州省铜仁市碧江区水晶路6号
……………………Tel：18611706304

德江县惠民投资有限责任公司
地址：贵州省铜仁市德江县玉水办事处红旗路（县人民政府大院内）
……………………Tel：15885148878

沿河百里画廊酒店有限公司
地址：贵州省铜仁市沿河土家族自治县和平镇团结大道（信用社对面）
……………………Tel：18985863138

铜仁尊荣会贸易有限公司
地址：贵州省铜仁市碧江区民族风情园
……………………Tel：0856-8881888

铜仁市九龙旅游发展有限公司
地址：贵州省铜仁市碧江区漾头镇九龙洞仁家湾
……………………Tel：0856-8959999

贵州笛阳酒店管理有限公司
地址：贵州省铜仁市玉屏侗族自治县皂角坪街道办事处茅坪新区（笛阳酒店内）
……………………Tel：15597708015

贵州百里杜鹃旅游集团有限公司
地址：贵州省毕节市百里杜鹃管理区普底乡大荒村
……………………Tel：0857-2160555

贵州百里杜鹃文化旅游投资有限责任公司
地址：贵州省毕节市百里杜鹃管理区鹏程管理区石牛村
……………………Tel：0857-2160555

贵州百里杜鹃旅游开发投资公司
地址：贵州省毕节市百里杜鹃管理区普底乡大荒村大荒组
……………………Tel：0857-2198555

贵州省阿西里西旅游开发有限公司
地址：贵州省毕节市赫章县白果镇会展中心北楼
……………………Tel：0857-3228375

贵州巅峰旅游投资发展有限公司
地址：贵州省毕节市赫章县白果镇会展中心北楼
……………………Tel：0857-3228475

贵州阿西里西文化旅游投资有限公司
地址：赫章县白果镇会展中心北楼
……………………Tel：0857-3221796

赫章县阿西里西温泉酒店管理有限公司
地址：赫章县白果镇会展中心北楼
……………………Tel：0857-3221796

贵州炫吧娱乐餐饮有限公司
地址：贵州省毕节市黔西县莲城办事处阳光大道明德新城
……………………Tel：13930752798

百里杜鹃初水花源生态旅游开发有限公司
地址：贵州省毕节市百里杜鹃管理区普底乡桥头村
……………………Tel：0857-4664666

贵州景运旅游发展股份有限公司
地址：贵州省毕节市百里杜鹃管理区普底乡大荒村大荒组
……………………Tel：0857-2198156

黔西县文化旅游发展有限公司
地址：贵州省毕节市黔西市水西大剧院4楼

……………………Tel：0857-7102888
大方县文化旅游投资集团有限公司
地址：贵州省毕节市大方县红旗街道办事处石关村大方县开发投资有限公司五楼
……………………Tel：0857-5225246
大方县乡村旅游发展有限公司
地址：贵州省毕节市大方县红旗街道办事处石关村
……………………Tel：17588893666
大方九层衙文化旅游管理有限公司
地址：贵州省毕节市大方县顺德街道办事处杜鹃大道中段检察院旁
……………………Tel：0857-5228671
大方县田园旅游项目发展有限公司
地址：大方县红旗街道办事处石关村
……………………Tel：0857-5222775
大方望龙大酒店管理有限公司
地址：贵州省毕节市大方县大方镇奢香大道南段
……………………Tel：18386266789
贵州永利酒店投资管理有限公司
地址：贵州省毕节市大方县大方镇龙昌村
……………………Tel：0857-6286666
威宁县乌撒旅游投资集团有限责任公司
地址：贵州省毕节市威宁县会展中心乌撒体育馆附属楼二楼
……………………Tel：0857-6427218
贵州九洞天文化旅游发展有限公司
地址：贵州省毕节市大方县猫场镇五丫村
……………………Tel：14727663559
毕节市福集餐饮文化有限公司
地址：贵州省毕节市七星关区观音桥办事处迎宾村"四在农家 美丽乡村"七星关区福集展示点
……………………Tel：0857-8575678
毕节荟萃文化旅游有限公司
地址：贵州省毕节市金海湖新区小坝镇小坝第一产业园区三号门开投大厦五楼
……………………Tel：0857-8271192
毕节时空旅游文化发展有限公司
地址：贵州省毕节市七星关区碧阳街道滨河西路210号水韵天颐三楼
……………………Tel：0857-8113888
贵州汇高旅游网络科技有限公司
地址：贵州省毕节市七星关区公园路倾城B栋8-3号
……………………Tel：19185477793
毕节洪山国际大酒店有限公司
地址：贵州省毕节市七星关区洪山宾馆内
……………………Tel：0857-8337151
毕节市旅游开发集团有限公司
地址：贵州省毕节市七星关区洪山街道洪山路5号洪山·财富国际16层
……………………Tel：0857-8706666
贵州盘州市妥乐古银杏旅游投资开发有限责任公司
地址：贵州省六盘水市盘州市石桥镇
……………………Tel：0858-3127666
盘州市陶源酒店管理有限公司
地址：贵州省六盘水市盘州市普古乡
……………………Tel：0858-3581188
六盘水牂牁旅游开发投资有限责任公司
地址：贵州省六盘水市六枝特区南环路兴业大厦21楼
……………………Tel：0858-5555586
六枝特区农旅投（集团）有限责任公司
地址：贵州省六盘水市六枝特区南环路兴业大厦21楼
……………………Tel：0858-5555508
六盘水志合民悦旅游投资有限责任公司
地址：贵州省六枝特区南环路兴业大厦21楼
……………………Tel：18216684296
贵州钟山扶贫旅游文化投资有限公司
地址：贵州省六盘水市钟山区市场南路开发区管委会大楼8楼
……………………Tel：0858-8784549
水城县文旅投资（集团）有限公司
地址：贵州省六盘水市水城县双水街道办事处
……………………Tel：0858-6621592
六盘水市水城区玉舍森林旅游开发有限公司
地址：贵州省六盘水市水城县勺米乡范家寨村玉舍林场
……………………Tel：17585451513
贵州钟山下扒瓦扶贫旅游生态开发有限公司
地址：贵州省六盘水市钟山区月照社区双洞村扒瓦组生态园
……………………Tel：0858-66666622
贵州酒店集团荷城花园酒店有限公司
地址：贵州省六盘水市钟山区荷城花园
……………………Tel：0858-6808888
六盘水市水城区半方塘旅游酒店文化服务有限公司
地址：贵州省六盘水市水城区米箩镇倮么村倮么下寨组
……………………Tel：0858-6909888
六盘水市水城区半方塘旅游酒店文化服务有限公司
地址：贵州省六盘水市水城区米箩镇倮么村倮么下寨组
……………………Tel：0858-6909888
贵州盘州旅游文化投资有限责任公司
地址：贵州省六盘水市盘州市亦资街道宏财投资大厦14楼
……………………Tel：0858-3399012
贵州盘州虎跳峡旅游开发有限公司
地址：贵州省六盘水市盘州市英武镇林家屋基村
……………………Tel：13708588207
六盘水梅花山旅游文化投资有限公司
地址：贵州省六盘水市钟山区梅花山旅游景区内
……………………Tel：0858-6125236
贵州恒达开发有限责任公司
地址：贵州省六盘水市钟山区人民中路16号
……………………Tel：0858-8327345
兴义市京州纯乐娱乐有限公司
地址：贵州省黔西南州兴义市桔山街道神奇东路98号
……………………Tel：15186380000
黔西南中维金州翠湖宾馆有限责任公司
地址：贵州省黔西南布依族苗族自治州兴义市桔山新区瑞金南路６０号
……………………Tel：0859-2266666
贵州省普安县温泉度假旅游有限公司
地址：贵州省黔西南布依族苗族自治州普安县盘水镇温泉路度假村
……………………Tel：0859-7232666
贵州盛世鑫源文化旅游有限公司
地址：贵州省黔西南布依族苗族自治州安龙县新桥镇场坝村新盛居委会
……………………Tel：0859-3553156
贵州远思文化旅游发展（集团）有限公司
地址：贵州省黔西南布依族苗族自治州兴义市黄草办南环路86号
……………………Tel：0859-3231899
贵州国丰实业有限公司
地址：贵州省黔西南布依族苗族自治州兴义市黄草办南环路86号
……………………Tel：0859-3231899
黔西南州文化旅游产业投资开发（集团）有限公司
地址：贵州省黔西南州兴义市机场路公积金管理中心大楼四楼
……………………Tel：0859-3227522
黔西南州永泰旅游开发有限责任公司
地址：贵州省黔西南布依族苗族自治州兴义市机场大道中段公积金中心三楼
……………………Tel：0859-3330181
贵州万峰谷生态文化旅游发展有限公司
地址：贵州省黔西南布依族苗族自治州兴义市下五屯办平桥路义诚山水22幢别墅
……………………Tel：0859-3331295
兴义市万峰林旅游集团有限公司
地址：贵州省黔西南布依族苗族自治州兴义市下五屯办科佐屯村西南广场入口
……………………Tel：0859-3374056
贵州峰林珑湾度假酒店有限公司
地址：贵州省黔西南州兴义市下午屯办鱼笼村
……………………Tel：0859-3387777
贵州万峰水上娱乐发展有限公司
地址：贵州省黔西南布依族苗族自治州兴义市幸福路幸福小区旁
……………………Tel：0859-3816777
安龙县荷韵旅游文化发展有限责任公司
地址：贵州省黔西南布依族苗族自治州安龙县招堤街道办事处招堤广场
……………………Tel：13985999178
贵州大秦盛世生态旅游发展有限公司
地址：贵州省黔西南布依族苗族自治州兴义市万屯镇万屯保障房
……………………Tel：0859-5421092
贵州贞丰雅天酒店有限责任公司
地址：贵州省黔西南布依族苗族自治州贞丰县珉谷街道办金丰大道中段星中心C栋
……………………Tel：0859-6636666
贞丰县双峰旅游文化开发（集团）有限公司
地址：贵州省黔西南布依族苗族自治州贞丰县永丰街道办大西门城楼四楼
……………………Tel：0859-6660209
贞丰奇峰旅游开发有限责任公司
地址：贵州省黔西南布依族苗族自治州贞丰县珉谷街道顶肖村竹林堡组
……………………Tel：18748861619
黔西南州凤凰商务酒店有限公司
地址：贵州省黔西南布依族苗族自治州兴义市机场大道凤凰城商务楼
……………………Tel：0859-6816168
贵州奇行旅游文化发展有限公司
地址：贵州省黔西南布依族苗族自治州普安县江西坡镇布依茶源小镇新市民社区斗弹达吟小区
……………………Tel：18296031202
贵州二十四道拐旅游投资有限公司
地址：贵州省黔西南布依族苗族自治州晴隆县安南古城
……………………Tel：085-7611100
晴隆百世盛娱乐有限公司
地址：贵州省黔西南布依族苗族自治州晴隆县莲城镇南街社区南街
……………………Tel：0859-7612555
贵州多彩忆境酒店管理有限公司
地址：贵州省黔西南布依族苗族自治州贞丰县者相镇三岔河旅游度假区
……………………Tel：18185933345

云南省

云南西双版纳新华中泰文化旅游开发有限公司
地址：云南省西双版纳傣族自治州景洪市景德路8号集贸市场A号楼
……………………Tel：0691-2120456
云南宏宁旅游文化开发有限公司
地址：云南省西双版纳傣族自治州景洪市沧江之都南岸滨江商业区BJ3栋
……………………Tel：0691-2123821
西双版纳景兰大酒店有限公司
地址：云南省西双版纳州景洪市景德路6号
……………………Tel：18887090681
西双版纳金地酒店管理有限公司
地址：云南省西双版纳州景洪市嘎兰中路100号
……………………Tel：15012155391
西双版纳俊发旅游投资有限公司
地址：云南省西双版纳傣族自治州景洪市勐罕路5号俊发滨江俊园
……………………Tel：0691-2210118
西双版纳天瑞康年酒店有限公司
地址：云南省西双版纳州旅游度假区菩提大道（天瑞万象城）
……………………Tel：18244235027
景洪自由主题娱乐服务有限公司
地址：云南省西双版纳傣族自治州景洪市勐海路泼水广场负一层
……………………Tel：0691-2216200
西双版纳景兰酒店股份有限公司
地址：云南省西双版纳傣族自治州景洪市江北告庄西双景湄公河人家10栋501号
……………………Tel：0691-3088888
云南金孔雀旅游集团有限公司
地址：云南省西双版纳州景洪市江北告庄西双景购物中心3栋
……………………Tel：0691-2221444
西双版纳宇信凯旋度假酒店管理有限公司
地址：云南省西双版纳傣族自治州景洪市告庄西双景景真寨29幢
……………………Tel：15838744966
云南嘉盛德资产管理有限公司
地址：云南省曲靖市西城街道西苑三期盛华苑小区345幢第1层20号
……………………Tel：0874-3331219
景洪乾宫文化娱乐投资发展有限公司
地址：云南省西双版纳州景洪市大沙坝世纪金源大饭店
……………………Tel：14788020888
西双版纳雅居乐旅游置业有限公司
地址：云南省西双版纳傣族自治州景洪市嘎洒镇林湖路
……………………Tel：0691-8988198
西双版纳海诚旅游发展有限公司
地址：云南省西双版纳傣族自治州景洪市宣慰大道江北告庄西双景综合楼七楼
……………………Tel：0691-3085555
西双版纳勐巴拉旅游度假有限公司
地址：云南省西双版纳州勐海县勐海镇国道214线(曼兴湖水库旁)
……………………Tel：0691-5136030
西双版纳长城旅游文创园有限公司
地址：云南省西双版纳傣族自治州勐腊县勐仑镇人民路（原美仑公司处）
……………………Tel：15967521019
景洪云旅投旅游开发有限公司
地址：云南省西双版纳傣族自治州景洪市嘎洒街道云投路（景洪云旅投旅游开发有限公司云投喜来登酒店）
……………………Tel：0691-8717191
西双版纳国际旅游度假区开发有限公司
地址：云南省西双版纳州景洪工业园区万景大道融创旅游度假区员工宿舍区2栋
……………………Tel：0691-8931666
西双版纳环球世纪会展旅游开发有限公司
地址：云南省西双版纳傣族自治州景洪市嘎兰中路2号
……………………Tel：0691-8931666
西双版纳领创逸品酒店管理有限公司
地址：云南省西双版纳傣族自治州景洪工业园区万景大道4号万达国际度假区2-1期A1栋1-2层01号
……………………Tel：0691-8937777
西双版纳路南山旅游度假开发有限公司
地址：云南省西双版纳傣族自治州旅游度假区雨林畅享小区综合楼2号楼203室
……………………Tel：0691-8999992
芒市后谷美豪旅游发展有限公司
地址：云南省德宏州芒市工业园区帕底片区
……………………Tel：0692-2933282
德宏神旺娱乐有限公司
地址：云南省德宏州芒市营水路15号华侨商贸城31栋
……………………Tel：0692-3068068
瑞丽雅居乐旅游置业有限公司
地址：中国（云南）自由贸易试验区德宏片区瑞丽市卯喊路171号瑞丽雅居乐国际花园3栋商101铺
……………………Tel：0692-4113112
瑞丽雅居乐酒店有限公司
地址：云南省德宏傣族景颇族自治州瑞丽市勐卯镇瑞丽市边城街150号
……………………Tel：0692-4113112
瑞丽瑞航国际酒店有限公司
地址：云南省德宏州瑞丽市瑞丽大道219号
……………………Tel：0692-4128819
瑞丽市武阳置业有限公司
地址：云南省德宏州瑞丽市姐岗路东侧卯喊路南侧（水上娱乐园内）
……………………Tel：0692-6616766
陇川大酒店有限公司
地址：云南省德宏州陇川县章凤镇荣昌路以北环城东路以西
……………………Tel：0692-7188888
盈江县恒亚旅游投资开发有限公司
地址：云南省德宏州盈江县平原镇允燕花园商铺18-07、08号
……………………Tel：0692-8110526
盈江壹品餐饮服务有限公司
地址：云南省德宏州盈江县平原镇蛮炳路下段第一初级中学旁
……………………Tel：0692-8110526
盈江绿野仙踪旅游文化管理有限责任公司
地址：云南省德宏傣族景颇族自治州盈江县平原镇国家湿地公园景区综合管理办公室内
……………………Tel：0692-8127118
德宏健良娱乐有限责任公司
地址：云南省德宏州芒市团结大街184号
……………………Tel：0692-8882828
盈江凯邦亚湖旅游投资有限公司
地址：云南省德宏州盈江县铜壁关乡(凯邦亚湖景区)
……………………Tel：0692-8975588
云南宝能文化旅游有限公司
地址：云南省昆明市安宁市连然街道办事处
……………………Tel：0755-22189088
玉溪新佳集团典故娱乐有限公司
地址：云南省玉溪市江川区大街街道星云路东段
……………………Tel：077-6243656
红河县旅游开发投资有限公司
地址：云南省红河州红河县迤萨镇西山社区东门街
……………………Tel：0873-4623433
昭通众峰文化旅游发展有限公司
地址：云南省昭通市昭阳区二环南路116号
……………………Tel：18833737377
昭通皇冠娱乐有限公司
地址：云南省昭通市昭阳区老民航路中段
……………………Tel：15087772777
昭通市航空旅游集团有限公司
地址：云南省昭通市昭阳区苏家院镇木瓜林村（大山包一级公路收费站旁）
……………………Tel：15087155882
昭通市昭投大关黄连河旅游开发有限公司
地址：云南省大关县翠华镇联合村马鞍山社
……………………Tel：0870-5933531
盐津县旅游开发投资有限责任公司
地址：云南省昭通市盐津县盐井镇黄葛槽新区文远路26号
……………………Tel：18214212451
镇雄县大容和餐饮娱乐有限责任公司
地址：云南省昭通市镇雄县乌峰镇新村小区青岗岭片区
……………………Tel：13312680909
水富西部大峡谷旅游发展有限责任公司
地址：水富县向家坝镇温泉社区
……………………Tel：0870-8938001
云南水富县旅游开发有限责任公司
地址：云南省昭通市水富县云富街道办事处温泉社区
……………………Tel：0870-8938001
昆明芭音娱乐有限公司
地址：云南省昆明市五华区顺城街顺城购物中心商铺B3-02号
……………………Tel：13708470387
昆明君乐酒店有限公司
地址：云南省昆明市五华区洪化桥20号
……………………Tel：0871-65386688
云南仁庄娱乐有限公司
地址：云南省昆明市东川区兴玉路九赛大道小区C区C-1-1号
……………………Tel：18808809527

云南乌蒙巅峰旅游投资有限公司
地址：云南省昆明市东川区凯通路延长线行政审批中心旁
…………………… Tel：0871-62151886
云南天时旅游发展有限公司
地址：云南省昆明市寻甸县河口乡北大营村委会综合楼
…………………… Tel：0871-62655555
云南省烟草实业有限责任公司
地址：云南省昆明市拓东路5号烟草大厦6楼
…………………… Tel：0871-63129888
昆明锦江大酒店有限公司
地址：云南省昆明市官渡区北京路98号
…………… Tel：0871-63138888-5089
昆明轿子雪山交通旅游有限公司
地址：云南省昆明市禄劝转龙镇
…………………… Tel：0871-62725087
昆明七世界旅游开发有限责任公司
地址：云南省昆明市石林县石林旅游服务区西纳路公租房1栋一层
…………………… Tel：18687907251
昆明饭店有限公司
地址：云南省昆明市东风东路52号
…………………… Tel：0871-63162063
昆明石林万方旅游投资有限公司
地址：云南省昆明市石林县鹿阜街道办事处小箐村委会三家村
…………………… Tel：0871-63170038
云南天恒大酒店有限公司
地址：云南省昆明市青年路432号
…………………… Tel：13987694474
云南绿洲大酒店有限公司
地址：云南省昆明市盘龙区拓东路80号
…………………… Tel：0871-63189999
昆明银滩体育有限公司
地址：昆明市董家湾烟机大楼旁
…………………… Tel：0871-63317904
昆明锦泰大酒店有限公司
地址：中国（云南）自由贸易试验区昆明片区官渡区环城南路249、251号
…………………… Tel：0871-63333918
云南国资产业投资管理有限公司
地址：云南省昆明市呈贡区龙城街道双龙路
…………………… Tel：0871-63625831
云南民族文化旅游产业有限公司
地址：昆明市度假区滇池路怡景园度假酒店中心副楼1507室
…………………… Tel：0871-63393373
云南擎天新悦酒店有限公司
地址：云南省昆明市官渡区官渡街道办事处银海金岸广场（A1地块）A栋
…………………… Tel：0871-63388888
昆明万富酒店管理有限公司
地址：云南省昆明市西山区前兴路688号万达昆明双塔南塔九楼
…………………… Tel：0871-63399147
云南鑫永兴旅游投资有限公司
地址：云南省昆明市金星小区伟龙B幢4-5号
…………………… Tel：0871-63538860
云南天舜娱乐有限公司
地址：云南省昆明市官渡区广福路与金源大道交汇处春城时光花园1座5层商业号A501室
…………………… Tel：0871-63601386
云南金马碧鸡旅游商城股份有限公司
地址：云南省昆明市金马碧鸡旅游商城
…………………… Tel：0871-63619908
昆明官房大酒店股份有限公司
地址：云南省昆明市新迎小区新迎路172号
…………………… Tel：0871-63638397
云南金迎健身娱乐有限公司
地址：云南省昆明市盘龙区光明路338号
…………………… Tel：0871-64884470
云南金洲港娱乐管理有限公司
地址：昆明世纪金源大道1号中国东盟云南商品交易中心1区1-4号
…………………… Tel：0871-63818080
昆明蓝光滇池文化旅游发展有限公司
地址：云南省昆明市呈贡区斗南街道小王家营12幢2301室
…………………… Tel：0871-64116112
云南秀川娱乐有限公司
地址：云南省昆明市五华区银河片区嘉年华花园主体商场-1层商业B101号
…………………… Tel：0871-64157111
云南省旅游健康产业投资有限公司
地址：云南省昆明市经济技术开发区信息产业基地林溪路188号云南建工发展大厦
…………………… Tel：13888513820
昆明五华健身娱乐城
地址：云南省昆明市滇池路五华体育馆内
…………………… Tel：0871-64177234
昆明怡景园度假酒店有限责任公司
地址：昆明市滇池路1288号
…………………… Tel：0871-64313338
昆明滇池国家旅游度假区国有资产投资经营管理（集团）有限责任公司
地址：昆明市滇池路七公里处博欣采莲湾小区5号楼
…………………… Tel：0871-64324385
云南红塔体育中心有限公司
地址：云南省昆明市滇池国家旅游度假区红塔西路17号
…………………… Tel：0871-64328888
昆明滇池温泉花园酒店有限公司
地址：云南省昆明市西山区望海路366号
…………………… Tel：15925100559
云南翰明欣商贸有限公司
地址：中国（云南）自由贸易试验区昆明片区官渡区邦盛商城办公楼9-05号
…………………… Tel：0871-64588268
云南时光沙娱乐有限公司
地址：云南省昆明市五华区昆瑞路273号云安阳光城小区9栋1-3层
…………………… Tel：13354991999
昆明桂花大酒店有限公司
地址：云南省昆明市西山区滇池路56号
…………………… Tel：0871-65122692
昆明旅游服务（集团）有限公司
地址：中国（云南）自由贸易试验区昆明片区官渡区东郊路16号
…………………… Tel：0871-63568718
云南旅游股份有限公司
地址：云南省昆明市盘龙区世博生态城低碳中心B栋1单元16层、17层
…………………… Tel：0871-65012229
昆明市北苑农产品市场管理有限公司
地址：云南省昆明市盘龙区东三环南侧呼马山旁
…………………… Tel：0871-65032999
昆明铭真旅游运动有限公司
地址：昆明市环湖东路866号
…………………… Tel：0871-65108196
云南云峰旅游产业集团有限公司
地址：云南省昆明市盘龙区江东丽景园5幢101号
…………………… Tel：0871-65128860
云南康立休闲娱乐有限公司
地址：云南省昆明市金星小区商网2号二楼
…………………… Tel：0871-65152688
昆明晟世仟和酒店有限公司
地址：云南省昆明市盘龙区黑龙潭沣源路
…………………… Tel：0871-65811488
河口县鸿瑞祥盛交通旅游开发有限公司
地址：云南省红河州河口县河口农场十二队昆河公路旁
…………………… Tel：0871-65300400
石林王府酒店管理有限公司
地址：石林县鹿阜街道办事处石林旅游服务区
…………………… Tel：0871-65309695
云南云旅房地产开发有限公司
地址：云南省昆明市东风西路83号
…………………… Tel：0871-65359666
昆明渝滇娱乐有限公司
地址：云南省昆明市五华区长虹路51号
…………………… Tel：0871-65395666
云南好兄弟餐饮管理有限公司
地址：云南省昆明市鼓楼路122号壹楼
…………………… Tel：0871-65522733
云南世博旅游控股集团有限公司
地址：云南省昆明市盘龙区世博生态城低碳中心A栋1单元1701、1801、1901、2001、2002号
…………………… Tel：0871-65635313
云南旅游（集团）有限公司
地址：云南省昆明市东风东路52号
…………………… Tel：13608850284
昆明彩云娱乐有限公司
地址：昆明市新闻路79号昆都商城1-2楼
…………………… Tel：0871-65637262
昆明广龙酒楼娱乐有限责任公司
地址：云南省昆明市盘龙区东二环路159号
…………………… Tel：0871-65638886
云南丹彤集团文化旅游有限公司
地址：云南省昆明市寻甸回族彝族自治县塘子街道坝者村委会-大坝者村（凤龙湾国际旅游度假区）
…………………… Tel：0871-65732888
云南凤龙湾文化旅游集团股份有限公司
地址：云南省昆明市盘龙区白云路548号丹彤大厦13层
…………………… Tel：0871-65732276
云南俊贤旅游开发有限公司
地址：云南省昆明市官渡区官渡镇秀英村125号
…………………… Tel：0871-65733333
云南中维酒店管理有限责任公司
地址：云南省昆明市五华区螺峰街126号
…………………… Tel：0871-65876378
云南世博花园酒店有限公司
地址：云南省昆明市世博路5号
…………………… Tel：0871-66030888
昆明铁路局集团国际旅游服务有限公司
地址：中国（云南）自由贸易试验区昆明片区官渡区昆明火车站铁路大厦内
…………………… Tel：0871-66124050
大理佰花集酒店管理有限公司
地址：云南省大理州大理市大理镇白鹤溪环路垒翠园S8室
…………………… Tel：15808879300
云南大戏路文化娱乐有限公司
地址：云南省昆明市五华区人民西路182号广得利B幢216号
…………………… Tel：13211786035
昆明尚唯莎娱乐有限公司
地址：云南省昆明市西山区海埂路与云兴路交叉口新都昌商业区裙楼3、4层
…………………… Tel：13888955492
云南金鹰大酒店有限公司
地址：云南省昆明市官渡区关上镇金晖路8号
…………………… Tel：0871-67019999
云南空港航空食品有限公司
地址：云南省昆明市官渡区长水国际机场
…………………… Tel：0871-67085170
云南昆明中玉酒店有限公司
地址：云南省昆明市国贸路379号
…………………… Tel：0871-7155188
昆明官渡大酒店
地址：云南省昆明市官渡区日新路282号
…………………… Tel：0871-67169988
云南旅游汽车有限公司
地址：云南省昆明市盘龙区青云街道办事处世博生态城低碳中心C栋3层301号
…………………… Tel：0871-67170056
云南云投酒店发展有限公司
地址：云南省昆明市西山区人民西路285号云投商务大厦25楼
…………………… Tel：0871-67171585
云南何日君温泉酒店有限公司
地址：云南省昆明市官渡区国贸路425号
…………………… Tel：0871-67175000
云南滇美餐饮有限公司
地址：中国（云南）自由贸易试验区昆明片区经开区洛羊街道办事处向阳路51号庆沣祥茶叶总厂办公楼2层205室
…………………… Tel：0971-68177817
云南坤娅旅游开发有限公司
地址：云南省昆明市盘龙区席子营东村（云南金沙江建设工程有限公司综合楼）6层602号
…………………… Tel：15587061068
云南华焱酒店管理有限公司
地址：云南省昆明经济技术开发区经邮路2号
…………………… Tel：13987124454
昆明锐意华都娱乐有限公司
地址：云南省昆明市呈贡区粮食局斜对面
…………………… Tel：13888051266
宜良世博九乡文化旅游小镇有限公司
地址：云南省昆明市宜良县九乡旅游区
…………………… Tel：13698716022
云南天城嘉年华娱乐有限责任公司
地址：昆明市宜良县匡远镇乡鸭湖
…………………… Tel：0871-67542886
宜良世纪良城大酒店有限公司
地址：云南省昆明市宜良县匡远镇时代广场东北
…………………… Tel：0871-64874888
昆明春城湖畔旅游置业发展有限公司
地址：云南省昆明市宜良县汤池镇春城湖畔度假村
…………………… Tel：0871-67671188
石林石海休闲酒店管理有限公司
地址：云南省昆明市石林县鹿阜街道办事处云南昆明石林台湾农民创业园黑龙潭路1号
…………………… Tel：0871-67719802
昆明石林大酒店有限公司
地址：云南省昆明市石林县鹿阜街道办事处龙泉路2号
…………………… Tel：0871-67798888
云南尚和大酒店有限公司
地址：云南省昆明市晋宁区昆阳街道办事处昆阳街95号
…………………… Tel：0871-66063999
昆明恒大童世界旅游开发有限公司
地址：云南省昆明市嵩明县职教基地文林路与文轩路交叉口西侧星汇众创空间三楼V-056
…………………… Tel：0871-65748666
昆明融创主题娱乐管理有限公司
地址：云南省昆明市西山区碧鸡路昆明融创文旅城2999-1号
…………………… Tel：0871-68053261
云南江川仙湖锦绣旅游物业发展有限公司
地址：云南省玉溪市澄江市凤麓街道办事处翠竹小区15-5号
…………………… Tel：0871-68075277
云南华地王朝酒店有限公司
地址：云南省昆明市高新技术开发区 科医路50号
…………………… Tel：0871-68115555
昆明盛世朝歌娱乐有限公司
地址：云南省昆明市官渡区子君村金福地花园9栋
…………………… Tel：13629441014
云南未来时空餐饮娱乐有限公司
地址：云南省昆明市盘龙区人民中路9号
…………………… Tel：0871-68159473
牟定汉佛缘旅游开发有限公司
地址：云南省楚雄彝族自治州牟定县共和镇化湖北路时代龙庭14幢2号
…………………… Tel：0871-68182880
昆明维港湾旅游度假开发有限公司
地址：昆明市西山区碧鸡镇观音山村委会白草村
…………………… Tel：13888079410
云南格林威尔房车旅游股份有限公司
地址：云南省昆明市盘龙区东风东路36号云南建工大厦19楼C座
…………………… Tel：0871-68198711
云南滇海湾酒店管理有限公司
地址：云南省昆明市滇池路西贡码头第1幢5层
…………………… Tel：0871-68214255
云南环球融创会展旅游集团有限公司
地址：云南省昆明市晋宁区昆阳街道办事处昆阳大街571号二楼
…………………… Tel：18987765906
云南醉艾宫娱乐有限公司
地址：云南省昆明市西山区秀苑路162号
…………………… Tel：13312548173
云南省旅游投资有限公司
地址：云南省昆明市西山区人民西路285号云投商务大厦23楼
…………………… Tel：0871-68261579
云南民族村有限责任公司
地址：云南省昆明市滇池路1310号
…………………… Tel：0871-68279292
云南新世纪滇池国际文化旅游会展投资有限公司
地址：云南省昆明市云南城投大厦A座6-A号
…………………… Tel：0871-68301808
云南滇岫酒店管理有限公司
地址：中国（云南）自由贸易试验区昆明片区经开区洛羊街道办事处信息产业基地31-2号地块5幢科研楼1-10层4楼406号
…………………… Tel：13668716631
云南吾饭实业集团有限公司
地址：云南省昆明市五华区学府路690号金鼎科技园内第15号平台
…………………… Tel：0871-68393226
云南吾饭科技有限公司
地址：云南省昆明市五华区学府路690号金鼎科技园内第15号平台
…………………… Tel：0871-68393226
云南华创文旅大健康产业集团有限公司
地址：云南省昆明市西山区环城南路777号昆钢大厦
…………………… Tel：0871-68607208
云南玉龙湾旅游发展有限公司
地址：云南省昆明市安宁市太平新城玉龙湾会所
…………………… Tel：0871-68715888
云南菠萝娱乐有限公司
地址：云南省昆明市安宁市武庙坡汽管处
…………………… Tel：15087083606
安宁顶艺娱乐管理有限公司
地址：云南省昆明市安宁市大屯新区金色时代广场1栋C区3-5层
…………………… Tel：0871-68666966
富民悦景酒店有限公司
地址：云南省昆明市富民县大营街道办事处村上春墅
…………………… Tel：0871-68859866
昆明嘉丽泽旅游文化有限公司
地址：云南省昆明市嵩明县杨林镇嘉丽泽农场
…………………… Tel：0871-67946110
大理天城文化娱乐有限公司
地址：云南省大理白族自治州大理市下关建设东路滇西商务中心A区三楼
…………………… Tel：0872-2116900
丽江俊发旅游开发有限责任公司
地址：云南省丽江市玉龙纳西族自治县黄山镇青龙路景誉家园二期综合楼四幢308—310号
…………………… Tel：13988820649
大理文化旅游发展有限公司
地址：云南省大理白族自治州大理市下关镇建设西路30号工商银行大楼8至10楼
…………………… Tel：13658854823
大理市龙尾关文化旅游发展有限公司
地址：云南省大理白族自治州大理市下关宾川路珠海都市花园20幢8号
…………………… Tel：13658854823
大理洱海金岛旅游开发有限责任公司
地址：云南省大理白族自治州大理市双廊镇康海村
…………………… Tel：0872-2318984
大理国际大酒店有限公司
地址：云南省大理白族自治州大理市大理经济开发区龙山州级行政中心旁
…………………… Tel：0872-2359999
大理州旅游开发投资有限责任公司

地址：云南省大理白族自治州大理市经济开发区龙山东路滇西财富大厦9楼
……………………Tel：0872-2368210
大理州文旅开发投资（集团）有限公司
地址：云南省大理州大理市大理镇绿玉小区绿玉路188号
……………………Tel：0872-2440788
大理和成旅游产业发展有限公司
地址：云南省大理州大理市大理镇护国路1号
……………………Tel：15308727366
大理旅游投资开发有限责任公司
地址：云南省大理白族自治州大理市大理镇绿玉小区绿玉路213号
……………………Tel：0872-2561708
大理省级旅游度假区国有资产经营有限责任公司
地址：云南省大理白族自治州大理市大理镇绿玉小区绿玉路213号
……………………Tel：0872-2561995
大理旅游集团有限责任公司
地址：云南省大理白族自治州大理市大理镇三文笔村锦园巷
……………………Tel：0872-2666524
大理果岭假日酒店有限公司
地址：云南省大理白族自治州大理市大理镇三塔北路
……………………Tel：0872-2667081
大理古都文化旅游投资有限公司
地址：云南省大理州大理市大理镇弘圣路大理王宫别院
……………………Tel：0872-2667199
巍山华侨城世博南诏文化旅游投资有限公司
地址：云南省大理白族自治州巍山彝族回族自治县南诏镇红河源南路（巍山古城游客服务中心内）
……………………Tel：0872-3060186
大理锦洋酒店管理有限公司
地址：云南省大理白族自治州洱源县茈碧湖镇腾飞路西段南侧
……………………Tel：0872-3067888
祥云飞达龙兴酒店经营有限责任公司
地址：云南省大理白族自治州祥云县祥城镇清红路东侧
……………………Tel：0872-3115666
大理海湾国际酒店有限公司
地址：云南省大理白族自治州大理市下关泰安桥南东侧（原大理市化工厂）
……………………Tel：0872-3188888
云南洱源九气台酒店管理有限责任公司
地址：云南省大理白族自治州洱源县茈碧湖镇滨河路
……………………Tel：15752799057
云南洱源九气台酒店管理有限责任公司
地址：云南省大理白族自治州洱源县茈碧湖镇滨河路
……………………Tel：15752799057
大理漾濞苍山石门关旅游开发集团有限公司
地址：云南省大理白族自治州漾濞彝族自治县苍山西镇石门关
……………………Tel：0872-7529906
建水县临安酒店有限公司
地址：云南省红河哈尼族彝族自治州建水县临安镇永祯路2号
……………………Tel：0873-3182005
屏边县城市旅游开发投资有限公司
地址：云南省红河哈尼族彝族自治州屏边苗族自治县玉屏镇滴水苗城郦水寨4栋1-3层4-1号
……………………Tel：19989985249
河口旅游投资有限公司
地址：中国（云南）自由贸易试验区红河片区河口县滨河路1号
……………………Tel：13988038887
蒙自市旅游文化投资开发有限责任公司
地址：蒙自市银河路南段香溪蓝岸小区2幢2-24室
……………………Tel：0873-3741902
红河诺玛阿美旅游商品开发有限公司
地址：云南省红河州蒙自市文昌街中段马兰小区
……………………Tel：0873-3799089
石屏县文化旅游投资有限责任公司
地址：云南省红河哈尼族彝族自治州石屏县异龙镇焕文路35号
……………………Tel：18687399169
云南哈尼梯田旅游文化开发运营有限公司
地址：元阳县新街镇土戈寨村委会
……………………Tel：0873-5620269
元阳县旅游投资有限责任公司
地址：云南省红河哈尼族彝族自治州元阳县南沙镇元桂路9号机关食堂
……………………Tel：0873-5789109
云南红河投资有限公司
地址：云南省红河州弥勒市弥阳镇冉翁西路127号
……………………Tel：0873-6196704
红河水乡酒店管理有限公司
地址：云南省红河哈尼族彝族自治州弥勒市弥阳镇湖泉尚景二期037号一楼
……………………Tel：0873-6365555
云南金昭源酒店管理开发有限公司
地址：云南省红河哈尼族彝族自治州泸西县中枢镇南屏小区
……………………Tel：15198895165
泸西县旅游文化投资开发有限公司
地址：云南省红河哈尼族彝族自治州泸西县阿庐古洞风景区
……………………Tel：0873-3066162
开远市南洞旅游投资开发有限公司
地址：云南省红河哈尼族彝族自治州开远市南洞路299号
……………………Tel：0873-7181563
云南金临安旅游开发有限公司
地址：云南省红河哈尼族彝族自治州建水县临安镇翰林街16号
……………………Tel：0873-7782282
云南朱家花园旅游开发有限公司
地址：云南省红河哈尼族彝族自治州建水县临安镇翰林街16号
……………………Tel：0873-7782282
建水古城旅游投资有限公司
地址：云南省红河哈尼族彝族自治州建水县临安镇小西庄111号
……………………Tel：0873-7807366
曲靖兴诚餐饮娱乐服务有限公司
地址：云南省曲靖市麒麟南路101号
……………………Tel：0874-3119191
曲靖市天道酒店管理有限公司
地址：云南省曲靖市麒麟区珠江源大道天道园6604
……………………Tel：15969107130
云南珠江源文化旅游投资开发有限公司
地址：云南省曲靖市沾益区西平街道环城东路（沾益县旅游局二楼）
……………………Tel：0874-3169716
曲靖长和万信旅游开发有限公司
地址：云南省曲靖市麒麟区南片区金麟湾爱情小镇
……………………Tel：15924932355
云南三国文化旅游小镇有限责任公司
地址：云南省曲靖市麒麟区三宝街道雷家庄社区
……………………Tel：18187421720
曲靖官房大酒店管理有限公司
地址：云南省曲靖市麒麟区南城门外会堂旁
……………………Tel：0874-3226666
曲靖温德姆大酒店有限责任公司
地址：云南省曲靖市麒麟区寥廓南路218号金都佳园1幢709号，4F、51F
……………………Tel：0874-3320368
云南云康酒店有限公司
地址：云南省曲靖市开发区学府路与瑞和西路交叉路口
……………………Tel：0874-6066666
曲靖市麒麟西海湖生态旅游开发有限公司
地址：云南省曲靖市麒麟区珠街街道办事处
……………………Tel：0874-3515669
云南龙尚熙缘文化服务有限公司
地址：云南省曲靖市麒麟区翠峰街道朝阳社区居委会三江大道106号
……………………Tel：0874-3952222
曲靖市麒麟区农业旅游开发投资有限责任公司
地址：云南省曲靖市麒麟区沿江街道麒麟水乡主码头9号
……………………Tel：13658847694
会泽县乌蒙山旅游开发投资有限公司
地址：云南省曲靖市会泽县古城街道通宝路438号会泽县文化和旅游局办公楼四楼
……………………Tel：15287413604
云南御圣唐朝大酒店管理有限公司
地址：云南省曲靖市会泽县抚军街龙锦花园F幢27-2号
……………………Tel：15094124620
陆良县旅游开发投资有限公司
地址：云南省曲靖市陆良县中枢街道东门街23号（旅游局内）
……………………Tel：0874-6211678
滇能国际大酒店有限公司
地址：云南省曲靖市宣威市建设东街
……………………Tel：0874-7259999
曲靖景晟旅游投资开发有限公司
地址：云南省曲靖市麒麟区西苑小区颐康花园
……………………Tel：13769548912
罗平县兴景旅游开发投资有限责任公司
地址：云南省曲靖市罗平县罗雄街道万峰布依风情园63号
……………………Tel：0874-8218356
云南宏勘文化旅游产业投资有限公司
地址：云南省保山市隆阳区板桥镇通光路村委会旁
……………………Tel：18987509277
腾冲市北海湿地生态旅游投资有限公司
地址：云南省保山市腾冲市北海乡双海村
……………………Tel：0875-5139096
腾冲大港旺宝文化旅游地产开发有限公司
地址：云南省保山市腾冲市腾越镇观音塘社区旺宝集小区
……………………Tel：0875-5141499
云南柏联和顺旅游文化发展有限公司
地址：云南省保山市腾冲市和顺镇
……………………Tel：0875-5158333
腾冲永兴大酒店有限公司
地址：云南省保山市腾冲县腾越镇满邑社区华园三小区47号
……………………Tel：13987577557
腾冲市南门外文化旅游发展有限公司
地址：云南省保山市腾冲市清水乡
……………………Tel：13286066888
云南腾冲空港观光酒店有限责任公司
地址：云南省保山市腾冲市腾越镇观音塘社区河畔小区258号
……………………Tel：0875-5197823
云南腾冲云峰山风景区旅游产业发展有限公司
地址：云南省保山市腾冲县滇滩镇云峰山
……………………Tel：0875-5856700
云南腾冲云峰山居旅游酒店发展有限公司
地址：云南省保山市腾冲市滇滩镇云峰村
……………………Tel：0875-5856700
云南腾冲云峰山居旅游酒店发展有限公司
地址：云南省保山市腾冲市滇滩镇云峰村
……………………Tel：0875-5856700
腾冲云峰山石头纪酒店管理有限公司
地址：云南省保山市腾冲市滇滩镇云峰村云峰后勤培训中心
……………………Tel：0875-5856700
腾冲半山步道酒店有限责任公司
地址：云南省保山市腾冲市腾越镇东山社区恒益半山小区御景小区低层住宅一组团1幢
……………………Tel：18487152917
云南腾冲火山热海投资开发有限公司
地址：云南省腾冲市清水乡
……………………Tel：0875-5868899
腾冲雅居乐酒店有限公司
地址：云南省腾冲市曲石镇曲石社区原乡山居高黎45栋3楼
……………………Tel：0875-5871333
腾冲雅居乐旅游置业有限公司
地址：云南省腾冲市曲石镇曲石社区原乡山居高黎45栋3楼
……………………Tel：0875-5871698
龙陵县邦腊掌酒店有限责任公司
地址：云南省保山市龙陵县龙山镇香柏河村邦腊掌
……………………Tel：0875-6129060
砚山县御翔酒店有限责任公司
地址：云南省文山壮族苗族自治州砚山县江那镇民航路与砚华路交叉路口
……………………Tel：18388703411
云南金凤传七旅游开发有限公司
地址：云南省文山壮族苗族自治州砚山县江那镇龙头街24号
……………………Tel：0876-3135332
云南凯美酒店管理有限公司
地址：云南省文山州砚山县江那镇龙头街29号
……………………Tel：18180241127
云南普者黑旅游开发有限责任公司
地址：云南省文山州丘北县普者黑景区大门
……………………Tel：0876-4619008
拼品旅游有限公司
地址：广南县莲城镇龙井社区站北路站前广场
……………………Tel：0876-5151077
玉溪中玉酒店有限公司
地址：云南省玉溪市红塔区聂耳路62号
……………………Tel：0877-2053888
玉溪中玉酒店有限公司
地址：云南省玉溪市红塔区聂耳路62号
……………………Tel：0877-2053888
玉溪旅游文化体育投资有限责任公司
地址：云南省玉溪市红塔区聂耳路62号
……………………Tel：0877-2056187
云南红塔大酒店有限公司
地址：云南省玉溪市高新区红塔大道32号
……………………Tel：0877-2066666-688
云南玉溪映月潭温泉娱乐有限公司工会委员会
地址：红塔区大营街公园路
……………………Tel：
云南通海通印大酒店有限责任公司
地址：云南省玉溪市通海县秀山街道北门外
……………………Tel：13608891399
澄江海诚旅游发展有限公司
地址：云南省玉溪市通海县秀山街道北门外
……………………Tel：13608891399
澄江抚海旅游发展有限公司
地址：云南省玉溪市澄江市凤麓街道办事处环城西路80号
……………………Tel：0877-6819199
澄江奇元文化旅游投资建设有限公司
地址：云南省玉溪市澄江市右所镇环湖北路（寒武纪大道14号）
……………………Tel：0877-8866663
云南龙杰旅游开发有限公司
地址：云南省玉溪市澄江市右所镇环湖北路9号寒武纪乐园
……………………Tel：0877-8866802
云南伟光汇通古镇运营管理有限公司
地址：云南省楚雄开发区永安路（西段）
……………………Tel：0878-3399239
云南可可娱乐文化传播有限公司
地址：云南省楚雄彝族自治州禄丰县金山镇金水路世纪佳缘商住区S1幢
……………………Tel：0878-4738999
云南羊泉生物科技股份有限公司
地址：云南省楚雄州牟定县共和镇军屯工业区
……………………Tel：15887785177
云南世界恐龙谷旅游股份有限公司
地址：云南省楚雄彝族自治州禄丰市恐龙山镇阿纳村恐龙谷办公楼
……………………Tel：0878-89885598
普洱市文体旅游投资（集团）有限责任公司
地址：普洱市思茅区茶城大道65号
……………………Tel：0879-2868678
澜沧景迈旅游开发有限责任公司
地址：云南省普洱市澜沧拉祜族自治县惠民镇
……………………Tel：0879-3054656
湄公河旅游股份有限公司
地址：普洱市思茅区振兴大道68号思茅中心商务区商务楼3楼
……………………Tel：0879-3029777
普洱景谷云舍酒店有限公司
地址：云南省普洱市景谷傣族彝族自治县凤山镇芒卡温泉熙康云舍酒店
……………………Tel：13987996023
云南景迈柏联精品酒店有限公司
地址：云南省普洱市澜沧拉祜族自治县惠民镇
……………………Tel：0879-7525666
普洱西盟云舍酒店有限公司
地址：云南省普洱市西盟佤族自治县熙康云舍酒店
……………………Tel：0879-8228888
临沧市鼎鑫盛世酒店有限公司
地址：临沧市临翔区文华东片区百树花园东港商贸城15幢
……………………Tel：15687946666
云南临沧空港观光酒店有限公司
地址：临沧市临翔区世纪路565号
……………………Tel：0883-2164747
临沧尚派娱乐有限公司
地址：云南省临沧市临翔区凤翔街道南塘街170号二楼201室
……………………Tel：13308830009
云县幸福文化旅游产业投资有限公司
地址：云南省临沧市云县爱华镇东大街云县文体广电旅游局四楼
……………………Tel：0883-3221866
凤庆县旅游产业投资开发有限责任公司
地址：云南省临沧市凤庆县文体广电旅游局（内）
……………………Tel：15825002855
凤庆县滇红大酒店有限责任公司
地址：云南省临沧市凤庆县凤城壹号路脚
……………………Tel：0883-4691899
耿马当代人群文化娱乐投资管理有限公司
地址：云南省临沧市耿马县羊耿公路幸福桥
……………………Tel：18788397767
沧源县文化旅游产业开发投资有限公司
地址：云南省临沧市沧源佤族自治县勐董镇葫芦小镇144栋
……………………Tel：0883-7124688
兰坪川渝酒店管理有限公司
地址：云南省怒江傈僳族自治州兰坪白族普米族自治县城团结路27号
……………………Tel：13388868196
德钦高山别庄酒店有限公司
地址：云南省迪庆藏族自治州德钦县飞来寺
……………………Tel：0887-3063288
香格里拉市雄业酒店投资开发有限责任公司
地址：云南省迪庆藏族自治州香格里拉市康珠大道东侧
……………………Tel：0887-8090307
迪庆实力大酒店有限公司
地址：云南省迪庆藏族自治州香格里拉市长征大道144号
……………………Tel：18808851855
香格里拉天界神川酒店开发有限公司
地址：迪庆藏族自治州香格里拉市长征大道165号
……………………Tel：0887-8228008
云南文产香格里拉市巴拉格宗旅游开发有限公司
地址：云南省迪庆藏族自治州香格里拉市尼西乡幸福村巴拉组（巴拉格宗景区内）
……………………Tel：0887-8288619

迪庆州满百欣酒店管理有限公司
地址：云南省迪庆藏族自治州香格里拉市康珠大道东侧58号
……………………Tel：0887-8289116

迪庆香格里拉建塘酒店投资管理有限公司
地址：云南省迪庆藏族自治州香格里拉市建塘镇康珠大道建塘旅游中心1幢
……………………Tel：0887-8290311

香格里拉市安信酒店有限公司
地址：云南省迪庆藏族自治州香格里拉市城规3号路东侧
……………………Tel：18687640777

云南香格里拉高山别庄酒店有限公司
地址：云南省迪庆藏族自治州香格里拉市敬香路196号
……………………Tel：0887-8816666

迪庆松赞文化旅游有限责任公司
地址：云南省迪庆藏族自治州香格里拉市松赞林寺
……………………Tel：0887-8826818

迪庆松赞林卡酒店有限公司
地址：云南省迪庆藏族自治州香格里拉市建塘镇解放村小街子组
……………………Tel：0887-8826818

香格里拉市国裕旅游开发有限公司
地址：云南省迪庆藏族自治州香格里拉市建塘镇独克宗古城月光印巷
……………………Tel：15911494868

香格里拉市楠赛林卡旅游精品酒店有限公司
地址：云南省迪庆藏族自治州香格里拉市龙潭南路
……………………Tel：13988719999

香格里拉大酒店（迪庆）有限公司
地址：云南省迪庆藏族自治州香格里拉市建塘镇池慈卡1号
……………………Tel：0887-8998998

丽江阿丹阁大酒店有限责任公司
地址：丽江市古城区香格里大道1317号
……………………Tel：0888-5166666

云南泸沽湖银湖岛酒店管理有限公司
地址：丽江市古城区滇西明珠642号
……………………Tel：0888-3028888

丽江新福港房地产开发有限公司
地址：云南省丽江市古城区长水路金凯广场金凯四号
……………………Tel：0888-3110878

丽江国际大酒店有限公司
地址：云南省丽江市古城区西安街道金星街152号
……………………Tel：0888-5888888

丽江格兰大酒店有限公司
地址：云南省丽江市古城区玉河中村86号
……………………Tel：0888-5128888

玉龙县龙建开发有限公司
地址：玉龙县建设局
……………………Tel：0888-5149668

丽江市旅游开发投资集团有限责任公司
地址：云南省丽江市古城区雪山路丽水丹霞二期雪景苑10幢301号
……………………Tel：0888-5153600

丽江博汇文化娱乐有限公司
地址：云南省丽江市古城区束河街道玉泉路512号荣城商业综合体5号楼2楼
……………………Tel：0888-5163465

丽江雪山纳里酒店有限责任公司
地址：云南省丽江市古城区香格里大道古云杉花园小区1栋11-12号
……………………Tel：0888-5188872

丽江官房大酒店股份有限公司
地址：云南省丽江县香格里拉大道
……………………Tel：0888-5188888

丽江博丽酒店管理有限公司
地址：云南省丽江市古城区束河街道香江路北侧
……………………Tel：0888-5166660

丽江和府酒店有限公司
地址：丽江市古城区祥和路278号
……………………Tel：0888-5306369

丽江龙悦餐饮经营管理有限公司
地址：丽江市古城区香格里大道转台东侧（玉龙旅游大楼）
……………………Tel：0888-5307946

丽江市旅游投资有限公司
地址：云南省丽江市丽江香格里大道
……………………Tel：18213103286

丽江维嘉国际大酒店有限公司
地址：云南省丽江市古城区长水路云杉金凯广场
……………………Tel：13508883856

丽江维嘉国际大酒店有限公司
地址：云南省丽江市古城区长水路云杉金凯广场
……………………Tel：13508883856

丽江玉龙城乡建设投资运营有限责任公司
地址：云南省丽江市玉龙纳西族自治县文笔路1号
……………………Tel：0888-5395666

丽江悦榕酒店有限公司
地址：云南省丽江市古城区束河悦榕路
……………………Tel：0888-5331111-7702

丽江金塔旅游有限责任公司
地址：云南省丽江市古城区金山街道金山乡
……………………Tel：18869061428

云南煦铭天成旅游发展有限公司
地址：云南省丽江市古城区金凯商业广场
……………………Tel：0888-5333990

丽江多弗度假酒店有限公司
地址：云南省丽江市古城区七一街古佑巷198号
……………………Tel：0888-3066888

昭德（丽江）酒店有限公司
地址：云南省丽江市古城区狮子山路29号
……………………Tel：0888-5339999

丽江茶马古城旅游发展有限公司
地址：云南省丽江市玉龙纳西族自治县玉龙新县城（宋城丽江千古情景区）
……………………Tel：0888-5346986

丽江红树林旅游文化地产开发有限公司
地址：云南省丽江市古城区束河街道俄古罗片区丽江复华壹号院.君临项目
……………………Tel：0888-5353399

丽江玉龙旅游股份有限公司
地址：丽江市古城区香格里大道转台东侧丽江玉龙旅游大楼
……………………Tel：0888-5377777

金茂（丽江）酒店投资有限公司
地址：云南省丽江市古城区香江路世界遗产公园内33-34号
……………………Tel：0888-5311234

丽江晶玺酒店有限公司
地址：云南省丽江市玉龙县黄山镇五台村委会下束河村小组
……………………Tel：0888-6688888

丽江大港旺宝文化旅游地产开发有限公司
地址：丽江市古城区香格里大道北段
……………………Tel：13908889551

丽江复星旅游文化发展有限公司
地址：云南省丽江市玉龙县黄山镇文笔路1号行政办公区
……………………Tel：13988825245

丽江仟佰汇文化娱乐发展有限公司
地址：云南省丽江市古城区祥和街道吉祥路仟佰汇商业街4栋
……………………Tel：0888-8883686

云南航空丽江观光酒店有限责任公司
地址：云南省丽江市古城区香格里大道910号
……………………Tel：0888-3068808

西藏自治区

西藏扎什颇章酒店有限公司
地址：西藏自治区拉萨市娘热北路70号
……………………Tel：18908996515

西藏万泰地热旅游投资开发有限公司
地址：当雄县羊八井镇中尼路6号
……………………Tel：13228910110

拉萨空港佰翔花园酒店有限公司
地址：拉萨市察古大道以西1-4路以南
……………………Tel：0891-6289999

拉萨佰翔酒店有限公司
地址：拉萨市柳梧新区
……………………Tel：0891-6289999

西藏飞天国际酒店有限公司
地址：拉萨市柳梧新区北京大道以西1-2路以北西藏飞天国际酒店有限公司11楼
……………………Tel：13919447155

西藏神湖实业发展有限责任公司
地址：西藏拉萨市北京东路100号
……………………Tel：0891-6300095

西藏神湖实业发展有限责任公司
地址：西藏拉萨市北京东路100号
……………………Tel：0891-6300095

拉萨布达拉旅游文化投资管理有限公司
地址：西藏自治区拉萨市城东区江苏东路24号
……………………Tel：18089981293

西藏开投邦锦花园酒店管理有限责任公司
地址：西藏自治区拉萨市柳梧新区香格里拉路3号
……………………Tel：0891-6652999

香格里拉大酒店（拉萨）有限公司
地址：西藏自治区拉萨市罗布林卡路19号
……………………Tel：0891-6558888

西藏鹏矗文化旅游产业有限公司
地址：西藏拉萨市藏大东路塔玛小康示范区西区商品房6楼610室
……………………Tel：18314487883

拉萨永矗文化旅游开发有限公司
地址：西藏自治区拉萨市堆龙德庆区乃琼镇124乡道波玛村民委员会
……………………Tel：0891-6791999

拉萨圣地天堂会展旅游实业有限公司
地址：西藏自治区拉萨市堆龙德庆区堆龙德庆区工业园B区领峰智慧物流园龙创空间三楼368号
……………………Tel：0891-6569999

西藏泰成餐饮有限公司
地址：拉萨市当热东路266号
……………………Tel：13322599892

西藏乐百隆娱乐有限公司
地址：西藏自治区拉萨市城西区巴尔库路乐百隆广场3楼1号边厅商铺
……………………Tel：0891-6625756

西藏菲芘娱乐有限责任公司
地址：西藏拉萨市北京中路44号一楼
……………………Tel：15984824959

西藏欢歌娱乐有限责任公司
地址：西藏自治区拉萨市北京中路44号五楼
……………………Tel：17032088888

西藏逐梦文化旅游股份有限公司
地址：拉萨市柳梧新区圣地财富广场一期一栋10楼1004号
……………………Tel：13518997659

西藏新鼎矿业大酒店有限公司
地址：拉萨市中和国际城中央大道12号
……………………Tel：18989005669

西藏国际旅游文化投资集团有限公司
地址：拉萨市民族路1号（拉萨饭店）
……………………Tel：18989088884

西藏德轩企业管理有限公司
地址：拉萨市柳梧新区办公楼16楼13号
……………………Tel：13581677673

首望文化娱乐有限公司
地址：拉萨经济技术开发区西藏西海冷链物流有限公司二层217室
……………………Tel：18143805210

西藏雪龙酒店有限公司
地址：拉萨市中和国际城
……………………Tel：0891-6872285

西藏中和旅游投资有限公司
地址：西藏自治区拉萨市金珠中路90号中和广场7号楼二层208
……………………Tel：13908981329

拉萨泰玺酒店管理有限责任公司
地址：拉萨市柳梧新区北京大道以东、1-3路以北
……………………Tel：0891-6708777

西藏东旺润雨餐饮管理有限公司
地址：西藏自治区拉萨市城关区雪域明珠园53栋4号
……………………Tel：0891-6598666

山南旅游文化投资有限责任公司
地址：山南市乃东区安徽大道16号
……………………Tel：17740738402

林芝市华侨城南山旅游投资发展有限公司
地址：西藏自治区林芝市巴宜区八一镇多布村
……………………Tel：0894-5810888

林芝市渝西大酒店有限公司
地址：西藏林芝市巴宜区八一镇广福大道与广州大道交叉口西南侧
……………………Tel：13889043222

昌都市卡若区若巴温泉大酒店有限公司
地址：西藏昌都市卡若区卡若镇卡若村
……………………Tel：15282561696

安多三江源大酒店管理有限公司
地址：安多青藏公路综合服务区
……………………Tel：0896-3662333

阿里地区银城天涯海阁娱乐有限公司
地址：阿里地区狮泉河镇
……………………Tel：18889073888

陕西省

西安大麦娱乐文化传媒有限公司
地址：陕西省西安市 灞生态区欧亚大道1188号企业孵化中心B151
……………………Tel：029-1234567

西咸新区秦汉新城天马城文化旅游发展有限公司
地址：陕西省西咸新区秦汉新城正阳街道办茶马大道南段1号秦汉国际马术中心功能用房211室
……………………Tel：029-33185033

咸阳宝宇大连海鲜渔港餐饮有限公司
地址：陕西省咸阳市秦都区西兰路9号（金奎大厦）3号楼
……………………Tel：029-33243889

陕西省西咸新区空港国际文化旅游产业投资有限公司
地址：陕西省西咸新区空港新城自贸大都汇5层
……………………Tel：029-33637426

西咸新区有慷餐饮娱乐有限公司
地址：陕西省西咸新区空港新城北杜镇原十三中院内
……………………Tel：029-33683749

彬州铂金餐饮娱乐有限责任公司
地址：陕西省咸阳市彬州市城关街道南街村（润家超市隔壁）
……………………Tel：029-34760000

咸阳万和通实业有限公司
地址：陕西省咸阳市武功县普集镇后稷西路（鑫都盛景五层）
……………………Tel：18220071222

咸阳万和通实业有限公司
地址：陕西省咸阳市武功县普集镇后稷西路（鑫都盛景五层）
……………………Tel：18220071222

武功盛世假日大酒店有限公司
地址：陕西省咸阳市武功县普集镇北环路西段
……………………Tel：029-37581111

陕西长安航空旅游有限公司
地址：陕西省西咸新区空港新城空港国际商务中心BDEF栋E区10302室
……………………Tel：029-38056629

陕西恒景温泉酒店有限公司
地址：陕西省咸阳市三原县池阳街西段
……………………Tel：029-38918168

泾阳龙泉山庄旅游发展有限公司
地址：陕西省咸阳市泾阳县安吴镇龙源村刘南组
……………………Tel：029-38956789

西安乐汇清水湾假日酒店有限公司
地址：西安经济技术开发区凤城一路海台北湾19号楼
……………………Tel：029-62217777

西安广悦富润物业管理有限公司
地址：陕西省西安市碑林区含光路中段48号煜源大厦10804室
……………………Tel：13891815833

陕西云阶酒店管理有限公司
地址：陕西省西安市曲江新区芙蓉西路90号商铺
……………………Tel：029-89831666

陕西铜车马酒店管理有限公司
地址：西安市高新区高新一路12号
……………………Tel：18700003388

陕西湘鄂情餐饮投资有限公司
地址：陕西省西安市高新区高新三路财富中心1期C座2-5层
……………………Tel：029-62963835

西安米拉梭酒店有限公司
地址：西安市灞桥区纺西街222号
……………………Tel：029-63656365

陕西美丽豪酒店管理有限公司
地址：陕西省西安市莲湖区西大街79号
……………………Tel：029-65651111

陕西宏远餐饮管理有限公司
地址：西安市莲湖区高新三路财富中心二期1幢3单元30822室
……………………Tel：029-65676892

西安加利汇达酒店有限公司
地址：陕西省西安市高新区高新三路16号
……………………Tel：029-68064116

西安恒大童世界旅游开发有限公司
地址：陕西省西咸新区秦汉新城正阳街办泾渭大道与沣泾大道交汇处向西恒大童世界展示中心2-1号
……………………Tel：029-68203333

西安童世界旅游发展有限公司
地址：陕西省西咸新区秦汉新城正阳街办泾渭大道与沣泾大道交汇处向西恒大童世界展示中心2-3号
……………………Tel：029-68203333

西安长德旅游开发有限公司
地址：陕西省西咸新区秦汉新城正阳街办泾渭大道与沣泾大道交汇处向西恒大童世界展示中心2-2号
……………………Tel：029-68203333

西安天鸿旅游开发有限公司
地址：陕西省西咸新区秦汉新城正阳街办泾渭大道与沣泾大道交汇处向西恒大童世界展示中心2-8号
……………………Tel：029-68203333

西安诚铭旅游开发有限公司
地址：陕西省西咸新区秦汉新城正阳街办泾渭大道与沣泾大道交汇处向西恒大童世界展示中心2-10号
……………………Tel：029-68203333

西安雅枫旅游开发有限公司
地址：陕西省西咸新区秦汉新城正阳街办泾渭大道与沣泾大道交汇处向西恒大童世界展示中心2-6号
……………………Tel：029-68203333

鲜娱娱乐（西安）有限公司
地址：陕西省西安市雁塔区朱雀大街南段城市立方锐乐大厦505室
……………………Tel：13530150999

西安曲江楼观旅游农业开发有限公司
地址：西安曲江新区行政商务中心荣华国际大厦1幢1单元11215室
……………………Tel：029-68208755

陕西悦豪酒店管理有限公司
地址：陕西省西安市莲湖区高新三路二环南路西段180号
……………………Tel：029-68553333

陕西国熙文化旅游产业发展有限公司
地址：西安市高新区锦业路1号都市之门B座1201
……………………Tel：029-68596788

西安四季酒店管理有限公司
地址：陕西省西安市灞桥区灞临路云水台西南侧同尘酒店
……………………Tel：029-86692111

陕西摩登假日酒店有限责任公司
地址：陕西省西安市雁塔区南二环东段南

侧甲字付6号
……………………Tel：029-68888622
西安运高国际酒店有限公司
地址：西安市雁塔区环塔西路1号A门
……………………Tel：029-68938101
亚玄建设集团有限公司
地址：陕西省西安市雁塔区太白南路71号天地源·悦熙广场2号楼2501室
……………………Tel：029-81297660
陕西泉隆酒店管理有限责任公司
地址：西安市莲湖区丰禾路253号太奥广场5号楼1单元10401室
……………………Tel：029-81320666
西安曲江临潼旅游投资（集团）有限公司
地址：西安市临潼区凤凰大道3号501室
……………………Tel：029-65605615
华润太平洋餐饮管理（北京）有限公司西安龙首村店
地址：西安市莲湖区未央路27号宫园壹号荣民龙首广场一层1F-07/08号商铺
……………………Tel：029-87518136
西安同歆园酒店管理有限公司
地址：西安市高新区锦业路36号旗远锦上二期1幢2单元20907室
……………………Tel：029-81775500
陕西乾海餐饮管理有限公司
地址：西安市莲湖区南二环西段银达大厦10301室
……………………Tel：029-82000000
西安真爱范特西餐饮娱乐有限公司
地址：陕西省西安市碑林区南大街46号福康时装百货大楼5层6号
……………………Tel：029-82021234
西安真爱范特西餐饮娱乐有限公司
地址：陕西省西安市碑林区南大街46号福康时装百货大楼5层6号
……………………Tel：029-82021234
西安旅游股份有限公司
地址：西安市曲江新区西影路508号西影大厦3层
……………………Tel：029-82065558
陕西中城文化发展有限公司
地址：陕西省西安市经开区凤城一路12号
……………………Tel：81319666
西安福帆餐饮娱乐有限公司
地址：西安市莲湖区桃园中路1号
……………………Tel：029-82565880
西安福帆餐饮娱乐有限公司
地址：西安市莲湖区桃园中路1号
……………………Tel：029-82565880
陕西顺峰饮食酒店管理有限公司
地址：陕西省西安市碑林区南二环东段22号顺峰酒店
……………………Tel：029-82248172
西安桃源春休闲娱乐有限公司
地址：西安市高陵区姬家街道杨官寨村商业综合楼4号楼6层
……………………Tel：029-82253466
笛宝酒店用品有限公司
地址：陕西省西安市高新区高新四路亮丽商务综合楼1幢2单元21层22104-X301室
……………………Tel：029-82305068
西安富顿酒店管理有限公司
地址：西安市新城区东新街199号
……………………Tel：029-82307777
西安德兴饮食娱乐有限公司
地址：陕西省西安市碑林区南二环西段21号
……………………Tel：029-85390000
西安金海岸朗顿餐饮娱乐有限公司
地址：西安市太乙南路中段
……………………Tel：18209201007
陕西沣河水上生态度假村有限公司
地址：西安市长安区滦镇秦岭野生动物园大门向西100米
……………………Tel：029-82469085
陕西海江河餐饮管理有限公司
地址：陕西省西安市　灞生态区矿山路海印象城第一幢三单元一层30109号
……………………Tel：029-82524106
西安华油工程技术服务有限公司
地址：西安市新城区长缨东路233号
……………………Tel：029-82536633-8007
西安莲花山森林旅游有限责任公司
地址：蓝田县蓝关街办莲花山
……………………Tel：029-82825688
陕西白鹿原旅游文化发展有限公司
地址：陕西省西安市蓝田县前卫镇S107将军岭隧道西1公里处
……………………Tel：029-82842666
西安王朝轩餐饮有限责任公司
地址：陕西省西安市莲湖区高新路西部国际广场1幢10201室
……………………Tel：029-83217777
西安王朝轩餐饮有限责任公司
地址：陕西省西安市莲湖区高新路西部国际广场1幢10201室
……………………Tel：029-83217777
西安西旅金花大酒店有限公司
地址：西安市新城区长乐西路8号
……………………Tel：029-83232981

西安新兴新庆坊酒店有限公司
地址：陕西省西安市碑林区互助路9号
……………………Tel：029-83239999
西安市单裕商贸有限公司
地址：陕西省西安市阎良区公园南街62号润天馨园小区19-10202、19-10203号
……………………Tel：13186000697
陕西金凤凰娱乐有限公司
地址：西安经济技术开发区凤城九路海荣名城2层
……………………Tel：029-83666666
陕西镇坪南江湖旅游扶贫开发有限公司
地址：陕西省安康市镇坪县城关镇党校路党校院内2号
……………………Tel：13399155033
西安市领唱餐饮娱乐管理有限公司
地址：西安市临潼区人民南路中段8号（人人家超市三楼）
……………………Tel：18602931658
西安曲江临潼文化旅游发展有限公司
地址：西安市临潼区凤凰大道6号北大光华管理学院A座四楼
……………………Tel：029-83998816
西安水木年华商贸有限公司
地址：西安市航天基地航天大道99号卡布奇诺国际社区17号楼316室
……………………Tel：029-88688258
陕西汉恒实业发展有限公司
地址：西安市莲湖区二环南路西段395号亚美伟博广场4幢1层10104-1室
……………………Tel：029-84235481
陕西唐润新能源集团有限公司
地址：西安市莲湖区丰登南路南口（丰庆公园西门南侧）
……………………Tel：029-84242319
西安中信丝绸之路大酒店有限公司
地址：陕西省西安市莲湖区丰镐东路260号
……………………Tel：029-84261888-1089
西安骊苑大酒店
地址：西安市莲湖区劳动南路八号
……………………Tel：029-84263388-6200
陕西终南山汤峪湖森林公园有限公司
地址：西安市蓝田县汤峪镇汤峪水库南
……………………Tel：029-84417801
西安博斐特酒店管理有限公司
地址：陕西省西咸新区空港新城空港国际商务中心BDEF栋F区10107号A-25
……………………Tel：18091283880
西安天翼新商务酒店有限公司
地址：西安市莲湖区西二环南段281号
……………………Tel：029-84680038
西安金龙峡风景区旅游有限公司
地址：西安市　邑区石井镇蔡家坡
……………………Tel：029-84880698
西安荣华天悦凯莱酒店管理有限公司
地址：西安市　邑区甘亭街道西街与涝滨路十字东南角
……………………Tel：029-84998855
西安佳韵社数字娱乐发行股份有限公司
地址：西安曲江新区行政商务中心荣华国际大厦1幢一单元11008号
……………………Tel：13581933883
西安帝尊酒店管理有限公司
地址：西安经济技术开发区凤城二路经发大厦805室
……………………Tel：029-85220960
陕西诺源金属材料有限公司
地址：西安市雁塔区纬二街世纪经典大厦A座1607室
……………………Tel：13695753253
陕西骏景旅游科技（集团）有限公司
地址：陕西省西安市国家民用航天产业基地航创路1号陕旅豪布斯卡A座6层
……………………Tel：029-85258865
西安京盛建州建筑工程有限公司
地址：陕西省西安市曲江新区上巳路222号曲江演艺大厦1层101室
……………………Tel：18629552879
陕西鼎炬信息科技投资有限公司
地址：西安曲江新区雁塔南路以西、雁南五路以南、商通大道以北曲江国际大厦第1幢1单元16层11603号房
……………………Tel：13772005070
渭南杨翔豆皮涮牛肚餐饮有限公司
地址：陕西省渭南市临渭区朝阳大街72号1号综合楼东起6号门面房
……………………Tel：029-85421918
陕西格鼎酒店有限公司
地址：西安市长安区韦曲街道府东一路京科花园11号楼1—5层
……………………Tel：029-85505867
西安桃林酒店有限责任公司
地址：陕西省西安市雁塔区雁塔西路6号大唐电信十所电子楼1楼至6楼
……………………Tel：029-85561099
西安曲江阅江楼餐饮娱乐文化有限公司
地址：西安曲江新区曲江池遗址公园内阅江楼
……………………Tel：029-85563362
陕西众智佰通实业有限公司
地址：陕西省西安市经济技术开发区中建商务广场2号楼2单元11层21116号-21117号
……………………Tel：13892819636
陕西天源酒店餐饮娱乐管理有限公司
地址：西安市未央区太华北路万达广场1幢5单元51711号
……………………Tel：13572206041
西安唐隆国际酒店有限公司
地址：西安曲江新区雁南四路98号
……………………Tel：029-85586666
陕西亚力山文化艺术交流股份有限公司
地址：西安市高新技术产业开发区新型工业园创新路7号6幢
……………………Tel：029-85691380
金鼎大酒店（西安）管理有限公司
地址：西安市碑林区和平路116号
……………………Tel：029-85761289
西安华威餐饮娱乐管理有限公司
地址：西安市新城区炭市街3号华威国际大厦六楼603室、604室
……………………Tel：029-85761581
陕西大华旅游产业发展有限公司
地址：陕西省渭南市华阴市市政府广场西侧农业银行对面华阴市生产力促进中心院内
……………………Tel：029-85795106
西安兴城商务酒店有限公司
地址：西安市长安区兴隆街办东甘河村三组6号
……………………Tel：18991284899
陕西秦龙餐饮娱乐管理有限责任公司
地址：陕西省西安市长安区东大街办北大村
……………………Tel：029-85868159
陕西秦龙餐饮娱乐管理有限责任公司
地址：陕西省西安市长安区东大街办北大村
……………………Tel：029-85868159
陕西融景旅游发展有限公司
地址：陕西省西安市国家民用航天产业基地航创路1号豪布斯卡陕旅大楼8楼
……………………Tel：029-85879119
西安爱邻居餐饮娱乐有限公司
地址：西安市长安区郭杜街办茅坡村西侧万科生活广场48号楼3层
……………………Tel：029-85844216
陕西万国资产管理有限公司
地址：陕西省西安市未央区凤城二路10号天地时代广场1幢2单元21321室
……………………Tel：029-86110509
西安灞柳驿酒店有限公司
地址：西安市　灞生态区世博大道2011号
……………………Tel：029-86111116
西安富瑞达酒店管理有限公司
地址：西安经济技术开发区凤城一路8号御道华城A座5楼505室
……………………Tel：15802976384
西安攀答酒店管理有限公司
地址：西安经济技术开发区未央路201号张家堡广场东侧恋恋北城1幢
……………………Tel：029-86182929
陕西亿帝文化旅游有限公司
地址：西安曲江新区翠华路1688号曲江创客大街2号地2F-07-33
……………………Tel：029-86191158
西安鸿泰餐饮娱乐有限责任公司
地址：陕西省西安市阎良区胜利街北段东侧（原阎良宾馆）
……………………Tel：029-86867469
陕西亿珍餐饮管理有限公司
地址：陕西省西安市莲湖区明觉巷28号一楼36号商铺
……………………Tel：18629058678
陕西德富祥食品餐饮有限公司
地址：陕西省西安市莲湖区永新路14号
……………………Tel：029-86251818
西安曲江世茂文化旅游运营管理有限公司
地址：西安临潼区凤凰大道3号405室
……………………Tel：029-86259657
陕西城堡餐饮管理有限公司
地址：陕西省西安市新城区长乐西路166号B座14层11409室
……………………Tel：029-86268975
西安城墙开发管理有限公司
地址：西安曲江新区雁翔路3168号雁翔广场4楼04号
……………………Tel：029-89622025
西安利君酒店管理有限公司
地址：西安市凤城一路6号利君V时代
……………………Tel：029-86470931
西安利君酒店管理有限公司
地址：西安市凤城一路6号利君V时代
……………………Tel：029-86470931
西安利君酒店管理有限公司
地址：西安市凤城一路6号利君V时代
……………………Tel：029-86470931
陕西煤田地质酒店管理有限公司
地址：陕西省西安市未央区未央路112号经贸酒店一楼
……………………Tel：029-86681216

西安阎良愉琳休闲娱乐有限公司
地址：西安市阎良区振兴街道办龙游村纪王组
……………………Tel：029-86851234
陕西多吉国际酒店管理有限公司
地址：陕西省西安市阎良区人民路西段
……………………Tel：029-86857777
杨陵区文化旅游投资发展有限责任公司
地址：陕西省杨凌示范区凤凰路中段区工信局4层401室
……………………Tel：029-87098566
陕西古都文化大酒店有限公司
地址：陕西省西安市莲湖区莲湖路172号
……………………Tel：029-87216868
陕西沃森餐饮集团有限公司
地址：西安经济技术开发区民经一路西侧凤城八路以北湖北大厦16层21602室
……………………Tel：029-87240856
西安博业餐饮管理有限公司
地址：西安市新城区康复路炫彩商城3FXC006
……………………Tel：029-87277955
陕西尚层餐饮娱乐管理有限公司
地址：陕西省西安市碑林区朱雀路1号
……………………Tel：029-87300000
西安宙斯文化娱乐有限公司
地址：陕西省西安市碑林区和平路79号西安市儿童影剧院112室
……………………Tel：029-87366666
西安乡村基餐饮有限公司
地址：西安市碑林区雁塔路中段58号B区一楼
……………………Tel：029-87378361
西安瑞丰酒店管理有限公司
地址：陕西省西安市雁塔区团结南路与大寨路十字西北角9号西安安琪儿医院13层北部1301室
……………………Tel：13991982333
陕西尚璞餐饮娱乐管理有限公司
地址：陕西省西安市未央区太华北路四海唐人街1号楼3层1-3-001室
……………………Tel：029-87598565
西安君乐城堡酒店有限公司
地址：西安市环城南路西段12号
……………………Tel：029-87608888
陕西鑫旅颐海酒店管理有限公司
地址：西安市高新区唐延路37乙号洛克大厦16层E03室
……………………Tel：029-87666852
你的客栈（西安）酒店管理有限公司
地址：西安市新城区东五路61号
……………………Tel：15991855582
陕西皇城豪门酒店有限公司
地址：陕西省西安市碑林区东大街334号
……………………Tel：029-87690000-1320
陕西阿房宫新长安国际实业有限公司
地址：陕西省西安市碑林区东大街158号
……………………Tel：029-87691383
陕西炎城融资租赁有限公司
地址：陕西省西安市碑林区友谊东路218号
……………………Tel：029-87876170
西安志诚丽柏酒店有限公司
地址：西安市高新路新纪元广场
……………………Tel：029-88159017
陕西新润水晶岛酒店管理有限公司
地址：西安市高新技术产业开发区沣惠南路38号
……………………Tel：029-88159915
金花国际大酒店有限公司
地址：西安市环城南路西段18号
……………………Tel：029-88181111
陕西旅游集团朗德演艺有限公司
地址：西安市国家民用航天产业基地航创路1号陕旅豪布斯卡A座10楼西侧
……………………Tel：029-89800184
西安海恒国际酒店管理有限公司
地址：西安市莲湖区西二环开远半岛F座中源海恒国际1层1001室
……………………Tel：13689190000
陕西域人建设工程有限公司
地址：陕西省西安市莲湖区莲湖路73号
……………………Tel：029-88275821
陕西太白山旅游度假特色小镇建设发展有限公司
地址：陕西省宝鸡市眉县汤峪镇汤峪口中心大道北侧
……………………Tel：029-88317707
西安新视界文化娱乐经营管理有限公司
地址：陕西省西安市高新区光德路8号F区域1B号楼1层112A
……………………Tel：18629332827
百胜餐饮（西安）有限公司
地址：西安市雁塔区南二环西段64号凯德广场19、20层
……………………Tel：029-88342800
陕西湖锦酒店管理有限公司
地址：陕西省西安市莲湖区高新二路西部国际广场1幢10301房
……………………Tel：029-88375120
陕西丝绸之路旅游文化股份有限公司

地址：陕西省西安市高新区高新路2号西部国际广场34层
……Tel：029-88375223
陕西宏桥餐饮集团有限公司
地址：西安市雁塔区电子西街3号西京三号第2幢13层21303号房
……Tel：029-88443691
西安华祥餐饮娱乐有限公司
地址：陕西省西安市碑林区大保吉巷25号商业楼5层501室
……Tel：029-83212559
陕西爵乐府酒店管理有限公司
地址：陕西省西安市雁塔区长安中路108号西安音乐学院学术交流中心大楼302室
……Tel：029-88666666
西安曲江文化旅游股份有限公司
地址：西安曲江新区（雁塔南路）曲江文化大厦7-8层
……Tel：029-88668899
陕西林立实业集团有限公司
地址：陕西省西安市高新区科技二路76号龙记·观澜山第3幢1单元5层10505号
……Tel：15802973053
西安西北航空中心有限公司
地址：陕西省西安市莲湖区劳动南路中段东侧
……Tel：029-88750565
香格里拉大酒店（西安）有限公司
地址：西安市高新区科技路38号乙
……Tel：029-88758888
西安省笙酒店管理有限公司
地址：陕西省西安市高新区丈八北路1号陕西宾馆19号楼
……Tel：029-88769067
西安九臻秦宝餐饮管理有限公司
地址：陕西省西安市莲湖区大兴东路18号大兴九臻小区1号楼商业二三层
……Tel：029-88777224
西安斯派克数字科技有限公司
地址：西安市高新区高新路80号望庭国际第1幢2单元5层20505号房
……Tel：029-88851178
陕西新晶海投资管理集团有限公司
地址：陕西省西安市莲湖区高新二路招商银行大厦33层3301室
……Tel：029-88889696
陕西乾深旅游发展股份有限公司
地址：西安市高新区丈八一路1号1幢2单元21501室
……Tel：029-88891718
陕西铭人娱乐文化有限公司
地址：陕西省
……Tel：029-88898121
西安曲江旅游投资（集团）有限公司
地址：西安曲江新区雁翔路3168号雁翔广场1号楼9层
……Tel：029-89129300
西安华海酒店投资股份公司
地址：西安市 灞生态区欧亚一路灞河西岸
……Tel：029-89153998
西安天佑盛典餐饮文化娱乐有限公司
地址：西安曲江新区长安南路101号
……Tel：029-89185555
西安品优实业有限公司
地址：陕西省西安市高新区唐延路11号禾盛京广中心1幢1单元3层70302
……Tel：029-89199966
西安秦岭终南山世界地质公园旅游发展有限公司
地址：陕西省西安市长安区太乙宫街办太乙村甲字一号
……Tel：029-89255229
西安铭格餐饮娱乐有限公司
地址：西安市长安区郭杜街办郭杜北村西街70号
……Tel：029-89257458
西安四季餐饮管理有限公司
地址：西安市碑林区长安北路14号朱雀广场体教公寓D段E段1、2层内
……Tel：029-89321664
西安真爱四季餐饮娱乐有限公司
地址：西安市碑林区长安北路14号体教公寓D段、E段三、四层
……Tel：029-89321664
陕西塬迈文旅观光有限公司
地址：西安市灞桥区狄寨路58号白鹿云端园区内办公区
……Tel：029-85253622
西安水韵娱乐发展有限公司
地址：陕西省西安市未央区朱宏路南段66号西安福清商会大厦六层602室
……Tel：029-89377368
陕西海鲜壹号餐饮管理有限公司
地址：陕西省西安市曲江新区小寨东路8号北广场A栋A1F010号
……Tel：15029280406
陕西西咸文化旅游产业集团有限公司
地址：陕西省西咸新区沣西新城西咸国际文化教育园中央大街1号
……Tel：029-89502660
西咸新区丝路文化旅游发展有限公司
地址：陕西省西咸新区沣西新城秦皇大道南段尚业路总部经济园8号楼503室
……Tel：029-88688918
西咸新区丝路欢乐世界旅游发展有限公司
地址：陕西省西咸新区沣西新城总部经济园9号楼7层
……Tel：029-88688918
陕西西咸旅游产业发展有限公司
地址：陕西省西咸新区沣西新城管委会总部经济园9号楼7层
……Tel：029-88688918
陕西海达文化科技有限公司
地址：陕西省西安市高新区科技五路北侧橡树星座1幢2单元22201室
……Tel：029-89587885
陕西源长锦绣实业有限公司
地址：陕西省西安市碑林区和平路99号金鑫国际大厦505室
……Tel：029-89628863
两个桔子餐饮管理有限公司
地址：陕西省安康市石泉县城关镇古堰工业园区
……Tel：0755-29762060
延安酒店管理（集团）有限公司
地址：陕西省延安市宝塔区北大街200号
……Tel：0911-2886699
宜川县韵之声娱乐有限责任公司
地址：陕西省延安市宜川县南关渭清路水晶酒店3楼
……Tel：0911-4818557
陕西黄河壶口文化旅游发展有限责任公司
地址：陕西省延安市宜川县壶口景区
……Tel：0911-4831234
延安高第集团华盛投资有限公司
地址：陕西省延安市宝塔区大桥街6号高第大厦8-817室
……Tel：0911-7771277
延安高第（集团）华苑酒店有限公司
地址：陕西省延安市宝塔区大桥街六号高第大厦9至17楼
……Tel：0911-7771299
陕西旅游集团延安文化旅游产业投资有限公司
地址：陕西省延安市宝塔区圣地河谷文化旅游产业园区金延安延安公馆1号楼
……Tel：0911-8071098
延安旅游（集团）有限公司
地址：陕西省延安市宝塔区枣园镇枣园路4号院A座6楼
……Tel：0911-8075080
神木市龙华府酒店有限公司
地址：陕西省榆林市神木市麻家塔乡鸳鸯塔村
……Tel：0912-2262336
榆林市鹏达大厦酒店管理有限公司
地址：陕西省榆林市榆阳区富康中路南（邮政局斜对面）
……Tel：0912-3456726
榆林文化旅游产业投资有限公司
地址：陕西省榆林市榆阳区明珠大道阳光城B区1号楼20层
……Tel：0912-3459000
榆林市邦邦空间文化娱乐有限公司
地址：陕西省榆林市榆阳区长城北路宏安国际酒店一楼
……Tel：0912-3505555
陕西铂金汉宫国际酒店有限公司
地址：陕西省榆林市神木市麟州街与神华路交汇处西北角
……Tel：0912-8511790
神木市文化旅游产业投资集团有限公司
地址：陕西省榆林市神木市滨河新区
……Tel：0912-8511880
府谷县荣兴文化旅游开发有限公司
地址：陕西省榆林市府谷县府谷镇高家湾村
……Tel：0912-8725684
府谷县兴茂大酒店有限公司
地址：陕西省榆林市府谷县府谷镇河滨西侧
……Tel：0912-8806304
陕西黄河湾生态农业有限公司
地址：陕西省渭南市合阳县洽川黄河南滩
……Tel：0913-2167808
渭南文化旅游产业发展有限责任公司
地址：陕西省渭南市临渭区东风街83号院
……Tel：0913-2185961
大荔县万景文化娱乐发展有限公司
地址：陕西省渭南市大荔县城关镇同州湖景区东段
……Tel：0913-3588555
陕西中联文化旅游发展有限公司
地址：陕西省渭南市华阴市岳庙办中联重科华山工业园
……Tel：0913-2288303
华阴市华山大酒店有限公司
地址：陕西省渭南市华阴市华岳路大十字
……Tel：0913-4336666
陕西华山旅游集团有限公司
地址：陕西省渭南市华山景区集灵路中段
……Tel：0913-4362518
陕西建一实业有限公司
地址：陕西省韩城市新城区姚寺路与327国道十字西北角
……Tel：0913-5226922
陕西建一实业有限公司
地址：陕西省韩城市新城区姚寺路与327国道十字西北角
……Tel：0913-5226922
黄河旅游投资控股集团有限公司
地址：陕西省韩城市芝川镇司马迁祠景区
……Tel：15619669944
合阳县秦晋国际大酒店有限公司
地址：陕西省渭南市合阳县凤凰南路西侧
……Tel：0913-5559555
蒲城县金帝京餐饮娱乐有限公司
地址：蒲城县尧山街中段
……Tel：0913-7163555
柞水魅丽凤凰旅游管理有限公司
地址：陕西省商洛市柞水县小岭镇常湾村产业孵化园行政中心1号楼4层
……Tel：0914-3083666
陕西桃花谷旅游文化产业发展有限责任公司
地址：陕西省商洛市丹凤县竹林关镇竹林关村
……Tel：0914-3485801
陕西锦苑盘谷山庄旅游开发有限公司
地址：陕西省商洛市柞水县营盘镇
……Tel：0914-4288996
陕西木王森林公园有限责任公司
地址：陕西省商洛市镇安县木王镇桂林村七组茨沟口
……Tel：0914-5289618
山阳县旅游开发投资有限公司
地址：陕西省商洛市山阳县城关街办县城工业集中区
……Tel：0914-8866667
陕西安康汉江文化旅游发展有限公司
地址：陕西省安康市高新技术产业开发区创业中心4楼423室
……Tel：0915-2072506
安康市恒众水上休闲娱乐开发有限公司
地址：陕西省安康市汉滨区恒口镇民主村四组
……Tel：13991558733
陕西迎江实业有限公司
地址：陕西省安康市石泉县城关镇向阳路中段（石泉人民大厦院内）
……Tel：0915-6388888
安康市百利达实业集团有限公司
地址：陕西省安康市汉滨区大桥南路1号潮都荟商场一层011号
……Tel：0915-6666677
宁陕县山水文体旅游有限责任公司
地址：陕西省安康市宁陕县广货街镇蒿沟村
……Tel：0915-2321888
安康市明江酒店投资经营管理有限公司
地址：陕西省安康市汉滨区滨江大道
……Tel：0915-8166600
平利东兴大酒店文化娱乐有限责任公司
地址：陕西省安康市平利县城关镇新正街东五路
……Tel：15389515888
安康市飞渡河黄安坝旅游开发有限公司
地址：陕西省安康市镇坪县政府院内
……Tel：0915-8826288
陕西迈克酒店管理有限公司
地址：陕西省汉中市汉台区东一环路盛世国际商业广场1号楼5层
……Tel：0916-2102558
汉中丝路源旅游集团有限公司
地址：陕西省汉中市经济开发区北区鑫源办事处八里桥村
……Tel：0916-2317639
汉中汉源酒店实业有限公司
地址：陕西省汉中市汉台区（经济开发区北区）鑫源办事处
……Tel：0916-2317639
陕西南湖旅游投资股份有限公司
地址：陕西省汉中市南郑区汉山镇石门村633号
……Tel：0916-2622612
陕西田园酒店有限公司
地址：陕西省汉中市汉台区劳动东路1号
……Tel：0916-2760022
陕西天台山旅游投资发展有限公司
地址：陕西省汉中市汉台区西关正街堂宏广场3号楼1层101号
……Tel：0916-2962991
陕西省青木川古镇旅游开发有限公司
地址：陕西省汉中市宁强县青木川镇青木川村
……Tel：0916-4341678
城固县紫金太和娱乐有限公司
地址：陕西省汉中市城固县文化路白云城市广场
……Tel：0916-7289000
汉中市旅游投资发展有限公司
地址：陕西省汉中市汉台区天汉长街E区2栋二层201-203号商铺
……Tel：0916-8165981
汉中兴周大酒店管理有限公司
地址：陕西省汉中市南郑区大河坎镇南郑大道蜀汉大都会D8号楼
……Tel：0916-8166666
汉中褒国文化旅游发展有限公司
地址：陕西省汉中市汉台区河东店镇褒河新城衮雪路云翔房地产办公楼
……Tel：0916-8898888
陕西五丈原三国文化旅游发展有限公司
地址：陕西省宝鸡市岐山县蔡家坡镇三国小镇茅庐街18号
……Tel：0917-3066699
宝鸡如意茵香文化旅游投资管理有限公司
地址：陕西省宝鸡市渭滨区茵香西路18号2号楼2层
……Tel：0917-3227889-612
陕西向阳餐饮集团有限公司
地址：陕西省宝鸡市金台区中山东路189号综合楼
……Tel：0917-3255555
陕西食尚餐饮娱乐管理有限公司来趣黑椒厨房
地址：陕西省宝鸡市金台区虢十路3号院39幢一层
……Tel：0917-3262596
宝鸡市文化旅游产业发展集团有限公司
地址：陕西省宝鸡市渭滨区火炬路东段13号
……Tel：0917-3308551
宝鸡市文化旅游产业开发建设有限公司
地址：陕西省宝鸡市渭滨区公园路212号（宝鸡宾馆2号楼）
……Tel：0917-3308551
宝鸡市怡和酒店（宝鸡市人民政府第二招待所）
地址：陕西省宝鸡市高新开发区火炬路10号
……Tel：0917-3318868
宝鸡市苏格缪斯餐饮娱乐有限责任公司
地址：陕西省宝鸡市高新开发区
……Tel：0917-3422765
宝鸡高卢宾舍酒店管理有限公司
地址：陕西省宝鸡市金台区行政大道16号
……Tel：0917-3550011
宝鸡国贸大酒店有限公司
地址：陕西省宝鸡市渭滨区经二路155号
……Tel：0917-3816978
陇县英皇文化娱乐有限责任公司
地址：陕西省宝鸡市陇县北大街28号（北水文苑小区1号楼）
……Tel：0917-4503555
宝鸡法门寺野河山旅游开发有限公司
地址：陕西省宝鸡市扶风县县城街道
……Tel：0917-5217456
陕西宝鸡西府古镇旅游发展有限公司
地址：陕西省宝鸡市扶风县县城新区北一路北侧
……Tel：0917-5213849
陕西关中风情文化有限公司
地址：陕西省宝鸡市扶风县县城新区关中风情园
……Tel：0917-5218808
陕西关中风情文化有限公司
地址：陕西省宝鸡市扶风县县城新区关中风情园
……Tel：0917-5218808
陕西华彬莲花温泉酒店有限公司
地址：陕西省宝鸡市扶风县城新区东大街北侧国风三千坊S301号
……Tel：0917-5379888
眉县滨河文化产业投资开发有限公司
地址：陕西省宝鸡市眉县首善街道凤泉路北段（合力滨河首府二楼）
……Tel：0917-5544440
陕西尚境温泉度假酒店有限公司
地址：陕西省宝鸡市眉县汤峪镇汤峪口河滨北路
……Tel：0917-5667777
陕西九龙山旅游开发有限公司
地址：陕西省宝鸡市陈仓区坪头镇新民村
……Tel：0917-6266266
宝鸡市大水川旅游开发有限公司
地址：陕西省宝鸡市陈仓区香泉镇南峪村
……Tel：0917-6266266
陕西大水川旅游开发有限公司
地址：陕西省宝鸡市陈仓区香泉镇南峪村
……Tel：0917-6266266
陕西秦忆浓民俗文化产业有限公司
地址：陕西省宝鸡市岐山县凤鸣镇北郭岐山臊子面文化产业园（原北郭中学院内）
……Tel：0917-6390000
陕西旅游集团岐山周文化旅游产业发展股份有限公司
地址：陕西省宝鸡市岐山县凤鸣镇北郭社区周公庙管理处院内
……Tel：0917-8217600
宝鸡凤仪轩餐饮娱乐有限公司
地址：陕西省宝鸡市岐山县蔡家坡镇凤凰西二路北

……Tel：15399173882

宝鸡华正人和旅游发展有限公司
地址：陕西省宝鸡市眉县首善街道安阳街华东上海城E座三楼
……Tel：18992717331

铜川天上人间商贸有限公司
地址：陕西省铜川市王益区大同路1号
……Tel：0919-2580091

铜川正大名都商务会所有限公司
地址：陕西省铜川市王益区红旗街32号
……Tel：0919-2660698

铜川蜀郡餐饮有限公司
地址：陕西省铜川市新区正阳路东一号
……Tel：0919-3151111

铜川市文化旅游投资控股有限公司
地址：陕西省铜川市新区金谟西路崇文街西区3号
……Tel：0919-3194466

陕西照金文化旅游投资开发有限公司
地址：陕西省铜川市耀州区照金镇照金村商业街12号楼
……Tel：0919-6927209

甘肃省

和政县宁河春天清真餐饮有限公司
地址：甘肃省临夏州和政县城关镇后寨子村
……Tel：18215187999

和政县文化旅游投资开发有限公司
地址：甘肃省临夏州和政县城关镇三号统办楼502室
……Tel：0930-5580181

甘肃福门开元大酒店有限公司
地址：甘肃省临夏州永靖县刘家峡镇古城新区春明路16号
……Tel：0930-5935888

甘肃黄河三峡旅游投资开发有限公司
地址：陕西省铜川市新区正阳路东一号
……Tel：0919-3151111

临夏州河湟文化旅游投资发展集团有限公司
地址：甘肃省临夏州临夏市西关路205号
……Tel：0930-6220958

临夏州天元万达锦华酒店有限责任公司
地址：甘肃省临夏州临夏市光华东路20-2号
……Tel：0930-6667666

临夏州幕尚餐饮有限公司
地址：甘肃省临夏州临夏市天元商业广场二楼C区1-11.14-28号
……Tel：18394074808

永靖县阳光水鲜娱乐有限责任公司
地址：甘肃省临夏州永靖县刘家峡镇太极广场
……Tel：15809303256

甘肃公航旅东乡文化旅游有限公司
地址：甘肃省临夏州东乡族自治县锁南镇阳洼街18号
……Tel：18143797892

甘肃璐源酒店有限公司
地址：甘肃省临夏州永靖县川南路143号
……Tel：0930-8833255

甘肃金发鸿瑞假日大酒店集团有限公司
地址：甘肃省临夏州永靖县刘家峡镇黄河路58号
……Tel：0930-8837668

甘肃公航旅明珠酒店有限公司
地址：甘肃省临夏州永靖县太极镇太极南路18号
……Tel：0930-8889019

兰州嘉年华娱乐管理有限公司
地址：甘肃省兰州市西固区福利路街道公园路129号第1层07室
……Tel：0931-1234567

临洮县融科文化旅游投资集团有限公司
地址：甘肃省定西市临洮县洮阳镇公园路70号临洮文旅投
……Tel：0932-6920555

甘肃星海酒店管理有限公司
地址：甘肃省兰州市永登县经十路以东、纬三路以南
……Tel：0931-2356897

甘肃壹次方餐饮娱乐管理有限公司
地址：甘肃省兰州市七里河区西津东路575号建工大厦14层001室3号房
……Tel：13893631031

兰州梅园餐饮有限公司
地址：甘肃省兰州市兰州新区中川镇尖山庙村
……Tel：17726959367

甘肃嘉辰餐饮娱乐管理有限公司
地址：甘肃省兰州市七里河区南滨河路107号惠民大厦二楼1号房
……Tel：13321219191

兰州兰石酒店餐饮管理有限公司
地址：甘肃省兰州市兰州新区白龙江街552号
……Tel：0931-2907777

兰州兰石酒店餐饮管理有限公司
地址：甘肃省兰州市兰州新区白龙江街552号
……Tel：0931-2907777

兰州泓福鼎餐饮娱乐管理服务有限责任公司
地址：甘肃省兰州市西固区合水路125号26楼
……Tel：15002500997

兰州瑞达酒店（集团）股份有限公司
地址：甘肃省兰州市城关区天水南路35号迎宾楼2层
……Tel：13893315199

甘肃盛宇银资产管理有限公司
地址：甘肃省兰州市兰州新区中川镇宗家梁村
……Tel：13993161607

兰州雅尔佳餐饮娱乐有限公司
地址：甘肃省兰州市城关区酒泉路328号
……Tel：0931-8486843

甘肃阳光大酒店有限公司
地址：甘肃省兰州市城关区庆阳路428号
……Tel：0931-4608888-2810

兰州兰樽坊餐饮娱乐有限责任公司
地址：甘肃省兰州市城关区雁北路天庆格林小镇16号楼二层201号商铺、地下一层101号商铺
……Tel：18215420307

甘肃省旅游投资集团有限公司
地址：甘肃省兰州市城关区南昌路1716号
……Tel：0931-8722106

兰州人民饭店有限责任公司
地址：甘肃省兰州市城关区张掖路127号
……Tel：0931-8247517

兰州人民饭店有限责任公司
地址：甘肃省兰州市城关区张掖路127号
……Tel：0931-8247517

兰州友谊酒店管理有限责任公司
地址：甘肃省兰州市城关区兰州市城关区张掖路127号（人民饭店）南楼4楼整层
……Tel：0931-8247517

甘肃韩氏餐饮有限公司
地址：甘肃省兰州市城关区永昌路290号
……Tel：13893299022

兰州闳泰餐饮娱乐有限公司
地址：甘肃省兰州市城关区酒泉路212号（中匈友好大厦）第3层
……Tel：0931-4895538

甘肃好顺餐饮娱乐有限公司
地址：甘肃省兰州市城关区酒泉路369号
……Tel：0931-4895538

兰州文化旅游产业发展集团有限公司
地址：甘肃省兰州市城关区南滨河东路503号1单元13楼1325室
……Tel：0931-4915256

甘肃天源温泉大酒店集团有限责任公司
地址：甘肃省兰州市七里河区安西路100号
……Tel：0931-5150001

甘肃陇鑫餐饮经营管理有限责任公司
地址：甘肃省兰州市榆中县城关镇环城西路无号（陇鑫大酒店）二楼
……Tel：0931-5221955

甘肃金海诺商贸有限公司
地址：甘肃省兰州市城关区民主西路195号7号楼3层
……Tel：0931-6108777

中科科创实业有限公司
地址：甘肃省兰州市安宁区北滨河西路859号（黄河印象写字楼20楼2001室）
……Tel：0931-6115098

临夏亿佳民族文化旅游产业有限公司
地址：甘肃省临夏州临夏市城郊镇肖家村
……Tel：15294141094

永登县爱萍大酒店有限责任公司
地址：甘肃省兰州市永登县城关镇滨河大道1606号
……Tel：0931-6411720

兰州东利餐饮娱乐服务有限责任公司
地址：甘肃省兰州市西固区河口乡石圈村金地湾1号
……Tel：18909312222

兰州天怡餐饮娱乐有限公司
地址：甘肃省兰州市西固区庄浪西路240号
……Tel：0931-7530888

兰州铭庭府邸餐饮娱乐有限公司
地址：甘肃省兰州市西固区玉门街8号芙瑞双子国际七楼
……Tel：18609408822

兰州白乐汇电子游艺娱乐有限公司
地址：甘肃省兰州市西固区康乐路300-310号二层
……Tel：0931-7565055

兰州长业餐饮娱乐有限公司
地址：甘肃省兰州市西固区福利路街道公园路129号20C层01室
……Tel：0931-7355309

兰州长业餐饮娱乐有限公司
地址：甘肃省兰州市西固区福利路街道公园路129号20C层01室
……Tel：0931-7355309

甘肃丝绸之路文商旅游开发有限公司
地址：甘肃省兰州市兰州新区凤凰山路1555号
……Tel：0931-7835557

甘肃唯森餐饮娱乐管理有限公司
地址：甘肃省兰州市城关区张掖路81号
……Tel：18693106581

甘肃盛世豪门餐饮娱乐有限公司
地址：甘肃省兰州市城关区甘家巷34号
……Tel：0931-8153366

甘肃省民航酒店管理有限公司
地址：甘肃省兰州市城关区嘉峪关西路399号
……Tel：0931-8166758

兰州雁公滩社餐饮娱乐管理有限公司
地址：甘肃省兰州市城关区均家滩社区156号大院
……Tel：13919892982

甘肃飞天实业集团矩阵餐饮有限公司
地址：兰州市城关区张掖路235号
……Tel：0931-8186051

甘肃天庆商贸娱乐有限公司
地址：甘肃省兰州市城关区天庆大道588号
……Tel：0931-8238600

兰州老顾家餐饮文化有限公司
地址：甘肃省兰州市城关区张苏滩村571-2号
……Tel：17793172210

兰州新区科技文化旅游集团有限公司
地址：甘肃省兰州市兰州新区昆仑山大道南段3188号大数据产业园12楼
……Tel：0931-8253370

兰州新锦汇管理有限公司
地址：甘肃省兰州市兰州新区西岔园区湘江街288号
……Tel：0931-8610333

兰州新区长城旅游文创园有限公司
地址：甘肃省兰州市兰州新区产业孵化大厦1402室
……Tel：18072712895

甘肃佑邦京华酒店管理有限责任公司
地址：甘肃省武威市古浪县大靖镇新城区纬三路南1号
……Tel：13919890887

甘肃投资集团云天酒店有限公司
地址：甘肃省兰州市城关区北滨河东路69号
……Tel：0931-8378940

甘肃金洲颐和园旅游开发有限公司
地址：甘肃省皋兰县什川镇河口村666号
……Tel：0931-8340450

甘肃天奥珠宝黄金有限公司
地址：兰州市城关区绣河沿54号
……Tel：0931-8430303

甘肃阿拉丁旅游文化产业有限公司
地址：甘肃省兰州市城关区庆阳路488号万盛商务大厦8楼801
……Tel：0931-8446111

兰州昌汇餐饮服务有限公司
地址：甘肃省兰州市城关区永昌路11号
……Tel：0931-8423888

甘肃纵横天下餐饮连锁有限公司
地址：甘肃省兰州市城关区酒泉路街道酒泉路258号国贸写字楼6楼B座
……Tel：0931-8477666

兰州亚太生态餐饮有限公司
地址：甘肃省兰州市兰州新区牡丹江街以南、昆仑山大道以东
……Tel：0931-8251888

甘肃雅谷堂餐饮管理有限公司
地址：甘肃省兰州市城关区民主西路97号大公大厦2楼
……Tel：18193187047

飞天大酒店有限公司
地址：甘肃省兰州市城关区天水南路529号
……Tel：0931-8532888-2511

甘肃国际大酒店有限责任公司
地址：兰州市城关区庆阳路324号
……Tel：0931-7822000

甘肃英皇娱乐有限公司
地址：甘肃省兰州市城关区张掖路街道张掖路290号2-3F
……Tel：0931-8589713

甘肃布鲁斯餐饮娱乐有限公司
地址：甘肃省兰州市城关区民主西路226号西北弘大厦5F
……Tel：0931-8589713

甘肃滟金瑞宸餐饮管理有限公司
地址：甘肃省兰州市城关区南滨河东路5002-5270号名城星尚购物中心3001、4001号
……Tel：0931-8589713

兰州紫御轩餐饮娱乐管理有限责任公司
地址：甘肃省兰州市城关区北面滩雁北路1638号（格林小镇17号楼）
……Tel：18215420307

甘肃融兴餐饮娱乐管理有限责任公司
地址：甘肃省兰州市城关区张掖路街道酒泉路372-376号03层002室
……Tel：0931-8630111

甘肃东方妍实业有限公司
地址：甘肃省兰州市城关区皋兰路1号三层999室
……Tel：15294111848

甘肃省文旅项目管理有限公司
地址：东岗西路555号甘肃金融国际大厦20层
……Tel：0931-8638149

甘肃凌云志健身娱乐有限公司
地址：甘肃省兰州市城关区雁儿湾280号欣欣嘉园西区4#楼3层
……Tel：0931-8672888

兰州四季澜海温泉酒店管理有限公司
地址：甘肃省兰州市城关区店子街26号
……Tel：18152095998

华夏丝路旅游服务有限公司
地址：甘肃省兰州市城关区雁滩乡张苏滩555号科技孵化大厦2402室
……Tel：0931-8705877

甘肃中海首会文化娱乐管理有限公司
地址：甘肃省兰州市城关区静宁路298号
……Tel：15593175893

甘肃银通文化旅游有限公司
地址：甘肃省兰州市城关区东岗西路638号兰州财富中心27层2706室
……Tel：0931-8790999

甘肃凌云志餐饮娱乐有限公司
地址：甘肃省兰州市城关区雁儿湾300号
……Tel：0931-8798822

兰州黄河生态旅游开发集团有限公司
地址：东岗西路555号甘肃金融国际大厦20层
……Tel：0931-8638149

甘肃省公航旅酒店管理有限公司
地址：甘肃省兰州市城关区南昌路1716号
……Tel：0931-8824562

兰州中海龙庭餐饮有限公司
地址：甘肃省兰州市城关区静宁路298号4-6层
……Tel：0931-8843399

甘肃省公路航空旅游投资集团有限公司
地址：甘肃省兰州市城关区南昌路1716号
……Tel：0931-8860615

黄河石林文化旅游股份有限公司
地址：甘肃省白银市白银区万盛路1号
……Tel：18143797892

甘肃盛达集团股份有限公司
地址：甘肃省兰州市城关区农民巷8号之1号盛达金融大厦
……Tel：0931-8869929

兰州翡翠年代餐饮娱乐有限责任公司
地址：甘肃省兰州市城关区甘南路418号
……Tel：0931-8889939

甘肃公航旅首阳山文化旅游有限责任公司
地址：甘肃省定西市渭源县清源镇平桥路19号
……Tel：18919908469

通渭县悦心文化旅游投资集团有限公司
地址：甘肃省定西市通渭县平襄镇宋堡村（通渭悦心国际书画村）
……Tel：0932-5911122

陇西县文化旅游投资有限公司
地址：甘肃省定西市陇西县中恒8号楼陇西县政务服务中心414
……Tel：17793218688

甘肃华盛国际大酒店有限公司
地址：甘肃省定西市陇西县巩昌镇人民广场
……Tel：0932-5923231

甘肃煌佳餐饮有限公司
地址：甘肃省定西市安定区西岩路览山国际
……Tel：18509328333

崇信县公刘文化旅游投资开发有限责任公司
地址：甘肃省平凉市崇信县龙泉1路1号
……Tel：0933-5938598

平凉天泰集团文化娱乐有限责任公司
地址：甘肃省平凉市崆峒区绿地广场工商联大厦16层
……Tel：0933-5969666

平凉巨星集团文化娱乐餐饮有限公司
地址：甘肃省平凉市崆峒区玄鹤北路15号
……Tel：0933-8229857

甘肃放心一百餐饮开发管理服务有限责任公司
地址：甘肃省平凉市崆峒区公路街38号理想城A座19楼01号
……Tel：0933-8299444

平凉恒和集团平凉鑫东餐饮娱乐有限公司
地址：甘肃省平凉市崆峒区仁爱路以东平凉市人社局北
……Tel：0933-8714974

平凉文化旅游产业投资集团有限责任公司
地址：甘肃省平凉市崆峒区广成驿站南门
……Tel：0933-8718181

平凉红泉酒店有限公司
地址：甘肃省平凉市崆峒区广成路崆峒大道交汇处以东
……Tel：0933-8227001

庆阳御指庄园娱乐餐饮服务有限公司

地址：甘肃省庆阳市庆城县兴庆路19号
……………………Tel：15682933777
庆城县盛世鑫龙汽车服务有限责任公司
地址：甘肃省庆阳市庆城县北区兴庆路56号
……………………Tel：0934-3277777
庆城县文化旅游投资发展有限公司
地址：甘肃省庆阳市庆城县庆城镇东大街4号
……………………Tel：13919612226
合水县文化旅游发展投资有限公司
地址：甘肃省庆阳市合水县西华北街文化东路14号（合水县文体广电和旅游局办公楼2楼）
……………………Tel：0934-5521576
庆阳圣康餐饮娱乐服务有限公司
地址：甘肃省庆阳市西峰区温泉乡黄官寨村东队
……………………Tel：0934-5555789
庆阳广鑫文化娱乐有限公司
地址：甘肃省庆阳市西峰区兰州东路温泉镇黄官寨村当庄村组
……………………Tel：18693439969
庆阳周天餐饮娱乐有限公司
地址：甘肃省庆阳市西峰区岐黄大道1-4路西侧
……………………Tel：15101852759
镇原县惠达投资开发有限公司
地址：甘肃省庆阳市镇原县城关镇安定路6号（惠达家园13#楼）
……………………Tel：0934-5955398
镇原县润源餐饮管理有限公司
地址：甘肃省庆阳市镇原县城关镇北茹河东路
……………………Tel：0934-7659518
庆阳市亨天文化娱乐有限责任公司
地址：甘肃省庆阳市西峰区广场北路圣鼎国际步行街内区（第三层）
……………………Tel：0934-6666998
庆阳赫本娱乐有限公司
地址：甘肃省庆阳市西峰区岐黄大道西侧太一地中海商铺
……………………Tel：0934-8222526
天祝县七号公馆娱乐会所
地址：甘肃省武威市天祝藏族自治县华藏寺镇天健广场C座3楼
……………………Tel：15214137777
武威市文化旅游发展（集团）股份有限公司
地址：甘肃省武威市凉州区新城区姑臧路18号
……………………Tel：0935-6168936
武威万豪娱乐有限公司
地址：甘肃省武威市凉州区古浪街3035号4号商业楼3-4楼
……………………Tel：15378016666
武威森华文化娱乐管理有限公司
地址：甘肃省武威市凉州区西凉路香榭里花园商业2层1号
……………………Tel：18693518888
武威清可欣餐饮娱乐有限责任公司
地址：甘肃省武威市凉州区东大街159号
……………………Tel：0935-6355119
甘肃公航旅天马投资有限公司
地址：甘肃省武威市凉州区海藏路
……………………Tel：0935-6280016
永昌县龙华商贸餐饮有限责任公司
地址：甘肃省金昌市永昌县南大街
……………………Tel：0395-7560088
金昌市文化旅游投资开发有限责任公司
地址：甘肃省金昌市金川区新华路70号
……………………Tel：0935-8233880
临泽县百信餐饮娱乐有限责任公司
地址：甘肃省张掖市临泽县健康路132号
……………………Tel：0936-5521438
临泽县百信餐饮娱乐有限责任公司
地址：甘肃省张掖市临泽县健康路132号
……………………Tel：0936-5521438
张掖长城丝绸之路文化遗产教育研学基地有限公司
地址：甘肃省张掖市临泽县电子商务孵化园四楼
……………………Tel：18072712895
张掖丹霞文化旅游股份有限公司
地址：甘肃省张掖市临泽县倪家营镇丹霞景区丹霞快速通道北侧
……………………Tel：0936-5581825
张掖盛华文化旅游发展有限公司
地址：甘肃省张掖市临泽县倪家营镇南台村（七彩镇景区）
……………………Tel：17309436138
张掖市河西印象文化旅游股份有限公司
地址：甘肃省张掖市临泽县倪家营乡南台村丹霞口文旅小镇（丹霞大道299号）
……………………Tel：18993654411
高台县凯玉小海子旅游文化有限责任公司
地址：甘肃省张掖市高台县南华镇小海子水库
……………………Tel：0936-6620682
高台县澳泰金水湾餐饮娱乐管理有限责任公司
地址：甘肃省张掖市高台县巷道镇高地村八社金水湾家园住宅小区北侧1#商铺1-201铺
……………………Tel：13809368855
高台县澳泰金水湾餐饮娱乐管理有限责任公司
地址：甘肃省张掖市高台县巷道镇高地村八社金水湾家园住宅小区北侧1#商铺1-201铺
……………………Tel：13809368855
甘肃金禾实业有限责任公司
地址：甘肃省张掖市高台县东环路畜牧局办公楼南侧
……………………Tel：0936-6639088
甘肃艾黎酒店管理有限公司
地址：甘肃省张掖市山丹县艾黎大道东侧焉支山庄旁
……………………Tel：13139407111
张掖市十八褶餐饮娱乐有限责任公司
地址：甘肃省张掖市甘州区西环路86号
……………………Tel：0936-8888868
张掖市天味源餐饮娱乐管理有限公司
地址：甘肃省张掖市甘州区西环路035号（新乐小区东门对面）
……………………Tel：18993635388
张掖市山水文体旅游集团有限公司
地址：甘肃省张掖市甘州区县府街84-100号
……………………Tel：0936-8232993
甘肃新城餐饮有限公司
地址：甘肃省张掖市甘州区滨河新区大成学校对面
……………………Tel：19909365678
张掖新城钻石酒店餐饮有限公司
地址：甘肃省张掖市甘州区滨河新区西三环路崇圣嘉园对面肃南裕苑39号楼
……………………Tel：18593021885
张掖市金鑫商贸有限责任公司
地址：张掖市北街（新华书店北侧）
……………………Tel：13321361888
张掖市德和苑餐饮娱乐管理有限公司
地址：甘肃省张掖市甘州区滨河新区北二环路北侧北部湾嘉园A段2层202号
……………………Tel：13209369678
张掖翔博娱乐餐饮有限责任公司
地址：甘肃省张掖市甘州区西大街延伸段宁和园A区41号楼二楼
……………………Tel：18193620048
张掖金鼎轩劳务服务有限公司
地址：甘肃省张掖市甘州区青年东街94号
……………………Tel：0936-8556993
张掖市金硕悦华酒店管理有限责任公司
地址：甘肃省张掖市甘州区西大街延伸段瑞祥花园八号楼二层
……………………Tel：18809366880
甘肃祁连山大酒店有限公司
地址：甘肃省张掖市甘州区西二环路东侧
……………………Tel：18109367246
甘肃俪宝娱乐管理有限责任公司
地址：甘肃省张掖市甘州区东环路仁宗路以西碧水家园西侧一层商铺
……………………Tel：18609365112
甘肃公航旅祁连酒店管理有限公司
地址：甘肃省张掖市甘州区滨河新区国道312线与北三环路交汇处东北角
……………………Tel：0936-8829337
张掖忆家餐饮娱乐有限责任公司
地址：甘肃省张掖市甘州区玉关路顺祥明苑小区6号商业楼一层
……………………Tel：0936-8831111
祁连山旅游有限公司
地址：甘肃省张掖市甘州区西二环路东侧祁连山大酒店
……………………Tel：0936-8861102
张掖碧水湾餐饮娱乐有限责任公司
地址：甘肃省张掖市甘州区国家湿地公园西入口
……………………Tel：13909369979
酒泉东方国际大酒店有限责任公司
地址：甘肃省酒泉市肃州区仓门街6号
……………………Tel：13893708777
酒泉市大宇餐饮有限责任公司
地址：甘肃省酒泉市肃州区南环西路12号
……………………Tel：18054133699
酒泉市锦程餐饮管理有限责任公司
地址：甘肃省酒泉市金塔县天庆御苑住宅小区D#商业楼
……………………Tel：17709374736
敦煌国际大酒店有限公司
地址：甘肃省酒泉市敦煌市鸣山北路827号
……………………Tel：0937-8892246
酒泉富康天宝文化旅游有限公司
地址：甘肃省酒泉市肃州区富康路4号
……………………Tel：0937-2614658
酒泉龙宇餐饮有限公司
地址：甘肃省酒泉市肃州区西大街27号综合楼1-7号门点2-1号
……………………Tel：13809379565
嘉峪关花之林餐饮有限责任公司
地址：甘肃省嘉峪关市新华南路2108A号
……………………Tel：13619373282
嘉峪关国际大酒店有限公司
地址：甘肃省嘉峪关市和诚东路
……………………Tel：0937-6303888
嘉峪关文化旅游集团有限公司
地址：甘肃省嘉峪关市新华南路816B-2号
……………………Tel：0937-6329107
嘉峪关关城景区开发经营有限公司
地址：甘肃省嘉峪关市峪泉镇关城南路435号
……………………Tel：0937-6396218
敦煌西航飞天文化旅游投资股份有限公司
地址：甘肃省酒泉市敦煌市祁连路（原北郊工商所）
……………………Tel：18909378831
敦煌国际酒店有限责任公司
地址：甘肃省酒泉市敦煌市莫高镇阳关东路6610号
……………………Tel：0937-8887666-8806
敦煌旅游股份有限公司
地址：甘肃省酒泉市敦煌市阳关东路14号
……………………Tel：0937-8893400
敦煌市文化旅游投资有限责任公司
地址：甘肃省酒泉市敦煌市阳关中路1144号三楼
……………………Tel：0937-8893400
天水麦积山温泉旅游酒店有限公司
地址：天水市麦积区街亭古镇1号
……………………Tel：0938-2258300
天水天泽悦品餐饮娱乐有限公司
地址：甘肃省天水市麦积区兴昌路东1栋商业101室
……………………Tel：15101959560
天水蓝琴酒店投资管理有限公司
地址：天水市麦积区渭河南路32号
……………………Tel：13993835158
天水市天熹铭泰娱乐餐饮管理有限公司
地址：甘肃省天水市秦州区成纪大道9号楼1单元102号铺面
……………………Tel：18093885858
甘肃亿晟网络信息服务有限责任公司
地址：甘肃省天水市秦州区坚家河正大水岸都市168号
……………………Tel：18809382686
武山县藏龙生态旅游文化产业（集团）有限责任公司
地址：甘肃省天水市武山县城关镇北滨河路渭北新区高速公路出口
……………………Tel：19893818788
天水皇家九号娱乐管理有限公司
地址：甘肃省天水市秦州区金龙大厦21-22楼
……………………Tel：0938-6878753
天水岚玲娱乐有限公司
地址：甘肃省天水市秦州区民主东路74号
……………………Tel：0938-6878753
天水茗龙轩茶艺文化传播有限公司
地址：天水市秦州区大众路东侧兰天华庭A座二层
……………………Tel：0938-8316666
天水市文化旅游投资发展有限责任公司
地址：甘肃省天水市秦州区青年北路91号4楼
……………………Tel：0938-8521036
天水丝路万利大酒店有限责任公司
地址：甘肃省天水市麦积区马跑泉中心大道与天河南路交叉路口西北角
……………………Tel：0938-2518888
甘肃龙峡山庄餐饮管理有限公司
地址：甘肃省陇南市成县城关镇龙峡村峡门社
……………………Tel：15337057333
甘肃公航旅天池文化旅游有限公司
地址：甘肃省陇南市文县天池乡天池村洋汤寨社
……………………Tel：0939-5731639
宕昌县官鹅沟旅游开发有限责任公司
地址：甘肃省陇南市宕昌县城关镇官鹅沟
……………………Tel：0939-6229138
陇南长安华盛文化旅游有限责任公司
地址：甘肃省陇南市武都区城关北山西路002号
……………………Tel：0939-8234713
陇南绿云轩餐饮娱乐服务有限公司
地址：甘肃省陇南市武都区东江5号路昌盛佳苑12号楼401号
……………………Tel：0939-8363666
陇南市爵乐餐饮娱乐有限责任公司
地址：甘肃省陇南市武都区城关镇钟楼滩丽景家园1号楼3楼
……………………Tel：0939-8777777
陇南市爵乐餐饮娱乐有限责任公司
地址：甘肃省陇南市武都区城关镇钟楼滩丽景家园1号楼3楼
……………………Tel：0939-8777777
陇南龙亨文化娱乐有限公司
地址：甘肃省陇南市武都区东江镇东江新区七号路鑫盛大厦四楼
……………………Tel：0939-8815888
陇南陇之蓝餐饮娱乐服务有限公司
地址：甘肃省陇南市武都区城郊乡南长江大道龙浜金岸三号楼三楼
……………………Tel：18219895555
临潭县文化旅游交通建设有限公司
地址：甘肃省甘南州临潭县“四馆”综合楼三楼
……………………Tel：0941-3106212
舟曲宏生源实业集团有限公司
地址：甘肃省甘南州舟曲县城关镇春场北路
……………………Tel：0941-5122242
舟曲县文化旅游交通建设有限公司
地址：甘肃省甘南州舟曲县峰迭新区统办楼
……………………Tel：13893942059
卓尼县文化旅游交通建设有限公司
地址：甘肃省甘南州卓尼县柳林镇扶贫办旧办公楼三楼
……………………Tel：13909416323
卓尼县盛世餐饮娱乐有限责任公司
地址：甘肃省甘南州卓尼县柳林镇白塔村叶儿滩桥头
……………………Tel：17794102223
迭部县文化旅游交通建设有限公司
地址：甘肃省甘南州迭部县原森林公安局
……………………Tel：0941-5627004
碌曲县文化旅游交通建设有限公司
地址：甘肃省甘南州碌曲县文广局2楼
……………………Tel：17789419900
夏河县诺布藏家酒店有限责任公司
地址：甘肃省甘南州夏河县拉卜楞镇马莲滩村（运管局左侧）
……………………Tel：15209400359
夏河县文化旅游交通建设有限公司
地址：甘肃省甘南州夏河县拉卜楞镇人民东街12号（原县公安局政府统办楼）
……………………Tel：15109428639
甘肃甘南香巴拉旅游投资管理有限公司
地址：甘肃省甘南州合作市州旅游局办公楼
……………………Tel：13389411001
合作市文化旅游交通建设有限公司
地址：甘肃省甘南州合作市市政府统办4楼
……………………Tel：13893939718
甘南州文化旅游交通建设集团有限公司
地址：甘肃省甘南州合作市甘南州经信委3楼
……………………Tel：0941-8219826
甘南州羲皇夜宴餐饮娱乐有限责任公司
地址：甘肃省甘南州合作市甘南报社背面天一泓小区
……………………Tel：13893928799

黄河石林原生态餐饮服务发展有限公司
地址：甘肃省白银市景泰县寺滩乡寿鹿山森林公园
…………………… Tel：17794329665

黄河石林原生态餐饮服务发展有限公司
地址：甘肃省白银市景泰县寺滩乡寿鹿山森林公园
…………………… Tel：17794329665

白银石林文化旅游开发有限公司
地址：甘肃省白银市景泰县中泉乡龙湾村888号
…………………… Tel：15393495544

白银丽水澜山发展有限责任公司
地址：甘肃省白银市白银区水川镇金锋村黄河湿地公园
…………………… Tel：13893037071

甘肃昊鹏国际大酒店有限公司
地址：甘肃省白银市靖远县北城区五合路同盛雅苑小区综合楼
……………………Tel：0943-5994123

白银正发综合市场有限公司
地址：甘肃省白银市白银区西区经六路
…………………… Tel：18809430303

甘肃唐珑太极文化娱乐有限公司
地址：甘肃省兰州市西固区合水路248号504-1号
…………………… Tel：13893025611

白银含锦商业运营有限公司
地址：甘肃省白银市白银区公园路338号
…………………… Tel：13893048488

青海省

青海浩云旅游文化开发有限公司
地址：青海省海北州门源县浩门镇
…………………… Tel：0970-8619996

湟源县丹城旅游发展有限公司
地址：青海省湟源县明清老街
……………………Tel：0971-2481718

青海中缘酒店管理有限公司
地址：湟源县大华镇池汉村898号
…………………… Tel：0971-2488188

青海国投旅游资源开发有限公司
地址：青海城北生物科技产业园纬二路18号4楼
…………………… Tel：0971-3550112

青海捷运旅游运输有限公司
地址：青海省西宁市城西区西川南路76号4号楼10601室
……………………Tel：0971-4118455

西宁万富酒店管理有限公司
地址：西宁市城西区西川南路76号1号楼76-50号、76-52号
……………………Tel：0971-4699999

青海新春兰国际大酒店有限公司
地址：青海省西宁市城北区朝阳西路20号6号楼19层
……………………Tel：0971-4928888

青海鼎宇环保旅游开发建设有限公司
地址：青海省海南州贵德县河阴镇贵源小区4号楼411室
…………………… Tel：0971-5112778

青海引万酒店管理有限公司
地址：青海省西宁市城北生物园区经二路北22号
…………………… Tel：15597198668

青海坊亘源餐饮管理有限公司
地址：青海省西宁市城东区互助东路12号
……………………Tel：0971-5207557

青海绿港水电有限责任公司
地址：青海省海东市互助县高寨镇西湾村
…………………… Tel：13734647011

青海银龙酒店有限公司
地址：青海省西宁市城西区黄河路38号
……………………Tel：0971-6114016

青海天地人缘文化旅游发展有限公司
地址：青海省贵德县尕让乡阿什贡村
…………………… Tel：0974-8569919

青海宾馆旅游集团有限公司
地址：青海省西宁市黄河路158号
……………………Tel：0971-6148795

青海之窗文化旅游开发有限公司
地址：青海省西宁市经济开发区民和路33号
…………………… Tel：17716005030

西宁美港文化娱乐有限公司
地址：青海省西宁市城西区黄河路11号第1幢7单元1-317号
……………………Tel：0971-6164999

青海盐湖海润酒店管理有限公司
地址：青海省西宁市城西区胜利路19号
……………………Tel：0971-6166881

青海西矿文化旅游有限公司
地址：青海省西宁市城西区文逸路4号3号楼
……………………Tel：0971-6113460

青海路易娱乐餐饮管理有限公司
地址：西宁市城西区胜利路50号9幢2楼
…………………… Tel：15359731111

青海路易娱乐餐饮管理有限公司
地址：西宁市城西区胜利路50号9幢2楼
…………………… Tel：15359731111

青海福茵长乐国际大酒店有限公司
地址：青海省西宁市东川工业园昆仑东路56号
……………………Tel：0971-5228888

青海玛龙文化旅游开发有限公司
地址：青海省黄南州尖扎县马克唐镇铁岭路喜马拉雅民俗文化村商业街2单元
……………………Tel：0973-8733588

青海省青海湖旅游集团有限公司
地址：青海省西宁市城北区生物园区经二路62号三江国际大厦6层
……………………Tel：0971-8455633

青海昆仑圣岳文化旅游投资有限公司
地址：青海省海东市乐都区雨润镇大地湾村
……………………Tel：0971-6320466

青海白云翔羚酒店有限公司
地址：青海省西宁市城东区建国路与互助路交叉口北侧
…………………… Tel：6369888

青海新千国际酒店有限公司
地址：青海省西宁市城东区共和路与果洛路交汇处东方华府23#商住楼一楼
…………………… Tel：18697118457

青海英德尔酒店集团有限公司
地址：青海省西宁市城东区互助中路191号
…………………… Tel：13997189181

青海蕴园生态民俗文化发展有限公司
地址：西宁市城东区八一东路41号
…………………… Tel：13909715242

西宁神旺大酒店有限公司
地址：青海省西宁市城中区长江路79号
……………………Tel：0971-8201111

西宁文化旅游发展投资有限公司
地址：青海省西宁市城西区文苑路7号庄和财富广场B座17楼
……………………Tel：0971-8210789

青海省旅游投资集团股份有限公司
地址：青海省西宁市东川工业园中心创业园A区
……………………Tel：0971-8228526

海西通晟酒店管理有限责任公司
地址：德令哈市河西区柴达木西路（祥和花园二期酒店十三楼）
……………………Tel：0971-8228868

海北同圣文化旅游发展有限公司
地址：海北州海晏县西海镇同宝路10号
……………………Tel：0971-8240168

青海华惠酒店管理有限公司
地址：青海省西宁市青海生物科技产业园区经四路26号孵化楼4层401室
……………………Tel：0971-8277650

青海省青海湖旅游控股有限公司
地址：青海省西宁市城北区经二路62号三江国际大厦7层
……………………Tel：0971-8455633

青海乡趣卡阳户外旅游度假景区管理有限公司
地址：青海省西宁市湟中区拦隆口镇卡阳村
…………………… Tel：13897250610

青海蓝湾娱乐有限公司
地址：西宁市城西区五四大街45号1号楼五层至二十一层
…………………… Tel：13299880901

青海彩虹部落文化旅游发展有限公司
地址：青海省互助县威远镇西街六号
……………………Tel：0972-8329278

青海高峰餐饮服务开发有限公司
地址：青海省海东市互助县威远镇桦林路20号
…………………… Tel：17697384442

青海高峰餐饮服务开发有限公司
地址：青海省海东市互助县威远镇桦林路20号
…………………… Tel：17697384442

华控文旅发展集团有限公司
地址：青海省海东市互助县威远镇南十道18号
…………………… Tel：15202523266

海东市文化旅游发展投资有限公司
地址：青海省海东市乐都区西关街88号
……………………Tel：0972-8615507

海东市凯博酒店有限公司
地址：青海省海东市乐都区碾伯镇滨河路25号
…………………… Tel：13897391523

海东市平安驿文化旅游有限公司
地址：青海省海东市平安区平安镇驿州大街115号
……………………Tel：0972-8662179

青海撒鲁尔部落民俗文化开发有限公司
地址：循化县积石镇城北新区
…………………… Tel：13897226067

青海德永餐饮有限公司
地址：循化县街子镇三兰巴海村
…………………… Tel：15609728209

同仁金色热贡餐饮娱乐有限公司
地址：青海省同仁县隆务镇夏琼北路
…………………… Tel：13209936663

青海金鹏银酒店有限公司
地址：青海省黄南州尖扎县滨河路
……………………Tel：0973-8734311

青海公建投旅游开发有限责任公司
地址：青海省海南州贵德县河阴镇迎宾西路355号
…………………… Tel：13897791702

青海龙羊峡艺苑文化旅游股份有限公司
地址：青海省海南州共和县龙羊峡镇
……………………Tel：0974-8572055

青海茶卡盐湖文化旅游发展股份有限公司
地址：青海省海西州乌兰县茶卡镇西街5号
……………………Tel：0977-8246699

大柴旦现代旅游投资开发有限责任公司
地址：大柴旦行委西台2号
…………………… Tel：18893566661

宁夏回族自治区

中企（宁夏）旅游产业股份有限公司
地址：宁夏银川市金凤区阅海湾中央商务区中阿之轴（北）227号CBD保险大厦第9层911号
…………………… Tel：13995079013

中企（宁夏）特色产业股份有限公司
地址：宁夏银川市金凤区阅海湾中央商务区中阿之轴（北）227号CBD保险大厦第9层912室
…………………… Tel：18169502003

银川贺兰山文化旅游投资开发有限公司
地址：宁夏银川市贺兰山贺兰口
……………………Tel：0951-3948808

宁夏狐仙文化娱乐传媒有限公司
地址：宁夏银川市兴庆区解放东街南侧宁夏日用百货副食批发市场综合楼A段二层38号营业房
…………………… Tel：15825327777

宁夏新港酒店管理有限公司
地址：银川市兴庆区长城东路456号
…………………… Tel：0951-4107721

灵武市文化旅游投资开发有限公司
地址：宁夏灵武市体育馆北侧二楼（自主申报）
……………………Tel：0951-4513111

宁夏中银大唐饭店有限公司
地址：宁夏灵武市西湖公园南侧
……………………Tel：0951-4598888

宁夏音尚娱乐有限公司
地址：宁夏银川市兴庆区在水一方D区36号商业楼2号营业房
…………………… Tel：18995194444

宁夏水洞沟旅游开发有限公司
地址：宁夏回族自治区灵武市临河镇水洞沟
…………………… Tel：0951-5014338

宁夏尊园实业有限公司
地址：银川高新开发区创新园29号F6号办公楼
……………………Tel：0951-5070332

银川黄河军事文化博览园旅游发展有限公司
地址：宁夏银川市兴庆区滨河旅游大道与汉关路交叉口向北200米处
……………………Tel：0951-5133800

银川西夏陵文化旅游投资有限公司
地址：宁夏银川市西夏区贺兰山东麓西夏陵景区
…………………… Tel：0951-5668960

宁夏明瑞苑餐饮管理股份有限公司
地址：宁夏银川市金凤区人民广场东街8号宁夏回族自治区图书馆读者餐厅（自主申报）
…………………… Tel：0951-5675987

银川九洲餐饮娱乐有限公司
地址：银川市金凤区正源北街政兴苑小区旁
……………………Tel：0951-5692454

宁夏晏祥餐饮服务管理有限公司
地址：宁夏回族自治区银川市金凤区阅海湾中央商务区CBD保险大厦6楼整层
…………………… Tel：13519283284

宁夏合家欢娱乐有限公司
地址：银川市兴庆区中心巷148号2#楼4层
……………………Tel：0951-6017328

银川市白天鹅餐饮娱乐有限公司
地址：宁夏回族自治区银川市解放东街93号
……………………Tel：0951-6028796

宁夏天都投资管理有限公司
地址：银川市兴庆区民族北街24号
……………………Tel：0951-6041389

宁夏天都投资管理有限公司
地址：银川市兴庆区民族北街24号
……………………Tel：0951-6041389

宁夏天都投资管理有限公司
地址：银川市兴庆区民族北街24号
……………………Tel：0951-6041389

银川体育旅游产业投资开发有限公司
地址：宁夏银川市金凤区万寿路138号办公楼东5层509、511、512、513号
…………………… Tel：13469507744

银川鸣翠湖生态旅游开发有限公司
地址：银川市郊区掌政乡鸣翠湖
……………………Tel：0951-6121900

宁夏长相忆宾馆有限公司
地址：银川市玉皇阁北街120号
……………………Tel：0951-6710668

宁夏香渔大饭店有限责任公司
地址：宁夏银川市兴庆区北京东路355号
…………………… Tel：3800627

银川万富嘉华酒店管理有限公司
地址：宁夏银川市金凤区亲水大街东侧银川万达中心5号酒店1-19层
……………………Tel：0951-6858888

宁夏西部花园假日酒店（有限公司）
地址：宁夏回族自治区银川市西湖
……………………Tel：0951-6882888

银川华隆祥科技开发有限公司
地址：宁夏银川市兴庆区兴庆科技园大连东路531号
……………………Tel：0951-6910502

宁夏虹桥大酒店有限责任公司
地址：宁夏回族自治区银川市解放西街38号
…………………… Tel：18009572797

银川大歌星餐饮娱乐有限公司
地址：银川市金凤区正源北街22号万达广场5层
……………………Tel：0951-7606666

银川文化旅游投资集团有限公司
地址：宁夏永宁县征沙渠三沙园
……………………Tel：0951-7677273

宁夏漫葡小镇旅游开发有限公司
地址：宁夏银川市西夏区快乐小镇31#酒店一楼商务中心
……………………Tel：0951-7836666

宁夏兰花槭国际大酒店有限公司
地址：宁夏永宁县望远工业园区双庆路南侧
……………………Tel：0951-8037002

宁夏骏博德商贸有限公司
地址：银川市兴庆区宁夏立达国际机电城9号商业楼三号营业房
……………………Tel：0951-8037019

宁夏仙盟娱乐有限公司
地址：银川市金凤区北京中路森林半岛4-4号楼公寓202室
……………………Tel：0951-8227008

宁夏龙盛天下餐饮娱乐有限公司
地址：宁夏银川市金凤区上海路南侧，正源北街西侧，银川金凤万达广场4号楼

1104室
……Tel：15695081888

宁夏旅游投资集团有限公司
地址：银川市金凤区阅海湾中央商务区中阿之轴（北）227号写字楼16–18层
……Tel：0951–8556800

宁夏旅游发展有限公司
地址：银川市金凤区阅海湾中央商务区民族团结路（北）227号写字楼16层
……Tel：0951–8556809

宁夏旅游资本管理有限公司
地址：宁夏银川市金凤区阅海湾中央商务区中阿之轴（北）227号写字楼17层
……Tel：0951–8556818

银川文化旅游发展集团有限公司
地址：宁夏银川市金凤区北京中路147号银川房产交易大厦3层
……Tel：0951–3308535

宁夏德昊新能源旅游投资管理有限公司
地址：宁夏银川市兴庆区湖滨东街思静园小区4号楼3室
……Tel：18095146639

银川市兴庆区瀚伯公馆娱乐会所有限公司
地址：宁夏银川市兴庆区兴水路1号绿地21商城A区20号楼1层04室
……Tel：15008682888

宁夏贺兰纳帝国际饭店股份公司
地址：贺兰县桃林北街贺兰酒店
……Tel：0951–8962805

宁夏海蓝蒂斯酒店管理有限公司
地址：石嘴山市大武口区山水大道以南、世纪大道以东
……Tel：0952–2031312

石嘴山市在水一方商贸有限公司
地址：大武口区110国道山水大道以北
……Tel：13895465784

宁夏汉唐旅游文化发展有限公司
地址：石嘴山市大武口区永乐南路汉唐庭院100幢22号
……Tel：0952–5815818

宁夏峰晟酒店有限公司
地址：宁夏精细化工基地红东路北侧（平罗县红崖子乡）
……Tel：0952–5858007

吴忠文化旅游产业投资有限公司
地址：青铜峡市古峡西街19号
……Tel：0953–2225867

宁夏苏锡铜业科技有限公司
地址：青铜峡市嘉宝工业园区
……Tel：0953–3626108

今朝大成（宁夏）文化旅游产业股份有限公司
地址：宁夏青铜峡市嘉宝工业园区汉源街14号
……Tel：15309532029

盐池县昫盐文化旅游服务有限公司
地址：宁夏东部旅游集散中心（平安大道高速路出口处）、滩羊小镇
……Tel：0953–6610888

宁夏（中阿）六盘山国际旅游开发有限公司
地址：宁夏固原市原州区政府街94号
……Tel：0954–2088053

宁夏隆德县隆腾旅游有限公司
地址：宁夏隆德县城文化街18号
……Tel：0954–6010668

彭阳县众合实业有限公司
地址：彭阳县南大街东侧红阳一楼
……Tel：0954–7013333

彭阳县全域旅游投资有限公司
地址：彭阳县育红巷（文广局二楼203室）
……Tel：0954–7013567

宁夏禹都乐滋酒店有限公司
地址：中卫市沙坡头区鼓楼西街向阳步行街
……Tel：0955–3950677

宁夏红宝中宁宾馆（有限公司）
地址：宁夏回族自治区中宁县城南街
……Tel：0955–5032427

宁夏和同沙坡头娱岛文化旅游有限公司
地址：中卫市沙坡头区文昌南街美利花园南区5号楼
……Tel：0955–7028677

宁夏沙坡头水镇旅游集团有限公司
地址：宁夏中卫市沙坡头区应理南街沙坡头水镇A4号楼
……Tel：0955–7064215

港中旅（宁夏）沙坡头旅游景区有限责任公司工会
地址：沙坡头景区
……Tel：

新疆维吾尔自治区

新疆欢乐时光动漫娱乐有限公司
地址：新疆哈密市伊州区八一路魔方广场五层C区
……Tel：18160391599

哈密环球大酒店管理有限公司
地址：新疆哈密市伊州区天山北路32号环球国际1层(B5–B6)、2层、9层–14层
……Tel：0902–2393888

伊吾西矿胡杨文化旅游有限公司
地址：新疆哈密市伊吾县淖毛湖镇胡杨大道胡杨林景区游客服务中心
……Tel：15739696619

和田中经文化娱乐有限公司
地址：新疆和田地区和田县罕艾日克镇托万罕艾日克村
……Tel：0903–2520604

新疆阿尔泰旅游发展集团有限公司
地址：新疆阿勒泰地区阿勒泰市迎宾路99号万驰广场1栋15楼1号
……Tel：17307402201

吉木乃草原石城文化旅游有限公司
地址：新疆阿勒泰地区吉木乃县文明北路79号
……Tel：18099295700

新疆天景旅游文化发展有限公司
地址：新疆阿勒泰地区布尔津县卧龙湾路4号
……Tel：18099067712

布尔津喀纳斯文化旅游投资有限公司
地址：新疆阿勒泰地区布尔津县神湖路11号
……Tel：0906–6524828

新疆喀纳斯旅游发展股份有限公司
地址：新疆阿勒泰地区布尔津县神湖路11号
……Tel：0906–6528399

富蕴县新天地国际文化旅游创意产业发展有限公司
地址：新疆阿勒泰地区富蕴县富蕴县库额尔齐斯镇环城路5号新天地售楼中心5–303号门面房
……Tel：0906–7531115

富蕴县可可托海泰鑫旅游投资发展有限公司
地址：新疆阿勒泰地区富蕴县库额尔齐斯镇富兴路41号富临水岸小区41–1–01号
……Tel：0906–8738111

博尔塔拉蒙古自治州艾比湖大酒店有限公司
地址：博乐市北京路295号
……Tel：0909–2326890

新疆赛里木湖旅游投资有限责任公司
地址：新疆博尔塔拉蒙古自治州博乐市北京南路6号汇嘉广场6号楼9楼901室
……Tel：0909–7611000

新疆温泉县绿源地生态旅游文化投资有限公司
地址：新疆博州温泉县博格达尔镇孟克特北街
……Tel：0909–8222561

新疆伊力特酒店有限责任公司
地址：新疆乌鲁木齐市沙依巴克区长江路352号
……Tel：0991–5888818

克拉玛依市红城文化旅游集团有限责任公司
地址：新疆克拉玛依市友谊路36号
……Tel：0990–6977085

和布克赛尔蒙古自治县江格尔旅游投资发展有限公司
地址：新疆塔城地区和布克赛尔县和布克赛尔镇二区赛尔北街江格尔综合民贸市场195号
……Tel：0990–6721977

新疆富丽华物业服务有限公司
地址：新疆乌鲁木齐市沙依巴克区黄河路1号
……Tel：0991–2301503

新疆鹏隆投资集团有限公司
地址：新疆乌鲁木齐市水磨沟区会展大道599号新疆财富中心B座20楼2001室
……Tel：0991–2320233

新疆文旅发展股份有限公司
地址：新疆阿勒泰地区布尔津县幸福中路374幢
……Tel：0991–6510930

新疆广汇丝路文化旅游投资有限公司
地址：新疆伊犁州霍尔果斯口岸亚欧路（中国工商银行霍尔果斯分理处）
……Tel：0991–2365093

新疆三山娱乐有限公司
地址：乌鲁木齐市体育馆路29号附1号
……Tel：13999273889

新疆印象文化旅游有限公司
地址：新疆乌鲁木齐市沙依巴克区长江路265号恒裕国际20F东侧01号
……Tel：18160225575

新疆隆瑞天成酒店管理有限公司
地址：新疆乌鲁木齐市天山区解放北路118号
……Tel：0991–4621841

新疆金龙亚太娱乐有限公司
地址：新疆乌鲁木齐市天山区青年路278号7层702室
……Tel：0991–2826186

新疆红馆娱乐有限公司
地址：新疆乌鲁木齐市天山区解放北路17号酒花大厦909室
……Tel：0991–2826186

乌鲁木齐天道天文化娱乐有限公司
地址：新疆乌鲁木齐市天山区红旗路西巷149号1幢3层302号
……Tel：0991–2826186

新疆二道桥文化旅游集团股份有限公司
地址：新疆乌鲁木齐市天山区解放南路589号二道桥大巴扎6层A室
……Tel：18999106187

新疆乐天餐饮投资管理集团有限公司
地址：新疆乌鲁木齐市达坂城区二联办三楼304室
……Tel：0991–2956375

乌鲁木齐乐邦盛世娱乐有限公司
地址：新疆乌鲁木齐市沙依巴克区奇台路720号D栋3层C号、步行街3层3003C号商铺
……Tel：0991–3033105

乌鲁木齐文化旅游投资有限公司
地址：新疆乌鲁木齐高新区（新市区）高新街258号数码港大厦2015–1032号
……Tel：0991–4189800

新疆环球国际酒店管理有限公司
地址：新疆乌鲁木齐市新市区北京南路76号
……Tel：0991–3330111

新疆环球大酒店有限公司
地址：新疆乌鲁木齐市北京南路76号
……Tel：15099693698

乌鲁木齐龙达昌同城银都之茂酒店有限责任公司
地址：新疆乌鲁木齐经济技术开发区（头屯河区）西环北路2135号翰益同城国际商住小区A区A5号商业综合楼商铺301室
……Tel：18699066667

新疆机场集团天缘酒店管理有限责任公司
地址：新疆乌鲁木齐市新市区迎宾路1341号
……Tel：0991–7681536

新疆路上文化餐饮有限责任公司
地址：新疆乌鲁木齐高新技术产业开发区（新市区）长春南路西四巷89号1层105室
……Tel：18690284018

新疆创神州房地产开发有限公司
地址：新疆乌鲁木齐经济技术开发区（头屯河区）锦绣一街758号创客大厦16–1608
……Tel：0991–3840466

乌鲁木齐交通旅游投资（集团）有限公司
地址：新疆乌鲁木齐市水磨沟区红光山路888号绿城广场B座23.24层新疆乌鲁木齐市水磨沟区红光山路888号绿城广场B座23.24层
……Tel：0991–4169518

乌鲁木齐昆仑之约旅游投资有限责任公司
地址：新疆乌鲁木齐市乌鲁木齐县南旅基地南旅东路765号1号楼202室
……Tel：0991–4189125

乌鲁木齐昆仑之约文化旅游投资有限公司
地址：新疆乌鲁木齐市乌鲁木齐县水西沟镇平西梁村237号
……Tel：0991–5290230

新疆尊茂银都酒店有限责任公司
地址：新疆乌鲁木齐市沙依巴克区西虹西路179号
……Tel：0991–4536688

新疆红光山大酒店有限责任公司
地址：新疆乌鲁木齐市米东区红光山路1237号
……Tel：0991–4626888

新疆美丽都娱乐有限公司
地址：新疆乌鲁木齐市水磨沟区康兴巷80号友好花园二期1栋负二层01室
……Tel：0991–4650208

新疆煜福聚餐饮管理有限公司
地址：新疆乌鲁木齐高新区（新市区）中亚北路418号天工鼎胜汽配城9号楼3层311室
……Tel：0991–3185962

新疆时代国际酒店管理有限公司
地址：新疆乌鲁木齐市沙依巴克区友好北路669号
……Tel：0991–4853428

新疆尼雅黑鸡餐饮管理有限公司
地址：新疆乌鲁木齐经济技术开发区（头屯河区）黄山街1878号
……Tel：0991–4871036

新疆维斯特温泉假日酒店管理有限公司
地址：新疆乌鲁木齐市水磨沟区温泉东路287号
……Tel：0991–4877303

新疆房车营地文化旅游有限公司
地址：新疆乌鲁木齐高新区（新市区）高新街258号数码港大厦11层1101室
……Tel：0991–5086666

新疆米兰酒店管理有限公司
地址：新疆乌鲁木齐经济技术开发区（头屯河区）喀纳斯湖北路455号创智大厦B座1311室
……Tel：0991–5155929

新疆天恒基恒裕酒店管理有限公司
地址：新疆乌鲁木齐市沙依巴克区长江路265号
……Tel：18199327144

新疆旅游投资管理有限公司
地址：新疆乌鲁木齐经济技术开发区（头屯河区）高铁北六路99号丝绸之路经济带旅游集散中心（大厦)23楼
……Tel：0991–5263163

新疆文化旅游投资集团有限公司
地址：新疆乌鲁木齐市经济技术开发区（头屯河区）荣盛五街新疆交通智能科技大厦22楼
……Tel：0991–5268316

乌鲁木齐君豪天玺花园酒店有限公司
地址：新疆乌鲁木齐市（第十二师）经济技术开发区（头屯河区）五一农场白桦街333号御府21号楼209室
……Tel：0991–5269002

新疆嘉盛昌餐饮管理有限公司
地址：新疆乌鲁木齐市沙依巴克区克拉玛依西街2229号天华广场城市综合体商业办公综合楼2007室
……Tel：18099482751

新疆思文开疆娱乐有限公司
地址：新疆乌鲁木齐市沙依巴克区西北路1066号石河子大厦副楼会议中心三层
……Tel：400–104–9898

新疆八音和投资有限公司
地址：新疆乌鲁木齐市沙依巴克区公园北街140号
……Tel：0991–5869309

新疆尊茂鸿福酒店有限责任公司
地址：新疆乌鲁木齐市沙依巴克区五一路160号
……Tel：0991–5881588

乌鲁木齐东林茂源餐饮管理有限公司
地址：新疆乌鲁木齐市天山区东泉路1568号“世界冠郡”住宅小区二期15栋综合楼8层商业814号
……Tel：0991–5890887

新疆昆仑丝路文化旅游发展有限公司
地址：新疆乌鲁木齐市乌鲁木齐县平西梁景区运动员接待中心123号房
……Tel：0991–5911111

乌鲁木齐天山大峡谷景区管理集团有限公司
地址：新疆乌鲁木齐市乌鲁木齐县板房沟乡灯草沟村
……Tel：0991–5922110

新疆斯瑞达酒店管理有限公司
地址：新疆乌鲁木齐经济技术开发区(头屯河区)凤凰山街353号亚欧贸易中心1幢15层商务办公1505号房

……………………Tel：0991-3823330
乌鲁木齐万达文华酒店管理有限公司
地址：新疆乌鲁木齐经济技术开发区玄武湖路567号
……………………Tel：0991-6362777
乌鲁木齐市大玩家天悦娱乐有限公司
地址：新疆乌鲁木齐高新技术产业开发区（新市区）长春北路668号万达广场2F-A
……………………Tel：0991-6697956
新疆欢乐大世界文化旅游有限公司
地址：新疆乌鲁木齐市米东区会展大道2481号首府公馆集商（B）一层B1、B2二层B1、B2
……………………Tel：13899885363
新疆中果顺立旅游文化有限公司
地址：新疆乌鲁木齐高新技术产业开发区（新市区）昆明路158号1栋3层05号
……………………Tel：0991-6990599
新疆绿洲国际旅游（集团）有限责任公司
地址：新疆乌鲁木齐市沙依巴克区友好南路23号
……………………Tel：13369689595
新疆诺亚方舟资产管理集团有限公司
地址：新疆乌鲁木齐市沙依巴克区黄河路2号
……………………Tel：0991-7612337
新疆瑞豪国际酒店有限责任公司
地址：新疆乌鲁木齐市新市区河南西路
……………………Tel：13669976206
新疆海尔巴格餐饮股份有限公司
地址：新疆乌鲁木齐市天山区延安路4号1栋5层501室
……………………Tel：0991-8523655
新疆国际大巴扎文化旅游产业有限公司
地址：新疆乌鲁木齐市天山区解放南路510号
……………………Tel：13579972393
新疆瑞丰双赢酒店管理有限公司
地址：新疆乌鲁木齐市沙依巴克区克拉玛依西街2888号新疆双赢农副产品国际博览中心负一层A05室
……………………Tel：0991-8785488
新疆百富餐饮股份有限公司
地址：新疆乌鲁木齐市高新区(新市区)高新街217号盈科广场8层A座
……………………Tel：0991-8842199
新疆爱这城酒店有限责任公司
地址：新疆乌鲁木齐市天山区东泉路666号艾美·卡特兰住宅小区幼儿园1-101
……………………Tel：0991-8855055
新疆膳源文化餐饮管理有限公司
地址：新疆乌鲁木齐经济技术开发区(头屯河区)六盘山街488号4号楼501
……………………Tel：0991-8884999
新疆魏蜀吴文化旅游产业发展有限公司
地址：新疆乌鲁木齐经济技术开发区(头屯河区)阳澄湖路98号能建大厦五层515室
……………………Tel：0992-3258059
新疆宏源时代投资集团有限公司
地址：新疆乌鲁木齐经济技术开发区(头屯河区）阳澄湖路98号能建大厦5层512室
……………………Tel：0991-8849019
新疆魏蜀吴文化旅游产业发展有限公司
地址：新疆乌鲁木齐经济技术开发区(头屯河区)阳澄湖路98号能建大厦五层515室
……………………Tel：0992-3258059
新疆润昌酒店有限公司
地址：新疆石河子市43小区天山路57号
……………………Tel：0993-2309988
新疆华星旅游管理有限公司
地址：新疆石河子市城区北四东路2号恒和华星酒店10楼11号
……………………Tel：0993-7282333
新疆杜氏旅游有限责任公司
地址：新疆昌吉州昌吉市六工镇区十三户村丘52栋
……………………Tel：0994-2201858
新疆一千零一夜文化娱乐有限公司
地址：新疆昌吉州昌吉市宁边东路32号307室（31区1丘2栋办公楼）
……………………Tel：0994-2232958
新疆印象西域国际文化旅游产业园开发有限公司
地址：新疆昌吉州昌吉市宁边东路32号（31区1丘2栋西域集团办公楼2楼201/202）
……………………Tel：0994-2232958
新疆世纪恒房地产开发有限公司
地址：新疆昌吉回族自治州昌吉市乌伊东路119号时代广场C座23楼2305室（25区6丘3栋）
……………………Tel：15099057914
新疆君豪酒店有限公司
地址：新疆五家渠24区北海东街999号君豪酒店
……………………Tel：0994-2588888
新疆富华丝路酒店管理有限公司
地址：新疆昌吉州吉木萨尔县准东经济技术开发区五彩湾社区服务中心办公楼
……………………Tel：13592992888
呼图壁县吉祥文化旅游投资有限公司
地址：新疆昌吉州呼图壁县游泳馆三楼（九街1区3院1栋）
……………………Tel：18109946026
木垒县英格堡生态文化旅游发展有限责任公司
地址：新疆昌吉州木垒县英格堡乡政府办公楼一楼办公室
……………………Tel：13309946766
新疆中泰青湖生态有限公司
地址：新疆五家渠市25区青湖南路1666号幢接待宾馆（会所）
……………………Tel：0994-5835999
新疆凤凰映文化旅游发展有限公司
地址：新疆昌吉州玛纳斯县凉州户镇太阳庙村金葡萄庄园18-3-302号
……………………Tel：13899603583
新疆车师古道旅游投资开发有限公司
地址：新疆昌吉州吉木萨尔县泉子街镇车师古道（旅游区）
……………………Tel：0994-6974008
新疆伟泽国际旅游餐饮服务业有限公司
地址：新疆昌吉州奇台县城东大街
……………………Tel：0994-7223288
奇台县热带雨林餐饮娱乐有限公司
地址：新疆昌吉州奇台县城健康6-1-230-3
……………………Tel：0994-7665555
新疆西域汉成餐饮管理有限公司
地址：新疆昌吉回族自治州昌吉市北京南路79号紫金名门32号楼6号商铺（58区1丘124栋2号房）
……………………Tel：0994-8315669
新疆准东经济技术开发区古海温泉有限责任公司
地址：新疆昌吉回族自治州准东经济技术开发区新城环城西路472号
……………………Tel：0994-6961989
新疆新天天池生态旅游开发有限公司
地址：新疆昌吉州阜康市三工河谷西台子境内1-3号
……………………Tel：15026077270
西域旅游开发股份有限公司
地址：新疆昌吉州阜康市准噶尔路229号
……………………Tel：0994-3233356
阜康市金福酒店投资管理有限公司
地址：新疆昌吉州阜康市阜新街道迎宾路8号
……………………Tel：13579940333
纳德若水（鄯善）酒店有限公司
地址：新疆吐鲁番市鄯善县新城路东侧、幸福路南侧
……………………Tel：0995-6271515
吐鲁番旅游股份有限公司
地址：新疆吐鲁番市高昌区亚尔乡亚尔果乐村
……………………Tel：0995-7602885
吐鲁番西游旅游有限公司
地址：新疆吐鲁番市高昌区312国道北侧，火焰山景区
……………………Tel：0995-8550699
托克逊天山明珠酒店有限公司
地址：新疆吐鲁番市托克逊县滨河北路白杨河1号楼
……………………Tel：0995-7637333
新疆天玖王龙门大酒店有限公司
地址：新疆吐鲁番市鄯善县石材工业园区石材大道南侧
……………………Tel：0995-7669999
吐鲁番昌河酒店管理有限公司
地址：新疆吐鲁番市高昌区新编十七区老城路北侧618号
……………………Tel：0995-8511690
库尔勒园林酒店管理有限责任公司
地址：新疆巴州库尔勒市迎宾路17号
……………………Tel：0996-2109566
库尔勒银星大酒店有限责任公司
地址：新疆巴州库尔勒市人民东路27号合颖大厦1栋
……………………Tel：0996-2621821
和静县东归餐饮服务有限公司
地址：新疆巴音郭楞蒙古自治州和静县阿尔夏特西路6号东归宾馆A座负一楼2号
……………………Tel：0996-5010362
博湖县博斯腾文化旅游有限责任公司
地址：新疆巴州博湖县博湖镇团结东路652号
……………………Tel：18309967000
新疆博斯腾湖旅游有限公司
地址：新疆巴州博湖县团结西路财政局综合楼5幢1层101室
……………………Tel：18309967000
阿克苏文化旅游发展集团有限公司
地址：新疆阿克苏地区阿克苏市西大街19号行署西院综合楼4楼
……………………Tel：0997-2133493
温宿县神奇峰旅游有限责任公司
地址：新疆阿克苏地区温宿县萨瓦甫齐牧场(边防一连)
……………………Tel：18639909333
阿克苏迎宾宾馆股份有限公司
地址：新疆阿克苏地区阿克苏市红桥街道多浪社区锦绣路7号
……………………Tel：13899229623
新疆融百国民俗风情旅游发展有限公司
地址：新疆喀什地区喀什市深喀大道（大漠绿洲生态园）3幢-1层
……………………Tel：0998-2303555
喀什城信旅游资源开发经营有限公司
地址：新疆喀什地区喀什市艾提尕尔大巴扎三区B段二层8号
……………………Tel：13899171744
喀什古城旅游文化开发有限公司
地址：新疆喀什地区喀什市解放北路40号
……………………Tel：13319987608
察布查尔锡伯自治县西迁文化旅游产业发展有限责任公司
地址：新疆伊犁州察布查尔县城镇果尔敏街东一巷
……………………Tel：17509993321
昭苏县全域旅游投资发展有限责任公司
地址：新疆伊犁哈萨克自治州昭苏县文化路37号
……………………Tel：0999-6026325
新疆玖易旅游文化（集团）有限责任公司
地址：新疆伊犁哈萨克自治州特克斯县特克斯镇阔步街四环外易居综合楼135号D楼411室
……………………Tel：0999-6628355
新疆喀拉峻投资股份有限公司
地址：新疆伊犁州特克斯县乔拉克铁热克镇喀拉峻旅游区
……………………Tel：0999-6680111
特克斯县易城旅游发展投资有限责任公司
地址：新疆伊犁哈萨克自治州特克斯县阿扎提街四环路44院310室
……………………Tel：15109999100
霍尔果斯锦鸿盛世文化旅游发展有限公司
地址：新疆伊犁州霍尔果斯华夏路以北
……………………Tel：18690869666
万达儿童娱乐（霍尔果斯）有限公司
地址：新疆伊犁州霍尔果斯经济开发区兵团分区开元大道创新创业孵化基地1号楼B-413室
……………………Tel：0999-7855550
伊犁大酒店
地址：新疆伊犁州伊宁市斯大林街23号
……………………Tel：0999-7885555
新疆伊力特大酒店
地址：新疆伊犁州伊宁市胜利街98号
……………………Tel：0999-8035600
新疆南方天昆国际大酒店有限公司
地址：新疆伊犁州伊宁市新华西路以南、新一路以西、南环路以北
……………………Tel：0999-8334044
新疆智慧文旅旅游文化股份有限公司
地址：新疆伊犁州霍尔果斯市亚欧路28号国际商贸中心3楼3122室
……………………Tel：18699995322
霍尔果斯乐道互娱文化传媒有限公司
地址：新疆伊犁哈萨克自治州霍尔果斯市亚欧路圆楼4楼4054号
……………………Tel：0999-8796760
新疆雅居乐雅致餐饮管理有限公司
地址：新疆伊犁州霍尔果斯口岸亚欧北路28号琪瑞大厦三楼311-06
……………………Tel：0999-8796881
霍尔果斯玛雅影视娱乐有限公司
地址：新疆伊犁州霍尔果斯滨河北路5号
……………………Tel：0999-8797000
霍尔果斯娱乐天承网络科技有限公司
地址：新疆伊犁哈萨克自治州霍尔果斯市亚欧路商贸中心三楼3101-6号
……………………Tel：0999-8797219
霍尔果斯浩润影视娱乐传媒有限公司
地址：新疆伊犁州霍尔果斯市亚欧路商贸中心三楼30973号
……………………Tel：13810472733
霍尔果斯科艺盛世娱乐传媒有限公司
地址：新疆伊犁州霍尔果斯市卡拉苏河仙桃苑第一幢1单元103号房122
……………………Tel：0999-8797900
霍尔果斯映艺娱乐影业有限公司
地址：新疆伊犁州霍尔果斯市行政服务大厅2楼227室
……………………Tel：13817789288
霍尔果斯嘉鑫酒店管理有限公司
地址：新疆伊犁州霍尔果斯市中哈国际边境合作中心嘉合广场2号楼
……………………Tel：0999-8960888
新疆亿科国际酒店管理有限公司
地址：新疆伊犁州伊宁市经济合作区建材路1号西部建材城C2-C4号楼
……………………Tel：0999-8996958

电　　力
发电设备
供水供电

一、行业综合分析

电力行业综合分析

电力工业是国民经济发展中最重要的基础能源产业，对促进国民经济的发展和社会进步起到了重要作用。随着中国经济的发展，对电的需求量不断扩大，电力销售市场的扩大又刺激了整个电力生产的发展。

2012年，受经济增长放缓等因素影响，全国电力消费增长平缓，我国全社会用电量49591亿千瓦时，全口径发电量49774亿千瓦时，电力工程建设完成投资7466亿元；2013年，全国电力供需总体平衡，电力行业投资结构继续发生积极变化，全年发电量52451亿千瓦时，全社会用电量累计53223亿千瓦时；2014年1-4月份，全国电力供需平衡，全国全社会用电量17145亿千瓦时，同比增长5.2%，增速比上年同期提高0.3个百分点。2014年1-4月，发电装机容量快速增长，需求增长缓慢，导致除核电发电设备平均利用小时增加66小时外，全国发电设备及其他各类型发电设备利用小时同比均有所减少，其中风电利用小时下降较多。电网投资同比较快增长，各类型电源投资大幅下降。全国基建新增同比略有增加，大型水电基地建设进入中后期、陆续投产，水电在建规模大幅缩小。

我国从1996年4月1日起开始施行《中华人民共和国电力法》，目前，以《电力法》为基础，以《电力设施保护条例》、《电网调度管理条例》和《电力供应与使用条例》为骨干，以相关配套的电力行政规章和地方性电力法规为补充的电力法规框架已经形成，电力工业初步做到了有法可依、有章可循，开始步入法制化轨道。2013年，中国电力行业政策主要集中在行业监管、体制改革、清洁能源发电、节能减排等方面。2014年是贯彻落实党的十八届三中全会精神、全面深化改革的开局之年，重新组建的国家能源局将加强电力项目建设的后续监管，做好2013年已经部署开展的重点专项监管的组织实施工作，并继续加强对电力市场建设与市场秩序的监管工作。为稳定电力生产供应，保障电力供需平衡，强化电网安全运行，促进节能减排和资源优化配置，2014年5月18日，发改委就加强和改进发电运行调节管理提出指导意见。

我国电力行业相关政府管理机构主要有：国家能源局、中国电力企业联合会、中国电力规划设计协会。国家能源局是2013年3月根据《国务院关于提请审议国务院机构改革和职能转变方案》，由国家电监会、国家能源局的职责整合，重新组建而成，由国家发展和改革委员会管理，其中一条主要职责为：“监管电力市场运行，规范电力市场秩序，监督检查有关电价，拟订各项电力辅助服务价格，研究提出电力普遍服务政策的建议并监督实施，负责电力行政执法。监管油气管网设施的公平开放。”中国电力企业联合会于1988年由国务院批准成立，是全国电力行业企事业单位的联合组织、非营利的社会团体法人，以服务为宗旨，面向企业、行业、政府和社会，在为会员服务、代表会员利益、反映会员诉求、依法维护会员权益，根据行业约规实施行业自律管理等方面做了大量工作，发挥了桥梁纽带作用，成为在国内外具有较大影响的行业组织。中国电力规划设计协会自1985年成立至今，从初创、独立运作、直至发展成为具有一定影响力和实力的行业组织，为电力勘测设计行业的改革发展发挥了应有的作用。

国内电力行业重点企业主要有：国电电力发展股份有限公司、大唐国际发电股份有限公司。国电电力发展股份有限公司是中国国电集团公司控股的全国性上市发电公司，是中国国电集团公司的核心企业、在资本市场的直接融资窗口和实施整体改制的平台，截至2013年12月31日，全年营业收入达到6,630,680.00万元，同比增长19.08%，净利润达到627,916.00万元，同比增长24.33%；大唐国际发电股份有限公司成立于1994年

12月，经营产业涉足发电、煤炭、煤化工、交通、循环经济等领域，已由单一的发电公司发展为综合能源公司。截至2013年12月31日，全年营业收入达到7,522,750.00万元，同比降低3.05%，净利润达到352,689.00万元，同比降低12.00%。其他重点企业还有华能国际电力股份有限公司、华电国际电力股份有限公司、国投电力控股股份有限公司等。

近年来，由于环境和资源能源约束，寻求绿色低碳发展已成为国际社会的普遍共识。作为主要的能源消耗以及污染物排放行业，电力行业节能减排对于绿色低碳发展意义重大。2002年电力体制改革以来，中国电力行业深入贯彻落实科学发展观，不断加大结构调整力度，积极发展可再生能源，努力降低各项能耗指标，加大污染物控制和减排力度，绿色电力发展取得明显成效。为支撑未来中国绿色经济体系，实现能源资源更优化配置，必须建设以绿色电力为特征的现代电力系统，即以特高压为骨干网架、各级电网相协调、各种电源相配套、电力供应方与电力使用方高度互动的智能化系统。另外，建立节能减排目标责任制并强化考核，是绿色电力快速发展的前提。

电力日益成为能源发展的核心，经济社会对电的依赖程度越来越高。随着城镇化和工业化水平的不断提高，预计到2015年，中国电力消费占终端能源消费的比重将达到25%左右，比2000年提高9个百分点。在“十二五”新的发展阶段，电力需求仍将保持平稳较快增长，供需的结构性变化特征也将逐步显现。2015年，全国全社会用电量将达到5.99万亿-6.57万亿千瓦时，基准方案推荐6.27万亿千瓦时，比2010年增加2.08万亿千瓦时，是全社会用电量增加最多的五年。“十二五”末，我国人均发电装机容量可以达到主要西方国家完成工业阶段时期的人均装机1千瓦水平。

未来能源基础设施建设、投资需求巨大，其中电力投资、将持续增加。中国未来在能源基础设施建设方面的投资，预计将有四分之三会投入电力行业，发电装机将持续快速增长。“十二五”、“十三五”电力工业的建设，除了可有效带动电气机械及器材制造业、金属冶炼及压延加工业、金属制品业等相关传统产业的发展，同时也促进了与智能电网、清洁能源相关的新能源、新材料、信息网络技术、节能环保等高新技术产业和新兴产业的发展。

本文由中投顾问供稿

二、行业法规

中华人民共和国电力法

(1995年12月28日第八届全国人民代表大会常务委员会第十七次会议通过 根据2009年8月27日第十一届全国人民代表大会常务委员会第十次会议《关于修改部分法律的决定》第一次修正 根据2015年4月24日第十二届全国人民代表大会常务委员会第十四次会议《关于修改<中华人民共和国电力法>等六部法律的决定》第二次修正)

第一章 总 则

第一条 为了保障和促进电力事业的发展，维护电力投资者、经营者和使用者的合法权益，保障电力安全运行，制定本法。

第二条 本法适用于中华人民共和国境内的电力建设、生产、供应和使用活动。

第三条 电力事业应当适应国民经济和社会发展的需要，适当超前发展。国家鼓励、引导国内外的经济组织和个人依法投资开发电源，兴办电力生产企业。

电力事业投资，实行谁投资、谁收益的原则。

第四条 电力设施受国家保护。

禁止任何单位和个人危害电力设施安全或者非法侵占、使用电能。

第五条 电力建设、生产、供应和使用应当依法保护环境，采用新技术，减少有害物质排放，防治污染和其他公害。

国家鼓励和支持利用可再生能源和清洁能源发电。

第六条 国务院电力管理部门负责全国电力事业的监督管理。国务院有关部门在各自的职责范围内负责电力事业的监督管理。

县级以上地方人民政府经济综合主管部门是本行政区域内的电力管理部门，负责电力事业的监督管理。县级以上地方人民政府有关部门在各自的职责范围内负责电力事业的监督管理。

第七条 电力建设企业、电力生产企业、电网经营企业依法实行自主经营、自负盈亏，并接受电力管理部门的监督。

第八条 国家帮助和扶持少数民族地区、边远地区和贫困地区发展电力事业。

第九条 国家鼓励在电力建设、生产、供应和使用过程中，采用先进的科学技术和管理方法，对在研究、开发、采用先进的科学技术和管理方法等方面作出显著成绩的单位和个人给予奖励。

第二章 电力建设

第十条 电力发展规划应当根据国民经济和社会发展的需要制定，并纳入国民经济和社会发展计划。

电力发展规划，应当体现合理利用能源、电源与电网配套发展、提高经济效益和有利于环境保护的原则。

第十一条 城市电网的建设与改造规划，应当纳入城市总体规划。城市人民政府应当按照规划，安排变电设施用地、输电线路走廊和电缆通道。

任何单位和个人不得非法占用变电设施用地、输电线路走廊和电缆通道。

第十二条　国家通过制定有关政策，支持、促进电力建设。

地方人民政府应当根据电力发展规划，因地制宜，采取多种措施开发电源，发展电力建设。

第十三条　电力投资者对其投资形成的电力，享有法定权益。并网运行的，电力投资者有优先使用权；未并网的自备电厂，电力投资者自行支配使用。

第十四条　电力建设项目应当符合电力发展规划，符合国家电力产业政策。

电力建设项目不得使用国家明令淘汰的电力设备和技术。

第十五条　输变电工程、调度通信自动化工程等电网配套工程和环境保护工程，应当与发电工程项目同时设计、同时建设、同时验收、同时投入使用。

第十六条　电力建设项目使用土地，应当依照有关法律、行政法规的规定办理；依法征用土地的，应当依法支付土地补偿费和安置补偿费，做好迁移居民的安置工作。

电力建设应当贯彻切实保护耕地、节约利用土地的原则。

地方人民政府对电力事业依法使用土地和迁移居民，应当予以支持和协助。

第十七条　地方人民政府应当支持电力企业为发电工程建设勘探水源和依法取水、用水。电力企业应当节约用水。

第三章　电力生产与电网管理

第十八条　电力生产与电网运行应当遵循安全、优质、经济的原则。

电网运行应当连续、稳定，保证供电可靠性。

第十九条　电力企业应当加强安全生产管理，坚持安全第一、预防为主的方针，建立、健全安全生产责任制度。

电力企业应当对电力设施定期进行检修和维护，保证其正常运行。

第二十条　发电燃料供应企业、运输企业和电力生产企业应当依照国务院有关规定或者合同约定供应、运输和接卸燃料。

第二十一条　电网运行实行统一调度、分级管理。任何单位和个人不得非法干预电网调度。

第二十二条　国家提倡电力生产企业与电网、电网与电网并网运行。具有独立法人资格的电力生产企业要求将生产的电力并网运行的，电网经营企业应当接受。

并网运行必须符合国家标准或者电力行业标准。

并网双方应当按照统一调度、分级管理和平等互利、协商一致的原则，签订并网协议，确定双方的权利和义务；并网双方达不成协议的，由省级以上电力管理部门协调决定。

第二十三条　电网调度管理办法，由国务院依照本法的规定制定。

第四章　电力供应与使用

第二十四条　国家对电力供应和使用，实行安全用电、节约用电、计划用电的管理原则。

电力供应与使用办法由国务院依照本法的规定制定。

第二十五条　供电企业在批准的供电营业区内向用户供电。

供电营业区的划分，应当考虑电网的结构和供电合理性等因素。一个供电营业区内只设立一个供电营业机构。

省、自治区、直辖市范围内的供电营业区的设立、变更，由供电企业提出申请，经省、自治区、直辖市人民政府电力管理部门会同同级有关部门审查批准后，由省、自治区、直辖市人民政府电力管理部门发给《供电营业许可证》。跨省、自治区、直辖市的供电营业区的设立、变更，由国务院电力管理部门审查批准并发给《供电营业许可证》。供电营业机构持《供电营业许可证》向工商行政管理部门申请领取营业执照，方可营业。

第二十六条　供电营业区内的供电营业机构，对本营业区内的用户有按照国家规定供电的义务；不得违反国家规定对其营业区内申请用电的单位和个人拒绝供电。

申请新装用电、临时用电、增加用电容量、变更用电和终止用电，应当依照规定的程序办理手续。

供电企业应当在其营业场所公告用电的程序、制度和收费标准，并提供用户须知资料。

第二十七条　电力供应与使用双方应当根据平等自愿、协商一致的原则，按照国务院制定的电力供应与使用办法签订供用电合同，确定双方的权利和义务。

第二十八条　供电企业应当保证供给用户的供电质量符合国家标准。对公用供电设施引起的供电质量问题，应当及时处理。

用户对供电质量有特殊要求的，供电企业应当根据其必要性和电网的可能，提供相应的电力。

第二十九条　供电企业在发电、供电系统正常的情况下，应当连续向用户供电，不得中断。因供电设施检修、依法限电或者用户违法用电等原因，需要中断供电时，供电企业应当按照国家有关规定事先通知用户。

用户对供电企业中断供电有异议的，可以向电力管理部门投诉；受理投诉的电力管理部门应当依法处理。

第三十条　因抢险救灾需要紧急供电时，供电企业必须尽速安排供电，所需供电工程费用和应付电费依照国家有关规定执行。

第三十一条　用户应当安装用电计量装置。用户使用的电力电量，以计量检定机构依法认可的用电计量装置的记录为准。

用户受电装置的设计、施工安装和运行管理，应当符合国家标准或者电力行业标准。

第三十二条　用户用电不得危害供电、用电安全和扰乱供电、用电秩序。

对危害供电、用电安全和扰乱供电、用电秩序的，供电企业有权制止。

第三十三条　供电企业应当按照国家核准的电价和用电计量装置的记录，向用户计收电费。

供电企业查电人员和抄表收费人员进入用户，进行用电安全检查或者抄表收费时，应当出示有关证件。

用户应当按照国家核准的电价和用电计量装置的记录，按时交纳电费；对供电企业查电人员和抄表收费人员依法履行职责，应当提供方便。

第三十四条　供电企业和用户应当遵守国家有关规定，采取有效措施，做好安全用电、节约用电和计划用电工作。

第五章　电价与电费

第三十五条　本法所称电价，是指电力生产企业的上网电价、电网间的互供电价、电网销售电价。

电价实行统一政策，统一定价原则，分级管理。

第三十六条　制定电价，应当合理补偿成本，合理确定收益，依法计入税金，坚持公平负担，促进电力建设。

第三十七条　上网电价实行同网同质同价。具体办法和实施步骤由国务院规定。

电力生产企业有特殊情况需另行制定上网电价的，具体办法由国务院规定。

第三十八条　跨省、自治区、直辖市电网和省级电网内的上网电价，由电力生产企业和电网经营企业协商提出方案，报国务院物价行政主管部门核准。

独立电网内的上网电价，由电力生产企业和电网经营企业协商提出方案，报有管理权的物价行政主管部门核准。

地方投资的电力生产企业所生产的电力，属于在省内各地区形成独立电网的或者自发自用的，其电价可以由省、自治区、直辖市人民政府管理。

第三十九条　跨省、自治区、直辖市电网和独立电网之间、省级电网和独立电网之间的互供电价，由双方协商提出方案，报国务院物价行政主管部门或者其授权的部门核准。

独立电网与独立电网之间的互供电价，由双方协商提出方案，报有管理权的物价行政主管部门核准。

第四十条　跨省、自治区、直辖市电网和省级电网的销售电价，由电网经营企业提出方案，报国务院物价行政主管部门或者其授权的部门核准。

独立电网的销售电价，由电网经营企业提出方案，报有管理权的物价行政主管部门核准。

第四十一条　国家实行分类电价和分时电价。分类标准和分时办法由国务院确定。

对同一电网内的同一电压等级、同一用电类别的用户，执行相同的电价标准。

第四十二条　用户用电增容收费标准，由国务院物价行政主管部门会同国务院电力管理部门制定。

第四十三条　任何单位不得超越电价管理权限制定电价。供电企业不得擅自变更电价。

第四十四条　禁止任何单位和个人在电费中加收其他费用；但是，法律、行政法规另有规定的，按照规定执行。

地方集资办电在电费中加收费用的，由省、自治区、直辖市人民政府依照国务院有关规定制定办法。

禁止供电企业在收取电费时，代收其他费用。

第四十五条　电价的管理办法，由国务院依照本法的规定制定。

第六章　农村电力建设和农业用电

第四十六条　省、自治区、直辖市人民政府应当制定农村电气化发展规划，并将其纳入当地电力发展规划及国民经济和社会发展计划。

第四十七条　国家对农村电气化实行优惠政策，对少数民族地区、边远地区和贫困地区的农村电力建设给予重点扶持。

第四十八条　国家提倡农村开发水能资源，建设中、小型水电站，促进农村电气化。

国家鼓励和支持农村利用太阳能、风能、地热能、生物质能和其他能源进行农村电源建设，增加农村电力供应。

第四十九条　县级以上地方人民政府及其经济综合主管部门在安排用电指标时，应当保证农业和农村用电的适当比例，优先保证农村排涝、抗旱和农业季节性生产用电。

电力企业应当执行前款的用电安排，不得减少农业和农村用电指标。

第五十条　农业用电价格按照保本、微利的原则确定。

农民生活用电与当地城镇居民生活用电应当逐步实行相同的电价。

第五十一条　农业和农村用电管理办法，由国务院依照本法的规定制定。

第七章　电力设施保护

第五十二条　任何单位和个人不得危害发电设施、变电设施和电力线路设施及其有关辅助设施。

在电力设施周围进行爆破及其他可能危及电力设施安全的作业的，应当按照国务院有关电力设施保护的规定，经批准并采取确保电力设施安全的措施后，方可进行作业。

第五十三条　电力管理部门应当按照国务院有关电力设施保护的规定，对电力设施保护区设立标志。

任何单位和个人不得在依法划定的电力设施保护区内修建可能危及电力设施安全的建筑物、构筑物，不得种植可能危及电力设施安全的植物，不得堆放可能危及电力设施安全的物品。

在依法划定电力设施保护区前已经种植的植物妨碍电力设施安全的，应当修剪或者砍伐。

第五十四条　任何单位和个人需要在依法划定的电力设施保护区内进行可能危及电力设施安全的作业时，应当经电力管理部门批准并采取安全措施后，方可进行作业。

第五十五条　电力设施与公用工程、绿化工程和其他工程在新建、改建或者扩建中相互妨碍时，有关单位应当按照国家有关规定协商，达成协议后方可施工。

第八章　监督检查

第五十六条　电力管理部门依法对电力企业和用户执行电力法律、行政法规的情况进行监督检查。

第五十七条　电力管理部门根据工作需要，可以配备电力监督检查人员。

电力监督检查人员应当公正廉洁，秉公执法，熟悉电力法律、法规，掌握有关电力专业技术。

第五十八条　电力监督检查人员进行监督检查时，有权向电力企业或者用户了解有关执行电力法律、行政法规的情况，查阅有关资料，并有权进入现场进行检查。

电力企业和用户对执行监督检查任务的电力监督检查人员应当提供方便。

电力监督检查人员进行监督检查时，应当出示证件。

第九章　法律责任

第五十九条　电力企业或者用户违反供用电合同，给对方造成损失的，应当依法承担赔偿责任。

电力企业违反本法第二十八条、第二十九条第一款的规定，未保证供电质量或者未事先通知用户中断供电，给用户造成损失的，应当依法承担赔偿责任。

第六十条　因电力运行事故给用户或者第三人造成损害的，电力企业应当依法承担赔偿责任。

电力运行事故由下列原因之一造成的，电力企业不承担赔偿责任：

（一）不可抗力；

（二）用户自身的过错。

因用户或者第三人的过错给电力企业或者其他用户造成损害的，该用户或者第三人应当依法承担赔偿责任。

第六十一条　违反本法第十一条第二款的规定，非法占用变电设施用地、输电线路走廊或者电缆通道的，由县级以上地方人民政府责令限期改正；逾期不改正的，强制清除障碍。

第六十二条　违反本法第十四条规定，电力建设项目不符合电力发展规划、产业政策的，由电力管理部门责令停止建设。

违反本法第十四条规定，电力建设项目使用国家明令淘汰的电力设备和技术的，由电力管理部门责令停止使用，没收国家明令淘汰的电力设备，并处五万元以下的罚款。

第六十三条　违反本法第二十五条规定，未经许可，从事供电或者变更供电营业区的，由电力管理部门责令改正，没收违法所得，可以并处违法所得五倍以下的罚款。

第六十四条　违反本法第二十六条、第二十九条规定，拒绝供电或者中断供电的，由电力管理部门责令改正，给予警告；情节严重的，对有关主管人员和直接责任人员给予行政处分。

第六十五条　违反本法第三十二条规定，危害供电、用电安全或者扰乱供电、用电秩序的，由电力管理部门责令改正，给予警告；情节严重或者拒绝改正的，可以中止供电，可以并处五万元以下的罚款。

第六十六条　违反本法第三十三条、第四十三条、第四十四条规定，未按照国家核准的电价和用电计量装置的记录向用户计收电费、超越权限制定电价或者在电费中加收其他费用的，由物价行政主管部门给予警告，责令返还违法收取的费用，可以并处违法收取费用五倍以下的罚款；情节严重的，对有关主管人员和直接责任人员给予行政处分。

第六十七条　违反本法第四十九条第二款规定，减少农业和农村用电指标的，由电力管理部门责令改正；情节严重的，对有关主管人员和直接责任人员给予行政处分；造成损失的，责令赔偿损失。

第六十八条　违反本法第五十二条第二款和第五十四条规定，未经批准或者未采取安全措施在电力设施周围或者在依法划定的电力设施保护区内进行作业，危及电力设施安全的，由电力管理部门责令停止作业、恢复原状并赔偿损失。

第六十九条　违反本法第五十三条规定，在依法划定的电力设施保护区内修建建筑物、构筑物或者种植植物、堆放物品，危及电力设施安全的，由当地人民政府责令强制拆除、砍伐或者清除。

第七十条　有下列行为之一，应当给予治安管理处罚的，由公安机关依照治安管理处罚条例的有关规定予以处罚；构成犯罪的，依法追究刑事责任：

（一）阻碍电力建设或者电力设施抢修，致使电力建设或者电力设施抢修不能正常进行的；

（二）扰乱电力生产企业、变电所、电力调度机构和供电企业的秩序，致使生产、工作和营业不能正常进行的；

（三）殴打、公然侮辱履行职务的查电人员或者抄表收费人员的；

（四）拒绝、阻碍电力监督检查人员依法执行职务的。

第七十一条　盗窃电能的，由电力管理部门责令停止违法行为，追缴电费并处应交电费五倍以下的罚款；构成犯罪的，依照刑法第一百五十一条或者第一百五十二条的规定追究刑事责任。

第七十二条　盗窃电力设施或者以其他方法破坏电力设施，危害公共安全的，依照刑法第一百零九条或者第一百一十条的规定追究刑事责任。

第七十三条　电力管理部门的工作人员滥用职权、玩忽职守、徇私舞弊，构成犯罪的，依法追究刑事责任；尚不构成犯罪的，依法给予行政处分。

第七十四条　电力企业职工违反规章制度、违章调度或者不服从调度指令，造成重大事故的，比照刑法第一百一十四条的规定追究刑事责任。

电力企业职工故意延误电力设施抢修或者抢险救灾供电，造成严重后果的，比照刑法第一百一十四条的规定追究刑事责任。

电力企业的管理人员和查电人员、抄表收费人员勒索用户、以电谋私，构成犯罪的，依法追究刑事责任；尚不构成犯罪的，依法给予行政处分。

第十章　附　则

第七十五条　本法自1996年4月1日起施行。

三、相关企业介绍

北京市

中海阳能源集团股份有限公司
地址：北京市昌平区科技园区超前路17号
…………………… Tel：010-51294999

北京华恒海惠海洋能有限责任公司
地址：北京市昌平区十三陵镇泰胡路4号104房间
…………………… Tel：010-88144172

大有开源（北京）售电有限公司
地址：北京市昌平区城北街道鼓楼西街12号楼3层29-1
…………………… Tel：010-58263809

北京华煤诺亚科技有限公司
地址：北京市昌平区科技园区超前路9号B座2308室
…………………… Tel：010-58720661

北京华阳风科技有限公司
地址：北京市昌平区科技园区超前路23号院C区1层135号
…………………… Tel：010-59456186

三一重能股份有限公司
地址：北京市昌平区北清路三一产业园
…………………… Tel：010-60765994

北京市三一重机有限公司
地址：北京市昌平区科技园区火炬街18号甲
…………………… Tel：010-60768168

中国大唐集团科学技术研究院总院有限公司
地址：北京市昌平区未来科学城英才北三街16号院15号楼2单元409室
…………………… Tel：010-80732016

科诺伟业风能设备（北京）有限公司
地址：北京市昌平区科技园区超前路37号院16号楼2层C2058
…………………… Tel：010-82379293

中国华电集团发电运营有限公司
地址：北京市昌平区白浮泉路17号综合楼401
…………………… Tel：010-83565969

国家电投集团北京东方新能源发电有限公司
地址：北京市昌平区南口镇道北南厂住宅中区269号1幢101、102室
…………………… Tel：13831146513

北京中油协工程建设监理有限责任公司
地址：北京市朝阳区高碑店兴隆庄兴隆湖景别墅1号楼301室
…………………… Tel：13911417770

北京金州工程有限公司
地址：北京市朝阳区大屯路科学园南里风林绿洲Ⅰ乙号楼801号
…………………… Tel：010-53293535

神华国华（北京）燃气热电有限公司
地址：北京市朝阳区金盏乡马各庄村规划北京东北热电中心用地
…………………… Tel：010-57752020

中国能源投资有限公司
地址：北京市朝阳区安定门外大街1号9层908室
…………………… Tel：010-58295686

北京贝楼斯售电有限公司
地址：北京市朝阳区东大桥路8号1楼916室
…………………… Tel：010-58703231

北京中弘双电发电设备有限公司
地址：北京市朝阳区百子湾西里403号楼15层1510
…………………… Tel：010-59693501

北京北开科达电气设备有限公司
地址：北京市朝阳区朝外大街乙6号4层05072
…………………… Tel：010-61594662

北京太和人居能源科技有限公司
地址：北京市朝阳区将台路5号院5号楼一层1083室
…………………… Tel：010-62701881

国能生物发电集团有限公司
地址：北京市朝阳区北沙滩1号院37号楼
…………………… Tel：010-63505376

北京中诚安源电力技术有限公司
地址：北京市朝阳区安华里五区21号楼3层3302内301
…………………… Tel：010-64455570

中兴电力股份有限公司
地址：北京市朝阳区农展馆南路13号瑞辰国际中心8层917室
…………………… Tel：010-65086977

中海外新能源电力开发有限公司
地址：北京市朝阳区东大桥路8号1号楼10层1112-7
…………………… Tel：010-65265050

中企国能（北京）电力有限公司
地址：北京市朝阳区化工路59号院1号楼六层A-701A室
…………………… Tel：010-67376577

中国科学器材有限公司
地址：北京市朝阳区太阳宫中路19号院1号楼
…………………… Tel：010-84438905

北京三自能源有限公司
地址：北京市朝阳区光华路丙12号1号楼10层1103
…………………… Tel：010-84779936

北京博威能源科技股份有限公司
地址：北京市朝阳区东四环中路39号2层A单元211
…………………… Tel：010-84839595

北京京能国际能源股份有限公司
地址：北京市朝阳区永安东里16号(CBD国际大厦)22层
…………………… Tel：010-85218681

北京中电融联新能源科技有限公司
地址：北京市朝阳区建国路77号24层2401内2486
…………………… Tel：010-85872405

神华国华（北京）电力研究院有限公司
地址：北京市朝阳区酒仙桥路12号电子城科技大厦906室
…………………… Tel：010-85957035

华能北京热电有限责任公司
地址：北京市朝阳区高碑店路南
…………………… Tel：010-87737117

北京长河机电有限公司
地址：北京市北京经济技术开发区科创十四街20号院10号楼四单元203室
…………………… Tel：010-52936360

北京汇通聚原风电技术有限公司
地址：北京市北京经济技术开发区荣华南路10号院3号楼9层1010
…………………… Tel：010-53605927

赫普能源（北京）有限公司
地址：北京市北京经济技术开发区科创十三街18号院12号楼401室
…………………… Tel：010-53855017

北京海瑞克科技发展有限公司
地址：北京市北京经济技术开发区科创十四街6号院1号楼7层701室
…………………… Tel：010-56386089

中泰嘉纳尔科技（北京）股份有限公司
地址：北京市北京经济技术开发区运成街2号1幢B座5层507室
…………………… Tel：010-56928366

北京博比风电科技有限公司
地址：北京市北京经济技术开发区荣华中路19号院1号楼B座11层1108室
…………………… Tel：010-57396029

中国航发动力科技工程有限责任公司
地址：北京市北京经济技术开发区地盛北街1号院36号楼4008单元(集中办公区)
…………………… Tel：010-57827337

北京万源工业有限公司
地址：北京市北京经济技术开发区同济北路6号
…………………… Tel：010-58025858

北京东源设备安装有限公司
地址：北京市大兴区庆祥南路29号院4号楼3层301
…………………… Tel：010-58816198-805

北京京东方能源科技有限公司
地址：北京市北京经济技术开发区地泽路11号1号楼一层
…………………… Tel：010-60963873

北京市天壕智慧余热发电有限公司
地址：北京市大兴区青云店镇垡上产业园康顺路1号
…………………… Tel：010-62215518

北京天云动力科技有限公司
地址：北京市大兴区经济开发区科苑路18号1幢C1户型一层1048室
…………………… Tel：010-63332986

中清能绿洲科技股份有限公司
地址：北京市大兴区经济开发区科苑路18号1幢A3户型一层272室
…………………… Tel：010-63733600

葛洲坝能源重工有限公司
地址：北京市北京经济技术开发区万源街3号办公楼一层
…………………… Tel：010-64788616

北京金风科创风电设备有限公司
地址：北京市北京经济技术开发区康定街19号
…………………… Tel：010-67511888-3090

北京嘉捷恒信能源技术有限责任公司
地址：北京市北京经济技术开发区经海四路25号院7号楼
…………………… Tel：010-67817878

北京天诚同创电气有限公司
地址：北京市北京经济技术开发区博兴一路8号1幢
…………………… Tel：010-67853789

北京鑫叶新能源科技有限责任公司
地址：北京市北京经济技术开发区景园北街2号院67号楼13层1609号
…………………… Tel：010-67857437

中电思创（北京）售电有限责任公司
地址：北京市大兴区黄村镇林校路60号楼3层304
…………………… Tel：010-67899847

中电高捷（北京）机电设备有限公司
地址：北京市大兴区金星路12号院4号楼2层3201室
…………………… Tel：010-69225898

北京中禾永盛能源科技有限公司
地址：北京市大兴区盛坊路1号院4号楼6层602号
…………………… Tel：010-80256226

北京京能新能源有限公司
地址：北京市大兴区青云店镇康顺南路1号院202室
…………………… Tel：010-85406036

北京众能力电科技有限公司
地址：北京市北京经济技术开发区荣华南路10号院5号楼4层503
…………………… Tel：010-87227420

北京三力新能电气设备有限公司
地址：北京市北京经济技术开发区经海二路29号院3号楼5层B
…………………… Tel：010-87246027-8001

北京三力新能科技有限公司
地址：北京市北京经济技术开发区经海二路29号院3号楼5层A
…………………… Tel：010-87246027-8001

北京玉柴科技股份有限公司
地址：北京市北京经济技术开发区西环南路26号院7号楼315室
…………………… Tel：010-88312586

中国神华能源股份有限公司
地址：北京市东城区安定门西滨河路22号
…………………… Tel：010-58133355

国网北京市电力公司
地址：北京市西城区前门西大街41号
…………………… Tel：010-63121295

英利能源（北京）有限公司
地址：北京市东城区朝阳门北大街8号5-27、A27、-A27、A28
…………………… Tel：010-65546068

北京中船信海新能源发展有限公司
地址：北京市东城区安定路甲30号4幢A103室
…………………… Tel：010-84109820

中海油能源发展股份有限公司
地址：北京市东城区东直门外小街6号
…………………… Tel：010-84521454

北京协合运维风电技术有限公司
地址：北京市东城区后永康胡同17号529A室
…………………… Tel：010-88314888

中科风电（北京）有限公司
地址：北京市东城区永定门内东街中里9-17号2091房间
…………………… Tel：010-88869061

中能联合（北京）电力有限公司
地址：北京市房山区长沟镇金元大街1号北京基金小镇大厦A座337
…………………… Tel：010-63580060

北京市燕东园物业管理中心
地址：北京市房山区燕山办事处东流水工业区
…………………… Tel：010-69347046

北京电力设备总厂有限公司
地址：北京市房山区良乡昊天大街12号
…………………… Tel：010-69372305

北京天韵太阳科技发展有限公司
地址：北京市房山区周口店镇南韩继村委会西280米
…………………… Tel：010-69387359-809

北京市天壕前景节能科技有限公司
地址：北京市房山区青龙湖镇坨里西大街318号
…………………… Tel：010-82873098

中电科电子装备集团有限公司
地址：北京市丰台区南四环西路128号中铁建工集团总部办公大楼(诺德中心1号楼)西塔7层
…………………… Tel：010-51136978

中国铁路北京局集团有限公司北京供电段
地址：北京市丰台区金家村287号
…………………… Tel：010-51864013

国电华北电力有限公司
地址：北京市丰台区南四环西路188号12区16号
…………………… Tel：010-51979000

北京京桥热电有限责任公司
地址：北京市丰台区草桥东路29号
…………………… Tel：010-53208210

通达建业能源集团有限公司
地址：北京市丰台区南四环西路128号院1号楼4层425号
…………………… Tel：010-53556871

北京昊泰发电设备有限公司
地址：北京市丰台区马家堡东路106号2号楼10层1022
…………………… Tel：010-59694320

中广核风力发电有限公司
地址：北京市丰台区南四环西路188号12区
…………………… Tel：010-63712081

中广核风电有限公司
地址：北京市丰台区南四环西路188号12区2号楼
…………………… Tel：010-63712081

中广核太阳能开发有限公司
地址：北京市丰台区南四环西路188号12区2号楼402室
…………………… Tel：010-63712081

奥福能源股份有限公司
地址：北京市丰台区外环西路26号院56号楼一层
…………………… Tel：010-63713111

北京三兴汽车有限公司
地址：北京市丰台区新村一里15号
…………………… Tel：010-63716231

北京托玛仕新能源科技有限公司
地址：北京市丰台区海鹰路1号院2号楼6层1-13内628室
…………………… Tel：010-63788280

新兴重工集团有限公司
地址：北京市丰台区南四环西路188号15区6号楼
…………………… Tel：010-66235802

中国运载火箭技术研究院
地址：北京市丰台区南大红门路1号
…………………… Tel：010-68381034

北京京丰燃气发电有限责任公司
地址：北京市丰台区云岗西路15号
…………………… Tel：010-83316617

北京京丰燃气发电有限责任公司
地址：北京市丰台区云岗西路15号
…………………… Tel：010-83316617

北京动力源科技股份有限公司
地址：北京市丰台区科技园区星火路8号
…………………… Tel：010-83682266

北京上庄燃气热电有限公司
地址：北京市海淀区上庄镇西马坊村村委会院内西平房一间
…………………… Tel：010-51983506-6215

北京科利源热电有限公司
地址：北京市海淀区清河三街七十二号
…………………… Tel：010-57512824

国电龙源电气有限公司
地址：北京市海淀区西四环中路16号院1号楼14层1401
…………………… Tel：010-57657540

国电龙源电力技术工程有限责任公司
地址：北京市海淀区西四环中路16号院1号楼12层1201室
…………………… Tel：010-57657716

北京市太阳能研究所有限公司
地址：北京市海淀区安宁庄西路9号院25号楼6层3-623
…………………… Tel：010-57930217

中国电力建设集团有限公司
地址：北京市海淀区车公庄西路22号院2号楼18层
…………………… Tel：010-58368693

中国水电建设集团新能源开发有限责任公司
地址：北京市海淀区车公庄西路22号

……………………… Tel：010-58381612
中国水电建设集团新能源开发有限责任公司
地址：北京市海淀区车公庄西路22号
……………………… Tel：010-58381612
大唐环境产业集团股份有限公司
地址：北京市海淀区紫竹院路120号
……………………… Tel：010-58389999
中国长江电力股份有限公司
地址：北京市海淀区玉渊潭南路1号B座
……………………… Tel：010-58688900
中国长江电力股份有限公司
地址：北京市海淀区玉渊潭南路1号B座
……………………… Tel：010-58688900
北京能高自动化技术股份有限公司
地址：北京市海淀区上园村3号知行大厦六层
……………………… Tel：010-62165085
天壕环境股份有限公司
地址：北京市海淀区西直门北大街32号枫蓝国际中心2号楼906室
……………………… Tel：010-62215518
鑫鲁禹能源科技（北京）有限公司
地址：北京市海淀区温泉镇白家疃村北平房
……………………… Tel：010-62405227
北京南都昊诚电源设备有限责任公司
地址：北京市海淀区善缘街1号8层3-802
……………………… Tel：010-62618891
北京四方继保自动化股份有限公司
地址：北京市海淀区上地信息产业基地四街9号
……………………… Tel：010-62961515
北京四方继保工程技术有限公司
地址：北京市海淀区上地四街9号(四方大厦6层)
……………………… Tel：010-62961515
绿色煤电有限公司
地址：北京市海淀区复兴路甲23号
……………………… Tel：010-63290900
中国恩菲工程技术有限公司
地址：北京市海淀区复兴路12号
……………………… Tel：010-63936881
中天万和能源投资有限公司
地址：北京市海淀区农大南路88号2号楼3层321房间
……………………… Tel：010-63949511
中国通信建设北京工程局有限公司
地址：北京市海淀区北蜂窝电信甲楼
……………………… Tel：010-63951320
北京天源科创风电技术有限责任公司
地址：北京市海淀区大柳树富海中心3号楼13层1302号
……………………… Tel：010-67511880-5147
华能新能源股份有限公司
地址：北京市海淀区复兴路甲23号10、11层
……………………… Tel：010-68297611
铁塔能源有限公司
地址：北京市海淀区阜成路73号A座12层
……………………… Tel：010-68708693
中国核能电力股份有限公司
地址：北京市海淀区玲珑路9号院东区10号楼
……………………… Tel：010-81920190
北京中创瑞普科技有限公司
地址：北京市海淀区中关村南大街2号北京科技会展中心写字楼1506号
……………………… Tel：010-82511289
北京硕瑞伟业控制技术股份有限公司
地址：北京市海淀区北三环西路48号北京科技会展中心写字楼1506室
……………………… Tel：010-82511959
北京乡电电力有限公司
地址：北京市海淀区中关村大街27号中关村大厦611室
……………………… Tel：010-82856138
北京阳安新能源技术有限公司
地址：北京市海淀区清河嘉园东区甲1号楼四层401-135号
……………………… Tel：010-82873098
中节能风力发电股份有限公司
地址：北京市海淀区西直门北大街42号节能大厦A座12层
……………………… Tel：010-83052221
北京亿力新能源股份有限公司
地址：北京市海淀区大慧寺5号3号楼二层西二房
……………………… Tel：010-87500559
华兴电力股份公司
地址：北京市海淀区首体南路20号4、5号楼3层301
……………………… Tel：010-88356537
北京意科瑞思能源技术有限公司
地址：北京市海淀区中关村南大街17号3号楼18层1808
……………………… Tel：010-88570195
北京市晋铁恒利工贸有限公司
地址：北京市怀柔区桥梓镇茶坞车站
……………………… Tel：010-51048901
诺能（北京）售电有限公司
地址：北京市怀柔区庙城镇庙城293号院2号楼三层
……………………… Tel：010-56280326
北京电通浩诚发电设备有限公司
地址：北京市怀柔区雁栖经济开发区牛河路55号
……………………… Tel：010-62173613
金江水力发电集团有限公司
地址：北京市怀柔区汤河口镇汤河口大街680号105室
……………………… Tel：010-83914567
汉唐电力能源（北京）有限公司
地址：北京市门头沟区石龙经济开发区永安路20号3号楼A-4803室
……………………… Tel：010-59700900
北京中能智控电力集团有限公司
地址：北京市门头沟区双峪路35号院1号7层F701-242
……………………… Tel：010-60157968
新华水力发电有限公司
地址：北京市门头沟区石龙经济开发区永安路20号3幢B1-0808室
……………………… Tel：010-83681256
北京华电水电有限公司
地址：北京市密云区溪翁庄镇水库南线路219号
……………………… Tel：010-69012463
国能风力发电有限公司
地址：北京市平谷区峪口镇峪蔡路8号
……………………… Tel：010-61900660
国能风力发电有限公司
地址：北京市平谷区峪口镇峪蔡路8号
……………………… Tel：010-61900660
北京国能峪口生物发电有限公司
地址：北京市平谷区峪口产业基地1号地块
……………………… Tel：010-61907092
北京融和晟源售电有限公司
地址：北京市平谷区林荫北街13号信息大厦802室
……………………… Tel：010-64998233
北京德普新源科技发展有限公司
地址：北京市平谷区林荫北街13号信息大厦802室
……………………… Tel：010-65182626
国能集团有限公司
地址：北京市平谷区峪蔡路8号8幢208室
……………………… Tel：010-65189901
北京北重汽轮电机有限责任公司
地址：北京市石景山区吴家村
……………………… Tel：010-51792211
北京京城新能源有限公司
地址：北京市石景山区八大处高科技园区西井路3号3号楼5755房间
……………………… Tel：010-51792416
北京南自凌伊电力自动化技术有限公司
地址：北京市石景山区城通街26号院5号楼24层2409
……………………… Tel：010-62263315
航天神禾科技（北京）有限公司
地址：北京市石景山区八大处路49号院1号楼8层801室
……………………… Tel：010-80503732
中国大唐集团新能源股份有限公司
地址：北京市石景山区八大处路49号院4号楼6层6197
……………………… Tel：010-81130729
中国大唐集团新能源股份有限公司
地址：北京市石景山区八大处路49号院4号楼6层6197
……………………… Tel：010-81130729
中节能太阳能科技有限公司
地址：北京市石景山区八大处高科技园区西井路3号1号楼
……………………… Tel：010-83052472
云泰电力有限公司
地址：北京市石景山区实兴大街30号院17号楼6层87号
……………………… Tel：010-84783288
北京京能电力股份有限公司
地址：北京市石景山区广宁路10号
……………………… Tel：010-85218681
北京京能电力股份有限公司
地址：北京市石景山区广宁路10号
……………………… Tel：010-85218681
电王精密电器（北京）有限公司
地址：北京市顺义区大孙各庄镇西尹家府村杜石路西尹段1号
……………………… Tel：010-56257698
仟亿达集团股份有限公司
地址：北京市顺义区高丽营镇金马工业区94号
……………………… Tel：010-56874500
中清能绿洲（北京）能源科技有限公司
地址：北京市顺义区高丽营镇金马园二街116号
……………………… Tel：010-63733600
飞翔有限公司
地址：北京市顺义区李桥镇张辛村南造纸仓库
……………………… Tel：010-64315909
北京首都机场动力能源有限公司
地址：北京市顺义区天竺镇府右街6号
……………………… Tel：010-64545522
北京华电分布式光伏发电有限公司
地址：北京市顺义区北小营镇上宏中路20号
……………………… Tel：010-69012463
北京亚电亚能售电有限公司
地址：北京市通州区中关村科技园区通州园国际种业科技园区聚和七街1号-1023
……………………… Tel：010-52881096
北京华鼎电源集团有限公司
地址：北京市通州区工业开发区云杉南路17号6幢三层6308号
……………………… Tel：010-59600966
北京佩特来电器有限公司
地址：北京市通州区宋庄镇小堡村南
……………………… Tel：010-69596333
中际联合（北京）科技股份有限公司
地址：北京市通州区创益东二路15号院1号楼
……………………… Tel：010-69597866
新智能源系统控制有限责任公司
地址：北京市通州区中关村科技园区通州园光机电一体化产业基地政府路2号046室
……………………… Tel：010-86225685
国网冀北电力有限公司
地址：北京市西城区枣林前街32号
……………………… Tel：010-56583399
中国电力工程顾问集团华北电力设计院有限公司
地址：北京市西城区黄寺大街甲24号
……………………… Tel：010-59385588
华能国际电力股份有限公司
地址：北京市西城区复兴门内大街6号(华能大厦)
……………………… Tel：010-63226999
华能国际电力开发公司
地址：北京市西城区复兴门南大街丙2号
……………………… Tel：010-63228200
国网新源控股有限公司
地址：北京市西城区白广路二条一号
……………………… Tel：010-63416515
龙源电力集团能源销售有限公司
地址：北京市西城区阜成门北大街6号(C幢)07层6-36
……………………… Tel：010-63887001
龙源电力集团股份有限公司
地址：北京市西城区阜成门北大街6号(c幢)20层2006室
……………………… Tel：010-63887602
北京国发华企节能科技有限公司
地址：北京市西城区府右街3号101室
……………………… Tel：010-66053310
神华国能集团有限公司
地址：北京市西城区金融大街乙26号
……………………… Tel：010-66491135
国投电力有限公司
地址：北京市西城区西直门南小街147号11层
……………………… Tel：010-66579965
中国大唐集团有限公司
地址：北京市西城区广宁伯街1号
……………………… Tel：010-66586658
北京中佳银讯科技有限公司
地址：北京市西城区德胜门外大街11号1栋605(德胜园区)
……………………… Tel：010-68012088
华电（北京）热电有限公司
地址：北京市西城区莲花池东路16号
……………………… Tel：010-68202022
中国水利电力物资集团有限公司
地址：北京市西城区广安门内大街甲306号
……………………… Tel：010-68777001
中国电力工程顾问集团新能源有限公司
地址：北京市西城区安德路65号516房间
……………………… Tel：010-82286300
华北电网有限公司
地址：北京市西城区广安门内大街482号
……………………… Tel：010-83583114
大唐国际发电股份有限公司
地址：北京市西城区广宁伯街9号
……………………… Tel：010-88008111
大唐京津冀能源开发有限公司
地址：北京市西城区菜市口大街1号7层701
……………………… Tel：010-88008111
大唐京津冀能源营销有限公司
地址：北京市西城区广宁伯街9号楼16层1601
……………………… Tel：010-88008233
东方合能新能源（北京）有限公司
地址：北京市延庆区八达岭经济开发区康西路1887号
……………………… Tel：010-63909761
北京京能清洁能源电力股份有限公司延庆光伏发电分公司
地址：北京市延庆区八达岭经济开发区康西路1558号
……………………… Tel：010-69118888
北京中能发电力设备有限公司
地址：北京市延庆区康庄镇工业开发区北路4号
……………………… Tel：010-69131109
北京京仪绿能电力系统工程有限公司
地址：北京市延庆区八达岭镇西康路22号4幢1层101室
……………………… Tel：010-87153606
北京京能清洁能源电力股份有限公司
地址：北京市延庆区八达岭经济开发区紫光东路1号118室
……………………… Tel：010-87407027
国电海外电力股份有限公司
地址：北京市昌平区科技园区中兴路10号B205室
……………………… Tel：010-58688216

天津市

天津开发区广源电子设备工程有限公司
地址：天津开发区逸仙科学工业园区
……………………… Tel：15822578758
天津中燃兆俊燃气有限公司
地址：天津市宝坻区史各庄镇通唐公路杨辛庄村西侧
……………………… Tel：022-29241717
天津天重重型机器有限公司
地址：北辰区高峰路
……………………… Tel：022-26340716
天津市森朗农业发展有限公司
地址：天津市北辰区京福公路东（红光农场内）
……………………… Tel：022-26952521
天津农垦红光有限公司
地址：天津市北辰区青光镇京福公路东（红光农场内）
……………………… Tel：022-26954614
弗兰德传动系统有限公司
地址：天津高新技术产业园区北辰科技工业园
……………………… Tel：022-28402676
天津市既济电气控制设备有限公司
地址：天津市北辰经济开发区双辰前路1号
……………………… Tel：022-58638787
天津天发发电设备制造有限公司
地址：北辰科技园区景祥路1号
……………………… Tel：022-86813043
天津博威动力设备有限公司
地址：天津市北辰区天津北辰经济技术开发区高端装备制造产业园永进道130号
……………………… Tel：022-86859198
天津捷强动力装备股份有限公司
地址：天津市北辰区科技园区汾河南道18号
……………………… Tel：022-86878696
天津开合售电有限公司
地址：天津市北辰区天津北辰经济技术开发区（辰寰星谷孵化器H座1门486室）
……………………… Tel：022-86986821
华电重工机械有限公司
地址：北辰区北辰科技园区景顺路8号
……………………… Tel：022-86996812
欧曼新能源技术（天津）有限公司
地址：天津市滨海高新区华苑产业区华天道海泰信息广场F座624-2室
……………………… Tel：022-24354608
中交第一航务工程局有限公司
地址：天津港保税区跃进路航运服务中心8#楼
……………………… Tel：022-25600500
神华国能天津大港发电厂有限公司
地址：天津市滨海新区津歧公路西侧东风大桥以北
……………………… Tel：022-25903190
大港油田集团电力公司
地址：天津市大港油田红旗路
……………………… Tel：022-25931327
天津润沃供水安装工程有限公司
地址：天津大港油田供水供电公司北区
……………………… Tel：022-25935960
天津悦晟工程项目管理有限公司
地址：天津大港油田开发道东侧99-1-105
……………………… Tel：022-25975249
天津津通华电气设备有限公司
地址：天津市滨海新区大港中塘镇示范区安港三路东267号
……………………… Tel：022-28769796
天津国能能源销售有限公司
地址：天津自贸试验区（中心商务区）庆盛道以西、集华道以南恒富大厦北塔1-1-2607（恒富（天津）商务秘书服务有限公司托管第298号）
……………………… Tel：022-58377317
佰思电力设备（天津）有限公司
地址：天津经济技术开发区第二大街3号A207

Tel：17695942737

华能临港（天津）燃气热电有限公司
地址：天津滨海新区临港经济区淮河道2218号
Tel：022-59880000

华能（天津）煤气化发电有限公司
地址：天津临港经济区1号
Tel：022-59880000

华能（天津）煤气化发电有限公司
地址：天津临港经济区1号
Tel：022-59880000

天津国电申能电力有限公司
地址：天津市滨海新区小王庄镇天津市科惠生产力促进中心222号
Tel：022-59896611

天津国电洁能电力有限公司
地址：天津市滨海新区大港港西街鑫泰小区东侧
Tel：022-59896611

天津国电申能电力有限公司
地址：天津市滨海新区小王庄镇天津市科惠生产力促进中心222号
Tel：022-59896611

天津滨海设备配套技术有限公司
地址：天津滨海高新区滨海科技园高研道20号综合楼1号楼204号
Tel：022-60177780

天津滨海光热反射技术有限公司
地址：天津滨海高新区滨海科技园高研道20号综合楼1号楼202号
Tel：022-60177780

天津滨海光热集热技术有限公司
地址：天津滨海高新区滨海科技园高研道20号综合楼1号楼203号
Tel：022-60177780

天津市润泓达管件制造有限公司
地址：天津市滨海新区大港炼油厂南侧
Tel：022-63203220

天津市云来机电设备发展有限公司
地址：天津市滨海新区中塘镇天津中塘工业区中源路与中祥道交口
Tel：022-63266064

天津海纳天成能源管理有限公司
地址：天津经济技术开发区（南港工业区）综合服务区办公楼C座108室22单元
Tel：022-65391111

天津焱宝电力有限公司
地址：天津市滨海新区君景广场1-4-1307
Tel：022-66203480

天津生态城能源投资建设有限公司
地址：天津市滨海新区中新天津生态城动漫中路865号创意大厦5-601
Tel：022-66328633

中国海洋石油渤海有限公司
地址：天津市滨海新区渤海石油路688号
Tel：022-66502753

天津华电南疆热电有限公司
地址：天津市滨海新区中心商务区水线路2号增1号于家堡金融区服务中心101-136（集中办公区）
Tel：022-66687010

中国海洋石油渤海有限公司天津水电热工程技术分公司
地址：天津市滨海新区中心商务区东沽石油新村583号
Tel：022-66916715

天津国投津能发电有限公司
地址：天津市滨海新区汉沽汉南路266号
Tel：022-67902888

天津明阳风电设备有限公司
地址：天津市津汉公路13888号滨海高新区滨海科技园高新六路526号二号楼
Tel：022-84840058

天津开发区欧亚设备安装有限公司
地址：天津开发区晓园新村43号301室
Tel：022-88223315

天津源磁通电力有限公司
地址：天津市东丽区华明街满江东道矽谷港湾B1-21-4-F1号
Tel：022-59909256

天津军粮城发电有限公司
地址：东丽区津塘公路318号（天津军粮城发电厂内）
Tel：022-84403080

天津军粮城发电有限公司
地址：东丽区津塘公路318号（天津军粮城发电厂内）
Tel：022-84403080

天津市军电电力工程有限公司
地址：天津市东丽区军粮城发电厂内
Tel：022-84404186

易迅通达能源发展有限公司
地址：天津市东丽开发区二纬路22号东谷园6座4层052室
Tel：022-84858926

天津市自来水集团有限公司
地址：和平区建设路54号
Tel：022-23393887

天津市自来水集团有限公司
地址：和平区建设路54号
Tel：022-23393887

维斯塔斯风力技术（中国）有限公司
地址：天津开发区西区新兴路9号
Tel：022-59826904

天津三源电力集团有限公司
地址：天津市和平区重庆道148号
Tel：022-86788225

国网天津市电力公司
地址：天津市河北区五经路39号
Tel：022-24408600

天津瑞凯售电有限公司
地址：天津市河北区光复道街君临大厦1940室
Tel：022-86727635

中国水利电力物资天津有限公司
地址：天津市河东区七纬路五号
Tel：022-24226656

天津天发发电设备销售有限公司
地址：河东区华昌大街华馨公寓16号楼底商
Tel：022-24417700

天津蓝巢电力检修有限公司
地址：河东区七纬路三号
Tel：022-59656681

天津三源电力投资有限公司
地址：河东区六纬路70号
Tel：022-86788225

天津联迅机电设备有限公司
地址：天津市河西区解放南路南头
Tel：022-24997339

天津绿色动力再生能源有限公司
地址：天津市蓟州区别山镇西九户村东北1000米
Tel：022-29786199

天津国华盘山发电有限责任公司
地址：天津市蓟州区别山镇西
Tel：022-82705054

天津国华盘山发电有限责任公司
地址：天津市蓟州区别山镇西
Tel：022-82705054

天津水利电力机电研究所
地址：天津市蓟州区兴华大街19号
Tel：022-82852117

天津坚纳科技有限公司
地址：天津市津南经济开发区（西区）香港街3号B座202-2
Tel：022-23350790

中电电力（天津）集团有限公司
地址：天津市津南区八里台镇丰泽四大道18号
Tel：022-27322666

天津经纬正能电气设备有限公司
地址：天津市津南区小站镇创新道1号
Tel：022-28572588

中电城运（天津）资产管理有限公司
地址：天津市津南区八里台镇泰达开拓道12号
Tel：022-88693456

天津市中天电气有限公司
地址：天津自贸试验区（空港经济区）航空路136号
Tel：022-24891980

天津天保能源股份有限公司
地址：天津自贸试验区（天津港保税区）海滨八路35号
Tel：022-25761863

米德（中国）复合材料有限公司
地址：天津空港经济区东十道151号
Tel：022-25764081

天津硕鑫实业有限公司
地址：天津空港经济区西十四道123号
Tel：022-26449211

天津冶金集团进出口有限公司
地址：天津自贸试验区（空港经济区）环河南路88号2-3287室
Tel：022-28219558

天津市盛大电力有限公司
地址：天津市静海区静海镇领海嘉园1-109
Tel：022-28916333

通用电气水电设备（中国）有限公司
地址：天津空港经济区经三路237号
Tel：022-58962703

天津华能变压器有限公司
地址：天津市静海经济开发区北区十亿道9号
Tel：022-59003677

天津瑞源电气有限公司
地址：天津空港经济区航天路100号
Tel：022-59585788

海洋石油工程股份有限公司
地址：天津自贸试验区（空港经济区）西二道82号丽港大厦裙房二层202-F105室
Tel：022-59898808

滨海中日能源管理（天津）有限公司
地址：天津经济技术开发区睦宁路70号1-401
Tel：022-66204875

天津泰达电力有限公司
地址：天津经济技术开发区翔实路9号
Tel：022-66298525

天津协合新能源发展有限公司
地址：天津生态城中天大道2018号生态城科技园办公楼16号楼301室-246
Tel：022-83719835

天津绿动未来能源管理有限公司
地址：天津自贸试验区（空港经济区）空港国际物流区第二大街1号312室
Tel：022-89872610

天津银鹏机电设备有限公司
地址：天津市南开区南京路349号-1209
Tel：022-27335009

天津市华澄供水工程技术有限公司
地址：华苑产业区二纬路6号A座501-44室
Tel：022-58388100

天津鑫茂鑫风能源科技有限公司
地址：华苑产业区榕苑路10号光通信中心一层106-110单元
Tel：022-83713791

欧德鑫（天津）新能源科技有限公司
地址：天津市宁河区宁河现代产业区海航东路新华科技城D11号
Tel：022-59068316

天津德赛机电设备有限公司
地址：天津市武清区自行车王国产业园区嘉园道166号
Tel：022-2216971

国网天津武清供电有限公司
地址：杨村镇建国北路9号
Tel：022-82110918

天津华电福源热电有限公司
地址：天津市武清开发区浩源道93号
Tel：022-82199362

华鼎电源（天津）有限公司
地址：天津市武清区京滨工业园京滨大道20号
Tel：022-82958167

天津华鼎动力科技有限公司
地址：天津市武清区京滨工业园京滨大道20号
Tel：022-82958167

天津浙能环保科技有限公司
地址：天津市武清区京滨工业园古达路46号
Tel：022-84323065

天津市新宇彩板有限公司
地址：天津市西青经济开发区南河工业园内
Tel：022-2381156

国电投（天津）分布式能源有限公司
地址：天津西青汽车工业区（张家窝工业区）天安路1号天安数码城1号楼A座11层
Tel：022-23819655

中交天津港湾工程设计院有限公司
地址：天津开发区南海路11号A座12层
Tel：022-25603891

天津陈塘热电有限公司
地址：天津市西青区电厂路1号
Tel：022-58576027

天津华能杨柳青热电有限责任公司
地址：西青区西青道246号
Tel：022-60105029

优利康达（天津）科技有限公司
地址：天津市西青经济开发区中北工业园辰星路7号厂房
Tel：022-60182241

中国铁路设计集团有限公司
地址：天津自贸试验区（空港经济区）东七道109号
Tel：022-26178351

上海市

宝钢特钢有限公司
地址：上海市宝山区水产路1269号
Tel：021-26032603

宝钢工程技术集团有限公司
地址：宝山区铁力路2510号
Tel：021-26088800

上海科勒电子科技有限公司
地址：上海市宝山区丰翔路1955号
Tel：021-26096100

宝山钢铁股份有限公司
地址：上海市宝山区富锦路885号
Tel：021-26647000

上海激源国际贸易有限公司
地址：上海市宝山区蕴川路5300弄1号-487室
Tel：021-35310350

华能上海燃机发电有限责任公司
地址：宝山区盛石路298号
Tel：021-36018888

上海石洞口电力实业有限公司
地址：上海市宝山区盛桥镇北蕴川路石洞口经济发展区
Tel：021-36022362

上海洛克磁业有限公司
地址：上海市宝山区丰翔路1255号1号楼2层
Tel：021-36161530

五冶集团上海有限公司
地址：上海市宝山区富锦工业开发区向东路8号
Tel：021-36210928

上海康皓机电设备有限公司
地址：上海市宝山区共祥路168号108D
Tel：021-36419188

上海星庐建筑安装工程有限公司
地址：上海市宝山区友谊路1518弄8号A-113室
Tel：021-54082606

上海臻舜贸易有限公司
地址：上海市宝山区宝安公路1799号
Tel：021-56029889

上海水工机械制造有限公司
地址：宝山区真陈路889号
Tel：021-56651000

财跃云计算科技（上海）有限公司
地址：上海市宝山区蕴川路6号1幢
Tel：021-56735800

上海康诚发电设备有限公司
地址：上海市宝山区沪樊路19号
Tel：021-56876959

上海晋发电气有限公司
地址：上海市宝山区春和路1068号5幢南端
Tel：021-65569029

上海穆勒四通新能源科技有限公司
地址：上海市宝山区市一路200号E-73
Tel：021-66281111

上海电力新能源发展有限公司
地址：上海市崇明区新河镇新申路921弄2号E区316室（上海富盛经济开发区）
Tel：021-23159000

中盛光伏科技有限公司
地址：上海市崇明区长兴镇潘园公路1800号2号楼10282室（上海泰和经济发展区）
Tel：021-33617691

上海长浦新电电力运营有限公司
地址：上海市崇明县堡镇堡镇南路58号11幢2楼202-8室（上海堡镇经济小区）
Tel：021-54198287

上海申能长兴第二风力发电有限公司
地址：上海市崇明区长兴镇潘园公路1800号2号楼5590室（上海泰和经济发展区）
Tel：021-63900058

上海上电电力运营有限公司
地址：上海市崇明区新河镇新申路921弄2号D区107室（上海富盛经济开发区）
Tel：021-64307474

上海信缘售电有限公司
地址：上海市崇明区港西镇三双公路1021号1幢E108室（上海津桥经济开发区）
Tel：021-65166672

上海道得清洁能源集团股份有限公司
地址：上海市崇明县三星镇宏海公路4588号23号楼232室
Tel：021-66071139

上海申能崇明发电有限公司
地址：上海市崇明区城桥镇推虾港路118号
Tel：021-69688000

上海交蓝实业有限公司
地址：上海市奉贤区金汇镇金发路269号5幢317室
Tel：021-50423461

上海维埃姆电气有限公司
地址：上海市奉贤区钜庭路1299号2幢2层
Tel：021-57401115

上海东明动力设备有限公司
地址：上海市奉贤区虹化路175号1幢第2层1车间
Tel：021-57513306

上海华电奉贤热电有限公司
地址：上海市奉贤区金汇镇金钱公路1328号6幢
Tel：021-57578609

上海瑞营机械制造有限公司
地址：上海市奉贤区金汇镇北新村四组乙-54
Tel：021-57581618

上海宽舒物业管理有限公司
地址：上海市奉贤区海湾镇五四支路171号3幢123室
Tel：021-58744106

上海亚坦售电有限公司
地址：上海市奉贤区环城西路2200号第一幢C188室
Tel：021-64866859

上海欧士通售电有限公司
地址：上海市奉贤区奉金路469号2幢1768室
Tel：021-67105123

上海民生轮船有限公司
地址：上海市虹口区大连路1619号1608

室
……………………Tel：021-65158555-247
上海电力股份有限公司
地址：上海市黄浦区中山南路268号
……………………Tel：021-23108818
上海电力通信有限公司
地址：上海市黄浦区徐家汇路430号1号楼11层
……………………Tel：021-38673888
三菱动力（中国）投资有限公司
地址：上海市徐汇区复兴西路57号甲2幢402室
……………………Tel：021-54923222
上海申能能源服务有限公司
地址：上海市黄浦区复兴中路1号2201室
……………………Tel：021-63919109
上海星熠宁新能源科技有限公司
地址：上海市嘉定区沪宜公路5358号4层J527室
……………………Tel：021-20231880
上海博登发动机有限公司
地址：上海市嘉定区金园五路333号1幢3层302室
……………………Tel：021-39557774
上海鼎新电气集团电源科技有限公司
地址：嘉定区金园五路333号3幢1层A区
……………………Tel：021-39557774-807
上海鼎新发电设备有限公司
地址：嘉定区金园五路333号3幢1层104室
……………………Tel：021-39557791
上海鼎新电气（集团）有限公司
地址：上海市嘉定区金园六路588号
……………………Tel：021-39557791
上海邑赫新能源科技有限公司
地址：上海市嘉定区封周路655号14幢J211室
……………………Tel：021-39901722
上海康明斯科技发展有限公司
地址：嘉定区黄渡镇星塔路1132号
……………………Tel：021-39947865
上海康明斯科技发展有限公司
地址：嘉定区黄渡镇星塔路1132号
……………………Tel：021-39947865
上海松耀新能源科技有限公司
地址：上海市嘉定区尚学路225、229号3幢5172室
……………………Tel：021-58361208
昊坤能源科技（上海）有限公司
地址：上海市嘉定工业区叶城路925号A区4幢203室
……………………Tel：021-58889097
上海连成（集团）有限公司
地址：嘉定区江桥镇曹安路3616号-3618号
……………………Tel：021-59138888
上海恒锦动力科技有限公司
地址：嘉定区马陆镇博学路1188号
……………………Tel：021-59510666
上海汉能薄膜发电有限公司
地址：上海市嘉定区翔江公路3333号6幢1层118室
……………………Tel：021-60280366
宝合工业工具（上海）有限公司
地址：上海市嘉定区外冈镇嘉松北路1317号2幢A区
……………………Tel：021-60945800
华英特（上海）新能源科技有限公司
地址：上海市嘉定区江桥镇沙河路337号201室-21
……………………Tel：021-61679193
上海拓开电子有限公司
地址：上海市嘉定区嘉戬公路328号7幢7层J3595室
……………………Tel：021-62505258
上海乾实新能源技术有限公司
地址：上海市嘉定区真新街道金沙江路3131号1幢1层1133室
……………………Tel：021-62687992
上海乾实光伏照明工程有限公司
地址：嘉定区金沙江路3131号1幢1层1188室
……………………Tel：021-62687992
上海辛普森发电设备有限公司
地址：上海市嘉定区嘉戬公路328号7幢7层J4028室
……………………Tel：021-63345588
上海牧志节能科技有限公司
地址：嘉定区胜辛南路800号1幢1198室
……………………Tel：021-63642037
卓动（上海）电力科技有限公司
地址：上海市嘉定区江桥镇华江公路129弄7号J1893室
……………………Tel：021-69000660
上海神源能源科技有限公司
地址：嘉定区新徕路517号
……………………Tel：021-69019657
欧曼动力科技（上海）有限公司
地址：上海市嘉定区安亭镇春归路616号1幢
……………………Tel：021-69590067
上海顺洋动力科技有限公司
地址：嘉定区宝钱公路5888弄121号4幢
……………………Tel：021-69931003
上海一电集团售电有限公司
地址：上海市金山区朱泾镇鸿安路666号1幢3层
……………………Tel：021-33521222
国信方舟新能源有限公司
地址：上海市金山区亭林镇寺平南路19号3幢1784室
……………………Tel：021-57233774
上海华东电器集团新能源科技有限公司
地址：上海市金山工业区金舸路188号6幢
……………………Tel：021-57272266
上海临南建筑工程有限公司
地址：上海市金山区山阳镇龙皓路585弄8号1138室
……………………Tel：021-57963653
上海金堰风力发电设备有限公司
地址：上海市金山区张堰镇金张公路248号7幢206室
……………………Tel：021-58817999
上海泰胜风能装备股份有限公司
地址：上海市金山区卫清东路1988号
……………………Tel：021-60891291
上海高国冷藏箱发电机组有限公司
地址：上海市金山区朱泾镇沈浦泾路150号2号楼105室
……………………Tel：021-69790728
上海咸亨国际通用设备有限公司
地址：上海市静安区南京西路1486号3号楼431室
……………………Tel：021-51752760
上海高新火电工程设计有限公司
地址：上海市静安区江宁路958号602室
……………………Tel：021-62250552
上海电气电站设备有限公司
地址：上海市莘庄工业区金都路3669号3幢
……………………Tel：021-34059888
上海国孚电力设计工程股份有限公司
地址：上海市闵行区金都路3679弄50号3幢3层301室
……………………Tel：021-34635967
上海深拓液压技术有限公司
地址：上海市闵行区万芳路333号9号楼一层
……………………Tel：021-34781078
上海金鹏科技有限公司
地址：上海市闵行区金都路5200号第3幢
……………………Tel：021-51587287
上海双电电气有限公司
地址：上海市闵行区莘福路396号第3幢103室
……………………Tel：021-52965789
上海思南电力建设工程监理有限公司
地址：上海市闵行区光华路598号2幢3楼B3031室
……………………Tel：021-54362622
均辉电气（中国）有限公司
地址：上海市闵行区莘庄镇友东路89号
……………………Tel：021-54889969
上海神舟电力有限公司
地址：上海市闵行区紫月路880号5号楼4层401、402室
……………………Tel：021-55661370
天合光能（上海）有限公司
地址：上海市闵行区东川路555号甲楼一层C座011、012室
……………………Tel：021-60575300
上海太阳能工程技术研究中心有限公司
地址：上海市闵行区紫月路880号
……………………Tel：021-61679880
上海泰阳绿色能源有限公司
地址：上海市闵行区剑川路953弄258号
……………………Tel：021-64081888
上海汽轮机厂有限公司
地址：闵行区江川路333号
……………………Tel：021-64358331
上海发电设备成套设计研究院有限责任公司
地址：闵行区剑川路1115号
……………………Tel：021-64358710
上海电力股份有限公司吴泾热电厂
地址：上海市闵行区龙吴路5060号
……………………Tel：021-64500150
上海航天汽车机电股份有限公司太阳能系统工程分公司
地址：上海市闵行区申南路555号1幢
……………………Tel：021-64828990
上海太阳能科技有限公司
地址：上海市闵行区莘庄工业区申南路555号
……………………Tel：021-64895099
上海稳得新能源科技有限公司
地址：上海市闵行区金都路4289号6幢3楼72室
……………………Tel：021-65040689
电管家售电（上海）有限公司
地址：浦东新区泥城镇云汉路979号2楼
……………………Tel：021-20965858
上海晶铠新能源科技发展有限公司
地址：上海市浦东新区秀浦路3188弄30号1层102室
……………………Tel：021-31600988
西门子歌美飒再生能源（上海）有限公司
地址：上海市浦东新区妙香路1333号
……………………Tel：021-38291302
上海申能临港燃机发电有限公司
地址：浦东新区南汇新城镇妙香路19号
……………………Tel：021-38292999
上海畅雷市政管线工程有限公司
地址：浦东新区惠南镇城南路41号26幢309室
……………………Tel：021-50686822
上海培生船艇有限公司
地址：上海市浦东新区三林镇三民村北港队180号
……………………Tel：021-50851615
上海能辉科技股份有限公司
地址：上海市普陀区金通路799、899、999号17幢3层307室
……………………Tel：021-50896255
上海纽爱奇风力发电设备有限公司
地址：上海市浦东新区书院镇新港新府东路121号
……………………Tel：021-52782428
上海合成发电机有限公司
地址：上海市浦东新区唐陆公路2310号8幢102室
……………………Tel：021-54641966
博蔺顿（上海）实业有限公司
地址：上海市浦东新区秀浦路2500弄6号202室
……………………Tel：021-56199902
上海神农节能环保科技股份有限公司
地址：上海市浦东新区宣桥镇宣春路211号
……………………Tel：021-58039245
上海水电供电设备制造有限公司
地址：浦东新区宣桥镇沪南公路8881号
……………………Tel：021-58179197
上海久能能源科技发展有限公司
地址：浦东新区惠南镇沪南路9628号1幢025室
……………………Tel：021-58189222
瓦锡兰维修服务（上海）有限公司
地址：上海市浦东新区上丰西路55号9、10楼
……………………Tel：021-58585500
瓦锡兰企业管理（上海）有限公司
地址：上海市浦东新区上丰路700号11幢201、301、401室
……………………Tel：021-58585500
中达电通股份有限公司
地址：上海市浦东新区民夏路238号
……………………Tel：021-58635678
中机国能电力工程有限公司
地址：浦东新区老港镇南港公路1765号153室
……………………Tel：021-60837777
上海历挚机电设备有限公司
地址：浦东新区老港镇良欣路456号4幢495室
……………………Tel：021-60880113
首帆动力科技股份有限公司
地址：上海市浦东新区川沙新镇鹿达路111号9、10、12幢
……………………Tel：021-60970158
上海申欣风力发电有限公司
地址：浦东新区同汇路168号D606室
……………………Tel：021-63900058
上海华港风力发电有限公司
地址：浦东新区老港镇美容路2号
……………………Tel：021-63900058
上海申宁电力工程有限公司
地址：上海市浦东新区金丰路18号4幢
……………………Tel：021-65527192
上海摩恩电气股份有限公司
地址：上海市浦东新区江山路2829号
……………………Tel：021-68099820
上海开山能源装备有限公司
地址：浦东新区临港新城重装备产业区飞渡路851号4幢2层
……………………Tel：021-68284926
上海理芙特风电设备有限公司
地址：浦东新区老港镇良欣路456号332室
……………………Tel：021-68291513
上海国际机场股份有限公司能源保障部
地址：上海市浦东机场安航路200号
……………………Tel：021-68359727
华能上海能源销售有限责任公司
地址：中国（上海）自由贸易试验区陆家嘴环路958号38层
……………………Tel：021-68865222
中国电力工程顾问集团华东电力设计院有限公司
地址：上海市普陀区武宁路409号
……………………Tel：021-22015888
珈伟（上海）光伏电力有限公司
地址：上海市普陀区同普路800弄3号4层（西）
……………………Tel：021-36336184
上海沪施电力工程有限责任公司
地址：上海市普陀区新村路423弄27号181室
……………………Tel：021-63373047
上海鑫叠机电科技有限公司
地址：上海市青浦区沪青平公路5251号二楼A区158室
……………………Tel：021-52657668
上海庆华蜂巢科技发展股份有限公司
地址：上海市青浦区重固镇赵重公路2278号4幢1层-3
……………………Tel：021-59788888
辛沃动力设备（上海）有限公司
地址：青浦区金泽镇商周路285弄85号1幢108室
……………………Tel：021-69219777
上海科泰电源股份有限公司
地址：上海市青浦区天辰路1633号
……………………Tel：021-69758651
上海科泰电源销售有限公司
地址：青浦工业园区新达路1218号1号楼190A室
……………………Tel：021-69758651
上海强辉电机有限公司
地址：青浦区徐泾镇崧泽大道966号
……………………Tel：021-69761566
上海联大新能源有限公司
地址：上海市奉贤区海坤路1号1幢
……………………Tel：13917127814
亚力克（上海）能源设备租赁有限公司
地址：上海市松江工业区华加路99号16号厂房
……………………Tel：021-57073920
上海屹安风能设备有限公司
地址：上海市松江区九亭镇小寅村厂区内7号楼底层
……………………Tel：021-57638534
泰东机械（上海）有限公司
地址：上海市松江区新桥镇新茸路98号
……………………Tel：021-57687780
技新（上海）节能科技有限公司
地址：上海市松江区茸梅路139号1幢
……………………Tel：021-57783779
上海僖舜莱机电设备制造有限公司
地址：上海市松江区佘山镇泗陈公路5018号7号楼
……………………Tel：021-57797616
威迩徕德新能源（上海）有限公司
地址：上海市松江区小昆山镇光华路150号1幢
……………………Tel：021-57858099
上海奇皮尔电气制造有限公司
地址：上海市松江区石湖荡镇贵南路889号8幢
……………………Tel：021-58166666
威迩徕德电力设备（上海）有限公司
地址：上海市松江区小昆山镇光华路150号6幢
……………………Tel：021-5858099
上海黄河泵业制造有限公司
地址：上海市松江区车墩镇香泾路115号25号底楼
……………………Tel：021-60259216
上海乐龙泵阀有限公司
地址：上海市松江区小昆山镇港德路188号2幢
……………………Tel：021-60700299
上海模斯翼风力发电设备有限公司
地址：上海市松江区泖港镇中民路439号第4幢
……………………Tel：021-65882848
上海博阳新能源科技股份有限公司
地址：上海市松江区申港路3450号
……………………Tel：021-67686655
正泰电力服务有限公司
地址：上海市松江区思贤路3255号12号楼
……………………Tel：021-67777777
正泰电力服务有限公司
地址：上海市松江区思贤路3255号12号楼
……………………Tel：021-67777777
上海合既得动氢机器有限公司
地址：上海市松江区新飞路1500弄18号二楼
……………………Tel：021-67845789
上海光华国瑞热电能源技术有限公司
地址：上海市松江区泖港镇叶新公路3500号30幢115室
……………………Tel：021-67899657
华董（中国）有限公司
地址：上海市徐汇区肇嘉浜路376号1006室R
……………………Tel：021-33561088
上海临港海上风力发电有限公司

地址：上海市徐汇区钦江路333号38幢402室
…………………… Tel：021-53868588

上海临港海上风力发电有限公司
地址：上海市徐汇区钦江路333号38幢402室
…………………… Tel：021-53868588

上海祯阳新能源科技有限公司
地址：上海市徐汇区襄阳南路500号402室
…………………… Tel：021-54658961

上海倍安实业有限公司
地址：上海市徐汇区中山南二路601号
…………………… Tel：021-64436799

上海闸电东海电力工程有限公司
地址：上海市杨浦区军工路4000号
…………………… Tel：021-25252222

上海闸电燃气轮机发电有限公司
地址：上海市杨浦区军工路3988号
…………………… Tel：021-25252222

上海闸电东海电力工程有限公司
地址：上海市杨浦区军工路4000号
…………………… Tel：021-25252222

上海市政工程设计研究总院（集团）有限公司
地址：上海市杨浦区中山北二路901号
…………………… Tel：021-55000000

上海中集内燃发电设备有限公司
地址：上海市杨浦区四平路2158号6层603室
…………………… Tel：021-55065513

乐维（上海）能源技术服务股份有限公司
地址：上海市杨浦区国定支路26号3040室
…………………… Tel：021-63451776

上海睿网新能源科技发展有限公司
地址：上海市杨浦区鞍山支路9号270室
…………………… Tel：021-65014811

华唐（上海）电力设备成套有限公司
地址：上海市杨浦区国定路323号802-44室
…………………… Tel：021-65330078

上海万众内燃机发电设备制造有限公司
地址：上海市杨浦区榆林路802号
…………………… Tel：021-65480666

申圆通骏供应链管理有限公司
地址：上海市杨浦区长阳路1080号72幢2A层13室
…………………… Tel：021-65893391

上海科鸣建筑工程技术有限公司
地址：上海市杨浦区包头路1135弄3号310室
…………………… Tel：021-65988798

上海祖润售电有限公司
地址：上海市杨浦区鞍山路5号1201室
…………………… Tel：021-68956229

上海羲耀新能源科技有限公司
地址：上海市长宁区宣化路300号南塔2301室
…………………… Tel：021-62451436

上海新源投资有限公司
地址：上海富盛经济开发区
…………………… Tel：021-23108792

国网上海市电力公司
地址：中国（上海）自由贸易试验区源深路1122号
…………………… Tel：021-28925222

上海豪昌建设工程有限公司
地址：上海富盛经济开发区
…………………… Tel：021-32220721

上海艾郎风电科技发展（集团）有限公司
地址：中国（上海）自由贸易试验区临港新片区妙香路1318号1幢
…………………… Tel：021-38181119

林洋能源科技（上海）有限公司
地址：中国（上海）自由贸易试验区西里路55号5042室
…………………… Tel：021-50195110

上海超导科技股份有限公司
地址：中国（上海）自由贸易试验区芳春路400号1幢3层301-15室
…………………… Tel：021-50817396

阳光电源（上海）有限公司
地址：中国（上海）自由贸易试验区祖冲之路887弄78号4楼
…………………… Tel：021-54485862

上海漕泾热电有限责任公司
地址：上海市化学工业区联合路69号（C3-2地块）
…………………… Tel：021-57038888

辰已菱机（上海）电机有限公司
地址：上海市工业综合开发区肖湾路318号综星苑8号
…………………… Tel：021-57156268

上海鲜花港企业发展有限公司
地址：中国（上海）自由贸易试验区临港新片区东海农场
…………………… Tel：021-58291603

上海百润阳实实业有限公司
地址：中国（上海）自由贸易试验区浦电路57号8361室
…………………… Tel：021-58495230

上海浦东电力服务公司
地址：中国（上海）自由贸易试验区即墨路5号101室
…………………… Tel：021-58612369

山煤售电有限公司
地址：中国（上海）自由贸易试验区花园石桥路66号2102B单元
…………………… Tel：021-61341561

仲衡（上海）贸易有限公司
地址：中国（上海）自由贸易试验区伽利略路338号6幢6301室
…………………… Tel：021-61640230

上海电力建设启动调整试验所有限公司
地址：上海市高邮路68号
…………………… Tel：021-64315220

上海晋发发电设备成套有限公司
地址：上海市军工路1146号锻造车间
…………………… Tel：021-65563466

上海船厂船舶有限公司
地址：中国（上海）自由贸易试验区即墨路1号
…………………… Tel：021-69680000

重庆市

国网重庆市电力公司长寿供电分公司
地址：重庆市长寿区凤城街道望江路
…………………… Tel：023-40266637

国家电投集团重庆狮子滩发电有限公司
地址：重庆市长寿区桃花大道50号
…………………… Tel：023-40275028

国家电投集团重庆狮子滩发电有限公司
地址：重庆市长寿区桃花大道50号
…………………… Tel：023-40275028

重庆中益电气成套设备有限公司
地址：重庆市长寿区晏家街道晏中路15号11幢负1-16
…………………… Tel：023-40586977

国网重庆市电力公司璧山供电分公司
地址：重庆市璧山区璧城街道服装城
…………………… Tel：023-41406220

重庆市西源电力安装工程有限公司
地址：重庆市璧山区璧城街道东风街28号1幢（仅限行政办公、通讯联络）
…………………… Tel：023-41849304

国家电投集团重庆合川发电有限公司
地址：重庆市合川区双槐镇
…………………… Tel：023-42458811

国家电投集团重庆合川发电有限公司
地址：重庆市合川区双槐镇
…………………… Tel：023-42458811

重庆草街航运电力开发有限公司
地址：重庆市合川区草街镇草街电站生产管理大楼
…………………… Tel：023-42700133

重庆市翰群售电有限公司
地址：重庆市合川区渭沱镇凉水村四社
…………………… Tel：023-42734788

国网重庆合川区供电有限责任公司
地址：重庆市合川区瑞山路167号
…………………… Tel：023-42871013

国网重庆潼南区供电有限责任公司
地址：重庆市潼南区梓潼街道办事处桥南大道258号
…………………… Tel：023-44429729

重庆潼南航运电力开发有限公司
地址：重庆市潼南区桂林街道潼南航电枢纽电站生产管理大楼（重庆市潼南区桂林街道办事处莲花社区一组）
…………………… Tel：023-44586228

国网重庆铜梁区供电有限责任公司
地址：重庆市铜梁区东城街道办事处金龙大道606号
…………………… Tel：023-45348012

重庆龙珠电力股份有限公司
地址：重庆市铜梁区巴川镇滨河东路34号
…………………… Tel：023-45643825

重庆市永川区隆达自来水有限责任公司
地址：重庆市永川区红炉镇北村路32号
…………………… Tel：023-46382128

重庆永荣电力有限公司
地址：重庆市荣昌区广顺街道广曾路312号
…………………… Tel：023-46384157

国网重庆市电力公司荣昌区供电分公司
地址：重庆市荣昌区昌元街道昌州中段332号
…………………… Tel：023-46732783

重庆齿轮箱有限责任公司
地址：重庆市江津区德感镇东方红大街
…………………… Tel：023-47211468

国网重庆江津区供电有限责任公司
地址：重庆市江津区几江街道南郊路9号
…………………… Tel：023-47546955

重庆松藻电力有限公司
地址：重庆市綦江区安稳镇大堰村
…………………… Tel：023-48730871

重庆松藻煤电有限责任公司
地址：重庆市綦江区打通镇砚台路30号
…………………… Tel：023-48731019

重庆永能实业（集团）有限公司
地址：重庆市永川区汇龙大道720号
…………………… Tel：023-49447807

国家电投集团重庆渝西港桥电力有限公司
地址：重庆市永川区松溉镇松江村22幢
…………………… Tel：023-49883217

国网重庆巫溪县供电有限责任公司
地址：重庆市巫溪县城厢镇人民街26号
…………………… Tel：023-51223022

国家电投集团重庆白鹤电力有限公司
地址：重庆市开州区白鹤街道办事处大胜村
…………………… Tel：023-52299993

重庆荣禹水电工程建设有限公司梁山供水分公司
地址：重庆市梁平区梁山街道梁山路核桃巷46号
…………………… Tel：023-53222294

重庆荣禹水电工程建设有限公司柏家供水分公司
地址：重庆市梁平区柏家镇中心街47号
…………………… Tel：023-53317722

重庆荣禹水电工程建设有限公司云龙供水分公司
地址：重庆市梁平区云龙镇
…………………… Tel：13594935553

重庆荣禹水电工程建设有限公司仁贤供水分公司
地址：重庆市梁平区仁贤镇上街道
…………………… Tel：023-53552792

重庆荣禹水电工程建设有限公司蟠龙供水分公司
地址：重庆市梁平区蟠龙镇街道
…………………… Tel：023-53650070

国网重庆忠县供电有限责任公司
地址：重庆市忠县忠州镇山东路31号
…………………… Tel：023-54401925

重庆亿清佳华光伏能源有限公司
地址：重庆市忠县忠州街道红星路21号
…………………… Tel：023-54402009

重庆能投万州经开区售电有限公司
地址：重庆市万州区天津路27号3层
…………………… Tel：023-58155011

国网重庆市电力公司万州供电分公司
地址：重庆市万州区龙都广场1号
…………………… Tel：023-58297919

重庆市建华水电设备有限公司
地址：重庆市万州区沱口
…………………… Tel：023-58535088

重庆市万州区百安供水站
地址：重庆市万州区五桥街道办事处芦家坝
…………………… Tel：023-58566355

重庆渝智辰电力科技有限公司
地址：重庆市北部新区黄山大道中段66号中智联园区东电大楼A区1楼1-3
…………………… Tel：023-60842729

重庆环松科技工业有限公司
地址：重庆市长寿区晏家工业园区
…………………… Tel：023-61020502

国电重庆能源销售有限公司
地址：重庆市北部新区金渝大道85号汉国中心大厦A栋24层
…………………… Tel：023-61270790

重庆乌江电力有限公司
地址：重庆市黔江区城西四路118号
…………………… Tel：023-61611999

重庆秀山乌江供电有限公司
地址：重庆市秀山县中和街道渝秀大道5号
…………………… Tel：023-61611999

重庆乌江电力有限公司
地址：重庆市黔江区城西四路118号
…………………… Tel：023-61611999

重庆电小二电力服务有限公司
地址：重庆市北部新区金渝大道81号68幢16-3
…………………… Tel：023-61750560

重庆同利实业有限公司
地址：重庆市南岸区长生桥镇南山村长岭岗组
…………………… Tel：023-62600017

同利能源物联网有限公司
地址：重庆市江北区港城中路32号3幢标准厂房A第1层
…………………… Tel：023-62600017

重庆奔辉机电设备安装工程有限公司
地址：重庆市南岸区海棠溪街道南兴路62号万凯新都会裙楼1、2层
…………………… Tel：023-62600722

重庆能投清洁能源有限公司
地址：重庆市渝北区洪湖西路12号
…………………… Tel：023-62630615

重庆凯瑞和能源有限公司
地址：重庆市南岸区学府大道69号重庆交通大学第一教学楼创业基地103A-1号
…………………… Tel：023-62659138

重庆康电发电设备有限公司
地址：重庆市巴南区界石镇武新村长生沟社
…………………… Tel：023-62753550

重庆天源水电设备有限公司
地址：重庆市经开区金山支路1号29-2
…………………… Tel：023-62809967

重庆新世纪电气有限公司
地址：重庆市九龙坡区科园四路170号
…………………… Tel：023-62841766

重庆水轮机厂有限责任公司
地址：重庆市江津区珞璜工业园B区中兴二路2号
…………………… Tel：023-62850301

重庆吉峰发电设备有限公司
地址：重庆市九龙坡区陈家坪朝田村157号
…………………… Tel：023-62925061

重庆能投商贸有限公司
地址：重庆市南岸区南滨路162号2幢16-18层
…………………… Tel：023-62930535

重庆和创简一科技有限公司
地址：重庆市南岸区南坪西路75号19-7、19-8、19-9号
…………………… Tel：023-62932674

中国国电集团有限公司重庆分公司
地址：重庆市北部新区金渝大道85号
…………………… Tel：023-63027703

重庆嘉禾实业有限公司
地址：重庆市渝北区宝圣湖街道食品城大道18号重庆广告产业园16幢1单元6-1
…………………… Tel：023-63059786

重庆机电股份有限公司
地址：重庆市北部新区黄山大道中段60号
…………………… Tel：023-63075723

重庆两江综合能源服务有限公司
地址：重庆市江北区鱼嘴镇永和路39号10层1012室
…………………… Tel：023-63086388

重庆两江天大能源有限公司
地址：重庆市渝北区宝鸿大道8号(两路寸滩保税港区综合服务大楼B栋）B201-4-00018
…………………… Tel：023-63086388

重庆长电联合能源有限责任公司
地址：重庆市渝北区龙兴镇迎龙大道19号
…………………… Tel：023-63105026

重庆长电联合能源有限责任公司
地址：重庆市渝北区龙兴镇迎龙大道19号
…………………… Tel：023-63105026

重庆市万盛两江售电有限公司
地址：重庆市万盛区建钢村12号
…………………… Tel：023-63202393

重庆四联新能源有限公司
地址：重庆市北碚区水土高新技术产业园云汉大道5号附290号
…………………… Tel：023-63205804

重庆四联光伏工程技术有限公司
地址：重庆市北碚区岩湾91号8-1
…………………… Tel：023-63205880

重庆两江长兴电力有限公司
地址：重庆市渝北区龙兴镇迎龙大道19号
…………………… Tel：023-63413740

华能重庆能源销售有限责任公司
地址：重庆市渝北区龙兴镇迎龙大道19号
…………………… Tel：023-63423030

华能重庆珞璜能源销售有限责任公司
地址：重庆市江津区珞璜郭坝村芋河沟安居房小区2-7地块1号楼
…………………… Tel：023-63423030

华能重庆铜梁能源销售有限责任公司
地址：重庆市铜梁区东城街道办事处迎宾东路388号
…………………… Tel：023-63423030

重庆巨晟电力科技有限公司
地址：重庆市南岸区南坪镇回龙路66号32幢2单元9层1号
…………………… Tel：023-63636308

重庆倍芸水处理设备有限公司
地址：重庆市南岸区南坪镇南湖路26号7幢1单元20层2号
…………………… Tel：023-63800581

重庆纪仪能源技术有限公司
地址：重庆市九龙坡区歇台子渝州路166号附1号3-2号
…………………… Tel：023-63876625

重庆电机厂
地址：重庆市九龙坡区中梁山半山一村128号
…………………… Tel：023-65261747

重庆碧水源给排水工程有限公司
地址：重庆市沙坪坝区石井坡216号附35号2-1
…………………… Tel：023-65337787

渝能（集团）有限责任公司
地址：重庆市北部新区高新园星光大道76号B1-25-27楼
Tel：023-65586287
重庆翼虎动力机械有限公司
地址：重庆市九龙坡区含谷镇高腾大道997号
Tel：023-65730224
重庆瑜欣平瑞电子股份有限公司
地址：重庆市九龙坡区含谷镇含金路
Tel：023-65828791
华能重庆珞璜发电有限责任公司
地址：重庆市江津区珞璜镇
Tel：023-66224225
重庆望江工业有限公司
地址：重庆市江北区郭家沱
Tel：023-67110497
重庆浩林电力有限公司
地址：重庆市武隆区巷口镇芙蓉东路82号2-2
Tel：023-67125053
重庆市大普动力设备有限公司
地址：重庆市渝北区松鹤路78号2-18
Tel：023-67188309
重庆通本电力设备有限公司
地址：重庆市沙坪坝区歌乐山镇金刚村桐梓坪社
Tel：023-67517455
重庆照方科技有限公司
地址：重庆市渝北区黄山大道中段50号5-2附5094号
Tel：023-67522090
重庆华尔沃国际贸易有限公司
地址：重庆市江北区红锦大道2号三楼
Tel：023-67522561
重庆市翰俞物资有限公司
地址：重庆市渝北区松树桥路70号
Tel：023-67740032
重庆菱电科技有限公司
地址：重庆市渝北区龙溪街道新溉大道18号附1号国宾城10幢吊1-商铺1
Tel：023-67794054-806
重庆路特士科技发展有限公司
地址：重庆市江北区大石坝八村168号
Tel：023-67931029
重庆佩特电气有限公司
地址：重庆市渝北区龙山街道龙山路68号29幢
Tel：023-67990706
重庆中节能实业有限责任公司
地址：重庆市渝中区中山三路131号希尔顿商务中心19楼
Tel：023-67993241
重庆启轩保温建材有限公司
地址：重庆市九龙坡区九龙园区红狮大道5号31幢附9号
Tel：023-68159721
重庆雅讯海宇科技有限公司
地址：重庆市九龙坡区华锦路26号
Tel：023-68186577
重庆威尔震昌科技股份有限公司
地址：重庆市渝北区回兴街道宝石支路7号华府春城3幢2-6-8
Tel：023-68271315
重庆智仁发电设备有限责任公司
地址：重庆市九龙坡区金凤镇凤德路10号
Tel：023-68445314
神华国能重庆电厂有限公司
地址：重庆市万盛经济技术开发区关坝镇新化路88号
Tel：023-68503757
神华国能重庆电厂有限公司
地址：重庆市万盛经济技术开发区关坝镇新化路88号
Tel：023-68503757
重庆九龙坡区电力供水有限公司
地址：重庆市九龙坡区电力一村一号
Tel：023-68505172
重庆鑫赛动力科技有限公司
地址：重庆市九龙坡区九龙园区云湖路3号1-108号（光华机电城）
Tel：023-68539831
重庆兵翔机电设备有限公司
地址：重庆市九龙坡区九龙镇上游村七社A8号
Tel：023-68656833
重庆扬科动力设备有限公司
地址：重庆市九龙坡区火炬大道99号1幢9-5号
Tel：023-68668181
重庆市坤力发电成套设备有限公司
地址：重庆市九龙坡区陈家坪朝田村181-14-2
Tel：023-68686456
华普电力有限公司
地址：重庆市江北区北滨一路366号4幢2-1
Tel：023-68699555
重庆乾威科技有限公司
地址：重庆市大渡口区建桥工业园C区（石林大道9号）
Tel：023-68882396
重庆涪陵水资源开发有限责任公司
地址：重庆市涪陵区望涪路5号
Tel：023-72279278
重庆涪陵电力实业股份有限公司
地址：重庆市涪陵区人民东路17号
Tel：023-72286701
重庆川东电力集团有限责任公司
地址：重庆市涪陵区望州路20号
Tel：023-72286790
国网重庆石柱县供电有限责任公司
地址：重庆市石柱县南宾镇正街73号
Tel：023-73336006
国网重庆垫江县供电有限责任公司
地址：重庆市垫江县桂溪镇过境中路
Tel：023-74512105
国网重庆酉阳县供电有限责任公司
地址：重庆市酉阳县钟多镇桃花源南路457号
Tel：023-75588656
重庆市武隆区乡镇供水有限责任公司沧沟电厂
地址：重庆市武隆区沧沟乡沧沟村七社
Tel：023-77722459
国家电投集团重庆江口水电有限责任公司
地址：重庆市武隆区江口镇江口水电站
Tel：023-77741938
国网重庆武隆县供电有限责任公司
地址：重庆市武隆县巷口镇建设中路5号附12号
Tel：023-77769011
重庆市武隆区大溪河电力有限责任公司
地址：重庆市武隆区平桥镇高屋村
Tel：023-77781461
国网重庆彭水县供电有限责任公司
地址：重庆市彭水县汉葭镇南门街20号
Tel：023-78442935
国网重庆彭水县供电有限责任公司
地址：重庆市彭水县汉葭镇南门街20号
Tel：023-78442935
国网重庆市电力公司彭水供电分公司
地址：苍梧县京南镇京南街
Tel：023-78443021
重庆市彭水县智能供电服务有限责任公司
地址：榆树市秀水镇街道
Tel：023-78493506
重庆大唐国际彭水水电开发有限公司
地址：重庆市彭水县万足镇小河村
Tel：023-78899010
重庆大唐国际彭水水电开发有限公司
地址：重庆市彭水县万足镇小河村
Tel：023-78899010
国网重庆黔江区供电有限责任公司
地址：重庆市黔江区新华大道中段1288号
Tel：023-79222026
重庆乌江电力工程有限公司
地址：重庆市正阳工业园区园区路白家河
Tel：023-79229087
重庆酉阳乌江供电有限公司
地址：重庆市酉阳县龙潭镇五育村1组114号8幢
Tel：023-79338888
华能重庆奉节风电有限责任公司
地址：重庆市奉节县草堂镇柑子社区4组移民生态产业园区孵化大楼4楼403室
Tel：023-81157616
重庆大唐国际石柱发电有限责任公司
地址：重庆市石柱土家族自治县南宾镇迎宾大道（国税局二楼）
Tel：023-81500210
重庆航发嘉涪电力开发有限公司
地址：重庆市合川区南办处南津街718号3幢第9层
Tel：023-81661588
重庆千信能源环保有限公司
地址：重庆市长寿区晏家工业园区
Tel：023-81883205
重庆海庆新材料有限公司
地址：重庆市石柱土家族自治县下路镇金彰村友谊组
Tel：023-85090999
重庆宏烨实业集团有限公司
地址：重庆市荣昌区昌州街道灵方大道19号
Tel：023-85264908
重庆市荣昌区棠广实业有限公司
地址：重庆市荣昌区广顺街道成渝西路60号
Tel：023-85264908
国网重庆市电力公司江津供电分公司
地址：重庆市江津区几江街道办事处滨江大道西段366号
Tel：023-85535016
玉柴润威发动机有限公司
地址：重庆市江津区双福街道双福新区重庆润通动力有限公司1幢车间一区
Tel：023-85553161
重庆利源巨能实业有限公司
地址：重庆市江津区几江滨江西段25号金沙海岸A区A幢2-1号
Tel：023-85559011
华电重庆市江津区能源有限公司
地址：重庆市江津区德感街道东和路146号德感小微园
Tel：023-85579805
重庆聚亿电力服务有限公司
地址：重庆市九龙坡区袁家岗163号附6号
Tel：023-86110632
寒阳售电有限公司
地址：重庆市南岸区江桥路1号附1号
Tel：023-86118008
重庆普什机械有限责任公司
地址：重庆市九龙坡区九龙园区B区
Tel：023-86175991
重庆佳轩动力设备有限公司
地址：重庆市九龙坡区火炬大道99号1幢7-4号
Tel：023-86176457
重庆龙源动力设备有限公司
地址：重庆市沙坪坝区井口工业园井熙路10号
Tel：023-86293600
重庆北兴电力开发有限公司
地址：重庆市渝北区松牌支路1号2幢5-2
Tel：023-86885207
重庆三峡水利电力（集团）股份有限公司
地址：重庆市万州区高笋塘85号
Tel：023-87509622
重庆三峡水利电力投资有限公司
地址：重庆市渝中区邹容路68号大都会广场36层11-14
Tel：023-87509622
重庆三峡水利电力（集团）股份有限公司万州供电分公司
地址：重庆市万州区鸽子沟72号
Tel：023-87681155
重庆三峡水利发电有限公司
地址：重庆市万州区鸽子沟72号
Tel：023-87682055
石柱土家族自治县杨东河水电供水有限公司
地址：重庆市石柱土家族自治县南宾镇正街16号(四楼)
Tel：18523209900
中国船舶重工集团海装风电股份有限公司
地址：重庆市北部新区经开园金渝大道30号
Tel：023-88023011
神驰机电股份有限公司
地址：重庆市北碚区童家溪镇同兴北路200号
Tel：023-88028692
国家电投集团重庆新能源有限公司
地址：重庆市涪陵区武陵山乡金子山村1社
Tel：023-88238010
重庆三力达电子有限公司
地址：重庆市南岸区江桥路9号
Tel：023-88360512
国家电投集团重庆电力有限公司
地址：重庆市渝北区黄山大道中段64号15幢1-1
Tel：023-89690888
国家电投集团重庆电力有限公司
地址：重庆市渝北区黄山大道中段64号15幢1-1
Tel：023-89690888

河北省

国网河北省电力有限公司邯郸市新区供电分公司
地址：河北省邯郸市邯山区新区兴华路北.东柳西街西
Tel：0310-2032167
河北卓润机械装备制造有限公司
地址：邯郸冀南新区马头经济开发区顾地大街西侧、为民路南侧
Tel：0310-2111808
国网河北磁县供电公司
地址：磁县磁州镇磁州路49号
Tel：0310-2310601
国网河北省电力有限公司磁县供电分公司
地址：河北省邯郸市磁县磁州镇磁州路49号
Tel：0310-2310609
国网河北广平县供电公司
地址：河北省广平县城长春大道中段
Tel：0310-2514167
国网河北馆陶县供电公司
地址：馆陶县陶山街263号
Tel：0310-2821421
馆陶新能生物质热电有限公司
地址：馆陶县工业园区三号
Tel：0310-2865915
河北省邯郸五金交电采购供应站五金分站
地址：通化县英额布镇
Tel：0310-3022085
华捷科技有限公司
地址：河北省邯郸市邯山区刘南线东张策村村西100米
Tel：0310-3035888
邯郸纺织有限公司
地址：邯郸冀南新区马头经济开发区创业大道以西和谐路以北
Tel：0310-3276088
特锐德邯郸电力建筑工程有限公司
地址：邯郸市丛台区滏河北大街626号鑫港国际电气城E1336
Tel：0310-3295116
国网河北魏县供电公司
地址：魏县魏城镇洹水大道西段75号
Tel：0310-3525165
国网河北涉县供电公司
地址：涉县平安大街200号
Tel：0310-3812128
国电河北龙山发电有限责任公司
地址：河北涉县经济技术开发区
Tel：0310-3896609
国网河北邯郸市峰峰矿区供电公司
地址：邯郸市峰峰矿区太行东路186号
Tel：0310-5195168
中科鑫宝（邯郸）新材料产业有限公司
地址：河北省邯郸市峰峰矿区义井镇新材料产业园B区
Tel：0310-5325059
国网河北省电力有限公司武安市供电分公司
地址：河北省邯郸市武安市北环路与建设大街交叉口西南角
Tel：0310-5613195
国网河北武安市供电公司
地址：河北省邯郸市武安市塔南路604号
Tel：0310-5652903
中材科技（邯郸）风电叶片有限公司
地址：河北省邯郸市冀南新区成峰公路与机场路交叉口西北
Tel：0310-6299091
河北邯郸热电股份有限公司
地址：河北省邯郸市北苏曹电厂街30号
Tel：0310-7072217
国电电力发展股份有限公司邯郸热电厂
地址：河北省邯郸市丛台区电厂街30号
Tel：0310-7072217
河北邯郸热电股份有限公司
地址：河北省邯郸市北苏曹电厂街30号
Tel：0310-7072217
国电电力邯郸东郊热电有限责任公司
地址：河北肥乡经济开发区光明西路11号
Tel：0310-7072267
国网河北鸡泽县供电公司
地址：鸡泽县人民路与建设大街交叉口西北角
Tel：0310-7522304
冀中能源峰峰集团有限公司滏水服务中心
地址：河北省邯郸市峰峰矿区大峪镇三矿社区院内
Tel：0310-5153680
国网河北临漳县供电公司
地址：临漳县城南关落村
Tel：0310-7816165
成安能曜能源科技有限公司
地址：河北省邯郸市成安县成峰路北东彭留村西
Tel：0310-8039990
邯郸市中安物资经贸有限公司
地址：邯郸市复兴区铁西大街与果园路交叉口东北角EGO复兴经济产业园A座5层11号
Tel：0310-8081905
磁县鑫盛电力服务有限公司
地址：河北省邯郸市磁县时村营乡陈庄村北（磁县煤化工产业园区）
Tel：0310-8328689
邯郸市恒山通用电气有限公司
地址：邯郸市装备制造工业园区
Tel：0310-8679085
国网河北曲周县供电公司
地址：曲周县曲周镇新光路68号
Tel：0310-8836126
国网河北省电力有限公司物资分公司
地址：石家庄裕华区东岗路56号
Tel：0311-66093520
大唐河北发电有限公司
地址：河北省石家庄市桥西区槐安东路66号
Tel：0311-66161578
河北承合新能源科技有限公司
地址：河北省石家庄市裕华区翟营南大

街389号卓达书香园一区53-1-602
…………………… Tel：0311-66505942
河北大唐电力工程有限责任公司
地址：河北省石家庄市桥西区槐安东路66号
…………………… Tel：0311-66655930
河北中兴冀能电力发展有限公司科技分公司
地址：河北省石家庄市裕华区体育大街238号
…………………… Tel：0311-66812415
河北中兴物业管理有限公司电科院分公司
地址：河北省石家庄市裕华区体育南大街238号
…………………… Tel：0311-66672419
河钢集团售电有限公司
地址：河北省石家庄市裕华区体育南大街385号
…………………… Tel：0311-66778692
河钢集团有限公司
地址：石家庄市体育南大街385号
…………………… Tel：0311-66778886
河北绿动电力有限公司
地址：河北省石家庄市裕华区建华南大街161号
…………………… Tel：0311-66799000
国家电投集团河北电力有限公司
地址：河北省石家庄市裕华区建华南大街161号
…………………… Tel：0311-66799000
国家电投集团东方新能源股份有限公司
地址：石家庄市裕华区建华南大街161号
…………………… Tel：0311-66799000
国家电投集团东方新能源股份有限公司
地址：石家庄市裕华区建华南大街161号
…………………… Tel：0311-66799000
仁安建设科技集团有限公司
地址：河北省石家庄市桥西区友谊北大街75号新友合雅苑1-2-1401
…………………… Tel：0311-67668321
石家庄大豪发电设备制造有限公司
地址：河北省石家庄市长安区凌透村凌透西街北头
…………………… Tel：0311-68030472
石家庄大豪发电设备制造有限公司正定分公司
地址：正定县金河国际小区3-2-1703室
…………………… Tel：0311-68030472
河北赫磁空调工程有限公司
地址：河北省石家庄市长安区胜利北街柳辛庄聚和港物流园区南楼4009-4012室
…………………… Tel：0311-68055188
河北新天科创新能源技术有限公司
地址：河北省张家口经济开发区沙岭子镇（张家口市东山产业集聚区）
…………………… Tel：0311-69110211
河北建投张家口风能有限公司
地址：河北省张家口市康保县经济开发区
…………………… Tel：0311-69110518
河北国惠环保科技有限公司
地址：辛集市制革工业区
…………………… Tel：0311-69138785
国网河北成安县供电公司
地址：成安县富康北大街26号
…………………… Tel：0311-7263502
河北冀铁集团有限公司
地址：河北省石家庄市新华区水源街８９号
…………………… Tel：0311-7827544
河北华电石家庄鹿华热电有限公司
地址：河北省石家庄市鹿泉区杏苑路6号
…………………… Tel：0311-80723106
河北华电石家庄鹿华热电有限公司
地址：河北省石家庄市鹿泉区杏苑路6号
…………………… Tel：0311-80723106
河北华电石家庄热电有限公司
地址：石家庄市体育北大街173号
…………………… Tel：0311-80726006
石家庄华电供热集团有限公司
地址：石家庄市长安区光华路155号
…………………… Tel：0311-80991623
国网河北石家庄市井陉矿区供电公司
地址：石家庄市矿区南纬西路３８号
…………………… Tel：0311-82072944
河北华电混合蓄能水电有限公司
地址：河北省石家庄市鹿泉区黄壁庄镇
…………………… Tel：0311-82209541
国网河北省电力有限公司灵寿县供电分公司
地址：灵寿县北大街
…………………… Tel：0311-82521755
华能河北能源销售有限责任公司
地址：河北省石家庄市桥西区裕华西路66号海悦天地购物广场A座32层3218室
…………………… Tel：0311-82625229
华能国际电力股份有限公司河北清洁能源分公司
地址：河北省石家庄市桥西区裕华西路66号海悦天地购物广场A座
…………………… Tel：0311-82625300
平山县香保商贸有限公司
地址：河北省石家庄市平山县东回舍镇北水村石闫公路北
…………………… Tel：0311-82838316
河北西柏坡发电有限责任公司
地址：河北省石家庄市平山县
…………………… Tel：0311-82906031
石家庄市兴华电力工程安装有限公司
地址：河北省石家庄市桥西区建国小区北区16-1-204
…………………… Tel：0311-83893508
河北长安电力工程有限公司
地址：石市新华区赵陵铺镇塑钢市场212号、213号
…………………… Tel：0311-83982699
安能晋州生物质能源有限公司
地址：河北省石家庄市晋州市东环路与超泽路交叉口东行500米路南
…………………… Tel：0311-84338880
石家庄轩杭物业服务有限公司
地址：河北省石家庄市新华区翠屏路南高基公园北门对过103号
…………………… Tel：0311-85041078
国家电投集团正定燃气热电有限公司
地址：正定县正定镇燕赵北大街路西
…………………… Tel：0311-85053363
河北林洋微网新能源科技有限公司
地址：河北省石家庄市桥西区中山东路158号滨江商务大厦B座2808室
…………………… Tel：0311-85117848
秦皇岛科林电气科技有限公司
地址：秦皇岛市经济技术开发区数谷大道2号数谷大厦518室
…………………… Tel：0311-85231088
秦皇岛开发区泰林电子科技有限公司
地址：秦皇岛市经济技术开发区数谷大道2号数谷大厦518
…………………… Tel：0311-85231088
石家庄科林电气设备有限公司
地址：河北省石家庄市鹿泉区红旗大街南降壁路段
…………………… Tel：0311-85231099
石家庄科林电气股份有限公司
地址：河北省石家庄市鹿泉区红旗大街南降壁路段
…………………… Tel：0311-85231099
河北鑫风能源技术有限公司
地址：石家庄市桥西区裕华西路9号裕园广场C座701室
…………………… Tel：0311-85278833
新天河北电力销售有限公司
地址：石家庄市裕华西路9号裕园广场A座609
…………………… Tel：0311-85288896
河北隆基泰和售电有限公司
地址：河北省石家庄市新华区民族路75、77号华强广场C座0804室
…………………… Tel：0311-85516598
无极县瑞凯电力建设有限公司
地址：无极县中昌路２４号
…………………… Tel：0311-85573360
国电河北能源销售有限公司
地址：河北省石家庄市裕华区青园街458号
…………………… Tel：0311-85823735
石家庄市众信发电设备有限公司
地址：石家庄市长安区丰收路81号南区1栋19号
…………………… Tel：0311-85890678
河北卓达电力建设有限公司
地址：河北省石家庄市裕华区塔南路192号卓达小区综合服务楼325室
…………………… Tel：0311-85897771
石家庄市星泽宏达商业管理有限公司
地址：河北省石家庄市桥西区裕华东路25号
…………………… Tel：0311-86036092
石家庄多康采暖设备有限公司
地址：河北省石家庄市元氏县南佐镇南佐村村南
…………………… Tel：0311-86483418
大唐华北电力运营有限公司
地址：河北省石家庄市桥西区槐安东路66号8、9层
…………………… Tel：0311-86608670
国合售电有限公司
地址：河北省石家庄市长安区建设北大街179号汇金大厦1103
…………………… Tel：0311-86666777
高邑国合能源开发有限公司
地址：河北省石家庄市高邑县经济开发区西区工业路西段
…………………… Tel：0311-86666777
石家庄康宏电气设备有限公司
地址：辛集市农贸街派出所东邻
…………………… Tel：0311-86856005
石家庄领先新能源开发有限公司
地址：河北省石家庄市藁城区通安街廉荣胡同8号
…………………… Tel：0311-86892203
河北康明斯发电设备有限公司
地址：河北省石家庄市裕华区南二环东路16号润丰三金城H区8排23-29号商铺
…………………… Tel：0311-86977582
河北易瑞电力技术有限公司
地址：辛集市兴华北路416号
…………………… Tel：0311-87048596
河北融建电力开发有限公司
地址：辛集市兴华北路416号
…………………… Tel：0311-87048596
国网河北省电力有限公司
地址：河北省石家庄市裕华区富强大街32号
…………………… Tel：0311-8793222
河北中兴冀能电力发展有限公司
地址：河北省石家庄市裕华区富强大街27号
…………………… Tel：0311-87933942
河北中兴物业管理有限公司
地址：石家庄市裕华区富强大街149号
…………………… Tel：0311-87933942
河北中兴冀能电力发展有限公司物业分公司
地址：安图县永庆乡所在地
…………………… Tel：0311-87933942
石家庄明珠物业服务有限公司
地址：石家庄市鹿泉区上庄镇槐安西路389号（石家庄机械化步兵学院院内）
…………………… Tel：0311-87986403
国网河北省电力有限公司正定县供电分公司
地址：正定县中山东路54号
…………………… Tel：0311-88022311
河北华电石家庄裕华热电有限公司
地址：石家庄市栾城区装备制造产业园区裕翔大街60号
…………………… Tel：0311-88216001
石家庄安邦世通自动化设备有限公司
地址：正定县燕赵北大街359号福园佳居2号楼3单元1801室
…………………… Tel：0311-88276661
石家庄良村热电有限公司
地址：石家庄经济技术开发区工业大街37号
…………………… Tel：0311-88381563
河北协鑫新能源有限公司
地址：河北省张家口市高新区中兴北路11号长江时代广场第一幢楼12层12号房
…………………… Tel：0311-89160296
张家口协鑫光伏发电有限公司
地址：河北省张家口市康保县张纪镇孙家村
…………………… Tel：0311-89160296
尚义元辰新能源开发有限公司
地址：河北省张家口市尚义县大营盘乡二工地村
…………………… Tel：0311-89160296
康德恩泽能源科技有限责任公司
地址：河北省石家庄市新华区中华北大街198号中储广场A座1403
…………………… Tel：0311-89259977
石家庄东方热电热力工程有限公司
地址：河北省石家庄市长安区和平东路401号
…………………… Tel：0311-89292135
建投河北热力有限公司
地址：河北省石家庄市桥西区裕华东路45号河北冶金大厦7层
…………………… Tel：0311-89889384
河北津涛景观环境工程有限公司
地址：保定市乐凯北大街3088号电谷科技中心4号楼425号
…………………… Tel：0312-2033399
河北龙讯科技有限公司
地址：保定市风能大厦1单元C-1-01号
…………………… Tel：0312-2113877
保定市上合电力科技有限公司
地址：保定市莲池区长城南大街1195号
…………………… Tel：0312-2127089
河北新大长远电力科技股份有限公司
地址：保定市天鹅中路79号兴远现代城202号办公
…………………… Tel：0312-2167085
英利光伏电力投资集团有限公司
地址：保定市恒源西路56号办公楼A区5层
…………………… Tel：0312-2188013
定州市红日环保设备科技有限公司
地址：定州市唐河循环经济产业园区汽车产业园内（园区兴业大道西侧19号）
…………………… Tel：0312-2331811
国网河北省电力有限公司定州市供电分公司
地址：定州市清风北街（原市供电局院内）
…………………… Tel：0312-2523010
国网河北定州市供电公司
地址：定州市清风北街
…………………… Tel：0312-2523040
河北国华定州发电有限责任公司
地址：河北保定定州市东忽村
…………………… Tel：0312-2586886
河北国华定州发电有限责任公司
地址：河北保定定州市东忽村
…………………… Tel：0312-2586886
中铁建电气化局集团第三工程有限公司
地址：高碑店市兴华北路57号
…………………… Tel：0312-2826802
中国通信建设第一工程局有限公司
地址：保定市竞秀区东风中路1559号
…………………… Tel：0312-3099500
保定市红鹏电力检修有限公司
地址：保定市新市区天鹅中路558号
…………………… Tel：0312-3102422
河北宇丰新能源技术有限公司
地址：保定市复兴西路118号
…………………… Tel：0312-3115536
保定天顺雷电灾害风险咨询有限公司
地址：保定市朝阳北大街1362号风能大厦1单元C-7-16号
…………………… Tel：0312-3127036
新华优力能源科技保定有限公司
地址：保定市朝阳北大街899号华康大厦（沃豪星城）D座602
…………………… Tel：0312-3159826
保定科诺伟业控制设备有限公司
地址：保定市风能街189号
…………………… Tel：0312-3171988
宇能电气有限公司
地址：保定高新区火炬产业园四号楼西侧四层
…………………… Tel：0312-3187967
河北科迪新能源科技有限公司
地址：保定市朝阳北大街1799号保定·中关村创新中心B座5层501-502室
…………………… Tel：0312-3189868
保定天威薄膜光伏有限公司
地址：保定市高新区创业路111号
…………………… Tel：0312-3263023
河北京电电力建设有限公司
地址：保定市朝阳北大街1898号电谷源盛商务大厦A座2105
…………………… Tel：0312-3263023
国网河北省电力有限公司保定供电分公司
地址：保定市阳光北大街138号
…………………… Tel：0312-3291132
保定天威集团有限公司
地址：保定市朝阳北路158号
…………………… Tel：0312-3309001
保定天威风电科技有限公司
地址：保定市高开区创业路111号
…………………… Tel：0312-3309096
中航惠德风电工程有限公司
地址：保定市鲁岗路208号
…………………… Tel：0312-3327206
河北北恒电气科技有限公司
地址：保定市锦绣街677号5号楼1单元
…………………… Tel：0312-3336009
国网河北安国市供电公司
地址：安国市东方西路４８号
…………………… Tel：0312-3509015
际华三五四三针织服饰有限公司
地址：涿州市范阳中路239号
…………………… Tel：0312-3688788
国网河北省电力有限公司涿州市供电分公司
地址：河北省保定市涿州市朝阳路5号
…………………… Tel：0312-3969102
国网河北涿州市供电有限责任公司
地址：涿州市朝阳路5号
…………………… Tel：0312-3969219
国网河北曲阳县供电有限责任公司
地址：曲阳县恒山路
…………………… Tel：0312-4262452
涞水县供电总公司电气安装公司
地址：涞水县永安大街494号
…………………… Tel：0312-4521628
保定润民供电服务有限公司涞水县分公司
地址：和平东路（建业家园六号楼一层西5号门店）
…………………… Tel：0312-4521663
国网河北涞水县供电公司
地址：涞水县涞阳路16号
…………………… Tel：0312-4522611
国网河北涞水县供电公司
地址：涞水县涞阳路16号
…………………… Tel：0312-4522611
国网河北省电力有限公司涞水县供电分公司
地址：电白县水东镇人民路145号
…………………… Tel：0312-4522611
涞水县供电总公司野三坡电力宾馆
地址：涞水县三坡镇上庄村
…………………… Tel：0312-4522611
国网河北安新县供电有限责任公司
地址：安新县北关育才路
…………………… Tel：0312-5133028
河北绿源地热能开发有限公司
地址：雄县雄州路768号（高速引线西侧）

………………………… Tel：0312-5301010

保定中京电力建设有限责任公司
地址：保定市满城新兴产业园区环镇北路66号
………………………… Tel：0312-5570710

河北华信锅炉集团有限公司
地址：高碑店市团结东路39号
………………………… Tel：0312-5595895

国网河北容城县供电有限责任公司
地址：容城县容城镇金台西路86号
………………………… Tel：0312-5613820

国网河北省电力有限公司容城县供电分公司
地址：河北省保定市容城县容城镇金台西路86号
………………………… Tel：0312-5613820

国网河北雄县供电有限责任公司
地址：雄县将台路北段路东
………………………… Tel：0312-5811738

河北龙人风电设备维修有限公司
地址：保定市新市区郝庄村
………………………… Tel：0312-5831558

国电联合动力技术（康保）有限公司
地址：河北省张家口市康保县忠义乡人民政府
………………………… Tel：0312-5889000

国电联合动力技术（保定）有限公司
地址：保定市风能街88号
………………………… Tel：0312-5889000

保定中航天元风电服务有限公司
地址：保定市高新区创业路369号
………………………… Tel：0312-5900087

保定华源电气新技术开发有限公司
地址：保定市竞秀街677号火炬产业园
………………………… Tel：0312-5902855

中航惠腾风电设备股份有限公司
地址：河北省保定市高新区风能街111号
………………………… Tel：0312-5902931

保定中科宇能新能源技术服务有限公司
地址：保定市向阳北大街2011号3幢号2层214号
………………………… Tel：0312-5909032

河北蓝方能源投资有限公司
地址：保定市向阳北大街3666号
………………………… Tel：0312-5930368

保定蓝方能源有限公司
地址：河北省保定市清苑区新华中路新旺胡同72号
………………………… Tel：0312-5930368

河北蓝方能源投资有限公司
地址：保定市向阳北大街3666号
………………………… Tel：0312-5930368

保定天德铁林新能源科技有限公司
地址：河北省保定市莲池区凤栖街588号华中炫彩SOHO A-1009室
………………………… Tel：0312-5972678

保定市鑫淼水利水电设备物资供应处
地址：武冈市邓家铺镇岩口村
………………………… Tel：0312-5975615

国网河北蠡县供电有限责任公司
地址：河北省保定市蠡县城内
………………………… Tel：0312-6211113

广东长青（集团）蠡县热电有限公司
地址：河北省保定市蠡县辛兴镇赵锻庄村
………………………… Tel：0312-6220745

保定四方继保工程技术有限公司
地址：保定市北三环5999号
………………………… Tel：0312-6271551

鼎阳智电慧服科技股份有限公司
地址：保定市恒滨路118号
………………………… Tel：0312-6272365

高碑店市铭鼎发电有限公司
地址：河北省保定市高碑店市高速公路东侧112国道南侧
………………………… Tel：0312-6397815

国网河北唐县供电有限责任公司
地址：唐县光明路
………………………… Tel：0312-6410533

河北涿州京源热电有限责任公司
地址：涿州市东仙坡镇常店村京南街45号
………………………… Tel：0312-6551606

国网河北高阳县供电公司
地址：高阳县高阳镇东关
………………………… Tel：0312-6623705

国家电投集团易县新能源发电有限公司
地址：易县裴山镇太和庄村
………………………… Tel：0312-6780887

国家电投集团涞源东方新能源发电有限公司
地址：河北省保定市涞源县水堡镇祁家峪村
………………………… Tel：0312-6780887

国网河北定兴县供电有限责任公司
地址：定兴县通兴东路93号
………………………… Tel：0312-6825600

国网河北省电力有限公司定兴县供电分公司
地址：河北省保定市定兴县通兴东路93号
………………………… Tel：0312-6825600

深能保定发电有限公司
地址：保定市满城区旭宁北街东侧
………………………… Tel：0312-7029631

国网河北满城县供电公司
地址：满城县中山东路333号
………………………… Tel：0312-7077571

广东长青（集团）满城热电有限公司
地址：保定市满城区经济开发区
………………………… Tel：0312-7168016

广东长青（集团）雄县热电有限公司
地址：河北省保定市雄县经济开发区东区
………………………… Tel：0312-7168016

国网河北阜平县供电有限责任公司
地址：阜平县阜平镇南城区白河村
………………………… Tel：0312-7221436

河北驷乾新能源科技有限公司
地址：河北省保定市涞源县开源路53号
………………………… Tel：0312-7301168

国网河北涞源县供电有限责任公司
地址：涞源县广昌大街
………………………… Tel：0312-7321827

保定爱迪新能源股份有限公司
地址：河北省保定市唐县经济开发区长古城工业园企业服务中心108室
………………………… Tel：0312-7510131

河北恒能环保科技有限公司
地址：保定市云杉路132号
………………………… Tel：0312-7518615

河北中冀售电有限公司
地址：保定市莲池区七一东路1999号未来石4号楼23层2312室商用
………………………… Tel：0312-7558018

国网河北省电力有限公司顺平县供电分公司
地址：河北省保定市顺平县平安东大街1号
………………………… Tel：0312-7621643

国网河北望都县供电有限责任公司
地址：望都县永兴路西侧
………………………… Tel：0312-7709100

定州北控瀛源光伏电力开发有限公司
地址：定州市北方（定州）再生资源产业基地迎宾路1号
………………………… Tel：0312-7905655

定州市中燃城市燃气有限公司
地址：定州市南城区中心街西侧（中山古玩城东门门口）
………………………… Tel：0312-7907208

保定中燃天然气长输管道有限公司
地址：定州市中兴西路香江大厦27层
………………………… Tel：0312-7907208

保定云木电力科技有限公司
地址：保定市恒滨路89号智博科技园3号楼3层302室
………………………… Tel：0312-7928017

保定市荣投水务有限公司
地址：河北省保定市清苑区新华西路1号
………………………… Tel：0312-8197190

国网河北清苑县供电公司
地址：保定市清苑县城振兴北路048号
………………………… Tel：0312-8197830

国网河北易县供电公司
地址：易县开元北大街
………………………… Tel：0312-8211226

国网河北省电力有限公司易县供电分公司
地址：河北省保定市易县开元北大街
………………………… Tel：0312-8211226

保定巨力电力发展有限公司
地址：保定市徐水区巨力路
………………………… Tel：0312-8608755

中科宇能科技发展有限公司
地址：河北省邢台市威县经济开发区光明路88号
………………………… Tel：0312-8638530

保定华翼风电叶片研究开发有限公司
地址：保定市向阳北大街2011号
………………………… Tel：0312-8638530

河北英利新能源科技有限公司
地址：保定市恒源西路67号
………………………… Tel：0312-8645127

保定润民供电服务有限公司徐水区分公司
地址：丹江口市凉水河镇
………………………… Tel：0312-8652259

保定科林供热有限公司
地址：保定市徐水区大王店产业园区经一路东侧
………………………… Tel：0312-8655253

国网河北徐水县供电有限责任公司
地址：河北省保定市徐水区永兴路
………………………… Tel：0312-8683542

国网河北徐水县供电有限公司
地址：河北省保定市徐水区永兴路
………………………… Tel：0312-8683542

国网河北省电力有限公司保定市徐水区供电分公司
地址：浙江省丽水市龙泉市剑池街道剑池西路28号
………………………… Tel：0312-8683542

国网河北博野县供电有限责任公司
地址：博野县博程路
………………………… Tel：0312-8719021

保定市瑞高电气有限公司
地址：保定市复兴西路118号创业中心B座四层西侧
………………………… Tel：0312-8911533

保定云鹰能源科技有限公司
地址：保定市恒源西路56号办公楼A区4层
………………………… Tel：0312-8913509

河北因能科技股份有限公司
地址：保定市朝阳北大街3399号
………………………… Tel：0312-8913509

辛集市英利光伏电力开发有限公司
地址：辛集市南区富源大街南侧、创业大道东侧
………………………… Tel：0312-8913535

保定天威恒通电气有限公司
地址：保定市向阳北大街2777号办公楼四层、五层
………………………… Tel：0312-8919865

保定嘉盛光电科技股份有限公司
地址：保定市翠园街722号
………………………… Tel：0312-8922203

国网新源张家口风光储示范电站有限公司
地址：张家口市桥西区建设西街15号
………………………… Tel：0313-2196113

国网新源张家口风光储示范电站有限公司
地址：张家口市桥西区建设西街15号
………………………… Tel：0313-2196113

大唐河北新能源（张北）有限责任公司
地址：张北县大西湾乡徐大保村
………………………… Tel：0313-2196613

三一张家口风电技术有限公司
地址：张家口市产业集聚区中粮大街2号
………………………… Tel：0313-3042284

国网冀北电力有限公司张家口市宣化区供电分公司
地址：河北省张家口市宣化区宣府大街101号
………………………… Tel：0313-3235050

国网冀北电力有限公司张家口市万全区供电分公司
地址：张家口市万全区孔家庄镇全兴北路22号
………………………… Tel：0313-4227500

万全区孔家庄镇竣德水电设备供应站
地址：徐水区康明北大街51号
………………………… Tel：0313-4236971

尚义县航天新能源发展有限公司
地址：河北省张家口市尚义县经济开发区五环机械有限公司院内
………………………… Tel：0313-4331771

国网冀北电力有限公司张家口市崇礼区供电分公司
地址：河北省张家口市崇礼区西湾子镇长青路19号
………………………… Tel：0313-4612462

崇礼宏盛电力实业有限公司
地址：崇礼县西湾子镇长青路
………………………… Tel：0313-4612523

张家口西山综合开发有限责任公司
地址：张家口市高新技术产业开发区沈孔路8号(生命科学园)
………………………… Tel：0313-4872858

河北智德风力发电设备维修有限公司
地址：河北省张家口市张北县二台背新民居商业楼
………………………… Tel：0313-5335855

中节能港能风力发电（张北）有限公司
地址：河北省张北县大河乡西公沟村
………………………… Tel：0313-5359003

中节能港建风力发电（张北）有限公司
地址：河北省张北县单晶河乡小水泉村西
………………………… Tel：0313-5359003

中节能风力发电（张北）运维有限公司
地址：张北县海流图乡（村）
………………………… Tel：0313-5359003

中节能风力发电（张北）有限公司
地址：张北县海流图乡（村）
………………………… Tel：0313-5359003

国网冀北电力有限公司康保县供电分公司
地址：康保县东大街
………………………… Tel：0313-5512346

康保新天风能有限公司
地址：康保县种畜场东侧
………………………… Tel：0313-5523860

国网冀北电力有限公司阳原县供电分公司
地址：西城镇昌盛西街路北
………………………… Tel：0313-5656309

河北大唐国际张家口热电有限责任公司
地址：张家口高新区南环路9号
………………………… Tel：0313-5802102

河北华电沽源风电有限公司
地址：张家口市高新区长城西大街1号通泰世纪金座1号楼8层06
………………………… Tel：0313-5809124

河北华电康保风电有限公司
地址：河北省张家口市康保县经济开发区管理委员会
………………………… Tel：0313-5809124

华电唐山风电有限公司
地址：唐山市曹妃甸区新城大街西延北侧、王凤坨南侧
………………………… Tel：0313-5809124

华电张家口塞北新能源发电有限公司
地址：河北省张家口市塞北区东大门管理处
………………………… Tel：0313-5809124

河北华电尚义风力发电有限公司
地址：河北省张家口市尚义县经济开发区华洋服饰一楼107室
………………………… Tel：0313-5809124

张家口坝王科技发展有限公司
地址：沽源县平定堡镇西围子后湾子
………………………… Tel：0313-5812369

沽源宏奥电力实业有限公司
地址：平定堡镇桥西大街
………………………… Tel：0313-5816832

张北运达风电有限公司
地址：张北县新城区
………………………… Tel：0313-5856605

国华（河北）新能源有限公司
地址：河北省尚义县满井镇脑包底村
………………………… Tel：0313-5899135

宣化县航天新能源发展有限公司
地址：河北省张家口市宣化区沙岭子镇太师湾村建设大街西巷
………………………… Tel：0313-5909222

张家口航天新能源发展有限公司
地址：张家口市下花园区桃源小区5号楼5幢151室
………………………… Tel：0313-5909222

中国水电顾问集团易县新能源有限公司
地址：河北省保定市易县城管处鑫苑小区
………………………… Tel：0313-5910601

河北全杰汽车贸易有限公司
地址：河北省张家口市高新区前屯新天地小区13号楼首层16号商业
………………………… Tel：0313-5951117

河北建投宣化热电有限责任公司
地址：河北省张家口市宣化区滨河街88号院1号
………………………… Tel：0313-5969131

怀来方南清洁能源供热有限公司
地址：怀来县沙城镇长城北路东一区11排
………………………… Tel：0313-6216000

涿鹿县溪淼机电水泵经销供应站
地址：浠水县洗马镇
………………………… Tel：0313-6535111

涿鹿宏丰电力实业有限公司
地址：涿鹿县涿鹿镇东风大街203号
………………………… Tel：0313-6582243

涿鹿华达生物热电有限公司
地址：涿鹿县工业园区
………………………… Tel：0313-6584288

国网冀北电力有限公司蔚县供电分公司
地址：蔚县蔚州镇南环路南
………………………… Tel：0313-7017466

大唐国际发电股份有限公司张家口电力检修分公司
地址：河北省张家口市宣化区朱家庄
………………………… Tel：0313-7032872

张家口兴唐电力检修有限责任公司
地址：张家口高新区发电厂院内
………………………… Tel：0313-7032872

华能尚义风力发电有限公司
地址：尚义县南壕堑镇河东街祥福苑小区
………………………… Tel：0313-7055318

华能怀来风力发电有限公司
地址：怀来县土木镇炮儿村
………………………… Tel：0313-7055318

张家口英利科技开发有限公司
地址：河北省张家口市张北县油篓沟镇史马沟村北张北德和风电场内
………………………… Tel：0313-7296050

张家口禾正电力检修有限责任公司
地址：河北省张家口经济开发区纬一花园小区17号楼3单元601室
………………………… Tel：0313-7510889

张家口太诺新能源科技有限公司
地址：阳原县西城镇光华路东兴原小区底商
………………………… Tel：0313-7586666

华源电力有限公司
地址：河北省张北县油篓沟乡史马沟村北张北德和风电场
………………………… Tel：0313-7675009

张北华瀛电力有限公司
地址：河北省张家口市张北县永春南街东南山路北侧塞外明珠房地产开发有限责任公司一楼

………………… Tel：0313-7675009

怀安宏涵电力实业有限公司
地址：怀安县柴沟堡镇工业街
………………… Tel：0313-7823013

国网冀北电力有限公司怀安县供电分公司
地址：怀安县柴沟堡镇新区广安街路北
………………… Tel：0313-7833019

国电电力河北新能源开发有限公司
地址：河北省张家口市桥西区建设西街9号
………………… Tel：0313-8210518

大唐国际发电股份有限公司下花园电力检修分公司
地址：河北省张家口市下花园区民生路1号
………………… Tel：0313-8632831

张家口钢城物产发展有限公司
地址：河北省张家口市宣化区胜利路40号宣钢宾馆南楼西侧2-4楼
………………… Tel：0313-8674000

建投燕山（沽源）风能有限公司
地址：张家口市沽源县平定堡镇口道营村南
………………… Tel：0313-8694516

承德北辰高新科技有限公司
地址：承德双桥区水泉沟姜家沟
………………… Tel：0314-2385128

华能承德风力发电有限公司
地址：围场县御道口牧场
………………… Tel：0314-2525201

华能承德风力发电有限公司
地址：围场县御道口牧场
………………… Tel：0314-2525201

河钢股份有限公司承德分公司
地址：承德双滦区滦河镇
………………… Tel：0314-4070114

承德市大庙钎具制造有限公司
地址：承德双滦区大庙镇双大公司1楼1单元102室
………………… Tel：0314-4092222

国电承德围场风电有限公司
地址：围场镇桥东南街健康街107号
………………… Tel：0314-4300000-5605

国电承德华御新能源有限公司
地址：围场满族蒙古族自治县围场镇木兰中路229号（友联商厦）
………………… Tel：0314-4300000-5605

国电承德热电有限公司
地址：承德双滦区滦河镇滦河电厂院内（游泳馆二楼）
………………… Tel：0314-4306200

国电滦河热电有限公司
地址：承德双滦区滦河镇
………………… Tel：0314-4306200

国电承德热电有限公司
地址：承德双滦区滦河镇滦河电厂院内（游泳馆二楼）
………………… Tel：0314-4306200

国家电投集团平泉新能源发电有限公司
地址：平泉市北五十家子镇北五十家子社区
………………… Tel：0314-5892189

中开万和控股有限公司
地址：河北省承德市双滦区双塔山镇秀水大道金源大厦5楼517室
………………… Tel：0314-5915008

平泉希翼绿色能源制造有限公司
地址：平泉市平泉镇红山咀村
………………… Tel：0314-6061311

国网冀北电力有限公司宽城县供电分公司
地址：宽城满族自治县宽城中街
………………… Tel：0314-6632568

承德县夏玉平五金物资经销处
地址：章丘市明水清照路
………………… Tel：0314-7015187

承德市光源电力有限公司
地址：丰宁满族自治县大阁镇宁丰路85号
………………… Tel：0314-8012100

河北宁丰电气设备有限公司
地址：丰宁满族自治县大阁镇经济开发区
………………… Tel：0314-8065179

国网冀北电力有限公司滦平县供电分公司
地址：滦平县滦平镇新建路北
………………… Tel：0314-8736143

大唐国际发电股份有限公司陡河电力检修分公司
地址：河北省唐山市北郊
………………… Tel：0315-2523504

河北大唐国际唐山北郊热电有限责任公司
地址：河北省唐山市开平区郑庄子镇小代庄村
………………… Tel：0315-2523798

河北大唐国际唐山热电有限责任公司
地址：唐山路北区滨河路２号
………………… Tel：0315-2781055

河北大唐国际唐山热电有限责任公司
地址：唐山路北区滨河路２号
………………… Tel：0315-2781055

唐山大唐电力检修工程有限公司
地址：唐山路北区滨河路2号
………………… Tel：0315-2781586

唐山大唐电力检修工程有限公司
地址：唐山路北区滨河路2号
………………… Tel：0315-2781586

河北省唐山市炊具机械贸易中心
地址：唐山路南区南新东道192号
………………… Tel：0315-28253538

唐山开滦热电有限责任公司
地址：唐山古冶区唐家庄
………………… Tel：0315-3057466

开滦协鑫发电有限公司
地址：唐山古冶区唐林南路东205国道南
………………… Tel：0315-3058900

唐山开滦东方发电有限责任公司
地址：唐山古冶区唐家庄
………………… Tel：0315-3058902

唐山开滦东方发电有限责任公司
地址：唐山古冶区唐家庄
………………… Tel：0315-3058902

中车唐山机车车辆有限公司
地址：唐山丰润区厂前路3号
………………… Tel：0315-3089034

唐山竟鼎售电有限公司
地址：河北省唐山市古冶区唐家庄京华道北启新水泥厂西侧
………………… Tel：0315-3526118

唐山高科发展总公司
地址：开发区管委会办公楼一楼
………………… Tel：0315-3851322

滦南林海科技发展有限责任公司
地址：滦南县奔城西环路西侧（原电厂路）
………………… Tel：0315-4168786

河北汇良电气设备有限公司
地址：乐亭县东外环城区工业聚集区11号
………………… Tel：0315-4884444

盾石磁能科技有限责任公司
地址：河北省石家庄市正定县高新技术开发区北区拐角铺街12号
………………… Tel：0315-5068900

国网冀北唐山市丰润区供电公司
地址：唐山市丰润区曹雪芹东大街１３号
………………… Tel：0315-5183870

华能乐亭风力发电有限公司
地址：河北省唐山市乐亭县姜各庄镇
………………… Tel：0315-5223999

华能唐山丰南风力发电有限公司
地址：唐山市丰南沿海工业区
………………… Tel：0315-5223999

唐山市冀唐电力安装有限公司
地址：高新区孙家庄村
………………… Tel：0315-5508687

河北瑞兆激光电机修复有限公司
地址：迁西县兴城镇西河南寨村北
………………… Tel：0315-5628618

河北瑞兆激光机电工程有限公司
地址：迁西县兴城镇西河南寨村
………………… Tel：0315-5628618

国网冀北迁西县供电公司
地址：迁西县城关喜丰路
………………… Tel：0315-5661989

唐山弘亚须晴日光伏科技有限公司
地址：河北省唐山市滦南县　城镇和谐路东
………………… Tel：0315-5705559

唐山弘亚光伏发电科技有限公司
地址：河北省唐山市滦南县　城镇和谐路东
………………… Tel：0315-5705569

唐山盾石电气有限责任公司
地址：曹妃甸工业区装备制造园区北环路南侧、A5路西侧，华海风能1号厂房内
………………… Tel：0315-5772136

唐山市拓又达科技有限公司
地址：唐山市高新区庆丰道122号
………………… Tel：0315-5772226

唐山高新物业服务有限责任公司
地址：唐山高新技术产业园区建设北路99号（火炬大厦1008号）
………………… Tel：0315-5776033

唐山祥润节水设备有限公司
地址：河北省唐山市玉田县彩亭桥镇东五里屯村
………………… Tel：0315-6129956

唐山金沙燃烧热能股份有限公司
地址：迁安高新技术产业开发区科技路655号
………………… Tel：0315-6530537

国网冀北唐山市曹妃甸区供电公司
地址：唐山市曹妃甸区唐海镇建设大街253号
………………… Tel：0315-6750101

国网冀北遵化市供电公司
地址：文化北路路东
………………… Tel：0315-6752013

国网冀北滦南县供电公司
地址：滦南县奔城镇南大街42号
………………… Tel：0315-6754052

国网冀北迁安市供电公司
地址：迁安市惠宁大街１４７６号
………………… Tel：0315-6756002

国网冀北玉田县供电公司
地址：玉田县城内北环路北侧
………………… Tel：0315-6757008

国网冀北乐亭县供电公司
地址：乐亭县乐亭镇大钊路西侧
………………… Tel：0315-6759971

上海电气风电设备河北有限公司
地址：乐亭县城区新光社区丰源巷122号
………………… Tel：021-34290800

国网冀北滦县供电公司
地址：滦县新城燕山南路8号
………………… Tel：0315-7165320

开滦（迁安）售电有限公司
地址：迁安市钢城大街866号创客广场A座2号门3楼
………………… Tel：0315-7637977

河北大唐国际丰润热电有限责任公司
地址：唐山丰润区锦绣路10号
………………… Tel：0315-8090016

唐山航天智慧能源有限公司
地址：河北省唐山市乐亭县城区工业聚集区
………………… Tel：0315-8171184

国网冀北唐山市丰南区供电公司
地址：丰南区青年路25号
………………… Tel：0315-8288600

唐山精志仪器仪表有限公司
地址：唐山市高新区规划三道路南侧火炬路西侧第一期北区17-4号楼
………………… Tel：0315-8720981

唐山热电有限责任公司
地址：高新区火炬大厦13层
………………… Tel：0315-8733015

唐山热电有限责任公司
地址：高新区火炬大厦13层
………………… Tel：0315-8733015

润电新能源（唐山曹妃甸）有限公司
地址：曹妃甸工业区钢铁电力园华润电力（唐山曹妃甸）有限公司办公楼
………………… Tel：0315-8822692

首钢京唐钢铁联合有限责任公司
地址：曹妃甸工业区钢铁电力园区
………………… Tel：0315-8870066

国网冀北电力有限公司廊坊供电公司
地址：廊坊市广阳区新华路１０５号
………………… Tel：0316-2063216

中国石油管道局工程有限公司
地址：廊坊市广阳区广阳道87号
………………… Tel：0316-2075803

新地能源工程技术有限公司
地址：廊坊开发区华祥路118号新奥科技园B楼
………………… Tel：0316-2591004

廊坊新奥光伏集成有限公司
地址：廊坊开发区华祥路106号
………………… Tel：0316-2595327

新奥光伏能源有限公司
地址：河北省廊坊经济技术开发区华祥路１０６号
………………… Tel：0316-2596913

廊坊新奥泛能设备销售有限公司
地址：河北省廊坊市经济技术开发区新奥科技园C座
………………… Tel：0316-2597272

国网冀北香河县供电有限公司
地址：香河县城五一路16号
………………… Tel：0316-2705119

国网冀北电力有限公司固安县供电分公司
地址：河北省廊坊市固安县南关路东68号
………………… Tel：0316-2706119

廊坊市瑞佳物业服务有限公司
地址：廊坊市广阳区王寨村
………………… Tel：0316-2763838

三河发电有限责任公司
地址：河北省廊坊市三河市燕郊
………………… Tel：0316-3365042

大城县琦泉生物质发电有限公司
地址：大城工业园区现代制造业工业园
………………… Tel：0316-5196777

国家电投集团廊坊热电有限公司
地址：河北省廊坊市安次区经济开发区西昌路西侧、安铭道南侧综合办公楼208室
………………… Tel：0316-5212251

国网冀北文安县供电有限公司
地址：文安县文安镇北关
………………… Tel：0316-5231357

河北世航轨道交通设备有限公司
地址：河北省廊坊市大城县大尚屯镇齐圪　村
………………… Tel：0316-5560388

永清县丽晶物业服务有限公司
地址：河北省廊坊市永清县芝兰苑5-2-201
………………… Tel：0316-5693388

三河市祥天电力工程有限公司
地址：三河市燕郊开发区电厂生活区东侧、中青胶粘剂公司北侧
………………… Tel：0316-5755518

欧咖莱智能科技（固安）有限公司
地址：河北省廊坊市固安县新兴产业示范区卫星导航产业港二期43号楼东侧
………………… Tel：0316-6177289

廊坊市云华管道维修有限公司
地址：廊坊市广阳区锦绣花苑小区15-3-201
………………… Tel：0316-6525456

永清中希光电科技发展有限公司
地址：永清县管家务回族乡胡其营村北
………………… Tel：0316-6527577

国网冀北永清县供电有限公司
地址：永清县益昌路212号
………………… Tel：0316-6623989

河北淋竣电力工程有限公司
地址：河北省廊坊市霸州市兴华南路东侧112国道南侧
………………… Tel：0316-7214126

河北青鸾能源科技有限公司
地址：河北文安工业园区
………………… Tel：0316-7432105

昊天能源科技有限公司
地址：盐山县正港路南，边务乡东王庄村东
………………… Tel：0317-2043601

中核华电河北核电有限公司
地址：河北省沧州市海兴县海政路中国银行海兴支行三楼
………………… Tel：0317-2133900

沧州华润热电有限公司
地址：河北省沧州市北环西路
………………… Tel：0317-2157026

河北冀特电气有限公司
地址：任丘市大征工业区
………………… Tel：0317-2656666

华北石油管理局供水供电服务中心
地址：任丘市南燕山道东东风路北
………………… Tel：0317-2757719

任丘市华北石油长江化工机电有限公司
地址：任丘市会战道东侧（华油供应处）
………………… Tel：0317-2759655

河北京丰电力设备有限公司
地址：河间市城苑西路南侧
………………… Tel：0317-3189473

沧州岳轩节能科技有限公司
地址：河北省沧州市新华区千童大道志强路北
………………… Tel：0317-3500023

河北伟泰电力工程有限公司
地址：河北省沧州市河间市瀛州镇门庄
………………… Tel：0317-3624818

青县中燃能源发展有限公司
地址：河北省沧州市青县木门店镇政府西侧门市
………………… Tel：0317-4186610

国网河北青县供电有限责任公司
地址：青县新华西路
………………… Tel：0317-4223046

国网河北省电力有限公司献县供电分公司
地址：河北省沧州市献县乐寿镇西关大街
………………… Tel：0317-4622476

沧州四星光热玻璃有限公司
地址：沧州市高新技术产业开发区吉林大道东侧
………………… Tel：0317-4951188

沧州盐业集团电力有限公司
地址：河北省沧州市黄骅市羊二庄镇后沙村东2公里
………………… Tel：0317-5268173

国网河北黄骅市供电公司
地址：黄骅市渤海路
………………… Tel：0317-5323589

神华黄骅港务有限责任公司
地址：沧州渤海新区神华集团黄骅港生活区
………………… Tel：0317-5388502

沧州中燃能源管理有限公司
地址：河北省沧州市沧州高新技术产业开发区河工科技园2号楼4层10房间
………………… Tel：0317-5588523

国网河北省电力有限公司任丘市供电分公司
地址：任丘市裕华路54号
………………… Tel：0317-5591023

国网河北任丘市供电公司
地址：任丘市裕华东路
………………… Tel：0317-5591034

国网河北盐山县供电有限责任公司
地址：盐山县城东环南路２号

……………………Tel：0317-6263709

孟村回族自治县阳光电力有限责任公司
地址：孟村回族自治县团结路5号
……………………Tel：0317-6723775

国网河北吴桥县供电公司
地址：吴桥县桑园镇长江路北侧
……………………Tel：0317-7341379-7037

吴桥成通电力服务有限公司
地址：吴桥县桑园镇长江路南侧
……………………Tel：0317-7367129

国家电投集团沧州新能源发电有限公司
地址：沧州临港晶山盐业有限公司办公楼
……………………Tel：0317-7588708

国家电投集团大城县东方新能源发电有限公司
地址：河北省廊坊市大城县廊泊路鑫玉源酒店
……………………Tel：0317-7588708

国网河北东光县供电有限责任公司
地址：东光县城府前街１１３号
……………………Tel：0317-7890115

国网河北泊头市供电有限责任公司
地址：泊头市西环路
……………………Tel：0317-8306995

河北九州环保设备工程有限公司
地址：泊头市四营开发区
……………………Tel：0317-8307999

国网河北南皮县供电有限责任公司
地址：南皮县光明东路
……………………Tel：0317-8851452

沧州渤海新区元大自然能源有限公司
地址：沧州渤海新区十二号路东港城大街
……………………Tel：0317-8887829

黄骅市德润新能源开发有限公司
地址：河北省沧州市黄骅市黄骅镇杨常庄村
……………………Tel：0317-8889660

衡水华联机电物资供应站
地址：衡水桃城区和平中路世纪广场4号
……………………Tel：0318-2021450

衡水市桃城区鑫宇五金电器供应站
地址：天水市秦州区环城中路2号
……………………Tel：0318-2024535

衡水市桃城区腾达机电供应站
地址：富川莲山镇
……………………Tel：0318-2031176

衡水市桃城区正德电器供应站
地址：漳浦县前亭镇前亭圩
……………………Tel：0318-2060479

衡水市桃城区顺发机电设备供应站
地址：武邑县建设西路北侧（国网河北武邑县供电有限责任公司办公楼4楼）
……………………Tel：0318-2066757

衡水机电大楼有限公司
地址：衡水市红旗大街158号
……………………Tel：0318-2068518

衡水泽正建筑工程有限公司
地址：衡水工业新区大麻森乡大麻森村
……………………Tel：0318-2069966

河北省衡水交电家电采购供应站
地址：衡水市榕花街2号
……………………Tel：0318-2124816

衡水市桃城区平安机电物资供应站
地址：苍梧县新地镇新地街新城开发区
……………………Tel：0318-2138999

衡水市桃城区和顺机电供应站
地址：滑县王庄镇沙东村
……………………Tel：0318-2139588

衡水益民供电服务有限公司桃城区分公司
地址：青海省德令哈市黄河路1号
……………………Tel：0318-2216957

国网河北省电力有限公司衡水供电分公司
地址：新疆五家渠土墩子农场富强西街239号
……………………Tel：0318-2292231

衡水益民供电服务有限公司
地址：河北省衡水市桃城区育才南大街50号（和平西路、育才南大街北行100米）
……………………Tel：0318-2296966

衡水市新供销电子商务有限公司
地址：衡水市桃城区和平中路9-11号
……………………Tel：0318-2328368

衡水供建特来电新能源有限公司
地址：河北省衡水市桃城区和平西路33号25幢2层
……………………Tel：0318-2693001

河北联众环境工程有限公司
地址：衡水市桃城区中心街（建行北邻）
……………………Tel：0318-2892566

国网河北武强县供电有限责任公司
地址：武强镇新开街8号
……………………Tel：0318-3795822

国网河北武强县供电有限责任公司
地址：武强镇新开街8号
……………………Tel：0318-3795822

衡水武强供电有限责任公司工程安装队
地址：新开街11号
……………………Tel：0318-3795920

永信建设有限公司
地址：景县龙华镇工业区
……………………Tel：0318-4396688

阜城县城乡建设投资有限公司
地址：河北省衡水市阜城县府前路南
……………………Tel：0318-4621089

河北秦岭房地产开发有限公司
地址：阜城县富强路
……………………Tel：0318-4622598

国网河北阜城县供电公司
地址：阜城镇东门外大街
……………………Tel：0318-4685615

衡水益民供电服务有限公司阜城县分公司
地址：桃城区和平路16号1幢19号店（红旗西）
……………………Tel：0318-4685664

国网河北深州市供电有限责任公司
地址：深州市永安大街南头路西
……………………Tel：0318-5191038

衡水益民供电服务有限公司深州市分公司
地址：屏山县鸭池乡场镇
……………………Tel：0318-5191038

衡水市桃城区金源链条链轮五金机电供应站
地址：融水县和睦镇和睦街
……………………Tel：0318-5228955

国网河北故城县供电公司
地址：故城县郑口镇北环路
……………………Tel：0318-5322628

国网河北省电力有限公司故城县供电分公司
地址：河北省衡水市故城县郑口镇顺达路88号
……………………Tel：0318-5322628

衡水益民供电服务有限公司故城县分公司
地址：河北省衡水市故城县郑口镇顺达路北中华街东侧
……………………Tel：0318-5677998

国网河北武邑县供电有限责任公司
地址：武邑县县城建设西路85号
……………………Tel：0318-5713318

国网河北省电力有限公司武邑县供电分公司
地址：武邑县武邑镇建设西路85号
……………………Tel：0318-5731001

衡水益民供电服务有限公司武邑县分公司
地址：商水县黄寨镇
……………………Tel：0318-5731032

衡水益民供电服务有限公司景县分公司
地址：河北省衡水市景县亚夫路西
……………………Tel：0318-5833516

国网河北景县供电公司
地址：景县景州镇亚夫路25号
……………………Tel：0318-5833522

衡水市桃城区弘历工业电器供应站
地址：集宁区团结路97号
……………………Tel：0318-6013872

国网河北省电力有限公司衡水市桃城区供电分公司
地址：河北省衡水市桃城区和平西路444号（和平路南侧）
……………………Tel：0318-6013881

国网河北省电力有限公司衡水市桃城区供电分公司
地址：河北省衡水市桃城区和平西路444号（和平路南侧）
……………………Tel：0318-6013881

国网河北衡水市桃城区供电有限责任公司
地址：衡水市和平西路444号
……………………Tel：0318-6013881

阜城县开发区建设投资有限公司
地址：河北省衡水市阜城县经济开发区管委会办公楼二楼
……………………Tel：0318-6117713

衡水市桃城区宏源机电供应站
地址：衡水市桃城区和平中路13号
……………………Tel：0318-6139097

衡水市桃城区盛通五金电气设备供应站
地址：那坡县百南街
……………………Tel：0318-6800398

衡水市桃城区华利五金电器供应站
地址：和平路56号2号（路南商务局对面）
……………………Tel：13932808939

国网河北省电力有限公司饶阳县供电分公司
地址：河北省衡水市饶阳县城区平安西路71号
……………………Tel：0318-7221599

衡水益民供电服务有限公司饶阳县分公司
地址：岑溪市安平镇
……………………Tel：0318-7221599

国网河北饶阳县供电公司
地址：饶阳县饶安路12号
……………………Tel：0318-7236060

国网河北安平县供电公司
地址：安平县北新大道
……………………Tel：0318-7524646

衡水益民供电服务有限公司安平县分公司
地址：河北省衡水市安平县西马南路机电胡同2号
……………………Tel：0318-7524646

中国铁路北京局集团有限公司衡水供电段
地址：衡水市桃城区站北路15号
……………………Tel：0318-7912286

衡水市桃城区鑫亚机电物资供应站
地址：滏兴园第三幢12号房
……………………Tel：0318-8019158

郁宏电力设备工程有限公司
地址：枣强县建设南路396号
……………………Tel：0318-8224902

衡水立能光伏科技有限公司
地址：衡水经济开发区纬十七路969号
……………………Tel：0318-8518211

衡水益民供电服务有限公司枣强县分公司
地址：湛河区新华路南段喜来登酒店大门北
……………………Tel：0318-8562985

国网河北枣强县供电公司
地址：枣强县人民东街２９９号
……………………Tel：0318-8562987

衡水华晟供电有限公司
地址：邻水县鼎屏镇古邻大道邻州广场旁（邻水供电有限公司办公楼第四层）
……………………Tel：0318-8612694

国网河北冀州市供电公司
地址：冀州市和平路
……………………Tel：0318-8612734

国网河北省电力有限公司衡水市冀州区供电分公司
地址：衡水市冀州区和平路南
……………………Tel：0318-8612734

衡水益民供电服务有限公司武强县分公司
地址：河北省衡水市武强县武强镇育华街
……………………Tel：0318-3765818

圣春新能源科技有限公司
地址：衡水市冀州区长安路南侧、春风街西侧
……………………Tel：0318-8627116

河北松海照明设备有限公司
地址：衡水市冀州区友谊北大街
……………………Tel：0318-8686306

冀州市周村镇顺成水利物资电力器材供应站
地址：屏山县屏山镇
……………………Tel：0318-8756532

衡水益民供电服务有限公司冀州区分公司
地址：山西省晋城市沁水县柿庄镇柿庄村
……………………Tel：0318-8925891

河北兴泰发电有限责任公司
地址：河北省邢台市电厂路
……………………Tel：0319-2092222

隆尧天唯热电有限公司
地址：隆尧县东方食品城
……………………Tel：0319-2094912

冀中能源股份有限公司
地址：河北省邢台市中兴西大街１９１号
……………………Tel：0319-2098828

国家电投集团宁晋热电有限公司
地址：宁晋县盐化工园区纬二路东
……………………Tel：0319-2791911

河北邦博润发电设备科技有限公司
地址：河北省邢台市桥东区新华南路金太阳商贸城16号楼136
……………………Tel：0319-2981599

国网河北邢台县供电有限责任公司
地址：邢台市凤凰街1号
……………………Tel：0319-3020034

国网河北省电力有限公司威县供电分公司
地址：河北省邢台市威县　州镇中华北大街与开放西路交叉口
……………………Tel：0319-3250624

国网河北威县供电有限责任公司
地址：威县开放路北侧，中华大街西侧
……………………Tel：0319-3250628

邢台新光工程技术有限责任公司
地址：邢台市桥西区钢铁南路２19号
……………………Tel：0319-3779520

邢台晶龙电子材料有限公司
地址：邢台市开发区南园区兴达大街
……………………Tel：0319-3980799

国网河北巨鹿县供电有限责任公司
地址：巨鹿县县城新华北街３号
……………………Tel：0319-4326680

河北阳普新能源科技有限公司
地址：巨鹿县河北巨鹿经济开发区鲁班路2号
……………………Tel：0319-4339896

河北阳普迪盛新能源科技有限公司
地址：河北省邢台市巨鹿县经济开发区孵化园1号厂房
……………………Tel：0319-4339896

巨鹿县阳普新能源科技有限公司
地址：河北省邢台市巨鹿县河北巨鹿经济开发区鲁班路2号
……………………Tel：0319-4339896

国网河北南和县供电公司
地址：南和县城和阳大街中段北侧
……………………Tel：0319-4562923

国网河北新河县供电有限责任公司
地址：新河县城内新华路西段
……………………Tel：0319-4781534

国网河北省电力有限公司新河县供电分公司
地址：河北省邢台市新河县新华路西段南侧
……………………Tel：0319-4781534

河北聚航电气设备有限公司
地址：河北省邢台市任县经济开发区吉庄社区西
……………………Tel：0319-5032888

邢台中科智联电力销售有限公司
地址：邢台县晏家屯镇辛庄村西北
……………………Tel：0319-5111159

临城晶澳光伏发电有限公司
地址：临城县西竖镇南辉山村
……………………Tel：0319-5372558

临城晶澳光伏发电有限公司
地址：临城县西竖镇南辉山村
……………………Tel：0319-5372558

临城协鑫光伏发电有限公司
地址：河北省邢台市临城县黑城乡刘家洞村东北
……………………Tel：0319-5375766

国能南宫生物发电有限公司
地址：南宫市王道寨乡琉璃庙村北邢德公路北侧
……………………Tel：0319-5708209

国能南宫生物发电有限公司
地址：南宫市王道寨乡琉璃庙村北邢德公路北侧
……………………Tel：0319-5708209

国网河北宁晋县供电有限责任公司
地址：宁晋县天宝西街35号
……………………Tel：0319-5804456

邢台市龙泉泵业有限公司
地址：宁晋县凤凰镇李史庄村
……………………Tel：0319-5806915

河北道荣新能源科技有限公司
地址：河北省邢台市威县经济开发区跨越路以东、信德路以北
……………………Tel：0319-6188158

国网河北隆尧县供电有限责任公司
地址：康庄路28号
……………………Tel：0319-6662804

安能（内丘）生物质能源有限公司
地址：内丘县内丘镇寺上新村19号楼西二户
……………………Tel：0319-6858111

国网河北内丘县供电有限责任公司
地址：河北省内丘县康庄东路1号
……………………Tel：0319-6861224

邢台市汇能发电有限公司
地址：河北内丘工业园区北园
……………………Tel：0319-6953066

河北维克莱恩太阳能开发有限公司
地址：河北临城经济开发区临城大道南侧
……………………Tel：0319-7101008

国网河北临城县供电有限责任公司
地址：河北省临城县北环路北
……………………Tel：0319-7163366

国网河北广宗县供电公司
地址：广宗县邢清路
……………………Tel：0319-7212104

国网河北任县供电有限责任公司
地址：任城镇建设路36号
……………………Tel：0319-7635608

国网河北柏乡县供电公司
地址：柏乡县东环路北段
……………………Tel：0319-7715875

平乡县强农投资有限责任公司
地址：河北省邢台市平乡县田付村乡后营村
……………………Tel：0319-7832619

国网河北清河县供电公司
地址：清河县武松中街６４号
……………………Tel：0319-8182325

华北中诚科技有限公司
地址：临西县交警北路369号
……………………Tel：0319-8558088

河北神势煤矸石发电有限公司
地址：沙河市赵窑村南
……………………Tel：0319-8653198

沙河市天壕安全余热发电有限公司
地址：沙河市桥东办事处辛寨村南安全实业公司院内
…………………… Tel：0319－8840982

国网河北沙河市供电公司
地址：沙河市迎新街
…………………… Tel：0319－8901327

国网冀北昌黎县供电公司
地址：昌黎县宾水大街
…………………… Tel：0335－2886213

国网冀北电力有限公司昌黎县供电分公司
地址：昌黎县城南外环路北、西沙河以东
…………………… Tel：0335－2886213

秦皇岛奥莱特腈纶有限公司
地址：秦皇岛市海港区秦山路72号
…………………… Tel：0335－30104951

秦皇岛市水务局水电物资供应站
地址：秦皇岛市海港区和平大街93号（重新编号）
…………………… Tel：0335－3036197

秦皇岛发电有限责任公司
地址：秦皇岛市海港区秦皇东大街532号
…………………… Tel：0335－3184552

秦皇岛发电有限责任公司
地址：秦皇岛市海港区秦皇东大街532号
…………………… Tel：0335－3184552

秦皇岛新悦港务有限公司
地址：河北省秦皇岛市海港区东港路17号
…………………… Tel：0335－3266328

京能秦皇岛热电有限公司
地址：秦皇岛市经济技术开发区京能路1号
…………………… Tel：0335－3332888

京能秦皇岛热电有限公司
地址：秦皇岛市经济技术开发区京能路1号
…………………… Tel：0335－3332888

秦皇岛明阳耀华余热发电有限公司
地址：秦皇岛市海港区北港大街南侧（秦皇岛北方玻璃集团有限公司院内）
…………………… Tel：0335－3637797

河北秦开电气设备有限公司
地址：秦皇岛市北戴河区开发区海宁路南侧15号
…………………… Tel：0335－4681111

秦皇岛天之蓝能源有限公司
地址：秦皇岛市海港区河北大街西段407号
…………………… Tel：0335－5356558

国网冀北秦皇岛市抚宁区供电公司
地址：河北省秦皇岛市抚宁区抚宁镇东街长征路101号
…………………… Tel：0335－6035900

国网冀北卢龙县供电公司
地址：卢龙县城东门外大街
…………………… Tel：0335－7111098

秦皇岛郴电龙汇电力能源有限责任公司
地址：河北省青龙经济开发区大巫岚镇东赶河子村
…………………… Tel：0335－7761625

秦皇岛秦兴装具有限公司
地址：秦皇岛市经济技术开发区北环西路381号
…………………… Tel：0335－8059416

秦皇岛市军之友装具有限公司
地址：河北省秦皇岛市卢龙县经济开发区泰和路东侧永泰大街北侧
…………………… Tel：0335－88885968

山西省

山西中煤平朔电力销售有限公司
地址：朔州市平鲁区北坪循环经济园区
…………………… Tel：0349－2050628

山西大唐国际神头发电有限责任公司
地址：朔州市神头镇（神头第二发电厂）
…………………… Tel：0349－2068021

朔州环宇电力开发工程有限公司
地址：朔州市古北街（电力公司院内）
…………………… Tel：0349－2152880

山西星晟送变电工程有限公司
地址：朔州市府西街敬德苑小区5号楼2号商铺
…………………… Tel：0349－2229944

太原诚达右玉新誉风力发电有限公司
地址：山西省右玉县威远镇威坪村
…………………… Tel：0349－4267048

山西晶都太阳能电力有限公司
地址：应县四环路南山西晶都太阳能电力有限公司Ⅰ期厂房
…………………… Tel：0349－5079977

山阴县联成风能有限责任公司
地址：山阴县马营乡偏岭村
…………………… Tel：0349－5617737

山西神头发电有限责任公司
地址：山西省朔州市朔城区神头镇
…………………… Tel：0349－5699670

山西中意电力技术有限公司
地址：山阴县南环路幸福小区34号
…………………… Tel：0349－5981155

怀仁玉龙飞热力有限公司
地址：山西省朔州市怀仁县金沙滩医药工业园区（玉龙化工有限公司办公楼）
…………………… Tel：0349－6295116

山西平朔煤矸石发电有限责任公司
地址：山西省朔州市平鲁区安太堡矿工业广场
…………………… Tel：0349－6686261

中煤平朔第一煤矸石发电有限公司
地址：朔州市平鲁区井坪镇麻黄头村
…………………… Tel：0349－6696022

山西奕光发电有限公司
地址：朔州市山阴县北周庄镇
…………………… Tel：0349－7020014

山西漳泽电力股份有限公司山阴风电有限公司
地址：山阴县玉井镇杨家岭村
…………………… Tel：0349－7027771

朔州富华燃气有限公司
地址：朔州开发区安泰街南侧、穆寨一路东侧
…………………… Tel：0349－8858076

忻州市燃气有限公司
地址：忻州市忻府区七一北路西、雁门大道南燃气大楼
…………………… Tel：0350－3168098

山西双环重工集团新能源科技有限公司
地址：忻州定襄县蒋村乡砂村
…………………… Tel：0350－3329093

山西双环重工集团有限公司
地址：忻州定襄县砂村工业园区1号
…………………… Tel：0350－3329093

华电忻州广宇煤电有限公司
地址：忻州忻府区播明镇符村
…………………… Tel：0350－3392147

光大风电（宁武）有限公司
地址：山西省忻州市宁武县凤凰西街113号
…………………… Tel：0350－4760555

光大风电（宁武）有限公司
地址：山西省忻州市宁武县凤凰西街113号
…………………… Tel：0350－4760555

山西鲁能河曲发电有限公司
地址：忻州河曲县文笔镇沙畔村
…………………… Tel：0350－7272035

山西漳电同华发电有限公司
地址：山西省忻州市原平经济技术开发区兴胜路开发区综合办公楼
…………………… Tel：0350－8215125

山西漳电同华发电有限公司
地址：山西省忻州市原平经济技术开发区兴胜路开发区综合办公楼
…………………… Tel：0350－8215125

保德神东发电有限责任公司
地址：山西省忻州市保德县桥头镇下流碛村
…………………… Tel：0350－8250345

大同煤矿集团轩岗煤电有限责任公司
地址：山西省忻州市原平经济技术开发区综合办公楼
…………………… Tel：0350－8393235

华润电力（宁武）有限公司
地址：山西省忻州市宁武县凤凰镇马家湾村
…………………… Tel：0350－8603199

神华神东电力山西河曲发电有限公司
地址：忻州市河曲县楼子营镇高岇村西侧
…………………… Tel：0350－8711085

山西太钢不锈钢股份有限公司
地址：太原市尖草坪区尖草坪街2号
…………………… Tel：0351－2134955

山西协鑫售电有限公司
地址：山西综改示范区太原学府园区晋阳街170号1幢9层905室
…………………… Tel：0351－2149757

山西国冀电力工程股份有限公司
地址：太原市阳曲县黄寨镇黄寨村村西
…………………… Tel：0351－2247244

国电山西兴能有限公司
地址：山西示范区晋阳街南一条10号19层11#－18#
…………………… Tel：0351－2321234

国电山西洁能有限公司
地址：山西示范区晋阳街南一条10号1幢A座19 层1#－6#
…………………… Tel：0351－2321234

国家电投集团山西清洁能源有限公司
地址：山西省太原市小店区平阳路65号平阳景苑14幢21层2113室
…………………… Tel：0351－2328416

山西振中电力股份有限公司
地址：山西综改示范区太原学府园区南中环街402号电子数码港B2－1区
…………………… Tel：0351－2350604

山西艾恩格瑞科技有限公司
地址：山西综改示范区太原唐槐园区龙盛街2号国药大厦7层706室（入驻牛云创客）
…………………… Tel：0351－2367529

山西首信阳光新能源有限公司
地址：太原市万柏林区迎泽西大街100号1幢1单元31层南户
…………………… Tel：0351－2503272

寿阳国开瑞能新能源有限公司
地址：山西省晋中市寿阳县东关街6号楼111室
…………………… Tel：0351－2537974

山西康发机电设备有限公司
地址：太原市小店区太榆路588号18幢1－3层1011号
…………………… Tel：0351－2557977

山西铭威远新能源发电有限公司
地址：太原市迎泽区双塔北路甲6号春天花园1号2单元1103号
…………………… Tel：0351－2732653

国电山西能源销售有限公司
地址：山西省太原市小店区晋阳街南一条10号正信科技大厦20层
…………………… Tel：0351－2940595

吕梁美锦售电有限公司
地址：山西省吕梁市交城县夏家营镇王明寨村西
…………………… Tel：0351－2973111

晋能清洁能源风力发电有限责任公司
地址：山西省朔州市朔城区迎宾路迎宾苑小区17号楼（综合服务楼）
…………………… Tel：0351－3111583

晋能清洁能源风力发电有限责任公司
地址：山西省朔州市朔城区迎宾路迎宾苑小区17号楼（综合服务楼）
…………………… Tel：0351－3111583

晋能清洁能源光伏发电有限责任公司
地址：山西省太原市杏花岭区东缉虎营37号
…………………… Tel：0351－3111598

晋能清洁能源光伏发电有限责任公司
地址：山西省太原市杏花岭区东缉虎营37号
…………………… Tel：0351－3111598

山西地方电力有限公司
地址：太原市东缉虎营37号
…………………… Tel：0351－3111712

山西国际电力集团有限公司
地址：山西示范区学府园区南中环街426号山西国际金融中心2号楼
…………………… Tel：0351－3111913

晋能电力集团有限公司
地址：山西省太原市迎泽区劲松北路27号
…………………… Tel：0351－3112010

晋能清洁能源有限公司
地址：山西省太原市迎泽区桃园四巷18号
…………………… Tel：0351－3112610

晋能电力集团售电有限公司
地址：太原市杏花岭区东辑虎营15号
…………………… Tel：0351－3112713

太原市辰居物业管理有限公司
地址：太原市尖草坪区柴村镇迎宾北路43号（太兴铁路北侧）
…………………… Tel：0351－3177028

大唐山西能源营销有限公司
地址：山西省太原市小店区恒剎巷29一层102、103室
…………………… Tel：0351－3343198

山西易胜电力工程有限公司
地址：太原市尖草坪区北固碾村大同路319号
…………………… Tel：0351－3347486

黄河万家寨水利枢纽有限公司
地址：太原市杏花岭区府东街89号
…………………… Tel：0351－3529328

国网山西供电工程承装有限公司
地址：山西省太原市迎泽区青年路16号
…………………… Tel：0351－3720049

山西征宇喷灌有限公司
地址：太原市尖草坪区新城村新城北街121号
…………………… Tel：0351－3934460

北京中油协工程建设监理有限责任公司山西分公司
地址：重庆市涪陵人民西路32号
…………………… Tel：0351－3936898

太原宣力新能源有限公司
地址：山西省太原市万柏林区长兴南街7号华润悦府9号楼1单元1301
…………………… Tel：0351－3961986

山西英利新能源有限公司
地址：太原市民营区五龙口街199号6号楼6层02号（进驻太原市鑫博园商务秘书有限公司－20150045）
…………………… Tel：0351－4112254

蓝泰物业集团有限公司
地址：太原市万柏林区长兴路1号3幢9层T3－917.
…………………… Tel：0351－4123899

国网山西省电力公司电力科学研究院
地址：山西省太原市迎泽区迎泽街道青年路6号
…………………… Tel：0351－4263021

山西福康斯发电机有限公司
地址：太原市小店区太榆路588号聚美瑞国际五金机电城15幢1－3层1001号
…………………… Tel：0351－4294148

太原市一正泰输配电设备制造有限公司
地址：山西综改示范区太原唐槐园区正阳街39号
…………………… Tel：0351－4398493

华能太原东山燃机热电有限责任公司
地址：太原市杏花岭区府西街69号1栋东塔楼19层
…………………… Tel：0351－4632013

山西康诚发电设备有限公司
地址：太原市小店区建设南路162号
…………………… Tel：0351－4725196

山西晋达能电力工程有限公司
地址：太原市杏花岭区小沟坡东街8号(1号院)
…………………… Tel：0351－4939318

西山煤电（集团）有限公司西曲实业分公司
地址：古交市西曲街
…………………… Tel：0351－5101548

山西西山煤气化有限责任公司
地址：太原市古交马兰镇
…………………… Tel：0351－5106881

古交西山发电有限公司
地址：古交市屯兰街办木瓜会村兴园路
…………………… Tel：0351－5110220

古交西山发电有限公司
地址：古交市屯兰街办木瓜会村兴园路
…………………… Tel：0351－5110220

山西兴能发电有限责任公司
地址：古交市屯兰街办木瓜会村
…………………… Tel：0351－5110220

西山煤电（集团）有限公司古交生活服务分公司
地址：古交金牛大街55号
…………………… Tel：0351－5111779

内蒙古自治区

中经（内蒙古）能源有限责任公司
地址：内蒙古呼和浩特市新城区成吉思汗大街蒙鑫国际综合楼2楼
…………………… Tel：0417－4953316

内蒙古电力集团综合能源有限责任公司
地址：内蒙古自治区呼和浩特市玉泉区五塔寺东街1号
…………………… Tel：0417－6220120

中国铁路哈尔滨局集团有限公司齐齐哈尔供电段海拉尔营业所
地址：内蒙古自治区呼伦贝尔市海拉尔区铁路民主街
…………………… Tel：0470－2224453

内蒙古牙克石五九煤炭（集团）有限责任公司
地址：内蒙古自治区牙克石市煤田镇矿区路
…………………… Tel：0470－2285666

内蒙古昌隆实业有限公司
地址：内蒙古自治区呼伦贝尔市鄂温克族自治旗新城区规划一路
…………………… Tel：0470－3564980

国网内蒙古东部莫力达瓦达斡尔族自治旗供电有限公司
地址：莫力达瓦达斡尔族自治旗尼尔基镇巴特罕大街北侧
…………………… Tel：0470－4617555

额尔古纳绿佳源投资开发有限公司
地址：额尔古纳市拉布大林额尔古纳大街224－1号
…………………… Tel：0470－6828316

额尔古纳市兴通热力有限公司
地址：额尔古纳市新兴煤业有限责任公司院内
…………………… Tel：0470－6830152

呼伦贝尔泰胜电力工程机械有限责任公司
地址：内蒙古呼伦贝尔经济技术开发区（海东）和谐路21号
…………………… Tel：0470－8108880

神华宝日希勒能源有限公司
地址：内蒙古自治区陈旗宝日希勒镇
…………………… Tel：0470－8111152

华能呼伦贝尔风力发电有限公司
地址：呼伦贝尔市海拉尔区呼伦办胜利三路国际合作公司楼七层
…………………… Tel：0470－8371788

华能陈巴尔虎旗风力发电有限公司
地址：陈巴尔虎旗呼和诺尔镇白音布日德嘎查
…………………… Tel：0470－8371788

内蒙古大雁矿业集团有限责任公司
地址：内蒙古自治区呼伦贝尔市鄂温克族自治旗大雁矿区

………………… Tel：0470-8644007
呼伦贝尔红花尔基水电有限责任公司
地址：内蒙古呼伦贝尔市鄂温克族自治旗红花尔基镇
………………… Tel：0470-8723309
华能伊敏煤电有限责任公司
地址：内蒙古自治区鄂温克族自治旗伊敏河镇
………………… Tel：0470-8727821
中国铁路呼和浩特局集团有限公司
地址：呼和浩特市新城区锡林北路３０号
………………… Tel：0471-2242150
中国铁路呼和浩特局集团有限公司恒诺呼和分段
地址：天水市麦积区桥南林水巷15号
………………… Tel：0471-2243355
中国铁路呼和浩特局集团有限公司呼和浩特货运中心
地址：江州区濑湍镇濑湍街
………………… Tel：0471-2246329
中国铁路呼和浩特局集团有限公司呼和浩特供电段
地址：内蒙古自治区乌兰察布市集宁区怀远路183号
………………… Tel：0471-2247291
国电蒙电新能源投资有限公司
地址：呼和浩特市新城区海东路和二环东路交汇处曙光培训大厦11层
………………… Tel：0471-2266820
乌海协鑫光伏电力有限公司
地址：内蒙古自治区乌海市海南区巴音陶亥街南金融路西裕洋苑小区八号楼二段一层商铺-06
………………… Tel：0471-2359110
鄂托克前旗协鑫光伏电力有限公司
地址：内蒙古鄂托克前旗敖镇职业高中二号实训区内（培训中心四楼）
………………… Tel：0471-2359110
牙克石协鑫光伏电力有限公司
地址：牙克石市新工办事处康乐小区15号楼别墅1号
………………… Tel：0471-2359110
大唐乌拉特后旗风电有限公司
地址：内蒙古自治区巴彦淖尔市乌拉特后旗潮格温都尔镇宝日布嘎查
………………… Tel：0471-2524131
内蒙古龙源新能源发展有限公司
地址：内蒙古自治区呼和浩特市赛罕区鄂尔多斯东街银联大厦7、8层
………………… Tel：0471-2883841
中环能源（内蒙古）有限公司
地址：内蒙古自治区呼和浩特市金桥经济开发区宝力尔街
………………… Tel：0471-3252391
包头协鑫智慧能源有限公司
地址：东河区铝业园区管委会413室
………………… Tel：0471-3254688
内蒙古新奥能源发展有限公司
地址：内蒙古自治区呼和浩特市玉泉区蒙西文化大厦10层1007室
………………… Tel：0471-3289928
内蒙古中电联合电力技术有限公司
地址：内蒙古自治区呼和浩特市赛罕区绿地中央广场蓝海大厦A座1108-2号
………………… Tel：0471-3290052
国家电投集团内蒙古新能源有限公司
地址：呼和浩特市新城区水源街和德龙都小区2号综合楼
………………… Tel：0471-3290325
内蒙古英利新能源有限公司
地址：呼和浩特市如意开发区众生大厦1126号
………………… Tel：0471-3291567
内蒙古金山森能能源管理服务有限公司
地址：内蒙古呼和浩特市土左旗台阁牧镇阳高村内蒙古能源发电金山热电有限公司办公楼三楼
………………… Tel：0471-3305677
内蒙古金山森能能源管理服务有限公司
地址：内蒙古呼和浩特市土左旗台阁牧镇阳高村内蒙古能源发电金山热电有限公司办公楼三楼
………………… Tel：0471-3305677
内蒙古恒瑞能源综合管理有限公司
地址：内蒙古自治区呼和浩特市赛罕区敕勒川大街绿地中央广场领海A座1单元12层1218-1223室
………………… Tel：0471-3307059
国家电投集团四子王旗风电供热有限公司
地址：乌兰察布市四子王旗吉生太镇庙边河大队塔套村东
………………… Tel：0471-3316742
内蒙古国电电力建设工程有限责任公司
地址：内蒙古自治区呼和浩特市新城区新华东街７３号
………………… Tel：0471-3338075
内蒙古能源发电投资集团有限公司
地址：内蒙古自治区呼和浩特市赛罕区大学东街4号万正尚都小区3号写字楼
………………… Tel：0471-3338140
内蒙古能源发电投资集团有限公司
地址：内蒙古自治区呼和浩特市赛罕区大学东街4号万正尚都小区3号写字楼
………………… Tel：0471-3338140
内蒙古能源发电物资有限公司
地址：内蒙古自治区呼和浩特市玉泉区石东路迎春巷南口
………………… Tel：0471-3338320
内蒙古能源发电投资集团新能源有限公司
地址：内蒙古自治区呼和浩特市赛罕区东二环和大学东街交叉口东南角万正．尚都3＃楼11、12层
………………… Tel：0471-3338555
内蒙古准兴光农新能源投资有限公司
地址：内蒙古乌兰察布市四子王旗统建路兆丰宾馆1107
………………… Tel：0471-3450582
华能呼和浩特风力发电有限公司
地址：内蒙古自治区呼和浩特市武川县西乌兰不浪镇
………………… Tel：0471-3672096
华能包头风力发电有限公司
地址：内蒙古自治区包头市达茂旗明安镇（原新宝力格苏木）
………………… Tel：0471-3672096
华能乌拉特中旗新能源发电有限公司
地址：内蒙古巴彦淖尔市乌拉特中旗海流图镇蒙完小街坊8-11-31
………………… Tel：0471-3672096
华能四子王旗新能源发电有限公司
地址：四子王旗乌兰花镇和平路西2号
………………… Tel：0471-3672096
华能乌拉特后旗新能源发电有限公司
地址：乌拉特后旗巴音镇党政大楼东108室
………………… Tel：0471-3672096
内蒙古瑞凯售电有限公司
地址：内蒙古自治区呼和浩特市赛罕区昭乌达路利佰佳国际B座10层1011
………………… Tel：0471-3698555
内蒙古瑞凯新能源开发有限公司
地址：内蒙古自治区呼和浩特市赛罕区昭乌达路利佰佳国际B座10层1012
………………… Tel：0471-3698555
内蒙古瑞凯售电有限公司
地址：内蒙古自治区呼和浩特市赛罕区昭乌达路利佰佳国际B座10层1011
………………… Tel：0471-3698555
内蒙古贵邦圣泰誉能风力发电有限公司
地址：察右后旗白镇南道口街旗社对面
………………… Tel：0471-4361987
中广核（科右前旗）风力发电有限公司
地址：内蒙古自治区兴安盟科尔沁右翼前旗科尔沁镇宇科多蓝花园一期1-3-402
………………… Tel：0471-4505961
内蒙古昌达太阳能电力开发有限公司
地址：内蒙古自治区呼和浩特市赛罕区新华东街和海广场ABC号楼2单元1406
………………… Tel：0471-4682849
内蒙古华德新技术有限公司
地址：内蒙古自治区呼和浩特市赛罕区山丹街２号
………………… Tel：0471-4968471
国电电力内蒙古新能源开发有限公司
地址：内蒙古自治区呼和浩特市赛罕区昭乌达路175号汇商广场B座五层
………………… Tel：0471-5168708
内蒙古东润能源科技有限公司
地址：内蒙古自治区呼和浩特市出口加工区管委会综合办公楼四层４２３号
………………… Tel：0471-5185747
内蒙古能建蓝天新能源有限责任公司
地址：内蒙古包头市昆都仑区钢铁大街122号
………………… Tel：0471-5202059
华电福新鄂尔多斯新能源有限公司
地址：达拉特旗风水梁园区5号楼303、304房间
………………… Tel：0471-5232560
武川县义合风力发电有限公司
地址：内蒙古自治区呼和浩特市武川县西乌兰不浪镇义合美村
………………… Tel：0471-5255437
内蒙古中电投蒙西配售电有限公司
地址：内蒙古自治区呼和浩特市如意开发区腾飞大道众生大厦5层5136号
………………… Tel：0471-5311963
内蒙古电力勘测设计院有限责任公司
地址：内蒙古自治区呼和浩特市赛罕区鄂尔多斯东街巨海城八区5号、6号写字楼
………………… Tel：0471-5320082
内蒙古华电巴音风力发电有限公司
地址：内蒙古自治区包头市达茂旗明安镇呼格吉勒图嘎查
………………… Tel：0471-5322105
内蒙古华电宏图风力发电有限公司
地址：内蒙古自治区锡林郭勒盟正镶白旗明安图镇乌宁巴图嘎查乌兰察布苏木乌兰图嘎嘎查
………………… Tel：0471-5322105
内蒙古华电巴音风力发电有限公司
地址：内蒙古自治区包头市达茂旗明安镇呼格吉勒图嘎查
………………… Tel：0471-5322105
内蒙古华电宏图风力发电有限公司
地址：内蒙古自治区锡林郭勒盟正镶白旗明安图镇乌宁巴图嘎查乌兰察布苏木乌兰图嘎嘎查
………………… Tel：0471-5322105
华电福新察右中旗宏盘风力发电有限公司
地址：内蒙古察右中旗乌兰苏木华电培训中心
………………… Tel：0471-5322105
内蒙古华电福新新昌风力发电有限公司
地址：内蒙古呼和浩特市武川县二份子乡母花以力更村
………………… Tel：0471-5322105
国网内蒙古东部电力有限公司
地址：内蒙古自治区呼和浩特市赛罕区鄂尔多斯东街11号
………………… Tel：0471-6215555
内蒙古国合电力有限责任公司
地址：内蒙古自治区呼和浩特市赛罕区东二环路万正尚都4号楼13-16层
………………… Tel：0471-6221617
内蒙古电力（集团）有限责任公司电力调度控制分公司
地址：内蒙古自治区呼和浩特市赛罕区锡林南路218号
………………… Tel：0471-6221717
内蒙古电力农电资产管理有限责任公司
地址：内蒙古自治区呼和浩特市锡林南路２８号电力大楼７层
………………… Tel：0471-6221806
内蒙古蒙电华能热电股份有限公司
地址：内蒙古自治区呼和浩特市锡林南路218号
………………… Tel：0471-6222388
内蒙古电力交易中心有限公司
地址：内蒙古自治区呼和浩特市赛罕区前达门路9号
………………… Tel：0471-6222443
华能内蒙古电力热力销售有限公司
地址：内蒙古自治区呼和浩特市玉泉区五塔寺东街5号二号办公楼一楼
………………… Tel：0471-6223911
内蒙古荣德电力工程有限责任公司
地址：内蒙古自治区呼和浩特市金川开发区电力城北区电力满都拉
………………… Tel：0471-6224219
内蒙古宏瑞电力检修有限责任公司
地址：内蒙古自治区呼和浩特市金川开发区清清花园Ｄ１－４号
………………… Tel：0471-6224219
内蒙古华电红泥井风力发电有限公司
地址：内蒙古自治区包头市固阳县西斗铺镇红泥井村
………………… Tel：0471-6224519
内蒙古送变电有限责任公司
地址：内蒙古自治区呼和浩特市赛罕区锡林南路90号
………………… Tel：0471-6224807
内蒙古华电电力销售有限公司
地址：内蒙古自治区呼和浩特市赛罕区金桥昭乌达南路与金桥开发区世纪五路交汇处华电内蒙古能源有限公司办公楼四楼
………………… Tel：0471-6225561
北方联合电力有限责任公司
地址：内蒙古自治区呼和浩特市锡林郭勒南路１５号
………………… Tel：0471-6228053
国电净能巴彦淖尔新能源有限公司
地址：乌拉特后旗潮格镇哈日朝鲁嘎查、宝日布嘎查
………………… Tel：0471-6316029
国电中商苏尼特右旗风电有限公司
地址：内蒙古自治区锡林郭勒盟苏尼特右旗赛汉镇脑穆根街巴彦路19－003
………………… Tel：0471-6316029
国电优能正镶白旗风电有限公司
地址：内蒙古自治区锡林郭勒盟正镶白旗宝力根陶海苏木宝力根陶海嘎查
………………… Tel：0471-6316029
国电华北内蒙古新能源有限公司
地址：内蒙古自治区呼和浩特市武川县西乌兰不浪镇公忽洞村
………………… Tel：0471-6316029
国电净能包头新能源有限公司
地址：内蒙古自治区包头市固阳县怀朔镇二约地村
………………… Tel：0471-6316029
国电中商苏尼特右旗风电有限公司
地址：内蒙古自治区锡林郭勒盟苏尼特右旗赛汉镇脑穆根街巴彦路19－003
………………… Tel：0471-6316029
国电净能巴彦淖尔新能源有限公司
地址：乌拉特后旗潮格镇哈日朝鲁嘎查、宝日布嘎查
………………… Tel：0471-6316029
国电华北内蒙古新能源有限公司
地址：内蒙古自治区呼和浩特市武川县西乌兰不浪镇公忽洞村
………………… Tel：0471-6316029
内蒙古华电玫瑰营风力发电有限公司
地址：察右前旗玫瑰营镇赵油坊村
………………… Tel：0471-6322117
内蒙古华电辉腾锡勒风力发电有限公司
地址：内蒙古乌兰察布市察右中旗科布尔镇
………………… Tel：0471-6322117
内蒙古华电玫瑰营风力发电有限公司
地址：察右前旗玫瑰营镇赵油坊村
………………… Tel：0471-6322117
内蒙古能源建设投资股份有限公司
地址：内蒙古自治区呼和浩特市赛罕区鄂尔多斯东街二十九中西巷港湾大厦
………………… Tel：0471-6323042
内蒙古能源建设投资股份有限公司
地址：内蒙古自治区呼和浩特市赛罕区鄂尔多斯东街二十九中西巷港湾大厦
………………… Tel：0471-6323042
内蒙古电力（集团）有限责任公司呼和浩特供电局
地址：内蒙古自治区呼和浩特市赛罕区锡林南路218号
………………… Tel：0471-6947222
内蒙古大唐万源新能源有限公司
地址：内蒙古乌兰察布市兴和县赛乌素镇
………………… Tel：0471-6988130
大唐乌拉特后旗新能源有限公司
地址：巴彦淖尔市乌拉特后旗潮格温都尔镇
………………… Tel：0471-6988130
大唐包头亚能电力有限公司
地址：内蒙古自治区包头市固阳县怀朔镇
………………… Tel：0471-6988130
大唐五原新能源有限公司
地址：内蒙古自治区巴彦淖尔市五原县隆兴昌镇浩丰工业园区
………………… Tel：0471-6988130
大唐新能源（察右后旗）有限公司
地址：内蒙古自治区乌兰察布市察右后旗白镇新区移动公司南第五间门脸
………………… Tel：0471-6988130
内蒙古大唐国际新能源有限公司
地址：内蒙古自治区呼和浩特市新城区迎宾北路７号
………………… Tel：0471-6988130
内蒙古京能盛乐热电有限公司
地址：内蒙古自治区呼和浩特市盛乐经济园区盛乐现代服务业集聚区云翊街京能电厂
………………… Tel：0471-7228013
土默特左旗电力有限责任公司
地址：察素齐镇１１０国道南沙河路口西
………………… Tel：0471-8150100
内蒙古锐恒高压电机维修有限公司
地址：内蒙古自治区呼和浩特市土默特左旗兵州亥区域服务中心讨合气村
………………… Tel：0471-8156102
内蒙古电力（集团）有限责任公司呼和浩特供电局托克托供电分局
地址：内蒙古自治区呼和浩特市托克托县双河镇托克托大街
………………… Tel：0471-8625808
内蒙古大唐国际呼和浩特热电有限责任公司
地址：内蒙古自治区呼和浩特市托克托县托电工业园区
………………… Tel：0471-8668043
内蒙古大唐国际托克托第二发电有限责任公司
地址：内蒙古自治区呼和浩特市托克托县托电工业园区
………………… Tel：0471-8668043
北方联合电力有限责任公司包头第一热电厂
地址：包头市昆区包钢厂区院内
………………… Tel：0472-2172021
包钢集团电气有限公司
地址：内蒙古自治区包头市昆区河西工业区
………………… Tel：0472-2184991
中国铁路呼和浩特局集团有限公司包头供电段
地址：东河区站北路小道口供电段院综合楼
………………… Tel：0472-2223180
中国铁路呼和浩特局集团有限公司包头房建公寓段
地址：东河区站北路74号
………………… Tel：0472-2223525
内蒙古蜘蛛网电能服务有限公司
地址：内蒙古自治区包头稀土高新区黄

河路北内蒙古炽盛高新建材公司院内
……………… Tel：0472-2600062

内蒙古华亿能源股份有限公司
地址：内蒙古自治区包头市土默特右旗萨拉齐镇交通街煤炭服务中心办公大楼
……………… Tel：0472-2748088

包头市液压机械有限公司
地址：内蒙古自治区包头稀土高新区劳动路80号
……………… Tel：0472-5185201

内蒙古银河电力安装工程有限公司
地址：内蒙古自治区包头稀土高新区创业园区专家公寓1-22号
……………… Tel：0472-5217882

内蒙古白云鄂博区银河售电有限公司
地址：包头市白云区白云鄂博茂发汽修城 3-120
……………… Tel：0472-5217882

优利康达（达茂）新能源开发有限公司
地址：内蒙古自治区包头市达茂旗旗政府大楼431室
……………… Tel：0472-5321888

包头交通投资集团有限公司
地址：内蒙古自治区包头市稀土高新技术开发区黄河大街33号
……………… Tel：0472-5999046

固阳县京运通风力发电有限公司
地址：固阳县金山镇科教路新能源办211
……………… Tel：0472-6110076

包头市天隆永磁电机制造有限责任公司
地址：内蒙古自治区包头稀土高新区滨河新区机电园区
……………… Tel：0472-6183116

包头市汉诺威工业装备科技有限责任公司
地址：内蒙古自治区包头稀土高新区滨河新区腾飞大街32号
……………… Tel：0472-6190507

包头天顺风电设备有限公司
地址：内蒙古自治区包头稀土高新区沼源路29号
……………… Tel：0472-6200709

内蒙古能建爱能森光热发电设备制造有限公司
地址：内蒙古自治区包头市青山区呼得木林大街33号601、602、603
……………… Tel：0472-6920022

内蒙古第一电力建设工程有限责任公司
地址：内蒙古自治区包头市青山区呼得木林大街３３号
……………… Tel：0472-6920022

内蒙古能建中科蓝天光热发电有限公司
地址：内蒙古自治区呼和浩特市如意开发区管委会503室
……………… Tel：0472-6920022

包头市通成电力工程有限公司
地址：内蒙古自治区包头市九原区沙河镇沙河街２０号
……………… Tel：0472-6932275

内蒙古青电云电力服务有限公司
地址：内蒙古自治区包头市稀土开发区青电路1号办公楼101室
……………… Tel：0472-6970006

包头市固阳电力有限责任公司
地址：内蒙古自治区包头市固阳县工农路4号
……………… Tel：0472-8126116

包头市达茂电力有限责任公司
地址：内蒙古自治区包头市达茂旗百镇双塔街
……………… Tel：0472-8422292

内蒙古白云中浩新能源有限公司
地址：内蒙古包头市白云区百灵道9号
……………… Tel：0472-8518383

包头市清泉泵业有限责任公司
地址：内蒙古自治区包头市萨拉齐镇大东街复兴集资楼
……………… Tel：0472-8912336

内蒙古京海电力销售有限责任公司
地址：内蒙古自治区呼和浩特市赛罕区新华大街26号万达广场A座写字楼13楼15A01室
……………… Tel：0473-2996012

内蒙古京海煤矸石发电有限责任公司
地址：内蒙古乌海市海勃湾区卡布其镇京海路1号
……………… Tel：0473-2996012

内蒙古京海煤矸石发电有限责任公司
地址：内蒙古乌海市海勃湾区卡布其镇京海路1号
……………… Tel：0473-2996012

内蒙古海勃湾电力股份有限公司
地址：内蒙古自治区乌海市海南区拉僧庙
……………… Tel：0473-4558061

内蒙古京能双欣发电有限公司
地址：内蒙古自治区鄂尔多斯市鄂托克旗鄂托克旗蒙西镇工业园区君正街北、黄河路东
……………… Tel：0473-6187777

内蒙古华电乌达热电有限公司
地址：内蒙古自治区乌海市乌达区光明大街1号
……………… Tel：0473-6188010

内蒙古君正能源化工集团股份有限公司
地址：内蒙古自治区乌海市乌达区高载能工业园区
……………… Tel：0473-6921012

内蒙古北方蒙西发电有限责任公司
地址：内蒙古自治区鄂尔多斯市蒙西高新技术工业园
……………… Tel：0473-6963000

乌海市华源物业服务有限责任公司
地址：内蒙古自治区乌海市海南区公乌素镇
……………… Tel：0473-6979059

华润电力风能内蒙古巴音锡勒有限公司
地址：内蒙古自治区乌兰察布市察右后旗白音查干第一居委会（察右后旗白音查干镇农林路南道口街利民巷５号）
……………… Tel：0474-2224044

中国铁路呼和浩特局集团有限公司恒诺集宁分段
地址：浠水县竹瓦镇
……………… Tel：0474-2242575

中国铁路呼和浩特局集团有限公司集宁货运中心
地址：兴文县石海镇大旗村五、六组
……………… Tel：0474-22442531

内蒙古察哈尔新能源有限公司
地址：内蒙古自治区乌兰察布市集宁区察哈尔西街发展和改革委员会办公楼四楼
……………… Tel：0474-2293135

内蒙古察哈尔新能源有限公司
地址：内蒙古自治区乌兰察布市集宁区察哈尔西街发展和改革委员会办公楼四楼
……………… Tel：0474-2293135

内蒙古京隆发电有限责任公司
地址：内蒙古自治区乌兰察布市丰镇市工业区南端
……………… Tel：0474-3188839

内蒙古能源聚丰配售电有限公司
地址：丰镇市巨宝庄镇新丰热电公司院内
……………… Tel：0474-3566222

察哈尔右翼前旗电力有限责任公司
地址：察右前旗土贵乌拉镇向阳街
……………… Tel：0474-3901199

内蒙古电力（集团）有限责任公司乌兰察布电业局察右前旗供电分局
地址：察右前旗土贵乌拉镇向阳街
……………… Tel：0474-3901199

凉城县电力有限责任公司
地址：内蒙古自治区乌兰察布市凉城县岱海镇建设街
……………… Tel：0474-4202112

内蒙古岱海发电有限责任公司
地址：内蒙古自治区乌兰察布市凉城县六苏木乡八苏木村
……………… Tel：0474-4482000

国电四子王旗光伏发电有限公司
地址：四子王旗查干补力格苏木格日乐图雅嘎查
……………… Tel：0474-4898007

四子王旗电力有限责任公司
地址：内蒙古自治区乌兰察布市乌兰花镇文化路
……………… Tel：0474-5202664

察右中旗电力有限责任公司金盆分公司
地址：内蒙古自治区乌兰察布市察右中旗乌兰苏木金盆村
……………… Tel：0474-5902513

察右中旗电力有限责任公司大营子分公司
地址：内蒙古察右中旗黄羊城镇大营子村
……………… Tel：0474-5902995

察右中旗电力有限责任公司
地址：察右中旗科布尔镇工业路西
……………… Tel：0474-5906484

商都县电力有限责任公司
地址：内蒙古自治区乌兰察布市商都县七台镇生态广场北
……………… Tel：0474-6919172

内蒙古航天万源新能源开发有限公司
地址：内蒙古自治区乌兰察布市兴和县兴旺角科技工业园
……………… Tel：0474-7502868

内蒙古电力（集团）有限责任公司乌兰察布电业局
地址：乌兰察布市集宁区六马路３５号
……………… Tel：0474-8202219

内蒙古锋电能源技术有限公司
地址：乌兰察布市集宁区民建东街南侧同盛风电东侧1栋201
……………… Tel：0474-8266019

内蒙古京宁热电有限责任公司
地址：乌兰察布市集宁区红海经二路西侧红海纬二路北侧
……………… Tel：0474-8982020

内蒙古华宁热电有限公司
地址：内蒙古自治区乌兰察布市集宁区解放路
……………… Tel：0474-8982020

内蒙古华宁热电有限公司
地址：内蒙古自治区乌兰察布市集宁区解放路
……………… Tel：0474-8982020

中电投蒙东能源集团有限责任公司扎哈淖尔工业供水分公司
地址：内蒙古自治区通辽市扎鲁特旗扎哈淖尔开发区
……………… Tel：0475-2350631

内蒙古霍林河露天煤业股份有限公司
地址：内蒙古自治区霍林郭勒市哲里木大街（霍矿珠斯花区）
……………… Tel：0475-2355370

中国铁路沈阳局集团有限公司霍林郭勒运营维修段
地址：内蒙古自治区通辽市霍林郭勒市河东新区地税局南
……………… Tel：0475-2748052

大唐（通辽）霍林河新能源有限公司
地址：内蒙古自治区通辽市霍林郭勒市辉特淖尔旅游区东北
……………… Tel：0475-6188200

大唐呼伦贝尔风力发电有限公司
地址：海拉尔区胜利办公路局综合楼122号
……………… Tel：0475-6188200

大唐突泉风力发电有限责任公司
地址：内蒙古自治区兴安盟突泉县六户镇太和村10-4幢
……………… Tel：0475-6188200

大唐（科右中旗）新能源有限公司
地址：内蒙古兴安盟科尔沁右翼中旗好腰苏木镇花灯嘎查
……………… Tel：0475-6188200

大唐扎鲁特旗新能源有限公司
地址：扎鲁特旗鲁北镇长江路中段东侧
……………… Tel：0475-6188200

大唐突泉风力发电有限责任公司
地址：内蒙古自治区兴安盟突泉县六户镇太和村10-4幢
……………… Tel：0475-6188200

大唐（通辽）霍林河新能源有限公司
地址：内蒙古自治区通辽市霍林郭勒市辉特淖尔旅游区东北
……………… Tel：0475-6188200

通辽市鑫特鑫电力安装工程有限责任公司
地址：内蒙古通辽市科尔沁区中心大街东段（原制药总厂）
……………… Tel：0475-6188775

华能赤峰新能源有限公司
地址：内蒙古赤峰市克什克腾旗盐业公司家属楼2单元402室
……………… Tel：0475-6195010

内蒙古华电蒙东能源有限公司
地址：内蒙古自治区通辽市开鲁县开鲁镇解放街２－１号
……………… Tel：0475-6207000

华电翁牛特旗风电有限公司
地址：内蒙古自治区赤峰市翁牛特旗乌丹镇古城街中段桂名园1号楼第8号厅
……………… Tel：0475-6207000

华电科左中旗风电有限公司
地址：内蒙古自治区通辽市科左中旗保康镇土产路西镇政府办公楼
……………… Tel：0475-6207000

中科机电（通辽）有限公司
地址：内蒙古自治区通辽市通辽经济技术开发区青龙山大街以南甘旗卡路以东
……………… Tel：0475-6342288

通辽市东兴风盈风电科技有限公司
地址：奈曼旗固日班花苏木永兴嘎查
……………… Tel：0475-6367381

深能北方（通辽）能源开发有限公司
地址：内蒙古自治区通辽市开鲁县新华街55-1栋
……………… Tel：0475-6392605

深能北方（通辽）扎鲁特能源开发有限公司
地址：内蒙古自治区通辽市扎鲁特旗鲁北镇工业园区
……………… Tel：0475-6392605

通辽光远电力安装有限责任公司
地址，内蒙古自治区通辽市科尔沁区新建大街1316号
……………… Tel：0475-8202504

通辽市天华电力工程有限责任公司
地址：内蒙古自治区通辽市科尔沁区西门办事处东方世纪城洋房E楼4-5层1-402室
……………… Tel：0475-8258438

通辽热电有限责任公司
地址：通辽市新工一路
……………… Tel：0475-8295016

通辽市华清节能设备有限公司
地址：内蒙古通辽经济技术开发区创业大道西侧
……………… Tel：0475-8612020

内蒙古忠大铝业有限公司
地址：内蒙古自治区通辽市科尔沁区木里图工业园区（通达路以西、忠铝大街以北）
……………… Tel：0475-8655588

通辽新奥能源服务有限公司
地址：通辽市科尔沁区木里图镇(内蒙三星玉米产业科技公司院内)
……………… Tel：0475-8865009

京能（赤峰）能源发展有限公司
地址：内蒙古自治区赤峰市红山经济开发区（红庙子镇西水地村）
……………… Tel：0476-2869000

内蒙古平庄煤业（集团）有限责任公司水电热力分公司
地址：内蒙古自治区赤峰市元宝山区平庄镇哈河街中段原平庄煤业（集团）有限责任公司院内西楼西侧1层至5层
……………… Tel：0476-3326386

元宝山区农电局风水沟供电营业所
地址：内蒙古自治区赤峰市元宝山区风水沟镇
……………… Tel：0476-3580366

元宝山发电有限责任公司
地址：内蒙古自治区赤峰市元宝山区云杉路
……………… Tel：0476-3596016

元宝山发电有限责任公司
地址：内蒙古自治区赤峰市元宝山区云杉路
……………… Tel：0476-3596016

敖汉旗欣合物业服务有限公司
地址：内蒙古自治区赤峰市敖汉旗新惠镇新中街东惠宁路南（海通就业有限公司综合楼）
……………… Tel：0476-4318999

国网内蒙古东部巴林左旗供电有限公司丰水山供电所
地址：赤峰市巴林左旗丰水山镇
……………… Tel：0476-7898948

国电联合动力技术（赤峰）有限公司
地址：内蒙古自治区赤峰市松山区党校组团３０６国道８９号
……………… Tel：0476-8188000

国能赤峰生物发电有限公司
地址：内蒙古自治区赤峰市松山区安庆镇
……………… Tel：0476-8204378

赤峰诚信售电有限公司
地址：内蒙古自治区赤峰市红山区桥北汽配城2号楼01015号
……………… Tel：0476-8220303

内蒙古瑞信电力有限公司
地址：内蒙古自治区赤峰市红山区万达广场C地块C6-1-011120
……………… Tel：0476-8221718

中电投东北新能源赤峰风电有限公司
地址：内蒙古自治区赤峰市翁牛特旗亿合公镇
……………… Tel：0476-8262022

赤峰中来电力有限公司
地址：赤峰市松山区振兴大街73号东方科技专修学院１号楼三楼
……………… Tel：0476-8490803

龙源额尔古纳风力发电有限公司
地址：额尔古纳市拉布大林苗圃对过
……………… Tel：0476-8831610

龙源呼伦贝尔风力发电有限公司
地址：牙克石市康乐小区四栋一单元202号
……………… Tel：0476-8831610

赤峰龙源松州风力发电有限公司
地址：内蒙古自治区赤峰市新城区兴安街南锦山路西
……………… Tel：0476-8831610

内蒙古李家塔煤矿
地址：内蒙古自治区鄂尔多斯市伊旗乌兰木伦镇李家塔
……………… Tel：0477-2253736

内蒙古鼎峰电力工程有限公司
地址：内蒙古自治区鄂尔多斯市东胜区杭锦北路凤凰城B座17楼1702
……………… Tel：0477-2268888

内蒙古浩普电力检修有限责任公司
地址：内蒙古自治区鄂尔多斯市准格尔旗兴隆街道水晶路南乌兰沟西
……………… Tel．0477-2294004

国电双维内蒙古上海庙能源有限公司
地址：鄂前旗上海庙镇
……………… Tel：0477-2767157

内蒙古华厦朱家坪电力有限公司
地址：鄂尔多斯市准格尔旗迎泽街道办事处迎泽片区纬二路北
……………… Tel：0477-2781921

内蒙古京能苏里格能源管理服务有限公司
地址：内蒙古鄂尔多斯苏里格经济开发区招商大楼119室
……………… Tel：0477-3112222

内蒙古京能康巴什热电有限公司

地址：内蒙古自治区鄂尔多斯市康巴什区乌兰木伦河东，距康巴什区污水处理厂约5公里处（47号楼101室）
…………………… Tel：0477-3112222

鄂尔多斯市泰坤科技有限公司
地址：鄂尔多斯市高新技术产业园区科教孵化园高新大厦612
…………………… Tel：0477-3119870

中国煤矿机械装备有限责任公司鄂尔多斯分公司
地址：伊旗阿镇现代装备制造业基地
…………………… Tel：0477-3857868

内蒙古汇能集团长滩发电有限公司
地址：内蒙古自治区准格尔旗薛家湾镇长滩村
…………………… Tel：0477-3887985

内蒙古蒙泰集团有限公司
地址：东胜区伊煤北路35号
…………………… Tel：0477-3898006

内蒙古蒙泰售电有限公司
地址：鄂尔多斯市东胜区伊煤路北35号
…………………… Tel：0477-3898492

鄂尔多斯市北骄热电有限责任公司
地址：鄂尔多斯市东胜区天骄北路宋家渠
…………………… Tel：0477-3898966

内蒙古京泰发电有限责任公司
地址：内蒙古自治区鄂尔多斯市准格尔旗薛家湾镇大塔村
…………………… Tel：0477-4692031

内蒙古京泰发电有限责任公司
地址：内蒙古自治区鄂尔多斯市准格尔旗薛家湾镇大塔村
…………………… Tel：0477-4692031

内蒙古能源发电准大发电有限公司
地址：准格尔旗薛家湾镇大饭铺村
…………………… Tel：0477-4888220

内蒙古电力（集团）有限责任公司薛家湾供电局准格尔供电分局
地址：内蒙古鄂尔多斯市准格尔旗沙圪堵镇八一北路
…………………… Tel：0477-4921038

内蒙古东达电力有限公司
地址：内蒙古达拉特经济开发区内蒙古新长江矿业集团有限公司以东、壕庆河大桥以西、纬五路以北
…………………… Tel：0477-5295311

鄂托克旗电力有限责任公司
地址：内蒙古自治区鄂尔多斯市乌兰镇扎嘎拉街北帅丰大酒店南500米处
…………………… Tel：0477-6212721

鄂尔多斯市鄂尔多斯双欣电力有限公司
地址：内蒙古自治区鄂尔多斯市鄂托克旗棋盘井镇镇政府西7公里处
…………………… Tel：0477-6438924

内蒙古鄂尔多斯电力冶金集团股份有限公司
地址：内蒙古鄂尔多斯市鄂托克旗棋盘井工业园区内
…………………… Tel：0477-6486009

内蒙古鄂尔多斯电力冶金集团股份有限公司
地址：内蒙古鄂尔多斯市鄂托克旗棋盘井工业园区内
…………………… Tel：0477-6486009

内蒙古商都协鑫新能源有限公司
地址：商都县七台镇党政综合楼二楼221房间
…………………… Tel：0477-6868112

乌审旗供电有限责任公司河南供电所
地址：内蒙古自治区鄂尔多斯市乌审旗河南乡
…………………… Tel：0477-7540158

乌审旗供电有限责任公司嘎鲁图供电所
地址：内蒙古自治区鄂尔多斯市乌审旗嘎鲁图镇六马路北乌审旗２２０ＫＶ变电站南侧
…………………… Tel：0477-7591678

神华神东煤炭集团有限责任公司
地址：内蒙古自治区鄂尔多斯市伊金霍洛旗乌兰木伦镇上湾金龙路北（原煤海商城）
…………………… Tel：0477-8279999

鄂尔多斯市怡心物业管理有限责任公司
地址：内蒙古自治区鄂尔多斯市东胜区宝日陶亥东街12号街坊紫金苑小区3号楼3单元606室
…………………… Tel：0477-8321181

国电内蒙古东胜热电有限公司
地址：鄂尔多斯市东胜区富兴北路１８号
…………………… Tel：0477-8396030

山东能源内蒙古盛鲁电力有限公司
地址：内蒙古鄂托克前旗上海庙镇鄂托克街沂蒙佳苑商业服务楼
…………………… Tel：0477-8399295

山东能源内蒙古盛鲁售电有限公司
地址：内蒙古自治区鄂尔多斯市高新技术产业园区3108号楼百善健康大厦第16层1601-1605号
…………………… Tel：0477-8399295

鄂尔多斯市巨鼎供热有限责任公司
地址：内蒙古自治区鄂尔多斯市东胜区鄂尔多斯市装备制造基地
…………………… Tel：0477-8399682

内蒙古鄂尔多斯羊绒集团有限责任公司
地址：内蒙古自治区鄂尔多斯市东胜区达拉特南路１０２号
…………………… Tel：0477-8543411

鄂尔多斯市和效电力建设工程有限责任公司
地址：内蒙古自治区鄂尔多斯市康巴什区通惠街惠和路1号
…………………… Tel：0477-8597065

内蒙古电力（集团）有限责任公司鄂尔多斯电业局棋盘井供电分局
地址：内蒙古自治区鄂尔多斯市棋盘井镇工业园区２２０万伏变电站场区内
…………………… Tel：0477-8597506

中国铁路呼和浩特局集团有限公司临策铁路基础设备管理部
地址：内蒙古巴彦淖尔市临河区胜利南路铁路3号
…………………… Tel：0478-2222935

中国铁路呼和浩特局集团有限公司恒诺房建生活段
地址：内蒙古自治区呼和浩特市新城区锡林北路28号
…………………… Tel：0478-2241555

内蒙古京能乌兰伊力更风力发电有限责任公司
地址：乌拉特中旗川井镇北
…………………… Tel：0478-2641571

巴彦淖尔市俊成发建筑安装工程有限公司
地址：内蒙古自治区巴彦淖尔市杭锦后旗陕坝镇金鼎世纪城2-6门店
…………………… Tel：0478-2690334

巴彦淖尔市泰裕康建筑安装工程有限公司
地址：内蒙古自治区巴彦淖尔市杭锦后旗陕坝镇金鼎世纪城S2-4门店
…………………… Tel：0478-2690334

巴彦淖尔市源兴隆建筑安装工程有限公司
地址：内蒙古自治区巴彦淖尔市杭锦后旗陕坝镇金鼎世纪城2-2号门店
…………………… Tel：0478-2690334

巴彦淖尔市裕远达建筑安装工程有限公司
地址：内蒙古自治区巴彦淖尔市杭锦后旗陕坝镇金鼎世纪城1-2号门店
…………………… Tel：0478-2690334

巴彦淖尔市瑞祥恒建筑安装工程有限公司
地址：内蒙古自治区巴彦淖尔市杭锦后旗陕坝镇金鼎世纪城S1-1门店
…………………… Tel：0478-2690334

国家电投集团磴口光伏发电有限公司
地址：内蒙古巴彦淖尔市磴口工业园区
…………………… Tel：0478-4405507

内蒙古磴口金牛煤电有限公司
地址：内蒙古自治区巴彦淖尔市磴口县工业园区
…………………… Tel：0478-4409315

乌拉特后旗电力有限责任公司
地址：乌拉特后旗电力调度大楼
…………………… Tel：0478-4610109

国电衡冠乌拉特后旗新能源有限公司
地址：巴彦淖尔市乌拉特后旗巴音镇紫金翠庭小区1#-3-402
…………………… Tel：0478-4616708

中广核（巴彦淖尔）风力发电有限公司
地址：内蒙古乌拉特后旗潮格镇宝日布嘎查
…………………… Tel：0478-4911022

内蒙古乌拉特中旗电力有限责任公司
地址：内蒙古自治区巴彦淖尔市乌中旗海镇
…………………… Tel：0478-5699909

内蒙古电力（集团）有限责任公司巴彦淖尔乌拉特中旗供电分局巴音杭盖供电所
地址：内蒙古巴彦淖尔市乌拉特中旗甘其毛都镇巴音杭盖
…………………… Tel：0478-5699912

内蒙古电力（集团）有限责任公司巴彦淖尔电业局杭锦后旗供电分局
地址：内蒙古巴彦淖尔市杭锦后旗陕坝镇河酒路
…………………… Tel：0478-6818802

内蒙古电力（集团）有限责任公司巴彦淖尔杭锦后旗供电分局红星供电所
地址：内蒙古巴彦淖尔市杭锦后旗蛮会镇红丰村
…………………… Tel：0478-6818802

内蒙古电力（集团）有限责任公司巴彦淖尔杭锦后旗供电分局沙海供电所
地址：内蒙古巴彦淖尔市杭锦后旗沙海镇五星村二组
…………………… Tel：0478-6818802

内蒙古电力（集团）有限责任公司巴彦淖尔杭锦后旗供电分局中南渠供电所
地址：内蒙古巴彦淖尔市杭锦后旗陕坝镇河酒路
…………………… Tel：0478-6818802

巴彦淖尔市康立电力安装有限责任公司
地址：内蒙古自治区巴彦淖尔市临河区团结南路２１号
…………………… Tel：0478-8202999

巴彦淖尔市河套水务水电开发有限公司
地址：内蒙古自治区巴彦淖尔市临河区车站办新华街南侧(丘号:07010196)
…………………… Tel：0478-8527851

内蒙古电力（集团）有限责任公司锡林郭勒电业局阿巴嘎供电分局
地址：阿巴嘎旗别力古台镇巴彦查干东街13号
…………………… Tel：0479-2022531

二连浩特市天宏阳光太阳能发电有限公司
地址：内蒙古自治区二连浩特市格日勒敖都苏木额尔登高毕嘎查，玉龙变电站东侧
…………………… Tel：0479-2224118

内蒙古大唐国际锡林浩特发电有限责任公司
地址：内蒙古锡林郭勒盟锡林浩特市东郊哈那乌拉嘎查
…………………… Tel：0479-2286810

华能阿巴嘎旗清洁能源有限责任公司
地址：阿巴嘎旗党政大楼四楼西412办公室
…………………… Tel：0479-2431135

华能阿巴嘎旗新能源发电有限公司
地址：阿巴嘎旗党政大楼四楼西406办公室
…………………… Tel：0479-2431135

苏尼特左电力有限责任公司
地址：苏尼特左旗满都拉图镇
…………………… Tel：0479-2522404

内蒙古电力（集团）有限责任公司锡林郭勒电业局乌拉盖供电分局
地址：锡盟乌拉盖管理区巴音胡硕镇东风大街3号
…………………… Tel：0479-3351101

白音华金山发电有限公司
地址：内蒙古自治区锡林郭勒盟巴拉嘎尔高勒镇巴拉格尔街
…………………… Tel：0479-3835013

白音华金山发电有限公司
地址：内蒙古自治区锡林郭勒盟巴拉嘎尔高勒镇巴拉格尔街
…………………… Tel：0479-3835013

内蒙古上都发电有限责任公司
地址：内蒙古自治区锡林郭勒盟正蓝旗上都镇
…………………… Tel：0479-4422038

内蒙古上都发电有限责任公司
地址：内蒙古自治区锡林郭勒盟正蓝旗上都镇
…………………… Tel：0479-4422038

多伦县电力有限责任公司
地址：内蒙古自治区锡林郭勒盟多伦县淖尔镇
…………………… Tel：0479-4524632

大唐谷仓多伦新能源有限公司
地址：内蒙古自治区锡林郭勒盟多伦县蔡木山乡光明村
…………………… Tel：0479-4524661

内蒙古大唐国际多伦水利水电综合开发有限公司
地址：内蒙古自治区锡林郭勒盟多伦县诺尔镇上都路49号
…………………… Tel：0479-4528126

内蒙古鹏祥光大新能源有限公司
地址：内蒙古自治区锡林郭勒盟太仆寺旗宝昌镇高新技术产业园振兴街北侧东环南路西侧
…………………… Tel：0479-5223233

内蒙古鹏祥光大新能源有限公司
地址：内蒙古自治区锡林郭勒盟太仆寺旗宝昌镇高新技术产业园振兴街北侧东环南路西侧
…………………… Tel：0479-5223233

锡林郭勒盟机易能源有限公司
地址：阿巴嘎旗发展和改革局412室
…………………… Tel：0479-5223233

太仆寺旗电力有限责任公司
地址：内蒙古自治区锡林郭勒盟宝昌镇广场西路与光明大街交汇西南角
…………………… Tel：0479-5750006

锡林郭勒盟镶黄旗协鑫能源有限公司
地址：镶黄旗新宝拉格镇宝格都路
…………………… Tel：0479-6221177

锡林郭勒盟镶黄旗协鑫能源有限公司
地址：镶黄旗新宝拉格镇宝格都路
…………………… Tel：0479-6221177

锡林浩特市京运通风力发电有限公司
地址：锡林浩特市宝力根办事处乌兰图嘎社区锡湖东苑小区1#综合楼
…………………… Tel：0479-6830683

大唐镶黄旗新能源有限责任公司
地址：镶黄旗新宝拉格镇（五区）
…………………… Tel：0479-6835508

大唐多伦新能源有限公司
地址：内蒙古自治区锡林郭勒盟多伦县蔡木山乡光明村
…………………… Tel：0479-6835512

中材科技（锡林郭勒）风电叶片有限公司
地址：内蒙古锡林浩特市锡林大街东段风电厂区
…………………… Tel：0479-6950204

京能（锡林郭勒）发电有限公司
地址：内蒙古锡林郭勒盟西乌珠穆沁旗巴拉嘎尔高勒镇乌珠穆沁街创业大厦14楼1409号
…………………… Tel：0479-6978035

内蒙古能源发电苏尼特左旗风力发电有限公司
地址：苏尼特左旗满都拉图镇达日罕街达尔罕小区西区3#-1-106-206
…………………… Tel：0479-6983011

华北石油管理局有限公司锡林郭勒盟二连油区综合服务处
地址：那坡县那隆乡那隆街
…………………… Tel：0479-8291003

锡林郭勒电力建设有限责任公司
地址：锡林浩特市锡林大街１５７号
…………………… Tel：0479-8296376

内蒙古海装风电设备有限公司
地址：内蒙古自治区锡林郭勒盟锡林浩特市经济开发区海装风电工业园１号
…………………… Tel：0479-8817675

国华（锡林郭勒）新能源有限公司
地址：锡林郭勒盟阿巴嘎旗西新大街
…………………… Tel：0479-8819006

内蒙古能源发电科右中发电有限公司
地址：内蒙古自治区兴安盟科尔沁右翼中旗百吉纳工业循环经济园区西日道卜产业园
…………………… Tel：0482-2219896

内蒙古能源发电科右中发电有限公司
地址：内蒙古自治区兴安盟科尔沁右翼中旗百吉纳工业循环经济园区西日道卜产业园
…………………… Tel：0482-2219896

内蒙古京科发电有限公司
地址：内蒙古自治区兴安盟科尔沁右翼中旗巴彦呼舒镇
…………………… Tel：0482-2269011

内蒙古洮儿河水电开发有限责任公司
地址：内蒙古自治区兴安盟科尔沁右翼前旗察尔森镇
…………………… Tel：0482-3992497

内蒙古能源发电兴安热电有限公司
地址：内蒙古自治区兴安盟乌兰浩特市红城北路6号
…………………… Tel：0482-3995203

国网内蒙古东部突泉县供电有限公司水泉供电所
地址：盐城市响水县城204国道东侧
…………………… Tel：0482-5682062

阿尔山市绿色发展投资有限公司
地址：阿尔山市温泉街阿尔山火山观测站
…………………… Tel：0482-7189999

深能北方（兴安盟）能源开发有限公司
地址：内蒙古自治区兴安盟科尔沁右翼前旗科尔沁镇兴科家园10号楼三单元102室
…………………… Tel：0482-8397005

科右前旗新天风能有限公司
地址：内蒙古自治区兴安盟科尔沁右翼前旗科尔沁镇兴科家园三期13-3-201
…………………… Tel：0482-8399966

科右前旗新天风能有限公司
地址：内蒙古自治区兴安盟科尔沁右翼前旗科尔沁镇兴科家园三期13-3-201
…………………… Tel：0482-8399966

内蒙古阿拉善银星风力发电有限公司
地址：内蒙古自治区阿拉善盟阿拉善左旗巴润别立镇巴音朝格图嘎查十三道梁
…………………… Tel：0483-2245870

内蒙古电力（集团）有限责任公司阿拉善电业局
地址：内蒙古自治区阿拉善盟阿拉善左旗巴彦浩特镇雅布赖西路新世纪广场北侧
…………………… Tel：0483-3982023

辽宁省

沈阳中惠科技技术发展有限公司
地址：辽宁省沈阳市沈河区友好街10号新地中心24层05+06单元
…………………… Tel：024-22556366

北方亚拓能源集团有限公司
地址：辽宁省沈阳市浑南区全运路22号
…………………… Tel：024-22592688

沈阳大皇冠发电设备有限公司
地址：沈阳经济技术开发区昆明湖街花

海路
………………… Tel：024-22703077
中电天得电力有限公司
地址：辽宁省沈抚新区金紫街189-9号
………………… Tel：024-22785555
辽宁金佰瑞电力科技发展有限公司
地址：沈阳市沈河区市府大路262甲号(2309室)
………………… Tel：024-22791077
华能朝阳光伏发电有限责任公司
地址：辽宁省朝阳市朝阳县黑牛营子乡黑牛营子村
………………… Tel：024-22807716
华能建昌光伏发电有限责任公司
地址：辽宁省葫芦岛市建昌县小德营子乡政府院内
………………… Tel：024-22807716
华能苏子河水能开发有限公司
地址：新宾满族自治县上夹河镇上夹河村
………………… Tel：024-22807716
国家电投集团东北电力开发有限公司
地址：和平区南五马路129号
………………… Tel：024-23100251
中电投东北新能源发展有限公司
地址：辽宁省沈阳市浑南区浑南二路8-1号
………………… Tel：024-23100500
国家电投集团东北电力有限公司
地址：辽宁省沈阳市浑南区浑南二路8-1号
………………… Tel：024-23100723
辽宁东科电力有限公司
地址：沈阳市浑南新区新果街3-1号
………………… Tel：024-23103617
东北电网有限公司
地址：沈阳市浑南新区营盘北街1号
………………… Tel：024-23125555
沈阳华润热电有限公司
地址：沈阳市大东区珠林路352号
………………… Tel：024-23132029
北方国际电力工业有限公司
地址：和平区文化路６３号
………………… Tel：024-23135928
辽宁电能发展股份有限公司
地址：沈阳高新技术产业开发区浑南新区世纪路18号
………………… Tel：024-23138711
国网辽宁综合能源服务有限公司
地址：沈阳市浑南新区世纪路18号
………………… Tel：024-23147221
国网辽宁综合能源服务有限公司
地址：沈阳市浑南新区世纪路18号
………………… Tel：024-23147221
沈阳铝镁设计研究院有限公司
地址：辽宁省沈阳市和平区和平北大街184号
………………… Tel：024-23253041
辽宁大唐国际阜新风电有限责任公司
地址：阜蒙县旧庙镇后查台村
………………… Tel：024-23276275
辽宁大唐国际新能源有限公司
地址：沈阳市和平区青年大街386号
………………… Tel：024-23276275
辽宁大唐国际昌图风电有限责任公司
地址：昌图县昌图镇河信子村
………………… Tel：024-23276275
辽宁大唐国际阜新风电有限责任公司
地址：阜蒙县旧庙镇后查台村
………………… Tel：024-23276275
辽宁大唐国际新能源有限公司
地址：沈阳市和平区青年大街386号
………………… Tel：024-23276275
辽宁鼎诚齐创发展股份有限公司
地址：沈阳市和平区浑河站乡前鲜村
………………… Tel：024-23360666
辽宁安泰电力有限公司
地址：沈阳市大东区文官街15号
………………… Tel：024-23609711
辽宁坤泰电力有限公司
地址：辽宁省沈阳市浑南新区涌泉路8-2号1701室
………………… Tel：024-23609826
沈阳精锐科技有限公司
地址：沈阳市苏家屯区雪松路66号
………………… Tel：024-23717777
沈阳环宇电热供水设备有限公司
地址：辽宁省沈阳市和平区浑河站西街道满融工业园
………………… Tel：024-23732882
辽宁申华电力有限公司
地址：辽宁省沈阳市沈河区万柳塘路38号507室
………………… Tel：024-24165015
沈阳远大铝业集团有限公司
地址：沈阳经济技术开发区十三号街20号
………………… Tel：024-25162006
沈阳远大机电装备有限公司
地址：沈阳经济技术开发区十六号街6-2号
………………… Tel：024-25271596
沈阳博尔特机电设备有限公司
地址：沈阳市于洪区洪汇路198号
………………… Tel：024-25303118
辽宁盛联电气设备有限公司
地址：沈阳经济技术开发区七号街26-1号
………………… Tel：024-25396257
沈阳鼓风机集团风电有限公司
地址：沈阳经济技术开发区开发大路16号甲
………………… Tel：024-25800737
国电东北热力集团有限公司
地址：沈阳经济技术开发区四号街11甲2号
………………… Tel：024-25803722
国电辽宁节能环保开发有限公司
地址：沈阳经济技术开发区四号街１１甲２号
………………… Tel：024-25803722
国电东北热力集团沈阳热电有限公司
地址：铁西区北二中路26号
………………… Tel：024-25803752
辽宁三义光伏电力有限公司
地址：辽宁省沈阳市康平县东关屯镇三台子村
………………… Tel：024-27307130
辽宁华宇三鑫光伏电力有限公司
地址：辽宁省沈阳市康平县东关屯镇三台子村
………………… Tel：024-27307130
辽宁直通东关光伏电力有限公司
地址：辽宁省沈阳市康平县东关屯镇陶岱屯村
………………… Tel：024-27307130
沈阳林洋新能源科技有限公司
地址：沈阳市和平区文体路5-1号（2-32-3）
………………… Tel：024-29818988
辽宁林洋新能源科技有限公司
地址：沈阳市苏家屯区南京南街1188-2号（12门）
………………… Tel：024-29818988
沈阳湘潭电机销售有限公司
地址：沈阳市铁西区兴华南街5号
………………… Tel：024-31012089
中国能源建设集团东北电力第一工程有限公司
地址：沈阳市浑南区新隆街1-26号2605室
………………… Tel：024-31039032
辽宁恒耐科技有限公司
地址：沈阳经济技术开发区开发二十二号路35号
………………… Tel：024-31089620
沈阳上华科技有限公司
地址：沈阳市大东区东宁街7号3门
………………… Tel：024-31099498
国储辽宁电力有限公司
地址：辽宁省沈阳市浑南区新隆街1-26号（1403）
………………… Tel：024-31102333
辽宁宏康实业有限公司
地址：康平县北三家子
………………… Tel：024-31182818
朝阳市龙城区协鑫光伏电力有限公司
地址：辽宁省朝阳市龙城区大平房镇西街村
………………… Tel：024-31256766
辽宁彰武金山风力发电有限责任公司
地址：彰武县后新秋镇烧锅村
………………… Tel：024-31306525
辽宁智飞科技有限公司
地址：辽宁省沈阳市浑南区天成街6-2号(2301)
………………… Tel：024-31385395
沈阳一通发电设备有限公司
地址：沈阳市苏家屯区清州街66-1号苏南工业园区内B4-1号
………………… Tel：024-31488980
辽宁华宇共创光伏电力有限公司
地址：辽宁省沈阳市康平县东关屯镇关家屯村三组
………………… Tel：024-31690592
辽宁华宇众合光伏电力有限公司
地址：辽宁省沈阳市康平县东关屯镇关家屯村三组
………………… Tel：024-31690592
国电喀左新能源有限公司
地址：喀左县羊角沟镇烧锅杖子村
………………… Tel：024-31693613
华能铁岭风力发电有限公司
地址：铁岭市铁岭县平顶堡镇
………………… Tel：024-31883818
华能盘锦风力发电有限公司
地址：辽宁省盘锦市大洼区榆树街道
………………… Tel：024-31883818
华能铁岭大兴风力发电有限公司
地址：辽宁省铁岭市昌图县头道镇
………………… Tel：024-31883818
华能盖州风力发电有限公司
地址：盖州市青石岭镇朱甸村
………………… Tel：024-31883818
沈阳汇智源电力发展集团有限公司
地址：辽宁省沈阳市浑南区上深沟村863-15号（521）
………………… Tel：024-31893335
国网辽宁省电力有限公司本溪市南芬区供电分公司
地址：本溪市南芬区中心路10栋1至6层
………………… Tel：024-42832278
国家电投集团东北电力有限公司本溪热电分公司
地址：本溪市明山区高台子办事处赫地社区
………………… Tel：024-43176027
本溪花溪沐小城镇自然开发有限公司
地址：辽宁省本溪市本溪满族自治县草河掌镇
………………… Tel：024-46131111
本溪满族自治县三道河水库管理处
地址：本溪满族自治县高官镇
………………… Tel：024-46252110
抚顺矿业集团有限责任公司供电部
地址：龙江县景星镇西北街（房权证字第QZ2017050359号）
………………… Tel：024-52533232
抚顺矿业中机热电有限责任公司
地址：辽宁省抚顺市望花区演武街88号
………………… Tel：024-52575002
抚顺矿业中机热电有限责任公司
地址：辽宁省抚顺市望花区演武街88号
………………… Tel：024-52575002
国家电投集团东北电力有限公司抚顺抚电能源分公司
地址：辽宁省抚顺市
………………… Tel：024-52727407
国网辽宁省电力有限公司清原满族自治县供电分公司
地址：清原满族自治县清原镇日红街（城郊林场南）
………………… Tel：024-52904509
国网辽宁省电力有限公司新宾满族自治县供电分公司响水河供电营业所
地址：辽宁省抚顺市新宾满族自治县响水河乡响水河村
………………… Tel：024-55375081
白猫（辽宁）有限公司
地址：抚顺市东洲区张甸街城沟桥西1号
………………… Tel：024-54411577
辽宁东方发电有限公司
地址：抚顺市东洲区章党街阜宁街北1路1号
………………… Tel：024-54773025
抚顺德斯锐机械有限公司
地址：辽宁省抚顺市顺城区施家沟街
………………… Tel：024-57135566
抚顺中兴重工有限公司
地址：抚顺市顺城区双阳路2号
………………… Tel：024-57642451
中电投抚顺热电有限责任公司
地址：抚顺市顺城区高山路18号
………………… Tel：024-57662336
中电投抚顺热电有限责任公司
地址：抚顺市顺城区高山路18号
………………… Tel：024-57662336
中国铁路沈阳局集团有限公司
地址：沈阳市和平区太原北街４号
………………… Tel：024-62022524
沈阳煤业（集团）有限责任公司
地址：沈阳市沈北新区虎石台镇
………………… Tel：024-62540258
沈阳昊诚电气有限公司
地址：沈阳经济技术开发区开发大路12甲3号
………………… Tel：024-62615519
沈阳新智恒新能源科技有限公司
地址：辽宁省沈阳市经济技术开发区花海路36-3号738室
………………… Tel：024-62886610
辽宁清河发电有限责任公司
地址：辽宁省铁岭市清河区虹光街31号
………………… Tel：024-72112222
辽宁清河发电有限责任公司
地址：辽宁省铁岭市清河区虹光街31号
………………… Tel：024-72112222
东北电力集团清河检修有限责任公司
地址：辽宁省铁岭市清河区向阳街
………………… Tel：024-72112663
东北电力集团清河检修有限责任公司
地址：辽宁省铁岭市清河区向阳街
………………… Tel：024-72112663
辽宁调兵山煤矸石发电有限责任公司
地址：辽宁省铁岭市调兵山市北工业园区
………………… Tel：024-74263999
铁岭德立泰机械开发有限公司
地址：铁岭市银州区广裕街１１８号
………………… Tel：024-74560511
辽宁华电铁岭发电有限公司
地址：辽宁省铁岭市镇西堡三台子
………………… Tel：024-74643155
辽宁华电铁岭发电有限公司
地址：辽宁省铁岭市镇西堡三台子
………………… Tel：024-74643155
辽宁华电检修工程有限公司
地址：铁岭县镇西堡三台子
………………… Tel：024-74648012
辽宁铁煤热力供暖有限责任公司
地址：辽宁省铁岭市调兵山市兀术街道站南路总厂行政办公楼
………………… Tel：024-76828051
辽宁铁煤热力供暖有限责任公司红透山分公司
地址：辽宁省抚顺市清原满族自治县红透山镇新区社区
………………… Tel：024-76828051
铁法煤业（集团）有限责任公司
地址：调兵山市人民路
………………… Tel：024-76835167
铁岭公用事业集团有限公司
地址：辽宁省铁岭市银州区铜钟街18委
………………… Tel：024-77314915
沈阳麦克奥迪能源科技有限公司
地址：辽宁省沈阳市浑南区上深沟村858-1号，沈阳国际软件园B01号楼305、306房间
………………… Tel：024-81722780
精通电力股份有限公司
地址：沈阳市和平区和平南大街2号（22层全部）
………………… Tel：024-82702299
沈阳凯风技术股份有限公司
地址：沈阳市浑南新区文德西街8号
………………… Tel：024-83696731
辽宁中电投电站燃烧工程技术研究中心有限公司
地址：沈阳市浑南产业区世纪路49号201室
………………… Tel：024-83765476
中电投东北能源科技有限公司
地址：沈阳市浑南新区世纪路49号
………………… Tel：024-83765836
辽宁多维强森电力科技有限公司
地址：辽宁省沈阳市和平区青年大街386号A956房间
………………… Tel：024-83995258
华电金山能源有限公司
地址：沈阳市和平区南五马路183号
………………… Tel：024-83996000
沈阳金山能源股份有限公司
地址：沈阳市苏家屯区迎春街２号
………………… Tel：024-83996000
沈阳金山能源股份有限公司
地址：沈阳市苏家屯区迎春街２号
………………… Tel：024-83996000
辽宁高科能源集团有限公司
地址：沈阳市铁西区景星北街44号
………………… Tel：024-85617888
沈阳首龙机电成套设备有限公司
地址：沈阳市浑南新区金卡路16号C908门
………………… Tel：024-85617888
辽宁高科能源集团有限公司
地址：沈阳市铁西区景星北街44号
………………… Tel：024-85617888
沈阳动力集团有限公司
地址：沈阳市浑南新区金辉街1号17层
………………… Tel：024-85617888
国电沈阳热电有限公司
地址：沈阳经济技术开发区浑河二十街26号
………………… Tel：024-86037021
中创燃气发展（沈阳）有限公司
地址：沈阳市东陵区创新路155-2号204室
………………… Tel：024-86130666
沈阳航天新光集团有限公司
地址：沈阳市大东区东塔街３号
………………… Tel：024-86562035
沈阳航天新光集团有限公司
地址：沈阳市大东区东塔街３号
………………… Tel：024-86562035
东亚电力建设有限公司
地址：沈阳市皇姑区长江南街173号
………………… Tel：024-86863141
国网辽宁省电力有限公司法库县供电分公司
地址：辽宁省沈阳市法库县法库镇团结街
………………… Tel：024-87124523
沈阳鑫源起重设备制造有限公司
地址：沈阳市沈北新区辉山经济开发区新阳路23号
………………… Tel：024-88085776
国电辽宁能源销售有限公司
地址：辽宁省沈阳市沈河区沈水路586号
………………… Tel：024-88275576
国电东北新能源发展有限公司
地址：辽宁省沈阳市沈河区沈水路586号
………………… Tel：024-88275788
国电东北电力有限公司
地址：辽宁省沈阳市沈河区沈水路586号

…………………… Tel：024-88275926
华能沈北热电有限公司
地址：沈阳市沈北新区虎石台镇建设路
…………………… Tel：024-88568806
国盛电力销售有限公司
地址：辽宁省沈阳市皇姑区黄河北大街262号3001室29号
…………………… Tel：024-88585080
实现股份有限公司
地址：沈阳经济技术开发区开发二十二号路35号
…………………… Tel：024-88615266
沈阳市北方成套电器设备有限公司
地址：沈阳市大东区联合路１７８号甲
…………………… Tel：024-88903995
辽宁太阳能研究应用有限公司
地址：沈阳市沈北新区蒲城路26-2号
…………………… Tel：024-88926699
沈阳海泉潜水电泵有限公司
地址：沈阳市于洪区造化镇刘家村
…………………… Tel：024-89241800
泰豪福瑞斯动力设备有限公司
地址：辽宁省沈阳市于洪区桐岭东街12号
…………………… Tel：024-89369958
沈阳福瑞斯动力设备有限公司
地址：沈阳市于洪区桐岭东街12号
…………………… Tel：024-89369968
北方亚泰能源发展有限公司
地址：沈阳市浑南新区远航西路3号
…………………… Tel：024-89389999
国网辽宁省电力有限公司
地址：沈阳市和平区宁波路１８号
…………………… Tel：024-95598
沈阳飞驰电气设备有限公司
地址：辽宁省沈阳市浑南区沈营大街988-2、3号（全部）
…………………… Tel：027-23665042
葫芦岛市连山区通威新能源有限公司
地址：辽宁省葫芦岛市连山区沙河营乡金水村
…………………… Tel：028-86168302
绥中县通威新能源有限公司
地址：辽宁省葫芦岛市绥中县高岭镇高岭村767号
…………………… Tel：028-86168452
大连菱日电力设备有限公司
地址：辽宁省大连市普湾新区三十里堡临港工业区港通街10号
…………………… Tel：0411-39523013
大连保税区华鸿工业技术有限公司
地址：中国（辽宁）自由贸易试验区大连保税区海富路9-1号6860室
…………………… Tel：0411-39638699
大连仕峰发电设备有限公司
地址：辽宁省大连市甘井子区辛寨子天虹工业区
…………………… Tel：0411-39681359
国网辽宁省电力有限公司庄河市供电分公司
地址：辽宁省庄河市世纪广场
…………………… Tel：0411-62513177
大连金普能源管理有限公司
地址：辽宁省大连市西岗区三环街35号102室
…………………… Tel：0411-62630960
国电电力发展股份有限公司
地址：辽宁省大连经济技术开发区黄海西路4号
…………………… Tel：0411-62675023
大连寺冈重工有限公司
地址：辽宁省大连市旅顺口区双岛湾街道艾子口村
…………………… Tel：0411-62685331
华能（大连）能源热力有限责任公司
地址：辽宁省大连市甘井子区大连湾街道李家村
…………………… Tel：0411-62695530
中车大连机车研究所有限公司
地址：辽宁省大连市沙河口区中长街４９号
…………………… Tel：0411-65855816
大连开供电力有限公司
地址：辽宁省大连经济技术开发区辽宁街２２号（自有）
…………………… Tel：0411-66856511
国网辽宁省电力有限公司大连市开发区东部供电分公司
地址：辽宁省大连经济技术开发区51＃动迁小区B区住宅楼商业网点14＃楼
…………………… Tel：0411-82169571
大连电力建设集团有限公司
地址：辽宁省大连市沙河口区中山路399号（仅限办公使用）
…………………… Tel：0411-82614818
大连远东永昌自动化工程有限公司
地址：辽宁省大连市普兰店区铁西街道办事处农场社区
…………………… Tel：0411-83127811
大连聚联创业孵化有限公司
地址：辽宁省大连普湾新区石河街道北海村
…………………… Tel：0411-83158111
大连普阳发电科技有限公司
地址：辽宁省大连市普兰店区丰荣街道办事处普东社区
…………………… Tel：0411-83511088
大连嘉运电子科技有限公司
地址：辽宁省大连市甘井子区金南路七小区综合楼308号
…………………… Tel：0411-83729586
大连大发电供热有限公司
地址：辽宁省大连市沙河口区滨河街10号
…………………… Tel：0411-84372039
大连船舶重工集团有限公司
地址：辽宁省大连市西岗区沿海街1号
…………………… Tel：0411-84482811
辽宁凯普睿科技有限公司
地址：辽宁省大连市甘井子区经二街15号2单元4层3-1号
…………………… Tel：0411-84490088
大连莱力柏信息技术股份有限公司
地址：辽宁省大连高新技术产业园区黄浦路512号嘉创大厦20层1号2002室
…………………… Tel：0411-84795887
辽宁绿源配售电有限公司
地址：辽宁省大连市瓦房店三台乡三台村
…………………… Tel：0411-85290618
老虎重工科技（大连）有限公司
地址：辽宁省大连老虎屯经济技术开发区
…………………… Tel：0411-85371499
大连西中岛动力服务有限公司
地址：辽宁省大连长兴岛经济区西中岛石化产业园区产业大厦B栋131号
…………………… Tel：0411-85762340
国网辽宁省电力有限公司大连市旅顺口区供电分公司
地址：辽宁省大连市旅顺口区长江路１３９号
…………………… Tel：0411-85889327
大连华锐重工集团股份有限公司
地址：辽宁省大连市西岗区八一路169号
…………………… Tel：0411-86427779
大连经济技术开发区金源实业有限公司
地址：辽宁省大连经济技术开发区松岚街39-5号
…………………… Tel：0411-87323222
大连经济技术开发区佳胜机械设备有限公司
地址：辽宁省大连经济技术开发区辽宁街5号
…………………… Tel：0411-87638601
大连海尔能源动力有限公司
地址：辽宁省大连出口加工区Ａ区IIC-I
…………………… Tel：0411-87939059
大连尚能新能源有限公司
地址：辽宁省大连经济技术开发区港兴大街39-10-1号
…………………… Tel：0411-88018001
大连尚能科技发展有限公司
地址：辽宁省大连经济技术开发区港兴大街39号10-1、10-2号
…………………… Tel：0411-88018001
国彪电源集团有限公司
地址：辽宁省大连市甘井子区辛寨子镇砬子山村
…………………… Tel：0411-88125688
大连东方船舶重工有限公司
地址：辽宁省大连经济技术开发区孤山东街92号
…………………… Tel：0411-88177300
大连欣和重工有限公司
地址：辽宁省庄河市徐岭镇杨屯村
…………………… Tel：0411-89115658
国电电力大连庄河发电有限责任公司
地址：辽宁省庄河市黑岛镇冷家村
…………………… Tel：0411-89136021
国电电力大连庄河发电有限责任公司
地址：辽宁省庄河市黑岛镇冷家村
…………………… Tel：0411-89136021
国网辽宁省电力有限公司长海县供电分公司
地址：辽宁省长海县大长山岛镇东山街B园2号
…………………… Tel：0411-89882501
辽电鞍山立山供电分公司水源电费营业所
地址：鞍山市立山区北胜利路259-1号
…………………… Tel：0412-2297149
鞍山市丽泉物业有限公司
地址：鞍山市千山区甘泉镇三泉社区居委会
…………………… Tel：0412-3533777
鞍钢集团矿业有限公司
地址：鞍山市铁东区二一九路39号
…………………… Tel：0412-5612848
鞍山钢铁集团有限公司
地址：鞍山市铁西区
…………………… Tel：0412-6733309
国电鞍山热电有限公司
地址：鞍山市千山区达道湾工业园
…………………… Tel：0412-7137316
辽宁宏成电力股份有限公司
地址：辽宁省鞍山市高新区光谱路16号
…………………… Tel：0412-7260208
国网辽宁省电力有限公司台安县供电分公司
地址：台安县台安镇繁荣北街50号
…………………… Tel：0412-7593529
辽宁华源风力发电设备制造有限公司
地址：海城市腾鳌镇周正村
…………………… Tel：0412-8309399
鞍山万贯工业品博览中心有限公司
地址：辽宁省鞍山市铁西区解放西路291号
…………………… Tel：0412-8569919
丹东鑫阳建筑安装有限公司
地址：商贸旅游区房坝9号楼
…………………… Tel：0415-3150055
丹东鑫阳物业有限公司
地址：边境经济合作区房坝9号楼三层
…………………… Tel：0415-3150055
辽宁蒲石河抽水蓄能有限公司
地址：宽甸镇府前东街
…………………… Tel：0415-6572031
华能国际电力股份有限公司丹东电厂
地址：东港市大东港区
…………………… Tel：0415-6683011
国网辽宁省电力有限公司凤城市供电分公司
地址：凤城市苗克秀街
…………………… Tel：0415-8261829
国网辽宁省电力有限公司锦州供电公司
地址：锦州市古塔区解放路三段9号
…………………… Tel：0416-2544251
辽宁大唐国际锦州热电有限责任公司
地址：锦州市太和区马家里四段41号
…………………… Tel：0416-2986998
锦州澳林康天鹅焊材有限公司
地址：锦州市太和区大薛乡三屯村工业园区928号
…………………… Tel：0416-4116117
辽宁输变电工程建设有限公司
地址：锦州市古塔区兴业里108号
…………………… Tel：0416-4567776
锦州阳光能源有限公司
地址：辽宁省锦州经济技术开发区西海工业园区
…………………… Tel：0416-5081136
华润电力（锦州）有限公司
地址：辽宁省锦州市太和区兴隆街
…………………… Tel：0416-5095504
国网辽宁省电力有限公司北镇市供电分公司
地址：北镇市广宁镇西门外路北
…………………… Tel：0416-6622368
凌海供电有限责任公司
地址：凌海市凌海大街
…………………… Tel：0416-8808000
华能营口热电有限责任公司
地址：辽宁（营口）沿海产业基地新联大街东一号
…………………… Tel：0417-2148011
三峡集团（营口）能源投资有限公司
地址：辽宁省营口市辽宁（营口）沿海产业基地新联大街东1号
…………………… Tel：0417-2875018
红叶风电设备（营口）有限公司
地址：中国（辽宁）自由贸易试验区营口市渤海大街西93号112-125
…………………… Tel：0417-3286600
营口辽河管件有限公司
地址：营口市老边区柳树镇聂家村
…………………… Tel：0417-3893956
营口慧城新能源有限公司
地址：辽宁省营口市辽宁（营口）沿海产业基地新联大街东1号
…………………… Tel：0417-4892828
营口慧城新能源有限公司
地址：辽宁省营口市辽宁（营口）沿海产业基地新联大街东1号
…………………… Tel：0417-4892828
辽宁宝华伦风机制造有限公司
地址：西市区志诚里9号
…………………… Tel：0417-4895000
辽宁华运电力实业股份有限公司
地址：营口市站前区东风路6号
…………………… Tel：0417-4895052
辽宁华星电力集团有限公司
地址：辽宁省营口市鲅鱼圈区钱塘江路南海事局西营口华海国际物流大厦1515室
…………………… Tel：0417-5515312
国网辽宁省电力有限公司大石桥市供电分公司
地址：辽宁省营口大石桥市哈大南路1号
…………………… Tel：0417-5918638
营口临潼维宁科技有限公司
地址：营口市西市区宏升街33号
…………………… Tel：0417-6615356
华能营口仙人岛热电有限责任公司
地址：营口仙人岛能源化工区
…………………… Tel：0417-6829010
营口仙人岛港区建设有限公司
地址：盖州市九垅地镇仙人岛村
…………………… Tel：0417-7194991
国网辽宁省电力有限公司阜新供电公司
地址：阜新市海州区解放大街53号
…………………… Tel：0418-5512234
阜新发电有限责任公司
地址：阜新市太平区火电街10号
…………………… Tel：0418-5592229
阜新发电有限责任公司
地址：阜新市太平区火电街10号
…………………… Tel：0418-5592229
国网阜新市细河区供电公司水泉供电所
地址：太平区水泉镇大巴沟村
…………………… Tel：0418-6611605
阜新联合风力发电有限公司
地址：彰武镇南承路柳河林场办公楼
…………………… Tel：0418-7723227
国网辽宁省电力有限公司辽阳供电公司
地址：辽阳市白塔区八一街81号
…………………… Tel：0419-2112609
辽阳中燃城市燃气发展有限公司
地址：辽阳市文圣区中心路195号
…………………… Tel：0419-4226665
辽宁辽鞍工程机械有限公司
地址：辽宁省辽阳市辽阳县首山镇辽鞍路89-1号
…………………… Tel：0419-7675888
朝阳燕山湖发电有限公司
地址：朝阳市龙城区西大营子镇沟门子村
…………………… Tel：0421-2701013
朝阳燕山湖发电有限公司
地址：朝阳市龙城区西大营子镇沟门子村
…………………… Tel：0421-2701013
国家电投集团东北电力有限公司朝阳供热分公司
地址：辽宁省朝阳市龙城区文化路五段99E
…………………… Tel：0421-2701015
朝阳市北控水务有限公司
地址：朝阳市双塔区燕北三岔口村
…………………… Tel：0421-2956161
朝阳朝工机械城有限公司
地址：朝阳市龙城区龙城工业园区
…………………… Tel：0421-3300078
国电电力朝阳热电有限公司
地址：辽宁省朝阳市龙城区黄河路五段225＃
…………………… Tel：0421-3518022
喀左振发光伏发电有限公司
地址：辽宁省朝阳市喀左县利州街道健安社区湖南路189号2楼203、204室
…………………… Tel：0421-5252766
国网辽宁省电力有限公司北票市供电分公司
地址：辽宁省朝阳市北票市南山街三段25号
…………………… Tel：0421-5818702
辽宁坤泰太阳能科技有限公司
地址：辽宁省朝阳市龙城区兴中路65号
…………………… Tel：0421-6628680
辽宁朋大电力有限公司
地址：辽宁省朝阳市朝阳县柳城街道郭家村
…………………… Tel：0421-7253322
盘锦港集团有限公司
地址：辽宁省盘锦辽东湾新区
…………………… Tel：0427-2270999
辽宁瑞邦石油技术发展有限公司
地址：盘锦经济开发区石油高新技术产业园1号
…………………… Tel：0427-3219558
辽宁盘锦鼎翔农工建（集团）有限公司
地址：盘锦市兴隆台区新生街
…………………… Tel：0427-5635188
辽宁振兴生态造纸有限公司
地址：盘锦市盘山县东郭镇
…………………… Tel：0427-6577000
辽宁华农农机装备制造有限公司
地址：辽宁省盘锦市大洼临港经济区
…………………… Tel：0427-6814489
辽河石油勘探局有限公司
地址：盘锦市兴隆台区振兴街
…………………… Tel：0427-7298572
辽河石油勘探局有限公司茨采工程技术处
地址：兴文县古宋镇香山西路513号
…………………… Tel：0427-7574620
渤海装备辽河重工有限公司
地址：盘锦经济开发区高新技术产业园
…………………… Tel：0427-7828455
葫芦岛宏跃电力销售有限公司
地址：辽宁省葫芦岛市龙港区锌厂街9-1号楼1-5层
…………………… Tel：0429-2027023
辽宁大唐国际葫芦岛热电有限责任公司

地址：辽宁省葫芦岛经济开发区北港工业区汉江路515号
…………………… Tel：0429-3273044

国网辽宁省电力有限公司兴城市供电分公司
地址：兴城市兴海路四段
…………………… Tel：0429-3523055

中船重工（葫芦岛）特种电缆有限责任公司
地址：辽宁省葫芦岛经济开发区（中船重工渤船产业园）
…………………… Tel：0429-3716805

辽宁东戴河新区恒源热力有限公司
地址：辽宁东戴河新区A区燕山路西段1号
…………………… Tel：0429-3936766

国网辽宁省电力有限公司葫芦岛供电公司
地址：葫芦岛市龙港区龙湾大街南延路
…………………… Tel：0429-5667058

中核辽宁核电有限公司
地址：辽宁省葫芦岛市兴城市滨海大道100号
…………………… Tel：0429-5990000

绥中发电有限责任公司
地址：辽宁省葫芦岛市龙港区龙湾大街海月路5号
…………………… Tel：0429-6612023

辽宁东戴河新区乡电电力有限公司
地址：绥中县前卫镇井山村
…………………… Tel：0429-6683666

国网辽宁省电力有限公司建昌县供电分公司
地址：建昌县建昌镇光明街
…………………… Tel：0429-7123103

三峡新能源彰武发电有限公司
地址：彰武县冯家镇侯贝营子村503-7
…………………… Tel：0451-87761017

吉林省

国能公主岭生物发电有限公司
地址：公主岭市岭东街八里桥
…………………… Tel：0431-6592622

吉林电力股份有限公司
地址：吉林省长春市人民大街9699号
…………………… Tel：0431-81150991

国家电投集团吉林能源投资有限公司
地址：长春市工农大路50号
…………………… Tel：0431-81150991

长春宏伟物业服务有限公司
地址：长春市净月开发区森杨路858号华业.玫瑰谷D-2幢305号房
…………………… Tel：0431-81296782

吉林中衡实业（集团）有限公司
地址：吉林省长春市南关区自由大路以南，亚泰大街以西，五环国际大厦第A座1单元2106室
…………………… Tel：0431-81296782

大唐吉林风力发电股份有限公司
地址：长春市南关区平泉路1427号
…………………… Tel：0431-81809040

大唐中电（吉林）新能源发电有限公司
地址：高新开发区硅谷大街1877号融创上城D7号楼101-102
…………………… Tel：0431-81809040

大唐中电（吉林）发电有限公司
地址：吉林省洮南市大通乡新立屯北侧
…………………… Tel：0431-81809040

吉林协合售电有限公司
地址：吉林省长春市南关区人民大街198号长春明珠H4栋2105室
…………………… Tel：0431-81884486

吉林柴油机集团有限公司
地址：双阳区奢岭街道办事处文化大街1号（长春京诚机器设备有限公司院内）
…………………… Tel：0431-81920356

大唐吉林电力燃料有限公司
地址：吉林省长春市高新开发区蔚山路3195号
…………………… Tel：0431-81929368

大唐吉林电力燃料有限公司
地址：吉林省长春市高新开发区蔚山路3195号
…………………… Tel：0431-81929368

乾安华电福新发电有限公司
地址：乾安县乾安镇在竹街1-9
…………………… Tel：0431-81967022

华电吉林大安风力发电有限公司
地址：大安市大岗子镇大岗子村风水山牧场（大岗子镇大岗子4-1）
…………………… Tel：0431-81967022

华电通榆风力发电有限公司
地址：吉林省通榆县站前街开通路
…………………… Tel：0431-81967022

国电联合动力技术（长春）有限公司
地址：经开区兴隆山镇沈阳大路333号
…………………… Tel：0431-81969999

长春空港翔悦环境卫生管理有限公司
地址：吉林省长春市空港经济开发区规划展览馆（金港大街与丹霞山路交汇）203室
…………………… Tel：0431-82159228

长春龙翔物业服务有限公司
地址：吉林省长春市北湖科技开发区北湖春天小区B区28栋110室、29栋110室
…………………… Tel：0431-82865526

榆树市农电有限公司秀水供电所
地址：五峰土家族自治县五峰镇水　司村四组
…………………… Tel：0431-83635610

吉林省泽良伟业发电设备有限公司
地址：长春市二道区临河街2219-1号
…………………… Tel：0431-84608807

长春陆通柴油机维修有限公司
地址：二道区东盛大街4号
…………………… Tel：0431-84840462

吉林省德风风电科技有限公司
地址：长春市朝阳区南湖大路32号
…………………… Tel：0431-85518708

吉林汇泽后勤管理有限公司
地址：长春市朝阳区解放大路4188号
…………………… Tel：0431-85607937

吉林安诚物业服务有限公司
地址：长春市宽城区凯旋路明珠小区一期4栋1-1002室
…………………… Tel：0431-85739600

国网吉林省新能源集团有限公司
地址：吉林省长春市朝阳区丰顺街1118号
…………………… Tel：0431-85792096

吉林名门电力实业集团公司
地址：经济技术开发区浦东路11号
…………………… Tel：0431-85793021

国网吉林省电力有限公司
地址：长春市南关区人民大街10388号
…………………… Tel：0431-85793126

国电吉林龙华热电股份有限公司
地址：长春经济技术开发区浦东路225号
…………………… Tel：0431-85796029

大唐吉林发电有限公司
地址：长春市人民大街6077号
…………………… Tel：0431-85796660

吉林名门风力发电有限公司
地址：乾安县鸣凤大街（环境局二楼）
…………………… Tel：0431-85797586

中国电力工程顾问集团东北电力设计院有限公司
地址：长春市人民大街4368号
…………………… Tel：0431-85798002

大安中广核风力发电有限公司
地址：吉林省白城市大安市来福乡来-2-1（1-2层）
…………………… Tel：0431-85828828

吉林省优然新能源有限公司
地址：吉林省长春市经济开发区中意国际B座2223室
…………………… Tel：0431-85854789

龙源（长岭）风力发电有限公司
地址：吉林省长岭县西北屯二号二段
…………………… Tel：0431-86106988

延边龙源风力发电有限公司
地址：和龙市文化路24号（二区）
…………………… Tel：0431-86106988

中国铁路沈阳局集团有限公司长春货运中心
地址：吉林省长春市宽城区人民大街81号
…………………… Tel：0431-86122260

吉林省亿涛消防工程有限公司长春消防工程检测服务分公司
地址：通化县大泉源乡大泉源村
…………………… Tel：0431-87036100

中水电中电风力发电有限公司
地址：吉林省长岭县原203国道412公里处
…………………… Tel：0431-87069697

中车长春轨道客车股份有限公司
地址：长春市长客路2001号
…………………… Tel：0431-87902301

吉林省康诚机电工程设备有限公司
地址：长春市朝阳区同志街33号
…………………… Tel：0431-88553888

吉林省中泰能源有限公司
地址：长春市朝阳区前进大街616号
…………………… Tel：0431-88660010

吉林省天正水力发电股份有限公司
地址：长春市通化路855号
…………………… Tel：0431-88666063

吉林省吉达电力设计有限公司
地址：长春市朝阳区自由大路亚泰豪苑C栋1102室
…………………… Tel：0431-88704733

长春市三合名圆缝纫设备有限公司
地址：长春市南关区大马路东，东三马路北2号楼门市
…………………… Tel：0431-88735666

吉林省新能源开发有限公司
地址：长春市高新区蔚山路2559号
…………………… Tel：0431-88788968

长春市创典物业服务有限公司
地址：南关区自由大路以南、亚泰大街以西五环国际大厦A座1单元1902室
…………………… Tel：0431-89106177

吉林省翰昌科技有限公司
地址：经济开发区自由大路5188号602室
…………………… Tel：0431-89301199

吉林省国颂售电有限公司
地址：吉林省长春市二道区福安街2813号荣光街道办事处301-315室
…………………… Tel：0431-89398888

长春净月潭物业服务有限责任公司
地址：长春市净月开发区森工泰壮大厦第1、2、3幢1808号房
…………………… Tel：0431-89629926

吉林柴油机集团发动机有限公司
地址：长春九台经济开发区卡伦铁北工业区兴北路南侧
…………………… Tel：0431-89681696

华能吉林发电有限公司
地址：长春市高新技术开发区星火路399号
…………………… Tel：0431-89822110

华能白城风力发电有限公司
地址：白城洮北经济开发区起步区内
…………………… Tel：0431-89822227

华能国际电力开发公司吉林通榆风电分公司
地址：吉林省通榆县团结乡和同发畜牧场境内（通榆县开通镇兴华北街1684号）
…………………… Tel：0431-89822227

吉林省景瑞电子设备有限公司
地址：长春市经济技术开发区临河街3157号临河风景41幢119号房
…………………… Tel：0431-89957801

吉林市亿斯特能源有限公司
地址：吉林市昌邑区辽北路99号
…………………… Tel：0432-62669108

吉林龙潭投资开发有限公司
地址：龙潭区汉阳南街6号
…………………… Tel：0432-63041787

吉林市能兴电力设备有限公司
地址：吉林省吉林市船营区迎宾大路199号
…………………… Tel：0432-63601999

吉林市瀚森电气有限公司
地址：吉林高新区南山街2121号
…………………… Tel：0432-64681283

吉林市奥吉通泵业有限责任公司
地址：吉林省吉林市丰满区桦西街263号
…………………… Tel：0432-64865957

吉林亚泰明城水泥有限公司
地址：磐石市明城镇矿山街
…………………… Tel：0432-65721000

吉林市源源热电有限责任公司
地址：吉林省吉林市船营区西宁路一号
…………………… Tel：0432-66075017

吉林开普科立辉动力有限公司
地址：吉林省蛟河市河北街道世纪路112-1-1
…………………… Tel：0432-67272222

国电吉林江南热电有限公司
地址：吉林省吉林市高新开发区吉林市汽车工业园区环山街
…………………… Tel：0432-68197023

图们盛运环保电力有限公司
地址：图们市新华路131号
…………………… Tel：0433-3620582

珲春矿业（集团）有限责任公司
地址：吉林省珲春市河南街
…………………… Tel：0433-5092021

吉林省地方水电有限公司安图分公司长兴供电营业所
地址：贵州省黔南布依族苗族自治州惠水县和平镇环城西路
…………………… Tel：0433-5612012

吉林省地方水电有限公司安图分公司亮兵供电营业所
地址：淮南市山南新区淮南二中科技馆
…………………… Tel：0433-5632020

吉林省地方水电有限公司安图分公司新合供电营业所
地址：内蒙古自治区鄂尔多斯市乌审旗达镇林荫路（公司办公楼内）
…………………… Tel：0433-5642033

吉林省地方水电有限公司安图分公司万宝供电营业所
地址：中山市石岐区富康路19号1幢201房
…………………… Tel：0433-5652034

吉林省地方水电有限公司安图分公司两江供电营业所
地址：河北省衡水市深州市永安大街
…………………… Tel：0433-5672441

吉林省地方水电有限公司安图分公司松江供电营业所
地址：沂水县许家湖镇姚店子村
…………………… Tel：0433-5680018

吉林省地方水电有限公司安图分公司三道供电营业所
地址：内蒙古自治区呼和浩特市新城区火车站西街水电段院内南楼
…………………… Tel：0433-5702033

吉林省地方水电有限公司安图分公司二道供电营业所
地址：安图县白河林业局
…………………… Tel：0433-5721351

吉林省地方水电有限公司安图分公司白河供电营业所
地址：济水西街
…………………… Tel：0433-5757977

吉林省地方水电有限公司安图分公司福兴供电营业所
地址：贵州省黔南布依族苗族自治州罗甸县红水河镇
…………………… Tel：0433-5822863

吉林省地方水电有限公司安图分公司石门供电营业所
地址：重庆市梁平区福禄镇河东街160号
…………………… Tel：0433-5822863

吉林省地方水电有限公司安图分公司永庆供电营业所
地址：天水市麦积区开发区
…………………… Tel：0433-5822863

吉林省地方水电有限公司安图分公司城郊供电营业所
地址：黑龙江省大兴安岭地区加格达奇区林海路46号
…………………… Tel：0433-5980666

吉林省地方水电有限公司安图分公司大蒲柴河镇供电营业所
地址：渠县渠江镇后溪街1号（老车坝处）
…………………… Tel：0433-6652235

吉林敦化抽水蓄能有限公司
地址：吉林省敦化市渤海街亿洋城3号楼1单元5楼
…………………… Tel：0433-8946322

吉林庆达新能源电力股份有限公司
地址：四平市铁东区烟厂路1118号
…………………… Tel：0434-6180234

吉林吉长电力有限公司
地址：吉林省四平市四平经济开发区开发区大路286号
…………………… Tel：0434-6182021

镇赉庆达光伏发电有限公司
地址：吉林省镇赉县永安东路（发改局五楼西）
…………………… Tel：0434-6999009

国电双辽发电有限公司
地址：双辽市辽西街
…………………… Tel：0434-7283027

通化建新科技有限公司
地址：通化市经开环路1198号
…………………… Tel：0435-3942173

吉林省地方水电有限公司通化县供电分公司快大城东供电营业站
地址：辽宁省营口市鲅鱼圈区三家子03-金座房产A区7#楼-211
…………………… Tel：0435-5238107

吉林省地方水电有限公司通化县供电分公司英额布供电营业所
地址：青川县青溪镇平阳路
…………………… Tel：0435-5238107

吉林省地方水电有限公司通化县供电分公司光华供电营业所
地址：长白县长白镇白山大街20号
…………………… Tel：0435-5238107

吉林省地方水电有限公司通化县供电分公司干沟供电所
地址：甘肃省陇南市成　县城关镇西大街37号
…………………… Tel：0435-5238107

吉林省地方水电有限公司通化县供电分公司东来供电营业所
地址：四川省成都市都江堰市观景路60号
…………………… Tel：0435-5238107

吉林省地方水电有限公司通化县供电分公司大泉源供电营业所
地址：浮山县响水河镇西北陈村
…………………… Tel：0435-5238107

吉林省地方水电有限公司通化县供电分公司兴林供电营业所
地址：衡南县花桥镇花苑西路137号
…………………… Tel：0435-5238107

吉林省地方水电有限公司通化县供电分公司二密供电营业所
地址：通化县二密镇
…………………… Tel：0435-5238107

吉林省地方电力有限公司通化县供电分公司
地址：通化县快大茂镇同德路1999号
…………………… Tel：0435-5238107

吉林省地方水电有限公司通化县供电分公司大都岭供电营业所
地址：上官镇郭固
…………………… Tel：0435-5238107

吉林省地方水电有限公司通化县供电分公司大安供电营业所
地址：山西省晋城市沁水县端氏镇端氏村

…………………… Tel：0435-5238107
吉林省地方水电有限公司通化县供电分公司快大城西供电营业站
地址：通化县大安镇水洞村
…………………… Tel：0435-5238107
吉林省地方水电有限公司通化县供电分公司四棚供电营业所
地址：成都市青羊区童子街29号4栋4层2001号
…………………… Tel：0435-5238107
吉林省地方电力有限公司通化分公司果松供电营业所
地址：通化县果松镇
…………………… Tel：0435-5238107
吉林省地方电力有限公司通化分公司三棵榆树供电营业所
地址：通化县三棵榆树镇
…………………… Tel：0435-5238107
吉林省地方电力有限公司通化分公司西江供电营业所
地址：通化县江甸子镇
…………………… Tel：0435-5238107
吉林省地方电力有限公司通化分公司大川供电营业所
地址：通化县大川乡
…………………… Tel：0435-5238107
吉林省地方电力有限公司通化县供电分公司金斗供电营业所
地址：通化县金斗乡
…………………… Tel：0435-5238107
国网吉林集安市供电有限公司凉水乡供电所
地址：藤县河东区挂榜路１３８号
…………………… Tel：0435-6762133
中材科技（白城）风电叶片有限公司
地址：白城工业园区
…………………… Tel：0436-3605901
吉林通力实业有限公司
地址：吉林省白城工业园区辽河路1888号
…………………… Tel：0436-3687510
通榆县田丰节水设备有限公司
地址：吉林省白城市通榆县建平街腾飞路南
…………………… Tel：0436-4295628
通榆县三一风电装备技术有限责任公司
地址：吉林省通榆县经济开发区
…………………… Tel：0436-4300188
吉林新誉新能源技术有限公司
地址：吉林省白城市镇赉县经济开发区众合路1111号
…………………… Tel：0436-5076561
吉林天能电力工程机械有限公司
地址：大安市安广镇工业集中区
…………………… Tel：0436-5559887
白城市京科集中供热有限公司
地址：白城市保胜路9-2号
…………………… Tel：0436-5886010
国网吉林洮南市供电有限公司黑水供电所
地址：洮南市黑水镇
…………………… Tel：0436-6712665
成来电气科技有限公司
地址：吉林省镇赉经济开发区飞鹤东路1999号
…………………… Tel：0436-7292018
辽源市御峰房地产开发集团有限公司
地址：吉林省辽源市龙山区人民大街（老电厂）
…………………… Tel：0437-3225815
吉林省弘峰物业服务有限公司
地址：吉林省辽源市龙山区人民大街640号（原老发电厂御峰广场5号楼631室）
…………………… Tel：0437-3225815
辽源矿业（集团）有限责任公司
地址：辽源市西安区东梅街8号
…………………… Tel：0437-5036000
乾安县德源工程技术服务有限公司
地址：乾安镇德建街1-17
…………………… Tel：0438-2680165
大唐长山热电厂
地址：前郭县长山镇
…………………… Tel：0438-2914083
吉林省天和电气有限责任公司
地址：松原市宁江区雅达虹工业园区
…………………… Tel：0438-5056718
国能长岭生物发电有限公司
地址：长岭环城工业集中区
…………………… Tel：0438-7230178
国能长岭生物发电有限公司
地址：长岭环城工业集中区
…………………… Tel：0438-7230178
吉林省地方水电有限公司抚松分公司
地址：抚松县抚松镇参乡路（县政府对过）
…………………… Tel：0439-6210851
吉林省地方水电有限公司抚松分公司城西供电营业所
地址：昭平县樟木林乡樟林村圳下组6号
…………………… Tel：0439-6213255
吉林省地方水电有限公司抚松分公司城南供电营业所
地址：陵水县新村镇
…………………… Tel：0439-6225077
吉林省地方水电有限公司抚松分公司城北供电营业所
地址：内蒙古自治区鄂尔多斯市乌审旗河南乡
…………………… Tel：0439-6225085
吉林省地方水电有限公司抚松分公司城东供电营业所
地址：三江县斗江镇
…………………… Tel：0439-6229966
吉林省地方水电有限公司抚松分公司露水河供电营业所
地址：大竹县清水镇街道
…………………… Tel：0439-6368696
吉林省地方电力有限公司抚松分公司泉阳供电营业所
地址：抚松县泉阳镇
…………………… Tel：0439-6515229
吉林省地方电力有限公司抚松分公司北岗供电营业所
地址：北岗镇北岗村
…………………… Tel：0439-6550064
吉林省地方水电有限公司抚松分公司兴隆供电营业所
地址：抚松县抚松镇抚松大街550号
…………………… Tel：0439-6570561
吉林省地方水电有限公司抚松分公司抽水供电营业所
地址：大安区龙井街华大居委会4组万佳庭苑14栋6层19号
…………………… Tel：0439-6580400
吉林省地方电力有限公司抚松分公司仙人桥供电营业所
地址：抚松县仙人桥镇政府院内
…………………… Tel：0439-6592450
吉林省地方电力有限公司抚松分公司漫江供电营业所
地址：吉林省长白山保护开发区池南区锦江社区关东水乡小区5号楼103室
…………………… Tel：0439-6630010
吉林省地方电力有限公司抚松分公司沿江供电营业所
地址：抚松县沿江乡
…………………… Tel：0439-6650558
吉林省地方电力有限公司抚松分公司万良供电营业所
地址：抚松县万良镇
…………………… Tel：0439-6818234
吉林省地方电力有限公司抚松分公司兴参供电营业所
地址：抚松县兴参镇
…………………… Tel：0439-6862207
吉林省地方电力有限公司抚松分公司新屯子供电营业所
地址：抚松县新屯子镇
…………………… Tel：0439-6888464
吉林省地方水电有限公司靖宇分公司
地址：靖宇县靖宇镇靖宇大街1320号
…………………… Tel：0439-7266827
吉林省地方水电有限公司长白分公司马鹿沟供电营业所
地址：龙州县彬桥乡彬桥街1号左边50米
…………………… Tel：0439-8222537
吉林省地方电力有限公司长白分公司
地址：长白镇白山大街20号
…………………… Tel：0439-8238604
吉林省地方电力有限公司长白分公司城西供电营业所
地址：长白县长白镇通江委
…………………… Tel：0439-8238605
吉林省地方电力有限公司长白分公司城东供电营业所
地址：长白镇城东委3组15号000101
…………………… Tel：0439-8238708
吉林省地方电力有限公司长白分公司金华供电营业所
地址：长白县金华乡金华村
…………………… Tel：0439-8828017
吉林省地方电力有限公司长白分公司十三道沟供电营业所
地址：长白县十二道沟镇十三道沟村
…………………… Tel：0439-8846720
吉林省地方水电有限公司
地址：长春市通化路855号
…………………… Tel：0439-88669037
吉林省地方水电有限公司
地址：长春市通化路855号
…………………… Tel：0439-88669037

黑龙江省

国网黑龙江省电力有限公司牡丹江供电公司
地址：黑龙江省牡丹江市东安区东新安街１２１号
…………………… Tel：0423-6941161
哈尔滨旭丰农机装备有限公司
地址：哈尔滨高新技术产业开发区迎宾路集中区崂山路6号
…………………… Tel：0451-51090613
黑龙江龙源四通配售电有限责任公司
地址：哈尔滨经开区南岗集中区长江路368号306室
…………………… Tel：0451-51093695
华能同江风力发电有限公司
地址：黑龙江省佳木斯市同江市街津口赫哲族乡
…………………… Tel：0451-51195080
肇东华能德昌太阳能发电有限公司
地址：黑龙江省绥化市肇东市17道街东方家园5号楼4单元702室
…………………… Tel：0451-51195080
华能同江风力发电有限公司
地址：黑龙江省佳木斯市同江市街津口赫哲族乡
…………………… Tel：0451-51195080
中国能源建设集团黑龙江能源建设有限公司
地址：黑龙江省哈尔滨市道里区抚顺街288号
…………………… Tel：0451-51689681
国家电投集团黑龙江绿拓新能源有限公司
地址：哈尔滨经开区南岗集中区长江路386号九三大厦10层
…………………… Tel：0451-51868929
国家电投集团黑龙江新能源有限公司
地址：黑龙江省哈尔滨市香坊区赣水路30号地王大厦14层3号
…………………… Tel：0451-51868975
哈尔滨东北水电设备制造有限公司
地址：哈尔滨市哈南工业新城核心区南城二路１号
…………………… Tel：0451-51876000
依兰龙源汇能风力发电有限公司
地址：黑龙江省依兰县依兰镇六街七委
…………………… Tel：0451-51919026
依兰龙源风力发电有限公司
地址：黑龙江省哈尔滨市依兰县依兰镇
…………………… Tel：0451-51919026
黑龙江龙源风力发电有限公司
地址：哈尔滨市依兰县
…………………… Tel：0451-51919385
鹤岗龙源祥和风力发电有限公司
地址：黑龙江省鹤岗市兴山区21委（兴山区综合办公楼）
…………………… Tel：0451-51919385
哈尔滨哈投投资股份有限公司
地址：哈尔滨市南岗区隆顺街２７号
…………………… Tel：0451-51939809
国电黑龙江能源销售有限公司
地址：哈尔滨市南岗区哈西大街57号
…………………… Tel：0451-51991318
哈尔滨绿控自动化控制技术开发有限公司
地址：哈尔滨市南岗区学府路52号哈尔滨理工大学理工大厦929-930房间
…………………… Tel：0451-51996875
黑龙江省速达信息产业股份有限公司
地址：哈尔滨市南岗区先锋路469号10号楼一楼
…………………… Tel：0451-53623000
国网黑龙江省电力有限公司
地址：黑龙江省哈尔滨市南岗区汉水路301号
…………………… Tel：0451-53682222
国网黑龙江省电力有限公司物业管理分公司
地址：哈尔滨市道里区西六道街26号
…………………… Tel：0451-53682376
大唐桦川风力发电有限公司
地址：黑龙江省佳木斯市桦川县苏家店镇
…………………… Tel：0451-55559744
大唐海林风力发电有限公司
地址：黑龙江省牡丹江市海林市人民政府5号楼203室
…………………… Tel：0451-55559744
大唐桦川风力发电有限公司
地址：黑龙江省佳木斯市桦川县苏家店镇
…………………… Tel：0451-55559744
大唐海林风力发电有限公司
地址：黑龙江省牡丹江市海林市人民政府5号楼203室
…………………… Tel：0451-55559744
大唐依兰风力发电有限公司
地址：黑龙江省哈尔滨市依兰县依兰镇
…………………… Tel：0451-55559811
大唐依兰风力发电有限公司
地址：黑龙江省哈尔滨市依兰县依兰镇
…………………… Tel：0451-55559811
哈尔滨国力电气有限公司
地址：哈尔滨市松北区九洲路５６８号
…………………… Tel：0451-55576566
黑龙江京奥能源科技有限公司
地址：哈尔滨市南岗区哈南工业新城哈南三路、哈南第十二大道西南侧孵化楼936室
…………………… Tel：0451-5558552
哈尔滨汽轮机厂辅机工程有限公司
地址：哈尔滨市南岗区集中开发区３号楼
…………………… Tel：0451-55598438
国能巴彦生物发电有限公司
地址：巴彦县巴彦镇北门外
…………………… Tel：0451-56053076
黑龙江省依兰煤矿
地址：依兰县达连河镇
…………………… Tel：0451-57203273
中煤龙化哈尔滨矿业有限公司
地址：依兰县达连河镇
…………………… Tel：0451-57203273
华能黑龙江发电有限公司
地址：哈尔滨市松北区创新二路277号23、24层办公楼
…………………… Tel：0451-58568024
哈电发电设备国家工程研究中心有限公司
地址：哈尔滨市香坊区赣水路２２２－３号
…………………… Tel：0451-58590466
哈尔滨万维后勤管理服务有限公司
地址：哈尔滨市利民开发区学院路9号（教学楼）
…………………… Tel：0451-58607826
华电能源股份有限公司
地址：黑龙江省哈尔滨市南岗区高新技术开发区19号楼B座
…………………… Tel：0451-58681721
华能黑龙江能源销售有限公司
地址：哈尔滨经开区南岗集中区长江路368号2606室
…………………… Tel：0451-58690108
哈尔滨九洲电气技术有限责任公司
地址：哈尔滨市松北区世茂滨江新城三期一区D43号楼1单元-29号
…………………… Tel：0451-58771888
哈尔滨华夏矿安科技有限公司
地址：哈尔滨经开区南岗集中区先锋路469号13号楼5层
…………………… Tel：0451-58894111
黑龙江哈电多能水电开发有限责任公司
地址：哈尔滨市南岗区嵩山路高新技术开发区２０号
…………………… Tel：0451-82107123
哈尔滨金晟实业有限公司
地址：哈尔滨经开区南岗集中区长江路１０５号四层
…………………… Tel：0451-82120188
黑龙江国之信新能源科技有限公司
地址：哈尔滨市道里区群力大道3517号27层2号
…………………… Tel：0451-82123763
黑龙江英利新能源投资有限公司
地址：哈尔滨经开区南岗集中区长江路368号2606室
…………………… Tel：0451-82147397
哈尔滨玺瑞电力投资有限公司
地址：哈尔滨经开区南岗集中区湘江路13号楼A座5层507室
…………………… Tel：0451-82263559
哈尔滨辰华电力新技术开发有限责任公司
地址：哈尔滨经开区南岗集中区湘江路４８号
…………………… Tel：0451-82285982
哈尔滨辰华电力新技术开发有限责任公司
地址：哈尔滨经开区南岗集中区湘江路４８号
…………………… Tel：0451-82285982
哈尔滨蓝天喷灌设备技术开发有限公司
地址：哈尔滨经开区南岗集中区泰山路１１７号５层１８室
…………………… Tel：0451-82306383
哈尔滨帕特尔科技股份有限公司
地址：哈尔滨高新技术产业开发区迎宾路集中区滇池路15号
…………………… Tel：0451-82380382
哈尔滨哈船动力技术有限责任公司
地址：哈尔滨高新技术产业开发区高科技创业中心迎宾路集中区对俄园2D号楼天平路22号2层
…………………… Tel：0451-82593659
黑龙江新世纪能源有限公司
地址：哈尔滨市高新技术开发区１９栋
…………………… Tel：0451-82709359
哈尔滨电机厂有限责任公司
地址：哈尔滨市南岗区赣水路二号楼
…………………… Tel：0451-82872000
黑龙江辰能新能源开发股份有限公司
地址：黑龙江省哈尔滨市香坊区六顺街167号
…………………… Tel：0451-82876276
黑龙江辰能供电有限公司
地址：哈尔滨经开区南岗集中区顺益街29号1-7层
…………………… Tel：0451-82876827
哈尔滨川北大件吊装有限公司

地址：哈尔滨市道里区群力西区A23栋1-3层9号房
…………………… Tel：0451-84572120
大唐黑龙江发电有限公司
地址：黑龙江省哈尔滨市松北区怡园街18号
…………………… Tel：0451-85557723
大唐东宁水电开发有限公司
地址：东宁市东宁镇东升路2号老水务局楼四楼办公室
…………………… Tel：0451-85557915
大唐集贤太平风力发电有限公司
地址：黑龙江省双鸭山市集贤县太平镇太洪村
…………………… Tel：0451-85557915
哈尔滨新力电力设备开发有限公司
地址：哈尔滨市南岗区中兴大道160号B1栋办公单元18层1814号
…………………… Tel：0451-85986669
黑龙江省国贸汽车贸易有限公司
地址：哈尔滨市南岗区黄河路77号
…………………… Tel：0451-85998577
哈尔滨博发电站设备集团有限公司
地址：黑龙江省哈尔滨市宾县宾州镇西城街鑫福家园B栋（高层）商服102
…………………… Tel：0451-86062715
哈尔滨天达控制股份有限公司
地址：哈尔滨高新技术产业开发区迎宾路集中区秦岭路8号
…………………… Tel：0451-86292790
中国铁路哈尔滨局集团有限公司
地址：黑龙江省哈尔滨市南岗区西大直街51号
…………………… Tel：0451-86421320
中国铁路哈尔滨局集团有限公司哈尔滨房建公寓段
地址：黑龙江省哈尔滨市南岗区海关街63号
…………………… Tel：0451-86435395
哈尔滨朗昇电气股份有限公司
地址：哈尔滨市平房区星海路19号
…………………… Tel：0451-86535317
哈尔滨哈飞工业有限责任公司
地址：哈尔滨市平房区友协大街副15号
…………………… Tel：0451-86582792
哈尔滨市动力发电配件有限公司
地址：动力区哈平路185-1号
…………………… Tel：0451-86697192
黑龙江新华售电有限公司
地址：哈尔滨市南岗区王岗镇新农路2号（海玉家园）1号楼5单元5楼3号A室
…………………… Tel：0451-86706666
哈尔滨中航动科燃气轮机成套制造有限公司
地址：哈尔滨开发区哈平路集中区松花路2号
…………………… Tel：0451-86780305
航天科工哈尔滨风华有限公司
地址：黑龙江省哈尔滨市南岗区中山路137号
…………………… Tel：0451-86798254
哈尔滨哈平动力有限公司
地址：哈尔滨市平房区新疆大街1号
…………………… Tel：0451-86811135
哈尔滨电力勘察设计有限公司
地址：哈尔滨市道里区买卖街203号
…………………… Tel：0451-87125150
哈尔滨电气动力装备有限公司
地址：哈尔滨经开区南岗集中区3号楼
…………………… Tel：0451-87372066
哈尔滨兴隆锅炉有限公司
地址：哈尔滨市南岗区红旗满族乡长征村
…………………… Tel：0451-87545875
三峡新能源泰来发电有限公司
地址：黑龙江省齐齐哈尔市泰来县汤池镇合兴村
…………………… Tel：0451-87761017
国电哈尔滨热电有限公司
地址：平房区保国大街副14-6号
…………………… Tel：0451-87862000
哈尔滨广瀚新能动力有限公司
地址：哈尔滨市高新技术开发区迎宾路集中区洪湖路35号
…………………… Tel：0451-87940046
哈尔滨广瀚动力技术发展有限公司
地址：黑龙江省哈尔滨市道里区洪湖路35号
…………………… Tel：0451-87940212
黑龙江瀚锋电热机电设备制造有限公司
地址：哈尔滨市道外区道口街28号6栋1层 经营场所：道外区道口街28号2栋1-2层/道外区道口街28号5栋1层
…………………… Tel：0451-88327111
东北电力装备集团黑龙江电力装备有限责任公司
地址：黑龙江省齐齐哈尔市龙沙区齐富公路永安南大街209号
…………………… Tel：0452-2347088
黑龙江华电齐齐哈尔热电有限公司
地址：黑龙江省齐齐哈尔市建华区碾北公路1号
…………………… Tel：0452-2682008
国华（齐齐哈尔）风电有限公司
地址：黑龙江省齐齐哈尔市富裕县富裕镇四街
…………………… Tel：0452-2717698
中国铁路哈尔滨局集团有限公司齐齐哈尔车辆段
地址：陕西省安康市汉滨区石梯镇双村村五组
…………………… Tel：0452-2920632
中国铁路哈尔滨局集团有限公司齐齐哈尔工务段
地址：河北省保定市涞水县涞阳路16号
…………………… Tel：0452-2926165
龙江县胜隆建筑工程施工队
地址：枣庄市山亭区冯卯镇
…………………… Tel：0452-5832888
龙江县跃兴建筑工程施工队
地址：开江县任市镇街道
…………………… Tel：0452-5832888
黑龙江龙誉工贸有限公司
地址：齐齐哈尔市建华区运建园小区16号楼1-3层11号
…………………… Tel：0452-6059288
黑龙江省欧瑞水利工程有限责任公司
地址：黑龙江省齐齐哈尔市建华区西虹桥综合楼1-2层8号
…………………… Tel：0452-6188877
国电林口新能源开发有限公司
地址：林口县粮食局西侧
…………………… Tel：0453-3521798
大唐牡丹江能源开发有限公司
地址：黑龙江省牡丹江市西安区海浪路167号
…………………… Tel：0453-5898110
华电汤原风力发电有限公司
地址：黑龙江省佳木斯市汤原县汤原镇铁路街
…………………… Tel：0453-5977658
华电宝清风力发电有限公司
地址：黑龙江省双鸭山市宝清县中央大街宝清宾馆3楼
…………………… Tel：0433-3977638
牡丹江市东安区兴源水暖机电供应站
地址：安徽省安庆市岳西县中关乡斗水村
…………………… Tel：0453-6246464
牡丹江电力实业集团有限公司
地址：黑龙江省牡丹江市阳明区光华街76-A号
…………………… Tel：0453-6942342
黑龙江省龙保水电检修安装有限公司
地址：黑龙江省牡丹江市东安区东新安街东小二条路218号
…………………… Tel：0453-6947862
黑龙江中宇富锦风力发电有限公司
地址：富锦市中央大街99号
…………………… Tel：0454-2350129
黑龙江中宇富锦风力发电有限公司
地址：富锦市中央大街99号
…………………… Tel：0454-2350129
桦川协联生物质能热电有限公司
地址：黑龙江省佳木斯市桦川县悦来镇
…………………… Tel：0454-3962323
黑龙江华为电力集团有限公司
地址：黑龙江省佳木斯市前进区长安路908号
…………………… Tel：0454-8292653
黑龙江华电佳木斯发电有限公司
地址：黑龙江省佳木斯市东风区长安路168号
…………………… Tel：0454-8334010
佳木斯中燃城市燃气发展有限公司
地址：黑龙江省佳木斯市向阳区中山街270号
…………………… Tel：0454-8656613
中国铁路哈尔滨局集团有限公司佳木斯工务段
地址：黑龙江省佳木斯市前进区安庆街88号
…………………… Tel：0454-8920475
中国铁路哈尔滨局集团有限公司佳木斯站
地址：濮阳市苏北路与长庆路交叉口向东50米路北第十社区车队院内
…………………… Tel：0454-8922222
黑龙江龙能电力集团有限公司
地址：哈尔滨市松北区万达文化旅游城-3地块C12-2栋1层171号房
…………………… Tel：0455-3582023
黑龙江贞财管道有限公司
地址：黑龙江省绥化市北林区绥化市经济开发区
…………………… Tel：0455-3588503
明水县电业局城郊供电所
地址：徐闻县徐城街旗二路43号
…………………… Tel：0455-6012031
明水县电业局通泉供电所
地址：贵州省遵义市习水县东皇镇
…………………… Tel：0455-6012031
明水县电业局通达供电所
地址：甘肃省临夏州临夏市南滨河东路飞天临夏国际广场1号楼101室
…………………… Tel：0455-6012031
明水县电业局友爱供电所
地址：江州区那隆镇那隆新街
…………………… Tel：0455-6012031
明水县电业局兴仁供电所
地址：广饶县站前财富广场1号楼一层二层13号房
…………………… Tel：0455-6012031
明水县电业局永久供电所
地址：蒙山县城南新区民乐路水电局内
…………………… Tel：0455-6012031
明水县电业局育林供电所
地址：长治市凯丰市场新一区十五排二号
…………………… Tel：0455-6012031
明水县电业局崇德供电所
地址：开江县新宁镇文昌街40号
…………………… Tel：0455-6012031
明水县电业局东兴供电所
地址：黑龙江省绥化市明水县东兴乡街内
…………………… Tel：0455-6012031
明水县电业局繁荣供电所
地址：黑龙江省绥化市明水县繁荣乡街内
…………………… Tel：0455-6012012
明水县电业局永兴供电所
地址：黑龙江省绥化市明水县永兴镇街内
…………………… Tel：0455-6012012
明水县电业局双兴供电所
地址：河北省保定市徐水区永兴西路88号
…………………… Tel：0455-6012031
明水县电业局光荣供电所
地址：黑龙江省绥化市明水县双兴乡街内
…………………… Tel：0455-6012031
明水县电业局树人供电所
地址：重庆市梁平区梁山街道梁山路核桃巷46号
…………………… Tel：0455-6012031
黑龙江省兴安岭风电工程股份有限公司
地址：黑龙江省伊春市伊春区工业区
…………………… Tel：0455-8299905
黑龙江东部节水设备有限公司
地址：黑龙江省绥化市北林区经济开发区东富工业园区
…………………… Tel：0455-8639900
黑河英大新能源科技有限责任公司
地址：黑河市合作区中小企业创业服务中心
…………………… Tel：0456-2880180
国网黑龙江省北安垦区长水河供电局有限公司
地址：黑龙江省黑河市北安市长水河农场
…………………… Tel：0456-6419370
国电北安热电有限公司
地址：黑龙江省黑河市北安市北通公路零公里南侧
…………………… Tel：0456-6812211
黑河辰能西沟水电有限责任公司
地址：黑河市爱辉区邮政路109号
…………………… Tel：0456-8292822
逊克辰能宝山水电有限责任公司
地址：黑龙江省黑河市逊克县宝山乡丛山村
…………………… Tel：0456-8292850
中国铁路哈尔滨局集团有限公司加格达奇工务段
地址：四川省达州市宣汉县柏树镇
…………………… Tel：0457-8942155
华能伊春热电有限公司
地址：黑龙江省伊春市乌马河区锦山街锦河委（华能伊春热电有限公司）
…………………… Tel：0458-8782221
大庆高新博源热电有限公司
地址：黑龙江省大庆高新区火炬新街36号新兴产业孵化器（园区）3#210房间
…………………… Tel：0459-2781600
大庆科盈电气设备有限公司
地址：黑龙江省大庆市让胡路区宏盛街118号
…………………… Tel：0459-5050921
大庆金钥匙电子技术服务有限公司
地址：黑龙江省大庆市让胡路区香江时代广场4-5-7
…………………… Tel：0459-5187387
中国石油集团电能有限公司
地址：黑龙江省大庆市让胡路区西宾路424-1-7501号
…………………… Tel：0459-5191973
大庆市万科环保有限公司
地址：黑龙江省大庆市让胡路区阳光佳苑三期25号底层商服公寓楼公寓309
…………………… Tel：0459-5988305
大庆油田有限责任公司
地址：黑龙江省大庆市让胡路区龙南
…………………… Tel：0459-5990801
大庆市新中瑞环保有限公司
地址：黑龙江省大庆市让胡路区西强路北方建材城3号楼
…………………… Tel：0459-6138138
大庆龙江风电有限责任公司
地址：黑龙江省大庆市杜尔伯特蒙古族自治县德力戈尔工业园区
…………………… Tel：0459-6284710
大庆龙江风电有限责任公司
地址：黑龙江省大庆市杜尔伯特蒙古族自治县德力戈尔工业园区
…………………… Tel：0459-6284710
大庆电业局
地址：黑龙江省大庆市让胡路区中央大街南段409号
…………………… Tel：0459-6603717
大庆市联盛科技有限公司
地址：黑龙江省大庆市高新区火炬新街32号新兴产业孵化器1#楼1011室
…………………… Tel：0459-6613319
大庆迅通科技有限公司
地址：黑龙江省大庆市让胡路区西宾路48号楼12号商服
…………………… Tel：0459-6789119
华能新华发电有限责任公司
地址：黑龙江省大庆市高新区大同区新华屯
…………………… Tel：0459-6912211
大庆鑫百瑞科技有限公司
地址：黑龙江省大庆市高新区科技孵化器一期工程5号孵化器606室
…………………… Tel：0459-8163277
大庆恒基吉阳新能源有限公司
地址：黑龙江省大庆市高新区火炬新街36号新兴产业孵化器3#楼1101房间
…………………… Tel：0459-8199776
凯明（大庆）新能源开发有限公司
地址：黑龙江省大庆高新区科技路105号新兴产业孵化器2#楼913室
…………………… Tel：0459-8989803
黑龙江龙煤七台河矿业有限责任公司
地址：黑龙江省七台河市桃山区桃南街局机关办公大楼（东进街189号）
…………………… Tel：0464-8790535
大唐七台河发电有限责任公司
地址：黑龙江省七台河市茄子河区东进路
…………………… Tel：0464-8822228
大唐七台河发电有限责任公司
地址：黑龙江省七台河市茄子河区东进路
…………………… Tel：0464-8822228
沈阳焦煤鸡西盛隆矿业有限责任公司
地址：黑龙江省鸡西市鸡冠区鸡恒路东侧
…………………… Tel：0467-2348782
鸡西市民生三供一业工程投资有限公司
地址：黑龙江省鸡西市鸡冠区南山路45号
…………………… Tel：0467-2621737
大唐鸡西热电有限责任公司
地址：黑龙江省鸡西市鸡冠区发电厂院内
…………………… Tel：0467-2742222
大唐鸡西热电有限责任公司
地址：黑龙江省鸡西市鸡冠区发电厂院内
…………………… Tel：0467-2742222
大唐鸡西第二热电有限公司
地址：黑龙江省鸡西市滴道区煤电化循环经济园区
…………………… Tel：0467-2745031
黑龙江龙煤鸡西矿业有限责任公司杏花矿生活服务分公司
地址：金阳县桃坪乡洛解村溜堵组
…………………… Tel：0467-2752803
黑龙江龙煤鸡西矿业有限责任公司平岗矿生活服务分公司
地址：旺苍县国华镇场镇
…………………… Tel：0467-2776369
华电虎林风力发电有限公司
地址：黑龙江省鸡西市虎林市新乐乡永平村
…………………… Tel：0467-5991508
华能鹤岗发电有限公司
地址：黑龙江省鹤岗市东山区新华镇
…………………… Tel：0468-3692230
中海石油华鹤煤化有限公司
地址：黑龙江省哈萝公路鹤岗段8号
…………………… Tel：0468-8969311
大唐双鸭山热电有限公司
地址：黑龙江省双鸭山市尖山区工业开发区
…………………… Tel：0469-4212211

江苏省

江苏省电力公司客服南方基地建设分公司
地址：南京市江宁滨江开发区瑞凤路88号
…………………… Tel：025-51172008
国电南京自动化股份有限公司
地址：南京市江宁开发区水阁路39号
…………………… Tel：025-51183000
南京中电金屋顶光伏技术有限公司
地址：南京市江宁经济技术开发区水阁路6号
…………………… Tel：025-52095822
南京新德新能源科技有限公司
地址：南京市江宁区经济技术开发区水阁路6号
…………………… Tel：025-52095822
江苏新德民用光伏系统有限公司
地址：南京市江宁经济技术开发区水阁路6号
…………………… Tel：025-52095822
新沂市中森绿能太阳能科技有限公司
地址：新沂市南京路74号
…………………… Tel：025-52110899
南京东送电力科技有限公司
地址：南京江宁经济技术开发区将军大道55号C栋4F
…………………… Tel：025-52110899
南京谷峰能源有限公司
地址：南京江宁空港枢纽经济区博爱路1号
…………………… Tel：025-52129501
中节能太阳能射阳发电有限公司
地址：射阳县临港工业区东匡河东侧
…………………… Tel：025-52164282
南京飓能电控自动化设备制造有限公司
地址：南京市江宁区科学园天元东路1号
…………………… Tel：025-52179672
江苏省能惠售电有限公司
地址：南京市高淳区砖墙经济园999号
…………………… Tel：025-52214853
南京实盛科技有限公司
地址：南京市秦淮区集庆路123号10楼
…………………… Tel：025-52217015
华能江苏能源销售有限责任公司
地址：南京市鼓楼区中山北路2号2810室
…………………… Tel：025-52369588
华能徐州铜山风力发电有限公司
地址：徐州市铜山区柳泉镇工业园区
…………………… Tel：025-52369679
华能如东八仙角海上风力发电有限责任公司
地址：南通市如东县沿海经济开发区
…………………… Tel：025-52369679
华能灌云清洁能源发电有限责任公司
地址：连云港市灌云县临港产业区管委会办公楼609室
…………………… Tel：025-52369679
华能南京六合风电有限公司
地址：南京市六合区竹镇镇竹丰路5号1幢2077室
…………………… Tel：025-52369679
华能启东风力发电有限公司
地址：启东市东海镇新丰街108号
…………………… Tel：025-52369679
华能徐州铜山风力发电有限公司
地址：徐州市铜山区柳泉镇工业园区
…………………… Tel：025-52369679
华能如东八仙角海上风力发电有限责任公司
地址：南通市如东县沿海经济开发区
…………………… Tel：025-52369679
华电尚德东台太阳能发电有限公司
地址：东台沿海经济区
…………………… Tel：025-52383870
江苏华电灌云风力发电有限公司
地址：灌云县燕尾新城海堤路18号
…………………… Tel：025-52383870
华电兴化太阳能发电有限公司
地址：兴化市李中镇黄邳村
…………………… Tel：025-52383870
华电福新宝应新能源有限公司
地址：宝应县广洋湖镇肖家村
…………………… Tel：025-52383870
中军科创能源开发有限公司
地址：南京市栖霞区马群街道紫东路2号2幢
…………………… Tel：025-52387777
南京华元电力工程有限公司
地址：南京市雨花台区凤集大道15号创业创新城B区69栋1层105-2室
…………………… Tel：025-52421188
南京大手笔电子科技有限公司
地址：南京市雨花台区西春路1号
…………………… Tel：025-52431026
南京朗劲风能设备制造有限公司
地址：南京市江宁经济技术开发区胜太路68号
…………………… Tel：025-52730853
江苏金智科技股份有限公司
地址：南京市江宁开发区将军大道100号
…………………… Tel：025-52762828
江苏金智科技股份有限公司
地址：南京市江宁开发区将军大道100号
…………………… Tel：025-52762828
中电电气南京电力科技有限公司
地址：南京市江宁经济技术开发区佛城西路123号
…………………… Tel：025-52766666
南京永乐照明灯饰有限公司
地址：南京市江宁区禄口街道蓝天路
…………………… Tel：025-52777080
南京鹏智电气设备有限公司
地址：南京市高淳经济开发区秀山路35号
…………………… Tel：025-52782031
南京东源电力科技有限公司
地址：南京市建邺区庐山路168号9楼901-1室
…………………… Tel：025-52808078
南京鹏智电气工程有限公司
地址：南京市高淳经济开发区秀山路35号1幢
…………………… Tel：025-56816163
江苏苏美达机电科技有限公司
地址：南京市六合区雄州街道台中路8号
…………………… Tel：025-57095999
南京市溧水区宝力权五金机电供应站
地址：怀远县龙亢镇龙亢车站东100米
…………………… Tel：025-57209855
南京市溧水区三新供电服务有限公司
地址：河北省衡水市桃城区育才街东3幢501室（河建写字楼）
…………………… Tel：025-57223530
南京三新供电服务有限公司溧水分公司
地址：开江县永兴镇街道
…………………… Tel：025-57223530
国网江苏省电力有限公司南京市溧水区供电分公司
地址：聊城江北水城旅游度假区朱老庄镇驻地
…………………… Tel：025-57226035
东盟电气集团南京股份有限公司
地址：南京市溧水经济开发区长岗路6号
…………………… Tel：025-57299999
南京蓝奥环保设备有限公司
地址：南京市六合区雄州工业区腾飞路10号
…………………… Tel：025-57502282
南京欧陆电气股份有限公司
地址：南京市六合区雄州工业园
…………………… Tel：025-57506555
南京富尔登科技发展有限公司
地址：南京市六合区雄州镇工业园
…………………… Tel：025-57512699
南京苏源悦力电力发展有限公司
地址：南京市六合区杨新路38号
…………………… Tel：025-57797681
江苏电老虎工业互联网股份有限公司
地址：南京市江北新区丽景路2号研发大厦B座9楼
…………………… Tel：025-57927800
国丰新能源有限公司
地址：南京市建邺区江东中路230号华泰证券广场3号楼3楼
…………………… Tel：025-58055675
南京汽轮电机（集团）有限责任公司
地址：南京市鼓楼区中央北路80号
…………………… Tel：025-58056666
大唐江苏售电有限公司
地址：南京市栖霞区龙潭街道马渡村1号
…………………… Tel：025-58057533
江苏昱芃能源集团有限公司
地址：南京市秦淮区中牌楼西118号
…………………… Tel：025-58075599
南京国绿能源有限公司
地址：南京市江宁经济技术开发区将军大道55号
…………………… Tel：025-58097689
南京优曼新能源有限公司
地址：南京市江北新区经济开发区兴隆路18号
…………………… Tel：025-58118558
江苏协鑫海滨新能源科技发展有限公司
地址：南京市浦口区星甸街道石桥工业开发区金桥南路A1185号
…………………… Tel：025-58151222
南京国网电瑞继保科技股份有限公司
地址：南京市江北新区丽景路20号研发2号楼C110室
…………………… Tel：025-58155727
南京环境再生能源有限公司
地址：南京市浦口区星甸街道万隆社区董庄
…………………… Tel：025-58260198
江苏日托光伏科技股份有限公司
地址：无锡市新吴区锡士路20号
…………………… Tel：025-58270095
中化工程集团基础设施建设有限公司
地址：太原晋源区南堰万水物贸城七区42号
…………………… Tel：025-58380723
如东广恒新能源有限公司
地址：江苏省南通市如东县沿海经济开发区黄海路2号
…………………… Tel：025-58550097
江苏广恒新能源有限公司
地址：东台沿海经济区港城大道8号7楼
…………………… Tel：025-58550097
江苏苏美达新能源发展有限公司
地址：东台沿海湿地旅游度假经济区光伏光电产业园内
…………………… Tel：025-58638000
江苏苏美达能源控股有限公司
地址：南京市高新开发区星火路1号
…………………… Tel：025-58638225
江苏辉伦太阳能科技有限公司
地址：南京高新区星火路1号
…………………… Tel：025-58638225
南京通用电气装备有限公司
地址：南京市江北新区新科四路8号
…………………… Tel：025-58649606
江苏林洋新能源科技有限公司
地址：南京市建邺区奥体大街68号01幢17层
…………………… Tel：025-58650661
江苏浙商绿色生态产业有限公司
地址：南京市鼓楼区淮滨路3-1号
…………………… Tel：025-58759668
九州售电（江苏）有限公司
地址：南京市鼓楼区集庆门大街268号1幢2505室
…………………… Tel：025-58770635
九州售电（江苏）有限公司
地址：南京市鼓楼区集庆门大街268号1幢2505室
…………………… Tel：025-58770635
南京泰克韦尔自控设备有限公司
地址：南京市沿江工业开发区杨新路252号
…………………… Tel：025-58780938
南京下关电力实业有限公司
地址：南京市鼓楼区中山北路623号
…………………… Tel：025-58803140
江苏银德售电有限公司
地址：南京市鼓楼区中山路99号1414室
…………………… Tel：025-58991550
丹阳金阳光光伏发电有限公司
地址：丹阳市开发区通港西路68号
…………………… Tel：025-66008823
南京绿能投资有限公司
地址：南京市栖霞区马群街道紫东路1号5幢
…………………… Tel：025-66205920
江苏品和新能源发展有限公司
地址：南京市栖霞区马群街道紫东路2号D10栋
…………………… Tel：025-66206801
南京奔沃机电设备工程有限公司
地址：南京市雨花台区春江新城沁顺坊2幢2单元602室
…………………… Tel：025-66923338
南京奔沃发电机有限公司
地址：南京市六合区新篁镇新篁东路28号
…………………… Tel：025-66923338
南京大全自动化科技有限公司
地址：南京市江宁经济技术开发区隐龙路28号
…………………… Tel：025-66987690
南京汽轮新能电站设备有限公司
地址：南京市鼓楼区中央北路80号
…………………… Tel：025-68156321
南京河海科技有限公司
地址：南京市鼓楼区清江南路70号
…………………… Tel：025-68157687
南京中港电力股份有限公司
地址：南京市江宁区东山街道东麒路6号
…………………… Tel：025-68220095
华润电力江苏检修有限公司
地址：南京市六合区凤凰南路158号
…………………… Tel：025-68271157
华润电力江苏检修有限公司
地址：南京市六合区凤凰南路158号
…………………… Tel：025-68271157
南京浦镇海通铁路设备有限公司
地址：南京市浦口区百合路38号
…………………… Tel：025-68531121
连云港华润电力有限公司
地址：灌云县燕尾港镇海堤路
…………………… Tel：025-68673887
江苏方天电力技术有限公司
地址：南京江宁科学园天元中路19号
…………………… Tel：025-68685077
南京蓝天辽通新能源投资有限公司
地址：南京市江宁区秣周东路12号4号楼1701
…………………… Tel：025-68736098
江苏精工工程实业有限公司
地址：南京市江宁经济技术开发区殷巷工业园
…………………… Tel：025-68901780
南京凯盛开能环保能源有限公司
地址：南京市建邺区奥体大街69号新城科技大厦01幢3层
…………………… Tel：025-68907887
南京易火亿度电力有限公司
地址：南京市栖霞区仙林街道学津路8号高科大厦B座305室
…………………… Tel：025-69657008
南京宁高协鑫燃机热电有限公司
地址：南京市高淳区经济开发区古檀大道47号
…………………… Tel：025-69776108
江苏深电能售电有限公司
地址：南京市玄武区珠江路88号1幢4222室
…………………… Tel：025-69782772
苏州能瑞新能源汽车充电服务有限公司
地址：苏州工业园区通园路339号3幢302室
…………………… Tel：025-69971631
国电南瑞吉电新能源（南京）有限公司
地址：南京市江宁经济开发区诚信大道19号2幢
…………………… Tel：025-81088422
南京南瑞太阳能科技有限公司
地址：南京江宁经济开发区诚信大道19号2幢
…………………… Tel：025-81089457
羲和电力有限公司
地址：南京市雨花台区软件大道119号1幢604、605室
…………………… Tel：025-82226800
大唐江苏发电有限公司
地址：南京市龙潭街道马渡村1号综合楼四层
…………………… Tel：025-82265656
国家电投集团江苏电力有限公司
地址：南京市鼓楼区中山北路2号紫峰大厦39楼
…………………… Tel：025-82288404
国家电投集团江苏综合能源供应有限公司
地址：南京市中山北路28号江苏商厦2楼213室、215室、219室
…………………… Tel：025-82288656
南京华润热电有限公司
地址：南京市雨花台区凤集大道22号
…………………… Tel：025-83083913
江苏紫峰新能源开发有限公司
地址：南京市鼓楼区张王庙88号
…………………… Tel：025-83113501
南京国联新能源工程有限公司
地址：南京市江宁区禄口街道华商路（江宁开发区）
…………………… Tel：025-83176783
南京国联新能源工程有限公司
地址：南京市江宁区禄口街道华商路（江宁开发区）
…………………… Tel：025-83176783
南京三乐集团有限公司
地址：南京市浦口区浦口经济开发区光明路5号
…………………… Tel：025-83200772
江苏顶晶融合电力工程有限公司
地址：南京市鼓楼区建宁路61号2幢1216室
…………………… Tel：025-83216264
江苏顶晶融合电力工程有限公司
地址：南京市鼓楼区建宁路61号2幢1216室
…………………… Tel：025-83216264
南京绿新能源研究院有限公司
地址：南京市江宁区麒麟高新区智汇路300号公共服务平台D402、D403
…………………… Tel：025-83218238
三菱日立电系燃机服务（南京）有限公司
地址：南京市建邺区奥体大街68号新城科技园研发总部园3号楼16楼
…………………… Tel：025-83242711
南京益弘科学技术有限公司
地址：南京市江宁区淳化街道胜利河路118号
…………………… Tel：025-83355569
南京华电节能环保设备有限公司
地址：南京市江宁区滨江经济开发区地秀路749号
…………………… Tel：025-83463272
江苏华云电力股份有限公司
地址：南京市鼓楼区管家桥9号504室
…………………… Tel：025-83756067
南京世纪航凯售电有限公司
地址：南京市鼓楼区中山北路2号紫峰大厦2705室
…………………… Tel：025-83789859
南京市棠邑电力有限公司
地址：南京市浦口区永宁镇工业集中区202-85号
…………………… Tel：025-84225557
南京文迈仪表股份有限公司
地址：南京市秦淮区中山东路198号1710室
…………………… Tel：025-84500570

江苏苏美达机电有限公司
地址：南京市长江路１９８号十七楼
………………………… Tel：025-84531824

南京宇能新能源科技有限公司
地址：南京市江北新区浦东北路5号商务广场11幢101室
………………………… Tel：025-84571255

江苏贝斯电梯有限公司
地址：南京市华侨路春风大厦八层Ｂ、Ｄ、Ｅ、Ｆ座
………………………… Tel：025-84708888

江苏星锐物联网股份有限公司
地址：南京市栖霞区紫东路1号D1栋
………………………… Tel：025-84731045

江苏南热发电有限责任公司
地址：南京市六合区大厂凤凰南路158号
………………………… Tel：025-85055109

江苏福鹏新能源科技有限公司
地址：南京经济技术开发区恒通大道54号三楼
………………………… Tel：025-85312984

新中水（南京）能源有限公司
地址：南京市江宁区麒麟科技创新园智汇路300号
………………………… Tel：025-85315678

南京环网电力设备有限公司
地址：南京市玄武区板仓村78号
………………………… Tel：025-85400378

江苏研恒电力科技有限公司
地址：南京市栖霞区八卦洲街道大同生态产业园A栋办公楼1-050
………………………… Tel：025-85577765

华能南京燃机发电有限公司
地址：南京市栖霞区栖霞街道江乘大道8号
………………………… Tel：025-85726611

华能南京新港综合能源有限责任公司
地址：南京市栖霞区栖霞街道江乘大道8号
………………………… Tel：025-85726611

华能南京金陵发电有限公司
地址：南京市栖霞区栖霞经济技术开发区江乘大道8号
………………………… Tel：025-85728000

南京铁路宏达水电有限公司供水分公司
地址：重庆市合川区太和镇接龙街
………………………… Tel：025-85820210

国网江苏省电力有限公司
地址：南京市上海路215号
………………………… Tel：025-85850000

南京聚德新能源科技有限公司
地址：南京市江北新区葛塘街道浦六北路216号A1栋4068室
………………………… Tel：025-85996708

中能国电光伏绿色生态合作发展江苏有限公司
地址：南京市江宁区秣周东路12号
………………………… Tel：025-85998358

南京京峰电力科技有限公司
地址：南京市江宁区将军大道20号翠屏国际城6栋706(江宁开发区)
………………………… Tel：025-86125763

南京焕智新能源科技有限公司
地址：南京市江宁区胜利路89号2号楼101室（江宁开发区）
………………………… Tel：025-86195988

南京四方亿能电力自动化有限公司
地址：南京市江宁区秣陵街道苏源大道80号
………………………… Tel：025-86250101

仪征金阳光光伏发电有限公司
地址：仪征市经济开发区闽泰大道西侧-1
………………………… Tel：025-86333958

滨海金阳光光伏发电有限公司
地址：盐城市滨海县明达北路101号沿海总部经济园AC幢2层
………………………… Tel：025-86333958

上海梅山钢铁股份有限公司
地址：南京市雨花台区中华门外新建
………………………… Tel：025-86363114

江苏鸿派新能源发展有限公司
地址：南京市雨花台区大周路88号A503幢
………………………… Tel：025-86430848

江苏现代能源微网系统有限公司
地址：南京市鼓楼区新模范马路5号科技综合楼C座二层C201
………………………… Tel：025-86626790

江苏电力发展股份有限公司
地址：南京市建邺区庐山路188号新地中心60层
………………………… Tel：025-86735220

江苏华晨电力集团有限公司
地址：张家港保税区北京路国际消费品中心大楼308J室
………………………… Tel：025-86890651

江苏润晖新能源电力发展有限公司
地址：南京市建邺区江东中路303号03幢3单元1709室
………………………… Tel：025-86891320

江苏润晖新能源电力发展有限公司
地址：南京市建邺区江东中路303号03幢3单元1709室
………………………… Tel：025-86891320

中冶华康（镇江）新能源有限公司
地址：镇江市丹徒区上党镇北汽大道1号
………………………… Tel：025-86995325

南京安维士传动技术股份有限公司
地址：南京市建邺区奥体大街69号新城科技大厦01栋
………………………… Tel：025-87137738

昱投电力发展有限公司
地址：南京市江宁经济技术开发区苏源大道19号
………………………… Tel：025-87168899

南京格瑞能源科技有限公司
地址：南京高新开发区15楼401-3室
………………………… Tel：025-87173200

南京南瑞继保电气有限公司
地址：南京江宁经济技术开发区苏源大道69号
………………………… Tel：025-87178707

江苏迪盛四联新能源投资有限公司
地址：南京市江宁区双龙大道1698号景枫中心1103室（江宁开发区）
………………………… Tel：025-87184858

南京中宇自动化有限公司
地址：南京市江宁区秣陵街道铺岗街381号3幢
………………………… Tel：025-87737452

南京中燃电力销售有限公司
地址：南京市六合区龙池街道雄州南路399号阜康园区505幢二单元201室
………………………… Tel：025-89600812

国电江苏能源销售有限公司
地址：南京市集庆门大街272号苏宁慧谷2幢36楼
………………………… Tel：025-89605415

长江智慧能源江苏有限公司
地址：南京市雨花台区凤展路30号3幢1708室
………………………… Tel：027-85513189

南京彩虹新能源有限公司
地址：南京经济技术开发区天佑路33号
………………………… Tel：029-33332313

沭阳英利光伏电力开发有限公司
地址：沭阳县经济开发区荣亿路南侧、台北路东侧（宋和宋智能科技有限公司院内）
………………………… Tel：0312-2188036

江苏阿底电力科技有限公司
地址：盐城市环城西路259号
………………………… Tel：0505-86803503

江苏中交新能源电力设备有限公司
地址：无锡市惠山区阳山镇陆中南路119-8号
………………………… Tel：0510-66889963

江苏金风软件技术有限公司
地址：无锡市新吴区菱湖大道111号无锡软件园天鹅座D幢26楼
………………………… Tel：0510-66929007

江苏越众集成科技有限公司
地址：无锡市高浪东路999-2十五层
………………………… Tel：0510-68567588

国电光伏有限公司
地址：宜兴经济技术开发区东　大道
………………………… Tel：0510-68665530

无锡新华新能源发展有限公司
地址：无锡市惠山经济开发区钱桥配套区锦溢路23号
………………………… Tel：0510-68787970

无锡卡姆丹克光伏电力有限公司
地址：无锡惠山经济开发区堰新路311号3号楼2006室
………………………… Tel：0510-68790705

无锡市万红光伏科技有限公司
地址：无锡市新吴区梅村街道梅西路101号
………………………… Tel：0510-68799211

无锡韦伯物联科技有限公司
地址：无锡蠡园开发区标准写字楼A1第七层
………………………… Tel：0510-68868717

江苏立为新能源有限公司
地址：宜兴环科园新城路256号
………………………… Tel：0510-68998665

无锡西玖环保科技有限公司
地址：宜兴环科园绿园路501号
………………………… Tel：0510-68998667

鑫勒电气技术无锡有限公司
地址：无锡市新区锡达路261号
………………………… Tel：0510-80237811

宜兴协鑫光伏电力科技有限公司
地址：宜兴经济开发区文庄路6号
………………………… Tel：0510-80322206

无锡市华凌环保设备有限公司
地址：宜兴市新街街道水北村
………………………… Tel：0510-80326689

海澜电力有限公司
地址：江阴市新桥镇陶新路8号
………………………… Tel：0510-80632018

海澜智云科技有限公司
地址：江阴市新桥镇陶新路8号
………………………… Tel：0510-80632018

江苏朗仕达中低温发电设备有限公司
地址：宜兴市周铁镇东湖村
………………………… Tel：0510-80751732

华东宜兴抽水蓄能有限公司
地址：江苏省宜兴市沁湖路3号
………………………… Tel：0510-80763610

苏州复睿电力科技股份有限公司
地址：苏州市高新区锦峰路158号20幢301-1室
………………………… Tel：0510-81652105

苏州复睿电力科技股份有限公司
地址：苏州市高新区锦峰路158号20幢301-1室
………………………… Tel：0510-81652105

江阴复睿电力科技有限公司
地址：江阴市申港街道东徐路39号
………………………… Tel：0510-81652105

宜兴摩根日盛电力有限公司
地址：宜兴市宜城街道龙潭西路190号
………………………… Tel：0510-81739800

无锡赛晶太阳能有限公司
地址：宜兴市官林镇工业集中区C区（凌霞村）
………………………… Tel：0510-81739800

无锡市太科园水电物资供应站
地址：开江县讲治镇正街195号
………………………… Tel：0510-82233688

无锡市双河尖热电厂
地址：无锡市吴桥西路123号
………………………… Tel：0510-82626976

博耳能源江苏有限公司
地址：无锡惠山经济开发区创惠路1号4026室（开发区）
………………………… Tel：0510-82733532

无锡国联环保能源集团有限公司
地址：无锡市金融一街8号
………………………… Tel：0510-82833242

无锡华源凯马发动机有限公司
地址：无锡市惠山区阳山镇丁庄路88号
………………………… Tel：0510-83052525

无锡重康电机技术有限公司
地址：无锡惠山经济开发区阳山配套区陆通路
………………………… Tel：0510-83056199

江苏文汇钢业工程有限公司
地址：无锡市惠山区洛社镇张镇桥村
………………………… Tel：0510-83308962

无锡富尔康电气有限公司
地址：无锡市惠山区洛社镇新雅路
………………………… Tel：0510-83311285

无锡乘风新能源工程科技有限公司
地址：无锡惠山经济开发区风电科技产业园锦惠路
………………………… Tel：0510-83313751

江苏天润新能源科技发展有限公司
地址：无锡惠山经济开发区洛社配套区西区
………………………… Tel：0510-83318815

无锡桥联新能源装备科技有限公司
地址：无锡市惠山区洛社镇盛新路99号
………………………… Tel：0510-83319859

无锡质胜新能源科技有限公司
地址：无锡惠山经济开发区堰新路311号3号楼1706室
………………………… Tel：0510-83593131

无锡英菲尼特动力科技有限公司
地址：无锡惠山经济开发区玉祁配套区北工二路
………………………… Tel：0510-83625268

江苏红鹰能源科技有限公司
地址：江阴市临港街道海港路18号A幢108室
………………………… Tel：0510-83696999

江苏瑞昌哥尔德发电设备股份有限公司
地址：无锡市锡山经济开发区芙蓉中一路157号
………………………… Tel：0510-83781999

无锡南方兄弟钻采科技有限公司
地址：无锡市江海西路金山北科技产业园C区5-85号
………………………… Tel：0510-85129068

江苏乃尔风电技术开发有限公司
地址：无锡市滨湖区双新经济园区
………………………… Tel：0510-85189565

中船重工电机科技股份有限公司
地址：无锡国家高新技术产业开发区83号地块
………………………… Tel：0510-85201910

无锡亚仕顿能源科技有限公司
地址：无锡市新吴区金城大厦1-2617
………………………… Tel：0510-85221939

无锡锦丽物业管理有限公司
地址：无锡市新吴区硕放通祥路12号2楼
………………………… Tel：0510-85251230

钛灵特压缩机无锡有限公司
地址：无锡市新吴区震泽路18-13无锡软件园二期-水瓶座-406
………………………… Tel：0510-85310809

无锡金都机械装备有限公司
地址：无锡市锡山区鹅湖镇科技路8号
………………………… Tel：0510-85311393

百发动力（无锡）有限公司
地址：无锡市锡山经济技术开发区安泰三路972号
………………………… Tel：0510-85345555

百发动力工程无锡有限公司
地址：无锡市锡山经济技术开发区凤威路2-8号
………………………… Tel：0510-85345555

无锡隆玛新能源有限公司
地址：无锡市新区经一路高速公路之间的旺庄工业园三区二期1号标准厂房
………………………… Tel：0510-85347588

江苏华润燃气新能源有限公司
地址：无锡市金石东路393号610室
………………………… Tel：0510-85423621

苏州恒知电子科技有限公司
地址：玉山镇苇城南路1699号1510室
………………………… Tel：0510-85441265

无锡金蝎中蕴风电科技有限公司
地址：无锡市滨湖区高凯路7号
………………………… Tel：0510-85627728

无锡环特太阳能科技有限公司
地址：无锡市滨湖区马山常康路28号
………………………… Tel：0510-85685799

无锡同春新能源科技有限公司
地址：无锡市梁溪区时代上河苑27-9-1402
………………………… Tel：0510-85735816

无锡华润微电子有限公司
地址：无锡太湖国际科技园菱湖大道180号-6
………………………… Tel：0510-85807123

上能电气股份有限公司
地址：无锡市惠山区和惠路6号
………………………… Tel：0510-85807505

无锡索泰能源科技有限公司
地址：无锡市兴源北路401号北创科技园一期915、916室
………………………… Tel：0510-85887274

苏州复睿售电有限公司
地址：苏州高新区培源路2号（微系统园二区）
………………………… Tel：0510-85891059

无锡泰达新能源科技有限公司
地址：无锡市滨湖区建筑西路777号A2幢22层2219
………………………… Tel：0510-85891789

华博智源新能源投资江苏股份有限公司
地址：无锡市锦溪路100号3幢9楼
………………………… Tel：0510-85915288

无锡三新供电服务有限公司
地址：无锡市锡沪路二号桥北侧
………………………… Tel：0510-85927509

无锡方永新能源科技有限公司
地址：无锡市蠡湖大道2018-3-410
………………………… Tel：0510-85950799

无锡法尔胜悦能动力有限公司
地址：江阴市璜土镇石庄工业园区锦绣路5号
………………………… Tel：0510-86009688

江苏新能轴承制造有限公司
地址：江阴市锡澄路282号
………………………… Tel：0510-86029985

江阴市华明电力发展集团有限公司
地址：江阴市西横街56号
………………………… Tel：0510-86119518

江苏阳光集团电力有限公司
地址：江阴市新桥镇陶新路18号
………………………… Tel：0510-86121888

江苏鑫创风力发电有限公司
地址：江阴市云亭街道那巷路8号
………………………… Tel：0510-86157378

江苏吉鑫风能科技股份有限公司
地址：江阴市云亭街道工业园区那巷路8号
………………………… Tel：0510-86157378

江苏华西售电有限公司
地址：江阴市华士镇华西新市村民族路200号
………………………… Tel：0510-86217239

无锡翔龙环球科技股份有限公司
地址：江阴市华士镇曙新路5号
………………………… Tel：0510-86218551

江阴新源热电有限公司
地址：江阴市周庄镇三房巷工业园区
………………………… Tel：0510-86229978

江苏澄暨阳售电有限公司
地址：江阴市滨江西路8号3号楼1115室
………………………… Tel：0510-86265235

江苏美斯乐能源系统集成科技有限公司
地址：江阴市周庄镇伞墩东路12号
………………………… Tel：0510-86272470

江苏方程新能源科技有限公司
地址：江阴市芙蓉大道西段195号
………………………… Tel：0510-86275888

江苏方程电力科技有限公司
地址：江阴市毗陵东路88号（江阴市绮山路157号）

………………Tel：0510-86275888
江苏暨阳电力科技发展有限公司
地址：江阴市滨江西路2号1-201室
………………Tel：0510-86295598
江阴市升辉热能有限公司
地址：江阴市长泾镇花园村
………………Tel：0510-86301638
江阴市长泾水电安装有限公司建材经营部
地址：新化县琅塘镇印双村
………………Tel：0510-86316458
江苏高雷德电力科技有限公司
地址：江阴市城东街道金山路201号创智产业园数码港A2楼
………………Tel：0510-86410097
协鑫能源科技股份有限公司
地址：江苏省江阴市徐霞客镇马镇东街7号
………………Tel：0510-86521888
江阴市锡能实业有限公司
地址：江阴市站西路269号
………………Tel：0510-86673582
江苏润融能源科技有限公司
地址：江阴市临港街道亚包大道127号
………………Tel：0510-86682880
江阴润阳储能技术有限公司
地址：江阴市滨江西路551号
………………Tel：0510-86685185
江阴博风特种电机有限公司
地址：江阴市临港街道申庄路18号
………………Tel：0510-86687238
江阴市南泉高分子制品有限公司
地址：江阴市夏港街道景贤路618号
………………Tel：0510-86688750
华能江阴燃机热电有限责任公司
地址：江阴市祝塘镇金庄路11号
………………Tel：0510-86786102
江阴绮星科技有限公司
地址：江阴市云亭街道花山村（绮山）
………………Tel：0510-86809411
江苏利港电力有限公司
地址：江苏省无锡市解放南路758号
………………Tel：0510-86842222
江苏奥德盛海洋装备服务有限公司
地址：江阴市长江路218号1005（名都国际大厦）
………………Tel：0510-86881250
江阴市余润光伏发电有限公司
地址：江阴市周庄镇砂山大道155号
………………Tel：0510-86900006
江苏凯伦风能科技股份有限公司
地址：宜兴环科园南岳村
………………Tel：0510-87075189
宜兴华润热电有限公司
地址：宜兴环保科技工业园茶泉路
………………Tel：0510-87078819
环晟光伏（江苏）有限公司
地址：宜兴经济技术开发区文庄路20号
………………Tel：0510-87092009
江苏华创光电科技有限公司
地址：宜兴经济技术开发区文庄路16号
………………Tel：0510-87120256
江苏国信协联燃气热电有限公司
地址：江苏宜兴经济技术开发区热电路1号
………………Tel：0510-87121066
江苏国信协联能源有限公司
地址：江苏宜兴经济技术开发区热电路1号
………………Tel：0510-87121066
远东配售电有限公司
地址：宜兴市高塍镇华远路1号
………………Tel：0510-87242500
宜兴品和光伏发电有限公司
地址：宜兴市官林镇滨湖村
………………Tel：0510-87258909
宜兴品和太阳能发电有限公司
地址：宜兴市官林镇滨湖村
………………Tel：0510-87258909
宜兴品和新能源有限公司
地址：宜兴市官林镇滨湖村
………………Tel：0510-87258909
江苏凯迪新能源有限公司
地址：宜兴环科园兴业路
………………Tel：0510-87353080
宜兴市清亿环保科技有限公司
地址：宜兴市新庄街道南阳社区
………………Tel：0510-87563982
江苏国强环保工程有限公司
地址：宜兴市新庄街道苏秀村
………………Tel：0510-87567796
无锡华旗新能源有限公司
地址：宜兴市芳桥街道扶风村
………………Tel：0510-87587820
宜兴市金久电力科技有限公司
地址：宜兴市丁蜀镇北塘村
………………Tel：0510-87669111
江苏禄漪园实业有限公司
地址：宜兴市新街街道工业集中区
………………Tel：0510-87700006
无锡市华能电力设备制造有限公司
地址：宜兴市万石镇工业集中区（南区）
………………Tel：0510-87840890
江苏汉能环保有限公司
地址：宜兴市高塍镇高遁村
………………Tel：0510-87891777
江苏神环有限公司
地址：宜兴市高塍镇杭上村
………………Tel：0510-87892787
无锡华数信息技术有限公司
地址：无锡清源路18号530大厦C区209号
………………Tel：0510-88210133
无锡得瑞动力科技有限公司
地址：无锡市锡山区羊尖镇胶阳东路168号
………………Tel：0510-88211888
无锡能达热电有限公司
地址：无锡市锡山区经济开发区春杨路1号
………………Tel：0510-88262953
美能有限公司
地址：无锡市锡山经济技术开发区凤威路298号
………………Tel：0510-88266111
无锡宝南机器制造有限公司
地址：无锡市新吴区坊前锡甘路138号
………………Tel：0510-88270419
无锡华友发电设备有限公司
地址：无锡市锡山经济开发区胶阳路2597号（东区）
………………Tel：0510-88536989
青志（无锡）粉末铸锻有限公司
地址：无锡市锡山区开发区友谊路旁
………………Tel：0510-88709662
无锡开普机械有限公司
地址：无锡市锡山经济开发区东部园区大成路1098号
………………Tel：0510-88709888
无锡市宝业机械制造有限公司
地址：无锡市锡山区安镇镇大成工业园
………………Tel：0510-88727026
江苏中创华俊新能源设备科技股份有限公司
地址：无锡中关村软件园22-101
………………Tel：0510-88888298
镇江港能电力有限公司
地址：镇江新区大港五峰山路89号
………………Tel：0511-83376247
江苏佰能电力有限公司
地址：镇江市润州区民营开发区乔家门路1号
………………Tel：0511-83813888
镇江大照电力建设有限公司
地址：镇江市黄山南路15号
………………Tel：0511-84028660
江苏联盟信息工程有限公司
地址：镇江市丹徒区新城长香东大道55号
………………Tel：0511-84408730
镇江华源投资有限公司
地址：镇江市谏壁镇（谏壁发电厂内）
………………Tel：0511-85352787
江苏国华高资发电有限公司
地址：镇江市丹徒区高资镇
………………Tel：0511-85686222
镇江宏顺热电有限公司
地址：江苏省丹徒经济开发区
………………Tel：0511-85687300
国网江苏省电力公司丹阳市供电公司
地址：丹阳市开发区玉泉路218号
………………Tel：0511-86912951
江苏中容电气有限公司
地址：句容经济开发区文昌西路39号
………………Tel：0511-87279098
句容协鑫集成科技有限公司
地址：句容市郭庄镇空港新区空港大道999号
………………Tel：0511-87567888
句容南部水务有限公司
地址：句容市后白镇二圣圣南路（新利源服装有限公司南）
………………Tel：0511-87852156
镇江天力变压器有限公司
地址：句容经济开发区
………………Tel：0511-88072239
江苏荣马环境工程有限公司
地址：扬中经济开发区港隆路588号
………………Tel：0511-88205516
金海新源电气江苏有限公司
地址：扬中经济开发区港隆路558号
………………Tel：0511-88205985
江苏创大电气有限公司
地址：扬中市新坝科技园区大全路5号
………………Tel：0511-88209366
联合动力长江（江苏）有限公司
地址：江苏省扬中市经济开发区港兴路898号
………………Tel：0511-88219333
镇江华兴发电设备有限公司
地址：扬中市开发区
………………Tel：0511-88222873
扬中市发电设备厂有限公司
地址：扬中市三茅街道扬子中路289号
………………Tel：0511-88326755
江苏伟创晶智能科技有限公司
地址：扬中市三茅街道三二线178号
………………Tel：0511-88334988
镇江通华光伏发电有限公司
地址：镇江市扬中市三茅街道通华路88号
………………Tel：0511-88351366
江苏银佳企业集团有限公司
地址：江苏省扬中经济开发区港兴路868号
………………Tel：0511-88352275
江苏汇鑫电力科技有限公司
地址：扬中市三茅街道风帆路10号
………………Tel：0511-88368798
江苏中能电力设备有限公司
地址：扬中市三茅街道迎宾大道288号
………………Tel：0511-88398313
江苏大航微电网科技有限公司
地址：扬中市新坝镇新政东路1号
………………Tel：0511-88414205
镇江大益新能源工程有限公司
地址：扬中市新坝镇新政路1号
………………Tel：0511-88414205
江苏利奥新材料科技有限公司
地址：扬中市新材料工业园环太路1号
………………Tel：0511-88523622
扬中市东丰电力设备有限公司
地址：镇江市扬中市三茅街道238省道46公里处
………………Tel：0511-88551199
镇江市华飞物业管理有限公司
地址：镇江市新区丁卯智慧大道555号
………………Tel：0511-88880559
镇江中船现代发电设备有限公司
地址：镇江新区丁卯南纬二路
………………Tel：0511-88890838
江苏镇江燃气热电有限公司
地址：镇江市丹徒区谷阳东大道503号
………………Tel：0511-88972766
镇江东投建设发展有限公司
地址：镇江市京口区求索路101号
………………Tel：0511-88995649
南京腾图节能科技有限公司
地址：南京市溧水区永阳街道秦淮大道288号
………………Tel：0511-89983557
哈尔滨电机厂（镇江）有限责任公司
地址：镇江市南徐大道260号
………………Tel：0511-89987888
江苏宇北能源科技有限公司
地址：太仓市浏河镇新闸村
………………Tel：0512-33022897
中青能源有限公司
地址：花桥镇商银路538号1号房5205室
………………Tel：0512-50106111
昆山开发区光电工业供水有限公司
地址：昆山开发区微山湖路158号
………………Tel：0512-50173100
昆山经济技术开发区水务有限公司光电产业园工业供水分公司
地址：昆山开发区微山湖路158号
………………Tel：0512-50173100
江苏比高新能源集团有限公司
地址：昆山市巴城镇学院路88号1幢
………………Tel：0512-50373666
江苏比高新能源集团有限公司
地址：昆山市巴城镇学院路88号1幢
………………Tel：0512-50373666
昆山狮桥电力科技有限公司
地址：昆山市周市镇张家　环路5号民企商务大厦第18楼
………………Tel：0512-50390588
中电常熟配售电有限公司
地址：常熟市黄河路22号汇丰时代广场5幢102
………………Tel：0512-52015558
苏州伏特阳光新能源科技有限公司
地址：常熟市海虞镇（福山）小木桥弄40号117
………………Tel：0512-52324269
常熟金陵梅李热电有限公司
地址：常熟市梅李镇
………………Tel：0512-52324355
常熟市福莱德连接器科技有限公司
地址：常熟市常昆工业园E区中天路2号
………………Tel：0512-52477355
江苏常熟发电有限公司
地址：江苏常熟经济开发区兴港路28号
………………Tel：0512-52657023
常熟绿华新能源有限公司
地址：常熟高新技术产业开发区东南大道68号1幢301室
………………Tel：0512-52767617
常熟开关制造有限公司（原常熟开关厂）
地址：江苏省常熟市建业路8号
………………Tel：0512-52842237
苏州市思玛特电力科技有限公司
地址：常熟东南经济开发区金都路8号1幢
………………Tel：0512-52906867
太仓协鑫售电有限公司
地址：太仓港经济技术开发区北环路20号港城广场4号楼205室
………………Tel：0512-53121598
苏州市宏达集团有限公司
地址：太仓市沙溪镇西
………………Tel：0512-53211422
太仓港协鑫发电有限公司
地址：太仓港港口开发区协鑫东路2号
………………Tel：0512-53640888
众能电力（苏州）有限公司
地址：苏州工业园区新庆路28号总部楼3楼西北01-02室
………………Tel：0512-53640888
太仓港协鑫发电有限公司
地址：太仓港港口开发区协鑫东路2号
………………Tel：0512-53640888
国网江苏省电力公司太仓市供电公司
地址：城厢镇城北西路5号
………………Tel：0512-53673026
国华太仓发电有限公司
地址：太仓市太仓港电厂路1号
………………Tel：0512-53711725
国华太仓发电有限公司
地址：太仓市太仓港电厂路1号
………………Tel：0512-53711725
江苏协鑫输配售电有限公司
地址：太仓市浮桥镇协鑫东路2号
………………Tel：0512-53783698
太仓张江明阳能源系统有限公司
地址：太仓市科教新城健雄路20号
………………Tel：0512-53835664
华能太仓发电有限责任公司
地址：太仓市浮桥镇金浪浪港村
………………Tel：0512-53842000
华能（苏州工业园区）发电有限责任公司
地址：苏州工业园区旺墩路158号置业商务广场16楼
………………Tel：0512-53842000
苏州冠能配售电有限公司
地址：太仓市城厢镇上海西路3号
………………Tel：0512-53943696
江苏华电贝豪智能电网发展有限公司
地址：周市镇优比路北部原创型企业基地1号
………………Tel：0512-55183399
张家港协鑫集成能源科技有限公司
地址：张家港市杨舍镇晨丰公路288号
………………Tel：0512-55378399
张家港协鑫集成科技有限公司
地址：张家港市杨舍镇晨丰公路288号1-6
………………Tel：0512-55378888
张家港协鑫集成科技发展有限公司
地址：张家港市杨舍镇晨丰公路288号
………………Tel：0512-55378888
张家港保税区长源热电有限公司
地址：张家港保税区（金港镇）十字港东北侧
………………Tel：0512-56315200
江苏港通电缆有限公司
地址：杨舍镇泗港闸上村
………………Tel：0512-56797929
张家港永兴热电有限公司
地址：张家港市凤凰镇安庆村
………………Tel：0512-56902010
张家港恒东热电有限公司
地址：张家港市塘桥镇鹿苑
………………Tel：0512-56902010
张家港市港源电力实业有限公司
地址：张家港经济开发区
………………Tel：0512-56983518
昆山田盛汽车配件有限公司
地址：淀山湖镇北苑路北侧
………………Tel：0512-57492658
利星行能源（昆山）有限公司
地址：昆山市周市镇昆太路432号
………………Tel：0512-57660040
昆山新昆生物能源热电有限公司
地址：江苏省昆山市巴城镇石牌茅沙塘南路426号
………………Tel：0512-57687731
伟明环保科技有限公司
地址：昆山市花桥镇金洋路15号2号房
………………Tel：0512-57688458
苏州格仁能源设备进出口有限公司
地址：苏州市平江区磨坊弄11-2号
………………Tel：0512-57699060
昆山泷涛机电设备有限公司
地址：周市镇江南明珠苑123号楼301室
………………Tel：0512-57868528
江苏港能电力科技有限公司
地址：张家港经济开发区（高新技术创业服务中心）
………………Tel：0512-58217986
华芳张家港热电有限公司
地址：塘桥镇人民南路2号

…………………… Tel：0512-58438808
张家港沙洲电力有限公司
地址：锦丰镇三兴
…………………… Tel：0512-58536886
江苏永钢集团有限公司
地址：张家港市南丰镇永联
…………………… Tel：0512-58619399
张家港市府荣机关综合服务部
地址：长白县十四道沟镇十四道沟村
…………………… Tel：0512-58687641
江苏宏宝电力有限公司
地址：张家港市大新镇永凝路
…………………… Tel：0512-58760113
苏州爱瓦特发电机有限公司
地址：张家港市凤凰镇程墩村
…………………… Tel：0512-58905860
张家港协鑫光伏电力有限公司
地址：张家港市锦丰镇兴业路2号（江苏扬子江国际冶金工业园玖隆物流园C201）
…………………… Tel：0512-58958558
苏州万龙电气集团股份有限公司
地址：苏州工业园区东宏路41、43号
…………………… Tel：0512-62605116
苏州工业园区北部燃机热电有限公司
地址：苏州工业园区扬富路88号
…………………… Tel：0512-62607952
苏州能健电气有限公司
地址：苏州工业园区唯新路63号
…………………… Tel：0512-62628698
华能苏州热电有限责任公司
地址：苏州高新区长江路688号
…………………… Tel：0512-62695007
江苏中智通能电气有限公司
地址：中国（江苏）自由贸易试验区苏州片区苏州工业园区胜浦同胜路48号6号厂房
…………………… Tel：0512-62720956
苏州艾森纸业有限公司
地址：苏州工业园区星汉街5号腾飞新苏工业坊6号楼403单元
…………………… Tel：0512-62743888
苏州天河中电电力工程技术有限公司
地址：苏州工业园区苏虹中路225号星虹大厦1幢1601室
…………………… Tel：0512-62761970
苏州工业园区蓝天燃气热电有限公司
地址：苏州工业园区苏桐路55号
…………………… Tel：0512-62836898
中新春兴新能源电力（苏州）有限公司
地址：苏州工业园区月亮湾路15号中新大厦1207-1209室
…………………… Tel：0512-62897752
中新春兴新能源电力（苏州）有限公司
地址：苏州工业园区月亮湾路15号中新大厦1207-1209室
…………………… Tel：0512-62897752
斗山机械制造（江苏）有限公司
地址：吴江市松陵镇吴江经济开发区花港路北侧
…………………… Tel：0512-63032187
雷天动力设备（苏州）有限公司
地址：江苏省汾湖高新技术产业开发区来秀路599号
…………………… Tel：0512-63206628
吴江华衍水务有限公司
地址：江苏省苏州市吴江区云龙西路2999号
…………………… Tel：0512-63498810
迈迩斯新能源科技（江苏）有限公司
地址：吴江经济技术开发区柳胥路479号
…………………… Tel：0512-63665271
迈迩斯新能源科技（江苏）有限公司
地址：吴江经济技术开发区柳胥路479号
…………………… Tel：0512-63665271
苏州同鑫电力安装有限公司
地址：苏州高新区镇湖西华路（原财政所办公楼）
…………………… Tel：0512-64523010
苏州电力建设工程有限公司
地址：苏州市枣市街149号
…………………… Tel：0512-64523022
格雷德电力股份有限公司
地址：苏州工业园区娄葑星湖街999号99幢1202室
…………………… Tel：0512-65307210
苏州市春江五金水电材料采供站
地址：滕县大黎街
…………………… Tel：0512 65336419
苏州市相城区浒东水务发展有限公司
地址：苏州市相城区黄埭镇春旺路8号
…………………… Tel：0512-65486897
苏州工业园区广源设备安装工程有限公司
地址：苏州工业园区通园路群星苑五区65号公建房202室
…………………… Tel：0512-65778860
苏州英斯迈新能源有限公司
地址：苏州相城经济开发区漕湖产业园春耀路18号3E产业园1-103
…………………… Tel：0512-65796523
苏州创日印刷器材有限公司
地址：苏州市姑苏区胥江路426号六号楼二楼、八号楼二楼（E057工位）（集群登记）
…………………… Tel：0512-65837383
德胜（苏州）洋楼有限公司
地址：苏州工业园区淞江路3号
…………………… Tel：0512-65935649
苏州德胜住宅设备有限公司
地址：苏州工业园区娄葑镇淞江路3号
…………………… Tel：0512-65935649
苏州市吴中区郭巷供电所水电安装队
地址：高县月江镇街道
…………………… Tel：0512-65961963
苏州久越金属科技有限公司
地址：苏州市吴中区　直镇　胜路199号
…………………… Tel：0512-66023768
苏州市吴中区东吴能源有限公司
地址：苏州吴中经济开发区天灵路北侧
…………………… Tel：0512-66058908
苏州西达透平动力技术有限公司
地址：苏州市吴中区木渎镇姑苏路43号
…………………… Tel：0512-66265064
苏州三铁风光新能源有限公司
地址：苏州市吴中区临湖镇渡村工业园1幢
…………………… Tel：0512-66308401
苏州华安普电力科技股份有限公司
地址：苏州高新区前桥路181号
…………………… Tel：0512-66365096
苏州路云机电设备有限公司
地址：苏州吴中区越溪街道北官渡路16号
…………………… Tel：0512-66505199
苏州海荣森机电设备有限公司
地址：苏州市吴中区木渎镇珠江南路368号（木渎科技创业园1128室）
…………………… Tel：0512-66577281
江苏齐元电力建设有限公司
地址：苏州高新区鹿山路369号
…………………… Tel：0512-66626172
威斯达冷却技术（苏州）有限公司
地址：苏州高新区建林路666号(出口加工区配套工业园8号、15号厂房)
…………………… Tel：0512-66626886
凯工电气（苏州）有限公司
地址：苏州高新区狮山路35号金河国际大厦1幢3300室（3307-3308）
…………………… Tel：0512-66658665
阿特斯阳光电力集团有限公司
地址：苏州高新区鹿山路199号
…………………… Tel：0512-66908088
江苏江山新能源科技有限公司
地址：苏州市高铁新城南天成路58号
…………………… Tel：0512-67088788
苏州智慧江山新能源科技有限公司
地址：苏州相城经济开发区漕湖大道48号
…………………… Tel：0512-67088788
苏州市巨力万向节有限公司
地址：苏州市吴中区临湖镇木东公路湖桥工业园湖桥大道8号
…………………… Tel：0512-67211160
苏州有利德邦机电设备有限公司
地址：苏州高新区鸿禧路131号
…………………… Tel：0512-67219593
苏州百合源环保科技有限公司
地址：苏州工业园区林泉街598号2幢113室
…………………… Tel：0512-67629946
禾禾能源科技（江苏）有限公司
地址：苏州市姑苏区彩虹一区20幢南二楼203室
…………………… Tel：0512-67686111
江苏中导电力有限公司
地址：苏州市劳动路546号
…………………… Tel：0512-67909701
苏州达塔库自动化科技有限公司
地址：苏州市高新区向阳路68号A座201室
…………………… Tel：0512-68085298
苏州苏高新能源服务有限公司
地址：苏州高新区通安镇华圩路18号12幢
…………………… Tel：0512-68187635
苏州电器科学研究院股份有限公司
地址：苏州市吴中区越溪前珠路5号
…………………… Tel：0512-68252194
协鑫电力设计研究有限公司
地址：南京市江宁经济技术开发区胜太西路68号
…………………… Tel：0512-68532158
协鑫能源工程有限公司
地址：南京市栖霞区龙潭街道疏港路1号龙潭物流基地3-100号
…………………… Tel：0512-68536106
协鑫智慧能源股份有限公司
地址：中国（江苏）自由贸易试验区苏州片区苏州工业园区新庆路28号
…………………… Tel：0512-68536900
苏州协鑫集成投资有限公司
地址：苏州高新区科灵路78号高新软件园7号楼101室
…………………… Tel：0512-68537395
苏州市英富美欣科技有限公司
地址：苏州市吴中区长蠡路99号科技创业园内3楼305室
…………………… Tel：0512-68561799
苏州雷格特智能设备股份有限公司
地址：苏州市吴中区　直镇海藏西路2869号
…………………… Tel：0512-68583901
江苏朗格电力科技集团有限公司
地址：苏州市相城区广济北路5099号
…………………… Tel：0512-69227995
江苏朗格电力科技集团有限公司
地址：苏州市相城区广济北路5099号
…………………… Tel：0512-69227995
苏州欧姆尼克新能源科技有限公司
地址：苏州工业园区唯新路63号
…………………… Tel：0512-69568216
协鑫集成（太仓）能源科技发展有限公司
地址：太仓港经济技术开发区港城广场18-22号
…………………… Tel：0512-69832735
协鑫集成科技（苏州）有限公司
地址：苏州工业园区新庆路28号
…………………… Tel：0512-69832999
江苏爱康电力有限公司
地址：南京市高淳区砖墙经济园189号
…………………… Tel：0512-82557641
江苏爱康实业集团有限公司
地址：张家港经济开发区金塘西路北侧1幢203室
…………………… Tel：0512-82557666
江苏华电昆山热电有限公司
地址：昆山开发区高鼎路6号
…………………… Tel：0512-82628011
玛顿重工（太仓）有限公司
地址：太仓港港口开发区龙江路169号
…………………… Tel：0512-82780668
苏州宝嘉新能源科技有限公司
地址：苏州市吴江区七都镇七都大道169号
…………………… Tel：0512-82862300
苏州天顺风电叶片技术有限公司
地址：常熟市通港路338号
…………………… Tel：0512-83866999
江苏华电吴江热电有限公司
地址：吴江平望镇平运路39号
…………………… Tel：0512-85176110
苏州奇点新能源科技有限公司
地址：苏州工业园区新平街388号腾飞科技园21幢7层09室
…………………… Tel：0512-85889699
苏州铭冠软件科技有限公司
地址：苏州高新区竹园路209号
…………………… Tel：0512-86663338
苏州古顶能源科技有限公司
地址：苏州工业园区港田路99号港田工业坊18号厂房一楼
…………………… Tel：0512-8668910
苏州宁虹电子科技有限公司
地址：苏州高新区潇湘路185号
…………………… Tel：0512-87897290
苏州吴中综合能源有限公司
地址：苏州市吴中区天灵路2号
…………………… Tel：0512-88181394
苏州乔元节能设备有限公司
地址：苏州相城经济开发区春申湖东路3号
…………………… Tel：0512-88187588
苏州兆辉新能源科技有限公司
地址：张家港市凤凰镇双龙村
…………………… Tel：0512-88805388
江苏华电望亭天然气发电有限公司
地址：苏州市相城区望亭镇人民街70号
…………………… Tel：0512-89182625
苏州阿特斯新能源发展股份有限公司
地址：苏州高新区鹿山路369号环保产业园
…………………… Tel：0512-89188827
苏州高创特新能源工程有限公司
地址：苏州高新区鹿山路369号（环保产业园）
…………………… Tel：0512-89188827
南通天华和睿科技创业有限公司
地址：南通市崇川区世纪大道375号1楼
…………………… Tel：0513-51013318
南通市富晟通建设工程有限公司
地址：南通市开发区常兴东路1号26幢101室
…………………… Tel：0513-51013700
江苏苏润电力销售有限公司
地址：南通市开发区星海大厦B区904A室
…………………… Tel：0513-55019399
江苏欧讯能源科技有限公司
地址：南通市如东沿海经济开发区科技城45幢103室
…………………… Tel：0513-66692999
江苏华电如皋热电有限公司
地址：如皋市长江镇华江大道12号
…………………… Tel：0513-66908010
江苏东洲节能设备有限公司
地址：海门市海门镇秀山东路588号
…………………… Tel：0513-68630083
江苏中南磐石新能源开发股份有限公司
地址：南通市海门区常乐镇中南村六组68号内2号房
…………………… Tel：0513-68702519
南通海门鑫源热电有限公司
地址：南通市海门区海门街道秀山东路1899号
…………………… Tel：0513-82325500
海安磐石新能源开发有限公司
地址：海安县墩头镇东湖村16组
…………………… Tel：0513-69702519
江苏海装风电设备有限公司
地址：如东经济开发区牡丹江路139号
…………………… Tel：0513-69881356
江苏海力风电设备科技股份有限公司
地址：如东经济开发区金沙江路北侧、井冈山路东侧
…………………… Tel：0513-80152296
南通通城电建安装工程有限公司
地址：南通市通刘路389号
…………………… Tel：0513-80271998
江苏东电新能源科技工程有限公司
地址：如东县掘港镇泰山路18号
…………………… Tel：0513-80676808
江苏源通电气有限公司
地址：海安市西城街道桥港路202号
…………………… Tel：0513-80680081
江苏天楹环保能源成套设备有限公司
地址：海安县城黄海大道（西）268号
…………………… Tel：0513-80688800
中国天楹股份有限公司
地址：江苏省海安市黄海大道（西）268号2幢
…………………… Tel：0513-80688800
江苏天楹环保能源有限公司
地址：江苏省海安市黄海大道西268号
…………………… Tel：0513-80688800
南通苏源天电检修安装工程有限公司
地址：南通市经济技术开发区常兴东路12号
…………………… Tel：0513-80702821
南通麦隆能源设备有限公司
地址：海门市海门镇富江南路698号内2号房
…………………… Tel：0513-80788900
江苏通光昌隆电力能源有限公司
地址：海门市海门街道解放东路186号
…………………… Tel：0513-80796006
江苏宾城风力发电设备检修有限公司
地址：如东县掘港镇友谊西路南侧
…………………… Tel：0513-80860669
亚洲新能源（中国）有限公司
地址：江苏省南通市海门市滨江街道珠海路1号内1号房
…………………… Tel：0513-81260800
南通成工电力安装有限公司
地址：通甲路18号
…………………… Tel：0513-81550968
江苏大唐国际如皋热电有限责任公司
地址：如皋市城北街道（如皋经济技术开发区）时代大厦1515、1516
…………………… Tel：0513-81768820
海门联众实业有限公司
地址：海门市海门镇人民西路656号
…………………… Tel：0513-82255506
海门市三新供电服务有限公司
地址：海门市海门镇人民西路656号
…………………… Tel：0513-82255834
江苏锦上电力科技有限公司
地址：南通市海门市海门街道上海中路899号十八层
…………………… Tel：0513-82733088
首帆动力科技江苏有限公司
地址：海门市滨海新区发展大道88号
…………………… Tel：0513-82881999
如皋市林洋新能源电力有限公司
地址：如皋市丁堰镇丁新路206号办公楼206室
…………………… Tel：0513-83118400
江苏林洋电力科技有限公司
地址：江苏省通州湾江海联动开发示范区启动区北区
…………………… Tel：0513-83118400
南通金鹰电力开发有限公司
地址：南通市崇川区太平路399号1幢
…………………… Tel：0513-83511920
南通港集团有限公司
地址：江苏省南通市崇川区青年西路38号三楼
…………………… Tel：0513-83513068
韩华新能源（启东）有限公司
地址：江苏省启东经济开发区林洋路888号
…………………… Tel：0513-83606222
江苏林洋光伏科技有限公司

地址：启东市汇龙镇华石路612号
………………… Tel：0513-83615870

启东市水星供电设备制造有限公司
地址：新抚区东十路1号
………………… Tel：0513-83813788

江苏大唐国际吕四港发电有限责任公司
地址：江苏省启东市秦潭
………………… Tel：0513-83826026

江苏龙擎动力科技股份有限公司
地址：启东滨海工业园东海路36号
………………… Tel：0513-83833300

启东比高新能源有限公司
地址：启东市汇龙镇南苑工业园区9号
………………… Tel：0513-83838555

南通强生光电科技有限公司
地址：江苏省如东经济开发区嘉陵江路北侧
………………… Tel：0513-84129880

江苏国信东凌风力发电有限公司
地址：江苏省洋口港经济开发区
………………… Tel：0513-84190099

如东协鑫环保热电有限公司
地址：江苏省如东经济开发区友谊西路
………………… Tel：0513-84192905

如东协鑫蓝天分布式能源有限公司
地址：南通市如东县岔河镇银河村七组
………………… Tel：0513-84192905

南通盛泽能源科技有限公司
地址：如东县县城黄河路南侧、井冈山路西侧
………………… Tel：0513-84196698

南通科邦机械有限公司
地址：如东县新店镇汤园居委会一组
………………… Tel：0513-84398666

中建电力如东新能源有限公司
地址：如东县　茶镇工业园区（三星村）
………………… Tel：0513-84821016

中天科技集团有限公司
地址：如东县河口镇中天工业园区
………………… Tel：0513-84885135

龙源东海风力发电有限公司
地址：东海县李埝林场
………………… Tel：0513-85010090

龙源黄海如东海上风力发电有限公司
地址：南通市如东县外向型农业综合开发区掘苴垦区
………………… Tel：0513-85010128

龙源黄海如东海上风力发电有限公司
地址：南通市如东县外向型农业综合开发区掘苴垦区
………………… Tel：0513-85010128

南通凯莱仕智慧水务科技有限公司
地址：南通市小石桥花苑13幢507室
………………… Tel：0513-85102028

华能国际电力股份有限公司南通电厂
地址：江苏省南通市天生港华能路
………………… Tel：0513-85161116

南通天生港发电有限公司
地址：江苏省南通市天生港镇
………………… Tel：0513-85165222

江苏联能风力发电有限公司
地址：江苏省如东县洋口镇凌洋垦区1幢
………………… Tel：0513-85225075

南通观音山环保热电有限公司
地址：南通市崇川区新胜路207号
………………… Tel：0513-85261601

南通港码头管理有限公司
地址：南通市通州区五接镇开沙岛开沙村
………………… Tel：0513-85513775

江苏通达动力科技股份有限公司
地址：南通市通州区四安镇庵东村
………………… Tel：0513-86212996

南通通达矽钢冲压科技有限公司
地址：南通市通州区兴仁镇阚庵东村二组
………………… Tel：0513-86212996

南通华夏飞机工程技术股份有限公司
地址：南通市通州区兴东镇土山村北四组
………………… Tel：0513-86222095

江苏豪帆光伏电力有限公司
地址：南通市通州区金沙街道建设路66号新瑞商业大厦1201室
………………… Tel：0513-86515555

江苏豪帆光伏电力有限公司
地址：南通市通州区金沙街道建设路66号新瑞商业大厦1201室
………………… Tel：0513-86515555

南通市通州区五接供水服务有限公司
地址：南通市通州区五接镇五接村
………………… Tel：0513-86574215

南通普特风电设备有限公司
地址：南通市通州区兴仁镇孙家桥村三组
………………… Tel：0513-86617869

江苏综艺太阳能电力股份有限公司
地址：南通市通州区综艺数码城
………………… Tel：0513-86639999

江苏蛟龙重机装备有限公司
地址：南通市通州区平潮镇沿江公路158号
………………… Tel：0513-86755555

江苏永达电力电信安装工程有限公司
地址：南通市通州区平潮镇平东大道150号
………………… Tel：0513-86796990

江苏皋能电力实业有限公司
地址：如城镇中山东路18号
………………… Tel：0513-87636505

如皋市电力设计有限公司
地址：如皋市城北街道何庄村2组（如皋市供电局袁桥供电所内）
………………… Tel：0513-87636515

江苏力沛新能源有限公司
地址：南通市崇川区崇川路88号南通国际贸易中心3207室
………………… Tel：0513-87690708

江苏力沛电力工程技术服务有限公司
地址：如皋市如城街道中山东路18号1幢
………………… Tel：0513-87690708

南通飞鲸发电设备有限公司
地址：如皋市下原镇兴原南路9号
………………… Tel：0513-87710636

南通比高新能源有限公司
地址：如皋市如城街道中山路22号
………………… Tel：0513-87828280

海安中路高空风能发电有限公司
地址：海安县老坝港滨海新区（角斜镇）金港大道308号
………………… Tel：0513-88247001

江苏金牛自动化设备有限公司
地址：海安县老坝港镇工业园区8号
………………… Tel：0513-88268699

海安农场供电管理服务有限公司
地址：郑州市二七区铁路花园街55-1附1-1号
………………… Tel：0513-88382003

如皋蓝天光伏科技发展有限公司
地址：南通市如皋市丁堰镇皋南路9号
………………… Tel：0513-88538998

江苏奥马机械有限公司
地址：江苏省海安开发区城东大道
………………… Tel：0513-88715980

江苏福克斯太阳能电力有限公司
地址：海安市城东镇立发大道66号
………………… Tel：0513-88773298

南通大正电气有限公司
地址：海安市海安镇江海西路198号
………………… Tel：0513-88782022

南通欧贝黎新能源电力股份有限公司
地址：海安县海安镇黄海西路188号1幢
………………… Tel：0513-88782376

皖江售电江苏有限责任公司
地址：海安高新区（原海安镇）万星路18号
………………… Tel：0513-88783941

中天科技集团海洋工程有限公司
地址：江苏省如东县长沙镇港城村九组
………………… Tel：0513-89191261

启东长江电力发展有限公司
地址：启东市汇龙镇牡丹江西路2068号
………………… Tel：0513-93102777

江苏国信高邮热电有限责任公司
地址：高邮经济开发区凌波路北侧
………………… Tel：0514-80399018

扬州天晟光电科技有限公司
地址：宝应县　水镇工业集中区跃胜路
………………… Tel：0514-80513238

江苏华电仪征热电有限公司
地址：扬州化工园区华电路88号（仪征市区西）
………………… Tel：0514-80866021

江苏金都电力科技有限公司
地址：扬州市江都区宜陵工业集中区
………………… Tel：0514-80915711

江苏金润龙科技股份有限公司
地址：高邮市车逻镇工业集中区
………………… Tel：0514-80953507

江苏航天水力设备有限公司
地址：高邮经济开发区波司登大道8号
………………… Tel：0514-80955124

扬州扬杰电力发展有限公司
地址：扬州市荷叶西路6号
………………… Tel：0514-80982891

江苏广盛建设发展有限公司
地址：扬州市西峰路88号蜀岗龙城商务广场5-103
………………… Tel：0514-82079118

扬州艳阳天新能源有限公司
地址：宝应县柳堡镇仁里荡
………………… Tel：0514-82088480

万铭汽车部件产业园扬州有限公司
地址：扬州高新技术产业开发区安桥路17号5幢
………………… Tel：0514-82222182

江苏扬天飞龙金属结构制造有限公司
地址：扬州市方巷镇工业集中区2
………………… Tel：0514-82222819

扬州比高新能源有限公司
地址：扬州市邗江区杨寿镇孙庄小区西D20
………………… Tel：0514-82223378

江苏熊猫电源科技有限公司
地址：仪征市经济开发区科研二路88号-1、-2
………………… Tel：0514-82880202

江苏优晶能源科技有限公司
地址：仪征市新城镇工业集中区46号
………………… Tel：0514-83643808

江苏大昊光伏材料有限公司
地址：仪征市大仪镇工业园区邮仪路88号
………………… Tel：0514-83905685

江苏恒辉电气有限公司
地址：高邮市菱塘回族乡
………………… Tel：0514-84239818

高邮协鑫光伏电力有限公司
地址：高邮市临泽镇镇政府大楼1层101室
………………… Tel：0514-84352886

宝应协鑫光伏电力有限公司
地址：宝应县柳堡镇迎湖村前进路
………………… Tel：0514-84352886

宝应兴能可再生能源有限公司
地址：宝应县射阳湖镇工业集中区恒水公路
………………… Tel：0514-84352886

扬州市东华星动力科技有限公司
地址：高邮市八桥镇工业集中区
………………… Tel：0514-84527008

高邮市环邮泵业有限公司
地址：高邮市高邮镇工业集中区（高谢村）
………………… Tel：0514-84601238

扬州晶樱光电科技有限公司
地址：高邮市经济开发区凌波路86号
………………… Tel：0514-84641088

高邮市林源科技开发有限公司
地址：高邮市界首镇工业区
………………… Tel：0514-84685322

扬州市聚鑫机械有限公司
地址：高邮市汤庄镇工业集中区
………………… Tel：0514-84716358

江苏凯能机械设备有限公司
地址：高邮市横泾镇集镇
………………… Tel：0514-84869888

扬州润风新能源科技有限公司
地址：高邮市送桥镇天山工业集中区
………………… Tel：0514-85083700

江苏恒远新能源电力发展有限公司
地址：扬州市江都区丁伙镇人民南路29号
………………… Tel：0514-85338592

恒远国际工程集团有限公司
地址：扬州市江都区丁伙镇工业园区
………………… Tel：0514-85338670

晶澳（扬州）太阳能光伏工程有限公司
地址：扬州经济技术开发区建华路1号
………………… Tel：0514-85548079

江苏嘉和机械集团有限公司
地址：广陵产业园内
………………… Tel：0514-85555082

扬州东盛电力电源有限公司
地址：扬州市邗江区牧羊路8号3幢101室
………………… Tel：0514-85868966

江苏开源检测设备有限公司
地址：扬州市江都区真武镇滨湖路31号
………………… Tel：0514-86166099

江苏方联电力设备有限公司
地址：扬州市江都区真武镇工业集中区
………………… Tel：0514-86230066

江苏英美迪自动化科技有限公司
地址：扬州市江都区邵伯镇工业园区
………………… Tel：0514-8627771

江苏英格发电机有限公司
地址：扬州市江都区仙女镇双沟村徐磨组
………………… Tel：0514-86290955

扬州市华宇动力设备有限公司
地址：扬州市江都区仙女镇新河工业园区
………………… Tel：0514-86291832

扬州市华宇动力设备厂
地址：扬州市江都区淮扬路88号
………………… Tel：0514-86291832

扬州市康成发电设备有限公司
地址：扬州市江都区仙女镇双徐路168号
………………… Tel：0514-86292286

扬州中都发电机组制造有限公司
地址：扬州市江都区吴桥镇小荡村五组
………………… Tel：0514-86355255

高邮康博光电科技有限公司
地址：高邮经济开发区凌波路
………………… Tel：0514-86386684

江苏鲲鹏电力设备有限公司
地址：扬州市江都区大桥工业园区
………………… Tel：0514-86440750

扬州市奥克发电设备有限公司
地址：扬州市江都区丁伙镇工业园区
………………… Tel：0514-86501664

扬州市恒益机电自控设备有限公司
地址：扬州市江都区丁伙工业园区
………………… Tel：0514-86506188

扬州吉奥动力设备有限公司
地址：扬州市江都区城北工业园润惠路
………………… Tel：0514-86508350

扬州德丰发电设备有限公司
地址：扬州市江都区仙女镇樊庄村大樊组
………………… Tel：0514-86508928

江苏德丰机电设备有限公司
地址：扬州市江都区丁伙工业园区
………………… Tel：0514-86508928

扬州兴惠能源科技有限公司
地址：扬州市江都区华山路378号世纪康城3号商铺108室
………………… Tel：0514-86526999

江苏中欣联科动力有限公司
地址：扬州市江都区小纪工业园
………………… Tel：0514-86593006

扬州飞鸿电材有限公司
地址：扬州市江都区小纪镇人民南路19号
………………… Tel：0514-86594411

英泰集团机电工程安装有限公司
地址：扬州市江都区小纪镇民防路
………………… Tel：0514-86595231

扬州润徽发电设备有限公司
地址：扬州市江都区小纪镇工业园区
………………… Tel：0514-86598033

扬州亿成电光源有限公司
地址：扬州市江都区城北工业园区润峰路
………………… Tel：0514-86722799

扬州星航发电设备有限公司
地址：扬州市江都区城北工业园双仙南路18号
………………… Tel：0514-86820188

江苏奥特赛动力科技有限公司
地址：扬州市江都区城北工业园
………………… Tel：0514-86820499

江苏凯晨电力设备有限公司
地址：扬州市江都区丁伙工业园
………………… Tel：0514-86820779

扬州市巨威机电设备有限公司
地址：扬州市江都区仙女镇陈甸工业园
………………… Tel：0514-86821213

江苏光都机电设备有限公司
地址：扬州市江都区城北工业园区（双仙路88号）
………………… Tel：0514-86821717

扬州市思吾高机电设备有限公司
地址：扬州市江都区仙女镇新都北路
………………… Tel：0514-86822380

江苏省新华中自动化设备有限公司
地址：扬州市江都区仙女镇双仙南路68号
………………… Tel：0514-86823868

扬州恒源机电设备有限公司
地址：扬州市江都区仙女镇陈甸村
………………… Tel：0514-86824188

扬州华泰电气有限公司
地址：扬州市江都区仙女镇双仙南路89号
………………… Tel：0514-86825855

扬州科鑫冶金设备有限公司
地址：扬州市江都区城北工业园（双仙南路28号）
………………… Tel：0514-86825911

江苏省双马机电设备有限公司
地址：扬州市江都区仙女镇双沟三荡村
………………… Tel：0514-86826330

扬州市华东动力机械有限公司
地址：扬州市江都区仙女镇希林路19号
………………… Tel：0514-86826727

江苏明邦智能科技有限公司
地址：扬州市江都区仙女镇双徐路19号
………………… Tel：0514-86826808

扬州威力动力设备有限公司
地址：扬州市江都区仙女镇双沟双锦路60号
………………… Tel：0514-86827017

扬州勃发机电设备有限公司
地址：扬州市江都区仙女镇工业园区
………………… Tel：0514-86827220

扬州顺风发电设备有限公司
地址：扬州市江都区城北工业园区
………………… Tel：0514-86828560

扬州吉信动力设备有限公司
地址：扬州市江都区仙女镇陈甸村薛西组
………………… Tel：0514-86828866

扬州市华阁发电配套设备有限公司
地址：扬州市江都区仙女镇张纲工业园区
………………… Tel：0514-86834002

扬州天康环保设备有限公司
地址：扬州市江都区城北工业园
………………… Tel：0514-86850381

江苏中动电力设备有限公司
地址：扬州市江都区邵伯镇工业园区2号路

…………Tel：0514-86979748

江苏凯森机电设备有限公司
地址：扬州市江都区丁伙工业园区
…………Tel：0514-86980088

江苏森利达光电有限公司
地址：扬州市广陵区广陵产业园创业路20号科创园A4栋
…………Tel：0514-87255829

江苏保视通光电设备有限公司
地址：扬州市广陵区头桥镇兴达路
…………Tel：0514-87268119

扬州市电力中心有限责任公司
地址：扬州市文昌中路492号
…………Tel：0514-87330856

江苏中芒新能源发展有限公司
地址：扬州市广陵区东方国际食品城B区2幢501室
…………Tel：0514-87373888

扬州科宇电力有限公司
地址：仪征市新城镇林果村
…………Tel：0514-87520555

扬州港口污泥发电有限公司
地址：扬州经济开发区港口工业园
…………Tel：0514-87527008

扬州市洁源光伏发电股份有限公司
地址：扬州市三江路81号（扬州市经济开发区港口工业园邗江河以南，牌楼路以东）
…………Tel：0514-87573288

江苏华电扬州发电有限公司
地址：竹西路158号
…………Tel：0514-87610349

利星行能源扬州有限公司
地址：扬州市邗江区蜀岗西路2号
…………Tel：0514-87637521

国充充电科技江苏股份有限公司
地址：扬州维扬经济开发区小官桥路
…………Tel：0514-87639993

江苏国信扬州发电有限责任公司
地址：扬州市经济开发区八里镇
…………Tel：0514-87772093

江苏国信仪征热电有限责任公司
地址：江苏省仪征汽车工业园
…………Tel：0514-87778516

江苏省华扬太阳能有限公司
地址：邗江经济开发区牧羊路22号
…………Tel：0514-87849688

扬州天泓进出口有限公司
地址：维扬经济开发区双高路
…………Tel：0514-87905089

扬州市宝利华物业服务有限公司
地址：宝应县望直港镇富港路2号上海花园物业楼
…………Tel：0514-88322318

华宝科技有限公司
地址：宝应县城西工业集中区创业园
…………Tel：0514-88330455

扬州星火太阳能科技有限公司
地址：扬州市邗江区牧羊路8号3幢301室
…………Tel：0514-89791866

江苏国安工业设备安装工程有限公司
地址：扬州市邗江区槐泗镇吉兴西路北侧吉祥苑5幢112号
…………Tel：0514-89885969

中机清洁能源扬州有限公司
地址：扬州市邗江区联合广场B区-1401
…………Tel：0514-89989100

中机清洁能源扬州有限公司
地址：扬州市邗江区联合广场B区-1401
…………Tel：0514-89989100

东台市天壕新能源有限公司
地址：东台市经济开发区纬九路北侧
…………Tel：0515-60606160

国家电投集团协鑫滨海发电有限公司
地址：盐城市滨海县滨海港区北疏港公路南侧综合楼
…………Tel：0515-68026020

国家电投集团协鑫滨海发电有限公司
地址：盐城市滨海县滨海港区北疏港公路南侧综合楼
…………Tel：0515-68026020

国网江苏省电力有限公司响水县供电分公司
地址：山西省晋城市沁水县加丰镇潘庄村
…………Tel：0515-68181231

江苏茂源电气有限公司
地址：东台市开发区纬一路24号
…………Tel：0515-68188105

上海协鑫盐城大丰光伏电力有限公司
地址：盐城市大丰区永为路大丰风电产业研发展示中心综合研发楼
…………Tel：0515-68579969

江苏金海新能源科技有限公司
地址：阜宁经济开发区协鑫大道36号
…………Tel：0515-68589988

江苏神山风电设备制造有限公司
地址：阜宁经济开发区协鑫大道29号
…………Tel：0515-68698226

响水县灌江控股集团有限公司
地址：响水县城规划路1号金色家园
…………Tel：0515-68871788

国家电投集团滨海风力发电有限公司
地址：盐城市滨海县滨海港区中电投江苏滨海港务有限公司综合楼301室
…………Tel：0515-69953010

国家电投集团滨海风力发电有限公司
地址：盐城市滨海县滨海港区中电投江苏滨海港务有限公司综合楼301室
…………Tel：0515-69953010

上海电力盐城北龙港光伏发电有限公司
地址：盐城市盐都区北龙港街道龙洋中路89号（R）
…………Tel：0515-80506016

国家电投集团滨海海上风力发电有限公司
地址：盐城市滨海县滨海港区北疏港公路南侧综合楼
…………Tel：0515-80980262

滨海智慧风力发电有限公司
地址：滨海县滨海港区（原二洪盐场）港2010-2号地块综合楼301室
…………Tel：0515-80980262

国家电投集团滨海海上风力发电有限公司
地址：盐城市滨海县滨海港区北疏港公路南侧综合楼
…………Tel：0515-80980262

国家电投集团江苏海上风力发电有限公司
地址：盐城市解放南路58号城中雅苑24幢1101室
…………Tel：0515-80991057

国家电投集团江苏海上风力发电有限公司
地址：盐城市解放南路58号城中雅苑24幢1101室
…………Tel：0515-80991057

江苏中科重工股份有限公司
地址：盐城环保产业园环保大道2号
…………Tel：0515-81082788

江苏象王重装工程有限公司
地址：建湖县经济开发区明珠东路1号
…………Tel：0515-82068966

大唐射阳新能源有限公司
地址：射阳县黄沙港镇海滨路综合服务中心楼
…………Tel：0515-82316611

射阳万润光伏电力有限公司
地址：射阳县合德镇沿河西路89号
…………Tel：0515-82358088

射阳县鼎成建设有限公司
地址：盐城市纺织染整产业园内
…………Tel：0515-82358929

射阳县临农电力服务有限公司
地址：射阳县临海农场海马路15-1号
…………Tel：0515-82579429

江苏润海环保工程有限公司
地址：射阳县合德科技创业园展胜路2号
…………Tel：0515-82690666

江苏银河长征风力发电设备有限公司
地址：响水沿海经济开发区
…………Tel：0515-82722708

江苏丰源热电有限公司
地址：盐城市大丰区大丰港经济区临港工业区
…………Tel：0515-83287876

盐城热电有限责任公司
地址：盐城经济技术开发区钱塘江路9号
…………Tel：0515-83355021

江苏尔华杰能源设备有限公司
地址：盐城市大丰区常州高新区大丰工业园常州路55号
…………Tel：0515-83378805

中电大丰风力发电有限公司
地址：盐城市大丰区高新技术区五一路1号
…………Tel：0515-83557321

江苏丰海新能源工程技术有限公司
地址：盐城市大丰区盐城经济技术开发区大丰港产业园区北区3幢
…………Tel：0515-83558010

江苏金风天泽风电有限公司
地址：盐城市大丰区经济开发区332省道西、新团河北4幢
…………Tel：0515-83626818

江苏金风科技有限公司
地址：盐城市大丰区经济开发区金海路5号
…………Tel：0515-83626818

江苏省滨淮农场有限公司自来水厂
地址：安徽省芜湖市鸠江区永合工业园3号厂房
…………Tel：0515-84866111

东台苏中环保热电有限公司
地址：东台市谢家湾
…………Tel：0515-85233715

江苏拓能电力设备有限公司
地址：江苏东台经济开发区新团居委会建设西路16号
…………Tel：0515-85282018

响水兴源电力服务有限公司
地址：响水县城灌河东路西侧
…………Tel：0515-86868180

上海电气响水生物质发电有限公司
地址：响水县南河镇河堆村307省道北
…………Tel：0515-87167728

盐城昊宇风电设备技术服务有限公司
地址：阜宁县吴滩工业园区288号-31(K)
…………Tel：0515-87200022

阜宁新能光伏电力有限公司
地址：阜宁经济开发区科技创业园
…………Tel：0515-87205788

中节能徐州太阳能科技有限公司
地址：徐州市贾汪区徐州工业园区、金彭车业以西、徐州大道以北
…………Tel：0515-87280196

江苏天正环保科技有限公司
地址：阜宁县阜城街道装备制造产业园通城路1号
…………Tel：0515-87292866

江苏恒鑫石化机械有限公司
地址：阜宁县施庄镇工业园区8号
…………Tel：0515-87401588

中材科技（阜宁）风电叶片有限公司
地址：阜宁经济开发区协鑫大道23号（A）
…………Tel：0515-87731666

盐城森风光伏电力有限公司
地址：盐城经济技术开发区希望大道南路9号2幢
…………Tel：0515-88276823

江苏胜光新能源科技有限公司
地址：盐城经济技术开发区希望大道南路29号北楼
…………Tel：0515-88552806

盐城热力联合公司
地址：盐城市人民北路19号
…………Tel：0515-88555611

盐城发电有限公司
地址：盐城市人民北路159号
…………Tel：0515-88573804

阜宁协鑫集成科技有限公司
地址：盐城市阜宁经济开发区香港路888号（A）
…………Tel：0515-88625557

盐城发电设备有限公司
地址：盐城市高新技术产业区惠腾大道2号
…………Tel：0515-88781166

江苏江淮动力有限公司
地址：盐城经济技术开发区希望大道南路58号
…………Tel：0515-88881545

江苏农华智慧农业科技股份有限公司
地址：盐城经济技术开发区希望大道南路58号
…………Tel：0515-88881882

盐城悦达绿能光伏电力有限公司
地址：盐城经济技术开发区希望大道南路5号3幢五层
…………Tel：0515-89021361

江苏中伏安电气有限公司
地址：东台市东台镇城东工业园B区伍幢
…………Tel：0515-89500976

上海电气风电设备东台有限公司
地址：东台市东进大道18号
…………Tel：0515-89512861

江苏信博特种设备有限公司
地址：盐城市新圩路16号
…………Tel：0515-89883888

国家电投集团响水陈家港风力发电有限公司
地址：盐城市响水县工业经济区灌河一路
…………Tel：0515-89888820

国家电投集团响水新能源有限公司
地址：响水县大有镇府前路1号
…………Tel：0515-89888820

国家电投集团滨海新能源有限公司
地址：江苏省盐城市滨海县滨海港区中电投江苏滨海港务有限公司综合楼201室
…………Tel：0515-89888820

中电投高邮新能源有限公司
地址：高邮市甘垛镇华尔路1号
…………Tel：0515-89888820

国家电投集团徐州贾汪新能源有限公司
地址：徐州市贾汪区310国道与徐贾快速通道交汇处神农大院3号楼
…………Tel：0515-89888820

国家电投集团江苏新能源有限公司
地址：南京市鼓楼区中山北路2号3105室
…………Tel：0515-89888820

国家电投集团响水陈家港风力发电有限公司
地址：盐城市响水县工业经济区灌河一路
…………Tel：0515-89888820

国家电投集团响水新能源有限公司
地址：响水县大有镇府前路1号
…………Tel：0515-89888820

江苏鑫勒电气科技有限公司
地址：滨海县大套乡民营创业园内
…………Tel：0515-89890712

江苏佳盛源农业发展有限公司
地址：睢宁现代农业示范区光华村106号
…………Tel：0516-67012685

江苏华翔控股股份有限公司
地址：徐州市铜山区新区办事处二堡社区粮库路西侧、惠民路南侧
…………Tel：0516-67027777

徐州海伦哲专用车辆股份有限公司
地址：徐州经济开发区螺山路19号
…………Tel：0516-68782700

嘉寓新能源技术开发沛县有限公司
地址：沛县经济开发区沛公路北侧、汉康路东侧
…………Tel：0516-80250000

江苏中宇光伏科技有限公司
地址：沛县经济开发区昆明路南侧
…………Tel：0516-8036661

徐州中辉光伏科技有限公司
地址：沛县经济开发区昆明路南侧
…………Tel：0516-8036661

江苏慧博灌排设备有限公司
地址：沛县张庄镇工业园区
…………Tel：0516-81291999

江苏高创风电设备有限公司
地址：新沂市无锡—新沂工业园泰山路2号
…………Tel：0516-81600958

江苏一二三电力工程有限公司
地址：新沂市北沟镇无锡-新沂工业园珠江路东侧、323省道北侧
…………Tel：0516-81627888

徐州金山桥热电有限公司
地址：徐州经济技术开发区杨山路39号
…………Tel：0516-82522199

徐州国投新奥能源有限公司
地址：徐州市项王路1号（项王路南）
…………Tel：0516-83002111

常开集团有限公司
地址：徐州经济技术开发区杨山路55号
…………Tel：0516-83051756

江苏创导光电科技有限公司
地址：徐州经济技术开发区高新路5号
…………Tel：0516-83051766

铜山华润电力有限公司
地址：徐州市华润路1号(柳新镇口上村)
…………Tel：0516-83425889

徐州重型机械有限公司
地址：徐州经济技术开发区高新路68号
…………Tel：0516-83461361

丰县协鑫光伏电力有限公司
地址：丰县师寨镇史小桥
…………Tel：0516-83558296

徐州人民水电器材供应处
地址：贵州省贵阳市云岩区金阳南路1号西南五金机电市场7-1-36
…………Tel：0516-83573896

徐州南区热电有限责任公司
地址：徐州市共建路16号
…………Tel：0516-83637363

保利协鑫（徐州）新能源运营管理有限公司
地址：徐州经济技术开发区杨山路88号
…………Tel：0516-83778888

徐州华晨电力有限公司
地址：徐州市泉山区三环南路协鑫鑫尚19号楼605、606、607、608、609、610、611室
…………Tel：0516-83889980

格利尔数码科技股份有限公司
地址：徐州市铜山经济开发区昆仑路格利尔数码科技工业园（现昆仑路西、钱江路南）
…………Tel：0516-85157857

江苏徐矿综合利用发电有限公司
地址：江苏徐州工业园区徐矿电厂路1号
…………Tel：0516-85362713

江苏百瑞新能源有限公司
地址：徐州市泉山区泰山街道办事处侯山沃（6号楼）第四层401-410
…………Tel：0516-85553837

邳州市地方电力公司
地址：邳州市一环路东侧
…………Tel：0516-86221538

江苏荣辉电力设备制造有限公司
地址：邳州经济开发区环城北路北侧、沂蒙山路东侧
…………Tel：0516 86226988

邳州市河源公共服务有限公司
地址：邳州市炮车街道炮车街
…………Tel：0516-86480222

中亚核电集团电力设计院有限公司
地址：徐州高新技术产业开发区新区街道19号二堡晟展工业园
…………Tel：0516-87083618

中亚核电建设集团有限公司
地址：徐州北郊国网徐州发电有限公司南侧
…………Tel：0516-87083618

江苏阚山发电有限公司
地址：江苏徐州工业园区310国道195公

里处
…………………… Tel：0516-87106019

徐州协鑫光伏电力有限公司
地址：江苏徐州工业园区
…………………… Tel：0516-87123222

邳州协鑫光伏电力有限公司
地址：邳州市运河街道奚仲路1幢101号
…………………… Tel：0516-87123222

国华徐州发电有限公司
地址：徐州北郊
…………………… Tel：0516-87253155

国华徐州发电有限公司
地址：徐州北郊
…………………… Tel：0516-87253155

徐州华苏集团有限公司
地址：徐州发电厂院内
…………………… Tel：0516-87257256

江苏大屯电热有限公司
地址：沛县大屯矿区不明路名郝寨
…………………… Tel：0516-87279820

江苏普航电力有限公司
地址：徐州市青年路大巷口皇城大厦A-6-01房
…………………… Tel：0516-87561399

昂内斯智慧城市安全用电服务江苏有限公司
地址：徐州经济技术开发区京福高速绿化带以东
…………………… Tel：0516-87569170

徐州昂内斯安全用电服务有限公司
地址：徐州经济技术开发区京福高速绿化带以东
…………………… Tel：0516-87569170

江苏光维新能源科技有限公司
地址：徐州市铜山区棠张镇工业园
…………………… Tel：0516-87777166

徐州徐工基础工程机械有限公司
地址：徐州经济技术开发区驮蓝山路36号
…………………… Tel：0516-87892686

新沂市乡镇供水有限公司草桥供水分公司
地址：快大茂镇同德路1999号
…………………… Tel：0516-88551110

新沂市乡镇供水有限公司高流供水分公司
地址：万源市石窝乡街道
…………………… Tel：0516-88621026

江苏锡拖农机有限公司
地址：新沂市无锡-新沂工业园区嵩山路1号
…………………… Tel：0516-88963000

国丰新能源江苏有限公司
地址：丰县经济开发区北环路
…………………… Tel：0516-89180000

丰县经济开发区投资发展有限责任公司
地址：丰县经济开发区解放路延伸段
…………………… Tel：0516-89188892

江苏新格灌排设备有限公司
地址：沛县经济开发区台州路
…………………… Tel：0516-89620025

徐州泰丰泵业有限公司
地址：沛县经济开发区张良路路北
…………………… Tel：0516-89658896

江苏龙润灌排有限公司
地址：沛县沛公酒厂汉润路东侧
…………………… Tel：0516-89689269

响水县华通给水设备厂淮安市淮阴区经营部
地址：玉林民主南路332号
…………………… Tel：0517-4920000

盱眙县天源永达供水有限公司
地址：淮安市盱眙县十里营大街90号山水商务大厦12楼
…………………… Tel：0517-80327906

江苏国信淮安燃气发电有限责任公司
地址：淮安市淮安区建淮乡建淮村
…………………… Tel：0517-80851012

涟水县三新供电服务有限公司
地址：重庆市万盛区建设段1号附1-3-1号
…………………… Tel：0517-82305078

淮安三新供电服务有限公司涟水分公司
地址：茂名市电白区水东镇东阳南街西泉里
…………………… Tel：0517-82305078

国网江苏省电力有限公司涟水县供电分公司
地址：万源市竹峪镇街道
…………………… Tel：0517-82381156

淮安市楚明电力实业开发有限公司
地址：淮安市淮安区东门大街268号
…………………… Tel：0517-83581886

华能淮阴发电有限公司
地址：淮安市淮海西路291号
…………………… Tel：0517-83598228

华能淮阴第二发电有限公司
地址：淮安市淮海西路291号
…………………… Tel：0517-83598228

华能淮阴发电有限公司
地址：淮安市淮海西路291号
…………………… Tel：0517-83598228

华能淮阴第二发电有限公司
地址：淮安市淮海西路291号
…………………… Tel：0517-83598228

淮安市正丰水电供应站
地址：龙潭镇建设街
…………………… Tel：0517-83918188

江苏吉新电力有限公司
地址：金湖县前锋镇郑圩村
…………………… Tel：0517-86998668

江苏国信淮安生物质发电有限公司
地址：淮安市淮安区工业园区纬二路与经十八路交界
…………………… Tel：0517-87037205

国网江苏省电力公司淮安市洪泽区供电公司
地址：洪泽县东风路108号
…………………… Tel：0517-87215883

国电联合动力技术（连云港）有限公司
地址：连云港经济技术开发区大浦路西侧（东方大道以南）
…………………… Tel：0518-81198066

江苏核电有限公司
地址：连云港市连云区海棠中路28号
…………………… Tel：0518-82206300

江苏核电有限公司
地址：连云港市连云区海棠中路28号
…………………… Tel：0518-82206300

连云港港口集团供电工程有限公司
地址：连云港市连云区中山东路77号
…………………… Tel：0518-82386440

灌南中裕燃气有限公司
地址：灌南县新安镇新东南路南首（镇郊村）
…………………… Tel：0518-83633402

连云港中复连众复合材料集团有限公司
地址：连云港高新技术产业开发区振华东路17号（生产地址1：连云港经济技术开发区大浦工业区临洪大道6-1号）
…………………… Tel：0518-85150331

江苏省润通新能源工程有限公司
地址：连云港市开发区天山路物产大厦804号
…………………… Tel：0518-85268828

江苏新海发电有限公司
地址：连云港市海州区新海路218号
…………………… Tel：0518-85282011

连云港新电实业集团有限公司
地址：连云港市海州区新海路161号
…………………… Tel：0518-85283146

连云港林洋新能源有限公司
地址：连云港经济技术开发区临港产业区242省道西侧大港路南侧
…………………… Tel：0518-85807988

灌云林洋新能源科技有限公司
地址：连云港市灌云县伊山镇丁庄村丁庄路
…………………… Tel：0518-85807988

太阳雨集团有限公司
地址：连云港市瀛洲南路199号
…………………… Tel：0518-85959539

连云港恒顺新能源科技有限公司
地址：连云港经济技术开发区大浦路9号
…………………… Tel：0518-86098778

连云港神舟新能源有限公司
地址：赣榆经济开发区厦门路8号
…………………… Tel：0518-86202999

灌云县协鑫光伏电力有限公司
地址：连云港市灌云县南岗乡陡沟村6号（原陡沟乡政府院内）
…………………… Tel：0518-88211028

连云港禹泉水务有限公司
地址：海州区板浦镇浦东村
…………………… Tel：0518-88262698

灌云鼎充新能源技术有限公司
地址：连云港市灌云县民安中路280号东方雅苑2幢13商铺
…………………… Tel：0518-88858078

常州嘉阳新能源科技有限公司
地址：常州市金坛区金胜东路216号
…………………… Tel：0519-68081231

常州正信电力科技有限公司
地址：常州市金坛区直溪镇工业集中区振兴南路1号
…………………… Tel：0519-68220230

江苏博烨电力发展有限公司
地址：溧阳市昆仑街道正昌路209号
…………………… Tel：0519-68690574

常州龙腾光热发电工程有限公司
地址：武进高新技术产业开发区新雅路18号104室
…………………… Tel：0519-68786658

常州市恒瑞新能源开发有限责任公司
地址：常州市武进区牛塘镇漕溪村
…………………… Tel：0519-68786659

常州龙腾光热新能源有限公司
地址：武进区牛塘镇漕溪村
…………………… Tel：0519-68786659

江苏赛拉弗电力发展有限公司
地址：武进区横林镇横通路1-2号
…………………… Tel：0519-68788166

江苏大唐国际金坛热电有限责任公司
地址：常州市金坛区华城中路168号
…………………… Tel：0519-68908111

常州龙腾光热科技股份有限公司
地址：常州市武进高新技术产业开发区龙惠路40号
…………………… Tel：0519-69695670

江苏北控智临电气科技有限公司
地址：常州市天宁区北塘河路8号恒生科技园二区1601
…………………… Tel：0519-69893326

江苏钢锐精密机械有限公司
地址：溧阳市天目湖工业园区悦朋路9号
…………………… Tel：0519-80895588

江苏富春江环保热电有限公司
地址：溧阳市溧城镇腾飞路99号
…………………… Tel：0519-80983883

常州思普锐电力科技有限公司
地址：溧阳市溧城镇芜申路168号
…………………… Tel：0519-80996166

江苏联储能源科技有限公司
地址：江苏武进经济开发区禾香路9号
…………………… Tel：0519-81085123

常州顺风尚德光电系统集成有限公司
地址：武进国家高新技术产业开发区常武南路588号天安数码城首期A幢1006室
…………………… Tel：0519-81190393

光大光伏能源（常州）有限公司
地址：武进高新技术产业开发区人民东路158号6954室
…………………… Tel：0519-81291522

江苏隆昌新能源投资有限公司
地址：常州市新北区太湖东路9号3幢1501室
…………………… Tel：0519-81581155

江苏天合储能有限公司
地址：常州市新北区天合光伏产业园天合路2号
…………………… Tel：0519-81588423

常州麦福动力机械有限公司
地址：常州市新北区建业路6号
…………………… Tel：0519-82060781

常州市常友能源设备有限公司
地址：常州市金坛经济开发区汇康路26号
…………………… Tel：0519-82110390

常州循天能源环境科技有限公司
地址：常州市金坛区朱林镇朱林东大街148号
…………………… Tel：0519-82113030

江苏富沃德电子科技有限公司
地址：常州市金坛区朱林镇金西工业园龙溪大道99号
…………………… Tel：0519-82305668

新誉防务技术有限公司
地址：常州市新北区黄河西路1282号
…………………… Tel：0519-82432201

江苏金喷灌排设备有限公司
地址：常州市金坛区尧塘镇水北集镇迎春路33号
…………………… Tel：0519-82444466

常州天润光伏科技有限公司
地址：常州市金坛区朱林镇工业集中区2号
…………………… Tel：0519-82625000

江苏三一一电力科技有限公司
地址：常州市金坛区儒林镇园区西路12号
…………………… Tel：0519-82985007

常州市山峰新能源科技有限公司
地址：常州市新北区孟河镇富平路3号
…………………… Tel：0519-83242511

江苏易事达电力技术开发有限公司
地址：常州市新北区天山路21号
…………………… Tel：0519-83812898

常州市长江电力机械厂有限公司
地址：常州市金坛区兴辰路10号
…………………… Tel：0519-83880875

常州亚美柯机械设备有限公司
地址：江苏省常州市钟楼经济开发区樱花路19号
…………………… Tel：0519-83971785

常州亚美柯农业装备有限公司
地址：常州钟楼经济开发区樱花路19号
…………………… Tel：0519-83971785

江苏万伏新能源有限公司
地址：钟楼经济开发区玉龙南路178号（千人计划（常州）新能源汽车研究院大楼903号）
…………………… Tel：0519-83972551

江苏贝德莱特新能源工程有限公司
地址：常州市新北区罗溪镇叶汤路2号
…………………… Tel：0519-85083356

江苏贝德莱特太阳能科技有限公司
地址：常州市新北区罗溪镇空港产业园
…………………… Tel：0519-85083356

常州金广陵新能源科技有限公司
地址：常州市新北区漓江路15号
…………………… Tel：0519-85100592

常州天垣新能源有限公司
地址：常州市钟楼区通江南路18号港龙商务广场1-705室
…………………… Tel：0519-85161082

中新图锐常州科技有限公司
地址：常州市新北区正强路9号
…………………… Tel：0519-85162580

国电常州发电有限公司
地址：新北区春江镇江花路1号
…………………… Tel：0519-85197213

常州九洲绿和新能源科技有限公司
地址：常州市武进区前黄寨桥工业集中区
…………………… Tel：0519-85282598

江苏易驱动电气科技有限公司
地址：常州市新北区华山路18号
…………………… Tel：0519-85526652

雅柯斯电力科技（中国）有限公司
地址：常州市新北区通江北路19号
…………………… Tel：0519-85601298

江苏电力装备有限公司
地址：常州市运河路308号
…………………… Tel：0519-85605045

常州中龙风力发电设备制造有限公司
地址：常州市新北区春江镇魏村变电所西侧
…………………… Tel：0519-85719208

常州市新港热电有限公司
地址：常州新北区春江镇圩塘江边化工区
…………………… Tel：0519-85775510

常州顺风发电设备有限公司
地址：常州市武进区雪堰镇共建村
…………………… Tel：0519-86162310

格力乐液压系统（常州）有限公司
地址：江苏省武进高新技术产业开发区凤鸣路18号12号厂房
…………………… Tel：0519-86220288

伊蒙妮莎（常州）发电设备有限公司
地址：江苏省常州市武进高新技术产业开发区
…………………… Tel：0519-86226688

江苏威图电力科技有限公司
地址：武进区礼嘉镇秦巷村
…………………… Tel：0519-86232598

江苏百兴合联新能源投资有限公司
地址：常州市武进区前黄镇寨桥工业集中区
…………………… Tel：0519-86235900

江苏常发农业装备股份有限公司
地址：常州市武进区武进东大道555号
…………………… Tel：0519-86237027

江苏九洲新能源投资有限公司
地址：常州市武进区前黄镇寨桥工业集中区
…………………… Tel：0519-86252808

常州九洲裕光新能源有限公司
地址：常州市武进区前黄寨桥工业集中区
…………………… Tel：0519-86252808

常州旷达阳光能源有限公司
地址：常州市武进区雪堰镇旷达路1号
…………………… Tel：0519-86541888

常州佳特空调设备有限公司
地址：天宁区关河东路26-8号
…………………… Tel：0519-86671032

常州华耀新能源科技有限公司
地址：天宁区龙湖郦城64号
…………………… Tel：0519-86864327

常州仕鼎能源科技有限公司
地址：常州市新北区华山路18号
…………………… Tel：0519-86877778

江苏保龙设备制造有限公司
地址：溧阳市昆仑经济开发区腾飞路18号
…………………… Tel：0519-87302016

江苏保龙能源开发有限公司
地址：溧阳市昆仑经济开发区腾飞路18号
…………………… Tel：0519-87302016

溧阳别桥华鹏光伏有限公司
地址：溧阳市别桥镇中心街252号
…………………… Tel：0519-87302414

江苏六和新能源设备科技有限公司
地址：溧阳市昆仑街道康安路8号1幢
…………………… Tel：0519-87387166

中机国能溧阳热力有限公司
地址：溧阳市南渡镇新材料工业集中区古城路326号
…………………… Tel：0519-87687202

江苏弘博热电有限公司
地址：溧阳市南渡镇旧县工业集中区18号2幢
…………………… Tel：0519-87687202

江苏沙河抽水蓄能发电有限公司
地址：溧阳市天目湖旅游度假区
…………………… Tel：0519-87982222

江苏共创光能科技有限公司
地址：溧阳市天目湖镇天目湖大道96号天目云谷3#楼北202D
…………………… Tel：0519-87988802

江苏鸿睿新能源科技有限公司
地址：常州市新北区太湖东路9-1号

319－7室
Tel：0519-88056128
常州市仁良工业气体有限责任公司
地址：衡水市冀州区和平路南
Tel：0519-8830217
江苏新誉重工科技有限公司
地址：武进高新技术产业开发区凤林南路199-1号
Tel：0519-88776088
江苏华电戚墅堰发电有限公司
地址：常州市延陵东路368号
Tel：0519-88779110
常州中旭光伏有限公司
地址：常州市天宁区北塘河东路8号
Tel：0519-88813322
响水亚玛顿太阳能电力有限公司
地址：盐城市响水县张集中心社区工业集中区2号2-1
Tel：0519-88880015
天铂电力有限公司
地址：武进国家高新技术产业开发区龙庆路26号
Tel：0519-89620090
泗洪佳讯太阳能电力有限公司
地址：泗洪县天岗湖乡沈行村
Tel：0519-89800155
江苏通月空调有限公司
地址：靖江市孤山中路222号
Tel：0523-80166168
江苏民诺特种设备有限公司
地址：靖江市新桥镇工业园区礼士创业园1号
Tel：0523-80238858
江苏星光发电设备有限公司
地址：泰兴市古溪镇星光路2号
Tel：0523-80737389
兴化市兴达热电有限公司
地址：兴化市戴南镇人民路
Tel：0523-80956806
泰州隆基乐叶光伏科技有限公司
地址：泰州市海陵区兴泰南路268号
Tel：0523-81555509
江苏振华环保科技有限公司
地址：姜堰经济开发区双寿村五金路568号
Tel：0523-82072099
江苏道康发电机组有限公司
地址：泰州市海陵区九龙镇新能源产业园区长兴路18号
Tel：0523-82093192
江苏东升新能源技术有限公司
地址：兴化市戴南镇中迎工业集中区
Tel：0523-82315555
江苏贝克勒尔新能源有限公司
地址：南京市麒麟科技创新园智汇路300号
Tel：0523-8300300
泰州贝克勒尔新能源有限公司
地址：兴化市李中镇顾赵村
Tel：0523-83309008
江苏光芒集团有限公司
地址：靖江市新桥镇光芒路15号
Tel：0523-84321088
江苏大中电机股份有限公司
地址：靖江市季市镇大中路66－68号
Tel：0523-84549259
江苏嘉必诺新能源有限公司
地址：靖江市红光工业园红南街45号
Tel：0523-84549880
江苏大翔科技有限公司
地址：靖江经济开发区城北园区经一路69号
Tel：0523-84551116
江苏冠奕染整化工设备制造有限公司
地址：靖江市靖城镇木金寺桥东首
Tel：0523-84652266
江苏华冶科技股份有限公司
地址：靖江市东兴镇工业园区
Tel：0523-84686158
江苏长新电工机械集团有限公司
地址：靖江经济开发区城北园区新一路1号六幢
Tel：0523-84878008
靖江市长新电子科技有限公司
地址：靖江经济开发区城北园区新一路南侧1号
Tel：0523-84878008
江苏和诚制药设备制造有限公司
地址：靖江市马桥镇江北高新技术产业区8号
Tel：0523-84913558
江苏欣盛自控科技有限公司
地址：靖江市新二路21号
Tel：0523-84980628
江苏银基节能环保科技有限公司
地址：靖江经济开发区城北园区新二路55号
Tel：0523-84990518
江苏煌恒电力设备有限公司
地址：靖江市双鱼路9号
Tel：0523-85121999
泰州阳光发电设备有限公司
地址：泰州市海陵区迎春东路北侧、永吉路西侧北马村12号标准厂房
Tel：0523-86083611
泰州市凯华柴油发电机组有限公司
地址：泰州市海陵工业园区泰安路21号
Tel：0523-86278965
泰州市天创电子有限公司
地址：泰州市永兴路298－15号
Tel：0523-86341639
泰州市鑫鑫发电设备有限公司
地址：泰州市农业开发区中菱村10号1幢
Tel：0523-86659055
国网江苏省电力公司泰兴市供电公司
地址：泰兴市国庆东路165号
Tel：0523-87631894
江苏波瑞电气有限公司
地址：泰兴市河失镇辉煌路1号
Tel：0523-87666666
江苏罡杨发电设备有限公司
地址：泰州市姜堰区华港镇龙溪工业集中区内
Tel：0523-88719222
泰州市宝锐石油设备制造有限公司
地址：泰州市海陵区苏陈镇工业园区(苏陈)
Tel：0523-89606627
江苏月源纤维科技有限公司
地址：沭阳县经济开发区台北路（南段东侧）
Tel：0527-80631717
江苏欣润环境科技发展有限公司
地址：泗洪县常熟泗洪工业园区钱塘江路南侧虞山路东侧
Tel：0527-80820085
江苏华天博特新能源科技有限责任公司
地址：宿迁经济技术开发区古楚社区综合服务中心办公大楼407室
Tel：0527-82288168
江苏华明智能电气有限公司
地址：宿迁经济技术开发区苏州路153号
Tel：0527-82888161
宿迁市天壕新能源有限公司
地址：宿迁市运河北路288号
Tel：0527-82993912
江苏博亚照明电器有限公司
地址：沭阳经济开发区萧山路28号
Tel：0527-83601999
江苏旭源科技有限公司
地址：江苏省宿迁高新技术产业开发区太行山路77号
Tel：0527-84468377
宿迁自然光伏电力有限公司
地址：江苏省宿迁市洪泽湖东路19号汇诚大厦3楼
Tel：0527-84555551
江苏中诺机电设备有限公司
地址：宿迁经济技术开发区康桥丽湾商业A幢113室
Tel：0527-84568896
泗阳高传机电设备制造有限公司
地址：泗阳经济开发区众兴东路北侧、黄河路西侧
Tel：0527-85187062
泗洪田园柳山投资开发有限公司
地址：泗洪县体育南路21号
Tel：0527-86698063
宿迁双沟物业管理有限公司
地址：江苏泗洪县双沟镇中大街173号
Tel：0527-86717850
泗洪林洋光伏科技有限公司
地址：泗洪县三星电子路电子产业园
Tel：0527-86782882
福能（江苏）电力发展有限公司
地址：沭阳县经济开发区瑞声大道8号
Tel：0527-88700279
宿迁市经济开发总公司
地址：宿迁市经济开发区发展大道西侧
Tel：0527-88859515
江苏司记照明有限公司
地址：沭阳县经济开发区海宁路17号
Tel：0527-88933666
江苏协鑫新能源有限公司
地址：南京市江宁区殷巷镇前庄路888号
Tel：0527-88990819

浙江省

宁波兴胜光伏发电有限公司
地址：宁波杭州湾新区金溪路68号
Tel：0510-85385355
浙江爱康电力有限公司
地址：浙江省杭州市上城区清波新村21号208室
Tel：0512-58227631
巨化衢州公用有限公司
地址：浙江省衢州市巨化集团公司中央大道
Tel：0570-3096591
巨化集团有限公司公用分公司
地址：浙江省衢州市巨化中央大道247号1幢
Tel：0570-3096591
巨化集团有限公司
地址：浙江省杭州市江干区泛海国际中心2幢2001室
Tel：0570-3614227
衢州东港环保热电有限公司
地址：浙江省衢州市衢江区天湖南路45号
Tel：0570-3666859
浙江辉博电力设备制造有限公司
地址：浙江省衢州市柯城区双港中路38号
Tel：0570-3841536
江山福斯特新能源开发有限公司
地址：江山市清湖镇华夏村学堂山8号
Tel：0570-4015899
国网浙江江山市供电有限公司
地址：浙江省衢州市江山市双塔街道鹿溪北路256号
Tel：0570-4112031
浙江同景新能源集团有限公司
地址：浙江省衢州市江山经济开发区山海协作区汇源路18－3号
Tel：0570-4221038
衢州市同景新能源有限公司
地址：浙江省衢州市柯城区航埠镇长泽街村官田47号（自主申报）
Tel：0570-4221038
中机国能江山新能源有限公司
地址：浙江省衢州市江山市双塔街道中山路118号
Tel：0570-4997238
中机国能江山新能源有限公司
地址：浙江省衢州市江山市双塔街道中山路118号
Tel：0570-4997238
中机国能龙游新能源有限公司
地址：浙江省衢州市龙游县湖镇镇客路村国强家庭农场
Tel：0570-7068009
中机国能龙游光伏发电有限公司
地址：浙江省龙游县詹家镇夏金工作站
Tel：0570-7777682
华电浙江龙游热电有限公司
地址：浙江龙游工业园区北斗大道72号
Tel：0570-7921812
华电浙江龙游热电有限公司
地址：浙江龙游工业园区北斗大道72号
Tel：0570-7921812
浙江合大太阳能科技有限公司
地址：浙江省杭州市富阳区场口镇孙家山路18号
Tel：0571-23233350
长兴和平华电风力发电有限公司
地址：浙江省湖州市长兴县和平镇
Tel：0571-26299108
华润（浙江）电力销售有限公司
地址：浙江省杭州市拱墅区远洋国际中心3号楼1704室、1705室
Tel：0571-28033172
国网浙江省电力有限公司
地址：杭州市黄龙路8号
Tel：0571-51103000
浙江华云电力工程监理有限公司
地址：上城区水澄大厦2幢501、502、601、602室
Tel：0571-51104480
杭州意能电力技术有限公司
地址：浙江省杭州市西湖区文三路253号9楼902室
Tel：0571-51216168
国网浙江淳安县供电有限公司
地址：千岛湖镇新安大街36号
Tel：0571-51230352
浙江大有实业有限公司
地址：浙江省杭州市建国南路158号
Tel：0571-51231011
浙江恒力电力承装有限公司
地址：浙江省杭州市临安区锦城街道万马路269号
Tel：0571-51234066
桐庐电力开发有限公司
地址：浙江省杭州市桐庐县桐庐经济开发区凤翔路71号
Tel：0571-51238804
国网浙江建德市供电有限公司
地址：浙江省杭州市建德市新安江街道新安路228号
Tel：0571-51239102
浙江正泰新能源开发有限公司
地址：浙江省杭州市滨江区滨安路1335号1幢B号厂房2楼
Tel：0571-56031888
浙江正泰太阳能科技有限公司
地址：杭州市滨江区滨安路1335号1幢
Tel：0571-56031953
杭州华电下沙热电有限公司
地址：浙江省杭州经济技术开发区五洋路288号
Tel：0571-56056600
华电湖州新能源发电有限公司
地址：湖州市南浔区南浔镇年丰西路2688号1幢
Tel：0571-56056600
华电宁波新能源发电有限公司
地址：浙江省宁波杭州湾新区大众广场金溪东路73号
Tel：0571-56056600
杭州华电下沙热电有限公司
地址：浙江省杭州经济技术开发区五洋路288号
Tel：0571-56056600
杭州智慧之光实业有限公司
地址：浙江省杭州市滨江区西兴街道聚园路21号2幢301室
Tel：0571-56682197
乐清正泰光伏发电有限公司
地址：浙江省乐清市柳市镇上园工业区正泰大楼三楼
Tel：0571-56758891
杭州正泰光伏发电有限公司
地址：杭州经济技术开发区白杨街道6号大街260号1幢201室
Tel：0571-56758891
杭州国电电气能源科技有限公司
地址：浙江省杭州市西湖区文二路391号E楼北区四层C座
Tel：0571-56839950
东芝水电设备（杭州）有限公司
地址：浙江省桐庐县富春江镇工人路1号
Tel：0571-56987117
杭州华电江东热电有限公司
地址：浙江省杭州大江东产业集聚区三丰路218号
Tel：0571-57178300
杭州华电江东热电有限公司
地址：浙江省杭州大江东产业集聚区三丰路218号
Tel：0571-57178300
杭州普拉格新能源汽车有限公司
地址：浙江省杭州市余杭区五常街道五常大道181号1幢
Tel：0571-57879118
浙江吉利汽车研究院有限公司杭州分公司
地址：萧山区临江工业园区纬五路3366号
Tel：0571-58109000
中电舜飞（浙江）发电设备有限公司
地址：桐庐县桐庐经济开发区滩头路99号
Tel：0571-58582228
浙江鼎昊新能源设备股份有限公司
地址：浙江省杭州市桐庐县县城环城西路999号
Tel：0571-58582788
杭州福斯特光伏发电有限公司
地址：浙江省杭州市临安区锦北街道福斯特街8号1幢101
Tel：0571-61076594
浙江宝顺电气有限公司
地址：浙江省杭州市临安区玲珑街道庆仙路218号
Tel：0571-61092825
杭州远企节能科技有限公司
地址：浙江省杭州市江干区临丁路1191号1幢2层2101号
Tel：0571-62070880
杭州奥克光电设备有限公司
地址：浙江省杭州市富阳区东洲街道高尔夫路197号
Tel：0571-63369873
浙江浙能华光潭水力发电有限公司
地址：浙江省杭州市临安区龙岗镇地塔村童家19（1幢整幢）
Tel：0571-63631091
建德中电建新能源有限公司
地址：浙江省杭州市建德市三都镇工业功能区科研楼二楼
Tel：0571-64186619
浙江中水发电设备有限公司
地址：浙江省杭州市桐庐县富春江镇黄坡岭35号
Tel：0571-64651609
杭州中水科技股份有限公司
地址：杭州市桐庐县富春江镇芝厦商贸街200号
Tel：0571-64662009
桐庐天元机电有限公司
地址：桐庐县富春江镇学士南路167号
Tel：0571-69919518
浙江富春江水电设备有限公司
地址：桐庐县富春江镇红旗南路99号
Tel：0571-69969708
杭州浙富中小水电设备有限公司
地址：桐庐县富春江镇钓台路426号
Tel：0571-69969708
杭州智宇能源科技有限公司
地址：杭州市滨江区西兴街道滨文路95号3幢501室

…………………… Tel：0571-81066529
浙江大唐能源营销有限公司
地址：浙江省杭州市江干区泛海国际中心1幢1404室
…………………… Tel：0571-81106781
中机国能电力集团有限公司
地址：杭州市滨江区滨盛路1786号汉氏大厦2010室
…………………… Tel：0571-81386999
中机国能电力技术开发（浙江）有限公司
地址：浙江省杭州市滨江区滨盛路1786号汉氏大厦2006室
…………………… Tel：0571-81386999
中机国能电力技术开发（浙江）有限公司
地址：浙江省杭州市滨江区滨盛路1786号汉氏大厦2006室
…………………… Tel：0571-81386999
杭州帷沃电力工程有限公司
地址：杭州市滨江区南环路2930号3幢6楼
…………………… Tel：0571-81967696
浙江帷盛电力工程有限公司
地址：浙江省杭州市滨江区浦沿街道南环路3730号源越科技大楼11层D室
…………………… Tel：0571-81967696
杭州力源发电设备有限公司
地址：萧山区临江工业园区农二场
…………………… Tel：0571-82106818
杭州萧山供销防汛科技开发有限公司
地址：浙江省杭州市萧山区临浦镇人民路7号2幢501室
…………………… Tel：0571-82259185
杭州诚德发电设备有限公司
地址：萧山区临浦镇新联村
…………………… Tel：0571-82480538
杭州径游发电设备有限公司
地址：萧山区浦阳镇径游村
…………………… Tel：0571-82634570
杭州大路发电设备有限公司
地址：萧山区红山农场二分场
…………………… Tel：0571-82699052
杭州大路装备有限公司
地址：萧山区红山农场二分场
…………………… Tel：0571-82699052
杭州三和电控设备有限公司
地址：萧山区义桥镇罗蓉村
…………………… Tel：0571-82704709
新奥（浙江）能源销售有限公司
地址：萧山区市心中路258号圆方城1、2幢15层
…………………… Tel：0571-82816928
绍兴协鑫光伏电力有限公司
地址：浙江省绍兴市上虞区杭州湾上虞经济技术开发区东一区
…………………… Tel：0571-83586316
通用电气能源（杭州）有限公司
地址：萧山经济技术开发区桥南区块鸿兴路288号
…………………… Tel：0571-83699888
浙江吉日新能源有限公司
地址：浙江省杭州市滨江区西兴街道月明路560号1幢1号楼1502室
…………………… Tel：0571-85000825
杭州望高机电工程有限公司
地址：西湖区西溪路525号浙大科技园A楼西区413室
…………………… Tel：0571-85194290
杭州华电半山发电有限公司
地址：浙江省杭州市拱墅区拱康路200号
…………………… Tel：0571-85272222
中能源氢能科技（温州）有限公司
地址：浙江省温州市苍南县龙港镇新城海景路1号
…………………… Tel：0571-85285929
杭州聚达能源科技有限公司
地址：杭州市江干区丁桥镇临丁路699号综合大楼1幢1-6层一层
…………………… Tel：0571-85784392
杭州华政新能源科技有限公司
地址：杭州市西湖区紫荆花路2号1幢109室
…………………… Tel：0571-86079900
杭州環能科技有限公司
地址：浙江省杭州市临安区於潜镇潜东村1组涌村97号
…………………… Tel：0571-86492860
杭州汽轮工程股份有限公司
地址：杭州经济技术开发区22号大街18号
…………………… Tel：0571-86575838
杭州长河发电设备有限公司
地址：浙江省杭州市滨江区西兴街道(临)楚天路270号
…………………… Tel：0571-86603896
杭州普沃晟科技有限公司
地址：浙江省杭州经济技术开发区学源街258号中国计量大学东区逸夫科技楼10楼1005室
…………………… Tel：0571-86631565
杭州七友实业有限公司
地址：浙江省杭州市滨江区浦沿街道西浦路1718号超级星期天公寓1幢250室
…………………… Tel：0571-86637333
浙江浙能能源服务有限公司
地址：浙江省杭州市西湖区天目山路152号7楼
…………………… Tel：0571-86679162
杭州海勒科技有限公司
地址：浙江省杭州市滨江区滨和路998号中赢国际商务大厦1幢1601室
…………………… Tel：0571-86680955
浙江舟山联合动能新能源开发有限公司
地址：岱山县高亭镇人民路35号404、405室
…………………… Tel：0571-86690717
武义中鑫电力科技有限公司
地址：浙江省武义县城中盛路（浙江省武义茶业有限公司内）
…………………… Tel：0571-86720663
杭州路建工程机械有限公司
地址：杭州市江干区新江花园底商75号301室
…………………… Tel：0571-86772675
杭州泽大仪器有限公司
地址：浙江省杭州市莫干山路1418-50号3幢1202室（上城科技工业基地）
…………………… Tel：0571-86882212
浙江龙源风力发电有限公司
地址：杭州市大名空间商务大厦19楼
…………………… Tel：0571-86897172
浙江龙源风力发电有限公司
地址：杭州市大名空间商务大厦19楼
…………………… Tel：0571-86897172
浙江中电电力销售有限公司
地址：浙江省杭州市江干区西子国际中心2号楼3202室
…………………… Tel：0571-87158465
浙江浙能电力股份有限公司
地址：浙江省杭州市天目山路152号浙能大楼2楼
…………………… Tel：0571-87210223
浙江中联送变电工程有限公司
地址：浙江省杭州市下城区现代置业大厦东楼711室
…………………… Tel：0571-87218079
国家电投集团平湖新能源有限公司
地址：平湖市新埭镇洁城路2号内201室
…………………… Tel：0571-87243750
浙江鼎联实业有限公司
地址：浙江省杭州市余杭区五常街道万利大厦803室
…………………… Tel：0571-87253005
杭州康达科技股份有限公司
地址：杭州市江干区西子国际中心2号1005室
…………………… Tel：0571-87299616
宁波基投新能源有限公司
地址：浙江省宁波市海曙区顺德路136弄28号501室
…………………… Tel：0571-87299913
浙江基投新能源有限公司
地址：浙江省杭州市拱墅区密渡桥路1号A幢2503室-9
…………………… Tel：0571-87299913
杭州新中源科技有限公司
地址：浙江省杭州市西湖区文一西路98号数娱大厦 1105室
…………………… Tel：0571-87381560
杭州墨鹏机电科技有限公司
地址：浙江省杭州市下城区朝晖路182号1号楼160B室
…………………… Tel：0571-87390020
浙江运达风电股份有限公司
地址：杭州钱江经济开发区顺风路558号
…………………… Tel：0571-87392379
国家电投集团临安帷盛新能源有限公司
地址：浙江省临安市锦北街道广业金禾嘉园21（21幢209）
…………………… Tel：0571-87565197
华能嘉善光伏发电有限责任公司
地址：浙江省嘉兴市嘉善县西塘镇复兴大道16号349室
…………………… Tel：0571-87675170
华能（湖州开发区）光伏发电有限责任公司
地址：浙江省湖州市方石路88号1幢
…………………… Tel：0571-87675170
华能长兴光伏发电有限责任公司
地址：浙江省湖州市长兴县洪桥镇陈桥村华能长兴电厂灰库
…………………… Tel：0571-87675170
华能庆元风力发电有限公司
地址：浙江省丽水市庆元县松源街道石龙街3号
…………………… Tel：0571-87675170
华能云和风力发电有限公司
地址：浙江省丽水市云和县浮云街道中山路21号
…………………… Tel：0571-87675170
华能缙云新能源发电有限公司
地址：浙江省丽水市缙云县五云街道紫薇花园2幢1单元
…………………… Tel：0571-87675170
浙江世纪协和环境科技有限公司
地址：浙江省杭州市西湖区双龙街199号4号楼102室
…………………… Tel：0571-87770522
杭州绿能环保发电有限公司
地址：浙江省杭州市滨江区浦沿街道山二村风紫墩68号
…………………… Tel：0571-87772328
咸亨国际科技股份有限公司
地址：浙江省杭州市上城区江城路889号E10室
…………………… Tel：0571-87813666
浙江英利电力开发有限公司
地址：浙江省杭州市钱塘新区保利天地中心3幢2310室
…………………… Tel：0571-87828725
浙江省机械设备进出口有限责任公司
地址：浙江省杭州市解放路111号金钱大厦
…………………… Tel：0571-87828916
浙江省新能源投资集团股份有限公司
地址：杭州市江干区凯旋街道凤起东路8号
…………………… Tel：0571-87900319
浙江省新能源投资集团股份有限公司
地址：杭州市江干区凯旋街道凤起东路8号
…………………… Tel：0571-87900319
浙江工信合能源信息技术中心有限公司
地址：浙江省杭州市西溪路559号13幢2楼
…………………… Tel：0571-88072066
华电电力科学研究院有限公司
地址：浙江省杭州市西湖区三墩镇西园一路10号
…………………… Tel：0571-88083037
浙江宏发能源投资有限公司
地址：浙江省景宁畲族自治县红星街道人民中路98号三楼
…………………… Tel：0571-88117712
杭州电器开关有限公司
地址：浙江省杭州市江干区杭州市江干区俞章路88号
…………………… Tel：0571-88137678
志诚动力科技（杭州）有限公司
地址：杭州经济技术开发区经十路19号
…………………… Tel：0571-88169819
浙江山宇控股有限公司
地址：杭州市余杭区余杭街道宇达路11号2幢
…………………… Tel：0571-88193611
杭州慧景科技股份有限公司
地址：浙江省莫干山路1418-50号办公楼1、6、7层（上城科技工业基地）
…………………… Tel：0571-88219550
杭州优电电气工程有限公司
地址：浙江省杭州市西湖区古翠路80号浙江科技产业大厦1405室
…………………… Tel：0571-88390095
杭州上拓环境科技股份有限公司
地址：杭州市余杭区仓前街道海曙路11号2幢201室
…………………… Tel：0571-88521290
杭州浙富科技有限公司
地址：浙江省杭州市余杭区仓前街道西溪堂商务中心1幢1906室
…………………… Tel：0571-88615161
长兴寰泰光伏发电有限公司
地址：浙江省湖州市长兴县经济开发区发展大道6号-2号厂房
…………………… Tel：0571-89027301
杭州寰泰光伏发电有限公司
地址：浙江省杭州市萧山区党湾镇镇中村519号2幢
…………………… Tel：0571-89027301
浙江寰泰新能源有限公司
地址：浙江省杭州市余杭区余杭经济技术开发区兴国路503号5幢3楼302室
…………………… Tel：0571-89027301
嘉兴寰泰光伏发电有限公司
地址：浙江省嘉兴市南湖区大桥镇亚澳路199号4号楼201室
…………………… Tel：0571-89027301
浙江乐恒动力科技股份有限公司
地址：浙江省杭州市余杭区余杭经济技术开发区胡桥村胡家角78号1幢2层、2幢1层
…………………… Tel：0571-89167395
华章科技（杭州）有限公司
地址：拱墅区祥园路99号2号楼1101室
…………………… Tel：0571-89710538
浙江融智能源科技有限公司
地址：浙江省杭州市西湖区三墩镇西港发展中心西3幢301室
…………………… Tel：0571-89775522
浙富控股集团股份有限公司
地址：浙江省桐庐县县城迎春南路177号浙富大厦25F
…………………… Tel：0571-89939661
浙江天煌科技实业有限公司
地址：杭州市西湖区三墩镇西园五路10号
…………………… Tel：0571-89978111
湖州永昇光电科技有限公司
地址：浙江省湖州市嘉年华国际广场D座D205室-19
…………………… Tel：0572-2090130
浙江旺能环保有限公司
地址：浙江省湖州市吴兴区湖织大道路1389号
…………………… Tel：0572-2208888
国网浙江安吉县供电有限公司
地址：安吉县昌硕街道昌硕路
…………………… Tel：0572-2426030
浙江浙能长兴发电有限公司
地址：浙江省湖州市田盛园20幢
…………………… Tel：0572-2429038
湖州中宏能源开发有限公司
地址：浙江省湖州市吴兴区白鱼潭路888号玉堂桥小区27幢518室
…………………… Tel：0572-2538988
浙江贝盛新能源开发有限公司
地址：湖州市织里镇珍贝路800号（浙江贝盛光伏股份有限公司厂区内）
…………………… Tel：0572-2552044
浙江幸福航天科技有限公司
地址：浙江省湖州市敢山路1688号
…………………… Tel：0572-2635188
湖州南太湖电力科技有限公司
地址：湖州市南浔区和孚镇重兆村汇源路1号
…………………… Tel：0572-2655307
浙江安吉通用电力发展有限公司
地址：浙江省安吉县递铺镇天荒坪北路
…………………… Tel：0572-3436368
湖州晶尚阳光电力技术有限公司
地址：浙江省湖州市南浔区南浔镇横街屯横路1111号3号厂房-1
…………………… Tel：0572-3872111
湖州市澳蓝电力科技有限责任公司
地址：湖州市南浔区练市镇迎宾东路99号长城景月湾25幢155号
…………………… Tel：0572-3952190
安吉易屋新能源科技有限公司
地址：浙江省湖州市安吉县昌硕街道昌硕西路105号（泽贤铭楼）2幢2单元404室
…………………… Tel：0572-5083001
中机国能安吉光伏发电有限公司
地址：浙江省湖州市安吉县梅溪镇红庙村
…………………… Tel：0572-5666613
中机国能安吉光伏发电有限公司
地址：浙江省湖州市安吉县梅溪镇红庙村
…………………… Tel：0572-5666613
国网浙江长兴县供电有限公司
地址：浙江省湖州市长兴县雉城街道金陵南路233号
…………………… Tel：0572-6022266
浙江阳源科技有限公司
地址：浙江省湖州市长兴县雉城街道仓前一街318号一层
…………………… Tel：0572-6129222
华电福新浙江长兴风力发电有限公司
地址：长兴县洪桥镇陈桥村
…………………… Tel：0572-6290361
浙江巨源动力装备有限公司
地址：浙江省长兴县雉城镇新兴工业园区包桥路9号
…………………… Tel：0572-6527009
浙江超威电力有限公司
地址：浙江省湖州市长兴县画溪街道雉洲大道12号5号楼2层
…………………… Tel：0572-6669727
湖州超威光伏发电有限公司
地址：浙江省画溪街道雉洲大道12号5号楼4层
…………………… Tel：0572-6669727
浙江超威电力有限公司
地址：浙江省湖州市长兴县画溪街道雉洲大道12号5号楼2层
…………………… Tel：0572-6669727
浙江浙能长兴天然气热电有限公司
地址：长兴县画溪街道工业功能区新塘路2号
…………………… Tel：0572-6869913
湖南湘江电力建设集团有限公司浙江湖州分公司
地址：浙江省德清县武康镇武源街355号
…………………… Tel：0572-8068095
浙江海得新能源有限公司
地址：桐乡市梧桐街道二环南路1320号
…………………… Tel：0573-80881200
嘉兴市汇盛电气控制设备有限公司
地址：嘉兴市二号路南四号路东科创中心6号楼一层西1-2号
…………………… Tel：0573-82065538
国网浙江桐乡市供电有限公司

地址：浙江省嘉兴市桐乡市梧桐街道振东新区环园路818号
…………Tel：0573－82423713

浙江浙能嘉华发电有限公司
地址：杭州市解放路85号1401、1501、1601室
…………Tel：0573－82428210

浙江浙能嘉兴发电有限公司
地址：浙江省杭州市天目山路152号浙能大厦507室
…………Tel：0573－82428210

浙江浙能嘉兴发电有限公司
地址：浙江省杭州市天目山路152号浙能大厦507室
…………Tel：0573－82428210

嘉兴开天传动技术有限公司
地址：浙江省嘉兴市南湖区大桥镇兴业路65号1－7幢
…………Tel：0573－82581693

嘉兴华清能源科技有限公司
地址：浙江省嘉兴市南湖区大桥镇步焦路1839号一层
…………Tel：0573－82582368

浙江昱能科技有限公司
地址：嘉兴市南湖区亚太路（嘉兴科技城）1号内1幢3楼
…………Tel：0573－82583530

嘉兴宏升进出口有限公司
地址：嘉兴市勤俭路611号1号楼311室
…………Tel：0573－82719287

嘉兴国电通新能源科技有限公司
地址：浙江省嘉兴市秀洲区智富中心29幢
…………Tel：0573－82728216

中节能（嘉兴）环保科技园发展有限公司
地址：浙江省嘉兴市秀洲区高照街道康和路500号
…………Tel：0573－82753130

嘉兴同耀机电有限公司
地址：浙江省嘉兴市纯高国际现代商务花园2号3层
…………Tel：0573－82763761

浙江嘉科新能源科技有限公司
地址：浙江省嘉兴市秀洲区高照街道桃园路587号中电科（嘉兴）智慧产业园1期4号厂房1、2层
…………Tel：0573－82799121

嘉兴优尚新能源有限公司
地址：浙江省嘉兴市南湖区亚太路778号（嘉兴科技城）8号楼707室
…………Tel：0573－82808911

绍兴市昱辉新能源科技有限公司
地址：诸暨市店口镇解放路177号
…………Tel：0573－84600981

浙江大唐国际新能源有限责任公司
地址：平湖市独山港镇乍全路北侧（浙江独山港经济开发区管理委员会三号楼315室）
…………Tel：0573－85812070

浙江世博钢结构有限公司
地址：平湖市林埭工业园区天成路303号
…………Tel：0573－85921918

国网浙江海盐县供电有限公司
地址：浙江省嘉兴市海盐县武原街道百尺北路98号
…………Tel：0573－86584048

浙江煜腾新能源股份有限公司
地址：浙江省海盐县沈荡镇中钱工业园区
…………Tel：0573－86722885

浙江恒洋热电有限公司
地址：海盐县沈荡镇彭城东路1号
…………Tel：0573－86723380

中国能源建设集团庆元新能源有限公司
地址：浙江省丽水市庆元县 洲街道云鹤路18号
…………Tel：0573－86868107

国网浙江海宁市供电有限公司
地址：浙江省海宁市水月亭西路280号
…………Tel：0573－87231726

温岭芯能新能源有限公司
地址：浙江省台州市温岭市石塘镇上马工业区朝阳路3号
…………Tel：0573－87393888

台州芯能新能源有限公司
地址：台州市路桥区金属资源再生产业基地富海大道1号302室
…………Tel：0573－87393888

临海芯能新能源有限公司
地址：浙江省台州市临海市上盘镇下畔村
…………Tel：0573－87393888

嘉兴芯能新能源有限公司
地址：嘉兴市秀洲区王店镇梅东路东侧、友谊路南侧18号创业中心大楼六楼东侧
…………Tel：0573－87393888

义乌芯能新能源有限公司
地址：浙江省义乌市北苑街道西城路1239号208室
…………Tel：0573－87393888

杭州芯能新能源有限公司
地址：浙江省杭州市钱塘新区白杨街道经四支路138号4D411
…………Tel：0573－87393888

平湖芯能新能源有限公司
地址：平湖市曹桥街道曹桥南路102－110号南幢内一层106室
…………Tel：0573－87393888

浙江芯能惠民新能源有限公司
地址：海宁市海宁经济开发区皮都路9号南大楼202室
…………Tel：0573－87393888

海宁绿色动力再生能源有限公司
地址：浙江省海宁市盐官镇郭店观潮大道888号（县道X709）
…………Tel：0573－87636698

浙江宝峰热电有限公司
地址：海宁市许村镇孙桥村
…………Tel：0573－87650788

浙江光隆能源科技股份有限公司
地址：浙江省海宁市斜桥镇新建路8号
…………Tel：0573－87783166

浙江华章科技有限公司
地址：浙江省桐乡市梧桐街道振华路1360号
…………Tel：0573－88588987

桐乡天昱节能技术有限公司
地址：浙江省嘉兴市桐乡市河山镇阳光路59号9幢1层
…………Tel：0573－88689666

嘉兴长泰光电科技有限公司
地址：浙江省桐乡市河山镇工业区阳光路59号1幢3层北301－305室
…………Tel：0573－88689666

浙江协鑫售电有限公司
地址：浙江省杭州市拱墅区湖州街333号1幢三层355室
…………Tel：0573－88771608

浙江景恒户外装饰工程有限公司
地址：桐乡市石门镇子恺东路333号第3幢2层
…………Tel：0573－88778855

航天（桐乡）光伏电能科技有限公司
地址：桐乡市屠甸镇海星村北港组
…………Tel：0573－88898290

航天（桐乡）光伏电能科技有限公司
地址：桐乡市屠甸镇海星村北港组
…………Tel：0573－88898290

浙江天赐新能源科技有限公司
地址：浙江省嘉兴市嘉善县罗星街道归谷五路8号
…………Tel：0573－89103253

浙江创嘉机电设备股份有限公司
地址：浙江省嘉兴市桐乡市梧桐街道凯旋路4000号3幢
…………Tel：0573－89386807

余姚市奥鑫电器有限公司
地址：浙江省余姚市凤山街道永丰村
…………Tel：0574－22689110

宁波方太厨具有限公司
地址：浙江省宁波杭州湾新区滨海二路218号
…………Tel：0574－23456328

浙江众达能源科技有限公司
地址：浙江省象山县滨海工业园金港路37号
…………Tel：0574－25758877

宁波舟山港股份有限公司
地址：宁波市江东区宁东路269号环球航运广场第1－4层(除2－2)、第40－46层
…………Tel：0574－27687784

宁波舟山港股份有限公司宁波港埠分公司
地址：宁波市江北区白沙路353号
…………Tel：0574－27691240

宁波舟山港股份有限公司镇海港埠分公司
地址：镇海区威远路111号
…………Tel：0574－27695299

宁波舟山港股份有限公司北仑矿石码头分公司
地址：宁波市北仑区新 迎宾路8号
…………Tel：0574－27697310

宁波北仑国际集装箱码头有限公司
地址：浙江省宁波市北仑区新矸镇北极星路
…………Tel：0574－27697962

宁波北仑第三集装箱码头有限公司
地址：浙江省宁波市北仑区白峰集翔路8号
…………Tel：0574－27698439

宁波舟山港股份有限公司北仑第二集装箱码头分公司
地址：宁波市北仑区新矸迎宾路227号
…………Tel：0574－27698577

宁波穿山码头经营有限公司
地址：浙江省宁波市北仑区白峰集翔路8号23幢1号7层
…………Tel：0574－27698945

国网浙江宁波市奉化区供电有限公司
地址：浙江省宁波市奉化区锦屏街道广济路
…………Tel：0574－51097041

宁波送变电建设有限公司
地址：浙江省宁波市江北区宁慈中路168号
…………Tel：0574－51101920

宁波永耀供电服务有限公司
地址：浙江省宁波市海曙区望京路483号13幢105、107室
…………Tel：0574－51104792

宁波三明电力发展有限公司
地址：浙江省宁波市镇海区蛟川街道俞范东路88号
…………Tel：0574－51106813

国网浙江慈溪市供电有限公司
地址：浙江省慈溪市古塘街道三北大街238号
…………Tel：0574－51107161

国网浙江象山县供电有限公司
地址：浙江省象山县丹西街道城西路77号
…………Tel：0574－51108556

宁波市德霖机械有限公司
地址：浙江省宁波市江北区金山路666弄88号
…………Tel：0574－56202882

宁波普能电力发展有限公司
地址：浙江省宁波杭州湾新区滨海四路北侧众创园5号楼B739室（自主申报）
…………Tel：0574－58993822

宁波朗肯节能设备制造有限公司
地址：浙江省象山县城东工业园永昌路12号
…………Tel：0574－59125796

宁海日升能源电力开发有限公司
地址：宁海县物流园区配送中心东三楼
…………Tel：0574－59953175

宁海新电电力开发有限公司
地址：浙江省宁波市宁海县梅林街道塔山工业园区（自主申报）
…………Tel：0574－59953175

嘉兴日升金瑞电力开发有限公司
地址：平湖市林埭镇01省道保丰段170号内第一幢一层
…………Tel：0574－59953175

宁海日升能源电力开发有限公司
地址：宁海县物流园区配送中心东三楼
…………Tel：0574－59953175

东方日升（宁波）电力开发有限公司
地址：宁海县物流园区配送中心东三楼
…………Tel：0574－59953192

东方日升（宁波）电力开发有限公司
地址：宁海县物流园区配送中心东三楼
…………Tel：0574－59953192

宁波东升光伏工程有限公司
地址：宁海县桃源街道桃源北路2号
…………Tel：0574－59972258

宁波升谷节能科技有限公司
地址：浙江省余姚市经济开发区滨海新城兴滨路28号(限办公)
…………Tel：0574－62656205

浙江国华余姚燃气发电有限责任公司
地址：余姚市丰山西路588号
…………Tel：0574－62896306

宁波横河新能源投资有限公司
地址：浙江省慈溪市新兴产业集群区宗汉街道新兴大道588号
…………Tel：0574－63257108

宁波晨缘光伏电力有限公司
地址：宁波杭州湾新区金慈路158号
…………Tel：0574－63578196

浙江佳明天和缘光伏科技有限公司
地址：宁波杭州湾新区金慈路158号
…………Tel：0574－63578196

浙江沁园水处理科技有限公司
地址：宁波杭州湾新区兴慈一路358号
…………Tel：0574－63937000

宁波天安能源工程有限公司
地址：浙江省象山县丹东街道丹阳路1288号
…………Tel：0574－65705005

浙江大唐乌沙山发电有限责任公司
地址：宁波市鄞州区钟公庙街道同心苑1幢1号
…………Tel：0574－65855249

宁波绿源天然气电力有限公司
地址：浙江省宁波市海曙区横街镇工业区
…………Tel：0574－83063309

宁波市荣光动力机械有限公司
地址：宁波市江北区（工业投资创业中心）北海路150弄26号
…………Tel：0574－83090188

浙江昊阳电力发展股份有限公司
地址：浙江省宁波高新区江南一品花园299号003幢14－4号
…………Tel：0574－83888502

光大环保能源（宁波）有限公司
地址：浙江省宁波市北仑区郭巨街道长浦一号
…………Tel：0574－86010359

宁波合大屋顶能源开发有限公司
地址：北仑区大 学苑南路180号2幢180号
…………Tel：0574－86108827

宁波市北仑发电设备附件厂
地址：浙江省宁波市北仑区大 璎珞188号
…………Tel：0574－86135075

浙江浙能镇海联合发电有限公司
地址：浙江省宁波市镇海区镇宁东路455号
…………Tel：0574－86332448

浙江浙能镇海发电有限责任公司
地址：浙江省宁波市镇海区镇宁东路235号
…………Tel：0574－86332607

浙江浙能镇海燃气热电有限责任公司
地址：浙江省宁波市镇海区宁波石化经济技术开发区海祥路999号
…………Tel：0574－86332612

宁波澳孚机械有限公司
地址：宁波市北仑区大 坝头西路329号
…………Tel：0574－86741278

浙江浙能北仑发电有限公司
地址：浙江省杭州市西湖区公元大厦北楼1601室
…………Tel：0574－86889396

浙江浙能北仑发电有限公司
地址：浙江省杭州市西湖区公元大厦北楼1601室
…………Tel：0574－86889396

国电浙江北仑第一发电有限公司
地址：浙江省杭州市教工路18号世贸丽晶城欧美中心1号楼1701室
…………Tel：0574－86892584

国电浙江北仑第三发电有限公司
地址：宁波市北仑区进港西路66号
…………Tel：0574－86892584

宁波热电股份有限公司
地址：浙江省宁波经济技术开发区大港工业城
…………Tel：0574－86897102

宁波能源集团有限公司
地址：浙江省宁波市鄞州区昌乐路187号（发展大厦B座）6楼
…………Tel：0574－86897102

浙江省电力建设有限公司
地址：浙江省宁波市甬江新区五环大厦11楼
…………Tel：0574－87027990

浙江日林光伏工程有限公司
地址：浙江省宁波市海曙区望春工业园区春华路867号
…………Tel：0574－87142792

宁波宁电新能源开发有限公司
地址：浙江省宁波市江北区新桥五路16号101
…………Tel：0574－87351630

宁波中策动力机电集团有限公司
地址：浙江省宁波市江北区金山路699号
…………Tel：0574－87522626

衢州尼拓新能源有限公司
地址：浙江省衢州市绿川南路1号1幢108室
…………Tel：0574－87757872

宁波三星电力发展有限公司
地址：宁波市江北区慈城镇枫湾路26号013幢二楼
…………Tel：0574－88072121

宁波明州热电有限公司
地址：浙江省宁波市鄞州工业园区（鄞州区姜山镇）
…………Tel：0574－88078052

宁波杉杉运通新能源系统有限公司
地址：宁波市望春工业园区云林中路238号
…………Tel：0574－88323277

宁波科论太阳能有限公司
地址：宁波市鄞州区五乡镇天童村
…………Tel：0574－88331020

宁波欣达海上风力发电有限公司
地址：宁波市鄞州区首南街道天童南路736号701室
…………Tel：0574－88336258

宁波欣达能源有限公司
地址：宁波市鄞州区天童南路736号901室
…………Tel：0574－88336258

宁波欣达海上风力发电有限公司
地址：宁波市鄞州区首南街道天童南路736号701室
…………Tel：0574－88336258

宁波金海丰国际贸易有限公司
地址：浙江省宁波市北仑区梅山保税港区成海路6号1幢1号1603－1室
…………Tel：0574－89076428

浙江东海德迦风力发电有限公司
地址：浙江省象山县石浦镇檀头山岛檀兴渔村
…………Tel：0574－89520233

浙江浙能绍兴滨海热电有限责任公司
地址：浙江省绍兴市柯桥区滨海工业区九七丘
…………………… Tel：0575－81195566
浙江浙能钱清发电有限责任公司
地址：绍兴市柯桥区钱清镇钱清村
…………………… Tel：0575－81195566
浙江春晖环保能源股份有限公司
地址：浙江省杭州湾上虞经济技术开发区
…………………… Tel：0575－82392277
国网浙江绍兴市上虞区供电有限公司
地址：绍兴市上虞区经济开发区
…………………… Tel：0575－82761510
浙江新中港清洁能源股份有限公司
地址：浙江省嵊州市剡湖街道罗东路28号
…………………… Tel：0575－83181278
中节能风力发电（浙江）有限公司
地址：嵊州市崇仁镇新街西路
…………………… Tel：0575－83275531
浙江物产中大电机铁芯制造有限公司
地址：浙江省嵊州市经济开发区浙锻路128号1号厂房
…………………… Tel：0575－83593819
浙江博德隆五金机电有限公司
地址：绍兴市柯桥区马鞍镇皋合村
…………………… Tel：0575－85320921
国网浙江新昌县供电有限公司
地址：浙江省新昌县七星街道十九峰路289号
…………………… Tel：0575－86016766
诸暨市东白电力安装工程有限公司
地址：浙江省诸暨市陶朱街道艮塔西路96号
…………………… Tel：0575－87197951
浙江佳盛发电设备有限公司
地址：衢州市百灵中路9号
…………………… Tel：0575－87385910
浙江永升新能源科技有限公司
地址：绍兴袍江工业区越东北路28号
…………………… Tel：0575－88178512
绍兴市大兴电气承装有限公司
地址：浙江省绍兴市胜利东路58号
…………………… Tel：0575－88392765
绍兴向日葵光伏发电有限公司
地址：绍兴袍江三江路以南10幢306室
…………………… Tel：0575－88919126
浙江向日葵电力开发有限公司
地址：浙江省绍兴市越城区马山街道越王路342号4幢
…………………… Tel：0575－88967706
浙江向日葵电力开发有限公司
地址：浙江省绍兴市越城区马山街道越王路342号4幢
…………………… Tel：0575－88967706
浙江大唐国际绍兴江滨热电有限责任公司
地址：浙江省绍兴市滨海新城畅和路21号
…………………… Tel：0575－89288900
浙江大唐国际绍兴江滨热电有限责任公司
地址：浙江省绍兴市滨海新城畅和路21号
…………………… Tel：0575－89288900
浙江贝立德能源科技有限公司
地址：玉环市清港镇工业产业集聚区
…………………… Tel：0576－81731995
绿田机械股份有限公司
地址：台州市路桥区横街镇绿田大道一号
…………………… Tel：0576－82620989
浙江绿田机电制造有限公司
地址：台州市路桥区横街镇外贸工业园区
…………………… Tel：0576－82620989
华和重工有限公司
地址：台州市路桥区金清镇沥北村
…………………… Tel：0576－82713328
浙江贝特智能设备有限公司
地址：台州市黄岩西工业园区康庄路31号
…………………… Tel：0576－84226168
临海市电力实业有限公司
地址：浙江省台州市临海市江南耀明路18号
…………………… Tel：0576－85229505
博浪柯（浙江）机电制造有限公司
地址：浙江省台州经济开发区滨海工业区块D区块
…………………… Tel：0576－86126999
浙江泰福泵业股份有限公司
地址：浙江省台州市温岭市松门镇东南工业园区（海天名苑小区往东800米）
…………………… Tel：0576－86312866
浙江泰福泵业股份有限公司
地址：浙江省台州市温岭市松门镇东南工业园区（海天名苑小区往东800米）
…………………… Tel：0576－86312866
浙江双峰电气股份有限公司
地址：浙江省台州市温岭市大溪镇大洋城工业区
…………………… Tel：0576－86336402
台州环洋机电有限公司
地址：温岭市泽国镇姜家村
…………………… Tel：0576－86388678
南方机床集团有限公司
地址：浙江省台州市温岭市泽国镇杭温南路418号
…………………… Tel：0576－86449918
台州市联源热力有限公司
地址：浙江省临海市杜桥镇下浦
…………………… Tel：0576－88218740
台州中远水上设施有限公司
地址：浙江省台州市万达广场3幢1514室（仅限办公用）
…………………… Tel：0576－88598822
浙江星星风力发电有限公司
地址：台州市椒江区大陈镇南香村东山头
…………………… Tel：0576－88898019
浙江八秀新能源有限公司
地址：浙江省台州市椒江区下陈街道镇前路8号
…………………… Tel：0576－89160420
浙江浙能台州第二发电有限责任公司
地址：浙江省三门县浦坝港镇能源路1号
…………………… Tel：0576－89339992
浙江仙居抽水蓄能有限公司
地址：浙江省仙居县南峰街道天立国际公馆2幢1单元602室（仅限办公使用）
…………………… Tel：0576－89375827
仙居县永安水务发电有限公司
地址：浙江省台州市仙居县安洲街道岭脚村
…………………… Tel：0576－89379036
浙江普瑞泰环境设备股份有限公司
地址：仙居县白塔工业集聚区
…………………… Tel：0576－89379233
国网浙江温岭市供电有限公司
地址：浙江省台州市温岭市太平街道锦屏路58号
…………………… Tel：0576－89963937
华润电力（温州）有限公司
地址：浙江省苍南县龙港镇华润路1号
…………………… Tel：0577－26666030
华仪国际电力有限公司
地址：乐清经济开发区中心大道228号（华仪电气股份有限公司内）
…………………… Tel：0577－27897788
浙江华仪进出口有限公司
地址：浙江省温州市乐清市乐清经济开发区中心大道228号综合楼第三层（华仪电气股份有限公司内）
…………………… Tel：0577－27898876
温州百润投资有限公司
地址：温州市黄宅路锦东家园二期2.4.5幢114东首
…………………… Tel：0577－28776968
浙江浙能温州发电有限公司
地址：浙江省乐清市北白象镇磐石
…………………… Tel：0577－51107981
浙江皇凯楼宇设备有限公司
地址：乐清市城南街道银来大厦B幢1104室
…………………… Tel：0577－55585151
宏伟电气集团有限公司
地址：乐清市柳市镇长虹工业区长荣路25号
…………………… Tel：0577－55772218
浙江雷亚电子有限公司
地址：浙江省温州经济技术开发区滨海四道528号
…………………… Tel：0577－56580516
温州宏泽热电股份有限公司
地址：浙江省温州经济技术开发区滨海二十一路400号
…………………… Tel：0577－56987982
森恒利电气有限公司
地址：浙江省乐清市柳市镇象阳工业区（乐清市铭珑木雕艺术有限公司内）
…………………… Tel：0577－57107976
瑞鑫集团有限公司
地址：浙江省乐清市乐清经济开发区纬十七路333号（另设分支机构经营场所：乐清市翁　街道海屿工业区樟树下村）
…………………… Tel：0577－57185787
瑞鑫集团温州销售有限公司
地址：浙江省乐清市翁　街道海屿工业区（瑞鑫集团有限公司内）
…………………… Tel：0577－57185787
乐清市水电建设投资集团有限公司
地址：浙江省乐清市乐成街道鸣阳路180号
…………………… Tel：0577－57188886
温州良精电力有限公司
地址：永嘉县东瓯街道和一工业区
…………………… Tel：0577－57670030
永嘉县乌牛溪发电有限公司
地址：浙江省温州市永嘉县乌牛镇西岙村
…………………… Tel：0577－57671100
浙江利为光电有限公司
地址：浙江省温州市永嘉县瓯北街道和一工业区
…………………… Tel：0577－57689675
平阳绿色动力再生能源有限公司
地址：平阳县鳌江镇东江村
…………………… Tel：0577－58181877
平阳绿色动力再生能源有限公司
地址：平阳县鳌江镇东江村
…………………… Tel：0577－58181877
温州港宏新能源有限公司
地址：瑞安市南滨街道宋浦东路1555号云江标准厂房机械区1幢502室
…………………… Tel：0577－58872505
中电建泰顺供水工程有限公司
地址：浙江省罗阳镇爱民路161、163号
…………………… Tel：0577－59296800
温州昌盛电力有限公司
地址：浙江省温州市龙港市龙翔路828－846号
…………………… Tel：0577－59922812
上民电气集团有限公司
地址：乐清市经济开发区
…………………… Tel：0577－61722010
浙江瀚融能源管理有限公司
地址：浙江省乐清市柳市镇车站路588号吕庄大厦C幢1605室
…………………… Tel：0577－61780099
乐清市水利电力总站福溪供电工区
地址：河北省衡水市枣强县富强中路
…………………… Tel：0577－62183823
乐清市水利电力总站乐成供电工区
地址：藤县岭景街
…………………… Tel：0577－62506326
中煤机械集团售电有限公司
地址：乐清市经济开发区纬十六路298号（浙江中煤机械科技有限公司内）
…………………… Tel：0577－62623366
东方红能源科技有限公司
地址：乐清市黄华镇瓯潮北路28号
…………………… Tel：0577－62657085
乐清市水利电力总站钟前供电工区
地址：溢兴园第三幢12号房
…………………… Tel：0577－62680983
瑞安市华峰热电有限公司
地址：浙江省温州市瑞安市东山街道开发区大道6066号
…………………… Tel：0577－65151952
瑞安市工业国有资产投资经营有限公司
地址：浙江省瑞安市安阳街道马鞍山路263号6号楼
…………………… Tel：0577－65827623
浙江奥凯威电力建设有限公司
地址：浙江省温州市永嘉县东瓯街道五星工业区（浙江速能机械有限公司内）办公楼三楼
…………………… Tel：0577－66995766
永嘉绿色动力再生能源有限公司
地址：永嘉县三江街道后江村（永嘉县垃圾焚烧发电厂建设指挥部内）
…………………… Tel：0577－67385591
浙江万山红新能源有限公司
地址：浙江省温州市泰顺县罗阳镇新城大道298－300号D402
…………………… Tel：0577－67573913
浙江新锋能源有限公司
地址：浙江省温州市苍南县灵溪镇站前东西安置区2－5幢一单元202室
…………………… Tel：0577－68807770
浙江绿电新能源科技有限公司
地址：温州鹿城区盛发路28号1号楼东首第三、第四层
…………………… Tel：0577－86531708
浙江埃菲生能源科技有限公司
地址：温州高新技术产业开发区创业服务中心科技企业孵化器G幢6层601室
…………………… Tel：0577－86588868
温州开元自动化配网成套设备有限公司
地址：温州高新产业园区5号小区
…………………… Tel：0577－88006633
温州开元集团有限公司
地址：浙江省温州市鹿城区温州大道2729号
…………………… Tel：0577－88006889
浙江温州特鲁莱发电有限责任公司
地址：浙江省温州市新城大道新城大厦12楼
…………………… Tel：0577－88921372
浙江和通机电成套设备有限公司
地址：温州市金庭花苑1幢10B室
…………………… Tel：0577－88959600
温州索泰能源科技有限公司
地址：温州经济技术开发区滨海三道4699号108室
…………………… Tel：0577－88968273
温州百润金属有限公司
地址：温州市龙湾区永中街道罗东北街167号3幢302室
…………………… Tel：0577－89972878
丽水市正好供电服务有限公司景宁分公司
地址：茂名市电白区水东街道新湖路海坝田（徐辉屋）
…………………… Tel：0578－2036018
国网浙江云和县供电有限公司
地址：浙江省丽水市云和县凤凰山街道中山西路2号
…………………… Tel：0578－2036332
国网浙江省电力有限公司丽水供电公司
地址：云南省曲靖市会泽县上村乡大松树村公所
…………………… Tel：0578－2100909
丽水市莲都区正美供电服务有限公司
地址：浙江省丽水市莲都区碧湖镇环北路30号
…………………… Tel：0578－2103649
丽水市正好供电服务有限公司莲都分公司
地址：江西省抚州市崇仁县道南路15号
…………………… Tel：0578－2103649
国网浙江丽水市莲都区供电有限公司
地址：浙江丽水市大洋路458号
…………………… Tel：0578－2103881
正阳电力集团股份有限公司
地址：浙江省丽水市紫金办事处开潭村99号
…………………… Tel：0578－2223730
浙江静远电力实业有限公司
地址：浙江省丽水市云和县紧水滩镇紧水滩电站办公楼第四层
…………………… Tel：0578－2240352
浙江静远电力实业有限公司
地址：浙江省丽水市云和县紧水滩镇紧水滩电站办公楼第四层
…………………… Tel：0578－2240352
浙江瓯能电力集团股份有限公司
地址：浙江省丽水市莲都区万丰北路72号（金贸大厦）24层
…………………… Tel：0578－2251122
丽水正阳电力运行维护有限公司
地址：浙江省丽水市莲都区水阁工业园区　店路6号
…………………… Tel：0578－2578505
丽水正阳电力建设有限公司供配电服务分公司
地址：抚顺章党经济开发区阜宁北路
…………………… Tel：0578－2578708
丽水电业局南城供电分局
地址：珙县孝儿镇供电所
…………………… Tel：0578－2578917
丽水市正好供电服务有限公司
地址：浙江省丽水市莲都区灯塔街19号2楼
…………………… Tel：0578－2578919
浙江康明斯电气有限公司
地址：浙江省丽水市缙云县五云街道上交岭31号103室
…………………… Tel：0578－3122114
丽水永道电力建设有限公司供配电服务分公司
地址：环江大安乡大安村
…………………… Tel：0578－3142280
丽水市正好供电服务有限公司缙云分公司
地址：内蒙古自治区呼和浩特市城关镇滨河北路滨江花园住宅西南
…………………… Tel：0578－3142880
浙江鸿顺实业有限公司
地址：浙江省丽水市缙云县五云镇鼎湖路999号
…………………… Tel：0578－3341190
丽水市正好供电服务有限公司云和分公司
地址：贵州省遵义市红花岗区珍珠路中环花园C区123号
…………………… Tel：0578－5539779
浙江浙能北海水力发电有限公司
地址：杭州市凤起东路2－12号（双号）7楼
…………………… Tel：0578－6616123
丽水锡安新能源有限公司
地址：浙江省丽水市青田县东源镇武池村前路58号
…………………… Tel：0578－6878078
国网浙江青田县供电有限公司
地址：浙江省丽水市青田县瓯南街道江南新区五号区电力大楼
…………………… Tel：0578－6895012
国网浙江省电力有限公司龙泉市供电公司
地址：浙江省龙泉市剑池西路28号
…………………… Tel：0578－7229033
丽水市正好供电服务有限公司龙泉分公司
地址：南部县大桥镇
…………………… Tel：0578－7229156
浙江浙能龙泉生物质发电有限公司
地址：浙江省丽水市龙泉市查田镇金圩工业区
…………………… Tel：0578－7766666
丽水华阳电力有限公司

地址：浙江省丽水市松阳县西屏街道新华路101号
…………………… Tel：0578-8066270
遂昌县明盛电业有限责任公司
地址：浙江省遂昌县妙高街道园丁路72号
…………………… Tel：0578-8115037
丽水市正好供电服务有限公司遂昌分公司
地址：临江市六道沟镇六道沟街
…………………… Tel：0578-8115037
浙江浙能环亚松阳光伏发电有限公司
地址：浙江省丽水市松阳县赤寿乡龙下村A1号
…………………… Tel：0578-8668603
浙江晴天太阳能科技有限公司
地址：浙江省金华市工业园区九峰街139号2号楼
…………………… Tel：0579-82183122
金华市婺城区白龙桥镇郭力垅水库电站
地址：浙江省金华市婺城区白龙桥镇郭力垅
…………………… Tel：0579-82210012
浙江亮励电力能源有限公司
地址：浙江省金华市婺城区（金华联冠信息科技产业园）金衢路一号27-1幢1101B室
…………………… Tel：0579-82339580
浙江朗尚太阳能科技有限公司
地址：浙江省金华市婺城区蒋堂镇开化村1幢、2幢（金华市爱瑞克动力科技有限公司厂房内）
…………………… Tel：0579-82711868
金华中能天然气有限公司
地址：浙江省金华市婺城区新狮街道后垅社区玉云街18号一楼（自主申报）
…………………… Tel：0579-82718886
金华日林光伏工程有限公司
地址：浙江省金华市金东区嘉华佳园6幢15、16号
…………………… Tel：0579-82800812
金华高盛能源有限公司
地址：浙江省金华市婺城区金茂大厦1幢10G
…………………… Tel：0579-82881203
浙江中驰太阳能科技有限公司
地址：浙江省金华市金东区宏济街755号万达广场4幢1012室
…………………… Tel：0579-82977776
义乌市维元动力设备有限公司
地址：浙江省义乌市上溪镇和平新区
…………………… Tel：0579-85089293
浙江华川实业集团有限公司
地址：浙江省义乌市赤岸镇华川南路72号
…………………… Tel：0579-85775142
东阳弘翔新能源有限公司
地址：浙江省东阳市江北街道办事处高科技工业园区
…………………… Tel：0579-86920251
国网浙江武义县供电有限公司
地址：浙江省金华市武义县温泉北路21号
…………………… Tel：0579-87641253
武义县源口水库管理处
地址：浙江省金华市武义县白姆乡源口
…………………… Tel：0579-87770105
浙江浙能兰溪发电有限责任公司
地址：浙江省兰溪市灵洞乡石关村
…………………… Tel：0579-88268156
天台光合太阳能科技有限公司
地址：浙江省台州市天台县平桥镇亭西路17号
…………………… Tel：0579-89105437
浙江华沃新能源有限公司
地址：浙江省金华市金东区孝顺镇浦口村5幢（金华市三伍服饰配件厂内）
…………………… Tel：0579-89126999
浙江恒越建设工程有限公司
地址：浙江省金华市婺城区宾虹路131号三楼西面
…………………… Tel：0579-89135228
浙江浙能金华燃机发电有限责任公司
地址：浙江省金华市婺城区白龙桥镇洞溪村
…………………… Tel：0579-89193629
浙江浙能常山天然气发电有限公司
地址：衢州绿色产业集聚区常山片区
…………………… Tel：0579-89193633
浙江横店城市公共服务有限公司
地址：浙江省金华市东阳市浙江横店影视产业实验区
…………………… Tel：0579-89328803
浙江中安海洋电力科技有限公司
地址：浙江省舟山市定海区盐仓街道昌洲社区大井头路69号
…………………… Tel：0580-2061599
浙江中安海洋电力科技有限公司
地址：浙江省舟山市定海区盐仓街道昌洲社区大井头路69号
…………………… Tel：0580-2061599
舟山市港口岸线开发有限公司
地址：舟山市经济开发区新港工业园区4号楼103-66室
…………………… Tel：0580-2067067
舟山市兴港岸线整理有限公司
地址：舟山港综合保税区企业服务中心301-116室
…………………… Tel：0580-2067067
浙江荣旺动力科技发展有限公司
地址：舟山市船用品市场30幢东十一路7号合东十二路10号
…………………… Tel：0580-2085048
浙江中节能海洋能源开发有限公司
地址：浙江省舟山市岱山县高亭镇人民路35号301-303室
…………………… Tel：0580-4479955
浙江赛丽风力发电有限公司
地址：岱山县衢山镇解放路6-2
…………………… Tel：0580-4798048
浙江赛丽风力发电有限公司
地址：岱山县衢山镇解放路6-2
…………………… Tel：0580-4798048
国电电力浙江舟山海上风电开发有限公司
地址：浙江省舟山市普陀区六横镇台门人民南路34号（A-02）
…………………… Tel：0580-6207377
浙江舟山海洋输电研究院有限公司
地址：浙江省舟山市定海区惠民桥2-1号
…………………… Tel：0580-6257104
舟山兰舟发电设备有限公司
地址：舟山市定海北蝉马峙（舟山经济开发区新港区块）
…………………… Tel：0580-8076501
舟山华电风力发电有限公司
地址：舟山市定海区长白乡前岸新村51号
…………………… Tel：0580-8177706
神华国华（舟山）发电有限责任公司
地址：浙江省舟山市定海区白泉镇外山嘴
…………………… Tel：0580-8251020
神华国华（舟山）发电有限责任公司
地址：浙江省舟山市定海区白泉镇外山嘴
…………………… Tel：0580-8251020

安徽省

马鞍山华源新能源有限公司
地址：安徽省马鞍山市当涂县乌溪镇振兴路
…………………… Tel：025-57799809
滁州蓝天太阳能发电有限公司
地址：滁州市昌盛路8号（安徽明煌电子科技有限公司办公楼一楼）
…………………… Tel：025-68736098
东至航天新朝阳能源发展有限公司
地址：东至县泥溪镇双龙村三组
…………………… Tel：0510-68579071
灵璧远景朝阳风电有限公司
地址：灵璧县灵城花园街中段
…………………… Tel：0510-81252666
铜陵复睿售电有限公司
地址：安徽省铜陵市花园路192号一层
…………………… Tel：0510-81652118
安徽爱康新能电力有限公司
地址：合肥市瑶海区全椒路与站前路交口乐富公寓2幢商211
…………………… Tel：0512-82557641
安徽天楹城市环境服务有限公司
地址：安徽省合肥市政务区恒润花园4-701
…………………… Tel：0513-80688800
安徽天局太阳能光伏发电有限公司
地址：安徽省宣城市宣州区洪林镇棋盘村
…………………… Tel：0516-4018151
安徽昂内斯用电安全服务有限公司
地址：安徽省合肥市蜀山区怀宁路平安大厦604号
…………………… Tel：0516-87569170
蒙城昌盛日电太阳能科技有限公司
地址：蒙城县漆园办事处花园村村委会办公室
…………………… Tel：0532-86511881
定远皖能环保电力有限公司
地址：安徽省滁州市定远县定明路范岗林场
…………………… Tel：0550-2160908
安徽创远光伏发电工程有限公司
地址：天长市永丰镇工业园区创业路218号
…………………… Tel：0550-2388998
天长市长能售电有限公司
地址：天长市新世纪豪园东大院3栋2单元203
…………………… Tel：0550-2393005
国网安徽滁州市城郊供电有限责任公司
地址：安徽省滁州市经济开发区南谯南路
…………………… Tel：0550-3215501
滁州中材节能余热发电有限公司
地址：安徽省滁州市南谯区腰铺镇
…………………… Tel：0550-3970768
定远县宏飞商贸经营部
地址：安徽省滁州市定远县西卅店镇东兴村街道
…………………… Tel：0550-4293779
国网安徽全椒县供电有限责任公司
地址：安徽省滁州市全椒县南屏路88号
…………………… Tel：0550-5011225
安徽天马集团新型机械设备有限公司
地址：安徽省天长市经济开发区天马路1号
…………………… Tel：0550-7031888
安徽天马泵阀销售有限公司
地址：天长市永安街道新河北路53号（天马综合楼）
…………………… Tel：0550-7031888
安徽天能清洁能源科技有限公司
地址：天长市杨村镇工业园区沂湖大道与鑫发北路交叉口
…………………… Tel：0550-7091555
滁州富达机械电子有限公司
地址：安徽省滁州市经济技术开发区
…………………… Tel：0550-7128999
安徽天康风力发电有限公司
地址：安徽省天长市滁州高新技术产业开发区纬一路333号
…………………… Tel：0550-7308906
天长协合风力发电有限公司
地址：天长市万寿镇百子村
…………………… Tel：0550-7869001
明光康诚伟业机电设备有限公司
地址：安徽省明光市工业园区明珠路40号
…………………… Tel：0550-8105435
郎溪赛晶新能源有限公司
地址：郎溪县经济开发区
…………………… Tel：0551-4289095
阜南协鑫光伏电力有限公司
地址：阜南县王化镇万沟村委会办公楼二楼
…………………… Tel：0551-5528283
合肥华发发电设备有限公司
地址：合肥市瑶海区龙岗开发区义乌商城T3013A
…………………… Tel：0551-62110789
安徽省水利物资股份有限公司
地址：安徽省合肥市包河区九华山路48号
…………………… Tel：0551-62128177
华能明光风力发电有限责任公司
地址：明光市明珠大道38号5幢1单元401室
…………………… Tel：0551-62185678
华能安徽怀宁风力发电有限责任公司
地址：安徽省安庆市怀宁县洪铺镇冶塘村
…………………… Tel：0551-62185678
合肥华凌股份有限公司
地址：安徽省合肥经济技术开发区锦绣大道
…………………… Tel：0551-62213000
合肥美的电冰箱有限公司
地址：安徽省合肥市长江西路669号
…………………… Tel：0551-62213000
皖能合肥发电有限公司
地址：安徽省合肥市砀山路19号
…………………… Tel：0551-62232116
大唐安徽发电有限公司
地址：安徽省合肥市经济开发区翡翠路5537号
…………………… Tel：0551-62239302
大唐安徽能源营销有限公司
地址：安徽省合肥市经开区翡翠路5537号
…………………… Tel：0551-62239415
安徽金源热电有限公司
地址：安徽省合肥市经济技术开发区方兴大道667号
…………………… Tel：0551-62357999
安徽大山电气有限公司
地址：安徽省合肥市经开区桃花工业园工投立恒广场C-6栋1-4层
…………………… Tel：0551-62527135
安徽省浩辉电力股份有限公司
地址：合肥市高新区火龙地路02618号
…………………… Tel：0551-62565165
中国能源建设集团安徽电力建设第一工程有限公司
地址：安徽省合肥市高新技术开发区香樟大道218号
…………………… Tel：0551-62576719
安徽皖能电力运营检修有限公司
地址：安徽省合肥市高新区海棠路150号创新大厦
…………………… Tel：0551-62587763
安徽仁恒电力设备安装有限责任公司
地址：安徽省合肥市寿春路108号百花大厦B幢2701室
…………………… Tel：0551-62627788
安徽新同舟售电有限公司
地址：合肥市包河区青年电子商务产业园二期7号楼三层305室
…………………… Tel：0551-62629069
安徽国源售电有限公司
地址：合肥市包河区华山路与长沙路交口佳源都市小区2-6幢1层商103/商103上
…………………… Tel：0551-62661015
安徽海森新能源科技发展股份有限公司
地址：合肥市蜀山区新产业园汶水路电商园三期1号楼G区8层803室
…………………… Tel：0551-62773836
安徽博联电力工程有限公司
地址：安徽省合肥市蜀山区山水名城5-205室
…………………… Tel：0551-62799991
安徽协鑫电力有限公司
地址：合肥市政务区东流路西999号新际商务中心A、B幢B-405
…………………… Tel：0551-62828603
合肥新能热电有限公司
地址：合肥市高新区孔雀台路6号
…………………… Tel：0551-62830986
合肥热电售电有限公司
地址：合肥市庐阳区永红路8号
…………………… Tel：0551-62843831
安徽熠阳新能源科技有限公司
地址：合肥市高新区柏堰科技园D21栋4楼
…………………… Tel：0551-62875516
安徽皖能环保发电有限公司
地址：安徽省合肥市包河工业区大连路9号新能大厦11楼
…………………… Tel：0551-62987009
中国能源建设集团太和新能源有限公司
地址：太和县肖口镇政府办公楼二层西一间
…………………… Tel：0551-63327156
安徽亿能电力安装有限公司
地址：安徽省合肥市望江东路325号供电西村20幢603室
…………………… Tel：0551-63432199
合肥中祥电力投资合伙企业（有限合伙）
地址：桃城区大庆中路18号4幢1层105号
…………………… Tel：0551-63434366
芜湖辉宏发电设备制造有限公司
地址：安徽省芜湖市安徽省繁昌经济开发区管委会大楼
…………………… Tel：0551-63462285
安徽辉文机电商贸有限公司
地址：合肥市包河区宿松路166号常青创客梦空间1楼102室
…………………… Tel：0551-63462285
安徽鹏德电力安装工程有限公司
地址：安徽省合肥市金寨南路与潜山路交口金潜广场1503室
…………………… Tel：0551-63513619
合肥顺之望商贸有限公司
地址：合肥市蜀山区华邦世贸中心B座1104室
…………………… Tel：0551-63536677
国网安徽省电力有限公司
地址：安徽省合肥市包河区黄山路9号
…………………… Tel：0551-63605586
安徽桑龙电力集团有限公司
地址：合肥市滨湖区庐州大道与南宁路交口万达茂中心5幢办2010/2011/2012室
…………………… Tel：0551-63637513
安徽华宸售电有限公司
地址：安徽省合肥市包河区桐城南路428号
…………………… Tel：0551-63656283
华电安徽能源销售有限公司
地址：安徽省合肥市经济技术开发区石柱路339号金星商业城二期2009室
…………………… Tel：0551-63680816
华电福新能源股份有限公司安徽分公司
地址：合肥市高新区柏堰开发区明珠路198号E16号
…………………… Tel：0551-63680816
安徽电力工程监理有限公司
地址：安徽省合肥市政务文化新区怀宁路1599号宏源大厦10－12层
…………………… Tel：0551-63701113
国网安徽综合能源服务有限公司
地址：安徽省合肥市稻香路88号
…………………… Tel：0551-63708719
国网安徽综合能源服务有限公司
地址：安徽省合肥市稻香路88号
…………………… Tel：0551-63708719
深圳市升阳升清洁服务有限公司合肥分公司
地址：岑溪市梨木镇
…………………… Tel：0551-63730489
安徽东源电力有限公司
地址：安徽省合肥市高新区中国声谷国际智能语音产业园习友路与石莲南路交口西南角2-C中试楼7层701-712室。

…………Tel：0551-63731259

国家电力投资集团安徽新能源有限公司
地址：合肥市新站区新站工业物流园内A组团E区15幢
…………Tel：0551-63739923

国家电力投资集团（安徽）国安能源管理有限公司
地址：合肥市蜀山区青阳路龙居山庄天龙居5号楼
…………Tel：0551-63739923

国家电力投资集团寿县新能源有限公司
地址：安徽省淮南市寿县陶店回族乡桃园回族村中心组
…………Tel：0551-63739923

凤阳国家电投新能源有限公司
地址：安徽省滁州市凤阳县西泉镇西泉社区
…………Tel：0551-63739923

国家电投安徽海螺清洁能源有限公司
地址：安徽省合肥市经济技术开发区繁华大道12550号
…………Tel：0551-63739923

合肥市国家电投新能源有限公司
地址：安徽省合肥市经济技术开发区空港经济示范区玉兰花路东侧空港动植物检验检疫进境指定口岸办公楼303室
…………Tel：0551-63739923

舒城国家电投新能源有限公司
地址：舒城县杭埠镇经济开发区
…………Tel：0551-63739923

巢湖市国家电投新能源有限公司
地址：巢湖市健康东路东方新世界A1-005商铺
…………Tel：0551-63739923

淮南市国家电投新能源有限公司
地址：淮南市大通区上窑镇政府院内
…………Tel：0551-63739923

国家电投安徽海螺清洁能源有限公司
地址：安徽省合肥市经济技术开发区繁华大道12550号
…………Tel：0551-63739923

安徽林洋新能源科技有限公司
地址：安徽省合肥市经济技术开发区翠微路6号海恒大厦519室
…………Tel：0551-63838022

阜阳林洋新能源科技有限公司
地址：阜阳市颍泉区阜阳工业园区顶大路13号
…………Tel：0551-63838022

安徽鼎润物业服务有限公司
地址：安徽省合肥市包河区马鞍山路688号金地国际城2＃公寓楼商业239号
…………Tel：0551-63838199

安徽索峰电力工程有限公司
地址：安徽省合肥市经济技术开发区松林路426号一方城市花园4幢1803室
…………Tel：0551-63876062

安徽硕日光电科技有限公司
地址：安徽省合肥市肥东经济开发区荷花路南侧8号
…………Tel：0551-64428071

合肥青辰机电设备有限公司
地址：安徽省合肥市经济技术开发区莲花路558号百乐门名品广场10幢办公420室
…………Tel：0551-64484234

安徽宝绿光电工程有限公司
地址：安徽省合肥市瑶海区大兴镇兴集村孙小郢小组
…………Tel：0551-64535800

安徽协合售电有限公司
地址：合肥市包河区万科蓝山CBD27层2724室
…………Tel：0551-64667731

安徽省现代冷气技术工程有限公司
地址：合肥市包河区徽州大道695号8-3幢606
…………Tel：0551-64671212

安徽同心节能科技有限公司
地址：合肥市蜀山区稻香路9号创业中心4层
…………Tel：0551-64694989

合肥天晟电力设备有限公司
地址：安徽省合肥市长丰县下塘镇朱双路
…………Tel：0551-6470138

安徽凯捷电力科技有限公司
地址：安徽省合肥市包河工业区大连路北山东路西
…………Tel：0551-64848377

阜阳衡铭太阳能电力有限公司
地址：安徽省阜阳市颍东区新华办吕寨村
…………Tel：0551-65111268

凤阳协鑫光伏电力有限公司
地址：安徽省滁州市凤阳县板桥镇安乐村安子集街道108号
…………Tel：0551-65111268

砀山协鑫光伏电力有限公司
地址：砀山县曹庄镇陈寨水厂斜对面
…………Tel：0551-65111268

宿州协鑫光伏电力有限公司
地址：安徽省宿州市　桥区灰古镇付湖新村32号
…………Tel：0551-65111268

淮北协鑫光伏电力有限公司
地址：安徽省淮北市烈山区沱河路烈山镇政府308
…………Tel：0551-65111268

安徽省众帮电力工程有限责任公司
地址：安徽省合肥市蜀山区肥西路66号汇金大厦501室
…………Tel：0551-65116277

安徽锐恒新能源科技有限公司
地址：合肥市政务区怀宁路与南二环路交口天鹅湖万达广场2-办1201室
…………Tel：0551-65118878

安徽盛世电力设备有限公司
地址：合肥市高新区海关路11号幸福里程2幢3204室
…………Tel：0551-65305482

合肥赛光电源科技有限公司
地址：合肥市高新区玉兰大道767号机电产业园10幢二层
…………Tel：0551-65314876

合肥联信电源有限公司
地址：安徽省合肥市高新区玉兰大道61号
…………Tel：0551-65323322

安徽金东电气科技有限公司
地址：合肥市高新区合欢路28号凯立公司研发中心C幢3楼
…………Tel：0551-65326671

安徽坤泽新能源科技有限公司
地址：安徽省合肥市经济技术开发区金寨南路916号澳中财富中心一期工程1108
…………Tel：0551-65326977

合肥阳光新能源科技有限公司
地址：合肥市高新区天湖路2号阳光电源厂区科研楼二层
…………Tel：0551-65327877

阳光电源股份有限公司
地址：合肥市高新区习友路1699号
…………Tel：0551-65327878

安徽徽电科技股份有限公司
地址：安徽省合肥市高新区合欢路26号
…………Tel：0551-65331287

安徽山川电力技术有限公司
地址：合肥市高新区新世纪商务中心1号标准厂房203室
…………Tel：0551-65367698

合肥德博电力有限公司
地址：安徽省合肥市高新区望江西路520号皖通产业园2＃楼801-809
…………Tel：0551-65370368

合肥德博生物能源科技有限公司
地址：安徽省合肥市高新区科学大道75-1号驰远创业园C座808室
…………Tel：0551-65370368

合肥德博电力有限公司
地址：安徽省合肥市高新区望江西路520号皖通产业园2＃楼801-809
…………Tel：0551-65370368

安徽天太太阳能光伏工程有限公司
地址：合肥市高新区望江西路800号动漫基地C1栋9层
…………Tel：0551-65379702

合肥聚能新能源科技有限公司
地址：合肥市包河区太原路28号
…………Tel：0551-65393686

安徽中安电力服务有限公司
地址：安徽省合肥市经济技术开发区繁华大道266号基金大厦一层
…………Tel：0551-65428358

安徽赛晶微网智能科技有限公司
地址：安徽省合肥市经济技术开发区繁华大道南莲花路西百乐门名品广场11幢办901室
…………Tel：0551-65454788

淮南市潘阳光伏发电有限公司
地址：淮南市潘集区平圩经济开发区管委会402室
…………Tel：0551-65506151

淮南市潘阳光伏发电有限公司
地址：淮南市潘集区平圩经济开发区管委会402室
…………Tel：0551-65506151

安徽赛普电力保护有限公司
地址：合肥市高新区云飞路6号赛普科技园质检楼一层
…………Tel：0551-65520088

三峡电能（安徽）有限公司
地址：合肥巢湖经济开发区半汤路传媒中心1908室
…………Tel：0551-65569386

三峡电能（安徽）有限公司
地址：合肥巢湖经济开发区半汤路传媒中心1908室
…………Tel：0551-65569386

天长市长胜光伏发电有限公司
地址：天长市开发区纬三路南侧经四路西侧
…………Tel：0551-65569386

合肥长凤光伏发电有限公司
地址：安徽长丰双凤经济开发区梅冲湖路北侧
…………Tel：0551-65569386

三峡电能（安徽）有限公司芜湖分公司
地址：新宾满族自治县响水河乡响水河村
…………Tel：0551-65569386

安徽睿明电力建设集团有限公司
地址：安徽省合肥市蜀山区望江西路218号港汇广场B区商业A幢A-1119室
…………Tel：0551-65579619

合肥康恒机械有限公司
地址：安徽省合肥市长丰县岗集镇
…………Tel：0551-65616677

安徽中能科信能源科技发展有限公司
地址：安徽省合肥市蜀山区白莲岩路与振兴路交口东南角联东U谷蜀山国际企业港7-01号楼
…………Tel：0551-65652651

合肥神龙变压器有限责任公司
地址：安徽省合肥市庐阳工业区杏花工业园七号
…………Tel：0551-65657590

国电安徽能源销售有限公司
地址：安徽省合肥市高新区黄山路622号
…………Tel：0551-65678717

国电皖能宿松风电有限公司
地址：安徽省宿松县孚玉镇人民路98号
…………Tel：0551-65678773

安徽国电皖能风电有限公司
地址：安徽省合肥市高新区黄山路622号高R-5-6地块高新股份公司信息产业园综合服务中心
…………Tel：0551-65678773

安徽大恒电力投资有限公司
地址：合肥市庐阳工业区工投兴庐科技产业园6幢A区1楼
…………Tel：0551-65736023

彩虹（合肥）光伏有限公司
地址：安徽省合肥市新站区工业园内
…………Tel：0551-65743200

安徽亿美贸易投资有限责任公司
地址：安徽省合肥市蜀山区长江西路499号丰乐世纪公寓1幢1806、1807室
…………Tel：0551-65770602

安徽江南化工股份有限公司
地址：安徽省宁国市港口镇分界山
…………Tel：0551-65862550

国电安徽电力有限公司
地址：安徽省合肥市高新区梦园路12号
…………Tel：0551-65897117

华能安徽能源销售有限责任公司
地址：合肥市政务区南二环路财智中心1-办2601
…………Tel：0551-65907632

合肥恒邦电力保护设备有限公司
地址：安徽省合肥市经济技术开发区桃花工业园天都路129号安徽中设创意展览有限公司3＃厂房
…………Tel：0551-66101626

龙源电力集团安徽新能源发展有限公司
地址：合肥市高新区望江西路860号创新大厦418室
…………Tel：0551-66199503

安徽辉达电力科技有限公司
地址：安徽长丰双凤经济开发区金福路28号
…………Tel：0551-66333666

安徽皖保智能科技有限公司
地址：安徽省合肥市长丰县双墩镇双夏路
…………Tel：0551-66375611

合肥鸿睿物业服务有限公司
地址：安徽省合肥市长丰双凤经济开发区
…………Tel：0551-66375765

合肥艾贝尔科技有限公司
地址：安徽长丰双凤经济开发区金泰路南侧
…………Tel：0551-66689833

国网安徽长丰县供电有限责任公司
地址：安徽省合肥市长丰县水湖镇杨公路与长寿路交叉口
…………Tel：0551-66828013

国网安徽肥东县供电有限责任公司
地址：安徽省合肥市肥东县店埠镇龙泉西路36号
…………Tel：0551-67715571

肥西协合风力发电有限公司
地址：安徽省合肥市肥西县铭传乡铭传大道乡政府办公楼1楼
…………Tel：0551-68346885

安徽卓成电力管业科技股份有限公司
地址：安徽省合肥市蜀山区小庙镇工业聚集区
…………Tel：0551-68500766

合肥力能电力工程有限责任公司
地址：安徽省合肥市经济技术开发区紫云路与青鸾路交口173号办公楼
…………Tel：0551-68827591

安徽皖水水务发展有限公司
地址：安徽省合肥经开区桃花工业园汤口路39号
…………Tel：0551-68896080

中科合肥微小型燃气轮机研究院有限责任公司
地址：巢湖经济开发区半汤路花山服务中心
…………Tel：0551-82350001

华能巢湖发电有限责任公司
地址：安徽省合肥市巢湖居巢区夏阁镇大姚村
…………Tel：0551-82857026

安徽易事特电力工程有限公司
地址：合肥市庐阳区工业园
…………Tel：0551-83680818

安徽易事特电力工程有限公司
地址：合肥市庐阳区工业园
…………Tel：0551-83680818

安徽蜂鸟电机有限公司
地址：安徽省合肥市庐江县庐城镇工业园
…………Tel：0551-87016828

普乐新能源（蚌埠）有限公司
地址：安徽省蚌埠市汤和路268号
…………Tel：0552-3178711

普乐新能源（蚌埠）有限公司
地址：安徽省蚌埠市汤和路268号
…………Tel：0552-3178711

安徽嗖米网络科技有限公司
地址：安徽省蚌埠市大学科技园11栋2层218号
…………Tel：0552-3856888

蚌埠市开通市政工程有限公司
地址：安徽省蚌埠市万达广场公寓A栋14层1409号
…………Tel：0552-4015535

蚌埠能源集团有限公司
地址：安徽省蚌埠市长征路220号
…………Tel：0552-4079768

蚌埠皖能环保电力有限公司
地址：五河县东刘集镇周庄村北侧，韩沫路西侧（周庄小学北侧800米）
…………Tel：0552-5636136

上海电气（五河）生物质热电有限公司
地址：安徽省蚌埠市五河县城南工业区
…………Tel：0552-5836551

国网安徽五河县供电有限责任公司
地址：安徽省蚌埠市五河县城关大桥路88号
…………Tel：0552-5885009

安徽万联电力有限公司
地址：安徽省怀远县龙亢经济开发区科技创业孵化园4号楼一层
…………Tel：0552-8311100

蚌埠利安电子商务有限公司龙亢农场营业部
地址：南宁市西乡塘区衡阳西路33-7号
…………Tel：0552-8756222

国网安徽繁昌县供电有限责任公司
地址：安徽省芜湖市繁昌县繁阳镇芜铜路(消防大楼西侧)
…………Tel：0553-2512516

安徽安捷能特新能源有限公司
地址：安徽省芜湖市鸠江区鸠江电子产业园综合楼8楼8009室
…………Tel：0553-3021991

无为中燃电力销售有限公司
地址：安徽省芜湖市无为县无城镇巢无路董桥段
…………Tel：0553-3662205

芜湖龙翔电力设备安装工程有限公司
地址：芜湖市中山北路汇金广场A1612室
…………Tel：0553-3803518

芜湖市高科电子有限公司
地址：芜湖市镜湖区联盛国际商业广场1＃楼3401-3409
…………Tel：0553-3821930

芜湖东君新能源有限公司
地址：安徽省芜湖市鸠江区四褐山街道曹姑社区居委会办公楼397室
…………Tel：0553-4993368

安徽响水涧抽水蓄能有限公司
地址：安徽省芜湖市三山区
…………Tel：0553-5115118

芜湖开普机电设备有限公司
地址：安徽省芜湖市鸠江区经济开发区阳明路28号4＃厂房
…………Tel：0553-5221771

芜湖美的厨卫电器制造有限公司
地址：安徽省芜湖市经济技术开发区东区万春东路
…………Tel：0553-5609745

安徽华电芜湖发电有限公司
地址：安徽省芜湖市三山区
…………Tel：0553-5678036

安徽省源尚电力工程有限公司
地址：安徽省芜湖市鸠江区官陡街道北京中路芜湖广告产业园B区1601室

…………………… Tel：0553-5722668
芜湖奇瑞资源技术有限公司
地址：安徽省芜湖市经济技术开发区长春路8号
…………………… Tel：0553-5923284
南陵鹏程机械制造有限公司
地址：安徽省芜湖市南陵县经济开发区
…………………… Tel：0553-6819575
芜湖市旭辉电工新材料有限责任公司
地址：安徽芜湖三山经济开发区峨桥路3号
…………………… Tel：0553-7477583
芜湖杰诺瑞汽车电器系统有限公司
地址：安徽省芜湖市鸠江经济开发区
…………………… Tel：0553-8298942
国家电投集团安徽海螺售电有限公司
地址：合肥市包河区滨湖康园一期配套商业用房西综合楼
…………………… Tel：0553-8396312
芜湖天风新能源科技有限公司
地址：芜湖县湾 镇安徽新芜经济开发区
…………………… Tel：0553-8829663
国网安徽芜湖县供电有限责任公司
地址：芜湖县湾 镇芜湖北路1号
…………………… Tel：0553-8916211
淮南常力达电气有限公司
地址：淮南市经济技术开发区电子工业园三号厂房
…………………… Tel：0554-2121888
淮沪电力有限公司
地址：安徽省淮南市学院南路234号
…………………… Tel：0554-2690173
淮沪煤电有限公司
地址：安徽省淮南市学院南路234号
…………………… Tel：0554-2690173
安徽六和同心风能设备有限公司
地址：凤台经济开发区芦塘社区凤淮公路北侧
…………………… Tel：0554-2799988
安徽海卓售电有限公司
地址：淮南市田家庵区洞山中路22号中建大厦4层东边2-3号
…………………… Tel：0554-3313575
淮南东华实业（集团）有限责任公司
地址：安徽省淮南市田家庵区洞山迎宾路
…………………… Tel：0554-6660907
淮南东华实业（集团）有限责任公司大通物业管理处
地址：安徽省淮南市大通区九大路（远望社区广场）
…………………… Tel：0554-6660907
淮南东华实业（集团）有限责任公司山南物业管理分公司
地址：温州市龙湾区永中街道永康路32号
…………………… Tel：0554-6660907
淮南东华实业（集团）有限责任公司潘集物业管理处
地址：松滋市 水镇集镇
…………………… Tel：0554-6660907
淮南东华实业（集团）有限责任公司谢家集物业管理分公司
地址：茂名市电白区水东镇忠良街
…………………… Tel：0554-6660907
淮南东华实业（集团）有限责任公司八公山物业管理分公司
地址：浙江省丽水市庆元县庆元工业园区北门工业园6号1幢
…………………… Tel：0554-6660907
淮南东华实业（集团）有限责任公司李一物业管理处
地址：金秀县忠良乡忠良街
…………………… Tel：0554-6660907
淮南东华实业（集团）有限责任公司洞泉物业管理处
地址：象州县水晶乡
…………………… Tel：0554-6660907
淮南矿业（集团）有限责任公司
地址：安徽省淮南市田家庵区洞山
…………………… Tel：0554-7624297
淮南矿业集团电力有限责任公司
地址：安徽省淮南市大通区居仁村三区对面
…………………… Tel：0554-7625564
淮南东华实业（集团）有限责任公司谢桥物业管理分公司
地址：安徽省阜阳市颍上县谢桥镇
…………………… Tel：0554-7668420
安徽中能众诚新能源科技有限公司
地址：安徽凤台经济开发区管委会大院内国土所二楼
…………………… Tel：0554-8885220
安徽浙能州来能源发展有限公司
地址：淮南市凤台县凤城大道西段北侧(体育场西门)
…………………… Tel：0554-8978305
国网安徽凤台县供电有限责任公司
地址：安徽省淮南市凤台县城关镇古城孜
…………………… Tel：0554-8985557
淮南东华实业（集团）有限责任公司望峰岗项目部
地址：桐木镇向阳街２８号
…………………… Tel：0554-9990907
淮南东华实业（集团）有限责任公司谢三物业管理处
地址：武穴市梅川镇西门
…………………… Tel：0554-9990907
淮南东华实业（集团）有限责任公司孔李物业管理处
地址：象州县妙皇乡银海超市门面商铺8号商铺(妙皇乡卫生院对面)
…………………… Tel：0554-9990907
淮南东华实业（集团）有限责任公司谢二物业管理处
地址：安徽省淮南市谢家集区李郢孜矿南门路
…………………… Tel：0554-9990907
淮南东华实业（集团）有限责任公司水泥物业管理处
地址：安徽省淮南市谢家集区石涧湖路（立交桥南侧）
…………………… Tel：0554-9990907
淮南东华实业（集团）有限责任公司东华鑫城小区游泳馆
地址：商水县郝岗乡
…………………… Tel：0554-9990907
和县和兴建设发展有限公司
地址：安徽省马鞍山市和县历阳镇公路村巢宁路旁
…………………… Tel：0555-2563009
安徽马鞍山万能达发电有限责任公司
地址：安徽省马鞍山市电业路1号
…………………… Tel：0555-2848222
马鞍山钢铁股份有限公司
地址：安徽省马鞍山市九华西路8号
…………………… Tel：0555-2883492
安徽国成顺风风力发电有限公司
地址：含山县环峰镇经济开发区科技孵化器4号楼3层
…………………… Tel：0555-4218889
皖能马鞍山发电有限公司
地址：安徽省马鞍山市花山区恒兴路1号
…………………… Tel：0555-5212011
马鞍山中顺电力科技有限公司
地址：马鞍山市花山区杨秣新村3-外4
…………………… Tel：0555-6062269
国网安徽当涂县供电有限责任公司
地址：当涂县姑孰镇太白中路266号
…………………… Tel：0555-6711313
恩力微电网科技（安徽）有限公司
地址：马鞍山经济技术开发区金山路1188号2栋
…………………… Tel：0555-8280112
安徽翔龙售电有限公司
地址：马鞍山市雨山区磁山路427号3栋
…………………… Tel：0555-8352666
中电能（安徽）电力设计院有限公司
地址：马鞍山经济技术开发区红旗南路16号
…………………… Tel：0555-8882266
安徽科安电力工程有限公司
地址：马鞍山经济技术开发区天门大道南段2887号1栋
…………………… Tel：0555-8886569
安徽科达科能售电有限公司
地址：安徽省宣城市宣州区响山路188号智谷软件产业园1号楼1201室
…………………… Tel：0555-8886569
安徽水电岳西有限责任公司河图供电营业所
地址：安徽省安庆市岳西县田头乡田头村
…………………… Tel：0556-2302081
安徽水电岳西有限责任公司店前供电营业所
地址：青海省西宁市城东区七一路120号
…………………… Tel：0556-2322519
安徽水电岳西有限责任公司冶溪供电营业所
地址：安徽省安庆市岳西县冶溪镇溪河村
…………………… Tel：0556-2174587
安徽水电岳西有限责任公司白帽供电营业所
地址：广昌县赤水街街道
…………………… Tel：0556-2360046
安徽水电岳西有限责任公司五河供电营业所
地址：安图县松江镇三道
…………………… Tel：0556-2450345
安徽水电岳西有限责任公司中关供电营业所
地址：安徽省安庆市岳西县中关乡斗水村
…………………… Tel：0556-2174587
安徽水电岳西有限责任公司菖蒲供电营业所
地址：长白镇白山大街20号
…………………… Tel：0556-2470732
安徽水电岳西有限责任公司田头供电营业所
地址：龙江县龙江镇福田4S店洽谈室.职工宿舍楼00单元01层000105号
…………………… Tel：0556-2490059
国网安徽枞阳县供电有限责任公司
地址：安徽省铜陵市枞阳县枞阳镇
…………………… Tel：0556-2811377
太湖县晋安电力有限责任公司
地址：安徽省安庆市太湖县晋熙镇高界路17号
…………………… Tel：0556-4168052
华能花凉亭水电有限公司
地址：安徽省安庆市太湖县晋熙镇花亭湖村
…………………… Tel：0556-4245088-8075
太湖县阳光电力维修工程有限责任公司
地址：太湖县晋熙镇高界路17号
…………………… Tel：0556-4289261
安徽水电太湖有限责任公司弥陀供电所
地址：开平市水口镇新市南路108号第15铺
…………………… Tel：0556-4361010
安徽水电太湖有限责任公司北中供电所
地址：安徽省安庆市百里镇虹桥居委会
…………………… Tel：0556-4381008
安徽水电太湖有限责任公司百里供电所
地址：安徽省安庆市百里镇虹桥居委会
…………………… Tel：0556-4185782
大唐安庆生物质能发电有限公司
地址：安徽省安庆市西郊皖河农场
…………………… Tel：0556-5031305
安庆皖能中科环保电力有限公司
地址：安徽省安庆市大观区山口乡联胜村
…………………… Tel：0556-5256311
安庆嘉寓新能源技术开发有限公司
地址：安徽省安庆市开发区新城东区嘉寓门窗幕墙安徽有限公司2号车间
…………………… Tel：0556-5305766
安庆嘉寓新能源技术开发有限公司
地址：安徽省安庆市开发区新城东区嘉寓门窗幕墙安徽有限公司2号车间
…………………… Tel：0556-5305766
安庆市银通电力设备有限公司
地址：安庆市开发区回祥新村55-56号楼19号门面
…………………… Tel：0556-5311689
国网安徽桐城市供电有限责任公司
地址：安徽省桐城市盛唐南路110号
…………………… Tel：0556-6213139
三峡新能源桐城发电有限公司
地址：安徽省桐城市吕亭镇鲁 山村大摆组
…………………… Tel：0556-6677005
安徽盛运科技工程有限公司
地址：安徽省安庆市桐城经济开发区东环路东侧
…………………… Tel：0556-6888588
国网安徽望江县供电有限责任公司
地址：安徽省安庆市望江县华阳镇沿河路8号
…………………… Tel：0556-7171139
国网安徽宿松县供电有限责任公司
地址：安徽省安庆市孚玉镇孚玉西路657号
…………………… Tel：0556-7849255
安徽雄峰矿山装备有限公司
地址：安徽省安庆市潜山经济开发区
…………………… Tel：0556-8289979
国电宿州第二热电有限公司
地址：安徽省宿州市汇源大道南路一号
…………………… Tel：0557-2172111
国电宿州热电有限公司
地址：安徽省宿州市淮海路457号
…………………… Tel：0557-2172111
国电宿州热力有限公司
地址：安徽省宿州市经济开发区金海大道西侧
…………………… Tel：0557-2172891
华电宿州生物质能发电有限公司
地址：安徽省宿州市经济开发区金泰南路28号
…………………… Tel：0557-2336703
盛林蓝莓集团股份有限公司
地址：宿州市高新区托斯卡纳小镇小黄河艺术街区S2栋
…………………… Tel：0557-2515099
宿州市符阳光伏发电有限公司
地址：安徽省宿州市 桥区符离镇工业园内
…………………… Tel：0557-2661119
安徽华宸市政工程有限公司
地址：安徽省宿州市高新区电子商务产业园4#楼508室
…………………… Tel：0557-2766868
宿州市汉孚输变电工程安装有限公司
地址：安徽省宿州市浍纺路26号
…………………… Tel：0557-3081916
安徽华电宿州发电有限公司
地址：安徽省宿州市符离集镇
…………………… Tel：0557-3667019
国网安徽宿州市农电有限责任公司
地址：安徽省宿州市环城东路七号
…………………… Tel：0557-3668901
安徽钱营孜发电有限公司
地址：安徽省宿州市 桥区桃园镇钱营孜煤矿
…………………… Tel：0557-3756710
安徽宿州宏信工贸有限公司
地址：安徽省宿州市经济技术开发区起步区宿怀路西侧
…………………… Tel：0557-3928132
安徽恒源煤电售电有限责任公司
地址：安徽省宿州市西昌南路157号皖北煤电集团公司办公楼五楼501室
…………………… Tel：0557-3982272
淮北新源热电有限公司
地址：安徽省淮北市濉溪县刘桥镇
…………………… Tel：0557-3986802
淮北新源热电有限公司
地址：安徽省淮北市濉溪县刘桥镇
…………………… Tel：0557-3986802
宿州创元发电有限责任公司
地址：安徽省宿州市 桥区大泽乡镇高口村
…………………… Tel：0557-3990301
宿州创元发电有限责任公司
地址：安徽省宿州市 桥区大泽乡镇高口村
…………………… Tel：0557-3990301
国网安徽萧县供电有限责任公司
地址：萧县龙城镇龙山路89号
…………………… Tel：0557-5020240
国网安徽灵璧县供电有限责任公司
地址：安徽省宿州市灵璧县灵城建设中路
…………………… Tel：0557-6034479
国网安徽泗县供电有限责任公司
地址：安徽省宿州市泗县汴河路14号
…………………… Tel：0557-7022368
安徽致信电力建设有限公司
地址：宿州市泗县泗城三兰菜场北区301号
…………………… Tel：0557-7097555
国网安徽砀山县供电有限责任公司
地址：砀山县经济开发区310国道322公里处北侧
…………………… Tel：0557-8818060
阜阳皖能环保电力有限公司
地址：安徽省阜阳市颍东区插花镇阜阳皖能环保电力有限公司
…………………… Tel：0558-2299727
安徽金坤达包装集团有限公司
地址：阜阳市颍州区阜阳合肥现代产业园区翡翠湖路19号
…………………… Tel：0558-2617922
国网安徽涡阳县供电有限责任公司
地址：安徽省亳州市涡阳县建设路12号
…………………… Tel：0558-2867027
国成能源建设集团股份有限公司
地址：阜阳市颍州区阜阳合肥现代产业园天柱山路18号
…………………… Tel：0558-3113111
阜阳华润电力有限公司
地址：安徽省阜阳市颍泉区阜涡路168号
…………………… Tel：0558-3682118
安徽迈越新能源科技股份有限公司
地址：阜阳市颍东区安徽颍东经济开发区众兴路西侧
…………………… Tel：0558-3922217
临泉皖能环保电力有限公司
地址：临泉县牛庄乡生活垃圾处理场
…………………… Tel：0558-3966507
颍上皖能环保电力有限公司
地址：颍上县循环经济园
…………………… Tel：0558-4215032
国网安徽阜阳市谢桥供电有限责任公司
地址：安徽省阜阳市颍上县谢桥镇桂花街
…………………… Tel：0558-4281998
国网安徽颍上县供电有限责任公司
地址：安徽省阜阳市颍上县城关镇404线北侧
…………………… Tel：0558-4452256
国网安徽界首市供电有限责任公司
地址：安徽省界首市大桥北路63号
…………………… Tel：0558-4908989
亳州益源电力设备有限责任公司
地址：安徽省亳州市五马镇311国道路北
…………………… Tel：0558-5102271
亳州益源电力有限责任公司
地址：安徽省亳州市谯城区药都大道南侧、庄周路西侧
…………………… Tel：0558-5102397
安徽亳州达源电力设备有限责任公司
地址：安徽省亳州市汤陵北路
…………………… Tel：0558-5215270
国网安徽临泉县供电有限责任公司
地址：临泉县城关镇前进东路11号
…………………… Tel：0558-6118315

国能临泉生物发电有限公司
地址：安徽省阜阳市临泉县牛庄乡102省道北侧
…………………… Tel：0558-6292988

安徽三环电力工程集团有限公司
地址：安徽省阜阳市颍州南路
…………………… Tel：0558-7172843

利辛皖能环保电力有限公司
地址：利辛县城关镇前进路东段北侧新法院西
…………………… Tel：0558-7183188

国网安徽蒙城县供电有限责任公司
地址：安徽省亳州市蒙城县阜蚌路88号
…………………… Tel：0558-7683191

蒙城县恒圣名门地产有限公司
地址：亳州市蒙城县城南新区永兴路至尊尚城1912步行街13号楼
…………………… Tel：0558-7689769

上海电气（蒙城）生物质发电有限公司
地址：蒙城县双涧镇政府
…………………… Tel：0558-7767761

国网安徽太和县供电有限责任公司
地址：安徽省阜阳市太和县城关镇
…………………… Tel：0558-8627140

黄山昱能电力工程有限责任公司
地址：黄山经济开发区梅林大道16号79幢28-1号
…………………… Tel：0559-2358810

黄山派尼尔新能源有限公司
地址：黄山市屯溪区九龙工业园区迎宾大道148号
…………………… Tel：0559-2553378

黄山市丰乐水电站
地址：安徽省黄山市徽州区岩寺黄山路345号
…………………… Tel：0559-3581796

国网安徽祁门县供电有限责任公司
地址：安徽省黄山市祁门县祁山镇新兴路210号
…………………… Tel：0559-4514348

国网安徽歙县供电有限责任公司
地址：安徽省黄山市歙县徽城镇百花路100号
…………………… Tel：0559-6537216

国网安徽休宁县供电有限责任公司
地址：安徽省黄山市休宁县海阳镇齐云西大道139-1号
…………………… Tel：0559-7512448

国网安徽黄山市黄山区供电有限责任公司
地址：安徽省黄山市黄山区北海北路
…………………… Tel：0559-8566628

黄山普惠源公共服务有限公司
地址：黄山市黄山区甘棠镇平湖东路南侧杜鹃花苑
…………………… Tel：0559-8580612

上海电气（濉溪）生物质发电有限公司
地址：濉溪县南坪镇浍北村
…………………… Tel：0561-2250925

安徽海晟新能源科技有限公司
地址：安徽省淮北市烈山区新蔡工业园
…………………… Tel：0561-3113191

大唐淮北发电有限责任公司
地址：安徽省淮北市濉溪路8号
…………………… Tel：0561-3263158

淮北国安电力有限公司
地址：安徽省淮北市国安路1号
…………………… Tel：0561-4682011

临涣中利发电有限公司
地址：安徽省淮北市临涣选煤厂
…………………… Tel：0561-4855005

淮北矿业集团相城能源有限公司
地址：淮北市相山区人民中路276号
…………………… Tel：0561-4958302

安徽国豪电力建设有限公司
地址：安徽省淮北市相山区人民中路202号中泰广场办公楼1106号
…………………… Tel：0561-6095666

国网安徽濉溪县供电有限责任公司
地址：安徽省淮北市濉溪县淮海路34-1
…………………… Tel：0561-6880820

皖能铜陵发电有限公司
地址：安徽省铜陵市桂家湖
…………………… Tel：0562-2132011

皖能铜陵售电有限公司
地址：安徽省铜陵市经济技术开发区泰山大道北段695号
…………………… Tel：0562-2290578

铜陵市福瑞物业管理有限公司
地址：安徽省铜陵市铜井路半山美苑28号
…………………… Tel：0562-2885538

铜陵阿波罗光伏新能源有限公司
地址：安徽省铜陵市铜官区国际华城1栋11号
…………………… Tel：0562-2886535

铜陵营造有限责任公司重钢科技分公司
地址：桃城区河东滏东街东侧150号
…………………… Tel：0562-2895092

枞阳皖能环保电力有限公司
地址：枞阳县枞阳镇金山路23号
…………………… Tel：0562-2995018

枞阳县阳光电力服务有限责任公司
地址：安徽省安庆市枞阳镇湖滨路33号
…………………… Tel：0562-3221109

安徽省豪邦置业有限责任公司
地址：铜陵市石城大道（豪邦康城花园三期综合楼三楼304室）
…………………… Tel：0562-5830099

国电铜陵发电有限公司
地址：铜陵市义安区东联乡复兴村
…………………… Tel：0562-8216023

铜陵上峰节能发展有限公司
地址：铜陵市义安区天门镇板桥村
…………………… Tel：0562-8758066

国网安徽铜陵县供电有限责任公司
地址：铜陵县五松镇南湖路58号
…………………… Tel：0562-8814880

安徽经纬建设有限公司
地址：安徽省宣城经济技术开发区柏枧山路23号
…………………… Tel：0563-2305288

国投宣城发电有限责任公司
地址：安徽省宣城市宣州区向阳镇
…………………… Tel：0563-3133013

安徽省宁国顺昌机械有限公司
地址：宁国市宁阳西路2号
…………………… Tel：0563-4187502

国网安徽宁国市供电有限责任公司
地址：安徽省宁国市津河东路30号
…………………… Tel：0563-4284010

宁国市德胜建筑机械有限公司
地址：宁国经济技术开发区河沥园区振宁路
…………………… Tel：0563-4308838

宣城皖能环保电力有限公司
地址：宣城市泾县琴溪镇琴溪村邮政储蓄二楼201号
…………………… Tel：0563-5029080

国网安徽泾县供电有限责任公司
地址：安徽省宣城市泾县泾川镇财富大道与桃花潭东路交叉口东南角
…………………… Tel：0563-5091294

国网安徽广德县供电有限责任公司
地址：安徽省宣城市广德县桃州镇太极大道西15号
…………………… Tel：0563-6024410

广德广源电力有限公司
地址：安徽省宣城市广德经济开发区中山西路
…………………… Tel：0563-6058303

广德皖能环保电力有限公司
地址：安徽省广德市桃州镇中鼎景苑9号楼9-14营业楼
…………………… Tel：0563-6099937

国网安徽郎溪县供电有限责任公司
地址：安徽省宣城市郎溪县新建街33号
…………………… Tel：0563-7037017

安徽鼎甲科技有限公司
地址：安徽省宣城市郎溪县经济开发区
…………………… Tel：0563-7376208

绩溪中路高空风能发电有限公司
地址：安徽省宣城市绩溪县华阳镇锦屏路金边工程一号楼
…………………… Tel：0563-8159881

国网安徽绩溪县供电有限责任公司
地址：安徽省宣城市绩溪县城内华阳东路11号
…………………… Tel：0563-8169507

六安市立诚电气设备工程有限公司
地址：安徽省六安市梅山北路秀辉小区9号楼
…………………… Tel：0564-3339800

安徽华电六安电厂有限公司
地址：安徽省六安市裕安区城南镇
…………………… Tel：0564-3628800

安徽华电六安发电有限公司
地址：安徽省六安市经济技术开发区经三路
…………………… Tel：0564-3628800

国网安徽寿县供电有限责任公司
地址：安徽省淮南市寿县寿春镇北大街观巷口
…………………… Tel：0564-4124312

霍山中燃电力销售有限公司
地址：霍山县衡山镇中兴南路26号
…………………… Tel：0564-5020011

霍山照阳新型建材有限公司
地址：霍山经济开发区
…………………… Tel：0564-5032978

霍山益嘉商贸有限公司
地址：霍山县衡山镇中兴南路46号
…………………… Tel：0564-5032978

国网安徽霍山县供电有限责任公司
地址：安徽省六安市霍山县衡山镇中兴南路9号
…………………… Tel：0564-5107605

六安博阳太阳能发电工程有限公司
地址：六安国际光彩大市场
…………………… Tel：0564-5151717

安徽高昌硅碳科技发展有限公司
地址：安徽省六安市霍山经济开发区
…………………… Tel：0564-5223342

国网安徽霍邱县供电有限责任公司
地址：安徽省六安市霍邱县城关光明大道中段
…………………… Tel：0564-6035230

安徽五洋电力集团霍邱县有限公司
地址：霍邱县城关镇双湖路再就业一条街
…………………… Tel：0564-6098066

国网安徽省电力有限公司霍邱县供电公司临水供电所
地址：重庆市万州区鸽子沟72号
…………………… Tel：0564-6362788

国网安徽金寨县供电有限责任公司
地址：安徽省六安市金寨县江店新城区纬九路
…………………… Tel：0564-7057388

安徽科士达光伏有限公司
地址：金寨县现代产业园区马鬃岭路
…………………… Tel：0564-7062862

金寨县安阳光伏发电有限公司
地址：金寨现代产业园区金梧桐创业园B区B-5栋
…………………… Tel：0564-7320001

中节能（舒城）生物质能发电有限公司
地址：安徽省六安市舒城县南港镇
…………………… Tel：0564-8141068

安徽省舒城县宝华电力实业有限公司
地址：安徽省六安市舒城县城关镇桃溪路
…………………… Tel：0564-8665662

国网安徽舒城县供电有限责任公司
地址：安徽省六安市舒城县城关镇春秋路
…………………… Tel：0564-8684628

国网安徽池州市贵池区供电有限责任公司
地址：安徽省池州市长江中路518号
…………………… Tel：0566-2084035

池州皖能环保电力有限公司
地址：安徽省池州市贵池区涓桥镇联合村陀弥山南冲
…………………… Tel：0566-2325135

池州市安安新材料科技有限公司
地址：安徽省池州市江南产业集中区安安产业园内
…………………… Tel：0566-2610282

池州市安安精工铝业有限公司
地址：安徽省江南产业集中区凯投产业园内
…………………… Tel：0566-2610282

国网安徽石台县供电有限责任公司
地址：安徽省池州市石台县七里镇和平北路36号
…………………… Tel：0566-6777606

国网安徽东至县供电有限责任公司
地址：安徽省池州市东至县尧渡镇敬慈路
…………………… Tel：0566-7020690

歙县浙能能源科技有限公司
地址：黄山市歙县经济开发区（歙县博升纺织有限公司内）
…………………… Tel：0571-86679143

安徽绿能售电有限公司
地址：安徽省六安经济技术开发区312国道北长江精工工业园
…………………… Tel：0571-86903201

池州超威电力有限公司
地址：安徽省池州市青阳县丁桥镇永平村安徽超威电源有限公司行政楼
…………………… Tel：0572-6669727

安庆超威电力有限公司
地址：安徽省安庆市怀宁县工业园黄龙路18号
…………………… Tel：0572-6669727

芜湖芯能新能源有限公司
地址：芜湖县皖江总部经济大厦A座16幢七层706室
…………………… Tel：0573-87393888

淮北矿业售电有限公司
地址：安徽省淮北市新型煤化工合成材料基地企业孵化器209房间
…………………… Tel：0591-4907768

安徽科陆售电有限公司
地址：合肥市庐阳区上城国际.丁香苑1幢商118室
…………………… Tel：0755-33309999

易事特新能源濉溪有限公司
地址：濉溪县南坪镇浍北村原村部
…………………… Tel：0769-22897777

易事特新能源阜阳有限公司
地址：临泉县经济开发区电子产业园9层办公楼407室
…………………… Tel：0769-22897777

易事特新能源合肥有限公司
地址：安徽省合肥市经济技术开发区天门路以西锦绣大道以南天门湖工业园1幢厂房二层
…………………… Tel：0769-22897777

易事特新能源淮北有限公司
地址：安徽省淮北市经济开发区新区滨河路
…………………… Tel：0769-22897777

福建省

清流昌盛日电太阳能科技有限公司
地址：福建省三明市清流县嵩溪镇嵩北路46号
…………………… Tel：0532-86511880

浦城县昌盛日电太阳能科技有限公司
地址：福建省浦城县仙阳镇汉阳西路69号
…………………… Tel：0532-86511880

福建英利新能源有限公司
地址：福建省福州市鼓楼区五一北路171号新都会花园广场三层G单元
…………………… Tel：0571-85809260

国家电投（南平）能源有限公司
地址：福建省南平市延平区李侗路181号（八仙佳苑）A1幢2层201室
…………………… Tel：0581-87717192

福州市长乐区松下港区开发建设有限公司
地址：福州市长乐区吴航街道郑和东路48号（长乐市建筑工程公司三层东面）
…………………… Tel：0591-22105889

中能祥瑞电力工程有限公司
地址：福建省福州市仓山区建新镇金洲北路20号4号楼301
…………………… Tel：0591-22195033

中能祥瑞电力工程有限公司
地址：福建省福州市仓山区建新镇金洲北路20号4号楼301
…………………… Tel：0591-22195033

福建金龙腾动力机械有限公司
地址：福建省福州市闽侯县祥谦镇辅翼村五虎山工业区合金路8号
…………………… Tel：0591-22275600

国网福建闽清县供电有限公司
地址：闽清县解放大街108号
…………………… Tel：0591-22330080

福建神舟天利新能源有限公司
地址：福建省福州市福清市石竹街道福清红星美凯龙全球家居广场B号30层3007单元
…………………… Tel：0591-22918097

福建神舟天利新能源有限公司
地址：福建省福州市福清市石竹街道福清红星美凯龙全球家居广场B号30层3007单元
…………………… Tel：0591-22918097

中闽（连江）风电有限公司
地址：连江县凤城镇玉荷西路建行大楼五楼
…………………… Tel：0591-26129577

福建省连江县山仔水力发电厂
地址：潘渡乡塘坂村
…………………… Tel：0591-26231303

福建省连江县塘坂水力发电厂
地址：连江县潘渡乡塘坂村
…………………… Tel：0591-26290969

神华（福州）罗源湾港电有限公司
地址：连江县下宫乡滨海新区华峰大道1号
…………………… Tel：0591-26408888

国网福建连江县供电有限公司
地址：连江县凤城镇莲荷西路13座
…………………… Tel：0591-26772066

福建华电可门发电有限公司
地址：福建省连江县坑园镇颜岐村可门电厂主厂房综合楼
…………………… Tel：0591-26786550

福建华电可门二期发电有限公司
地址：连江县坑园镇颜岐村福建华电可门发电有限公司输煤综合楼
…………………… Tel：0591-26786815

福州维思电力勘察设计有限公司
地址：福州市晋安区新店镇坂中路6号泰禾城市广场（二期）5#、5a#楼15层15办公
…………………… Tel：0591-28063075

福建科泰德电力设备有限公司
地址：福建省福州市仓山区盖山镇江边村上道166号-1-2925（自贸试验区内）
…………………… Tel：0591-28068999

长乐市外文武垦区开发建设有限公司
地址：福州市滨海工业集中区管委会配套楼（长乐古槐）
…………………… Tel：0591-28511618

福建大唐国际长乐风电有限责任公司
地址：长乐市松下镇政府大楼三楼
…………………… Tel：0591-28701000

福建大唐国际长乐风电有限责任公司
地址：长乐市松下镇政府大楼三楼
…………………… Tel：0591-28701000

福建雪人股份有限公司长乐分公司
地址：福建省长乐市里仁工业区
…………………… Tel：0591-28701111

福建大唐能源营销有限公司
地址：福建省福州市仓山区金山街道浦

上大道208号红星点金商务中心第2幢17层1704单元
…………………… Tel：0591-38166301

华电福新能源股份有限公司
地址：福建省福州市鼓楼区湖东路231号前田大厦20层
…………………… Tel：0591-38378888

华电福新能源股份有限公司福建分公司
地址：福建省福州市鼓楼区湖东路231号前田大厦21层
…………………… Tel：0591-38378888

绿华能源（福建）有限公司
地址：福建省福州市台江区江滨西大道100号融侨中心8层813办公室
…………………… Tel：0591-39014990

福建通尼斯新能源科技有限公司
地址：平潭县北厝镇金井湾二路台湾创业园4号楼5层
…………………… Tel：0591-62888977

古田中电建新能源发电有限公司
地址：福建省宁德市古田县泮洋乡人民政府办公大楼101-103室
…………………… Tel：0591-63028911

古田中电建新能源发电有限公司
地址：福建省宁德市古田县泮洋乡人民政府办公大楼101-103室
…………………… Tel：0591-63028911

福建安圣达机电设备有限公司
地址：福建省福州市台江区后洲街道下杭路888号金马大厦A＃楼5层56号-1
…………………… Tel：0591-8203155

福建鑫凯泰集团有限公司
地址：福州市马尾区马尾镇茶山路18号综合楼三层308室（自贸试验区内）
…………………… Tel：0591-83053658

福建国瑞电力建设有限公司
地址：福州市仓山区东升街道则徐大道368弄389号仓山工业小区25号1＃楼-6
…………………… Tel：0591-83055376

福州三发发干燥设备有限公司
地址：福州市仓山区金山开发区金塘路
…………………… Tel：0591-8305835

福建省气柜设备安装有限公司
地址：福州市台江区鳌峰路南侧升龙汇金中心17层08、09单元
…………………… Tel：0591-83255826

福建肯特机电有限公司
地址：福建省福州市仓山区建新镇金洲北路12号3号楼3层306
…………………… Tel：0591-83269332

航天工业发展股份有限公司
地址：福州市台江区五一南路67号
…………………… Tel：0591-83283128

福州美佳环保资源开发有限公司
地址：福州市晋安区寿山乡岭头街38号福州市晋安区寿山乡企业服务中心大楼805室
…………………… Tel：0591-83307966

国家电投集团福建电力投资有限公司
地址：福建省福州保税区综合大楼15层A区-1629（自贸试验区内）
…………………… Tel：0591-83320559

优而耐（福州）动力制造有限公司
地址：福州市晋安区宦溪镇工业集中区"兴嘉园"地块三
…………………… Tel：0591-83413662

福建华泰电力实业有限公司
地址：福建省福州市闽侯经济技术开发区（一期）铁岭东路7号
…………………… Tel：0591-83519819

福建安开电力科技有限公司
地址：福建省福州市闽侯县祥谦镇祥宏北路166号（祥谦镇枕峰工业区7号3＃厂房二层）
…………………… Tel：0591-83566085

福州金钥匙机电设备有限公司
地址：福建省福州市仓山区盖山镇浦下村后门里122号3048室（自
…………………… Tel：0591-83568213

国家电投集团福建建宁电力有限公司
地址：福建省建宁县黄埠乡桂阳村清明窠15号
…………………… Tel：0591-83577350

福建增晟创新节能科技股份有限公司
地址：福建省福州市马尾区湖里路27号1＃楼2-38G室（自贸试验区内）
…………………… Tel：0591-83577806

福建协鑫售电有限公司
地址：福建省泉州经济技术开发区德泰路51号孵化基地创业楼1号楼210室公共办公区B12区
…………………… Tel：0591-83667193

福建德冠电力工程有限公司
地址：福州市鼓楼区水部街道六一中路79号东光大楼2号大楼1103单元
…………………… Tel：0591-83766381

福建联合动力设备制造有限公司
地址：福建省福州市仓山区建新镇金洲北路15号
…………………… Tel：0591-83767560

福建联合动力机电科技有限公司
地址：福州市闽侯县南屿镇高岐工业集中区
…………………… Tel：0591-83767560

太平洋（福州）高尔夫俱乐部有限公司
地址：福州市晋安区登云路388号
…………………… Tel：0591-83802665

福州福发发电设备有限公司
地址：福建省福州市连江县东湖镇山岗工业区瑞安路10号
…………………… Tel：0591-83813706

福建锐霸机电有限公司
地址：福州市闽侯县南屿镇后山村小后山77号1＃厂房1-2层
…………………… Tel：0591-83850376

福建世纪东海机电有限公司
地址：福建省福州市晋安区鼓山镇长春路18号A3区
…………………… Tel：0591-83892329

福州凯普动力机械有限公司
地址：福州开发区延伸区茶山路21号地的厂房1＃楼一层（福州开发区青榕纸品有限公司内）
…………………… Tel：0591-83902555

福建永强力加动力设备有限公司
地址：福清市阳下镇洪宽工业村
…………………… Tel：0591-85191158

国网福建福清市供电有限公司
地址：福清市融城元洪路电力大楼
…………………… Tel：0591-85279538

福清市东张水库发供电有限公司
地址：福清市东张水库管理局
…………………… Tel：0591-85385320

福建金风科技有限公司
地址：福建省福州市江阴工业集中区港前路口岸服务中心大楼第二层
…………………… Tel：0591-85615501

福建金风科技有限公司
地址：福建省福州市江阴工业集中区港前路口岸服务中心大楼第二层
…………………… Tel：0591-85615501

华电（福清）风电有限公司
地址：福清市沙埔镇镇政府办公楼附属楼
…………………… Tel：0591-86091070

福建省新能海上风电研发中心有限公司
地址：福建省福州市马尾区湖里路27号1＃楼2-16W室（自贸试验区内）
…………………… Tel：0591-86124743

国网福建综合能源服务有限公司
地址：福建省福州市鼓楼区北大路133号省物价大厦2楼
…………………… Tel：0591-86128947

平潭北厝垃圾焚烧发电有限公司
地址：平潭县北厝镇先建村西壁245号
…………………… Tel：0591-86163565

中联盟能源科技开发有限公司
地址：福建省福州市马尾区亭江镇长洋路177号福州出口加工区综合办公楼602-B200室（自贸试验区内）
…………………… Tel：0591-86291818

福建福清核电有限公司
地址：福清市三山镇
…………………… Tel：0591-86530338

福建中能电气有限公司
地址：福建省福清市融侨经济技术开发区（宏路街道周店村）
…………………… Tel：0591-86550308

福建福能东南热电有限责任公司
地址：福建省福州市福清市江阴镇江阴工业集中区国盛大道3号
…………………… Tel：0591-86552035

国网福建省电力有限公司
地址：福州市鼓楼区五四路257号
…………………… Tel：0591-87076116

福建瑞新售配电有限公司
地址：福建省福州市盖山镇江边村上道166号-1-595（自贸试验区内）
…………………… Tel：0591-87271356

福建福船投资有限公司
地址：福建省福州市马尾区建设路7号办公楼702室（自贸试验区内）
…………………… Tel：0591-87358007

福建福能配售电有限责任公司
地址：福建省福州市鼓楼区五四路109号东煌大厦13层1301室
…………………… Tel：0591-87508365

福建省闽水项目管理有限公司
地址：福州市东大路229号水利水电大厦13层
…………………… Tel：0591-87561140

福建省水利水电物资供应福州经营部
地址：天全县供排水有限责任公司办公楼底楼
…………………… Tel：0591-87561140

南平国家电投光伏发电有限公司
地址：福建省南平市延平区王台镇政府六号楼二层
…………………… Tel：0591-87717152

国家电投集团福建配售电有限公司
地址：福建省福州市仓山区盖山镇江边村上道166号-1-2121（自贸试验区内）
…………………… Tel：0591-8771920

福建正福能源热电配售有限公司
地址：福建省福州市福清市江阴工业集中区顺宝路
…………………… Tel：0591-87725606

福建闽投电力有限责任公司
地址：福建省福州市鼓楼区五四路国际大厦7层C区
…………………… Tel：0591-87765212

福州迈科锐能机电设备有限公司
地址：福建省福州市仓山区下渡街道先锋路58号富城先锋小区2号楼一层05店面
…………………… Tel：0591-87890098

福建省超能电力科技有限公司
地址：福州市仓山区建新镇金洲北路7号16号楼二层
…………………… Tel：0591-87903057

福建先行电力集团有限公司
地址：福建省福州市仓山区金榕北路22号厂房A1栋6层601室
…………………… Tel：0591-87911088

福州东电机械发电设备有限公司
地址：福州市晋安区新店镇秀山杨坂2号
…………………… Tel：0591-87935669

伟兴有限公司
地址：福建省福州市闽侯县南屿镇乌龙江南大道79号信通国际中心A地块3＃楼20层2020办公
…………………… Tel：0591-87987111

福州安扬电梯有限公司
地址：福州市鼓楼区杨桥中路79号闽赋苑2号楼203室
…………………… Tel：0591-88009290

华能（福建）能源销售有限责任公司
地址：福建省福州市仓山区仓山科技园区双湖三路6号工业厂房202室
…………………… Tel：0591-88117038

福建威尔德电力设备有限公司
地址：福建省福州市仓山区仓山镇先锋村中墩1号楼2层203室
…………………… Tel：0591-88212773

华润电力（福建）销售有限公司
地址：福建省福州市晋安区鼓山镇连江路连潘村B＃5层
…………………… Tel：0591-88282235

国电福建电力有限公司
地址：福建省福州市台江区江滨中大道316号招商银行大厦南塔楼10-12层
…………………… Tel：0591-88322118

国电（福建）能源销售有限公司
地址：厦门市思明区莲景一里27号
…………………… Tel：0591-88322171

福建国电风力发电有限公司
地址：福建省福州市台江区连江路西侧江滨大道北福建招银大厦南塔楼7、8层
…………………… Tel：0591-88322225

神华（莆田）湄洲湾港电有限公司
地址：莆田市湄洲湾北岸经济开发区经济城445号
…………………… Tel：0591-88702500

福州华翰金属科技有限公司
地址：福建省福州市台江区红星路6号二楼房
…………………… Tel：0591-88992999

福州帝凯电力发展有限公司
地址：福建省福州市晋安区日溪乡综合大楼2＃楼二层276室
…………………… Tel：0592-2068080

泉州帝凯电力发展有限公司
地址：泉州市丰泽区泉秀街道泉秀路亿霖佳苑A栋1005
…………………… Tel：0592-2068080

福建帝凯电力发展有限公司
地址：福建省福州市晋安区日溪乡综合大楼2＃楼二层275室
…………………… Tel：0592-2068080

福州帝凯电力发展有限公司
地址：福建省福州市晋安区日溪乡综合大楼2＃楼二层276室
…………………… Tel：0592-2068080

泉州帝凯电力发展有限公司
地址：泉州市丰泽区泉秀街道泉秀路亿霖佳苑A栋1005
…………………… Tel：0592-2068080

福建帝凯电力发展有限公司
地址：福建省福州市晋安区日溪乡综合大楼2＃楼二层275室
…………………… Tel：0592-2068080

福建闽东电力股份有限公司
地址：福建省宁德市蕉城区蕉城南路68号东晟泰丽园1号楼3层
…………………… Tel：0593-2096666

航天闽箭新能源（霞浦）有限公司
地址：霞浦县松城街道龙首路280号
…………………… Tel：0593-2126386

福建闽东电力股份有限公司宁德分公司
地址：福建省宁德市蕉城区环城路143号华隆大厦1005室
…………………… Tel：0593-2255190

远东电机（宁德）有限公司
地址：宁德市东侨经济开发区鉴湖西路2号
…………………… Tel：0593-2351569

德京（福建）电通技术开发有限公司
地址：宁德市蕉城区蕉城南路94号泓源国际805室
…………………… Tel：0593-2561270

福建洪口水电有限公司
地址：宁德市蕉城区洪口乡大道头
…………………… Tel：0593-2708910

福建亚南电机有限公司
地址：宁德市东侨经济开发区工业集中区漳湾工业园疏港路6号
…………………… Tel：0593-2768513

福建省四方水电投资有限公司
地址：宁德市东侨经济开发区会展中心西区2楼办公区6-7号
…………………… Tel：0593-2820816

华电福新周宁抽水蓄能有限公司
地址：福建省宁德市周宁县狮城镇兴业街180号
…………………… Tel：0593-2990080

宁德漳湾垃圾焚烧发电有限公司
地址：宁德市东侨经济开发区闽东中路12号建设科技大楼6层
…………………… Tel：0593-2992820

屏南县水电开发有限公司供水分公司
地址：全州县全州镇三江路０６号
…………………… Tel：0593-3383835

福建省古田溪水力发电厂物资供应公司
地址：常州市中吴大道511号
…………………… Tel：0593-3699097

华电福新能源股份有限公司古田溪水力发电厂
地址：古田县城西半坑亭
…………………… Tel：0593-3699300

宁德市闽东亨达机电有限公司
地址：福安市秦溪洋工业园区
…………………… Tel：0593-6159008

福建大唐国际宁德发电有限责任公司
地址：宁德市蕉城区蕉城南路72号
…………………… Tel：0593-6182998

福建大唐国际宁德发电有限责任公司
地址：宁德市蕉城区蕉城南路72号
…………………… Tel：0593-6182998

福建康隆机电设备有限公司
地址：福建省宁德市福安市坂中工业区和安村白石岩下9号
…………………… Tel：0593-6313336

福建福安闽东亚南电机有限公司
地址：福安市阳泉景林路14号
…………………… Tel：0593-6350806

福建福莱森机械有限公司
地址：福安市城阳镇秦溪洋工业区永隆路
…………………… Tel：0593-6364899

凯捷利电机（福建）有限公司
地址：福安市坂中外岗熙台路（德丰电机公司内）
…………………… Tel：0593-6376588

福建闽东电机股份有限公司
地址：福建省宁德市福安市甘棠镇北部104国道东侧B1地块
…………………… Tel：0593-6398668

三禾电器（福建）有限公司
地址：福安市甘棠镇北部104国道东侧B1地块
…………………… Tel：0593-6398668

福安市华达水电设备材料供应站
地址：金阳县对坪镇
…………………… Tel：0593-6582876

玉发（福建）电机有限公司
地址：福安市赛岐开发区小留工业区
…………………… Tel：0593-6618998

福建大西新能源电机科技股份有限公司
地址：福建省宁德市福安市罗江工业路87号
…………………… Tel：0593-6659088

宁德狮虎能源科技有限公司
地址：宁德市东侨经济开发区东侨工业集中区工业北路9号（狮虎项目厂区）2幢1-2层101
…………………… Tel：0593-7199066

国网福建霞浦县供电有限公司沙江供电所
地址：贵州省铜仁市印江土家族苗族自治县合水镇
…………………… Tel：0593-8632329

中核霞浦核电有限公司
地址：福建省宁德市霞浦县松港街道赤岸大道56号钦驰文化园七楼、八楼、九楼
…………………… Tel：0593-8709111

华能霞浦核电有限公司
地址：福建省宁德市蕉城区蕉城南路43号11层
…………………… Tel：0593-8990807

宁德时代电机科技有限公司
地址：福建省宁德市蕉城区疏港路118号
…………………… Tel：0593-8991832

中能源石油天然气（福建）股份有限公司

地址：福建省莆田市城厢区龙桥街道荔城北大道1389号106室
…………………… Tel：0594-2569991
福建省瑞殷电力工程有限公司
地址：福建省莆田市荔城区拱辰办海丰中街1185号雅筑小区2号楼201室
…………………… Tel：0594-2735001
莆田市荔城区荔丰投资有限公司
地址：莆田市荔城区西天尾镇南少林路中段（双凤鞋业对面）
…………………… Tel：0594-2889898
上海电气风电设备莆田有限公司
地址：福建省莆田市秀屿区东庄镇前云村望山北街666号
…………………… Tel：0594-5067000
国网福建湄洲岛供电有限公司
地址：莆田市湄洲镇兴业街206号
…………………… Tel：0594-5094629
国投云顶湄洲湾电力有限公司
地址：福建省莆田市秀屿区东埔镇塔林村山尾500号
…………………… Tel：0594-5520721
中海福建燃气发电有限公司
地址：福建省福州市鼓楼区五四路159号世界金龙大厦28层C1区及D1区
…………………… Tel：0594-5615115
莆田港务进口木材除害有限公司
地址：莆田市秀屿区东庄镇秀屿港2号
…………………… Tel：0594-5686901
福建省莆头港口开发有限公司
地址：福建省莆田市秀屿区东庄镇大象村大象888号
…………………… Tel：0594-5692606
莆田港务集团有限公司
地址：莆田市秀屿区东庄镇莆头村
…………………… Tel：0594-5697651
福能（漳州）风力发电有限责任公司
地址：龙海市隆教畲族乡
…………………… Tel：0594-5826659
福能平海（莆田）风力发电有限公司
地址：莆田市秀屿区平海镇东美村过溪39号
…………………… Tel：0594-5826659
福建省福能新能源有限责任公司
地址：福建省莆田市秀屿区笏石镇清塘西大道1699号
…………………… Tel：0594-5826659
福能（仙游）风力发电有限责任公司
地址：福建省莆田市仙游县社硎乡田利村
…………………… Tel：0594-5826659
福建省永春福能风电有限公司
地址：福建省泉州市永春县外山乡云峰村777号
…………………… Tel：0594-5826659
福建省南安福能风电有限公司
地址：福建省泉州市南安市向阳乡卓厝村洋坪89号
…………………… Tel：0594-5826659
福能埭头（莆田）风力发电有限公司
地址：莆田市秀屿区埭头镇东林村东林111号
…………………… Tel：0594-5826659
福能（龙海）风力发电有限责任公司
地址：龙海市港尾镇梅市1号
…………………… Tel：0594-5826659
福建大通电力工程有限公司
地址：仙游县鲤城街道南桥社区南大路195号
…………………… Tel：0594-6897878
福建省通诚机电设备有限公司
地址：福建省泉州市丰泽区通港西街泰禾广场12号楼2105
…………………… Tel：0595-22151087
泉州市德泓机电设备有限公司
地址：泉州市丰泽区远桐街海俱大厦2F
…………………… Tel：0595-22162199
泉州市华力电气设备有限公司
地址：泉州市鲤城区常泰街道新园路2号
…………………… Tel：0595-22825777
泉州市全新物业管理服务代理有限公司
地址：泉州市洛江区万安安吉路五金机电城附属房9号125店
…………………… Tel：0595-22997411
安溪县城市建设投资有限公司
地址：安溪县城厢镇二环南路1号金融行政服务中心5号楼C幢14层
…………………… Tel：0595-23273099
福建盛桥投资有限公司
地址：福建省泉州市安溪县城厢镇二环南路1号金融行政服务中心5号楼C幢14层
…………………… Tel：0595-23377999
福建罗丰集团有限公司
地址：福建省泉州市安溪县参内乡河滨北路999号
…………………… Tel：0595-23378887
泉州市通诚机电工程有限公司
地址：安溪县凤城镇凤冠山庄管理中心二楼
…………………… Tel：0595-23456858
国网福建德化县供电有限公司
地址：龙浔镇凤林路30号
…………………… Tel：0595-23524532
泉州乐邦物业管理服务有限公司
地址：永春县石鼓镇桃星村开发区B幢303
…………………… Tel：0595-23703966
泉州美家洁物业管理有限公司
地址：永春县桃城镇环翠村1组（即45号）
…………………… Tel：0595-23893052
永春白濑水库移民工程开发建设有限公司
地址：永春县横口乡云贵村1号
…………………… Tel：0595-23971006
安溪县小城镇建设投资有限公司
地址：安溪县城厢镇二环南路1号金融行政服务中心5号楼C幢14层
…………………… Tel：0595-26000959
国网福建安溪县供电有限公司
地址：福建省泉州市安溪县凤城镇龙湖电力大厦
…………………… Tel：0595-26073908
福建群龙开关有限公司
地址：福建省泉州市安溪县官桥镇塘垅工业区乌冬格片区
…………………… Tel：0595-26368789
福建新弘电电气设备有限公司
地址：泉州市丰泽区普贤路44号（群石路段）
…………………… Tel：0595-28000326
泉州新奥能源发展有限公司
地址：福建省泉州市鲤城区金龙街道元泰一路1号3楼
…………………… Tel：0595-28286016
福建新奥能源发展有限公司
地址：福建省泉州市鲤城区鲤中街道新峰社区象峰巷38号
…………………… Tel：0595-28286079
福建佳成电力有限公司
地址：福建省泉州市惠安县涂寨镇东环路417号聚贤楼
…………………… Tel：0595-28895598
华电福建泉州发电有限公司
地址：泉州市丰泽区温陵路中段208号大华商厦
…………………… Tel：0595-36367607
华电（安溪）新能源有限公司
地址：福建省泉州市安溪县金融行政服务中心5号楼C幢901—904
…………………… Tel：0595-36367607
神华福能发电有限责任公司
地址：石狮市鸿山镇伍堡工业区20号
…………………… Tel：0595-36671031
福建省鸿山热电有限责任公司
地址：福建省泉州石狮市鸿山镇伍堡工业区
…………………… Tel：0595-36886188
福建祥业实业有限公司
地址：福建省泉州市永春县桃城镇南环路生物医药产业园
…………………… Tel：0595-68083003
国网福建永春县供电有限公司
地址：永春县桃城镇湖滨路1号
…………………… Tel：0595-68085055
国网福建永春县供电有限公司
地址：永春县桃城镇湖滨路1号
…………………… Tel：0595-68085055
福建科捷智能机电股份有限公司
地址：南安市官桥镇南联工业开发区
…………………… Tel：0595-68995591
晶昱（福建）新能源科技有限公司
地址：福建省泉州市晋江市陈埭镇湖中村南片299号
…………………… Tel：0595-85176080
伟顺（中国）机电设备有限公司
地址：晋江市西园街道赖厝工业区
…………………… Tel：0595-85301789
国网福建晋江市供电有限公司
地址：晋江市世纪大道679号电力大厦
…………………… Tel：0595-85606926
福建省泉盛电力设施有限公司
地址：南安市柳城帽山工业区
…………………… Tel：0595-86351111
南安市昱辉能源开发有限公司
地址：福建省泉州市南安市柳城成功街融欣大厦十层1002室
…………………… Tel：0595-86366229
福建省南安市水头顺发综合码头有限公司
地址：南安市水头镇中亭港口
…………………… Tel：0595-86981111
国网福建惠安县供电有限公司
地址：惠安县螺城镇南阳路148号
…………………… Tel：0595-87381889
国网福建石狮市供电有限公司
地址：石狮市九二路城标南侧
…………………… Tel：0595-88555777
漳州永远制冷设备技术有限公司
地址：福建省漳州市芗城区腾飞路627号龙轴新村10幢6号
…………………… Tel：0596-2060063
漳州科华技术有限责任公司
地址：福建省漳州市金峰工业区北斗工业园
…………………… Tel：0596-2600000
福建恒冠机电设备有限公司
地址：漳州市蓝田经济开发区龙腾北路40号D
…………………… Tel：0596-2922178
漳浦县前亭供销社五金水电门市部
地址：漳浦县前亭镇前亭圩
…………………… Tel：0596-3642069
大唐漳州风力发电有限责任公司
地址：漳浦县六鳌镇大澳村
…………………… Tel：0596-3731973
福建闽东新科技工业有限公司
地址：福建省漳州市芗城区石亭镇漳华路龙秋段
…………………… Tel：0596-3901636
湘电风能（福建）有限公司
地址：福建省漳州市漳浦县前亭镇梅亭北266号
…………………… Tel：0596-6120319
漳州灿坤实业有限公司
地址：漳州台商投资区灿坤工业园
…………………… Tel：0596-6268065
福建巨霸机械有限公司
地址：福建省漳州台商投资区角美镇北门西路83号
…………………… Tel：0596-6766571
漳州耐欧立斯科技有限责任公司
地址：福建省漳州台商投资区孔学路10号
…………………… Tel：0596-6768921
招商局漳州开发区供电有限公司
地址：福建省招商局漳州开发区内
…………………… Tel：0596-6851095
华安县泰龙电力发展有限公司
地址：华安县华丰镇绵良村
…………………… Tel：0596-7361111
华电漳州能源有限公司
地址：福建省漳州市诏安县梅岭镇林厝村
…………………… Tel：0596-7824996
漳州国绿太阳能科技有限公司
地址：南靖县山城镇江滨路20号
…………………… Tel：0596-7851739
福建金隆昌工业科技有限公司
地址：长泰县陈巷镇港园工业区
…………………… Tel：0596-8225001
福建奥斯福电力系统有限公司
地址：长泰县经济开发区兴泰工业园区
…………………… Tel：0596-8233103
国网福建长泰县供电有限公司
地址：长泰县武安镇建设北路201号
…………………… Tel：0596-8263026
山鹰华南纸业有限公司
地址：福建省漳州市长泰县武安镇官山工业园武兴路3号
…………………… Tel：0596-8313788
国网福建云霄县供电有限公司
地址：云霄县元光路29号
…………………… Tel：0596-8522618
中核国电漳州能源有限公司
地址：福建省漳州市云霄县高洋路519号漳江核苑（生产场所位于云霄县列屿镇）
…………………… Tel：0596-8899501
福建龙岩东龙机电有限公司
地址：龙岩市新罗区罗龙西路（龙岩新汽车客运中心站对面）
…………………… Tel：0597-2224202
福建龙净环保股份有限公司
地址：福建省龙岩市新罗区工业中路19号
…………………… Tel：0597-2293213
福建亿瑞电力科技有限公司
地址：上杭县蛟洋工业区华强小区5-13地块
…………………… Tel：0597-2583356
龙岩市水利投资发展有限公司
地址：龙岩市新罗区西陂街道龙岩大道260号商务运营中心K幢十二层
…………………… Tel：0597-2599985
神华福能（福建雁石）发电有限责任公司
地址：龙岩市新罗区雁石镇东三路6号
…………………… Tel：0597-2613918
龙岩鑫光博投资有限公司
地址：福建省龙岩市永定区高陂镇高新技术产业开发区汽车研究院D栋
…………………… Tel：0597-2626886
连城县嘉波供水有限公司
地址：福建省龙岩市连城县罗坊乡上罗村屋背山乡政府大门斜对面（原供电所办公楼）房屋第贰、叁层
…………………… Tel：0597-3126998
龙岩市海德馨汽车有限公司
地址：福建省龙岩市新罗区西陂镇赤坑村
…………………… Tel：0597-3295612
国网福建上杭县供电有限公司
地址：上杭县临江镇北环路东段
…………………… Tel：0597-3313166
龙岩畅丰专用汽车有限公司
地址：龙岩高新区莲花大道136号
…………………… Tel：0597-3352556
福建省武平县石黄峰水力发电有限公司
地址：武平县下坝乡福兴村
…………………… Tel：0597-4866368
龙岩市呈祥贸易有限公司
地址：福建省龙岩市新罗区龙门镇谢洋村闽西交易城C5-2幢39号2层
…………………… Tel：0597-5258988
福建华电漳平发电有限公司
地址：漳平市菁城街道江滨路708号
…………………… Tel：0597-7022070
福建天则电力工程有限公司漳平分公司
地址：漳平市菁城街道江滨路659号＃41楼9号店
…………………… Tel：0597-7022257
国网福建将乐县供电有限公司
地址：将乐县水南镇能塘路13号
…………………… Tel：0598-2355018
福建华电金湖电力有限公司
地址：福建省将乐县三华南路33号
…………………… Tel：0598-2358213
国网福建永安市供电有限公司青水乡供电所
地址：太原市小店区长治路亲贤社区东百万庄园12排1号
…………………… Tel：0598-3522752
福建华电西门发电有限公司
地址：永安市湖滨路118号
…………………… Tel：0598-3619988
福建华电永安发电有限公司
地址：永安市尼葛工业园北区2008号
…………………… Tel：0598-3626666
福建华电贡川水电有限公司
地址：永安市南区巴溪湾
…………………… Tel：0598-3826667
永安市电力实业有限公司
地址：永安市燕江中路958号
…………………… Tel：0598-3863868
福建省安砂水电厂经济发展总公司供电公司
地址：临江市大湖街道
…………………… Tel：0598-3866586
福建省安砂水电厂经济发展总公司物资供应公司
地址：黑龙江省绥化市明水县光荣乡街内
…………………… Tel：0598-3866586
华电福新（大田）新能源有限公司
地址：福建省三明市大田县均溪镇银山北路1号504
…………………… Tel：0598-3866678
华电福新能源股份有限公司安砂水力发电厂
地址：永安市安砂镇龙江路1号
…………………… Tel：0598-3866803
三明市金利亚环保科技投资有限公司
地址：福建省三明市三元区莘口镇黄砂村渡头坪红滩
…………………… Tel：0598-5159960
许继工控系统（福建）有限公司
地址：三明高新技术产业开发区金沙园创业服务中心大楼四楼
…………………… Tel：0598-5828231
福建省费曼能源有限公司
地址：福建省沙县小吃文化城三期电商产业园311室
…………………… Tel：0598-5832899
福建华电高砂水电有限公司
地址：福建省沙县凤岗李纲中路31号
…………………… Tel：0598-5834340
福建闽中大酒店有限公司
地址：尤溪县城关镇闽中大道2号
…………………… Tel：0598-6201063
福建丰瑞综合能源服务有限公司
地址：福建省三明市尤溪县城关镇经济开发区城南园
…………………… Tel：0598-6303333
福建省尤溪长波水力机械有限公司
地址：尤溪经济开发区城西园
…………………… Tel：0598-6399393
福建省尤溪长波水力机械销售有限公司
地址：尤溪经济开发区城西园
…………………… Tel：0598-6399393
华电（宁化）新能源有限公司
地址：福建省三明市宁化县翠江镇东大路1号东城雅苑2号楼二层201号
…………………… Tel：0598-6626796
三明亿源电力工程建设有限公司
地址：三明市梅列区列东街1032号
…………………… Tel：0598-8203346
三明市满园春商业大厦管理处
地址：三明市满园春商业大厦底楼
…………………… Tel：0598-8240417
三明中燃城市燃气发展有限公司
地址：福建省三明市梅列区双园新村34幢三层1-2号
…………………… Tel：0598-8270399

福建省三明力亚电力有限公司
地址：三元区工业南路118号8幢203室
…………………… Tel：0598-8326069

福建三明核电有限公司
地址：三明市梅列区江滨新村44幢
…………………… Tel：0598-8969751

浦城县协鑫合创光伏电力有限公司
地址：福建省南平市浦城县仙阳镇江浦路1号（仙阳高速公路互通口正对面）仙阳镇农业服务中心内办公楼二层
…………………… Tel：0599-2825117

国网福建浦城县供电有限公司莲塘镇供电所河滨街道营业网点
地址：徐州市环城路226号
…………………… Tel：0599-2829084

国网福建浦城县供电有限公司水北街镇供电所
地址：浠水县散花镇
…………………… Tel：0599-2865012

南平市建阳区长泉电力有限公司
地址：南平市建阳区麻沙镇长坪村粮站
…………………… Tel：0599-5636506

福建省南平闽延电力建设有限公司邵武分公司
地址：福建省邵武市城南支路8号
…………………… Tel：0599-6206133

福建兴益达机电设备有限公司
地址：福建省邵武市熙春东路天福新村18-2号201室
…………………… Tel：0599-6230989

福建华电邵武能源有限公司
地址：福建省邵武市水北药村50号44幢1-5层
…………………… Tel：0599-6526712

福建省顺昌新业电力工程有限公司
地址：福建省顺昌县城南中路20号
…………………… Tel：0599-7855173

福建南平思特斯机电科技有限公司
地址：南平市环城中路168号
…………………… Tel：0599-8065001

福建华电闽兴水电有限公司
地址：南平市延平区中山路1号武夷大厦14层
…………………… Tel：0599-8068610

福建省建瓯市汇光发电有限公司
地址：建瓯市金瓯街31号
…………………… Tel：0599-8220968

亿创集团南平电力建设有限公司
地址：南平市马坑路7号（世纪星城C区）5幢11层1105室
…………………… Tel：0599-8287586

中电（福建）电力开发有限公司
地址：福建省南平市长富花园建华楼A座
…………………… Tel：0599-8503610

福建南电股份有限公司
地址：南平市西芹镇兴华二路291号
…………………… Tel：0599-8508111

福建南方电机股份有限公司
地址：南平市西芹镇兴华二路291号
…………………… Tel：0599-8508111

福建南电电机有限公司
地址：南平市西芹镇兴华二路291号
…………………… Tel：0599-8516163

福建雄峰电力工程有限公司
地址：南平市延平区环城南路93号201室
…………………… Tel：0599-8626986

福建南平新中发电机有限公司
地址：南平市江南工业园祥瑞路5号
…………………… Tel：0599-8730463

福建汇德发电设备有限公司
地址：福建省南平市延平区江南工业园天祥路17号（夏道镇水井窠村）
…………………… Tel：0599-8739916

福建南平华亿机电科技有限公司
地址：福建省南平市延平区东溪路121号厂区10号楼
…………………… Tel：0599-8800809

江西省

鹰潭市文广电力实业总公司
地址：江西省鹰潭市月湖区梅园新区供电大楼17层
…………………… Tel：0701-3222156

中节能贵溪太阳能科技有限公司
地址：江西省贵溪市冶金大道
…………………… Tel：0701-3310998

中节能贵溪太阳能科技有限公司
地址：江西省贵溪市冶金大道
…………………… Tel：0701-3310998

国网江西省电力有限公司贵溪市供电分公司
地址：江西省鹰潭市贵溪市建设路428号
…………………… Tel：0701-3606999

贵溪发电有限责任公司
地址：江西省贵溪发电厂
…………………… Tel：0701-3755001

国家电投集团江西电力有限公司洪门光伏发电分公司
地址：江西省抚州市南城县洪门镇红岭村
…………………… Tel：0701-6318918

鹰潭欣辉供电服务有限公司月湖山水分公司
地址：江西省鹰潭市月湖区环城东路126号
…………………… Tel：0701-6395842

鹰潭欣欣电力实业有限公司
地址：江西省鹰潭市月湖区梅园新区供电大楼17层
…………………… Tel：0701-6696332

江西泰丰机电设备有限公司
地址：江西省贵溪市工业园区
…………………… Tel：0701-7183369

萍乡市天壕新能源有限公司
地址：萍乡市安源区高坑镇（萍乡焦化有限责任公司厂区内）
…………………… Tel：0717-3283393

江西博源售电有限公司
地址：江西省上饶市信州区带湖路80号4-1
…………………… Tel：073-8227475

江西科陆售电有限公司
地址：江西省新余市分宜县工业园区
…………………… Tel：0755-33309999

江西科陆售电有限公司
地址：江西省新余市分宜县工业园区
…………………… Tel：0755-33309999

江西分宜发电有限责任公司
地址：江西省新余市分宜县分宜工业园区
…………………… Tel：0790-5618899

国网江西分宜县供电有限责任公司
地址：分宜天工大道东侧
…………………… Tel：0790-5880499

江西科利亚现代农业装备有限公司
地址：江西新余袁河经济开发区
…………………… Tel：0790-6222766

国网江西省电力有限公司新余供电分公司
地址：新余市胜利北路279号
…………………… Tel：0790-6251143

国网江西省电力有限公司新余市渝水区供电分公司
地址：江西省新余市渝水区仙来东大道308号
…………………… Tel：0790-6295310

国网江西省电力有限公司新余市渝水区供电分公司
地址：江西省新余市渝水区仙来东大道308号
…………………… Tel：0790-6295310

赛维LDK光伏科技（新余）工程有限公司
地址：江西省新余市经济开发区
…………………… Tel：0790-6863940

江西恒盛建源电力发展有限公司
地址：江西省新余市分宜县钤东街道办事处办公楼
…………………… Tel：0790-6868827

江西中能电气科技股份有限公司
地址：江西省新余市高新区泉州大道
…………………… Tel：0790-6868922

江西中电国能电力科技有限责任公司
地址：江西省新余市渝水区狮峰北路77号
…………………… Tel：0790-7057949

国网江西综合能源服务有限公司
地址：江西省南昌市临空经济区儒乐湖大街955号临瑞青年公寓1号楼4楼433室
…………………… Tel：0791-82727337

国网江西安义县供电有限责任公司
地址：江西省南昌市安义县文峰街
…………………… Tel：0791-83425563

南昌赛维LDK光伏科技工程有限公司
地址：江西省南昌市新建区厚田乡象潭村
…………………… Tel：0791-83645139

鄱阳县协鑫光伏电力有限公司
地址：江西省上饶市鄱阳县双港镇人民政府大院内
…………………… Tel：0791-83803185

吉安协鑫光伏电力有限公司
地址：吉安县安塘乡安塘街
…………………… Tel：0791-83803185

石城协鑫光伏电力有限公司
地址：江西省赣州市石城县琴江镇莲塘巷
…………………… Tel：0791-83803185

德兴市协鑫光伏电力有限公司
地址：江西省上饶市德兴市经济开发区
…………………… Tel：0791-83803185

江西大唐国际丰城风电有限责任公司
地址：丰城市荷湖乡高峰村
…………………… Tel：0791-83822515

江西大唐国际安远风电有限责任公司
地址：江西省赣州市安远县镇岗乡镇岗圩
…………………… Tel：0791-83822515

江西大唐国际丰城风电有限责任公司
地址：丰城市荷湖乡高峰村
…………………… Tel：0791-83822515

江西大唐国际安远风电有限责任公司
地址：江西省赣州市安远县镇岗乡镇岗圩
…………………… Tel：0791-83822515

江西正能配售电有限公司
地址：江西省南昌市红谷滩新区赣江中大道1218号南昌新地中心办公、酒店式公寓楼3908室（第39层）
…………………… Tel：0791-83860236

国网江西省电力有限公司南昌县供电分公司
地址：江西省南昌市南昌县莲塘镇莲塘南大道366号
…………………… Tel：0791-85713477

江西正基电力建设有限公司
地址：南昌县莲塘镇向阳西路西侧
…………………… Tel：0791-85720812

江西中瑞电气有限公司
地址：江西省南昌市南昌县小蓝经济开发区金沙三路959号
…………………… Tel：0791-85918055

泰豪电源技术有限公司
地址：江西省南昌市南昌县小蓝经济开发区汇仁大道266号
…………………… Tel：0791-85985523

江西省赣浙能源有限公司
地址：江西省南昌市南昌经济技术开发区桂苑大道创业大厦A座3楼49室
…………………… Tel：0791-86108510

国电海外（江西）电力工程有限公司
地址：江西省南昌市红谷滩新区绿茵路669号
…………………… Tel：0791-86188136

国电江西能源销售有限公司
地址：江西省南昌市青山湖区北京东路1198号亿通大厦（国电大厦）1204室（第12层）
…………………… Tel：0791-86188351

南昌市鼎鑫机电工程有限公司
地址：江西省南昌市西湖区广场东路1号5单元504室
…………………… Tel：0791-86204463

江西凌峰售电有限公司
地址：江西省南昌市东湖区省政府大院东四路23号龙式大厦B座408室
…………………… Tel：0791-86262225

江西远大科技有限公司
地址：江西省南昌市东湖区省政府大院东四路23号龙式大厦B座2-4楼
…………………… Tel：0791-86262225

江西电机有限责任公司
地址：江西省南昌市西湖区井冈山大道1028号
…………………… Tel：0791-86422087

江西港航新干航电枢纽有限公司
地址：江西省南昌市东湖区抚河北路249号交通科技大楼21层
…………………… Tel：0791-86798043

国网江西南昌市经济技术开发区供电有限公司
地址：江西省南昌经济技术开发区枫林大道
…………………… Tel：0791-86851833

国家电投集团江西电力有限公司
地址：江西省南昌市南昌高新技术产业开发区艾溪湖北路66号
…………………… Tel：0791-86877022

国家电投集团江西峡江发电有限公司
地址：江西省吉安市峡江县桐民乡方家村
…………………… Tel：0791-86877355

国家电投集团江西水电检修安装工程有限公司
地址：江西省南昌市南昌高新技术产业开发区艾溪湖北路66号总部基地1#楼
…………………… Tel：0791-86877611

国家电投集团江西电力有限公司崇仁分公司
地址：江西省抚州市崇仁县工业园区C区
…………………… Tel：0791-86877611

国家电投集团江西能源销售有限公司
地址：江西省南昌市高新技术产业开发区艾溪湖北路66号办公大楼8楼
…………………… Tel：0791-86877768

国家电投集团江西电力有限公司新昌发电分公司
地址：江西省南昌市新建区樵舍镇环湖村
…………………… Tel：0791-86889012

江西金宸电力发展有限公司
地址：江西省南昌市东湖区福州路28号奥林匹克大厦2栋1单元710室
…………………… Tel：0791-86891053

国网江西省电力有限公司南昌供电分公司
地址：江西省南昌市叠山路383号
…………………… Tel：0791-87336143

江西大唐国际石城风电有限责任公司
地址：江西省赣州市石城县高田镇胜江村
…………………… Tel：0791-87337515

江西大唐国际寻乌风电有限责任公司
地址：江西省赣州寻乌县丹溪乡
…………………… Tel：0791-87337515

江西大唐国际星子风电有限责任公司
地址：江西省九江市星子县工业园
…………………… Tel：0791-87337515

江西大唐国际新能源有限公司
地址：江西省南昌市南昌经济技术开发区经开大道1388号赛维莱国际企业城
…………………… Tel：0791-87337515

江西大唐国际石城风电有限责任公司
地址：江西省赣州市石城县高田镇胜江村
…………………… Tel：0791-87337515

江西大唐国际兴国风电有限责任公司
地址：江西省赣州市兴国县杰村乡杰村村富口组
…………………… Tel：0791-87337515

江西大唐国际寻乌风电有限责任公司
地址：江西省赣州寻乌县丹溪乡
…………………… Tel：0791-87337515

江西大唐国际星子风电有限责任公司
地址：江西省九江市星子县工业园
…………………… Tel：0791-87337515

国电电力江西新能源开发有限公司
地址：江西省南昌市南昌高新技术产业开发区京东大道426号软件大楼第19层
…………………… Tel：0791-87368357

国电电力江西新能源开发有限公司
地址：江西省南昌市南昌高新技术产业开发区京东大道426号软件大楼第19层
…………………… Tel：0791-87368357

国网江西省电力有限公司
地址：江西省南昌市青山湖区湖滨东路666号
…………………… Tel：0791-87493139

华能江西清洁能源有限责任公司
地址：江西省南昌市南昌高新技术产业开发区高新大道699号聚仁总部经济园2#楼-1612室
…………………… Tel：0791-87708313

华能江西能源销售有限责任公司
地址：江西省南昌市红谷滩新区庐山南大道369号铜锣湾广场写字楼37层
…………………… Tel：0791-87712812

江西宏源新能源有限公司
地址：九江出口加工区远东大道以东、绿东路以南地块A10栋二单元504
…………………… Tel：0791-87889792

泰豪科技股份有限公司
地址：江西省南昌市高新开发区清华泰豪大楼
…………………… Tel：0791-88105057

国网江西省电力有限公司南昌市青山湖区供电分公司
地址：江西省南昌市青山湖区青山湖大道创业路96号
…………………… Tel：0791-88105535

江西赣能股份有限公司
地址：江西省南昌市高新区火炬大街199号
…………………… Tel：0791-88109899

江西赣能股份有限公司
地址：江西省南昌市高新区火炬大街199号
…………………… Tel：0791-88109899

江西泰豪军工集团有限公司
地址：江西省南昌市高新开发区泰豪工业园区
…………………… Tel：0791-88112162

江西丰源电力（集团）有限责任公司
地址：江西省丰城市尚庄街道
…………………… Tel：0791-88113742

江西和惠配售电有限公司
地址：江西省宜春市高安市新街镇（江西省建筑陶瓷产业基地内）
…………………… Tel：0791-88113918

江西丰锦售电有限公司
地址：江西省南昌市南昌经济技术开发区枫林西大街917号世纪新宸大厦办公楼2#写字楼2102室
…………………… Tel：0791-88128618

国家电投集团江西共青城新能源有限公司
地址：江西省九江市共青城市江益镇红星村
…………………… Tel：0791-88135531

国家电投集团江西赣州新能源有限公司
地址：江西省赣州市章贡区黄屋坪路15号农业银行赣州分行办公楼501-503
…………………… Tel：0791-88135531

国家电投集团江西定南新能源有限公司
地址：江西省赣州市定南县岭北镇南丰村
…………………… Tel：0791-88135531

国家电投集团江西吉安新能源有限公司
地址：江西省吉安市吉州区大桥西路9号
…………………… Tel：0791-88135531

国家电投集团江西乐平新能源有限公司
地址：江西省乐平市鸬鹚乡龙口村

……………………… Tel：0791-88135531
国家电投集团江西遂川新能源有限公司
地址：江西省吉安市遂川县禾源镇洞溪村
……………………… Tel：0791-88135531
国家电投集团江西万安新能源有限公司
地址：江西省吉安市万安县宝山乡东坪村
……………………… Tel：0791-88135531
康富科技有限公司
地址：江西省南昌市高新开发区紫阳大道3088号
……………………… Tel：0791-88350707
中国电建集团江西省电力建设有限公司
地址：江西省南昌市青云谱区广州路69号
……………………… Tel：0791-88462700
江西恒丰企业集团电力公司
地址：江西省九江市永修县牛头山
……………………… Tel：0792-3080070
国网江西瑞昌市供电有限责任公司
地址：瑞昌市黄金工业园南园（赤乌东路）
……………………… Tel：0792-4236886
神华国华九江发电有限责任公司
地址：江西省九江市湖口县高新技术产业园区
……………………… Tel：0792-6510900
九江市柴桑区工业发展有限公司
地址：江西省九江市柴桑区庐山北路1号（中国银行五楼）
……………………… Tel：0792-6813722
江西庐开电力工程有限公司
地址：江西省九江市柴桑区九江沙城工业园石门路3号
……………………… Tel：0792-6893686
国电湖口风力发电有限公司
地址：湖口县双钟镇大中路59号（建行二楼）
……………………… Tel：0792-7201611
国电湖口风力发电有限公司
地址：湖口县双钟镇大中路59号（建行二楼）
……………………… Tel：0792-7201611
国网江西省电力有限公司修水县供电分公司
地址：江西省修水县义宁镇城南山谷大道1-14层
……………………… Tel：0792-7220642
国网江西省电力有限公司修水县供电分公司
地址：江西省修水县义宁镇城南山谷大道1-14层
……………………… Tel：0792-7220642
国网江西修水县供电有限责任公司
地址：修水县义宁镇城南山谷大道
……………………… Tel：0792-7220642
九江虹润供电服务有限公司
地址：江西省九江市九江经济技术开发区城西港区安置房一期以南，赛城湖路以北，爱国路以西
……………………… Tel：0792-7222849
九江康晟机械设备制造有限公司
地址：江西省九江市九江经济技术开发区汽车工业园顺意（原梅山路）以南，宇龙纺织以北地块）
……………………… Tel：0792-8326992
国网江西省电力有限公司九江市濂溪区供电分公司
地址：江西省九江市濂溪区十里大道南端（濂溪区供电公司院内）
……………………… Tel：0792-8462256
国网江西省电力有限公司九江供电分公司
地址：江西省九江市浔阳区长虹大道74号供电公司院内综合楼
……………………… Tel：0792-8463316
国网江西省电力有限公司永修县供电分公司
地址：江西省九江市永修县新城建昌西路
……………………… Tel：0792-8464011
九江虹润供电服务有限公司修水县分公司
地址：江西省赣州市崇义县城章源大道591号
……………………… Tel：0792-8465202
国电九江发电有限公司
地址：江西省九江市浔阳区金鸡坡
……………………… Tel：0792-8483007
国电九江发电有限公司
地址：江西省九江市浔阳区金鸡坡
……………………… Tel：0792-8483007
国电黄金埠发电有限公司
地址：江西省上饶市余干县黄金埠镇
……………………… Tel：0793-3298029
江西壹天新能源科技有限公司
地址：江西省上饶市万年县丰收工业园区壹天新纤科技产业园
……………………… Tel：0793-3884888
横峰县晶科电力有限公司
地址：江西省上饶市横峰县莲荷乡杨家村
……………………… Tel：0793-5502312
横峰县晶科电力有限公司
地址：江西省上饶市横峰县莲荷乡杨家村
……………………… Tel：0793-5502312
江西饶电电力设计院有限公司
地址：江西省上饶市信州区中山东路15号
……………………… Tel：0793-5565712
国网江西省电力有限公司上饶供电分公司
地址：江西省上饶市信州区民德路49号调度大楼
……………………… Tel：0793-5566623
横峰县电力工程有限责任公司
地址：江西省上饶市横峰县岑阳镇新建路99号
……………………… Tel：0793-5795587
南昌晶科电力有限公司
地址：江西省南昌市南昌县蒋巷镇（黄湖圩）西舍粮站4号
……………………… Tel：0793-5798067
上犹县晶科电力有限公司
地址：江西省赣州市上犹县营前镇珠岭村东门段
……………………… Tel：0793-5798067
石城县晶科电力有限公司
地址：江西省赣州市石城县琴江镇钙坊村县道西100米
……………………… Tel：0793-5798067
南昌晶科电力有限公司
地址：江西省南昌市南昌县蒋巷镇（黄湖圩）西舍粮站4号
……………………… Tel：0793-5798067
上饶市广丰区晶科电力有限公司
地址：江西省上饶市广丰区排山镇西山底村村委会内
……………………… Tel：0793-5799115
上饶市广丰区晶科电力有限公司
地址：江西省上饶市广丰区排山镇西山底村村委会内
……………………… Tel：0793-5799115
弋阳县晶科电力有限公司
地址：江西省上饶市弋阳县曹溪镇政府二楼
……………………… Tel：0793-5799150
瑞昌市晶科电力有限公司
地址：江西省瑞昌市赛湖农场公园路北侧
……………………… Tel：0793-5799150
抚州市东乡区晶科电力有限公司
地址：江西省抚州市东乡区马圩镇新溪村
……………………… Tel：0793-5799150
余干县晶科电力有限公司
地址：江西省上饶市余干县三塘乡蔡垅村
……………………… Tel：0793-5799150
鄱阳县晶科电力有限公司
地址：江西省上饶市鄱阳县工业园区芦田产业基地鄱阳县奋玛工贸公司内
……………………… Tel：0793-5799150
九江市八里湖新区晶科电力有限公司
地址：江西省九江市八里湖新区赛城湖水产场
……………………… Tel：0793-5799150
弋阳县晶科电力有限公司
地址：江西省上饶市弋阳县曹溪镇政府二楼
……………………… Tel：0793-5799150
瑞昌市晶科电力有限公司
地址：江西省瑞昌市赛湖农场公园路北侧
……………………… Tel：0793-5799150
余干县晶科电力有限公司
地址：江西省上饶市余干县三塘乡蔡垅村
……………………… Tel：0793-5799150
宜春市袁州区晶科电力有限公司
地址：江西省宜春市袁州区朝霞路医药工业园
……………………… Tel：0793-5799390
国网江西鄱阳县供电有限责任公司
地址：江西省上饶市鄱阳县鄱阳镇大芝路30号
……………………… Tel：0793-6271013
江西易创电力发展有限公司
地址：江西省上饶市信州区三清山东大道188号办公楼幢7-1、7-2
……………………… Tel：0793-8226007
信丰县晶科电力有限公司
地址：江西省赣州市信丰县嘉定镇广场巷27号
……………………… Tel：0793-8588188
抚州市临川区晶科电力有限公司
地址：江西省抚州市临川区青泥镇政府院内
……………………… Tel：0793-8588188
铅山县晶步光伏电力有限公司
地址：铅山县汪二镇镇政府院内
……………………… Tel：0793-8588188
信丰县晶科电力有限公司
地址：江西省赣州市信丰县嘉定镇广场巷27号
……………………… Tel：0793-8588188
抚州市临川区晶科电力有限公司
地址：江西省抚州市临川区青泥镇政府院内
……………………… Tel：0793-8588188
上饶市晶泰电力投资有限公司
地址：江西省上饶经济技术开发区远泉大道8号
……………………… Tel：0793-8588188-8376
江西展宇光伏科技有限公司
地址：江西省上饶经济技术开发区工业四路
……………………… Tel：0793-8876166
抚州市东乡区正大焦电有限公司
地址：江西省抚州市东乡区渊山岗工业园区
……………………… Tel：0794-4235948
德安县晶科电力有限公司
地址：江西省九江市德安县丰林镇府前路1号
……………………… Tel：0794-5798271
德安县晶科电力有限公司
地址：江西省九江市德安县丰林镇府前路1号
……………………… Tel：0794-5798271
崇仁县保安服务有限公司
地址：江西省抚州市崇仁县巴山镇道南路32号
……………………… Tel：0794-6376566
江西天昶电气科技有限公司
地址：江西省抚州市金巢开发区纵五路
……………………… Tel：0794-8216866
盛龙物业管理有限公司
地址：江西省抚州市抚州高新技术产业开发区赣东大道1688号35栋2楼
……………………… Tel：0794-8250933
江西上高南方水泥有限公司
地址：江西省宜春市上高县墨山垦殖场
……………………… Tel：0795-2574606
国网江西省电力有限公司宜丰县供电分公司
地址：江西省宜春市宜丰县新昌镇渊明北大道11号
……………………… Tel：0795-2759729
丰城泰明光伏电力有限公司
地址：江西省宜春市丰城市循环经济园区江西冠今塑业公司内
……………………… Tel：0795-4618786
国网江西省电力有限公司奉新县供电分公司
地址：江西省宜春市奉新县冯川镇建设北路189号
……………………… Tel：0795-4627600
国网江西靖安县供电有限责任公司
地址：江西省宜春市靖安县双溪镇清华大道
……………………… Tel：0795-4668006
国网江西省电力有限公司高安市供电分公司
地址：江西省宜春市高安市瑞州中路15号
……………………… Tel：0795-5282931
国电丰城发电有限公司
地址：江西省丰城市石上
……………………… Tel：0795-6405630
丰城矿务局电业有限责任公司
地址：江西省丰城市上塘镇
……………………… Tel：0795-6682675
丰城市天壕新能源有限公司
地址：丰城新高焦化厂
……………………… Tel：0795-6685880
江西丰矿集团有限公司
地址：江西省丰城市上塘镇
……………………… Tel：0795-6688242
丰城市新中水能源科技有限公司
地址：江西省宜春市丰城市杜市镇横江村西岗组丰城市生活垃圾处理场
……………………… Tel：0795-6870276
国网江西省电力有限公司宜春供电分公司
地址：江西省宜春市袁州区袁山东路136号
……………………… Tel：0795-7307000
国网江西省电力有限公司樟树市供电分公司
地址：江西省宜春市樟树市四特大道356号1-12层
……………………… Tel：0795-7566088
江西富盈新能源有限公司
地址：江西省吉安市遂川县泉江镇工农兵大道38号
……………………… Tel：0796-2051677
江西富盈苗木发展有限公司
地址：江西省吉安市遂川县泉江镇工农兵大道38号
……………………… Tel：0796-2051677
江西福昇实业投资有限公司
地址：吉安市吉州区鹭州观澜35栋2单元602室
……………………… Tel：0796-2051677
江西辉虹物业服务有限公司
地址：吉安市遂川县工农兵大道38号
……………………… Tel：0796-2051677
井冈山市井冈冲水库管理委员会
地址：江西省井冈山市茨坪黄竹坳路
……………………… Tel：0796-2089196
天铭电气有限公司
地址：江西省吉安市吉州区工业园内
……………………… Tel：0796-2177728
光大环保能源（吉安）有限公司
地址：江西省吉安市井冈山经济技术开发区高新街道梨塘村以南娑罗山西105国道以南
……………………… Tel：0796-2178860
国网江西省电力有限公司永丰县供电分公司
地址：江西省吉安市永丰县恩江镇崇文西大道2号
……………………… Tel：0796-2523791
国网江西吉水县供电有限责任公司
地址：江西省吉安市吉水县城龙华北大道2号
……………………… Tel：0796-3528175
国网江西省电力有限公司吉水县供电分公司
地址：长白县新房子镇新房子村
……………………… Tel：0796-3528175
吉安明珠供电服务有限公司吉水县分公司
地址：岳池县中和镇
……………………… Tel：0796-3529419
国网江西省电力有限公司万安县供电分公司
地址：江西省吉安市万安县芙蓉镇电站路188号
……………………… Tel：0796-5701888
国电万安聚源发电有限责任公司
地址：江西省吉安市万安县水电厂内
……………………… Tel：0796-5704036
国电江西电力有限公司万安水力发电厂
地址：江西省吉安市万安县城五云路
……………………… Tel：0796-5704036
江西安盛电力有限公司
地址：江西省吉安市遂川县井冈山大道伟业建材精品市场C区一层商铺1-2#177-180#
……………………… Tel：0796-6113788
江西楚雄建设工程有限公司
地址：遂川县泉江镇工农兵大道38号
……………………… Tel：0796-6310138
国网江西省电力有限公司井冈山市供电分公司
地址：江西省井冈山市红星街道红军大道20号
……………………… Tel：0796-6567311
国网江西井冈山市供电有限责任公司
地址：江西省井冈山市茨坪黄竹坳路25号6幢
……………………… Tel：0796-6567311
国网江西省电力有限公司吉安供电分公司
地址：江西省吉安市青原区青原大道251号
……………………… Tel：0796-7062001
国网江西省电力有限公司遂川县供电分公司
地址：江西省吉安市遂川县泉江镇井冈山大道北侧
……………………… Tel：0796-7156563
国网江西安福县供电有限责任公司
地址：江西省吉安市安福县城
……………………… Tel：0796-7172800
国网江西省电力有限公司安福县供电分公司
地址：江西省吉安市安福县平都镇武功山大道285号
……………………… Tel：0796-7174800
江西吉安电机制造有限责任公司
地址：江西省吉安市吉州区工业园内
……………………… Tel：0796-8222854
吉安县仪能新能源有限公司
地址：江西省吉安市吉安县凤凰工业园华硕大道南侧
……………………… Tel：0796-8401717
江西金仪能新能源有限公司
地址：江西省吉安市井冈山经济技术开发区拓展大道260号
……………………… Tel：0796-8401717
江西科创电气设备有限公司
地址：江西省吉安高新技术产业园区
……………………… Tel：0796-8402019
吉安市正和电力发展有限公司
地址：江西省吉安市井冈山经济技术开发区火炬大道201号
……………………… Tel：0796-8449666
国网江西省电力有限公司吉安县供电分

公司
地址：江西省吉安市吉安县城庐陵大道
……Tel：0796-8461601

国网江西吉安县供电有限责任公司
地址：江西省吉安市吉安县城庐陵大道26号
……Tel：0796-8461601

江西方舟流体科技有限公司
地址：江西省吉安市井冈山经济技术开发区
……Tel：0796-8579988

江西美隆机电科技有限公司
地址：江西省吉安市泰和县工业园白凤大道427号
……Tel：0796-8636581

吉安市晶鼎电能发展有限公司
地址：江西省吉安市吉州区新世界广场A座2309室
……Tel：0796-8682982

华能瑞金发电有限责任公司
地址：江西省赣州市赣县区茅店镇
……Tel：0797-2186666

瑞金市闽兴水务有限公司
地址：江西省瑞金市泽覃乡南华水厂
……Tel：0797-2325153

国网江西瑞金市供电有限责任公司
地址：江西省瑞金市红都大道中山北路
……Tel：0797-2328019

国网江西省电力有限公司全南县供电分公司
地址：江西省赣州市全南县含江路82号
……Tel：0797-2606362

全南青龙能源供应站
地址：江西省赣州市全南县陂头镇
……Tel：0797-2681666

国网江西省电力有限公司寻乌县供电分公司
地址：江西省赣州市寻乌县长宁街18号
……Tel：0797-2842691

国网江西省电力有限公司信丰县供电分公司
地址：江西省赣州市信丰县嘉定镇一清路1号
……Tel：0797 3326878

国网江西龙南县供电有限责任公司
地址：江西省赣州市龙南县金水大道中段
……Tel：0797-3529904

龙南经开区龙海仓储物流有限公司
地址：江西省赣州市龙南县龙翔大道行政服务中心6楼
……Tel：0797-3536685

江西省赣南电力实业总公司黄金分公司
地址：江西省赣州市经济技术开发区
……Tel：0797-3687333

江西省赣南电力实业总公司城东分公司
地址：江西省赣州市章贡区章贡经济开发区国道园区13号
……Tel：0797-3687371

国网江西省电力有限公司崇义县供电分公司
地址：江西省赣州市崇义县横水镇中山南路286号
……Tel：0797-3821628

国网江西崇义县供电有限责任公司城区供电所
地址：江西省赣州市崇义县城章源大道591号
……Tel：0797-3821628

崇义县麟潭水力发电供电站（普通合伙）
地址：江西省赣州市崇义县麟潭乡高车村高车坝组
……Tel：0797-3862039

赣州市赣县区新农村电力服务有限责任公司
地址：江西省赣州市赣县区赣州高新技术产业开发区创业路1号（副楼二楼）
……Tel：0797-4432822

国网江西省电力有限公司赣州市赣县区供电分公司
地址：江西省赣州市赣县区梅林镇双龙大道14号
……Tel：0797-4622801

赣州发展配售电有限公司
地址：江西省赣州市章贡区兴国路65号赣州总部经济区西座办公大楼20层2011室
……Tel：0797 5167601

国网江西省电力有限公司石城县供电分公司
地址：江西省赣州市石城县琴江镇西华中路169号
……Tel：0797-5729027

国网江西省电力有限公司赣州开发区供电分公司
地址：江西省赣州市赣州经济技术开发区华坚南路9号
……Tel：0797-5882182

江西赣州供电公司
地址：江西省赣州市章贡区红旗大道31号
……Tel：0797-5885000

赣州市职业教育园区投资开发有限责任公司
地址：江西省赣州经济技术开发区三江乡伍村
……Tel：0797-6571001

赣州新能源汽车科技城建设开发有限公司
地址：江西省赣州市赣州经济技术开发区香江大道88号综合楼4楼419号办公室
……Tel：0797-6577733

江西民扬发电机租赁有限公司
地址：江西省赣州市南康区龙回镇窑下村105国道边
……Tel：0797-6588287

国网江西省电力有限公司赣州市南康区供电分公司
地址：江西省赣州市南康区蓉江街道办事处蓉江中路5号
……Tel：0797-6612251

赣州市南康区新农村电力工程服务有限责任公司
地址：赣州市南康区蓉江泰康中路(食品城内)
……Tel：0797-6612588

国网江西宁都县供电有限责任公司
地址：江西省赣州市宁都县梅江镇梅江南路1号
……Tel：0797-6821808

国网江西省电力有限公司宁都县供电分公司
地址：江西省赣州市宁都县梅江镇梅江南路1号
……Tel：0797-6832094

赣州西城建设开发有限公司
地址：江西省赣州市赣州经济技术开发区紫荆路西北侧
……Tel：0797-8084204

江西宏达电力工程有限公司
地址：江西省赣州市章贡区瑞金路十八号紫金大厦三栋二楼201＃至206＃写字间
……Tel：0797-8132029

赣州百科建设项目管理有限公司
地址：江西省赣州市赣州经济技术开发区香江大道安居小区9栋1单元502室
……Tel：0797-8166335

赣州蓉江新区蓉盛工程管理有限公司
地址：江西省赣州市赣州蓉江新区江西省赣州市蓉江新区创业路6号
……Tel：0797-8169395

赣州爱康生态农业有限公司
地址：江西省赣州市赣州经济技术开发区三江乡肖边村老邹屋81号
……Tel：0797-8177077

赣州发电设备成套制造有限公司
地址：江西省赣州市章贡区沙石镇崇埠村4栋
……Tel：0797-8185843

赣州联合哈电水电设备制造有限公司
地址：江西省赣州市章贡区经济开发区杨仙岭路10号
……Tel：0797-8188271

赣州黄金沃特发电设备有限公司
地址：江西省赣州市赣州经济技术开发区工业园金龙路以北工业一路以东
……Tel：0797-8324589

赣州市荣诚水电工程有限公司
地址：江西省赣州市章贡区水东镇大庙前61号江景苑3号楼202室
……Tel：0797-8366808

赣州市扬天科技有限公司
地址：江西省赣州市章贡区东郊路8号东方胜境小区25栋4号店面
……Tel：0797-8366808

赣州经开区工业发展投资（集团）有限责任公司
地址：江西省赣州市赣州经济技术开发区香江大道北侧、华坚北路西侧赣州国际企业中心A3＃楼2层1＃办公
……Tel：0797-8371567

赣州开发区工业投资有限公司
地址：江西省赣州市赣州经济技术开发区工业园香江大道88号建投集团3楼
……Tel：0797-8371567

赣州天目领航科技有限公司
地址：江西省赣州市赣州经济技术开发区赣通大道北侧、宝福路东侧研发中心
……Tel：0797-8372599

江西盛川新能源发电装备有限公司
地址：江西省赣州市赣州开发区黄金大道东南侧赣通大道东北侧
……Tel：0797-8387176

国网江西省电力有限公司上犹县供电分公司
地址：江西省赣州市上犹县东山镇水南大道1号
……Tel：0797-8548516

国网江西上犹县供电有限责任公司梅水供电所
地址：黑龙江省鸡西市城子河区东海煤矿
……Tel：0797-8548516

赣州城投工程管理有限公司
地址：江西省赣州市赣州经济技术开发区华坚南路西侧星洲湾商住小区商业街1＃-12＃商业
……Tel：0797-8681330

赣州开发区建设投资（集团）有限公司
地址：江西省赣州市赣州开发区香江大道88号
……Tel：0797-8682271

赣州建控投资控股集团有限公司
地址：江西省赣州市赣州开发区香江大道88号
……Tel：0797-8682271

赣州满园建设开发有限公司
地址：江西省赣州市赣州经济技术开发区香江大道88号
……Tel：0797-8682275

赣州香港工业园开发有限公司
地址：江西省赣州市赣州经济技术开发区
……Tel：0797-8682275

赣州中恒工业发展有限公司
地址：江西省赣州市赣州经济技术开发区黄金大道66号
……Tel：0797-8682296

赣州综合物流园开发有限公司
地址：江西省赣州市赣州经济技术开发区香江大道168号
……Tel：0797-8682296

国网江西省电力有限公司大余县供电分公司
地址：江西省赣州市大余县南安镇解放路13号
……Tel：0797-8732580

江西乐浩综合利用电业有限公司
地址：江西省乐平市涌山矿区
……Tel：0798-8498908

国网江西省电力有限公司景德镇供电分公司
地址：江西省景德镇市昌江区珠山西路5号
……Tel：0798-8566123

江西景德镇供电公司
地址：江西省景德镇市昌江区珠山西路 5号
……Tel：0798-8566123

华能安源发电有限责任公司
地址：江西省萍乡市芦溪县工业园
……Tel：0799-2088899

萍乡市东方昌盛投资建设有限公司
地址：萍乡市湘东区麻山镇麻山街
……Tel：0799-3456999

江西华健电力设备有限公司
地址：江西省萍乡市上栗县赤山镇国家新型材料产业萍乡基地
……Tel：0799-3603388

国网江西省电力有限公司上栗县供电分公司
地址：江西省萍乡市上栗县上栗镇府前路
……Tel：0799-3696669

国网江西省电力有限公司萍乡供电分公司
地址：萍乡市安源区后埠街楚萍西路
……Tel：0799-6505980

莲花县汇达实业有限公司
地址：莲花县工业园C区
……Tel：0799-6761799

中节能莲花太阳能科技有限公司
地址：莲花县良坊镇镇政府院内
……Tel：0799-7297005

中材科技（萍乡）风电叶片有限公司
地址：芦溪县工业园
……Tel：0799-7550093

国网江西芦溪县供电有限责任公司
地址：江西省萍乡市芦溪县芦溪镇田心阁
……Tel：0799-7556965

山东省

曹县摩根日盛新能源有限公司
地址：山东省菏泽市曹县邵庄镇邵庄村
……Tel：0510-81739800

曹县摩根日盛新能源有限公司
地址：山东省菏泽市曹县邵庄镇邵庄村
……Tel：0510-81739800

山东腾晖电力技术有限公司
地址：山东省淄博市临淄区凤凰山路1号海湾吊装大厦9楼
……Tel：0512-82355290

山东爱康电力有限公司
地址：山东省济南市历城区工业北路142号A区-05室
……Tel：0512-82557641

滨州市科诺伟业新能源有限公司
地址：山东省滨州市滨城区市西办事处黄河三路510号宏昌26号楼
……Tel：0513-83300336

山东巨益新能源有限公司
地址：巨野县城东工业园（人民路北固堆路东）
……Tel：0530-2022345

山东洋利电气有限公司
地址：成武县工业园张吕庄村后
……Tel：0530-2035688

国网山东省电力公司菏泽市定陶区供电公司
地址：山东省菏泽市定陶区滨河办事处府前大道
……Tel：0530-2722140

国网山东鄄城县供电公司
地址：鄄城县黄河路135号
……Tel：0530-2872140

山东兰生能源有限公司
地址：山东省菏泽市曹县庄寨镇张辛庄村
……Tel：0530-3062990

山东兰生能源有限公司
地址：山东省菏泽市曹县庄寨镇张辛庄村
……Tel：0530-3062990

国网山东省电力公司曹县供电公司
地址：山东省菏泽市曹县青菏南路北段路西
……Tel：0530-3832031

山东天时空间钢结构工程有限公司
地址：菏泽市牡丹区工业园
……Tel：0530-5299088

国网山东省电力公司菏泽供电公司
地址：菏泽市中华东路北侧(中银对面)
……Tel：0530-5322047

山东天泽集团电力设备检修有限公司
地址：菏泽市岳程办事处光明路
……Tel：0530-5362162

大唐郓城发电有限公司
地址：山东省菏泽市郓城县经济开发区东溪路星河国际办公楼14楼
……Tel：0530-5370555

菏泽军正光电有限公司
地址：山东省菏泽市牡丹区高庄镇刘民路人民政府商务楼1楼102号
……Tel：0530-5609788

菏泽军正光电有限公司
地址：山东省菏泽市牡丹区高庄镇刘民路人民政府商务楼1楼102号
……Tel：0530-5609788

华润电力（菏泽）有限公司
地址：菏泽市成阳路26号
……Tel：0530-5818000

山东兴维达热工科技有限公司
地址：山东单县开发区向阳东路98号舜和雅苑29＃405室
……Tel：0530-6101866

方圆电气股份有限公司
地址：成武县经济开发区泉城路以东（五龙潭路以南东外环路以西）
……Tel：0530-6112012

东明县市政工程处
地址：工业路南段
……Tel：0530-6145599

国网山东省电力公司东明县供电公司
地址：山东省菏泽市东明县城关街道办事处东关大街121号
……Tel：0530-7202310

东明前海热力有限公司
地址：山东省菏泽市东明县菜园集镇海洋石化深加工基地园区
……Tel：0530-7286026

山东东明石化集团电力有限公司
地址：山东省菏泽市东明县菜园集镇海洋化工产业园区
……Tel：0530-7286862

菏泽天润电力勘测设计有限公司
地址：菏泽市中华路199号
……Tel：0530-8172597

国网山东省电力公司巨野县供电公司
地址：山东省菏泽市巨野县麒麟大道与文昌路交叉口
……Tel：0530-8175010

国网山东省电力公司郓城县供电公司
地址：山东省菏泽市郓城县黄河西路135号
……Tel：0530-8177017

国网山东省电力公司成武县供电公司
地址：山东省菏泽市成武县永昌街道办事处伯乐大街375
……Tel：0530-8177888

菏泽鲁华成生物电力有限公司
地址：山东省菏泽市成武县大田集镇陈胡同村北（东丰公路南侧）
……Tel：0530-8691868

山东省呈祥电工电气有限公司
地址：山东省菏泽市成武县大田集工业开发区
……Tel：0530-8775078

国网山东成武县供电公司
地址：伯乐大街375号

………………………… Tel：0530-8802032

国网山东平阴县供电公司
地址：平阴县锦东新区函山路与锦东大街交叉口西北角
………………………… Tel：0531-55525823

山东航机光伏科技有限公司
地址：济南市槐荫区兴福街道齐州路2477号绿地中央广场B座606室
………………………… Tel：0531-55533598

济南中电建双尖山风电有限公司
地址：山东省济南市长清区五峰山街道办事处北辰路1号
………………………… Tel：0531-55557062

山东电力核电建设有限公司
地址：山东省济南市高新区汉峪金融商务中心三区5号楼24层
………………………… Tel：0531-55697716

大唐山东新能源有限公司
地址：山东省青岛市黄岛区崇明岛东路76号55幢
………………………… Tel：0531-55701841

临清协鑫光伏电力有限公司
地址：山东省聊城市临清市温泉路东首大顺金街G4-6号
………………………… Tel：0531-55725288

寿光电投桑尼新能源有限公司
地址：山东省潍坊市寿光市侯镇大地路东、乐化路南
………………………… Tel：0531-58692819

烟台市福山国电投桑尼新能源有限公司
地址：山东省烟台市福山区永达街1021号
………………………… Tel：0531-58692819

莱州市名志新能源科技有限公司
地址：山东省烟台市莱州市程郭镇云峰北路福泰苑门头房
………………………… Tel：0531-58692819

齐河电投桑尼新能源有限公司
地址：山东省德州市齐河县经济开发区纬四路北
………………………… Tel：0531-58692819

东平国电投桑尼新能源有限公司
地址：山东省泰安市东平县经济开发区信息平台
………………………… Tel：0531-58692819

国家电投（郯城）新能源有限公司
地址：山东省临沂市郯城县李庄镇李庄三村
………………………… Tel：0531-58692836

山东高速英利新能源有限公司
地址：山东省济南市历下区黑虎泉北路187号
………………………… Tel：0531-58712832

山东恒力新能源工程有限公司
地址：济南市高新区工业南路59号中铁财智中心1号楼19层、20层
………………………… Tel：0531-58775279

济南鹰仪能源技术有限公司
地址：山东省济南市高新区舜华路2000号舜泰广场10号楼2-801B1室
………………………… Tel：0531-58776908

山东中车风电有限公司
地址：济南市高新区世纪大道3666号
………………………… Tel：0531-58809120

山东中车同力钢构有限公司
地址：济南市槐荫区槐村街73号
………………………… Tel：0531-58809519

山东中车华腾环保科技有限公司
地址：济南市高新区世纪大道3666号
………………………… Tel：0531-58809677

章丘绿色动力再生能源有限公司
地址：山东省济南市章丘区高官寨街道魏化林村村北
………………………… Tel：0531-59888313

山东宏力天扬环保科技有限公司
地址：山东省济南市高新区孙村办事处田家村工业园77号
………………………… Tel：0531-62327767

山东能源电力销售有限公司
地址：山东省济南市历下区经十路10777号山东能源大厦19层
………………………… Tel：0531-62355281

山东思能达能源发展有限公司
地址：山东省泰安市新泰市东都镇新建三路东段
………………………… Tel：0531-62355281

国电山东济南龙源风力发电有限公司
地址：济南市长清区五峰山街道办事处驻地
………………………… Tel：0531-66587904

龙源栖霞风力发电有限公司
地址：栖霞市桃村镇罗圈村
………………………… Tel：0531-66676870

山东昱泰能源科技有限公司
地址：山东省济南市槐荫区齐鲁大道3189号西城西进时代中心A座2801室
………………………… Tel：0531-66695504

山东国电能源销售有限公司
地址：济南市历下区经十 路9777号鲁商国奥城1号楼1301
………………………… Tel：0531-66698796

国家能源集团山东电力有限公司
地址：山东省济南市历下区经十路9777号
………………………… Tel：0531-66698798

国家电投集团山东新能源有限公司
地址：山东省济南市历城区唐冶西路868号山东设计创意产业园北区10号楼
………………………… Tel：0531-67605900

山东智源电力设计咨询有限公司
地址：山东省济南市槐荫区纬十路111号
………………………… Tel：0531-67622037

山东国华时代投资发展有限公司
地址：济南市市中区旅游路28666号1区8号楼
………………………… Tel：0531-67753555

国泰租赁有限公司
地址：山东省济南市高新区颖秀路1237号奇盛数码一期办公楼
………………………… Tel：0531-67778026

国网山东省电力公司电力科学研究院
地址： 河区启明北路东街第10号门面房
………………………… Tel：0531-67982051

济南四方电网控制系统有限公司
地址：济南市高新区新宇路西侧世纪财富中心AB座602室
………………………… Tel：0531-68808539

济南济柴环能燃气发电设备有限公司
地址：济南市高新区舜华路2000号舜泰广场8号楼305室
………………………… Tel：0531-69953988

莱芜鲁能开源集团电器有限公司
地址：山东省济南市莱芜高新区铜山路2号
………………………… Tel：0531-75802888

华能莱芜发电有限公司
地址：山东省济南市莱芜区高庄街道办事处对仙门村
………………………… Tel：0531-76062149

莱芜钢铁集团有限公司
地址：山东省济南市钢城区友谊大街38号
………………………… Tel：0531-76820222

国网山东省电力公司
地址：山东省济南市市中区大观园经二路150号
………………………… Tel：0531-80126366

齐河县泰联新能源科技有限公司
地址：山东省德州市齐河县经济开发区名嘉东路61栋11号111室
………………………… Tel：0531-80992883

齐河县泰联新能源科技有限公司
地址：山东省德州市齐河县经济开发区名嘉东路61栋11号111室
………………………… Tel：0531-80992883

山东捷瑞物流有限公司
地址：济阳县开元大街3号（济南济北经济开发区管委会大楼205室）
………………………… Tel：0531-80993037

大唐山东能源营销有限公司
地址：济南市历下区经十路13866号中润世纪财富中心1号楼24层
………………………… Tel：0531-81205712

大唐莱州风力发电有限责任公司
地址：山东省莱州市土山镇驻地
………………………… Tel：0531-81205888

大唐平度风力发电有限公司
地址：青岛平度市云山镇驻地康德路8号
………………………… Tel：0531-81205888

大唐胶南风力发电有限公司
地址：青岛市黄岛区六汪镇驻地
………………………… Tel：0531-81205888

大唐威海新能源有限公司
地址：山东省威海临港经济技术开发区汪疃镇府前路28号
………………………… Tel：0531-81205888

山东大唐国际东营风电有限责任公司
地址：东营市东营区南一路278号
………………………… Tel：0531-81205888

大唐胶南风力发电有限公司
地址：青岛市黄岛区六汪镇驻地
………………………… Tel：0531-81205888

昌邑富翔清洁能源有限公司
地址：山东省潍坊市昌邑市龙池镇东利渔村
………………………… Tel：0531-81612552

山东富翔售电有限公司
地址：山东省济南市历下区解放东路4号金宇大厦B座1407室
………………………… Tel：0531-81612553

山东富翔清洁能源有限公司
地址：山东省济南市历下区解放东路4号金宇大厦B座1406室
………………………… Tel：0531-81612553

沂源富翔光伏电力有限公司
地址：山东省淄博市沂源县燕崖镇燕山路12号
………………………… Tel：0531-81612553

山东润冠建筑工程劳务有限公司
地址：济南市槐荫区兴福寺路善信大厦东塔1212室
………………………… Tel：0531-81615500

济南丰汇科技有限公司
地址：济南市章丘明水经济开发区世纪大道1996号
………………………… Tel：0531-81793238

山东物流集团有限公司青岛分公司
地址：山东省青岛市崂山区东海东路58号3号楼102
………………………… Tel：0531-81797183

山东圭瑞能源工程有限公司
地址：济南市历下区花园庄东路39号达盛鑫苑2号楼501室
………………………… Tel：0531-82395457

山东光伏能源科技开发有限公司
地址：济南市历下区千佛山南路9号办公写字楼617、618室
………………………… Tel：0531-82661900

山东航禹能源有限公司
地址：济南市市中区英雄山路84号鲁润名商广场B座2单元1403室
………………………… Tel：0531-82708351

山东能发实业有限公司
地址：山东省济南市历城区花园路101号海蔚广场办公写字塔楼5-905-B2
………………………… Tel：0531-82776277

山东四季沐歌光伏科技有限公司
地址：山东省济南市高新区舜华路2000号舜泰广场8号楼1-1603-D室
………………………… Tel：0531-82891820

山东泰联建设集团新能源有限公司
地址：济南市槐荫区营市西街8号2632室
………………………… Tel：0531-82990883

华电章丘发电有限公司
地址：山东省济南市章丘区龙山街道
………………………… Tel：0531-83112142

山东三齐阳光国际贸易有限公司
地址：山东省济南市章丘区明水经济开发区圣福路2877号
………………………… Tel：0531-83118777

聊城市晶科光伏发电有限公司
地址：聊城市东昌府区梁水镇驻地梁浅村558号
………………………… Tel：0531-83188987

源和电力股份有限公司
地址：山东省青岛市市南区香港中路12号丰合广场B601
………………………… Tel：0531-83530378

山东福光网络科技有限公司
地址：山东省济南市章丘区圣井街道宋李福村北香草园院内
………………………… Tel：0531-83686626

山东华明博奥环保科技有限公司
地址：山东省济南市章丘区官庄街道济王路南章丘华明水泥有限公司院内
………………………… Tel：0531-83809055

济南广龙新能源有限公司
地址：山东省济南市商河县鑫源路22号
………………………… Tel：0531-84886177

山东林洋新能源科技有限公司
地址：济南市高新区中海奥龙观邸23号楼106室
………………………… Tel：0531-85063719

济南国华绿能动力设备有限公司
地址：山东省济南市槐荫区美里新居二区4号楼3-201
………………………… Tel：0531-85600715

九阳股份有限公司
地址：济南市槐荫区美里路999号
………………………… Tel：0531-85607901

华能济南黄台发电有限公司
地址：济南市工业北路１７２号
………………………… Tel：0531-85682039

山东福源新能源工程有限公司
地址：山东省济南市长清区济南经济开发区华德路620号
………………………… Tel：0531-85738308

济南西格玛机器有限公司
地址：济南市高新区颖秀路路东
………………………… Tel：0531-85762616

国网山东商河县供电公司
地址：商河县彩虹路中段
………………………… Tel：0531-85836519

华能昌邑风力发电有限公司
地址：山东省昌邑市交通街451号办公楼2楼
………………………… Tel：0531-86092026

华能寿光风力发电有限公司
地址：山东省寿光市营里镇
………………………… Tel：0531-86092026

华能烟台风力发电有限公司
地址：山东省烟台市海阳市郭城镇郭城一村
………………………… Tel：0531-86092026

华能潍坊风力发电有限公司
地址：山东省寿光市羊口镇政府驻地
………………………… Tel：0531-86092026

华能平邑风力发电有限公司
地址：山东省临沂市平邑县郑城镇郑城村
………………………… Tel：0531-86092026

华能东营河口风力发电有限公司
地址：山东省东营市河口区滨河大道以北草桥沟以西01号
………………………… Tel：0531-86092026

华能利津风力发电有限公司
地址：山东省东营市利津县刁口乡刁口风电1路1号
………………………… Tel：0531-86092026

华能昌邑风力发电有限公司
地址：山东省昌邑市交通街451号办公楼2楼
………………………… Tel：0531-86092026

山东恒电电气股份有限公司
地址：山东省济南市历下区经十东路与奥体西路以西南头
………………………… Tel：0531-86109691

山东地矿新能源有限公司
地址：济南市历山路74号
………………………… Tel：0531-86403424

山东省阳光工程设计院有限公司
地址：山东省济南市高新区新泺大街2008号银荷大厦5-401室
………………………… Tel：0531-86801702

山东宏脉计算机系统工程有限公司
地址：山东省济南市高新区汉峪金谷片区A2地块3号楼19层01-C室
………………………… Tel：0531-87071202

山东齐鲁电机制造有限公司
地址：济南市历下区华信路18号
………………………… Tel：0531-87075479

山东济南发电设备厂有限公司
地址：济南市历下区华信路18号
………………………… Tel：0531-87075732

山东凯润能源投资控股集团有限公司
地址：莱西市经济开发区九江路108号
………………………… Tel：0531-87116161

山东大唐电力科技有限公司
地址：济南市市中区英雄山路84号鲁润大厦B座2单元1401室
………………………… Tel：0531-87118955

山东北辰机电设备股份有限公司
地址：济南市长清区平安街道玉皇山路1699号
………………………… Tel：0531-87218836

山东三同能源发展有限公司
地址：山东省济南市长清区平安街道办事处明发路1号
………………………… Tel：0531-87415568

中国石油集团济柴动力有限公司
地址：济南市长清区经十西路11966号
………………………… Tel：0531-87422200

济南海川投资集团有限公司
地址：平阴县孔村镇合楼村
………………………… Tel：0531-87609177

山东新科特电气有限公司
地址：平阴县安城乡经济开发区
………………………… Tel：0531-87652555

山东正奥电气工程有限公司
地址：山东省济南市市中区中海国际社区20号楼2单元2-101
………………………… Tel：0531-87809199

济南压缩机厂有限公司
地址：山东平阴工业园二期105国道南
………………………… Tel：0531-87869798

山东中琦环保设备制造有限公司
地址：山东省平阴县锦水街道东子顺北村
………………………… Tel：0531-87890809

济南市琦泉热电有限责任公司
地址：平阴县青龙路99号
………………………… Tel：0531-87895811

中海油新能源威海风电有限公司
地址：威海高新技术产业开发区沈阳路108-1号1001（创业大厦）
………………………… Tel：0531-88167526

中车山东机车车辆有限公司
地址：济南市槐荫区槐村街73号
………………………… Tel：0531-88305658

中车山东机车车辆有限公司
地址：济南市槐荫区槐村街73号
………………………… Tel：0531-88305658

山东汉菱电气有限公司
地址：山东省济南市市中区阳光舜城中十四区2号楼102室
………………………… Tel：0531-88600002

力诺电力集团股份有限公司
地址：济南市历城区经十东路30766号力诺科技园阳光楼办公室
………………………… Tel：0531-88729468

山东力诺电力设计咨询有限公司
地址：济南市历城区经十东路30766号力诺光伏厂房办公楼101
………………………… Tel：0531-88729468

山东喆源工程技术有限公司
地址：山东省济南市高新区凤凰路2116号海信创智谷2号楼第6层606房间
………………………… Tel：0531-88813659

济钢集团有限公司
地址：济南市历城区工业北路21号
………………………… Tel：0531-88857006

山东奥太新能源有限公司
地址：济南市高新区伯乐路282号

………………………… Tel：0531-88879118
济南吉美乐电源技术有限公司
地址：山东省济南市高新东区街道春暄东路592号A车间
………………………… Tel：0531-88879569
济南大众网通科技有限公司
地址：山东省济南市高新区舜华路1000号齐鲁软件园6号楼（创业广场D座）五层B508房间
………………………… Tel：0531-88879808
山东恒瑞德售电有限公司
地址：山东省济南市高新区舜华路2000号舜泰广场1号楼B5座18层B1区
………………………… Tel：0531-88892160
济南康富英格尔智能技术有限公司
地址：山东省济南市高新区丁豪广场CD座20层2-2006-2室
………………………… Tel：0531-88948678
山东坤源电力设备有限公司
地址：山东省济南市历城区工业北路166号黄台电厂第三宿舍1号楼7-101
………………………… Tel：0531-88975187
山东国瑞能源集团有限公司
地址：山东省济南市历下区经十路11111号华润中心万象城58层5801室
………………………… Tel：0531-88988855-8022
山东富阳电气工程有限公司
地址：济阳县城济北开发区永安路西(济北领秀城沿街商业房)
………………………… Tel：0531-89024835
华能山东电力热力营销有限公司
地址：山东省济南市历下区经十路14900号
………………………… Tel：0531-89938932
大唐山东发电有限公司
地址：山东省青岛市黄岛区庐山路6号名嘉国际1号写字楼9-11楼
………………………… Tel：0532-55560222
大唐山东电力燃料有限公司
地址：山东省青岛市黄岛区庐山路6号名嘉国际1号写字楼8楼
………………………… Tel：0532-55560516
大唐平度清洁能源开发有限公司
地址：青岛平度市新河镇大苗家村488号
………………………… Tel：0532-55563020
大唐平度清洁能源开发有限公司
地址：青岛平度市新河镇大苗家村488号
………………………… Tel：0532-55563020
大唐山东清洁能源开发有限公司
地址：山东省青岛市黄岛区庐山路6号名嘉国际1号楼6002室
………………………… Tel：0532-55563127
大唐即墨光伏发电有限公司
地址：青岛即墨市普东镇太阳能产业基地
………………………… Tel：0532-55563156
青岛华创风能有限公司
地址：青岛市四方区瑞昌路236号
………………………… Tel：0532-55583914
青岛东方影都游艇会管理有限公司
地址：山东省青岛市黄岛区滨海大道2000-1号
………………………… Tel：0532-55585999
青岛海跃能源科技有限公司
地址：山东省青岛市高新区松园路17号工业技术研究院A区A4楼313、315室
………………………… Tel：0532-55678929
中石大易能配售电股份有限公司
地址：山东省青岛市保税区莫斯科路49号二楼2010室-A713号
………………………… Tel：0532-55689888
青岛东方影都融创影视产业园管理有限公司
地址：山东省青岛市黄岛区东岳东路1607号
………………………… Tel：0532-55765026
青岛捷能发电设备有限公司
地址：青岛胶州市云溪办事处大西庄东村
………………………… Tel：0532-55782129
青岛捷能发电机有限公司
地址：青岛市即墨市青岛汽车产业新城王蓝路2号
………………………… Tel：0532-55782129
青岛东方影都文化旅游管理有限公司
地址：山东省青岛市黄岛区滨海大道2000-2777号
………………………… Tel：0532-58519891
青岛东方影都商业管理有限公司
地址：山东省青岛市黄岛区滨海大道2777号
………………………… Tel：0532-58519893
青岛东软载波智能电子有限公司
地址：青岛市胶州市经济技术开发区尚德大道
………………………… Tel：0532-58521066
华电青岛热力有限公司
地址：青岛市四方区兴中路29号
………………………… Tel：0532-58705609
青岛益和电气集团股份有限公司
地址：山东省青岛市黄岛区淮河西路717号
………………………… Tel：0532-58758212
青岛益和新能源科技有限公司
地址：山东省青岛市黄岛区秦皇岛路38号
………………………… Tel：0532-58758335
青岛利泰新能源科技有限公司
地址：青岛胶州市里岔镇河北村
………………………… Tel：0532-58822113
青岛天能重工股份有限公司
地址：青岛胶州市李哥庄镇大沽河工业园
………………………… Tel：0532-58829955
青岛新盛洋国际贸易有限公司
地址：山东省青岛市莱西市南京北路200号任家疃村
………………………… Tel：0532-66039938
大唐青岛燃气热电有限责任公司
地址：青岛市四方区镇平一路2号
………………………… Tel：0532-66070611
国网山东省电力公司莱西市供电公司
地址：山东省青岛市莱西市北京东路99号
………………………… Tel：0532-66170038
国网山东省电力公司胶州市供电公司
地址：山东省青岛市胶州市阜安街道办事处苏州路2号
………………………… Tel：0532-66175535
国网山东省电力公司平度市供电公司
地址：青岛市平度市东阁街道办事处青岛路215号
………………………… Tel：0532-66176033
青岛伟邦恒盛机电技术企业（普通合伙）
地址：贵州省遵义市播州区泮水镇泮水街
………………………… Tel：0532-66625250
国网山东莱西市供电公司
地址：青岛莱西市北京东路99号
………………………… Tel：0532-66890091
青岛乾通新能源科技有限公司
地址：山东省青岛市高新区聚贤桥路1号百度（青岛）智创基地R311-3
………………………… Tel：0532-67760311
山东海德光伏新能源科技有限公司
地址：山东省青岛市崂山区科苑纬一路1号国际创新园B座402房间
………………………… Tel：0532-68693689
中建八局第四建设有限公司
地址：山东省青岛市崂山区松岭路169号中建大厦
………………………… Tel：0532-68899262
中车青岛四方机车车辆股份有限公司
地址：青岛市城阳区锦宏东路88号
………………………… Tel：0532-68953745
国网山东平度市供电公司
地址：青岛市平度市青岛路215号
………………………… Tel：0532-80602012
山东英华达盈拓电力科技有限公司
地址：青岛市崂山区秦岭路18号
………………………… Tel：0532-80777758
中广核（枣庄）风力发电有限公司
地址：枣庄市山亭区北庄镇驻地
………………………… Tel：0532-80960302
中广核（枣庄）风力发电有限公司
地址：枣庄市山亭区北庄镇驻地
………………………… Tel：0532-80960302
青岛鼎信通讯电力工程有限公司
地址：青岛市市南区宁夏路288号6号楼13层A区
………………………… Tel：0532-80970019
青岛高校信息产业股份有限公司
地址：青岛市市南区宁夏路288号2号楼18层
………………………… Tel：0532-80976817
青岛正世仁和电气安装有限公司
地址：山东省青岛市黄岛区井冈山路658号1501室
………………………… Tel：0532-80981555
青岛海西电气有限公司
地址：青岛经济技术开发区长江东路10号2-801室
………………………… Tel：0532-80988712
青岛家万福物业管理有限公司
地址：青岛市崂山区王哥庄街道港东社区
………………………… Tel：0532-81107096
青岛东正电力设备有限公司
地址：青岛胶州市马店镇工业园
………………………… Tel：0532-81700668
青岛汉河电气工程有限公司
地址：青岛市崂山区沙子口街道办事处汉河村
………………………… Tel：0532-81757579
华电青岛发电有限公司
地址：青岛市市北区兴隆一路6号
………………………… Tel：0532-81852147
华电青岛发电有限公司
地址：青岛市市北区兴隆一路6号
………………………… Tel：0532-81852147
山东华蔚电力技术有限公司
地址：山东省青岛市黄岛区车轮山路388号万鑫中央广场南楼601室
………………………… Tel：0532-82195861
青岛瑞莱斯机械有限公司
地址：青岛胶州市兰州西路中云工业园8号路
………………………… Tel：0532-82285009
青岛汇通制塔有限公司
地址：青岛胶州市胶北办事处达能路
………………………… Tel：0532-82287377
青岛子鹤新能源科技有限公司
地址：山东省青岛市即墨区通济街道办事处蓝鳌路672号
………………………… Tel：0532-82530096
青岛金硕消防安全器材有限公司
地址：青岛市市北区陵县路34号101室
………………………… Tel：0532-82729769
青岛港国际股份有限公司
地址：山东省青岛市黄岛区经八路12号
………………………… Tel：0532-82982011
青岛港（集团）有限公司
地址：青岛市市北区港青路6号
………………………… Tel：0532-82982011
青岛港国际股份有限公司董家口分公司
地址：山东省青岛市黄岛区泊里镇董家口港区港润大道88号
………………………… Tel：0532-82985376
山东十川节能科技股份有限公司
地址：山东省青岛市崂山区科苑纬1路1号青岛国际创新园B座9层B2区
………………………… Tel：0532-85039151
青岛众成电力设备有限公司
地址：山东省青岛市胶州市胶北杨戈庄村
………………………… Tel：0532-85202837
青岛海谊电力设备有限公司
地址：青岛胶州市新西外环路以东(小行村北)
………………………… Tel：0532-85212881
青岛天诚能源装备制造有限公司
地址：青岛胶州市中云第二工业园
………………………… Tel：0532-85213579
青岛汇金通电力设备股份有限公司
地址：青岛胶州市杜村镇寺后村
………………………… Tel：0532-85230666
青岛宁泰鑫环保科技股份有限公司
地址：青岛胶州市杜村镇工业园
………………………… Tel：0532-85236888
海顺电气有限公司
地址：青岛市市北区小港二路28号晓港名城二期1号楼2层211户
………………………… Tel：0532-85729627
青岛博润精控机械自动化科技有限公司
地址：山东省青岛市即墨区龙泉街道范家街村
………………………… Tel：0532-85833678
青岛琴澳进出口贸易有限公司
地址：山东省青岛市市南区山东路22号1号楼13E户
………………………… Tel：0532-85833912
山东天源中诚港务有限责任公司
地址：山东省青岛市市南区四川路52号
………………………… Tel：0532-85909180
乾程电力有限公司
地址：山东省青岛市崂山区松岭路169号1号楼403房间
………………………… Tel：0532-86025858
乾程电力（青岛）有限公司
地址：山东省青岛市高新区火炬路100号盘谷创客空间C座106房间
………………………… Tel：0532-86025858
青岛盛德能源科技有限公司
地址：山东省青岛市黄岛区珠江路1355号1906室
………………………… Tel：0532-86106302
青岛惠宏工程技术有限公司
地址：青岛市黄岛区滨海大道南山川路东（黄岛区委党校）
………………………… Tel：0532-86161950
青岛昌盛能源发展有限公司
地址：山东省青岛市崂山区苗岭路52号906
………………………… Tel：0532-86511880
青岛昌盛日电设计研究院有限公司
地址：山东省青岛市崂山区苗岭路52号906
………………………… Tel：0532-86511880
山东北海昌盛太阳能科技有限公司
地址：山东省滨州北海经济开发区黄河故道风情街3号楼
………………………… Tel：0532-86511880
滨州昌盛日电太阳能科技有限公司
地址：山东省滨州北海经济开发区黄河故道风情街3号楼
………………………… Tel：0532-86511880
淄博昌盛日电太阳能科技有限公司
地址：山东省淄博市高青县潍高路南侧（唐坊段570号）
………………………… Tel：0532-86511880
青岛昌盛日电新能源控股有限公司
地址：青岛即墨市大信镇普东营普路46号
………………………… Tel：0532-86511880
青岛昌盛日电太阳能科技股份有限公司
地址：青岛即墨市普东镇任家屯村任家屯路
………………………… Tel：0532-86511880
青岛能源热电有限公司
地址：青岛市市北区南京路262号
………………………… Tel：0532-86663715
青岛先楚新能源有限公司
地址：山东省青岛市市南区东海西路5号26层
………………………… Tel：0532-86685707
中国船舶重工集团柴油机有限公司
地址：山东省青岛市黄岛区漓江东路501号
………………………… Tel：0532-86708080
青岛海西船舶柴油机有限公司
地址：山东省青岛市黄岛区漓江东路501号
………………………… Tel：0532-86708080
山东宇通电气集团有限公司
地址：山东省青岛市黄岛区长白山路816号综合楼全幢
………………………… Tel：0532-86769798
青岛西海岸公用事业集团能源供热有限公司
地址：山东省青岛市黄岛区滨海街道办事处相公山路723号
………………………… Tel：0532-86892516
大唐黄岛发电有限责任公司
地址：青岛经济技术开发区崇明岛东路76号
………………………… Tel：0532-86902222
大唐黄岛发电有限责任公司
地址：青岛经济技术开发区崇明岛东路76号
………………………… Tel：0532-86902222
大唐山东电力检修运营有限公司
地址：山东省青岛市黄岛区崇明岛东路76号55幢二层
………………………… Tel：0532-86905068
大唐胶州发电有限公司
地址：青岛胶州市营海街道办事处营里路.
………………………… Tel：0532-86905148
中石大大学科技园有限公司
地址：青岛市黄岛区富春江路115号办公303E室
………………………… Tel：0532-86982912
国网山东胶州市供电公司
地址：青岛市胶州市苏州路2号
………………………… Tel：0532-87272294
青岛华拓电站设备有限公司
地址：青岛胶州市胶州湾工业园二期
………………………… Tel：0532-87293789
青岛中恒兴业新能源科技有限公司
地址：山东省青岛市平度市白沙河街道办事处仲戈庄村397号
………………………… Tel：0532-87311517
青岛汇森电气有限公司
地址：山东省青岛市高新区科海路以北、规划东22号线以西
………………………… Tel：0532-87739268
青岛三利中德美水设备有限公司
地址：山东省青岛市城阳区棘洪滩街道2号工业路路北
………………………… Tel：0532-87807902
青岛天润通达新能源有限公司
地址：青岛市崂山区石岭路39号名汇国际2号楼3220户
………………………… Tel：0532-87880033
青岛博利尔机械设备有限公司
地址：青岛市城阳区棘洪滩街道（青大工业园0899）
………………………… Tel：0532-87905905
青岛龙达电器有限公司
地址：青岛市城阳区城阳街道春阳路103号
………………………… Tel：0532-87963575
青岛捷森电气工程有限公司
地址：山东省青岛市城阳区棘洪滩街道春阳路动车小镇科技馆221号
………………………… Tel：0532-88013625
青岛金盛源电站设备有限公司
地址：山东省青岛市黄岛区东佳路757号
………………………… Tel：0532-88063377
青岛中科明新能源设备有限公司
地址：山东省青岛市黄岛区明关路777号
………………………… Tel：0532-88063389
山东佳利新能源科技有限公司
地址：山东省青岛市黄岛区珠山街道办事处胶河路北端
………………………… Tel：0532-88103381
青岛星火新能源工程有限公司
地址：山东省青岛市黄岛区王台镇环台北路86号
………………………… Tel：0532-88136588
青岛董家口天一光伏能源有限公司
地址：山东省青岛市黄岛区董家口经济

区横河一路
…………………… Tel：0532-88139332
青岛天一新能源有限公司
地址：山东省青岛市黄岛区东佳路576号
…………………… Tel：0532-88139332
青岛华通电力工程有限公司
地址：青岛黄岛区滨海大道197号
…………………… Tel：0532-88182670
青岛龙发热电有限公司
地址：青岛胶州市胶东镇小麻湾东村北侧
…………………… Tel：0532-88262289
青岛国际机场新能源发展有限公司
地址：山东省青岛市胶州市胶东街道办事处小麻湾东村
…………………… Tel：0532-88266790
青岛淄柴博洋柴油机股份有限公司
地址：山东省青岛市平度市经济开发区上海路299号
…………………… Tel：0532-88306298
青岛海洋热电化工设备有限公司
地址：青岛平度市经济开发区郁江路4号
…………………… Tel：0532-88380808
青岛敏深风电科技有限公司
地址：莱西市吉林路（804国道北）水集街道办事处风台埠村
…………………… Tel：0532-88470126
国网山东即墨市供电公司
地址：青岛即墨市青石路3号
…………………… Tel：0532-88512038
青岛海尔智能技术研发有限公司
地址：青岛市崂山区海尔路1号
…………………… Tel：0532-88932529
海尔集团公司
地址：青岛市高科技工业园海尔路（海尔工业园内）
…………………… Tel：0532-88936136
青岛海尔洗衣机有限公司
地址：青岛市高科技工业园海尔工业园内
…………………… Tel：0532-88939156
青岛恒风风力发电机有限公司
地址：山东省青岛市黄岛区开城路同三高速高架桥西300米路南
…………………… Tel：0532-89055066
华能青岛热电有限公司
地址：青岛市黄岛区董家口经济区港润大道16号
…………………… Tel：0532-89056828
青岛特温暖多能生态科技有限公司
地址：青岛市李沧区北崂路1022号中艺1688创意产业园D2栋301室
…………………… Tel：0532-89087383
淄柴动力有限公司
地址：山东省淄博市高新区裕民路118号
…………………… Tel：0533-2072201
安泰爱科科技有限公司
地址：山东省淄博市张店区南支一路3号
…………………… Tel：0533-2270998
国网山东省电力公司沂源县供电公司
地址：山东省淄博市沂源县城新城路中段
…………………… Tel：0533-2335031
国网山东省电力公司高青县供电公司
地址：山东省淄博市高青县田镇街道青城路31号
…………………… Tel：0533-2335516
山东鑫宏源电力工程有限公司
地址：张店区马尚镇大套村工业园
…………………… Tel：0533-2800278
华电淄博热电有限公司
地址：张店区南定镇张南路131号
…………………… Tel：0533-2872033
华电淄博热电有限公司
地址：张店区南定镇张南路131号
…………………… Tel：0533-2872033
华电淄博风电有限公司
地址：山东省淄博市淄川区岭子镇北石村民委员会院内
…………………… Tel：0533-2872195
通达建业（山东）售电有限公司
地址：山东省淄博市张店区金晶大道203号发展大厦406室
…………………… Tel：0533-3187318
山东金晶科技股份有限公司
地址：淄博市高新技术开发区宝石镇王庄
…………………… Tel：0533-3581306
淄博兴能电力服务有限公司
地址：山东省淄博市高新区鲁泰大道51号高分子材料创新园A座20层2001
…………………… Tel：0533-3582079
山东新华医疗器械股份有限公司
地址：山东省淄博市高新技术产业开发区新华医疗科技园
…………………… Tel：0533-3587767
淄博天壕新能源有限公司
地址：淄博开发区宝石镇王庄东侧16栋
…………………… Tel：0533-3918610
淄博淄柴新能源有限公司
地址：山东省淄博市高新区裕民路118号
…………………… Tel：0533-3980277
淄博隆盛经贸公司家电公司
地址：明月镇福兴村
…………………… Tel：0533-4181111
山东聚益电力股份有限公司
地址：山东省淄博市博山区山头镇乐疃村
…………………… Tel：0533-4431111
山东多纳电力销售有限公司
地址：山东省淄博市博山区城西街道珑山路179号颜山电子商务创业园A座六层
…………………… Tel：0533-4590778
淄博鑫胜热电有限公司
地址：淄川区松龄西路
…………………… Tel：0533-5186805
山东上德电气股份有限公司
地址：淄川经济开发区北二路中段
…………………… Tel：0533-5266266
淄博和泰物业管理有限公司
地址：山东省淄博市淄川区岭子镇宋家村426号
…………………… Tel：0533-5869215
淄博桑特动力设备有限公司
地址：淄博高新区四宝山民安路77号
…………………… Tel：0533-6076781
山东桑特节能工程有限公司
地址：山东省淄博市高新区四宝山民安路东首
…………………… Tel：0533-6076781
山东汇峰伟铭新能源有限公司
地址：山东省淄博经济开发区张江淄博科技产业园5号楼513室
…………………… Tel：0533-6226131
山东淄博瑞光热电有限公司
地址：山东省淄博市周村区经济技术开发区新华大道10093号
…………………… Tel：0533-6236001
淄博周北热电有限公司
地址：山东省淄博市周村区新华大道10161号办公楼二楼东边
…………………… Tel：0533-6239972
淄博市临淄热电厂有限公司
地址：临淄区大武路120号
…………………… Tel：0533-6296006
山东丽能电力技术股份有限公司
地址：高青县城　苑路南侧、青苑路以西
…………………… Tel：0533-6951212
山东丽村热电有限公司
地址：高青县城青苑路南首
…………………… Tel：0533-6959202
淄博腾飞生物质热电有限公司
地址：高青县县城高苑路南侧、青苑路以西
…………………… Tel：0533-6959269
山东中豪能源有限公司
地址：山东省淄博市临淄区山王东路12号
…………………… Tel：0533-7183786
山东美联电力科技有限公司
地址：山东省淄博市临淄区齐陵路56号
…………………… Tel：0533-7859828
中节能太阳能发电（德州）有限公司
地址：德州经济开发区抬头寺乡毛庄村南
…………………… Tel：0534-2566816
德州市振鲁水电暖建材供应处
地址：驻马店市水屯镇
…………………… Tel：0534-2645191
德州华业复合材料有限公司
地址：德州经济开发区红都路（小辛庄工业园内）
…………………… Tel：0534-2722191
德州瑞诚光电科技有限公司
地址：山东省德州市经济技术开发区东方红东路2889号
…………………… Tel：0534-2759776
德州美格能源设备有限公司
地址：德州市经济技术开发区乐普大道3791号（德州瑞孚油田助剂科技有限公司院内办公楼二层）
…………………… Tel：0534-2767800
山东国联电气有限公司
地址：德城区湖滨南路39号
…………………… Tel：0534-2780000
德州晶彩太阳能科技有限公司
地址：德州市经济开发区东风东路德百家居广场三楼北厅
…………………… Tel：0534-2788188
国网山东夏津县供电公司
地址：夏津县城内中山北街
…………………… Tel：0534-3889021
国网山东省电力公司夏津县供电公司
地址：山东省德州市夏津县经济开发区中山北路承宜街北侧
…………………… Tel：0534-3889022
中节能（临沂）光伏农业科技有限公司
地址：临沂市河东区汤头街知春湖度假村一号楼
…………………… Tel：0534-4667003
山东洁阳新能源有限公司
地址：德州经济开发区东方红东路5888号
…………………… Tel：0534-5045999
皇明太阳能股份有限公司
地址：德州经济开发区太阳谷大道
…………………… Tel：0534-5089389
齐河县金洋工业制造有限公司
地址：山东省德州市齐河县晏城镇訾庄
…………………… Tel：0534-5657000
山东陆海新能源技术有限公司
地址：德州市陵城区经济开发区北辰路中段路北
…………………… Tel：0534-6128788
国网山东乐陵市供电公司
地址：乐陵市五洲中大道611号
…………………… Tel：0534-6528025
国网山东省电力公司禹城市供电公司
地址：山东省德州市禹城市人民路东侧339号
…………………… Tel：0534-7268888
国网山东禹城市供电公司
地址：禹城市人民路
…………………… Tel：0534-7268925
山东贵和电气有限公司
地址：山东省德州（禹城）国家高新技术产业开发区
…………………… Tel：0534-7269687
山东省禹城市新园热电有限公司
地址：山东省德州（禹城）国家高新技术产业开发区
…………………… Tel：0534-7420196
山东中茂实业集团有限公司
地址：德州市德城区东风东路41号
…………………… Tel：0534-7613317
德州蓝德再生资源有限公司
地址：山东省德州运河经济开发区东风西路钟辛庄（德州市污泥处理厂北侧、生活垃圾处理厂东侧）
…………………… Tel：0534-8011003
平原宏森生物科技有限公司
地址：山东省德州市平原县兴平路
…………………… Tel：0534-8026168
北京嘉寓新能源技术开发（乐陵）有限公司
地址：山东省德州市乐陵市文昌西路与西二环叉口东南角
…………………… Tel：0534-8101678
山东聚睿新华智能售电有限公司
地址：山东省济南市历下区泉城路省府前街红尚坊西区10号楼3楼306室
…………………… Tel：0534-8103093
临邑嘉寓新能源技术开发有限公司
地址：山东省德州市临邑县东部高新区花园大街东段路北
…………………… Tel：0534-8106568
山东省阳信根深电气有限公司
地址：阳信县流坡坞镇周商开发区（橡塑循环产业园）
…………………… Tel：0534-8120696
山东豪沃电气有限公司
地址：陵城区经济开发区迎宾南大街2809号
…………………… Tel：0534-8292932
烟台鑫懿和阀门制造有限公司
地址：山东省烟台市福山区清洋工业园
…………………… Tel：0535-2130198
山东黄金电力有限公司
地址：山东省烟台市莱州市金城镇焦家村东
…………………… Tel：0535-2639133
国网山东省电力公司烟台市牟平区供电公司
地址：山东省烟台市牟平区工商大街699号
…………………… Tel：0535-2769113
山东龙能新能源有限公司
地址：山东省烟台市莱州市土山镇龙环前路
…………………… Tel：0535-2835635
海阳永能生物科技有限公司
地址：山东省烟台市海阳市徐家店镇徐家店村
…………………… Tel：0535-2901955
海阳永能生物科技有限公司
地址：山东省烟台市海阳市徐家店镇徐家店村
…………………… Tel：0535-2901955
烟台德骐机电设备有限公司
地址：芝罘区幸福十一村南街309号
…………………… Tel：0535-2996777
国网山东省电力公司烟台供电公司
地址：山东省烟台市芝罘区解放路158号
…………………… Tel：0535-3052155
国网山东省电力公司蓬莱市供电公司
地址：山东省蓬莱市紫荆山街道钟楼西路248号内S1号楼101号
…………………… Tel：0535-3055030
国网山东省电力公司龙口市供电公司
地址：山东省烟台市龙口市通海路28号
…………………… Tel：0535-3056538
国网山东省电力公司莱阳市供电公司
地址：山东省烟台市莱阳市旌旗西路439号
…………………… Tel：0535-3058010
国网山东省电力公司海阳市供电公司
地址：山东省烟台市海阳市龙山街52号
…………………… Tel：0535-3058510
华电莱州发电有限公司
地址：山东省莱州市金城镇海北嘴村北
…………………… Tel：0535-3076077
华电莱州发电有限公司
地址：山东省莱州市金城镇海北嘴村北
…………………… Tel：0535-3076077
华电莱州风力发电有限公司
地址：山东省烟台市莱州市金城镇
…………………… Tel：0535-3076916
华电莱州风电有限公司
地址：山东省莱州市虎头崖镇朳埠周家村
…………………… Tel：0535-3076916
华电莱州风力发电有限公司
地址：山东省烟台市莱州市金城镇
…………………… Tel：0535-3076916
国网山东海阳市供电公司
地址：山东省烟台市海阳市市区龙山街52号
…………………… Tel：0535-3223773
海阳中集来福士海洋工程有限公司
地址：山东省烟台市海阳市旅游度假区凤来路118号
…………………… Tel：0535-3312201
烟台恒邦电力供应服务有限公司
地址：山东省烟台市牟平区水道镇金政街61号
…………………… Tel：0535-3395617
山东安德利电力销售有限公司
地址：山东省烟台市牟平区宁海大街519号
…………………… Tel：0535-3460608
烟台润达垃圾处理运营有限公司
地址：烟台开发区古现街道上海大街95号
…………………… Tel：0535-3461708
山东海阳丰汇设备技术有限公司
地址：山东省烟台市海阳市留格庄镇海翔东路南、核电路西
…………………… Tel：0535-3559086
国网山东省电力公司栖霞市供电公司
地址：山东省烟台市栖霞市电业路218号
…………………… Tel：0535-3575325
国网山东栖霞市供电公司
地址：振兴路218号
…………………… Tel：0535-3575325
山东核电有限公司
地址：烟台市高新区港城东大街15号
…………………… Tel：0535-3871826
烟台尚美丽家新能源有限公司
地址：山东省烟台市经济技术开发区沭河路22号
…………………… Tel：0535-3979580
山东国风风电设备有限公司
地址：牟平区台湾工业园
…………………… Tel：0535-4228689
山东仙坛售电有限公司
地址：山东省烟台市牟平工业园区（城东）
…………………… Tel：0535-4658318
烟台天能电气科技有限公司
地址：山东省烟台市牟平区台湾工业园山海大街北
…………………… Tel：0535-4666011
东方电子股份有限公司
地址：烟台市芝罘区机场路2号
…………………… Tel：0535-5520001
烟台东方科技环保节能有限公司
地址：烟台高新区海兴路28号
…………………… Tel：0535-5527367
中兴电力蓬莱发电有限公司
地址：山东省烟台市蓬莱市北沟镇峰台山西路1号
…………………… Tel：0535-5823912
蓬莱东海热电有限公司
地址：山东省蓬莱市新港街道娇格庄村
…………………… Tel：0535-5910661
蔚阳余热发电股份有限公司
地址：山东省蓬莱市北沟镇孙陶村西北
…………………… Tel：0535-5918789
华润电力风能（烟台）有限公司
地址：山东省蓬莱市北沟镇
…………………… Tel：0535-5990166
烟台鼎城新能源光伏有限公司
地址：山东省烟台市芝罘区上夼西路78号
…………………… Tel：0535-6081893
烟台蓝天光科光伏发电有限公司
地址：山东省烟台市莱山区新苑路19号
…………………… Tel：0535-6105029
烟台龙泉风力发电有限公司
地址：山东省烟台市牟平区龙泉镇龙泉汤村东
…………………… Tel：0535-6234788
烟台天丰风能开发有限公司

地址：山东省烟台市牟平区水道镇驻地
…………………… Tel：0535-6234788
华能烟台发电有限公司
地址：山东省烟台市电厂东路67号
…………………… Tel：0535-6292030
烟台业达节能环保有限公司
地址：山东省烟台市经济技术开发区金沙江路69号
…………………… Tel：0535-6375555
龙骏风能（招远）有限公司
地址：山东省烟台市招远市蚕庄镇金鑫路166号
…………………… Tel：0535-6378298
烟台龙骏风能开发有限公司
地址：山东省招远市蚕庄镇金鑫路166号
…………………… Tel：0535-6378298
金尚新能源科技集团股份有限公司
地址：山东省烟台市福山区金山路107号
…………………… Tel：0535-6501187
烟台蓝天特温暖清洁能源有限公司
地址：山东省烟台市莱山区新苑路19号中诚大厦C座327室
…………………… Tel：0535-6713036
烟台蓝天特温暖清洁能源有限公司
地址：山东省烟台市莱山区新苑路19号中诚大厦C座327室
…………………… Tel：0535-6713036
烟台均霖环保科技有限公司
地址：烟台高新区航天路101号
…………………… Tel：0535-6727273
杰瑞分布能源有限公司
地址：烟台市莱山区杰瑞路9号
…………………… Tel：0535-6766386
国电电力文登风力发电有限公司
地址：文登市宋村镇昌盛路10-8号
…………………… Tel：0535-6793311
国电电力威海风力发电有限公司
地址：威海工业新区正气路1号
…………………… Tel：0535-6793311
国电电力诸城风力发电有限公司
地址：山东省潍坊市诸城市皇华镇党委大楼南二层沿街房
…………………… Tel：0535-6793311
国电电力山东新能源开发有限公司
地址：山东省烟台市牟平区沁水韩国工业园
…………………… Tel：0535-6793311
烟台中集来福士海洋工程有限公司
地址：山东省烟台市芝罘区芝罘岛东路70号
…………………… Tel：0535-6801451
烟台蓝天投资控股有限公司
地址：山东省烟台市芝罘区南山路53号25层
…………………… Tel：0535-6860387
大唐山东烟台电力开发有限公司
地址：莱山区港城东大街588号
…………………… Tel：0535-6878170
大唐栖霞风力发电有限责任公司
地址：山东省栖霞市苏家店镇政府大院西南东二户
…………………… Tel：0535-6878170
大唐海阳风力发电有限责任公司
地址：山东省海阳市徐家店镇
…………………… Tel：0535-6878170
大唐山东烟台电力开发有限公司
地址：莱山区港城东大街588号
…………………… Tel：0535-6878170
大唐文登清洁能源开发有限公司
地址：山东省威海市文登区侯家镇海滨西路3-1号
…………………… Tel：0535-6878170
烟台新天节能科技有限公司
地址：山东省烟台市高新区创业大厦东塔9-12
…………………… Tel：0535-6887567
天煜能源有限公司
地址：山东省烟台市莱山区同和路21号
…………………… Tel：0535-6893247
烟台天煜新能源有限公司
地址：山东省烟台市莱山区同和路21号
…………………… Tel：0535-6893247
大唐桂冠诚信（莱州）电力有限公司
地址：山东省莱州市土山镇山下村
…………………… Tel：0535-6910317
国网山东省电力公司招远市供电公司
地址：山东省烟台市招远市金城路169号
…………………… Tel：0535-8219318
青岛海天星机电设备有限公司
地址：山东省青岛市黄岛区王台镇巨台路106号
…………………… Tel：0535-83135281
山东聚力能源设备有限公司
地址：山东省招远市玲珑镇工业园
…………………… Tel：0535-8398111
山东南山电力销售有限公司
地址：山东省烟台市龙口市东江镇南山工业园
…………………… Tel：0535-8616938
龙口嘉元电力销售有限公司
地址：山东省烟台市龙口市高新技术产业园区嘉元路8号
…………………… Tel：0535-8617798
龙口嘉元东盛热电有限公司
地址：山东省烟台市龙口市东江街道高新技术产业园区
…………………… Tel：0535-8617798
龙口飞龙绿色能源有限公司
地址：山东省烟台市龙口市黄城工业园
…………………… Tel：0535-8619054
龙口矿业集团热电有限公司
地址：山东省龙口市北皂后村西侧
…………………… Tel：0535-8651686
龙口矿业集团热电有限公司
地址：山东省龙口市北皂后村西侧
…………………… Tel：0535-8651686
华电龙口发电股份有限公司
地址：龙口市电厂南路1号
…………………… Tel：0535-8852035
山东顺源电力工程有限公司
地址：烟台开发区长江路33号375号
…………………… Tel：0535-8880679
国网山东省电力公司潍坊供电公司
地址：潍城区东风西街425号
…………………… Tel：0536-2022110
潍坊耐普特燃气发电设备有限公司
地址：山东省潍坊高新区清池街道宝通社区银通街6666号先进制造业加速区（东区）5号楼西区
…………………… Tel：0536-2085107
潍坊友容实业有限公司
地址：潍坊市滨海经济开发区香江大街99号
…………………… Tel：0536-2097778
青州海岱电力有限公司
地址：山东省潍坊市青州市309国道北侧青垦路西侧青州工商联商务会馆1819号
…………………… Tel：0536-2131689
山东禄禧新能源科技有限公司
地址：青州市海岱北路4969号
…………………… Tel：0536-2139989
山东六大光伏科技有限公司
地址：寿光市圣城街以北、莱都路以西全福元商务办公楼0510室
…………………… Tel：0536-2155558
山东思达特测控设备有限公司
地址：潍坊市经济技术开发区友谊路北首
…………………… Tel：0536-2200307
神华国华寿光发电有限责任公司
地址：寿光市羊口镇先进制造业园区
…………………… Tel：0536-2239210
神华山东售电有限责任公司
地址：山东省潍坊市寿光市羊口镇先进制造业园区
…………………… Tel：0536-2239210
神华山东售电有限责任公司
地址：山东省潍坊市寿光市羊口镇先进制造业园区
…………………… Tel：0536-2239210
安丘市新中水环保科技有限公司
地址：安丘市石堆镇店子村南
…………………… Tel：0536-2266598
潍柴电力设备有限公司
地址：潍坊高新区福寿东街197号甲
…………………… Tel：0536-2298521
山东孚日售电有限公司
地址：山东省潍坊市高密市朝阳街道立新街（东）1199号
…………………… Tel：0536-2323870
临朐德正物业管理有限公司
地址：临朐县城龙泉路西恒泰小区内
…………………… Tel：0536-2677758
山东菲达电器有限公司
地址：高密市夏庄工业园A区99号
…………………… Tel：0536-2788466
高密银鹰售电有限公司
地址：山东省潍坊市高密市朝阳街道兴源街769号
…………………… Tel：0536-2916666
山东博创动力设备有限公司
地址：山东省潍坊市潍城区于河镇斗六路以北杏乐路以东
…………………… Tel：0536-3029015
临朐县金鹏物业管理有限公司
地址：县城龙泉小区北区
…………………… Tel：0536-3187199
临朐县惠中园物业管理有限公司
地址：临朐县城秦池路西首
…………………… Tel：0536-3218058
青州云门机械电子有限公司
地址：山东省潍坊市青州市经济开发区玲珑山北路双喜工业园
…………………… Tel：0536-3276708
山东青能汽轮机有限责任公司
地址：山东省潍坊市青州市经济开发区东京路西首
…………………… Tel：0536-3290518
桓台国仕光伏电力有限公司
地址：山东省淄博市桓台县工业路326号
…………………… Tel：0536-3597081
桓台国仕光伏电力有限公司
地址：山东省淄博市桓台县工业路326号
…………………… Tel：0536-3597081
潍坊佳诚物业管理有限公司
地址：临朐县文化路以东、工业街以南
…………………… Tel：0536-3669688
山东吉迪电器有限公司
地址：山东省潍坊市安丘市兴安街道防汛路中段南侧
…………………… Tel：0536-4268269
山东彤力得新能源有限公司
地址：山东省潍坊市安丘市凌河镇凤凰山工业园
…………………… Tel：0536-4571888
山东和曦能源设备有限公司
地址：山东省潍坊市奎文区健康东街14278号67号楼1425
…………………… Tel：0536-4702088
山东皓邦环保设备有限公司
地址：山东省潍坊市安丘市新安街道汶中河滨路1号
…………………… Tel：0536-4755668
安丘山水水泥有限公司
地址：山东省安丘市石埠子镇召忽村
…………………… Tel：0536-4855901
山东寿光巨能热电发展有限公司
地址：山东寿光经济开发区工业园
…………………… Tel：0536-5189021
寿光金太阳热电有限公司
地址：寿光市侯镇岔河村东6公里
…………………… Tel：0536-5396611
山东爱能森三元朱热力有限公司
地址：寿光市孙家集街道三元朱村民委员会办公楼306室
…………………… Tel：0536-5480998
山东光合绿色能源有限公司
地址：山东省潍坊市潍城区和平路4980号中金国际9号楼1913室
…………………… Tel：0536-5603192
山东孚日电机有限公司
地址：山东省潍坊市高密市朝阳大街东首
…………………… Tel：0536-5827135
临朐国电投桑尼新能源有限公司
地址：山东省潍坊市临朐县城关街道柳衡路128号1幢
…………………… Tel：0536-58692835
青岛智恒能源科技有限公司
地址：山东省青岛市高新区火炬路100号盘谷创客空间D座110
…………………… Tel：053-66010352
山东美晨工业集团有限公司
地址：山东省潍坊市诸城市密州东路12001号
…………………… Tel：0536-6085578
山东布特新能源科技股份有限公司
地址：青州市　山经济发展园区
…………………… Tel：0536-6131588
昌乐县方山物业管理有限公司
地址：昌乐县城环城路56号
…………………… Tel：0536-6271177
昌邑方能电力安装有限责任公司
地址：昌邑市围子镇驻地
…………………… Tel：0536-7119527
山东枫煌电气有限公司
地址：山东省潍坊市寒亭区清源街以北寒亭街道毛家埠土地以东
…………………… Tel：0536-7377001
潍坊佩特来电器有限公司
地址：潍坊综合保税区高新三路与桃园街交叉口西南角（配套区）
…………………… Tel：0536-7516333
昌邑市柳疃热电有限公司
地址：柳疃镇西付村
…………………… Tel：0536-7815528
山东佳元重工机械有限公司
地址：昌邑双台工业园区
…………………… Tel：0536-7897828
山东格润内泽姆环保科技有限公司
地址：山东省潍坊高新区健康东街9266号山东呼叫中心（潍坊）基地办公楼E楼6层
…………………… Tel：0536-7908798
天恩能源有限公司
地址：北京市海淀区中关村东路1号院3号楼1层103-A
…………………… Tel：0536-8150055
潍坊华旭动力有限公司
地址：潍坊经济开发区永康街以北，友爱路以西
…………………… Tel：0536-8163229
山东旭久久动力科技有限公司
地址：山东潍坊经济开发区古亭街10888号4号楼
…………………… Tel：0536-8213377
潍坊慧能超然燃气动力有限公司
地址：山东潍坊经济开发区古亭街10888号4号楼101
…………………… Tel：0536-8213377
潍坊博发动力设备有限公司
地址：山东省潍坊市坊子区坊城街道办事处莲花池村
…………………… Tel：0536-8296583
潍坊奔马动力设备有限公司
地址：山东省潍坊市潍城经济开发区玉清西街7231号
…………………… Tel：0536-8310051
山东宏科水电设备有限公司
地址：山东省潍坊滨海经济技术开发区奎文大街以北国有土地以东
…………………… Tel：0536-8376731
潍坊惠通新能源有限公司
地址：山东省潍坊市奎文区玉清街15938号鲁鸿37度2号楼03号房
…………………… Tel：0536-8665763
潍坊惠通新能源有限公司
地址：山东省潍坊市奎文区玉清街15938号鲁鸿37度2号楼03号房
…………………… Tel：0536-8665763
潍坊保利智通光伏能源有限公司
地址：山东潍坊昌邑围子天保综合楼298号
…………………… Tel：0536-8665763
山东陆海风动能电力集团有限公司
地址：山东省潍坊高新区清池街道花园社区健康东街6888号蓝色智谷B1号楼18楼
…………………… Tel：0536-8667388
潍坊超然发电设备有限公司
地址：潍坊市奎文区鸢飞路985号
…………………… Tel：0536-8668208
山东宏力热泵能源股份有限公司
地址：潍坊高新技术开发区惠贤路2751号
…………………… Tel：0536-8825806
华电潍坊发电有限公司
地址：山东省潍坊高新技术开发区新钢街道于家官庄村
…………………… Tel：0536-8872037
华电潍坊发电有限公司
地址：山东省潍坊高新技术开发区新钢街道于家官庄村
…………………… Tel：0536-8872037
山东科灵空调工程有限公司
地址：山东省潍坊高新区清池街道杨家庄子社区潍安路与银通路交叉口东北角300米路北（山东科灵新能源发展有限公司院内）
…………………… Tel：0536-8890057
山东科灵节能装备股份有限公司
地址：安丘经济开发区
…………………… Tel：053-68890057
山东英昊能源科技股份有限公司
地址：潍坊市奎文区新华路39号
…………………… Tel：0536-8892328
济宁君阳电力有限公司
地址：济宁市冠亚星城E公寓东单元二十层01-2025号房
…………………… Tel：0537-2328876
济宁农信通新能源有限公司
地址：济宁市菱花路1号
…………………… Tel：0537-2360367
济宁矿业集团有限公司
地址：济宁市崇文大道2299号
…………………… Tel：0537-2379002
山东绿倍节能环保设备制造有限公司
地址：济宁高新区开源路北11号
…………………… Tel：0537-2395689
山东赛瓦特动力设备有限公司
地址：山东省济宁市高新区黄屯镇327国道南（济宁装备业基地D1、D4车间）
…………………… Tel：0537-2780018
华能嘉祥发电有限公司
地址：济宁市经济开发区嘉诚路60号
…………………… Tel：0537-2915096
华能嘉祥发电有限公司
地址：济宁市经济开发区嘉诚路60号
…………………… Tel：0537-2915096
大唐邹城风力发电有限公司
地址：邹城市城前镇城泰路99号301
…………………… Tel：0537-3262936
大唐邹城风力发电有限公司
地址：邹城市城前镇城泰路99号301
…………………… Tel：0537-3262936
国网山东济宁市任城区供电公司
地址：济宁市环城西路15号
…………………… Tel：0537-3612109
泗水县泗河办友同电器设备供应站
地址：江阴市长泾镇新街西段北侧
…………………… Tel：0537-4226736
国网山东泗水县供电公司
地址：泗水县济河办光明路
…………………… Tel：0537-4292141
泗水县亨瑞供销电子商务有限公司
地址：山东省济宁市泗水县苗馆镇东岩店村
…………………… Tel：0537-4367999
山东中晶新能源有限公司
地址：山东省济宁市微山县经济开发区泰康街6号
…………………… Tel：0537-5031001
邹城市德信五金水暖机电供应站
地址：平阳路1546号

…………………… Tel：0537-5210961
兖矿售电有限公司
地址：山东省济宁市邹城市宏河路459号
…………………… Tel：0537-5385118
华电邹县发电有限公司
地址：邹城市唐村镇驻地（邹县发电厂内）
…………………… Tel：0537-5482252
山东水发贤达水务有限公司
地址：山东省济宁市鱼台县经济开发区湖陵二路东、北环路北#
…………………… Tel：0537-6211987
华电邹城热力有限公司
地址：邹城市三兴路西首路南
…………………… Tel：0537-6599359
山东华力机电有限公司
地址：汶上县经济开发区
…………………… Tel：0537-7165777
梁山前能生物电力有限公司
地址：梁山经济开发区
…………………… Tel：0537-7306228
梁山前能生物电力有限公司
地址：梁山经济开发区
…………………… Tel：0537-7306228
国网山东梁山县供电公司
地址：梁山县人民北路东首路北
…………………… Tel：0537-7321054
山东中煤能源机械有限责任公司
地址：山东省济宁市微山县经济开发区夏阳东路36号
…………………… Tel：0537-8261222
国网山东省电力公司泗水县供电公司
地址：邯郸市丛台区中华南大街34号
…………………… Tel：0537-8397030
国网山东省电力公司邹城市供电公司
地址：山东省济宁市邹城市岗山北路846号
…………………… Tel：0537-8397531
国网山东省电力公司微山县供电公司
地址：山东省微山县夏镇街道东风东路47号
…………………… Tel：0537-8398032
国网山东省电力公司嘉祥县供电公司
地址：山东省济宁市嘉祥县文化路29号
…………………… Tel：0537-8399512
山东嘉润集成能源有限公司
地址：山东省济宁市微山县经济开发区泰康路西侧
…………………… Tel：0537-8699919
国网山东省电力公司金乡县供电公司
地址：金乡县城文峰西路7号
…………………… Tel：0537-8828146
金乡金润置业有限公司
地址：金乡县中心街东路金济河东岸莎岭社区西邻
…………………… Tel：0537-8898009
山东康姆勒发电机有限公司
地址：山东省济宁市汶上县圣泽大街西段（蒙馆公路北侧）
…………………… Tel：0537-9787777
山东沃而丰新能源工业有限公司
地址：山东省泰安市东平县经济开发区
…………………… Tel：0538-2092786
山东北中科技有限公司
地址：新泰市经济开发区
…………………… Tel：0538-2178899
泰安市泰山东城热电有限责任公司
地址：泰山高新技术产业开发区
…………………… Tel：0538-2182555
大唐东平清洁能源开发有限公司
地址：山东省泰安市东平县工业园区管理委员会办公楼
…………………… Tel：0538-2281258
华电肥城新能源发电有限公司
地址：山东省泰安市肥城市安临站镇大辛庄村
…………………… Tel：0538-3282067
山东中信能源联合装备股份有限公司
地址：山东省泰安市泰山工业园区泰前大街1号
…………………… Tel：0538-3326568
英大电力技术有限公司
地址：山东省泰安市高新区一天门大街中段
…………………… Tel：0538-5056076
山东一建建设有限公司
地址：泰安市长城路28号
…………………… Tel：0538-5353910
华网电力有限公司
地址：山东省泰安市泰山区省庄镇后省庄村繁荣大街129号院内附属楼101室
…………………… Tel：0538-6365280
华网电力有限公司
地址：山东省泰安市泰山区省庄镇后省庄村繁荣大街129号院内附属楼101室
…………………… Tel：0538-6365280
泰安市鲁祥箱变有限公司
地址：泰山区省庄镇工业园区
…………………… Tel：0538-6513737
泰安国仕新能源科技有限公司
地址：泰安市泰山区省庄镇柳杭村路南
…………………… Tel：0538-6580598
国网山东新泰市供电公司
地址：新泰市金斗路
…………………… Tel：0538-7162075
山东三农电子科技集团有限公司
地址：山东省泰安市新泰市青云街道青云路1479号
…………………… Tel：0538-7339899
山东天源重工集团有限公司
地址：新泰市羊流镇工业园区
…………………… Tel：0538-7442309
三峡新能源新泰发电有限公司
地址：山东省新泰市经济开发区新区羊流工业园济临路8号
…………………… Tel：0538-7977021
山东中盟电气有限公司
地址：泰安市夏张镇泰东路路西
…………………… Tel：0538-8311180
泰安恒动发电设备有限公司
地址：泰安市龙潭路49号
…………………… Tel：0538-8336586
山东仁和节能环保科技有限公司
地址：山东省泰安市泰山工业园区
…………………… Tel：0538-8502826
山东亚特尔新能源设备制造有限公司
地址：泰安市青春创业开发区创业路西
…………………… Tel：0538-8560978
山东超晟光电科技有限公司
地址：泰安市泰山青春创业开发区泰肥一级公路北加油站以东2号车间
…………………… Tel：0538-8576176
泰安恒大机械有限公司
地址：山东省泰安市岱岳区（山东泰山钢材大市场）
…………………… Tel：0538-8579438
泰安伊万福动力科技有限公司
地址：泰安市泰山区上高街道办事处桑家疃村
…………………… Tel：0538-8628596
国开电气股份有限公司
地址：泰安高新技术产业开发区配天门大街1-1号
…………………… Tel：0538-8805666
山东泰开光伏发电有限公司
地址：山东泰安高新技术开发区龙潭南路
…………………… Tel：0538-8933793
山东泰开能源工程技术有限公司
地址：泰安高新技术开发区龙潭南路
…………………… Tel：0538-8933793
国网山东省电力公司沂水县供电公司
地址：贺州市龙兴巷297-1号
…………………… Tel：0539-2201077
临沂青援售电有限公司
地址：沂水县沂博路39号
…………………… Tel：0539-2215285
沂水县城关供销社供销商厦家用电器部
地址：永安市安砂镇
…………………… Tel：0539-2254446
山东京普太阳能科技股份有限公司
地址：沂水城阳一路中段路北
…………………… Tel：0539-2501601
山东双丰物流科技有限公司
地址：兰山区工业大道北段西侧
…………………… Tel：0539-2800093
山东创业环保科技发展有限公司
地址：山东省沂水县庐山中路C00392号
…………………… Tel：0539-2810999
临沂业会设备安装有限公司
地址：山东省临沂市沂南县砖埠镇桃园村
…………………… Tel：0539-3239988
枣庄南郊热电有限公司
地址：枣庄经济开发区长江路26号
…………………… Tel：0539-3759821
临沂市阳光热力有限公司
地址：临沂市费县探沂镇探沂工业园石田庄村北
…………………… Tel：0539-5618566
山东世纪航凯售电有限公司
地址：山东省临沂市兰山区平安路183号天基平安商务中心7楼（与通达路交汇向东）
…………………… Tel：0539-5971068
山东中裕智慧能源有限公司
地址：山东省临沂市经济开发区沃尔沃路67
…………………… Tel：0539-6011802
山东施可丰售电有限公司
地址：山东省临沂经济技术开发区梅家埠街道北京路南首
…………………… Tel：0539-6017116
山东泰华电力有限公司
地址：山东省临沂市兰山区开阳路与陶然路交汇处东宝鼎西园19号楼2单元401室
…………………… Tel：0539-6173000
国网山东临沭县供电公司
地址：常林路72号
…………………… Tel：0539-6205500
临沂城投力诺新能源有限公司
地址：山东省临沂市兰山区北京路8号17楼
…………………… Tel：0539-7056018
华能临沂发电有限公司
地址：临沂市罗庄区盛庄镇
…………………… Tel：0539-7062033
临沂华盛江泉电力有限公司
地址：山东省临沂市罗庄区罗庄街道办事处四海路与朝阳路交汇路口东北处
…………………… Tel：0539-7100168
莒南力源热电有限公司
地址：莒南县临港产业园、文坊公路以东
…………………… Tel：0539-7262010
山东皓康智能科技有限公司
地址：临沂市兰山区临沂生活广场A号楼16025室
…………………… Tel：0539-7356666
山东永能生物科技有限公司
地址：山东莒南经济开发区工业五路北段西侧
…………………… Tel：0539-7510267
临沂天光之源新能源科技有限公司
地址：山东省临沂市莒南经济开发区西五路东侧（000937号）
…………………… Tel：0539-7915209
临沂天光之源新能源科技有限公司
地址：山东省临沂市莒南经济开发区西五路东侧（000937号）
…………………… Tel：0539-7915209
临沂恒源售电有限公司
地址：山东省临沂市兰山区金雀山路110号
…………………… Tel：0539-8179902
罗欣医药集团有限公司
地址：临沂市罗庄区湖东二路77号
…………………… Tel：0539-8245617
山东华业清洁能源有限公司
地址：山东省临沂市河东区九曲街道书香府邸B区沿街102
…………………… Tel：0539-8609718
黄河三角洲（滨州）热力有限公司
地址：山东省滨州市滨城区东外环路358号黄河三角洲（滨州）热力有限公司1号
…………………… Tel：0543-2118000
山东明阳风电技术有限公司
地址：山东省滨州市惠民县经济开发区武定府路南侧（山东富力世新型材料有限公司厂区院内）
…………………… Tel：0543-2137000
山东京能生物质发电有限公司
地址：无棣县柳堡乡新海路东侧芦苇湿地工业园
…………………… Tel：0543-2257189
山东滨州运通生物质能热电有限公司
地址：山东省博兴县湖滨镇寨郝村
…………………… Tel：0543-2352088
博兴县曹王镇利民用水户协会
地址：博兴县曹王镇水利农技站
…………………… Tel：0543-2410207
博兴县乔庄镇惠民水利农民用水户协会
地址：博兴县乔庄镇水利站
…………………… Tel：0543-2550033
邹平市光明电力服务有限公司
地址：山东省滨州市邹平市黛溪街道办事处马庄桥北临
…………………… Tel：0543-3055177
山东盛世达电力设备有限公司
地址：滨州市无棣经济开发区星湖四路12号
…………………… Tel：0543-3081888
滨州市金毅设备有限公司
地址：滨州高新区广青路301号
…………………… Tel：0543-3112526
滨州市滨城区顺流水泵机电供应处
地址：合肥市包河区花园大道南、包河大道东金谷产业园48幢办公（储藏室）101下/办公101/办公101中/办公101上室
…………………… Tel：0543-3323136
山东齐星售电有限公司
地址：山东省滨州市邹平县经济开发区会仙二路北侧695
…………………… Tel：0543-4303354
山东长星集团有限公司
地址：山东省邹平市长山镇三里河
…………………… Tel：0543-4369999
邹平县焦桥镇污水处理厂
地址：山东省滨州市邹平县焦桥镇驻地
…………………… Tel：0543-4862296
大唐鲁北发电有限责任公司
地址：无棣县埕口镇
…………………… Tel：0543-5075805
大唐鲁北发电有限责任公司
地址：无棣县埕口镇
…………………… Tel：0543-5075805
中胜华泰控股有限公司
地址：中国（山东）自由贸易试验区济南片区经十路汉峪金谷A1-4山东铁投大厦10层1016室
…………………… Tel：0543-5161902
中胜华泰油气销售（山东）有限公司
地址：滨州高新区创新路1号创新大厦1921室
…………………… Tel：0543-5161902
国网山东省电力公司惠民县供电公司
地址：山东省滨州市惠民县城故园南路南侧
…………………… Tel：0543-5319207
山东智牛新能源投资有限公司
地址：山东省滨州市惠民县城南门大街13号
…………………… Tel：0543-5350177
山东鲁北发电有限公司
地址：无棣县埕口镇鲁北高新技术开发区
…………………… Tel：0543-6451057
邹平昌桥基础设施建设有限公司
地址：山东省滨州市邹平县焦桥镇便民服务中心二楼东侧
…………………… Tel：0543-7039166
国网山东滨州市沾化区供电公司
地址：山东省滨州市沾化区富国路227号
…………………… Tel：0543-7352030
山东沾化天融新能源发展有限公司
地址：山东省滨州市沾化区滨海镇政府驻地（通海路2号）
…………………… Tel：0543-7590061
沾化正大光伏发电有限公司
地址：山东省滨州市沾化区富源街道宋家村35号
…………………… Tel：0543-7689261
沾化正大光伏发电有限公司
地址：山东省滨州市沾化区富源街道宋家村35号
…………………… Tel：0543-7689261
大唐滨州发电有限公司
地址：山东省滨州市滨城区滨北办事处梧桐五路516号
…………………… Tel：0543-8152027
东营市垦利惠能热电有限公司
地址：东营市垦利区绿洲路99号
…………………… Tel：0546-2529559
东营市垦利区光明电力服务有限责任公司
地址：东营市垦利区经济开发区胜兴路东首垦利明珠电力工程有限公司院内
…………………… Tel：0546-2583858
国网山东省电力公司东营市河口区供电公司
地址：山东省东营市河口区海宁路3号01幢
…………………… Tel：0546-3882030
利津胜发发电设备有限公司
地址：利津县汀罗镇北码四村
…………………… Tel：0546-5627789
山东胜动燃气综合利用有限责任公司
地址：山东省东营市东营区府前大街19号4幢103室
…………………… Tel：0546-6080171
大唐东营发电有限公司
地址：东营港经济开发区东港路以西、海滨路以北
…………………… Tel：0546-6386055
国网山东省电力公司广饶县供电公司
地址：广饶县广颖路1号
…………………… Tel：0546-6441373
广饶县逸华电机水泵供应站
地址：甘肃省庆阳市庆城县田家城
…………………… Tel：0546-6660094
广饶县大王热力有限公司
地址：广饶县大王镇青垦路西侧165号电厂
…………………… Tel：0546-6858811
中石化新星山东新能源有限公司
地址：山东省东营市河口区河口街道河雁路202号
…………………… Tel：0546-7059768
东营市河口蓝色经济产业园投资发展有限公司
地址：山东省东营市河口蓝色经济产业园义三路与兴园路交叉口
…………………… Tel：0546-7071001
东营大海科林光电有限公司
地址：山东省东营市广饶县稻庄镇闫口村
…………………… Tel：0546-7082005
东营益辉新能源科技有限公司
地址：山东省东营市东营区普陀山路39号
…………………… Tel：0546-7557879
东营恒源机械制造有限公司
地址：东营市南二路（胜利工业园5号路北首）
…………………… Tel：0546-7782269
东营伏达太阳能有限公司
地址：东营经济开发区东四路与汾河路交叉路口
…………………… Tel：0546-7796777
易瑞国际电子商务有限公司
地址：山东省青岛市黄岛区古镇口映山红路117号中植大厦（技术交易大厦）
…………………… Tel：0546-8167000

山东科瑞石油装备有限公司
地址：山东省东营市南二路233号
Tel：0546-8179686

山东康博瑞燃气科技有限公司
地址：东营市东营区胜利工业园南二路以南西六路以东
Tel：0546-8181777

中国邮政集团有限公司东营市供水邮电支局
地址：中山市阜沙镇阜南大道21号
Tel：0546-8222590

东营高迈科石油装备有限公司
地址：东营区北一路1076号
Tel：0546-8255715

国网山东东营市东营区供电公司
地址：东营区宁阳路98号
Tel：0546-8260789

山东华岳电力工程有限公司
地址：东营区运河路661号
Tel：0546-8309396

中国石化集团胜利石油管理局有限公司胜利发电厂
地址：山东省东营市东营区南二路206号
Tel：0546-8595366

国网山东省电力公司东营市东营区供电公司
地址：山东省东营市东营区宁阳路98号
Tel：0546-8695161

国网山东省电力公司东营市垦利区供电公司
地址：山东省东营市垦利区胜兴路南侧、育才路东侧
Tel：0546-8696516

东营市科利达石油机电有限责任公司
地址：东营市东营区东六路16号
Tel：0546-8730511

山东龙玺卡特机电技术服务有限公司
地址：东营市东营区淮河路73号
Tel：0546-8739633

胜利油田胜利动力机械集团有限公司石油机械分公司
地址：东营市垦利县德州路88号
Tel：0546-8748378

山东胜动石油机械有限公司
地址：山东省东营市垦利区德州路88号
Tel：0546-8748378

胜利油田胜利动力机械集团有限公司
地址：山东省东营市东营区府前大街19号4幢
Tel：0546-8780114

东营市港城热力有限公司
地址：东营市东营港经济开发区
Tel：0546-8879300

华能东营新能源有限公司
地址：东营市河口区仙河镇桩埕路8号
Tel：0546-8879602

东营市汉德自动化集成有限公司
地址：山东省东营市东营区六盘山路8号
Tel：0546-8910616

枣庄日升电力开发有限公司
地址：山东省枣庄市薛城区祁连山路大地物流园区B区综合楼
Tel：0574-59953175

国网山东省电力公司威海供电公司
地址：威海市昆明路23号
Tel：0631-2592040

国网山东省电力公司荣成市供电公司
地址：山东省威海市荣成市成山大道东段18号
Tel：0631-2597031

乳山绿色动力再生能源有限公司
地址：山东省威海市乳山市经济开发区开发街南
Tel：0631-3853170

威海广泰空港设备股份有限公司
地址：山东省威海市环翠区黄河街16号
Tel：0631-3953100

威海成和能源科技有限公司
地址：威海高区创新创业基地A座204室
Tel：0631-5626663

威海银河风力发电有限公司
地址：威海火炬高技术产业开发区华海路1号银河风电产业园
Tel：0631-5715666

华能威海海埠光伏发电有限公司
地址：山东省威海市经济技术开发区海埠路-58-123号
Tel：0631-5909110

华能石岛湾核电开发有限公司
地址：荣成市石核路9号
Tel：0631-7357777

荣成市热电厂有限公司
地址：荣成市崖头街道办事处黎明村
Tel：0631-7596219

国网山东荣成市供电公司
地址：荣成市成山大道东段18号
Tel：0631-7597192

威海南海燃气热电有限公司
地址：山东省威海市南海新区现代路北、畅海路东
Tel：0631-8963708

山东汇银新能源科技有限公司
地址：山东省威海市文登区小观镇龙海路西，高岛路北约1公里
Tel：0631-8966006

山东圣诺实业有限公司
地址：山东省枣庄市滕州市级索镇耀国路66号
Tel：0632-2447298

滕州市大宗煤矸石热电有限公司
地址：滕州市张汪镇大宗村
Tel：0632-2809167

山东丰源通达电力有限公司
地址：枣庄市峄城区榴园镇王庄（峄城工业园区）
Tel：0632-3032006

山东丰源通力售电有限公司
地址：山东省枣庄市峄城区榴园镇王庄村丰源路2号-5-1号
Tel：0632-3032006

华电枣庄新能源发电有限公司
地址：山东省枣庄市台儿庄张山子鹿荒村
Tel：0632-3292367

枣庄创益新能源科技有限公司
地址：山东省枣庄市市中区盛北商贸城B区7栋13号
Tel：0632-3585859

枣庄江源供水中心
地址：枣庄经济开发区黄山路
Tel：0632-3621387

枣庄市航宇电力电器设备制造有限公司
地址：市中区光明东路A2777号
Tel：0632-3701036

山东三众电子电器科技有限公司
地址：市中区青檀北路
Tel：0632-3864678

山东盛帆电子科技有限公司
地址：枣庄高新区兴城街道宁波路8号
Tel：0632-5190190

华电滕州新源热电有限公司
地址：滕州市荆庄街19号
Tel：0632-5822141

华电滕州新能源发电有限公司
地址：山东省枣庄市滕州市柴胡店镇郭沟村村北100米
Tel：0632-5822142

滕州市辅水工程有限责任公司
地址：滕州市龙泉街道贺庄村后路北供电局碳化硅东邻
Tel：0632-5823898

山东中科蓝天科技有限公司
地址：山东省枣庄市滕州市经济开发区机械制造工业园奚仲北路888号
Tel：0632-5915222

国建新能科技股份有限公司
地址：山东省枣庄市高新区光明西路1677号枣庄浙商总部大厦23层
Tel：0632-7678899

山东阳光博士太阳能工程有限公司
地址：枣庄高新区复元四路(泰国工业园内)
Tel：0632-8678998

山东华亨太阳能发电有限公司
地址：山东省日照市岚山区安岚大道西临港国际大厦
Tel：0633-2277836

山东华亨太阳能发电有限公司
地址：山东省日照市岚山区安岚大道西临港国际大厦
Tel：0633-2277836

山东华亨农业科技有限公司
地址：山东省日照市东港区烟台路168号大象国际A座7层
Tel：0633-2277836

日照市新岚山能源有限公司
地址：山东省日照市岚山区安东卫街道岚山中路169号
Tel：0633-2611366

山东日照发电有限公司
地址：山东省日照市北京路399号
Tel：0633-3362143

莒县大自然生物质能热电有限公司
地址：山东省日照市莒县浮来山镇后石灰窑村
Tel：0633-6269199

日照新奥中泰能源有限公司
地址：山东省日照市莒县日照海右经济开发区通达路
Tel：0633-8029222

日照众旺新能源科技有限公司
地址：山东省日照高新区湖西头村山东路与临沂路交汇处北
Tel：0633-8215960

山东大象能源科技有限公司
地址：山东省日照市五莲县市北经济开发区尚京新城2幢5商铺
Tel：0633-8316867

华能日照热力有限公司
地址：山东省日照市东港秦楼街道胶南路38号
Tel：0633-8781646

山东港联新能源科技有限公司
地址：山东省日照高新区富阳路26号
Tel：0633-8836707

山东华能莱芜热电有限公司
地址：莱城区高庄街道办事处对仙门村西
Tel：0634-6062146

国网山东省电力公司莱芜供电公司
地址：山东省济南市莱芜区鲁中西大街21号
Tel：0634-6242056

山东金雷新能源有限公司
地址：山东省济南市钢城区双元大街18号
Tel：0634-6492202

山东国联机电设备安装有限公司
地址：山东省济南市莱芜区牛泉工业园（南宫村东800米）
Tel：0634-6722669

济南莱电新源投资有限责任公司
地址：山东省济南市莱芜区胜利南路42号
Tel：0634-7993543

聊城市东昌府区恒昌机电水暖供应部、
地址：昭平县仙回乡大中村岸山小组安子口（财政所旁边）
Tel：0635-114

国网山东莘县供电公司
地址：莘县伊园街265号
Tel：0635-2162142

冠县阳光电力建设有限公司
地址：冠县工业园区东二环路北段
Tel：0635-2192517

山东高唐热电厂
地址：山东省聊城市高唐县汇鑫街道官道北路9号
Tel：0635-3951353

山东泉林集团热电有限公司
地址：高唐县官道街北首
Tel：0635-3962219

山东省隆晟风力发电服务有限公司
地址：高唐县经济开发区管委会办公楼二楼东端
Tel：0635-3993819

山东信发信源供电有限公司
地址：山东省聊城市茌平县顺河北街747号
Tel：0635-4258077

山东正昊机械设备制造有限公司
地址：冠县梁堂乡杨寺地村
Tel：0635-5871966

山东新华联智能光伏有限公司
地址：山东省聊城经济技术开发区东昌东路星光财富中心415室
Tel：0635-6061681

大唐临清热电有限公司
地址：山东省聊城市临清市先锋办事处东三环北首
Tel：0635-6177110

聊城润东新能源技术有限公司
地址：山东省聊城市东阿县经济开发区晨光路东首
Tel：0635-6179681

阳谷中通售电有限公司
地址：山东省聊城市阳谷县侨润办事处华信路286号
Tel：0635-6219777

山东思迪普电气有限公司
地址：山东省聊城市临清市新华办事处千佛堂
Tel：0635-7132688

国网山东省电力公司聊城供电公司
地址：聊城市经济技术开发区东昌路179号（东昌路北、燕山路以西）
Tel：0635-7232163

国网山东省电力公司莘县供电公司
地址：山东省聊城市莘县莘亭街道办事处伊园街265号
Tel：0635-7234012

国网山东省电力公司阳谷县供电公司
地址：山东省聊城市阳谷县侨润办事处大众路4号
Tel：0635-7236510

国网山东省电力公司高唐县供电公司
地址：山东省聊城市高唐县鱼丘湖街道金城东路92号
Tel：0635-7237030

莘县新华厨卫水暖供应处
地址：山东省聊城市莘县东鲁办事处通运路北首路东
Tel：13963567058

华能聊城热电有限公司
地址：聊城市聊冠路北小许庄南
Tel：0635-8622034

山东嘉诚电气工程有限公司
地址：聊城市开发区蒋官屯工业园规划路北
Tel：0635-8872789

河南省

恩耐特（沈丘）分布式能源有限公司
地址：沈丘县沙南产业集聚区综合服务大楼12楼
Tel：0359-2536699

中电（商丘）热电有限公司
地址：商丘市城乡一体化示范区商都大道88号
Tel：0370-2112021

商丘市天宇电力工程勘测设计有限公司
地址：商丘市文化路142号
Tel：0370-2205774

商丘市天宇电力工程有限公司
地址：商丘市民主中路428号
Tel：0370-2206525

商丘市金桥环保科技有限公司
地址：虞城县产业集聚区（虞城五金工量具产业生态城）
Tel：0370-2273009

永城市启元电力有限公司
地址：永城市产业集聚区（经营地址：永城市工业路中段46号）
Tel：0370-2717168

河南襄源电力有限公司
地址：睢县城关镇南关
Tel：0370-3089789

商丘金蓬实业股份有限公司
地址：商丘市火车南站东侧300米
Tel：0370-3181288

国电民权发电有限公司
地址：民权县孙六乡孙六集
Tel：0370-5062901

永城煤电集团兴龙服务有限责任公司
地址：永城市产业集聚区总部经济楼（经营地址：永城市光明路中段路北）
Tel：0370-5197565

河南永煤供电有限公司
地址：永城市东城区光明路北芒山路西32号
Tel：0370-5197727

开封京宇电力有限公司
地址：东郊李楼（火电厂行政办公楼内）
Tel：0371 22728705

国网河南杞县供电公司
地址：杞县金城大道西段路北
Tel：0371-22779983

河南华通售电有限公司
地址：开封市精细化工产业集聚区管委会院内3号楼201、202室
Tel：0371-23190226

国网河南省电力公司开封供电公司
地址：开封市金明大道电力大厦
Tel：0371-23905226

开封双飞科技有限公司
地址：开封市开发区金明大道南段
Tel：0371-23951653

开封红蓝紫建筑装饰有限公司
地址：河南省开封市禹王台区繁塔街道融元景园小区27号楼一单元402室
Tel：0371-26855588

河南恒聚新能源设备有限公司
地址：兰考县产业集聚区310国道与黄河路交叉口
Tel：0371-26962880

兰考瑞华环保电力股份有限公司
地址：兰考县华梁路031号
Tel：0371-26967099

兰考瑞华环保电力股份有限公司
地址：兰考县华梁路031号
Tel：0371-26967099

光大环保能源（兰考）有限公司
地址：兰考县产业集聚区东泰街
Tel：0371-26977005

河南中投盈科风力发电有限公司
地址：平顶山市叶县保安镇人民政府院内
Tel：0371-53301206

河南省国润能源集团有限公司
地址：郑州市郑东新区商务外环路17号22层2211号
Tel：0371-53301697

河南华旭光能科技有限公司
地址：郑州市管城区陇海东路306号
Tel：0371-53378533

汝阳协鑫新能源有限公司
地址：汝阳县城关镇人民政府3楼
Tel：0371-55155219

中国建筑第七工程局有限公司
地址：郑州市经开第十五大街267号
Tel：0371-55199156

中原环保股份有限公司
地址：郑州市中原区中原中路167号1号楼16层
Tel：0371-55326973

河南图景电力工程设计有限公司
地址：郑州高新技术产业开发区西三环279号13号楼16层66号
Tel：0371-55372615

河南华晨电力集团有限公司
地址：郑州市二七区航海中路197号索克世纪大厦13层1321号

………………………Tel：0371-55376936

河南龙翔供电服务有限公司
地址：新郑市龙湖镇机场路南侧师苑小区8号楼2单元4层402
………………………Tel：0371-55561562

桐柏豫能凤凰风电有限公司
地址：桐柏县大河镇大河街南街中段
………………………Tel：0371-55638619

郑州市能赋电力有限公司
地址：河南自贸试验区郑州片区（郑东）金水东路85号雅宝东方国际4号楼7层702号
………………………Tel：0371-55692062

河北建设集团河南中原工程有限公司
地址：郑州航空港经济综合实验区新港大道东侧洵美路北侧兴瑞汇金国际GB号楼301号
………………………Tel：0371-55888993

中国通信建设第四工程局有限公司
地址：郑州市二七区中原东路102号
………………………Tel：0371-55911999

金区有限公司
地址：河南省郑州市郑东新区商都路1号卖场二24层2416号
………………………Tel：0371-55981087

中天燃气集团有限公司
地址：河南自贸试验区郑州片区（郑东）东风南路康宁街新发展大厦5楼501室
………………………Tel：0371-56066789

河南宣力风力发电有限公司
地址：河南自贸试验区郑州片区（郑东）东风南路东金水东路北绿地新都会2号楼3单元804号
………………………Tel：0371-56292107

郑州航空港兴港电力有限公司
地址：郑州航空港鄱阳湖路与长安路交叉口润丰锦尚2号楼5楼
………………………Tel：0371-56567914

华电郑州机械设计研究院有限公司
地址：郑州市郑东新区龙子湖湖心岛湖心环路以西、湖心一路以北湖心环路27号
………………………Tel：0371-58501062

河南金源电力有限公司
地址：郑州市中原区金水西路77号附8号
………………………Tel：0371-58557296

华电河南能源销售有限公司
地址：河南省郑州市郑东新区龙子湖湖心岛湖心环路以西、湖心一路以北湖心环路27号
………………………Tel：0371-58633572

华电台前光伏发电有限公司
地址：河南省台前县侯庙镇张楼西村
………………………Tel：0371-58633618

郑州沃特节能科技股份有限公司
地址：郑州高新技术产业开发区翠竹街76号9号楼1单元12层1217号
………………………Tel：0371-60136658

郑州宇动新能源有限公司
地址：郑州高新开发区垂柳路1号
………………………Tel：0371-60170555

河南德祥电力安装有限公司
地址：郑州市惠济区南阳路135号
………………………Tel：0371-60333658

河南中电投华新电力工程有限公司
地址：郑州市高新技术产业开发区西三环289号河南省国家大学科技园（东区）创新园6号楼B座1-7层
………………………Tel：0371-60932626

大唐郏县风力发电有限责任公司
地址：郏县紫云路北段路西
………………………Tel：0371-61298829

大唐河南清洁能源有限责任公司
地址：河南自贸试验区郑州片区（郑东）民生路3号708—712室
………………………Tel：0371-61298829

大唐陕县风力发电有限责任公司
地址：陕县产业集聚区
………………………Tel：0371-61298829

河南万帮充电设备有限公司
地址：郑州高新技术产业开发区西三环路279号国家大学科技园（东区）12栋1402号
………………………Tel：0371-61319669

郑州誉鼎电力实业有限公司
地址：河南自贸试验区郑州片区（郑东）商都路100号建正东方中心D座1120室
………………………Tel：0371-61730189

河南博锐热能设备有限公司
地址：郑州市中原区冉屯北路13号6号楼东2单元1层西户
………………………Tel：0371-61732208

郑州市郑东新区热电有限公司
地址：郑州市郑东新区白沙镇商都路与电厂路交叉口向北500米路西
………………………Tel：0371-62382229

华润电力登封有限公司
地址：河南省登封市
………………………Tel：0371-62942222

郑州荣奇热电能源有限公司
地址：郑州市登封（市）生态工业园区
………………………Tel：0371-62987088

郑州登电豫嵩新型装饰板业有限公司
地址：河南省登封市阳城工业区
………………………Tel：0371-62987255

登封电厂集团有限公司
地址：登封市中岳大街西段288号
………………………Tel：0371-62987888

河南盛润电力实业有限公司
地址：郑州市机场路91号
………………………Tel：0371-63125009

郑州锦泷物业管理有限公司
地址：新密市（曲梁）产业集聚区平安街中段9号
………………………Tel：0371-63199566

河南同力电力设计有限公司
地址：郑州市金水区黄河路37号510房
………………………Tel：0371-63220908

宏图电力工程设计有限公司
地址：郑州高新技术产业开发区电厂路80号162号楼17层52号
………………………Tel：0371-63302667

河南中盟电力有限公司
地址：河南省郑州市二七区大学南路与鼎盛大道绿地滨湖国际城三区2号楼913-917室
………………………Tel：0371-63318733

河南盛能售电有限公司
地址：河南省郑州市郑东新区金水东路85号1号楼8层804号
………………………Tel：0371-63328888

华中国电集团供电有限公司
地址：河南省郑州市高新技术产业开发区丁香里10号
………………………Tel：0371-63866207

河南碧波源电子科技有限公司
地址：郑州市金水区红专路50号4层403号
………………………Tel：0371-63881234

巩义市明泰售电有限公司
地址：巩义市回郭镇人和路41号
………………………Tel：0371-64234256

河南中孚电力有限公司
地址：巩义市站街镇东岭（豫联工业园区）
………………………Tel：0371-64401691

郑州兴源泵阀有限公司
地址：荥阳市京城路北段009号
………………………Tel：0371-64626355

郑州五龙电力销售有限公司
地址：郑州市荥阳（市）五龙寨村
………………………Tel：0371-64756660

河南汇能电力科技有限公司
地址：郑州市二七区航海中路163号鼎盛时代大厦10层1015号
………………………Tel：0371-65320979

中科电建新能源股份有限公司
地址：河南省郑州市高新技术产业开发区长椿路30号
………………………Tel：0371-65625365

郑州发祥电力有限公司
地址：郑州市金水区花园路144号信息大厦
………………………Tel：0371-65982981

河南乐维机电技术服务有限公司
地址：郑州市高新区红松路36号2栋1层02房
………………………Tel：0371-65988522

郑州市金水区晨升机电物资供应处
地址：广西桂平市蒙圩新阳村１４队
………………………Tel：0371-66267070

河南国源供电有限公司
地址：河南省郑州市高新技术产业开发区西三环路283号11号楼13层86号
………………………Tel：0371-66681079

郑州金土地能源科技有限公司
地址：郑州市二七区马寨产业集聚区科技东路一号
………………………Tel：0371-66817072

天恩智慧能源科技有限公司
地址：郑州高新区瑞达路96号科技创业广场二号楼六层B601号
………………………Tel：0371-66986698

郑州市金水区欧计不锈钢电器供应处
地址：商水县平店乡
………………………Tel：0371-66988178

中国船舶重工集团公司第七一三研究所
地址：郑州市二七区京广中路126号
………………………Tel：0371-67132865

河南海润太阳能电力有限公司
地址：郑州经济技术开发区经开第二大街西、经南一路南兴华科技产业园2号楼9层908号-45
………………………Tel：0371-67228885

河南三晖供电服务有限公司
地址：河南自贸试验区郑州片区（经开）第五大街85号电力仪表楼三楼
………………………Tel：0371-67391386

郑州森源新能源科技有限公司
地址：河南自贸试验区郑州片区（经开）经北五路56号
………………………Tel：0371-67391990

河南东圣科技有限公司
地址：郑州高新开发区翠竹街6号
………………………Tel：0371-67579060

河南中铁电气有限公司
地址：郑州市中原区中原中路148号3号楼1单元6层22号
………………………Tel：0371-67670168

河南晟烨机电工程有限公司
地址：郑州经济技术开发区航海东路1394号富田财富广场1号楼1202室
………………………Tel：0371-67728369

河南开祥实业集团股份有限公司
地址：郑州市大学路５６号
………………………Tel：0371-67778008

郑州新力电力有限公司
地址：郑州市中原区秦岭路1号
………………………Tel：0371-67795535

郑州豫康机电设备有限公司
地址：郑州高新技术产业开发区莲花街316号6幢一层108号
………………………Tel：0371-67826036

国家电投集团郑州燃气发电有限公司
地址：郑州高新开发区梧桐街100号
………………………Tel：0371-67848598

河南君阳电力有限公司
地址：郑州高新区科学大道57号动漫基地4幢6069-6070室
………………………Tel：0371-67896685

国网河南省电力公司
地址：郑州市嵩山南路87号
………………………Tel：0371-67903193

河南恒光发电设备有限公司
地址：郑州市二七区建新街10号院7号楼附14号
………………………Tel：0371-67933966

郑州远光发电设备有限公司
地址：郑州市二七区棉纺东路25号楼1号
………………………Tel：0371-67979263

郑州问鼎电力安装工程有限公司
地址：郑州高新技术产业开发区西四环路企业公园3幢04号
………………………Tel：0371-67993281

郑州问鼎电力销售有限公司
地址：郑州高新技术产业开发区西四环路228号3幢04号
………………………Tel：0371-67993281

郑州问鼎电力安装工程有限公司
地址：郑州高新技术产业开发区西四环路企业公园3幢04号
………………………Tel：0371-67993281

郑州问鼎电力设计有限公司
地址：郑州高新区西四环路228号3幢04号
………………………Tel：0371-67993281

河南省日立信股份有限公司
地址：郑州高新技术开发区玉兰街101号
………………………Tel：0371-67996699

国家电投集团河南电力有限公司
地址：郑州市郑东新区黄河东路10号
………………………Tel：0371-68101067

荥阳市天伦智慧能源有限公司
地址：荥阳市索河路中段南侧安乐坊3号楼8号
………………………Tel：0371-68117827

郑州供电段集久维修服务公司
地址：冷水滩珍珠路
………………………Tel：0371-68375663

黄河科技学院
地址：郑州市航海中路94号
………………………Tel：03716878455

河南旭彤电力工程有限公司
地址：郑州市郑东新区聚源路49号15层1512号
………………………Tel：0371-68855155

国电河南电力有限公司
地址：河南自贸试验区郑州片区（郑东）东风东路南、如意西路东联盟新城五期A幢2层216号
………………………Tel：0371-69156828

河南国电电力销售有限公司
地址：河南省郑州市黄河路11号豫粮大厦9层9009室
………………………Tel：0371-69156937

河南中烟工业有限责任公司
地址：河南省郑州市榆林南路16号
………………………Tel：0371-69192777

新密市昌源集团电力有限公司
地址：新密市超化镇王村
………………………Tel：0371-69246669

大唐河南发电有限公司
地址：郑州市郑东新区民生路3号
………………………Tel：0371-69388118

大唐宜阳风力发电有限责任公司
地址：洛阳市宜阳县白杨镇镇政府院内2楼
………………………Tel：0371-69388585

大唐三门峡湖滨风力发电有限公司
地址：三门峡湖滨区崤山路华阳大厦B座2206房
………………………Tel：0371-69388585

大唐河南能源营销有限公司
地址：河南省自贸试验区郑州片区（郑东）民生路3号
………………………Tel：0371-69388619

河南豫能控股股份有限公司
地址：郑州市金水区农业路东41号B座8-12层
………………………Tel：0371-69515111

巩义市石灰务工业区供电所
地址：巩义市城东石灰务工业区
………………………Tel：0371-69596149

郑州煤炭工业（集团）高瑞电力有限公司
地址：新密市矿区新岗路
………………………Tel：0371-69781660

河南福瑞斯动力设备有限公司
地址：郑州高新技术产业开发区电厂路70号华强城市广场云氧中心29层2917号
………………………Tel：0371-85510827

大唐巩义发电有限责任公司
地址：巩义市豫联工业园区
………………………Tel：0371-85622191

郑州祥和电力建筑安装工程有限公司
地址：郑州市郑东新区白沙镇前程村西
………………………Tel：0371-86018085

河南原赫电力销售有限公司
地址：郑州市二七区航海中路106号升龙城8号院B座27楼2716室
………………………Tel：0371-86036937

河南睿达电力技术有限公司
地址：河南省郑州市惠济区三全路21号裕华第九城市6号楼一单元2层东户
………………………Tel：0371-86102992

华润电力（河南）销售有限公司
地址：郑州市郑东新区金水东路21号20层2025号
………………………Tel：0371-86132000

河南省泊安机械设备有限公司
地址：郑州市郑东新区商都路与心怡路交叉口正岩大厦1511号
………………………Tel：0371-86256565

河南中润电力技术有限公司
地址：郑州高新区化工路40号19幢3单元11层152号
………………………Tel：0371-86523713

河南龙卓电力科技有限公司
地址：河南省焦作市武陟县产业集聚区木栾大道与宜业路交叉口东南角
………………………Tel：0371-86530077

河南省赣商绿色能源科技有限公司
地址：郑州经济技术开发区航海东路1356号201-53号
………………………Tel：0371-86531131

中石化新星河南新能源开发有限公司
地址：郑州市郑东新区和光街10号路劲东方陆港G栋17层1701、1702、1703、1704、1707房间
………………………Tel：0371-86585085

中国电建集团郑州泵业有限公司
地址：郑州市管城区陇海东路九号
………………………Tel：0371-86653536

河南鼎新发电设备有限公司
地址：郑州市管城区紫荆山路56号14层1421号
………………………Tel：0371-87091358

河南省通信电缆有限公司
地址：荥阳市京城路与310国道交叉口东南侧
………………………Tel：0371-87555700

禹州市通达实业发展有限公司
地址：禹州市产业集聚区龙岗工贸园区
………………………Tel：0371-8862456

华能河南能源销售有限责任公司
地址：河南省郑州市郑东新区正光北街40号华能河南大厦12楼
………………………Tel：0371-88923165

华能汝州清洁能源有限责任公司
地址：汝州市夏店镇陈窑村
………………………Tel：0371-88923312

华能安阳能源有限责任公司
地址：汤阴县宜沟镇康大线东侧
………………………Tel：0371-88923312

平高集团国际工程有限公司
地址：河南省郑州市郑东新区商都路北、站南路西二号楼二单元2511室
………………………Tel：0371-89911181

河南鼎之成售电有限公司
地址：郑州市郑东新区商务外环路3号16层02号
………………………Tel：0371-89915511

安阳利源电力有限公司
地址：安阳县铜冶镇东积善村
………………………Tel：0372-3236916

安阳优创实业有限责任公司
地址：市殷都区铁西路北段
………………………Tel：0372-3902763

大唐安阳电力有限责任公司
地址：安阳市殷都区华祥路一号
………………………Tel：0372-3907291

大唐安阳发电有限责任公司

地址：殷都区华祥路
……………………Tel：0372-3907291

大唐林州热电有限责任公司
地址：林州市经济开发区（陵阳镇）
……………………Tel：0372-6168013

河南旭瑞光伏安装工程有限公司
地址：滑县新区翰林苑北小区南门6号门面房
……………………Tel：0372-6276719

林州市横水供销合作社交电门市部
地址：林州市横水镇
……………………Tel：013937237433

林州京蓝能科余热发电有限公司
地址：国家红旗渠经济技术开发区（林州市）安姚路西段
……………………Tel：0372-6587919

林州市石门水库供水发电站
地址：陕西省安康市汉滨区张岭水电三局
……………………Tel：0372-6719669

河南智泰实业有限公司
地址：河南省平顶山市湛河区姚电大道西段路南39号院（市一中西300米）
……………………Tel：0372-7180199

安阳优创电器有限责任公司
地址：高新区黄河大道东段路北
……………………Tel：0372-7579931

国网河南省电力公司滑县供电公司
地址：滑县新区长江路
……………………Tel：0372-8166228

河南盛达电力安装工程有限公司
地址：滑县产业集聚区黄河路南侧
……………………Tel：0372-8639918

河南新投环保科技股份有限公司
地址：新乡经济技术开发区S307东侧纬七路以北
……………………Tel：0373-2681816

新乡中益发电有限公司
地址：长垣市常村镇西新长北线路北
……………………Tel：0373-2872221

河南科朗普新能源科技有限公司
地址：牧野区前进路中段110号（潜水泵厂院内）
……………………Tel：0373-3376744

新乡市美松物业管理有限公司
地址：河南省新乡市市辖区高新区道清路188号橄榄城B5楼三单元601室
……………………Tel：0373-3511658

新乡华源电力勘察设计有限公司
地址：向阳路236号
……………………Tel：0373-3702348

河南宝沃太阳能光伏有限公司
地址：新乡市红旗区新东大道166号（863产业园1层B区12号）
……………………Tel：0373-3804076

获嘉县嘉泽电力工程有限公司
地址：获嘉县新焦路东段北侧
……………………Tel：0373-4518305

德科赛物资有限公司
地址：长垣县苗寨创业园
……………………Tel：0373-5251196

新乡市紫恒太阳能有限公司
地址：新乡市卫滨区劳动路王湾村劳动路门面房
……………………Tel：0373-526211

河南仁源电力工程有限公司
地址：新乡市大召营产业集聚区
……………………Tel：0373-5468369

新乡县心连心售电有限公司
地址：新乡经济开发区青龙路中段
……………………Tel：0373-5712903

国电投河南新火发电有限公司
地址：新乡市凤泉区宝山东路184号
……………………Tel：0373-5868226

辉县市中裕燃气有限公司
地址：辉县市吴村镇吴村新区B区25＃-102
……………………Tel：0373-5985111

中浩威建设有限公司
地址：长垣市苗寨南岳村385号
……………………Tel：0373-7023333

河南庆丰节水设备有限公司
地址：新乡县合河乡范岭村
……………………Tel：0373-7172176

新乡水泵有限公司
地址：延津县产业集聚区纬七路东段
……………………Tel：0373-7722288

中丰建设有限公司
地址：长垣市孟岗工业园8号
……………………Tel：0373-8755555

中蒲电力集团有限公司
地址：河南省长垣市南蒲区山海大道南侧国贸中心1幢1单元1603号
……………………Tel：0373-8787777

河南省国能电力建设有限公司
地址：河南省长垣市蒲西区宏力大道惠民佳苑3号
……………………Tel：0373-8814399

乾程建设有限公司
地址：长垣市蒲北防腐产业园3＃楼514
……………………Tel：0373-8866001

金润电力工程有限公司
地址：长垣县山海大道国贸中心A座12楼
……………………Tel：0373-8899678

许昌君阳电力有限公司
地址：许昌市魏武大道中原电气谷创业服务中心
……………………Tel：0374-2151118

河南大盛电力有限公司
地址：许昌经济技术开发区屯里路南侧大盛微电科技股份有限公司院内
……………………Tel：0374-3212311

河南大盛国际工程有限公司
地址：许昌市经济技术开发区长庆街西段路南
……………………Tel：0374-3212311

河南大盛电力有限公司
地址：许昌经济技术开发区屯里路南侧大盛微电科技股份有限公司院内
……………………Tel：0374-3212311

许继电气股份有限公司
地址：河南省许昌市许继大道1298号
……………………Tel：0374-3212400

许继集团有限公司
地址：许昌市许继大道1298号
……………………Tel：0374-3212619

许昌市鑫达电力设备安装有限公司
地址：河南省许昌市市辖区瑞祥路5736号
……………………Tel：0374-3265666

许昌奥通电力电器有限公司
地址：许昌市东城区魏武路南段
……………………Tel：0374-5191098

许昌国能电气有限公司
地址：许昌市建安区民营科技园区
……………………Tel：0374-5658788

许昌中机动力设备有限公司
地址：许昌尚集产业集聚区汉风路中段路东
……………………Tel：0374-7375008

许昌天工开物电气有限公司
地址：许昌市城乡一体化示范区永兴东路森尼瑞节能产业园综合楼4楼西南侧
……………………Tel：0374-8029288

国网河南禹州市供电公司
地址：禹州市府东路南段东侧
……………………Tel：0374-8166226

许昌宏伟新能源科技有限公司
地址：许昌市建设路（农机公司）
……………………Tel：0374-8388318

许昌禹龙发电有限责任公司
地址：禹州市龙岗工贸园区
……………………Tel：0374-8862226

许昌龙岗发电有限责任公司
地址：禹州市产业集聚区龙岗工贸园区
……………………Tel：0374-8862726

河南致庸智能电气有限公司
地址：郏县行政路东段三元科技产业园南区1＃
……………………Tel：0375-2210588

河南天通电力有限公司
地址：河南省平顶山市新华区矿工西路（南）269号
……………………Tel：0375-2726272

平顶山绿巨人能源有限公司
地址：河南省平顶山市石龙区人民路西段
……………………Tel：0375-3368396

平顶山市乐金电器维修有限公司
地址：卫东区东环路北段路东（8号院6号楼底商楼南起1号）
……………………Tel：0375-3396990

国家电投集团平顶山热电有限公司
地址：平顶山市矿工路东段
……………………Tel：0375-3828209

华拓新能源科技股份有限公司
地址：河南省平顶山高新区神马大道东段北侧华拓电力工业园
……………………Tel：0375-4852222

平顶山姚孟发电有限责任公司
地址：河南省平顶山市平湖路
……………………Tel：0375-4932017

郏县万丰电力工程有限公司
地址：郏宝路口东1000米路北
……………………Tel：0375-5161346

郏县新华生物质能发电有限公司
地址：郏县东城街道大屯社区
……………………Tel：0375-5853111

中电投平顶山鲁阳发电有限责任公司
地址：河南平顶山市鲁山县辛集乡
……………………Tel：0375-5882226

中原天瑞电力有限公司
地址：汝州市广成东路63号天瑞大厦
……………………Tel：0375-6056277

平顶山中电环保发电有限责任公司
地址：河南省平顶山市宝丰县产业集聚区
……………………Tel：0375-7063196

郏县鼎荣设备安装有限公司
地址：郏县经二路北段朝阳社区
……………………Tel：0375-7070739

平顶山市瑞平煤电有限公司德平热电厂
地址：汝州市汝南工业区
……………………Tel：0375-7168612

国网河南新县供电公司
地址：河南新县产业集聚区康畈工业园
……………………Tel：0376-2973057

信阳天亿电力工程有限公司
地址：信阳市平桥区光明路北段
……………………Tel：0376-3809706

大唐信阳发电有限责任公司
地址：信阳市平桥区平桥镇
……………………Tel：0376-6522225

大唐信阳发电有限责任公司
地址：信阳市平桥区平桥镇
……………………Tel：0376-6522225

大唐信阳华豫发电有限责任公司
地址：信阳市平桥区平桥镇
……………………Tel：0376-6522225

国家电投固始新能源有限公司
地址：河南省固始县成功大道
……………………Tel：0376-6862609

信阳大别山风力发电有限公司
地址：信阳市京深路188号
……………………Tel：0376-6926163

河南弘昌燃气电力有限公司
地址：罗山西城工业区
……………………Tel：0376-6966168

南阳方达发电运行有限公司
地址：南阳市高新区岗王庄社区
……………………Tel：0377-60182226

西峡龙成新能源开发有限公司
地址：西峡县回车镇古庄河村
……………………Tel：0377-60201369

南阳天冠生物能源成套装备有限公司
地址：南阳市龙升工业园区
……………………Tel：0377-61606010

南阳天辰电气有限公司
地址：南阳高新区312国道与独山大道交叉口
……………………Tel：0377-61638620

南阳恒祥电力工程设计有限公司
地址：南阳高新区七里园1188号
……………………Tel：0377-63156155

河南金冠供电服务有限公司
地址：南阳市高新技术产业聚集区经十路与纬十路交叉口
……………………Tel：0377-63279905

河南金冠电力工程有限公司
地址：河南省内乡县湍东镇宝天曼大道中段
……………………Tel：0377-63279981

河南宜和城保装备科技实业有限公司
地址：南阳市高新区二号工业园明山路一号
……………………Tel：0377-63593277

河南天力电气装备有限公司
地址：南阳高新技术产业聚集区纬十路
……………………Tel：0377-63701176

南阳飞龙电力集团有限公司
地址：南阳市人民路555号
……………………Tel：0377-68006666

南阳普光电力有限公司
地址：南阳市蒲山镇大沉庄
……………………Tel：0377-68089678

淅川县电力勘测设计院工程有限公司
地址：淅川县新建路65号
……………………Tel：0377-69224785

国投南阳发电有限公司
地址：河南省内乡县兴业路168号
……………………Tel：0377-8392777

河南雄瑞建筑工程有限公司
地址：洛阳市涧西区浅井南路以东九都西路以南中弘中央广场B区9幢23层2318号
……………………Tel：0379-62382283

中车洛阳机车有限公司
地址：洛阳市瀍河区启明东路2号
……………………Tel：0379-62635310

洛宁供电公司长水供电所
地址：长水乡长水村
……………………Tel：0379-62932226

河南中赫售电有限公司
地址：洛阳市洛龙区希望路39号305室
……………………Tel：0379-63003775

洛阳康沃电力设备有限公司
地址：河南省洛阳市西工区五洲国际工业博览城B区33栋124-125
……………………Tel：0379-63220058

河南华网电力技术有限公司
地址：洛阳市西工区中州中路427号通元花园3-1-702
……………………Tel：0379-63329319

洛阳市环城供电局
地址：洛阳市洛龙区开元大道南
……………………Tel：0379-63396561

洛阳龙羽集团有限公司
地址：洛阳市西工区八一路23号院
……………………Tel：0379-63397492

河南柴油机重工有限责任公司
地址：洛阳市涧西区中州西路173号
……………………Tel：0379-64076006

洛阳中重发电设备有限责任公司
地址：洛阳市涧西区建设路277号
……………………Tel：0379-64086133

大唐洛阳热电有限责任公司
地址：洛阳市涧西区华山路二号
……………………Tel：0379-64292656

大唐洛阳首阳山发电有限责任公司
地址：洛阳市偃师市城关西
……………………Tel：0379-65072226

河南华润电力首阳山有限公司
地址：河南省偃师市首阳山镇
……………………Tel：0379-65096666

河南蓝海节能技术服务有限公司
地址：洛阳高新开发区洛宜路北段奥阳康城21＃楼309室
……………………Tel：0379-65110777

河南鼎恒节能设备有限公司
地址：河南省洛阳市涧西区南昌路街道美景阁2号楼1702室
……………………Tel：0379-65163618

洛阳尚德能源工程有限公司
地址：中国（河南）自由贸易试验区洛阳片区高新技术开发区华夏路8号
……………………Tel：0379-65191000

致臻实业股份有限公司
地址：洛阳市洛龙区开元大道261号国宝大厦2401室
……………………Tel：0379-65552979

河南明珠洛河水力发电有限公司
地址：洛阳市洛宁县故县镇
……………………Tel：0379-66083570-2209

洛阳万众吉利热电有限公司
地址：洛阳市吉利区207国道东侧吉利大道北侧
……………………Tel：0379-66972022

神华国华孟津发电有限责任公司
地址：河南省洛阳市孟津县白鹤镇华阳工业园区1号
……………………Tel：0379-67068122

神华国华孟津发电有限责任公司
地址：河南省洛阳市孟津县白鹤镇华阳工业园区1号
……………………Tel：0379-67068122

国网河南新安县供电公司
地址：新城区世纪广场西侧
……………………Tel：0379-67298226

洛阳万基宏远电力有限公司
地址：新安县产业集聚区高平村
……………………Tel：0379-67332016

洛阳万基电力销售有限公司
地址：新安县铁门镇庙头村
……………………Tel：0379-67332016

偃师市中成配售电有限公司
地址：偃师市城关镇偃化口310国道西
……………………Tel：0379-67726327

洛阳星光发电设备有限公司
地址：洛阳飞机场工业园区(孟津麻屯)
……………………Tel：0379-67895969

国网河南汝阳县供电公司
地址：汝阳县城东关
……………………Tel：0379-68212701

伊电集团洛阳供电有限公司
地址：洛阳市伊川县水寨镇河南龙泉金亨电力有限公司院内
……………………Tel：0379-68312378

洛阳伊川龙泉坑口自备发电有限公司
地址：洛阳市伊川县白沙乡
……………………Tel：0379-68312378

国网河南伊川县供电公司
地址：洛阳市伊川县城关镇人民西路12号
……………………Tel：0379-68313295

伊川龙泉电力有限公司
地址：洛阳市伊川县水寨镇河南豫港龙泉铝业有限公司院内
……………………Tel：0379-68316131

洛阳正泰实业有限公司
地址：洛阳市西工区王城大道111号紫金城02区0幢2-207
……………………Tel：0379-68606788

河南凯曼重工机械有限公司
地址：偃师市岳滩镇产业集聚区（喂南村）
……………………Tel：0379-69687717

华能洛阳热电有限责任公司
地址：洛阳市洛龙区龙鳞路501号
……………………Tel：0379-69972011

河南基泰电气有限公司
地址：洛阳市汝阳产业集聚区节能环保产业园
……………………Tel：0379-80861933

修武中裕燃气发展有限公司
地址：修武县宁城大道与竹林大道交叉口西南角
……………………Tel：0391-2117709

焦作东方电力有限公司
地址：修武县五里源村北
……………………Tel：0391-2117887

济源市暖煌电暖有限公司
地址：济源市虎岭产业集聚区
……………………Tel：0391-2180058

焦作万方电力有限公司
地址：河南省焦作市待王镇
…………………… Tel：0391-2535872
河南沃菲新能源开发有限公司
地址：焦作市示范区神州路2757号一楼大厅（高新区法院西邻）
…………………… Tel：0391-2539633
焦作煤业（集团）新乡赵固电力有限责任公司
地址：辉县市冀屯镇文庄村南
…………………… Tel：0391-3518388
焦作金冠嘉华电力有限公司
地址：河南省焦作市马村区待王镇赵张弓村
…………………… Tel：0391-3685000
国家电投集团河南电力有限公司沁阳发电分公司
地址：沁阳市产业集聚区沁北园区
…………………… Tel：0391-3968228
国网河南沁阳市供电公司
地址：沁阳市建设南路48号
…………………… Tel：0391-5289537
华能沁北发电有限责任公司
地址：河南省济源市五龙口镇
…………………… Tel：0391-6032118
济源中裕压缩气有限公司
地址：北环路与沁园路交叉口向东100米路南
…………………… Tel：0391-6093333
温县供电有限责任公司
地址：温县温泉路74号
…………………… Tel：0391-6168656
华润电力焦作有限公司
地址：焦作市博爱县柏山镇
…………………… Tel：0391-6387219
济源市丰源电力有限公司
地址：济源市济水大街985号
…………………… Tel：0391-6632999
国电济源新能源有限公司
地址：济源市环城南路31号
…………………… Tel：0391-6919502
国电豫源发电有限责任公司
地址：轵城镇西轵城
…………………… Tel：0391-6919888
国网河南修武县供电公司
地址：七贤大道336号
…………………… Tel：0391-7182049
焦作韩电发电有限公司
地址：焦作市武陟县城北
…………………… Tel：0391-7205666-8011
国网河南武陟县供电公司
地址：武陟县红旗路38号
…………………… Tel：0391-7278270
济源中美新能源有限公司
地址：济源市克井镇北辰路96号院3楼
…………………… Tel：0391-8325657
河南省德盛瑞余热发电设备有限公司
地址：博爱县柏山镇发展大道东段
…………………… Tel：0391-8676802
鹤壁丰鹤发电有限责任公司
地址：鹤壁市山城区新风路1号
…………………… Tel：0392-2935626
国网河南省电力公司鹤壁供电公司
地址：鹤壁市淇滨区淇滨大道270号
…………………… Tel：0392-3398226
河南朝歌日光新能源股份有限公司
地址：鹤壁市淇县鹤淇产业集聚区内光伏路北侧
…………………… Tel：0392-7787008
濮阳龙源电力集团有限公司台前县分公司
地址：苍梧县六堡镇六堡街
…………………… Tel：0393-2206370
濮阳龙源电力集团有限公司濮阳县分公司
地址：濮阳县解放路供电公司院内
…………………… Tel：0393-3328258
濮阳市双星防腐安装有限公司
地址：河南省濮阳市市辖区中原路与安凯路交叉口南100米电子商务产业园D区A1楼2层2206号
…………………… Tel：0393-4416807
濮阳市新星清洁能源有限公司
地址：濮阳市绿城路与大庆路交叉口往南200米路东69号
…………………… Tel：0393-4810632
中石化新星河南新能源开发有限公司台前分公司
地址：河南省濮阳市台前县产业集聚区电商园901
…………………… Tel：0393-4810632
中石化新星河南新能源开发有限公司范县分公司
地址：曲阜市静轩东路48-14（鲁城）
…………………… Tel：0393-4810632
中石化新星河南新能源开发有限公司豫北分公司
地址：河北省衡水市武强县武强镇育华街
…………………… Tel：0393-4810632
濮阳濮润售电有限公司
地址：河南省濮阳市范县产业集聚区濮王产业园
…………………… Tel：0393-5330085
濮阳濮润热电有限公司
地址：范县产业集聚区濮王产业园
…………………… Tel：0393-5330085
国网河南南乐县供电公司
地址：南乐县产业集聚区傅潭路与昌意路交汇处
…………………… Tel：0393-6849553
濮阳东晟实业发展有限公司
地址：濮阳市黄河东路与昌湖路交叉口428号
…………………… Tel：0393-8222960
濮阳龙源电力集团有限公司南乐县分公司
地址：河南省濮阳市南乐县光明南路105号
…………………… Tel：0393-6692265
濮阳龙源电力集团有限公司范县分公司
地址：河南省濮阳市范县金堤路与红星路交叉口北20米路东
…………………… Tel：0393-8753021
濮阳龙源电力集团有限公司
地址：市黄河路中段路南电力办公楼
…………………… Tel：0393-8906169
河南瑞旗建设工程有限公司
地址：林州市兴林路东段3号
…………………… Tel：0393-8915588
周口平高智能电气有限公司
地址：项城市产业集聚区纬二路
…………………… Tel：0394-4556777
国网河南商水县供电公司
地址：商水县城行政路西段
…………………… Tel：0394-5442622
国网河南省电力公司商水县供电公司
地址：鞍山市立山区北胜利路259-1号
…………………… Tel：0394-5442622
国网河南商水县供电服务有限公司
地址：河南省周口市商水县城行政路西段
…………………… Tel：0394-5444110
国网河南周口供电服务有限公司商水县分公司
地址：贵州省毕节市金沙县城关镇喷呐门桥
…………………… Tel：0394-5444110
项城市金桥电力设备有限公司
地址：项城市交通西路28号
…………………… Tel：0394-6057127
国网河南省电力公司西华县供电公司
地址：河南省西华县娲城建设路79号
…………………… Tel：0394-7722201
周口市天然气电力有限公司
地址：项城市产业集聚区颍河路与纬二路交叉口
…………………… Tel：0394-8381372
周口市元坤供电有限公司商水分公司
地址：开江县普安镇正北街开发区
…………………… Tel：0394-8533613
华电漯河发电有限公司
地址：漯河经济开发区漯上路东段
…………………… Tel：0395-2982141
漯河市四通泵业有限公司
地址：河南省漯河市召陵区阳山路16号
…………………… Tel：0395-3213888
漯河市宏力电器有限公司
地址：漯河市郾城区辽河路82号
…………………… Tel：0395-5595296
国网河南省电力公司漯河供电公司
地址：漯河市郾城区黄河路西段
…………………… Tel：0395-6696003
平舆县华能电力有限公司
地址：平舆县东环城路二巷
…………………… Tel：0396-2722378
河南华润电力古城有限公司
地址：河南省驻马店市
…………………… Tel：0396-2972666
驻马店市恒润新能源有限公司
地址：驻马店市西园办事处解放路西段社区西园街21号
…………………… Tel：0396-3679888
华能河南中原燃气发电有限公司
地址：驻马店市橡林乡周湾村
…………………… Tel：0396-3802118
河南华源光伏电力开发有限公司
地址：驻马店市遂平县凤鸣谷管委会火石山村
…………………… Tel：0396-3808009
国网河南正阳县供电公司
地址：正阳县产业集聚区（维维大道东侧）
…………………… Tel：0396-8925351
三门峡市天鹅电力有限公司
地址：三门峡市城乡一体化示范区园通路创业中心103室
…………………… Tel：0398-2168007
三门峡嘉苑物业服务有限公司
地址：三门峡市陕州区龙飞路东段南侧
…………………… Tel：0398-2273999
灵宝华鑫铜箔有限责任公司
地址：灵宝市209国道与燕山大道交叉口东南角
…………………… Tel：0398-2290568
华能渑池热电有限责任公司
地址：渑池县会盟路东段
…………………… Tel：0398-2308012
大唐信阳新能源有限公司
地址：信阳市平桥区平西路18号
…………………… Tel：0398-2516101
三门峡戴卡轮毂制造有限公司
地址：三门峡产业集聚区经十路东华阳路南经九路西纬十路北（经营地址），三门峡市宋会路10号
…………………… Tel：0398-2916771
河南富达电力集团有限公司
地址：三门峡黄河路西段供电大楼北侧
…………………… Tel：0398-2968372
河南鼎信电力有限公司
地址：工业园区禹王路街道偏沟村
…………………… Tel：0398-3851150
大唐三门峡电力有限责任公司
地址：三门峡工业园华阳公司一楼
…………………… Tel：0398-3862226
大唐三门峡发电有限责任公司
地址：三门峡市西站华阳发电有限责任公司一幢楼
…………………… Tel：0398-3862226
大唐三门峡发电有限责任公司
地址：三门峡市西站华阳发电有限责任公司一幢楼
…………………… Tel：0398-3862226
大唐灵宝风力发电有限责任公司
地址：灵宝市苏村乡人民政府院内
…………………… Tel：0398-3862226
义马市泰山大昶五金水电暖供应站
地址：内蒙古自治区呼和浩特市新城区科尔沁北路38号
…………………… Tel：0398-5613335
河南大有能源股份有限公司
地址：河南省义马市千秋路6号
…………………… Tel：0398-5898326

湖北省

中国铁路武汉局集团有限公司
地址：武汉市武昌区八一路2号
…………………… Tel：027-51125550
武汉武铁车辆有限公司
地址：武汉市江岸区解放大道1495号
…………………… Tel：027-51130634
华能随县界山风电有限责任公司
地址：湖北省随县神农大道312号
…………………… Tel：027-58908008
华能国际电力股份有限公司湖北风电分公司
地址：武汉市武昌区东湖山庄公寓1号楼
…………………… Tel：027-58908008
中国葛洲坝集团股份有限公司
地址：武汉市解放大道558号葛洲坝大酒店
…………………… Tel：027-59271000
中国葛洲坝集团装备工业有限公司
地址：武汉市东西湖区临空港经济技术开发区工业园18号（14）
…………………… Tel：027-59303007
国家电投集团湖北绿动新能源有限公司
地址：湖北省武汉市武昌区徐东大街128号联发国际大厦41层
…………………… Tel：027-59711122
国家电投集团湖北售电有限公司
地址：武昌区公正路216号安顺月光广场16栋25层1室
…………………… Tel：027-59711122
国家电投集团湖北绿动新能源有限公司
地址：湖北省武汉市武昌区徐东大街128号联发国际大厦41层
…………………… Tel：027-59711122
武汉宾士泰阳新能源科技有限公司
地址：武汉东湖新技术开发区武大园四路1号-1-2号国家地球空间信息产业基地五期武大慧园2、3栋3单元2层09室
…………………… Tel：027-59712856
湖北宾士动力科技有限公司
地址：云梦县倒店乡高铺工业经济小区
…………………… Tel：027-59712856
武汉发电设备制造有限公司
地址：江夏区藏龙岛科技园区
…………………… Tel：027-59800038
中国长江动力集团有限公司
地址：武汉市东湖新技术开发区佛祖岭一路6号
…………………… Tel：027-59831818
亚美信电力有限公司
地址：武昌区武珞路628号A栋26层1号
…………………… Tel：027-62434586
汉江水利水电（集团）有限责任公司
地址：湖北省十堰市丹江口市环形路3号
…………………… Tel：027-63375791
中信光谷（武汉）建设投资有限公司
地址：武汉市东湖新技术开发区珞瑜东路与青王路口旁
…………………… Tel：027-65525556
国家电投集团湖北黄土岗风力发电有限公司
地址：湖北省麻城市金桥大道61号
…………………… Tel：027-65529980
武汉重工集团有限公司
地址：武汉市武昌区中北路154号
…………………… Tel：027-65619735
国家电投集团湖北宜昌新能源有限公司
地址：宜昌市夷陵区分乡镇明珠南路36号
…………………… Tel：027-67816506
国家电投集团湖北长原新能源有限公司
地址：长阳榔坪镇梓榔坪村七组400号
…………………… Tel：027-67819174
国家电投集团黄石新能源有限公司
地址：阳新县浮屠镇浮阳大道81号（浮屠镇镇政府空置办公楼）
…………………… Tel：027-67819174
武汉易能重型工程设备制造有限公司
地址：武汉东湖开发区高新四路29号
…………………… Tel：027-81380108-8002
湖北佳凯电力工程有限公司
地址：武汉市江岸区永清街常阳永清城5栋2单元2301房
…………………… Tel：027-82223273
武汉武新电气科技股份有限公司
地址：黄陂区武湖工业园立山路
…………………… Tel：027-82340623
武汉长江控制设备研究所有限公司
地址：武汉市东湖新技术开发区华工园路二路7号
…………………… Tel：027-82829785
鑫博虎五金建材（武汉）有限公司
地址：武汉市黄陂区汉口北大道318号五洲建材城E区21号
…………………… Tel：027-82855155
武汉康诚机电设备有限公司
地址：武汉市江岸区黄浦北路408号
…………………… Tel：027-82890153
武汉众赢兴实业有限公司
地址：武汉市东西湖区辛安渡办事处徐家台1号（15）
…………………… Tel：027-83264325
武汉宇琰科技有限公司
地址：武汉东湖开发区关南科技工业园光谷大道37号
…………………… Tel：027-83384787
国电汉川发电有限公司
地址：汉川市经济开发区
…………………… Tel：027-83392013
国电长源汉川第一发电有限公司
地址：武汉市武昌区东湖路180号
…………………… Tel：027-83392013
湖北兴网业通信发展有限公司
地址：武汉市江汉区江兴路6号（经济开发区0104地块）
…………………… Tel：027-83560156
湖北昭明电力控股集团有限公司
地址：武汉市 口区建设大道439号（湖北商业广场）7楼705室
…………………… Tel：027-83666027
武汉汉镇既济电力设备有限公司
地址：武汉市 口区长丰村 口经济发展区丰茂路2号
…………………… Tel：027-83779078
湖北省华网电力运维检修有限公司
地址：武汉市东西湖区金银湖街金山大道以北、金银湖以东、武汉华尔登国际酒店二期写字楼27层12号房（11）
…………………… Tel：027-83917469
武汉佳城水电工程有限公司
地址：武汉市 口区解放大道170号3单元1层3号
…………………… Tel：027-8392228
湖北省超能超高压电力科技开发有限公司
地址：武汉市汉阳区五里墩二合村60-65号3幢
…………………… Tel：027-84262819
武汉一龙技术有限公司
地址：武汉经济技术开发区沌口街民营工业园中区2号厂房1楼
…………………… Tel：027-84296078
武汉杰斯网络能源有限公司
地址：武汉经济开发区洪山社区７组１１栋
…………………… Tel：027-84296148
武汉华源既济电力设备工程有限公司
地址：武汉市江汉区香港路396号香江花园18栋2单元402室
…………………… Tel：027-84626566
武汉捷力动力设备有限公司
地址：汉阳区王家湾龙阳大道特３号汽贸综合楼Ａ座１幢
…………………… Tel：027-84629866
武汉明城水电工程有限公司
地址：武汉市汉阳区杨家东湾84－89号

1－3－2
…………Tel：027－84642251

湖北东石北方清洁能源有限公司
地址：武汉经济技术开发区创业路34号
…………Tel：027－84853207

湖北东石北方清洁能源有限公司
地址：武汉经济技术开发区创业路34号
…………Tel：027－84853207

武汉爱佳源新能源科技有限公司
地址：武汉市东西湖区金银湖路9号金盛国际家居二楼B238（11）
…………Tel：027－84898991

武汉经开能源科技发展有限公司
地址：武汉经济技术开发区高科技产业园1号楼5楼
…………Tel：027－84952507

武汉英康汇通电气有限公司
地址：武汉东西湖区水产养殖场金潭路18号9栋1－4层（12）
…………Tel：027－85319672

武汉盛翔泰电力工程有限公司
地址：武汉市东西湖区二雅路66－1号（6）
…………Tel：027－85488887

三峡电能能源管理（湖北）有限公司
地址：武汉市江汉区新华路468号CFD时代财富中心27层1－8室
…………Tel：027－85511378

长江智慧分布式能源有限公司
地址：武汉市江汉区新华路468号时代财富中心27层（1）办号
…………Tel：027－85513189

荆州长江智慧能源有限公司
地址：荆州开发区荆沙大道特8号
…………Tel：027－85513189

武汉鑫隆德商贸有限公司
地址：武汉市江汉区北湖西路6号西北湖·凤凰城1号楼商网1层3室
…………Tel：027－85555573

武汉欣远自控工程有限公司
地址：武汉市江岸区汉黄路888号岱家山科技创业城C－01－1
…………Tel：027－85778338

国电青山热电有限公司
地址：湖北省武汉市青山区苏家湾
…………Tel：027－86592236

国电长源第一发电有限责任公司
地址：湖北省武汉市青山区苏家湾
…………Tel：027－86592236

湖北能源集团售电有限公司
地址：湖北省武汉市洪山区徐东大街137号
…………Tel：027－86606688

武汉固立达建筑科技有限公司
地址：武汉市青山区工人村都市工业园291－A9
…………Tel：027－86662142

武汉博士荣达水电设备有限公司
地址：武昌区杨园路20号
…………Tel：027－86728859

华中电网有限公司
地址：湖北省武汉市武昌区徐东路47号
…………Tel：027－86765113

华能湖北能源销售有限责任公司
地址：武昌区和平乡三角路村梦湖水岸6栋1层7室
…………Tel：027－86786298

湖北拓普电力集团有限公司
地址：武汉市东湖新技术开发区黄龙山路3号
…………Tel：027－86793480

武钢建设检修工程总厂
地址：青山区武钢厂前广场东侧环厂西路
…………Tel：027－86898215

武钢供电安装维修厂
地址：青山区铁路山（武钢供水厂22号水站右侧）
…………Tel：027－86898916

运鸿集团股份有限公司
地址：湖北省武穴市田镇办事处钱炉村江北一级公路特一号运鸿大健康产业园
…………Tel：027－87001923

湖北建禄电力工程设计有限公司
地址：洪山区珞狮南路519号明泽丽湾2栋23层01号
…………Tel：027－87008888

武汉光谷资源开发投资有限公司
地址：武汉市东湖开发区高新大道666号武汉国家生物产业基地项目B、C、D区研发楼B1栋
…………Tel：027－87166882

湖北伊来克电力工程有限公司
地址：武昌区静安路6号尚文科技大厦第11层第G号
…………Tel：027－87184588

湖北中楚售电有限公司
地址：武汉市汉阳区江城大道368号和昌都汇华府二期办公楼15层办公室4号－2
…………Tel：027－87189899

武汉新华源电力设备有限公司
地址：武汉市东湖新技术开发区高新大道788号13层1301室（自贸区武汉片区）
…………Tel：027－87260883

红安县晶科光伏发电有限公司
地址：红安县城关镇沿河路招商局四楼
…………Tel：027－87265038

红安县晶科光伏发电有限公司
地址：红安县城关镇沿河路招商局四楼
…………Tel：027－87265038

湖北兴屹工程技术有限公司
地址：武汉市东湖新技术开发区佛祖岭三路26号1号楼
…………Tel：027－87300512

汉成能源集团有限公司
地址：武汉市武昌区八一路9号星星大厦13楼
…………Tel：027－87369110

武汉天颖售电有限公司
地址：武汉市东湖新技术开发区佛祖岭三路29号湖北蓝焰新能源研发产业园办公楼303室
…………Tel：027－87450095

湖北聚能电力开发有限公司
地址：洪山区鲁磨路118号国光大厦11楼
…………Tel：027－87596696

老河口聚能光伏发电有限公司
地址：老河口市汉口路社区东302号
…………Tel：027－87596696

湖北聚能电力开发有限公司
地址：洪山区鲁磨路118号国光大厦11楼
…………Tel：027－87596696

武汉祥龙电业股份有限公司
地址：洪山区葛化街化工路31号
…………Tel：027－87602542

湖北英利绿色新能源有限公司
地址：武汉市东西湖区吴家山台商投资区高桥产业园台中大道特1号（3）
…………Tel：027－87639698

武汉睿康达新能源技术有限公司
地址：武汉东湖新技术开发区光谷大道77号金融后台服务中心基地建设项目二期2.5期（2012－036）B18栋13层04－2（自贸区武汉片区）（一址多照）
…………Tel：027－87759588

湖北金盛兰售电服务有限公司
地址：武昌区中北路86号汉街武汉中央文化旅游区K3地块2栋33层1，2，10室
…………Tel：027－87811718

武汉索泰能源集团股份有限公司
地址：武汉市东湖开发区关东园路2－2号武汉光谷国际商务大厦1栋B座18层17、18、19、20号
…………Tel：027－87861706

京山协鑫光伏电力有限公司
地址：京山市曹武镇通河北路1幢1单元3层301号
…………Tel：027－87891601

孝昌协鑫光伏电力有限公司
地址：孝昌县王店镇政府院内
…………Tel：027－87891601

广水协鑫光伏电力有限公司
地址：广水市太平镇太平街18号
…………Tel：027－87891601

大悟协鑫光伏电力有限责任公司
地址：大悟县东盛滨湖佳园特2号
…………Tel：027－87891601

武汉高新热电有限责任公司
地址：洪山区关山一路关南工业园
…………Tel：027－87902841

武汉昌源电力有限公司
地址：江夏区纸坊街宁安路
…………Tel：027－87959746

武汉新楚电力集团有限公司
地址：武汉市东湖开发区光谷大道303号光谷芯中心3.3期4－03研发厂房7层2号
…………Tel：027－87968082

武汉金盘智能科技有限公司
地址：武汉市江夏区大桥新区办公楼808号
…………Tel：027－87985288

武汉国测科技股份有限公司
地址：洪山区珞瑜路456号
…………Tel：027－87990751

中节能湖北太阳能科技有限公司
地址：湖北省武汉市武昌区徐家棚街徐东大街6号汇通天地B塔栋/单元/12层1号
…………Tel：027－88040866

深圳华侨城水电有限公司武汉分公司
地址：成都高新区繁雄大道西段399号
…………Tel：027－88518515

湖北正源电力集团有限公司
地址：武汉市洪山区徐东大街351号
…………Tel：027－88562328

国网湖北省电力有限公司
地址：武汉市洪山区徐东大街91号
…………Tel：027－88565186

国网电动汽车服务湖北有限公司
地址：武汉市洪山区徐东大街209号
…………Tel：027－88565264

湖北凯佳光伏发电投资有限公司
地址：武昌区临江大道76号蓝湾俊园1号楼（棕榈阁）1层2号商网
…………Tel：027－88568436

丰华售电有限公司
地址：武昌区徐东大街6号汇通天地第A塔幢24层1号
…………Tel：027－88617206－9078

华电湖北发电有限公司
地址：湖北省武汉市武昌区临江大道526号
…………Tel：027－88700128

华电湖北发电有限公司
地址：湖北省武汉市武昌区临江大道526号
…………Tel：027－88700128

湖北华电武昌热电有限公司
地址：湖北省武汉市武昌临江大道526号
…………Tel：027－88702012

湖北华电武穴新能源有限公司
地址：武穴市武穴办事处钟荣武94号（李君子住宅）
…………Tel：027－88709282

国电长源电力股份有限公司
地址：湖北省武汉市洪山区徐东大街113号国电大厦
…………Tel：027－88717057

国电湖北电力销售有限公司
地址：武汉市东西湖区梨花路399号（17）
…………Tel：027－88717866

武汉马拉松电机设备有限公司
地址：武汉市江岸区发展大道357号田园商务大厦1102室
…………Tel：027－88732089

湖北省电力装备有限公司
地址：武汉市　口经济发展区丰茂路2号
…………Tel：027－88772386

湖北协合售电有限公司
地址：武汉市东湖新技术开发区珞喻东路4号慧谷时空1栋13层07号
…………Tel：027－88938871

华能武汉发电有限责任公司
地址：武汉市阳逻经济开发区平江大道
…………Tel：027－89643021

湖北振发新能源科技有限公司
地址：武汉蔡甸经济开发区福康路2号管委会212、213室
…………Tel：0510－82706662

湖北爱康新能电力有限公司
地址：武汉市东西湖区慈惠农场武汉中小企业城三期标准工业厂房B2－3栋1－3层（8）
…………Tel：0512－58227631

乾程电力（武汉）有限公司
地址：武汉市青山区中国一冶高新技术产业园（冶金大道180号）3栋227室
…………Tel：0532－86025858

湖北金环新材料科技有限公司
地址：襄阳市樊城区太平店镇陈家湖
…………Tel：0710－2108338

湖北鹰牌动力科技有限公司
地址：襄阳市襄州区钻石大道特288号
…………Tel：0710－2304077

湖北追日电气股份有限公司
地址：襄阳市高新区团山镇关羽路59号
…………Tel：0710－2309275

襄阳达盛昌电气有限公司
地址：襄阳市高新区春园路22号
…………Tel：0710－2812505

襄州电力有限公司
地址：襄阳市襄州区张湾镇金华路
…………Tel：0710－2852266

中国铁路武汉局集团有限公司襄阳供电段
地址：襄阳市樊城区前进路56号
…………Tel：0710－3023153

湖北金环绿色纤维有限公司
地址：襄阳市樊城区太平店镇绿纤路1号
…………Tel：0710－3127221

襄阳电力集团有限公司
地址：襄阳市樊城区建设路25号
…………Tel：0710－3262567

襄阳国网合成绝缘子有限责任公司
地址：襄阳市高新区邓曼路10号
…………Tel：0710－3264165

襄阳一冶东园环岛景观建设管理有限公司
地址：襄阳市鱼梁洲经济开发区浩然路汉水文化产业园10－01
…………Tel：0710－3265486

中电凯源电力服务有限公司
地址：襄阳市高新区中原路48号13幢（3号公寓）2楼
…………Tel：0710－3319000

中建国信售电襄阳有限公司
地址：襄阳市高新区中原路48号红楼三单元402室
…………Tel：0710－3319000

中建国信电气设备襄阳有限公司
地址：襄阳市高新区中原路48号红楼二单元302室
…………Tel：0710－3319000

中电凯源集团有限公司
地址：襄阳市高新区长虹北路42号万家同乐广场3幢2单元1404号
…………Tel：0710－3319000

中电凯源电力服务有限公司
地址：襄阳市高新区中原路48号13幢（3号公寓）2楼
…………Tel：0710－3319000

中建国信售电襄阳有限公司
地址：襄阳市高新区中原路48号红楼三单元402室
…………Tel：0710－3319000

中建三局襄阳樊西管廊建设运营有限公司
地址：襄阳市樊城区汉江街道办事处长虹路23号
…………Tel：0710－3470629

汉能襄阳薄膜发电有限公司
地址：襄阳市高新区邓城大道光彩工业园后侧光彩田宇大楼
…………Tel：0710－3503608

襄阳航力机电技术发展有限公司
地址：襄阳市隆中路290号
…………Tel：0710－3593806

湖北华电襄阳发电有限公司
地址：湖北省襄阳市襄城区余家湖
…………Tel：0710－3698086

湖北汉源电力开发有限公司
地址：湖北省襄阳市长虹北路29号
…………Tel：0710－3825091

安能（宜城）生物质热电有限公司
地址：湖北省襄阳市宜城市燕京大道
…………Tel：0710－4227759

宜城市供电公司流水供电营业所
地址：岳池县苟角镇
…………Tel：0710－4265454

谷城银盛电力有限公司
地址：谷城县城关镇筑阳路5号
…………Tel：0710－7348235

老河口光能电力有限公司
地址：湖北省老河口市北京路71号
…………Tel：0710－8257180

襄阳中农批新能源科技有限公司
地址：湖北省老河口市北京路85号国际贸易公司
…………Tel：0710－8402571

湖北浩能新能源有限公司
地址：鄂州市鄂城区滨湖南路96号
…………Tel：0711－3282178

湖北能源集团鄂州发电有限公司
地址：鄂州市葛店镇
…………Tel：0711－3622112

鄂州电力集团有限公司
地址：鄂州市滨湖大道东段北侧
…………Tel：0711－3833970

湖北佳诚动力科技有限公司
地址：湖北省孝感市经济开发区六合工业园区
…………Tel：0712－2891566

华能应城热电有限责任公司
地址：应城市郎君镇汉宜大道特1号
…………Tel：0712－3136125

湖北新都售电有限公司
地址：应城市四里棚汉宜大道新都化工行政办公楼
…………Tel：0712－3238916

安陆市电力局河水供电营业所
地址：黑龙江省绥化市明水县兴仁镇街内
…………Tel：0712－51234567

安陆市电力局洑水供电营业所
地址：川口办事处办公楼
…………Tel：0712－51234567

国网湖北省电力公司安陆市供电公司河水供电营业所
地址：安岳县千佛乡民兴街74号
…………Tel：0712－5762111

国网湖北省电力公司安陆市供电公司洑水供电营业所
地址：山东省济南市市中区望岳路2000号
…………Tel：0712－5862567

中电动力湖北科技股份有限公司
地址：湖北大悟经济开发区工业大道28号
…………Tel：0712－7661999

中电动力湖北科技股份有限公司
地址：湖北大悟经济开发区工业大道28号
…………Tel：0712－7661999

汉川市光明电力有限责任公司
地址：汉川城关镇西湖大道21号
…………Tel：0712－8283331

国网湖北省电力有限公司孝昌县供电公司
地址：湖北省孝昌县花园镇花园大道7号
…………Tel：0712－8308958

汉川中燃电力销售有限公司
地址：湖北省汉川市仙女山街道办事处

山后二路83号4楼
…………………… Tel：0712-8383583
国网湖北省电力有限公司汉川市供电公司分水供电所
地址：通化县大都岭乡
…………………… Tel：0712-8663968
黄冈大别山发电有限责任公司
地址：湖北省麻城市中馆驿镇
…………………… Tel：0713-2752838
武穴中燃电力销售有限公司
地址：武穴市永宁大道西29号
…………………… Tel：0713-3660882
国网湖北省电力公司龙感湖区供电公司
地址：龙感湖管理区
…………………… Tel：0713-3951438
湖北华电龙感湖沼气发电有限公司
地址：湖北省黄冈市龙感湖管理区
…………………… Tel：0713-3956578
浠水县三新供电服务有限公司
地址：浠水经济开发区闻一多大道12号
…………………… Tel：0713-4107583
黄冈三新供电服务有限公司浠水分公司
地址：浠水经济开发区闻一多大道12号
…………………… Tel：0713-3817853
国网湖北省电力有限公司浠水县供电公司团陂供电营业所
地址：浠水县团陂镇
…………………… Tel：0713-4107777
国网湖北省电力有限公司浠水县供电公司绿杨供电营业所
地址：浠水县绿杨乡冷水井村冷水集镇
…………………… Tel：0713-4891888
国网湖北省电力有限公司浠水县供电公司竹瓦供电营业所
地址：浠水县竹瓦镇
…………………… Tel：0713-4728007
国网湖北省电力有限公司浠水县供电公司朱店供电营业所
地址：浠水县朱店乡朱店街
…………………… Tel：0713-4436622
国网湖北省电力有限公司浠水县供电公司马垅供电营业所
地址：浠水县马垅
…………………… Tel：0713-4626215
国网湖北省电力有限公司浠水县供电公司巴河供电营业所
地址：浠水县巴河镇
…………………… Tel：0713-4761320
国网湖北省电力有限公司浠水县供电公司清泉供电营业所
地址：浠水经济开发区丽文南路
…………………… Tel：0713-3817307
国网湖北省电力有限公司浠水县供电公司洗马供电营业所
地址：浠水县洗马镇
…………………… Tel：0713-4882110
国网湖北省电力有限公司浠水县供电公司散花供电营业所
地址：浠水县散花镇
…………………… Tel：0713-4649119
国网湖北省电力有限公司浠水县供电公司兰溪供电营业所
地址：浠水县兰溪镇
…………………… Tel：0713-4655133
国网湖北省电力有限公司浠水县供电公司白莲供电营业所
地址：浠水县白莲镇
…………………… Tel：0713-4826495
国网湖北省电力有限公司浠水县供电公司
地址：浠水经济开发区闻一多大道12号
…………………… Tel：0713-3817777
国网湖北省电力有限公司浠水县供电公司巴驿供电营业所
地址：浠水县巴驿
…………………… Tel：0713-4451012
国网湖北省电力有限公司浠水县供电公司关口供电营业所
地址：浠水县关口镇
…………………… Tel：0713-4861058
国网湖北省电力有限公司浠水县供电公司丁司当供电营业所
地址：浠水县丁司当镇
…………………… Tel：0713-4482337
浠水县关口供销合作社家电部
地址：浠水县关口镇
…………………… Tel：0713-4861126
武穴市梅川供销社西门电料水暖部
地址：武穴市梅川镇西门
…………………… Tel：0713-6732320
英山县中心农贸市场
地址：英山县温泉镇金石路26号
…………………… Tel：0713-7013747
蕲春凯迪生物质发电有限公司
地址：蕲春县李时珍医药工业园区凯迪大道
…………………… Tel：0713-7879890
黄冈市电力开发公司
地址：黄冈市黄州区宝塔路10号
…………………… Tel：0713-8355110
湖北兴和安源电力工程有限公司
地址：湖北省黄冈市高新技术产业开发区黄冈产业园兴黄路29号
…………………… Tel：0713-8419366
黄冈市新大地实业有限公司
地址：黄冈市黄州区宝塔大道188号
…………………… Tel：0713-8826418
湖北华电电力工程有限公司
地址：湖北省黄石市黄石港区磁湖巷1号
…………………… Tel：0714-3266311
湖北浩锐通用设备有限公司
地址：黄石市黄金山工业新区A8路以东、宝山路以西（黄石光谷联合科技城16#304）
…………………… Tel：0714-3863393
湖北金格实业发展有限公司
地址：湖北省黄石市下陆大道115号
…………………… Tel：0714-5391345
黄石电能集团有限公司
地址：黄石市黄石大道946号
…………………… Tel：0714-6232313
黄石华科新能源科技有限公司
地址：湖北省黄石市江北农场
…………………… Tel：0714-6256968
湖北华电西塞山发电有限公司
地址：湖北省黄石市西塞山区黄石大道639号
…………………… Tel：0714-6415188
湖北西塞山发电有限公司
地址：湖北省黄石市西塞山区黄石大道639号
…………………… Tel：0714-6415188
国网湖北省电力有限公司阳新县供电公司富水供电所
地址：那坡县百都乡百都街
…………………… Tel：0714-7323570
阳新县三新供电服务有限公司富水业务部
地址：中峰镇李家村
…………………… Tel：0714-7399160
国网湖北省电力有限公司大冶市供电公司
地址：大冶市湛月路3号
…………………… Tel：0714-8779031
国网湖北省电力有限公司通山县供电公司明水供电所
地址：敦化市大蒲柴河镇
…………………… Tel：0715-2292437
崇阳县兴源电力有限责任公司
地址：崇阳县天城镇隽北大道233号
…………………… Tel：0715-3382647
通城县供电公司水兴供电营业所
地址：新化县白溪镇石扳殿村
…………………… Tel：0715-4315111
通城县水电物资公司
地址：通城县隽水镇湘汉路162号
Tel：0715-4322895
水利部长江水利委员会陆水枢纽工程局
地址：湖北省赤壁市沿河大道338号
…………………… Tel：0715-5259905
长江水利委员会陆水枢纽工程局供电处
地址：赤壁市锁石岭路78号
…………………… Tel：0715-5259956
国网湖北省电力有限公司赤壁市供电公司
地址：赤壁市河北大道238号
…………………… Tel：0715-5363217
国网湖北省电力有限公司赤壁市供电公司陆水湖供电所
地址：赤壁市陆水湖风景区办事处景门口路
…………………… Tel：0715-5363812
湖北中诚电气有限公司
地址：嘉鱼县新街镇花园海工业区
…………………… Tel：0715-6358999
湖北同发机电有限公司
地址：咸宁经济开发区永安东路18号
…………………… Tel：0715-8108165
湖北省九宫山风力发电有限责任公司
地址：通山县九宫山风景区吴楚雄关路3号
…………………… Tel：0715-8156433
咸宁市丰源电业有限责任公司
地址：咸宁市高新区永安东路19号
…………………… Tel：0715-8156659
湖北西浦智造有限公司
地址：咸宁市咸安区横沟桥镇群力村1幢
…………………… Tel：0715-8327900
咸宁祥天空气能电力有限公司
地址：咸安区横沟桥镇付桥村一组
…………………… Tel：0715-87109907
咸宁祥天空气能电力有限公司
地址：咸安区横沟桥镇付桥村一组
…………………… Tel：0715-87109907
湖北华耀达电气有限公司
地址：咸宁市咸安区横沟镇群力机械产业园
…………………… Tel：0715-8711188
湖北二电电气有限公司
地址：咸安区横沟桥镇工业园内
…………………… Tel：0715-8716888
湖北广绅电器股份有限公司
地址：湖北咸宁市咸安经济开发区
…………………… Tel：0715-8729888
湖北牧鑫智能家居股份有限公司
地址：咸宁市温泉肖桥外迁工业小区
…………………… Tel：0715-8898900
国网湖北省电力有限公司监利县供电公司
地址：监利县江城路与玉沙大道交叉口东北侧
…………………… Tel：0716-3290343
湖北华电江陵发电有限公司
地址：江陵县经济开发区华电路东侧
…………………… Tel：0716-4173223
湖北利达集团恒信物业管理有限公司
地址：公安县斗湖堤镇斗黄路明珠家居建材城24栋101、102号
…………………… Tel：0716-5889008
荆州市危水供电公司
地址：松滋市西斋镇
…………………… Tel：0716-6220329
荆州市洈水供电公司洈水宾馆
地址：凤山县砦牙乡砦牙村
…………………… Tel：0716-6582009
荆州市洈水供电公司养殖场
地址：黄石大道1081号
…………………… Tel：0716-6582236
荆州市洈水供电公司技术培训中心
地址：松滋市　水镇大岩咀集镇
…………………… Tel：0716-6582728
荆州市洈水电力有限公司南闸水厂
地址：松滋市　水镇大岩咀集镇
…………………… Tel：0716-6582904
荆州市洈水供电公司大岩咀供电所
地址：松滋市　水镇大岩咀集镇
…………………… Tel：0716-6582904
荆州市洈水供电公司开发区供电所
地址：松滋市　水镇集镇
…………………… Tel：0716-6582904
荆州市洈水电力有限公司
地址：松滋市　水镇回族社区灵鹫寺街206号
…………………… Tel：0716-6592904
湖北荆力电力集团有限公司
地址：荆州市沙市区太岳路与金龙路交汇处1-2层
…………………… Tel：0716-8276127
国电长源荆州热电有限公司
地址：荆州开发区荆沙大道18号
…………………… Tel：0716-8305020
荆州市荆州区太湖港工程供水公司青塚子发电站
地址：荆州市荆州区丁家咀
…………………… Tel：15971612938
兴山天星供电有限公司
地址：兴山县古夫镇高阳大道
…………………… Tel：0717-2585000
兴山天星供电有限公司水月寺供电营业所
地址：兴山县水月寺镇居委会
…………………… Tel：0717-2585000
秭归供销山水龙城电子商务有限公司
地址：秭归县茅坪镇滨湖路6号
…………………… Tel：0717-2886888
当阳中燃新能源有限公司
地址：当阳市玉阳办事处广家洲路90号
…………………… Tel：0717-3253577
远安中燃电力销售有限公司
地址：远安县鸣凤镇沮阳路15号
…………………… Tel：0717-3891560
宜都兴发生态园区开发有限公司
地址：湖北省宜都市枝城镇兴宜大道66号
…………………… Tel：0717-4788888
中国铁路武汉局集团有限公司宜昌车务段
地址：龙江县龙江镇二龙村腰屯（七棵树房权证字第00025118号）
…………………… Tel：0717-6055452
湖北宜昌东山电力有限责任公司
地址：宜昌市城东大道44号
…………………… Tel：0717-6206445
湖北宜昌东山电力有限责任公司
地址：宜昌市城东大道44号
…………………… Tel：0717-6206445
湖北宜昌东山电力有限责任公司五峰分公司
地址：苏州市吴中区郭巷镇西
…………………… Tel：0717-6206445
湖北清江水电开发有限责任公司
地址：湖北省宜昌市东山大道95号
…………………… Tel：0717-6319872
远宁科技有限公司
地址：中国（湖北）自贸区宜昌片区港城路6号
…………………… Tel：0717-6518111
中国葛洲坝集团电力有限责任公司
地址：宜昌市沿江大道22号
…………………… Tel：0717-6721949
中国葛洲坝集团电力有限责任公司
地址：宜昌市沿江大道22号
…………………… Tel：0717-6721949
三峡电能（湖北）有限公司
地址：中国（湖北）自贸区宜昌片区发展大道55号
…………………… Tel：0717-6761115
三峡电能有限公司宜昌分公司
地址：宜昌市西陵区建设路1号
…………………… Tel：0717-6954062
长江三峡水电工程有限公司三峡分公司
地址：响水县城204国道东侧
…………………… Tel：0717-6764834
中节能（五峰）风力发电有限公司
地址：五峰土家族自治县五峰镇沿河西路33号
…………………… Tel：0717-6775266
三峡电能有限公司
地址：武汉市江汉区新华路468号时代财富中心27层
…………………… Tel：0717-6962296
宜昌港务集团有限责任公司
地址：宜昌市沿江大道162号
…………………… Tel：0717-6965347
湖北光源水利电力股份有限公司
地址：湖北省宜昌市夷陵区平湖路10号
…………………… Tel：0717-7821190
建始县电力公司
地址：建始县业州镇广润路
…………………… Tel：0718-3222183
国电广润水电开发有限公司
地址：建始县业州镇
…………………… Tel：0718-3329012
湖北京西水电投资有限公司
地址：巴东县沿渡河镇送子园村十七组
…………………… Tel：0718-4104011
湖北力福新能源有限公司
地址：湖北省恩施市龙凤镇二坡村谭家湾组8号
…………………… Tel：0718-6077877
来凤县百福司镇自来水厂
地址：百福司镇街道
…………………… Tel：0718-6461679
湖北能源集团峡口塘水电有限公司
地址：利川市南环大道48号
…………………… Tel：0718-7253039
国电恩施水电开发有限公司
地址：恩施市施州大道63号
…………………… Tel：0718-8023456
湖北泓德福源建设工程咨询有限公司
地址：湖北省恩施市小渡船办事处旗峰大道283号
…………………… Tel：0718-8200166
湖北翔奥电力科技有限公司
地址：湖北省恩施市金桂大道5号
…………………… Tel：0718-8202988
国网湖北省电力公司竹溪县供电公司水坪３５千伏变电站
地址：新化县水车镇建国村
…………………… Tel：0719-2726642
国网湖北省电力有限公司竹溪县供电公司水坪供电营业所
地址：南京市六合经济开发区龙脊路3号
…………………… Tel：0719-2881019
国网竹山县供电公司溢水供电营业所
地址：宜昌市西陵区东山大道107号
…………………… Tel：0719-4411005
湖北丹江电力有限公司
地址：湖北省丹江口市沙陀营路9号
…………………… Tel：0719-5215083
国网湖北丹江能源投资（集团）有限公司
地址：丹江口市姚沟路中段
…………………… Tel：0719-5215557
湖北丹江电力股份有限公司凉水河供电分公司
地址：屏山县大乘镇街村
…………………… Tel：0719-5353350
汉江水利水电（集团）有限责任公司水电公司
地址：丹江口市丹江大道32号
…………………… Tel：0719-5375465
丹江口恒天水电工程安装公司
地址：丹江口市丹江大道250号
…………………… Tel：0719-5376497
湖北丹江电力股份有限公司丁家营供电分公司
地址：丹江口市丁家营镇
…………………… Tel：0719-5648232
京能十堰热电有限公司
地址：十堰市张湾区红卫街办石桥村
…………………… Tel：0719-7103990
湖北京汉动力科技有限公司
地址：十堰市汽配城富桥区2018号
…………………… Tel：0719-8363707
十堰黄龙水力发电有限公司
地址：十堰市小峡路2号
…………………… Tel：0719-8585708
国电竹溪水电开发有限公司
地址：湖北省十堰市竹溪县天宝乡大桂村
…………………… Tel：0719-8616800
国电竹溪水电开发有限公司
地址：湖北省十堰市竹溪县天宝乡大桂

村
…………………… Tel：0719-8616800
中建十堰城市管廊建设运营管理有限责任公司
地址：十堰市张湾区紫霄大道68号
…………………… Tel：0719-8787547
湖北力威汽车销售有限公司
地址：随州市曾都经济开发区六草屋村
…………………… Tel：0722-3247799
华能随州发电有限责任公司
地址：随州市高新技术产业园区（吴家老湾村四组板桥路63号）
…………………… Tel：0722-3821938
国网广水市供电公司客户服务中心营业班
地址：广水市应山办事处西正街
…………………… Tel：13872855707
国网湖北省电力有限公司广水市供电公司
地址：广水市应山永阳大道39号Tel：0722-6261288
随州市三新供电服务有限公司广水分公司
地址：渠县涌兴镇大井街（永胜三社）
…………………… Tel：0722-6296786
中电建湖北广水新能源电力开发有限公司
地址：广水市应山办事处许家井村二组
…………………… Tel：0722-6305369
广水市三新供电服务有限公司
地址：随州市神农大道9号（汉东名居二期）
…………………… Tel：0722-6372592
国网广水市供电公司广水供电所
地址：广水市广水办事处解放社区中山大道
…………………… Tel：0722-6413531
国网广水市供电公司蔡河供电所
地址：广水市蔡河镇匈子山村
…………………… Tel：0722-6891189
国网广水市供电公司太平供电所
地址：广水市太平乡太平村七组
…………………… Tel：0722-6661038
国网广水市供电公司孝子供电所
地址：广水市武胜关镇孝子店下街
…………………… Tel：0722-6507615
国网广水市供电公司杨寨供电所
地址：广水市杨寨镇方店街
…………………… Tel：0722-6621869
国网广水市供电公司陈巷供电所
地址：广水市陈巷镇陈巷北正街
…………………… Tel：0722-6681369
国网广水市供电公司长岭供电所
地址：广水市长岭镇长堤街
…………………… Tel：0722-6711152
国网广水市供电公司马坪供电所
地址：广水市马坪镇交通大道
…………………… Tel：0722-6761402
国网广水市供电公司余店供电所
地址：广水市余店镇余店村五组
…………………… Tel：0722-6821055
国网广水市供电公司吴店供电所
地址：广水市吴店镇吴店街
…………………… Tel：0722-6841888
湖北盛晶电力工程有限公司
地址：随州市西城双龙寺青年路66号B区3幢1-2层号
…………………… Tel：0722-7056022
湖北荆能输变电工程有限公司
地址：荆门市东宝区象山大道17号
…………………… Tel：0724-2327311
国家电投集团荆门绿动能源有限公司
地址：荆门高新区·掇刀区科荟路36号
…………………… Tel：0724-2492612
国网湖北省电力有限公司钟祥市供电公司冷水供电所
地址：湖北省钟祥市冷水外埠共兴村
…………………… Tel：0724-4918179
钟祥市笙源购物广场有限公司
地址：钟祥市郢中镇阳春大街
…………………… Tel：0724-4236999
湖北晶福源电子科技有限公司
地址：荆门市东宝区长兴大道9号（东宝电子产业园D16栋）
…………………… Tel：0724-6077578
沙洋弘润建材有限公司
地址：沙洋县沙洋镇洪岭大道2幢
…………………… Tel：0724-6700911
沙洋县同兴市政工程有限公司
地址：沙洋县大桥路25号
…………………… Tel：0724-8556178
华能荆门热电有限责任公司
地址：湖北省荆门市东宝区东宝工业园荆东大道99号
…………………… Tel：0724-8659015
荆门市东宝区漳河镇供水站
地址：湖北省荆门市东宝区漳河镇文卫路34号
…………………… Tel：0724-8682801
武汉佩特来电器有限公司
地址：仙桃市新城大道东段38号
…………………… Tel：0728-3322536
天门市江汉三机水电有限公司
地址：天门市龙尾山
…………………… Tel：0728-4851297
天门泰盟电业有限公司
地址：天门市熊河大道1号
…………………… Tel：0728-5268088

湖南省

国网湖南省电力有限公司湘阴县供电分公司
地址：湘阴县文星镇江东东路09号
…………………… Tel：0730-2266340
神华国华岳阳发电有限责任公司
地址：湖南省岳阳市华容县章华镇求索路（中共华容县委党校一号楼）
…………………… Tel：0730-2273611
国网湖南省电力有限公司岳阳供电分公司
地址：岳阳经济技术开发区岳阳大道与旭园路交汇处
…………………… Tel：0730-2922247
国网湖南省电力有限公司岳阳市云溪区供电分公司
地址：岳阳市云溪区云溪镇洗马路112号
…………………… Tel：0730-2923795
国网湖南省电力有限公司临湘市供电分公司
地址：湖南省临湘市长安东路7号
…………………… Tel：0730-3798021
国网湖南省电力有限公司华容县供电分公司
地址：湖南省岳阳市华容县田家湖生态新区华容大道
…………………… Tel：0730-4258008
国网湖南省电力有限公司汨罗市供电分公司
地址：汨罗市归义镇容洲社区汨新大道
…………………… Tel：0730-5117668
国网湖南省电力有限公司平江县供电分公司
地址：湖南省平江县城关镇开发区坪上西路侧
…………………… Tel：0730-6295111
岳阳市铁山供水工程管理局电力工业管理所
地址：揭阳市揭东区玉湖镇坪上
…………………… Tel：0730-7200339
国网湖南省电力有限公司岳阳县供电分公司
地址：湖南省岳阳县荣家湾镇民中路31号
…………………… Tel：0730-7623742
华能湖南岳阳发电有限责任公司
地址：湖南省岳阳市岳阳楼区月沖路
…………………… Tel：0730-8506666
湖南富安电力建设有限公司
地址：岳阳市岳阳楼区冷水铺路以北冷水铺还建小区3栋8号
…………………… Tel：0730-8512633
岳阳东方雷神标准电器有限公司
地址：岳阳经济技术开发区桐子岭路178号
…………………… Tel：0730-8520238
岳阳市铁山供水工程管理局
地址：岳阳市岳阳楼区琵琶王路332号
…………………… Tel：0730-8611552
株洲银华电力电气有限公司
地址：湖南省株洲市芦淞区建设南路华联商业广场3栋605号
…………………… Tel：0731-22280899
湖南中绿建新能源科技有限公司
地址：株洲市芦淞区人民中路1006号宏侨凯旋名门13栋1504室
…………………… Tel：0731-22460548
湖南高科园创能源管理有限公司
地址：湖南省株洲市天元区株洲大道898号高科总部壹号一楼
…………………… Tel：0731-22520962
株洲中节能城市节能有限公司
地址：湖南省株洲市天元区群丰镇政府政务中心911-923室
…………………… Tel：0731-22870238
国网湖南省电力有限公司醴陵市供电分公司
地址：醴陵市渌江大道
…………………… Tel：0731-23213258
国网湖南省电力有限公司攸县供电分公司
地址：攸县联星街道富康社区中心大道与长鸿路交接处
…………………… Tel：0731-24254248
大唐华银攸县能源有限公司
地址：攸县网岭镇荷叶塘村
…………………… Tel：0731-24818102
国网湖南省电力有限公司茶陵县供电分公司
地址：茶陵县城关镇炎帝南路
…………………… Tel：0731-25255255
国网湖南省电力有限公司炎陵县供电分公司
地址：湖南省株洲市炎陵县霞阳镇坎坪村石壁寺
…………………… Tel：0731-26284866
炎陵县电力有限责任公司
地址：炎陵县霞阳镇坎坪路
…………………… Tel：0731-26284876
株洲渌湘投资发展集团有限公司
地址：株洲市渌口区渌口镇津口东路渌湘大厦6、7、8楼
…………………… Tel：0731-27619972
株洲县旧城改造开发有限公司
地址：株洲县渌口镇向阳北路30号
…………………… Tel：0731-27619972
株洲县渌湘城市棚户区改造开发有限公司
地址：株洲县渌口镇向阳北路30号
…………………… Tel：0731-27619972
株洲县光明重型机器制造有限公司
地址：株洲县渌口镇工业园
…………………… Tel：0731-27689969
国网湖南省电力有限公司株洲供电分公司
地址：湖南省株洲市荷塘区文化路586号
…………………… Tel：0731-28142241
大唐华银株洲发电有限公司
地址：天元区泰山路47号
…………………… Tel：0731-28302333
中车株洲电力机车研究所有限公司
地址：湖南省株洲市田心
…………………… Tel：0731-28498304
湘潭新奥能源发展有限公司
地址：湘潭市九华经济示范区富洲路98号九华服务大楼206室
…………………… Tel：0731-52255185
湘潭中创电气有限公司
地址：湖南省湘潭市高新区楚天北路东方金谷产业城D07栋1107号
…………………… Tel：0731-52331505
湖南正德电力有限公司
地址：湘潭市雨湖区先锋街道先锋村东升组
…………………… Tel：0731-52370490
湖南天恒水利水电开发建设有限公司
地址：湖南省湘乡市望春门办事处东风路3号万隆中央广场01栋2410号
…………………… Tel：0731-52558678
湖南世优电气股份有限公司
地址：湖南省湘潭市岳塘区双马镇双马工业园楚天路8号1-2号厂房
…………………… Tel：0731-52668800
湖南创一新材料有限公司
地址：湖南省湘潭市高新区晓塘东路88号
…………………… Tel：0731-52815978
湖南创一工业新材料股份有限公司
地址：湖南省湘潭市岳塘区宝塔街道晓塘东路88号综合展示楼
…………………… Tel：0731-52815980
湖南安华源电力科技有限公司
地址：湖南省湘潭市九华经开区兴业大道1号
…………………… Tel：0731-52835791
湖南兴业太阳能科技有限公司
地址：湘潭市九华经济区兴业大道1号
…………………… Tel：0731-52836666
大唐湘潭发电有限责任公司
地址：湘潭市岳塘区双马镇
…………………… Tel：0731-55203148
湖南沃森电气科技有限公司
地址：湘潭市高新区双马6号路36号
…………………… Tel：0731-55571988
湖南新阳电力工程发展有限公司
地址：湖南省湘潭市昭山两型产业发展中心南主楼625号（昭山示范区）
…………………… Tel：0731-55580396
国网湖南省电力有限公司韶山市供电分公司
地址：韶山市车站路
…………………… Tel：0731-55693129
湖南天利恩泽太阳能科技有限公司
地址：湘潭市岳塘区吉安路66号
…………………… Tel：0731-55888822
湖南鸿安电力建设有限公司
地址：湖南湘乡经济开发区振湘路006号
…………………… Tel：0731-56720198
国网湖南省电力有限公司湘乡市供电分公司
地址：湖南省湘乡市东山办事处起凤路
…………………… Tel：0731-56734239
国网湖南省电力有限公司湘潭县供电分公司
地址：湘潭县易俗河镇云龙中路399号
…………………… Tel：0731-57882111
湖南盈达电力建设有限公司
地址：湘潭市雨湖区长城乡卫星村陈家湾一栋
…………………… Tel：0731-58228669
湘潭湘机电机制造有限公司
地址：湘潭市岳塘区电工北路53号
…………………… Tel：0731-58261332
湖南京湘能源技术有限公司
地址：湖南省湘潭市岳塘区双马街道霞光东路55号湖南京湘节能科技园9栋0101001号
…………………… Tel：0731-58262818
湖南粤和电力有限公司
地址：湖南省湘潭市高新区吉安路77号中瀚财富广场一单元190107号
…………………… Tel：0731-58390600
湘潭德意售电有限公司
地址：湖南省湘潭市高新区高新路18号
…………………… Tel：0731-58551915
湖南湘高售电有限公司
地址：湘潭市岳塘区宝塔街道河东大道39号日晟花园小高层骏憬楼2单元1302002、D1302002号
…………………… Tel：0731-58562007
国网湖南省电力有限公司湘潭供电分公司
地址：湘潭市岳塘区河东大道168号
…………………… Tel：0731-58585241
湘潭电机股份有限公司
地址：湖南省湘潭市下摄司街302号
…………………… Tel：0731-58595114
湘电莱特电气有限公司
地址：湘潭市高新区茶园路3号
…………………… Tel：0731-58595662
湘潭华菱节能发电有限公司
地址：湘潭市岳塘区岳塘街道宽板厂宽板二线综合楼（湘钢厂内）
…………………… Tel：0731-58652302
长安电力华中发电有限公司
地址：长沙市天心区湘府中路198号新南城商务中心A栋622、624房
…………………… Tel：0731-81803133
湖南东屋电力机械制造有限责任公司
地址：宁乡县金洲新区银州北路88号
…………………… Tel：0731-81838622
国电电力湖南新能源开发有限公司
地址：长沙市芙蓉区万家丽中路一段176号旺德府大厦16层
…………………… Tel：0731-81887565
长沙中星发电设备有限公司
地址：长沙市雨花区雨花五金机电市场D区1栋103房
…………………… Tel：0731-82235135
湖南筱豪新能源有限公司
地址：湖南省长沙市天心区友谊路560号长城雅苑二期3栋19层1908，1909，1910号
…………………… Tel：0731-82239519
湖南筱豪新能源有限公司
地址：湖南省长沙市天心区友谊路560号长城雅苑二期3栋19层1908，1909，1910号
…………………… Tel：0731-82239519
湖南中能湘郡电力有限公司
地址：长沙高新开发区文轩路27号麓谷钰园创业大楼602房
…………………… Tel：0731-82244228
湖南汉联国际华电售配电有限公司
地址：湖南望城经济开发区铜官循环经济工业基地（湖南汉联国际环保能源投资开发有限公司内）
…………………… Tel：0731-82248831
湖南兴马实业股份有限公司
地址：长沙市雨花区万家丽路南路二段18号管理服务中心办公楼415室
…………………… Tel：0731-82250268
湖南海河防汛实业有限公司
地址：长沙市开福区营盘路元盛大厦11楼A座
…………………… Tel：0731-82259550
湖南省自然资源资产经营有限公司
地址：长沙市天心区芙蓉中路508-3号君逸康年大酒店2601房
…………………… Tel：0731-82327261
中电建蓝山新能源有限公司
地址：湖南省永州市蓝山县塔峰镇南平路456号
…………………… Tel：0731-82572177
中电建蓝山新能源有限公司
地址：湖南省永州市蓝山县塔峰镇南平路456号
…………………… Tel：0731-82572177
湖南中湘光普售电有限公司
地址：湖南省长沙市天心区芙蓉中路三段266号弘林大厦1513室
…………………… Tel：0731-82809588
长沙铭泰电力科技有限公司
地址：长沙高新开发区麓景路2号长沙科技成果转化基地创富楼4楼东向房间
…………………… Tel：0731-82842315
城光（湖南）节能环保服务股份有限公司
地址：长沙市芙蓉区张公岭隆平高科技园内湖南金丹科技创业大厦A栋第七层A区
…………………… Tel：0731-82878101
湖南新华印山风电有限公司
地址：湖南省常宁市外环西路
…………………… Tel：0731-82907978

湖南新华慈济塔风电开发有限公司
地址：慈利县苗市镇茶林河村四组
…………………… Tel：0731-82907978

湖南嘉杰信息技术有限公司
地址：湖南省长沙市芙蓉区隆园五路2号第12栋5层501号
…………………… Tel：0731-82919768

博世汽车部件（长沙）有限公司
地址：长沙经济技术开发区漓湘中路26号
…………………… Tel：0731-82929821

长沙新奥热力有限公司
地址：湖南省浏阳市经济技术开发区扬清路15号
…………………… Tel：0731-83282055

永清环保股份有限公司
地址：长沙市浏阳市国家生物医药产业基地（319国道旁）
…………………… Tel：0731-83506688

湖南湘鑫电力建设有限公司
地址：浏阳市淮川办事处城东新村淮东中路113号
…………………… Tel：0731-83640188

三一集团新能源开发有限公司
地址：长沙经济技术开发区三一路1-1号
…………………… Tel：0731-84031753

远大空调有限公司
地址：长沙经济技术开发区远大三路6号远大城
…………………… Tel：0731-84086688

湖南亿利洁能资源开发有限公司
地址：长沙市雨花区万家丽中路一段469号圭水大厦2408房
…………………… Tel：0731-84126622

湖南汉钦电力能源有限公司
地址：湖南省长沙市岳麓区学士街道学丰路1008号迪亚溪谷山庄A602栋301号
…………………… Tel：0731-84131876

长沙恒宇节能环保科技有限公司
地址：长沙高新开发区桐梓坡西路229号科研楼203-2单元
…………………… Tel：0731-84199778

湖南湘晖售电有限公司
地址：湖南省长沙市芙蓉区五一大道389号华美欧大厦1502房
…………………… Tel：0731-84255355

湘阴县湘晖光伏科技有限公司
地址：湖南省岳阳市湘阴县文星镇江东路南侧
…………………… Tel：0731-84255355

湖南恒通微网电力发展有限公司
地址：长沙市雨花区井湾路20号综合楼1楼
…………………… Tel：0731-84315378

湖南沃尔奔达新能源有限公司
地址：长沙市雨花区时代阳光大道260号恒大城2栋1405房
…………………… Tel：0731-84318681

湖南酉能电力有限责任公司
地址：沅陵县沅陵镇凤滩电厂沅陵基地公寓楼
…………………… Tel：0731-84352606

湖南丰创售电有限公司
地址：湖南省长沙市开福区湘江北路三段1200号北辰三角洲奥城1栋502
…………………… Tel：0731-84416388

湖南星瑞电力建设有限公司
地址：湖南省长沙市芙蓉区人民东路299号世嘉国际华城二期商务公寓楼2117房
…………………… Tel：0731-84710365

长沙市万鼎机电设备有限公司
地址：长沙市雨花区韶山南路机电市场B区3栋113号
…………………… Tel：0731-85017355

国家电投集团湖南娄底新能源有限公司
地址：新化县上渡办事处科苑路
…………………… Tel：0731-85052701

长沙迪沃机械科技有限公司
地址：长沙市雨花区圭塘办事处月塘村（长沙通菱水泵有限公司内）
…………………… Tel：0731-85056802

中国水电顾问集团华容风电开发有限公司
地址：华容县东山镇桃花村一组
…………………… Tel：0731-85072258

溆浦中电建新能源有限公司
地址：湖南省溆浦县卢峰镇民主街警予东路55号
…………………… Tel：0731-85072566

中国水电顾问集团桂阳新能源有限公司
地址：湖南省郴州市桂阳县鹿峰街道鹿峰路14号
…………………… Tel：0731-85094863

湖南凯马电力设备有限公司
地址：湖南省长沙市雨花区振华路199号湖南环保科技产业园创业中心101
…………………… Tel：0731-85097337

湖南昭阳发电设备有限公司
地址：长沙市开福区金马路26号三江新苑2-5栋
…………………… Tel：0731-85116638

湖南湘投售电有限公司
地址：长沙市岳麓区学士路336号慧谷科技产业园C-9检测车间901
…………………… Tel：0731-85184714

湖南华湘电力设备安装有限公司
地址：湖南省长沙市天心区书院南路306号金能大厦1幢704房
…………………… Tel：0731-85201387

湖南远能电力发展有限公司
地址：湖南省长沙市天心区书院南路306号金能大厦401
…………………… Tel：0731-85221118

长沙县地产投资开发有限公司
地址：湖南省长沙县星沙街道灰埠小区明月路49号
…………………… Tel：0731-85255968

湖南省联能电力建设有限公司
地址：湖南省长沙市天心区新韶东路429号康园大厦6楼
…………………… Tel：0731-85337562

湖南盛世阳光科技有限公司
地址：长沙市开福区通泰街街道中山路589号开福万达广场C区2号写字楼3303房
…………………… Tel：0731-85360186

湖南红太阳新能源科技有限公司
地址：长沙市天心区新开铺路1025号湖南天心环保工业园内
…………………… Tel：0731-85401216

湖南九州能源有限公司
地址：湖南省长沙市芙蓉区荷花园街道万家丽中路一段196号东郡华蓉广场2209房
…………………… Tel：0731-85451887

湖南铱索数控装备股份有限公司
地址：湖南省长沙市雨花区环保中路169号
…………………… Tel：0731-85458548

湖南省水利投地方电力有限公司
地址：长沙市雨花区韶山北路370号水利厅办公楼25楼
…………………… Tel：0731-85483355

湖南水利水电开发集团有限公司
地址：长沙市雨花区韶山北路370号水利厅办公楼25楼
…………………… Tel：0731-85483927

湖南省水利电力有限责任公司
地址：长沙市雨花区韶山北路370号
…………………… Tel：0731-85486119

湖南省水利电力有限责任公司
地址：长沙市雨花区韶山北路370号
…………………… Tel：0731-85486119

湘能楚天企业管理集团有限公司
地址：湖南省长沙市雨花区振华路199号湖南环保科技产业园创业中心101（836室）
…………………… Tel：0731-85513200

湘能楚天企业管理集团有限公司
地址：湖南省长沙市雨花区振华路199号湖南环保科技产业园创业中心101（836室）
…………………… Tel：0731-85513200

长沙亿量电力工程有限公司
地址：长沙市芙蓉区五一大道235号湘域中央3栋1607房
…………………… Tel：0731-85557257

湖南长高新能源电力有限公司
地址：湖南省长沙市望城经济技术开发区（金星北路与月亮岛路交汇处
…………………… Tel：0731-85561031

湖南光聚实业有限公司
地址：长沙市芙蓉区五一大道800号（原蔡锷中路010号）2406房
…………………… Tel：0731-85565589

大唐华银芷江新能源开发有限责任公司
地址：芷江县五郎溪乡牛皮寨村牛皮寨组
…………………… Tel：0731-85575358

大唐华银麻阳新能源有限公司
地址：湖南省怀化市麻阳苗族自治县高村镇富州南路212号
…………………… Tel：0731-85575358

大唐华银芷江新能源开发有限责任公司
地址：芷江县五郎溪乡牛皮寨村牛皮寨组
…………………… Tel：0731-85575358

湖南路桥建设集团有限责任公司
地址：长沙市雨花区韶山南路239号
…………………… Tel：0731-85583949

湖南特能嘉承电力建设有限公司
地址：湖南省长沙市天心区湘府西路31号尚玺苑20栋201C-1
…………………… Tel：0731-85606633

中联重科股份有限公司
地址：湖南省长沙市岳麓区银盆南路361号
…………………… Tel：0731-85650157

湖南协合售电有限公司
地址：湖南省长沙市岳麓区学士街道学士路755号中大检测1#栋3楼310室
…………………… Tel：0731-85785680

长沙中技能源有限公司
地址：长沙市雨花区湘府中路117号金典商务中心5栋1202号
…………………… Tel：0731-85818978

康盛源电力建设股份有限公司
地址：长沙市开福区中山路589号开福万达广场C区1号写字楼4102房
…………………… Tel：0731-85823588

湖南诺诚光伏发电有限公司
地址：湖南省宁乡高新技术产业园区金水西路066号
…………………… Tel：0731-85852068

湖南诺诚光伏发电有限公司
地址：湖南省宁乡高新技术产业园区金水西路066号
…………………… Tel：0731-85852068

湖南福湘发电设备有限公司
地址：湖南省长沙市雨花区汇金路1号湖南雨花五金机电大市场E区6栋101
…………………… Tel：0731-85852345

五凌临湘电力有限公司
地址：湖南省临湘市市区北环路33号（南侧一线莲花巷东侧）
…………………… Tel：0731-85893055

五凌永顺电力有限公司
地址：湖南省永顺县松柏镇松柏水库管理所宿舍
…………………… Tel：0731-85893055

五凌炎陵电力有限公司
地址：炎陵县船形乡高路村村委会活动中心
…………………… Tel：0731-85893055

五凌新邵电力有限公司
地址：新邵县太芝庙乡龙山林场
…………………… Tel：0731-85893057

五凌攸县电力有限公司
地址：湖南省株洲市攸县莲塘坳镇中江村邓家龙组
…………………… Tel：0731-85893140

五凌新田电力有限公司
地址：湖南省永州市新田县三井镇罗溪村
…………………… Tel：0731-85893140

五凌新化电力有限公司
地址：湖南省娄底市新化县维山乡四都村
…………………… Tel：0731-85893140

五凌石门电力有限公司
地址：湖南省常德市石门县楚江街道澧阳社区澧阳西路008号
…………………… Tel：0731-85893140

五凌电力有限公司
地址：长沙市天心区五凌路188号
…………………… Tel：0731-85893188

五凌电力有限公司
地址：长沙市天心区五凌路188号
…………………… Tel：0731-85893188

五凌沅陵电力有限公司
地址：沅陵县沅陵镇辰州东街35号沅陵工行综合楼3楼
…………………… Tel：0731-85893191

五凌江永电力有限公司
地址：湖南省永州市江永县潇浦镇永济二级路东面
…………………… Tel：0731-85893323

五凌邵东电力有限公司
地址：湖南省邵阳市邵东县宋家塘东苑路B-2栋604、704
…………………… Tel：0731-85893323

湖南五凌电力工程有限公司
地址：长沙市天心区五凌路188号五凌大厦505室
…………………… Tel：0731-85893422

五凌电力湖南能源销售有限公司
地址：长沙市天心区五凌路188号
…………………… Tel：0731-85893641

国网湖南省电力有限公司长沙供电分公司
地址：长沙市天心区白沙路443号
…………………… Tel：0731-85912123

长沙江天金辉电力开发有限责任公司
地址：长沙市天心区向东南路92号
…………………… Tel：0731-85912309

华能湖南能源销售有限责任公司
地址：长沙市天心区书院路9号保利国际广场B3栋3218号房
…………………… Tel：0731-85929322

湖南华汛应急装备有限公司
地址：湖南省长沙县榔梨街道星湖路2号
…………………… Tel：0731-86241666

国电湖南能源销售有限公司
地址：长沙市雨花区芙蓉中路三段269号神农大酒店商务楼20层
…………………… Tel：0731-8635107

湖南山力机电有限公司
地址：长沙市雨花区韶山南路五金机电市场B区14栋104号
…………………… Tel：0731-86456075

湖南新华供电有限公司
地址：长沙市雨花区韶山北路256号紫金苑7栋2207房
…………………… Tel：0731-86880778

湖南福景电力建设有限公司
地址：湖南省长沙县湘龙街道京珠高速西、潇湘路北、蟠龙路南湖南金鹰机电大市场4区11栋105、106
…………………… Tel：0731-86968788

湖南汉龙水电设备股份有限公司
地址：湖南省长沙市高新区麓谷大道627号B-3栋加速器生产车间810
…………………… Tel：0731-87031821

湖南海狮电力工程有限公司
地址：湖南省宁乡市夏铎铺镇兴旺村（机械工业园）
…………………… Tel：0731-87950569

长沙锦峰重工科技有限公司
地址：湖南省长沙市金洲新区金水东路008号
…………………… Tel：0731-87980777

长沙市立川水电控制设备有限公司
地址：长沙高新开发区汇智中路169号金导园一期工业厂房A区5栋6楼
…………………… Tel：0731-88050435

华自科技股份有限公司
地址：长沙高新开发区麓谷麓松路609号
…………………… Tel：0731-88238888

湖南科比特光伏发电有限公司
地址：长沙市雨花区环保中路188号1号厂房A601
…………………… Tel：0731-88273018

湖南科比特光伏发电有限公司
地址：长沙市雨花区环保中路188号1号厂房A601
…………………… Tel：0731-88273018

湖南力源暖通环保设备有限公司
地址：长沙市雨花区劳动东路60号金科园内
…………………… Tel：0731-88393118

湖南大光明节能科技有限公司
地址：长沙市望城区丁字湾街道桃花村（长沙市大光明交通设备有限公司内）
…………………… Tel：0731-88402846

益阳协鑫光伏电力有限公司
地址：益阳市资阳区大码头办事处鹅洋池居委会504号（资阳区委机关大院）
…………………… Tel：0731-88579378

安乡协鑫光伏电力有限公司
地址：湖南省安乡县深柳镇新开口村（芦苇站内）
…………………… Tel：0731-88579378

江华协鑫新能源有限公司
地址：湖南省永州市江华瑶族自治县沱江镇经济开发区兴业路（江华九恒数码科技有限公司院内）
…………………… Tel：0731-88579378

湖南赛瓦特动力科技有限公司
地址：长沙市雨花区迎新路868号德思勤城市广场A-2地块7栋18007号
…………………… Tel：0731-88590366

湖南目海天合信息科技股份有限公司
地址：湖南省长沙市芙蓉区东二环一段锦泰东环公寓第1幢N单元1615房
…………………… Tel：0731-88595882

湖南利能科技股份有限公司
地址：湖南省长沙市高新技术产业开发区桐梓坡西路468号威胜科技园二期工程11号厂房
…………………… Tel：0731-88619424

湖南省拔新沃华环保科技有限公司
地址：宁乡县坝塘镇坝塘村6组
…………………… Tel：0731-88710756

大唐汝城新能源有限公司
地址：汝城县文化路3号电力大厦901室
…………………… Tel：0731-88722412

湖南华电福新油麻风力发电有限公司
地址：湖南省郴州市永兴县油麻镇油麻社区邮政所大楼
…………………… Tel：0731-88892707

湖南华电郴州风力发电有限公司
地址：湖南省郴州市北湖区仰天湖瑶族乡芙蓉村十三组
…………………… Tel：0731-88892707

湖南华电湘潭新能源有限公司
地址：湘潭九华示范区富洲路98号九华服务大楼11层1106室
…………………… Tel：0731-88892764

湖南华电永州风电有限公司
地址：湖南省永州市冷水滩区桐木井小区B栋5号门面6楼
…………………… Tel：0731-88892766

湖南四方疆电电力有限公司
地址：长沙高新开发区文轩路27号麓谷钰园C1栋506
…………………… Tel：0731-88922426

长沙天宁热电有限公司
地址：宁乡经济开发区发展路
…………………… Tel：0731-88981686

湖南华电长沙发电有限公司
地址：长沙市开福区芙蓉中路一段524号
…………………… Tel：0731-89536018

湖南乾鼎电气设备有限公司
地址：长沙市雨花区中意路995号长沙设

备交易中心B区7栋第128号
…………………… Tel：0731-89595089
华容县协鑫光伏电力有限公司
地址：湖南省岳阳市华容县鲇鱼须镇人民政府农技推广站办公楼
…………………… Tel：0731-89606814
湖南省京湘电力开发有限公司
地址：湖南省长沙市天心区雀园路568号创谷产业园B3栋606-624房
…………………… Tel：0731-89666777
大唐华银绥宁新能源有限公司
地址：湖南省邵阳市绥宁县水口乡人民政府大门正对面
…………………… Tel：0731-89678081
大唐华银电力股份有限公司
地址：长沙市天心区黑石铺路35号华银石昊苑写字楼
…………………… Tel：0731-89687000
湖南大唐燃料开发有限责任公司
地址：长沙市高新区银盆路305号火炬城M6组团1栋2楼
…………………… Tel：0731-89687515
大唐华银湖南能源营销有限公司
地址：长沙市天心区黑石铺路35号华银石昊苑写字楼
…………………… Tel：0731-89687778
湖南普世节能泵业有限公司
地址：湖南省长沙县黄兴镇仙人市村、沿江山村长沙县科兴汽车配件厂1号厂房
…………………… Tel：0731-89757788
华能湖南苏宝顶风电有限责任公司
地址：湖南省洪江市工业园
…………………… Tel：0731-89758279
华能湖南连坪风电有限责任公司
地址：湖南省郴州市资兴市唐洞街道大全路唐洞矿十七村
…………………… Tel：0731-89758279
长沙瑞昌哥尔德发电设备有限公司
地址：长沙市雨花区中意一路66号亚商大厦A栋、B栋及地下室1406房
…………………… Tel：0731-89833226
理昂生态能源股份有限公司
地址：长沙高新开发区麓天路28号金瑞麓谷科技园A1-A3栋1204号
…………………… Tel：0731-89836619
湖南安培电力配售电有限公司
地址：湖南省长沙市岳麓区望城坡街道商贸城重阳路97号一层
…………………… Tel：0731-89870518
华润电力（湖南）销售有限公司
地址：长沙市开福区通泰街街道中山路589号开福万达广场C区2号写字楼2113室
…………………… Tel：0731-89902710
湖南中裕电力建设有限责任公司
地址：湖南省长沙市天心区大托铺街道大托新村高家坪组
…………………… Tel：0731-89926815
湖南湘安新能源科技有限公司
地址：湖南省长沙市雨花区环保中路188号国际企业中心6栋601房
…………………… Tel：0731-89929286
湖南宏泰电力设备科技有限公司
地址：湖南省耒阳市经济开发区东二路北段
…………………… Tel：0734-4304162
国网耒阳市电力有限公司
地址：湖南省衡阳市耒阳市蔡子池街道办事处西关居委会大桥路43号
…………………… Tel：0734-4332470
国网湖南省电力有限公司衡阳市南岳区供电分公司
地址：衡阳市南岳区万福路46号
…………………… Tel：0734-5698222
湖南恒岳重钢钢结构工程有限公司
地址：湖南省衡山县经济开发区青山大道
…………………… Tel：0734-5822222
国网湖南省电力有限公司祁东县供电分公司
地址：湖南省衡阳市祁东县玉合街道办石门路57号
…………………… Tel：0734-6264361
常宁光聚电力开发有限公司
地址：湖南省衡阳市常宁市培元办事处外环西路商业101
…………………… Tel：0734-7222584
常宁光聚电力开发有限公司
地址：湖南省衡阳市常宁市培元办事处外环西路商业101
…………………… Tel：0734-7222584
国网湖南省电力有限公司常宁市供电分公司
地址：常宁市宜阳镇桃江路60号
…………………… Tel：0734-7246566
常宁市水松供水有限责任公司
地址：常宁市松柏镇大渔村大路口
…………………… Tel：0734-7513329
水口山有色金属有限责任公司机电总厂
地址：常宁市松柏镇
…………………… Tel：0734-7582592
国网湖南省电力有限公司衡阳供电分公司
地址：衡阳市蒸湘区船山西路1号
…………………… Tel：0734-8252154
国网湖南省电力有限公司衡南县供电分公司
地址：衡阳市衡南县云集镇云集大道西188号
…………………… Tel：0734-8553388
大唐衡阳发电股份有限公司
地址：衡阳市蒸湘区蒸湘北路45号富安大厦7楼
…………………… Tel：0734-8817406
郴州市鹏峰物业服务有限公司
地址：郴州市北湖区保和镇雷大桥村万华汽车城D02-D04
…………………… Tel：0735-2152666
郴州市电力有限责任公司
地址：郴州市北湖区国庆南路45号
…………………… Tel：0735-2263805
郴州市电力有限责任公司
地址：郴州市北湖区国庆南路45号
…………………… Tel：0735-2263805
湖南郴电国际发展股份有限公司
地址：郴州市北湖区国庆南路36号
…………………… Tel：0735-2339239
湖南东元风能有限公司
地址：湖南省郴州市苏仙区白露塘镇湖南郴州出口加工区（湖南郴州高新技术产业园区）洞湾路以北
…………………… Tel：0735-2367168
华润电力湖南有限公司
地址：湖南省郴州市苏仙区飞天山镇下渡村
…………………… Tel：0735-2645906
永兴新奥燃气有限公司
地址：湖南省郴州市永兴县经济开发区新材料新能源产业园8号
…………………… Tel：0735-2855056
郴州新奥燃气有限公司
地址：郴州市苏仙区白露塘镇林邑大道坪田标准厂房企业服务中心247室
…………………… Tel：0735-2855056
国网湖南省电力有限公司郴州市北湖区供电分公司
地址：湖南省郴州市北湖区鲁塘镇同祥村
…………………… Tel：0735-2873065
湖南华润电力鲤鱼江有限公司
地址：湖南省资兴市大兴路41号
…………………… Tel：0735-3252241
湖南桂阳电力有限责任公司
地址：桂阳县城关镇向阳路13号
…………………… Tel：0735-4496078
湖南郴电国际发展股份有限公司临武分公司万水供电所
地址：临武县万水变电站
…………………… Tel：0735-6322565
湖南郴电国际发展股份有限公司临武分公司水东供电所
地址：临武县水东乡
…………………… Tel：0735-6322565
临武县水利电力有限责任公司
地址：临武县舜峰镇解放南路33号
…………………… Tel：0735-6328801
嘉禾县电力公司车头电站
地址：启东市大生镇
…………………… Tel：0735-6661916
嘉禾县电力公司麻地电站
地址：荆州市荆州区丁家咀
…………………… Tel：0735-6661916
湖南郴电国际发展股份有限公司汝城分公司暖水供电所
地址：汝城县田庄乡
…………………… Tel：0735-8430179
湖南郴电国际发展股份有限公司汝城分公司热水供电所
地址：汝城县热水镇
…………………… Tel：0735-8470188
五凌汝城电力有限公司
地址：汝城县三星工业园
…………………… Tel：0735-8586329
国网湖南省电力有限公司桂东县供电分公司
地址：湖南省郴州市桂东县沤江镇桂郴路18号
…………………… Tel：0735-8741058
国网湖南省电力有限公司汉寿县供电分公司
地址：湖南省常德市汉寿县龙阳街道南郊社区南湖路3号
…………………… Tel：0736-2862945
湖南华电常德发电有限公司
地址：湖南省常德经济技术开发区桃林路495号
…………………… Tel：0736-2977010
国网湖南省电力有限公司澧县供电分公司
地址：湖南省澧县澧西街道办事处关心居委会澧州路1498号
…………………… Tel：0736-3221477
湖南德力电力建设集团有限公司澧县分公司
地址：湖南省澧县澧阳街道办事处芬司街居委会和平街38号（县电力局院内）
…………………… Tel：0736-3221477
国网湖南省电力有限公司安乡县供电分公司
地址：湖南省常德市安乡县深柳镇潺陵社区下东门街22号
…………………… Tel：0736-4326999
大唐石门发电有限责任公司
地址：湖南省常德市石门县宝峰街道宝塔社区梯云中路8号
…………………… Tel：0736-5162246
湖南兆恒水电有限公司
地址：石门县楚江镇双红社区电站南路001号
…………………… Tel：0736-5340243
国网湖南省电力有限公司石门县供电分公司
地址：湖南省常德市石门县宝峰街道宝塔社区梯云中路52号
…………………… Tel：0736-5413621
湖南中加国际水电有限公司
地址：常德市临澧县安福镇迎宾路社区居委会迎宾路37号
…………………… Tel：0736-5802156
国网湖南省电力有限公司桃源县供电分公司
地址：常德市桃源县漳江镇渔父祠社区浔阳路001号
…………………… Tel：0736-6634121
湖南哲能赫新能源有限责任公司
地址：常德经济技术开发区德山镇株木山村三组
…………………… Tel：0736-7301998
国网湖南省电力有限公司常德市西洞庭供电分公司
地址：常德市西洞庭祝丰镇育才居委会东郊路68号
…………………… Tel：0736-7507468
国网湖南省电力有限公司常德市德山区供电分公司
地址：常德经济技术开发区德山镇莲心居委会一组（桃林东路）
…………………… Tel：0736-7894810
湖南桃花江核电有限公司
地址：湖南省益阳市长益路36号
…………………… Tel：0737-2109990
国网湖南省电力有限公司南县供电分公司
地址：湖南省南县南洲镇南洲西路
…………………… Tel：0737-2124522
国网湖南省电力有限公司益阳市赫山区供电分公司
地址：益阳市赫山区龙岭工业园银城大道西侧、梓山路北侧
…………………… Tel：0737-2213255
国网湖南省电力有限公司益阳市大通湖供电分公司
地址：益阳市大通湖区河坝镇
…………………… Tel：0737-2216878
长安湖南新能源科技有限公司
地址：益阳市高新区金山南路285号
…………………… Tel：0737-2222756
湖南省怡昌力狮机器有限公司
地址：沅江经济开发区中联大道
…………………… Tel：0737-2707768
长安益阳发电有限公司
地址：益阳市会龙山办事处仓塘村二组
…………………… Tel：0737-6802242
湖南益阳昌源电力运营有限责任公司
地址：益阳市会龙山办事处仓塘村二组（益阳电厂院内）
…………………… Tel：0737-6804602
湖南益阳昌源电力实业有限责任公司
地址：益阳市会龙山办事处仓塘村二组（益阳电厂院内）
…………………… Tel：0737-6804602
国网湖南省电力有限公司柘溪水力发电厂
地址：湖南省安化县柘溪镇广益村
…………………… Tel：0737-7803035
国网湖南省电力有限公司安化县供电分公司
地址：安化县东坪镇沿河大道
…………………… Tel：0737-7804050
国网湖南省电力有限公司桃江县供电分公司
地址：湖南省益阳市桃江县桃花江镇芙蓉西路170号
…………………… Tel：0737-8572012
湖南新华白竹洲水电开发有限公司
地址：桃江县三堂街镇龙牙坪村白竹洲水电站
…………………… Tel：0737-8799088
五凌桃江电力有限公司
地址：湖南省益阳市桃江县松木塘镇竹山村296号
…………………… Tel：0737-8990108
湖南省鸿兆风力发电有限公司
地址：涟源市市娄底高新技术产业开发区创业大厦二楼
…………………… Tel：0738-4760096
国网湖南省电力有限公司涟源市供电分公司
地址：涟源市人民东路
…………………… Tel：0738-4986098
国网湖南省电力有限公司双峰县供电分公司
地址：湖南省双峰县永丰镇书院路228号
…………………… Tel：0738-6842509
娄底湘中电力开发有限责任公司
地址：娄底市娄星区贤童街2号（原电业局办公楼院内）
…………………… Tel：0738-8310363
湖南湘江电力建设集团有限公司
地址：娄底市经济开发区太和工业园太和路6号
…………………… Tel：0738-8329288
湖南华菱节能发电有限公司
地址：娄底娄星区凤阳街(涟钢2号办公楼5楼)
…………………… Tel：0738-8662206
国网湖南省电力有限公司冷水江市供电分公司
地址：冷水江市青园路
…………………… Tel：0738-8975511
国网湖南省电力有限公司冷水江市供电分公司
地址：冷水江市青园路
…………………… Tel：0738-8975511
邵阳市电机厂有限公司
地址：邵阳市大祥工业集中区樟树路126号
…………………… Tel：0739-2366588
国网湖南省电力有限公司城步县供电分公司
地址：城步儒林镇兴业路6号
…………………… Tel：0739-2592356
国网湖南省电力有限公司新邵县供电分公司
地址：新邵县酿溪镇大坪蔡锷北路与正东路交汇处
…………………… Tel：0739-3446556
瑞能兴源（武冈）风力发电有限公司
地址：武冈市迎春亭办事处东塔路220号
…………………… Tel：0739-42200000
国网湖南省电力有限公司武冈市供电分公司
地址：湖南省武冈市迎春亭办事处新东路
…………………… Tel：0739-4221664
湖南卫辉新能源科技有限公司
地址：湖南省邵阳市武冈市水西门办事处武强路99号
…………………… Tel：0739-4299369
邵阳市大圳灌区管理局新虹水电管理站
地址：湖南省武冈市司马冲镇勒石村谢家岭
…………………… Tel：0739-4300466
国网湖南省电力有限公司新宁县供电分公司
地址：湖南省邵阳市新宁县金石镇大兴路17号
…………………… Tel：0739-4823273
新宁电力局一渡水供电所
地址：青川县关庄镇沙坝社关义街85号
…………………… Tel：0739-4823273
湖南山立水电设备制造有限公司
地址：邵阳市新宁县金石镇大兴西路山立工业园
…………………… Tel：0739-4920333
国网湖南省电力有限公司邵阳供电分公司
地址：邵阳市大祥区敏州西路十字路口旁
…………………… Tel：0739-5344241
国网湖南省电力有限公司邵阳县供电分公司
地址：塘渡口镇白虎街
…………………… Tel：0739-6448583
国网湖南省电力有限公司邵阳县电力分公司
地址：邵阳县塘渡口镇白虎街双合社区
…………………… Tel：0739-6838609
洞口县蓼水水电综合开发有限公司
地址：洞口县又兰镇山阳村2组
…………………… Tel：0739-7280109
湖南省城步苗族自治县电力有限责任公司
地址：儒林镇城北路（儒林大道07-088号）
…………………… Tel：0739-7360743
国网湖南省电力有限公司隆回县供电分公司
地址：湖南省隆回县桃洪镇桃洪中路
…………………… Tel：0739-8248139
国网湖南省电力有限公司凤凰县供电分公司
地址：湖南省凤凰县沱江镇城北
…………………… Tel：0743-2138675
泸溪县刘家滩新区建设投资有限责任公

司
地址：湖南省泸溪县白沙镇株洲路139号
…………………… Tel：0743-4263278
泸溪县城市建设开发投资有限公司
地址：湖南省泸溪县武溪镇兴沙居委会建设东路东侧
…………………… Tel：0743-4266448
国网湖南省电力有限公司古丈县供电分公司
地址：湖南省古丈县古阳镇城北竹溪湾
…………………… Tel：0743-4723172
龙山县龙元水利水电有限责任公司红岩镇供水站
地址：厦门市集美区灌口中路288号3号厂房
…………………… Tel：0743-6223323
龙山县龙元水利水电有限责任公司洗车供水站
地址：贵州省黔南布依族苗族自治州三都水族自治县大河镇
…………………… Tel：0743-6223323
湖南金垣电力集团股份有限公司
地址：花垣县大北门2号
…………………… Tel：0743-7224823
花垣县塔里电站
地址：花垣县塔里村
…………………… Tel：0743-7251111
湖南新渝湘电力有限公司
地址：花垣县花垣镇大北门2号
…………………… Tel：0743-7257579
国网湖南省电力有限公司保靖县供电分公司
地址：湖南省湘西土家族苗族自治州保靖县迁陵镇北门路6号
…………………… Tel：0743-7723606
湘西自治州德能电力建设有限公司
地址：吉首市镇溪办事处向阳坪
…………………… Tel：0743-8533192
湘西自治州吉凤电力有限公司
地址：湖南省湘西经济开发区武陵山大道5号吉凤投资服务中心A717室
…………………… Tel：0743-8610936
国网湖南省电力有限公司湘西供电分公司
地址：吉首市向阳坪
…………………… Tel：0743-8792866
国网湖南省电力有限公司泸溪县供电分公司
地址：泸溪县白沙镇国道路438号
…………………… Tel：0743-8795552
国网湖南省电力有限公司慈利县供电分公司
地址：慈利县零阳镇零阳中路001号
…………………… Tel：0744-3223234
慈利县电力公司
地址：慈利县零阳镇幸福路
…………………… Tel：0744-3223234
湖南新华茶林河水电开发有限公司
地址：慈利县苗市镇茶林河村4组
…………………… Tel：0744-3572035
张家界桃花溪谷物业服务有限公司
地址：湖南省张家界市武陵源区军地坪街道办事处白鹭路二号（区建行内）
…………………… Tel：0744-5557966
国网湖南省电力有限公司张家界市武陵源区供电分公司
地址：武陵源军地坪
…………………… Tel：0744-5616130
张家界春源物业服务有限公司
地址：张家界市武陵源区索溪峪镇喻家嘴居委会三组邓学文房
…………………… Tel：0744-5620009
国网湖南省电力有限公司张家界供电分公司
地址：张家界市南庄坪
…………………… Tel：0744-8212149
张家界创远发展有限责任公司
地址：张家界市永定区南庄中路市电业局后办公楼三楼
…………………… Tel：0744-8215857
张家界市永定区水电物资供应站
地址：安徽省安庆市岳西县菖蒲镇菖蒲村
…………………… Tel：0744-8222679
大唐华银电力股份有限公司红壁岩水力发电分公司
地址：张家界市永定区教场居委会古堰湾（紫舞路738号）
…………………… Tel：0744-8591998
中国铁路广州局集团有限公司怀化供电段
地址：怀化市鹤城区人民北路197号
…………………… Tel：0745-2185943
国网湖南省电力有限公司怀化供电分公司
地址：湖南省怀化市鹤城区舞水路46号
…………………… Tel：0745-2202053
怀化市源圆物资贸易有限公司
地址：湖南省怀化市鹤城区红星路133号（7栋401号）
…………………… Tel：0745-2211639
怀化电力集团有限责任公司
地址：怀化市鹤城区红星北路130号
…………………… Tel：0745-2263063
大唐华银怀化巫水流域水电开发有限公司
地址：会同工业集中区（水平溪）
…………………… Tel：0745-2297767
大唐华银会同小洪水电有限公司
地址：湖南省怀化市会同县金子岩乡小洪村
…………………… Tel：0745-2297767
湖南璟源电力建设有限公司
地址：湖南省怀化市经开区天星西路浙闽物资城A栋205号
…………………… Tel：0745-2339092
怀化建南机器厂有限公司
地址：湖南省怀化市麻阳苗族自治县工业集中区长寿产业园鸿基楼
…………………… Tel：0745-2380548
怀化市欣明机电有限公司
地址：怀化市经济开发区德善路机电市场13栋B面22-24号
…………………… Tel：0745-2387377
国网湖南省电力有限公司溆浦县电力分公司
地址：湖南省怀化市溆浦县卢峰镇幸福街109号
…………………… Tel：0745-2636089
怀化湘源电力股份有限公司
地址：怀化市鹤城区红星南路133号（电力公司内）
…………………… Tel：0745-2736001
怀化湘和科技贸易有限公司
地址：怀化市经开区万兴路318号B面
…………………… Tel：0745-2867288
溆浦县龙潭小水电公司供用电所
地址：德城区新华路34号
…………………… Tel：0745-3321685
溆浦县水利电力物资供销公司
地址：宜章县梅田镇车头村5组
…………………… Tel：0745-3322326
溆浦县水利电力国资经营投资有限责任公司
地址：卢峰镇解放街120号
…………………… Tel：0745-3328816
国网湖南省电力有限公司沅陵县供电分公司
地址：沅陵县沅陵镇　龙山居委会迎宾北路160号
…………………… Tel：0745-4224940
沅陵县辰州矿业自备电源开发有限责任公司
地址：沅陵县官庄镇沃溪村
…………………… Tel：0745-4643501
湖南怀化辰溪电力有限责任公司
地址：辰溪县大路口
…………………… Tel：0745-5222453
湖南云箭集团有限公司
地址：湖南省辰溪县孝坪镇
…………………… Tel：0745-5327800
国网湖南省电力有限公司麻阳县供电分公司
地址：湖南省怀化市麻阳苗族自治县高村镇五一西路021号
…………………… Tel：0745-5882501
新晃银龙新能源有限公司
地址：新晃县工业集中区
…………………… Tel：0745-6222653
国网湖南省电力有限公司洪江市供电分公司
地址：洪江市黔城株山
…………………… Tel：0745-7316965
洪江市供水有限公司托口水厂
地址：湖南省怀化市洪江市托口镇新民街社区建设路（供电所旁）
…………………… Tel：18874511707
湖南怀化靖州电力有限责任公司
地址：湖南省靖州县城东街267号
…………………… Tel：0745-8222735
通道协合风力发电有限公司
地址：通道侗族自治县双江镇黄柏村（工业集中区）
…………………… Tel：0745-8623959
大唐华银怀化石煤资源开发有限公司
地址：湖南省会同县林城镇东门街213号
…………………… Tel：0745-8889230
江华瑶族自治县协合风力发电有限公司
地址：湖南省永州市江华瑶族自治县沱江镇江华经济开发区瑶都大道南段
…………………… Tel：0746-2320957
江华瑶族自治县协合风力发电有限公司
地址：湖南省永州市江华瑶族自治县沱江镇江华经济开发区瑶都大道南段
…………………… Tel：0746-2320957
湖南省江华电力有限责任公司
地址：江华瑶族自治县沱江镇萌渚路192-1
…………………… Tel：0746-2328283
国网湖南省电力有限公司祁阳县供电分公司
地址：祁阳县浯溪镇黎阳大道
…………………… Tel：0746-3273333
国网湖南省电力有限公司东安县供电分公司
地址：东安县白牙市镇舜皇大道418号
…………………… Tel：0746-4212943
湖南德能湘江水电有限责任公司
地址：湖南省东安县石期市镇建河村1组
…………………… Tel：0746-4311237
神华国华永州发电有限责任公司
地址：永州市冷水滩区零陵北路810号丰泰广场
…………………… Tel：0746-4499023
国网湖南省电力有限公司江永县电力分公司
地址：湖南省永州市江永县桃川镇四香路149号
…………………… Tel：0746-5841527
江永县水利电力有限责任公司供电公司
地址：江永县桃川镇四香路149号
…………………… Tel：0746-5841527
国网湖南省电力有限公司永州市零陵区供电分公司
地址：永州市零陵区中山北路5号
…………………… Tel：0746-6225375
湖南省南津渡水力发电有限公司
地址：永州市零陵区南郊
…………………… Tel：0746-6318317
湖南省宁远电力公司
地址：宁远县舜陵镇水市路188号
…………………… Tel：0746-7222311
国网湖南省电力有限公司宁远县供电分公司
地址：宁远县舜陵街道舜峰社区水市路303号
…………………… Tel：0746-7222311
国网湖南省电力有限公司宁远县电力分公司
地址：宁远县桐山街道水市路188号
…………………… Tel：0746-7222311
宁远电力公司水市供电所
地址：宁远县水市镇水市村三组
…………………… Tel：0746-7222311
宁远电力公司冷水供电所
地址：商水县郝岗乡
…………………… Tel：0746-7222311
宁远电力公司清水桥供电所
地址：宁远县清水桥镇清二村四组
…………………… Tel：0746-7222311
国网湖南省电力有限公司双牌县供电分公司
地址：湖南省双牌县双电路
…………………… Tel：0746-7724450
永州华威太阳能高科技有限公司
地址：湖南省永州市零陵区接履桥街道冶木塘村岭王组光伏工业园
…………………… Tel：0746-8226328
国网湖南省电力有限公司永州供电分公司
地址：湖南省永州市冷水滩区湘永路167号
…………………… Tel：0746-8355335
国网湖南省电力有限公司永州市冷水滩园区供电支公司
地址：环江东兴乡
…………………… Tel：0746-8355913
湖南省电力公司永州冷水滩供电局
地址：商水县胡吉镇
…………………… Tel：0746-8361968
国网湖南省电力有限公司道县供电分公司
地址：湖南省道县道州南路516号
…………………… Tel：0746-8854354
永州市冷水滩区水利水电物资供销站
地址：安图县亮兵镇
…………………… Tel：0748-4134926
湖南深电能售电有限公司
地址：湖南省长沙市天心区雀园路568号创谷产业园A1栋7层722-724号
…………………… Tel：0755-26609989
湖南科陆售电有限公司
地址：湖南省长沙市岳麓区望岳街道含光路733号广泰锦苑1604房
…………………… Tel：0755-33309999
大唐永州新能源有限公司
地址：永州市零陵区南津中路2号
…………………… Tel：0773-4828122
大唐永州新能源有限公司
地址：永州市零陵区南津中路2号
…………………… Tel：0773-4828122

广东省

元一能源（广州）有限公司
地址：广州市番禺区新造镇海景路2号工业园3栋7楼232
…………………… Tel：020-22042111
国电广东电力有限公司
地址：广州市天河区珠江新城华夏路49号之一津滨腾越大厦28层
…………………… Tel：020-22123400
广州新奥燃气有限公司
地址：广州市花都区新华街迎宾大道95号交通局大楼9楼904A室
…………………… Tel：020-28002316
广州珠峰电气股份有限公司
地址：广州市花都区镜湖大道2号云峰商业大厦301、302、304、305室
…………………… Tel：020-28008904
国家电投集团广东电力有限公司
地址：广州市南沙区丰泽东路106号1301房自编1301-H2027
…………………… Tel：020-28358188
国家电投集团广东电力有限公司
地址：广州市南沙区丰泽东路106号1301房自编1301-H2027
…………………… Tel：020-28358188
广州市博一售电有限公司
地址：广州市番禺区东环街迎宾路730号番禺节能科技园内天安科技产业大厦2座909房
…………………… Tel：020-29125039
中铁建工集团广东有限公司
地址：广州市番禺区东环街番禺大道北555号天安总部中心29号楼201房
…………………… Tel：020-31109880
广东意高售电有限责任公司
地址：广州市番禺区东环街番禺大道北555号天安总部中心11号楼202号（部位：之三）
…………………… Tel：020-31125660
广州广重企业集团有限公司
地址：广州市海珠区工业大道122号
…………………… Tel：020-31177633
广州广重风能设备有限公司
地址：广州市番禺区钟村镇工业开发区A区
…………………… Tel：020-31177633
广东新誉隆建设有限公司
地址：广州市番禺区市桥街云星珠坑村沙口路一巷一号502
…………………… Tel：020-31564189
遂溪协鑫光伏电力有限公司
地址：遂溪县江洪镇军明路1号（镇政府内）
…………………… Tel：020-31606173
英德协鑫光伏电力有限公司
地址：英德市横石水镇横岭村委会102办公室
…………………… Tel：020-31606173
海丰县协鑫光伏电力有限公司
地址：海丰县赤坑镇屿仔村民委员会屿岭村小组鑫赤光伏电站101号
…………………… Tel：020-31606173
汕尾市协鑫光伏电力有限公司
地址：汕尾市区香洲东路万福黄金海岸金海湾一栋B单元501
…………………… Tel：020-31606173
广东晴天太阳能科技有限公司
地址：广州高新技术产业开发区科学城科学大道182号创新大厦C2栋首层附楼凯得创梦空间（自编号：106号）办公卡号77号
…………………… Tel：020-31952893
广州智光储能科技有限公司
地址：广州市黄埔区埔南路51号自编1栋501房
…………………… Tel：020-32113364
中国能源建设集团广东省电力设计研究院有限公司
地址：广东省广州市黄埔区广州科学城天丰路1号
…………………… Tel：020-32118888
华电福新广州能源有限公司
地址：广州市增城区新塘镇荔新十二路96号12幢109号
…………………… Tel：020-32178666
广州神铁牵引设备有限公司
地址：广州高新技术产业开发区科学城开源大道11号A8栋第一、二层整层
…………………… Tel：020-32203330
广州恒运分布式能源发展有限公司
地址：广州市经济技术开发区东区东恒街18号
…………………… Tel：020-32210150
广州维港环保科技有限公司
地址：广州市黄埔区科学大道181号A4栋14-15层
…………………… Tel：020-32211246
广州研华环境科技有限公司
地址：广州市萝岗区科学大道182号C2区702
…………………… Tel：020-32290183
广东大唐国际电力营销有限公司
地址：广东省广州市天河区珠江新城珠江东路32号利通广场规划设计楼层29层02、04单元（自编楼层30层02、04单元）
…………………… Tel：020-32317583
广州南方泵业制造有限公司
地址：广州市海珠区工业大道北９９号首层北侧

…………………… Tel：020-34016117
广州国能电力集团有限公司
地址：广州市海珠区滨江东路909-911号301房
…………………… Tel：020-34105122
广州盛启康发电机有限公司
地址：广州市番禺区桥南街蚬涌村东环路39号2栋之一
…………………… Tel：020-34815129
广州市鑫闽机电安装工程有限公司
地址：广州市白云区同和路1172号101房
…………………… Tel：020-34818700
广州市泰洋环保设备制造有限公司
地址：广州市番禺区大石街官坑横岗头路1号102
…………………… Tel：020-34872657
广州市渝港建筑劳务有限公司
地址：广州市番禺区大龙街茶东村茶东路桂阳上街2巷9号
…………………… Tel：020-34889055
广东粤电花都天然气热电有限公司
地址：广州市花都区风神大道10号C栋（仅限办公用途）
…………………… Tel：020-35632800
广州白云国际机场股份有限公司
地址：广州市白云国际机场南工作区自编一号
…………………… Tel：020-36063582
科源新能源（广州）有限公司
地址：广州市白云区均禾街加石路29.31.33号7楼7029房
…………………… Tel：020-36298339
中国南方电网有限责任公司
地址：广东省广州市萝岗区科学城科翔路11号
…………………… Tel：020-36622222
广船国际有限公司
地址：广州市南沙区龙穴街启航路18号
…………………… Tel：020-36663000
广州市华臻能源科技有限公司
地址：广州市天河区天河路490号3层238铺（不可作厂房使用）
…………………… Tel：020-36784381
广州红鹰能源科技股份有限公司
地址：广州市花都区田东拾下庄七巷119号1-7楼（部位：7楼）
…………………… Tel：020-36888000
广东盛邦机电工程有限公司
地址：广东省广州市黄埔区科学大道112号501房之三
…………………… Tel：020-37244436
广能供电有限公司
地址：广州市海珠区会展南五路1号5号809房
…………………… Tel：020-37283591
中建四局第一建筑工程有限公司
地址：广州市花都区新华街迎宾大道95号交通局大楼6楼904室（仅限办公用途）
…………………… Tel：020-37763800
广州发展电力销售有限责任公司
地址：广州市南沙区南沙街港前大道南162号首层103单元（仅限办公用途）
…………………… Tel：020-37850163
广州发展电力集团有限公司
地址：广州市天河区珠江新城临江大道3号发展中心大厦29楼2901房
…………………… Tel：020-37850943
广州发展电力企业有限公司
地址：广州市天河区临江大道3号2901房（仅限办公用途）
…………………… Tel：020-37850943
肇庆发展电力有限公司
地址：肇庆市城中路193号宋城大酒店三楼
…………………… Tel：020-37850943
阳春发展热电有限公司
地址：阳春市春城新吉大道1号办公楼二楼202室
…………………… Tel：020-37850943
广州市和发电力有限公司
地址：广州市从化街口街青云路286号自编之四（仅限办公用途）
…………………… Tel：020-37936686
番开电气设备制造有限公司
地址：广州市从化明珠工业园利建二路2号
…………………… Tel：020-37991121
广州宇象电气设备有限公司
地址：广州市天河区元岗路310号之二208、209室（仅限办公）（不可作厂房）
…………………… Tel：020-38013589
国粤（阳江）新能源投资有限公司
地址：阳江市江城区东风三路景湖花园C2幢（水岸轩）1501号
…………………… Tel：020-38032163
广东德汉能源科技股份有限公司
地址：广州市天河区潭村路348号2403房
…………………… Tel：020-38045353
广东中林建筑园林工程有限公司
地址：广州市天河区建中路28号五层（仅限办公）
…………………… Tel：020-38051255
雷州市晶科电力有限公司
地址：雷州市雷城西湖二横西一巷020号一层101房
…………………… Tel：020-38102797
台山市晶科电力有限公司
地址：台山市深井镇深井圩中兴路一号第二卡商铺
…………………… Tel：020-38102797
徐闻县晶科电力有限公司
地址：徐闻县迈胜水库管理所宿舍楼B栋102号房
…………………… Tel：020-38102797
梅州市蕉华晶科电力有限公司
地址：梅州市蕉岭县蕉华工业园区内
…………………… Tel：020-38102797
阳江市江城区晶科电力有限公司
地址：阳江市江城区双捷镇东兴街28号406室
…………………… Tel：020-38102797
惠州市晶科电力有限公司
地址：惠州仲恺高新区沥林镇智慧大道1号潼湖科技小镇产业发展中心259号（自主申报）
…………………… Tel：020-38102797
海丰县晶科电力有限公司
地址：海丰县梅陇镇梅北大道中梅陇镇政府大院2号
…………………… Tel：020-38102797
陆丰市晶科电力有限公司
地址：陆丰市上英镇英施村村委会办公楼一楼
…………………… Tel：020-38102797
东源县晶科光伏发电有限公司
地址：东源县顺天镇沙溪村蓝莓庄园
…………………… Tel：020-38102797
东源县晶科光伏发电有限公司
地址：东源县顺天镇沙溪村蓝莓庄园
…………………… Tel：020-38102797
雷州市晶科电力有限公司
地址：雷州市雷城西湖二横西一巷020号一层101房
…………………… Tel：020-38102797
海丰县晶科电力有限公司
地址：海丰县梅陇镇梅北大道中梅陇镇政府大院2号
…………………… Tel：020-38102797
阳江市江城区晶科电力有限公司
地址：阳江市江城区双捷镇东兴街28号406室
…………………… Tel：020-38102797
天生桥二级水力发电有限公司
地址：广东省广州市番禺区东环街东星路100号208室
…………………… Tel：020-38128412
国电南方设备物资广州有限公司
地址：广州市花都区花东镇现代大道6号
…………………… Tel：020-38291660
广州中成创能源科技发展有限公司
地址：广州市天河区黄埔大道西33号26楼A单元自编03室（仅限办公用途）
…………………… Tel：020-38381313
广州中创科能节能科技有限公司
地址：广州市天河区能源路4号502-504房（仅限办公用途）
…………………… Tel：020-38455841
广州银禾网络通信有限公司
地址：广州市天河区五山路246、248、250号2202自编02、03房（仅限办公）（不可作厂房使用）
…………………… Tel：020-38498249
广东南方通信集团有限公司
地址：广州市天河区中山大道华景路1号
…………………… Tel：020-38638388
神华国华广东售电有限责任公司
地址：广州市天河区黄埔大道西126号写字楼第19层1901室（仅限办公用途）
…………………… Tel：020-38683222
海华电子企业（中国）有限公司
地址：广州市高新技术产业开发区科学城南翔二路23号
…………………… Tel：020-38697607
广州丰大装饰工程有限公司
地址：广州市越秀区竹丝岗大马路10号之一首层自编O房
…………………… Tel：020-38857586
广州恒驰建设工程有限公司
地址：广州市天河区岑村圣堂工业区3号317房（仅限办公）
…………………… Tel：020-38868969
广东聚福源电力有限公司
地址：广州市天河区体育西路191号中石化大厦B塔4709（仅限办公用途）
…………………… Tel：020-38922089
广州珠江天然气发电有限公司
地址：广州市南沙区环市大道北21号
…………………… Tel：020-39001015
广州珠江电力有限公司
地址：广州市南沙区开发区内
…………………… Tel：020-39001826
广州东方电力有限公司
地址：广州市南沙区坦头乡
…………………… Tel：020-39001826
广州发展南沙电力有限公司
地址：广州市南沙区环市大道北23号5-6层
…………………… Tel：020-39001826
广东智慧华翎售电有限公司
地址：广州市番禺区番禺大道北555号番禺节能科技园内天安科技产业大厦2座711房
…………………… Tel：020-39122016
广东智慧华翎售电有限公司
地址：广州市番禺区番禺大道北555号番禺节能科技园内天安科技产业大厦2座711房
…………………… Tel：020-39122016
广东埃文低碳科技股份有限公司
地址：广州市番禺区东环街番禺大道北555号天安总部中心5号楼201号
…………………… Tel：020-39185058
广州同程节能科技有限公司
地址：广州市番禺区番禺大道北555号番禺节能科技园内天安科技创新大厦917
…………………… Tel：020-39186300
广州市天裕通信设备有限公司
地址：广州市番禺区大石街官坑石中三路自编168号官坑工业园E栋101
…………………… Tel：020-39201118
江门乐叶光伏能源有限公司
地址：江门市蓬江区港口二路1号608室（自编HL01室）
…………………… Tel：020-39231682
广州番电电力建设集团有限公司
地址：广州市番禺区市桥街东兴路168号综合楼
…………………… Tel：020-39371388
广州市利宝捷马电机有限公司
地址：广州市番禺区番禺大道北555号番禺节能科技园内天安科技产业大厦2座512
…………………… Tel：020-39388358
广州南宁电气设备有限公司
地址：广州市番禺区大龙街金海岸大道97号
…………………… Tel：020-39920747
中国能源建设集团广东电力工程局有限公司深圳分公司
地址：深圳市罗湖区太宁路7号文康楼十层
…………………… Tel：020-61015287
广州三川控制系统工程设备有限公司
地址：广州市黄埔区南云五路11号光正科技产业园A栋401
…………………… Tel：020-61032072
广东兴煌建设工程有限公司
地址：广州市白云区钟落潭镇梅田村联兴路6号5楼（仅限办公用途）
…………………… Tel：020-61309732
广深铁路股份有限公司广州供电段
地址：南阳市卧龙区建设西路路灯管理所北
…………………… Tel：020-61358533
九州售电有限公司
地址：广州市天河区五山金颖路1号金颖大厦303-308房（不可作厂房使用）
…………………… Tel：020-62321982
华能汕尾风力发电有限公司
地址：陆丰市陂洋镇双坑桥头村广汕公路北侧102号
…………………… Tel：020-62995717
华能汕头南澳风力发电有限公司
地址：汕头市长平路中段中源大厦第五层５０１、５０２号单元
…………………… Tel：020-62995717
华能湛江风力发电有限公司
地址：湛江市坡头区南三镇李村999号
…………………… Tel：020-62995717
华能汕头风力发电有限公司
地址：汕头市金平区金砂路99号君悦华庭1幢10层
…………………… Tel：020-62995717
深圳茂源电力销售股份有限公司
地址：深圳市前海深港合作区前湾一路1号A栋201室（入驻深圳市前海商务秘书有限公司）
…………………… Tel：020-66600099
宜通世纪科技股份有限公司
地址：广州市天河区科韵路16号自编1栋1201
…………………… Tel：020-66810090
广州市荔湾区建设项目管理中心
地址：广州市信义路21号7楼
…………………… Tel：020-80597252
广东汉能薄膜太阳能发电设备销售有限公司
地址：广州市天河区冼村路11号之二保利威座北塔写字楼第39层04-05房（仅限办公用途）
…………………… Tel：020-81316688
广东汉能新能源发电投资有限公司
地址：广州市天河区冼村路11号之二保利威座北塔写字楼第39层05房
…………………… Tel：020-81316688
广东汉能薄膜发电投资发展有限公司
地址：广州市天河区冼村路11号之二保利威座北塔写字楼第39层05房
…………………… Tel：020-81316688
广州绿美景建工实业有限公司
地址：广州市荔湾区江北路43号（自编号H-2#）201房（仅限办公用途）
…………………… Tel：020-81503063
中国能源建设集团华南电力试验研究院有限公司
地址：广州市高新技术产业开发区科汇三街6号1001房
…………………… Tel：020-82103733
广州市黄埔粤华发电运营人力资源有限公司
地址：广州市黄埔区庙头电厂西路201号粤华发电厂区#2楼内四楼
…………………… Tel：020-82138082
广州市黄埔电力工程有限公司
地址：广州市黄埔区黄埔发电厂内
…………………… Tel：020-82138335
广州市黄埔电力工程有限公司
地址：广州市黄埔区黄埔发电厂内
…………………… Tel：020-82138335
广州力田新能源科技有限公司
地址：广州市高新技术产业开发区揽月路8号212、216、218
…………………… Tel：020-82215787
中京建设工程（广州）有限公司
地址：广州市黄埔区沿河路9号4栋401房
…………………… Tel：020-82218532
广东广能电力新能源科技有限公司
地址：广东省广州市黄埔区庙头四公顷工业路2号101房
…………………… Tel：020-82218775
广州明珠电力（集团）股份有限公司
地址：广州经济技术开发区明珠路明珠路明珠路
…………………… Tel：020-82222405
广州经济技术开发区明珠电力有限公司
地址：广州经济技术开发区明珠路1号
…………………… Tel：020-82222405
广州穗达电气有限公司
地址：广州高新技术产业开发区科学城南翔二路31号
…………………… Tel：020-82261921
广东萤火虫智慧能源技术有限公司
地址：广州市黄埔区开创大道728号自编1栋201-1房（仅限办公用途）
…………………… Tel：020-82266168
广州市鑫承进口发电设备有限公司
地址：广州市黄埔区荔联街沧头环村路4号A栋（仅限办公用途）
…………………… Tel：020-82294266
广州市广能电气设备有限公司
地址：广州市天河区大灵山路18号第三栋101房
…………………… Tel：020-82340618
广州瑞明电力股份有限公司
地址：广州市黄埔区港前路669号
…………………… Tel：020-82488790
摩氢科技有限公司
地址：广州市黄埔区萝岗街道瑞和路83号（自主申报）
…………………… Tel：020-82516569
九州能源有限公司
地址：广州市黄埔区揽月路101号十二层
…………………… Tel：020-82518899
九州能源（广东）有限公司
地址：广州市高新技术产业开发区揽月路101号12层（自主申报）
…………………… Tel：020-82518899
佛山九州能源有限公司
地址：佛山市禅城区南庄镇紫南东岗南开发区3号自编之一（住所申报）
…………………… Tel：020-82518899
九洲能源（中山）有限公司
地址：中山市神湾镇磨刀岛神湾港综合办公楼七楼703A1室
…………………… Tel：020-82518899
九州能源有限公司
地址：广州市黄埔区揽月路101号十二层
…………………… Tel：020-82518899
乐昌九州能源有限公司
地址：乐昌市河南大昌路148号自编-22号
…………………… Tel：020-82518899
九洲能源（中山）有限公司
地址：中山市神湾镇磨刀岛神湾港综合办公楼七楼703A1室
…………………… Tel：020-82518899
九州新能源（广州）有限公司
地址：广州市南沙区港荣三街1号(自编四栋包装厂房）204房（仅限办公用途）
…………………… Tel：020-82518899
广州金阳电力有限公司
地址：广州市白云区机场路1733号首层2

号房
Tel：020-82587526
广州市水利物资工程公司经营部
地址：苍梧县广平镇广平街
Tel：020-83126568
广东国电龙源风力发电有限公司
地址：广州市南沙区进港大道62号535房（仅限办公用途）
Tel：020-83780805
广东国电龙源风力发电有限公司
地址：广州市南沙区进港大道62号535房（仅限办公用途）
Tel：020-83780805
广州三业科技有限公司
地址：广州市越秀区先烈中路83号501自编之十二（仅限办公使用）（不可作厂房使用）
Tel：020-84003203
广东新奥能源发展有限公司
地址：广州市海珠区滨江中路308号M2楼自编K室
Tel：020-84100082
广东新奥能源发展有限公司
地址：广州市海珠区滨江中路308号M2楼自编K室
Tel：020-84100082
广州杰赛科技股份有限公司
地址：广州市海珠区新港中路381号
Tel：020-84118000
广州市珠江低压电器设备有限公司
地址：广州市番禺区西山村工业大道5号C栋101房
Tel：020-84569036
广州威能机电有限公司
地址：广州市番禺区沙头街丽骏路59号
Tel：020-84661133
华南泵业有限公司
地址：广州市番禺区市桥街兴泰路264号A栋1304、1305号
Tel：020-84703913
沃斯尔（广州）有限公司
地址：广州市南沙区东涌镇市南公路东涌段自编241-5号101（不可作厂房使用）（一址多照2）
Tel：020-84703913
广州市番禺区永达物资公司
地址：天津市津南区双港镇工业园区优谷产业园5号楼-1014
Tel：020-84884736
广州市俐澳俐进出口贸易有限公司
地址：广州市南沙区东涌镇市南路东涌段392号之三楼（一址多照3）
Tel：020-84941399
广东电网有限责任公司
地址：广州市越秀区东风东路757号
Tel：020-85120222
广东省电力开发有限公司
地址：广东省广州市天河区天河东路2号粤电广场29楼
Tel：020-85137606
广东粤电电力销售有限公司
地址：广州市南沙区黄阁镇望江二街5号3101房
Tel：020-85137891
广东电力发展股份有限公司
地址：广东省广州市天河东路2号粤电广场南塔33-36楼
Tel：020-85138099
广州盛康动力设备有限公司
地址：广州市番禺区东环街东环路120号（5号厂房北侧）
Tel：020-85827189
广州白云南方水利电力实业公司
地址：广州市白云区蚌湖白象岭
Tel：020-86039888
广州市康海机电设备有限公司
地址：广州市白云区钟落潭镇红旗中心路自编168号
Tel：020-86045640
美启电力（广东）股份有限公司
地址：广州市天河区金穗路1号3001-3006房（仅限办公用途）
Tel：020-86388698
广州白云电力发展有限公司
地址：广州市白云区政通路45号之一 2楼
Tel：020-86580487
丰田通商（广州）有限公司
地址：广州保税区广保大道98号3楼302-303室
Tel：020-86663948
广州德信水电工程有限公司
地址：广州市花都区新华街新华路157号之一109商铺
Tel：020-86923125
广州晟泰供电有限责任公司
地址：广州市天河区中山大道建工路13,15号3-6层4层419（仅限办公）
Tel：020-87066785
广东信德电力建设有限公司
地址：广州高新技术产业开发区科汇四街5号10楼
Tel：020-87209777
广东富琛能源科技有限公司
地址：广州市天河区晴旭街1号（自编A5栋）1205房（仅限办公）
Tel：020-87399831
广州万通达电气制造有限公司
地址：广州市白云区广从五路388号
Tel：020-87483138
广东协合能源有限公司
地址：广州市天河区华庭路4号502房
Tel：020-87582195
广东中网电力有限公司
地址：广州市天河区花城大道18号1901房之自编号19F03B单元
Tel：020-87610083
广东中网电力有限公司
地址：广州市天河区花城大道18号1901房之自编号19F03B单元
Tel：020-87610083
广州信禾能源科技有限公司
地址：广州高新技术产业开发区起云路3号自编三栋A2-611房
Tel：020-87656056
广东京能电力建设有限公司
地址：广州市天河区天河路242号2205、2207房（仅限办公）
Tel：020-87780000
广东蓄能发电有限公司
地址：广州市天河区龙口东路３２号
Tel：020-87858998
广东蓄能发电有限公司
地址：广州市天河区龙口东路３２号
Tel：020-87858998
从化市从供水电安装工程有限公司
地址：电白县电城镇庄山大道旁
Tel：020-87936822
华电广东能源销售有限公司
地址：广州市中新广州知识城九佛建设路115号2012室
Tel：020-87953799
广东泰豪能源科技有限公司
地址：广州市天河区华强路1号1506房
Tel：020-89280635
广东国能南瑞售电有限公司
地址：广州市南沙区金隆路26号1030房（仅限办公用途）
Tel：020-89305982
广州阳硕建筑工程有限公司
地址：广州市海珠区新港东路世港二街4号403房（仅作办公用途）
Tel：020-89447890
广东洲明清源能效科技有限公司
地址：广州市海珠区新港中路456号之二1640房（部位：自编之二）
Tel：020-89629701
国电广东能源销售有限公司
地址：广州市天河区珠江新城华夏路49号之二2801房（仅限办公用途）
Tel：020-89811137
爱丽思生活用品（广州）有限公司
地址：广州经济技术开发区东区东吉路1号
Tel：020-89850999
湛江万众热电有限公司
地址：湛江市霞山区解放西路22号区政府大院2号办公楼十四楼1406室
Tel：0379-66972022
惠州春兴光伏工程有限公司
地址：博罗县龙溪镇宫庭村第九小组鱼龟湖
Tel：0512-62897752
广东爱康电力有限公司
地址：广州市天河区林和西路9号2618室
Tel：0512-82557641
广东爱康电力有限公司
地址：广州市天河区林和西路9号2618室
Tel：0512-82557641
乾程电力（广州）有限公司
地址：广州市越秀区水荫路119号星光映景16层K699号
Tel：0532-86025858
深圳芯能新能源有限公司
地址：深圳市宝安区西乡街道共和工业路西发B区旭生研发大厦5层521M
Tel：0573-87393888
广东银鹏动力设备有限公司
地址：汕尾市城区海滨路63号
Tel：0660-3301790
广东鸿安送变电工程有限公司
地址：汕尾市城区品清湖西侧湖景花园商住楼A2栋2梯403号
Tel：0660-3303555
汕尾市新能源开发有限公司
地址：汕尾市区埔上墩
Tel：0660-3329528
广东红海湾发电有限公司
地址：汕尾市红海湾经济开发区白沙湖畔
Tel：0660-3408649
广东电网汕尾陆河供电局有限责任公司
地址：陆河县城人民路（人民南路26号）
Tel：0660-5529689
汕尾市南告水电有限责任公司黄金坑供水电站
地址：广水市应山办事处西正街
Tel：0660-5664999
汕尾市一开电气设备有限公司
地址：海丰县生态科技城内YHQ-A09-06
Tel：0660-6392228
海丰县福达现代办公设备有限公司
地址：海丰县附城镇富嘉名城22幢104号（仅限办公用途）
Tel：0660-6608326
广东电网汕尾海丰供电局有限责任公司
地址：海丰县附城镇鲤鱼山工业区
Tel：0660-6899823
陆丰宝丽华新能源电力有限公司
地址：陆丰市湖东镇甲湖湾能源基地
Tel：0660-8115288
陆丰宝丽华风能开发有限公司
地址：陆丰市湖东镇甲湖湾能源基地
Tel：0660-8151125
中节能（阳江）风力发电有限公司
地址：阳江市阳东区大沟镇三丫村委会地段
Tel：0662-2288959
中节能（阳江）风力发电有限公司
地址：阳江市阳东区大沟镇三丫村委会地段
Tel：0662-2288959
阳江彩虹胜高绿色能源有限公司
地址：阳江市江城区新江北路12号嘉华财智大厦1101房
Tel：0662-3320615
阳江市凯源电力发展有限公司
地址：阳江市江城区振兴路3号丰泰新天地1幢北塔11层1110房、1111房（住所申报）
Tel：0662-3582116
阳西海滨电力发展有限公司
地址：阳江市阳西县溪头镇清湾仔
Tel：0662-5188900
阳西海滨电力发展有限公司
地址：阳江市阳西县溪头镇清湾仔
Tel：0662-5188900
阳江市阳东区东平镇水电厂
地址：阳江市阳东区东平镇
Tel：0662-6677668
阳江市阳东区东平水电厂物资供应站
地址：阳江市阳东区东平镇东大道
Tel：0662-6677668
广东电网阳江阳春供电局
地址：阳春市春城南新大道14号
Tel：0662-7627391
阳春市气象局机关服务中心
地址：阳春市春城街道松竹路松木岗气象局大院内
Tel：0662-7733359
阳春市宏昌电力发展有限公司
地址：阳春市春城街道体育中心南入口米兰豪庭商住楼12号商铺
Tel：0662-7739752
广东明阳新能源科技有限公司
地址：阳江高新区港口工业园锦绣路南边
Tel：0662-8155589
华能阳西光伏发电有限责任公司
地址：阳西县中山火炬（阳西）产业转移工业园（服务区办公楼）5405室
Tel：0662-8850899
广东电网揭阳普宁供电局有限责任公司
地址：普宁市流沙大道赵厝寮路段北侧
Tel：0663-2910107
广东电网揭阳揭东供电局有限责任公司
地址：揭阳市揭东城区金凤路北段
Tel：0663-3263109
广东电网揭阳揭西供电局有限责任公司
地址：揭西县河婆镇过境公路新安段北20栋
Tel：0663-5598029
广东粤电靖海发电有限公司
地址：广东省揭阳市惠来县靖海镇
Tel：0663-6656111
广东电网揭阳惠来供电局有限责任公司
地址：葵东路大龙园
Tel：0663-6689931
揭阳市现代物业管理有限公司
地址：揭阳市东山区7号街以东3号路以北榕贵园二期四幢物业管理处
Tel：0663-8215522
欧晟绿色燃料（揭阳）有限公司
地址：揭阳市揭东区玉 镇桥头村铁路顶地段中德金属生态城一幢27号
Tel：0663-8571067
茂名天源电力有限公司
地址：茂名市人民南路168号大院10号楼202房
Tel：0668-2226182
茂名市电力开发有限公司
地址：茂名市官山三路333号大院A栋3梯3楼
Tel：0668-2286205
茂名市电力开发有限公司
地址：茂名市官山三路333号大院A栋3梯3楼
Tel：0668-2286205
茂名市茂南产业转移工业园管理办公室
地址：茂名市茂化路公馆甘底路段北侧
Tel：0668-2310398
茂名永诚环保资源开发有限公司
地址：茂名市茂南区公馆镇河之口
Tel：0668-2336088
广东省茂名南大电力建设有限公司
地址：茂名市茂水路236号
Tel：0668-2524178
电白县水产供销总公司南海水产分公司
地址：茂名市茂港区下里北街62号
Tel：0668-2686698
光烁新能源（茂名）有限公司
地址：茂名市市民大道33号亿丰广场二期4栋106-108号房
Tel：0668-2699086
茂名臻能热电有限公司
地址：茂名市油城三路47号（热电厂）
Tel：0668-2992315
茂名市德源水电有限公司
地址：茂名市迎宾路三街95号102房
Tel：0668-2997899
广东泰扬电生电力建设工程有限公司
地址：茂名市官山三路北三巷8号大院7、8号二层202室
Tel：0668-3380891
广东泰扬电生电力建设工程有限公司
地址：茂名市官山三路北三巷8号大院7、8号二层202室
Tel：0668-3380891
广东中海电力建设有限公司
地址：茂名市光华北路10号外贸大楼六楼
Tel：0668-3398836
茂名长青热电有限公司
地址：茂名高新技术产业开发区恒基路139号8栋6楼
Tel：0668-3992556
茂名市电白区霞洞供销合作社由甘水闸农资代销店
地址：茂名市电白区霞洞镇由甘村委会
Tel：19820143582
电白县电城供销社湿水分站
地址：电白县电城湿水乡
Tel：13360759689
电白县电城镇供水有限公司
地址：电白县电城镇庄山大道旁
Tel：0668-5342674
电白县水产供销总公司
地址：电白县水东镇东阳南街４号
Tel：0668-5528451
茂名市电白区热水供水管理所
地址：广东省茂名市电白区麻岗镇南巴西街21号
Tel：0668-5550480
电白县水产供销总公司博贺水产分公司
地址：电白县博贺镇
Tel：0668-5602601
电白县水东郊区供销社陈村农资门市部
地址：电白县陈村镇陈村管区
Tel：0668-5860352
茂名市鉴江流域水利工程管理局良德坝后电站工会委员会
地址：广东省茂名市高州市东岸镇旺村坡
Tel：0668-6268796
高州市新力水泥制品有限公司
地址：高州市石鼓镇九罡
Tel：0668-6339063
茂名市鉴江流域水利工程管理局石骨坝后电站
地址：高州市长坡镇
Tel：0668-6787055
化州水电设备有限公司
地址：化州市桔城中路158号
Tel：0668-7352441
广东电网茂名电白供电局有限责任公司
地址：电白县水东镇西湖路７３号
Tel：0668-8385366
广东电网茂名信宜供电局有限责任公司
地址：广东省茂名市信宜市区电力街1号
Tel：0668-8385830
广东科龙空调器有限公司
地址：佛山市顺德区容桂桥东路２号
Tel：0750-28361060
中电（四会）热电有限责任公司
地址：四会市东城街道黄岗社区工业大道66号
Tel：0750-3139715
广东国华粤电台山发电有限公司
地址：广东台山市铜鼓湾
Tel：0750-5288888
台山核电合营有限公司
地址：台山市赤溪镇铜鼓村委会核电生

活区6号（台山核电现场总部办公楼）4层
Tel：0750-5888000

广东电网有限责任公司江门新会供电局
地址：江门市新会区会城镇冈州大道中16号
Tel：0750-6106232

广东壹力建设工程有限公司
地址：江门市新会区会城新会大道中20号137
Tel：0750-6139839

广东大光明集团有限公司
地址：江门市新会区会城镇冈州大道东92号
Tel：0750-6206699

江门市星光自动化科技有限公司
地址：江门市新会区会城三和大道北9号6座
Tel：0750-6206801

江门市新会区崖门大营供水发电经营有限公司
地址：江门市新会区崖门镇横水圩（办公楼）
Tel：13556952853

广东粤电新会发电有限公司
地址：广东省江门市新会区江门大道南崖门段329号
Tel：0750-6938133

江门市新会仁科电力集团有限公司
地址：江门市新会区双水镇工业开发区
Tel：0750-6971602

恩平市电力安装工程有限公司
地址：恩平市新平南路42号1、2、4楼
Tel：0750-7075609

恩平市方圆电力科技工程有限公司
地址：恩平市大槐镇北郊工业区(恩平市集雅电器厂办公楼首层)
Tel：0750-7273188

江门市新会区大光明机械维修服务有限公司
地址：江门市新会区会城镇江会路上浅口（市发电厂内）
Tel：0750-7366285

广东蓝冠机电设备有限公司
地址：鹤山市共和镇平安大道216号之二
Tel：0750-8310606

广东胜利集团有限公司
地址：鹤山市沙坪镇人民西路45号
Tel：0750-8882221

广东电网韶关新丰供电局有限责任公司
地址：新丰县丰城街道东明东路2号
Tel：0751-2263666

广东电网韶关翁源供电局有限责任公司
地址：翁源县龙仙镇建设二路260号
Tel：0751-2822336

始兴县行政服务中心
地址：始兴县太平镇永安大道中79号
Tel：0751-3315213

始兴县竹木工贸城有限公司
地址：广东省始兴县竹木工贸城3幢3号
Tel：0751-3332551

广东电网韶关始兴供电局有限责任公司
地址：始兴县县城北门路128号
Tel：0751-3334138

广东电网韶关南雄供电局
地址：南雄市雄州镇新城区沿江西路41号
Tel：0751-3869607

乳源瑶族自治县粤水电能源有限公司
地址：乳源县乳城镇富源工业园三栋二楼208
Tel：0751-5385151

韶关国粤塘头电力有限公司
地址：乳源县桂头镇新市场路19号
Tel：0751-5396539

广东电网韶关乐昌供电局有限责任公司
地址：乐昌市乐城镇人民中路20号
Tel：0751-5573096

韶能集团乳源县杨溪水电有限公司
地址：乳源县桂头镇杨溪口
Tel：0751-6120377

广东电网韶关仁化供电局有限责任公司
地址：仁化县建设路48号
Tel：0751-6322881

国粤（韶关）电力有限公司
地址：韶关市东莞（韶关）产业转移工业园远翔路33号
Tel：0751 6528608

广东电网韶关曲江供电局有限责任公司
地址：韶关市曲江区马坝镇安山路1号
Tel：0751-6692181

韶关市曲江长青环保热电有限公司
地址：韶关市曲江区白土工业园C7区
Tel：0751-6911187

中能建投南雄新能源有限公司
地址：东莞大岭山（南雄）产业转移工业园发展大道一号园管20号
Tel：0751-6976550

中国能源建设集团韶关电力有限公司
地址：东莞大岭山（南雄）产业转移工业园发展大道一号园管19号
Tel：0751-6976551

广东斯量电力有限公司
地址：韶关市乳源县乳城镇鲜明南路8号新武装部大院2栋3楼304室
Tel：0751-8181588

韶关市丹霞中小企业服务有限公司
地址：韶关市武江区沐溪大道142号广东丹霞农机有限公司B座综合楼210室（自编）
Tel：0751-8535308

韶关市新雅物业服务有限公司
地址：韶关市武江区工业东路17号综合旅业楼第三层302号（自编，仅作办公室使用）
Tel：0751-8603684

韶关绿能售电有限公司
地址：乳源县乳城镇文昌路经委办公楼301B
Tel：0751-8608991

广东省机场管理集团韶关丹霞机场有限公司
地址：韶关市武江区西联镇百旺路芙蓉园18幢1梯1-5层（限作办公室使用）
Tel：0751-8705402

韶关市正力发电设备有限公司
地址：韶关市浈江区十里亭镇碧亭路68号韶关市浈江新达机械制造有限公司综合楼首层B1-D1轴
Tel：0751-8722183

乳源瑶族自治县金源电气工程技术有限公司
地址：乳源县乳城镇鲜明村委会刘屋村
Tel：0751-8856700

广东鸿源众力发电设备有限公司
地址：广东省韶关市浈江区十里亭
Tel：0751-8858463

广东华电韶关热电有限公司
地址：南雄市珠玑工业园内工业南路
Tel：0751-89691005

粤能太阳能电力股份有限公司
地址：惠州市麦地路69号达利大厦13层1306-1308
Tel：0752-2100098

粤能太阳能电力股份有限公司
地址：惠州市麦地路69号达利大厦13层1306-1308
Tel：0752-2100098

惠州市电力集团有限公司
地址：惠州市下埔大道惠隆大厦14楼
Tel：0752-2103473

广东和城清洁新能源发展有限公司
地址：惠州市惠沙堤二路48号中锴金城花园33栋111号之三商场
Tel：0752-2152668

广东电网有限责任公司惠州供电局
地址：惠州市惠城区惠州大道中19号
Tel：0752-2227134

惠州市三鼎能源科技有限公司
地址：惠州市仲恺开发区平南工业区和畅西路28号
Tel：0752-2612680

惠州市国惠基建投资集团有限公司
地址：惠州市麦地南东二路2号9楼
Tel：0752-2662777

惠州三华工业有限公司
地址：惠州市仲恺高新技术开发区14小区
Tel：0752-2771183

惠州市东江电气设备消防工程安装有限公司
地址：惠州市下埔路七号紫荆大厦5楼
Tel：0752-2810259

惠州市强业电气工程有限公司
地址：惠州市惠城区麦地东路7号麦景新苑B幢201房
Tel：0752-2828000

广东惠兴电力发展有限公司
地址：惠州市鹅岭西路43号8栋E3房（仅限办公）
Tel：0752-2871699

惠州绿色动力再生能源有限公司
地址：惠州市惠阳区沙田镇田头村666号榄子垅环境园
Tel：0752-3266557

惠州鑫惠能电力信息科技有限公司
地址：惠州市东平半岛16、18号小区东湖花园五号小区517栋108A房（仅限办公）
Tel：0752-3619789

广东光烁新能源发展有限公司
地址：惠州市马安镇新群村
Tel：0752-3619789

惠州鑫惠能电力信息科技有限公司
地址：惠州市东平半岛16、18号小区东湖花园五号小区517栋108A房（仅限办公）
Tel：0752-3619789

广东保达动力技术有限公司
地址：惠阳区淡水古屋洋纳工业区
Tel：0752-3911119

广东惠州大亚湾石化产业园区管理服务中心
地址：广东惠州大亚湾石油化学工业区滨海大道6号
Tel：0752-5163280

广东圣帕新能源发展有限公司
地址：惠州仲恺高新区陈江街道正大路10号（厂房4）
Tel：0752-5303196

广东惠州天然气发电有限公司
地址：惠州大亚湾经济技术开发区石化工业园
Tel：0752-5587160

广东华锐动力科技有限公司
地址：惠州市仲恺高新区49号小区
Tel：0752-5750913

惠州亿纬特来电新能源有限公司
地址：惠州仲恺高新区仲恺大道（惠环段）666号科融创业大厦22层01号
Tel：0752-5752388

广东美能能源科技有限公司
地址：博罗县园洲镇沿江路376号
Tel：0752-5888230

博罗县公庄镇水电会自来水供水站
地址：钟山县清塘镇印山村公所
Tel：0752-6115775

惠州蓄能发电有限公司
地址：惠州市博罗县罗阳镇礤头村
Tel：0752-6183367

国粤惠州电力有限公司
地址：博罗县罗阳镇上头塘村
Tel：0752-6212600

龙门县水电局物资供应公司
地址：县城城东路10号
Tel：0752-7780273

广东电网惠州龙门供电局
地址：龙城沿江路20号
Tel：0752-7782665

惠州尚恒阳光电力有限公司
地址：博罗县罗阳镇桥西四路新世纪商业广场新世纪花园二期四座8号
Tel：0752-7806808

广东尚恒能源发展有限公司
地址：惠州市惠城区惠州大道（江北段）82号信合大厦15层08号（仅限办公）
Tel：0752-7806808

广东华网电力售电有限公司
地址：惠州市江北16号小区兴盛大酒店13层
Tel：0752-7827533

龙门县白沙河水库流域管理处
地址：惠州市龙门县龙田镇社厦村
Tel：0752-7981903

广东惠州平海发电厂有限公司
地址：惠东县平山镇华侨城
Tel：0752-8318670

惠州电力勘察设计院有限公司
地址：惠州市惠城区惠州大道（小金口段）566号
Tel：0752-8855945

广东梅雁吉祥水电股份有限公司
地址：广东省梅县新县城沿江南路1号
Tel：0753-2219988

梅州市梅县区新城供水有限公司梅南江坪电站
地址：梅州市梅县区梅南镇轩中村
Tel：0753-2219988

梅州市梅县区新城供水有限公司荷泗长潭电站
地址：梅州市梅县区南口镇荷泗过龙村
Tel：0753-2219988

广东先达电业股份有限公司
地址：广东省梅州市江边路39号
Tel：0753-2292207

梅州市畲江中燃城市燃气发展有限公司
地址：梅州市梅县区畲江镇梅州高新技术产业园内丰顺路2号
Tel：0753-2308188

广东宝丽华新能源股份有限公司
地址：广东省梅县华侨城香港花园香港大道宝丽华综合大楼
Tel：0753-2511298

广东宝丽华电力有限公司
地址：梅州市梅县区丙村镇荷树园
Tel：0753-2838808

广东江河电器有限公司
地址：兴宁市东莞石碣（兴宁）产业转移工业园南区
Tel：0753-3256253

广东鸿源机电股份有限公司
地址：兴宁市兴合线广东鸿源机电产业园
Tel：0753-3350303

广东电网梅州五华供电局有限责任公司
地址：五华县水寨镇华兴中路351号
Tel：0753-4186622

五华县华水水电安装工程有限公司
地址：五华县水寨镇华兴北路201号
Tel：0753-4430396

广东粤嘉电力有限公司
地址：广东省梅州市梅县槐岗
Tel：0753-5188849

广东电网梅州大埔供电局有限责任公司
地址：大埔县湖寮镇文明路140号
Tel：0753-5524623

广东电网梅州丰顺供电局有限责任公司
地址：丰顺县汤坑镇新世纪广场路99号
Tel：0753-6186230

广东电网梅州蕉岭供电局
地址：蕉岭县蕉城桂岭大道北10号
Tel：0753-7187835

广东粤电长潭发电有限责任公司
地址：广东省蕉岭县蕉城镇溪峰东路七十六号
Tel：0753-7857888

汕头中圣科营热电有限公司
地址：汕头市潮南区产业园区内(即园区经一路延伸段连接处)
Tel：0754-82118766

广东电网汕头潮南供电局有限责任公司
地址：汕头市潮南区陇田镇东仙和惠路段33号（原沙陇变电站）
Tel：0754-82350919

广东威能动力设备有限公司
地址：汕头市金平区叠金工业区金浦路8号
Tel：0754-82512580

汕头市潮阳区棉城第一供销合作社东星电器水暖经营部
地址：开江县长岭镇长采街17号
Tel：0754-83817288

广东电网汕头潮阳供电局有限责任公司
地址：汕头市潮阳区文光东山大道172号
Tel：0754-83838343

汕头市澄海区外砂桥闸管理处
地址：汕头市澄海区外砂桥中心岛
Tel：0754-85796697

汕头市辰光电子科技有限公司
地址：汕头市澄海区广益街道玉潭路东
Tel：0754-85891555

广东电网汕头南澳供电局有限责任公司
地址：南澳县后宅镇电力厂路1号
Tel：0754-86801657

广东电网汕头澄海供电局有限责任公司
地址：汕头市澄海区城区中山北路80号
Tel：0754-88187394

汕头市电力安装总公司
地址：汕头市龙湖区长江路183号侯工楼2楼
Tel：0754-88188651

广东领域电力销售有限公司
地址：汕头高新区科技东路8号领城大厦11楼西侧之三
Tel：0754-88261100

汕头华电发电有限公司
地址：汕头市龙湖区环碧庄中区2号楼东座第三层
Tel：0754-88269467

汕头市电力开发公司
地址：汕头市金砂路53号金凤城龙座7楼
Tel：0754-88308243

广东电网汕能电力发展有限公司
地址：汕头市金湖路105号二楼
Tel：0754-88325614

汕头市南方风能发展有限公司
地址：汕头市龙湖区丰泽庄西区7幢601-1号房
Tel：0754-88327440

广东洽成能源建设有限公司
地址：汕头市大学路升平工业区金升五路30栋803号
Tel：0754-88553558

汕头市恒建科创生物质发电有限公司
地址：汕头市金平区　莲街道雷打石片区
Tel：0754-88573803

汕头市潮阳区机电排灌管理总站水电物资供应站
地址：汕头市潮阳区棉北平南上地水利电力局仓库及办公楼首层
Tel：13536943992

广东奥衍建设有限公司
地址：汕头市澄海区澄华街道文冠路金冠园2幢305号之一
Tel：0754-89313383

中信环境（汕头）印染环保综合开发有限公司
地址：汕头市潮南区产业园区内（即园区经一路延伸段连接处）
Tel：0754-89629633

汕头市智光电力服务有限公司
地址：汕头高新区科技东路8号第3楼306-308房
Tel：0754-89926270

深圳市粤能电力销售有限公司
地址：深圳市罗湖区桂园街道深南东路4002鸿隆世纪广场B座9D
Tel：0755-21084878

华润电力（海丰）有限公司
地址：广东省汕尾市海丰县小漠镇大澳村

………………………… Tel：0755-22107999

深圳旭源绿能电力有限公司
地址：深圳市南山区创盛路1号康和盛大楼4层409室
………………………… Tel：0755-22677962

深圳市华杰前海新能源投资有限公司
地址：深圳市前海深港合作区前湾一路1号A栋201室（入驻深圳市前海商务秘书有限公司）
………………………… Tel：0755-22677962

深圳市科菱实业股份有限公司
地址：深圳市宝安区石岩街道石龙社区创业路17号
………………………… Tel：0755-23005619

深圳市捷豹动力科技股份有限公司
地址：深圳市宝安区石岩街道水田村石龙仔创业路17号
………………………… Tel：0755-23008699

深圳市恒泰能源科技有限公司
地址：深圳市宝安区新安街道兴东社区67区中粮创智厂区1栋905
………………………… Tel：0755-23071626

深圳市国网迈腾电力科技股份有限公司
地址：深圳市宝安区沙井街道大王山工业一路17号2栋4楼A、B、C、L区
………………………… Tel：0755-23077883

深圳市邦众科技有限公司
地址：深圳市宝安区西乡街道固戍社区红湾新村明金海工业区2#厂房D栋3F-2
………………………… Tel：0755-23158306

深圳索日太阳能科技有限公司
地址：深圳市宝安区石岩街道石龙社区德政路2号创新世界中泰信息技术产业园厂房A1栋十三层东面
………………………… Tel：0755-23217726

深圳市帕瑞康新能源科技有限公司
地址：深圳市光明区公明街道公明社区长春中路98号长春花园21栋202
………………………… Tel：0755-23248014

深圳科鑫能源有限公司
地址：深圳市前海深港合作区前湾一路1号A栋201室（入驻深圳市前海商务秘书有限公司）
………………………… Tel：0755-23305223

深圳科鑫能源有限公司
地址：深圳市前海深港合作区前湾一路1号A栋201室（入驻深圳市前海商务秘书有限公司）
………………………… Tel：0755-23305223

深圳市机场（集团）有限公司动力分公司
地址：电白县水东镇西湖商业街A03
………………………… Tel：0755-23452575

深圳市英威腾光伏科技有限公司
地址：深圳市光明区马田街道薯田埔社区科杰四路英威腾光明科技大厦A座6楼
………………………… Tel：0755-23535354

深圳市鸿嘉利新能源有限公司
地址：深圳市光明新区玉塘街道长圳社区长兴科技工业园68栋二楼西
………………………… Tel：0755-23696610

深圳冠牌光电技术有限公司
地址：深圳市宝安区福永街道桥头社区福永商会信息大厦C704
………………………… Tel：0755-23712017

深圳市鸿海佳讯科技有限公司
地址：深圳市福田区福田街道福民路与益田路交界东南高发城驰苑A栋3006
………………………… Tel：0755-23720455

深圳市群建机械设备有限公司
地址：深圳市宝安区西乡街道广深路朱坳园艺园2栋102（办公场所）
………………………… Tel：0755-23723012

深圳市深国电售电有限公司
地址：深圳市龙华区观澜街道新澜社区观光路1301-76号银星智界3号楼(深国电大厦)1701
………………………… Tel：0755-23770881

深圳市沙保物业发展有限公司
地址：深圳市沙头角保税区保发大厦十楼
………………………… Tel：0755-25260154

深圳市华睿丰盛带电作业有限公司
地址：深圳市盐田区沙头角街道沙盐路3018号盐田现代产业服务中心15楼
………………………… Tel：0755-25353529

深圳市前湾电力发展有限公司
地址：深圳市罗湖区1086号集浩大厦三楼312室
………………………… Tel：0755-25425020

深圳市重信科技有限公司
地址：深圳市福田区滨河路联合广场A栋51楼5103
………………………… Tel：0755-25530699

深圳市吉好物业管理有限公司
地址：深圳市罗湖区翠竹北路2099号（水贝工业区十七栋）一层
………………………… Tel：0755-25539643

盛世电力销售有限公司
地址：深圳市前海深港合作区前湾一路1号A栋201室（入驻深圳市前海商务秘书有限公司）
………………………… Tel：0755-25943792

深圳崇德电力销售有限公司
地址：深圳市罗湖区南湖街道深南东路4003号世界金融中心A座38楼
………………………… Tel：0755-25983861

宇星科技发展（深圳）有限公司
地址：深圳市南山区高新技术产业园清华信息港研发楼B座301号
………………………… Tel：0755-26030926

深圳市升阳升清洁服务有限公司
地址：深圳市南山区常兴路国兴大厦8E、8D、8F
………………………… Tel：0755-26530073

深圳市奇辉电气有限公司
地址：深圳市光明新区光明街道光侨大道1161号帝光数码科技园西一、西三、北一楼
………………………… Tel：0755-26545788

深圳市通维电力工程有限公司
地址：深圳市南山区粤海街道麻岭社区华富洋供应链大厦华富洋供应链大厦N010
………………………… Tel：0755-26603172

深圳市深电能售电有限公司
地址：深圳市龙华区民治街道北站社区汇隆商务中心2号楼3101
………………………… Tel：0755-26609989

江门深电能售电有限公司
地址：台山市水步镇龙山路28号207室
………………………… Tel：0755-26609989

鸿迈科技集团有限公司
地址：深圳市前海深港合作区前湾一路1号A栋201室（入驻深圳市前海商务秘书有限公司）
………………………… Tel：0755-26686868

深圳招商供电有限公司
地址：深圳市南山区蛇口工业八路
………………………… Tel：0755-26691769

深圳赤湾石油基地股份有限公司
地址：深圳市南山区蛇口赤湾
………………………… Tel：0755-26694211

深圳市建恒测控股份有限公司
地址：深圳市南山区学苑大道1001号南山智园A5栋12楼
………………………… Tel：0755-26745999

深圳市科瑞悦电气设备有限公司
地址：深圳市宝安区新桥街道新二社区南岭路19号宿舍楼一后1栋1层2层、B栋2层
………………………… Tel：0755-26749910

深圳市四方电气技术有限公司
地址：深圳市宝安区西乡街道固戍二路厂房A栋
………………………… Tel：0755-26919258

深圳市盛普威技术有限公司
地址：深圳市南山区西丽街道松白路南岗第二工业区9栋6楼
………………………… Tel：0755-26935175

深圳尚沃电力有限公司
地址：深圳市南山区高新南七道6号数字技术园B2栋3A-05
………………………… Tel：0755-26962018

深圳市广业龙澄环保能源（集团）有限公司
地址：深圳市南山区大冲新城花园2栋1B1813
………………………… Tel：0755-26995711

深圳市联讯创新工场科技开发有限公司
地址：深圳市南山区高新南一道009号中国科技开发院孵化大楼505室（仅限办公）
………………………… Tel：0755-26995791

深圳市赛瓦特动力科技股份有限公司
地址：深圳市宝安区大浪街道华昌路
………………………… Tel：0755-27048228

伟能机电设备（深圳）有限公司
地址：深圳市宝安区松岗街道燕川北部工业园B7栋、C6栋
………………………… Tel：0755-27064703

深圳市英泰电力设备有限公司
地址：深圳市宝安区松岗街道楼岗大道48号前进公社12栋3001
………………………… Tel：0755-27149220

深圳市葛诺尔发电设备有限公司
地址：深圳市龙华区民治街道新牛社区民治大道牛栏前大厦C826
………………………… Tel：0755-27207427

联合瓦特技术有限公司
地址：深圳市光明新区公明街道李松志康路65号
………………………… Tel：0755-27272798

深圳市沃尔奔达新能源股份有限公司
地址：深圳市光明区凤凰街道塘家社区光明高新产业园观光路以南、邦凯路以西邦凯科技工业园4#厂房1601
………………………… Tel：0755-27318867

深圳市荣源盛实业有限公司
地址：深圳市宝安区福永镇立新路8号自来水旧办公楼（仅作办公）
………………………… Tel：0755-27381686

深圳市重发力达机电设备有限公司
地址：深圳市宝安区松岗街道红星社区港联工业区海大装饰学院南平房第三间（办公场所）
………………………… Tel：0755-27417899

深圳市再荣利达机电设备有限公司
地址：深圳市宝安区松岗街道东方第二工业区再荣利达厂
………………………… Tel：0755-27463323

深圳市磊鑫合成科技有限公司
地址：深圳市宝安区西乡镇黄田林屋村
………………………… Tel：0755-27511798

深圳市宝政通管道设备工程有限公司
地址：深圳市宝安区新安街道新安五路自由六队十五巷北9号402
………………………… Tel：0755-27589075

深圳市宝联风光热能源科技有限公司
地址：深圳市宝安区石岩街道塘头社区三联工业区E栋1层
………………………… Tel：0755-27629151

深圳市怡昌动力技术有限公司
地址：深圳市龙华区龙华街道和平东路金銮国际商务大厦12楼1210、1211、1212房
………………………… Tel：0755-27638400

深圳市拓邦自动化技术有限公司
地址：深圳市宝安区石岩街道浪心社区石新居委塘头大道康荣工业园厂房第七层
………………………… Tel：0755-27651888

深圳市中基电气安装有限公司
地址：深圳市龙岗区坂田街道南坑社区南坑第一工业区A栋(宿舍)楼101
………………………… Tel：0755-27674383

深圳市华越阳光能源投资管理有限公司
地址：深圳市宝安区新安街道龙井社区龙井二路3号中粮集团大厦11楼09
………………………… Tel：0755-27873718

深圳市广惠机电安装工程有限公司
地址：深圳市宝安区西乡街道固戍社区固戍一路朱坳第三工业区115号10栋一楼A
………………………… Tel：0755-27916038

深圳市华诚电力设备有限公司
地址：深圳市龙华区观澜街道君子布社区君新工业路4号厂房101
………………………… Tel：0755-27993951

深圳市中利科技有限公司
地址：深圳市龙华新区观澜街道樟坑径社区牛角龙工业区A九栋
………………………… Tel：0755-27998550

深圳宝昌胜群电力有限公司
地址：深圳市龙华区福城街道福民社区人民路233号综合科技大楼101-201
………………………… Tel：0755-28021585

深圳永达兴机电设备有限公司
地址：深圳市龙华区观澜街道库坑陂头吓社区诚光工业园12#
………………………… Tel：0755-28056916

广东九州电气有限公司
地址：深圳市光明新区凤凰街道甲子塘社区第二工业区一排10栋
………………………… Tel：0755-28093552

深圳市金动发电机租赁有限公司
地址：深圳市龙华区大浪街道鹊山新二村布龙路385号
………………………… Tel：0755-28111858

深圳市中创易佳科技有限公司
地址：深圳市龙华区龙华街道龙园社区龙峰一路554号中顺商务大厦901
………………………… Tel：0755-28114121

深圳市金动科力实业有限公司
地址：深圳市宝安区新安街道兴华路天健时尚空间名苑1-1616
………………………… Tel：0755-28231922

广东兆能供电有限公司
地址：深圳市龙岗区南湾街道布澜路33号宝福珠宝文化产业园一号厂区厂房(一)B区二楼208-211
………………………… Tel：0755-28286111

深圳市奔马机电有限公司
地址：深圳市龙岗区南湾街道大芬村和通花园3栋109
………………………… Tel：0755-28707832

深圳华工能源技术有限公司
地址：深圳市前海深港合作区前湾一路1号A栋201室（入驻深圳市前海商务秘书有限公司）
………………………… Tel：0755-28912015

深圳市保达发电设备有限公司
地址：深圳市龙岗区龙岗街道龙岗大道4001号万汇大厦1502
………………………… Tel：0755-28996022

深圳市鸿凯丰实业有限公司
地址：深圳市龙岗区龙岗街道龙岗大道万汇大厦1310
………………………… Tel：0755-29008548

世隆裕（深圳）科技有限公司
地址：深圳市福田区沙头街道下沙社区滨河路9289号下沙村京基滨河时代广场B座2806
………………………… Tel：0755-29082750

深圳市双诚电力工程有限公司
地址：深圳市宝安区新安街道宝城42区兴华一路南一巷8-3
………………………… Tel：0755-29166101

深圳市赛斯特变配电工程有限公司
地址：深圳市光明新区公明办事处甲子塘社区第二工业区三巷6号
………………………… Tel：0755-29485568

深圳市凯豪达氢能源有限公司
地址：深圳市龙华区大浪街道工业园路1号凯豪达广场办公楼A区25F
………………………… Tel：0755-29533666

深圳市东康电力设备有限公司
地址：深圳市光明区凤凰街道塘尾社区南埔山粤宝公司A区第6号一层
………………………… Tel：0755-29623962

深圳市安托山技术有限公司
地址：深圳市宝安区沙井街道沙二社区安托山高科技工业园6号厂房一层、二层、五层
………………………… Tel：0755-29660566

深圳市优盛徕工业有限公司
地址：深圳市宝安区松岗街道罗田第三工业区象山大道460号鸿荣发工业园E栋2楼
………………………… Tel：0755-29764476

深圳风光新能源有限公司
地址：深圳市宝安区沙井街道办黄埔正风工业区第4栋1楼4楼，第5栋1楼2楼4楼
………………………… Tel：0755-29889300

惠泽电力投资（深圳）有限公司
地址：深圳市龙华区大浪街道同胜社区谭罗中心岭天然壹号B区1层
………………………… Tel：0755-32804715

深圳市立创电源有限公司
地址：深圳市宝安区福永街道怀德翠岗工业园五区第30栋第六层
………………………… Tel：0755-3311955

深圳市科陆售电有限公司
地址：深圳市南山区西丽街道宝深路科陆大厦A座17楼
………………………… Tel：0755-33309999

深圳市索阳新能源科技有限公司
地址：深圳市光明新区公明办事处田寮社区田寮大道聚汇模具工业园5栋1楼、2楼、5楼
………………………… Tel：0755-33699191

深圳市安托山特种机械有限公司
地址：深圳市宝安区沙井街道沙二社区安托山高科技工业园5号厂房一层、二层
………………………… Tel：0755-33879383

深圳市华电新能售电有限公司
地址：深圳市福田区沙头街道深南大道与香蜜湖路交界西北阳光高尔夫大厦1112、1113、1115
………………………… Tel：0755-33883323

深圳市希力普环保设备发展有限公司
地址：深圳市宝安区燕罗街道塘下涌社区老虎坑天恒石材8栋124、125
………………………… Tel：0755-36698478

深圳市百慕大工业有限公司
地址：深圳市宝安区宝安大道固戍东寨工业区润丰工业园B栋五楼之一
………………………… Tel：0755-61108388

深圳市港德新能源发电开发有限公司
地址：深圳市福田区益田中路3011号合正佳园东14C
………………………… Tel：0755-61920325

新思想电力工程有限公司
地址：深圳市光明新区公明街道楼村社区中泰街10号厂房一楼
………………………… Tel：0755-66618200

深圳蓄能发电有限公司
地址：深圳市龙岗区龙城清林中路海关大厦10楼1029室
………………………… Tel：0755-66856547

深圳市捷佳伟创新能源装备股份有限公司
地址：深圳市坪山区龙田街道竹坑社区金牛东路62号一层至六层
………………………… Tel：0755-81449696

深圳华南精工制冷设备有限公司
地址：深圳市宝安区沙井街道万丰创业工业园厂房C栋第一层F
………………………… Tel：0755-81735858

深圳迈瑞生物医疗电子股份有限公司
地址：深圳市南山区高新技术产业园区科技南十二路迈瑞大厦1-4层
………………………… Tel：0755-81888998

深圳市顺佳成售电有限公司
地址：深圳市罗湖区东湖街道大望商业大厦11楼
………………………… Tel：0755-82124595

深圳市文正兴源科技有限公司
地址：深圳市福田区梅林街道梅都社区中康路128号卓越梅林中心广场（北区）1号楼1403
………………………… Tel：0755-82129448

地国大厦有限公司
地址：深圳市前海深港合作区前湾一路1

号A栋201室（入驻深圳市前海商务秘书有限公司）
…………………… Tel：0755-82187268
深圳市赛诺金动力科技有限公司
地址：深圳市宝安区沙井街道后亭社区后亭茅洲山工业园全至科技创新园贰号楼5层R
…………………… Tel：0755-82314520
东旭蓝天新能源股份有限公司
地址：深圳市罗湖区东门中路1011号鸿基大厦25-27楼
…………………… Tel：0755-82367756
深圳红源兴机械贸易有限公司
地址：深圳市福田区园岭街道华林社区八卦路25号八卦岭工业区514栋303
…………………… Tel：0755-8238089
深圳市华银环球房地产开发有限公司
地址：深圳市福田区梅林街道梅林路卓越梅林中心广场（南区）B座B单元1009
…………………… Tel：0755-82548523
深圳缔立可智能科技有限公司
地址：深圳市福田区华强北街道华航社区红荔路3003号上步工业区201栋318
…………………… Tel：0755-82564511
深圳安捷能特分布式能源有限公司
地址：深圳市前海深港合作区前湾一路1号A栋201室（入驻深圳市前海商务秘书有限公司）
…………………… Tel：0755-82710036
深圳市中矿投资管理有限公司
地址：深圳市南山区粤海街道深圳湾科技生态园5栋D座701
…………………… Tel：0755-82776199
澳斯达（深圳）电力科技有限公司
地址：深圳市福田区沙头街道车公庙深南大道南侧杭钢富春商务大厦2708
…………………… Tel：0755-82780804
澳斯达（深圳）电力科技有限公司
地址：深圳市福田区沙头街道车公庙深南大道南侧杭钢富春商务大厦2708
…………………… Tel：0755-82780804
广东天华阳光新能源科技有限公司
地址：广州市白云区政通路29号之四
…………………… Tel：0755-82839312
雷州协鑫光伏电力有限公司
地址：雷州市雷城天和开发区[广播电视大学教师进修学校教师宿舍楼201房]（仅作为办公场所使用）
…………………… Tel：0755-82847481
封开县协鑫光伏电力有限公司
地址：封开县江口镇三元一路顺达物流服务部203室（仅供办公使用）
…………………… Tel：0755-82847481
怀集协鑫光伏电力有限公司
地址：怀集县广佛肇经济合作区A区（横洞工业园）D26地块A栋52号一楼103室（办公场所）
…………………… Tel：0755-82847481
深圳华网电力设计院股份有限公司
地址：深圳市福田区福保街道福保社区槟榔道1号吉虹研发大楼A栋3层301
…………………… Tel：0755-82880689
中燃宏明电力销售有限公司
地址：深圳市前海深港合作区前湾一路1号A栋201室（入驻深圳市前海商务秘书有限公司）经营场所：深圳市福田区滨河大道5022号联合广场B座6楼
…………………… Tel：0755-82900900
深圳市中深装建设集团有限公司
地址：深圳市福田区景田路茶官茗香苑综合楼201A、B、C、D、E、F（仅限办公）
…………………… Tel：0755-82942389
深圳高力特通用电气有限公司
地址：深圳市龙岗区坂田街道马安堂社区环城南路9号高力特零碳智慧园1栋101-1
…………………… Tel：0755-82959515
深圳市硕普智能科技有限公司
地址：深圳市福田区福田街道福华社区福景路1号武警大院5栋703
…………………… Tel：0755-83036806
深圳市能联电子有限公司
地址：深圳市南山区深南大道9988号大族科技中心3层C区
…………………… Tel：0755-83056589
深圳市兆威新能源科技有限责任公司
地址：深圳市龙岗区宝龙街道同德社区吓坑二路64号办公楼4楼
…………………… Tel：0755-83145818
深圳市艾能聚科技有限公司
地址：深圳市宝安区西乡街道盐田社区银田路4号华丰宝安智谷科技创新园H座221
…………………… Tel：0755-83289463
深圳市北冕科技有限公司
地址：深圳市宝安区西乡街道盐田社区银田路4号华丰宝安智谷科技创新园H座225
…………………… Tel：0755-83292221
客缘祥跨境电子商务（深圳）有限公司
地址：深圳市南山区南山街道南山大道新绿岛大厦3D13
…………………… Tel：0755-83380003
深圳市世纪亿诺电力设备有限公司
地址：深圳市宝安区石岩街道塘头社区松白路中运泰科技工业厂区厂房6栋七层西侧
…………………… Tel：0755-83413846
深圳广沺新能源有限公司
地址：深圳市福田区沙头街道深南大道与泰然九路交界东南金润大厦5C2
…………………… Tel：0755-83436500
龙人集团有限公司
地址：深圳市福田区福田街道福虹路世贸广场B座12F
…………………… Tel：0755-8350270
深圳市迅通技术有限公司
地址：深圳市南山区沙河街道光华街社区香山东街1号华侨城东部工业区H2栋212
…………………… Tel：0755-83525026
深圳市深福保水电市政服务有限公司
地址：深圳市福田区福保街道福田保税区红花路30号
…………………… Tel：0755-83590397
深圳市中装新能源科技有限公司
地址：深圳市罗湖区桂园街道人民桥社区和平路3001号鸿隆世纪广场407
…………………… Tel：0755-83599233
深圳市南粤电力服务有限公司
地址：深圳市福田区南园街道南园路68号上步大厦16C
…………………… Tel：0755-83660273
深圳能源售电有限公司
地址：深圳市前海深港合作区前湾一路1号A栋201室（入驻深圳市前海商务秘书有限公司）
…………………… Tel：0755-83683159
深圳南天电力有限公司
地址：深圳市福田区香蜜湖街道侨香路3058号南天电力综合楼
…………………… Tel：0755-83701391
深圳美视电厂有限公司
地址：深圳市福田区香蜜湖街道侨香路3058号南天电力综合楼309室
…………………… Tel：0755-83701391
深圳美视电厂有限公司
地址：深圳市福田区香蜜湖街道侨香路3058号南天电力综合楼309室
…………………… Tel：0755-83701391
华中国电电力集团南方供电有限公司
地址：深圳市前海深港合作区前湾一路1号A栋201室（入驻深圳市前海商务秘书有限公司）
…………………… Tel：0755-83732148
深圳市图门新能源有限公司
地址：深圳市福田区百花路长泰花园A座11D
…………………… Tel：0755-83771300
深圳长江深商能源有限公司
地址：深圳市福田区福田街道益田路时代金融中心22楼H单元
…………………… Tel：0755-83835466
深圳长江深商能源有限公司
地址：深圳市福田区福田街道益田路时代金融中心22楼H单元
…………………… Tel：0755-83835466
深圳市艾飞盛新能源有限公司
地址：深圳市南山区粤海街道科技园社区高新中二道5号生产力大楼C301
…………………… Tel：0755-83869979
深圳市共享能源技术有限公司
地址：深圳市福田区福保街道福保社区广兰道6号顺仓物流中心三层321室
…………………… Tel：0755-83995543
中海油深圳电力有限公司
地址：深圳市大鹏新区大鹏街道新大路6号
…………………… Tel：0755-84318468
中国广核集团有限公司
地址：深圳市福田区深南大道2002号中广核大厦南楼33楼
…………………… Tel：0755-84431353
深圳市普光太阳能有限公司
地址：深圳市龙岗区平湖街道平新北路兴联工业区A3栋4层
…………………… Tel：0755-84660730
深圳康诚伟业机电设备有限公司
地址：深圳市龙岗区龙岗街道南联社区龙岗大道(龙岗段)6035号金融大厦201-5
…………………… Tel：0755-84802025
广东康博动力设备有限公司
地址：深圳市龙岗区宝龙街道南约社区马桥五巷32号。
…………………… Tel：0755-84851026
深圳市禾望电气股份有限公司
地址：深圳市福田区沙头街道天安社区滨河路与香蜜湖路交汇处天安创新科技广场(二期)六层西座609室
…………………… Tel：0755-86026786
深圳博磊达新能源科技有限公司
地址：深圳市南山区沙河街道高发社区侨香路智慧广场B栋2202-13
…………………… Tel：0755-86036206
深圳华侨城水电有限公司
地址：深圳市南山区华侨城东北工业区东北B-5栋一、二楼
…………………… Tel：0755-86102550
深圳华侨城水电有限公司东部分公司
地址：深圳市盐田区大梅沙东部华侨城大侠谷物业管理公司D栋108
…………………… Tel：0755-86106985
深圳市万瑞德科技有限公司
地址：深圳市南山区粤海街道科技园社区科兴路11号深南花园327
…………………… Tel：0755-86110225
大族激光科技产业集团股份有限公司
地址：深圳市南山区深南大道9988号
…………………… Tel：0755-86161340
深圳科士达售电有限公司
地址：深圳市南山区粤海街道科技中二路软件园一期1栋402
…………………… Tel：0755-86169858
深圳长安电力发展有限公司龙岗电厂
地址：深圳市龙岗区葵涌镇上洞村
…………………… Tel：0755-86217503
深圳市广前电力有限公司
地址：深圳市宝安区80区宝民二路108号西乡街道办事处办公楼附楼106室（办公场所）
…………………… Tel：0755-86236213
深圳市能源电力服务有限公司
地址：深圳市南山区招商街道华英路1号
…………………… Tel：0755-86263777
深圳市中兴昆腾有限公司
地址：深圳市龙岗区布吉街道木棉湾社区育苗路6号鸭秋湖工业区中兴新厂房402
…………………… Tel：0755-86296585
深圳市泰晟物业管理有限公司
地址：深圳市南山区粤海街道创业路中兴工业城12栋412
…………………… Tel：0755-86381649
深圳前海茂硕新能源科技有限公司
地址：深圳市前海深港合作区前湾一路1号A栋201室（入驻深圳市前海商务秘书有限公司）
…………………… Tel：0755-86510100
深圳市盛弘电气股份有限公司
地址：深圳市南山区西丽街道松白路1002号百旺信高科技工业园2区6栋
…………………… Tel：0755-86511588
深圳库博新能源有限公司
地址：深圳市南山区西丽街道松坪山社区松坪山朗山路28号通产新材料产业园2栋2楼
…………………… Tel：0755-86520699
新澜能源（深圳）有限责任公司
地址：深圳市南山区桃源街道长源社区学苑大道1001号南山智园C2栋1712
…………………… Tel：0755-86524486
深圳追日新能源技术有限公司
地址：深圳市南山区西丽街道茶光路一本电子商务大厦6N
…………………… Tel：0755-86562327
深圳新恒业电气有限公司
地址：深圳市前海深港合作区前湾一路1号A栋201室（入驻深圳市前海商务秘书有限公司）
…………………… Tel：0755-86564686
深圳市拓日新能源科技股份有限公司
地址：深圳市南山区侨城北路香年广场[南区]主楼（A座）栋一座8层802-804号房
…………………… Tel：0755-86612658
深圳市广大能源有限公司
地址：深圳市南山区文化中心区海德二路茂业时代广场25层
…………………… Tel：0755-86616600
深圳永清爱能森新能源工程技术有限公司
地址：深圳市前海深港合作区梦海大道5033号卓越前海壹号8栋9层906C
…………………… Tel：0755-86629229
深圳市贵正科技有限公司
地址：深圳市南山区粤海街道高新区社区高新南七道12号惠恒大楼二期905
…………………… Tel：0755-8671985
广州市永晟电力有限公司
地址：广州市增城朱村街南岗村岗背（土名）厂房A5
…………………… Tel：0755-86922970
深圳市欣旺达综合能源服务有限公司
地址：深圳市南山区西丽街道沙河西路与茶光路交汇处健兴科技大厦C座二层201室
…………………… Tel：0755-86958041
中广核工程有限公司
地址：深圳市大鹏新区鹏飞路大亚湾核电基地工程公司办公大楼
…………………… Tel：0755-88616386
中广核太阳能（东莞）有限公司
地址：东莞市清溪镇土桥村委会土桥市场A区18号
…………………… Tel：0755-88619609
华润能源服务有限公司
地址：深圳市罗湖区深南东路5001号华润大厦14层1402单元
…………………… Tel：0755-88650861
南方电网电动汽车服务有限公司
地址：深圳市前海深港合作区前湾一路1号A栋201室（入驻深圳市前海商务秘书有限公司）
…………………… Tel：0755-88932046
深圳供电局有限公司
地址：深圳市罗湖区深南东路4020号电力调度通信大楼
…………………… Tel：0755-88933333
深圳前海蛇口自贸区供电有限公司
地址：深圳市前海深港合作区前湾一路1号A栋201室（入驻深圳市前海商务秘书有限公司）
…………………… Tel：0755-88983500
深圳市茂宏达电力设备有限公司
地址：深圳市龙岗区龙岗街道南约社区龙南路7号2楼（办公住所）
…………………… Tel：0755-89362118
深圳市创力发电机有限公司
地址：深圳市龙岗区龙岗街道南联社区邱屋村上进一巷15号一楼
…………………… Tel：0755-89364587
深圳市兴晟图信息技术有限公司
地址：深圳市龙岗区坂田街道大发埔社区长发西路34号中宝通A2栋201
…………………… Tel：0755-89482529
深圳市索尚建筑装饰有限公司
地址：深圳市龙岗区龙岗街道鸿景春天1栋3单元209室
…………………… Tel：0755-89808933
深圳市金汕装饰工程有限公司
地址：深圳市龙岗区坂田街道吉华路578号2楼
…………………… Tel：0755-89808933
深圳融策城市投资有限公司
地址：深圳市龙岗区龙岗街道龙岗大道6037号美洲大厦第1栋3层
…………………… Tel：0755-89896922
深圳市晟世联能源有限公司
地址：深圳市龙岗区园山街道荷坳社区软件小镇40栋2楼207
…………………… Tel：0755-89911008
阳江市新科迪环保能源有限公司
地址：阳江市江城区岗列奕垌村委会一巷2号（住所申报）
…………………… Tel：0755-89911008
珠海横琴博信能源建设有限公司
地址：珠海市横琴新区宝华路6号105室-1790（集中办公区）
…………………… Tel：0756-2520789
君柏（珠海）城市更新发展有限公司
地址：珠海市横琴新区宝华路6号105室-65405（集中办公区）
…………………… Tel：0756-2625999
珠海云电科技有限公司
地址：珠海市横琴新区宝华路6号105室-15421
…………………… Tel：0756-2681523
珠海电力建设工程有限公司
地址：珠海市横琴新区宝华路6号105室-25092（集中办公区）
…………………… Tel：0756-2867434
华峰珠海新能源科技有限公司
地址：珠海市横琴新区宝华路6号105室-19134
…………………… Tel：0756-3239168
珠海国田机电工程有限公司
地址：珠海市横琴新区宝华路6号105室-20766（集中办公区域）
…………………… Tel：0756-3376258
珠海创伟新能源有限公司
地址：珠海市横琴新区宝华路6号105室-8653
…………………… Tel：0756-5177718
广东万家乐燃气具有限公司
地址：佛山市顺德区大良街道顺峰山开发区
…………………… Tel：0757-22813888
佛山市英利发电机有限公司
地址：佛山市顺德区陈村镇永兴社区居委会广隆围工业区兴业八路6号之二
…………………… Tel：0757-23320886
佛山市朗特电机有限公司
地址：佛山市顺德区陈村镇勒竹居委会环镇东路7号
…………………… Tel：0757-23335300
广东美的厨房电器制造有限公司
地址：佛山市顺德区北滘镇永安路6号
…………………… Tel：0757-23601587
佛山市威曼电力设备有限公司
地址：佛山市顺德区陈村镇赤花居委会广隆工业园兴业4路顺联机械城17栋四层4151号
…………………… Tel：0757-23812698

广东新宝电器股份有限公司
地址：佛山市顺德区勒流镇政和南路
…………………… Tel：0757-25335428
美的集团股份有限公司
地址：佛山市顺德区北 镇美的大道6号美的总部大楼B区26-28楼
…………………… Tel：0757-26338888
广东美的暖通设备有限公司
地址：佛山市顺德区北 镇北 居委会蓬莱路工业大道
…………………… Tel：0757-26338888
佛山市顺德区美的洗涤电器制造有限公司
地址：佛山市顺德区北 镇工业园
…………………… Tel：0757-26338888
佛山市美的清湖净水设备有限公司
地址：佛山市顺德区北 镇广教社区居民委员会广乐路68号1号厂房二楼之二
…………………… Tel：0757-26338888
广东顺恒鑫柴油发电机股份有限公司
地址：佛山市顺德区陈村镇永兴社区居民委员会广隆工业区兴隆二路1号1栋首层
…………………… Tel：0757-26365238
佛山市顺德区盈顺电力工程有限公司
地址：佛山市顺德区北 镇大园路8号
…………………… Tel：0757-26675200
广东康盈交通设备制造有限公司
地址：佛山市顺德区伦教街道联合工业区工业大道
…………………… Tel：0757-27751191
广东万和新电气股份有限公司
地址：佛山市顺德高新区（容桂）建业中路13号
…………………… Tel：0757-28382663
广东威泰电力工程有限公司
地址：佛山市顺德区龙江镇西溪居委会狮桥旁旧龙良路
…………………… Tel：0757-29237808
佛山捷马电机工程有限公司
地址：佛山市顺德区陈村镇石洲村委会岗北工业区建业四路6号之二
…………………… Tel：0757-29823766
华侨城综合能源（广东）有限公司
地址：佛山市顺德区大良街道蓬沙村民委员会欢乐大道1号欢乐海岸广场蓝楹湾公馆1栋302号铺（住所申报）
…………………… Tel：0757-29956518
华电佛山能源有限公司
地址：佛山市三水区乐平镇思齐路2号（住所申报）
…………………… Tel：0757-66608127
华电广东顺德能源有限公司
地址：佛山市顺德区杏坛镇顺创路18号
…………………… Tel：0757-66608127
佛山市南海光星电力电器安装有限公司
地址：佛山市南海区桂城南五路10号503、504房
…………………… Tel：0757-81208120
广东耐奇电力科技有限公司
地址：佛山市南海区桂城街道桂澜北路2号亿能国际广场2座1104室
…………………… Tel：0757-81275127
广东宝星新能科技有限公司
地址：佛山市南海区狮山镇罗村联和工业西二区石碣朗大道1号
…………………… Tel：0757-81285481
广东威阳科技有限公司
地址：佛山市南海区狮山镇罗村西环南路3号3楼1号（住所申报）
…………………… Tel：0757-81807235
佛山电建电力销售有限公司
地址：佛山市禅城区祖庙街道季华五路22号季华大厦十三层
…………………… Tel：0757-82133070
佛山市沙口发电厂有限公司
地址：佛山市禅城区西郊张槎
…………………… Tel：0757-82201253
广东睿营建设有限公司
地址：佛山市南海区桂城街道石龙南路1号嘉邦国金中心2座1401室（住所申报）
…………………… Tel：0757-82362653
广东东谷通能源设备有限公司
地址：佛山市禅城区南庄镇季华西路133号金盈大厦A1座1901-1903室（住所申报）
…………………… Tel：0757-82521616
佛山市顺德恒辉电力工程有限公司
地址：佛山市顺德区勒流街道黄连居委会工业区勒流港货柜码头内C栋一层
…………………… Tel：0757-82572260
广东众诚电力建设工程有限公司
地址：佛山市三水区乐平镇源潭墟
…………………… Tel：0757-82573300
广东怡信电力工程有限公司
地址：佛山市南海区桂城街道季华东路33号佛山市电力科技产业中心2座9-11层
…………………… Tel：0757-82574007
广东立胜综合能源服务有限公司
地址：佛山市南海区桂城街道季华东路33号佛山市电力科技产业中心2座16、17层
…………………… Tel：0757-82578090
广东立胜综合能源服务有限公司
地址：佛山市南海区桂城街道季华东路33号佛山市电力科技产业中心2座16、17层
…………………… Tel：0757-82578090
佛山瑞德能源投资公司
地址：佛山市禅城区同济西路18号（供电调度大楼）3楼（301-306）
…………………… Tel：0757-82579796
广东威恒电力技术开发有限公司
地址：佛山市南海区桂城街道季华东路33号1座4-5层
…………………… Tel：0757-82579822
佛山市宝星新能源有限公司
地址：佛山市禅城区张槎街道张槎一路115号9座九楼
…………………… Tel：0757-82585282
广东南控电力有限公司
地址：佛山市禅城区季华西路133号3座13层01-06单元02之三单元
…………………… Tel：0757-82597865
佛山光烁众崛能源有限公司
地址：佛山市禅城区汾江北路32号金谷国际五金交易中心一期1-3座四层7号（住所申报）（仅作办公场所使用）
…………………… Tel：0757-82810667
广东电网有限责任公司佛山三水供电局
地址：江汉区航空路电业村170号
…………………… Tel：0757-82868739
广东佛山电力股份有限公司
地址：佛山市禅城区季华路季华大厦
…………………… Tel：0757-83033660
佛山市顺晟电力工程有限公司
地址：佛山市南海区里水镇和顺金逢路12号2楼（住所申报）
…………………… Tel：0757-85123886
佛山南海高空风能技术有限公司
地址：佛山市南海区丹灶镇南海国家生态工业示范园区金福路3号园区办公楼301室
…………………… Tel：0757-85407189
佛山市南海飞宇电力电器安装有限公司
地址：佛山市南海区大沥竹基南路
…………………… Tel：0757-85514089
广东日聚光伏科技有限公司
地址：佛山市南海区大沥镇广佛路江夏路段骏翔大厦1601室（住所申报）
…………………… Tel：0757-85515831
佛山市炬墺特暖通科技有限公司
地址：佛山市南海区里水镇和顺和桂工业园A区南水路12号
…………………… Tel：0757-85651966
佛山市南海区里水长江机电仪表五金供应站
地址：佛山市南海区里水镇夏塘路86号首层（住所申报）
…………………… Tel：0757-85682786
广东粤凯新能源有限公司
地址：广州高新技术产业开发区科丰路31号自编一栋华南新材料创新园G1栋A325号
…………………… Tel：0757-86689169
广东智纤新材料有限公司
地址：佛山市南海区桂城平洲南港路11号富景花园铝信广场五楼
…………………… Tel：0757-86703390
南海发电一厂有限公司
地址：广东省佛山市南海区西樵新田
…………………… Tel：0757-86862281
佛山市南海京能发电有限公司
地址：佛山市南海区西樵镇新田佛山市南海京能发电有限公司（行政办公楼）四层
…………………… Tel：0757-86862850
国电京信清远发电有限公司
地址：清远市清城区飞来峡镇政府办公楼303室
…………………… Tel：0757-86862851
佛山赛能新能源有限公司
地址：佛山市三水区中心科技工业区大塘园A区71-1号地
…………………… Tel：0757-87661758
佛山市南方恒业电力工程有限公司
地址：佛山市三水区西南街三达路25号二座梯铺（2）号
…………………… Tel：0757-87762818
广东建源检测技术有限公司
地址：佛山市三水区中心科技工业区西南园C区15-5号之二
…………………… Tel：0757-87817577
广东长牛电气股份有限公司
地址：佛山市南海区狮山科技工业园C区骏业北路12号
…………………… Tel：0757-88734030
肇庆市恒电电力工程有限公司
地址：肇庆市和平路二十八号端州用电所综合楼
…………………… Tel：0758-2703816
肇庆市兴军志市政工程有限公司
地址：肇庆市端州区西江南路小花园东街8号（住改商）
…………………… Tel：0758-2829301
四会市气象局机关服务中心
地址：四会市东城街道市行政中心气象局
…………………… Tel：0758-3268163
四会市正量电力设计院有限公司
地址：四会市东城街道陶丽居委会吉照路怡雅茗苑首层13号
…………………… Tel：0758-3295160
国电肇庆热电有限公司
地址：肇庆高新区白沙街1号
…………………… Tel：0758-3987000
肇庆大旺电力热力有限公司
地址：肇庆高新区白沙街1号国电办公楼二楼
…………………… Tel：0758-3987183
怀集县气象局机关服务中心
地址：怀集县县城解放北路水厂北侧
…………………… Tel：0758-5537361
肇庆市贺江电力发展有限公司
地址：肇庆市景德路19号
…………………… Tel：0758-6680861
广东电网肇庆封开供电局有限责任公司
地址：封开县江口镇封州一路
…………………… Tel：0758-6881336
广佛肇（怀集）经济合作区物业管理有限公司
地址：怀集县闸岗镇郊际工业园Ⅰ-1-05地块（广佛肇（怀集）经济合作区管委会大楼右副楼）
…………………… Tel：0758-6977818
广东电网肇庆德庆供电局有限责任公司
地址：德城镇解放北路25号
…………………… Tel：0758-7386876
肇庆湘德电力建设有限公司
地址：德庆县新圩镇新圩村委会三角垌德新南加油站南侧
…………………… Tel：0758-7732623
肇庆市南兴电力工程有限公司
地址：肇庆市高要区南岸双龙路65号
…………………… Tel：0758-8368130
广东电网有限责任公司湛江供电局
地址：湛江市霞山区海滨大道南50号
…………………… Tel：0759-2110099
湛江市气象局机关服务中心
地址：湛江市霞山区人民南路110号
…………………… Tel：0759-2284499
广东电网湛江廉江供电局有限责任公司
地址：廉江市廉城镇新兴路20号
…………………… Tel：0759-2525123
湛江中石化中捷清洁能源有限公司
地址：湛江市霞山区临港工业园宝河路东侧3号1幢1层
…………………… Tel：0759-2658399
广东华电前山风力发电有限公司
地址：徐闻县政府小招待所内
…………………… Tel：0759-2836667
广东兴能电力投资有限公司
地址：湛江市霞山区机场路12号君至壹号11层1126房
…………………… Tel：0759-2939666
广东粤电雷州风力发电有限公司
地址：雷州市龙门镇金星农场十队肆栋16号
…………………… Tel：0759-3130386
广东粤电湛江风力发电有限公司
地址：湛江市赤坎区湾北路7号北大院36栋1-3楼
…………………… Tel：0759-3130386
广东粤电徐闻风力发电有限公司
地址：徐闻县新寮镇东塘村委会东星路88号
…………………… Tel：0759-3130386
湛江宇能投资有限公司
地址：湛江市赤坎区调顺路168号
…………………… Tel：0759-3165013
湛江电力有限公司
地址：湛江市调顺路168号
…………………… Tel：0759-3165114
广东守仁建设有限公司
地址：湛江开发区乐山东路35号银隆广场A1404室
…………………… Tel：0759-3398336
广东智保特科技工程有限公司
地址：湛江市赤坎区民康路3号湛江海田机电汽配市场B区扩建A栋二层01号商铺
…………………… Tel：0759-3581956
湛江市粤丰环保电力有限公司
地址：湛江市麻章区冯村鹰岭（湛江市生活垃圾处理场填埋一区北侧）
…………………… Tel：0759-3583590
国家电投集团徐闻风力发电有限公司
地址：徐闻县徐城东方二路5号工行办公楼商务层6楼
…………………… Tel：0759-3628126
广东华电福新梅州风力发电有限公司
地址：平远县大柘镇黄花坡广州南沙（平远）产业转移工业园区管委会办公楼二楼
…………………… Tel：0759-39220662
吴川市气象局机关服务中心
地址：湛江吴川市梅录街道长寿路9号
…………………… Tel：0759-5581059
廉江市永兴物业服务有限公司
地址：廉江市罗州大道西157号内
…………………… Tel：0759-6888268
杨柑供销社水电门市部
地址：通化县干沟乡
…………………… Tel：0759-7321011
遂溪县气象局机关服务中心
地址：湛江市遂溪县遂城镇灵村仔村遂康公路旁（遂溪县气象局内）
…………………… Tel：0759-7787210
广东大唐国际雷州发电有限责任公司
地址：雷州市乌石镇港彩村南
…………………… Tel：0759-8198188
广东粤电湛江生物质发电有限公司
地址：遂溪县白坭坡工业基地工业南路5号
…………………… Tel：0759-8207618
广东电网湛江雷州供电局有限责任公司
地址：雷城镇西湖大道079号
…………………… Tel：0759-8813077
国电电力雷州发电有限公司
地址：雷州市东里镇人民政府院内
…………………… Tel：0759-8966061
广东长青电力控股有限公司
地址：中山市小榄镇工业大道南42号之3第3层之一
…………………… Tel：0760-22111888
中山市小榄镇供电所
地址：中山市小榄镇菊城大道中9号
…………………… Tel：0760-22130973
中山小榄港华燃气有限公司
地址：中山市小榄镇升平中路10号2座701、712房
…………………… Tel：0760-22183288
奥拓照明科技（中山）有限公司
地址：中山市古镇同益工业园福南路9号1栋2楼和5楼
…………………… Tel：0760-22539880
广东粤电中山热电厂有限公司
地址：中山市三角镇月湾路1号
…………………… Tel：0760-22819888
讯芯电子科技（中山）有限公司
地址：中山市火炬开发区建业东路9号；增设一处经营场所具体为：中山市火炬开发区建业东路9号之一
…………………… Tel：0760-23381357
广东爱科建设工程有限公司
地址：中山市港口镇木河迳东路8号A三层
…………………… Tel：0760-23806188
广东明阳瑞华能源服务有限公司
地址：中山市火炬开发区火炬路22号明阳工业园电力电子楼二楼202室
…………………… Tel：0760-28138480
明阳智慧能源集团股份公司
地址：广东省中山市火炬开发区火炬路22号
…………………… Tel：0760-28138666
广东天富电气股份有限公司
地址：中山市火炬开发区环茂二路9号
…………………… Tel：0760-28177100
中山翠亨能源有限公司
地址：中山市翠亨新区和信路29号－金晖苑C栋1楼
…………………… Tel：0760-85282299
中山翠亨能源有限公司
地址：中山市翠亨新区和信路29号－金晖苑C栋1楼
…………………… Tel：0760-85282299
中山富斯德风力发电设备制造有限公司
地址：中山市坦洲镇龙塘横街3号一幢一楼A座
…………………… Tel：0760-86737965
TCL空调器（中山）有限公司
地址：中山市南头镇南头大道
…………………… Tel：0760-87821666
中山市南通机电设备有限公司
地址：中山市石岐区豪程路（高云台）10号1卡之二
…………………… Tel：0760-88332962
中山市水电物资供应有限公司
地址：中山市石岐区富康路19号1幢201房
…………………… Tel：0760-88382128
中山市中电检修工程有限公司
地址：中山市南区大新路6号大楼一层103-104
…………………… Tel：0760-88397560
广东红日节能环保科技有限公司
地址：中山市石岐区东明北路民营科技园兴发路1号
…………………… Tel：0760-88783138
惠州市惠城电力实业有限公司
地址：惠州市麦地麦兴路21-7号
…………………… Tel：0762-2270363
河源市东康电力设备有限公司
地址：河源市新市区红星路与昌盛街交

汇口西北地段（即红星路103号）鑫华广场第11层C区
…………Tel：0762-2812626
河源市气象局机关服务中心
地址：河源市越王大道行政商务小区内
…………Tel：0762-3186001
广东长鸿电力销售有限公司
地址：河源市火车站小区经十路东边福新大厦1栋街81-003号
…………Tel：0762-3291073
广东粤电新丰江发电有限责任公司
地址：河源市源城区新江三路298号
…………Tel：0762-3302505
深能（河源）电力有限公司
地址：河源市源城区埔前镇双头村
…………Tel：0762-3427515
广东明煌电力工程有限公司
地址：河源市高新技术开发区兴工大道
…………Tel：0762-3603392
广东锦泰电力售电有限公司
地址：河源市中山大道1号河源广场C栋1601号房
…………Tel：0762-3826333
广东锦泰电力售电有限公司
地址：河源市中山大道1号河源广场C栋1601号房
…………Tel：0762-3826333
广东锦泰电力集团有限公司
地址：河源市市区东城西片区越王大道西面、永祥路北边汇景国际商贸中心A栋14层
…………Tel：0762-3826333
广东电网河源连平供电局有限责任公司
地址：连平县西门路4号
…………Tel：0762-4332040
连平县气象局机关服务中心
地址：连平县气象局办公大楼
…………Tel：0762-4332340
广东电网河源和平供电局
地址：和平县阳明镇东山路217号
…………Tel：0762-5636996
和平县气象局机关服务中心
地址：广东省和平县阳明镇滨河东路2号
…………Tel：0762-5642188
和平县电力发展有限公司
地址：和平县阳明镇东山路217号
…………Tel：0762-5685698
广东电网河源龙川供电局有限责任公司
地址：龙川县老隆镇新城开发区2号（205国道旁）
…………Tel：0762-6752923
龙川县气象局机关服务中心
地址：广东省龙川县老隆镇铁场坑81、82号
…………Tel：0762-6899181
龙川鸿鑫电力工程有限公司
地址：龙川县老隆镇新城开发区7号小区（205国道义都路口新城加油站南侧）
…………Tel：0762-6988099
紫金县气象局机关服务中心
地址：广东省紫金县紫城镇教场材寨岗
…………Tel：0762-7813422
广东电网河源紫金供电局有限责任公司
地址：紫城镇安良大道供电大楼
…………Tel：0762-7816741
东源县公用事业局
地址：东源县行政大道
…………Tel：0762-8831873
广东电网清远英德供电局有限责任公司
地址：英德市英城浈阳路南九龙路东
…………Tel：0763-2205027
英德市白石窑水电厂
地址：英德市望埠镇桥新管理区
…………Tel：0763-2226735
神华国华清远发电有限责任公司
地址：清远市新城5号区烟草综合楼三层之三
…………Tel：0763-2816888
广东清能电力科技有限公司
地址：连山壮族瑶族自治县吉田镇勤政路总部经济大楼第四层409-08室
…………Tel：0763-3217999
英德市连海供水发电有限公司
地址：英德市连江口镇樟居委坑边村
…………Tel：0763-3376003
清远恒达电力发展有限公司
地址：清远市清城区横荷街道办事处清远大道西18号厚德华庭2层二层号
…………Tel：0763-3665203
广东源远电力实业有限公司
地址：清远市桥北一路源远公司大楼
…………Tel：0763-3929422
清远市清新区工业园开发建设中心
地址：禾云镇政府办公大楼5楼
…………Tel：0763-5673980
清远市粤能迳口水电有限公司
地址：清远市清新区太和镇周田村委会迳口水电站
…………Tel：0763-5875840
广东电网清远连州供电局有限责任公司
地址：连州市连州镇番禺路2号
…………Tel：0763-6625772
连州市水利水电勘测设计室
地址：连州市西兴南路
…………Tel：0763-6627042
广东电网清远阳山供电局有限责任公司
地址：阳山县阳城镇星月路8号
…………Tel：0763-7800463
阳山中心坑电力有限公司
地址：阳山县阳城镇月西路3号C座首层
…………Tel：0763-7804375
阳山崇象电力有限公司
地址：阳山县阳城镇松荣路29号13栋101（仅限办公）
…………Tel：0763-7816707
连南瑶族自治县气象局机关服务中心
地址：广东省连南县三江镇五星村直路顶张屋背
…………Tel：0763-8661519
广东电网清远连南供电局有限责任公司
地址：连南县三江镇朝阳路149号
…………Tel：0763-8670005
连山壮族瑶族自治县小水电发展有限公司
地址：连山壮族瑶族自治县吉田镇鹿鸣东路淘金坪电站宿舍B栋首层
…………Tel：0763-8728537
广东电网清远连山供电局有限责任公司
地址：连山壮族瑶族自治县吉田镇鹿鸣东路
…………Tel：0763-8818021
广东电网云浮新兴供电局有限责任公司
地址：新兴县新城镇大南路二龙岗147号
…………Tel：0766-2883301
新兴县气象局机关服务中心
地址：新兴县新城镇桥亭岗气象局大院内
…………Tel：0766-2977102
罗定市气象局机关服务中心
地址：罗定市罗城街道气象路41号（气象局大院）
…………Tel：0766-3722552
广东电网云浮罗定供电局有限责任公司
地址：罗定市罗城镇龙园路95号
…………Tel：0766-3822201
广东省粤泷发电有限责任公司
地址：罗定市双东街道陈皮村
…………Tel：0766-3910688
广东铨镁能源集团有限公司
地址：罗定市附城街道高峰新村2号之三
…………Tel：0766-3958618
广东国鸿氢能科技有限公司
地址：广东省云浮市云城区思劳镇佛山（云浮）产业转移工业园南园区9号
…………Tel：0766-6931238
云浮市佛云新能源交通投资发展有限公司
地址：云浮市云城区思劳镇圆周山国际石材产业城C区会展中心1号楼B室（仅限办公）
…………Tel：0766-8586306
云浮市创利发电有限公司
地址：云浮市云安区港城大道
…………Tel：0766-8636282
广东广业云硫矿业有限公司水电分公司
地址：巴河镇巴驿街
…………Tel：0766-8723589
云浮市易世达余热发电有限公司
地址：云浮市云城区高峰镇洞殿黄婆岭（广东广信青洲水泥有限公司办公楼B202房）
…………Tel：0766-8768039
云浮市气象局机关服务中心
地址：云浮市兴云路春岗山
…………Tel：0766-8822352
潮州市湘桥区意溪供电有限公司
地址：潮州市潮安区登塘镇登塘市场
…………Tel：0768-2326008
广东省潮州供水枢纽水力发电中心
地址：潮州市潮州大道粤海明辉家园怡雅阁9座101房
…………Tel：0768-2373356
潮州市枫溪区金枫电力有限公司
地址：广东省潮州市枫溪区枫春路287号
…………Tel：0768-6876828
广东电网潮州饶平供电局有限责任公司
地址：黄冈镇黄冈大桥西侧
…………Tel：0768-7804513
广东东华电力设计院有限公司
地址：东莞市寮步镇横坑莞樟路13号东安大厦209
…………Tel：0769-2082588
东莞市高肯凯电气有限公司
地址：广东省东莞市万江街道万江沿江路1号119室
…………Tel：0769-21663502
广东开能环保能源有限公司
地址：东莞市南城街道鸿福社区黄金路1号东莞天安数码城C区2号楼1405
…………Tel：0769-22001938
广东莞能电力技术有限公司
地址：广东省东莞市寮步镇横坑横西六路1号501室
…………Tel：0769-22012259
广东南能新能源有限公司
地址：广州市增城区新城大道400号增城低碳总部园新城创业中心14号楼1007
…………Tel：0769-22262006
广东众工新能源科技有限公司
地址：东莞市东城街道主山莞樟大道82号金岭大厦A座308室
…………Tel：0769-22485888
东莞市三联热电有限公司
地址：东莞市中堂镇东糖集团内
…………Tel：0769-22613962
东莞粤丰环保电力有限公司
地址：东莞市南城区水濂社区
…………Tel：0769-22667779
东莞中电第二热电有限公司
地址：东莞市东城区科技工业园同欣路
…………Tel：0769-22688088
东莞市基业机电有限公司
地址：东莞市东城区同沙工业园启园路2号
…………Tel：0769-22781911
东莞市博通电气设备工程有限公司
地址：东莞市东坑镇黄屋工业区40号
…………Tel：0769-22789650
东莞市南城思函五金电器商行
地址：东莞市南城街道新城稻花村18幢111号铺
…………Tel：0769-22828805
东莞莞能绿色能源服务有限公司
地址：东莞市莞城街道金牛路20号
…………Tel：0769-22829092
东莞莞能绿色能源服务有限公司
地址：东莞市莞城街道金牛路20号
…………Tel：0769-22829092
广东康菱动力科技有限公司
地址：东莞市松山湖科技产业园北部工业区工业北路2号
…………Tel：0769-22895555
易事特新能源（韶关）有限公司
地址：仁化县沿江路5号C幢102号
…………Tel：0769-22897777
广东易事特机电工程有限公司
地址：东莞市东城街道主山高田坊联动大厦五楼518号
…………Tel：0769-26621553
东莞市英格一心智能科技有限公司
地址：广东省东莞市松山湖园区总部三路20号1栋507室
…………Tel：0769-26628927
汕尾万达广场商业管理有限公司
地址：汕尾市城区凤山街道香洲社区居委会二楼202号
…………Tel：0769-26991881
广东辉达新能源动力设备有限公司
地址：东莞市桥头镇东深路（石水口段）38号
…………Tel：0769-81092999
广东海能全宇动力科技有限公司
地址：东莞市大朗镇杨涌村杨新路668号
…………Tel：0769-81098666
广东泰晶新能源有限公司
地址：东莞市横沥镇西城工业二区B9
…………Tel：0769-81189888
广东合即得能源科技有限公司
地址：东莞市樟木头镇柏地柏兴二路18号A幢
…………Tel：0769-82113228
广东勤宏建设发展有限公司
地址：东莞市横沥镇江南路华侨新村盛世华庭8栋44号
…………Tel：0769-82208555
东莞市长盈电力工程有限公司
地址：广东省东莞市虎门镇龙眼工业路24号
…………Tel：0769-82263777
东莞市风华发电机密封油控制设备有限公司
地址：东莞市清溪镇罗马村委会罗马路屯岭
…………Tel：0769-82529290
广东三奥动力设备有限公司
地址：广东省东莞市常平镇袁山贝商业街243号101室
…………Tel：0769-82987000
东莞市桥头供电公司
地址：东莞市桥头镇光明路25号
…………Tel：0769-83343209
广东电力发展股份有限公司沙角A电厂
地址：广东省东莞市虎门镇沙电路39号
…………Tel：0769-85136731
东莞市新路线机电设备有限公司
地址：东莞市长安镇新安社区德政西路西湖花园57栋2楼201室
…………Tel：0769-85239963
广东中机能源科技有限公司
地址：东莞市长安镇新安社区德政西路西湖花园57栋一楼
…………Tel：0769-85371999
东莞市启运环保节能机械科技有限公司
地址：广东省东莞市长安镇沙头大园东街二巷2号
…………Tel：0769-85412358
东莞安力科技园建造有限公司
地址：东莞市长安镇上沙村长南路南段
…………Tel：0769-85417288
东莞市挚能再生资源发电有限公司
地址：广东省东莞市厚街镇厚街东二环路6号
…………Tel：0769-85835818
东莞市挚能再生资源发电有限公司
地址：广东省东莞市厚街镇厚街东二环路6号
…………Tel：0769-85835818
东莞市能达机电设备有限公司
地址：东莞市东城街道牛山社区涡岭兆炫工业园A栋D区
…………Tel：0769-85896558
华能东莞燃机热电有限责任公司
地址：东莞市谢岗镇银山科技园
…………Tel：0769-86002666
东莞市和科达液晶设备有限公司
地址：东莞市清溪镇罗马工业区福源路9号和科达工业园
…………Tel：0769-86003793
东莞市胜动新能源科技有限公司
地址：东莞市企石镇上截村黄金积工业区
…………Tel：0769-86229811
保力新能源科技（东莞）有限公司
地址：东莞市石排镇向西工业区
…………Tel：0769-86511770
广东志成冠军集团有限公司
地址：广东省东莞市塘厦镇田心工业区
…………Tel：0769-87722374
东莞市大洋机电工程有限公司
地址：东莞市塘厦镇塘厦大道南221号
…………Tel：0769-87928888
东莞南玻太阳能玻璃有限公司
地址：东莞市麻涌镇新基村
…………Tel：0769-88288680
东莞银桥电气有限公司
地址：东莞市中堂镇振兴路南国雅苑E03号
…………Tel：0769-88892023
广东宾士动力科技有限公司
地址：东莞市寮步镇上屯工业区矿头路尾36号
…………Tel：0769-88992216
康达新能源设备股份有限公司
地址：东莞市寮步镇塘唇青年路
…………Tel：0769-88996315
东莞市忠诚信光电能源科技有限公司
地址：广东省东莞市石碣镇邦口塘一巷10号301房
…………Tel：0769-89616819
广东中伟电力建设发展有限公司
地址：广东省东莞市寮步镇寮步福来路1号
…………Tel：0769-89770755
东莞市科旺科技股份有限公司
地址：东莞松山湖高新技术产业开发区工业东路16号
…………Tel：0769-89950333

广西壮族自治区

广西北防建筑工程有限公司
地址：防城港市港口区珍珠路83号25幢（计委小区C-09号）
…………Tel：0770-2826988
防城港市武钢华润燃气有限公司
地址：防城港市港口区企沙工业区企沙南路与玉石滩大道交汇处
…………Tel：0770-2882067
东兴市黄淡水库管理处
地址：东兴镇松柏村
…………Tel：0770-7696107
广西凯发能源科技有限公司
地址：南宁市高新区高新大道东段5号三产综合楼一楼、二楼
…………Tel：0771-2310116
广西盛怀投资有限公司
地址：南宁市安园东路北面南大物流市场第Ｂ２－３号
…………Tel：0771-2330178
广西柴动发电设备有限公司
地址：南宁市大学东路170号科德五金机电城D街D35号
…………Tel：0771-2537606
广西聚能水电开发有限公司
地址：南宁市青秀区东葛路８６号
…………Tel：0771-2552825
广西兆腾科技有限公司
地址：南宁市西乡塘区科园大道６８号南宁高新区软件园二期７号楼细分一层１０３号
…………Tel：0771-2796160
柳州市广龙投资管理有限责任公司
地址：柳州市东环大道167号五建大厦11

楼
…………………… Tel：0771-2810635

广西广润水电物资有限公司经营部
地址：南宁市西乡塘区衡阳西路３３－７号
…………………… Tel：0771-2815086

广西华东科技有限责任公司
地址：南宁市青秀区白云路6号凤岭综合小区1号住宅楼201号
…………………… Tel：0771-2865930

广西玉林宏江能源科技有限公司
地址：广西河池市都安瑶族自治县拉烈镇拉烈街
…………………… Tel：0771-2866086

广西南宁全晶机电设备有限公司
地址：南宁市秀灵路89号F栋19号
…………………… Tel：0771-3122360

广西国峰合同能源管理有限公司
地址：南宁市科德西路2号瀚林雅筑04栋3004号
…………………… Tel：0771-3212253

广西申能达智能技术有限公司
地址：南宁高新区科技工业园8号区
…………………… Tel：0771-3215588

平南县申能达光伏农业科技有限公司
地址：平南县平南镇兴平路275号
…………………… Tel：0771-3215588

国电广西水电开发有限公司
地址：南宁市西乡塘区总部路１号中国－东盟科技企业孵化基地一期Ｄ９栋
…………………… Tel：0771-3228949

国电广西新能源开发有限公司
地址：南宁市高新区总部路１号中国—东盟科技企业孵化基地一期Ｄ９栋
…………………… Tel：0771-3228985

广西博能电力开发有限公司
地址：南宁市明秀东路88号荣和·山水绿城A组团10号楼3A05号
…………………… Tel：0771-3258606

马山协合古零风力发电有限公司
地址：马山县古零镇杨圩村
…………………… Tel：0771-3298815

广西莱恩斯实业股份有限公司
地址：陆川县珊罗镇六燕村（玉林市恒伟机械制造有限公司厂房内）
…………………… Tel：0771-3352678

广西南宁标榜热能技术有限公司
地址：南宁市秀安路１－３号棕榈湾８号楼２单元２５０１号房
…………………… Tel：0771-3392128

广西广润水电物资有限公司
地址：南宁市青秀区园湖北路３９号
…………………… Tel：0771-3491293

天等县水利电业有限公司
地址：天等县天等镇天宝北路１８６号
…………………… Tel：0771-3525803

广西水利电业集团有限公司天等供电分公司
地址：宝鸡市渭滨区文化路建材市场东区44号
…………………… Tel：0771-3525803

大新县水电局物资供应站
地址：桓仁满族自治县桓仁镇向阳街16组0栋0单41-8-1号
…………………… Tel：0771-3629717

国电永福发电有限公司
地址：永福县苏桥镇
…………………… Tel：0771-3803110

广西风火电气有限公司
地址：南宁市科园大道３３号盛世龙腾Ｂ单元Ｂ－２－２００６号
…………………… Tel：0771-3806506

南宁广沛机电设备工程有限公司
地址：园湖南路７－１号华兴园综合楼写字楼４０９号房
…………………… Tel：0771-3806647

广西阳升新能源有限公司
地址：南宁市发展大道189号安吉华尔街工谷1号楼C座505号
…………………… Tel：0771-3865459

南宁万开机电设备有限公司
地址：南宁市秀灵路８１号南宁东博国际五金机电城内Ａ６栋２、６、８号铺位
…………………… Tel：0771-3900612

广西农业机械研究院有限公司
地址：广西南宁市西乡塘区大学东路１７０号
…………………… Tel：0771-3947632

广西龙源风力发电有限公司
地址：横县六景镇景兴路034号
…………………… Tel：0771-4238666

龙源玉林风力发电有限公司
地址：广西博白县博白镇大路山C区
…………………… Tel：0771-4238666

广西龙源风力发电有限公司
地址：横县六景镇景兴路034号
…………………… Tel：0771-4238666

广西智光电力销售有限公司
地址：南宁市良庆区凯旋路9号海尔·青啤东盟联合广场3号楼3001号
…………………… Tel：0771-4305126

南宁市弘力电业有限责任公司
地址：南宁市邕宁区新兴街１６８号
…………………… Tel：0771-4721899

南宁广发重工发电设备有限责任公司
地址：南宁市壮锦大道３号
…………………… Tel：0771-4856605

南宁市山普力动力科技有限公司
地址：南宁市星光大道２１３号金康居住小区凤江苑１４号楼１５１号房
…………………… Tel：0771-4873280

南宁市和泰家用电器维修部
地址：浦城县水北新街151号
…………………… Tel：0771-4892730

广西瑞恒现代新能源设备有限公司
地址：南宁市白沙大道109号龙光普罗旺斯向日葵庄园12号楼1单元23A01号
…………………… Tel：0771-4894669

赛富电力集团股份有限公司
地址：南宁市青秀区凤翔路11号香格里拉花园（二期）A座A201号
…………………… Tel：0771-4912107

广西拓瑞能源有限公司
地址：南宁市良庆区凯旋路9号海尔·青啤东盟联合广场2号楼904号
…………………… Tel：0771-4957678

广西智宇科技有限公司
地址：中国（广西）自由贸易试验区南宁片区五象大道399号龙光国际2号楼1211、1212、1213号
…………………… Tel：0771-4957915

华润电力（广西）销售有限公司
地址：广西贺州市富川瑶族自治县莲山镇吉山村委
…………………… Tel：0771-5385868

广西凯利永程投资有限公司
地址：南宁市青秀区桂春路１０号柏图家居广场第五层
…………………… Tel：0771-5385908

广西天正投资管理有限公司
地址：南宁市青秀区民族大道131号航洋国际城3号楼1118号
…………………… Tel：0771-5389768

广西博阳电力工程建设有限责任公司
地址：南宁市青秀区民族大道166号上东国际T2栋13楼全层
…………………… Tel：0771-5488740

广西博阳电力工程建设有限责任公司
地址：南宁市青秀区民族大道166号上东国际T2栋13楼全层
…………………… Tel：0771-5488740

广西左江美亚水电有限公司
地址：广西崇左市江州区太平镇盆桐村
…………………… Tel：0771-5519050

广西雅正机电工程有限公司
地址：南宁市青秀区竹溪大道３６号７楼７０７室
…………………… Tel：0771-5535906

广西冠宇电力有限公司
地址：南宁市金浦路７号世纪商都１８０５号房
…………………… Tel：0771-5535953

广西冠宇电力有限公司
地址：南宁市金浦路７号世纪商都１８０５号房
…………………… Tel：0771-5535953

广西协合售电有限公司
地址：南宁市青秀区金湖路26-1号东方国际商务港B座1311号
…………………… Tel：0771-5581337

融安协合白云岭风力发电有限公司
地址：融安县长安镇广场北路13号政务大楼8楼
…………………… Tel：0771-5581337

广西桂合投资有限公司
地址：南宁市明秀东路明秀小区２３栋３单元第６层６０６号
…………………… Tel：0771-5685828

广西电网有限责任公司
地址：南宁市兴宁区民主路６号
…………………… Tel：0771-5695000

广西大唐电力检修有限公司
地址：广西南宁市望仙坡一里3号栋VII—4号整栋房
…………………… Tel：0771-5697143

广西明臻能源投资集团有限公司
地址：南宁市青秀区竹溪大道45号百色大厦T2栋17D号
…………………… Tel：0771-5717565

广西品匠家居装饰工程集团有限公司
地址：南宁市青秀区中柬路９号利海·亚洲国际４号楼４－５１６号
…………………… Tel：0771-5718028

华能广西能源销售有限责任公司
地址：南宁市青秀区东葛路118号南宁青秀万达广场西1栋4802号
…………………… Tel：0771-5727792

广西中嘉华业投资有限公司
地址：南宁市青秀区民族大道１５５号荣和山水美地一组团７号楼Ａ座１层１０１号房
…………………… Tel：0771-5733819

中电广西防城港电力有限公司
地址：中华人民共和国广西壮族自治区防城港市港口区企沙镇赤沙村
…………………… Tel：0771-5752200

广西通亮灯具有限公司
地址：南宁市西乡塘区明秀东路185号丰业国际城C座921号
…………………… Tel：0771-5769382

广西中燃清洁能源有限公司
地址：南宁市那洪大道12号创意标准厂房三层302号
…………………… Tel：0771-5776156

中节能钦州风力发电有限公司
地址：钦州市钦南区久隆镇长兴小区久隆镇人民政府办公楼二层（仅作为公司办公场所联系业务使用）
…………………… Tel：0771-5785672

中节能风力发电（广西）有限公司
地址：博白县博白镇大路山三路26号
…………………… Tel：0771-5785672

国家电投集团广西电力有限公司
地址：南宁市高新区鲁班路99号
…………………… Tel：0771-5789655

广西水利电力建设集团有限公司
地址：南宁市青秀区民族大道１３５号水电大厦
…………………… Tel：0771-5796520

广西顶博电力设备制造有限公司
地址：南宁市高华路2号实验楼601号房
…………………… Tel：0771-5805269

广西道成投资有限公司
地址：南宁市青秀区金湖路63号金源·现代城7层
…………………… Tel：0771-5820617

广西道成新能源发展有限公司
地址：南宁市青秀区金湖路63号金源·现代城7层
…………………… Tel：0771-5820617

广西百熠新能源发展有限公司
地址：广西百色市右江区大旺路1-1号C区01座6楼
…………………… Tel：0771-5825707

广西鼎旭同辉农业投资有限公司
地址：南宁市江南区吴圩镇广西农垦国有明阳农场总场办公楼1-4室
…………………… Tel：0771-5827383

隆林国旭水电开发有限公司
地址：隆林各族自治县介廷乡那达村平达屯（村委办公楼）
…………………… Tel：0771-5846336

凌云县国旭水电开发有限公司
地址：广西凌云县泗城镇前进社区纳新小区72号
…………………… Tel：0771-5846336

广西壮府投资集团有限公司
地址：南宁市青秀区方园路1号方园公寓8号楼2单元103号房
…………………… Tel：0771-5850368

南宁三祥热电有限公司
地址：广西—东盟经济技术开发区宁武路7号
…………………… Tel：0771-6027028

南宁市沃而康发电设备有限公司
地址：南宁市西乡塘区明秀西路118号百汇华庭A单元903号
…………………… Tel：0771-6104446

广西大唐桂冠马王风力发电有限公司
地址：宾阳县宾州镇广源路湖景花园A11号楼1单元1604号
…………………… Tel：0771-6118076

大唐广源水力发电有限公司
地址：广西南宁市青秀区民族大道126-1号龙滩大厦0913
…………………… Tel：0771-6118235

广西桂冠开投电力有限责任公司
地址：南宁市青秀区民族大道１２６号龙滩大厦七楼
…………………… Tel：0771-6118578

广西桂冠电力股份有限公司
地址：南宁市青秀区民族大道１２６号
…………………… Tel：0771-6118633

大唐集团广西聚源电力有限公司
地址：南宁市青秀区民族大道126-1号龙滩大厦
…………………… Tel：0771-6118633

广西大唐桂冠电力营销有限公司
地址：南宁市青秀区民族大道126-1号龙滩大厦19层
…………………… Tel：0771-6118663

广西大唐桂冠新能源有限公司
地址：广西壮族自治区南宁宾阳县宾州镇碗窑村
…………………… Tel：0771-6118987

南宁英利光伏电力开发有限公司
地址：南宁市壮锦大道39号B-3栋1008室
…………………… Tel：0771-6729168

广西农村投资集团有限公司第一分公司
地址：开江县沙坝乡街道
…………………… Tel：0771-6755321

广西农村投资集团有限公司
地址：南宁市青秀区厢竹大道30号广西水利电业基地办公楼
…………………… Tel：0771-6755566

广西桂水电力股份有限公司
地址：南宁市青秀区厢竹大道３０号办公楼二楼
…………………… Tel：0771-6755681

广西桂水电力股份有限公司
地址：南宁市青秀区厢竹大道３０号办公楼二楼
…………………… Tel：0771-6755681

隆安英利光伏电力开发有限公司
地址：隆安县城厢镇大林村村委
…………………… Tel：0771-6758907

广西金腾电力设备监理服务有限责任公司
地址：南宁市青秀区金湖路63号金源·现代城1538号房
…………………… Tel：0771-6766171

那坡县水利电业有限公司城厢供电营业所
地址：那坡县城厢镇南街
…………………… Tel：0776-6802962

国电南宁发电有限责任公司
地址：南宁市高新区总部路１号Ｄ９栋
…………………… Tel：0771-7269913

国电南宁发电有限责任公司
地址：南宁市高新区总部路１号Ｄ９栋
…………………… Tel：0771-7269913

崇左市水利电业有限公司新和供电营业所
地址：江州区新和镇新兴东街
…………………… Tel：0771-7880389

崇左市水利电业有限公司江州供电营业所
地址：江州区江州镇江州街
…………………… Tel：0771-7911492

崇左市水利电业有限公司罗白供电营业所
地址：江州区罗白乡罗白街１０号
…………………… Tel：0771-7920558

崇左市水利电业有限公司濑湍供电营业所
地址：江州区濑湍镇濑湍街
…………………… Tel：0771-7940066

崇左市水利电业有限公司驮卢供电营业所
地址：江州区新和镇新兴东街
…………………… Tel：0771-7953978

崇左市水利电业有限公司左州供电营业所
地址：万源市永宁乡街道
…………………… Tel：0771-7980099

崇左市水利电业有限公司那隆供电营业所
地址：江州区那隆镇那隆新街
…………………… Tel：0771-7991135

中桂电力设备有限公司
地址：宾阳县黎塘镇工业园区石鼓岭产业园金园路1号
…………………… Tel：0771-8111215

广西桂玻节能材料有限公司
地址：南宁市江南区壮锦大道1号镀膜车间办公室
…………………… Tel：0771-8200086

宁明县水利电业有限公司长桥供电营业所
地址：宁明县峙浪乡长桥村
…………………… Tel：0771-8780403

宁明县水利电业有限公司峙浪供电营业所
地址：宁明县峙浪乡
…………………… Tel：0771-8780403

宁明县水利电业有限公司海渊供电营业所
地址：宁明县海渊镇
…………………… Tel：0771-8628023

宁明县水利电业有限公司北江供电营业所
地址：宁明县北江乡
…………………… Tel：0771-8628023

宁明县水利电业有限公司亭亮供电营业所
地址：宁明县亭亮乡
…………………… Tel：0771-8621510

宁明县水利电业有限公司驮龙供电营业所
地址：宁明县城中镇驮龙乡
…………………… Tel：0771-8620794

宁明县水利电业有限公司明江供电营业所
地址：宁明县明江镇
…………………… Tel：0771-8650055

宁明县水利电业有限公司桐棉供电营业所
地址：宁明县桐棉乡
…………………… Tel：0771-8695718

宁明县水利电业有限公司那堪供电营业所
地址：宁明县那堪乡
…………………… Tel：0771-8621510

宁明县水利电业有限公司那楠供电营业所
地址：宁明县那楠乡
……………………Tel：0771-8628023

龙州县水利电业有限公司
地址：龙州县龙州镇合龙街35号
……………………Tel：0771-8812311

龙州县丽江水电建筑工程公司彬桥供水厂
地址：龙州县彬桥乡彬桥街1号左边50米
……………………Tel：0771-8820836

广西柳州发电有限责任公司
地址：广西柳州市前锋路4号
……………………Tel：0772-2325121

柳州市翔龙工程项目管理有限责任公司
地址：柳州市东环大道167号广西五建大厦11楼
……………………Tel：0772-2865262

柳州市盛宁水电物资供应站
地址：柳州市九头山路1号
……………………Tel：0772-3131288

柳州市明阳水轮机有限责任公司
地址：柳州市燎原路东三巷8号
……………………Tel：0772-3145199

柳州市明阳机电制造有限责任公司
地址：柳州市燎原路东三巷8号
……………………Tel：0772-3147558

柳州市鸿超贸易有限责任公司
地址：柳州市潭中中路8号华泰大厦10-12号
……………………Tel：0772-3358892

柳州市中申贸易有限公司
地址：柳州市鹧鸪江路11号鹧鸪江园艺场职工新村二区54栋1号
……………………Tel：0772-3358892

柳州五菱汽车工业有限公司
地址：柳州市河西路18号
……………………Tel：0772-3750212

柳州卓通汽车零部件有限公司
地址：柳州市柳东新区水湾路2号柳东标准厂房2号楼配套办公楼226号
……………………Tel：0772-3750212

柳州五菱汽车工业有限公司动力分公司
地址：柳州市河西路18号
……………………Tel：0772-3750442

柳州市寰淳贸易有限公司
地址：柳州市海关路3号温馨嘉园（二期）2单元3-1
……………………Tel：0772-3876172

广西广投桂中工业电网有限责任公司
地址：广西来宾市兴宾区凤翔路48号（来宾市河西特色农产品深加工基地）B区1栋
……………………Tel：0772-4051166

广西建安水电建设有限公司
地址：来宾市西山路C-3号
……………………Tel：0772-4298517

融水苗族自治县水利电业有限公司
地址：融水县融水镇寿星北路1号
……………………Tel：0772-5128598

金秀瑶族自治县水利电业有限公司
地址：金秀县金秀镇城北东路二巷1号
……………………Tel：0772-6355328

金秀瑶族自治县水利电业有限公司头排供电营业所
地址：广西藤县和平街
……………………Tel：0772-6355328

广西新电力投资集团金秀供电有限公司桐木供电所
地址：桐木镇向阳街28号
……………………Tel：0772-6355327

金秀瑶族自治县水利电业有限公司长垌供电营业所
地址：金秀县长垌乡长垌街
……………………Tel：0772-6355328

金秀瑶族自治县水利电业有限公司大樟供电营业所
地址：金秀县大樟乡大樟街
……………………Tel：0772-6355328

金秀瑶族自治县水利电业有限公司七建供电营业所
地址：七建乡七建街
……………………Tel：0772-655327

金秀瑶族自治县水利电业有限公司忠良供电营业所
地址：金秀县忠良乡忠良街
……………………Tel：0772-6355328

金秀瑶族自治县水利电业有限公司罗香供电营业所
地址：金秀县罗香乡罗香街
……………………Tel：0772-6355328

广西新电力投资集团金秀供电有限公司金秀供电所
地址：金秀县金秀镇城北东路二巷1号
……………………Tel：0772-6216673

神华国华广投（柳州）发电有限责任公司
地址：广西柳州市鹿寨县建中西路168号
……………………Tel：0772-6535055

永福强源电力开发有限公司
地址：永福县广福乡龙溪村下坪屯（龙溪电站）
……………………Tel：0772-6660370

柳州市柳江区新兴物业管理有限公司
地址：柳州市柳江区新兴工业园顺业路1号
……………………Tel：0772-7218100

柳州天能电气有限公司
地址：柳州市柳江区新兴工业园利业路9号
……………………Tel：0772-7509177

融安供电公司
地址：融安县长安镇桔香南路136号
……………………Tel：0772-8122107

广西高顿机电设备有限公司
地址：柳州市达江路3号和顺苑3栋1-4号
……………………Tel：0772-8250862

广西新电力投资集团三江供电有限公司丹洲供电所
地址：三江县丹洲镇
……………………Tel：0772-8618831

广西新电力投资集团三江供电有限公司高基供电所
地址：三江县高基乡高基街
……………………Tel：0772-8618831

广西新电力投资集团三江供电有限公司和平供电所
地址：三江县和平乡和平街
……………………Tel：0772-8618831

三江侗族自治县水利电业有限公司林溪供电所
地址：三江县古宜镇
……………………Tel：0772-8550046

三江侗族自治县水利电业有限公司梅林供电所
地址：三江县良口乡良口街
……………………Tel：0772-8582038

三江侗族自治县水利电业有限公司古宜供电所
地址：三江县八江乡
……………………Tel：0772-8617462

广西新电力投资集团三江供电有限公司八江供电所
地址：三江县八江乡
……………………Tel：0772-8650025

三江侗族自治县水利电业有限公司独峒供电所
地址：三江县丹洲镇
……………………Tel：0772-8660038

三江侗族自治县水利电业有限公司同乐供电所
地址：三江县富禄乡富禄街
……………………Tel：0772-8680025

广西新电力投资集团三江供电有限公司富禄供电所
地址：三江县富禄乡富禄街
……………………Tel：0772-8618831

广西新电力投资集团三江供电有限公司洋溪供电所
地址：三江县洋溪乡洋溪街
……………………Tel：0772-8618831

广西新电力投资集团三江供电有限公司良口供电所
地址：三江县良口乡良口街
……………………Tel：0772-8618831

广西新电力投资集团三江供电有限公司斗江供电所
地址：三江县斗江镇
……………………Tel：0772-8618831

广西新电力投资集团三江供电有限公司老堡供电所
地址：三江县老堡乡老堡街
……………………Tel：0772-8618831

柳州嘉阖物业服务有限公司
地址：柳州市飞鹅二路1号谷埠街国际商城G区一层2-1号
……………………Tel：0772-8818567

广西合山荣雅物业管理有限责任公司
地址：广西合山电厂厂内
……………………Tel：0772-8939509

桂林市自来水公司
地址：桂林市象山区民主路48号
……………………Tel：0773-3895664

灌阳县水利电业有限公司
地址：灌阳镇兴灌路26号
……………………Tel：0773-4212142

国电北投灌阳风电有限公司
地址：广西桂林市灌阳县滨江西路2号
……………………Tel：0773-4253278

资源县水利电业有限公司中峰供电所
地址：中峰镇李家村
……………………Tel：18077386116

广西水利电业集团全州县供水有限公司
地址：全州县全州镇桂黄路65号
……………………Tel：0773-4815503

全州县水利电业有限公司
地址：全州县全州镇环城路138号
……………………Tel：0773-4815656

全州县水利电力总公司乡镇供水管理站
地址：东兴市马路镇平丰村
……………………Tel：0773-4829805

广西第一地质队物业管理中心
地址：临桂镇金水路29号
……………………Tel：0773-5591692

国家电投集团广西兴安风电有限公司
地址：兴安县兴安镇工业集中区
……………………Tel：0773-6229823

广西水利电业集团有限公司荔浦供电分公司
地址：荔浦县荔城镇滨江路1、2号
……………………Tel：0773-7213372

荔浦县水利发电有限公司
地址：荔浦县荔城镇沙洞荔塔路857号
……………………Tel：0773-7236818

广西水利电业集团有限公司平乐供电分公司
地址：平乐县平乐镇新兴街50号
……………………Tel：0773-7895116

恭城澄江水利发电有限公司
地址：恭城瑶族自治县茶甫路7号
……………………Tel：0773-8218595

苍梧县水利电业有限公司广平供电营业所
地址：江门市新会区崖门镇横水圩（办公楼）
……………………Tel：0774-2682407

广西新电力投资集团梧州供电有限公司梨埠供电所
地址：苍梧县梨埠镇新街
……………………Tel：0774-2682407

苍梧县水利电业有限公司人和供电营业所
地址：商水县位集镇
……………………Tel：0774-2682407

广西新电力投资集团梧州供电有限公司京南供电所
地址：苍梧县京南镇京南街
……………………Tel：0774-2682407

广西新电力投资集团梧州供电有限公司城区供电所
地址：梧州市龙圩区龙圩镇龙城路108号
……………………Tel：0774-2682407

广西新电力投资集团梧州供电有限公司倒水供电所
地址：广西梧州市倒水镇
……………………Tel：0774-2682407

广西新电力投资集团梧州供电有限公司大坡供电所
地址：梧州龙圩区大坡镇松柏村
……………………Tel：0774-2682407

广西新电力投资集团梧州供电有限公司长发供电所
地址：苍梧县长发镇长发街
……………………Tel：0774-2682407

广西新电力投资集团梧州供电有限公司沙头供电所
地址：苍梧县沙头镇沙头街
……………………Tel：0774-2682407

广西新电力投资集团梧州供电有限公司旺甫供电所
地址：广西梧州市旺甫街
……………………Tel：0774-2682407

广西新电力投资集团梧州供电有限公司石桥供电所
地址：苍梧县石桥镇龙盘街
……………………Tel：0774-2682407

广西新电力投资集团梧州供电有限公司岭脚供电所
地址：苍梧县岭脚镇安平路8号
……………………Tel：0774-2682407

广西新电力投资集团梧州供电有限公司六堡供电所
地址：苍梧县六堡镇六堡街
……………………Tel：0774-2682407

广西新电力投资集团梧州供电有限公司夏郢供电所
地址：广西梧州市夏郢镇金鸡山
……………………Tel：0774-2682407

广西新电力投资集团梧州供电有限公司木双供电所
地址：苍梧县木双镇木双街129号
……………………Tel：0774-2682407

广西新电力投资集团梧州供电有限公司新地供电所
地址：梧州市龙圩区新地镇新地街新城开发区
……………………Tel：0774-2682407

梧州市旭东商贸有限公司
地址：梧州市新兴二路218号第2#幢一单元二层0202房
……………………Tel：0774-2822831

华润电力（贺州）有限公司
地址：广西贺州市贺州大道32号
……………………Tel：0774-3369888

广西梧州华光电力发展有限公司
地址：梧州市新兴二路116号
……………………Tel：0774-3865108

广西梧州光明电力实业有限公司
地址：梧州市西环路中段3号
……………………Tel：0774-3882810

贺州市桂源水利电业有限公司信都分公司
地址：岳池县新场乡
……………………Tel：0774-5081234

贺州市鑫阳电力设计有限责任公司
地址：贺州市鞍山西路83号汇豪国际文化商业中心301-307号房
……………………Tel：0774-5132658

贺州市正赢土地开发有限公司
地址：贺州市八步区城东新区回建地B地块66号
……………………Tel：0774-5201583

贺州市桂源水利电业有限公司
地址：贺州市建设中路89号
……………………Tel：0774-5273920

贺州市桂源水利电业有限公司
地址：贺州市建设中路89号
……………………Tel：0774-5273920

贺州市桂源水利电业有限公司
地址：贺州市建设中路89号
……………………Tel：0774-5273920

八步区水电物资供应站
地址：八步镇建设中路39号
……………………Tel：0774-5283499

广西桂东电力股份有限公司
地址：贺州市平安西路12号
……………………Tel：0774-5283977

广西桂东电力售电有限公司
地址：广西贺州市八步区平安西路12号
……………………Tel：0774-5286300

贺州市八步水利电业有限责任公司
地址：贺州市建设中路89号
……………………Tel：0774-5297880

钟山县水利电业有限公司凤翔供电所
地址：钟山县凤翔镇凤翔街
……………………Tel：0774-8982772

钟山县水利电业有限公司公安供电所
地址：钟山县公安镇二中路
……………………Tel：0774-8982772

钟山县水利电业有限公司回龙供电所
地址：钟山县回龙镇回龙村公所大抱村委会桥头
……………………Tel：0774-8982772

钟山县水利电业有限公司燕塘供电所
地址：钟山县燕塘镇新区
……………………Tel：0774-8982772

钟山县水利电业有限公司城区供电所
地址：钟山县城中路24号
……………………Tel：0774-8982772

广西新电力投资集团钟山供电有限公司望高供电营业所
地址：贺州市平桂区望高镇西路街18号
……………………Tel：0774-8982772

钟山县水利电业有限公司清塘供电所
地址：钟山县清塘镇印山村公所
……………………Tel：0774-8982772

广西新电力投资集团钟山供电有限公司羊头供电所
地址：贺州市平桂管理区羊头镇羊头新街18号
……………………Tel：0774-5693937

钟山县水利电业有限公司红花供电所
地址：钟山县红花镇红花路
……………………Tel：0774-8982772

广西华峻节能环保科技有限公司
地址：梧州市奥奇丽路1号文化展览中心北侧一层
……………………Tel：0774-5725888

国电梧州水电开发有限公司
地址：梧州市长洲区平浪村旺村水电站
……………………Tel：0774-6022392

国电梧州水电开发有限公司
地址：梧州市长洲区平浪村旺村水电站
……………………Tel：0774-6022392

国家电投集团广西长洲水电开发有限公司
地址：广西梧州市三龙大道333号
……………………Tel：0774-6026080

蒙山县新古排水利发电有限公司
地址：蒙山县蒙山镇湄江街北路东15号
……………………Tel：0774-6280108

广西蒙山县水务有限公司黄村惠民电站
地址：蒙山县城南新区民乐路水电局内
……………………Tel：0774-6285889

广西水利电业集团有限公司蒙山供电分公司
地址：蒙山县湄江中路004号
……………………Tel：0774-6288790

广西昭平县水利电业有限公司仙回供电所
地址：江永县桃川镇四香路149号
……………………Tel：0774-6550299

广西昭平县水利电业有限公司走马供电所
地址：乐清市白石镇
……………………Tel：0774-6572486

广西昭平县水利电业有限公司
地址：昭平镇东宁中路3号
……………………Tel：0774-6682717

广西昭平县水利电业有限公司城厢供电所
地址：广西藤县金鸡街

…………………… Tel：0774-6682717

广西昭平县水利电业有限公司黄姚供电所
地址：昭平县黄姚镇巩桥街
…………………… Tel：0774-6702279

广西昭平县水利电业有限公司樟木供电所
地址：昭平县樟木林乡樟林村圳下组6号
…………………… Tel：0774-6752268

广西昭平县水利电业有限公司北陀供电所
地址：北陀镇北陀街
…………………… Tel：0774-6832287

广西昭平县水利电业有限公司马江供电所
地址：昭平县马江镇马江街
…………………… Tel：0774-6872209

广西昭平县水利电业有限公司五将供电所
地址：五将镇五将街
…………………… Tel：0774-6952081

广西藤县水电物资管理供应站
地址：藤县藤城镇绣江路9号
…………………… Tel：0774-7288785

藤县水利电业有限公司
地址：藤县藤城镇河东区挂榜路１３８号
…………………… Tel：0774-7296728

藤县水利电业有限公司天平供电营业所
地址：藤县天平街
…………………… Tel：0774-7296728

藤县水利电业有限公司和平供电营业所
地址：广西藤县和平街
…………………… Tel：0774-7296728

藤县水利电业有限公司古龙供电营业所
地址：广西藤县古龙街
…………………… Tel：0774-7296728

藤县水利电业有限公司赤水供电营业所
地址：藤县赤水街
…………………… Tel：0774-7296728

藤县水利电业有限公司东荣供电营业所
地址：广西藤县东荣街
…………………… Tel：0774-7296728

藤县水利电业有限公司新庆供电营业所
地址：广西藤县新庆街
…………………… Tel：0774-7296728

藤县水利电业有限公司埌南供电营业所
地址：广西藤县　南街
…………………… Tel：0774-7296728

藤县水利电业有限公司濛江供电营业所
地址：广西藤县　江街
…………………… Tel：0774-7296728

藤县水利电业有限公司金鸡供电营业所
地址：广西藤县金鸡街
…………………… Tel：0774-7296728

藤县水利电业有限公司象棋供电营业所
地址：广西藤县象棋街
…………………… Tel：0774-7296728

藤县水利电业有限公司大黎供电营业所
地址：藤县大黎街
…………………… Tel：0774-7296728

藤县水利电业有限公司平福供电营业所
地址：广西藤县平福街
…………………… Tel：0774-7296728

藤县水利电业有限公司同心供电营业所
地址：广西藤县同心街
…………………… Tel：0774-7296728

藤县水利电业有限公司塘步供电营业所
地址：藤县塘步开发区
…………………… Tel：0774-7296728

藤县水利电业有限公司太平供电营业所
地址：广西藤县太平街
…………………… Tel：0774-7296728

藤县水利电业有限公司城东供电营业所
地址：藤县河东区挂榜路１３８号
…………………… Tel：0774-7296728

藤县水利电业有限公司宁康供电营业所
地址：广西藤县宁康街
…………………… Tel：0774-7296728

藤县水利电业有限公司城北供电营业所
地址：藤县津北街
…………………… Tel：0774-7296728

藤县水利电业有限公司城西供电营业所
地址：藤城镇西厚路９４号
…………………… Tel：0774-7296728

藤县水利电业有限公司岭景供电营业所
地址：藤县岭景街
…………………… Tel：0774-7296728

富川瑶族自治县水利电业有限公司朝东供电营业所
地址：富川朝东镇
…………………… Tel：0774-7882429

富川瑶族自治县水利电业有限公司富阳供电营业所
地址：富川富阳镇
…………………… Tel：0774-7882429

富川瑶族自治县水利电业有限公司福利供电营业所
地址：富川福利镇
…………………… Tel：0774-7882429

富川瑶族自治县水利电业有限公司麦岭供电营业所
地址：富川麦岭镇
…………………… Tel：0774-7882429

富川瑶族自治县水利电业有限公司莲山供电营业所
地址：富川莲山镇
…………………… Tel：0774-7882429

富川瑶族自治县水利电业有限公司城区供电营业所
地址：富川富阳镇凤凰路
…………………… Tel：0774-7882773

岑溪市水利电业有限公司
地址：岑溪市城北路８８号
…………………… Tel：0774-8222103

广西新电力投资集团岑溪供电有限公司安平供电所
地址：岑溪市安平镇
…………………… Tel：0774-8222103

广西新电力投资集团岑溪供电有限公司三堡供电所
地址：岑溪市三堡镇
…………………… Tel：0774-8222103

广西新电力投资集团岑溪供电有限公司梨木供电所
地址：岑溪市梨木镇
…………………… Tel：0774-8222103

广西新电力投资集团岑溪供电有限公司南渡供电所
地址：岑溪市南渡镇
…………………… Tel：0774-8222103

广西新电力投资集团岑溪供电有限公司糯垌供电所
地址：岑溪市糯垌镇
…………………… Tel：0774-8222103

广西新电力投资集团岑溪供电有限公司大隆供电所
地址：岑溪市大隆镇
…………………… Tel：0774-8222103

广西新电力投资集团岑溪供电有限公司马路供电所
地址：岑溪市马路镇
…………………… Tel：0774-8222103

广西新电力投资集团岑溪供电有限公司归义供电所
地址：岑溪市归义镇
…………………… Tel：0774-8222103

贺州市平桂电力售电有限公司
地址：贺州市八步区西湾镇
…………………… Tel：0774-8834588

钟山县水利电业有限公司同古供电所
地址：钟山县同古镇和平村公所
…………………… Tel：13878455590

钟山县水利电业有限公司石龙供电所
地址：钟山县石龙镇石龙街０４１号
…………………… Tel：0774-8982772

玉林市福润电力有限公司
地址：玉林市福绵区福绵镇玉福公路西北侧（钟坚谋屋）
…………………… Tel：0775-2202988

广西兴能电力建设有限公司
地址：玉林市玉东新区文体路北路88号鑫盟盛景3幢1409号房
…………………… Tel：0775-2362961

广西凯烽电力工程有限公司
地址：玉林城北开发区（东北侧）平安街３１号
…………………… Tel：0775-2652308

广西新电力投资集团容县供电有限公司
地址：容县容州镇城南街１５０号
…………………… Tel：0775-2718808

广西光盾能源科技有限公司
地址：玉林市广场东路810号
…………………… Tel：0775-3106328

广西玉柴新能源有限公司
地址：玉林市天桥西路88号（玉柴新城4号商住楼）
…………………… Tel：0775-3282358

广西玉柴新能源有限公司
地址：玉林市天桥西路88号（玉柴新城4号商住楼）
…………………… Tel：0775-3282358

广西玉柴光伏产业有限公司
地址：玉林市天桥西路88号（玉柴新城4号商住楼）
…………………… Tel：0775-3282358

桂平市永培机电排灌管理站蒙圩自来水厂
地址：广西桂平市蒙圩新阳村１４队
…………………… Tel：0775-3483168

广西华电粤桂能源有限公司
地址：贵港市港北区武乐乡（江城村、逢宜村）A区
…………………… Tel：0775-4206596

中国华电集团贵港发电有限公司
地址：广西贵港市武乐（中国华电集团贵港发电有限公司内）
…………………… Tel：0775-4206688

贵港市广耀电力发展有限责任公司
地址：贵港市解放路２０８号
…………………… Tel：0775-4211818

广西北部湾电力建设有限责任公司
地址：南宁市青秀区竹溪南路８号新新家园南国大厦１０楼０６号房
…………………… Tel：0775-4550776

广西电网有限责任公司贵港供电局
地址：广西贵港市民主路８９号
…………………… Tel：0775-4875287

广西朝荣新能源有限公司
地址：北流市南园二路三里37号二楼203室
…………………… Tel：0775-6666805

陆川县水利电业有限公司
地址：陆川县古城镇古城街６８号
…………………… Tel：0775-7182114

广西陆川县发电设备厂
地址：陆川县城温泉北路（温泉之乡文化广场南边）
…………………… Tel：0775-7310888

平南县武林自来水厂
地址：平南县武林镇武林街
…………………… Tel：18978530317

广西农村投资集团发电有限公司博白发电分公司
地址：博白县博白镇南州北路０４９号
…………………… Tel：0775-7220026

广西水利电业集团有限公司博白供电分公司
地址：博白县博白镇南州北路０４９号
…………………… Tel：0775-8238931

广西华业新能源有限公司
地址：广西玉林市博白县博白镇人民中路179号（工行办公楼二楼）
…………………… Tel：0775-8536666

广西博白县双凤经济贸易公司水电供应站
地址：博白县双凤街
…………………… Tel：19947923891

广西田东金投园区建设发展有限公司
地址：田东县平马镇石化工业园区
…………………… Tel：0776-2090000

广西田东锦绣红城投资有限公司
地址：田东县石化工业园区锦盛化工有限公司行政办公楼
…………………… Tel：0776-2090000

靖西市电力公司
地址：靖西市新靖镇城东路1031号
…………………… Tel：0776-2510630

百色市水利电力安装工程有限公司
地址：百色市新兴路消防队租房
…………………… Tel：0776-2823482

广西清源电力股份有限公司
地址：百色市西园路7号
…………………… Tel：0776-2828133

广西壮族自治区百色电力有限责任公司
地址：广西百色市右江区龙景东路10号
…………………… Tel：0776-2829790

百色市广达电器有限责任公司
地址：百色市右江区解放街１６、１７号
…………………… Tel：0776-2892698

德保县水利电业有限公司
地址：德保县城关镇德盛路１９８号
…………………… Tel：0776-3823296

广西水利电业集团有限公司德保发电分公司
地址：德保县城关镇德盛路１９８号
…………………… Tel：0776-3824790

广西登高集团有限公司
地址：田东县平马镇游昌村
…………………… Tel：0776-5425198

平果居安康物业服务有限责任公司
地址：平果市马头镇铝城大道2182号
…………………… Tel：0776-5828662

靖西市水利电业有限公司
地址：靖西市新靖镇吉坡
…………………… Tel：0776-6236732

那坡县水利电业有限公司那隆供电营业所
地址：坡荷乡坡荷街
…………………… Tel：0776-6680009

那坡县水利电业有限公司平孟供电营业所
地址：平孟镇平孟街
…………………… Tel：0776-6802962

那坡县水利电业有限公司百省供电营业所
地址：百合乡百合街
…………………… Tel：0776-6770022

那坡县水利电业有限公司
地址：那坡县城厢镇南街２７５号
…………………… Tel：0776-6823903

广西水利电业集团有限公司那坡供电分公司
地址：那坡县城厢镇玉街１３０号
…………………… Tel：0776-6823903

那坡县水利电业有限公司德隆供电营业所
地址：德隆乡德隆街
…………………… Tel：0776-6802962

那坡县水利电业有限公司百南供电营业所
地址：那坡县百南街
…………………… Tel：0776-6802962

那坡县水利电业有限公司龙合供电营业所
地址：龙合乡龙合街
…………………… Tel：0776-6802962

那坡县水利电业有限公司百都供电营业所
地址：那坡县百都乡百都街　0

那坡县水利电业有限公司百合供电营业所
地址：那坡县城厢镇南街
…………………… Tel：0776-6823903

那坡县水利电业有限公司坡荷供电营业所
地址：坡荷乡坡荷街
…………………… Tel：13977642579

那坡县水利电业有限公司定业供电营业所
地址：龙合乡定业村定业街
…………………… Tel：0777-66823903

广西亚王水电股份有限公司
地址：田林县那比乡那比村那渡口
…………………… Tel：0776-7390000

广西亚王水电股份有限公司
地址：田林县那比乡那比村那渡口
…………………… Tel：0776-7390000

乐业县甲马河水利发电有限公司
地址：广西百色市乐业县同乐镇水利电业有限公司院内
…………………… Tel：0776-7617955

田林县那新水利发电有限公司
地址：田林县乐里镇新安街12号
…………………… Tel：0776-8668818

广西中马盛能电力投资有限公司
地址：中马钦州产业园区中马大街1号公共服务中心A223
…………………… Tel：0777-2132088

广西钦能电力集团有限公司
地址：钦州市钦州湾大道１５８号
…………………… Tel：0777-2801144

钦州城郊供电有限公司
地址：钦州市东风路（向阳派出所后面）
…………………… Tel：0777-2821108

国投钦州发电有限公司
地址：广西钦州市钦州港
…………………… Tel：0777-3668114

国投钦州发电有限公司
地址：广西钦州市钦州港
…………………… Tel：0777-3668114

钦州新奥德机电设备有限公司
地址：钦州市兴桂北路50号钦城一品15幢102号商铺
…………………… Tel：0777-3698088

钦州三正机电设备有限公司
地址：钦州市兴桂北路50号钦城一品15幢102号商铺
…………………… Tel：0777-3698088

广西蓝海机械设备有限公司
地址：钦州市钦州港大榄坪第七大街二号
…………………… Tel：0777-3887166

国家电投集团广西北部湾（钦州）热电有限公司
地址：钦州市钦州港勒沟东大街70号
…………………… Tel：0777-5988650

灵山县睿升水电设备销售有限公司
地址：灵山县三海街道新光路496号
…………………… Tel：0777-6528883

广西光辉电力有限责任公司
地址：河池市宜州区庆远镇龙江路190号
…………………… Tel：0778-3148130

宜州市农业发展投资有限公司
地址：宜州市庆远镇中山大道财政大楼
…………………… Tel：0778-3188469

河池市宜州区水利电力供水总站
地址：河池市宜州区庆远镇龙岗路1号
…………………… Tel：0778-3212630

宜州市水利电力供水总站太平供水站
地址：宜州市庆远镇太平街
…………………… Tel：0778-3212630

宜州市水利电力供水总站矮山供水站
地址：宜州市庆远镇矮山街
…………………… Tel：0778-3212630

都安瑶族自治县水利电业有限公司拉仁镇供电营业所
地址：广西河池市都安瑶族自治县拉仁乡拉仁街
…………………… Tel：0778-5182518

都安瑶族自治县水利电业有限公司
地址：广西河池市都安瑶族自治县安阳镇屏山南路１６号
…………………… Tel：0778-5214801

都安瑶族自治县水利电业有限公司安阳镇供电营业所
地址：广西河池市都安瑶族自治县安阳镇屏山南路１６号
…………………… Tel：0778-5214802

都安瑶族自治县水利电业有限公司澄江镇供电营业所
地址：广西河池市都安瑶族自治县安阳

镇屏山南路16号
……………………Tel：0778-5223048
都安瑶族自治县国有资产投资经营有限公司
地址：广西河池都安瑶族自治县安阳镇屏山中路二高小区一排1号
……………………Tel：0778-5228828
都安西江电力发展有限公司
地址：广西河池都安瑶族自治县澄江乡红渡村临港工业区建设指挥部内
……………………Tel：0778-5271011
都安瑶族自治县水利电业有限公司高岭镇供电营业所
地址：广西河池市都安瑶族自治县高岭镇高岭街
……………………Tel：0778-5311598
都安瑶族自治县水利电业有限公司下坳镇供电营业所
地址：广西河池市都安瑶族自治县下坳镇下坳街
……………………Tel：0778-5402658
都安瑶族自治县水利电业有限公司拉烈镇供电营业所
地址：广西河池市都安瑶族自治县拉烈镇拉烈街
……………………Tel：0778-5432018
都安瑶族自治县水利电业有限公司地苏镇供电营业所
地址：广西河池市都安瑶族自治县地苏镇地苏街
……………………Tel：0778-5482466
巴马腾达水利发电有限公司
地址：巴马镇文化街285号
……………………Tel：0778-6211842
巴马瑶族自治县水利电业有限公司供用电施工队
地址：巴马镇寿乡大道（城关供电所内）
……………………Tel：0778-6211842
东兰供电有限公司
地址：东兰县东兰镇纳坪路1号
……………………Tel：0778-6322111
南丹县水利电业有限公司
地址：南丹县城关镇民行中路160号
……………………Tel：0778-7212077
环江毛南族自治县供水供电总站
地址：环江洛阳水厂内
……………………Tel：0778-8781919
环江供电公司下板六水电站
地址：巴马镇寿乡大道（城关供电所内）
……………………Tel：0778-6211842
环江供电公司豹山水电站
地址：环江明伦镇豹山村
……………………Tel：0778-8821351
环江供电公司标山水电站
地址：环江东兴乡
……………………Tel：0778-8821351
环江供电公司岩龙水电站环江水源镇和平村
……………………Tel：0778-8821351
环江供电公司古宾水电站
地址：环江川山乡古宾村
……………………Tel：0778-8821351
广西好力电气有限公司
地址：北海市高德路９９号
……………………Tel：0779-2089359
广西北海中盟电子科技开发有限公司
地址：北海市台湾路交吉林路东北（中国电子北海产业园东区１１室）
……………………Tel：0779-2231355
北海银河科技电气有限责任公司
地址：北海市西藏路银河科技软件科技园技术中心综合楼（北海高新区）
……………………Tel：0779-3926901
广西银河风力发电有限公司
地址：北海市西藏路银河软件园信息中心大楼四楼
……………………Tel：0779-3928801
广西南珠配电服务有限公司
地址：广西北海市合浦县廉州镇文昌塔北侧图纸编号1区-8号文昌新城2幢12号楼
……………………Tel：0779-7276199
合浦县水产物资供应公司机电门市部
地址：廉州镇学宫街５号
……………………Tel：13878902628

海南省

（待清理）东方市水务物资供应公司
地址：海南省东方县八所镇东方大道
……………………Tel：0898-12345678
儋州卓众电力实业有限公司
地址：海南省儋州市那大人民西路东干桥生活区电力商住大厦第一、二层及地下室
……………………Tel：0898-23862698
国电海控新能源有限公司
地址：海南省东方市东方大道42号
……………………Tel：0898-25581939
国电海南大广坝发电有限公司
地址：海南东方市大广坝
……………………Tel：0898-25586939
海南核电有限公司
地址：海南省海口市滨贸路1号信恒大厦19-28楼
……………………Tel：0898-26927000
中海海南发电有限公司
地址：海南洋浦开发区
……………………Tel：0898-28822355
华能洋浦热电有限公司
地址：海南省洋浦经济开发区迎宾路6号洋浦迎宾馆306室
……………………Tel：0898-28837688
海南东方高排风力发电有限公司
地址：海南省东方市新龙镇下通天村北高排风力发电厂
……………………Tel：0898-31198511
海南海电实业有限公司
地址：海南省澄迈县马村电厂院内
……………………Tel：0898-32988808
临高颐居物业服务有限公司
地址：海南省临高县临城镇礼贯北路宗地号为(7)-60销售部
……………………Tel：0898-36250029
海南康德泰电力开发有限公司
地址：海口市龙昆南路海王阁别墅D5栋
……………………Tel：0898-36311501
大唐海南能源开发有限公司
地址：海南省海口市琼山大道86号江东电子商务产业园孵化楼12层1203号
……………………Tel：0898-36606913
大唐海南清洁电力有限公司
地址：海南省海口市美兰区大英山东一路10号国瑞城（铂仕苑）北座20层2-2002房
……………………Tel：0898-36606916
海口英利光伏电力开发有限公司
地址：海口国家高新区狮子岭工业园区A-8-04地块内
……………………Tel：0898-36620534
文昌潮滩湾滨海旅游区投资管理有限公司
地址：文昌市锦山镇榜村坡龙辉花园三号楼一层
……………………Tel：0898-36907979
三亚港诚物业管理服务有限公司
地址：三亚市河西区解放路港务局
……………………Tel：0898-38237258
南繁科技城有限公司
地址：海南省三亚市崖州区创意产业园三楼C207区
……………………Tel：0898-38264177
海南省万宁市兴隆华侨农场
地址：海南省万宁市兴隆墟
……………………Tel：0898-62552321
琼海市九曲江河系水电工程管理处
地址：琼海市阳江镇文市墟棉坡管区
……………………Tel：0898-62659159
琼海市文岭水电工程管理处
地址：海南省琼海市大路镇
……………………Tel：0898-62730680
海南牛路岭电力开发有限公司
地址：海南省琼海市嘉积镇人民路电力城1-8号
……………………Tel：0898-62827364
海南中能电力股份有限公司
地址：海南省海口市美兰区国兴大道5号海南大厦908
……………………Tel：0898-65201332
海南电力产业发展有限责任公司
地址：海南省老城高新技术产业示范区海南生态软件园
……………………Tel：0898-65208909
海南电网有限责任公司
地址：海口市海府路32号
……………………Tel：0898-65317679
海南嘉鑫电力配网有限公司
地址：海南省海口市美兰区灵山镇琼文大道琼文东一巷23号
……………………Tel：0898-65723405
海口大昌南通信工程有限公司
地址：海口市琼山区府城镇文庄路政府大院1栋502房
……………………Tel：0898-65893183
海南田园生态科技有限公司
地址：海南省海口市秀英区滨海大道189号泰达比华利山庄44栋
……………………Tel：0898-65950887
海南省水利电力集团有限公司
地址：海口市美兰区琼山大道309号海南省三防指挥调度中心6楼616室
……………………Tel：0898-66509531
海南电网有限责任公司海口供电局
地址：海口市大同路34号
……………………Tel：0898-66535045
海南光谱太阳能技术工程有限公司
地址：海口市华信路5号华信大厦8层北边二分之一
……………………Tel：0898-66551960
海南天能电力有限公司
地址：海口国家高新区狮子岭飞地工业园内
……………………Tel：0898-66554559
三沙天能电力有限公司
地址：三沙市永兴岛宣德路西沙宾馆106-35(海口市龙华区金龙路19号东郊椰林国际大厦第17层17ABCE房)
……………………Tel：0898-66554559
海南天能电力有限公司
地址：海口国家高新区狮子岭飞地工业园内
……………………Tel：0898-66554559
航天海鹰安全技术工程有限公司
地址：海口市龙昆南路6号龙泉大厦6层A、B座
……………………Tel：0898-66767559
海南渝生机械电子科技工程有限公司
地址：海口市海秀东路33号瑞宏大厦A-704
……………………Tel：0898-66775913
海南中海电力工程有限公司
地址：海口市国贸大道北侧16-2号帝国大厦B座502b
……………………Tel：0898-66799811
海南金盘智能科技股份有限公司
地址：海南省海口市南海大道168-39号
……………………Tel：0898-66811301
海南中海石油码头有限公司
地址：澄迈县海南老城经济开发区马村人民路142号
……………………Tel：0898-67353160
海南汉能薄膜太阳能有限公司
地址：海南省澄迈县老城开发区南一环路69号海口综合保税区001号
……………………Tel：0898-67486000
海南信知汇企业发展有限公司
地址：海南省澄迈县福山镇福山咖啡风情镇2号楼2楼
……………………Tel：0898-67609986
东方合利天光伏电力开发有限公司
地址：东方市四更镇四更村（四更原谷场第一行第四幢）
……………………Tel：0898-68505747
国家电投集团海南新能源投资有限公司
地址：海南省海口市秀英区秀华路3号办公楼附楼903号房
……………………Tel：0898-68505747
华能海南发电股份有限公司
地址：海南省海口市龙华区丘海大道11号华能海南大厦
……………………Tel：0898-68520728
华能海南发电股份有限公司
地址：海南省海口市龙华区丘海大道11号华能海南大厦
……………………Tel：0898-68520728
海南创先龙源科技实业有限公司
地址：海南省海口市金贸中路一号半山花园海天阁2668室
……………………Tel：0898-68539979
海南海控能源股份有限公司
地址：海南省海口市美兰区国兴大道15A全球贸易之窗16F
……………………Tel：0898-68567990
海南国盛石油有限公司
地址：海南省澄迈县老城工业开发区
……………………Tel：0898-68581555
海南南电电力工程安装有限公司
地址：海口市海府一横路美舍生活小区九幢６０１室
……………………Tel：0898-68587176
海口威亿建材贸易有限公司
地址：海南省海口市秀英区金鼎路金湾花园A313号
……………………Tel：0898-68633567
海南威特电力设备有限公司
地址：海南省海口市海口国家高新区美安科技新城美安大道8号
……………………Tel：0898-68669244
招商三亚深海科技城开发有限公司
地址：海南省三亚市崖州区创意产业园三楼C218区
……………………Tel：0898-68681872
招商局海南开发投资有限公司
地址：海南省海口市秀英区滨海大道141号外运大楼6楼
……………………Tel：0898-68681872
海南泰挺电力开发有限公司
地址：海南省海口市龙华区海秀中路138号中平广场C栋1602房
……………………Tel：0898-68913976
海南中电智诚电力服务有限公司
地址：海口市滨海大道世贸东路2号世贸雅苑G-5C、5D房
……………………Tel：0898-68926102
国电海南能源销售有限公司
地址：海南省海口市美兰区海甸岛三东路23-2号中新商务大厦20层
……………………Tel：0898-68986162
海南蓄能发电有限公司
地址：海南省海口市秀英区滨海大道76-1号洛杉矶城B-2009房
……………………Tel：0898-86361850
海南国盛石油有限公司三亚分公司
地址：北陀镇北陀街
……………………Tel：0898-88243320
海南荣天新能源科技投资有限公司
地址：海南省三亚市天涯区文明路创业大厦A座14层1402室
……………………Tel：0898-88281028
三亚城市供水物业管理有限公司
地址：海南省三亚市天涯区三亚湾路国际客运港区国际养生度假中心酒店B座（2#楼）3楼313室
……………………Tel：0898-88285332

四川省

国网四川省电力公司攀枝花供电公司
地址：攀枝花市东区新源路5号
……………………Tel：0812-2703015
国网四川省电力公司攀枝花市仁和供电分公司
地址：攀枝花市仁和区迤沙拉大道1618号
……………………Tel：0812-2705281
国网四川省电力公司攀枝花市西区供电分公司
地址：攀枝花市西区苏铁中路261号1幢3-1号、附401号、附501号
……………………Tel：0812-2703342
四川省能投攀枝花水电开发有限公司
地址：攀枝花市西区建福巷88号
……………………Tel：0812-3151245
国网四川米易县供电有限责任公司
地址：米易县攀莲镇安宁路187号
……………………Tel：0812-8179369
国网四川省电力公司米易县供电分公司
地址：米易县攀莲镇安宁路187号
……………………Tel：0812-8179369
国网四川省电力公司盐边县供电分公司
地址：盐边县桐子林镇玉泉路7号
……………………Tel：0812-8787021
国网四川盐边县供电有限责任公司
地址：盐边县桐子林镇玉泉路7号
……………………Tel：0812-8787023
国网四川省电力公司自贡供电公司
地址：自贡市自流井区汇川路1766号
……………………Tel：0813-2201413
自贡市华尔美科技有限公司
地址：成都市金牛区育仁北路21、23号1层
……………………Tel：0813-2210221
华西能源工业股份有限公司
地址：自贡市高新工业园区荣川路66号
……………………Tel：0813-4732367
自贡市宝利汽车服务有限公司
地址：自贡市贡井区筱溪街青杠林居委会农贸市场
……………………Tel：0813-5502280
四川沃尔房地产开发有限公司
地址：四川省自贡市贡井区长土镇大坡村一组
……………………Tel：0813-5507777
国网四川荣县供电有限责任公司
地址：荣县旭阳镇光明路311号
……………………Tel：0813-6200217
国网四川省电力公司荣县供电分公司
地址：荣县旭阳镇荣州路413号
……………………Tel：0813-6200505
国网四川富顺县供电有限责任公司
地址：四川省自贡市富顺县富世镇富达路490号
……………………Tel：0813-7101268
国网四川富顺县供电有限责任公司
地址：四川省自贡市富顺县富世镇富达路490号
……………………Tel：0813-7101268
四川国立能源科技有限公司
地址：自贡市高新工业园区茂源路59号
……………………Tel：0813-8267668
江油神华能源科技有限公司
地址：江油市工业园区大鹏路东段双创中心1号楼13B层
……………………Tel：0816-2159878
绵阳启明星嘉晨实业有限公司
地址：绵阳科创园区迎宾大道中段
……………………Tel：0816-2220315
绵阳开元电力（集团）股份有限公司
地址：绵阳市桑林路一号
……………………Tel：0816-2284011
绵阳合源电力设备有限责任公司安装分公司
地址：四川省绵阳市安州区界牌镇辽宁大道南侧（工业园区）1幢厂房
……………………Tel：0816-2285168
四川凯迪电力工程有限公司
地址：四川省绵阳市游仙区游仙东路68号渔人码头1-10号
……………………Tel：0816-2323856
绵阳南郊工业园投资有限责任公司

地址：绵阳南郊工业园区
…………………… Tel：0816-2356282
绵阳启明星集团有限公司
地址：绵阳高新区普明南路东段121号
…………………… Tel：0816-2431371
国网四川省电力公司绵阳供电公司
地址：绵阳市剑南路西段16号
…………………… Tel：0816-2432372
绵阳启明星苦竹坝发电有限公司
地址：北川羌族自治县曲山镇苦竹坝
…………………… Tel：0816-2547765
绵阳启明星苦竹坝发电有限公司
地址：北川羌族自治县曲山镇苦竹坝
…………………… Tel：0816-2547765
四川省武都水利水电集团有限责任公司
地址：绵阳市宇虹北街西段4号
…………………… Tel：0816-2680445
绵阳科发天达投资开发有限责任公司
地址：四川省绵阳市经开区经开区松垭镇德政街18号
…………………… Tel：0816-2821952
绵阳经开投资控股集团有限公司
地址：绵阳市经开区文跃东路81号
…………………… Tel：0816-2824370
绵阳三江美亚水电有限公司
地址：四川省绵阳市涪城区
…………………… Tel：0816-2844099
国网四川省电力公司绵阳市安州供电分公司
地址：绵阳市安州区花 镇恒源大道
…………………… Tel：0816-4334525
国网四川省电力公司安县供电分公司
地址：四川省绵阳市安州区花 镇恒源大道中段
…………………… Tel：0816-4334528
国网四川安县供电有限责任公司
地址：安县花 镇恒源大道中段
…………………… Tel：0816-4337663
北川羌族自治县开茂水库建设开发有限责任公司
地址：北川羌族自治县永昌镇龙藏路
…………………… Tel：0816-4823926
国网四川省电力公司北川羌族自治县供电分公司
地址：北川羌族自治县永昌镇巨达路19号
…………………… Tel：0816-4834109
三台县水利电力物资供应公司西顺城街经营部
地址：三台县潼川镇西顺城街
…………………… Tel：0816-5261711
三台县水利电力物资供应公司
地址：三台县潼川镇解放下街
…………………… Tel：0816-5262937
四川省水电投资经营集团永安电力股份有限公司
地址：四川省三台县北坝镇北泉路128号
…………………… Tel：0816-5344275
成都供电段绵阳水电工程公司
地址：绵阳市西山南路23号
…………………… Tel：0816-6146017
四川神华天明发电有限责任公司
地址：四川省江油市双河镇天明村
…………………… Tel：0816-6180011
国网四川盐亭县供电有限责任公司
地址：盐亭县云溪镇红光东路193号
…………………… Tel：0816-7228908
国网四川省电力公司梓潼县供电分公司
地址：四川省梓潼县文昌镇崇文街中段139号
…………………… Tel：0816-8265248
四川省平武电力（集团）有限公司水晶供电所
地址：平武县水晶场镇
…………………… Tel：0816-8822919
南充顺畅物业管理有限公司
地址：四川省南充市顺庆区育英路42号
…………………… Tel：0817-2223014
国网四川省电力公司南充供电公司
地址：南充市涪江路228号
…………………… Tel：0817-2274107
国网四川南充市高坪供电有限责任公司
地址：南充市高坪区高坪镇环塔路1号
…………………… Tel：0817-3333234
国网四川南充市龙蟠供电有限责任公司
地址：四川省南充市嘉陵区龙蟠镇龙兴路45号
…………………… Tel：0817-3639636
南充嘉新供电有限责任公司
地址：南充市嘉陵区耀目路三段32号南充光彩大市场一期工程标准商铺三区11幢36号1-3层
…………………… Tel：0817-3896988
国网四川西充县供电有限责任公司
地址：西充县晋城镇安汉大道一段53号
…………………… Tel：0817-4238066
四川星星照明节能电器有限责任公司
地址：南部县滨江街道办事处晓霞观
…………………… Tel：0817-5125333
国能南部生物发电有限公司
地址：四川省南充市南部县定水镇马鞍村7组
…………………… Tel：0817-5551189
四川省南部红岩子电力有限责任公司
地址：南部县南隆镇滨江大道红电调度大楼
…………………… Tel：0817-5589790
南部县大桥供水站
地址：南部县大桥镇
…………………… Tel：18227371666
南部县伏虎供水站
地址：南部县伏虎镇镇影剧巷16号
…………………… Tel：0817-5885172
国网四川省电力公司阆中市供电分公司
地址：阆中市公园路11号
…………………… Tel：0817-6222347
四川港航嘉陵江金沙航电开发有限公司
地址：阆中市垭口乡观牧寺村
…………………… Tel：0817-6421677
阆中市电力总公司水观供电所
地址：阆中市水观镇禹王街68号
…………………… Tel：0817-6450050
四川省南充市水电工程有限公司
地址：四川省南充市高坪区航空港工业集中区机场路
…………………… Tel：0817-6997777
国网四川省电力公司营山县供电分公司
地址：营山县城三星工业集中区
…………………… Tel：0817-8221334
国网四川营山县供电有限责任公司
地址：营山县朗池镇盐市街32号
…………………… Tel：0817-8221334
四川马回电力股份有限公司
地址：蓬安县建设南路303号
…………………… Tel：0817-8623250
国网四川省电力公司达州供电公司
地址：达州市通川区朝阳东路816号
…………………… Tel：0818-2271871
达州电力集团有限公司
地址：达州市通川区凤凰山北路2号
…………………… Tel：0818-2377917
国网四川省电力公司达州市新桥供电分公司
地址：达州市达川区翠屏街道汉兴街728号
…………………… Tel：0818-2661458
国网四川达州市新桥供电有限责任公司
地址：达县南外镇汉兴街728号
…………………… Tel：0818-2661458
国网四川达州市新桥供电有限责任公司
地址：达县南外镇汉兴街728号
…………………… Tel：0818-2661458
国电达州发电有限公司
地址：达州市通川区东岳乡
…………………… Tel：0818-3892000
国网四川省电力公司达州市蒲城供电分公司
地址：宣汉县东乡镇王家坝滨河路80号
…………………… Tel：0818-5204399
国网四川宣汉县供电有限责任公司电站运行三班
地址：通化县三棵榆树镇
…………………… Tel：0818-5204399
国网四川省电力公司宣汉县供电分公司
地址：宣汉县东乡镇石岭路
…………………… Tel：0818-5267771
四川省水电集团大竹电力有限公司
地址：四川省达州市大竹县白塔街道东大街109号
…………………… Tel：0818-6221431
国网四川省电力公司大竹县供电分公司
地址：大竹县竹阳镇观音阁街1号
…………………… Tel：0818-6249866
大竹县电力公司清水供电所
地址：沂水县沂水镇中心街
…………………… Tel：0818-6892037
四川省水电投资经营集团渠县电力有限责任公司
地址：渠县渠江镇解放街27号
…………………… Tel：0818-7218009
四川省水电投资经营集团渠县电力有限责任公司西域供电所
地址：渠县渠江镇后溪街1号（老车坝处）
…………………… Tel：15228098000
四川省水电投资经营集团渠县电力有限责任公司东城供电所
地址：达州市渠县东城半岛望江庭125-1-1/2
…………………… Tel：13547257905
四川省水电投资经营集团渠县电力有限责任公司临巴供电所
地址：渠县临巴镇临华路28号
…………………… Tel：0818-7410069
四川省水电投资经营集团渠县电力有限责任公司有庆供电所
地址：文水县凤城镇东大街（供电公司楼内）
…………………… Tel：0818-7530180
四川省水电投资经营集团渠县电力有限责任公司宝城供电所
地址：渠县宝城镇宝新街237号
…………………… Tel：13508186555
四川省水电投资经营集团渠县电力有限责任公司贵福供电所
地址：渠县贵福镇红星街
…………………… Tel：13518247378
四川省水电投资经营集团渠县电力有限责任公司涌兴供电所
地址：渠县涌兴镇大井街（永胜三社）
…………………… Tel：0818-7740959
四川省水电投资经营集团渠县电力有限责任公司土溪供电所
地址：渠县土溪镇铁桥街26号
…………………… Tel：0818-7810009
四川省水电投资经营集团渠县电力有限责任公司三汇供电所
地址：达州市渠县三汇镇西坪村街
…………………… Tel：0818-7850373
四川省水电投资经营集团开江明月电力有限公司
地址：开江县新宁镇嵩峰寺街5号
…………………… Tel：0818-8222853
四川省水电投资经营集团开江明月电力有限公司长岭供电所
地址：开江县长岭镇长采街17号
…………………… Tel：0818-8222853
四川省水电投资经营集团开江明月电力有限公司淙城供电所
地址：开江县新宁镇淙城街
…………………… Tel：0818-8222853
四川省水电投资经营集团开江明月电力有限公司拔妙供电所
地址：开江县拔妙乡街道
…………………… Tel：0818-8222853
四川省水电投资经营集团开江明月电力有限公司灵岩供电所
地址：开江县灵岩镇群英街166号
…………………… Tel：0818-8222853
四川省水电投资经营集团开江明月电力有限公司天师供电所
地址：开江县天师镇街道
…………………… Tel：0818-8222853
四川省水电投资经营集团开江明月电力有限公司梅家供电所
地址：开江县沙坝乡街道
…………………… Tel：0818-8222853
四川省水电投资经营集团开江明月电力有限公司沙坝供电所
地址：开江县沙坝乡永红路15号
…………………… Tel：0818-8222853
四川省水电投资经营集团开江明月电力有限公司西城供电所
地址：开江县新宁镇文昌街40号
…………………… Tel：0818-8222853
四川省水电投资经营集团开江明月电力有限公司新街供电所
地址：开江县新街乡街道5号
…………………… Tel：0818-8222853
四川省水电投资经营集团开江明月电力有限公司骑龙供电所
地址：开江县骑龙乡街道
…………………… Tel：0818-8222853
四川省水电投资经营集团开江明月电力有限公司任新供电所
地址：开江县任市镇天台街
…………………… Tel：0818-8222853
四川省水电投资经营集团开江明月电力有限公司城北供电所
地址：开江县新宁镇淙城街154号1号楼
…………………… Tel：0818-8222853
四川省水电投资经营集团开江明月电力有限公司回龙供电所
地址：开江县回龙镇街道
…………………… Tel：0818-8222853
四川省水电投资经营集团开江明月电力有限公司永兴供电所
地址：开江县永兴镇街道
…………………… Tel：0818-8222853
四川省水电投资经营集团开江明月电力有限公司甘棠供电所
地址：开江县甘棠镇天子街372号
…………………… Tel：0818-8222853
四川省水电投资经营集团开江明月电力有限公司长田供电所
地址：开江县长田乡街道
…………………… Tel：0818-8222853
四川省水电投资经营集团开江明月电力有限公司新太供电所
地址：开江县新太乡西街
…………………… Tel：0818-8222853
四川省水电投资经营集团开江明月电力有限公司城区供电所
地址：开江县新宁镇嵩峰寺街5号
…………………… Tel：0818-8222853
四川省水电投资经营集团开江明月电力有限公司讲治供电所
地址：开江县讲治镇正街195号
…………………… Tel：0818-8222853
四川省水电投资经营集团开江明月电力有限公司广福供电所
地址：开江县广福镇德胜街
…………………… Tel：0818-8222853
四川省水电投资经营集团开江明月电力有限公司宝石供电所
地址：开江县宝石乡东街
…………………… Tel：0818-8222853
四川省水电投资经营集团开江明月电力有限公司任市供电所
地址：开江县宝石乡东街
…………………… Tel：0818-8222853
四川省水电投资经营集团开江明月电力有限公司普东供电所
地址：：开江县普安镇东大街43号
…………………… Tel：0818-8222853
四川省水电投资经营集团开江明月电力有限公司普安供电所
地址：开江县普安镇正北街开发区
…………………… Tel：0818-8222853
四川省水电投资经营集团开江明月电力有限公司靖安供电所
地址：开江县靖安乡街道
…………………… Tel：0818-8222853
四川省水电投资经营集团万源市龙源电力有限责任公司
地址：万源市太平镇河西川陕大道
…………………… Tel：0818-8622803
四川省水电投资经营集团万源市龙源电力有限责任公司草坝供电所
地址：万源市草坝镇街道
…………………… Tel：0818-8622803
四川省水电投资经营集团万源市龙源电力有限责任公司罗文供电所
地址：万源市罗文镇新建街
…………………… Tel：0818-8622803
四川省水电投资经营集团万源市龙源电力有限责任公司黄钟供电所
地址：四川省达州市万源市黄钟镇
…………………… Tel：0818-8622803
四川省水电投资经营集团万源市龙源电力有限责任公司竹峪供电所
地址：万源市竹峪镇街道
…………………… Tel：0818-8622803
四川省水电投资经营集团万源市龙源电力有限责任公司河口供电所
地址：四川省达州市万源市河口镇街道
…………………… Tel：0818-8622803
四川省水电投资经营集团万源市龙源电力有限责任公司长坝供电所
地址：万源市长坝乡街道
…………………… Tel：0818-8622803
四川省水电投资经营集团万源市龙源电力有限责任公司石窝供电所
地址：万源市石窝乡街道
…………………… Tel：0818-8622803
四川省水电投资经营集团万源市龙源电力有限责任公司城区供电所
地址：万源市太平镇驮山北路196号
…………………… Tel：0818-8622803
四川省水电投资经营集团万源市龙源电力有限责任公司旧院供电所
地址：万源市旧院镇街道
…………………… Tel：0818-8622803
国网四川武胜县供电有限责任公司
地址：武胜县沿口镇建设北路168号
…………………… Tel：0823-6211355
四川明星电力股份有限公司
地址：四川省遂宁市开发区明月路56号
…………………… Tel：0825-2210089
遂宁市水利电力物资供应站
地址：遂宁市城区遂州北路333号
…………………… Tel：0825-2224036
四川明星电力股份有限公司安居供电分公司
地址：遂宁市安居区安居镇双林桥村四社
…………………… Tel：0825-2955406
遂宁市明星自来水有限公司
地址：遂宁市小南街58号
…………………… Tel：0825-2955606
国网四川省电力公司遂宁供电公司
地址：遂宁市船山区东平中路388号
…………………… Tel：0825-5582026
四川明珠水利电力股份有限公司
地址：四川省射洪县太和镇虹桥路152号
…………………… Tel：0825-6652664
国网四川大英县供电有限责任公司
地址：大英县蓬莱镇交通街103号
…………………… Tel：0825-7867000
四川广安爱众股份有限公司
地址：四川省广安市广安区渠江北路86号
…………………… Tel：0826-2222677
四川广安发电有限责任公司
地址：四川省广安市前锋区代市镇广电大道1号
…………………… Tel：0826-2756058
国网四川省电力公司邻水县供电分公司
地址：邻水县鼎屏镇人民路中段8号
…………………… Tel：0826-2987015
国网四川省电力公司邻水县供电分公司
地址：邻水县鼎屏镇人民路中段8号
…………………… Tel：0826-2987015

广安市三新供电服务有限公司邻水分公司
地址：邻水县鼎屏镇人民路中段8号
……………………… Tel：18782665555

广安市三新供电服务有限公司邻水二分公司
地址：邻水县鼎屏镇古邻大道北段42号（办公楼第四层）
……………………… Tel：0826-2987690

国网四川邻水县供电有限责任公司
地址：邻水县鼎屏镇古邻大道北段42号
……………………… Tel：0826-3222788

邻水县三新供电服务有限公司
地址：邻水县鼎屏镇古邻大道邻州广场旁（邻水供电有限公司办公楼第四层）
……………………… Tel：13982628328

四川华蓥山广能集团四方电力有限责任公司
地址：四川省华蓥市双河镇鱼塘路
……………………… Tel：0826-4442014

四川省岳池爱众电力有限公司
地址：岳池县九龙镇新东街一号
……………………… Tel：0826-5223108

四川省岳池水利水电开发实业公司新场供水站
地址：岳池县新场乡
……………………… Tel：0826-5272656

四川省岳池水利水电开发实业公司兴隆供水站
地址：岳池县兴隆镇
……………………… Tel：0826-5272656

四川省岳池水利水电开发实业公司苟角供水站
地址：岳池县苟角镇
……………………… Tel：0826-5272656

四川省岳池水利水电开发实业公司白庙供水站
地址：岳池县白庙镇
……………………… Tel：0826-5272656

四川省岳池水利水电开发实业公司龙孔供水站
地址：岳池县龙孔镇
……………………… Tel：0826-5272656

四川省岳池水利水电开发实业公司西板供水站
地址：岳池县西板乡
……………………… Tel：0826-5272656

四川省岳池水利水电开发实业公司罗渡供水站
地址：岳池县罗渡镇
……………………… Tel：0826-5272656

四川省岳池水利水电开发实业公司中和供水站
地址：岳池县中和镇
……………………… Tel：0826-5272656

国网四川省电力公司武胜县供电分公司
地址：四川省广安市武胜县沿口镇建设北路168号
……………………… Tel：0826-6211355

巴中东方源丰发展有限公司
地址：四川省巴中市巴州区巴州大道南段江南尚城2#商业楼（7号楼三楼）
……………………… Tel：0827-2229299

国网四川巴中市巴州供电有限责任公司
地址：四川省巴中市巴州区巴州大道162号
……………………… Tel：0827-5231068

国网四川省电力公司巴中市巴州供电分公司
地址：四川省巴中市巴州区巴州大道162号
……………………… Tel：0827-5235403

国网四川省电力公司巴中供电公司
地址：四川省巴中市江北大道中段55号
……………………… Tel：0827-5621089

国网四川省电力公司平昌县供电分公司
地址：四川省平昌县同州街道办事处新华街西段361号
……………………… Tel：0827-6800010

国网四川南江县供电有限责任公司
地址：四川省巴中市南江县南江镇米仓山大道南磷段93号
……………………… Tel：0827-8222241

四川省南江铁山冶金矿业有限公司
地址：四川省巴中市南江县沙坝乡红山村
……………………… Tel：0827-8622026

四川泸州川南发电有限责任公司
地址：泸州市江阳区江北镇
……………………… Tel：0830-3628021

国网四川省电力公司泸州供电公司
地址：泸州市江阳区柏杨坪
……………………… Tel：0830-3636016

四川煤气化有限责任公司
地址：泸州市纳溪区金园路1号
……………………… Tel：0830-4214607

国网四川省电力公司泸州市纳溪供电分公司
地址：四川省泸州市纳溪区永宁街道凯阁路21号
……………………… Tel：0830-4260066

泸州元兴电力开发有限公司
地址：合江县合江镇少岷路玉宇电力公司办公楼内
……………………… Tel：0830-5262517

国网四川叙永县供电有限责任公司
地址：叙永县叙永镇南城社区草市街3号
……………………… Tel：0830-6222380

国网四川省电力公司古蔺县供电分公司
地址：古蔺县古蔺镇东新街252号
……………………… Tel：0830-7260562

国网四川古蔺县供电有限责任公司
地址：古蔺县古蔺镇长沙路
……………………… Tel：0830-7260562

国网四川省电力公司泸县供电分公司
地址：泸县福集镇龙脑大道580号
……………………… Tel：0830-8186866

国网四川泸县供电有限责任公司
地址：泸县福集镇福天路西街21号
……………………… Tel：0830-8188866

泸县土地开发有限公司
地址：泸县玉蟾街道花园路268号
……………………… Tel：0830-8806515

国网四川省电力公司宜宾供电公司
地址：宜宾市南岸长江大道中段17号
……………………… Tel：0831-2183017

国网四川省电力公司江安县供电分公司
地址：四川省江安县江安镇电业路6（1-6）
……………………… Tel：0831-2622019

国网四川江安县供电有限责任公司
地址：四川省江安县江安镇电业路（原竹院巷8号）
……………………… Tel：0831-2622019

国网四川省电力公司宜宾市南溪供电分公司
地址：宜宾市南溪区长江大道西段
……………………… Tel：0831-3183507

国网四川省电力公司宜宾市南屏供电分公司
地址：宜宾市南溪区南溪街道长江路47号
……………………… Tel：0831-3330428

四川能投珙县电力有限公司
地址：珙县巡场镇新桥街
……………………… Tel：0831-4011395

四川能投珙县电力有限公司底洞供电所
地址：商水县大武乡
……………………… Tel：0831-4210056

四川能投珙县电力有限公司孝儿供电所
地址：珙县孝儿镇供电所
……………………… Tel：13990940010

四川能投珙县电力有限公司沐滩供电所
地址：商水县固墙镇
……………………… Tel：0831-4259077

四川能投珙县电力有限公司珙泉供电所
地址：珙县珙泉镇胜利街
……………………… Tel：0831-4321695

四川能投珙县电力有限公司上罗供电所
地址：珙县上罗镇供电所
……………………… Tel：15881351363

四川能投珙县电力有限公司洛表供电所
地址：珙县洛表镇牌坊街
……………………… Tel：0831-4410151

四川能投珙县电力有限公司洛亥供电所
地址：珙县洛亥镇街村
……………………… Tel：15884121027

四川华电珙县发电有限公司
地址：四川省珙县孝儿镇
……………………… Tel：0831-4462666

宜宾富源发电设备有限公司
地址：长宁县长宁镇宋家坝工业集中区
……………………… Tel：0831-4620127

长宁县电力公司
地址：长宁县长宁镇竹都大道一段18号
……………………… Tel：0831-4630709

宜宾市荣旺商贸有限公司
地址：宜宾市翠屏区建设路91号C2幢1层21号
……………………… Tel：0831-5130252

四川中电福溪电力开发有限公司
地址：四川省宜宾市高县月江镇磨顶村
……………………… Tel：0831-5356044

四川能投高县电力有限公司
地址：高县庆符镇凯华路48号
……………………… Tel：0831-5418880

四川能投屏山电力有限公司
地址：屏山县屏山镇金沙江大道西段319号
……………………… Tel：0831 5601588

四川能投屏山电力有限公司
地址：屏山县屏山镇金沙江大道西段319号
……………………… Tel：0831-5601588

四川能投屏山电力有限公司书楼供电所
地址：屏山县书楼镇书楼大道38号
……………………… Tel：0831-5600110

四川能投屏山电力有限公司新安供电所
地址：屏山县新安镇金江村3-87
……………………… Tel：0831-5601215

四川能投屏山电力有限公司锦屏供电所
地址：屏山县锦屏镇新北街
……………………… Tel：0831-5724875

四川能投屏山电力有限公司鸭池供电所
地址：屏山县鸭池乡场镇
……………………… Tel：0831-5781179

四川能投屏山电力有限公司城关供电所
地址：屏山县屏山镇
……………………… Tel：0831-5728999

四川能投屏山电力有限公司大乘供电所
地址：屏山县大乘镇街村
……………………… Tel：0831-5601588

四川宜宾伊力集团横江发电有限公司
地址：宜宾市叙州区柏溪街道
……………………… Tel：0831-6201916

四川省水电投资经营集团宜宾长源电力有限公司
地址：四川省宜宾县柏溪镇柏溪花园裕川综合楼
……………………… Tel：0831-6616815

四川能投宜宾市叙州电力有限公司
地址：四川省宜宾市叙州区柏溪街道一曼路778号
……………………… Tel：0831-6616815

筠连川煤芙蓉新维煤业有限公司
地址：筠连县维新镇新华村
……………………… Tel：0831-7289853

四川省水电投资经营集团筠连电力有限公司
地址：筠连县筠连镇定水路2街22号
……………………… Tel：0831-7682701

四川能投筠连电力有限公司
地址：筠连县筠连镇定水路二街22号
……………………… Tel：0831-7682710

四川能投宜宾电力工程建设有限公司
地址：四川省宜宾市叙州区柏溪街道一曼路778号
……………………… Tel：0831-7822000

四川能投兴文电力有限公司僰王山供电营业所
地址：兴文县　王山镇东街
……………………… Tel：0831-8823283

四川能投兴文电力有限公司
地址：兴文县古宋镇香山西路513号
……………………… Tel：0831-8823283

四川能投兴文电力有限公司共乐供电营业所
地址：兴文县共乐镇姚家嘴
……………………… Tel：0831-8823283

四川能投兴文电力有限公司九丝供电营业所
地址：兴文县九丝城镇德胜街村二组
……………………… Tel：0831-8823283

四川能投兴文电力有限公司石海供电营业所
地址：兴文县石海镇大旗村五、六组
……………………… Tel：0831-8823283

四川能投兴文电力有限公司久庆供电营业所
地址：兴文县古宋镇久庆街村
……………………… Tel：0831-8823283

四川能投兴文电力有限公司古宋供电营业所
地址：兴文县古宋镇香山西路513号
……………………… Tel：0831-8823283

四川能投兴文电力有限公司大河供电营业所
地址：兴文县古宋镇普照村一组
……………………… Tel：0831-8823283

四川能投兴文电力有限公司太平供电营业所
地址：兴文县莲花镇街村
……………………… Tel：0831-8823283

四川能投兴文电力有限公司大坝供电营业所
地址：兴文县大坝苗族乡一居委
……………………… Tel：0831-8823283

四川能投兴文电力有限公司仙峰供电营业所
地址：兴文县仙峰苗族乡街村
……………………… Tel：0831-8823283

国网四川省电力公司内江供电公司
地址：内江市东兴区太白路190号
……………………… Tel：0832-2283277

四川省水电投资经营集团资中龙源电力有限公司狮子供电所
地址：资中县狮子镇
……………………… Tel：0832-5958309

四川省水电投资经营集团资中龙源电力有限公司龙江供电所
地址：资中县龙江镇
……………………… Tel：0832-5958309

四川省水电投资经营集团资中龙源电力有限公司双桥供电所
地址：内江市东兴区双桥乡东山村七组
……………………… Tel：0832-5958309

四川省水电投资经营集团资中龙源电力有限公司孟塘供电所
地址：资中县孟塘镇
……………………… Tel：0832-5958309

四川忠伟铁马水电有限公司
地址：四川省内江市资中县五里店村
……………………… Tel：0832-5522193

四川省水电投资经营集团资中龙源电力有限公司球溪供电所
地址：资中县顺河镇
……………………… Tel：0832-5821238

国网四川省电力公司资中县供电分公司
地址：资中县苌弘路67号
……………………… Tel：0832-5955008

四川沙淇实业有限公司
地址：资中县球溪镇泉江坝
……………………… Tel：0832-5956218

四川省水电投资经营集团资中龙源电力有限公司
地址：资中县城南大道
……………………… Tel：0832-5958309

四川省水电投资经营集团资中龙源电力有限公司马鞍供电所
地址：资中县马鞍镇交通街
……………………… Tel：0832-5958309

四川省水电投资经营集团资中龙源电力有限公司双龙供电所
地址：资中县双龙镇
……………………… Tel：0832-5958309

四川省水电投资经营集团资中龙源电力有限公司骝马供电所
地址：资中县骝马镇迎新街33号
……………………… Tel：0832-5958309

四川省水电投资经营集团资中龙源电力有限公司配龙供电所
地址：资中县配龙镇
……………………… Tel：0832-5958309

四川省水电投资经营集团资中龙源电力有限公司安岳华严供电所
地址：安岳县华严镇老街81号
……………………… Tel：0832-5958309

四川省水电投资经营集团资中龙源电力有限公司安岳拱桥供电所
地址：安岳县华严镇老街81号
……………………… Tel：0832-5958309

四川省水电投资经营集团资中龙源电力有限公司发轮供电所
地址：资中县发轮镇
……………………… Tel：0832-5958309

四川省水电投资经营集团资中龙源电力有限公司罗泉供电所
地址：资中县罗泉镇
……………………… Tel：0832-5958309

四川省水电投资经营集团资中龙源电力有限公司龙结供电所
地址：资中县龙结镇
……………………… Tel：0832-5958309

四川省水电投资经营集团资中龙源电力有限公司太平营业厅
地址：资中县太平镇
……………………… Tel：0832-5958309

四川省水电投资经营集团资中龙源电力有限公司走马供电所
地址：资中县走马镇
……………………… Tel：0832-5958309

四川省水电投资经营集团资中龙源电力有限公司顺河供电所
地址：资中县顺河镇
……………………… Tel：0832-5958309

四川省水电投资经营集团资中龙源电力有限公司碑记供电所
地址：资阳市雁江区碑记镇街107号
……………………… Tel：0832-5958309

四川白马循环流化床示范电站有限责任公司
地址：四川省内江市市中区白马镇黄石井路118号
……………………… Tel：0832-6122653

国网四川省电力公司威远县供电分公司
地址：威远县严陵镇三河路280号
……………………… Tel：0832-8296014

中国水电建设集团圣达水电有限公司
地址：乐山市市中区海棠路高标巷245号
……………………… Tel：0833-2179587

乐山电力股份有限公司
地址：乐山市市中区嘉定北路46号
……………………… Tel：0833-2445800

四川峨眉山电力股份有限公司
地址：峨眉山市绥山镇名山东路92号
……………………… Tel：0833-2453208

四川源鸿电力有限公司乐山分公司
地址：乐山市中区嘉州大道94号
……………………… Tel：0833-2639277

四川泰吉机电设备制造有限公司
地址：乐山市五通桥区牛华镇
……………………… Tel：0833-3207151

东方电气集团东风电机有限公司
地址：乐山市五通桥区桥沟镇桥沟街
……………………… Tel：0833-3250888

东方电气（乐山）新能源设备有限公司
地址：乐山高新区迎宾大道9号
……………………… Tel：0833-3250888

乐山电力股份有限公司五通桥分公司
地址：乐山市五通桥区茶花路
……………………… Tel：0833-3308585

四川嘉阳电力有限责任公司
地址：犍为县石溪镇
……………………… Tel：0833-4186052

乐山川犍电力有限责任公司
地址：犍为县玉津镇翠屏路36号
Tel：0833-4237063

四川星凯电力有限责任公司
地址：乐山市马边县东光小区
Tel：0833-4513317

国网四川沐川县供电有限责任公司
地址：沐川县沐溪镇滨河南路16号
Tel：0833-4602359

四川大渡河电力股份有限公司
地址：峨边沙坪镇平安路21号
Tel：0833-5258773

峨边龙信电力有限公司
地址：峨边县觉莫乡两河口
Tel：0833-5280520

国电四川岷江发电有限公司
地址：峨眉山市九里镇
Tel：0833-5365010

峨眉山建南水电设备制造有限公司
地址：四川省乐山市峨眉山市绥山镇新安街69号
Tel：0833-5389815

乐山电力股份有限公司峨眉山分公司
地址：峨眉山市胜利街道大佛北路四幢
Tel：0833-5523235

峨眉山旅游股份有限公司峨眉山景区水电分公司
地址：峨眉山市黄湾乡报国村六组9号
Tel：0833-5593105

国网四川省电力公司峨眉山市供电分公司
地址：峨眉山市绥山镇名山东路92号
Tel：0833-7884533

中电投喜德电力有限公司
地址：喜德县光明大道298号
Tel：0834-2566399

中广核亚王盐源县长柏电力有限责任公司
地址：盐源县长柏乡
Tel：0834-3225819

四川省布拖县牛角湾电力有限责任公司
地址：布拖县交际河区牛角湾乡
Tel：0834-3830010

西昌可信电力开发有限责任公司
地址：西昌市老西门街13号10幢2层
Tel：0834-3830071

西昌可信电力开发有限责任公司
地址：西昌市老西门街13号10幢2层
Tel：0834-3830071

盐源县西源电力有限责任公司
地址：盐源县长柏乡181号
Tel：0834-3830139

四川西昌电力股份有限公司
地址：四川省西昌市胜利路66号
Tel：0834-3830167

国网四川省电力公司凉山供电公司
地址：西昌市航天大道二段216号
Tel：0834-3832034

四川省水电投资经营集团普格电力有限公司
地址：普格县普基镇新建南路256号
Tel：0834-4772523

四川省水电投资经营集团普格电力有限公司
地址：普格县普基镇新建南路256号
Tel：0834-4772523

德昌县星光电力开发有限责任公司
地址：德昌县德州镇新华街
Tel：0834-5203665

国网四川德昌县供电有限责任公司
地址：德昌县新华街东段57号
Tel：0834-5282376

国网四川省电力公司德昌县供电分公司
地址：德昌县德州镇新华街东段57号
Tel：0834-5282376

会东县科华新能投资有限公司
地址：会东县 鱼河镇滩王路
Tel：0834-5421277

国网四川会理县供电有限责任公司
地址：会理县顺城东路293号
Tel：0834-5627483

四川省凉山州漫水湾供水工程开发中心
地址：冕宁县漫水湾镇黄土坡村
Tel：0834-6101667

四川省凉山州漫水湾供水工程开发中心漫水湾电厂
地址：凉山州冕宁县漫水湾镇
Tel：0834-6101667

国网四川盐源县供电有限责任公司
地址：盐源县盐井镇太安中街101号
Tel：0834-6362413

国网四川木里县供电有限责任公司
地址：木里县新兴路38号
Tel：0834-6522302

国网四川省电力公司木里县供电分公司
地址：木里县乔瓦镇新兴路38号
Tel：0834-6525302

国网四川省电力公司喜德县供电分公司
地址：四川省凉山彝族自治州喜德县光明镇光明大道东段380号
Tel：0834-7441370

国网四川喜德县供电有限责任公司
地址：喜德县文化路东段3号
Tel：0834-7441370

越西县合丰电力投资有限责任公司
地址：越西县城关镇
Tel：0834-7613777

国网四川甘洛县供电有限责任公司
地址：甘洛县团结南街人大巷2号
Tel：0834-7812986

四川省水电投资经营集团美姑电力有限公司
地址：美姑县巴普镇城北路100号
Tel：0834-8242308

国网四川布拖县供电有限责任公司
地址：布拖县普提下街222号
Tel：0834-8531369

四川省水电集团金阳电力有限公司
地址：金阳县天地坝镇南街88号
Tel：0834-8730788

四川省水电集团金阳电力有限公司派来片区供电所
地址：金阳县派来镇
Tel：0834-8730788

四川省水电集团金阳电力有限公司天台片区供电所
地址：金阳县天地坝镇桃坪中心村溜堵组
Tel：0834-8730788

四川省水电集团金阳电力有限公司安装工程与物资供应分公司
地址：金阳县天地坝镇南街80号
Tel：0834-8730788

四川省水电集团金阳电力有限公司洛觉片区供电所
地址：金阳县洛觉乡
Tel：0834-8730788

四川省水电集团金阳电力有限公司对坪片区供电所
地址：金阳县对坪镇
Tel：0834-8730788

四川省水电集团金阳电力有限公司南瓦片区供电所
地址：金阳县南瓦乡
Tel：0834-8730788

四川省水电集团金阳电力有限公司城关供电所
地址：金阳县天地坝镇南街88号
Tel：0834-8730788

四川省水电集团金阳电力有限公司大宗用户供电所
地址：金阳县天地坝镇南街 88号
Tel：0834-8730788

雷波县水电物资供销公司
地址：雷波县锦城镇环城路64号
Tel：13508202542

雅安胜利电力有限责任公司
地址：四川省雅安市雨城区挺进路157号
Tel：0835-2224953

国网四川雅安电力（集团）股份有限公司
地址：四川省雅安市雨城区张家山路71号
Tel：0835-2601020

四川富源电力股份有限公司
地址：四川省石棉县新棉镇电力路2号电力调度大楼内
Tel：0835-2606806

汉源县治国水电物资供应中心
地址：富林镇新区
Tel：0835-4265301

国网四川宝兴县供电有限责任公司
地址：宝兴县穆坪镇两河电站
Tel：0835-6822036

天全县供排水有限责任公司水电器材销售门市部
地址：宁远县清水桥镇清二村四组
Tel：0835-7222445

四川能投电力道孚有限责任公司
地址：四川省甘孜藏族自治州道孚县瓦日乡孟拖村2号
Tel：0835-7228077

四川华能宝兴河水电有限责任公司
地址：四川省雅安市雨城区雨城区青衣江路中段113号
Tel：0835-8552025

四川省野牛电力开发有限公司
地址：康定县孔玉乡
Tel：0836-2828381

四川巴郎河水电开发有限公司
地址：四川省甘孜藏族自治州康定市姑咱镇银河路154号
Tel：0836-2857851

甘孜电力建设有限公司
地址：康定市新区政务中心一楼
Tel：0836-2863548

国网四川省电力公司甘孜供电公司
地址：康定县炉城镇炉城南路57号
Tel：0836-2877019

国网四川甘孜州电力有限责任公司
地址：四川省甘孜藏族自治州康定市炉城镇炉城南路556号1栋1单元1楼1号
Tel：0836-2877019

四川华电泸定水电有限公司
地址：泸桥镇延安路69号
Tel：0836-3125352

四川海能天源电力有限公司
地址：泸定县新兴乡
Tel：0836-3267799

大唐乡城唐电水电开发有限公司
地址：乡城县香巴拉南路67号
Tel：0836-5825131

大唐得荣唐电水电开发有限公司
地址：得荣县城河西下街95号
Tel：0836-5921766

四川省水电投资经营集团德格格萨尔电力有限公司
地址：四川省德格县更庆镇茶马中街
Tel：0836-8222105

四川大唐国际甘孜水电开发有限公司
地址：四川省甘孜藏族自治州康定市鱼通乡野坝村
Tel：0836-8903904

四川卧龙巴蜀龙潭水电有限责任公司
地址：四川省阿坝藏族羌族自治州汶川县耿达镇迎宾大道二段12号
Tel：0837-6241720

四川省卧龙特别行政区电力公司
地址：汶川县卧龙镇沙湾街12号
Tel：0837-6246058

国网四川黑水县供电有限责任公司
地址：阿坝州黑水县芦花镇正街
Tel：0837-6722100

国网四川阿坝州电力有限责任公司黑水县供电分公司
地址：四川省阿坝州黑水县芦花镇新城区
Tel：0837-6722100

理县星河甘堡电力有限责任公司
地址：阿坝州理县杂谷脑镇椒子坪
Tel：0837-6825123

理县华成水电开发有限责任公司
地址：阿坝州理县朴头乡
Tel：0837-6828710

国网四川茂州供电有限责任公司
地址：四川省阿坝州茂县凤仪镇禹羌大桥引道南侧
Tel：0837-6933007

四川希望水电开发有限公司
地址：四川省阿坝州茂县赤不苏镇雅都村
Tel：0837-7421251

阿坝州九龙电网有限公司
地址：阿坝州茂县凤仪镇
Tel：0837-7426044

茂县电力有限责任公司
地址：茂县凤仪镇羌兴街
Tel：0837-7428799

国网四川阿坝州电力有限责任公司
地址：茂县凤仪镇西羌大道水西路东侧
Tel：0837-7429399

国网四川省电力公司阿坝供电公司
地址：茂县凤仪镇西羌大道水西路
Tel：0837-7429399

四川嘉盛电力建设有限责任公司
地址：四川省阿坝州茂县凤仪镇坪头村256号
Tel：0837-7465679

四川国众发电设备有限公司
地址：四川省德阳市旌阳区天元镇五庙村十一组
Tel：0838-2222718

德阳东航电站设备有限公司
地址：四川省德阳市区黄河西路112号东方明城C区1-4-2号
Tel：0838-2232099

德阳东瑞电站设备有限公司
地址：四川省德阳市区华山北路17号华山大厦9楼8号
Tel：0838-2306819

国网四川省电力公司德阳市蓥华供电分公司
地址：四川省德阳市什邡市方亭蓥华山路南段88号
Tel：0838-2352236

国网四川什邡市供电有限责任公司
地址：什邡市方亭镇蓥华山路南段88号
Tel：0838-2352295

国网四川德阳市孝泉供电有限责任公司
地址：四川省德阳市旌阳区孝泉镇
Tel：0838-2352301

国网四川省电力公司德阳市纹江供电分公司
地址：四川省德阳市罗江区围城东路14号
Tel：0838-2353754

国网四川省电力公司绵竹市供电分公司
地址：四川省绵竹市紫岩街182号
Tel：0838-2354880

德阳市万捷机械有限公司
地址：四川省德阳市旌阳区工业集中发展区玉山街南段
Tel：0838-2361021

东方电气集团东方电机有限公司
地址：四川省德阳市旌阳区黄河西路188号
Tel：0838-2410240

四川长维电力科技发展有限公司
地址：四川省德阳市龙泉山北路二段西侧锦虹佳苑F3幢6号
Tel：0838-2518877

四川登鸿新能源科技有限公司
地址：四川省德阳市天山南路三段88号浅水湾G-02幢2层2-4号
Tel：0838-2651833

四川金昆电力有限公司
地址：四川省德阳市岷江西路一段550号凯旋国际广场1栋1-26-10号
Tel：0838-2655119

东方电机控制设备有限公司
地址：四川省德阳市嘉陵江西路138号
Tel：0838-2659797

东方电气集团东方汽轮机有限公司
地址：四川省德阳市高新技术产业园区金沙江西路666号
Tel：0838-2688620

德阳钰鑫机械制造有限公司
地址：四川省德阳市旌阳区天元镇武庙村二组、三组、十一组
Tel：0838-2800096

特变电工西南电气工程有限公司
地址：四川省德阳市旌阳区天元东海路东段2号
Tel：0838-2801726

四川德阳科利机械设备制造有限公司
地址：四川省德阳市旌阳区工业集中发展区东海路西段16号
Tel：0838-2803260

东方电气自动控制工程有限公司
地址：四川省德阳市庐山南路三段18号
Tel：0838-2903333

德阳立达新能源设备制造有限公司
地址：四川省德阳市庐山南路三段32号
Tel：0838-2903801

四川茂弘新能源科技有限公司
地址：四川省德阳市鞍山路39号凯信.高新大厦1幢
Tel：0838-2919583

德阳精研电站设备制造有限公司
地址：四川省德阳市永定河路与贺兰山路交汇处
Tel：0838-3021216

国网四川罗江县供电有限责任公司
地址：罗江县围城东路14号
Tel：0838-3207402

西昌兴星电力设计有限公司
地址：西昌市老西门街13号10幢1层
Tel：0838-3830092

四川嘉寓门窗幕墙有限公司
地址：四川什邡经济开发区（北区）
Tel：0838-5969861

国网四川绵竹市供电有限责任公司
地址：绵竹市东北镇联合村
Tel：0838-6190729

德阳九鼎电气有限公司
地址：四川绵竹经济开发区江苏工业园
Tel：0838-6252281

四川光芒新能源有限公司
地址：四川省绵竹市江苏工业园区常顺路
Tel：0838-6788001

国网四川中江县供电有限责任公司
地址：四川省德阳市中江县凯江镇一环路北段829号
Tel：0838-7133685

国网四川省电力公司中江县供电分公司
地址：四川省德阳市中江县凯江镇一环路北段829号二楼
Tel：0838-7133685

大唐四川川北电力开发有限公司
地址：广元经济技术开发区袁家坝工业园（上石盘电站处）
Tel：0839-3271813

大唐通江电力开发有限公司
地址：四川省巴中市通江县诺江镇壁山西路59号16楼5号
Tel：0839-3271813

国网四川省电力公司广元供电公司
地址：广元市利州区滨河路59号
Tel：0839-3293228

四川广旺能源发展（集团）有限责任公司电力分公司
地址：旺苍县嘉川镇
Tel：0839-4019459

国网四川省电力公司旺苍县供电分公司
地址：旺苍县东河镇马家渡开发区兴旺大道
Tel：0839-4207900

国网四川旺苍县供电有限责任公司
地址：旺苍县东河镇兴旺西路98号
Tel：0839-4208622

广元浩源水电开发公司英萃供电营业所
地址：旺苍县英萃镇
Tel：0839-4970202

广元浩源水电开发公司双汇供电营业所
地址：旺苍县双汇镇
…………………… Tel：0839-4910080
广元浩源水电开发公司国华供电营业所
地址：旺苍县国华镇
…………………… Tel：0839-4940011
旺苍县水利电力局国华供水管理站
地址：旺苍县国华镇场镇
…………………… Tel：13541832286
国网四川苍溪县供电有限责任公司
地址：苍溪县陵江镇人民西路15号
…………………… Tel：0839-5222084
国网四川省电力公司广元市昭化供电分公司
地址：广元市昭化区元坝镇光华村一组
…………………… Tel：0839-6280891
国网四川剑阁县供电有限责任公司
地址：剑阁县剑门关大道18号
…………………… Tel：0839-6622302
国网四川省电力公司剑阁县供电分公司
地址：剑阁县下寺开发区
…………………… Tel：0839-6622302
国网四川省电力公司青川县供电分公司
地址：青川县乔庄镇金诚街
…………………… Tel：0839-3294001
四川省水电投资经营集团青川电力有限公司
地址：青川县乔庄镇秦兴街320号
…………………… Tel：0839-7202794
四川省水电投资经营集团青川电力有限公司青溪供电所
地址：青川县青溪镇平阳路
…………………… Tel：0839-7202794
四川省水电投资经营集团青川电力有限公司关庄供电所
地址：青川县关庄镇沙坝社关义街85号
…………………… Tel：0839-7202794
四川省水电投资经营集团青川电力有限公司凉水供电所
地址：青川县凉水镇龙门街57号
…………………… Tel：0839-7202794
四川省水电投资经营集团青川电力有限公司房石供电所
地址：青川县房石镇陵园街4号
…………………… Tel：0839-7202794
四川省水电投资经营集团青川电力有限公司石坝供电所
地址：青川县石坝乡场镇
…………………… Tel：0839-7202794
四川省水电投资经营集团青川电力有限公司曲河供电所
地址：青川县曲河乡青城社区程家坪
…………………… Tel：0839-7202794
四川华电工程技术有限公司
地址：广元市利州区宝轮镇三江大道东段111号
…………………… Tel：0839-8512513
攀枝花协鑫光伏电力有限公司
地址：盐边县桐子林镇红星小区42幢5单元201号
…………………… Tel：0871-65103701

贵州省

习水供电局仙源供电所
地址：贵州省遵义市习水县仙源镇
…………………… Tel：0851-22631379
习水供电局官店供电所
地址：贵州省遵义市习水县官店镇街上
…………………… Tel：13984532295
习水供电局土城供电所
地址：贵州省遵义市习水县土城镇
…………………… Tel：0851-22661086
习水供电局温水供电所
地址：贵州省遵义市习水县温水镇
…………………… Tel：0851-22681060
习水县临江河水电供水有限责任公司
地址：贵州省遵义市习水县习酒镇
…………………… Tel：0851-22691033
贵州省习水鼎泰能源开发有限责任公司
地址：贵州省遵义市习水县二郎乡
…………………… Tel：0851-22703707
习水供电局
地址：贵州省遵义市习水县杉王街道西城区
…………………… Tel：0851-22736000
贵州电网有限责任公司遵义习水供电局
地址：贵州省遵义市习水县杉王街道希望社区（南方电网）
…………………… Tel：0851-22736000
习水供电局同民供电所
地址：贵州省遵义市习水县同民镇
…………………… Tel：13595268447
赤水供电局城区供电所
地址：贵州省遵义市赤水市中公园路4号
…………………… Tel：0851-22821256
贵州电网有限责任公司遵义赤水供电局
地址：高新区花卉市场
…………………… Tel：0851-22821338
赤水供电局文华供电所天台用电服务部
地址：贵州省毕节市金沙县岩孔镇
…………………… Tel：0851-22821960
赤水供电局文华供电所
地址：贵州省遵义市赤水市人民南路
…………………… Tel：0851-22821960
赤水供电局大同供电所
地址：贵州省遵义市赤水市大同镇
…………………… Tel：0852-22911828
赤水供电局长沙供电所
地址：贵州省遵义市赤水市长沙镇
…………………… Tel：0851-22951337
遵义市地产（集团）有限责任公司
地址：贵州省遵义市汇川区上海路街道北海路77号遵投大厦B栋23楼
…………………… Tel：0852-23190500
务川供电局泥水供电所
地址：贵州省遵义市务川仡佬族苗族自治县泥水镇
…………………… Tel：0851-25621446
贵州北源电力股份有限公司
地址：贵州省遵义市红花岗区中华路龙井沟统建77栋3号楼321号
…………………… Tel：0851-26018201
道真供电局
地址：贵州省遵义市道真仡佬族苗族自治县玉溪镇东街路
…………………… Tel：0851-26041507
绥阳县水利局供水有限责任公司
地址：贵州省遵义市绥阳县水利局办公大楼
…………………… Tel：0851-26221213
遵义金业机械铸造有限公司
地址：贵州省遵义市绥阳县风华镇牛心山村
…………………… Tel：0851-26225818
贵州华电桐梓发电有限公司
地址：贵州省遵义市桐梓县娄山镇工农村
…………………… Tel：0851-26727008
播州供电局
地址：贵州省遵义市播州区南园社区苟江路62号
…………………… Tel：0851-27681260
贵州遵义南城工贸有限公司
地址：贵州省遵义市红花岗区忠庄监狱内
…………………… Tel：0851-28424165
贵州粤电遵义风能有限公司
地址：贵州省遵义市汇川区山盆镇政府办公大楼负一楼3、4号
…………………… Tel：0851-28760660
贵州安顺三岔湾水力发电有限公司
地址：贵州省安顺市黄果树风景名胜区三岔湾
…………………… Tel：0851-33592593
贵州省安顺市水利电力建设总公司枫阳供水供电所
地址：贵州省安顺市西秀区大西桥镇马场村（枫阳厂内）
…………………… Tel：0851-33717034
国电安顺发电有限公司
地址：贵州省安顺市西秀区贵黄公路电力城内
…………………… Tel：0851-38622002
华润水泥（安顺）有限公司
地址：贵州省安顺市西秀区轿子山镇袁家屯村
…………………… Tel：0851-38886660
贵州明钏汇电力有限公司
地址：贵州省贵阳市高新区长岭南路33号天一.国际广场（12）1-7-1
…………………… Tel：0851-5753018
百里杜鹃振丰瓦斯发电有限公司
地址：贵州省毕节市百里杜鹃管理区普底乡街上
…………………… Tel：0851-7158642
贵州溢和智通电力工程有限公司
地址：贵州省贵安新区电子信息（大数据）产业孵化园4#楼4层409
…………………… Tel：0851-82201855
贵州水电九局物资供应有限责任公司
地址：贵州省贵阳市云岩区白云大道201号28栋
…………………… Tel：0851-82203727
贵州华网电力销售有限公司
地址：贵州省贵安新区湖潮乡街道办事处车田村59号
…………………… Tel：0851-82217002
大唐贵州发电有限公司
地址：贵州省贵阳市观山湖区金阳新区长岭北路东侧G-2-12-20
…………………… Tel：0851-82277616
大唐贵州新能源开发有限公司
地址：贵州省黔东南苗族侗族自治州台江县秀眉大道47号
…………………… Tel：0851-82277720
贵州华电清镇发电有限公司
地址：贵州省贵阳市清镇市后午
…………………… Tel：0851-82506778
国电黔西水电开发有限公司
地址：贵州省毕节市黔西县黔金路166号
…………………… Tel：0851-82554113
国电台江水电开发有限公司
地址：贵州省黔东南苗族侗族自治州台江县台拱镇兴民街6号四楼
…………………… Tel：0851-82554113
贵州红枫经济发展有限公司机电工程公司
地址：贵州省贵阳市清镇市红枫水力发电厂内
…………………… Tel：0851-82554881
贵州红枫经济发展有限公司物业管理公司
地址：贵州省贵阳市清镇市红枫水力发电厂内
…………………… Tel：0851-82554881
贵州富源网通电力服务有限责任公司
地址：贵州省贵阳市经济技术开发区西南环线交叉路口
…………………… Tel：0851-83836088
贵州机电（集团）有限公司
地址：贵州省贵阳市经济技术开发区小孟工业园区翁岩村
…………………… Tel：0851-83869582
贵州德旭房地产开发有限公司
地址：贵州省贵阳市经济技术开发区榕筑鲜花广场1栋1单元1号
…………………… Tel：0851-8389167
贵州金动机电工程有限公司
地址：贵阳市观山湖区诚信路东侧群升千禧广场05-05，05-07B地块第05-05地块1单元12层13号
…………………… Tel：0851-84123452
贵州水投能源开发有限责任公司
地址：贵州省贵阳市贵阳国家高新技术产业开发区长岭南路33号天一 国际广场5、10、23、24栋10（1）单元16层1-8号房
…………………… Tel：0851-84131465
中电建新能源遵义风力发电有限责任公司
地址：贵州省遵义市桐梓县娄山关镇河滨北路社保局联建楼
…………………… Tel：0851-84722879
贵州久利售电有限公司
地址：贵州省遵义市红花岗区海尔大道花样年华行苑幢3单元B号
…………………… Tel：0851-84813010
大唐桂冠盘州市四格风力发电有限公司
地址：贵州省六盘水市盘州市亦资街道胜境大道旁
…………………… Tel：0851-84875957
贵州康诚发电设备有限责任公司
地址：贵州省贵阳市花溪区孟关乡改毛村贵阳国际汽贸城工程机械市场第1-2号
…………………… Tel：0851-85106038
贵州黔源电力股份有限公司
地址：贵州省贵阳市南明区都司高架桥路46号（黔源大厦）
…………………… Tel：0851-85218953
贵阳能源集团售电有限公司
地址：贵州省贵阳市观山湖区长岭北路贵阳国际会议展览中心C区（C2001大厦）19层1号
…………………… Tel：0851-85506623
贵阳能源集团贵安新区售电有限公司
地址：贵州省贵安新区贵安电商生态城京安大道中国贵安电商生态城内
…………………… Tel：0851-85506623
贵州黔能企业有限责任公司毕节分公司
地址：贵州省毕节市七星关区水牛屯
…………………… Tel：0851-85697403
贵州电网有限责任公司
地址：贵州省贵阳市南明区滨河路17号
…………………… Tel：0851-85593552
贵州天能电力实业有限公司
地址：贵州省贵阳市南明区市南路120号黔电发展楼七楼
…………………… Tel：0851-85596172
贵州送变电有限责任公司
地址：贵州省贵阳市南明区箭道街2号
…………………… Tel：0851-85597498
遵义汇达三江电力有限责任公司
地址：贵州省遵义市播州区西坪镇民主村干沟组
…………………… Tel：0851-85625646
贵州振丰燃气发电设备有限公司
地址：贵州省贵阳市南明区富水南路196号全林广场1幢27层5号[大南社区]
…………………… Tel：0851-8567656
贵州西能电力建设有限公司
地址：贵州省贵阳市观山湖区金阳北路296号
…………………… Tel：0851-85699782
贵州贵电实业有限公司观水巷供水站
地址：兴文县 王山镇东街
…………………… Tel：0851-85757555
贵州贵电实业有限公司桃园路供水站
地址：贵州省毕节市七星关区亮岩镇
…………………… Tel：0851-85757555
贵州华电蔡官发电有限公司
地址：贵州省安顺市西秀区大街东段95号
…………………… Tel：0851-85784095
贵州天壕新能源有限公司
地址：贵州省贵阳市贵阳国家高新技术产业开发区金阳科技产业园创业大厦670室
…………………… Tel：0851-85802369
贵州立信电力投资有限公司
地址：贵州省贵阳市经济技术开发区锦江路创业中心大楼
…………………… Tel：0851-85815981
贵阳天行健水暖电器物资供应站
地址：贵州省贵阳市云岩区金阳南路1号西南五金机电市场7-1-36
…………………… Tel：18985186665
贵州龙源新能源有限公司
地址：贵州省毕节市威宁县五里岗街道经济开发区电商产业园4栋4-306号
…………………… Tel：0851-86578628
贵州西德利机电设备有限公司
地址：贵州省贵阳市云岩区北京路27号鑫都财富大厦15层6号
…………………… Tel：0851-86775586
贵州中烟工业有限责任公司
地址：贵州省贵阳市云岩区友谊路25号
…………………… Tel：0851-86831193
贵阳铝镁设计研究院有限公司
地址：贵州省贵阳市观山湖区金朱路2号
…………………… Tel：0851-86991300
贵州西电电力股份有限公司
地址：贵州省贵阳市观山湖区金阳北路296号
…………………… Tel：0851-86992563
国家电投集团贵州金元股份有限公司
地址：贵州省贵阳市观山湖区金阳北路296号
…………………… Tel：0851-86992563
中电建贵阳院水城新能源有限公司
地址：贵州省六盘水市水城县杨梅乡光明村庆牛组
…………………… Tel：0851-87168576
国电龙源都匀风力发电有限公司
地址：贵州省黔南布依族苗族自治州都匀市嘉和路2号嘉和 · 城市风景1栋3单元9层附43号
…………………… Tel：0851-87973292
国家能源集团贵州电力有限公司
地址：贵州省贵阳市观山湖区长岭北路中天会展城B区金融商务区北区1-6栋（2）1单元24-28层
…………………… Tel：0851-87974042
贵州大坤科技发展有限公司
地址：贵州省贵阳市金阳南路景怡东苑北区1号楼1单元15层2号
…………………… Tel：0851-87982299
晴隆县大坤科技发展有限公司
地址：晴隆县鸡场镇永荣煤业瓦斯发电站
…………………… Tel：0851-87982299
贵阳卓通汽车工业有限公司
地址：贵阳市观山湖区产业园区苏宁物流中心办公楼六楼
…………………… Tel：0851-88195199
华能新能源盘州市风力发电有限公司
地址：贵州省六盘水市盘州市红果街道中沙村
…………………… Tel：0851-88555947
贵州南源电力科技股份有限公司
地址：贵州省贵阳市贵阳国家高新技术产业开发区金阳科技产业园创业大厦683室
…………………… Tel：0851-88574222
南源配售电有限责任公司
地址：贵州省贵阳市贵阳国家高新技术产业开发区金阳科技产业园标准产房辅助用房B308室
…………………… Tel：0851-88574222
西部国际绿色能源斯特林（贵州）智能装备制造有限公司
地址：贵州省贵安新区电子信息产业园
…………………… Tel：0851-88583338
贵州江源电力建设有限公司
地址：贵州省贵阳市贵阳国家高新技术产业开发区金阳科技产业园标准厂房辅助用房B317室
…………………… Tel：0851-88615902
三都供电局中和供电所
地址：贵州省黔南布依族苗族自治州三都水族自治县中和镇
…………………… Tel：0854-3010726
三都供电局九阡供电所
地址：贵州省黔南布依族苗族自治州三都水族自治县九阡镇
…………………… Tel：0854-3061306
三都供电局周覃供电所
地址：贵州省黔南布依族苗族自治州三都水族自治县周覃镇
…………………… Tel：0854-3081356

三都供电局大河供电所
地址：贵州省黔南布依族苗族自治州三都水族自治县大河镇
Tel：0854-3811626

三都供电局都江供电所
地址：贵州省黔南布依族苗族自治州三都水族自治县都江镇
Tel：0854-3881096

三都供电局
地址：贵州省黔南布依族苗族自治州三都水族自治县三合镇县府路
Tel：0854-3922013

三都供电局普安供电所
地址：贵州省黔南布依族苗族自治州三都水族自治县镇
Tel：0854-3980656

国电贵州电力有限公司凯里发电厂
地址：贵州省黔东南苗族侗族自治州凯里市沿江路２３０号
Tel：0854-4987011

惠水供电局
地址：贵州省黔南布依族苗族自治州惠水县和平镇环城西路59号
Tel：0854-6226020

惠水县供电设计咨询公司
地址：贵州省黔南布依族苗族自治州惠水县和平镇环城西路
Tel：0854-6226020

贵州电网有限责任公司都匀惠水供电局
地址：贵州省黔南布依族苗族自治州惠水县涟江街道环城西路59号
Tel：0854-6226013

惠水县供电局三都供电所
地址：贵州省黔南布依族苗族自治州惠水县镇新街村
Tel：0854-6424612

惠水县供电局雅水供电所
地址：贵州省黔南布依族苗族自治州惠水县雅水镇
Tel：0854-6564888

惠水供电局和平供电所
地址：贵州省黔南布依族苗族自治州惠水县和平镇爬头寨
Tel：0854-6226031

惠水县供电局高镇供电所
地址：贵州省黔南布依族苗族自治州惠水县高镇镇
Tel：0854-6226031

惠水县供电局断杉供电所
地址：贵州省黔南布依族苗族自治州惠水县断杉镇
Tel：0854-6454393

惠水县供电局羡塘供电所
地址：贵州省黔南布依族苗族自治州惠水县羡塘乡
Tel：0854-6459113

惠水县供电局芦山供电所
地址：贵州省黔南布依族苗族自治州惠水县芦山镇
Tel：0854-6488829

平塘县升阳升环境服务有限公司
地址：贵州省黔南州平塘县金盆街道新舟村横三路（新舟花园2-2-2号）
Tel：0854-7318487

罗甸供电局红水河供电所
地址：贵州省遵义市习水县良村镇
Tel：0854-7611272

贵州黔南中水水电开发有限公司
地址：贵州省黔南布依族苗族自治州都匀市开发区龙山大道三和花园D栋
Tel：0854-8280039

贵州蒙江流域开发有限公司
地址：贵州省黔南布依族苗族自治州罗甸县龙坪镇河滨北路24号
Tel：0854-8280039

贵州电网有限责任公司都匀供电局
地址：贵州省黔南布依族苗族自治州都匀市斗篷山路龙江路都匀供电局配调楼-1-16
Tel：0854-8755563

贵州黔东电力有限公司
地址：贵州省黔东南苗族侗族自治州镇远县青溪镇五里牌
Tel：0855-5825022

黎平供电局水口供电所
地址：贵州省黔东南苗族侗族自治州黎平县肇兴镇街上
Tel：0855-6210593

黎平县地方电力总公司
地址：贵州省黔东南苗族侗族自治州黎平县德凤镇平街18号
Tel：0855-6233978

黎平县地方电力总公司
地址：贵州省黔东南苗族侗族自治州黎平县德凤镇平街18号
Tel：0855-6233978

榕江供电局水尾营业厅
地址：贵州省黔东南苗族侗族自治州榕江县水尾街上
Tel：0855-6622650

岑巩供电局水尾供电所
地址：贵州省黔东南苗族侗族自治州岑巩县水尾镇街上
Tel：0855-8531893

凯里市郊供电局
地址：贵州省黔东南苗族侗族自治州凯里市永华路３３号
Tel：0855-8537416

凯里市郊供电局湾水供电所
地址：贵州省黔东南苗族侗族自治州凯里市湾水镇
Tel：0855-8537416

黔东南州鑫威发电机有限公司
地址：贵州省黔东南苗族侗族自治州凯里市农机五金机电大市场13栋142号
Tel：0855-8576204

松桃苗族自治县供排水有限责任公司
地址：贵州省铜仁市松桃苗族自治县蓼皋街道北路６０号
Tel：0856-2838629

松桃苗族自治县供排水总公司水暖电安装中心
地址：贵州省铜仁市松桃苗族自治县蓼皋镇北路１２６号
Tel：0856-2838629

石阡县腾龙水利电力发展有限公司
地址：贵州省铜仁市石阡县汤山镇鲜花新区
Tel：0856-3930565

贵州华电大龙发电有限公司
地址：贵州省铜仁市梵净山大道
Tel：0856-4161573

贵州电网有限责任公司铜仁供电局
地址：贵州省铜仁市碧江区清水大道266号
Tel：0856-5222077

贵州武陵山水电发展股份有限公司
地址：贵州省铜仁市碧江区芦家洞水电站
Tel：0856-5256777

贵州省铜仁市水电物资供应站
地址：贵州省铜仁市碧江区新华南路6号
Tel：0856-5282531

铜仁市锦江售电有限责任公司
地址：贵州省铜仁市碧江区灯塔街道九龙大道铜仁市企业服务中心大楼五楼
Tel：0856-5595598

印江土家族苗族自治县供电局合水供电所
地址：和平中路电力局楼下
Tel：0856-6222284

贵州博宇城镇建设发展有限公司
地址：贵州省铜仁市思南县思唐镇城北街月亮湾
Tel：0856-6900060

贵州凤凰建设工程有限公司
地址：贵州省铜仁市思南县思唐镇城北街原化工厂
Tel：0856-7230379

重庆能源（贵州）煤电有限公司
地址：贵州省毕节市七星关区杜鹃大道愉景华庭D栋A座5楼
Tel：0857-2162991

国家电投集团贵州金元股份有限公司纳雍发电总厂
地址：贵州省毕节市纳雍县阳长镇
Tel：0857-2192009

赫章县罐子窑电站
地址：贵州省毕节市赫章县铁匠乡罐子窑
Tel：0857-3227852

威宁供电局中水供电所
地址：万源市河口镇街道
Tel：0857-6227888

澳能电力（毕节）销售有限公司
地址：澳能工业园
Tel：0857-7100666

贵州省毕节市宏源电力开发有限责任公司
地址：贵州省毕节市七星关区洪南路供电局生产（生活）基地
Tel：0857-7108389

金沙弘禹供水有限责任公司
地址：贵州省毕节市金沙县城关镇唢呐门桥
Tel：0857-7241165

金沙弘禹供水有限责任公司营销分公司
地址：白莲镇
Tel：0857-7241165

金沙弘禹供水有限责任公司工程分公司
地址：昭平县马江镇马江街
Tel：0857-7241165

金沙供电局大水供电所
地址：贵州省毕节市金沙县开发区管委会办公大楼负一楼
Tel：0857-7387106

国电织金发电有限公司
地址：贵州省毕节市织金县八步镇
Tel：0857-7857100

贵州炬晟半导体有限公司
地址：贵州省毕节市七星关区海子街经济开发区标准厂房35号1至2楼
Tel：0857-8013201

贵州华电毕节热电有限公司
地址：贵州省毕节市七星关区鸭池镇头步桥
Tel：0857-8267511

贵州泽富物业管理有限公司
地址：贵州省毕节市七星关区开发区小坝镇水塘村
Tel：0857-8419027

国投盘江发电有限公司
地址：贵州省六盘水市盘州市柏果镇洒基云中居委会云峰路126号
Tel：0858-2186607

贵州盘北大秦售电有限公司
地址：贵州省六盘水市盘州市盘北经济开发区鸡场坪供销大厦1单元27层
Tel：0858-3559180

贵州盘兴能源电力开发有限责任公司
地址：贵州省六盘水市盘州市鸡场坪镇盘北经济开发区供销大厦1单元27层
Tel：0858-3559180

贵州盘江精煤股份有限公司
地址：贵州省六盘水市盘州市干沟桥
Tel：0858-3700023

贵州盘江电力有限公司
地址：贵州省六盘水市盘州市翰林街道盘江西路（盘江机电公司老厂区）
Tel：0858-3701987

贵州电网有限责任公司六盘水六枝供电局
地址：贵州省六盘水市六枝特区银壶社区那平路
Tel：15117409374

贵州省益正电力有限责任公司
地址：贵州省六盘水市六枝特区平寨镇那平路26号
Tel：0858-5332648

六盘水拓源集团阿珠发电有限公司
地址：贵州省六盘水市六枝特区建设北路８１号（六枝供电分局内）
Tel：0858-5560666

水城供电局蟠龙供电所
地址：贵州省六盘水市水城县蟠龙乡
Tel：13885870268

水城供电局保华供电所
地址：贵州省六盘水市水城县保华乡
Tel：0858-6230129

水城供电局董地供电所
地址：贵州省六盘水市水城县董地乡
Tel：0858-8796098

水城供电局陡箐供电所
地址：贵州省六盘水市水城县陡箐乡
Tel：0858-6800217

水城供电局南开供电所
地址：贵州省六盘水市水城县南开乡
Tel：0858-6310035

水城供电局木果供电所
地址：贵州省六盘水市水城县木果乡街上
Tel：0858-6556173

贵州贵能卡本投资有限公司
地址：贵州省六盘水市水城县发耳乡新龙村
Tel：0858-6585826

水城县加开营水电管理所
地址：贵州省六盘水市水城县阿嘎乡马场片区加开营
Tel：0858-6612929

水城供电局发耳供电所
地址：贵州省六盘水市水城县发耳乡
Tel：0858-6720298

水城供电局新街供电所
地址：贵州省六盘水市水城县新街乡
Tel：0858-6750057

水城供电局野钟供电所
地址：贵州省六盘水市水城县野钟乡
Tel：0858-6841624

水城供电局阿戛供电所
地址：贵州省六盘水市水城县阿戛乡
Tel：0858-6900422

六盘水市供销电子商务有限责任公司
地址：贵州省六盘水市钟山区钟山中路109号、107号
Tel：0858-8112222

大唐贵州野马寨发电有限公司
地址：贵州省六盘水市钟山区汪家寨镇
Tel：0858-8117043

大唐贵州野马寨发电有限公司
地址：贵州省六盘水市钟山区汪家寨镇
Tel：0858-8117043

贵州粤电六盘水综合能源有限公司
地址：贵州省六盘水市盘州市翰林街道月亮山广场旁
Tel：0858-8130504

贵州粤电水城综合能源有限公司
地址：贵州省六盘水市水城县双水新区天羿栖凤苑A区5号2单元2层204号
Tel：0858-8130504

六盘水盘州供销电子商务有限公司
地址：贵州省六盘水市盘州市亦资街道竹海西路农资综合楼四楼
Tel：0858-3637815

贵州水城矿业股份有限公司物资供应分公司
地址：贵州省六盘水市钟山区人民中路４号
Tel：0858-8179335

大唐贵州发耳发电有限公司
地址：贵州省六盘水市水城县发耳乡
Tel：0858-8196612

六盘水拓源集团润源电力有限公司
地址：贵州省六盘水市钟山区钟山大道西段552号（钟山西路延伸段以北铁路德坝大桥以东）
Tel：0858-8335020

水城县供销电子商务有限责任公司
地址：贵州省六盘水市水城县贵州水城经济开发区1号产业大道勇能路旁
Tel：0858-8605678

贵州电网有限责任公司六盘水供电局
地址：贵州省六盘水市钟山区钟山中路45号
Tel：0858-8791028

贵州电网有限责任公司六盘水盘州供电局
地址：汉台区五金机电市场南六排23、24号
Tel：0858-8794015

水城供电局玉舍供电所
地址：贵州省六盘水市水城县玉舍乡
Tel：13984638111

水城供电局
地址：贵州省六盘水市水城县水电局
Tel：0858-8796111

贵州电网有限责任公司六盘水水城供电局
地址：贵州省六盘水市水城县双水街道办事处小山社区水黄路口1号
Tel：0858-8796111

贵州电网有限责任公司六盘水钟山供电局
地址：贵州省六盘水市钟山区凤凰新区（碧云西路349号）
Tel：0858-8797009

水城供电局双水供电所
地址：贵州省六盘水市水城县双水开发区
Tel：0858-6830073

黔西南州赵家渡水电开发有限公司
地址：贵州省黔西南布依族苗族自治州兴义市瑞金北路８号
Tel：0859-2216861

贵州兴义电力发展有限公司
地址：贵州省黔西南布依族苗族自治州兴义市桔山新区兴义大道侧
Tel：0859-2280068

贵州宏源集团实业有限公司
地址：贵州省黔西南布依族苗族自治州兴义市湖南街４１号
Tel：0859-3212738

贵州顶效开发区阳光电力有限公司
地址：贵州省黔西南布依族苗族自治州兴义市顶效镇迎宾中路224号
Tel：0859-3524092

黔西南天能实业有限责任公司
地址：贵州省黔西南布依族苗族自治州兴义市瑞金北路８号（博兴大厦五楼）
Tel：0859-3616003

册亨县富达房地产开发有限公司
地址：贵州省黔西南布依族苗族自治州册亨县者楼镇纳晃小区振兴大道（泰和宾馆306）
Tel：0859-4211889

安龙县供电局水泥预制品厂
地址：贵州省黔西南布依族苗族自治州安龙县新安镇原老电厂
Tel：0859-5212107

黔西南超凡农业开发有限公司
地址：黔西南州安龙县钱相街道办事处湾水井村黄秧坪组
Tel：0859-5220426

贵州三峡义龙能源有限公司
地址：贵州省黔西南布依族苗族自治州安龙县德卧镇坡告村阿角组
Tel：0859-5220968

安龙县园区投资开发有限责任公司
地址：贵州省黔西南布依族苗族自治州安龙县栖凤街道办事处工业园区
Tel：0859-5313614

安龙县园发投资有限责任公司
地址：贵州省黔西南州安龙县钱相街道办事处工业园区
Tel：0859-5313614

晴隆县欲飞电力实业有限责任公司
地址：贵州省黔西南布依族苗族自治州晴隆县莲城镇东街
Tel：0859-7618545

册亨协鑫光伏电力有限公司
地址：贵州省黔西南州册亨县巧马镇（册亨协鑫光伏电力有限公司综合楼）
Tel：0871-65103701

六枝协鑫光伏电力有限公司

地址：贵州省六盘水市六枝特区平寨镇文化路21号附111号
Tel：0871-65103701

云南省

云南滇能会泽牛栏江水电开发有限公司
地址：云南省曲靖市会泽县马路乡巴图村
Tel：0870-2839486

彝良滇能熊家沟发电有限公司
地址：云南省昭通市彝良县洛泽河镇仓盈村
Tel：0870-2839486

云南滇能牛栏江水电开发有限公司
地址：云南省昭通市昭阳区凤凰办事处双院子13组
Tel：0870-2839486

彝良滇能洛泽河流域发电有限公司
地址：云南省昭通市彝良县钟鸣乡木龙村
Tel：0870-2839486

镇雄供电有限公司
地址：云南省昭通市镇雄县乌峰镇南大街
Tel：0870-3121670

镇雄供电有限公司五德水电站
地址：贵州省黔南布依族苗族自治州惠水县羡塘乡
Tel：0870-3121670

镇雄供电有限公司天生桥水电站
地址：云南省镇雄县五德镇阳坪办事处
Tel：13887120070

镇雄供电有限公司大水沟水电站
地址：云南省镇雄县五德镇大水沟
Tel：0870-3121670

云南华电镇雄发电有限公司
地址：云南省镇雄县塘房镇
Tel：0870-3873730

云南能投威信能源有限公司
地址：云南省昭通市威信县麟凤镇金竹社区
Tel：0870-6462014

水富供电有限公司
地址：云南省昭通市水富县云富街道办事处沙坪东路
Tel：0870-8637528

云南电网有限责任公司昭通水富供电局
地址：云南省昭通市水富市云富街道办事处沙坪东路
Tel：0870-8637528

中国电建集团昆明勘测设计研究院有限公司
地址：云南省昆明市人民东路115号办公楼
Tel：0871-63062050

国电阳宗海发电有限公司
地址：昆明市宜良县汤池镇
Tel：0871-63065027

国电阳宗海发电有限公司
地址：昆明市宜良县汤池镇
Tel：0871-63065027

南方电网云南国际有限责任公司
地址：云南省德宏州瑞丽市姐岗路54号
Tel：0871-63067001

云南大唐国际德钦水电开发有限公司
地址：云南省迪庆藏族自治州德钦县羊拉乡
Tel：0871-63115710

云南协合售电有限公司
地址：云南省昆明市盘龙区汇都国际二期D座2201号
Tel：0871-63128789

云南智光电力销售有限公司
地址：云南省昆明市盘龙区北京路626号16楼B区3室
Tel：0871-63132789

中国铁路昆明局集团有限公司
地址：云南省昆明市塘双路南站新村548号
Tel：0871-63165972

云南耀荣电力有限公司
地址：云南省昆明市新亚洲体育城星都总部基地31幢
Tel：0871-63320240

楚雄农垦电力有限公司
地址：云南省楚雄开发区苍岭工业园区
Tel：0871-63329969

西畴农垦电力有限公司
地址：云南省文山壮族苗族自治州西畴县兴街镇兴街出口贸易加工区
Tel：0871-63329971

昆明阳宗海农垦电力有限公司
地址：云南省昆明阳宗海风景名胜区管理委员会办公楼2-3-20
Tel：0871-63329971

云南农垦配售电有限责任公司
地址：云南省昆明市盘龙区白塔路汇都国际二期D幢17层
Tel：0871-63329971

昆明华宇翔泰物资销售中心
地址：云南省昆明市官渡区关上街道办事处昆洛路63号6号铺面
Tel：13608857565

云南滇中汇能智慧能源有限公司
地址：云南省滇中新区大板桥街道办事处云水路1号云南滇中智能制造产业园A1栋五层509室
Tel：0871-63381719

国电电力云南禄劝风电开发有限公司
地址：云南省昆明市禄劝彝族苗族自治县团街镇运昌村委会下村小组
Tel：0871-63383665

云南耀创能源开发有限公司
地址：云南省昆明市官渡区矣六街道办事处广卫村一组广福路旁双城际商务中心3栋6层612号
Tel：0871-63570200

三川能源云南售电有限公司
地址：云南省昆明市高新区二环西路220号云南软件园B座五楼524-4-62号
Tel：0871-63602260

昆明供电设计院有限责任公司
地址：昆明市西昌路26号金马跃兴园金融办公楼第28、29楼
Tel：0871-63618707

大唐云南发电有限公司
地址：云南省昆明市广福路南悦城A幢20层2003号房
Tel：0871-64890018

云南大唐国际横江水电开发有限公司
地址：云南省昭通市昭阳区团结路1号
Tel：0871-64890018

大唐洱源风电有限责任公司
地址：云南省大理白族自治州洱源县罗坪山
Tel：0871-64890321

云南大唐国际宾川新能源有限责任公司
地址：云南省大理州宾川县金牛镇仁和路金牛二小西侧
Tel：0871-64890375

大唐永善风电有限责任公司
地址：云南省昭通市永善县伍寨乡中寨村
Tel：0871-64890375

大唐永善风电有限责任公司
地址：云南省昭通市永善县伍寨乡中寨村
Tel：0871-64890375

云南大唐国际电力有限公司
地址：云南省昆明市滇池度假区广福路南悦城A幢19层1907号房
Tel：0871-64890777

华能大理风力发电有限公司
地址：云南省大理白族自治州大理市凤仪镇后山村华能五子坡风电场
Tel：0871-64988093

华能港灯大理风力发电有限公司
地址：云南省大理白族自治州大理市南面与巍山县交界的者磨山山脊
Tel：0871-64988093

华能昆明风力发电有限公司
地址：云南省昆明市盘龙区龙泉街道办事处龙瑞广场（一期）办公楼二十一层2101号、二十二层2201号
Tel：0871-64988093

华能昌宁风力发电有限公司
地址：云南省保山市昌宁县田园镇宝达路
Tel：0871-64988093

云南南盘江凤凰谷水电开发有限公司
地址：云南省曲靖市师宗县漾月街道漾月路19号
Tel：0871-64991641

昆明理工峰潮科技有限公司
地址：云南省昆明高新区二环西路与科泰路交汇处新材料科技中心1幢20楼2001号
Tel：0871-65112083

云南省电力建设公司
地址：云南省昆明市金星小区西门业务楼
Tel：0871-65166055

中国能源建设集团元谋新能源有限公司
地址：云南省楚雄彝族自治州元谋县元马镇发祥路南段（凤仪路北侧）
Tel：0871-65176862

中国能源建设集团玉龙新能源有限公司
地址：云南省丽江市玉龙纳西族自治县"丽江1号"生态村正和园1幢2单元402室
Tel：0871-65176862

中国能源建设集团永胜新能源有限公司
地址：云南省丽江市永胜县片角镇四角山并网光伏电站
Tel：0871-65176862

昆明阳光基业股份有限公司
地址：云南省右营办事处烟草路旁
Tel：0871-65215729

华电云南发电有限公司
地址：云南省昆明市西山区红塔东路6号
Tel：0871-65237296

中国华电集团有限公司云南分公司
地址：云南省昆明市滇池度假区红塔东路6号
Tel：0871-65237296

华能云南滇东能源有限责任公司
地址：云南省曲靖市富源县黄泥河
Tel：0871-65307012

华能云南富源风电有限责任公司
地址：云南省曲靖市富源县中安街道东堡升官坪胜境风电场升压站
Tel：0871-65307084

华能云南富源风电有限责任公司
地址：云南省曲靖市富源县中安街道东堡升官坪胜境风电场升压站
Tel：0871-65307084

国海联合云南国际电力有限公司
地址：云南省昆明滇池国家旅游度假区广福路南悦城2栋1601、1602室
Tel：0871-65351188

勐海协鑫光伏农业电力有限公司
地址：云南省西双版纳傣族自治州勐海县勐海镇嘎海路35号7幢15号
Tel：0871-65617151

曲靖协鑫光伏发电有限公司
地址：曲靖开发区翠峰路83号开发区管委会三楼
Tel：0871-65617151

昆明自动化成套集团股份有限公司
地址：昆明市盘龙区白塔路131号汇都国际B座七楼732号
Tel：0871-65630292

昆明恩辉电子电气有限公司
地址：云南省昆明市盘龙区北京路延长线1125号金领时代A2-3605室
Tel：0871-65639555

云南耀邦达电力工程有限公司
地址：云南省昆明市盘龙区联盟街道办事处瀚文云鼎商务大厦12层B1202室
Tel：0871-65656413

云南中云电新能源有限责任公司
地址：云南省昆明市滇池路1302号
Tel：0871-65660627

楚雄中电投新能源有限公司
地址：云南省楚雄开发区永安路（滇能水电公司院内）
Tel：0871-65660637

云南经外企业管理有限公司
地址：云南省昆明市西山区人民政府海口街道办事处宽地坝（400号）
Tel：0871-65711998

华润电力（云南）销售有限公司
地址：云南省昆明市盘龙区人民东路289号集大广场17楼
Tel：0871-65816078

中国铁路工会中国铁路昆明局集团有限公司昆明生活段委员会
地址：云南省昆明市前卫路1号
Tel：0871-66121701

镇康县扶贫投资开发有限责任公司
地址：云南省临沧市镇康县南伞镇裕丰路52号
Tel：0871-6631211

云南多宝电缆集团股份有限公司
地址：云南省昆明市高新技术开发区马金铺街道办事处文兴路88号
Tel：0871-67151338

华能澜沧江能源销售有限公司
地址：云南省昆明市官渡区世纪城中路1号
Tel：0871-67217520

云南铭帝电力科技有限公司
地址：云南省昆明经开区经东路28-4号综合楼2楼4-6号
Tel：0871-67271555

云南协鑫售电有限公司
地址：云南省昆明市高新区二环西路220号云南软件园B座五楼524-2-23号
Tel：0871-67273048

云南易初明通工程机械维修有限公司
地址：云南省昆明市经济技术开发区经华路6号
Tel：0871-67274901

云南滇能（集团）昆明柴石滩发电有限公司
地址：云南省昆明市宜良县北古城镇柴石滩
Tel：0871-67389118

宜良县水利水电物资供应站
地址：匡远镇环城南路35号
Tel：0871-67594504

石林彝族自治县水务局水利物资供应站
地址：岳池县罗渡镇
Tel：0871-67794703

长江三峡水电工程有限公司乌东德分公司
地址：云南省昆明市禄劝彝族苗族自治县乌东德镇金江村委会
Tel：0871-68079465

云南量坤售电服务有限公司
地址：云南省昆明市五华区人民西路720号
Tel：0871-68101763

云南华电安宁风力发电有限公司
地址：云南省昆明市安宁市青龙街道办事处云南华电昆明发电有限公司厂区主办公楼302室
Tel：0871-68157816

云南华电大黑山风力发电有限公司
地址：云南省红河哈尼族彝族自治州开远市碑格乡
Tel：0871-68157816

云南华电维的太阳能发电有限公司
地址：云南省楚雄彝族自治州永仁县维的乡夜可腊村委会大奋田组46号
Tel：0871-68157816

云南华电福新黑巴风力发电有限公司
地址：云南省文山壮族苗族自治州砚山县阿舍乡黑巴村
Tel：0871-68157816

云南华电莲花山风力发电有限公司
地址：云南省红河州个旧市老厂镇对门山村
Tel：0871-68157816

昆明经济技术开发区开发建设中心
地址：中国（云南）自由贸易试验区昆明片区经开区信息产业基地春漫大道12号
Tel：0871-68163251

云南文山电力股份有限公司
地址：云南省文山市凤凰路29号
Tel：0871-68177335

昆明茂凯水轮机发电设备安装有限公司
地址：昆明市西山区秀苑路光华花园B幢5单元402号
Tel：0871-68183866

昆明奥立特电力设备有限公司
地址：昆明市海口工业园区新区
Tel：0871-68190113

大理漾洱水电有限公司
地址：云南省大理白族自治州漾濞彝族自治县平坡镇
Tel：0871-68289666

云南环能电力发展有限公司
地址：云南省昆明市高新技术开发区 和成国际研发中心B幢9层914号
Tel：0871-68322161

曲靖英利光伏电力开发有限公司
地址：云南省曲靖市麒麟区麒麟东路81号
Tel：0871-68379936

深圳华侨城水电有限公司云南分公司
地址：云南省昆明阳宗海风景名胜区汤池街道云南华侨城办公基地D栋1楼办公室
Tel：0871-67126249

云南电力试验研究院（集团）有限公司
地址：云南省昆明市经济技术开发区
Tel：0871-68520330

云南建源电力工程有限公司
地址：云南省昆明市经济技术开发区 云大西路103号
Tel：0871-68520530

云南祥丰粤电电力有限公司
地址：云南省昆明市安宁市祥丰上城13幢6号商铺
Tel：0871-68699020

云南华电昆明发电有限公司
地址：云南省昆明市安宁市青龙街道
Tel：0871-68720615

大理市诚信水电管网服务有限公司
地址：云南省大理白族自治州大理市下关镇鸳浦商贸街YP48幢1 单元5层Ⅰ-1-5号
Tel：0872-2138409

大唐洱源凤羽风电有限责任公司
地址：云南省大理白族自治州洱源县骑龙山升压站
Tel：0872-2159928

云南明阳风电技术有限公司
地址：云南省大理州大理市大理经济开发区登龙街8号
Tel：0872-2369260

中材科技（大理）风电叶片有限公司
地址：云南省大理白族自治州大理市凤仪镇创新工业园区
Tel：0872-2505886

云龙供电有限公司
地址：云南省大理白族自治州云龙县诺邓镇开发区
Tel：0872-5521420

永平供电有限公司水泄供电所
地址：长春市朝阳区惠民路5-10号-511室
Tel：0872-6776219

宾川供电有限公司大营供电所
地址：云南省大理白族自治州宾川县大营镇大营街
Tel：0872-7141800

宾川供电有限公司州城供电所
地址：云南省大理白族自治州宾川县州城镇壅街

……………………… Tel：0872-7141800
宾川供电有限公司水磨箐电站
地址：云南省大理白族自治州宾川县州城镇蹇街
……………………… Tel：0872-7141800
宾川供电有限公司城区供电所
地址：云南省大理白族自治州宾川县宾居镇水磨箐
……………………… Tel：0872-7141800
弥渡县龙珠经贸有限公司物资供应分公司
地址：云南省大理白族自治州弥渡县弥城镇文笔路
……………………… Tel：0872-8162588
云南鸿昇电力实业有限公司弥渡县分公司
地址：云南省大理白族自治州弥渡县弥城镇建安路粮食市场38号
……………………… Tel：0872-8382999
云南天星实业有限公司
地址：云南省红河州个旧市工人村个旧供电局内
……………………… Tel：0873-3179618
云南众志电力实业有限公司
地址：云南省红河州蒙自市富春路商住楼
……………………… Tel：0873-3179618
云南能投河口跨境经济合作区投资开发有限公司
地址：中国（云南）自由贸易试验区红河片区河口坝洒边防检查站旁
……………………… Tel：0873-3576663
云南红河金田电力有限责任公司
地址：云南省红河哈尼族彝族自治州蒙自市淡水路天城花园三期A幢3层302号
……………………… Tel：0873-3727060
云南红河金源发电有限责任公司.
地址：云南省红河哈尼族彝族自治州蒙自市淡水路天城花园三期A幢1层4号
……………………… Tel：0873-3727060
红河县同诚水电开发有限公司
地址：云南省红河州红河县迤萨镇坝蒿村永兴二级水电站
……………………… Tel：0873-4622111
云南大唐国际那兰水电开发有限公司
地址：云南省金平县
……………………… Tel：0873-5431160
元阳同诚水电开发有限公司
地址：云南省红河州元阳县南沙镇五亩路西侧糖厂职工住宅4幢一单元6-1室
……………………… Tel：0873-5643619
云南源鑫电力有限公司
地址：云南省红河哈尼族彝族自治州弥勒市弥阳镇上清路062号附1号
……………………… Tel：0873-6164569
云南滇能弥勒发电有限公司
地址：云南省红河州弥勒市巡检司镇
……………………… Tel：0873-6316049
云南华电巡检司发电有限公司
地址：云南省红河州弥勒市巡检司
……………………… Tel：0873-6316295
泸西供电有限公司
地址：云南省红河州泸西县中枢镇九华路3号
……………………… Tel：0873-6621795
泸西永宁水电厂
地址：云南省红河州泸西县永宁乡
……………………… Tel：0873-6629382
云南华润电力（红河）有限公司
地址：云南省红河哈尼族彝族自治州泸西县中枢镇泸发大街1号
……………………… Tel：0873-6912888
云南拓锐装备制造有限公司
地址：中国（云南）自由贸易试验区红河片区河口县会展中心3号馆4楼236室
……………………… Tel：0873-7183185
国电开远发电有限公司
地址：云南省红河州开远市智源北路60号
……………………… Tel：0873-7415216
建水供电有限公司
地址：云南省红河州建水县临安镇建水大道552号
……………………… Tel：0873-7627568
云南电网有限责任公司红河建水供电局
地址：水布垭镇双道冲村八组
……………………… Tel：0873-7627568
云南电网有限责任公司红河供电局建水分局
地址：旺苍县白水镇街道
……………………… Tel：0873-7627568
云南丰晟电力有限公司
地址：曲靖市珠江源古镇映月坊南区1-4号
……………………… Tel：0874-3038699
曲靖市创兴电力销售有限公司
地址：云南省曲靖市麒麟西路82号
……………………… Tel：0874-3319094
会泽县城乡供水总厂大海水厂
地址：云南省曲靖市会泽县大海乡水管站
……………………… Tel：0874-5130087
会泽县城乡供水总厂小乌龙水轮泵综合发电站
地址：云南省曲靖市会泽县金钟镇石鼓村
……………………… Tel：0874-5136665
会泽县城乡供水总厂鲁纳水厂
地址：云南省曲靖市会泽县鲁纳乡新云村
……………………… Tel：0874-5530030
会泽县城乡供水总厂上村水厂
地址：云南省曲靖市会泽县上村乡大松树村公所
……………………… Tel：0874-5531093
会泽县城乡供水总厂老厂水厂
地址：云南省曲靖市会泽县老厂乡
……………………… Tel：0874-5551071
会泽县城乡供水总厂新街水厂
地址：云南省曲靖市会泽县新街乡
……………………… Tel：0874-5552023
会泽县城乡供水总厂乐业水厂
地址：云南省曲靖市会泽县乐业镇罗布村
……………………… Tel：0874-5125656
会泽县城乡供水总厂大桥水厂
地址：云南省曲靖市会泽县大桥乡
……………………… Tel：0874-5560001
会泽县城乡供水总厂五星水厂
地址：云南省曲靖市会泽县五星乡
……………………… Tel：0874-5561228
会泽县城乡供水总厂纸厂水厂
地址：云南省曲靖市会泽县纸厂乡罗别古村
……………………… Tel：0874-5670169
会泽县城乡供水总厂田坝水厂
地址：云南省曲靖市会泽县田坝乡
……………………… Tel：0874-5690023
师宗县电力开发公司
地址：师宗县丹凤镇漾月路
……………………… Tel：0874-5750537
陆良滇能电力有限公司
地址：云南省曲靖市陆良县小百户镇兴仁莲三塘
……………………… Tel：0874-6036527
大唐宣威水电开发有限公司
地址：宣威市西宁街道建设西街2号中银大厦
……………………… Tel：0874-7991901
云南省罗平县老渡口发电有限责任公司
地址：罗平县罗雄镇万达路112号
……………………… Tel：0874-8210208
中国南方电网有限责任公司调峰调频发电公司鲁布革水力发电厂
地址：罗平县鲁布革乡乃格村
……………………… Tel：0874-8257328
云南保山电力股份有限公司
地址：云南省保山市隆阳区正阳北路208号
……………………… Tel：0875-2208119
保山工贸园区配售电有限公司
地址：云南省保山市工贸园区杨官路与归汉路交叉口
……………………… Tel：0875-2855166
云南腾冲机场配套工程建设有限责任公司
地址：云南省保山市腾冲县腾越镇山源居委会官厅巷51号
……………………… Tel：0875-5182112
中电投保山龙江水电开发有限公司
地址：云南省保山市隆阳区正阳北路24号
……………………… Tel：0875-5873066
云南文山电力股份有限公司文山分公司
地址：云南省文山壮族苗族自治州文山市开化镇蚂蟥沟
……………………… Tel：0876-2135932
大唐丘北风电有限责任公司
地址：云南省文山壮族苗族自治州丘北县锦屏镇石缸坝
……………………… Tel：0876-2626706
文山平远供电有限责任公司
地址：云南省文山壮族苗族自治州砚山县平远镇
……………………… Tel：0876-3125157
云南大唐国际文山水电开发有限公司
地址：云南省文山州麻栗坡县天保镇分水岭白胡桥
……………………… Tel：0876-6553020
云南建博电力安装工程有限公司
地址：昆明市春城路银海领城小区17幢1单元4层415室
……………………… Tel：087-67129339
玉溪市家泰建设投资有限公司
地址：云南省玉溪市红塔区太极路以东"万裕生态城"22幢3层
……………………… Tel：0877-2010188
云南省玉溪电力设计院
地址：云南省玉溪市北二环路上段
……………………… Tel：0877-2013724
云南省玉溪水力发电设备有限责任公司
地址：云南省玉溪市红塔工业园区观音山片区创业路4号
……………………… Tel：0877-2052771
云南电网有限责任公司玉溪供电局
地址：云南省玉溪市红塔区红塔大道42号
……………………… Tel：0877-2980573
元江中电光伏发电有限公司
地址：云南省玉溪市元江县甘庄街道办干坝社区变电站旁
……………………… Tel：0877-6023339
玉溪市万生水利投资有限公司
地址：云南省玉溪市红塔区东风水库红龙路东（玉溪市土地储备中心）114室
……………………… Tel：0877-6169370
上海电气风电云南有限公司
地址：云南省玉溪市华宁县县工业园区新庄片区
……………………… Tel：0877-6252113
新平供电有限公司水塘供电所
地址：龙江县山泉镇龙山村七屯（山泉房权证字第00104064号）
……………………… Tel：0877-7011560
云南滇能楚雄水电开发有限公司
地址：云南省楚雄州楚雄市经济技术开发区
……………………… Tel：0878-3399250
禄丰县水利机电物资供应站
地址：禄丰县金山镇官场
……………………… Tel：0878-4123069
元谋县蔬菜交易市场有限公司
地址：云南省楚雄彝族自治州元谋县元马镇能禹街蔬菜批发交易市场内
……………………… Tel：0878-6081020
一平浪煤矿能达实业公司
地址：禄丰县一平浪镇干海资
……………………… Tel：0878-6198238
一平浪煤矿
地址：禄丰县一平浪镇干海资
……………………… Tel：0878-6198475
一平浪煤矿综合服务中心
地址：禄丰县一平浪镇干海资
……………………… Tel：0878-6080895
大唐宾川水电有限责任公司
地址：云南省大理白族自治州宾川县招商局
……………………… Tel：0878-6209862
普洱兴亚能源开发有限责任公司
地址：云南省普洱市思茅区振兴大道18号
……………………… Tel：0879-2127967
云南大唐国际李仙江流域水电开发有限公司
地址：云南省普洱市思茅区石龙路2号都市品质小区19幢1单元1-4层1号
……………………… Tel：0879-2166311
云南大唐国际勐野江水电开发有限公司
地址：云南省普洱市思茅区石龙路2号都市品质小区19幢1单元1-203
……………………… Tel：0879-2202172
普洱鑫泰能源投资有限公司
地址：普洱市思茅区振兴大道18号
……………………… Tel：0879-2836950
云南省普洱云思电力有限公司
地址：普洱市思茅区通商路
……………………… Tel：0879-2836950
云南滇能泗南江水电开发有限公司
地址：云南省普洱市墨江哈尼族自治县泗南江镇千岗村坝沙田
……………………… Tel：0879-4318209
云南滇能（集团）控股公司金平分公司
地址：云南省红河州金平县马鞍底乡中良村
……………………… Tel：0879-4318209
临沧卓润电力有限公司
地址：云南省临沧市临翔区忙畔乡忙畔社区喜鹊窝安置区(临沧工业园区)
……………………… Tel：0883-2166975
云南电网有限责任公司临沧供电局
地址：云南省临沧市临翔区南天路991号
……………………… Tel：0883-2851251
云南永德天源电力开发有限公司
地址：云南省永德县大山乡忙海河三级站
……………………… Tel：0883-3062376
云县供电有限公司头道水营业班
地址：云南省临沧市云县头道水哑口田村
……………………… Tel：0883-3211458
临沧新华水利水电开发有限公司
地址：云南省临沧市云县爱华镇瓦窑坝滨河大道81号
……………………… Tel：0883-3226322
云南镇康县汇华水电有限公司
地址：云南省临沧市镇康县汇华工业园区
……………………… Tel：0883-6623038
云南电网有限责任公司怒江泸水供电局
地址：云南省怒江傈僳族自治州泸水市六库镇向阳南路65号
……………………… Tel：0886-3567301
大唐迪庆香格里拉电力开发有限公司
地址：云南省香格里拉市康珠大道32号
……………………… Tel：0887-8227367
国电迪庆香格里拉发电有限责任公司
地址：迪庆州香格里拉市虎跳峡冲江河电站
……………………… Tel：0887-8806016
国电迪庆香格里拉发电有限责任公司
地址：迪庆州香格里拉市虎跳峡冲江河电站
……………………… Tel：0887-8806016
云南电网有限责任公司丽江供电局
地址：云南省丽江市玉龙县金龙路22号
……………………… Tel：0888-5118306
云南翔邦泰电力工程有限公司丽江分公司
地址：云南省丽江市玉龙县黄山镇丽水园19幢2号
……………………… Tel：0888-5177228
丽江宏瑞水电开发有限公司
地址：云南省丽江市永胜县永北镇凤凰花园二期二幢二单元501室
……………………… Tel：0888-6561966
云南省配售电有限公司
地址：云南省昆明市西山区日新中路云南能投集团集控中心综合楼13楼
……………………… Tel：0987-64981356

西藏自治区

西藏华信新能源有限公司
地址：西藏自治区拉萨市堆龙德庆区工业园区管委会1096号
……………………… Tel：0891-6149506
曲水县供电有限公司
地址：曲水县拉热路2号
……………………… Tel：0891-6168822
国家电投集团西藏能源有限公司
地址：西藏自治区拉萨市柳梧新区国际总部城第8幢4楼5楼
……………………… Tel：0891-6285465
国家电投集团西藏能源有限公司
地址：西藏自治区拉萨市柳梧新区国际总部城第8幢4楼5楼
……………………… Tel：0891-6285465
西藏尼木县藏能新能源开发有限公司
地址：拉萨市尼木县政府院内
……………………… Tel：0891-6310759
西藏林芝藏能拉月曲水电开发有限责任公司
地址：林芝市巴宜区八一镇广州大道南段14号（博泰林芝大酒店内）
……………………… Tel：0891-6310759
国家电投集团察隅电力有限公司
地址：察隅县嘎巴村
……………………… Tel：0891-6316019
华能西藏雅鲁藏布江水电开发投资有限公司
地址：西藏自治区拉萨市城关区北京西路12号
……………………… Tel：0891-6363109
华能西藏能源销售有限公司
地址：西藏拉萨市北京西路12号（西藏宾馆原休闲中心房屋）
……………………… Tel：0891-6363109
西藏华东水电设备成套有限公司
地址：西藏自治区拉萨市柳梧新区察古大道浙商国际9-7-1
……………………… Tel：0891-6607555
拉孜中广核太阳能有限公司
地址：拉孜县嘉定路2号
……………………… Tel：0891-6817302
国家电投集团山南电力有限公司
地址：西藏山南乃东县康桑小区24栋124号
……………………… Tel：0891-6842390
国家电投集团当雄能源有限公司
地址：当雄县格达乡羊易村
……………………… Tel：0891-6842390
国家电投集团当雄能源有限公司
地址：当雄县格达乡羊易村
……………………… Tel：0891-6842390
西藏大有电力实业有限责任公司
地址：达孜县创业基地大楼4-08-04A
……………………… Tel：0891-6846889
华电西藏能源有限公司
地址：拉萨经济技术开发区西藏金采科技股份有限公司综合楼316号
……………………… Tel：0891-6853230
国家电投集团日喀则能源有限公司
地址：桑珠孜区江当乡光伏大厦
……………………… Tel：0891-6853367
国家电投集团朗县能源有限公司
地址：朗县物价楼201室
……………………… Tel：0891-6853367
西藏鑫业科技发展有限公司
地址：拉萨市柳梧新区铭仕路
……………………… Tel：0891-6856034
国网西藏综合能源服务有限公司
地址：西藏自治区拉萨市城关区金珠东路17号
……………………… Tel：0891-6892205

国网西藏电力有限公司
地址：拉萨市林廓北路19号
……Tel：0891-6895555
拉萨盛运环保电力有限公司
地址：拉萨市金珠西路158号阳光新城12-6室
……Tel：0891-6955528
西藏力诺太阳能电力有限公司
地址：日喀则市甲龙沟
……Tel：0892-8838307
保利协鑫（桑日）光伏电力有限公司
地址：桑日县塔木村
……Tel：0893-7822555
浪卡子协鑫光伏电力有限公司
地址：浪卡子县柯来村东侧
……Tel：0893-7822555
桑日协鑫光伏电力有限公司
地址：桑日县桑日镇塔木村
……Tel：0893-7822555
措美协鑫光伏电力有限公司
地址：措美县哲古镇宗宗村
……Tel：0893-7822555
华能西藏墨脱电力有限公司
地址：墨脱县华能墨脱电力调控中心
……Tel：0894-5207738
大唐西藏波堆水电开发有限公司
地址：西藏林芝地区波密县
……Tel：0894-5424603
国网西藏昌都供电有限公司
地址：昌都西路34号
……Tel：0895-4832097

陕西省

陕西石头河水利产业（集团）有限责任公司
地址：陕西省西咸新区沣东新城世纪大道东段054号扶苏路以东
……Tel：029-33187662
陕西省石头河水库灌溉管理局
地址：陕西省宝鸡市眉县城关镇
……Tel：029-33187864
陕西秦元热力股份有限公司
地址：陕西省西咸新区秦汉新城正阳街办咸红路（工贸公司宾馆四层）
……Tel：029-33653015
陕西西咸新区泾河新城城市建设投资有限公司
地址：陕西省西咸新区泾河新城产业孵化中心
……Tel：029-34057017
长武县地方电力工程有限公司
地址：陕西省咸阳市长武县西大街209号
……Tel：029-34207915
陕西华电瑶池发电有限公司
地址：陕西省咸阳市彬州市城关街道办朱家湾村
……Tel：029-34767288
泾河新城中煤管廊建设运营管理有限公司
地址：陕西省西咸新区泾河新城产业孵化中心一号楼六层10602室
……Tel：029-36385161
风润智能装备股份有限公司
地址：陕西省西咸新区沣东新城上林路003号
……Tel：029-38001666
中电建丝路（陕西）建设投资发展有限公司
地址：西安国际港务区启航公园-总部办公区5号三楼301室112号
……Tel：029-38100130
咸阳新兴分布式能源有限公司
地址：陕西省咸阳市兴平市新兴纺织工业园综合服务中心C100室
……Tel：029-38151221
国电咸阳煤电一体化有限公司
地址：陕西省咸阳市世纪大道中段55号启迪科技会展中心附楼四层
……Tel：029-38180259
陕西柴油机重工有限公司
地址：陕西省咸阳市兴平市西城办
……Tel：029-38314408
乾县皖能环保电力有限公司
地址：陕西省咸阳市乾县城关镇先河世纪城28-2-1102室
……Tel：029-38978060
陕西光伏产业有限公司
地址：陕西省西安市高新区高新六路28号
……Tel：029-62220399
中铁二十局集团电气化工程有限公司
地址：西安市高新区新型工业园企业壹号公园6号办公楼
……Tel：029-62680915
国电定边新能源有限公司
地址：陕西省榆林市定边县砖井镇繁食沟村
……Tel：029-62781319
国电陕西新能源有限公司
地址：陕西省西安市高新区锦业路1号都市之门D座8层
……Tel：029-62781319
国电靖边新能源有限公司
地址：陕西省榆林市靖边县利民街1653号
……Tel：029-62781319
西安奇峰能源动力设备有限公司
地址：西安市高新区科技路梧桐朗座1-11906
……Tel：029-62886980
陕西旻投电力发展有限公司
地址：西安市高新区丈八一路6号SOHO1号楼12308室
……Tel：029-65691353
思安新能源股份有限公司
地址：西安市高新区锦业路1号SOHO同盟第2幢4层
……Tel：029-65691633
西安合容机电工程有限公司
地址：西安经济技术开发区泾渭工业园西金路9号
……Tel：029-65699868
西安杰能电力科技股份有限公司
地址：西安经济技术开发区草滩生态产业园草滩十路1787号华伟自控科技园A区一楼
……Tel：029-68256311
西安尼通热力有限公司
地址：西安市莲湖区大庆路5号蔚蓝国际C座1幢1单元13107室
……Tel：029-68536333
陕西秦龙电力股份有限公司
地址：陕西省西安市高新区唐延路45号陕西投资大厦六层
……Tel：029-68681381
大唐陕西发电有限公司
地址：陕西省西安市高新区沣惠南路32号
……Tel：029-68685000
大唐陕西电力检修承运有限公司
地址：陕西省西安市高新区沣惠南路32号
……Tel：029-68685198
陕西汉江投资开发有限公司
地址：陕西省西安市雁塔区沣惠南路32号
……Tel：029-68685620
国网电动汽车服务（陕西）有限公司
地址：陕西省西安市沣东新城征和四路2168号五号楼东侧五层
……Tel：029-81008645
陕西科锐电力有限公司
地址：西安市高新区新型工业园信息大道1号林隐天下第48幢1单元19层11904号
……Tel：029-81100011
西安力恒电力科技有限公司
地址：西安市雁塔区丈八东路南侧世家星城·国际公寓（无界）第1幢2单元12层21207号房
……Tel：029-81106564
西安航拓能源科技有限公司
地址：陕西省西安市高新区丈八街办唐延南路11号2幢2单元21715室
……Tel：029-81121232
中节能（定边）风力发电有限公司
地址：陕西省榆林市定边县定边镇新区南大街西侧兴源小区6号楼2-402室
……Tel：029-81319065
中节能（定边）风力发电有限公司
地址：陕西省榆林市定边县定边镇新区南大街西侧兴源小区6号楼2-402室
……Tel：029-81319065
陕西沃达动力设备制造有限公司
地址：陕西省西安市碑林区东大街119号百盛10层01007室
……Tel：029-81335384
西安禾洁物业管理有限公司
地址：西安市临潼区秦汉大道与行斜路十字向南400米路东
……Tel：029-81361813
陕西安达机电设备有限公司
地址：陕西省西安市碑林区劳卫路1号西荷花园4号楼5-2室
……Tel：029-81541511
西安航空基地信息产业有限公司
地址：西安市阎良区国家航空高技术产业基地蓝天路5号101-102室
……Tel：029-81663555
西安陕鼓汽轮机有限公司
地址：西安市临潼区代王街办陕鼓路18号
……Tel：029-81777517
西安爱尔能源装备有限公司
地址：陕西省西安市高新区鱼化街办天谷七路国家数字出版基地A座2301
……Tel：029-81882008
中北交通建设集团有限公司
地址：西安市高新区唐延南路8号泰维智链中心一期B座2层207室
……Tel：029-81882268
中北工程设计咨询有限公司
地址：陕西省西安市高新区太白南路39号金石柏朗大厦902室
……Tel：029-81882268
西安热工研究院有限公司
地址：陕西省西安市碑林区兴庆路136号
……Tel：029-82001191
西安博奥电力工程有限公司
地址：西安市高新区天谷七路996号西安国家数字出版基地B座12403-A室
……Tel：029-82215091
陕西西北发电商业运营有限公司
地址：陕西省西安市国家民用航天产业基地神舟四路239号2栋5层501-C36
……Tel：029-82225595
陕西西北发电检修有限责任公司
地址：陕西省西安市国家民用航天产业基地神舟四路239号2栋5层501-C34
……Tel：029-82225595
西安重工装备制造集团有限公司
地址：西安经济技术开发区泾渭新城泾朴路东段9号
……Tel：029-82251231
陕西西北发电售电有限公司
地址：陕西省西安市国家民用航天产业基地神舟四路239号2栋5层501-C35
……Tel：029-8225595
陕西百盛售电有限公司
地址：西安经济技术开发区凤城一路今北豪庭2-1705室
……Tel：029-82299566
陕西百盛实业发展有限公司
地址：陕西省西安市经开区凤城七路明丰国际1805
……Tel：029-82299566
西安祺创太阳能科技有限公司
地址：西安市凤城十二路出口加工区办公楼
……Tel：029-82306201
陕西定边盛高新能源有限公司
地址：陕西省榆林市定边县定边镇南大街（电力小区2号楼3单元332室）
……Tel：029-82308183
陕西运维电力股份有限公司
地址：西安市航天基地东长安街501号
……Tel：029-82481888
陕西东迪新能源科技有限公司
地址：西安市碑林区环城东路22号陕西新技术开发推广站409室
……Tel：029-82489766
陕西百科新能源科技发展有限公司
地址：陕西省西安市新城区长乐中路38号金花新都汇29幢3单元23层32304室
……Tel：029-82501619
西安黄河光伏科技股份有限公司
地址：西安市新城区幸福北路21号7号楼
……Tel：029-82512952
陕西银兴电力电子通讯有限责任公司
地址：陕西省西安市新城区炭市街副食大楼四楼写字间
……Tel：029-83216545
陕西美能清洁能源集团股份有限公司
地址：陕西省西安市高新区唐延路11号禾盛京广中心F座1904室
……Tel：029-83279768
陕西擎华新能源技术有限公司
地址：陕西省西安市高新区唐延南路逸翠园二期1号楼1单元1615室
……Tel：029-83283076
西安众源电力设计有限公司
地址：西安市环城东路159号（职培中心三、四层）
……Tel：029-83300749
中国能源建设集团西北电力建设工程有限公司
地址：陕西省西安市新城区长乐西路3号
……Tel：029-83382344
西安创源电力金具有限公司
地址：西安市半坡路115号
……Tel：029-83499216
西安新港分布式能源有限公司
地址：西安国际港务区杏渭路10号
……Tel：029-83542620
陕西西高智能科技有限公司
地址：陕西省西咸新区沣西新城沣景路以北兴园路以东十字东北角
……Tel：029-83650080
陕西建工安装集团新能源有限公司
地址：西安经济技术开发区草滩生态产业园草滩十路1155号智巢产业园10号楼6楼605室
……Tel：029-83663581-609
西安市临潼区第一自来水有限公司
地址：陕西省西安市临潼区西关正街115号
……Tel：029-83851017
陕西泰豪沃达动力设备有限公司
地址：西安市莲湖区大庆路3号1幢2单元22008室
……Tel：029-84216960
西安科达变压器有限责任公司
地址：陕西省西咸新区沣东新城世纪大道东段沣东路北200米
……Tel：029-84230313
西安热电有限责任公司
地址：西安市西郊红光路西段2号
……Tel：029-84263883
西安中仪电力工程有限公司
地址：西安市高新区丈八街办沣惠南路34号新长安广场第1幢2单元21层22103号房
……Tel：029-84362581
陕西盛航建设有限公司
地址：陕西省西安市莲湖区大庆路2号恒天财智大厦1号楼20层12005号房
……Tel：029-84492937
陕西易初明通工程机械维修服务有限公司
地址：陕西省西安市沣东新城石化大道1号
……Tel：029-84521914
西安宇翔电气工程有限公司
地址：西安市沣东新城三桥蔺高工业园金桥路25号
……Tel：029-84530266
西安航天弘发实业有限公司
地址：陕西省西安市国家民用航天产业基地吉泰路269号
……Tel：029-85206031
西安索曼电子科技有限公司
地址：陕西省西安市雁塔区华城万象小区一期6-1-303室
……Tel：029-85255335
西安天汇新能源科技有限公司
地址：陕西省西安市雁塔区朱雀大街中段21号朱雀云天1号楼12207号
……Tel：029-85269055
西安天汇新能光伏技术有限公司
地址：陕西省西安市雁塔区朱雀大街中段21号朱雀云天1号楼12205
……Tel：029-85269055
西安安诚电力工程有限公司
地址：西安曲江新区雁翔路3269号旺座曲江E座2203室
……Tel：029-85337786
西安广融电气有限公司
地址：西安市高新区太白南路181号A座A508室
……Tel：029-85454911
西安美秦建筑工程有限公司
地址：陕西省西安市雁塔区电子正街南段正街名城小区第2栋6层601室
……Tel：029-85459007
西安振华电子科技有限公司
地址：西安市碑林区雁塔路北段8号西安万达广场二幢一单元10713号
……Tel：029-85537762
西安康荣空调系统服务有限公司
地址：西安市雁塔区西影路63号金裕小区9幢20304室
……Tel：029-85551185
西安联诚电力工程有限公司
地址：西安市碑林区友谊东路81号天伦盛世20层12009号
……Tel：029-85575209
陕西孚创动力设备制造有限公司
地址：陕西省西安市高陵区崇皇街道(北城新天地2-2-409号)
……Tel：029-86045558
西安正麒科创电气有限公司
地址：西安经济技术开发区草滩生态产业园尚华路555号
……Tel：029-86112508
陕西年丰动力科技有限公司
地址：西安市未央区纬二十六街宏林名筑1幢1单元12001室
……Tel：029-86114166
中国石化集团新星陕西新源科技有限公司
地址：西安经济技术开发区明光路55号天朗经开中心11901-11905室
……Tel：029-86118985
中国水利水电第三工程局有限公司
地址：陕西省西安市 灞区世博大道4069号
……Tel：029-86178686
西安大明宫太阳能电力科技有限公司
地址：西安市未央区太华北路二环北1号西安大明宫建材家居市场综合办公区三层001号
……Tel：029-86188360
陕西乐客隆工贸有限公司
地址：西安市未央区环园中路39号西北铝塑型材管材批发基地北排22号
……Tel：029-86189723
陕西天汇电力建设工程有限公司
地址：陕西省西安市经开区凤城七路长和国际A座5F
……Tel：029-86191563
西安市未央区鑫源水暖机电供应站
地址：龙江县龙江镇消防巷12号（龙房

权证字第QZ00020251号）
…………………… Tel：029-86258926
天水长城低压电器厂西安供销站
地址：西安市大庆路3号（蔚蓝国际机电广场3015室）
…………………… Tel：029-86264188
西安市未央区水星锅炉机电供应站
地址：营山县消水镇街道
…………………… Tel：029-86287312
西安洋马机电设备有限公司
地址：西安市未央区朱宏路16号3-40号
…………………… Tel：029-86297798
西安瑞轩能源设备工程有限公司
地址：西安市经开区凤城三路10号凤凰新城21209室
…………………… Tel：029-86528192
西安恒邦电气有限公司
地址：西安市经济技术开发区凤城六路135号
…………………… Tel：029-86563896
西安长庆科技工程有限责任公司
地址：西安市长庆兴隆园小区
…………………… Tel：029-86592974
中国石油集团川庆钻探工程有限公司长庆钻井总公司
地址：陕西省西安市未央区长庆大厦
…………………… Tel：029-86598273
陕西中河电力工程有限公司
地址：陕西省西安市经开区凤城九路海博广场5幢1单元10201室
…………………… Tel：029-86715641
国网陕西省电力公司西安市阎良区供电分公司
地址：西安市阎良区人民西路217号
…………………… Tel：029-86856006
杨凌富海新能源发展有限公司
地址：陕西省杨凌示范区渭惠路38号富海工业园区
…………………… Tel：029-87039521
陕西星光动力设备有限公司
地址：西安市星火路107号天正机电市场A区9排1号
…………………… Tel：029-87317881
大唐定边风力发电有限责任公司
地址：陕西省榆林市定边县纪畔乡范圈村
…………………… Tel：029-87369800
大唐靖边新能源有限公司
地址：陕西省榆林市靖边县小河乡元渠湾沙沟村
…………………… Tel：029-87369800
横山县中能国电佰佳新能源开发投资有限公司
地址：陕西榆林横山县北大街阳光小区4号楼19号门面房
…………………… Tel：029-87630999
西安新环能源有限公司
地址：西安市高新区沣惠南路水晶岛11609室
…………………… Tel：029-87651642
西安华新新能源股份有限公司
地址：西安市临潼区新丰工业园区
…………………… Tel：029-87651878
陕西能联电力有限公司
地址：西安曲江新区雁展路1111号莱安中心1幢1单元8层10809号
…………………… Tel：029-87655372
西安奥赛福科技有限公司
地址：西安市高新区科技二路72号西安软件园发展中心西岳阁101号
…………………… Tel：029-87669972
陕西工大福田科技工程有限公司
地址：陕西省西安市碑林区友谊西路127号
…………………… Tel：029-87669978
中铁一局集团有限公司
地址：陕西省西安市碑林区雁塔北路1号
…………………… Tel：029-87864726
陕西远东亮丽电力工程有限公司
地址：陕西省西安市未央区北二环东段369号华帝金座B幢14层112B14室
…………………… Tel：029-88115959
西安银河新能源控股有限公司
地址：西安市高新区毕原三路2328号
…………………… Tel：029-88165555
陕西延长中燃能源发展有限公司
地址：西安市高新区唐延路33号迈科国际大厦1501
…………………… Tel：029-88210373
蓝田县延长中燃能源发展有限公司
地址：蓝田县三里镇青羊庄村一组5排7号
…………………… Tel：029-88210373
西安德赛控制系统有限责任公司
地址：陕西省西安市沣东新城丰产路65号
…………………… Tel：029-88215384
西安蓝天石化设备有限公司
地址：陕西省西安市高新区锦业一路10号中投国际B座8层
…………………… Tel：029-88220628
西安康倍机电科技有限公司
地址：西安市雁塔区电子二路61号（西安卫光电工厂内）
…………………… Tel：029-88258398
西安华盛通信有限公司
地址：西安市高新区天谷七路996号国家数字出版基地B栋17层11702号
…………………… Tel：029-88270048
西安博昱新能源有限公司
地址：西安市高新区新型工业园创业大道39号标准厂房B1主楼一层
…………………… Tel：029-88316933
西安博昱新能源有限公司
地址：西安市高新区新型工业园创业大道39号标准厂房B1主楼一层
…………………… Tel：029-88316933
西安西菱电力科技发展有限公司
地址：西安市高新区高新四路17号志诚商务大厦C座203室
…………………… Tel：029-88321201
西安银河电智能电气有限公司
地址：西安市高新区科技三路57号融城云谷B座1602室
…………………… Tel：029-88336778
西安南亚科技有限责任公司
地址：陕西省西安市高新区高新一路25号创新大厦MF4-10室
…………………… Tel：029-88350609
中国电力工程顾问集团西北电力设计院有限公司
地址：陕西省西安市高新区团结南路22号
…………………… Tel：029-88358102
靖边县黄河能源有限责任公司
地址：陕西省榆林市靖边县席麻湾乡沙渠村李家梁建升压站一处
…………………… Tel：029-88436221
榆林黄河能源有限责任公司
地址：陕西省榆林市榆神工业区榆神工业区大保当镇补拉湾村
…………………… Tel：029-88436221
国家电投集团靖边新能源发电有限公司
地址：陕西省榆林市靖边县张家畔镇林荫路78号二楼
…………………… Tel：029-88436420
国家电投集团陕西新能源有限公司
地址：西安曲江新区雁塔南路396号黄河水电办公楼216室
…………………… Tel：029-88436420
西安晒阳新能源科技有限公司
地址：陕西省西安市高新区丈八街办唐延南路东侧逸翠园-西安（二期）第4幢1单元27-28层12808号房
…………………… Tel：029-88603632
西安蓝海宏瑞新能源科技有限公司
地址：西安市户县朱雀锦园1幢2单元7层02号
…………………… Tel：029-88608895
咸阳蓝海光伏能源有限公司
地址：陕西省咸阳市兴平市纺织工业园纺织三路南段
…………………… Tel：029-88608895
陕西联控机电设备有限公司
地址：陕西省西安市莲湖区汉城南路62号院内
…………………… Tel：029-88614576
天水二一三机床电器厂西安供应站
地址：玉山镇新闸路40号
…………………… Tel：029-88623170
西安扩力机电科技有限公司
地址：西安市高新区高新路80号望庭国际第3座3单元30403号房
…………………… Tel：029-88649652
陕西省地方电力（集团）有限公司
地址：陕西省西安市高新区唐延路27号
…………………… Tel：029-88660088
陕西省地方电力水电股份有限公司
地址：陕西省西安市高新区唐延路27号
…………………… Tel：029-88661606
陕西迈轮机械设备有限公司
地址：西安市高新区科技三路57号融城云谷5幢1单元11层11101室
…………………… Tel：029-88825540
陕西鼎瑞电子科技有限公司
地址：陕西省西安市雁塔区子午大道北段江林新城B区7幢1单元711408室
…………………… Tel：029-88826128
陕西中建皓天环保科技有限公司
地址：陕西省西安市高新区丈八街办科技六路23号数字空间西座10层11001
…………………… Tel：029-88852053
陕西巨光投资控股集团有限公司
地址：陕西省西安市高新区高新三路12号中国人保（陕西）金融大厦20层07室
…………………… Tel：029-88854226
陕西恒兴邦建筑工程有限公司
地址：陕西省西安市雁塔区电子西街西京三号5号楼1408室
…………………… Tel：029-88861773
西安博冉半导体科技有限公司
地址：西安市高新区唐延南路十一号小区1幢2单元21001室
…………………… Tel：029-88866965
比亚迪汽车有限公司
地址：西安市高新区草堂科技产业基地秦岭大道西1号
…………………… Tel：029-88889999
西安天虹电气有限公司
地址：西安市高新区锦业二路20号
…………………… Tel：029-88892979
西安卓康信息技术有限公司
地址：西安市高新区高新路88号尚品国际C幢2单元6层20607室
…………………… Tel：029-88898820
陕西福德电力科技股份有限公司
地址：陕西省西安市高新区丈八街办唐延路25号银河新坐标2幢1单元11006室
…………………… Tel：029-88993076
陕西工大福山科技工程有限公司
地址：陕西省西安市阎良区国家航空高科技产业基地蓝天路5号科创大厦C座二层创业实验室231
…………………… Tel：029-89081644
陕西新华水利水电投资有限公司
地址：陕西省西安市未央区凤城七路长和国际B座19层
…………………… Tel：029-89160653
陕西电子信息集团光电科技有限公司
地址：陕西省西安市高新区锦业路125号
…………………… Tel：029-89286435
陕西高开电气设备集团有限公司
地址：陕西省西安市经开区草滩六号路1369号绘锦创业园D区D7栋楼四层
…………………… Tel：029-89349508
陕西长安智慧能源有限公司
地址：陕西省西咸新区沣东新城沣长路与金融二路西北角创新大厦16层1607号M1-155
…………………… Tel：029-89384578
陕西亿拓新能源开发有限公司
地址：西安市凤城八路西北国金中心F栋11层
…………………… Tel：029-89399988
陕西吉电能源有限公司
地址：西安曲江新区雁塔南路292号曲江文化大厦9楼
…………………… Tel：029-89551777
陕西深电能售电有限公司
地址：西安曲江新区行政商务中心T35号泛　国际大厦1幢1单元12204室
…………………… Tel：029-89567738
陕西瑞诚电力运维服务有限公司
地址：西安市高新区绿地中央广场-领海AB座第1幢1单元4层10402号房
…………………… Tel：029-89581011
陕西亿通电力建设集团有限公司
地址：陕西省西安市经开区凤城十一路文景商务广场1幢3单元1901室
…………………… Tel：029-89607341
西安水务集团新能源有限公司
地址：西安市　灞生态区通塬路2755号第三污水处理厂内
…………………… Tel：029-89612166
易事特智能化系统集成有限公司
地址：陕西省西安市国家民用航天产业基地航天中路399号神光双子大厦A座16层
…………………… Tel：029-89697010
韬睿有限责任公司
地址：陕西省西安市碑林区环城南路东段334号宏信国际花园1号楼1107室
…………………… Tel：029-89864342
西安航天复睿电力有限公司
地址：陕西省西安市国家民用航天产业基地神舟三路239号天赐颐府11号楼2单元103号商铺
…………………… Tel：0510-81652105
陕西爱康新能电力有限公司
地址：西安市高新区唐延路33号迈科国际大厦16楼1605室
…………………… Tel：0512-82557726
西安爱康信能电力有限公司
地址：陕西省西安市临潼区秦王一路中段渭北国际商务中心写字楼318室
…………………… Tel：0512-82557726
西安精工能源科技有限公司
地址：西安市高新区丈八一路1号汇鑫IBC-B座1003
…………………… Tel：0571-86903201
神木市神光新能源电力有限公司
地址：陕西省榆林市神木市解家堡办事处徐应塔村
…………………… Tel：0574-59953175
西安科陆售电有限公司
地址：西安市新城区长乐东路86号紫薇家天下5幢10102号
…………………… Tel：0755-33309999
陕西省地方电力（集团）有限公司延安供电分公司
地址：陕西省延安市宝塔区尹家沟路97号
…………………… Tel：0911-2211468
延安市黄龙新能源开发有限责任公司
地址：陕西省延安市黄龙县石堡镇锦苑小区
…………………… Tel：0911-3338033
洛川琦泉生物质发电有限公司
地址：陕西省延安市洛川县桥西村（洛川工业园区苹果关联加工区）
…………………… Tel：0911-3637850
黄陵矿业集团有限责任公司
地址：陕西省延安市黄陵县店头镇
…………………… Tel：0911-5585188
黄陵矿业煤矸石发电有限公司
地址：陕西省延安市黄陵县店头镇
…………………… Tel：0911-5585964
延安市安塞区地方电力工程有限公司
地址：陕西省延安市安塞区电力局院内
…………………… Tel：0911-6212521
国网陕西省电力公司黄陵县供电分公司
地址：陕西省延安市黄陵县陕西省黄陵县城东关
…………………… Tel：0911-7668610
延川县地方电力工程有限公司
地址：陕西省延安市延川县北新街电力局院内
…………………… Tel：0911-8119380
陕西省地方电力发电有限公司
地址：陕西省榆林市榆阳区肤施路8号
…………………… Tel：0912-3239630
榆林市榆阳区芹河新区开发建设有限公司
地址：陕西省榆林市榆阳区芹河镇谷地峁村卫校南门西800米
…………………… Tel：0912-3410689
榆林市安卓电器设备有限公司
地址：陕西省榆林市榆阳区上郡北路(气象局对面)
…………………… Tel：0912-3420118
榆林汽车产业园开发建设有限公司
地址：陕西省榆林市榆阳区榆麻路榆林汽车产业园筹建办公楼2楼
…………………… Tel：0912-3502668
榆能榆神热电有限公司
地址：陕西省榆林市榆阳区青云镇平顶梁电厂一路东侧
…………………… Tel：0912-3568866
华能定边新能源发电有限公司
地址：陕西省榆林市定边县定边镇新区（南新苑小区2-3-301号）
…………………… Tel：0912-4218434
榆林正信电力有限公司
地址：陕西省榆林市定边县定边镇西环路（清华苑小区1-1501室）
…………………… Tel：0912-4427964
陕西华电新能源发电有限公司
地址：陕西省榆林市靖边县王渠则镇王渠则村阳光小组
…………………… Tel：0912-4720425
华能陕西靖边电力有限公司
地址：陕西省榆林市靖边县天赐湾镇许台村
…………………… Tel：0912-4838011
榆林能投光伏建设管理有限公司
地址：陕西省榆林市高新技术产业园区开源大道高科大厦辅楼11楼1102
…………………… Tel：0912-6089596
榆林华源电力有限责任公司
地址：陕西省榆林市榆阳区长城南路203号
…………………… Tel：0912-6096591
榆林能源集团惠民电力有限公司
地址：陕西省榆林市高新技术产业园区明珠大道榆能大厦17层
…………………… Tel：0912-6188131
陕西榆林能源集团新能源科技有限公司
地址：陕西省榆林市高新技术产业园区明珠大道榆能大厦
…………………… Tel：0912-6188131
陕西榆林能源集团售电有限公司
地址：陕西省榆林市高新技术产业园区明珠大道榆能大厦16层
…………………… Tel：0912-6188210
吴堡县地方电力工程有限公司
地址：陕西省榆林市吴堡县宋家川镇友谊路49号
…………………… Tel：0912-6510149
靖边协鑫光伏电力有限公司
地址：陕西省榆林市靖边县东坑镇陆家山村307国道南侧1.5公里处
…………………… Tel：0912-6662013
陕西华康远大电子科技有限公司
地址：陕西省榆林市高新技术产业园区榆林大道东洲公寓902
…………………… Tel：0912-6665658
陕西省地方电力（集团）有限公司佳县供电分公司
地址：陕西省佳县佳芦镇黑龙庙拐14号
…………………… Tel：0912-6734187
榆林市横山区电力局响水供电所
地址：陕西省榆林市横山区响水镇
…………………… Tel：0912-7758008
神木市联创电力有限公司

地址：陕西省榆林市神木市神木镇农科路第五幼儿园隔壁
…………………… Tel：0912-8321318

陕西榆彬煤化实业有限公司
地址：陕西省榆林市神木市新村北汇国际大酒店公寓楼
…………………… Tel：0912-8338029

神木市绿源新能源电力有限公司
地址：陕西省榆林市神木市中鸡镇中鸡村光伏区综合楼
…………………… Tel：0912-8415030

神华神东电力有限责任公司
地址：陕西省榆林市神木市神木镇东兴街北段路东
…………………… Tel：0912-8549111

神华神东电力有限责任公司
地址：陕西省榆林市神木市神木镇东兴街北段路东
…………………… Tel：0912-8549111

陕西国华锦界能源有限责任公司
地址：陕西省榆林市榆神工业区锦界工业园区
…………………… Tel：0912-8551013

府谷县航天万源新能源发展有限公司
地址：陕西省榆林市府谷县高石崖一村商品街
…………………… Tel：0912-8732332

陕西天宇发电工程有限公司
地址：陕西省榆林市府谷县老高川镇常房梁村
…………………… Tel：0912-8800444

陕西清水川发电有限公司
地址：陕西省
…………………… Tel：0912-8855515

大唐陕西府谷煤电有限责任公司
地址：陕西省榆林市府谷县黄甫镇
…………………… Tel：0912-8859058

陕西德源府谷能源有限公司
地址：陕西省榆林市府谷县庙沟门乡
…………………… Tel：0912-8902033

华能陕西秦岭发电有限公司
地址：陕西省西安市碑林区兴庆路90号西安鸿祥大厦B座八层
…………………… Tel：0913-4313226

渭南市华州区电力实业有限责任公司
地址：陕西省渭南市华州区桓公大街西段
…………………… Tel：0913-4711367

华县仕达机电安装有限公司
地址：陕西省渭南市华州区
…………………… Tel：0913-4810313

韩城市裕隆焦化有限责任公司
地址：陕西省韩城市龙门镇上峪口村
…………………… Tel：0913-5118200

陕西华富新能源有限公司
地址：陕西省韩城市龙门镇
…………………… Tel：0913-5180450

韩城东方水环境发展有限公司
地址：陕西省韩城市新城区桢州大街南段南湖公园办公楼
…………………… Tel：0913-5209059

陕西陕煤韩城矿业有限公司
地址：陕西省韩城市新城区金塔东路
…………………… Tel：0913-5261192

韩城金都绿诚实业有限公司
地址：陕西省韩城市新城区金塔路中段
…………………… Tel：0913-5263208

陕西陕煤韩城矿业有限公司桑树坪二号井
地址：陕西省韩城市桑树坪镇杨岭村
…………………… Tel：0913-5279197

国网陕西省电力公司韩城市供电分公司
地址：陕西省韩城市新城区金塔路与盘河路十字西南角
…………………… Tel：0913-5302000

陕西省地方电力（集团）有限公司白水县供电分公司
地址：陕西省渭南市白水县仓颉路
…………………… Tel：0913-6121833

陕西陕煤蒲白矿业有限公司实业公司
地址：陕西省渭南市蒲城县罕井镇
…………………… Tel：0913-7560058

陕西陕煤蒲白矿业有限公司热电公司
地址：陕西省渭南市白水县城关镇两仙庙
…………………… Tel：0913-7560397

蒲白矿务局实业有限公司
地址：陕西省渭南市蒲城县罕井镇大庆路东段52号
…………………… Tel：0913-7566351

陕西华电发电有限责任公司
地址：陕西省渭南市蒲城县孙镇
…………………… Tel：0913-7662010

陕西华电蒲城发电有限责任公司
地址：陕西省渭南市蒲城县孙镇
…………………… Tel：0913-7662020

陕西省地方电力（集团）有限公司富平县供电分公司
地址：陕西省渭南市富平县望湖路76号
…………………… Tel：0913-8206003

富平县东部开发建设有限公司
地址：陕西省渭南市富平县高新技术产业开发区频山大道1号
…………………… Tel：0913-8206989

陕西省地方电力（集团）有限公司商洛供电分公司
地址：陕西省商洛市商州区北新街西段构峪桥头
…………………… Tel：0914-2988088

柞水县电力局红岩寺供电所
地址：贺州市平桂区望高镇西路街18号
…………………… Tel：0914-4171490

柞水县电力局凤凰供电所
地址：前进西路
…………………… Tel：0914-4261288

陕西省地方电力（集团）有限公司柞水县供电分公司
地址：陕西省商洛市柞水县临河路8号
…………………… Tel：0914-4321226

商南县地方电力工程有限公司
地址：陕西省商洛市商南县长新路126号
…………………… Tel：0914-6321129

陕西商洛发电有限公司
地址：陕西省商洛市商州区沙河子镇张村
…………………… Tel：0914-6883018

陕西中天佳阳新能源开发有限公司
地址：陕西省商洛市洛南县卫东镇84号信箱
…………………… Tel：0914-7571188

陕西汉水电力实业（集团）有限责任公司
地址：陕西省安康市汉滨区巴山西路167号
…………………… Tel：0915-3153826

国网陕西省电力公司白河县供电分公司
地址：陕西省安康市白河县城关镇清风社区（自有房屋）
…………………… Tel：0915-3157908

中国水利水电第三工程局有限公司房地产安康分公司
地址：韦曲街办长兴路北段路西
…………………… Tel：0915-3432306

陕西省地方电力（集团）有限公司紫阳县供电分公司洄水供电所
地址：陕西省安康市紫阳县洄水镇街道
…………………… Tel：0915-4421324

陕西华电安康发电有限公司
地址：陕西省安康市石泉县池河镇双红村
…………………… Tel：0915-8223021

汉中兴汉置业有限公司
地址：陕西省汉中市汉台区经济开发区北区鑫源办事处八里桥村
…………………… Tel：0916-2269999

汉中供电局
地址：陕西省汉中市汉台区天汉东路
…………………… Tel：0916-2802126

国网陕西省电力公司勉县供电分公司
地址：陕西省汉中市勉县勉阳镇东风村
…………………… Tel：0916-3221244

大唐略阳发电有限责任公司
地址：陕西省汉中市略阳县电厂路
…………………… Tel：0916-4912022

汉中市南郑区地方电力工程有限公司
地址：陕西省汉中市南郑区大河坎镇张家村
…………………… Tel：0916-5367380

宝鸡市立邦电子有限公司
地址：陕西省宝鸡市高新开发区火炬路22号南洋国际花园2幢C单元501号
…………………… Tel：0917-3412028

宝鸡石油机械有限责任公司
地址：陕西省宝鸡市金台区东风路2号
…………………… Tel：0917-3462000

陕西长岭电气有限责任公司
地址：陕西省宝鸡市渭滨区清姜路75号
…………………… Tel：0917-3622620

山阳县水利水电物资供应站
地址：陕西省商洛市山阳县城关镇北大街西段
…………………… Tel：0917-8321654

陕西常兴光伏科技有限公司
地址：陕西省宝鸡市岐山县蔡家坡镇安乐社区落星堡村
…………………… Tel：0917-8721052

甘肃省

国网甘肃省临夏三新供电服务有限公司
地址：甘肃省临夏州临夏市南龙广场什字国网临夏供电公司南龙生产综合楼
…………………… Tel：0930-6246055

甘肃中水电水工机械有限公司
地址：甘肃省临夏州永靖县刘家峡镇什字街2号
…………………… Tel：0930-8832253

大唐景泰乾丰风电有限公司
地址：甘肃省白银市景泰县喜泉镇
…………………… Tel：0931-2104135

甘肃协合售电有限公司
地址：甘肃省兰州市安宁区北滨河西路530号连铝大厦20楼
…………………… Tel：0931-2107751

甘肃恒升电力建设（集团）有限公司
地址：甘肃省兰州市城关区雁南路299号七楼
…………………… Tel：0931-2120658

中国水电建设集团敦煌光伏发电有限公司
地址：甘肃省酒泉市敦煌市七里镇光电产业园区
…………………… Tel：0931-2170970

中国水电建设集团瓜州风电有限公司
地址：酒泉市瓜州县渊泉街75号（人民银行瓜州县支行）
…………………… Tel：0931-2170970

中国水电建设集团武威光伏发电有限公司
地址：甘肃省武威市凉州区西大街21号
…………………… Tel：0931-2170970

中国水电建设集团瓜州风电有限公司
地址：酒泉市瓜州县渊泉街75号（人民银行瓜州县支行）
…………………… Tel：0931-2170970

天水协鑫光伏科技有限公司
地址：甘肃省天水市秦州区牡丹镇李家门村委会
…………………… Tel：0931-2235609

金塔县协鑫光伏发电有限公司
地址：甘肃省酒泉市金塔县中东镇团结坪工业园区
…………………… Tel：0931-2235609

兰州长城电工股份有限公司
地址：兰州市城关区农民巷215号
…………………… Tel：0931-2316391

甘肃肃瑞电力工程技术有限公司
地址：甘肃省兰州市七里河区西津西路819号88幢1单元401-404
…………………… Tel：0931-2350802

甘肃兴业铁路工程有限责任公司
地址：甘肃省兰州市七里河区西津西路87号2号楼2单元2703
…………………… Tel：0931-2550456

兰州海星电气有限公司
地址：甘肃省兰州市七里河区西津西路239号15号楼112室
…………………… Tel：0931-2557006

兰州皓宇电力科技有限公司
地址：兰州市七里河区金港城金宝花园15号楼1单元602
…………………… Tel：0931-2626186

兰州中来电化设备有限公司
地址：兰州市七里河区吴家园西街86号
…………………… Tel：0931-2775586

甘肃上航电力运维有限公司
地址：甘肃省兰州市七里河区西津东路建工西街3号金雨大厦1101-1107室
…………………… Tel：0931-2835511

甘肃明创电力工程设计咨询有限责任公司
地址：甘肃省兰州市七里河区彭家坪232号办公楼二楼203 室
…………………… Tel：0931-2881091

兰州安建物业管理有限责任公司
地址：兰州市七里河区郑家庄2号
…………………… Tel：0931-2886621

甘肃弘业电力设计有限公司
地址：甘肃省兰州市七里河区体育街203号3层310室
…………………… Tel：0931-2887567

中国铁路兰州局集团有限公司职工培训中心
地址：甘肃省兰州市七里河区建西西路53号
…………………… Tel：0931-2942049

甘肃新安风力发电有限公司
地址：瓜州县渊泉镇新州里购物广场3-5-1号
…………………… Tel：0931-2952471

甘肃洁源风电有限责任公司
地址：玉门市新市区永宁路3号
…………………… Tel：0931-2952471

国家电投集团兰州新区黄河配售电有限公司
地址：甘肃省兰州市兰州新区联创智业园24号楼401室
…………………… Tel：0931-2958072

甘肃送变电工程有限公司
地址：甘肃省兰州市七里河区西津西路27号
…………………… Tel：0931-2961017

国网甘肃省电力公司
地址：甘肃省兰州市城关区北滨河东路8号
…………………… Tel：0931-2966227

国网甘肃省电力公司
地址：甘肃省兰州市城关区北滨河东路8号
…………………… Tel：0931-2966227

国网甘肃综合能源服务有限公司
地址：甘肃省兰州市安宁区万新北路249号
…………………… Tel：0931-2967533

甘肃君华贸易有限公司
地址：兰州市城关区北滨河东路506号2003室
…………………… Tel：0931-4533286

兰州大成科技股份有限公司
地址：甘肃省兰州市兰州新区中川街西段4200号
…………………… Tel：0931-4538668

中国电建集团甘肃能源投资有限公司
地址：甘肃省兰州市城关区高新区飞雁街112号2-1号楼
…………………… Tel：0931-4569929

中电建西北售电有限公司
地址：甘肃省兰州市城关区高新飞雁街118号的2-1
…………………… Tel：0931-4569951

兰州三环物业管理有限责任公司
地址：甘肃省兰州市城关区段家滩路191号配电室
…………………… Tel：0931-4686179

华能华家岭风力发电有限公司
地址：甘肃省定西市通渭县华家岭乡老站村
…………………… Tel：0931-4911815

甘肃大唐国际连城发电有限责任公司
地址：甘肃省兰州市永登县河桥镇南关村
…………………… Tel：0931-4912265

中国铁路兰州局集团有限公司
地址：甘肃省兰州市城关区民主东路383号
…………………… Tel：0931-4925630

甘肃水电物资供应站
地址：甘肃省兰州市城关区民主东路195-22号
…………………… Tel：0931-4985955

兰州电机股份有限公司
地址：甘肃省兰州市兰州新区汉水街3666号
…………………… Tel：0931-5150000

甘肃宏祥能源服务有限公司
地址：甘肃省兰州市榆中县和平镇金川大道西侧6号
…………………… Tel：0931-5270889

甘肃宏祥能源服务有限公司
地址：甘肃省兰州市榆中县和平镇金川大道西侧6号
…………………… Tel：0931-5270889

兰州奥福新能源有限公司
地址：甘肃省兰州市榆中县金崖镇黄家庄村（榆钢厂区新一号路旁边）
…………………… Tel：0931-5625068

兰州盛祥物业服务有限责任公司
地址：甘肃省兰州市红古区大通路
…………………… Tel：0931-6239078

永登宏远机电水泵橡塑供应站
地址：永登县中华街
…………………… Tel：0931-6422344

甘肃电投大容朱岔峡发电有限责任公司
地址：天祝县炭山岭镇菜籽湾村
…………………… Tel：0931-6537679

窑街煤电有限责任公司动力厂
地址：甘肃省兰州市红古区窑街镇新村450号
…………………… Tel：0931-6902607

兰州华源动力有限责任公司
地址：甘肃省兰州市红古区窑街新村450号
…………………… Tel：0931-6902625

窑街煤电集团甘肃工程设计（咨询）有限责任公司
地址：甘肃省兰州市红古区平安路418号
…………………… Tel：0931-6915886

国电兰州范坪热电有限公司
地址：甘肃省兰州市西固区范家坪村728号
…………………… Tel：0931-7115820

甘肃大唐电力检修运营有限公司
地址：甘肃省兰州市七里河区南滨河中路299号307室
…………………… Tel：0931-7502407

兰州西固热电有限责任公司
地址：甘肃省兰州市西固区古浪路78号
…………………… Tel：0931-7502510

大唐甘肃发电有限公司
地址：甘肃省兰州市七里河区南滨河中路299号
…………………… Tel：0931-7503010

大唐甘肃湟水河水电开发有限公司
地址：甘肃省临夏州永靖县西河镇二房村余家河滩社
…………………… Tel：0931-7503194

兰州东方明珠系统工程有限公司
地址：甘肃省兰州市西固区公园路129号
…………………… Tel：0931-7537885

兰州三环物业管理有限责任公司安宁分公司
地址：甘肃省兰州市安宁区万新南路702号（飞天世纪新城南大门东西两侧）

…………………… Tel：0931－7611903
国投甘肃售电有限公司
地址：甘肃省兰州市兰州新区产业孵化大厦408室
…………………… Tel：0931－7616520
国投兰州新区智能电力有限公司
地址：甘肃省兰州市兰州新区产业孵化大厦409室
…………………… Tel：0931－7633659
三峡新能源敦煌发电有限公司
地址：甘肃省酒泉市敦煌市光电产业园区
…………………… Tel：0931－7651973
国家电投集团甘肃售电有限公司
地址：甘肃省兰州市兰州新区产业孵化大厦323室
…………………… Tel：0931－7655900
甘肃新泉风力发电有限公司
地址：酒泉市瓜州县渊泉街141号
…………………… Tel：0931－7691030
中节能（天祝）风力发电有限公司
地址：甘肃省武威市天祝藏族自治县松山镇藏民村
…………………… Tel：0931－7701018
中节能（靖远）风力发电有限公司
地址：甘肃省白银市靖远县南大街春光巷20号4幢3单元2层322室
…………………… Tel：0931－7701018
中节能（肃北）风力发电有限公司
地址：甘肃省酒泉市肃北蒙古族自治县马鬃山镇音凹峡马鬃山第二风电场
…………………… Tel：0931－7701018
中节能港建（甘肃）风力发电有限公司
地址：甘肃省酒泉市玉门市玉昌路西侧3.2公里处
…………………… Tel：0931－7701018
中节能（甘肃）风力发电有限公司
地址：甘肃省酒泉市玉门市玉昌路
…………………… Tel：0931－7701018
中节能（天祝）风力发电有限公司
地址：甘肃省武威市天祝藏族自治县松山镇藏民村
…………………… Tel：0931－7701018
中节能（靖远）风力发电有限公司
地址：甘肃省白银市靖远县南大街春光巷20号4幢3单元2层322室
…………………… Tel：0931－7701018
中节能（甘肃）风力发电有限公司
地址：甘肃省酒泉市玉门市玉昌路
…………………… Tel：0931－7701018
中节能（肃北）风力发电有限公司
地址：甘肃省酒泉市肃北蒙古族自治县马鬃山镇音凹峡马鬃山第二风电场
…………………… Tel：0931－7701018
中节能港建（甘肃）风力发电有限公司
地址：甘肃省酒泉市玉门市玉昌路西侧3.2公里处
…………………… Tel：0931－7701018
兰州经济技术开发区华能配售电有限公司
地址：甘肃省兰州市安宁区银滩路街道通达街3号（雁京罗马花园第11层001室）
…………………… Tel：0931－7711805
华润电力（甘肃）销售有限公司
地址：甘肃省兰州市安宁区北滨河西路859号10楼1002室
…………………… Tel：0931－7755570
中海油新能源玉门风电有限公司
地址：甘肃省酒泉市玉门市新市区玉关路12号
…………………… Tel：0931－7769860
中核甘肃风力发电有限公司
地址：甘肃省玉门市新市区永宁路3号
…………………… Tel：0931－7769860
甘肃振发新能源电力有限公司
地址：甘肃省兰州市兰州新区中川镇何家梁村
…………………… Tel：0931－7785015
甘肃金裕盛电力工程有限公司
地址：甘肃省兰州市城关区拱星墩街道东岗东路2166号第一单元07层704室
…………………… Tel：0931－7816525
甘肃金裕盛电力工程有限公司
地址：甘肃省兰州市城关区拱星墩街道东岗东路2166号第一单元07层704室
…………………… Tel：0931－7816525
甘肃省水电物资兰州西固供应站
地址：兰州市西固区西固巷95号
…………………… Tel：0931－7991086
国家能源集团甘肃电力有限公司
地址：甘肃省兰州市城关区雁南路588号天庆国际商务大厦
…………………… Tel：0931－8235850
甘肃西北之光电缆有限公司
地址：甘肃省兰州市兰州新区纬六十四路以北经四十五路以东
…………………… Tel：0931－8257878
甘肃德祐能源科技有限公司
地址：甘肃省兰州市城关区雁北街道雁滩路4192号第1单元05层509室
…………………… Tel：0931－8275151
甘肃天承实业集团有限公司
地址：甘肃省兰州市安宁区银滩路街道通达街3号第6层001室
…………………… Tel：0931－8330088
甘肃华电景泰风力发电有限公司
地址：甘肃省白银市景泰县喜泉镇西南约3km处
…………………… Tel：0931－8377738
甘肃华电福新能源有限公司
地址：甘肃省兰州市兰州新区泰山路2569号
…………………… Tel：0931－8377783
甘肃华电环县风力发电有限公司
地址：甘肃省庆阳市环县南湫乡代家洼村代家洼组
…………………… Tel：0931－8377783
甘肃华电民勤发电有限公司
地址：甘肃省武威市民勤县红沙岗镇
…………………… Tel：0931－8377783
华电嘉峪关新能源有限公司
地址：甘肃省嘉峪关市嘉西工业园
…………………… Tel：0931－8377783
甘肃省电力投资集团有限责任公司
地址：甘肃省兰州市城关区北滨河东路69号
…………………… Tel：0931－8378018
甘肃电投大容电力有限责任公司
地址：甘肃省兰州市城关区北滨河东路69号
…………………… Tel：0931－8378882
甘肃电力明珠集团有限公司
地址：甘肃省兰州市七里河区建工西街3号
…………………… Tel：0931－8396059
兰州宏源电力技术有限公司
地址：兰州市城关区张苏滩575号
…………………… Tel：0931－8396068
靖远第二发电有限公司
地址：甘肃省兰州市安宁区十里店街道北滨河西路85号第10层1001室
…………………… Tel：0931－8484658
兰州友电电力科技有限公司
地址：甘肃省兰州市城关区雁滩乡雁滩路3481号（金雁花园11号楼3单元202室）
…………………… Tel：0931－8515701
兰州海创物业管理有限责任公司
地址：甘肃省兰州市城关区高新区创新大厦1602
…………………… Tel：0931－8525767
甘肃格耐用太阳能电力有限责任公司
地址：甘肃省兰州市城关区定西南路177号
…………………… Tel：0931－8613455
中国市政工程西北设计研究院有限公司
地址：甘肃省兰州市定西路459号
…………………… Tel：0931－8616711
甘肃顺风光电有限公司
地址：甘肃省兰州市城关区静宁路298号中海国际大厦1303室
…………………… Tel：0931－8647515
国网甘肃省兰州三新供电服务有限公司
地址：甘肃省兰州市城关区嘉峪关南路296号
…………………… Tel：0931－8650997
兰州紫洋机械设备有限公司
地址：甘肃省兰州市城关区嘉峪关东路501号601室
…………………… Tel：0931－8721022
甘肃科力计算机系统工程有限公司
地址：甘肃省兰州市城关区东岗西路638号财富中心9楼C座
…………………… Tel：0931－8738780
甘肃中广核永盛风力发电有限公司
地址：甘肃省酒泉市瓜州县县府街81号
…………………… Tel：0931－8770014
中广核甘肃民勤风力发电有限公司
地址：甘肃省武威市民勤县红沙岗镇供热站
…………………… Tel：0931－8770014
瓜州天润风电有限公司
地址：甘肃省酒泉市瓜州县县府街财政局后楼
…………………… Tel：0931－8770014
甘肃中广核永盛风力发电有限公司
地址：甘肃省酒泉市瓜州县县府街81号
…………………… Tel：0931－8770014
甘肃中广核风力发电有限公司
地址：甘肃省酒泉市瓜州县县府街81号
…………………… Tel：0931－8770022
甘肃中广核风力发电有限公司
地址：甘肃省酒泉市瓜州县县府街81号
…………………… Tel：0931－8770022
舟曲华夏电力有限公司
地址：舟曲县巴藏乡巴藏村
…………………… Tel：0931－8856989
兰州市水电局物资供应站第二经营部
地址：兰州市城关区民主东路242号
…………………… Tel：0931－8857901
兰州联翔流体商贸有限责任公司
地址：甘肃省兰州市城关区广武门街道南滨河东路321号
…………………… Tel：0931－8915893
临洮县供电公司水力发电站
地址：甘肃省定西市临洮县洮阳镇粮食市93号
…………………… Tel：18993221286
甘肃电投九甸峡水电开发有限责任公司
地址：甘肃省兰州市城关区北滨河东路69号（甘肃投资集团大厦20层）
…………………… Tel：0932－2398606
甘肃电投洮河水电开发有限责任公司
地址：临洮县洮阳镇公园路72号
…………………… Tel：0932－2398609
国网甘肃省电力公司天水供电公司陇西县供电公司
地址：甘肃省定西市陇西县巩昌镇南大街1号
…………………… Tel：0932－6622319
中电建甘肃能源崇信发电有限责任公司
地址：甘肃省平凉市崇信县锦屏镇
…………………… Tel：0933－5918016
崇信崇电供水有限责任公司
地址：甘肃省平凉市崇信县锦屏镇铜城工业园区
…………………… Tel：0933－5918056
华亭华电供水有限责任公司
地址：甘肃省平凉市华亭市东华镇王峡口村
…………………… Tel：0933－7725302
中电建甘肃能源华亭发电有限责任公司
地址：甘肃省平凉市华亭市西华镇西华村
…………………… Tel：0933－7786026
中电建电力运维管理有限公司
地址：甘肃省平凉市华亭市西华镇华亭发电公司灰场管理楼一楼
…………………… Tel：0933－7786481
华能平凉发电有限责任公司
地址：甘肃省平凉市四十里铺
…………………… Tel：0933－8392131
平凉泓源电力有限责任公司
地址：甘肃省平凉市崆峒区工业园区西二路108号
…………………… Tel：0933－8501100
平凉市崆峒区地方电力有限责任公司
地址：甘肃省平凉市崆峒区崆峒水库
…………………… Tel：0933－8510019
平凉东方电力自动化有限责任公司
地址：甘肃省平凉市崆峒区崆峒西路248号
…………………… Tel：0933－8710761
环县恒康洁物业管理有限责任公司
地址：甘肃省庆阳市环　县县城翼龙路31号
…………………… Tel：0934－4422692
合水新供销资产管理有限公司
地址：甘肃省庆阳市合水县西华池镇西华北街53号
…………………… Tel：0934－5521423
国网甘肃省庆阳三新供电服务有限公司合水县分公司
地址：甘肃省庆阳市合水县解放东路227号
…………………… Tel：0934－5521851
合水县供电公司
地址：甘肃省合水县解放东路
…………………… Tel：0934－5523308
甘肃电投大容天王沟发电有限责任公司
地址：甘肃省兰州市永登县连城镇东河沿村
…………………… Tel：0934－6537679
国网甘肃省电力公司庆阳供电公司
地址：甘肃省庆阳市西峰区朔州东路9号
…………………… Tel：0934－7771039
国网甘肃省庆阳三新供电服务有限公司
地址：甘肃省庆阳市西峰区马莲河大道23号
…………………… Tel：0934－8372915
庆阳能源化工集团新能源有限公司
地址：甘肃省庆阳市西峰区岐黄大道51号
…………………… Tel：0934－8539167
国网甘肃省电力公司合水县供电公司
地址：甘肃省庆阳市合水县解放东路227号
…………………… Tel：0934－8548000
庆阳长庆水电工程有限责任公司供水工程施工队
地址：甘肃省庆阳市庆城县田家城
…………………… Tel：0934－8592793
甘肃建投新能源科技股份有限公司
地址：甘肃省武威市凉州区永昌镇石碑村
…………………… Tel：0935－2116210
中节能甘肃武威太阳能发电有限公司
地址：武威市凉州区丰乐镇空星墩滩
…………………… Tel：0935－2336952
中节能甘肃武威太阳能发电有限公司
地址：武威市凉州区丰乐镇空星墩滩
…………………… Tel：0935－2336952
甘肃航天新能源投资集团有限公司
地址：甘肃省武威市新能源装备制造产业园区
…………………… Tel：0935－2510591
甘肃航天售电有限公司
地址：甘肃省兰州市七里河区彭家坪228号
…………………… Tel：0935－2510938
甘肃电投武威热电有限责任公司
地址：甘肃省武威市工业园区凉古公路南2号
…………………… Tel：0935－2586714
甘肃电投大容杂木河发电有限责任公司
地址：甘肃省武威市凉州区古城镇上河村
…………………… Tel：0935－2766306
武威润峰电力有限公司
地址：甘肃省武威市凉州区丰乐镇空星墩滩
…………………… Tel：0935－2885507
金昌开发区国有资产经营有限责任公司
地址：甘肃省金昌市新华东路68号
…………………… Tel：0935－5995616
甘肃锦泰阳光新能源有限公司
地址：甘肃省兰州市城关区广武门街道金昌北路39号第3层001室B区04号商用办公区
…………………… Tel：0935－6911881
永昌锦泰电力有限公司
地址：甘肃省金昌市永昌县工业园区管理委员会办公楼
…………………… Tel：0935－6911881
民勤航天新能源投资有限公司
地址：甘肃省武威市民勤县红沙岗能源化工建材工业园区
…………………… Tel：0935－6981324
甘肃电投金昌发电有限责任公司
地址：永昌县河西堡镇永电大道旁
…………………… Tel：0935－7316036
金昌华元物业管理有限责任公司
地址：永昌县河西堡镇河雅路173号
…………………… Tel：0935－7351648
永昌县水电物资供应公司
地址：永昌县城东门外(永昌县交警大队对面)
…………………… Tel：0935－7523172
甘肃源清水电物资供应有限公司
地址：甘肃省金昌市永昌县城关镇十三区东关大道以南（正安蔬菜批发市场院内）
…………………… Tel：0935－7528511
嘉峪关金耀发电有限公司
地址：甘肃省嘉峪关市人民街47号楼2－7号
…………………… Tel：0935－8328513
金昌市银盛物业管理有限公司
地址：甘肃省金昌市金川区宁远堡镇中牌村金东路001号
…………………… Tel：0935－8333839
甘肃金泰电力有限责任公司
地址：甘肃省金昌市金川区桂林路街道宝晶里延安路26号
…………………… Tel：0935－8810228
金昌镍都矿山实业有限公司
地址：甘肃省金昌市金川区桂林路街道宝晶里延安路26号
…………………… Tel：0935－8811760
金川集团机械制造有限公司
地址：甘肃省金昌市金川区桂林路街道宝晶里延安路26号
…………………… Tel：0935－8811760
金川集团股份有限公司
地址：甘肃省金昌市金川区北京路
…………………… Tel：0935－8812230
金昌清能电力有限公司
地址：甘肃省金昌市经济技术开发区新华东路68号
…………………… Tel：0935－8819165
甘肃九条岭煤业有限责任公司
地址：甘肃省武威市凉州区牌楼路37号
…………………… Tel：0936－6388588
甘肃张掖小孤山水电有限责任公司
地址：甘肃省张掖市甘州区青年东街什字黑河水电综合楼
…………………… Tel：0936－8212962
甘肃晨光电力设计有限责任公司
地址：甘肃省张掖市甘州区东环路延段馨宇丽都东门126号门店
…………………… Tel：0936－8265561
甘肃电投张掖发电有限责任公司
地址：甘肃省张掖市甘州区兔儿坝工业园区
…………………… Tel：0936－8286029
张掖市金源电力工程有限责任公司
地址：甘肃省张掖市甘州区张大公路10号
…………………… Tel：0936－8366234
酒泉市肃州区鸿盛电商临水供销有限公司
地址：甘肃省酒泉市肃州区三墩镇临水小街1号

…………Tel：0937-2637339
甘肃华菱电气自动化控制系统有限公司
地址：甘肃省酒泉市肃州区高新技术工业园区大得利路1号
…………Tel：0937-2688979
国网甘肃省酒泉三新供电服务有限公司
地址：甘肃省酒泉市肃州区南大街76号
…………Tel：0937-2698073
国电电力酒泉发电有限公司
地址：甘肃酒泉工业园区(南园)宜人东路6号
…………Tel：0937-2713033
国电电力酒泉热力有限公司
地址：甘肃省酒泉市肃州区工业园区（南园）宜人东路6号
…………Tel：0937-2713033
国电电力敦煌光伏发电有限公司
地址：甘肃省酒泉市敦煌市七里镇光电产业园区
…………Tel：0937-2717031
国电电力民勤新能源有限公司
地址：甘肃省武威市民勤县红沙岗镇
…………Tel：0937-2717031
国电电力瓜州风力发电有限公司
地址：甘肃省酒泉市瓜州县安北区第四风电场
…………Tel：0937-2717031
神华国能甘肃酒钢发电有限公司
地址：甘肃省酒泉市肃州区西大街23号综合楼三层
…………Tel：0937-2800779
甘肃金风风电设备制造有限公司
地址：甘肃省酒泉市肃州区工业园区西园
…………Tel：0937-2802111
中材科技（酒泉）风电叶片有限公司
地址：甘肃省酒泉市肃州区工业园区(西园)
…………Tel：0937-2802129
中复连众（酒泉）复合材料有限公司
地址：甘肃省酒泉市肃州区高新技术工业园区（西园）
…………Tel：0937-2802162
中国水电四局（酒泉）新能源装备有限公司
地址：酒泉市高新技术工业园区（西园）
…………Tel：0937-2802206
甘肃九鼎风电复合材料有限公司
地址：甘肃省酒泉市肃州区工业园区（西园）
…………Tel：0937-2855299
酒泉农垦供电公司
地址：甘肃省酒泉市玉门市川北镇
…………Tel：0937-3338031
恒远（金塔）金太阳电力有限公司
地址：甘肃省酒泉市金塔县红柳洼光电产业园区
…………Tel：0937-4522262
金塔县粤水电新能源有限公司
地址：酒泉市金塔县红柳洼光电产业园区
…………Tel：0937-4560982
甘肃中电综合能源服务有限公司
地址：甘肃省酒泉市瓜州县小康路38号
…………Tel：0937-5515402
甘肃中电白银光伏发电有限公司
地址：甘肃省白银市景泰县上沙沃镇驼水村一组76号1幢1单元1-101，1单元1-201，1单元1-301
…………Tel：0937-5515402
甘肃中电武威光伏发电有限公司
地址：甘肃省武威市凉州区丰乐镇空星墩滩（甘肃中电武威光伏发电有限公司）1幢办公楼1层1号，2层1号，3层1号
…………Tel：0937-5515402
嘉峪关汉吉国能新能源有限公司
地址：甘肃省嘉峪关市迎宾西路1178号
…………Tel：0937-5941330
嘉峪关正泰光伏发电有限公司
地址：甘肃省嘉峪关市工业园区嘉西光伏产业园
…………Tel：0937-6347050
国网甘肃省电力公司嘉峪关供电公司
地址：甘肃省嘉峪关市长城东路一号
…………Tel：0937-6702701
大唐甘肃祁连水电有限公司
地址：甘肃省张掖市肃南裕固族自治县祁丰乡三道湾
…………Tel：0937-6706978
酒泉钢铁（集团）有限责任公司
地址：甘肃省嘉峪关市雄关东路十二号
…………Tel：0937-6711114
甘肃大唐八零三热电有限责任公司
地址：甘肃省甘肃矿区厂区
…………Tel：0937-6767026
甘肃大唐八〇三热力发电有限公司
地址：甘肃省甘肃矿区803厂区
…………Tel：0937-6767592
大唐八〇三发电厂
地址：甘肃省甘肃矿区兰州市16支局108信箱
…………Tel：0937-6767760
嘉峪关力诺太阳能电力科技有限公司
地址：甘肃省嘉峪关市工业园区嘉西光伏产业园
…………Tel：0937-6912772
酒泉深能北方能源开发有限公司
地址：甘肃省酒泉市肃州区东洞滩光电示范园区C区
…………Tel：0937-6950599
酒泉正阳新能源科技有限公司
地址：甘肃省酒泉市肃州区祁连路100号
…………Tel：0937-6989682
甘肃恒远新能源电力有限公司
地址：甘肃省酒泉市阿克塞哈萨克族自治县二十公里工业园区
…………Tel：0937-8328889
甘肃光热发电有限公司
地址：甘肃省酒泉市阿克塞哈萨克族自治县红柳湾镇南环中路（阿克旗乡政府向西100米处）
…………Tel：0937-8329309
敦煌海装风电设备有限公司
地址：甘肃省酒泉市敦煌市七里镇光电产业园区内
…………Tel：0937-8876727
敦煌市凌云房地产开发有限责任公司
地址：敦煌市西河槽经济开发区
…………Tel：0937-8886699
中节能太阳能（酒泉）发电有限公司
地址：甘肃省酒泉市玉门市玉门镇西南中节能昌马风电场中控楼东侧
…………Tel：0937-8896671
中国石油青海油田诚信服务公司昆仑山矿泉水厂
地址：甘肃省酒泉市敦煌市七里镇供水供电公司院内
…………Tel：0937-8932843
甘肃国力电力设计咨询有限公司
地址：甘肃省天水市麦积区渭滨南路2号
…………Tel：0938-2721109
天水市农电农排物资供应站
地址：大新县桃城镇新城街
…………Tel：0938-2788206
甘肃陇海电力工程有限公司
地址：甘肃省天水市麦积区渭滨南路2号
…………Tel：0938-2788688
甘肃宏飞房地产开发有限责任公司
地址：甘肃省天水市武山县洛门镇富源路
…………Tel：0938-3282828
国网甘肃省电力公司清水县供电公司
地址：甘肃省天水市清水县永清镇中山路18号
…………Tel：0938-7151351
国网甘肃省天水三新供电服务有限公司清水县分公司
地址：甘肃省天水市秦州区岷山路37号
…………Tel：0938-7151351
清水县供电公司
地址：清水县中山路18号
…………Tel：0938-7151456
国网甘肃省天水三新供电服务有限公司张家川县分公司
地址：郑州市金水区西太康路70号院裙房32号-2号
…………Tel：0938-7881035
天水市广播电视器材供应站
地址：竹瓦镇
…………Tel：0938-8212934
天水联通实业开发公司机电工具供应站
地址：营山县绿水镇街道
…………Tel：0938-8216722
天水通用工矿电器供应站
地址：旺苍县燕子乡场镇
…………Tel：0938-8299307
国网甘肃省天水三新供电服务有限公司甘谷县分公司
地址：甘肃省天水市甘谷县大像山镇渭川东路南侧电办公楼
…………Tel：0938-8397016
国网甘肃省天水三新供电服务有限公司武山县分公司
地址：甘肃省天水市武山县城关镇宁远大道2号
…………Tel：0938-8396816
国网甘肃省天水三新供电服务有限公司秦安县分公司
地址：甘肃省天水市秦安县解放路北
…………Tel：0938-8353608
国网甘肃省天水三新供电服务有限公司秦州区分公司
地址：甘肃省天水市秦州区莲亭路94号
…………Tel：0938-8396537
国网甘肃省电力公司天水市秦州区供电公司
地址：甘肃省天水市秦州区重新街1号
…………Tel：0938-8396537
天水电气传动研究所集团有限公司
地址：甘肃省天水市天水经济技术开发区甘铺工业园区22号
…………Tel：0938-8383490
国网甘肃省电力公司天水供电公司
地址：天水市秦州区重新街1号
…………Tel：0938-8396819
国网甘肃省电力公司天水供电公司
地址：天水市秦州区重新街1号
…………Tel：0938-8396819
甘肃省电力公司天水供电公司麦积客户服务中心
地址：甘肃省天水市麦积区开发区
…………Tel：0938-8396970
甘肃省电力公司天水供电公司客户服务中心
地址：甘肃省天水市秦州区重新街1号
…………Tel：0938-8396970
国网甘肃省天水三新供电服务有限公司
地址：甘肃省天水市麦积区经济技术开发区2幢
…………Tel：0938-8396933
天水天辰实业（集团）有限公司供电工程服务公司
地址：国营海安农场
…………Tel：0938-8397761
天水天辰实业（集团）有限公司
地址：甘肃省天水市秦州区莲亭路55号
…………Tel：0938-8397901
国网甘肃省天水三新供电服务有限公司麦积区分公司
地址：安图县两江镇所在地
…………Tel：0938-8398137
天水永红家园服务有限公司
地址：天水市秦州区双桥路14号
…………Tel：0938-8631506
成县水利水电物资供应站
地址：安陆市王义贞镇吉庙
…………Tel：0939-3212901
陇南江南华源电力有限公司
地址：甘肃省陇南市成县城关镇西街社区幸福路90号
…………Tel：0939-3282152
国网甘肃省陇南三新供电服务有限公司
地址：甘肃省陇南市成县陇南路1号
…………Tel：0939-3282452
国网甘肃省电力公司陇南供电公司
地址：甘肃省陇南市成县城关镇陇南路1号
…………Tel：0939-3288202
文县水电物资供应站
地址：甘肃省陇南市文县城关北门41号
…………Tel：0939-5522327
甘肃大唐白龙江发电有限责任公司
地址：甘肃省陇南市文县碧口镇后街
…………Tel：0939-5586216
甘肃大唐苗家坝水电有限公司
地址：甘肃省陇南市文县口头坝乡冯坪村
…………Tel：0939-5586216
甘肃大唐白龙江发电有限责任公司
地址：甘肃省陇南市文县碧口镇后街
…………Tel：0939-5586216
甘肃锦泰电力有限责任公司
地址：甘肃省陇南市文县尚德镇瓦窑坡
…………Tel：0939-5631268
甘肃电投大容橙子沟发电有限责任公司
地址：陇南武都区外纳乡外纳行政村
…………Tel：0939-5928001
甘肃华羚集团临潭鹿儿台水电有限责任公司
地址：临潭县术布乡立寺滩村
…………Tel：0941-3109002
甘肃电投大容大立节发电有限责任公司
地址：舟曲县立节乡
…………Tel：0941-51766066
甘肃电投大容石门坪发电有限责任公司
地址：舟曲县大川镇
…………Tel：0941-5187996
国网甘肃省甘南三新供电服务有限公司
地址：甘肃省甘南州合作市绿曲路（东三路）
…………Tel：0941-5918025
甘肃靖远煤电股份有限公司
地址：甘肃省白银市平川区大桥路1号
…………Tel：0943-6657528
靖远煤业集团有限责任公司
地址：甘肃省白银市平川区.
…………Tel：0943-6657528
甘肃靖远煤电股份有限公司水电管理处
地址：甘肃省白银市平川区电力路
…………Tel：0943-6657528
靖远煤业集团有限责任公司水电管理处
地址：甘肃省白银市平川区电力西路
…………Tel：0943-6657528
白银市平川区长征广宇生活服务有限责任公司
地址：甘肃省白银市平川区（靖远煤业集团有限责任公司生活服务经营总公司1幢）
…………Tel：0943-6679601
甘肃晶虹物业管理有限公司
地址：甘肃省白银市平川区大桥路西侧（限于行政办公和通讯联络）
…………Tel：0943-6679609
白银银珠电力（集团）有限责任公司
地址：甘肃省白银市白银区人民路15号
…………Tel：0943-8228640
白银中科宇能科技有限公司
地址：甘肃省白银市白银区中科院白银高技术产业园
…………Tel：0943-8296666
靖煤集团白银热电有限公司
地址：甘肃省白银市白银区高新技术产业园开发区东纬二路1号
…………Tel：0943-8536012
白银洁源新能源有限公司
地址：甘肃省白银市平川区电力路街道办事处1幢3层1号
…………Tel：0971-8459015

青海省

海北供电公司仙米水电站
地址：青海省门源县仙米乡讨拉口
…………Tel：0970-8620380
海北供电公司刚察县供电公司热水供电营业所
地址：贵州省黔南布依族苗族自治州惠水县雅水镇
…………Tel：0970-8653237
青海甘河工业园西矿水电管理有限责任公司
地址：西宁经济技术开发区甘河工业园区
…………Tel：0971-2290210
青海华电诺木洪风力发电有限公司
地址：都兰县察汗乌苏镇希望路经济适用住宅小区7-2-401
…………Tel：0971-2738012
华电运营格尔木光伏发电有限公司
地址：青海省格尔木市育红街9号4栋1单元111室
…………Tel：0971-2738012
华电德令哈太阳能发电有限公司
地址：德令哈市光伏（热）产业园区
…………Tel：0971-2738012
青海华电大通发电有限公司
地址：青海西宁大通县宁张公路31公里处
…………Tel：0971-2738012
华电共和太阳能发电有限公司
地址：海南州共和县光伏产业园区
…………Tel：0971-2738012
华电德令哈太阳能发电有限公司
地址：德令哈市光伏（热）产业园区
…………Tel：0971-2738012
青海华电诺木洪风力发电有限公司
地址：都兰县察汗乌苏镇希望路经济适用住宅小区7-2-401
…………Tel：0971-2738012
青海宁北发电有限责任公司
地址：青海省西宁市城西区新宁路36号
…………Tel：0971-2755210
青海桥头发电有限责任公司
地址：青海省西宁市大通县桥头镇
…………Tel：0971-2755837
阳光电源（青海）有限公司
地址：西宁经济技术开发区民和路33号
…………Tel：0971-4124300
华能西宁热电有限责任公司
地址：湟中县西堡镇堡子村
…………Tel：0971-4712030
华能青海发电有限公司
地址：青海省西宁市城西区海晏路105号
…………Tel：0971-4717201
青海爱康电力有限公司
地址：青海省西宁市城西区西关大街46号慈润大厦2单元2124室
…………Tel：0971-5125657
青海物通（集团）实业有限公司
地址：西宁经济技术开发区管委会大楼四楼
…………Tel：0971-5131213
西宁方盛电力设计有限公司
地址：青海生物科技产业园宁张路187号
…………Tel：0971-5192765
青海格尔木广恒新能源有限公司
地址：青海省格尔木市东出口光伏园区
…………Tel：0971-6012176
青海格尔木涩北新能源有限公司
地址：青海省格尔木市东出口光伏园区
…………Tel：0971-6012176
青海综合能源服务有限公司
地址：青海生物科技产业园纬二路18号
…………Tel：0971-6072110
青海格尔木鲁能新能源有限公司
地址：青海省格尔木市东出口光伏园区
…………Tel：0971-6072172
国网青海省电力公司
地址：青海省西宁市城西区胜利路89号
…………Tel：0971-6078764
青海杭氏电力工程有限公司

地址：青海省西宁市城西区西关大街128号1号楼9层1094室
Tel：0971-6119092

青海力腾新能源投资有限公司
地址：西宁市创业路26号南川工业园区管委会办公楼四层
Tel：0971-6127299

青海科信电力设计院有限公司
地址：青海省西宁市城西区五四西路61号1号楼1单元19层1191、1192室
Tel：0971-6164488

青海聚能电力有限公司
地址：西宁经济技术开发区贵南路9号
Tel：0971-6182090

青海博一新能源科技有限公司
地址：青海省西宁市城西区昆仑路1号1幢4单元4071室
Tel：0971-6248836

青海省绿色发电集团股份有限公司
地址：青海省西宁市城西区文景街32号青海国投广场A座6楼
Tel：0971-6268901

汉能海南州光伏发电有限公司
地址：海南州共和县光伏发电产业园区
Tel：0971-6288935

紫光测控（青海）有限公司
地址：青海省西宁市城西区文苑路5号1号楼1单元11104-11106室
Tel：0971-6311366

大柴旦全通畅新能源有限公司
地址：青海省海西州大柴旦行委锡铁山镇
Tel：0971-6317432

西宁经济技术开发区黄河配售电有限公司
地址：西宁经济技术开发区甘河工业园区
Tel：0971-6326026

黄河工电光能发电有限公司
地址：格尔木市昆仑经济开发区（燃气电站试验楼）
Tel：0971-6326055

国家电投集团青海黄河电力技术有限责任公司
地址：青海省西宁市生物科技产业园区经四路8-2号
Tel：0971-6326808

共和县天华新能源电力有限公司
地址：共和县光伏发电产业园区
Tel：0971-6339916

青海华鑫水电开发有限公司
地址：青海省西宁经济技术开发区甘河工业园区职工公寓及安置小区B区3号楼1单元311室
Tel：0971-6512470

大唐格尔木新能源有限公司
地址：青海省格尔木市育红巷东段南侧江源小区8幢-1-2
Tel：0971-7161012

大唐青海能源开发有限公司
地址：青海省西宁市城西区黄河路36号
Tel：0971-7161017

中国铁路青藏集团有限公司
地址：西宁市建国路22号
Tel：0971-7192900

中国铁路青藏集团有限公司西宁房建生活段
地址：西宁市城东区青海省西宁市城东区七一路120号
Tel：0971-7197004

青海大唐国际共和光伏发电有限责任公司
地址：共和县恰卜恰镇生态光伏园区
Tel：0971-7323126

青海大唐国际格尔木光伏发电有限责任公司
地址：格尔木市昆仑南路18号
Tel：0971-7323126

中利腾晖共和光伏发电有限公司
地址：青海省共和县光伏发电园区
Tel：0971-7661310

青海油田西宁办事处蓝宝石大酒店
地址：青海省西宁市胜利路21号
Tel：0971-7668888

青海华翼风力发电机有限公司
地址：青海省海东工业园区平西经济区高铁南路1号
Tel：0971-8203678

国电电力青海万立水电开发有限公司
地址：西宁市经济技术开发区金桥路38号
Tel：0971-8806777

国电电力青海新能源开发有限公司
地址：西宁经济技术开发区金桥路38号
Tel：0971-8806777

格尔木国电电力光伏发电有限公司
地址：格尔木市东出口109国道2705公里处北侧
Tel：0971-8806777

亚洲硅业（青海）新能源有限公司
地址：西宁经济技术开发区金硅路1号
Tel：0971-8812216

青海中奥能源发展有限公司
地址：青海省西宁市经济技术开发区金桥路38号
Tel：0971-8869043

青海乐科贝电子科技有限公司
地址：青海省海东工业园区一区西03栋
Tel：0972-8666100

青海能高新能源有限公司
地址：青海省海东工业园区中关村东路8号创业大厦B座310室
Tel：0972-8684119

循化县供电公司清水供电营业所地址：青海省循化县清水乡政府大院
Tel：0972-8812670

海南州益鑫新能源科技有限公司
地址：海南州共和县恰卜恰镇光伏发电产业园区
Tel：0974-5940230

青海赛什塘铜业有限责任公司
地址：青海省海南州共和县恰卜恰镇团结南路2号
Tel：0974-8587069

中节能青海大柴旦太阳能发电有限公司
地址：青海省大柴旦锡铁山镇
Tel：0977-5961218

国电德令哈光伏发电有限公司
地址：青海省德令哈市河东区福乐小区B区2-2-232室
Tel：0977-7255151

中国铁路青藏集团有限公司德令哈车务段
地址：内蒙古自治区赤峰市元宝山区风水沟镇
Tel：0977-7327102

青海中控太阳能发电有限公司
地址：德令哈市西出口光伏热产业园
Tel：0977-8213360

青海东方华路新能源投资有限公司
地址：德令哈市长江路23号（昆仑花苑36号楼1单元）
Tel：0977-8331010

三峡新能源格尔木发电有限公司
地址：青海省格尔木市东出口光伏园区光伏路1号
Tel：0979-5991661

中国铁路青藏集团有限公司格尔木房建生活段
地址：青海省格尔木市迎宾路57号
Tel：0979-7224247

青海格尔木正泰新能源开发有限公司
地址：格尔木市东出口以东10公里109国道北侧
Tel：0979-8420731

青海光热电力集团有限公司
地址：青海省格尔木市黄河中路70号
Tel：0979-8432990

青海锂业有限公司
地址：格尔木市中山路9号5号楼
Tel：0979-8499324

宁夏回族自治区

宁夏隆基乐叶科技有限公司
地址：银川经济技术开发区宏图南街115号
Tel：0951-2969000

中机国能宁东热电有限公司
地址：宁夏宁东镇长城路7号企业总部大楼
Tel：0951-3092718

中机国能宁东热电有限公司
地址：宁夏宁东镇长城路7号企业总部大楼
Tel：0951-3092718

宁夏润峰电力有限公司
地址：宁夏宁东物流园西侧（龙能新能源产业项目区）
Tel：0951-3093456

大唐同心新能源有限公司
地址：宁夏同心县张家塬乡油坊塘村
Tel：0951-3839062

大唐灵武新能源有限公司
地址：宁夏回族自治区灵武市白土岗乡
Tel：0951-3839062

宁夏大唐国际红寺堡新能源有限责任公司
地址：吴忠市红寺堡区弘德工业园区
Tel：0951-3839062

宁夏大唐国际红寺堡新能源有限责任公司
地址：吴忠市红寺堡区弘德工业园区
Tel：0951-3839062

华电宁夏能源销售有限公司
地址：银川市金凤区新昌西路时代之星1号综合楼7层
Tel：0951-3897075

华电国际宁夏新能源发电有限公司
地址：银川市金凤区西湖街55号华电国际宁夏新能源发电有限公司远程集控中心及区域生产运行集中管理设施
Tel：0951-3897621

华电宁夏宁东尚德太阳能发电有限公司
地址：宁夏回族自治区宁夏灵武市马家滩镇
Tel：0951-3897621

华电国际宁夏新能源发电有限公司
地址：银川市金凤区西湖街55号华电国际宁夏新能源发电有限公司远程集控中心及区域生产运行集中管理设施
Tel：0951-3897621

宁夏西部创业实业股份有限公司
地址：银川市金凤区北京中路168号C座一楼
Tel：0951-3975500

宁夏宁东铁路有限公司
地址：宁夏银川市金凤区北京中路168号C座办公楼
Tel：0951-3975500

银川晋洋供水机电设备有限公司
地址：银川市机电批发市场15-52A号
Tel：0951-3998298

宁夏中光电新能源股份有限公司
地址：宁夏银川市金凤区康平路悦海新天地购物广场15号办公楼804室
Tel：0951-4082088

国网宁夏电力公司银川供电公司金水园供电所
地址：银川市兴庆区掌政镇横城村灵陶公路以南
Tel：0951-4753120

宁夏恩德众胜风电工程技术服务有限公司
地址：银川市西夏区北京西路四季园7号楼11号营业房
Tel：0951-4799851

国网宁夏电力有限公司
地址：银川市长城东路288号
Tel：0951-4912967

国网宁夏电力有限公司宁东供电公司
地址：宁夏回族自治区灵武市宁东镇中心区
Tel：0951-4951000

宁夏斯米克发电设备有限公司
地址：银川市金凤区良田工业区6号楼1号房
Tel：0951-5012335

宁夏英利光伏电力投资有限公司
地址：宁夏银川市金凤区康平路悦海新天地A4公寓2401室
Tel：0951-5015691

宁夏力成电气工程安装有限公司
地址：银川高新技术开发区宏图南街120号
Tel：0951-5036555

宁夏华电永利发电有限公司
地址：宁夏回族自治区灵武市白土岗乡
Tel：0951-5082844

三峡新能源太阳山发电有限公司
地址：吴忠市太阳山开发区生活区
Tel：0951-5096525

三峡新能源昂立（灵武）发电有限公司
地址：宁夏灵武市白土岗乡211国道87公里处东侧
Tel：0951-5096525

宁夏嘉泽新能源股份有限公司
地址：宁夏回族自治区红寺堡区大河乡埝子
Tel：0951-5100526

盐池县中赢方元新能源有限公司
地址：盐池县惠安堡镇盐兴公路南侧李兴堂商服楼西段104、203铺
Tel：0951-5100691

石嘴山中盛恒源光伏发电有限公司
地址：大武口区裕民北路裕福巷7-6-8号
Tel：0951-5106551

国电电力宁夏新能源开发有限公司盐池分公司
地址：盐池县大水坑镇新泉井村
Tel：0951-5551211

国电电力宁夏新能源开发有限公司
地址：银川市兴庆区文化西街106号银川国际贸易中心B段十三层C8号
Tel：0951-5551211

国电电力宁夏新能源开发有限公司
地址：银川市兴庆区文化西街106号银川国际贸易中心B段十三层C8号
Tel：0951-5551211

国电电力宁夏中卫新能源开发有限公司
地址：中卫市沙坡头区常乐镇
Tel：0951-5551215

国电电力宁夏中卫新能源开发有限公司
地址：中卫市沙坡头区常乐镇
Tel：0951-5551215

宁夏华茂新能源开发建设有限公司
地址：宁夏固原经济开发区振兴街
Tel：0951-5606206

宁夏华茂新能源开发建设有限公司
地址：宁夏固原经济开发区振兴街
Tel：0951-5606206

宁夏昊能新能源股份有限公司
地址：宁夏银川市金凤区紫荆花商务中心E座17层2号
Tel：0951-5611952

宁夏哈纳斯工程建设管理有限公司
地址：银川市金凤区创新园42号楼D2号办公用房
Tel：0951-5670840

宁夏天净风力发电股份有限公司
地址：青铜峡市大坝镇盛家墩梁
Tel：0951-5676870

同心龙源合创电力有限责任公司
地址：宁夏回族自治区同心县马高庄乡
Tel：0951-5676870

宁夏中昊电力有限公司
地址：宁夏银川市金凤区宁安大街490号银川iBi育成中心2期11号楼
Tel：0951-5699257

宁夏盐池马斯特风力发电有限公司
地址：盐池县长城北路70号
Tel：0951-5923765

宁夏盐池哈纳斯风力发电有限公司
地址：盐池县长城北路70号
Tel：0951-5923765

国电浙能宁东发电有限公司
地址：宁夏灵武市马家滩镇西三村
Tel：0951-5959729

国电英力特能源化工集团股份有限公司
地址：银川市高新技术开发区2号办公楼
Tel：0951-5959822

中节能（石嘴山）光伏农业科技有限公司
地址：石嘴山市惠农区红果子镇下营子村一队
Tel：0951-5969390

中节能宁夏太阳能发电有限公司
地址：石嘴山工业园区
Tel：0951-5969390

中宁县振发光伏电力有限公司
地址：中宁县石空镇政府院内
Tel：0951-5982874

振发新能集团有限公司
地址：海原县海城镇文昌路43-3
Tel：0951-5982874

海原县振发光伏电力有限公司
地址：宁夏海原县海城镇
Tel：0951-5982874

海原县振原光伏发电有限公司
地址：宁夏海原县海兴开发区蒐麻村光伏发电站中控楼
Tel：0951-5982874

中卫市振发寺口光伏电力有限公司
地址：中卫市沙坡头区迎水桥吊坡梁（迎闫公路收费站西侧）
Tel：0951-5982974

宁夏超高压电力工程有限公司
地址：银川高新开发区和信商务中心D栋311#
Tel：0951-6292014

宁夏大唐国际新能源有限公司
地址：宁夏银川市金凤区万寿路阅海湾商务区138号
Tel：0951-6826126

国家能源集团宁夏煤业有限责任公司水电分公司
地址：凤山县林峒乡久隆村
Tel：0951-6963617

国家能源集团宁夏煤业有限责任公司
地址：银川市北京中路168号
Tel：0951-6970183

神华国华宁东发电有限责任公司
地址：宁夏宁东镇企业总部
Tel：0951-7615549

宁夏京能宁东发电有限责任公司
地址：宁夏灵武市宁东镇临河工业园区A区
Tel：0951-7628103

神华国能宁夏鸳鸯湖发电有限公司
地址：宁夏宁东回民巷
Tel：0951-7682030

宁夏惠能微电网技术有限公司
地址：银川市金凤区易大紫荆花商务中心D座705号公寓
Tel：0951-7690082

宁夏电投银川热电有限公司
地址：银川市金凤区庆祥街108号
Tel：0951-7868111-3502

华能宁夏能源有限公司
地址：宁夏银川市兴庆区民族南街669号
Tel：0951-8360035

华能青铜峡新能源发电有限公司
地址：宁夏回族自治区青铜峡市峡口牛首山地区
Tel：0951-8360109

宁夏沙坡头水利枢纽有限责任公司
地址：银川市金凤区宁安大街国贸新天地A座23层
Tel：0951-8558474

海原县振兴光伏发电有限公司

地址：海原县盐池管委会盐池村盐场
…………………… Tel：0951－8558487
宁夏回族自治区电力设计院有限公司
地址：宁夏银川市金凤区大连路3120号
…………………… Tel：0951－8616869
同心县隆基新能源有限公司
地址：宁夏回族自治区同心县预海镇预西社区
…………………… Tel：0951－8763502
宁夏国信光伏能源有限公司
地址：盐池县王乐井乡牛记圈村
…………………… Tel：0951－8763502
宁夏宁电物流有限公司
地址：银川市金凤区黄河东路663号
…………………… Tel：0951－8887372
宁夏银仪电力工程有限公司
地址：银川市黄河东路663号
…………………… Tel：0951－8887575
宁夏银星能源股份有限公司
地址：银川市西夏区六盘山西路166号
…………………… Tel：0951－8887893
宁夏银星能源风电设备制造有限公司
地址：银川经济技术开发区开元西路1号
…………………… Tel：0951－8887918
宁夏银星能源光伏发电设备制造有限公司
地址：宁夏银川市西夏区六盘山西路166号
…………………… Tel：0951－8887928
银川艾尼工业科技开发股份有限公司
地址：银川德胜工业园区宁平街2号
…………………… Tel：0951－8988140
神华宁夏煤业集团有限责任公司银北矿区水电分公司
地址：宁夏石嘴山市大武口区石炭井沟口
…………………… Tel：0952－2430194
国网宁夏电力有限公司石嘴山市惠农区供电公司
地址：石嘴山市惠农区南大街2号
…………………… Tel：0952－3023022
国电宁夏石嘴山发电有限责任公司
地址：宁夏石嘴山河滨工业园区光华路
…………………… Tel：0952－3612520
国电石嘴山第一发电有限公司
地址：宁夏石嘴山市惠农区河滨工业园区
…………………… Tel：0952－3612520
国电石嘴山第一发电有限公司
地址：宁夏石嘴山市惠农区河滨工业园区
…………………… Tel：0952－3612520
宁夏绿山电力有限公司
地址：石嘴山市大武口工业园区规划三号路南、团结路西（宁夏绿聚能电源有限公司院内）
…………………… Tel：0952－5816112
宁夏天得太阳能电力工程有限公司
地址：宁夏回族自治区惠农区兴惠路2号
…………………… Tel：0952－5822005
大唐平罗发电有限公司
地址：宁夏精细化工基地二期规划区东部
…………………… Tel：0952－6665028
吴忠市白塔风力发电有限公司
地址：吴忠市太阳山开发区生活区3号楼
…………………… Tel：0953－2019730
吴忠市白塔风力发电有限公司
地址：吴忠市太阳山开发区生活区3号楼
…………………… Tel：0953－2019730
华能宁夏大坝发电有限责任公司
地址：宁夏回族自治区青铜峡市大坝镇
…………………… Tel：0953－3024241
宁夏大唐国际大坝发电有限责任公司
地址：宁夏回族自治区宁夏青铜峡市大坝电厂
…………………… Tel：0953－3026033
青铜峡铝业发电有限责任公司
地址：宁夏青铜峡工业园区（立马公路与乌玛高速交汇处）
…………………… Tel：0953－3060055
宁夏塞上阳光太阳能有限公司
地址：宁夏青铜峡工业园区惠源街11号
…………………… Tel：0953－3912629
国网宁夏电力公司盐池县供电公司大水坑供电所
地址：盐池县大水坑镇北街
…………………… Tel：0951－4952180
中能信创（宁夏）售电有限公司
地址：盐池县城文化街南侧88号
…………………… Tel：0953－6095325
国网宁夏电力公司泾源县供电公司香水供电所
地址：泾源县香水镇
…………………… Tel：0954－2904504
国网隆德县供电公司好水供电所
地址：电白县水东镇东阳南街西泉里三号（县水产大厦）
…………………… Tel：0954－2904600
国家电投集团宁夏能源铝业中卫热电有限公司
地址：中卫市沙坡头区中卫工业园区宁钢大道东侧
…………………… Tel：0955－3956605
三峡新能源红寺堡发电有限公司
地址：吴忠市红寺堡区政府大楼
…………………… Tel：0955－5025347
国网宁夏电力有限公司中宁县供电公司喊叫水乡供电所
地址：旺苍县国华镇
…………………… Tel：0955－5036415
中卫供电局中宁县供电局下流水营业站
地址：宁夏回族自治区中宁县喊叫水乡
…………………… Tel：0955－5036415
宁夏中宁发电有限责任公司
地址：宁夏中宁县石空镇新寺沟
…………………… Tel：0955－5668203
宁夏中宁发电有限责任公司
地址：宁夏中宁县石空镇新寺沟
…………………… Tel：0955－5668203
宁夏奥特龙金属制造有限公司
地址：宁夏回族自治区中宁县新堡街桥南
…………………… Tel：0955－5792995
宁夏天元能源管理有限公司
地址：中宁县石空镇工业园区
…………………… Tel：0955－5993592
国家电投集团宁夏能源铝业中卫新能源有限公司
地址：宁夏中卫市沙坡头区常乐镇罗泉村
…………………… Tel：0955－7030200
恩菲新能源（中卫）有限公司
地址：宁夏中卫市沙坡头区草台村
…………………… Tel：0955－7690261
恩菲新能源（中卫）有限公司
地址：宁夏中卫市沙坡头区草台村
…………………… Tel：0955－7690261
宁夏中卫协鑫光伏电力有限公司
地址：中卫市沙坡头区腾格里沙漠迎闫公路收费站西侧
…………………… Tel：0955－7696999
宁夏江南集成科技有限公司
地址：中卫市沙漠光伏产业园区内
…………………… Tel：0955－8812349
中宁百事德太阳能发电有限公司
地址：中宁县红梧山村管理委员会
…………………… Tel：0961－5965666
中宁百事德太阳能发电有限公司
地址：中宁县红梧山村管理委员会
…………………… Tel：0961－5965666

新疆维吾尔自治区

国电塔城铁厂沟发电有限公司
地址：新疆塔城地区托里县铁厂沟镇电站路
…………………… Tel：0901－6131714
国电哈密煤电开发有限公司
地址：新疆哈密市伊州区广东路建行大厦10楼
…………………… Tel：0902－2277036
哈密金风风电设备有限公司
地址：新疆哈密市伊州区工业园广东工业加工区
…………………… Tel：0902－2302226
哈密天山水泥有限责任公司
地址：新疆哈密市伊州区哈密工业园区重工业加工区
…………………… Tel：0902－2304975
哈密地区水电物资供应站
地址：商水县舒庄乡
…………………… Tel：0902－2312918
木垒泰胜风能装备有限公司
地址：新疆昌吉州木垒县园林东路898号民族刺绣文化产业园二期401室
…………………… Tel：0902－2503070
新疆泰胜风能装备有限公司
地址：新疆哈密市伊州区广东工业园区
…………………… Tel：0902－2503070
吐鲁番泰胜新能源有限公司
地址：新疆吐鲁番市高昌区港城工业园区
…………………… Tel：0902－2503083
吐鲁番泰胜风能装备有限公司
地址：新疆吐鲁番市高昌区港城工业园区
…………………… Tel：0902－2503083
哈密宣力燃气发电有限公司
地址：新疆哈密市伊吾县淖毛湖农场产业聚集园区
…………………… Tel：0902－2507888
哈密宣力燃气发电有限公司
地址：新疆哈密市伊吾县淖毛湖农场产业聚集园区
…………………… Tel：0902－2507888
国网新疆电力有限公司哈密供电公司
地址：新疆哈密市伊州区爱国北路18号
…………………… Tel：0902－2967051
哈密天宏阳光太阳能科技有限公司
地址：新疆哈密市第十三师红星四场中星西路23号
…………………… Tel：0902－6962166
新疆华电｜三间房风电有限责任公司
地址：新疆哈密地区哈密市七角井十三间房
…………………… Tel：0902－6965305
中节能风力发电（哈密）有限公司
地址：新疆哈密市伊州区东南约120公里，骆驼圈子以东方向，烟墩风场内
…………………… Tel：0902－6973603
哈密电力实业开发有限公司
地址：新疆哈密市伊州区光明路24号
…………………… Tel：0902－6998318
新疆华电伊州热电有限责任公司
地址：新疆哈密市312国道3596公里处南侧宏基路1号
…………………… Tel：0902－7183123
新疆华电柳树泉光伏发电有限责任公司
地址：新疆哈密地区哈密市柳树泉农场法庭综合楼三楼321室
…………………… Tel：0902－7183123
新疆大唐红星售电有限公司
地址：新疆哈密市伊州区大营房百花路4号
…………………… Tel：0902－7192288
哈密荣信新能源有限公司
地址：新疆哈密市伊州区石城子光伏产业园区
…………………… Tel：0902－7194513
上海电力哈密宣力燃气发电有限公司
地址：新疆哈密市十三师淖毛湖农场产业集聚园区
…………………… Tel：0902－7269562
国网新疆和田供电有限责任公司
地址：新疆和田地区和田市迎宾路114号
…………………… Tel：0903－2062052
华威和田发电有限公司
地址：新疆和田地区和田市友谊路6号
…………………… Tel：0903－2095009
昆玉市锦秀物业管理公司
地址：新疆昆玉市昆玉大道龙泽小区3号楼1层门面104室
…………………… Tel：0903－6561993
新疆北屯电力工业有限公司
地址：新疆北屯市博望东街857号
…………………… Tel：0906－3353207
新疆金海风力发电有限公司
地址：新疆阿勒泰地区吉木乃县团结北路65号202室
…………………… Tel：0906－6189988
吉木乃泰胜新能源发电有限公司
地址：新疆阿勒泰地区吉木乃县边合区广汇路以东边合十八街以南
…………………… Tel：0906－6195677
国网新疆阿勒泰供电有限责任公司
地址：新疆阿勒泰地区阿勒泰市团结路5区112栋
…………………… Tel：0906－6467055
富蕴县通达电力有限责任公司
地址：新疆阿勒泰地区富蕴县库额尔齐斯镇赛尔江西路1号额河大厦
…………………… Tel：0906－8723229
中广核青河太阳能有限公司
地址：新疆阿勒泰地区青河县团结中路南侧鸿齐宾馆202室
…………………… Tel：0906－8836581
广西水利电业集团新疆克州水利发电有限公司
地址：新疆克州阿图什市群众路幸福小区45幢302房
…………………… Tel：0908－5340030
木垒泰胜新能源有限公司
地址：新疆昌吉州木垒县园林东路898号民族刺绣文化产业园一期305室
…………………… Tel：0909－2503070
中国电建集团哈密新能源开发有限公司
地址：新疆哈密地区巴里坤县四街（工商局家属楼4单元301室）
…………………… Tel：0931－2170970
国投哈密风电有限公司
地址：新疆哈密市伊州区建设西路68号国投罗钾哈密办公基地综合楼
…………………… Tel：0931－7633651
富蕴县青海新能源光伏发电有限公司
地址：新疆阿勒泰地区富蕴县迎宾东路10号
…………………… Tel：0971－7177163
乌苏市青海新能源光伏发电有限公司
地址：新疆塔城地区乌苏市马吉克牧场乡政府
…………………… Tel：0971－7177167
哈密青新新能源有限公司
地址：新疆哈密地区哈密大营房30号楼1单元201室
…………………… Tel：0971－7177169
国电克拉玛依发电有限公司
地址：新疆克拉玛依市金西九街866号
…………………… Tel：0990－6663625
国网能源和丰煤电有限公司
地址：新疆塔城地区和布克赛尔县沙吉海矿区北纬46°36′27.5″东经86°35′33.9″
…………………… Tel：0990－6752037
新疆众联益恒能源投资有限公司
地址：新疆乌鲁木齐市天山区光明路276号E阳臻品B座1803室
…………………… Tel：0991－2313975
中节能风力发电（新疆）有限公司
地址：新疆乌鲁木齐市乌鲁木齐县托里乡
…………………… Tel：0991－2315853
新疆益丰源售电有限公司
地址：新疆乌鲁木齐市天山区光明路276号E阳臻品综合楼1栋18层写字间1
…………………… Tel：0991－2331091
国网新疆电力有限公司五家渠市供电公司
地址：新疆五家渠市长征东街178号
…………………… Tel：0991－2916701
国网新疆电力有限公司物资公司
地址：新疆乌鲁木齐高新技术产业开发区（新市区）恒达街283号
…………………… Tel：0991－2918713
国网新疆电力有限公司信息通信公司
地址：新疆乌鲁木齐市天山区建设路123号8、14－20层
…………………… Tel：0991－2923024
国网新疆电力有限公司
地址：新疆乌鲁木齐市水磨沟区南湖东路68号
…………………… Tel：0991－2926069
国网新疆电力有限公司乌鲁木齐供电公司
地址：新疆乌鲁木齐市新市区北京南路35号
…………………… Tel：0991－2927105
五凌布尔津电力有限公司
地址：新疆阿勒泰地区布尔津县神仙湾路
…………………… Tel：0991－3169252
五凌鄯善电力有限公司
地址：新疆吐鲁番市鄯善县新城路88号
…………………… Tel：0991－3169252
五凌托克逊电力有限公司
地址：新疆吐鲁番市托克逊县友好路北巷托克逊县公路段小区2－2－402室
…………………… Tel：0991－3169252
五凌青河电力有限公司
地址：新疆阿勒泰地区青河县萨尔托海乡友谊路12号
…………………… Tel：0991－3169252
五凌新疆达坂城电力有限公司
地址：新疆乌鲁木齐市达坂城区二联办三楼114室

…………………… Tel：0991-3169287

北屯市晶澳光伏发电有限公司
地址：新疆北屯市工业园区光明路一号公共服务中心青年（大学生）创业园二楼
…………………… Tel：0991-3337449

大唐木垒风电开发有限公司
地址：新疆昌吉州木垒县人民北路企业总部基地6号楼三楼301室
…………………… Tel：0991-3633579

大唐吐鲁番清洁能源有限公司
地址：新疆吐鲁番市高昌区绿洲东路忠信小区2号楼1单元102室
…………………… Tel：0991-3633579

大唐若羌清洁能源有限公司
地址：新疆巴州若羌县胜利路2号小区19幢3单元502室
…………………… Tel：0991-3635003

新疆中船重科能源有限公司
地址：新疆乌鲁木齐市新市区长春中路1355号澳龙广场大厦E座三层302-374
…………………… Tel：0991-3651781

乌鲁木齐赛达信息技术有限公司
地址：新疆乌鲁木齐市沙依巴克区西泉街336号悦府山水住宅小区二期6栋101室
…………………… Tel：0991-3660085

新疆华仪电力成套设备有限公司
地址：新疆乌鲁木齐高新技术产业开发区（新市区）迎宾路东三巷13号B-4045室
…………………… Tel：0991-3678877

新疆特变电工准东能源有限公司
地址：新疆昌吉州吉木萨尔县文明东路39号10幢5层20号
…………………… Tel：0991-3685309

特变电工新疆新能源股份有限公司
地址：新疆乌鲁木齐高新技术产业开发区（新市区）长春南路399号
…………………… Tel：0991-3685309

新疆特变电工准东能源有限公司
地址：新疆昌吉州吉木萨尔县文明东路39号10幢5层20号
…………………… Tel：0991-3685309

新疆勃畅贸易有限公司
地址：乌鲁木齐市经济技术开发区五光城西一巷9、11号
…………………… Tel：0991-3697653

新疆第五季投资控股股份有限公司
地址：新疆乌鲁木齐经济技术开发区乌昌路94号华润大厦B栋B311室
…………………… Tel：0991-3712851

中国石油运输有限公司
地址：新疆乌鲁木齐市新市区西环北路2219号
…………………… Tel：0991-3722377

新疆新风新能环保科技有限公司
地址：新疆乌鲁木齐经济技术开发区（头屯河区）万创中心12号楼2层204室
…………………… Tel：0991-3734601

哈密风阳投资有限公司
地址：新疆哈密市伊州区大营房瑞金路1号
…………………… Tel：0991-3758614

三一西北重工有限公司
地址：新疆乌鲁木齐经济技术开发区（头屯河区）井冈山西街568号
…………………… Tel：0991-3773301

三一吐鲁番能源装备有限公司
地址：新疆吐鲁番市鄯善县火车站镇解放南路1835号212室
…………………… Tel：0991-3773388

三一哈密新能源有限公司
地址：新疆哈密地区哈密市东河区红星东路市政小区3号院10#-2-202
…………………… Tel：0991-3773388

三一鄯善新能源有限公司
地址：新疆吐鲁番地区鄯善县火车站镇解放南路1835号212室
…………………… Tel：0991-3773388

三一吐鲁番新能源有限公司
地址：新疆吐鲁番市高昌区新能源示范区友谊园一区10号楼3单元302室
…………………… Tel：0991-3773388

乌鲁木齐经济技术开发区（头屯河区）综合管廊投资发展有限公司
地址：新疆乌鲁木齐经济技术开发区高铁北五路236号6楼
…………………… Tel：0991-3773530

新疆慧华凯升电力发展有限公司
地址：新疆乌鲁木齐市头屯河区玄武湖路666号宝能城第3-C2栋第29层3-02单元2911号
…………………… Tel：0991-3783969

新疆莱普市政照明工程有限公司
地址：新疆乌鲁木齐高新区（新市区）苏州东街568号金邦（公寓）大厦1栋401室
…………………… Tel：0991-3815982

大唐哈密风电开发有限公司
地址：新疆哈密市伊州区天山东路365号建行十二楼
…………………… Tel：0991-3817922

大唐鄯善风电开发有限公司
地址：新疆吐鲁番市鄯善县八区新城西路东侧
…………………… Tel：0991-3817922

大唐新疆清洁能源有限公司
地址：新疆乌鲁木齐高新区（新市区）昆明路147号2、3、4层
…………………… Tel：0991-3817922

大唐博湖新能源有限公司
地址：新疆巴州博湖县博斯腾湖乡
…………………… Tel：0991-3817922

大唐富蕴新能源有限公司
地址：新疆阿勒泰地区富蕴县迎宾东路12号440栋2单元501室
…………………… Tel：0991-3817922

大唐塔城托里风电开发有限公司
地址：新疆塔城地区托里县喀拉盖巴斯陶南路47号
…………………… Tel：0991-3817922

大唐哈巴河清洁能源有限公司
地址：新疆阿勒泰地区哈巴河县人民路广场8号
…………………… Tel：0991-3817922

大唐伊吾清洁能源有限公司
地址：新疆哈密地区伊吾县伊吾镇振兴东路415号三楼
…………………… Tel：0991-3817922

大唐托克逊风电开发有限公司
地址：新疆吐鲁番市托克逊县白杨河北岸解放北路西侧美汇锦苑区2区9段19号楼
…………………… Tel：0991-3817922

大唐哈密十三师清洁能源开发有限公司
地址：新疆哈密市巴里坤县红山农场一牧场牧一连
…………………… Tel：0991-3817922

大唐乌鲁木齐托里清洁能源有限公司
地址：新疆乌鲁木齐市乌鲁木齐县水西沟镇闸滩村三队
…………………… Tel：0991-3817922

乌鲁木齐诚尔信商贸有限公司
地址：新疆乌鲁木齐市新市区阿勒泰路2324号1栋1层亚中机电超市大厅一层外开9号
…………………… Tel：0991-3838868

新疆年丰机电设备有限公司
地址：新疆乌鲁木齐经济技术开发区桐柏山街369号
…………………… Tel：0991-3858555

大唐国唐新疆能源有限公司
地址：新疆乌鲁木齐市头屯河区八一路536号
…………………… Tel：0991-3882019

新疆英利新能源有限公司
地址：新疆乌鲁木齐高新区（新市区）北京南路506号美克大厦10楼1004室
…………………… Tel：0991-3923501

乌鲁木齐市协鑫新源光伏电力有限公司
地址：新疆乌鲁木齐市水磨沟区南湖南路89号温州大厦1栋23层
…………………… Tel：0991-4189108

新疆炫隆电气技术有限公司
地址：新疆乌鲁木齐市沙依巴克区阿勒泰路313号
…………………… Tel：0991-4337819

吐鲁番中利腾晖光伏发电有限公司
地址：新疆吐鲁番市高昌区新编23区老城路南侧中国银行院内302室
…………………… Tel：0991-4509123

新疆鑫科来科技有限公司
地址：新疆乌鲁木齐市水磨沟区南湖路111号
…………………… Tel：0991-4610966

新疆光润能源开发有限公司
地址：新疆乌鲁木齐经济技术开发区太原路707号和平花苑8号楼1单元602室
…………………… Tel：0991-4631976

新疆华电达坂城新能源有限公司
地址：新疆乌鲁木齐市达坂城区老政府办公楼306室
…………………… Tel：0991-4638548

新疆昆仑柏特新能源有限公司
地址：新疆五家渠工业区兵团新型建材工业园区工一路9号
…………………… Tel：0991-4643224

乌鲁木齐地下综合管廊投资管理有限公司
地址：新疆乌鲁木齐市水磨沟区红光山888号绿城广场2栋B座十三层1301、1302室
…………………… Tel：0991-4656393

国电巴楚发电有限公司
地址：新疆喀什地区巴楚县创业大道西路（工业园区）
…………………… Tel：0991-4658056

新疆富鑫通电力工程有限公司
地址：新疆乌鲁木齐市水磨沟区南湖北路369号鸿基大厦10E
…………………… Tel：0991-4693300

新疆恒联能源有限公司
地址：新疆昌吉州准东经济技术开发区五彩湾矿区
…………………… Tel：0991-4695025

新疆隆基光伏科技有限公司
地址：新疆乌鲁木齐市沙依巴克区河滩北路153号212、214室
…………………… Tel：0991-4861392

华电新疆发电有限公司
地址：新疆乌鲁木齐市水磨沟区南湖东路316号
…………………… Tel：0991-4882010

华电新疆发电有限公司
地址：新疆乌鲁木齐市水磨沟区南湖东路316号
…………………… Tel：0991-4882010

新疆华电沙尔布拉克水电有限责任公司
地址：新疆阿勒泰地区富蕴县一区人民路234-102-202号
…………………… Tel：0991-4882994

新疆华电电力工程有限公司
地址：新疆乌鲁木齐市水磨沟区七道湾南路946号
…………………… Tel：0991-4885048

新疆华电苇湖梁新能源有限公司
地址：新疆乌鲁木齐市达坂城区达坂城街老政府办公楼二联办313室
…………………… Tel：0991-4885550

华能新疆三塘湖风力发电有限责任公司
地址：新疆哈密市巴里坤县三塘湖乡
…………………… Tel：0991-4886670

华能布尔津风力发电有限公司
地址：新疆阿勒泰地区布尔津县也格孜托别乡
…………………… Tel：0991-4886670

华能哈密光伏发电有限公司
地址：新疆哈密地区哈密市东南部山口区域
…………………… Tel：0991-4886670

新疆华冉东方新能源有限公司
地址：新疆哈密市伊州区天山北路20号金茂天马花园6号楼4单元501室
…………………… Tel：0991-5020077

新疆东风电缆（集团）有限公司
地址：新疆乌鲁木齐市东山区米东北路300号
…………………… Tel：0991-5501325

新疆维吾尔自治区水利水电勘测设计研究院黄河路东供热站
地址：新疆乌鲁木齐市沙依巴克区于田街25号
…………………… Tel：0991-5587330

新疆广聚丰能源科技有限公司
地址：新疆乌鲁木齐市沙依巴克区扬子江路61号天安名门2栋29层2902室
…………………… Tel：0991-5802438

乌鲁木齐市勤奋机电机械成套有限公司
地址：新疆乌鲁木齐市沙依巴克区东方花园厨具城长江路385号
…………………… Tel：0991-5803269

铁门关市招新能源有限公司
地址：新疆铁门关市三十团军垦路22号
…………………… Tel：0991-5820400

华夏新时代电力工程勘测设计有限公司新疆分公司
地址：新疆乌鲁木齐市沙依巴克区友好北路225号宏运大厦19楼G座19-07
…………………… Tel：0991-5850377

新疆风能有限责任公司
地址：新疆乌鲁木齐市沙依巴克区公园北街162号
…………………… Tel：0991-5888900-6055

塔什库尔干县天华新能源电力有限公司
地址：新疆喀什地区塔什库尔干县中巴友谊路
…………………… Tel：0991-6239033

新疆华电小草湖风力发电有限责任公司
地址：新疆吐鲁番市高昌区312国道旁
…………………… Tel：0991-6296052

新疆华电小草湖风力发电有限责任公司
地址：新疆吐鲁番市高昌区312国道旁
…………………… Tel：0991-6296052

新疆华电草湖风电有限公司
地址：新疆吐鲁番市托克逊县友好路锦苑小区住宅楼6栋1单元101号
…………………… Tel：0991-6296052

华电福新新疆能源有限公司
地址：新疆哈密市伊州区广东工业园区
…………………… Tel：0991-6296052

龙源吐鲁番新能源有限公司
地址：新疆吐鲁番市吐鲁番示范区北区新木纳尔路001号
…………………… Tel：0991-6552730

龙源阿拉山口风力发电有限公司
地址：新疆博州阿拉山口口岸东环北路200号
…………………… Tel：0991-6552730

华能吐鲁番风力发电有限公司
地址：新疆吐鲁番市托克逊县小草湖30里风区
…………………… Tel：0991-6558139

新疆希望输变电工程有限公司
地址：新疆乌鲁木齐经济技术开发区兵团工业园区蔷薇三街5号
…………………… Tel：0991-6684955

新疆天电奇台能源有限责任公司
地址：新疆昌吉州奇台县喇嘛湖梁
…………………… Tel：0991-6837350

乌鲁木齐石油化工总厂西峰工贸总公司
地址：新疆乌鲁木齐市米东区石油化工总厂
…………………… Tel：0991-6911272

阜康市光润太阳能电力有限公司
地址：新疆昌吉州阜康市有色苑小区（1区4段）66幢1单元1-6号
…………………… Tel：0991-7586380

国电电力新疆新能源开发有限公司
地址：新疆乌鲁木齐市沙依巴克区友好北路146号昆仑宾馆北楼7层
…………………… Tel：0991-7588633

国电电力哈密景峡风力发电有限公司
地址：新疆哈密市伊州区大营房红星花苑写字楼
…………………… Tel：0991-7588633

国电北屯发电有限公司
地址：新疆阿勒泰地区富蕴县赛尔江西路8号
…………………… Tel：0991-7588636

国电新疆艾比湖流域开发有限公司
地址：新疆博州阿拉山口文化街10号
…………………… Tel：0991-7588637

乌鲁木齐源水物业服务有限公司
地址：新疆乌鲁木齐市天山区燕尔窝路207号
…………………… Tel：0991-7625601

国电新疆红雁池发电有限公司
地址：新疆乌鲁木齐市天山区延安路1409号
…………………… Tel：0991-7638063

新疆奥奇新能源科技有限公司
地址：新疆乌鲁木齐市高新区(新市区)昆明路148号
…………………… Tel：0991-7879221

五家渠振发新能源科技有限公司
地址：新疆五家渠市人民北路3092号（工业区管委会综合办公楼）
…………………… Tel：0991-8823826

岳普湖县振发新能源科技有限公司
地址：新疆维吾尔自治区喀什地区岳普湖县光伏园区A区附-9956号
…………………… Tel：0991-8823826

乌鲁木齐无容电气设备有限公司
地址：新疆乌鲁木齐市天山区光明路26号建设广场B座26层一B

…………………… Tel：0991-8837066
新疆中机国能新能源有限公司
地址：新疆乌鲁木齐市天山区红山路26号C座11楼D室
…………………… Tel：0991-8893760
乌苏市智合房地产开发有限公司
地址：新疆塔城地区乌苏市黄埔江东路9号乌苏现代农业产业园
…………………… Tel：0992-3220980
新疆锦龙电力集团有限公司
地址：新疆伊犁州奎屯市天北新区行知园-天北大道33幢14层
…………………… Tel：0992-3312186
国网新疆电力有限公司奎屯供电公司
地址：新疆伊犁州奎屯市南环东路25号
…………………… Tel：0992-3357066
奎屯国源电力有限公司
地址：新疆伊犁州奎屯市市区松鹤里-沙湾街334幢21号
…………………… Tel：0992-6822008
新疆锦龙神雾能源开发有限公司
地址：新疆伊犁州奎屯市绿莹里46幢1单元111号
…………………… Tel：0992-6886653
新疆恒通创新赛木科技有限公司
地址：新疆塔城地区乌苏市新市区街道工业区社区塔里木河东路235号
…………………… Tel：0992-8539129
新疆天业电力有限公司
地址：新疆石河子开发区北三东路36号
…………………… Tel：0993-2623222
玛纳斯天富水利发电有限公司
地址：新疆昌吉州玛纳斯县清水河乡
…………………… Tel：0993-2901533
新疆天富能源售电有限公司
地址：新疆石河子市城区5小区西一路47号
…………………… Tel：0993-2902865
国网新疆电力有限公司沙湾县供电公司
地址：新疆塔城地区沙湾县三道河子镇和平路3号
…………………… Tel：0993-6025501
国网新疆电力有限公司昌吉供电公司
地址：新疆昌吉州昌吉市建国西路31号
…………………… Tel：0994-2307177
木垒县新华能电力工程有限公司
地址：新疆昌吉州木垒县园林东路898号民生工业园区北面门面房1-101室、1-102室
…………………… Tel：0994-2715011
新疆昌源水务集团阜康供水有限责任公司
地址：新疆昌吉州阜康市乌奇东路72号
…………………… Tel：0994-3231835
新疆科林思德新能源有限责任公司
地址：新疆昌吉州阜康市博峰街农机局综合楼（一区四段）
…………………… Tel：0994-3308211
中闽（木垒）风电有限公司
地址：新疆昌吉州木垒县园林东路哈萨克文化刺绣产业园综合办公楼201室
…………………… Tel：0994-4860255
新疆五家渠鑫宝农业科技开发有限公司
地址：新疆五家渠市梧桐镇
…………………… Tel：0994-5710902
国网能源阜康发电有限公司
地址：新疆昌吉州阜康产业园阜西工业园区
…………………… Tel：0994-6192124
玛纳斯县绿林物业管理有限公司
地址：新疆昌吉州玛纳斯县三园西路86号万合红酒庄园17栋
…………………… Tel：0994-6300055
特变电工国际工程有限公司
地址：新疆昌吉州昌吉高新技术产业开发区科技大道9号综合办公楼224室
…………………… Tel：0994-6508122
玛纳斯县万佳物业服务有限责任公司
地址：新疆昌吉州玛纳斯县青年路89号
…………………… Tel：0994-6661615
玛纳斯县国盛新能源投资经营有限公司
地址：新疆昌吉州玛纳斯县碧玉大道284号财政局办公楼内四楼一号
…………………… Tel：0994-6669933
新疆华电西黑山发电有限责任公司
地址：新疆昌吉州准东经济技术开发区西黑山工业园区内
…………………… Tel：0994-6837611
新疆神火煤电有限公司
地址：新疆昌吉州准东经济技术开发区五彩湾工业园
…………………… Tel：0994-6852157
新疆中能万源化工有限公司
地址：新疆昌吉州玛纳斯县塔西河工业园区
…………………… Tel：0994-6861111
神华神东电力新疆准东五彩湾发电有限公司
地址：新疆昌吉州吉木萨尔县新疆准东经济技术开发区五彩湾区域
…………………… Tel：0994-6928214
新疆潞安协鑫准东能源有限公司
地址：新疆昌吉州准东经济技术开发区大井产业园奇井路7号（芨芨湖社区）
…………………… Tel：0994-7430222
华能新疆吉木萨尔发电有限公司
地址：新疆昌吉州准东经济技术开发区彩中产业园彩虹路33号北三电厂（金盆湾）
…………………… Tel：0994-8369026
新疆明阳新能源产业有限公司
地址：新疆吐鲁番市高昌区交河物流园现代大道10号
…………………… Tel：0995-6252979
新疆华电高昌热电有限公司
地址：新疆吐鲁番市高昌区亚尔镇吕宗村4队
…………………… Tel：0995-6265592
中节能太阳能鄯善有限公司
地址：新疆吐鲁番市鄯善县石材工业园区光伏产业园
…………………… Tel：0995-6270871
鄯善县完美物业服务有限责任公司
地址：新疆吐鲁番市鄯善县楼兰东路1号小区物业用房
…………………… Tel：0995-6280001
新疆天利恩泽太阳能科技有限公司
地址：新疆吐鲁番市鄯善县石材中心基地管理办公室（鄯善县新城西路5068号）
…………………… Tel：0995-6286152
鄯善绿郡物业有限公司
地址：新疆吐鲁番市鄯善县蒲昌路以北、青年路以东（东游宾馆对面）
…………………… Tel：0995-7671318
新疆华电吐鲁番发电有限责任公司
地址：新疆吐鲁番市托克逊县振兴路158号
…………………… Tel：0995-8806006
新疆华电珍珠泉新能源有限公司
地址：新疆吐鲁番市高昌区新编三十区吐鲁番小草湖风电规划中第十区、距大河沿镇约48公里3#1层103号
…………………… Tel：0995-8806006
新疆永安天泰电力有限责任公司
地址：新疆铁门关市二十九团国土分局（原商店）1栋1号
…………………… Tel：0996-2030212
大唐巴州能源有限公司
地址：新疆巴州库尔勒市石化大道25号院2幢3-402
…………………… Tel：0996-2165702
库尔勒融祥公共设施建设投资有限责任公司
地址：新疆巴州库尔勒市塔什店镇人民政府办公楼304室
…………………… Tel：0996-2620068
巴州国宾公共设施建设投资有限公司
地址：新疆巴州库尔勒市迎宾路59号幸福家园1栋5-1号门面
…………………… Tel：0996-2691599
库尔勒龙城公共设施建设投资有限公司
地址：新疆巴州库尔勒市香梨大道6号1栋3层01
…………………… Tel：0996-2969905
库尔勒盛城公共设施建设投资有限公司
地址：新疆巴州库尔勒市香梨大道6号1栋三楼
…………………… Tel：0996-2969905
新疆昌源水务集团轮台供水有限公司
地址：新疆巴州轮台县波斯坦路2号院水利局办公楼四楼
…………………… Tel：0996-4933389
中国邮政集团公司新疆维吾尔自治区和静县火车站支局
地址：新疆巴州和静县和静镇团结西路
…………………… Tel：0996-5028603
且末县车尔臣发电有限公司
地址：新疆巴州且末县农贸市场
…………………… Tel：0996-7611941
中国铁路乌鲁木齐局集团有限公司库尔勒供电段
地址：新疆巴州库尔勒市火车东站三街坊6号
…………………… Tel：0996-8643373
和静天宏阳光太阳能科技有限公司
地址：新疆巴州和静工业园区新兴产业园区
…………………… Tel：0996-8701202
中节能太阳能科技轮台有限公司
地址：新疆巴州轮台县拉依苏化工园区中节能轮台光伏一电站
…………………… Tel：0996-8731117
国电库尔勒发电有限公司
地址：新疆巴州库尔勒经济技术开发区宏强农业用地南侧、东环路东侧
…………………… Tel：0996-8838025
柯坪县粤水电能源有限公司
地址：新疆阿克苏地区柯坪县光伏产业园
…………………… Tel：0997-2122821
徐矿集团新疆阿克苏热电有限公司
地址：新疆阿克苏地区阿克苏市西工业园区
…………………… Tel：0997-2130033
国网新疆电力有限公司阿瓦提县供电公司
地址：新疆阿克苏地区阿瓦提县光明中路37号
…………………… Tel：0997-2712013
国网新疆电力有限公司阿克苏供电公司
地址：新疆阿克苏地区阿克苏市新城区塔北路17号
…………………… Tel：0997-2717055
阿拉尔市鑫中元房地产开发有限公司
地址：新疆阿拉尔市新井子路南152号军垦家园11-1-502
…………………… Tel：0997-4666677
国网新疆阿克苏供电有限责任公司水力发电分公司温宿水电厂
地址：新疆阿克苏地区温宿县吐木秀克镇一、二级电站
…………………… Tel：0997-6388206
国网新疆阿克苏供电有限责任公司水力发电分公司乌什县燕子山水电站
地址：新疆阿克苏地区乌什县都乐都茹克路81号
…………………… Tel：0997-6388206
国网新疆阿克苏供电有限责任公司水力发电分公司台兰河电站
地址：新疆阿克苏地区温宿县塔格拉克牧场台兰河电站
…………………… Tel：0997-6388206
国网新疆阿克苏供电有限责任公司水力发电分公司
地址：新疆阿克苏地区阿克苏市团结西路42号
…………………… Tel：0997-6388206
国电库车发电有限公司
地址：新疆阿克苏地区库车县北郊新村
…………………… Tel：0997-7228019
国网新疆阿克苏供电有限责任公司水力发电分公司新和县库木吐拉水电站
地址：新疆阿克苏地区新和县西山龙口
…………………… Tel：0997-8121108
新疆华电喀什热电有限责任公司
地址：新疆喀什地区喀什经济开发区深喀大道总部经济区川渝大厦19层1908室
…………………… Tel：0998-5817013
新疆锦泰电力有限责任公司
地址：新疆图木舒克市前海东街10号
…………………… Tel：0998-6302012
国网新疆南供电有限责任公司
地址：新疆喀什地区喀什市人民西路156号
…………………… Tel：0998-6867077
伊犁协鑫能源有限公司
地址：新疆伊犁州霍尔果斯经济技术开发区兵团分区梧桐路创新创业孵化基地1号楼209室
…………………… Tel：0999-3155269
霍尔果斯江南新润集成科技有限公司
地址：新疆伊犁州霍尔果斯经济开发区清水河配套园区企业服务中心412-0001室
…………………… Tel：0999-3362166
伊宁县庆华水电开发有限公司
地址：新疆伊犁州伊宁县曲鲁海乡新疆庆华能源集团有限公司楼内
…………………… Tel：0999-4303986
新疆生产建设兵团第四师电力有限责任公司七十九团分公司
地址：新疆伊犁州尼勒克县寨口
…………………… Tel：0999-4870154
昭苏县雪源水务有限责任公司
地址：新疆伊犁州昭苏镇健康街180号
…………………… Tel：0999-6030035
新疆生产建设兵团第四师电力有限责任公司七十五团分公司
地址：新疆伊犁州昭苏县七十五团
…………………… Tel：0999-6231181
新疆伊能电力实业（集团）有限公司
地址：新疆伊犁州伊宁市伊和街7号光明家园1层
…………………… Tel：0999-7727618
新疆生产建设兵团第四师电力有限责任公司
地址：新疆可克达拉市镇江西路422号
…………………… Tel：0999-8189550

造纸印刷
包装制版

一、行业综合分析

造纸印刷、包装制版行业综合分析

造纸行业是与国民经济和社会事业发展关系密切的重要基础原材料产业，纸及纸张的消费水平是衡量一个国家现代化水平和文明程度的标志。我国造纸行业经过多年的发展，已经逐步走向成熟，行业规模稳定发展。2013年1-12月份我国规模以上造纸及纸制品业企业数量为7213家；行业总资产达到12940.17亿元，比2012年增长11.21%；行业销售收入为13471.6亿元，利润总额为749.6亿元。2014年1-4月，全国造纸行业累计主营业务收入2424.3亿元，累计同比增长6.5%；利润总额达89.3亿元，累计同比下降3.5%；出口交货值107.8亿元，累计同比增长10.5%，行业产销率96.6%。从2010年-2014年，我国造纸业经历了结构调整、节能减排和淘汰落后产能的变革。2013年造纸行业改革，纸品的产能比例重新分配，2014年中国造纸工业进入更加严峻的深度调整的新阶段，也可以说造纸工业正进入结构性紧缩期。由于行业转型的变化，国内造纸企业将目光瞄向了利润空间更大的特种纸和生活用纸的生产，以及积极研究新一代清洁制浆技术、创新与集成制浆造纸节能减排技术、高效利用纤维原料的复合型生物精炼技术等方面以便适应造纸行业新阶段的到来寻求新的增长点。“十二五”期间，我国造纸业将继续保持10%以上的增长速度，造纸行业加快结构调整优化产业布局势在必行，落后产能淘汰将加速。未来中国造纸行业将走上节能减排、林浆纸一体化、淘汰落后产能发展道路。

印刷业作为我国新闻出版业的重要组成部分，是文化产业的主要载体实现形式之一，兼具文化产业和加工工业的双重属性。目前我国形成了依托粤港出口的珠三角、发挥综合实力的长三角和整合出版资源的环渤海三大印刷产业带，三大产业带的印刷总产值已占全国3/4以上。近年来，伴随着国民经济平稳较快地发展，我国印刷业也持续保持了高速增长。2013年，我国印刷业资产总计4136.20亿元；主营业务收入达5106.95亿元，同比增长了14.07%；利润总额为407.69亿元，同比增长了11.43%。2014年第一季度印刷业资产、主营业务收入、利润总额分别为3992.04亿元、1215.80亿元、85.31亿元。2013年4月1日实施的《关于承印境外图书增值税适用税率问题的公告》称，国内印刷企业承印的经新闻出版主管部门批准印刷且采用国际标准书号编序的境外图书，属于《增值税暂行条例》第二条规定的“图书”，适用13%增值税税率。我国构筑完成了依托粤港出口的珠三角、发挥综合实力的长三角和整合出版资源的环渤海三大印刷产业带，三大产业带的印刷总产值已占全国3/4以上。回顾自改革开放以来的发展历程，中国印刷工业的发展增速基本与国民经济发展增速保持一致。据此可以预期“十二五”期间我国印刷工业到2015年中国印刷工业总产值将超过11000亿元，印刷机械工业总产值将达到400亿元，产业规模在世界上位居前列。同时，受国际国内经济环境的影响，未来一段时期内中国印刷工业将面临比以往更加迫切的转型升级压力，印刷工业的发展将从主要追求速度和规模的粗放式增长逐步转变到更加注重质量和内涵的集约型发展模式上来。绿色印刷、数字印刷和印刷数字化方面将得到更广的发展，同时印刷业将采用更加智能化、自动化的设备，实现从劳动密集型向技术密集型的转变。随着市场竞争的加剧，印刷企业之间的整合、重组将会加速，印刷企业数量的减少和印刷总产值的增加可能成为行业常态，印刷工业的集约化程度将进一步提高。另外，“云印刷”商业模式伴随着“云计算时代”给印刷业带来了新的变革。目前国内“云印刷”已开始起步，这种全新的商业模式有望赢取超千亿元的市场空间。

包装产业不仅涵盖了包装产品的设计、生产，包装印刷，包装原辅材料供应，包装机械以及包装设备制造等多个生产领域，其包装制品还参与到第一至第三产业，货物流通的每一个环节。改革开放以来，中国包装工业发展迅猛，包装工业总产值从1980年的72亿元增长至2012年的1.3万亿元，中国正从包装大国向包装强国迈进。目前中国已形成珠三角、长三角以及环渤海三大包装产业带。这三大包装产业带的飞速发展同时带动了周边地区的行业发展，包括河南、山西、安徽、江西、湖北、湖南6省的中国中部地区包装业也在经济浪潮中迅速崛起。随着中国经济高速发展以及人民生活质量的提高，对微波食品、休闲食品及冷冻食品等方便食品的需求量将不断增加，这将直接带动相关食品包装的需求，中国食品与包装机械业在今后的一段时间内将维持正增长。预计未来循环经济将成为包装行业发展的主要模式、包装废资源回收利用将实现产业化、绿色包装材料将获得大力开发和发展、包装基础工业也将加快发展。延伸包装工业产业链，做深做大包装工业，优化产业结构，增强自主创新能力，将是未来包装工业的发展趋势。未来智能化也将成为包装机械行业的发展方向。

从整体来看，造纸印刷包装业属于我国的传统行业，行业发展都较为成熟，随着我国新型工业的发展，造纸印刷包装业处在转型升级期，发展重点都集中在环保和智能化的发展。

本文由中投顾问供稿

二、行业法规

印刷业管理条例

2001年7月26日国务院第43次常务会议通过，现予公布，自公布之日起施行。

国务院

2001年8月2日

第一章 总 则

第一条 为了加强印刷业管理，维护印刷业经营者的合法权益和社会公共利益，促进社会主义精神文明和物质文明建设，制定本条例。

第二条 本条例适用于出版物、包装装潢印刷品和其他印刷品的印刷经营活动。

本条例所称出版物，包括报纸、期刊、书籍、地图、年画、图片、挂历、画册及音像制品、电子出版物的装帧封面等。

本条例所称包装装潢印刷品，包括商标标识、广告宣传品及作为产品包装装潢的纸、金属、塑料等的印刷品。

本条例所称其他印刷品，包括文件、资料、图表、票证、证件、名片等。

本条例所称印刷经营活动，包括经营性的排版、制版、印刷、装订、复印、影印、打印等活动。

第三条 印刷业经营者必须遵守有关法律、法规和规章，讲求社会效益。

禁止印刷含有反动、淫秽、迷信内容和国家明令禁止印刷的其他内容的出版物、包装装潢印刷品和其他印刷品。

第四条 国务院出版行政部门主管全国的印刷业监督管理工作。县级以上地方各级人民政府负责出版管理的行政部门（以下简称出版行政部门）负责本行政区域内的印刷业监督管理工作。

县级以上各级人民政府公安部门、工商行政管理部门及其他有关部门在各自的职责范围内，负责有关的印刷业监督管理工作。

第五条 印刷业经营者应当建立、健全承印验证制度、承印登记制度、印刷品保管制度、印刷品交付制度、印刷活动残次品销毁制度等。具体办法由国务院出版行政部门会同国务院公安部门制定。

印刷业经营者在印刷经营活动中发现违法犯罪行为，应当及时向公安部门或者出版行政部门报告。

第六条 印刷行业的社会团体按照其章程，在出版行政部门的指导下，实行自律管理。

第二章 印刷企业的设立

第七条 国家实行印刷经营许可制度。未依照本条例规定取得印刷经营许可证的，任何单位和个人不得从事印刷经营活动。

第八条 设立印刷企业，应当具备下列条件：

（一）有企业的名称、章程；

（二）有确定的业务范围；

（三）有适应业务范围需要的生产经营场所和必要的资金、设备等生产经营条件；

（四）有适应业务范围需要的组织机构和人员；

（五）有关法律、行政法规规定的其他条件。

审批设立印刷企业，除依照前款规定外，还应当符合国家有关印刷企业总量、结构和布局的规划。

第九条　设立从事出版物、包装装潢印刷品和其他印刷品印刷经营活动的企业，应当向所在地省、自治区、直辖市人民政府出版行政部门提出申请；其中，设立专门从事名片印刷的企业，应当向所在地县级人民政府出版行政部门提出申请。申请人经审核批准的，取得印刷经营许可证；并按照国家有关规定持印刷经营许可证向公安部门提出申请，经核准，取得特种行业许可证后，持印刷经营许可证、特种行业许可证向工商行政管理部门申请登记注册，取得营业执照。

个人不得从事出版物、包装装潢印刷品印刷经营活动；个人从事其他印刷品印刷经营活动的，依照前款的规定办理审批手续。

第十条　出版行政部门受理设立从事印刷经营活动的企业申请，应当自收到申请之日起60日内作出批准或者不批准的决定。批准设立申请的，应当发给印刷经营许可证；不批准设立申请的，应当通知申请人并说明理由。

印刷经营许可证应当注明印刷企业所从事的印刷经营活动的种类。

印刷经营许可证不得出售、出租、出借或者以其他形式转让。

第十一条　印刷业经营者申请兼营或者变更从事出版物、包装装潢印刷品或者其他印刷品印刷经营活动，或者兼并其他印刷业经营者，或者因合并、分立而设立新的印刷业经营者，应当依照本条例第九条的规定办理手续。

印刷业经营者变更名称、法定代表人或者负责人、住所或者经营场所等主要登记事项，或者终止印刷经营活动，应当向原办理登记的公安部门、工商行政管理部门办理变更登记、注销登记，并报原批准设立的出版行政部门备案。

第十二条　国家允许设立中外合资经营印刷企业、中外合作经营印刷企业，允许设立从事包装装潢印刷品印刷经营活动的外资企业。具体办法由国务院出版行政部门会同国务院对外经济贸易主管部门制定。

第十三条　单位内部设立印刷厂（所），必须向所在地县级以上地方人民政府出版行政部门办理登记手续，并按照国家有关规定向公安部门备案；单位内部设立的印刷厂（所）印刷涉及国家秘密的印件的，还应当向保密工作部门办理登记手续。

单位内部设立的印刷厂（所）不得从事印刷经营活动；从事印刷经营活动的，必须依照本章的规定办理手续。

第三章　出版物的印刷

第十四条　国家鼓励从事出版物印刷经营活动的企业及时印刷体现国内外新的优秀文化成果的出版物，重视印刷传统文化精品和有价值的学术著作。

第十五条　从事出版物印刷经营活动的企业不得印刷国家明令禁止出版的出版物和非出版单位出版的出版物。

第十六条　印刷出版物的，委托印刷单位和印刷企业应当按照国家有关规定签订印刷合同。

第十七条　印刷企业接受出版单位委托印刷图书、期刊的，必须验证并收存出版单位盖章的印刷委托书，并在印刷前报出版单位所在地省、自治区、直辖市人民政府出版行政部门备案；印刷企业接受所在地省、自治区、直辖市以外的出版单位的委托印刷图书、期刊的，印刷委托书还必须事先报印刷企业所在地省、自治区、直辖市人民政府出版行政部门备案。印刷委托书由国务院出版行政部门规定统一格式，由省、自治区、直辖市人民政府出版行政部门统一印制。

印刷企业接受出版单位委托印刷报纸的，必须验证报纸出版许可证；接受出版单位的委托印刷报纸、期刊的增版、增刊的，还必须验证主管的出版行政部门批准出版增版、增刊的文件。

第十八条 印刷企业接受委托印刷内部资料性出版物的，必须验证县级以上地方人民政府出版行政部门核发的准印证。

印刷企业接受委托印刷宗教内容的内部资料性出版物的，必须验证省、自治区、直辖市人民政府宗教事务管理部门的批准文件和省、自治区、直辖市人民政府出版行政部门核发的准印证。

出版行政部门应当自收到印刷内部资料性出版物或者印刷宗教内容的内部资料性出版物的申请之日起30日内作出是否核发准印证的决定，并通知申请人；逾期不作出决定的，视为同意印刷。

第十九条 印刷企业接受委托印刷境外的出版物的，必须持有关著作权的合法证明文件，经省、自治区、直辖市人民政府出版行政部门批准；印刷的境外出版物必须全部运输出境，不得在境内发行、散发。

第二十条 委托印刷单位必须按照国家有关规定在委托印刷的出版物上刊载出版单位的名称、地址，书号、刊号或者版号，出版日期或者刊期，接受委托印刷出版物的企业的真实名称和地址，以及其他有关事项。

印刷企业应当自完成出版物的印刷之日起 2 年内，留存一份接受委托印刷的出版物样本备查。

第二十一条 印刷企业不得盗印出版物，不得销售、擅自加印或者接受第三人委托加印受委托印刷的出版物，不得将接受委托印刷的出版物纸型及印刷底片等出售、出租、出借或者以其他形式转让给其他单位或者个人。

第二十二条 印刷企业不得征订、销售出版物，不得假冒或者盗用他人名义印刷、销售出版物。

第四章 包装装潢印刷品的印刷

第二十三条 从事包装装潢印刷品印刷的企业不得印刷假冒、伪造的注册商标标识，不得印刷容易对消费者产生误导的广告宣传品和作为产品包装装潢的印刷品。

第二十四条 印刷企业接受委托印刷注册商标标识的，应当验证商标注册人所在地县级工商行政管理部门签章的《商标注册证》复印件，并核查委托人提供的注册商标图样；接受注册商标被许可使用人委托，印刷注册商标标识的，印刷企业还应当验证注册商标使用许可合同。印刷企业应当保存其验证、核查的工商行政管理部门签章的《商标注册证》复印件、注册商标图样、注册商标使用许可合同复印件 2 年，以备查验。

国家对注册商标标识的印刷另有规定的，印刷企业还应当遵守其规定。

第二十五条 印刷企业接受委托印刷广告宣传品、作为产品包装装潢的印刷品的，应当验证委托印刷单位的营业执照或者个人的居民身份证；接受广告经营者的委托印刷广告宣传品的，还应当验证广告经营资格证明。

第二十六条 印刷企业接受委托印刷包装装潢印刷品的，应当将印刷品的成品、半成品、废品和印板、纸型、底片、原稿等全部交付委托印刷单位或者个人，不得擅自留存。

第二十七条 印刷企业接受委托印刷境外包装装潢印刷品的，必须事先向所在地省、自治区、直辖市人民政府出版行政部门备案；印刷的包装装潢印刷品必须全部运输出境，不得在境内销售。

第五章 其他印刷品的印刷

第二十八条 印刷标有密级的文件、资料、图表等，按照国家有关法律、法规或者规章的规定办理。

第二十九条 印刷布告、通告、重大活动工作证、通行证、在社会上流通使用的票证的，委托印刷单位必须出具主管部门的证明，并按照国家有关规定向印刷企业所在地公安部门办理准印手续，在公安部门指定的印刷企业印刷。公安部门指定的印刷企业必须验证主管部门的证明和公安部门的准印证明，并保存主管部门的证明副本和公安部门的准印证明副本 2 年，以备查验；并且不得再委托他人印刷上述印刷品。

印刷机关、团体、部队、企业事业单位内部使用的有价票证或者无价票证，或者印刷有单位名称的介绍信、工作证、会员证、出入证、学位证书、学历证书或者其他学业证书等专用证件的，委托印刷单位必须出具委托印刷证明。印刷企业必须验证委托印刷证明。

印刷企业对前两款印件不得保留样本、样张；确因业务参考需要保留样本、样张的，应当征得委托印刷单位同意，在所保留印件上加盖“样本”、“样张”戳记，并妥善保管，不得丢失。

第三十条　印刷企业接受委托印刷宗教用品的，必须验证省、自治区、直辖市人民政府宗教事务管理部门的批准文件和省、自治区、直辖市人民政府出版行政部门核发的准印证；省、自治区、直辖市人民政府出版行政部门应当自收到印刷宗教用品的申请之日起10日内作出是否核发准印证的决定，并通知申请人；逾期不作出决定的，视为同意印刷。

第三十一条　从事其他印刷品印刷经营活动的个人不得印刷标有密级的文件、资料、图表等，不得印刷布告、通告、重大活动工作证、通行证、在社会上流通使用的票证，不得印刷机关、团体、部队、企业事业单位内部使用的有价或者无价票证，不得印刷有单位名称的介绍信、工作证、会员证、出入证、学位证书、学历证书或者其他学业证书等专用证件，不得印刷宗教用品。

第三十二条　接受委托印刷境外其他印刷品的，必须事先向所在地省、自治区、直辖市人民政府出版行政部门备案；印刷的其他印刷品必须全部运输出境，不得在境内销售。

第三十三条　印刷企业和从事其他印刷品印刷经营活动的个人不得盗印他人的其他印刷品，不得销售、擅自加印或者接受第三人委托加印委托印刷的其他印刷品，不得将委托印刷的其他印刷品的纸型及印刷底片等出售、出租、出借或者以其他形式转让给其他单位或者个人。

第六章　罚　则

第三十四条　违反本条例规定，擅自设立印刷企业或者擅自从事印刷经营活动的，由公安部门、工商行政管理部门依据法定职权予以取缔，没收印刷品和违法所得以及进行违法活动的专用工具、设备，违法经营额1万元以上的，并处违法经营额5倍以上10倍以下的罚款；违法经营额不足1万元的，并处1万元以上5万元以下的罚款；构成犯罪的，依法追究刑事责任。

单位内部设立的印刷厂（所）未依照本条例第二章的规定办理手续，从事印刷经营活动的，依照前款的规定处罚。

第三十五条　印刷业经营者违反本条例规定，有下列行为之一的，由县级以上地方人民政府出版行政部门责令停止违法行为，责令停业整顿，没收印刷品和违法所得，违法经营额1万元以上的，并处违法经营额5倍以上10倍以下的罚款；违法经营额不足1万元的，并处1万元以上5万元以下的罚款；情节严重的，由原发证机关吊销许可证；构成犯罪的，依法追究刑事责任：

（一）未取得出版行政部门的许可，擅自兼营或者变更从事出版物、包装装潢印刷品或者其他印刷品印刷经营活动，或者擅自兼并其他印刷业经营者的；

（二）因合并、分立而设立新的印刷业经营者，未依照本条例的规定办理手续的；

（三）出售、出租、出借或者以其他形式转让印刷经营许可证的。

第三十六条　印刷业经营者印刷明知或者应知含有本条例第三条规定禁止印刷内容的出版物、包装装潢印刷品或者其他印刷品的，或者印刷国家明令禁止出版的出版物或者非出版单位出版的出版物的，由县级以上地方人民政府出版行政部门、公安部门依据法定职权责令停业整顿，没收印刷品和违法所得，违法经营额

1万元以上的，并处违法经营额5倍以上10倍以下的罚款；违法经营额不足1万元的，并处1万元以上5万元以下的罚款；情节严重的，由原发证机关吊销许可证；构成犯罪的，依法追究刑事责任。

第三十七条　印刷业经营者有下列行为之一的，由县级以上地方人民政府出版行政部门、公安部门依据法定职权责令改正，给予警告；情节严重的，责令停业整顿或者由原发证机关吊销许可证：

（一）没有建立承印验证制度、承印登记制度、印刷品保管制度、印刷品交付制度、印刷活动残次品销毁制度等的；

（二）在印刷经营活动中发现违法犯罪行为没有及时向公安部门或者出版行政部门报告的；

（三）变更名称、法定代表人或者负责人、住所或者经营场所等主要登记事项，或者终止印刷经营活动，不向原批准设立的出版行政部门备案的；

（四）未依照本条例的规定留存备查的材料的。

单位内部设立印刷厂（所）违反本条例的规定，没有向所在地县级以上地方人民政府出版行政部门、保密工作部门办理登记手续，并按照国家有关规定向公安部门备案的，由县级以上地方人民政府出版行政部门、保密工作部门、公安部门依据法定职权责令改正，给予警告；情节严重的，责令停业整顿。

第三十八条　从事出版物印刷经营活动的企业有下列行为之一的，由县级以上地方人民政府出版行政部门给予警告，没收违法所得，违法经营额1万元以上的，并处违法经营额5倍以上10倍以下的罚款；违法经营额不足1万元的，并处1万元以上5万元以下的罚款；情节严重的，责令停业整顿或者由原发证机关吊销许可证；构成犯罪的，依法追究刑事责任：

（一）接受他人委托印刷出版物，未依照本条例的规定验证印刷委托书、有关证明或者准印证，或者未将印刷委托书报出版行政部门备案的；

（二）假冒或者盗用他人名义，印刷出版物的；

（三）盗印他人出版物的；

（四）非法加印或者销售受委托印刷的出版物的；

（五）征订、销售出版物的；

（六）擅自将出版单位委托印刷的出版物纸型及印刷底片等出售、出租、出借或者以其他形式转让的；

（七）未经批准，接受委托印刷境外出版物的，或者未将印刷的境外出版物全部运输出境的。

第三十九条　从事包装装潢印刷品印刷经营活动的企业有下列行为之一的，由县级以上地方人民政府出版行政部门给予警告，没收违法所得，违法经营额1万元以上的，并处违法经营额5倍以上10倍以下的罚款；违法经营额不足1万元的，并处1万元以上5万元以下的罚款；情节严重的，责令停业整顿或者由原发证机关吊销许可证；构成犯罪的，依法追究刑事责任：

（一）接受委托印刷注册商标标识，未依照本条例的规定验证、核查工商行政管理部门签章的《商标注册证》复印件、注册商标图样或者注册商标使用许可合同复印件的；

（二）接受委托印刷广告宣传品、作为产品包装装潢的印刷品，未依照本条例的规定验证委托印刷单位的营业执照或者个人的居民身份证的，或者接受广告经营者的委托印刷广告宣传品，未验证广告经营资格证明的；

（三）盗印他人包装装潢印刷品的；

（四）接受委托印刷境外包装装潢印刷品未依照本条例的规定向出版行政部门备案的，或者未将印刷的境外包装装潢印刷品全部运输出境的。

印刷企业接受委托印刷注册商标标识、广告宣传品，违反国家有关注册商标、广告印刷管理规定的，由工商行政管理部门给予警告，没收印刷品和违法所得，违法经营额1万元以上的，并处违法经营额5倍以上10倍以下的罚款；违法经营额不足1万元的，并处1万元以上5万元以下的罚款。

第四十条　从事其他印刷品印刷经营活动的企业和个人有下列行为之一的，由县级以上地方人民政府出版行政部门给予警告，没收印刷品和违法所得，违法经营额1万元以上的，并处违法经营额5倍以上10倍以下的罚款；违法经营额不足1万元的，并处1万元以上5万元以下的罚款；情节严重的，责令停业整顿或者由原发证机关吊销许可证；构成犯罪的，依法追究刑事责任：

（一）接受委托印刷其他印刷品，未依照本条例的规定验证有关证明的；

（二）擅自将接受委托印刷的其他印刷品再委托他人印刷的；

（三）将委托印刷的其他印刷品的纸型及印刷底片出售、出租、出借或者以其他形式转让的；

（四）伪造、变造学位证书、学历证书等国家机关公文、证件或者企业事业单位、人民团体公文、证件的，或者盗印他人的其他印刷品的；

（五）非法加印或者销售委托印刷的其他印刷品的；

（六）接受委托印刷境外其他印刷品未依照本条例的规定向出版行政部门备案的，或者未将印刷的境外其他印刷品全部运输出境的；

（七）从事其他印刷品印刷经营活动的个人超范围经营的。

第四十一条　有下列行为之一的，由公安部门给予警告，没收印刷品和违法所得，违法经营额1万元以上的，并处违法经营额5倍以上10倍以下的罚款；违法经营额不足1万元的，并处1万元以上5万元以下的罚款；情节严重的，责令停业整顿或者吊销特种行业许可证：

（一）印刷布告、通告、重大活动工作证、通行证、在社会上流通使用的票证，印刷企业没有验证主管部门的证明和公安部门的准印证明的，或者再委托他人印刷上述印刷品的；

（二）不是公安部门指定的印刷企业，擅自印刷布告、通告、重大活动工作证、通行证、在社会上流通使用的票证的；

（三）印刷业经营者伪造、变造学位证书、学历证书等国家机关公文、证件或者企业事业单位、人民团体公文、证件的。

印刷布告、通告、重大活动工作证、通行证、在社会上流通使用的票证，委托印刷单位没有取得主管部门证明的，或者没有按照国家有关规定向印刷企业所在地公安部门办理准印手续的，或者未在公安部门指定的印刷企业印刷的，由县级以上人民政府公安部门处以500元以上5000元以下的罚款。

第四十二条　印刷业经营者违反本条例规定，有下列行为之一的，由县级以上地方人民政府出版行政部门责令改正，给予警告；情节严重的，责令停业整顿或者由原发证机关吊销许可证：

（一）从事包装装潢印刷品印刷经营活动的企业擅自留存委托印刷的包装装潢印刷品的成品、半成品、废品和印板、纸型、印刷底片、原稿等的；

（二）从事其他印刷品印刷经营活动的企业和个人擅自保留其他印刷品的样本、样张的，或者在所保留的样本、样张上未加盖“样本”、“样张”戳记的。

第四十三条　印刷业经营者被处以吊销许可证行政处罚的，应当按照国家有关规定到工商行政管理部门办理变更登记或者注销登记；逾期未办理的，由工商行政管理部门吊销营业执照。

第四十四条　印刷企业被处以吊销许可证行政处罚的，其法定代表人或者负责人自许可证被吊销之日起10年内不得担任印刷企业的法定代表人或者负责人。

从事其他印刷品印刷经营活动的个人被处以吊销许可证行政处罚的，自许可证被吊销之日起10年内不得从事印刷经营活动。

第四十五条　依照本条例的规定实施罚款的行政处罚，应当依照有关法律、行政法规的规定，实行罚款决定与罚款收缴分离；收缴的罚款必须全部上缴国库。

第四十六条　出版行政部门、公安部门、工商行政管理部门或者其他有关部门违反本条例规定，擅自批准不符合设立条件的印刷企业，或者不履行监督职责，或者发现违法行为不予查处，造成严重后果的，对负责的主管人员和其他直接责任人员给予降级或者撤职的行政处分；构成犯罪的，依法追究刑事责任。

第七章　附　则

第四十七条　本条例施行前已经依法设立的印刷企业，应当自本条例施行之日起180日内，到出版行政部门换领《印刷经营许可证》。

依据本条例发放许可证，除按照法定标准收取成本费外，不得收取其他任何费用。

第四十八条　本条例自公布之日起施行。1997年3月8日国务院发布的《印刷业管理条例》同时废止。

三、相关企业介绍

北京市

北京天瑞恒信科技有限公司
地址：北京市朝阳区青年路12号院1号楼201-B室
……………………Tel：010-50961600

北京军盛名世物流包装科技有限公司
地址：北京市海淀区蓝靛厂南路55号(金威大厦)901、902室
……………………Tel：010-51501138

北京世知印务有限公司
地址：北京市怀柔区雁栖工业开发区
……………………Tel：010-51592807

北京时捷印刷有限公司
地址：北京市昌平区发展路8号院9号楼8层809
…………………… Tel：13901205315

北京盛通印刷股份有限公司
地址：北京市北京经济技术开发区经海三路18号
……………………Tel：010-52249888

北京盛通包装印刷有限公司
地址：北京市北京经济技术开发区兴盛街11号
……………………Tel：010-52249899

北京创意飞扬印刷技术有限公司
地址：北京市海淀区悦秀路99号-2层075号
……………………Tel：010-52665083

北京金港印刷有限公司
地址：北京市石景山区八大处高科技园区西井路3号3号楼8034房间
……………………Tel：010-53688002

北京佰达明建筑装饰工程有限公司
地址：北京市朝阳区平房乡京城梨园内北京电影学院影视文化产业创新园星影中心1号楼F266、F267、F268号
……………………Tel：010-53930095

北京晶艺技术有限公司
地址：北京市朝阳区崔各庄乡南春路2号(国门信诚孵化器1562号)
……………………Tel：010-56037666

北京中防领航数码印刷服务有限公司
地址：北京市昌平区沙河镇辛力屯村北西路6号B区9110房间
……………………Tel：010-56052633

北京全兴磁卡特殊印刷有限公司
地址：北京市大兴区中关村科技园区大兴生物医药产业基地永大路31号4幢、5幢
……………………Tel：010-56330388

北京海贺胜利印刷科技有限公司
地址：北京市通州区中关村科技园区通州园金桥科技产业基地景盛南四街15号5号厂房A
……………………Tel：010-56495350

北京万户纳美印刷有限公司
地址：北京市大兴区黄村镇北京市印刷包装产业基地海鑫路8号
……………………Tel：010-56704051

北京华杰云印刷科技有限公司
地址：北京市海淀区北四环西路9号5层502
…………………… Tel：13381256279

北京诚顺达印刷有限公司
地址：北京市海淀区西北旺镇亮甲店村农业服务公司东院平房
……………………Tel：010-56765468

正元联合包装技术（北京）有限公司
地址：北京市北京经济技术开发区同济南路6号院1号楼2层208
……………………Tel：010-56865242

北京德绩信息科技有限公司
地址：北京市通州区永乐经济开发区恒业八街6号院28幢
……………………Tel：010-57057222

北京牛咖创智科技有限公司
地址：北京市通州区潞城镇宝佳路66号-066室
……………………Tel：010-57153577

北京宝玉影音娱乐有限公司
地址：北京市朝阳区望京园601号楼22层2603室
……………………Tel：010-57281360

人民日报印刷厂
地址：北京市朝阳区金台西路2号
……………………Tel：010-57326919

北京置能科技发展有限公司
地址：北京市通州区贡院街1号院1号楼二层206-33室
……………………Tel：010-57795196

北京教图印刷有限公司
地址：北京市大兴区金服大街5号院2号生产楼2层西侧
……………………Tel：010-57933354

中钞设计制版有限公司
地址：北京市大兴区生物医药基地天华街21号7号楼403室
……………………Tel：010-58055791

北京中钞钞券设计制版有限公司
地址：北京市丰台区中核路5号(园区)
……………………Tel：010-58055791

北京中版联印刷物资有限公司
地址：北京市西城区新兴东巷15号1328室(德胜园区)
……………………Tel：010-58110804

中摄宏图摄影文化传播（北京）有限公司
地址：北京市海淀区五路居4号玉渊潭玉北实业公司院内5号平房
……………………Tel：010-58423309

北京急时印印刷设计有限公司
地址：北京市怀柔区雁栖经济开发区雁栖路33号院1号楼103室
……………………Tel：010-58463496

北京华强印刷有限公司
地址：北京市朝阳区黑庄户乡万子营西村西北
……………………Tel：010-58475588

数码运城（北京）包装有限公司
地址：北京市通州区宋庄文化创意产业集聚区公共服务平台297号
……………………Tel：010-58486219

高等教育出版社音像制品部
地址：北京市西城区德外大街4号
……………………Tel：010-58581895

北京贞亨利民印刷机械股份有限公司
地址：北京市朝阳区广渠门外大街8号西座1606室
……………………Tel：010-58612386

人民教育出版社印刷厂
地址：北京市海淀区北三环中路44号
……………………Tel：010-58757009

北京利丰雅高长城印刷有限公司
地址：北京市通州区科创东二街3号院3号楼1至2层101
……………………Tel：010-59011211

利丰雅高包装印刷（北京）有限公司
地址：北京市通州区科创东二街3号院1号楼1层101
……………………Tel：010-59011287

北京日邦信息科技有限公司
地址：北京市北京经济技术开发区永昌北路6号
……………………Tel：010-59011287

利丰雅高包装印刷（北京）有限公司
地址：北京市通州区科创东二街3号院1号楼1层101
……………………Tel：010-59011287

中农调运化肥有限公司
地址：北京市海淀区车公庄西路老虎庙5号
……………………Tel：010-59337890

北京帕菲克印刷有限公司
地址：北京市朝阳区小红门乡三台山(北京商业储运公司三台山分公司)
……………………Tel：010-59362366

伊拉帕克（北京）包装机械有限公司
地址：北京市北京经济技术开发区建安街3号1幢2号厂房2层平台
……………………Tel：010-59623829

海德堡印刷设备（北京）有限公司
地址：北京市朝阳区酒仙桥路10号1号楼三层301-1室
……………………Tel：010-59624288

多元数码印刷技术产业（中国）有限公司
地址：北京市大兴区工业开发区金苑路3号四层
……………………Tel：010-60212222

北京市群英印刷有限公司
地址：北京市大兴区经济开发区金苑路32号
……………………Tel：010-60216026

北京市群英印刷有限公司
地址：北京市大兴区经济开发区金苑路32号
……………………Tel：010-60216026

北京华正印刷有限公司
地址：北京市大兴区西红门镇北路红华大院内
……………………Tel：010-60240556

北京蓝图印刷有限公司
地址：北京市大兴区西红门镇一村福益路10号
……………………Tel：010-60244618
地址：北京市大兴区黄村镇海鑫路8号院10号楼
…………………… Tel：010-60248450-601

北京尚唐印刷包装有限公司
地址：北京市顺义区牛栏山镇腾仁路11号院4幢、5幢
……………………Tel：010-60255420

北京宏意发印刷厂
地址：北京市大兴区西红门镇九村星光集团东侧150米
……………………Tel：010-60291750

北京启航东方印刷有限公司
地址：北京市大兴区宏业路9号院3号楼8层802
……………………Tel：010-60293541

北京博源包装制品有限公司
地址：北京市房山区石楼镇坨头村西
…………………… Tel：010-60342929-819

北京飞帆印刷有限公司
地址：北京市顺义区北石槽镇寺上村村委会西侧10米
…………………… Tel：15311541017

北京爱德曼医药包装印刷有限公司
地址：北京市顺义区赵全营镇兆丰产业基地兆丰一街27号
……………………Tel：010-60441108

化学工业出版社印刷厂
地址：北京市顺义区赵全营镇兆丰产业基地兆丰一街27号
……………………Tel：010-60441160

北京双健塑料包装制品有限公司
地址：北京市顺义区北小营镇府前街18号
……………………Tel：010-60480315

北京市十月印刷有限公司
地址：北京市通州区马驹桥镇北门口村村委会东900米
…………………… Tel：13811412248

唐山十月制版印刷有限公司北京分公司
地址：北京市丰台区小井乙398号
…………………… Tel：010-60576626-8121

北京博海升彩色印刷有限公司
地址：北京市通州区中关村科技园区通州园金桥科技产业基地环宇路6号
……………………Tel：010-60594509

北京天工印刷有限公司
地址：北京市通州区中关村科技园区通州园金桥科技产业基地环科中路甲1号
……………………Tel：010-60595185

北京雅正源彩色制版印刷有限公司
地址：北京市大兴区生物医药产业基地天宫路3号
…………………… Tel：13601207577

北京雅正源彩色制版印刷有限公司
地址：北京市大兴区生物医药产业基地天宫路3号
……………………Tel：010-61256794

北京星都凹版制辊有限公司
地址：北京市大兴区黄村镇民营工业区天水街民和路11号
……………………Tel：010-61258607

北京侨友印刷有限公司
地址：北京市大兴区黄村镇孙村物顺北路8号
……………………Tel：010-61260115

北京圣美印刷有限责任公司
地址：北京市大兴区黄村镇孙村村委会南300米
……………………Tel：010-61268877

纽朗包装机械（北京）有限公司
地址：北京市大兴区中关村科技园区大兴生物医药产业基地永兴路31号1-4层
……………………Tel：010-61271688

北京嘉业印刷厂
地址：北京市大兴区黄村镇李村
……………………Tel：010-61282822

北京通通融合科技有限公司
地址：北京市丰台区南四环西路188号五区7号楼6层602
……………………Tel：010-61284947

北京市联华印刷厂
地址：北京市通州区西集镇金各庄村东
……………………Tel：010-61558130

北京造纸七厂有限责任公司
地址：北京市通州区 县镇靛庄村村委会东300米
…………………… Tel：010-61567151

奥瑞金科技股份有限公司
地址：北京市怀柔区雁栖工业开发区
……………………Tel：010-61666999

北京奥瑞金包装容器有限公司
地址：北京市怀柔区雁栖工业开发区
……………………Tel：010-61666999

北京怀北纸制品有限责任公司
地址：北京市怀柔区雁栖工业开发区北二街2号
……………………Tel：010-61667484

雷诺丽特恒迅包装科技（北京）有限公司
地址：北京市怀柔区雁栖经济开发区雁栖河西路3号
……………………Tel：010-61669540

北京龙港编织包装有限责任公司
地址：北京市怀柔区凤翔科技开发区内
……………………Tel：010-61677542

北京锦绣鑫印刷器材有限公司
地址：北京市怀柔区泉河二区甲1号楼19号
……………………Tel：010-61681258

北京恒信邦和彩色印刷有限公司
地址：北京市昌平区小汤山镇工业园区
……………………Tel：010-61713353

北京嘉正包装材料有限公司
地址：北京市平谷区峪口镇峪阳路37号
……………………Tel：010-61906648

北京市造纸包装工业有限公司海淀纸制品经营部
地址：北京市海淀区大有庄北上坡17号
……………………Tel：010-67043029

北京润泽包装托运有限公司
地址：北京市昌平区阳坊镇四家庄村阳光胡同12号院内北房6间
……………………Tel：010-62400332

北京新生代彩印制版有限公司
地址：北京市海淀区知春里甲10号誉德商务楼3层305-310号
……………………Tel：010-62625609

中国民主法制出版社有限公司
地址：北京市丰台区右安门外玉林里7号
……………………Tel：010-63056975

新华社印务有限责任公司
地址：北京市西城区宣武门西大街97号
……………………Tel：010-63072427

北京金工印刷有限公司
地址：北京市丰台区卢沟桥大瓦窑782号8幢
…………………Tel：010-63307983
北京京安印刷厂
地址：北京市西城区莲花池东路5号
…………………Tel：010-63448712
北京信至诚印刷有限公司
地址：北京市大兴区西红门镇四村民营路4号
…………………Tel：010-63509786
北京画中画印刷有限公司
地址：北京市大兴区黄村镇芦城工业区创新路101号
…………………Tel：010-63706888
北京高科印刷机械研究所有限公司
地址：北京市丰台区汽车博物馆东路1号院2号楼北座315
…………………Tel：010-63723309
科雷智印（北京）印刷科技有限公司
地址：北京市丰台区大瓦窑780号5205室
…………………Tel：010-63867100
北京三石印刷有限责任公司
地址：北京市大兴区北臧村镇新立村村民委员会南500米
…………………Tel：010-63986621
华欧互联（北京）制浆造纸咨询有限公司
地址：北京市西城区阜成门外大街1号16层1601E室
…………………Tel：13701062088
北京荣宝燕泰印务有限公司图文制作中心
地址：北京市朝阳区安华里504号
…………………Tel：010-64251500
中青印刷厂
地址：北京市朝阳区酒仙桥东路1号院M6楼
…………………Tel：010-64380026
北京今日新雅彩印制版技术有限公司
地址：北京市顺义区北小营镇府前街7号14幢一层275室
…………………Tel：010-64386866
北京冠华伟业国际贸易有限公司
地址：北京市朝阳区安定路12号国典华园7号(住宅)楼1单元2E室
…………………Tel：010-64433312
中国包装有限责任公司
地址：北京市朝阳区东三环北路3号B座
…………………Tel：010-64616362
中国包装进出口有限责任公司
地址：北京市朝阳区东三环北路幸福大厦B座
…………………Tel：010-64616362
中国制浆造纸研究院有限公司
地址：北京市朝阳区启阳路4号院2号楼
…………………Tel：010-64778015
中国造纸装备有限公司
地址：北京市朝阳区启阳路4号中轻大厦
…………………Tel：010-64778210
中国造纸学会
地址：北京市朝阳区启阳路4号院1号楼2单元
…………………Tel：010-64778760
中国包装和食品机械有限公司
地址：北京市朝阳区德胜门外北沙滩1号
…………………Tel：010-64882501
北京中发鼎盛投资基金管理有限公司
地址：北京市朝阳区日坛北路17号院1号楼12层1218
…………………Tel：010-64990606
中国国际包装租赁有限公司
地址：北京市朝阳区新源南路6号北京京城大厦4310室
…………………Tel：010-64992739
北京九九九歌文化有限公司
地址：北京市怀柔区怀北镇怀北路308号（集群注册）
…………………Tel：010-65086107
北京茂鑫安全印务有限公司
地址：北京市通州区张家湾镇西定福庄
…………………Tel：010-65105125
北京摩爱健康科技有限公司
地址：北京市通州区潞苑南大街甲560号B区305-C7
…………………Tel：010-65588290
维美德造纸机械技术（中国）有限公司北京分公司
地址：北京市朝阳区东三环北路19号楼6层601内01室
…………………Tel：010-65662568
北京财经印刷厂
地址：北京市朝阳区三间房乡褡裢坡村
…………………Tel：010-65763367
北京全包圆家居装饰有限公司
地址：北京市密云区鼓楼东大街3号山水大厦3层313室-1404(云创谷经济开发中心集中办公区)
…………………Tel：010-65776655
施潘德包装印刷科技发展（北京）有限公司
地址：北京市通州区朱家垡村西900号院64号楼1-3层101
…………………Tel：010-65780325
北京艾迪尔电脑图文制版设计有限公司
地址：北京市朝阳区朝阳路十里堡甲3号1号住宅楼1-11C
…………………Tel：010-65856668
中国能源开发有限公司
地址：北京市海淀区西直门北大街56号南栋0101七层06号
…………………Tel：010-66006118
北印印刷集团有限责任公司制版厂
地址：北京市西城区佟麟阁路95号
…………………Tel：010-66020804
中国法制出版社有限公司
地址：北京市西城区西单横二条2号
…………………Tel：010-66066675
北京科影音像出版社
地址：北京市西城区新街口北大街74号
…………………Tel：010-66115507
文物出版社印刷厂有限公司
地址：北京市大兴区西红门镇金服大街5号院2号楼一层101
…………………Tel：010-66178280
北京市造纸包装工业公司
地址：北京市东城区东直门外香河园1号
…………………Tel：010-67043080
北京市造纸包装工业有限公司
地址：北京市东城区东直门外香河园1号
…………………Tel：010-67043080
北京思威温泉商贸有限公司
地址：北京市东城区广渠南水关胡同7号
…………………Tel：010-67122968
北京京城机电股份有限公司
地址：北京市朝阳区东三环中路59号楼901室
…………………Tel：010-67365383
北京市商标印刷三厂
地址：北京市北京经济技术开发区经海二路11号
…………………Tel：010-67372860
北京富诚彩色印刷有限公司
地址：北京市大兴区旧宫镇工业区南区甲11号
…………………Tel：010-67579985
北京钰泷造纸科技发展有限公司
地址：北京市门头沟区斋堂镇柏峪村BYC0010号
…………………Tel：010-67724348
北京市朝阳北方印刷机电器厂
地址：北京市朝阳区南磨房东石门38号
…………………Tel：010-67730963
北京安冉宏运商贸有限公司
地址：北京市门头沟区门头沟路11号院5号楼12层1215
…………………Tel：010-67776692
北京北人印刷设备有限公司
地址：北京市北京经济技术开发区荣昌东街6号1号楼6605室
…………………Tel：010-67803117
北京京诚新星造纸工程技术有限公司
地址：北京市北京经济技术开发区建安街7号403室
…………………Tel：010-67835172
北京龙世杰印刷有限公司
地址：北京市北京经济技术开发区隆庆街13号
…………………Tel：010-67878743
北京当纳利商贸有限公司
地址：北京市北京经济技术开发区科创十三街18号院5号楼10层1001
…………………Tel：010-67880499
北京德宝商三包装印刷技术有限公司
地址：北京市北京经济技术开发区荣华南路2号院3号楼2003A
…………………Tel：010-67881568-2004
北京德宝商三包装印刷技术有限公司
地址：北京市北京经济技术开发区荣华南路2号院3号楼2003A
…………………Tel：010-67881568-2004
利乐包装（北京）有限公司
地址：北京市北京经济技术开发区东环南路15号
…………………Tel：010-67887117
贝迪印刷（北京）有限公司
地址：北京市北京经济技术开发区永昌北路3号8号厂房8401、8402单元
…………………Tel：010-67887799
北京世纪恒宇印刷有限公司
地址：北京市大兴区亦庄镇亦庄东工业区经海三路15号
…………………Tel：010-67892828-8012
北京三联包装印刷有限公司
地址：北京市房山区窦店镇窦店村村委会东1195米
…………………Tel：010-67958052
北京精工华晖凹印制版有限公司
地址：北京市丰台区大红门园艺场
…………………Tel：010-67963538
北京凯腾精工制版股份有限公司
地址：北京市丰台区星火路1号1幢18层18C1室
…………………Tel：010-67970103
北京市精工凹印制版有限公司
地址：北京市丰台区大红门久敬庄路57号
…………………Tel：010-67970103
北京荣宝燕泰印务有限公司
地址：北京市丰台区海户西里2号楼3层1-10内363
…………………Tel：010-67990858
北京荣宝燕泰印务有限公司
地址：北京市丰台区海户西里2号楼3层1-10内363
…………………Tel：010-67990858
北京建筑工业印刷厂
地址：北京市西城区阜外南礼士路3号
…………………Tel：010-68039666
北京翔利印刷有限公司
地址：北京市海淀区万寿路翠微中里16号办公楼B一层
…………………Tel：010-68100071
北京国工印刷厂
地址：北京市海淀区三里河路41号
…………………Tel：010-68335782
北京精美商务有限公司
地址：北京市西城区西直门外大街德宝新园11号
…………………Tel：010-68347881
北京机工印刷厂
地址：北京市海淀区三里河路39号
…………………Tel：010-68348331
中国印刷有限公司北京新华印刷厂
地址：北京市西城区车公庄大街4号
…………………Tel：010-68353073
中国印刷有限公司
地址：北京市西城区车公庄大街乙5号
…………………Tel：010-68353185
北京中恒基业印刷有限公司
地址：北京市西城区三里河二区11号楼平房
…………………Tel：15011217615
北京航科文化传媒有限公司
地址：北京市丰台区云岗北区西里1号
…………………Tel：010-68374445
北京空天文化传媒有限公司
地址：北京市海淀区永定路50号
…………………Tel：010-68389177
北京锋尚制版有限公司
地址：北京市西城区三里河东路A9号楼3层
…………………Tel：010-68588553
北京中兴印刷有限公司
地址：北京市密云区车站西路(原粮食局捷阳公司院内)
…………………Tel：010-69042608
北人印刷机械股份有限公司卷筒纸胶印机制造分公司
地址：北京市大兴区工业开发区科苑路25号
…………………Tel：010-69262099
北京北印翔川印刷科技有限公司
地址：北京市房山区燕山东流水工业区9号
…………………Tel：010-69344942
北京明苑恒盛印刷有限公司
地址：北京市房山区良乡镇乐毅路2号1幢
…………………Tel：010-69382158-8016
中农印务有限公司
地址：北京市通州区北苑南路16号
…………………Tel：010-69542191
北京诚信伟业印刷有限公司
地址：北京市通州区张家湾镇皇木厂
…………………Tel：18810578480
北京中科印刷有限公司
地址：北京市通州区宋庄工业区一号楼101号
…………………Tel：010-69590320
北京安鼎旭商贸有限公司
地址：北京市通州区潞城镇常屯村东
…………………Tel：18001385706
北京朝阳印刷厂有限责任公司
地址：北京市朝阳区建外永安东里平房一号
…………………Tel：010-69598075
北京大恒三友全息包装技术有限公司
地址：北京市昌平区超前路5号
…………………Tel：010-69711185
北京成业恒信印刷有限公司
地址：北京市海淀区上庄镇东马坊村南街5号
…………………Tel：010-69732677
北京高财塑料包装印刷有限公司
地址：北京市昌平区阳坊镇工业开发区东区
…………………Tel：010-69760140
北京高财塑料包装印刷有限公司
地址：北京市昌平区阳坊镇工业开发区东区
…………………Tel：010-69760140
北京彩眸彩色印刷有限公司
地址：北京市昌平区马池口镇　屯村北京燕旭工留有限公司院内
…………………Tel：010-69791183
升兴（北京）包装有限公司
地址：北京市平谷区平和街7号(北京兴谷经济开发区内)
…………………Tel：010-69956333
小森印刷（北京）有限公司
地址：北京市大兴区亦庄镇新城工业园151号
…………………Tel：010-80215073
北京日月兴彩印包装有限公司
地址：北京市房山区韩村河镇曹章村东
…………………Tel：010-80389190
北京建宏印刷有限公司
地址：北京市顺义区后沙峪镇吉祥工业区
…………………Tel：010-80415702
北京中石油彩色印刷有限责任公司
地址：北京市顺义区天竺空港工业区天柱西路甲10号
…………………Tel：010-80427353
北京雅昌艺术印刷有限公司
地址：北京市顺义区高丽营镇金马园达盛路3号
…………………Tel：010-80451188
北京宝丰印刷有限公司
地址：北京市顺义区北京空港物流基地顺畅大道8号
…………………Tel：010-80529815
北京盛源印刷有限公司
地址：北京市通州区　县镇后地村村委会北300米
…………………Tel：010-80557706
北京通县佳誉造纸厂
地址：北京市通州区台湖镇口子村
…………………Tel：18901252158
北京东港安全印刷有限公司
地址：北京市北京经济技术开发区经海四路139号1幢
…………………Tel：010-80806212
北京金印联国际供应链管理有限公司
地址：北京市大兴区兴华大街(二段)1号院20号楼11层
…………………Tel：010-81290858
北京首成包装服务有限公司
地址：北京市顺义区李桥镇临清村委会西侧50米
…………………Tel：010-81477310
北京市通州飞马造纸厂
地址：北京市通州区次渠镇董村
…………………Tel：13601052390
北京日报印务有限责任公司

地址：北京市东城区建国门内大街20号
……………………Tel：010-81502992
北京信彩瑞禾印刷厂
地址：北京市通州区台湖镇垛子村村委会西1200米
……………………Tel：010-81509896
北京亚泰利印刷制版技术有限公司
地址：北京市通州区乔庄东区2号7号楼121室
……………………Tel：010-81592968
北京集雅印艺彩印制版技术有限公司
地址：北京市昌平区回龙观镇回龙观西大街9号院12号楼9层1单元1009
……………………Tel：010-81745290
中纸合众造纸技术开发（北京）有限公司
地址：北京市海淀区马甸东路17号23层2712室
……………………Tel：13161918873
北京昌圣彩虹数码印刷技术有限公司
地址：北京市昌平区南邵镇景兴街25号院11号楼11层1101
……………………Tel：010-82080956
北京中环报版图文制作部
地址：北京市房山区良乡凯旋大街建设路18号-A795
……………………Tel：010-82349145
北京佳创奇点彩色印刷有限公司
地址：北京市海淀区西北旺镇皇后店村南
……………………Tel：010-82470298
北京博璟兴华印刷有限公司
地址：北京市海淀区上庄镇白水洼村东梅辛路北50米
……………………Tel：010-82474171
北京美光制版有限公司
地址：北京市朝阳区北四环中路六号华亭嘉园D-1003(只限办公)
……………………Tel：010-82842694
中国文化产业发展集团有限公司
地址：北京市海淀区翠微路2号院
……………………Tel：010-83060300
北京联兴盛业印刷股份有限公司
地址：北京市大兴区春林大街16号1幢等2幢
……………………Tel：010-83670386
北京华宇信诺印刷有限公司
地址：北京市丰台区王佐镇庄户工业园1号院
……………………Tel：010-83876175
法制音像出版社
地址：北京市丰台区莲花池西里7号5层505室
……………………Tel：010-83938201
北京隆昌伟业印刷有限公司
地址：北京市朝阳区金盏乡楼梓庄村北
……………………Tel：010-84317821
北京达利顺捷印刷技术有限公司
地址：北京市朝阳区望京园603号楼10层1125
……………………Tel：010-84417500
北京印艺华彩印刷技术有限公司
地址：北京市怀柔区雁栖经济开发区杨雁路88号
……………………Tel：010-84470042
北京图文天地制版印刷有限公司
地址：北京市通州区西集镇金各庄村村委会南300米
……………………Tel：010-84488980
北京将至信息科技发展股份有限公司
地址：北京市朝阳区水南庄2幢1层104室
……………………Tel：010-84765016
法制日报社印刷厂
地址：北京市朝阳区花家地甲1号
……………………Tel：010-84772571
北京顺诚彩色印刷有限公司
地址：北京市顺义区高丽营镇金马园三街12号
……………………Tel：010-84866336
北京次渠印刷包装有限公司
地址：北京市通州区中关村科技园光机电一体化产业基地嘉创五路1号
……………………Tel：010-85380809
北京次渠印刷包装有限公司
地址：北京市通州区中关村科技园光机电一体化产业基地嘉创五路1号
……………………Tel：010-85380809
北京东方金叶印刷有限公司
地址：北京市朝阳区高碑店西店村甲18号
……………………Tel：010-85767911
北京知行和易科技有限公司
地址：北京市顺义区南法信镇金穗路2号院7号楼3层312室
……………………Tel：010-86207839
深圳利丰快杰制版有限公司北京分公司
地址：北京市朝阳区建国门外大街甲6号1号楼7层C座八层A801室
……………………Tel：010-86370078
北京赛维莱特科技有限公司
地址：北京市海淀区人民大学北路33号院1号楼14层14705号
……………………Tel：010-8643562
北京新华印刷有限公司
地址：北京市北京经济技术开发区凉水河一街8号院
……………………Tel：010-87226856
北京鑫益晖印刷有限公司
地址：北京市大兴区亦庄镇工业区内康碱路1号
……………………Tel：010-87300275
北京金彩印刷有限公司
地址：北京市朝阳区十八里店乡横街子村168号
……………………Tel：010-87302800
北京缤索印刷有限公司
地址：北京市朝阳区十八里店乡横街子村张家店289号
……………………Tel：010-87303993
北京天恒嘉业印刷有限公司
地址：北京市朝阳区豆各庄乡水牛坊村村南218号
……………………Tel：010-87332759
北京永诚印刷有限公司
地址：北京市朝阳区十八里店乡小武基村二队
……………………Tel：010-87360946
北京蓝天印刷包装集团有限公司
地址：北京市朝阳区小红门龙爪树南里四号
……………………Tel：010-87396851
北京蓝天印刷包装集团有限公司
地址：北京市朝阳区小红门龙爪树南里四号
……………………Tel：010-87396851
北京昊天国彩印刷有限公司
地址：北京市通州区宋庄镇六合桥西甲1号(北京国彩印刷有限公司院内)
……………………Tel：010-87563888
北京逸彩兴业印刷有限公司
地址：北京市通州区马驹桥镇周营村226号
……………………Tel：010-87665588
北京慧麟拍卖有限公司
地址：北京市北京经济技术开发区西环南路26号院29号楼202室
……………………Tel：010-87703990
北京雷杰印刷有限公司
地址：北京市朝阳区高碑店乡东店村198号
……………………Tel：010-87741713
北京朝阳新艺印刷有限公司
地址：北京市朝阳区北京东站东侧
……………………Tel：010-87797366
北京三弦互生包装科技有限公司
地址：北京市北京经济技术开发区科创四街36号院5号楼3层0327室
……………………Tel：010-87855960
北京市大天乐投资管理有限公司
地址：北京市大兴区旧宫镇工业园区南区甲7号
……………………Tel：010-87963999
北京宝岛包装印刷有限公司
地址：北京市大兴区旧宫工业园区富华街北东区甲19号
……………………Tel：010-87971147
北京宝岛包装印刷有限公司
地址：北京市大兴区旧宫工业园区富华街北东区甲19号
……………………Tel：010-87971147
文化发展出版社有限公司
地址：北京市海淀区翠微路2号院五区2号楼房三层301
……………………Tel：010-88275719
中国印刷科学技术研究院有限公司
地址：北京市海淀区翠微路2号院
……………………Tel：010-88275859
北京科印近代印刷技术有限公司
地址：北京市海淀区翠微路2号院内
……………………Tel：010-88275899
北京世纪鸿文制版技术有限公司
地址：北京市海淀区蓝靛厂路13号8号楼301室
……………………Tel：010-88455502
北京市海淀区四季青印刷厂
地址：北京市海淀区四季青门头村48号
……………………Tel：010-88993878
三隆（北京）纸制品制造有限公司
地址：北京市密云县密云镇季庄村康馨雅苑西100米
……………………Tel：18311139810
北京万博诚印刷有限公司
地址：北京市密云区十里堡镇双井村
……………………Tel：010-89097195
北京运城智能科技有限公司
地址：北京市大兴区兴华大街(三段)88号院3号楼10层1单元1004
……………………Tel：010-89220311
北京恒联伟业印刷技术有限公司
地址：北京市大兴区经济开发区金辅路8号2号楼三层321室
……………………Tel：010-89292391
北京国瑞和包装印刷有限公司
地址：北京市顺义区牛栏山镇牛汇街6号
……………………Tel：010-89411691
北京国瑞和包装印刷有限公司
地址：北京市顺义区牛栏山镇牛汇街6号
……………………Tel：010-89411691
北京京都六环印刷厂
地址：北京市通州区永顺镇刘李路6号
……………………Tel：010-89556659
朝灯精密制版（北京）有限公司
地址：北京市通州区宋庄镇富豪村北
……………………Tel：010-89562788
北京智慧源印刷有限公司
地址：北京市通州区北皇木厂街2号院3号楼13层1303
……………………Tel：010-89565877
北京优贯创意文化有限公司
地址：北京市通州区旺都二街8号1幢
……………………Tel：010-89578080
北京嘉正伟业印刷包装有限公司
地址：北京市通州区潞城镇政府东侧
……………………Tel：010-89581443
北京美通印刷有限公司
地址：北京市通州区永顺镇焦王庄
……………………Tel：010-89591018

天津市

天津市庆云集包装制品有限公司
地址：天津市武清区陈咀镇兴旺道南侧10号
……………………Tel：022-22136008
天津汇世祥包装制品股份有限公司
地址：天津市武清区京津电子商务产业园兴广路2号
……………………Tel：022-22138295
天津鸿科印刷有限公司
地址：天津市武清区黄花店镇西后庄村
……………………Tel：022-22138295
天津华一印刷科技有限公司
地址：天津市武清开发区福源道北侧创业总部基地C18号楼北栋383室
……………………Tel：022-22138295
天津市汇德泉包装制品有限公司
地址：北辰区双口镇工业园
……………………Tel：022-22143133
天津宏盛印刷有限公司
地址：天津市武清区黄花店镇西后庄村
……………………Tel：022-22150365
天津市武清区渤海印刷有限公司
地址：武清区黄花店镇冀营村
……………………Tel：022-22150365
天津沐彤印刷有限公司
地址：天津市武清区黄花店镇三街
……………………Tel：022-22150365
万国食品包装（天津）有限公司
地址：天津新技术产业园区武清开发区泉汇路16号
……………………Tel：022-22151912
天津营益信息技术有限公司
地址：天津市武清开发区福源道北侧
……………………Tel：022-22153208
尚美印刷（天津）有限公司
地址：天津市武清开发区泉旺路23号
……………………Tel：022-22163098
天津市常印印刷有限公司
地址：武清区豆张庄乡政府北侧
……………………Tel：022-22167543
华源包装（天津）有限公司
地址：武清区大王古庄经济区恒元道8号
……………………Tel：022-22198190
速必雅（天津）包装有限公司
地址：天津市武清区京滨工业园泰元道10号
……………………Tel：022-22198308
天津北方嘉科印刷科技有限公司
地址：天津市武清区京滨工业园古旺路18号
……………………Tel：022-22238723
天津久佳雅创印刷有限公司
地址：天津市宝坻区牛道口镇产业园区一号路1号
……………………Tel：022-22453628
天津鑫旭阳印刷有限公司
地址：天津宝坻经济开发区宝中道北侧5号1号楼106室
……………………Tel：022-22458636
天津创先河普业印刷有限公司
地址：天津宝坻经济开发区宝中道北侧5号5号厂房
……………………Tel：022-22458681
天津奥丰特印刷有限公司
地址：天津宝坻经济开发区宝中道北侧5号
……………………Tel：022-22458738
天津梓和印刷有限公司
地址：天津市宝坻区天宝工业园宝旺道七号
……………………Tel：022-22520579
炫彩（天津）印刷有限责任公司
地址：天津市宝坻区天宝工业区宝康道5号-8
……………………Tel：022-22520768
朝灯网版模具制造（天津）有限公司
地址：天津宝坻节能环保工业区宝强道北侧
……………………Tel：022-22521197
天津市茂海纸业印刷有限公司
地址：天津市宝坻区天宝工业园
……………………Tel：022-22531628
天津嘉正包装科技有限公司
地址：天津市蓟州区京津州河科技产业园锦丰科贸园2号标准车间K-2区
……………………Tel：022-22801568
嘉正印务（天津）有限公司
地址：天津市蓟州区京津州河科技产业园（原上仓工业园）2号标准厂房
……………………Tel：022-22801568
天津市金来包装制品工贸有限公司
地址：天津市蓟州区桑梓镇赵翰林村（平宝公路蓟州段20.8公里处路西）
……………………Tel：022-22818566
天津全能胜利印刷设备有限公司
地址：天津市武清区梅厂镇福源经济区福旺道6号
……………………Tel：022-22905675
天津兴阳包装有限责任公司
地址：天津市武清区陈咀镇兴旺道南侧10号
……………………Tel：022-22990017
天津市卫印印刷有限责任公司
地址：天津市和平区河沿路金泉里1栋13-14门
……………………Tel：022-23524570
天津奇旸纸制品有限公司
地址：河西区怒江道14号
……………………Tel：022-23530179
天津市前进印刷有限公司
地址：天津市西青区大寺镇津港公路与赛达世纪大道交口东侧600米
……………………Tel：022-23971623
天津中天制卡有限公司
地址：天津市西青开发区兴华六支路
……………………Tel：022-23971919
天津中铁物资印业有限公司
地址：河东区大王庄十四经路2号
……………………Tel：022-24140819
天津市印刷电路板厂
地址：河北区王串场海门路3号
……………………Tel：022-24347245
天津陆通印刷有限公司
地址：天津市西青经济开发区集美工业园14B
……………………Tel：022-24359991

高等教育出版社印刷厂（天津）
地址：天津市东丽区卫国道204号
……Tel：022-24370350

天津汉京印刷有限公司
地址：天津市津南区葛沽镇津沽路85号10号厂房
……Tel：022-24393960

天津包装印刷公司
地址：天津市和平区解放路52号
……Tel：022-24453618

天津市华明永盛包装制品有限公司
地址：天津自贸试验区（空港经济区）航空路220号
……Tel：022-24891616

高利尔（天津）包装有限公司
地址：天津自贸试验区（空港经济区）西十一道99号
……Tel：022-24891791

天津艺虹印刷发展有限公司
地址：天津自贸试验区（空港经济区）航空路168号
……Tel：022-24891962

天津津滨造纸有限责任公司
地址：天津经济技术开发区第一大街2号
……Tel：022-24933258

天津赛通供应链管理有限公司
地址：武清区大良镇旗良公路东侧
……Tel：022-24938988

合众创亚渤海（天津）包装有限公司
地址：天津市东丽经济开发区七经路
……Tel：022-24981596

天津润德包装有限公司
地址：天津市宝坻区宝平公路西侧（高家庄镇工业园区内宝康道）
……Tel：022-2520261

天津顶彩包装有限公司
地址：天津经济技术开发区渤海路19号生产厂房
……Tel：022-25278800

天津实发—紫江包装有限公司
地址：天津开发区第七大街16号、18号
……Tel：022-25292601

依莱克斯德（天津）无菌包装有限公司
地址：天津开发区洞庭三街7号
……Tel：022-25293272

天津普乐包装容器有限公司
地址：天津经济技术开发区
……Tel：022-25322222

天津嘉园塑料包装有限公司
地址：天津经济技术开发区欣泰街5号
……Tel：022-25322478

天津育新塑料包装有限公司
地址：天津经济技术开发区欣泰街3号
……Tel：022-25328780

天津文胜环保包装有限公司
地址：天津经济技术开发区欣泰街3号
……Tel：022-25328780

山水视讯（天津）电子科技有限公司
地址：天津经济技术开发区（南港工业区）中区纺四路1号八号厂房317室及4号车间
……Tel：022-25361199

海德堡（天津）印刷设备有限公司
地址：天津自贸区（天津港保税区）海滨六路58号
……Tel：022-25761637

天津柯罗兰印刷有限公司
地址：天津滨海高新区塘沽海洋科技园新北路4668号创新创业园3-A号厂房一层东半侧
……Tel：13502089904

天津渤商印刷科技发展有限公司
地址：天津市滨海新区广达商城10-2-601
……Tel：022-25894635

天津隽思科技有限公司
地址：天津市北辰区天津北辰经济技术开发区科技园汾河南道8号
……Tel：022-26318006

爱趣源（天津）包装印刷有限公司
地址：天津市北辰区新技术产业园区北辰科技工业园红旗路西
……Tel：022-26318130

天津市彩虹制版有限公司
地址：天津市河北区宁园街万柳村大街56号（纺织机械有限责任公司院内A8-127）
……Tel：022-26352983

天津市超凡印刷制版有限公司
地址：天津市河北区东七经路37号
……Tel：022-26361618

天津顺合鸿聚印刷科技有限公司
地址：天津市北辰区小淀镇刘安庄工业园兴安西路1号
……Tel：022-26412033

天津市振兴源隆印刷有限公司
地址：天津市东丽区金钟街大毕庄村
……Tel：022-26791727

天津艾伟印刷科技有限公司
地址：天津市东丽区金钟街杨北公路397号
……Tel：022-26792036

天津长荣绿色包装材料有限公司
地址：天津市北辰区天津北辰经济技术开发区高端园永兴道102号
……Tel：022-26881958

天津长荣云印刷科技有限公司
地址：天津市北辰区天津北辰经济技术开发区高端园永兴道102号
……Tel：022-26881958

天津百诺环球印刷有限公司
地址：天津市北辰区天津医药医疗器械工业园22号（62-2）
……Tel：022-26961161

天津恒丰达塑业股份有限公司
地址：天津市北辰区小淀镇刘安庄兴安路6号
……Tel：022-26993351

天津王朝包装印刷制品有限公司
地址：北辰区津围公路西（小淀镇津围公路葡萄园内）
……Tel：022-26996433

天津王朝包装印刷制品有限公司
地址：北辰区津围公路西（小淀镇津围公路葡萄园内）
……Tel：022-26996433

天津印艺通制版印刷股份有限公司
地址：南开区三纬路50号（宁家大院）
……Tel：022-27216989

天津造纸公司
地址：天津市南开区渭水道12号
……Tel：022-27367014

天津天轻造纸机械有限公司
地址：津南区辛庄镇白塘口村内发港南路29号
……Tel：022-27468790

天津市华光印刷感光材料销售服务中心
地址：南开区川府新村貌川里7号楼15号
……Tel：022-27612614

天津市华美德教育信息咨询有限公司
地址：南开区南泥湾路6号内缝纫楼222、225号
……Tel：3902065170

天津宜药印务有限公司
地址：南开区咸阳路83号
……Tel：022-27698171

天津九星印刷制版有限公司
地址：南开区黄河道红日南路54号
……Tel：022-27698792

天津市众邦制版印刷服务有限公司
地址：天津市东丽区万新街成林道与沙柳路南侧
……Tel：022-27839698

天津市鹏兴顺印刷有限公司
地址：天津市西青区中北工业园区星光路20号增1号
……Tel：022-27981888

天津利和包装进出口有限公司
地址：天津市河西区解放南路279号
……Tel：022-28130663

天津市第十人民造纸厂有限公司
地址：天津市津南区咸水沽津沽路25号
……Tel：022-28391241

天津中天证照印刷有限公司
地址：天津市津南区双港镇新家园路8号
……Tel：022-28592205

天津联合包装有限公司
地址：天津市津南区八里台工业园区丰泽四大道12号
……Tel：022-28669570

天津万事达印铁包装容器有限公司
地址：天津市津南区八里台镇建设四支路6号
……Tel：022-28751325

天津市万霖制版印务有限公司
地址：天津市河西区怒江道7号万德科技园内
……Tel：022-28765006

天津天胜包装有限公司
地址：天津市静海区大邱庄镇津美街长江北道1号
……Tel：022-28896239

鸿博汇达（天津）包装印刷科技有限公司
地址：天津市武清区梅厂镇福旺道6号增1号
……Tel：022-29300161

鸿博汇达（天津）包装印刷科技有限公司
地址：天津市武清区梅厂镇福旺道6号增1号
……Tel：022-29300161

鸿博睿特（天津）印刷科技有限公司
地址：天津市武清区梅厂镇福旺道6号增1号
……Tel：022-29300192

天津市有为印刷包装有限公司
地址：天津市武清区下朱庄街南北辛庄立交桥西侧
……Tel：022-29326699-8023

天津市永盈印刷有限公司
地址：武清区黄花店镇东田庄村
……Tel：022-29480000

捷鹰印刷（天津）有限公司
地址：天津市武清区汊沽港镇秀园道16号
……Tel：022-29498339

凯德印刷（天津）有限公司
地址：天津市宝坻区潮阳街道马家店工业园区规划7号道16号B区
……Tel：18511118877

天津市蓟县津京造纸厂
地址：蓟县东赵乡西苏庄子
……Tel：13312151639

天津迪明包装科技股份有限公司
地址：蓟县洇溜乡苏庄子村
……Tel：022-29895682

天津翔远印刷有限公司
地址：天津市宝坻区新开口镇产业功能区天源路9号
……Tel：022-29908618

天津联城印刷有限公司
地址：天津市宝坻区新安镇工业园区3号路2号
……Tel：022-29937958

玖龙智能包装（天津）有限公司
地址：天津市宁河区经济开发区五纬路
……Tel：022-56326666

天津正合精密印刷有限公司
地址：天津西青汽车工业区中联产业园4号楼1-2层
……Tel：022-58062918

天津丹盛包装有限公司
地址：天津空港经济区纬六路以北
……Tel：022-58097080

天津新华一印刷有限公司
地址：天津市河西区宾水道
……Tel：022-58160128

天津新华二印刷有限公司
地址：河西区尖山路100号
……Tel：022-58160225

天津金彩美术印刷有限公司
地址：天津市河西区宾西路12号
……Tel：022-58160327

天津利仁安泰商贸有限公司
地址：天津市西青区大寺镇北里八口村南津港高速与梨双路交口西侧300米珠江石材总部基地精品展示区D2号
……Tel：022-58221256

维港包装（天津）有限公司
地址：天津市西青经济开发区赛达北三道2号
……Tel：022-58226104

环亚包装（天津）有限公司
地址：天津市西青经济开发区赛达九支路5号
……Tel：022-58226104

天津中硕高分子材料有限公司
地址：天津市静海经济开发区南区泰安道与高常路交口
……Tel：022-58607900

天津环球高新造纸网业有限公司
地址：华苑产业区鑫茂科技园C1座五层B单元501室
……Tel：022-58663770

天津市造纸网厂
地址：西青区杨庄子外铁道北玉门路
……Tel：022-58663770

天津市造纸网厂聚脂制品厂
地址：西青区杨庄子大堤外玉门路
……Tel：022-58663770

世昇包装（天津）有限公司
地址：天津市津南区八里台工业园区
……Tel：022-58781155

维美德织物（中国）有限公司
地址：天津自贸试验区（空港经济区）西二道1号
……Tel：022-58821821

天津中荣印刷科技有限公司
地址：北辰区天津风电产业园
……Tel：022-58873382

天津市银博印刷集团有限公司
地址：天津市河北区张兴庄大道86号
……Tel：022-58961995

尤妮佳包装材料（天津）有限公司
地址：天津市西青经济开发区友谊南路122号A栋
……Tel：022-58964660

天津市泽宇包装制品有限公司
地址：天津大邱庄工业区
……Tel：022-59518999

天津普利派克包装制品有限公司
地址：静海城东天津新技术产业园区天宇科技园
……Tel：022-59529900

天津兴融和纸制品制造有限公司
地址：天津市静海区梁头镇张庄子村村委会南500米
……Tel：17726077933

政伸印刷（天津）有限公司
地址：天津市静海经济开发区物海道
……Tel：022-59591669

天津舜蒲环保科技发展有限公司
地址：天津市武清区下朱庄街南北辛庄立交桥西侧
……Tel：022-59662533

天津世凯威包装有限公司
地址：天津市武清区京滨工业园
……Tel：022-59696378

天津市华恒包装材料有限公司
地址：天津市滨海新区轻纺经济区纺四路1号1-4（集中办公区）
……Tel：022-59795501

岱纳包装（天津）有限公司
地址：天津经济技术开发区西区新环东路51号（存在多址信息）
……Tel：022-59000624

丝艾（天津）包装材料有限公司
地址：天津开发区西区新圣路110号
……Tel：022-59868859

常屏郡秀（天津）塑料包装制品有限公司
地址：天津宝坻塑料制品工业区广仓道28号
……Tel：022-59950168

天津艺俪源云印刷科技有限公司
地址：天津市南开区南门外大街与服装街交口悦府广场1号楼2203
……Tel：022-60113020

天津市津卫药品包装有限公司
地址：天津市宝坻区霍各庄镇津围公路北侧
……Tel：022-60123501

天津市灯塔永明涂料包装器材有限责任公司
地址：天津市北辰区天穆镇朝阳路东
……Tel：022-60455142

诚通物流包装有限公司
地址：天津自贸试验区（空港经济区）保航路1号航空产业支持中心435室
……Tel：022-60723005

天津长荣科技集团股份有限公司
地址：天津新技术产业园区北辰科技工业园
……Tel：022-60826666

天津桂冠包装材料有限公司
地址：天津新技术产业园区北辰科技工业园
……Tel：022-60826666

天津市麒麟造纸有限公司
地址：武清区下伍旗镇八间房村东
……Tel：022-60878939

祥恒（天津）包装有限公司
地址：天津市武清区汽车零部件产业园
……Tel：022-60979599

天津市大港兴华福利造纸厂

地址：天津市滨海新区大港沙井子三村
……………………Tel：022-63191461
绿塑源（天津）科技有限公司
地址：天津开发区第九大街80号丰华园厂房二期13号02-01厂房
……………………Tel：022-65832255
天津秉信包装有限公司
地址：天津经济技术开发区西区西北一街11号
……………………Tel：022-66191528
天津博瑞尔包装机械有限公司
地址：天津经济技术开发区黄海路276号6号楼一层107号厂房
……………………Tel：022-66195981
天津利士包装有限公司
地址：天津开发区洞庭路167号
……………………Tel：022-66200950
天津顶正印刷包材有限公司
地址：天津开发区第十一大街52号
……………………Tel：022-66230830
天津精工华晖制版技术开发有限公司
地址：天津经济技术开发区第四大街与南海路交口处
……………………Tel：022-66298329
天津大宇包装制品有限公司
地址：天津开发区西区新民路99号
……………………Tel：022-66320933
天津济丰包装纸业有限公司
地址：天津开发区西区新业二街88号
……………………Tel：022-66321609
格瑞夫（天津）包装容器有限公司
地址：天津经济技术开发区西区中南三街79号
……………………Tel：022-66331628
新创（天津）包装工业科技有限公司
地址：天津市滨海新区田庄子工业园田庄路1号
……………………Tel：022-66531636
天津市海洋三原印刷有限公司
地址：天津经济技术开发区黄海路167号一层158室
……………………Tel：022-66703292
天津爱迪尔包装容器有限公司
地址：天津市滨海新区寨上街汉沽工业园区旭日街5号
……………………Tel：022-67161283
天津汇锦集团有限公司
地址：天津市滨海新区杨家泊镇杨家泊工业区七加三号路68号
……………………Tel：022-67258165
天津昌盛装潢印刷有限公司
地址：天津市滨海新区汉沽茶淀镇后沽村
……………………Tel：022-67273598
天津正继印刷包装有限公司
地址：天津市静海县开发区北区二号路
……………………Tel：022-68128187
天津正继印刷包装有限公司
地址：天津市静海县开发区北区二号路
……………………Tel：022-68128187
天津市文雅印刷标识有限公司
地址：天津市静海经济开发区物海道2号
……………………Tel：022-68166616
天津鑫硕铝型材有限公司
地址：静海县经济开发区
……………………Tel：022-68608068
天津市静海县利华印刷包装有限公司
地址：天津市静海县大邱庄镇五美城村
……………………Tel：022-68557118
天津市静海县利华印刷包装有限公司
地址：天津市静海县大邱庄镇五美城村
……………………Tel：022-68557118
天津市鑫源包装有限公司
地址：天津市静海经济开发区南区高常路18号
……………………Tel：022-68596780
天津助友造纸机械有限公司
地址：静海县开发新区金海道西
……………………Tel：022-68609165
天津市英诺印刷有限公司
地址：天津市静海经济开发区金海道19号
……………………Tel：022-68609788
天津鹏福源广告有限公司
地址：天津静海北环工业区东兴道25号
……………………Tel：022-68687997
嘉业印刷（天津）有限公司
地址：天津市静海经济开发区北区银海道48号
……………………Tel：022-68696724
天津市佳伴侣食品有限公司
地址：天津市静海区陈官屯镇高官屯村中学路2号
……………………Tel：18516895986
天津市宏宝塑料包装印刷有限公司
地址：天津市宁河区宁河镇芦宝公路西88号
……………………Tel：022-69112586
天津市宏宝塑料包装印刷有限公司
地址：天津市宁河区宁河镇芦宝公路西88号
……………………Tel：022-69112586
天津市宁河县造纸厂
地址：宁河县廉庄乡大于村
……………………Tel：022-69455666
天津运城制版有限公司
地址：天津市武清开发区泉发路19号
……………………Tel：022-82101137
天津市侨阳印刷有限公司
地址：武清区私营经济区
……………………Tel：022-82140059
天津市奇缘恒艺印刷制版有限公司
地址：武清区杨村武清商城B楼大厅
……………………Tel：022-82166820
天津市阳光彩色印刷有限公司
地址：武清私营经济区
……………………Tel：022-82170137
天津市慧翔实业集团有限公司
地址：天津市武清区梅厂镇福源经济区发源路8号
……………………Tel：022-82172286
中粮包装（天津）有限公司
地址：天津新技术产业园区武清开发区开源道
……………………Tel：022-82193879
天津市东利伟业包装制品有限公司
地址：天津市武清区东马圈镇武落路3号101-51（集中办公区）
……………………Tel：022-82212008
天津赛邦包装容器有限公司
地址：天津市武清区京滨工业园
……………………Tel：022-82272085
天津枫彩包装材料有限公司
地址：天津市武清区上马台镇云景道南侧24号
……………………Tel：022-82280928
天津市宝坻区发达造纸有限公司
地址：天津市宝坻区口东镇黑狼口工业区
……………………Tel：18622127186
天津市旭辉恒远塑料包装股份有限公司
地址：天津市宝坻区口东工业区福德路6号
……………………Tel：022-82509996
天津中为包装制品有限公司
地址：天津市宝坻区牛道口镇宝平公路收费站南侧
……………………Tel：022-82558888
天津旭丰源印刷有限公司
地址：天津市宝坻区黄庄镇产业功能区三号路5号
……………………Tel：022-82573686
天津市诚远印刷机械有限公司
地址：天津市宝坻区新安镇工业园区22号
……………………Tel：022-82581888
天津市宝德包装有限公司
地址：天津马家店工业区
……………………Tel：022-82626000
天津睿和名扬印刷有限公司
地址：天津市宝坻区新安镇工业园区34号
……………………Tel：022-82631119
天津市顺源纸制品包装有限公司
地址：西青区大寺镇贾庄子村南
……………………Tel：022-83963136
天津新特印刷有限公司
地址：天津市西青经济开发区兴华四支路8号
……………………Tel：022-83963279
金雄（天津）包装有限公司
地址：天津市西青经济开发区
……………………Tel：022-83980888
天津宝隆包装技术开发有限公司
地址：天津市西青经济技术开发区天源道9号A1、A2、B1座
……………………Tel：022-83986888
天津创世汇天印刷有限公司
地址：天津市西青经济开发区腾达园腾达一支路17号
……………………Tel：022-83988676
天津市亿博新型材料包装有限公司
地址：天津市西青经济开发区王稳庄工业园
……………………Tel：022-83998186
新月（天津）纸业有限公司
地址：天津市河东区红星路时尚花园7-1-101
……………………Tel：022-84588927
天津市鹏达印刷胶粘制品有限公司
地址：天津市东丽区金钟街欢坨村
……………………Tel：022-84814315
天津海顺印业包装有限公司
地址：天津市东丽区东丽开发区五纬路62号
……………………Tel：022-84840001
天津大成实业有限公司
地址：天津市东丽开发区五纬路62号
……………………Tel：022-84840001
天津市华明印刷有限公司
地址：天津市东丽区华明高新技术产业区华明大道17号
……………………Tel：022-84861859
天津陶陶国际贸易有限公司
地址：天津市东丽区华明街南坨村津赤路北
……………………Tel：022-84901155
禄鑫（天津）包装服务有限公司
地址：天津自贸区（空港经济区）中环西路55号104
……………………Tel：022-84909799
汇源印刷包装科技（天津）股份有限公司
地址：天津自贸试验区（空港经济区）航空路300号
……………………Tel：022-84912345-9903
汇源印刷包装科技（天津）股份有限公司
地址：天津自贸试验区（空港经济区）航空路300号
……………………Tel：022-84912345-9903
天津市万得福印刷包装有限公司
地址：河西区怒江道7号
……………………Tel：022-84912345-9903
天津铃锜印刷科技有限公司
地址：天津市静海区静海镇东兴道12号
……………………Tel：15620376664
天津冠宝包装有限公司
地址：天津市北辰区天津北辰经济技术开发区天津医药医疗器械工业园内京福公路西侧
……………………Tel：022-86838368
天津鑫嘉隆印刷股份有限公司
地址：南开区黄河道519号5幢1-001
……………………Tel：13821529270
天津江津印刷科技有限公司
地址：天津市西青经济技术开发区集美工业园12B
……………………Tel：022-87976916
天津市印刷物资公司
地址：天津市和平区西康路与岳阳道交口康岳大厦A座1-17-908室
……………………Tel：022-88111977
新跃塑料软包装有限公司
地址：天津滨海高新区华苑产业区海泰华科三路1号6号楼-1008
……………………Tel：022-88385982
天津市鼎铭造纸机械有限公司
地址：天津海河工业区聚兴道9号8205
……………………Tel：022-88510928
天津万昌印刷有限公司
地址：天津市津南区八里台镇工业园区建设路6号A区609室
……………………Tel：13929198840
玉树高科（天津）实业发展有限公司
地址：天津市津南区辛庄镇发港南路29号
……………………Tel：022-88823029
天津造纸厂有限公司
地址：河西区柳林街大沽南路1069号
……………………Tel：022-88823029
天津市福瑞制版印刷有限公司
地址：天津市河西区郁江道21号2-402
……………………Tel：022-88829855
天津市福瑞制版印刷有限公司
地址：天津市河西区郁江道21号2-402
……………………Tel：022-88829855
天津市福瑞制版印刷有限公司津南分公司
地址：天津市津南区开发区双港镇北京街56号
……………………Tel：022-88829855
天津万通包装有限公司
地址：天津市宁河县潘庄工业区三纬路南侧
……………………Tel：022-88956776

上海市

上海智永包装材料有限公司
地址：上海市嘉定区安亭镇嘉松北路6988号1幢1层108室J06
……………………Tel：021-12345678
富林特化学品（中国）有限公司
地址：上海市浦东新区江心沙路300号1号楼
……………………Tel：021-20204000
上海煜强印刷技术有限公司
地址：上海市长宁区虹桥路1157号264室
……………………Tel：021-61990078
上海荣申造纸机械有限公司
地址：浦东新区新场镇坦西村
……………………Tel：021-20907155
久塑科技（上海）有限公司
地址：中国（上海）自由贸易试验区临港新片区秋兴路875号6幢
……………………Tel：021-20938926
上海怡和印刷有限公司
地址：上海市虹口区昆山路170号
……………………Tel：021-20941273
上海翔港包装科技股份有限公司
地址：上海市浦东新区泥城镇翠波路299号
……………………Tel：021-20960623
上海优比科电子科技有限公司
地址：浦东新区惠南镇园西路318号
……………………Tel：021-20977888
上海卡确制版科技有限公司
地址：浦东新区宣桥镇宣春路166号5幢
……………………Tel：021-20989242
上海广电电脑彩色制版输出中心
地址：南京西路651号
……………………Tel：021-22009538
上海赛璞乐电力科技有限公司
地址：上海市虹口区邯郸路171号
……………………Tel：021-25650000
庆甸控制技术（上海）有限公司
地址：上海市奉贤区奉城镇洪庙工业园区工业二路168号4幢213室
……………………Tel：021-31027720
上海紫江喷铝环保材料有限公司
地址：上海市闵行区顾戴路1618号
……………………Tel：021-31051228
上海宝钢包装股份有限公司
地址：上海市宝山区罗东路1818号
……………………Tel：021-31165678
上海当纳利印刷有限公司
地址：上海市青浦工业园区崧泽大道7699号
……………………Tel：021-31166000
上海申瓯印刷有限公司
地址：上海市青浦区崧盈路699号1幢一层108室
……………………Tel：021-31196862
上海上荣包装技术有限公司
地址：上海市奉贤区柘林镇平林路585号2号厂房
……………………Tel：021-31217329
远东绿色包装（上海）有限公司
地址：上海市青浦工业园区新园路189号
……………………Tel：021-31268333
上海好之印电子商务有限公司
地址：上海市杨浦区国定路346号四楼0405室
……………………Tel：021-31268366
上海鸿洋印刷包装制品有限公司
地址：上海市宝山区月罗路559号Q-278室
……………………Tel：021-31268366
上海高邦印刷材料有限公司
地址：上海市松江区小昆山镇光华路489、499号16幢
……………………Tel：021-31270799
墨楷印刷新材料（上海）有限公司
地址：上海市松江区小昆山镇港业路216号

……………………Tel：021-31270799

加利派包装制品（上海）有限公司
地址：上海市奉贤区人杰路123号
……………………Tel：021-31776118

擎扬包装科技（上海）有限公司
地址：上海市奉贤区光泰路1899号
……………………Tel：021-31838980

上海速度印刷科技有限公司
地址：上海市金山区朱泾镇临源街750号2幢221H
……………………Tel：021-32510319

上海宝山海权包装材料有限公司
地址：宝山区园泰路300号
……………………Tel：021-32513960

高斯图文印刷系统（中国）有限公司
地址：上海市闵行区江月路903号
……………………Tel：021-33293903

上海沃厚包装科技有限公司
地址：上海市闵行区都庄路2388号3幢B座502室
……………………Tel：021-33363738

上海洁诺德包装有限公司
地址：上海市闵行区梅莲路158号
……………………Tel：021-33506390

韩金包装材料（上海）有限公司
地址：上海市嘉定区华亭镇华立路168号3幢101室
……………………Tel：021-33517166

豪门印刷（上海）有限公司
地址：上海市嘉定工业区兴荣路677号
……………………Tel：021-33517711

上海强邦印刷器材有限公司
地址：上海市嘉定区北和公路738号
……………………Tel：021-33517767

上海满星包装材料有限公司
地址：上海市松江区石湖荡镇古松路46号第14幢
……………………Tel：021-33521110

上海众迈制版有限公司
地址：上海市松江区洞泾镇振业路161号2栋3层
……………………Tel：021-33527963

上海道成实业有限公司
地址：上海市奉贤区青村镇奉柘公路2898号4幢7车间
……………………Tel：021-33580879

上海通辉印刷设备有限公司
地址：上海市闵行区顾戴路2959号3幢102室
……………………Tel：021-33582262

上海显容包装有限公司
地址：上海市奉贤区庄行镇沪发路175号4幢
……………………Tel：021-33616089

上海普豪生物能源设备工程有限公司
地址：上海市杨浦区怀德路399号（集中登记地）
…………………… Tel：13331802829

上海鄂尔特特包装技术股份有限公司
地址：上海市奉贤区肖南路508号
……………………Tel：021-33655088

上海沛鑫包装科技有限公司
地址：上海市奉贤区奉浦大道1189号
……………………Tel：021-33658333

上海筱聿化学科技有限公司
地址：上海市奉贤区庄行镇穗轮村663号2幢203室
……………………Tel：021-33664803

上海烁宏印刷器材有限公司
地址：上海市金山工业区林贤路1000号
……………………Tel：021-33692289

上海运盛制版有限公司
地址：上海市金山区亭林镇亭华路188号
……………………Tel：021-33697581

上海红蓝制版印务有限公司
地址：青浦区华新镇华民经济发展区
……………………Tel：021-33790321

上海三鼎印刷橡胶制品有限公司
地址：上海市宝山区铁山路130号
……………………Tel：021-33794871

上海沪一蜂窝纸芯制造厂
地址：上海市宝山区杨行镇北宗村顾家堰
……………………Tel：021-33852610

上海时匠印刷科技有限公司
地址：上海市青浦区盈港东路8300弄6-7号1幢3层V区332室
……………………Tel：021-33862267

上海天时印刷有限公司
地址：上海市青浦区沪青平公路4501弄2号
……………………Tel：021-33865666

上海普顺印刷包装有限公司
地址：上海市宝山区沪太路5553号-丙号3幢
……………………Tel：021-33871759

上海普顺印刷包装有限公司
地址：上海市宝山区沪太路5553号-丙号3幢
……………………Tel：021-33871759

上海五心进出口贸易有限公司
地址：上海市金山区亭林镇林宝路39号6幢H29室
……………………Tel：021-34240788

上海新成电脑印刷有限公司
地址：上海市青浦区徐泾镇华徐公路93号1层A区131室
……………………Tel：021-34293680

上海上贵实业有限公司
地址：上海市闵行区庙泾路66号K207室
……………………Tel：021-34305676

上海美因茨印刷科技有限公司
地址：上海市闵行区虹梅南路3509弄298号第13幢201室
……………………Tel：021-34529577

上海融米新材料科技有限公司
地址：上海市松江区新浜镇新绿路398号
……………………Tel：021-34624838

上海施潘德智能设备有限公司
地址：上海市闵行区紫旭路508号6幢1楼
……………………Tel：021-34711778

上海鑫捷印刷材料有限公司
地址：上海市闵行区莲花南路1971弄111号3幢二层
……………………Tel：021-34972198

上海上己制版印务有限公司
地址：上海市松江区佘山镇沈砖公路3129弄7号392-180室
…………………… Tel：13501981658

上海荣隆特种材料制造厂
地址：上海市宝山区罗太路258号
……………………Tel：021-36130121

上海华顿书刊印刷有限公司
地址：上海市宝山城市工业园区园光路398号1幢一层
……………………Tel：021-36162618

上海书刊印刷有限公司
地址：上海市宝山区园光路398号
……………………Tel：021-36162618

上海宝川纸业有限公司
地址：上海市宝山区罗泾镇宝丰村
…………………… Tel：15962710858

上海新通联包装股份有限公司
地址：上海市宝山区罗北路1238号
……………………Tel：021-36531031

上海诚翼包装印刷科技有限公司
地址：上海市宝山区富联路669号A区135
……………………Tel：021-36531623

上海诚翼包装印刷科技有限公司
地址：上海市宝山区富联路669号A区135
……………………Tel：021-36531623

上海美好视界印刷科技有限公司
地址：上海市青浦区北盈路388号9幢2层B1
……………………Tel：021-36580072

上海瑞时创展印刷有限公司
地址：上海市金山工业区广业路508号
……………………Tel：021-37215999

上海瑞时印刷有限公司
地址：上海市金山工业区月工路888号6幢12区
……………………Tel：021-37215999

上海众邦制版科技有限公司
地址：上海市金山区山阳镇卫昌路1585号第1幢
……………………Tel：021-37216818

上海冠宝印刷科技有限公司
地址：上海市金山区山阳镇阳乐路288号
……………………Tel：021-37217111

上海怡丽包装材料有限公司
地址：上海市金山区枫泾镇枫展路211号
……………………Tel：021-37217111

上海乐仪彩色印刷有限公司
地址：上海市金山区山阳镇亭卫公路1338号
……………………Tel：021-37240399

万果新材料科技（上海）有限公司
地址：上海市金山区夏盛路399号
……………………Tel：021-37282299

上海永盛包装有限公司
地址：上海市金山工业区天工路285弄29号
……………………Tel：021-37286369

上海瓦楞机械装备制造股份有限公司
地址：上海市金山工业区天工路285弄11号2区
……………………Tel：021-37286369

上海幸捷包装制品有限公司
地址：上海市金山区张堰镇金张公路619号
……………………Tel：021-37316666

上海今昌纸箱机械制造有限公司
地址：中国（上海）自由贸易试验区临港新片区新四平公路965号
……………………Tel：021-57545731

上海宁鼎包装有限公司
地址：上海市奉贤区庄行镇庄北路413号165室
……………………Tel：021-37575720

龙利得包装科技（上海）有限公司
地址：上海市奉贤区柘林镇展工路899号1幢2层
……………………Tel：021-37586500

龙利得包装科技（上海）有限公司
地址：上海市奉贤区柘林镇展工路899号1幢2层
……………………Tel：021-37586500

奉其奉印刷科技（上海）有限公司
地址：上海市奉贤区柘林镇楚华北路2199号
……………………Tel：021-37586918

上海欧朔智能包装科技有限公司
地址：上海市奉贤区柘林镇宅兴路59号第10幢第一层
……………………Tel：021-37596580

上海宋氏企业发展有限公司
地址：松江区茸华路1155号
……………………Tel：021-37601255

上海柔芸印刷包装有限公司
地址：青浦区崧泽大道6688号4幢2楼
……………………Tel：021-37682738

上海瑞宇包装印刷有限公司
地址：上海市松江区洞泾镇振业路2号第3幢
……………………Tel：021-37820111

上海新贵电子有限公司
地址：上海市松江区车墩镇泖亭路908号1-3幢、5幢
……………………Tel：021-37820268

上海泾顺包装材料有限公司
地址：上海市松江区小昆山镇光华路489、499号10幢D区
……………………Tel：021-37821117

嘉升制版（上海）有限公司
地址：上海市松江区九亭镇洋河浜路1号2栋
……………………Tel：021-37829908

信华精密制版（上海）有限公司
地址：上海市松江高科技园区（沪松公路1800号）洋河浜路1号
……………………Tel：021-37829908

上海盛通时代印刷有限公司
地址：上海市金山工业区广业路568号
……………………Tel：021-37910000

上海悦得软包装有限公司
地址：上海市金山工业区金流路429号
……………………Tel：021-37911816

上海侨金印刷科技有限公司
地址：浦东新区新场镇新瀚路33号第3幢A座
……………………Tel：021-38015738

上海正赢纸箱包装有限公司
地址：中国（上海）自由贸易试验区峨山路111号4号楼334室
……………………Tel：021-38205631

上海界龙印刷器材有限公司
地址：上海市浦东新区川周路7076弄1号
……………………Tel：021-38683888

上海丹兹多印刷包装制品有限公司
地址：上海市金山区张堰镇花贤路69号1幢A2133室
……………………Tel：021-38686229

上海豹驰新材料科技有限公司
地址：上海市静安区江场三路250号222室
……………………Tel：021-38720520

上海豹驰长城数码印刷设备有限公司
地址：中国（上海）自由贸易试验区富特北路211号第一层B部位、第二层全部位
……………………Tel：021-38720520

上海豹驰印刷设备国际贸易有限公司
地址：上海市普陀区武宁路423号18幢3层301室-A
……………………Tel：021-38720520

希悦尔（中国）有限公司
地址：上海市青浦工业园区崧泽大道6988号
……………………Tel：021-39202988

海德堡印刷设备（上海）有限公司
地址：上海市青浦工业园区崧泽大道9928号
……………………Tel：021-39203000

西氏医药包装（中国）有限公司
地址：上海市青浦区重固镇天辰路111号
……………………Tel：021-39206300

上海羿圣包装材料有限公司
地址：上海市嘉定区真新街道金沙江路3131号2幢J2853室
……………………Tel：021-39216207

上海造极纸业有限公司
地址：上海市青浦区练塘镇章练塘路588弄15号1幢2层2区009室
……………………Tel：021-39252268

上海轻良造纸机械有限公司
地址：青浦区白鹤镇外青松公路3201号
……………………Tel：021-39285676

上海富志印刷科技有限公司
地址：青浦区朱家角镇康业路901弄98号4层E区425室
…………………… Tel：13916186931

上海顺远包装有限公司
地址：上海市青浦区外青松公路5045号509室C区091室
……………………Tel：021-39287780

上海明利包装印刷有限公司
地址：青浦区白鹤镇鹤民路500号9幢
……………………Tel：021-39299800

上海达攀印刷科技股份有限公司
地址：嘉定区园大路385号
……………………Tel：021-39506177

上海大鑫包装材料有限公司
地址：上海市嘉定区马陆镇嘉戬支路388号
……………………Tel：021-39510241

上海合道纸业包装有限公司
地址：上海市嘉定工业区兴贤路1399号
……………………Tel：021-39538686

上海博德纳印刷有限公司
地址：嘉定区兴贤路599号14幢
……………………Tel：021-39538985

上海宏昱造纸技术有限公司
地址：上海市嘉定区曹安路4188号1号楼
…………………… Tel：13816681008

上海六泉石材发展有限公司
地址：青浦区崧复路2009号
……………………Tel：021-39785588

上海和气包装有限公司
地址：上海市青浦区徐泾镇诸光路288号3幢101室
……………………Tel：021-39812728

上海正伟印刷有限公司
地址：上海市青浦区徐泾镇徐旺路67号
……………………Tel：021-39812847

上海华峪印刷包装有限公司
地址：上海市青浦区重固镇郏一村5号2幢西侧
……………………Tel：021-39876690

上海炭农达实业有限公司
地址：上海市嘉定区嘉罗公路1671、1673号
……………………Tel：021-39968788

维美德（中国）有限公司
地址：上海市嘉定区徐行工业园区宝凤路688号
……………………Tel：021-39975000

维美德造纸机械（上海）有限公司
地址：中国（上海）自由贸易试验区富特东一路168号B部位
……………………Tel：021-39975000

维美德造纸机械技术（中国）有限公司上海分公司
地址：上海市嘉定区徐行镇宝凤路688号第3幢107-109
……………………Tel：021-39975000

上海鸿易包装材料有限公司

地址：上海市嘉定区徐行镇徐曹路688号
Tel：021-39978537

上海诚欣造纸机械有限公司
地址：上海市嘉定区真南路4268号2幢J14104室
Tel：13601742534

上海市北印刷（集团）有限公司
地址：中山北路838号
Tel：021-39979507

上海新市北印刷有限公司
地址：上海嘉定区宝钱公路438号
Tel：021-39979507

富士星光印刷器材（上海）有限公司
地址：中国（上海）自由贸易试验区加太路29号2号楼西部303室部位
Tel：021-50106000

上海名路丝网印刷材料有限公司
地址：浦东新区新场镇古丹路15弄9号
Tel：021-50201011

上海恒余印刷有限公司
地址：上海市浦东新区浦东北路2190弄7号
Tel：021-50413777

上海九星印刷包装有限公司
地址：上海市浦东新区绿科路111号
Tel：021-50429939

上海九星印刷包装有限公司
地址：上海市浦东新区绿科路111号
Tel：021-50429939

拓斯克造纸机械（上海）有限公司
地址：上海市浦东新区高行镇衡安路598号2幢、4幢2层
Tel：021-50560070-0

上海浦东金丰彩印有限公司
地址：上海市浦东新区华东路1239号8幢1层105室、2层203室
Tel：021-50686289

上海程大包装材料有限公司
地址：浦东新区川沙新镇栏杆村栏学路158号9幢
Tel：021-50791229

上海电气集团印刷包装机械有限公司
地址：中国（上海）自由贸易试验区北张家浜路128号604室
Tel：021-50821338

上海电气集团印刷包装机械有限公司
地址：中国（上海）自由贸易试验区北张家浜路128号604室
Tel：021-50821338

上海行通印刷技术有限公司
地址：上海市嘉定区南翔镇德力西路128号5幢1层
Tel：021-51029808

上海喜信印刷科技有限公司
地址：上海市浦东新区三林路235号15幢209室
Tel：021-51068308

上海碧悦制版有限公司
地址：上海市嘉定区兴邦路755号2幢3层D区3003室
Tel：021-51070125

上海久诚包装有限公司
地址：上海市松江区新浜镇浩海路168号6-8幢
Tel：021-51087003

上海田氏包装装潢印刷有限公司
地址：上海市普陀区武威路259号A4座
Tel：021-51097003

上海宝岛造纸厂
地址：中国（上海）自由贸易试验区富特北路458号307室
Tel：021-51211382

崇明县信一造纸厂
地址：上海市崇明县陈家镇奚家港
Tel：021-51211382

上海海书印刷有限公司
地址：上海市徐汇区老沪闵路1226号
Tel：021-51290658

上海紫华包装有限公司
地址：上海市闵行区沪闵路3088号
Tel：021-51579696

上海东港安全印刷有限公司
地址：上海市闵行区元电路597号二幢
Tel：021-51591717

上海东港安全印刷有限公司
地址：上海市闵行区元电路597号二幢
Tel：021-51591717

上海紫江新材料科技股份有限公司
地址：上海市闵行区颛兴路889号1幢
Tel：021-51598118

上海紫颛包装材料有限公司
地址：上海市闵行区颛兴路889号2幢
Tel：021-51598188-207

上海紫泉包装有限公司
地址：上海市闵行区颛兴路1288号第10幢
Tel：021-51598200

上海紫江彩印包装有限公司
地址：上海市闵行区颛兴路888号
Tel：021-51598388

上海紫丹包装科技有限公司
地址：上海市闵行区北松路888号8号楼
Tel：021-51598555-6379

上海紫丹食品包装印刷有限公司
地址：上海市闵行区北松路888号
Tel：021-51598555-6379

上海紫丹食品包装印刷有限公司
地址：上海市闵行区北松路888号
Tel：021-51598555-6379

上海紫江食品容器包装有限公司
地址：上海市浦东新区高东路118号
Tel：021-51598666

上海浅月印刷包装有限公司
地址：上海市宝山区共康路555号4幢244室
Tel：021-51698905

上海夸优信息咨询服务有限公司
地址：上海市闵行区元江路5500号第1幢
Tel：021-51699319

上海紫江特种包装有限公司
地址：上海市闵行区北松路1500号
Tel：021-51782818

上海亚菲印刷机械有限公司
地址：上海市静安区常德路809号1401-A室
Tel：021-51801099

凯基印刷（上海）有限公司
地址：上海市嘉定区曹安路4560号3幢一层A区
Tel：021-51870060-305

上海景林包装机械有限公司
地址：上海市松江区玉佳路72号C147座（松新经济城）
Tel：021-51873688

上海协臣印刷科技有限公司
地址：上海市青浦区崧盈路1078弄140号
Tel：021-51918899

宜纸佳造纸脱水器材贸易（上海）有限公司
地址：中国（上海）自由贸易试验区富特北路458号307室
Tel：021-52120109

宜纸佳造纸脱水器材贸易（上海）有限公司浦西分公司
地址：上海市星火开发区莲塘路251号26-27幢
Tel：021-52120109

上海禧兆贸易有限公司
地址：上海市闵行区元江路5500号第1幢560室
Tel：021-52190896

上海快捷科技发展有限公司
地址：上海市闵行区纪鹤路508号2幢405室
Tel：021-52211856

上海日生威迩商务印刷有限公司
地址：上海市闵行区北翟路1456弄18号
Tel：021-52236705

上海惠宝实业有限公司
地址：上海市闵行区七宝镇七莘路3758号
Tel：021-52270007

上海鼎群机械设备有限公司
地址：上海市奉贤区青村镇钱桥文化路23号G-7
Tel：021-52271007

上海高诚创意科技集团有限公司
地址：上海市闵行区都庄路2388号3幢1层-2层
Tel：021-52277299

上海名家艺术包装有限公司
地址：青浦区北青公路7199号
Tel：021-52278188

上海浙誉实业有限公司
地址：上海市长宁区延安西路728号9F-B室
Tel：021-52396300

上海弘武科技发展有限公司
地址：上海市普陀区同普路1175弄7号
Tel：021-52698983

皇将（上海）包装科技有限公司
地址：上海市普陀区同普路1220号3楼301室-6
Tel：021-52703030

上海市印刷七厂有限公司
地址：上海市东宝兴路336号3楼
Tel：021-52809912

上海中正印刷有限公司
地址：上海市松江区西泖泾路365号2幢
Tel：021-52840480

上海画中画包装印刷有限公司
地址：上海市嘉定区马陆镇丰登路388号5幢一层A区-1，A区-3
Tel：021-52849623

上海画中画包装印刷有限公司
地址：上海市嘉定区马陆镇丰登路388号5幢一层A区-1，A区-3
Tel：021-52849623

上海迈林可造纸技术有限公司
地址：上海市嘉定区安亭镇墨玉路185号1层J110室
Tel：021-52905882

上海梓缘堂包装印刷有限公司
地址：上海市奉贤区金汇镇工业路1377弄3号3幢
Tel：021-52908957

上海梓缘堂包装印刷有限公司
地址：上海市奉贤区金汇镇工业路1377弄3号3幢
Tel：021-52908957

上海新风铜网造纸厂
地址：上海市普陀区中山北路2130号1906室甲
Tel：021-52913775

上海建森造纸科技有限公司
地址：上海市金山区朱泾镇健康路156号1号楼306室
Tel：13761035447

上海亚华印刷机械有限公司
地址：上海市徐汇区茶陵北路20号
Tel：021-54302770

上海伯奈尔印刷包装机械有限公司
地址：上海市崇明区港沿镇港沿公路1700号3幢7202室（上海港沿经济小区）
Tel：021-54307758

上海普福印刷制版厂
地址：上海市普陀区真南路2548号25号楼二楼
Tel：021-54308138

上海陆通印刷有限公司
地址：上海市闵行区浦江工业园区联达路363号
Tel：021-54311240

上海建中医疗器械包装股份有限公司
地址：上海市闵行区新骏环路189号一层C141室
Tel：021-54315666

上海中浩激光制版有限公司
地址：上海市闵行区三达路85号4幢202室
Tel：021-54331665

上海三景制版有限公司
地址：上海市闵行区三鲁公路3585号1幢第二层
Tel：021-54336900

上海金曜斯米克能源科技有限公司
地址：上海市浦东新区顾路乡曹路工业小区二十三号地块
Tel：021-54339779

上海汉迪彩色印刷有限公司
地址：上海市闵行区虹梅南路3509弄298号3幢101室
Tel：021-54377796

上海寿精版印刷有限公司
地址：上海市闵行区申富路789号
Tel：021-54426361

上海印之源制版有限公司
地址：上海市金山区新农镇温河村3064号
Tel：021-54488693

上海印之源制版有限公司徐汇分公司
地址：上海市徐汇区徐虹中路20号2号楼507室
Tel：021-54488693

上海济丰包装纸业有限公司
地址：上海市嘉定区南翔镇沪宜公路1188号18幢204室
Tel：021-54504666

上海缘源印刷有限公司
地址：上海市闵行区景联路188弄9号
Tel：021-54633333

上海圣辉制版电脑有限公司
地址：上海市黄浦区西藏南路765号1603室
Tel：021-54652348

上海百汇印刷投资有限公司
地址：青浦区浦仓路485号509室
Tel：021-54662039

上海鑫林印刷有限公司
地址：上海市奉贤区肖塘路255弄10号1层
Tel：021-54823376

上海英耀激光数字制版有限公司
地址：上海市闵行区莘庄镇友东路300号
Tel：021-54887796

金虹包装材料（上海）有限公司
地址：上海市闵行区纪鹤路2号第5幢C123室
Tel：021-54889995

上海鸿文印刷有限公司
地址：上海市奉贤区海湾镇五四公路4399号93幢1210室
Tel：021-54991799

上海南朝印刷有限公司
地址：上海市闵行区华锦路288号2幢、3幢
Tel：021-54999155

上海复博造纸机械有限公司
地址：上海市杨浦区翔殷路121弄1号6幢101室
Tel：021-55238371

上海宏意制版印务中心
地址：上海市虹口区同心路75-77号底层
Tel：021-55380753

上海天禄柔性版制作有限公司
地址：上海市虹口区安国路161号103室
Tel：021-55809261

上海文飒实业有限公司
地址：上海市奉贤区柘林镇新林东路翁家村236号
Tel：021-55881065

上海永福斯托造纸技术有限公司
地址：上海市崇明区绿华镇富华路79号（上海绿华经济开发区）
Tel：021-60252822

上海鸿凯包装材料有限公司
地址：嘉定区外冈镇朱戴路1783号
Tel：021-56044985

上海市印刷三厂
地址：上海市杨浦区齐齐哈尔路928号31号楼1-3层
Tel：021-56060291

上海美术印刷厂有限公司
地址：上海市闵行区虹许路480-486号2幢2层207室
Tel：021-56060291

上海金又焱印务有限责任公司
地址：上海市嘉定区真南路4268号2幢J10563室
Tel：021-56087143

上海石洞口印刷有限公司
地址：上海市宝山区月浦镇石太路185号
Tel：021-56153703

上海伟钧电脑制版印务有限公司
地址：上海市金山区兴塔镇兴发路49号
Tel：021-56309721

上海新华印刷有限公司
地址：上海市杨浦区齐齐哈尔路920号
Tel：021-56324200

上海黄浦电脑印刷有限公司
地址：上海市宝山区金勺路1415号1幢A3-A
Tel：021-56410172

新华造纸厂
地址：上海市宝山区逸仙路4318号
Tel：021-56441805

上海昭泉印刷有限公司
地址：上海市宝山区顾陈路1200号B-1
Tel：021-56481463

上海昶艺制版印务有限公司
地址：上海市宝山区大康路325号A11
Tel：021-56487970

上海长艺制版印刷厂
地址：天宝路263号
Tel：021-56487972

上海承天制浆造纸机械工程成套设备有

限公司
地址：中山北路1060号1501室
……………………… Tel：13916352585
商务印书馆上海印刷有限公司
地址：上海市青浦区汇金路889号7幢一楼
……………………… Tel：021-56563938
上海商务票据印刷有限公司
地址：天通庵路190号1号楼2楼
……………………… Tel：021-56563938
上海出版印刷物资有限公司
地址：上海市虹口区青云路266号
……………………… Tel：021-56627254
上海人印制版经营部（普通合伙）
地址：永兴小马路65号
……………………… Tel：021-56639735
上海人民印刷二厂有限公司
地址：上海市嘉定区丰功路588号4幢1层103、104、105室
……………………… Tel：021-56650298
上海新艺印刷有限公司
地址：上海市嘉定区南翔镇德力西路128号4幢1层A区
……………………… Tel：021-56683339
上海华旗印刷物资有限公司
地址：上海市宝山区上大路668号204I室
……………………… Tel：021-56688648
上海坤德建设工程有限公司
地址：上海市宝山区杨泰路386号B-930
……………………… Tel：021-56712979
上海永正彩色分色制版有限公司
地址：上海市静安区长乐路672弄33号5号房二楼A座
……………………… Tel：021-56720673
上海宝山杨行新华造纸仓库
地址：上海市宝山区西浜村徐家宅队
……………………… Tel：021-56801912
上海申兴造纸厂
地址：崇明县长兴乡创建水闸西边
……………………… Tel：13512150421
上海苑艺印刷有限公司
地址：宝山区沪太路新川沙路522号
……………………… Tel：021-56879000
上海万卷印刷股份有限公司
地址：上海市宝山区月罗路888弄27号-1
……………………… Tel：021-56928155
上海精灵制版印刷厂综合服务部
地址：上海市静安区沪太路1065号
……………………… Tel：021-56959350
上海赛德造纸机械电控技术有限公司
地址：上海市虹口区宝山路874-880号306室-A
……………………… Tel：021-56965958
上海尚华彩印制版技术有限公司
地址：上海市奉贤区国顺路1189号2幢
……………………… Tel：021-57102467
上海美高金属制品包装有限公司
地址：上海市奉贤区奉城镇洪庙工业园区68号
……………………… Tel：021-57137377-818
上海福斌包装材料有限公司
地址：上海市奉贤区南桥镇西渡鸿程路99号3幢
……………………… Tel：021-57151570-805
上海诚艺包装科技有限公司
地址：上海市奉贤区扶港路1555号8幢
……………………… Tel：021-57157756
上海方惠包装材料有限公司
地址：上海市奉贤区海湾镇场中路198号25幢
……………………… Tel：021-57160806
上海龙美纸制品制造有限公司
地址：上海市奉贤区塘外镇褚聚村六组
……………………… Tel：13917033824
丰策包装科技（上海）有限公司
地址：上海市奉贤区奉城镇航塘公路4489号
……………………… Tel：021-57170526
上海金山申丰造纸有限公司分公司
地址：上海市金山区吕巷镇干巷张烈村5组
……………………… Tel：021-57208158
上海金山申丰造纸有限公司
地址：上海市金山区吕巷镇和平村
……………………… Tel：021-57208158
上海普丽盛包装股份有限公司
地址：上海市金山区张堰镇金张支路84号26幢
……………………… Tel：021-57212159
上海吾和印务有限公司
地址：上海市金山区亭林镇松金公路5015号3幢
……………………… Tel：021-57232410
上海昊洲塑料包装有限公司
地址：上海市金山区山阳镇亭卫公路2185号
……………………… Tel：021-57247028
上海帆顺包装集团有限公司
地址：上海市金山区中一东路8号2幢
……………………… Tel：021-57256666
上海帆顺毛瑟包装有限公司
地址：上海市金山区漕泾镇中一东路8号3幢A区，7幢A区、B区
……………………… Tel：021-57256666
上海美美尚隽印刷有限公司
地址：上海市金山工业区月工路1977号
……………………… Tel：021-57277888
上海美美良虹印刷有限公司
地址：上海市金山工业区月工路1977号1幢101室
……………………… Tel：021-57277888
上海艾录包装股份有限公司
地址：上海市金山区山阳镇阳乐路88号
……………………… Tel：021-57293030
上海佳田药用包装有限公司
地址：上海市金山区朱泾镇亭枫公路3058号
……………………… Tel：021-57326105
上海金珠针织制衣有限公司
地址：上海市金山区朱泾镇大茫村增产14组6001号
……………………… Tel：13601938388
上海天梅印刷材料有限公司
地址：上海市金山区朱泾镇新农鸿安路181号
……………………… Tel：021-57343788
上海金山绿色创意印刷示范园发展有限公司
地址：上海市金山工业区大道100号四楼415室
……………………… Tel：021-57359265
上海凯来包装印刷有限公司
地址：上海市金山区吕巷镇吕新路258号
……………………… Tel：021-57371227
上海浦江造纸厂
地址：上海市金山区吕巷镇
……………………… Tel：021-57376600
维龙（上海）包装工业有限公司
地址：上海市奉贤区奉浦工业区环城北路688号
……………………… Tel：021-57436288
上海敏佳印刷制版有限公司
地址：上海市奉贤区南桥镇肖玻路199号3幢
……………………… Tel：021-57437153
上海卿天药品包装有限公司
地址：上海市奉贤区奉浦工业区奉浦大道111号4楼2935室
……………………… Tel：021-57442217
上海博谷实业有限公司
地址：上海市奉贤区奉城镇唐城街28弄7号3043室
……………………… Tel：021-57461211
宜诺包装（上海）股份有限公司
地址：上海市奉贤区庄行镇钜庭路1599号6号楼一层
……………………… Tel：021-57461299
上海圆鑫塑料科技有限公司
地址：上海市奉贤区金汇镇金钱公路2268号第18栋
……………………… Tel：021-57466222
上海丸杰进出口贸易有限公司
地址：上海市奉贤区庄行镇钜庭路1398号
……………………… Tel：021-57468360
上海华悦包装制品有限公司
地址：上海市奉贤区柘林镇宅兴路228号
……………………… Tel：021-57492888
上海星火制浆造纸厂
地址：浦东星火开发区莲塘路251号
……………………… Tel：021-67188817
上海朝昌纸箱机械制造有限公司
地址：上海市奉贤区海湾镇五四公路4399号78幢
……………………… Tel：18916120988
上海金晨纸箱机械制造有限公司
地址：中国（上海）自由贸易试验区临港新片区新四平公路468弄14幢17号
……………………… Tel：021-57542788
美迪科（上海）包装材料有限公司
地址：上海市奉贤区奉城镇奉坚路233号
……………………… Tel：021-57558887
上海恒信包装有限公司
地址：上海市奉贤区青港工业园区泰青路4458号
……………………… Tel：021-57564052
上海远泰包装印刷有限公司
地址：上海市奉贤区泰青路4018号
……………………… Tel：021-57567743
上海兴生包装印刷有限公司
地址：上海市奉贤区青村镇林海公路6528号11幢
……………………… Tel：021-57567743
上海英栋纸箱机械制造有限公司
地址：上海市奉贤区青村镇南奉公路3139号12幢122室
……………………… Tel：021-57568207
上海千祥印刷有限公司
地址：上海市奉贤区青村镇泰青路4118号
……………………… Tel：021-57568612
上海定胜包装印刷有限公司
地址：上海市崇明区长兴镇江南大道1333号19号楼1层A区
……………………… Tel：021-57198192
上海均翔包装科技有限公司
地址：上海市奉贤区庄行镇南亭公路3252号第8、10、11幢
……………………… Tel：021-57578799
阿蓓亚塑料包装（上海）有限公司
地址：上海市奉贤区金汇镇（齐贤）航南公路3358号
……………………… Tel：021-57578999
阿蓓亚塑料实业（上海）有限公司
地址：上海市奉贤区齐贤镇工业区
……………………… Tel：021-57578999
上海博彩包装印刷有限公司
地址：上海市松江区泖港镇新艳路1099号4幢
……………………… Tel：021-57605991-803
上海泗润会林实业发展有限公司
地址：上海市松江区泗泾镇古楼公路462号4楼8407、8408室
……………………… Tel：021-57620101
上海泗润会林实业发展有限公司
地址：上海市松江区泗泾镇古楼公路462号4楼8407、8408室
……………………… Tel：021-57620101
上海芳辉印刷有限公司
地址：上海市松江区洞泾镇洞凯路565号6幢2-202号、2-208号厂房
……………………… Tel：021-57660605
上海乐荟包装印刷有限公司
地址：上海市松江区佘山镇天云路199号
……………………… Tel：021-57663081
上海信诺印刷包装有限公司
地址：上海市松江区南乐路158号2幢1层1区、3区，2层3区，3层
……………………… Tel：021-57670178
上海海顺新型药用包装材料股份有限公司
地址：上海市松江区洞泾镇蔡家浜路18号
……………………… Tel：021-57674316
秋山印刷机械制造（上海）有限公司
地址：上海市金山区枫泾镇建定路258号
……………………… Tel：021-57679618
上海裕仁包装科技有限公司
地址：中国（上海）自由贸易试验区临港新片区三三公路5053号206室
……………………… Tel：021-57681700
嘉艺（上海）包装制品有限公司
地址：上海市松江区新桥镇新格路458号
……………………… Tel：021-57681700
上海丽佳制版印刷有限公司新桥工厂
地址：上海市松江区新桥镇民强路301号7幢101室
……………………… Tel：021-57687388
上海潜中包装材料有限公司
地址：上海市松江区中山中路62号第11幢4楼414室
……………………… Tel：021-57708795
上海四国食品包装机械有限公司
地址：上海市松江工业区洞泾路18号
……………………… Tel：021-57741740
上海新洲包装印刷有限公司
地址：上海市松江区荣乐东路1550号
……………………… Tel：021-57742828
上海新洲包装印刷有限公司
地址：上海市松江区荣乐东路1550号
……………………… Tel：021-57742828
上海世霸包装材料有限公司
地址：上海市松江工业区俞塘路508号
……………………… Tel：021-57742880
上海祥仓包装印刷有限公司
地址：上海市松江区小昆山镇光华路489、499号11幢
……………………… Tel：021-57753526
上海祥仓包装印刷有限公司
地址：上海市松江区小昆山镇光华路489、499号11幢
……………………… Tel：021-57753526
上海文艺大一印刷有限公司
地址：上海市松江区沪松公路五龙集镇东侧
……………………… Tel：021-57780459
上海大一包装有限公司
地址：上海市松江区文翔路319号
……………………… Tel：021-57780459
上海翔伟印刷包装有限公司
地址：上海市松江区车墩镇联营路600号1幢-2
……………………… Tel：13331923815
上海信鹏印刷器材有限公司
地址：松江区佘山工业区昌业路333号3号厂房-1
……………………… Tel：021-57793766
上海扬盛包装印刷有限公司
地址：上海市松江区文松路555号
……………………… Tel：021-57796688
上海扬盛包装印刷有限公司
地址：上海市松江区文松路555号
……………………… Tel：021-57796688
昕驰科技有限公司
地址：上海市松江区石湖荡镇闵塔路179号1号厂房
……………………… Tel：021-57846666
上海琴盛包装印刷有限公司
地址：上海市松江区小昆山镇光华路279号4幢105室
……………………… Tel：021-57847428
上海庆羊制版有限公司
地址：上海市松江区洞泾镇振业路189号4幢201-202
……………………… Tel：021-57849336
上海飞彩制版有限公司
地址：浦东新区惠南镇拱极路东城花苑二村36幢111号450室
……………………… Tel：021-57858788
上海至亲印刷科技有限公司
地址：上海市松江区洞泾镇洞业路399号3幢102号（1-2层）
……………………… Tel：021-57873094
即印（上海）印刷科技有限公司
地址：上海市松江区小昆山镇彭丰路1158号1幢1层A区
……………………… Tel：13311809111
上海龙达塑料科技股份有限公司
地址：上海市松江区新浜镇浩海路288号
……………………… Tel：021-57892233
上海通冷包装材料有限公司
地址：上海市松江区新浜镇胡　公路117号
……………………… Tel：021-57894380
上海金浦塑料包装材料有限公司
地址：上海市金山卫卫二路140号
……………………… Tel：021-57953174
上海南翼包装有限公司
地址：上海市金山区石化临桂路2853号
……………………… Tel：021-57953666
上海怡亚印刷实业有限公司
地址：上海市浦东新区宣桥镇南六公路
……………………… Tel：021-58036015
刚泰集团有限公司
地址：上海市浦东新区申港大道88号1001室
……………………… Tel：021-58038000
上海南滨纸业有限公司
地址：上海市奉贤区庄行镇安邬路79号第1幢
……………………… Tel：021-58058088
上海日盛彩印包装有限公司
地址：上海市浦东新区大团镇永春东路
……………………… Tel：021-58081513
上海桠晟投资有限公司

地址：浦东新区川沙路2060号5幢104室
……………………Tel：021-58106688
上海祝桥新华印刷有限公司
地址：浦东新区祝桥镇南塘街二百零六号
……………………Tel：021-58107679
上海飞亚油墨有限公司
地址：浦东新区秀浦路3999弄23号西区
……………………Tel：021-58120066
上海竹本容器包装有限公司
地址：上海市浦东新区康桥镇康桥工业区康意路501号
……………………Tel：021-58123999
上海龙舟彩印包装有限公司
地址：上海市奉贤区青村镇岳和村339号7-8幢
……………………Tel：021-58133343
上海进锡包装印刷有限公司
地址：上海市浦东新区新场镇新奉公路828号
……………………Tel：021-58170261
上海进锡包装印刷有限公司
地址：上海市浦东新区新场镇新奉公路828号
……………………Tel：021-58170261
上海础得商务印刷有限公司
地址：上海市浦东新区祝桥镇川南奉公路1403号11幢101室
……………………Tel：021-58185859
上海连帛置业有限公司
地址：上海市金山区朱泾镇临源街750号1幢361C
……………………Tel：021-58335183
上海莘简置业有限公司
地址：上海市金山区朱泾镇金龙新街528弄8112号212室-87
……………………Tel：021-58335183
上海市洋泾造纸厂
地址：洋泾西唐家宅60号
……………………Tel：021-58338109
上海明特包装印刷有限公司
地址：无锡市新区硕放工业集中区A35-1号地块
……………………Tel：021-58341893
上海郡是新包装有限公司
地址：中国（上海）自由贸易试验区成园路285号
……………………Tel：021-58344991
上海易旺包装工程有限公司
地址：上海市闵行区浦江镇东风村13组
……………………Tel：021-58345688
上海联合包装装潢有限公司
地址：中国（上海）自由贸易试验区金湘路1111号
……………………Tel：021-58347171
速必雅精模包装（上海）有限公司
地址：上海市浦东新区王桥工业区利航路429号
……………………Tel：021-58385523
上海甬林印务有限公司
地址：上海市浦东新区三林镇临江村太保队
……………………Tel：021-58411473
上海骏泰造纸技术有限公司
地址：上海市浦东新区东方路1988号704-A1室
……………………Tel：021-58515081
上海希尔彩印制版有限公司
地址：中国（上海）自由贸易试验区蔡伦路182号
……………………Tel：021-58552348
上海普非特压纹制版有限公司
地址：中国（上海）自由贸易试验区蔡伦路182号3幢
……………………Tel：021-58552348
上海普菲达压纹制版有限公司
地址：中国（上海）自由贸易试验区张江路1458号5幢3-01室
……………………Tel：021-58552348
上海沪南医用包装有限公司
地址：浦东新区南汇工业园区沪南路9828号
……………………Tel：021-58578329
上海金金木纸塑复合托盘制造有限公司
地址：上海市杨浦区翔殷路1059弄5号
……………………Tel：021-58579038
濠逸商标印刷（上海）有限公司
地址：上海市浦东新区唐镇工业区龙新路18号
……………………Tel：021-58580333
上海仪电电子印刷科技有限公司
地址：上海市浦东新区川沙路6999号B区3号、4号
……………………Tel：021-58597020
上海界龙派帝乐包装科技有限公司
地址：上海市浦东新区川周路7075号24幢
……………………Tel：021-58600836
上海申江印刷有限公司
地址：上海市浦东新区曹路镇民冬路505号
……………………Tel：021-58631788
上海大道包装隔热材料有限公司
地址：上海市浦东新区顾路镇顾徐路8号
……………………Tel：021-58632133
上海荣琛电脑制版有限公司
地址：浦东新区曹路镇安基村东陆家宅58号第2幢
……………………Tel：021-58634218
飞比达印刷（上海）有限公司
地址：中国（上海）自由贸易试验区奥纳路187号
……………………Tel：021-58665505
理想（上海）印刷器材有限公司
地址：上海市奉贤区星火开发区阳明路1号6幢厂房
……………………Tel：021-58669338
上海长鹰印刷厂
地址：上海市浦东新区航城七路805号C-101、C-201室
……………………Tel：021-58670433
上海美泰叁维机械技术有限公司
地址：上海市宝山区长建路777号355室
……………………Tel：021-58691073
上海印刷集团国际贸易有限公司
地址：中国（上海）自由贸易试验区马吉路2号1602B室
……………………Tel：021-58699588
上海聚源造纸技术有限公司
地址：浦东川沙镇普陀路375号2幢103室
……………………Tel：021-58778995
上海蓝铨包装科技有限公司
地址：浦东新区宣桥镇汇成路1118号4幢一层A-8、二层B-5、三层C-5
……………………Tel：021-58811106
上海荩晶印刷机械有限公司
地址：中国（上海）自由贸易试验区临港新片区芦潮港路1758号1幢18214室
……………………Tel：021-58819986
加意包装材料贸易（上海）有限公司
地址：中国（上海）自由贸易试验区乳山路98号513-77室
……………………Tel：021-58880838
上海愉畅实业有限公司
地址：浦东新区川沙新镇护塘街347号
……………………Tel：021-58924800
上海界龙艺术印刷有限公司
地址：上海市浦东新区川周路7077号
……………………Tel：021-58925888-220
上海界龙现代印刷纸品有限公司
地址：浦东新区川周公路界龙大道358号
……………………Tel：021-58940022
上海界龙永发包装印刷有限公司
地址：浦东新区川周路7076弄6号
……………………Tel：021-58941033
上海界龙永发包装印刷有限公司
地址：浦东新区川周路7076弄6号
……………………Tel：021-58941033
上海福樱包装材料有限公司
地址：中国（上海）自由贸易试验区临港新片区港文路599号1幢四层
……………………Tel：021-58941561
上海福昌造纸机械有限公司
地址：浦东新区川周公路5649号
……………………Tel：021-58943972
上海黄工印刷有限公司
地址：上海市浦东新区川周路6028、6058号
……………………Tel：021-58946258
上海龙樱彩色制版有限公司
地址：浦东新区川周路7076弄2号
……………………Tel：021-58946478
上海印亿包装印刷科技有限公司
地址：浦东新区宣桥镇宣镇东路1089号101室
……………………Tel：021-58948292
上海美丰包装材料有限公司
地址：上海市浦东新区东川公路5535号34、56号楼
……………………Tel：021-58972888-239
上海华励包装有限公司
地址：上海市浦东新区合庆镇向阳村
……………………Tel：021-58975854
上海皇冠制罐有限公司
地址：中国（上海）自由贸易试验区金湘路800号
……………………Tel：021-58995108
上海嘉定金星制版工艺厂
地址：嘉定区马陆镇严桥村西姚
……………………Tel：021-59156956
上海中华商务联合印刷有限公司
地址：上海市青浦工业园区漕盈路3333号
……………………Tel：021-59226000
上海洲泰印刷机械有限公司
地址：上海市青浦区新胜路469号2幢
……………………Tel：021-59229534
上海市崇明县新洪印刷厂
地址：崇明县三星镇育新村
……………………Tel：021-59352880
上海新民造纸厂
地址：上海市崇明县新民镇进艺村
……………………Tel：021-59371018
上海天工制版印刷厂
地址：上海市崇明县堡镇镇堡港印刷厂东首
……………………Tel：021-59417848
上海富民纸业有限公司
地址：南通市崇川区文峰街道鲍家桥社区一组（南川园路8号）
……………………Tel：021-59465421
上海旭恒铁工印刷包装设备有限公司
地址：上海市嘉定区安亭镇泰顺路1135号
……………………Tel：021-59502479
上海旭恒铁工印刷包装设备有限公司
地址：上海市嘉定区安亭镇泰顺路1135号
……………………Tel：021-59502479
西口文化发展（上海）股份有限公司
地址：上海市嘉定区马陆镇丰登路388号
……………………Tel：021-59511666
上海研西印刷厂有限公司
地址：上海市嘉定区马陆镇横仓公路855号
……………………Tel：021-59515449
日研印刷材料（上海）有限公司
地址：上海市嘉定区马陆镇云谷路599弄6号610室
……………………Tel：021-59516537
上海华文印刷器材有限公司
地址：嘉定区嘉唐公路1039号东侧
……………………Tel：021-59547121
上海运安制版有限公司
地址：上海市嘉定区安亭镇泰安路288号
……………………Tel：021-59570049
上海大树包装容器有限公司
地址：上海市嘉定区外冈镇嘉松北路6号
……………………Tel：021-59583255
上海文竹制版印刷厂
地址：上海市崇明县新河镇金桥村2队
……………………Tel：021-59684305
上海力林造纸真空机械有限公司
地址：青浦白鹤工业园区
……………………Tel：021-59742575
上海高元包装材料有限公司
地址：上海市浦东新区川沙路955号10幢337-10室
……………………Tel：021-59750584
上海佳易包装制品有限公司
地址：上海市青浦区赵巷镇崧秀路185号
……………………Tel：021-59752053
上海三千印刷有限公司
地址：上海市青浦区徐泾镇诸光路533号
……………………Tel：021-59766698
上海灵阳包装材料有限公司
地址：上海市青浦区重固镇赵重公路2288号2幢-5
……………………Tel：021-59788398
上海运青制版有限公司
地址：上海市青浦区华新镇新宜村
……………………Tel：021-59797199
上海景条印刷有限公司
地址：上海市青浦区练塘镇工业园区练东路3号第5-6栋
……………………Tel：021-59815629
上海一兆机械成套设备有限公司
地址：上海市青浦区朱家角镇朱枫公路1268号5幢
……………………Tel：021-59831866
上海德拉根印刷机械有限公司
地址：青浦区朱家角镇朱枫公路1220号
……………………Tel：021-59832783
上海泰梦印刷科技有限公司
地址：上海市青浦区徐泾镇金联村一队汇龙路188号
……………………Tel：021-59884427
上海诗冠印刷有限公司
地址：上海市松江区民益路201号9幢
……………………Tel：021-59884962
上海海拓影制版有限公司
地址：青浦区徐泾镇前云路165号-5幢
……………………Tel：021-59897053
上海通产丽星包装材料有限公司
地址：上海市青浦区徐泾镇沪青平公路2392号
……………………Tel：021-59898002
上海帷幄包装材料有限公司
地址：嘉定区马陆镇励学路1288号
……………………Tel：021-59903339
秦杜制版（上海）有限公司
地址：上海市嘉定区福海路1011号1幢B区1581室
……………………Tel：021-59920700
上海市普陀区综谷制版印刷厂
地址：上海市普陀区梅川路88号404室
……………………Tel：021-59949901
番茄云印刷科技（上海）有限公司
地址：上海市金山工业区亭卫公路8158号4幢南1层
……………………Tel：021-60272315
上海统一包装有限公司
地址：上海市金山工业区金舸路1301号12幢
……………………Tel：021-60277235
上海启悦健康科技有限公司
地址：上海市闵行区虹梅南路1699号
……………………Tel：021-60298688
上海秋雨文化印刷有限公司
地址：上海市闵行区春申路1899号
……………………Tel：021-60298688
上海一可包装制品有限公司
地址：上海市金山区金山工业区金流路199号1幢
……………………Tel：021-60343051
上海一可包装股份有限公司
地址：上海市松江区高技路655号3号楼1010室
……………………Tel：021-60343051
上海勇周智能机械科技有限公司
地址：上海市金山工业区天工路285弄5号A区
……………………Tel：021-60489678
上海瑾玺印刷科技有限公司
地址：上海市宝山区业绩路8号2幢2239室
……………………Tel：021-60492610
世得（上海）印刷包装机械有限公司
地址：上海市奉贤区浦卫公路9699号第5幢第5车间
……………………Tel：021-60510558
上海荣诺包装材料有限公司
地址：上海市松江区车墩镇车阳路50号4幢三层
……………………Tel：021-60522803
上海赫宇印刷有限公司
地址：上海市松江区新飞路161号1幢3楼A
……………………Tel：021-60523190
上海朗前印刷包装有限公司
地址：上海市金山工业区亭卫公路6558号4幢592室……Tel：021-60532968
翼猫科技发展（上海）有限公司
地址：上海市嘉定区南翔镇银翔路799号20层
……………………Tel：021-60556528
上海瑰泽包装设计有限公司
地址：上海市奉贤区沪杭公路228弄1号1901室
……………………Tel：021-60753832
上海金驹包装制品有限公司
地址：上海市嘉定区江桥镇先农村匡巷路6号
……………………Tel：021-60831720
泰格包装（上海）有限公司
地址：上海市松江工业区宝胜路10号

…………………………Tel：021-60905292
上海卓瑞包装制品有限公司
地址：上海市松江区石湖荡镇唐明路277号2幢
…………………………Tel：021-61053999
上海术斌印刷包装有限公司
地址：上海化学工业区物流产业园合展路118号1幢102室H29座
…………………………Tel：021-61096385
上海万国纸业包装有限公司
地址：上海市松江区江田东路218号第2幢
…………………………Tel：021-61133270
上海杰锋印刷包装有限公司
地址：上海市闵行区景联路189号24幢一楼
…………………………Tel：021-61150366
上海天合商务印刷有限公司
地址：上海市闵行区景联路189号32幢一层101室
…………………………Tel：021-61150388
秸木家居（上海）有限公司
地址：中国（上海）自由贸易试验区耀华路251号一幢一层
…………………………Tel：021-61316223
上海中进永逸投资管理有限公司
地址：上海市静安区江宁路495号1907室甲
…………………………Tel：021-61350588
上海金鉴造纸机械有限公司
地址：上海市嘉定区南翔镇 北公路1755弄22号3层A3060室
…………………………Tel：021-61392878
欧叶造纸科技（上海）有限公司
地址：上海市奉贤区五四公路2011号1幢232室
…………………………Tel：021-61406960
上海包装科技发展有限公司
地址：上海市普陀区长寿路295弄1、2号2402室
…………………………Tel：021-61477250
上海映通印刷包装有限公司
地址：浦东新区新场镇笋南路193号1540室
…………………………Tel：021-61488821
上海易搜互联网科技有限公司
地址：上海市浦东新区海高路137号1幢2层2A13室
…………………………Tel：021-61551122
上海烟草包装印刷有限公司
地址：浦东新区张杨北路3939号
…………………………Tel：021-61666868
上海金鼎印务有限公司
地址：上海市浦东新区南新路577号
…………………………Tel：021-61666868
快速印刷（上海）有限公司
地址：中国（上海）自由贸易试验区宁桥路999号2号楼3层西侧
…………………………Tel：021-6170220
上海万帝供应链管理发展有限公司
地址：嘉定区马陆镇亚钢路301号3幢102室
…………………………Tel：021-61723816
上海解放传媒印刷有限公司
地址：灵石路709号8号厂房
…………………………Tel：021-61738336
中国外运物流发展有限公司
地址：中国（上海）自由贸易试验区业盛路188号A-1111室
…………………………Tel：021-61766136
上海合印科技股份有限公司
地址：上海市青浦区华浦路500号6幢D区6298室
…………………………Tel：021-61767265
上海叶男玉文化传播有限公司
地址：上海市金山区亭林镇松隐周栅村1136号A103-102室
…………………………Tel：021-61845198
上海一水印刷科技有限公司
地址：青浦区朱枫公路3424号1幢2层G区240室
…………………………Tel：021-61908389
上海鼎上包装材料有限公司
地址：上海市松江区泗泾镇工业区九干路159弄6号
…………………………Tel：021-61923333
上海文建印务有限公司
地址：上海市静安区海防路391弄190号106室
…………………………Tel：021-62038726
上海临空纸业有限公司
地址：上海市长宁区中山西路1279弄3号4楼A室
…………………………Tel：021-62083701
上海开伦造纸印刷集团有限公司
地址：上海市奉贤区莲塘路251号
…………………………Tel：021-62104040
上海开伦造纸印刷集团有限公司
地址：上海市奉贤区莲塘路251号
…………………………Tel：021-62104040
上海包装实业有限公司
地址：上海市奉贤区柘林镇奉海村501号3幢1020室
…………………………Tel：021-62105599
上海包装纸业有限公司
地址：上海市工业综合开发区奉浦大道111号Z45号
…………………………Tel：021-62105599
上海盛世归园建筑装饰工程有限公司
地址：上海市普陀区同普路1130弄7号247室
…………………………Tel：021-62120122
上海开伦造纸印刷集团有限公司第一分公司
地址：上海市长宁区延安西路1431弄50号207A室
…………………………Tel：021-62150637
上海大沣造纸厂
地址：上海市静安区余姚路642号
…………………………Tel：021-62175307
上海质胜印刷有限公司
地址：上海市嘉定区嘉新公路815号
…………………………Tel：021-62182210
上海宝山造纸厂退休职工服务部
地址：上海市长宁区淮海西路442弄45号
…………………………Tel：021-62252796
上海宝山造纸厂退休职工服务部理发室
地址：上海市长宁区淮海西路346弄1号甲
…………………………Tel：021-62252796
上海人民印刷十厂
地址：上海市普陀区桃浦路130弄100号3203室
…………………………Tel：021-62269418
上海包装造纸集团礼品发展有限公司
地址：上海市普陀区长寿路295弄1,2号2303室
…………………………Tel：021-62271875
上海包装造纸（集团）有限公司
地址：上海市长寿路295弄1，2号2401室
…………………………Tel：021-62271875
上海包装造纸集团包装技术发展股份有限公司
地址：上海市宝山区长建路199号1幢A-3厂房
…………………………Tel：021-62272929
上海包装造纸（集团）有限公司
地址：上海市长寿路295弄1，2号2401室
…………………………Tel：021-62272929
上海包装造纸集团包装技术发展股份有限公司
地址：上海市宝山区长建路199号1幢A-3厂房
…………………………Tel：021-62272929
上海美宝印刷有限公司
地址：上海市松江区小昆山镇文翔路5016号
…………………………Tel：021-62328777
日惠得造纸器材（上海）贸易有限公司
地址：上海市长宁区兴义路8号1511室
…………………………Tel：021-62350159
尼普洛医药包装容器（上海）有限公司
地址：中国（上海）自由贸易试验区菲拉路55号第二幢第六层602-1室
…………………………Tel：021-62419080
上海美雅延中印刷有限公司
地址：上海市闵行区吴河路58号5幢
…………………………Tel：021-62462002
上海现代建筑装饰环境设计研究院有限公司
地址：上海市静安区石门二路258号3楼、4楼
…………………………Tel：021-62464009
上海大诚印刷有限公司
地址：上海市普陀区真北路3199弄5号1-2层
…………………………Tel：021-62503311-226
上海造纸公司
地址：上海市奉贤区柘林镇奉海村501号3幢1021室
…………………………Tel：021-62588189
上海勤丰造纸有限公司
地址：上海市奉贤区星火开发区莲塘路251号8幢
…………………………Tel：021-67188817
上海开伦造纸印刷集团有限公司新勤丰造纸厂
地址：上海市星火开发区莲塘路251号26-27幢
…………………………Tel：021-62587580
元亨利云印刷科技（上海）有限公司
地址：中国（上海）自由贸易试验区日京路35号凯兴大楼第8层C1部位
…………………………Tel：021-62610586
上海美伏特造纸技术有限公司
地址：上海市奉贤区海湾镇五四支路171号3幢445室
…………………………Tel：021-62622743
上海印刷技术研究所有限公司
地址：上海市静安区新闸路1209弄60号
…………………………Tel：021-62711292
上海大明造纸厂有限公司
地址：上海市昌化路261号
…………………………Tel：021-62775228
上海太新造纸机械有限公司
地址：上海市嘉定区环城路200号3层3291室
…………………………Tel：021-62778894
上海太新造纸机械有限公司普陀分公司
地址：上海市普陀区交通路4703弄6、9号702室
…………………………Tel：021-62778894
上海博艺广告有限公司
地址：上海市普陀区宁夏路201号科创大厦22A
…………………………Tel：021-62801538
上海开港造纸机械制造有限公司
地址：上海市奉贤区光明镇农工路15号302室（奉工）
…………………………Tel：021-62803874
上海迪杉塔印务有限公司
地址：上海市宝山区长江西路581弄88号厂房
…………………………Tel：021-62823888
誉隽包装科技（上海）有限公司
地址：上海市宝山区长逸路188号A1幢A-1190室
…………………………Tel：021-62841866
上悦（上海）印刷有限公司
地址：上海市松江区石湖荡镇闵塔路1688号1幢2层
…………………………Tel：021-62845895
上海亮鹤造纸机械有限公司
地址：青浦区白鹤镇白鹤村
…………………………Tel：021-62862829
上海远急精密机械制造有限公司
地址：浦东新区老港镇工业园区良欣路265号
…………………………Tel：021-62890790
上海华欣民福造纸技术有限公司
地址：上海市奉贤区安东南路698号2号楼
…………………………Tel：021-57401087
上海包装物资有限公司
地址：上海市杨浦区隆昌路210号2幢C4001室
…………………………Tel：021-62990119
上海艺频制版印刷有限公司
地址：青浦区公园路348号7楼A座-1室
…………………………Tel：021-63019220
上海立艺彩印制版有限公司
地址：嘉定区安亭镇墨玉路185号
…………………………Tel：021-63021137
上海稞实碧信息技术有限公司
地址：上海市松江区泖港镇中厍路203号
…………………………Tel：021-63060031
上海长阳大型滚丝机床有限公司
地址：上海市奉贤区奉城镇川南奉公路9125号
…………………………Tel：021-63144342
上海斯文制版印刷有限公司
地址：上海市虹口区水电路27号
…………………………Tel：021-63172570
上海斯文制版印刷有限公司
地址：上海市虹口区水电路27号
…………………………Tel：021-63172570
上海东方造纸设备有限公司
地址：上海市陆家浜路976号807室
…………………………Tel：021-63187939
上海出版印刷有限公司
地址：上海市黄浦区延安东路110号5楼
…………………………Tel：021-63233256
上海市闸北区申光制版彩印厂
地址：上海市静安区华兴路59号
…………………………Tel：021-63246619
上海邮政印刷包装厂
地址：上海市松江区赵家泾路530号4幢101-107、401-405
…………………………Tel：021-63256169
上海神彩印业有限公司
地址：上海市浦东新区上丰路977号1幢B座776室
…………………………Tel：021-63288288
路凯包装设备租赁（上海）有限公司
地址：中国（上海）自由贸易试验区浦电路577号一夹层08F单元
…………………………Tel：021-63333995
上海蔷薇印刷有限公司
地址：上海市松江区九亭镇九泾路1500号14幢
…………………………Tel：021-63352916
上海纳汇企业发展集团有限公司
地址：上海市宝山区真陈路1000号1幢6楼E座825室
…………………………Tel：021-63507464
方氏兄弟印刷器材（上海）有限公司
地址：上海市静安区中山北路470号5幢721室
…………………………Tel：021-63535720
上海耀星印刷器材有限公司
地址：宝山区锦秋路2488号1幢2楼1号
…………………………Tel：021-63537081
上海盛联印刷器材有限公司
地址：上海市松江区新浜镇新绿路398号
…………………………Tel：021-63541028
上海装潢工艺印刷厂
地址：上海市黄浦区和顺街18号
…………………………Tel：021-63665099
上海柯创文化传播股份有限公司
地址：上海市闵行区景联路399号11幢一层
…………………………Tel：021-64010154
上海印刷（集团）有限公司
地址：上海市河南北路485号
…………………………Tel：021-64059090
上海印刷新技术（集团）有限公司
地址：上海市新闸路1209弄60号
…………………………Tel：021-64059090
上海三印时报印刷有限公司
地址：上海市控江路665号
…………………………Tel：021-64059090
上海美声服饰辅料有限公司
地址：上海市闵行区合川路3142弄49号1-3层
…………………………Tel：021-64064227
上海伊文数据处理有限公司
地址：上海市闵行区梅陇镇兴梅路750号
…………………………Tel：021-64100088
上海伊诺尔智能科技有限公司
地址：上海市闵行区召楼路3632号1幢4层、5层
…………………………Tel：021-64100088
上海嘉豪印刷器材有限公司
地址：上海市闵行区杜行经济小区浦星路2号
…………………………Tel：021-64116333
上海东方网印企业管理有限公司
地址：上海市金山工业区金舸路1130号2幢8区
…………………………Tel：021-64179106
上海柯林包装集团有限公司
地址：上海市闵行区元江路525号1号楼701室
…………………………Tel：021-64206155
上海瑞好制版科技有限公司
地址：上海市徐汇区田林东路588号E305室
…………………………Tel：021-64280825
上海鸿城印刷有限公司
地址：上海市徐汇区漕溪北路88号105A室
…………………………Tel：021-64281849
辽阳川佳制浆造纸机械有限公司上海分公司
地址：上海市徐汇区宛平南路381号1幢506、509室

…………………………Tel：021-64284515

上海创亚纸业包装有限公司
地址：上海市闵行区浦江镇陈行路1958号
…………………………Tel：021-64292918

上海航空印刷有限公司
地址：上海市闵行区经济技术开发区中和路8号
…………………………Tel：021-64308100

上海煦星市场营销策划有限公司
地址：中国（上海）自由贸易试验区金藏路351号第32幢厂房一楼西侧
…………………………Tel：021-64340157

上海诗越壁纸制造有限公司
地址：上海市金山工业区烟漕路55号
…………………………Tel：021-64340366

上海白纱纸品印刷有限公司
地址：上海市闵行区景联路189号13幢
…………………………Tel：021-64344486

上海快可得印刷制版有限公司
地址：上海市徐汇区东漕河泾57号底层
…………………………Tel：021-64363990

上海元立印刷有限公司
地址：上海市松江区赵家泾路530号4幢101-107、401-405
…………………………Tel：021-64397123

上海瀚港印刷有限公司
地址：上海市松江区新桥镇新润路129号A区
…………………………Tel：021-64416162

上海紫日包装有限公司
地址：上海市闵行区颛兴路899号
…………………………Tel：021-64426588

中成泛港印刷机械（上海）有限公司
地址：上海市闵行区光中路388号
…………………………Tel：021-64426616

云和印刷包装（上海）有限公司
地址：上海市金山区亭林镇林宝路39号6幢D23室
…………………………Tel：021-64430001

上海现代科技印刷有限公司
地址：上海市徐汇区上中路602号
…………………………Tel：021-64502996

上海兴洲印刷包装有限公司
地址：上海市闵行区剑川路铁道口
…………………………Tel：021-64528758

上海紫明印刷机械有限公司
地址：上海市金都路2109号
…………………………Tel：021-64581031

上海贯众信息技术有限公司
地址：上海市闵行区元电路597号3幢3301室
…………………………Tel：021-64607849

上海伍信企业发展有限公司
地址：上海市闵行区江月路1388号
…………………………Tel：021-64664338

上海联球印刷有限公司
地址：上海市杨浦区眉州路300号10号楼二楼
…………………………Tel：021-64759954

上海人民塑料印刷厂
地址：上海市朱行路55号
…………………………Tel：021-64761813

上海梅陇制版包装用品厂
地址：上海市闵行区虹梅南路1528弄68号
…………………………Tel：021-64766331

上海丽佳制版印刷有限公司
地址：上海市漕河泾桂平路471号10号楼3层
…………………………Tel：021-64855582

上海丽佳制版印刷有限公司
地址：上海市漕河泾桂平路471号10号楼3层
…………………………Tel：021-64855582

美迪和（上海）包装材料有限公司
地址：上海市奉贤区奉城镇奉柘公路817号10幢108室
…………………………Tel：021-64877605

上海琪释保进出口贸易有限公司
地址：上海市普陀区真南路1809弄69号20幢159室
…………………………Tel：021-64880309

上海维格拉印刷器材有限公司
地址：上海市闵行区颛桥镇光中路321号
…………………… Tel：021-64894701-51

上海中唱印刷有限公司
地址：华泾路1425弄158号
…………………………Tel：021-64965537

上海艾登印刷有限公司
地址：青浦区沪青平公路3797号2939室
…………………………Tel：021-64966233

上海飞龙照相制版有限公司
地址：上海市闵行区梅陇镇曙建村11队
…………………………Tel：021-64971011

上海复旦四维印刷有限公司
地址：上海市金山区山阳镇山丰路333号1幢二层
…………………………Tel：021-65115111

上海精华威印刷有限公司
地址：上海市杨浦区昆明路1238号
…………………………Tel：021-65123263

上海造纸公司彭浦仓库
地址：饶阳县长安村北
…………………………Tel：021-65128817

上海虹民印刷厂有限公司
地址：上海市虹口区汶水东路908号4幢底层
…………………………Tel：021-65287713

上海天臣包装材料有限公司
地址：上海市松江区小昆山镇光华路509号6幢一层A区、B区，二层A区、B区
…………………………Tel：021-65319999

上海杨军印务有限公司分公司
地址：上海市杨浦区翔殷路20号05－1房
…………………………Tel：021-65338113

上海市印刷十厂有限公司
地址：上海市杨浦区辽阳路343号
…………………………Tel：021-65418000

上海纺印印刷包装有限公司
地址：上海市杨浦区隆昌路399－401号
…………………………Tel：021-65430519

上海纺印利丰印刷包装有限公司
地址：上海市杨浦区隆昌路399号
…………………………Tel：021-65430519

上海纺印印刷包装有限公司
地址：上海市杨浦区隆昌路399－401号
…………………………Tel：021-65430519

上海纺印利丰印刷包装有限公司
地址：上海市杨浦区隆昌路399号
…………………………Tel：021-65430519

上海印刷器材制造有限公司
地址：上海市虹口区逸仙路580号
…………………………Tel：021-65449499

上海陆联造纸技术有限公司
地址：上海市金山区枫泾镇兴塔兴福利路118号－11幢
…………………………Tel：021-65631881

上海万华印刷制版打样有限公司
地址：上海市杨树浦路2086号100幢－10#
…………………………Tel：021-65639177

上海市印刷一厂
地址：杨浦区齐齐哈尔路920号
…………………………Tel：021-65841136

上海复林造纸机械有限公司
地址：上海市虹口区长阳路235号860室
…………………………Tel：021-56965958

上海一拓造纸机械有限公司
地址：上海市宝山区蕴川路5475号1868室
…………………………Tel：021-65878368

上海金鳌国际包装印刷城有限公司
地址：上海市普陀区真南路1051弄5号12层
…………………………Tel：021-66080311

上海金鳌国际包装印刷城有限公司
地址：上海市普陀区真南路1051弄5号12层
…………………………Tel：021-66080311

上海市房产管理局印刷所有限公司
地址：上海市黄浦区四川中路126弄24号
…………………………Tel：021-66273501

上海塔恩包装材料有限公司
地址：上海市普陀区真陈路216号
…………………………Tel：021-66276172

上海景阳画中画印刷有限公司
地址：上海市宝山区真陈路1085号4幢B区
…………………………Tel：021-66288231

上海申欣制版彩印厂
地址：中兴路371号
…………………………Tel：021-66295661

上海增憬实业有限公司
地址：上海市宝山区沪太路4361号9号楼9303A室
…………………………Tel：021-66226096

上海晨源造纸机械有限公司分公司
地址：江场一路18号912室
…………………………Tel：021-66307503

上海子云印刷科技有限公司
地址：青浦区朱家角镇康业路901弄98号4层B区458室
…………………………Tel：021-66358385

上海高新造纸技术有限公司
地址：沪太路1128号A1－777室
…………………………Tel：021-59741090

上海人民印刷二厂有限公司
地址：上海市嘉定区丰功路588号4幢1层103、104、105室
…………………………Tel：021-66528812

上海成华印刷有限公司
地址：上海市宝山区春和路1350号7幢
…………………………Tel：021-66822900

上海泰庆制版印刷有限公司
地址：普善路300号
…………………………Tel：021-66837642

上海华伟立体印刷有限公司
地址：上海市浦东新区北蔡镇五星路358号
…………………………Tel：021-66866880

上海宝钢新材料技术有限公司
地址：宝山区月浦镇园和路191号
…………………………Tel：021-66933393

上海王的实业有限公司
地址：上海市静安区江场路1228弄10号楼802、803室
…………………………Tel：021-66955656

上海金叶包装材料有限公司
地址：真陈路158号
…………………………Tel：021-66956760

上海顺灏新材料科技股份有限公司
地址：上海市普陀区真陈路200号
…………………………Tel：021-66959697

上海邦达彩色包装印务有限公司
地址：上海市宝山区潘川路1988号1幢
…………………………Tel：021-66971327

奥普蒂玛包装机械（上海）有限公司
地址：上海市嘉定区马陆镇丰茂路695号1幢D区，3幢1、4、5层
…………………………Tel：021-67070888

上海吉益品包装容器有限公司
地址：上海市化学工业区奉贤分区苍工路818号
…………………………Tel：021-67120088

上海界龙派而普包装科技有限公司
地址：上海市奉贤区海坤路1号3幢4幢5幢6幢厂房
…………………………Tel：021-67120888

上海洛兴包装材料有限公司
地址：上海市化学工业区奉贤分区楚华北路859号
…………………………Tel：021-67120909

格瑞夫（上海）包装有限公司
地址：上海市化学工业区奉贤分区苍工路718号
…………………………Tel：021-67121817

上海超振包装科技有限公司
地址：上海市奉贤区南虹路8号1043室
…………………………Tel：021-67158431

上海海印环保科技股份有限公司
地址：上海市奉贤区青村镇青高路890号1幢
…………………………Tel：021-67178869

上海中天印刷设备制造有限公司
地址：上海市金山工业区合兴村1组2053号8幢
…………………………Tel：021-67225111

上海金熊造纸网毯有限公司
地址：上海市金山区枫泾镇建安路78号2幢
…………………………Tel：021-67295668

上海三汰包装材料有限公司
地址：上海市金山区枫泾镇钱明东路1211号
……………… Tel：021-67356582-7018

上海宝士嘉印刷器材有限公司
地址：上海市金山区枫泾镇（兴塔）兴豪路8号2号楼A区
…………………………Tel：021-67361717

上海凸版印刷有限公司
地址：上海市松江工业区东部新区申港路2300号
…………………………Tel：021-67600860

三和（上海）包装制品有限公司
地址：上海市奉贤区庄郛路518号三幢2车间1层2层3层
…………………………Tel：021-67626311

上海圣诺制版有限公司
地址：上海市松江区九亭镇连富路780弄140号1幢
…………………………Tel：021-67627582

上海发林实业集团有限公司
地址：上海市松江区新桥镇九新公路2888号4幢2层A区208室
…………………………Tel：021-67627803

上海煜晟纸张包装材料有限公司
地址：上海市松江区新浜镇天台路103号
…………………………Tel：021-67632829

上海乐蕙包装印刷有限公司
地址：上海市松江区车墩镇泾车路137号2幢、9幢
…………………………Tel：021-67650222

上海文浩包装科技有限公司
地址：上海市奉贤区金汇镇江艇路565号
…………………………Tel：021-67681350

上海徽氏包装材料有限公司
地址：嘉定区南翔镇　北公路1755弄3号A3033室
…………………………Tel：021-67690018

上海同利塑胶丝印制版有限公司
地址：上海市松江区九亭镇同利路888号
…………………………Tel：021-67690542

上海统领印刷发展有限公司
地址：上海市松江区九亭镇九泾路1111号
…………………………Tel：021-67691111

上海港松包装印刷有限公司
地址：上海市松江区九亭镇金马路338号
…………………………Tel：021-67691722

上海士大印刷有限公司
地址：上海市松江区九亭镇高科技园区九泾路128号2号楼
…………………………Tel：021-67697101

新雅包装科技（上海）有限公司
地址：上海市松江区九亭镇九泾路701号4幢、2幢第一层
…………………………Tel：021-67697399

上海新雅印刷有限公司
地址：上海市松江区九亭镇九泾路701号
…………………………Tel：021-67697399

欣进包装（上海）有限公司
地址：上海松江出口加工区南乐路1275号
…………………………Tel：021-67747066

欣进包装（上海）有限公司
地址：上海松江出口加工区南乐路1275号
…………………………Tel：021-67747066

上海海纳彩印包装有限公司
地址：上海市松江区泗泾镇高技路385弄2号1幢
…………………………Tel：021-67827877

维托造纸技术（上海）有限公司
地址：上海市金山区亭林镇兴工路225号1幢A210室
…………………………Tel：021-67847623

蓝铁造纸设备（上海）有限公司九亭分公司
地址：上海市松江区沪松公路1658号一幢502室
…………………………Tel：021-67847623

上海速腾包装印刷有限公司
地址：上海市松江区石湖荡镇唐明路666号1栋1-3层，2栋1-2层B区厂房
…………………………Tel：021-67852018

上海丰才制版有限公司
地址：上海市松江区车墩镇赵家泾路389号2幢E座2层
…………………………Tel：021-67861100

上海群骊企业（集团）有限公司
地址：上海市松江区泖港镇新波路518弄20号、21号2幢、3幢
…………………………Tel：021-67865509

上海艾科印刷科技有限公司
地址：上海市松江区鼎盛路855号2幢3层
…………………………Tel：021-67871851

上海唐科新型包装材料有限公司
地址：上海市金山区山阳镇山通路611号
…………………………Tel：021-67961692

上海新星印刷器材有限公司
地址：浦东新区惠南镇沪南路9331号
…………………………Tel：021-68014604

上海腾磊实业有限公司
地址：上海市徐汇区浦北路976号234室
…………………………Tel：021-68063985

上海丹麒包装材料有限公司
地址：浦东新区祝桥镇空港开发区金顺路6号
…………Tel：021-68102998

普力信包装材料（上海）有限公司
地址：浦东新区川沙新镇鹿园工业区鹿滨路32号
…………Tel：021-68162027

上海新开宝商务印刷有限公司
地址：上海市宝山区康陆路188号A座
…………Tel：021-68263607

上海恒晨印刷厂
地址：浦东新区北蔡镇中心路18号8幢
…………Tel：021-68499085

上海艾尔贝包装科技发展有限公司
地址：中国（上海）自由贸易试验区郭守敬路351号1幢315室
…………Tel：021-68670602

上海佳利印刷有限公司
地址：上海市浦东新区龙新路189号一层B区、二层B区
…………Tel：021-68683309

上海浪森制版印刷有限公司
地址：上海市闵行区三友路1号第5幢一、二层
…………Tel：021-68725200

上海人民印刷八厂
地址：浦东新区东三里桥路888号
…………Tel：021-68733303

上海偕晟印刷科技发展有限公司
地址：上海市嘉定区外冈镇北街25号8幢2296室
…………Tel：021-68771368

上海雅昌艺术印刷有限公司
地址：上海市嘉定区嘉罗公路1022号2幢
…………Tel：021-68798999

上海三奇包装材料有限公司
地址：浦东新区南汇新城镇环湖西二路888号C楼
…………Tel：021-68820267

上海美淄贸易有限公司
地址：上海市奉贤区庄行镇南亭公路1176号7幢702室
…………Tel：021-68870096

上海康奇印刷有限公司
地址：上海市浦东新区凌白路398弄18号
…………Tel：021-68904745

上海运平包装材料有限公司
地址：浦东新区合庆镇勤益村第二生产队
…………Tel：021-68909988

上海众尚印刷包装材料有限公司
地址：上海市浦东新区祝桥镇亭塘路21号
…………Tel：021-68911810

上海统包实业有限公司
地址：中国（上海）自由贸易试验区孙环路729号1幢104室
…………Tel：021-68911820

上海利丰雅高印刷有限公司
地址：上海市浦东新区庆达路106号
…………Tel：021-68919900

上海集彩包装印刷有限公司
地址：上海莲溪路1277号
…………Tel：021-68929191

上海新进昌彩色印刷有限公司
地址：上海市曹安路10号桥东
…………Tel：021-69130607

上海三樱包装材料有限公司
地址：上海市嘉定封浜镇曹安路2611号（9号桥西堍）
…………Tel：021-69139177

上海顺都印刷有限公司
地址：嘉定区马陆镇丰年路88弄12号
…………Tel：021-69151306

上海迁川制版模具有限公司
地址：上海市嘉定区马陆镇丰饶路123号
…………Tel：021-69156215

上海爱兴璐塑料包装有限公司
地址：上海市嘉定区菊园新区菊城路8号第2幢、第3幢
…………Tel：021-69160989

上海彩映包装印刷有限公司
地址：上海市嘉定工业区兴荣路1518号1幢C1区
…………Tel：021-69169951

上海佩普迈讯造纸机械有限公司
地址：上海市浦东新区周祝公路337号9幢291室
…………Tel：021-69188397

上海中华印刷有限公司
地址：青浦区汇金路889号
…………Tel：021-69213456

波拉印刷设备（上海）有限公司
地址：上海市青浦工业园区胜利路1098弄198号
…………Tel：021-69214262

王子包装（上海）有限公司
地址：上海市青浦工业园区胜利路1818号
…………Tel：021-69225881-505

上海樱子造纸厂
地址：崇明县中兴镇大公村
…………Tel：021-69445007

上海运城制版有限公司
地址：上海市嘉定区安亭镇上海国际汽车城零部件配套工业园区园国路398号
…………Tel：021-69573824

上海运申制版模具有限公司
地址：上海市嘉定区安亭镇园国路398号第2幢
…………Tel：021-69573824

上海诸藤包装制品有限公司
地址：上海市嘉定区外冈镇外冈工业园区四区恒冠路705号
…………Tel：021-69575972

上海联盈塑料印刷有限公司
地址：上海市嘉定区外冈镇恒乐路88号3幢、5幢
…………Tel：021-69577525

上海大立印刷有限公司
地址：深圳市坪山新区坪山街道深圳大工业区金兰路3号
…………Tel：021-69590360

上海立功印刷科技有限公司
地址：上海市嘉定区黄渡镇工业园区星塔路1125号
…………Tel：021-69592006

上海金汇通创意设计发展股份有限公司
地址：上海市青浦区崧盈路699号1幢
…………Tel：021-69765695

上海金汇通创意设计发展股份有限公司
地址：上海市青浦区崧盈路699号1幢
…………Tel：021-69765695

佳胧包装（上海）有限公司
地址：上海市青浦区徐泾镇双联路359号B区
…………Tel：021-69770228

上海浩煜印刷有限公司
地址：上海市嘉定区南翔镇昌翔路136号3幢6层
…………Tel：021-69890998

上海南仓投资管理有限公司
地址：上海市嘉定区南翔镇美裕路600号3幢J221室
…………Tel：021-69895176

上海广发造纸厂
地址：上海市嘉定区华亭镇嘉行公路3420号
…………Tel：021-69917789

上海南木化工有限公司
地址：上海市嘉定区沪宜公路1158号10层1005室
…………Tel：021-69956798

易格造纸化学品（上海）有限公司
地址：嘉定区南翔镇嘉美路1988号5幢3091室
…………Tel：021-69973120

上海瑞堰印刷机械有限公司
地址：上海市嘉定区南翔镇翔江公路485号5幢
…………Tel：021-69974677

上海嘉英造纸机械有限公司
地址：上海真南路4278号
…………Tel：021-69985823

广州通力纸造特种包装研究院有限公司上海分公司
地址：上海市虹口区吴淞路469号1002、1006室
…………Tel：021-80125278

唯绿包装（上海）有限公司
地址：中国（上海）自由贸易试验区金海路450号
…………Tel：021-80225888

上海立奉实业有限公司
地址：上海市奉贤区青村镇光明南奉公路5089号A幢616室
…………Tel：021-80362418

上海立刻新实业发展有限公司
地址：上海市奉贤区青村镇奉柘公路2898号2幢276室
…………Tel：021-80362418

上海黎明制版印刷厂
地址：上海市杨浦区政通路8号
…………Tel：021-81870274

上海威锋包装科技有限公司
地址：上海市嘉定区安亭镇和静路78号3幢306室
…………Tel：021-95960151

重庆市

重庆新富林包装材料有限公司
地址：重庆市长寿区晏家工业园区齐心大道21号
…………Tel：023-40715757

重庆景兴包装有限公司
地址：重庆市长寿区晏家工业园区
…………Tel：023-40716088

重庆市德忠制版有限公司
地址：重庆市璧山区丁家街道定林街道
…………Tel：023-41481624

重庆市德忠制版有限公司璧山分公司
地址：重庆市璧山区璧泉街道聚金大道3号F01-B号楼第四层
…………Tel：023-41481624

重庆市德忠制版有限公司丁家经营部
地址：重庆市璧山区丁家街道渝隆路163号
…………Tel：023-41481624

上阳（重庆）包装制品有限公司
地址：重庆市璧山区钨山路66号
…………Tel：023-41558559

重庆新通联包装材料有限公司
地址：重庆市璧山区璧城街道开发区
…………Tel：023 41772128

重庆精准印刷制版有限公司
地址：重庆市璧山区青杠街道缙云路91号
…………Tel：023-41785889

重庆精准印刷制版有限公司
地址：重庆市璧山区青杠街道缙云路91号
…………Tel：023-41785889

中粮包装（成都）有限公司重庆分公司
地址：重庆市合川区江城工业园区涪江路
…………Tel：023-42753158

重庆市大足区鸿运造纸厂
地址：重庆市大足区万古镇石牛村一社
…………Tel：023-43450369

重庆市大足区东升造纸厂
地址：重庆市大足区万古镇石牛村
…………Tel：023-43300298

重庆公升彩印包装有限公司
地址：重庆市潼南工业园区南区B5-7/01
…………Tel：023-44580223

重庆市富发纸业有限责任公司
地址：重庆市潼南区双江镇金龙村二社（涪江河边）
…………Tel：023-44860080

重庆市铜梁区新兴造纸厂
地址：重庆市铜梁区旧县街道办事处宋坪村16社
…………Tel：023-45423958

重庆华丰迪杰特印刷材料有限公司
地址：重庆市铜梁工业园机械园
…………Tel：023-45435777

重庆国华包装制品有限公司
地址：重庆市铜梁区东城街道办事处铜合大道218号
…………Tel：023-45436488

重庆市飞龙纸业有限公司造纸车间
地址：重庆市铜梁区蒲吕街道办事处穆莲街7号
…………Tel：023-45488342

重庆西泉造纸厂
地址：重庆市铜梁区西泉镇
…………Tel：023-45511201

重庆市铜梁区金海造纸厂
地址：重庆市铜梁区虎峰镇石岭村五社
…………Tel：023-45512666

重庆市永恒玻陶包装材料股份有限公司
地址：重庆市荣昌区安富街道垭口村150号
…………Tel：023-46329139

重庆宇麟包装印刷有限公司
地址：重庆市荣昌区昌州街道嘉吉普瑞纳大道112号（2#厂房）
…………Tel：023-46799917

重庆顺景纸箱制造有限公司
地址：重庆市江津区德感工业园区19号地
…………Tel：023-47523615

重庆华彬伟玻璃有限公司
地址：重庆市江津区白沙工业园E1-01/01号地块
…………Tel：023-47334882

重庆乐富包装有限公司
地址：重庆市江津区双福新区祥福大道76号附1号（东方光大标准厂房内）
…………Tel：023-47890228

重庆光景包装制品有限公司
地址：重庆市江津区广兴镇彭桥工业园区
…………Tel：023-48606111

重庆展印包装印刷有限公司
地址：重庆市万盛经开区平山产业园区
…………Tel：023-48667777

重庆理文卫生用纸制造有限公司
地址：重庆市永川区朱沱镇四望山村
…………Tel：023-49603333

重庆理文造纸有限公司
地址：重庆市永川区朱沱镇四望山村
…………Tel：023-49603333

重庆兴炜佳制版有限公司
地址：重庆市永川区和畅大道988号42幢3-3
…………Tel：023-49788716

重庆金盛荣侨贸易有限公司
地址：重庆市永川工业园区大安组团
…………Tel：023-49861148

云阳金田包装材料有限公司
地址：重庆市云阳县工业园区A区
…………Tel：023-55508878

金田集团重庆新型包装材料有限公司
地址：重庆市云阳工业园区A区人和大道
…………Tel：023-55822222

重庆卓兴实业发展有限公司
地址：重庆市奉节县草堂镇柑子社区草堂移民生态工业园8号楼
…………Tel：023-56738888

韦斯利包装（重庆）有限公司
地址：重庆市合川区草街街道通江路5号1幢
…………Tel：023-60306030

重庆瑞丰包装股份有限公司
地址：重庆市北碚区同兴工业园区一路
…………Tel：023-61522983

重庆市美盈森环保包装工程有限公司
地址：重庆市沙坪坝区土主中路199号附1-2
…………Tel：023-61768888

重庆乔登彩印包装有限公司
地址：重庆市九龙坡区金凤镇凤萧路5号
…………Tel：023-61968001

重庆富贵万年新材料股份有限公司
地址：重庆市南岸区樱花路6号
…………Tel：023-62451150

重庆运城制版有限公司
地址：重庆市南岸区茶园新城区长电一支路15号
…………Tel：023-62452211

重庆市巴南区华利制版厂
地址：重庆市巴南区花溪镇先锋村八社
…………Tel：023-62576241

重庆华丰印刷材料有限公司
地址：重庆市铜梁区东城街道龙兴大道777号
…………Tel：023-62753266

华西包装（集团）有限责任公司
地址：重庆市渝中区捍卫路6号
…………Tel：023-63508305

重庆造纸工业公司
地址：重庆市江北区建东二村31号
…………Tel：023-63510007

重庆卡多美制版有限公司
地址：重庆市渝北区龙塔街道红黄路121号紫荆商业广场二期2幢3-4
…………Tel：023-63608274

重庆翔威印刷制版有限公司
地址：重庆市渝中区中山三路153号
…………Tel：023-63633326

重庆造纸工业研究设计院有限责任公司
地址：重庆市南岸区蔷薇路26号
…………Tel：023-63862408

重庆大道泡沫塑料包装材料有限公司

地址：重庆市璧山区璧泉街道银山路12号
……………………Tel：023-64302133
重庆宏霖制版有限公司
地址：重庆市沙坪坝区劳动路67号附3号4-4
……………………Tel：023-65314387
重庆东汉包装有限公司
地址：重庆市沙坪坝区曾家镇农安村曹家沟社3号
……………………Tel：023-65750626
重庆俊东包装印务有限公司
地址：重庆市沙坪坝区杨梨路160号第一幢
……………………Tel：023-65901999
中粮包装（重庆）有限公司
地址：重庆市巴南区界石镇石象路1号附8号
……………………Tel：023-66289439
重庆润友印刷材料有限公司
地址：重庆市渝北区龙溪街道红石路88号华联国际大厦1幢15-8
……………………Tel：023-67074288
重庆金凌印刷有限公司
地址：重庆市渝北区双凤桥街道长空路483号3幢
……………………Tel：023-67188567
重庆巨龙印刷包装有限公司
地址：重庆市经济技术开发区经开园金渝大道105号
……………………Tel：023-67469099
重庆新贝田航空科技有限公司
地址：重庆市渝北区双龙湖街道祥和路3号附15号汇祥.好莱坞5幢负1-门面15
……………………Tel：023-67520403
重庆华典设计制版印务有限公司
地址：重庆市江北区黄桷新村20号二单元1-8、1-9、1-10
……………………Tel：023-67527237
重庆新金雅迪艺术印刷有限公司
地址：重庆市江北区港安二路37号
……………………Tel：023-67703677
中雅（重庆）彩色印刷有限公司
地址：重庆市江北区建新东路36号附65号
……………………Tel：023-67712977
重庆建新印务有限公司
地址：重庆市江北区港城东路1号
……………………Tel：023-67775528
重庆智达天雅商业管理有限公司
地址：重庆市渝中区长江二路213号7-2
……………………Tel：023-67804348
重庆宜东商贸有限公司
地址：重庆市渝北区龙溪街道红锦大道86号中渝广场3幢12-办公7
……………………Tel：023-67909559
重庆永奇制版印务有限公司
地址：重庆市渝北区龙溪黄泥磅五人路工业园区
……………………Tel：023-68085789
重庆源亨余包装印刷有限公司
地址：重庆市大渡口区石林大道17号
……………………Tel：023-68150655
重庆正永精密印刷有限公司
地址：重庆市北碚区蔡家组团同兴工业园（盈田蔡家工谷五号）
……………………Tel：023-68262888
重庆紫泉包装有限公司
地址：重庆市北碚区童家溪镇同兴南路71号(银钢科技园内)
……………………Tel：023-68315169
重庆正川医药包装材料股份有限公司
地址：重庆市北碚区龙凤桥街道正川玻璃工业园
……………………Tel：023-68349817
重庆九发包装印务有限公司
地址：重庆市九龙坡区西郊路38号
……………………Tel：023-68424150
重庆九发包装印务有限公司
地址：重庆市九龙坡区西郊路38号
……………………Tel：023-68424150
重庆鋆章文化传播有限公司
地址：重庆市渝中区虎头岩1号第28幢
……………………Tel：023-68597860
重庆海派环保包装有限公司
地址：重庆市九龙坡区凤笙路27号附3号
……………………Tel：023-68661366
重庆新华印刷厂有限公司
地址：重庆市九龙坡区杨家坪新胜二村6栋
……………………Tel：023-68955710
重庆新天包装材料有限公司
地址：重庆市长寿区晏家川维厂内
……………………Tel：023-68977278
重庆市君宸纸制品制造有限责任公司
地址：重庆市丰都县兴龙镇先峰村1组
……………………Tel：023-70653666
重庆周庆元康玻璃有限公司
地址：重庆市涪陵区李渡健康路76号
……………………Tel：023-72105059
重庆焱禾制版有限公司
地址：重庆市涪陵区桥南开发区荔枝园四组
……………………Tel：023-72112799
重庆首键医药包装股份公司
地址：重庆市涪陵区聚龙大道204号
……………………Tel：023-72183522
重庆市森泰印刷包装有限公司地址：重庆市石柱土家族自治县下路街道柏树社区（工业园区B区标准厂房2-2号B-1）
……………………Tel：023-73345567
重庆灵烽纸业有限公司
地址：重庆市武隆区鸭江镇三元村杨家湾组
……………………Tel：023-77736789
重庆融康彩印包装有限公司
地址：重庆市梁平区重庆梁平工业园区A区
……………………Tel：023-81171615
重庆润民纸业有限公司
地址：重庆市潼南工业园区北区D25-4/02号地块
……………………Tel：023-81651568
重庆汇科包装有限公司
地址：重庆市涪陵新城区聚贤大道31号
……………………Tel：023-81810136
王子包装科技（重庆）有限公司
地址：重庆市大足区高新技术产业开发区
……………………Tel：023-85575672
重庆宏声天娇包装产业有限公司
地址：重庆市南岸区玉马路8号科技创业中心融英楼（经开区拓展区内）
……………………Tel：023-86061553-6055
重庆合信包装印刷有限公司
地址：重庆市江北区港城南路1号
……………………Tel：023-86856679
重庆文乾包装有限公司
地址：重庆市九龙坡区新凤大道99号
……………………Tel：023-86856679
重庆合信包装印刷有限公司
地址：重庆市江北区港城南路1号
……………………Tel：023-86856679
重庆锯恩房地产开发有限公司
地址：重庆市南岸区牡丹路14号
……………………Tel：023-88608545
重庆市金山鑫泰包装（集团）有限公司
地址：重庆市璧山区璧泉街道金剑路488号
……………………Tel：023-89183398

河北省

邯郸市昀沣包装材料有限公司
地址：河北省邯郸市经济开发区新兴路15号
……………………Tel：0310-2040005
河北鑫虎门窗有限公司
地址：磁县磁州路东头路北
……………………Tel：0310-2412172
河北雄广纸塑包装科技有限公司
地址：河北省邯郸市广平县医院南家属院
……………………Tel：0310-2524888
邯郸汇泉造纸助剂加工有限公司
地址：河北省邯郸市复兴区户村镇霍北村东
……………………Tel：0310-3187827
邯郸市现代制版印务有限公司
地址：邯郸市邯山区农林路73号
……………………Tel：0310-3225567
邯郸市东风造纸有限责任公司
地址：魏县安张庄村北
……………………Tel：0310-3580695
河北博柯莱智能装备科技股份有限公司
地址：河北省邯郸市永年区工业园区
……………………Tel：0310-4569700
邯郸市金泰包装材料有限公司
地址：河北省邯郸市成安县工业区聚良大道30号
……………………Tel：0310-4601868
邯郸市明远包装有限公司
地址：河北省邯郸市肥乡区经济开发区西区民生南大街（盛卓对过）
……………………Tel：0310-4777992
武安市五湖正兴造纸厂
地址：武安市康二城镇五湖村
……………………Tel：0310-5726122
大名县鸿盛包装有限责任公司
地址：河北省邯郸市大名县京府工业城内园中路
……………………Tel：0310-6401168
河北华正塑料包装有限责任公司
地址：大名县阳平路西段北侧
……………………Tel：0310-6592218
永年县临名关造纸配件农机门市
地址：永年县县城邯邢路
……………………Tel：0310-6827090
邯郸市丛台区利达造纸厂
地址：北环路中段路北
……………………Tel：0310-7029362
邯郸市天工包装机械有限公司
地址：邯郸市成安工业园区邯大路32号
……………………Tel：0310-7261592
邯郸金平福印铁包装有限公司
地址：河北省邯郸市成安县开发区聚良大道西侧
……………………Tel：0310-7289308
鸡泽县卓辉印刷有限责任公司
地址：鸡泽县北环路西段
……………………Tel：0310-7521919
河北万拓印刷有限公司
地址：临漳县高速路口香西线北延路西
……………………Tel：0310-7929939
邯郸金舱包装有限公司
地址：河北省邯郸市临漳县新城工业园区玄武大道东南角96号
……………………Tel：0310-7998069
临漳县建安造纸设备配件厂地址：临漳县工贸新区
……………………Tel：0310-7999289
河北锦岸建材有限公司
地址：邯郸冀南新区马头经济开发区新兴大街南端东侧科技企业孵化中心5号楼4单元368室
……………………Tel：0310-8507958
河北新圆旭包装装潢有限公司
地址：涉县经济开发区开元大街西侧
……………………Tel：0310-8549348
河北蕾兹万印刷股份有限公司
地址：邯郸市装备制造园区
……………………Tel：0310-8679229
邯郸宏强包装材料有限公司
地址：河北省邯郸市曲周县曲周经济开发区79号
……………………Tel：0310-8858095
石家庄联创博美印刷有限公司
地址：石家庄市鹿泉区上庄镇世纪工业园
……………………Tel：0311-66032368
石家庄德文林彩色印刷有限公司
地址：石家庄市栾城区西留营村南（石家庄厚德纸业有限公司）
……………………Tel：0311-66560138
石家庄燕兴条码不干胶印刷有限公司
地址：石家庄市新华区坤桥街17号
……………………Tel：0311-66682228
石家庄艾文尔生物科技股份有限公司地址：石家庄高新区祁连街95号润江慧谷大厦02单元1106…Tel：0311-66697438
沈阳彼友利柔印制版有限公司石家庄分公司
地址：石家庄市新华区杜北乡陈村平安里6号
……………………Tel：0311-68008743
河北远涛彩色印刷有限公司
地址：石家庄市栾城区冶河村
……………………Tel：0311-69012162
石家庄馁突商贸有限公司
地址：河北省石家庄市桥西区槐安东路28号仁和嘉园1-1-401
……………………Tel：0311-69025405
石家庄中汇药品包装有限公司
地址：石家庄市鹿泉经济开发区新泰大街18号
……………………Tel：0311-69101390
河北新华第二印刷有限责任公司
地址：石家庄装备制造基地南车路7号
……………………Tel：0311-69129158
河北心度包装科技有限公司
地址：正定县南牛乡东洋村村东（正定高新技术产业开发区南区）
……………………Tel：0311-80802018
石家庄中兴印刷有限公司
地址：石家庄桥西区新石北路２９８号
……………………Tel：0311-80889757
河北奥瑞金包装有限公司
地址：石家庄市鹿泉区铜冶镇北铜冶村
……………………Tel：0311-81552909
石家庄市新茂纸制品厂
地址：石家庄市鹿泉区铜冶镇南甘子村
……………………Tel：0311-82013645
石家庄市华丽包装有限公司
地址：河北省石家庄市鹿泉区铜冶镇北故邑村村北
……………………Tel：0311-82130508
石家庄市曲寨纸业有限公司
地址：石家庄市鹿泉区曲寨村
……………………Tel：0311-82295524
灵寿县中京绝缘材料有限公司
地址：灵寿县三圣院乡同下村北
……………………Tel：0311-82552119
石家庄市毓丰包装材料有限公司
地址：河北省石家庄市行唐县经济开发区光明路路东
……………………Tel：0311-82695788
石家庄育才药用包装材料股份有限公司
地址：石家庄经济技术开发区扬子路10号
……………………Tel：0311-83090351
辛集市晶彩印刷有限公司
地址：辛集市西华路南段24号
……………………Tel：0311-83299118
石家庄群英制版有限公司
地址：河北省石家庄市桥西区南长街６６号
……………………Tel：0311-83838887
河北永新包装有限公司
地址：河北省石家庄市鹿泉区开发区昌盛大街65号
……………………Tel：0311-83980860
石家庄旺润印刷有限公司
地址：晋州市魏征路北头
……………………Tel：0311-84323202
晋州市彩色包装印刷有限公司
地址：晋州市通达路西段
……………………Tel：0311-84323585
赵县绿宝露包装制品有限公司
地址：石家庄市赵县南庄村
……………………Tel：0311-84899168
石家庄市兴盛包装制品有限公司
地址：赵县赵元路
……………………Tel：0311-84941640
河北谢霄包装制品贸易股份有限公司
地址：河北省石家庄市正定县车站街商博灯饰城负一层
……………………Tel：0311-85175211
石家庄市兴海塑料印刷包装制品有限公司
地址：石家庄新华区西三庄街185号
……………………Tel：0311-85273996
石家庄市兴海塑料印刷包装制品有限公司
地址：石家庄新华区西三庄街185号
……………………Tel：0311-85273996
石家庄华莱化工有限公司
地址：石家庄新华区石闫路杜北大街１８号
……………………Tel：0311-85293501
河北纪元数字印刷有限公司
地址：石家庄高新区海河道29号
……………………Tel：0311-85381866
石家庄市长安区富华包装材料厂
地址：石家庄长安区南村镇
……………………Tel：0311-85387278
石家庄市海纳印刷包装有限公司
地址：河北省石家庄市裕华区方村308国道与环城水系交口西行200米
……………………Tel：0311-85435234
石家庄天塑树脂瓦厂
地址：石家庄市栾城区西留营村南
……………………Tel：0311-85450883
河北金环包装有限公司
地址：河北省石家庄市裕华区方兴路15号
……………………Tel：0311-85494847

河北新华联合印刷有限公司
地址：石家庄市栾城区装备制造基地南车路7号
…………Tel：0311-85538089

石家庄市大隆印刷有限公司
地址：石家庄长安区建明中路东头
…………Tel：0311-85617055

博迪文化科技有限公司
地址：石家庄高新区海河道27-1号
…………Tel：0311-85830524

河北健明印刷包装有限公司
地址：石家庄高新区海河道２７号
…………Tel：0311-85830524

石家庄生益包装用品有限公司
地址：河北省石家庄市南二环路南焦村村北
…………Tel：0311-85871476

石家庄润通汽车租赁服务有限公司
地址：河北省石家庄市桥西区维明南大街与新石中路交口盛世华庭松涛园4号楼2单元203室
…………Tel：0311-85876543

石家庄市万龙印刷有限责任公司
地址：石家庄高新区郄马镇刘家庄村村东008县道路西50米厂房院内
…………Tel：0311-85960529

石家庄兄弟印刷有限公司
地址：石家庄高新区淮河道189号
…………Tel：0311-85969955

河北交通票证印刷厂
地址：石家庄高新区南郄马村南段高路56号
…………Tel：0311-85978098

河北报业传媒集团印务有限公司
地址：石家庄市栾城区装备制造产业园区南车路23号（段同村）
…………Tel：0311-85978139

石家庄皓彩印刷有限公司
地址：河北省石家庄市长安区建设北大街14号3号楼1单元201
…………Tel：0311-86031029

石家庄市裕华区燕青制版厂
地址：河北省石家庄市裕华区汇通路89号
…………Tel：0311-86056459

河北领秀数字印刷有限公司
地址：石家庄高新区海河道9号博深文创园2号车间东侧3跨
…………Tel：0311-86085533

石家庄宝丽彩色印刷有限公司
地址：石家庄市栾城区楼底镇西羊市村西南
…………Tel：0311-86117332

石家庄市鼎太制版厂
地址：河北省石家庄市裕华区石栾路13号
…………Tel：0311-86128359

河北装潢印刷机械股份有限公司
地址：河北省石家庄市桥西区汇通路20号
…………Tel：0311-86139990

石家庄中晟安全印刷有限公司
地址：石家庄市裕华区谈固西大街金马小区腾达园18号
…………Tel：0311-86261861

河北惠诚印刷有限公司
地址：河北省石家庄市裕华区槐安路150号小马商品楼底商东1号
…………Tel：0311-86398127

河北方大包装股份有限公司
地址：元氏县元氏大街405号
…………Tel：0311-86538683

石家庄市裕华区东义制版中心
地址：槐北路258号
…………Tel：0311-86572362

河北快印博世数码印刷有限公司
地址：石家庄市长安区广安小区康华园19楼
…………Tel：0311-86677842

石家庄金星包装有限公司
地址：河北省石家庄市长安区北外环东路
…………Tel：0311-86827230

河北立新丝网印刷有限公司
地址：河北省石家庄市长安区外环北路北方鞋城
…………Tel：0311-86828683

河北省造纸协会
地址：河北省石家庄市新华区北合街18号
…………Tel：0311-87086240

石家庄运城制版有限公司
地址：石家庄高新区长江大道256号
…………Tel：0311-87180902

石家庄文国科技有限公司
地址：河北省石家庄市桥西区槐安西路287号
…………Tel：0311-87219721

石家庄顺启文化传播有限公司
地址：河北省石家庄市桥西区城角街726号
…………Tel：0311-87219721

石家庄鑫富达医药包装有限公司
地址：赵县工业园区海兴路
…………Tel：0311-87291600

河北奇特包装有限责任公司
地址：石家庄市鹿泉区石铜路39号
…………Tel：0311-87592000

石家庄市花兴制版有限公司
地址：石家庄新华区友谊北大街３７３号
…………Tel：0311-87739077

河北世纪朝阳制版科技有限公司
地址：石家庄新华区新华路279号御花苑101
…………Tel：0311-87878249

石家庄华美造纸厂（普通合伙）
地址：淄博高新区民祥路43号
…………Tel：0311-88085318

石家庄市金安达包装有限公司
地址：石家庄循环化工园区丘头镇桥板村
…………Tel：0311-88170689

石家庄市藁城区京瑞印刷有限公司
地址：河北省石家庄市藁城区增村镇北桥寨村500米处
…………Tel：0311-88181038

石家庄瑞丰包装有限公司
地址：正定县新城铺镇冯家庄村北
…………Tel：0311-88205888

新乐市福瑞印刷有限公司
地址：新乐市大岳镇相家庄村西南
…………Tel：0311-88526317

河北红星印刷有限公司
地址：新乐市机场路10号
…………Tel：0311-88581007

石家庄建东印刷有限公司
地址：新乐市工业新区纬八路南侧机场路东侧（河北新东印刷有限公司院内）
…………Tel：0311-88700019

石家庄大德制版有限公司
地址：石家庄裕华区槐岭路191号彩虹源二期17-02号商铺
…………Tel：0311-89250259

河北美林造纸机械进出口有限公司
地址：河北省石家庄市新华区新华路219号鹿诚商务中心1号商业办公楼1801室
…………Tel：0311-89683501

石家庄正业包装有限公司
地址：石家庄高新区恒山街389号
…………Tel：0311-89899282

河北南方包装有限公司
地址：河北省石家庄市栾城区装备制造产业园区裕翔街189号
…………Tel：0311-89899595

河北德容塑料包装制品股份有限公司
地址：石家庄市鹿泉区铜冶镇火炬路6号
…………Tel：0311-89919075

保定市宝鑫镁纸制造有限公司
地址：河北省保定市莲池区工农路副88号
…………Tel：0312-2122711

保定市南市区祝强造纸厂
地址：保定市莲池区小祝泽村东
…………Tel：0312-2172775

保定市发达包装印刷有限公司
地址：保定市南外环路902号
…………Tel：0312-2175066

保定市南市区祝强造纸厂一分厂
地址：保定市满城区大册营镇岗头村东
…………Tel：0312-2179222

保定市南市区大北造纸厂
地址：保定市莲池区北五尧
…………Tel：0312-2250020

保定华韵兴宏纸制品制造有限公司
地址：河北省保定市定兴县槐茂路139号
…………Tel：0312-2250279

河北领航印刷有限公司
地址：定州经济开发区大奇连体品小区永康大街东侧
…………Tel：0312-2362388

定州市易佳印刷有限公司
地址：定州市兴定路南侧明月豪苑3#楼5-09号
…………Tel：0312-2533898

定州市新华印刷有限公司
地址：定州市叮咛店镇双天工业园双天中路
…………Tel：0312-2582966

高碑店市宋辛艺人电脑绘图制版门市部
地址：高碑店市泗庄镇宋辛村
…………Tel：0312-2766111

河北鑫兆源印刷有限公司
地址：高碑店市东盛办事处柳家屯村村西
…………Tel：0312-2806333

保定白沟郝氏雕刻制版厂
地址：白沟汽校院内
…………Tel：0312-2882680

河北鑫彩博图印刷有限公司
地址：河北省保定市高碑店市东盛办事处柳家屯村村西
…………Tel：0312-2901500

河北鑫宏源印刷包装有限责任公司
地址：高碑店市世纪大街北侧
…………Tel：0312-2915256

河北鑫宏源印刷包装有限责任公司
地址：高碑店市世纪大街北侧
…………Tel：0312-2915256

河北迅捷佳彩印刷有限公司
地址：河北省保定市高碑店市东盛办事处工业园区5号
…………Tel：0312-2951626

高碑店市荣悦昌包装制品有限公司
地址：高碑店市团结东路158号
…………Tel：0312-6401666

高碑店市双捷包装制品有限公司
地址：高碑店市南大街89号
…………Tel：0312-2995588

保定雨森卫生用品有限公司造纸分公司
地址：保定市满城区大册营镇夜借村
…………Tel：0312-3023999

保定市晨光造纸机械有限公司
地址：保定市新保满路859号
…………Tel：0312-3104842

保定五四三印刷厂
地址：保定市七一中路1317号
…………Tel：0312-3107808

保定宝来塑料包装材料有限公司
地址：河北省保定市朝阳北大街1088号
…………Tel：0312-3109500

中国工商银行股份有限公司保定盛兴支行
地址：保定市盛兴西路2020号
…………Tel：0312-3170327

保定市新市区兴华造纸厂
地址：保定市新市区南奇乡贾家庄村
…………Tel：0312-3174425

保定市保运制版有限公司
地址：保定市新市区保满路华帅庄园西侧
…………Tel：0312-3179522

保定市保运兴远制版有限公司
地址：保定市满城区大册营镇政府北行100米路西
…………Tel：0312-3179522

保定市佳美制版中心
地址：保定市莲池区西苑南小区22-2-101号
…………Tel：0312-3182248

合众创亚（保定）纸业包装有限公司
地址：河北省保定市生力街988号
…………Tel：0312-3200093

保定市皆沃造纸厂
地址：保定市竞秀区江城乡石家庄村厂房
…………Tel：0312-3204023

保定市新市区石家庄造纸厂稀土分厂
地址：保定市新市区石家庄村
…………Tel：0312-3204023

保定奥美新制版有限公司
地址：保定市江城乡石家庄村南800米保阜路南
…………Tel：0312-3213326

保定市中彩惠邦特种印刷有限公司
地址：保定市新市区富昌工业区（村机站南侧）
…………Tel：0312-3221999

保定市第五造纸厂
地址：保定市新市区小汲店
…………Tel：0312-3223687

保定市富昌屯造纸厂
地址：保定市新市区富昌屯
…………Tel：0312-3227511

保定市新华造纸厂
地址：保定市新市区小汲店
…………Tel：0312-3227708

保定市松胜纸业制造有限公司地址：保定市竞秀区江城乡石家庄村厂房
…………Tel：0312-3270626

保定市三联包装制品有限公司
地址：保定市竞秀区江城乡大汲店村
…………Tel：0312-3289778

保定化纤造纸厂
地址：保定市新市区纸厂路１号
…………Tel：0312-3322815

河北文盛印刷有限公司
地址：河北省保定市涿州市东仙坡镇下胡良北口
…………Tel：0312-3703833

涿州市阳光印刷器材有限公司地址：涿州市经济技术开发区
…………Tel：0312-3759118

涿州军迪印刷有限公司
地址：涿州市清凉寺办事处建设路314号
…………Tel：0312-3854772

涿州市燕南纸包装有限公司
地址：涿州市松林店镇南部工业园区内
…………Tel：0312-3857516

涿州市长虹造纸有限公司
地址：涿州市东仙坡镇下胡良村东
…………Tel：0312-3890231

涿州市辰宇印刷器材有限公司
地址：涿州市松林店镇南马村
…………Tel：13833023666

涿州市星河印刷有限公司
地址：松林店镇三义路十八号
…………Tel：0312-3950515

涿州市腾跃印刷材料有限公司
地址：涿州市松林店工业园区内
…………Tel：0312-3957278

保定市宏远制版机械制造有限公司
地址：保定市莲池区百楼乡头台村村南
…………Tel：0312-5082511

保定市东城纸制品制造有限公司
地址：保定市莲池区东金庄乡银定庄村村西
…………Tel：15603211512

安新县寨里联合造纸厂
地址：安新县寨里乡小营村
…………Tel：0312-5101340

安新县康辉纸管制造有限公司地址：赵北口镇西街村
…………Tel：13930833572

安新县恒隆源纸制品制造有限公司
地址：安新县城育才路北
…………Tel：0312-5130000

安新县国运纸制品制造有限公司
地址：安新县三台镇新庄窠村
…………Tel：0312-5151999

安新县星通造纸厂（普通合伙）
地址：寨里乡杨孟庄村
…………Tel：0312-5256999

安新县丽明纸箱制造有限公司
地址：安新县旅游路
…………Tel：0312-5283608

雄县卓远制版有限公司
地址：雄县包装城园区
…………Tel：0312-5301858

雄县立亚包装材料有限公司
地址：雄县塑料包装园区（项目集中区中心大街北侧）
…………Tel：0312-5301988

保定宝理塑研包装有限公司
地址：雄县包装城西侧
…………Tel：0312-5303033

曲阳博仁恒太隆商贸有限公司
地址：曲阳县新兴工业园区内（七里庄村西）
…………Tel：0312-5347006

容城县亿利达印刷包装有限公司
地址：容城县平王乡仇小王村
…………Tel：0312-5439016

雄县向阳制版有限公司
地址：雄县高速引线东侧
…………Tel：0312-5565111

保定银正包装科技开发有限公司
地址：河北省保定市雄县铃铛阁大街

（建行西侧）
…………………………Tel：0312-5565518
保定博冠纸塑制品制造有限公司
地址：峄城经济开发区跃进中路12号
…………………………Tel：0312-5566202
河北金佰瑞包装有限公司
地址：雄县包装城西侧
…………………………Tel：0312-5566999
雄县京华制版厂
地址：雄县包装城
…………………………Tel：0312-5568832
满城县盛源造纸化工原料经销处地址：满城县大册营工业街
…………………………Tel：0312-5570969
保定市金铭达纸制品制造有限公司
地址：保定市满城区大册营镇方上村
…………………………Tel：0312-5572188
保定市满城区五群造纸机械加工厂
地址：保定市满城区大册营镇永南庄村
…………………………Tel：0312-5572859
保定市东升卫生用品有限公司
地址：保定市满城区大册营工业园区
…………………………Tel：0312-5578866
保定益源造纸有限公司
地址：保定市满城区大册村
…………………………Tel：0312-5578868
容城县洋洋服装制版店
地址：容城县金容南街路东39号
…………………………Tel：0312-5613269
河北雄伟纸管机械制造有限公司
地址：雄县东河岗
…………………………Tel：0312-5717454
雄县雄伟纸管机械制造有限公司
地址：河北省保定市雄县昝岗镇东河岗村
…………………………Tel：0312-5717454
雄县东华制版厂
地址：雄县东河营
…………………………Tel：0312-5759750
河北明星包装制品有限公司
地址：雄县龙湾工业小区
…………………………Tel：0312-5761125
雄县华夏印刷有限公司
地址：雄县龙湾工业小区
…………………………Tel：0312-5761167
雄县鑫盛达塑料包装有限公司
地址：雄县韩西楼村
…………………………Tel：0312-5798879
保定中士达包装有限公司
地址：河北省保定市清苑区发展东路17号
…………………………Tel：0312-5807609
雄县承益制版厂
地址：雄县雄州路３４８号
…………………………Tel：0312-5816168
河北海菱印刷有限公司
地址：雄县经济开发区东区
…………………………Tel：0312-5825168
雄县杨佳印刷制版有限公司
地址：雄县高速引线西侧
…………………………Tel：0312-5825681
河北泰达包装材料有限公司
地址：雄县高速引线西侧
…………………………Tel：0312-5828811
雄县兴盛制版厂
地址：雄县雄州路中段
…………………………Tel：0312-5861888
雄县创意制版有限公司
地址：雄县雄州塑料包装城
…………………………Tel：0312-5862666
雄县孟氏制版有限公司
地址：雄县雄州路６８５号
…………………………Tel：0312-5868001
雄县佳兴制版有限公司
地址：雄县雄州路３０５号
…………………………Tel：0312-5869351
保定市保运制版有限公司雄县办事处
地址：雄县东环路北段东侧
…………………………Tel：0312-5869449
保定市骏业医药包装有限公司
地址：保定市莲池区环城东路29号
…………………………Tel：0312-5901155
河北新华第一印刷有限责任公司
地址：保定市竞秀区隆兴西路2017号
…………………………Tel：0312-5952016
河北东方人科贸有限公司
地址：雄县黄湾工业区
…………………………Tel：0312-5961365
雄县天润纸箱包装有限公司
地址：雄县雄州镇西安各庄村
…………………………Tel：0312-5969922
蠡县永兴庄第二造纸厂
地址：河北省保定市蠡县南庄镇永兴庄村
…………………………Tel：0312-6022283
蠡县利源造纸有限公司
地址：蠡县永兴庄
…………………………Tel：0312-6022456
蠡县五魁源纸制品制造有限公司
地址：河北省保定市蠡县南庄镇东魏村
…………………………Tel：0312-6041766
雄县华丽制版厂
地址：雄县亚古城东旅游路
…………………………Tel：0312-6385822
高阳县富恺源纸包装制造有限公司
地址：河北省保定市高阳县晋庄镇南晋庄村桥南路往东100米路南
…………………………Tel：0312-6806688
汉印印刷有限责任公司
地址：定兴高速路口西延线800米处路南
…………………………Tel：0312-6823666
河北毫厘丝防伪印刷有限公司
地址：河北省衡水市故城县高新技术产业开发区星月街西侧
…………………………Tel：0312-6823666
高碑店市汉通票据卡印刷有限责任公司
地址：河北省保定市高碑店市迎宾路高速路交叉口东
…………………………Tel：0312-6823666
保定豪伟银科印刷有限公司
地址：河北省保定市定兴县东城区朝阳路西段老107国道东150米路南
…………………………Tel：0312-6839915
河北海虹塑料制品有限公司
地址：定兴县新国道大街南段99号
…………………………Tel：13353333308
河北鸿祥信彩印刷有限公司
地址：定兴县张家庄乡张家庄村
…………………………Tel：0312-6968155
河北慧拓印刷有限公司
地址：河北省保定市定兴县固城镇久安庄村
…………………………Tel：0312-6997646
保定顺通卫生纸制造有限公司
地址：保定市满城区大庄村
…………………………Tel：15031283668
保定市雄飞造纸厂
地址：保定市满城区大册营镇岗头村
…………………………Tel：15530222666
保定市鹏飞造纸厂
地址：保定市满城区大册营镇大册村
…………………………Tel：15612226666
满城县洁利造纸配件经销部
地址：满城县方上村
…………………………Tel：0312-7020678
保定市满城永利造纸厂
地址：保定市满城区大册营造纸工业区
…………………………Tel：0312-7021027
保定市豪峰造纸厂
地址：保定市满城区大册营造纸工业区
…………………………Tel：0312-7021038
定兴县优源美纸制品有限公司
地址：河北省保定市定兴县柳卓乡肖金庄村
…………………………Tel：13613329962
保定市四海造纸厂
地址：保定市满城区大册营造纸工业区
…………………………Tel：0312-7021151
满城县王强纸制品厂
地址：满城县大册营镇方上村
…………………………Tel：0312-7021170
保定市维林卫生用品制造有限公司
地址：保定市满城区大册营镇大册村
…………………………Tel：0312-7021228
保定市宝洁造纸厂
地址：保定市满城区大册营造纸工业园区
…………………………Tel：0312-7021228
保定市正浩造纸有限公司
地址：保定市满城区大册营镇方上村
…………………………Tel：18630281888
保定市满城成功造纸厂
地址：保定市满城区大册营镇方上村
…………………………Tel：0312-7021302
满城县友昌造纸信息服务部
地址：满城县大册营镇方上村
…………………………Tel：0312-7050575
保定市满城永发造纸厂（普通合伙）
地址：保定市满城区岗头村
…………………………Tel：15030258888
保定市文恒造纸厂
地址：保定市满城区方上村
…………………………Tel：13331276672
保定市满城立新造纸厂
地址：保定市满城区大册营造纸工业区
…………………………Tel：15133306666
保定市汇丰卫生用品有限公司
地址：保定市满城区大册营镇大册村
…………………………Tel：0312-7021568
河北亚光纸业有限公司
地址：保定市满城造纸工业区
…………………………Tel：18003120296
保定市跃兴造纸厂
地址：保定市满城区大册营工业区
…………………………Tel：0312-7021673
保定市晶木造纸厂
地址：保定市满城区大册营工业区
…………………………Tel：0312-7021709
保定市满城明月造纸厂（普通合伙）
地址：保定市满城区大册营镇岗头工业区
…………………………Tel：18633232191
满城县亨盛纸制品加工厂
地址：满城县大册营镇西村
…………………………Tel：0312-7021857
保定市满城前进造纸有限公司
地址：保定市满城区大册村南
…………………………Tel：0312-7021881
保定市港兴纸业有限公司
地址：保定市满城区大册工业区
…………………………Tel：0312-7021908
保定市港兴造纸有限公司
地址：保定市满城区大册工业区
…………………………Tel：0312-7021908
保定市中兴卫生用品厂（普通合伙）
地址：保定市满城区北宋营村
…………………………Tel：15033771172
保定市娇云纸制品厂
地址：板桥乡里桃村
…………………………Tel：0312-7021973
保定市满城区宝军造纸化工材料销售部
地址：保定市满城区大册营镇大册村
…………………………Tel：13933230026
保定市满城区保満造纸机械厂
地址：保定市满城区大册营镇方上村
…………………………Tel：0312-7022349
保定市纯中纯纸制品厂
地址：保定市满城区岗头工业区
…………………………Tel：13933253112
满城县新奇丽卫生用品有限公司
地址：满城县大册营镇大册村
…………………………Tel：0312-7022529
满城县益恒纸制品厂
地址：满城县大册村
…………………………Tel：13663399815
保定市满城金利造纸厂
地址：保定市满城区大册营镇大册村
…………………………Tel：18831295519
河北姬发造纸有限公司
地址：保定市满城区大册营工业区
…………………………Tel：0312-7022912
保定市新春造纸厂
地址：保定市满城区大册营工业区
…………………………Tel：15175386788
保定市恒源造纸厂
地址：保定市满城区大册营造纸工业区
…………………………Tel：0312-7022288
保定市满城区泽旺造纸配件经销部
地址：保定市满城区大册营镇方上村
…………………………Tel：13011916989
保定市满城革新造纸厂
地址：保定市满城区方上村
…………………………Tel：0312-7023682
保定心境界纸制品制造有限公司
地址：保定市满城区大册营镇方上村
…………………………Tel：18713281262
保定市满城曙光造纸厂（普通合伙）
地址：保定市满城区方上村
…………………………Tel：0312-7026018
保定市诚信纸业有限公司
地址：保定市满城区大册营镇方上村
…………………………Tel：0312-7026026
保定市满城阳光造纸厂华安分厂
地址：保定市满城区方上村
…………………………Tel：0312-7026026
保定市万林纸制品有限公司
地址：保定市满城区大册营镇方上村
…………………………Tel：18233448444
保定市福立纸业有限责任公司
地址：保定市满城区大册营造纸工业园区
…………………………Tel：0312-7132261
保定市赫达造纸机械制造有限公司
地址：保定市满城区满城镇守陵村
…………………………Tel：13833269012
满城县伟业福利纸制品厂
地址：满城县李堡村
…………………………Tel：0312-7062122
保定市满城白云山造纸厂
地址：保定市满城区市头村
…………………………Tel：13603125695
保定市满城长盛造纸厂
地址：满城县抱阳村
…………………………Tel：0312-7065876
保定市满城利军造纸有限公司
地址：保定市满城区李堡村东
…………………………Tel：18031237777
满城县利民造纸厂
地址：满城县长旺村
…………………………Tel：0312-7071362
满城县振兴造纸机械配件经营部
地址：满城县中山路
…………………………Tel：0312-7072770
河北晨松卫生用品有限公司
地址：保定市满城区胡町村
…………………………Tel：0312-7075886
满城县书旺纸浆蛋盒制造厂
地址：满城县育才南街路东
…………………………Tel：13785214962
保定翔羽纸业有限公司
地址：保定市满城区城东村东
…………………………Tel：13931265255
保定旭光纸板制造有限公司
地址：保定市满城区眺山营村东
…………………………Tel：18603126655
河北旭峰电力器材有限公司
地址：保定市满城区方顺桥镇陉阳驿村
…………………………Tel：0312-7080167
满城县广盛造纸机械设备经销部
地址：满城县要庄乡王各庄村
…………………………Tel：13731685428
保定天奥包装有限公司
地址：保定市满城区南韩村镇东荀村东
…………………………Tel：0312-7131393
保定天通印刷包装有限公司
地址：保定市满城区南韩村镇东荀村东
…………………………Tel：0312-7133684
保定天通印刷包装有限公司
地址：保定市满城区南韩村镇东荀村东
…………………………Tel：0312-7133684
河北力美包装有限公司
地址：保定市满城区南韩村镇大固店村东
…………………………Tel：0312-7134058
保定市飞创机械科技有限公司
地址：保定市满城区王各庄铺西北角333省道东侧
…………………………Tel：0312-7168885
保定市满城区长和造纸机械配件经销部
地址：保定市满城区要庄乡王各庄村
…………………………Tel：13091260357
保定市富达造纸有限责任公司
地址：保定市满城区市头村
…………………………Tel：13833259871
保定市岳之峰造纸厂
地址：保定市满城区大册营镇岗头村东
…………………………Tel：0312-7195869
河北省零五印刷有限责任公司
地址：保定市满城区环城北路
…………………………Tel：0312-7198486
阜平县造纸厂纸箱分厂
地址：阜平镇城岗街９号
…………………………Tel：0312-7221341
河北德胜莲众包装容器有限公司
地址：河北省保定市望都县经济开发区新9号
…………………………Tel：0312-7775577
河北和瑞包装有限公司
地址：望都县蒙牛路5号
…………………………Tel：0312-7778069
高碑店市安格斯包装制品有限公司
地址：河北省保定市高碑店市双辛开发区
…………………………Tel：0312-7937336
河北蔚莱包装制品有限公司
地址：河北省保定市高碑店市双辛开发区
…………………………Tel：0312-7937336

高碑店市博汇包装制品有限公司
地址：高碑店市北大街
……………………Tel：0312-7937336
保定士达包装有限公司
地址：保定市复兴中路3108号康泰国际25层2501号
……………………Tel：0312-8011028
保定德润达包装有限公司
地址：河北省保定市清苑区东北外环北侧（县城发展东路31号）
……………………Tel：0312-8118288
保定德润达包装有限公司
地址：河北省保定市清苑区东北外环北侧（县城发展东路31号）
……………………Tel：0312-8118288
保定贝佳宝纸塑制品制造有限公司
地址：河北省保定市清苑区冉庄镇蒋庄村
……………………Tel：0312-8138078
保定昊野博道包装容器制造有限公司
地址：河北省保定市博野县刘陀营村北中科路路南
……………………Tel：0312-8367667
河北省保定市东方造纸有限公司
地址：保定市徐水区大因镇伍级村
……………………Tel：0312-8605508
保定市拓宽包装装璜材料有限公司
地址：保定市徐水区白塔铺村（107国道东侧）
……………………Tel：0312-8607881
雄县路成纸塑包装有限公司
地址：雄县经济开发区东区
……………………Tel：0312-8752969
保定迈达纸箱制造有限公司
地址：河北省保定市徐水区崔庄镇沙口村
……………………Tel：15933765310
易县塘湖燕城造纸厂
地址：易县塘湖村
……………………Tel：0312-8223370
保定市中画美凯印刷有限公司
地址：保定市西三环1566号
……………………Tel：0312-8924701
中教科（保定）印刷股份有限公司
地址：河北省保定市顺平县蒲上镇蒲王庄村南
……………………Tel：0312-8924711
张家口市宣化新北方装潢印刷有限责任公司
地址：河北省张家口市宣化区宣府大街155号院
……………………Tel：0313-3073969
张家口市宣化造纸厂
地址：张家口宣化区跃进街１１号
……………………Tel：0313-3085090
河北玉晶卷烟包装材料有限公司
地址：张家口高新区姚家房镇
……………………Tel：0313-5010558
张北诚运包装印刷有限公司
地址：张北县工业园区新村产业园（桦皮岭大街东侧、纬六路南侧）
……………………Tel：0313-5357998
康保县印刷有限责任公司
地址：康保县工业街
……………………Tel：0313-5519697
张家口天茂源纸制品印刷有限公司
地址：河北省张家口市察北区产业园区
……………………Tel：0313-5851526
河北中冠印刷包装有限公司
地址：河北省张家口市宣化区跃进街南侧5号
……………………Tel：0313-5960004
张家口市品梅教育彩色印刷有限公司
地址：张家口市桥东区鱼儿山前街1号
……………………Tel：0313-5982121
涿鹿县造纸厂
地址：涿鹿县涿鹿镇马军庄村北
……………………Tel：0313-6589651
承德金坤文化创意产业园开发有限公司
地址：河北省承德市双桥区双峰寺镇贾营村北侧（承德金坤文化创意产业园1号办公楼）
……………………Tel：0314-2022232
承德市正宏印刷有限责任公司
地址：承德双桥区南兴隆街北
……………………Tel：0314-2027959
河北四海生物科技有限公司
地址：承德市开发区西区
……………………Tel：0314-2122713
承德岚皇矿业投资有限公司
地址：承德市开发区东区
……………………Tel：0314-2555322
露丰印刷承德有限公司
地址：河北省承德市高新区上板城镇西三家村承德博琳包装制品股份有限公司院内
……………………Tel：13910916851
承德天成印刷科技股份有限公司
地址：承德县下板城镇下板城村南
……………………Tel：0314-3011955
河北弘利元包装制品有限公司
地址：承德县下板城镇大杖子村（创新创业工业区内）
……………………Tel：0314-3012824
河北基鸿商贸有限公司
地址：河北省承德市双滦区偏桥子镇偏桥子村1＃、2＃、3＃楼
……………………Tel：0314-5901568
承德博琳包装制品股份有限公司
地址：承德市上板城镇西三家村
……………………Tel：0314-5936800
承德兆维印刷材料有限公司
地址：宽城满族自治县宽城镇三异景村
……………………Tel：13513248188
广盛居文化印刷有限公司
地址：河北省承德市宽城满族自治县龙须门镇药王庙村
……………………Tel：0314-6903011
承德金鼎源彩色印刷有限公司
地址：河北省承德市双滦区双塔山镇三岔口君泰财富广场A区第三段301室
……………………Tel：0314-7982222
承德金鼎彩色印刷有限公司
地址：承德双桥区翠桥南路体育场院内
……………………Tel：0314-7988888
唐山市光华造纸厂
地址：唐山市路南区郑家庄
……………………Tel：13703383019
唐山兆峰制版印刷有限公司
地址：唐山路北区龙泽南路３７－１号
……………………Tel：0315-2822941
唐山十月制版印刷有限公司
地址：唐山开平区新华东道南侧205国道东侧
……………………Tel：0315-2859350
唐山十月制版印刷有限公司
地址：唐山开平区新华东道南侧205国道东侧
……………………Tel：0315-2859350
唐山建宏印刷有限公司
地址：唐山路北区龙泽路34号
……………………Tel：0315-3173054
唐山金典印刷有限公司
地址：唐山高新技术产业园区南开道
……………………Tel：0315-3286310
唐山新广电印刷有限公司
地址：高新技术开发区荣华道北
……………………Tel：0315-3857122
乐亭县金正印刷包装制作有限公司
地址：乐亭县城区中小企业园区内
……………………Tel：0315-4612913
河北京唐纸业（集团）第二造纸有限公司
地址：乐亭县古河乡郑家桥村
……………………Tel：0315-4949044
河北京唐纸业（集团）第四造纸有限公司
地址：乐亭县古河乡古河村
……………………Tel：0315-4949044
滦州吉宏包装有限公司
地址：河北省唐山市滦州市经济开发区（阿里山大街9号）
……………………Tel：0315-5035755
河北海贺胜利印刷机械集团有限公司
地址：河北省玉田县玉泰工业园区
……………………Tel：0315-5051898
玉田县恒利印刷机械有限公司
地址：玉田县豪门路３号
……………………Tel：0315-5051898
唐山兴元印刷包装机械制造有限公司
地址：玉田县豪门路北侧
……………………Tel：0315-5058888
河北仁润印刷有限公司
地址：唐山市丰润区动车城
……………………Tel：0315-5166106
唐山市路北区万利造纸厂（普通合伙）
地址：河北省唐山市路北区韩城镇
……………………Tel：18031311106
迁安市思文科德金属包装有限公司
地址：迁安市西部工业园区园区大街368号
……………………Tel：0315-5351678
迁安首实包装服务有限公司
地址：河北迁安经济开发区（经十一路东侧、纬十街南侧305号）
……………………Tel：0315-5356052
河北新纪元机械有限公司
地址：河北省唐山市路北区韩城镇
……………………Tel：0315-5387171
唐山银鑫包装实业有限公司
地址：河北省唐山市路北区西外环杨家口火车站南100米
……………………Tel：0315-5909091
遵化市财宝纸板容器制造有限公司
地址：太仓市归庄镇施家桥南埫
……………………Tel：0315-6046628
玉田县海博印刷物资有限公司
地址：河北省唐山市玉田县豪门路2378号
……………………Tel：0315-6118777
唐山唯德印刷包装有限公司
地址：玉田县城北环路南侧、西环路西侧
……………………Tel：0315-6122000
唐山天意印刷有限责任公司
地址：上海市奉贤区航南公路8315号3幢1楼1车间、2楼1车间、3楼1车间
……………………Tel：0315-6135665
唐山众兴印刷机械科技有限公司
地址：河北省唐山市玉田县河北玉田经济开发区
……………………Tel：0315-6136777
唐山市隆翔印刷机械有限公司
地址：河北省唐山市玉田县彩亭桥镇东王庄村
……………………Tel：0315-6156986
河北万杰机械科技股份有限公司
地址：玉田县彩亭桥工业小区
……………………Tel：0315-6166085
唐山玉龙彩色印刷有限公司
地址：河北省玉田县高新技术园区
……………………Tel：0315-6168182
唐山新联印刷机械集团有限公司
地址：玉田县玉田镇新型技术产业园区
……………………Tel：0315-6180878
玉田元创包装机械制造有限公司
地址：玉田县鑫兴电子工业园区
……………………Tel：0315-6185217
玉田县诚远印刷包装机械有限公司
地址：河北省唐山市玉田县北环路西端口路南
……………………Tel：0315-6196777
中顺洁柔纸业股份有限公司唐山分公司
地址：河北省唐山市玉田县杨家套乡东高桥村西
……………………Tel：0315-6330998
玉田县代家屯第二造纸厂
地址：玉田县代家屯
……………………Tel：0315-6566084
玉田县宏达造纸厂
地址：玉田县代家屯
……………………Tel：0315-6567703
玉田县天源造纸助剂材料制造有限公司
地址：玉田县青庄坞村
……………………Tel：13933306898
唐山唐文印刷有限公司
地址：河北省唐山市玉田县鸦鸿桥镇邢庄村北
……………………Tel：0315-6569999
艾尔包装股份有限公司
地址：遵化市工业园区
……………………Tel：0315-6686522
北京黎马敦太平洋包装有限公司
地址：河北省唐山市曹妃甸工业区中日园区
……………………Tel：0315-6735888
唐山奥米尔包装材料有限公司
地址：高新区老庄子镇瓦房庄村
……………………Tel：0315-7062271
河北正元包装集团有限公司
地址：迁安市丰安大路1299号
……………………Tel：0315-7286066
河北吉玛制罐有限公司
地址：河北省迁安市丰安大路东侧
……………………Tel：0315-7286217
迁安市富鑫福利造纸厂
地址：迁安市于洪庄村
……………………Tel：0315-7303377
河北玉田兴业印刷机械有限公司
地址：玉田县无终西街1166号
……………………Tel：0315-7679016
唐山大新陶瓷花纸制造有限公司
地址：唐山市开平区贾庵子村银河路东
……………………Tel：13603259971
唐山市丰南区立田制版厂
地址：唐山市丰南区双湖锦苑文西路26号、28号底商
……………………Tel：0315-8129985
唐山昊远包装有限公司
地址：河北省唐山市滦南县城西工业区创新路以东、中大街以北
……………………Tel：0315-8230563
唐山曹妃甸区金铄达纸机械有限公司
地址：曹妃甸区唐海镇迎宾路１６号
……………………Tel：0315-8712778
斯道拉恩索正元包装有限公司
地址：河北省唐山市迁安市
……………………Tel：0315-8739666
斯道拉恩索正元瓦楞包装（河北）有限公司
地址：河北省迁安市丰安大路1299号
……………………Tel：0315-8739666
斯道拉恩索正元河北缓冲包装有限公司
地址：河北省迁安市丰安大路东侧
……………………Tel：0315-8739666
斯道拉恩索正元包装有限公司
地址：河北省唐山市迁安市
……………………Tel：0315-8739666
斯道拉恩索正元瓦楞包装（河北）有限公司
地址：河北省迁安市丰安大路1299号
……………………Tel：0315-8739666
廊坊市广阳区东安市场永丰制版厂
地址：东安市场7栋14、15号
……………………Tel：0316 2010455
廊坊市瑞丰制版厂
地址：廊坊市广阳区东安市场7栋14、15号
……………………Tel：0316-2010455
廊坊市福益彩印包装装潢有限公司
地址：廊坊市广阳区新华路146号
……………………Tel：0316-2012222
廊坊市福益彩印包装装潢有限公司
地址：廊坊市广阳区新华路146号
……………………Tel：0316-2012222
廊坊市腾坤印刷有限公司
地址：廊坊市广阳区文明路18号
……………………Tel：0316-2050560
广阳区墨林印刷制版厂
地址：河北省廊坊市尚都金茂中心B－309室
……………………Tel：0316-2095131
廊坊市广阳区新华路墨林印刷制版厂
地址：新华路111号尚都金茂写字楼B座309室
……………………Tel：0316-2095131
廊坊市国彩印刷有限公司
地址：廊坊市广阳区曙光道12号
……………………Tel：0316-2112992
河北省区域地质矿产调查研究所测绘中心
地址：廊坊市广阳区曙光道３２号
……………………Tel：0316-2114014
廊坊市新天下数码印刷有限公司
地址：河北省廊坊市安次区银河南路123号
……………………Tel：0316-2114911
廊坊市三丰制版有限公司
地址：河北省廊坊市广阳区曙光道12号印刷厂东侧
……………………Tel：0316-2123571
廊坊市广阳区曙光道艺丰制版服务部
地址：曙光道12号印刷厂东侧
……………………Tel：0316-2123571
廊坊市盛唐印刷有限公司
地址：河北省廊坊市广阳区曙光道30号
……………………Tel：0316-2126662
廊坊市宏伟兴盛印刷有限公司
地址：廊坊市广阳区第五大街商业街坊H308B
……………………Tel：0316-2150018
廊坊市百花印刷有限公司
地址：廊坊市广阳区枣林路3号
……………………Tel：0316-2198568
大城县天泽包装制品有限公司
地址：大城县东阜村
……………………Tel：0316-2258555
河北美程印刷有限公司
地址：廊坊开发区耀华道12号7幢

…………………Tel：0316-2360590

廊坊市新景彩印制版有限公司
地址：廊坊市安次区廊泊路王常甫村西口南500米
…………………Tel：0316-2365959

廊坊市博艺印刷有限公司
地址：廊坊市安次区银河南路隆福市场南侧
…………………Tel：0316-2506678

廊坊市燕京安全印务有限公司
地址：廊坊市安次区码头镇
…………………Tel：0316-2513699

廊坊市蓝菱华远包装印刷有限公司
地址：廊坊市安次区码头镇济东西路
…………………Tel：0316-2513822

廊坊市蓝菱印刷有限公司
地址：廊坊市安次区仇庄村
…………………Tel：0316-2531381

廊坊市务实印刷有限公司
地址：河北省廊坊市安次区经济开发区安铭道86号
…………………Tel：0316-2555155

中轻特种纤维材料有限公司
地址：廊坊开发区紫杉路50号
…………………Tel：0316-2575530

廊坊市利文包装制品有限公司
地址：廊坊市安次区码头镇中响口村
…………………Tel：0316-2580500

廊坊一二〇六印刷厂
地址：廊坊市安次区光明西道１１９号
…………………Tel：0316-2650747

廊坊市昊宇印刷有限公司
地址：廊坊市安次区常甫路47号嘉多丽花园29-13号
…………………Tel：0316-2665529

廊坊市丽百佳彩印制版有限公司
地址：廊坊市安次区交通局综合楼２＃底商8号1幢1层
…………………Tel：0316-2685777

廊坊云飞新型材料有限公司
地址：河北省廊坊市文安县经济开发区
…………………Tel：0316-2786888

廊坊市冠誉铝箔包装材料有限公司
地址：廊坊市广阳区产业聚集区畅祥南道30号
…………………Tel：0316-2805986

廊坊市蓝华印刷有限责任公司
地址：河北省廊坊市安次区经济开发区安铭道86号
…………………Tel：0316-2822883

廊坊市承瀚印刷有限公司
地址：廊坊市安次区银河南路隆福市场
…………………Tel：18831617727

三河市朝灯精密制版有限公司
地址：河北省廊坊市三河市高楼镇韩家庄村
…………………Tel：0316-3081638

三河市航远印刷有限公司
地址：三河市北外环路北密三路东
…………………Tel：0316-3088618

三河市欣欣印刷有限公司
地址：三河市京哈西路９５号
…………………Tel：0316-3112699

三河市长城印刷有限公司
地址：河北省廊坊市三河市李旗庄镇东兴庄村东
…………………Tel：0316-3123868

三河市嘉科万达彩色印刷有限公司
地址：三河市 阳镇三香路东侧
…………………Tel：0316-3159777

平易印刷技术有限公司
地址：三河市燕郊开发区燕高路东侧、规划路北侧
…………………Tel：0316-3213666

三河市泃阳联合制版厂
地址：河北省廊坊市三河市 阳镇冯庄子村
…………………Tel：0316-3220625

三河市利兴印刷有限公司
地址：三河市京哈路东环岛南侧
…………………Tel：0316-3226626

三河市燕龙彩印包装有限公司
地址：河北省廊坊市三河市燕郊开发区迎宾路西侧、东蔡各庄北侧
…………………Tel：0316-3313011

富士胶片印版有限公司
地址：三河市燕郊高新区京榆大街959号
…………………Tel：0316-3314151-8668

三河市美方达包装容器有限公司
地址：河北省廊坊市三河市高楼镇高楼大街12号
…………………Tel：0316-3411076

三河市英彩包装制品有限公司
地址：河北省廊坊市三河市高楼镇政府对面
…………………Tel：0316-3411761

三河市三佳印刷装订有限公司
地址：三河市杨庄镇杨庄
…………………Tel：0316-3650105

三河市华润印刷有限公司
地址：三河市杨庄镇杨庄村
…………………Tel：13803225275

三河市中彩印刷包装有限公司
地址：河北省廊坊市三河市皇庄镇洼子村东南
…………………Tel：0316-3658789

河北安泰塑料包装制品股份有限公司
地址：文安县孙氏镇文大公路西侧
…………………Tel：0316-5057888

廊坊市万和包装机械有限公司
地址：廊坊市安次区龙河高新技术产业区夏荣道29号
…………………Tel：0316-5173386

香河合益包装机械有限公司
地址：河北香河经济技术开发区运河大道东侧安晟街北侧运泰路西侧一期E2楼102室
…………………Tel：0316-5182310

廊坊市隆进环保设备有限公司
地址：廊坊市广阳区彭庄红豆加工厂西
…………………Tel：13833600769

河北铭拓供应链管理有限公司
地址：廊坊市广阳区第六大街小区3号楼328
…………………Tel：0316-5264455

廊坊市吉宏包装有限公司
地址：廊坊市广阳经济开发区宏业路68号
…………………Tel：0316-5298007

廊坊开发区梨花包装有限公司
地址：廊坊市开发区全兴路
…………………Tel：031-65299106

廊坊市创造力纸业有限公司
地址：河北省廊坊市安次区码头镇后屯村
…………………Tel：0316-5557189

廊坊中包首发包装有限公司
地址：河北省廊坊市大城县现代制造业工业园
…………………Tel：0316-5606019

廊坊市安次区宏途彩印制版厂
地址：河北省廊坊市安次区永兴路木材市场
…………………Tel：0316-5898360

廊坊市北方嘉科包装有限公司
地址：河北省廊坊市安次区码头镇廊泊路东侧第十二中学院内综合办公楼326室
…………………Tel：0316-5918811

固安精工制版有限公司
地址：固安县工业园区北区
…………………Tel：0316-5923962

固安兰星球彩色印刷有限公司
地址：固安县工业园区南区
…………………Tel：0316-5925887

河北画中画印刷科技有限公司
地址：河北省廊坊市固安县南工业园区四海路与新民道交汇处
…………………Tel：0316-5925889

廊坊绿友包装有限公司
地址：河北省廊坊市经济技术开发区岳洋路
…………………Tel：0316-5976055

廊坊百冠包装机械有限公司
地址：廊坊开发区全兴路27号
…………………Tel：0316-6069600

廊坊多元世通包装设备有限公司
地址：河北省廊坊市经济技术开发区耀华道北侧
…………………Tel：0316-6072300

廊坊多元数码技术有限公司
地址：廊坊开发区耀华道12号
…………………Tel：0316-6072300

廊坊多元出版设备制造有限公司
地址：廊坊经济技术开发区耀华道12号
…………………Tel：0316-6072300

廊坊华德金属包装容器有限公司
地址：廊坊经济技术开发区全兴路30号
…………………Tel：0316-6077242

河北伟伦电梯设备有限公司
地址：廊坊开发区华祥路
…………………Tel：0316-6082586

廊坊凯虹包装容器有限公司
地址：廊坊开发区翠青道
…………………Tel：0316-6082786

廊坊开发区普瑞特科工贸有限公司
地址：廊坊经济技术开发区翠青道
…………………Tel：0316-6087273

廊坊中本包装有限公司
地址：廊坊经济技术开发区汇源道6号
…………………Tel：0316-6088453

永清县金鑫印刷有限公司
地址：永清县永清镇鲁村
…………………Tel：0316-6583518

中国造纸装备有限公司河北分公司
地址：永清县工业园区
…………………Tel：18630625775

中印印刷器材有限公司
地址：三河市燕郊经济技术开发区
…………………Tel：0316-7153022

河北百翔包装材料有限公司
地址：三河市燕郊高新区项目区间路西侧、国有地南侧
…………………Tel：0316-7156910

霸州市胜威包装制品有限公司
地址：霸州市扬芬港津港工业园区
…………………Tel：0316-7191876

霸州市禹德包装材料有限公司
地址：河北省霸州市康仙庄乡于崔庄村，112国道南侧
…………………Tel：0316-7230980

廊坊富安达包装制品有限公司
地址：霸州市靳家堡村
…………………Tel：0316-7437666

霸州市旭杰包装制品有限公司
地址：河北省廊坊市霸州市信安镇爱国街、112国道北侧
…………………Tel：0316-7458500

霸州市胜芳福兴彩印包装有限公司
地址：霸州市胜芳镇凯顺路南老泵嘴西侧
…………………Tel：0316-7618151

霸州市万事达包装材料有限公司
地址：霸州市胜芳镇廊大路５５·５公里处西
…………………Tel：0316-7623328

廊坊市普兰特制版有限公司
地址：廊坊市广阳区解放道26号
…………………Tel：0316-7662196

香河县高氏印务有限公司
地址：河北香河环保产业园区起步区景观大道北侧B-02号
…………………Tel：0316-7678836

廊坊飞腾印刷包装有限公司
地址：廊坊市安次区永华道２５号
…………………Tel：0316-7803982

廊坊飞腾印刷包装有限公司
地址：廊坊市安次区永华道２５号
…………………Tel：0316-7803982

香河祥达印刷包装有限公司
地址：香河县安平镇王指挥庄村
…………………Tel：0316-8216028

香河金柏包装技术开发有限公司
地址：香河经济开发区运河大道W3路东侧S3路南侧
…………………Tel：0316-8217678

香河县诚达制版厂
地址：香河县淑阳镇前小屯村委会东
…………………Tel：0316-8321227

廊坊市美创生态农业开发有限公司
地址：廊坊市广阳区东安市场１４号
…………………Tel：0316-8666666

廊坊市金朗印刷有限公司
地址：廊坊市广阳区廊万路18号
…………………Tel：0316-8668377

廊坊市金朗印刷有限公司
地址：廊坊市广阳区廊万路18号
…………………Tel：0316-8668377

香河搏达洪盛加工纸制造有限公司
地址：河北省廊坊市香河县安头屯镇东口头村双安路南侧
…………………Tel：0316-8806446

大厂回族自治县益利印刷有限公司
地址：大厂县祁各庄乡政府东侧
…………………Tel：0316-8931823

河北佳顺特科印刷有限公司
地址：大厂潮白河工业区
…………………Tel：0316-8933485

固安县铭成印刷有限公司地址：固安县宫村镇工业园区
…………………Tel：0316-8936260

大厂回族自治县祥凯隆印刷有限公司
地址：大厂县陈府乡东厂村
…………………Tel：0316-8980516

河北沃润达金属包装制品有限公司
地址：沧州高新技术产业开发区沈阳路北侧
…………………Tel：0317-2049090

沧州市运西诚信印刷厂
地址：沧县薛官屯乡翕合屯村
…………………Tel：0317-2060284

沧州市运西德祥制版厂
地址：沧州市运河区光荣巷家属院
…………………Tel：0317-2102895

沧州吉田彩色制版印刷制品股份有限公司
地址：沧州市西环中街９６号
…………………Tel：0317-2107789

沧州东鸿包装材料有限公司
地址：沧州市运河区沧河路北侧东塑工业园区
…………………Tel：0317-2152213

任丘市文博印刷有限公司
地址：任丘市建设路北科研小区东研究院内
…………………Tel：0317-2750690

任丘市华峰制版复印部
地址：任丘市长丰镇金元村
…………………Tel：0317-2963555

沧州市通用造纸机械有限责任公司
地址：沧州市开发区东海路33号
…………………Tel：0317-3098909

任丘市京东造纸厂
地址：任丘市苟各庄乡东里长
…………………Tel：0317-3335048

任丘市业兴造纸填料有限公司
地址：任丘市于村乡史庄
…………………Tel：0317-3358503

河间市鑫河包装材料有限公司
地址：河间市沙洼乡后巩村
…………………Tel：0317-3601066

河间市合力造纸有限公司
地址：河间市沙洼乡芮屯
…………………Tel：0317-3603866

河北德泰自动化包装设备有限公司
地址：河北省沧州市青县经济开发区南区
…………………Tel：0317-4263866

献县欧联包装制品有限公司
地址：沧州市献县工业园区（县城东外环路东）
…………………Tel：0317-4598866

沧州市顺通印刷有限责任公司
地址：沧县兴济镇赵庄子村
…………………Tel：0317-4867418

沧州渤海印刷有限公司
地址：沧县兴济镇北桃杏
…………………Tel：0317-4867785

沧县西合屯曙光印刷材料经销处
地址：坊子六马路铁中门西侧
…………………Tel：0317-4884567

沧县翕合屯树枫印刷材料经营部
地址：沧县薛官屯乡翕合屯村
…………………Tel：0317-4888150

沧县杨官屯鑫宏照像制版部
地址：沧县薛官屯乡杨官屯村
…………………Tel：0317-4888604

沧州中天包装印刷股份有限公司
地址：沧县薛官屯乡李龙屯村
…………………Tel：0317-4888662

沧州银顺印刷有限公司
地址：沧县崔尔庄镇大崇坞村
…………………Tel：0317-4983525

河北杰鑫包装科技有限公司
地址：肃宁县城南肃饶路东侧
…………………Tel：0317-5010590

黄骅市印刷制版厂
地址：黄骅市渤海路
…………………Tel：0317-5228352

中企天佑包装集团有限公司
地址：河北省沧州市运河区泰大国际家居博览中心6#楼23层2315号
…………………Tel：0317-5257888

黄骅市富禄制版厂
地址：黄骅市大闫台
…………………Tel：0317-5322004

河北鹏盛贤印刷有限公司
地址：黄骅市经济开发区

………………………Tel：0317-5338050
番茄云印刷（沧州）有限公司
地址：中捷产业园区52号路南新海路北
………………………Tel：0317-5480895
东光县鑫泰纸箱机械制造有限公司
地址：东光县城区南104国道东侧
………………………Tel：0317-5539019
沧州市金翮印刷有限公司
地址：沧州市运河区刘辛庄村西北第一排第5栋
………………………Tel：17731786660
黄骅市新奇制版厂
地址：黄骅市官庄乡吕郭庄村
………………………Tel：0317-5900031
黄骅市中圆制版有限公司
地址：黄骅市官庄乡大闫台
………………………Tel：0317-5900683
黄骅市西南印刷制版厂
地址：齐家务西南村
………………………Tel：0317-5961239
黄骅市齐家务乡西南制版厂
地址：齐家务西南村
………………………Tel：0317-5961840
黄骅市和茂彩印制版厂
地址：齐家务李村
………………………Tel：0317-5963186
黄骅市彬越制版厂
地址：黄骅市齐家务乡三科牛村
………………………Tel：0317-5966001
黄骅市齐家务乡宏发制版厂
地址：齐家务乡西南村
………………………Tel：0317-5966402
河北凯力华维包装科技有限公司
地址：沧州渤海新区科创园
………………………Tel：0317-6908868
吴桥施多乐纤维素有限公司
地址：吴桥经济开发区宋门园区
………………………Tel：0317-7238668
河北润东纸箱包装有限公司
地址：吴桥县宋门工业园区
………………………Tel：0317-7238989
东光县宏艺光明纸箱机械制造有限公司
地址：东光县观州路339号
………………………Tel：0317-7296628
吴桥森达纸箱机械制造有限公司
地址：吴桥县桑园镇１０４国道西侧大第八村以北
………………………Tel：0317-7363695
河北鹏润印刷有限公司
地址：河北省沧州市肃宁县经济开发区宏业路北侧
………………………Tel：0317-7587722
朗锐包装技术（沧州）有限公司
地址：河北省沧州市运河区运河工业园区临海路1号
………………………Tel：0317-7588990
东光县昊隆纸箱机械制造有限公司
地址：河北省沧州市东光县东光镇观州路与武千路交叉口南路西
………………………Tel：0317-7636586
东光县创鼎纸箱机械制造有限公司
地址：河北省沧州市东光县连镇镇小张村104国道西侧
………………………Tel：0317-7636883
东光县湘正纸箱机械制造厂
地址：东光县连镇镇大张村53号
………………………Tel：0317-7662368
河北方正利星纸箱设备制造有限公司
地址：河北省沧州市东光县城南104国道东侧柴王村路北
………………………Tel：0317-7662555
东光县鑫超越纸箱设备制造有限公司
地址：东光县连镇镇李四维村
………………………Tel：0317-7662598
沧州泰达纸箱机械制造有限公司
地址：东光县连镇镇小邢村
………………………Tel：0317-7662718
东光县聚木纸箱机械制造有限公司
地址：东光县城东武千路北侧
………………………Tel：0317-7663068
东光县嘉文纸箱机械制造有限公司
地址：河北省沧州市东光县东光镇李树村
………………………Tel：13832789905
东光县海瑞宝纸箱机械制造有限公司
地址：东光县城东开发区
………………………Tel：17733766107
东光县巨邦纸箱机械制造有限公司
地址：河北省沧州市东光县城南观州路339号
………………………Tel：0317-7692628
东光县保运塑料包装材料经销处
地址：东光县东光镇西北营
………………………Tel：0317-7692751
东光县志洋纸箱机械制造有限公司
地址：河北省沧州市东光县连镇大邢村
………………………Tel：0317-7695697
东光县益特达凹印制版有限公司
地址：河北省沧州市东光县东光镇郑庄村
………………………Tel：0317-7721176
沧州双鸿纸箱设备制造有限公司
地址：河北省沧州市东光县连镇镇小邢村
………………………Tel：0317-7722036
东光县亿鑫纸箱设备制造有限公司
地址：河北省沧州市东光经济开发区包装和机械装备制造园区A区
………………………Tel：0317-7723086
东光县凯硕纸箱机械制造有限公司
地址：河北省沧州市东光县东光镇铁西机场路南侧（原一机厂）
………………………Tel：0317-7723760
东光县伟博纸箱机械制造有限公司
地址：河北省沧州市东光经济开发区双高科技示范园
………………………Tel：0317-7725620
东光县红卫电雕版设计室
地址：东光县东光镇商贸城
………………………Tel：0317-7726457
东光县凤翔纸箱设备制造有限公司
地址：东光县城东工业开发区
………………………Tel：0317-7729888
沧州意达花纸印刷材料有限公司
地址：东光县城东开发区
………………………Tel：0317-7735888
东光县海源制版厂
地址：河北省沧州市东光县于桥乡东崔村
………………………Tel：0317-7744999
东光县北方特版制做中心
地址：东光县东光镇十二里村
………………………Tel：0317-7745959
东光县蕴凌制版有限公司
地址：河北省沧州市东光县东光镇张汪村
………………………Tel：0317-7746385
东光县鑫瀚海制版科技有限公司
地址：河北省沧州市东光县东光镇十二里村
………………………Tel：0317-7746868
东光县红光纸箱机械制造有限责任公司
地址：东光县连镇镇李四维工业区
………………………Tel：0317-7751021
东光县前进宝螺纸箱机械制造厂
地址：河北省沧州市东光县连镇镇焦庄村
………………………Tel：0317-7751061
东光县鑫田纸箱机械制造有限责任公司
地址：东光县连镇大张１０４国道２９２处
………………………Tel：0317-7751078
河北新光纸箱机械制造有限公司
地址：东光县城南3公里104国道东侧
………………………Tel：0317-7751118
东光县锐翔纸箱机械制造有限公司
地址：东光县连镇镇李四维村
………………………Tel：0317-7751123
东光县鑫宇纸箱机械制造有限公司
地址：东光县连镇孙家园
………………………Tel：0317-7751123
东光县鑫发纸箱机械制造有限公司
地址：东光县连镇镇小邢开发区
………………………Tel：0317-7751186
东光县鑫龙升纸箱机械制造厂
地址：东光县连镇镇李四维村
………………………Tel：0317-7751288
东光县创新纸箱机械制造厂
地址：东光县连镇镇李楼村108号
………………………Tel：0317-7751383
东光县振国纸箱机械制造有限责任公司
地址：东光县连镇镇李四维村
………………………Tel：0317-7751589
东光县精越纸箱设备制造厂
地址：河北省沧州市东光县连镇镇小张村
………………………Tel：0317-7751979
景县连镇宏达造纸厂地址：景县连镇南街
………………………Tel：0317-7752270
东光县龙成纸箱机械设备制造有限公司
地址：河北省沧州市东光县连镇镇古树于村
………………………Tel：0317-7752966
沧州三星纸箱机械制造有限公司地址：东光县连镇镇皂户陈村
………………………Tel：0317-7755999
东光县鑫磊纸箱机械制造厂
地址：东光县连镇镇郑园
………………………Tel：0317-7759389
东光县宏海纸箱设备制造有限公司
地址：河北省沧州市东光经济开发区包装和机械装备制造园区A区
………………………Tel：0317-7759818
东光县宇通纸箱机械制造有限公司
地址：河北省沧州市东光县连镇镇毕家园村
………………………Tel：0317-7759900
东光县东盛纸箱机械制造有限公司
地址：东光县城南大邢工业区（连镇大邢）
………………………Tel：0317-7759988
沧州朝利纸箱机械制造有限公司
地址：东光县连镇镇皂户陈一村
………………………Tel：0317-7777790
东光县佳宝纸箱设备制造有限公司
地址：东光县找王镇杨卷毛村路南
………………………Tel：0317-7781818
东光运城制版有限公司
地址：河北省东光经济开发区内惠源路西侧
………………………Tel：0317-7800028
河北盛诺塑料有限公司制版分公司
地址：河北省沧州市东光县城东开发区
………………………Tel：0317-7802888
宝瑞泰（沧州）包装有限公司
地址：河北省东光县工业区
………………………Tel：0317-7805003
河北胜利纸箱设备制造有限公司地址：东光县连镇镇小张村北104国道东侧
………………………Tel：0317-7809888
沧州泰荣制版有限公司
地址：河北省沧州市东光县于桥乡前生村
………………………Tel：0317-7811058
沧州硕田纸箱机械制造有限公司
地址：河北省沧州市东光县东光镇郑庄村
………………………Tel：0317-7814688
沧州精彩塑胶印刷有限公司
地址：东光县新星工业园（东光镇北城区）
………………………Tel：0317-7815858
河北百力包装有限公司
地址：东光县城东工业区
………………………Tel：0317-7897600
东光县辰鑫纸箱机械制造厂
地址：东光县东光镇开发区（何庄）
………………………Tel：0317-7898191
东光县瑞昌纸箱机械制造有限公司
地址：东光县连镇镇皂户陈一村
………………………Tel：13785763918
沧州明洁药用包装有限公司
地址：泊头市四营乡范留慈
………………………Tel：0317-8232678
泊头市蓝田印刷制版服务中心
地址：泊头市解放西路
………………………Tel：0317-8281119
泊头市联益印刷制版厂
地址：泊头市安顺街翰林名苑B区
………………………Tel：0317-8283251
泊头市东升印刷制版厂
地址：泊头市和平街83号
………………………Tel：0317-8283338
衡水现代电脑印刷有限公司
地址：河北省衡水滨湖新区彭杜乡彭杜村村北
………………………Tel：0318-2027258
衡水方园印刷有限公司
地址：衡水开发区大麻森乡大麻森村
………………………Tel：0318-2103586
衡水龙康包装制品有限公司
地址：衡水市邓庄乡衡德公路南邓庄收费站东
………………………Tel：0318-2127483
衡水多彩印刷有限公司
地址：武邑县循环经济园区威武大街东侧印刷北路16号
………………………Tel：0318-2280616
河北乾创印刷有限公司
地址：武邑循环工业园威武大街18号
………………………Tel：13463844056
衡水环宇印刷有限公司
地址：衡水市开发区顺兴街东
………………………Tel：0318-2331588
衡水红旗印刷有限责任公司
地址：衡水市人民西路１０９号
………………………Tel：0318-2338278
河北凯成包装股份有限公司
地址：深州市城市新区黄河路东段北
………………………Tel：0318-3213999
深州市田氏晨业印刷有限公司
地址：河北省衡水市深州市高古庄镇高古庄村南深么路西侧
………………………Tel：0318-3317528
深州市造纸二厂 **深州市兵曹乡**
………………………Tel：0318-3355643
河北凯信印刷有限公司
地址：河北省衡水市深州市顺达大街东侧
………………………Tel：13833810228
河北海伟集团软包装有限公司
地址：景县经济开发区
………………………Tel：0318-4315009
阜城县张院制版厂
地址：阜城县古城镇张院村
………………………Tel：0318-4676258
河北润新包装制品有限公司
地址：阜城县经济开发区西区
………………………Tel：0318-4689888
阜城县煜航纸箱设备制造厂
地址：河北省衡水市阜城县码头镇鲁庄村
………………………Tel：13603187462
河北衡水冀峰印刷股份有限公司
地址：衡水市桃城区站北东路297号
………………………Tel：0318-5226802
河北明美包装有限公司
地址：河北省衡水滨湖新区彭杜乡半壁店村
………………………Tel：0318-5292612
天宇万达印刷有限公司
地址：河北省衡水市故城县金宝大道东侧中兴路
………………………Tel：0318-5302229
故城县云帆商贸有限公司
地址：河北省衡水市故城县高新技术产业开发区金宝大道东侧
………………………Tel：0318-5302229
故城县诚德印刷有限公司
地址：河北省衡水市故城县高新技术产业开发区众成路北侧
………………………Tel：0318-5391086
故城县瑞诚纸板制造有限公司
地址：故城县郑口镇广交路西首
………………………Tel：13131861333
河北泓景印刷有限公司
地址：河北省衡水市故城县高新技术产业开发区金宝大道东侧
………………………Tel：0318-5585888
河北汉鼎印刷有限公司
地址：河北省衡水市故城县高新技术产业开发区金宝大道东侧
………………………Tel：0318-5689777
衡水三春货物运输有限公司
地址：武邑县106国道东侧、加油站北侧
………………………Tel：0318-5878803
衡水正泽印刷有限公司
地址：衡水市桃城区河东街道办事处干马村(京大路南)
………………………Tel：0318-6014786
润海铁建科技发展有限公司
地址：景县经济技术开发区
………………………Tel：0318-6117997
润海铁建科技发展有限公司
地址：景县经济技术开发区
………………………Tel：0318 6117997
武强县汇林包装有限公司
地址：河北省衡水市武强县孙庄工业区
………………………Tel：0318-6121266
河北邦臣印刷有限公司
地址：河北省衡水市故城县高新技术产业开发区金宝大道东侧
………………………Tel：0318-6332668
衡水华创宏达纸塑包装制品有限公司
地址：河北省衡水市阜城县民营企业园4区8号
………………………Tel：0318-6366000
河北皓泰印刷有限公司

地址：河北省衡水市故城县高新技术产业开发区金宝大道东侧
……………………Tel：0318–6652999
河北盛世彩捷印刷有限公司
地址：河北省衡水市故城县高新技术产业开发区金宝大道东侧
……………………Tel：0318–6658666
饶阳县长安造纸厂
地址：饶阳县长安村北
……………………Tel：0318–7220123
饶阳县津饶造纸网厂（普通合伙）
地址：饶阳县南善工业区
……………………Tel：0318–7468328
安平县环彩印刷有限公司
地址：安平县网都街南，西马路西130号
……………………Tel：0318–7524262
河北安平县印刷网业有限公司
地址：安平县工业园区银网大道
……………………Tel：0318–7524697
安平县邦特隆印刷板材制造有限公司
地址：安平县丝网工业园东区（经三路东、纬二路北）
……………………Tel：0318–8090226
枣强县红星印刷厂
地址：枣强县裕华东街
……………………Tel：0318–8223537
河北广招印刷有限公司
地址：河北省衡水市枣强县张秀屯镇赵子谏村
……………………Tel：0318–8438582
河北国润药品包装材料股份有限公司
地址：河北省衡水市枣强中创基地南区国润路一号
……………………Tel：0318–8966666
河北依政包装材料有限公司
地址：隆尧县东方食品城
……………………Tel：0319–2277718
邢台县聚龙再生造纸厂地址：邢台县东先贤村
……………………Tel：0319–2993861
邢台市开发区前进造纸厂
地址：邢台市开发区新兴东路
……………………Tel：0319–3035158
河北圣鹏彩色印刷有限公司
地址：邢台市开发区英华大街99号
……………………Tel：0319–3153666
邢台中明纸业有限公司
地址：邢台市桥东区高庄桥路３６号
……………………Tel：0319–3296560
邢台冠信贸易有限公司
地址：河北省邢台市桥西区达活泉街道北小汪村东
……………………Tel：0319–3966542
河北鑫茂林源印刷服务有限公司
地址：邢台市开发区南三环路
……………………Tel：0319–3970111
邢台县顺达造纸厂
地址：邢台市邢台县赵麻村
……………………Tel：0319–3971114
巨鹿县巨兆润机械配件制造有限公司
地址：巨鹿县西郭城镇东郭城村
……………………Tel：0319–4235368
邢台市敬业印刷有限责任公司
地址：巨鹿县巨鹿镇东郭庄村
……………………Tel：0319–4367192
河北航宇集团金星造纸有限公司
地址：河北省南和县城东
……………………Tel：0319–4566001
河北航宇集团飞龙纸业有限公司
地址：河北省南和县城东
……………………Tel：0319–4566001
河北航宇集团恒兴纸业有限公司
地址：河北省南和县城东
……………………Tel：0319–4566001
邢台市鑫园包装材料有限公司
地址：河北省邢台市平乡县河古庙工业园区，平乡县326省道与恒驰大道交叉口西北角平乡高新区双创双服中心
……………………Tel：0319–5026888
河北光明方信包装材料有限公司
地址：临西县轴承工业园区
……………………Tel：0319–5120588
河北万彩印刷有限公司
地址：南宫市石南路五里铺村西
……………………Tel：0319–5223067
鸿特电缆有限公司
地址：宁晋县贾家口镇东马家庄村东侧110米处
……………………Tel：0319–5498098
宁晋县国玉新型包装材料有限公司
地址：河北省邢台市宁晋县西城管理区西关街北
……………………Tel：0319–5512209
南和县新星造纸有限公司
地址：河北省南和县城东
……………………Tel：0319–5527755
河北航宇集团环球造纸有限公司
地址：河北省南和县城东
……………………Tel：0319–5527775
河北玉树造纸有限公司
地址：新河县新工业园区
……………………Tel：0319–5546111
宁晋县金行制版厂
地址：宁晋县河渠乡前浊南村
……………………Tel：0319–5861288
威县云杰纸制品加工制造厂
地址：威县梨元屯镇南梁庄村
……………………Tel：0319–6019481
河北龙大包装制品有限公司
地址：河北邢台滏阳高新技术产业开发区迎宾路北侧、经三路西侧
……………………Tel：0319–6599033
河北万容包装制品有限公司
地址：河北省隆尧县东方食品城
……………………Tel：0319–6599097
河北天旺包装材料有限公司
地址：河北内丘工业园区北园
……………………Tel：0319–6952378
河北金圆天惠纸制品制造有限公司
地址：河北临城经济开发区东区丹霞路10号
……………………Tel：0319–7169688
广宗县和昌纸盒制造厂
地址：广宗县大平台乡后马井村
……………………Tel：0319–7212583
河北特驰纸板制造有限公司
地址：广宗县城东新区团结路
……………………Tel：0319–7215356
邢台市桥东英才造纸备品供应站
地址：邢台市桥东泉南东大街纸箱厂院内
……………………Tel：0319–7344505
河北万牛包装股份有限公司
地址：任县光明路66号
……………………Tel：0319–7518855
任县乔世纸塑制造有限公司
地址：保定市新市区小汲店
……………………Tel：0319–7560606
河北北和包装印刷有限公司
地址：河北省邢台市南和县城朱正色大街西段路北
……………………Tel：0319–7655345
邢台北人印刷有限公司
地址：任县河头工业区
……………………Tel：0319–7655345
河北北和包装印刷有限公司
地址：河北省邢台市南和县城朱正色大街西段路北
……………………Tel：0319–7655345
河北誉宏包装装潢有限公司
地址：河北柏乡县经济开发区贸易路北侧
……………………Tel：0319–7697777
沙河市信发造纸厂
地址：沙河市中汪村东
……………………Tel：0319–8702322
沙河市造纸瓷土有限责任公司
地址：沙河市京广路７２号
……………………Tel：0319–8822192
沙河市诚信造纸瓷土有限公司重质碳酸钙厂
地址：沙河市八里庄村西南
……………………Tel：0319–8831109
沙河市恒源造纸厂
地址：沙河市辛寨村北
……………………Tel：0319–8841988
沙河市盛源造纸厂（普通合伙）
地址：河北省邢台经济开发区沙河城镇东赵庄村南
……………………Tel：0319–8852888
沙河市蓝源造纸厂
地址：沙河市周庄办张庄村北
……………………Tel：0319–8861238
河北省沙河市金玉造纸瓷土厂
地址：沙河市东环路东段
……………………Tel：0319–8868632
沙河市富源造纸瓷土厂地址：沙河市新城镇新城村东
……………………Tel：0319–8886925
沙河市顺达造纸瓷土厂
地址：沙河市白错村东北（沙河市第二运输公司院内）
……………………Tel：0319–8889256
沙河市远辉造纸瓷土厂
地址：沙河市白错村北
……………………Tel：0319–8891056
昌黎县造纸网厂
地址：昌黎县靖安镇赵各庄村
……………………Tel：0335–2093616
昌黎太阳红彩色印刷有限责任公司
地址：昌黎县葛条港乡碣石中学东
……………………Tel：0335–2209168
昌黎县佳印印刷有限责任公司
地址：昌黎县葛条港乡解官营村西昌黄公路南
……………………Tel：0335–2209168
秦皇岛市隆茂宏印刷有限公司
地址：河北省秦皇岛市抚宁区留守营镇205国道凡南路口
……………………Tel：0335–2218272
昌黎县顺先纸业有限公司
地址：昌黎县朱各庄乡大樊各庄村
……………………Tel：0335–2996999
秦皇岛市华天印刷有限责任公司
地址：秦皇岛市海港区秦山路29号
……………………Tel：0335–3012779
秦皇岛环宝印刷有限公司
地址：秦皇岛市海港区北部工业区丰业路16号
……………………Tel：0335–3685088
秦皇岛康德美达医药包装材料制造有限公司
地址：秦皇岛市经济技术开发区渤海西道18号301室
……………………Tel：0335–5358186
河北省抚宁县凡南造纸三厂
地址：抚宁县留守营镇凡各南村
……………………Tel：0335–6046624
抚宁县前韩宏嘉纸业有限公司
地址：抚宁县留守营镇前韩家林村
……………………Tel：0335–6049988
抚宁县富邦造纸助剂经营处地址：抚宁县留守营镇樊各庄南村
……………………Tel：0335–6050333
秦皇岛方圆包装玻璃有限公司
地址：河北省秦皇岛市海港区杜庄镇秦青公路东侧
……………………Tel：0335–6085521
秦皇岛市军宇造纸助剂有限公司
地址：抚宁县坟坨管区杨庄头村
……………………Tel：0335–6159888
河北省抚宁县凡南造纸厂
地址：抚宁县留守营镇凡各南村
……………………Tel：0335–6488352
秦皇岛凡南彩色包装有限公司
地址：河北省秦皇岛市抚宁区留守营镇凡南村
……………………Tel：0335–6489300
秦皇岛市博大印刷材料有限公司
地址：河北省秦皇岛市抚宁区抚宁镇下庄村（下庄中学对面）
……………………Tel：0335–6686387
青龙满族自治县鸿宇集团龙宇高清晰数字印刷版制造有限公司
地址：青龙满族自治县肖营子镇马道沟村
……………………Tel：0335–7866379
青龙满族自治县鸿宇集团龙宇高清晰数字印刷版制造有限公司
地址：青龙满族自治县肖营子镇马道沟村
……………………Tel：0335–7866379
秦皇岛市卓艺丝网印刷制版有限公司
地址：秦皇岛市海港区建新里40栋518号
……………………Tel：0335–8500995

山西省

怀仁县三力包装材料有限公司
地址：朔州怀仁县金沙滩陶瓷工业园区
……………………Tel：0349–6296933
山西东方瀚海印刷有限公司
地址：朔州怀仁县医药工业园区（下寨农场北侧）
……………………Tel：0349–6611234
忻州市忻府区曙光造纸厂
地址：忻州市忻府区董村
……………………Tel：0350–2660130
山西省忻定造纸厂
地址：忻州市忻府区曹张乡
……………………Tel：0350–3675584
山西金顺达包装有限公司
地址：忻州市原平市循环经济示范区跨越大道5号
……………………Tel：0350–8552222
山西嘉合祥文化传媒股份有限公司
地址：山西省太原市杏花岭区卧虎山路195号
……………………Tel：0351–2792204
太原印刷厂
地址：太原市杏花岭区城坊街7号
……………………Tel：0351–3042213
山西雅美德印刷科技有限公司
地址：山西省晋中市山西示范区晋中开发区汇通产业园园区兴业街341号
……………………Tel：0351–3189891
山西基因包装印刷科技股份有限公司
地址：山西省晋中市山西示范区晋中开发区汇通产业园区太谷街111号
……………………Tel：0351–3782011
山西华能食品包装机械有限公司
地址：太原市迎泽区南内环东街156号
……………………Tel：0351–4075896
山西新华报业印刷有限公司
地址：山西省太原市迎泽区双塔西街１２０号
……………………Tel：0351–4121748
太原雄泰彩色印刷制版有限公司
地址：太原市迎泽区桃园南路64号1幢7层4–5
……………………Tel：0351–4174888
太原市今天西马彩色印刷有限公司
地址：太原市迎泽区建设南路288号28幢1层
……………………Tel：0351–4295353
山西瑞飞机械制造有限公司
地址：太原市迎泽区南内环东街158号
……………………Tel：0351–4384871
山西省印刷物资有限责任公司
地址：太原市迎泽区建设南路62号
……………………Tel：0351–4725606
太原市海江服饰有限公司
地址：太原市小店区亲贤乡大马村东正街东5排3号
……………………Tel：0351–5605657
宏全食品包装（太原）有限公司
地址：山西转型综合改革示范区唐槐产业园龙盛街11号
……………………Tel：0351–5694988
山西醋都美调味食品有限公司
地址：山西省清徐食品工业园区西堡路2号
……………………Tel：0351–5953666
山西税务学校印刷厂
地址：太原市万柏林区河西下元前进路９３号
……………………Tel：0351–6041717
太原市晋源区南郊造纸二厂
地址：姚村乡西邵村
……………………Tel：0351–6929329
太原市晋源区姚村造纸原料收购站
地址：太原市晋源区姚村乡西邵村
……………………Tel：0351–6929329
太原市晋源区吉兴造纸厂
地址：姚村镇西邵村
……………………Tel：0351–6929329
山西欣如置业有限公司
地址：太原市小店区长治路251号1幢1301–1302号
……………………Tel：0351–7039606
太原市小店区小店造纸机械厂
地址：太原市小店区汾东北路97号
……………………Tel：0351–7173516
山西中亚包装印务集团有限公司
地址：山西综改示范区太原唐槐园区大昌路91号
……………………Tel：0351–7193206
山西臣功印刷包装有限公司
地址：山西综改示范区太原唐槐园区康寿街1号
……………………Tel：0351–7240063
山西瑞兴印刷包装有限公司
地址：山西综改示范区太原唐槐园区唐华路68号
……………………Tel：0351–7240063
山西丰瑞达企业形象设计有限公司
地址：山西综改示范区太原学府园区高新街17号21层2116、2117、2118室

…………………………Tel：0351-7282858
太原市乾润通汇达建设工程担保有限公司
地址：太原市小店区晋阳街北张小区南门东5号
…………………………Tel：0351-7782739
山西同方知网印刷有限公司地址：山西转型综合改革示范区学府产业园龙城大街58号中国知网数字出版与数字图书馆C座108室
…………………………Tel：0351-7812009
山西金艺印刷有限公司
地址：山西综改示范区太原唐槐园区开元街新盛北巷时力加工厂A区
…………………………Tel：0351-8221555
山西新华时信包装印刷有限公司
地址：山西省晋中市山西示范区晋中开发区汇通产业园区民营科技园昭余街150号
…………………………Tel：0354-2462623
山西振东鹏莹印刷包装有限公司
地址：晋中市开发区民营科技园区箕城路908号
…………………………Tel：0354-2467987
山西华彩包装印刷有限公司
地址：山西省晋中市山西示范区晋中开发区汇通产业园园区中央大道东一号
…………………………Tel：0354-2666346
晋中翰彩包装印刷有限公司
地址：山西省晋中市祁县经济开发区晋商大道19号
…………………………Tel：0354-2666346
山西文宝工贸有限公司
地址：山西省晋中开发区民营科技园2号路
…………………………Tel：0354-3030849
山西元通干混砂浆有限公司
地址：山西省晋中市榆次区修文镇中郝村
…………………………Tel：0354-3104725
晋中市万嘉兴印刷有限公司
地址：晋中市开发区民营园区
…………………………Tel：0354-3961630
山西金茂昌机械制造有限公司
地址：晋中开发区高村
…………………………Tel：0354-3998026
山西双友包装制品有限公司
地址：山西省晋中市祁县城北环西路203号
…………………………Tel：0354-5243451
平遥县西关大街印刷制版设计中心
地址：山西省晋中市平遥县永安街百货宿舍门面
…………………………Tel：0354-5671883
山西省外贸平遥包装印刷（集团）造纸有限公司
地址：山西省晋中市平遥县襄垣乡郝洞村
…………………………Tel：0354-5848425
山西省外贸平遥包装印刷（集团）造纸有限公司
地址：山西省晋中市平遥县襄垣乡郝洞村
…………………………Tel：0354-5848425
山西省外贸平遥包装印刷（集团）造纸有限公司
地址：山西省晋中市平遥县襄垣乡郝洞村
…………………………Tel：0354-5848425
山西广生医药包装股份有限公司
地址：山西省晋中市榆社县泰新东街5号综合办公楼201室
…………………………Tel：0354-6638041
中国联合网络通信有限公司介休市分公司造纸厂营业厅
地址：山西省晋中介休市造纸厂生活区
…………………………Tel：0354-7222606
长治市国兴商贸有限公司
地址：长治市太行西街17号
…………………………Tel：0355-2022518
山西智慧景潮包装印刷有限公司
地址：山西省晋城开发区金匠社区金石路西（景潮公司四号楼201室）
…………………………Tel：0356-2180033
高平市恒丰纸业有限公司
地址：山西省晋城市高平市寺庄镇贾村
…………………………Tel：0356-2315158
晋城市印刷厂
地址：山西省晋城市城区苑北路西
…………………………Tel：0356-2581850
山西兰花包装制品有限公司
地址：山西省泽州县巴公镇科工贸大街1号
…………………………Tel：0356-3872436
山西万易达包装科技有限公司
地址：山西省吕梁市汾阳市冀村镇冀村
…………………………Tel：0358-7229120
山西杏花铭瓷酒包装材料有限公司
地址：汾阳市高速东出口
…………………………Tel：0358-7287558
山西人民印刷有限责任公司
地址：山西吕梁孝义市新义街525号
…………………………Tel：0358-7621346
孝义市西盘粮造纸厂
地址：吕梁孝义市大孝堡公社西盘粮大队
…………………………Tel：0358-7690291
运城市红旗制版有限公司
地址：运城市盐湖区河东西街364号
…………………………Tel：0359-2023649
运城市盐湖区中城文达排版印制中心
地址：运城市盐湖区红旗西街54号
…………………………Tel：0359-2084328
运城市盐湖区北城京瓷版面制作中心
地址：运城市盐湖区解放北路解三学校对面
…………………………Tel：0359-2120066
运城制版有限公司
地址：运城市盐湖区黄河大道中段
…………………………Tel：0359-2120507
山西运城制版集团股份有限公司
地址：山西省运城市盐湖区黄河大道1689号
…………………………Tel：0359-2129644
山西南洋包装材料有限公司
地址：运城市盐湖区工业科技园
…………………………Tel：0359-2185169
山西南洋包装材料有限公司
地址：运城市盐湖区工业科技园
…………………………Tel：0359-2185169
运城博锐制版有限公司
地址：山西省运城市临猗县楚侯工业园A区Q16号
…………………………Tel：0359-2275598
山西康斯佳玻璃科技有限公司
地址：运城市盐湖工业园振兴大道西、横六路北
…………………………Tel：0359-2397909
山西鑫宇豪包装科技有限公司
地址：运城市闻喜县银光社区太凤东街
…………………………Tel：0359-2405666
运城市舜蒲印刷器材有限公司
地址：运城市盐湖工业园区复旦大道4号
…………………………Tel：0359-2505286
运城市凯达印刷包装有限公司
地址：运城市盐湖区工业科技园
…………………………Tel：0359-2508586
运城市华诚印刷物资有限公司
地址：运城市盐湖工业园区开元大道1号
…………………………Tel：0359-2508586
运城市凯达印刷包装有限公司
地址：运城市盐湖区工业科技园
…………………………Tel：0359-2508586
运城市明日经典包装印务有限公司
地址：运城市空港新区关公西街以南
…………………………Tel：0359-2559755
运城市自强纸业有限公司
地址：沁阳市常伏路中段
…………………………Tel：0359-2897118
山西宏光医用玻璃股份有限公司
地址：芮城县新工业开发区永乐南路西侧
…………………………Tel：0359-3032889
运城晋运制版有限公司
地址：运城市临猗县楚侯工业园A区Q29、30号
…………………………Tel：0359-5750677
山西斯瑞林包装材料有限公司
地址：运城市盐湖区科技工业园区(十里长街北)
…………………………Tel：0359-5765498
运城锐宝制版有限公司
地址：山西省运城市稷山县翟店工业园区3、8、9号厂房
…………………………Tel：0359-5998006
永济众鑫电机科技股份有限公司
地址：运城永济市中山西街（酒厂北）
…………………………Tel：0359-6339988
运城制版印刷机械制造有限公司
地址：运城盐湖工业园区涑水大道1号
…………………………Tel：0359-6365333
夏县天合造纸助剂有限公司
地址：山西省运城市夏县裴介镇朱吕村村东1000米处
…………………………Tel：0359-8549868
山西东晟农产品包装有限公司
地址：山西省运城市夏县瑶峰镇全村路口
…………………………Tel：0359-8554369
山西海森包装制品有限公司
地址：山西省运城市夏县城北门外全村路口
…………………………Tel：0359-8554369
山西东晟农产品包装有限公司
地址：山西省运城市夏县瑶峰镇全村路口
…………………………Tel：0359-8554369
山西新中宝包装有限公司
地址：运城盐湖工业园区开元大道19号
…………………………Tel：0359-8597058
山西迎太包装材料有限公司
地址：运城经济开发区邑东路以西、纬二路以北
…………………………Tel：0359-8711227

内蒙古自治区

呼伦贝尔市东恒塑编包装有限公司
地址：海拉尔区建设镇蒙西水泥有限公司院内
…………………………Tel：0470-8267108
内蒙古铁鑫包装有限责任公司
地址：内蒙古自治区呼和浩特金山开发区金山大道6号
…………………………Tel：0471-2249219
呼和浩特市飞腾彩印制版有限公司
地址：呼和浩特市赛罕区大学东路水资源管理局对面
…………………………Tel：0471-2822292
合众创亚（呼和浩特）包装有限公司
地址：内蒙古自治区呼和浩特市金山经济技术开发区
…………………………Tel：0471-3392993
嘉美包装（内蒙古）有限公司
地址：呼和浩特市金山开发区金山大道与春光路交汇处东南角
…………………………Tel：0471-3620806
内蒙古达尔恒教育出版发展有限责任公司图文制作数码快印分公司
地址：内蒙古自治区呼和浩特市赛罕区乌兰察布东路85号图书广场综合楼1楼
…………………………Tel：0471-3694908
内蒙古人民出版社图文设计制作有限公司
地址：内蒙古自治区呼和浩特市新城区中山东路8号波士名人B座六层
…………………………Tel：0471-3946626
内蒙古科容包装有限公司
地址：内蒙古自治区呼和浩特市回民区新华西街金海工业园区
…………………………Tel：0471-3971506
内蒙古金艺佳印刷包装有限公司
地址：内蒙古自治区呼和浩特市金桥开发区金桥三路西（呼和浩特市绥润储运有限公司办公楼一层）
…………………………Tel：0471-4348814
利乐包装（呼和浩特）有限公司
地址：呼和浩特经济技术开发区如意新区利乐路1号
…………………………Tel：0471-4616655
内蒙古国彩兴业印刷有限公司
地址：内蒙古自治区呼和浩特市如意开发区奈伦如意国际1号楼1层102号
…………………………Tel：0471-4929700
内蒙古智耀机电设备有限公司地址：内蒙古自治区呼和浩特市赛罕区新华东街26号万达广场二期8-1-2903
…………………………Tel：0471-6924944
内蒙古艺虹印刷包装有限公司
地址：内蒙古自治区呼和浩特市和林格尔县盛乐经济园区（蒙牛五期南门对面）
…………………………Tel：0471-7392251
纷美包装（内蒙古）有限公司
地址：呼和浩特市和林格尔县盛乐经济园区
…………………………Tel：0471-7398888
包钢建筑安装工程公司
地址：内蒙古自治区包头市钢铁大街昆河西侧
…………………………Tel：0472-2183284
金大图装饰建设有限公司
地址：内蒙古自治区包头稀土高新区创业中心E座715号
…………………………Tel：0472-2209991
包头矿务局建筑安装有限总公司
地址：内蒙古自治区包头市石拐区喜桂图新区智慧就业基地（西楼）104室
…………………………Tel：0472-2890815
中民真正包装（内蒙古）科技有限公司
地址：内蒙古自治区包头市青山区民主路49号印象草原13层1306号
…………………………Tel：0472-3157777
包头市北方五环建筑安装集团有限责任公司
地址：内蒙古自治区包头市青山区兵工路二机厂中央门西150米处
…………………………Tel：0472-3335472
包头北方安全防护装备制造有限公司
地址：内蒙古自治区包头市青山区厂前路
…………………………Tel：0472-3386703
包头昊天工业装备有限公司
地址：内蒙古自治区包头市青山区装备产业园区新工路11号
…………………………Tel：0472-3651613
包头市鑫泰电力安装有限责任公司
地址：内蒙古自治区包头市石拐区喜桂图新区开元路南侧
…………………………Tel：0472-4101315
包头凌飞轻合金装备有限公司
地址：包头市东河区河东镇毛其来村
…………………………Tel：0472-4190501
包头市国际集装箱运输有限责任公司
地址：包头市东河区石桥街99号
…………………………Tel：0472-4869960
包头市房屋建筑安装工程有限责任公司
地址：内蒙古自治区包头市青山区友谊东大街32#
…………………………Tel：0472-5103017
内蒙古宏意建筑有限公司
地址：内蒙古自治区包头市稀土开发区校园南路106首创加州花园S3-104
…………………………Tel：0472-5122255
包头市精翔印刷有限责任公司
地址：内蒙古自治区包头市青山区幸福南路四十五中学底店
…………………………Tel：0472-5167285
内蒙古龙腾建筑装饰工程有限公司
地址：内蒙古自治区包头市昆都仑区钢铁大街31号街坊6号写字楼2号底店-1
…………………………Tel：0472-5169777
包头市丰汇包装制品有限公司
地址：内蒙古自治区包头稀土高新区稀土大街3号
…………………………Tel：0472-5181184
包头市康瑞药用玻璃包装制品有限公司
地址：内蒙古自治区包头市稀土开发区幸福南路71号
…………………………Tel：0472-5181298
包头市昊正包装制品有限责任公司
地址：内蒙古自治区包头稀土高新区滨河新区景泰路1号美室层双住宅小区2-1302
…………………………Tel：0472-5217688
中昱诚达建筑装饰有限公司
地址：内蒙古自治区包头市昆区钢铁大街35号街坊
…………………………Tel：0472-5300345
内蒙古中包新型包装材料有限公司
地址：包头市原材料物流园区管理委员会
…………………………Tel：0472-5356295
包头市汉诺威工业装备科技有限责任公司
地址：内蒙古自治区包头稀土高新区滨河新区腾飞大街32号
…………………………Tel：0472-6190507
包头市金润贸易有限责任公司
地址：内蒙古自治区包头市青山区装备制造产业园区远大路与青源路交叉口西南角内蒙古阿尔法科技创客中心有限公司办公楼（原包头市国安科技有限责任公司办公楼）
…………………………Tel：0472-6867380
包头北科科技开发有限公司

地址：内蒙古自治区包头稀土高新区滨河新区梧桐路12号
……………………Tel：0472-7107599
内蒙古龙胜包装有限公司
地址：内蒙古自治区乌兰察布市集宁区工业园区电厂路
……………………Tel：0474-8398277
内蒙古飞宇印刷有限公司
地址：通辽市奈曼旗大沁他拉镇铁路东
……………………Tel：0475-4222114
内蒙古通辽教育印刷有限责任公司
地址：通辽市通辽经济技术开发区罕山大街与保康路交汇处
……………………Tel：0475-6188878
通辽鑫达建设集团有限责任公司
地址：内蒙古自治区通辽市建国路北段2号(市中级法院南侧)
……………………Tel：0475-8231776
通辽市金丰网络传媒有限公司
地址：内蒙古自治区通辽市科尔沁区霍林河大街67号（清真办事处三委二十组）
……………………Tel：0475-8755888
鄂尔多斯市易享成食品包装股份有限公司
地址：鄂尔多斯市东胜区维邦金融广场F座21层办公房
……………………Tel：0477-3887978
鄂尔多斯市创辉包装制品有限责任公司
地址：达拉特旗树林召镇三垧梁工业园区
……………………Tel：0477-3940969
鄂尔多斯市鼎盛恒业彩色印刷有限公司
地址：内蒙古自治区鄂尔多斯市达拉特旗树林召镇长征路民幼东燕东城一楼８４号
……………………Tel：0477-5225168
内蒙古东达蒙古王纸业有限公司
地址：内蒙古自治区鄂尔多斯市达拉特旗树林召镇
……………………Tel：0477-5295311
内蒙古普晨房地产开发有限公司
地址：内蒙古自治区鄂尔多斯市达拉特旗树林召镇经济技术开发区西园路西新园街北侧
……………………Tel：0477-5295867
鄂尔多斯市桥头堡印刷有限责任公司地址：内蒙古自治区鄂尔多斯市康巴什区党政大楼A座116室(一照多址)
……………………Tel：0477-8588845
鄂尔多斯集团东升包装印刷有限责任公司
地址：内蒙古自治区鄂尔多斯市东胜区乌审东街１１号
……………………Tel：0477-8325957

辽宁省

沈阳恒美印刷有限公司
地址：沈阳市和平区北安路１８号
……………………Tel：024-22512233
沈阳市华美印刷制版厂
地址：沈阳市和平区阜新三街3号
……………………Tel：024-22517983
沈阳市凸版印刷厂
地址：沈阳市沈河区十一纬路１１１号
……………………Tel：024-22719032
沈阳金彩印刷有限公司
地址：辽宁省沈阳市皇姑区陵东乡观音村
……………………Tel：024-22928228
沈阳市鑫四方印刷包装有限公司
地址：辽宁省沈阳市皇姑区鸭绿江北街58-54号
……………………Tel：024-23410599
沈阳市鑫四方印刷包装有限公司
地址：辽宁省沈阳市皇姑区鸭绿江北街58-54号
……………………Tel：024-23410599
辽宁绿农康食品有限公司
地址：辽宁省沈阳市东陵区浑河站乡金鲜村
……………………Tel：024-22595691
沈阳市宏瑞包装制品有限公司
地址：沈阳市东陵区白塔镇小羊安村
……………………Tel：024-23781007
辽宁新闻印刷集团有限公司
地址：沈阳市浑南新区世纪路4号
……………………Tel：024-23787357
辽宁报信印刷有限公司
地址：辽宁省沈阳市浑南新区世纪路4号
……………………Tel：024-23787357
沈阳美程在线印刷有限公司
地址：沈阳市沈河区风雨坛街５８号
……………………Tel：024-23819888
沈阳平安印刷有限公司
地址：沈阳市和平区北七马路5号
……………………Tel：024-23835299
沈阳麒麟设计制版有限公司
地址：沈阳市浑南新区银卡东路6号455室
……………………Tel：024-23926990
辽宁省沈阳邮电印刷厂
地址：沈阳市沈河区南关路31号
……………………Tel：024-24185636
沈阳天择彩色广告印刷股份有限公司
地址：沈阳市浑南新区高歌路10号
……………………Tel：024-24212102
沈阳中钞证券印制公司
地址：沈阳市大东区大东路113号
……………………Tel：024-24311413
辽宁华昇印刷物资经销有限公司
地址：沈阳市铁西区北一西路32号
……………………Tel：024-25154098
万昌印刷包装（沈阳）有限公司
地址：沈阳经济技术开发区八号街6甲3号
……………………Tel：024-25195206
沈阳紫泉包装有限公司
地址：沈阳经济技术开发区八号路8甲3-1号
……………………Tel：024-25367677
辽宁印刷物资有限责任公司
地址：沈阳市铁西区齐贤北街２９号
……………………Tel：024-25840486
沈阳金碧印刷有限公司
地址：沈阳经济技术开发区二十二号路165号
……………………Tel：024-25854899
新民造纸厂
地址：定兴县新国道大街南段99号
……………………Tel：024-27624585
沈阳铭城包装股份有限公司
地址：沈阳胡台新城振兴六街28号
……………………Tel：024-27700000
沈阳广宏波造纸技术研发有限公司
地址：沈阳市浑南新区浑南二路10-2号1318室
……………………Tel：024-31036255
合众创亚（沈阳）包装有限公司
地址：辽宁省沈阳市沈北新区人和街86号
……………………Tel：024-31061234
辽宁印刷（集团）有限公司
地址：沈阳市铁西区建设中路30号
……………………Tel：024-31255138
辽宁新华印务有限公司
地址：辽宁省沈阳经济技术开发区六号路14甲3号
……………………Tel：024-31255248
辽宁美术印刷厂
地址：沈阳市大东区北大营街１１号
……………………Tel：024-31255248
沈阳海蓝美印设计制版有限公司
地址：沈阳市沈河区朝阳街6号2-8-16室
……………………Tel：024-31336621
沈阳科迅包装有限公司
地址：沈阳市沈北新区正良二路13号
……………………Tel：024-31338423
沈阳新在线广告彩色印刷有限公司
地址：沈阳市沈河区奉天街２８９号
……………………Tel：024-31566378
沈阳东佳印刷制版有限公司
地址：沈阳市沈北新区辉山经济开发区辉山大街123-14号
……………………Tel：024-31569520
沈阳中荣印刷有限公司
地址：辽宁省沈阳市沈北新区蒲悦路30-1号
……………………Tel：024-31721688
玖龙智能包装（沈阳）有限公司
地址：新民市东城街工业园区
……………………Tel：024-31788999
沈阳紫江包装有限公司
地址：沈阳经济技术开发区十号路八甲1号
……………………Tel：024-31805527
桓仁百川包装印刷有限公司
地址：辽宁省本溪市桓仁满族自治县桓仁镇水电街16组54幢0单元2号
……………………Tel：024-43986666
本溪九星印刷包装有限公司
地址：辽宁省本溪经济技术开发区百合路7号
……………………Tel：024-45859303
辽宁昌田仓储物流有限公司
地址：桓仁满族自治县包装印刷产业园区12号
……………………Tel：024-48100888
抚顺市第三造纸厂
地址：抚顺经济开发区顺飞路８４号
……………………Tel：024-52335711
抚顺矿区东鹏造纸厂
地址：东洲区南花园街
……………………Tel：024-52544007
抚顺矿业集团有限责任公司造纸厂筹备处
地址：抚顺市望花区古城子路4号
……………………Tel：024-52595858
抚顺来祥包装制品有限公司
地址：抚顺市东洲区郎平路9-1号
……………………Tel：024-54677788
抚顺嘉添包装制品有限公司
地址：顺城区河北乡里仁村
……………………Tel：024-56109999
辽宁阳光天泽包装有限公司
地址：辽宁省经济开发区沈东七路2号
……………………Tel：024-56606070
辽宁美程在线印刷有限公司
地址：抚顺经济开发区中兴大街（9号路南D3a区）
……………………Tel：024-56614560
辽宁城旭新材料包装有限公司
地址：辽宁省抚顺经济开发区中兴大街沈东六路以南地块C12区202室
……………………Tel：024-56622009
辽宁军博科技发展有限公司
地址：辽宁省沈抚新区中兴大街西侧沈东六路以南地块C12区
……………………Tel：024-56622009
抚顺泰鑫包装制品有限公司
地址：辽宁省抚顺市顺城区河北乡英石村
……………………Tel：024-57134568
辽宁格瑞自动化设备有限公司
地址：辽宁省沈抚新区沈东七路3号
……………………Tel：024-58067728
沈阳铁信印刷服务有限公司
地址：辽宁省沈阳市和平区昆明北街1号
……………………Tel：024-62022454
辽宁虎驰科技传媒有限公司
地址：沈阳经济技术开发区中央大街18号
……………………Tel：024-62786374
辽宁晟泰包装制品有限公司
地址：中国（辽宁）自由贸易试验区沈阳片区全运路109-1号（109-1号）2层247-2263室
……………………Tel：024-66553175
沈阳东泽印刷有限公司
地址：沈阳市大东区建设路115号
……………………Tel：024-67853453
沈阳东泽印刷有限公司
地址：沈阳市大东区建设路115号
……………………Tel：024-67853453
中顺（辽宁）医用科技有限公司
地址：辽宁省铁岭市清河区张相镇清开路195号辽宁华都汽车贸易有限公司4幢1-1
……………………Tel：024-72130066
辽宁银河纸业制造有限公司
地址：辽宁省铁岭市清河经济技术开发区
……………………Tel：024-72130066
开原市鑫三星塑料制版彩印厂
地址：辽宁省铁岭市开原市兴开街北富屯村
……………………Tel：024-73722169
调兵山天宏矿山机械制造有限公司蜂窝纸板制品厂
地址：调兵山市北工业园区(天宏矿山机械制造有限公司院内)
……………………Tel：024-76951666
辽宁万隆包装有限公司
地址：辽宁省铁岭高新技术产业开发区中央街18号
……………………Tel：024-78963769
调兵山盛达包装有限公司
地址：辽宁省调兵山南工业园区
……………………Tel：024-79279024
辽宁飞盛包装印业有限公司
地址：辽宁省铁岭市开原市开原经济开发区诚信路10号
……………………Tel：024-79631668
沈阳市北陵印刷厂有限公司
地址：沈阳市于洪区黄河北大街72号
……………………Tel：024-31566378
沈阳新天地印刷有限公司
地址：辽宁省沈阳市于洪区沈北西路239-7号
……………………Tel：024-86533311
沈阳彼友利柔印制版有限公司
地址：沈阳市于洪区千山西路8-7号
……………………Tel：024-86553356
沈阳德成包装有限公司
地址：辽宁省沈阳新民市兴隆堡镇中兴路228-7号
……………………Tel：024-87461366
沈阳文成纸业包装印刷有限公司
地址：新民市兴隆堡镇兴隆堡村
……………………Tel：024-87462686
辽宁博泽印刷油墨有限公司
地址：沈阳胡台新城振兴八街27号
……………………Tel：024-87732886
沈阳鑫正发包装有限公司
地址：沈阳胡台新城振兴三街20号
……………………Tel：024-87735811
沈阳市龙升纸业有限公司
地址：站前区兴建街春风里28号
……………………Tel：024-87757965
辽宁宝树包装有限公司
地址：沈阳市沈北新区沈北路182号
……………………Tel：024-88080568
沈阳市金通印刷制版厂
地址：沈阳市大东区望花中街197-4号
……………………Tel：024-88334720
辽宁恒运包装制品有限公司
地址：辽宁省沈抚新区滨河路银科大厦E座
……………………Tel：024-88445237
沈阳锋达塑料包装制品有限公司
地址：辽宁省沈阳市于洪区马三家街道永安村
……………………Tel：024-89228634
沈阳多摩包装有限公司
地址：沈阳市于洪区银岭路33号
……………………Tel：024-89365172
沈阳新兴东造纸厂
地址：沈阳市苏家屯区城郊办事处胡家甸村
……………………Tel：024-89429777
沈阳济丰包装纸业有限公司
地址：辽宁省沈阳市苏家屯区瑰香街140号
……………………Tel：024-89586168
沈阳海创文化印刷有限公司
地址：辽宁省沈阳市沈北新区蒲文路16-80号
……………………Tel：024-89635185
沈阳布美兰凹印制版有限公司
地址：沈阳市大东区前詹街24号
……………………Tel：024-89876208
沈阳布美兰凹印制版有限公司分公司
地址：沈河区天后宫路22甲2号
……………………Tel：024-89876208
瓦房店纸业轴承制造有限公司
地址：辽宁省瓦房店市岗店办事处西林村
……………………Tel：0371-26266123
丹东高新烘缸制造有限公司
地址：东港市前阳镇平安村
……………………Tel：0415-7150078
金城造纸集团锦州印刷有限责任公司
地址：古塔区山西街３４号
……………………Tel：0394-5100268
大连联合包装制品有限公司
地址：辽宁省大连保税区滨池路1号
……………………Tel：0411-39206800
大连经济技术开发区鹿鸣纸业有限公司
地址：辽宁省大连经济技术开发区董家沟街道鹿圈村
……………………Tel：0411-39257799
大连圣丰包装集团有限公司
地址：辽宁省大连保税区十三里工业新区中兴路8号
……………………Tel：0411-39322988

大连日升印刷有限公司
地址：辽宁省大连市甘井子区桧柏路218号
…………………… Tel：0411-39515511

大连一合印刷有限公司
地址：辽宁省大连经济技术开发区辽宁街27栋-7-1号
…………………… Tel：0411-39799596

大连盛道集团有限公司
地址：辽宁省大连市中山区昆明街36号
…………………… Tel：0411-39912869

大连印刷工业总厂
地址：辽宁省大连市中山区迎宾路１９９号
…………………… Tel：0411-39912869

大连日牵物流装备有限公司
地址：辽宁省大连市甘井子区营城子街道前牧城驿村大连日牵电机有限公司院内
…………………… Tel：0411-62675787

大连电力万汇印刷有限公司地址：辽宁省大连高新技术产业园区凌西路1号
…………………… Tel：0411-81120969

大连山荣制版有限公司
地址：辽宁省大连市沙河口区五一路269号16号楼201室
…………………… Tel：0411-82480611

大连泰利丰塑料包装材料有限公司
地址：辽宁省大连市中山区迎宾路198号2层2号
…………………… Tel：0411-82520672

大连富得包装材料有限公司
地址：辽宁省瓦房店市杨家乡双沙村
…………………… Tel：0411-82520672

普兰店市造纸厂地址：辽宁省大连市普兰店区城子坦街道城西街
…………………… Tel：0411-82632820

大连日东包装容器有限公司
地址：辽宁省大连市普湾新区三十里堡街道北乐村
…………………… Tel：0411-82702431

大连海大印刷有限公司制版中心
地址：辽宁省大连市沙河口区白山路46-4号
…………………… Tel：0411-82819303

大连世祥包装有限公司
地址：辽宁省大连市普兰店区太平街道办事处柳家社区
…………………… Tel：0411-83110877

大连明世印刷有限公司
地址：辽宁省大连市甘井子区营城子工业园区2号
…………………… Tel：0411-83112338

大连业发印刷有限公司
地址：辽宁省大连市普兰店区皮口街道宋家村
…………………… Tel：0411-83400540

大连鑫丰印刷物资有限公司
地址：辽宁省大连市沙河口区绿都园1号1层6号公建
…………………… Tel：0411-83611700

泰桑国际工程有限公司
地址：辽宁省大连市西岗区春都园6-1号
…………………… Tel：0411-83682828

大连建志不干胶印刷有限公司
地址：沈阳经济技术开发区二十二号路165号
…………………… Tel：0411-83771277

大连绿洲制衣有限公司
地址：辽宁省普兰店市星台镇元岭村
…………………… Tel：0411-83640035

大连金华光彩色印刷有限公司
地址：辽宁省大连市甘井子区辛寨子镇天虹开发区辛萍街
…………………… Tel：0411-85809576

大连海大印刷有限公司
地址：辽宁省大连高新技术产业园区龙天路21号
…………………… Tel：0411-86186632

大连新维特彩色印刷有限公司
地址：辽宁省大连市甘井子区营城子街道后牧村东山
…………………… Tel：0411-86301285

大连宝路彩色印刷有限公司
地址：辽宁省大连市甘井子区山东路75-1号
…………………… Tel：0411-86500717

大连新世纪印刷信息产业有限公司
地址：辽宁省大连市甘井子区山东路75号
…………………… Tel：0411-86501125

大连福莱柔版制版有限公司
地址：辽宁省大连市甘井子区华北路431号
…………………… Tel：0411-86511166

大连大诺印刷包装有限公司
地址：辽宁省大连市甘井子区华北路431号
…………………… Tel：0411-86516767

大连大诺印刷包装有限公司
地址：辽宁省大连市甘井子区华北路431号
…………………… Tel：0411-86516767

大连毕成制版有限公司
地址：辽宁省大连市甘井子区金西路18号
…………………… Tel：0411-86592357

大连铁物包装制品有限公司
地址：辽宁省大连市金州区中长街道八一路229-1号1层
…………………… Tel：0411-86753022

大连盛富商用票证印刷有限公司
地址：辽宁省大连市甘井子区华北路433号-5、6号
…………………… Tel：0411-86803669

大连华彩制版科技有限公司
地址：辽宁省大连市甘井子区毛营子村国然街北海工业区1号
…………………… Tel：0411-87112251

大连济丰包装纸业有限公司
地址：辽宁省大连保税区鑫汇南路1-2号
…………………… Tel：0411-87211616-822

联盛（大连）彩印包装有限公司
地址：辽宁省大连经济技术开发区淮河西路78号
…………………… Tel：0411-87301842

大连尚泽环境有限公司
地址：中国（辽宁）自由贸易试验区大连经济技术开发区双D五街14号
…………………… Tel：0411-87588600

大连三井森包装有限公司
地址：辽宁省大连经济技术开发区东北三街10号
…………………… Tel：0411-87623131

盟和（大连）汽车配件有限公司
地址：辽宁省大连保税区IIIB-9-3
…………………… Tel：0411-87647870

大连运城制版有限公司
地址：辽宁省大连市金州区八一路100号（中长街道中长村）
…………………… Tel：0411-87808054

大连金州金阳印刷制版中心
地址：辽宁省大连市金州区中长街道胜利路800号
…………………… Tel：0411-87819338

大连鑫林包装制品有限公司
地址：辽宁省大连市金州区七顶山街道付家村
…………………… Tel：0411-87887000

大连欣和机械有限公司
地址：辽宁省庄河市徐岭镇杨屯村
…………………… Tel：0411-89115556

大连运城制版有限公司庄河分公司
地址：辽宁省庄河市昌盛街道高屯村
…………………… Tel：0411-89372288

大连宏佳新型材料有限公司
地址：辽宁省庄河市吴炉镇三尖泡村
…………………… Tel：0411-89465666

大连金源包装制品有限公司
地址：辽宁省庄河市城关街道工业园区
…………………… Tel：0411-89710658

大连丰华数控机床制造有限公司
地址：辽宁省庄河市兴达街道后炮村
…………………… Tel：0411-89832513

沈阳嘉泰制版印刷有限公司鞍山分公司
地址：鞍山市铁东区一道街131甲
…………………… Tel：0412-2223085

鞍山发蓝股份公司
地址：鞍山千山区通海大道566号
…………………… Tel：0412-2322588

海城市民政造纸厂
地址：海城市验军镇冉家村
…………………… Tel：0412-3133188

海城市乾业恒达塑料包装有限公司
地址：海城经济开发区龙江路111号
…………………… Tel：0412-3367272

海城金桥造纸有限公司
地址：海城市南台镇五道村
…………………… Tel：0412-3553996

鞍山昊腾造纸助剂有限公司
地址：台安县黄沙坨镇孙狼村村址
…………………… Tel：0412-4690777

鞍山帝冠印刷有限公司
地址：鞍山市立山区通山街4号
…………………… Tel：0412-5549268

鞍山源润矿产品有限公司
地址：辽宁省鞍山市岫岩满族自治县杨家堡镇兴开岭村
…………………… Tel：0412-5583588

鞍山晟展包装容器有限公司
地址：鞍山市千山区鞍旗路38号
…………………… Tel：0412-6565228

鞍山现代软包装有限公司
地址：辽宁省鞍山市立山区东环路106号
…………………… Tel：0412-7337205

鞍山永安包装工业有限公司
地址：辽宁省鞍山市岫岩满族自治县兴隆办事处平阶村
…………………… Tel：0412-7874093

辽宁北展消防工程有限公司
地址：鞍山市千山区大孤山街道大矿路小街委
…………………… Tel：0412-8091060

海城市腾鳌镇永安造纸厂
地址：海城市腾鳌镇永安村
…………………… Tel：0412-8935898

鞍山市腾鳌鑫源造纸有限公司
地址：辽宁省鞍山市海城市腾鳌镇黄县村
…………………… Tel：0412-8935928

丹东光大造纸机械厂地址：丹东市振安区珍珠街１５６号
…………………… Tel：0415-2192502

丹东世成印刷制版有限公司
地址：丹东市振安区绿丹江苑小区43号楼104号
…………………… Tel：0415-2265020

丹东市商茂印刷厂
地址：元宝区兴东街６６号
…………………… Tel：0415-2827087

丹东大羽环保彩印包装有限公司
地址：辽宁省丹东市鸭绿江大街891号
…………………… Tel：0415-3118625

丹东市振安区天得电脑制版中心
地址：丹东市振安区珍珠街和经小区6号楼4号
…………………… Tel：0415-3133787

丹东金岭实业有限公司
地址：丹东市振安区和经街３号
…………………… Tel：0415-3777888

丹东金岭实业有限公司
地址：丹东市振安区和经街３号
…………………… Tel：0415-3777888

丹东北方造纸集团有限公司
地址：丹东市振兴区人民路42号
…………………… Tel：0415-3819378

丹东市新元造纸厂
地址：元宝区东尧街３００号
…………………… Tel：0415-4142692

辽宁中科纳新金丸印刷科技有限公司
地址：宿迁市宿城区金港花园38-29
…………………… Tel：0415-4153004

丹东鸭绿江造纸有限责任公司
地址：振安区经山街8号
…………………… Tel：0415-4181200

丹东市振达建筑工程处
地址：鹿苑镇巨桥村
…………………… Tel：0415-4181223

丹东市环保造纸设备厂
地址：辽宁省丹东市振安区同兴镇龙母村
…………………… Tel：0415-6131847

丹东市五洲轻工造纸设备有限公司
地址：辽宁省丹东市振安区同兴镇五道村
…………………… Tel：0415-6151011

丹东兴和机械有限公司
地址：丹东市振兴区浪头镇天津街２０１号
…………………… Tel：0415-6155458

丹东东华机械有限责任公司造纸机械厂
地址：振兴区人民路４００号
…………………… Tel：0415-6161621

丹东市辽东造纸干网厂
地址：辽宁省丹东市振安区鸭绿江街道办事处鸭绿江村
…………………… Tel：0415-6169185

丹东科达造纸机械电器有限公司
地址：丹东市振兴区浪头镇山下街岭下委6组
…………………… Tel：0415-6188368

丹东新运造纸机械有限公司
地址：辽宁省丹东市文安路102号3单元908室
…………………… Tel：0415-6189416

东港市长城新科技包装有限公司
地址：辽宁省丹东市东港市长山镇七股顶村王家大沟组
…………………… Tel：0415-7135354

丹东新盛造纸机械有限公司
地址：东港市前阳镇石桥岗村十二组
…………………… Tel：0415-7163567

丹东前阳造纸设备配件厂
地址：东港市前阳镇农民村四组
…………………… Tel：0415-7161060

丹东现代造纸机械有限公司
地址：东港市前阳镇平安村
…………………… Tel：0415-7168100

丹东新兴造纸机械有限公司地址：东港市新城区刘家泡村
…………………… Tel：0415-7111196

丹东华兴造纸机械有限公司
地址：丹东临港产业区东区
…………………… Tel：0415-7591908

丹东市兴泰造纸机械有限公司
地址：丹东市振兴区安民镇
…………………… Tel：0415-7608772

丹东市盛兴造纸机械有限公司
地址：东港市前阳镇前阳村八组
…………………… Tel：0415-7817177

东港市前阳镇子申造纸机械厂地址：东港市前阳镇新安村十二组
…………………… Tel：0415-7818222

凤城市新达造纸印刷厂
地址：辽宁省丹东凤城市草河区保卫村8组
…………………… Tel：0415-8125463

凤城市程祥包装印务有限公司
地址：凤城市现代产业园区二龙工业园B区
…………………… Tel：0415-8617777

凤城市信宇包装印务有限公司
地址：凤城市凤山管理区大梨树村利民委九组
…………………… Tel：0415-8617777

金城造纸（集团）有限责任公司
地址：辽宁省凌海市金城街
…………………… Tel：0416-2735609

锦州天润包装有限公司
地址：辽宁省锦州滨海新区娘娘宫镇南凌村（6-1-906）
…………………… Tel：0416-3343588

锦州万得包装机械有限公司
地址：辽宁省锦州市太和区中信路44号
…………………… Tel：0416-3530259

锦州友和彩印包装有限公司
地址：辽宁省锦州经济技术开发区淮海街
…………………… Tel：0416-3575819

锦州造纸机械有限责任公司
地址：锦州市太和区营盘乡大许村
…………………… Tel：0416-4180291

锦州欧仕包装机械有限公司
地址：锦州市古塔区重庆路63号
…………………… Tel：0416-4567717

锦州睿阳印刷包装有限公司
地址：辽宁省锦州滨海新区丛山路10号
…………………… Tel：0416-5082555

锦州睿阳印刷包装有限公司
地址：辽宁省锦州滨海新区丛山路10号
…………………… Tel：0416-5082555

锦州女儿河造纸物业管理有限责任公司
地址：锦州市太和区新兴里６９号
…………………… Tel：0416-3514444

锦州市太和区女儿河造纸设备机修厂
地址：锦州市太和区新兴里６９号
…………………… Tel：0416-5139682

营口特种纸业有限公司
地址：辽宁省营口市西市区小庙塘里46号
…………………… Tel：0417-2638628

长荣（营口）激光科技有限公司
地址：中国（辽宁）自由贸易试验区营口市西市区世纪路北11号
…………………… Tel：0417-2832626

辽宁大族冠华印刷科技股份有限公司
地址：中国（辽宁）自由贸易试验区营口市新联大街136号

…………………………Tel：0417-2993089

辽宁岩崎印刷机械有限公司
地址：中国（辽宁）自由贸易试验区营口市渤海大街西93号108-073
…………………………Tel：0417-3262056

辽宁正宏豹驰数码科技有限公司
地址：辽宁省营口市老边区二道镇蓝旗村
…………………………Tel：0417-3351895

新洲印刷（辽宁）有限公司
地址：辽宁省营口市西市区新民大街17号
…………………………Tel：0417-3381888

营口大隆兴包装有限公司
地址：辽宁省营口市西市区新港大街13-3号
…………………………Tel：0417-3527128

辽宁山河包装制品有限公司
地址：营口市西市区丰盈路21号
…………………………Tel：0417-3827271

营口千诚实业有限公司
地址：老边区二道镇二道村
…………………………Tel：0417-3864600

营口晟华塑料包装有限公司
地址：西市区河北街河北里173号
…………………………Tel：0417-3866498

营口沣茂米业有限公司
地址：辽宁省营口大石桥市水源镇群力村
…………………………Tel：0417-5161662

营口科技印刷设备有限公司
地址：大石桥市钢都管理区析台铺村
…………………………Tel：0417-5671166

营口经济技术开发区宝源塑料包装有限责任公司
地址：辽宁省营口市鲅鱼圈区海东小河沿村
…………………………Tel：0417-6271678

营口搏雅印刷包装有限公司
地址：营口市老边区智泉街东139号
…………………………Tel：0417-6656603

辽阳川佳制浆造纸机械有限公司
地址：辽阳市太子河区泰丰工业园区
…………………………Tel：0419-2381858

辽阳造纸机械股份有限公司设计研究所
地址：辽阳市白塔区铁西路７６号
…………………………Tel：0419-3136219

辽阳造纸机械股份有限公司科技咨询服务部
地址：辽阳市白塔区铁西路７６号
…………………………Tel：0419-3136219

辽阳县久利加工纸制造有限公司
地址：辽阳县刘二堡镇山东村
…………………………Tel：0419-2681488

辽阳杰维通用造纸技术有限公司
地址：辽阳市文圣区安康路1号
…………………………Tel：0419-2992566

辽阳市方远制版有限公司
地址：辽阳市白塔区胜利街北桥委6组1单元2号
…………………………Tel：0419-3132699

辽阳金泰造纸机械有限公司
地址：辽宁省辽阳市白塔区北新华路1-16号
…………………………Tel：0419-3133419

辽阳造纸机械厂第一分厂
地址：北新华路１６－１号
…………………………Tel：0419-3133419

辽阳造纸通用设备厂
地址：辽阳市太子河区太子河乡
…………………………Tel：0419-3134266

辽阳慧盛造纸机械有限公司地址：辽阳市文圣区庆阳工业园安康路3号
…………………………Tel：0419-3174627

辽阳慧丰造纸技术研究所地址：辽阳市文圣区庆阳工业园安康路3号
…………………………Tel：0419-3174627

辽阳市兴隆纸制品制造有限公司
地址：辽宁省辽阳市太子河区铁西路58号
…………………………Tel：0419-3302592

辽阳市白塔造纸厂
地址：辽阳市太子河区振兴路46号
…………………………Tel：0419-3303085

辽宁泰诚印刷器材有限公司
地址：辽阳市太子河区望水台街道下王家村
…………………………Tel：0419-3304965

福伊特造纸（中国）有限公司辽阳分公司
地址：辽阳市铁西路76-2号
…………………………Tel：0419-3306000

辽宁荣鼎塑胶科技有限公司
地址：辽宁省辽阳市宏伟区建材路西侧
…………………………Tel：0419-4165622

辽阳立业塑料包装有限公司
地址：辽宁省辽阳市宏伟区工农大街１９号
…………………………Tel：0419-5315177

喀左县万豪包装装潢印刷制品有限公司
地址：喀左县大城子镇五家子村
…………………………Tel：0421-4313987

喀左县万豪包装装潢印刷制品有限公司
地址：喀左县大城子镇五家子村
…………………………Tel：0421-4313987

辽宁宏兴包装制品有限公司
地址：辽宁北票经济开发区
…………………………Tel：0421-5839266

盘锦丽尔印刷有限公司
地址：辽宁省盘锦市双台子区工业园内2-47-6
…………………………Tel：0427-2300265

盘锦森瑞塑料制品有限公司
地址：辽宁盘锦精细化工（塑料）产业园
…………………………Tel：0427-3126551

辽宁凯旋恒跃包装科技有限公司
地址：辽宁省盘锦市双台子区工业二街北、中华路东2-46-30
…………………………Tel：0427-3153172

辽宁恒跃印刷包装有限公司
地址：辽宁盘锦精细化工产业园区内中华北路168号
…………………………Tel：0427-31533173

辽宁振兴生态造纸有限公司
地址：盘锦市盘山县东郭镇
…………………………Tel：0427-6577000

葫芦岛市顺发印刷包装有限公司
地址：辽宁省葫芦岛市龙港区茨齐路茨山工业园区
…………………………Tel：0429-3099666

葫芦岛市嘉鹏塑料包装有限公司
地址：葫芦岛市龙港区老和台村
…………………………Tel：0429-3786609

葫芦岛市泰克思票据印刷有限公司
地址：兴城市四家子
…………………………Tel：0429-5410366

吉林省

长春市信安包装有限公司
地址：宽城区装备制造产业开发区长春市信安包装有限公司异地新建项目工程的2号办公楼101号
…………………………Tel：0431-81036989

吉林省银河印务有限公司
地址：长春净月经济开发区金宝街小合台工业区五期
…………………………Tel：0431-81057806

长春市汇智包装有限责任公司
地址：长春市合隆经济开发区合隆大街
…………………………Tel：0431-8114544

吉林教育音像出版社有限公司
地址：长春市人民大街6755号
…………………………Tel：0431-81179548

吉林仁义工业科技有限公司
地址：德惠市米沙子工业集中区长德大街与德胜大路交汇处南行200米
…………………………Tel：0431-81187398

吉林省东北亚包装服务有限公司
地址：吉林省长春市二道区自由大路与伊通河交汇第一国际中心B座8层817-1室（自由大路3999号）
…………………………Tel：0431-81339560

大连运城制版有限公司长春分公司
地址：长春市绿园区红民村桑家屯
…………………………Tel：0431-81853947

吉林省锦江印刷有限公司
地址：双阳区长春文化印刷产业开发区
…………………………Tel：0431-81858391

长春新北凹印制版有限公司
地址：长春九台经济开发区卡伦工业园区北区3
…………………………Tel：0431-82563477

长春市永恒包装有限公司
地址：长春九台经济开发区卡伦工业园区北区甲三路南
…………………………Tel：0431-82563795

长春市世纪包装印务有限公司
地址：长春市绿园区海达路1099号
…………………………Tel：0431-82634888

长春博世恒印刷有限责任公司
地址：宽城区铁北三路2号
…………………………Tel：0431-82685988

长春市银河包装印刷制品有限责任公司
地址：榆树市五棵树昌盛街
…………………………Tel：0431-83810677

长春市净月包装有限公司
地址：吉林省长春市净月开发区新立城镇爱国村
…………………………Tel：0431-84540333

长春新华印刷集团有限公司
地址：长春市浦东路4199号
…………………………Tel：0431-84943345

吉林人民出版社图文设计印务中心
地址：经济开发区东南湖大路716号三楼
…………………………Tel：0431-85378098

吉林省环宇安全印刷厂
地址：吉林省长春市汽车经济技术开发区和平大街2133号
…………………………Tel：0431-85712299

长春市鑫龙印刷包装制品有限公司
地址：吉林省长春市九台经济开发区南区红瑞街16号
…………………………Tel：0431-85806618

吉林省科普印刷有限公司
地址：高新北区温泽路300号
…………………………Tel：0431-85878337

吉林省中亿医药包装有限公司
地址：农安县合隆经济开发区合隆大街与兴隆路交汇处
…………………………Tel：0431-86155566

长春益成包装有限公司
地址：长春市绿园区长白公路9公里处
…………………………Tel：0431-87858557

长春第二新华印刷有限责任公司
地址：长春市绿园区绿园经济开发区长白公路7.5公里北侧
…………………………Tel：0431-87923242

长春出版社美术设计制作中心
地址：朝阳区建设街43号
…………………………Tel：0431-88561179

长春新宇印刷有限公司
地址：吉林省长春市南关区大马路2121号西侧一层
…………………………Tel：0431-88635655

吉林华翰印务有限公司
地址：长春净月潭旅游经济开发区玉潭镇建国村
…………………………Tel：0431-89287177

吉林市恒利包装有限公司
地址：吉林市吉林经济技术开发区三号道
…………………………Tel：0432-63451103

吉林市永丰造纸厂
地址：昌邑区孤店子镇大荒地村
…………………………Tel：0432-63516547

吉林市永丰造纸厂废纸收购站
地址：昌邑区孤店子镇大荒地村
…………………………Tel：0432-63516547

延吉日进塑料印刷包装有限公司
地址：延吉市朝阳川镇仲坪村(延边新兴工业集中区)
…………………………Tel：0433-2253381

石岘造纸厂三环企业总公司综合厂地址：图们市石岘镇荣华路33号
…………………………Tel：0433-3815997

石岘造纸厂三环企业总公司建筑材料厂
地址：图们市石岘镇七委
…………………………Tel：0433-3815997

石岘造纸厂三环企业总公司
地址：图们市石岘镇团结路5号
…………………………Tel：0433-3817464

石岘造纸厂三环劳保服装厂
地址：图们市石岘镇
…………………………Tel：0433-3817464

石岘造纸厂三环企业总公司饮食服务公司
地址：图们市石岘镇团结路
…………………………Tel：0433-3817464

石岘造纸厂三环企业总公司铸钢厂
地址：图们市石岘团结东路24号
…………………………Tel：0433-3818341

吉林石岘纸业有限责任公司宾馆
地址：石岘镇凯旋街16号
…………………………Tel：0433-3868203

吉林敖东瑞丰包装股份有限公司
地址：敦化经济开发区敖东工业园
…………………………Tel：0433-6688659

珲春市颐中彩色印刷包装有限公司
地址：珲春市新安街
…………………………Tel：0433-7562280

珲春市晟达实业有限公司
地址：珲春市新安街乐园社区1441号（工商局新安分局东侧）
…………………………Tel：0433-7569555

珲春市晟达实业有限公司
地址：珲春市新安街乐园社区1441号（工商局新安分局东侧）
…………………………Tel：0433-7569555

延边永安建设有限公司
地址：延吉市河南街前进路5-6号
…………………………Tel：0433-8956572

四平市铁东区信泰纸制品制造有限公司
地址：吉林省四平市铁东区山门镇塔山村三社（塔山水库北侧1000米处）
…………………………Tel：0434-3323033

吉林省伟达包装有限公司
地址：四平红嘴经济技术开发区兴红路3333号
…………………………Tel：0434-3612798

四平市蓝烁包装有限公司
地址：四平市循环经济示范区1158号
…………………………Tel：0434-3647388

梨树县惠明造纸厂
地址：钦州市波萝桥５号
…………………………Tel：0434-5510233

吉林省恩华新材料包装有限公司
地址：吉林公主岭经济开发区清泉大街66号
…………………………Tel：0434-6096778

四平市天圆兴彩盒包装印刷有限公司
地址：四平市红嘴高新技术开发区北迎宾街
…………………………Tel：0434-6967513

通化市百利克朗思包装有限公司
地址：通化市东昌经济开发区滨河路555号
…………………………Tel：0435-3224188

梅河口市越美制版印刷厂
地址：梅河口市梅河大街2384号；生产经营场所：梅河口市泰昌街1674号
…………………………Tel：0435-4212444

通化鑫隆医药包装彩印有限公司
地址：通化医药高新区治安村999-999/551-069-6
…………………………Tel：0435-5017999

集安市利达纸箱制造有限公司
地址：集安市建设北街7号
…………………………Tel：0435-6211727

辉南康华铝塑包装材料有限责任公司
地址：朝阳镇张家街
…………………………Tel：0435-6928175

辉南县辉发城造纸厂
地址：汕头市澄海区莲上镇竹林工业区
…………………………Tel：0435-8769999

洮南市金塔龙港包装印刷有限公司
地址：吉林省洮南市工业园区
…………………………Tel：0436-6230001

吉林晟华包装有限公司
地址：吉林省辽源市向阳街连阳路139号
…………………………Tel：0437-6178038

吉林中粮生化包装有限公司
地址：吉林省东丰县东丰工业集中区起步区
…………………………Tel：0437-6205827

北大荒食品营销集团有限公司
地址：吉林省松原市前郭县工业园区
…………………………Tel：0438-5020907

吉林尼普洛嘉恒药用包装有限公司
地址：长岭县集体乡胜利村
…………………………Tel：0438-7662226

农夫山泉（靖宇）包装有限公司
地址：靖宇县矿泉水源保护区
…………………………Tel：0439-7260010

黑龙江省

哈尔滨印刷包装机械有限责任公司
地址：哈尔滨市道里区工农大街１４６号
…………………………Tel：0451-51090613

哈尔滨欣美包装容器有限公司
地址：哈尔滨经开区哈南工业新城春晖路1号

……………………Tel：0451-51640403
哈尔滨和鑫造纸有限公司
地址：宾县宾西镇长寿路
……………………Tel：0451-51771277
哈尔滨博奇印刷有限公司
地址：哈尔滨经开区哈平路集中区兴凯路
……………………Tel：0451-51789015
黑龙江龙之彩印刷制版有限公司
地址：哈尔滨市道里区恒祥家园兴华轩1单元10层B号
……………………Tel：0451-51909930
尚志市津瑜包装印刷有限公司
地址：尚志市经济开发区
……………………Tel：0451-53359906
黑龙江省造纸总公司
地址：黑龙江省哈尔滨市南岗区人和街88号
……………………Tel：0451-53638116
哈尔滨中铁绿色包装材料有限公司
地址：哈尔滨市阿城区河东街林机路1号
……………………Tel：0451-53727922
黑龙江新华印刷二厂有限责任公司
地址：哈尔滨市阿城区通城街
……………………Tel：0451-53752726
哈尔滨中乙包装印刷有限公司
地址：阿城区新利街道民利村大高家屯
……………………Tel：0451-53882299
哈尔滨中乙包装印刷有限公司
地址：阿城区新利街道民利村大高家屯
……………………Tel：0451-53882299
哈尔滨正开印刷包装有限公司
地址：哈尔滨市香坊区幸福镇莫力街满族村
……………………Tel：0451-55115208
哈尔滨德成包装印务有限公司
地址：哈尔滨市利民开发区北京路南、养路总段东
……………………Tel：0451-55258999
哈尔滨宏达福利造纸厂
地址：哈尔滨市呼兰区长岭镇长胜村
……………………Tel：0451-55288478
哈尔滨众艺电雕制版有限公司
地址：五常市民意乡前进村李方屯
……………………Tel：0451-55806888
黑龙江宏瑞彩印包装制品有限公司
地址：哈尔滨市宾县宾西经济开发区
……………………Tel：0451-56150677
黑龙江江夏投资集团有限公司
地址：哈尔滨市方正经济开发区
……………………Tel：0451-57167000
黑龙江中米国际包装城有限公司
地址：哈尔滨经开区南岗集中区东兴路145号办公楼501
……………………Tel：0451-58560055
哈尔滨上洋包装制品有限公司
地址：哈尔滨市南岗区新山路67号
……………………Tel：0451-58561333
哈尔滨泰盛昌包装印刷有限公司
地址：巴彦县工业园区
……………………Tel：0451-58605677
哈尔滨泰盛昌包装印刷有限公司
地址：巴彦县工业园区
……………………Tel：0451-58605677
哈尔滨德胜包装印刷有限公司
地址：哈尔滨利民开发区宝安路
……………………Tel：0451-58612567
五常市众博包装印刷有限公司
地址：黑龙江省哈尔滨市五常市拉林满族镇镇北村（住宅）
……………………Tel：0451-5889222
哈尔滨龙泽印刷包装有限公司
地址：哈尔滨哈南工业新城东兴路111号
……………………Tel：0451-58894800
哈尔滨雅森科技有限公司
地址：哈尔滨高新区科技创新城创新创业广场2号楼科技一街629号E607室
……………………Tel：0451-58900939
哈尔滨东南印刷有限公司
地址：哈尔滨市道外区兴工六道街
……………………Tel：0451-82032387
黑龙江天嘉印刷有限公司
地址：哈尔滨市香坊区幸福镇北柞村宏伟屯
……………………Tel：0451-82112577
黑龙江达旺新能源有限公司
地址：哈尔滨经开区南岗集中区南直路181号盟科视界9栋1单元17层10号（住宅）
……………………Tel：0451-82380810
哈尔滨东庆包装有限公司
地址：哈尔滨市道里区机场路268号
……………………Tel：0451-84100794
哈尔滨市金泰印刷制版有限公司
地址：哈尔滨市道里区城乡路391号2栋3单元1层2号
……………………Tel：0451-84209600
哈尔滨鹏程药用包装新材料科技股份有限公司
地址：哈尔滨市道里区机场路358号
……………………Tel：0451-84307357
哈尔滨三环印刷包装机械有限责任公司
地址：哈尔滨高新技术产业开发区迎宾路集中区崂山路6号
……………………Tel：0451-84307371
哈尔滨三环印刷包装机械有限责任公司
地址：哈尔滨高新技术产业开发区迎宾路集中区崂山路6号
……………………Tel：0451-84307371
哈尔滨西雅包装印刷有限公司
地址：哈尔滨高新技术产业开发区迎宾路集中区东湖街
……………………Tel：0451-84366200
哈尔滨西雅包装印刷有限公司
地址：哈尔滨高新技术产业开发区迎宾路集中区东湖街
……………………Tel：0451-84366200
哈尔滨市电力安装工程总承包公司
地址：哈尔滨市道里区买卖街203号
……………………Tel：0451-84663716
黑龙江隆迈包装集团有限公司
地址：哈尔滨经开区哈南工业新城香坊工业园区起步区18-04地块
……………………Tel：0451-84848429
黑龙江新路印务有限公司
地址：哈尔滨市香坊区学府路385号
……………………Tel：0451-87061736
哈尔滨和鑫彩色印刷有限公司
地址：哈尔滨经开区哈南工业新城哈啤路10号
……………………Tel：0451-85987318
哈尔滨市绘润版务制作有限责任公司
地址：哈尔滨市香坊区赣水路30号地王大厦18层4号
……………………Tel：0451-85991518
哈尔滨市南岗区博鑫印务制版设计室
地址：南岗区信恒现代城馨园D栋5单元4层2号
……………………Tel：0451-85997687
哈尔滨金苹果印刷制版有限公司
地址：哈尔滨市道里区高谊街39号-1层1号
……………………Tel：0451-86277666
哈尔滨市天福制版有限公司
地址：哈尔滨市平房区新华工业开发区
……………………Tel：0451-86511287
哈尔滨市东风印刷制版材料厂
地址：哈尔滨市平房区东轻厂北面
……………………Tel：0451-86564200
黑龙江隆华包装制品有限公司
地址：黑龙江省哈尔滨市南岗区学府路287号
……………………Tel：0451-86606276
哈尔滨市包装印刷厂
地址：哈尔滨市南岗区工电路11号
……………………Tel：0451-86664777
哈尔滨市包装印刷厂
地址：哈尔滨市南岗区工电路11号
……………………Tel：0451-86664777
黑龙江新华传媒集团有限公司
地址：哈尔滨经开区哈平路集中区烟台一路、渤海三路西北侧
……………………Tel：0451-86786760-8007
黑龙江神龙联合制版印务有限责任公司
地址：哈尔滨市道里区田地街100号
……………………Tel：0451-86786760-8007
哈尔滨高美印刷有限公司
地址：哈尔滨市经济技术开发区平房综合工业区大连一路
……………………Tel：0451-86812609
中粮包装（哈尔滨）有限公司
地址：哈尔滨开发区哈平路集中区镜泊路3号
……………………Tel：0451-86818953
哈尔滨银海印刷有限公司
地址：哈尔滨经济技术开发区综合工业区渤海路二路
……………………Tel：0451-86819573
哈尔滨市继成印刷有限公司
地址：洛阳市高新开发区丰华路3号
……………………Tel：0451-86819573
哈尔滨银海印刷有限公司
地址：哈尔滨经济技术开发区综合工业区渤海路二路
……………………Tel：0451-86819573
哈尔滨彼友利柔印制版有限公司
地址：哈尔滨市道里区地德里小区抚兴街22号
……………………Tel：0451-87350928
黑龙江造纸厂
地址：黑龙江省齐齐哈尔市富裕县富裕镇六街
……………………Tel：0452-3129680
黑龙江优贝健彩印包装有限公司
地址：克山县克拜公路路东
……………………Tel：0452-4524889
中国铁通集团有限公司齐齐哈尔分公司造纸厂营业厅
地址：黑龙江省齐齐哈尔市龙沙区造纸厂宿舍楼4号楼
……………………Tel：0452-5967996
黑龙江升华包装有限公司
地址：黑龙江省牡丹江市穆棱市下城子镇穆棱经济开发区状元路
……………………Tel：0453-3033666
黑龙江省造纸学会地址：黑龙江省牡丹江市阳明区光华街5号
……………………Tel：0453-632001
海林市丰德包装有限公司
地址：黑龙江省牡丹江市海林市新华北区27委1层01
……………………Tel：0453-7103890
牡丹江华美彩印包装股份有限公司
地址：黑龙江省牡丹江市西安区海南乡工业园区
……………………Tel：0453-7512999
牡丹江旭晟彩印包装有限公司
地址：黑龙江省牡丹江市东安区江南新城区中俄信息产业园内孵化器中心10号楼5030办公室
……………………Tel：0453-8853677
牡丹江鹏盛彩印包装有限公司
地址：黑龙江省宁安市政务投资服务中心办公楼
……………………Tel：0453-8853677
汤原中燃城市燃气发展有限公司造纸路汽车加气站
地址：佳木斯市汤原县建设社区造纸路
……………………Tel：0454-7351007
黑龙江万龙实业集团有限公司
地址：黑龙江省佳木斯市东风区高新区朝阳路
……………………Tel：0454-8936373
绥棱县鑫源造纸厂地址：绥棱县绥棱镇铁西街5委
……………………Tel：0455-4640668
明水恒宇纸制品制造有限公司
地址：黑龙江省绥化市明水县繁荣乡联合村所在地西街路南（原联合小学）
……………………Tel：0455-6135968
黑龙江爱趣源包装印刷有限公司
地址：黑龙江省绥化市肇东市城区经济开发区肇昌路11公里处
……………………Tel：0455-7946600
绥化市东兴福利造纸厂
地址：黑龙江省绥化市北林区东兴办事处万发管理区二委
……………………Tel：0455-8379899
黑龙江德胜包装印刷有限公司
地址：黑龙江省大庆市肇州县杏山工业园区
……………………Tel：0459-2778999
大庆日报社印刷厂
地址：乾元镇乾龙经济开发区
……………………Tel：0459-6113555
大庆市精诚彩色印刷有限公司
地址：黑龙江省大庆市萨尔图区新村益民小区19-4
……………………Tel：0459-6689287
黑龙江同禹药品包装股份有限公司
地址：黑龙江省大庆市林甸县长青林场12-B-042-107
……………………Tel：0459-8178978
大庆市丽辉纸业制造有限公司
地址：大庆市萨尔图区胜利二村（南一路福利总厂院内）
……………………Tel：0459-8972795
七台河市新兴区康辉造纸厂
地址：黑龙江省七台河市新兴区越秀路100号
……………………Tel：0464-8333336
中国邮政储蓄银行股份有限公司密山市兴凯湖造纸厂营业所
地址：黑龙江省鸡西市密山市兴凯湖农场造纸厂厂区
……………………Tel：0467-5239797
密山市凯建房地产租赁有限公司
地址：黑龙江省鸡西市密山市兴凯湖农场场部
……………………Tel：0467-5081029
中国邮政集团公司黑龙江省密山市兴凯湖造纸厂邮政所
地址：黑龙江省鸡西市密山市兴凯湖造纸厂院内
……………………Tel：0467-5239797
兴凯湖造纸厂指定专营店
地址：黑龙江省鸡西市密山市兴凯湖农场造纸厂212幢1号
……………………Tel：0467-5081998
华阳包装股份有限公司
地址：黑龙江省鸡西市虎林市红旗街道桦南委
……………………Tel：0467-6159898

江苏省

南京金马制版有限公司
地址：南京市江宁经济技术开发区石马工业园
……………………Tel：025-52109288
南京金箔包装材料集团股份有限公司
地址：南京市江宁区科宁路318号
……………………Tel：025-52133897
南京金箔新型科技包装材料有限公司
地址：南京市溧水区永阳街道天生桥大道688号
……………………Tel：025-52133897
南京绿蜻蜓纸制品制造有限公司地址：南京市江宁区淳化街道七里岗青湖东路6号
……………………Tel：025-52155615
南京市江宁区江宁报社印刷有限公司
地址：南京市江宁区东山街道东新南路15号瓯江大厦730室
……………………Tel：025-52160766
南京鸿图印务有限公司
地址：南京市江宁区湖熟街道万安社区龙葛路198号
……………………Tel：025-52160766
迪文包装（南京）有限公司
地址：南京市江宁区湖山路811号东山工业集中区
……………………Tel：025-52176050
南京白鹭设计制版有限公司
地址：南京市秦淮区大明路107号
……………………Tel：025-52302769
江苏新美亚印刷有限公司
地址：南京市雨花台区雨花西路262号
……………………Tel：025-52356228
南京汇文印刷有限责任公司
地址：南京市雨花台区铁心桥宁水路9号
……………………Tel：025-52442808
南京安泰模具制版厂（普通合伙）
地址：南京市秦淮区吴家山18号
……………………Tel：025-52646089
南京索特包装制品有限公司
地址：南京市溧水经济开发区小湾路3号
……………………Tel：025-52646328
南京特种印刷有限公司
地址：南京市江宁区东山街道丰泽路99号
……………………Tel：025-52701536
南京天印包装有限公司
地址：南京江宁科学园科宁路289号
……………………Tel：025-52718888
南京格润标签印刷有限公司
地址：南京市江宁区秣陵街道工业集中区苏源大道116-3号
……………………Tel：025-52729058
南京乐惠芬纳赫包装机械有限公司
地址：南京市江宁经济技术开发区将军南路641号
……………………Tel：025-52733601
南京保立隆包装机械有限公司
地址：南京市江宁经济技术开发区将军

南路641号
……………………Tel：025-52733629
南京三木纸业有限公司
地址：江门市新会区会城七堡造纸厂7-8号机厂房
……………………Tel：025-52736095
南京恒昌包装机械有限公司
地址：南京市江宁区秣陵街道盛通路1号（江宁开发区）
……………………Tel：025-52777870
南京博源造纸技术有限公司
地址：南京市江宁经济技术开发区将军中路88号翠屏国际水杉苑15-504
……………………Tel：025-52785343
南京合兴包装印刷有限公司
地址：南京市溧水经济开发区小湾路3号
……………………Tel：025-56210186
信安细川（南京）包装有限公司
地址：南京市溧水经济开发区双塘北路18号
……………………Tel：025-56213008
南京鑫瑞包装有限公司
地址：南京市溧水区东屏镇工业集中区
……………………Tel：025-56610628
南京华强印刷有限公司
地址：南京市高淳区经济开发区茅山路27号
……………………Tel：025-56817166
江苏瑞彩包装有限公司
地址：南京市高淳经济开发区紫荆大道16号
……………………Tel：025-56818889
江苏盖之宝包装科技有限公司
地址：南京市溧水区永阳镇水保东路3号1幢
……………………Tel：025-57208898
南京溧水洪蓝金盾印刷厂
地址：南京市溧水区洪蓝镇凤泉街17号
……………………Tel：025-57230505
江苏图浆机械设备制造有限公司
地址：淄博市周村区王村兴华路320号
……………………Tel：025-57276351
南京喜悦科技股份有限公司
地址：南京市高淳经济开发区荆山东路12号
……………………Tel：025-57356684
南京新洲印刷有限公司
地址：南京市六合区雄州镇雨花路2号
……………………Tel：025-57500228
江苏凤凰通达印刷有限公司
地址：南京市六合区冶山镇牡丹村6号
……………………Tel：025-57570426
南京人民印刷厂有限责任公司
地址：南京市玄武区中央路傅厚岗5号
……………………Tel：025-57713889
南京奥能制版有限公司
地址：南京市鼓楼区幕府山缤纷商业广场8幢526室
……………………Tel：025-57718474
南京扬子科技发展有限公司
地址：中国（江苏）自由贸易试验区南京片区团结路99号孵鹰大厦1896室
……………………Tel：025-57782967
江苏省高淳印刷股份有限公司
地址：南京市高淳经济开发区双高路178号
……………………Tel：025-57889815
南京票据证券印刷有限公司
地址：南京江宁区科建路328号
……………………Tel：025-57919860
南京爱德印刷有限公司
地址：南京市江宁区东善桥秣周中路99号
……………………Tel：025-57928000
南京振尧包装容器有限责任公司
地址：南京市栖霞区栖霞街道新合村广月路1号
……………………Tel：025-58061600
南京沪汇包装科技有限公司
地址：南京市溧水经济开发区中兴东路17号
……………………Tel：025-58097370
南京印特力包装材料科技有限公司
地址：南京市浦口区桥林街道丹桂路46号
……………………Tel：025-58154441
南京莫迪维克包装设备有限公司
地址：南京紫金（浦口）科技创业特别社区台中路99号4栋106室
……………………Tel：025-58166088
南京玉带金属包装材料有限公司
地址：南京市江北新区玉带工业集中区玉带路9号
……………………Tel：025-58475127
南京宝典彩色制版有限公司
地址：鼓楼区牌楼巷47号国华大厦6层G座
……………………Tel：025-58731665
南京第二造纸厂
地址：建邺区上新河新河口170号
……………………Tel：025-58806976
江苏信联建设工程有限公司
地址：南京市六合区龙袍镇街道58号
……………………Tel：025-58828620
南京科晖印刷科技有限公司
地址：南京市江宁经济技术开发区（滨江）
……………………Tel：025-66609888
合众创亚包装（南京）有限公司
地址：南京经济技术开发区恒通大道71号
……………………Tel：025-66989014
江苏凤凰印刷数字技术有限公司
地址：南京经济技术开发区尧新大道399号
……………………Tel：025-68036704
江苏凤凰印务有限公司
地址：南京经济技术开发区尧新大道399号
……………………Tel：025-68036706
江苏新华印刷有限公司
地址：南京市下关区张王庙88号
……………………Tel：025-68037306
南京大族数码影像技术有限公司
地址：南京经济技术开发区兴科路12号科创基地307室
……………………Tel：025-68199952
南京运诚制版有限公司
地址：南京市浦口区珠江工业区浦丰路18号
……………………Tel：025-68512690
南京岩真旺包装材料有限公司
地址：南京市溧水经济开发区红光西路2号
……………………Tel：025-68555688
南京煌朝节能科技有限公司
地址：南京市江北新区博富路18号
……………………Tel：025-68575766
爱邦（南京）包装印刷有限公司
地址：南京江宁科学园科宁路589号
……………………Tel：025-68582966
江苏鼎盛纳米喷墨印刷技术有限公司
地址：南京经济技术开发区兴科路12号科创基地105室
……………………Tel：025-69613895
南京轻机包装机械有限公司
地址：南京市江宁区乾德路128号
……………………Tel：025-69952409
江苏凤凰制版有限公司
地址：南京市鼓楼区张王庙88号
……………………Tel：025-83113150
南京顶盛文化发展有限公司
地址：南京市鼓楼区建宁路65号金川科技园15#楼301室
……………………Tel：025-83113150
江苏凤凰文化贸易集团有限公司
地址：南京市中央路276-1号
……………………Tel：025-83113505
江苏省第一建筑安装集团工程总承包有限公司
地址：南京市栖霞区紫东路2号1幢
……………………Tel：025-83131678
南京新华丰制版有限公司
地址：南京市鼓楼区云南北路83号602室、607室
……………………Tel：025-83202271
南京新博览文化发展有限责任公司
地址：南京市鼓楼区云南北路83号1207、1208室
……………………Tel：025-83205727
中闻集团南京印务有限公司
地址：南京市栖霞区幕府东路339号
……………………Tel：025-83306050
南京市室内装饰工程有限公司
地址：南京市玄武区中山路318号
……………………Tel：025-83370555
南京方正彩印制版有限责任公司
地址：南京市玄武区丹凤街19号503室
……………………Tel：025-83378035
江苏圣师印刷有限公司
地址：南京市栖霞办事处东阳村
……………………Tel：025-83714893
江苏新华日报印务有限公司
地址：江苏省南京市江宁区谷里街道牛首大道69号
……………………Tel：025-84021029
南京麒麟彩印有限公司
地址：南京市江宁区麒麟街道建南社区东宴801号
……………………Tel：025-84120516
南京孚嘉印刷有限公司
地址：南京市江宁区汤山工业集中区麒麟片区
……………………Tel：025-84195322
南京红日电脑分色制版中心有限公司
地址：南京市秦淮区三元巷18号二楼
……………………Tel：025-84207899
南京华众彩色印刷有限公司
地址：南京经济技术开发区恒飞路8号
……………………Tel：025-84209540
江苏报广包装材料有限公司
地址：南京市江宁区滨江开发区天成路37号
……………………Tel：025-84219060
江苏富达图文纸业有限公司
地址：南京市江北新区星火路11号动漫大厦
……………………Tel：025-84219068
南京丁香花印刷有限公司
地址：南京市江宁区淳化街道柏树社区泽成路7号
……………………Tel：025-84311196
南京钟山照像制版厂
地址：南京市雨花台区宁丹路9-13号
……………………Tel：025-84524836
南京宝马彩色制版印刷有限责任公司
地址：南京市江宁区东山街道部圣工业园
……………………Tel：025-84535678
南京浩清展览装饰工程有限责任公司
地址：南京市汉中路108号金轮大厦16E
……………………Tel：025-84702121
南京凯德印刷有限公司
地址：南京市江宁滨江开发区宝象路16号
……………………Tel：025-84713186
南京精艺印刷有限公司
地址：南京市玄武区佛心桥3-1号
……………………Tel：025-84817000
江苏太阳数字科技发展有限公司
地址：南京市秦淮区大明路135号-5
……………………Tel：025-84818961
南京爱丽斯包装有限公司
地址：南京市江宁区谷里街道工业集中区
……………………Tel：025-84988199
江苏省卫生印刷厂有限公司
地址：中山市东凤镇同乐工业园
……………………Tel：025-85317840
江苏鸿兴达邮政印刷有限公司
地址：南京市栖霞区燕子矶街道和燕路440号
……………………Tel：025-85334516
江苏省造纸印刷包装工业总公司经理部
地址：南京市湖南路181号四层
……………………Tel：025-85499096
南京荣辉电子技术有限公司
地址：南京市江宁经济技术开发区天元中路128号诚基名苑2幢302室
……………………Tel：025-85501515
南京耕读园软件技术有限公司
地址：南京市建邺区梦都大街176-4号110室
……………………Tel：025-85653628
金陵药业南京彩塑包装有限公司
地址：南京经济技术开发区惠久路8号
……………………Tel：025-85804481
江苏玄武湖印刷实业有限公司
地址：句容市宝华镇凤坛村312国道295公里处3号楼
……………………Tel：025-85818332
南京济丰包装纸业有限公司
地址：南京市江宁滨江开发区春阳路10号
……………………Tel：025-86107788
南京彩色印刷厂
地址：南京市秦淮区中山南路219号
……………………Tel：025-86563616
江苏省光彩证照磁卡印刷有限公司
地址：南京市白下区石杨东路99号
……………………Tel：025-86606668
南京紫藤制版印务中心
地址：南京市鼓楼区青岛路2号
……………………Tel：025-86635252
南京紫藤制版印务中心鼓楼分部
地址：南京市鼓楼区山西路67号A15B07室
……………………Tel：025-86635252
江苏科安建设工程有限公司
地址：南京市阅城大道26号
……………………Tel：025-86799191
南京来旺包装有限公司
地址：南京市江宁经济技术开发区董村西路36号
……………………Tel：025-86981111
南京海卓贸易有限公司
地址：南京市栖霞区栖霞街道摄山村
……………………Tel：025-87135962
江苏绿递包装装备研究院有限公司
地址：南京市江宁区湖山路369号天元吉第城商业6幢102（江宁高新园）
……………………Tel：025-87161988
无锡万事盛智能科技有限公司
地址：无锡市新吴区鸿山街道鸿祥路73号
……………………Tel：0415-7169587
劳斯造纸技术（昆山）有限公司
地址：江苏省昆山市周市镇长江北路1357号
……………………Tel：0416-2122837
张家港市塘桥小青纸管制造有限公司
地址：张家港市塘桥镇李王村
……………………Tel：0458-6135010
江阴市利丰制版有限公司
地址：江阴市长泾镇花园村
……………………Tel：050-86301258
江阴市荣盛包装印刷有限公司
地址：江阴市月城镇蔡庄村严家村
……………………Tel：0510-56583597
无锡红豆包装装潢印刷有限公司
地址：无锡市锡山区东港镇陈市村
……………………Tel：0510-66865637
江苏利特尔绿色包装股份有限公司
地址：无锡市锡山经济开发区蓉通路55号
……………………Tel：0510-68000555
鸿兴包装（无锡）有限公司
地址：无锡市新区长江南路27号
……………………Tel：0510-68686666
江阴宝柏包装有限公司
地址：江苏省江阴市南外环路858号
……………………Tel：0510-68830888
江阴申隆包装材料有限公司
地址：江阴市镇澄路1999号
……………………Tel：0510-68838668
江苏惠源石油科技有限公司
地址：无锡市锡山经济开发区春象路28号
……………………Tel：0510-80259998
江苏中金环球稀贵金属有限公司
地址：江阴临港经济开发区海港路18号
……………………Tel：0510-80287585
江苏海福包装股份有限公司
地址：宜兴市太华镇工业集中区159号006栋
……………………Tel：0510-80308372
江阴市广信防伪印刷有限公司
地址：江阴市南外环路698号
……………………Tel：0510-80601208
江阴澄高包装材料有限公司
地址：江阴市璜土镇石庄春江路9号
……………………Tel：0510-80622231
江阴澄盛新型包装材料有限公司
地址：江阴市璜土镇石庄春江路9号
……………………Tel：0510-80622231
宜兴市金久耐磨工程技术有限公司
地址：宜兴市宜城街道惠兴南路
……………………Tel：0510-80702399
无锡联泰印刷机械有限公司
地址：无锡市新吴区梅村工业园锡泰路236号
……………………Tel：0510-81012523
无锡统和新创包装科技有限公司
地址：无锡市新吴区梅育路南侧、新鸿路西侧
……………………Tel：0510-81157888

江阴港虹包装机械有限公司
地址：江阴市夏港街道镇澄路1009号
…………………… Tel：0510—81662838

江苏奥瑞金包装有限公司
地址：宜兴经济技术开发区永盛路
…………………… Tel：0510—81772710

江苏奥宝印刷科技有限公司
地址：宜兴经济技术开发区永盛路88号
…………………… Tel：0510—81772780

江苏海云网络印刷科技有限公司
地址：无锡市建筑西路599号—2—楼102 室
…………………… Tel：0510—81816542

耐帆包装工程（无锡）有限公司
地址：无锡市新区漓江路13号
…………………… Tel：0510—81859812

无锡市富邦包装材料有限公司
地址：无锡市梅村镇泰伯花苑40号
…………………… Tel：0510—82107177

无锡市广益照相制版厂
地址：无锡市广瑞路100号底层
…………………… Tel：0510—82442012

无锡市先科印刷制版有限公司
地址：无锡市北塘区兴源北路638号A2—213、216、217
…………………… Tel：0510—82609631

无锡市铁民印刷机械有限公司
地址：无锡市江海西路黄巷立交南
…………………… Tel：0510—82623885

无锡苏宁印刷制品有限公司
地址：江苏省无锡市江海西路山北段
…………………… Tel：0510—83076618

无锡市永成淀粉有限公司
地址：无锡市惠山区钱桥金岸上
…………………… Tel：0510—83218233

无锡市发顺造纸机械配件厂
地址：无锡市惠山区洛社镇石塘湾五秦村
…………………… Tel：0510—83261611

无锡天艺电脑制版有限公司
地址：无锡市洛社镇新苑路40号
…………………… Tel：0510—83313301

无锡市万里印刷有限公司
地址：无锡惠山经济开发区前洲配套区北区友新路6号
…………………… Tel：0510—83330153

无锡兰燕包装有限公司
地址：无锡惠山经济开发区前洲配套区北拓区
…………………… Tel：0510—83386188

无锡昊运制版有限公司
地址：无锡市惠山区前洲街道堰玉西路70号
…………………… Tel：0510—83390088

无锡红宝印刷材料有限公司
地址：无锡惠山经济开发区前洲配套区鑫园路6号
…………………… Tel：0510—83391349

无锡恒通现代包装印刷有限公司
地址：无锡市惠山区前洲街道堰玉西路612
…………………… Tel：0510—83391913

无锡市金广顺包装有限公司
地址：无锡惠山经济开发区春惠路568—5号
…………………… Tel：0510—83751868

无锡市华美达印刷有限公司
地址：锡山区东北塘镇市镇西侧（锡港路）
…………………… Tel：0510—83773369

无锡冈桥包装有限公司
地址：无锡市锡山经济开发区友谊路北端
…………………… Tel：0510—83783100

江苏南江智能装备股份有限公司
地址：无锡市锡山经济开发区芙蓉一路东段
…………………… Tel：0510—83787118

无锡翔盛包装有限公司
地址：无锡市锡山区锡北镇泾霞路12号
……………………Tel：0510—8379123

无锡龙达集佳制版有限公司
地址：无锡市洛社镇杨市金属表面处理科技工业园区
…………………… Tel：0510—83831770

无锡市天彩包装印刷有限公司
地址：无锡惠山经济开发区玉祁配套区祁达路118号
…………………… Tel：0510—83882161

江苏新飞扬包装科技有限公司
地址：无锡惠山经济开发区玉祁配套区祁达路
…………………… Tel：0510—83882211

无锡市临平制版印花有限公司
地址：无锡惠山经济开发区玉祁配套区（东环路）
…………………… Tel：0510—83885195

江苏名豪印业有限公司
地址：无锡市联合路10—12
…………………… Tel：0510—85106062

无锡市方成彩印包装有限公司
地址：无锡市滨湖区太湖街道双新园区（经营场所：无锡市滨湖区胡埭镇莲杆路1）
…………………… Tel：0510—85180157

无锡德文柯式印刷有限公司
地址：无锡市滨湖区太湖镇方桥
…………………… Tel：0510—85181218

世德印刷（无锡）有限公司
地址：无锡国家高新技术开发区100号地块
…………………… Tel：0510—85207188

无锡铭之嘉传动技术有限公司
地址：无锡新加坡工业园新都路9号
…………………… Tel：0510—85211368

无锡统一实业包装有限公司
地址：无锡市新吴区梅育路南侧、新鸿路西侧
…………………… Tel：0510—85214650

无锡环亚包装材料有限公司
地址：无锡市新区黄山路1号
…………………… Tel：0510—85215678

无锡大仓包装材料有限公司
地址：无锡国家高新技术产业开发区岷山路9号
…………………… Tel：0510—85224635

无锡和烁丰科技股份有限公司
地址：无锡市新吴区黄山路9号
…………………… Tel：0510—85224709

维美德造纸机械技术（中国）有限公司
地址：无锡新区汉江路2号
…………………… Tel：0510—85225939

江苏申凯包装高新技术股份有限公司
地址：无锡市新吴区硕放中通路99号
…………………… Tel：0510—85255578

无锡市洪成造纸机械有限公司
地址：无锡市新吴区振发三路3
…………………… Tel：0510—85261971

无锡立航造纸机械有限公司
地址：无锡市新吴区硕放经发七路东
…………………… Tel：0510—85263273

维实洛克（无锡）包装材料有限公司
地址：无锡新加坡工业园新都路19号
…………………… Tel：0510—85271662

无锡康敏造纸机械有限公司
地址：东光县连镇镇小邢开发区
…………………… Tel：0510—85302392

无锡联合包装有限公司
地址：无锡国家高新技术产业开发区华友工业园华友东路21号
…………………… Tel：0510—85304309

无锡由派克包装材料有限公司
地址：无锡国家高新技术产业开发区122#—D地块
…………………… Tel：0510—85304622

无锡新通联包装制品制造有限公司
地址：锡山区鹅湖镇科技路
…………………… Tel：0510—85310501

无锡普特卡夫印刷有限公司
地址：无锡市新区硕放工业集中区A35—1号地块
…………………… Tel：0510—85311061

无锡正杨造纸机械有限公司
地址：扬州市江都区真武镇杨庄工业园区
…………………… Tel：0510—85311500

无锡市秋明造纸机械有限公司
地址：长清区文昌街道办事处孙庄村
…………………… Tel：0510—85323272

山形印刷（无锡）有限公司
地址：无锡市锡山区芙蓉中二路101号
…………………… Tel：0510—85342828

无锡市长江商务印刷有限公司
地址：锡山区鹅湖镇青虹路
…………………… Tel：0510—85343290

无锡龙发包装有限公司
地址：无锡市新吴区城南路168号
…………………… Tel：0510—85368988

无锡市龙樱印刷制版有限公司
地址：无锡市南长区扬名高新技术产业园C区003号
…………………… Tel：0510—85406276

无锡天辰技贸发展有限公司怡美嘉分公司
地址：无锡市健康路77号（市供销社大院内）
…………………… Tel：0510—85430233

无锡市证券印刷有限公司
地址：无锡市扬名高新技术产业园B区75号
…………………… Tel：0510—85435222

无锡市海得印务有限公司
地址：无锡市青龙山路西侧工业园5号
…………………… Tel：0510—85522228

无锡市正峰特种印刷有限公司
地址：无锡市滨湖区胡埭镇西溪村中心路8号
…………………… Tel：0510—85539786

江苏泰来包装工程集团有限公司
地址：无锡市滨湖区胡埭工业园联合路8号
…………………… Tel：0510—85580078

无锡市宏俊制版印刷有限公司
地址：无锡市胡埭镇鸿翔村朱巷77号
…………………… Tel：0510—85590439

无锡市鲁能印刷制版厂
地址：无锡市滨湖区胡埭镇夏荷路3—3号
…………………… Tel：0510—85590831

无锡市嘉诚印刷有限公司
地址：无锡市大通路507号（滨湖计划局开发区内）
…………………… Tel：0510—85625885

外贸无锡印刷股份有限公司
地址：无锡市新区机场路59号
…………………… Tel：0510—85804923

无锡市青山印刷制版厂
地址：无锡市团结二村12号
…………………… Tel：0510—85877332

无锡市协民印刷机械有限公司
地址：无锡市滨湖区梁溪路8号
…………………… Tel：0510—85879607

无锡神洲化工新材料有限公司
地址：无锡市滨湖区雪浪街道南泉村
…………………… Tel：0510—85958678

江苏新光镭射包装材料股份有限公司
地址：江阴市锡澄路285号
…………………… Tel：0510—86025588

江阴新联通包装复合材料有限公司
地址：江苏省江阴市南闸镇泾西
…………………… Tel：0510—86025986

江阴源达包装材料有限公司
地址：江阴市华士镇海达路9号
…………………… Tel：0510—86076605

江阴宝柏新型包装材料有限公司
地址：江苏省江阴市南外环路858号
…………………… Tel：0510—86105000

江阴永丰余造纸有限公司
地址：江阴市通江南路258号
…………………… Tel：0510—86105979

江阴恒瑞太阳能有限公司
地址：江阴市新桥镇工业园区
…………………… Tel：0510—86120263

江阴中和包装材料有限公司
地址：江阴市云亭街道小吴巷路36号
…………………… Tel：0510—86158033

江阴市宏建印刷厂有限公司
地址：江阴市南闸街道开泰路5号
…………………… Tel：0510—86180777

舒乐艾力博（江阴）包装服务有限公司
地址：江阴市澄江中路167号
…………………… Tel：0510—86199577

江阴市勤丰纸业有限公司
地址：沈阳市大东区北大营街6号
…………………… Tel：0510—86221850

江阴市宏源印刷包装材料有限公司
地址：江阴市澄江街道斜泾路7号
…………………… Tel：0510—86250623

无锡大井印刷有限公司
地址：江阴市顾山镇解放村兴园路11号
…………………… Tel：0510—86253578

江苏中印印务集团有限公司
地址：江阴市澄江街道新澄路8号
…………………… Tel：0510—86270666

江苏中印印务集团有限公司
地址：江阴市澄江街道新澄路8号
…………………… Tel：0510—86270666

江阴兰特雷斯印刷有限公司
地址：江阴市新澄路8号
…………………… Tel：0510—86270666

江阴市华力印务有限公司
地址：江阴市澄江街道皮弄村杨家村38号
…………………… Tel：0510—86287053

江阴天盛印刷制版有限公司
地址：江阴市澄江街道集中区南区（谢北村）
…………………… Tel：0510—86294505

江阴升辉包装材料有限公司
地址：江阴市长泾镇工业集中区通港路2号
…………………… Tel：0510—86300080

江阴市花园铝塑包装有限公司
地址：江阴市长泾镇工业集中区兴园路100号
…………………… Tel：0510—86303271

江阴通利光电科技有限公司
地址：江阴市长泾镇长兴路8号（经营场所：江阴市长泾镇通港路26号）
…………………… Tel：0510—86305918

江阴市汇通印刷包装机械有限公司
地址：江阴市顾山镇锡张路429号
…………………… Tel：0510—86324508

江阴市汇通印刷包装机械有限公司
地址：江阴市顾山镇锡张路429号
…………………… Tel：0510—86324508

江阴市彩虹印刷有限公司
地址：江阴市顾山镇解放村兴园路88号
…………………… Tel：0510—86351260

江阴市华丰印刷机械有限公司
地址：江阴市顾山镇国东村
…………………… Tel：0510—86355222

江阴申龙制版有限公司
地址：江苏省江阴市滨江东路81号
…………………… Tel：0510—86400300

江阴市恒顺包装材料有限公司
地址：江阴市青阳镇锡澄路1319号—6号
…………………… Tel：0510—86513328

内海包装（江阴）有限公司
地址：江阴市徐霞客镇璜塘新仁路2号
…………………… Tel：0510—86530617

无锡亚光印刷有限公司
地址：锡山区鹅湖镇（荡口）新桥村
…………………… Tel：0510—86574198

江阴市月城印刷制版有限公司
地址：江阴市月城镇月桐路181号（经营场所：江阴市月城镇火车站路8—1号）
…………………… Tel：0510—86581381

江阴市嘉益印刷有限公司
地址：江阴市月城镇月城东路219号
…………………… Tel：0510—86583731

江阴市鸿升纸制品制造有限公司
地址：江阴市月城镇蔡庄村
…………………… Tel：0510—86583731

江阴市月城彩印制版有限公司
地址：江阴市月城镇
…………………… Tel：0510—86585205

江阴市华盛印刷有限公司
地址：江阴市月城镇下塘
…………………… Tel：0510—86589168

江阴市申何服饰辅料有限公司
地址：江阴市月城镇南环路
…………………… Tel：0510—86591056

申达集团有限公司
地址：江阴市临港街道镇澄路1999号
…………………… Tel：0510—86621021

江阴金马印刷有限公司
地址：江阴市滨江西路803号
…………………… Tel：0510—86626799

江苏恒创包装材料有限公司
地址：江阴市临港街道双良路1号
…………………… Tel：0510—86630035

江苏舒康包装材料有限公司
地址：江阴市临港街道双良路1号
…………………… Tel：0510—86630035

江阴市东亚包装有限公司
地址：江阴市璜土镇澄路3452号
…………………… Tel：0510—86653888

江阴市红源金属制品有限公司
地址：江阴市滨江西路1258号
…………………… Tel：0510—86668306

江阴申鹏包装材料有限公司
地址：江阴市申港街道镇澄路1999号
…………………… Tel：0510—86686072

江阴市东盛包装有限公司
地址：江阴市镇澄路1455号
…………………… Tel：0510—86688107

江阴市南泉高分子制品有限公司
地址：江阴市夏港街道景贤路618号
……………………Tel：0510-86688750
江阴市城南纸箱有限公司
地址：江阴市梅园大街667弄19号
……………………Tel：0510-86870708
理研食品包装（江苏）有限公司
地址：江阴市徐霞客镇（璜塘）工业园理研路3号
……………………Tel：0510-86913915
无锡市联合印刷有限公司
地址：江阴市顾山镇赤岸村小成家堂8-1号
……………………Tel：0510-86950018
江阴永利新型包装材料有限公司
地址：江阴市华士镇环南路800号
……………………Tel：0510-86975751
江苏鑫城包装科技有限公司
地址：江阴市月城镇月翔路20号
……………………Tel：0510-86985988
江苏鑫城印刷集团有限公司
地址：江阴市月城镇工业园区
……………………Tel：0510-86985988
无锡坤顺纸制品制造有限公司
地址：江阴市月城镇蔡庄村薛家弄8号
……………………Tel：0510-86988888
江阴广鸿包装新材料有限公司
地址：江阴市蟠龙山路58-2号
……………………Tel：0510-86995658
江阴龙奇包装材料有限公司
地址：江阴市高新技术产业开发区定山路87号
……………………Tel：0510-86998265
宜兴市风彩电脑制版有限公司
地址：宜兴环科园柳溪新村综合楼101-201室
……………………Tel：0510-87068067
江苏鹏鹏包装制品有限公司
地址：宜兴市丁蜀镇川埠村
……………………Tel：0510-87188986
宜兴市宇龙塑胶包装制品有限公司
地址：宜兴市官林镇工业C区
……………………Tel：0510-87200199
无锡市前程电缆有限公司
地址：宜兴市官林镇东虹路1号
……………………Tel：0510-87231880
宜兴新华瑞印刷设备有限公司
地址：宜兴市张渚镇五洞村0001号
……………………Tel：0510-87395599
江苏申乾食品包装有限公司
地址：宜兴市周铁镇分水村
……………………Tel：0510-87558008
江苏申乾包装有限公司
地址：宜兴市周铁镇湖滨路180号（经营场所：宜兴市周铁镇湖光路48号；宜兴市周铁镇湖光路3号）
……………………Tel：0510-87558026
无锡阿龙包装印刷有限公司
地址：宜兴市新庄街道工业集中区（泽南）
……………………Tel：0510-87564878
江苏光辉包装材料有限公司
地址：宜兴经济技术开发区庆源大道
……………………Tel：0510-87665001
宜兴市新华印刷有限公司
地址：宜兴环徐舍镇长福村
……………………Tel：0510-87691180
无锡金杭塑料包装材料有限公司
地址：宜兴市高塍镇高塍村
……………………Tel：0510-87836666
宜兴市德胜印刷有限公司
地址：宜兴市万石镇南漕街
……………………Tel：0510-87851578
宜兴市宏博包装有限公司
地址：宜兴市万石镇漕南村
……………………Tel：0510-87852218
宜兴威尼特包装袋有限公司
地址：宜兴市万石镇工业集中区（南区）
……………………Tel：0510-87858822
宜兴市百虹包装制品有限公司
地址：宜兴市万石镇南漕南路96号
……………………Tel：0510-87858899
江苏易派包装科技有限公司
地址：宜兴市和桥镇闸口村
……………………Tel：0510-87888176
宜兴市广茂印刷物资有限公司
地址：宜兴经济技术开发区诸桥路
……………………Tel：0510-87938877
宜兴市展览印刷厂
地址：宜兴市宜城街道巷头东路57号
……………………Tel：0510-87984536
宜兴市鑫盛制版有限公司
地址：宜兴市宜城街道荆溪新村50幢1号店面
……………………Tel：0510-87998644
无锡市天富塑胶包装材料有限公司
地址：无锡市锡山经济技术开发区团结中路50号
……………………Tel：0510-88218662
无锡沪光精美印刷有限公司
地址：无锡新区锡泰路231号
……………………Tel：0510-88230685
无锡天颐印刷包装有限公司
地址：无锡市新吴区金城东路297-2-1304
……………………Tel：0510-88238030
江苏美乔科技有限公司
地址：无锡市新吴区深港都会广场10-818
……………………Tel：0510-88259356
无锡市太平洋新材料股份有限公司
地址：无锡市江溪街道坊前锡义路88号
……………………Tel：0510-88271158
无锡市太平洋包装厂
地址：无锡市坊前镇工业集中区锡义路88号
……………………Tel：0510-88271158
无锡雅迪印刷有限公司
地址：江苏省无锡市新区坊前镇春明村鑫明路26号
……………………Tel：0510-88278581
无锡彩虹制版有限公司
地址：江苏省无锡市滨湖区坊前镇春明村
……………………Tel：0510-88278581
无锡市威领印刷有限公司
地址：无锡市锡山区安镇镇车站西村1-1号
……………………Tel：0510-88533880
江苏博润包装科技有限公司
地址：无锡市新吴区锡达路630号
……………………Tel：0510-88550458
无锡市爱赛雅印刷器材有限公司
地址：无锡市新吴区梅村锡鸿路22号
……………………Tel：0510-88550900
无锡市博润印务有限公司
地址：无锡市新吴区锡达路573号
……………………Tel：0510-88550932
无锡市佰合盛通包装科技有限公司
地址：无锡市锡山区鹅湖镇青虹路99号
……………………Tel：0510-88552787
无锡鸿华造纸机械有限公司
地址：常熟高新技术产业开发区香江路52号
……………………Tel：0510-88580210
无锡中联造纸机械有限公司
地址：无锡市新吴区鸿山街道鸿声振兴南路49号
……………………Tel：0510-88580719
无锡市益中彩印制版包装厂
地址：无锡市新区鸿山街道鸿声锡甘路
……………………Tel：0510-88582900
无锡求新造纸机械有限公司
地址：无锡市新区鸿山镇鸿声新兴路
……………………Tel：0510-88584997
无锡市鸿太阳印刷有限公司
地址：无锡市锡山区鹅湖镇青虹路105号
……………………Tel：0510-88585112
蜂井包装工业无锡有限公司
地址：无锡市新吴区旺庄工业园三期15号厂房（新吴区经一路北侧、新华路西侧）
……………………Tel：0510-88585655
无锡运城制版有限公司
地址：无锡新区鸿山镇锡甘路588号
……………………Tel：0510-88586852
无锡嘉旺精密包装材料有限公司
地址：江苏省无锡市锡山经济开发区
……………………Tel：0510-88670001
无锡市东亭锡沪制版印刷厂
地址：锡山区东亭工业园西区园展路8号
……………………Tel：0510-88705363
无锡市新中外贸包装有限公司
地址：无锡市锡山区安镇街道大成工业园B区盘龙路
……………………Tel：0510-88725555
江苏联美工业标识科技有限公司
地址：锡山区羊尖镇工业园B区
……………………Tel：0510-88733255
无锡市奥太印刷包装有限公司
地址：无锡市锡山区鹅湖镇柏桥路31号
……………………Tel：0510-88740758
无锡市三联制版厂
地址：锡山区荡口镇青虹路
……………………Tel：0510-88741023
无锡市天鹅湖印刷制版厂
地址：锡山区鹅湖镇(荡口)锡甘路89号
……………………Tel：0510-88741515
无锡市友虹印刷有限公司
地址：锡山区鹅湖镇荡口圆通村
……………………Tel：0510-88741518
无锡市银潮印刷制版厂
地址：无锡市锡山区鹅湖镇工业园张马桥路12号
……………………Tel：0510-88741559
无锡市恒昌包装彩印厂
地址：无锡市锡山区鹅湖镇蘅芳路99号
……………………Tel：0510-88742938
江苏太湖国际包装印刷城有限公司
地址：无锡市锡山区鹅湖镇青虹路
……………………Tel：0510-88743699
江苏太湖国际包装印刷城有限公司
地址：无锡市锡山区鹅湖镇青虹路
……………………Tel：0510-88743699
无锡惠中印刷有限公司
地址：锡山区鹅湖镇青荡村锡甘路
……………………Tel：0510-88745065
无锡德华彩印包装有限公司
地址：江苏省无锡市锡山区鹅湖镇
……………………Tel：0510-88748181
无锡市联华印刷包装材料有限公司
地址：无锡市梁溪区南长街738号3-4
……………………Tel：0510-88748718
无锡市联华印刷包装材料有限公司
地址：无锡市梁溪区南长街738号3-4
……………………Tel：0510-88748718
无锡市星琦印刷制版厂
地址：锡山区鹅湖镇荡口五星路
……………………Tel：0510-88748829
无锡市联发纸包装材料有限公司
地址：无锡市锡山区鹅湖镇甘西路313号
……………………Tel：0510-88748838
无锡市文大印刷包装有限公司
地址：锡山区鹅湖镇青虹路109号
……………………Tel：0510-88748845
无锡市荡口锡林印刷制版厂
地址：锡山区鹅湖镇荡口圆通工业园
……………………Tel：0510-88749072
无锡市荡口锡林印刷制版厂
地址：锡山区鹅湖镇荡口圆通工业园
……………………Tel：0510-88749072
无锡徐达防伪科技有限公司
地址：无锡市锡山区鹅湖镇甘露工业园区
……………………Tel：0510-88751150
无锡北美新材料科技有限公司
地址：锡山区鹅湖镇甘露甘虞路88号
……………………Tel：0510-88756755
无锡北美新材料科技有限公司
地址：锡山区鹅湖镇甘露甘虞路88号
……………………Tel：0510-88756755
无锡市金华印刷包装有限公司
地址：锡山区鹅湖镇甘露甘北路15号
……………………Tel：0510-88758858
无锡中江彩印包装有限公司
地址：锡山区东港镇健康路8号
……………………Tel：0510-88768505
无锡锦创材料包装有限公司
地址：无锡市锡山区羊尖镇锡沪路西段310号
……………………Tel：0510-88831688
江苏蓝和泰印务有限公司
地址：镇江市丹徒新城恒园路3号
……………………Tel：0511-80867892
镇江金龙包装材料有限公司
地址：镇江新区大港港中路（江苏金龙包装印刷材料有限公司内）
……………………Tel：0511-83172088
江苏金龙包装印刷材料有限公司
地址：镇江新区大港银河路99号
……………………Tel：0511-83377788
江苏金龙包装印刷材料有限公司
地址：镇江新区大港银河路99号
……………………Tel：0511-83377788
镇江新区姚桥东川造纸厂
地址：镇江新区姚桥东川村
……………………Tel：0511-83386698
镇江市丹徒区黄墟凯达印刷制版厂
地址：镇江市丹徒区黄墟镇新街
……………………Tel：0511-83518680
江苏辰基包装有限公司
地址：镇江新区大港银河路69号
……………………Tel：0511-83803165
镇江邮电印刷厂
地址：镇江市南徐路23-1号
……………………Tel：0511-84419088
金不换印刷（江苏）有限公司
地址：镇江新区丁卯桥路（镇江市农业机械培训学校内）
……………………Tel：0511-84427858
镇江数字印刷产业园有限公司
地址：镇江市中山东路4号6005室
……………………Tel：0511-85026888
镇江市大洋印务有限公司
地址：镇江市民营开发区内
……………………Tel：0511-85214448
镇江扬子制版印刷有限公司
地址：镇江市宗泽路88号
……………………Tel：0511-85221281
镇江市兴隆制版印刷有限公司
地址：镇江市运河路16号三楼
……………………Tel：0511-85227273
镇江文苑制版印刷有限责任公司
地址：镇江高新区润兴路3号仓库
……………………Tel：0511-8527787
江苏天羽包装印刷有限公司
地址：镇江市丹徒区谷阳镇镇荣公路58号
……………………Tel：0511-85482516
镇江市润州金山包装厂
地址：镇扬路二摆渡桥东
……………………Tel：0511-85512441
镇江市润州制版彩印厂
地址：桃园新村23号
……………………Tel：0511-85517633
镇江恒华彩印包装有限责任公司
地址：镇江市丹徒新城恒园路3号
……………………Tel：0511-85595306
镇江市金正造纸机械厂
地址：三茅小区
……………………Tel：0511-85621574
镇江新艺电脑制版有限公司
地址：镇江市润州民营开发区凤凰山路锦普工艺品10幢
……………………Tel：0511-85896166
京丰包装（江苏）有限公司
地址：丹阳市访仙镇访高路8号
……………………Tel：0511-86029113
江苏特丽王木业包装有限公司
地址：丹阳市访仙镇工业园迎宾大道
……………………Tel：0511-86056789
江苏云佳新型建筑材料发展有限公司
地址：丹阳市访仙镇工业园区迎宾大道
……………………Tel：0511-86056789
丹阳市埤城造纸厂地址：丹阳市丹北镇城中村
……………………Tel：0511-86059881
江苏盛兴装饰材料科技有限公司
地址：丹阳市访仙镇杨城村迎宾大道66号
……………………Tel：0511-86089182
江苏东白新型材料有限公司
地址：丹阳市皇塘镇常溧路125号
……………………Tel：0511-86136888
丹阳泰尔包装有限公司
地址：丹阳市开发区后王村
……………………Tel：0511-86218999
江苏恒宏包装有限公司
地址：丹阳市开发区金陵东路10号
……………………Tel：0511-86233333
江苏长丰造纸有限公司
地址：丹阳市丹北镇后巷飞达大道
……………………Tel：0511-86326006
江苏佳意包装科技有限公司
地址：丹阳市丹北镇埤城倪巷工业园
……………………Tel：0511-86338001
江苏众立生包装科技有限公司
地址：丹阳市丹北镇倪巷工业园
……………………Tel：0511-86338001
丹阳双峰玻璃有限公司
地址：丹阳市访仙镇山海路东
……………………Tel：0511-86462216
江苏灿虹印刷器材科技有限公司
地址：丹阳市云阳街道双合村大景甲333号

……………………Tel：0511－86582206

丹阳市东方制版印刷有限公司
地址：丹阳市云阳镇横塘东马村五组
……………………Tel：0511－86640668

江苏雕皇集团有限公司
地址：丹阳市云阳镇横塘312国道227－228公里段南侧
……………………Tel：0511－86680000

丹阳市南洋印刷制版有限公司
地址：丹阳市行宫镇健康路
……………………Tel：0511－86842231

丹阳福克斯包装制品有限公司
地址：丹阳市延陵镇联兴村米庄队
……………………Tel：0511－86861398

丹阳市星光纸业有限公司
地址：丹阳市延陵延星村
……………………Tel：0511－86862578

江苏大亚新型包装材料有限公司
地址：丹阳市开发区齐梁路99号
……………………Tel：0511－86880779

大亚圣象家居股份有限公司
地址：江苏省丹阳经济开发区齐梁路99号
……………………Tel：0511－86882222

丹阳市恒雅印务有限公司
地址：丹阳市练湖工业园区第3幢
……………………Tel：0511 86900768

江苏中山印务有限公司
地址：丹阳市朝阳路1－3号
……………………Tel：0511－86917818

江苏利创印刷科技有限公司
地址：丹阳市练湖工业园天元路188号
……………………Tel：0511－86955615

丹阳市海之鑫光学有限公司
地址：丹阳市开发区史巷村（八纬路南侧三经路东侧）
……………………Tel：0511－86966883

江苏三原色包装科技有限公司
地址：丹阳市开发区齐梁路19号
……………………Tel：0511－86985611

江苏一马先包装有限公司
地址：句容市后白镇一马先路
……………………Tel：0511－87237216

江苏兴文包装有限公司
地址：句容经济开发区福地西路88号
……………………Tel：0511－87262705

句容市兴文包装有限公司
地址：句容市经济开发区宁杭北路108号
……………………Tel：0511－87262705

鄂尔特特（江苏）包装技术有限公司
地址：句容经济开发区杨塘路8号
……………………Tel：0511－87356800

句容振尧包装容器有限责任公司
地址：句容市边城镇工业园区1号
……………………Tel：0511－87633383

丹阳世纪印刷有限公司
地址：丹阳市练湖工业园丹伏中路188号
……………………Tel：0511－88013688

江苏仅一联合智造有限公司
地址：丹阳市开发区前进路111号一号园
……………………Tel：0511－88031111

江苏沪运制版有限公司
地址：扬中市油坊镇政前路5号
……………………Tel：0511－88138288

江苏扬中印刷有限公司
地址：扬中市大全路6号
……………………Tel：0511－88420828

江苏星鑫工程管道有限公司
地址：扬中市经济开发区兴隆大桥南首
……………………Tel：0511－88453071

江苏隆晟医药包装材料有限公司
地址：扬中经济开发区港隆路888号
……………………Tel：0511－88455678

江苏利民纸品包装股份有限公司
地址：扬中市八桥镇利民村十组
……………………Tel：0511－88542279

镇江市大东造纸厂
地址：江门市新会区大泽镇新园工业开发区
……………………Tel：0511－88820202

镇江恒泰实业有限公司
地址：镇江市学府路97号
……………………Tel：0511－88859000

中粮包装（镇江）有限公司
地址：镇江新区大港 山路62号
……………………Tel：0511－88881105

中粮包装（镇江）制盖有限公司
地址：镇江新区大港 山路62号
……………………Tel：0511－88897159

巴斯夫造纸化学品（江苏）有限公司
地址：镇江新区大港韩桥路15号
……………………Tel：0511－88951009

昆山市艺林印刷有限公司
地址：玉山镇城北富士康路1378号
……………………Tel：0512－33336789

昆山市龙凤印刷有限公司
地址：昆山市周庄镇明通路8号3号厂房
……………………Tel：0512－36606883

乐美包装（昆山）有限公司
地址：江苏省昆山市玉山镇新南西路369号8号、9号、10号、11号、12号、14号房
……………………Tel：0512－36638502

当纳利（昆山）包装科技有限公司
地址：江苏省昆山市玉山镇晨淞路128号
……………………Tel：0512－36652100

瑞派克智能包装科技（昆山）有限公司
地址：千灯镇机场路北侧、中节路西侧
……………………Tel：0512－36688738

希瑞造纸织物（中国）有限公司
地址：江苏省昆山市巴城镇迎宾西路681号
……………………Tel：0512－36696900

昆山晶勋印刷制品有限公司
地址：江苏省昆山市张浦镇三家路388号
……………………Tel：0512 36801092

昆山万谷航空食品包装材料有限公司
地址：昆山市淀山湖镇翔云路6号
……………………Tel：0512－36802277

苏州丰腾精密制版有限公司
地址：周市镇康庄路138号4号房
……………………Tel：0512－36823556

昆山伊乐分包装材料有限公司
地址：玉山镇山淞路298号3号房
……………………Tel：0512－36833728

昆山大唐彩印有限公司
地址：千灯镇南侧
……………………Tel：0512－36856607

昆山雅集印刷包装有限公司
地址：昆山市周庄镇高勇路18号
……………………Tel：0512－36860386

昆山奥瑞航空包装材料有限公司
地址：江苏省昆山市淀山湖镇仁和路北侧
……………………Tel：0512－36866302

苏州爱艺制版有限公司
地址：昆山开发区新星南路58号
……………………Tel：0512－36869302

昆山裕锦环保包装有限公司
地址：昆山市千灯镇首巷路190号
……………………Tel：0512－36908060

苏州永承包装印刷有限公司
地址：江苏省昆山市千灯镇石浦联合路177号6号房
……………………Tel：0512－36908060

昆山迪帕瑞造纸科技有限公司
地址：兴化市戴南镇赵家工业区
……………………Tel：0512－50110706

昆山市惠通包装装璜有限公司
地址：昆山开发区太湖南路11号
……………………Tel：0512－50128368

昆山市巨力包装材料科技有限公司
地址：昆山市周市镇兰泾支路68号
……………………Tel：0512－50137888

苏州裕同印刷有限公司
地址：昆山市千灯镇联合路125号、177号
……………………Tel：0512－50172022

昆山美尚品精密制版有限公司
地址：周市镇康庄路77号7号房
……………………Tel：0512－50178630

昆山橙果印刷科技有限公司
地址：江苏省昆山市玉山镇晨丰路222号第二栋厂房一楼东
……………………Tel：0512－50191685

昆山界彩印刷有限公司
地址：江苏省昆山市千灯镇石浦汶浦路403号
……………………Tel：0512－50336288

伏奇诺本特种制版科技（昆山）有限公司
地址：江苏省昆山市周市镇许龚路111号2号房2楼
……………………Tel：0512－50339199

苏州远飞机械制造有限公司
地址：常熟市碧溪新区扬子江大道18号－1
……………………Tel：0512－51918713

爱索尔包装（苏州）有限公司
地址：常熟市辛庄镇杨园开发区长盛路
……………………Tel：0512－52056723

殷昌（苏州）包装有限公司
地址：江苏省常熟东南经济开发区银通路300号
……………………Tel：0512－52113030

常熟市福新包装容器有限公司
地址：常熟市海虞镇福山农场（国营常熟市棉花原种场）海虹路
……………………Tel：0512－52213628

常熟市东泾照相制版厂
地址：常熟市海虞镇东泾村
……………………Tel：0512－52218891

常熟市教育印刷六厂
地址：常熟市兴隆私营经济城二区六幢
……………………Tel：0512－52346398

常熟韩星造纸机械有限公司
地址：常熟东南经济开发区香江路
……………………Tel：0512－52358534

特百嘉包装制品（常熟）有限公司
地址：常熟高新技术产业开发区沈家浜路1号
……………………Tel：0512－52358602

江苏世德南化功能包装材料有限公司
地址：江苏省常熟东南经济开发区珠泾路18号
……………………Tel：0512－52358789

常熟市双乐彩印包装有限公司
地址：常熟市古里镇白茆红豆路
……………………Tel：0512－52359955

常熟市晟高彩印包装有限公司
地址：常熟市古里镇淼泉吴庄工业园4幢
……………………Tel：0512－52379895

常熟乐盈纸业有限公司
地址：常熟市梅李镇赵市
……………………Tel：0512－52388089

江苏宝利印刷版材有限公司
地址：常熟市尚湖镇冶塘
……………………Tel：0512－52401088

江苏众和包装有限公司
地址：常熟市虞山镇莫城言里村
……………………Tel：0512－52492685

江苏博界印刷科技有限公司
地址：常熟高新技术产业开发区湖山路333号同济科技广场1幢1910
……………………Tel：0512－52497456

常熟市复林造纸机械有限公司
地址：常熟市古里镇白茆西大桥
……………………Tel：0512－52532928

常熟市天顺造纸机械厂
地址：常熟市古里镇白茆西大桥
……………………Tel：0512－52535898

常熟市高新造纸机械有限公司
地址：常熟市古里镇紫芙沪宜路176号
……………………Tel：0512－52537088

常熟市支川纸业有限公司
地址：常熟市支塘镇林园路3号
……………………Tel：0512－52551634

常熟市金丝路包装科技有限公司
地址：江苏省常熟市支塘镇阳桥村3幢
……………………Tel：0512－52558496

江苏聚福彩印包装有限公司
地址：常熟市海虞镇海阳路100号
……………………Tel：0512－52560077

常熟市唐市苏浜造纸厂
地址：唐市镇苏南村
……………………Tel：0512－52571891

常熟市华顺印刷有限公司
地址：常熟市梅李镇梅南路218号
……………………Tel：0512－52605405

江苏理文造纸有限公司
地址：江苏省常熟经济开发区沿江工业区
……………………Tel：0512－52653333

威凯包装纸业（常熟）有限公司
地址：江苏省常熟经济开发区沿江工业园芬欧汇川内
……………………Tel：0512－52655858

常熟市博蕴造纸装备科技有限公司
地址：常熟市梅李镇华联路278号
……………………Tel：0512－52666208

辰华（常熟）包装制品有限公司
地址：常熟市董浜镇徐市旗杆1号路南侧
……………………Tel：0512－52676228

常熟市教育照相制版厂
地址：常熟市新港镇碧东路25号
……………………Tel：0512－52691083

江苏嘉美森环保包装科技有限公司
地址：常熟经济开发区汪湾北路2号
……………………Tel：0512－52692270

常熟市顺盛印刷包装厂有限公司
地址：常熟市碧溪街道周泾
……………………Tel：0512－52694545

常熟市照相制版厂
地址：常熟市虞山镇新颜路103号
……………………Tel：0512－52729112

常熟市华创制版彩印有限公司
地址：常熟市虞山镇景龙村西13组
……………………Tel：0512－52740822

常熟市正和制版彩印有限责任公司
地址：常熟市尚湖镇练塘沃玛路5号
……………………Tel：0512－52750911

常熟鸽球制版有限公司
地址：常熟市高新技术产业园四新路9号
……………………Tel：0512－52752974

常熟市虞山镇造纸机综合经营部
地址：元和路元丰园沿街4号店面
……………………Tel：0512－52784002

常熟市莫城造纸机械配件厂（普通合伙）
地址：常熟市莫城镇安定村
……………………Tel：0512－52787309

常熟市造纸厂
地址：虞山镇南门朱泾桥
……………………Tel：0512 52787847

常熟市恒福数码科技有限公司
地址：常熟市黄河路275号
……………………Tel：0512－52828222

常熟市金点印刷有限公司
地址：常熟市联丰路68号
……………………Tel：0512－52848395

常熟市印刷制版厂
地址：常熟市虞山镇通林路8号3幢
……………………Tel：0512－52848395

常熟市东亚印刷厂
地址：常熟市虞山林场三峰
……………………Tel：0512－52851899

浙江大胜达包装苏州有限公司
地址：苏州吴中经济开发区迎春南路49号4幢
……………………Tel：0512－5286376

苏州龙正包装科技有限公司
地址：常熟市尚湖镇翁家庄工业园区
……………………Tel：0512－52866999

苏州通成化妆品包装有限公司
地址：常熟市支塘镇锦绣大道58－8号
……………………Tel：0512－52910728

常熟市汇川包装材料科技有限公司
地址：常熟市古里镇文学街72号
……………………Tel：0512－52915032

华侨城（常熟）实业发展有限公司
地址：江苏省常熟市梅李镇华联路270号
……………………Tel：0512－52972969

苏州华光宝利印刷版材有限公司
地址：常熟市尚湖镇冶塘工业园
……………………Tel：0512－52989656

太仓帝亚尔雕刻制版有限公司
地址：太仓市城厢镇花墙村六组
……………………Tel：0512－53102866

实耐格（太仓）包装有限公司
地址：太仓经济开发区南京东路3号
……………………Tel：0512－53129775

太仓丽盛制版有限公司
地址：太仓市兴业北路18号6幢
……………………Tel：0512－53180603

太仓市韶华印刷有限公司
地址：太仓市城厢镇 山西路137号
……………………Tel：0512－53181730

太仓展新胶粘材料股份有限公司
地址：太仓经济开发区广州东路288号
……………………Tel：0512－53209300

太仓造纸厂
地址：沙溪镇浦南新村
……………………Tel：0512－53211422

太仓华燕造纸机械设备厂
地址：沙溪镇松南村
……………………Tel：0512－53212284

太仓市金龙造纸机械有限公司
地址：太仓市沙溪镇夏桥村四组
……………………Tel：0512－53215717

太仓仲扬金属印刷有限公司
地址：太仓市沙溪镇通港东路258号
……………………Tel：0512－53220212

苏州嫦娥造纸网毯有限公司
地址：太仓市沙溪镇新北西路132号
……………………Tel：0512－53229690

苏州维港包装有限公司

地址：太仓市双凤镇富豪经济开发区建业路10号
…………………… Tel：0512-53375367
苏州天众印刷有限公司
地址：太仓市城厢镇南郊区桔园路7号
…………………… Tel：0512-53405116
美迪科包装材料（太仓）有限公司
地址：太仓经济开发区板桥发达路18号1幢
…………………… Tel：0512-53442366
太仓市岭南纸业包装有限公司
地址：太仓市娄东街道山河路1号
…………………… Tel：0512-53452376
太仓兴宇印刷包装股份有限公司
地址：太仓市陆渡镇东新路12号
…………………… Tel：0512-53453522
政伸印刷（太仓）有限公司
地址：太仓市沙溪镇百花村通港路2号
…………………… Tel：0512-53459811
艺安包装（苏州）有限公司
地址：太仓经济开发区东仓路
…………………… Tel：0512-53593798
星光印刷（苏州）有限公司
地址：江苏省太仓市浏河镇沪太新路98号
…………………… Tel：0512-53600926
苏州金岳包装有限公司
地址：太仓市浏河镇苏张村
…………………… Tel：0512-53609798
太仓鹏宇印刷包装有限公司
地址：太仓市板桥禅寺路南66号2幢
…………………… Tel：0512-53620111
太仓立日包装容器有限公司
地址：太仓市璜泾工业园
…………………… Tel：0512-53620188
太仓市新达造纸机械厂
地址：新泰市岳家庄乡涝南村北
…………………… Tel：0512-53620447
太仓市远东造纸机械有限公司
地址：浏河镇新塘镇
…………………… Tel：0512-53620912
太仓市浏新造纸机电有限公司
地址：浏河镇新塘东
…………………… Tel：0512-53621445
太仓市申新造纸机械厂（普通合伙）地址：太仓市浏河镇新塘新谊西路30号
…………………… Tel：0512-53627014
江苏兴保印刷有限公司
地址：太仓市城厢镇北京路81号
…………………… Tel：0512-53630188
睿欧启富（苏州）包装科技有限公司
地址：苏州市太仓市浏河镇观海路6号
…………………… Tel：0512-53635666
岱纳包装（太仓）有限公司
地址：太仓市港口开发区
…………………… Tel：0512-53640120
格瑞夫（太仓）包装有限公司
地址：太仓市浮桥镇浏家港飞马路2号
…………………… Tel：0512-53640990
太仓市金甲印刷制版厂
地址：太仓市浮桥镇中兴街101号
…………………… Tel：0512-53701178
太仓欣昌包装材料有限公司
地址：太仓市浮桥镇直北路78号
…………………… Tel：0512-53701551
太仓市太新造纸机械厂
地址：太仓市陆渡镇洙桥村
…………………… Tel：0512-53718108
太仓鹿影包装材料有限公司
地址：太仓市璜泾镇新明村
…………………… Tel：0512-53816036
太仓市宇航造纸机械厂
地址：太仓市璜泾镇湘里村
…………………… Tel：0512-53855233
太仓市金祥氨纶纤维有限公司
地址：太仓市璜泾镇长浜村
…………………… Tel：0512-53858599
太仓市协盛造纸设备厂.地址：太仓市璜泾镇王秀孟河村
…………………… Tel：0512-53858819
苏州创扬医药科技股份有限公司
地址：太仓市双凤镇温州路18号
…………………… Tel：0512-53988012
昆山嫦美逖造纸机械技术有限公司
地址：江苏省昆山市周市镇长江北路1357号5号厂房
…………………… Tel：0512-55106988
劳士领工业产品（昆山）有限公司
地址：江苏省昆山市玉山镇晨丰路238号5号房
…………………… Tel：0512-55132188
格雷登包装材料（昆山）有限公司
地址：江苏省昆山市玉山镇元丰路232号13号房
…………………… Tel：0512-55171989
中荣印刷（昆山）有限公司
地址：江苏省昆山市淀山湖镇北苑路23号
…………………… Tel：0512-55173388
中荣印刷（昆山）有限公司
地址：江苏省昆山市淀山湖镇北苑路23号
…………………… Tel：0512-55173388
仟禧多（南通）包装制品有限公司
地址：江苏省海安高新区东庙村19组
…………………… Tel：0512-55188302
仟禧多（苏州）包装制品有限公司
地址：苏州市吴中区胥口镇吴中大道5388号1幢
…………………… Tel：0512-55188302
平谦国际（昆山）包装有限公司
地址：江苏省昆山市玉山镇玉杨路366号
…………………… Tel：0512-55235111
江苏新美星包装机械股份有限公司
地址：张家港经济开发区南区（新泾东路）
…………………… Tel：0512-56993301
圣琼斯包装（昆山）有限公司
地址：江苏省昆山开发区云雀路80号
…………………… Tel：0512-57007200
昆山欧沛包装器材有限公司
地址：江苏省昆山市淀山湖镇北环路北侧
…………………… Tel：0512-57050528
中粮包装（昆山）有限公司
地址：江苏省昆山市千灯镇曼氏路12号
…………………… Tel：0512-57055002
中粮包装（苏州）有限公司
地址：江苏省昆山市千灯镇曼氏路12号2号房
…………………… Tel：0512-57055002
昆山市汇泽印刷有限公司
地址：昆山市周市镇蔡泾村28号5幢
…………………… Tel：0512-57069618
昆山金红凯包装制品有限公司
地址：昆山市玉山镇晨丰西路9号7号房
…………………… Tel：0512-57121118
昆山高屋化学有限公司
地址：昆山市周市镇花都艺墅103号楼1907室
…………………… Tel：0512-57172269
昆山市周庄祁华印刷厂地址：周庄镇云南工业区
…………………… Tel：0512-57201492
昆山市周庄复兴康达印刷厂
地址：周庄镇复兴民营经济区
…………………… Tel：0512-57203158
昆山市周庄鑫隆包装印刷厂
地址：周庄镇龙亭村
…………………… Tel：0512-57203860
昆山市周庄利华印刷厂
地址：无锡市新吴区梅村工业园锡泰路236号
…………………… Tel：0512-57211995
昆山市周庄顾佳印刷厂
地址：周庄镇云南村
…………………… Tel：0512-57212276
昆山市周庄镇联达印刷厂
地址：昆山市周庄镇工业园区高新路169号
…………………… Tel：0512-57218555
卡东彩印包装（昆山）有限公司
地址：江苏省昆山市锦溪镇锦发路3号
…………………… Tel：0512-57221988
昆山亚比斯环保包装材料有限公司
地址：江苏省昆山市周庄镇园区路95号
…………………… Tel：0512-57229695
昆山市大市中心校印刷厂
地址：昆山市玉山镇新能源路1号3号房
…………………… Tel：0512-57251381
昆山九鼎彩印有限公司
地址：昆山市玉山镇鹿城路289号
…………………… Tel：0512-57262113
昆山科世茂包装材料有限公司
地址：千灯镇石浦利都路
…………………… Tel：0512-57277489
昆山嘉得威机电有限公司
地址：昆山市玉山镇恒龙国际机电五金市场5号楼16室
…………………… Tel：0512-57294291
昆山市浩舜包装制品有限公司
地址：昆山市张浦镇亲和路331号5号房
…………………… Tel：0512-57299705
洽兴包装工业（中国）有限公司
地址：江苏省昆山经济技术开发区精密机械产业园郁金香路139号
…………………… Tel：0512-57305268
昆山彩福印刷科技有限公司
地址：江苏省昆山市玉山镇富士康路1378号5号房
…………………… Tel：0512-57308655
昆山大伟印刷科技有限公司
地址：江苏省昆山开发区夏西街26号
…………………… Tel：0512-57316278
昆山斯普勒造纸机械有限公司
地址：昆山市玉山镇晨丰东路108号
…………………… Tel：0512-57318848
昆山伦璞造纸技术有限公司
地址：昆山开发区泊仕楼公寓3号楼
…………………… Tel：0512-57318848
江苏沪昆印刷物资有限公司
地址：玉山镇跃进路12-3号
…………………… Tel：0512-57323352
昆山新科达数字印刷有限公司
地址：昆山开发区群益民营区19号
…………………… Tel：0512-57332632
昆山市玉山驷通彩色制版印务中心
地址：昆山市玉山镇跃进路37号楼2室
…………………… Tel：0512-57335484
昆山惠昆包装用品有限公司
地址：江苏省昆山开发区黑龙江北路8号御景苑3号楼22室
…………………… Tel：0512-57356280
昆山乐邦印刷器材设备有限公司
地址：昆山市玉山镇玉带西路99号
…………………… Tel：0512-57396625
昆山格林金属制品有限公司
地址：江苏省昆山市张浦镇南港新南路75号
…………………… Tel：0512-57425222
江苏彩华包装集团有限公司
地址：张浦镇新吴街
…………………… Tel：0512-57445888
昆山加浦包装材料有限公司
地址：江苏省昆山市张浦镇垌　路188号
…………………… Tel：0512-57445888
圣厦药品食品包装新材料（昆山）有限公司
地址：张浦镇俱进路
…………………… Tel：0512-57445888
昆山嘉力普制版胶粘剂油墨有限公司
地址：江苏省昆山市张浦镇新吴街21-1号
…………………… Tel：0512-57445888
昆山嘉力普制版胶粘剂油墨有限公司新吴街分公司
地址：江苏省昆山市张浦镇新吴街21号44号房
…………………… Tel：0512-57445888
昆山东普精密制版有限公司
地址：江苏省昆山市张浦镇花园路西侧
…………………… Tel：0512-57458999
村上精密制版（昆山）有限公司
地址：江苏省昆山市千灯镇秦峰路
…………………… Tel：0512-57462964
昆山市红晖印刷有限公司
地址：千灯镇秦峰南路东侧
…………………… Tel：0512-57464226
昆山高穗包装容器有限公司
地址：江苏省昆山市千灯镇少卿东路278号
…………………… Tel：0512-57468060
昆山市曼氏包装容器有限公司
地址：千灯镇曼氏路12号
…………………… Tel：0512-57468888
昆山市秦峰印刷有限公司
地址：昆山市千灯镇宏洋路4号
…………………… Tel：0512-57478130
江苏晟泰集团公司
地址：淀山湖镇镇区
…………………… Tel：0512-57481563
昆山美乐铝箔印刷有限公司
地址：淀山湖镇民营经济区
…………………… Tel：0512-57488683
昆山圣地亚包装科技有限公司
地址：昆山市淀山湖镇北苑路221号
…………………… Tel：0512-57489307
昆山方正包装有限公司
地址：昆山市淀山湖镇民和路17号6号房
…………………… Tel：0512-57491884
昆山亭林制版印务有限公司
地址：昆山市玉山镇城北路1000号
…………………… Tel：0512-57530107
金箭印刷科技（昆山）有限公司
地址：江苏省昆山市周市镇宋家港路东侧
…………………… Tel：0512-57530909
昆山领先彩色制版印务有限公司
地址：玉山镇中山路12号
…………………… Tel：0512-57598323
昆山市思远包装纸品有限公司
地址：昆山开发区蓬朗徐家村东路18号
…………………… Tel：0512-57616535
好奇装饰材料（中国）有限公司
地址：江苏省昆山市周市镇青阳北路538号
…………………… Tel：0512-57623888
昆山可意包装印刷有限公司
地址：玉山镇寰庆路2980号中节能（昆山）循环经济产业园49幢厂房
…………………… Tel：0512-57628890
英惠印刷（昆山）有限公司
地址：江苏省昆山开发区兵希洞庭湖路16号
…………………… Tel：0512-57630101
新格机电工程技术有限公司
地址：江苏省昆山开发区三巷路北侧、洞庭湖路西侧
…………………… Tel：0512-57630126
正中印刷器材（昆山）有限公司
地址：江苏省昆山开发区金沙江南路12号
…………………… Tel：0512-57633776
昆山市银海纸业包装有限公司
地址：昆山开发区昆嘉路320号
…………………… Tel：0512-57636767
昆山中扬包装材料有限公司
地址：江苏省昆山市巴城镇古城路3688号
…………………… Tel：0512-57650808
昆扬包装材料（昆山）有限公司
地址：江苏省昆山市巴城镇湖亭路104号
…………………… Tel：0512-57651819
苏州王子包装有限公司
地址：江苏省昆山市陆家镇杨家路235号
…………………… Tel：0512-57671811
昆山龙沁包装厂
地址：陆家镇华成东路东侧
…………………… Tel：0512-57675618
昆山运城压纹制版有限公司
地址：江苏省昆山市花桥镇曹安开发区蓬星路北侧
…………………… Tel：0512-57698963
塞纳医药包装材料（昆山）有限公司
地址：江苏省昆山开发区南浜路1000号
…………………… Tel：0512-57704341
昆山永立包装有限公司
地址：昆山市开发区庆丰东路11号
…………………… Tel：0512-57716718
昆山永立民福包装有限公司
地址：昆山开发区庆丰东路11号
…………………… Tel：0512-57716718
利乐包装（昆山）有限公司
地址：江苏省昆山开发区顺帆南路208号
…………………… Tel：0512-57717725
江苏龙灯博士摩包装材料有限公司
地址：江苏省昆山开发区黄浦江中路.
…………………… Tel：0512-57718695
昆山正威印刷包装有限公司
地址：江苏省昆山综合保税区中央大道178号
…………………… Tel：0512-57721111
昆山钜冠电子包装材料有限公司
地址：江苏省昆山市玉山镇小河岸路3号
…………………… Tel：0512-57752791
昆山协和印刷电路板有限公司
地址：江苏省昆山市玉山镇城北开贵路11号
…………………… Tel：0512-57763853
昆山亚培德造纸技术设备有限公司
地址：江苏省昆山市张浦镇马克路北侧
…………………… Tel：0512-55136039
昆山昌盛印刷材料有限公司
地址：昆山市千灯镇汶浦路南侧
…………………… Tel：0512-57790978
昆山市造纸助剂厂

地址：孟州市大定办事处水运村
……………………Tel：0512-57792480

江苏华东造纸机械销售有限公司
地址：花桥镇经济开发区兆丰路18号1单元1506号房
……………………Tel：0512-57800000

江苏华东造纸机械有限公司
地址：玉山镇古城中路368号
……………………Tel：0512-57800000

昆山市中联第一造纸机械厂
地址：玉山镇共青村
……………………Tel：0512-57800000

奇华光电（昆山）股份有限公司
地址：昆山市周市镇长兴路298号
……………………Tel：0512-57866200

昆山华冠商标印刷有限公司
地址：江苏省昆山市陆家镇春阳路168号
……………………Tel：0512-57872828

苏州英之联科技有限公司
地址：昆山市玉山镇中山路12号
……………………Tel：0512-57887012

昆山市精图制版印务有限公司
地址：巴城镇正仪明珠路
……………………Tel：0512-57899275

昆山太得隆机械有限公司
地址：桐庐县江南镇石阜村
……………………Tel：0512-57899917

昆山欣臻沁印刷机械有限公司
地址：昆山市周市镇明达路100号2号房
……………………Tel：0512-57992295

福伊特造纸（中国）有限公司
地址：江苏省昆山高科技工业园晨丰路南侧
……………………Tel：0512-57993600

江苏林展包装科技有限公司
地址：张家港经济开发区杨舍镇南庄村
……………………Tel：0512-58105633

江苏林展包装科技有限公司
地址：张家港经济开发区杨舍镇南庄村
……………………Tel：0512-58105633

张家港市精艺印刷制版厂
地址：杨舍镇华昌南路76幢9-10#
……………………Tel：0512-58228300

张家港市天天电脑制版有限公司
地址：杨舍镇南环路12号
……………………Tel：0512-58239871

张家港市科彩电脑制版输出有限公司
地址：张家港市杨舍镇河西南路90号3幢M5
……………………Tel：0512-58259000

张家港市杨舍新联照相制版厂
地址：杨舍镇缪港巷64号
……………………Tel：0512-58260525

苏州恒辰印刷科技有限公司
地址：张家港经济技术开发区新丰西路5号
……………………Tel：0512-58264855

江苏中意包装有限公司
地址：江苏扬子江国际化学工业园长江东路530号
……………………Tel：0512-58315667

张家港保税科技（集团）股份有限公司
地址：张家港保税区石化交易大厦27-28层
……………………Tel：0512-58320658

苏州瑞泰包装材料有限公司
地址：凤凰镇港口恬庄村
……………………Tel：0512-58340277

张家港市金利彩印制版有限公司
地址：凤凰镇栏杆桥
……………………Tel：0512-58420689

张家港市国盛印刷有限公司
地址：凤凰镇安庆村
……………………Tel：0512-58423318

张家港市港口制版厂
地址：港口镇庄泾村
……………………Tel：0512-58480169

苏州凯恩斯环保材料有限公司
地址：张家港市乐余镇(张家港临江绿色科技创新园)三楼317
……………………Tel：0512-58536088

张家港市奔月卫生纸制品厂
地址：三兴镇务本村
……………………Tel：0512-58539081

江苏航宇重型包装有限公司
地址：张家港市金港镇晨港路南面学田路东面
……………………Tel：0512-58548238

张家港恒阳社印刷包装有限公司
地址：江苏省张家港市金港镇后塍善政桥村
……………………Tel：0512-58732676

张家港市文教印刷有限公司
地址：杨舍镇华昌路北首
……………………Tel：0512-58797586

张家港市多彩印刷有限公司
地址：张家港市凤凰镇西参村西塘路
……………………Tel：0512-58911683

江苏普华盛包装科技有限公司
地址：张家港市乐余镇人民路287号
……………………Tel：0512-58962001

张家港市华杭造纸机械设备有限公司
地址：杨舍镇民营科技园
……………………Tel：0512-58989368

苏州怀源包装有限公司
地址：苏州市相城区北桥街道莲花庄村（华江公司内）
……………………Tel：0512-61233137

苏州嘉得隆包装彩印有限公司
地址：苏州市吴中区横泾街道上新路42号
……………………Tel：0512-6202071

苏州大道塑料包装有限公司
地址：江苏省苏州市苏州新区灵岩街18号
……………………Tel：0512-62036900

苏州山本精密制版有限公司
地址：苏州工业园区同胜路111号
……………………Tel：0512-62520571

苏州丝安本精密制版有限公司
地址：苏州工业园区同胜路111号
……………………Tel：0512-62520571

阿普塔包装科技（苏州）有限公司
地址：苏州工业园区金田路1号东景工业坊25幢
……………………Tel：0512-62602700

美创包装（苏州）有限公司
地址：苏州工业园区胜浦镇同胜路16号
……………………Tel：0512-62706951

富扬包装材料（苏州）有限公司
地址：苏州工业园区奇业路42号
……………………Tel：0512-62716091

苏州市乾丰造纸机械制造有限公司
地址：苏州工业园区平胜路45号
……………………Tel：0512-62728007

西瑞斯包装机械（苏州）有限公司
地址：苏州工业园区苏虹东路17号8幢厂房
……………………Tel：0512-62810680

超力包装（苏州）有限公司
地址：苏州工业园区葑亭大道579号
……………………Tel：0512-62833821

巴开吉（苏州）工业设备包装有限公司
地址：苏州工业园区阳浦路151号
……………………Tel：0512-62837786

苏州万国纸业包装有限公司
地址：苏州工业园区霞盛路15号
……………………Tel：0512-62873912

江苏隆胜新能源材料有限公司
地址：南京市高淳区经济开发区松园南路15号4幢
……………………Tel：0512-62880260

苏州印刷总厂有限公司
地址：苏州工业园区通园路236号
……………………Tel：0512-62883007

依工包装技术（中国）有限公司
地址：苏州工业园区岸芷街2号
……………………Tel：0512-62890620

大阪希琳阁印刷（苏州）有限公司
地址：苏州工业园区方园街9号
……………………Tel：0512-62920188

苏州工业园区彩迪包装印刷有限公司
地址：苏州工业园区金胜路10号
……………………Tel：0512-62921385

苏州雅利印刷有限公司
地址：苏州工业园区娄葑圣爱路5号
……………………Tel：0512-62921483

丰盛印刷（苏州）有限公司
地址：苏州工业园区扬东路58号B幢
……………………Tel：0512-62961313

施利福包装材料（苏州）有限公司
地址：吴江经济技术开发区白龙桥村
……………………Tel：0512-63009159

吴江聚兆纺织制版有限公司
地址：吴江市盛泽镇圣塘村17-19组
……………………Tel：0512-63083552

吴江市盛泽东港电脑制版加工场
地址：盛泽镇渔业村仓储42幢13-07-10号
……………………Tel：0512-63083889

苏州蓝昇精密制版科技有限公司
地址：吴江经济技术开发区长安路东侧
……………………Tel：0512-63110758

吴江市圣宇合纺织制版有限公司
地址：吴江市盛泽镇圣塘村12组
……………………Tel：0512-63176550

苏州凹凸彩印厂
地址：吴江区汾湖镇利群路西侧
……………………Tel：0512-63190605

吴江金宝包装制品有限公司
地址：江苏省苏州市吴江区汾湖镇金家坝金贤路
……………………Tel：0512-63208111

苏州赛维智能科技有限公司
地址：吴江经济技术开发区江兴东路499号
……………………Tel：0512-63220568

江苏华联包装有限公司
地址：吴江市黎里镇临沪大道北
……………………Tel：0512-63228903

苏州汉成包装科技有限公司
地址：吴江汾湖经济开发区来秀路东侧
……………………Tel：0512-63256111

吴江古乐包装有限公司
地址：江苏省汾湖高新技术产业开发区汾秋路北侧
……………………Tel：0512-63263336

艾诺曼帝（苏州）金属包装有限公司
地址：江苏省汾湖高新技术产业开发区
……………………Tel：0512-63269696

苏州同里印刷科技股份有限公司
地址：吴江区同里镇同里湖路217号
……………………Tel：0512-63333544

苏州德昇印刷包装有限公司
地址：吴江区松陵镇八拆经济开发区五方路（友谊村）
……………………Tel：0512-63361999

博星印刷器材（苏州）有限公司
地址：吴江经济技术开发区庞金路
……………………Tel：0512-63407100

苏州江天包装彩印有限公司
地址：吴江经济技术开发区庞金路1998号
……………………Tel：0512-63408258

苏州腾达光学科技有限公司
地址：吴江区松陵镇友谊村12组
……………………Tel：0512-63417030

通源塑料包装（苏州）有限公司
地址：吴江经济技术开发区叶明路288号
……………………Tel：0512-63459888

金凌印刷（苏州）有限公司
地址：吴江经济技术开发区厍浜路318号
……………………Tel：0512-63465550

吴江市叶盛包装科技有限公司
地址：江苏省吴江市盛泽镇双熟村
……………………Tel：0512-63560029

苏州盛达制版厂
地址：盛泽镇渔业村
……………………Tel：0512-63565553

苏州潮盛印花制版实业有限公司
地址：吴江区盛泽镇荷花村
……………………Tel：0512-63565553

苏州市盛泽峰达纸管织造厂
地址：盛泽鹰翔织造工业区热电厂路
……………………Tel：0512-63523881

吴江市夕阳红制版有限公司
地址：盛泽镇坛丘西白洋村
……………………Tel：0512-63578756

吴江市宏胜制版有限公司
地址：盛泽镇红安公路东（东港村）
……………………Tel：0512-63593028

苏州新业造纸有限公司
地址：江苏省吴江市梅堰镇双浜村
……………………Tel：0512-63688102

苏州富凯包装有限公司
地址：江苏省吴江震泽镇新乐村1、2组
……………………Tel：0512-63800223

苏州华源控股股份有限公司
地址：苏州市吴江区桃源镇桃乌公路1948号
……………………Tel：0512-63857667

星瀚包装（吴江）有限公司
地址：吴江经济技术开发区新字路958号
……………………Tel：0512-63956603

贝润医疗包装（苏州）有限公司
地址：吴江经济技术开发区采字路
……………………Tel：0512-63956762

雅珂迪包装科技（苏州）有限公司
地址：吴江经济技术开发区庞金路东侧
……………………Tel：0512-63960085

高义包装印刷（苏州）有限公司
地址：吴江经济技术开发区新字路958号
……………………Tel：0512-63013988

苏州东冠包装股份有限公司
地址：苏州市吴江区黎里镇金家坝金盛路1709号
……………………Tel：0512-63968767

苏州宏星食品包装有限公司
地址：苏州市吴中区　直镇迎宾路58-8号
……………………Tel：0512-65010680

苏州市角直印刷厂
地址：苏州市吴中区　直镇机场路东段2号
……………………Tel：0512-65011866

昆山盛州医药包装材料科技有限公司
地址：江苏省昆山市金沙江路1699号
……………………Tel：0512-65019991

苏州泰成包装用品有限公司
地址：苏州市吴中区　直镇凌港路66-3号
……………………Tel：0512-65021676

苏州智森印刷有限公司
地址：苏州市吴中区临湖镇浦庄中安路88号
……………………Tel：0512-65022978

苏州济丰包装纸业有限公司
地址：苏州市相城区东桥工业开发区长平路
……………………Tel：0512-65088028

苏州上印纸业印刷有限公司
地址：苏州工业园区唯亭金陵东路229号
……………………Tel：0512-65127167

苏州迈捷纸制品制造有限公司
地址：苏州工业园区唯新路9号唯亭工业坊A2-6
……………………Tel：0512-65204085

苏州鑫龙扬包装印刷厂
地址：苏州市相城区黄埭镇潘阳工业园春秋路31号
……………………Tel：0512-65225382

苏州市平江区周氏纹版制作社
地址：苏州市北园路46号
……………………Tel：0512-65229639

苏州市吴中区艺术照相制版厂
地址：苏州市人民南路73号
……………………Tel：0512-65253914

苏州市海洋制版印刷有限公司
地址：苏州工业园区星都街72号宏海大厦1幢1101
……………………Tel：0512-65266630

苏州新区枫经印刷有限公司
地址：苏州高新区金枫路280-3号
……………………Tel：0512-65362539

苏州富鑫印刷包装有限公司
地址：苏州市相城区黄埭镇长旺路42号
……………………Tel：0512-65372526

苏州金智合印刷耗材销售中心（有限合伙）
地址：江苏省苏州市相城区黄埭镇春申路989号
……………………Tel：0512-65379778

苏州亮丽包装制版有限公司
地址：苏州市相城区黄埭镇春旺路2号
……………………Tel：0512-65381847

苏州市建伟纸管制造有限公司
地址：苏州市相城区渭塘镇新燕大道96号
……………………Tel：0512-65407709

苏州奥凯得油墨有限公司
地址：苏州市相城区北桥镇北桥村
……………………Tel：0512-65416168

托福包装（苏州）有限公司
地址：苏州市相城区太平街道旺巷村
……………………Tel：0512-65436605

苏州达昌印刷科技有限公司
地址：苏州市相城区太平街道聚金路
……………………Tel：0512-65438968

苏州市雅致印刷有限公司
地址：苏州市相城区黄埭镇春旺路6号
……………………Tel：0512-65483078

苏州市新彩视广告印务有限公司
地址：苏州市西环路2928号15-4幢
……………………Tel：0512-65512305

苏州新园彩印制版有限公司
地址：苏州市金阊区新元路5号四区2楼
……………………Tel：0512-65527780

苏州八方彩印制版有限公司

地址：苏州市金阊区新元路5号
……………………Tel：0512-65578050
苏州简简印电脑制版有限公司
地址：苏州市姑苏区新元路5号A-13
……………………Tel：0512-65578050
苏州市程通塑料包装有限公司
地址：苏州市吴中区临湖镇浦庄工业园（浦庄大道以西、平安路以南）
……………………Tel：0512-65637694
苏州市三新材料科技股份有限公司
地址：苏州吴中经济开发区迎春南路71号
……………………Tel：0512-65686789
苏州积嘉包装材料有限公司
地址：苏州相城经济开发区澄阳路199号
……………………Tel：0512-65750006
苏州市奥尔兰智能科技有限公司
地址：苏州市相城区元和街道元启路19号
……………………Tel：0512-65750078
苏州伍洲设计包装有限公司
地址：苏州市相城区元和科技园如元路1555号
……………………Tel：0512-65786918
苏州龙津印刷制版材料有限公司
地址：苏州相城经济开发区徐庄村（澄阳路60-1号）
……………………Tel：0512-65789782
苏州隆新塑料电器有限公司
地址：苏州市相城区渭塘镇澄阳路3399号办公楼二楼北侧
……………………Tel：0512-65795388
江苏方邦机械有限公司
地址：苏州相城经济开发区（澄波路）
……………………Tel：0512-65798801
苏州大隆包装材料有限公司
地址：苏州市吴中区临湖镇荡湖路39号2幢
……………………Tel：0512-65853222
苏州市宏盛制版材料厂
地址：苏州市相城区元和镇聚元街625号
……………………Tel：0512-65862898
苏州市古得堡数码印刷有限公司
地址：苏州高新区御前路1号3幢
……………………Tel：0512-65896959
德尼培医疗精密包装（苏州）有限公司
地址：吴江经济技术开发区兴瑞路
……………………Tel：0512-65933222
常阳特殊印刷（苏州）有限公司
地址：苏州工业园区东富路48号D栋
……………………Tel：0512-65951091
苏州工业园区金达包装印刷厂
地址：苏州工业园区娄葑镇新洋路77号
……………………Tel：0512-65951196
苏州市金叶塑料包装有限公司
地址：吴江经济技术开发区中山北路2501号
……………………Tel：0512-65972773
苏州天马彩色印刷有限公司
地址：苏州工业园区娄葑镇黄天荡路
……………………Tel：0512-65976570
苏州益祥制版印花有限公司
地址：苏州市相城区太平街道聚金路32号3001
……………………Tel：0512-65992918
苏州正峰印刷有限公司
地址：苏州市吴中区临湖镇采富路428号
……………………Tel：0512-66072407
苏州英派克自动化设备有限公司
地址：中国（江苏）自由贸易试验区苏州片区苏州工业园区淞北路45号5幢405室
……………………Tel：0512-66100226
苏州国奥印刷科技有限公司
地址：苏州市相城区黄埭镇东桥长平路92号
……………………Tel：0512-66103888
苏州市隆祥纸业包装有限公司
地址：苏州市相城区黄埭镇东桥金龙村誓民路
……………………Tel：0512-66166459
苏州市深广印刷有限公司
地址：苏州高新区浒关工业园青花路6号
……………………Tel：0512-66166999
相城区北桥易键通家具制版工作室
地址：苏州市相城区北桥街道凤北荡路58号3幢四楼
……………………Tel：0512-66189463
苏州群鑫包装材料有限公司
地址：苏州市吴中区胥口镇吴中大道5388号1幢
……………………Tel：0512-66218566
苏州富顺新型包装材料股份有限公司
地址：苏州市吴中区胥口镇
……………………Tel：0512-66218728
苏州鼎来包装彩印有限公司
地址：苏州吴中经济开发区宝丰路20号3幢
……………………Tel：0512-66240509
苏州市吴中区印刷制版厂
地址：苏州市吴中经济开发区兴东路31号
……………………Tel：0512-66262150
苏州嘉德力包装有限公司
地址：苏州高新区金山路198号安达科技园7幢A区一层东
……………………Tel：0512-66269092
苏州东仪包装印刷有限公司
地址：苏州市吴中区东山镇科技工业园
……………………Tel：0512-66281127
苏州汇成金科信息科技股份有限公司
地址：苏州高新区塔园路369号
……………………Tel：0512-66294733
苏州市吴中区文化印刷厂
地址：苏州市吴中区东山镇工业科技园凤凰山路7号
……………………Tel：0512-6630410
苏州兴华印刷科技有限公司
地址：苏州高新区广东街99号
……………………Tel：0512-66320883
苏州星宇印刷制版有限公司
地址：苏州吴中经济开发区越溪街道前珠路1号11幢
……………………Tel：0512-66350315
苏州市浩东印刷有限公司
地址：苏州市吴中区木渎镇木东路315号
……………………Tel：0512-66361002
苏州市典桥外贸包装有限公司
地址：苏州高新区塘西路18号
……………………Tel：0512-66369556
苏州市恒瑞市政景观工程有限公司
地址：苏州市吴中区木渎镇雍尚花园13幢811室
……………………Tel：0512-66386335
苏州市吴中区新兴印刷厂
地址：苏州市吴中区东山镇渡口开发区
……………………Tel：0512-66397715
苏州市东山三联包装印刷有限公司
地址：苏州市东山镇晨光村
……………………Tel：0512-66398918
联合包装（苏州）有限公司
地址：苏州吴中经济开发区澄湖路1号
……………………Tel：0512-66502886
苏州天拓出片制版有限公司
地址：苏州市吴中区木渎镇玉山路金枫广告设计产业园1号楼1101室
……………………Tel：0512-66518686
安捷包装（苏州）股份有限公司
地址：苏州市吴中区临湖镇浦庄和安路
……………………Tel：0512-66532890
苏州优之彩包装印刷有限公司
地址：苏州市吴中区临湖镇浦庄浦兴路2幢
……………………Tel：0512-66536439
江苏科默斯包装材料有限公司
地址：苏州市吴中区临湖镇采菱路161号
……………………Tel：0512-66551533
苏州罗兰印刷制版有限公司
地址：苏州市吴中区木渎镇金桥开发区金桥路32号
……………………Tel：0512-66561696
伟路爱而泰可印刷（苏州）有限公司
地址：苏州市吴中区胥口镇东欣路199号
……………………Tel：0512-66567721
苏州金柏包装技术开发有限公司
地址：苏州市吴中区木渎镇金枫路
……………………Tel：0512-66578952
宏杰（苏州）包装有限公司
地址：江苏省苏州高新区向街1号
……………………Tel：0512-66616882
阿部商务印刷（苏州）有限公司
地址：江苏省苏州市苏州高新区木桥街30号
……………………Tel：0512-66652200
上阳（苏州）纸器包装有限公司
地址：江苏省苏州高新区湘江路1268号
……………………Tel：0512-66658168
苏州尼科尔包装有限公司
地址：苏州高新区长亭路9号
……………………Tel：0512-66678399
苏州鼎成包装有限公司
地址：苏州高新区长亭路9号
……………………Tel：0512-66678399
苏州望电印刷有限公司
地址：苏州市相城区望亭镇问渡路27号
……………………Tel：0512-66700301
苏州科柏印刷包装材料有限公司
地址：苏州市相城区阳澄湖镇西横港街3号
……………………Tel：0512-66706718
苏州市华事达印刷包装有限公司
地址：苏州市相城区望亭镇华阳村堰头路8号
……………………Tel：0512-66708431
苏州市华事达印刷包装有限公司
地址：苏州市相城区望亭镇华阳村堰头路8号
……………………Tel：0512-66708431
苏州市华顺包装印刷有限公司
地址：苏州高新区浒关分区阳山工业园山林路6号
……………………Tel：0512-66720198
苏州新南包装制品有限公司
地址：苏州市新区泰山路288号（3号楼二楼）
……………………Tel：0512-66726038
苏州赛帆包装机械有限公司
地址：苏州高新区浒关工业园青花路98号
……………………Tel：0512-66727826
苏州安奇包装木业有限公司
地址：苏州高新区浒关工业园
……………………Tel：0512-66727828
沃德印刷技术（苏州）有限公司
地址：苏州高新区龙山路288号瞰湖生活广场23幢3208室
……………………Tel：0512-66800255
苏州跨洋包装有限公司
地址：苏州相城经济技术开发区漕湖街道漕湖大道50号
……………………Tel：0512-66875855
苏州市永津彩印包装有限公司
地址：苏州高新区协新路16号
……………………Tel：0512-66893958
苏州普瑞特印刷材料有限公司
地址：苏州高新区东渚镇协新村
……………………Tel：0512-66913958
苏州杰而固造纸技术有限公司
地址：苏州工业园区嘉瑞巷8号乐嘉大厦401室
……………………Tel：0512-67066181
苏州市恒康造纸助剂技术有限公司
地址：苏州高新区浒墅关镇宝安路196号
……………………Tel：0512-67209673
苏州庆谊医药包装有限公司
地址：苏州高新区联港路568号
……………………Tel：0512-67213115
苏州通发印刷厂
地址：苏州市金阊区虎池路196号
……………………Tel：0512-67223310
苏州工业园区明扬彩色包装印刷有限公司
地址：苏州工业园区唐庄路188号、189号
……………………Tel：0512-67251688
苏州工业园区明扬彩色包装印刷有限公司
地址：苏州工业园区唐庄路188号、189号
……………………Tel：0512-67251688
中本包装（苏州）有限公司
地址：苏州工业园区青丘街63号
……………………Tel：0512-67325098
普派（苏州）包装有限公司
地址：苏州工业园区出口加工区B区I2厂房
……………………Tel：0512-67336008
苏州恒康造纸技术有限公司
地址：苏州高新区浒墅关镇道安路9号
……………………Tel：0512-67377178
苏州九方印务有限公司
地址：中国（江苏）自由贸易试验区苏州片区苏州工业园区胜浦平胜路82号2号楼五楼
……………………Tel：0512-67412747
达成包装制品（苏州）有限公司
地址：苏州市相城区望亭镇问渡路
……………………Tel：0512-67590366
苏州一帆造纸新材料科技有限公司
地址：苏州市相城区阳澄湖镇岸山村西横港街12号3号厂房
……………………Tel：0512-67597577
苏州工业园区美柯乐制版印务有限责任公司
地址：苏州工业园区娄葑分区东兴路7-1号
……………………Tel：0512-67608091
奥力拓医用包装材料（苏州）有限公司
地址：苏州市相城经济开发区漕湖街道春耀路27号
……………………Tel：0512-67990430
苏州市富士达印刷有限公司
地址：苏州吴中经济开发区宝丰路22号
……………………Tel：0512-68058235
苏州嘉缘祥实业投资有限公司
地址：苏州市南环西路65号
……………………Tel：0512-68112233
苏州普莱美亚印刷有限公司
地址：苏州高新区鸿禧路63号
……………………Tel：0512-68138837
苏州红光纸业有限公司
地址：苏州市苏福公路
……………………Tel：0512-68202971
苏州市明技印刷有限公司
地址：苏州市吴中区胥口镇浦庄马舍村
……………………Tel：0512-68231685
苏州PPG包装涂料有限公司
地址：江苏省苏州市苏州新区向阳路66号
……………………Tel：0512-68252591
泰纳包装（苏州）有限公司
地址：江苏省苏州市苏州新区金山路
……………………Tel：0512-68255621
苏州市灏德恒印刷股份有限公司
地址：苏州市高新区文昌路18号
……………………Tel：0512-68292161
苏州工业园区嘉奕达印刷包装厂
地址：苏州工业园区唯亭唯文路北侧张泾工业区
……………………Tel：0512-68550538
苏州市星辰新材料集团有限公司
地址：苏州市吴中区胥口镇浦庄大道西侧
……………………Tel：0512-68582730
苏州苏邑印前制版有限公司
地址：苏州市金阊区干将西路1067号
……………………Tel：0512-68629865
苏州艾得宝印刷有限公司
地址：苏州太湖国家旅游度假区孙武路8号
……………………Tel：0512-69211701
苏州诚品包装制品有限公司
地址：苏州吴中经济开发区宝丰路2号
……………………Tel：0512-69370069
禾义（无锡）新型包装材料有限公司
地址：无锡市锡山区鹅湖镇甘西路368号
……………………Tel：0512-69390306
禾义（苏州）新型包装材料有限公司
地址：苏州市相城区望亭镇宅基村问渡路
……………………Tel：0512-69390306
毕玛时软包装（苏州）有限公司
地址：中国（江苏）自由贸易试验区苏州片区苏州工业园区兴浦路128号T幢02单元
……………………Tel：0512-69562291
苏州瑞雪纸塑包装材料有限公司
地址：苏州市相城区阳澄湖镇西横港街20号
……………………Tel：0512-69577269
寰宇包装（苏州）有限公司
地址：苏州高新区建林路666号27幢厂房
……………………Tel：0512-69582018
欧璧医药包装科技（中国）有限公司
地址：张家港经济技术开发区杨舍镇新丰河东路1号
……………………Tel：0512-80153021
昆山美洛精密制版科技有限公司
地址：昆山市周市镇花都艺墅103号1708室
……………………Tel：0512-80600686
苏州通产丽星包装科技有限公司
地址：吴江经济技术开发区潘龙路358号
……………………Tel：0512-80675846
丰瑞实业（淮安）有限公司
地址：淮安经济技术开发区海口路62号

………………… Tel：0512-80681688
富商包装（苏州）有限公司
地址：苏州市相城区阳澄湖镇西横港街21号
………………… Tel：0512-80900816
四海彩印包装（苏州）有限公司
地址：苏州市相城区潘阳工业园
………………… Tel：0512-80980980
翔泰彩色包装印刷（吴江）有限公司
地址：江苏省吴江经济开发区花港路
………………… Tel：0512-81555558
丰耀（苏州）包装制品有限公司
地址：江苏省吴江经济开发区花港路
………………… Tel：0512-81555558
翔泰彩色包装印刷（吴江）有限公司
地址：江苏省吴江经济开发区花港路
………………… Tel：0512-81555558
丰耀（苏州）包装制品有限公司
地址：江苏省吴江经济开发区花港路
………………… Tel：0512-81555558
常熟济丰包装纸业有限公司
地址：常熟市辛庄镇双浜村
………………… Tel：0512-81580088
苏州宜安诺包装科技有限公司
地址：太仓市浏河镇钱江路20号
………………… Tel：0512-81603020
玖龙智能包装（太仓）有限公司
地址：太仓市港口开发区浮桥镇杨林河北
………………… Tel：0512-81603888
尚威自动化工程（昆山）有限公司
地址：陆家镇望石路445号
………………… Tel：0512-81867398
苏州大泽彩印包装有限公司
地址：江苏省汾湖高新技术产业开发区汾湖大道328号
………………… Tel：0512-82072777
苏州海顺包装材料有限公司
地址：吴江区汾湖镇来秀路
………………… Tel：0512-82079181
阿蓓亚包装（苏州）有限公司
地址：苏州工业园区润胜路1号3号厂房
………………… Tel：0512-82273666
苏州龙鼎印务有限公司
地址：苏州市相城区黄埭镇潘阳工业园春秋路31号
………………… Tel：0512-82276072
苏州杰森特印刷器材有限公司
地址：苏州吴中经济开发区越溪街道木林路9号2幢
………………… Tel：0512-82287766
苏州上林新型包装材料有限公司
地址：苏州市吴中区宝通路6号
………………… Tel：0512-82289517
威派克包装（常熟）有限公司
地址：江苏省常熟高新技术产业开发区富春江路88号
………………… Tel：0512-82365958
昆山创科高级纸制品有限公司
地址：江苏省昆山市巴城镇古城路800号
………………… Tel：0512-82608146
昆山创科印刷制品有限公司
地址：江苏省昆山市巴城镇古城路800号
………………… Tel：0512-82608146
昆山建林纸业印刷有限公司
地址：江苏省昆山市张浦镇南港管理区阳光路283号
………………… Tel：0512-82622525
三樱包装（江苏）有限公司
地址：太仓市浏河镇北海路28号1-7幢
………………… Tel：0512-82770999
苏州宝嘉新能源科技有限公司
地址：苏州市吴江区七都镇七都大道169号
………………… Tel：0512-82862300
苏州普丽盛包装材料有限公司
地址：吴江经济开发区新字路南侧
………………… Tel：0512-82878787
苏州普丽盛包装机械有限公司
地址：吴江经济技术开发区新字路南侧
………………… Tel：0512-82878787
昆山优绮印刷有限公司
地址：江苏省昆山市陆家镇丰夏路18号
………………… Tel：0512-86165988
杰森医药保健包装（昆山）有限公司
地址：江苏省昆山经济技术开发区庆丰西路353号
………………… Tel：0512-86166616
昆山美普森包装有限公司
地址：江苏省昆山开发区雄鹰路368号
………………… Tel：0512-86166616
杰森塑料包装（昆山）有限公司
地址：江苏省昆山经济技术开发区杜鹃路555号B2栋厂房1层西半边
………………… Tel：0512-86166616
昆山睿风永铭包装机械有限公司
地址：昆山市锦溪镇锦东路689号3号楼
………………… Tel：0512-86186601
苏州博信精密包装有限公司
地址：苏州工业园区东富路9号37号厂房
………………… Tel：0512-86665758
锋尚绿品零碳物联技术（苏州）有限公司
地址：张家港保税区北京路国际消费品中心大楼 308-137室
………………… Tel：0512-86680557
苏州华源中鲈包装有限公司
地址：吴江区平望镇中鲈开发区
………………… Tel：0512-86872990
苏州华源瑞杰包装新材料有限公司
地址：苏州市吴江区平望镇东小港中鲈大道东150米
………………… Tel：0512-86872996
范普林德印刷（苏州）有限公司
地址：苏州工业园区星龙街428号苏春工业坊27-B厂房
………………… Tel：0512-87181099
芬睿造纸机械维修（苏州）有限公司
地址：苏州工业园区时代广场23幢306-18室
………………… Tel：0512-87775396
苏州工业园区飞宇印刷有限公司
地址：苏州工业园区胜浦镇银胜路18号
………………… Tel：0512-88181188
江苏济丰包装纸业有限公司
地址：江苏省汾湖高新技术产业开发区临沪大道2589号
………………… Tel：0512-88816088
赛闻（苏州）包装工业有限公司
地址：苏州市吴中区 直镇长虹南路58号
………………… Tel：0512-88881692
苏州缤克印刷包装有限公司
地址：太仓市陆渡镇江南路58号3幢
………………… Tel：0512-88895898
太仓济丰包装纸业有限公司
地址：太仓市璜泾镇鹿河友谊路8号3幢
………………… Tel：0512-88899998
太仓大田铭博包装容器有限公司
地址：太仓市璜泾镇新明村
………………… Tel：0512-89555778
苏州迪百特造纸技术有限公司
地址：苏州市姑苏区人民路3188号17幢1902室
………………… Tel：0512-89573988
江苏中江投资发展有限公司
地址：南通市通州经济开发区碧华路119号
…………………Tel：0513-6514666
南通明伟包装有限公司
地址：如东沿海经济开发区洋口化学工业园
………………… Tel：0513-68162206
华辰印刷（海门）有限公司
地址：江苏省海门市四甲镇工业集中区同苍路1号
………………… Tel：0513-68186118
南通御丰塑钢包装有限公司
地址：南通市通州区先锋镇工业园区
………………… Tel：0513-68382988
江苏领新重型机械有限公司
地址：江苏省如东县工业新区渭河路2号
………………… Tel：0513-68552323
南通华美包装材料有限公司
地址：海门市海门镇北海路工贸园区
………………… Tel：0513-68630208
如皋市江滨纸业有限公司
地址：如皋市石庄镇永兴村南首（如皋港开发区西首）
………………… Tel：0513-68765222
南通市金图包装制品有限公司
地址：南通市通州区西亭镇工业园
………………… Tel：0513-68912916
俊晟包装纸业南通有限公司
地址：南通市通州区石港科技产业园东区
………………… Tel：0513-80606670
江苏欧凯包装科技有限公司
地址：江苏省海安县海安镇镇南路588号
………………… Tel：0513-80683555
南通威尔普彩色印刷有限公司
地址：南通市通州区兴仁镇孙家桥村六、八组四幢
………………… Tel：0513-81026159
五福包装制品（南通）有限公司
地址：江苏省南通经济技术开发区精开路11号
………………… Tel：0513-81191688
江苏文洪印刷机械有限公司
地址：南通市苏通科技产业园海伦路88号
………………… Tel：0513-81196928
江苏德晋塑料包装有限公司
地址：江苏省南通市海门市包场镇发展大道128号
………………… Tel：0513-81221962
南通海亚包装有限公司
地址：南通苏通科技产业园区武夷路85号
………………… Tel：0513-81551005
南通嘉悦包装材料科技有限公司
地址：海门市三星镇纺都大道广亿总部东侧（宝兴村11组）
………………… Tel：0513-82100227
江苏金呢工程织物股份有限公司造纸网分公司
地址：海门市海门港大生路3260号
………………… Tel：0513-82181002
海门北人印刷机械有限公司
地址：海门市三和工贸园区（人民西路1011号）
………………… Tel：0513-82213939
海门市天池制版有限公司
地址：海门市海门镇张北村二组
………………… Tel：0513-82266818
海门市宁瑞包装材料有限公司
地址：海门市德胜镇瑞祥村30组
………………… Tel：0513-82356895
海门市海仁包装制品有限公司
地址：海门市德胜镇瑞祥村18组
………………… Tel：0513-82356895
南通传人印务包装有限公司
地址：江苏省海门市德胜镇工业集中区
………………… Tel：0513-82362019
南通市通州区石港中学制版印刷厂
地址：南通市通州区石港镇西大街174号
………………… Tel：0513-82591287
南通腾源印刷有限公司
地址：江苏省南通经济技术开发区通和路1号
………………… Tel：0513-82656589
南通市包健特种职业服装有限公司
地址：江苏省海门市包场镇为民路18号
………………… Tel：0513-82671845
海门市通东纸箱制造有限公司
地址：江门市新会区睦洲镇南央
………………… Tel：0513-82695020
南通市五环造纸用毯厂
地址：道口镇解放北路
………………… Tel：0513-82703872
南通俊阳彩印包装有限公司
地址：江苏省吕四海洋经济开发区如意村1组
………………… Tel：0513-83190500
江苏菲博特印刷有限公司
地址：启东高新技术产业开发区南海路101号
………………… Tel：0513-83246666
南通茂轩印刷科技有限公司
地址：启东市汇龙镇青年东路
………………… Tel：0513-83307159
启东市美亚印刷包装有限公司
地址：启东市滨海工业园广州路46号
………………… Tel：0513-83319726
南通创美印刷有限公司
地址：南通市崇川区人民东路1517号葡京工业园区内2号
………………… Tel：0513-83555398
南通三信电脑制版印务有限公司
地址：工农路111号华辰大厦1座1404室
………………… Tel：0513-83573099
南通新星印刷模版制作中心
地址：工农路45号
………………… Tel：0513-83587730
启东华龙印刷科技有限公司
地址：启东市近海镇（原向阳工业区）
………………… Tel：0513-83601990
江苏阿尔百达包装材料有限公司
地址：海安县经济技术开发区姚池路与天发路交汇处西北侧
…………………Tel：0513-8366000
启东市造纸机械配件厂（普通合伙）
地址：汇龙镇大陆村
………………… Tel：0513-83842186
如东县宝利造纸厂
地址：如东县大豫镇巩王村
………………… Tel：0513-84259763
如东县福利造纸厂有限公司
地址：江苏省如东县掘港镇江海西路76号
………………… Tel：0513-84533648
如东祥实包装机械有限公司
地址：如东县马塘镇七里镇村1组
………………… Tel：0513-84546059
如东县黄海纸箱制造有限公司
地址：如东县马塘镇陶林村
………………… Tel：0513-84413598
江苏金旺新材料科技有限公司
地址：如皋市长江镇兴港路5号
………………… Tel：0513-85566399
南通超力彩色印刷有限公司
地址：南通市兴泰路19号
………………… Tel：0513-85590000
宁士国际包装有限公司
地址：江苏省南通港闸经济开发区长和路88号
………………… Tel：0513-85656565
南通天合包装有限公司
地址：南通经济技术开发区华兴路5号（生产经营地：南通经济技术开发区谷东路25号）
………………… Tel：0513-85924566
南通印刷总厂有限公司
地址：南通市通州经济开发区朝霞路
………………… Tel：0513 86190772
南通华盛绿塑包装制品有限公司
地址：南通综合保税区B区保税五路以北、保税三路以西
………………… Tel：0513-86199905
南通惠得成包装材料有限公司
地址：南通市通州区五甲镇工业园区
………………… Tel：0513-86294366
南通市通州区鹏源纸箱制造有限公司
地址：南通市通州区川姜镇保障村十二组
………………… Tel：0513-86315950
南通天润包装材料有限公司
地址：南通市通州区川姜镇三圩埭村29组
………………… Tel：0513-86330692
通州建总集团有限公司
地址：南通高新区新世纪大道998号
………………… Tel：0513-86512734
南通达成包装制品有限公司
地址：南通市通州区西亭镇亭南横路
………………… Tel：0513-86538888
爱尔提貔（江苏）印刷包装有限公司
地址：南通高新区金桥路北金鼎路西
………………… Tel：0513-86556025
江苏腾通包装科技有限公司
地址：南通市通州区平潮镇四十里工业区
………………… Tel：0513-86571320
南通金彩印刷有限公司
地址：南通市通州区刘桥镇刘桥社区居委会凤仙13组1幢
………………… Tel：0513-86584315
南通市圣达印刷有限公司
地址：南通市通州区先锋街道周圩村1幢
………………… Tel：0513-86677459
南通市通州区百灵鸟电脑分色制版有限公司
地址：南通市通州区川姜镇志浩市场西区商住楼
………………… Tel：0513-86801212
南通鑫泰包装彩印有限公司
地址：南通市通州区石港镇工业园西区八号
………………… Tel：0513-86829500
南通君臣包装科技有限公司
地址：江苏省通州湾江海联动开发示范区赣江路南侧、黄海路东侧二期标准厂房B3、B4
………………… Tel：0513-86918985
江苏景升印刷有限公司
地址：如皋市如城镇跃龙西路1号

…………………… Tel：0513-87306026
如皋市旭日包装纸业有限公司
地址：如皋市东陈镇小康路26号
…………………… Tel：0513-87543710
如皋市中罗印刷机械有限公司
地址：如皋市如城镇贺洋村四组（罗塔印刷机械公司内）
…………………… Tel：0513-87772069
海安县三联纸箱制造有限公司
地址：上海市宝山区杨行镇北宗村顾家堰
…………………… Tel：0513-88169889
江苏金大包装材料科技有限公司
地址：海安市城东镇姚池中路196号
…………………… Tel：0513-88361555
南通弘祥包装材料有限公司
地址：海安经济技术开发区开发大道58号
…………………… Tel：0513-88362916
海安龙凤纸制品制造厂
地址：海安县大公镇凌东村6组
…………………… Tel：0513-88375184
江苏正红彩印有限公司
地址：海安市白甸镇白甸村白南8组
…………………… Tel：0513-88409205
南通市金马包装材料有限公司
地址：如皋市搬经镇搬经居委会二组
…………………… Tel：0513-88502888
海安中翰科技有限公司
地址：海安市海安镇黄海西路188号
…………………… Tel：0513-88786221
海安运城制版有限公司
地址：海安镇园庄村十五组
…………………… Tel：0513-88814776
南通三劦印刷材料有限公司
地址：海安县海安镇长江西路68号
…………………… Tel：0513-88961181
南通爱尔制版材料有限公司
地址：南通市濠西路179号财富商城449室
…………………… Tel：0513-89021306
扬州市新都制版厂
地址：扬州市江都区樊庄村
…………………… Tel：0514-80800000
扬州市正大食品包装有限公司
地址：扬州市食品工业园连心路68号
…………………… Tel：0514-80827899
扬州舜丰精密模塑有限公司
地址：扬州市江都区经济开发区仙城工业园
…………………… Tel：0514-80833055
仪征永鑫包装制品有限公司
地址：江苏省仪征市胥浦街西
…………………… Tel：0514-80858586
扬州裕兴纸品包装有限公司
地址：宝应县城西工业集中区盐金公路边
…………………… Tel：0514-80892192
扬州市亚太科技发展有限公司
地址：高邮市送桥镇纬十九路
…………………… Tel：0514-80957676
永丰福斯派包装（扬州）有限公司
地址：扬州经济开发区（八里镇）春江路168号
…………………… Tel：0514-82686458
永丰余造纸（扬州）有限公司
地址：扬州经济开发区春江路168号
…………………… Tel：0514-82686458
江苏大康实业有限公司
地址：扬州化学工业园区大连路88-9号（仪征市区西）
…………………… Tel：0514-83233998
扬州邦兴包装制品有限公司
地址：仪征市真州镇胥浦工业园区浦西路1号
…………………… Tel：0514-83299686
江苏宝恒印刷包装机械科技有限公司
地址：仪征经济开发区闽泰大道90号利浦工业园
…………………… Tel：0514-83453039
江苏宝恒印刷包装机械科技有限公司
地址：仪征经济开发区闽泰大道90号利浦工业园
…………………… Tel：0514-83453039
仪征市大汉纸塑制造有限公司
地址：仪征市新集镇栖凤西街113-2号
…………………… Tel：0514-83621128
江苏华福莱照明集团有限公司
地址：高邮市送桥镇扬菱路
…………………… Tel：0514-84215888
高邮市四达造纸机械制造有限公司
地址：高邮市天山镇红旗街
…………………… Tel：0514-84222837
江苏创新包装科技有限公司
地址：高邮市同心东路38号
…………………… Tel：0514-84540555
高邮市高盛造纸有限公司
地址：高邮市新邮钢厂内
…………………… Tel：0514-84545388
高邮市秦邮造纸厂
地址：高邮市车逻镇东
…………………… Tel：0514-84562549
高邮市造纸厂
地址：高邮市卸甲镇黄渡
…………………… Tel：0514-84658917
大晟依格拉斯（江苏）医药包装有限公司
地址：江苏省高邮经济开发区金桥北路57号
…………………… Tel：0514-84687606
扬州市万仕达彩印包装有限公司
地址：高邮市车逻镇工业集中区
…………………… Tel：0514-85856289
江苏凤凰扬州鑫华印刷有限公司
地址：江阳工业园区蜀岗西路9号
…………………… Tel：0514-85868808
江都市真武顺风化纤造纸机械配件厂
地址：江都市真武镇会龙村戴庄组
…………………… Tel：0514-86272756
江苏新凤网业有限公司
地址：扬州市江都区真武镇杨庄工业园区
…………………… Tel：0514-86274767
扬州华伦印刷包装有限公司
地址：扬州市江都区丁伙镇东环路30号
…………………… Tel：0514-86502686
江苏江都建筑安装工程承包有限公司
地址：扬州市江都区仙女镇浦江路55号(甲)书香茗府7幢(办公区)301
…………………… Tel：0514-86880335
亚奎印刷（泰州）有限公司
地址：泰兴市城区工业园区向荣路18号
…………………… Tel：0514-87173235
扬州国脉邮电印刷有限责任公司
地址：扬州市双塘东路18号
…………………… Tel：0514-87236740
扬州市田桥旅游日用品厂
地址：杭集镇合界村
…………………… Tel：0514-87271013
逸洁包装扬州有限公司
地址：扬州市生态科技新城杭集工业园4
…………………… Tel：0514-87498399
扬州祥恒包装有限公司
地址：扬州市广陵区杭集工业园
…………………… Tel：0514-87498950
扬州市邗江古渡包装厂
地址：瓜洲镇四里铺街75号
…………………… Tel：0514-87501115
扬州市立升彩印厂
地址：施桥镇汪家村
…………………… Tel：0514-87578235
江苏江鹤包装机械有限公司
地址：宝应县柳堡镇工业集中区创业路
…………………… Tel：0514-8771309
扬州市华裕包装有限公司
地址：杨寿镇回归大道
…………………… Tel：0514-87732917
扬州盛美包装有限公司
地址：扬州市邗江区杨寿镇回归路
…………………… Tel：0514-87732976
扬州科信包装印刷有限公司
地址：仪征市刘集镇盘古工业集中区33号
…………………… Tel：0514-87828998
扬州市大宗照相制版彩印厂
地址：邗江工业园
…………………… Tel：0514-87845018
扬州日报印刷有限责任公司
地址：文汇东路231号
…………………… Tel：0514-87847708
扬州派威包装制品有限公司
地址：扬州邗江经济开发区祥汇路4号
…………………… Tel：0514-87891816
扬州市广陵区宏运造纸原料经营部
地址：汤汪乡同心村丁庄组
…………………… Tel：0514-87897629
扬州申宝新材料有限公司
地址：宝应县望直港镇耿耿工业集中区
…………………… Tel：0514-88318982
宝应县依格广告制版有限公司
地址：安宜东路（博物馆西小楼二楼）
…………………… Tel：0514-88911997
宝生时代包装材料江苏有限公司
地址：宝应经济开发区康源路
…………………… Tel：0514-88996666
阜宁县教育印刷有限公司
地址：阜宁县阜城迎宾大道53号
…………………… Tel：0515-26558800
江苏悦达印刷有限公司
地址：盐城市盐都区新都西路55号（B）
…………………… Tel：0515-66691000
响水恒意造纸机械贸易有限公司
地址：江苏响水沿海经济开发区
…………………… Tel：0515-68870103
射阳县黄沙港生态造纸产业园服务有限公司地址：射阳县黄沙港镇海滨路南侧
…………………… Tel：0515-82262107
盐城赢嘉包装制品有限公司
地址：射阳经济开发区西区人民路南侧新胜大沟东侧
…………………… Tel：0515-82889666
盐城银河印刷有限公司
地址：盐城市市区解放南路100号一层
…………………… Tel：0515-83083076
江苏康源印刷材料有限公司
地址：盐城市大丰区大丰港经济区苏州盐城沿海合作开发园区
…………………… Tel：0515-83556863
江苏逸洁包装科技有限公司
地址：盐城市大丰区大中镇城南经济开发区创业路西侧
…………………… Tel：0515-83605898
盐城乐源包装科技有限公司
地址：盐城市大丰区大中镇城南经济开发区瑞丰路南侧
…………………… Tel：0515-83831409
滨海县创鑫造纸机械有限公司
地址：盐城市滨海县东坎镇三友工业园区内
…………………… Tel：0515-84101662
联立包装材料科技滨海有限公司
地址：滨海县蔡桥镇民营创业园
…………………… Tel：0515-84537666
江苏东鸿瑞包装科技有限公司
地址：东台经济开发区纬七路19号
…………………… Tel：0515-85335999
东台汇丰兴包装材料有限公司
地址：东台市机械电子产业园（陈智慧经营性用房内）
…………………… Tel：0515-85464888
东台市造纸二厂
地址：保定市满城区大册营工业区
…………………… Tel：0515-85511094
江苏正伟机械有限公司
地址：建湖县建阳石油装备产业园润阳路88号
…………………… Tel：0515-85688818
盐城宏丰彩印包装有限公司
地址：建湖县开发区明珠东路633号
…………………… Tel：0515-86250358
建湖县人民印刷有限责任公司
地址：建湖经济开发区上海路666号
…………………… Tel：0515-86253268
江苏正伊品实业有限公司
地址：建湖县经济开发区长江路999号
…………………… Tel：0515-86296297
建湖县顺达造纸厂
地址：高作镇交通路
…………………… Tel：0515-86112033
江苏鸿洋包装印刷有限公司
地址：建湖县芦沟镇工业园区镇南路
…………………… Tel：0515-86368666
江苏鸿洋包装印刷有限公司
地址：建湖县芦沟镇工业园区镇南路
…………………… Tel：0515-86368666
江苏指益印刷有限公司
地址：盐城市区世纪大道5号盐城金融城3幢1-808室
…………………… Tel：0515-86660219
盐城市楼王造纸厂地址：楼王镇江庄村
…………………… Tel：0515-86680802
盐城瑞隆包装有限公司
地址：响水县经济开发区金兰路
…………………… Tel：0515-86682388
响水县春天纸箱制造有限公司
地址：响水县开发区
…………………… Tel：0515-6621412
江苏隆泰包装材料有限公司
地址：阜宁经济开发区串阳路5号
…………………… Tel：0515-87231828
江苏豪特包装科技有限公司
地址：阜宁县益林镇杨集工业区8号
…………………… Tel：0515-87788007
盐城宏泰纸品包装有限公司
地址：阜宁县阜城镇工业园区98号
…………………… Tel：0515-87800039
盐城市方正印刷有限公司
地址：盐城经济技术开发区希望大道南路18-16号4幢
…………………… Tel：0515-88080038
江苏凤凰盐城印刷有限公司
地址：盐城市亭湖区希望大道中路70号
…………………… Tel：0515-88153028
盐城中煜汽车配件有限公司
地址：盐城经济技术开发区赣江路1号9幢
…………………… Tel：0515-88161761
江苏金映印刷科技有限公司
地址：盐城市亭湖区南洋经济开发区新民村二组1幢（18）
…………………… Tel：0515-88188887
江苏悦达包装储运有限公司
地址：盐城市盐都区新区盐渎路698号（B）
…………………… Tel：0515-88296081
江苏建兴建工集团有限公司
地址：盐城市大庆东路8号
…………………… Tel：0515-88334335
江苏天福装饰工程有限公司
地址：盐城市毓龙东路43号5楼
…………………… Tel：0515-88339230
江苏大胜达概念包装研发有限公司
地址：盐城市盐都区盐龙街道办事处纬八路16号（D）
…………………… Tel：0515-88355778
盐城市中泰印刷有限公司
地址：新乐市大岳镇相家庄村西南
…………………… Tel：0515-88417055
江苏美及印刷包装有限公司
地址：盐城市盐都区西区益民居委会2-B-4幢102室（D）
…………………… Tel：0515-88508885
江苏新创印刷科技股份有限责任公司
地址：盐城市亭湖区新兴镇三里村村民委员会六组
…………………… Tel：0515-88517858
盐城市宏宇造纸机械有限公司
地址：盐城市盐都区楼王镇人民路188号
…………………… Tel：0515-88658777
盐城市同心纺织包装厂
地址：盐城市亭湖区便仓镇便仓居委会（16）
…………………… Tel：0515-88832333
江苏海佳印刷科技有限公司
地址：盐城市盐都区潘黄街道办事处兆泉居委会镇北路18号（E）
…………………… Tel：0515-88906116
东台市人民印刷有限公司
地址：东台市南郊中小企业园
…………………… Tel：0515-89501508
阜宁绿源包装有限公司
地址：阜宁县益林镇银河大道1号
…………………… Tel：0515-89715510
江苏荣辉包装技术有限公司
地址：盐城经济技术开发区赣江路1号9幢
…………………… Tel：0515-89806208
徐州大华快速印刷有限公司
地址：铜山经济开发区第三工业园内，陇海路南、华裕路西
…………………… Tel：0516-66659690
徐州市卓美彩色印刷有限公司
地址：徐州市铜山区北京路西、珠江路南
…………………… Tel：0516-66693691
江苏鸿凯包装有限公司
地址：沛县鹿楼镇工业园区
…………………… Tel：0516-68919716
江苏时代天勤彩色包装有限公司
地址：睢宁经济开发区前进路19号
…………………… Tel：0516-80377983
徐州市特快特彩色印刷有限公司
地址：徐州高新技术产业开发区第三工业园长兴路26号
…………………… Tel：0516-82303866
江苏徐州新华印刷厂
地址：徐州市青年路公园巷1号、2号

……………………Tel：0516-82328898
徐州龙润医药包装有限公司
地址：徐州经济技术开发区徐庄镇乔庄村
……………………Tel：0516-83387168
徐州鲁商丽彩彩色包装印刷有限公司
地址：徐州市铜山区新区街道办事处东风路西（现为长安路16、18#）
……………………Tel：0516-83468387
徐州红旗印刷有限公司
地址：徐州市铜山区拾屯街道办事处薛桥村通港大道北侧
……………………Tel：0516-83705056
徐州绪权印刷有限公司
地址：徐州高新技术开发区第三工业园经纬路16号
……………………Tel：0516-83897699
徐州瑞权印刷有限公司
地址：徐州高新技术产业开发区第三工业园珠江路北、北横四路南
……………………Tel：0516-83897699
徐州市向阳纸业有限公司
地址：铜山县柳新乡
……………………Tel：0516-85588117
徐州创源包装材料有限公司
地址：徐州经济开发区经五路东，经六路西，纬二路北
……………………Tel：0516-85531942
徐州翔宇印务有限公司
地址：徐州市铜山区拾屯
……………………Tel：0516-85770100
徐州市今日彩色印刷有限公司
地址：江苏新沂经济开发区马陵山西路168-8号
……………………Tel：0516-87730116
徐州万隆包装印刷有限公司
地址：徐州市金山桥开发区金山桥大厦216室
……………………Tel：0516-87733899
徐州华艺彩色印刷有限公司
地址：徐州经济开发区螺山路1号
……………………Tel：0516-87733899
徐州万隆包装印刷有限公司
地址：徐州市金山桥开发区金山桥大厦216室
……………………Tel：0516-87733899
徐州太平洋印务有限公司
地址：徐州经济开发区金水路9号
……………………Tel：0516-87776698
江苏海惠沃特包装有限公司
地址：徐州经济技术开发区荆山路40号科技创业园B区
……………………Tel：0516-87936098
徐州市陆博纺织科技有限公司
地址：徐州市睢宁县岚山镇岚山社区陶庄组
……………………Tel：0516-88150366
江苏绿森包装有限公司
地址：睢宁经济开发区光明路158号
……………………Tel：0516-88398977
江苏美华包装有限公司
地址：新沂市马陵山西路104号
……………………Tel：0516-88585171
上安实业江苏有限公司
地址：新沂市无锡工业园长江路2号
……………………Tel：0516-88681866
徐州国宏包装有限公司
地址：沛县经济开发区萧何路南侧
……………………Tel：0516-89688666
徐州远大包装有限公司
地址：沛县大屯煤电公司7号路南
……………………Tel：0516-89940598
徐州创新包装新材料有限公司
地址：沛县安国镇蔡家工业园区工业西路1号
……………………Tel：0516-89993266
淮安协兴包装材料有限公司
地址：淮安市淮安区山阳大道100号
……………………Tel：0517-80830088
江苏涟水云雾日化包装有限公司
地址：江苏涟水经济开发区西区兴隆路1号
……………………Tel：0517-82332008
淮安兴保印刷有限公司
地址：涟水县高沟镇工业集中区东区
……………………Tel：0517-82656888
淮安市镁佰錡纸箱制造有限公司
地址：涟水县涟城镇工业集中区
……………………Tel：0517-82860586
淮安弘晟包装有限公司
地址：涟水县涟城镇工业集中区
……………………Tel：0517-82993999
和田包装淮安有限公司
地址：淮安经济技术开发区富士康路73号
……………………Tel：0517-83181658
淮安豪鸣印刷包装有限公司
地址：淮安市清江浦区明远西路8号
……………………Tel：0517-83528201
江苏永朋彩印包装有限公司
地址：淮安工业园区管委会办公楼229室
……………………Tel：0517-83664957
淮安财经印刷厂
地址：淮安市枚乘东路8号
……………………Tel：0517-83672342
淮安运城制版有限公司
地址：淮安经济技术开发区膳魔师路60号
……………………Tel：0517-83731169
淮安市喜利达包装印刷有限公司
地址：淮安市清河区深圳东路118-1号14、15号厂房1室
……………………Tel：0517-83734498
江苏森发包装实业有限公司
地址：淮安工业园区管委会201室
……………………Tel：0517-83793336
江苏顺泰包装印刷科技有限公司
地址：江苏省淮安市清河新区深圳东路88号
……………………Tel：0517-83798588
淮安市羽安包装印刷有限公司
地址：淮阴区松江路85号
……………………Tel：0517-84189768
淮安信和包装材料科技有限公司
地址：淮安市淮阴区吴集镇工业集中区
……………………Tel：0517-84268969
淮安市富源包装材料有限公司
地址：淮安市淮阴区淮河东路229号（江苏胜克机电科技有限公司5号车间）
……………………Tel：0517-84618688
淮安市港凌包装有限公司
地址：淮阴区工业园区九江路15号
……………………Tel：0517-84920185
江苏中淮植物油有限公司
地址：淮安市淮阴区长江东路186号
……………………Tel：0517-84920609
淮安市易洲印刷贸易有限公司
地址：淮阴区工业园区纬五路北侧
……………………Tel：0517-84981898
江苏美嘉包装有限公司
地址：淮安市淮阴区嫩江路98号
……………………Tel：0517-84998298
江苏美瑞嘉包装有限公司
地址：淮安市淮阴区南昌路东侧九江路南侧
……………………Tel：0517-84998298
江苏大运机械有限公司
地址：淮安市淮安区席桥镇渔滨路2号
……………………Tel：0517-85201112
淮安安平包装机械有限公司
地址：淮安市淮安区经济开发区永怀东路101号
……………………Tel：0517-85201887
淮安茂业印刷有限公司
地址：淮安市淮安区纬一路南侧、经十四路西
……………………Tel：0517-85268333
淮安市飞翔高新包装材料有限公司
地址：淮安市淮安区工业园区铁云路南
……………………Tel：0517-85397666
淮安乾康发包装材料有限公司
地址：淮安市淮安区马甸镇卫东创业点淮施路南侧
……………………Tel：0517-85730016
淮安亚华包装材料有限公司
地址：淮安市淮安区范集镇工业集中区
……………………Tel：0517-85790565
淮安秋义包装材料有限公司
地址：淮安市淮安区范集镇工业集中区
……………………Tel：0517-85790565
淮安南站印刷制版厂（普通合伙）
地址：淮安市清浦区清安乡南港村三组
……………………Tel：0517-86198496
淮安秉信环保包装有限公司
地址：淮安经济技术开发区富士康路88号
……………………Tel：0517-86281868
江苏劲嘉新型包装材料有限公司
地址：淮安经济技术开发区迎宾大道69号
……………………Tel：0517-86285990
金湖县标牌制版厂
地址：金湖县黎城镇徐良村
……………………Tel：0517-86888477
江苏轩扬印务包装有限公司
地址：洪泽县工业园区东七街西侧
……………………Tel：0517-87206878
江苏辰光精工设备有限公司
地址：江苏省盱眙经济开发区新海大道18号
……………………Tel：0517-88294558
盱眙中意纸箱制造有限公司
地址：淮安市盱眙县盱城工业集中区新区漕涧路3号
……………………Tel：0517-88294598
盱眙盛隆纸箱制造有限公司地址：盱眙县工业开发区合欢大道东侧
……………………Tel：0517-88295877
江苏宏日印刷包装有限公司
地址：盱眙县盱城镇工业集中区
……………………Tel：0517-88355555
江苏百得包装制品有限公司
地址：江苏省盱眙县经济开发区宝山路北侧
……………………Tel：0517-88876963
淮安市西湖纸业制造厂
地址：淮安经济技术开发区新港办事处御西村七组
……………………Tel：0517-89866166
连云港市树人医药包装有限公司
地址：连云港经济技术开发区大浦工业区高新八路物流广场A区综合楼1001室
……………………Tel：0518-5916953
连云港市金荷纸业包装有限公司
地址：连云港市连云区东辛农场东方东路4号
……………………Tel：0518-80307200
连云港德立信包装材料有限公司
地址：中国（江苏）自由贸易试验区连云港片区经济技术开发区东方大道东路1号光伸科技企业孵化器A1-2号楼5号
……………………Tel：0518-80802206
连云港奥迪斯丹包装有限公司
地址：连云港经济技术开发区昌圩路19路
……………………Tel：0518-82236666
江苏中金玛泰医药包装有限公司
地址：连云港经济技术开发区长江路9号
……………………Tel：0518-82342727
江苏伟光铝塑包装有限公司
地址：连云港市海州区浦南开发区东海路东侧
……………………Tel：0518-85287120
连云港佳普包装材料有限公司
地址：连云港市新浦经济开发区珠江中路2号
……………………Tel：0518-85432797
连云港市新明机械制造有限公司
地址：遂宁市船山区永兴镇旗山村一社
……………………Tel：0518-85456121
连云港腾鹿医用包装材料有限公司
地址：连云港经济技术开发区大浦工业区金桥路20号
……………………Tel：0518-85479077
江苏瑞德医药包装有限公司
地址：连云港市赣榆区罗阳瑞德路9号
……………………Tel：0518-85527555
连云港南天国际经贸有限公司
地址：连云港市海州区海连东路43号
……………………Tel：0518-85692320
连云港骏途塑料包装有限公司
地址：连云港市赣榆县赣马镇驻地怀仁路
……………………Tel：0518-86381802
灌云县小伊造纸厂地址：灌云县南岗乡赵庄村
……………………Tel：0518-88207066
常州斯开龙包装机械有限公司
地址：常州市金坛区南二环东路2777号
……………………Tel：0519-68082018
常州斯道拉恩索包装技术有限公司
地址：武进国家高新技术产业开发区凤林南路198号
……………………Tel：0519-68218899
林帕克包装（常州）有限公司
地址：江苏省武进高新技术产业开发区凤栖路16号
……………………Tel：0519-69650388
江苏吉春集团有限公司
地址：天宁区郑陆镇工业小区
……………………Tel：0519-69698007
常州恩福赛印刷电子有限公司
地址：常州市新北区辽河路901号
……………………Tel：0519-69885592
常州顾氏印刷有限公司
地址：常州市钟楼开发区桂花路23号
……………………Tel：0519-69890978
江苏华基包装有限公司
地址：江苏省溧阳市埭头镇钢厂路8号
……………………Tel：0519-80896176
江苏汇丰中南包装有限公司
地址：溧阳市溧城镇羌申路1号
……………………Tel：0519-80983883
立诚包装有限公司
地址：溧阳市羌申路1号
……………………Tel：0519-80989809
瑞孚莱斯（常州）激光制版有限公司
地址：常州市新北区河海西路538号21号楼一楼东-2
……………………Tel：0519-81886366
常州市金坛古籍印刷厂有限公司
地址：常州市金坛区晨风路186号
……………………Tel：0519-82028796
江苏大自然印刷有限公司
地址：常州市武进区遥观镇工业园区（钱家村）
……………………Tel：0519-82089008
常州市金峰包装厂
地址：武进区遥观镇前杨村
……………………Tel：0519-82089028
江苏太平洋印刷有限公司
地址：常州市金坛区尧塘镇汤庄集镇西大街32号
……………………Tel：0519-82111009
常州市三洋精密制版有限公司
地址：常州市金坛区汇贤中路58号
……………………Tel：0519-82304198
常州市金坛区东吴图文印务制版厂
地址：常州市金坛区东环二路198号
……………………Tel：0519-82321690
金坛丰瑞包装有限公司
地址：金坛市直溪镇工业集中区直东路8号
……………………Tel：0519-82446956
常州宇辉节水科技有限公司
地址：常州市金坛区尧塘镇红旗村
……………………Tel：0519-82586169
金坛市金坤包装设备有限公司
地址：金坛市盐港路89号
……………………Tel：0519-82768638
高沃包装（江苏）有限公司
地址：常州市金坛区经济开发区双龙路6号
……………………Tel：0519-82828700
江苏五州信息技术有限公司
地址：常州市金坛区盐港中路211号
……………………Tel：0519-82858514
江苏盐道包装有限公司
地址：金坛市华阳北路160号
……………………Tel：0519-82859362
常州博斯特西太湖包装设备有限公司
地址：武进区镜湖西路26号
……………………Tel：0519-83021888
常州市永丰新材料科技有限公司
地址：常州市新北区罗溪镇空港工业集聚区
……………………Tel：0519-83204497
常州市武进造纸厂有限公司
地址：常州市新北区奔牛镇五兴苑2幢A座2-17
……………………Tel：0519-83211283
常州向阳印刷有限公司
地址：钟楼区运河路50号
……………………Tel：0519-83250002
常州市大华印刷有限公司
地址：钟楼经济开发区星港路59号
……………………Tel：0519-83271688
常州鼎唐电机有限公司
地址：钟楼经济开发区银杏路60号
……………………Tel：0519-83291032
常州市富强包装新材料有限公司
地址：常州市武进区湟里镇河南村河南路32号
……………………Tel：0519-83343388
常州市天方印刷有限公司
地址：常州市钟楼区邹区镇刘巷村
……………………Tel：0519-83567177
江苏奥迪制版有限公司
地址：常州市新北区奔牛镇奔牛村

…………………… Tel：0519-83600868
常州世纪金岳包装有限公司
地址：常州市钟楼区邹区镇鹤溪村
…………………… Tel：0519-83635608
常州市华健药用包装材料股份有限公司
地址：江苏武进经济开发区菊香路13号
…………………… Tel：0519-83888828
常州乾能包装有限公司
地址：武进区湟里镇村前村(迈步)
…………………… Tel：0519-83988551
格域包装科技（江苏）有限公司
地址：常州市武进区牛塘镇虹西路199号一号楼（常州市武进绿色建筑产业集聚示范区）
…………………… Tel：0519-83997710
江苏恒鑫格来登包装彩印有限公司
地址：常州市新北区河海工业园
…………………… Tel：0519-85068666
梓皓商贸（江苏）有限公司
地址：常州市新北区万达广场5-2116室
…………………… Tel：0519-85135211
华润化学材料科技股份有限公司
地址：常州新北区春江镇圩塘综合工业园
…………………… Tel：0519-85177777
江苏南方包装有限公司
地址：常州市五一路255号
…………………… Tel：0519-85266896
常州精和凹印制版有限公司
地址：常州市新北区春江镇建新路18号
…………………… Tel：0519-85338762
常州报业传媒印务有限公司
地址：常州市新北区新苑一路111号
…………………… Tel：0519-85486893
常州佳尔能印刷有限公司
地址：江苏省常州市新北区龙虎塘工业园北区
…………………… Tel：0519-85486893
常州韩利璧纸制造有限公司
地址：江苏省常州市金坛区金西工业园10号
…………………… Tel：0519-85569701
博瑞特东乡（江苏）包装有限公司
地址：江苏省常州市新北区东海路206号
…………………… Tel：0519-85610797
常州市伯山机械有限公司
地址：常州市新北区薛家镇薛冶路6-28号
…………………… Tel：0519-85951315
常州市贤德印刷有限公司
地址：武进区雪堰镇工业集中区
…………………… Tel：0519-86158072
常州市海森包装制品有限公司
地址：武进区雪堰镇漕桥工业集中区
…………………… Tel：0519-86216898
常州市佳盛包装印刷有限公司
地址：武进区礼嘉镇陆庄村
…………………… Tel：0519-86231089
常州市环球印刷制版厂
地址：武进区礼嘉镇秦巷村委甘东组
……………………Tel：0519-8623193
格瑞夫柔性包装（常州）有限公司
地址：江苏武进经济开发区腾龙路8号
…………………… Tel：0519-86312584
常州市天润纸管制造有限公司
地址：武进高新技术开发区贺北村工业园区
…………………… Tel：0519-86316582
常州市南吴制版印刷厂
地址：武进区牛塘镇卢家巷村
…………………… Tel：0519-86355835
江苏汤姆智能装备有限公司
地址：江苏省武进高新技术产业开发区凤栖路26号
…………………… Tel：0519-86480338
常州市武进前黄马家印制版厂
地址：武进区前黄镇南降村马家28号
…………………… Tel：0519-86517933
常州市武进第二印刷厂有限公司
地址：武进区湖塘镇东方路51号
…………………… Tel：0519-86552249
常州源富智造科技有限公司
地址：常州市武进区洛阳镇瞿家村瞿杨路15号
……………………Tel：0519-8657350
常州雅得印刷有限公司
地址：钟楼区桂花路50号
…………………… Tel：0519-86592066
常州市天宁茶山兰陵制版社
地址：常州市兰陵路38号
…………………… Tel：0519-86595700
常州印刷制版营销有限公司
地址：钟楼区荷花池街道关河西路88-110号
…………………… Tel：0519-86603068
常州市塑料彩印有限公司
地址：常州市天宁区郑陆镇青松村
…………………… Tel：0519-86628433
常州中意制版有限公司
地址：常州市钟楼区邹区镇卜弋友谊南路29号
…………………… Tel：0519-86695171
常州中意制版有限公司卜弋印刷包装分公司
地址：钟楼区邹区镇友谊南路29号
…………………… Tel：0519-86695171
江苏省邮电印刷厂
地址：常州市关河西路232号
…………………… Tel：0519-86762986
特耐王包装（常州）有限公司
地址：常州市新北区泰山中路207号
…………………… Tel：0519-86903828
常州市通华印刷有限公司
地址：常州市新北区汉强路6号
…………………… Tel：0519-86912335
溧阳市阳光纸业有限公司
地址：玉田县青庄坞村
…………………… Tel：0519-87101328
江苏瑞峰建设集团有限公司
地址：溧阳市溧城镇燕城大道206号26层
…………………… Tel：0519-87212771
溧阳市茂盛制版印刷厂
地址：溧阳市溧城镇昆仑花园图塘路123号营业房11、12号
…………………… Tel：0519-87308775
溧阳市鑫宇印刷有限公司
地址：溧阳市埭头镇工业集中区埭中路28号
…………………… Tel：0519-87311699
江苏东方印务有限公司
地址：溧阳市溧城镇东升路218号
…………………… Tel：0519-87328797
江苏华夏印刷有限公司
地址：溧阳市埭头集镇
…………………… Tel：0519-87360115
溧阳市金宇包装印刷有限公司
地址：溧阳市埭头镇工业园埭中路28号
…………………… Tel：0519-87366666
溧阳市远程包装有限公司
地址：溧阳市上黄镇飞跃路6号
…………………… Tel：0519-87397158
江苏威司顿印刷科技有限公司
地址：溧阳市戴埠镇工业集中区
…………………… Tel：0519-87912158
安德里茨胶辊（常州）有限公司
地址：常州国家高新技术产业开发区天山路49号
…………………… Tel：0519-88222808
常州市咸月印制版厂
地址：武进区遥观镇剑湖咸月公路
…………………… Tel：0519-88362569
常州永盛新材料装备股份有限公司
地址：常州市潞城街道富民路268号
…………………… Tel：0519-88402700
常州市鑫煌包装印刷有限公司
地址：武进区横林镇庆丰村
…………………… Tel：0519-88505213
常州小昇包装印刷有限公司
地址：武进区洛阳镇友谊村
…………………… Tel：0519-88520783
常州市金臣纸塑包装材料厂
地址：常州市武进区洛阳镇管城村
…………………… Tel：0519-88551416
常州市戴溪塑料制版有限公司
地址：武进区洛阳镇管城村
…………………… Tel：0519-88551621
常州市协和星宇机械制造有限公司
地址：南安市石井镇菊江村
…………………… Tel：0519-88610071
常州市武进江南印刷机械有限公司
地址：北京市大兴区榆垡镇榆顺路5号
…………………… Tel：0519-88670868
常州怡康盖业有限公司
地址：常州市天宁区郑陆镇焦溪工业集中区
…………………… Tel：0519-88672908
常州市遥观包装有限公司
地址：武进区遥观镇留道村
…………………… Tel：0519-88708322
常州金鹰医药包装有限公司
地址：天宁区郑陆镇施家巷东白洋110号
…………………… Tel：0519-88739613
常州印刷电子产业研究院有限公司
地址：常州市新北区辽河路901号
…………………… Tel：0519-88850171
常州高新区印刷电子产业基金创业投资有限公司
地址：常州市新北区龙虎塘街道新苑三路111号5号楼
…………………… Tel：0519-88850171
常州市华彩印刷有限公司
地址：武进区湖塘镇城西工业园顺枫路3号
…………………… Tel：0519-88869598
常州市恒鑫之懿制版有限公司
地址：常州市钟楼区河景花园28号
…………………… Tel：0519-88870866
常州市恒鑫包装彩印有限公司
地址：天宁区郑陆镇焦溪工业集中区
…………………… Tel：0519-88902068
常州宏业包装材料有限公司
地址：天宁区郑陆镇三皇庙村
…………………… Tel：0519-88931789
江苏泽邦包装材料有限公司
地址：江苏武进经济开发区腾龙路1号
…………………… Tel：0519-89180261
常州宏峰包装材料有限公司
地址：常州新北区新桥镇朱家村
…………………… Tel：0519-89180987
长牛建筑科技（江苏）有限公司
地址：常州市新北区黄河西路8号
…………………… Tel：0519-89880158
泰兴市中燕制版机厂
地址：泰兴市济川街道新联村
……………………Tel：0523-7696705
江苏玖润包装有限公司
地址：泰州市高港科创园创业大道北侧
…………………… Tel：0523-80105766
新煜新材料（泰州）有限公司
地址：兴化市大垛镇朝阳路东侧
…………………… Tel：0523-80212272
江苏中源包装制品有限公司
地址：兴化市林湖乡工业集中区
…………………… Tel：0523-80259216
江苏凯威药用包装有限公司
地址：泰州市高港区口岸街道春港东路666号
…………………… Tel：0523-80758206
江苏神彩印刷包装材料有限公司
地址：兴化市安丰镇工业园区丰收路6号
…………………… Tel：0523-80951638
江苏金扬子包装科技有限公司
地址：兴化市张郭镇科技园区88号
…………………… Tel：0523-80951855
靖江市荣顺科技有限公司
地址：靖江市靖城横港南路60号
…………………… Tel：0523-81163599
江苏泰集包装股份有限公司
地址：泰州市药城大道一号（科技大厦）208室
…………………… Tel：0523-82096031
泰州永盛包装股份有限公司
地址：江苏省泰州市高港区科技创业园
…………………… Tel：0523-82219716
江苏凯华集团有限公司
地址：兴化市张郭镇张广路28号
…………………… Tel：0523-82323800
真美包装科技泰州有限公司
地址：泰州市药城大道900号医疗器械区二期标准厂房11号楼.
…………………… Tel：0523-82718788
泰州市志祥纸箱制造有限公司
地址：姜堰区溱潼镇姜溱公路（原姜堰市源丰玻璃有限公司内）
…………………… Tel：0523-82835913
兴化市日盛包装材料有限公司
地址：兴化市安丰镇双联村
…………………… Tel：0523-83136888
兴化市造纸网厂
地址：兴化市阳山西路西首过境公路口
…………………… Tel：0523-83266368
泰州盛源包装材料有限公司
地址：兴化市大垛镇创业路68号
…………………… Tel：0523-83664057
江苏双蝶集团有限公司
地址：兴化市周庄镇薛庄村
…………………… Tel：0523-83744699
伟伽包装材料（江苏）有限公司
地址：兴化市张郭镇赵万村南甸区域
…………………… Tel：0523-83769788
江苏华东包装科技有限公司
地址：兴化市戴窑镇工业园区
…………………… Tel：0523-83950166
兴化市天正造纸机械配件厂
地址：兴化市戴南镇赵家工业区
…………………… Tel：0523-83983420
靖江市奇虎包装材料有限公司
地址：靖江市西来镇桐村村部
…………………… Tel：0523-84260889
靖江市三骐纸制品制造有限公司
地址：靖江市西来镇土桥中学对面
…………………… Tel：0523-84268669
靖江市华辉纸箱制造有限公司
地址：新抚区福民路23-1号楼3单元201号
…………………… Tel：0523-84525001
靖江市祥龙纸管制造有限公司
地址：靖江市团结工业园区
…………………… Tel：0523-84527678
靖江市三元制版厂
地址：季市镇三元桥南首
…………………… Tel：0523-84531286
靖江市三元制版厂斜桥分厂
地址：靖江经济技术开发区新港大道29号
…………………… Tel：0523-84531286
靖江市靖西制版厂
地址：靖江市孤山镇北煤矿北200米
…………………… Tel：0523-84561898
靖江市新世纪邮政印刷有限公司
地址：靖江市马桥镇西首
…………………… Tel：0523-84581888
江苏光明印刷有限公司
地址：靖江市靖城工农桥东首
…………………… Tel：0523-84650012
靖江洛克威尔机械制造有限公司
地址：靖江市马桥镇正茂路209号
…………………… Tel：0523-84680198
靖江市江宏纸管机械制造有限公司
地址：靖江经济开发区城北园区新三路8号
…………………… Tel：0523-84808061
靖江市金龙制版彩印厂
地址：靖江市北环路8号
…………………… Tel：0523-84854855
泰州奥瑞金苏萨金属包装有限公司
地址：泰州市高港高新技术产业园创新大道南侧
…………………… Tel：0523-86111838
江苏飞龙彩印包装有限公司
地址：泰州市高港科技创业园
…………………… Tel：0523-86119918
江苏登科健康产业发展有限公司
地址：泰州市药城大道877号
…………………… Tel：0523-86141777
泰州市兴文印刷厂
地址：海陵区人民西路117号7幢
…………………… Tel：0523-86232097
江苏易记包装制品有限公司
地址：泰州市海陵区吴州北路191号
…………………… Tel：0523-86553420
利德宝包装制品（泰州）有限公司
地址：泰州市海陵区梅兰东路66-21号
…………………… Tel：0523-86658710
格莱汉姆包装产品（泰州）有限公司
地址：泰州市药城大道359号制瓶车间.
…………………… Tel：0523-86811328
江苏澳伦特印刷器材有限公司
地址：泰州市高港区口岸街道板子桥路1号
…………………… Tel：0523-86931938
泰州市东方印刷版材有限公司
地址：泰州市高港区江平路38号
…………………… Tel：0523-86963908
江苏乐彩印刷材料有限公司
地址：泰州市高港区胡庄镇泰胡路西工业集中区
…………………… Tel：0523-86969522
泰州市凯圣印刷制品有限公司
地址：泰州市扬子江路53号
…………………… Tel：0523-86976298
泰州金源包装容器有限公司
地址：泰兴市黄桥工业园区友谊路与兴园路交界处
…………………… Tel：0523-87101868
江苏耀宇造纸机械设备股份有限公司地址：泰兴市滨江镇西江村临江9组

…………………… Tel：0523-87132695
泰兴市特种灯具制版厂
地址：泰兴市蒋华镇迎幸路
…………………… Tel：0523-87411486
泰兴市振华制版仪器有限公司
地址：泰兴市虹桥镇清水村天宅组
…………………… Tel：0523-87414168
泰州市德彩印刷科技有限公司
地址：泰兴市虹桥镇季桥村
…………………… Tel：0523-87428336
泰兴市季氏兄弟制版设备有限公司
地址：泰兴市滨江镇卢碾村
…………………… Tel：0523-87458366
江苏神彩商贸有限公司
地址：泰兴市济川街道蔡巷村澄江西路38#
…………………… Tel：0523-87459588
江苏菲德利尔造纸机械股份有限公司
地址：泰兴市滨江镇江平北路480号
…………………… Tel：0523-87530890
泰兴市双星印刷厂有限公司
地址：泰兴市通江路金城小区8号
…………………… Tel：0523-87603931
泰兴市银杏票据印刷有限公司
地址：泰兴市城东工业园南二环东延南侧
…………………… Tel：0523-87636831
中兴建设有限公司
地址：泰兴市济川路26号
…………………… Tel：0523-87654171
泰兴市兴裕印刷制版机器厂
地址：泰兴市根思乡老叶村
…………………… Tel：0523-87665189
泰兴市鸿祥印刷机械有限公司
地址：泰兴市兴燕路125号
…………………… Tel：0523-87684802
泰兴开广包装器材有限公司
地址：泰兴市泰兴镇江平北路51-53号
…………………… Tel：0523-87728666
泰兴市制版机械厂
地址：泰兴市根思路52号
…………………… Tel：0523-87732763
江苏永兴医药包装有限公司
地址：泰兴经济开发区城区工业园振兴路8号
…………………… Tel：0523-87736578
江苏天峰包装印刷有限公司
地址：泰兴市根思路50-1号
…………………… Tel：0523-87755212
江苏鑫瑞特造纸机械有限公司
地址：泰兴市城区工业园区庄基路33号
…………………… Tel：0523-87763716
中江集团姜堰正太公司
地址：姜堰镇三水大道188号
…………………… Tel：0523-88129679
泰州市万邦总承包房屋开发有限公司
地址：姜堰区姜堰区罗塘街道南环西路888号
…………………… Tel：0523-88229600
泰州市华业建筑安装总承包有限公司
地址：泰州市姜堰区罗塘街道五星路8号
…………………… Tel：0523-88229600
泰州市粤源包装有限公司
地址：江苏省泰州市姜堰区梁徐镇双登科工园
…………………… Tel：0523-88358843
泰州市源鑫包装有限公司
地址：泰州市姜堰区梁徐镇黄村村三组
…………………… Tel：0523-88358843
江苏浩隆包装有限公司
地址：江苏省姜堰经济开发区五金路508号
…………………… Tel：0523-88363976
泰州双胜包装有限公司
地址：泰州市姜堰区顾高镇工业园区
…………………… Tel：0523-88394459
特耐王包装（江苏）有限公司
地址：江苏省泰州市姜堰区顾高镇双园路99号
…………………… Tel：0523-88398828
永发（江苏）模塑包装科技有限公司
地址：泰州市姜堰区大伦镇桥东村
…………………… Tel：0523-88515980
江苏康普印刷科技有限公司
地址：泰州市姜堰区高新技术装备产业园区
…………………… Tel：0523-88685569
泰州市溪龙包装有限公司
地址：泰州市姜堰区淤溪镇下庄村
…………………… Tel：0523-88793888
新洲包装科技（江苏）有限公司
地址：南京市六合区龙池街道六合经济开发区时代大道90号
…………………… Tel：052-57098868
新洲印刷（江苏）有限公司
地址：南京市六合区龙池街道六合经济开发区时代大道90号
…………………… Tel：052-57098868
江苏蓝鹰包装材料有限公司
地址：宿迁市湖滨新区奥体路6号(宿迁市高性能复合材料产业集聚区管委会609室)
…………………… Tel：0527-12345678
沭阳飞腾包装箱厂
地址：沭阳县扎下镇工业园区
…………………… Tel：0527-12345678
江苏金之彩集团有限公司
地址：江苏泗阳经济开发区珠海路15号
…………………… Tel：0527-5377200
江苏多彩包装材料股份有限公司
地址：沭阳县经济开发区官西大道西侧萧山路北侧
…………………… Tel：0527-80201922
晟富包装制品江苏有限公司
地址：沭阳县经济开发区慈溪路南侧官西大沟西侧
…………………… Tel：0527-80702223
广弗包装有限公司
地址：沭阳县经济开发区邦源路北侧、新205国道西侧
…………………… Tel：0527-80702226
江苏郦达包装有限公司
地址：沭阳县经济开发区慈溪路南义乌路西
…………………… Tel：0527-80812057
宿迁市创越包装有限公司
地址：宿豫经济开发区新安江路东侧
…………………… Tel：0527-80986803
江苏中德包装机械有限公司
地址：宿迁经济技术开发区通州路756号
…………………… Tel：0527-8105111
宿迁市金印包装印刷股份有限公司
地址：江苏吴中宿城工业园内B2栋
…………………… Tel：0527-81221006
宿迁轩荣包装材料有限公司
地址：宿迁经济技术开发区通达大道123号
…………………… Tel：0527-81234188
宿迁铠曼防伪包装技术有限公司
地址：宿迁市洋河新区包装创意产业园内8号标准厂房
…………………… Tel：0527-81260876
江苏华印广联包装有限公司
地址：宿迁市洋河镇洋厝路西侧
…………………… Tel：0527-82166550
江苏诚天包装有限公司
地址：宿迁经济技术开发区环城南路南侧
…………………… Tel：0527-82881222
江苏亚森菁伊湖包装材料有限公司
地址：沭阳县青伊湖镇工业区桑高路58号
…………………… Tel：0527-83269098
淮安赫德兹彩色印刷包装有限公司
地址：淮安市经济技术开发区飞耀北路10号
…………………… Tel：0527-83332097
宿迁市唯恒包装科技有限公司
地址：宿迁市耿车镇循环经济产业园科创路西侧19#厂房
…………………… Tel：0527-84236797
江苏双星彩塑新材料股份有限公司
地址：宿迁市宿豫区彩塑工业园区井头街1号
…………………… Tel：0527-84252088
宿迁市新华印刷有限公司
地址：宿迁市宿城区经济开发区建业路
…………………… Tel：0527-84272966
宿迁市康盛印刷包装有限公司
地址：宿迁市宿城经济开发南区内创业路北侧
…………………… Tel：0527-84275818
宿迁日报社印刷厂有限公司
地址：宿迁市宿城区经济开发区科工路（三石集团对面）
…………………… Tel：0527-84389889
江苏文武包装有限公司
地址：宿迁市经济开发区东区珠江路南端
…………………… Tel：0527-84459889
江苏景宏新材料科技有限公司
地址：宿豫经济开发区瓯江路东侧、昆仑山路北侧
…………………… Tel：0527-84461666
秋山绿色印刷包装江苏有限公司
地址：宿迁经济技术开发区东吴路1777号
…………………… Tel：0527-84506898
江苏万国包装材料有限公司
地址：宿迁经济开发区金鸡湖路南侧（伟盛实业院内）
…………………… Tel：0527-84567200
江苏蒙帮包装有限公司
地址：宿迁经济技术开发区智能小家电产业园西区A2栋标准厂房
…………………… Tel：0527-84567700
宿迁佳鑫纸品包装有限公司
地址：宿迁市宿城区古城路28号
…………………… Tel：0527-84574168
江苏宇强环保包装有限公司
地址：宿迁市宿城区埠子镇工业园区纬一路8号
…………………… Tel：0527-84600169
宿迁梦都贸易有限公司
地址：宿迁市洋河镇洋厝路西侧
…………………… Tel：0527-84931599
江苏洋河包装有限公司
地址：江苏省宿迁市洋河镇中大街118号
…………………… Tel：0527-84939217
江苏金之彩集团金日印刷有限公司
地址：泗阳县工业园区东区
…………………… Tel：0527-85228800
江苏溢彩包装科技有限公司
地址：泗阳县经济开发区东区淮海路一号
…………………… Tel：0527-85377200
江苏智善包装有限公司
地址：泗阳县经济开发区众兴东路266号
…………………… Tel：0527-85539968
江苏瑞好科技有限公司
地址：泗阳县李口镇工业集中区
…………………… Tel：0527-85612188
江苏邦格包装有限公司
地址：泗阳县众兴镇发展大道南50米
…………………… Tel：0527-85682586
宿迁市宿城区中科造纸原料加工厂地址：宿城区中扬镇中扬街北
…………………… Tel：0527-85746055
宿迁市包装印刷有限公司
地址：江苏省宿迁高新技术产业开发区嘉陵江路87号
…………………… Tel：0527-86082688
泗洪梦卡迪包装有限公司
地址：泗洪经济开发区瑶沟工业园嘉达路西侧
…………………… Tel：0527-86387003
江苏原创印刷有限公司
地址：泗洪县双沟镇工业园区北区
…………………… Tel：0527-86710007
宿迁市方正包装有限公司
地址：宿迁经济技术开发区建陵路201号
…………………… Tel：0527-88019567
宿迁市三石包装容器有限公司
地址：宿迁市宿城经济开发区西区科工路东侧
…………………… Tel：0527-88105602
宿迁恒旺包装科技有限公司
地址：宿迁经济技术开发区广州路南侧
…………………… Tel：0527-88121188
宿迁市强生纸管制造有限公司
地址：宿迁市宿豫区顺河镇春绿粮油工业园
…………………… Tel：0527-88132888
江苏新亚彩印包装有限公司
地址：宿城经济开发区民便路2号
…………………… Tel：0527-88268688
宇创包装材料江苏有限公司
地址：宿迁经济技术开发区金鸡湖路185号
…………………… Tel：0527-88285988
江苏中印机械制造有限公司
地址：南通市经济技术开发区通盛大道188号A幢808-A室
…………………… Tel：0527-88286663
江苏中铂智能制造有限公司
地址：宿迁经济技术开发区东吴路1777号
…………………… Tel：0527-88286663
江苏永和环保包装有限公司
地址：宿迁经济技术开发区通达大道西侧东吴路北侧
…………………… Tel：0527-88286663
江苏上上印刷科技股份有限公司
地址：宿迁市经济开发区发展大道西侧
…………………… Tel：0527-88286663
江苏中彩包装科技有限公司
地址：泗阳县经济开发区东区（标二期）
…………………… Tel：0527-88332110
江苏鉴涛包装科技有限公司
地址：宿迁经济技术开发区富民大道东侧、深圳路南侧（江苏膜可光学材料有限公司院内）
…………………… Tel：0527-88855518
宿迁维港包装有限公司
地址：宿迁经济技术开发区台商产业园西C区9-1栋
…………………… Tel：0527-88859727
宿迁正茂包装有限公司
地址：宿迁经济技术开发区世纪大道301号8号厂房
…………………… Tel：0527-88859852
江苏蓝天包装科技有限公司
地址：宿迁市湖滨新区双星大道88号
…………………… Tel：0527-88883388
宿迁市雅昌彩色印刷有限公司
地址：宿迁市宿城经济开发区（南区）轩辕大道6号
…………………… Tel：0527-88982111
宿迁市洋河新区润洋包装发展有限公司
地址：宿迁市洋河新区金樽路东侧
…………………… Tel：0527-88982999
江苏金孔雀包装科技产业有限公司
地址：宿迁市洋河新城洋厝路与洋一路交界处
…………………… Tel：0527-88982999
江苏鹏翔包装材料有限公司
地址：泗阳县经济开发区广东路北侧宇龙光电科技旁边
…………………… Tel：0527-89680010
泗阳复兴彩色包装印刷有限公司
地址：泗阳县李口镇其虎村通达大道9号（道口工业园）
…………………… Tel：0527-89689818
江苏乔森包装有限公司
地址：泗洪县常熟泗洪工业园区金沙江路北侧玉环路东侧
…………………… Tel：0527-89898000
无锡湘兰科技有限公司地址：宜兴市万石镇南漕申兴西路33号
…………………… Tel：0551-64257708
南通市鸿宁软包装彩印有限公司
地址：海门经济技术开发区珠海路北、湘江路东
…………………… Tel：0563-58340327
江苏申新包装有限公司
地址：南通市开发区江山路998号
…………………… Tel：0571-82857057
昆山精运印刷材料有限公司
地址：花桥镇亚太广场5号楼1907、1908、1909、1910、1911、1912室
…………………… Tel：0574-62102680
江苏福贞金属包装有限公司
地址：江苏中关村科技产业园泓口路218号
…………………… Tel：0596-6765345

浙江省

亚洲包装中心有限公司
地址：浙江省杭州市上城区钱江路639号610室
…………………… Tel：0571-28277371
中国制浆造纸研究院衢州分院
地址：浙江省衢州市衢江区求实路216号、218号、220号
…………………… Tel：0570-2776000
衢州泽潇医用包装材料有限公司
地址：浙江省衢州市衢江区桔海二路2号
…………………… Tel：0570-2858661
衢州汇丰造纸设计有限公司
地址：杭州市下城区朝晖六区新市街64号208、209室
…………………… Tel：0570-2933305
衢州胜帮纸桶制造有限公司
地址：浙江省衢州市柯城区港琴东路2号

……………………Tel：0570-3375468
衢州市华颐达包装有限公司
地址：衢州市东港二路20号
……………………Tel：0570-3832622
衢州奥威特环保造纸器材有限公司
地址：衢州市柯城区万田乡余家山头村白塔山
……………………Tel：0570-3865921
浙江甲壳虫印刷包装有限公司
地址：浙江省开化县城关镇茶园路16号
……………………Tel：0570-6520380
浙江甲壳虫印刷包装有限公司
地址：浙江省开化县城关镇茶园路16号
……………………Tel：0570-6520380
开化龙达印刷包装有限公司
地址：浙江省开化县华埠镇华埠路1号
……………………Tel：0570-6901666
浙江杜山集团华昌印刷有限公司
地址：浙江省衢州市龙游县龙洲街道巨龙路84号
……………………Tel：0570-7022445
龙游联兴造纸机械设备有限公司
地址：浙江省衢州市龙游县龙洲街道衢龙路48号
……………………Tel：0570-7029318
龙游恒丰造纸化学品有限公司
地址：浙江省衢州市龙游县东华街道五爪垄
……………………Tel：0570-7255773
龙游运城压纹制版有限公司
地址：浙江省衢州市龙游县浙江龙游工业园区龙岗路
……………………Tel：0570-7333001
浙江神龙造纸助剂有限公司
地址：浙江龙游工业园区北斗大道
……………………Tel：0570-7566111
浙江龙昌造纸科技有限公司
地址：浙江龙游工业园区金星大道
……………………Tel：0570-7566665
龙游运申制版有限公司
地址：浙江省衢州市龙游县浙江龙游工业园区凤山路2号
……………………Tel：0570-7789891
衢州市德宏印刷机械有限公司
地址：浙江省衢州市东港一路49号3幢
……………………Tel：0570-8260331
衢州金利造纸科技有限公司地址：浙江省衢州市柯城区白云街道须江路51号财富中心3幢710室
……………………Tel：0570-8521890
浙江艺成印刷有限公司
地址：浙江省衢州市柯城区芦林中路9号
……………………Tel：0570-8563333
衢州飞洋制版有限公司
地址：浙江省衢州市衢江区南山路100号101室
……………………Tel：0570-8811688
衢州市人民印刷厂有限公司地址：浙江省衢州市衢江区桔海一路9号（北侧）
……………………Tel：0570-8877571
杭州三力中港印刷有限公司
地址：杭州市萧山区杭州江东工业园区江东三路7459号
……………………Tel：0571-22663552
网屏精密设备（杭州）有限公司
地址：萧山经济技术开发区桥南区块春晖路7号
……………………Tel：0571-22861088
浙江至美包装彩印有限公司
地址：杭州市萧山经济技术开发区桥南区块鸿兴路328号
……………………Tel：0571-22895865
杭州伟天包装制品有限公司
地址：浙江省杭州市富阳区新登镇新登新区平山路69号
……………………Tel：0571-23200703
杭州富阳和辉造纸原料有限公司
地址：杭州富阳区春江街道太平村
……………………Tel：0571-23257555
杭州富阳区春江街道顶峰造纸助剂厂
地址：西平县环城乡王店村西
……………………Tel：0571-23267559
杭州富阳天地造纸实业有限公司
地址：浙江省湖州市长兴县洪桥镇陈桥村
……………………Tel：0571-23288379
杭州秉信环保包装有限公司
地址：浙江省杭州经济技术开发区下沙街道围垦街439号
……………………Tel：0571-28116827
世包中心海宁产业园有限公司
地址：浙江省海宁市尖山新区新城路360号101室
……………………Tel：0571-28277369
世界包装中心集团有限公司
地址：浙江省杭州市上城区钱江路639号609室
……………………Tel：0571-28277382
杭州新奥包装材料有限公司
地址：杭州市西湖区三墩镇西园路9号A306室
……………………Tel：0571-28339222
华泰印刷包装股份有限公司
地址：杭州市萧山区河上镇工业功能区（河上镇大桥村）
……………………Tel：0571-28886610
杭州人民印刷有限公司
地址：杭州市江干区天台山路21号
……………………Tel：0571-28886610
华泰印刷包装股份有限公司
地址：杭州市萧山区河上镇工业功能区（河上镇大桥村）
……………………Tel：0571-28886610
杭州华翔办公设备有限公司纸品制造厂
地址：阳春市圭岗镇山根
……………………Tel：0571-56776333
杭州优印包装印刷有限公司
地址：建德市乾潭镇陵上新村2号厂房
……………………Tel：0571-58319202
杭州苏和盛包装材料有限公司
地址：桐庐经济开发区东兴路388号
……………………Tel：0571-58567773
杭州苏和盛包装材料有限公司
地址：桐庐经济开发区东兴路388号
……………………Tel：0571-58567773
杭州富阳华鑫造纸机械有限公司
地址：杭州富阳区春江街道山建村田丰
……………………Tel：0571-58971317
杭州环申包装新材料股份有限公司
地址：浙江省杭州市临安区青山湖街道大康路98号
……………………Tel：0571-61077885
杭州麓启贸易有限公司
地址：萧山区新塘街道畈里董村
……………………Tel：0571-61097200
杭州富阳中凯造纸机械有限公司
地址：杭州余杭区崇贤向阳村。
……………………Tel：0571-63151768
杭州富阳艺顺纸塑有限公司
地址：浙江省杭州市富阳区鹿山街道裕阳路1号
……………………Tel：0571-63160783
杭州富阳金宇包装有限公司
地址：浙江省杭州市富阳区新桐乡新桐村
……………………Tel：0571-63168709
杭州富阳新申造纸厂
地址：浙江省杭州市富阳区永昌镇永昌村永桥
……………………Tel：0571-63201960
杭州富阳美术印刷有限公司
地址：杭州富阳区新登镇共和北路278号
……………………Tel：0571-63251742
杭州富阳蓉涛胶印制版厂
地址：杭州富阳区银湖街道新桥新路17号
……………………Tel：0571-63337508
杭州富阳烽火造纸机械有限公司
地址：溆浦县低庄镇东门村三组
……………………Tel：0571-63342575
杭州东杰造纸机械有限公司
地址：浙江省杭州市富阳区东洲街道木桥头
……………………Tel：0571-63466181
杭州富阳元建造纸化学品开发有限公司
地址：杭州富阳区春建乡工业功能区22号
……………………Tel：0571-63477918
杭州富阳蓝虹造纸厂
地址：浙江省杭州市富阳区春建乡春建村下高
……………………Tel：0571-63491661
杭州创新轻工机械有限公司
地址：浙江省杭州市富阳区场口镇白石皎村
……………………Tel：0571-63518688
杭州春胜造纸技术研究院有限公司
地址：浙江省杭州市富阳区春江街道江南路68号第2幢
……………………Tel：0571-63519028
富阳宏立造纸厂
地址：富阳市灵桥镇灵桥村
……………………Tel：0571-63529978
杭州富阳百达造纸厂
地址：饶阳县南善工业区
……………………Tel：0571-63541670
杭州富阳宏泰造纸有限公司
地址：杭州富阳区大源镇 口村
……………………Tel：0571-63541898
杭州富阳凯达造纸厂
地址：犍为县同兴乡永红村
……………………Tel：0571-63552791
富阳市江滨造纸厂
地址：富阳市灵桥镇工业功能区
……………………Tel：0571-63558788
杭州富阳名扬造纸机械有限公司
地址：杭州富阳区春江街道太平村南峰
……………………Tel：0571-63580107
杭州富阳振兴造纸厂
地址：杭州富阳区春江街道民主村直塘
……………………Tel：0571-63583145
杭州富阳志鑫造纸机械有限公司地址：浙江省杭州市富阳区春江街道新建村
……………………Tel：0571-63583304
杭州富阳江南造纸原料有限公司
地址：杭州富阳区春江街道建设村
……………………Tel：0571-63583373
杭州永博包装有限公司
地址：杭州富阳区春江街道春联工业区1号第3幢303室
……………………Tel：0571-63587998
杭州富阳昌盛造纸设备商行
地址：安新县旅游路
……………………Tel：0571-63589912
杭州富阳中杰造纸配件商行
地址：浙江省杭州市富阳区富春街道公望街1158-2、1158-4（峰力五金机电市场内）
……………………Tel：0571-63589967
富阳华胜造纸厂
地址：保定市满城区大册营造纸工业区
……………………Tel：0571-63591028
杭州富阳亭山造纸二厂
地址：杭州富阳区大源镇
……………………Tel：0571-63592709
杭州临安雨洁包装用品有限公司
地址：浙江省杭州市临安区玲珑街道雅园村
……………………Tel：0571-63639698
杭州美可包装制品有限公司
地址：浙江省杭州市临安市高虹镇曙光路3号
……………………Tel：0571-63778131
临安双利造纸厂
地址：公安县闸口镇新华路
……………………Tel：0571-63789398
浙江乾鑫帆纸业有限公司
地址：建德市三都镇工业功能区
……………………Tel：0571-64184588
杭州富阳恒亿造纸机械有限公司
地址：嘉定区南翔镇嘉美路1988号5幢3091室
……………………Tel：0571-64258332
杭州凯昌造纸机械有限公司
地址：桐庐县江南镇锦江村会山
……………………Tel：0571-64261676
杭州华星印务股份有限公司
地址：浙江省桐庐县凤川镇西庄
……………………Tel：0571-64268888
杭州富春印务有限公司
地址：浙江省桐庐县瑶琳镇新村路3号
……………………Tel：0571-64361068
杭州伟邦印刷有限公司
地址：桐庐县城宏美路58号
……………………Tel：0571-64600338
浙江盈翔包装有限公司
地址：建德市新安江街道工业功能区
……………………Tel：0571-64722802
杭州章光一零一包装有限公司
地址：淳安县千岛湖镇鼓山大道328号3幢
……………………Tel：0571-64800101
杭州三恒包装材料有限公司
地址：浙江省桐庐经济开发区宝心路499号
……………………Tel：0571-69966737
杭州顺发包装有限公司
地址：杭州经济技术开发区白杨街道围垦街66-2号制盖车间C区
……………………Tel：0571-81067226
杭州松源印刷包装有限公司
地址：浙江省杭州经济技术开发区白杨街道围垦街66-2号
……………………Tel：0571-81067249
杭州倍生实业有限公司
地址：杭州富阳区里山镇江滨路9号
……………………Tel：0571-81603485
杭州佳辉纸品有限公司
地址：萧山区河上镇朱家村
……………………Tel：0571-82136101
浙江最红控股集团有限公司
地址：萧山区河上镇
……………………Tel：0571-82205261
浙江大胜达包装股份有限公司
地址：浙江省杭州市萧山区萧山经济技术开发区红垦农场垦瑞路518号
……………………Tel：0571-82231019
杭州嵩阳印刷实业有限公司
地址：萧山区河上镇紫霞村
……………………Tel：0571-82269875
浙江彩通印刷包装有限公司
地址：萧山区闻堰镇三江口村（东汪）
……………………Tel：0571-82301234
杭州铁踏激光制版有限公司
地址：萧山区义桥镇湘东村
……………………Tel：0571-82302811
杭州超全造纸机械有限公司
地址：萧山区浦阳镇江南村
……………………Tel：0571-82320516
杭州寅天造纸机械有限公司
地址：萧山区进化镇新江村
……………………Tel：0571-82320516
杭州萧山进化镇马家造纸机械配件厂
地址：萧山区进化镇天乐村
……………………Tel：0571-82355135
杭州永捷泰实业有限公司
地址：浙江省萧山浦阳镇下山俞村八甲山
……………………Tel：0571-82401217
杭州萧山陶氏造纸设备有限公司
地址：浏河镇新塘镇
……………………Tel：0571-82402638
杭州华业造纸机械有限公司
地址：北京市通州区潞城镇大台村西
……………………Tel：0571-82403088
杭州哲涛印刷有限公司
地址：萧山区所前镇所市路126号
……………………Tel：0571-82450588
杭州萧山钱江印刷制版厂
地址：萧山区进化镇欢潭（付家）村
……………………Tel：0571-82451005
杭州萧山祝氏造纸机械厂
地址：太原市小店区汾东北路97号
……………………Tel：0571-82457105
杭州萧山沪萧制版彩印厂
地址：浙江省杭州市萧山区瓜沥镇群益村
……………………Tel：0571-82522896
杭州洪晨包装有限公司
地址：浙江省杭州市萧山区益农镇红阳路8号
……………………Tel：0571-82526318
湖州鑫盛镀膜包装有限公司
地址：湖州市龙溪路208号
……………………Tel：0571-82605008
杭州盛能建设有限公司
地址：浙江省杭州市萧山区北干街道金鹭银座1幢702室
……………………Tel：0571-82638891
杭州华翰造纸检测仪器设备有限公司
地址：杭州富阳区大源镇
……………………Tel：0571-82662306
杭州杭化哈利玛化工有限公司
地址：萧山经济技术开发区桥南区块鸿达路87号
……………………Tel：0571-82695232
浙江科印数码印刷有限公司
地址：萧山区新塘街道董家埭社区
……………………Tel：0571-82700573
浙江新中商务印刷有限公司
地址：浙江省杭州市萧山区临浦镇通二村
……………………Tel：0571-82717480
浙江亚铭威印刷包装有限公司
地址：浙江省杭州市萧山区进化镇凤凰山村
……………………Tel：0571-82755166
杭州迪宝彩印包装有限公司

地址：浙江省杭州市萧山区经济技术开发区桥南区块春潮路53号
……Tel：0571-82776918

杭州钱塘彩印包装有限公司
地址：萧山区衙前镇新林周村
……Tel：0571-82782125

松裕印刷包装有限公司
地址：萧山区经济技术开发区桥南区块恒盛路5号
……Tel：0571-82830309

松裕印刷包装有限公司
地址：萧山区经济技术开发区桥南区块恒盛路5号
……Tel：0571-82830309

胜达集团有限公司
地址：浙江省杭州市萧山区宁围街道市心北路2036号东方至尊国际中心1幢21层
……Tel：0571-82831019

杭州伟成印刷有限公司
地址：萧山经济技术开发区红垦农场垦辉六路999号
……Tel：0571-82836888

浙江申新包装实业有限公司
地址：萧山区新街街道盛中村
……Tel：0571-82857057

杭州萧山南阳造纸有限公司
地址：萧山区南阳街道红山村
……Tel：0571-82978093

杭州永瑞包装有限公司
地址：萧山区瓜沥镇永联村
……Tel：0571-83717895

浙江大胜达智能包装有限公司
地址：浙江省杭州市萧山区萧山经济技术开发区红垦农场垦瑞路518号
……Tel：0571-83825807

杭州佳园彩色印刷有限公司
地址：浙江省杭州市西湖区西园一路12号3幢1楼105室
……Tel：0571-85047183

浙江新华青年印刷有限公司
地址：杭州市下沙文海北路369号
……Tel：0571-85108712

杭州华加造纸机械有限公司
地址：公安县藕池镇人民街蒋家塔
……Tel：0571-85133479

杭州华恒造纸机械有限公司
地址：杭州市下城区朝晖六区新市街64号208、209室
……Tel：0571-85135092

浙江印刷集团有限公司
地址：浙江省杭州市环城北路177号
……Tel：0571-85171298

浙江省出版印刷物资集团有限公司
地址：浙江省文晖路108号2幢
……Tel：0571-85172758

杭州胜业印刷有限公司
地址：杭州市西湖区西溪路938号
……Tel：0571-85223890

杭州通泰彩色图文制版厂
地址：杭州市下城区上塘路239号东方豪园俊豪阁504室
……Tel：0571-85303534

杭州蓝天印刷技术开发有限公司
地址：浙江省杭州市拱墅区美都广场商铺16号一楼
……Tel：0571-85304578

浙江碧海实业有限公司
地址：杭州余杭经济技术开发区天荷路113号
……Tel：0571-85304578

杭州新中商务印刷有限公司
地址：萧山区新塘街道拱秀路1088号
……Tel：0571-85357901

浙江三力印刷有限公司
地址：浙江省杭州市拱墅区祥符镇祥园路45号
……Tel：0571-85361589

杭州圆通制版有限公司
地址：杭州市下城区永华街65（临）号1幢东5楼（北侧）
……Tel：0571-85378288

浙江兴发印务有限公司
地址：浙江省杭州市下城区汇丰街521号9号厂房1室
……Tel：0571-85378539

浙江省邮电印刷股份有限公司
地址：浙江省杭州市滨江区楚天路269号1幢
……Tel：0571-86046268

浙江省造纸印刷有限公司
地址：保定市满城区大册营镇夜借村
……Tel：0571-86099804

祥恒（杭州）包装有限公司
地址：杭州余杭区东湖街道横塘村（临平工业区）
……Tel：0571-86138666

小麦（杭州）印刷科技有限公司
地址：浙江省义乌市义北工业园区
……Tel：0571-86165980

杭州彼特环保包装有限公司
地址：浙江省杭州市余杭区崇贤街道北庄村诸家墩86号3幢北区-1
……Tel：0571-86173909

杭州万星印务有限公司
地址：杭州市余杭区星桥街道星桥北路72-1号1幢
……Tel：0571-86263876

中塑新材料科技（杭州）有限公司
地址：浙江省杭州钱江经济开发区康泰路185号1幢
……Tel：0571-86355999

杭州康得新机械有限公司
地址：浙江省杭州市余杭区仁和街道中和路211号5号厂房东北区
……Tel：0571-86358150

杭州全为包装印刷有限公司
地址：浙江省杭州钱江经济开发区南公河路1号6幢1层
……Tel：0571-86375369

浙江宝亮包装科技有限公司
地址：浙江省杭州市钱江经济开发区龙船坞路80号2幢2楼
……Tel：0571-86405068

杭州罗兰柔版制作有限公司
地址：杭州市江干区笕桥路1号1幢301室
……Tel：0571-86461577

杭州路通纸制品有限公司
地址：浙江省杭州市江干区迪凯银座501室-2
……Tel：0571-86495800

杭州海洋电脑制版印刷有限公司
地址：杭州市滨江区楚天路269号2幢1楼
……Tel：0571-86519670

杭州江南造纸机械有限公司
地址：西青区南河镇小南河村北
……Tel：0571-86606686

杭州中诚塑料包装有限公司
地址：杭州市滨江区西兴街道庙后王路133号
……Tel：0571-86687558

瑞奇包装系统（杭州）有限公司
地址：浙江省杭州综合保税区6号标准厂房
……Tel：0571-86727970

世包中心集团浙江网络技术有限公司
地址：杭州市滨江区滨安路756号
……Tel：0571-86790908

浙江周庆药用塑瓶有限公司
地址：浙江省绍兴市嵊州市经济开发区城北区
……Tel：0571-86823925

浙江周庆药品包装有限公司
地址：杭州市滨江区滨盛路1509号天恒大厦1801室
……Tel：0571-86829325

杭州娃哈哈宏振包装有限公司
地址：杭州经济技术开发区M-10-1-3地块内
……Tel：0571-86845965

杭州萧山顺发食品包装有限公司
地址：萧山区经济技术开发区建设一路以北金一路以西
……Tel：0571-86845965

浙江绿顺新型包装有限公司
地址：浙江省湖州市吴兴区东林镇工业功能区
……Tel：0571-86873387

杭州真生企画印刷有限公司
地址：浙江省杭州经济技术开发区18号大街15号4幢1-2层、5幢
……Tel：0571-86910250

杭州紫江包装有限公司
地址：浙江省杭州经济技术开发区11号大街12号
……Tel：0571-86912389

杭州丰源造纸技术工程咨询有限公司
地址：浙江省绍兴市上虞区上浦镇四峰村（小江桥头）
……Tel：0571-87048721

杭州信海印刷制版有限公司
地址：浙江省杭州市西湖区环城西路新五号C座三楼
……Tel：0571-87054155

杭州富阳航宇印刷有限公司
地址：丹棱县机械产业园区
……Tel：0571-87193373

星德科包装技术（杭州）有限公司
地址：浙江省杭州经济技术开发区23号路680号
……Tel：0571-87375000

杭州中粮包装有限公司
地址：杭州经济技术开发区白杨街道围垦街160号
……Tel：0571-87388298

中粮包装投资有限公司
地址：杭州经济技术开发区白杨街道围垦街160号3幢3层301室
……Tel：0571-87388300

浙江下沙荣成包装有限公司
地址：杭州市经济技术开发区白杨街道经四支路168号
……Tel：0571-87675059

浙江双正印刷有限公司
地址：浙江省温州市龙港市示范工业园区3号地块3幢一层
……Tel：0571-87811255

杭州凯迪彩色印刷有限公司
地址：杭州市下城区绍兴路390号
……Tel：0571-87832118

杭州大唐印刷有限公司
地址：浙江省杭州市余杭区仁和街道新桥村黄泥滩12号3楼
……Tel：0571-88011250

杭州顺达印刷有限公司
地址：浙江省杭州市拱墅区新文路66-3号1幢2层202室
……Tel：0571-88035329

杭州江南复合包装有限公司
地址：浙江省余杭区良渚街道勾庄村
……Tel：0571-88074058

浙江华丰纸业集团有限公司
地址：浙江省杭州市拱墅区湖墅南路186号第20层
……Tel：0571-88096484

杭州华丰造纸厂运输经营部
地址：拱墅区和睦路555号
……Tel：0571-88091424

杭州派瑞特包装有限公司
地址：浙江省杭州大江东产业集聚区河庄街道同一村
……Tel：0571-88115819-602

浙江鹏辰造纸研究所有限公司
地址：浙江省杭州市萧山区经济技术开发区启迪路198号C501-4室
……Tel：0571-88170685

杭州新华集团有限公司新华造纸厂
地址：博白县城环南路
……Tel：0571-88176900

杭州新华集团有限公司扬伦造纸厂
地址：杭州市拱墅区莫干山路868号
……Tel：0571-88176900

浙江元龙股权投资管理集团有限公司
地址：浙江省湖州市安吉县昌硕街道胜利西路2号（第一国际城）23层2307室
……Tel：0571-88259376

杭州金马金属包装有限公司
地址：浙江省杭州市拱墅区康桥镇康园路6号
……Tel：0571-88282366

杭州金杭包装印业有限公司
地址：浙江省杭州市余杭区塘栖镇塘盛街12号
……Tel：0571-88292128

浙江美浓世纪集团有限公司
地址：杭州市西湖区三墩镇西园三路6号
……Tel：0571-88308031

浙江新华彩色印刷有限公司
地址：浙江省杭州市余杭经济技术开发区康达路508号
……Tel：0571-88308038

中国造纸化学品工业协会
地址：浙江省杭州市上塘路石灰坝7号
……Tel：0571-88315409

杭州长命印刷有限公司
地址：浙江省杭州市余杭区瓶窑镇观山路5号（1幢）、凤都工业园区观山路13号
……Tel：0571-88531869

杭州神龙电脑制版有限公司
地址：浙江省杭州余杭区瓶窑镇毛元岭
……Tel：0571-88537778

杭州加一包装技术有限责任公司
地址：浙江省杭州市余杭区仁和街道粮站路11号1幢101室
……Tel：0571-88616062

杭州博拓生物科技股份有限公司
地址：浙江省杭州市余杭区中泰街道富泰路17号
……Tel：0571-88630088

杭州永晶科技有限公司
地址：浙江省杭州市临安区板桥镇花戏村
……Tel：0571-88637808

杭州供销印刷有限公司
地址：杭州余杭区良渚街道上洋桥68号
……Tel：0571-88742065

杭州余杭新华印刷有限公司
地址：杭州余杭区良渚街道金昌路2067号
……Tel：0571-88755222

英普森光电（杭州）有限公司
地址：杭州余杭区仁和镇东山村
……Tel：0571-88757486

杭州华艺印刷有限公司
地址：浙江省杭州市萧山区临浦镇后沈村
……Tel：0571-88843689

杭州高盛印刷有限公司
地址：杭州余杭区良渚街道良运街271号
……Tel：0571-88916165

杭州中鑫印刷制版有限公司
地址：浙江省杭州市余杭区瓶窑镇观山路6号1幢第二层201室
……Tel：0571-88975777

杭州嘉美国际包装有限公司
地址：浙江省杭州余杭区（钱江经济开发区）南公河路6号3幢
……Tel：0571-89027552

俐特尔（杭州）包装材料有限公司
地址：浙江省杭州市余杭区余杭街道圣地路12号
……Tel：0571-89081701

杭州大东南绿海包装有限公司
地址：杭州余杭区东湖街道胡桥村
……Tel：0571-89178258

杭州沛诺包装科技有限公司
地址：浙江省杭州市余杭区瓶窑镇羊城路4号
……Tel：0571-89267985

杭州宝蓝塑料制品有限公司
地址：浙江省杭州市临平区崇贤街道崇贤村
……Tel：0571-89270980

杭州好旺龙包装印刷有限公司
地址：杭州余杭区乔司街道朝阳村万佳路8号
……Tel：0571-86452486

世包中心集团有限公司
地址：浙江省杭州市滨江区江虹路611号1号楼536室
……Tel：0571-89708926

中国诚通国际贸易有限公司
地址：浙江省杭州市下城区东健康路1号6楼606室
……Tel：0571-89807622

杭州百色包装印刷有限公司
地址：浙江省杭州市西湖区三墩镇西湖科技园振中路202号
……Tel：0571-89905583

湖州天外电脑设计制版有限公司
地址：湖州轻纺路899号6层
……Tel：0572-2220869

湖州新天外绿包印刷有限公司
地址：浙江省红丰路1588号
……Tel：0572-2272532

湖州新天地印刷有限公司
地址：浙江省湖州市吴兴区南门外碧浪湖畔浮玉路2号
……Tel：0572-2281593

湖州忠诚印刷有限公司
地址：湖州市环渚乡金锁村318国道北侧
……Tel：0572-2532001

浙江美胜包装材料有限公司
地址：浙江省湖州市吴兴区埭溪镇工业园区创新路699号生产车间1号楼-1
……Tel：0572-2616102

浙江天外包装印刷股份有限公司

地址：浙江省湖州市红丰路1600号
……………………Tel：0572-2677666
湖州天外绿色包装印刷有限公司
地址：浙江省湖州市红丰路1600号
……………………Tel：0572-2677666
浙江天外包装印刷股份有限公司
地址：浙江省湖州市红丰路1600号
……………………Tel：0572-2677666
湖州天外绿色包装印刷有限公司
地址：浙江省湖州市红丰路1600号
……………………Tel：0572-2677666
浙江泉泓印刷器材科技有限公司
地址：浙江省湖州市成业路800号
……………………Tel：0572-2898807
湖州刻强制版有限公司
地址：浙江省湖州市南浔区旧馆镇旧馆大道999号
……………………Tel：0572-2905338
湖州精运制版有限公司
地址：湖州市南浔区旧馆镇旧馆大道999号7幢701室
……………………Tel：0572-2905339
湖州南浔富华工业包装有限公司
地址：湖州市南浔区南浔镇胜利路699号
……………………Tel：0572-3016827
湖州怡和商标印刷有限公司
地址：浙江省湖州市南浔区双林镇维多利大道16号
……………………Tel：0572-3625766
浙江强港数码印刷有限公司
地址：浙江省湖州市南浔经济开发区新安西路885号
……………………Tel：0572-3708955
衍宇化妆品包装材料（湖州）有限公司
地址：浙江省湖州市吴兴经济开发区埭溪分区创强路30号
……………………Tel：0572-3818188
湖州天外电脑设计制版有限公司南浔分公司
地址：浙江省湖州市南浔镇万顺路43号
……………………Tel：0572-3911235
湖州天旺印刷有限公司
地址：湖州市菱湖镇振菱路157号
……………………Tel：0572-3944848
湖州尤夫包装材料有限公司
地址：浙江省湖州市和孚工业园区
……………………Tel：0572-3966609
浙江安吉晟源包装材料有限公司
地址：安吉经济开发区塘浦园区
……………………Tel：0572-5029462
浙江科翔壁纸制造有限公司
地址：浙江省湖州市安吉县安吉经济开发区塘浦工业区块
……………………Tel：0572-5213333
浙江吉木数码印刷版材有限公司
地址：浙江天子湖现代工业园
……………………Tel：0572-5229577
湖州思远包装纸业有限公司
地址：浙江安吉经济开发区塘浦工业园区
……………………Tel：0572-5315809
安吉开源造纸设备厂
地址：南平市朝阳路34号
……………………Tel：0572-5520880
安吉丰顺纸业有限公司
地址：孝丰镇老石坎
……………………Tel：0572-5620519
浙江安吉华丰包装印刷有限公司
地址：浙江省湖州市安吉县天子湖现代工业园
……………………Tel：0572-5808168
浙江欣业包装有限公司
地址：浙江天子湖现代工业园
……………………Tel：0572-5818723
湖州凯达包装印刷股份有限公司
地址：浙江省安吉经济开发区健康产业园
……………………Tel：0572-5890007
浙江今佰丽壁纸制造有限公司
地址：武清区下伍旗镇八间房村东
……………………Tel：0572-6079980
浙江鹿达科技有限公司
地址：浙江省湖州市长兴县和平镇工业园区
……………………Tel：0572-6290111
浙江欧德雅装饰材料有限公司
地址：长兴县林城镇工业集中区
……………………Tel：0572-6307533
鼎浩（长兴）包装科技有限公司
地址：浙江省湖州市长兴县太湖街道发展大道2578号
……………………Tel：0572-6309699
爱普拉斯（浙江）包装有限公司
地址：浙江省长兴县国家大学科技园二分部南园内5号厂房
……………………Tel：0572-6559008
德玛克（长兴）包装机械有限公司
地址：浙江省湖州市长兴县太湖街道白溪大道188号
……………………Tel：0572-6559060
浙江卡尔克莱壁纸制造有限公司
地址：浙江省湖州市长兴县洪桥镇陈桥村
……………………Tel：0572-6632818
浙江万通包装有限公司
地址：浙江省长兴县雉城工业区
……………………Tel：0572-6663699
长兴江美包装有限公司
地址：浙江省长兴县和平镇东山村
……………………Tel：0572-6972299
浙江华册包装有限公司
地址：德清工业园区地址：
……………………Tel：0572-8186066
德清县广能纸制品经营部
地址：德清县新市镇栎林村（德清县双桥纸业有限公司内）
……………………Tel：0572-8207357
浙江金美实业有限公司
地址：浙江省湖州市德清县雷甸镇庆云路278号1层-1、2层-1
……………………Tel：0572-8360850
浙江高联包装制品有限公司
地址：浙江省德清县钟管镇戈亭村
……………………Tel：0572-8404999
浙江德冠金属包装有限公司
地址：浙江省德清县武康镇长虹东街858号
……………………Tel：0572-8657375
浙江德清朋诚包装机械有限公司
地址：浙江德清经济开发区回山路
……………………Tel：0572-8831872
浙江伟博包装印刷品有限公司
地址：浙江德清经济开发区志远路595号
……………………Tel：0572-8831880
桐乡市佑昌新材料有限公司
地址：浙江省嘉兴市桐乡市洲泉镇临杭经济区德胜路199号
……………………Tel：0573-81888780
嘉兴市人防工程维护管理服务部
地址：嘉兴市建国南路商城边
……………………Tel：0573-82062485
金石包装（嘉兴）有限公司
地址：浙江省嘉兴市南湖区嘉兴亚太科技工业园区
……………………Tel：0573-82086586
嘉兴市辰邦造纸机械设备有限公司
地址：浙江省嘉兴市南湖区复兴村18组
……………………Tel：0573-82119281
川之江造纸机械（嘉兴）有限公司
地址：嘉兴市南陶浜路99号
……………………Tel：0573-82217800
嘉兴市圣达电脑制版有限公司
地址：浙江省嘉兴市南湖区 里街112号第SF156幢厂房（西侧部分）
……………………Tel：0573-82263301
嘉兴市元佳制版有限公司
地址：嘉兴市秀洲区王江泾镇经济开发区横二路南侧（嘉兴市嘉苑正大不锈钢有限公司内2层3号车间）
……………………Tel：0573-82283331
浙江金信包装股份有限公司
地址：浙江省嘉兴市南湖区亚澳路501号
……………………Tel：0573-82583703
浙江德伊印刷有限公司
地址：嘉兴市银河路西4幢1-3层
……………………Tel：0573-82693626
嘉兴市亚青印刷有限公司
地址：嘉兴市经济开发区嘉北街道洪兴路1038号
……………………Tel：0573-82721016
浙江大华集团嘉兴包装有限公司
地址：浙江省嘉兴市南湖区余新镇海盐塘西侧、规划道路南侧7、8幢
……………………Tel：0573-83162510
浙江大华包装集团有限公司
地址：浙江省嘉兴市南湖区余新镇海盐塘西侧、规划道路南侧1幢9层901室
……………………Tel：0573-83165117
浙江中舟造纸原料有限公司
地址：嘉兴市南湖区凤桥镇凤篁路213号
……………………Tel：0573-83188688
浙江冠川科技有限公司
地址：浙江省嘉兴市南湖区大桥镇江南路237号
……………………Tel：0573-83285500
浙江祥合科技有限公司
地址：嘉兴市银河路500号3幢
……………………Tel：0573-83385058
嘉兴市维德造纸机械设备有限公司
地址：新郑市薛店镇世纪大道东侧
……………………Tel：0573-83385214
嘉兴千艺制版有限公司
地址：嘉兴市秀洲区王江泾镇太平村
……………………Tel：0573-83808168
奥克梅包装设备（嘉兴）有限公司
地址：浙江省嘉兴市九里亭路86号
……………………Tel：0573-83971680
嘉兴彼友利柔印美工制版有限公司
地址：嘉兴市创业路南3幢109F209室、210室
……………………Tel：0573-83992101
嘉善海纳制版有限公司
地址：浙江省嘉兴市嘉善县魏塘街道鸿运路68号1-7号门面房
……………………Tel：0573-84021958
浙江众大包装设备有限公司
地址：嘉善县惠民街道泰山路1号3幢
……………………Tel：0573-84069156
浙江嘉亨包装技术有限责任公司
地址：嘉善县魏塘街道长盛路138号
……………………Tel：0573-84137799
嘉兴市豪能科技股份有限公司
地址：浙江省嘉兴市嘉善县罗星街道世纪大道3688号
……………………Tel：0573-84172970
浙江众成包装材料股份有限公司
地址：浙江省嘉善县惠民街道泰山路1号
……………………Tel：0573-84188888
浙江天梅印刷材料有限公司
地址：浙江省嘉兴市嘉善县干窑镇两创路28号
……………………Tel：0573-84616527
嘉兴环亚包装有限公司
地址：浙江省嘉兴市嘉善县魏塘街道振中东路68号
……………………Tel：0573-84639223
嘉善斯道拉恩索正元包装有限公司
地址：嘉善县惠民街道武夷路28号
……………………Tel：0573-84661700-9305
嘉兴惠豪包装科技有限公司
地址：浙江省嘉兴市嘉善县西塘镇铧淳路128号
……………………Tel：0573-84688133
浙江紫明印刷机械有限公司
地址：浙江省嘉兴市嘉善县姚庄镇宝群东路89号
……………………Tel：0573-84771128
浙江中瑞包装有限公司
地址：嘉善县姚庄镇万泰路68号
……………………Tel：0573-84773889
嘉善康弘激光制版有限公司
地址：嘉善县魏塘街道鸿运路66号101-106室
……………………Tel：0573-84822128
嘉善杭运制版有限公司
地址：浙江省嘉兴市嘉善县陶庄镇柳苑路359号
……………………Tel：0573-84860968
嘉兴臻胜包装科技股份有限公司
地址：浙江省嘉兴市嘉善县西塘镇强舜路18号
……………………Tel：0573-84862888
浙江广泉包装有限公司
地址：嘉善县惠民街道新华路11号
……………………Tel：0573-84998991
嘉兴新科力造纸科技有限公司
地址：浙江省嘉兴市平湖市当湖街道梅园路29号301室-1
……………………Tel：0573-85030998
浙江比例聚合科技股份有限公司
地址：浙江省平湖市昌盛路168号
……………………Tel：0573-85095902
平湖市亨达印刷有限公司
地址：平湖经济开发区兴平二路兴禾路口
……………………Tel：0573-85096585
嘉兴骆杰印刷科技有限公司
地址：平湖市新仓镇仓庆路1号内二号车间底层
……………………Tel：0573-85285301
浙江多凌药用包装材料有限公司
地址：嘉兴市乍浦陈山村沪杭公路北侧
……………………Tel：0573-85525668
平湖市城北大桥电镀制版厂
地址：平湖经济开发区平湖大道4880号内北幢楼东面
……………………Tel：0573-85570883
嘉兴华悦包装用品有限公司
地址：浙江省平湖市新埭镇创新路9号
……………………Tel：0573-85629888
浙江汇诚通用印务有限公司
地址：平湖经济开发区独黎公路北侧兴平二路东侧
……………………Tel：0573-85632856
浙江新合发联宾包装科技有限责任公司
地址：浙江省平湖经济开发区平湖大道4268号
……………………Tel：0573-85639311
浙江珠龙包装科技股份有限公司
地址：浙江省嘉兴市平湖市新仓镇金沙路358号1幢1层
……………………Tel：0573-85705950
浙江新凯雅包装印刷有限公司
地址：浙江省嘉兴市平湖市新仓镇广全线联盟段55号内一楼车间
……………………Tel：0573-85707572
浙江新凯雅包装印刷有限公司
地址：浙江省嘉兴市平湖市新仓镇广全线联盟段55号内一楼车间
……………………Tel：0573-85707572
浙江三天印刷股份有限公司
地址：浙江省嘉兴市平湖市新仓镇金沙路666号内二号厂房第三、四层
……………………Tel：0573-85707856
茉织华印务股份有限公司
地址：浙江省平湖市新仓镇金沙路555号
……………………Tel：0573-85711128
平湖市金新纸品印刷有限公司
地址：平湖市新仓镇新庙集镇
……………………Tel：0573-85750358
嘉兴艾科新材料科技有限公司
地址：浙江省嘉兴市平湖市新仓镇广全线中华段69号
……………………Tel：0573-85821668
浙江彩创包装材料科技有限公司
地址：平湖市新埭镇新南路398号（平湖市新埭镇经济建设服务中心办公楼316室）
……………………Tel：0573-85821727
浙江大洪包装科技股份有限公司
地址：浙江省嘉兴市平湖市新仓镇金沙路388号
……………………Tel：0573-85858788
平湖市中美包装科技有限公司
地址：浙江省嘉兴市平湖市经济技术开发区兴工路3118号
……………………Tel：0573-85930575
浙江博达造纸设备科技有限公司
地址：浙江省嘉兴市海盐县西塘桥街道（海盐经济开发区）525国道西塘桥段308号
……………………Tel：0573-85945036
嘉兴市欧博特造纸设备科技有限公司
地址：浙江省嘉兴市海盐县西塘桥街道（海盐经济开发区）525国道西塘桥段308号
……………………Tel：0573-86868215
嘉兴星越包装材料有限公司
地址：浙江省嘉兴市平湖市曹桥街道龙安路518号
……………………Tel：0573-85950083
平湖恒旺包装材料有限公司
地址：平湖经济技术开发区北环路2828号内东侧第三幢
……………………Tel：0573-85950870
平湖实耐格亚太包装有限公司
地址：平湖市曹桥九里亭
……………………Tel：0573-85960604
浙江景特彩包装有限公司
地址：平湖市曹桥街道勤安村乍王公路旁
……………………Tel：0573-85978336
浙江慧星包装有限公司
地址：浙江省嘉兴市海盐县元通街道人民路33号
……………………Tel：0573-86122293

浙江海利印刷包装有限公司
地址：浙江省嘉兴市海盐县于城镇南王公路于城段288号
………… Tel：0573-86451266

海盐多邦印刷股份有限公司
地址：浙江省嘉兴市海盐县于城镇海王路188号
………… Tel：0573-86459388

浙江欣莱科包装科技股份有限公司
地址：浙江省嘉兴市海盐县沈荡镇镇北路88号
………… Tel：0573-86723098

嘉兴宏达包装科技有限公司
地址：海盐县于城镇八字村
………… Tel：0573-86760588

海盐西美印刷股份有限公司
地址：浙江省嘉兴市海盐县百步经济开发区钱王路1号玖鸿印刷两创中心A2幢
………… Tel：0573-86781778

海盐东兴印刷有限公司
地址：百步镇横港村博世路
………… Tel：0573-86786033

嘉兴市一龙印刷有限公司
地址：浙江省绍兴市袍江工业区洋江东路31号
………… Tel：0573-86788898

海盐县造纸厂
地址：海盐县元通街道凤凰社区李家6组
………… Tel：13750765828

浙江韩氏印刷包装有限公司
地址：海宁市长安镇农发区沧海路2号
………… Tel：0573-87160011

海宁市亿达图文设计制版有限公司
地址：浙江省海宁市塘南西路29号二楼31号
………… Tel：0573-87231200

海宁华联印刷有限公司
地址：浙江省嘉兴市海宁市皮都科技工业园区皮都路
………… Tel：0573-87267298

海宁市新颖包装材料股份有限公司
地址：浙江省嘉兴市海宁市海宁经济开发区北庄东路6号（自主申报）
………… Tel：0573-87279016

海宁市晨阳纸箱机械制造有限公司地址：浙江省嘉兴市海宁市长安镇创业路256号1幢（自主申报）
………… Tel：0573-87479206

海宁运城制版有限公司
地址：浙江省海宁市丁桥镇粤保路16号
………… Tel：0573-87502769

浙江申达化妆品包装有限公司
地址：海宁市长安镇农发区安澜路25号
………… Tel：0573-87503211

浙江纪鸿包装有限公司
地址：浙江省嘉兴市海宁市海宁高新技术产业园区春潮路88号
………… Tel：0573-87570893

浙江宝丽士印刷股份有限公司
地址：浙江省海宁市盐官镇群益村建设东路12号
………… Tel：0573-87681613

浙江德力包装股份有限公司
地址：浙江省海宁市盐官镇建设东路5号
………… Tel：0573-87682898

浙江致远软包装有限公司
地址：海宁市丁桥镇钱江工业园海潮路5号
………… Tel：0573-87771198

海宁德宇包装材料有限公司
地址：海宁市斜桥镇新合路6号1幢A区
………… Tel：0573-87783528

浙江长海包装集团有限公司
地址：浙江省海宁市斜桥镇新合路1号
………… Tel：0573-87783567

浙江长海包装集团有限公司
地址：浙江省海宁市斜桥镇新合路1号
………… Tel：0573-87783567

浙江天润包装印刷有限公司
地址：海宁市斜桥镇新民路28号
………… Tel：0573-87792311

浙江天润包装印刷有限公司
地址：海宁市斜桥镇新民路28号
………… Tel：0573-87792311

海宁市嘉华包装有限公司
地址：浙江省嘉兴市海宁市丁桥镇镇保路88号西南幢
………… Tel：0573-87799786

海宁市嘉华包装有限公司
地址：浙江省嘉兴市海宁市丁桥镇镇保路88号西南幢
………… Tel：0573-87799786

浙江万凯包装有限公司
地址：海宁市尖山新区仙侠路132号
………… Tel：0573-87802187

海宁市永利制版有限责任公司
地址：海宁市袁花镇谈桥街
………… Tel：0573-87811149

海宁市吉禹制版有限公司
地址：海宁市袁花镇谈桥村谈桥组49号
………… Tel：0573-87859378

海宁合兴包装有限公司
地址：海宁市尖山新区安江路85号
………… Tel：0573-87899688

浙江新豪包装股份有限公司
地址：浙江省嘉兴市海宁市周王庙镇桑洲路1号
………… Tel：0573-87938318

浙江圣林包装有限公司杭州分公司
地址：杭州市江干区艮山西路78号东门大厦18B座
………… Tel：0573-87960012

浙江圣林包装有限公司
地址：浙江省嘉兴市海宁市长安镇农发区春潮路22号
………… Tel：0573-87960012

海宁市瑞奇包装系统有限公司
地址：浙江省海宁高新技术产业园区新兴路12号内2幢
………… Tel：0573-87972656

桐乡市万能电脑制版有限公司
地址：桐乡市梧桐街道振兴西路19号
………… Tel：0573-88182361

浙江济丰包装纸业有限公司
地址：桐乡市梧桐街道凤栖东路518号
………… Tel：0573-88253456

桐乡迅捷包装有限公司
地址：桐乡市凤鸣街道佳业路297号
………… Tel：0573-88367629

东兴彩印包装（桐乡）有限公司
地址：浙江省桐乡市梧桐街道环城南路857号
………… Tel：0573-88589688

浙江华丽达包装有限公司
地址：浙江省嘉兴市桐乡市河山镇工业园区
………… Tel：0573-88677777

浙江美梵实业有限公司
地址：浙江省嘉兴市桐乡市河山镇德胜路33号
………… Tel：0573-88678000

桐乡福利造纸厂
地址：浙江省嘉兴市桐乡市乌镇镇南栅虹桥
………… Tel：0573-88722001

百丽特包装有限公司
地址：浙江省桐乡市濮院镇凯旋路2700号
………… Tel：0573-88828911

嘉兴鹏翔包装材料有限公司
地址：桐乡市屠甸镇天才路198号
………… Tel：0573-88866178

嘉兴市明跃包装材料有限公司
地址：桐乡市梧桐街道凤翔中路92号1幢1-2层
………… Tel：0573-88898103

桐乡市富丽华印刷包装有限公司
地址：桐乡市梧桐街道工业园区
………… Tel：0573-88989850

浙江三杰印刷科技有限公司
地址：嘉善县惠民街道外环东路2089号第2幢
………… Tel：0573-89100058

祥恒（嘉善）包装有限公司
地址：浙江省嘉兴市嘉善县惠民街道山鹰路86号
………… Tel：0573-89101986

嘉善县泰佳包装材料有限公司
地址：嘉善县天凝镇荆杨路55号
………… Tel：0573-89115700

嘉兴市荣晟包装材料有限公司
地址：浙江省嘉兴市平湖经济开发区镇南东路333号
………… Tel：0573-89173619

浙江诚信包装材料有限公司
地址：海宁市农业对外综合开发区启潮路
………… Tel：0573-89239868

浙江诚信包装有限公司
地址：浙江省嘉兴市海宁市长安镇农发区启潮路12号1幢
………… Tel：0573-89239868

浙江营益金属材料科技有限公司
地址：浙江省嘉兴市海宁市长安镇农发区启辉路15号
………… Tel：0573-89239868

嘉兴豪鼎制版有限公司
地址：浙江省嘉兴市秀洲区油车港镇兴港东路8号九号楼三楼
………… Tel：0573-89973875

宁海久业包装材料有限公司
地址：浙江省宁波市宁海县桃源街道科技大道196-1号
………… Tel：0574-25556352

宁波经济技术开发区金博图文制版有限公司
地址：北仑区新 迪兴大厦1幢209室
………… Tel：0574-26850768

宁波新力包装材料有限公司
地址：宁波市北仑区笠山路23号
………… Tel：0574-26902685

宁波传化天地物流有限公司
地址：浙江省宁波市江北区长兴路618号43幢1041室
………… Tel：0574-27893152

宁波精英印刷有限公司
地址：浙江省宁波市鄞州区五乡镇蟠龙村（五乡工业园区精英路2号）
………… Tel：0574-28828521

宁波金瑞包装科技有限公司
地址：浙江省象山县东陈乡滨海工业园金通路28号（自主申报）
………… Tel：0574-59105666

宁波福象包装科技有限公司
地址：浙江省象山县东陈乡滨海工业园金开路58号
………… Tel：0574-59122668

宁波杰立化妆品包装用品有限公司
地址：浙江省余姚市黄家埠镇高桥村
………… Tel：0574-62008090

浙江明星包装印刷有限公司
地址：浙江省杭州市余杭区瓶窑镇凤都路9号1幢一层西面二层、三层
………… Tel：0574-62080696

宁波华丰包装有限公司
地址：浙江余姚工业园区纬五路106号
………… Tel：0574-62273508

浙江正庄实业有限公司
地址：浙江省余姚市双河路818号
………… Tel：0574-62503555

余姚市宝马印刷器材有限公司
地址：余姚市兰江街道肖东工业园区
………… Tel：0574-62515028

浙江同祺包装股份有限公司
地址：浙江省宁波市余姚市城区振兴东路59号
………… Tel：0574-62563300

宁波瑞成包装材料有限公司
地址：浙江省余姚市经济开发区（南区）纵三路
………… Tel：0574-62577967

余姚市新千年印刷制版厂
地址：余姚市长城路6号
………… Tel：0574-62643732

浙江元泰包装科技特种膜有限公司
地址：浙江省余姚市振兴路7号
………… Tel：0574-62673295

宁波金邦包装用品有限公司
地址：宁波杭州湾新区滨海二路48号
………… Tel：0574-63039025

慈溪福山纸业橡塑有限公司
地址：浙江省慈溪市龙山镇农垦场
………… Tel：0574-63617687

慈溪市森汇纸箱制造有限公司
地址：浙江省慈溪市横河镇子陵村下杨家83号
………… Tel：0574-63785981

宁波良源包装科技有限公司
地址：宁波杭州湾新区滨海二路62号
………… Tel：0574-63939993

浙江协鑫包装材料有限公司
地址：浙江省宁波市江北区长兴路715号7-1-42室
………… Tel：0574-63970730

宁波市和熙包装制品有限公司
地址：浙江省慈溪市龙山镇农垦场龙镇大道28号
………… Tel：0574-63990381

宁波华力医用包装有限公司
地址：浙江省宁波市宁海县桃源街道妙峰路7号
………… Tel：0574-65530289

宁波天华印刷有限公司
地址：浙江省宁波市宁海县桃源街道新园二路22号（自主申报）
………… Tel：0574-65588398

宁波市昌和包装设备有限公司
地址：浙江省象山县经济开发区滨海工业园B4-B8地块
………… Tel：0574-65803355

杭州运城制版有限公司
地址：浙江省杭州市萧山区萧山经济技术开发区建设二路126号
………… Tel：0574-82831197

宁波秀丽纸品制造有限公司
地址：宁波市鄞州区潘火街道葛家村、中鹅村
………… Tel：0574-83030877

宁波海斯曼包装有限公司
地址：浙江省宁波市宁海县西店镇集义村宁波海斯曼科技发展有限公司内
………… Tel：0574-83518887

宁波创源文化发展股份有限公司
地址：宁波市北仑区庐山西路45号
………… Tel：0574-86188182

宁波飞龙印铁容器有限公司
地址：浙江省宁波市北仑区戚家山街道兴中路38号
………… Tel：0574-86221793

浙江中盈神力新材料有限公司
地址：浙江省宁波市大榭开发区榭西工业区
………… Tel：0574-86762178

宁波大榭开发区金源包装材料有限公司
地址：宁波大榭开发区兴港路45号
………… Tel：0574-86767225

宁波天平外贸包装有限公司
地址：新矸镇算山村
………… Tel：0574-86866630

宁波兄弟印刷有限公司
地址：定州经济开发区大奇连体品小区
………… Tel：0574-87346863

宁波兄弟印刷有限公司
地址：浙江省宁波市海曙区望春工业园区丰成路299号
………… Tel：0574-87346863

宁波海曙钰艺包装制版有限公司
地址：海曙区段塘大河头路26号
………… Tel：0574-87452160

浙江点阵印刷科技有限公司
地址：浙江省宁波高新区院士路66号创业大厦3-21-1
………… Tel：0574-87459590

宁波报业印刷发展有限公司
地址：浙江省宁波市鄞州区投资创业中心诚信路558号
………… Tel：0574-87685560

宁波市戎徐制版有限公司
地址：浙江省宁波高新区科兴路28号7号楼
………… Tel：0574-87782091

宁波市远景印刷有限公司
地址：浙江省宁波市鄞州区首南街道李花桥村
………… Tel：0574-88123119

宁波市鄞州钟公庙永发印刷制版厂
地址：宁波市鄞州区中河街道飞虹新村20幢201号
………… Tel：0574-88207459

宁波鼎拓工业科技有限公司
地址：浙江省宁波市鄞州区姜山镇景江路2020号9＃楼
………… Tel：0574-88454695

宁波美术制版彩印厂
地址：宁波市鄞州区下应街道史家码村
………… Tel：0574-88491025

宁波华标智能卫浴有限公司
地址：浙江省宁波市奉化区岳林街道龙潭路88号
………… Tel：0574-88586198

宁波市鄞州造纸机械厂
地址：醴陵市白兔潭镇湖下村
………… Tel：0574-8871463

宁波易可包装科技有限公司
地址：浙江省宁波市奉化区溪口镇中兴东路2号（大张村）
………… Tel：0574-88858603

绍兴市柯桥区宏晟纺织品有限公司
地址：浙江省绍兴市柯桥区滨海工业区
………… Tel：0575-81199008

绍兴多多纸品制造有限公司地址：绍兴市上虞区曹娥街道舜耕大道1288号
…………………… Tel：0575-82155305
绍兴市上虞永利纸箱制造有限公司
地址：浙江省绍兴市上虞区上浦镇四峰村（小江桥头）
…………………… Tel：0575-82366918
绍兴市合兴包装印刷有限公司
地址：浙江省绍兴市上虞区崧厦镇伞业工业园区
…………………… Tel：0575-82506322
绍兴永昌包装制品有限公司
地址：绍兴市上虞区长塘镇长塘村
…………………… Tel：0575-82590999
浙江贝缇包装有限公司
地址：绍兴市上虞区崧厦伞业工业专业区标准厂房F1、F2、F3
…………………… Tel：0575-82693375
浙江奥瑞金包装有限公司
地址：杭州湾上虞经济技术开发区
…………………… Tel：0575-82721888
浙江金马包装材料有限公司
地址：杭州湾上虞经济技术开发区振兴大道11号
…………………… Tel：0575-82722355
浙江金科胶粘制品有限公司
地址：浙江省杭州湾上虞经济技术开发区
…………………… Tel：0575-82732882
浙江艾科包装有限公司
地址：绍兴滨海新城沥海镇海滨大道88号
…………………… Tel：0575-82788266
嵊州市天艺电脑分色制版社
地址：嵊州市三江街道仙人坑村
…………………… Tel：0575-83104267
嵊州市幸福造纸有限公司
地址：嵊州市仙岩镇兰溪村
…………………… Tel：0575-83156058
嵊州市雨晨包装印刷有限公司
地址：浙江省绍兴市嵊州市黄泽镇前良村
…………………… Tel：0575-83500668
绍兴柯桥聚丰纺织包装有限公司
地址：绍兴市柯桥区兰亭镇工业园区
…………………… Tel：0575-84010268
绍兴天宇实业有限公司
地址：绍兴市柯桥区华舍街道工业园区内
…………………… Tel：0575-84087777
绍兴今昌制版有限公司
地址：浙江省绍兴市柯桥区柯桥金柯桥大道1227号钻石大厦808室
…………………… Tel：0575-84129080
绍兴金若电脑制版有限公司
地址：浙江省绍兴市柯桥区柯桥绍兴国贸中心（南区）3幢104室一层
…………………… Tel：0575-84563956
浙江凯利新材料股份有限公司
地址：浙江省绍兴市柯桥区柯桥街道柯东高新技术园区镜水路889号
…………………… Tel：0575-84816539
绍兴市金鹿制版印刷有限公司
地址：绍兴市禹陵陆家庄村南复线北
…………………… Tel：0575-85146864
浙江永正包装有限公司
地址：绍兴市柯桥区滨海工业区
…………………… Tel：0575-85629800
浙江佑天元包装机械制造有限公司
地址：浙江省绍兴市柯桥区柯北开发区曙光路255号
…………………… Tel：0575-85683777
浙江元金印刷有限公司
地址：浙江省新昌县羽林街道东园大道10号
…………………… Tel：0575-86198955
浙江恒固金属包装有限公司
地址：浙江省诸暨市店口镇金浦桥村
…………………… Tel：0575-87069095
诸暨大东南纸包装有限公司
地址：浙江省诸暨市璜山镇建新路
…………………… Tel：0575-87098633
浙江通业印刷机械有限公司
地址：浙江省诸暨市陶朱街道西二环路302号第4-6号厂房
…………………… Tel：0575-87305010
浙江通得数字印刷设备制造有限公司
地址：浙江省诸暨市陶朱街道西二环路302号
…………………… Tel：0575-87305016
浙江华夏包装有限公司
地址：浙江省诸暨市陶朱街道兴都路40号
…………………… Tel：0575-87305137
浙江汇华包装股份有限公司
地址：诸暨市陶朱街道三都路180号
…………………… Tel：0575-87305137
浙江大东南股份有限公司
地址：浙江省诸暨市城西工业区
…………………… Tel：0575-87380001
浙江兆山包装有限公司
地址：诸暨市浣东街道李村一村
…………………… Tel：0575-87393958
浙江金至医药包装有限公司
地址：诸暨市浣东街道工业园区
…………………… Tel：0575-87969988
浙江越生联合出版印刷有限公司
地址：绍兴市越城区会稽路571号
…………………… Tel：0575-88060189
绍兴兴德印刷包装有限公司
地址：浙江省绍兴袍江新区开源路以北
…………………… Tel：0575-88132132
绍兴翔宇绿色包装有限公司
地址：浙江省绍兴市越城区群贤路以北
…………………… Tel：0575-88137298
绍兴青运激光制版有限公司
地址：浙江省绍兴袍江新区越东北路365号
…………………… Tel：0575-88139525
绍兴绍运制版有限公司
地址：浙江省绍兴市望海路3号
…………………… Tel：0575-88139585
浙江恒业印刷制品有限公司
地址：浙江省绍兴市越城区开源路
…………………… Tel：0575-88156338
绍兴奥瑞金包装实业有限公司
地址：浙江省绍兴市越城区三江路
…………………… Tel：0575-88156585
绍兴固益印刷机械有限公司
地址：绍兴市越城区东湖镇小皋埠村
…………………… Tel：0575-88208810
绍兴市越城区兴成广告服务部
地址：绍兴市稽山街道浦江路5号内
…………………… Tel：0575-88338112
绍兴市江华制版厂
地址：绍兴市陶堰镇新街
…………………… Tel：0575-88735968
绍兴立和庆包装印刷有限公司
地址：浙江省绍兴袍江孙端镇张家沥村2幢-3
…………………… Tel：0575-88750376
绍兴新华数码印刷技术有限公司
地址：浙江省绍兴市袍江工业区洋江东路31号
…………………… Tel：0575-88902530
上峰集团有限公司
地址：浙江省绍兴市诸暨市次坞镇
…………………… Tel：0575-89008603
诸暨联科造纸环保技术研究有限公司
地址：诸暨市次坞镇次坞新村新街8-8号
…………………… Tel：0575-89008603
绍兴昆运压纹制版有限公司
地址：浙江省杭州湾上虞经济技术开发区
…………………… Tel：0575-89802565
浙江大鱼造纸有限公司
地址：浙江省绍兴市柯桥区滨海工业区马鞍镇大渔山村丁家堰1幢
…………………… Tel：0575-89966098
浙江德龙包装股份有限公司
地址：绍兴市袍江荷湖路（18-3地块）
…………………… Tel：0575-89972976
浙江希迪印刷有限公司
地址：台州市路桥区新桥镇机新路
…………………… Tel：0576-82619328
浙江文武软包装科技股份有限公司
地址：浙江省台州市路桥区横街镇湖头村环镇西路西侧
…………………… Tel：0576-82623003
台州市路桥翰德电脑制版有限公司
地址：台州市路桥区横街镇横街居12幢
…………………… Tel：0576-82650531
金浪科技有限公司
地址：浙江省台州市路桥区金清镇金林路1111号
…………………… Tel：0576-82754001
台州广联印刷机械有限公司
地址：台州市路桥区新桥镇经九路
…………………… Tel：0576-82939599
鼎欣吉盛科技（浙江）有限公司
地址：浙江省三门县浦坝港镇（浙江三门沿海工业城）
…………………… Tel：0576-83583883
浙江省天台县万英造纸网厂
地址：天台县平桥镇下陈村
…………………… Tel：0576-83661100
台州运城制版有限公司
地址：台州市黄岩院桥镇院桥街居学前街169号
…………………… Tel：0576-84010852
台州爱普拉斯包装有限公司
地址：台州市黄岩区新前街道锦川路212号
…………………… Tel：0576-84039118
台州市黄岩龙凤印制版有限公司
地址：台州市黄岩新前开发区朝元路15号
…………………… Tel：0576-84162188
台州派申印业有限公司
地址：台州市黄岩南城街道山前村
…………………… Tel：0576-84180729
黄岩中兴印刷实业有限公司
地址：台州市黄岩区澄江街道工业区
…………………… Tel：0576-84316200
浙江华海医药包装制品有限公司
地址：浙江省台州市临海市古城街道两水村
…………………… Tel：0576-85386669
浙江华诺医药包装有限公司
地址：玉环市医药包装工业园区
…………………… Tel：0576-87148488
国鑫宏达控股有限公司
地址：台州市路桥区横街镇山后潘村
…………………… Tel：0576-88110323
浙江印山红数字印刷有限公司
地址：浙江省宁波市鄞州区天健巷26号901室-17
…………………… Tel：0576-88501018
台州市鼎诚包装有限公司
地址：台州市海昌路2888号1、2、3、7、9幢
…………………… Tel：0576-88507111
台州富士电梯股份有限公司
地址：浙江省台州市椒江区东南大道599号
…………………… Tel：0576-88667758
浙江新天力容器科技有限公司
地址：浙江省台州市海丰路2728号
…………………… Tel：0576-88669390
台州市椒江汉龙制版厂
地址：台州市椒江区章安路45号
…………………… Tel：0576-88856001
台州市华加造纸机械厂
地址：成都双桥路23#
…………………… Tel：0576-88883392
临海市森林包装有限公司
地址：浙江省台州市临海市大洋街道办事处狮云村
…………………… Tel：0576-89118095
台州印山制刷有限公司
地址：浙江省台州市黄岩区院桥镇繁荣村
…………………… Tel：0576-89176655
温岭市森林包装有限公司
地址：浙江省台州市温岭市东部产业集聚区东部新区北片
…………………… Tel：0576-89317286
台州森林造纸有限公司
地址：温岭市滨海镇东片农场赤塔新村
…………………… Tel：0576-89979918
温州超运制版有限公司
地址：平阳县萧江镇标准厂房工业创新园区
…………………… Tel：0577-23858888
苍南县千红制版有限公司
地址：苍南县龙港镇金河路11号（花鸟市场C幢）
…………………… Tel：0577-26818880
诚德科技股份有限公司
地址：浙江省龙港市世纪大道888-1088号
…………………… Tel：0577-26819999
温州金鑫版辊制造有限公司
地址：浙江省温州市苍南县龙港镇新城工业区兴业路189号
…………………… Tel：0577-26871886
浙江港发软包装有限公司苍南制版分公司
地址：苍南县龙港镇宫后南路448号
…………………… Tel：0577-26878726
温州美迅标签印刷有限公司
地址：浙江省乐清市城东产业功能区永兴二路8号（龙飞集团乐清市石化仪表有限公司内）
…………………… Tel：0577-61607388
温州宏旭包装有限公司
地址：平阳县萧江镇淡浦工业区1号（村委员会对面）
…………………… Tel：0577-36577899
浙江森盟包装有限公司
地址：浙江省温州市平阳县滨海新区海润路3-11号
…………………… Tel：0577-51807336
浙江康尔达新材料股份有限公司
地址：浙江省温州机场大道929号
…………………… Tel：0577-56551022
浙江宏印包装有限公司
地址：浙江省温州市瓯海区郭溪街道富阳北路40号
…………………… Tel：0577-56559865
温州运城制版有限公司
地址：温州市瓯海三溪工业园康宏西路55号
…………………… Tel：0577-56656587
增和包装股份有限公司
地址：浙江省温州经济技术开发区滨海十二路458号
…………………… Tel：0577-56898778
立可达包装有限公司
地址：浙江省温州经济技术开发区滨海三道4699号
…………………… Tel：0577-56898778
浙江金石包装有限公司
地址：浙江省乐清经济开发区纬十五路308号
…………………… Tel：0577-57182807
温州驰锦包装有限公司
地址：平阳县萧江镇淡浦工业区
…………………… Tel：0577-58100806
浙江正润机械有限公司
地址：平阳县滨海新区海泽路256号
…………………… Tel：0577-58118888
温州昌运制版有限公司
地址：平阳县萧江镇第二工业园区
…………………… Tel：0577-58199008
瑞安市奥尔印刷包装机械有限公司
地址：瑞安市南滨街道云江标准厂房5号楼
…………………… Tel：0577-58802298
浙江华康纸业有限公司地址：瑞安市飞云街道南港村
…………………… Tel：0577-65568100
浙江海威包装有限公司
地址：浙江省温州市苍南县灵溪镇迎福路1865号
…………………… Tel：0577-59862388
南塑集团有限公司
地址：苍南县灵溪镇工业园区二路
…………………… Tel：0577-59863918
南塑集团浙江包装有限公司
地址：苍南县灵溪镇工业园区二路
…………………… Tel：0577-59863918
浙江贤超包装有限公司
地址：苍南县灵溪镇建兴东路示范工业区
…………………… Tel：0577-59867323
浙江华旭实业有限公司
地址：浙江省温州市龙港市仓盛路130-168号
…………………… Tel：0577-59883375
浙江品诚包装有限公司
地址：苍南县灵溪镇示范工业园区（二期）（温州新德力钢业有限公司厂房内B幢）
…………………… Tel：0577-59909199
富康集团有限公司
地址：苍南县龙港镇示范工业园区西城路
…………………… Tel：0577-59921988
富康集团有限公司
地址：苍南县龙港镇示范工业园区西城路
…………………… Tel：0577-59921988
温州海宝印刷有限公司
地址：苍南县龙港镇上厂街49号
…………………… Tel：0577-59965555

温州智飞包装有限公司
地址：浙江省温州市苍南县龙港镇塑编工业园区（温州全宇包装有限公司第三幢）
…………………… Tel：0577-59972186
浙江超豪印刷科技有限公司
地址：苍南县龙港镇宫后路518号
…………………… Tel：0577-59985999
浙江嘉品包装科技有限公司
地址：浙江省温州市龙港市仓盛路2-48号生产车间B及综合楼
…………………… Tel：0577-61115555
浙江圣海德印务有限公司
地址：浙江省乐清市城东街道永兴二路3号（温州市中密仪表有限公司内）
…………………… Tel：0577-62556588
浙江正顺彩印包装有限公司
地址：浙江省乐清市柳市镇象阳工业区
…………………… Tel：0577-62627703
浙江广源印刷包装有限公司
地址：平阳县经济开发区（104国道务洋段）
…………………… Tel：0577-63030638
温州三丰塑料包装有限公司
地址：平阳县鳌江镇鸽巢路
…………………… Tel：0577-63031763
温州品鑫包装有限公司
地址：浙江省温州市龙港市塑编工业园区（温州坤泰包装有限公司厂房C幢）
…………………… Tel：0577-63055999
浙江恒海无纺布有限公司
地址：平阳县萧江镇二期工业区
…………………… Tel：0577-63070855
温州铭鸿包装有限公司
地址：浙江省温州市平阳县萧江镇立后村.凤头村
…………………… Tel：0577-63075688
温州九鼎包装有限公司
地址：平阳县滨海新区新阳路52号印刷园区C2幢
…………………… Tel：0577-63090999
智信控股有限公司
地址：平阳县萧江镇岱口工业区
…………………… Tel：0577-63561325
浙江嘉智控股有限公司
地址：浙江省温州市平阳县萧江镇塑包科创园3号厂房
…………………… Tel：0577-63563668
温州彩源制版有限公司
地址：平阳县萧江镇第二工业园区（温州润发包装有限公司内第二车间）
…………………… Tel：0577-63565353
平阳县华利制版有限公司
地址：平阳县萧江镇庄里路
…………………… Tel：0577-63565353
温州唐格包装有限公司
地址：浙江省温州市平阳县萧江镇世纪大道
…………………… Tel：0577-63565355
温州萧振包装有限公司
地址：平阳县萧江镇岱口村104国道边
…………………… Tel：0577-63565888
浙江绿源包装有限公司
地址：平阳县萧江塑料包装工业园区
…………………… Tel：0577-63566158
温州艾柯包装有限公司
地址：平阳县萧江镇萧振路
…………………… Tel：0577-63566228
温州坤泰包装有限公司
地址：浙江省温州市龙港市塑编工业园区(温州坤泰包装有限公司厂房A、B、D幢)
…………………… Tel：0577-63567767
温州酷丰制版有限公司
地址：平阳县萧江镇兰花桥村
…………………… Tel：0577-63572666
平阳县嘉信电雕制版有限公司
地址：平阳县萧江镇下汇、兰花桥村（浙江华宁电子有限公司内）
…………………… Tel：0577-63572666
浙江国义包装有限公司
地址：浙江省温州市苍南县灵溪镇温州家具产业区S2-8地块
…………………… Tel：0577-63577911
浙江中宇节能科技有限公司
地址：平阳县萧江镇岱口工业园区1号（104国道边
…………………… Tel：0577-63579866
温州丹业包装有限公司
地址：浙江省温州市平阳县萧江镇千亩工业园区A13栋
…………………… Tel：0577-63582255
浙江三龙通用机械有限公司
地址：平阳县鳌江镇垂杨贵德村
…………………… Tel：0577-63691889
浙江奥光实业有限公司
地址：浙江省温州市平阳县鳌江镇垂杨工业园区
…………………… Tel：0577-63693111
温州恒通印刷包装机械有限公司
地址：东光县新星工业园（东光镇北城区）
…………………… Tel：0577-63770098
浙江国威智能设备有限公司
地址：平阳县万全镇古农村
…………………… Tel：0577-63787777
温州中科包装机械有限公司
地址：平阳县万全轻工基地家具园区万祥路301号
…………………… Tel：0577-63801111
温州圣诺塑料包装有限公司
地址：浙江省温州市平阳县平阳县昆阳镇闸桥路235号
…………………… Tel：0577-63886630
温州华森制版有限公司
地址：浙江省温州市苍南县龙港镇华版路108号二幢一层
…………………… Tel：0577-64180610
浙江神州印刷科技有限公司
地址：浙江省温州市龙港市东城路858号
…………………… Tel：0577-64181585
苍南县福田包装制版有限公司
地址：浙江省温州市苍南县龙港镇小包装印刷工业园区15幢7号
…………………… Tel：0577-64190588
温州市万事达印业有限公司
地址：苍南县龙港镇小包装工业园区5幢01室
…………………… Tel：0577-64196777
苍南县宏宇电雕制版有限公司
地址：苍南县龙港镇小包装工业园区17幢9号
…………………… Tel：0577-64198858
浙江港发软包装有限公司
地址：浙江省温州市龙港市芦浦繁荣路95-99号
…………………… Tel：0577-64201498
浙江丰彩印刷有限公司
地址：苍南县龙港镇示范工业园区工业街
…………………… Tel：0577-64201970
浙江佳穗科技有限公司
地址：浙江省苍南县龙港镇广南路47-53号
…………………… Tel：0577-64213488
苍南县杰达电雕印刷制版有限公司
地址：苍南县龙港镇小包装印刷工业园区3幢9号
…………………… Tel：0577-64224499
温州上运制版有限公司
地址：浙江省苍南县龙港镇示范工业园区（西六街）
…………………… Tel：0577-64262398
浙江新大印刷有限公司
地址：苍南县龙港镇示范工业园区11区
…………………… Tel：0577-64262990
温州崇坤印业有限公司
地址：浙江省温州市苍南县灵溪镇苍南工业区经二路以东、河滨东路以南（温州崇坤印业有限公司内办公楼）
…………………… Tel：0577-64265488
浙江巨诚印刷有限公司
地址：浙江省温州市苍南县龙港镇示范工业园区11号1楼
…………………… Tel：0577-64269888
浙江美新印刷有限公司
地址：浙江省温州市龙港市龙金大道（东河村）(B地块）温龙集团有限公司厂房第7幢
…………………… Tel：0577-64285120
浙江跨跃印刷有限公司
地址：浙江省温州市龙港市龙金大道双桂村
…………………… Tel：0577-64286088
苍南县恒顺电雕制版有限公司
地址：苍南县龙港镇示范工业园区（新雅投资集团有限公司）第三幢一层
…………………… Tel：0577-64289782
苍南县鸿运制版有限公司
地址：苍南县龙港镇龙金大道（温龙集团工业园8-1号）
…………………… Tel：0577-64294111
浙江锡星印刷有限公司
地址：苍南县龙港镇湖前办事处半河工业区
…………………… Tel：0577-64352352
温州欧飞包装有限公司
地址：浙江省温州市苍南县龙港镇新雅纸塑包装中心52幢2楼西侧
…………………… Tel：0577-64358885
苍南县鑫联印刷制版有限公司钱库门市部
地址：苍南县钱库镇农贸路144号
…………………… Tel：0577-64418555
温州东田制版有限公司
地址：浙江省温州市苍南县钱库镇钱库大道126号A幢
…………………… Tel：0577-64468888
苍南县永新设计制版厂（普通合伙）
地址：浙江省温州市苍南县钱库镇钱库大道126号B幢
…………………… Tel：0577-64478938
浙江顺福印业有限公司
地址：苍南县钱库镇龙金大道5号
…………………… Tel：0577-64492223
温州晨辉包装材料有限公司
地址：浙江省苍南县金乡镇第三工业区龙金大道旁
…………………… Tel：0577-64560077
浙江宇狮包装材料有限公司
地址：浙江省苍南县金乡镇西门外黄泥岙
…………………… Tel：0577-64572608
浙江沃联实业有限公司
地址：苍南县金乡镇珠梅岭新村4幢2号
…………………… Tel：0577-64576353
浙江鑫鑫包装材料有限公司
地址：苍南县金乡镇朝阳路168号
…………………… Tel：0577-64576676
浙江金谷包装印刷有限公司
地址：苍南县金乡镇(第三工业园区)二环路88号
…………………… Tel：0577-64578605
浙江嘉行印务有限公司
地址：苍南县灵溪镇百丈村（印刷标准园区2幢）
…………………… Tel：0577-64762555
浙江嘉田印刷制版有限公司
地址：苍南县灵溪镇示范工业区沪山路
…………………… Tel：0577-64838666
浙江嘉田印刷制版有限公司
地址：苍南县灵溪镇示范工业区沪山路
…………………… Tel：0577-64838666
浙江塑宝包装有限公司
地址：苍南县灵溪镇春晖路163号
…………………… Tel：0577-64839005
温州升华包装有限公司
地址：苍南县灵溪镇工业园区
…………………… Tel：0577-64839155
浙江夕利防粘纸制造有限公司
地址：沁阳市王召乡西里工业区
…………………… Tel：0577-64839808
浙江金安制药机械有限公司
地址：浙江省温州市瑞安市飞云新区永宁大道以东孙敖路以南
…………………… Tel：0577-65006567
华瑞达包装材料股份有限公司
地址：瑞安经济开发区城南大道359号
…………………… Tel：0577-65130758
浙江绿印机械科技有限公司
地址：瑞安市经济开发区毓蒙路515号
…………………… Tel：0577-65195887
浙江光辉包装印刷有限公司
地址：瑞安市塘下镇北工业园区
…………………… Tel：0577-65321168
温州戴氏印刷机械有限公司
地址：浙江省温州市瑞安市塘下镇罗凤办事处国际汽摩配工业园区
…………………… Tel：0577-65338376
瑞安市建设印刷机械有限公司
地址：瑞安市上望街道蔡宅工业区
…………………… Tel：0577-65513487
瑞安市巨伸包装印刷有限公司
地址：浙江省温州市瑞安市南滨街道东一路518号
…………………… Tel：0577-65555666
浙江希望机械有限公司
地址：浙江省温州市瑞安市南滨街道围五路88号
…………………… Tel：0577-65572858
瑞安市红旗塑料包装机械有限公司
地址：瑞安市经济开发区起步区
…………………… Tel：0577-65607678
浙江东瑞机械工业有限公司
地址：瑞安市塘下镇凤都五路8号
…………………… Tel：0577-65609969
浙江鸿昌机械有限公司
地址：浙江省温州市瑞安市潘岱街道办事处谢岙村
…………………… Tel：0577-65661171
浙江和泰包装有限公司
地址：瑞安市锦湖街道沿江西路163号
…………………… Tel：0577-65669188
仙桥集团有限公司
地址：瑞安市莘塍街道莘塍工业区
…………………… Tel：0577-66865680
瑞安市嘉利特印刷包装机械有限公司
地址：浙江省温州市瑞安市东山街道上东路88号
…………………… Tel：0577-66871608
永嘉县吉利造纸厂
地址：浙江省萧山区进化镇云飞村
…………………… Tel：0577-67315167
温州长美实业有限公司
地址：浙江省温州市苍南县钱库镇钱库箱包小微创业园A16地块3、5层
…………………… Tel：0577-68116688
苍南县宏华制版有限公司
地址：浙江省温州市苍南县钱库镇钱库大道123号5幢1号二楼
…………………… Tel：0577-68500568
温州德龙包装制品有限公司
地址：浙江省温州市龙港市海西路9-99号第1号楼
…………………… Tel：0577-68526005
温州创佳包装材料有限公司
地址：苍南县钱库镇龙金大道18号
…………………… Tel：0577-68526860
浙江新振印刷科技有限公司
地址：浙江省温州市龙港市兴　路88号
…………………… Tel：0577-68585977
苍南县佳美印业有限公司
地址：苍南县龙港镇河底高路212-217号
…………………… Tel：0577-68600555
温州市中印数码印刷有限公司
地址：苍南县龙港镇示范工业园区（西六路15号第四幢）
…………………… Tel：0577-68611888
温州亿纳印刷有限公司
地址：浙江省温州市苍南县龙港镇温州礼品城家居礼品市场B区16幢110号
…………………… Tel：0577-68625858
龙港市东运制版有限公司
地址：浙江省温州市龙港市金田工业园区3幢123号
…………………… Tel：0577-68657688
苍南县鑫联印刷制版有限公司
地址：苍南县龙港镇湖前全宇路西侧(苍南县高精电镀厂)1号楼一层、三层、四层
…………………… Tel：0577-68668908
浙江温盛包装科技有限公司
地址：浙江省温州市龙港市小包装印刷工业园区5幢6号
…………………… Tel：0577-68668996
苍南县龙港安达制版有限公司
地址：苍南县龙港镇蔡家街工业区12幢7-9号
…………………… Tel：0577-68697866
温州龙豪实业有限公司
地址：浙江省温州市苍南县灵溪镇建兴东路示范工业区
…………………… Tel：0577-68752761
浙江正乾包装科技有限公司
地址：浙江省温州市苍南县灵溪镇苍南工业园区花莲路91-115号
…………………… Tel：0577-68875555
浙江盼望包装印刷有限公司
地址：浙江省温州市苍南县灵溪镇花莲路117-147号
……………………Tel：0577-6887956
浙江盼望包装印刷有限公司
地址：浙江省温州市苍南县灵溪镇花莲路117-147号
……………………Tel：0577-6887956
苍南运城制版有限公司
地址：苍南县灵溪示范工业园区二路

…………………… Tel：0577-68882666
温州品欣包装有限公司
地址：浙江省温州市苍南县灵溪镇后蔡村118号
…………………… Tel：0577-68888830
温州东经实业有限公司
地址：浙江省苍南县灵溪镇金桥路2-130号
…………………… Tel：0577-85391166
东经控股有限公司
地址：温州104国道丽岙段东经路1号
…………………… Tel：0577-85399999
浙江奥联科技有限公司
地址：温州市瓯海娄桥工业园森茂路12号
…………………… Tel：0577-86682618
浙江鼎业机械设备有限公司
地址：温州市瓯海经济开发区翠柏路1号
…………………… Tel：0577-86723528
温州市鹿城印刷制版厂（普通合伙）
地址：温州市双屿街道屿头后江路2号
…………………… Tel：0577-88100933
浙江三渼包装有限公司
地址：温州经济技术开发区滨海园区滨海八路551号
…………………… Tel：0577-88432750
温州银翼造纸筛选设备有限公司
地址：温州市鹿城区炬光园炬科路5号
…………………… Tel：0577-88608866
温州市海浪印务制版有限公司
地址：温州市蒲鞋市兴墅路10幢二层202室
…………………… Tel：0577-88857772
华联机械集团有限公司
地址：浙江省温州市瓯海大维路2号
…………………… Tel：0577-89989918
浙江卓普智能印刷设备有限公司
地址：浙江丽水市绿谷大道238号1001室
…………………… Tel：0578-2315219
浙江戴氏印刷机械有限公司
地址：浙江省丽水市水阁工业园区南明路797号
…………………… Tel：0578-2615555
浙江鸿马包装科技有限公司
地址：浙江省丽水市莲都区南明山街道绿谷大道372号
…………………… Tel：0578-2628892
浙江丰明实业有限公司
地址：浙江省丽水市水阁工业园区南明路798号
…………………… Tel：0578-2682896
浙江拓美包装有限公司
地址：浙江省丽水市莲都区南明山街道秀山路558号
…………………… Tel：0578-2696105
浙江欧影包装有限公司
地址：浙江省青田县油竹街道侨乡工业园区赤岩1号
…………………… Tel：0578-6751796
遂昌欧德利造纸机械有限公司
地址：浙江遂昌县工业园区毛田区块
…………………… Tel：0578-8110665
金华市威龙印刷物资有限公司
地址：浙江省金华市婺城区丹溪路422号
…………………… Tel：0579-82478622
金华市捷特包装有限公司
地址：浙江省金华市婺城区蒋堂镇开化村
…………………… Tel：0579-82720898
金华金岭造纸有限公司
地址：金华市金东区岭下镇日辉路村
…………………… Tel：0579-82811168
金华市绚彩包装印刷有限公司
地址：浙江省金华市金东区孝顺镇下街村（金华市超佳五金塑料厂内三楼）
…………………… Tel：0579-82954980
浙江恒方化学有限公司
地址：浙江省磐安县大盘镇盘山东路71号
…………………… Tel：0579-82982100
浙江润华机电有限公司
地址：浙江省金华市婺城区白龙桥金龙路1号
…………………… Tel：0579-83930516
浙江丁豪制版有限公司
地址：浙江省义乌市戚继光路648号
…………………… Tel：0579-85210288
义乌冠成制版有限公司
地址：浙江省义乌市稠江街道经济技术开发区柯村E-06地块（自主申报）
…………………… Tel：0579-85210288
太固控股集团有限公司
地址：浙江省义乌市江滨西路351号
…………………… Tel：0579-85319846
浙江宝仕德制版有限公司
地址：浙江省义乌市拥军路211号
…………………… Tel：0579-85321288
义乌市盛源制版有限公司
地址：浙江省义乌市北苑街道丹晨一路6号一楼3号厂区
…………………… Tel：0579-85330388
浙江鸿玮制版有限公司
地址：浙江省义乌市佛堂镇义南工业园区（浙江宝亨饰品有限公司内）
…………………… Tel：0579-85780578
义乌市万成包装印刷有限公司
地址：浙江省义乌市北苑街道丹晨二路7号
…………………… Tel：0579-85856999
义乌市万成包装印刷有限公司
地址：浙江省义乌市北苑街道丹晨二路7号
…………………… Tel：0579-85856999
浙江鸿仰彩印有限公司
地址：浙江省义乌市苏溪镇阳光大道L15号
…………………… Tel：0579-85921090
花园新材料股份有限公司
地址：浙江省东阳市南马镇花园村
…………………… Tel：0579-86098121
东阳市花园健康产业发展有限公司
地址：浙江省东阳市南马镇花园村
…………………… Tel：0579-86270232
东阳市康恩贝印刷包装有限公司
地址：浙江省东阳市六石街道长松岗工业功能区
…………………… Tel：0579-86773070
浙江武义华东实业有限公司
地址：浙江省金华市武义县文教旅游工业园区
…………………… Tel：0579-8762645
浙江武义张氏包装实业有限公司
地址：浙江省金华市武义县经济开发区百花山工业区荷花路32号（自主申报）
…………………… Tel：0579-87690668
浙江武义要巨纸业有限公司
地址：武义县要巨八百桥头
…………………… Tel：0579-87795501
浙江兰溪市华伦造纸有限公司
地址：浙江省兰溪市城郊西路21号
…………………… Tel：0579-88230952
浙江爱宁包装有限公司
地址：浙江省兰溪经济开发区江南园区三建大道
…………………… Tel：0579-88276235
浙江美丽华印刷材料科技有限公司
地址：浙江省兰溪市黄店镇工业功能区
…………………… Tel：0579-88701059
浙江万盛达实业有限公司
地址：浙江省兰溪市城郊岩头
…………………… Tel：0579-88804436
浙江凯迪恩彩色印刷有限公司
地址：浙江省兰溪市兰江街道丹溪大道538号
…………………… Tel：0579-88966133
义乌市齐彩印刷包装有限公司
地址：浙江省义乌市稠江街道戚继光路469号5号楼一楼（自主申报）
…………………… Tel：0579-89900777
华鸿控股集团有限公司海中金制版印刷分公司
地址：浙江省义乌市义南工业园区华鸿大道1号
…………………… Tel：0579-89983000
浙江伟龙包装科技有限公司
地址：浙江省义乌市佛堂镇工业功能区
…………………… Tel：0579-89983911
义乌市彩加包装有限公司
地址：浙江省义乌市廿三里街道李塘村街东98号一楼（浙江省义乌市永红制笔零件有限公司内）（自主申报）
…………………… Tel：0579-89987080
舟山市乐诚印刷有限公司
地址：舟山市定海区甬兴路10号
…………………… Tel：0580-8230076
浙江海氏吉包装有限公司
地址：舟山市普陀区东港街道海洲路239号
…………………… Tel：0580-3088275
岱山县新兴纸业有限公司高亭滨港废纸收购站
地址：岱山县高亭镇南浦村癞头山108号
…………………… Tel：0580-4160943

安徽省

滁州远达彩印包装有限公司
地址：滁州市南谯工业开发区乌衣园区
…………………… Tel：0550-2172155
安徽侨丰包装印刷有限公司
地址：安徽省滁州市城东工业园区经三路109号
…………………… Tel：0550-2172826
安徽侨丰包装印刷有限公司
地址：安徽省滁州市城东工业园区经三路109号
…………………… Tel：0550-2172826
昇兴（安徽）包装有限公司
地址：安徽省滁州市上海北路268号
…………………… Tel：0550-2180333
滁州市众鑫包装有限公司
地址：滁州市南谯区乌衣镇吴港路8号
…………………… Tel：0550-2181817
滁州泰普饮料包装有限公司
地址：安徽省滁州市苏州南路768号
…………………… Tel：0550-2199633
安徽东泰金属包装技术有限公司
地址：安徽省滁州市全椒经济开发区纬二路南侧、经三路西侧，四期标准化厂房5、6号
…………………… Tel：0550-2309336
天长市万佳包装有限公司
地址：安徽省天长市西城工业区经三路
…………………… Tel：0550-2387788
安徽友发包装科技有限公司
地址：安徽省滁州市来安县汊河经济开发区长宁路11号
…………………… Tel：0550-2521801
滁州市捷达制版有限公司
地址：安徽省滁州市琅琊区经济开发区永阳路与安庆路交叉口东北侧百川园区内1#厂房三楼
…………………… Tel：0550-3083278
滁州市精诚塑料包装有限公司
地址：安徽省滁州市苏州南路788号
…………………… Tel：0550-3120518
安徽阳光夏子绿色包装有限公司
地址：安徽省滁州市铜陵西路1号
…………………… Tel：0550-3161386
安徽华力包装有限公司
地址：安徽省滁州经济技术开发区花园东路399号
…………………… Tel：0550-3210160
滁州创策包装材料有限公司
地址：安徽省滁州市经济开发区中都大道919号
…………………… Tel：0550-3211785
滁州市嘉诚包装有限公司
地址：安徽省滁州市开发区花园路
…………………… Tel：0550-3216218
滁州市博成包装有限公司
地址：安徽省滁州市城东工业园杭州南路868号
…………………… Tel：0550-3218910
宏全食品包装（滁州）有限公司
地址：安徽省滁州市经济技术开发区城北工业园阜阳路1号
…………………… Tel：0550-3755688
滁州市百川环保包装制品有限公司
地址：安徽省滁州市琅琊经济开发区安庆路与永阳路交叉口东北侧
…………………… Tel：0550-3918255
安徽比利包装新材料有限公司
地址：安徽省滁州市全椒县襄河镇曹坊路18号
…………………… Tel：0550-5189698
安徽省凤阳县宏达造纸厂
地址：安徽省滁州市凤阳县二铺乡
…………………… Tel：0550-6301048
嘉美食品包装（滁州）股份有限公司
地址：安徽省滁州市苏州北路258号
…………………… Tel：0550-6821930
安徽沛愉包装科技有限公司
地址：安徽省滁州市苏滁现代产业园清流东路2855号
…………………… Tel：0550-6825588
安徽省泉塑包装工业有限公司
地址：安徽省滁州市经济技术开发区苏州北路328号
…………………… Tel：0550-6858888
天长市天翔包装有限公司
地址：安徽省天长市金集镇渝兴社区文庄路东侧
…………………… Tel：0550-7948288
安徽美阅文化发展股份有限公司
地址：明光市兴业路15号
…………………… Tel：0550-8029555
龙利得智能科技股份有限公司
地址：安徽省明光市工业园区体育路150号
…………………… Tel：0550-8139676-8018
安徽江汽印刷有限公司
地址：安徽省合肥市包河区包河工业区管委会上海路9号
…………………… Tel：0551-62297291
合肥市裕同印刷包装有限公司
地址：安徽省合肥市经济技术开发区云谷路与蓬莱路交口西裕同包装产业园二号厂房
…………………… Tel：0551-62580088
合肥艺韵制版有限公司
地址：合肥市庐阳区长江路327号518室
…………………… Tel：0551-62652324
安徽省造纸印刷物资供销公司
地址：宜章县笆篱乡车田村17组
…………………… Tel：0551-62669828
合肥合信包装有限公司
地址：安徽省合肥市经开区桃花工业园拓展区汤口路与万佛山路交口处
…………………… Tel：0551-63369000
合肥大安印刷有限责任公司
地址：安徽省合肥市太平湖路78号
…………………… Tel：0551-63440115
合肥金紫荆包装有限公司
地址：安徽省合肥市肥西县紫蓬镇工业聚集区
…………………… Tel：0551-63440333
合肥春林印刷有限公司
地址：合肥市庐阳区天河路1009号
…………………… Tel：0551-63443068
合肥卓泽包装有限公司
地址：安徽长丰双凤经济开发区双凤大道东侧后段
…………………… Tel：0551-63511773
安徽时代印刷投资有限责任公司
地址：合肥市庐阳区砀山路10号
…………………… Tel：0551-63533106
合肥市中旭制版有限责任公司
地址：安徽省合肥市金寨路381号九州大厦二楼
…………………… Tel：0551-63533203
合肥荣丰包装制品有限公司
地址：安徽省合肥市经济技术开发区桃花工业园卧云路边
…………………… Tel：0551-63617073
安徽创艺彩色制版有限责任公司
地址：安徽省合肥市经济技术开发区繁华大道398号大学图书城综合楼
…………………… Tel：0551-63683032
安徽凯盛科技有限公司
地址：安徽省合肥市包河工业区延安路
…………………… Tel：0551-63687077
合肥丹盛包装有限公司
地址：安徽省合肥经济技术开发区紫蓬路105号
…………………… Tel：0551-63812509
合肥海景包装制品有限公司
地址：安徽省合肥市经济技术开发区海尔配套园
…………………… Tel：0551-63812948
合肥华冠包装科技有限公司
地址：肥西县桃花镇长安工业聚集区香蒲路以南、月山路以东
…………………… Tel：0551-63813524
合肥紫江包装有限公司
地址：安徽省合肥市经济技术开发区丹霞路南佛掌路东
…………………… Tel：0551-63814622
丝艾（合肥）包装材料有限公司
地址：安徽省合肥市经济技术开发区
…………………… Tel：0551-63818120
安徽安泰新型包装材料有限公司
地址：安徽省合肥市经济技术开发区飞龙路南
…………………… Tel：0551-63838088
安徽集友纸业包装有限公司

地址：安徽省合肥市经济技术开发区方兴大道6888号
…………………… Tel：0551-63844008

安徽集友时代包装科技有限公司
地址：安徽省合肥市肥西县桃花工业园玉兰大道与文山路交口西北角
…………………… Tel：0551-63844008

合肥市鑫烨印刷有限公司
地址：安徽省合肥市肥西县桃花镇玉兰大道14号
…………………… Tel：0551-63858523

合肥众诚印刷有限公司
地址：合肥市庐阳工业区耀远路与太和路交口工投·兴庐科技产业园6栋D区（1-3层）
…………………… Tel：0551-64223730

合肥庐丰印刷有限责任公司
地址：广饶县花官镇草李村（转型升级）
…………………… Tel：0551-64398546

安徽瑞务印刷有限责任公司
地址：安徽省合肥市瑶海区当涂路261号
…………………… Tel：0551-64410615

合肥龙港印务有限公司
地址：安徽省合肥市瑶海区城东街道红旗产业园C-04地块
…………………… Tel：0551-64460848

合肥晓星印刷有限责任公司
地址：安徽省合肥市东流路2号
…………………… Tel：0551-64630008

安徽天德智能装备制造有限公司
地址：安徽省合肥市肥西县小庙镇工业聚集区
…………………… Tel：0551-64686768

安徽儒彧物联科技有限公司
地址：安徽省淮南市寿县炎刘镇炎合路
…………………… Tel：0551-65144333

合肥佳州印刷包装有限公司
地址：安徽省合肥市蜀山区小庙工业聚集区香怡路18号
…………………… Tel：0551-65166757

安徽出版印刷物资有限公司
地址：安徽省合肥市庐阳区濉溪路26号付2号
…………………… Tel：0551-65536274

合肥精艺印刷有限公司
地址：安徽省合肥市北二环双七路799号
…………………… Tel：0551-65540000

合肥市超艺彩色印刷包装有限责任公司
地址：安徽省合肥市金池路985号
…………………… Tel：0551-65552518

安徽省嘉顿彩色印刷包装有限责任公司
地址：安徽省合肥市庐阳区金池路985号
…………………… Tel：0551-65552518

合肥市超艺彩色印刷包装有限责任公司
地址：安徽省合肥市金池路985号
…………………… Tel：0551-65552518

安徽省嘉顿彩色印刷包装有限责任公司
地址：安徽省合肥市庐阳区金池路985号
…………………… Tel：0551-65552518

合肥瑶海区明欣丝网经营部
地址：瑶海区繁昌路110号3幢509室
…………………… Tel：0551-65602711

合肥易帆印刷包装有限公司
地址：合肥市庐阳产业园区天河路374号
…………………… Tel：0551-65653017

安徽双环制版彩印有限公司
地址：安徽省合肥市庐阳区产业园天河路1001号
…………………… Tel：0551-65657179

合肥万银印刷有限公司
地址：合肥市庐阳工业区天水路3号
…………………… Tel：0551-65657348

合肥杏花印务股份有限公司
地址：安徽省合肥市长丰县岗集镇创业路与岗淮路交口南200米
…………………… Tel：0551-65657388

安徽正远包装科技有限公司
地址：安徽省合肥市荣事达大道庐阳产业园
…………………… Tel：0551-65657501

安徽新航向印刷有限公司
地址：安徽省合肥市庐阳区金池路2幢厂房101
…………………… Tel：0551-65661327

安徽新航向印刷有限公司
地址：安徽省合肥市庐阳区金池路2幢厂房101
…………………… Tel：0551-65661327

安徽联众印刷有限公司
地址：安徽省合肥市天水路7号
…………………… Tel：0551-65661335

合肥兴庐印刷有限公司
地址：合肥市庐阳经开区耀远路与太和路交口工投兴庐科技园6幢C区1-2层
…………………… Tel：0551-65661503

合肥百事得包装股份有限公司
地址：安徽省合肥市秀水路5号
…………………… Tel：0551-65661592

合肥荣事达工业包装装潢有限责任公司
地址：安徽省合肥市环湖东路89号
…………………… Tel：0551-65689204

合肥荣事达包装新材料有限公司
地址：安徽省合肥市双凤工业区荣事达集团第六工业园
…………………… Tel：0551-65689204

安徽嘉越印务有限责任公司
地址：安徽省合肥市庐阳区大杨工业园新台路
…………………… Tel：0551-65711011

安徽新华印刷股份有限公司
地址：安徽省合肥市庐阳区砀山路10号
…………………… Tel：0551-65859559

盛州医药包装材料科技（中国）有限公司
地址：安徽省合肥市蜀山经济开发区汶水路489号
…………………… Tel：0551-65883599

合肥精英塑料包装制品有限公司
地址：安徽省合肥市包河工业区上海路28号
…………………… Tel：0551-66107262

合肥市宏基印刷有限公司
地址：合肥市新站区新蚌埠路与魏武路交口东北角佳海工业城一期C110幢
…………………… Tel：0551-66330667

合肥艾得宝印刷科技有限公司
地址：长丰县下塘镇
…………………… Tel：0551-66466288

安徽泽昌烫印科技有限公司
地址：安徽省合肥市肥西县桃花镇长安工业聚集区宁西路肥西县开创家电配件制造有限公司5＃厂房
…………………… Tel：0551-66661668

合肥文苑印刷有限公司
地址：安徽省合肥市新站区新蚌埠路以东梅冲湖以南佳海工业城一期C28、29幢
…………………… Tel：0551-66662157

肥东县聪慧印刷器材有限公司
地址：安徽省合肥市肥东县梁园镇路口村赵岗组
…………………… Tel：0551-67650000

合肥正远智能包装科技有限公司
地址：安徽省合肥市肥西县桃花工业园拓展区方兴大道与玉兰大道交口泰禾光电厂房
…………………… Tel：0551-68268887

合肥多一包装制品有限责任公司
地址：安徽长丰双凤经济开发区
…………………… Tel：0551-68581011

合肥龙发包装有限公司
地址：安徽省合肥市肥西县严店工业聚集区
…………………… Tel：0551-68711011

合肥祥恒包装有限公司
地址：安徽省合肥市经开区桃花工业园汤口路
…………………… Tel：0551-68861069

安徽省嘉信包装印务股份有限公司
地址：安徽省合肥市新站区电厂路以南星火路以西新厂区2号厂房
…………………… Tel：0551-68991753

巢湖市浩森印刷包装有限公司
地址：安徽省合肥市巢湖居巢区民营经济园浩森产业园
…………………… Tel：0551-82186607

巢湖市浩森印刷包装有限公司
地址：安徽省合肥市巢湖居巢区民营经济园浩森产业园
…………………… Tel：0551-82186607

安徽冠至印刷包装有限公司
地址：安徽省巢湖市居巢经济开发区浩森产业园1＃厂房
…………………… Tel：0551-82280207

安徽冠至印刷包装有限公司
地址：安徽省巢湖市居巢经济开发区浩森产业园1＃厂房
…………………… Tel：0551-82280207

安徽南峰润邦绿色包装股份有限公司
地址：安徽省合肥市巢湖经济开发区金山路14号标准厂房205室
…………………… Tel：0551-82280912

合肥汇林包装有限公司
地址：巢湖经济开发区管委会二楼215室
…………………… Tel：0551-82331977

安徽凯航包装科技有限公司
地址：合肥巢湖经济开发区紫薇路1号
…………………… Tel：0551-82669188

安徽振江印刷包装科技有限公司
地址：安徽省合肥市庐江县经济开发区
…………………… Tel：0551-87956677

蚌埠天成包装科技股份有限公司
地址：安徽省蚌埠市蚌山区延安南路1751号
…………………… Tel：0552-2566201

蚌埠申徽彩色印刷包装有限公司
地址：安徽省蚌埠市淮上区果园西路300号
…………………… Tel：0552-2829838

安徽三联木艺包装有限公司
地址：安徽省蚌埠市锥子山路151号
…………………… Tel：0552-3029393

安徽星河中兴包装有限公司
地址：安徽省怀远县经济开发区迎宾路5号
…………………… Tel：0552-3150726

蚌埠市金诚包装有限公司
地址：安徽省蚌埠市龙子湖区长淮卫镇高郢村1组72号
…………………… Tel：0552-3163001

安徽煤田光大彩印有限责任公司蚌埠光兴数码科技制版分公司
地址：安徽省蚌埠市长征路525号
…………………… Tel：0552-4089922

安徽省粤隆印刷科技有限公司
地址：安徽省怀远县经济开发区世纪大道15-1号
…………………… Tel：0552-4128731

蚌埠金黄山凹版印刷有限公司
地址：蚌埠市燕南路1139号
…………………… Tel：0552-4910353

蚌埠诗天新型包装有限公司
地址：安徽省蚌埠市高新区燕南路1139号
…………………… Tel：0552-4910366

蚌埠市海峰印刷有限责任公司
地址：安徽省蚌埠市兴中路1631号
…………………… Tel：0552-4933180

安徽中印包装印刷有限公司
地址：安徽省淮北市相山区凤凰山工业园凤城路16号
…………………… Tel：0552-8516655

安徽宝丰包装科技有限公司
地址：安徽省怀远县经济开发区
…………………… Tel：0552-8673555

安徽英格尔包装科技有限公司
地址：安徽省芜湖市繁昌县繁昌经济开发区（申报承诺）
…………………… Tel：0553-2515398

芜湖创新绿色包装托盘租赁有限公司
地址：芜湖县安徽新芜经济开发区纬四路288号02幢研发楼四楼
…………………… Tel：0553-2592855

芜湖瀚诚印刷有限公司
地址：安徽省芜湖市鸠江区徽州东路152号（申报承诺）
…………………… Tel：0553-2713788

芜湖市海之洋印刷制版有限公司
地址：安徽省芜湖市弋江区新时代商业街A2幢第6层
…………………… Tel：0553-4224228

芜湖润林包装材料有限公司
地址：安徽省芜湖市开发区龙山街道桥北工业园
…………………… Tel：0553-5317205

安徽芜湖宇辰造纸网有限责任公司
地址：安徽省芜湖市鸠江经济开发区东四大道（融汇产业园内2号厂房A座第一层）
…………………… Tel：0553-5766551

芜湖新的创意产业园有限公司
地址：安徽省芜湖市鸠江区长江北路256号
…………………… Tel：0553-5802442

芜湖华胜包装材料有限公司
地址：芜湖县安徽新芜经济开发区新芜绿色包装产业园
…………………… Tel：0553-5808388

芜湖欣平兴包装工业有限公司
地址：安徽省芜湖市弋江区高新技术产业开发区长江南路162号
…………………… Tel：0553-5846188

安徽华辰造纸网股份有限公司
地址：安徽省芜湖市港湾路33号
…………………… Tel：0553-5848295

安徽时代创美包装有限公司
地址：安徽省芜湖市鸠江经济开发区鸠兹大道北侧
…………………… Tel：0553-5890267

芜湖市新京桥包装科技有限公司
地址：芜湖经济技术开发区淮海路以西（金海投资置业公司内）
…………………… Tel：0553-6787771

芜湖世傲机电有限公司
地址：安徽省芜湖市繁昌县工业园一区A1厂房
…………………… Tel：0553-7251556

芜湖市浔涌印刷有限公司
地址：安徽省芜湖市鸠江开发区龙腾路52号
…………………… Tel：0553-7568531

艺虹包装（芜湖）有限公司
地址：安徽省芜湖市繁昌经济开发区
…………………… Tel：0553-7600998

芜湖市弘宸包装新材料科技有限公司
地址：繁昌经济开发区
…………………… Tel：0553-7770100

芜湖宏春集团丰惠纸栈板制造有限公司
地址：安徽省芜湖市鸠江区清水创业园
…………………… Tel：0553-8234456

芜湖春水花木集团有限公司
地址：安徽省芜湖市鸠江区春江路55号01幢
…………………… Tel：0553-8291955

芜湖森焱生态农业有限公司
地址：芜湖县六郎镇永太村天然村民组298号01幢办公室
…………………… Tel：0553-8293333

安徽海螺彩色印刷有限公司
地址：安徽省芜湖市弋江区纬十二路以北芜南路以西火龙岗镇
…………………… Tel：0553-8313185

芜湖辉源包装科技有限公司
地址：芜湖市三山经济开发区夏家湖路1号
…………………… Tel：0553-8353533

安徽福隆包装有限公司
地址：芜湖县安徽新芜经济开发区
…………………… Tel：0553-8516224

安徽国辰包装印刷有限公司
地址：芜湖市弋江区学府金座34栋1012室
…………………… Tel：0553-8788280

安徽国辰包装印刷有限公司
地址：芜湖市弋江区学府金座34栋1012室
…………………… Tel：0553-8788280

安徽省昆冈包装集团有限公司
地址：芜湖县花桥镇九三路102号（申报承诺）
…………………… Tel：0553-8788777

安徽同禹康安医药包装材料有限公司
地址：安徽省淮南经济技术开发区振兴北路
…………………… Tel：0554-2198462

安徽洁诺德塑胶包装有限公司
地址：安徽省淮南市凤台县桂集工业区
…………………… Tel：0554-2312681

安徽亚华印刷机械有限公司
地址：安徽省淮南市寿县新桥国际产业园来福路与永乐路交汇处
…………………… Tel：0554-2785888

安徽汇生包装有限公司
地址：安徽省淮南市寿县新桥产业园创业大道与新桥大道交口往东400米
…………………… Tel：0554-3102018

安徽华印机电股份有限公司
地址：安徽省淮南市经济技术开发区
…………………… Tel：0554-3312700

淮南市华生鑫印刷包装机械有限公司
地址：安徽省淮南市经济技术开发区振兴南路
…………………… Tel：0554-3315939

安徽普瑞康医药包装材料有限公司
地址：安徽省淮南市寿县蜀山现代产业园科学大道23号

……………………Tel：0554-4322777
合肥启格包装材料有限公司
地址：安徽省合肥经济技术开发区空港经济示范区玉兰花路东侧动植物检验进境指定口岸办公楼102#
……………………Tel：0554-4422209
安徽启格包装材料有限公司
地址：安徽省淮南市寿县蜀山现代产业园区办公楼内
……………………Tel：0554-4422209
安徽百仓包装有限公司
地址：淮南市寿县新桥国际产业园寿州大道与兴业大道交叉口西北侧
……………………Tel：0554-4990782
安徽蓝悦包装制品有限公司
地址：安徽省寿县蜀山现代产业园区办公楼内
…………………… Tel：0554-64472209
马鞍山市泰鲸包装科技有限公司
地址：马鞍山市雨山区华山南路99号1-全部
……………………Tel：0555-2103920
马鞍山齐盛制版设计有限责任公司
地址：马鞍山市雨山区佳山乡九华村（采石加油站旁）
……………………Tel：0555-2979985
马鞍山华庆包装有限公司
地址：马鞍山市雨山区创新路388号
……………………Tel：0555-3708978
和县电力多种经营有限公司
地址：安徽省马鞍山市和县和城历阳镇北门大街
…………………… Tel：0555-55338909
马鞍山市黎明纸箱制造有限公司
地址：安徽省马鞍山市当涂县黄池镇
……………………Tel：0555-6193813
马鞍山市延序包装科技有限公司
地址：安徽省马鞍山市当涂经济开发区科技创新园6号厂房
……………………Tel：0555-6682986
马鞍山祥恒包装有限公司
地址：安徽省马鞍山市当涂经济开发区祥正路
……………………Tel：0555-6751000
安徽华彩环保包装科技有限公司
地址：马鞍山承接产业示范园区常韦路125号3栋
……………………Tel：0555-8323336
安徽马钢和菱实业有限公司
地址：安徽省马鞍山市经济技术开发区
……………………Tel：0555-8886136
安徽天翔高新特种包装材料集团有限公司
地址：安徽省安庆市岳西经济开发区（莲云乡腾云村）
……………………Tel：0556-2247789
安徽省阿赛尔包装股份有限公司
地址：安徽省安庆市怀宁县工业园1#楼
……………………Tel：0556-4611466
怀宁县根生造纸厂
地址：安徽省安庆市高河镇全丰村
……………………Tel：0556-4615523
万邦特种材料股份有限公司
地址：安徽省安庆市怀宁县高河镇高埠路36号
……………………Tel：0556-4616040
安庆市华大彩印包装有限责任公司
地址：安徽省安庆市怀宁县马庙镇天工西路82号
……………………Tel：0556-4651442
安庆市三环宏翔包装有限公司
地址：安徽省安庆市怀宁县工业园稼先北路15号
……………………Tel：0556-4661777
安徽省金沪塑料包装有限公司
地址：安徽省安庆市怀宁县工业园月山大道6号
……………………Tel：0556-4670537
怀宁县金拱凹印制版厂
地址：金拱工业小区
……………………Tel：0556-4671555
安庆市天涯汽车配件有限公司
地址：安徽省安庆市怀宁县金拱镇黄马村
……………………Tel：0556-4673188
安徽兴中新材料股份有限公司
地址：安徽省安庆市怀宁县工业园经一路
……………………Tel：0556-4673888
安徽省三环康乐包装材料有限公司
地址：安徽省安庆市怀宁县工业园纬十三路
……………………Tel：0556-4889666
安徽赭石包装有限公司
地址：安徽省安庆市怀宁县工业园纬十路与经二路交界处
……………………Tel：0556-5101095
安徽省金陵华晨包装有限公司
地址：安徽省安庆市怀宁县工业园稼先北路2号
…………………… Tel：0556-51644777
安庆市康明纳包装有限公司
地址：安徽省安庆市大桥开发区经十路以东、纬六路以南
……………………Tel：0556-5555995
桐城市金搏制版有限公司
地址：安徽省桐城市新渡镇新安大道
……………………Tel：0556-5617773
铜陵佳能凹印制版科技有限公司
地址：安徽省铜陵市郊区安铜办马鞍社区（原马鞍水泥厂）
……………………Tel：0556-5617773
桐城市鸿宇包装有限责任公司
地址：安徽省桐城市文昌工业园
……………………Tel：0556-6121659
安徽中健生态农业有限公司
地址：桐城市龙眠街道金大地工业集中区2#101
……………………Tel：0556-6161915
安徽恒正包装科技有限公司
地址：安徽省桐城市同安路888号
……………………Tel：0556-6180085
安徽海天鸿远新材料有限公司
地址：安徽省桐城市同安路文昌工业园
……………………Tel：0556-6194988
安徽鸣天包装有限公司
地址：安徽省桐城市新渡镇
……………………Tel：0556-6196992
桐城市文都电脑制版厂
地址：桐城市龙腾路北（燃料公司商住楼）
……………………Tel：0556-6212265
桐城市华盛彩印包装有限公司
地址：安徽省桐城市民营经济开发区
……………………Tel：0556-6566299
安徽金科药品包装材料有限公司
地址：安徽省安庆市桐城经济开发区龙池路
……………………Tel：0556-6567077
桐城运城制版有限公司
地址：安徽省桐城市民营经济开发区兴源西路
……………………Tel：0556-6567729
桐城运城制版有限公司新安渡客户服务中心
地址：桐城市新渡镇西环路172号
……………………Tel：0556-6567729
安徽兴达集团有限公司
地址：安徽省桐城市吕亭镇兴店工业园
……………………Tel：0556-6568988
安徽省金凯包装印刷有限公司
地址：桐城经济开发区兴源路南侧4#101
……………………Tel：0556-6599999
桐城市大自然制版有限责任公司
地址：桐城市金神镇金山工业园
……………………Tel：0556-6661933
安徽天下盖包装有限公司
地址：安徽省桐城市大关镇工业园
……………………Tel：0556-6710118
桐城市旭日包装有限责任公司
地址：安徽省桐城市大关镇卅铺工业园
……………………Tel：0556-6710166
安徽百世佳包装有限公司
地址：安徽省桐城市大关镇
……………………Tel：0556-6712888
安徽金山包装有限公司
地址：安徽省桐城市大关镇金山村
……………………Tel：0556-6716888
桐城市恒德包装材料有限公司
地址：桐城市文昌街道文通村文昌工业园新村二路3号
……………………Tel：0556-6719229
安徽盛大彩印包装有限公司
地址：安徽省桐城市大关镇工业园
……………………Tel：0556-6733118
桐城市超然无纺布包装制品有限公司
地址：桐城市龙眠街道太平社区同安北路西侧168#
……………………Tel：0556-6775575
安徽国鼎包装有限公司
地址：安徽省桐城市新渡镇老梅华东塑料城B区
……………………Tel：0556-6810059
安徽华源包装有限公司
地址：安徽省桐城市新渡镇
……………………Tel：0556-6810484
桐城市万方纸塑包装有限公司
地址：安徽省桐城市新渡镇
……………………Tel：0556-6811188
桐城市金龙塑料包装有限公司
地址：安徽省桐城市新渡镇德隆路工业园
……………………Tel：0556-6812168
桐城市瑞智塑业有限公司
地址：安徽省桐城市新渡镇
……………………Tel：0556-6812847
安徽光阳制版科技有限公司
地址：安徽省安庆市怀宁县工业园二期
……………………Tel：0556-6813555
桐城市新港精密模具制造有限公司
地址：桐城市新渡镇伊洛路2#101
……………………Tel：0556-6813555
桐城市建新包装有限公司
地址：安徽省桐城市新渡镇
……………………Tel：0556-6815728
桐城市三力电雕制版有限公司
地址：桐城市双港镇唐兴村双港大道277号
……………………Tel：0556-6815994
安徽华庆包装有限公司
地址：桐城市新渡镇华东塑料城
……………………Tel：0556-6817888
桐城市美达电脑制版有限公司
地址：安徽省桐城市老梅镇
……………………Tel：0556-6862009
安庆同运制版科技有限公司
地址：安徽省安庆市怀宁县工业园月山大道旁电子精密仪器专业园
……………………Tel：0556-6864666
安徽颜彩包装材料有限公司
地址：桐城市双港镇双全路1号
……………………Tel：0556-6880170
安徽中科集团有限公司
地址：安徽省桐城市新渡镇
……………………Tel：0556-6983000
安徽超洋包装有限公司
地址：桐城经济开发区兴隆路18号
……………………Tel：0556-6985788
望江洪发纸管机械制造有限责任公司
地址：安徽省安庆市望江县经济开发区惠商路36号
……………………Tel：0556-7176457
安徽省潜山县先锋造纸厂
地址：安徽省安庆市官庄镇香山村
……………………Tel：0556-8651018
潜山县天昌造纸厂（普通合伙）
地址：淇县铁西区袁庄路口
……………………Tel：0556-8937052
宿州市佳华印刷包装有限公司
地址：安徽省宿州市经济开发区外环八路以南，西昌南路以西
……………………Tel：0557-2580258
安徽宿州万豪包装制品有限公司
地址：安徽省宿州市经济技术开发区磬云路东侧
……………………Tel：0557-2605775
宿州市宿东造纸厂地址：安徽省宿州市桥区朱仙庄镇
……………………Tel：0557-2770078
安徽省科苑包装系统有限公司
地址：安徽省合肥市长江西路669号
……………………Tel：0557-3327026
宿州百丽包装印刷有限公司
地址：安徽省宿州市经济开发区鞋城二路2658号29#、30#、33#厂房
……………………Tel：0557-3729999
宿州市大地印刷有限责任公司
地址：安徽省宿州市经济开发区金海3路
……………………Tel：0557-3930387
萧县科佳造纸机械有限公司
地址：安新县三台镇大北头村
……………………Tel：0557-5024296
安徽银龙重工科技有限公司
地址：萧县经济开发区
……………………Tel：0557-5699997
安徽昊春包装有限公司
地址：安徽省宿州市灵璧县经济开发区
……………………Tel：0557-6225566
泗县虹乡造纸厂
地址：邹平县临池镇东黄村
……………………Tel：0557-7096687
砀山县瑞博包装制品有限公司
地址：砀山县李庄镇汪阁行政村汪阁村
……………………Tel：0557-8161888
安徽丰华医药包装有限公司
地址：安徽省阜阳市开发区纬八路369号
……………………Tel：0558-2111701
阜阳天时印刷包装材料销售有限公司
地址：阜阳市颍东区河东办事处繁华世家4#105-108室
……………………Tel：0558-2322828
阜阳天时印刷包装材料销售有限公司
地址：阜阳市颍东区河东办事处繁华世家4#105-108室
……………………Tel：0558-2322828
阜阳市金辉电脑票据印刷有限公司
地址：安徽省阜阳市颍东区向阳办事处青峰路潘新巷
……………………Tel：0558-2325888
阜阳市金辉专用票证印刷有限公司
地址：安徽省阜阳市颍东区向阳办事处青峰路潘新巷
……………………Tel：0558-2325888
安徽猛牛彩印包装有限公司
地址：安徽省阜阳市颍东区新华办事处新华创业园猛牛大道6号
……………………Tel：0558-2362196
安徽皖山天印包装有限公司
地址：颍泉区阜阳工业园区顶大路17号
……………………Tel：0558-2616161
安徽金坤达包装集团有限公司
地址：阜阳市颍州区阜阳合肥现代产业园区翡翠湖路19号
……………………Tel：0558-2617922
亳州太平洋印刷有限公司
地址：安徽省亳州市工业园区研发路标准厂房小区
……………………Tel：0558-2809051
安徽申源彩印包装有限公司
地址：涡阳县经开区光机电产业园标准化厂房D区14栋
……………………Tel：0558-2868937
安徽宏泰制版有限公司
地址：利辛县刘家集乡聚鑫服饰有限公司院内
……………………Tel：0558-2902705
亳州市尚佳药用包装材料有限公司
地址：安徽谯城经济开发区柴胡路北侧，望州路东侧
……………………Tel：0558-3031528
安徽省惠企包装材料有限公司
地址：亳州市互联网创业示范园（筑梦社区）3栋314办公室
……………………Tel：0558-3039191
亳州市亿丰亳达环保包装材料有限公司
地址：亳芜产业园区华佗大道以东、槐花路以南、合欢路以北
……………………Tel：0558-3316563
安徽宏洋包装集团有限公司
地址：安徽省阜阳市颍州区程集镇
……………………Tel：0558-3801001
颍上科技印刷有限公司
地址：安徽省阜阳市颍上县工业园区管鲍路南侧颍淮路西侧
……………………Tel：0558-4561999
亳州派瑞特包装制品有限责任公司
地址：安徽省亳州市谯城区古井镇
……………………Tel：0558-5520527
亳州市亚洲包装材料有限公司
地址：亳州市谯城区大寺镇亳沙路北侧
……………………Tel：0558-5528199
亳州市裕同印刷包装有限公司
地址：亳州市古井配套产业园
……………………Tel：0558-5676677
安徽鑫城包装制品有限公司
地址：亳州市古井配套产业园内
……………………Tel：0558-5711817
安徽省临泉县万隆塑料包装有限公司
地址：安徽省阜阳市临泉县经济开发区兴泉大道221号
……………………Tel：0558-6539506
蒙城县安民纸品经营部
地址：海门市海门港大生路3260号
……………………Tel：0558-7623660
安徽华康药品包装有限公司

地址：安徽省阜阳市太和县经济开发区A区
……Tel：0558-8199955

黄山精工凹印制版有限公司
地址：安徽省黄山市徽州区城北工业园文峰西路8号
……Tel：0559-3515818

永新股份（黄山）包装有限公司
地址：黄山经济开发区梅林大道99号
……Tel：0559-3519226

黄山市亿利宏业包装制品有限公司
地址：安徽黄山工业园区
……Tel：0559-5298721

黄山市歙县宝杰包装有限公司
地址：安徽省黄山市歙县经济技术开发区
……Tel：0559-6510107

黄山喜阳阳包装材料有限公司
地址：安徽省黄山市歙县经济开发区
……Tel：0559-6522867

黄山金仕特种包装材料有限公司
地址：安徽省黄山市歙县富 镇徐村
……Tel：0559-6523870

歙县飞渡造纸厂
地址：安徽省黄山市歙县南源口乡鲍川村
……Tel：0559-6538888

黄山市泰联纸塑包装印刷有限公司
地址：安徽省黄山市歙县城西工业园（郑村镇路口）
……Tel：0559-6752611

安徽火狐房地产咨询有限公司
地址：安徽省淮北市相阳路190号
……Tel：0561-3111981

安徽溪龙环保科技包装有限公司
地址：安徽省淮北市凤凰山经济开发区栖凤路以西10米、凤冠路以南150米
……Tel：0561-3281888

淮北市裕峰印刷包装有限公司
地址：安徽省淮北市相山区凤凰山工业园6号7幢101
……Tel：0561-3881308

淮北市恒旺印刷包装有限公司
地址：安徽省淮北市相山区凤凰山工业园凤谐路16号
……Tel：0561-3881308

安徽盛唐药品包装材料有限公司
地址：安徽省淮北市经济开发区龙湖工业园经一路B1、B6
……Tel：0561-4046092

濉溪县第一造纸厂
地址：浦城县万安乡
……Tel：0561-6862937

淮北市大视野印刷有限公司
地址：沂源县南麻镇付家庄村
……Tel：0561-6880069

铜陵方正塑业科技有限公司
地址：安徽省铜陵市开发区翠湖五路西段129号B1栋
……Tel：0562-2222666

铜陵市长江彩色印刷有限责任公司
地址：安徽省铜陵市经济技术开发区泰山大道北段951号13栋1号
……Tel：0562-2621527

安徽博雅印务有限责任公司
地址：安徽省铜陵市铜陵经济技术开发区
……Tel：0562-2651613

安徽朝日纸业集团有限责任公司
地址：安徽省铜陵市郊区私营工业园
……Tel：0562-5323660

安徽众塑包装科技有限公司
地址：安徽省宣城经济技术开发区龟灵路
……Tel：0563-2823799

安徽力坤包装科技有限公司
地址：安徽省宣城经济技术开发区致和路（科技路）15号
……Tel：0563-2908688

宣城市飞跃制版印刷厂
地址：安徽省宣城经济技术开发区创业路与柏枧山路交叉口
……Tel：0563-3020291

安徽金百格包装股份有限公司
地址：安徽省宣城市宣州狸桥经济开发区
……Tel：0563-3499899

宣城华艺包装科技有限公司
地址：安徽省宣城经济技术开发区柏枧山路7号
……Tel：0563-3750085

安徽华艺印刷包装有限公司
地址：安徽省宣城市宣州经济开发区古泉分区
……Tel：0563-3751258

安徽华艺印刷包装有限公司
地址：安徽省宣城市宣州经济开发区古泉分区
……Tel：0563-3751258

宁国市新宇彩印包装有限公司
地址：宁国经济技术开发区南山园区千秋北路15号
……Tel：0563-4281089

安徽津桥包装印刷有限公司
地址：宁国经济技术开发区河沥园区八里路66＃
……Tel：0563-4310583

宁国市中溪工艺造纸厂
地址：宁国市中溪镇凤凰村荣叶坑
……Tel：0563-4674025

安徽宁昌塑料包装有限公司
地址：安徽省宁国市宁国水泥厂厂区内
……Tel：0563-4888548

安徽强邦印刷材料有限公司
地址：广德经济开发区鹏举路37号
……Tel：0563-6011188

安徽省润德印刷电路板检测有限公司
地址：广德县经济开发区桐 路
……Tel：0563-6079558

安徽伟宏印务有限公司
地址：天元区黄山路（株洲棉纺厂内）
……Tel：0563-6081200

皖南海峰印刷包装有限公司
地址：安徽省宣城市绩溪县扬溪镇岭脚下村
……Tel：0563-8350019

安徽同创制版有限公司
地址：安徽省六安市舒城县杭埠镇经济开发区
……Tel：0564-2791608

安徽霍山亚力包装材料有限公司
地址：安徽省霍山县衡山镇衡山工业园
……Tel：0564-5223550

金寨县诚信彩印制版有限公司
地址：安徽省六安市金寨县梅山镇梅江路
……Tel：0564-7164186

安徽欣辉包装有限公司
地址：六安市舒城县杭埠镇经济开发区
……Tel：0564-8030667

蚌埠宏峰包装材料有限公司
地址：安徽省蚌埠市龙子湖区胜利东路5号附20号院内
……Tel：0564-8688158

舒城金蔷薇彩色印刷包装有限公司
地址：安徽省六安市舒城县经济技术开发区舒城五金产业园第12幢4层
……Tel：0564-8688158

安徽景联印刷有限公司
地址：安徽省池州市江南产业集中区新材料产业园25幢厂房
……Tel：0566-2212278

安徽盈涔印刷包装有限公司
地址：安徽省池州市高新技术产业开发区电子园区
……Tel：0566-2319807

安徽纳盛实业有限公司
地址：安徽省池州市青阳县杨田镇工业集中区
……Tel：0566-3261139

安徽电联票务印刷有限责任公司
地址：安徽省池州市开发区（开发区加油站西侧）
……Tel：0566-3381678

安徽华绚包装有限公司
地址：东至县大渡口镇经济开发区永丰工业园三期C3、C4栋
……Tel：0566-8906688

福建省

中盐福建盐业有限公司
地址：闽侯经济技术开发区南岭路5号
……Tel：0591-22026010

福州长昌包装有限公司
地址：福建省福州市台江区上海街道工业路红庆里7号3层D13室
……Tel：0591-22071603

福建中联兰天投资集团有限公司
地址：福建省福清市音西街道瑶峰村西楼村
……Tel：0591-86090009

福融盛（福建）包装材料有限公司
地址：福建省福州市福清市音西街道珠山村、西楼村
……Tel：0591-22167138

福建福融昌包装工业有限公司
地址：福建省福清市音西街道珠山村、西楼村
……Tel：0591-22167138

群策包装科技（宁德）有限公司
地址：宁德市东侨经济开发区福宁北路35号(宁一大厦)1幢9层901
……Tel：0591-22255045

福建中澳科技有限公司
地址：福建省福州市仓山区建新镇十字亭路3号
……Tel：0591-22276888

福州业和包装有限公司
地址：福建省福州市闽侯县祥谦镇林森大道36号（福建海峡工程机械设备有限公司内）15＃车间
……Tel：0591-22277767

闽侯县美尔纸品制造厂
地址：辉县市孟庄镇孟庄村
……Tel：0591-22612888

福州中富包装有限公司
地址：福建省福州市闽侯县甘蔗街道长龙西路8号厂房三（轧机车间）整座
……Tel：0591-22616593

福建南方彩印有限公司
地址：福建省福州市闽侯县甘蔗街道昙石山东大道10号
……Tel：0591-22625687

闽侯县双杰包装有限公司
地址：福建省福州市闽侯县尚干镇良安路32号
……Tel：0591-2278896

福州德胜印刷有限公司
地址：福州市台江区广达路50号
……Tel：0591-22889762

福建名彩印刷有限公司
地址：福州市闽侯经济技术开发区一期九号中路5号
……Tel：0591-22917668

福建省兴春包装印刷有限公司
地址：福建省闽侯县荆溪镇石井路22-2号5＃厂房整座
……Tel：0591-22983339

福建菲特尔贸易有限公司
地址：福州市鼓楼区五四路159号世界金龙大厦第九层906室
……Tel：0591-26303333

罗源县景源纸业有限责任公司
地址：罗源县起步镇兰田村
……Tel：0591-26808822

福建鑫恒乐汽车部件有限公司
地址：罗源县罗源湾南工业区岐鹤路9号福建恒久集团股份公司办公楼2楼
……Tel：0591-26935918

福建悦得软包装有限公司
地址：罗源县罗源湾开发区北工业区
……Tel：0591-26980013

福建时代包装材料有限公司
地址：罗源湾开发区北工业小区
……Tel：0591-26988928

福建景泰包装材料有限公司
地址：福州市罗源湾开发区工业区
……Tel：0591-26988928

福建汇邦包装有限公司
地址：福建省长乐市航城街道霞洲村湖边溪（福建省建乐鞋业有限公司内）
……Tel：0591-28200091

福州泉运制版有限公司
地址：福州市闽侯县祥谦镇洋下村（青口投资区）
……Tel：0591-38201390

福州报业鸿升印刷有限责任公司
地址：福建省福州市仓山区建新镇建新北路151号
……Tel：0591-38720782

福建新奥科技发展有限公司
地址：福州市鼓楼区东大路新村西段二座九号店后房
……Tel：0591-63098513

福建省久久实业有限公司
地址：福州市台江区五一南路1号联信中心15层03室
……Tel：0591-63112859

福州鼎盛纸箱彩印包装有限公司
地址：闽侯县尚干镇国道324线21公里处西侧（华源工艺品厂内）
……Tel：0591-83013333

福州华奇造纸机械有限公司
地址：沧州市小王庄镇白庄子村
……Tel：0591-83053185

福州贵丰包装有限公司
地址：福建省福州市仓山区金山街道浦上大道216号福州仓山万达广场C区C3号楼13层03办公
……Tel：0591-83059011

福州青盟印刷有限公司
地址：福州市晋安区新店镇新店村新连1号
……Tel：0591-83183307

福建省弘强工贸有限公司
地址：福州市台江区国货西路148号亚华大厦207单元
……Tel：0591-83268161

福州天宇天成印刷包装有限公司
地址：福州市五一南路265号
……Tel：0591-83269116

福建省创汇进出口有限公司
地址：福州市台江区新港街道五一南路1号联信中心主楼13层07室
……Tel：0591-83300969

福州天天印包装有限公司
地址：福建省福州市仓山区建新镇金山大道618号金山工业区桔园洲园31号楼2层工业厂房-1
……Tel：0591-83315524

福州灵丰造纸开发有限公司地址：福州台江区西洋路163号西洋公寓103室
……Tel：0591-83319455

福建鸿悦包装印刷材料有限公司
地址：福州市台江区广达路76号裕达楼205室
……Tel：0591-83325505

福州市人民造纸厂
地址：福州市仓山白湖亭
……Tel：0591-83333950

福州报业印务有限公司
地址：福州市仓山区建新北路151号
……Tel：0591-83336620

福建四方通数码印刷设备有限公司
地址：福州市台江区长汀路6号福州高校科技孵化园
……Tel：0591-83369699

福州市盖山供销总店造纸机械经营部
地址：饶平县浮滨镇麦园村
……Tel：0591-83444024

福州市仓山红旗轻工造纸机械设备厂
地址：东光县城东工业开发区
……Tel：0591-83445772

福州佳顺塑料包装有限公司
地址：福州市仓山区盖山镇屿宅村后坂80号
……Tel：0591-83488828

福建鸿鑫包装有限公司
地址：福州市仓山区城门镇浚边村805号
……Tel：0591-83562521

福建震亚实业有限公司
地址：福建省福州市闽侯县竹岐乡榕西村山兜里10号1＃厂房整座
……Tel：0591-83589870

福州龙凤集团公司（福州龙凤集团）
地址：福建省福州市台江区排尾路111-2号六一路旁厂区1＃楼2层-2
……Tel：0591-83617778

福州中兴印刷设计有限公司
地址：福州市晋安区福新投资区前横路167号
……Tel：0591-83623666

福建华能光电实业有限公司
地址：福建省福州市台江区鳌峰路423号海西科技金融大厦16层-2
……Tel：0591-83625823

福州世纪远洋包装材料有限公司
地址：福州市晋安区宦溪镇宦溪村168号
……Tel：0591-83628777

福建海峡出版物资有限责任公司
地址：福州市鼓楼区浦下支路
……Tel：0591-83650276

福建省印刷物资有限公司
地址：福州市连江北路官前路8号
……Tel：0591-83658840

福建新华印刷有限责任公司
地址：福州市福新中路42号

……………………Tel：0591-83662637
福建彩色印刷有限公司
地址：福州市福新中路66号
……………………Tel：0591-83665951
福州宇成印刷有限公司
地址：福州市仓山区建新镇金山大道618号金山工业区桔园洲园34号楼1层02工业厂房
……………………Tel：0591-83786111
福建星光造纸新技术研究开发中心
地址：福州市工业路中段祥坂第三工业区8#楼1-2层
……………………Tel：0599-8069830
福州紫江包装有限公司
地址：福州经济技术开发区快安延伸区11号地（自贸试验区内）
……………………Tel：0591-83969930
福州黄晶印刷机械有限公司
地址：福州开发区快安延伸区15号地（自贸试验区内）
……………………Tel：0591-83970233
东北理光（福州）印刷设备有限公司
地址：福州开发区快安延伸区M9511工业园2#楼（自贸试验区内）
……………………Tel：0591-83978138
福州信日华印刷有限公司
地址：福州保税区16-3、16-4、16-5、16-6号地（自贸试验区内）
……………………Tel：0591-83988405
鼎凯龙（福建）印刷科技有限公司
地址：福清市融侨经济技术开发区洪宽工业村
……………………Tel：0591-85291619
鑫园（福建）包装印刷有限公司
地址：福建省福州市福清市阳下街道东田村551号
……………………Tel：0591-85291619
福清市协裕印刷制品有限公司
地址：福清市阳下街道洪宽工业村洪宽二路
……………………Tel：0591-85297833-8010
福清市洪宽福利造纸厂
地址：宁阳县葛石镇夏庄村北
……………………Tel：0591-85299188
福清市迪川包装有限公司
地址：福清市阳下镇洪宽工业区
……………………Tel：0591-85299777
特耐王包装（福州）有限公司
地址：福清市融侨经济技术开发区
……………………Tel：0591-85367067
福建省创达印刷包装有限公司
地址：福建省福州市福清市石竹街道跃进村杜洋13号
……………………Tel：0591-85369501
大富包装（福建）有限公司
地址：福建福清融侨工业区
……………………Tel：0591-85381920
福建煜辉包装材料有限公司
地址：福建省福州市福清市石竹街道天翔凯旋城8号楼1103室
……………………Tel：0591-85899992
南大洋（福建）包装材料有限公司
地址：福清融侨经济技术开发区
……………………Tel：0591-85899992
福清辉达印刷科技有限公司
地址：福清市音西镇霞楼村
……………………Tel：0591-86007512
福建航升塑料包装材料有限公司
地址：福州市仓山区建新镇镜浦路9号2号楼
……………………Tel：0591-87277771
福建省邮电印刷厂
地址：福州市晋安区康山路16号
……………………Tel：0591-87335427
福州麟造印刷有限公司
地址：福州市晋安区福兴投资区福兴大道17-2a
……………………Tel：0591-87484875
福州华威建设发展有限公司
地址：福建省福州市仓山区建新镇台屿路5号职工休闲活动中心整楼办公楼整楼连廊整座三层
……………………Tel：0591-87506273
福州灿丰实业有限公司
地址：福州市台江区排尾路268号利嘉花园7#楼714单元
……………………Tel：0591-87512691
福建省造纸工业公司
地址：福州市省府路1号金皇大厦12A层
……………………Tel：0591-87521242
福州福维食品包装机械有限公司
地址：福州市鼓楼区省府路1号
……………………Tel：0591-87522137
福州华鑫印刷有限公司
地址：福州市仓山区建新镇红江路6号金山工业集中区浦上工业园C区7号楼1层
……………………Tel：0591-87522515
福州彩虹制版印刷有限公司
地址：福州市仓山区金山工业集中区金山大道618号桔园洲市级园38幢
……………………Tel：0591-87525278
福州彩虹制版印刷有限公司
地址：福州市仓山区金山工业集中区金山大道618号桔园洲市级园38幢
……………………Tel：0591-87525278
福州大坤彩色印刷有限公司
地址：福州市福兴投资区福发路D座
……………………Tel：0591-87586895
福州日晟彩色印刷有限公司
地址：福州市仓山区金山大道618号金山工业区桔园洲园31号楼1层
……………………Tel：0591-87620714
福州中景包装科技有限公司
地址：福州市鼓楼区东水路88号闽发大厦1501室
……………………Tel：0591-87620759
福州兴教印刷有限公司
地址：福州市仓山区建新镇红江路6号金山工业集中区浦上工业园C区4#楼1层厂房
……………………Tel：0591-87711081
福州德安彩色印刷有限公司
地址：福州市金山工业区浦上标准厂房第42幢
……………………Tel：0591-87718197
福建省金盾彩色印刷有限公司
地址：福建省福州市仓山区建新镇红江路8号金山工业集中区浦上工业园D区24#楼
……………………Tel：0591-87718701
福州钢贸建材有限公司
地址：福州市晋安区王庄街道连江北路558号东嘉花园6号楼08店面
……………………Tel：0591-87859911
福州龙杰印刷有限公司
地址：福州市晋安区官前路7号一层
……………………Tel：0591-87881810
福州真彩制版有限公司
地址：福州市晋安区鼓山镇远西村84号
……………………Tel：0591-87911023
福建闽教印务有限公司
地址：福州市福兴投资区后屿路6号
……………………Tel：0591-87911644
福州自然一品农业有限公司
地址：福建省福州市晋安区新店镇山北路233号居住主题公园175#、174#楼连接体1层17店面-1
……………………Tel：0591-87915531
福州乾通建筑工程有限公司
地址：福州市仓山区盖山镇江边村南社46号
……………………Tel：0591-87932220
福州乾通建筑工程有限公司
地址：福州市仓山区盖山镇江边村南社46号
……………………Tel：0591-87932220
福建环恒包装印务有限公司
地址：福建省福州市马尾区亭江镇长盛路2#长天工业园A6幢三层厂房
……………………Tel：0591-87951198
福州环宇包装设计印刷有限公司
地址：福州市晋安区新店镇南平东路72号
……………………Tel：0591-87951198
福州环宝印刷材料有限公司
地址：福州市晋安区秀峰路188号闽台广告创意园4栋4层401室
……………………Tel：0591-87951198
福州慧智信息科技有限公司
地址：福建省福州市晋安区新店镇坂中路6号泰禾城市广场（二期）5#、5a#楼14层27办公
……………………Tel：0591-87956979
福建省地质印刷厂
地址：苏州工业园区娄葑镇黄天荡路
……………………Tel：0591-87985317
福州成效印刷包装有限公司
地址：福州市仓山区建新镇金山大道618号金山工业区桔园洲园32#楼3层工业厂房304
……………………Tel：0591-88000307
福州三才印刷有限公司
地址：福州市仓山区科技园6区116号
……………………Tel：0591-88035613
福建宏利兴包装有限公司
地址：福建省连江经济开发区管委会办公楼四楼
……………………Tel：0591-88071157
福州荣芳印刷有限公司
地址：福建省福州市仓山区建新镇金山大道618号桔园洲工业园52#楼1层、3层
……………………Tel：0591-88075162
福建丰阁市场开发有限公司
地址：福州市仓山区城门镇谢坑村（南站建材市场）二期三区B03号店面
……………………Tel：0591-88111888
鸿博股份有限公司
地址：福建省福州市仓山区金山开发区金达路136号（经营场所：福建省福州市仓山区盖山镇齐安路772号福建鸿博光电园B10#楼）
……………………Tel：0591-88205723
福州东昂珠宝加工有限公司
地址：福州市仓山区建新镇红江路67号8号楼
……………………Tel：0591-88253256
福建福榕商贸有限公司
地址：福州市仓山区连江南路639号
……………………Tel：0591-88310088
福建元甲贸易有限公司
地址：福建省福州市鼓楼区五四路138号天福大厦八层720号
……………………Tel：0591-88527779
福建日报彩色印刷有限责任公司
地址：福州市仓山区建新镇金榕北路52号1号楼
……………………Tel：0591-88618365
福建壹度印刷有限公司
地址：福建省福州市晋安区新店镇健康村健康工业区1号一、二层B区
……………………Tel：0591-88681199
福建省屏南县延屏造纸营林有限责任公司
地址：屏南县城关城西路32号
……………………Tel：0593-3322804
福建省南平造纸营林总公司古田分公司
地址：古田县林业局(城东)
……………………Tel：0593-3883006
福建宝士嘉印刷器材有限公司
地址：福建省宁德市福鼎市温州工业园文渡工业区文渡路9号-8
……………………Tel：0593-7208777
莆田市华盛包装有限公司
地址：莆田市荔城区荔园工业区西天尾镇三山村山后276号
……………………Tel：0594-2298340
福建泰盛实业有限公司
地址：莆田市荔城区黄石工业园区梅雪东路2003号
……………………Tel：0594-2376886
福建才子印务有限公司
地址：莆田市城厢区莆阳西路939号
……………………Tel：0594-2693549
莆田市远航包装饰品有限公司
地址：莆田市荔城区新度镇锦墩村
……………………Tel：0594-2756662
祥恒创意包装有限公司
地址：福建省莆田市荔城区黄石镇梅雪东路2001号
……………………Tel：0594-2768023
祥恒（莆田）包装有限公司
地址：莆田市荔城区黄石镇梅雪东路2001号
……………………Tel：0594-2790033
莆田市胜利印务有限公司
地址：荣成市石岛东山南路251号
……………………Tel：0594-2869686
福建亿润源制版印刷有限公司
地址：莆田市涵江区白塘镇集奎村岱埕11#49号
……………………Tel：0594-3386222
福建亿润源制版印刷有限公司
地址：莆田市涵江区白塘镇集奎村岱埕11#49号
……………………Tel：0594-3386222
莆田市涵江区弘望印前制版行
地址：莆田市涵江区涵园路86号
……………………Tel：0594-3394206
莆田市茂森包装有限公司
地址：仙游县枫亭工业园区
……………………Tel：0594-3615555
福建鼎新金属包装有限公司
地址：莆田市涵江区江口镇锦江路
……………………Tel：0594-3685650
福建冠盖金属包装有限公司
地址：莆田市涵江区江口镇锦江路
……………………Tel：0594-3696899
福建铭冠包装材料有限公司
地址：福建省莆田市涵江区江口镇锦江西路999号
……………………Tel：0594-3696899
莆田市鑫祥股份有限公司
地址：莆田市涵江新涵工业集中区（创新鞋服公司旁边）
……………………Tel：0594-3810588
莆田聚诚包装印刷有限公司
地址：福建省莆田市涵江区梧塘镇松西村3组
……………………Tel：0594-3981516
禧图纸品印刷（福建）有限公司
地址：莆田市秀屿区东峤镇前沁村
……………………Tel：0594-5882012
莆田市鸿立印刷包装有限公司
地址：莆田市华林经济开发区
……………………Tel：0594-6727818
福建省仙游县盖尾福利造纸厂
地址：姚村乡西部村.
……………………Tel：0594-7090171
樱花（福建）包装文具有限公司
地址：福建省莆田市涵江区江口镇锦江西路2899号
……………………Tel：0594-7560188
福建莆田市成联包装有限公司
地址：莆田市仙游县枫亭经济开发区
……………………Tel：0594-8065388
泉州市沣晟纸品制造有限公司
地址：福建省泉州市鲤城区金龙街道古店社区浮桥街671号
……………………Tel：0595-22197797
泉州市永嘉电脑制版有限公司
地址：泉州市鲤城区温陵北路三巷口铭湖花苑2幢108、109号
……………………Tel：0595-22253112
泉州市豪格彩色印刷有限公司
地址：福建省泉州市鲤城区浮桥仙景工业区（繁荣路155号）
……………………Tel：0595-22358228
泉州晚报印刷厂
地址：福建省泉州经济技术开发区崇宏街465号
……………………Tel：0595-22382428
泉州市丰泽区众兴电脑制版厂
地址：泉州市丰泽区北峰工业区丰盛路11号
……………………Tel：0595-22382498
泉州市恒祥电雕制版有限公司
地址：福建省泉州市南安市水头镇上林华源电镀集控区20#厂房
……………………Tel：0595-22423857
泉州大昌纸品机械制造有限公司
地址：泉州市鲤城区江南高新电子园区二期紫山路28号
……………………Tel：0595-22465662
泉州市鲤城红梅彩印有限公司
地址：泉州市江南南环路工业开发区开元小区
……………………Tel：0595-22466221
泉州运城制版有限公司
地址：泉州市清蒙科技工业区
……………………Tel：0595-22491385
源泉科技股份有限公司
地址：泉州市丰泽区浔美工业区西辅路东段金利工业园一楼厂房
……………………Tel：0595-22539091
晋江诺伟包装有限公司
地址：晋江市五里科技工业园区
……………………Tel：0595-22572185
泉州市丰泽区佳泰印刷有限公司
地址：泉州市丰泽区霞美工业小区霞福路16号
……………………Tel：0595-22676318
福建梅洋绿色食品包装有限公司
地址：福建省泉州市鲤城区开元街道梅山社区蜂尾埔30号
……………………Tel：0595-22766577
泉州市新华印刷制版有限公司
地址：泉州市清　工业区2-12(A1)号

…………………… Tel：0595-22782603
泉州市民政造纸厂
地址：澄海区莲上镇工业区北区
…………………… Tel：0595-22818927
泉州市南方食品机械有限公司
地址：泉州市丰泽区普贤路468号
…………………… Tel：0595-22882974
晋江市合成包装制品有限公司
地址：福建省泉州市晋江市磁灶镇中国包装印刷产业（晋江）基地锦祥路8号1号楼一层
…………………… Tel：0595-22928806
泉州鲤城紫江印刷制版有限公司
地址：福建省泉州市鲤城区火炬工业区常兴路128号三楼
…………………… Tel：0595-22999856
福建省恒发彩印包装有限公司
地址：安溪县城东工业区
…………………… Tel：0595-23166999
德化县造纸厂（普通合伙）
地址：雷峰镇蕉溪村
…………………… Tel：0595-23523693
福建泉州顺美集团有限责任公司
地址：福建省泉州市德化县浔中镇城东路30号
…………………… Tel：0595-23587888
冠华环保造纸设备制造有限公司
地址：永春县南环路生物医药产业园1号
…………………… Tel：0595-23898189
福建省永春宏美纸业有限公司
地址：永春县坑仔口镇蛇头
…………………… Tel：0595-23991888
泉州市美岭包装材料有限公司
地址：福建省泉州市永春县一都镇美岭村
…………………… Tel：0595-23996666
福建省安溪广福包装有限公司
地址：安溪县城厢镇过溪村
…………………… Tel：0595-26015555
泉州丰泽区铧频贸易有限公司
地址：泉州市丰泽区刺桐路西路新晖苑B座B04号
…………………… Tel：0595-26525558
福建省晋江市华新彩色印刷有限公司
地址：晋江市陈埭镇坊脚
…………………… Tel：0595-26782222
锦胜包装（泉州）有限公司
地址：泉州台商投资区张坂镇上塘村滨湖南路916号
…………………… Tel：0595-27558331
泉州洛江建峰包装用品有限公司
地址：泉州市洛江区万安塘西工业区
…………………… Tel：0595-28026796
金保利（泉州）包装科技有限公司
地址：福建省泉州市晋江市经济开发区（五里园）泉源路19号
…………………… Tel：0595-28082698
福建泉州群发包装纸品有限公司
地址：福建省晋江经济开发区（科技工业园区五里园）
…………………… Tel：0595-36353315
福建南王环保科技股份有限公司
地址：惠安县惠东工业区（东桥镇燎原村）
…………………… Tel：0595-36367010
福建洋钰印刷有限公司
地址：福建省泉州市晋江市灵源街道灵水社区6号
…………………… Tel：0595-82035838
晋江市程新包装材料有限公司
地址：福建省泉州市晋江市西滨镇思进村拥军路12号
…………………… Tel：0595-82696936
晋江市中辉印刷包装有限公司
地址：晋江市磁灶镇中国包装印刷产业（晋江）基地
…………………… Tel：0595-82881688
晋江市中辉印刷包装有限公司
地址：晋江市磁灶镇中国包装印刷产业（晋江）基地
…………………… Tel：0595-82881688
福建省石狮建富印刷有限公司
地址：石狮市鸿山镇伍堡科技园信德隆标准厂房(A宗地)8#车间101A
…………………… Tel：0595-83590192
福建省宝森包装用品有限公司
地址：晋江陈埭下村
…………………… Tel：0595-85080203
晋江市兴源纸箱包装有限公司
地址：西滨镇工业区
…………………… Tel：0595-85123858
福建省全诺纸箱包装有限公司
地址：晋江市西滨国营农场工业区
…………………… Tel：0595-85123889
晋江优兰发水汽设备有限公司
地址：肇庆市西郊钓鱼台
…………………… Tel：0595-85123889
晋江冠朗集团有限公司
地址：西滨农场工业区
…………………… Tel：0595-85123898
福建晋江宝树彩色印刷有限公司
地址：晋江市陈埭镇下村
…………………… Tel：0595-85138555
福建省达优纸箱包装有限公司
地址：晋江市西滨镇工业区
…………………… Tel：0595-85163690
晋江市绿园包装有限公司
地址：晋江市磁灶镇中国包装印刷产业（晋江）基地
…………………… Tel：0595-85190666
福建省晋江市隆英再生造纸有限公司
地址：晋江市龙湖镇烧灰
…………………… Tel：0595-85285828
晋江市柒源包装印刷有限公司
地址：晋江市深沪首峰工业区
…………………… Tel：0595-85282657
福建鸿利印刷材料工贸有限公司
地址：福建省泉州市晋江市深沪镇华海工业区华科路18号
…………………… Tel：0595-85283088
晋江市深沪键升印刷有限公司
地址：晋江市深沪镇首峰工业区
…………………… Tel：0595-85293098
晋江市艺力彩色印刷有限公司
地址：福建省泉州市晋江市深沪镇东华村工业区21号
…………………… Tel：0595-85293908
晋江天火堂印刷包装有限公司
地址：晋江市金井镇中兴北路
…………………… Tel：0595-85366021
晋江永兴塑料包装印刷有限公司
地址：晋江市金井中兴北路
…………………… Tel：0595-85385577
晋江志顺纸制品制造有限公司
地址：晋江市英林镇工业园区13号
…………………… Tel：0595-85494222
晋江辉宏彩色印刷包装有限公司
地址：福建省泉州市晋江市磁灶镇印刷基地工业路3号
…………………… Tel：0595-85651688
晋江市育才教育印务有限公司
地址：晋江市磁灶镇中国包装印刷产业（晋江）基地
…………………… Tel：0595-85676368
福建省晋江市恒辉塑胶有限公司
地址：青阳普照工业区
…………………… Tel：0595-85680571
福建省晋江市群英包装有限公司
地址：福建省泉州市晋江市磁灶镇中国包装印刷产业（晋江）基地永　路10-1号
…………………… Tel：0595-85681996
福建晋江协兴彩色印刷有限公司
地址：晋江市梅岭街道梅岭工业区
…………………… Tel：0595-85685898
福建省晋江市新天地彩印有限公司
地址：福建省泉州市晋江市青阳街道青华社区东区37号
…………………… Tel：0595-85690815
福建省华达金属制品有限公司
地址：晋江经济开发区（五里园）美源路5号
…………………… Tel：0595-85697811
泉州鑫泉益包装用品有限公司
地址：晋江市磁灶镇中国包装印刷产业（晋江）基地
…………………… Tel：0595-85698100
晋江市向前走彩色印刷有限公司
地址：晋江市安海安平工业区16区3号
…………………… Tel：0595-85720330
福建省华联包装材料有限公司
地址：安海山兜村
…………………… Tel：0595-85732439
泉州安大包装有限公司
地址：福建晋江经济开发区(中华路32号)
…………………… Tel：0595-85756666
福建华泰包装有限公司
地址：晋江市五里工业园区
…………………… Tel：0595-85769999
晋江丰艺彩色印刷制版有限公司
地址：晋江市安海镇古庙路5号
…………………… Tel：0595-85784633
晋江丰艺彩色印刷制版有限公司
地址：晋江市安海镇古庙路5号
…………………… Tel：0595-85784633
晋江市精精制版有限公司
地址：安海菌柄英敏路１５４号
…………………… Tel：0595-85787317
福建省晋江怡盛造纸有限公司
地址：晋江市西园街道办事处砌田村
…………………… Tel：0595-85837589
晋江市恒裕纸业包装有限公司
地址：晋江市西园街道办事处官前工业区
…………………… Tel：0595-85850087
晋江市恒誉纸塑印刷有限公司
地址：晋江市磁灶太昌岛桥工业区
…………………… Tel：0595-85850097
福建省晋江市飞跃印刷有限公司
地址：福建省泉州市晋江市磁灶镇磁灶社区　泰路2号
…………………… Tel：0595-85851999
晋江晋山纸业有限公司
地址：蒙自市城北郊
…………………… Tel：0595-85852523
金河（福建）纸业有限公司
地址：北洲子沙堤拐
…………………… Tel：0595-85855966
晋江源华塑胶包装制品有限公司
地址：晋江市磁灶镇中国包装印刷产业（晋江）基地永　路5号
…………………… Tel：0595-85881415
金鹰（福建）印刷有限公司
地址：福建省晋江市铁灶路8号
…………………… Tel：0595-85939388
福建好再来实业发展有限公司
地址：福建省泉州市石狮市灵秀镇服装城石狮总部大厦第十二层
…………………… Tel：0595-86012671
泉州市群艺纸品制造有限公司
地址：福建省泉州市石狮市宝盖镇雪上三片区1号
…………………… Tel：0595-86018228
福建省南安市鸿江纸业有限公司
地址：南安市石井镇菊江村
…………………… Tel：0595-86068198
福建满山红包装股份有限公司
地址：南安市省新镇满山红村
…………………… Tel：0595-86251618
福建南安市中冠制版有限公司
地址：南安市省新镇满山红小区
…………………… Tel：0595-86256888
南安市恒发纸品包装有限公司
地址：南安市溪美街道成功科技工业园
…………………… Tel：0595-86309998
泉州市泉盛制版有限公司
地址：福建省泉州市南安市水头镇华源电镀集控区37号楼
…………………… Tel：0595-86626663
福建省泉州恒盛塑胶有限公司
地址：南安市洪濑镇东溪开发区
…………………… Tel：0595-86680268
福建省南安市宝华软包装彩印有限公司
地址：南安市洪濑镇东溪开发区
…………………… Tel：0595-86683898
南安永骏礼品包装有限公司
地址：福建省泉州市南安市溪美环城西路湖美小区10楼304
…………………… Tel：0595-86891777
泉州宏辉包装有限公司
地址：南安市水头镇大盈工业区
…………………… Tel：0595-86932888
泉州欧美特包装材料有限公司
地址：南安市水头镇大盈
…………………… Tel：0595-86937998
泉州市惠利印刷有限责任公司
地址：惠安县涂寨镇新亭村荷石步（涂寨工业区）
…………………… Tel：0595-87233388
福建友达胶粘制品有限公司
地址：黄塘镇省吟村
…………………… Tel：0595-87289080
达利食品集团有限公司
地址：惠安县紫山镇林口
…………………… Tel：0595-87310881
福建金宝树包装发展有限公司
地址：泉州市惠安县惠西工业区（黄塘）
…………………… Tel：0595-87316041
泉州市华山彩色印刷有限公司
地址：惠安县螺阳镇溪东工业区
…………………… Tel：0595-87602393
泉州市东华福利纸业有限公司
地址：界山镇潘南盐场
…………………… Tel：0595-87738770
福建锐翔体育科技股份有限公司
地址：惠安县螺阳镇城南工业区
…………………… Tel：0595-87868777
晋江市百彩印刷有限公司
地址：晋江市永和镇茂亭村、永和村（永和镇工业园区）
…………………… Tel：0595-88072298
晋江耀邦印务有限公司
地址：福建省晋江市永和镇第二工业园区8号
…………………… Tel：0595-88086678
福建省腾辉包装股份有限公司
地址：晋江市经济开发区五里园
…………………… Tel：0595-88161100
福建中腾包装用品实业有限公司
地址：福建省泉州市晋江市经济开发区（五里园）林麒路
…………………… Tel：0595-88167209
晋江市新达纸箱包装有限公司
地址：福建省晋江经济开发区（五里园）鸿福路21号1-6幢
…………………… Tel：0595-88182818
晋江市锐达纸业制造有限公司
地址：晋江市新塘后洋白鸽慕公路边50号
…………………… Tel：0595-88182883
福建省晋江市宏大印刷有限公司
地址：福建省泉州市晋江市深沪镇东华村工业区21号
……………………Tel：0595-8818467
福建省晋江市灵源恒盛制版有限公司
地址：晋江市灵源街道办事处林格
…………………… Tel：0595-88185587
晋江万代好包装印刷有限公司
地址：福建省泉州市晋江市经济开发区（食品园）灵坂路5号
…………………… Tel：0595-88192797
晋江陈埭良发印刷包装有限公司
地址：晋江市陈埭溪边工业区
…………………… Tel：0595-88202233
晋江晶然印刷有限公司
地址：晋江市深沪镇坑边工业区
…………………… Tel：0595-88229567
晋江市富丽包装印刷有限公司
地址：福建省晋江市深沪镇华海村工业园一路7号
……………………Tel：0595-8828222
福建省石狮市富亿实业有限公司
地址：石狮市灵秀镇彭田服装高科技园区
…………………… Tel：0595-88565777
石狮市万力印刷包装有限公司
地址：福建省泉州市石狮市鸳鸯池后万力工业大厦
…………………… Tel：0595-88585235
石狮市迅泰彩色电分制版有限公司
地址：福建省泉州市石狮市灵秀镇南洋路1117号
…………………… Tel：0595-88586583
福建省石狮市富兴包装材料有限公司
地址：福建省泉州市石狮市祥芝镇双永路12号
…………………… Tel：0595-88898333
石狮市广盛贸易有限责任公司
地址：福建省泉州市石狮市祥芝镇大堡工业区15号
…………………… Tel：0595-88902158
福建省鸿益包装科技有限公司
地址：福建省泉州市石狮市宝盖镇鞋业工业园宏业路222号三楼
…………………… Tel：0595-88966031
漳州市新鑫辉投资有限公司
地址：漳州市蓝田开发区内
……………………Tel：0596-2100532
福建泽旭包装制品有限公司
地址：福建省漳州蓝田经济开发区
……………………Tel：0596-2103456
福建金锐达金属包装有限公司
地址：福建省漳州市龙文区龙美路10号
……………………Tel：0596-2108266
福建桥南实业有限公司
地址：福建省漳州市芗城区金峰北路26

号
……………………Tel：0596-2301002
漳州市尚誉制版有限公司
地址：漳州市芗城区前锋后井新村33号
……………………Tel：0596-2301800
漳州市利尔包装材料有限公司
地址：福建省漳州市蓝田开发区塘边路2号
……………………Tel：0596-2521070
漳州市吉祥印刷工贸有限公司
地址：福建省漳州市金峰工业开发区
……………………Tel：0596-2590105
漳州豪美塑料包装制品有限公司
地址：福建省漳州市芗城区金峰开发区金浦路西侧
……………………Tel：0596-2592137
漳州昇兴太平洋包装有限公司
地址：福建省漳州市西洋坪
……………………Tel：0596-2596926
漳州市芗城大明彩印制版名片有限公司
地址：漳州市芗城区漳华路新厝村土岭洋(部队大门旁)
……………………Tel：0596-2606055
漳州市芗城大明彩印制版名片有限公司通北门市部
地址：漳州市芗城区大通北路和平里20幢9号
……………………Tel：0596-2606055
漳州市恒鑫福印刷器材有限公司
地址：福建省漳州市芗城区建元路41号江滨花园21幢805号
……………………Tel：0596-2665038
漳州五星包装制品有限公司
地址：漳州市金峰工业区
……………………Tel：0596-2672189
漳州市凌峰包装设计制版有限公司
地址：漳州市芗城区悦华丹霞园B1幢7号
……………………Tel：0596-2925988
漳浦色彩地带印刷制版有限公司
地址：漳浦县绥安工业开发区绥安工业园
……………………Tel：0596-3116610
福建华盈天创印刷有限公司
地址：漳浦县绥安工业开发区黄仓工业园
……………………Tel：0596-3265188
中兴（漳州）印刷有限公司
地址：诏安工业园区北区
……………………Tel：0596-3302038
诏安县诚兴印刷有限公司
地址：福建省漳州市诏安县四都镇上湖村国道324线旁
……………………Tel：0596-3535247
漳州市鑫华龙印刷有限公司
地址：龙海市港尾镇石埠村墩仔97号
……………………Tel：0596-3837866
福建标新集团（漳州）制罐有限公司
地址：漳州台商投资区角美镇龙田458号厂区内1、2、3号生产车间
……………………Tel：0596-3920575
福建泰丰软包装科技有限公司
地址：福建省漳州市平和县文峰镇文美村大道寮132公里处
……………………Tel：0596-5299039
福建兴益包装制品有限公司
地址：漳州市云霄县云陵工业开发区
……………………Tel：0596-6013258
福建华发包装有限公司
地址：漳州台商投资区吴宅工业园
……………………Tel：0596-6019800
漳州滋乐力包装材料有限公司
地址：福建省漳州台商投资区角美镇翁角路182号
……………………Tel：0596-6077137
漳州嘉宝包装制品有限公司
地址：漳州市漳华路五公里处
……………………Tel：0596-6177609
漳州市天辰纸品包装有限公司
地址：漳州市蓝田工业开发区
……………………Tel：0596-6182268
漳州仕霖包装材料有限公司
地址：漳州市长泰县陈巷镇港园工业区
……………………Tel：0596-6328679
漳州正霖印刷科技有限公司
地址：长泰县陈巷镇港园工业区
……………………Tel：0596-6328689
龙海市紫泥西良民政造纸厂
地址：南通市通州区张芝山镇银洋河村二十五组
……………………Tel：0596-6515094
龙海市下楼民政福利造纸厂
地址：津南区咸水沽镇南边路
……………………Tel：0596-6519687
福建省龙海造纸厂
地址：龙海市石码镇新州尾66号
……………………Tel：13799093102
漳州市侨昇电雕制版有限公司
地址：龙海市海澄二环屿上村丹坑路口
……………………Tel：0596-6551272
福建省欣龙包装制品有限公司
地址：龙海市海澄镇山后村刘坑社
……………………Tel：0596-6568799
龙海市榜山民政三星造纸厂
地址：龙海市榜山镇北溪头村
……………………Tel：0596-6598219
龙海市永盛包装有限公司
地址：龙海市九湖镇新春村
……………………Tel：0596-6639769
龙海市闽龙福利造纸厂
地址：龙海市颜厝镇上洋村五房
……………………Tel：13960106723
福建闽辉包装集团有限公司
地址：龙海市颜厝镇锦浦
……………………Tel：0596-6662339
龙海市颜厝隆达造纸厂
地址：龙海市颜厝上洋村港口社
……………………Tel：0596-6663199
龙海全晃旺包装资材有限公司
地址：龙海市角美镇
……………………Tel：0596-6669715
福建省龙海市罗坑民政造纸厂
地址：龙海市海澄镇罗坑皇都庵
……………………Tel：0596-6733289
漳州毅胜纸业包装有限公司
地址：漳州台商投资区角美镇吴宅工业园
……………………Tel：0596-6760950
福建福贞金属包装有限公司
地址：漳州台商投资区凤山工业园
……………………Tel：0596-6765348
漳州统实包装有限公司
地址：福建省漳州台商投资区凤山工业园
……………………Tel：0596-6766288
金冠（龙海）塑料包装有限公司
地址：漳州龙池开发区
……………………Tel：0596-6796001
宏全食品包装（漳州）有限公司
地址：福建长泰经济开发区兴泰工业园区
……………………Tel：0596-6950666
漳州市隆欣包装制品有限责任公司
地址：福建省漳州市东山县西埔镇东山经济技术开发区通港路4号
……………………Tel：0596-6970006
福建省佳胜体育用品有限公司
地址：长泰县经济开发区兴泰工业园区
……………………Tel：0596-7071845
漳州吉马彩印有限公司
地址：漳州蓝田工业区横三路东面
……………………Tel：0596-7081831
福建合润包装涂料有限公司
地址：福建省长泰县经济开发区银塘工业区
……………………Tel：0596-8181777
漳州金钛包装制品有限公司
地址：长泰县岩溪工业集中区
……………………Tel：0596-8281860
福建长信纸业包装有限公司
地址：福建省漳州市长泰县兴泰开发区十里村寨坑200号
……………………Tel：0596-8310970
长泰联众包装材料有限公司
地址：福建省漳州市长泰县古农农场银塘工业区
……………………Tel：0596-8332286
福建恒源包装材料有限公司
地址：长泰县古农农场银塘工业区
……………………Tel：0596-8335566
福建益百利包装材料有限公司
地址：漳州市长泰县古农银塘工业区泰坤工业园
……………………Tel：0596-8338151
福建裕和包装有限公司
地址：长泰经济开发区兴泰工业园区
……………………Tel：0596-8366182
福建省名尚彩印包装有限公司
地址：漳州市长泰县经济开发区兴泰工业园区
……………………Tel：0596-8366876
福建省漳州安泰铝材有限公司
地址：长泰县武安镇官山工业园
……………………Tel：0596-8366888
福建省云霄县长隆造纸实业有限公司
地址：云霄县下坂工业区
……………………Tel：0596-8531506
福建省南云包装设备有限公司
地址：福建省漳州市南靖县山城镇三卞村（山城镇工业集中区内）
……………………Tel：0596-8587868
漳州义大包装工业有限公司
地址：漳州市常山华侨经济开发区工业区
……………………Tel：0596-8627549
漳州市雄伟包装印刷有限公司
地址：南京市江宁区湖熟街道万安社区龙葛路198号
……………………Tel：0596-8665788
龙岩彩虹印刷有限责任公司
地址：龙岩市新罗区九一北路28号
……………………Tel：0597-2205586
龙岩市闽丰造纸有限公司
地址：龙岩市新罗区铁山镇隔口村
……………………Tel：0597-2348234
龙岩市祥泰造纸包装有限公司
地址：龙岩市新罗区(铁山隔口个私企业示范区03号)
……………………Tel：0597-2348234
福建宏祥科技有限公司
地址：福建省龙岩市永定区坎市镇坎市街社区丹阳山
……………………Tel：0597-2631309
福建上杭瑞翔纸业有限公司
地址：上杭县南岗工业区新塘路5号
……………………Tel：0597-3966968
福建中意铁科新型材料有限公司
地址：长汀县工贸新城
……………………Tel：0597-6653666
长汀县达盛纸板制造有限公司
地址：长汀县腾飞工业区三期
……………………Tel：0597-6696666
龙岩市百佳纸箱制造有限公司地址：长汀县腾飞工业区三期三路3号
……………………Tel：0597-6696666
漳平市宏运包装有限公司
地址：漳平市菁城街道东湖路369号（漳平市富山工业园区）
……………………Tel：0597-7561111
将乐县龙栖山自然保护区管理处里山纸业社
地址：辉县市赵固乡小罗召
……………………Tel：0598-2406369
将乐县龙栖山手工造纸协会
地址：福建省三明市将乐县龙栖山余家坪
……………………Tel：05982407631
福建建牌管业有限公司
地址：永安市曹远镇吴家坊村
……………………Tel：0598-3611668
永安市新华教育印刷有限责任公司
地址：永安市龙山路639号
……………………Tel：0598-3632574
福建省建宁县联丰造纸有限公司
地址：青浦区崧泽大道6666弄17号102室
……………………Tel：0598-3971698
福建省三明市三洋造纸机械设备有限公司
地址：三明市梅列区小蕉工业园兴业五路15号1-4幢
……………………Tel：0598-5171770
三明市金盛发包装有限公司
地址：三明高新技术产业开发区金沙园
……………………Tel：0598-5509590
福建省青州造纸有限责任公司
地址：福建省沙县青州镇
……………………Tel：0598-5655001
福建省青州造纸职工技协技术开发部
地址：乐清市大荆镇水涨溪滩
……………………Tel：0598-5658319
三明市青晨工贸公司地址：沙县青州造纸厂内
……………………Tel：0598-5658435
三明市青晨工贸公司青山加油站
地址：沙县青州青纸三叉路口
……………………Tel：0598-5658435
福建省建瓯市航运公司驻青州造纸厂服务队
地址：沙县青州镇(福建省青州造纸厂内)
……………………Tel：0598-5658539
福建省青州造纸厂职业技能培训中心
地址：沙县青州造纸厂内
……………………Tel：0598-5658596
福建省青州造纸附属综合厂
地址：沙县青州镇
……………………Tel：0598-5658240
沙县涌溪造纸二厂（普通合伙）
地址：沙县涌溪桥北
……………………Tel：13806974473
三明市林业造纸材青州办事处经营部
地址：沙县青州造纸厂三叉路口
……………………Tel：0598-5688028
三明市三恒印刷机械有限公司
地址：沙县金沙园区
……………………Tel：0598-5699520
沙县宝莲造纸厂（普通合伙）
地址：福建省三明市沙县区大洛镇宝山村连坑56号
……………………Tel：0598-5786165
瑞牌包装（福建）有限公司
地址：三明高新技术产业开发区金沙园
……………………Tel：0598-5852529
尤溪县造纸业协会
地址：福建省三明市尤溪县城关镇中心片区10号
……………………Tel：05986261996
福建省尤溪县造纸厂
地址：莱山区迎春大街163号2019号
……………………Tel：0598-6323517
福建华闽纸业有限公司大田仙峰造纸分公司
地址：大田县华兴乡仙峰村黄地坂
……………………Tel：0598-7245667
大田县广平万宅造纸厂（普通合伙）
地址：广平镇万宅村
……………………Tel：0598-7273811
福伊特造纸技术服务（福建）有限公司
地址：建湖县建阳石油装备产业园润阳路88号
……………………Tel：0598-8277870
福建二新华印刷有限公司
地址：三明市三元区新市中路70号
……………………Tel：0598-8314219
三明市泽光彩色印刷有限公司
地址：三明市三元区长安路3号
……………………Tel：0598-8333689
三明市迅泰彩印电分制版有限公司
地址：三明市三元区新市中路南永新村31幢
……………………Tel：0598-8338998
将乐县龙栖山自然保护区管理处上地纸业社
地址：龙栖山余家坪
……………………Tel：0598-8772650
浦城县德兴再生造纸有限公司
地址：浦城县仙阳镇渔梁村216号
……………………Tel：0599-2712666
福建省南平造纸营林总公司政和分公司
地址：政和县城关胜利街58号
……………………Tel：0599-3322088
福建省建瓯市中亿纸品制造有限公司
地址：建瓯市水南中渡口工业区
……………………Tel：0599-3535658
南平市建阳区银达印刷包装机械有限公司
地址：南平市建阳区福建闽北经济开发区童游工业园区
……………………Tel：0599-5810263
福建省南平造纸营林总公司建阳分公司
地址：南平市建阳区朱熹大道61号2层201房、3层301房
……………………Tel：0599-8050850
福建省南平市建阳区奇英彩印包装有限公司
地址：南平市建阳区塔下工业园区白茶布
……………………Tel：0599-5869753
福建省顺昌县光地造纸厂
地址：顺昌县元坑镇光地村
……………………Tel：13809580963
福建星光造纸集团有限公司
地址：福建省南平市延平区滨江北路177号（游泳池及附楼）
……………………Tel：0599-8069830
福建星光造纸集团有限公司星光酒店
地址：福建省南平市滨江北路177号（南纸幼儿教育楼）
……………………Tel：0599-8069838

福建省南平市润兴综合厂
地址：南平市滨江北路177号
…………………………Tel：0599-8711678

福建鸿志兴股份有限公司
地址：建瓯市城东工业园区（东门笋竹城开发区D区16号）
…………………………Tel：0599-8225584

南平市后谷造纸厂
地址：新汶孙村汶河路
…………………………Tel：0599-8635803

福建省南平市建盛包装彩印有限公司
地址：福建省南平市延平区后甲垅路18号
…………………………Tel：0599-8735669

福建南平星光设备安装有限公司
地址：福建省南平市滨江北路177号林业科技综合楼一层
…………………………Tel：0599-8800088

南平市华福造纸机械有限公司
地址：南平市江南工业园区祥瑞路21号
…………………………Tel：0599-8807111

南平市星光职工技术协作服务站
地址：南平造纸厂科技楼
…………………………Tel：0599-8808313

福建省南平造纸营林总公司
地址：南平市滨江北路177号
…………………………Tel：0599-8808636

福建省南平造纸营林总公司延平服务部
地址：皂市新河桥头
…………………………Tel：0599-8808636

南平市鑫盾印刷有限公司
地址：南平市新建二路41-47号
…………………………Tel：0599-8821166

福建省南平造纸营林总公司南平分公司
地址：南平市朝阳路34号
…………………………Tel：0599-8832159

福建省绿水青山林业有限公司
地址：福建省邵武市下沙镇工业园区
…………………………Tel：0599-8856818

福建省南平市福达造纸机械有限公司
地址：南平市工业路96号园区支路3号
…………………………Tel：0599-8879688

江西省

昇兴（江西）包装有限公司
地址：鹰潭国家高新技术产业开发区龙岗片区五经路旁
…………………………Tel：0701-5682888

江西百得标签印刷有限公司
地址：新余高新区工业地产11栋A区一楼二楼
…………………………Tel：0790-6350888

新余陶伯恩造纸科技发展有限公司
地址：新余市渝水区劳动北路42号（新余市仙来区管委会）
…………………………Tel：0790-6735121

江西杰锋印刷包装有限公司
地址：江西省新余市高新开发区赛维大道9号
…………………………Tel：0790-6973602

江西杰锋印刷包装有限公司
地址：江西省新余市高新开发区赛维大道9号
…………………………Tel：0790-6973602

江西杰能工贸有限公司
地址：江西省南昌市南昌县小蓝经济技术开发区金沙三路1389号
…………………………Tel：0791-82206998

江西奇丽印刷有限公司
地址：江西省南昌市新建县长　工业开发区工业二路15号
…………………………Tel：0791-83775655

南昌杏林药用包装有限公司
地址：江西省南昌市桑海经济技术开发区
…………………………Tel：0791-83825649

江西日报传媒集团印刷有限公司
地址：江西省南昌经济技术开发区玉屏西大街芙蓉南路口
…………………………Tel：0791-83879853

南昌紫江包装有限公司
地址：江西省南昌市青山湖区民营科技园民安路138号
…………………………Tel：0791-85297562

江西康民药用包装有限公司
地址：江西省南昌市进贤县李渡北工业园区
…………………………Tel：0791-85635888

江西第二造纸厂
地址：北京市北京经济技术开发区建安街7号403室
…………………………Tel：0791-85693388

江西春天彩印包装有限公司
地址：江西省南昌市南昌县八一乡莲谢东路689号
…………………………Tel：0791-85817711

江西教材经营有限公司
地址：江西省南昌市东湖区阳明路310号
…………………………Tel：0791-85897200

南昌雅太药用包装有限公司
地址：江西省南昌市南昌县小蓝经济开发区富山一路
…………………………Tel：0791-85959958

南昌奇鸿包装容器有限公司
地址：江西省南昌市南昌县小蓝经济开发区鑫维大道289号
…………………………Tel：0791-85988702

南昌方正彩印制版输出中心
地址：江西省南昌市西湖区八一大道１３５号长运商贸城４楼
…………………………Tel：0791-86252526

江西行政学院造纸印刷厂
地址：江西省南昌经济技术开发区行政学院内
…………………………Tel：13767038789

南昌市造纸厂
地址：江西省宜春市宜丰县同安乡党田村
…………………………Tel：0791-86405159

江西印刷股份有限公司
地址：江西省南昌市青山湖区高新南大道2988号
…………………………Tel：0791-86407377

江西印刷集团公司
地址：江西省南昌市西湖区站前西路１２１号
…………………………Tel：0791-86407378

江西瑞丰彩色制版有限公司
地址：江西省南昌市青山湖区昌东工业区三期C-15-1地块
…………………………Tel：0791-86408738

江西省江美数码印刷制版有限公司
地址：江西省南昌市西湖区子安路66号
…………………………Tel：0791-86565526

江西省恒湖造纸厂地址：江西省南昌市新建区恒湖
…………………………Tel：0791-87110443

金盛包装（南昌）有限公司
地址：江西省南昌经济技术开发区海棠路388号
…………………………Tel：0791-87121068

南昌市嘉人实业有限公司
地址：江西省南昌市西湖区郊桃花村抚生路５７７号
…………………………Tel：0791-87171198

江西金沙包装集团有限公司
地址：江西省南昌市南昌县小蓝经济开发区富山大道388号
…………………………Tel：0791-87173599

江西溯高美电气有限公司
地址：江西省南昌市南昌县小兰工业园金沙二路
…………………………Tel：0791-87178388

江西新华印刷发展集团有限公司
地址：江西省南昌市新建县望城新区新华路312号
…………………………Tel：0791-87356826

江西丰彩丽印刷包装有限公司
地址：江西省南昌市高新区京东大道433号
…………………………Tel：0791-88161333

南昌市红星印刷有限公司
地址：江西省南昌市青山湖区民营科技园民营大道69号
…………………………Tel：0791-88195633

江西运城制版有限公司
地址：江西省南昌市青云谱区青云谱镇城南村
…………………………Tel：0791-88215500

江西省造纸印刷工业总公司
地址：江西省南昌市东湖区洪都北大道283号
…………………………Tel：0791-88327432

江西省造纸印刷工业总公司
地址：江西省南昌市东湖区洪都北大道283号
…………………………Tel：0791-88327432

南昌康宇彩色印刷有限公司
地址：江西省南昌市青山湖区顺外路658号湖坊工业区C区15栋
…………………………Tel：0791-88593331

江西省电力彩色制版有限公司
地址：江西省南昌市青山湖区塘山乡长巷村
…………………………Tel：0791-88694271

九江市裕同印刷包装有限公司
地址：江西省九江市经济技术开发区城西港区9号厂房102室
…………………………Tel：0792-2158899

庐山市星都纸品制造有限公司
地址：江西省九江市庐山市工业园内
…………………………Tel：15807027667

江西国福资源科技股份有限公司
地址：江西省九江市武宁县万福经济技术开发区
…………………………Tel：0792-2838508

江西军山造纸厂
地址：江西省九江市永修县永修军山
…………………………Tel：0792-3050985

江西永恒造纸有限公司
地址：江西省九江市永修县恒丰牛头山
…………………………Tel：15949506440

江西美凯宝科技股份有限公司
地址：江西省九江市开发区城西港兴路南端地块
…………………………Tel：0792-3906970

江西省瑞昌市造纸总公司
地址：江西省瑞昌市边街235号
…………………………Tel：079-24223641

江西祥泰彩印包装有限公司
地址：江西省九江市共青城工业大道手机产业园内
…………………………Tel：0792-4340150

江西上好佳包装印刷有限公司
地址：江西省九江市德安县宝塔工业园区
…………………………Tel：0792-4666602

瑞昌市昌盛包装印刷有限公司
地址：江西省九江市瑞昌市经开区华友标准厂房7栋
…………………………Tel：0792-4868566

九江兴佑福印刷包装有限公司
地址：江西省九江市彭泽县定山镇工业园（计行公司内）
…………………………Tel：0792-5863232

江西鸿豪印刷有限公司
地址：江西省九江市柴桑区沙城工业园
…………………………Tel：0792-6819996

江西新明峰包装科技有限公司
地址：江西省九江市柴桑区赤湖工业园区B栋厂房
…………………………Tel：0792-6899882

江西统百利彩印包装股份有限公司
地址：江西省九江市共青城工业大道以东、北纬四路以北
…………………………Tel：0792-7722959

共青城赣联包装发展投资管理合伙企业（有限合伙）
地址：江西省九江市共青城市私募基金创新园区407-66
…………………………Tel：0792-7722979

江西恒诺印刷包装有限公司
地址：江西省九江市九江经济技术开发区汽车工业园九园路12号内五号厂房
…………………………Tel：0792-8355886

江西省晟丰环保包装材料有限公司
地址：九江经济技术开发区城西港区裕港路
…………………………Tel：0792-8368990

九江市三力印刷有限责任公司
地址：江西省九江市浔阳区塔岭北路57号
…………………………Tel：0792-8563434

江西新华九江印刷有限公司
地址：江西省九江市浔阳区甘棠北路70号
…………………………Tel：0792-8581288

江西理文造纸有限公司
地址：江西省瑞昌市码头工业城
…………………………Tel：0792-8996888

江西理文卫生用纸制造有限公司
地址：江西省九江市瑞昌市码头工业城
…………………………Tel：0792-8996888

江西万年青塑胶包装制品厂
地址：江西省上饶市万年县城东郊（马家工业区）
…………………………Tel：0793-3839919

江西铜业集团（德兴）防护用品有限公司
地址：江西省德兴市泗洲镇
…………………………Tel：0793-7718161

江西省大茅山造纸厂
地址：江西省德兴市龙头山乡古井头
…………………………Tel：0793-7755572

上饶赣新印刷有限公司
地址：江西省上饶经济开发区凤凰大道西段6号
…………………………Tel：0793-8461267

江西宏杏彩印包装有限公司
地址：江西省抚州市临川区抚北镇抚北工业园区
…………………………Tel：0794-2170668

江西金利佳彩印包装有限公司
地址：江西省抚州市广昌县工业园区
…………………………Tel：0794-3678988

江西宽年印刷材料有限公司
地址：江西省抚州市金溪县工业园区
…………………………Tel：0794-5295128

江西金安包装新材料有限公司
地址：江西省抚州市崇仁县工业园C区
…………………………Tel：0794-6310399

崇仁县造纸厂废纸收购站
地址：巩义市西村镇西村路
…………………………Tel：0794-6376656

江西宝仁达包装用品有限公司
地址：江西省抚州市金巢经济开发区伍塘路899号
…………………………Tel：0794-7070136

江西亚力亚包装制品有限公司
地址：江西省抚州市东乡区渊山岗工业园区
…………………………Tel：0794-7079088

江西宝林达包装用品有限公司
地址：江西省抚州市高新技术产业园区金凤路（金巢消防大队对面）
…………………………Tel：0794-8257559

江西抚州泰昌纸业有限公司
地址：江西省抚州市临川区抚北镇北站
…………………………Tel：0794-8623922

上高县大昌纸桶制造有限公司
地址：上高县工业园明星路
…………………………Tel：13767566399

成志（江西）包装有限公司
地址：江西省宜春市上高县工业园五里岭
…………………………Tel：0795-2511666

江西合鑫纸板印刷有限公司
地址：江西省宜春市宜丰县工业园
…………………………Tel：0795-2963096

宜春市袁州一超印刷制品有限公司
地址：江西省宜春市袁州区医药工业园
…………………………Tel：0795-3911898

江西一超软包装印刷有限公司
地址：江西省宜春市袁州区医药工业园
…………………………Tel：0795-3911898

江西同力医药包装有限公司
地址：江西省宜春市奉新县工业园区园区二路466号
…………………………Tel：0795-4433663

鸿圣（江西）彩印包装实业有限公司
地址：江西省宜春市奉新县工业园区应星南大道1588号
…………………………Tel：0795-4588169

江西双环造纸网毯实业有限公司
地址：江西省高安市新世纪工业城
…………………………Tel：13970560931

高安市赣江造纸毯业有限公司
地址：江西省高安市新世纪工业城（高安大道东9号）
…………………………Tel：0795-5288976

高安市日升造纸毛毯厂
地址：江西省高安市高安大道
…………………………Tel：15070506888

江西嘉颉包装有限公司
地址：江西省宜春市高安市城西工业园
…………………………Tel：0795-5617999

高安市众品鑫包装有限公司
地址：江西省高安市工业园
…………………………Tel：0795-5675189

高安市伟欣纺织有限公司
地址：江西省高安市新世纪工业城
…………………………Tel：0795-5678888

江西春光新材料科技股份有限公司
地址：江西省宜春市丰城市高新技术产业园区火炬二路5号
…………………………Tel：0795-6768606

江西铭通印刷有限公司
地址：万载县工业园
……………………Tel：0795-7102786

庆丰（江西）包装材料科技有限公司
地址：江西省宜春市奉新县冯田工业园区
……………………Tel：0795-7188868

宜丰县赣中造纸厂
地址：江西省宜春市宜丰县新昌镇敖桥村施粥坊
……………………Tel：0795-7299999

宜丰县汇林造纸有限公司
地址：江西省宜春市宜丰县城东工业园
……………………Tel：0795-7299999

江西联富纸箱包装有限公司
地址：江西省宜春市樟树市仁和路7号（金岸银河）46栋商住楼
……………………Tel：0795-7329618

江西省樟树市丽之源包装有限公司
地址：江西省樟树市工业开发区
……………………Tel：0795-7349821

万载县申德造纸厂
地址：江西省宜春市万载县马步乡泉塘村
……………………Tel：0795-8821042

万载县鸿峰印刷包装有限公司
地址：江西省宜春市万载县工业园
……………………Tel：0795-8915325

江西盛方包装材料有限公司
地址：江西省吉安市新干县城南工业园区
……………………Tel：0796-2688222

峡江县金鑫造纸化工厂
地址：江西省吉安市峡江县福民乡宋家村造纸工业园区
……………………Tel：17779639633

峡江县恒丰造纸厂
地址：中山市三角镇沙栏东路15号
……………………Tel：0796-3683999

江西星瀚印刷科技发展有限公司
地址：江西省吉安县高新技术开发区（西区）朝阳路5号
……………………Tel：0796-7115988

吉安卓高印刷包装有限公司
地址：井冈山经济技术开发区（江西吉安）
……………………Tel：0796-8258900

江西井冈山印刷包装发展有限公司
地址：江西省吉安市井冈山经济技术开发区人力资源市场大楼三楼315室
……………………Tel：0796-8406321

江西长鑫包装有限公司
地址：江西省吉安市吉安县江西省吉安市吉安县凤凰工业园
……………………Tel：0796-8579199

吉安红点印刷包装有限公司
地址：吉安高新技术产业园
……………………Tel：0796-8616701

信丰富运印刷制品有限公司
地址：天津滨海高新区塘沽海洋科技园新北路4668号创新创业园3-A号厂房一层东半侧
……………………Tel：0797-3337761

赣州科旺鑫制版科技有限公司
地址：江西省赣州市信丰县工业园水东大道（信丰华瑞电子有限公司厂房二楼）
……………………Tel：0797-3396303

艺爵（龙南）包装有限公司
地址：江西省赣州市龙南县龙南经济技术开发区里仁工业园
……………………Tel：0797-3502818

恒达包装制品（龙南）有限公司
地址：江西省赣州市龙南县龙南工业园区大罗小区
……………………Tel：0797-3559700-5046

赣州联丰包装有限责任公司
地址：江西省赣州市安远县城北工业园
……………………Tel：0797-3769699

安远县永联印刷有限公司
地址：江西省赣州市安远县孔田镇大围村
……………………Tel：0797-3773168

江西风景包装有限公司
地址：江西省赣州市安远县版石工业经济区
……………………Tel：0797-3783896

优利玛印刷（定南）有限公司
地址：江西省赣州市定南县工业园太湖工业小区
……………………Tel：0797-4269053

赣州彩盛印刷包装有限公司
地址：江西省赣州市赣县区梅林镇章贡路4号
……………………Tel：13576740114

江西龙港印刷有限公司
地址：江西赣州高新技术产业园区红金工业园火炬大道6号
……………………Tel：0797-4592958

兴国长盛印刷包装有限公司
地址：江西省赣州市兴国县红门工业园
……………………Tel：0797-5342043

赣州市绿野包装有限公司
地址：江西省赣州经济技术开发区工业三路东南侧（黄金大道北与天赋路交汇处）
……………………Tel：0797-8106529

赣州市永联印刷有限责任公司
地址：江西省赣州市赣州开发区印刷产业园
……………………Tel：0797-8107107

赣州美佳达印刷包装有限公司
地址：江西省赣州市经济技术开发区迎宾大道北侧希雨北路
……………………Tel：0797-8188399

赣州美佳达印刷包装有限公司
地址：江西省赣州市经济技术开发区迎宾大道北侧希雨北路
……………………Tel：0797-8188399

赣州市明基印刷包装有限公司
地址：江西省赣州市全南县工业二园赣州艺佳兴陶瓷有限公司内
……………………Tel：0797-8205019

江西客家彩印包装有限责任公司
地址：江西省赣州市赣州经济技术开发区金龙路13号
……………………Tel：0797-8376111

景德镇市昌江区荷塘造纸厂
地址：江西省景德镇市昌江区鱼山鲁塘村
……………………Tel：0798-2691372

景德镇市中景制造有限公司
地址：江西省景德镇市昌江区瓷都大道古城
……………………Tel：0798-8339388

江西优选时代包装有限公司
地址：江西省萍乡市湘东区工业园A-区2-152号
……………………Tel：0799-3435999

芦溪县宣风华丽造纸厂
地址：芦溪县宣风镇栗湾村
……………………Tel：0799-7501155

芦溪县上埠镇王源造纸厂
地址：江西省萍乡市芦溪县上埠镇九洲村
……………………Tel：15697995987

山东省

青岛嘉泽包装有限公司
地址：山东省青岛市城阳区青霞路8号
……………………Tel：0523-87861038

郓城泰和印刷有限公司
地址：山东省菏泽市郓城县经济开发区光明路东段
……………………Tel：0530-2051998

定陶金利源纸塑包装有限公司
地址：定陶（烟台）工业园（定砀路北、班枝路东）
……………………Tel：0530-2250568

山东天山丰耘生态肥业有限公司
地址：定陶县冉固镇工业园区
……………………Tel：0530-2599700

中住建设集团有限公司
地址：菏泽市黄河东路1566号
……………………Tel：0530-3172999

曹县鑫海包装品有限公司
地址：山东省菏泽市曹县普连集镇晏庄村
……………………Tel：0530-3208666

曹县顺风包装有限公司
地址：山东省菏泽市曹县青菏办事处赵楼村
……………………Tel：0530-3601369

山东天荣包装印刷有限公司
地址：山东省菏泽市牡丹区吴店镇张楼村村西500米
……………………Tel：0530-3980777

山东天荣包装印刷有限公司
地址：山东省菏泽市牡丹区吴店镇张楼村村西500米
……………………Tel：0530-3980777

单县新华造纸有限公司
地址：单县李田楼乡经济技术开发区杨集东
……………………Tel：13905302718

菏泽胜利包装有限公司
地址：山东省单县经济开发区
……………………Tel：0530-4664829

菏泽市众成制版有限公司
地址：菏泽市西外环路北段
……………………Tel：0530-5121666

山东枫叶环保制品有限公司
地址：山东省菏泽市黄河东路98号
……………………Tel：0530-5159962

山东盛元特医药科技有限公司
地址：菏泽市经济开发区内兰州路以东红玉路以北
……………………Tel：0530-5219969

菏泽胜达凹印制版厂
地址：山东省菏泽市牡丹区牡丹办事处庞王村（上海路路东）
……………………Tel：0530-5281111

菏泽网屏装璜设计制版输出有限公司
地址：菏泽市八一街南侧(军分区招待所斜对过)
……………………Tel：0530-5550969

菏泽市牡丹区金苹果制版有限公司
地址：山东省菏泽市牡丹区青年北路1393号
……………………Tel：0530-5608837

山东德发包装有限公司
地址：菏泽市长江东路5555号。
……………………Tel：0530-5878878

山东烟郓包装科技股份有限公司
地址：郓城县丁里长镇政府驻地
……………………Tel：0530-6414788

郓城县翱翔生物科技有限公司
地址：山东省菏泽市郓城县杨庄集镇政府驻地
……………………Tel：0530-6487629

菏泽市博恒印刷有限公司
地址：山东省菏泽市郓城县经济开发区开拓路中段路南
……………………Tel：0530-6539799

山东天乐塑料科技有限公司
地址：山东省菏泽市巨野县永丰办振兴路与327国道交汇处向南150米路西
……………………Tel：0530-8082888

山东力乐包装股份有限公司
地址：巨野县田庄镇金山路与双华路交汇处向西300米路北
……………………Tel：0530-8153777

山东叶华纸制品包装有限公司
地址：山东省济南市商河县经济开发区汇源街37号
……………………Tel：0531-55795577

山东鼎旺包装彩印有限公司
地址：山东省济南市商河县玉皇庙镇民营经济产业园(兴源街以北)
……………………Tel：0531-55797788

济南继东彩艺印刷有限公司
地址：济南市市中区段店南路264号
……………………Tel：0531-57850758

山东万林包装有限公司
地址：山东省济南市章丘区白云湖镇杨南村宁石路东首
……………………Tel：0531-58672688

济南百龙彩色印刷有限责任公司
地址：平阴县220国道旁平阴东首
……………………Tel：0531-58683298

山东福贞金属包装有限公司
地址：山东省章丘市明水经济开发区工业五路中段
……………………Tel：0531-61323247

山东良诚建设集团有限公司
地址：济南市历下区经十东路南侧浆水泉路东侧名士豪庭市级公建4号楼606室
……………………Tel：0531-61365607

济南金诺印务有限公司
地址：济南市历下区历山路38-1号
……………………Tel：0531-67809688

山东兴艺数字印刷有限公司
地址：山东省济南市商河县经济开发区玉凯路16号特色装备制造工业园17栋
……………………Tel：0531-68789199

山东九色花塑料包装有限公司
地址：山东省莱芜高新区滨河东路10号鑫程工业园
……………………Tel：0531-75643588

莱芜信通印刷设备有限公司
地址：莱芜高新区龙潭东大街以南
……………………Tel：0531-75961018

莱芜市新华印刷有限公司
地址：莱芜高新区龙潭东大街以南新冠路8号9号
……………………Tel：0531-75961018

山东华盛包装科技股份有限公司
地址：莱芜高新区长江大街98号
……………………Tel：0531-78787089

山东申新爱思开包装有限公司
地址：山东省济南市章丘区明水开发区工业四路鑫岳工业园内（明埠西路路西、汽配厂南）
……………………Tel：0531-80952056

济南新世纪造纸机械有限公司
地址：章丘市明水山阳西村北
……………………Tel：13964007770

济南诸藤包装制品有限公司
地址：济南市商河县经济开发区汇源街69号
……………………Tel：0531-82335130

济南铁路印刷厂
地址：济南市车站街30号
……………………Tel：0531-82426098

济南铁路印刷厂有限公司
地址：山东省济南市天桥区车站街30号
……………………Tel：0531-82426098

山东金岁印务中心
地址：山东省济南市长清区明发路269号-1号
……………………Tel：0531-82700694

济南市中信达造纸助剂厂
地址：济南市市中区党家街道办事处邵而庄西村村西
……………………Tel：0531-82781118

山东优派特造纸机械有限公司
地址：山东省济南市商河县经济开发区科源街31号
……………………Tel：0531-82801266

济南优派特造纸技术有限公司
地址：山东省济南市商河县经济开发区科源街31号
……………………Tel：0531-82801266

山东临沂新华印刷物流集团有限责任公司济南制版中心
地址：济南市市中区经十路127号
……………………Tel：0531-82903559

山东紫江包装有限公司
地址：济南市章丘区明水经济开发区矿业工业园内
……………………Tel：0531-83111975

济南冠群造纸机械有限公司
地址：山东省淄博市文昌湖区商家镇西阿村南首
……………………Tel：0531-83260688

济南兴宏远造纸机械有限公司
地址：章丘市官庄乡官庄村
……………………Tel：18678826957

宏全食品包装（济南）有限公司
地址：山东省章丘市明水经济开发区工业园
……………………Tel：0531-83328388

济南鑫顺源包装有限公司
地址：山东省济南市章丘区宁家埠街道刘家村
……………………Tel：0531-83420354

山东欧耶智杰包装有限公司
地址：山东省济南市章丘区白云湖街道韩码村（欧耶工业园）
……………………Tel：0531-83450077

济南嘉浩造纸机械有限公司
地址：山东省济南市章丘区枣园办事处大站村西
……………………Tel：0531-83652647

济南和润达包装材料有限公司
地址：章丘市高官寨镇果元村北首
……………………Tel：0531-83579156

济南吉联包装有限公司
地址：山东省济南市章丘区明水经济开发区赭山工业园赭山南路西首
……………………Tel：0531-83625903

济南东海造纸机械有限公司
地址：山东省济南市章丘区枣园街道吉祥村工业园南首
……………………Tel：13705411364

章丘市高新造纸机械厂
地址：山东省济南市章丘区枣园街道北皋埠村
……………………Tel：13953134269

济南美达造纸设备有限公司
地址：祁阳县羊角塘羊清街

…………………… Tel：0531−83656689
山东章丘市大星造纸机械有限公司
地址：山东省济南市章丘区官庄街道华民路517号中小企业转型发展示范园16号
…………………… Tel：0531−83711050
章丘市国庆机械有限公司
地址：山东省济南市章丘区埠村街道埠东村北埠村煤矿东邻
…………………… Tel：13853139247
山东真旺包装材料有限公司
地址：济南市济阳区济北经济开发区旺旺街
…………………… Tel：0531−84230088
济南华派造纸机械有限公司
地址：山东省济南市天桥区小鲁庄路117号院内
…………………… Tel：0531−84811188
济南致中和印刷有限公司
地址：山东省济南市长清区平安街道办事处玉皇山路888号103
…………………… Tel：0531−85257878
济南粮油包装有限公司
地址：山东省济南市天桥区二环北路西首
…………………… Tel：0531−85704007
济南天佳工艺印刷材料有限公司
地址：山东省济南市天桥区济洛路158号西沿街9号10号（经营场所：天桥区无影山北路1−1号内17房）
…………………… Tel：0531−85824493
济南造纸厂
地址：济南市万圣街21号
…………………… Tel：0531−85977039
山东省塑料包装材料有限公司
地址：济南市泺文路9号
…………………… Tel：0531−86106036
山东造纸总厂西厂大众不干胶纸经营部
地址：济南市济洛路160号
…………………… Tel：15662682208
济南市造纸科学研究所实验厂
地址：济南市天桥区少年路23号
…………………… Tel：0531−86911272
济南远达彩印包装有限公司
地址：济阳县新元大街路北（大明胜开西邻）
…………………… Tel：0531−86341667
济南瑞科造纸机械有限公司
地址：中国（山东）自由贸易试验区济南片区龙奥北路8号玉兰广场2−702−1室
…………………… Tel：0531−86510507
济南瑞联造纸技术有限公司
地址：山东省济南市高新区龙奥北路1350号万平商务大厦1408室
…………………… Tel：0531−86510507
济南恒嘉制版有限公司
地址：济南市天桥区济洛路59号
…………………… Tel：0531−86511832
山东鲁信天一印务有限公司
地址：山东省济南市高新区正丰路883号
…………………… Tel：0531−86513801
济南市历城区合成塑料包装厂
地址：济南市历城区唐王渔场
…………………… Tel：0531−86559888
济南全方位印刷有限公司
地址：山东省济南市槐荫区经一路333号保利中心1号楼1单元401室
…………………… Tel：0531−86977779
中闻集团济南印务有限公司
地址：济南市槐荫区经七纬七路127号
…………………… Tel：0531−87087621
济南啤酒集团有限公司包装印刷厂
地址：济南市槐荫区经七纬十二路376号
…………………… Tel：0531−87107059
山东新佳怡包装有限公司
地址：山东省济南市长清区济南经济开发区时代路789号
…………………… Tel：0531−87210899
济南伟诚造纸机械有限公司
地址：济南市长清区城南开发区（城南三公里）
…………………… Tel：13905417986
济南松元造纸机械有限公司
地址：市城南乡茅坪村6组
…………………… Tel：0531−87259617
济南东昇造纸机械有限公司
地址：山东省济南市长清区文昌街道办事处孙庄252号
…………………… Tel：13705412137
济南长兴造纸机械有限公司
地址：山东省济南市章丘区枣园街道后枣园村景观大道东侧
…………………… Tel：0531−8728551
济南日报社印刷厂
地址：山东省济南市市中区腊山路18−33号
…………………… Tel：0531−87295252
济南万昌印刷包装有限公司
地址：山东明水经济开发区工业二路中段
…………………… Tel：0531−87298729
济南巨鑫包装制品有限公司
地址：济南经济开发区国道路6002号
…………………… Tel：0531−87367966
济南泰德包装科技有限公司
地址：平阴工业园区
…………………… Tel：0531−87853299
济南晨彩包装印刷有限公司
地址：平阴县济西工业园汇源路
…………………… Tel：0531−87897089
山东艺高印刷有限公司
地址：山东省济南市历城区荷花路街道刘姑店村南头亚奇工业园内−1号
…………………… Tel：0531−88015177
山东世纪嘉和包装制品有限公司
地址：山东省济南市高新区天辰路979号办公楼1−101号—层西区106号
…………………… Tel：0531−88018766
济南含章印务有限公司唐王造纸厂
地址：天台县平桥镇下陈村
…………………… Tel：0531−88023100
济南含章印务有限公司济阳造纸厂
地址：济南市济阳县索庙乡白杨店村南
…………………… Tel：0531−88023100
山东悠思印刷科技有限公司
地址：山东省济南市历城区唐冶西路868号山东设计创意产业园北区1号楼113−2商铺
…………………… Tel：0531−88025365
山东造纸机械厂有限公司
地址：山东省济南市高新技术产业开发区机场路7617号
…………………… Tel：0531−88263129
山东省造纸工业研究设计院实验厂
地址：济南市工业南路１０１号
…………………… Tel：0531−88546640
山东融道印刷有限公司
地址：山东省济南市高新区机场路1999号维维乳业北面2号厂房
…………………… Tel：0531−88551808
山东中和新华印刷有限公司
地址：济南市历下区历山路146号
…………………… Tel：0531−88560100
山东省印刷物资有限公司
地址：济南市历下区解放东路69号
…………………… Tel：0531−88593210
山东山印纸张纸浆有限公司
地址：济南市历下区解放东路69号
…………………… Tel：0531−88593210
济南市历城区胜达造纸机械制修厂
地址：山东省济南市历城区遥墙街道姚家庄79号
…………………… Tel：15668338893
山东东海耐磨材料技术有限公司
地址：山东省济南市高新区临港街道工业区济南纸浆厂院内
…………………… Tel：0531−88739176
济南紫江包装有限公司
地址：济南市高新区崇华路96号百事可乐公司院内
…………………… Tel：0531−88870659
山东润泽逸群印刷有限公司
地址：山东省济南市高新区遥墙街道机场路3843号
…………………… Tel：0531−88872187
济南开发区东城造纸机械厂
地址：济南市工业南路34号
…………………… Tel：18615567521
山东海蓝印刷有限公司
地址：济南市历下区花园东路东首17号(星河工业园)
…………………… Tel：0531−88900037
济南锐务票证印务中心
地址：济南市历城区花园路2−3号
…………………… Tel：0531−88901832
济南富丽彩印刷有限公司
地址：山东省济南市高新区世纪大道15612号1号楼1单元1210室
…………………… Tel：13573102692
山东东港股份有限公司
地址：山东省济南市山大北路23号
…………………… Tel：0531−88904590
山东东港数据处理有限公司
地址：山东省济南市高新区机场路7368号科研楼102室
…………………… Tel：0531−88904590
山东皓彩项目管理有限公司
地址：济南市历下区窑头路东段−1号友谊苑小区1号楼1−1002室
…………………… Tel：0531−88930509
山东纸业集团总公司
地址：济南市和平路３号
…………………… Tel：0531−88931500
山东纸业集团有限公司
地址：济南市和平路３号
…………………… Tel：0531−80998936
青岛富士达包装印刷技术有限公司
地址：青岛市李沧区四流北路37号
…………………… Tel：0531−88932281
山东造纸工业技术开发公司
地址：济南市工业南路101号
…………………… Tel：0531−88934142
山东中彩环保设备集团股份有限公司
地址：山东省济南市历城区郭店街道办事处西临50米
…………………… Tel：0531−88993777
山东中纸人和制浆造纸科技有限公司
地址：山东省济南市市中区万达广场写字楼A座2117室
…………………… Tel：0531−89002030
山东省造纸行业协会
地址：温岭市新河镇铁场村
…………………… Tel：0531−8930241
青岛泰发印刷有限公司
地址：青岛市城阳区城阳街道东田村9702号
…………………… Tel：0532−5555310
青岛澳科顺诚包装有限公司
地址：山东省青岛市城阳区上马街道李仙庄社区967号
…………………… Tel：0532−58711728
青岛利康包装有限公司
地址：青岛高新技术产业开发区瑞源路8号
…………………… Tel：0532−58711796
青岛人民印刷有限公司
地址：青岛市李沧区兴华路15号
…………………… Tel：0532−58711796
青岛润硕包装有限公司
地址：青岛市城阳区棘洪滩街道金岭路
…………………… Tel：0532−66727286
青岛市税务票证印刷所
地址：山东省青岛市城阳区夏庄街道书云东路69号
…………………… Tel：0532−66735286
青岛艺高包装印刷有限公司
地址：青岛市崂山区中韩街道西韩社区
…………………… Tel：0532−66761115
青岛安捷利包装技术有限公司
地址：山东省青岛市市南区瞿塘峡路30号科技城14层T−6
…………………… Tel：0532−66775358
青岛集英航空包装有限公司
地址：山东省青岛市城阳区流亭街道兴阳路777号1号楼206室
…………………… Tel：0532−66791999
青岛英诺包装科技有限公司
地址：青岛高新技术产业开发区科韵路以南、正源路以东
…………………… Tel：0532−66969188
青岛海德包装有限公司
地址：青岛市李沧区文昌路306号
…………………… Tel：0532−67760163
青岛嘉德利包装有限公司
地址：山东省青岛市城阳区城阳街道春城路619号
…………………… Tel：0532−67761612
青岛名扬数码印刷有限责任公司
地址：山东省青岛市城阳区仙山东路23号
…………………… Tel：0532−67766558
青岛嘉颐泽印刷包装有限公司
地址：青岛市城阳区夏庄街道西宅子头社区（正阳路南）
…………………… Tel：0532−67766655
青岛新华印刷有限公司
地址：山东省青岛市城阳区夏庄街道仙山东路12号
…………………… Tel：0532−68005579
青岛乐泰印刷包装有限公司
地址：青岛市崂山区株洲路177号成华园
…………………… Tel：0532−68868228
青岛恒广泰包装有限公司
地址：山东省青岛市黄岛区前湾港路375号海尔新兴产业园A座
…………………… Tel：0532−68970379
青岛颐标建筑装饰有限公司
地址：青岛市市南区福州南路89号福林大厦803户
…………………… Tel：0532−80771717
青岛万洲工贸有限公司
地址：青岛市城阳区惜福镇街道小庄社区
…………………… Tel：0532−81157006
青岛证森制版有限公司
地址：山东省青岛市即墨市青岛服装工业园基地内、孔雀河四路以北
…………………… Tel：0532−81516211
青岛北印恩马绿色印刷科技有限公司
地址：山东省青岛市黄岛区团结路2877号青岛中德生态园管委会254房间
…………………… Tel：0532−81920999
青岛北印恩马科创孵化有限公司
地址：山东省青岛市黄岛区团结路2877号青岛中德生态园管委会241房间
…………………… Tel：0532−81920999
青岛嘉展控股集团有限公司
地址：山东省青岛市城阳区城阳街道荟城路606−39号
…………………… Tel：0532−82029926
青岛新赓达纸业包装有限公司
地址：山东省青岛市黄岛区环达路258号
…………………… Tel：0532−82120597
锋尚绿品零碳物联技术（青岛）有限公司
地址：山东省青岛市黄岛区双珠路288号1栋2单元311（A）
…………………… Tel：0532−82137617
青岛桃里包装有限公司
地址：青岛胶州市南关工业园.
…………………… Tel：0532−82231149
青岛东方华彩包装印刷有限公司
地址：山东省青岛市城阳区华平路57号
…………………… Tel：0532−83777611
青岛嘉宝印刷包装有限公司
地址：山东省青岛市即墨区大信镇普东国泰路2号
…………………… Tel：0532−83807772
青岛丽睿印刷包装有限公司
地址：山东省青岛市市北区辽阳西路177号
…………………… Tel：0532−83808171
青岛利康食品包装科技有限公司
地址：山东省青岛市高新区瑞源路8号
…………………… Tel：0532−84630577
青岛市李沧区造纸厂有限公司
地址：山东省青岛市李沧区安顺路6号
…………………… Tel：0532−84816165
青岛天丰造纸有限公司
地址：青岛市四方区四流南路20号
…………………… Tel：0532−84851971
青岛富达印刷材料有限公司
地址：山东省青岛市市北区大沙路18号11栋108室
…………………… Tel：0532−84891407
青岛黎马敦包装有限公司
地址：青岛市高科技工业园内.
…………………… Tel：0532−84961187
青岛博邦实业有限公司
地址：青岛市市南区山东路40号2806A
…………………… Tel：0532−85019927
青岛博邦实业有限公司嘉宝制版分公司
地址：青岛市市南区山东路40号2806C
…………………… Tel：0532−85019927
青岛建院印刷有限公司
地址：青岛市四方区抚顺路11号
…………………… Tel：0532−85071915
青岛昱泰药用包装科技股份有限公司
地址：山东省青岛市胶州市上合示范区长江一路2号上合国际贸易大厦（经营地址：山东省青岛胶州市里岔工业园45号）
…………………… Tel：0532−85213601
青岛普霖包装制品有限公司
地址：上合示范区长江一路2号上合国际贸易大厦（经营地址：山东省青岛市胶州市营海工业园）
…………………… Tel：0532−85263695
青岛人印设计制版有限公司

地址：青岛市市北区南京路444-3号
……Tel：0532-85617810

青岛洁丽包装有限公司
地址：青岛市市北区连云港路8号
……Tel：0532-85622718

青岛任缘印刷包装有限公司
地址：山东省青岛市市北区万安支路1号-3
……Tel：0532-85640102

青岛艺鑫制版印刷有限公司
地址：青岛市四方区抚顺路3号
……Tel：0532-85662585

青岛中苑金融安全印刷有限公司
地址：青岛市市北区吴兴路90号
……Tel：0532-85793117

青岛康桥金融安全印刷有限公司
地址：青岛市北区敦化路366号-2
……Tel：0532-85793117

青岛博信印通包装有限公司
地址：山东省青岛市城阳区夏庄街道源头社区仙山东路1号
……Tel：0532-85965150

青岛三信包装科技有限公司
地址：山东省青岛市黄岛区世纪大道2888号
……Tel：0532-86191777

青岛中山制版厂
地址：青岛市黄岛区铁橛山路758号(世纪花园1号楼东2单元204)
……Tel：0532-86192066

青岛永丰欣制版有限公司
地址：莱西市经济开发区庐山路
……Tel：0532-86402559

青岛佳美包装股份有限公司
地址：青岛莱西市姜山镇金岭工业园
……Tel：0532-86411995

青岛金田纳米科技有限公司
地址：青岛即墨市通济办事处黄河一路169号
……Tel：0532-86535766

青岛泰信包装有限公司
地址：青岛即墨市北部工业园凤凰山二路3号
……Tel：0532-86539330

青岛智龙包装设备有限公司
地址：山东省青岛市黄岛区石寨山路8号
……Tel：0532-86610130-8037

青岛海景包装制品有限公司
地址：青岛市胶州市胶莱镇马店社区纬四十七路南
……Tel：0532-86620768

青岛富龙冠皇木业有限公司
地址：山东省青岛市胶州市李哥庄镇李哥庄村
……Tel：18953224639

山东奥瑞金包装有限公司
地址：青岛平度市经济开发区长江路97号
……Tel：0532-86635017

青岛加藤信包装有限公司
地址：青岛即墨市青岛环保产业园
……Tel：0532-86656886

青岛中港通供应链集团有限公司
地址：山东省青岛市黄岛区漠河路515号
……Tel：0532-86768871

青岛三慧印刷科技股份有限公司
地址：青岛经济技术开发区前湾港路西
……Tel：0532-86810188

青岛美光机械有限公司
地址：青岛经济技术开发区茂山路468号
……Tel：0532-86817688

青岛双星华信印刷有限公司
地址：青岛经济技术开发区江山中路191号
……Tel：0532-86827127

青岛金时代印刷包装有限公司
地址：青岛市黄岛区民丰街53号
……Tel：0532-87117899

青岛宏泰包装印刷有限公司
地址：山东省青岛市平度市凤台街道办事处重庆路581号
……Tel：0532-87318988

青岛锐隆包装有限公司
地址：莱西市姜山镇昌盛西路
……Tel：0532-87412296

青岛旭成包装印刷有限责任公司
地址：山东省青岛市即墨市通济办事处孔雀河二路26号
……Tel：0532-87506360

青岛市贤俊龙智能包装科技有限公司
地址：山东省青岛市高新区科韵路319号
……Tel：0532-87714222

青岛三本精密制版有限公司
地址：青岛市城阳区流亭街道西流亭社区杨埠寨市场西150米
……Tel：0532-87723980

青岛彩捷制版有限公司
地址：青岛市城阳区流亭街道东流亭社区北
……Tel：0532-87727758

青岛利波包装有限公司
地址：青岛市城阳区新城工业区城西工业园
……Tel：0532-87755222

青岛济丰包装纸业有限公司
地址：山东省青岛市城阳区夏庄街道银河路575号
……Tel：0532-87791997

青岛城阳隆德制版厂
地址：城阳区华城路
……Tel：0532-87865629

青岛泰进包装印刷有限公司
地址：青岛市城阳区夏庄街道史家泊村
……Tel：0532-87874111

青岛丰华环保印刷有限公司
地址：青岛市城阳区夏庄镇王家泊子村南
……Tel：0532-87875258

青岛东互包装有限公司
地址：青岛市城阳区夏庄街道少山村
……Tel：0532-87878472

青岛世安包装容器制品有限公司
地址：青岛市城阳区金岭工业园
……Tel：0532-87909082

青岛昱川印务有限公司
地址：青岛市李沧区青山路680号
……Tel：0532-87972068

青岛中赢包装制品有限公司
地址：山东省青岛市黄岛区东元路2118号
……Tel：0532-88158663

青岛森丽达包装有限公司
地址：山东省青岛市黄岛区海西路（原海西中路107号）
……Tel：0532-88162327

青岛炳晟工贸有限公司
地址：青岛胶州市胶东镇大麻湾三村
……Tel：0532-8826863

青岛兴华锦盛包装科技有限公司
地址：山东省青岛市平度市东阁街道办事处东环路65号
……Tel：0532-88386699

青岛金龙包装有限公司
地址：青岛平度市经济技术开发区
……Tel：0532-88394555

青岛天富莱股份有限公司
地址：青岛市莱西市烟青路6号
……Tel：13805426999

青岛新永兴纸管制造有限公司
地址：莱西市望城街道办事处辛庄村
……Tel：0532-88421369

青岛华浩包装有限公司
地址：青岛即墨市通济街道办事处华山一路北端
……Tel：0532-88570666

青岛同兴达制版有限公司
地址：青岛市李沧区湘潭路53号中合科技孵化器4楼402室
……Tel：0532-8858320

青岛大迪印刷有限公司
地址：山东省青岛即墨市文化路西首
……Tel：0532-88586035

青岛小林包装材料有限公司
地址：青岛市即墨市服装工业园华山三路397-1号
……Tel：0532-88589010

青岛龙世印刷包装有限公司
地址：青岛即墨市黄河一路16号
……Tel：0532-88591558

青岛运城制版有限公司
地址：青岛市城阳区城区工业园（长城路）
……Tel：0532-88697386

青岛海蓝印刷有限责任公司
地址：山东省青岛市城阳区书霞路32号
……Tel：0532-88786655

青岛金源印刷有限公司
地址：青岛市崂山区沙子口街道九水东路600-26号
……Tel：0532-88828331

青岛海纳印刷包装有限公司
地址：山东省青岛市崂山区中韩街道张村社区
……Tel：0532-88916606

青岛翔峰科技发展有限公司
地址：青岛高科技工业园株洲路180号
……Tel：0532-88958790

青岛成悦新科技有限公司
地址：青岛即墨市孔雀河一路18号
……Tel：0532-89066777

青岛彩立德包装有限公司
地址：青岛即墨市通济街道办事处孔雀河四路以北、城西四东路以西
……Tel：0532-89066790

城阳区文飞跃制版厂
地址：青岛市城阳区夏庄街道彭家台社区玉晖路1号
……Tel：0532-89083817

青岛海都软件有限公司
地址：青岛市城阳区兴阳路308号3层308—1户
……Tel：0532-89085112

青岛联合包装有限公司
地址：青岛市城阳区夏庄街道华安路32号
……Tel：0532-89653877

淄博拓润包装制品有限公司
地址：山东省淄博市张店区湖田镇商家村309国道中段路北
……Tel：0533-2073737

张店星聚造纸助剂厂
地址：张店沣水镇四角方村
……Tel：13806484968

山东淄博民康药业包装有限公司
地址：博山区域城镇戻家庄村
……Tel：0533-2348947

山东嘉特塑料包装股份有限公司
地址：张店区沣水镇寨子村东南
……Tel：0533-2947827

淄博彩印龙印刷有限公司
地址：山东省淄博市高新区青龙山路9009号仪器仪表产业加速器12号厂房A区负一层
……Tel：13589589805

山东千极药用包装科技有限公司
地址：山东省淄博市沂源县城居家城5号街
……Tel：0533-3222279

沂源县万力包装印刷有限公司
地址：沂源县南麻镇付家庄村
……Tel：13953388339

山东恒金源包装材料有限公司
地址：山东省淄博市沂源县鲁村镇小张庄村
……Tel：0533-3288226

淄博运城制版有限公司
地址：淄博市高新区兰雁大道23号
……Tel：0533-3588319

淄博华鸿物流有限公司
地址：山东省淄博市高新区民祥北路7号
……Tel：0533-3599511

淄博三玉包装印刷有限公司
地址：淄博市开发区王东村
……Tel：0533-3918717

山东神舟票证印刷有限公司
地址：青岛市平度市红旗路69号
……Tel：0533-3981711

维美德造纸机械技术（中国）有限公司淄博分公司
地址：淄博高新区民祥路43号
……Tel：0533-3982331

山东大豪包装制品有限公司
地址：山东省淄博市博山区山头街道白杨河电厂南邻南外环路18号
……Tel：0533-4418766

淄博市博山造纸厂
地址：博山开发区银龙村北首
……Tel：0533-4666399

淄博昶晟制版印务有限公司
地址：淄川区般阳路110号
……Tel：0533-5265122

淄博方傲包装有限公司
地址：淄博市淄川区黄家铺工业园店子村星辰路
……Tel：0533-5439802

淄博帅德造纸机械设备厂
地址：兴化市阳山西路西首过境公路口
……Tel：0533-5686759

淄博丰硕印刷有限公司
地址：山东省淄博市淄川区洪山镇杨家村451号
……Tel：0533-5821222

淄博津利精细化工厂
地址：周村区南郊镇永和村东路北
……Tel：0533-6067116

山东国宁包装股份有限公司
地址：山东省淄博市周村区经济开发区丝绸路1198号
……Tel：0533-6182978

山东华越彩印包装有限公司
地址：山东省淄博市张店区淄博科技工业园内一帆路以东纳奇路以北
……Tel：0533-6207177

淄博金华腾造纸设备有限公司
地址：山东省淄博市高新区柳泉路296号亚太假日花园4号楼8层9号
……Tel：15963302801

淄博大进造纸设备有限公司
地址：山东省潍坊市诸城市开发区舜王大道187号
……Tel：0533-6553061

淄博恒星造纸机械有限公司
地址：建德市三都镇工业功能区
……Tel：0533-6556066

淄博泰鼎造纸机械有限公司
地址：洋泾西唐家宅60号
……Tel：0533-6556139

百川恒星（淄博）造纸机械有限公司
地址：周村区恒星路98号
……Tel：0533-6557531

淄博王村纸业有限公司
地址：周村区王村火车站北
……Tel：0533-6695068

山东海天造纸机械有限公司
地址：建瓯市水南中渡口工业区
……Tel：0533-6680181

淄博天阳造纸机械有限公司
地址：冠县北馆陶镇孟庄村
……Tel：0533-6683978

淄博恒舟铝塑包装材料有限公司
地址：山东省淄博市高青县经济开发区倪宽路7号
……Tel：0533-6773168

山东国井包装有限公司
地址：山东省淄博市高青县经济开发区北一路北侧
……Tel：0533-6973190

淄博大路造纸设备有限公司
地址：舒兰市煤城街
……Tel：0533-7078811

淄博市临淄万瑞包装制品有限公司
地址：临淄区辛店寨子村南
……Tel：0533-7118109

淄博欣洋包装制品有限公司
地址：临淄区齐鲁石化乙烯路
……Tel：0533-7161211

山东齐旺达包装制品有限公司
地址：山东省淄博市齐鲁化学工业区纬三路166号
……Tel：0533-7489991

淄博市临淄春光机电有限公司
地址：山东省淄博市临淄区凤凰镇温家路11号
……Tel：0533-7666048

淄博奥邦包装印刷有限公司
地址：山东省淄博市临淄区凤凰镇大张村齐鲁化学工业园纬二路以南建设用地内
……Tel：0533-7666888

淄博欧木特种纸业有限公司
地址：临淄区朱台镇
……Tel：0533-7785585

山东吉星造纸有限公司地址：山东省淄博市桓台县唐山镇振兴路106号
……Tel：0533-8081492

山东嘉毅印刷有限公司
地址：淄博市桓台县兴桓路3148号
……Tel：0533-8185926

淄博艾福迪塑料包装有限公司
地址：山东省淄博市高青县青城镇广青路镇政府以东100米
……Tel：0533-8404666

淄博新润东包装材料有限公司
地址：山东省淄博市桓台县唐山镇章索路南主厂区
……Tel：0533-8514778

山东奥博包装有限公司
地址：桓台县城桓台大道西首

……………………Tel：0533-8520001
淄博鸿杰制版有限公司
地址：桓台县唐山镇驻地
……………………Tel：0533-8520001
山东博汇集团有限公司
地址：桓台县马桥镇大成工业小区
……………………Tel：0533-8530370
淄博蓝鲸造纸有限公司
地址：桓台县耿桥乡驻地
……………………Tel：0533-8980953
德州市造纸机械厂
地址：双城市工厂街1号
……………………Tel：0534-2357357
德州市德城区鑫润激光制版加工部
地址：山东省德州市德城区新洋集团1号车间地址：M
……………………Tel：0534-2358068
德州赛利包装有限公司
地址：山东省德州运河经济开发区运河街道办事处工业园，天衢西路北首德田化工东邻
……………………Tel：0534-2460628
山东德州新华印务有限责任公司
地址：德州经济开发区晶华大道2306号
……………………Tel：0534-2671216
德州市嘉俊印刷有限责任公司
地址：山东省德州市经济开发区东方红路2327号（扒鸡美食城东50米路南）
……………………Tel：0534-2699949
德州东杏印刷包装有限公司
地址：德州经济开发区蒙山路
……………………Tel：0534-2735555
德州新洋实业有限公司
地址：德城区二屯镇前小屯南（恒华彩印包装公司内）
……………………Tel：0534-2744788
德州新海纸业包装有限公司
地址：德城区二屯镇头百户
……………………Tel：0534-2748077
昇兴（山东）包装有限公司
地址：德州经济技术开发区经二路以东，经三路以西，纬九路以北，迪米特公司以南
………………Tel：0534-2766333-2316
山东宏飞包装股份有限公司
地址：夏津县西环路东侧胜利路北侧
……………………Tel：0534-3310600
山东新宇包装股份有限公司
地址：山东省临邑县临盘镇工业园
……………………Tel：0534-4288236
山东和谐包装科技有限公司
地址：山东省德州市平原县经济技术开发区中园路
……………………Tel：0534-4296269
汇鑫生物浆纸股份有限公司
地址：山东省德州市平原县王打卦镇商业街1899号1号厂房
……………………Tel：0534-4520002
德州沪平永发造纸有限公司
地址：平原县王打卦工业区
……………………Tel：0534-4520002
山东金帝包装制品有限公司
地址：平原县恩城镇经济开发区
……………………Tel：0534-4542996
临邑正太包装材料科技有限公司
地址：临邑县翟家乡邢德路北段路东
……………………Tel：0534-4853999
山东中德发酵工程有限公司
地址：山东省德州市齐河县经济开发区齐众大道66号【（2017）黑0103执1122号之二，禁止该公司减资、变更名称、法定代表人及股东，查封时间2017.4.10-2020.4.10】
……………………Tel：0534-5022168
山东高森包装容器有限公司
地址：平原县恩城镇经济开发区
……………………Tel：0534-5038886
山东日力重工机械有限责任公司
地址：山东省德州市宁津县香江大街与省道249交叉口南100米路西
……………………Tel：0534-5222888
山东金秋果包装印刷有限公司
地址：山东省齐河经济开发区纬四路与高速东路交叉口
……………………Tel：0534-5670088
山东胜利达包装印刷有限公司
地址：山东省德州市齐河县经济开发区永锋嘉园东600米路南
……………………Tel：0534-5995617
德州市海德印刷包装有限公司
地址：山东省齐河经济开发区
……………………Tel：0534-5995617
山东洪印包装材料有限公司
地址：山东省德州市乐陵市齐北路
……………………Tel：0534-6292846
禹城市双星包装彩色印刷有限责任公司
地址：山东省德州（禹城）国家高新技术产业开发区德信大街中段北侧
……………………Tel：0534-7287558
德州久盛包装有限公司
地址：山东平原经济开发区东区
……………………Tel：0534-8155168
山东佳美电雕制版有限公司
地址：陵县经济开发区迎宾大道东侧
……………………Tel：0534-8261688
山东品高包装有限公司
地址：德州市陵城区马颊河路与陵边路交叉口西南角
……………………Tel：0534-8328181
德州伟健养老服务有限公司
地址：德州经济开发区蒙山路
……………………Tel：0534-8972268
烟台东明印刷发展有限公司
地址：烟台经济技术开发区长白山路11号
……………………Tel：0535-2126675
烟台市亨利不干胶印刷有限公司
地址：山东省烟台市福山区迎福路34号
……………………Tel：0535-2130213
烟台裕丰包装科技有限公司
地址：山东省烟台市经济技术开发区西安路19号
……………………Tel：0535-2135376
烟台市裕同印刷包装有限公司
地址：山东省烟台市开发区天津北路23号
……………………Tel：0535-2161818
烟台市裕同印刷包装有限公司
地址：山东省烟台市开发区天津北路23号
……………………Tel：0535-2161818
烟台正展精密印刷有限公司
地址：烟台经济技术开发区广州路11号
……………………Tel：0535-2165798
烟台唯万盛酒类包装有限公司
地址：烟台经济技术开发区武汉大街17号
……………………Tel：0535-2169867
莱州市广利印制版有限公司
地址：山东省莱州市开发区玉泰西路
……………………Tel：0535-2175722
莱州市强强设计图文中心
地址：莱州市光州东路（万豪商务大厦432室）
……………………Tel：0535-2251171
山东鲁烟莱州印务有限公司
地址：莱州经济开发区开明路1569号
……………………Tel：0535-2293035
莱州市英杰印制版有限公司
地址：山东省莱州市沙河镇石埠村
……………………Tel：0535-2348588
莱州市东方纸品制造包装有限公司
地址：山东省莱州市文峰路街道宝石路278号
……………………Tel：0535-2420089
龙口锦昇包装有限公司
地址：山东省烟台市龙口市龙口经济开发区环海北路1511号
……………………Tel：0535-2451519
烟台壹德包装科技有限公司
地址：山东省烟台市经济技术开发区B-23小区
……………………Tel：0535-2457051
莱州市永丰造纸机械有限公司
地址：平里店镇驻地
……………………Tel：0535-2615565
烟台华日造纸机械有限公司
地址：烟台高新区马山街道办事处岳家庄村南
……………………Tel：0535-2642318
烟台亿拉得包装科技股份有限公司
地址：山东省烟台市牟平区大窑工业园区中凯路186号
……………………Tel：0535-2649899
中国民主法制出版社有限公司山东分社
地址：山东省烟台市芝罘区通世南路7号
……………………Tel：0535-3023879
龙口市东华制版有限公司
地址：山东省烟台市龙口市高新技术产业园区星宇路89号
……………………Tel：0535-3128569
菏泽成明医药包装有限公司
地址：山东省菏泽市高新区万福办事处兰州路889号
……………………Tel：0535-3130665
烟台万华金地包装有限公司
地址：山东省烟台市经济技术开发区重庆大街42号
……………………Tel：0535-3387795
烟台络华电气控股集团有限公司
地址：山东省烟台市牟平区经济开发区安德鲁东4号路西
……………………Tel：0535-3395718
烟台欧亚塑料包装有限公司
地址：山东省烟台市经济技术开发区厦门大街9号内1号
……………………Tel：0535-3410066
龙口奥瑞金包装有限公司
地址：山东省龙口市南山东海工业园
……………………Tel：0535-3456688
烟台恒邦印刷包装有限公司
地址：牟平区兴华街579号
……………………Tel：0535-3396227
烟台鸿庆预涂新材料股份有限公司
地址：山东省烟台市栖霞市桃村镇东部工业园2号路北
……………………Tel：0535-3463971
龙口鸿成美嘉印刷有限公司
地址：山东省烟台市龙口市兰高镇兰高村
……………………Tel：0535-3467120
山东丰基包装有限公司
地址：山东省蓬莱市大柳行镇时金河村686号
……………………Tel：0535-3540419
烟台大为环保科技有限公司
地址：山东省烟台市高新区蓝海路1号
……………………Tel：15865609856
美瑞新材料股份有限公司
地址：烟台开发区长沙大街35号
……………………Tel：0535-3979898
山东九发生物降解工程有限公司
地址：牟平经济开发区九发街99号
……………………Tel：0535-4252753
烟台兴华彩印有限公司
地址：山东省烟台市牟平区牟山路639号
……………………Tel：0535-4318911
烟台隆达纸业有限公司
地址：西滨镇工业区
……………………Tel：0535-4652068
山东丽鹏股份有限公司
地址：烟台市牟平区姜格庄街道办事处丽鹏路1号
……………………Tel：0535-4661121
山东省栖霞津源印刷有限公司
地址：山东省栖霞市向阳路2号
……………………Tel：0535-5213598
蓬莱市蓬达（集团）公司
地址：蓬莱钟楼东路37号
……………………Tel：0535-5643317
烟台白马包装有限公司
地址：山东省烟台市福山区电信路222号
……………………Tel：0535-6302885
烟台华正医疗器械科技有限公司
地址：福山区门楼工业园(福桃路)
……………………Tel：0535-6350488
烟台人立广告印刷有限公司
地址：山东省烟台市经济技术开发区秦淮河路197号正邦工业园内1号楼2楼
……………………Tel：0535-6373692
烟台大信包装有限公司
地址：山东省烟台市芝罘区幸福中路178
……………………Tel：0535-6382326
烟台京彩包装印刷有限公司
地址：烟台开发区秦淮河路197号内2号二层
……………………Tel：0535-6382326
烟台西蒙西塑料包装品有限公司
地址：烟台经济技术开发区金沙江路6号
……………………Tel：0535-6383136
烟台鑫汇包装有限公司
地址：山东省烟台市福山区福泉路1号
……………………Tel：0535-6433177
山东烟台造纸厂
地址：芝罘区环山路143-8号
……………………Tel：0535-6610149
烟台创佳包装机械有限公司
地址：烟台开发区昆仑山路67号内1号
……………………Tel：0535-6610822
烟台万豪包装印刷有限公司
地址：山东省栖霞市桃村工业园东区
……………………Tel：0535-6678751
山东金源印刷有限公司
地址：山东省烟台市莱山区宝源路16号
……………………Tel：0535-6719298
烟台东盛实业有限公司
地址：山东省烟台市莱山区盛泉西路9号
……………………Tel：0535-6729765
烟台市造纸机械总厂
地址：莱山区解甲庄镇驻地
……………………Tel：15065721559
烟台裕兴包装有限公司
地址：烟台高新区纬一路南侧（经七路东侧）
……………………Tel：0535-6755842
烟台华胜医药包装科技有限公司
地址：山东省烟台市经济技术开发区泰山路52号内710号
……………………Tel：0535-6798058
烟台百徽包装制品有限公司
地址：山东省蓬莱市大柳行镇大柳行村
……………………Tel：0535-6933210
烟台金宝精密印刷设备有限公司
地址：烟台开发区合肥大街16号
……………………Tel：0535-6953088
烟台新中萃玻璃包装有限公司
地址：中国（山东）自贸区烟台开发区无锡路11号
……………………Tel：0535-6953518
烟台永东包装制品有限公司
地址：烟台经济技术开发区大季家街道办事处
……………………Tel：0535-6967188
烟台报捷新闻印刷有限责任公司
地址：福山区聚福路620号
……………………Tel：0535-6999101
莱阳东利制版有限公司
地址：山东省烟台市莱阳市团旺镇驻地
……………………Tel：0535-7312426
烟台东润制版有限公司
地址：山东省烟台市莱阳市团旺镇驻地
……………………Tel：0535-7580666
莱阳鲁花包装工业有限公司
地址：山东省莱阳市羊郡镇
……………………Tel：0535-7690095
山东省招远造纸厂
地址：山东省招远市辛庄镇东良村
……………………Tel：0535-8302188
招远市辛庄镇杭军印刷制版厂
地址：山东省烟台市招远市辛庄镇辛庄西南村
……………………Tel：0535-8316655
山东海威包装有限公司
地址：山东省烟台市招远市安康南路东东 东路北
……………………Tel：0535-8426417
山东福尔有限公司
地址：龙口市徐福镇儒林庄村
……………………Tel：0535-8591181
烟台融科造纸助剂有限公司
地址：山东省烟台市龙口市东江街道中智家
……………………Tel：13791238031
龙口市世永制版加工厂
地址：龙口市芦头镇七夼村
……………………Tel：0535-8648177
山东春龙集团有限公司
地址：山东省龙口市经济开发区
……………………Tel：0535-8887199
山东隆旺龙包装制品有限公司
地址：山东省烟台龙口市东莱街道李格庄村
……………………Tel：0535-8955906
新龙亚洲（龙口）包装制品有限公司
地址：山东省龙口市东莱街道北环路55号
……………………Tel：0535-8955906
山东崇艺服装制版有限公司
地址：山东省潍坊市潍城区西环路6388号（山东科技职业学院大学生创新创业基地创业工场一楼A区01室）
……………………Tel：0536-2087518
山东新华印刷厂潍坊厂
地址：山东省潍坊市奎文区潍州路738号
……………………Tel：0536-2116901
寿光晨鸣造纸机械有限公司

地址：寿光市圣城街道595号（文家街道办事处潍高路南侧）
……………………Tel：0536-2156200
寿光德圣造纸化工有限公司
地址：寿光市晨鸣工业园西外环路西侧、金光街南侧
……………………Tel：0536-2156336
潍坊大地果蔬包装制品有限公司
地址：山东省潍坊市昌乐县新城街2101号
……………………Tel：0536-2180068
山东省铭初新材料科技有限公司
地址：潍坊经济开发区友谊路9号友谊工业园内
……………………Tel：13396461509
临朐鲁运印刷制版有限公司
地址：山东省潍坊市临朐县东城街道营龙路1001号
……………………Tel：0536-2492070
临朐县华运印刷制版有限公司
地址：山东省潍坊市临朐县东城街道营龙路1001号1幢（北环路北1000米）
……………………Tel：0536-2492070
山东大森印刷包装科技有限公司
地址：青州市 山开发区齐王路以北，扬州路北段以东
……………………Tel：0536-3090257
山东大森博海印刷科技有限公司
地址：山东省潍坊市青州市 山开发区齐王路以北扬州路北段以东
……………………Tel：0536-3090257
山东星美包装机械有限公司
地址：山东省潍坊市青州市驼山北路658号
……………………Tel：0536-3095866
临朐玉龙造纸有限公司
地址：临朐县城开发区
……………………Tel：0536-3158797
青州市鸿立造纸机械有限公司
地址：青州市弥河镇大关营村
……………………Tel：0536-3201582
青州市昌盛造纸机械设备厂
地址：青州市弥河镇弥河工业区阳光路68号
……………………Tel：13506476230
青州豪格彩印包装有限公司
地址：山东省潍坊市青州市 山经济发展区扬州北路
……………………Tel：0536-3222026
青州尧王医药包装材料有限公司
地址：青州市尧王山西路1号
……………………Tel：0536-3260401
青州市东方造纸设备厂
地址：青州市东环路北首
……………………Tel：13963651858
青州新华包装制品有限公司
地址：青州经济开发区东京路1111号
……………………Tel：0536-3283775
潍坊弘润包装材料有限公司
地址：青州市经济开发区
……………………Tel：0536-3295060
青州市万事达制版印刷有限公司
地址：青州市经济开发区时代二路南
……………………Tel：0536-3295608
青州奥华印刷有限公司
地址：山东省潍坊市青州市经济开发区亚东街1618号
……………………Tel：0536-3505752
山东风派印刷有限公司
地址：青州市经济开发区时代二路中段1618号
……………………Tel：0536-3505752
青州冠弘印刷有限公司
地址：山东省潍坊市青州市经济开发区亚东街1618号
……………………Tel：0536-3505752
青州永正造纸机械有限公司
地址：青州市黄楼街道办事处东坝村
……………………Tel：13563683628
青州市东坝镇东坝造纸厂
地址：青州市黄楼街道办事处东坝村
……………………Tel：13806463711
青州市金华造纸机械配件厂（普通合伙）
地址：青州市云门山街道办事处西十里村
……………………Tel：13793661882
山东阜帛复合包装材料有限公司
地址：青州市经济开发区时代一路
……………………Tel：0536-3700888
山东拓普包装有限公司
地址：青州市弥河镇南蒋村
……………………Tel：0536-3756610
潍坊金运制版有限公司
地址：山东省潍坊市临朐县东城街道牛山路157号
……………………Tel：0536-3790216
青州市弥河镇小张冀造纸厂（普通合伙）
地址：青州市弥河镇小张冀村
……………………Tel：13791603333
青州市益丰造纸机械有限公司
地址：沁阳市东关村
……………………Tel：0536-3811611
青州鑫泉机械有限公司
地址：浦东新区新场镇坦西村
……………………Tel：0536-3813828
青州三兴设计制版工作室
地址：山东省潍坊市青州市弥河镇大关营村
……………………Tel：0536-3817366
山东联合包装有限公司
地址：山东青州邵庄镇政府驻地
……………………Tel：0536-3855038
山东汶瑞造纸制浆工程技术有限公司
地址：安丘经济开发区青龙湖西街
……………………Tel：0536-4361881
潍坊华利彩印包装有限公司
地址：山东省潍坊市安丘经济开发区锦湖北路路东
……………………Tel：0536-4511999
安丘泉林造纸机械有限公司
地址：塘渡口镇梅子院
……………………Tel：0536-4671466
潍坊同步造纸技术有限公司
地址：德清县禹越镇天皇殿村
……………………Tel：0536-4733666
安丘市临浯造纸厂
地址：振安区经山街
……………………Tel：0536-4772158
安丘盛隆机械有限公司
地址：山东省淄博市博山经济开发区电子工业园
……………………Tel：0536-4936636
山东健元春包装材料股份有限公司
地址：寿光市羊口镇临港工业园
……………………Tel：0536-5118588
寿光市皓艺印刷制版有限公司
地址：寿光市文家晨鸣工业园
……………………Tel：0536-5201408
寿光市润凯包装制品有限公司
地址：寿光市古城街道政府驻地西2.5公里
……………………Tel：0536-5216820
山东惠森造纸助剂股份有限公司
地址：山东省潍坊市寿光市羊口化工产业园北海路102号（经营地一：羊口化工产业园北海路102号，经营地二：洛城街道东城工业园8号）
……………………Tel：0536-5266111
潍坊卓凡包装科技有限公司
地址：山东省潍坊市滨海区广场前街以北大海路以东
……………………Tel：0536-5300108
寿光市慧洁日化有限公司
地址：寿光市王高镇民营工业园区
……………………Tel：18706586393
寿光市光正包装有限公司
地址：寿光市古城街道办驻地
……………………Tel：0536-5430628
寿光市中和生物化工有限公司
地址：寿光市渤海化工园珠江路与渤海路交叉路口
……………………Tel：0536-5458969
山东恒润升包装制品有限公司
地址：寿光市台头镇连城庄子村3号路北
……………………Tel：0536-5527961
阳光机电（寿光）有限公司
地址：寿光东城工业园洛城街东段
……………………Tel：0536-5676569
山东千运印业有限公司
地址：寿光市北环路以南渤海路以东
……………………Tel：0536-5850641
诸城市海诺尔环保科技有限公司
地址：山东省潍坊市诸城市密州街道东徐村
……………………Tel：13964608201
诸城市德惠造纸原料有限责任公司
地址：山东省潍坊市诸城市辛兴镇工业园纵四路北首
……………………Tel：13573652133
诸城市方源机械有限公司
地址：山东省潍坊市诸城市舜王街道舜泰街1365号
……………………Tel：0536-6065095
诸城市福源德机械科技有限公司
地址：山东省潍坊市诸城市密州街道东黄疃
……………………Tel：0536-6085581
潍坊日东环保装备有限公司
地址：山东省潍坊市诸城市206国道西侧横四路北侧
……………………Tel：19806239795
山东悦宾包装有限公司
地址：昌乐县温州工业园宝石街路南西首
……………………Tel：0536-6227777
昌乐润利工贸有限公司
地址：山东省潍坊市昌乐县孤山街159号4号楼415室
……………………Tel：18264663030
潍坊泰利包装有限公司
地址：山东省潍坊市昌乐县经济开发区宝石城二路1169号
……………………Tel：0536-6282296
潍坊宝隆塑料包装有限公司
地址：昌乐县城南街道芳香路南2号
……………………Tel：0536-6288158
山东新润印刷有限公司
地址：山东省潍坊市诸城市开发区横六路与纵二路交界处路西
……………………Tel：13563649746
潍坊昊龙包装有限公司
地址：山东省潍坊市诸城市相州镇驻地
……………………Tel：0536-6493288
山东汉通奥特机械有限公司
地址：山东省潍坊市诸城市龙都街道西十里村
……………………Tel：15165652683
潍坊利富源包装制品有限公司
地址：昌乐县北展乡
……………………Tel：0536-6633589
诸城市天工造纸机械有限公司
地址：山东省潍坊市诸城市开发区舜都路263号
……………………Tel：0536-6805002
山东阳光概念包装有限公司
地址：昌乐县育昌路369号
……………………Tel：0536-6856156
山东庆鹏书画院有限公司
地址：山东省潍坊市寒亭区益新街777号庆鹏国际2号楼2308房间
……………………Tel：0536-7265002
山东德远包装制品有限公司
地址：潍坊市坊子区翠坊街1号
……………………Tel：0536-7515011
潍坊润达包装制品有限公司
地址：潍坊市坊子区坊城街道六马路与西城街交叉路口以北路东三层沿街楼
……………………Tel：0536-7515011
潍坊顺和印刷包装有限公司
地址：潍坊市坊子区银坊街东首（东王工业园）
……………………Tel：0536-7668716
潍坊博鳌国际印刷包装城有限公司
地址：潍坊市经济技术开发区玄武东街18号
……………………Tel：0536-8062688
中国工商银行股份有限公司潍坊分行文化路第二支行
地址：山东省潍坊市奎文区文化路1999-3-06号
……………………Tel：0536-8236126
山东新纪元设计制版有限公司
地址：山东省潍坊市奎文区新华路5608号金江大厦1号楼1321
……………………Tel：0536-8277377
山东彩峰印刷股份有限公司
地址：潍坊经济开发区吉庆街227号4号楼
……………………Tel：0536-8279758
潍坊明阳造纸装备有限公司
地址：山东省潍坊市奎文区鸢飞路958号1号楼4-1610
……………………Tel：0536-8290971
潍坊凯宁设计制版有限公司
地址：潍坊市奎文区华丰东巷7号1号楼4-102
……………………Tel：0536-8291683
潍坊佳美印刷包装有限公司
地址：潍城区友爱路北首
……………………Tel：0536-8357339
潍坊市模拟不干胶纸品有限公司
地址：潍坊市潍城区城关向阳路2号
……………………Tel：13854496267
潍坊御华包装材料有限公司
地址：潍坊市潍城区外商投资开发区内
……………………Tel：0536-8399712
潍坊润丰造纸助剂有限公司
地址：潍坊市奎文区玄武东街123号
……………………Tel：0536-8661277
汇胜包装科技有限公司
地址：潍坊高新区潍胶路999号
……………………Tel：0536-8669008
潍坊华鑫包装制品有限公司
地址：经济技术开发区泰祥街1号
……………………Tel：0536-8679996
潍坊华港包装材料有限公司
地址：潍坊市奎文区宝通东街162号
……………………Tel：0536-8823899
潍坊天冠造纸机械配套有限公司
地址：潍城区北宫西街中段
……………………Tel：15621786717
山东运河溯源包装科技有限公司
地址：山东省济宁市任城区车站西路（济宁恒丰纸业有限责任公司院内）
……………………Tel：0537-2280507
山东鲁宝食品有限公司
地址：山东省济宁市任城区火炬路2号
……………………Tel：0537-2336633
济宁友谊丰采印刷有限公司
地址：山东省济宁市任城区电化路吴庄经济工业园21号
……………………Tel：0537-2399800
济宁市利通造纸机械有限公司
地址：青浦白鹤工业园区
……………………Tel：0537-2488615
济宁达利包装制品有限公司
地址：山东省济宁市任城区唐口街道
……………………Tel：0537-2514415
济宁恒通造纸助剂有限公司
地址：济宁市任城区安居镇八里庙村
……………………Tel：15898630577
济宁华上印刷包装有限公司
地址：山东省济宁市任城区唐口街道工业园
……………………Tel：0537-3168966
山东富扬科技包装材料有限公司
地址：济宁市高新区诗仙路6号
……………………Tel：0537-3258883
济宁林海造纸机械设备有限公司
地址：济宁市高新区第九工业园
……………………Tel：0537-3261858
济宁市兖州区顺昌纸制品制造有限公司
地址：山东省济宁市济宁经济开发区嘉诚路北首（华隆机械院内）
……………………Tel：0537-3755688
山东森林木业有限公司
地址：济宁市兖州区漕河镇后�工业园（李家村）
……………………Tel：0537-3824888
济宁市兖州区宝祥包装印刷有限公司
地址：山东省济宁市兖州区大安镇夏庙村西
……………………Tel：0537-3839288
山东勇嘉包装科技股份有限公司
地址：山东省济宁市泗水县经济开发区圣康路17号
……………………Tel：0537-3903209
济宁圣扬包装有限公司
地址：山东省济宁市泗水县经济开发区圣和路以西、泉鑫路以北
……………………Tel：0537-3903295
济宁双星制版印务有限公司
地址：济宁市金宇大厦商住楼B座
……………………Tel：0537-3971588
泗水县力强商贸有限公司
地址：山东省济宁市泗水县济河办润泽广场第2幢1层1278-1283号房
……………………Tel：0537-4228228
山东亨洁医用包装科技有限公司
地址：微山县经济开发区国富路
……………………Tel：0537-5037777
山东济宁联合包装有限公司
地址：山东省济宁市任城区唐口街道办事处驻地
……………………Tel：0537-5662782
山东汶上新华印刷有限公司
地址：汶上县经济开发区曙光路南段
……………………Tel：0537-7232938

梁山华新印刷有限公司
地址：梁山县马营镇黄金路南首路东100米
……………………Tel：0537-7333988
梁山天翔印刷有限公司
地址：山东省济宁市梁山县赵 堆乡工业园蒙馆路西首路南
……………………Tel：0537-7406668
山东万国太阳食品包装材料有限公司
地址：山东省济宁市兖州区西关大街66号
……………………Tel：0537-7928715
山东盛景印刷包装有限公司
地址：山东省济宁市微山县经济开发区泰康路1号
……………………Tel：0537-8252168
山东富力包装材料股份有限公司
地址：山东省济宁市微山县经济开发区泰康南街8号
……………………Tel：0537-8255588
山东霞光包装科技有限公司
地址：山东省济宁市微山县经济开发区建设路与104国道交汇处
……………………Tel：0537-8260495
济宁金圣地包装科技有限公司
地址：金乡县城区金曼克大道东崇文大道南
……………………Tel：0537-8722733
山东金江实业有限公司
地址：金乡县经济开发区(开发区管委会西)
……………………Tel：0537-8758999
金乡县华盛彩印包装制品有限公司
地址：金乡县王丕镇驻地南金司公路西侧
……………………Tel：0537-8896820
山东虎彩泰山印刷有限公司
地址：泰安市高新技术产业开发区龙潭路8009号
……………………Tel：0538-2060688
东顺（山东）造纸集团有限公司
地址：山东省泰安市东平县经济开发区
……………………Tel：0538-2880367
肥城市宏翔印刷有限公司
地址：山东省泰安市肥城市工业三路东付村项目园区
……………………Tel：0538-3300576
肥城新华印刷有限公司
地址：肥城市老城工业园区
……………………Tel：0538-3460929
泰安易捷数字印刷有限公司
地址：肥城市老城工业园
……………………Tel：0538-3460929
山东今海印包装有限公司
地址：山东泰安肥城市桃园镇新兴街008号
……………………Tel：0538-3561776
宁阳县石集再生纸制造厂
地址：宁阳县葛石镇石集村
……………………Tel：13605380988
宁阳县金阳纸箱制造有限公司
地址：宁阳县葛石镇夏庄村北
……………………Tel：13563843580
泰安天和包装材料科技有限公司
地址：宁阳县文化街1857号
……………………Tel：0538-5631886
山东天和纸业有限公司
地址：宁阳县城文化街1857号
……………………Tel：0538-5631886
山东中京包装科技发展有限公司
地址：宁阳县城华兴大道以西
……………………Tel：0538-5656126
山东华宁包装印务有限公司
地址：山东省泰安市宁阳县 城镇保安村西首
……………………Tel：0538-5766200
山东和兴包装有限公司
地址：宁阳经济开发区伏山路东
……………………Tel：0538-6086771
山东华东可再贴纸品制造有限公司
地址：东平县城区平湖路南段西侧
……………………Tel：0538-6350009
泰安鸿基印刷器材有限公司
地址：山东岱岳经济开发区卧虎山南路18号
……………………Tel：0538-6627527
山东新巨丰泰东包装有限公司
地址：新泰市汶南镇莲花山路72号
……………………Tel：0538-7282566
山东新巨丰科技包装股份有限公司
地址：新泰市小协镇开发区
……………………Tel：0538-7351699
新泰市福利造纸厂
地址：羊流镇南羊流村北
……………………Tel：0538-7442210
山东美泰兴包装印刷有限公司
地址：新泰市经济开发区新区西张庄镇正阳西路北首路西
……………………Tel：0538-7442439
泰安友力包装制品有限公司
地址：新泰市谷里镇工业园
……………………Tel：0538-7764989
新泰市宫里镇造纸厂
地址：宫里镇城里村
……………………Tel：13581133223
泰安市鲁泰彩印刷有限责任公司
地址：山东省泰安市泰山区创业大街19号（上高办事处桑家疃村、岔河村）1号2号3号）
……………………Tel：0538-8099088
山东综艺联创包装股份有限公司
地址：泰山青春创业开发区机电工业园内
……………………Tel：0538-8361588
泰安市泰山区鑫泉造纸助剂厂
地址：泰山区徐家楼办事处屯子村
……………………Tel：13583846729
山东金阳光新材料科技有限公司
地址：山东省临沂市费县城东工业园
……………………Tel：0539-2057217
山东众邦包装印刷有限公司
地址：沂水县经济开发区裕丰路以北东二环路以西
……………………Tel：0539-2208506
山东众邦包装印刷有限公司
地址：沂水县经济开发区裕丰路以北东二环路以西
……………………Tel：0539-2208506
临沂同辉制版有限公司
地址：山东省临沂市沂水县经济开发区滨河项目区恒泰路西首
……………………Tel：0539-2237699
临沂精和印刷制版有限公司
地址：沂水县经济开发区滨河项目区（恒泰路西首）
……………………Tel：0539-2237699
山东超运电雕制版有限公司
地址：山东省临沂市临沂经济技术开发区
……………………Tel：0539-2659666
山东一诺食品包装有限公司
地址：山东省临沂市高新技术产业开发区双月园路科技创业园A519
……………………Tel：0539-2776262
山东太平洋印刷包装有限公司
地址：临沂市罗庄区双月湖街道办事处清河南路102号
……………………Tel：0539-2776905
山东太平洋印刷包装有限公司
地址：临沂市罗庄区双月湖街道办事处清河南路102号
……………………Tel：0539-2776905
临沂兴华包装有限公司
地址：山东省临沂市兰山区半程镇金锣科技园
……………………Tel：0539-2919309
山东美华塑胶包装有限公司
地址：兰山区半程镇金锣二路中段路西
……………………Tel：0539-2919333
山东临沂新华印刷物流集团有限责任公司
地址：临沂高新技术产业开发区工业北路东段
……………………Tel：0539-2925886
临沂普瑞缇包装有限公司
地址：罗庄区双月湖街道办事处湖北路137号(八块石村)
……………………Tel：0539-3105203
山东东方印刷有限公司
地址：山东省临沂市沂南县界青路188号
……………………Tel：0539-3250888
临沂市海天印刷制版有限公司
地址：兰山区赵家红埠寺工业园
……………………Tel：0539-3595451
山东东澳包装有限公司
地址：平邑县地方镇驻地
……………………Tel：0539-4385678
山东玉泉玻璃包装有限公司
地址：山东省临沂市平邑县地方镇
……………………Tel：0539-4390888
山东华箴实业股份有限公司
地址：费县费城城东工业路西侧
……………………Tel：0539-5017171
美佳（山东）印刷包装有限公司
地址：山东省临沂市兰陵经济开发区农场路中段兰陵农场三分场驻地
……………………Tel：0539-5212091
临沂德盛塑料包装有限公司
地址：山东省临沂经济技术开发区芝麻墩办事处沂河路与中山路交汇处
……………………Tel：0539-5255228
临沂轶群包装制品有限公司
地址：山东省临沂市费县经济开发区岩坡路
……………………Tel：0539-5691915
临沂市恺贝印刷包装有限责任公司
地址：费县南外环路东段泉子山前
……………………Tel：0539-5932777
山东东泰包装有限公司
地址：临沭县经济开发区
……………………Tel：0539-6263616
临沂碧德环保科技有限公司
地址：山东省临沂市临沭县白旄镇华南村
……………………Tel：0539-6345607
临沂福兴包装有限公司
地址：罗庄区罗庄办事处罗庄村与罗三路交界处
……………………Tel：0539-7100118
山东奥联包装股份有限公司
地址：平邑县经济开发区银花路北
……………………Tel：0539-7184888
山东亚新塑料包装有限公司
地址：莒南经济开发区淮海二路东段
……………………Tel：0539-7221807
山东蓝澳印务包装有限公司
地址：山东省临沂市莒南县淮海路西段北侧1267号（工业五路东侧）
……………………Tel：0539-7266096
山东正宇新材料科技有限公司
地址：临沂市经济技术开发区合肥路与联邦路交汇处
……………………Tel：0539-7701815
山东鲁杰包装集团有限公司
地址：山东省临沂市河东工业园区寇家屯村
……………………Tel：0539-7703456
山东碧海包装材料有限公司
地址：莒南经济开发区
……………………Tel：0539-7869888
山东毕升印刷物资有限公司
地址：临西五路北段
……………………Tel：0539-8013615
临沂同方印刷有限公司
地址：临沂市兰山区解放路与工业二路交汇处（鸿儒文化物流园）
……………………Tel：0539-8173001
临沂美尔包装有限公司
地址：罗庄区双月湖街道罗七路北段西侧（刘三岗村）
……………………Tel：0539-8331505
山东海印德印刷有限公司
地址：临沂市高新技术产业开发区郭家岑石社区郭苑路北段东侧
……………………Tel：0539-8333538
山东海德彩色印刷有限公司
地址：兰山区解放路0006号
……………………Tel：15305396888
临沂精诚印刷制版有限公司
地址：临沂市河东区九曲街道范于埠社区
……………………Tel：0539-8388738
山东五环包装材料市场有限公司
地址：兰山区聚才三路中段
……………………Tel：0539-8535818
山东高科金属包装材料有限公司
地址：临沂经济技术开发区梅埠办事处柳州路107号
……………………Tel：0539-8728787
山东嘉乐电雕制版有限公司
地址：临沂经济开发区规划1号路与205国道交汇处东南角
……………………Tel：0539-8805196
山东美多包装有限公司
地址：临沂经济开发区芝麻墩街道办事处驻地
……………………Tel：0539-8806638
临沂市平兴电雕制版有限公司
地址：临沂市河东区九曲街道孟于埠社区
……………………Tel：0539-8820068
山东美连包装科技有限公司
地址：山东省临沂市兰山区枣园镇大枣沟头村0005号
……………………Tel：0539-8981888
阳信宇通印刷有限公司
地址：山东省滨州市阳信县河流镇工业园中路以北，滨阳路以东
……………………Tel：0543-2142666
海利源秸秆科技开发有限公司
地址：邹平县台子镇
……………………Tel：0543-2185666
山东康和医药包装材料科技有限公司
地址：惠民县经济开发区
……………………Tel：0543-2239081
山东易美包装材料有限公司
地址：山东省滨州市博兴县湖滨镇西门村西
……………………Tel：0543-2381196
山东众诚包装有限公司
地址：博兴湖滨镇寨郝村
……………………Tel：0543-2805338
山东省博兴县宜佳商贸有限公司
地址：山东省滨州市博兴县博昌街道新城一路158号
……………………Tel：0543-2872333
滨州明厚德包装科技有限公司
地址：滨州高新区青田办事处高六路新六路路口往西50米路北
……………………Tel：0543-3414666
山东承安发票印刷有限公司
地址：滨北办事处梧桐六路5号
……………………Tel：0543-3514899
山东双创包装科技有限公司
地址：山东省滨州市邹平县码头镇驻地
……………………Tel：0543-4269280
山东艾尔包装科技有限公司
地址：邹平县码头镇清河一路北首
……………………Tel：0543-4269280
邹平宏盛造纸助剂有限公司
地址：邹平明集镇驻地明达路
……………………Tel：18654370897
邹平县博鸿印刷有限公司
地址：徐州经济开发区金水路9号
……………………Tel：0543-4322564
邹平县顺鑫造纸机械有限责任公司
地址：山东省滨州市邹平县好生镇
……………………Tel：0543-4501588
山东精诚新型包装材料有限公司
地址：邹平县好生镇驻地
……………………Tel：0543-4505699
邹平顺通造纸机械有限公司
地址：山东省邹平市好生街道办事处潞龙三路中段
……………………Tel：18654353936
山东顺通科技有限公司
地址：山东省邹平市好生街道办事处驻地
……………………Tel：0543-4505989
邹平奥博造纸机械有限公司
地址：山东省滨州市邹平县好生街道办事处白云七路东首
……………………Tel：0543-4507866
邹平忠明造纸设备机械厂
地址：邹平县临池镇东黄村
……………………Tel：13589401817
邹平县临池镇首峰造纸机械销售部
地址：临池镇望京村
……………………Tel：0543-4532923
山东北方造纸机械有限公司
地址：长汀县腾飞工业区三期
……………………Tel：0543-4534999
邹平县造纸机械厂
地址：邹平县西董街道办事处皇后村
……………………Tel：13705431295
邹平县拓展造纸机械配件厂
地址：邹平县西董镇北禾村
……………………Tel：13506371501
邹平鑫田造纸设备有限公司
地址：山东省滨州市邹平市西董街道办事处樊大庄村委东1000米
……………………Tel：13605336993
山东宏瑞包装有限公司
地址：邹平县青阳镇刘家村
……………………Tel：0543-4571898
邹平华海包装材料有限公司
地址：邹平县台子镇宋坊村

……………………Tel：0543-4695106
邹平利瑞达包装材料有限公司
地址：邹平县台子镇宋坊村
……………………Tel：0543-4695106
邹平海华科技包装材料有限公司
地址：邹平县台子镇驻地
……………………Tel：0543-4695106
山东省邹平顺友科技包装材料有限公司
地址：邹平县台子镇经济园区
……………………Tel：0543-4695555
邹平县力泰包装材料有限公司
地址：邹平县九户镇工业园区
……………………Tel：0543-4712888
山东宝来新型包装材料有限公司
地址：山东省邹平市魏桥工业园
……………………Tel：0543-4890528
滨州华光印刷有限公司
地址：无棣县锦绣城
……………………Tel：13386490638
山东恒德包装印刷有限公司
地址：邹平县长山镇
……………………Tel：0543-8137307
阳信县臻诚印刷有限公司
地址：山东省滨州市阳信县河流镇工业北路以北滨阳路东侧
……………………Tel：0543-8215119
滨州联昌福利包装有限公司
地址：博兴县湖滨镇柳桥村
……………………Tel：0543-8336366
阳信县国盛包装材料厂
地址：阳信县劳店镇路家村粮所院内
……………………Tel：0543-8663235
滨州市沾化区苇场生态农业有限公司
地址：山东省滨州市沾化区海防办事处苇场路01号
……………………Tel：0546-3068229
山东华鹏包装有限公司
地址：广饶县西刘桥乡驻地
……………………Tel：0546-6413517
福伊特造纸（中国）有限公司东营分公司
地址：广饶县大王镇潍高路南侧高卜纸段2号
……………………Tel：0546-6889467
东营正宜包装股份有限公司
地址：广饶县经济开发区
……………………Tel：0546-6910888
东营市华新印刷有限责任公司
地址：广饶县李鹊镇东辛张村
……………………Tel：13054620080
胜利油田长龙路桥装备有限公司
地址：纯梁社区纯绣小区
……………………Tel：0546-8757238
山东世凯威包装有限公司
地址：山东省青岛市胶州市九龙街道办事处云溪路与太湖路交叉口南50米
……………………Tel：0592-7896180
乳山市顺达印刷制版厂
地址：山东省威海市乳山市市报社一楼
……………………Tel：0631-114
威海永辉设计制版有限公司
地址：威海市古山四巷－10－2号
……………………Tel：0631-5163378
威海宏铨机电设备研发有限公司
地址：威海市火炬路151-1号
……………………Tel：0631-5225023
威海印刷机械有限公司
地址：威海市高技区恒泰街1号
……………………Tel：0631-5225023
威海欣亚印刷机械有限公司
地址：威海高区火炬路151-3号
……………………Tel：0631-5225023
威海新永印刷有限公司
地址：威海市丹东路73号
……………………Tel：0631-5250888
威海高技术产业开发区长昕包装制版中心
地址：高区西河北-附79号-4
……………………Tel：0631-5256117
威海市影印制版厂
地址：威海市环翠区塔山中路176号
……………………Tel：0631-5319207
威海新兴保得物流有限公司
地址：威海市草庙子镇铁路专用线西侧（市工业园）
……………………Tel：0631-5584609
山东威高普瑞医药包装有限公司
地址：山东省威海市火炬高技术产业开发区兴山路20号

……………………Tel：0631-5662257
威海新图制版有限公司
地址：威海高区丹东路-67号
……………………Tel：0631-5667786
威海滨田印刷机械有限公司
地址：山东省威海高技术产业开发区火炬路318号
……………………Tel：0631-5693001
山东威高医药包装制品有限公司
地址：威海高技术产业开发区兴山路20号（初村镇）
……………………Tel：0631-5716810
威海先优包装科技有限公司
地址：威海市环翠区羊亭镇新能源汽车产业园凤凰山路-987-1、-2、-3号
……………………Tel：0631-5769203
景美彩色印刷（威海）有限公司
地址：威海市环翠区张村镇火炬南路567号
……………………Tel：0631-5786888
乳山韩美包装材料有限公司
地址：山东省威海市乳山市经济开发区惠州路
……………………Tel：0631-6637219
威海环宇包装有限公司
地址：山东省威海市乳山市青山路南首（乳山口工业园）
……………………Tel：0631-6639666
荣成三星印刷有限公司
地址：荣成市石岛东山南路251号
……………………Tel：0631-7362002
威海广济堂京友包装有限公司
地址：荣成市石岛湾旅游度假区
……………………Tel：0631-7363111
威海广济堂京友包装有限公司
地址：荣成市石岛湾旅游度假区
……………………Tel：0631-7363111
荣成市大鱼岛春丰养殖有限公司
地址：荣成市港湾街道办事处大鱼岛村
……………………Tel：0631-7381450
好当家集团（威海）威盛包装印刷有限公司
地址：威海市火炬高技术产业开发区科技路西、丹东路东
……………………Tel：0631-7438102
荣成运昌造纸有限公司
地址：汨罗市智丰乡毛家桥
……………………Tel：0631-7512678
荣成市教育印刷厂有限公司
地址：荣成市海湾北路
……………………Tel：0631-7567558
威海太元包装材料有限公司
地址：山东省威海市临港经济技术开发区汪疃镇天洋路3号
……………………Tel：0631-8566002
滕州市造纸五厂
地址：滕州市级索镇驻地
……………………Tel：0632-2462111
枣庄市市中区剑神制版设计工作室
地址：市中区西王庄乡前小湾村
……………………Tel：0632-3127139
山东鲁彩印刷有限公司
地址：山东省枣庄市市中税郭镇纪官庄村北300米
……………………Tel：18606321988
山东斯巴克印刷有限公司
地址：山东省枣庄市市中区刘岭路12号
……………………Tel：0632-3220288
山东兴安彩印有限公司
地址：市中区经济开发区长江路27号
……………………Tel：0632-3390027
山东侨悦享顺实业有限公司
地址：山东省枣庄市峄城区坛山中路峄城总部经济中心
……………………Tel：0632-3567199
山东兄弟包装印刷有限公司
地址：山东省枣庄市市中区孟庄乡兄弟路6号
……………………Tel：0632-3826998
滕州市春天造纸环保科技开发有限公司
地址：滕州市东南园街二巷4号
……………………Tel：15668112997
山东义沃包装科技有限公司
地址：山东省枣庄高新区泰国工业园复元五路东宁波路北996-238
……………………Tel：0632-4442698
滕州市德源高新辊业有限公司
地址：滕州经济开发区恒源路299号
……………………Tel：0632-5155516

滕州运城制版有限公司
地址：滕州市滕阳路168号
……………………Tel：0632-5163508
山东联华印刷包装有限公司
地址：滕州经济开发区综合工业区恒源路9号（恒源北路东侧）
……………………Tel：0632-5687718
滕州市民政造纸厂
地址：平行路西300米处
……………………Tel：13616379077
山东恒达品牌包装股份有限公司
地址：山东省枣庄市滕州市南沙河镇后仓沟村东首
……………………Tel：0632-5951678
山东中塑新材料有限公司
地址：山东省枣庄市滕州市经济开发区益康大道南路1999号
……………………Tel：0632-5991116
山东鲁台造纸机械集团有限公司
地址：台儿庄区工业园鲁台路1号
……………………Tel：13869450000
山东鲁台造纸机械集团枣庄星动文化传媒有限公司
地址：邹平县临池镇古城村
……………………Tel：0632-6615666
枣庄市亿利达造纸机械有限公司
地址：青浦区华新镇徐华路3029弄5号
……………………Tel：0632-6618915
山东中楠包装科技有限公司
地址：枣庄市台儿庄区广进路西侧、台中路北侧
……………………Tel：0632-6658166
枣庄市亿丰造纸机械有限公司
地址：东昌府区新区办事处付家大门村
……………………Tel：0632-6666068
山东鲁台集团枣庄市鲁都造纸机械有限公司
地址：台儿庄区工业园鲁台路1号
……………………Tel：0632-6681588
枣庄市华通造纸机械有限公司
地址：保定市满城区大庄村
……………………Tel：0632-6688333
枣庄大商包装制品股份有限公司
地址：山东省枣庄市山亭区桑村镇马厂村66号
……………………Tel：0632-7599978
枣庄市汉森造纸数控设备有限公司
地址：枣庄市台儿庄区工业园区台北路西首
……………………Tel：15263263595
山东国宾酒业集团物流有限公司
地址：山东省枣庄市薛城区邹坞镇枣曹路158号
……………………Tel：0632-8671077
山东盛彩包装制品有限公司
地址：日照市北经济开发区
……………………Tel：0633-2157301
日照艾迪包装有限公司
地址：山东省日照市东港区山海三路南、潮石路西001幢101号
……………………Tel：0633-2162072
日照皇源经贸有限公司
地址：山东省日照市东港区都市花园018号楼00单元206号
……………………Tel：0633-2278222
日照万宏塑业有限公司
地址：山东省日照市岚山区安东卫街道泉子庙社区斩顶山路南、玉泉二路西
……………………Tel：0633-2681789
日照教科印刷有限公司
地址：嘉兴市南溪东路亚太路口
……………………Tel：0633-2931507
日照市玛雅包装有限公司
地址：日照市临沂路与山海二路交汇处（东港区河山镇申家坡村）
……………………Tel：0633-2936756
日照经济开发区三合包装有限公司
地址：日照经济开发区奎山工业园（八方纸业西临）
……………………Tel：0633-2999098
日照兴业汽车配件股份有限公司
地址：山东省日照市河山驻地北、潮石路东侧（隋家庄村）
……………………Tel：0633-3698107
莒县美格尔包装制品有限公司
地址：山东省日照市莒县经济开发区烟台中路南侧
……………………Tel：0633-3956688
山东方圆包装有限公司

地址：山东省日照市北经济开发区星河路（334省道以西）
……………………Tel：0633-6138267
五莲县永利包装有限公司
地址：山东省日照市五莲县高泽工业园
……………………Tel：0633-6154888
国富包装材料有限公司
地址：山东省日照市莒县经济开发区莒州北路与日照东路交叉口北500米路西
……………………Tel：0633-7775678
日照阳光广告彩印包装有限公司
地址：山东省日照市东港济南路北威海路东城市花园三期001幢05单元（05）104号
……………………Tel：0633-8210039
日照市金宝包装制品有限公司
地址：日照市无锡路南段
……………………Tel：0633-8369318
日照环宇包装股份有限公司
地址：山东省日照市经济开发区海口路北、无锡路东
……………………Tel：0633-8369606
日照市黄海造纸厂
地址：成均镇山鸡岭
……………………Tel：0633-8617091
莱芜耀华医药包装有限公司
地址：山东省济南市莱芜高新区苍龙泉大街东首
……………………Tel：0634-5950110
莱芜市第二造纸厂
地址：绥宁县李西镇苏州村
……………………Tel：0634-6040320
山东金耀包装有限公司
地址：山东省莱芜农高区方下产业园
……………………Tel：0634-6169928
山东人民印刷厂
地址：济南市莱芜区嬴牟大街西首
……………………Tel：0634-6276029
莱芜市宏宇包装制品有限公司
地址：济南市莱芜经济开发区张家洼街道办事处贾家庄
……………………Tel：0634-6580266
山东佰汇包装印务有限公司
地址：莱城区和庄镇和庄村村东
……………………Tel：0634-6675777
莱芜市鑫华实业有限公司
地址：莱芜高新区鹏泉街道办事处南孝义居委会1号商住沿街楼
……………………Tel：0634-8807777
山东昌华机械科技有限公司
地址：聊城市东昌府区凤凰工业园新南环路178号
……………………Tel：0635-2126005
山东欧佩德昌华华林造纸机械有限公司
地址：聊城市东昌府区凤凰工业园新南环路178号
……………………Tel：0635-2126017
山东福华造纸装备有限公司
地址：聊城市嘉明经济开发区聊临路西
……………………Tel：18806350983
山东丰信科技发展有限公司
地址：山东省聊城市临清市新华办事处十二里屯
……………………Tel：0635-2336688
山东信和造纸工程股份有限公司
地址：聊城经济开发区黄河路26号
……………………Tel：0635-2938777
山东泉林秸秆高科环保股份有限公司
地址：山东省高唐县光明东路15号
……………………Tel：0635-2966015
山东聊城北方包装材料有限公司
地址：东阿县科技工业园
……………………Tel：0635-3263345
山东百舸包装印务有限公司
地址：东阿县新城办事处茄李村
……………………Tel：0635-3298555
山东福荫造纸环保科技有限公司
地址：山东省高唐县官道街26号
……………………Tel：0635-3961090
山东泉林集团有限公司
地址：山东省高唐县光明东路15号
……………………Tel：0635-3961106
纷美包装（山东）有限公司
地址：山东省高唐县官道街北首
……………………Tel：0635-3961380
山东省高唐印刷有限责任公司
地址：福源路90号
……………………Tel：0635-3962198
山东百润本色印刷有限公司
地址：山东省聊城市高唐县人和街道光

明路东首路北
……Tel：0635-3962687

山东弘康包装科技有限公司
地址：高唐县经济开发区光明西路（老造纸厂西侧）
……Tel：0635-3963698

山东省高唐县第二造纸厂
地址：山东省高唐县国棉厂后
……Tel：13906353719

茌平县吉明造纸设备厂
地址：茌平县博平镇高胡村
……Tel：13561242070

山东企信包装制品有限公司
地址：山东省聊城市茌平县振兴办事处花牛陈村
……Tel：0635-5101588

山东绿泉包装有限公司
地址：山东东阿经济开发区阳光路与香江路交叉口西50米路北（东阿华通热电有限公司院内）
……Tel：0635-5109678

冠县润通包装有限公司
地址：冠县工业园区
……Tel：0635-5262808

阳谷瑞隆包装有限公司
地址：山东省聊城市阳谷县侨润办事处景阳路东段（石门宋变电所西邻80米）
……Tel：0635-6822998

聊城大东房地产有限公司
地址：聊城市开发区团结路中段
……Tel：0635-8309277

山东埃比艾姆机械制造有限公司
地址：娄底市娄星区涟钢旁冲路0005幢101室
……Tel：0635-8311988

聊城市天宇造纸机械设备有限公司
地址：聊城市花园北路北首
……Tel：18865260009

聊城市泰源祥全印刷有限公司
地址：聊城市东昌西路站前街
……Tel：0635-8430316

山东大族文化传媒有限公司
地址：山东省聊城市东昌府区凤凰工业园纬一路
……Tel：0635-8443333

山东聊城兴华印刷有限公司
地址：聊城市嘉明开发区嘉和路3号
……Tel：0635-8721799

山东德仁包装材料有限公司
地址：山东省枣庄市山亭区桑村镇工业园区内主干道南200米路西
……Tel：0637-7599977

河南省

商丘市东航印刷包装有限公司
地址：商丘市民主西路与金桥路交叉口南500米
……Tel：0370-2263333

商丘市东航印刷包装有限公司
地址：商丘市民主西路与金桥路交叉口南500米
……Tel：0370-2263333

商丘市人民印刷有限公司
地址：商丘市八一路与金桥路交叉口往西100米路南
……Tel：0370-2266567

河南五环源贸易有限公司
地址：商丘市经济技术开发区珠江东路8号
……Tel：0370-3185559

商丘市锦华包装科技有限公司
地址：商丘市睢阳区产业集聚区经三路西侧和谐路北侧
……Tel：0370-3187555

商丘市联合包装有限公司
地址：商丘经济开发区阳光路东侧、应大路北侧
……Tel：0370-3332202

河南汇海药用包装材料有限公司
地址：商丘市睢阳区和谐路与经二路交叉口向西400米路北
……Tel：0370-3536688

河南华盛坤包装有限公司
地址：虞城县工业园区(南环路北)
……Tel：0370-4471069

永城盛大印刷科技股份有限公司
地址：永城市产业集聚区僖山路与上海路交叉口东南角
……Tel：0370-5167802

河南安泰新材料有限公司
地址：夏邑县会亭镇东广场东300米处
……Tel：0370-6587906

郑州金翔印刷有限公司
地址：郑州市上街区淮阳路68号
……Tel：0370-68934841

民权县世鸿制冷设备包装有限公司
地址：民权县南华大道东段北侧
……Tel：0370-8986666

开封誉彩包装科技有限公司
地址：开封市禹王台区南郊乡小苏村310国道南侧
……Tel：0371-22027660

开封金喜来印刷材料有限公司
地址：杞县西工业园区
……Tel：0371-22275888

河南鸿塑包装制品有限公司
地址：尉氏县福兴大道与经西路交叉口东南角
……Tel：0371-22330826

河南正茂精密印刷有限公司
地址：尉氏县产业集聚区（第八栋厂房）
……Tel：0371-22510828

河南正隆包装制品有限公司
地址：河南省开封市尉氏县西祥路与福园路交叉口东北角
……Tel：0371-22710661

开封市俱祥商贸有限公司
地址：河南省开封市顺河回族区汴东产业集聚区罗庄社区215号
……Tel：0371-22913777

河南仁鑫包装材料有限公司
地址：兰考县产业集聚区迎宾大道东侧
……Tel：0371-26923986

河南瑞光创意印刷文化产业有限公司
地址：郑州市中牟县官渡镇人民路1号
……Tel：0371-53337368

河南彩虹光网络印刷股份有限公司
地址：郑州市金水区杨金产业园区马林西路与景泰路交叉口
……Tel：0371-55022612

郑州运城制版有限公司
地址：郑州经济技术开发区第四大街
……Tel：0371-55128595

郑州盛印通网络印刷有限公司
地址：郑州经济技术开发区经南四路南、第九大街西
……Tel：15038228390

郑州星楠纸制品印刷有限公司
地址：郑州市金水区杨金产业园景致路1号
……Tel：0371-55638727

新郑市龙运制版有限公司
地址：新郑市龙湖镇富源路
……Tel：0371-55665023

河南金芒果印刷有限公司
地址：郑州经济技术开发区经北二路36号
……Tel：0371-55683610

河南金芒果印刷有限公司
地址：郑州经济技术开发区经北二路36号
……Tel：0371-55683610

郑州精雕制版有限公司
地址：郑州市中牟县汽车产业集聚区健行路北、和风路东2号楼一层
……Tel：0371-55935877

郑州合兴包装有限公司
地址：郑州航空港区新港大道
……Tel：0371-55956950

新乡市新星纸业有限公司二纸厂
地址：新乡县七里营镇沟王村
……Tel：0371-5681126

郑州华英包装股份有限公司
地址：郑州市中牟县官渡镇（中牟产业园区雨舟路9号）
……Tel：0371-56925700

郑州合坤文创产业园有限公司
地址：郑州航空港区迎宾大道南侧2号楼
……Tel：0371-60208020

郑州新斗彩印刷有限公司
地址：河南省郑州市航空港新港大道与美港路交叉口路东
……Tel：0371-60208020

郑州英克贝格包装印刷有限公司
地址：郑州市金水区民航路15号18层1816号
……Tel：0371-60225098

河南帮橙包装印刷有限公司
地址：郑州市金水区杨金路7号嘉阳科技广场5号楼6层
……Tel：0371-60246158

郑州顺和塑料印刷包装有限公司
地址：荥阳市索河办索华路与龙港南路交叉口
……Tel：0371-60250970

郑州金辉印刷有限公司
地址：郑州市金水区柳林镇杨金工业园区内
……Tel：0371-60301500

河南新之华印务有限责任公司
地址：郑州市惠济区清华园路中段
……Tel：0371-60918811

郑州金宝丽印刷有限公司
地址：郑州市惠济区粮仓路5号
……Tel：0371-60997757

河南一天智能定制印刷有限公司
地址：河南省郑州市新郑市郭店镇北街村轻工路6号
……Tel：0371-61176730

河南托利印刷包装机械有限公司
地址：郑州市经济技术开发区经北二路35号院内1号
……Tel：0371-62003015

河南新华物资集团有限公司
地址：郑州经济技术开发区经北二路35号院4号
……Tel：0371-62003015

河南省国光印刷物资有限公司
地址：郑州经济技术开发区经北二路35号院办公楼一层
……Tel：0371-62003015

河南托利印刷包装机械有限公司
地址：郑州市经济技术开发区经北二路35号院内1号
……Tel：0371-62003015

郑州郑华机械制造有限公司
地址：郑州市中牟县青年路东段北侧
……Tel：13073703092

昇兴（郑州）包装有限公司
地址：郑州经济技术开发区（郑州国际物流园区）白石西街西、兰心路北、杨桥大街东、梅香路南
……Tel：0371-62276368

高宝包装制品（郑州）有限公司
地址：新郑市和庄镇神州路和沿河路交叉口
……Tel：0371-62535300

郑州运达造纸设备有限公司
地址：新郑市薛店镇世纪大道东侧
……Tel：0371-62581965

河南伟瑞吉特包装彩印有限公司
地址：新郑市薛店镇薛店大道东侧
……Tel：0371-62583899

河南鸿丰印刷有限公司
地址：新郑市薛店镇广田路1号
……Tel：0371-62587831

郑州和瑞包装有限公司
地址：新郑市薛店镇薛店大道南段西侧
……Tel：0371-62588287

新郑市三联印刷厂
地址：新郑市和庄镇炎黄大道东段1号
……Tel：0371-62609535

新郑市宏兴印刷有限公司
地址：新郑市新村镇瓯江大道
……Tel：0371-62622898

新郑市众和医药包装有限公司
地址：新郑市新村镇新村大道
……Tel：0371-62628598

河南省正大泡沫包装材料有限公司
地址：新郑市新建办107国道与郑许公路交叉口西侧
……Tel：0371-62651999

新郑佳力包装有限公司
地址：新郑市梨河镇梨河镇双楼村
……Tel：0371-62652666

新郑市新新药用包装有限公司
地址：新郑市庆安路217号
……Tel：0371-62698348

河南省现在包装印刷有限公司
地址：郑州市金水区郑花路59号21世纪广场6号楼8层801号
……Tel：0371-62721308

郑州翱翔医药科技股份有限公司
地址：登封市三里庄高新技术工业园区
……Tel：0371-62768277

郑州倍特尔贸易有限公司
地址：河南省郑州市金水区纬五路39号金岸大厦328号
……Tel：0371-63336998

郑州中方印刷有限公司
地址：郑州市金水区翠花路5号附1号
……Tel：0371-63379111

河南合华家仪印刷包装有限公司
地址：荥阳市科学大道与棋源路交叉口西南角
……Tel：0371-63383999

河南合华家仪印刷包装有限公司
地址：荥阳市科学大道与棋源路交叉口西南角
……Tel：0371-63383999

河南新月新印刷有限公司
地址：郑州市二七区马寨镇张河庄社区振兴路2号
……Tel：0371-63383999

河南百硕印刷有限公司
地址：郑州市惠济区大河路岗李村天河路北段森林湖东
……Tel：0371-63687699

河南广义彩色印刷有限公司
地址：郑州市金水区南阳路226号富田丽景花园38号楼7层701号
……Tel：0371-63750313

郑州市毛庄印刷厂
地址：郑州市惠济区新城办事处毛庄村南
……Tel：0371-63784193

郑州天泰制版有限公司
地址：郑州高新技术产业开发区枫林路27号6幢2单元1层102号
……Tel：0371-63789888

河南省造纸学会
地址：河南省郑州市文化路97号
……Tel：0371-638869

河南省天诚造纸助剂有限公司
地址：河南省郑州市巩义市西村镇永通大道8号
……Tel：0371-64032111

巩义市天诚造纸助剂厂
地址：巩义市西村镇西村村
……Tel：15890025408

郑州恒科金属制品有限公司
地址：巩义市永安街道办朝阳路
……Tel：0371-64134333

河南华康包装科技有限公司
地址：巩义市产业集聚区
……Tel：0371-64250555

河南世丰铝业有限公司
地址：巩义市回郭镇北寺村
……Tel：0371-64252235

郑州市运通印刷有限公司
地址：巩义市米河镇草店村
……Tel：0371-64333302

河南省防伪保密印刷公司（河南省邮电印刷厂）
地址：郑州市经五路21号
……Tel：0371-65723662

郑州新凯利文化传播有限公司
地址：郑州市金水区经五路66号
……Tel：0371-65788642

郑州欣可新材料科技有限公司
地址：郑州航空港区相州路锦荣悦汇城3号楼4楼
……Tel：0371-65865552

郑州佳轩包装技术有限公司
地址：郑州市高新区沟赵乡榆林村316号
……Tel：0371-65948721

河南新华印刷集团有限公司
地址：郑州市经五路12号
……Tel：0371-65952264

郑州宁昌印务有限公司
地址：郑州市金水区经五路与红旗路交叉口向北15米路东中原古玩城市场大厅一楼03号
……Tel：0371-65952606

河南省造纸工业有限公司
地址：郑州市纬四路1 2号
……Tel：0371-65956101

河南日报报业集团大河印刷有限公司
地址：河南自贸试验区郑州片区（经开）第三大街168号
……Tel：0371-65956772

河南省造纸工业协会
地址：河南省郑州市纬四路12号
……Tel：0371659936

郑州科隆制版印务有限公司

地址：荥阳市豫龙镇焦砦村棋源路北段
…………………… Tel：0371-66123601
郑州市彦峰塑料包装有限公司
地址：荥阳市禹锡南二路与织机南路交叉口西南侧
…………………… Tel：0371-66126175
兰考裕德环保材料科技有限公司
地址：兰考县产业集聚区华梁街与学院街交叉口路北西侧
…………………… Tel：0371-66282888
郑州市智丰印刷厂
地址：郑州经济技术开发区第六大街156号
…………………… Tel：0371-66728230
河南锦洋包装机械有限公司
地址：郑州市经济技术开发区航海东路1212号东郡国际11幢A单元6层612号
…………………… Tel：0371-66781096
河南省盐业集团有限公司
地址：河南省郑州市郑东新区熊儿河路93号盐业大厦
…………………… Tel：0371-66782275
郑州市大有制版有限公司
地址：郑州经济技术开发区经开第五大街129号03C-5
…………………… Tel：0371-66783571
郑州盛嘉广告印刷有限公司
地址：郑州市金水区任寨北街3号院4号楼3单元1楼东户
…………………… Tel：0371-66851776
郑州市顶新印刷制版有限公司
地址：郑州市二七区铁路苗圃花园54号
…………………… Tel：0371-66978050
郑州市中原印刷版材有限公司
地址：郑州市中原区建设西路216-1号院同汇花园二期9号楼1-2层商107
…………………… Tel：0371-67169988
河南东方食品机械设备有限公司
地址：郑州市二七区马寨工业园区东方路18号生产区
…………………… Tel：0371-67861315
郑州紫江包装有限公司
地址：郑州高新区科学大道68号
…………………… Tel：0371-67897596
郑州东港安全印刷有限公司
地址：郑州高新区国槐街11号
…………………… Tel：0371-67981239
郑州宝蓝包装技术有限公司
地址：郑州高新区国槐街12号
…………………… Tel：0371-67981805
河南省禅武医生物科技有限公司
地址：成都市双流区九江街道九龙工业港九洋大道6座
…………………… Tel：0371-68107088
郑州富泰兴设计制版有限公司
地址：郑州市二七区铁路苗圃街54号
…………………… Tel：0371-68283968
郑州市天宝包装装璜实业公司
地址：荥阳市郑上路与桃贾路交叉口向北200米路东
…………………… Tel：0371-68538166
郑州豫兴印刷有限公司
地址：新密市白寨镇杨树岗村郭家岗组
…………………… Tel：0371-68613303
河南灏宇数字包装产业园开发有限公司
地址：河南省郑州市二七区马寨工业园区振兴路2号一楼
…………………… Tel：0371-68822708
郑州华扬印刷版材有限公司
地址：郑州市二七区马寨经济开发区先锋路9号
…………………… Tel：0371-68888588
郑州毕升印刷科技有限公司
地址：河南省郑州市中原区林山寨街道工人路90号门面房4楼402室
…………………… Tel：0371-68888588
郑州硕丰纸业有限公司
地址：新密市苟堂镇南街
…………………… Tel：0371-69251573
郑州春达包装有限公司
地址：新密市苟堂镇关口村
…………………… Tel：0371-69255999
郑州旭阳纸业有限公司
地址：新密市大隗镇铁匠沟村
…………………… Tel：0371-69275160
河南省新密市工贸造纸厂（普通合伙）
地址：新密市大隗镇铁匠沟村
…………………… Tel：13803997078
河南省新密市民政双扶造纸厂地址：新密市大隗镇大路沟村
…………………… Tel：18903715152
郑州磊展科技造纸机械有限公司
地址：新密市大隗镇河屯村
…………………… Tel：0371-69288115
河南省新密市弘达造纸设备有限公司
地址：新密市大隗镇河屯村
…………………… Tel：0371-69288115
河南鑫容包装制品有限公司
地址：荥阳市乔楼镇任庄村
…………………… Tel：0371-69560118
新郑市吉龙包装材料有限公司
地址：新郑市和庄镇神州路东侧
…………………… Tel：0371-85016880
河南金誉包装科技股份有限公司
地址：郑州经济技术开发区经北三路52号
…………………… Tel：0371-86059038
河南省新斗彩印刷有限公司
地址：郑州航空港区豫港大道空港四路交叉口路东
…………………… Tel：0371-86210987
郑州华图利合实业发展有限责任公司
地址：郑州经济技术开发区航海东路1074号
…………………… Tel：0371-86549237
郑州甲方设计制版有限公司
地址：郑州市金水区花园路12号融元广场B座7层西南15号
…………………… Tel：0371-87000690
河南广元印刷有限公司
地址：郑州市管城区紫荆山路61号裕鸿国际C座1317室
…………………… Tel：0371-88885933
安阳先锋捷达印刷包装有限公司
地址：安阳市开发区海河大道与武夷西路交叉口
…………………… Tel：0372-2130501
安阳市华强包装工业有限责任公司
地址：安阳开发区海河大道中段路北
…………………… Tel：0372-2591858
安阳市东嘉印刷产业园有限责任公司
地址：安阳县韩陵镇西大佛村西（韩陵工业园）
…………………… Tel：18937247754
河南省安阳市显像管玻壳包装厂
地址：安阳市龙安区东风红旗村
…………………… Tel：0372-3933644
安阳尼普洛昌达医药包装有限公司
地址：汤阴县产业集聚区（伏道）
…………………… Tel：0372-6255600
安阳市义盛福包装有限公司
地址：内黄县马上乡鑫源糠醛厂东侧
…………………… Tel：0372-7347888
新乡市嗣红印刷有限责任公司
地址：延津县产业集聚区北区南环路路北工厂
…………………… Tel：0373-2023087
河南达新源新材料有限公司
地址：卫辉市唐庄镇金松大道
…………………… Tel：0373-2175952
河南源宏高分子新材料有限公司
地址：河南省新乡市长垣市防腐蚀及新材料产业园区留晖大道北段2号
…………………… Tel：0373-2175952
新乡市三禾设计制版有限公司
地址：新乡市一横街姜南小区10号楼一层东户
…………………… Tel：0373-3069438
河南得阳纸品包装有限公司
地址：新乡市牧野工业集约发展区18号
…………………… Tel：0373-3398118
河南信谊纸塑包装股份有限公司
地址：河南新乡工业园区
…………………… Tel：0373-3675980
新乡白鹭精纺科技有限公司
地址：河南省新乡市新乡经济技术开发区新长大道17号
…………………… Tel：0373-3689780
卫辉市众源包装材料有限公司
地址：卫辉市后河工业园区
…………………… Tel：0373-4117998
卫辉市豫兴印刷器材有限公司
地址：卫辉市后河镇大辛庄
…………………… Tel：0373-4297699
新乡市汉歌印刷材料有限公司
地址：卫辉市后河镇产业聚集区
…………………… Tel：0373-4297699
卫辉市东升造纸包装有限公司
地址：卫辉市工农路56号
…………………… Tel：13643905996
河南青岭实业有限公司
地址：获嘉县大新庄后小召村
…………………… Tel：0373-4712601
新乡县新原纸业有限公司
地址：新乡县七里营镇大张庄村
…………………… Tel：0373-5690728
新乡县八柳树农业生态发展中心
地址：新乡县七里营镇八柳树村
…………………… Tel：0373-5696007
河南新亚新科技包装材料有限公司
地址：新乡县七里营镇新庄村
…………………… Tel：0373-5699081
新乡市大为创新印刷包装机械有限公司
地址：新乡市开发区午阳路509号
…………………… Tel：0373-5823976
新乡市东林包装材料有限公司
地址：原阳城北工业区
…………………… Tel：0373-5838015
河南现代包装材料有限公司
地址：新乡市高新技术开发区南二环以南、牧野大道以东（中原软包装科技园内）
…………………… Tel：0373-5862786
辉县市造纸总厂一分厂
地址：江门市新会区会城镇七堡容屋村
…………………… Tel：0373-6093812
河南天开新材料有限公司
地址：辉县市常村镇周卜村东北
…………………… Tel：16650310788
辉县市蓉花造纸厂（普通合伙）
地址：辉县市小罗召
…………………… Tel：13949644336
辉县市小罗召新生造纸厂
地址：辉县市赵固乡小罗召
…………………… Tel：13938737598
辉县市新华造纸厂（普通合伙）
地址：辉县市赵固小罗召村
…………………… Tel：18339530008
新乡市恒阳包装材料有限公司
地址：新乡市凤泉区大块镇王小屯村
…………………… Tel：0373-7022228
河南中瀛包装科技股份有限公司
地址：原阳县产业集聚区农行大道与工纬四路交叉口
…………………… Tel：0373-7523078
河南中瀛包装科技股份有限公司
地址：原阳县产业集聚区农行大道与工纬四路交叉口
…………………… Tel：0373-7523078
河南瑞发塑料包装有限公司
地址：原阳县产业集聚区塑编产业园
…………………… Tel：0373-7550515
延津县博大印刷有限公司
地址：延津县产业集聚区南区
…………………… Tel：0373-7627696
河南华洋纸塑包装有限公司
地址：新乡经济技术开发区纬七路039号
…………………… Tel：0373-7760000
许昌山英制版有限公司
地址：许昌市魏都区安怀街29号
…………………… Tel：0374-2185864
禹州市宏宇标牌版面制作部
地址：禹州市颍川办大同路东段路南
…………………… Tel：0374-2737702
许昌裕同印刷包装有限公司
地址：长葛市魏武路中段（产业集聚区工业孵化园）
…………………… Tel：0374-2751666
许昌裕同印刷包装有限公司
地址：长葛市魏武路中段（产业集聚区工业孵化园）
…………………… Tel：0374-2751666
许昌市泓方包装印刷有限公司
地址：许昌市魏都区高桥营乡李庄
…………………… Tel：0374-3260568
河南昌峰新材料有限公司
地址：许昌市经济技术开发区金龙街西段
…………………… Tel：0374-5056789
许昌昌隆造纸设备有限公司
地址：瑞安市飞云街道南港村
…………………… Tel：0374-5571066
许昌宏丰造纸设备有限公司
地址：高碑店市团结东路158号
…………………… Tel：0374-5578870
河南鹏飞包装制品有限公司
地址：许昌市建安区五女店镇苗店村
…………………… Tel：0374-5613369
许昌锦华包装有限公司
地址：许昌市建安区河街乡陈胡村
…………………… Tel：0374-5668686
河南欧文包装制品有限公司
地址：河南省许昌市建安区许昌尚集产业集聚区东拓区（中航路西段）
…………………… Tel：0374-5706566
许昌嘉恒工业智能装备股份有限公司
地址：许昌尚集产业集聚区昌盛路与许开路交叉口向南200米
…………………… Tel：0374-5707966
许昌中亚造纸装备销售有限公司
地址：诸暨市牌头镇斗岩村（原王家宅村）
…………………… Tel：0374-5707981
河南华清包装有限公司
地址：许昌市建安区苏桥镇汉风路东侧
…………………… Tel：0374-5781655
长葛市飞龙印刷材料有限公司
地址：市区长社路东段
…………………… Tel：0374-6216888
河南瑞纳包装材料有限公司
地址：长葛市长兴办事处孙庄
…………………… Tel：0374-6226866
河南华港印务有限公司
地址：市区葛天路西段
…………………… Tel：0374-6413555
河南大唐制版有限公司
地址：长葛市市区葛天路西段
…………………… Tel：0374-6413555
长葛市鼎丰包装纸品有限公司
地址：和尚桥镇张固店村
…………………… Tel：0374-6415188
长葛市景怡印刷材料有限公司
地址：长葛市大周镇赵名寨村
…………………… Tel：0374-6661518
河南宝图印刷材料有限公司
地址：长葛市董村镇马庄村
…………………… Tel：0374-6685678
许昌宏发实业有限公司
地址：宜宾市马鞍石
…………………… Tel：0374-7386698
许昌吉品纸制品印刷有限公司
地址：许昌利民路西段
…………………… Tel：15136830707
河南华丽纸业包装股份有限公司
地址：许昌市魏都民营科技园区北区宏腾路中段
…………………… Tel：0374-8309612
河南明信包装印刷机械有限公司
地址：禹州市产业集聚区东产业园
…………………… Tel：0374-8632818
河南明信包装印刷机械有限公司
地址：禹州市产业集聚区东产业园
…………………… Tel：0374-8632818
禹州市华龙包装有限公司
地址：禹州市火龙镇老官陈村
…………………… Tel：0374-8638666
禹州市长虹印刷包装有限公司
地址：禹州市小吕乡晁喜铺村
…………………… Tel：0374-8800000
河南国花彩印包装有限公司
地址：汝州市产业集聚区
…………………… Tel：0375-3331889
平顶山市亿彩实业有限公司
地址：平顶山市新华区青石山胡庄村9号
…………………… Tel：0375-3503370
平顶山市交通造纸厂地址：平顶山市卫东区东环路中段
…………………… Tel：0375-3889933
平顶山嘉成包装有限公司
地址：郏县龙山大道与兴业路交叉口东路北
…………………… Tel：0375-7215188
河南中山广告印刷有限责任公司
地址：河南省固始县红苏路南段
…………………… Tel：0376-4959862
信阳日报社印刷厂
地址：信阳市 河区金牛山产业集聚区内标准化厂房1＃栋2层
…………………… Tel：0376-6251295
固始县全意彩色印刷包装有限公司
地址：河南省固始县城关红苏南路28号
…………………… Tel：13383767666
信阳亿隆全盛文化发展有限责任公司
地址：信阳市 河区金牛山管理区十里河村三组
…………………… Tel：0376-6789103

南阳市卧龙造纸厂
地址：周村区王村火车站北
……………………Tel：0377-60192668
河南信合彩印包装有限公司
地址：社旗县产业集聚区（纬三路与建设路交叉口）
……………………Tel：0377-60572137
南阳市红祥印刷包装有限公司
地址：南阳市龙升工业园区2号路1号
……………………Tel：0377-61530868
南阳市红旗印刷包装有限公司
地址：南阳市卧龙区龙升工业园2号
……………………Tel：0377-61530868
邓州市老廷实业有限公司纸张经销分公司
地址：邓州市构林镇邓襄路58号
……………………Tel：0377-62637978
南阳市宛美彩印包装有限公司
地址：南阳高新区中关村南阳科技产业园
……………………Tel：0377-63651389
南阳市鲲鹏石油工程技术服务有限公司
地址：南阳市油田大庆路西段
……………………Tel：0377-63834869
乐凯华光印刷科技有限公司
地址：南阳市车站南路718号
……………………Tel：0377-63863040
南阳永骏礼品包装材料有限公司
地址：镇平县工业园区
……………………Tel：0377-65082866
河南华福包装科技有限公司
地址：河南省内乡县产业集聚区（湍东镇龙源路北德祥路与长信路交叉口）
……………………Tel：0377-65219999
南阳市东福印务包装有限公司
地址：内乡县产业集聚区
……………………Tel：0377-65219999
南阳市永新纸业包装有限公司
地址：内乡县产业集聚区
……………………Tel：0377-65219999
河南龙润成包装有限公司
地址：河南省南阳市镇平县遮山镇温州工业园区68号
……………………Tel：0377-65615258
桐柏明星包装有限公司
地址：桐柏县安棚镇化工专业园区（胡岗村）
……………………Tel：0377-68355566
南阳统包包装股份有限公司
地址：唐河县产业集聚区
……………………Tel：0377-68600118
河南省西峡县春风实业有限责任公司造纸厂
地址：县城土门春风路
……………………Tel：13949325068
西峡县长土金属包装制品有限公司
地址：西峡县丁河镇大贵寺村
……………………Tel：0377-69823291
邓州市绿鑫源包装印刷有限公司
地址：邓州市人民路与西一环交叉口
……………………Tel：0377-83989078
河南誉彩包装有限公司
地址：开封市南郊乡小苏村310国道南侧
……………………Tel：0378-23661166
洛阳广豫恒包装材料有限公司
地址：新安县洛新产业集聚区京津北路东大科技产业园
……………………Tel：0379-60212698
洛阳一海包装材料有限公司
地址：洛阳市西工区机场西路96号
……………………Tel：0379-60603111
洛阳凤彩包装有限公司
地址：河南省洛阳市栾川县旅游产业集聚区
……………………Tel：0379-60604902
洛阳国色包装有限公司
地址：河南省洛阳市栾川县栾川乡方村
……………………Tel：0379-60604902
洛阳市胜强包装有限公司
地址：洛阳市西工区洛阳工业园区道北二路南侧
……………………Tel：0379-62189892
洛阳市宇瑞印刷器材有限公司
地址：洛阳市西工区光华路27号院2幢2-301室
……………………Tel：0379-63226313
洛阳市报业印刷有限责任公司
地址：洛阳市西工区定鼎南路22号
……………………Tel：0379-63232797
洛阳大彩印刷有限公司
地址：洛阳市廛河区启明东路下窑村
……………………Tel：0379-63329097
洛阳和众印刷有限公司
地址：无锡蠡园开发区五三零大厦2号七层
……………………Tel：0379-64318236
洛阳倖达医用包装材料有限公司
地址：洛阳市汝阳县产业集聚区
……………………Tel：0379-66512111
洛阳东森包装印刷有限公司
地址：洛阳市孟津县会盟镇孟河村
……………………Tel：0379-67000161
洛阳薪旺包装材料有限公司
地址：新安县万基工业园区
……………………Tel：0379-67328993
洛阳市杰源盛办公机具有限公司
地址：洛阳市伊滨区庞村镇掘山岭
……………………Tel：0379-67500336
洛阳华翔包装有限公司
地址：洛阳市伊川县平等乡东村
……………………Tel：0379-69359599
洛阳元亨包装有限公司
地址：洛阳市伊川县城关镇南环路92号
……………………Tel：0379-69361999
洛阳万昌印刷包装有限公司
地址：新安县洛新产业集聚区纵三路东
……………………Tel：0379-69788007
洛阳德彩印刷设计有限公司
地址：洛阳市老城区邙山镇水口村工业园
……………………Tel：0379-80863177
济源市新东方彩印包装有限公司
地址：济源市玉泉工业集聚区
……………………Tel：0391-2062178
焦作中彩印刷包装有限公司
地址：武陟县河朔大道218号
……………………Tel：0391-2098228
河南瑞之光印刷股份有限公司
地址：武陟县产业集聚区东区（詹店镇）泰安路与昌平路交叉口
……………………Tel：0391-2527850
河南神龙包装印刷有限公司
地址：温县温泉工业区2号
……………………Tel：0391-3827806
河南上上印刷科技股份有限公司
地址：沁阳市商埠大街1号楼
……………………Tel：0391-3870788
河南龙翔包装有限公司
地址：沁阳市产业集聚区沁南产业园区(南环路以南、沁木路以西)
……………………Tel：0391-3871788
沁阳市德华环保包装有限公司
地址：沁阳市产业集聚区沁南产业园区（袁屯村东）
……………………Tel：0391-3871788
焦作市东苑印刷厂
地址：钟楼区邹区镇刘巷村
……………………Tel：0391-3934225
沁阳市金德龙造纸机械厂
地址：古浪县泗水镇泗水街
……………………Tel：0391-5032777
沁阳市西里造纸设备厂
地址：辽阳市文圣区庆阳工业园安康路3号
……………………Tel：0391-5037266
沁阳市昊琳纸业有限公司
地址：沁阳市西向镇屯头村
……………………Tel：13803918639
焦作市易达尔造纸机械有限公司
地址：河北省保定市定兴县天宫寺镇辛保庄村商业街9号东大街85号
……………………Tel：0391-5197885
河南省众义达实业有限公司
地址：烟台高新区马山街道办事处岳家庄村南
……………………Tel：0391-5283799
沁阳市忠仁造纸设备有限公司
地址：沁阳市香港街中段实验中学北邻三楼
……………………Tel：0391-5283799
沁阳市沁科造纸机械有限公司
地址：沁阳市屹峰大道南王庄村口
……………………Tel：0391-5296888
沁阳市光茂造纸机械有限公司地址：沁阳市王曲乡里村工业路南段
……………………Tel：0391-5611888
沁阳市文山造纸设备贸易有限公司
地址：沁阳市产业集聚区沁北产业园区（西向二街)河南"
……………………Tel：15239164123
沁阳市覃怀造纸机械有限责任公司
地址：沁阳市产业集聚区沁南园区（庞门村）
……………………Tel：0391-5621186
沁阳市中原辊业造纸机械有限公司
地址：沁阳市沁伏路西
……………………Tel：13939164466
沁阳市泰昌环保造纸设备工程有限公司
地址：沁阳市常伏路中段
……………………Tel：0391-5688551
沁阳市海洋造纸机械有限公司
地址：沁阳市王召乡西里工业区
……………………Tel：13939164466
焦作市福丰造纸机械有限公司
地址：沁阳市王召乡东申召村村北
……………………Tel：13603444052
焦作市华新造纸机械制造有限公司
地址：河南省焦作市沁阳市温泉宾馆西500米路北院内二楼楼梯南
……………………Tel：0391-5931058
沁阳市国瑞造纸机械有限公司
地址：沁阳市王曲乡杨村
……………………Tel：18603910787
沁阳市恒诚造纸机械有限公司地址：沁阳市柏香镇南王工业区
……………………Tel：0391-5936320
沁阳市南旺造纸机械有限公司
地址：沁阳市柏香镇南王村
……………………Tel：0391-5936320
沁阳市怀西造纸机械厂
地址：沁阳市东乡工业区
……………………Tel：0391-5936324
沁阳市兴华造纸装备有限公司
地址：沁阳市葛村工业区
……………………Tel：13523366118
沁阳市兴华造纸机械厂
地址：沁阳市葛村乡东乡四街公路南侧
……………………Tel：0391-5937666
沁阳市第一造纸机械有限公司
地址：沁阳市葛村工业园
……………………Tel：13523355696
沁阳市盛泰造纸机械有限公司
地址：沁阳市柏香镇工业区
……………………Tel：0391-5939009
沁阳市双马包装有限公司
地址：沁阳市山王庄镇万北村
……………………Tel：0391-5970503
河南双马纸品包装有限公司
地址：沁阳市沁北产业集聚区
……………………Tel：0391-5970508
济源市中兴耐磨材料有限公司
地址：济源市轵城镇卫沟村
……………………Tel：18539829300
河南远航包装机械有限公司
地址：温县城北经济开发区
……………………Tel：0391-6100333
河南省第一造纸机械厂
地址：温县南张羌镇马庄村
……………………Tel：0391-6102798
河南远东包装制品有限公司
地址：温县张羌街道鞋业工业园区
……………………Tel：0391-6105195
三恩包装材料有限公司
地址：温县产业集聚区鑫源路南中业大道西
……………………Tel：0391-6109955
河南省晟升包装印刷有限公司
地址：温县产业集聚区鑫源路2号
……………………Tel：0391-6111866
河南智毅塑料包装有限公司
地址：温县产业集聚区中福路40号
……………………Tel：0391-6139966
河南三恩包装材料有限公司
地址：温县产业集聚区鑫源路南中业大道西
……………………Tel：0391-6179966
河南和瑞包装有限公司
地址：河南省济源市玉泉特色产业园区玉强路北段15号
……………………Tel：0391-6281811
沁阳市润源造纸装备有限公司
地址：江岸区中山大道８４１号
……………………Tel：0391-6671491
河南永怀包装有限公司
地址：武陟县产业集聚区工业北路198号
……………………Tel：0391-7260711
河南大指造纸研究院有限公司
地址：河南省焦作市武陟县迎宾大道388号
……………………Tel：0391-7268569
河南大指造纸装备集成工程有限公司
地址：武陟县迎宾大道388号
……………………Tel：0391-7268787
河南大力包装有限公司
地址：武陟县产业集聚区工业北路198号
……………………Tel：0391-7269044
河南利人彩印包装有限公司
地址：武陟县产业集聚区
……………………Tel：0391-7411111
焦作市恒森包装材料有限公司
地址：河南省焦作市示范区文昌街道西长位村999号
……………………Tel：0391-7712966
河南德维斯包装彩印有限公司
地址：孟州市大定办上作村
……………………Tel：0391-8499666
孟州市冠达包装科技有限责任公司
地址：孟州市大定办事处上作村
……………………Tel：0391-8571815
河南中富纸制品包装有限公司
地址：孟州市产业集聚区珠江大道9号
……………………Tel：0391-8588888
鹤壁万安包装有限公司
地址：鹤壁浚县产业集聚区六和路与至真路交叉口
……………………Tel：0392-2257977
鹤壁市鑫海造纸机械有限公司
地址：台儿庄区工业园鲁台路1号
……………………Tel：0392-6868888
淇县双盘磨造纸设备厂
地址：淇县铁西区袁庄路口
……………………Tel：0392-7270989
淇县永盛包装有限公司
地址：淇县107国道超限站向南500米处
……………………Tel：0392-7282666
濮阳市森业印刷有限公司
地址：濮阳市锦田路与新东路交叉口濮光科技创业园内
……………………Tel：0393-6111588
河南天亮印刷有限公司
地址：濮阳市黄河路西段166号
……………………Tel：0393-8063700
河南汇亿包装有限公司
地址：周口市郸城县产业集聚区
……………………Tel：0394-3388965
河南省恒兴造纸网有限公司
地址：沈丘县北城区产业集聚区
……………………Tel：0394-5104306
沈丘县兴业造纸网有限公司
地址：沈丘县沙北产业集聚区
……………………Tel：0394-5104306
河南省恒丰造纸网有限公司
地址：沈丘县北城区产业集聚区
……………………Tel：0394-5104306
河南省华印包装印刷有限公司
地址：河南省鹿邑县产业集聚区吉贞路西
……………………Tel：0394-7595656
周口亚圣包装印刷有限公司
地址：周口市中原路南段
……………………Tel：0394-8563888
周口亚圣包装印刷有限公司
地址：周口市中原路南段
……………………Tel：0394-8563888
周口豫电包装材料有限公司
地址：周口市经济开发区中原路6号
……………………Tel：0394-8699666
漯河双汇彩印包装有限公司
地址：漯河市召陵区人民东路38号
……………………Tel：0395-2626259
漯河漯运制版有限公司
地址：漯河市源汇区桂江路40号
……………………Tel：0395-2633397
漯河卓智新型包装有限公司
地址：漯河经济开发区双汇工业园
……………………Tel：0395-2678607
漯河华丰包装有限公司
地址：漯河市召陵区人民东路38号
……………………Tel：0395-2678613
漯河双汇保鲜包装有限公司
地址：漯河经济开发区衡山路
……………………Tel：0395-2678613
漯河天润彩印包装有限公司
地址：漯河市召陵区人民东路38号
……………………Tel：0395-2695567
河南金佰瑞包装材料有限公司
地址：临颍县产业集聚区临颍大道东段

路北
……………………Tel：0395-3316128
临颍县永丰纸塑包装有限公司
地址：临颍县繁昌路中段南侧
……………………Tel：0395-3717588
河南银鸽实业投资股份有限公司
地址：漯河市召陵区人民东路6号
……………………Tel：0395-5615519
河南省福宏彩印包装有限公司
地址：河南省漯河市临颍县产业集聚区经四路东侧68号
……………………Tel：0395-5650866
漯河市金鼎包装设计有限公司
地址：漯河市东城产业集聚区金门路与桃园路交叉口东南角
……………………Tel：0395-5756998
河南福贞金属包装有限公司
地址：临颍县产业集聚区经三路与纬四路交叉口
……………………Tel：0395-8666925
漯河樱花包装材料有限公司
地址：临颍县文化路南段
……………………Tel：0395-8813888
河南耐可达彩色印刷有限公司
地址：临颍县南街村
……………………Tel：0395-8851258
宏全食品包装（漯河）有限公司
地址：漯河市临颍县产业集聚区颍昌路东段南侧
……………………Tel：0395-8869166
河南中多集团有限公司（驻马店中多铝镁集团有限公司）
地址：驻马店市产业集聚区东源路与驿城大道交叉口东200米路北
……………………Tel：0396-2116679
驻马店市宾田印刷有限公司
地址：驻马店市白桥路塑料编织厂院内
……………………Tel：0396-2525858
驻马店市超真印务制版有限公司
地址：驻马店市高新区纬七路北侧
……………………Tel：0396-2582727
上蔡县豫塑包装制品有限公司
地址：上蔡县西工业园区
……………………Tel：0396-2707333
河南太名包装印刷有限公司
地址：西平县迎宾大道与东环路交叉口
……………………Tel：0396-2756777
河南太名包装印刷有限公司
地址：西平县迎宾大道与东环路交叉口
……………………Tel：0396-2756777
驻马店市第一造纸厂
地址： 口区汉西二路６１号
……………………Tel：0396-2873288
河南亿可达塑料包装实业有限公司
地址：驻马店市水屯镇
……………………Tel：0396-3123888
驻马店市红太阳印刷包装制品有限公司
地址：驻马店市产业集聚区汝河大道东段三号标准厂房
……………………Tel：0396-3125999
驻马店市金光印务有限公司
地址：驻马店市光明路7号
……………………Tel：0396-3562988
河南中多集团有限公司
地址：驻马店市产业集聚区东源路与驿城大道交叉口东200米路北
……………………Tel：0396-3666009
驻马店市中联实业有限公司
地址：驻马店市产业集聚区东源路中段
……………………Tel：0396-3666901
三门峡毕昇制版科技股份有限公司
地址：三门峡市开发区三门路东段通信传输局办公楼
……………………Tel：0398-2873303
三门峡蓝雪制版有限公司
地址：三门峡市经三路
……………………Tel：0398-2873316

湖北省

武汉市裕同印刷包装有限公司
地址：武汉市江夏区庙山办事处幸福村花山二路2号
……………………Tel：027-50753094
武汉武铁印务有限公司
地址：武昌区八一路十一号
……………………Tel：027-51126200
昇兴太平洋（武汉）包装有限公司
地址：武汉市东西湖区走马岭汇通大道9号
……………………Tel：027-51900510-6451
武汉宝钢包装有限公司
地址：武汉市黄陂区罗汉寺龙兴街118号
……………………Tel：027-61655888
武汉市海光印刷发展有限公司
地址：武汉市黄陂区黄武公路7号莱特永恒印刷物资市场2栋AB17-20
……………………Tel：012-12453654
武汉潮尚美包装有限公司
地址：武汉市黄陂区滠口街工业园创业路1号第13栋
……………………Tel：027-61905835
武汉联明汽车包装有限公司
地址：武汉市江夏经济开发区金港新区通用大道57号
……………………Tel：027-65332885
武汉市小龙马装璜有限责任公司
地址：江汉区华苑小区六栋１楼
……………………Tel：027-65655739
武汉鑫韵升印刷物资有限公司
地址：武汉市江汉区红旗渠路18号
……………………Tel：027-65694585
武汉祥恒包装有限公司
地址：武汉市东西湖区走马岭食品一路8号
……………………Tel：027-66660728
武汉大业印刷有限公司
地址：武汉市东西湖区走马岭食品一路3号（13）
……………………Tel：027-81880628
中国工商银行股份有限公司武汉东风支行
地址：武汉经济技术开发区东风三路15号
……………………Tel：18201929835
中国工商银行股份有限公司武汉汉纸支行
地址：武汉经济技术开发区汉纸中路182号
……………………Tel：027-82216563
武汉隆信印务有限公司
地址：武汉市东西湖区将军路街道宏图路39号和利智园2号厂房一层A区
……………………Tel：13871582156
湖北云鹤盐业包装有限公司
地址：武汉市江岸区江岸路9号
……………………Tel：027-82326433
湖北阿拉特科技有限公司
地址：武汉市东西湖区十六支沟（长带工业园内）
……………………Tel：027-82721571
武汉市江岸区百花彩印制版厂
地址：江岸区黑泥湖西路６８号
……………………Tel：027-82902336
武汉友发包装科技有限公司
地址：武汉市东西湖区新沟镇街革新大道21号
……………………Tel：027-83085315
湖北翰彩包装印刷有限公司
地址：武汉市东西湖区辛安渡办事处袁家湾151号（15）
……………………Tel：027-83097165
武汉银采天纸业股份有限公司
地址：武汉市东西湖区金银湖街田园东路1号
……………………Tel：027-83233783
天渠月升月美（湖北）生物科技股份有限公司
地址：武汉市东西湖区慈惠街车站村170号15号生产厂房栋/单元1层3、4号（8）
……………………Tel：027-83244388
武汉虹之彩包装印刷有限公司
地址：东西湖区金山大道1355号（12）
……………………Tel：027-83249891
武汉誉景实业发展有限公司
地址：东西湖区东西湖大道6900号（6）
……………………Tel：027-83259722
华文包装有限责任公司
地址：武汉市东西湖区田园街235号
……………………Tel：027-83266992
红金龙（集团）有限公司
地址：武汉市东西湖区金山大道1355号
……………………Tel：027-83292317
武汉龙发包装有限公司
地址：武汉市东西湖区辛安渡农场张长湖（14）
……………………Tel：027-83371528
武汉艾特纸塑包装有限公司
地址：武汉市东西湖区径河路２１号（10）
……………………Tel：027-83372327
武汉统奕包装有限公司
地址：武汉市东西湖区吴家山街东西湖大道6007号
……………………Tel：027-83382582
武汉美艺印刷包装有限公司
地址：武汉市东西湖区走马岭革新大道7号（13）
……………………Tel：027-83389062
武汉莱特物业管理有限公司
地址：江汉区红旗渠路１８号
……………………Tel：027-83528106
武汉莱特永恒印刷物资市场有限公司
地址：武汉市黄陂区武湖农场青龙分厂武湖工业园办公1-3层1号
……………………Tel：027-83528106
湖北新达泰印刷有限公司
地址：武汉市 口区长风路31号
……………………Tel：027-83828575
湖北省新华印刷产业园有限公司
地址：武汉市汉口解放大道145号
……………………Tel：027-83831516
武汉长印包装印务有限公司
地址：东西湖区金海工业园内（11）
……………………Tel：027-83835077
武汉宇洋包装印刷有限公司
地址：武汉市汉南经济开发区武汉模具工业园一期第A08【幢】非标准层2号房
……………………Tel：027-83836196
武汉天利包装有限公司
地址： 口区长升街
……………………Tel：027-83838911
武汉东运制版有限公司
地址：武汉市 口区古田二路长升路4号
……………………Tel：027-83841739
武汉市易中兴制版有限公司
地址：武汉市 口区古田三路肖家地506号
……………………Tel：027-83845253
武汉市新特装璜印刷有限公司
地址：武汉市东西湖区金桥高科技产业园特8号
……………………Tel：027-83966701
湖北省工业建筑集团安装工程有限公司
地址：武汉市经济技术开发区联城路118号
……………………Tel：027-84252279
九国春武汉包装科技有限公司
地址：武汉经济技术开发区枫树六路139号
……………………Tel：027-84680778
武汉市汉华造纸厂
地址：汉南大道５９５号
……………………Tel：027-84750021
武汉市汉南造纸总厂劳动服务公司
地址：汉南大道376号
……………………Tel：027-84750021
武汉市汉南区造纸供销公司
地址：汉南大道220号
……………………Tel：027-84750021
武汉红金龙印务股份有限公司
地址：武汉经济技术开发区沌阳大道321号
……………………Tel：027-84891610
武汉宇恩防伪技术有限公司
地址：武汉经济技术开发区枫树六路139号
……………………Tel：027-84892162
武汉紫江包装有限公司
地址：武汉市经济技术开发区车城南路56号
……………………Tel：027-84892320
合众创亚（武汉）包装有限公司
地址：武汉经济技术开发区内
……………………Tel：027-84893226
武汉蓝颖新能源有限公司
地址：武汉经济技术开发区内
……………………Tel：027-84898805
武汉长城盛泰包装印刷有限公司
地址：武汉市蔡甸区凤凰山工业园
……………………Tel：027-84909979
武汉雅利隆包装有限公司
地址：武汉市蔡甸区新天大道258号
……………………Tel：027-84917712
武汉雅都包装印刷有限公司
地址：武汉市蔡甸区蔡甸街黄陵村
……………………Tel：027-84927777
武汉雅都包装印刷有限公司
地址：武汉市蔡甸区蔡甸街黄陵村
……………………Tel：027-84927777
中粮包装（武汉）有限公司
地址：武汉经济技术开发区65MD地块
……………………Tel：027-84950000
武汉蓝格包装材料有限公司
地址：武汉市蔡甸区 山街联村工业园4号厂房
……………………Tel：027-84986966
武汉众望包装有限公司
地址：武汉市蔡甸区 山街檀树工业园特68号
……………………Tel：027-84997290
武汉世文印务有限责任公司
地址：东西湖区径河街塔西路以北、柏银路以西（10）
……………………Tel：027-85508780
武汉德美印刷有限公司
地址：武汉市江汉区江汉经济发展区江达路13号4栋
……………………Tel：027-85531107
武汉名典彩色印刷有限公司
地址：武汉市东西湖区将军路街金潭路汉钢产业园2栋3号（12）
……………………Tel：027-85608688
湖北省造纸公司江北分公司地址：武汉市姑嫂树路特１号C栋１－４门
……………………Tel：027-85620575
武汉源源鑫印刷包装有限公司
地址：武汉市东西湖区金银湖环湖路西、张柏公路东源源鑫织唛印务C栋1层12室（11）
……………………Tel：027-85656555
武汉市东风造纸厂
地址： 口区汉西二路６１号
……………………Tel：17702794145
武汉市温商洋航包装印刷有限公司
地址：武汉市东西湖区养殖农场保得工业园内（12）
……………………Tel：15827521653
武汉市造纸工业公司
地址：桥口区民意四路117号
……………………Tel：13006338582
武汉北湖盛和实业发展有限公司
地址：武汉市青山区武钢北湖路３号
……………………Tel：027-86486530
武汉北湖兴盛包装科技有限公司
地址：武汉市青山区武钢北湖农工商公司内
……………………Tel：027-86486530
湖北东冶包装科技有限公司
地址：大冶市保安镇三元路21号108室
……………………Tel：027-86600766
武钢实业印刷总厂
地址：青山区红钢城二街坊
……………………Tel：027-86807094
武汉中百新晨环保包装科技有限公司
地址：新洲区阳逻街青松村
……………………Tel：027-86976365
湖北桑田印刷策划有限公司
地址：武昌区武珞路568号南方帝园A座2404号房
……………………Tel：027-87259530
武汉新金鼎特种包装有限公司
地址：武汉市江夏经济开发区大桥新区工业园邢远长街(武汉宜化塑业有限公司西面)
……………………Tel：027-87307388
武汉锐霖包装材料有限公司
地址：武汉市江夏区流芳街邬家山村高新六路8号
……………………Tel：027-87537088
湖北长江出版印刷物资有限公司
地址：武汉市汉口解放大道211号
……………………Tel：027-87679009
武汉金安格印刷技术有限公司
地址：武汉市汉阳区金福路18号园区1栋107室
……………………Tel：027-87715730
湖北坤德纸模制造有限公司
地址：武汉市东湖新技术开发区华师园北路18号2幢B单元3层3-4房A4
……………………Tel：18679265903
武汉迈威包装机械有限公司
地址：武汉市东湖新技术开发区茅店山西路6号
……………………Tel：027-87921158
武汉新文票据印刷有限公司

地址：武汉市武昌区解放路485号
…………………Tel：027-87927086

武汉正鑫源印刷有限公司
地址：湖北省武汉市江夏区经济开发区庙山办事处邬树村武汉赛鹰汽车配饰工业园车间1栋3层1号
…………………Tel：027-87969277

武汉鑫湘文化有限公司
地址：武汉市洪山区珞瑜路1037
…………………Tel：027-87980980

武汉新通联包装材料有限公司
地址：武汉市江夏区金港新区武汉金港汽车零部件产业园18栋
…………………Tel：027-87988309

武汉人天包装自动化技术股份有限公司
地址：武汉市江夏区藏龙岛科技工业园
…………………Tel：027-87993150

武汉汉兴汇印刷有限公司
地址：武汉市黄陂区横店街建华村顺昌科技产业园办公及员工生活配套栋5层1室
…………………Tel：027-88737902

武汉华汉新华文化发展有限公司
地址：武汉市 口区仁寿路64号2单元1楼1号
…………………Tel：027-88862333

武汉市平湖商贸有限责任公司
地址：武昌区彭刘杨路51号
…………………Tel：027-88874805

武汉市新华造纸厂
地址：武昌区昙华林九号
…………………Tel：027-88915970

武汉荣生轮转印刷有限公司
地址：武汉阳逻经济开发区老屋村余集村阳逻港华中国际产业园第3［幢］/单元1层1号房
…………………Tel：027-89005822

湖北省武穴市造纸厂
地址：竟陵东风大道84号
…………………Tel：0533-8405540

襄阳鲁花包装工业有限公司
地址：襄阳市襄州区伙牌镇伙牌村一组
…………………Tel：0710-2611988

中印南方印刷有限公司
地址：湖北省襄阳市高新产业技术开发区日产工业园区上海路2号
…………………Tel：0710-3329289

襄阳金飞环彩色包装有限公司
地址：湖北省襄阳市汉江北路29号
…………………Tel：0710-3342268

汉江绿色印刷产业园襄阳有限责任公司
地址：襄阳市襄城区卧龙镇谭庄村
…………………Tel：0710-3511361

湖北丽乐嘉包装制品股份有限公司
地址：南漳县经济开发区涌泉工业园
…………………Tel：0710-5460710

枣阳博时壁纸制造有限公司
地址：湖北省枣阳市复兴大道中段
…………………Tel：0710-6226358

枣阳市逸品印刷包装有限公司
地址：湖北省枣阳市兴隆镇优良村四组
…………………Tel：0710-6231300

谷城县大峪桥造纸厂废纸麦草收购门市部
地址：谷城县石花镇大峪桥社区
…………………Tel：0710-87654321

谷城县大峪桥造纸厂地址：谷城县石花镇大峪桥社区
…………………Tel：0710-87654321

湖北辰兴包装有限公司
地址：襄阳市东津新区东津镇政府二楼
…………………Tel：0710-8187150

老河口威华包装环保科技有限公司
地址：老河口市经济开发区科技工业园
…………………Tel：0710-8189710

湖北国球造纸机械有限公司
地址：老河口市仙人渡循环经济产业园竹园路北侧
…………………Tel：0710-8206686

鄂州市将军造纸厂黄石废纸收购站
地址：湖北省黄石市公园路8号
…………………Tel：0711-2750768

鄂州市鄂城远大造纸厂
地址：鄂州市鄂城区新庙将军村桥洞
…………………Tel：18608650577

鄂州市将军造纸厂黄州废纸收购站
地址：古田县林业局(城东)
…………………Tel：0711-2750768

鄂州市造纸原料有限责任公司
地址：鄂城区古城路18号
…………………Tel：15984712634

鄂州彤瑞包装材料有限公司
地址：鄂州市葛店镇邓平村葛店工业园
…………………Tel：0711-3616889

武汉汉口科创实业投资有限公司
地址：武汉市江汉区前三眼桥86号
…………………Tel：0711-3818999

湖北福贞金属包装有限公司
地址：湖北葛店经济技术开发区2号工业区
…………………Tel：0711-5920388

武汉长江远大制版有限责任公司
地址：湖北省孝感市孝汉大道38号银湖科技产业园第38幢101号房
…………………Tel：0712-2367089

孝感市金装纸箱制造有限公司毛陈分公司
地址：孝感市孝南区毛陈镇毛陈村107国道西1幢
…………………Tel：15897744044

铭冠（湖北）包装材料有限公司
地址：孝南经济开发区井岗社区
…………………Tel：0712-2512822

湖北金德包装有限公司
地址：孝感市孝南区经济开发区长兴二路特1号
…………………Tel：0712-2513444

湖北和嘉包装科技股份有限公司
地址：咸宁市咸宁高新技术产业园区龟山路28号
…………………Tel：0712-2593652

湖北新合发印刷包装有限公司
地址：孝感市孝南区经济开发区启龙路
…………………Tel：0712-2778892

孝感市金装纸箱制造有限公司
地址：孝感市槐荫大道389号
…………………Tel：17763030860

孝感日报传媒集团兴茂印务有限责任公司
地址：孝感市黄陂大道193号
…………………Tel：0712-2880161

应城市恒天药业包装有限公司
地址：湖北省应城市体育场南路2号
…………………Tel：0712-3227776

云梦同泽纸业包装有限公司
地址：湖北省云梦县经济开发区
…………………Tel：0712-4082856

湖北鑫光印务股份有限公司
地址：湖北省云梦县子文路69号
…………………Tel：0712-4084888

湖北彩欣包装材料有限公司
地址：云梦县经济开发区桃园路6号
…………………Tel：0712-4333887

湖北嘉阳壁纸制造有限公司
地址：湖北省云梦经济开发区外环路1号
…………………Tel：0712-4396651

湖北云天盐业包装制品有限公司
地址：湖北省云梦县隔蒲潭镇云化路特1号
…………………Tel：0712-4652498

湖北全洲包装有限公司
地址：孝昌县经济开发区城南工业园
…………………Tel：0712-4779888

湖北奥之普体艺有限公司
地址：安陆市金秋大道83号
…………………Tel：0712-5236688

湖北隆发包装制品股份有限公司
地址：安陆市南城工业园太白大道278号
…………………Tel：0712-5287966

湖北德威包装科技有限公司
地址：安陆市东城经济开发区金秋大道89号
…………………Tel：0712-5316655

湖北广桦包装有限公司
地址：大悟县经济开发区双河路19号
…………………Tel：0712-7183089

湖北大胜达包装印务有限公司
地址：汉川市经济技术开发区
…………………Tel：0712-8109066

湖北皇马墙纸有限公司
地址：湖北省汉川市经济技术开发区
…………………Tel：0712-8391666

湖北大韶百川彩色包装有限公司
地址：湖北汉川经济开发区霍城大道129号众信产业园
…………………Tel：0712-8395444

湖北合一包装印刷有限公司
地址：汉川市经济技术开发区
…………………Tel：0712-8413666

湖北合兴包装印刷有限公司
地址：汉川市新河镇闽港台投资区
…………………Tel：0712-8413672

湖北银华药用包装材料有限公司
地址：汉川市分水镇交通大道5号
…………………Tel：0712-8662543

湖北白莲药用包装材料有限公司
地址：汉川市分水镇
…………………Tel：0712-8665665

湖北恒大包装有限公司
地址：汉川市城东工业开发区
…………………Tel：0712-8807066

湖北合信智能包装科技有限公司
地址：汉川市汉川经济开发区北桥工业园平章大道东段
…………………Tel：0712-8807159

湖北华艺包装印刷科技有限公司
地址：湖北省汉川市经济开发区荷沙公路以南、新三路以西
…………………Tel：0712-8807159

黄梅双木邦和彩印包装有限公司
地址：黄梅县大胜工业园发展大道15号
…………………Tel：0713-3837808

湖北同人印刷包装科技股份有限公司
地址：浠水经济开发区散花工业园
…………………Tel：0713-4101399

湖北冠富彩印包装有限公司
地址：浠水经济开发区散花工业园
…………………Tel：0713-4215878

湖北龙乡印刷包装股份有限公司
地址：红安县城关镇民主街26号
…………………Tel：0713-5251298

湖北中雅新材料股份有限公司
地址：红安县经济开发区新型产业园
…………………Tel：0713-5319077

湖北多利医药包装有限公司
地址：红安县经济开发区新型产业园
…………………Tel：0713-5319077

湖北强大包装实业有限公司
地址：湖北省红安县觅儿寺镇新型产业园内
…………………Tel：0713-5319206

湖北引领包装有限公司
地址：红安县经济开发区新型产业园
…………………Tel：0713-5319507

湖北毕昇包装物流有限公司
地址：英山县温泉镇5号路（城南开发区）
…………………Tel：0713-7069999

黄冈市新华印刷股份有限公司
地址：黄冈市黄州宝塔大道89号
…………………Tel：0713-8115162

湖北岚湖华源智能机械包装有限公司
地址：黄冈市黄州南湖路
…………………Tel：0713-8349560

湖北中基包装材料有限公司
地址：湖北黄冈市经济开发区
…………………Tel：0713-8393176

湖北蓝缕彩色印刷股份有限公司
地址：阳新城北工业园（湖北三磊阳新工业园开发有限公司内）
…………………Tel：0714-3056289

黄石华新包装有限公司
地址：黄石市黄石大道897号
…………………Tel：0714-6503660

华新鄂州包装有限公司
地址：鄂州市花湖开发区滨港东路
…………………Tel：0714-6503687

亚马逊（黄石）科技有限公司
地址：黄石市西塞山区三园路9号
…………………Tel：0714-6533833

湖北亮达铝业科技有限公司
地址：大冶市城西北工业园长宁路9号
…………………Tel：0714-8011988

湖北华坤包装材料有限公司
地址：大冶市开发区城西北工业园铜源西路8号
…………………Tel：0714-8759812

劲佳包装有限公司
地址：湖北省大冶市长乐大道39号
…………………Tel：0714-8761158

湖北安实新型材料包装有限公司
地址：大冶市陈贵镇欧家港村顺富路10号
…………………Tel：0714-8858303

崇阳县恒升包装印刷股份有限公司
地址：崇阳县天城镇打鼓墩西路
…………………Tel：0715-3901669

湖北通成包装制品有限公司
地址：通城县大坪乡坪山工业园
…………………Tel：0715-4316999

湖北宏良印刷有限公司
地址：通城县大坪乡沙口村15组
…………………Tel：0715-4345388

通城县宝塔造纸有限责任公司
地址：济源市轵城镇卫沟村
…………………Tel：0715-4374558

湖北宝丽金包装印刷有限公司
地址：赤壁市经济开发区赤马港园区赤壁大道南侧
…………………Tel：0715-5219888

湖北宝丽金包装印刷有限公司
地址：赤壁市经济开发区赤马港园区赤壁大道南侧
…………………Tel：0715-5219888

湖北星聚工业印刷设备有限公司
地址：湖北赤壁市经济开发区赤马港园区十号路
…………………Tel：0715-5886888

嘉鱼县六合造纸厂
地址：石家庄市栾城区西留营村南
…………………Tel：0715-6336195

咸宁市华中包装有限公司
地址：咸宁经济开发区长江产业园
…………………Tel：0715-8069992

湖北奥瑞金包装有限公司
地址：咸宁市咸宁经济开发区长江产业园内
…………………Tel：0715-8110777

湖北浩和智能包装科技有限公司
地址：咸宁市咸宁高新技术开发区书台街17号
…………………Tel：0715-8118688

湖北宏业印刷物资有限公司
地址：咸宁市长江产业园孵化园
…………………Tel：0715-8182566

华源包装（咸宁）有限公司
地址：咸宁市咸宁国家高新技术产业开发区
…………………Tel：0715-8183849

湖北绿色印刷包装物流园开发有限公司
地址：咸宁市高新技术产业园区内
…………………Tel：0715-8237765

湖北绿色印刷包装物流园开发有限公司
地址：咸宁市高新技术产业园区内
…………………Tel：0715-8237765

湖北鄂南新华印刷包装股份有限公司
地址：咸宁市咸安区桂乡大道8号
…………………Tel：0715-8334456

湖北鄂南新华印刷包装股份有限公司
地址：咸宁市咸安区桂乡大道8号
…………………Tel：0715-8334456

湖北新开元置业有限公司
地址：咸宁市温泉路58号
…………………Tel：0715-8900991

湖北绿新环保包装科技有限公司
地址：荆州市荆州区九阳机械电子工业园内
…………………Tel：0716-4163015

荆州四维智能科技有限公司
地址：荆州开发区联合乡幸福村
…………………Tel：13797000000

湖北安腾软包装股份有限公司
地址：公安县斗湖堤镇外环路
…………………Tel：0716-5019990

公安县真诚造纸有限责任公司闸口纸厂
地址：公安县闸口镇新华路
…………………Tel：13669064373

公安县真诚造纸有限责任公司
地址：公安县南平镇新城一组10号
…………………Tel：15272438642

公安县精工包装有限责任公司
地址：公安县斗湖堤镇青吉工业园，友谊孱陵大道以南、秦楚纸业以东、真诚纸业以北
…………………Tel：0716-5393557

公安县永昌造纸原料有限公司
地址：公安县藕池镇人民街蒋家塔
…………………Tel：0716-5716758

公安县诚信造纸有限公司
地址：公安县南平镇松东河北岸
…………………Tel：15571637578

松滋市鑫盖包装有限公司
地址：湖北松滋经济开发区城东工业园永兴大道
…………………Tel：0716-6268388

湖北江腾包装有限公司
地址：松滋市城东工业园永兴大道

………………………Tel：0716-6657888

湖北润森包装有限公司
地址：石首市绣林街道办事处金平工业园
………………………Tel：0716-7899741

荆州市佳鑫印刷物资有限公司
地址：沙市区跃进村沙岑路
………………………Tel：0716-8330198

荆州市立泰金属包装有限公司
地址：荆州市三湾路45号
………………………Tel：0716-8334560

湖北富豪包装有限公司
地址：当阳市坝陵办事处坝陵东路
………………………Tel：0717-3283877

宜昌天润塑业股份有限公司
地址：当阳市坝陵办事处坝陵大道
………………………Tel：0717-3286480

宜昌昌盛包装有限公司
地址：枝江市仙女镇仙女工业园仙女三路
………………………Tel：0717-4213066

枝江市千源包装有限公司
地址：湖北省枝江市马家店江汉大道
………………………Tel：0717-4227888

湖北星鑫包装有限公司
地址：枝江市仙女工业园仙女北路以南
………………………Tel：0717-4513020

宜都清江包装有限公司
地址：宜都市红花套镇杨家畈村
………………………Tel：0717-4882505

湖北伟能达印刷包装有限公司
地址：长阳龙舟坪镇津洋口创新产业园（星城二路）
………………………Tel：0717-5902335

湖北华彩包装有限公司
地址：宜昌市　亭区逢桥路168号
………………………Tel：0717-6097029

宜昌群力包装有限公司
地址：枝江市董市镇金盆山大道一路37号
………………………Tel：0717-6321188

宜昌诚业建材商贸有限公司
地址：宜昌市发展大道97-27号
………………………Tel：0717-6321188

宜昌市丽豪包装彩印有限公司
地址：宜昌市西陵区渭河四路86号
………………………Tel：0717-6341709

宜昌亿彩制版有限公司
地址：宜昌市西陵区东山村白龙井路22-1号
………………………Tel：0717-6435006

宜昌恒盛包装材料制造有限公司
地址：宜昌市　亭全通路518号
………………………Tel：0717-6510879

宜昌和艺企业孵化运营管理有限责任公司
地址：宜昌市开发区大连路33号（展示中心内）地址：
………………………Tel：0717-6696666

湖北太升包装有限公司
地址：湖北省宜昌市　亭区亚元路3号
………………………Tel：0717-6926677

湖北天仕达服装有限公司
地址：宜昌市夷陵区乐天溪镇朱家湾村
………………………Tel：0717-7522888

宜昌九兴包装有限公司
地址：宜昌市夷陵区小溪塔兴安社区张家湾村一组
………………………Tel：0717-7726289

宜昌市综艺包装有限公司
地址：宜昌市夷陵区龙泉镇龙泉村3组
………………………Tel：0717-7760666

宜昌鉴锦包装有限责任公司
地址：宜昌市夷陵区龙泉镇龙泉村1组
………………………Tel：0717-7760829

湖北协丰印刷有限责任公司
地址：宜昌市夷陵区龙泉镇龙泉村1组
………………………Tel：0717-7782888

湖北日报传媒集团三峡印务有限公司地址：宜昌市夷陵区小溪塔黄金卡社区2组
………………………Tel：13971015642

竹山县可盛广告印刷服务有限责任公司
地址：竹山县宝丰镇南大街1幢3单元3层301室、302室
………………………Tel：15897868894

郧县金龙工贸有限公司
地址：郧县茶店镇二道坡村
………………………Tel：0719-7235883

随州运城制版科技有限公司
地址：随州市经济开发区望城岗
………………………Tel：0722-3268365

湖北利康医用材料股份有限公司
地址：随州市高新区红旗路
………………………Tel：0722-3308998

湖北画中画印刷有限公司
地址：随县经济开发区（316国道旁）
………………………Tel：13477343118

广水中山造纸包装有限责任公司
地址：湖北省广水市广水工新街1号
………………………Tel：0722-6413763

湖北广彩印刷有限公司
地址：广水市广水办事处桐柏大道特7号
………………………Tel：0722-6412320

湖北浩源塑胶有限公司
地址：广水开发区
………………………Tel：0722-6430966

湖北金龙王投资股份有限公司
地址：荆门市经济开发区兴隆大道232号
………………………Tel：0724-2498980

荆门华兴印刷包装有限公司
地址：荆门高新技术产业开发区兴隆大道232号
………………………Tel：0724-2498980

喜吉包装材料（湖北）有限公司
地址：钟祥市南湖经济开发区富水路23号
………………………Tel：0724-4932181

湖北华工图像技术开发有限公司
地址：湖北荆门高新区·掇刀区天乐路1号
………………………Tel：0724-6064960

湖北厚东文化创意产业园有限公司
地址：荆门市东宝区牌楼镇牌楼村二组1幢
………………………Tel：0724-6065001

湖北厚东印刷包装股份有限公司
地址：荆门市东宝区牌楼镇牌楼村二组
………………………Tel：0724-6065001

湖北喜登龙包装有限责任公司
地址：沙洋县经济开发区工业6路与工业7路交汇处
………………………Tel：0724-6111575

湖北大捷龙包装技术有限公司
地址：湖北省荆门市沙洋县工业六路
………………………Tel：0724-6111575

湖北紫丹包装科技有限公司
地址：钟祥市大柴湖经济开发工业园区三号路以北、四号路以东
………………………Tel：0724-6305866

荆门市五三金丽彩印包装有限公司
地址：荆门市屈家岭管理区经济开发区
………………………Tel：0724-7414356

沙洋顺泰塑业有限公司
地址：湖北省荆门市沙洋县经济开发区
………………………Tel：0724-8517553

荆门众意包装有限公司
地址：荆门市掇刀区双泉工业园
………………………Tel：0724-8663828

湖北立拓印刷有限公司
地址：仙桃市胡场镇工业园区汉沙路888号
………………………Tel：0728-2811660

仙桃市清园机械有限公司
地址：仙桃市胡场镇汉沙路特9号
………………………Tel：13997973416

仙桃市华伟造纸机械有限公司
地址：仙桃市龙华山办事处仙源大道
………………………Tel：0728-3206053

仙桃市隆昌造纸网有限公司
地址：仙桃市龙华山办事处杜台村
………………………Tel：0728-3206866

仙桃市雅都纸品包装有限公司
地址：仙桃市经济开发区杜台工业园
………………………Tel：0728-3282333

湖北银河彩印包装有限公司
地址：仙桃市宏达路
………………………Tel：0728-3319999

仙桃市华美包装印务股份有限公司
地址：仙桃市桃源大道
………………………Tel：0728-3324199

湖北华美包装印务有限责任公司
地址：仙桃市干河办事处桃源大道
………………………Tel：0728-3324599

湖北省天门市渔薪造纸厂
地址：渔薪镇武圣路
………………………Tel：13035366662

湖北金天门包装材料有限公司
地址：天门市侨乡经济开发区南洋大道特66号
………………………Tel：0728-5335700

宏全食品包装（仙桃）有限公司
地址：仙桃市黄金大道西段59号
………………………Tel：0728-8280516

湖南省

湖南裕同印刷包装有限公司
地址：湖南省岳阳市湘阴县工业园工业大道西侧
………………………Tel：0730-2150999

湖南裕同印刷包装有限公司
地址：湖南省岳阳市湘阴县工业园区湘阴天宏实业有限公司名下3号栋、4号栋、5号栋
………………………Tel：0730-2150999

汨罗市方正纸制包装有限公司
地址：湖南省汨罗市古培镇于临村1组
………………………Tel：0730-5296918

汨罗市环宇再生资源有限公司
地址：汨罗市智丰乡双春村
………………………Tel：0730-5880888

岳阳市蓝海造纸科技有限公司
地址：岳阳县中洲乡青峰村第四组
………………………Tel：18821902998

湖南泰铭印刷包装有限公司
地址：岳阳市君山区大众路君山工业园内
………………………Tel：0730-8111222

湖南锦程印刷包装股份有限公司
地址：岳阳市君山区康福路工业园内
………………………Tel：0730-8155666

湖南华光印刷有限公司
地址：湖南省醴陵市建国路117号
………………………Tel：0731-23225327

湖南省醴陵市华中化工有限公司
地址：醴陵市王仙镇司徒村
………………………Tel：13974115257

醴陵市科富造纸厂（普通合伙）
地址：醴陵市富里镇利群村
………………………Tel：0731-23737777

株洲滨升印务有限公司
地址：广饶县李鹊镇东辛张村
………………………Tel：0731-27610218

湖南容昌包装股份有限公司
地址：株洲市石峰区响石岭丁山路15号
………………………Tel：0731-28340234

株洲汇隆实业发展有限公司
地址：湖南省株洲市天元区栗雨工业园黑龙江路汇隆科技园工业厂房
………………………Tel：0731-28667689

浏阳市天鹰包装印务有限公司
地址：浏阳市关口办事处复兴村鄱干组
………………………Tel：0731-3611988

湖南向维彩印包装有限公司
地址：长沙市天心区南托街道彩印路8号
………………………Tel：0731-52848691

湘潭市飞扬包装有限公司
地址：湘潭市高新区双马街道月华村文革组（原月华小学）
………………………Tel：0731-55572622

湖南兴隆文化传媒有限公司
地址：湘潭县易俗河金松五路1号
………………………Tel：0731-57801839

湖南博富印刷股份有限公司
地址：湘潭县易俗河镇荷花中路西侧
………………………Tel：0731-57893577

湘潭鸿嘉彩色印刷有限公司
地址：湖南省湘潭市雨湖区云塘街道广云路505号
………………………Tel：15873250093

湘潭市麓安造纸材料研究所有限公司
地址：宁乡县双凫铺镇白水村（现合轩村渠道巷路）
………………………Tel：0731-58270759

湖南佳艺印刷有限公司
地址：湘潭市雨湖区云塘街道新建村9号
………………………Tel：0731-58388457

湖南长城海盛彩印包装有限公司
地址：湘潭市九华经开区奔驰路6号厂房一
………………………Tel：0731-58561199

湖南省造纸研究所有限公司
地址：湘潭市岳塘区建设中路7号
………………………Tel：0731-58561602

长沙沐阳印刷有限公司
地址：长沙市开福区陡岭支路012号第5栋
………………………Tel：0731-82159888

湖南省湘晖包装有限公司
地址：湖南浏阳高新技术产业开发区永和路1号
………………………Tel：0731-82237220

湖南印美文化创意产业有限公司
地址：湖南省长沙市天心区环保西路199号天心经开区龙盛产业基地3栋8508房（集群注册）
………………………Tel：0731-82239222

湖南省印刷物资有限责任公司
地址：长沙市开福区营盘东路3号新闻出版大厦5-6楼
………………………Tel：0731-82249001

湖南版艺印刷有限公司
地址：长沙县黄花镇黄垅村（印刷产业园内）
………………………Tel：0731-82755209

湖南省和林印务有限公司
地址：长沙县黄花镇黄龙新村
………………………Tel：0731-82755988

湖南万容纸塑包装有限公司
地址：长沙经济技术开发区盼盼路11号
………………………Tel：0731-82791015

湖南万容股权投资有限公司
地址：长沙经济技术开发区盼盼路11号
………………………Tel：0731-82791098

长沙艺正网络科技有限公司
地址：许昌县将官池镇李简村第二村民组
………………………Tel：0731-82861468

长沙长泰智能装备有限公司
地址：湖南省长沙市雨花区新兴路118号
………………………Tel：0731-82903978

长沙胡润印务有限公司
地址：长沙市望城经济开发区金星大道776号0817608栋
………………………Tel：13873100577

浏阳市华冠花炮印刷包装有限公司
地址：浏阳市蕉溪镇早田村金山片新屋组
………………………Tel：0731-83180798

湖南达美程智能科技股份有限公司
地址：浏阳经济技术开发区康鹏路11号
………………………Tel：0731-83280299

浏阳市黄金潭造纸厂（普通合伙）
地址：长沙望城县黄金乡金桥村
………………………Tel：0731-83485092

长沙聚富保鲜包装有限公司
地址：长沙经济技术开发区星沙大道6号
………………………Tel：0731-83596357

浏阳市华升印刷有限公司
地址：浏阳市集里大塘冲18号
………………………Tel：0731-83625695

浏阳市吉盛造纸厂（普通合伙）地址：浏阳市荷花街道办事处浏河村卜家组
………………………Tel：13548550080

浏阳市杨家弄造纸厂
地址：浏阳市荷花街道办事处浏河村卜家组
………………………Tel：0731-83670615

浏阳市航运造纸厂（普通合伙）
地址：九里区刘马路村
………………………Tel：0731-83680194

浏阳市明仁造纸厂（普通合伙）
地址：大块镇陈堡村
………………………Tel：0731-83717189

浏阳市宏源造纸厂（普通合伙）
地址：浏阳市普迹镇书院新村塘湾片塘湾组
………………………Tel：0731-83744709

浏阳市文家市镇金鸡造纸厂
地址：新邵县新阳路157号
………………………Tel：0731-83790228

浏阳市大瑶镇东宇福利造纸厂（普通合伙）
地址：顺昌县元坑镇光地村
………………………Tel：0731-83801297

浏阳市连心造纸厂
地址：浏阳市集里办事处锦美社区
………………………Tel：0731-83801978

浏阳市大瑶远航福利造纸厂（普通合伙）
地址：沁阳市东乡工业区
………………………Tel：0731-83801997

浏阳市大瑶兴宇造纸厂
地址：浏阳市大瑶造纸工业基地
………………………Tel：0731-83802099

浏阳市泰瑶花炮文化产业投资有限公司

地址：浏阳市大瑶镇百姓广场镇政府院内
……………………Tel：0731-83811305

浏阳市李畋印刷包装集团有限公司
地址：浏阳市大瑶镇李畋村胜利组
……………………Tel：0731-83831687

浏阳市李畋印刷包装集团有限公司
地址：浏阳市大瑶镇李畋村胜利组
……………………Tel：0731-83831687

湖南省浏阳市杨花福利造纸厂
地址：龙海市颜厝上洋村港口社
……………………Tel：0731-83832168

浏阳市强鹰包装有限公司
地址：浏阳市金刚镇星星村颜家组
……………………Tel：0731-83859688

浏阳市严坑造纸厂
地址：东城区东直门外香河园街1号
……………………Tel：0731-83905826

湖南福瑞印刷有限公司
地址：长沙经济技术开发区星沙大道18号
……………………Tel：0731-84011626

长沙星沙包装有限公司
地址：长沙经济技术开发区漓湘东路161号
……………………Tel：0731-84018948

长沙精达印刷制版有限公司
地址：长沙经济技术开发区寿昌路5号
……………………Tel：0731-84024603

长沙精达印刷制版有限公司
地址：长沙经济技术开发区寿昌路5号
……………………Tel：0731-84024603

泰格林纸集团股份有限公司
地址：长沙市经济技术开发区东升路48号
……………………Tel：0731-84025555

湖南金河包装有限公司
地址：长沙经济技术开发区桂花路1号
……………………Tel：0731-84060069

湖南万邦优佳展览工程有限公司
地址：长沙市开福区芙蓉北路二段151号伍家岭商业中心5号1119房
……………………Tel：0731-84120138

湖南泽佳印刷有限公司
地址：长沙市开福区沙坪街道中青路1318号佳海工业园二期A18栋101号
……………………Tel：0731-84205931

湖南天一印刷物资有限公司
地址：长沙市芙蓉区芙蓉中路二段32号
……………………Tel：0731-84421575

长沙光速印刷制版有限公司
地址：湖南省长沙市芙蓉区人民中路65号
……………………Tel：0731-84438718

华南彩色印刷有限公司
地址：长沙市开福区陡岭支路58号
……………………Tel：0731-84489594

湖南怡永丰包装印务有限公司
地址：长沙经济技术开发区天华南路3号
……………………Tel：0731-84657627

湖南省湘府印刷有限公司
地址：湖南省长沙市芙蓉区五一大道351号湖南省政府机关印刷厂二楼南向211房
……………………Tel：0731-84728929

长沙维泰造纸机械有限公司
地址：长沙市雨花区万家丽中路二段271号城市山水豪园5-1006
……………………Tel：15084787966

湖南金三卓印刷包装有限公司
地址：湖南省长沙市开福区沙坪街道捞刀河镇窑岭上高岭3号
……………………Tel：0731-85040993

湖南金三卓印刷包装有限公司
地址：湖南省长沙市开福区沙坪街道捞刀河镇窑岭上高岭3号
……………………Tel：0731-85040993

湖南省造纸印刷公司
地址：长沙市雨花区芙蓉中路二段167号
……………………Tel：0731-85161216

湖南省造纸印刷公司
地址：恩平市沙湖镇西郊红星山
……………………Tel：0731-85161216

湖南新华印刷集团有限责任公司
地址：长沙市天心区韶山南路258号
……………………Tel：0731-85187780

湖南雅嘉彩色印刷有限公司
地址：长沙市雨花区桂花小区4号3栋
……………………Tel：0731-85454548

湖南长福彩色印务有限公司
地址：天宁区郑陆镇三河口街
……………………Tel：0731-85471778

长沙湘之印彩色印刷有限公司
地址：湖南省长沙市岳麓区学士街道玉莲路32号联东优谷工业园一号地8栋101号
……………………Tel：0731-85518478

湖南省包装总公司
地址：长沙市雨花区韶山北路356号包装楼503室
……………………Tel：0731-85555067

湖南省包装集团有限公司
地址：长沙市雨花区韶山北路356号包装楼504房
……………………Tel：0731-85555067

湖南精彩快捷印刷有限公司
地址：湖南省长沙市雨花区芙蓉中路造化塘29号
……………………Tel：0731-85555838

湖南至几包装有限公司
地址：湖南省长沙市芙蓉区马坡岭街道张公岭村280号
……………………Tel：0731-85575789

潇湘电影制片厂音像出版社
地址：长沙市雨花区劳动东路１６５号
……………………Tel：0731-85607020

长沙县宏伟纸业贸易部
地址：兴安县溶江镇革命街９５号
……………………Tel：0731-85833711

湖南金峰金属构件有限公司
地址：长沙市芙蓉区人民西路377号
……………………Tel：0731-85862277

长沙县紫鑫纸业有限公司地址：长沙县江背镇五福村
……………………Tel：13807491639

湖南精艺彩色印刷有限公司
地址：长沙市开福区中青路（佳海工业园）A17栋1层101、2层201、3层301、4层401号房
……………………Tel：0731-86673555

长沙县牌楼造纸厂
地址：福建省泉州市石狮市宝盖镇雪上三片区1号
……………………Tel：0731-86770167

湖南和铄包装材料有限公司
地址：长沙经济技术开发区南二路17号
……………………Tel：0731-86785288

湖南佳美彩印包装有限公司
地址：长沙县安沙镇毛塘工业小区
……………………Tel：0731-86865565

长沙东驰印刷有限公司
地址：长沙市天心区南托街道牛角塘村49号
……………………Tel：0731-86963372

湖南省宁乡县新华造纸厂
地址：富阳市鹿山街道五四村上叶
……………………Tel：0731-87492812

长沙市金美印刷包装有限公司
地址：宁乡经济技术开发区新康路
……………………Tel：0731-87701667

湖南省宁乡县华天印刷包装有限公司
地址：宁乡经济开发区新康路（华夏中小企业园）
……………………Tel：0731-87859098

湖南金富包装有限公司
地址：宁乡经济技术开发区谐园北路209号
……………………Tel：0731-87872322

长沙华腾包装有限公司
地址：长沙市望城经济技术开发区杨家湾路88号
……………………Tel：0731-88062421

湖南真旺塑料包材包装有限公司
地址：湖南省长沙市望城区旺旺路20号
……………………Tel：0731-88063111

长沙天阔包装材料有限公司
地址：长沙经济技术开发区泉塘街道螺丝塘路68号星沙国际企业中心10号厂房201、202
……………………Tel：0731-88216016

湖南鹤祥包装有限公司
地址：长沙经济技术开发区东十路16号
……………………Tel：0731-88289378

长沙市华彩印刷材料科技有限公司
地址：长沙市望城区丁字湾街道桃花路与丁源路交叉东北角
……………………Tel：18908492756

湖南嫄美印刷有限公司
地址：长沙市开福区浏阳河陡岭路45号
……………………Tel：0731-88596162

长沙造纸厂
地址：长沙市岳麓区河西三汊矶
……………………Tel：0731-88681840

长沙统实包装有限公司
地址：湖南望城经济开发区赤岗路188号
……………………Tel：0731-88720702

湖南美莱精化有限公司造纸用品厂
地址：长沙望城县黄金乡金桥村
……………………Tel：0731-88809919

湖南远大铃木住房设备有限公司
地址：长沙高新开发区麓谷大道636号麓园6栋106
……………………Tel：0731-88911568

长沙奥托机械股份有限公司
地址：长沙高新开发区麓谷麓枫路奥托科技园内
……………………Tel：0731-88996628

湖南金丰林印刷包装机械科技有限公司
地址：湖南浏阳高新技术产业开发区永阳路16号
……………………Tel：0731-89634572

湖南金丰林印刷包装机械科技有限公司
地址：湖南浏阳高新技术产业开发区永阳路16号
……………………Tel：0731-89634572

湖南省旺丰机械自动化服务有限公司
地址：长沙经济技术开发区人民东路中部智谷工业园2栋601号
……………………Tel：0731-89727846

长沙睿智印刷制版有限责任公司
地址：长沙市雨花区万家丽路中城丽景香山2栋101室
……………………Tel：0731-89875657

衡阳华亚玻璃制品有限公司
地址：衡东县大浦镇衡东工业园
……………………Tel：0734-2861009

衡山县衡顺塑料制版有限责任公司
地址：湖南省衡山县经济开发区工业大道
……………………Tel：0734-5814088

湖南鸿洲包装有限责任公司
地址：湖南省衡山县开云镇工业园区春昌路
……………………Tel：0734-5823028

衡阳市鑫励文化发展有限公司
地址：湖南省衡阳市珠晖区新星西路厂房（白沙洲工业园区东部片区）
……………………Tel：18684995388

衡阳市华圣印刷有限公司
地址：湖南省衡阳市高新区衡祁路328号
……………………Tel：0734-8631999

湖南省地质测绘院
地址：衡阳市雁峰区园艺村9号
……………………Tel：0734-8862862

湖南懿科药用包装材料科技有限公司
地址：湖南省衡阳市雁峰区白沙洲工业园第一创业园9号
……………………Tel：0734-8998598

湖南永怡印刷包装有限公司
地址：湖南省郴州市北湖区同心路28号
……………………Tel：0735-2117211

湖南永怡印刷包装有限公司
地址：湖南省郴州市北湖区同心路28号
……………………Tel：0735-2117211

郴州富力花纸制造有限公司
地址：保定市满城区大册营镇方上村
……………………Tel：0735-2571041

湖南百捷利包装印刷有限公司
地址：宜章县经济开发区产业承接园
……………………Tel：0735-3812777

湖南新洲印刷科技有限公司
地址：湖南省郴州市宜章县玉溪镇经济开发区产业承接园17栋
……………………Tel：0735-3819888

湖南雅图仕印刷有限公司
地址：湖南省郴州市宜章县经济开发区产业承接园二期标准厂房11、12栋
……………………Tel：0735-3881196

湖南运达绿色包装股份有限公司
地址：湖南省常德市澧县澧阳镇护城居委会8组运达南路68号
……………………Tel：0736-3145005

常德龙发包装有限公司
地址：湖南省常德市临澧县经济开发区安福工业园（湖南安泰包装有限公司内）
……………………Tel：0736-3213666

湖南雄福包装有限公司
地址：湖南省澧县城头山镇护国村八组（张公庙中学往西五十米）
……………………Tel：0736-3340798

湖南雪丽造纸有限公司
地址：常德市津市市金鱼岭办事处文家湾社区襄窑路301号
……………………Tel：0736-4201002

湖南新鲁包装印刷有限公司
地址：常德市津市市嘉山工业新区嘉山大道与周家铺路交汇处
……………………Tel：0736-4266162

常德德彩印刷有限公司
地址：湖南省常德市安乡县深柳镇长岭洲社区洞庭南路（工业园内）
……………………Tel：0736-4632999

安乡县仙桃造纸有限责任公司
地址：湖南省常德市安乡县安康乡仙桃嘴村五组
……………………Tel：18692384666

湖南安福环保科技股份有限公司
地址：常德市临澧县经济开发区安福工业园
……………………Tel：0736-5558118

临澧县合口镇春楠造纸厂
地址：常德市临澧县合口镇群丰村14组
……………………Tel：13975694188

临澧县洪梅造纸厂地址：常德市临澧县官亭乡彭市村二组
……………………Tel：15973050373

湖南安泰包装有限公司
地址：常德市临澧县经济开发区安福工业园
……………………Tel：0736-5890000

湖南省文之通包装印刷有限公司
地址：常德市桃源县青林回族维吾尔族乡青林村五组工业园内
……………………Tel：0736-6680501

常德金鹏印务有限公司
地址：湖南省常德市武陵区芙蓉街道办事处新河社区人民路3368号
……………………Tel：0736-7170538

常德市金鹰印刷材料有限公司
地址：湖南省常德市武陵区白马湖街道长家山社区长庚路33号
……………………Tel：0736-7179116

常德滨湖印刷股份有限公司
地址：湖南省常德市武陵区白马湖街道长家山社区龙港路55号
……………………Tel：0736-7270726

常德市大顺彩印包装有限公司
地址：常德市西洞庭管理区祝丰镇迎丰北路
……………………Tel：0736-7509288

沅江市熙和永旺造纸厂
地址：沅江市草尾镇四码头
……………………Tel：0737-2114567

沅江赛龙造纸化学品有限公司
地址：沅江市经济开发区永发路01栋
……………………Tel：0737-2709888

沅江协力造纸设备有限公司
地址：沅江市沅益路
……………………Tel：13549733944

沅江市振威造纸厂
地址：沅江市马公铺办事处青年坝村
……………………Tel：0737-2732987

湖南省南洋包装印刷有限责任公司
地址：益阳市资阳区长春镇流源桥村（长春经开区食品加工园）
……………………Tel：0737-3571655

湖南省南洋包装印刷有限责任公司
地址：益阳市资阳区长春镇流源桥村（长春经开区食品加工园）
……………………Tel：0737-3571655

益阳达隆昌机器制造有限公司
地址：益阳市资阳区长春工业园接城堤村
……………………Tel：0737-3802168

湖南省益阳湘中印刷有限责任公司
地址：益阳市五一西路198号
……………………Tel：13037370881

益阳市衡益彩印包装有限公司
地址：益阳市赫山区衡龙桥镇塑编工业园衡丰塑业西侧
……………………Tel：0737-4980999

湖南金信达纸品制造有限公司
地址：湖南省益阳市南县南洲镇东堤尾（复兴街）
……………………Tel：13187372902

湖南彩兴置业有限公司
地址：新化县上梅镇古城路15号

…………………Tel：0738-3522153
双峰县上峰造纸厂
地址：双峰县梓门桥镇光明村六组
…………………Tel：18673839878
娄底市兴利来彩色印刷有限公司
地址：娄底市经济开发区工业园洪冠街20号
…………………Tel：0738-8626099
娄底市涟钢振兴金华建设有限公司
地址：娄底市洪冠街北侧（娄底经济开发区一工业园）
…………………Tel：0738-8629696
湖南双辉印刷投资有限公司
地址：邵东县两市镇百富东路98号
…………………Tel：0739-2086888
湖南金湘东软包装材料有限公司
地址：湖南省邵阳市邵东县黑田铺镇三益村三益亭
…………………Tel：0739-2121289
邵东县廉桥造纸有限责任公司
地址：辉南县辉发城镇东胜村
…………………Tel：0739-2623280
邵东县廉桥造纸有限责任公司两市镇分公司
地址：保定市满城区大册营镇岗头村
…………………Tel：0739-2623280
邵东县教科纸品印刷有限责任公司
地址：湖南省邵阳市邵东县黑田铺镇圳玄村
…………………Tel：18673497788
湖南天闻新华印务邵阳有限公司
地址：邵阳市双清区东大路776号（原新华印刷二厂内）
…………………Tel：0739-5105018
邵阳市诚信造纸有限公司
地址：邵阳市北塔区观音庵（市内衣厂内）
…………………Tel：18166113362
邵阳市双清区长丰造纸厂（普通合伙）
地址：邵阳市双清区工业街江湖社区江湖大堤
…………………Tel：13873986348
邵阳市广兴造纸有限责任公司地址：邵阳市双清区五一北路江湖链钢码头
…………………Tel：13973900927
湖南彩虹包装有限公司
地址：邵阳市大祥区宝庆中路戴家坪6号
…………………Tel：0739-5323088
邵阳市罗市造纸有限公司
地址：邵阳市大祥区面铺乡罗市村10组
…………………Tel：0739-5371818
绥宁县义龙包装有限公司
地址：湖南省邵阳市绥宁县关峡苗族乡湘商产业园
…………………Tel：0739-7522998
绥宁县天成造纸有限公司
地址：绥宁县长铺镇工业路101号
…………………Tel：13187180087
绥宁县胜德造纸有限责任公司
地址：绥宁县李西镇苏州村
…………………Tel：0739-7741738
湖南多元印刷机械有限公司
地址：邵阳市大祥区宝庆西路362号
…………………Tel：0739-8912186
邵阳市一轻供销公司纸张印刷分公司
地址：邵阳市双清区铁砂岭路128号三弄三号
…………………Tel：0739-8992229
湘西凯利造纸科技服务有限公司
地址：湖南省湘西经济开发区工业大道湖南东顺纸业有限公司院内
…………………Tel：0743-2812818
湘西团结出版印刷有限公司
地址：湖南省吉首市乾州办事处建新路27号（团结报社出版印刷大楼）
…………………Tel：0743-8518380
溆浦县龙潭镇造纸厂
地址：溆浦县龙镇莲河村
…………………Tel：18075588913
会同县春辉造纸有限公司
地址：湖南省怀化市会同县林城镇民主村四组
…………………Tel：13574590888
江华海螺塑料包装有限责任公司
地址：江华瑶族自治县沱江镇工业园区金牛大道北
…………………Tel：0746-2320519
江华瑶族自治县龙虎综合加工厂
地址：江华瑶族自治县务江乡龙虎村
…………………Tel：15367527911
江华恒津包装材料有限公司
地址：永州市江华瑶族自治县沱江镇经济开发区兴业路以南
…………………Tel：0746-2339005
湖南一锋印刷有限公司
地址：湖南省永州市江华瑶族自治县沱江镇瑶都大道北段西侧二号厂房
…………………Tel：0746-2491906
祁阳五洲医药包装有限公司
地址：湖南祁阳工业园区灯塔路
…………………Tel：0746-3239748
湖南金鸥医药包装有限公司
地址：湖南省永州市零陵区萍岛路
…………………Tel：0746-6666688
湖南颐廉刷包装有限公司
地址：湖南省道县工业园工业大道北侧
…………………Tel：0746-5228511
宁远县舜彩印刷有限公司
地址：湖南省永州市宁远县桐山街道宝塔社区(西部工业新城兴工路)
…………………Tel：0746-8871488

广东省

广东聚华印刷显示技术有限公司
地址：广州市黄埔区光谱中路11号云升科学园1号楼1F
…………………Tel：020-22063189
广州市凯旋纸品制造有限公司
地址：肇庆市高要区金利镇茅湾工业区金寿路第一排第一间厂房
…………………Tel：020-23319538
广州科盛隆纸箱包装机械有限公司
地址：广州市番禺区石壁街石壁一村谢石公路77号
…………………Tel：020-23830389
广州星辰包装有限公司
地址：广州市黄埔区斗塘路3号2栋101房
…………………Tel：020-26225257
广州益普包装技术有限公司
地址：广州市萝岗区永和经济区九岭路8号1幢
…………………Tel：020-26235018
广州百姓壹号整装家居装饰有限公司
地址：广州市越秀区东风东路699号402房
…………………Tel：020-28190722
广州东港安全印刷有限公司
地址：广州市高新技术产业开发区科学城南云五路5号
…………………Tel：020-28398186
东莞大华印刷有限公司
地址：广东省东莞市沙田镇临海北路70号
…………………Tel：020-28858315
广州倾松印刷有限公司
地址：广州市白云区钟落潭镇大纲领大山地路8号102
…………………Tel：020-29848143
广东文华印刷科技发展有限公司
地址：广州市花都区华兴南路5号4栋301房
…………………Tel：13580590939
广州市佳盛印刷有限公司
地址：广州市番禺区沙湾镇永丰路5号（宿舍楼）102
…………………Tel：020-31052836
广州圣诺印刷有限公司
地址：广州市花都区秀全街石缘二路5号1栋、2栋、3栋
…………………Tel：020-31216263
广州市明彩纸制品包装印刷有限公司
地址：广州市黄埔区沙涌长荣路8号
…………………Tel：020-32072489
广州曼盛包装有限公司
地址：广州市萝岗区新阳东路63号101房
…………………Tel：020-32082000
广州全为包装印刷有限公司
地址：广州经济技术开发区摇田河大街161号自编3幢101
…………………Tel：020-32160352
广州全为包装印刷有限公司
地址：广州经济技术开发区摇田河大街161号自编3幢101
…………………Tel：020-32160352
广州赛维包装设备有限公司
地址：广州经济技术开发区永和经济区摇田河大街161号自编七栋103
…………………Tel：020-32162023
广州创裕新型包装材料有限公司
地址：广州市增城区新塘镇荔新十路22号创兴工业园G8厂房
…………………Tel：020-32178025
广州市锐先印刷有限公司
地址：广州市增城区新塘镇太平洋工业区113号（厂房A2）首层、第三层、（厂房A1）首层
…………………Tel：020-32190942
广州市华德工业有限公司
地址：广州高新技术产业开发区科学城南翔三路9号
…………………Tel：020-32219828
华源包装（广州）有限公司
地址：广州经济技术开发区永和经济区新业路46号自编19栋
…………………Tel：020-32222297
广州普乐包装容器有限公司
地址：广州经济技术开发区永和经济区甘竹路15号
…………………Tel：020-32222883
维美德造纸机械技术（广州）有限公司
地址：广州经济技术开发区永和经济区木古路1号
…………………Tel：020-32225061
卓高泰（广州）材料科技有限公司
地址：广州经济技术开发区永和经济区禾丰四街9号
…………………Tel：020-32225388
美迪科包装印刷（广州）有限公司
地址：广州经济技术开发区永和经济区香荔三路7号之一
…………………Tel：020-32226592
美迪科包装印刷（广州）有限公司
地址：广州经济技术开发区永和经济区香荔三路7号之一
…………………Tel：020-32226592
广州紫江包装有限公司
地址：广州市黄埔区耀南路36号
…………………Tel：020-32282426
广东锦图印刷有限公司
地址：广州市黄埔区果园一路2号厂房二(部位：自编102房)
…………………Tel：020-32363566
广州丰彩包装有限公司
地址：广州高新技术产业开发区科学城南翔一路50号
…………………Tel：020-32399328
广州菱重印刷科技研发中心有限公司
地址：广州高新技术产业开发区科学城莲花砚路5号
…………………Tel：020-32399328
广州拓森印刷材料销售有限公司
地址：广州高新技术产业开发区科学城科学大道182号创新大厦C3栋第4层408之二
…………………Tel：020-32399328
广州贸翔供应链管理有限公司
地址：广州市白云区沙太路麒麟岗中街24号日顺大厦708房（自主申报）
…………………Tel：020-32586043
广州晶品智能压塑科技股份有限公司
地址：广州市黄埔区云埔一路23号四栋101房、五栋101房
…………………Tel：020-32988666
广州文发纸品制造有限公司
地址：广州市白云区太和镇草庄村草庄蔡庄北街3号103（自主申报）
…………………Tel：15815845870
合众创亚（广州）包装有限公司
地址：广州市海珠区仑头路仑头工业区2号
…………………Tel：020-34088208
广东省造纸研究所有限公司
地址：广州市海珠区新港西路154号
…………………Tel：020-34300901
广东省造纸研究所有限公司科研开发基地
地址：广州市增城中新镇大田工业区内
…………………Tel：13822218853
珠江电影制片公司白天鹅音像出版社
地址：广州市海珠区新港路352号
…………………Tel：020-34316039
广东珠影影视制作有限公司数字母版制作分公司
地址：广州市海珠区新港中路354号第33栋
…………………Tel：020-34316826
中粮包装（广州）塑胶有限公司
地址：广州市番禺区化龙镇潭山村工业地块（石化路侧）
…………………Tel：020-34516906
广州嘉正印刷包装有限公司
地址：广州市番禺区大龙街大龙村工业区新凌路边C号厂房
…………………Tel：020-34554293
广州嘉正印刷包装有限公司
地址：广州市番禺区大龙街大龙村工业区新凌路边C号厂房
…………………Tel：020-34554293
广州市番禺日报印务中心
地址：广州市番禺区大龙街清河东路傍江西村段8号
…………………Tel：020-34566022
合众创联（广州）包装有限公司
地址：广州市番禺区钟村镇谢村村万宝工业区
…………………Tel：020-34636299
广州造纸厂职工技协技术咨询服务部
地址：广州市海珠区工业大道广纸路
…………………Tel：13255554444
广州造纸集团有限公司
地址：广州市南沙区珠江街新广一路29号
…………………Tel：020-34663302
广州造纸实业有限公司
地址：广州市南沙区珠江街新广一路29号
…………………Tel：020-34663302
广州人纸实业有限公司地址：广州市海珠区工业大道中400号
…………………Tel：020-34663302
广东乐佳印刷有限公司
地址：广州市番禺区南村镇新光快速路288号
…………………Tel：020-34692999
广州市恒发包装实业有限公司
地址：广州市番禺区石 镇凌环西路15号
…………………Tel：020-34826000
广州市彩时包装印刷有限公司
地址：广州市番禺区沙湾镇东村青萝路侧（1号厂房）1、2楼
…………………Tel：020-34837080
广州市睿远包装材料科技有限公司
地址：广州市南沙区东涌镇自编万洲回环路26号
…………………Tel：020-34904935
广州艺隽印刷服务有限公司
地址：广州市南沙区东涌镇市南路东涌段80号第3厂房
…………………Tel：020-34922323
广州市帝天印刷材料有限公司
地址：广州市白云区矮岗村第三工业区自编4号之二
…………………Tel：020-36252516
广东蔡伦造纸科技联合开发公司
地址：广州市海珠区新港西路154号
…………………Tel：020-36460363
广东蔡伦造纸科技联合开发公司纸品厂
地址：广东省广州市南沙区东涌镇太石村太南路273号之6
…………………Tel：020-36460363
广州市花都恒盛印刷包装有限公司
地址：广州市花都区新华镇华兴工业区华兴中路10号
…………………Tel：020-36850998
广州伟鸿电脑制版有限公司
地址：广州市花都区新华街公益村9队茶元中路西三巷2号
…………………Tel：020-36892477
广州正卓印刷有限公司
地址：广州市花都区新华街清布村六队上向南路8号（可作厂房使用）
…………………Tel：020-36933977
广州华南置业有限公司
地址：广州市越秀区濂泉路41号
…………………Tel：020-37026868
广东开合文化科技股份有限公司
地址：广州市从化区明珠大道北利泰路泰康大街9号D2栋4楼410自编之2
…………………Tel：020-37516668
广州市花都区花东环新制版服务部
地址：广州市花都区花东镇利农村13队三巷90号101
…………………Tel：020-37702202
广州升庆包装科技有限公司

地址：广州市从化区鳌头镇城鳌大道中路509号主车间A
…………………………Tel：020-37969168

广州市天晨包装制品有限公司
地址：广州市增城区新塘镇太平洋工业区96号A栋4楼
…………………………Tel：020-38245930

广州市千彩纸品印刷有限公司
地址：广州市黄埔区云展路9号A栋
…………………………Tel：020-38326689

广东省广森数码印刷股份有限公司
地址：广州市黄埔区开源大道188号B栋厂房第二层219房
…………………………Tel：17702059117

广州市大壮印刷科技有限公司
地址：广州市天河区文华路11号首层（不可作厂房使用）
…………………………Tel：020-38695270

福伊特造纸服务（广州）有限公司
地址：广州市南沙区广生路20号
…………………………Tel：020-39098900

广州众诚造纸设备有限公司
地址：广州市南沙区榄核镇上坭村广珠路禺山工业园8号厂房之10
…………………………Tel：020-39109970

广州市番禺港艺彩色印刷有限公司
地址：广州市番禺区大石街道办事处石北工业大道周山岗Ｂ１、Ｂ３栋
…………………………Tel：13802799481

中山环亚塑料包装有限公司
地址：中山市火炬开发区大岭工业区20号B区商铺4楼449单位(住所申报)
…………………………Tel：020-39226021

艾利（广州）包装系统产品有限公司
地址：广州市南沙区广意路7号
…………………………Tel：020-39306668

广州柏盛包装有限公司
地址：广州市番禺区化龙镇潭山村
…………………………Tel：020-39923398

上海迁川制版模具有限公司广州分公司
地址：广州市番禺区大石街大维石北工业大道自编136号201
…………………………Tel：020-39983096

广州铁路印务有限公司
地址：广州市越秀区西元岗6号
…………………………Tel：020-61324363

广州伟龙印刷制版有限公司
地址：广东从化经济开发区创业路31号厂房三
…………………………Tel：020-61706688

广州伟龙印刷制版有限公司
地址：广东从化经济开发区创业路31号厂房三
…………………………Tel：020-61706688

广东美峰数字印刷科技有限公司地址：清远市清城区石角镇广州（清远）产业转移工业园兴园路3号（一址多照）
…………………………Tel：13138485744

广州讯维塑料包装盒有限公司
地址：广州市番禺区沙湾镇福涌工业区沙渡公路
…………………………Tel：020-61926621

广州华工环源绿色包装技术股份有限公司
地址：广州高新技术产业开发区科学城科汇四街1号1101-2房
…………………………Tel：020-62327808

广州市大时代印刷厂
地址：广州高新技术产业开发区百合三路9号自编一栋201房
…………………………Tel：020-62627367

广州达意隆包装机械实业有限公司
地址：广州市黄埔区云埔一路23号
…………………………Tel：020-62956848

广州市天盛印刷有限公司
地址：广州市萝岗区云展路9号
…………………………Tel：020-66311366

广州佑虹信息科技有限公司
地址：广州经济技术开发区凤凰二路26号
…………………………Tel：020-66353333

广州银柏包装容器有限公司
地址：广州市南沙区东涌镇大同村裕丰路109号
…………………………Tel：020-66359778

广州市尚铭印刷有限公司
地址：广州市白云区均禾街清湖富贵二路11号
…………………………Tel：020-66683855

广州市万世德智能装备科技有限公司
地址：广州市花都区新华镇华兴工业区
…………………………Tel：020-66809333

广州番禺美品印刷有限公司
地址：广州市番禺区大石街道办事处石北工业大道周山岗Ｂ１、Ｂ３栋
…………………………Tel：020-66816648

广州市友泰纸品制造有限公司
地址：广州市白云区太和镇草庄东路自编1号
…………………………Tel：13302306737

广州市雅迪装饰包装有限公司
地址：广州市荔湾区东沙荷景路17号
…………………………Tel：020-81490626

广州市逸彩实业有限公司
地址：广州市海珠区新业路西47号（可作厂房使用）
…………………………Tel：020-81545531

广州市益兴印刷有限公司
地址：广州市荔湾区西　东西路26号101房-自编102房
…………………………Tel：020-81545531

广东省供销储运包装有限公司
地址：广州市荔湾区中山八路石路基３０号
…………………………Tel：020-81814403

广东省南方彩色制版有限公司广州分公司
地址：广州市越秀区环市东路511-513号8楼北座自编803A
…………………………Tel：020-81987913

广州融盛包装材料有限公司
地址：广州市黄埔区志诚大道302号1731房
…………………………Tel：020-82003168

广州市馨俪帼印刷有限公司
地址：广州市增城区新塘镇太平洋工业区96号厂房
…………………………Tel：020-82037912

广州上欣彩色印刷有限公司
地址：广州市黄埔区黄埔东路5号613房（仅限办公）
…………………………Tel：020-82065465

广州荣欣包装制品有限公司
地址：广州经济技术开发区东区骏功路20号
…………………………Tel：020-82169182

广州市冠誉铝箔包装材料有限公司
地址：广州经济技术开发区锦绣路碧华街12号
…………………………Tel：020-82213982

广州珐玛珈智能设备股份有限公司
地址：广州经济技术开发区永和经济区黄旗山路16号
…………………………Tel：020-82215907

欧达嵘标签印刷（广州）有限公司
地址：广州经济技术开发区蓝玉四街九号科技园二号厂房二楼
…………………………Tel：020-82222276

广州锐嘉工业股份有限公司
地址：广州市黄埔区埔南路63号之中3号厂房一层、二层
…………………………Tel：020-82244876

广州智通智能包装有限公司
地址：广州市增城区永宁街新耀北路33号
…………………………Tel：020-82253288

广州翔峰包装有限公司
地址：广州市萝岗区云埔工业区云埔一路16号
…………………………Tel：020-82265333

广州彩诺环保科技有限公司
地址：广州市黄埔区永盛路30号B栋202
…………………………Tel：020-82391660

广东印元印刷包装科技股份有限公司
地址：广州市黄埔区茅岗环村大街39号2栋201室
…………………………Tel：020-82589056

广州美祺智能印刷有限公司
地址：广州市增城区新塘镇新塘大道西642号
…………………………Tel：020-82692788

增城市金荣柯式印刷有限公司
地址：广州市增城区增江街塔山大道135号
…………………………Tel：020-82715721

广州濠基印刷有限公司
地址：广州市增城区中新镇福和三迳村福中路47号
…………………………Tel：13902281387

广州培基印刷镭射分色有限公司
地址：广州市增城市中新镇三迳村濠基自编A1室
…………………………Tel：020-82830283

赛邦金属包装有限公司
地址：广州市增城朱村街朱村大道中7号
…………………………Tel：020-82855555

增城新田彩色印刷有限公司
地址：广州增城市沙庄街龙地村
…………………………Tel：020-82902338

广州市彩能印刷有限公司
地址：广州市增城区石滩镇沙庄龙地村沿江西路18号之二
…………………………Tel：18126836156

广州增城盈兴纸业有限公司
地址：广州市增城石滩镇顾屋村平岭（厂房A1）
…………………………Tel：020-82926268

广州江粤印刷科技有限公司
地址：广州市萝岗区田园路85号B栋4楼1号
…………………………Tel：13609797367

丝艾（广州）包装材料有限公司
地址：广州经济技术开发区永和区永丰路8号
…………………………Tel：020-82986800

广东省人民政府办公厅印刷厂
地址：广州市东风中路305号
…………………………Tel：020-83132234

广州市标签印刷有限公司
地址：广州市南沙区榄核镇民生路165号之八202（仅限办公）
…………………………Tel：020-83544099

广州市中服物业管理有限公司
地址：广州市天河区岑村圣堂工业区1号6楼C区自编617房（仅限办公）
…………………………Tel：020-83820080

广州市二胶印刷制版有限公司
地址：广州市海珠区工业大道南金辉路38、40号铺
…………………………Tel：020-84062667

广州新泉包装容器有限公司
地址：广州市海珠区赤岗西路302号
…………………………Tel：020-84211446

广州市人民印刷厂股份有限公司
地址：广州市白云区新市镇黄石路江夏村塘边岭大院内自编13号自编8号
…………………………Tel：020-84265986

广州市海盛印刷有限公司
地址：广州市荔湾区紫荆道75号104
…………………………Tel：020-84326672

广州市服装制版技术学会
地址：广州市海珠区新港西路82号自编A-1区(部位:G2021展厅)2楼205室
…………………………Tel：020-84340640

广州包装印刷集团有限责任公司
地址：广州市海珠区燕子岗南路83号大院自编3号
…………………………Tel：020-84358318

广州包装印刷集团有限责任公司
地址：广州市海珠区燕子岗南路83号大院自编3号
…………………………Tel：020-84358318

广州市穗港艺彩电脑制作服务有限公司
地址：广州市海珠区建基路66号1701自编1701-1706室
…………………………Tel：020-84418338

广州衢威造纸原料有限公司
地址：广州市南沙区珠江管理区新广一路东侧威达高造纸厂制浆车间内
…………………………Tel：15919282100

广州市铭慧机械股份有限公司
地址：广州市番禺区大龙街汉基大道22号（入口门楼、厂房一、厂房二、厂房三、厂房四）
…………………………Tel：020-84554400

广州市建兴彩色印刷有限公司
地址：广州市番禺区沙头街银平路７９号
…………………………Tel：020-84667337

广州市番禺区新兴隆达纸品制造有限公司
地址：广州市番禺区化龙镇塘头村工业区
…………………………Tel：020-84755818

广州番禺美特包装有限公司
地址：广州市番禺区化龙镇莲花围
…………………………Tel：020-84756333

广州市番禺捷俊隆纸品制造厂
地址：广州市番禺区石楼镇大岭村菩山工业区3号之一
…………………………Tel：13922339854

广州市番禺莲花山造纸有限公司
地址：广州市番禺区石楼镇莲花东路80号
…………………………Tel：13928846513

广州莲江造纸有限公司
地址：广州市番禺区石楼镇莲花东路７０号
…………………………Tel：13928803213

广州信安包装有限公司
地址：广州市番禺区石楼镇潮田工业区
…………………………Tel：020-84866886

广州市毅图纸品制造有限公司
地址：广州市番禺区石楼镇石清公路裕丰工业区
…………………………Tel：18928874878

广州市虹彩印刷有限公司
地址：广州市番禺区大龙街竹山村永康街1号厂房1-2楼
…………………………Tel：020-84888293

洛德加印刷（广州）有限公司
地址：广州市南沙区榄核镇民生工业区
…………………………Tel：020-84928444

广东新华印刷有限公司
地址：广州市越秀区永福路４４号
…………………………Tel：020-85170704

广州市同友包装材料有限公司
地址：广州市天河区华观路1963号1栋427房
…………………………Tel：020-85207885

苏德罗尼克（广州）金属包装设备有限公司
地址：广州市增城区永宁街创强路144号（增城经济技术开发区核心区内）
…………………………Tel：020-85535213

广州江美印刷有限公司
地址：广州市黄埔区茅岗环村路28号A栋101房
…………………………Tel：020-85543489

广东优美包装科技有限公司
地址：广州市花都区新华街华兴南路5号8栋之二层
…………………………Tel：020-85584917

广州市新齐彩印刷有限公司
地址：广州市增城区新塘镇太平洋工业区129号（厂房B1）首层
…………………………Tel：020-85697101

广州市白云区越安印刷厂
地址：广州市白云区太和镇永兴西路18号B3幢
…………………………Tel：020-86257618

广州新华印务有限公司
地址：广州市白云区北郊黄石路江夏
…………………………Tel：020-86436286

广州市东方红印刷公司
地址：广州市海珠区燕子岗南路83号大院自编3号之七
…………………………Tel：020-86439918

广东电网能源发展有限公司
地址：广东省广州市荔湾区东风西路４０号
…………………………Tel：020-86535673

广东世腾环保包装科技有限公司
地址：广州市花都区炭步镇风神大道自编民主38号
…………………………Tel：020-86709666

广州市天翔纸品制造有限公司
地址：广州市花都区南阳庄路西巷89号101室（空港花都）
…………………………Tel：13570490682

广东宝彩印刷有限公司
地址：广州市花都区秀全街迎宾大道133号
…………………………Tel：020-86863266

广州华南印刷实业有限公司
地址：广州市花都区红棉大道北30号
…………………………Tel：020-86867781

广州市花都联华包装材料有限公司
地址：广州市花都区狮岭镇旗岭圩旗岭大街79号
…………………………Tel：020-86887421

广东华南理工大学造纸工程研究中心有限公司
地址：广州市天河区五山华南理工大学造纸工程楼２０１、３０５房
…………………………Tel：020-87112614

中共广东省委办公厅印刷厂

地址：广州市越秀区合群二马路38号
…………Tel：020-87186150

广州市彩业印刷有限公司
地址：广州市白云区新市镇黄石路江夏村塘边岭自编6号
…………Tel：020-87222871

广东盛弘工程有限公司
地址：广州市天河区黄埔大道西163号7K室
…………Tel：020-87515888

广东省出版印刷物资有限公司
地址：广州市越秀区环市东路472号11楼
…………Tel：020-87679175

广州青纸包装材料有限公司
地址：广州市从化区鳌头镇城鳌大道中路509号（主车间A）
…………Tel：020-87865646

广州永新包装有限公司
地址：广东从化经济开发区高湖路8号
…………Tel：020-87893371

广州畅思机电科技有限公司
地址：广州市番禺区南村镇汉溪大道东390号四海城商业广场3栋1803
…………Tel：020-89097010

广州市思盈彩色印刷有限公司
地址：广州市荔湾区荷景路11号201
…………Tel：020-89301994

东莞市飞龙达造纸设备有限公司
地址：广东省东莞市南城街道莞太路南城段60号1栋1102房
…………Tel：13553888076

汕尾市营林造纸工程有限公司
地址：淮安经济技术开发区新港办事处御西村七组
…………Tel：0660-3392833

汕尾市营林造纸工程领导小组办公室
地址：汕尾市城区腾飞路市林业局办公大楼5楼
…………Tel：0660-3392388

广东岭峰包装印刷有限公司
地址：汕尾市红草镇埔边工业区
…………Tel：0660-3447398

广东岭峰包装印刷有限公司
地址：汕尾市红草镇埔边工业区
…………Tel：0660-3447398

汕尾市金兴印刷有限公司
地址：海丰县附城镇下围村海渡公路铺面一间
…………Tel：0660-6332038

阳江市华美印刷包装有限公司
地址：阳江高新区福冈工业园高新大道1号
…………Tel：0662-3311736

阳江市艺嘉印刷有限公司
地址：阳江高新区福冈工业园高新一路西5号
…………Tel：0662-3837088

阳江市艺嘉印刷有限公司
地址：阳江高新区福冈工业园高新一路西5号
…………Tel：0662-3837088

阳江市鸿达印刷科技有限公司
地址：阳江市阳东区十里工业三区金田四路
…………Tel：0662-6600058

阳江市富盈包装制品有限公司
地址：阳西县中山火炬（阳西）产业转移工业园（服务区办公楼）5606室
…………Tel：0662-8166366

广东一片天医药集团新丽华印刷有限公司
地址：阳春市春城街道站港工业区一号
…………Tel：0662-8173203

广东威孚包装材料有限公司
地址：普宁市占陇镇洋尾山工业区
…………Tel：0663-2349101

普宁市建艺印刷有限公司
地址：普宁市大南山街道工业区（即陂沟村址斜对面）
…………Tel：0663-2491618

广东新春印刷有限公司
地址：揭阳市普侨区石南路北工业区
…………Tel：0663-2618473

广东澳得科技有限公司
地址：普宁市科技工业园区
…………Tel：0663-2900000

揭阳空港经济区炮台镇兴业造纸厂
地址：揭阳空港经济区炮台镇三涵斗边
…………Tel：0663-3353573

揭阳空港经济区炮台榕盛造纸厂
地址：集安市建设北街7号
…………Tel：0663-3355888

广东雅都包装印刷有限公司
地址：广东省揭西县金和镇和西村山犁潭地段金塔公路东侧
…………Tel：0663-5730161

普宁市鸿合印刷有限公司
地址：普宁市大南山街道工业区
…………Tel：0663-2292977

惠来县群信酒店有限公司地址：惠来县惠城镇洋美社区前溪底
…………Tel：0663-6225599

惠来县隆江祥林造纸厂
地址：隆江镇西塘村
…………Tel：13902756482

惠来县新文造纸厂
地址：隆江镇龙洋工业区
…………Tel：13352736766

揭阳市金煌精工制版有限公司
地址：揭阳市榕城区西关路125号（市抽纱公司毛织总厂内）
…………Tel：0663-8160629

揭阳市金莹精工凹印制版有限公司
地址：揭阳市榕城区西关路125号(市抽纱公司毛织总厂内)
…………Tel：0663-8160629

揭阳市金莹精工凹印制版有限公司第一车间
地址：揭阳市榕城区西马西郊学校西侧
…………Tel：0663-8160629

广东锦龙源印刷材料有限公司
地址：揭阳市空港经济区望江北路以北东三直路西
…………Tel：0663-8274777

揭阳市瑞兴塑料包装有限公司
地址：揭阳空港经济区东三横南、东一直路西
…………Tel：0663-8788322

揭阳市运通塑料包装有限公司
地址：揭阳市榕城区西关路689号
…………Tel：0663-8812938

揭阳市塑料包装厂有限公司
地址：揭阳市区西关路689号
…………Tel：0663-8812938

广东云动印刷有限公司
地址：茂名市高凉南路12号大院1号中海大厦804-A04房
…………Tel：0668-2201101

茂名华粤包装有限公司
地址：茂名市幸福路85号
…………Tel：0668-2244017

茂名市茂南区洪源造纸厂
地址：广州市花都区雅瑶镇三向村迎宾大道
…………Tel：0668-2360634

茂名市茂南银河造纸涂料有限公司
地址：茂名市茂南新坡黄塘白银窝村
…………Tel：0668-2717813

茂名市茂南伟业造纸填料有限公司
地址：茂名市茂南区山阁镇下池村
…………Tel：0668-2728879

茂名市茂南伟业造纸填料有限公司南坑高岭土矿
地址：经济技术开发区沌口街东荆社区汉纸东路第19号楼
…………Tel：0668-2728879

茂名市红旗印刷集团包装有限公司
地址：茂名市茂南开发区工业加工区富民路西侧
…………Tel：0668-2802882

高州市富城造纸有限公司地址：高州市分界镇开发区
…………Tel：13929703555

化州金成印刷有限公司
地址：化州市下郭开发区石龙二路70号
…………Tel：13702892463

化州市兴业造纸厂
地址：化州市长岐镇旺岭
…………Tel：13828655699

信宜市人民印刷厂
地址：广东省茂名市信宜市区新村路30号
…………Tel：0668-8882268

东莞市三而造纸科技有限公司
地址：广东省东莞市中堂镇东向新田村工业路5号101室
…………Tel：13827281005

江门市汇成机械有限公司
地址：江门市新会区睦洲镇三牙工业区
…………Tel：0750-6225417

东莞市有利纸业有限公司
地址：东莞市中堂镇吴家涌万利工业路2号
…………Tel：13650031928

广东国容包装有限公司
地址：开平市长沙区金章大道17号
…………Tel：0750-2257199

江门维华造纸网有限公司
地址：江门市蓬江区棠下镇周郡象山新村98号
…………Tel：0750-2632683

江门鸿荣造纸网销售有限公司
地址：江门市江海区 头五星村草步西厂房（自编02）
…………Tel：0750-6100939

江门禾康包装材料有限公司
地址：江门市蓬江区棠下镇堡棠路57号自编01房（一址多照）
…………Tel：0750-2637404

开平市水口镇宏兴造纸机械配件厂
地址：开平市水口镇嘉兴工业区同兴路5-7号第一幢
…………Tel：13702221960

开平实耐格包装有限公司
地址：开平市第二（苍城）工业园四区3号
…………Tel：0750-2822328

江门市华彩塑料印刷有限公司
地址：江门市江南新村59号
…………Tel：0750-3116661

江门市蓬江区思图电脑制版经营部
地址：江门市蓬江区高沙中路28号第二层1-10A-E轴自编之三
…………Tel：0750-3120722

蓬江区卓艺制版设计部
地址：江门市蓬江区良化西126号之1-101
…………Tel：0750-3129838

江门艺能电脑分色制版有限公司
地址：江门市天龙三街25座
…………Tel：0750-3212222

香港佰利保（江门）印刷有限公司
地址：江门市双龙宏江路2号
…………Tel：0750-3219737

江门市仓后丰益丝印制版器材服务部
地址：江门市上步路22号
…………Tel：0750-3323352

江门科敬包装材料有限公司
地址：江门市新会区睦洲镇新沙村礼乐围厂房A1之二
…………Tel：0750-3412253

江门市蓬江区艺美印刷制版中心
地址：幸福新村129号101
…………Tel：0750-3523467

江门市采利信标签印刷有限公司
地址：江门市蓬江区棠下镇周郡村海滩围工业区41号
…………Tel：0750-3572288

江门市常盛印刷有限公司
地址：江门市棠下镇台商工业园C5-3号厂房
…………Tel：0750-3599818

江门市新裕造纸有限公司
地址：江门市文昌沙72号
…………Tel：0750-3616808

江门市新华造纸厂
地址：江门市河南文昌沙
…………Tel：0750-3616808

江门市森华印刷有限公司
地址：江门市杜阮镇杜阮北二路2号3幢1卡
…………Tel：0750-3660888

江门市蓬江区盈进彩印包装有限公司
地址：江门市蓬江区杜阮镇亭园村工业区1号
…………Tel：0750-3667300

广东兴艺数字印刷股份有限公司
地址：江门市蓬江区杜阮镇兴东一路1号
…………Tel：0750-3669336

江门信诺包装印刷有限公司
地址：江门市蓬江区棠下镇桐井村委会高城村口浪35号
…………Tel：18823087955

广东基顺隆新型药用包装材料有限公司
地址：江门市蓬江区荷塘镇马山工业开发区
…………Tel：0750-3715091

江门市江海区新新制版有限公司
地址：江门市江海区外海镇石鹤利黎飞山28号
…………Tel：0750-3785813

台山市富通达软包装材料科技有限公司
地址：台山市水步镇龙山路50号
…………Tel：0750-5452888

台山市富芳隆印刷包装有限公司
地址：台山市水步镇核园二路10号
…………Tel：0750-5452888

台山市满贯包装科技有限公司
地址：台山市四九镇长龙工业区九路9号车间一
…………Tel：0750-5482833

台山市世昌纸业有限公司
地址：台山市四九镇长龙工业区凤山三路9号
…………Tel：0750-5488616

台山市人民印刷厂有限公司
地址：中山市火炬开发区金通街3号1楼之一卡、3楼之一卡
…………Tel：0750-5620680

江门市新会中新造纸网厂有限公司
地址：江门市新会区会城镇城东工业开发区
…………Tel：0750-6100939

江门市东科造纸实业有限公司
地址：江门市新会区睦洲镇南央
…………Tel：15913678172

江门市新会区鸿祺造纸厂
地址：江门市新会区双水镇小冈三八口
…………Tel：0750-6403975

江门星辉造纸有限公司
地址：广东省江门市新会区双水镇银洲湖纸业基地A区
…………Tel：0750-6407888

江门振隆造纸厂有限公司
地址：江门市新会区双水镇银洲湖纸业基地A区
…………Tel：0750-6407888

江门旺佳纸业有限公司
地址：江门市新会区双水镇衙前村能源综合利用开发区
…………Tel：0750-6408002

广东美湛一彩印包装有限公司
地址：江门市新会区双水镇桥美村东华村民小组大围（土名）
…………Tel：0750-6410630

江门市新会区崖门瑞兴造纸厂（普通合伙）
地址：江门市新会区崖门镇工业区
…………Tel：0750-6435590

江门市新会区锦腾造纸厂
地址：满城县大册营镇方上村
…………Tel：0750-6497128

江门市新会区大泽金锋制版厂
地址：江门市新会区大泽镇五和村委会双飞山（土名）
…………Tel：0750-6823788

江门市新会区宝达造纸实业有限公司
地址：曲阜市王庄镇王庄
…………Tel：0750-6895239

江门秉信包装有限公司
地址：江门市蓬江区棠下镇堡康路5号
…………Tel：0750-7157823

恩平怀兴造纸有限公司
地址：恩平市沙湖镇西郊红星山
…………Tel：13686228488

比智（恩平）印刷包装有限公司
地址：恩平市外资民资工业区c区31号
…………Tel：0750-7816581

鹤山市生龙活虎印刷有限公司
地址：鹤山市龙口镇兴龙工业区文明路63号之一、之二
…………Tel：0750-8209900

鸿兴印刷（鹤山）有限公司
地址：鹤山市雅瑶镇朝阳大道17号
…………Tel：0750-8282288

鹤山市永丰泰包装有限公司
地址：鹤山市鹤城镇工业二区018号之一
…………Tel：0750-8313816

腾达印刷（鹤山）有限公司
地址：鹤山市新材料产业基地共和园区
…………Tel：0750-8319009

鹤山精联印刷有限公司
地址：鹤山市龙口镇聚龙路3号
…………Tel：0750-8732888

鹤山雅图仕印刷有限公司
地址：鹤山市古劳镇玄坛庙工业区（雅

图仕印刷有限公司七座）
…………………Tel：0750-8766115
鹤山市坚达印刷有限公司
地址：鹤山市古劳镇三连工业开发区
…………………Tel：0750-8772361
鹤山市永叙包装材料有限公司
地址：鹤山市雅瑶镇兴雅路0130号
…………………Tel：0750-8774444
鹤山市精工制版有限公司
地址：鹤山市桃源镇建设东路20号
…………………Tel：0750-8779044
鹤山市造纸厂有限公司
地址：鹤山市沙坪镇杰洲工业区
…………………Tel：0750-8823917
鹤山中兴复合包装有限公司
地址：鹤山市沙坪镇人民东路1123号
…………………Tel：0750-8825523
鹤山利奥包装印刷有限公司
地址：鹤山市古劳镇三连工业区一区16号1座
…………………Tel：0750-8861888
鹤山利奥包装印刷有限公司
地址：鹤山市古劳镇三连工业区一区16号1座
…………………Tel：0750-8861888
江门市协泰实业有限公司
地址：鹤山市鹤城镇工业一区
…………………Tel：0750-8881922
鹤山市生意兴隆印刷装璜有限公司
地址：鹤山市沙坪玉桥路278、280、282号
…………………Tel：0750-8899205
始兴县国升造纸有限公司
地址：广东省始兴县县城瑶村坳
…………………Tel：18998664000
南雄市金叶包装材料有限公司
地址：南雄市湖口镇承平村罗路口
…………………Tel：0751-3656199
韶能集团广东绿洲生态科技有限公司
地址：南雄市全安镇营堡前
…………………Tel：0751-3703663
广东再越技术有限公司
地址：南雄市珠玑工业园区
…………………Tel：0751-3822666
广东日研印刷材料有限公司
地址：广东省南雄市精细化工基地发展二路
…………………Tel：0751-3877703
韶关东阳光包装印刷有限公司
地址：乳源县乳城镇侯公渡龙船湾内
…………………Tel：0751-5282990
韶关东阳光包装印刷有限公司
地址：乳源县乳城镇侯公渡龙船湾内
…………………Tel：0751-5282990
韶关绿之源包装食品有限公司
地址：乳源县乳城镇北环中路富源工业区
…………………Tel：0751-5286688
乳源瑶族自治县交通第二造纸厂
地址：桂头镇
…………………Tel：0751-5393296
博罗县常美印刷有限公司
地址：博罗县石湾镇石湾工业区
…………………Tel：0752-2035828
惠州景华包装制品有限公司
地址：惠州市惠城区潼侨镇潼侨工业基地联发大道南
…………………Tel：0752-2612588
惠州佳景印刷制品有限公司
地址：惠州市仲恺高新区东江高新产业园兴德东路8号
…………………Tel：0752-2613111
惠州市国鹏印刷股份有限公司
地址：惠州市仲恺高新区滨河西路8号
…………………Tel：0752-2615566
国泓（惠州）包装印刷有限公司
地址：惠州市仲恺高新区32号小区滨河西路8号
…………………Tel：0752-2615566
惠州市联谊印刷有限公司
地址：惠州市惠城区水口街道办事处同福路24号
…………………Tel：0752-2661909
惠州市贝瑞实业有限公司
地址：惠州市惠城区汝湖镇虾村村三组38号
…………………Tel：0752-2689566
巴斯夫造纸化学品（惠州）有限公司
地址：惠州市大亚湾石化大道中滨海十路（北）1号
…………………Tel：0752-3099610
惠州市利保印刷科技有限公司
地址：惠州仲恺高新区惠风三路26号厂房B栋1楼
…………………Tel：0752-3223167
惠州益栢科技有限公司
地址：惠州仲恺高新区东江高新科技产业园东顺南路5号厂房二
…………………Tel：0752-3232201
惠州华力包装有限公司
地址：惠州市惠阳区淡水街道办事处新桥村行诚科技园
…………………Tel：0752-3255636
华励包装（惠州）有限公司
地址：惠州市惠阳区淡水街道办事处新桥村行诚科技园
…………………Tel：0752-3255906
新强印刷（惠州）有限公司
地址：惠州市惠阳区镇隆镇甘陂村
…………………Tel：0752-3299611
鸿昇纸品（惠州）有限公司
地址：广东省惠州市惠阳区平潭镇
…………………Tel：0752-3307781
惠州市惠阳区新圩世益制版厂
地址：惠阳区新圩镇塘吓产径村
…………………Tel：0752-3337752
丰达包装印刷（惠州）有限公司
地址：广东省惠州市惠阳区平潭镇独石村沿路街
…………………Tel：0752-3503288
丰达包装印刷（惠州）有限公司
地址：广东省惠州市惠阳区平潭镇独石村沿路街
…………………Tel：0752-3503288
至远彩色印刷工业（惠州）有限公司
地址：广东省惠州市惠阳区三和经济开发区宏远工业基地
…………………Tel：0752-3509386
惠州市宏业印刷有限公司
地址：惠阳三和经济开发区宏远工业内4#厂房
…………………Tel：0752-3509386
精艺吸塑印刷厂（惠阳）有限公司
地址：常熟市虞山林场三峰
…………………Tel：0752-3521212
惠阳区新圩联华模具制版厂
地址：惠阳区新圩圩镇
…………………Tel：0752-3628746
茂扬（惠州）包装材料有限公司
地址：惠州市惠阳区良井镇银山工业区
…………………Tel：0752-3653816
格瑞夫（惠州）包装有限公司
地址：惠州大亚湾西区石化大道西11号
…………………Tel：0752-5189555
惠州市星华印刷包装有限公司
地址：新密市曲梁产业集聚区管理委员会三楼302号
…………………Tel：0752-5195081
惠州宝柏包装有限公司
地址：惠州市惠环仲恺科技大道马过渡华宝工业区
…………………Tel：0752-5703016
惠州浩华印刷有限公司
地址：博罗县石湾镇铁场村委会位于科技大道北侧
…………………Tel：0752-5710035
广东济丰包装纸业有限公司
地址：博罗县石湾镇永石大道（吓段）东侧
…………………Tel：0752-5899188
博罗县惠盛纸业有限公司
地址：博罗县公庄镇南溪村
…………………Tel：0752-6105877
惠州东江印刷有限公司
地址：博罗县园洲镇下南村园洲大道北区
…………………Tel：0752-6111013
惠州市汇星印刷有限公司
地址：博罗县园洲镇南岗路下南工业区
…………………Tel：0752-6111016
惠州市光阳制版有限公司
地址：博罗县龙溪镇球岗村下 组岭头、狐狸岗(土名)地段
…………………Tel：0752-6292330
惠州市雅兴环保纸线织造有限公司
地址：惠州市惠城区小金口街道柏岗村民委员会柏岗路北164号3栋
…………………Tel：13714169788
惠州景田食品饮料有限公司
地址：博罗县石湾镇西埔工业区
…………………Tel：0752-6388781
惠州市环兴包装制品有限公司
地址：惠州大亚湾西区石化大道西20号
…………………Tel：0752-6516599
惠州市易坤包装制品有限公司
地址：博罗县罗阳镇云步村乌石园组苏田3号
…………………Tel：0752-6635966
博罗县长宁喜运来印刷制品有限公司
地址：博罗县长宁镇广汕公路南面下石下地段
…………………Tel：0752-6869999
惠州喜运来印刷制品有限公司
地址：惠州市博罗县龙溪镇结窝村
…………………Tel：0752-6869999
博罗县石湾精致印刷制本有限公司
地址：博罗县石湾镇永石大道南亚公司左侧
…………………Tel：0752-6927983
悦海洋纸品制造（惠州）有限公司
地址：惠州市惠阳区镇隆镇楼寨村
…………………Tel：0752-82522959
惠州锦胜包装有限公司
地址：惠东县大岭镇十二托白沙布钱石岭
…………………Tel：0752-8316888
惠州爱而泰可包装有限公司
地址：惠东县大岭镇珠三角产业转移工业园
…………………Tel：0752-8368168
惠东榕兴纸品制造有限公司地址：广东省惠东县白花镇太阳工业城
…………………Tel：13802351235
梅州市华联电脑制版有限公司
地址：梅州市江边路33号
…………………Tel：0753-2211896
梅州市梅县区印刷厂有限公司
地址：梅州市东郊岗子上
…………………Tel：0753-2238393
广东华盛印刷包装有限公司
地址：梅州市梅县区畬江镇广州（梅州）产业转移工业园E区4栋
…………………Tel：18038561570
梅州市梅县区新华印刷技术有限公司
地址：梅州市梅县区新县城（高新技术产业开发区）
…………………Tel：0753-2521898
兴宁市龙丰造纸厂
地址：兴宁市龙田镇石壁村下王王屋
…………………Tel：18998774355
凸版艺彩印刷（梅州）有限公司
地址：梅州市五华县县城工业区工业大道三横路
…………………Tel：0753-4188100
广东健和包装实业有限公司
地址：五华县县城工业区
…………………Tel：0753-4188176
广东雪龙药用包装材料有限公司
地址：广东省丰顺县城金河南路
…………………Tel：0753-6666686
蕉岭县双福建材有限公司徐溪造纸厂
地址：徐溪镇大河背
…………………Tel：0753-7710183
蕉岭锦灵造纸厂
地址：蕉岭县新铺镇彭坑
…………………Tel：13823875095
广东泰金智能包装有限公司
地址：广东省梅州市五华县水寨镇县城经济开发区工业大道三坑路口
…………………Tel：0753-8116807
梅州市宏海印刷有限公司
地址：梅州市蕉华工业园区
…………………Tel：0753-8123883
汕头市德昇制版有限公司
地址：潮汕路湖头东兴工业区
…………………Tel：0754-2122829
汕头市嘉利隆包装印刷有限公司
地址：汕头市潮汕路68号
…………………Tel：0754-8117278
汕头市金平区华顺印刷厂
地址：汕头市月浦二围吉祥北郊工业区第14幢
…………………Tel：0754-82123893
汕头市新华凹印制版有限公司
地址：汕头市湖头村湖头东兴工业区湖兴路64号
…………………Tel：0754-82129522
广东新太阳包装科技有限公司
地址：汕头市潮阳区和平镇中寨广汕公路和平路段
…………………Tel：0754-82255168
广东新京通印刷有限公司
地址：汕头市潮阳区和平镇新龙居委南洋
…………………Tel：0754-82278898
汕头市浩盛制版有限公司
地址：汕头市金平区护堤路赤窖村195号
…………………Tel：0754-82487880
广东利民食品包装有限公司
地址：汕头市潮汕路月浦龙兴工业园
…………………Tel：0754-82490829
汕头市金平区新凯达印刷制版有限公司
地址：汕头市金平区金园工业城金兴一路2C3D2片区厂房东座
…………………Tel：0754-82499568
汕头市金润环保包装材料有限公司
地址：汕头市大学路 浦镇 西乡路段
…………………Tel：0754-82514622
汕头市虹桥包装实业有限公司
地址：汕头市金平区升业路30号
…………………Tel：0754-82525003
汕头丰兴盛包装材料有限公司
地址：汕头市潮阳区和平镇塘围工业区
…………………Tel：0754 82603808
汕头万顺新材集团股份有限公司
地址：汕头保税区万顺工业园
…………………Tel：0754-83597123
汕头市金平区金明浩盛印刷制版厂
地址：汕头市护堤路赤窖村
…………………Tel：0754-84787880
汕头市广利造纸有限公司
地址：巴城镇正仪民营开发区（明珠路8号）
…………………Tel：0754-85105888
汕头市澄海区诚信造纸厂
地址：寨里乡杨孟庄村
…………………Tel：0754-85109538
广东翊德环保纸业有限公司
地址：汕头市澄海区莲下镇莲南工业区
…………………Tel：0754-85112370
汕头市澄海区平安造纸网毯有限公司
地址：汕头市澄海区莲上永新工业区
…………………Tel：0754-85114299
汕头市澄海区隆庆造纸厂
地址：新密市大隗镇南湾西头
…………………Tel：0754-85115215
广东文彩金冠环保包装股份有限公司
地址：汕头市澄海区莲下镇云二莲南工业区
…………………Tel：0754-85161666
汕头市澄海区莲下上村造纸加工厂（普通合伙）
地址：成安县道东堡乡河町村
…………………Tel：0754-85177158
汕头市树业绿色包装有限公司
地址：汕头市澄海区国道324线澄海区盐鸿镇鸿二路段西侧树业工业园二层
…………………Tel：0754-85297900
汕头市澄海区海德造纸厂
地址：沙县青州青纸三叉路口
…………………Tel：0754-85307259
汕头市利农印刷有限公司
地址：汕头市澄海区莱芜经济开发试验区莱美工业区兴业西路
…………………Tel：0754-85719720
汕头市澄海区莲上造纸有限公司
地址：永嘉县上塘镇桥头村
…………………Tel：0754-8572390
汕头市澄海区广达造纸有限公司
地址：澄海区莲上镇工业区北区
…………………Tel：0754-85742069
汕头市澄海区永新造纸有限公司
地址：澄海区莲上镇工业区北区
…………………Tel：0754-85742069
汕头市澄海区莲下永兴造纸厂
地址：汕头市澄海区莲下镇李厝官工业区
…………………Tel：0754-85743479
汕头市澄海区平安造纸厂
地址：广宁县宾亨镇沙田岗
…………………Tel：0754-85747000
汕头市美艺集团有限公司
地址：汕头市澄海区东里镇东发工业区
…………………Tel：0754-85751747
汕头市美艺集团有限公司
地址：汕头市澄海区东里镇东发工业区

…………………… Tel：0754-85751747
汕头美艺印刷包装有限公司
地址：汕头市澄海区东里镇东发工业区
…………………… Tel：0754-85751747
汕头市澄海区溪南东社造纸厂
地址：汕头市澄海区溪南镇东社联青路南侧
…………………… Tel：0754-85753408
汕头市澄海区溪南乐华造纸厂
地址：澄海区溪南塘陇东园埔
…………………… Tel：0754-85757668
汕头市澄海造纸厂
地址：汕头市澄海区莲下镇立德公路旁
…………………… Tel：0754-85858131
汕头市嘉信包装材料有限公司
地址：汕头市潮汕路月浦路段龙兴工业园8号
…………………… Tel：0754-86308899
枫华（汕头）印刷材料有限公司
地址：汕头市龙湖区新津路马 街8号
…………………… Tel：0754-86331488
汕头市艺宇印刷包装有限公司
地址：汕头市龙湖区外砂迎宾北路曲堤片
…………………… Tel：0754-86367881
广东威雅包装印刷有限公司
地址：汕头市金平区大学路升平第二工业区内06A2片区东侧
…………………… Tel：0754-87124277
汕头市雅丽环保包装印刷有限公司
地址：汕头市濠江区河浦大道北侧河浦产业园区B地块
…………………… Tel：0754-87251478
广东潮华龙印刷有限公司
地址：汕头市潮南区司马浦镇司上学校旁
…………………… Tel：0754-87732773
汕头市立成印刷制版厂有限公司
地址：汕头市台商投资区濠江片A05单元地块
…………………… Tel：0754-87871245
汕头市立成印刷制版厂有限公司
地址：汕头市台商投资区濠江片A05单元地块
…………………… Tel：0754-87871245
汕头市信业环保包装有限公司
地址：汕头市澄海区澄华街道泰安路岭亭路段（金晖楼第八楼北侧）
…………………… Tel：0754-88099959
汕头市金时实业有限公司
地址：汕头市潮汕路金园工业城第一片区
…………………… Tel：0754-88104234
汕头市粤东包装科技有限公司
地址：汕头市台商投资区濠江片D02单元东侧
…………………… Tel：0754-88109733
汕头市精工东捷制版有限公司
地址：汕头市金园区金园工业城3B1、3B2片区
…………………… Tel：0754-88115826
汕头市华鹰软包装设备总厂有限公司
地址：汕头市潮汕路金园工业区9片B2-B4
…………………… Tel：0754-88117818
汕头市华鹰印刷设备有限公司
地址：汕头市金园区工业城9B2B3B4
…………………… Tel：0754-88117828
汕头市广大印刷材料实业有限公司
地址：汕头市金平区莲塘工业区璧涵片206国道北侧
…………………… Tel：0754-88163732
汕头市天时包装有限公司
地址：汕头市龙湖区万吉北街5号厂房
…………………… Tel：0754-88175193
汕头市粤东印刷厂有限公司
地址：汕头市潮汕路56号（吉祥工业区内）第10栋
…………………… Tel：0754-88209049
汕头市玛利宝包装有限公司
地址：汕头市金平区金园工业城5B3片区
…………………… Tel：0754-88216116
广东凯文印刷有限公司
地址：汕头市金园工业区6B1、B2
…………………… Tel：0754-88216911
汕头护堤纸业有限公司
地址：汕头市护堤路19号
…………………… Tel：0754-88220940
汕头东风印刷股份有限公司
地址：汕头市潮汕路金园工业城北郊工业区（二围工业区）、4A2-2片区、2M4片区、13-02片区A-F座
…………………… Tel：0754-88225139
汕头市东方包装工业有限公司
地址：汕头市潮汕路金园工业城4A1A3片区B幢
…………………… Tel：0754-88226333
汕头方大印刷包装科技有限公司
地址：汕头市潮汕路月浦二围吉祥工业区
…………………… Tel：0754-88228555
汕头经济特区雄伟塑料包装材料有限公司
地址：汕头保税区D08-2地块厂房
…………………… Tel：0754-88340752
广东星印包装材料有限公司
地址：汕头市潮汕路西陇工业区（金威啤酒厂对面）
…………………… Tel：0754-88417079
汕头市粤东印刷物资有限公司
地址：汕头市金平区中山中路金海大厦B幢1506房
…………………… Tel：0754-88539330
广东德明投资集团有限公司
地址：汕头市潮阳区文光街道古帅居委西山加油站旁
…………………… Tel：0754-88633377
广东英联包装股份有限公司
地址：汕头市濠江区达南路中段
…………………… Tel：0754-88788858
汕头市晟涛印刷有限公司
地址：汕头保税区D04、D08-1地块厂房
…………………… Tel：0754-88823617
广东骊虹包装有限公司
地址：汕头市龙湖区内充公南片工业区大牙围片B幢
…………………… Tel：0754-88826118
广东华沣包装有限公司
地址：汕头市濠江区滨海街道机关大院内办公房120号
…………………… Tel：0754-88857816
广东泰升包装科技有限公司
地址：汕头市龙湖区新津街道30B街区（东新中街）
…………………… Tel：0754-88863622
汕头黄金叶包装制品有限公司
地址：汕头市龙湖区龙新工业区龙新西二街
…………………… Tel：0754-88991562
广东树业环保包装有限公司
地址：汕头市澄海区国道324线澄海区盐鸿镇鸿二路段西侧树业工业园一层
…………………… Tel：0754-89801379
广东新佳兴包装材料有限公司
地址：汕头保税区E1路南端H1
…………………… Tel：0754-89815123
汕头东风智能包装科技有限公司
地址：汕头市台商投资区濠江片D02单元西侧A1厂房
…………………… Tel：0754-89815977
汕头市信达彩印包装材料有限公司
地址：汕头市万吉工业区万吉北街4号
…………………… Tel：0754-89839048
永泰辉印刷（深圳）有限公司
地址：深圳市宝安区福永街道福侨花园7栋丽碧阁202
…………………… Tel：0755-07380605
鸿瀚精密制版（深圳）有限公司
地址：深圳市龙华区观澜街道黎光村泗黎路中南港工业园B栋二楼
…………………… Tel：0755-21030920
汕尾宝骏包装制品有限公司
地址：海丰县圆墩乡桔岭山广汕公路北面
…………………… Tel：0755-22091989
深圳市黑云精密工业有限公司
地址：深圳市宝安区西乡街道臣田社区宝田工业区47栋1层-5层、48栋2-5层、49栋1-5层
…………………… Tel：0755-22272130
深圳宇博文创有限公司
地址：深圳市罗湖区南湖街道春风路长丰苑曼城轩（主楼）2808室(入驻深圳中顺知识产权代理有限公司)
…………………… Tel：0755-22729302
深圳市润泰达投资发展有限公司
地址：深圳市宝安区松岗街道办第二工业区107国道广深线153号（办公场所）
…………………… Tel：0755-22911251
深圳金纸汇印刷物资有限公司
地址：深圳市龙华区龙华街道景龙社区工业西路圳宝工业区宿舍楼B栋407
…………………… Tel：0755-23031839
深圳汉弘数字印刷集团股份有限公司
地址：深圳市龙岗区龙城街道嶂背社区园湖路322号101
…………………… Tel：0755-23080896
深圳市德森机电安装工程有限公司
地址：深圳市宝安区沙井街道西环蚝四西部工业区2号201
…………………… Tel：0755-23101181
深圳市盛天威印刷包装有限公司
地址：深圳市光明新区公明街道民生工业城111栋
…………………… Tel：0755-23159582
深圳嘉印包装有限公司
地址：深圳市龙岗区坂田街道五和南路2号万科星火ONLINE7栋110B号
…………………… Tel：0755-23204686
和生印刷（深圳）有限公司
地址：深圳市宝安区松岗街道大田洋松裕路红星西坊工业区A区A2
…………………… Tel：0755-23208687
深圳市英杰激光数字制版有限公司
地址：深圳市宝安区沙井街道办事处丽城科技工业园C栋四层
…………………… Tel：0755-23213136
深圳市双合利科技有限公司
地址：深圳市宝安区新桥街道新桥社区赛尔康大道2号蚝四工业园1号楼三层
…………………… Tel：0755-23255821
贝迪印刷（深圳）有限公司
地址：深圳市宝安区新安街道留仙二路润恒电子厂区2号厂房第一层
…………………… Tel：0755-23298640
深圳市亿信电子有限公司
地址：深圳市宝安区西乡街道凤凰岗路与水库路交汇处北侧中熙香缤山花园8栋1104-1105
…………………… Tel：0755-23340117
深圳市海拓优品印刷包装有限公司
地址：深圳市福田区益田路3008号皇都广场C座2906B
…………………… Tel：0755-23342813
深圳市海拓优品印刷包装有限公司
地址：深圳市福田区益田路3008号皇都广场C座2906B
…………………… Tel：0755-23342813
理想家（深圳）科技有限公司
地址：深圳市龙华区龙华街道清华社区清龙路3号OTO创客中心609
…………………… Tel：18922879458
深圳市佳汇印刷有限公司
地址：深圳市光明新区公明办事处上村社区莲塘工业城铁塔旭发科技园B栋
…………………… Tel：0755-23462948
深圳市中纳生态印刷包装有限公司
地址：深圳市龙华新区大浪街道工业西路七号龙胜时代大厦901室
…………………… Tel：0755-23466891
臻丽包装印刷（深圳）有限公司
地址：深圳市宝安区福永街道凤凰第三工业区第三工业园A4幢
…………………… Tel：13544060941
深圳市铭旭印刷有限公司地址：深圳市龙华区大浪街道横朗社区华兴路38号安宏基星曜产业园5层506
…………………… Tel：13510602235
深圳市凯丰制版有限公司
地址：深圳市龙华新区观澜街道君子布社区上甘岭工业区6楼
……………………Tel：0755-2373337
深圳市华美电子设备有限公司
地址：深圳市盐田区金斗岭工业村第10栋北座第一层
…………………… Tel：0755-25204187
深圳市捷兆印刷有限公司
地址：深圳市龙岗区布吉街道布吉杓妈岭1号厂房2楼
…………………… Tel：15013758915
光辉制版（深圳）有限公司
地址：深圳市盐田区沙头角沙深路172号五楼
…………………… Tel：0755-25554743
精一印刷（深圳）有限公司
地址：深圳市罗湖区翠竹街道翠竹北路六层通用厂房20栋1-6层425室
…………………… Tel：0755-25601179
深圳市飞满天商业展示有限公司
地址：深圳市罗湖区翠竹北路水贝工业区第十五栋单身宿舍楼第三层301-310（仅限办公）
…………………… Tel：0755-25616086
雄峰印刷（深圳）有限公司
地址：深圳市罗湖区莲塘工业区707栋1,2层
…………………… Tel：0755-25736276
海德堡印刷设备（深圳）有限公司
地址：深圳市罗湖区莲塘工业区710栋
…………………… Tel：0755-25737888
深圳精心印刷包装有限公司
地址：深圳市罗湖区东晓街道布心路2038号2栋408（外贸经济公司大楼）
…………………… Tel：0755-25801153
深圳市新文印刷有限公司
地址：深圳市宝安区福永街道凤凰社区兴业一路92号C14栋202
…………………… Tel：0755-2586116
深圳市中安福特色印刷有限公司
地址：深圳市龙岗区布吉街道京南路吉盛昌工业区7栋2楼
…………………… Tel：0755-25818218
深圳市聚龙电脑设计制版有限公司
地址：深圳市龙岗区平湖街道禾花社区同富路36号D栋101
…………………… Tel：0755-25839100
深圳市益君彩印刷包装有限公司
地址：深圳市龙华区观澜街道新田社区公坑廊工业区010007610138号一楼102
…………………… Tel：0755-25844986
深圳市雅图燊印刷包装有限公司
地址：深圳市龙华区观澜街道牛湖启明社区南岳工业区B栋第一、二层
…………………… Tel：0755-25846680
大兴印刷器材（深圳）有限公司
地址：三河市京哈西路95号
…………………… Tel：0755-25884030
深圳市祥龙印刷有限公司
地址：深圳市龙岗区平湖街道辅城坳社区岐新一路48号
…………………… Tel：0755-25895781
新协力包装制品（深圳）有限公司
地址：深圳市坪山新区坪山同富裕协力工业园3号厂房
…………………… Tel：0755-25924888
深圳市海伦印刷包装有限公司
地址：深圳市龙岗区平湖街道辅城坳社区工业大道101号621
…………………… Tel：0755-25927785
深圳市广为嘉印刷有限公司
地址：深圳市龙华区观澜街道君龙社区凌屋工业路12号厂房2栋2楼
…………………… Tel：0755-25929818
深圳市捷艺发印刷包装有限公司
地址：深圳市龙华新区民治街道上塘东二工业区B栋1-4层
…………………… Tel：0755-25949484
深圳市集之彩印刷有限公司
地址：深圳市龙岗区平湖街道禾花社区同富路13号A栋一楼103
…………………… Tel：0755-25970003
深圳市弘兴印刷有限公司
地址：深圳市福田区南园街道巴登村154号工贸楼6楼609
…………………… Tel：0755-25986139
深圳市福圣印刷有限公司
地址：深圳市龙华新区龙苑大道联华工业区3#厂房一楼四、五楼
…………………… Tel：0755-26074333
深圳市晶宇印刷有限公司
地址：深圳市宝安区西乡街道南昌第二工业区B1栋一楼A，二楼
…………………… Tel：0755-26411895
深圳凤凰彩印刷有限公司
地址：深圳市南山区南头街道马家龙工业区17栋2楼
…………………… Tel：0755-26501800
深圳市振雄印刷有限公司
地址：深圳市光明新区公明街道上村莲塘工业区D区第三栋
…………………… Tel：0755-26518858
精雅印刷（深圳）有限公司
地址：深圳市光明新区光明街道白花社区第一工业区B9号精雅科技园C栋
…………………… Tel：0755-26624595

绿意印刷（深圳）有限公司
地址：深圳市光明新区光明街道白花社区第一工业区B9号精雅科技园A、B栋
…………………… Tel：0755-26624595

深圳大公印刷有限公司
地址：深圳市南山区东滨路66号
…………………… Tel：0755-26642830

深圳市绍永福印刷有限公司
地址：深圳市南山区粤海街道滨海大道深圳市软件产业基地2栋B座325（仅限办公）
…………………… Tel：0755-26668113

深圳前海彩映金时云印刷文化传播有限公司
地址：深圳市前海深港合作区前湾一路1号A栋201室（入驻深圳市前海商务秘书有限公司）
…………………… Tel：0755-26671172

深圳市永利达印刷有限公司
地址：深圳市光明新区公明办事处楼村社区鲤鱼河工业区后海工业园第8栋一至三楼
…………………… Tel：18344185857

华欣（深圳）色彩管理有限公司
地址：深圳市南山区蛇口街道公园南路蛇口联合工业村G栋南山区电子商务创新服务基地A401
…………………… Tel：0755-26888716

深圳市澎宇控股有限公司
地址：深圳市南山区高新技术产业园南区科技南八路豪威科技大厦7F
…………………… Tel：0755-26900072

深圳市智载科技有限责任公司
地址：深圳市南山区粤海街道科技园社区科技园琼宇路5号51栋厂房3楼310室
…………………… Tel：0755-26901875

深圳感知物联网有限公司
地址：深圳市南山区南山街道南海大道1029号
…………………… Tel：0755-26908888

深圳华侨城港亚控股发展有限公司
地址：深圳市南山区沙河街道白石路欢乐海岸蓝楹国际商务中心三楼301
…………………… Tel：0755-26935064

深圳市恒通发印刷包装有限公司
地址：深圳市宝安区石岩街道塘头工业园恒通发工业区A栋
…………………… Tel：0755-26968181

深圳永宁现代包装实业有限公司
地址：深圳市南山区高新技术产业园北区朗山路25号三楼
…………………… Tel：0755-26981633

深圳市多滋味农产品配送有限公司
地址：深圳市宝安区41区甲岸路33号306D
…………………… Tel：0755-26989811

深圳博纳精密给药系统股份有限公司
地址：深圳市龙华区观湖街道鹭湖社区高新园观盛一路6号博纳智谷厂区厂房101综合楼101
…………………… Tel：0755-26994208

色佳印刷制品（深圳）有限公司
地址：深圳市宝安区松岗街道沙浦社区广进路24号A栋501
…………………… Tel：0755-27050525

深圳市远兆印刷有限公司
地址：深圳市龙岗区平湖街道平安大道33号万春产业园2栋1楼
…………………… Tel：0755-27066666

深圳市冠乔科技有限公司
地址：深圳市宝安区松岗街道潭头社区潭头第二工业城C区13栋整套
…………………… Tel：0755-27092644

启成印刷（深圳）有限公司
地址：深圳市宝安区燕罗街道洪桥头社区恒兆工业区第九栋
…………………… Tel：0755-27095801

健业印刷（深圳）有限公司
地址：深圳市宝安区石岩街道宝源社区料坑第一工业区28号D栋一楼三楼
…………………… Tel：0755-27097708

深圳市万利印刷有限公司
地址：深圳市宝安区松岗街道办红星港联路工业高速以西工业厂房B栋
…………………… Tel：0755-27097779

深圳市兴旺达印刷有限公司
地址：深圳市宝安区松岗街道东方一路39号东盛科技园厂房D栋二楼东面
…………………… Tel：0755-27099722

华兴彩色印刷（深圳）有限公司
地址：深圳市光明新区公明办事处合水口社区第四工业区第四期第四栋5号
…………………… Tel：0755-27104978

深圳市民乐兴制版有限公司
地址：深圳市光明新区公明办事处合水口社区第二工业区第二十五栋2楼A区
…………………… Tel：0755-27105595

伟伦柯式印刷（深圳）有限公司
地址：深圳市光明新区公明街道楼村社区第二工业区中泰路6号H栋4楼
…………………… Tel：0755-27118020

深圳市永庆制版有限公司
地址：深圳市光明新区公明办事处上村社区水荫路泛懋工业区厂房10栋第一层B区
…………………… Tel：0755-27152115

深圳市荣坤科技有限公司
地址：深圳市光明新区公明办事处上村社区美庭花园1栋903（在将石社区新围第四工业区A8栋一楼B区设有经营场所从事生产经营活动）
…………………… Tel：0755-27153425

三丰元彩色印刷（深圳）有限公司
地址：深圳市龙岗区横岗街道西坑社区山庄路11号厂房一至三楼
…………………… Tel：0755-27166544

新卓艺印刷制品（深圳）有限公司
地址：深圳市光明新区凤凰街道甲子塘社区大园路9号
…………………… Tel：13691756086

深圳粤发材料包装实业有限公司
地址：深圳市光明区凤凰街道塘尾社区塘尾社区南埔山粤宝工业区第8栋101
…………………… Tel：0755-27174488

深圳友邦塑料印刷包装有限公司
地址：深圳市光明区玉塘街道田寮社区第四工业区14栋101、15栋、第四工业区友邦胶袋印制有限公司B1栋、B2栋、C1栋、D1栋、D5栋
…………………… Tel：0755-27197277

深圳友邦塑料印刷包装有限公司
地址：深圳市光明区玉塘街道田寮社区第四工业区14栋101、15栋、第四工业区友邦胶袋印制有限公司B1栋、B2栋、C1栋、D1栋、D5栋
…………………… Tel：0755-27197277

超然塑胶包装制品（深圳）有限公司
地址：深圳市光明新区公明办事处田寮社区工业总公司田寮第二工业区2TM1号一、二楼，三楼A区
…………………… Tel：0755-27197333

深圳市合成兴制版印刷材料有限公司
地址：深圳市光明新区公明办事处田寮社区田影路15幢28号二楼
…………………… Tel：0755-27198290

深圳宝菱丰包装材料有限公司
地址：深圳市光明区玉塘街道田寮社区第三工业区34栋
…………………… Tel：0755-27198887

海洋纸品印刷（深圳）有限公司
地址：深圳市光明新区公明街道玉律社区玉星路65号
…………………… Tel：0755-27198888

联升柯式印刷制品（深圳）有限公司
地址：深圳市宝安区沙井街道共和第三工业区D区第5栋1、2、3楼北面
…………………… Tel：0755-27201178

深圳创达辉工程建设有限公司
地址：深圳市宝安区沙井街道沙头社区民福路8号之1栋二层
…………………… Tel：0755-27208843

深圳怡丰宝科技有限公司
地址：深圳市宝安区新桥街道黄埔社区黄埔怡丰工业城厂房6栋整套南面
…………………… Tel：0755-27229333

锦胜包装（深圳）有限公司
地址：深圳市宝安区沙井黄埔社区洪田村坑尾塘三路厂房1栋西面
…………………… Tel：0755-27229999

深圳市起点精密制版有限公司
地址：深圳市宝安区沙井街道新二社区庄村路长埔工业区厂房一栋5楼
…………………… Tel：0755-27238178

深圳精工制版有限公司
地址：深圳市宝安区沙井镇蚝二路芙蓉工业区爱斯普路第五栋
…………………… Tel：0755-27255033

彩昶印刷（深圳）有限公司
地址：深圳市宝安区沙井街道黄埔社区南洞永辉百货后四栋第三层B
…………………… Tel：0755-27258123

利民华宝纸品印刷（深圳）有限公司
地址：深圳市宝安区福永街道稔田社区稔田工业区第58栋厂房1-7层
…………………… Tel：0755-27261288

深圳市运城制版有限公司
地址：深圳市宝安区福海街道桥头社区永福路106号909A
…………………… Tel：0755-27264319

文圣彩色印刷（深圳）有限公司
地址：深圳市宝安区沙井街道沙三上下围工业区第一、二栋
…………………… Tel：0755-27269558

深圳库拉摩多印刷有限公司
地址：深圳市宝安区沙井街道新桥新发工业区上坊工业园第1栋101
…………………… Tel：0755-27285020

明伟包装（深圳）有限公司
地址：深圳市宝安区沙井镇新桥第二工业区第三排第三栋
…………………… Tel：0755-27298886

深圳劲嘉新型智能包装有限公司
地址：深圳市宝安区燕罗街道燕川社区燕山大道6-6号
…………………… Tel：0755-27300555

深圳市格莱特印刷材料有限公司
地址：深圳市宝安区福永街道白石厦社区凤凰花苑2栋1403
…………………… Tel：0755-27300589

深圳市领航精密技术有限公司
地址：深圳市光明区公明街道李松　社区第一工业区第133栋501
…………………… Tel：18138861763

德嘉印刷制品（深圳）有限公司
地址：深圳市宝安区福永街道白石厦龙王庙工业区60幢
…………………… Tel：0755-27308686

千修岩井共同印刷（深圳）有限公司
地址：深圳市宝安区福海街道和平高新科技园荔园路第一、二幢
…………………… Tel：0755-27309099

骏兴印刷物料（深圳）有限公司
地址：深圳市宝安区福海街道永福路106号永福大厦二楼203号房
…………………… Tel：0755-27342338

深圳市华凯标识包装制品有限公司
地址：深圳市宝安区福海街道新田社区新塘路21-4号1层、2层（在深圳市宝安区福永街道怀德翠海工业园一区第1栋第4层设有经营场所从事生产经营活动）
…………………… Tel：0755-27342833

致生印刷包装（深圳）有限公司
地址：深圳市宝安区福永街道凤凰社区兴业一路163号华伦毛绒玩具城6栋第一、二、三层
…………………… Tel：0755-27345425

有信印刷制作（深圳）有限公司
地址：深圳市光明区玉塘街道长圳社区长兴科技工业园36B栋一层至四层
…………………… Tel：0755-27355800

深圳市昌恒祥精密制版科技有限公司
地址：深圳市宝安区沙井街道马鞍山万安路沙民工业区A1栋4楼
…………………… Tel：0755-27384696

宝兴包装（深圳）有限公司
地址：深圳市宝安区福永街道怀德工业村
…………………… Tel：0755-27392288

鸿兴印刷（中国）有限公司
地址：深圳市宝安区福永街道怀德工业村
…………………… Tel：0755-27392288

深圳市冠达印刷有限公司
地址：深圳市宝安区福永街道同富裕工业区第1栋（惠明盛工业园1#厂房）
…………………… Tel：0755-27398666

深圳市冠达印刷有限公司
地址：深圳市宝安区福永街道同富裕工业区第1栋（惠明盛工业园1#厂房）
…………………… Tel：0755-27398666

村上精密制版（深圳）有限公司
地址：深圳市宝安区新安街道兴东社区留芳路6号庭威工业区厂房3栋7C
…………………… Tel：0755-27447330

深圳市华镁龙模具制版有限公司
地址：深圳市宝安区航城街道九围社区洲石路598号富源工业城C15栋2层
…………………… Tel：0755-27448389

深圳市华美龙刀模制版有限公司
地址：深圳市宝安区福永街道白石厦东区华南路50号2楼
…………………… Tel：0755-27448389

深圳市通利恒实业有限公司
地址：深圳市宝安区松岗街道松涛社区金开路6号201
…………………… Tel：0755-27463183

耀明印刷包装（深圳）有限公司
地址：深圳市宝安区沙井街道万丰村万丰中路234号第7栋
…………………… Tel：0755-27206015

深圳西满塑料包装制品有限公司
地址：深圳市宝安区西乡街道西成工业区建成工业大厦1栋
…………………… Tel：0755-27472449

深圳永恒泰印刷制品有限公司
地址：深圳市宝安区松岗街道塘下涌社区桂花路9号厂房
…………………… Tel：0755-27495040

深圳市港龙印刷有限公司
地址：深圳市宝安区西乡街道黄岗岭同和工业区2号厂房第一、二层
…………………… Tel：0755-27495040

星光印刷（深圳）有限公司
地址：深圳市宝安区西乡街道第二工业区
…………………… Tel：0755-27496111

回联控股集团有限公司
地址：深圳市宝安区西乡镇钟屋工业园A栋
…………………… Tel：0755-27507111

常阳印刷（深圳）有限公司
地址：深圳市龙华新区观澜街道星花社区品顺路134号日技城1号厂房3楼
…………………… Tel：0755-27520344

深圳市恒特美实业发展集团有限公司
地址：深圳市龙岗区吉华街道甘坑社区甘李路3号恒特美数码印刷大厦1502
…………………… Tel：0755-27528333

生辉包装材料（深圳）有限公司
地址：深圳市光明区凤凰街道塘尾社区达志工业园1号厂房
…………………… Tel：0755-27542427

深圳市东方红印刷有限公司
地址：深圳市宝安区72区宝石路爱卫办厂房一楼
…………………… Tel：0755-27588999

顺益印刷（深圳）有限公司
地址：深圳市宝安区石岩街道浪心社区料坑工业园第一栋
…………………… Tel：0755-27612345

深圳市生利科创包装制品有限公司
地址：深圳市龙华新区观澜上坑社区宝业路2号A栋及D栋1层A
…………………… Tel：0755-27628006

深圳宝峰印刷有限公司
地址：深圳市光明新区公明街道将石社区第三工业区第一栋
…………………… Tel：0755-27629666

深圳市星嘉艺纸艺有限公司
地址：深圳市宝安区石岩镇甫鱼石威祥工业区星嘉艺大厦1-6楼
…………………… Tel：0755-27642306

兆亿印刷纸品（深圳）有限公司
地址：深圳市宝安区石岩街道应人石社区松白路2128号台湾工业村南侧第三栋北面
…………………… Tel：0755-27642388

深圳华智包装制品有限公司
地址：深圳市龙华区观澜街道桂花社区惠民一路42-1号华智包装厂岗宁101
…………………… Tel：0755-27653562

源记印刷（深圳）有限公司
地址：深圳市宝安区松岗街道松裕路9号大田洋工业区D区锦文西坊C栋1楼3号
…………………… Tel：0755-27684821

深圳市美华城印刷包装有限公司
地址：深圳市龙华区龙华街道工业西路北侧厂房D栋1-2楼
…………………… Tel：0755-27700888

广东金融印刷股份有限公司
地址：东莞市黄江镇黄京坑村工业区
…………………… Tel：0755-27705088

深圳吉立印刷包装制品有限公司
地址：深圳市宝安区松岗街道山门社区第二工业区第六栋
…………………… Tel：0755-27711612

深圳前海锦胜包装创意文化产业有限公司
地址：深圳市前海深港合作区前湾一路鲤鱼门街一号前海深港合作区管理局综合办公楼A栋201室（入驻深圳市前海商务秘书有限公司）
…………………… Tel：0755-27722888

新高准柯式印刷（深圳）有限公司
地址：深圳市宝安区新桥街道新桥社区芙蓉六路2号5号厂房1层至4层
…………………… Tel：0755-27727709

深圳市华丰联合印刷有限公司
地址：深圳市光明新区马田街道薯田埔社区第二工业园联视工业城2栋1楼
…………………… Tel：0755-27762806

深圳正峰印刷有限公司
地址：深圳市宝安区福永街道兴围社区宝安大道6042号（在深圳市宝安区福永街道兴中路15号设有经营场所从事生产经营活动）
…………………… Tel：0755-27779092

深圳市千叶印刷有限公司
地址：深圳市宝安区福永街道稔田社区稔田工业区第15栋
…………………… Tel：0755-27832348

深圳市嘉纪印刷包装有限公司
地址：深圳市光明新区公明办事处将石社区石围油麻岗工业区大道38号1栋B区
…………………… Tel：0755-27880588

深圳市嘉纪印刷包装有限公司
地址：深圳市光明新区公明办事处将石社区石围油麻岗工业区大道38号1栋B区
…………………… Tel：0755-27880588

凸版印刷（深圳）有限公司
地址：深圳市宝安区创业路27区
…………………… Tel：0755-27886828

联发兴纸制品包装（深圳）有限公司
地址：深圳市龙岗区宝龙街道同德社区浪背村5号
…………………… Tel：0755-27931918

日冠印刷（深圳）有限公司
地址：深圳市光明区公明街道西田社区第三工业区第60栋101、301
…………………… Tel：0755-27960976

深圳市方胜光学材料科技有限公司
地址：深圳市宝安区西乡街道九围社区龙眼坑百灵达工业区侧一、二、三楼
…………………… Tel：0755-27966199

深圳市德丽花纸制造有限公司
地址：深圳市龙岗区平湖街道禾花社区同富路36号A栋401
…………………… Tel：0755-27998852

东升印刷（深圳）有限公司
地址：深圳市龙华区观湖街道观城社区大和路211号
…………………… Tel：0755-27999223

深圳市厚威包装有限公司
地址：深圳市龙华区福城街道茜坑社区茜坑新村佰公坳工业区38号101
…………………… Tel：0755-28011927

深圳市永达利印刷有限公司
地址：深圳市光明新区公明办事处楼村社区鲤鱼河工业区后海工业园第8栋五楼A段
…………………… Tel：0755-28012256

森信利盈包装印刷（深圳）有限公司
地址：浦东新区老港镇工业园区良欣路265号
…………………… Tel：0755-28015711

深圳金杯印刷有限公司
地址：深圳市龙华区观湖街道新田社区麒麟工业区3-1号101
…………………… Tel：0755-28056236

兴申发印刷制本（深圳）有限公司
地址：深圳市龙岗区坪地街道年丰社区横岭北路39号第4栋厂房101、201、301
…………………… Tel：0755-28066066

深圳嘉年实业股份有限公司
地址：深圳市罗湖区莲塘街道鹏兴社区鹏兴路2号鹏基工业区709栋四层05室
…………………… Tel：0755-28070138

深圳嘉年实业股份有限公司
地址：深圳市罗湖区莲塘街道鹏兴社区鹏兴路2号鹏基工业区709栋四层05室
…………………… Tel：0755-28070138

深圳嘉年实业股份有限公司印刷包装厂
地址：深圳市龙华新区大浪街道办上横朗老工业区
…………………… Tel：0755-28070199

东莞市天湖印刷包装有限公司
地址：东莞市塘厦镇新苑南路8号
…………………… Tel：0755-28076722

雅高印刷（深圳）有限公司
地址：深圳市龙华新区观澜南大富社区大布头村280号1栋1楼A区、2楼
…………………… Tel：0755-28085151

深圳市东京文洪印刷机械有限公司
地址：深圳市龙华新区观澜库坑社区村委大楼对面
…………………… Tel：0755-28088532

百顺印刷制品（深圳）有限公司
地址：深圳市龙岗区龙城街道龙西社区学园路添利工业区2栋1-4楼
…………………… Tel：0755-28093209

深圳市嘉恒鑫制版有限公司
地址：深圳市龙华新区大浪街道龙胜社区龙胜工业区9号厂房3楼
…………………… Tel：0755-28104993

深圳市海丽欣印刷有限公司
地址：深圳市龙华区观澜街道君子布社区凌屋工业路13号厂房2501（1-5楼）
…………………… Tel：13828741551

深圳商侨彩色印刷包装有限公司
地址：深圳市龙华区大浪街道华昌路华昌工业区第二、三、四栋1-3层
…………………… Tel：0755-28140608

深圳市华贤星贸易有限公司
地址：深圳市龙岗区坂田街道岗头社区风门路商业街1号铺
…………………… Tel：0755-28147683

禧图纸品印刷（深圳）有限公司
地址：深圳市宝安区石岩街道水田社区三民路5号
…………………… Tel：0755-28160160

深圳振兴印刷包装有限公司
地址：深圳市宝安区石岩街道水田社区石龙仔路71号1栋、2栋
…………………… Tel：0755-28160606

迈迪印刷纸品（深圳）有限公司
地址：深圳市龙华区大浪街道浪口社区英泰路36-7号整套
…………………… Tel：0755-28177919

雅发印刷制品（深圳）有限公司
地址：深圳市龙华区大浪街道浪口社区华昌路18号1-3层
…………………… Tel：0755-28177923

金龙翔（深圳）印刷有限公司
地址：深圳市龙华区大浪街道华霆路78号4栋厂房2层西
…………………… Tel：0755-28179657

深圳市金木源包装制品有限公司
地址：深圳市龙华新区观澜街道牛湖社区新湖路300055号
…………………… Tel：0755-28227085

深圳市睿银健康产业科技有限公司
地址：深圳市龙华区民治街道北站社区南源新村南源商业大厦A座901
…………………… Tel：0755-28237947

深圳市兴昌明印刷制品有限公司
地址：深圳市龙岗区横岗街道安良社区安兴路8-4号
…………………… Tel：0755-28245201

深圳市辉龙印刷有限公司
地址：深圳市龙岗区布吉街道京南路九号吉盛工业厂区7号厂房301
…………………… Tel：0755-28282729

深圳深北胶粘印刷有限公司
地址：深圳市龙岗区布吉街道甘坑社区同富裕工业区一号第6栋
…………………… Tel：0755-28390567

深圳市中荣印刷有限公司
地址：深圳市坪山区龙田街道老坑社区锦绣中路18号齐心科技园2号厂房303
…………………… Tel：0755-28397522

深圳市彩美印刷有限公司
地址：深圳市龙岗区坪地街道高桥社区盛佳道2号东维丰新材料厂区2＃厂房1楼—11楼
…………………… Tel：0755-28447553

深圳市高彩印刷有限公司
地址：深圳市龙华区观湖街道新田社区公坑廊工业区102
…………………… Tel：0755-28447965

美雅明联印刷制本（深圳）有限公司
地址：深圳市龙岗区平湖街道力昌社区华昌路31号
…………………… Tel：0755-28451256

深圳市易科华印刷有限公司
地址：深圳市龙岗区园山街道大康龙村龙兴路22-6号厂房C栋1-3层
…………………… Tel：0755-28500686

新盈昌印刷纸品（深圳）有限公司
地址：深圳市龙岗区横岗街道和丰路1号A栋
…………………… Tel：0755-28508686

益发印刷（深圳）有限公司
地址：深圳市龙岗区布吉镇上水径F7块
…………………… Tel：0755-28522088

深圳天时包装有限公司
地址：深圳市龙岗区布吉街道京南路2号
…………………… Tel：0755-28572883

深圳市聚鑫印刷有限公司
地址：深圳市龙岗区龙城爱联社区嶂背路237号一楼、二楼
…………………… Tel：0755-28572958

柏伦包装制品（惠州）有限公司
地址：惠州市惠阳区镇隆镇黄洞村（仅作办公使用）
…………………… Tel：0755-28615888

高柏伦包装制品（惠州）有限公司
地址：惠州市惠阳区淡水街道办事处寮湖加油站背（仅作办公）
…………………… Tel：0755-28615888

联惠印刷（深圳）有限公司
地址：深圳市龙岗区横岗街道保安社区简龙街32号厂房
…………………… Tel：0755-28622981

锦翰印刷（深圳）有限公司
地址：深圳市龙岗区平湖街道山厦社区裕荣昌平湖工业区3号
…………………… Tel：0755-28626111

深圳市鹰达印刷包装有限公司
地址：深圳市龙岗区横岗街道华侨新村社区龙岗大道横岗段新世界广场第四期A座C214
…………………… Tel：0755-28650886

华辉印刷制品（深圳）有限公司
地址：深圳市龙岗区横岗街道大康社区龙村创业路4号厂房1、厂房2、厂房3、厂房4（101、301、401）
…………………… Tel：0755-28658139

金涛印刷材料（深圳）有限公司地址：深圳市龙岗区园山街道大康社区山子下路286号美星101
…………………… Tel：0755-28664525

中万印刷（深圳）有限公司
地址：深圳市龙岗区园山街道保安社区赐昌路8号101
…………………… Tel：0755-28672512

恒发隆聚达印刷（深圳）有限公司
地址：深圳市龙岗区园山街道大康社区山子下路28-2号厂房1栋整套
…………………… Tel：0755-28676053

中星中大印刷（深圳）有限公司
地址：深圳市龙岗区园山街道保安社区龙岗大道（横岗段）6275号
…………………… Tel：0755-28687560

深圳市华立信纸卡板制造有限公司
地址：东光县连镇镇李四维村
…………………… Tel：0755-28777836

深圳市中彩石业有限公司
地址：深圳市龙岗区布吉镇坂田村环南路3号
…………………… Tel：0755-28778913

深圳市金伟宏实业有限公司
地址：舟山市定海区甬兴路10号
…………………… Tel：0755-28851989

恒生昌印刷（深圳）有限公司
地址：深圳市龙岗区横岗街道富康路107号
…………………… Tel：0755-28860456

力嘉包装（深圳）有限公司
地址：深圳市龙岗区横岗街道力嘉路98号
…………………… Tel：0755-28868161

天时印刷（深圳）有限公司
地址：深圳市龙岗区布吉街道龙珠社区京南路4号天时印刷厂1栋101
…………………… Tel：0755-28885162

深圳市村美印刷有限公司
地址：深圳市龙岗区布吉街道京南路九号吉盛昌工业区八栋二楼A座
…………………… Tel：18938044665

宏利彩印包装（深圳）有限公司
地址：深圳市龙岗区坂田街道坂田社区坂田三工业区48栋101
…………………… Tel：0755-28891099

辉图印刷（深圳）有限公司
地址：深圳市宝安区沙井街道万丰村万丰中路大边山东工业区2号
…………………… Tel：0755-29091160

腾达包装制品（深圳）有限公司
地址：深圳市宝安区新桥街道新二社区中心路金达城大厦7R
…………………… Tel：0755-29091160

深圳市国兴华运制版有限公司
地址：深圳市光明新区公明街道上村上辇第三工业区第十一栋三楼
…………………… Tel：0755-29180877

深圳市恒通精品包装有限公司
地址：深圳市龙华新区观澜黎光社区新工业区514号
…………………… Tel：0755-29184762

深圳市千叶众创包装制品有限公司
地址：深圳市宝安区福海街道稔田社区工业区15号2层201
…………………… Tel：0755-29414939

深圳市冠利得商标印刷有限公司
地址：深圳市光明新区新湖街道圳美社区圳美大道海鑫光高新技术工业园2＃，4＃-1.2.3楼
…………………… Tel：0755-29530888

深圳市文典包装制品有限公司
地址：深圳市宝安区石岩街道园岭村志泫翰工业区B栋
…………………… Tel：0755-29588462

田菱精密制版（深圳）有限公司
地址：深圳市宝安区西乡街道固戍航城大道愉盛工业园1栋二楼
…………………… Tel：0755-29603406

深圳聚高来纸品包装有限公司
地址：深圳市宝安区福海街道新田社区新塘路20号201
…………………… Tel：0755-29603866

深圳市隆泰投资集团有限公司
地址：深圳市宝安区石岩街道塘头社区塘头工业园恒通发工业区5栋二楼中（办公场所）
…………………… Tel：0755-29680269

深圳市睿通纸品包装材料有限公司
地址：深圳市宝安区石岩街道宝源社区料坑第一工业区32号A1栋五楼左侧（办公场所）
…………………… Tel：0755-29686669

朗升柯式印刷（深圳）有限公司
地址：深圳市宝安区石岩料坑村朗升工业区B1、B2栋厂房
…………………… Tel：0755-29688799

深圳市盈逸兴实业有限公司
地址：深圳市福田区园岭街道华林社区八卦二路八卦岭工业区534栋B座415
…………………… Tel：0755-29728903

美盈森集团股份有限公司
地址：深圳市光明新区光明新陂头村美盈森厂区A栋
…………………… Tel：0755-29751666

智行印刷品（深圳）有限公司
地址：深圳市光明新区公明办事处楼村社区鲤鱼河工业区振兴路29号第1栋三楼A段
…………………… Tel：0755-29752597

深圳富群新材料股份有限公司
地址：深圳市龙华新区观澜街道章阁社区塘前工业区裕鑫工业园A区厂房1栋3楼
…………………… Tel：0755-29782626

深圳市创兴宏印刷包装有限公司
地址：深圳市龙华区福城街道桔塘社区观光路1456号创兴宏工业园C栋701
…………………… Tel：13434432210

宝诗纸品印刷（深圳）有限公司
地址：深圳市龙华区福城街道桔塘社区新塘村8号源创园陆号A4栋101
…………………… Tel：18927452533

深圳市明益信实业有限公司
地址：深圳市光明新区公明长圳路106号
…………………… Tel：0755-29817776

深圳市花样年华印刷有限公司
地址：深圳市龙华区观湖街道樟坑径社区白鸽湖路79号101
…………………… Tel：15818638108

深圳市旭辰印刷科技有限公司
地址：深圳市光明新区公明街道大围塘尾新村28号
…………………… Tel：0755-29822213

深圳市天诺通光电科技有限公司
地址：深圳市龙华区观澜街道新澜社区

观光路1301号银星科技大厦A1109
…………………… Tel：0755-29822529
政伸印刷（深圳）有限公司
地址：深圳市龙华区民治街道新牛社区政伸印刷公司1号厂房政伸印刷公司1号厂房整套
…………………… Tel：0755-29828811
迪伟易纸品制造（深圳）有限公司
地址：深圳市宝安区石岩街道石龙社区工业二路5号海天蓝宇科技工业园3栋3楼
…………………… Tel：0755-29839272
深圳佳景印刷制品有限公司
地址：深圳市宝安区观澜中环路河东工业区毅智工业园E幢
…………………… Tel：0755-29841963
深圳市永润印刷有限公司
地址：深圳市宝安区沙井新桥第三工业区第十排第2号2楼
…………………… Tel：13332990218
深圳市云天罡印刷科技有限公司
地址：深圳市光明区马田街道合水口社区文阁工业区第6栋1楼、4楼、第7栋
…………………… Tel：0755-29860009
龙璟印刷（深圳）有限公司
地址：深圳市宝安区沙井街道新桥社区新发东路24号1、2、3、4、5、6、7、8、9、10、11、12栋
…………………… Tel：0755-29877776
深圳市凯文印刷有限公司
地址：深圳市宝安区沙井街道办丽城科技工业园F栋一层、二层(东面)
…………………… Tel：0755-29889689
艺华印刷（深圳）有限公司
地址：深圳市宝安区新桥街道新桥社区芙蓉七路2号工业大厦401B
…………………… Tel：0755-29905543
景森印刷（深圳）有限公司
地址：深圳市宝安区燕罗街道山门社区二工业区第六栋厂房二103A区
…………………… Tel：15915303577
深圳市德弘包装制品有限公司
地址：深圳市光明新区玉塘街道田寮社区光明高新园西区七号侨德科技园厂房A栋十三楼1303
…………………… Tel：0755-29948885
深圳市威孚包装材料有限公司
地址：深圳市宝安区石岩街道石新社区宏发佳特利高新园(原鸿隆高科技工业园3#厂房) 3栋一楼东侧A（办公场所）
…………………… Tel：0755-29983139
深圳市德科兰投资发展有限公司
地址：深圳市宝安区新安街道翻身路金叶茗苑1栋C单元1103（办公场所）
…………………… Tel：0755-32903688
深圳市上一智能科技有限公司
地址：深圳市龙华区大浪街道同胜社区石观鸿德工业园A栋3层
…………………… Tel：0755-33100730
新友联印刷（深圳）有限公司
地址：深圳市宝安区福永街道稔田社区稔田工业区第63栋
…………………… Tel：0755-33243594
深圳市金之谷印刷有限公司
地址：深圳市龙华新区大浪街道华荣路德泰科技工业园9号厂房第1层、10号厂房1-4层
…………………… Tel：0755-33253688
深圳市骏成建筑贸易有限公司
地址：深圳市龙岗区吉华街道水径社区吉华路333号218
…………………… Tel：0755-33513836
深圳市智如动力科技有限公司
地址：深圳市龙华新区民治街道梅龙路南贤商业广场A栋1711号
…………………… Tel：0755-33582528
深圳市亚泰利印刷制版有限公司
地址：深圳市宝安区燕罗街道塘下涌社区广田路226号二栋3楼
…………………… Tel：0755-33585990
中华商务联合印刷（广东）有限公司
地址：深圳市龙岗区平湖镇春湖工业区10栋
…………………… Tel：0755-33609988
深圳中华商务联合印刷有限公司
地址：深圳市龙岗区平湖春湖工业区10栋三层
…………………… Tel：0755-33609988
允昌特种印刷（深圳）有限公司
地址：深圳市宝安区沙井街道后亭第三工业区50号
…………………… Tel：0755-33656868
松安印刷（深圳）有限公司
地址：深圳市宝安区松岗街道塘下涌社区朗辉路2号
…………………… Tel：0755-33809688
深圳禾麦印刷有限公司
地址：深圳市龙岗区横岗街道西坑社区宝桐南路100号1-4楼
…………………… Tel：0755-33829020
安碧印刷（深圳）有限公司
地址：深圳市宝安区松岗街道办塘下涌社区第二工业大道36号
…………………… Tel：0755-33868686
深圳市裕同包装科技股份有限公司
地址：深圳市宝安区石岩街道石龙社区石环路1号办公楼三层
…………………… Tel：0755-33873999
深圳市裕同包装科技股份有限公司
地址：深圳市宝安区石岩街道石龙社区石环路1号办公楼三层
…………………… Tel：0755-33873999
深圳市裕同精品包装有限公司
地址：深圳市龙岗区坪地街道高桥社区环坪路1-3号301
…………………… Tel：0755-33896999
深圳市深科讯智能科技有限公司
地址：深圳市宝安区西乡街道固戍航城大道安乐工业区A5栋6楼-01
…………………… Tel：0755-36621016
深圳市天宇电脑制版制品有限公司
地址：深圳市宝安区沙井街道新和路沙井运输办公楼二栋三楼323室（办公场所）
…………………… Tel：0755-36628889
深圳市绿城环境建设有限公司
地址：深圳市光明区公明街道凤景北路御景新城首层35号
…………………… Tel：0755-36979588
深圳三宇印务有限公司
地址：深圳市光明新区公明办事处将石社区新围第四工业区三宇工业园第一栋1至4层
…………………… Tel：0755-61135555
深圳市华珏包装材料科技有限公司
地址：深圳市盐田区海山街道深盐路大百汇高新科技园科研楼501室
…………………… Tel：0755-61135800
深圳上合旺盈印刷有限公司
地址：深圳市宝安区新城72区A栋工业厂房1、3、4层
…………………… Tel：0755-61155888
深圳浩盛印刷有限公司
地址：深圳市龙岗区平湖街道新木社区新园工业区21号三层及二层南座
…………………… Tel：0755-28261509
深圳西熙科技集团有限公司
地址：深圳市宝安区沙井街道兴业西路36号鸿江工业区二号厂房4层
…………………… Tel：15914029125
深圳市南山区双易柔版制作中心
地址：深圳市南山区西丽镇新围工业区鹏泰楼105号
…………………… Tel：0755-61552051
深圳市冠华泰印刷有限公司
地址：深圳市龙华区大浪街道新石社区石凹村第二工业区3号3层
…………………… Tel：0755-61562199
兴毅特殊印刷（深圳）有限公司
地址：深圳市光明区马田街道合水口社区第四工业区第四期第四栋5号201
…………………… Tel：13600195385
深圳市德弗源科技有限公司
地址：深圳市龙岗区布吉街道罗岗路中元宿舍楼3号8C
…………………… Tel：0755-66608568
深圳市福义鹏制版有限公司
地址：深圳市宝安区松岗街道红星西坊工业区三栋一楼
…………………… Tel：0755-66623858
美凯印刷（深圳）有限公司
地址：深圳市宝安区福永街道怀德翠海工业园二区第2幢第一至五层
…………………… Tel：0755-81451308
新华生印刷（深圳）有限公司
地址：深圳市宝安区福永街道凤凰社区兴业三路11号厂房1层至4层
…………………… Tel：0755-81456780
深圳达意隆包装技术有限公司
地址：深圳市龙华新区观澜街道君龙社区环观南路19号铭可达物流园4号仓东侧
…………………… Tel：0755-81479825
深圳市联祥印刷有限公司
地址：深圳市宝安区沙井街道黄埔正风工业园4栋一二楼、五栋一楼
…………………… Tel：0755-81493580
深圳伊比伊包装材料有限公司
地址：深圳市龙华区观澜街道黎光社区老围453号(厂房)101、201、301
…………………… Tel：0755-81702923
深圳瑞兴印刷有限公司
地址：深圳市龙华区龙华街道东环二路南侧慧华园厂房（一）1至2层
…………………… Tel：0755-81706782
新英包装（深圳）有限公司
地址：深圳市龙岗区平湖街道禾花社区华南大道一号华南城环球物流中心1525
…………………… Tel：0755-81710643
深圳市福威智印刷有限公司
地址：深圳市龙华新区龙华街道龙苑大道联华工业区1#厂房一楼西、二至五楼
…………………… Tel：0755-81717888
深圳市志文印刷有限公司
地址：深圳市光明新区新湖街道楼村社区鲤鱼河工业区振兴路38号C栋一楼C区、四楼
…………………… Tel：0153-3885030
深圳市恩凯施制版有限公司
地址：深圳市宝安区沙井街道和一北方永发科技园10栋三楼（办公场所）
…………………… Tel：0755-81728885
深圳市旭昊扬科技有限公司
地址：深圳市光明区新湖街道楼村社区第二工业区同富裕工业园10号一楼C段
…………………… Tel：0755-81733811
德成印刷纸制品（深圳）有限公司
地址：深圳市宝安区松岗街道燕川社区红湖路108号4号楼1-2楼
…………………… Tel：0755-81765511
深圳市博悦印刷有限公司
地址：深圳市龙岗区平湖街道平湖社区竹高塘路88号大皇公工业区第7栋A栋102
…………………… Tel：0755-82049800
深圳市泰金井印刷包装设计有限公司
地址：深圳市福田区红岭中路园岭花园南国大厦2栋29F
…………………… Tel：0755-82051818
深圳市艺博国际广告设计有限公司
地址：深圳市福田区园岭街道八卦三路深药大厦308
…………………… Tel：0755-82059169
深圳市美高印刷包装有限公司
地址：深圳市龙华区观澜街道君子布社区凌屋工业路12号厂房2301-02
…………………… Tel：0755-82131809
深圳市柏星龙创意包装股份有限公司
地址：深圳市罗湖区清水河街道清水河一路深业进元大厦裙楼6层01和1座11整层
…………………… Tel：0755-82145807
深圳华顺包装材料有限公司
地址：深圳市罗湖区东门街道嘉宾路芙蓉大厦B座705
…………………… Tel：0755-82187695
深圳市东彩印刷有限公司
地址：深圳市龙岗区坂田街道雪象社区上雪科技工业城东区10号G栋厂房二楼
…………………… Tel：0755-82265352
深圳天之彩印刷有限公司
地址：深圳市宝安区28区创业路宝恒一期工业厂房一、三、四层及二、五层东半层
…………………… Tel：0755-82285881
深圳继晋分色制版印刷有限公司
地址：深圳市福田区园岭街道八卦四路26号D栋308
…………………… Tel：0755-82285881
深圳市蓝海骆驼网络股份有限公司
地址：深圳市罗湖区莲塘街道仙湖社区国威路72号莲塘第一工业区124栋二层B室
…………………… Tel：0755-82325005
深圳欧亚汽车销售有限公司
地址：深圳市罗湖区南湖街道文锦南路森威大厦雍景园19楼1920
…………………… Tel：0755-82357201
深圳市友发文具印刷有限公司
地址：深圳市龙岗区平湖街道辅城坳社区新工业区A20号A栋101、201
…………………… Tel：0755-82403377
深圳市精英印刷有限公司
地址：深圳市龙岗区平湖街道鹅公岭社区信鹅工业区23号
…………………… Tel：0755-82409104
深圳市孟佳沅电脑制版有限公司
地址：深圳市福田区园岭街道八卦岭工业区542栋西座203
…………………… Tel：0755-82409391
深圳超艺电脑制版有限公司
地址：深圳市福田区八卦岭工业区616栋六楼
…………………… Tel：0755-82409797
深圳精密达智能机器有限公司
地址：深圳市龙岗区龙岗街道宝龙一路清风大道39号
…………………… Tel：0755-82411431
深圳市金马天和印刷有限公司
地址：深圳市龙岗区吉华街道甘坑村秀峰工业城厂房C栋第三层
…………………… Tel：0755-82413163
深圳市新泽森印刷有限公司
地址：深圳市龙岗区平湖街道长龙东路17号
…………………… Tel：13603019093
深圳市龙辉印刷有限公司
地址：深圳市宝安区新桥街道新桥社区赛尔康大道2号蚝四工业园1号楼二层
…………………… Tel：17376847310
深圳华新彩印制版有限公司
地址：深圳市福田区八卦岭工业区615栋8楼、619栋2楼
…………………… Tel：0755-82428168
深圳华新彩印制版有限公司生产厂
地址：深圳市龙华新区龙华街道工业东路利金城科技工业园5#厂房1-5层，8#厂房第1层
…………………… Tel：0755-82428168
深圳市碧兰星印务有限公司
地址：深圳市龙华区观澜街道君龙社区凌屋工业路12号厂房1栋1楼C、厂房1栋2楼C、厂房1栋6楼C
…………………… Tel：0755-82440830
深圳市美嘉美印刷有限公司
地址：深圳市龙华区观澜街道章企路69号美嘉美工业园厂房一至二层
…………………… Tel：0755-82443303
深圳市建筑装饰（集团）有限公司
地址：深圳市福田区福保街道福田保税区市花路1号创凌通科技大厦A座11、12、13楼
…………………… Tel：0755-82524508
威誉印刷设备（深圳）有限公司
地址：深圳市南山区南山街道南海大道西、桂庙路北阳光华艺大厦1栋4楼4E10
…………………… Tel：0755-82557307
深圳市星威彩印刷有限公司
地址：深圳市龙岗区平湖街道鹅公岭社区东深公路218号A栋
…………………… Tel：0755-82718158
永发印务（东莞）有限公司
地址：广东省东莞市大岭山镇大岭山水厂路60号
…………………… Tel：0769-85650898
深圳市世纪金桥印刷包装制品有限公司
地址：深圳市龙岗区南湾街道上李朗社区洲腾公司工业厂区厂房（三）2楼A
…………………… Tel：0755-82823838
深圳市世纪金桥印刷包装制品有限公司
地址：深圳市龙岗区南湾街道上李朗社区洲腾公司工业厂区厂房（三）2楼A
…………………… Tel：0755-82823838
深圳市瑞融泰投资发展有限公司
地址：深圳市罗湖区东晓街道绿景社区布吉路富基帕克大厦5层04-C16-4
…………………… Tel：0755-82871947
深圳市国信文化发展有限公司
地址：深圳市福田区福田街道深南大道浩铭财富广场B座5B
…………………… Tel：0755-82873663
深圳致远实业发展有限公司
地址：深圳市福田区福田街道国际商会中心2005A
…………………… Tel：0755-82876661
深圳市莱英达工贸有限公司
地址：深圳市罗湖区田贝四路125号
…………………… Tel：0755-82880124
深圳新宏泽包装有限公司
地址：深圳市龙华区观澜街道库坑社区

大富工业区10号深圳新宏泽包装有限公司101
…………………… Tel：0755-82910888

深圳德彩印刷有限公司
地址：深圳市龙华区观湖街道新田社区创新工业园1号厂房301
…………………… Tel：0755-82949965

深圳市汇亿丰印刷科技有限公司
地址：深圳市龙华区观澜街道桂花社区观光路1219号整套
…………………… Tel：0755-82971218

深圳市鑫雁印刷包装有限公司
地址：深圳市龙岗区南湾街道丹竹头社区立信北路68号茂丰丹竹头厂区一号厂房、办公楼1-2楼
…………………… Tel：0755-82977126

深圳市爱迪尔包装材料有限公司
地址：深圳市福田区红荔路与新洲路交汇处第壹世界广场塔楼18C-B
…………………… Tel：0755-82996216

深圳市悦海峰实业有限公司
地址：深圳市宝安区石岩街道应人石社区玉山公寓小区7栋310（办公场所）
…………………… Tel：0755-83036826

深圳九星印刷包装集团有限公司
地址：深圳市福田区皇岗北路彩电工业区
…………………… Tel：0755-83073339

深圳九星印刷包装集团有限公司
地址：深圳市福田区皇岗北路彩电工业区
…………………… Tel：0755-83073339

深圳市融创财富投资有限公司
地址：深圳市龙岗区南湾街道上李朗社区方鑫路4号
…………………… Tel：0755-83151157

珠海包装宝投资有限公司
地址：珠海市横琴三塘村38号第六层
…………………… Tel：0755-83151788

深圳贵联印刷有限公司
地址：深圳市坪山新区坪山街道深圳大工业区金兰路3号
…………………… Tel：13670241633

西格斯（深圳）科技有限公司
地址：深圳市南山区粤海街道高新区社区高新南七道022号高新工业村T2-B栋6层
…………………… Tel：0755-83228577

深圳市东鹏科技发展有限公司
地址：深圳市福田区上梅林凯丰路7号东鹏印刷厂
…………………… Tel：0755-83314888

深圳华利三和科技有限公司
地址：深圳市龙华区大浪街道同胜社区宝山新村一区三和工业中心2栋1层左分隔体
…………………… Tel：0755-83411488

深圳粤通印刷有限公司
地址：深圳市罗湖区布心路南旭飞华达园二期C705
…………………… Tel：13728934442

深圳市正辉印刷有限公司
地址：深圳市龙岗区平湖街道新木社区乐新路59号14栋401-3
…………………… Tel：0755-83484430

研达印刷（深圳）有限公司
地址：深圳市龙岗区平湖街道禾花社区平新北路华南西苑一期3栋811
…………………… Tel：13632799568

深圳市凌云恒大投资有限公司
地址：深圳市南山区粤海街道大冲社区深南大道9672号大冲商务中心(一期)2栋4号楼14A-03B
…………………… Tel：0755-83686885

深圳叶氏启恒印刷科技有限公司
地址：深圳市龙华区大浪街道美宝路北段玉壶工业区1号
…………………… Tel：0755-83726333

深圳市万凯隆印刷品有限公司
地址：深圳市宝安区沙井街道兴业西路36号鸿江工业区二号厂房4层
…………………… Tel：0755-83727592

深圳市国卉实业有限公司
地址：深圳市福田区华强北街道深南中路2018号兴华大厦东栋七层717
…………………… Tel：0755-83741795

深圳诺德印刷设备供应链有限公司
地址：深圳市福田区莲花街道福中社区福中三路1006号诺德金融中心15F
…………………… Tel：0755-83748726

深圳市通产集团有限公司
地址：深圳市南山区朗山路28号
…………………… Tel：0755-83836199

深圳市志鹏兴印刷有限公司
地址：深圳市龙华区观澜街道大水田社区裕展二路7号厂房201东面
…………………… Tel：13802213965

深圳市乐亨表业有限公司
地址：深圳市盐田区海山街道田东社区深盐路2088号太平洋工业区1栋7楼10跨
…………………… Tel：0755-83898863

深圳键升印刷有限公司
地址：深圳市龙岗区平湖街道新木社区新园工业区21号一层及二层北座
…………………… Tel：0755-83913880

恒盛印刷（深圳）有限公司
地址：深圳市龙岗区平湖街道鹅公岭社区世纪工业区5号401
…………………… Tel：18824614884

志成科兴（深圳）有限公司
地址：深圳市坪山区龙田街道竹坑社区兰竹东路8号深圳同力兴实业有限公司3号厂房401-501层、1楼部分
…………………… Tel：0755-84015788

永新彩盒印刷（深圳）有限公司
地址：深圳市龙岗区坪地街道六联社区富民工业区永鸿路40号
…………………… Tel：0755-84060777

深圳市合泉泰彩印包装有限公司
地址：深圳市龙岗区坪地街道坪西社区吉祥一路11号A栋101
…………………… Tel：0755-84083300

深圳市合泉泰彩印包装有限公司
地址：深圳市龙岗区坪地街道坪西社区吉祥一路11号A栋101
…………………… Tel：0755-84083300

深圳泉港包装工业有限公司
地址：深圳市龙岗区坪地街道友谊北路19号
…………………… Tel：0755-84085975

捷成实业（深圳）有限公司
地址：深圳市坪山新区坑梓办事处新发路26号C
…………………… Tel：0755-84124808

东莞当纳利印刷有限公司
地址：东莞市寮步镇新旧围村
…………………… Tel：0755-84190499

深圳市金豪毅彩色印刷有限公司
地址：深圳市龙岗区坂田街道大发埔社区大发路29号厂房101
…………………… Tel：0755-84192479

新昌印刷（深圳）有限公司
地址：深圳市大鹏新区葵涌办事处土洋社区洋业二路1号
…………………… Tel：0755-84230346

深圳市永上升纸品印刷有限公司
地址：深圳市龙岗区平湖街道良安田社区良白路256号
…………………… Tel：0755-84254911

汇泽柯式印刷制品（深圳）有限公司
地址：深圳市龙岗区园山街道大康社区创业路4号厂房3101
…………………… Tel：13265707035

津泽印刷（深圳）有限公司
地址：深圳市龙岗区平湖街道平湖富民工业区富民路8号1栋
…………………… Tel：0755-84501282

深圳华生创新包装有限责任公司
地址：深圳市坪山新区坪山街道宝山第四工业区19栋
…………………… Tel：0755-84601120

嘉利纸品印刷（深圳）有限公司
地址：深圳市龙岗区平湖街道白坭坑社区麻布路18号
…………………… Tel：0755-84660867

深圳市佳佳彩印刷有限公司
地址：深圳市龙岗区平湖街道平湖社区富民工业区42栋3楼301
…………………… Tel：0755-84665935

新协利包装印刷制品（深圳）有限公司
地址：深圳市龙岗区坪地街道坪西社区吉祥一路63号B栋301
…………………… Tel：0755-84685295

深圳市翰龙基印刷有限公司
地址：深圳市龙岗区平湖街道鹅公岭社区新南村凤凰工业园C区7号A栋101、201、301
…………………… Tel：0755-84685888

深圳中华商务安全印务股份有限公司
地址：深圳市龙岗区平湖镇平湖村横岭二路万福工业区
…………………… Tel：0755-84686888

深圳市侨辉创业印刷有限公司
地址：深圳市龙岗区平湖街道鹅公岭社区宝鹅工业区B14号C栋101一、二、三楼整层、B13栋
…………………… Tel：0755-84689666

深圳市景琛智能科技有限公司
地址：深圳市坪山新区石井名成路16号
…………………… Tel：13632595088

深圳市石化印刷有限公司
地址：深圳市龙岗区坪地街道中心社区山塘尾福安工业区1号1栋第一层、第三层
…………………… Tel：0755-84719380

深圳当纳利印刷有限公司
地址：深圳市龙岗区坂田五和大厦
…………………… Tel：0755-84743596

敬业（东莞）印刷包装厂有限公司
地址：东莞市虎门镇大宁村
…………………… Tel：0755-84743899

敬业（东莞）印刷包装厂有限公司
地址：东莞市虎门镇大宁村
…………………… Tel：0755-84743899

汇友印刷（深圳）有限公司
地址：深圳市龙岗区宝龙街道南约社区联合工业区B12栋一至二层
…………………… Tel：0755-84823675

深圳市益华兴包装制品有限公司地址：深圳市坪山新区坑梓沙田社区沙田北路17号
…………………… Tel：13823177586

邹文记纸品印刷（深圳）有限公司
地址：深圳市龙岗区龙岗街道新生社区坪西路口5—5号
…………………… Tel：0755-84840263

深圳市飞华彩色印刷有限公司
地址：深圳市龙岗区宝龙街道南同大道7号二栋
…………………… Tel：13826563907

裕诚印刷（深圳）有限公司
地址：深圳市龙岗区龙岗街道南联社区南联工业区向前村向新路1号1-3楼
…………………… Tel：0755-84870089

深圳市真是好印刷有限公司
地址：深圳市龙岗区平湖街道鹅公岭社区育美新村5号
…………………… Tel：0755-84870186

深圳市荣晟泰实业有限公司
地址：深圳市坪山区坪山街道六联社区坪山大道2011号潮商广场A2303
…………………… Tel：0755-85203456

润璟印刷（深圳）有限公司
地址：深圳市南山区南光路1号
…………………… Tel：0755-85275515

深圳市蛇口东帝实业发展有限公司
地址：深圳市南山区蛇口新街蛇口大厦10楼
…………………… Tel：0755-86028978

深圳利丰快杰制版有限公司
地址：深圳市南山区东滨路4078号永新汇1号楼10层01-02单元
…………………… Tel：0755-86063819

深圳市恩派云印刷科技有限公司
地址：深圳市宝安区福永街道第三工业区永丰田科技园印刷楼四层
…………………… Tel：0755-86098666

小森（深圳）印刷技术有限公司
地址：深圳市南山区北环路与深云路交汇处智慧广场B栋1602
…………………… Tel：0755-86156188

小森印刷机械（深圳）有限公司
地址：深圳市南山区高新园中区科技中三路5号国人大厦A栋5F502室
…………………… Tel：0755-86156188

快速印刷（深圳）有限公司
地址：深圳市南山区沙河街道侨香路美景工业苑工厂2栋2层
…………………… Tel：0755-86232211

深圳市万源印刷有限公司
地址：深圳市南山区西丽街道留仙洞华园工业区D栋厂房一楼
…………………… Tel：0755-86238948

深圳市兴宝利印刷设计有限公司
地址：深圳市龙岗区南湾街道上李朗科技园C栋3楼a
…………………… Tel：0755-86386358

深圳市立深彩印制版有限公司
地址：深圳市宝安区新安街道办新城大道北路综合楼一栋502
…………………… Tel：0755-8654200

雅昌文化（集团）有限公司
地址：深圳市南山区深云路19号
…………………… Tel：0755-86701321

深圳市兆新能源股份有限公司
地址：深圳市罗湖区笋岗街道笋西社区梨园路8号HALO广场一期五层
…………………… Tel：0755-86922999

深圳市优盛数字制版合伙企业（有限合伙）
地址：深圳市南山区西丽街道松坪山社区松坪山朗山路28号通产新材料产业园4栋(朗山路28号)1楼
…………………… Tel：0755-86955482

包达铭（深圳）建筑装饰工程集团有限公司
地址：深圳市前海深港合作区前湾一路1号A栋201室（入驻深圳市前海商务秘书有限公司）
…………………… Tel：0755-86965266

深圳市永正方圆建设工程有限公司
地址：深圳市福田区八卦一路鹏益花园1栋808
…………………… Tel：0755-86968668

深圳伊金诺通讯电子有限公司
地址：深圳市福田保税区深福保科技工业园B栋101
…………………… Tel：0755-88221116

深圳市百狮集团有限公司
地址：深圳市龙岗区平湖街道平湖社区万福路王其峰工业区A栋201
…………………… Tel：0755-88328886

深圳市雅狮印刷有限公司
地址：深圳市福田区八卦四路厂房七栋一楼S座
…………………… Tel：0755-88828501

深圳市华印包装有限公司
地址：深圳市龙华新区观澜街道富坑社区大富工业区1800112号厂房一,厂房二,厂房三
…………………… Tel：0755-88876448

加德利印刷包装（深圳）有限公司
地址：深圳市龙华新区观澜章阁社区章阁老村东区168号宝观科技园C栋1-3层
…………………… Tel：0755-88915033

深圳市好日来印刷有限公司
地址：深圳市龙岗区坂田街道雅园路26号1-1栋厂房2楼1号
…………………… Tel：0755-89204176

深圳市宇泽建筑工程有限公司
地址：深圳市龙岗区平湖街道水门路288号水门逸欣园3栋1901
…………………… Tel：0755-89218286

深圳宣正辉投资发展有限公司
地址：深圳市坪山新区坪山办事处坪环社区东城环路4128号A栋1602
…………………… Tel：0755-8921836

雅大印刷（深圳）有限公司
地址：深圳市龙岗区横岗镇保安乡坳背红棉路工业园
…………………… Tel：0755-89330799

深圳华腾时代实业有限公司
地址：深圳市龙华新区观澜街道大水坑鑫源工业原E栋4楼
…………………… Tel：0755-89356656

深圳精丰印刷有限公司
地址：深圳市坪山区碧岭街道碧岭社区坪山金碧路472-5号C栋厂房401
…………………… Tel：0755-89377790

深圳中亚星光文教图书印刷有限公司
地址：深圳市坪山新区坑梓街道坑梓镇锦绣中路18号齐心科技园2幢5楼
…………………… Tel：0755-89458880

关氏中亚印刷（深圳）有限公司
地址：深圳市龙岗区平湖街道新南社区大岭路16号A、16号B
…………………… Tel：0755-89540399

深圳市科迪印刷有限公司
地址：深圳市龙岗区宝龙街道同乐社区园新路22-1号
…………………… Tel：0755-89550060

深圳市添瑞包装印刷有限公司
地址：深圳市龙岗区平湖街道鹅公岭社区春湖工业区5号二、三、四楼
…………………… Tel：0755-89580085

深圳市天达印刷有限公司
地址：深圳市龙岗区坂田街道办岗头风

门坳亚洲工业园3栋2楼
…………………… Tel：0755-89602133
深圳市润隆印刷材料有限公司
地址：深圳市龙岗区平湖街道山厦社区天华街5号A2栋301号
…………………… Tel：0755-89637519
恒泰印刷品（深圳）有限公司
地址：深圳市龙岗区龙岗街道五联社区朱古石路92号
…………………… Tel：0755-89690961
新风印刷（深圳）有限公司
地址：深圳市龙岗区龙城街道龙西社区红花岭工业区11号
…………………… Tel：0755-89750100
深圳市匠网制版有限公司
地址：深圳市龙岗区龙岗街道新生社区低山南路深蓝德厂A栋2楼
…………………… Tel：0755-89757027
深圳锦都印刷有限公司
地址：深圳市龙岗区宝龙街道大埔二路29号1楼
…………………… Tel：0755-89900018
深圳市金升彩包装材料有限公司
地址：深圳市坪山新区金兰路3号科彩印务6栋厂房南
…………………… Tel：0755-89921819
威图印刷（深圳）有限公司
地址：深圳市坪山新区坪山办事处碧岭社区昌盛路18号
…………………… Tel：0755-89930538
一流东亚印刷（深圳）有限公司
地址：深圳市坪山区碧岭街道碧岭社区坪山金碧路433号5栋宇 厂201
…………………… Tel：13600443512
深圳扬丰印刷有限公司
地址：深圳市坪山新区深圳市大工业区金兰路3号第四栋1-4层
…………………… Tel：0755-89938000
深圳市新艺新型包装有限公司
地址：深圳市龙华区观澜街道桂香社区广场路4号厂房201
…………………… Tel：0755-89939900
新鸿业印刷包装（深圳）有限公司
地址：深圳市坪山新区坑梓办事处吉祥路6号厂房3号
…………………… Tel：0755-89955713
新鸿业印刷包装（深圳）有限公司
地址：深圳市坪山新区坑梓办事处吉祥路6号厂房3号
…………………… Tel：0755-89955713
佛山市真丰彩制版有限公司
地址：佛山市顺德区大良街道办事处古鉴村委会凤翔路26号之12号铺
…………………… Tel：0757-22262991
广东德冠包装材料有限公司
地址：佛山市顺德区杏坛镇齐新路新涌工业区
…………………… Tel：0757-22291306
广东有型车业有限公司
地址：佛山市顺德区伦教常教居委会工业区兴业路北5号之六
…………………… Tel：0757-22303003
佛山市顺德区永得先制版有限公司
地址：佛山市顺德区大良街道办事处新居委会凤新路一街一巷1号三楼3号
…………………… Tel：0757-22313250
佛山市顺德区恒俊聚酯瓶印刷有限公司
地址：广东省佛山市顺德区大良街道凤翔工业区金翔路6号之一（住所申报）
…………………… Tel：0757-22366190
广东顺昌印刷有限公司
地址：佛山市顺德区大良凤翔工业园18号
…………………… Tel：0757-22389128
佛山市顺德区金福华包装实业有限公司
地址：佛山市顺德区杏坛镇顺德科技工业园C区第二期3-04-3号
…………………… Tel：0757-22898779
顺德区北滘镇爱凯佳制版工作室
地址：佛山市顺德区北 镇桃村绿道大园路1号
…………………… Tel：0757-23606947
佛山市顺德区尚东印刷有限公司
地址：佛山市顺德高新区（容桂）外环路126号
…………………… Tel：0757-23618668
佛山市顺德区启明工艺印刷有限公司
地址：顺德区勒流街道上涌工业大道42号之十三号
…………………… Tel：0757-23660269
佛山达德制版有限公司
地址：佛山市顺德区勒流街道勒流居委会富安集约工业区24-3-4号地块之一
…………………… Tel：0757-23665108
广东申菱环保包装有限公司
地址：佛山市顺德区陈村镇赤花社区居民委员会广隆工业区环镇东路10号之四（仅做办公用途）
…………………… Tel：0757-23833433
广东绿之彩印刷科技股份有限公司
地址：佛山市顺德区陈村镇广隆集约工业园环镇西路6号
…………………… Tel：0757-23836102
佛山市顺德区永放澳新印刷有限公司
地址：佛山市南海区西樵镇山根青龙路3号（住所申报）
…………………… Tel：0757-23881808
佛山生力山村包装有限公司
地址：佛山市顺德区均安镇东堤南路3号
…………………… Tel：0757-25576568
佛山市顺德区激扬集美设计制版有限公司
地址：佛山市顺德区北 镇广教村委会广教工业区2号之一二楼223号室（住所申报）
…………………… Tel：0757-26320638
广东万联精工科技有限公司
地址：佛山市顺德区北 镇环镇东路南7号
…………………… Tel：0757-26633878
佛山市顺德区北滘镇千艺制版有限公司
地址：佛山市顺德区北 镇三洪奇工业区路北合成围（三洪奇工业区第三路2号）
…………………… Tel：0757-26650973
（该公司已被撤销登记，详见经营范围的备注）佛山市顺德区容里印刷有限公司
地址：佛山市顺德区容桂振华居委会凤华路段华柏雅苑15座首层20号铺
…………………… Tel：0757-26680282
广东大地伟业环保包装科技股份有限公司
地址：佛山市顺德区伦教霞石工业区成业路以北
…………………… Tel：0757-27333218
广东顺德新印象数码印花科技有限公司
地址：佛山市顺德区伦教常教北海工业区建业南路一号
…………………… Tel：0757-27333398
广东顺德锦美智能识别科技股份有限公司
地址：佛山市顺德区勒流街道连杜大道9号
…………………… Tel：0757-28086808
佛山市顺德区泉隆印刷有限公司
地址：佛山市顺德区容桂容里昌宝西路39号天富来国际工业城一期10座四层402
…………………… Tel：0757-28302324
佛山市顺德区聚源纸类制品厂
地址：佛山市顺德区容桂容边居委会天河工业区五横路5号首层之三（住所申报）
…………………… Tel：0757-28303443
广东印彩科技有限公司
地址：佛山市顺德区容桂容里居委会昌宝西路37号天富来国际工业城二期七座八层802单元之二
…………………… Tel：0757-28305199
佛山市顺德区彩图美电分制版有限公司
地址：佛山市顺德区容桂小黄圃居委会工业区创业路13号首层之九
…………………… Tel：0757-28305560
广东万昌印刷包装股份有限公司
地址：佛山市顺德区乐从镇细海工业区横溪路
…………………… Tel：0757-28330762
广东万昌印刷包装股份有限公司
地址：佛山市顺德区乐从镇细海工业区横溪路
…………………… Tel：0757-28330762
佛山市万昌盛达控股发展有限公司
地址：佛山市顺德区乐从镇乐从居委会乐德路A16号威斯广场（东区）雍和苑08号商铺之一
…………………… Tel：0757-28330763
佛山市万昌盛达控股发展有限公司
地址：佛山市顺德区乐从镇乐从居委会乐德路A16号威斯广场（东区）雍和苑08号商铺之一
…………………… Tel：0757-28330763
广东王士印刷有限公司
地址：佛山市顺德区容桂南区居委会旺区路三横路3号之二
…………………… Tel：0757-28399323
广东容里印刷有限公司
地址：佛山市顺德区容桂容里昌发路1号
…………………… Tel：0757-28806702
广东天粤印刷科技有限公司
地址：佛山市顺德区容桂容里居委会昌宝西路37号天富来国际工业城（二期）2座601号
…………………… Tel：0757-28884535
佛山市三水汇科包装有限公司
地址：佛山市三水区乐平镇基业大道6号
…………………… Tel：0757-29977463
广东精瑞智能设备有限公司
地址：佛山市南海区狮山镇狮中村"下口孔涡"的工业厂房之一（自编号：4A）（住所申报）
…………………… Tel：0757-63307156
广东丰高印刷科技股份有限公司
地址：佛山市南海区狮山镇松岗松夏工业园东风路9号（住所申报）
…………………… Tel：0757-63506770
广东金丰彩印包装有限公司
地址：佛山市三水区乐平镇南边工业大道117号
…………………… Tel：0757-63999788
佛山希望数码印刷设备有限公司
地址：佛山市南海区狮山科技工业园
…………………… Tel：0757-66825617
佛山市顺德区东菱智慧电器科技有限公司
地址：佛山市顺德区杏坛镇顺业东路26号（住所申报）
…………………… Tel：0757-66839401
广东天智印刷科技有限公司
地址：佛山市南海区狮山狮中三环西路自编2号D座
…………………… Tel：0757-66886368
佛山运城压纹制版有限公司
地址：佛山市南海区狮山镇北园中路23号（车间三）、（车间四）、（车间五）（住所申报）
…………………… Tel：0757-81201120
佛山运安激光制版有限公司
地址：佛山市南海区狮山镇北园中路23号（车间八）（住所申报）
…………………… Tel：0757-81201120
佛山运城压纹制版有限公司南海分公司
地址：佛山市南海区狮山镇南海科技工业园科宝北路自编3号之一（住所申报）
…………………… Tel：0757-81201120
佛山市南海区宝拓造纸设备有限公司
地址：佛山市南海区桂城街道环岛南路10号二层201（住所申报）
…………………… Tel：0757-81273377
佛山市创利宝包装机械有限公司
地址：佛山市南海区狮山镇罗村上柏村独岗（上柏村委会旁）厂房
…………………… Tel：0757-81800337
华新（佛山）彩色印刷有限公司
地址：佛山市禅城经济开发区罗格围园区科洋路3号之１－之１０
…………………… Tel：0757-82016302
佛山运捷激光制版有限公司
地址：佛山市禅城区季华西路168号瓷海国际陶瓷交易中心C区第17座第14号
…………………… Tel：0757-82521058
佛山万祥泰饮食文化传播有限公司
地址：佛山市南海区桂城桂园西一路七号首层仓库
…………………… Tel：0757-82734786
佛山市华侨造纸厂
地址：佛山市河滨路17号
…………………… Tel：0757-82803918
广东天玻包装有限公司
地址：佛山市禅城区文沙路16号东区二十一座四层东室（住所申报）
…………………… Tel：0757-82832023
佛山市维诺包装材料有限公司
地址：佛山市禅城区季华四路意美家卫浴陶瓷世界1栋二楼19号B09室
…………………… Tel：0757-82907681
佛山市荣星印刷制版有限公司
地址：佛山市禅城区南浦村23座首层58号、205室
…………………… Tel：0757-83120703
佛山市创佳电脑制版有限公司
地址：佛山市禅城区文华北路178号二楼北面
…………………… Tel：0757-83137901
佛山市剑桥印刷科技有限公司
地址：佛山市禅城区轻工二路9号一座首层之三
…………………… Tel：0757-83275096
广东金盛包装股份有限公司
地址：佛山市三水区西南镇广海大道中路29号金盛大厦16楼
…………………… Tel：0757-83606996
广东金盛彩印包装有限公司
地址：佛山市三水区白坭镇工业大道171号（F1）、（F2）、（F3）、（F4）（住所申报）
…………………… Tel：0757-83606996
佛山华新包装股份有限公司
地址：佛山市禅城区南庄镇禅城经济开发区罗格园科洋路3号之7二楼（住所申报）
…………………… Tel：0757-83783259
利乐包装（佛山）有限公司
地址：佛山市禅城区港口路13号
…………………… Tel：0757-83831626
佛山东林包装材料有限公司
地址：佛山市禅城区轻工二路8号五座
…………………… Tel：0757-83983405
广东柏华包装股份有限公司
地址：佛山市南海区里水镇和顺大文教路南郊工业区
…………………… Tel：0757-85108808
佛山市多美装饰材料有限公司
地址：佛山市南海区里水镇白岗里和北路40号A栋5楼505室（住所申报）
…………………… Tel：0757-85126985
佛山胜瑞制版有限公司
地址：佛山市禅城区南庄镇季华西路78号佛山国际陶瓷卫浴城内A区5座11、12、13商铺
…………………… Tel：0757-85393061
佛山市南海中彩制版有限公司
地址：佛山市南海区狮山镇松岗松夏工业园桃园东路31号首层之一（住所申报）
…………………… Tel：0757-85506398
佛山市南海美中达制版厂
地址：佛山市南海区狮山镇谭边第二工业区格良岗路5号之二（住所申报）
…………………… Tel：0757-85552228
佛山市南海兴华制版厂
地址：佛山市南海区狮山镇松岗山南工业区山南中二路横二街44号（住所申报）
…………………… Tel：0757-85553388
佛山市南海汇昌制版有限公司
地址：佛山市南海区大沥镇沥北联江路2号第四层（住所申报）
…………………… Tel：0757-85568176
佛山市南海美富熙制版厂
地址：佛山市南海区里水镇沙涌村盐南路23号
…………………… Tel：0757-85600721
佛山市南海南荣塑料印刷有限公司
地址：佛山市南海区里水河村石荣工业区
…………………… Tel：13534489523
佛山市南海全格激光雕刻制版有限公司
地址：广东省佛山市南海区里水镇丰岗收费站侧
…………………… Tel：0757-85623086
佛山市南海区华展造纸厂
地址：佛山市南海区里水镇丰岗
…………………… Tel：15815974576
佛山市南海区华展造纸厂废纸回收部
地址：佛山市南海区里水镇丰岗
…………………… Tel：15815974576
佛山辉煌包装有限公司
地址：佛山市南海区里水镇邓岗北隅村荷香路六巷3号之二（住所申报）
…………………… Tel：0757-85687275
佛山市南海盐步河东建设照相制版厂
地址：佛山市南海区盐步南方经济合作社龙冲纸厂
…………………… Tel：0757-85771442
佛山市南海区官窑崇昌印刷有限公司
地址：佛山市南海区狮山镇官窑新海东

工业园6号
…………………… Tel：0757-85886428
佛山市南海波丽塑料包装有限公司
地址：广东省佛山市南海区狮山镇松岗万石
…………………… Tel：0757-85886664
南海南光化工包装有限公司
地址：佛山市南海区里水镇大步村兴瑞路3号（住所申报）
…………………… Tel：0757-85992096
清远南方制版科技有限公司
地址：清远市清新区太平镇楼星村委会龙湾工业区清远市龙湾工业投资有限公司办公室（仅作办公）
…………………… Tel：0757-85993644
广东省南方彩色制版有限公司
地址：佛山市南海区大沥镇黄岐泌冲岗沙联路自编3号之一（住所申报）
…………………… Tel：0757-85993644
佛山市飞宏印刷有限公司
地址：佛山市南海区桂城街东二社区南兴村工业区8号厂房佛山市南海顺时针印刷有限公司内自编之九（住所申报）
…………………… Tel：0757-86310100
佛山市南海区骏能造纸材料厂
地址：佛山市南海区狮山镇罗村芦塘开发区
…………………… Tel：0757-86414462
佛山市南海联和印刷制版厂
地址：佛山市南海区狮山镇罗村联和释石
…………………… Tel：0757-86488382
广东佛山普拉斯包装材料有限公司
地址：佛山市南海区九江镇龙高路钢铁东二路B25-B28地块厂房I区（住所申报）
…………………… Tel：0757-86519397
广东凤凰墙纸有限公司
地址：佛山市南海区小塘狮岭陈边村
…………………… Tel：0757-86652555
佛山市创兆宝智能包装设备有限公司
地址：佛山市南海区狮山镇北园东路2号（住所申报）
…………………… Tel：0757-86658611
佛山赢联数码印刷设备有限公司
地址：佛山市南海区狮山镇强狮路2号（厂房A）F区（住所申报）
…………………… Tel：0757-86695482
佛山市南海华翔包装有限公司
地址：广东省佛山市南海区桂城街道平洲夏南一工业区
…………………… Tel：0757-86772488
佛山市南海区平洲夏教伟业塑料印刷制版厂
地址：佛山市南海区平洲夏南一工业区
…………………… Tel：0757-86775225
佛山市南海金格印刷有限公司
地址：广东省佛山市南海区桂城街道平洲平南五福围工业区庆丰路7号之一
…………………… Tel：0757-86783089
佛山市南方包装有限公司
地址：广东省佛山市南海区桂城街道佛平四路9号
…………………… Tel：0757-86798050
广东高顺印刷包装有限公司
地址：佛山市南海区西樵镇山根青龙路3号（住所申报）
…………………… Tel：0757-86867212
佛山市南海利达印刷包装有限公司
地址：佛山市南海区西樵科技工业园
…………………… Tel：0757-86886348
佛山华新恒丰聚酯包装有限公司
地址：佛山市三水区南山镇南山大道北29号（住所申报）
…………………… Tel：0757-87219678
佛山市三水飞马包装有限公司
地址：佛山市三水区乐平镇工业开发区南丰大道侧（办公楼、主车间）
…………………… Tel：0757-87311238
广东正一包装股份有限公司
地址：佛山市三水区乐平镇乐信路8号
…………………… Tel：0757-87393787
佛山市长富制版科技有限公司
地址：佛山市三水中心科技工业区B区21号（F1）综合楼自编B座B518号
…………………… Tel：0757-87393926
佛山合信包装有限公司
地址：佛山三水工业园区D区44号F1、F2之一、F3
…………………… Tel：0757-87775888
佛山市三水广艺印刷制版有限公司
地址：佛山市三水区云东海街道兴业路6号之一（自编号之二）
…………………… Tel：0757-87779317
佛山市陶博雕刻制版有限公司
地址：佛山市禅城经济开发区吉利工业园内通用标准厂房D座203厂房
…………………… Tel：0757-88348068
佛山市智一强电脑制版有限公司
地址：佛山市三水区云东海街道石湖洲村民委员会工业区B区第1栋第2层东面厂房
…………………… Tel：0757-88529827
佛山善熙包装制品有限公司
地址：佛山市南海区狮山镇松夏社区东风路2号
…………………… Tel：0757-88736000
佛山市和旺塑料包装有限公司
地址：佛山市高明区杨和镇桃花街1号（A车间）
…………………… Tel：0757-88800080
佛山市高明金盾恒业电脑特种印刷有限公司
地址：佛山市高明区杨和镇银杏路2号
…………………… Tel：0757-88859229
广东兴泽印刷包装机械有限公司
地址：佛山市南海区大沥镇盐步东秀碧华村农场路1号首层A27-A28商铺（住所申报）
…………………… Tel：0757-89391338
肇庆市造纸厂
地址：肇庆市端州区建设三路七号之一三楼2室
…………………… Tel：0758-2232716
肇庆市海力宝彩色印刷有限公司
地址：广东省肇庆市鼎湖区莲花镇
…………………… Tel：0758-2237208
广东肇庆嘉隆包装机械集团有限公司
地址：广东省端州区三榕开发区、迎宾大道北、云桂路东（即站港北路）
…………………… Tel：0758-2261332
广东省肇庆新华印刷有限公司地址：肇庆市芹田路五幢六号第九层12至28号房
…………………… Tel：0758-2261182
肇庆市爱克发图文快印制版有限公司
地址：肇庆市工农北路35号首层
…………………… Tel：0758-2278433
肇庆市金辉印刷机械有限公司
地址：肇庆市端州区127区端州一路科技工业园内B幢
…………………… Tel：0758-2727006
肇庆市泰隆包装机械有限公司
地址：肇庆市三榕开发区迎宾大道北、云桂路东
…………………… Tel：0758-2862446
四会市宝新纸品制造有限公司
地址：四会市龙甫镇燕岭村委会大岗咀村
…………………… Tel：13929835613
广东奥瑞金包装有限公司
地址：肇庆市高新区凤岗工业园科技大街9号
…………………… Tel：0758-3603260
肇庆美艺印刷包装有限公司
地址：肇庆市高新区迎宾大道36号东莞市联盛实业有限公司厂房
…………………… Tel：0758-3625688
肇庆市江帆印刷发展有限公司
地址：肇庆市高新区豪成实业有限公司厂房3第一、二层
…………………… Tel：0758-3626626
肇庆市飞鸿纸品制造有限公司
地址：肇庆高新区龙王庙大道康泰街5号（广东锦泰电器有限公司）厂房四D
…………………… Tel：13929806869
肇庆佳旺纸品包装有限公司
地址：肇庆市高新技术产业开发区
…………………… Tel：0758-3638557
肇庆市高要区万通造纸有限公司
地址：肇庆市高要区禄步镇墟头
…………………… Tel：13925940015
广宁县顺盈造纸厂
地址：浏阳市澄潭江镇槐树村东风组浏阳市澄潭江造纸厂公房
…………………… Tel：0758-8829388
广宁县五和镇汇圣造纸厂
地址：广宁县五和镇镇源村（原镇办玻璃马赛克厂）（广宁县五和镇粤彩造纸厂厂房之一）
…………………… Tel：13560903132
湛江新华安包装印刷有限公司
地址：湛江市椹川大道中41号
…………………… Tel：0759-2301570
广东欧海造纸科技有限公司
地址：湛江市霞山区椹川大道中86号（704地质队对面）楼房一楼
…………………… Tel：0759-2609226
遂溪县佳诚包装有限公司
地址：遂溪县岭北镇国道207线南（A车间）
…………………… Tel：0759-2708672
湛江市伟龙制版有限公司
地址：湛江市赤坎区寸金路43号之3
…………………… Tel：0759-3194180
湛江黄金海岸印务有限公司
地址：湛江市赤坎区调顺路78号
…………………… Tel：0759-3219311
湛江合盈包装实业有限公司
地址：湛江开发区水平南路2号湛江百事可乐饮料有限公司主车间
…………………… Tel：0759-3237888
湛江卷烟包装材料印刷有限公司
地址：湛江市椹川大道北33号
…………………… Tel：0759-3286726
湛江卷烟包装材料印刷有限公司
地址：湛江市椹川大道北33号
…………………… Tel：0759-3286726
湛江市麻章佳诚彩盒包装有限公司
地址：湛江市麻章区金川路16号
…………………… Tel：0759-3320933
湛江京大包装印务有限公司
地址：湛江市赤坎区农林二路7号
…………………… Tel：0759-3360301
湛江包装材料企业有限公司
地址：湛江经济技术开发区人民大道中路63号
…………………… Tel：0759-3377996
湛江飞鹏尧丰房地产开发有限公司
地址：湛江市赤坎区双港路8号
…………………… Tel：0759-3386222
湛江飞鹏尧丰房地产开发有限公司
地址：湛江市赤坎区双港路8号
…………………… Tel：0759-3386222
湛江彩帆分色制版有限公司
地址：湛江市赤坎区寸金路47号饭堂之一
…………………… Tel：0759-3389990
湛江市天采分色制版有限公司
地址：湛江市赤坎区跃进路16号之一、之二
…………………… Tel：0759-3389990
湛江市麻章区恒荣包装印刷有限公司
地址：湛江市麻章区经济开发试验区三佰洋工业区金园一横路
…………………… Tel：0759-3621001
吴川市海滨中南塑料彩印制版厂
地址：吴川市梅录街道人民东路南96号
…………………… Tel：0759-5550458
吴川市梅录南方印刷制版厂
地址：吴川市梅录镇广沿路
…………………… Tel：0759-5563505
廉江市银海印刷有限公司
地址：廉江市九洲江大道中638号内
…………………… Tel：0759-6632208
廉江市塘蓬造纸厂
地址：塘蓬镇矮车
…………………… Tel：13726927558
廉江市环球机械实业有限公司地址：廉江市横山便民路
…………………… Tel：0759-6798058
廉江市安铺源泉造纸厂
地址：廉江市安铺沙砖厂内
…………………… Tel：0759-6847588
广东省遂溪县嘉畅造纸厂
地址：遂溪县新桥糖厂内
…………………… Tel：0759-7738258
中山市小榄镇思华菲林制版服务部
地址：中山市小榄镇九洲基合丰东街1号地铺
…………………… Tel：0760-22122264
中山德信彩色印刷有限公司
地址：广东省中山市小榄镇福兴顺祥路
…………………… Tel：0760-22186171
中山市振鸿包装科技有限公司
地址：中山市三角镇高平大道105号A栋
…………………… Tel：0760-22211337
正业包装（中山）有限公司
地址：中山市东升镇东成路126号
…………………… Tel：0760-22221355
中山市迅利锋印刷设备进出口贸易有限公司
地址：中山市东升镇葵兴大道葵和街二巷5号底层第二卡
…………………… Tel：13016382386
中山永宁包装薄膜制品有限公司
地址：广东省中山市小榄镇永宁工业北路88号
…………………… Tel：0760-22256699
中山市小榄镇朗戈制版中心
地址：中山市小榄镇西区创建东三路1号
…………………… Tel：0760-22262829
中山市美图制版有限公司
地址：中山市小榄镇永宁赤沙路5号之一首层第7卡
…………………… Tel：0760-22281116
中山市协力包装制品有限公司
地址：中山市横栏镇宝裕村中横大道
…………………… Tel：0760-22363202
中山乐宜嘉拎包入住装饰设计工程有限公司
地址：中山市南头镇丰硕路45号二层之一
…………………… Tel：0760-22511307
广东金玛印刷机械有限公司
地址：蒙阴县联城乡驻地
…………………… Tel：0760-22600226
广东精威智能机器有限公司
地址：中山市阜沙镇振联路34号
…………………… Tel：0760-22629212
中山市东升镇金成复合纸类印刷有限公司
地址：中山市东升镇同兴西路65号
…………………… Tel：0760-22829997
中山市爱达森制版有限公司
地址：中山市南头镇同济西路23号（宏基工业城一期3栋302房之一、401房、402房）
…………………… Tel：0760-23112228
中山国艺纸品包装印刷有限公司
地址：中山市民众镇锦标村锦丰路3号厂房三层
…………………… Tel：0760-23116363
中山太洋人丰电子制版有限公司
地址：广东省中山市南头镇将军村南三公路侧
…………………… Tel：0760-23133996
中山万华印刷有限公司
地址：中山市东升镇同兴西路39、41号
…………………… Tel：0760-23371231
中山松德印刷机械有限公司
地址：中山市南头镇东福北路35号第一栋
…………………… Tel：0760-23380388
中山市森宝纸业制造有限公司
地址：中山市三角镇沙栏东路15号
…………………… Tel：0760-23389383
中山欧华彩印包装有限公司
地址：中山市阜沙镇阜沙工业园
…………………… Tel：0760-23404137
中山欧华彩印包装有限公司
地址：中山市阜沙镇阜沙工业园
…………………… Tel：0760-23404137
广东优盛数字制版有限公司
地址：中山市火炬开发区明珠路3号之一
…………………… Tel：0760-23781188
中山汉洲科技实业有限公司
地址：中山市火炬开发区东镇东二路20号
…………………… Tel：0760-23898888
中山市联昇印刷有限公司
地址：中山市坦洲镇永源路4号B栋第一层
…………………… Tel：0760-6212086
中山卡奇纸品包装印刷有限公司
地址：广东省中山市民众镇锦标村
…………………… Tel：0760-85161688
中山卡奇纸品包装印刷有限公司
地址：广东省中山市民众镇锦标村
…………………… Tel：0760-85161688
中山广扬包装材料有限公司
地址：中山市民众镇新伦村宏昌工业城
…………………… Tel：0760-85168689
中山中健环保包装股份有限公司
地址：中山市南朗镇关塘村东桠
…………………… Tel：0760-85282831
中荣印刷集团股份有限公司

地址：中山市火炬开发区沿江东三路28号
……………………Tel：0760-85283388

中山中荣印刷包装制品有限公司
地址：中山市火炬开发区张家边逸仙工业区明珠路1号二楼
……………………Tel：0760-85283388

广东欧亚包装有限公司
地址：广东省中山市火炬开发区国家健康科技产业基地雅柏南路5号
……………………Tel：0760-85288590

中山市美捷时包装制品有限公司
地址：广东省中山市火炬开发区健康路21号
……………………Tel：0760-85310888

中山东运制版有限公司
地址：广东省中山市火炬开发区张家边第一工业区
……………………Tel：0760-85331618

中山印艺制版有限公司
地址：中山市港口镇港口大道18号之三3楼B卡
……………………Tel：0760-85338352

中山市新艺达制版有限公司
地址：中山市黄圃镇马新工业区横石路22号厂房3首层第2卡
……………………Tel：0760-85402827

中山市富日印刷材料有限公司
地址：中山市民众镇沙仔行政村平一路28号
……………………Tel：0760-85558277

昇兴（中山）包装有限公司
地址：中山市翠亨新区和耀路13号
……………………Tel：0760-85573666

中山鸿兴印刷包装有限公司
地址：广东省中山市火炬开发区逸仙路20号之1
……………………Tel：0760-85597288

中山南益纸品包装有限公司
地址：中山市火炬开发区逸仙路18号
……………………Tel：0760-85597288

中山鸿兴印刷包装有限公司
地址：广东省中山市火炬开发区逸仙路20号之1
……………………Tel：0760-85597288

中山同兴包装有限公司
地址：中山市南朗镇第二工业区
……………………Tel：0760-85599399

中山大崎印刷材料有限公司
地址：广东省中山市民众镇接源工业村
……………………Tel：0760-85600981

亚之彩印刷（中山）有限公司
地址：中山市三乡镇前陇工业区嘉华路38号（住所申报）
……………………Tel：0760-85888361

广东彩乐智能包装科技有限公司
地址：中山市神湾镇光辉路6号
……………………Tel：0760-85891999

中山兴华印刷有限公司
地址：广东省中山市神湾镇彩虹路
……………………Tel：0760-8600888

祥恒（中山）包装有限公司
地址：中山市神湾镇海港村港业路5号
……………………Tel：0760-86609329

中山达跃彩印包装有限公司
地址：广东省中山市坦洲镇第三工业区
……………………Tel：0760-86657588

中山华励包装有限公司
地址：中山市坦洲镇龙塘一路26号厂房首层A区
……………………Tel：0760-86659513

中山华力包装有限公司
地址：中山市坦洲镇第三工业区
……………………Tel：0760-86659515

中山市三龙印刷有限公司
地址：中山市三乡镇鸦岗三洲工业大街二巷10号
……………………Tel：0760-86695000

中山天彩包装有限公司
地址：中山市火炬开发区逸仙路28号
……………………Tel：0760-86900888

中山市乐泰纸箱制造有限公司
地址：中山市大涌镇兴涌路（中山华裕工艺制品有限公司内19区）
……………………Tel：18928162456

中山联合鸿兴造纸有限公司
地址：广东省中山市沙溪镇105国道中山三桥侧
……………………Tel：0760-87796524

中山市怡信包装制品有限公司
地址：中山市坦洲镇火炬路4号之一的首层B区
……………………Tel：0760-87927150

广东中顺包装实业有限公司
地址：中山市翠亨新区翠澜道32号
……………………Tel：0760-87953599

中山伟丰印刷实业有限公司
地址：中山市火炬开发区得能西路6号第一层
……………………Tel：0760-88281188

中山联美印刷有限公司
地址：中山市火炬开发区神涌村大家围工业园70号3-4层
……………………Tel：18925371993

祥富（中山）塑料薄膜包装有限公司
地址：广东省中山市火炬开发区中山六路180号
……………………Tel：0760-88286863

海卓尔印刷材料（中山）有限公司
地址：中山市火炬开发区金通街3号1楼之一卡、3楼之一卡
……………………Tel：0760-88299080

安姆科软包装（中山）有限公司
地址：广东省中山市东区长江北路北段白沙湾工业园
……………………Tel：0760-88322298

中山市伟鑫实业有限公司
地址：中山市三角镇三鑫路126号
……………………Tel：0760-88365109

中山市利德包装材料有限公司
地址：中山市翠亨新区翠澜道利德厂房
……………………Tel：0760-88855956

中山市恒源纸品制造有限公司
地址：中山市板芙镇湖洲村板芙北路53号D区
……………………Tel：0760-88890456

中山市长健医用包装材料有限公司
地址：中山市火炬开发区广济西路1号
……………………Tel：0760-88985068

中山市志朗包装印刷有限公司
地址：中山市东凤镇民乐社区同吉路同兴工业区5座
……………………Tel：0760-89760289

中山市奥博精密科技有限公司
地址：中山市火炬开发区联鸿路15号；增设一处经营场所具体为：中山市火炬开发区展兴路6号之六
……………………Tel：0760-89933818

联兴食品药品造纸（韶关）有限公司
地址：始兴县太平镇瑶村凹
……………………Tel：0761-3330223

威利印刷（河源）有限公司
地址：广东省河源市高埔工业园高埔路8号
……………………Tel：0762-3213228

河源市东日纸品制造有限公司
地址：广东省河源市新塘工业区3号
……………………Tel：0762-3122226

东莞市建伟商贸有限公司
地址：东莞市南城区元美路财富广场A座401号
……………………Tel：0762-3386270

河源市鑫发纸箱制造有限公司
地址：河源市源城区白岭头下村1号后面
……………………Tel：0762-3394448

荣华印刷包装（河源）有限公司
地址：河源市高新技术开发区科五路南边兴工路东边（厂房A1、A2栋）
……………………Tel：0762-3600083

河源豪劲塑胶包装制品有限公司
地址：河源市高新技术开发区科技7路3号（厂房五栋）
……………………Tel：0762-3600333

欧华包装设备（河源）有限公司
地址：河源市高新技术开发区九塘路西边、高新二路北面（欧华包装科技园）
……………………Tel：0762-3601535

广东金宣发包装科技有限公司
地址：河源市高新技术开发区内科五路南边、科六路北边、滨江大道西边（多层厂房B1栋、D1栋）
……………………Tel：0762-3918681

瑞通包装工业（河源）有限公司
地址：河源市江东新区临江工业园迎客大道南瑞通路1号
……………………Tel：0762-7250069

河源市厚威包装有限公司
地址：紫金县临江工业园工业三路
……………………Tel：0762-7266338

东源县东亿纸品制造有限公司
地址：东源县蝴蝶岭工业城广东省（东源）水库移民双转移示范基地E栋
……………………Tel：0762-8819968

河源市理想工业印刷有限公司
地址：河源市源城区龙岭工业园龙岭一路
……………………Tel：0762-8928118

三耀（英德）礼品包装有限公司
地址：英德市英城金子山一号路南、北江二号路东
……………………Tel：0763-2200920

亮明（英德）包装装潢有限公司
地址：英德市东华镇英东工业项目区4号厂房
……………………Tel：0763-2630668

清远恒益包装有限公司
地址：清远市佛冈县人民政府行政服务中心一楼117室（仅限筹建办公）
……………………Tel：0763-3172788

清远市清城区横荷辉宏纸箱设计制版经营部
地址：清远市经济开发区1号小区
……………………Tel：0763-3485760

中大印刷（清远）有限公司
地址：清远市清城区源潭镇东坑村委会A区（银英公路旁）
……………………Tel：0763-3867839

雅大印刷（清远）有限公司地址：清远市清城区源潭镇东坑村委会B区（银英公路旁）
……………………Tel：18926652134

世捷包装制品（清远）有限公司
地址：清远高新技术产业开发区龙河路26号之一
……………………Tel：0763-3996777

宏仝食品包装（清新）有限公司
地址：清远市清新区太平镇盈富工业园M-05B号
……………………Tel：0763-5383698

连州市联发造纸有限公司
地址：连州市河南路1号
……………………Tel：0763-6611138

慕达包装工业（清远）有限公司
地址：清远市龙腾工业开发区九号区
……………………Tel：0763-6816098

荣华（清远）柯式印刷有限公司
地址：清远市清城区高桥镇荣华包装工业城
……………………Tel：0763-6897222

广东通力定造股份有限公司
地址：新兴县天堂镇新营
……………………Tel：0766-2262736

新兴县兴民造纸厂有限公司
地址：新兴县车岗镇棉花墩
……………………Tel：0766-2386198

广东晋泽科技有限公司
地址：潮州市中山（潮州）产业转移工业园径南分园JN06-09-2地块（C幢厂房）
……………………Tel：0768-2217777

潮州市彩星印刷有限公司
地址：广东省潮州市枫春路对外加工区
……………………Tel：0768-2262609

广东新宏泽包装股份有限公司
地址：广东省潮州市潮州大道北片工业区北站二路宏泽工业园
……………………Tel：0768-2399010

广东西荣文化科技有限公司
地址：广东省潮州市二期工业园区靠兴工北路东侧
……………………Tel：0768-2853318

潮州市潮安区凤塘镇永财造纸厂
地址：潮州市潮安区凤塘镇玉窖村老虎港片
……………………Tel：13502505198

潮州市潮安区强盛彩印制版有限公司
地址：潮州市潮安区东凤镇东仙路中段（洋东工业区）
……………………Tel：0768-5420512

潮州市潮安区标致印刷包装有限公司
地址：潮州市潮安区庵埠经济开发区东区
……………………Tel：0768-5811182

广东爱丽斯包装有限公司
地址：潮州市潮安区潮安大道与仙埠路交界处西北侧
……………………Tel：0768-5812805

潮州市潮安区华伟制版有限公司郭三分公司
地址：潮州市潮安区庵埠镇郭三工业区（原汾煌工业城）
……………………Tel：0768-5815301

潮州市山宏印刷有限公司
地址：广东省潮州市潮安区庵埠经济开发区A片
……………………Tel：0768-5816905

潮州市潮安区溜龙制版厂
地址：潮州市潮安区庵埠镇溜龙村火车沟
……………………Tel：0768-5817815

广东光阳制版科技股份有限公司
地址：广东省潮州市潮安区庵埠镇砚前村砚沟路6号
……………………Tel：0768-5890171

潮州市潮安区华伟制版有限公司
地址：潮州市潮安区庵埠镇庵凤路75号
……………………Tel：0768-5890171

潮州市宏图印刷有限公司
地址：潮州市潮安区庵埠镇宝陇东洋工业区
……………………Tel：0768-5916068

潮州市彩达制版有限公司
地址：广东省潮州市潮安区庵埠镇霞露工业新区
……………………Tel：0768-5920826

潮州市长江投资有限公司
地址：潮州市潮安区庵埠霞路陇下工业区
……………………Tel：0768-5921708

潮州市瑞虹印刷有限公司
地址：潮州市潮安区庵埠砚前工业区
……………………Tel：0768-5921787

潮州市潮安区亿林制版有限公司
地址：潮州市潮安区庵埠镇霞露南干渠一道一路20号
……………………Tel：0768-5923669

广东科能印务有限公司
地址：潮州市潮安区庵埠大桥沙田片
……………………Tel：0768-5923765

潮州市潮安区庵埠砚前印刷制版厂
地址：潮州市潮安区庵埠镇砚前工业区
……………………Tel：0768-5924096

广东隆兴包装实业有限公司
地址：潮州市潮安区庵埠镇新潮汕公路梅林湖东侧
……………………Tel：0768-6621791

广东润德晖实业有限公司
地址：潮州市潮安区庵埠镇美乡工业区
……………………Tel：0768-6625999

潮州市潮安区庵埠联胜制版厂
地址：潮州市潮安区庵埠郭三工业区
……………………Tel：0768-6660333

广东铭丰包装材料有限公司地址：潮州市中山（潮州）产业转移工业园径南分园新旺路南侧的JN02-21-2地块厂房
……………………Tel：0768-86941389

潮州市安美制版有限公司
地址：潮州市潮安区庵埠镇大霞路潮安县南金厂内
……………………Tel：0768-6666238

潮州市安美制版有限公司制版生产车间
地址：潮州市潮安区庵埠镇亭厦村潮汕路大铁桥脚
……………………Tel：0768-6666238

潮州市美成印刷包装材料有限公司
地址：潮州市潮安区庵埠镇大霞路中段（潮州市长江投资有限公司西南侧）
……………………Tel：0768-6690032

潮州市潮安区新运城制版有限公司
地址：潮州市潮安区庵埠镇仙溪工业区
……………………Tel：0768-6971162

潮州市潮安区新权兴造纸有限公司
地址：潮州市潮安区凤塘镇和安村西溪
……………………Tel：0768-6993768

东莞东洋印刷制品有限公司
地址：东莞市南城区蛤地社区
……………………Tel：0769-21684090

东莞三昌柯式印刷厂有限公司
地址：东莞市虎门镇居岐村
……………………Tel：0769-21988601

东莞市宏展印刷有限公司地址：东莞市黄江镇板湖村同兴街2号
……………………Tel：0769-21991998

东莞市正本电分制版有限公司
地址：东莞市莞城可园路10号2C2

…………………… Tel：0769-22119878
东莞铭丰包装股份有限公司
地址：东莞市万江区严屋铭丰工业园
…………………… Tel：0769-22171188
东莞贯诚印刷制品有限公司
地址：东莞市万江区新村
…………………… Tel：0769-22171678
东莞嘉信印刷有限公司
地址：东莞市万江区水蛇涌村
…………………… Tel：14714937869
东莞市巷泉印刷有限公司
地址：东莞市东城区周屋工业区
…………………… Tel：0769-22201256
东莞市长丰制版印刷厂
地址：东莞市莞城区林科所工业区林业局2号厂房
…………………… Tel：0769-22203882
东莞新扬印刷有限公司
地址：广东省东莞市东城街道莞温路281号1栋101室
…………………… Tel：0769-22259209
东莞市东城星煌电分制版服务部
地址：东莞市东城区石井工业区莞樟路228号
…………………… Tel：0769-22266109
东莞市金通印刷有限公司
地址：东莞市东城区温塘樟村银岭工业园三路8号
…………………… Tel：0769-22268399
东莞威昌印刷有限公司
地址：广东省东莞市东城街道勿松路9号
…………………… Tel：0769-22293071
庆铨彩艺包装印刷（东莞）有限公司
地址：广东省东莞市东城街道东城光明工业一路13号3栋
…………………… Tel：0769-22293167
庆铨彩艺包装印刷（东莞）有限公司
地址：广东省东莞市东城街道东城光明工业一路13号3栋
…………………… Tel：0769-22293167
东莞市奥美印刷有限公司
地址：东莞市东城区樟村银岭工业园
…………………… Tel：0769-22294854
东莞市莞城汇盈电分制版部
地址：东莞市莞城可园南路三号金业机械厂内1号楼3楼
…………………… Tel：0769-22381486
东莞冠宏印刷有限公司
地址：东莞市南城白马村黄金工业区
…………………… Tel：0769-22407554
东莞利通包装有限公司
地址：东莞市南城区新基村
…………………… Tel：0769-22407910
东莞市联合储物包装材料有限公司
地址：东莞市企石镇清湖村清湖工业区
…………………… Tel：0769-22408680
东莞市印得好印刷有限公司
地址：东莞市东城街道温塘社区皂一（1）村工业3区沙冒岭1号
…………………… Tel：0769-22471690
东莞市众嘉印刷有限公司
地址：东莞市石碣镇桔洲荣华路48号
…………………… Tel：0769-22655775
极颖印刷制品（东莞）有限公司
地址：东莞市企石镇东山永发工业区
…………………… Tel：0769-22713688
东莞市永德利制版厂（普通合伙）
地址：东莞市万江区石美社区 杯二路2号
…………………… Tel：0769-22717752
东莞市信誉印刷有限公司
地址：东莞市南城区亨美水濂澎洞工业区C区
…………………… Tel：0769-22909139
广东添隆印刷科技有限公司
地址：广东省东莞市万江街道汾溪路426号2号楼301室
…………………… Tel：0769-22999248
东莞杉海实业有限公司
地址：东莞市桥头镇桥头社区巷头路7号三楼
…………………… Tel：0769-23035285
赛维精密科技（广东）股份有限公司
地址：东莞市东城区莞龙路下桥小康街十八号
…………………… Tel：0769-23068889
广东紫泉包装有限公司
地址：东莞市东城区科技工业园
…………………… Tel：0769-23161825
东莞慧达柯式印刷有限公司
地址：广东省东莞市黄江镇蔡美二路3号5栋101室
…………………… Tel：0769-23181888
东莞市凯东造纸材料有限公司
地址：东莞市南城区胜和路胜和商住广场D座8楼01号单元
…………………… Tel：13326881297
东莞市汇发实业有限公司
地址：广东省东莞市常平镇常马路581号1栋302室
…………………… Tel：0769-23397303
东莞德曼包装配件有限公司
地址：东莞市万江区新和创业园区
…………………… Tel：0769-23621277
广东亿安印刷科技实业有限公司
地址：东莞市万江区拔蛟窝社区文明路11号
…………………… Tel：18928291758
广东添嘉美印刷实业有限公司
地址：东莞市万江区蚬涌小海口南路二期一号三楼
…………………… Tel：0769-27220828
东莞市华印印刷有限公司
地址：广东省东莞市万江街道下亭工业街7号
…………………… Tel：0769-28632267
东莞市川渠造纸设备有限公司
地址：东莞市道 镇南丫村卫屋组横街七巷一号
…………………… Tel：18666434044
东莞市东明制版模具有限公司
地址：东莞市万江街道万江社区新河村新河街41号2楼
…………………… Tel：0769-33354383
东莞市华源包装股份有限公司
地址：东莞市茶山镇茶山村工业区
…………………… Tel：0769-33815552
东莞市广冠制版有限公司
地址：东莞市虎门镇路东社区新安大路31号A栋1楼
…………………… Tel：0769-38803280
东莞穗联包装制品有限公司
地址：东莞市凤岗镇天堂围村
…………………… Tel：0769-38834333
东莞市源新包装制品有限公司
地址：东莞市寮步镇药勒村寮浮路药勒段218号
…………………… Tel：0769-38837555
东莞市至美环保包装科技有限公司
地址：广东省东莞市桥头镇桥头桥东路南七街3号1号楼
…………………… Tel：0769-38851666
东莞市立和环保包装科技有限公司
地址：东莞市厚街镇涌口社区国泰路7号B栋
…………………… Tel：0769-38859331
广东嘉彩标签有限公司
地址：广东省东莞市清溪镇青滨东路105号力合紫荆智能制造中心18栋301室
…………………… Tel：15118219830
东莞长安霄边宏光印刷厂
地址：东莞市长安镇霄边村第二工业区
…………………… Tel：13602371191
台丰印刷电路板（东莞）有限公司
地址：东莞市常平镇岗梓工业区
…………………… Tel：0769-38895678
广东怡兴柯式印刷有限公司
地址：东莞市长安镇锦厦村工业区
…………………… Tel：0769-38898088
东莞巨鑫商标印刷有限公司
地址：东莞市东城区周屋工业区三环路
…………………… Tel：0769-38931866
东莞市润信环保包装科技有限公司
地址：广东省东莞市桥头镇桥头桥东路南六街5号1号楼101室
…………………… Tel：0769-38998111
东莞全一新材料科技有限公司
地址：东莞市厚街镇溪头村
…………………… Tel：0769-39002199
广东上运激光科技有限公司
地址：鹤山市工业城丰盛路6号
…………………… Tel：0769-39003828
东莞市大满包装实业有限公司
地址：东莞市东坑镇角社村八队信息产业园兴园路1号
…………………… Tel：0769-39005999
东莞霖群印刷有限公司地址：东莞市东城区温塘砖窑工业区三横路33号
…………………… Tel：13600279856
广东同画世界纸品印刷有限公司
地址：东莞市企石镇铁炉坑村振华工业区
…………………… Tel：0769-39028868
虎彩印艺股份有限公司
地址：广东省东莞市虎门镇厚虎路虎门段26号
……………………Tel：0769-5252189
东莞泰辉包装印刷有限公司
地址：东莞市桥头镇朗厦村华厦三环路1号
…………………… Tel：0769-81097993
东莞市富恒印刷有限公司
地址：东莞市横沥镇裕宁工业区维实东路10号
…………………… Tel：0769-81189862
广东正博精密印刷有限公司
地址：东莞市洪梅镇梅沙村
…………………… Tel：0769-81202128
东莞市仁利实业有限公司
地址：东莞市虎门镇怀德黄泥田工业区B栋
…………………… Tel：0769-81222878
东莞市道滘弘祥制版印刷器材店
地址：广东省东莞市道 镇阳光街五巷5号102室
…………………… Tel：0769-81235282
东莞市多荣造纸有限公司
地址：东莞市道 镇大鱼沙村十字洲
…………………… Tel：13580933773
东莞宏冠包装印刷科技有限公司
地址：东莞市清溪镇大埔村大埔工业园
…………………… Tel：0769-81289277
东莞斯道拉恩索正元包装有限公司
地址：东莞市高 镇冼沙村
…………………… Tel：0769-81306698
东莞斯道拉恩索正元包装有限公司
地址：东莞市高 镇冼沙村
…………………… Tel：0769-81306698
东莞市恒源造纸新材料有限公司
地址：广东省东莞市中堂镇南潢路359号
…………………… Tel：13809624273
东莞市时和利造纸有限公司
地址：广东省东莞市望牛墩镇望牛墩北环路66号2号楼
…………………… Tel：0769-81313628
斯默菲石东包装（东莞）有限公司
地址：东莞市道 镇南丫村卫屋组李洲角三路
…………………… Tel：0769-81331300
东莞市粤源包装有限公司
地址：东莞市洪梅镇洪屋涡村
…………………… Tel：0769-81336002
东莞艾科印刷科技有限公司
地址：东莞市长安镇上角新居路10号
…………………… Tel：0769-81363549
东莞合发包装制品有限公司
地址：东莞市沙田镇穗丰年村
…………………… Tel：0769-81563988
东莞市晨龙制版有限公司
地址：东莞市厚街镇三屯村西环路西上屯段21号
…………………… Tel：0769-81606209
东莞市特佳印刷有限公司
地址：广东省东莞市长安镇上角上南路284号1栋、2栋
…………………… Tel：18688698032
东莞市沙田造纸厂有限公司
地址：广东省东莞市沙田镇稔洲路312号110室
…………………… Tel：0769-81716268
广东金黄叶包装制品有限公司
地址：东莞市塘厦镇沙新路216A号
…………………… Tel：0769-81775077
东莞市沃顿印刷有限公司
地址：东莞市横沥镇三江工业区90、91、108号
…………………… Tel：0769-81831888
东莞市东盛印刷有限公司
地址：东莞市茶山镇增 村卢屋慧美科技园A栋一楼
…………………… Tel：0769-81859311
东莞华活印刷有限公司
地址：东莞市长安镇乌沙蔡屋第四工业区
…………………… Tel：0769-81882368
东莞福迈包装印刷有限公司
地址：东莞市塘厦镇林村西湖工业园二区179号
…………………… Tel：0769-82008888
东莞福迈包装印刷有限公司
地址：东莞市塘厦镇林村西湖工业园二区179号
…………………… Tel：0769-82008888
东莞和盈彩色印刷纸品有限公司
地址：东莞市黄江镇刁朗村金朗三街16号
…………………… Tel：0769-82056088
东莞市聚鑫印刷有限公司
地址：广东省东莞市塘厦镇上宝路31号4栋201室
…………………… Tel：0769-82070747
东莞市汇通印刷有限公司
地址：东莞市塘厦镇莆心湖商业街7号3楼
…………………… Tel：0769-82080272
东莞百通包装印刷科技有限公司
地址：广东省东莞市塘厦镇莆心湖商业街7号4栋402室
…………………… Tel：0769-82080272
东莞华南印刷有限公司
地址：东莞市清溪镇银坑工业区
…………………… Tel：0769-82098706
东莞市泰富印刷有限公司
地址：东莞市谢岗镇赵林村金川工业区金川三路
…………………… Tel：0769-82111858
东莞市厚威包装科技股份有限公司
地址：广东省东莞市大朗镇大朗水新路233号101室
…………………… Tel：0769-82228878
东莞市名顺凹版包装制品有限公司
地址：东莞市黄江镇大 村富顺路8号D栋一、二、四楼
…………………… Tel：0769-82302668
广东佳景科技股份有限公司
地址：东莞市寮步镇石步工业区
…………………… Tel：0769-82318231
东莞冠力商标印刷有限公司
地址：东莞市横沥镇水边工业园
…………………… Tel：13713281987
东莞进景包装印刷有限公司
地址：东莞市桥头镇田新振兴路118号
…………………… Tel：0769-82368022
东莞市杭化哈利玛造纸化学品有限公司
地址：东莞市常平镇东部工业园常平园区第三小区（白花沥）纬四路11号
…………………… Tel：0769-82550101
东莞市东创纸品制造有限公司
地址：广东省东莞市常平镇朗洲商业路56号101室
…………………… Tel：0769-82601888
东莞市裕同包装科技有限公司
地址：广东省东莞市大岭山镇连环路32号1号楼
…………………… Tel：0769-82658999
东莞市常铮印刷机械设备有限公司
地址：东莞市塘厦镇平山沿塘路3号
…………………… Tel：0769-82684798
东莞宏阳印刷有限公司
地址：东莞市大岭山镇连平上高田村工业区
…………………… Tel：0769-82781899
东莞市利源实业有限公司
地址：东莞市凤岗镇油甘埔大窝工业一路28号厂房内二楼A区
…………………… Tel：0769-82908132
东莞奇妙包装有限公司
地址：广东省东莞市大朗镇象和二路39号
…………………… Tel：0769-83034888
东莞市金尚包装印刷有限公司
地址：东莞市大岭山镇大塘朗村湖畔工业区金立工业园内18＃厂房
…………………… Tel：0769-83050000
广东环宇包装有限公司
地址：广东省东莞市大岭山镇大岭山湖畔路11号18栋
…………………… Tel：0769-83050333
怡高纸品印刷（东莞）有限公司
地址：东莞市大朗镇象山工业园
…………………… Tel：0769-83123998
东莞市兴宇包装印刷科技有限公司
地址：东莞市茶山镇增 村卢屋慧美科技园A栋4楼
…………………… Tel：0769-83128133
东莞大朗黄草朗祥丰柯式纸品印刷厂

地址：东莞市大朗镇黄草朗村
…………………… Tel：0769-83136881

东莞中港祥丰印刷有限公司
地址：广东省东莞市大朗镇黄草朗美西路13号
…………………… Tel：0769-83136881

东莞三荣彩色印刷纸品有限公司
地址：东莞市大朗镇松木山村黄竹坑工业区
…………………… Tel：0769-83191858

东莞祺辉印刷制品厂
地址：东莞市寮步镇缪边村鸿利路10号
…………………… Tel：0769-83219199

东莞铭丰生物质科技有限公司
地址：东莞市万江区严屋铭丰工业区
…………………… Tel：0769-83288018

东莞日报印刷厂
地址：东莞市寮步镇金银岭开发区
…………………… Tel：0769-83301305

东莞力桥印刷纸品有限公司
地址：东莞市桥头镇朗厦村
…………………… Tel：0769-83344648

东莞利南包装材料印刷有限公司
地址：东莞市桥头镇田新村华兴工业区前进路16号
…………………… Tel：0769-83345411

东莞市振伟印刷纸品有限公司
地址：东莞市桥头镇朗厦村华厦一环路5号J栋
…………………… Tel：0769-83346808

东莞凯旋柯式印刷有限公司
地址：东莞市大岭山镇南区新村
…………………… Tel：0769-83354731

东莞高绮印刷有限公司
地址：东莞市大岭山镇杨屋第二工业区
…………………… Tel：0769-83355498

东莞昌明印刷有限公司
地址：广东省东莞市大岭山镇大岭山大龙路41号之二
…………………… Tel：0769-83356851

东莞日美镭射印刷有限公司
地址：东莞市大岭山镇矮岭　村创业一街7号
…………………… Tel：0769-83357281

东莞鸿远彩色印刷有限公司
地址：东莞市黄江镇鸡啼岗村
…………………… Tel：0769-83361075

东莞永生商标印刷有限公司
地址：东莞市东坑镇新门楼永生街19号
…………………… Tel：0769-83384008

东莞市汇林包装有限公司
地址：广东省东莞市桥头镇大康路20号2号楼
…………………… Tel：0769-83391966

东莞奇毅印刷有限公司
地址：东莞市常平镇漱新村盛景路
…………………… Tel：0769-83394190

东莞金杯印刷有限公司
地址：东莞市常平镇土塘村
…………………… Tel：0769-83394888

东莞运城制版有限公司
地址：东莞市常平镇火车站东侧
…………………… Tel：0769-83395297

东莞运城制版有限公司常平木　分公司
地址：东莞市常平镇木　村北环路
…………………… Tel：0769-83395297

东莞运城制版有限公司常平上坑分公司
地址：东莞市常平镇上坑村海关大道
…………………… Tel：0769-83395297

东莞金华印刷有限公司
地址：东莞市常平镇白石岗工业区
…………………… Tel：0769-83398868

东莞东韩包装制品有限公司
地址：东莞市桥头镇朗厦村华富路1街
…………………… Tel：0769-83420371

力嘉包装（东莞）有限公司
地址：东莞市桥头镇桥东路南五街68号
…………………… Tel：0769-83458161

东莞锦涛印刷有限公司
地址：东莞市黄江镇北岸村北岸一路18号
…………………… Tel：0769-83608168

东莞天富柯式印刷有限公司
地址：东莞市横沥镇三江工业区87栋
…………………… Tel：0769-83718608

利景（东莞）包装印刷有限公司
地址：广东省东莞市横沥镇村尾振兴二路1号
…………………… Tel：0769-83721698

东莞忠信印刷有限公司
地址：东莞市横沥镇隔坑沿江工业区
…………………… Tel：0769-83725317

中宏包装制品（东莞）有限公司
地址：广东省东莞市横沥镇山厦工业区路5号1号楼201室
…………………… Tel：0769-83729676

伟邦印刷（东莞）有限公司
地址：东莞市横沥镇村尾村
…………………… Tel：0769-83733123

东莞柏力彩色印刷纸品有限公司
地址：东莞市横沥镇三江工业区
…………………… Tel：0769-83791191

东莞稳健印刷有限公司
地址：东莞市横沥镇水边工业区
…………………… Tel：0769-83795333

广东东运科技印刷设备有限公司
地址：广东省东莞市常平镇环常西路129号
…………………… Tel：0769-83820136

东莞市源美印刷有限公司
地址：东莞市寮步镇西溪村大进工业园芦溪二路51号一楼
…………………… Tel：0769-83865257

东莞市舜蒲印刷器材有限公司
地址：盐城市世纪大道21号市行政中心办公大楼二楼219、228室
…………………… Tel：0769-83994888

东莞市濠富印刷制品有限公司
地址：东莞市厚街镇寮厦村竹园路33号
…………………… Tel：0769-85050090

东莞市厚街彩捷印刷制版输出服务部
地址：东莞市厚街镇厚街村西环路229号
…………………… Tel：0769-85056617

东莞市利高印刷科技有限公司
地址：东莞市厚街镇环冈社区湖景大道高新科技园华瑞路28号鼎昊产业园A栋
…………………… Tel：0769-85086890

广东恒业包装有限公司
地址：东莞市长安镇建安路378号
…………………… Tel：0769-85099366

东莞恒业印刷制品有限公司
地址：广东省东莞市长安镇厦岗村复兴工业园
…………………… Tel：0769-85099366

高技（东莞）印刷包装厂有限公司
地址：东莞市虎门镇大宁村
…………………… Tel：0769-85111343

高技（东莞）印刷包装厂有限公司
地址：东莞市虎门镇大宁村
…………………… Tel：0769-85111343

广东顺通彩色印刷科技有限公司
地址：东莞市虎门镇小捷　村沙田工业区A幢
…………………… Tel：13809826301

东莞玮祥包装材料有限公司
地址：东莞市长安镇沙头南区靖海西路97号2楼
…………………… Tel：0769-85315226

东莞特式印刷制品有限公司
地址：东莞市长安镇振安路乌沙路段大新围工业区
…………………… Tel：0769-85322928

东莞明泰彩色包装印刷有限公司
地址：东莞市长安镇涌头社区海怡路11号
…………………… Tel：0769-85326668

东莞明泰彩色包装印刷有限公司
地址：东莞市长安镇涌头社区海怡路11号
…………………… Tel：0769-85326668

科士达印刷（东莞）有限公司
地址：东莞市长安镇振安工业园
…………………… Tel：0769-85332338

东莞至专光栅印刷有限公司
地址：广东省东莞市塘厦镇莆心湖商业街7号4栋402室
…………………… Tel：0769-85372000

东莞长安厦岗兴年印刷有限公司
地址：东莞市长安镇厦岗工业区
…………………… Tel：0769-85411218

东莞立基柯式印刷有限公司
地址：东莞市企石镇南坑村
…………………… Tel：0769-85413218

东莞明和印刷制品有限公司
地址：东莞市长安镇新民社区新民路34号
…………………… Tel：0769-85419198

东莞亿利纸品印刷有限公司
地址：广东省东莞市虎门镇虎门环岛路7号2栋
…………………… Tel：0769-85500366

东莞台联包装有限公司
地址：东莞市长安镇霄边社区第二工业区
…………………… Tel：0769-85532958

东莞市千代田印刷有限公司
地址：东莞市长安镇新安社区新福街东一巷56号二楼
…………………… Tel：0769-85533948

东莞利民金印纸品印刷有限公司
地址：东莞市长安镇振安西路267号
…………………… Tel：0769-85536010

东莞横滨商标印刷有限公司
地址：东莞市长安镇乌沙第六工业区
…………………… Tel：0769-85540111

东莞长安金科印刷纸品厂
地址：东莞市长安镇厦边社区S358道1760号
…………………… Tel：0769-85542383

东莞卓洲印刷制品有限公司
地址：东莞市长安镇涌头社区沿海路6号A3幢
…………………… Tel：0769-85544245

东莞东溢印刷制品有限公司
地址：东莞市长安镇上沙村第四工业区
…………………… Tel：0769-85544991

东莞创建印刷有限公司
地址：东莞市长安镇乌沙村
…………………… Tel：0769-85549340

东莞美林印刷有限公司
地址：东莞市虎门镇村头村团结大道26号
…………………… Tel：13326889882

东莞大昌印刷有限公司
地址：东莞市虎门镇大宁村
…………………… Tel：0769-85551532

东莞富采包装制品有限公司
地址：东莞市虎门镇大宁村创业路37号
…………………… Tel：0769-85551972

东莞虎门拔萃印刷纸品有限公司
地址：东莞市虎门镇赤岗村
…………………… Tel：0769-85552713

东莞东平彩印包装有限公司
地址：东莞市虎门镇居岐管理区怀德路276号
…………………… Tel：0769-85555615

东莞市林泰印刷有限公司
地址：东莞市虎门镇赤岗社区背底垅一座厂房1楼
…………………… Tel：0769-85558711

东莞市合力印刷有限公司
地址：东莞市厚街镇白濠第二工业区
…………………… Tel：0769-85599488

东莞新力包装有限公司
地址：东莞市大岭山镇工业园
…………………… Tel：0769-85625222

东莞新洲印刷有限公司
地址：东莞市大岭山镇大岭山科技工业园
…………………… Tel：0769-85625222

东莞市中成达印刷有限公司
地址：广东省东莞市石排镇沙角金沙东路258号1号楼501室
…………………… Tel：0769-85627997

利丰雅高包装印刷（东莞）有限公司
地址：东莞市大岭山镇金桔村
…………………… Tel：0769-85630000

利丰雅高包装印刷（东莞）有限公司
地址：东莞市大岭山镇金桔村
…………………… Tel：0769-85630000

东莞智盛彩色印刷有限公司
地址：东莞市厚街镇三屯村西环路上屯路段联达工业园C栋
…………………… Tel：0769-85882539

东莞市卓铭印刷有限公司
地址：肥城市老城工业园
…………………… Tel：0769-85983102

东莞宝隆包装技术开发有限公司
地址：东莞市清溪镇九乡村东风路
…………………… Tel：0769-86003537

东莞杰福瑞包装印刷有限公司
地址：广东省东莞市虎门镇南栅村
…………………… Tel：0769-86099000

东莞伟图纸品印刷有限公司
地址：东莞市茶山镇刘黄第六工业区
…………………… Tel：0769-86175888

东莞市顺丰纸品制造有限公司
地址：广东省东莞市茶山镇刘黄工业三路3号
…………………… Tel：0769-86176968

东莞市石碣万成制版丝印材料经营部
地址：东莞市石碣镇刘屋甲塘三街8号
…………………… Tel：0769-86338968

东莞市东方彩色包装印刷有限公司
地址：东莞市石碣镇西南工业区
…………………… Tel：0769-86361688

东莞市卓彩印刷有限公司
地址：东莞市石碣镇科技中路同仁街
…………………… Tel：0769-86379390

东莞晨光印刷有限公司
地址：东莞市石排镇埔心村
…………………… Tel：0769-86551928

东莞顺益纸品制造有限公司
地址：东莞市茶山镇刘黄村
…………………… Tel：0769-86176968

东莞协合彩色印刷有限公司
地址：东莞市企石镇振华工业区
…………………… Tel：0769-86660045

东莞新友联印刷制品有限公司
地址：广东省东莞市企石镇企石建设路138号1号楼201室
…………………… Tel：0769-86660595

东莞市星林印刷品有限公司
地址：东莞市企石镇南坑村旗峰工业区
…………………… Tel：0769-86766868

东莞源泰装饰贴面纸有限公司
地址：广东省东莞市凤岗镇凤岗金富路41号
…………………… Tel：0769-86806012

东莞恒峰永佳印刷有限公司
地址：东莞市茶山镇增　村卢屋工业区
…………………… Tel：0769-86864331

东莞樟木头玖龙智能包装有限公司
地址：东莞市樟木头镇裕丰社区银丰工业区
…………………… Tel：0769-86907888

东莞伟峰纸品印刷有限公司
地址：广东省东莞市茶山镇茶山伟兴路55号101室
…………………… Tel：0769-86977068

东莞市赛图制版厂
地址：东莞市常平镇横江厦村二队9号
…………………… Tel：0769-86999980

广东博瑞医药包装印刷有限公司
地址：东莞市黄江镇梅塘社区观塘路1号闽泰科技园D栋
…………………… Tel：0769-87005618

东莞市捷达兴印刷有限公司
地址：东莞市寮步镇向西大岭下村同和路29号
…………………… Tel：0769-87099918

东莞市天虹纸品印刷有限公司
地址：东莞市樟木头镇樟洋社区富达工业区富达一路五号
…………………… Tel：0769-87185028

东莞合意印刷有限公司
地址：东莞市樟木头镇富达工业区
…………………… Tel：0769-87185180

东莞特想印象印刷有限公司
地址：广东省东莞市谢岗镇粤泰路2号1号楼101室
…………………… Tel：0769-87711961

东莞纳格西斯商标印刷有限公司
地址：东莞市横沥镇长田工业区新丽一期A厂
…………………… Tel：0769-87189966

东莞永进印刷有限公司
地址：东莞市樟木头镇金河社区银领工业区
…………………… Tel：0769-87198672

东莞艺嘉包装印刷有限公司
地址：东莞市塘厦镇科苑城科苑七路
…………………… Tel：0769-87296888

东莞荣辉印刷有限公司
地址：广东省东莞市清溪镇银兜一路2号1号楼
…………………… Tel：0769-87321128

东莞市凤岗鸿江菲林制版部
地址：东莞市凤岗镇油甘埔村乐富山工业区
…………………… Tel：0769-87500199

东莞嘉佑印刷有限公司
地址：东莞市谢岗镇大厚村大厚一路
…………………… Tel：0769-87633200

东莞东利印刷有限公司
地址：东莞市谢岗镇大厚村
…………………… Tel：0769-87637281

东莞大立印刷有限公司
地址：东莞市樟木头镇裕丰工业区
…………………… Tel：0769—87711706
东莞永洪印刷有限公司
地址：东莞市樟木头镇裕丰工业区
…………………… Tel：0769—87711961
东莞隽思印刷有限公司
地址：东莞市樟木头镇东山工业区
…………………… Tel：0769—87712112
东莞鸥海服装有限公司
地址：东莞市樟木头镇东山工业区
…………………… Tel：0769—87712112
东莞金龙印刷有限公司
地址：东莞市樟木头镇银河工业区
…………………… Tel：0769—87712333
显伟印刷（东莞）有限公司
地址：东莞市樟木头镇金河第三工业区
…………………… Tel：0769—87715442
永强印刷（东莞）有限公司
地址：东莞市塘厦镇石鼓村水龙路3号
…………………… Tel：0769—87723003
东莞新世纪印刷制品有限公司
地址：东莞市塘厦镇宏业工业区
…………………… Tel：0769—87727328
广东光辉印刷有限公司
地址：广东省东莞市清溪镇荔横角岭街8号
…………………… Tel：0769—87731793
东莞鸿亿印刷纸品有限公司
地址：东莞市凤岗镇黄洞村玉泉工业区
…………………… Tel：0769—87751919
东莞新丰印刷有限公司
地址：东莞市凤岗镇天堂围村
…………………… Tel：0769—87752030
东莞大诚日记印刷有限公司
地址：广东省东莞市凤岗镇凤岗凤清路7号
…………………… Tel：0769—87752044
亨泰印刷（广东）有限公司
地址：东莞市谢岗镇谢岗村
…………………… Tel：0769—87762649
东莞市丰业印刷有限公司
地址：广东省东莞市谢岗镇谢岗新城三路2号1栋201室
…………………… Tel：0769—87769581
东莞嘉晋印刷有限公司
地址：东莞市凤岗镇竹尾田村麻埔坳工业区
…………………… Tel：0769—87773701
东莞基利印刷有限公司
地址：广东省东莞市石碣镇水南新民街1号101室
…………………… Tel：0769—87791698
东莞协盈印刷有限公司
地址：东莞市谢岗镇大龙村华泰科技工业园
…………………… Tel：0769—87794670
东莞市天华创展印刷有限公司
地址：广东省东莞市凤岗镇龙平西路126号1号楼201室
…………………… Tel：0769—87862693
东莞市天图印刷有限公司
地址：东莞市塘厦镇横塘村新兴南工业区
…………………… Tel：0769—87883421
东莞塘厦林村联发印刷纸品有限公司
地址：东莞市塘厦镇林村里牙塘工业区105号
…………………… Tel：0769—87883818
东莞塘厦成利柯式印刷厂
地址：东莞市塘厦镇横塘村
…………………… Tel：0769—87888188
成利柯式印刷（东莞）有限公司
地址：东莞市塘厦镇横塘旺角路28号
…………………… Tel：0769—87888188
港龙包装制品（东莞）有限公司
地址：东莞市塘厦镇林村西湖工业区
…………………… Tel：0769—87903336
东莞键升印刷有限公司
地址：东莞市塘厦镇科苑城鹿乙一路1号
…………………… Tel：0769—87914549
东莞浩信印刷品有限公司
地址：东莞市常平镇袁山贝村小龙工业区思进路2号太古科技园A1栋1F—B区
…………………… Tel：0769—87914651
东莞市力德茜区创意设计有限公司
地址：东莞市塘厦镇田心村茶寮路
…………………… Tel：0769—87931405
东莞市佰诚印刷有限公司
地址：东莞市塘厦镇清湖头清凤路6号
…………………… Tel：13925771386
东莞华成环保包装科技股份有限公司
地址：东莞市塘厦镇石鼓村
…………………… Tel：0769—87988111
东莞欣茂印刷纸品有限公司
地址：东莞市塘厦镇诸佛岭社区178工业区民业街11号
…………………… Tel：0769—87989996
东莞市东泽造纸助剂有限公司
地址：广东省东莞市中堂镇下芦工业一路2号13栋101室
…………………… Tel：0769—88120190
东莞市兆丰造纸有限公司
地址：东莞市中堂镇槎　工业园
…………………… Tel：13424787187
东莞市华升造纸材料贸易有限公司
地址：广东省东莞市中堂镇北大州街四十一巷2号1栋206室
…………………… Tel：13538544638
东莞市中堂潢涌造纸企业发展公司
地址：广东省中山市火炬开发区中山港大道侧
…………………… Tel：0769—88183929
东莞市联晖造纸材料有限公司
地址：东莞市中堂镇潢涌村
…………………… Tel：0769—88186122
东莞市三力星造纸助剂有限公司
地址：东源县蝴蝶岭工业城广东省（东源）水库移民双转移示范基地E栋
…………………… Tel：0769—88187118
玖龙智能包装（东莞）有限公司
地址：东莞市麻涌镇麻二村
…………………… Tel：0769—88235388
东莞中兴造纸厂有限公司
地址：广东省东莞市道　镇道　北环西路4号
…………………… Tel：0769—88322218
东莞市宝华造纸有限公司
地址：东莞市道　镇南丫村
…………………… Tel：13537006611
东莞市道滘兴隆造纸厂有限公司
地址：东莞市道　镇南丫工业区
…………………… Tel：0769—88381933
东莞市大德彩色印刷有限公司
地址：东莞市道　镇南丫南阁工业区
…………………… Tel：0769—88386888
广东理文造纸有限公司
地址：东莞市洪梅镇河西工业区
…………………… Tel：0769—88432168
广东大宝祥旺纸品包装印刷有限公司
地址：东莞市洪梅镇台盈工业区
…………………… Tel：0769—88438822
广东大宝祥旺纸品包装印刷有限公司
地址：东莞市洪梅镇台盈工业区
…………………… Tel：0769—88438822
东莞市望牛墩奥东造纸原材料经营部
地址：寿光市台头镇大坨村
…………………… Tel：0769—88559522
东莞市裕同印刷包装有限公司
地址：东莞市东城街道东城科技工业园东科路27号
…………………… Tel：89950500
东莞市高埗镇凌屋造纸厂
地址：东莞市高　镇凌屋村管理区
…………………… Tel：88731699
东莞泰森印刷制品有限公司
地址：东莞市塘厦镇莲湖第三工业区宝源一路1号
…………………… Tel：0769—8875440
东莞勤达印刷有限公司
地址：东莞市长安镇德政中路64号
…………………… Tel：0769—88801300
东莞市中联纸业有限公司
地址：东莞市中堂镇江南大桥下
…………………… Tel：0769—88811357
东莞市鸿业造纸有限公司
地址：东莞市中堂镇下芦村大桥侧
…………………… Tel：88148484
东莞市汇隆特种纸业有限公司
地址：东莞市中堂镇经济开发区
…………………… Tel：0769—88817422
东莞市永安造纸有限公司
地址：广东省东莞市望牛墩镇上合路8号8号楼101室
…………………… Tel：0769—88818068
东莞市宝力造纸厂（普通合伙）
地址：广东省东莞市洪梅镇望沙路洪梅段28号
…………………… Tel：0769—88843378
东莞大宝杰松印刷有限公司
地址：东莞市洪梅镇台盈工业区
…………………… Tel：0769—8884488
东莞市望牛墩乔兴造纸厂
地址：东莞市望牛墩下漕管理区
…………………… Tel：0769—88852607
东莞市艺华电脑制版厂
地址：东莞市中堂镇北王路袁家涌一甲坊路口
…………………… Tel：0769—88881739
广东满贯包装有限公司
地址：东莞市中堂镇三涌
…………………… Tel：0769—88885536
东莞中堂新域高印刷厂
地址：东莞市中堂镇东泊村大新围
…………………… Tel：0769—88886888
东莞新域高印刷有限公司
地址：东莞市中堂镇东泊村大新围工业区
…………………… Tel：0769—88886888
东莞市建桦纸业股份有限公司
地址：东莞市中堂镇潢涌村
…………………… Tel：0769—88887988
东莞理文造纸厂有限公司
地址：东莞市中堂镇潢涌村
…………………… Tel：0769—88888168
东莞市鸿运包装印刷有限公司
地址：东莞市石排镇横山村上宝潭村小组
…………………… Tel：0769—88936668
东莞石华堂纸品印刷有限公司
地址：东莞市寮步镇牛杨村金钗路19号
…………………… Tel：0769—88951100
东莞锦隆印刷有限公司
地址：广东省东莞市东城街道砖窑四横路80号
…………………… Tel：0769—88981919
广东天元实业集团股份有限公司
地址：东莞市清溪镇松岗工业区上元路172号
…………………… Tel：0769—89151000
东莞高科达印刷有限公司
地址：东莞市横沥镇长田工业区新丽一期A厂
…………………… Tel：0769—89202352
丰耀包装印刷（东莞）有限公司
地址：东莞市道　镇南阁工业区
…………………… Tel：0769—89207798
丰耀包装印刷（东莞）有限公司
地址：东莞市道　镇南阁工业区
…………………… Tel：0769—89207798
东莞市东彩印刷包装有限公司
地址：广东省东莞市厚街镇厚街南环路49号1号楼101室
…………………… Tel：0769—89260666
东莞市东彩印刷包装有限公司
地址：广东省东莞市厚街镇厚街南环路49号1号楼101室
…………………… Tel：0769—89260666
东莞市利羽彩艺印刷有限公司
地址：东莞市东城区同沙工业区
…………………… Tel：0769—89285000
玖龙环球（东莞）智能包装有限公司
地址：广东省东莞市松山湖园区新城路12号
…………………… Tel：0769—89289999
东莞新航包装材料有限公司
地址：东莞市清溪镇银湖工业区
…………………… Tel：0769—89290688
森思（东莞）印刷有限公司
地址：东莞市谢岗镇银湖工业区银丰一路五号
…………………… Tel：0769—89291989
东莞日清包装有限公司
地址：广东省东莞市大朗镇利昌路2号101室
…………………… Tel：0769—89388099
东莞现代纸品印刷有限公司
地址：东莞市清溪镇银湖工业区
…………………… Tel：0769—89821200
东莞恒华印刷有限公司
地址：东莞市清溪镇银湖工业区
…………………… Tel：0769—89821895
广东高义包装印刷有限公司
地址：东莞市东坑镇角社村新村路维智工业园2栋
…………………… Tel：0769—89868333
广东高义包装印刷有限公司
地址：东莞市东坑镇角社村新村路维智工业园2栋
…………………… Tel：0769—89868333
东莞市上艺制版有限公司
地址：东莞市塘厦镇林村环村路298号二楼
…………………… Tel：0769—89893738
有余包装（东莞）有限公司
地址：东莞市望牛墩镇科技产业园
…………………… Tel：0769—89950000

广西壮族自治区

广西南国印刷有限责任公司
地址：南宁市兴宁区长　路五里１号
…………………… Tel：0771—2083516
广西日报社印刷厂
地址：长　路五里１号
…………………… Tel：0771—2083628
南宁诚意包装有限公司
地址：南宁市科园西十路１５号
…………………… Tel：0771—2311223
广西民族印刷包装集团有限公司
地址：南宁市西乡塘区高新三路１号
…………………… Tel：0771—2311510
广西民族印刷包装集团有限公司
地址：南宁市西乡塘区高新三路１号
…………………… Tel：0771—2311510
广西出版印刷物资有限公司
地址：南宁市西乡塘区高新三路1号
…………………… Tel：0771—2311510
广西大一迪美印刷有限公司
地址：南宁市高新三路1号
…………………… Tel：0771—2311510
广西民族包装有限责任公司
地址：广西—东盟经济技术开发区武华大道239号
…………………… Tel：0771—2311526
合浦英业造纸有限公司
地址：廉州镇东山寺（县石油公司背后）
…………………… Tel：15842063959
广西华塑集团有限公司
地址：防城港市港口区渔洲城工业园内
…………………… Tel：0771—2862398
南宁市文林纸品印刷有限责任公司
地址：南宁市邕武路２０号内六六水库旁
…………………… Tel：0771—3102677
南宁锦宏制版有限公司
地址：南宁市西乡塘区衡阳西路北一巷594号
…………………… Tel：0771—3112036
广西明派包装印刷有限公司
地址：南宁市西乡塘区高新大道东段１９号标准厂房综合楼西部第三层第五间
…………………… Tel：0771—3186563
广西明派包装印刷有限公司
地址：南宁市西乡塘区高新大道东段１９号标准厂房综合楼西部第三层第五间
…………………… Tel：0771—3186563
广西英顶科技集团有限公司
地址：南宁市西乡塘区滨河路5号中盟科技园3号楼1501号
…………………… Tel：0771—3187065
南宁市上英印刷有限责任公司
地址：南宁市高新区高新大道东段19号
…………………… Tel：0771—3187193
南宁九彩科技制版有限公司
地址：南宁高新区科园东五路1号
…………………… Tel：0771—3210368
南宁九彩科技制版有限公司包装分公司
地址：南宁市兴宁区三塘镇原九曲湾罐头食品厂内
…………………… Tel：0771—3218358
南宁东运制版有限公司
地址：南宁高新区工业园科园西十路２２号
…………………… Tel：0771—3222205
广西瑀田包装制品有限公司
地址：南宁市高新三路3号１５栋
…………………… Tel：0771—3228336
广西造纸学会
地址：南宁市大学东路100号
…………………… Tel：0771—3237097
广西造纸行业协会
地址：南宁市大学东路100号广西大学轻工与食品工程学院B—502

……Tel：0771－3237097

南宁市劲科印制版有限公司
地址：南宁市园湖南路１２－２号培训大楼５号楼
……Tel：0771－3301905

广西南宁方正天力彩色制版印刷有限责任公司
地址：南宁市东葛路99号华亿大厦三单元5楼509、511号
……Tel：0771－3306919

广西汇工印业有限公司
地址：南宁市高新区高新东二路1号
……Tel：0771－3312766

南宁市盛英印刷有限责任公司
地址：南宁高新区高新大道东段19号
……Tel：0771－3316863

广西上英印刷集团有限公司
地址：南宁市高新区高新大道东１９号
……Tel：0771－3316893

广西英顶建设集团有限公司
地址：南宁市西乡塘区高新大道东段19号标准厂房第五层528号
……Tel：0771－3395932

广西英顶建设集团有限公司
地址：南宁市西乡塘区高新大道东段19号标准厂房第五层528号
……Tel：0771－3395932

广西桂川民族印刷有限公司
地址：南宁市伊岭工业集中区B－109号标准厂房第一期工程项目15＃厂房
……Tel：0771－3800333

广西上好印刷物资有限公司
地址：南宁市高新大道东段1９号
……Tel：0771－3810661

南宁新阳兆紫商贸有限责任公司
地址：南宁市新阳北三路１８号
……Tel：0771－3832882

南宁七彩虹印刷机械有限责任公司
地址：南宁市高新大道西段９号
……Tel：0771－3899875

南宁市永旺印刷服务有限公司
地址：南宁市西乡塘区高新三路3号广西印刷工业城7号楼301号房
……Tel：0771－3911996

广西南宁如吉贸易有限公司
地址：南宁市秀厢大道99号南宁快速环道建材装饰机电批发市场综合1-25（1）号铺面
……Tel：0771－3957090

南宁市青秀区邕江造纸厂
地址：伶俐糖厂内
……Tel：0771－4266259

南宁美工科技制版有限公司
地址：南宁市开源路10号
……Tel：0771－4517485

南宁糖业股份有限公司蒲庙造纸厂
地址：南宁市邕宁区蒲庙镇
……Tel：0771－5464557

南宁市唯美成套设备有限公司
地址：中国（广西）自由贸易试验区南宁片区五象大道401号南宁航洋信和广场3号楼二十六层2601号办公
……Tel：15307869185

南宁市高岭造纸厂
地址：南宁市友谊路60号
……Tel：13768415780

广西汇彩印刷包装有限公司
地址：南宁市通源路8号皇氏食品标准厂房一期工程2号丁类标准厂房一层102、二层202、三层302号房
……Tel：0771－4866826

南宁糖业股份有限公司制糖造纸厂
地址：南宁市江南区星光大道36号
……Tel：0771－4912305

南宁市金美印刷包装有限公司
地址：南宁华侨投资区武华大道３６８号
……Tel：0771－5067113

南宁金海洋印刷制版有限责任公司
地址：南宁市东葛路２９－１号
……Tel：0771－5625381

广西壮族自治区造纸工业公司
地址：南宁市青秀区建政路４９号
……Tel：0771－5626369

广西金地科技有限公司
地址：南宁市建政东路８８号
……Tel：0771－5638867

广西机动车辆牌证制作有限公司
地址：南宁市望州路304号
……Tel：0771－5665926

广西志禾兴造纸设备有限公司
地址：南宁市大沙田开发区常乐一街97号
……Tel：18077786830

广西南宁梦笔印刷制版有限公司
地址：葛村路珉旖大厦Ｂ座７０７－７０８房
……Tel：0771－5861751

南宁市顺达印务有限公司
地址：南宁市葛麻路葛麻四队综合楼
……Tel：0771－5884245

广西天佳数字印刷有限公司
地址：南宁市青秀区民族大道９３号新兴大厦Ｂ栋１层１０３号商场
……Tel：0771－5889916

南宁轨道地产建筑工程有限责任公司
地址：南宁市民族大道１６８号翡翠园蓝青庭负一楼商铺１－６轴
……Tel：0771－5890240

广西南宁中健包装有限公司
地址：广西－东盟经济技术开发区里建大道6号
……Tel：0771－6036777

广西臻爽文化产业有限公司
地址：南宁市伊岭工业集中区B－109号标准厂房第一期工程项目14＃厂房
……Tel：0771－6319138

广西艾佳制版印业有限公司
地址：南宁市武鸣区双桥镇平陆村坛鼠地块（力海强达综合产业园１号楼Ｅ座４楼）
……Tel：0771－6319128

南宁彩帕纸品制造有限公司
地址：南宁市武鸣区双桥镇平陆村坛鼠地块（力海强达综合产业园１号楼Ｅ座３楼）
……Tel：0771－6319138

广西华杭制浆造纸设备工程有限公司
地址：南宁六景工业园区纬四路
……Tel：18276170766

广西横县六景北墨造纸厂
地址：横县六景镇北墨口
……Tel：0771－7265998

横县峦城造纸厂
地址：横县峦城镇五里亭
……Tel：13978769310

广西方圆彩印包装有限公司
地址：崇左市卜寨村（崇左市城市工业区投资建设有限公司）第3栋宿舍楼407房
……Tel：0771－7988869

南宁市中满贸易有限公司
地址：南宁市青秀区凤岭南路55号凤祥名居小区105号商铺、106号商铺
……Tel：0771－8065072

广西真龙天瑞彩印包装有限公司
地址：南宁市西乡塘区高新三路43号
……Tel：0771－8098983

宾阳县生宝造纸厂
地址：新桥镇民范古构村
……Tel：13788690808

宾阳县通用造纸厂
地址：宾阳县新桥镇古构村
……Tel：0771－8129686

广西凭祥恒凯造纸设备有限公司
地址：凭祥市北大路３０１号（万和福龙苑１１栋２单元３０３号）
……Tel：13978712721

柳州市育才印刷有限责任公司
地址：柳州市雒容镇华容路９号
……Tel：0772－2022222

广西易余康智能科技有限责任公司
地址：柳州市锦龙路1号锦绣龙城25栋一层商铺
……Tel：13907724041

柳州市彩之星印刷有限公司
地址：柳州市满堂路6号
……Tel：0772－2502978

柳州市瑞务印刷厂
地址：柳州市鱼峰区燕山南路3号
……Tel：0772－2551512

柳州市大力包装用品有限责任公司
地址：柳州北鹊路67号
……Tel：0772－2572255

广西壮族自治区柳江造纸厂
地址：柳州市郊洛埠
……Tel：0772－2697228

广西壮族自治区柳江造纸厂招待所
地址：柳州市郊洛埠（造纸厂生活区）
……Tel：13788129260

柳州市服泰纸业有限责任公司
地址：柳江造纸厂内
……Tel：13788129260

广西华盛集团露塘糖业有限责任公司
地址：柳州市柳南区洛满镇
……Tel：0772－2778354

广西国发林业造纸有限责任公司
地址：广西柳州市鱼峰区雒容镇
……Tel：0772－3015226

柳州多丽宝造纸化学品有限公司
地址：柳州市阳和工业新区春苑路西一巷２号二楼
……Tel：13367722688

柳州市金州纸箱制造有限公司
地址：柳州市柳北区沙塘农场一分场
……Tel：18177213589

广西来宾东糖造纸有限公司
地址：花桥镇经济开发区兆丰路18号1单元1506号房
……Tel：0772－4276666

柳州市永茂造纸厂
地址：柳州市雒容镇盘古村岩面屯65号
……Tel：0772－3180771

柳州市鹿寨佳利造纸厂
地址：鹿寨县鹿寨镇俄洲村俄滩屯马步路口
……Tel：13152520358

广西融安县华强精细化工厂（普通合伙）
地址：融安县长安镇五里亭１号（原融安机务段大院）
……Tel：0772－81222076

广西天力建设工程有限公司
地址：桂林市秀峰区骝马山北巷１８号
……Tel：0773－2105156

广西壮族自治区桂林第二造纸厂
地址：庭江路
……Tel：0773－2699320

桂林鸿瑞商务印刷有限公司
地址：桂林市高新信息产业园鸿瑞园Ｄ－９地
……Tel：0773－3119696

广西奥瑞金享源包装科技有限公司
地址：临桂县临桂镇秧塘工业园秧十八路标准厂房5＃楼
……Tel：0773－3661299

全州县北门原料收购部
地址：全州县全州镇前进村委尧家冲
……Tel：0773－4811482

桂林临桂远东彩印有限公司
地址：临桂县秧塘工业园临苏路口（四塘刘村）
……Tel：13517861718

广西广大印务有限责任公司
地址：临桂区秧塘工业园西城大道北侧（广西师范大学出版社创意产业园内）
……Tel：0773－5591581

桂林众盟印刷有限公司
地址：桂林市七星区环城二路屏风村委会第１组
……Tel：0773－5615858

桂林市顺发印刷制版有限公司
地址：桂林市穿山东路３１号
……Tel：0773－5812113

桂林会仙设计制版有限公司
地址：桂林市七星区桂林高新区信息产业园D－12号地块软件大厦一楼
……Tel：0773－5830186

桂林建设印刷有限公司
地址：桂林市七星区七星路一巷６号
……Tel：0773－5833548

广西方大印业集团有限公司
地址：桂林市崇信路４９号
……Tel：0773－5867689

桂林鑫源票证印刷有限公司
地址：桂林市桂磨大道北侧桂林国家高新区英才科技园Ａ区２４号
……Tel：0773－5867689

桂林众恒包装材料有限公司
地址：永福县苏桥镇干校旁（桂林苏桥工业园1＃标准厂房南楼）
……Tel：0773－5878112

兴安县三顺纸厂
地址：兴安县溶江镇革命街９５号
……Tel：0773－6052335

桂林奇峰纸业有限公司
地址：桂林市苏桥经济开发区苏桥工业园南北大道１２号
……Tel：0773－6935389

桂林市艺宇印刷包装有限公司
地址：广西桂林市永福县苏桥新区福龙工业区
……Tel：0773－8476818

桂林市艺宇印刷包装有限公司
地址：广西桂林市永福县苏桥新区福龙工业区
……Tel：0773－8476818

永福县白马造纸厂
地址：永福县桃城乡白马洲
……Tel：13768627955

桂林元峰包装有限公司
地址：广西桂林苏桥经济开发区福龙工业园
……Tel：0773－8658188

桂林金美印刷包装有限公司
地址：桂林市苏桥经济开发区福龙工业园
……Tel：0773－8658368

桂林金美印刷包装有限公司
地址：桂林市苏桥经济开发区福龙工业园
……Tel：0773－8658368

梧州市灵鹤造纸实业有限公司
地址：梧州市城东镇思扶村思扶冲锦冲口☆
……Tel：0774－2064878

梧州市骏泰纸类包装印刷有限公司
地址：梧州市工业大道2号
……Tel：0774－2065012

梧州市骏泰纸类包装印刷有限公司
地址：梧州市工业大道2号
……Tel：0774－2065012

梧州市中彩包装印刷有限公司
地址：梧州市工业园区一路２号－２
……Tel：0774－2065277

梧州市盈信造纸有限公司
地址：梧州市龙圩区龙圩镇土荀山
……Tel：0774－2666878

梧州市新贵丰食品有限公司
地址：梧州市龙圩区龙圩镇建兴北路8号
……Tel：0774－2725432

梧州市福达包装材料有限公司
地址：梧州市龙圩区苍梧县工业园区西南大道363号
……Tel：0774－2725837

广西真龙实业有限责任公司
地址：钟山县城西路３０号
……Tel：0774－3352012

广西真龙彩印包装有限公司
地址：广西贺州市富川县富阳镇民族路３０号
……Tel：0774－3365198

广西梧州骏业商标印刷有限公司
地址：梧州市工业园区Ｆ－１－１
……Tel：0774－3828977

广西壮族自治区昭平县造纸厂
地址：昭平镇河西东路９６号
……Tel：0774－6682034

广西理文化学纤维有限公司
地址：梧州市新兴珠宝路14号
……Tel：0774－7388898

广西藤县福利造纸厂
地址：藤县平福乡古丽坪
……Tel：13977401114

富川小阳印刷包装有限公司
地址：富川县新湾工业园
……Tel：0774－7717858

贺州塑友包装材料有限公司
地址：贺州旺高工业区内
……Tel：0774－8811855

广西玉林金龙PS版印刷材料有限公司
地址：广西玉林市一环北路１０５３号
……Tel：0775－2087541

玉林市新佳造纸厂（普通合伙）
地址：玉林市福绵管理区新桥供销社江北煤场柴油仓
……Tel：0775－2112660

玉林嵘丰印刷物资有限公司
地址：玉林市经济开发区横六路南侧
……Tel：0775－2306750

广西燎原印刷物资有限公司
地址：玉林市日华路112号
……Tel：0775－2381883

玉林市嘉裕化工厂
地址：玉林市玉州区仁东镇鹤林工业区
……Tel：0775－2551966

玉林市金佳印刷有限公司

地址：玉林市玉州区城西工业区印刷城
……………………Tel：0775-2626391

广西星火印刷包装有限责任公司
地址：玉林经济开发区高新技术产业园
……………………Tel：0775-2638088

广西凯熙印刷有限公司
地址：广西玉林市教育东路东2699号
……………………Tel：0775-2638088

广西正泰彩印包装有限责任公司
地址：玉林市二环路侧玉林市经济开发区内
……………………Tel：0775-2695322

广西朗田印刷包装有限公司
地址：广西桂平市西山镇县府街长泰宾馆内
……………………Tel：0775-3358200

广西朗田印刷包装有限公司
地址：广西桂平市西山镇县府街长泰宾馆内
……………………Tel：0775-3358200

贵港市西华造纸厂
地址：贵城镇南平
……………………Tel：0775-4280780

广西贵港市恒生福利造纸厂
地址：贵港市七里桥
……………………Tel：13977592598

容县朗旭印刷有限公司
地址：容县杨梅镇义合村6队
……………………Tel：0775-5528785

广西容县新天地造纸厂
地址：容县十里镇十里村
……………………Tel：0775-5531008

广西中道兴包装有限公司
地址：北流市民乐路1号
……………………Tel：0775-6290203

玉林市园艺场造纸厂
地址：北流市新圩镇
……………………Tel：0775-6623232

广西金伟捷印刷有限公司
地址：广西北流市西 镇田心村
……………………Tel：0775-6632999

玉林市金美印刷包装有限公司
地址：北流市鑫山工业园
……………………Tel：0775-6666599

博白县印刷制版厂
地址：博白县城东北街３５号
……………………Tel：0775-8222579

博白县绿田福利造纸厂
地址：镇江市谏壁镇越河街41号
……………………Tel：0775-8755989

百色中润印刷有限公司
地址：田阳县百育镇七联村A-3地块B-3号（广西壮乡河谷农业科技有限公司内）
……………………Tel：0776-5061508

钦州市造纸厂
地址：钦州市波萝桥５号
……………………Tel：13877778950

广西墎林印刷包装有限公司
地址：钦州市金海湾大桥东面南侧金鼎苑第7幢11层71103号房
……………………Tel：0777-5780139

广西墎林印刷包装有限公司
地址：钦州市金海湾大桥东面南侧金鼎苑第7幢11层71103号房
……………………Tel：0777-5780139

广西储建包装股份有限公司
地址：钦州市钦北区皇马工业园区
……………………Tel：0777-5987597

浦北县张黄造纸厂
地址：浦北县张黄镇洋水村委
……………………Tel：0777-8621999

广西新华印刷有限公司
地址：河池市新华路５号
……………………Tel：18907786135

都安边水广告制版经营部（微型企业）
地址：都安瑶族自治县安阳镇屏山南路96-26号
……………………Tel：0778-5219199

北海光利彩色印刷有限公司
地址：北海市工业园区吉林路23号广西北投昊元置业有限公司内12栋(A栋)第一层、第二层
……………………Tel：0779-2232800

广西彩峰印务有限公司
地址：北海市站南路中段丽水南珠小区旁边
……………………Tel：0779-3052222

广西北海裕信包装印刷科技有限公司
地址：北海市富园路１号（北海高新区）
……………………Tel：0779-3831126

北海金美印刷包装有限公司
地址：合浦平头岭工业园经一路
……………………Tel：0779-7270099

海南省

临高鼎新包装科技有限公司
地址：临高县临城镇跃进路107号
……………………Tel：0898-28286829

定安合利包装印刷有限公司
地址：定安县塔岭工业开发区环城南路
……………………Tel：0898-63835588

海南自力印刷包装有限公司
地址：海南省海口市国家高新区美安生态科技新城四街36号
……………………Tel：0898-65461662

海南现代彩印包装有限公司
地址：海口国家高新区狮子岭工业园（A-3-05-2地块）
……………………Tel：0898-65580296

海南金海岸装饰工程有限公司
地址：海口市人民大道68号北12楼1252室
……………………Tel：0898-66253188

海南奥瑞金包装实业有限公司
地址：海南文昌市清澜开发区起步工业区1-26号
……………………Tel：0898-66292983

海南金蓝天投资有限公司
地址：海南省海口市龙华区龙华路21号第三间
……………………Tel：0898-66735198

海南瑞恩堡包装印刷有限公司
地址：海南省澄迈县老城开发区南一环路
……………………Tel：0898-66810579

海南瑞恩堡包装印刷有限公司
地址：海南省澄迈县老城开发区南一环路
……………………Tel：0898-66810579

海南世知印刷工业有限公司
地址：海口市龙华区南沙路57号
……………………Tel：0898-66831968

海南志成彩色印刷有限公司
地址：海口市龙华区城西苍峄路4号
……………………Tel：0898-66894644

海口永发印刷股份有限公司
地址：海口市城西苍峰路18号
……………………Tel：0898-66968262

海口新明印刷有限公司
地址：海口市国家高新区狮子岭工业园光伏南路1号
……………………Tel：0898-66986569

海南嘉昕纸箱包装有限公司
地址：海口国家高新区狮子岭工业园岭北二路3号
……………………Tel：0898-68631258

海南继瑶包装彩印有限公司
地址：海口市桂林洋经济开发区兴洋大道
……………………Tel：0898-68633266

海口恒久彩色包装印刷有限公司
地址：海南省海口市国家高新区狮子岭工业园区火炬横路12号
……………………Tel：13807688778

四川省

四川省印刷制版中心有限公司
地址：成都市新都区新都镇新泰路121号
……………………Tel：028-3048895

成都国凌制版有限公司
地址：四川省成都市天府新区正兴街道大安桥2组302号1栋1层
……………………Tel：028-36050893

四川渝奥包装有限公司
地址：仁寿县兴盛家私产业园
……………………Tel：028-36066239

四川省北斗包装印务有限公司
地址：仁寿县文林镇国道街2-16号
……………………Tel：028-36319543

眉山紫江包装有限公司
地址：四川省眉山市东坡区城南岷家渡1号6栋1层
……………………Tel：028-37354118

四川箱聚包装科技有限公司
地址：四川省眉山市彭山区青龙镇成眉工业园区林德东路2号1栋1层
……………………Tel：028-37660958

四川大胜达智能包装有限公司
地址：四川省眉山市彭山区青龙镇新彭四路78号
……………………Tel：028-37662828

四川源亨印刷包装有限公司
地址：成眉工业集中发展区
……………………Tel：028-37676688

四川清巍集团有限公司
地址：眉山市东坡区眉州大道西五段
……………………Tel：028-38169019

四川省眉山市五江纸业有限公司五龙造纸厂
地址：眉山市东坡区永寿镇
……………………Tel：13990308668

四川技科建筑工程有限公司
地址：成都高新区中和姐儿堰路19号
……………………Tel：028-60151063

四川盛大印象彩色印刷有限公司
地址：成都金牛高科技产业园科兴北路38号
……………………Tel：028-61348277

成都景泰包装材料有限公司
地址：四川省成都市新都区工业东区君跃路
……………………Tel：028-61603282

成都悦得包装材料有限公司
地址：四川省成都市新都卫星城工业区君跃路
……………………Tel：028-61603282

成都万昌印刷包装有限公司
地址：成都市新都区工业东区龙虎大道689号
……………………Tel：028-61621705

成都万昌印刷包装有限公司
地址：成都市新都区工业东区龙虎大道689号
……………………Tel：028-61621705

成都星科印刷器材有限公司
地址：成都市郫县成都现代工业港北片区
……………………Tel：028-61778341

成都创威新材料有限公司
地址：中国（四川）自由贸易试验区成都高新区天府大道北段28号1幢1单元28层1号
……………………Tel：028-61778341-831

成都东港安全印刷有限公司
地址：成都蛟龙工业港双流园区清江路12座
……………………Tel：028-62592151

成都市顶新包装印务有限公司
地址：成都市武侯区武科东二路8号（武侯新城管委会内）
……………………Tel：028-62632925

博世电动工具（成都）有限公司
地址：四川省成都市蒲江县寿安镇迎宾大道789号
……………………Tel：028-62729101

成都中粮制罐有限公司
地址：四川省成都经济技术开发区（龙泉驿区）车城西四路1888号
……………………Tel：028-64152560

成都顺印天下数字印刷有限公司
地址：成都市青羊区顺城大街288号珠峰宾馆五号楼一楼
……………………Tel：028-64656858

成都宇光印刷器材有限公司
地址：成都市新都区新都镇入园路毕生道31号
……………………Tel：028-64942858

成都市永昌泰塑料包装有限公司
地址：成都市郫都区成都现代工业港北片区
……………………Tel：028-66171120

四川兰色彩印刷服务有限公司
地址：成都市成华区建设北路三段2号1栋1单元23层9号
……………………Tel：028-66628698

成都秉信环保包装有限公司
地址：四川省成都市温江区蓉台大道南段228号
……………………Tel：028-67271280

成都方也电气有限公司
地址：四川省成都经济技术开发区（龙泉驿区）车城大道999号
……………………Tel：028-67370540

当纳利（成都）印刷有限公司
地址：四川省成都市郫县红光镇港华路888号
……………………Tel：028-67581637

成都海宽华源包装有限公司
地址：天府新区邛崃产业园区羊横四路十一号
……………………Tel：028-68272078

成都滨海投资有限公司
地址：成都市武侯区武侯新城管委会武兴二路17号13栋B单元10楼4号
……………………Tel：028-68482601

成都普什医药塑料包装有限公司
地址：成都高新区（西区）科新路6号1栋、2栋
……………………Tel：028-68527558

成都市裕同印刷有限公司
地址：成都崇州经济开发区崇安路682号
……………………Tel：028-68617999

成都正隆包装制品有限公司
地址：四川省成都市双流区西南航空港经济开发区腾飞十一路1号
……………………Tel：028-69286846

简阳市简城镇成都新繁造纸厂卫生纸品直销部
地址：简城城南市场4号门市内
……………………Tel：028-7212315

成都焱鑫制版有限公司
地址：成都市武侯区太平寺成都鑫城冷冻厂内
……………………Tel：028-81433799

成都市九华义远包装有限公司
地址：成都崇州经济开发区崇安路592号
……………………Tel：028-82181298

成都居家生活造纸有限责任公司
地址：崇州市隆兴镇兴隆街45号
……………………Tel：028-82221258

崇州市彩鑫印刷制版厂（普通合伙）
地址：崇州市隆兴镇香樟村1组
……………………Tel：028-82223636

成都和顺鑫成软体包装制品有限责任公司
地址：崇州市元通镇景汇村13组
……………………Tel：028-82274799

成都大道精密技术有限公司
地址：成都崇州经济开发区泗维路399号
……………………Tel：028-82318688

四川省开璞环保包装制品有限公司
地址：崇州市智能应用产业功能区晨曦大道南段1399号
……………………Tel：028-82390085

成都晶彩包装有限公司
地址：成都市武侯区金花桥街道双凤村6组
……………………Tel：028-82451876

成都新国富包装材料有限公司
地址：四川省成都市新津县新材料产业功能区漆家西路36号
……………………Tel：028-82474380

成都市温江区金桥包装有限公司
地址：成都市温江区成都海峡两岸科技产业开发园百利路210号
……………………Tel：028-82630902

成都鸿洋包装有限公司
地址：成都市温江区成都海峡两岸科技产业开发园蓉台大道北段69号5栋
……………………Tel：028-82631385

中粮包装（成都）有限公司
地址：四川省成都市温江区海峡两岸科技产业开发园柳台大道西段466号
……………………Tel：028-82631818

成都泰瑞包装有限责任公司
地址：成都市温江区永宁镇隆兴社区二组
……………………Tel：028-82661879

双流县九江鑫兴制版店
地址：成都市双流县九江镇邹家场社区银桥小区
……………………Tel：028-82701443

成都胜达中天包装制品有限公司
地址：成都市温江区成都海峡两岸科技产业开发园科盛路789号
……………………Tel：028-82776029

四川省印刷物资有限责任公司
地址：四川省成都市锦江区金石路239号2栋1层1号
……………………Tel：028-83170389

四川清木华景建设工程有限公司
地址：成都市成华区万科路5号1栋16楼

1620号
……………………Tel：028-83259536

四川五彩瑞印务有限公司
地址：成都市金牛区白马二巷9号
……………………Tel：028-83320508

川印文化集团股份有限公司
地址：成都市蒲江县寿安工业集中发展区（寿安镇青蒲路东段45号）
……………………Tel：028-83333222

四川川印可变数据印刷有限公司
地址：成都市蒲江县寿安工业区（寿安镇青蒲路东段45号）
……………………Tel：028-83333222

四川川印图书排版制版有限公司
地址：成都市蒲江县寿安工业区（寿安镇青蒲路东段45号）
……………………Tel：028-83333222

昇兴（成都）包装有限公司
地址：四川省成都市青白江区工业集中发展区金芙蓉大道三段66号
……………………Tel：028-83617633

成都金东方制版有限公司
地址：成都市青白江区工业集中发展区大同路316号1栋1层
……………………Tel：028-83627619

成都大鑫辉盛包装有限公司
地址：成都市青白江区城厢镇白贯村一组
……………………Tel：028-83686699

成都高丰新型包装有限公司
地址：四川省彭州工业开发区大龙潭东路188号
……………………Tel：028-83752510

成都市宏坤包装有限公司
地址：四川省成都市彭州市　阳街道兴路129号
……………………Tel：028-83773556

成都红紫荆包装印务有限公司
地址：成都市彭州市致和镇明台村
……………………Tel：028-83803882

四川省福强包装有限责任公司
地址：成都市彭州市　阳镇三王村
……………………Tel：028-83884136

四川新加粘合剂有限公司
地址：常州市新北区罗溪镇空港工业园区
……………………Tel：028-83933336

成都合兴包装印刷有限公司
地址：成都市新都区工业东区君跃路
……………………Tel：028-83939100

成都合兴包装印刷有限公司
地址：成都市新都区工业东区君跃路
……………………Tel：028-83939100

成都紫江包装有限公司
地址：成都市新都区新都镇蓉都大道南三段204号
……………………Tel：028-83950190

成都新图新材料股份有限公司
地址：成都市新都区工业开发区炬光路
……………………Tel：028-83956666

成都运城制版有限公司
地址：四川省成都市新都区工业大道东段320号
……………………Tel：028-83962298

成都统实企业有限公司
地址：四川省成都市新都区新繁镇泡菜（食品）产业园汇香路129号
……………………Tel：028-83965654

成都统新包装有限公司
地址：成都市新都区新都镇工业大道东段25号4栋
……………………Tel：028-83966882

成都统一实业包装有限公司
地址：四川省成都市新都卫星城工业区南二路东段
……………………Tel：028-83966885

四川炬光粘合剂有限公司
地址：成都市新都工业开发区南二路西段炬光路
……………………Tel：028-83974613

成都金百利包装用品有限公司
地址：成都市新都区斑竹园镇红光村
……………………Tel：028-83989118

成都天鸟食品包装机械有限公司
地址：成都市新都区斑竹园镇旃檀社区兴城大道1899号新物联港·成都国际五金机电总部城C馆2楼
……………………Tel：028-83994899

四川新华印刷有限责任公司
地址：成都市成华区成宏路10号
……………………Tel：028-84251720

四川省祥和大宇包装集团有限公司
地址：中国（四川）自由贸易试验区成都高新区天府二街198号1栋11层1107号
……………………Tel：028-84418189

成都三达彩印包装有限公司
地址：四川省成都市外南倒桑街69号
……………………Tel：028-84812722

成都永嘉彩印包装有限公司
地址：四川省成都市简阳市石盘镇龙赤大道39号（属简州新城范围内）
……………………Tel：028-84819938

成都奇鼎包装容器有限公司
地址：四川省成都市金堂县赵镇金川路188号
……………………Tel：028-84921066

四川天星智能包装股份有限公司
地址：成都市蒲江县寿安工业区(寿安镇新园一路203号)
……………………Tel：028-85229422

成都新恒川印务有限公司
地址：成都市郫都区安靖镇赛驰村350号1栋1单元1楼101号
……………………Tel：028-85412411

四川滨江印务有限责任公司
地址：成都市高新区中和街道迎江路9号
……………………Tel：028-85720076

成都市丰裕纸业制造有限公司
地址：和龙市龙城镇土山村（一区）
……………………Tel：028-85749385

成都市红辉包装印务有限责任公司
地址：成都市双流区西航港经济开发区腾飞三路488号
……………………Tel：028-85754612

四川康利包装股份有限公司
地址：成都市双流区彭镇工业港B区双楠大道下段1758号
……………………Tel：028-85847392

成都华侨新苑彩印包装有限公司
地址：成都市锦江区金石路38号
……………………Tel：028-85912998

四川富瑞达包装集团有限公司
地址：成都高新区天朗路8号
……………………Tel：028-86106666

四川永先数码印刷有限公司
地址：成都市青羊区上南大街2号
……………………Tel：028-86119188

成都美福来印刷有限公司
地址：成都市武侯区佳灵路20号1栋8层60号
……………………Tel：028-86139518

成都海祥联创科技有限公司
地址：成都市金牛区迎宾大道51号5层512号
……………………Tel：028-86254507

成都盛邦包装有限公司
地址：四川省彭州市炼厂南路与经一路交汇处
……………………Tel：028-86272931

成都成铁印务有限责任公司
地址：成都市青羊区王家塘街4号
……………………Tel：028-86437254

成都荣顺印刷有限公司
地址：成都市温江区成都海峡两岸科技产业开发园蓉台大道540号
……………………Tel：028-86610708

成都和方成实业有限公司
地址：成都市高新区机场路中段（石羊场乡三元村二组）
……………………Tel：028-86953212

成都泓杰伟业制版有限公司
地址：成都市青羊区蛟龙工业港B区45座
……………………Tel：028-87072553

成都鑫瑞印刷有限公司
地址：四川省成都市都江堰市四川都江堰经济开发区同心路9号
……………………Tel：028-87118006

四川祥恒包装制品有限公司
地址：四川省成都市都江堰市四川都江堰经济开发区九鼎大道12号
……………………Tel：028-87131512-6366

都江堰永发印务有限公司
地址：四川省成都市都江堰市四川都江堰经济开发区
……………………Tel：028-87181172

四川奥克医药塑料包装有限责任公司
地址：四川省成都市都江堰市玉堂镇
……………………Tel：028-87181439

四川中金医药包装有限公司
地址：四川省成都市都江堰市四川都江堰经济开发区九鼎大道11号
……………………Tel：028-87229526

都江堰《纸和造纸》编辑广告发行部
地址：四川省成都市都江堰市工商职业技术学院内
……………………Tel：028-87267806

成都威逸包装材料有限公司
地址：成都高新区天河路2号
……………………Tel：028-87321289

成都帝诚塑料包装有限公司
地址：成都市青羊区双清中路40号
……………………Tel：028-87361317

成都汇利包装实业有限公司
地址：成都市金牛区西华大道605号
……………………Tel：028-87512055

四川成都积金印刷有限责任公司
地址：成都外西土桥村五组
……………………Tel：028-87519398

四川杰曼智能包装有限公司
地址：成都市郫都区成都现代工业港北片区小微企业创新园望丛东路779号
……………………Tel：028-87655860

成都东盛包装材料有限公司
地址：四川省成都市高新区（西区）天朗路8号
……………………Tel：028-87843388

成都长荣印刷设备有限公司
地址：成都高新西区西芯大道3号
……………………Tel：028-87862878

成都清洋宝柏包装有限公司
地址：四川省成都市郫县成都现代工业港北片区港泰大道820号
……………………Tel：028-87868899

四川杰作宝峰包装印刷有限公司
地址：丹棱县机械产业园区
……………………Tel：19950548105

成都普仕瑞包装印务有限公司
地址：成都市郫都区成都现代工业港北片区港通北二路123号
……………………Tel：028-87932528

成都开源包装有限责任公司
地址：成都市郫县团结镇永定村
……………………Tel：028-87951251

成都郫都凯天食品包装有限责任公司
地址：成都市郫都区唐元镇千夫村十一组309号
……………………Tel：028-87990572

四川省恒晟包装印务有限公司
地址：四川省成都市大邑县晋原镇工业区兴业一路
……………………Tel：028-88212222

成都鑫彩运制版有限公司
地址：四川省成都市大邑县沙渠工业园阳光路341号
……………………Tel：028-88288442

四川省佳晟印务包装有限公司
地址：成都市蒲江县县城工业集中发展区
……………………Tel：028-88557777

成都兴创包装科技有限公司
地址：成都市蒲江县寿安镇迎宾大道88号
……………………Tel：028-88678853

成都鑫林包装印务有限公司
地址：成都市蒲江县寿安工业集中发展区
……………………Tel：028-88678853

成都市金鼓药用包装有限公司
地址：成都市邛崃市临邛镇新邛路508号
……………………Tel：028-88742380

成都平原尼普洛药业包装有限公司
地址：四川省成都市邛崃临邛镇平原路下段
……………………Tel：028-88742657

四川省邛崃市骑龙山造纸厂
地址：成都市邛崃临邛镇南河坎
……………………Tel：18502879965

成都金陈造纸有限公司
地址：汉口姑嫂树路附10号
……………………Tel：028-88758189

攀枝花大宇包装印刷有限公司
地址：攀枝花市仁和区南山新工业园区
……………………Tel：0812-2320752

攀枝花钢城集团恒升实业有限公司
地址：攀枝花市仁和区金江镇（火车站上行500米）
……………………Tel：0812-3113309

攀枝花钢城集团印刷广告有限公司
地址：攀枝花市东区大渡口
……………………Tel：0812-3385211

自贡松梅印刷制版有限公司
地址：自贡市大安区新民镇柏树村七组7-1号
……………………Tel：0813-2700058

自贡市造纸厂
地址：贡井区筱溪街贡雷路67号
……………………Tel：13990073850

自贡市卫坪造纸厂
地址：卫坪镇胡家桥
……………………Tel：13558443231

自贡市诚德塑料包装有限责任公司
地址：自贡市贡井区成佳镇三元村8组
……………………Tel：0813-6379048

自贡市日月星电脑制版有限公司
地址：自贡市汇东新区会溪6组市客运总站办公楼313室
……………………Tel：0813-8201818

绵阳中通重型包装有限公司
地址：绵阳市游仙区游仙路89号（丰泰包装公司一楼）
……………………Tel：0816-2194396

四川中亚华仁中联包装有限公司
地址：绵阳高新区火炬西街北段
……………………Tel：0816-2204099

绵阳市亚科包装科技有限公司
地址：绵阳高新区永兴镇绵兴西路
……………………Tel：0816-2204099

四川华东印刷有限公司
地址：绵阳高新区永兴工业园
……………………Tel：0816-2204099

四川景虹包装制品有限公司
地址：绵阳市高新区
……………………Tel：0816-2410272

绵阳市新大包装发展有限公司
地址：四川省绵阳市安州区花　镇工业园区10号路
……………………Tel：0816-2564777

四川美艺印刷包装有限公司
地址：绵阳市游仙区石马镇百胜村六、七社
……………………Tel：0816-2661223

绵阳连诚印前制版服务有限公司
地址：绵阳科创区上马社区上马西街67号
……………………Tel：0816-2694456

四川丰泰包装股份有限公司
地址：四川省绵阳市游仙区石马镇丰泰工业园区（游仙区石马镇百胜村）
……………………Tel：0816-2972126

绵阳旭利包装材料有限公司
地址：绵阳市游仙区石马镇百胜村
……………………Tel：0816-2972126

四川省三台三角生活用纸制造有限公司
地址：四川省三台县青东坝工业集中区
……………………Tel：13881175555

绵阳市涪江造纸厂
地址：绵阳市塘汛镇中心村
……………………Tel：0816-6331631

四川海瑞尔包装集团有限公司
地址：绵阳市涪城区北街11号
……………………Tel：0816-7017362

四川海瑞尔重型包装有限公司
地址：绵阳市涪城区金家林总部经济试验区金家林下街36号
……………………Tel：0816-7017362

四川大发木艺包装有限责任公司
地址：绵阳高新区永兴工业区
……………………Tel：0816-8385872

四川鲲鹏文化传媒有限公司
地址：南充市顺庆区南门北街80号20栋1单元22楼4号
……………………Tel：0817-2697778

仪陇楚峰包装有限公司
地址：仪陇县新政镇河西工业园区
……………………Tel：0817-6989987

四川齐祥包装有限公司
地址：蓬安县轻纺食品工业园
……………………Tel：0817-8673799

南充三樱药用包装材料有限公司
地址：蓬安县河舒工业园区
……………………Tel：0817-8973316

特耐王博正包装科技有限公司
地址：四川省遂宁市经济技术开发区西山路锦兴小区8号楼底层03室
……………………Tel：0825-2282228

遂宁市天惠印刷包装有限责任公司
地址：遂宁市南强办事处桐子垭社区
……………………Tel：0825-2639789

立华新进印刷包装（遂宁）有限公司
地址：遂宁市船山区中国西部现代物流港内
……………………Tel：0825-2651578

立华新进印刷包装（遂宁）有限公司
地址：遂宁市船山区中国西部现代物流港内
……………………Tel：0825-2651578

四川正宇包装有限公司
地址：遂宁市船山区仁里镇南海路2号
……………………Tel：0825-2910711

四川省隆鑫科技包装有限公司
地址：射洪县太和镇顺美大道（隆鑫科技园）
……………………Tel：0825-6688377

四川省星达机器人有限公司
地址：射洪县太和镇顺美大道隆鑫科技园
……………………Tel：0825-6688377

大英强瑞包装有限公司
地址：大英县罗家湾电子产业园2#厂房
……………………Tel：0825-7888909

邻水县金久包装印务有限公司
地址：邻水经济开发区城南工业园二区
……………………Tel：0826-3238999

巴中日报社印刷厂
地址：四川省巴中市经济开发区工业园
……………………Tel：0827-5111809

泸州大鹏包装实业有限公司
地址：泸州市龙马潭区鱼塘镇
……………………Tel：0830-2509555

泸州裕同印刷包装有限公司
地址：泸州酒业集中发展区聚源大道南三段
……………………Tel：0830-2652780

泸州益和纸品包装有限公司
地址：四川自贸区川南临港片区鱼塘街道振兴路103号
……………………Tel：0830-2733702

四川省泸州恒通印铁包装有限公司
地址：泸州市纳溪区云溪西路117号
……………………Tel：0830-3652179

泸州宏鑫包装有限公司
地址：泸州市江阳区黄舣镇泸州酒业集中发展区
……………………Tel：0830-3652580

泸州裕同包装科技有限公司
地址：泸州酒业集中发展区南区通汇路北侧
Tel：0830-3652780

泸州盛佳包装有限公司
地址：泸州酒业集中发展区南区
Tel：0830-3652827

泸州泸酒包装制品有限公司
地址：四川自贸区川南临港片区西南商贸城16区B210
Tel：0830-6101009

四川郎酒浓香包装有限公司
地址：泸州市龙马潭区石洞镇郎酒大道一段480号
Tel：0830-6359999

四川瑞丰包装制品销售有限公司
地址：四川省泸州市纳溪区永宁街道永宁路一段398号
Tel：0830-6665109

沈酒玖集团有限公司
地址：泸州市江阳区江南轻工业集中发展区
Tel：0830-6699999

四川宏源印刷有限公司
地址：泸县天兴镇白云街
Tel：0830-8192468

泸州飘香包装印刷有限公司
地址：泸州市江阳区黄舣镇泸州酒业集中发展区
Tel：0830-8564316

泸州宏旭包装制品有限公司
地址：泸州市江阳区黄舣镇聚源南路6号
Tel：0830-8958611

四川捷艺发印刷包装有限公司
地址：泸州市江阳区黄舣镇
Tel：0830-8958611

四川中飞包装有限公司
地址：泸州市江阳区黄舣镇泸州酒业集中发展区南区
Tel：0830-8958858

宜宾恒旭投资集团有限公司
地址：宜宾罗龙工业集中区
Tel：0831-3213866

宜宾恒旭包装有限公司
地址：宜宾市南溪区罗龙工业园区罗龙产业园启航西路1号
Tel：0831-3219548

四川长江造纸仪器有限责任公司
地址：四川省宜宾市临港经济经开区智能终端产业示范园B区2#1层、2层
Tel：0831-3600213

宜宾中元造纸有限责任公司
地址：宜宾市翠屏区白沙湾街道马鞍石
Tel：0831-3601999

四川省宜宾普拉斯包装材料有限公司
地址：四川省宜宾市临港经开区长江北路西段附三段17号
Tel：0831-3688275

四川思瑞印刷包装有限责任公司
地址：宜宾市江北大麦坝（原长江绸厂）
Tel：0831-3700818

四川省宜宾环球神州包装科技有限公司
地址：宜宾市临港经开区长江北路西段附三段17号328室
Tel：0831-3705165

四川金沙红林产业开发集团有限公司
地址：宜宾市南岸田坝街
Tel：0831-5950986

中国联合装备集团宜宾机械有限公司
地址：四川省宜宾市叙州区柏溪街道城北新区
Tel：0831-6233661

四川浪莎控股股份有限公司
地址：四川省宜宾市外南街63号进出口大厦8楼
Tel：0831-8216216

四川省宜印数字印刷有限公司
地址：四川省宜宾市叙州区南岸叙府路西段2号附5、6号
Tel：0831-8248317

宜宾宜仁包装印刷有限公司
地址：宜宾市临港经开区港园路西段71号3幢1层
Tel：0831-8751555

四川东和欣包装科技有限公司
地址：兴文县太平工业园区A区
Tel：0831-8860956

内江市友功造纸机械制造有限责任公司
地址：内江市东兴区平安路464号
Tel：13990548041

内江市华太造纸设备制造有限公司
地址：四川省内江市东兴区新江路176号
Tel：0832-2380528

玖龙智能包装（成都）有限公司
地址：四川省成都市青白江区清泉大道二段6668号（欧洲产业城）
Tel：0833-2299999

乐山市恒达制浆造纸机械有限公司
地址：乐山市市中区茶坊街411号3幢3单元5楼2号
Tel：13981308207

乐山联发造纸设备技术开发有限公司
地址：乐山市市中区天星路（与嘉州大道交汇处）黑竹沟寓所1号楼1单元4楼1号
Tel：13518234469

乐山纸友成发造纸技术服务有限公司
地址：乐山市市中区杨湾乡长虹村3组112号
Tel：13890609077

乐山市川丰造纸毛毯有限公司
地址：乐山市市中区杨湾乡德胜路430号
Tel：18086877075

乐山市成发造纸机械有限责任公司
地址：乐山市市中区棉竹高坝村一组
Tel：0833-2601288

四川成发造纸机械有限公司
地址：四川省乐山市市中区鹤祥路1005号16楼
Tel：0833-3206001

乐山飞鸿机械有限责任公司
地址：井研县研城镇希望大道66号
Tel：0833-3750526

四川今典印刷包装有限公司
地址：犍为县玉津镇凤凰山
Tel：0833-4255139

夹江县宏远包装有限公司
地址：夹江县甘江镇新生村九组
Tel：0833-5665066

夹江县鸿泰造纸厂
地址：夹江县界牌镇周坝村7社
Tel：0833-5828588

夹江县余盛网版设计制作部
地址：夹江县黄土镇瓷镇路184号2幢2号
Tel：0833-5831678

西昌丰泰包装有限公司
地址：西昌市安宁镇
Tel：0834-3442626

德昌县小高造纸厂
地址：夹江县界牌镇周坝村7社
Tel：0834-5134018

四川宏亿包装制品有限公司
地址：德昌县德州镇大坪村六组
Tel：0834-5289805

四川井元纸品制造有限公司
地址：雅安市名山区蒙顶山镇三里桥
Tel：0835-3225605

四川省芦山县兴业造纸厂
地址：周村区恒星路西首
Tel：0835-6521517

德阳日报印刷厂
地址：四川省德阳市区岷眉南路
Tel：0838-2502429

德阳纵横纸业制造有限公司
地址：四川省德阳市旌阳区八角井镇川东路58号
Tel：0838-2600012

四川省金霖印刷包装有限公司
地址：四川省德阳市太湖路32号
Tel：0838-2902978

德阳市利通印刷机械有限公司
地址：四川省德阳市龙泉山南路三段11号
Tel：0838-2906037

四川欣科达包装科技有限公司
地址：罗江县金山工业集中发展区迎宾路
Tel：0838-3270033

四川亚科包装科技股份有限公司
地址：四川省德阳市罗江县金山镇金山村四组
Tel：0838-3270033

四川中斯绿色包装科技股份有限公司
地址：四川省德阳市罗江区金山镇金山村四组
Tel：0838-3270110

四川中联达绿色包装科技股份有限公司
地址：四川省德阳市罗江县金山镇中发村八、九组和土桥村七、八组
Tel：0838-3270110

四川省稼速激光制版有限公司
地址：罗江县金山工业集中发展区红玉路
Tel：0838-3270231

四川金泰兴包装科技有限公司
地址：四川省罗江经济开发区金山工业园红玉路
Tel：0838-3991799

四川紫日包装有限公司
地址：四川省德阳市广汉市高雄路西段
Tel：0838-5198698-208

四川通园医药包装印刷有限公司
地址：四川省德阳市广汉市北京大道11号桩
Tel：0838-5700888

四川通园医药包装印刷有限公司
地址：四川省德阳市广汉市北京大道11号桩
Tel：0838-5700888

四川精诚新能源科技有限公司
地址：四川省德阳市广汉市小汉镇小南村
Tel：18990212330

广汉市顺发有限责任公司乾大造纸厂
地址：广汉市连山镇
Tel：0838-5801556

四川省高品光电科技有限公司
地址：四川罗江经开区金山工业园108国道西北侧
Tel：0838-5979999

四川和景包装制品有限公司
地址：四川省德阳市罗江区金山镇工业园区幸福路西段6号
Tel：0838-6119388

什邡市新宏包装印刷投资有限公司
地址：四川什邡经济开发区（南区）蓥华山路
Tel：0838-8262925

四川蓝剑包装股份有限公司
地址：四川省什邡市经济开发区（南区）蓥华山路
Tel：0838-8264005

四川景特彩包装有限公司
地址：广元经济开发区袁家坝兴广路50号川浙合作产业工业园
Tel：0839-3478567

广元嘉欣包装有限公司
地址：剑阁县下寺镇剑门工业园区（拐枣坝）
Tel：0839-6625866

贵州省

贵州省仁怀市申仁包装印务有限责任公司
地址：贵州省遵义市仁怀市坛厂镇（名酒工业园区）
Tel：0851-22254050

贵州玖天包装印务有限公司
地址：湄潭县黄家坝街道办经济开发区B区
Tel：0851-2422201

贵州省湄潭县盛大木艺包装有限公司
地址：贵州省遵义市湄潭县绿色食品工业园区
Tel：0851-24338555

遵义天健印务有限责任公司
地址：贵州省遵义市红花岗区深溪镇永安村长永村民组
Tel：0851-28250692

遵义商百惠印刷有限公司
地址：贵州省遵义市南部新区南关街道办事处湘江大道345号（湘江工业园区IT标准房F栋2、3楼C栋）
Tel：0851-28647565

贵州裕同包装科技有限公司
地址：贵州省遵义市新蒲新区经济开发区保税四期配套标准化厂房五号楼
Tel：0851-28975305

安顺市东方包装印刷厂（普通合伙）
地址：贵州省安顺市西秀区凤凰东路１５号
Tel：0851-33220582

平坝县龙凤造纸厂
地址：武功县大庄镇方寨村
Tel：0851-34226818

安顺市平坝区宝鑫包装袋有限公司
地址：贵州省安顺市平坝区黎阳高新技术开发区夏云工业园B区
Tel：0851-34286666

贵州博大包装有限公司
地址：贵州省安顺市普定县马官镇太平村（普定经济开发区内）
Tel：0851-38224888

贵阳运成制版有限公司
地址：贵州省贵阳市乌当区高新办事处（贵阳国家高新技术开发区新添工业园区１号厂房）
Tel：0851-6311336

修文县宏源纸制品包装有限公司
地址：贵州省贵阳市修文县扎佐镇
Tel：0851-82315875

贵州江和包装印刷有限公司
地址：贵州省贵阳市清镇市夏云骆家桥贵州盘江民爆有限公司生产区内
Tel：0851-82531410

贵州华澳包装股份有限公司
地址：贵州省贵阳市清镇市（贵州水晶集团包装有限公司内）
Tel：0851-8258666

贵州富明行包装有限公司
地址：贵州省贵阳市花溪区黔陶乡黔陶街上368号
Tel：0851-83240198

贵州劲嘉新型包装材料有限公司
地址：贵州省贵阳市经济技术开发区王宽村
Tel：0851-83802988

贵州富华印刷有限公司
地址：贵州省贵阳市花溪燕楼乡谷蒙村工业园区
Tel：0851-83861211

贵州影虹盛源新型建材有限公司
地址：贵州省贵阳市花溪区燕楼乡谷蒙村
Tel：0851-83863926

贵州富黔包装印务有限公司
地址：贵州省贵阳市白云区南路165号（区管委会办公大楼三楼）
Tel：0851-84846199

惠水县万润包装有限公司
地址：贵州省黔南布依族苗族自治州惠水县　江街道长田工业园经济带A区
Tel：0851-84876815

贵阳金利达包装厂
地址：贵州省贵阳市乌当区新堡乡陇上村
Tel：0851-86102699

贵州千叶药品包装有限公司
地址：贵州省贵阳市乌当区高新东路1号
Tel：0851-86270437

贵州新华包装印务有限公司
地址：贵州省贵阳市乌当区高新路292号（现德堡厂内）
Tel：0851-86761331

贵州新华印刷厂有限公司
地址：贵州省贵阳市云岩区友谊路186号
Tel：0851-86785595

贵州省出版印刷物资有限责任公司
地址：贵州省贵阳市贵阳国家高新技术产业开发区金阳科技产业园标准厂房辅助用房B353室
Tel：0851-86791254

贵州省印刷物资有限公司
地址：周庄镇云南工业区
Tel：0851-86791254

贵州瑞龙集团塑料包装有限公司
地址：贵州省贵阳市乌当区洛湾云锦医药食品新型工业园
Tel：0851-86841111

息烽开磷塑料包装有限责任公司
地址：贵州省贵阳市息烽县永靖镇福利桥42号
Tel：0851-87730943

贵州日报报业集团传媒有限责任公司印务分公司
地址：贵州省贵阳市云岩区外环东路360号
Tel：0851-88403860

遵义市播州区追梦纸品制造厂
地址：市大河涧潘荒村
Tel：0852-8222222

贵定海螺塑料包装有限责任公司
地址：贵州省黔南布依族苗族自治州贵定县德新镇贵定海螺盘江水泥有限责任公司厂区内
Tel：0854-4956068

贵州联宏印刷包装有限公司
地址：贵州省黔南布依族苗族自治州贵定县宝山街道东兴北路15号
Tel：0854-5226789

惠水县佳宇造纸厂
地址：贵州省黔南布依族苗族自治州惠水县镇村
Tel：18269086660

贵州省长顺县鼎科塑胶包装印刷有限公司
地址：贵州省黔南布依族苗族自治州长顺县威远工业园区
Tel：0854-6939118

贵州高森包装容器有限责任公司
地址：黔南州龙里县高新技术产业园
Tel：0854-7317666

贵州金马包装材料有限公司
地址：贵州省黔南州龙里县冠山街道高新技术产业园
Tel：0854-8867677

贵州省乌蒙山包装材料有限公司
地址：贵州省毕节市金海湖新区小坝大道
Tel：0857-2169109

盘县老厂造纸厂竹泉水厂
地址：贵州省六盘水市盘县老厂镇
Tel：0858-3130252

六枝特区落别乡造纸房煤矿
地址：贵州省六盘水市六枝特区落别乡靛缸村
Tel：0858-5322026

贵州省远航纸业制造股份有限公司
地址：贵州省黔西南布依族苗族自治州兴义市清水河经济开发区金星村
Tel：15117374475

贵州顶效开发区三和包装印刷有限公司
地址：贵州省黔西南布依族苗族自治州兴义市顶效镇团结村红星产业园区内
Tel：0859-3567899

湛江市百业分色制版广告有限公司兴义分公司
地址：贵州省黔西南布依族苗族自治州兴义市兴泰办文化路民族街55号二楼
Tel：18224911072

贵州省通灵包装彩印厂
地址：贵州省黔西南布依族苗族自治州兴义市黄草办文化路１１７号

……Tel：0859-3817359
贵州鹏图包装印刷有限公司
地址：新桥镇新桥村马岭组
……Tel：0859-5225395

云南省

西双版纳柬龙制药有限公司
地址：云南省西双版纳州景洪市宣慰大道138号(药植所院)
……Tel：0691-2122888
西双版纳顺达进出口贸易有限责任公司勐腊顺达制胶厂
地址：云南省西双版纳傣族自治州勐腊县勐捧镇曼种三村
……Tel：0691-2131518
西双版纳顺达进出口贸易有限责任公司曼格制胶厂
地址：云南省西双版纳州景洪市嘎洒镇曼格村
……Tel：0691-2131518
西双版纳捷诚钢结构制品有限公司
地址：云南省西双版纳州景洪市机场老路旁
……Tel：0691-2142119
西双版纳州强制隔离戒毒所新鑫服务中心
地址：云南省西双版纳州景洪市宣慰大道129号
……Tel：0691-2146722
湛江市百业分色制版广告有限公司西双版纳分公司
地址：景洪市勐海路44号
……Tel：0691-2154268
西双版纳晨曦工贸有限责任公司钢结构分公司
地址：云南省西双版纳州景洪市曼听路末端（晨曦公司院内）
……Tel：0691-2160025
西双版纳云实橡胶有限公司云实制胶厂
地址：云南省西双版纳州勐海县勐宋乡昆洛公路751.3公里处
……Tel：0691-2160585
西双版纳大景源贸易有限公司永兴制胶厂
地址：云南省西双版纳傣族自治州景洪市嘎洒镇曼龙迈村旁
……Tel：0691-2203459
云南天然橡胶产业集团西双版纳景阳有限公司景洪第一制胶厂
地址：云南省西双版纳州景洪市嘎洒镇
……Tel：0691-2205966
云南金象自驾车营地有限公司
地址：云南省西双版纳州景洪市景亮北路贝叶旅游码头综合大楼
……Tel：0691-2221555
西双版纳攀洪水泥制品有限责任公司
地址：云南省西双版纳州景洪市嘎洒乡
……Tel：0691-2254009
西双版纳精亿塑胶制品有限公司
地址：云南省西双版纳傣族自治州景洪市昆洛线K741桩旁（景洪至勐海老路）
……Tel：0691-2297159
西双版纳古曼傣银器制造有限公司
地址：云南省西双版纳傣族自治州景洪市曼听村易武路2号山西大酒店旁
……Tel：0691-2297159
云南天然橡胶产业集团西双版纳景阳有限公司橄榄坝第二制胶厂
地址：云南省西双版纳州景洪市勐罕乡
……Tel：0691-2420228
西双版纳宏兴木制品有限责任公司
地址：云南省西双版纳傣族自治州景洪市勐养镇
……Tel：0691-2430088
西双版纳宏兴木制品有限责任公司橄榄坝分公司
地址：云南省西双版纳傣族自治州景洪市勐罕镇曼法村民委员会
……Tel：0691-2431638
云南天然橡胶产业集团西双版纳景阳有限公司勐养制胶厂
地址：云南省西双版纳州景洪市勐养镇
……Tel：0691-2432439
云南天然橡胶产业集团西双版纳景阳有限公司东风第二制胶厂
地址：云南省西双版纳州景洪市勐龙镇
……Tel：0691-2522081
西双版纳英杰水泥制品有限公司
地址：景洪市嘎洒镇曼勉村委会曼倒村
……Tel：0691-2711868
云南天然橡胶产业集团西双版纳景阳有限公司景洪第二制胶厂
地址：云南省西双版纳州景洪市嘎洒
……Tel：0691-2719027
光明食品集团云南宏晟生物制品有限公司版纳专卖店
地址：云南省西双版纳州景洪市西双版纳机场新航站楼二层出发大厅
……Tel：0691-2729887
云南天然橡胶产业集团西双版纳景阳有限公司东风第一制胶厂
地址：云南省西双版纳州景洪市勐龙镇东风农场
……Tel：0691-2733680
西双版纳华热亚橡胶有限公司勐龙制胶厂
地址：景洪市勐龙镇曼别村
……Tel：0691-2736098
云南天然橡胶产业集团西双版纳景阳有限公司东风第四制胶厂
地址：云南省西双版纳州景洪市勐龙镇
……Tel：0691-2743072
西双版纳曝勐橡胶制品有限公司
地址：云南省西双版纳州景洪市嘎洒镇曼迈村
……Tel：0691-2750356
西双版纳顺达进出口贸易有限责任公司曼迈制胶厂
地址：云南省西双版纳州景洪市嘎洒镇曼景傣村
……Tel：0691-2752067
西双版纳宏展云江混凝土制品有限公司
地址：云南省西双版纳傣族自治州景洪市么龙路57号（景洪工业园区8号路洪发氧气厂旁）
……Tel：0691-2755186
西双版纳祥龙红木制品有限公司
地址：云南省西双版纳州景洪市嘎洒镇曼占宰村
……Tel：0691-2766633
西双版纳鑫磊建材制品有限公司
地址：景洪市沧江路9号
……Tel：0691-3085555
西双版纳汉麻生物制品有限公司
地址：西双版纳景洪工业园区管委会办公楼
……Tel：0691-5162311
西双版纳汉麻制品有限公司
地址：云南省西双版纳傣族自治州勐海县工业园区
……Tel：0691-5166670
西双版纳娜兰缔生物科技制品厂
地址：云南省西双版纳傣族自治州景洪市嘎洒镇曼洒村
……Tel：0691-6625158
西双版纳州勐腊制胶厂
地址：勐腊乡曼纳伞村公所
……Tel：0691-8160126
西双版纳固可力制胶有限公司
地址：云南省西双版纳傣族自治州勐腊县勐捧镇
……Tel：0691-8712269
西双版纳雨林制药有限责任公司
地址：云南省勐腊县勐仑镇中科院植物园内
……Tel：0691-8716238
云南天然橡胶产业集团西双版纳景阳有限公司勐捧第三制胶厂
地址：云南省西双版纳州勐腊县勐捧镇
……Tel：0691-8836076
西双版纳禹龙制胶有限公司
地址：云南省西双版纳州景洪市嘎洒镇曼播村委会曼格村（景大路15公里右侧）
……Tel：0691-8998773
西双版纳禹龙橡胶有限公司象明制胶厂
地址：云南省西双版纳州勐腊县象明乡速底村
……Tel：0691-8998773
西双版纳禹龙象明制胶有限公司
地址：云南省西双版纳州勐腊县象明乡速底村
……Tel：0691-8998773
西双版纳禹龙橡胶有限公司第三制胶厂
地址：云南省西双版纳州景洪市勐罕镇曼达村民小组西面
……Tel：0691-8998773
湛江市百业分色制版广告有限公司盈江分公司
地址：云南省德宏州盈江县平原镇贺罕街78号
……Tel：0692-8952998
罗平县板桥造纸厂地址：罗平县板桥镇新石桥
……Tel：13648595446
云南侨通包装印刷有限公司
地址：中国云南省昭通市昭阳区盐津路198号
……Tel：0870-2221974
云南侨通包装印刷有限公司
地址：中国云南省昭通市昭阳区盐津路198号
……Tel：0870-2221974
云南省造纸学会
地址：昆明市白龙寺昆明理工大学白龙校区生化学院
……Tel：0871-3835931
昆明金川工程承包有限公司
地址：昆明市东川区铜都镇凯通路23号
……Tel：0871-62131777
云南出版印刷集团有限责任公司
地址：云南省昆明市经济技术开发区出口加工区鼎甫路2号
……Tel：0871-63122808
云南新华印刷实业总公司
地址：云南省昆明市官渡区前卫镇双凤东路192号
……Tel：0871-63122808
云南新华印刷三厂
地址：云南省昆明市西昌路96号
……Tel：0871-63128606
云南国防印刷厂
地址：昆明市青年路242号
……Tel：0871-63129934
云南国方印刷有限公司
地址：昆明经开区出口加工区鼎甫路2号
……Tel：0871-63129934
昆明市普琳特印刷有限责任公司
地址：云南省昆明市盘龙区金马场地工期1期A区2栋-1号场地
……Tel：13888461222
昆明小松制版印刷有限公司
地址：云南省昆明市呈贡区大冲工业区
……Tel：0871-63166386
昆明小松制版印刷有限公司
地址：云南省昆明市呈贡区大冲工业区
……Tel：0871-63166386
和运创新印刷包装有限责任公司
地址：云南省滇中新区智能制造产业园A-12号
……Tel：0871-63365918
云南省造纸行业协会
地址：昆明市气象路13号
……Tel：0871-64173397
昆明云波印刷有限公司
地址：云南省昆明市西山区前卫街道办事处拥护社区六组
……Tel：0871-64251020
云南省国税印刷厂
地址：云南省昆明经济技术开发区园景路6号
……Tel：0871-64573713
云南旭彩文化发展股份有限公司
地址：云南省昆明市官渡区双凤东路双凤第四居民小组288号
……Tel：13078717158
云南宏乾印刷有限公司
地址：云南省昆明市五华区羊仙坡3号
……Tel：0871-64637875
昆明西虹源印业有限责任公司
地址：云南省昆明市五华区麻园村447号
……Tel：0871-65359855
云南千鸣印刷包装有限公司
地址：云南省昆明市五华区羊仙坡3号
……Tel：0871-65382990
云南森翔包装材料有限公司
地址：云南省昆明市官渡区工业园区昆明国际印刷包装城
……Tel：0871-66089158
云南中云力奥包装印刷有限公司
地址：云南省昆明市官渡工业园区文博路1086号
……Tel：0871-66089989
云南中云力奥包装印刷有限公司
地址：云南省昆明市官渡工业园区文博路1086号
……Tel：0871-66089989
昆明小松彩色制版印刷厂
地址：云南省昆明经开区信息产业基地呈黄公路东侧Ⅱ-2-3地块
……Tel：0871-66166386
云南白药集团西双版纳经贸有限公司
地址：云南省西双版纳州景洪市景亮路53号
……Tel：0871-66203566
昆明艺宇印刷包装有限公司
地址：昆明市嵩明县杨林工业园南环路
……Tel：0871-66391211
云南君和印务包装有限公司
地址：昆明市官渡区大板桥工业园区西冲村"昆明国际印刷包装城"C3地块
……Tel：0871-67172680
昆明五彩印务有限公司
地址：云南省昆明经济技术开发区经开路10号
……Tel：0871-67260888
昆明瑞丰印刷有限公司
地址：中国（云南）自由贸易试验区昆明片区经开区阿拉街道办事处牛街庄片区42-5号
……Tel：0871-67269588
云南福保彩印包装股份有限公司
地址：云南省昆明市官渡区六甲乡福保村
……Tel：0871-67328465
云南名博包装印刷有限公司
地址：云南省昆明市高新区新城高新技术产业基地B-4-7地块
……Tel：0871-67443379
云南名博包装印刷有限公司
地址：云南省昆明市高新区新城高新技术产业基地B-4-7地块
……Tel：0871-67443379
成至纸制品包装（昆明）有限公司
地址：云南省昆明市呈贡新城大冲工业区2-2-3地块
……Tel：0871-67450880
昆明紫江包装有限公司
地址：昆明市呈贡七甸工业园小哨箐片区
……Tel：0871-67451616
云南精工制版有限公司
地址：昆明市呈贡县洛羊镇云南民办科技园内
……Tel：0871-67484911
宜良明丰造纸厂
地址：云南省昆明市宜良县匡远街道办左营村宜马公路旁
……Tel：13769106198
宜良县宜宝造纸厂
地址：宜良县汤池镇凤鸣村委会吴海云村
……Tel：15808845058
昆明市宜良造纸厂
地址：汤池镇吴海营村
……Tel：13708864375
昆明明亮纸品包装有限公司
地址：云南省昆明市石林县鹿阜街道办事处石林生态工业集中区大屯片区
……Tel：0871-67781060
昇兴（云南）包装有限公司
地址：云南省曲靖经济技术开发区（麒麟区辖内）环北路以南、教苑路以北、靖阳路以东
……Tel：0871-67976195
云南森利来包装科技有限公司
地址：云南省昆明市嵩明县杨林经济技术开发区南环路
……Tel：0871-67978736
昆明新嘉源包装材料有限公司
地址：昆明市经济技术开发区小干河路B1-2号地块
……Tel：0871-68150855
昆明市印刷有限责任公司
地址：昆明市人民西路２０４号
……Tel：0871-68182150
云南云成印务有限公司
地址：云南省昆明市高新技术产业开发区M1-3
……Tel：0871-68216904
昆明策茂印刷制版有限公司
地址：昆明市人民西路张家村47号
……Tel：0871-68217017
昆明市大观鑫辉彩印制版厂
地址：云南省昆明市西山区马街办事处张峰社区居委会第一居民小组
……Tel：0871-68223082
昆明天欣彩印包装有限公司
地址：云南省昆明市五华区学府路西段755号（黄土坡立交馨悦尚居1幢-1-1层1-1号商铺）
……Tel：0871-68244631
云南运成制版有限公司
地址：云南省昆明市高新技术开发区科开路888号
……Tel：0871-68323099
昆明本原纸制品制造有限公司
地址：云南省昆明市西山区大箐路58号
……Tel：13888276541
昆明贝森（风动）蜂窝纸板设备制造有限公司
地址：云南省昆明市高新技术开发区科泰路M1-12地块
……Tel：0871-68406956
昆明通科数码印刷有限公司
地址：中国（云南）自由贸易试验区昆明片区经开区希陶路1号
……Tel：13888919561
云南友谊胶粘包装科技有限公司
地址：云南省昆明市安宁市草铺街道办事处麒腾路18号
……Tel：0871-68662212
云南友日久包装实业有限公司
地址：云南省昆明市安宁市草铺街道办事处麒腾路18号
……Tel：0871-68662212
云南闽豪包装有限公司
地址：安宁市连然街道办事处江浸厂村
……Tel：0871-8695198
大理强力塑编包装有限责任公司
地址：云南省大理白族自治州大理市凤仪镇创新工业园区
……Tel：0872-2366067
大理州祥云大宇包装有限公司
地址：云南省大理白族自治州祥云县财富工业园区
……Tel：0872-3129866
鹤庆县云松民间棉纸工艺加工制造厂
地址：云南省大理白族自治州鹤庆县松桂镇龙珠村
……Tel：13508726286
云南红河彩印包装股份有限公司
地址：云南省红河州个旧市建设东路9号

……Tel：0873-2211654
云南大为包装有限公司
地址：云南省曲靖市沾益区花山街道花山工业园区
……Tel：0874-3065797
云南曲靖敏大包装有限公司
地址：云南省曲靖市南片区金麟湾体育运动中心
……Tel：0874-3180298
曲靖骁懿科技工程有限公司
地址：云南省曲靖市麒麟区寥廓街道南关七村314-315号
……Tel：18608746599
曲靖福牌彩印有限公司
地址：云南省曲靖市麒麟区紫云北路34号
……Tel：0874-3251699
曲靖麒麟福牌印刷有限公司
地址：曲靖市麒麟区环城乡小坡村
……Tel：0874-3561197
陆良天和印刷有限责任公司
地址：陆良县芳华镇龙潭社区居委会（原大东水泥厂厂区及办公楼）
……Tel：0874-6082933
陆良县福利造纸厂
地址：陆良县中枢镇中纪办事处
……Tel：13577456690
云南锐达民爆有限责任公司
地址：云南省曲靖市陆良县芳华镇浑水塘
……Tel：0874-6827000
宣威市福利造纸厂
地址：宣威市榕城镇五孔桥小河边
……Tel：13987457777
湛江市百业分色制版广告有限公司保山分公司
地址：云南省保山市隆阳区兰城街道同仁街130号附4号
……Tel：0875-2133881
保山市弘泰包装印刷有限公司
地址：云南省保山市隆阳区汉庄镇工贸园区
……Tel：13278603362
文山壮族苗族自治州造纸厂
地址：云南省文山壮族苗族自治州文山市开化北路
……Tel：0876-2830695
玉溪市东升纸业有限责任公司
地址：云南省玉溪市红塔区红塔工业园区观音山4号
……Tel：0877-2050592
玉溪市高仓造纸厂有限公司
地址：云南省玉溪市红塔区高仓村马头山
……Tel：0877-20779796
云南省玉溪市泰山造纸厂
地址：云南省玉溪市红塔区高仓梁王坝
……Tel：0877-20779796
云南新兴仁恒包装材料有限公司
地址：云南省玉溪市太极山
……Tel：0877-2151988
玉溪接装纸制造有限公司地址：云南省玉溪市红塔区春和镇棋盘路
……Tel：13987772374
玉溪思润印刷有限公司
地址：云南省玉溪市红塔区大营街
……Tel：0877-2770816
云南通海云龙纸制品包装有限责任公司
地址：云南省玉溪市通海县杨广镇云龙村
……Tel：0877-3662222
云南红塔彩印包装有限公司
地址：云南省玉溪市通海县礼乐西路133号
……Tel：0877-3801181
云南省通海正华印刷有限公司
地址：云南省玉溪市通海县桑园工业区
……Tel：0877-3801961
云南光林包装有限公司
地址：云南省玉溪市通海县秀山街道礼乐西路149号
……Tel：0877-3805792
云南通海汉光包装工业有限公司
地址：云南省玉溪市通海县秀山镇气象路2号
……Tel：0877-3805792
云南省通海县三义造纸厂
地址：云南省玉溪市通海县九龙街道三义办事处
……Tel：17787714157
云南省易门县造纸厂
地址：云南省玉溪市易门县龙泉镇东门路57号
……Tel：0877-4967152
云南全心包装印刷有限公司
地址：云南省玉溪市易门县龙泉镇易门陶瓷特色工业园区麦子田片区
……Tel：0877-4967703
云南省玉溪印刷有限责任公司
地址：云南省玉溪市高新区九龙片区V4地块（春和镇中所村委会）
……Tel：0877-6135425-289
云南恒昌造纸有限责任公司
地址：云南省玉溪市江川区大街街道旧州老荒坝
……Tel：13378899807
玉溪万利包装材料有限公司
地址：云南省玉溪市江川区龙泉山生态工业园区
……Tel：0877-8019066
玉溪太力包装有限公司
地址：云南省玉溪市江川区大街街道土官田村委会小石洞村
……Tel：0877-8032755
玉溪市金美印刷包装有限公司
地址：云南省玉溪市江川区龙泉山生态工业园区
……Tel：0877-8088366
云南华玉彩印包装有限公司
地址：云南省玉溪市华宁县宁州镇华山路
……Tel：0877-8886556
云南红创包装有限公司
地址：云南省玉溪市高新区九龙片区（龙腾路中段）
……Tel：0877-8896285
楚雄宏鑫印刷（集团）有限公司
地址：云南省楚雄彝族自治州楚雄市鹿城镇富民工业园区
……Tel：0878-3114076
云南新华印刷二厂有限责任公司
地址：云南省楚雄彝族自治州楚雄市富民工业园区宏桂公司东侧
……Tel：0878-3124293
云南岭东印刷包装有限公司
地址：云南省楚雄彝族自治州楚雄市富民工业园区岭东路1号
……Tel：0878-3161398
云南岭东印刷包装有限公司
地址：云南省楚雄彝族自治州楚雄市富民工业园区岭东路1号
……Tel：0878-3161398
云南滇之鸿金属包装有限公司
地址：云南省楚雄彝族自治州元谋县黄瓜园镇小雷宰工业园区
……Tel：0878-8222488
普洱市清水河造纸厂
地址：普洱市思茅区清水河
……Tel：0879-2157150
景东华信工贸有限公司再生资源造纸厂
地址：浏阳市大瑶镇南阳村
……Tel：0879-6224906
临沧传媒集团印刷制作经营有限公司
地址：临翔汀旗路与凤翔路交叉口西侧
……Tel：0883-2143729
云县再生纸业有限责任公司地址：云县爱华镇瓶罐窑
……Tel：0883-3223456
云南凤庆顺成纸制品包装有限责任公司
地址：凤庆县滇红生态产业园区
……Tel：0883-4261667

西藏自治区

西藏远征包装有限公司
地址：拉萨市金珠西路158号阳光新城别墅C-12
……Tel：0891-6151111
西藏远征印刷物资有限公司
地址：拉萨经济技术开发区B区008号2号楼
……Tel：0891-6151111
西藏鑫速印刷有限公司
地址：拉萨经济技术开发区B区拉青西一路8号西藏天利经济文化发展有限公司印刷产业及特色产品基地1栋1层
……Tel：0891-6818228
西藏文华实业有限公司
地址：拉萨市柳梧新区香格里拉大道11号天知世界城珑玺小区14幢1-6号
……Tel：0891-6825555
西藏新华印刷厂
地址：拉萨市娘热路58号
……Tel：0891-6920667
西藏福地天然饮品包装有限责任公司
地址：拉萨经济技术开发区西藏福地天然饮品产业发展有限责任公司办公楼207室
……Tel：0891-6946729
拉萨市明鑫印刷有限公司
地址：拉萨市城关区纳金乡纳金村
……Tel：0891-6954318

陕西省

陕西新新彩包装有限公司
地址：陕西省咸阳市武功县工业园区
……Tel：029-32974103
咸阳和丰印刷包装机械有限公司
地址：陕西省咸阳市秦都区团结路中段
……Tel：029-33213589
咸阳文绘印刷有限公司
地址：陕西省咸阳市秦都区玉泉西路103号
……Tel：029-33587880
咸阳明康造纸机械有限公司
地址：陕西省西咸新区秦汉新城金旭路16号
……Tel：029-33711688
西安印刷包装产业基地（集团）发展有限公司
地址：西安经济技术开发区草滩六路1868号
……Tel：029-62688866
昇兴（西安）包装有限公司
地址：陕西省西安市阎良区关山工业园通惠路东、创业路以南
……Tel：029-68011998
陕西中富联体包装容器有限公司
地址：西安市经济技术开发区凤城二路39号
……Tel：029-68502181
西安中富饮料包装有限公司
地址：西安经济技术开发区凤城二路39号
……Tel：029-68502181
陕西新华音像电子出版物复制发行有限公司
地址：陕西省西安市经开区草滩生态产业园博爱路东侧
……Tel：029-68768395
陕西木瓜纸业有限公司
地址：陕西省西安市莲湖区汉城东路5号付9号
……Tel：029-68769366
陕西圣西兰装饰材料有限公司
地址：陕西省西安市蓝田县文姬路88号
……Tel：13709292248
西安盛巴洛克墙纸制造有限公司
地址：当阳市玉阳办事处金桥工业园内（金桥变电站西北侧）
……Tel：029-81465202
西安吉丰医药包装有限公司
地址：户县西安经济技术开发区沣京工业园
……Tel：029-81465819
西安繁晨印刷有限责任公司
地址：陕西省西安市灞桥区纺织城水安路8号院
……Tel：029-82146725
西安一印制版有限责任公司
地址：西安市建东街1号
……Tel：029-82243633
西安西铁印务有限公司
地址：西安市雁塔区南二环铁路新村9号高层
……Tel：029-82327038
西安溯源实业有限公司
地址：西安曲江新区雁塔南路1201号金辉世界城金辉环球中心B座17层1702室A11
……Tel：029-82889598
陕西江源网络信息科技有限公司
地址：陕西省西安市灞桥区灞纺路1号
……Tel：029-83578587
西安新骊包装有限公司
地址：西安市临潼区新丰工业园
……Tel：029-83972970
陕西蓝雪包装材料科技有限公司
地址：西安经济技术开发区尚稷路8号
……Tel：029-84253426
陕西家兴印刷物资有限公司
地址：陕西省西安市莲湖区汉城东路5号
……Tel：029-84289680
维美德造纸机械技术（西安）有限公司
地址：陕西省西安市未央区阿房四路4号
……Tel：029-84363218
西安造纸机械有限公司
地址：陕西省西咸新区沣东新城阿房四路6号
……Tel：029-84363510
西安华西造纸机械成套公司
地址：陕西省西安市沣东新城阿房四路至乐村39幢60101室
……Tel：029-84513157
西安维亚造纸机械有限公司
地址：陕西省西安市沣东新城天章大道北段1号
……Tel：029-84517451
西安市蔡伦造纸厂
地址：西安市沣东新城三桥街办北沙口村
……Tel：15398080596
西安市漳浒造纸机械有限公司
地址：西安市雁塔区鱼化寨二府庄工业园区
……Tel：029-84686023
陕西源丰包装材料有限公司
地址：陕西省西安市高新区草堂科技产业基地秦岭西八路1号
……Tel：029-84851392
户县大王小谢制版服务部
地址：户县大王镇街道
……Tel：029-84868371
陕西省户县造纸机械厂
地址：户县玉蝉乡索家庄
……Tel：029-84923158
西安航天华阳机电装备有限公司
地址：西安市长安区神舟二路147幢
……Tel：029-85206159
陕西东联印刷有限公司
地址：西安市高陵区融豪工业城高陵中小企业创业示范园
……Tel：029-85232048
西安造纸工业公司长安分公司
地址：西安市韦曲镇
……Tel：029-85291339
《民主与法制》社（陕西）出版发行有限公司
地址：西安市莲湖区青年路111号止园饭店八号楼301室
……Tel：029-85421923
陕西盐业包装材料有限责任公司
地址：西安泾河工业园泾园七路185号
……Tel：029-86032058
西安鑫汇制版印务有限责任公司
地址：西安市莲湖区北稍门二马路彩印标牌市场东06号
……Tel：029-86268142
西安鑫汇制版印务有限责任公司第一分公司
地址：西安市经开区凤城一路刚家寨商业街二排五号
……Tel：029-86268142
西安天时包装有限公司
地址：西安经济技术开发区草滩六路1369号绘锦创业园C3号楼
……Tel：029-86476699
西安西网印刷包装有限公司
地址：陕西省西安市沣东新城天章三路1380号
……Tel：029-86513501
西安雄峰印刷包装有限公司
地址：西安经济技术开发区草滩生态产业园草滩六路88号
……Tel：029-86560086
杨凌聚川食品包装有限公司
地址：陕西省杨凌示范区姚安路以南、陇海铁路以北
……Tel：029-87073177
陕西出版传媒集团印刷物资有限责任公司
地址：陕西省西安市莲湖区汉城东路5号
……Tel：029-87282325
陕西省印刷物资总公司
地址：西安市西七路285号
……Tel：029-87282325
西安维正印刷制版有限责任公司
地址：西安市西七路220号付5号
……Tel：029-87287268
万裕文化产业有限公司
地址：陕西省西安市莲湖区西北三路28号
……Tel：029-87331228
西安天马印刷有限公司
地址：西安市莲湖区工农路2号（运输公司院内）南区28号
……Tel：029-87349467
西安煤航印刷材料有限责任公司
地址：西安市建西街3号
……Tel：029-87861951
西安秉信环保包装有限公司
地址：西安经济技术开发区草滩生态产业园尚稷路11666号
……Tel：029-87941516
陕西弘利胶粘制品有限公司
地址：陕西省西安市高新区西部大道170号丰泽科技园6号楼B栋一楼
……Tel：029-88212199
西安科雷电脑制版有限责任公司
地址：西安市雁塔区光华东路2号
……Tel：029-88215606
陕西海丰印刷有限公司
地址：牟平区兴华街579号
……Tel：029-88238824
陕西彩之源制版印务有限公司
地址：陕西省西安市雁塔区太白南路269号中天国际公寓5号楼1单元1007室
……Tel：029-88256676
陕西彩艺制版印务有限公司
地址：陕西省西安市雁塔区太白南路269号中天国际公寓5-1188室
……Tel：029-88256676
陕西省出版印刷公司
地址：西安市雁塔区含光路西南段78号
……Tel：029-88272701
陕西恒德印务有限公司
地址：陕西省西安市碑林区朱雀大街155号
……Tel：029-88403586
西安中晟包装印刷有限公司
地址：周至县集贤产业园集财路中段5号
……Tel：029-8852298
陕西烟印包装科技有限责任公司
地址：陕西省西安市高新区西区高新一路12号
……Tel：029-88895561

西安电影制片厂录音录像出版社
地址：陕西省西安市雁塔区西影路508号
…………Tel：029-89129657

西安德宝药用包装有限公司
地址：西安市高新区沣惠南路12号
…………Tel：029-89187994

西安奇良海德印刷有限公司
地址：西安市航天基地工业二路299号西安建工科技创业基地A区2排2号
…………Tel：029-89255599

延安市宝塔区振新工贸有限责任公司
地址：陕西省延安市宝塔区桥儿沟
…………Tel：0911-2330200

延安永进工贸有限责任公司
地址：陕西省延安市宝塔区罗家坪通圣园2号门面房
…………Tel：0911-8201073

榆林晋榆包装材料有限公司
地址：陕西省榆林市榆阳区电视台培训中心二楼
…………Tel：0912-3231606

榆林日报社印务有限责任公司
地址：陕西省榆林市榆阳区韦则巷7号
…………Tel：0912-3231612

榆林市金华建筑工程有限公司
地址：陕西省榆林市榆阳区红山路一号（榆林水文勘测局）
…………Tel：0912-3524999

陕西华塑包装有限公司
地址：陕西省榆林市高新技术产业园区建业大道莱德大厦23层
…………Tel：0912-3548956

米脂县貂婵再生造纸厂
地址：米脂县银州镇官庄村
…………Tel：13809126881

府谷县聚隆印刷广告有限责任公司
地址：陕西省榆林市府谷县百货公司院内
…………Tel：0912-8713845

渭南正奇印刷包装机械有限公司
地址：陕西省渭南市高新技术产业开发区朝阳大街西段65号
…………Tel：0913-2103009

陕西北人印刷机械有限责任公司
地址：陕西省渭南市高新技术产业开发区东风大街西段
…………Tel：0913-2118612

渭南大东印刷包装机械有限公司
地址：陕西省渭南市经济技术开发区工业大道
…………Tel：0913-2193679

渭南大东印刷包装机械有限公司
地址：陕西省渭南市经济技术开发区工业大道
…………Tel：0913-2193679

陕西白水圣亿达包装有限责任公司
地址：陕西省渭南市白水县杜康苹果科技产业园宏达公司南区
…………Tel：0913-6391776

蒲城县残联龙源造纸厂地址：陕西省渭南市蒲城县龙阳街道
…………Tel：0913-7143073

陕西蒲城丰瑞达实业有限公司
地址：陕西省渭南市蒲城县陈庄街道
…………Tel：0913-7168666

蒲城东兴纸业有限公司
地址：陕西省渭南市蒲城县党家庄二组
…………Tel：0913-7618122

蒲城县永丰利亚造纸有限责任公司
地址：陕西省渭南市蒲城县永丰镇大浴河北段
…………Tel：0913-7715139

渭南铭鑫印刷机械有限责任公司
地址：陕西省渭南市经济技术开发区前进北路
…………Tel：0913-8197876

商洛市造纸厂
地址：陕西省商洛市商州区刘湾乡李塬
…………Tel：0914-2382671

商洛市水木森电子工程技术有限公司
地址：陕西省商洛市丹凤县商镇工业园区
…………Tel：0914-6328199

陕西柏伦包装有限公司
地址：陕西省商洛市商南县城关街道办事处张家岗村工业园区
…………Tel：0914-6668806

汉中宇盛实业有限公司
地址：陕西省汉中市汉台区将坛东路108号
…………Tel：0916-2102006

汉中市金鼎盛彩印标牌有限责任公司
地址：陕西省汉中市汉台区中山街46号
…………Tel：0916-2529598

汉中精迅图文制版有限责任公司
地址：陕西省汉中市汉台区中山街23号（中山街小学斜对面）
…………Tel：0916-2533331

汉中秦汉造纸总厂
地址：陕西省汉中市汉台区万仙桥
…………Tel：0916-2635197

宝鸡市天彩制版印务有限公司
地址：陕西省宝鸡市渭滨区经二路东段9号秦岭饭店院内第三间
…………Tel：0917-3210669

陕西新城伟业科技有限公司
地址：陕西省宝鸡市高新开发区高新十五路西侧（爱迪水岸养生庄园东）
…………Tel：0917-3372319

陕西雄峰包装科技有限公司
地址：陕西省宝鸡市陈仓区科技工业园区西虢大道（青岛啤酒宝鸡有限公司右侧）
…………Tel：0917-3671676

陕西海天珅机械制造有限公司
地址：陕西省宝鸡市扶风县县城新区机械加工工业园
…………Tel：0917-5289333

扶风新华制版有限公司
地址：陕西省宝鸡市扶风县绛帐镇上宋原造纸厂
…………Tel：0917-5338200

陕西保利华英包装有限公司
地址：陕西省宝鸡市眉县金渠镇霸王河工业园（科技工业园眉兴大道）
…………Tel：0917-5722066

陕西奥瑞金包装有限公司
地址：陕西省宝鸡市陈仓区科技工业园内（科技西路东段）
…………Tel：0917-6290028

宝鸡市陈仓区秦华机电设备厂
地址：陕西省宝鸡市高新开发区钓渭镇南村
…………Tel：0917-6787002

陕西裕凤包装科技有限公司
地址：陕西省宝鸡市凤翔县柳林镇
…………Tel：0917-7214086

宝鸡春星造纸设备有限公司
地址：陕西省宝鸡市岐山县蔡家坡镇凤凰中路（陕九三区）
…………Tel：0917-8553251

铜川市蓝天包装有限责任公司
地址：陕西省铜川市新区坡头镇新材料产业园区纬九路以北
…………Tel：0919-2186741

陕西省耀县造纸厂
地址：陕西省铜川市新区下高埝前申河村二组
…………Tel：0919-3386036

甘肃省

临洮县红旗包装材料有限公司
地址：甘肃省定西市临洮县红旗乡牟家村
…………Tel：0930-7175881

兰州黄河精炼玻璃制品包装有限公司
地址：甘肃省兰州市兰州新区昆仑山大道以西钱塘江街以北
…………Tel：0931-2318825

兰州新华印刷厂
地址：甘肃省兰州市七里河区硷沟沿115号
…………Tel：0931-2600340

甘肃大地神韵文化艺术有限公司
地址：兰州市城关区北滨河中路450号一台3号楼103（1-4F）号
…………Tel：0931-3788001

兰州进军彩印包装有限责任公司
地址：甘肃省兰州市榆中县定远镇安家营村58号
…………Tel：0931-5321468

甘肃天欣农牧科技有限公司
地址：甘肃省兰州市兰州新区泰山路以东、昆仑山大道以西
…………Tel：0931-6161734

兰州华美塑料包装有限公司
地址：兰州市西固西路193号
…………Tel：0931-7355218

兰州人民印刷厂
地址：甘肃省兰州市西固区西固中路1388号
…………Tel：0931-7367206

甘肃云盛印刷有限公司
地址：甘肃省兰州市城关区伏龙坪路4号
…………Tel：0931-8183178

兰州新文印刷有限责任公司
地址：兰州市城关区伏龙坪路4号
…………Tel：0931-8183491

兰州市天欣纸箱印刷有限公司
地址：甘肃省兰州市城关区盐场路街道盐场路112号之5号第1层003室
…………Tel：0931-8313595

兰州和盛印刷有限公司
地址：甘肃省兰州市城关区九州中路512号
…………Tel：0931-8363878

甘肃兴凯文印刷有限责任公司
地址：兰州市城关区鱼儿沟13号
…………Tel：0931-8435758

兰州奥林印刷有限责任公司
地址：甘肃省兰州市城关区团结新村街道排洪南路16号
…………Tel：0931-8468327

兰州中富包装有限公司
地址：甘肃省兰州市城关区高新技术开发区新建区601-1路北侧
…………Tel：0931-8550219

甘肃同济彩色制版印刷有限责任公司
地址：兰州市城关区张苏滩573号
…………Tel：0931-8552569

甘肃广播电视报社金河彩色制版中心
地址：甘肃省兰州市城关区张苏滩541号
…………Tel：0931-8554169

兰州海虹印刷有限责任公司
地址：兰州市城关区定西路18号
…………Tel：0931-8620963

兰州晋陇彩印制版有限责任公司
地址：兰州市城关区东岗东路方家湾51号(兰州专业电镀厂院内)
…………Tel：0931-8690618

甘肃新华印刷厂
地址：兰州市城关区定西南路5-45号
…………Tel：0931-8793829

兰州市城关区凹凸印刷制版厂
地址：甘肃省兰州市城关区天水路257号
…………Tel：0931-8847459

甘肃定西网典印业包装有限公司
地址：甘肃省定西市安定区经济开发区循环园城北一路3号
…………Tel：0932-8200499

静宁欣叶包装印务集团有限责任公司
地址：甘肃省平凉市静宁县工业园区
…………Tel：0933-2525950

静宁县工业品纸箱制造厂
地址：甘肃省平凉市静宁县八里工业小区
…………Tel：0933-2525950

甘肃宜溴农业科技发展有限责任公司
地址：甘肃省平凉市庄浪县水洛镇徐碾村三社(中川加油站隔壁)
…………Tel：0933-5939100

平凉国彩印刷有限公司
地址：甘肃省平凉市崆峒区陇翠巷5号
…………Tel：0933-5976168

庄浪恒辉包装果品有限公司
地址：庄浪县工业园区
…………Tel：0933-6822927

平凉市峡门造纸厂
地址：甘肃省平凉市崆峒区峡门乡白坡村
…………Tel：0933-8570035

合水县金象印刷有限责任公司
地址：甘肃省庆阳市合水县西华北街168号
…………Tel：0934-5521428

庆阳国豪包装制品有限公司
地址：甘肃省庆阳市镇原县城关镇金龙工业园区（凯迪公司院内）
…………Tel：0934-5955206

正宁县文化教育印刷有限公司
地址：甘肃省庆阳市正宁县工业园区
…………Tel：13919582000

庆阳七彩图文印刷有限公司
地址：甘肃省庆阳市宁 县新宁镇辑宁路8号
…………Tel：0934-6623229

甘肃古浪惠思洁纸业有限公司造纸二厂
地址：阜平镇城岗街 9 号
…………Tel：0935-5186666

甘肃古浪华丰工贸有限公司造纸三厂
地址：浏阳市大瑶造纸工业基地
…………Tel：0935-5186666

甘肃古浪惠思洁纸业有限公司造纸一厂
地址：醴陵市富里镇车上村中合组
…………Tel：0935-5186666

甘肃古浪华丰工贸有限公司造纸二厂
地址：甘肃省天水市麦积区马跑泉东路一号造纸厂家属院
…………Tel：0935-5186666

武威宝林包装股份有限公司
地址：甘肃省武威市凉州区武威工业园经三路4号
…………Tel：0935-5933540

甘肃江陇包装材料制造有限公司
地址：甘肃省张掖市民乐县生态工业园区
…………Tel：0936-4202100

张掖市金鼎包装有限责任公司
地址：张掖市东北郊工业园区北二路南侧
…………Tel：0936-5983206

甘肃华能彩印包装有限公司
地址：甘肃省张掖市高台县南华镇工业园区
…………Tel：0936-6673255

天水金盛包装印务有限责任公司
地址：甘肃省天水市麦积区东柯河天水花牛苹果产业园
…………Tel：0938-2729619

甘肃上嘉纸品包装有限公司
地址：甘肃省天水市天水经济技术开发区社棠工业园产业孵化园12#
…………Tel：0938-4965352

甘肃泰达包装印务发展有限公司
地址：甘肃省天水市秦安县何川工业园区
…………Tel：0938-6530499

天水兴企物业服务有限公司造纸分公司
地址：甘肃省天水市麦积区马跑泉东路一号造纸厂家属院
…………Tel：0938-6827021

天水新华印刷厂
地址：甘肃省天水市秦州区赤峪路109号
…………Tel：0938-8281355

青海省

青海星坤彩印包装有限公司
地址：青海省西宁市大通县桥头镇宁张公路14公里
…………Tel：0971-2816681

青海美航印刷包装有限公司
地址：青海生物科技产业园机电二路6号
…………Tel：0971-4318673

青海祁连山包装科技有限公司
地址：西宁市城中区同安路181号
…………Tel：0971-4320098

青海虎彩印刷有限公司
地址：青海省西宁市西宁经济技术开发区生物科技产业园
…………Tel：0971-5317189

青海新华民族印务有限公司
地址：西宁市昆仑路7号
…………Tel：0971-6144595

青海明润德印刷包装有限公司
地址：青海省海东市互助县塘川镇水湾村
…………Tel：0971-6184757

青海雅丰彩色印刷有限责任公司
地址：青海生物科技产业园区经四路22号C区1层
…………Tel：0971-6311003

青海瑞昆包装印刷有限公司
地址：青海省西宁市城北区生物科技园经二路42号
…………Tel：0971-8170066

平安铁联包装材料有限公司
地址：青海省海东市平安区平安镇南村113号
…………Tel：0971-8204345

青海满金建材科技有限公司
地址：海东市工业园区乐都工业园
…………Tel：0972-7417955

宁夏回族自治区

银川市富邦印刷包装有限公司
地址：银川市西夏区宏图南街228号
…………Tel：0951-2026058

银川市富邦印刷包装有限公司
地址：银川市西夏区宏图南街228号
…………Tel：0951-2026058

宁夏和瑞包装有限公司
地址：宁夏永宁县望远镇工业园区
…………Tel：0951-3819115

宁夏书宏印刷有限公司
地址：宁夏回族自治区银川市兴庆区掌政镇银恒雅苑A1-15
…………Tel：0951-4091466

银川千意彩印制版有限公司
地址：银川高新区二期纬十六路北
…………Tel：0951-4789336

宁夏香山科技有限公司
地址：宁夏回族自治区中卫市沙坡头区长河小区
…………Tel：0951-5663919

宁夏新辉煌印刷传媒有限公司
地址：银川市丽景北街188号
…………Tel：0951-6729943

宁夏大地国泰印刷有限公司
地址：银川市清和北街289-1号
…………Tel：0951-6730043

宁夏广德丽原印刷有限公司
地址：银川市金凤区商贸广场5号楼由西向东第三套
…………Tel：15099999651

宁夏誉兴包装印刷有限公司
地址：贺兰县食品工业园二期富远路11号2号综合楼1-2层、4号厂房、2号厂房
…………Tel：0951-8085917

宁夏报业传媒集团印刷有限公司
地址：银川经开区金凤工业园康地路林带南侧106号
…………Tel：0951-8303402

宁夏捷报商务印刷有限公司
地址：银川经开区金凤工业园康地路林带南侧106号
…………Tel：0951-8303402

银川宇恒印刷包装有限公司
地址：宁夏永宁县望远工业园春辉小企业创业园

……………………Tel：0951-8462345

宁夏银报智能印刷科技有限公司
地址：银川金凤工业集中区宝湖中路450号
……………………Tel：0951-8735226

宁夏润龙包装新材料股份有限公司
地址：石嘴山市惠农区正义路南、高速公路东
……………………Tel：0952-3928818

宁夏金百瑞包装有限公司
地址：宁夏回族自治区平罗县工业园
……………………Tel：0952-6295000

宁夏夏进制箱包装有限公司
地址：吴忠市利通区金积工业园区（经纬四路北侧）
……………………Tel：0953-2246880

吴忠市东风造纸机械厂
地址：宁夏回族自治区吴忠市利通区南环东路
……………………Tel：0953-2282476

宁夏兄弟包装材料有限公司
地址：宁夏吴忠市金积工业园区
……………………Tel：0953-2662221

宁夏成峰包装印刷有限公司
地址：吴忠市金积工业园区清真产业园（运达风电公司以东、京藏高速以西、板桥道堂以南）
……………………Tel：18995340777

宁夏金世纪包装印刷有限公司
地址：宁夏回族自治区吴忠金积工业园区
……………………Tel：0953-3969111

宁夏金世纪包装印刷有限公司
地址：宁夏回族自治区吴忠金积工业园区
……………………Tel：0953-3969111

宁夏白浪包装股份有限公司
地址：吴忠市红寺堡区弘德工业园区
……………………Tel：0953-5085008

宁夏弘德包装材料有限公司
地址：吴忠市红寺堡区弘德工业园区
……………………Tel：0953-5086886

宁夏吉宏环保包装科技有限公司
地址：宁夏青铜峡工业园区（亲水路）
……………………Tel：0953-6565898

宁夏银新印刷包装产业物流园有限公司
地址：宁夏永宁县望远工业园区天信路
……………………Tel：0953-6567808

固原萧关印刷有限公司
地址：固原市原州区南关街峡口社区二组
……………………Tel：0954-2085498

宁夏中卫市兴文彩色印刷包装有限责任公司
地址：中卫市沙坡头区文翠北路（东园工业园区）
……………………Tel：0955-7072007

新疆维吾尔自治区

阿勒泰地区泰昇报业印务有限责任公司
地址：新疆阿勒泰地区阿勒泰市解放路759-1#
……………………Tel：0906-2123903

新疆格隆包装彩印有限公司
地址：新疆阿勒泰地区福海县工业园区
……………………Tel：0906-3661276

新疆赛里木印刷股份有限公司
地址：新疆博州博乐市建设路（工业区）
……………………Tel：0909-2323875

新疆恒远中汇彩印包装股份有限公司
地址：新疆乌鲁木齐市高新区(新市区)北区正扬路627号
……………………Tel：0991-3137650

乌鲁木齐市红旗造纸厂
地址：新疆乌鲁木齐市米东区稻香北路
……………………Tel：13659918202

新疆国之明包装股份有限公司
地址：新疆乌鲁木齐市米东区稻香北路２０４号
……………………Tel：0991-3379088

新疆沙驼股份有限公司造纸四厂
地址：新疆巴州库尔勒市机场路13号
……………………Tel：0991-3379088

新疆一龙呈祥科技印刷有限公司
地址：新疆乌鲁木齐市米东区化工工业园曙光南路东一巷301号
……………………Tel：0991-3703661

新疆双星环保纸箱包装有限责任公司
地址：新疆乌鲁木齐市西山兵团乌鲁木齐工业园区迎春街1号
……………………Tel：0991-3706496

新疆八艺印刷厂
地址：乌鲁木齐经济技术开发区韶山街1199号
……………………Tel：0991-3766197

新疆中富包装有限公司
地址：新疆乌鲁木齐高新技术产业开发区（新市区）中亚北路154号
……………………Tel：0991-3769280

新疆东港安全印刷有限公司
地址：新疆乌鲁木齐高新技术产业开发区（新市区）净水路696号
……………………Tel：0991-3780302

新疆出版印刷集团公司
地址：新疆乌鲁木齐高新技术产业开发区（新市区）贵州路145号
……………………Tel：0991-3845227

乌鲁木齐秉信环保包装有限公司
地址：新疆乌鲁木齐市经济技术开发区贺兰山街828号
……………………Tel：0991-3928516

乌鲁木齐县安宁渠造纸厂
地址：新疆乌鲁木齐市新市区安宁渠镇滨湖村六队
……………………Tel：13659918202

乌鲁木齐县五星造纸厂
地址：乌鲁木齐县安宁渠镇滨湖村
……………………Tel：0991-3951016

乌鲁木齐市冠雄印刷有限公司
地址：新疆乌鲁木齐市米东区化工工业园康庄东路支一巷1250号
……………………Tel：0991-4668611

新疆新华印刷厂
地址：新疆乌鲁木齐市沙依巴克区公园北街19号
……………………Tel：0991-4685599

新疆圣峰汽车科技有限公司
地址：新疆乌鲁木齐市水磨沟区振安街2411号3幢1室
……………………Tel：0991-6619188

新疆希望印刷厂
地址：新疆乌鲁木齐高新技术产业开发区（新市区）东站路1086号
……………………Tel：0991-6635475

新疆金叶科技有限公司
地址：新疆乌鲁木齐经济技术开发区（头屯河区）喀纳斯湖北路306号
……………………Tel：0991-7701576

新疆生产建设兵团印刷厂
地址：新疆乌鲁木齐市天山区光明路建工巷8号
……………………Tel：0991-8818320

石河子市中新创包装容器有限公司
地址：新疆石河子市北泉镇阳光小区南区66栋2号
……………………Tel：0993-2250333

新疆奥瑞金包装容器有限公司
地址：新疆石河子开发区东八路51-8号C
……………………Tel：0993-6609912

新疆大唐鸿运包装材料制造有限公司
地址：新疆石河子市新安镇十三小区综合市场
……………………Tel：0993-7500266

新疆石河子造纸厂
地址：新疆石河子市工二区西三路39号
……………………Tel：0993-7526011

新疆天庭昌德包装容器制造有限公司
地址：新疆昌吉州昌吉市榆树沟镇大三畦村
……………………Tel：0994-2209813

新疆朝阳印刷有限责任公司
地址：新疆昌吉州昌吉市三工镇常胜村八组
……………………Tel：0994-2339643

新疆华康包装有限公司
地址：新疆昌吉州阜康产业园阜西区（天山水泥北侧）
……………………Tel：0994-8357786

新疆宝隆包装技术开发有限公司
地址：新疆五家渠市人民北路3092号中小企业创业园12号14号通用厂房
……………………Tel：0994-8391558

新疆二新华印务有限责任公司
地址：新疆巴州库尔勒市恰尔巴格路
……………………Tel：0996-2075551

阿克苏恒发农副产品包装有限公司
地址：新疆阿克苏地区阿克苏纺织工业城（开发区）阿塔公路九公里处
……………………Tel：0997-2680956

新疆壹团红包装制品有限公司
地址：新疆阿克苏地区温宿县农副产品加工园（314国道红旗坡收费处）
……………………Tel：0997-4591666

疏附县天和包装有限公司
地址：新疆喀什地区疏附县吾库萨克乡7村
……………………Tel：0998-2946038

岳普湖益华纸业包装有限公司
地址：新疆喀什地区岳普湖县泰岳工业园区岳伽路6号
……………………Tel：0998-6826507

霍尔果斯远腾包装材料制造有限公司
地址：新疆伊犁州霍尔果斯经济开发区兵团分区开元路1号创业园孵化基地208室
……………………Tel：0999-3177730

特耐王（伊犁）包装有限公司
地址：新疆伊犁州新源县恰普河路071号工业园区管委会办公楼四楼
……………………Tel：0999-5036599

食品饮料
酿酒行业

一、行业综合分析

食品饮料、酿酒行业分析

顶层设计报告：行业形势与“大数据”

作者：王雪姣　来源：中国酿酒网

【一季度，酒行业面临增速放缓、增长乏力的困境，除了前十年的超速增长外，过度追求数量规模，忽视了发展质量，是内因之一。中国酒业协会近期的一系列动作令人关注。作为行业协会，在酒行业面临发展困境时，积极行动起来，为行业发展寻找出路，成为协会的重要工作。同时，为了从行业未来的角度尽快实现“顶层设计”的目标，酒协正在努力为行业发展提供内容丰富的“大数据”支撑。】

从今年开始，陆续披露的中国酒业2013年相关数据格外受到关注。中国酒业协会作为行业数据与形势分析的权威发布者，无论是对于全行业还是子行业，站在顶层设计的视角，对于行业数据的深入分析都颇具规模。

全行业重点数据扫描

根据国家统计局数据，2013年全年行业完成总产量7511.88万千升，同比增长4.86%；其中，饮料酒产量6600.33万千升，同比增长4.52%；发酵酒精产量911.55万千升，同比增长7.40%。全行业完成销售收入8453.21亿元，同比增长9.42%；实现利润1062.11亿元，同比增长0.17%；上交税金总额达858.39亿元，同比增长0.47%。饮料酒及发酵酒精产品进出口总额34.77亿美元，同比下降5.79%。各项数据表明，2013年行业结束了以往超高速增长态势，进入到理性发展期。

2013年我国酿酒行业销售收入变化情况

（单位：亿元、%）

酒种	产品销售收入	增速	上年同期增速
发酵酒精	830.35	7.55	11.86
白酒	5018.01	11.22	26.82
啤酒	1814.08	9.27	6.77
黄酒	153.91	12.23	12.89
葡萄酒	408.17	-8.52	14.39
其他酒	228.68	15.46	31.43
合计	8453.21	9.42	19.65

（数据来源：国家统计局）

产销增速放缓，个别酒种出现下降。葡萄酒的产量出现下降；白酒增速大幅回落；子行业中,除啤酒行业销售收入增幅扩大外,其它各酒种销售增幅均出现下降,其中葡萄酒行业销售出现负增长。

重点地区行业利润总额出现下降。我国酿酒主产区包括：四川、山东、河南、广东、江苏五省，这五个省区酿酒总产量占到全国酿酒总产量的比重达到43.35%，利润合计占到全国酿酒行业利润总额的1/2。2013年，五省酿酒行业合计实现利润524.62亿元，同比下降8.28%。以盛产白酒为主的四川省、江苏省2013年行业利润均发生下降；以盛产啤酒为主的广东省2013年行业利润保持微增；而作为白酒、啤酒、葡萄酒的主产区，2013年山东省行业利润也出现了下降。

大型企业利润下滑，中小型企业保持增长。2013年大型企业实现利润735亿元，同比下降4.61%；而以生产面向大众消费的中小型企业仍在保持增长态势。

各酒种进出口贸易出现颓势，仅啤酒实现增长。特别是作为进口主力军的葡萄酒产品，2013年受到行业整体下滑、消费需求不足的影响，进口额同比下降1.91%，增速比2012年同期减少10.68个百分点；其中规格在2升及以上包装的葡萄酒，进口量同比下降了26.74%。

全行业及子行业形势分析

全行业：多重因素支撑，行业仍然具备增长潜力

从外部环境和自身发展来看，虽然2013年行业经济数据不甚理想，但酒行业仍然具有增长潜力。多重因素的支撑主要表现为：

1、国家宏观经济虽有压力，但总体良好。2013年国民生产总值增长达7.7%，居民消费价格涨幅控制在2.6%，新增就业达1200万，居民收入、企业效益和财政收入平稳增长，尤其是农村居民收入，去年实际增长率达9.3%，纯收入达8896元。酒类产品作为大众消费品，与国家宏观经济发展和居民收入水平息息相关，可以预见的是，我国大力发展的城镇化建设将有利于持续、稳定的扩大内需，继而推进消费产品的增长，随着居民可支配收入的进一步增加，酒类产品的消费也会保有持续的驱动力。

2、酒产品的消费属性仍被大众认可和接受。酒产品不同于其它消费品，是同时蕴含着物质、精神和文化属性的特殊嗜好性产品。酒产品在交际活动、礼仪消费中具有典型文化特征，其情感需求和氛围需求在社会中没有发生变化。

3、酒行业销售收入继续保持着良好的态势。即使是在行业整体形势困难的2013年，增长速度仍超过GDP，达到9.42%。这直接说明社会需求总量没有发生大的变化，大众消费基础没有动摇，只是消费群体和偏好发生了改变，也体现出酒行业的经营者在去年及时改变营销策略，适应行业发展形势所取得的成绩。

白酒：产业调整是其必然

“酒香不怕巷子深”是句古话，不能否认我们许多名酒真是酒香不怕巷子深，在去年之前我们一些名酒真是这样，现在很多人感到“酒香真怕巷子深”，而且这个巷子离消费者真的很深，乍一看，是因为政策影响造成的，其实不然，这是我们业内对消费者关心、关爱不够造成的。

——中国酒业协会副秘书长兼白酒分会秘书长 宋书玉

2013年，全国白酒行业实现产量1226.20万千升，同比增长7.05%；增速比上年同期回落11.5个百分点；销售收入5018亿元，同比增长11.2%，增速比上年同期回落15.6个百分点；利润804.87亿元，同比增长-1.9%，增速比上年同期回落50.44个百分点。

白酒行业经过过去10年高速增长，在消费、生产、流通等方面积累了大量问题和矛盾，产业调整是其必然。无论主动还是被动，变革已经是行业的必经之路。

产品价格体系重塑，产品结构重新定位。2013年全年，除茅台形势略好之外，其他名酒流通环节库存仍很大，全年一直处在控量保价和消化流通库存的状态。白酒整个价格带发生了彻底变化，高端白酒由原来500～2000元，直降到1000元以内。一线白酒（茅台、五粮液）2014年春节流通库存缓解，其他名酒情况也有所改善，但效果不明显。2014年行业竞争焦点在市场价200～300元以下的产品，全国白酒平均售价20.35元的价格会由于高端白酒价格的变化改变为17元左右。由于名酒企业转型中低档白酒，规模企业增加中低端产品，因此全年白酒产量会有增加，全年白酒销售总量也会略有增加。

突出消费者，构建新型厂商关系。2013年，白酒行业对于创新销售模式讨论热烈，一直延续至今。白酒经营者们开始意识到产品到达消费者的重要性，积极研究如何缩短白酒产品从生产企业到消费者的销售环节，为消费者提供更为便捷的服务。而白酒企业与经销商之间的利益矛盾还没有得到根本缓解，新的渠道模式建设需要厂商的共同研究，在探索中平衡好厂商利益，构建新型厂商合作关系。科学计算成本，重点考虑消费群体的接受程度，根据目标市场的不同，选择最适合的操作方式，在继续发扬传统销售渠道优势的基础上，创新发展B2C、O2O等新模式。

向以往白酒消费的不理性文化宣战。在白酒产业的调整中，不能忽视的是对白酒文化的调整。科学消费白

酒，快乐、健康消费中国白酒的宣传远远不够，这是中国白酒企业社会责任践行的不足。健康、快乐的饮酒之风是中国文化的重要组成，中国自古就有曲水流觞，高雅艺术的饮酒风尚，欢聚一堂，举杯有礼是中华文化之魂。需要改变的是不理智的"举杯就干"的酒文化，转而向消费者传达有益身心的饮酒文化。对白酒消费文化变革的研究不能脱离对人们现代社会生活需求的研究，增加白酒文化的仪式感、参与感和文化感，引导消费者品味酒之神韵、酒之酣畅，满足健康和快乐的需求。

啤酒：整体形势良好

内生式的主观消费需求成就了中国啤酒行业的今天，啤酒行业遵循了自身的发展规律，并不为特殊事件所动，在其它酒类产品出现滑坡的情况下，凸显了啤酒的地位。

——中国酒业协会副秘书长兼啤酒分会秘书长何勇2013年我国啤酒产量完成5061.5万千升，比上年同期（调整数4839.4万千升）增长4.6%（如按当年公布数4902.0万千升计算为3.3%），产量净增长222.1万千升。人均占有量为37.2升，比上年提高1升，增幅2.8%。

啤酒行业整体形势良好，市场集中度进一步提高，盈利水平稳步提升。在我国酒行业中，啤酒行业是集中度最高的，目前五大集团市场份额已接近80%，通过充分的市场竞争和行业整合，集团优势已经非常明显，竞争格局逐步形成。

在饮料酒中，啤酒产量增幅依旧较小，低于白酒的增幅，但高于葡萄酒的增幅，与饮料酒总量的增幅持平。在饮料酒中所占比例和上年也基本持平（实际提高了0.05个百分点），仍为76.8%，在近十年间，除啤酒之外的白酒、葡萄酒和黄酒等大幅增长，加之啤酒本身产量较大，增幅平稳，所以，啤酒在饮料酒中的比例一直呈现缓慢降低的态势，而出现持平的情况是极为少见的。

从分地区盈利水平来看，各地区间的单位产品利润波幅较大，也体现出市场竞争的状态，华东和东北地区的竞争进入相对平稳期，增幅较大；华北地区处于竞争较为激烈的地区，降幅较大；华南地区处于竞争相持期，盈利水平变化较小；西南和西北地区的产销量均处于高速增长，但两地区盈利水平大相径庭。

2013年不同规模企业利润指标完成情况

（单位：亿元、%）

企业规模	企业数	利润总额	同比增长	上年同期
大型企业	102	734.57	-4.61	38.69
中型企业	507	131.89	13.06	10.93
小型企业	1926	195.65	12.71	49.25
合计	2535	1062.11	0.17	36.45

（数据来源：国家统计局）

葡萄酒：出现整体下降

我们没有必要粉饰太平，而是要团结起来面对现实，自己拯救自己，葡萄酒行业"冬天"的长短取决于我们自己的努力。

——中国酒业协会葡萄酒分会秘书长王祖明

根据国家统计局的统计数据，2013年葡萄酒产量的同比下降14.59%，销售收入同比下降8.52%。葡萄酒行业从2010年起就开始出现下降的趋势，2013年形势更加严重，出现全行业产量、经济效益下降，个别主要企业亏损的局面。行业下降趋势已经传递到上游，部分产区出现拔葡萄树现象。

做出葡萄酒的产品个性。这是个老生常谈的问题，近几年有改善，但要走的路还很长。这个问题的根本原因，就是葡萄酒的产区、企业种植酿酒葡萄没有表现出区域的个性和特点。尊重自然、顺应自然，生产出有个性的产品，是产区、企业的核心竞争力。产区、企业几乎都把产品定位在高端，这本身就是不符合产区自然条件和市场消费规律。世界上主要的葡萄酒生产、消费国家，都以餐酒为主，“金字塔”型的结构，产业才能更好发展；有的企业已经在调整，产品要进入家庭，产业才能扎实，市场的“蛋糕”才能真正做大。

更多面对消费者。我国葡萄酒行业的市场推广一直以来比较分散，资源整合力度不够，对消费者的影响程度低。推广中往往是品牌、概念、渠道为王；推广人员不懂酒，推广活动远离消费者，并且期望达到立竿见影的效果；有的故意把葡萄酒神秘化、神圣化，这样更是加大了葡萄酒与消费者的距离。葡萄酒行业需要充分认识到消费者才是最终的“终端”，要细分市场，专业推广，贴近消费者，并且需要有长期的市场推广计划。

黄酒：相对缓慢稳中有进

根据对规模以上的87家黄酒企业全年的统计：主营业务收入153.91亿元，同比增长 12.23%；实现利润17.12亿元，同比增长16.34%。黄酒行业虽然也受到社会大环境的影响，但由于行业小、基数低，影响范围和程度与其他酒种相比，还不明显。相反，在产量、经济效益和利税等各方面，都有不同程度的增长。但黄酒行业发展相对缓慢的局面仍未有明显改善，其原因是多方面的，主要是行业集中程度较低，在黄酒行业中为数较少的大型企业还不能影响、带动行业及市场的走向；行业整体的机械化、自动化水平较低，成本压力大，很难在短时间内实现企业的改造、转型升级；相比其他酒类产品，黄酒产品市场竞争力、品牌影响力明显不足，市场扩张缺乏力度，黄酒的消费市场始终在江浙沪地区徘徊，难以实现突破性的进展。

果露酒：保持较高的增长速度

近年来，果露酒行业一直保持较高的增长速度，高于酿酒行业的平均增速。从2007年到2012年，销售产值（或主营业务收入）同比增长比例分别为：27.98%、31.71%、32.16%、28.60%、29.31%、31.42%，2013年增速有所减缓，同比增长15.46%。

全国性品牌、区域性品牌产品的格局没有变，处于行业第一、二的产品仍占有了行业的较大比重，后面的产品与其仍有较大的差距，发展非常不平衡。随着白酒市场的变化，已有不少白酒企业开始涉足露酒产品，但在市场上还没有形成较大的影响。

酒行业未来发展趋势

基于对2013年行业的分析、梳理和今年的开局形势，我们认为2014年是全行业“理性变革、力求稳健”的一年，行业调整将持续纵深，自身问题需逐步消化，但发展不会出现大逆转或衰退，而是保持一段时间的中低速增长。

——中国酒业协会理事长 王延才

据国家统计局数据显示，2014年1～2月份，酿酒行业完成总产量1055.68万千升，同比增长6.97%；其中饮料酒产量900万千升，同比增长8.2%；发酵酒精总产量155.5万千升，同比增长0.42%；完成销售收入1342.9亿元，同比下降2.29%；实现利润160.7亿元，同比下降17.24%；上交税金136亿元，同比下降12.5%。其中白酒、葡萄酒行业效益继续下滑，啤酒、其他酒行业保持增长。

中国酒业协会理事长王延才针对酒行业2014年发展趋势特别强调，在现阶段新的政策经济环境、新的社会消费理念、消费趋势下，酒行业要调整思路、把握市场变化、转变行动和方针，应有三个“坚持”：坚持酒类产品的根本属性；坚持改革营销模式；坚持以消费者为本。

二、行业法规

中华人民共和国食品安全法

（2009年2月28日第十一届全国人民代表大会常务委员会第七次会议通过
2015年4月24日第十二届全国人民代表大会常务委员会第十四次会议修订　主席令地二十一号公布 2015年10月1日实施）

第一章　总　则

第一条　为了保证食品安全，保障公众身体健康和生命安全，制定本法。

第二条　在中华人民共和国境内从事下列活动，应当遵守本法：（一）食品生产和加工（以下称食品生产），食品销售和餐饮服务（以下称食品经营）；（二）食品添加剂的生产经营；（三）用于食品的包装材料、容器、洗涤剂、消毒剂和用于食品生产经营的工具、设备（以下称食品相关产品）的生产经营；（四）食品生产经营者使用食品添加剂、食品相关产品；（五）食品的贮存和运输；（六）对食品、食品添加剂、食品相关产品的安全管理。供食用的源于农业的初级产品（以下称食用农产品）的质量安全管理，遵守《中华人民共和国农产品质量安全法》的规定。但是，食用农产品的市场销售、有关质量安全标准的制定、有关安全信息的公布和本法对农业投入品作出规定的，应当遵守本法的规定。

第三条　食品安全工作实行预防为主、风险管理、全程控制、社会共治，建立科学、严格的监督管理制度。

第四条　食品生产经营者对其生产经营食品的安全负责。食品生产经营者应当依照法律、法规和食品安全标准从事生产经营活动，保证食品安全，诚信自律，对社会和公众负责，接受社会监督，承担社会责任。

第五条　国务院设立食品安全委员会，其职责由国务院规定。国务院食品药品监督管理部门依照本法和国务院规定的职责，对食品生产经营活动实施监督管理。国务院卫生行政部门依照本法和国务院规定的职责，组织开展食品安全风险监测和风险评估，会同国务院食品药品监督管理部门制定并公布食品安全国家标准。国务院其他有关部门依照本法和国务院规定的职责，承担有关食品安全工作。

第六条　县级以上地方人民政府对本行政区域的食品安全监督管理工作负责，统一领导、组织、协调本行政区域的食品安全监督管理工作以及食品安全突发事件应对工作，建立健全食品安全全程监督管理工作机制和信息共享机制。县级以上地方人民政府依照本法和国务院的规定，确定本级食品药品监督管理、卫生行政部门和其他有关部门的职责。有关部门在各自职责范围内负责本行政区域的食品安全监督管理工作。县级人民政府食品药品监督管理部门可以在乡镇或者特定区域设立派出机构。

第七条　县级以上地方人民政府实行食品安全监督管理责任制。上级人民政府负责对下一级人民政府的食品安全监督管理工作进行评议、考核。县级以上地方人民政府负责对本级食品药品监督管理部门和其他有关部门的食品安全监督管理工作进行评议、考核。

第八条　县级以上人民政府应当将食品安全工作纳入本级国民经济和社会发展规划，将食品安全工作经费列入本级政府财政预算，加强食品安全监督管理能力建设，为食品安全工作提供保障。县级以上人民政府食品药品监督管理部门和其他有关部门应当加强沟通、密切配合，按照各自职责分工，依法行使职权，承担责任。

第九条　食品行业协会应当加强行业自律，按照章程建立健全行业规范和奖惩机制，提供食品安全信息、技术等服务，引导和督促食品生产经营者依法生产经营，推动行业诚信建设，宣传、普及食品安全知识。消费者协会和其他消费者组织对违反本法规定，损害消费者合法权益的行为，依法进行社会监督。

第十条　各级人民政府应当加强食品安全的宣传教育，普及食品安全知识，鼓励社会组织、基层群众性自治组织、食品生产经营者开展食品安全法律、法规以及食品安全标准和知识的普及工作，倡导健康的饮食方式，增强消费者食品安全意识和自我保护能力。新闻媒体应当开展食品安全法律、法规以及食品安全标准和知识的公益宣传，并对食品安全违法行为进行舆论监督。有关食品安全的宣传报道应当真实、公正。

第十一条 国家鼓励和支持开展与食品安全有关的基础研究、应用研究，鼓励和支持食品生产经营者为提高食品安全水平采用先进技术和先进管理规范。国家对农药的使用实行严格的管理制度，加快淘汰剧毒、高毒、高残留农药，推动替代产品的研发和应用，鼓励使用高效低毒低残留农药。

第十二条 任何组织或者个人有权举报食品安全违法行为，依法向有关部门了解食品安全信息，对食品安全监督管理工作提出意见和建议。

第十三条 对在食品安全工作中做出突出贡献的单位和个人，按照国家有关规定给予表彰、奖励。

第二章 食品安全风险监测和评估

第十四条 国家建立食品安全风险监测制度，对食源性疾病、食品污染以及食品中的有害因素进行监测。国务院卫生行政部门会同国务院食品药品监督管理、质量监督等部门，制定、实施国家食品安全风险监测计划。国务院食品药品监督管理部门和其他有关部门获知有关食品安全风险信息后，应当立即核实并向国务院卫生行政部门通报。对有关部门通报的食品安全风险信息以及医疗机构报告的食源性疾病等有关疾病信息，国务院卫生行政部门应当会同国务院有关部门分析研究，认为必要的，及时调整国家食品安全风险监测计划。省、自治区、直辖市人民政府卫生行政部门会同同级食品药品监督管理、质量监督等部门，根据国家食品安全风险监测计划，结合本行政区域的具体情况，制定、调整本行政区域的食品安全风险监测方案，报国务院卫生行政部门备案并实施。

第十五条 承担食品安全风险监测工作的技术机构应当根据食品安全风险监测计划和监测方案开展监测工作，保证监测数据真实、准确，并按照食品安全风险监测计划和监测方案的要求报送监测数据和分析结果。食品安全风险监测工作人员有权进入相关食用农产品种植养殖、食品生产经营场所采集样品、收集相关数据。采集样品应当按照市场价格支付费用。

第十六条 食品安全风险监测结果表明可能存在食品安全隐患的，县级以上人民政府卫生行政部门应当及时将相关信息通报同级食品药品监督管理等部门，并报告本级人民政府和上级人民政府卫生行政部门。食品药品监督管理等部门应当组织开展进一步调查。

第十七条 国家建立食品安全风险评估制度，运用科学方法，根据食品安全风险监测信息、科学数据以及有关信息，对食品、食品添加剂、食品相关产品中生物性、化学性和物理性危害因素进行风险评估。国务院卫生行政部门负责组织食品安全风险评估工作，成立由医学、农业、食品、营养、生物、环境等方面的专家组成的食品安全风险评估专家委员会进行食品安全风险评估。食品安全风险评估结果由国务院卫生行政部门公布。对农药、肥料、兽药、饲料和饲料添加剂等的安全性评估，应当有食品安全风险评估专家委员会的专家参加。食品安全风险评估不得向生产经营者收取费用，采集样品应当按照市场价格支付费用。

第十八条 有下列情形之一的，应当进行食品安全风险评估：（一）通过食品安全风险监测或者接到举报发现食品、食品添加剂、食品相关产品可能存在安全隐患的；（二）为制定或者修订食品安全国家标准提供科学依据需要进行风险评估的；（三）为确定监督管理的重点领域、重点品种需要进行风险评估的；（四）发现新的可能危害食品安全因素的；（五）需要判断某一因素是否构成食品安全隐患的；（六）国务院卫生行政部门认为需要进行风险评估的其他情形。

第十九条 国务院食品药品监督管理、质量监督、农业行政等部门在监督管理工作中发现需要进行食品安全风险评估的，应当向国务院卫生行政部门提出食品安全风险评估的建议，并提供风险来源、相关检验数据和结论等信息、资料。属于本法第十八条规定情形的，国务院卫生行政部门应当及时进行食品安全风险评估，并向国务院有关部门通报评估结果。

第二十条　省级以上人民政府卫生行政、农业行政部门应当及时相互通报食品、食用农产品安全风险监测信息。国务院卫生行政、农业行政部门应当及时相互通报食品、食用农产品安全风险评估结果等信息。

第二十一条　食品安全风险评估结果是制定、修订食品安全标准和实施食品安全监督管理的科学依据。经食品安全风险评估，得出食品、食品添加剂、食品相关产品不安全结论的，国务院食品药品监督管理、质量监督等部门应当依据各自职责立即向社会公告，告知消费者停止食用或者使用，并采取相应措施，确保该食品、食品添加剂、食品相关产品停止生产经营；需要制定、修订相关食品安全国家标准的，国务院卫生行政部门应当会同国务院食品药品监督管理部门立即制定、修订。

第二十二条　国务院食品药品监督管理部门应当会同国务院有关部门，根据食品安全风险评估结果、食品安全监督管理信息，对食品安全状况进行综合分析。对经综合分析表明可能具有较高程度安全风险的食品，国务院食品药品监督管理部门应当及时提出食品安全风险警示，并向社会公布。

第二十三条　县级以上人民政府食品药品监督管理部门和其他有关部门、食品安全风险评估专家委员会及其技术机构，应当按照科学、客观、及时、公开的原则，组织食品生产经营者、食品检验机构、认证机构、食品行业协会、消费者协会以及新闻媒体等，就食品安全风险评估信息和食品安全监督管理信息进行交流沟通。

第三章　食品安全标准

第二十四条　制定食品安全标准，应当以保障公众身体健康为宗旨，做到科学合理、安全可靠。

第二十五条　食品安全标准是强制执行的标准。除食品安全标准外，不得制定其他食品强制性标准。

第二十六条　食品安全标准应当包括下列内容：（一）食品、食品添加剂、食品相关产品中的致病性微生物，农药残留、兽药残留、生物毒素、重金属等污染物质以及其他危害人体健康物质的限量规定；（二）食品添加剂的品种、使用范围、用量；（三）专供婴幼儿和其他特定人群的主辅食品的营养成分要求；（四）对与卫生、营养等食品安全要求有关的标签、标志、说明书的要求；（五）食品生产经营过程的卫生要求；（六）与食品安全有关的质量要求；（七）与食品安全有关的食品检验方法与规程；（八）其他需要制定为食品安全标准的内容。

第二十七条　食品安全国家标准由国务院卫生行政部门会同国务院食品药品监督管理部门制定、公布，国务院标准化行政部门提供国家标准编号。食品中农药残留、兽药残留的限量规定及其检验方法与规程由国务院卫生行政部门、国务院农业行政部门会同国务院食品药品监督管理部门制定。屠宰畜、禽的检验规程由国务院农业行政部门会同国务院卫生行政部门制定。

第二十八条　制定食品安全国家标准，应当依据食品安全风险评估结果并充分考虑食用农产品安全风险评估结果，参照相关的国际标准和国际食品安全风险评估结果，并将食品安全国家标准草案向社会公布，广泛听取食品生产经营者、消费者、有关部门等方面的意见。食品安全国家标准应当经国务院卫生行政部门组织的食品安全国家标准审评委员会审查通过。食品安全国家标准审评委员会由医学、农业、食品、营养、生物、环境等方面的专家以及国务院有关部门、食品行业协会、消费者协会的代表组成，对食品安全国家标准草案的科学性和实用性等进行审查。

第二十九条　对地方特色食品，没有食品安全国家标准的，省、自治区、直辖市人民政府卫生行政部门可以制定并公布食品安全地方标准，报国务院卫生行政部门备案。食品安全国家标准制定后，该地方标准即行废止。

第二十条　国家鼓励食品生产企业制定严丁食品安全国家标准或者地方标准的企业标准，在本企业适用，并报省、自治区、直辖市人民政府卫生行政部门备案。

第三十一条　省级以上人民政府卫生行政部门应当在其网站上公布制定和备案的食品安全国家标准、地方标准和企业标准，供公众免费查阅、下载。对食品安全标准执行过程中的问题，县级以上人民政府卫生行政部门应当会同有关部门及时给予指导、解答。

第三十二条　省级以上人民政府卫生行政部门应当会同同级食品药品监督管理、质量监督、农业行政等部门，分别对食品安全国家标准和地方标准的执行情况进行跟踪评价，并根据评价结果及时修订食品安全标准。省级以上人民政府食品药品监督管理、质量监督、农业行政等部门应当对食品安全标准执行中存在的问题进行收集、汇总，并及时向同级卫生行政部门通报。食品生产经营者、食品行业协会发现食品安全标准在执行中存在问题的，应当立即向卫生行政部门报告。

第四章 食品生产经营

第一节 一般规定

第三十三条　食品生产经营应当符合食品安全标准，并符合下列要求：（一）具有与生产经营的食品品种、数量相适应的食品原料处理和食品加工、包装、贮存等场所，保持该场所环境整洁，并与有毒、有害场所以及其他污染源保持规定的距离；（二）具有与生产经营的食品品种、数量相适应的生产经营设备或者设施，有相应的消毒、更衣、盥洗、采光、照明、通风、防腐、防尘、防蝇、防鼠、防虫、洗涤以及处理废水、存放垃圾和废弃物的设备或者设施；（三）有专职或者兼职的食品安全专业技术人员、食品安全管理人员和保证食品安全的规章制度；（四）具有合理的设备布局和工艺流程，防止待加工食品与直接入口食品、原料与成品交叉污染，避免食品接触有毒物、不洁物；（五）餐具、饮具和盛放直接入口食品的容器，使用前应当洗净、消毒，炊具、用具用后应当洗净，保持清洁；（六）贮存、运输和装卸食品的容器、工具和设备应当安全、无害，保持清洁，防止食品污染，并符合保证食品安全所需的温度、湿度等特殊要求，不得将食品与有毒、有害物品一同贮存、运输；（七）直接入口的食品应当使用无毒、清洁的包装材料、餐具、饮具和容器；（八）食品生产经营人员应当保持个人卫生，生产经营食品时，应当将手洗净，穿戴清洁的工作衣、帽等；销售无包装的直接入口食品时，应当使用无毒、清洁的容器、售货工具和设备；（九）用水应当符合国家规定的生活饮用水卫生标准；（十）使用的洗涤剂、消毒剂应当对人体安全、无害；（十一）法律、法规规定的其他要求。非食品生产经营者从事食品贮存、运输和装卸的，应当符合前款第六项的规定。

第三十四条　禁止生产经营下列食品、食品添加剂、食品相关产品：（一）用非食品原料生产的食品或者添加食品添加剂以外的化学物质和其他可能危害人体健康物质的食品，或者用回收食品作为原料生产的食品；（二）致病性微生物，农药残留、兽药残留、生物毒素、重金属等污染物质以及其他危害人体健康的物质含量超过食品安全标准限量的食品、食品添加剂、食品相关产品；（三）用超过保质期的食品原料、食品添加剂生产的食品、食品添加剂；（四）超范围、超限量使用食品添加剂的食品；（五）营养成分不符合食品安全标准的专供婴幼儿和其他特定人群的主辅食品；（六）腐败变质、油脂酸败、霉变生虫、污秽不洁、混有异物、掺假掺杂或者感官性状异常的食品、食品添加剂；（七）病死、毒死或者死因不明的禽、畜、兽、水产动物肉类及其制品；（八）未按规定进行检疫或者检疫不合格的肉类，或者未经检验或者检验不合格的肉类制品；（九）被包装材料、容器、运输工具等污染的食品、食品添加剂；（十）标注虚假生产日期、保质期或者超过保质期的食品、食品添加剂；（十一）无标签的预包装食品、食品添加剂；（十二）国家为防病等特殊需要明令禁止生产经营的食品；（十三）其他不符合法律、法规或者食品安全标准的食品、食品添加剂、食品相关产品。

第三十五条　国家对食品生产经营实行许可制度。从事食品生产、食品销售、餐饮服务，应当依法取得许可。但是，销售食用农产品，不需要取得许可。县级以上地方人民政府食品药品监督管理部门应当依照《中华人民共和国行政许可法》的规定，审核申请人提交的本法第三十三条第一款第一项至第四项规定要求的相关资料，必要时对申请人的生产经营场所进行现场核查；对符合规定条件的，准予许可；对不符合规定条件的，不予许可并书面说明理由。

第三十六条　食品生产加工小作坊和食品摊贩等从事食品生产经营活动，应当符合本法规定的与其生产经营规模、条件相适应的食品安全要求，保证所生产经营的食品卫生、无毒、无害，食品药品监督管理部门应当对其加强监督管理。县级以上地方人民政府应当对食品生产加工小作坊、食品摊贩等进行综合治理，加强服务和统一规划，改善其生产经营环境，鼓励和支持其改进生产经营条件，进入集中交易市场、店铺等固定场所经营，或者在指定的临时经营区域、时段经营。食品生产加工小作坊和食品摊贩等的具体管理办法由省、自治区、直辖市制定。

第三十七条 利用新的食品原料生产食品，或者生产食品添加剂新品种、食品相关产品新品种，应当向国务院卫生行政部门提交相关产品的安全性评估材料。国务院卫生行政部门应当自收到申请之日起六十日内组织审查；对符合食品安全要求的，准予许可并公布；对不符合食品安全要求的，不予许可并书面说明理由。

第三十八条 生产经营的食品中不得添加药品，但是可以添加按照传统既是食品又是中药材的物质。按照传统既是食品又是中药材的物质目录由国务院卫生行政部门会同国务院食品药品监督管理部门制定、公布。

第三十九条 国家对食品添加剂生产实行许可制度。从事食品添加剂生产，应当具有与所生产食品添加剂品种相适应的场所、生产设备或者设施、专业技术人员和管理制度，并依照本法第三十五条第二款规定的程序，取得食品添加剂生产许可。生产食品添加剂应当符合法律、法规和食品安全国家标准。

第四十条 食品添加剂应当在技术上确有必要且经过风险评估证明安全可靠，方可列入允许使用的范围；有关食品安全国家标准应当根据技术必要性和食品安全风险评估结果及时修订。食品生产经营者应当按照食品安全国家标准使用食品添加剂。

第四十一条 生产食品相关产品应当符合法律、法规和食品安全国家标准。对直接接触食品的包装材料等具有较高风险的食品相关产品，按照国家有关工业产品生产许可证管理的规定实施生产许可。质量监督部门应当加强对食品相关产品生产活动的监督管理。

第四十二条 国家建立食品安全全程追溯制度。食品生产经营者应当依照本法的
规定，建立食品安全追溯体系，保证食品可追溯。国家鼓励食品生产经营者采用信息化手段采集、留存生产经营信息，建立食品安全追溯体系。国务院食品药品监督管理部门会同国务院农业行政等有关部门建立食品安全全程追溯协作机制。

第四十三条 地方各级人民政府应当采取措施鼓励食品规模化生产和连锁经营、配送。国家鼓励食品生产经营企业参加食品安全责任保险。

第二节 生产经营过程控制

第四十四条 食品生产经营企业应当建立健全食品安全管理制度，对职工进行食品安全知识培训，加强食品检验工作，依法从事生产经营活动。食品生产经营企业的主要负责人应当落实企业食品安全管理制度，对本企业的食品安全工作全面负责。食品生产经营企业应当配备食品安全管理人员，加强对其培训和考核。经考核不具备食品安全管理能力的，不得上岗。食品药品监督管理部门应当对企业食品安全管理人员随机进行监督抽查考核并公布考核情况。监督抽查考核不得收取费用。

第四十五条 食品生产经营者应当建立并执行从业人员健康管理制度。患有国务院卫生行政部门规定的有碍食品安全疾病的人员，不得从事接触直接入口食品的工作。从事接触直接入口食品工作的食品生产经营人员应当每年进行健康检查，取得健康证明后方可上岗工作。

第四十六条 食品生产企业应当就下列事项制定并实施控制要求，保证所生产的食品符合食品安全标准：（一）原料采购、原料验收、投料等原料控制；（二）生产工序、设备、贮存、包装等生产关键环节控制；（三）原料检验、半成品检验、成品出厂检验等检验控制；（四）运输和交付控制。

第四十七条 食品生产经营者应当建立食品安全自查制度，定期对食品安全状况进行检查评价。生产经营条件发生变化，不再符合食品安全要求的，食品生产经营者应当立即采取整改措施；有发生食品安全事故潜在风险的，应当立即停止食品生产经营活动，并向所在地县级人民政府食品药品监督管理部门报告。

第四十八条 国家鼓励食品生产经营企业符合良好生产规范要求，实施危害分析与关键控制点体系，提高食品安全管理水平。对通过良好生产规范、危害分析与关键控制点体系认证的食品生产经营企业，认证机构应当依

法实施跟踪调查；对不再符合认证要求的企业，应当依法撤销认证，及时向县级以上人民政府食品药品监督管理部门通报，并向社会公布。认证机构实施跟踪调查不得收取费用。

第四十九条　食用农产品生产者应当按照食品安全标准和国家有关规定使用农药、肥料、兽药、饲料和饲料添加剂等农业投入品，严格执行农业投入品使用安全间隔期或者休药期的规定，不得使用国家明令禁止的农业投入品。禁止将剧毒、高毒农药用于蔬菜、瓜果、茶叶和中草药材等国家规定的农作物。食用农产品的生产企业和农民专业合作经济组织应当建立农业投入品使用记录制度。县级以上人民政府农业行政部门应当加强对农业投入品使用的监督管理和指导，建立健全农业投入品安全使用制度。

第五十条　食品生产者采购食品原料、食品添加剂、食品相关产品，应当查验供货者的许可证和产品合格证明；对无法提供合格证明的食品原料，应当按照食品安全标准进行检验；不得采购或者使用不符合食品安全标准的食品原料、食品添加剂、食品相关产品。食品生产企业应当建立食品原料、食品添加剂、食品相关产品进货查验记录制度，如实记录食品原料、食品添加剂、食品相关产品的名称、规格、数量、生产日期或者生产批号、保质期、进货日期以及供货者名称、地址、联系方式等内容，并保存相关凭证。记录和凭证保存期限不得少于产品保质期满后六个月；没有明确保质期的，保存期限不得少于二年。

第五十一条　食品生产企业应当建立食品出厂检验记录制度，查验出厂食品的检验合格证和安全状况，如实记录食品的名称、规格、数量、生产日期或者生产批号、保质期、检验合格证号、销售日期以及购货者名称、地址、联系方式等内容，并保存相关凭证。记录和凭证保存期限应当符合本法第五十条第二款的规定。

第五十二条　食品、食品添加剂、食品相关产品的生产者，应当按照食品安全标准对所生产的食品、食品添加剂、食品相关产品进行检验，检验合格后方可出厂或者销售。

第五十三条　食品经营者采购食品，应当查验供货者的许可证和食品出厂检验合格证或者其他合格证明（以下称合格证明文件）。食品经营企业应当建立食品进货查验记录制度，如实记录食品的名称、规格、数量、生产日期或者生产批号、保质期、进货日期以及供货者名称、地址、联系方式等内容，并保存相关凭证。记录和凭证保存期限应当符合本法第五十条第二款的规定。实行统一配送经营方式的食品经营企业，可以由企业总部统一查验供货者的许可证和食品合格证明文件，进行食品进货查验记录。从事食品批发业务的经营企业应当建立食品销售记录制度，如实记录批发食品的名称、规格、数量、生产日期或者生产批号、保质期、销售日期以及购货者名称、地址、联系方式等内容，并保存相关凭证。记录和凭证保存期限应当符合本法第五十条第二款的规定。

第五十四条　食品经营者应当按照保证食品安全的要求贮存食品，定期检查库存食品，及时清理变质或者超过保质期的食品。食品经营者贮存散装食品，应当在贮存位置标明食品的名称、生产日期或者生产批号、保质期、生产者名称及联系方式等内容。

第五十五条　餐饮服务提供者应当制定并实施原料控制要求，不得采购不符合食品安全标准的食品原料。倡导餐饮服务提供者公开加工过程，公示食品原料及其来源等信息。餐饮服务提供者在加工过程中应当检查待加工的食品及原料，发现有本法第三十四条第六项规定情形的，不得加工或者使用。

第五十六条　餐饮服务提供者应当定期维护食品加工、贮存、陈列等设施、设备；定期清洗、校验保温设施及冷藏、冷冻设施。餐饮服务提供者应当按照要求对餐具、饮具进行清洗消毒，不得使用未经清洗消毒的餐具、饮具；餐饮服务提供者委托清洗消毒餐具、饮具的，应当委托符合本法规定条件的餐具、饮具集中消毒服务单位。

第五十七条　学校、托幼机构、养老机构、建筑工地等集中用餐单位的食堂应当严格遵守法律、法规和食品安全标准；从供餐单位订餐的，应当从取得食品生产经营许可的企业订购，并按照要求对订购的食品进行查验。供餐单位应当严格遵守法律、法规和食品安全标准，当餐加工，确保食品安全。学校、托幼机构、养老机构、建筑工地等集中用餐单位的主管部门应当加强对集中用餐单位的食品安全教育和日常管理，降低食品安全风险，及时消除食品安全隐患。

第五十八条　餐具、饮具集中消毒服务单位应当具备相应的作业场所、清洗消毒设备或者设施，用水和使用的洗涤剂、消毒剂应当符合相关食品安全国家标准和其他国家标准、卫生规范。餐具、饮具集中消毒服务单位应当对消毒餐具、饮具进行逐批检验，检验合格后方可出厂，并应当随附消毒合格证明。消毒后的餐具、饮具应当在独立包装上标注单位名称、地址、联系方式、消毒日期以及使用期限等内容。

第五十九条　食品添加剂生产者应当建立食品添加剂出厂检验记录制度，查验出厂产品的检验合格证和安全状况，如实记录食品添加剂的名称、规格、数量、生产日期或者生产批号、保质期、检验合格证号、销售日期以及购货者名称、地址、联系方式等相关内容，并保存相关凭证。记录和凭证保存期限应当符合本法第五十条第二款的规定。

第六十条　食品添加剂经营者采购食品添加剂，应当依法查验供货者的许可证和产品合格证明文件，如实记录食品添加剂的名称、规格、数量、生产日期或者生产批号、保质期、进货日期以及供货者名称、地址、联系方式等内容，并保存相关凭证。记录和凭证保存期限应当符合本法第五十条第二款的规定。

第六十一条　集中交易市场的开办者、柜台出租者和展销会举办者，应当依法审查入场食品经营者的许可证，明确其食品安全管理责任，定期对其经营环境和条件进行检查，发现其有违反本法规定行为的，应当及时制止并立即报告所在地县级人民政府食品药品监督管理部门。

第六十二条　网络食品交易第三方平台提供者应当对入网食品经营者进行实名登记，明确其食品安全管理责任；依法应当取得许可证的，还应当审查其许可证。网络食品交易第三方平台提供者发现入网食品经营者有违反本法规定行为的，应当及时制止并立即报告所在地县级人民政府食品药品监督管理部门；发现严重违法行为的，应当立即停止提供网络交易平台服务。

第六十三条　国家建立食品召回制度。食品生产者发现其生产的食品不符合食品安全标准或者有证据证明可能危害人体健康的，应当立即停止生产，召回已经上市销售的食品，通知相关生产经营者和消费者，并记录召回和通知情况。食品经营者发现其经营的食品有前款规定情形的，应当立即停止经营，通知相关生产经营者和消费者，并记录停止经营和通知情况。食品生产者认为应当召回的，应当立即召回。由于食品经营者的原因造成其经营的食品有前款规定情形的，食品经营者应当召回。食品生产经营者应当对召回的食品采取无害化处理、销毁等措施，防止其再次流入市场。但是，对因标签、标志或者说明书不符合食品安全标准而被召回的食品，食品生产者在采取补救措施且能保证食品安全的情况下可以继续销售；销售时应当向消费者明示补救措施。食品生产经营者应当将食品召回和处理情况向所在地县级人民政府食品药品监督管理部门报告；需要对召回的食品进行无害化处理、销毁的，应当提前报告时间、地点。食品药品监督管理部门认为必要的，可以实施现场监督。食品生产经营者未依照本条规定召回或者停止经营的，县级以上人民政府食品药品监督管理部门可以责令其召回或者停止经营。

第六十四条　食用农产品批发市场应当配备检验设备和检验人员或者委托符合本法规定的食品检验机构，对进入该批发市场销售的食用农产品进行抽样检验；发现不符合食品安全标准的，应当要求销售者立即停止销售，并向食品药品监督管理部门报告。

第六十五条　食用农产品销售者应当建立食用农产品进货查验记录制度，如实记录食用农产品的名称、数量、进货日期以及供货者名称、地址、联系方式等内容，并保存相关凭证。记录和凭证保存期限不得少于六个月。

第六十六条　进入市场销售的食用农产品在包装、保鲜、贮存、运输中使用保鲜剂、防腐剂等食品添加剂和包装材料等食品相关产品，应当符合食品安全国家标准。

第三节　标签、说明书和广告

第六十七条　预包装食品的包装上应当有标签。标签应当标明下列事项：（一）名称、规格、净含量、生产日期；（二）成分或者配料表；（三）生产者的名称、地址、联系方式；（四）保质期；（五）产品标准代号；（六）贮存条件；（七）所使用的食品添加剂在国家标准中的通用名称；（八）生产许可证编号；（九）法律、法规或者食品安全标准规定应当标明的其他事项。专供婴幼儿和其他特定人群的主辅食品，其标签还应当标明主要营养成分及其含量。食品安全国家标准对标签标注事项另有规定的，从其规定。

第六十八条　食品经营者销售散装食品，应当在散装食品的容器、外包装上标明食品的名称、生产日期或者生产批号、保质期以及生产经营者名称、地址、联系方式等内容。

第六十九条　生产经营转基因食品应当按照规定显著标示。

第七十条　食品添加剂应当有标签、说明书和包装。标签、说明书应当载明本法第六十七条第一款第一项至第六项、第八项、第九项规定的事项，以及食品添加剂的使用范围、用量、使用方法，并在标签上载明“食品添加剂”字样。

第七十一条　食品和食品添加剂的标签、说明书，不得含有虚假内容，不得涉及疾病预防、治疗功能。生产经营者对其提供的标签、说明书的内容负责。食品和食品添加剂的标签、说明书应当清楚、明显，生产日期、保质期等事项应当显著标注，容易辨识。食品和食品添加剂与其标签、说明书的内容不符的，不得上市销售。

第七十二条　食品经营者应当按照食品标签标示的警示标志、警示说明或者注意事项的要求销售食品。

第七十三条　食品广告的内容应当真实合法，不得含有虚假内容，不得涉及疾病预防、治疗功能。食品生产经营者对食品广告内容的真实性、合法性负责。县级以上人民政府食品药品监督管理部门和其他有关部门以及食品检验机构、食品行业协会不得以广告或者其他形式向消费者推荐食品。消费者组织不得以收取费用或者其他牟取利益的方式向消费者推荐食品。

第四节 特殊食品

第七十四条　国家对保健食品、特殊医学用途配方食品和婴幼儿配方食品等特殊食品实行严格监督管理。

第七十五条　保健食品声称保健功能，应当具有科学依据，不得对人体产生急性、亚急性或者慢性危害。保健食品原料目录和允许保健食品声称的保健功能目录，由国务院食品药品监督管理部门会同国务院卫生行政部门、国家中医药管理部门制定、调整并公布。保健食品原料目录应当包括原料名称、用量及其对应的功效；列入保健食品原料目录的原料只能用于保健食品生产，不得用于其他食品生产。

第七十六条　使用保健食品原料目录以外原料的保健食品和首次进口的保健食品应当经国务院食品药品监督管理部门注册。但是，首次进口的保健食品中属于补充维生素、矿物质等营养物质的，应当报国务院食品药品监督管理部门备案。其他保健食品应当报省、自治区、直辖市人民政府食品药品监督管理部门备案。进口的保健食品应当是出口国（地区）主管部门准许上市销售的产品。

第七十七条　依法应当注册的保健食品，注册时应当提交保健食品的研发报告、产品配方、生产工艺、安全性和保健功能评价、标签、说明书等材料及样品，并提供相关证明文件。国务院食品药品监督管理部门经组织技术审评，对符合安全和功能声称要求的，准予注册；对不符合要求的，不予注册并书面说明理由。对使用保健食品原料目录以外原料的保健食品作出准予注册决定的，应当及时将该原料纳入保健食品原料目录。依法应当备案的保健食品，备案时应当提交产品配方、生产工艺、标签、说明书以及表明产品安全性和保健功能的材料。

第七十八条　保健食品的标签、说明书不得涉及疾病预防、治疗功能，内容应当真实，与注册或者备案的内容相一致，载明适宜人群、不适宜人群、功效成分或者标志性成分及其含量等，并声明“本品不能代替药物”。保健食品的功能和成分应当与标签、说明书相一致。

第七十九条　保健食品广告除应当符合本法第七十三条第一款的规定外，还应当声明“本品不能代替药物”；其内容应当经生产企业所在地省、自治区、直辖市人民政府食品药品监督管理部门审查批准，取得保健食品广告批准文件。省、自治区、直辖市人民政府食品药品监督管理部门应当公布并及时更新已经批准的保健食品广告目录以及批准的广告内容。

第八十条　特殊医学用途配方食品应当经国务院食品药品监督管理部门注册。注册时，应当提交产品配方、生产工艺、标签、说明书以及表明产品安全性、营养充足性和特殊医学用途临床效果的材料。特殊医学用途配方食品广告适用《中华人民共和国广告法》和其他法律、行政法规关于药品广告管理的规定。

第八十一条　婴幼儿配方食品生产企业应当实施从原料进厂到成品出厂的全过程质量控制，对出厂的婴幼儿配方食品实施逐批检验，保证食品安全。生产婴幼儿配方食品使用的生鲜乳、辅料等食品原料、食品添加剂等，应当符合法律、行政法规的规定和食品安全国家标准，保证婴幼儿生长发育所需的营养成分。婴幼儿配方食品生产企业应当将食品原料、食品添加剂、产品配方及标签等事项向省、自治区、直辖市人民政府食品药品监督管理部门备案。婴幼儿配方乳粉的产品配方应当经国务院食品药品监督管理部门注册。注册时，应当提交配方研发报告和其他表明配方科学性、安全性的材料。不得以分装方式生产婴幼儿配方乳粉，同一企业不得用同一配方生产不同品牌的婴幼儿配方乳粉。

第八十二条 保健食品、特殊医学用途配方食品、婴幼儿配方乳粉的注册人或者备案人应当对其提交材料的真实性负责。省级以上人民政府食品药品监督管理部门应当及时公布注册或者备案的保健食品、特殊医学用途配方食品、婴幼儿配方乳粉目录，并对注册或者备案中获知的企业商业秘密予以保密。保健食品、特殊医学用途配方食品、婴幼儿配方乳粉生产企业应当按照注册或者备案的产品配方、生产工艺等技术要求组织生产。

第八十三条 生产保健食品，特殊医学用途配方食品、婴幼儿配方食品和其他专供特定人群的主辅食品的企业，应当按照良好生产规范的要求建立与所生产食品相适应的生产质量管理体系，定期对该体系的运行情况进行自查，保证其有效运行，并向所在地县级人民政府食品药品监督管理部门提交自查报告。

第五章 食品检验

第八十四条 食品检验机构按照国家有关认证认可的规定取得资质认定后，方可从事食品检验活动。但是，法律另有规定的除外。食品检验机构的资质认定条件和检验规范，由国务院食品药品监督管理部门规定。符合本法规定的食品检验机构出具的检验报告具有同等效力。县级以上人民政府应当整合食品检验资源，实现资源共享。

第八十五条 食品检验由食品检验机构指定的检验人独立进行。检验人应当依照有关法律、法规的规定，并按照食品安全标准和检验规范对食品进行检验，尊重科学，恪守职业道德，保证出具的检验数据和结论客观、公正，不得出具虚假检验报告。

第八十六条 食品检验实行食品检验机构与检验人负责制。食品检验报告应当加盖食品检验机构公章，并有检验人的签名或者盖章。食品检验机构和检验人对出具的食品检验报告负责。

第八十七条 县级以上人民政府食品药品监督管理部门应当对食品进行定期或者不定期的抽样检验，并依据有关规定公布检验结果，不得免检。进行抽样检验，应当购买抽取的样品，委托符合本法规定的食品检验机构进行检验，并支付相关费用；不得向食品生产经营者收取检验费和其他费用。

第八十八条 对依照本法规定实施的检验结论有异议的，食品生产经营者可以自收到检验结论之日起七个工作日内向实施抽样检验的食品药品监督管理部门或者其上一级食品药品监督管理部门提出复检申请，由受理复检申请的食品药品监督管理部门在公布的复检机构名录中随机确定复检机构进行复检。复检机构出具的复检结论为最终检验结论。复检机构与初检机构不得为同一机构。复检机构名录由国务院认证认可监督管理、食品药品监督管理、卫生行政、农业行政等部门共同公布。采用国家规定的快速检测方法对食用农产品进行抽查检测，被抽查人对检测结果有异议的，可以自收到检测结果时起四小时内申请复检。复检不得采用快速检测方法。

第八十九条 食品生产企业可以自行对所生产的食品进行检验，也可以委托符合本法规定的食品检验机构进行检验。食品行业协会和消费者协会等组织、消费者需要委托食品检验机构对食品进行检验的，应当委托符合本法规定的食品检验机构进行。

第九十条 食品添加剂的检验，适用本法有关食品检验的规定。

第六章 食品进出口

第九十一条 国家出入境检验检疫部门对进出口食品安全实施监督管理。

第九十二条 进口的食品、食品添加剂、食品相关产品应当符合我国食品安全国家标准。进口的食品、食品添加剂应当经出入境检验检疫机构依照进出口商品检验相关法律、行政法规的规定检验合格。进口的食品、食品添加剂应当按照国家出入境检验检疫部门的要求随附合格证明材料。

第九十三条 进口尚无食品安全国家标准的食品，由境外出口商、境外生产企业或者其委托的进口商向国务院卫生行政部门提交所执行的相关国家（地区）标准或者国际标准。国务院卫生行政部门对相关标准进行审查，认为符合食品安全要求的，决定暂予适用，并及时制定相应的食品安全国家标准。进口利用新的食品原料生产的食品或者进口食品添加剂新品种、食品相关产品新品种，依照本法第三十七条的规定办理。出入境检验检疫机构按照国务院卫生行政部门的要求，对前款规定的食品、食品添加剂、食品相关产品进行检验。检验结果应当公开。

第九十四条 境外出口商、境外生产企业应当保证向我国出口的食品、食品添加剂、食品相关产品符合本法以及我国其他有关法律、行政法规的规定和食品安全国家标准的要求，并对标签、说明书的内容负责。进口商应当建立境外出口商、境外生产企业审核制度，重点审核前款规定的内容；审核不合格的，不得进口。发现进口食品不符合我国食品安全国家标准或者有证据证明可能危害人体健康的，进口商应当立即停止进口，并依照本法第六十三条的规定召回。

第九十五条 境外发生的食品安全事件可能对我国境内造成影响，或者在进口食品、食品添加剂、食品相关产品中发现严重食品安全问题的，国家出入境检验检疫部门应当及时采取风险预警或者控制措施，并向国务院食品药品监督管理、卫生行政、农业行政部门通报。接到通报的部门应当及时采取相应措施。县级以上人民政府食品药品监督管理部门对国内市场上销售的进口食品、食品添加剂实施监督管理。发现存在严重食品安全问题的，国务院食品药品监督管理部门应当及时向国家出入境检验检疫部门通报。国家出入境检验检疫部门应当及时采取相应措施。

第九十六条 向我国境内出口食品的境外出口商或者代理商、进口食品的进口商应当向国家出入境检验检疫部门备案。向我国境内出口食品的境外食品生产企业应当经国家出入境检验检疫部门注册。已经注册的境外食品生产企业提供虚假材料，或者因其自身的原因致使进口食品发生重大食品安全事故的，国家出入境检验检疫部门应当撤销注册并公告。国家出入境检验检疫部门应当定期公布已经备案的境外出口商、代理商、进口商和已经注册的境外食品生产企业名单。

第九十七条 进口的预包装食品、食品添加剂应当有中文标签；依法应当有说明书的，还应当有中文说明书。标签、说明书应当符合本法以及我国其他有关法律、行政法规的规定和食品安全国家标准的要求，并载明食品的原产地以及境内代理商的名称、地址、联系方式。预包装食品没有中文标签、中文说明书或者标签、说明书不符合本条规定的，不得进口。

第九十八条 进口商应当建立食品、食品添加剂进口和销售记录制度，如实记录食品、食品添加剂的名称、规格、数量、生产日期、生产或者进口批号、保质期、境外出口商和购货者名称、地址及联系方式、交货日期等内容，并保存相关凭证。记录和凭证保存期限应当符合本法第五十条第二款的规定。

第九十九条 出口食品生产企业应当保证其出口食品符合进口国（地区）的标准或者合同要求。出口食品生产企业和出口食品原料种植、养殖场应当向国家出入境检验检疫部门备案。

第一百条 国家出入境检验检疫部门应当收集、汇总下列进出口食品安全信息，并及时通报相关部门、机构和企业：（一）出入境检验检疫机构对进出口食品实施检验检疫发现的食品安全信息；（二）食品行业协会和消费者协会等组织、消费者反映的进口食品安全信息；（三）国际组织、境外政府机构发布的风险预警信息及其他食品安全信息，以及境外食品行业协会等组织、消费者反映的食品安全信息；（四）其他食品安全信息。国家出入境检验检疫部门应当对进出口食品的进口商、出口商和出口食品生产企业实施信用管理，建立信用记录，并依法向社会公布。对有不良记录的进口商、出口商和出口食品生产企业，应当加强对其进出口食品的检验检疫。

第一百零一条 国家出入境检验检疫部门可以对向我国境内出口食品的国家（地区）的食品安全管理体系和食品安全状况进行评估和审查，并根据评估和审查结果，确定相应检验检疫要求。

第七章 食品安全事故处置

第一百零二条　国务院组织制定国家食品安全事故应急预案。县级以上地方人民政府应当根据有关法律、法规的规定和上级人民政府的食品安全事故应急预案以及本行政区域的实际情况，制定本行政区域的食品安全事故应急预案，并报上一级人民政府备案。食品安全事故应急预案应当对食品安全事故分级、事故处置组织指挥体系与职责、预防预警机制、处置程序、应急保障措施等作出规定。食品生产经营企业应当制定食品安全事故处置方案，定期检查本企业各项食品安全防范措施的落实情况，及时消除事故隐患。

第一百零三条　发生食品安全事故的单位应当立即采取措施，防止事故扩大。事故单位和接收病人进行治疗的单位应当及时向事故发生地县级人民政府食品药品监督管理、卫生行政部门报告。县级以上人民政府质量监督、农业行政等部门在日常监督管理中发现食品安全事故或者接到事故举报，应当立即向同级食品药品监督管理部门通报。发生食品安全事故，接到报告的县级人民政府食品药品监督管理部门应当按照应急预案的规定向本级人民政府和上级人民政府食品药品监督管理部门报告。县级人民政府和上级人民政府食品药品监督管理部门应当按照应急预案的规定上报。任何单位和个人不得对食品安全事故隐瞒、谎报、缓报，不得隐匿、伪造、毁灭有关证据。

第一百零四条　医疗机构发现其接收的病人属于食源性疾病病人或者疑似病人的，应当按照规定及时将相关信息向所在地县级人民政府卫生行政部门报告。县级人民政府卫生行政部门认为与食品安全有关的，应当及时通报同级食品药品监督管理部门。县级以上人民政府卫生行政部门在调查处理传染病或者其他突发公共卫生事件中发现与食品安全相关的信息，应当及时通报同级食品药品监督管理部门。

第一百零五条　县级以上人民政府食品药品监督管理部门接到食品安全事故的报告后，应当立即会同同级卫生行政、质量监督、农业行政等部门进行调查处理，并采取下列措施，防止或者减轻社会危害：（一）开展应急救援工作，组织救治因食品安全事故导致人身伤害的人员；（二）封存可能导致食品安全事故的食品及其原料，并立即进行检验；对确认属于被污染的食品及其原料，责令食品生产经营者依照本法第六十三条的规定召回或者停止经营；（三）封存被污染的食品相关产品，并责令进行清洗消毒；（四）做好信息发布工作，依法对食品安全事故及其处理情况进行发布，并对可能产生的危害加以解释、说明。发生食品安全事故需要启动应急预案的，县级以上人民政府应当立即成立事故处置指挥机构，启动应急预案，依照前款和应急预案的规定进行处置。发生食品安全事故，县级以上疾病预防控制机构应当对事故现场进行卫生处理，并对与事故有关的因素开展流行病学调查，有关部门应当予以协助。县级以上疾病预防控制机构应当向同级食品药品监督管理、卫生行政部门提交流行病学调查报告。

第一百零六条　发生食品安全事故，设区的市级以上人民政府食品药品监督管理部门应当立即会同有关部门进行事故责任调查，督促有关部门履行职责，向本级人民政府和上一级人民政府食品药品监督管理部门提出事故责任调查处理报告。涉及两个以上省、自治区、直辖市的重大食品安全事故由国务院食品药品监督管理部门依照前款规定组织事故责任调查。

第一百零七条　调查食品安全事故，应当坚持实事求是、尊重科学的原则，及时、准确查清事故性质和原因，认定事故责任，提出整改措施。调查食品安全事故，除了查明事故单位的责任，还应当查明有关监督管理部门、食品检验机构、认证机构及其工作人员的责任。

第一百零八条　食品安全事故调查部门有权向有关单位和个人了解与事故有关的情况，并要求提供相关资料和样品。有关单位和个人应当予以配合，按照要求提供相关资料和样品，不得拒绝。任何单位和个人不得阻挠、干涉食品安全事故的调查处理。

第八章 监督管理

第一百零九条　县级以上人民政府食品药品监督管理、质量监督部门根据食品安全风险监测、风险评估结果和食品安全状况等，确定监督管理的重点、方式和频次，实施风险分级管理。县级以上地方人民政府组织本级食品药品监督管理、质量监督、农业行政等部门制定本行政区域的食品安全年度监督管理计划，向社会公布并组织实施。食品安全年度监督管理计划应当将下列事项作为监督管理的重点：（一）专供婴幼儿和其他特定人群的主辅食品；（二）保健食品生产过程中的添加行为和按照注册或者备案的技术要求组织生产的情况，保健食品标签、说明书以及宣传材料中有关功能宣传的情况；（三）发生食品安全事故风险较高的食品生产经营者；（四）食品安全风险监测结果表明可能存在食品安全隐患的事项。

第一百一十条　县级以上人民政府食品药品监督管理、质量监督部门履行各自食品安全监督管理职责，有权采取下列措施，对生产经营者遵守本法的情况进行监督检查：（一）进入生产经营场所实施现场检查；（二）对生产经营的食品、食品添加剂、食品相关产品进行抽样检验；（三）查阅、复制有关合同、票据、账簿以及其他有关资料；（四）查封、扣押有证据证明不符合食品安全标准或者有证据证明存在安全隐患以及用于违法生产经营的食品、食品添加剂、食品相关产品；（五）查封违法从事生产经营活动的场所。

第一百一十一条　对食品安全风险评估结果证明食品存在安全隐患，需要制定、修订食品安全标准的，在制定、修订食品安全标准前，国务院卫生行政部门应当及时会同国务院有关部门规定食品中有害物质的临时限量值和临时检验方法，作为生产经营和监督管理的依据。

第一百一十二条　县级以上人民政府食品药品监督管理部门在食品安全监督管理工作中可以采用国家规定的快速检测方法对食品进行抽查检测。对抽查检测结果表明可能不符合食品安全标准的食品，应当依照本法第八十七条的规定进行检验。抽查检测结果确定有关食品不符合食品安全标准的，可以作为行政处罚的依据。

第一百一十三条　县级以上人民政府食品药品监督管理部门应当建立食品生产经营者食品安全信用档案，记录许可颁发、日常监督检查结果、违法行为查处等情况，依法向社会公布并实时更新；对有不良信用记录的食品生产经营者增加监督检查频次，对违法行为情节严重的食品生产经营者，可以通报投资主管部门、证券监督管理机构和有关的金融机构。

第一百一十四条　食品生产经营过程中存在食品安全隐患，未及时采取措施消除的，县级以上人民政府食品药品监督管理部门可以对食品生产经营者的法定代表人或者主要负责人进行责任约谈。食品生产经营者应当立即采取措施，进行整改，消除隐患。责任约谈情况和整改情况应当纳入食品生产经营者食品安全信用档案。

第一百一十五条　县级以上人民政府食品药品监督管理、质量监督等部门应当公布本部门的电子邮件地址或者电话，接受咨询、投诉、举报。接到咨询、投诉、举报，对属于本部门职责的，应当受理并在法定期限内及时答复、核实、处理；对不属于本部门职责的，应当移交有权处理的部门并书面通知咨询、投诉、举报人。有权处理的部门应当在法定期限内及时处理，不得推诿。对查证属实的举报，给予举报人奖励。有关部门应当对举报人的信息予以保密，保护举报人的合法权益。举报人举报所在企业的，该企业不得以解除、变更劳动合同或者其他方式对举报人进行打击报复。

第一百一十六条　县级以上人民政府食品药品监督管理、质量监督等部门应当加强对执法人员食品安全法律、法规、标准和专业知识与执法能力等的培训，并组织考核。不具备相应知识和能力的，不得从事食品安全执法工作。食品生产经营者、食品行业协会、消费者协会等发现食品安全执法人员在执法过程中有违反法律、法规规定的行为以及不规范执法行为的，可以向本级或者上级人民政府食品药品监督管理、质量监督等部门或者监察机关投诉、举报。接到投诉、举报的部门或者机关应当进行核实，并将经核实的情况向食品安全执法人员所在部门通报；涉嫌违法违纪的，按照本法和有关规定处理。

第一百一十七条　县级以上人民政府食品药品监督管理等部门未及时发现食品安全系统性风险，未及时消除监督管理区域内的食品安全隐患的，本级人民政府可以对其主要负责人进行责任约谈。地方人民政府未履行食品安全职责，未及时消除区域性重大食品安全隐患的，上级人民政府可以对其主要负责人进行责任约谈。被约谈的食品药品监督管理等部门、地方人民政府应当立即采取措施，对食品安全监督管理工作进行整改。责任约谈情况和整改情况应当纳入地方人民政府和有关部门食品安全监督管理工作评议、考核记录。

第一百一十八条 国家建立统一的食品安全信息平台，实行食品安全信息统一公布制度。国家食品安全总体情况、食品安全风险警示信息、重大食品安全事故及其调查处理信息和国务院确定需要统一公布的其他信息由国务院食品药品监督管理部门统一公布。食品安全风险警示信息和重大食品安全事故及其调查处理信息的影响限于特定区域的，也可以由有关省、自治区、直辖市人民政府食品药品监督管理部门公布。未经授权不得发布上述信息。县级以上人民政府食品药品监督管理、质量监督、农业行政部门依据各自职责公布食品安全日常监督管理信息。公布食品安全信息，应当做到准确、及时，并进行必要的解释说明，避免误导消费者和社会舆论。

第一百一十九条 县级以上地方人民政府食品药品监督管理、卫生行政、质量监督、农业行政部门获知本法规定需要统一公布的信息，应当向上级主管部门报告，由上级主管部门立即报告国务院食品药品监督管理部门；必要时，可以直接向国务院食品药品监督管理部门报告。县级以上人民政府食品药品监督管理、卫生行政、质量监督、农业行政部门应当相互通报获知的食品安全信息。

第一百二十条 任何单位和个人不得编造、散布虚假食品安全信息。县级以上人民政府食品药品监督管理部门发现可能误导消费者和社会舆论的食品安全信息，应当立即组织有关部门、专业机构、相关食品生产经营者等进行核实、分析，并及时公布结果。

第一百二十一条 县级以上人民政府食品药品监督管理、质量监督等部门发现涉嫌食品安全犯罪的，应当按照有关规定及时将案件移送公安机关。对移送的案件，公安机关应当及时审查；认为有犯罪事实需要追究刑事责任的，应当立案侦查。公安机关在食品安全犯罪案件侦查过程中认为没有犯罪事实，或者犯罪事实显著轻微，不需要追究刑事责任，但依法应当追究行政责任的，应当及时将案件移送食品药品监督管理、质量监督等部门和监察机关，有关部门应当依法处理。公安机关商请食品药品监督管理、质量监督、环境保护等部门提供检验结论、认定意见以及对涉案物品进行无害化处理等协助的，有关部门应当及时提供，予以协助。

第九章 法律责任

第一百二十二条 违反本法规定，未取得食品生产经营许可从事食品生产经营活动，或者未取得食品添加剂生产许可从事食品添加剂生产活动的，由县级以上人民政府食品药品监督管理部门没收违法所得和违法生产经营的食品、食品添加剂以及用于违法生产经营的工具、设备、原料等物品；违法生产经营的食品、食品添加剂货值金额不足一万元的，并处五万元以上十万元以下罚款；货值金额一万元以上的，并处货值金额十倍以上二十倍以下罚款。明知从事前款规定的违法行为，仍为其提供生产经营场所或者其他条件的，由县级以上人民政府食品药品监督管理部门责令停止违法行为，没收违法所得，并处五万元以上十万元以下罚款；使消费者的合法权益受到损害的，应当与食品、食品添加剂生产经营者承担连带责任。

第一百二十三条 违反本法规定，有下列情形之一，尚不构成犯罪的，由县级以上人民政府食品药品监督管理部门没收违法所得和违法生产经营的食品，并可以没收用于违法生产经营的工具、设备、原料等物品；违法生产经营的食品货值金额不足一万元的，并处十万元以上十五万元以下罚款；货值金额一万元以上的，并处货值金额十五倍以上三十倍以下罚款；情节严重的，吊销许可证，并可以由公安机关对其直接负责的主管人员和其他直接责任人员处五日以上十五日以下拘留：（一）用非食品原料生产食品、在食品中添加食品添加剂以外的化学物质和其他可能危害人体健康的物质，或者用回收食品作为原料生产食品，或者经营上述食品；（二）生产经营营养成分不符合食品安全标准的专供婴幼儿和其他特定人群的主辅食品；（三）经营病死、毒死或者死因不明的禽、畜、兽、水产动物肉类，或者生产经营其制品；（四）经营未按规定进行检疫或者检疫不合格的肉类，或者生产经营未经检验或者检验不合格的肉类制品；（五）生产经营国家为防病等特殊需要明令禁止生产经营的食品；（六）生产经营添加药品的食品。明知从事前款规定的违法行为，仍为其提供生产经营场所或者其他条件的，由县级以上人民政府食品药品监督管理部门责令停止违法行为，没收违法所得，并处十万元以上二十万元以下罚款；使消费者的合法权益受到损害的，应当与食品生产经营者承担连带责任。违法使用剧毒、高毒农药的，除依照有关法律、法规规定给予处罚外，可以由公安机关依照第一款规定给予拘留。

第一百二十四条　违反本法规定，有下列情形之一，尚不构成犯罪的，由县级以上人民政府食品药品监督管理部门没收违法所得和违法生产经营的食品、食品添加剂，并可以没收用于违法生产经营的工具、设备、原料等物品；违法生产经营的食品、食品添加剂货值金额不足一万元的，并处五万元以上十万元以下罚款；货值金额一万元以上的，并处货值金额十倍以上二十倍以下罚款；情节严重的，吊销许可证：（一）生产经营致病性微生物，农药残留、兽药残留、生物毒素、重金属等污染物质以及其他危害人体健康的物质含量超过食品安全标准限量的食品、食品添加剂；（二）用超过保质期的食品原料、食品添加剂生产食品、食品添加剂，或者经营上述食品、食品添加剂；（三）生产经营超范围、超限量使用食品添加剂的食品；（四）生产经营腐败变质、油脂酸败、霉变生虫、污秽不洁、混有异物、掺假掺杂或者感官性状异常的食品、食品添加剂；（五）生产经营标注虚假生产日期、保质期或者超过保质期的食品、食品添加剂；（六）生产经营未按规定注册的保健食品、特殊医学用途配方食品、婴幼儿配方乳粉，或者未按注册的产品配方、生产工艺等技术要求组织生产；（七）以分装方式生产婴幼儿配方乳粉，或者同一企业以同一配方生产不同品牌的婴幼儿配方乳粉；（八）利用新的食品原料生产食品，或者生产食品添加剂新品种，未通过安全性评估；（九）食品生产经营者在食品药品监督管理部门责令其召回或者停止经营后，仍拒不召回或者停止经营。除前款和本法第一百二十三条、第一百二十五条规定的情形外，生产经营不符合法律、法规或者食品安全标准的食品、食品添加剂的，依照前款规定给予处罚。生产食品相关产品新品种，未通过安全性评估，或者生产不符合食品安全标准的食品相关产品的，由县级以上人民政府质量监督部门依照第一款规定给予处罚。

第一百二十五条　违反本法规定，有下列情形之一的，由县级以上人民政府食品药品监督管理部门没收违法所得和违法生产经营的食品、食品添加剂，并可以没收用于违法生产经营的工具、设备、原料等物品；违法生产经营的食品、食品添加剂货值金额不足一万元的，并处五千元以上五万元以下罚款；货值金额一万元以上的，并处货值金额五倍以上十倍以下罚款；情节严重的，责令停产停业，直至吊销许可证：（一）生产经营被包装材料、容器、运输工具等污染的食品、食品添加剂；（二）生产经营无标签的预包装食品、食品添加剂或者标签、说明书不符合本法规定的食品、食品添加剂；（三）生产经营转基因食品未按规定进行标示；（四）食品生产经营者采购或者使用不符合食品安全标准的食品原料、食品添加剂、食品相关产品。生产经营的食品、食品添加剂的标签、说明书存在瑕疵但不影响食品安全且不会对消费者造成误导的，由县级以上人民政府食品药品监督管理部门责令改正；拒不改正的，处二千元以下罚款。

第一百二十六条　违反本法规定，有下列情形之一的，由县级以上人民政府食品药品监督管理部门责令改正，给予警告；拒不改正的，处五千元以上五万元以下罚款；情节严重的，责令停产停业，直至吊销许可证：（一）食品、食品添加剂生产者未按规定对采购的食品原料和生产的食品、食品添加剂进行检验；（二）食品生产经营企业未按规定建立食品安全管理制度，或者未按规定配备或者培训、考核食品安全管理人员；（三）食品、食品添加剂生产经营者进货时未查验许可证和相关证明文件，或者未按规定建立并遵守进货查验记录、出厂检验记录和销售记录制度；（四）食品生产经营企业未制定食品安全事故处置方案；（五）餐具、饮具和盛放直接入口食品的容器，使用前未经洗净、消毒或者清洗消毒不合格，或者餐饮服务设施、设备未按规定定期维护、清洗、校验；（六）食品生产经营者安排未取得健康证明或者患有国务院卫生行政部门规定的有碍食品安全疾病的人员从事接触直接入口食品的工作；（七）食品经营者未按规定要求销售食品；（八）保健食品生产企业未按规定向食品药品监督管理部门备案，或者未按备案的产品配方、生产工艺等技术要求组织生产；（九）婴幼儿配方食品生产企业未将食品原料、食品添加剂、产品配方、标签等向食品药品监督管理部门备案；（十）特殊食品生产企业未按规定建立生产质量管理体系并有效运行，或者未定期提交自查报告；（十一）食品生产经营者未定期对食品安全状况进行检查评价，或者生产经营条件发生变化，未按规定处理；（十二）学校、托幼机构、养老机构、建筑工地等集中用餐单位未按规定履行食品安全管理责任；（十三）食品生产企业、餐饮服务提供者未按规定制定、实施生产经营过程控制要求。餐具、饮具集中消毒服务单位违反本法规定用水，使用洗涤剂、消毒剂，或者出厂的餐具、饮具未按规定检验合格并随附消毒合格证明，或者未按规定在独立包装上标注相关内容的，由县级以上人民政府卫生行政部门依照前款规定给予处罚。食品相关产品生产者未按规定对生产的食品相关产品进行检验的，由县级以上人民政府质量监督部门依照第一款规定给予处罚。食用农产品销售者违反本法第六十五条规定的，由县级以上人民政府食品药品监督管理部门依照第一款规定给予处罚。

第一百二十七条　对食品生产加工小作坊、食品摊贩等的违法行为的处罚，依照省、自治区、直辖市制定的具体管理办法执行。

第一百二十八条　违反本法规定，事故单位在发生食品安全事故后未进行处置、报告的，由有关主管部门按照各自职责分工责令改正，给予警告；隐匿、伪造、毁灭有关证据的，责令停产停业，没收违法所得，并处十万元以上五十万元以下罚款；造成严重后果的，吊销许可证。

第一百二十九条　违反本法规定，有下列情形之一的，由出入境检验检疫机构依照本法第一百二十四条的规定给予处罚：（一）提供虚假材料，进口不符合我国食品安全国家标准的食品、食品添加剂、食品相关产品；（二）进口尚无食品安全国家标准的食品，未提交所执行的标准并经国务院卫生行政部门审查，或者进口利用新的食品原料生产的食品或者进口食品添加剂新品种、食品相关产品新品种，未通过安全性评估；（三）未遵守本法的规定出口食品；（四）进口商在有关主管部门责令其依照本法规定召回进口的食品后，仍拒不召回。违反本法规定，进口商未建立并遵守食品、食品添加剂进口和销售记录制度、境外出口商或者生产企业审核制度的，由出入境检验检疫机构依照本法第一百二十六条的规定给予处罚。

第一百三十条　违反本法规定，集中交易市场的开办者、柜台出租者、展销会的举办者允许未依法取得许可的食品经营者进入市场销售食品，或者未履行检查、报告等义务的，由县级以上人民政府食品药品监督管理部门责令改正，没收违法所得，并处五万元以上二十万元以下罚款；造成严重后果的，责令停业，直至由原发证部门吊销许可证；使消费者的合法权益受到损害的，应当与食品经营者承担连带责任。食用农产品批发市场违反本法第六十四条规定的，依照前款规定承担责任。

第一百三十一条　违反本法规定，网络食品交易第三方平台提供者未对入网食品经营者进行实名登记、审查许可证，或者未履行报告、停止提供网络交易平台服务等义务的，由县级以上人民政府食品药品监督管理部门责令改正，没收违法所得，并处五万元以上二十万元以下罚款；造成严重后果的，责令停业，直至由原发证部门吊销许可证；使消费者的合法权益受到损害的，应当与食品经营者承担连带责任。消费者通过网络食品交易第三方平台购买食品，其合法权益受到损害的，可以向入网食品经营者或者食品生产者要求赔偿。网络食品交易第三方平台提供者不能提供入网食品经营者的真实名称、地址和有效联系方式的，由网络食品交易第三方平台提供者赔偿。网络食品交易第三方平台提供者赔偿后，有权向入网食品经营者或者食品生产者追偿。网络食品交易第三方平台提供者作出更有利于消费者承诺的，应当履行其承诺。

第一百三十二条　违反本法规定，未按要求进行食品贮存、运输和装卸的，由县级以上人民政府食品药品监督管理等部门按照各自职责分工责令改正，给予警告；拒不改正的，责令停产停业，并处一万元以上五万元以下罚款；情节严重的，吊销许可证。

第一百三十三条　违反本法规定，拒绝、阻挠、干涉有关部门、机构及其工作人员依法开展食品安全监督检查、事故调查处理、风险监测和风险评估的，由有关主管部门按照各自职责分工责令停产停业，并处二千元以上五万元以下罚款；情节严重的，吊销许可证；构成违反治安管理行为的，由公安机关依法给予治安管理处罚。违反本法规定，对举报人以解除、变更劳动合同或者其他方式打击报复的，应当依照有关法律的规定承担责任。

第一百三十四条　食品生产经营者在一年内累计三次因违反本法规定受到责令停产停业、吊销许可证以外处罚的，由食品药品监督管理部门责令停产停业，直至吊销许可证。

第一百三十五条　被吊销许可证的食品生产经营者及其法定代表人、直接负责的主管人员和其他直接责任人员自处罚决定作出之日起五年内不得申请食品生产经营许可，或者从事食品生产经营管理工作、担任食品生产经营企业食品安全管理人员。因食品安全犯罪被判处有期徒刑以上刑罚的，终身不得从事食品生产经营管理工作，也不得担任食品生产经营企业食品安全管理人员。食品生产经营者聘用人员违反前两款规定的，由县级以上人民政府食品药品监督管理部门吊销许可证。

第一百三十六条　食品经营者履行了本法规定的进货查验等义务，有充分证据证明其不知道所采购的食品不符合食品安全标准，并能如实说明其进货来源的，可以免予处罚，但应当依法没收其不符合食品安全标准的食品；造成人身、财产或者其他损害的，依法承担赔偿责任。

第一百三十七条　违反本法规定，承担食品安全风险监测、风险评估工作的技术机构、技术人员提供虚假监测、评估信息的，依法对技术机构直接负责的主管人员和技术人员给予撤职、开除处分；有执业资格的，由授予其资格的主管部门吊销执业证书。

第一百三十八条　违反本法规定，食品检验机构、食品检验人员出具虚假检验报告的，由授予其资质的主管部门或者机构撤销该食品检验机构的检验资质，没收所收取的检验费用，并处检验费用五倍以上十倍以下罚款，检验费用不足一万元的，并处五万元以上十万元以下罚款；依法对食品检验机构直接负责的主管人员和食品检验人员给予撤职或者开除处分；导致发生重大食品安全事故的，对直接负责的主管人员和食品检验人员给予开除处分。违反本法规定，受到开除处分的食品检验机构人员，自处分决定作出之日起十年内不得从事食品检验工作；因食品安全违法行为受到刑事处罚或者因出具虚假检验报告导致发生重大食品安全事故受到开除处分的食品检验机构人员，终身不得从事食品检验工作。食品检验机构聘用不得从事食品检验工作的人员的，由授予其资质的主管部门或者机构撤销该食品检验机构的检验资质。食品检验机构出具虚假检验报告，使消费者的合法权益受到损害的，应当与食品生产经营者承担连带责任。

第一百三十九条　违反本法规定，认证机构出具虚假认证结论，由认证认可监督管理部门没收所收取的认证费用，并处认证费用五倍以上十倍以下罚款，认证费用不足一万元的，并处五万元以上十万元以下罚款；情节严重的，责令停业，直至撤销认证机构批准文件，并向社会公布；对直接负责的主管人员和负有直接责任的认证人员，撤销其执业资格。认证机构出具虚假认证结论，使消费者的合法权益受到损害的，应当与食品生产经营者承担连带责任。

第一百四十条　违反本法规定，在广告中对食品作虚假宣传，欺骗消费者，或者发布未取得批准文件、广告内容与批准文件不一致的保健食品广告的，依照《中华人民共和国广告法》的规定给予处罚。广告经营者、发布者设计、制作、发布虚假食品广告，使消费者的合法权益受到损害的，应当与食品生产经营者承担连带责任。社会团体或者其他组织、个人在虚假广告或者其他虚假宣传中向消费者推荐食品，使消费者的合法权益受到损害的，应当与食品生产经营者承担连带责任。违反本法规定，食品药品监督管理等部门、食品检验机构、食品行业协会以广告或者其他形式向消费者推荐食品，消费者组织以收取费用或者其他牟取利益的方式向消费者推荐食品的，由有关主管部门没收违法所得，依法对直接负责的主管人员和其他直接责任人员给予记大过、降级或者撤职处分；情节严重的，给予开除处分。对食品作虚假宣传且情节严重的，由省级以上人民政府食品药品监督管理部门决定暂停销售该食品，并向社会公布；仍然销售该食品的，由县级以上人民政府食品药品监督管理部门没收违法所得和违法销售的食品，并处二万元以上五万元以下罚款。

第一百四十一条　违反本法规定，编造、散布虚假食品安全信息，构成违反治安管理行为的，由公安机关依法给予治安管理处罚。媒体编造、散布虚假食品安全信息的，由有关主管部门依法给予处罚，并对直接负责的主管人员和其他直接责任人员给予处分；使公民、法人或者其他组织的合法权益受到损害的，依法承担消除影响、恢复名誉、赔偿损失、赔礼道歉等民事责任。

第一百四十二条　违反本法规定，县级以上地方人民政府有下列行为之一的，对直接负责的主管人员和其他直接责任人员给予记大过处分；情节较重的，给予降级或者撤职处分；情节严重的，给予开除处分；造成严重后果的，其主要负责人还应当引咎辞职：（一）对发生在本行政区域内的食品安全事故，未及时组织协调有关部门开展有效处置，造成不良影响或者损失；（二）对本行政区域内涉及多环节的区域性食品安全问题，未及时组织整治，造成不良影响或者损失；（三）隐瞒、谎报、缓报食品安全事故；（四）本行政区域内发生特别重大食品安全事故，或者连续发生重大食品安全事故。

第一百四十三条　违反本法规定，县级以上地方人民政府有下列行为之一的，对直接负责的主管人员和其他直接责任人员给予警告、记过或者记大过处分；造成严重后果的，给予降级或者撤职处分：（一）未确定有关部门的食品安全监督管理职责，未建立健全食品安全全程监督管理工作机制和信息共享机制，未落实食品安全监督管理责任制；（二）未制定本行政区域的食品安全事故应急预案，或者发生食品安全事故后未按规定立即成立事故处置指挥机构、启动应急预案。

第一百四十四条　违反本法规定，县级以上人民政府食品药品监督管理、卫生行政、质量监督、农业行政等部门有下列行为之一的，对直接负责的主管人员和其他直接责任人员给予记大过处分；情节较重的，给予降级或者撤职处分；情节严重的，给予开除处分；造成严重后果的，其主要负责人还应当引咎辞职：（一）隐瞒、谎报、缓报食品安全事故；（二）未按规定查处食品安全事故，或者接到食品安全事故报告未及时处理，造成事故扩大或者蔓延；（三）经食品安全风险评估得出食品、食品添加剂、食品相关产品不安全结论后，未及时采取相应措施，造成食品安全事故或者不良社会影响；（四）对不符合条件的申请人准予许可，或者超越法定职权准予许可；（五）不履行食品安全监督管理职责，导致发生食品安全事故。

第一百四十五条　违反本法规定，县级以上人民政府食品药品监督管理、卫生行政、质量监督、农业行政等部门有下列行为之一，造成不良后果的，对直接负责的主管人员和其他直接责任人员给予警告、记过或者记大过处分；情节较重的，给予降级或者撤职处分；情节严重的，给予开除处分：（一）在获知有关食品安全信息后，未按规定向上级主管部门和本级人民政府报告，或者未按规定相互通报；（二）未按规定公布食品安全信息；（三）不履行法定职责，对查处食品安全违法行为不配合，或者滥用职权、玩忽职守、徇私舞弊。

第一百四十六条　食品药品监督管理、质量监督等部门在履行食品安全监督管理职责过程中，违法实施检查、强制等执法措施，给生产经营者造成损失的，应当依法予以赔偿，对直接负责的主管人员和其他直接责任人员依法给予处分。

第一百四十七条　违反本法规定，造成人身、财产或者其他损害的，依法承担赔偿责任。生产经营者财产不足以同时承担民事赔偿责任和缴纳罚款、罚金时，先承担民事赔偿责任。

第一百四十八条　消费者因不符合食品安全标准的食品受到损害的，可以向经营者要求赔偿损失，也可以向生产者要求赔偿损失。接到消费者赔偿要求的生产经营者，应当实行首负责任制，先行赔付，不得推诿；属于生产者责任的，经营者赔偿后有权向生产者追偿；属于经营者责任的，生产者赔偿后有权向经营者追偿。生产不符合食品安全标准的食品或者经营明知是不符合食品安全标准的食品，消费者除要求赔偿损失外，还可以向生产者或者经营者要求支付价款十倍或者损失三倍的赔偿金；增加赔偿的金额不足一千元的，为一千元。但是，食品的标签、说明书存在不影响食品安全且不会对消费者造成误导的瑕疵的除外。

第一百四十九条　违反本法规定，构成犯罪的，依法追究刑事责任。

第十章　附则

第一百五十条　本法下列用语的含义：食品，指各种供人食用或者饮用的成品和原料以及按照传统既是食品又是中药材的物品，但是不包括以治疗为目的的物品。食品安全，指食品无毒、无害，符合应当有的营养要求，对人体健康不造成任何急性、亚急性或者慢性危害。预包装食品，指预先定量包装或者制作在包装材料、容器中的食品。食品添加剂，指为改善食品品质和色、香、味以及为防腐、保鲜和加工工艺的需要而加入食品中的人工合成或者天然物质，包括营养强化剂。用于食品的包装材料和容器，指包装、盛放食品或者食品添加剂用的纸、竹、木、金属、搪瓷、陶瓷、塑料、橡胶、天然纤维、化学纤维、玻璃等制品和直接接触食品或者食品添加剂的涂料。用于食品生产经营的工具、设备，指在食品或者食品添加剂生产、销售、使用过程中直接接触食品或者食品添加剂的机械、管道、传送带、容器、用具、餐具等。用于食品的洗涤剂、消毒剂，指直接用于洗涤或者消毒食品、餐具、饮具以及直接接触食品的工具、设备或者食品包装材料和容器的物质。食品保质期，指食品在标明的贮存条件下保持品质的期限。食源性疾病，指食品中致病因素进入人体引起的感染性、中毒性等疾病，包括食物中毒。食品安全事故，指食源性疾病、食品污染等源于食品，对人体健康有危害或者可能有危害的事故。

第一百五十一条　转基因食品和食盐的食品安全管理，本法未作规定的，适用其他法律、行政法规的规定。

第一百五十二条　铁路、民航运营中食品安全的管理办法由国务院食品药品监督管理部门会同国务院有关部门依照本法制定。保健食品的具体管理办法由国务院食品药品监督管理部门依照本法制定。食品相关产品生产活动的具体管理办法由国务院质量监督部门依照本法制定。国境口岸食品的监督管理由出入境检验检疫机构依照本法以及有关法律、行政法规的规定实施。军队专用食品和自供食品的食品安全管理办法由中央军事委员会依照本法制定。

第一百五十三条　国务院根据实际需要，可以对食品安全监督管理体制作出调整。

第一百五十四条　本法自2015年10月1日起施行。

三、相关企业介绍

北京市

北京人济置业发展有限公司
地址：北京市密云区经济开发区兴盛南路8号开发区办公楼410室-107
……………………Tel：010-50868200

北京康比特体育科技股份有限公司
地址：北京市昌平区科技园区利祥路5号
……………………Tel：010-50949362

中良茗酿（北京）电子商务有限公司
地址：北京市昌平区东小口镇立汤路188号院1号楼12层1201
……………………Tel：010-52422201

北京同仁堂饮料有限公司
地址：北京市昌平区南口镇居庸关四桥二层小楼
……………………Tel：010-52902931

希杰必品阁（北京）餐饮管理有限公司
地址：北京市昌平区沙河镇松兰堡村西9号楼901室
……………………Tel：010-56396013

中粮营养健康研究院有限公司
地址：北京市昌平区北七家镇南区四路(未来科技城)
……………………Tel：010-56989555

国能科慧（北京）实业有限公司
地址：北京市昌平区未来科学城东路5号
……………………Tel：010-80189988

北京倍肯恒业科技发展股份有限公司
地址：北京市昌平区科技园区兴昌路1号
……………………Tel：010-60604148

北京华佑精神康复医院有限公司
地址：北京市昌平区城北街道中山口临27号
……………………Tel：010-60781988

北京万泰利克药业有限公司
地址：北京市昌平区阳坊镇建业二路10号院2号楼1至3层101-层108
……………………Tel：010-60792610

北京华都酿酒食品有限责任公司
地址：北京市昌平区兴寿镇汤秦路8号
……………………Tel：010-61726861

北京黑六牧业科技有限公司
地址：北京市昌平区小汤山镇沙顺路(航空博物馆红绿灯往西路北)
……………………Tel：010-61780979

北京亚都环保科技有限公司
地址：北京市昌平区流村镇政府北侧北京亚都室内环保科技股份有限公司院内
……………………Tel：010-62975500

新时代健康产业（集团）有限公司
地址：北京市昌平区科学园路10号院1号楼
……………………Tel：010-64850599

现代农装科技股份有限公司
地址：北京市昌平区科技园区中兴路10号A208房间
……………………Tel：010-64882032

永旺幻想（中国）儿童游乐有限公司
地址：北京市昌平区北清路1号220C区域
……………………Tel：010-65675505

北京景田食品饮料有限公司
地址：北京市昌平区南口镇前桃洼村雪贝尔科贸工业区
……………………Tel：010-69777068

北京安德鲁水果食品有限公司
地址：北京市昌平区南口农场内
……………………Tel：010-69783743

博奥生物集团有限公司
地址：北京市昌平区生命科学园路18号
……………………Tel：010-80715888

北京北医医药有限公司
地址：北京市昌平区回龙观镇生命园路8号院一区6号-2至12层101(3层301)(昌平示范园)
……………………Tel：010-80765568

永旺商业有限公司
地址：北京市昌平区史各庄街道朱辛庄323号1866
……………………Tel：010-80700588

北京华彬庄园绿色休闲健身俱乐部有限公司
地址：北京市昌平区土楼乡南口农场场部院内
……………………Tel：010-89796868

北京圣马克医院有限公司
地址：北京市朝阳区东四环南路53号院5号楼1层101、2层201、3层301、4层501、5层601、6层701、7层801、8层901、9层1001、10层1101、11层1201、12层1501、13层1601、14层1701、15层1801、6号楼1层101、2层201、4层501
……………………Tel：010-50967986

北京中合农发企业管理有限公司
地址：北京市朝阳区望京北路9号9幢2层D217
……………………Tel：010-51077535

北京强氧新科信息技术有限公司
地址：北京市朝阳区北湖渠(朝阳区酿酒厂)18幢平房
……………………Tel：010-51661116

中国国投国际贸易有限公司
地址：北京市朝阳区惠新西街19号
……………………Tel：010-52021800

卓木青藤（北京）科贸有限公司
地址：北京市顺义区后沙峪镇安平街5号院1号楼1至5层101内三层3F10-13号
……………………Tel：010-84251455

北京至和广告设计有限责任公司
地址：北京市朝阳区北湖渠(朝阳区酿酒厂)43幢平房-2号
……………………Tel：010-52023719

北京长歌图像制作有限公司
地址：北京市昌平区双营西路78号院2号楼11层1124
……………………Tel：010-52023741

北京站酷教育科技有限公司
地址：北京市朝阳区酒仙桥中路26号院1号楼4层501室
……………………Tel：010-56538600

北京卡芬蒂商贸有限公司
地址：北京市朝阳区北湖渠(朝阳区酿酒厂)28幢
……………………Tel：010-64371388

奥沙艺术品贸易（北京）有限公司
地址：北京市朝阳区豆各庄黄厂西路1号A1栋二层21207
……………………Tel：010-52023818

北京佳洁恒通商贸有限公司
地址：北京市朝阳区高碑店乡高碑店村古街区2号楼2号一层101室
……………………Tel：010-52023838

三音石（北京）文化传媒有限公司
地址：北京市朝阳区北湖渠(朝阳区酿酒厂)19幢平房
……………………Tel：010-52023901

北京艺鼎文化传播有限公司
地址：北京市朝阳区科荟路33号东南1门甲21号一层101
……………………Tel：010-84922237

够派科技（北京）有限公司
地址：北京市朝阳区安外北苑北湖渠(朝阳区酿酒厂)3-3号平房
……………………Tel：010-52023934

北京立方网信息技术有限公司
地址：北京市朝阳区北湖渠(朝阳区酿酒厂)34幢
……………………Tel：010-52023969

时空创意（北京）科技文化发展有限公司
地址：北京市朝阳区北湖渠(朝阳区酿酒厂)29幢-9
……………………Tel：010-52023969

北京元典星焜文化传媒有限公司
地址：北京市朝阳区北湖渠(朝阳区酿酒厂)54幢-1
……………………Tel：010-52023992

中国外运物流发展有限公司
地址：北京市朝阳区安定路5号院10号楼6层
……………………Tel：010-52295600

北京星途嘉酿国际酒业有限公司
地址：北京市东城区新中西街2号楼新中大厦8层8511室
……………………Tel：010-52903747

天九共享网络科技集团有限公司
地址：北京市朝阳区北苑家园绣菊园7号楼4层405-2
……………………Tel：010-53118722

中瑞国誉（北京）文化发展有限责任公司
地址：北京市朝阳区双桥路九号(外经仓库)13号楼二层029室
……………………Tel：010-53219123

北京然料餐饮管理有限公司
地址：北京市朝阳区百子湾路16号百子园4号楼1层C单元106
……………………Tel：010-53321752

盈科美辰国际旅行社有限公司
地址：北京市朝阳区东四环中路76号楼4层5B08
……………………Tel：010-53511277

欧赛勒（北京）葡萄酒酿造技术有限公司
地址：北京市朝阳区双桥东路6号楼236号
……………………Tel：010-56412391

北京侨福置业有限公司
地址：北京市朝阳区东大桥路9号
……………………Tel：010-56628509

北京匠心料理餐饮管理有限公司
地址：北京市朝阳区朝阳公园南路10号院6号楼1层6-2、1-7号楼-1层A区B164
……………………Tel：010-56767470

北京金六福酒有限公司
地址：北京市通州区外郎营村北2号院32号楼3层101
……………………Tel：010-56969039

北京泡泡玛特文化创意有限公司
地址：北京市朝阳区望京东园四区13号楼-4至33层101内A座36层3606室
……………………Tel：010-57076701

北京兴缘创展经贸有限公司
地址：北京市朝阳区北湖渠(朝阳区酿酒厂)15幢平房-1
……………………Tel：010-57157772

元气森林（北京）食品科技集团有限公司
地址：北京市朝阳区东三环北路6号楼五层501室
……………………Tel：010-57232180

酒便利（北京）商业连锁管理有限公司
地址：北京市朝阳区霄云路35号【6-5】55幢平房003号
……………………Tel：010-50951702

北京行知守仁科技有限公司
地址：北京市朝阳区东三环北路东方东路9号b幢第三层302室
……………………Tel：010-57748176

北京京东方松彩创新有限公司
地址：北京市朝阳区大山子酒仙桥北路
……………………Tel：010-57905000

北京爱康君安门诊部有限公司
地址：北京市朝阳区建国门外大街乙12号二层
……………………Tel：010-58111222

北京优联眼耳鼻喉医院有限公司
地址：北京市朝阳区东四环南路53号院7号楼1层101.2层201.3层301.4层501.5层601
……………………Tel：010-87528866

中国石化集团百川经济贸易有限公司
地址：北京市朝阳区朝阳门北大街22号1幢
……………………Tel：010-59969911

港中旅酒店有限公司
地址：北京市朝阳区北三环东路2号中旅大厦9层
……………………Tel：010-60848013

运鼎科技（北京）有限公司
地址：北京市朝阳区太阳宫中路12号楼5层503内01
……………………Tel：010-61845888

北京百安居装饰建材有限公司
地址：北京市朝阳区光华路15号院2号楼10层1001、1002、1003内85
……………………Tel：010-63367602

北京市公联公路联络线有限责任公司
地址：北京市朝阳区酒仙桥村1号
……………………Tel：010-63895555

北京善方医院有限公司
地址：北京市朝阳区工人体育场北路13号院4号楼6层1单元601
……………………Tel：010-64136688

北京美好景象图片有限公司
地址：北京市朝阳区顺白路133号万荷艺术区一号院8号楼
……………………Tel：010-64159988

冠寓商业管理有限公司
地址：北京市朝阳区北苑小街8号6号楼5层5323室
……………………Tel：010-87984272

北京张裕酒业营销有限公司
地址：北京市朝阳区安贞西里三区26号1209室
……………………Tel：010-64423522

北京宜家家居有限公司
地址：北京市朝阳区阜通东大街59号
……………………Tel：010-64504532-5024

北京荷美尔商业管理有限公司
地址：北京市朝阳区亮马桥路光明饭店0902室
……………………Tel：010-64648972

中日青年交流中心有限公司
地址：北京市朝阳区亮马桥路40号
……………………Tel：010-64669288

渔阳饭店有限公司
地址：北京市朝阳区新源西里中街18号
……………………Tel：010-64669988

一城一家网络科技有限公司
地址：北京市朝阳区望京东路1号8层801内A802
……………………Tel：010-64725686

中国中轻国际控股有限公司
地址：北京市朝阳区启阳路4号
……………………Tel：010-64778688

北京市朝阳区酿酒厂有限责任公司
地址：北京市朝阳区来广营北湖渠村
……………………Tel：010-64949165

北京红魔驼饮料销售有限公司
地址：北京市朝阳区小营路15号院1号楼1-10内7层703室
……………………Tel：010-64927488

中国劳动社会保障出版社有限公司
地址：北京市朝阳区惠新东街1号
……………………Tel：010-64929196

北京政泉控股有限公司
地址：北京市朝阳区大屯里315号1-4层、316号1-4层、317号、318号1-4层
……………………Tel：010-64948886

北京北辰实业集团有限责任公司
地址：北京市朝阳区北四环中路北辰东路8号
……………………Tel：010-64991284

北京市建国饭店公司
地址：北京市朝阳区建国门外大街5号
……………………Tel：010-65002233

北京国际贸易有限公司
地址：北京市朝阳区建国门外大街甲3号
……………………Tel：010-65005708

北京友谊商店股份有限公司
地址：北京市朝阳区建国门外大街17号
……………………Tel：010-65021166

北京市长富宫中心有限责任公司
地址：北京市朝阳区建国门外大街26号
……………………Tel：010-65125555

英联马利（北京）食品销售有限公司
地址：北京市朝阳区光华路15号院1号楼4层401号006室

…………Tel：010-65362755

中国通广电子有限公司
地址：北京市朝阳区农展馆南路12号
…………Tel：010-88773344-3010

华糖洋华堂商业有限公司
地址：北京市朝阳区北四环东路108号千鹤家园5号楼三层
…………Tel：010-65567662

北京京棉纺织集团有限责任公司
地址：北京市朝阳区八里庄东里1号
…………Tel：010-65584499

中国国际技术智力合作集团有限公司
地址：北京市朝阳区光华路7号汉威大厦
…………Tel：010-65613920

北京嘉里大酒店有限公司
地址：北京市朝阳区光华路1号
…………Tel：010-65618833

松下电器（中国）有限公司
地址：北京市朝阳区景华南街5号远洋光华中心C座3层、6层
…………Tel：010-65626688

北京奥吉通汽车销售有限公司
地址：北京市朝阳区朝阳北路甲45号
…………Tel：010-65718787

北京建机资产经营有限公司
地址：北京市朝阳区管庄西院
…………Tel：010-65761127

北京中投视讯文化传媒股份有限公司
地址：北京市朝阳区建国路88号7-10号楼3层328
…………Tel：010-65832485

索湃克食品饮料咨询（北京）有限公司
地址：北京市朝阳区朝外大街22号9层901室
…………Tel：010-65888675-32

北京市长城饭店公司
地址：北京市朝阳区东三环北路10号
…………Tel：010-65905566

北京盒马网络科技有限公司
地址：北京市朝阳区望京东园四区9号楼11层1101号
…………Tel：010-65985888

伊藤忠（中国）集团有限公司
地址：北京市朝阳区建国路77号9层901内01室
…………Tel：010-65997000

北京京瑞房产有限公司
地址：北京市朝阳区东三环南路17号
…………Tel：010-67668866

北京漫泽饮料有限公司
地址：北京市朝阳区南湖东园122楼10层北区1108室
…………Tel：010-80124688

中粮贸易有限公司
地址：北京市朝阳区朝阳门南大街8号7层
…………Tel：010-80985232

北京伊美尔医疗科技集团股份公司
地址：北京市朝阳区东三环北路3号A座8层08号内808室
…………Tel：010-82037778

北京中视兰光影视文化传媒有限公司
地址：北京市朝阳区安慧北里安园8号楼5层518室
…………Tel：010-82125167

北京城市宾馆有限公司
地址：北京市朝阳区工体东路4号
…………Tel：010-8227998

北京环球润涧食品饮料有限公司
地址：北京市朝阳区五里桥二街1号院4号楼12层1207
…………Tel：010-82586722

吉喜福酒业（北京）有限责任公司
地址：北京市朝阳区亮马桥路甲40号1幢3层301内06、07室
…………Tel：010-84104900

眉州东坡餐饮管理（北京）有限公司
地址：北京市朝阳区东风乡将台洼甲4号
…………Tel：010-84301666

北京京宫城酒业技术发展公司
地址：北京市朝阳区金盏乡沙窝村345号
…………Tel：010-84317943

北京赛特奥特莱斯商贸有限公司
地址：北京市朝阳区崔各庄乡香江北路28号
…………Tel：010-84357800

国家体育场有限责任公司
地址：北京市朝阳区国家体育场南路一号
…………Tel：010-84373020

北京健生饮料有限公司
地址：北京市朝阳区金盏乡黎各庄村
…………Tel：010-84393536

北京光明饭店有限公司
地址：北京市朝阳区亮马桥路42号院
…………Tel：010-84418888

中国科学器材有限公司
地址：北京市朝阳区太阳宫中路19号院1号楼
…………Tel：010-84438905

北京香江花园别墅房产开发有限公司
地址：北京市朝阳区香江北路1号
…………Tel：010-84506688

中国国际医药卫生有限公司
地址：北京市朝阳区惠新东街4号
…………Tel：010-84648264

中国出国人员服务有限公司
地址：北京市朝阳区惠新东街4号
…………Tel：010-84648264

国药嘉远国际贸易有限公司
地址：北京市朝阳区惠新东街4号1座27层2709
…………Tel：010-84663832

中国医药对外贸易有限公司
地址：北京市朝阳区惠新东街4号
…………Tel：010-84669970

中益善源（北京）科技有限公司
地址：北京市朝阳区阜通东大街1号院3号楼9层1单元111015
…………Tel：010-84783800

摄氏（北京）饮料有限公司
地址：北京市朝阳区化工路59号院1号楼1至14层01内A座十三层1603室
…………Tel：010-84785791

中信京城大厦有限责任公司
地址：北京市朝阳区新源南路6号
…………Tel：010-84868095

中铁房地产集团城市运营管理有限公司
地址：北京市朝阳区北苑东路19号院7号楼22层全部
…………Tel：010-84912801

北京荷美尔食品有限公司
地址：北京市朝阳区孙河乡顺黄路临黄港670号
…………Tel：010-84914595

中粮集团有限公司
地址：北京市朝阳区朝阳门南大街8号
…………Tel：010-85006688

中国土产畜产进出口有限责任公司
地址：北京市朝阳区朝阳门南大街8号
…………Tel：010-85018052

中粮国际（北京）有限公司
地址：北京市朝阳区朝阳门南大街8号中粮福临门大厦17层
…………Tel：010-85018869

北京怡合春天科技有限公司
地址：北京市朝阳区东大桥路9号楼3单元501室内C12单元
…………Tel：010-85264199

北京市红牛维他命饮料有限责任公司
地址：北京市朝阳区建国门外大街永安东里8号
…………Tel：010-85288069

北京红牛饮料销售有限公司
地址：北京市朝阳区建国门外大街永安东里8号华彬国际大厦22层2201-2205
…………Tel：010-85288168

北京和睦家康复医院有限公司
地址：北京市朝阳区东风乡将台洼村甲168号
…………Tel：010-85581814

北京品露饮品有限责任公司
地址：北京市朝阳区甘露园19号
…………Tel：010-85763866

沃欧饮料（北京）有限公司
地址：北京市朝阳区东四环中路56号楼20层2001单元2007B房间
…………Tel：010-85789199

北京茵蓝卡食品饮料有限公司
地址：北京市朝阳区楼梓庄外运仓库5幢8号
…………Tel：010-85825152

北京红星酿酒集团公司
地址：北京市朝阳区建国路90号
…………Tel：010-85891728

北京弘朝恒业酒业有限公司
地址：北京市朝阳区北湖渠朝阳区酿酒厂33幢平房
…………Tel：010-85986867

北京屹娜美浠饮料有限公司
地址：北京市朝阳区东坝乡东晓景产业园205号1512
…………Tel：010-87152570

北京朝批华清商贸有限公司
地址：北京市朝阳区双龙南里204号楼
…………Tel：010-87316455

北京四川五粮液龙爪树宾馆
地址：北京市朝阳区龙爪树北里312号
…………Tel：010-87699988

华润普仁鸿（北京）医药有限公司
地址：北京市朝阳区百子湾路16号百子园4号楼A单元1101号
…………Tel：010-87766895

优士创新商业集团有限公司
地址：北京市朝阳区观音惠园1号楼3层302
…………Tel：010-87953452

乐成老年事业投资有限公司
地址：北京市朝阳区百子湾南二路92号楼-2至11层101内1至11层
…………Tel：010-87957100

巨木旗（北京）投资发展有限责任公司
地址：北京市朝阳区北湖渠(朝阳区酿酒厂)23幢平房-1
…………Tel：010-88852977

北京吉美生态饮料食品有限公司
地址：北京市朝阳区霄云路32号2号楼6层613室
…………Tel：010-89929986

北京陆道培医院有限公司
地址：北京市北京经济技术开发区同济南路22号
…………Tel：010-50959788

北京易商通科技股份有限公司
地址：北京市北京经济技术开发区地盛南街甲1号4号楼5层506室
…………Tel：010-52402337

国药物流有限责任公司
地址：北京市北京经济技术开发区康定街8号
…………Tel：010-53782188

北京中酿国际酒业有限公司
地址：北京市北京经济技术开发区经海五路58号院8号楼2层
…………Tel：010-56329096

北京惠买在线网络科技有限公司
地址：北京市北京经济技术开发区同济南路19号1幢3层A区
…………Tel：010-56657179

北京越海供应链管理有限公司
地址：北京市北京经济技术开发区经海五路59号院2号楼一层101室
…………Tel：010-56843660

久其数字传播有限公司
地址：北京市北京经济技术开发区西环中路6号2幢2层205房间
…………Tel：010-58561199

北京恒城实业发展公司
地址：北京市大兴区庞各庄镇瓜乡路10号3号楼一层1025室
…………Tel：010-58781800

北京加多宝饮料有限公司
地址：北京市北京经济技术开发区康定街21号3号楼2层
…………Tel：010-59026388

加多宝（中国）饮料有限公司
地址：北京市北京经济技术开发区康定街21号
…………Tel：010-59026388-6961

北京蒙歌科技有限公司
地址：北京市大兴区天华街9号院1号楼1至2层101
…………Tel：010-59941971

北京好药师大药房连锁有限公司
地址：北京市大兴区经济开发区广平大街9号
…………Tel：010-60215915

北冰洋（北京）饮料食品有限公司
地址：北京市大兴区经济开发区北兴路东段6号
…………Tel：010-60241712

中国黑色金属材料北京有限公司
地址：北京市大兴区黄村镇大庄东天河北路14号
…………Tel：010-60281699

北京东方健康科技有限公司
地址：北京市北京经济技术开发区西环中路12号院1号楼4层4-078
…………Tel：010-60964704

北京彩食鲜食品有限公司
地址：北京市大兴区黄村镇创新路101号
…………Tel：010-61200258

华颐药业有限公司
地址：北京市大兴区中关村科技园区大兴生物医药产业基地天荣街15号
…………Tel：010-61253896

北京仟草中药饮片有限公司
地址：北京市大兴区鼎业路7号院2号楼
…………Tel：010-61280066

北京天坛生物制品股份有限公司
地址：北京市北京经济技术开发区博兴二路6号院8号楼521室
…………Tel：010-65436107

联通在线信息科技有限公司
地址：北京市北京经济技术开发区中和街1号
…………Tel：010-66505343

金鹰国际货运代理有限公司
地址：北京市北京经济技术开发区锦绣街11号
…………Tel：010-67811777

中粮可口可乐饮料（北京）有限公司
地址：北京市北京经济技术开发区荣京东街9号
…………Tel：010-67813018

清碧源（北京）食品饮料有限公司
地址：北京市北京经济技术开发区同济中路甲7号18幢4层1单元421
…………Tel：010-67826331

北京亦庄水务有限公司
地址：北京市北京经济技术开发区西环南路5号
…………Tel：010-67856428

北京国盛兴业投资有限公司
地址：北京市北京经济技术开发区科创五街38号
…………Tel：010-67857402

北京大兴中富饮料容器有限公司
地址：北京市北京经济技术开发区永昌北路18号一层北侧
…………Tel：010-67860659

北京斯利安药业有限公司
地址：北京市北京经济技术开发区运成街3号1号楼
…………Tel：010-67868885

北京昭衍新药研究中心股份有限公司
地址：北京市北京经济技术开发区荣京东街甲5号
…………Tel：010-67869966

北京亦庄投资控股有限公司
地址：北京市北京经济技术开发区荣华南路9号院1号楼
…………Tel：010-67882212

北京桂花陈酒业有限公司
地址：北京市北京经济技术开发区宏达北路10号1幢6层6113
…………Tel：010-67888364

北京星昊医药股份有限公司
地址：北京市北京经济技术开发区中和街18号
…………Tel：010-67888388

歌德盈香股份有限公司
地址：北京市北京经济技术开发区荣华中路7号院2号楼14层1411
…………Tel：010-67892735

北京金星鸭业有限公司
地址：北京市大兴区旧宫镇德茂庄德裕街7号
…………Tel：010-67965680

北京首创大气环境科技股份有限公司
地址：北京市北京经济技术开发区万源街9号3号楼201室
…………Tel：010-68732566

北京爱育华妇儿医院有限公司
地址：北京市北京经济技术开发区景园南街2号
…………Tel：010-69079666

北京资源亚太饲料科技有限公司
地址：北京市大兴区黄村镇西磁村村委会北350米
…………Tel：010-69266312

北京百事可乐饮料有限公司
地址：北京市大兴区西红门镇团河路(金星段)55号
…………Tel：010-69285857

北京运通兴宝汽车销售服务有限公司

地址：北京市大兴区西红门镇中鼎路19号
……Tel：010-69286777
北京西红门宜家家居有限公司
地址：北京市大兴区西红门宏福西路临2号
……Tel：010-80254532
北京曼可顿食品科技有限公司
地址：北京市北京经济技术开发区科创十四街8号1幢1至2层101
……Tel：010-80840080
中国航空技术北京有限公司
地址：北京市北京经济技术开发区宏达北路16号6号楼
……Tel：010-87091000
北京李先生餐饮管理股份有限公司
地址：北京市北京经济技术开发区经海二路9号1幢3层301
……Tel：010-87396552
酒仙网络科技股份有限公司
地址：北京市北京经济技术开发区经海五路58号院8幢1-6层
……Tel：010-87535999
北京酒仙团电子商务有限公司
地址：北京市北京经济技术开发区经海五路58号院8幢4层402室
……Tel：010-87535999
北京星明湖度航酒店有限公司
地址：北京市大兴区刘家场村1号院
……Tel：010-89231818
北京中石油润滑油有限公司
地址：北京市大兴区庞各庄镇甜园路28号
……Tel：010-89258810
北京绿野晴川动物园有限公司
地址：北京市大兴区榆垡万亩林
……Tel：010-89290661
国药控股北京华鸿有限公司
地址：北京市东城区光明路11号天玉大厦508室
……Tel：010-51902198
中国电能成套设备有限公司
地址：北京市东城区安德里北街15号
……Tel：010-56995000
北京荷华明城实业有限公司
地址：北京市东城区建国门南大街7号
……Tel：010-58119016
北京濠江房地产开发有限公司
地址：北京市东城区王府井东街8号澳门中心写字楼6层601室
……Tel：010-58138888
北京云杉世界信息技术有限公司
地址：北京市东城区王府井大街88号1幢四至六层
……Tel：010-58230888
北京新捷房地产开发有限公司
地址：北京市东城区东直门南大街1号
……Tel：010-58799000
北京香港马会会所有限公司
地址：北京市东城区金宝街68号
……Tel：010-59118888
诚和致远商业集团有限公司
地址：北京市东城区管村12号院3号楼3层0303
……Tel：010-59564788
北京儿童艺术剧院股份有限公司
地址：北京市东城区后圆恩寺胡同17号
……Tel：010-64039717
北京金咖杯餐饮管理有限公司
地址：北京市东城区永定门内东街中里9-17号2幢2788房间
……Tel：010-65070355
北京同仁堂中医医院有限责任公司
地址：北京市东城区西打磨厂街46号
……Tel：010-65112011
华润太平洋餐饮管理（北京）有限公司
地址：北京市东城区前门大街64号
……Tel：010-65115526
华润雪花啤酒（中国）有限公司
地址：北京市东城区建国门北大街8号华润大厦306室
……Tel：010-65179898
北京东来顺集团有限责任公司
地址：北京市东城区南河沿大街华龙街E座
……Tel：010-65280221
中国中纺集团有限公司
地址：北京市东城区建国门内大街19号中纺大厦
……Tel：010-65285141
北京梦想加信息技术有限公司
地址：北京市东城区青龙胡同1号13层1304-9
……Tel：010-65527361
领先未来科技集团有限公司
地址：北京市东城区永定门外大街86号5号楼一层111室
……Tel：010-66123123
中国集邮有限公司
地址：北京市东城区珠市口东大街17号
……Tel：010-67077259
中国医药保健品有限公司
地址：北京市东城区光明中街18号
……Tel：010-67107529
中融亿立（北京）品牌管理有限公司
地址：北京市东城区广渠门内大街45号3层45-(03)04室
……Tel：010-67125959
中国医药健康产业股份有限公司
地址：北京市丰台区西营街1号院1区1号楼25-28层
……Tel：010-81167788
北京红桥市场有限责任公司
地址：北京市东城区天坛东路46号迤北红桥市场四层
……Tel：010-67133354
北京椰树食品饮料有限公司
地址：北京市东城区崇文门东大街18号楼
……Tel：010-67162249
国药控股北京有限公司
地址：北京市东城区三元西巷甲12号
……Tel：010-67241347
国药集团药业股份有限公司
地址：北京市东城区永外三元西巷甲12号
……Tel：010-67275666
中国质量标准出版传媒有限公司
地址：北京市朝阳区和平里西街甲2号
……Tel：010-68517910
北京华麒通信科技有限公司
地址：北京市东城区藏经馆胡同17号1幢一层1662室
……Tel：010-83065226
北京吴裕泰茶业股份有限公司
地址：北京市东城区东四北大街44号
……Tel：010-84049766
央视动漫集团有限公司
地址：北京市东城区青龙胡同1号歌华大厦10层
……Tel：010-84187587
当代节能置业股份有限公司
地址：北京市东城区香河园街1号10号楼当代节能置业中心三、四层
……Tel：010-84407008
中海石油炼化有限责任公司
地址：北京市东城区朝阳门北大街25号
……Tel：010-84526172
正大畜牧投资（北京）有限公司
地址：北京市东城区建国门内大街7号光华长安大厦2座1123室
……Tel：010-85089077
正大投资股份有限公司
地址：北京市东城区建国门内大街7号光华长安大厦一座十二层
……Tel：010-85089096
中国轻工业出版社有限公司
地址：北京市东城区东长安街6号
……Tel：010-85119766
中粮可口可乐饮料（中国）投资有限公司
地址：北京市东城区建国门内大街8号中粮广场A座11层
……Tel：010-85156196
国旅国际会议展览有限公司
地址：北京市东城区东单北大街1号1号楼606室
……Tel：010-85227856
中国国际旅行社总社有限公司
地址：北京市东城区东单北大街1号1号楼
……Tel：010-85227909
中国嘉德国际拍卖有限公司
地址：北京市东城区王府井大街1号嘉德艺术中心办公区三层
……Tel：010-85928288
保利影业投资有限公司
地址：北京市东城区新中西街2号楼新中大厦8层8119室
……Tel：010-87578500
中国免税品（集团）有限责任公司
地址：北京市东城区东直门外小街甲2号正东国际大厦A座
……Tel：010-88478888-6112
中粮（北京）农业生态谷发展有限公司
地址：北京市房山区沙岗街6号院一区1号楼-1至5层101内501
……Tel：010-51321799
生命湖酒店有限公司
地址：北京市房山区凯宾路58号院一区1号
……Tel：010-52808777
北京澳特舒尔保健品开发有限公司
地址：北京市房山区窦店镇秋实工业小区1号
……Tel：010-56310183
北京凯达恒业农业技术开发有限公司
地址：北京市房山区窦店镇久安路38号
……Tel：010-60332301
北京佳年佳酿葡萄酒有限公司
地址：北京市房山区青龙湖镇西庄户村村委会西200米
……Tel：010-60349989
北京东方九渡桥饮料有限公司
地址：北京市房山区十渡镇六渡村南台
……Tel：010-69343149
北京市双泉山饮料销售中心
地址：北京市房山区房山街道羊耳峪村西
……Tel：010-69346873
北京首儿窦店儿童医院有限公司
地址：北京市房山区窦店镇田家园小区2区1号商业楼
……Tel：010-80320999
北京双明健源饮料有限责任公司
地址：北京市房山区窦店镇于庄村锦绣路北侧
……Tel：010-80335706
北京住总科贸控股集团有限公司
地址：北京市房山区良乡凯旋大街建设路18号-E168
……Tel：010-85810645
浩吉铁路股份有限公司
地址：北京市丰台区科学城海鹰路9号院2号楼
……Tel：010-51877278
中国牧工商集团有限公司
地址：北京市丰台区南四环西路188号十一区20号楼
……Tel：010-52238800
北京瀛寰宝奇商贸有限责任公司
地址：北京市丰台区菜户营西北角鹏润家园静苑1B座2507-2508号
……Tel：010-63332101
华润医药商业集团国际贸易有限公司
地址：北京市丰台区星火路9号1幢五层
……Tel：010-63626500
北京三兴汽车有限公司
地址：北京市丰台区新村一里15号
……Tel：010-63716231
北京恒兴物业管理集团
地址：北京市丰台区莲花池东路西客站内
……Tel：010-63986078
北京塑料包装制品厂（北京市华乐饮料厂）
地址：北京市丰台区刘家窑南里13号
……Tel：010-56537442
宝酒造食品有限公司
地址：北京市丰台区南苑西路31号
……Tel：010-67915404
北京城乡一一八生活汇超市有限公司
地址：北京市丰台区美域家园北区3号楼1层101-12
……Tel：010-68607959
中国盐业集团有限公司
地址：北京市丰台区西站南广场驻京办1号楼
……Tel：010-83063819
新兴际华（北京）应急救援科技有限公司
地址：北京市丰台区大灰厂路88号
……Tel：010-83379338
北京一商美洁商业有限公司
地址：北京市丰台区右外东滨河路10号
……Tel：010-83519011
北京市旧机动车交易市场有限公司
地址：北京市丰台区南四环西路123号
……Tel：010-83638888
国药控股北京天星普信生物医药有限公司
地址：北京市丰台区南四环西路188号十七区18号楼4层401-1室
……Tel：010-83681236
中成进出口股份有限公司
地址：北京市丰台区南四环西路188号二区8号楼
……Tel：010-86623584
中华通信系统有限责任公司
地址：北京市海淀区复兴路33号中塔803室
……Tel：010-51189820
北京三智龙葡萄酿酒科技有限公司
地址：北京市海淀区马连洼北路158号1号楼301A
……Tel：010-56352979
北京和光静好文化发展有限公司
地址：北京市海淀区马连洼北路158号1号楼3层01A
……Tel：010-56352979
德农种业股份公司
地址：北京市海淀区中关村南大街甲6号17层1701
……Tel：010-51582999
铁总服务有限公司
地址：北京市海淀区复兴路10号综合楼三层
……Tel：010-51848301
中国铁道旅行社集团有限公司
地址：北京市海淀区北蜂窝路1-3号
……Tel：010-51937677
北京遇健时代科技有限公司
地址：北京市海淀区知春路51号慎昌大厦5层5108室
……Tel：010-53671695
北京弹幕网络科技有限公司
地址：北京市海淀区西二旗西路16号院11号楼6层101
……Tel：010-53952681
北京三快科技有限公司
地址：北京市海淀区海淀大街38号楼18层22-01
……Tel：010-56115484
国酒佳酿科技（北京）有限公司
地址：北京市海淀区上地东路1号院1号楼4层401-A011
……Tel：010-57042088
北京一亩田新农网络科技有限公司
地址：北京市海淀区西小口路66号中关村东升科技园B-6号楼A座6层A602B室
……Tel：010-57086561
北京高阳捷迅信息技术有限公司
地址：北京市海淀区农大南路88号1号楼二层208-219室
……Tel：010-57386000
北京中藏金酿酒业有限公司
地址：北京市海淀区玉泉路2号(北区)32幢2层204室206室
……Tel：010-57420681
中国大唐集团科技工程有限公司
地址：北京市海淀区紫竹院路120号4层、6层
……Tel：010-58389999
北京醋溜网络科技股份有限公司
地址：北京市海淀区白家疃尚水园4号楼9层2单元902
……Tel：010-58732309
北京国美在线电子商务有限公司
地址：北京市海淀区北四环西路68号15层1519D室
……Tel：010-59288789
中组部招待所
地址：北京市海淀区万寿路西街七号
……Tel：010-59586789
北京便利蜂连锁商业有限公司
地址：北京市海淀区大柳树富海中心2号楼4层408-089
……Tel：010-61845888
北京梦想蜂连锁商业有限公司
地址：北京市海淀区海淀大街27号一层F1-2室
……Tel：010-61845888
北京科捷物流有限公司
地址：北京市海淀区上地九街9号2层207号
……Tel：010-61852292

桔子酒店管理（中国）有限公司
地址：北京市海淀区红联南村44号2幢5层501号
……Tel：010-62156699

北京绿色金可生物技术股份有限公司
地址：北京市海淀区中关村南大街12号天作国际中心1号楼A座1706室
……Tel：010-62159088

北京九汉天成有限责任公司
地址：北京市海淀区北三环西路48号北京科技会展中心3号楼22层D座22401室
……Tel：010-62161628

《中国医药报》社有限公司
地址：北京市海淀区文慧园南路甲2号5层
……Tel：010-83025825

北京西郊宾馆有限责任公司
地址：北京市海淀区王庄路18号
……Tel：010-62312963

中国人民大学出版社有限公司
地址：北京市海淀区中关村大街31号
……Tel：010-62511329

文津国际酒店管理（北京）有限公司
地址：北京市海淀区中关村东路1号院5号楼中间裙楼地下一层至地上四层、东楼地下一层至地上四层、东楼5至21层(除506\509\517\525\609\610\708\717\718\720\804\813\814\906\907\915\916\921\1002\1003\1007房间外)
……Tel：010-62525566

北京当代商城有限责任公司
地址：北京市海淀区中关村大街40号
……Tel：010-62696666

北京龙科方舟生物工程技术有限公司
地址：北京市海淀区中关村南大街12号一区饲料所大楼205室
……Tel：010-62829803

北京颐和园宾馆有限公司
地址：北京市海淀区颐和园
……Tel：010-62881802

中国技术进出口集团有限公司
地址：北京市海淀区西三环北路21号久凌大厦
……Tel：010-63349151

北京京都信苑饭店有限公司
地址：北京市海淀区什坊院6号
……Tel：010-63902701

中国国际电视总公司
地址：北京市海淀区复兴路11号
……Tel：010-63957096

北京中关村科金技术有限公司
地址：北京市海淀区王庄路1号B座23层27-整层2701
……Tel：010-64705677

时时同云科技（北京）有限责任公司
地址：北京市海淀区学院路7号8层808室
……Tel：010-65539809

北京龙徽国际酒文化创意产业有限公司
地址：北京市海淀区玉泉路2号(北区)32幢02层203室
……Tel：010-68157157

中国电子器件工业有限公司
地址：北京市海淀区复兴路甲65号
……Tel：010-68211166

北京城乡商业（集团）股份有限公司城乡华懋商厦
地址：北京市海淀区复兴路甲23号
……Tel：010-68298057

北京国联视讯信息技术股份有限公司
地址：北京市海淀区上地信息路1号1号楼703
……Tel：010-68424948

北京热热文化科技有限公司
地址：北京市海淀区西四环北路160号7层二区727
……Tel：010-68472019

梅地亚电视中心有限公司
地址：北京市海淀区复兴路乙11号
……Tel：010-68550346

中国中材进出口有限公司
地址：北京市海淀区阜成路73号A座13层
……Tel：010-68619116

北京双鹭药业股份有限公司
地址：北京市海淀区西三环北路100号金玉大厦1103-1105室
……Tel：010-68727127

中国精密机械进出口有限公司
地址：北京市海淀区海淀南路30号航天精密大厦B座
……Tel：010-68748814

北京雷力海洋生物新产业股份有限公司
地址：北京市海淀区四季青镇北辛庄路北软双新科创园D座301室
……Tel：010-68940051

中国兵工物资集团有限公司
地址：北京市海淀区车道沟10号院科技1号楼四、五层
……Tel：010-68962926

小米科技有限责任公司
地址：北京市海淀区西二旗中路33号院6号楼6层006号
……Tel：010-69630728

北京华大吉比爱生物技术有限公司
地址：北京市海淀区永丰屯538号1号楼236、237室
……Tel：010-80493385

启迪城市环境服务集团有限公司
地址：北京市海淀区海淀区中关村东路1号院8号楼11层A1101
……Tel：010-82152400

北京悦华庭酒店管理有限公司
地址：北京市海淀区西小口路66号中关村东升科技园C-5、C-6号楼
……Tel：010-82156669

多点生活（中国）网络科技有限公司
地址：北京市海淀区中关村大街甲28号8层823室
……Tel：010-61955200

北京东华盛商贸有限责任公司
地址：北京市海淀区中关村南大街2号1号楼18层A座2102-1
……Tel：010-82809541

北京志中岩茶饮料有限公司
地址：北京市海淀区学清路9号汇智大厦A座1501、1502、1503室
……Tel：010-82816110

北京大北农科技集团股份有限公司
地址：北京市海淀区中关村大街27号19层1901A
……Tel：010-82856450

北京如易行科技有限公司
地址：北京市海淀区花园路甲13号院7号楼11层1106-6
……Tel：010-82859962

北京朗丽兹西山花园酒店管理有限公司
地址：北京市海淀区丰智东路13号
……Tel：010-82868888

北京莱盛高新技术有限公司
地址：北京市海淀区农大南路1号院5号楼705室
……Tel：010-82886188-323

北京博望华科科技有限公司
地址：北京市海淀区北三环西路48号北京科技会展中心写字楼1517室
……Tel：010-56586798

北京上药爱心伟业医药有限公司
地址：北京市海淀区红联南村44号
……Tel：010-84629260

北京千基恒饮料销售有限公司
地址：北京市海淀区清河三街95号综合服务楼12层159室
……Tel：010-84704246

神州优车股份有限公司
地址：北京市海淀区大钟寺第二食品厂西农科院北圃厂(中关村东路118号)北楼1层、2层C区
……Tel：010-86406666

北京锦绣大地农副产品批发市场有限责任公司
地址：北京市海淀区阜石路69号、海淀区阜石路甲69号院14号楼1-4层
……Tel：010-88207706

北京锦绣大地农业股份有限公司
地址：北京市海淀区阜石路甲69号院11号楼2层一单元218
……Tel：010-88207979

北京锦绣大地电子商务有限公司
地址：北京市海淀区阜石路甲69号院11号楼一单元101室
……Tel：010-56415706

中仪英斯泰克进出口有限公司
地址：北京市海淀区中关村南大街5号理工科技大厦四层
……Tel：010-88317229

中塔有限责任公司
地址：北京市海淀区西三环中路11号
……Tel：010-88416210

中国中药有限公司
地址：北京市海淀区西四环北路15号依斯特大厦8层
……Tel：010-88468119

嘉事堂药业股份有限公司
地址：北京市海淀区昆明湖南路11号1号楼
……Tel：010-88506733

北京世纪金源大饭店有限责任公司
地址：北京市海淀区板井路69号
……Tel：010-88598888

北京京粮物流有限公司
地址：北京市海淀区田村路43号环京现代物流设施项目二段五层516房间
……Tel：010-88621712

北京盛世国华酒业有限公司
地址：北京市海淀区玉泉路2号北区1层1-1
……Tel：010-88621959

北京龙徽酿酒有限公司
地址：北京市海淀区玉泉路2号
……Tel：010-88629243

北京太和妇产医院有限公司
地址：北京市海淀区闵庄路3号玉泉慧谷9-1号楼
……Tel：010-88865599

北京美泉宫饭店管理有限公司
地址：北京市海淀区西四环北路125号1幢
……Tel：010-88869689

航天信息系统工程（北京）有限公司
地址：北京市海淀区杏石口路甲18号1幢2层
……Tel：010-88897613

中铁联合物流股份有限公司
地址：北京市怀柔区杨宋镇和平路16号156室
……Tel：010-51820448

北京新源食品饮料有限公司
地址：北京市怀柔区庙城镇工业开发区
……Tel：010-60483388

北京汇源控股有限公司
地址：北京市怀柔区庙城镇庙城村东
……Tel：010-60483388

北京燃气怀柔有限公司
地址：北京市怀柔区开放路68号1幢
……Tel：010-60665088

北京市慕田峪长城旅游服务有限公司
地址：北京市怀柔区慕田峪村
……Tel：010-61626986

北京格林沃德食品饮料有限公司
地址：北京市怀柔区庙城镇桃山村东
……Tel：010-61632746

北京科高大北农饲料有限责任公司
地址：北京市怀柔区雁栖开发区雁栖北三街8号
……Tel：010-61666666-9988

北京二商福岛机电有限公司
地址：北京市怀柔区雁栖工业开发区雁栖河西一路8号
……Tel：010-61667719

北京朗臣饮料有限公司
地址：北京市怀柔区雁栖经济开发区雁栖北一街2号
……Tel：010-61669833

战马（北京）饮料有限公司
地址：北京市怀柔区雁栖经济开发区雁栖北一街2号1幢302室
……Tel：010-61669833

北京红林制药有限公司
地址：北京市怀柔区雁栖工业开发区
……Tel：010-61669962

北京鹏利源饮料有限公司
地址：北京市怀柔区凤翔科技开发区三园13号
……Tel：010-61675671

北京中赫国安足球俱乐部有限责任公司
地址：北京市怀柔区渤海镇环镇路80号1106室
……Tel：010-65527975

杜邦营养食品配料（北京）有限公司
地址：北京市怀柔区雁栖经济开发区雁栖大街28号
……Tel：010-69639132

百仕欣饮料（北京）有限公司
地址：北京市怀柔区雁栖经济开发区雁栖北二街18号
……Tel：010-69668262

露露（北京）有限公司
地址：北京市怀柔区开放路16号
……Tel：010-69691366

北京怡君饮料有限公司
地址：北京市怀柔区杨宋镇安乐庄村312号007室
……Tel：010-82967087

北京杰善丰饮料食品有限公司
地址：北京市怀柔区雁栖经济开发区乐园南一街七号5幢201室
……Tel：010-85211801

红牛维他命饮料有限公司
地址：北京市怀柔区雁栖工业开发区88号
……Tel：010-85288168

远洋亿家物业服务股份有限公司
地址：北京市怀柔区雁栖经济开发区雁栖大街31号
……Tel：010-85642300

北京东方红航天生物技术股份有限公司
地址：北京市怀柔区北房镇经纬工业开发区
……Tel：010-88824519

北京东方红航天健康科技有限公司
地址：北京市怀柔区北房镇裕华路9号2幢
……Tel：010-88824519

北京长城酿酒厂
地址：北京市怀柔区汤河口镇汤河口大街36号
……Tel：010-89672566

北京统实饮品有限公司
地址：北京市怀柔区怀柔镇大中富乐工业小区C栋
……Tel：010-89681966

中铁北京工程局集团物资工贸有限公司
地址：北京市门头沟区永定镇王带东二街161号11层
……Tel：010-61828704

北京京煤集团有限责任公司
地址：北京市门头沟区新桥南大街2号
……Tel：010-69842461

北京龙泉宾馆有限公司
地址：北京市门头沟区水闸北路21号
……Tel：010-69843366

北京卡秋莎食品饮料有限公司
地址：北京市门头沟区金沙西街19号院6号楼4层401室
……Tel：010-82899761

缤果可为（北京）科技有限公司
地址：北京市门头沟区石龙经济开发区永安路20号3号楼A-7759室
……Tel：010-84161833

北京德开医药科技有限公司
地址：北京市密云区经济开发区内锦程街5号5幢02层
……Tel：010-51294949

北京云湖时代会议有限公司
地址：北京市密云区密云水库内湖
……Tel：010-61021995

北京北汽摩有限公司
地址：北京市密云区经济开发区科技路67号
……Tel：010-63179187

美瑞佤那食品饮料有限公司
地址：北京市密云区冯家峪村冯家峪镇政府北150米
……Tel：010-65858557

华润置地弘景（北京）房地产开发有限公司
地址：北京市密云区滨河路178号
……Tel：010-66001188-2216

北京君星葡萄酿酒有限公司
地址：北京市密云区太师屯镇工业科技园区8号
……Tel：010-69083649

今麦郎饮品股份有限公司
地址：北京市密云区经济开发区科技路38号
……Tel：010-69092555

中能源石油天然气（集团）有限公司
地址：北京市密云区鼓楼东大街29号9层916室
……Tel：010-83826065-8016

北京夜光杯葡萄酒有限公司
地址：北京市密云区穆家峪镇西穆家峪村(北京吉马投资发展有限公司院内)
……Tel：010-88619520

北京燃气密云有限公司
地址：北京市密云区新东路128号
……Tel：010-89085757

北京张裕爱斐堡国际酒庄有限公司
地址：北京市密云区巨各庄镇东白岩
……………Tel：010-89089999-6009

北京山口饮料有限公司
地址：北京市密云区河南寨镇山口庄村
……………Tel：010-89093543

现代（北京）饮料有限公司
地址：北京市平谷区兴谷经济开发11号区
……………Tel：010-56253209

北京珐琅佳酿酒业有限公司
地址：北京市平谷区平谷镇林荫南街9号楼1至2层9-62
……………Tel：010-59105218-921

北京豪特酿酒公司
地址：北京市平谷区峪口镇峪商路峪民街9号
……………Tel：010-61900869

北京数据在线国际供应链管理股份有限公司
地址：北京市平谷区中关村科技园区平谷园物流基地联检大楼6层6号-039
……………Tel：010-62666688

北京泰华食品饮料有限公司
地址：北京市平谷区 河西路临67号
……………Tel：010-69931528

北京青松岭饮料有限公司
地址：北京市平谷区兴谷经济开发区平谷北街11号
……………Tel：010-69958895

北京乳旺食品有限公司
地址：北京市平谷区北京兴谷工业开发区8号区
……………Tel：010-69966789

北京旺洋食品有限公司
地址：北京市平谷区北京兴谷经济开发区8号
……………Tel：010-6999

北京圃美多绿色食品有限公司
地址：北京市平谷区兴谷经济开发区9号区
……………Tel：010-84560016

北京中铁建工物资有限公司
地址：北京市石景山区苹果园路28号院2号楼17层1701至1707室
……………Tel：010-51812048

北京中铁天瑞机械设备有限公司
地址：北京市石景山区银河大街6号院1号楼2层南塔203
……………Tel：010-51886650

北京中铁工业有限公司
地址：北京市石景山区玉泉路65号
……………Tel：010-51887099

北京佳誉食品饮料有限公司
地址：北京市石景山区八大处路53号
……………Tel：010-60419579

中国北方车辆有限公司
地址：北京市石景山区政达路6号院3号楼9层901-904、10层1001-1004、11层1101-1104
……………Tel：010-68137128

北京首钢房地产开发有限公司
地址：北京市石景山区金顶北路18号院9栋2层218号
……………Tel：010-68639777-8010

北京首钢特殊钢有限公司
地址：北京市石景山区古城大街
……………Tel：010-68876425

北京沃尔玛百货有限公司
地址：北京市石景山区阜石路158号
……………Tel：010-68889135

中国人寿电子商务有限公司
地址：北京市石景山区石景山路31号院盛景国际广场3号楼710室
……………Tel：010-83574700

北京天山新材料技术有限公司
地址：北京市石景山区八大处高科技园区双园路5号
……………Tel：010-88795588

北京中饮同源食品饮料有限公司
地址：北京市顺义区顺仁路55号院5号楼5层539
……………Tel：010-53730339

北京康贝尔食品有限责任公司
地址：北京市顺义区赵全营镇兆丰工业区
……………Tel：010-60435686

北京同裕达商贸有限责任公司
地址：北京市顺义区北小营镇仇家店村村委会东南100米
……………Tel：010-60480363

北京汇源饮料食品集团有限公司
地址：北京市顺义区北小营镇府前街北侧
……………Tel：010-60483388

北京汇源食品饮料有限公司
地址：北京市顺义区北小营镇
……………Tel：010-60483388

北京怡生园国际会议中心有限公司
地址：北京市顺义区北小营镇后礼务村西
……………Tel：010-60485588

北京顺鑫农业股份有限公司
地址：北京市顺义区站前街1号院1号楼12层
……………Tel：010-69448730

北京金城泰尔制药有限公司
地址：北京市顺义区北务镇民泰路9号(科技创新功能区)
……………Tel：010-61425920

北京运通嘉宝汽车销售服务有限公司
地址：北京市顺义区赵全营镇昌金路赵全营段231号院6号楼101
……………Tel：010-61447791

北京嘉诚兴业工贸股份有限公司
地址：北京市顺义区李桥镇顺通路后桥段107号
……………Tel：010-61497417

好食特汇成（北京）餐饮管理有限公司
地址：北京市顺义区天竺镇府前一街13号明豪大厦4幢404室
……………Tel：010-64586416

北京空港配餐有限公司
地址：北京市顺义区北京空港物流基地物流园8街1号
……………Tel：010-64591023

中免集团北京首都机场免税品有限公司
地址：北京市顺义区首都国际机场二号航站楼国际隔离区内ID-04号(首都机场内)
……………Tel：010-64591333

北京牵手果蔬饮品股份有限公司
地址：北京市顺义区牛汇街1号1幢、2幢
……………Tel：010-69410086

北京酒泉太空水饮料公司
地址：北京市顺义区牛山地区办事处东侧
……………Tel：010-69412531

北京乔波冰雪世界体育发展有限公司
地址：北京市顺义区顺安北路路东6号
……………Tel：010-69419999

北京顺鑫鑫源食品集团有限公司
地址：北京市顺义区后沙峪镇安平街3号3幢1-2层
……………Tel：010-69456350

盈之美（北京）食品饮料有限公司
地址：北京市顺义区南法信镇东支路7号
……………Tel：010-69471577

科园信海（北京）医疗用品贸易有限公司
地址：北京市顺义区保汇一街8幢3层办公室02、03、04(北京天竺综合保税区)。
……………Tel：010-80423636

北京金盛顺鑫置业投资有限公司
地址：北京市顺义区安平街3号
……………Tel：010-80476100

北京天源建筑工程有限责任公司
地址：北京市顺义区空港工业区B区裕民大街甲6号
……………Tel：010-80496259

北京中鹏饮料水有限公司
地址：北京市顺义区李桥镇南半壁店村
……………Tel：010-81463712-612

北京市顺义粮油有限公司
地址：北京市顺义区府前西街
……………Tel：010-81487027

北京酿界互联网科技发展有限公司
地址：北京市顺义区仁和镇站前东街商业楼2号楼416-2号
……………Tel：010-81492180

恒通中果（北京）果汁饮料有限公司
地址：北京市顺义区赵全营镇兆丰产业基地园盈路7号
……………Tel：010-84828677

中石油昆仑燃气有限公司
地址：北京市顺义区仁和地区军杜路68号
……………Tel：010-84836342

北京通瑞万华置业有限公司
地址：北京市顺义区牛栏山镇顺安路8号
……………Tel：010-87984288

北京顺义新城建设开发有限公司
地址：北京市顺义区泰和宜园1号楼-3至3层01内-1层B1-03
……………Tel：010-89048099

北京顺鑫石门国际农产品批发市场集团有限公司
地址：北京市顺义区仁和地区石门村
……………Tel：010-89423006

北京顺鑫佳宇房地产开发有限公司
地址：北京市顺义区杨镇府前街北侧100米
……………Tel：010-89471850

北京长亿人参饮料有限公司
地址：北京市顺义区顺通路39号
……………Tel：010-89494776

北京燕京啤酒集团有限公司
地址：北京市顺义区双河路9号
……………Tel：010-89496516

冀东发展集团国际贸易有限公司
地址：北京市通州区北皇木厂街2号院3号楼13层1322
……………Tel：010-51399960

北京理尔斯饮料有限公司
地址：北京市通州区张家湾镇里二泗村111号
……………Tel：010-61569758

中公高远（北京）汽车检测技术有限公司
地址：北京市通州区马驹桥镇大杜社村(交通运输部公路科学研究所内)
……………Tel：010-61585029

北京英惠尔生物技术有限公司
地址：北京市通州区 县镇 县村南规划五街5号
……………Tel：010-62142592

北京古船食品有限公司
地址：北京市大兴区黄村镇大庄村东北京大兴国家粮食储备库院内3-5幢平房、20幢1-2层
……………Tel：010-56456609

北京开心麻花娱乐文化传媒股份有限公司
地址：北京市通州区永乐店镇学府路08304号
……………Tel：010-68104066

北京中商上科大厦有限公司
地址：北京市通州区新华东街126号
……………Tel：010-69517413

北京好好食品饮料有限责任公司
地址：北京市通州区 县镇金三角开发区鑫隆路2号
……………Tel：010-69531787

北京方仁供应链管理有限公司
地址：北京市朝阳区广顺北大街33号院1号楼10层1单元1101室2318号
……………Tel：010-84185485

新华联控股有限公司
地址：北京市通州区外郎营村北2号院2号楼10层
……………Tel：010-80538888

北京定荣家科技有限公司
地址：北京市通州区新华西街58号院3号楼12层1206
……………Tel：010-80881610

北京星海钢琴集团有限公司
地址：北京市通州区中关村科技园通州园光机电一体化产业基地科创东五街8号
……………Tel：010-81503999

北京嘉和嘉事医药物流有限公司
地址：北京市北京经济技术开发区(通州)兴光二街8号4幢2层101
……………Tel：010-50866800

乐友国际商业集团有限公司
地址：北京市通州区潞苑南大街1093号175室
……………Tel：010-85861200

天佑京铁物流有限公司
地址：北京市西城区南蜂窝路9-2号902室
……………Tel：010-51826317

北京必得行食品饮料销售有限公司
地址：北京市西城区小茶叶胡同1号
……………Tel：010-66165980

北京华兴新业商贸有限责任公司
地址：北京市西城区华远北街1号楼7层
……………Tel：010-52609374

北京华联综合超市股份有限公司
地址：北京市西城区阜外大街1号四川经贸大厦负2层3号
……………Tel：010-57391888

北京展览馆集团有限公司
地址：北京市西城区西直门外大街135号(德胜园区)
……………Tel：010-57960055

北京珍仕果餐饮管理有限责任公司
地址：北京市西城区西单北大街131号3层3F-D24
……………Tel：010-58203871

北京睿雨佳酿酒业有限公司
地址：北京市西城区西直门外大街1号院2号楼18C8
……………Tel：010-58301377

联动优势科技有限公司
地址：北京市西城区新街口外大街28号C座231室
……………Tel：010-58351122

北京首都创业集团有限公司
地址：北京市西城区车公庄大街21号2号楼一层
……………Tel：010-58385566

北京燕京饭店有限责任公司
地址：北京市西城区复兴门外大街19号
……………Tel：010-58576688

北京师范大学出版社（集团）有限公司
地址：北京市海淀区新街口外大街19号9区教3楼
……………Tel：010-58808007

中农集团控股股份有限公司
地址：北京市西城区宣武门外大街甲1号13层1303
……………Tel：010-59337228

中化塑料有限公司
地址：北京市西城区复兴门外大街A2号中化大厦703室
……………Tel：010-59368520

中化商务有限公司
地址：北京市丰台区丽泽路24号院1号楼-5至32层101内23 层
……………Tel：010-83923388

中船重工物资贸易集团有限公司
地址：北京市西城区月坛北街5号
……………Tel：010-59518617

美诺（北京）餐饮管理有限公司
地址：北京市西城区阜外大街1号东塔楼第24层2402房间
……………Tel：010-61057106

北京首农食品集团有限公司
地址：北京市西城区裕民中路4号
……………Tel：010-62003680

华能置业有限公司
地址：北京市西城区复兴门内大街6号楼三层
……………Tel：010-62291876

荣宝斋文化有限公司
地址：北京市西城区琉璃厂西街19号14至26幢
……………Tel：010-63033771

中食兆业（北京）食品发展有限公司
地址：北京市西城区广安门南街60号2号楼2层204室
……………Tel：010-63519935

罗森（北京）有限公司
地址：北京市西城区月坛北街甲1号1-15号房
……………Tel：010-65186339

北京金象复星医药股份有限公司
地址：北京市西城区阜内大街295号
……………Tel：010-66160164

北京国二招宾馆
地址：北京市西城区西直门南大街6号
……………Tel：010-66181727

连卡佛百货商贸（北京）有限公司
地址：北京市西城区金城坊街2号L130
……………Tel：010-66220808

联通信息导航有限公司
地址：北京市西城区西单北大街甲133号
……………Tel：010-66504174

百盛商业发展有限公司
地址：北京市西城区复兴门内大街101号
……………Tel：010-66536688

国投物业有限责任公司
地址：北京市西城区阜成门北大街6号-6国际投资大厦
……………Tel：010-66579467

中国轻工建设工程有限公司

地址：北京市西城区阜外大街乙22号
…………………………Tel：010-67247871

中国海外经济合作有限公司
地址：北京市西城区阜成门外大街6号
…………………………Tel：010-68028057

万宁连锁商业（北京）有限公司
地址：北京市西城区广安门北滨河路2号11幢6层632
…………………………Tel：010-68314541

北京德宝饭店
地址：北京市西城区德宝小区(德胜园区)
…………………………Tel：010-68318866

北京国谊宾馆
地址：北京市西城区文兴东街1号
…………………………Tel：010-68360351

光大置业有限公司
地址：北京市西城区复兴门外大街6号
…………………………Tel：010-68562898

中国成套工程有限公司
地址：北京市西城区三里河路46号
…………………………Tel：010-68739706

中国邮政速递物流股份有限公司
地址：北京市西城区金融街大街3号，甲3号9层甲3-901，901-03至901-07、901-10至901-22室
…………………………Tel：010-68855221

中国机械进出口（集团）有限公司
地址：北京市西城区阜成门外大街一号
…………………………Tel：010-68991712

中国纸业投资有限公司
地址：北京市朝阳区安定路5号院13号楼B座十层1001单元
…………………………Tel：010-81131199

中农联控股有限公司
地址：北京市西城区宣武门外大街甲1号14层1401
…………………………Tel：010-83106981

北京张一元茶叶有限责任公司
地址：北京市西城区西砖胡同2号院7号楼(枫桦豪景C1配楼)
…………………………Tel：010-8356986

北京元隆雅图文化传播股份有限公司
地址：北京市西城区广安门内大街338号12层1218
…………………………Tel：010-83528822

北京广安门维景国际大酒店有限公司
地址：北京市西城区广内大街338号
…………………………Tel：010-83529999

北京首创生态环保集团股份有限公司
地址：北京市西城区车公庄大街21号39幢16层
…………………………Tel：010-84552266

中核物业服务有限公司
地址：北京市西城区车公庄大街12号
…………………………Tel：010-85782860

中国仪器进出口集团有限公司
地址：北京市丰台区西营街1号院1区1号楼15层、16层、17层
…………………………Tel：010-81166073

新华维邦文化资产管理有限责任公司
地址：北京市西城区北礼士路135号
…………………………Tel：010-88361779

北京市八达岭酿酒公司
地址：北京市延庆区永宁镇新华营村
…………………………Tel：010-60170898

北京光辉伟业房地产开发有限公司
地址：北京市延庆区经济技术开发区投资服务中心340室
…………………………Tel：010-60178833

北京高奇饮料有限责任公司
地址：北京市延庆区珍珠泉乡庙梁村东
…………………………Tel：010-62942110

同方药业集团有限公司
地址：北京市延庆区八达岭镇西康路23号(中关村科技园区延庆园)
…………………………Tel：010-61163659

国药集团北京医疗器械有限公司
地址：北京市延庆区八达岭开发区风谷四路8号院16号楼1单元2层(中关村延庆园)
…………………………Tel：010-62061360

北京大国绝酿投资有限公司
地址：北京市延庆区经济技术开发区管委会办公楼376号
…………………………Tel：010-65170088

北京华润高科天然药物有限公司
地址：北京市延庆区延庆镇妫水南街11号
…………………………Tel：010-81192923

北京市山水饮料有限公司
地址：北京市朝阳区望京中环南路甲2号18层A2006
…………………………Tel：010-53390223

天津市

天津燕泉之春国际贸易有限公司
地址：天津市宝坻区史各庄镇工业园(唐通改线酿酒厂内)
…………………………Tel：022-22497771

天津慧康益生商贸有限公司
地址：天津宝坻节能环保工业区天宝南环路8号8076室
…………………………Tel：022-22530669

天津市新城宏星石材有限公司
地址：天津宝坻九园工业园区兴园道5号
…………………………Tel：022-29920263

天津宝坻区中燃能源有限公司
地址：天津宝坻塑料制品工业区潮阳东路1号6034室
…………………………Tel：022-29951717

天津农垦渤海农业集团有限公司
地址：天津市宝坻区马家店镇产业功能区（盛产西道2号）
…………………………Tel：022-82428526

天津亚特工贸有限公司
地址：天津市宝坻区宝新公路18号
…………………………Tel：022-82469298

大湖（天津）新鲜食品果汁有限公司
地址：天津市北辰区天津北辰经济技术开发区高端园永进道88号西区505室
…………………………Tel：022-26313376

天津海河乳业有限公司
地址：天津市北辰区天津北辰经济技术开发区科技园汀江东路1号
…………………………Tel：022-26727998

天津天士力现代中药资源有限公司
地址：天津市北辰区科技园区
…………………………Tel：022-26736693

天津九州通达医药有限公司
地址：北辰区天津医药医疗器械工业园（双口镇永保路1号）
…………………………Tel：022-26801557

天津市云竹葡萄酿酒有限公司
地址：天津市北辰区医药医疗器械产业园区内
…………………………Tel：022-26959992

香奈维斯（天津）食品有限公司
地址：天津市北辰区经济开发区双辰中路13号
…………………………Tel：022-26970042

太阳食品（天津）有限公司
地址：北辰区经济开发区双辰东路6号
…………………………Tel：022-26985775

天津天宫葡萄酿酒有限公司
地址：天津市北辰区天津滨海高新区北辰科技园小淀分园滦水西路6号
…………………………Tel：022-26990998

中法合营王朝葡萄酿酒有限公司
地址：天津市北辰区津围公路29号
…………………………Tel：022-26998888

天津市王朝联合实业有限公司
地址：天津市北辰区滦水西路6号
…………………………Tel：022-26994679

天津大津酿酒有限公司
地址：北辰区刘安庄村西药材厂一厂包片车间西侧
…………………………Tel：022-27217777

天津久日新材料股份有限公司
地址：天津市北辰区双辰中路22号
…………………………Tel：022-58330700

天津盛世欣兴格力电器贸易有限公司
地址：北辰科技园区淮河道5号中捷火炬大厦五层502室
…………………………Tel：022-59802808

天津市恒源通达食品饮料有限公司
地址：天津市北辰区北辰经济技术开发区（天津医药医疗器械产业园京福公路东侧优谷新科园85-1-101）
…………………………Tel：022-86887589

天津中糖物流有限公司
地址：天津滨海高新区塘沽海洋科技园塘汉公路13号
…………………………Tel：022-25212599

天津胜利宾馆有限公司
地址：天津市滨海新区津塘公路1369号
…………………………Tel：022-25345833

京粮（天津）粮油工业有限公司
地址：天津滨海新区临港经济区渤海四十路1306号
…………………………Tel：022-25618309

天津港首农食品进出口贸易有限公司
地址：天津自贸区（东疆保税港区）陕西道1069号
…………………………Tel：022-25704989

宏源顺（天津）商贸有限公司
地址：天津滨海-中关村科技园馨宇家园15栋4门402
…………………………Tel：022-25761208

天津大港油田炼达实业有限公司
地址：天津大港油田三号院花园路1号
…………………………Tel：022-25923492

天津大港油田滨海新能油气有限公司
地址：天津大港油田三号院北区希望路南
…………………………Tel：022-25979127

禧天龙科技发展有限公司
地址：天津滨海高新区滨海科技园风光大道12号
…………………………Tel：022-27258888

液化空气（天津）有限公司
地址：天津市滨海新区大港北围堤路炼油厂西侧
…………………………Tel：022-28408441

天津王朝国际酒业有限公司
地址：天津自贸试验区（东疆保税港区）亚洲路6975号金融贸易中心南区1-1-1420
…………………………Tel：022-58325888

盛实百草药业有限公司
地址：天津滨海高新区滨海科技园高福道18号
…………………………Tel：022-58357008

维健生（天津）食品饮料有限公司
地址：天津自贸试验区（东疆保税港区）亚洲路6865号金融贸易中心南区1-1-612
…………………………Tel：022-58532813

路易达孚（天津）食品科技有限责任公司
地址：天津市滨海新区临港经济区渤海四十路2068号
…………………………Tel：022-59855888

嘉吉食品（天津）有限公司
地址：天津经济技术开发区汉沽现代产业区华山路29号
…………………………Tel：022-59916222

中盐工程技术研究院有限公司
地址：天津市滨海新区塘沽营口道831号
…………………………Tel：022-60718607

天津医药集团津康制药有限公司
地址：天津市滨海新区大港石化产业园区金源路236号
…………………………Tel：022-63108026

天津市活力源饮料有限公司
地址：天津市滨海新区轻纺经济区纺五路200号
…………………………Tel：022-63298727

天津聚能活力源饮料有限公司
地址：天津市滨海新区中塘镇中塘工业区发展壮大村集体经济商务楼宇B区107-2室
…………………………Tel：022-66372988

中国海洋石油渤海有限公司
地址：天津市滨海新区渤海石油路688号
…………………………Tel：022-66502930

天津孟庄园葡萄酿酒有限公司
地址：天津市滨海新区汉沽茶淀镇孟瞿卜村
…………………………Tel：022-67271999

天津滨海泰达航母旅游集团股份有限公司
地址：天津市滨海旅游区汉北路航母园区综合办公楼
…………………………Tel：022-67282161

天津高银国际俱乐部有限公司
地址：天津滨海高新技术产业开发区华苑产业区（环外）海泰华科九路16号
…………………………Tel：022-83728888

天津市银河大酒店有限公司
地址：天津市东丽区无瑕街津塘公路十号桥北无瑕花园内
…………………………Tel：022-24353933

中美天津史克制药有限公司
地址：天津市东丽区程林庄工业区
…………………………Tel：022-24700888

天津市利达饮料有限公司
地址：天津市东丽区赤欢路2602号
…………………………Tel：022-24923048

天津市国顺肉类食品有限公司
地址：天津市东丽经济开发区丽新路8号
…………………………Tel：022-24981208

天津宜家家居有限公司
地址：天津市东丽区津塘公路433号
…………………………Tel：022-58092345

康希诺生物股份公司
地址：天津经济技术开发区西区南大街185号西区生物医药园四层401-420
…………………………Tel：022-65378387

天津华测检测认证有限公司
地址：天津市东丽开发区信达路100号
…………………………Tel：022-84938168

天津华侨城实业有限公司
地址：天津市东丽区东丽湖度假区（天津市东丽湖旅游开发总公司大楼内）
…………………………Tel：022-84977963

国药控股（天津）东方博康医药有限公司
地址：天津市和平区桂林路2号岳都园半地下及1-2层底商
…………………………Tel：022-23115896

天津起士林大饭店有限公司
地址：天津市和平区小白楼街浙江路33号
…………………………Tel：022-23314768

国药控股天津有限公司
地址：天津市和平区小白楼街道宝融大厦2号楼大连道1号二至五层（二层201、202、217室，三层 312 室除外）
…………………………Tel：022-23390166

天津市康乐饮料有限公司
地址：天津市和平区滨江道155号
…………………………Tel：022-27113723

天津百货大楼集团有限公司
地址：天津市和平区和平路172号
…………………………Tel：022-27225916

天津市新中国现代文化用品有限责任公司
地址：天津市和平区和平路270-274号
…………………………Tel：022-27229830

天津劝业场（集团）股份有限公司
地址：和平区和平路290号
…………………………Tel：022-27302378

中原百货集团股份有限公司
地址：和平区滨江道200号
…………………………Tel：022-27307488

天津市华富宫大饭店有限公司
地址：天津市和平区南市旅馆街
…………………………Tel：022-27352997

天津国际商场有限公司
地址：天津市和平区南京路211号
…………………………Tel：022-27811866

柒一拾壹（天津）商业有限公司
地址：天津市和平区荣业大街179号乙底商
…………………………Tel：022-58367711

天津利顺德大饭店有限公司
地址：天津市和平区台儿庄路33号
…………………………Tel：022-58526888

华润天津医药有限公司
地址：天津市河北区王串场街金钟河东街72号
…………………………Tel：022-26292683

天津渤海商品交易所股份有限公司
地址：天津市河北区进步道48号
…………………………Tel：022-26356788

天津物产能源资源发展有限公司
地址：天津市河北区王串场街金东里43门二层
…………………………Tel：022-58188788

天津市直沽酿酒厂
地址：河东区大直沽前街10号
…………………………Tel：022-24132586

天津直沽酿造有限公司
地址：天津市河东区大直沽前街2号
…………………………Tel：022-24132586

天诚东方（天津）发展有限公司
地址：天津市河东区新开路66号
…………………………Tel：022-24578888

天津文华酒店管理有限公司
地址：天津市河东区大直沽八号路486号
…………………………Tel：022-27289977

天津津辉置业有限公司
地址：天津市河东区新兆路与华兴道交

口月坛商务大厦934室
……………………Tel：022-58677678

天津药业集团有限公司
地址：天津市河东区八纬路109号
……………………Tel：022-60740602

天津市赛驰物业服务有限公司
地址：天津市河东区六经路11号第3层382-8
……………………Tel：022-86259998

天津图书大厦股份有限公司
地址：天津市河西区大沽南路362号
……………………Tel：022-23062222

天津市医药集团有限公司
地址：河西区友谊北路29号
……………………Tel：022-23268915

天津食品集团有限公司
地址：天津市河西区气象台路96号
……………………Tel：022-23331298

天津金橡树国际贸易有限公司
地址：天津市河西区珠江道68号A413
……………………Tel：022-27376226

天津市农垦房地产开发建设有限公司
地址：河西区洞庭路南（洞庭路与涪水道交口）
……………………Tel：022-28383687

天津天宾酒店管理有限公司
地址：天津市河西区宾水道16号
……………………Tel：022-58223558

乐天百货（天津）有限公司
地址：天津市河西区乐园道9号
……………………Tel：022-58908616

天津威克阿普食品饮料贸易有限公司
地址：天津市河西区珠江道59号（北区红酒区）五层E-506位
……………………Tel：022-83743699

天津市海王星辰健康药房连锁有限公司
地址：河西区大沽南路985号恒泽商务楼二楼南侧
……………………Tel：022-88323366

中商惠民（天津）电子商务有限公司
地址：天津市红桥区光荣道与保康路交口宝能创业中心2号楼1、2门-705，706，707
……………………Tel：022-58719959

天津鹏安投资有限公司
地址：天津市红桥区大丰路水游城安顺大厦四号楼5层512房间
……………………Tel：022-58776619

麋鹿（天津）啤酒酿造有限公司
地址：天津市蓟州区京津州河科技产业园中兴街6号5号楼101、201、301、401、501（蓟州区天津专用汽车产业园中兴街6号5号楼101、201、301、401、501）
……………………Tel：022-29807966

天津挂月酿酒股份有限公司
地址：天津市蓟县上仓镇上仓火车站路东
……………………Tel：022-29855996

天津挂月集团广达运输有限公司
地址：天津市蓟县上仓镇火车站东
……………………Tel：022-29855996

天津天阳葡萄酿酒有限公司
地址：天津市蓟州区经济开发区天阳街5号
……………………Tel：022-59111989

天津矿山工程有限公司
地址：蓟县中昌北路西侧迎宾路南
……………………Tel：022-87388911

天津市天山房地产开发有限公司
地址：天津市津南区小站镇盛塘路与葛万路交叉口
……………………Tel：022-28617111

天津月坛现代商业集团有限公司
地址：天津市津南区咸水沽镇津沽路57号
……………………Tel：022-60127777

天津北方食品有限公司
地址：天津市津南区津南经济开发区宝源路42号
……………………Tel：022-88515349

天津伊利康业冷冻食品有限公司
地址：天津市津南经济开发区（双桥河）宝源路30号
……………………Tel：022-88518799

天津河马食品连锁有限公司
地址：天津市津南区双桥河镇东泥沽村宝德福酒店北100米（俊成酒店对门）
……………………Tel：022-88639912

天津日之出酿造有限公司
地址：天津经济技术开发区工业区A－7厂房
……………………Tel：022-24132586

天津洋河佳酿酒业有限公司
地址：天津经济技术开发区泰丰路87号东入口主楼一层109室
……………………Tel：022-25295777

比欧西气体（天津）有限公司
地址：天津经济技术开发区第四大街6号
……………Tel：022-25325390-2003

天津育新塑料包装有限公司
地址：天津经济技术开发区欣泰街3号
……………………Tel：022-25328780

天津南侨食品有限公司
地址：天津经济技术开发区渤海路52号
……………………Tel：022-25328971

邦士（天津）食品有限公司
地址：天津经济技术开发区睦宁路72号
……………………Tel：022-25329820

天津百事可乐饮料有限公司
地址：天津经济技术开发区第七大街
……………………Tel：022-27288300

天津百合湾建设有限公司
地址：天津市静海县团泊新城2号路
……………………Tel：022-27289977

天津开发区万博酒业有限公司
地址：天津经济技术开发区博润商务广场1-516
……………………Tel：022-27829549

天津米兰汇万家便利超市有限公司
地址：天津自贸试验区（空港经济区）中心大道与东二道交口东北侧瑞航广场1-9，10，14-2号
…………… Tel：022-28309103-6023

天津市津娃娃饮料有限公司
地址：天津市静海区唐官屯镇文昌路8号
……………………Tel：022-28877006

天津统实饮料有限公司
地址：天津空港经济区经一路269号B区
……………………Tel：022-60790068

天津伊利乳业有限责任公司
地址：天津自贸试验区（空港经济区）西十五道5号
……………………Tel：022-58676170

天津统一企业有限公司
地址：天津空港经济区经一路269号A区
……………………Tel：022-58807666

天津香飘飘食品工业有限公司
地址：天津空港经济区港城大道99号
……………………Tel：022-58837712

天津市山海关饮料有限公司
地址：天津自贸试验区（空港经济区）西十五道3号
……………………Tel：022-28919009

天津海吉星农产品物流有限公司
地址：天津市静海区国际商贸物流园徐良路1号
……………………Tel：022-59583016

天津滨海新区雪花啤酒有限公司
地址：天津自贸试验区（空港经济区）环河西路99号
……………………Tel：022-60128989

天津空港物流加工区白云宾馆有限公司
地址：天津自贸试验区（空港经济区）西二道90号
……………………Tel：022-60128888

天津鸿运易采食品销售有限公司
地址：天津市静海经济开发区金海道3号
……………………Tel：022-60326555

天津市利民调料有限公司
地址：天津自贸试验区（空港经济区）西十四道226号
……………………Tel：022-60978566

中粮可口可乐饮料（天津）有限公司
地址：天津经济技术开发区洞庭路140号
……………………Tel：022-65276205

中粮天科生物工程（天津）有限公司
地址：天津经济技术开发区第十三大街43号
……………………Tel：022-66237297

丰益油脂科技（天津）有限公司
地址：天津自贸试验区（天津港保税区）津滨大道158号
……………………Tel：022-66271288

九三集团天津大豆科技有限公司
地址：天津自贸试验区（天津港保税区）新港大道266号
……………………Tel：022-66271925

华强方特（天津）文化科技有限公司
地址：天津生态城中生大道4888号
……………………Tel：022-66325665

天津众品食业有限公司
地址：天津市静海经济开发区（北区）众品路2号
……………………Tel：022-68601161

恒兴酒业酿造（天津）有限公司
地址：天津市静海经济开发区北区中央大道西侧
……………………Tel：022-68601777

天津家福商业有限公司
地址：天津自贸试验区（空港经济区）环河南路88号标准厂房2-3421室
……………………Tel：022-84153635

天津云商智慧物流股份有限公司
地址：天津自贸试验区（空港经济区）空港国际物流区第三大街8号
……………………Tel：022-84882042

天津市益源钢板有限公司
地址：天津自贸试验区（空港经济区）中环南路66号
……………………Tel：022-84912903

天津服装进出口股份有限公司
地址：天津自贸试验区（空港经济区）（综合保税区）保航路1号航空产业支持中心432室
……………………Tel：022-88371725

乐天商业管理（天津）有限公司
地址：天津市南开区东马路137号
……………………Tel：022-58068620

天津生机集团股份有限公司
地址：天津华苑产业区海泰发展二路2号
……………………Tel：022-83726860

大悦城（天津）有限公司
地址：天津市南开区南门外大街与服装街交口悦府广场1号楼1门1-1-3301
……………………Tel：022-87728888

亿嘉（天津）工艺品有限公司
地址：天津市宁河县经济开发区
……………………Tel：022-69119999

天津金七叶酿酒科技有限公司
地址：天津市宁河区大北涧沽镇独立村外南侧
……………………Tel：022-69533119

天津义聚永酒业酿造有限公司
地址：天津市宁河区经济开发区
……………………Tel：022-69560829

天津娃哈哈食品有限公司
地址：天津新技术产业园区武清开发区
……………………Tel：022-22153208

天津娃哈哈宏振饮料有限公司
地址：天津市武清开发区福源道北侧18号
……………………Tel：022-22153208

天津娃哈哈宏振食品饮料贸易有限公司
地址：天津市武清开发区福源道北侧
……………………Tel：022-22169918

天津权健饮料销售有限公司
地址：天津市武清区豆张庄乡权健道1号
……………………Tel：022-22201111

天津天朝葡萄酿酒有限公司
地址：天津市武清区南蔡村镇福安道101号
……………………Tel：022-29414498

天津阿正食品有限公司
地址：天津市武清区河西务镇二纬路
……………………Tel：022-29437381

天津市光大酒业有限公司
地址：武清区崔黄口镇一街
……………………Tel：022-29579999

壳牌华北石油集团有限公司
地址：天津市武清开发区福源道18号开发区管委会大楼5楼
……………………Tel：022-59083666

思科普压缩机（天津）有限公司
地址：天津新技术产业园区武清开发区开源道南侧
……………………Tel：022-59091705

天津冠芳可乐饮料有限公司
地址：天津市武清开发区泉州北路118号
……………………Tel：022-59610853

天津南极饮料有限公司
地址：武清开发区泉洲北路西侧
……………………Tel：022-59610861

天津腾联冷饮机有限公司
地址：天津市武清区南蔡村镇福兴道1号303-93（集中办公区）
……………………Tel：022-59676066

维益烘焙产品（天津）有限公司
地址：天津新技术产业园区武清开发区新兴路3号
……………………Tel：022-59683100

天津全津食品有限公司
地址：天津市武清开发区福源道北侧
……………………Tel：022-59685018

辉煌联合（天津）食品有限公司
地址：天津市武清区崔黄口镇宏达道2号
……………………Tel：022-59698990

天津天狮生物工程有限公司
地址：天津市武清开发区新源道20号
……………………Tel：022-82124400

天狮集团有限公司
地址：天津市新技术产业园区武清开发区
……………………Tel：022-82124400

天津和治药业集团有限公司
地址：武清开发区泉发路22号
……………………Tel：022-82127827

天津农垦宏达有限公司
地址：天津市西青区张家窝示范工业区丰泽道9号
……………………Tel：022-23791072

天津理研维他食品有限公司
地址：天津市西青经济开发区兴华道24号
……………………Tel：022-23971053

天津太平洋制药有限公司
地址：天津市西青区经济开发小区
……………………Tel：022-23971653

天津二商迎宾肉类食品有限公司
地址：天津市西青经济技术开发区赛达工业园新源道2号
……………………Tel：022-24391292

天津泰达酒店投资有限公司
地址：天津开发区第二大街 8 号
……………………Tel：022-25325555

天津大冢饮料有限公司
地址：天津开发区洞庭路165号
……………………Tel：022-25325988

天津同仁堂集团股份有限公司
地址：天津市西青经济开发区赛达八支路1号
……………………Tel：022-26579878

中粮利金（天津）粮油股份有限公司
地址：天津市红桥区西青道58号
……………………Tel：022-27322272

大成万达（天津）有限公司
地址：天津市西青区津静路88号（天津西青汽车工业区中北示范园区内）
……………………Tel：022-27922600

天津招商泰达房地产开发有限公司
地址：天津开发区北海东路21号昆西园6/7号楼
……………………Tel：022-58703333

天津物产化轻国际贸易有限公司
地址：天津市西青区柳杨道34号
……………………Tel：022-58882388

天津桃李食品有限公司
地址：天津市西青经济技术开发区赛达一经路65号
……………………Tel：022-59061291

天津津亚电子有限公司
地址：天津开发区南海路95号
……………………Tel：022-59826188

尚赫（天津）科技开发有限公司
地址：天津新技术产业园区华苑产业区海泰发展六道9号
……………………Tel：022-60972200

中兴能源（天津）有限公司
地址：天津开发区广场东路20号滨海金融街E4-C-301
……………………Tel：022-65370060

天津象屿进出口贸易有限公司
地址：天津开发区广场东路20号E4-C-5层东侧
……………………Tel：022-66223790

天津市尖峰天然产物研究开发有限公司
地址：天津开发区十二大街南黄海路西
……………………Tel：022-66237090

天津纳尔生物科技有限公司
地址：天津开发区睦宁路7号
……………………Tel：022-66253681

天津市康婷生物工程集团有限公司
地址：天津市西青经济技术开发区赛达南道9号
……………………Tel：022-83969871

中铁十二局集团国际工程有限公司
地址：天津自贸试验区（空港经济区）中环西路86号汇盈产业园6号楼1，2-201
…………………………Tel：022-88956873

上海市

默克光电材料（上海）有限公司
地址：中国（上海）自由贸易试验区秦桥路211号14幢东侧第一层、第二层B区及15幢
…………………………Tel：021-20338288

上海东方希望企业服务有限公司
地址：上海市浦东新区合庆镇东胜路371号4幢
…………………………Tel：021-20360286

上海河姆渡实业发展有限公司
地址：中国（上海）自由贸易试验区西里路55号1263室
…………………………Tel：021-20531300

耀方信息技术（上海）有限公司
地址：上海市浦东新区唐镇上丰路977号1幢B座805室
…………………………Tel：021-20536666

上海医药工业研究院
地址：上海市北京西路1320号
…………………………Tel：021-20572000

国药控股和记黄埔医药（上海）有限公司
地址：上海市浦东新区居家桥路563号2幢1、2层西区及3幢
…………………………Tel：021-58502331

上海安徒生童话乐园（集团）有限公司
地址：上海市杨浦区国泓路200号1幢A区、B区
…………………………Tel：021-20766668

冠丰（上海）房地产发展有限公司
地址：上海市静安区石门一路288号香港兴业中心二座6楼
…………………………Tel：021-22083500

联合利华食品（中国）有限公司
地址：上海市金山区金山嘴工业区亭卫路1068号
…………………………Tel：021-22128324

统一企业（中国）投资有限公司
地址：上海市长宁区临虹路131号101室
…………………………Tel：021-22158888

上海高岛屋百货有限公司
地址：上海市长宁区虹桥路1438号地下1层和地上1-7层01
…………………………Tel：021-22232688

通用磨坊（中国）投资有限公司
地址：上海市浦东新区懿德路399号1号楼201、202室
…………………………Tel：021-22237777

上海品食乐冷冻食品有限公司
地址：上海市浦东新区三林镇懿德路399号1号楼
…………………………Tel：021-22237777

上海恒邦房地产开发有限公司
地址：上海市静安区南京西路1266号
…………………………Tel：021-22251800

统一超商（上海）便利有限公司
地址：上海市黄浦区蒙自路45-47号
…………………………Tel：021-22271188

上海苏宁易买商贸有限公司
地址：上海市普陀区金达路428号1幢1层
…………………………Tel：021-22273800

上海越洋恒捷房地产开发有限公司
地址：上海市静安区南京西路1601号4803室
…………………………Tel：021-22309988

东方航空传媒股份有限公司
地址：上海市虹桥路2550号
…………………………Tel：021-22336561

圣皮尔精品酒业（上海）有限公司
地址：中国（上海）自由贸易试验区奥纳路55号1幢楼五层528室
…………………………Tel：021-22508699

中海油销售上海有限公司
地址：上海市宝山区月罗路218号
…………………………Tel：021-22833952

汇源三得利（上海）饮料有限公司
地址：上海市静安区天目中路749弄53号201室
…………………………Tel：021-22851200

上海车享家汽车科技服务有限公司
地址：中国（上海）自由贸易试验区业盛路188号A-858B室
…………………………Tel：021-22859528

葛兰素史克日用保健品（中国）有限公司
地址：中国（上海）自由贸易试验区临港新片区申港大道1号506室
…………………………Tel：021-23019800

上海老城隍庙食品（集团）有限公司
地址：上海市黄浦区豫园老路80号A室
…………………………Tel：021-23029616

上海老城隍庙餐饮（集团）有限公司
地址：上海市文昌路8号
…………………………Tel：021-23029900

国药控股分销中心有限公司
地址：中国（上海）自由贸易试验区美约路270号
…………………………Tel：021-23052011

上海罗莱家用品有限公司
地址：上海市闵行区剑川路951号综合业务楼4层4019室
…………………………Tel：021-23138500

德之馨（上海）有限公司
地址：中国（上海）自由贸易试验区陇桥路30号
…………………………Tel：021-23253088

爱茉莉化妆品（上海）有限公司
地址：上海市嘉定区马陆镇博学南路768号
…………………………Tel：021-23290666

亚什兰（中国）投资有限公司
地址：上海市闵行区青杉路369号202室
…………………………Tel：021-60906606

特力（中国）商贸有限公司
地址：上海市闵行区泰虹路456弄21号802室
…………………………Tel：021-24082888

玩具反斗城（中国）商贸有限公司
地址：上海市闵行区宜山路2000号20幢1102室
…………………………Tel：021-24165800

汉堡王（中国）投资有限公司
地址：上海市徐汇区虹梅路1535号3幢11层1102室
…………………………Tel：021-24226000

上海小南国海之源餐饮管理有限公司
地址：上海市杨浦区国和路575号底层
…………………………Tel：021-52830775

上海宝山宜家家居有限公司
地址：上海市宝山区沪太路1818号
…………………………Tel：021-26064532

宝钢金属有限公司
地址：上海市宝山区蕴川路3962号
…………………………Tel：021-26099999

上海大润发有限公司
地址：上海市共和新路3318号
…………………………Tel：021-56033688

上海甫田贸易有限公司
地址：上海市杨浦区中原路102号1幢2层ZY002单元
…………………………Tel：021-36693836

马上诺餐饮（上海）有限公司
地址：上海市黄浦区黄陂南路700号A207室
…………………………Tel：021-31007088

上海菲畅食品饮料有限公司
地址：上海市嘉定区封周路655号14幢201室JT4736
…………………………Tel：021-31007155

当纳利（中国）投资有限公司
地址：上海市黄浦区淮海中路2-8号33-34楼
…………………………Tel：021-31011588

上海光明饲料有限公司
地址：上海市松江区茸平路8号2幢11层
…………………………Tel：021-31081089

上海世博百联商业有限公司
地址：中国（上海）自由贸易试验区世博大道1368号
…………………………Tel：021-31118015

上海吴淞口国际邮轮港发展有限公司
地址：上海市宝山区宝杨路1弄2号2楼B区、3楼、4楼A区
…………………………Tel：021-31152985

上海宝钢包装股份有限公司
地址：上海市宝山区罗东路1818号
…………………………Tel：021-31165678

益海嘉里金龙鱼粮油食品股份有限公司
地址：中国（上海）自由贸易试验区博成路1379号15层
…………………………Tel：021-31199999

上海晨光科力普办公用品有限公司
地址：上海市徐汇区古美路1528号2幢11层
…………………………Tel：021-31216888

上海香觅酿酒业有限公司
地址：上海市金山工业区定业路98号3幢533室
…………………………Tel：021-31261171

上海奕方农业科技股份有限公司
地址：上海市松江区泖港镇新宾路1258号
…………………………Tel：021-31265533

上海上蔬永辉生鲜食品有限公司
地址：上海市宝山区纪　路588号北区3号楼南楼3217室
…………………………Tel：021-31298520

可口可乐饮料（上海）有限公司
地址：上海市闵行区紫竹科学园区紫月路1188号
…………………………Tel：021-31301446

雪花啤酒（上海）有限公司
地址：上海市闵行区莲花路1555号801-10室
…………………………Tel：021-31355188

雪花（上海）企业管理有限公司
地址：上海市闵行区莲花路1559号518室
…………………………Tel：021-31355188

广州广电计量检测（上海）有限公司
地址：上海市嘉定区菊园新区环城路2222号1幢JT5175室
…………………………Tel：021-31587300

达疆网络科技（上海）有限公司
地址：上海市杨浦区杨树浦路1088号2205单元
…………………………Tel：021-31657167

上海京东到家元信信息技术有限公司
地址：上海市杨浦区杨树浦路1088号2201单元
…………………………Tel：021-31657167

上海双汇大昌有限公司
地址：上海市金山区亭林镇亭卫公路8819号
…………………………Tel：021-31756768

百安居（中国）投资有限公司
地址：上海市浦东新区三林镇三林路234号4号楼308室
…………………………Tel：021-31820888

百安居（中国）家居有限公司
地址：中国（上海）自由贸易试验区东方路3698号118室
…………………………Tel：021-31820888

上海华德美居超市有限公司
地址：中国（上海）自由贸易试验区蓝天路518号1F-06
…………………………Tel：021-31820888

旭日森林食品饮料（上海）有限公司
地址：上海市长宁区昭化路699号608室
…………………………Tel：021-32125178

上海碧纯食品饮料有限公司
地址：上海市嘉定区马陆镇丰饶路213号
…………………………Tel：021-32174558

上海久光百货有限公司
地址：上海市南京西路1618号
…………………………Tel：021-32174838

优友（上海）商贸有限公司
地址：上海市长宁区茅台路179号地下二层LG2501-LG2503，LG2509-LG2510，LG2553-2583室
…………………………Tel：021-32230160

上海市机械设备成套（集团）有限公司
地址：中国（上海）自由贸易试验区商城路618号23A室
…………………………Tel：021-32557163

上海莱宝啤酒酿造有限公司
地址：上海市松江区九亭镇寅西路369弄99号第四幢厂房一楼E座
…………………………Tel：021-32576069

国药控股菱商医院管理服务（上海）有限公司
地址：上海市黄浦区鲁班路558号2楼A18-78室
…………………………Tel：021-32577778

上海古象大酒店有限公司
地址：上海市九江路595号
…………………………Tel：021-33134888

德乐食品饮品配料（上海）有限公司
地址：上海市莘庄工业区申南路739号
…………………………Tel：021-33231888

芬美意香料（中国）有限公司
地址：上海市闵行区莘庄工业区金都路3901号
…………………………Tel：021-33238000

红鲷众创空间管理（上海）有限公司
地址：上海市静安区威海路696号10幢1层
…………………………Tel：021-33255434

洋槐商务信息咨询（上海）有限公司
地址：上海市徐汇区桂平路700号1幢4层
…………………………Tel：021-33255434

奥乐齐（中国）投资有限公司
地址：上海市徐汇区淮海中路1045号9幢楼303-304室
…………………………Tel：021-33264800

碧恩食（上海）餐饮管理有限公司
地址：上海市闵行区元江路5500号第1幢E2848室
…………………………Tel：021-33283595

上海侨德酒店管理有限公司
地址：上海市闵行区申虹路9号（包括地下1层01酒店用房、地下2层01酒店用房、地下1层21、22、23、24室）
…………………………Tel：021-33295588

上海便利蜂商贸有限公司
地址：上海市长宁区武夷路656-658号2幢2层2052室
…………………………Tel：021-33299555

上海象屿速传供应链有限公司
地址：上海市虹口区飞虹路360弄9号
…………………………Tel：021-33313679

上海闽兴大国际贸易有限公司
地址：中国（上海）自由贸易试验区北张家浜路68号5幢104室
…………………………Tel：021-33313679

上海如家酒店管理有限公司
地址：上海市徐汇区上中路462号12幢316室
…………………………Tel：021-33373333

欧力（上海）饮料有限公司
地址：上海市宝山区长建路199号8幢3层304室
…………………………Tel：021-33483319

上海好侍食品有限公司
地址：上海市嘉定工业区兴邦路368号
…………………………Tel：021-33517333

滔搏投资（上海）有限公司
地址：上海市徐汇区柳州路928号17楼1701室
…………………………Tel：021-33560116

上海饮料食品厂有限公司
地址：上海市闵行区颛兴东路1158号3号房
…………………………Tel：021-33587966

上海城开集团龙城置业有限公司
地址：上海市闵行区闵虹路166弄城开中心1号楼32楼3201室
…………………………Tel：021-33599000

沃德事饮料（上海）有限公司
地址：中国（上海）自由贸易试验区富特东一路396号六层6872室
…………………………Tel：021-61738258

上海统一企业有限公司
地址：上海市闵行区莲花南路2185号
…………………………Tel：021-61765812

中外运物流华东有限公司
地址：上海市宝山区铁山路219号
…………………………Tel：021-33793256

上海米源饮料有限公司
地址：中国（上海）自由贸易试验区长柳路56-62(双)号307室-2室
…………………………Tel：021-33927108

上海黄金搭档生物科技有限公司
地址：上海市宜山路700号86幢509室
…………………………Tel：021-33979666

中智关爱通（上海）科技股份有限公司
地址：上海市徐汇区宜山路700号12幢1-2层
…………………………Tel：021-33352333

上海携程商务有限公司
地址：上海市长宁区金钟路968号12号楼203室
…………………………Tel：021-34064880

百富门饮料（上海）有限公司
地址：上海市浦东新区金高路310号4层434室
…………………………Tel：021-34183799

上海汇伦医药股份有限公司
地址：上海市闵行区元江路525号5幢10

层
……………………Tel：021-64160263
凡尚服饰（上海）有限公司
地址：上海市虹口区曲阳路379、383号四层4018室
……………………Tel：021-33198442
上海喜韵女儿红酒业有限公司
地址：上海市奉贤区目华北路388号第一幢20057室
……………………Tel：021-34797999
上海益民食品一厂有限公司
地址：上海市奉贤区汇丰北路988号
……………………Tel：021-35104777
上海家化销售有限公司
地址：上海市虹口区保定路527号
……………………Tel：021-35907000
上海逸刻新零售网络科技有限公司
地址：上海市静安区广中西路699号1幢10层
……………………Tel：021-36058888
新世界百货集团上海新颖百货有限公司
地址：上海市宝山区真华路888号
……………………Tel：021-36351928
甘城子（上海）酒业有限公司
地址：上海市崇明区横沙乡富民支路58号D2-7276室（上海横泰经济开发区）
……………………Tel：021-36620200
上海飞牛集达电子商务有限公司
地址：上海市静安区江场西路255号6楼
……………………Tel：021-26100837
麦西恩食品（上海）有限公司
地址：上海市奉贤区南桥镇五星中心路933号
……………………Tel：021-37108500
上海万申冷链物流有限公司
地址：中国（上海）自由贸易试验区临港新片区海杰路399号
……………………Tel：021-37123459
皇誉宠物食品（上海）有限公司
地址：上海市奉贤区肖南路475号
……………………Tel：021-37180350
上海百联金山购物中心有限公司
地址：上海市金山区卫清西路188号
……………………Tel：021-37230888
上海绿加饮料食品有限公司
地址：上海市金山工业区天工路285弄16号
……………………Tel：021-62211359
上海冰洲饮料有限公司
地址：上海市金山区朱泾镇鸿安路281弄2号
……………………Tel：021-37332238
上海欣融食品原料有限公司
地址：上海市奉贤区金汇镇金斗路688号E幢
……………………Tel：021-37561111
云间壹品（上海）酿酒有限公司
地址：上海市松江区港兴路399号
……………………Tel：021-37657979
上海百臣事食品饮料有限公司
地址：上海市松江区九亭镇虬泾路559弄25、27号
……………………Tel：021-37668114
上海立旺食品有限公司
地址：上海市金山工业区亭卫公路8255号
……………………Tel：021-37918111
百岳特生物技术（上海）有限公司
地址：上海市金山工业区金舸路989号
……………………Tel：021-37289211
三井物产（上海）贸易有限公司
地址：中国（上海）自由贸易试验区基隆路6号6层615室
……………………Tel：021-38500500
上海秀仕酒店经营有限公司
地址：中国（上海）自由贸易试验区世纪大道100号上海环球金融中心86楼012室
……………………Tel：021-38551118
多美滋婴幼儿食品有限公司
地址：中国（上海）自由贸易试验区宁桥路188号
……………………Tel：021-38608888
罗欣药业（上海）有限公司
地址：中国（上海）自由贸易试验区法拉第路85号1幢、2幢1-3层
……………………Tel：021-38862671
上海和睦家新城医院有限公司
地址：中国（上海）自由贸易试验区新金桥路1598号1-2幢
……………………Tel：021-38862888-2361
上海东郊宾馆有限公司
地址：上海市浦东新区金科路1800号
……………………Tel：021-38919888
上海蔚来汽车销售服务有限公司
地址：上海市嘉定区安晓路51号
……………………Tel：021-39130691
田湾实业（上海）有限公司
地址：嘉定区胜辛南路305号5幢4楼401室
……………………Tel：021-39170972
上海贝加尔食品饮料有限公司
地址：上海市松江区春林路257号10幢101室、301室、901室
……………………Tel：021-67861123
希悦尔（中国）有限公司
地址：上海市青浦工业园区崧泽大道6988号
……………………Tel：021-39202988
均瑶润盈生物科技（上海）有限公司
地址：上海市青浦区崧泽大道10666号
……………………Tel：021-39205777
上海怡宝食品有限公司
地址：上海市嘉定区安亭镇泰顺路888号
……………………Tel：021-39587038
上海顶盛食品工业有限公司
地址：上海市嘉定区马陆镇科茂路2468号
……………………Tel：021-39908388
上海顶甄食品有限公司
地址：上海市嘉定区马陆镇科盛路2155号
……………………Tel：021-39908388
上海五丰上食食品有限公司
地址：上海市嘉定工业区世盛路777号
……………………Tel：021-39960746
曜尊饮料（上海）有限公司
地址：上海市静安区江场路1228弄1、2号201-4室
……………………Tel：021-58362655
富士胶片（中国）投资有限公司
地址：上海市浦东新区平家桥路100弄6号7号楼601单元
……………………Tel：021-50106000
上海妙可蓝多食品科技股份有限公司
地址：上海市奉贤区工业路899号8幢
……………………Tel：021-50185677
上海拿氏饮料有限公司
地址：上海市浦东新区行南路880号15幢134室
……………………Tel：021-50273036
天翼视讯传媒有限公司
地址：中国（上海）自由贸易试验区新金桥路27号5号楼4楼
……………………Tel：021-50301758
蓝蛙餐饮管理（上海）有限公司
地址：中国（上海）自由贸易试验区碧云路633号1R3
……………………Tel：021-50306426
盟立自动化科技（上海）有限公司
地址：中国（上海）自由贸易试验区英伦路838号
……………………Tel：021-50485800
上海水漫山食品饮料有限公司
地址：上海市嘉定区科福路358_368号4幢1层E区JT4813室
……………………Tel：021-50282666
上海红塔大酒店有限公司
地址：中国（上海）自由贸易试验区东方路889号
……………………Tel：021-50504567
新世界百货集团上海汇雅百货有限公司
地址：中国（上海）自由贸易试验区浦建路118号
……………………Tel：021-50656888
上海银鹤饮料厂
地址：上海市虹口区纪念路335弄8号102
……………………Tel：021-50682887
上海冠生园华佗酿酒有限公司
地址：上海市静安区昌平路990号4幢1层
……………………Tel：021-62712470
上海隆樽酒业有限公司
地址：上海市嘉定区汇富路946号2幢2层203室、204室
……………………Tel：021-52413933
上海金枫酒业股份有限公司
地址：中国（上海）自由贸易试验区张杨路579号（三鑫大厦内）
……………………Tel：021-50812727
沃尔玛华东百货有限公司
地址：中国（上海）自由贸易试验区临沂北路252-262号由由-沃尔玛购物广场地上一层和地上二层
……………………Tel：021-50945855
上海喜安便利有限公司
地址：上海市闸北区江场三路301号502室
……………………Tel：021-56030063
上海喜士多便利连锁有限公司
地址：江场三路301号501室
……………………Tel：021-56030063
上海找油信息科技有限公司
地址：上海市嘉定区汇源路55号8幢5层510室
……………………Tel：021-51130088
上海均瑶（集团）有限公司
地址：中国（上海）自由贸易试验区康桥东路8号
……………………Tel：021-51155555
上海长青饮料食品有限公司
地址：上海市长宁区哈密路431号4幢227室
……………………Tel：021-51198328
上海宝立食品科技有限公司
地址：上海市松江茸北工业区茸兴路433号
……………………Tel：021-51219282
大西洋饮料（上海）有限公司
地址：中国（上海）自由贸易试验区奥纳路55号1幢五层515室
……………………Tel：021-51532355
上海云象供应链管理有限公司
地址：上海市长宁区金钟路999号3幢508室
……………………Tel：021-51550020
上海紫泉饮料工业有限公司
地址：上海市闵行区颛兴路1188号
……………………Tel：021-51598282
国药集团上海医疗器械有限公司
地址：上海市宝山区江杨南路880号厂房7幢V008
……………………Tel：021-51699722
中国葛洲坝集团文旅发展有限公司
地址：中国（上海）自由贸易试验区浦电路438号205（K）室
……………………Tel：021-51748536
上海正章洗染有限公司
地址：上海市静安区北京西路1868号
……………………Tel：021-51873838
上海银龙食品有限公司
地址：上海市金山区廊下镇荣春路239号3幢1、2层
……………………Tel：021-51919019
上海浩泽贸易有限公司
地址：浦东新区杨新东路26号218室
……………………Tel：021-51976339
双日（上海）有限公司
地址：中国（上海）自由贸易试验区基隆路6号5层535室
……………………Tel：021-52034111
上海高诚创意科技集团有限公司
地址：上海市闵行区都庄路2388号3幢1层-2层
……………………Tel：021-52277299
上海五金矿产发展有限公司
地址：上海市静安区光复路757号2幢18楼
……………………Tel：021-52292888
光明食品（集团）有限公司
地址：上海市华山路263弄7号
……………………Tel：021-52296800
上海英联食品饮料有限公司
地址：上海市闵行经济技术开发区兰村路8号
……………………Tel：021-52402566
上海怡康化工材料有限公司
地址：中国（上海）自由贸易试验区英伦路38号六层604室
……………………Tel：021-52419090
上药康德乐（上海）医药有限公司
地址：上海市松江区九亭镇伴亭路418号
……………………Tel：021-52588888
上海纺织装饰有限公司
地址：浦东新区恒大路62号24幢409室
……………………Tel：021-52589977
史泰博（上海）有限公司
地址：上海市长宁区通协路269号5号楼3楼
……………………Tel：021-52609020
上海世纪联华超市发展有限公司
地址：中国（上海）自由贸易试验区商城路518号5B、5C室
……………………Tel：021-52629966
上海延中饮料有限公司
地址：上海市宝山区罗店镇罗新东路888号
……………………Tel：021-52682006
上海延泉饮料有限公司
地址：中国（上海）自由贸易试验区富特北路225号一层G02部位
……………………Tel：021-52682067
天杏佳仁（上海）饮料有限公司
地址：上海市嘉定区嘉戬公路328号7幢9层937室、938室、939室、941室
……………………Tel：021-52682108
伊藤园饮料（上海）有限公司
地址：上海市长宁区延安西路1118号1608室
……………………Tel：021-52832220
朝日啤酒（中国）投资有限公司
地址：上海市静安区南京西路1168号中信泰富广场903-905室
……………………Tel：021-52929952
上海康仁乐购超市贸易有限公司
地址：上海市普陀区真南路708号518室
……………………Tel：021-52949488
上海德馨实业有限责任公司
地址：上海市崇明区东平镇东风公路399号（东平镇经济开发区）
……………………Tel：021-52965568
上海斯格威大酒店有限公司
地址：上海市黄浦区打浦路15号
……………………Tel：021-53010908
凯爱瑞配料贸易（上海）有限公司
地址：中国（上海）自由贸易试验区港澳路239号1幢3层311室
……………………Tel：021-53200200
歌帝梵（上海）食品商贸有限公司
地址：上海市黄浦区淮海中路381号2711-41单元
……………………Tel：021-53868810
飘亚健身（上海）有限公司
地址：上海市徐汇区淮海中路999号6层（L6）615室
……………………Tel：021-53890270
上海向灵食品饮料有限公司
地址：上海市静安区共和新路1165号7号楼一层2112号铺位
……………………Tel：021-54039820
连接饮料（上海）有限公司
地址：上海市普陀区武威路88弄2号152室
……………………Tel：021-54110092
上海通益置业有限公司
地址：上海市闵行区吴中路1389号4幢西侧901室
……………………Tel：021-54118888
王品（中国）餐饮有限公司
地址：上海市长宁区仙霞路80号1楼1A、2楼2A
……………………Tel：021-54242928
上海福寿园实业集团有限公司
地址：青浦区夏阳街道枫泾村
……………………Tel：021-54255151
保赫曼（上海）贸易有限公司
地址：中国（上海）自由贸易试验区泰谷路169号B楼三层303室
……………………Tel：021-54263500
上海交大昂立股份有限公司
地址：上海市松江区环城路666号
……………………Tel：021-54271688
上海巢建实业有限公司
地址：上海市虹口区广纪路173号10层1001室（集中登记地）
……………………Tel：021-54302157
上海莱轩香精香料有限公司
地址：青浦区赵巷镇沪青平公路3797号2086室
……………………Tel：021-54323605
上海宝闵工业气体有限公司
地址：上海市闵行区龙吴路4400号
……………………Tel：021-54336983
上海纺织集团国际物流有限公司
地址：中国（上海）自由贸易试验区苗圃路151号6幢102、103室
……………………Tel：021-54359828

利满美餐饮（上海）有限公司
地址：上海市黄浦区中山南一路768号实际楼层11层（名义楼层12层）06,07单元
…………………Tel：021-54365200

上海大塚食品有限公司
地址：上海市闵行区莲花南路1969号
…………………Tel：021-54400906

曼可顿食品（上海）有限公司
地址：上海市闵行区莘庄工业区金都路3679弄25号
…………………Tel：021-54421717

上海世达食品有限公司
地址：上海市闵行区桂冠路10号
…………………Tel：021-54422002-2096

上海淘果食品有限公司
地址：上海市崇明区东平镇林风公路332号1室
…………………Tel：021-52965568

上海都市特易购超市有限公司
地址：上海市闵行区都市路3366号
…………………Tel：021-54439939

上海康美药业有限公司
地址：上海市奉贤区汇丰西路2059号2幢2层
…………………Tel：021-54591679

上海一茶一坐餐饮有限公司
地址：上海市虹口区四平路710号728-C室
…………………Tel：021-54649520

上海西亚图酒业股份有限公司
地址：上海市闵行区中春路7001号2幢1107室
…………………Tel：021-54707605

圣戈班高功能塑料（上海）有限公司
地址：上海市闵行经济技术开发区昆阳路1476号
…………………Tel：021-54721568

上海铭晁食品饮料营销有限公司
地址：上海市闵行区曹联路319号12幢一层B6室
…………………Tel：021-54773713

上海喜酿贸易有限公司
地址：中国（上海）自由贸易试验区东绣路999弄8号1201室
…………………Tel：021-54993331

贵州茅台镇北街酒厂集团（上海）酒业有限公司
地址：上海市普陀区甘泉三村28号106室
…………………Tel：021-55135600

三皇冠一三零八（上海）实业有限公司
地址：上海市虹口区东大名路687号1幢104室
…………………Tel：021-55210021

上海果多天然饮料食品有限公司
地址：上海市杨浦区延吉中路65号155室
…………………Tel：021-55220304

上海又一城购物中心有限公司
地址：上海市杨浦区淞沪路8号
…………………Tel：021-55529900

酿酒熊（上海）信息科技有限公司
地址：上海市杨浦区黄兴路1737号地下1层38-2室
…………………Tel：021-55556666

上海九猫健康科技有限公司
地址：上海市宝山区德都路月浦六村88号118室
…………………Tel：021-56123808

上海石洞口煤气制气有限公司
地址：上海市宝山区盛桥镇煤电路1号
…………………Tel：021-56153934

上海宇培速通物流有限公司
地址：上海市嘉定区谢春路1000号3幢207室
…………………Tel：021-56200562

滔搏企业发展（上海）有限公司
地址：上海市虹口区曲阳路379、383号四层4032室
…………………Tel：021-56295282

青岛啤酒（上海）市场服务有限公司
地址：上海市浦江工业园区浦星路1018号一楼
…………………Tel：021-56353249

上海文广互动电视有限公司
地址：南京西路651号广电大厦23楼
…………………Tel：021-56389988

上海轻技饮料机械有限公司
地址：上海市宝山区市一路199号1楼1076A
…………………Tel：021-56471931

恒通中果（上海）果汁饮料食品有限公司
地址：上海市金山区山阳镇亭卫公路1500号五层D209室
…………………Tel：021-56522291

上海宝钢物流有限公司
地址：宝山区水产路1508号
…………………Tel：021-56582405

上海交运日红国际物流有限公司
地址：上海市静安区恒丰路288号
…………………Tel：021-56630000

宝武集团上海宝山宾馆有限公司
地址：上海市宝山区牡丹江路1813号
…………………Tel：021-56698290

上海协通（集团）有限公司
地址：上海市嘉定区曹安路4671号
…………………Tel：021-56777888

上海交运沪北物流发展有限公司
地址：上海市宝山区牡丹江路1508号208室
…………………Tel：021-56840912

上海锦江麒麟饮料食品有限公司
地址：上海市宝山区沪太路7388号
…………………Tel：021-56867070

上海山林食品有限公司
地址：上海市金山区亭林镇松隐工业区达福路99号1号楼、3号楼
…………………Tel：021-56906092

上海联华快客经贸有限公司
地址：上海市虹口区欧阳路196号1号楼3层27室
…………………Tel：021-56961287

宜瑞安食品配料有限公司
地址：上海市松江工业区华铁路450号
…………………Tel：021-57070356

上海海湾国家森林公园有限公司
地址：上海市奉贤区海湾镇随塘河路1677号
…………………Tel：021-57161917

上海普丽盛包装股份有限公司
地址：上海市金山区张堰镇金张支路84号26幢
…………………Tel：021-57212159

罗纳酒业（上海）有限公司
地址：上海市金山区漕泾镇富漕路421号101室
…………………Tel：021-57251114

中粮融氏生物科技有限公司
地址：上海市金山工业区市中路9号
…………………Tel：021-57277616

上海石库门酿酒有限公司
地址：上海市金山区枫泾镇环西二路18号
…………………Tel：021-57353989

上海新发展圣淘沙大酒店有限公司
地址：上海市奉贤区南桥镇南桥路1号
…………………Tel：021-57429999

上海鸿达饮料有限公司
地址：上海市奉贤区柘林镇胡桥村大树136号
…………………Tel：021-57459139

上海神仙酒厂有限公司
地址：上海市奉贤区新四平路2888号
…………………Tel：021-57534662

上海神仙酿酒有限公司
地址：上海市奉贤区四团镇新四平公路2888号
…………………Tel：021-57534662

上海腾瑞制药有限公司
地址：上海市奉贤区四团镇新四平公路1236弄151号
…………………Tel：021-57546666

上海芝然乳品科技有限公司
地址：上海市奉贤区工业路899号9幢
…………………Tel：021-57578000

上海葡萄王企业有限公司
地址：上海市松江区车新公路518号
…………………Tel：021-57609588-1800

元盛食品制造（上海）有限公司
地址：上海市松江区九亭镇沪亭路248号1-8幢
…………………Tel：021-57633675

上海力盛赛车文化股份有限公司
地址：上海市松江区佘山镇沈砖公路3000号
…………………Tel：021-57669090

上海味之素氨基酸有限公司
地址：上海市松江区荣乐东路718号
…………………Tel：021-57740370

上海获特满饮料有限公司
地址：上海市松江工业区俞塘路318号4幢1层101室
…………………Tel：021-57741718

上海雀巢有限公司
地址：上海市松江工业区俞塘路318号
…………………Tel：021-57741718

欧达嵘标签制造（上海）有限公司
地址：上海市松江工业区宝胜路1号
…………………Tel：021-57741736

上海建伍电子有限公司
地址：上海市松江区荣乐东路2160号
…………………Tel：021-57741800

维他奶（上海）有限公司
地址：上海市松江区茸平路118号
…………………Tel：021-57780083

日播时尚集团股份有限公司
地址：上海市松江区中山街道茸阳路98号
…………………Tel：021-57783232

上海泰德利食品饮料有限公司
地址：上海市松江区佘山镇强业路596号
…………………Tel：021-57793640

上海松林肉食品有限公司
地址：上海市松江区叶榭镇叶旺路699号
…………………Tel：021-57808811

上海迅宇饮料有限公司
地址：上海市金山区古城路108号
…………………Tel：021-57947202

上海野生动物园发展有限责任公司
地址：浦东新区宣桥镇南六公路178号
…………………Tel：021-58036000

上海巴克斯酒业有限公司
地址：浦东新区新场镇新沃路88号
…………………Tel：021-58136990

上海悦华酒业有限公司
地址：浦东新区宣桥镇沪南路8639号2幢2层2号
…………………Tel：021-58182300

上海星之健身俱乐部有限公司
地址：上海市静安区万航渡路623弄1号102室
…………………Tel：021-58218439

华瑭大昌商业（上海）有限公司
地址：中国（上海）自由贸易试验区日樱北路199号199-2幢全幢
…………………Tel：021-58300518

中石化上海工程有限公司
地址：上海市静安区南京西路1910号-3幢
…………………Tel：021-58366600

上海万泰饮料调味品厂
地址：浦东新区三林路490号
…………………Tel：021-58410266

上海农产品中心批发市场经营管理有限公司
地址：浦东沪南路2000号
…………………Tel：021-58439988

丰益（上海）生物技术研发中心有限公司
地址：上海市浦东新区高东工业园区高东路118号A区
…………………Tel：021-58487988

上海嘉里粮油工业有限公司
地址：上海市浦东新区东塘路168号
…………………Tel：021-58487988

上海浦东锦绣乐购生活购物有限公司
地址：浦东新区锦绣路3218号
…………………Tel：021-58536123

上海浦东新区国力物流（集团）有限公司
地址：浦东杨高北路558号
…………………Tel：021-58543166

上海海立中野冷机有限公司
地址：中国（上海）自由贸易试验区川桥路955号
…………………Tel：021-58548221

上海易连实业集团股份有限公司
地址：上海市浦东新区川周路7076弄6号7幢
…………………Tel：021-58600836

东森企业发展（上海）有限公司
地址：上海市浦东新区港城路2222号
…………………Tel：021-58645041

上海申荔健康饮料有限公司
地址：中国（上海）自由贸易试验区富特北路399号二幢楼一层A部位、五楼D部位
…………………Tel：021-58661086

美王（上海）食品饮料有限公司
地址：浦东新区南汇新城镇环湖西二路888号B楼356室
…………………Tel：021-58691609

上海文峰千家惠超市发展有限公司
地址：浦东新区张杨北路829号4B
…………………Tel：021-58718888

上海东方明珠广播电视塔有限公司
地址：中国（上海）自由贸易试验区世纪大道1号
…………………Tel：021-58791888

上海百客饮料有限公司
地址：上海市浦东新区川沙路4019号8幢
…………………Tel：021-58381005

上海雪龙饮料食品厂
地址：浦东新区龙阳路1188号
…………………Tel：021-58891833

上海良友海狮油脂实业有限公司
地址：上海市浦东新区东靖路5755号
…………………Tel：021-68722222

上海陆仕食品有限公司
地址：上海市浦东新区川六公路1000号
…………………Tel：021-58907380

上海外贸界龙彩印有限公司
地址：浦东新区川周路7075号
…………………Tel：021-58921888

上海界龙永发包装印刷有限公司
地址：浦东新区川周路7076弄6号
…………………Tel：021-58941033

上海界龙真味加食品有限公司
地址：上海市浦东新区华东路7688号3幢
…………………Tel：021-58948060

上海庄臣有限公司
地址：中国（上海）自由贸易试验区新金桥路932号
…………………Tel：021-58994833

上海多伊奇进口商品直销中心有限公司
地址：中国（上海）自由贸易试验区基隆路1号525、526室
…………………Tel：021-58995365

长谷川香料（上海）有限公司
地址：中国（上海）自由贸易试验区新金桥路2365号
…………………Tel：021-58997000

上海申马酿酒有限公司
地址：上海市嘉定区马陆镇封周路666号
…………………Tel：021-59155522

上海汽车工业活动中心有限公司
地址：上海市嘉定区博乐南路125号
…………………Tel：021-59161825

上海华古食品有限公司
地址：上海市青浦区青赵公路5388号
…………………Tel：021-59227477

上海皇家酿酒有限公司
地址：青浦区练塘镇练新路1号
…………………Tel：021-59255116

上海淀滨酿酒有限公司
地址：青浦区金泽镇轮窑酒厂路998号
…………………Tel：021-59287182

上海活立多食品有限公司
地址：上海市青浦区沪青平公路1921号715室
…………………Tel：021-59701007

上海协和氨基酸有限公司
地址：上海市青浦工业园区新团路158号
…………………Tel：021-59701998

上海清和饮料有限公司
地址：上海市青浦区华新镇纪鹤公路3389号1幢
…………………Tel：021-59797690

怪兽饮料食品（上海）有限公司
地址：上海市青浦区赵巷镇沪青平公路3609弄4幢4号楼205室
…………………Tel：021-59860999

上海怪兽酒业有限公司
地址：上海市青浦区赵巷镇业辉路222弄215号二楼
…………………Tel：021-59860999

飞鲨食品科技（上海）有限公司
地址：上海市青浦区赵巷镇沪青平公路3398号1幢1层1122室
…………………Tel：021-59860999

上海永利带业股份有限公司
地址：上海市青浦区徐泾镇徐旺路58号
…………………Tel：021-59884057

上海钛士星金属科技有限公司
地址：上海市嘉定区安亭镇泰丰路155号4-5幢
…………………Tel：021-59901111

上海澌美医疗科技有限公司
地址：上海市嘉定区嘉新公路758号3幢
……………………Tel：021-59902222
协和高尔夫（上海）有限公司
地址：上海市嘉定区嘉行公路3765号
……………………Tel：021-59950111
上海密纯饮料食品有限公司
地址：上海市普陀区怒江北路399号7楼789室
……………………Tel：021-59974700
威马新能源汽车销售（上海）有限公司
地址：上海市青浦区涞港路77号103室
……………………Tel：021-60128000
上海新亚广场长城酒店有限公司
地址：上海市静安区天目西路285号1401室
……………………Tel：021-60167777
上海宝钢气体有限公司
地址：宝山区锦宏路518号
……………………Tel：021-60206020
上海透云物联网科技有限公司
地址：上海市崇明区横沙乡富民支路58号5001室
……………………Tel：021-60250777
联强国际贸易（中国）有限公司
地址：上海市长宁区天山西路1068号F栋2楼
……………………Tel：021-60303299
益海嘉里家乐氏食品（上海）有限公司
地址：中国（上海）自由贸易试验区加太路39号第四层31部位
……………………Tel：021-60321670
第一三共（中国）投资有限公司
地址：中国（上海）自由贸易试验区居里路500号3幢
……………………Tel：021-60397200
国药控股国大药房有限公司
地址：上海市静安区康宁路1089号1幢101室
……………………Tel：021-60399000
哈仙岗酒业（上海）有限公司
地址：上海市闵行区航中路19号四层402室
……………………Tel：021-62235266
上海九艺生物科技有限公司
地址：上海市闵行区合川路3051号7幢209室
……………………Tel：021-62235266
上海飞驴湾国际旅行社有限公司
地址：嘉定区金沙江西路1555弄393号7层A区
……………………Tel：021-51212088
上海飞驴湾文化传播股份有限公司
地址：上海市嘉定区鹤望路601号2层217室
……………………Tel：021-51212088
信德置业（上海）有限公司
地址：上海市闵行区虹莘路3999-5号、3999-6号
……………………Tel：021-60609999
上海中骏创富房地产有限公司
地址：上海市闵行区申长路1688弄2号楼101-620室
……………………Tel：021-60706888
上海国际时尚中心园区管理有限公司
地址：杨树浦路2866号
……………………Tel：021-60708200
诺心食品（上海）有限公司
地址：上海市松江区卖新公路836号7幢3层A区
……………………Tel：021-60745333
意料饮料贸易（上海）有限公司
地址：上海市黄浦区北京东路668号F幢30层D27室
……………………Tel：021-60766300
上海闵行华漕大润发商贸有限公司
地址：上海市闵行区繁兴路399弄2号
……………………Tel：021-60839111
新世界百货集团上海汇莹百货有限公司
地址：上海市浦东新区成山路1993号
……………………Tel：021-60871111
胡桃街（上海）信息技术有限公司
地址：上海市长宁区娄山关路533号2902室
……………………Tel：021-60900597
上海嘉龙日日煮信息科技有限公司
地址：上海市徐汇区虹梅路1535号2幢11层1101室
……………………Tel：021-60932639
上海中建东孚物业管理有限公司
地址：中国（上海）自由贸易试验区世纪大道1568号16层06A单元
…………………Tel：021-60939168-1269
上海七宝乐购购物中心有限公司
地址：上海市闵行区七莘路3155号
……………………Tel：021-61017361
美世（中国）有限公司
地址：上海市黄浦区九江路660-686号13楼A、C、D室
……………………Tel：021-61035500
上海申美闵发饮料食品有限公司
地址：上海市闵行区文井路251号
……………………Tel：021-61045669
上海申美饮料食品有限公司
地址：中国（上海）自由贸易试验区桂桥路539号
……………………Tel：021-61045888
上海宏贯数据科技有限公司
地址：中国（上海）自由贸易试验区临港新片区万航路11号5幢2层205室
……………………Tel：021-61048817
上海新兰房地产开发有限公司
地址：西藏北路166号401-30室
……………………Tel：021-61076166
上海佳果源饮料有限公司
地址：中国（上海）自由贸易试验区金海路1809号1幢4层A5室
……………………Tel：021-61082066
上海佳农商业广场置业有限公司
地址：中国（上海）自由贸易试验区金海路1809号1幢4层A2室
……………………Tel：021-61082066
朗盛化学（中国）有限公司
地址：中国（上海）自由贸易试验区基隆路1号汤臣国际贸易大楼12A11室
……………………Tel：021-61096666
上海旺旺网络科技有限公司
地址：上海市静安区永和路318弄18号407室
……………………Tel：021-61151111
上海红牛维他命饮料有限公司
地址：上海市虹口区海伦路440号15层01、06单元
……………………Tel：021-61178178
上海领昱公寓管理有限公司
地址：上海市奉贤区奉城镇唐城街28弄7号3065室
……………………Tel：021-61200933
锦江之星旅馆有限公司
地址：浦东新区浦建路1121号101－103室
……………………Tel：021-61276600
瓦克化学（中国）有限公司
地址：上海市徐汇区虹梅路1535号3幢1层
……………………Tel：021-61302509
恒天然商贸（上海）有限公司
地址：上海市静安区石门二路231号2层
……………………Tel：021-61335999
猛事特饮料（上海）有限公司
地址：中国（上海）自由贸易试验区富特北路207号第三层R01室
……………………Tel：021-80263860
方针（上海）商贸有限公司
地址：上海市静安区永和路318弄18号215室
……………………Tel：021-61372438
上海百联中环购物广场有限公司
地址：上海市普陀区真光路1288号1F－A10区
……………………Tel：021-61392888
神旺大酒店（上海）有限公司
地址：上海市徐汇区宜山路650号
……………………Tel：021-61451111
上海住友商事有限公司
地址：中国（上海）自由贸易试验区外高桥大厦528室
……………………Tel：021-61461888
上海新华联房地产开发有限公司
地址：上海市闵行区泰虹路666号
……………………Tel：021-61512588
巴斯夫护理化学品（上海）有限公司
地址：上海市金山卫镇板桥西路2449号
……………………Tel：021-61563888
保时捷（中国）汽车销售有限公司
地址：中国（上海）自由贸易试验区世纪大道826号17层（实际楼层：15层）
……………………Tel：021-61565911
小沃科技有限公司
地址：上海市杨浦区大连路688号1701（名义楼层为20层）
……………………Tel：021-61588808
建发（上海）有限公司
地址：中国（上海）自由贸易试验区张杨路620号1201室
……………………Tel：021-61635000
青岛啤酒优家健康饮品（上海）有限公司
地址：中国（上海）自由贸易试验区宁桥路88号
……………………Tel：021-61646888
好时（中国）投资管理有限公司
地址：中国（上海）自由贸易试验区日京路35号凯兴大楼1111室
……………………Tel：021-61656200
上海烟草包装印刷有限公司
地址：浦东新区张杨北路3939号
……………………Tel：021-61666821
上海金鼎印务有限公司
地址：上海市浦东新区南新路577号
……………………Tel：021-61666821
上海嘉定乐购生活购物有限公司
地址：上海市嘉定区嘉定镇城中路2号
……………………Tel：021-61680982
上海统一企业饮料食品有限公司
地址：上海市金山工业区金舸路1301号
……………………Tel：021-61760888
上海达尔威贸易有限公司
地址：上海市青浦区公园路99号舜浦大厦2楼
……………………Tel：021-61807366
上海港国际客运中心开发有限公司
地址：上海市虹口区东大名路358号1813室
……………………Tel：021 61819900
彩盈商贸（上海）有限公司
地址：上海市延安东路588号东海商业中心一期21C－1室
……………………Tel：021-61825960
上海凯诘电子商务股份有限公司
地址：上海市金山区朱泾镇贸易南路254号101、102、103室
……………………Tel：021-61837618
上海相宜本草化妆品股份有限公司
地址：上海市宝山区城银路121号
……………………Tel：021-61839500
利越（上海）服装商贸有限公司
地址：上海市闵行区宜山路2000号上海利丰广场主楼(20幢)12楼1201室
……………………Tel：021-61865199
上海太阳岛国际俱乐部有限公司
地址：上海市青浦区沈巷镇太阳岛
……………………Tel：021-61869666
古驰（中国）贸易有限公司
地址：上海市静安区南京西路1788号20楼（名义楼层）
……………………Tel：021-61908200
上海邦成生物工程有限公司
地址：上海市金山工业区金争路633号、655号、669号
……………………Tel：021-61913050
天喔食品（集团）有限公司
地址：上海市松江区泗泾工业区九干路159弄6号
……………………Tel：021-61923333
上海天喔茶庄饮料有限公司
地址：上海市松江区泗泾镇九干路167号2幢一层
……………………Tel：021-61923333
汉庭星空（上海）酒店管理有限公司
地址：中国（上海）自由贸易试验区浦东大道2123号3层F33室
……………………Tel：021-61952011
南侨食品集团（上海）股份有限公司
地址：上海市徐汇区宜山路1397号A栋12层
……………………Tel：021-61955754
上海纸杯有限公司
地址：上海市松江区江田东路218号
……………………Tel：021-61963999
伊藤忠纤维贸易（中国）有限公司
地址：中国（上海）自由贸易试验区基隆路6号外高桥大厦508室
……………………Tel：021-62091843
上海西郊宾馆有限公司
地址：上海市虹桥路1921号
……………………Tel：021-62198800
上海热浪实业有限公司
地址：上海市闵行区纪翟路1408号
……………………Tel：021-62211369
上海新热浪饮料有限公司
地址：青浦区华新镇华腾路1458号
……………………Tel：021-62211369
上海西郊庄园企业（集团）有限公司
地址：上海市闵行区诸翟镇诸新一村89号
……………………Tel：021-62215555
甘农食品饮料销售（上海）有限公司
地址：上海市普陀区云岭东路89号8层0806-B室
……………………Tel：021-62240026
上海郑明现代物流有限公司
地址：上海市青浦区青湖路1023号808室
……………………Tel：021-62277668
卡罗琳娜酿酒设备技术（上海）有限公司
地址：上海市长宁区天山支路168号805室
……………………Tel：021-62280990
上海自然美富丽化妆品有限公司
地址：上海市奉贤区海蛟路9号
……………………Tel：021-6230555
汉予森（上海）家居有限公司
地址：上海市长宁区长宁路88号一层1-19室、二层2-20室
……………………Tel：021-62372558
兰维乐（上海）食品有限公司
地址：上海市长宁区协和路1158号（2号楼）501-509室
……………………Tel：021-62383377
永乐（中国）电器销售有限公司
地址：中国（上海）自由贸易试验区峁山五村551号116室
……………………Tel：021-62457661
上海电力高压实业有限公司
地址：上海市普陀区常和路613弄1-2号
……………………Tel：021-62507000
上海新联纺进出口有限公司
地址：上海市愚园路1341号
……………………Tel：021-62511532
东歌森贸易（上海）有限公司
地址：上海市静安区延平路81号707室
……………………Tel：021-62568813
伽蓝（集团）股份有限公司
地址：上海市丽丰路12号
……………………Tel：021-62635334
上海机场（集团）有限公司
地址：上海市浦东机场启航路900号
……………………Tel：021-62692200
新国脉数字文化股份有限公司
地址：上海市普陀区江宁路1207号4、18、20-21楼
……………………Tel：021-62760000
东方国际集团上海市对外贸易有限公司
地址：娄山关路85号
……………………Tel：021-62786500
壹番屋餐饮管理（中国）有限公司
地址：上海市长宁区古北路507号801室、802室、803室
……………………Tel：021-62789525
东方国际创业股份有限公司
地址：中国（上海）自由贸易试验区张杨路707号2221室
……………………Tel：021-62789999
上海影城有限公司
地址：上海市长宁区新华路160号
……………………Tel：021-62806088
上海中华药业有限公司
地址：上海市青浦区新技路685号
……………………Tel：021-62815460
上海月星环球家饰博览中心有限公司
地址：上海市普陀区凯旋北路1288号3801室
……………………Tel：021-62850528
上海第一食品连锁发展有限公司
地址：上海市黄浦区南京东路720号7楼
……………………Tel：021-62865225
上海龙头家纺有限公司
地址：上海市黄浦区制造局路584号6幢3层
……………………Tel：021-63158300
上海申龙德鑫贸易有限公司
地址：上海市金山工业区亭卫公路6495弄168号1幢202室
……………………Tel：021-63161189
上海新富港房地产发展有限公司

地址：上海市黄浦区中山南一路500弄15号
……………………Tel：021-63166161

上海医药工业有限公司
地址：上海市九江路89号
……………………Tel：021-63216057

国药集团化学试剂有限公司
地址：上海市静安区沪太路801号1幢
……………………Tel：021-63219651

宝大祥青少年儿童购物（集团）股份有限公司
地址：上海市黄浦区南京东路685号1－7楼、地下室
……………………Tel：021-63225122

上海市药材有限公司
地址：上海市杨浦区霍山路519号名义楼层11楼1101室、1103室、1104室（实际楼层10楼1001室、1003室、1004室）
……………………Tel：021-63237578

上海新联谊大厦有限公司
地址：上海市黄浦区中山东一路2号
……………………Tel：021-63238886

上海大厦有限公司
地址：上海市虹口区北苏州路20号
……………………Tel：021-63246260

上海江崎格力高南奉食品有限公司
地址：上海市奉贤区青村镇青高路777号
……………………Tel：021-63260088

恒源祥（集团）有限公司
地址：上海市黄浦区金陵东路358号
……………………Tel：021-63268888

上海东方饭店管理有限公司
地址：上海市黄浦区金陵东路1号
……………………Tel：021-63280018

美夏国际贸易（上海）有限公司
地址：中国（上海）自由贸易试验区美盛路168号南楼第三层
……………………Tel：021-63294433

上海上药华宇药业有限公司
地址：上海市虹口区长阳路235号1101－1107室
……………………Tel：021-63296666

上海标成建筑装饰材料有限公司
地址：上海市嘉定区安亭镇方德路200弄175号
……………………Tel：021-63300789

百联集团有限公司
地址：中国（上海）自由贸易试验区张杨路501号19楼
……………………Tel：021-63323636

麦隆企业管理有限公司
地址：上海市黄浦区南京东路228号2F－2B－01商铺
……………………Tel：021-63330970

上海隽乐饮料有限公司
地址：上海市浦东新区川沙新镇陈行村三队方家宅73号2幢
……………………Tel：021-63331915

上海复星外滩置业有限公司
地址：上海市黄浦区中山东二路600号2幢5楼（实际楼层4楼）
……………………Tel：021-63338837

上海浦江游览集团有限公司
地址：上海市黄浦区中山东二路153号
……………………Tel：021-63368020

南极电商（上海）有限公司
地址：上海市青浦区沪青平公路1362号102室
……………………Tel：021-63461118

瑞步饮料贸易（上海）有限公司
地址：上海市黄浦区福州路318号22层01室
……………………Tel：021-63522037

上海中亚饭店有限公司
地址：梅园路330号
……………………Tel：021-63535555

杏花楼食品餐饮股份有限公司
地址：上海市黄浦区福州路343号
……………………Tel：021-63553777

上海王宝和饮料食品有限公司
地址：上海市黄浦区六合路158号
……………………Tel：021-63604872

号百信息服务有限公司
地址：上海市四川北路61号13－19楼
……………………Tel：021-20906000

上海通贸国际供应链管理有限公司
地址：中国（上海）自由贸易试验区世纪大道211号2202室
……………………Tel：021-63641808

露露乐蒙贸易（上海）有限公司
地址：上海市徐汇区虹桥路3号20层2001－02、2007－10、2003－06单元
……………………Tel：021-63758125

喜力管理（上海）有限公司
地址：上海市黄浦区丽园路700号5楼501室X－009单元
……………………Tel：021-63897800

上海三千口饮料有限公司
地址：上海市闵行区浦星公路789号6幢107－1室
……………………Tel：021-63900246

上海玖传服装有限公司
地址：上海市闵行区沪青平公路277号5楼H30室
……………………Tel：021-64029233

上海龙辉餐饮管理有限公司
地址：中国（上海）自由贸易试验区张杨路828－838号26楼E、F室
……………………Tel：021-64032575

上海市农工商投资有限公司
地址：上海市徐汇区枫林路251号303室
……………………Tel：021-64039449

卡乐星（上海）餐饮管理有限公司
地址：上海市徐汇区天钥桥路30号第22层2211室
……………………Tel：021-64070072

上海太平洋百货有限公司
地址：上海市衡山路932号
……………………Tel：021-64078888

青岛啤酒上海闵行有限公司
地址：上海市闵行区沈杜公路1739号
……………………Tel：021-64110900

上海九海百盛广场有限公司
地址：上海市淮海中路918号
……………………Tel：021-64158818

上海市糖业烟酒（集团）有限公司
地址：上海市黄浦区南京东路720号702室
……………………Tel：021-64188188

上海怡乐食食品科技服务有限公司
地址：上海市浦东新区浦东大道2536号401室
……………………Tel：021-64263355

上海汇金百货有限公司
地址：上海市徐汇区肇嘉浜路1000号
……………………Tel：021-64269999

上海徐家汇商城股份有限公司
地址：肇嘉浜路1068号
……………………Tel：021-64269999

强生（中国）有限公司
地址：上海市闵行区东川路3285号
……………………Tel：021-64302010

上海强生制药有限公司
地址：上海市闵行经济技术开发区绿春路139号
……………………Tel：021-64308123

上海百事可乐饮料有限公司
地址：上海市闵行区文井路288号
……………………Tel：021-64318316

上海第一医药股份有限公司
地址：上海市南京东路616号
……………………Tel：021-64333830

上海上实南洋大酒店有限公司
地址：上海市静安区威海路500号
……………………Tel：021-64336688

上海佳通日清食品有限公司
地址：上海市闵行区沧源路1100号
……………………Tel：021-64352220

上海汽轮机厂有限公司
地址：闵行区江川路333号
……………………Tel：021-64358331－3381

花乐餐饮管理（上海）有限公司
地址：上海市徐汇区天钥桥路567号305部位335室
……………………Tel：021-64380170

上海上药雷允上医药有限公司
地址：上海市航谊路320号12幢103室
……………………Tel：021-64385691

上海华亭宾馆有限公司
地址：上海市徐汇区漕溪北路1200号
……………………Tel：021-64391000

上海紫日包装有限公司
地址：上海市闵行区颛兴路899号
……………………Tel：021-64426588

上海麦克风文化传媒有限公司
地址：上海市徐汇区番禺路1028号201－3室
……………………Tel：021-64678756

上海国民集团健康科技有限公司
地址：上海市青浦区公园路348号3楼301－14室
……………………Tel：021-64766666

上海台尚食品有限公司
地址：上海市闵行区七宝镇吴宝路428号
……………………Tel：021-64790077－158

上海东利多餐饮管理有限公司
地址：上海市嘉定区马陆镇嘉戬公路328号7幢212室
……………………Tel：021-64851671

光明米业（集团）有限公司
地址：上海市崇明区跃进中路151号
……………………Tel：021-64855222

似鸟（中国）投资有限公司
地址：上海市徐汇区肇嘉浜路1077号601室
……………………Tel：021-64868890

上海上药神象健康药业有限公司
地址：上海市普陀区云岭东路89号9层0919室
……………………Tel：021-64871121

上海皓力德测控技术有限公司
地址：上海市闵行区天为路125号4幢
……………………Tel：021-64930578

上海莘松乐购生活购物有限公司
地址：上海市闵行区莘松路855号
……………………Tel：021-64936000

摩贝（上海）生物科技有限公司
地址：中国（上海）自由贸易试验区港澳路239号1幢3层333室
……………………Tel：021-64956998

力波酿酒（上海）有限公司
地址：上海市闵行区虹梅南路379号
……………………Tel：021-64972523

上海炯旻商业管理有限公司
地址：上海市闵行区闵虹路166弄3号707室
……………………Tel：021-64972523

上海绿地宝仕汽车销售服务有限公司
地址：上海市杨浦区周家嘴路3388号323幢
……………………Tel：021-65053388

佳酿（中国）酒业有限公司
地址：中国（上海）自由贸易试验区西里路55号1235室
……………………Tel：021-65106252

上海沪海饮料食品厂
地址：水电路522号
……………………Tel：021-65162538

上海爱森肉食品有限公司
地址：奉贤区市燎原农场
……………………Tel：021-65191333

上海九龙宾馆有限公司
地址：上海市虹口区溧阳路601号
……………………Tel：021-65418228

上海华申进出口有限公司
地址：上海市杨浦区平凉路988号62幢（9号楼）11－13层、14层半层
……………………Tel：021-65454888

上海梅林食品有限公司
地址：上海市杨浦区军工路224号
……………………Tel：021-65667788

青岛啤酒上海杨浦有限公司
地址：上海市杨浦区平凉路2678号
……………………Tel：021-65669721

上海远洋运输有限公司
地址：上海市东大名路378号
……………………Tel：021-65701888

上海烟草集团黄浦烟草糖酒有限公司
地址：上海市六合路158号
……………………Tel：021-65778000

上海烟草集团卢湾烟草糖酒有限公司
地址：上海市淮海中路927弄1号
……………………Tel：021-65778212

上海宝山乐购生活购物有限公司
地址：宝山区三门路501号
……………………Tel：021-65918000

上海青岛啤酒销售有限公司
地址：上海市宝山区新沪路2号301室
……………………Tel：021-66096614

上海联家超市有限公司
地址：上海市普陀区曹杨路1888弄11号2楼202室－E、202室－F、202室－G、202室－H
……………………Tel：021-66097083

上海江杨农产品市场经营管理有限公司
地址：宝山区江杨北路98号
……………………Tel：021-66221869

上海华灵乐购生活购物有限公司
地址：宝山区大华路518号
……………………Tel：021-66408000

上海大牧汗食品股份有限公司
地址：上海市宝山区南大路30号
……………………Tel：021-66517756

爱普香料集团股份有限公司
地址：上海市嘉定区曹新公路33号
……………………Tel：021-66523100

上海凯信生物科技有限公司
地址：中国（上海）自由贸易试验区张衡路1299号
……………………Tel：021-66523100

上海爱普食品科技（集团）有限公司
地址：上海市北和公路680号A区101室
……………………Tel：021-66523100

食亨（上海）科技服务有限公司
地址：上海市虹口区广粤支路1号8幢438、439、440室
……………………Tel：021-66610611

宝钢工程建设有限公司
地址：上海市宝山区同济路525号
……………………Tel：021-66792222

上海景峰制药有限公司
地址：上海市宝山区罗新路50号
……………………Tel：021-66861001

上海宝颖食品饮料有限公司
地址：上海市宝山区罗新路419号
……………………Tel：021-66865500

上海德达医院有限公司
地址：上海市青浦区徐泾镇徐乐路109号
……………………Tel：021-67007777

国家会展中心（上海）有限责任公司
地址：上海市青浦区徐泾镇盈港东路168号
……………………Tel：021-67008888

熙可食品科技（上海）有限公司
地址：上海市嘉定区汇荣路505号107室
……………………Tel：021-67077988

上海雷允上药业有限公司
地址：上海市奉贤区航谊路320号12幢102室
……………………Tel：021-67103277

上海雪榕生物科技股份有限公司
地址：上海市奉贤区现代农业园区高丰路999号
……………………Tel：021-67104620

上海南郊宾馆有限公司
地址：上海市奉贤区南桥镇展园路398号
……………………Tel：021-67105888

上海丽洲大酒店有限公司
地址：上海市奉贤区航南公路4988弄28号
……………………Tel：021-67107112

上海奉贤乐购生活购物有限公司
地址：上海市奉贤区南桥镇环城东路1454号－1468号
……………………Tel：021-67113088

斯必克（上海）流体技术有限公司
地址：上海市奉贤区南桥镇奉金路666号、668号1－4幢
……………………Tel：021-67158181

福达（上海）食品有限公司
地址：上海市金山工业区金百路377号
……………………Tel：021-67228668

上海福助工业有限公司
地址：上海市金山工业区亭卫公路3181号
……………………Tel：021-67277388

上海味之素调味品有限公司
地址：上海市松江工业区东部新区申港路3000号
……………………Tel：021-67600909

明治制果食品工业（上海）有限公司
地址：上海市松江工业区东部新区新飞路1111号
……………………Tel：021-67601212

领驰食品发展（上海）有限公司
地址：上海市松江区新飞路951号
……………………Tel：021-67602000

小川香料（上海）有限公司
地址：上海市松江工业区江田东路85号
……………………Tel：021-67742188

上海顶誉食品有限公司
地址：上海市松江区松胜路516号3幢、5幢
……………………Tel：021-67742455

青岛啤酒（上海）投资有限公司
地址：上海市松江区松江工业区锦昔路1

号
…………………………Tel：021-67753625

可以食品饮料（上海）有限公司
地址：上海市金山区学府路221－235号（单）1035室
…………………………Tel：021-67880960

上海赫尔森康复医院有限公司
地址：上海市松江区九亭镇九新公路528号
…………………………Tel：021-67885303

尤益嘉（上海）食品商贸有限公司
地址：上海市浦东新区康桥镇沪南路2888弄1号楼2楼
…………………………Tel：021-68069392

慧而特（上海）电器科技有限公司
地址：上海市黄浦区龙华东路325号5层（实际楼层4层）
…………………………Tel：021-68187010

上海深水港国际物流有限公司
地址：中国（上海）自由贸易试验区同汇路1号
…………………………Tel：021-68281111

精选餐饮管理（上海）有限公司
地址：上海市浦东机场迎宾大道6000号候机楼3层国际禁区、出发区
…………………………Tel：021-68339875

原能细胞科技集团有限公司
地址：中国（上海）自由贸易试验区张衡路1227号、哈雷路1118号1幢6层、3幢2层203室
…………………………Tel：021-68370606

丸红（上海）有限公司
地址：中国（上海）自由贸易试验区基隆路1号汤臣国际贸易大楼717室
…………………………Tel：021-68411932

上海天象饮料有限公司
地址：上海市杨浦区宁国路218号1419室
…………………………Tel：021-68482390

三菱商事（上海）有限公司
地址：中国（上海）自由贸易试验区台中南路2号新贸楼312室
…………………………Tel：021-68543030

上海速饮乐食品饮料有限公司
地址：中国（上海）自由贸易试验区金藏路258号4幢5层501单元A区
…………………………Tel：021-68559059

中视传媒股份有限公司
地址：中国（上海）自由贸易试验区福山路450号新天国际大厦17层A座
…………………………Tel：021-68763878

上海伊藤忠商事有限公司
地址：中国（上海）自由贸易试验区基隆路6号外高桥大厦504室
…………………………Tel：021-68776688

上海复星星泰医药科技有限公司
地址：中国（上海）自由贸易试验区张衡路1999号7幢
…………………………Tel：021-68816638

上海佰草堂饮品有限公司
地址：浦东新区航头镇航南公路181号5幢
…………………………Tel：021-68866904

上海紫金山大酒店有限公司
地址：中国（上海）自由贸易试验区东方路778号
…………………………Tel：021-68868888

上海开源酿酒有限公司
地址：浦东新区航头镇沪南公路5838号
…………………………Tel：021-68875188

天鹅堡酒业（上海）有限公司
地址：中国（上海）自由贸易试验区世博村路231号2单元3层325室
…………………………Tel：021-68960999

上海爱普植物科技有限公司
地址：嘉定工业区北和公路680号
…………………………Tel：021-69021588

好丽友食品（上海）有限公司
地址：上海市青浦工业园区外青松公路5151号
…………………………Tel：021-69211888

上海崇明绿岛米酒酿造有限公司
地址：上海市崇明区中兴镇开港村
…………………………Tel：021-69448177

上海菲立斯酿酒有限公司
地址：上海市嘉定区春浓路199号
…………………………Tel：021-69591119

上海农家酿酒有限公司
地址：上海市崇明区城桥镇利民路299号
…………………………Tel：021-69620246

上海长兴岛渔港有限公司
地址：上海市崇明区长兴镇渔港环路377弄1号
…………………………Tel：021-69687701

上海市客运轮船有限公司
地址：宝山区淞浦路100号
…………………………Tel：021-69693298

上海新丸商业运营有限公司
地址：上海市黄浦区南京东路228号718室
…………………………Tel：021-69788888

上海西郊国际农产品交易有限公司
地址：上海市青浦区华新镇新府中路1288号
…………………………Tel：021-69798888

上海贵酒云电子商务有限公司
地址：上海市奉贤区庄行镇大叶公路1881弄33号124室
…………………………Tel：021-80130906

贵酿酒业有限公司
地址：上海市奉贤区庄行镇东街6号－B
…………………………Tel：021-80134233

贵十六代（上海）有限公司
地址：中国（上海）自由贸易试验区银城中路8号4308室
…………………………Tel：021-80134233

无牌优品（上海）企业发展有限公司
地址：上海市奉贤区庄行镇东街6号－C
…………………………Tel：021-80134233

上海贵岫实业有限公司
地址：上海市奉贤区庄行镇光明中心路68号4幢4层459室
…………………………Tel：021-80134280

上海泽润生物科技有限公司
地址：中国（上海）自由贸易试验区张衡路1690弄9号楼
…………………………Tel：021-80165002

上海南侨食品有限公司
地址：上海市金山工业区广业路399号
…………………………Tel：021-80225700

福维克家用电器制造（上海）有限公司
地址：上海青浦工业园区崧泽大道8777号B厂房
…………………………Tel：021-80231088

纽仕兰新云（上海）电子商务有限公司
地址：上海市长宁区福泉北路518号8座1层
…………………………Tel：021-80259588

甜维你（上海）商贸有限公司
地址：上海市闵行区万源路2800号U146室
…………………………Tel：021-80361818

上海旗计智能科技有限公司
地址：上海市金山区山阳镇浦卫公路16299弄11号1层101室A
…………………………Tel：021-80391588

重庆市

重庆尚蔬坊饮料食品股份有限公司
地址：重庆市綦家工业园区C4－02
…………………………Tel：023-40715569

达能（重庆）食品饮料有限公司
地址：重庆市璧山区璧青北路780号
…………………………Tel：023-87379970

重庆统一企业有限公司
地址：重庆市璧山区青杠街道统一路6号
…………………………Tel：023-41668888

重庆合川渝州酿酒有限公司
地址：重庆市合川区太和镇合川路488号
…………………………Tel：023-42666581

重庆合川盐化工业有限公司
地址：重庆市合川区南办处花园路2666号(重庆市合川工业园区南溪片区)
…………………………Tel：023-42753521

重庆云升食品饮料有限公司
地址：重庆市合川区思居工业园
…………………………Tel：023-42883488

重庆潼古酒业有限公司
地址：重庆市潼南区工业园区(南区)A2－（14－17）/01号地块
…………………………Tel：023-44868999

重庆安居古城华夏文化旅游发展有限公司
地址：重庆市铜梁区安居镇龙泉村一社
…………………………Tel：023-45627609

重庆明珠塑料有限公司
地址：重庆市荣昌区板桥工业园区明珠路6号
…………………………Tel：023-46737558

大溪地诺丽饮料（中国）有限公司荣昌工厂
地址：重庆市荣昌区昌州街道东湖二支路21号1、2、3幢
…………………………Tel：023-46762971

中粮粮油工业（重庆）有限公司
地址：重庆市江津区德感街道沿江路12号
…………………………Tel：023-47269302

重庆市江津区当津酒业有限公司
地址：重庆市江津区德感工业园
…………………………Tel：023-47811919

重庆红池坝实业有限责任公司
地址：重庆市巫溪县红池坝
…………………………Tel：023-51333511

重庆天致药业股份有限公司
地址：重庆市开州区赵家街道东浦大道10号1幢
…………………………Tel：023-52294899

重庆今朝醉酒业发展有限责任公司
地址：重庆市云阳县南溪镇返乡创业园
…………………………Tel：023-55788699

重庆厚捷医药集团有限公司
地址：重庆市万州区经开大道188号（万州经开区）
…………………………Tel：023-58104659

重庆市荣州食品饮料有限公司
地址：重庆市万州区高梁镇泗华路
…………………………Tel：023-58333883

重庆市万州机场有限责任公司
地址：重庆市万州区机场航管楼二楼
…………………………Tel：023-58538035

重庆市千酿源酒业有限公司
地址：重庆市万州区双河口边家村四组
…………………………Tel：023-58661533

重庆渝诗兴酒业有限公司
地址：重庆市万州区天城镇塘坊大道466号
…………………………Tel：023-58856929

重庆悦来两江国际酒店会议管理有限公司
地址：重庆市渝北区悦来滨江大道86号
…………………………Tel：023-60358816

重庆凯德古渝雄关置业有限公司
地址：重庆市渝中区长江滨江路2号22层1号
…………………………Tel：023-60375555

重庆中油两江发展有限公司
地址：重庆市渝北区龙兴镇迎龙大道19号
…………………………Tel：023-60390956

广州双桥（重庆）有限公司
地址：重庆市江津区德感街道鲁花路8号
…………………………Tel：023-61061188

重庆谊品弘科技有限公司
地址：重庆市南岸区玉马路8号科技创业中心融英楼（经开区拓展区内）
…………………………Tel：023-61752831

重庆庆酒酿酒庄园有限公司
地址：重庆市南川区兴隆镇庆酒路888号
…………………………Tel：023-61893222

新玖商业发展有限公司
地址：重庆市渝北区龙兴镇迎龙大道19号
…………………………Tel：023-63025711

重庆市盐业（集团）有限公司
地址：重庆市渝中区五四路39号第19层部分及第20层
…………………………Tel：023-61965585

重庆仁孚汽车销售服务有限公司
地址：重庆市渝中区经纬大道789号1－3#
…………………………Tel：023-61967060

重庆汉海海洋生物科普有限公司
地址：重庆市巴南区嘉龙路133号
…………………………Tel：023-62333888

重庆奉谷食品饮料有限公司
地址：重庆市经开区花园路街道金山支路1号27－2
…………………………Tel：023-62603455

重庆市奇派食品饮料有限公司
地址：重庆市长寿区晏家工业园区
…………………………Tel：023-62765278

重庆菲普食品饮料有限公司
地址：重庆市南岸区长电路9号综合楼
…………………………Tel：023-62770880

重庆医药和平医药批发有限公司
地址：重庆市南岸区花园路街道南城大道229号
…………………………Tel：023-62804941

重庆重报印务有限公司
地址：重庆市江北区鱼嘴镇康泰路99号
…………………………Tel：023-62811119

重庆多普泰制药股份有限公司
地址：重庆市万盛区东林清溪桥曹家店
…………………………Tel：023-62838976

大溪地诺丽饮料（中国）有限公司
地址：重庆市渝北区财富大道1号17－1
…………………………Tel：023-63017065

重庆宜家家居有限公司
地址：重庆市北部新区汇流路2号
…………………………Tel：023-63052345

重庆北部妇产医院有限公司
地址：重庆市渝北区翠渝路68号
…………………………Tel：023-63066555

重庆国贸中心大酒店有限公司
地址：重庆市渝中区青年路66号
…………………………Tel：023-63106306

中粮可口可乐饮料（重庆）有限公司
地址：重庆市两江新区金渝大道109号
…………………………Tel：023-63423430

重庆料中堂餐饮投资管理有限公司
地址：重庆市渝北区金开大道66号附6号
…………………………Tel：023-63521955

欧菲斯办公伙伴控股有限公司
地址：重庆市两路寸滩保税港区管理委员会综合大楼8－2－46
…………………………Tel：023-63739609

重庆长江轮船有限公司
地址：重庆市渝中区陕西路22号
…………………………Tel：023-63772078

重庆百货大楼股份有限公司
地址：重庆市渝中区民权路28号（英利国际金融中心）第30、31、32层
…………………………Tel：023-63845206

重庆海外旅业（旅行社）集团有限公司
地址：重庆市江北区红锦大道1号理想大厦A幢10楼
…………………………Tel：023-63851248

重庆市电影发行放映有限责任公司
地址：重庆市渝中区人和街95号
…………………………Tel：023-63859248

重庆中油迅发实业有限公司
地址：重庆市渝中区上清寺路200号
…………………………Tel：023-63881615

重庆市博赛矿业（集团）有限公司
地址：重庆市南川区南城街道办事处白房居委
…………………………Tel：023-63886666

重庆中石化和光石油销售有限公司
地址：重庆市江北区建新东路90号第2层
…………………………Tel：023-63900360

重庆红山饮料食品有限责任公司
地址：重庆市沙坪坝区井口小湾8号
…………………………Tel：023-65182959

重庆融汇温泉产业发展有限公司
地址：重庆市沙坪坝区汇泉路6号
…………………………Tel：023-65269999

重庆维乐保健食品有限公司
地址：重庆市沙坪坝区歌乐山镇金刚村金刚坡3号
…………………………Tel：023-65506573

重庆市利展水资源开发有限公司
地址：重庆市沙坪坝区土主镇月台路18号【口岸贸易服务大厦】B1单元9楼903－002室
…………………………Tel：023-65661316

重庆赖公国酿酒业有限公司
地址：重庆市渝北区镜泊中路8号18－18
…………………………Tel：023-65770888

重庆龙禹石油有限公司
地址：重庆市北部新区高新园星光大道60号
…………………………Tel：023-67030105

重庆百事天府饮料有限公司
地址：重庆市渝北区宝环路768号
…………………………Tel：023-67186805

重庆娃哈哈昌盛饮料有限公司
地址：重庆市渝北区回兴街道霓裳大道21号
…………………………Tel：023-67289932

有友食品股份有限公司
地址：重庆市渝北区国家农业科技园区国际食品工业城宝环一路13号
…………………………Tel：023-67389309

中粮可口可乐饮料（重庆）有限公司万州营业所

地址：重庆市万州区北环路26号厂房
……………………Tel：023-63423420
永辉物流有限公司
地址：重庆市沙坪坝区土主镇土主中路199号附1-51号
……………………Tel：023-67503666
新光天地百货（重庆）有限公司
地址：重庆市渝北区龙溪街道红锦大道89号
……………………Tel：023-67601188
重庆新世界时尚商厦有限公司
地址：重庆市江北区观音桥步行街6号
……………………Tel：023-67706858
重庆华有食品饮料有限公司
地址：重庆市江北区寸滩港城工业园D区港安二路40号
……………………Tel：023-67726904
广州富力地产（重庆）有限公司
地址：重庆市沙坪坝区大学城中路46号附33号
……………………Tel：023-67733288
深圳沃尔玛百货零售有限公司重庆冉家坝分店
地址：重庆市渝北区龙山大道111号"龙湖紫都城"
……………………Tel：023-67793377
重庆美料餐饮管理有限公司
地址：重庆市北部新区和睦路1号
……………………Tel：023-67867563
重庆渝通宾馆有限公司
地址：重庆市渝北区红旗河沟龙溪镇红锦大道18号
……………………Tel：023-67890000
重庆世纪金源时代大饭店有限公司
地址：重庆市江北区建北二支路1号
……………………Tel：023-67958888
重庆蓝剑缙云山饮品有限公司
地址：重庆市北碚区澄江镇缙云村20号内
……………………Tel：023-68020874
海霸王（汕头）食品有限公司重庆营业处
地址：重庆市九龙坡区杨家坪西郊路2号1-30-9号
……………………Tel：023-68124570
重庆佳宇英皇酒店有限公司
地址：重庆市九龙坡区杨家坪直港大道206号
……………………Tel：023-68129999
深圳沃尔玛百货零售有限公司重庆松青路分店
地址：重庆市大渡口区松青路1029号负1-32号
……………………Tel：023-68156576
米尚宫（重庆）电子商务有限公司
地址：重庆市江北区观音桥街道兴隆路36号附2号10-6
……………………Tel：023-68159188
重庆道奇饮料有限公司
地址：重庆市沙坪坝区井口村陈堡社
……………………Tel：023-68362278
重庆朝阳气体有限公司
地址：重庆市大渡口区重庆建桥工业园C区石林大道8号
……………………Tel：023-68423824
中国兵工物资西南有限公司
地址：重庆市九龙坡区谢家湾正街3号
……………………Tel：023-68483050
深圳沃尔玛百货零售有限公司重庆九龙广场分店
地址：重庆市九龙坡区九龙镇龙庭路6号1、2幢附2号
……………………Tel：023-68789482
重庆斯泰克瑞登梅尔材料技术有限公司
地址：重庆市长寿区化南路1号
……………………Tel：023-68981159
重庆冠品商贸有限公司
地址：重庆市渝中区西来寺8号第14-9
……………………Tel：023-69310118
丰都县旅游发展有限公司
地址：重庆市丰都县三合街道平都大道东段138号三层、四层
……………………Tel：023-70706933
重庆庆酒酒庄有限公司
地址：重庆市南川区兴隆镇庆酒路898号
……………………Tel：023-71484640
中粮油脂（重庆）有限公司
地址：重庆市涪陵区龙桥镇
……………………Tel：023-72138002
重庆市涪陵娃哈哈饮料有限公司
地址：重庆市涪陵区兴华西路58号
……………………Tel：023-72801135
重庆娃哈哈广盛饮料有限公司
地址：重庆市涪陵区龙桥镇衰家村一社
……………………Tel：023-72801135
重庆市四季泉饮料有限公司
地址：重庆市垫江县沙坪镇红旗管理所
……………………Tel：023-74685555
重庆福春饮料有限公司
地址：重庆市秀山县平凯街道办事处武营社区居民委员会
……………………Tel：023-76681600
重庆市武隆喀斯特旅游产业（集团）有限公司
地址：重庆市武隆区仙女山街道银杏大道32号2-1
……………………Tel：023-77825575
重庆华邦酒店旅业有限公司
地址：重庆市武隆区仙女山街道仙女村铁炉组76号附13号
……………………Tel：023-77737656
重庆九黎旅游股份有限公司
地址：重庆市彭水县靛水街道张家坝居委一组
……………………Tel：023-78839555
益海嘉里（重庆）粮油有限公司
地址：重庆市江津区德感工业园
……………………Tel：023-80222022
重庆际华目的地中心实业有限公司
地址：重庆市渝北区龙兴镇际华园南路188号
……………………Tel：023-81150001
重庆阿依达太极泉水股份有限公司
地址：重庆市彭水县乔梓乡长寿村4组
……………………Tel：023-78859999
重庆桑禾动物药业有限公司
地址：重庆市合川区南沙路241号
……………………Tel：023-81660932
云阳盐化有限公司
地址：重庆市云阳县双江街道蜀光村100号工业园区C区
……………………Tel：023-85850388
重庆华侨城实业发展有限公司
地址：重庆市北部新区礼仁街59号
……………………Tel：023-86076666
重庆市江津区江边酿酒有限公司
地址：重庆市江津区白沙镇白沙工业园D-27-2号
……………………Tel：023-86859977
天酿重庆酒类销售有限公司
地址：重庆市渝中区长江一路60号24-7#
……………………Tel：023-86868181
重庆奇秀食品饮料有限公司
地址：重庆市秀山县乌杨街道园区路21号(县工业园区内)
……………………Tel：023-87988222
重庆禹崔食品有限公司
地址：重庆市南岸区茶园新区迎春路2号
……………………Tel：023-88668866
麦德龙商业集团有限公司重庆两江新区商场
地址：重庆市北部新区天福路63号
……………………Tel：023-88739888
重庆两江丽景酒店有限公司
地址：重庆市渝中区双钢路3号
……………………Tel：023-89065555
重庆嘉酿啤酒有限公司
地址：重庆市北部新区大竹林恒山东路9号
……………………Tel：023-89068131
太极集团重庆桐君阁医药批发有限公司
地址：重庆市两江新区康美街道恒山东路18号办公楼2楼
……………………Tel：023-89870720

河北省

河北敏田饮料制造有限公司
地址：河北省邯郸市漳河经济开发区（磁县讲武城镇北白道村东）
……………………Tel：0310-2330000
河北葵赋康饮料有限公司
地址：河北省广平县城北食品工业区
……………………Tel：0310-2631222
馆陶县康源食品饮料有限公司
地址：馆陶县新华街南段西侧（姜沿村段）
……………………Tel：0310-2800555
河北凯诚饮品有限公司
地址：馆陶县南环路６６号
……………………Tel：0310-2815815
河北仁泰医药连锁有限公司
地址：河北省邯郸市丛台区丛台路5号
……………………Tel：0310-4060111
优布劳（中国）精酿啤酒有限公司
地址：河北省邯郸市经济开发区美的路109号
……………………Tel：0310-5106969
邯郸市峰峰龙王矿泉饮料有限公司
地址：邯郸市峰峰矿区界城镇西老鸦峪村
……………………Tel：0310-5288668
冀中能源国际物流集团有限公司
地址：河北省邯郸市经济开发区美的路88号
……………………Tel：0310-5801894
河北赵王酒业有限公司
地址：邯郸市邯山区通市路南段（南环路中段）
……………………Tel：0310-6028267
邯郸丽晶泉健康饮料食品有限公司
地址：河北省邯郸市黄粱梦
……………………Tel：0310-7162906
邯郸市峰峰太安自由乐道饮料门市
地址：峰峰矿区峰峰镇矿务局实验小学门口
……………………Tel：0310-7712575
河北雪尔旺食品饮料有限公司
地址：临漳县城北环路西段
……………………Tel：0310-7865148
邯郸制药股份有限公司
地址：河北邯郸工业园区309国道18号（西区）；河北邯郸工业园区廉颇南大街96号（东区）
……………………Tel：0310-8036168
河北波尔拉斯葡萄酿酒有限公司
地址：邯郸市邯山区邯郸工业园区院上宋村廉颇大街西侧代召纬八路南侧
……………………Tel：0310-8058988
河北赖公酒业有限公司
地址：邯郸市峰峰矿区彭城邢都公路西20米
……………………Tel：0310-8188607
河北康贝尔食品有限公司
地址：河北省邯郸市邱县经济开发区富强大街8号
……………………Tel：0310-8251888
邯郸市肥乡县康尔体饮料有限公司
地址：河北省邯郸市肥乡县元固乡三里堤村村北
……………………Tel：0310-8569555
河北邯郸丛台酒业股份有限公司
地址：河北省邯郸市肥乡经济开发区丛台酒业大道9号
……………………Tel：0310-8618989
河北昊梦白酒酿造有限公司
地址：曲周县城振兴路西段路北
……………………Tel：0310-8791999
邯郸国际陆港有限公司
地址：邯郸国际陆港物流园区（机场路以东、河大路以南）
……………………Tel：0311-5767715
华润置地（石家庄）有限公司
地址：河北省石家庄市桥西区中山西路108号华润大厦B座30层
……………………Tel：0311-66032766
河北维尔康制药有限公司
地址：石家庄高新区黄河大道198号华北制药华盈有限公司办公楼
……………………Tel：0311-66613775
石家庄思凯电力建设有限公司
地址：河北省石家庄市桥西区中华南大街301号
……………………Tel：0311-66662035
华北制药河北莱欣药业有限公司
地址：河北省石家庄经济技术开发区海南路58号
……………………Tel：0311-67269970
河北广瑞生物制品有限公司
地址：赵县南柏舍镇生物产业园
……………………Tel：0311-67300879
河北华润万家生活超市有限公司
地址：石家庄市新华区友谊北大街４１８号
……………………Tel：0311-67795109
石药集团河北中诚医药有限公司
地址：河北省石家庄市高新区秦岭大街111号
……………………Tel：0311-67805111
河北省油脂储备库有限公司
地址：石家庄经济技术开发区创业路12号
……………………Tel：0311-67906067
河北金滦酒业销售有限公司
地址：河北省石家庄市裕华区体育南大街维多利亚二期3-2-1601
……………………Tel：0311-68053090
河北岁源酒业有限公司
地址：石家庄市鹿泉区昌盛大街18号
……………………Tel：0311-80677825
石家庄美达食品饮料有限公司
地址：深泽县工业园区（小陈庄村南）
……………………Tel：0311-80701598
河北太行国宾馆管理有限公司
地址：河北省石家庄市桥西区维明街28号
……………………Tel：0311-80888888
河北珠江啤酒有限公司
地址：石家庄市鹿泉区龙泉东路199号
……………………Tel：0311-82012721
中电科卫星导航运营服务有限公司
地址：河北省石家庄市鹿泉区昌盛大街21号1号楼4层
……………………Tel：0311-82177810
河北常青实业集团有限公司
地址：河北省井陉县秀林镇李家庄
……………………Tel：0311-82325299
河北中诺果维康保健品有限公司
地址：石家庄经济技术开发区扬子路88号
……………………Tel：0311-82625870
石家庄维他食品饮料有限公司
地址：行唐县东安香村东石行路５１８号
……………………Tel：0311-82691088
平山县野河甲鱼酿酒有限公司
地址：平山县平山镇东冶村
……………………Tel：0311-82900815
石家庄市柏坡泉饮料有限公司
地址：平山县平光路１６８号
……………………Tel：0311-82946700
河北沃源饮品有限公司
地址：行唐县部河桥头
……………………Tel：0311-82990858
石家庄市珠璧城商场
地址：石家庄市桥西区裕华西路５５６号
……………………Tel：0311-83055549
河北亚诺生物科技股份有限公司
地址：石家庄市开发区阿里山大街19号
……………………Tel：0311-83099855
河北天浩饮料有限公司
地址：河北省石家庄市晋州市后彭头
……………………Tel：0311-83165569
河北沃神生物科技有限公司
地址：河北省石家庄市藁城区九门乡南白皮村村西100米
……………………Tel：0311-83501719
石家庄骐骥生物技术有限公司
地址：新乐市邯邰镇邯邰工业区
……………………Tel：0311-83617460
石家庄万福隆酿酒有限公司
地址：石家庄新华区大马村北
……………………Tel：0311-83631048
石家庄中京酒业有限公司
地址：河北省石家庄市鹿泉区滨海路6号
……………………Tel：0311-83883980
河北君乐宝君源乳业有限公司
地址：石家庄市鹿泉区铜冶镇碧水街2号
……………………Tel：0311-83898076
河北龙之养饮料有限公司
地址：河北省石家庄市高邑县城东工业区
……………………Tel：0311-83951988
石家庄市美特好食品饮料有限公司
地址：晋州市工业路（陈庄村）
……………………Tel：0311-84329666
石家庄美源食品饮料有限公司
地址：晋州市后彭头工业区
……………………Tel：0311-84359181
石家庄龙城山泉饮料有限公司
地址：元氏县姬村镇城郎村
……………………Tel：0311-84575123
元氏县子申商贸有限公司

地址：元氏县前仙(井元路北侧)
…………………… Tel：0311-84591390

河北源质绿农业开发股份有限公司
地址：河北省石家庄市赵县范庄镇大夫庄村西1.5公里处路北
…………………… Tel：0311-84889884

河北机械进出口有限公司
地址：石家庄市新华区泰华街１８１号
…………………… Tel：0311-85022208

中化河北有限公司
地址：石家庄市联盟路707号中化大厦
…………………… Tel：0311-85028654

石家庄桃李食品有限公司
地址：石家庄经济技术开发区扬子路53号
…………………… Tel：0311-85155732

中粮可口可乐饮料（河北）有限公司
地址：河北省石家庄市经济技术开发区海南路169号
…………………… Tel：0311-85155859

益海（石家庄）粮油工业有限公司
地址：河北省石家庄经济技术开发区扬子路东段
…………………… Tel：0311-85159801

河北宾馆集团有限公司
地址：河北省石家庄市裕华区石家庄市育才街１６８号
…………………… Tel：0311-85266666

河北越千年葡萄酒销售有限公司
地址：石家庄市新华区联盟路699号
…………………… Tel：0311-85299899

河北建投能源投资股份有限公司
地址：石家庄市裕华西路9号
…………………… Tel：0311-85518600

河北盛世商井酿酒有限公司
地址：河北省石家庄市藁城区南营镇南营村（果王公路南营段）
…………………… Tel：0311-8565237

河北省国和投资集团有限公司
地址：石家庄市桥西区自强路37号
…………………… Tel：0311-85668887

河北保龙仓家乐福商业有限公司
地址：石家庄市中山东路39号勒泰中心地下一层
…………………… Tel：0311-85877049

统万珍极食品有限公司
地址：河北省石家庄市广安大街34号天利商务大厦
…………………… Tel：0311-85925973

必康润祥医药河北有限公司
地址：石家庄市栾城区环城西路中段（城区公安分局斜对面）
…………………… Tel：0311-85977139

华北制药集团有限责任公司
地址：河北省石家庄市长安区和平东路388号
…………………… Tel：0311-85993999

万融文化发展兴隆县有限公司
地址：河北省承德市兴隆县南天门乡郭家庄村（承德德隆酿酒有限公司办公楼内）
…………………… Tel：0311-86106761

石家庄云臻金陵世贸广场酒店有限公司
地址：石家庄长安区中山东路３０３号
…………………… Tel：0311-86678888

河北金赵州酿酒集团有限公司
地址：赵县308国道开发区
…………………… Tel：0311-86890687

石家庄云瑞国宾酒店有限公司
地址：石家庄市长安区中山东路99号
…………………… Tel：0311-86911666

河北燕山大酒店有限责任公司
地址：石家庄市裕华西路40号
…………………… Tel：0311-87012233

叁陆伍生活通网络科技河北有限公司
地址：河北省石家庄市长安区中山东路296号3楼
…………………… Tel：0311-87306058

石家庄明旺乳业有限公司
地址：河北省石家庄市行唐县食品工业区北区1号
…………………… Tel：0311-87356611

河北沃尔旺食品饮料有限公司
地址：晋州市纺织工业园区朝阳路东段
…………………… Tel：0311-87517999

石家庄市康禾食品饮料有限公司
地址：石家庄市新华区西二环北头西行５００米
…………………… Tel：0311-87702797

石家庄市食品饮料厂
地址：石家庄新华区红星大街２２号
…………………… Tel：0311-87705436

河北瑞天经贸有限公司
地址：正定县常山东路１号
…………………… Tel：0311-88020285

石家庄市惠康食品有限公司
地址：中国（河北）自由贸易试验区正定片区正定县新城铺镇新城铺村村南
…………………… Tel：0311-88207732

石家庄文旅旅游开发有限公司
地址：河北省石家庄市鹿泉区铜冶镇羊角庄村旅游路66号
…………………… Tel：0311-85808888

石家庄金普生物饲料有限公司
地址：正定县下水屯村
…………………… Tel：0311-88751686

石家庄农道众联饲料有限公司
地址：正定县下水屯村
…………………… Tel：0311-88751686

河北君乐宝君恒乳业有限公司
地址：石家庄市鹿泉区铜冶镇火炬路8号
…………………… Tel：0311-89172968

河北北国奥特莱斯商城有限公司
地址：石家庄市鹿泉区铜冶镇青龙山大道88号
…………………… Tel：0311-89173114

青岛啤酒（石家庄）有限公司
地址：石家庄经济技术开发区扬子路59号
…………………… Tel：0311-89299655

长城新媒体集团有限公司
地址：石家庄市裕华西路186号
…………………… Tel：0311-89867910

石家庄东方城市广场有限公司
地址：河北省石家庄市新华区中山西路８３号
…………………… Tel：0311-89913845

石家庄中油石油销售有限公司
地址：石家庄市鹿泉区获鹿镇高庄村东
…………………… Tel：0311-89921108

河北古中山国酿酒有限公司
地址：定州市开元镇戴庄子村
…………………… Tel：0312-2552666

保定三军酿酒厂
地址：保定市徐水区瀑河乡西凡村
…………………… Tel：0312-2996222

保定味群食品科技股份有限公司
地址：河北省保定市天鹅中路178号
…………………… Tel：0312-3107356

保定市秀兰饭店有限公司
地址：保定市竞秀区乐凯南大街388号
…………………… Tel：0312-3277888

保定市多喜食品饮料有限公司
地址：保定市朝阳北大街218号恒通财富中心11层1138室
…………………… Tel：0312-3310652

河北广电网络集团保定有限公司
地址：河北省保定市竞秀区朝阳南大街43-2号百世开利大厦五层
…………………… Tel：0312-3311633

乾坤福商贸有限公司
地址：保定市恒祥北大街807号
…………………… Tel：0312-3320000

保定中药制药股份有限公司
地址：安国市中药产业园区金木大街8号
…………………… Tel：0312-3366023

金木集团有限公司
地址：安国市中药产业园区金木大街8号
…………………… Tel：0312-3512081

罗曼尼葡萄酒阜平县有限公司
地址：河北省保定市阜平县城南庄镇北桑地村
…………………… Tel：0312-3567777

河北达辉饮料有限公司
地址：涿州市玫瑰大街张段庄村南
…………………… Tel：0312-3855577

保定嘉宝矿泉饮料有限公司
地址：曲阳县大西旺
…………………… Tel：0312-4262174

保定水淙淙酒业有限公司
地址：河北省保定市涞水县涞水镇北洞头村兴旺路56号一层第一间
…………………… Tel：0312-4535625

涞水县野三坡酿酒有限公司
地址：涞水县野三坡鱼古洞
…………………… Tel：0312-4565396

河北茂来酒业有限公司
地址：河北省保定市顺平县蒲上镇蒲王庄村东
…………………… Tel：0312-5388982

高碑店娃哈哈宏振食品饮料有限公司
地址：河北省高碑店市新世纪大街北侧
…………………… Tel：0312-5592902

高碑店娃哈哈启力饮料有限公司
地址：河北省高碑店市新世纪大街北侧
…………………… Tel：0312-5592906

河北雄泉酿酒有限责任公司
地址：河北省保定市雄县米家务镇米西大村
…………………… Tel：0312-5731628

河北半亩塘饮料有限公司
地址：雄 县大营镇宋柳村
…………………… Tel：0312-5755999

保定槐茂食品科技有限公司
地址：定兴县槐茂路6号
…………………… Tel：0312-5875609

保定市久展医药销售有限公司
地址：河北省保定市长城北大街2353号
…………………… Tel：0312-5997827

河北科恒生物科技有限公司
地址：保定市高新技术产业开发区贤台乡西庄村2号
…………………… Tel：0312-6780209

定兴县惠达食品饮料有限公司
地址：定兴县繁兴南大街
…………………… Tel：0312-6921282

河北智同生物制药股份有限公司
地址：河北省定兴县固城一号
…………………… Tel：0312-7114082

河北眺山实业有限责任公司
地址：保定市满城区环城北路
…………………… Tel：0312-7198522

阜平县盖宇天然饮料食品有限公司
地址：阜平县王林口乡东王林口村
…………………… Tel：0312-7281726

保定市惠友西苑超市有限公司
地址：河北省保定市天鹅中路１３９９号
…………………… Tel：0312-7517656

河北奥胜食品饮料有限公司
地址：顺平县商业街西侧纬十街北侧
…………………… Tel：0312-7626637

河北汇源食品饮料有限公司
地址：河北省顺平经济开发区
…………………… Tel：0312-7629888

北京汇源集团冀中食品饮料有限公司
地址：河北顺平经济开发区
…………………… Tel：0312-7698962

河北新起点饮料有限公司
地址：望都县西后营村
…………………… Tel：0312-7753888

保定蒙牛饮料有限公司
地址：河北省保定市望都县中韩庄乡高速公路引线南侧望都工业园内
…………………… Tel：0312-7776903

保定鑫淼饮料制造有限公司
地址：河北省保定市清苑区协作街29号
…………………… Tel：0312-8011600

刘伶醉酿酒股份有限公司
地址：河北省保定市徐水区刘伶路、
…………………… Tel：0312-8608022

河北刘伶醉旅游发展有限公司
地址：保定市徐水区振兴中路7号
…………………… Tel：0312-8608023

河北刘伶醉酿酒销售有限公司
地址：保定市徐水区巨力路
…………………… Tel：0312-8608023

保定市御粮春酿酒厂
地址：保定市徐水区安肃镇王马村
…………………… Tel：0312-8610518

保定佰尚饮料有限公司
地址：保定市徐水区户木乡户木村
…………………… Tel：0312-8775777

易县狼牙山食品饮料有限公司
地址：易县南娄山村
…………………… Tel：0312-8830021

河北青竹酿酒有限责任公司
地址：保定市徐水区遂城镇谢坊村南
…………………… Tel：0312-8903333

源生号酿酒有限公司
地址：遂城镇巩固庄
…………………… Tel：0312-8905777

河北天下粮仓酿酒股份有限公司
地址：河北省保定市徐水区古遂东路17号
…………………… Tel：0312-8905838

保定中德酿酒有限公司
地址：保定市徐水区遂城镇栗元庄村
…………………… Tel：0312-8909299

张家口奥斯特不锈钢工程有限公司
地址：河北省张家口市桥西区新兴产业开发区高端制造园北区4号
…………………… Tel：0313-2229266

张家口赛奥华饮料有限公司
地址：河北省张家口市宣化区侯家庙乡二台子村
…………………… Tel：0313-3388300

张家口华夏长城酿酒有限公司
地址：河北省张家口市宣化区侯家庙乡泥河子工业园区
…………………… Tel：0313-3688651

张家口崇礼太舞滑雪山地度假有限公司
地址：河北省张家口市崇礼区四台嘴乡
…………………… Tel：0313-4778977

河北瑞发食品有限公司
地址：张北县工业园区
…………………… Tel：0313-5217566

博天糖业（张北）有限公司
地址：河北省张家口市张北县经济开发区博天街1号
…………………… Tel：0313-5237880

雪川食品河北有限公司
地址：张家口市察北管理区黄山管理处
…………………… Tel：0313-5334557

张家口欧福曼食品有限公司
地址：河北省张家口市察北管理区黄山管理处207国道西工业区
…………………… Tel：0313-5367776

张家口博奥啤酒酿造有限责任公司
地址：康保县康保镇工业街2号
…………………… Tel：0313-5520810

康保龙岩酿酒有限责任公司
地址：康保县城西白龙山转播台南
…………………… Tel：0313-5527616

密苑（张家口）旅游胜地有限公司
地址：河北省张家口市崇礼区四台嘴乡太子城村
…………………… Tel：0313-5695555

河北马利食品有限公司
地址：河北省张家口市张北县工业北大街1号
…………………… Tel：0313-5851386

涿鹿中酿葡萄酒营销有限公司
地址：涿鹿县矾山镇东大道一号院
…………………… Tel：0313-5933689

中国长城葡萄酒有限公司
地址：河北省张家口市怀来县沙城镇
…………………… Tel：0313-6232280

张家口长城酿造（集团）有限责任公司
地址：怀来县沙城镇酒厂路
…………………… Tel：0313-6232658

河北玉成明酿酒有限公司
地址：怀来县沙城镇沙东公路西
…………………… Tel：0313-6250003

张家口世纪长城酿酒有限责任公司
地址：怀来县沙城镇铁道南工业街１号
…………………… Tel：0313-6251399

河北裕升庆酿酒有限公司
地址：涿鹿县涿鹿镇涿下公路１９６号
…………………… Tel：0313-6522028

河北张家口老窖酒业有限公司
地址：涿鹿县涿鹿镇北小庄村北
…………………… Tel：0313-6522035

张家口保得利酿酒有限公司
地址：河北省张家口市涿鹿县城北工业园区
…………………… Tel：0313-6584188

涿鹿达华葡萄酒科技有限公司
地址：涿鹿县矾山镇林场
…………………… Tel：0313-6758777

涿鹿家和葡萄酿酒有限公司
地址：涿鹿县涿鹿火车站东
…………………… Tel：0313-6771998

张家口龙潭酿酒有限责任公司
地址：怀来县大黄庄镇大黄庄村
…………………… Tel：0313-6812999

怀来县桑园葡萄酿酒有限公司
地址：怀来县桑园镇歪头山村西
…………………… Tel：0313-6845978

怀来梓鑫庄园有限公司
地址：河北省张家口市怀来县
…………………… Tel：0313-6858656

怀来龙徽庄园葡萄酒有限公司
地址：怀来县小南辛堡镇定州营村
…………………… Tel：0313-6859149

河北马丁葡萄酿酒有限公司

地址：河北省张家口市怀来县桑园镇
……………………Tel：0313－6870326
河北蔚州老酒燕云酿造有限公司
地址：蔚县南杨庄乡牛大人庄村
……………………Tel：0313－7296619
河北家家悦连锁超市有限公司
地址：张家口市万全区孔家庄镇民主东街福祥世纪城
……………………Tel：0313－7657774
张家口鸿峰酿酒有限公司
地址：怀安县第三堡乡曹家庄村
……………………Tel：0313－7882677
中健北宗黄酒酿造张家口股份有限公司
地址：怀来县沙城镇沙东公路西侧
……………………Tel：0313－7957829
承德乾隆醉酒业有限责任公司
地址：承德县下板城镇板城食品工业园区一号
……………………Tel：0314－3011184
承德泰禾天然矿泉饮料有限公司
地址：承德县安匠乡湾子村
……………………Tel：0314－3058963
中央储备粮承德直属库有限公司
地址：承德双滦区东平台
……………………Tel：0314－4043691
承德市沟源饮料有限责任公司
地址：承德鹰手营子矿区汪庄镇涝洼滩李家沟
……………………Tel：0314－5219168
承德德隆酿酒有限公司
地址：兴隆县南天门乡郭家庄村村西处
……………………Tel：0314－5640999
承德露美达饮料有限公司
地址：平泉市平泉镇西环路
……………………Tel：0314－6033756
承德四海饮料精品有限公司
地址：承德市平泉二道河子开发区
……………………Tel：0314－6100488
承德亿浓食品饮料有限公司
地址：宽城满族自治县国营冰沟林场小冰沟
……………………Tel：0314－6868188
宽城满族自治县酿酒有限公司
地址：宽城满族自治县汤道河镇工业园区
……………………Tel：0314－6941919
承德清泉饮料有限公司
地址：河北省承德市隆化县隆化镇龙骧商住二期丙楼1002号2层
……………………Tel：0314－7080966
承德星露饮料有限公司
地址：河北省承德市隆化县蓝旗镇杨树沟村龙凤山口1号
……………………Tel：0314－7087888
承德清宫酿坊白酒制造有限公司
地址：围场县四合永镇雷字村（工业园区）
……………………Tel：0314－7526209
承德宝琢酿酒有限公司
地址：宽城满族自治县宽城镇罗家沟村
……………………Tel：0314－7728660
承德盛兴昌商贸有限公司
地址：河北省承德市宽城满族自治县汤道河镇王杖子村宽城满族自治县酿酒有限公司四层
……………………Tel：0314－7728776
承德汇源食品饮料有限公司
地址：围场满族蒙古族自治县燕格柏乡燕下村10号
……………………Tel：0314－7872999
承德盛名源食品饮料有限公司
地址：隆化县中关镇中关村（镇政府院内）
……………………Tel：0314－7872999
丰宁满族自治县水神矿泉饮料有限公司
地址：丰宁满族自治县南关乡横河村
……………………Tel：0314－8012115
承德水神矿泉饮料有限公司
地址：河北省承德市丰宁满族自治县南关乡横河村
……………………Tel：0314－8012115
承德宝康食品饮料有限公司
地址：滦平县马营子乡马营子村粮食所院内
……………………Tel：0314－8585282
承德金山岭酿酒有限公司
地址：滦平县滦平镇三地沟门经济开发区
……………………Tel：0314－8917977
瑞和置业（唐山）有限公司
地址：河北省唐山市路北区大里路西侧、朝阳道南侧（大里路368号）
……………………Tel：0315－5398888
河北冀东建设工程有限公司
地址：唐山路北区北新西道９９号
……………………Tel：0315－5759096
唐山华润万家生活超市有限公司
地址：唐山路北区体育馆道２号
……………… Tel：0315－2349636－4208
唐山尚九酒业有限公司
地址：河北省唐山市路北区果园乡周官屯村东
……………………Tel：0315－2513846
河北广电网络集团唐山有限公司
地址：唐山市路南区河北省文化创意产业园H座
……………………Tel：0315－2828400
唐山新华大酒店有限责任公司
地址：唐山路北区新华道１０５号
……………………Tel：0315－3721187
唐山中南国际旅游岛房地产投资开发有限公司
地址：唐山湾国际旅游岛中南·未来海岸小区综合楼四楼
……………………Tel：0315－4850000
河北君乐宝君昌乳业有限公司
地址：唐山市丰南区迎宾路23号
……………………Tel：0315－5091199
达能（丰润）食品饮料有限公司
地址：河北省唐山市丰润区南环西道88号
……………………Tel：0315－5152148
唐山华威酒业有限公司
地址：河北省唐山市丰润区102国道南侧蒙牛公司东
……………………Tel：0315－5293788
北京同仁堂（唐山）营养保健品有限公司
地址：河北省唐山市玉田县玉泰工业园区南侧
……………………Tel：0315－5311776
乐亭六和馨美滋食品有限公司
地址：乐亭县城区工业聚集区
……………………Tel：0315－5366858
唐山凤凰酿酒有限公司
地址：唐山丰润区泉河头镇白各庄村南
……………………Tel：0315－5511999
唐山东辰食品饮料有限公司
地址：迁西县城关凤凰东街
……………………Tel：0315－5611602
河北向旺饮料有限公司
地址：迁西县兴城镇白堡店村北
……………………Tel：0315－5611602
迁西县东旺食品饮料有限公司
地址：迁西县白堡店村北
……………………Tel：0315－5611602
唐山三孚硅业股份有限公司
地址：唐山市南堡开发区希望路512号
……………………Tel：0315－5658277
河北景田食品饮料有限公司
地址：河北省唐山市迁西县景田大道1号
……………………Tel：0315－5670790
国药乐仁堂唐山医药有限公司
地址：唐山市路北区环城西路3699－3号
……………………Tel：0315－5925181
玉田县润通食品饮料有限公司
地址：玉田县玉泰工业园区
……………………Tel：0315－6167023
唐山世园投资发展有限公司
地址：河北省唐山市路南区建设南路增45号
……………………Tel：0315－6371387
迁西县绿园食品饮料有限公司
地址：迁西县太平寨镇韩家河村
……………………Tel：0315－6743988
河北美客多食品集团股份有限公司
地址：遵化市工业园（黄庄子村邦宽路南）
……………………Tel：0315－6923788
遵化市绿野饮料有限公司
地址：遵化市汤泉乡楼似山村
……………………Tel：0315－6956638
迁安市国明饮料有限公司
地址：迁安市太平庄乡西新店村村西
……………………Tel：0315－5327555
河北唐安酿酒有限公司
地址：河北省迁安市贯头山食品工业园区1号
……………………Tel：0315－7084163
中粮（唐山）糖业有限公司
地址：曹妃甸工业区二港池西岸
……………………Tel：0315－7332137
倪氏国际玫瑰产业唐山饮料有限公司
地址：河北省滦州市榛子镇
……………………Tel：0315－7590052
河北燕禾泉食品股份有限公司
地址：迁安高新技术产业开发区建设路838号
……………………Tel：0315－7615078
葵花药业集团（唐山）生物制药有限公司
地址：迁安市迁安镇聚鑫街3206号
……………………Tel：0315－7693937
河北迁安化肥股份有限公司
地址：河北省迁安市马兰庄镇
……………………Tel：0315－7718221
迁安市贯头山酒业有限公司
地址：迁安市大五里乡贯头山村南
……………………Tel：0315－7980996
河北庆昇源酿酒有限公司
地址：唐山市丰南区迎宾路30号
……………………Tel：0315－8159938
廊坊市华冷食品饮料有限公司
地址：廊坊市广阳区九州乡小伍龙村
……………………Tel：0316－2501999
廊坊瑞康饲料有限公司
地址：河北省廊坊市经济技术开发区广阳东道50号
……………………Tel：0316－2509010
青岛啤酒（廊坊）有限公司
地址：廊坊市安次区码头镇崔辛屯村
……………………Tel：0316－2652838
廊坊昊宇酿酒有限公司
地址：廊坊市安次区光明西道２１６号
……………………Tel：0316－2654041
廊坊市酿酒厂
地址：廊坊市安次区光明西道
……………………Tel：0316－2654041
河北福成五丰食品股份有限公司
地址：河北省廊坊市三河市燕郊经济技术开发区
……………………Tel：0316－3321060
三河古都燕潮酩酿酒有限公司
地址：三河市燕郊京哈路南四街
……………………Tel：0316－3360999
三河汇福粮油集团饲料蛋白有限公司
地址：三河市燕郊汇福路西侧
……………………Tel：0316－3388000
廊坊开发区卡斯特-张裕酿酒有限公司
地址：廊坊经济技术开发区全兴路汇源道16号
……………………Tel：0316－5128312
通用磨坊食品（三河）有限公司
地址：三河市　阳西大街北侧、密三路东侧
……………………Tel：0316－5166158
廊坊顶津食品有限公司
地址：大厂回族自治县夏垫镇李大线西侧，尚各庄路南侧
……………………Tel：0316－5275588
荣万家生活服务股份有限公司
地址：河北省廊坊市香河县蒋辛屯镇大香线东侧、和园路北侧（香河现代水业有限公司）院内
……………………Tel：0316－5908572
河北华廊酿酒有限公司
地址：大城县肖零巨村
……………………Tel：0316－5952898
森隆药业有限公司
地址：三河市燕郊高新技术产业开发区燕昌路239号
……………………Tel：0316－5996828
河北睿道医药集团有限公司
地址：廊坊开发区全兴路甲25号
……………………Tel：0316－6063150
华润河北医药有限公司
地址：廊坊开发区全兴路25号
……………………Tel：0316－6068119
廊坊露露饮料有限公司
地址：廊坊开发区翠青道
……………………Tel：0316－6082786
固安县英才饮料有限公司
地址：固安县知子营乡古庄村
……………………Tel：0316－6181888
河北九源五酿酒业有限公司
地址：河北省廊坊市霸州市东112国道66.2公里处
……………………Tel：0316－7261999
霸州中石油昆仑燃气有限公司
地址：河北省廊坊市霸州市胜芳镇红光街胜德路
……………………Tel：0316－7401185
廊坊润和饮料有限公司
地址：河北省廊坊市霸州市胜芳镇尚家堡村西侧和胜德路东侧
……………………Tel：0316－7621222
三河福成酿酒有限公司
地址：河北省廊坊市三河市高楼镇高庙村北侧、福成五丰公司东侧
……………………Tel：0316－7708419
香河正大有限公司
地址：香河县淑阳镇
……………………Tel：0316－8331473
西亚斯（大厂）食品有限公司
地址：河北省廊坊市大厂工业园区李大线西侧新业路北侧
……………………Tel：0316－8369003
河北亿食特食品有限公司
地址：河北省廊坊市大厂回族自治县夏垫镇穆斯林商贸大街171号
……………………Tel：0316－8862197
香河第一城酒业有限公司
地址：香河县河北香河新兴产业示范区纬二路2号（大香线东侧纬二路南侧）
……………………Tel：0316－8873058
河北香神酒业有限公司
地址：河北省廊坊市香河县淑阳镇规划S2路北侧、规划E5路西侧
……………………Tel：0316－8873009
河北世翔生物技术有限公司
地址：沧州市运河区西屯
……………………Tel：0317－2052600
河北诚仁堂医药连锁有限公司
地址：任丘市长七路北侧，规划金牛道西侧
……………………Tel：0317－2375123
河间市酿酒厂
地址：河间市兴村乡沧保路北侧
……………………Tel：0317－3151055
沧州老窖酿酒有限公司
地址：河间市沙河桥镇
……………………Tel：0317－3188005
河间市源城厚酿酒有限公司
地址：河间市尊祖庄乡西达路村
……………………Tel：0317－3196966
沧州同聚祥酿酒有限公司
地址：河北青县金牛镇工业园西区
……………………Tel：0317－4314999
海盛河北酿酒有限公司
地址：河北省沧州市青县经济开发区
……………………Tel：0317－4321058
沧州旺发生物技术研究所有限公司
地址：河北省青县陈咀乡张家楼村
……………………Tel：0317－4381246
河北太阳娃食品饮料制造有限公司
地址：河北省青县新兴镇
……………………Tel：0317－4398888
河北富顺康饮料有限公司
地址：献 县南河头高新技术开发区
……………………Tel：0317－4562355
河北挚爱食品有限公司
地址：献 县大陈庄镇工业区（赵庄）
……………………Tel：0317－4643191
沧州盐业集团银山食盐有限公司
地址：黄骅市羊二庄镇海丰镇
……………………Tel：0317－5268946
河北中捷尼特拉葡萄酿酒有限公司
地址：沧州渤海新区中捷产业园区黄赵公路二队段西北
……………………Tel：0317－5480677
河北嘉好粮油有限公司
地址：河北省黄骅港综合港区一号港池西南侧
……………………Tel：0317－5601503
黄骅市鑫茂肉类食品有限公司
地址：河北省沧州市黄骅市羊二庄镇鑫茂畜牧产业园鑫茂路1号
……………………Tel：0317－5652366
沧州千童酒业有限公司
地址：盐山县西外环西，正港路北
……………………Tel：0317－6320665
海兴酿酒有限公司
地址：海兴县海信路８号(原新民路)
……………………Tel：0317－6615198
吴桥云瑧金陵杂技酒店有限公司
地址：吴桥县桑园镇104西侧辽河路北侧

珠峰道西侧
………………Tel：0317-7385188
河北聚成食品有限公司
地址：河北省沧州市东光县找王镇后屯工业开发区
………………Tel：0317-7780678
河北万岁医药集团有限公司
地址：沧州经济技术开发区北海路１０号
………………Tel：0317-7973252
十里香股份公司
地址：泊头市工业区
………………Tel：0317-8309130
河北三井酿酒有限责任公司
地址：泊头市裕华路３６９号
………………Tel：0317-8309177
衡水壹亨料理餐饮有限公司
地址：河北省衡水市桃城区邓庄镇东邢疃村
………………Tel：0318-2085888
河北衡水老白干酒业股份有限公司
地址：河北省衡水市人民东路809号
………………Tel：0318-2122755
河北衡水老白干酿酒（集团）有限公司
地址：衡水市人民东路809号
………………Tel：0318-2127294
衡水山枝保健饮料有限公司
地址：河北省衡水市人民西路西段128号
………………Tel：0318-2149842
中粮生化能源（衡水）有限公司
地址：河北省衡水市深州市前磨头贡家台火车站南约200米（衡水市中粮大街1668号）
………………Tel：0318-2200010
深州鲁花浓香花生油有限公司
地址：河北深州市城市新区顺达大街8号
………………Tel：0318-3213800
衡水福兴泉酒业有限公司
地址：武强县武强镇北辛
………………Tel：0318-3780999
衡水老浊酒家酿有限公司
地址：景 县县城西侧工业区
………………Tel：0318-4222635
河北汉泽坊酒业酿造有限公司
地址：景 县王谦寺镇高堡工业区
………………Tel：0318-4229909
衡水衡丰酿酒有限公司
地址：景 县降河流镇酿酒园区
………………Tel：0318-4366399
衡水源沣酒业酿造有限公司
地址：阜城县城工业区
………………Tel：0318-4680998
衡水滏阳河酿酒有限公司
地址：衡水市阜城县古城工业开发区武千路北侧
………………Tel：0318-4726999
衡水御潭酿酒有限公司
地址：衡水市冀州区高新技术产业开发区(南区)规划九路北侧
………………Tel：0318-4799998
衡水汇源食品饮料有限公司
地址：河北省衡水市经济开发区北区振华路以东、新区七路以北
………………Tel：0318-5108888
旭日升（衡水）饮料有限公司
地址：衡水经济开发区衡水路北新区振华新路东侧、新区七路北侧
………………Tel：0318-5108888
河北衡水九州啤酒有限公司
地址：衡水市红旗南大街115号
………………Tel：0318-5226966
衡水老河道酿酒有限公司
地址：河北省衡水市故城县青罕镇石王路36号
………………Tel：0318-5335622
河北认养一头牛乳业有限公司
地址：河北省衡水市故城县郑口镇贾黄村
………………Tel：0318-5381001
衡水衡运酿酒有限公司
地址：河北省衡水市故城县郑口镇东大线北99号
………………Tel：0318-5384499
河北神雕饮料有限公司
地址：故城县西苑工业园区
………………Tel：0318-5535358
衡水张衡酿酒有限公司
地址：故城县广交西路（郑口镇葛村）
………………Tel：0318-5621999
衡水老酒坊酿酒有限公司
地址：故城县故城镇东关村
………………Tel：0318-5686999
河北唯果酿酒有限公司
地址：武邑县106国道以西（河北衡湖缘酿酒有限公司院里）
………………Tel：0318-5739899
衡水观津酒业有限公司
地址：武邑经济开发区横二路北侧（辉煌伟业酿酒有限公司院内）
………………Tel：0318-5739899
河北莱锦精酿啤酒有限公司
地址：河北省衡水市高新区滏阳四路东侧、新区七路以北8号
………………Tel：0318-6100525
河北衡湖缘酿酒有限公司
地址：武邑县106国道以西（赵桥镇李葛庄村南460米，武邑县农副产品深加工产业基地）
………………Tel：0318-6151599
河北裕丰京安养殖有限公司
地址：安平县东寨子村南
………………Tel：0318-7816555
河北衡水衡恩老酒坊酿酒有限责任公司
地址：枣强县恩察新区人民东路468号
………………Tel：0318-8399991
河北喜淳饮料有限公司
地址：邢台县冀家村乡禅林寺村
………………Tel：0319-2022117
邢台北国商城有限责任公司
地址：邢台市桥西区中兴西大街188号
………………Tel：0319-2211011
河北古顺酿酒股份有限公司
地址：邢台市桥西区中兴西大街736号
………………Tel：0319-2622568
河北古顺文化传媒有限公司
地址：河北省邢台市桥西区中兴西大街736号36号楼2层203、209
………………Tel：0319-2622568
河北顺府酿酒有限公司
地址：河北省邢台市任县经济开发区寺庄村南
………………Tel：0319-3055555
河北中盐龙祥盐化有限公司
地址：宁晋县盐化工园区经六路3号
………………Tel：0319-5510088
宁晋县信和银泰商贸有限公司
地址：宁晋县凤凰路东，朝阳街南
………………Tel：0319-5513009
邢台市大曹庄管理区宏源酿酒厂
地址：大曹庄管理区经四路西侧
………………Tel：0319-5566866
河北玉星食品有限公司
地址：河北省邢台市宁晋县和平街以南，西华路以东。
………………Tel：0319-5801068
河北紫金仁旺食品有限公司
地址：河北省威县经济开发区腾飞路东侧北二环北侧北三环南侧
………………Tel：0319-6029199
河北华龙农庄面粉有限公司
地址：隆尧县东方食品城工业园区
………………Tel：0319-6599326
河北兴台酒业集团有限责任公司
地址：河北省邢台市邢台县龙冈经济开发区
………………Tel：0319-6771616
邢台紫金泉酿酒有限公司
地址：河北省邢台市邢台县龙冈经济开发区
………………Tel：0319-6771616
广宗牧原农牧有限公司
地址：河北省邢台市广宗县邢清路南侧、河北通络药业西侧
………………Tel：0319-7218119
邢台海生酿酒有限公司
地址：河北省邢台市沙河市显德汪村东
………………Tel：0319-8651138
沙河市沙河梦酿酒有限公司
地址：河北省邢台市沙河市经济开发区高村村北明阳工业园内
………………Tel：0319-8817866
昌黎拿破仑城堡酒业有限公司
地址：昌黎县葡萄沟
………………Tel：0335-2023664
秦皇岛五峰酿酒有限公司
地址：河北省昌黎县城关铁道南147号
………………Tel：0335-2023664
昌黎县华咏葡萄酿酒有限公司
地址：昌黎果树研究所院内
………………Tel：0335-2024847
河北昌黎越千年葡萄酿酒有限公司
地址：昌黎县碣阳大街西段158号
………………Tel：0335-2029999
昌黎龙脉葡萄酿酒有限公司
地址：昌黎县五里营村２０５国道南
………………Tel：0335-2035186
昌黎县龙都葡萄酿酒有限公司
地址：昌黎县新集镇
………………Tel：0335-2067734
秦皇岛曹公醉酿酒有限公司
地址：河北省秦皇岛市卢龙县木井镇新房子村
………………Tel：0335-2069332
昌黎县海峪长城葡萄酿酒有限公司
地址：昌黎县昌卢公路东侧苓芝顶
………………Tel：0335-2071888
昌黎龙灏酒业有限公司
地址：昌黎县十里铺乡秦印庄村东
………………Tel：0335-2072695
昌黎长城庄园葡萄酿酒有限公司
地址：昌黎县十里铺耿庄村村1号
………………Tel：0335-2076599
秦皇岛爱宴酒业有限公司
地址：昌黎县黄金海岸生态工业园区
………………Tel：0335-2076599
红堡（秦皇岛）葡萄酿酒有限公司
地址：秦皇岛葡萄酒产业聚集区柳河山谷（卢龙县）卢昌路89号
………………Tel：0335-2077115
昌黎县金海葡萄酒业有限公司
地址：秦皇岛葡萄酒产业聚集区（昌黎县）凤凰酒谷1号
………………Tel：0335-2078799
昌黎龙腾葡萄酿酒有限公司
地址：昌黎县两山乡施各庄村西
………………Tel：0335-2078999
秦皇岛田氏酒业有限公司
地址：秦皇岛北戴河新区产业新城经济园区
………………Tel：0335-2083199
秦皇岛诗百轩庄园葡萄酿酒有限公司
地址：秦皇岛北戴河新区黄金海岸经济技术开发区
………………Tel：0335-2083699
秦皇岛红色波尔葡萄酿酒有限公司
地址：昌黎县黄金海岸工业园区
………………Tel：0335-2083766
昌黎县启运商贸有限公司
地址：河北昌黎工业园区金海北路5号
………………Tel：0335-2083818
昌黎玛蒂尼葡萄酿酒有限公司
地址：昌黎县两山乡施各庄村
………………Tel：0335-2181099
昌黎福波斯葡萄酿酒有限公司
地址：昌黎县城东工业园区
………………Tel：0335-2182999
河北夏都葡萄酿酒有限公司
地址：昌黎县昌黄公路北侧（张官庄）
………………Tel：0335-2208585
昌黎县佳伦葡萄酿酒有限责任公司
地址：昌黎县葛条港村昌黄公路北侧
………………Tel：0335-2209166
昌黎县晟杰商贸有限公司
地址：昌黎县昌黎镇碣阳大街北侧、华夏路西侧（东山帝景住宅小区）商铺
………………Tel：0335-2653199
昌黎捌号葡萄酒业有限公司
地址：昌黎县两山乡梁各庄村抚昌黄公路西侧
………………Tel：0335-2883498
秦皇岛市亨泰食品饮料有限公司
地址：秦皇岛市海港区海阳路(二宫对面)
………………Tel：0335-3039996
秦皇岛金海粮油工业有限公司
地址：河北省秦皇岛市海港区海滨路35号丙码头
………………Tel：0335-3097148
天洋电器有限公司
地址：秦皇岛市海港区和平大街6-3号
………………Tel：0335-3202822
昌黎科绿普庄园葡萄酒有限公司
地址：昌黎县十里铺乡耿庄村南
………………Tel：0335-3290433
秦皇岛海景酒店有限公司
地址：秦皇岛市海港区东港路２５号
………………Tel：0335-3430888
秦皇岛市傲森尔装具服装股份有限公司
地址：秦皇岛市海港区北部工业区北二环439支5号
………………Tel：0335-3819005
秦皇岛市南戴河国际娱乐中心有限公司
地址：河北省秦皇岛市南戴河国际娱乐中心院内
………………Tel：0335-4085111
中粮面业（秦皇岛）鹏泰有限公司
地址：河北省秦皇岛经济技术开发区东区鹏泰路3号
………………Tel：0335-5086999
正大食品企业（秦皇岛）有限公司
地址：河北省秦皇岛市山海关区泰昌路20号
………………Tel：0335-5260159
香格里拉大酒店（秦皇岛）有限公司
地址：河北省秦皇岛市海港区河滨路123号
………………Tel：0335-5808888
朗格斯酒庄（秦皇岛）有限公司
地址：河北省秦皇岛市昌黎县两山乡段家店村北
………………Tel：0335-5823300
昌黎县康盛食品有限公司
地址：昌黎县两山乡205国道南、草粮屯东南
………………Tel：0335-5863333
秦皇岛市北戴河区集发生态农业观光园有限公司
地址：河北省秦皇岛市北戴河区海北路35-2号
………………Tel：0335-5928112
良丹姜汁饮料工贸有限公司
地址：河北省秦皇岛市北戴河区南戴河碧海雅园27号商铺
………………Tel：0335-6056111
昌黎龙辰葡萄酿酒有限公司
地址：昌黎县昌黎镇汀泗涧北
………………Tel：0335-7168592
中粮华夏长城葡萄酒有限公司
地址：河北省秦皇岛市昌黎县城关昌抚公路西侧
………………Tel：0335-7169969
秦皇岛金色葡园酿酒有限公司
地址：卢龙县木井乡曹庄村南
………………Tel：0335-7203299
秦皇岛玛歌葡萄酿酒有限公司
地址：秦皇岛葡萄酒产业聚集区柳河山谷（卢龙县）卢昌路9号
………………Tel：0335-7277111
秦皇岛恺雨葡萄酿酒有限公司
地址：秦皇岛葡萄酒产业聚集区柳河山谷（卢龙县）卢昌路1号
………………Tel：0335-7312777
卢龙县超跃葡萄酿酒有限公司
地址：秦皇岛葡萄酒产业聚集区柳河山谷（卢龙县）迎宾路68号
………………Tel：0335-7317929
河北宏都实业集团有限公司
地址：河北省秦皇岛市抚宁区抚宁镇前杨家营村西
………………Tel：0335-7975399
秦皇岛秦皇国际大酒店有限公司
地址：秦皇岛市经济技术开发区珠江道2号盛景金领城4层
………………Tel：0335-8368301
内蒙古满归林业局驻秦皇岛野果饮料食品厂
地址：秦皇岛市海港区西港镇南大寺
………………Tel：0335-8517114
秦皇岛博酿酒类技术服务有限责任公司
地址：秦皇岛市经济技术开发区昆仑山北路7号
………………Tel：0335-8549282

山西省

山西日轮饮料有限公司
地址：怀仁市新华北路
………………Tel：0349-3041288
山西汇源食品饮料有限责任公司
地址：山西省右玉县梁威路7号
………………Tel：0349-4262298
山西梨花春酿酒集团有限公司
地址：山西省应县金城镇新建东街98号
………………Tel：0349-5020229
应县益鸿源北芪科技发展有限公司
地址：朔州市应县金城镇新建东街

……………………Tel：0349-5020229

山西雅士利乳业有限公司
地址：山西省朔州市应县四环东路雅士利工业园
……………………Tel：0349-5034858

山西塞上绿洲生物科技有限公司
地址：右玉县梁威路7号
……………………Tel：0349-6288999

朔州市润宝饮料有限公司
地址：朔州市朔城区下团堡乡小堡村
……………………Tel：0349-6660349

山西辈辈龙蔬菜食品饮料有限公司
地址：山阴县安荣乡西沟村东（大运路西）
……………………Tel：0349-7069414

山西古城乳业集团有限公司
地址：山阴县古城镇
……………………Tel：0349-7082001

神池县曦晟源生物科技有限公司
地址：神池县东湖乡食品工业园区
……………………Tel：0350-4251111

山西四达酒类饮料有限责任公司
地址：代县城西工业区
……………………Tel：0350-5220099

山西旭泰北方酿酒有限公司
地址：山西省忻州市繁峙县繁城镇经济技术园区农业生物园102号
……………………Tel：0350-5511999

代州黄酒酿造有限公司
地址：山西省忻州市繁峙县繁城镇经济技术园区农业生物园102号代州黄酒酿造厂
……………………Tel：0350-5511999

山西北方酿酒有限公司
地址：繁峙县繁城镇石龙街89号
……………………Tel：0350-5523610

山西乡村女孩干红葡萄酒酿造有限公司
地址：忻州定襄县上汤头温泉区
……………………Tel：0350-6051999

山西天柱山龙泉饮料制造有限公司
地址：静乐县神峪沟乡胡家沟村衡达涌金物流园区
……………………Tel：0350-7858777

山西漪汾饮料食品有限公司
地址：太原市尖草坪区尖草坪2号
……………………Tel：0351-2132911

太原钢城企业集团有限公司
地址：太原市尖草坪区大同路205号
……………………Tel：0351-2133905

山西优珍食品饮料有限公司
地址：太原市杏花岭区敦化南路99号1幢2-0703
……………………Tel：0351-2143660

太原田和食品集团有限公司
地址：太原市小店区北营北路6号
……………………Tel：0351-2208804

山西九州通医药有限公司
地址：山西综改示范区太原唐槐园区真武路200号物流中心5楼
……………………Tel：0351-2321011

山西百年老酒坊酒业有限公司
地址：太原市晋源区新晋祠路296号8幢2单元1601号
……………………Tel：0351-2356907

山西中鼎物流集团有限公司
地址：山西省晋中市山西示范区晋中开发区汇通产业园区迎宾西街中鼎物流园综合办公楼
……………………Tel：0351-2647973

山西杏花村汾酒国际贸易有限责任公司
地址：山西省太原市迎泽区解放路38号汾酒大厦402室
……………………Tel：0351-2709799

山西晋府佳酿酒业有限公司
地址：太原市小店区并州南路39号一层
……………………Tel：0351-2738880

山西杏花村汾酒大厦有限责任公司
地址：太原市迎泽区解放路38号
……………………Tel：0351-2773111

山西国新物流有限公司
地址：太原市阳曲大盂镇大泉沟村
……………………Tel：0351-2925112

山西太行圣泉饮料有限公司
地址：太原市小店区坞城南路京晋字3308号军用营房内主办公楼东侧单元1-2层
……………………Tel：0351-2960763

山西国新晋药集团有限公司
地址：山西省太原市小店区长治路345号1幢B座15层
……………………Tel：0351-2981110

山西省国新能源发展集团有限公司
地址：太原市小店区长治路345号1幢A座22层
……………………Tel：0351-2985167

山西华远现代物流有限责任公司
地址：太原市杏花岭区卧虎山路2号.
……………… Tel：0351-0351-3620311

中央储备粮太原直属库有限公司
地址：太原市尖草坪区新城乡赵道峪村
……………………Tel：0351-3634581

山西郭府藏商贸有限公司
地址：太原市小店区亲贤北街50号万泉大厦3幢公寓单元1204号
……………………Tel：0351-2256363

山西永兴源贸易有限公司
地址：太原市小店区太榆路119号（普国电子城）3210号
……………………Tel：0351-4077811

山西鑫圣境食品饮料有限公司
地址：太原市小店区康宁街孟家巷北三巷6号
……………………Tel：0351-4120666

山西省晋元茶叶饮料有限公司
地址：太原市敦化南路188号
……………………Tel：0351-4425876

山西酸溜溜食品饮料有限公司
地址：忻州岢岚县振兴路22号
……………………Tel：0350-4532904

山西杏花村竹叶青产业有限责任公司
地址：太原市小店区长风街132号长风大厦1幢21层2101号
……………………Tel：0351-4670726

山西金度生活便利股份有限公司
地址：太原市民营区松庄路以西亚佳机电以南
……………… Tel：0351-4946143-8006

山西天士力康美徕医药有限公司
地址：山西综改示范区太原唐槐园区唐槐路86号1幢1-2层
……………………Tel：0351-5221646

青岛啤酒（太原）有限公司
地址：山西综改示范区太原唐槐园区武洛街9号
……………………Tel：0351-5222346

山西杏花村酒销售有限责任公司
地址：山西综改示范区太原学府园区长治路306号火炬创业大厦1幢C座24层2403室
……………………Tel：0351-5251806

国药控股山西有限公司
地址：山西综改示范区太原唐槐园区龙盛街2号
……………………Tel：0351-5260596

清徐县美特好农产品配送物流有限公司
地址：清徐县太茅路高花段228号
……………………Tel：0351-5299856

山西德义坊酒业有限公司
地址：太原清徐东高白工业区18号
……………………Tel：0351-5555076

太原食品饮料厂
地址：太原市迎泽区建设南路632号.
……………………Tel：0351-5613206

山西省投资集团有限公司
地址：山西省太原市示范区晋阳街91号山投大厦十三层
……………………Tel：0351-5620072

山西山姆士超市有限公司
地址：太原市小店区建设南路121号
……………………Tel：0351-5647892

太原市双塔龙城酒业有限公司
地址：太原市小店区康宁西街436号（康宁家园小区）3单元0601号
……………………Tel：0351-5690626

山西酒仙古酿原浆酒业有限公司
地址：山西省太原市万柏林区迎泽西大街119号公元时代城A座22层-0081号（入驻柏林青少年科教中心）
……………………Tel：0351-5690626

宏全食品包装（太原）有限公司
地址：太原经济技术开发区１２９小区
……………………Tel：0351-5694988

山西水塔醋业股份有限公司
地址：山西省太原市清徐县杨房北醋都路288号
……………………Tel：0351-5922888

中化石油山西有限公司
地址：山西综改示范区太原唐槐园区唐槐路86号准朔办公楼5层0501室
……………………Tel：0351-6198500

山西西山煤电贸易有限责任公司
地址：太原市万柏林区西矿街建筑西巷12号
……………………Tel：0351-6216511

山西鑫芦逸酒业有限公司
地址：太原市小店区黄陵路56号101室
……………………Tel：0351-6819998

山西国新天江药业有限公司
地址：山西省太原市晋源区山西通荣玻璃制品有限公司院内
……………………Tel：0351-6856833

山西新粮仓酒业有限公司
地址：太原市杏花岭区五一路584号145栋13单元1号
……………………Tel：0351-7020785

山西谷源香贸易有限公司
地址：山西综改示范区太原学府园区长治路218号新辰科技大厦509室
……………………Tel：0351-7020967

太原市通信实业有限公司
地址：山西综改示范区太原学府园区长治路273号通信实业大楼
……………………Tel：0351-7021865

山西多乐信诚金融外包服务有限公司
地址：山西综改示范区太原学府园区长治路303号大生科技1101室
……………………Tel：0351-7034334

山西能投国际贸易有限公司
地址：太原市高新区佳华街7号帅科大厦8层
……………………Tel：0351-7191917

中铁十七局集团物资有限公司
地址：太原市尖草坪区大同路328号
……………………Tel：0351-7259639

山西省盐业集团有限责任公司
地址：太原市迎泽区柳巷南路33号
……………………Tel：0351-7320865

山西偶然食品饮料有限公司
地址：太原市迎泽区郝庄镇小山沟村桃树湾
……………………Tel：0351-7660291

中粮可口可乐饮料（山西）有限公司
地址：山西综改示范区太原学府园区长治路279号
……………………Tel：0351-7736606

华润置地（太原）有限公司
地址：太原市万柏林区长风商务区长兴路1号华润大厦T4楼14层
……………………Tel：0351-7877770

山西汾清国酿酒业有限公司
地址：太原市小店区真武路通达街交汇处万豪财富中心6号楼19层
……………………Tel：0351-7999159

山西铜锣湾国际购物中心有限公司
地址：太原市迎泽区五一路77号铜锣湾国际购物中心
……………………Tel：0351-8200556

山西煤炭运销集团港口贸易有限公司
地址：太原市迎泽区开化寺街86号.
……………………Tel：0351-8206258

太原日报传媒集团有限公司
地址：山西综改示范区太原唐槐园区唐槐路80号
……………………Tel：0351-8222259

山西汽车运输集团有限公司
地址：太原市迎泽区迎泽大街50号
……………………Tel：0351-8267339

山西伍德科技开发有限公司
地址：山西转型综合改革示范区学府产业园晋阳街202号英语周报大厦八层绿谷众创空间第8050号工位
……………………Tel：0351-8303061

山西杏花村国际贸易有限责任公司
地址：山西省太原市迎泽区解放路38号
……………………Tel：0351-8365083

山西省酿酒博物馆（有限公司）
地址：山西省太原市小店区晋阳街68号海棠国际大厦14层15层（入驻山西和创空间企业孵化园有限公司-4232号）
……………………Tel：0351-8390615

山西杏花村遗址博物馆有限公司
地址：山西省太原市小店区晋阳街68号海棠国际大厦14层15层
……………………Tel：0351-8390615

山西国贸大饭店管理有限公司
地址：山西省太原市杏花岭区府西街69号山西国际贸易中心B座39层
……………………Tel：0351-8688888

山西焦煤集团国际发展股份有限公司
地址：太原市万柏林区滨河西路南段129号山西焦煤双创基地A座12-14层
……………………Tel：0351-8721858

石头门泉天然矿泉水产业（山西）集团有限公司
地址：大同市上河时代广场B座1204号
……………………Tel：0352-2992486

大同煤矿集团同地宏盛企业经营管理有限公司
地址：大同市平城区同云路2号
……………………Tel：0352-2996377

山西魏都进出口贸易有限公司
地址：大同市装备制造产业园区
……………………Tel：0352-5334600

大同机场有限责任公司
地址：山西省大同市云州区倍加造镇
……………………Tel：0352-5688126

大同煤矿集团外经贸有限责任公司
地址：大同市云冈区新平旺（同煤大厦）
……………………Tel：0352-7012393

大同国新天然气利用有限公司
地址：大同市平城区前进街桐城金城致和创投大厦13号楼
……………………Tel：0352-7451212

方特欢乐世界（大同）旅游发展有限公司
地址：大同市平城区南环路南侧3666号
……………………Tel：0352-7690800

山西福源药业有限责任公司
地址：山西省大同市开源街2666号
……………………Tel：0352-7932980

华润雪花啤酒（大同）有限公司
地址：大同市装备制造产业园区云州街北侧
……………………Tel：0352-8117667

浑源县恒山酿酒厂有限公司
地址：浑源县北环三八路98号
……………………Tel：0352-8380000

阳泉市饮料厂
地址：山西省阳泉城区新华西街59号
……………………Tel：0353-2024133

阳泉市恒发饮料厂
地址：山西省阳泉市郊区李家庄乡甄家庄村（李家庄立交桥往北）
……………………Tel：0353-8888858

阳泉市南山秀水饮料有限公司
地址：阳泉经济技术开发区宁波路1号
……………………Tel：0353-2903806

山西华鑫电气有限公司
地址：山西省阳泉市矿区煤山路
……………………Tel：0353-4909788

平定金得蜂蜜饮料有限公司
地址：阳泉平定县冠山镇大峪村
……………………Tel：0353-6180362

山西田森集团有限公司
地址：山西省晋中市榆次区汇通路269号
……………………Tel：0354-2664103

山西海玉园食品有限公司
地址：山西省晋中市榆次区工业园区杨村段
……………………Tel：0354-2782498

山西娃哈哈昌盛饮料有限公司
地址：山西省晋中市榆次区工业园区
……………………Tel：0354-3995162

山西昔阳华新热电有限公司
地址：山西省晋中市昔阳县大寨镇厚庄村
……………………Tel：0354-4389111

昔阳县大寨酿酒有限公司
地址：山西省晋中市昔阳县赵壁乡前口庄村（原仙鹤中学）
……………………Tel：0354-4415002

山西国新液化煤层气有限公司
地址：山西省晋中市寿阳县南燕竹镇白家庄村（307国道西）
……………………Tel：0354-4617789

祁县古城饮料有限公司
地址：山西省晋中市祁县西六支乡秦村北
……………………Tel：0354-5081616

平遥古城景区管理有限公司
地址：山西省晋中市平遥县古陶镇康宁路、东南门头街2号、镇国寺内、双林寺内
……………………Tel：0354-5629858

山西凯嘉张壁古堡生态旅游有限公司

地址：山西省晋中市介休市龙凤镇张壁村
…………………Tel：0354-7086156
山西汾西矿业集团新产业发展有限责任公司
地址：山西省晋中市介休市新建西路345号
…………………Tel：0354-7088711
介休市绵山食品饮料有限公司
地址：山西省晋中市介休市定阳路东东夏线南
…………………Tel：0354-7273666
山西紫荆冰酒销售有限公司
地址：晋中市灵石县翠峰镇天石新城学苑路南
…………………Tel：0354-7621519
山西来力饮料有限公司
地址：山西省晋中市灵石县南关镇圪塔村（南峪公路旁）
…………………Tel：0354-7772798
山西路桥集团榆和高速公路有限公司
地址：山西综改示范区太原学府园区创业街19号4幢312室
…………………Tel：0354-8605610
山西樱花之侣饮料有限公司
地址：山西省长治高新区大辛庄镇小辛庄村村西100米
…………………Tel：0355-2176110
山西达利食品有限公司
地址：长治高新区科技工业园
…………………Tel：0355-3769678
山西振东道地药材开发有限公司
地址：长治县光明南路振东科技园
…………………Tel：0355-5532606
神农智华生物科技（山西）有限公司
地址：山西省长治市太行北路188号（科技企业加速器8号厂房）
…………………Tel：0355-5922585
山西鲁晋王曲发电有限责任公司
地址：山西省潞城市电厂路6号
…………………Tel：0355-5992147
山西省长治市潞酒有限公司
地址：长治市华丰北路47号
…………………Tel：0355-6027264
长治华新液化天然气有限公司
地址：山西省长治市襄垣县长安大道3157号
…………………Tel：0355-7299151
山西康伟集团有限公司
地址：沁源县灵空山镇水泉坪村.
…………………Tel：0355-7847788
山西纪兰饮料有限公司
地址：长治市平顺县西沟乡西沟村
…………………Tel：0355-8871063
山西建投麻纺织科技有限公司
地址：山西省晋城市开发区金匠街北、络桦路西
…………………Tel：0356-2069816
山西兰花煤炭实业集团有限公司
地址：山西省晋城市城区凤台东街2288号
…………………Tel：0356-2189501
山西皇城相府药业股份有限公司
地址：山西省晋城开发区经一路
…………………Tel：0356-2192489
山西兰花国际物流园区置业开发有限公司
地址：山西省晋城市泽州县金村镇霍秀村
…………………Tel：0356-3838010
晋城海斯制药有限公司
地址：山西省晋城市城区王台
…………………Tel：0356-3620462
山西彤康食品有限公司
地址：山西省泽州县高都镇大兴村
…………………Tel：0356-3836111
山西美常实业集团有限公司
地址：山西省晋城市阳城县河北镇下交村
…………………Tel：0356-4298808
阳城县皇城相府（集团）实业有限公司
地址：山西省晋城市阳城县北留镇皇城村
…………………Tel：0356-4858328
山西皇城相府文化旅游有限公司
地址：山西省晋城市阳城县北留镇皇城村
…………………Tel：0356-4858880
阳城蟒河山泉矿泉饮料有限公司
地址：山西省晋城市阳城县蟒河镇出水村
…………………Tel：0356-4222999
山西厦普赛尔食品饮料股份有限公司
地址：山西省高平市农副产品工业园区1号
…………………Tel：0356-5268181
山西兰花药业股份有限公司
地址：山西省高平市河西镇仙井村东（轻工食品工业园区）
…………………Tel：0356-5268867
山西星昶食品饮料有限公司
地址：山西省晋城市高平市沁辉路76号
…………………Tel：0356-5822118
山西省高平饮料公司
地址：山西省晋城市高平市马村镇马村
…………………Tel：0356-5822119
山西渴望饮料有限公司
地址：山西晋城陵川县崇安东街5号
…………………Tel：0356-6203336
山西棋源饮料有限公司
地址：山西省晋城市陵川县城梅园西街44号
…………………Tel：0356-6206669
晋城市皇佳酒业有限公司
地址：山西省晋城市城区中后河中泽街广佛寺旁206号
…………………Tel：0356-6960559
临汾市金昌华盛食品饮料有限公司
地址：山西省临汾经济开发区南焦堡社区居委会中东区东3巷2号门面房
…………………Tel：0357-2211617
山西汾河生化有限公司
地址：洪洞县甘亭镇
…………………Tel：0357-3355124
山西远洋饮料开发有限公司
地址：临汾市洪洞县曲亭镇上寨村
…………………Tel：0357-3435566
山西方略保税物流中心有限公司
地址：侯马市合欢街东侧方略联检办公大楼1幢
…………………Tel：0357-4160533
山西中交翼侯高速公路有限公司
地址：山西省翼城县翼侯高速公路出口
…………………Tel：0357-4967777
山西午城酿酒有限责任公司
地址：隰县午城镇
…………………Tel：0357-7281999
山西隰州天天饮料有限公司
地址：隰县庞家庄工业区
…………………Tel：0357-7321234
吉县反正饮料有限责任公司
地址：吉县吉昌镇新华街
…………………Tel：0357-7922366
山西汉中洋食品饮料有限公司
地址：山西省浮山县城北轻工业园区18号
…………………Tel：0357-8198113
山西省安泽县和川蔺泉酿酒有限公司
地址：和川镇和川村
…………………Tel：0357-8573018
山西雪莱食品有限责任公司
地址：吕梁文水县南安镇西韩村
…………………Tel：0358-3055555
山西稻盛仓饮料有限公司
地址：吕梁文水县南安镇西韩村
…………………Tel：0358-3055555
山西黎侯宴酿造有限公司
地址：黎城县洪井乡李堡村
…………………Tel：0358-3083111
山西海华酿造有限公司
地址：吕梁杏花村酒业集中发展区
…………………Tel：0358-3437996
柳林县槐树沟酿酒有限责任公司
地址：山西省柳林县留誉镇留誉村
…………………Tel：0358-4061647
山西柏洼山鼎饮料有限公司
地址：中阳县宁乡镇柏洼坪村
…………………Tel：0358-5029666
山西腾宇一瓢清泉饮料有限公司
地址：山西省吕梁市中阳县下枣林乡青羊坪村
…………………Tel：0358-5073999
山西维仕杰食品饮料有限责任公司
地址：交口县桃红坡镇
…………………Tel：0358-5484036
山西杏花村汾酒厂股份有限公司
地址：山西省汾阳市杏花村
…………………Tel：0358-7220468
山西杏花村汾酒集团有限责任公司
地址：山西省汾阳市杏花村.
…………………Tel：0358-7229026
山西杏花村汾源酒厂股份有限公司
地址：汾阳市杏花村酒业集中发展区
…………………Tel：0358-7229616
汾阳市富源饮料有限公司
地址：汾阳市东关正街91号.
…………………Tel：0358-7334600
山西杏花村汾酒集团酒业发展区股份有限公司
地址：吕梁市汾阳市杏花村
…………………Tel：0358-7339717
山西豪佳啤酒饮料有限公司
地址：汾阳市栗家庄开发区.
…………………Tel：0358-7371188
山西晋商酿酒股份有限公司
地址：山西省吕梁市汾阳市杏花村镇晋商大道1号
…………………Tel：0358-7520388
山西新晋商酒庄酿酒有限公司
地址：山西省吕梁市汾阳市杏花村镇东堡村
…………………Tel：0358-7529999
山西醉醇酿酒业有限责任公司
地址：山西省吕梁市汾阳市杏花村镇高速引线中段
…………………Tel：0358-7589999
山西杏花村汾酒厂汾青有限公司
地址：山西省吕梁孝义市崇文街道振兴街6号
…………………Tel：0358-7614496
孝义市丽锦山泉饮料有限公司
地址：山西省吕梁孝义市胜溪街道必独村东丽锦山庄内
…………………Tel：0358-7650000
山西吕梁环城高速公路管理有限责任公司
地址：太原市小店区龙城大街1号省物流中心
…………………Tel：0358-8258990
山西省运城武圣矿泉饮料有限公司
地址：山西省运城市解州柿树园
…………………Tel：0359-2053296
华润雪花啤酒（运城）有限公司
地址：山西省运城市空港新区雪花路9号
…………………Tel：0359-2553608
运城民航机场有限公司
地址：运城市空港新区关公东街1号
…………………Tel：0359-2598025
运城市天海饮料有限公司
地址：运城市盐湖区解州镇红旗路34号门面房
…………………Tel：0359-2822220
临猗明源饮料有限公司
地址：临猗县楚侯乡楚侯村
…………………Tel：0359-4032222
山西亿佳食品有限公司
地址：河津市城区街道办米家湾村
…………………Tel：0359-5023452
万荣牧原农牧有限公司
地址：山西省运城市万荣县荆淮村
…………………Tel：0359-5797137
龙门科技集团有限公司
地址：河津市龙门村
…………………Tel：0359-6319999
新绛县慈恒饮料有限公司
地址：新绛县三泉镇北平原农场后临新路西（煤化园区）
…………………Tel：0359-7670678
山西夏县牧原农牧有限公司
地址：山西省运城市夏县新建北路新世纪居民区18号
…………………Tel：0359-8593896
山西永济牧原农牧有限公司
地址：山西省运城市永济市城东街道孙李村银杏小学北侧150米路东
…………………Tel：0359-8676338
新绛牧原农牧有限公司
地址：山西省运城市新绛县龙兴镇正平街90号
…………………Tel：0359-8746111
运城汇源食品饮料有限公司
地址：山西省运城市万荣县西贾工业园区
…………………Tel：0359-8783100

内蒙古自治区

内蒙古百业成酒精制造有限责任公司
地址：扎兰屯市中央南路55号
…………………Tel：0470-2803738
呼伦贝尔合适佳食品有限公司
地址：内蒙古呼伦贝尔市经济开发区创业大街8号
…………………Tel：0470-3108005
满洲里市国滨酿酒有限公司
地址：内蒙古自治区满洲里市合作区东二道街（原化建仓库）
…………………Tel：0470-3188998
香格里拉大酒店（满洲里）有限公司
地址：内蒙古满洲里市六道街９９号
…………………Tel：0470-3968888
内蒙古阿荣旗飞龙王酿酒有限责任公司
地址：阿荣旗良种场场部院内
…………………Tel：0470-4212878
内蒙古伊泰生态农业有限公司
地址：内蒙古满洲里市产业园区国际货场内中俄农产品贸储基地
…………………Tel：0470-6218556
满洲里西郊机场有限责任公司
地址：内蒙古自治区满洲里市西南9公里处机场
…………………Tel：0470-6246052
内蒙古天利源食品饮料有限公司
地址：内蒙古自治区满洲里市扎区矿泉路49号
…………………Tel：0470-6526766
满洲里元力活性炭有限公司
地址：内蒙古自治区满洲里市扎赉诺尔区工业园区航运街300号
…………………Tel：0470-6531208
华润雪花啤酒（海拉尔）有限公司
地址：呼伦贝尔市海拉尔区呼伦大街26号
…………………Tel：0470-8318088
内蒙古茂业购物广场有限公司
地址：内蒙古自治区呼和浩特市新城区新华大街与兴安路交叉路口西南角
…………………Tel：0471-2236818
内蒙古呼铁对外经济技术合作集团有限责任公司
地址：呼和浩特市如意开发区东区远五纬路
…………………Tel：0471-2244734
内蒙古呼铁物流有限责任公司
地址：内蒙古自治区呼和浩特市新城区车站东街108号盛业城市广场综合楼11楼
…………………Tel：0471-2244975
内蒙古正大食品有限公司
地址：呼和浩特市和林县盛乐经济园区
…………………Tel：0471-2845521
内蒙古华润万家生活超市有限公司
地址：内蒙古自治区呼和浩特市赛罕区新华东街与丁香路交叉口万达广场
…………………Tel：0471-3253100
内蒙古自治区轻工科学研究所有限责任公司
地址：内蒙古自治区呼和浩特市新城区海拉尔大街鑫和银座小区5号楼25层2504室
…………………Tel：0471-3254903
恒大地产集团呼和浩特有限公司
地址：内蒙古自治区呼和浩特市赛罕区兴安南路与南二环交汇处向东500米恒大名都综合楼102室
…………………Tel：0471-3280338
内蒙古宇航人高技术产业有限责任公司
地址：内蒙古自治区呼和浩特市和林格尔县盛乐经济园区成长大道
…………………Tel：0471-3337761
内蒙古普泽生物制品有限责任公司
地址：内蒙古自治区呼和浩特市金川开发区工业园西区
…………………Tel：0471-3372817
内蒙古元都王酒业（集团）股份有限公司
地址：内蒙古自治区呼和浩特市赛罕区呼伦贝尔南路东达城市广场商务写字楼8层805室
…………………Tel：0471-3466837
内蒙古兰太药业有限责任公司
地址：内蒙古自治区呼和浩特市金川开发区金二路
…………………Tel：0471-3601682
国药控股内蒙古有限公司
地址：内蒙古自治区呼和浩特市土默特左旗敕勒川乳业开发区金山大街花样年

华小区西侧
……………………Tel：0471－3602985
华润内蒙古医药有限公司
地址：内蒙古自治区呼和浩特市赛罕区腾飞南路绿地腾飞大厦C座九层
……………………Tel：0471－4611149
利乐包装（呼和浩特）有限公司
地址：呼和浩特经济技术开发区如意新区利乐路1号
……………………Tel：0471－4616655
中粮可口可乐饮料（内蒙古）有限公司
地址：呼和浩特市和林格尔县盛乐经济园区盛乐四路东侧
……………………Tel：0471－5180939
呼和浩特市华春园林工程有限责任公司
地址：内蒙古自治区呼和浩特市玉泉区锡林南路锡林公园北侧办公楼1至4层
……………………Tel：0471－5183095
内蒙古华联综合超市有限公司
地址：内蒙古自治区呼和浩特赛罕区鄂尔多斯大街３２号
……………………Tel：0471－5979463
蒙羊牧业股份有限公司
地址：呼和浩特市和林格尔县盛乐经济园区
……………………Tel：0471－6311187
内蒙古民族商场有限责任公司
地址：内蒙古自治区呼和浩特市回民区中山西路７号
……………………Tel：0471－6601645
内蒙古九州通医药有限公司
地址：内蒙古自治区呼和浩特市赛罕区金桥开发区达尔登北路２２号
……………………Tel：0471－6656905
富友联合圣牧乳品有限公司
地址：内蒙古自治区呼和浩特市和林格尔县盛乐经济园区盛乐北街8号
……………………Tel：0471－7388399
内蒙古欧世蒙牛乳制品有限责任公司
地址：内蒙古自治区呼和浩特市和林格尔县盛乐经济园区成长大道南（管委会对面）
……………………Tel：0471－7391021
内蒙古斯隆生物技术有限责任公司
地址：内蒙古自治区呼和浩特市盛乐经济园区盛乐四街南侧
……………………Tel：0471－7392266
内蒙古桃李食品有限公司
地址：内蒙古自治区呼和浩特市和林格尔县盛乐经济园区食园街
……………………Tel：0471－7395131
纷美包装（内蒙古）有限公司
地址：呼和浩特市和林格尔县盛乐经济园区
……………………Tel：0471－7398888
内蒙古敕勒川酿酒有限公司
地址：呼和浩特市土默特左旗察素齐镇青山路西
……………………Tel：0471－8112444
内蒙古芸湃啤酒酿造有限责任公司
地址：内蒙古呼和浩特市金山开发区伊利乳都科技示范园－生活中心A4幢五单元东室
……………………Tel：0471－8161900
健隆生物科技股份有限公司
地址：内蒙古自治区呼和浩特市托克托县托电工业园区西区
……………………Tel：0471－8660960
内蒙古蒙亮实业股份有限公司
地址：内蒙古自治区呼和浩特市回民区成吉思汗西街西二环西100米
……………………Tel：0471－8932339
内蒙古威达工贸有限责任公司
地址：内蒙古自治区包头市昆都仑区鞍山道51号
……………………Tel：0472－8598668
内蒙古中青未来教育科技有限公司
地址：内蒙古自治区包头市青山区草原道2号、6号
……………………Tel：0472－3169985
包头市昊宇新能源有限责任公司
地址：东河区二里半旧机场长呼天然气管道包头分输站办公楼
……………………Tel：0472－4857905
香格里拉大酒店（包头）有限公司
地址：内蒙古自治区包头市青山区民族东路６６号
……………………Tel：0472－5998104
恒大地产集团包头有限公司
地址：内蒙古自治区包头市九原区莎木佳路一号街坊恒大华府综合楼三楼
……………………Tel：0472－6183010
包头市南绕城公路有限责任公司
地址：内蒙古自治区包头稀土高新区黄河大街33号交通局楼内
……………………Tel：0472－6209597
包头顶津食品有限公司
地址：包头稀土高新区滨河新区春晓路1号
……………………Tel：0472－7107882
内蒙古华亿能源股份有限公司
地址：内蒙古自治区包头市土默特右旗萨拉齐镇科技大街与欧美路交叉口西北角新奥华亿
……………………Tel：0472－8880155
包头市万开高山酿酒有限公司
地址：固阳县兴顺西镇秦长城旅游区北1公里
……………………Tel：0472－8261477
内蒙古阳光田宇葡萄酿酒有限公司
地址：内蒙古乌海市海南区赛汗乌素生态园
……………………Tel：0473－2016769
内蒙古汉森酒业集团有限公司
地址：内蒙古自治区乌海市海勃湾区机场路（飞机场对面）
……………………Tel：0473－2994096
内蒙古汉森葡萄酒销售有限公司
地址：内蒙古自治区乌海市海勃湾区机场路（飞机场对面）
……………………Tel：0473－2994096
乌海市天宇中利沙漠国际酒庄有限公司
地址：内蒙古自治区乌海市海勃湾区海北东街北七街坊平安家园商铺
……………………Tel：0473－3557777
乌海市白嘎力食品配送有限公司
地址：内蒙古自治区乌海市海勃湾区机场路西乌海市金裕农副产品综合批发交易市场
……………………Tel：0473－6951705
博天糖业（察右前旗）有限公司
地址：内蒙古乌兰察布市察右前旗土镇向阳街17号
……………………Tel：0474－3911581
内蒙古奥淳酒业有限责任公司
地址：内蒙古自治区乌兰察布市商都县七台镇红星街６３号
……………………Tel：0474－6902815
内蒙古化德融酒有限责任公司
地址：内蒙古自治区乌兰察布市化德县朝阳镇
……………………Tel：0474－7610009
内蒙古东顺融酒有限公司
地址：化德县白音特拉乡长流水沟村
……………………Tel：0474－7919000
内蒙古通辽金叶广场有限责任公司
地址：内蒙古自治区通辽市科尔沁区明仁大街中段
……………………Tel：0475－2395701
内蒙古玉王生物科技有限公司
地址：内蒙古自治区通辽市开鲁县北郊（工业园）
……………………Tel：0475－6229866
通辽市圣达生物工程有限公司
地址：内蒙古自治区通辽市开鲁县工业园区
……………………Tel：0475－6886188
内蒙古蒙药股份有限公司
地址：通辽经济技术开发区辽河大街西段
……………………Tel：0475－8421419
帝斯曼润邦（内蒙古）生物科技有限公司
地址：赤峰市资源型城市经济转型开发试验区
……………………Tel：0476－2324378
克什克腾旗文化旅游产业发展有限责任公司
地址：内蒙古赤峰市克什克腾旗经棚镇克旗三特旅业办公楼五楼
……………………Tel：0476－2831097
内蒙古东方万旗肉牛产业有限公司
地址：宁城县中京工业园区
……………………Tel：0476－4243007
内蒙古宁城神久酒业有限公司
地址：内蒙古宁城县宁城经济开发区中京工业园区
……………………Tel：0476－4243188
内蒙古敖汉牧原农牧有限公司
地址：内蒙古自治区赤峰市敖汉旗111国道旁全成驾校
……………………Tel：0476－4308055
内蒙古敖汉华海酒业有限责任公司
地址：内蒙古自治区赤峰市敖汉旗新惠镇工业园区
……………………Tel：0476－4639388
内蒙古沙漠之花生态产业科技有限公司
地址：内蒙古自治区赤峰市敖汉旗新惠镇工业园区
……………………Tel：0476－4638600
内蒙古塞飞亚农业科技发展股份有限公司
地址：内蒙古自治区赤峰市宁城县汐子镇
……………………Tel：0476－4909998
内蒙古凌志马铃薯科技股份有限公司
地址：内蒙古自治区赤峰市红山区金石矿业广场1号楼1－905
……………………Tel：0476－5835150
内蒙古蒙都羊业食品股份有限公司
地址：内蒙古自治区赤峰市翁牛特旗食品工业园区
……………………Tel：0476－6569282
赤峰众益糖业有限公司
地址：内蒙古自治区赤峰市松山区工业园区十号街西段8号
……………………Tel：0476－8177727
赤峰家育种猪生态科技集团有限公司
地址：内蒙古自治区赤峰市松山区上官地镇后五家村沿306国道标桩345+600处
……………………Tel：0476－8545120
赤峰源康医药有限公司
地址：内蒙古自治区赤峰市红山物流园区金山路中段6号楼07021号
……………………Tel：0476－8781203
内蒙古润得建设集团有限公司
地址：内蒙古自治区赤峰市松山区松山物流园区蒙东农机市场内8号楼02021
……………………Tel：0476－8831068
鄂尔多斯市蒙纯乳业有限责任公司
地址：内蒙古自治区鄂尔多斯市东胜区罕台庙食品工业园区 经营场所：鄂尔多斯市东胜区罕台庙食品工业园区3号楼
……………………Tel：0477－3113993
内蒙古响沙湾旅游有限公司
地址：内蒙古自治区鄂尔多斯市达拉特旗响沙湾
……………………Tel：0477－3963399
鄂尔多斯市西口情饮料有限责任公司
地址：内蒙古自治区鄂尔多斯市准格尔旗沙圪堵镇誓华商贸有限责任公司３２８室
……………………Tel：0477－4925444
鄂尔多斯市泰宝投资有限责任公司
地址：内蒙古自治区鄂尔多斯市东胜区铁西体育街嘉泰总部经济大厦十五层
……………………Tel：0477－5114111
鄂尔多斯市隆胜野生动物园有限责任公司
地址：内蒙古自治区鄂尔多斯市东胜区铁西区三园路1号
……………………Tel：0477－8103356
鄂尔多斯市万家惠欢乐世界旅游文化产业发展有限公司
地址：内蒙古自治区鄂尔多斯市东胜区万家惠铁西市场C区7层70259
……………………Tel：0477－8127263
内蒙古谷丰酒业有限公司
地址：内蒙古自治区鄂尔多斯市杭锦旗锡尼镇察哈尔乌素村特棉利七社
……………………Tel：0477－8346655
内蒙古伊泰集团有限公司
地址：东胜区伊煤南路１４号街坊区六中南
……………………Tel：0477－8565688
鄂尔多斯市圣圆水务集团有限责任公司
地址：内蒙古自治区鄂尔多斯市伊金霍洛旗阿镇水岸金钻大厦东塔19层
……………………Tel：0477－8689118
鄂尔多斯市宏颐达酿酒有限公司
地址：鄂尔多斯市伊金霍洛旗苏布尔嘎镇乌尔掌村
……………………Tel：0477－8691614
内蒙古乌拉特后旗马奴酿酒有限责任公司
地址：内蒙古自治区巴彦淖尔市乌后旗呼和镇
……………………Tel：0478－4680999
内蒙古金葵饮料食品有限公司
地址：内蒙古自治区巴彦淖尔市五原县工业园区
……………………Tel：0478－5516022
内蒙古和兴利饮料有限公司
地址：内蒙古自治区巴彦淖尔市经济技术开发区鲁花西街7号和兴利食品公司院内
……………………Tel：0478－7863618
巴彦淖尔市腾洁燃气有限责任公司
地址：内蒙古自治区巴彦淖尔市万丰经济开发区利民街北
……………………Tel：0478－7911702
内蒙古蒙牛圣牧高科奶业有限公司
地址：内蒙古自治区巴彦淖尔市磴口工业园区
……………………Tel：0478－7969999
内蒙古太仆寺旗草原酿酒有限责任公司
地址：太旗宝昌镇解放大街1号
……………………Tel：0479－5222775
西乌珠穆沁旗锡林河酒业有限公司
地址：内蒙古自治区锡林郭勒盟西乌旗巴拉嘎尔高勒镇河东开发区
……………………Tel：0479－6828999
华润雪花啤酒（兴安）有限公司
地址：内蒙古乌兰浩特工业经济开发区中央北路１号
……………………Tel：0482－2236999
乌兰浩特欧亚购物中心有限公司
地址：内蒙古自治区兴安盟乌兰浩特市和平街南郊2委50组洮儿河南路86号
……………………Tel：0482－3817222
内蒙古科沁万佳食品有限公司
地址：内蒙古自治区兴安盟乌兰浩特市工业经济开发区中央大路11号
……………………Tel：0482－8516000
阿拉善盟明昇食品饮料有限公司
地址：内蒙古自治区阿拉善盟阿拉善左旗巴彦浩特镇沙产业健康科技创业园
……………………Tel：0483－8596111

辽宁省

辉山乳业（沈阳）销售有限公司
地址：沈阳市沈北新区辉山大街99－1号
……………………Tel：024－22524078
沈阳凯莱大厦有限公司
地址：沈阳市沈河区迎宾街32号
……………………Tel：024－22528855
沈阳珀丽酒店有限公司
地址：沈阳市沈河区北站路99号
……………………Tel：024－22532828
沈阳家乐福商业有限公司
地址：沈阳市沈河区北站一路３９号
……………………Tel：024－22592139
辽宁北方报业传媒股份有限公司
地址：沈阳市沈河区中山路339号
……………………Tel：024－22698199
辽宁卓展时代广场百货有限公司
地址：沈阳市沈河区北京街7－1号
……………………Tel：024－22795007
罗森（沈阳）便利有限公司
地址：辽宁省沈阳市和平区天津南街46号0601、0602、0603、0606、0607、0608、0609、0610
……………………Tel：024－22861063
沈阳三和兴饮料有限公司
地址：沈阳道义经济技术开发区怒江北街341号
……………………Tel：024－89738466
沈阳东软熙康医疗系统有限公司
地址：辽宁省沈阳市浑南区创新路175－3号
……………………Tel：024－23356022
辽宁海天矿泉饮料食品有限公司
地址：沈阳市棋盘山开发区满堂乡上木村
……………………Tel：024－23417972
新世界（沈阳）房地产开发有限公司
地址：沈阳市和平区澳门路29号
……………………Tel：024－23605678
辽宁新大地食品饮料有限公司
地址：沈阳市东陵区营城子路57甲－1号
……………………Tel：024－23833535
沈阳德氏冷饮食品有限公司
地址：辽宁省沈阳市沈河区方家栏路56号

……………………Tel：024-24217211
沈阳大商新玛特购物休闲广场有限公司
地址：沈阳市大东区小东路1号
……………………Tel：024-24356997
香格里拉大酒店（沈阳）有限公司
地址：沈阳市沈河区青年大街115号
……………………Tel：024-24366666
沈阳商业城股份有限公司
地址：沈阳市沈河区中街路２１２号
……………………Tel：024-24848448
沈阳兴隆大家庭购物中心有限公司
地址：沈阳市沈河区中街路115号
……………………Tel：024-24863424
沈阳恒隆地产有限公司
地址：沈阳市沈河区中街路128号
……………………Tel：024-24877999
沈阳华新联美资产管理有限公司
地址：沈阳市浑南新区朗云街6－99号
……………………Tel：024-24908835
东北制药集团供销有限公司
地址：沈阳市铁西区兴华南街56号
……………………Tel：024-25600499
沈阳宜家家居有限公司
地址：沈阳市铁西区兴华北街20号
……………………Tel：024-25622345
沈阳华氏食品饮料有限公司
地址：沈阳经济技术开发区沈新西路310－3号
……………………Tel：024-25778008
中粮可口可乐辽宁（北）饮料有限公司
地址：沈阳经济技术开发区七号街8甲1号
……………………Tel：024-25818707
菲仕兰乳业有限公司
地址：辽宁省沈阳市法库县秀水辉山经济开发区
……………………Tel：024-27180401
沈阳福来食品实业有限公司
地址：新民市胡台新城振兴三街29－1号
……………………Tel：024-27505965
沈阳飞龙药业有限公司
地址：辽宁省沈阳市沈北新区乐业街118号
……………………Tel：024-27519797
华润置地（沈阳）有限公司
地址：沈阳市铁西区建设东路158号
……………………Tel：024-28118888
华润（沈阳）地产有限公司
地址：沈阳市和平区青年大街288号
……………………Tel：024-28118888
国药集团辽宁省兆隆医疗器械有限公司
地址：沈阳市苏家屯区加林路2－1号
……………………Tel：024-29830066
沈阳中升越通汽车销售服务有限公司
地址：沈阳市和平区下河湾303－6号
……………………Tel：024-31045925
吉福（沈阳）食品饮料有限公司
地址：沈阳市大东区八王寺街９０号
……………………Tel：024-31070711
沈阳八王寺饮料有限公司
地址：辽宁省沈阳市大东区建设路129号
……………………Tel：024-31070719
沈阳红梅食品有限公司
地址：沈阳市沈北新区蒲南路168号
……………………Tel：024-31076888
中国兵工物资沈阳有限公司
地址：沈阳市铁西区重工北街8号
……………………Tel：024-31081768
山田电机（沈阳）商业有限公司
地址：沈阳市沈河区中街路15号
……………………Tel：024-31090688
沈阳市泽溢饮料有限公司
地址：沈阳市沈北新区虎石台北大街126号
……………………Tel：024-31139030
益海嘉里（沈阳）粮油食品工业有限公司
地址：沈阳市沈北新区裕农路39号
……………………Tel：024-31238508
辽宁恒隆地产有限公司
地址：沈阳市沈河区青年大街1号
……………………Tel：024-31280111
沈阳娃哈哈荣泰食品有限公司
地址：沈阳市苏家屯区瑰香北街12号
……………………Tel：024-31484570
沈阳市苏家屯大润发商业有限公司
地址：沈阳市苏家屯区迎春街141号
……………………Tel：024-31578105
好丽友食品（沈阳）有限公司
地址：沈阳市沈北新区夏花湖街15号
……………………Tel：024-31621000
沈阳大东兴隆百货有限公司
地址：沈阳市大东区东陵西路37号
……………………Tel：024-31988305
辽宁省医药对外贸易有限公司
地址：沈阳市大东区东北大马路146号
……………………Tel：024-31996007
本溪汇源食品饮料有限公司
地址：辽宁省本溪市本溪满族自治县小市镇工业园区A区
……………………Tel：024-43331111
辽宁药联制药有限公司
地址：本溪经济开发区香槐路122A
……………………Tel：024-45567608
辽宁兴淼饮料有限公司
地址：辽宁省本溪市溪湖区石桥子香槐路112－3号
……………………Tel：024-45855777
上海医药集团（本溪）北方药业有限公司
地址：辽宁省本溪经济技术开发区（石桥子）神农大街22号
……………………Tel：024-45857999
辽宁未来生物科技有限公司
地址：本溪经济技术开发区仙东路1号
……………………Tel：024-47501888
辽宁桓龙湖葡萄酒酿造有限公司
地址：桓仁满族自治县木盂子镇仙人洞村五组
……………………Tel：024-48226999
辽宁张裕冰酒酒庄有限公司
地址：本溪市桓仁县北甸子乡
……………………Tel：024-48243288
张裕（桓仁）葡萄酿酒有限公司
地址：桓仁满族自治县北甸子乡友谊村三组16号
……………………Tel：024-48243288
辽宁王朝五女山冰酒庄有限公司
地址：辽宁省桓仁满族自治县桓仁镇水电街09组51幢0单元2号
……………………Tel：024-48269999
辽宁五女山米兰酒业有限公司
地址：本溪市桓仁满族自治县桓仁镇泡子沿汇丰街
……………………Tel：024-48913006
琥珀纸业有限责任公司
地址：抚顺市望花区古城子路4号
……………………Tel：024-52595858
辽宁天尚精酿啤酒有限公司
地址：辽宁省抚顺市东洲区章党街
……………………Tel：024-53799900
抚顺中石油昆仑燃气有限公司
地址：辽宁省抚顺市望花区鞍山路西段54号院内综合楼（总厂办公楼）
……………………Tel：0413-58326011
辽宁省大伙房水库管理局有限责任公司
地址：辽宁省抚顺市东洲区绥化路东段11号
……………………Tel：024-58312211
沈阳铁道双瑞站车商业服务有限公司
地址：沈阳市皇姑区崇山东路4－20号
……………………Tel：024-62061948
国药控股沈阳有限公司
地址：辽宁省沈阳市苏家屯区雪莲街158－1号
……………………Tel：024-62723457
沈阳百事可乐饮料有限公司
地址：沈阳市沈北新区辉山大街156号
……………………Tel：024-62830613
辽宁永辉超市有限公司
地址：沈阳市于洪区汪河路99号
……………………Tel：024-62833000
沈阳紫泉饮料工业有限公司
地址：沈阳经济技术开发区十号路八甲1号
……………………Tel：024-62836133
华强方特（沈阳）文化科技有限公司
地址：沈阳市沈北新区盛京大街55号
……………………Tel：024-62839277
辽宁润中供水有限责任公司
地址：沈阳市和平区十四纬路５号
……………………Tel：024-62839768
白水杜康（康平）酿酒有限公司
地址：康平县北三家子
……………………Tel：024-66910549
沈阳乳业有限责任公司
地址：沈阳市沈北新区辉山大街99号
……………………Tel：024-67910699
华润雪花啤酒（铁岭）有限公司
地址：辽宁省铁岭市清河区张相镇
……………………Tel：024-72131155
大成农牧（铁岭）有限公司
地址：辽宁省铁岭经济开发区
……………………Tel：024-74218888
铁岭兴隆百货有限公司
地址：铁岭市银州区工人街八委
……………………Tel：024-74839058
辽宁鹿城酿酒有限责任公司
地址：辽宁省铁岭市西丰县西丰镇鹿茸保健品产业园区
……………………Tel：024-77998999
辽宁隆丰野鹿王酿酒有限公司
地址：辽宁省铁岭市西丰县西丰镇公合村西丰县工业园区
……………………Tel：024-79791936
辽宁省高速公路实业发展有限责任公司
地址：沈阳市和平区１３纬路１９号
……………………Tel：024-82364367
沈阳盛新艺乐物业有限公司
地址：辽宁省沈阳市和平区博览路2甲1号
……………………Tel：024-82516111
辽宁牧合家牛业科技有限公司
地址：辽宁省阜新市彰武县章古台镇三家子村前三家子屯前三家子街99号（综合楼）
……………………Tel：024-82619300
辽宁辉山乳业集团有限公司
地址：沈阳市沈北新区辉山大街101号
……………………Tel：024-82619827
苏宁易购（沈阳）销售有限公司
地址：沈阳市大东区东顺城街17号
……………………Tel：024-83996688
沈阳市酿酒厂
地址：铁西区兴华北街４９号
……………………Tel：024-85635970
沈阳兴隆大天地购物中心有限公司
地址：沈阳市铁西区沈辽西路27号
……………………Tel：024-85727539
乐天百货（沈阳）有限公司
地址：沈阳市皇姑区北陵大街9－4、9－5号
……………………Tel：024-86088307
沈阳娃哈哈饮料有限公司
地址：沈阳市于洪区青城山北路188号
……………………Tel：024-86379885
沈阳乐购超市有限公司
地址：沈阳市皇姑区黄河南大街７８号
……………………Tel：024-86395102
沈阳东新药业有限公司
地址：辽宁省新民市工业开发园区内
……………………Tel：024-87502466
沈阳中街冰点城食品有限公司
地址：沈阳市沈北新区辉山经济开发区辉山大街131号
……………………Tel：024-88080080
沈阳华美食品有限公司
地址：辽宁省沈阳市沈北新区兴农路25－1号
……………………Tel：024-88080321
辽宁格林生物药业集团股份有限公司
地址：沈阳市沈北新区辉山经济开发区沈北路176号
……………………Tel：024-88081115
沈阳今麦郎面品有限公司
地址：沈阳市沈北新区宏业街63号
……………………Tel：024-8808136
中铁物资集团东北有限公司
地址：沈阳市大东区东北大马路３３７号
……………………Tel：024-88227169
辽宁青龙酒业有限公司
地址：沈阳市大东区观泉路铸玻巷23号1220
……………………Tel：024-88339229
新生活集团（中国）有限公司
地址：沈阳市苏家屯区玫瑰街140号
……………………Tel：024-88509749
沈阳空港物流有限公司
地址：辽宁省沈阳市浑南区桃仙镇桃仙机场
……………………Tel：024-89392993
沈阳耘垦牧业有限公司
地址：沈阳市苏家屯区百灵西路60－2号
……………………Tel：024-89512447
辽宁九州通医药有限公司
地址：沈阳市虎石台开发区建设路81号
……………………Tel：024-89720001
沈阳蓝岸食品饮料有限公司
地址：沈阳市沈北新区天王街72号
……………………Tel：024-89862778
大连东霖食品股份有限公司
地址：辽宁省大连普湾新区石河街道泰海路18号
……………………Tel：0411-39321989
大连合盛园满庭香酿酒有限公司
地址：辽宁省大连市金州区向应街道望海村
……………………Tel：0411-39337755
大连和怡阳光酒店有限公司
地址：辽宁省大连高新技术产业园区黄浦路710号
……………………Tel：0411-39421111
大连西岗乐购生活购物有限公司
地址：辽宁省大连市西岗区长春路349号
……………………Tel：0411-39619520
亚洲渔港股份有限公司
地址：辽宁省大连市西岗区海达北街91号6层
……………………Tel：0411-39738666
大连富哥实业有限公司
地址：辽宁省大连经济技术开发区赤峰街11－1号－A
……………………Tel：0411-39851112
华润大连澳德医药有限公司
地址：辽宁省大连市甘井子区虹港路99号
……………………Tel：0411-62629611
大连港旅顺港务有限公司
地址：辽宁省大连旅顺经济开发区兴港路24号
……………………Tel：0411-62685644
大连铁越集团有限公司
地址：辽宁省大连市中山区安民街11号
……………………Tel：0411-62831350
大连董家沟纯粮酿酒有限公司
地址：辽宁省大连经济技术开发区董家沟街道英歌石村李屯11号
……………………Tel：0411-62947777
大连来点商贸有限公司
地址：辽宁省大连高新技术产业园区礼贤街1号1－15－12－01
……………………Tel：0411-66888159
大连友好乐购生活购物有限公司
地址：辽宁省大连市中山区昆明街102号
……………………Tel：0411-82301732
中远海运客运有限公司
地址：辽宁省大连市中山区民主广场1号
……………………Tel：0411-82560332
中铁铁龙集装箱物流股份有限公司
地址：辽宁省大连高新技术产业园区火炬路32号创业大厦A座2716号
……………………Tel：0411-82810988
大连蛇毒精酿啤酒有限公司
地址：辽宁省大连市中山区碧浪园112号3单元1层1号
……………………Tel：0411-82845919
大连市碧流河水库有限公司
地址：辽宁省大连市中山区昆明街168号公建
……………………Tel：0411-83210023
大连大圣金丝猴饮料有限公司
地址：辽宁省大连市普兰店区铁西街道花儿山社区前花屯180号
……………………Tel：0411-83495157
大商集团有限公司
地址：辽宁省大连市中山区青三街１号
……………………Tel：0411-83880987
中粮可口可乐辽宁（中）饮料有限公司
地址：中国（辽宁）自由贸易试验区营口市西市区新联大街135号
……………………Tel：0411-84205321
中粮可口可乐辽宁（南）饮料有限公司
地址：辽宁省大连市沙河口区西北路235号
……………………Tel：0411-84205321
亿达物业服务集团有限公司
地址：辽宁省大连高新技术产业园区软件园知音园21号
……………………Tel：0411-65859191
大连宜家家居有限公司
地址：辽宁省大连市西岗区海达南街51号
……………………Tel：0411-8444234
大连大商潮店乐园购物广场有限公司
地址：辽宁省大连市沙河口区西安路

22-38号
…………………… Tel：0411-84638899
美罗药业股份有限公司
地址：辽宁省大连市甘井子区营升路9号
…………………… Tel：0411-84820377
大连美罗中药厂有限公司
地址：辽宁省大连市甘井子区营升路19号
…………………… Tel：0411-84820377
国药控股大连有限公司
地址：辽宁省大连市西岗区工一街107号3、4、5层
…………………… Tel：0411-84820782
大连香洲庄园葡萄酒有限公司
地址：辽宁省瓦房店市谢屯镇前进村
…………………… Tel：0411-85224111
大连香洲坊酒业有限公司
地址：辽宁省瓦房店市谢屯镇前进工业园区
…………………… Tel：0411-85224364
大连慬月母婴护理有限公司
地址：辽宁省瓦房店市文兰路26号
…………………… Tel：0411-85686111
大连海宝渔业有限公司
地址：辽宁省大连市旅顺口区铁山街道柏岚子村1号
…………………… Tel：0411-86216573
大连富氢饮料有限公司
地址：辽宁省大连市旅顺口区龙头街道王家村
…………………… Tel：0411-86287389
朋派食品（大连）有限公司
地址：辽宁省大连市甘井子区山东路396号
…………………… Tel：0411-86688012
大连沃尔玛百货有限公司
地址：辽宁省大连市西岗区奥林匹克广场2号
…………………… Tel：0411-86806322
大连乐购生活购物有限公司
地址：辽宁省大连市沙河口区中山路552号
…………………… Tel：0411-86819805
大连华锐国际工程有限公司
地址：辽宁省大连市西岗区八一路169号
…………………… Tel：0411-86852855
珍奥集团股份有限公司
地址：辽宁省大连经济技术开发区先进装备制造业园区金七路9号
…………………… Tel：0411-87214511
大连双迪科技股份有限公司
地址：辽宁省大连经济技术开发区先进装备制造业园区金七路9-8号1-2层
…………………… Tel：0411-87214791
大连珍奥生物技术股份有限公司
地址：辽宁省大连市金州区先进装备制造业园区金七路11号
…………………… Tel：0411-87214959
大连翔祥食品有限公司
地址：辽宁省大连保税区IC-54
…………………… Tel：0411-87300222
大连吉翔农业科技有限公司
地址：辽宁省大连经济技术开发区松岚街15号-C
…………………… Tel：0411-87308398
九三集团大连大豆科技有限公司
地址：辽宁省大连保税区北良港内
…………………… Tel：0411-87336993
大连好侍食品有限公司
地址：辽宁省大连经济技术开发区淮河中路93号
…………………… Tel：0411-87407007
大连医诺生物股份有限公司
地址：辽宁省大连经济技术开发区49号大连医诺
…………………… Tel：0411-87549899
大连三岛食品有限公司
地址：辽宁省大连经济技术开发区金马路4号
…………………… Tel：0411-87611161
大连岩谷气体机具有限公司
地址：辽宁省大连经济技术开发区淮河西路5号
…………………… Tel：0411-87611563
中联食品（大连）有限公司
地址：辽宁省大连市金州区拥政街道三里村888号
…………………… Tel：0411-87821188
一汽（大连）通商有限公司
地址：辽宁省大连保税区国际贸易中心E座18层
…………………… Tel：0411-87967029
三寰集团有限公司
地址：辽宁省大连高新技术产业园区小平岛广场3号
…………………… Tel：0411-88127111
大连田祖生态农业科技发展有限公司
地址：辽宁省庄河市大郑镇葛炉村
…………………… Tel：0411-89381288
大连御圣园酒业有限公司
地址：辽宁省庄河市迎宾街西段５８号
…………………… Tel：0411-89703398
辽酱酿酒（大连）有限公司
地址：辽宁省大连庄河市蓉花山镇蓉花村
…………………… Tel：0411-89841999
辽宁金源饮食有限公司
地址：鞍山市千山区鞍山城33号
…………………… Tel：0412-2300008
海城市祝家果业有限公司
地址：海城市马风镇材木村
…………………… Tel：0412-3263500
海城义乌中国小商品城投资发展有限公司
地址：辽宁省鞍山市海城市西柳镇东柳村1号
…………………… Tel：0412-3320006
鞍钢民企饮料厂
地址：鞍山市立山区沙河镇羊草庄村
…………………… Tel：0412-6223188
鞍山伯乐酒业有限公司
地址：鞍山经济开发区兴盛南路19号
…………………… Tel：0412-6427777
英联饲料（辽宁）有限公司
地址：鞍山市腾鳌经济开发区新城路145号
…………………… Tel：0412-8311558
辽宁腾鳌酒业有限公司
地址：辽宁省鞍山市海城市腾鳌特区永安工业小区
…………………… Tel：0412-8317359
辽宁双鞍集团善梦实业有限公司
地址：鞍山市铁西区鞍钢矿渣公司二渣车间院内
…………………… Tel：0412-8465243
丹东华润万家生活超市有限公司
地址：丹东市振兴区万隆体育场6纬路89-8号
…………………… Tel：0415-2120765
丹东乐购生活购物有限公司
地址：振兴区六纬路３２号
…………………… Tel：0415-2177102
辽宁六丰饮料有限公司
地址：辽宁省丹东市振安区九连城镇套外村二组
…………………… Tel：0415-3180666
丹东玉华食品有限公司
地址：凤城市蓝旗镇蓝旗村五组
…………………… Tel：0415-3526088
丹东万力酒店管理有限公司
地址：辽宁省丹东市振兴区锦山大街300号502室
…………………… Tel：0415-3788888
丹东汇隆实业发展有限公司
地址：丹东市振兴区十纬路30号
…………………… Tel：0415-3887800
参仙源酒业有限公司
地址：宽甸满族自治县双山子镇黎明村
…………………… Tel：0415-5956889
参仙源参业股份有限公司
地址：辽宁省丹东市宽甸满族自治县双山子镇黎明村七组
…………………… Tel：0415-5956889
辽宁凤城老窖酒业有限责任公司
地址：凤城市凤凰城管理区凤华街２号
…………………… Tel：0415-8207900
锦州汇源食品饮料有限公司
地址：辽宁省锦州经济技术开发区天山路1号
…………………… Tel：0416-3581277
辽宁盛龙泉水有限公司
地址：锦州市太和区凌南西里13号
…………………… Tel：0416-3861042
辽宁道光廿五集团同盛金饶锅有限责任公司
地址：太和区凌南西里１３号
…………………… Tel：0416-3881042
辽宁道光廿五集团满族酿酒有限责任公司
地址：太和区凌南西里１３号
…………………… Tel：0416-3881042
辽宁皇袍贡酿酒有限公司
地址：锦州市太和区兴电街72号
…………………… Tel：0416-4127999
辽宁辉山乳业集团（锦州）有限公司
地址：锦州七里河经济开发区辉山路1号
…………………… Tel：0416-7380808
锦州九丰食品有限公司
地址：辽宁省锦州市义县七里河镇石桥子村
…………………… Tel：0416-7570995
大商营口新玛特购物广场有限公司
地址：辽宁省营口市站前区市府路东1号
…………………… Tel：0417-2837328
营口东盛实业有限公司
地址：中国（辽宁）自由贸易试验区营口市西市区青花大街西88号
…………………… Tel：0417-4896800
辽宁北魁生态酿酒有限公司
地址：辽宁省营口大石桥市永安镇东赖村
…………………… Tel：0417-5248333
营口北魁大国工匠酒销售有限公司
地址：中国（辽宁）自由贸易试验区营口片区澄湖西路91甲-77号（总部1号楼B座701号SZ-004房间）
…………………… Tel：0417-5248333
大石桥市兴隆百货有限公司
地址：大石桥市哈大路中段（繁荣街荣中里）
…………………… Tel：0417-5824111
嘉里粮油（营口）有限公司
地址：辽宁省营口市鲅鱼圈港内1号
…………………… Tel：0417-6269035
中粮糖业辽宁有限公司
地址：辽宁省营口仙人岛新区纬八路北
…………………… Tel：0417-6562979
营口兴隆百货有限公司
地址：营口市站前区新兴大街东２０号
…………………… Tel：0417-6630789
营口张兄弟酒酿造有限公司
地址：辽宁省营口市鲅鱼圈区芦屯镇路安工业园
…………………… Tel：0417-7237899
营口东部食品饮料有限公司
地址：辽宁省营口盖州市东城办事处松树底村
…………………… Tel：0417-7588567
盖州兴隆大家庭购物中心有限公司
地址：盖州市红旗大街中段
…………………… Tel：0417-7870777
方大群众（营口）医院有限公司
地址：辽宁省营口市老边区新东路北17号
…………………… Tel：0417-8183666
辽宁亿鑫红洋饮品集团塑料制品有限公司
地址：辽宁省阜新经济开发区东风路175号
…………………… Tel：0418-2676333
阜新市新华冷饮有限公司
地址：阜新市海州区新华路99号
…………………… Tel：0418-3881777
阜新鲁花浓香花生油有限公司
地址：阜新高新技术产业园区玉龙路北科技大街东
…………………… Tel：0418-6313876
华润雪花啤酒（阜新）有限公司
地址：阜新市太平区红纬路3号
…………………… Tel：0418-6323353
辽阳市龙鼎山精酿啤酒有限公司
地址：辽宁省辽阳市文圣区东顺城路27号
…………………… Tel：0419-3793688
辽宁太阳谷庄园葡萄酒业股份有限公司
地址：辽宁省灯塔市柳河子镇红旗村
…………………… Tel：0419-6512308
喀左县丽洲庄园葡萄酿酒有限公司
地址：喀左县东哨乡大马架子村
…………………… Tel：0421-4313996
温氏（朝阳）农牧有限公司
地址：辽宁省朝阳市朝阳县柳城街道郭家村
…………………… Tel：0421-7015600
北票温氏农牧有限公司
地址：辽宁省朝阳市北票市大三家镇兴隆沟村2-1A
…………………… Tel：0421-7917666
辽宁兴隆百货集团有限公司
地址：盘锦市兴隆台区中兴路１０３号
…………………… Tel：0427-2825798
益海嘉里（盘锦）粮油工业有限公司
地址：盘锦市盘山县太平镇
…………………… Tel：0427-3717013
益海嘉里（盘锦）食品工业有限公司
地址：盘锦辽滨沿海经济区滨海大道（一号路）北侧、港经二路（疏港路）东侧
…………………… Tel：0427-3717020
盘锦光合蟹业有限公司
地址：辽宁省盘锦市大洼区三角洲
…………………… Tel：0427-6590017
辽宁华原葡萄酒庄有限公司
地址：盘锦市盘山县甜水乡孙家村
…………………… Tel：0427-7561111
盘锦辽油晨宇集团有限公司
地址：盘锦市兴隆台区渤海地区永祥北晨宇工业园05号办公楼
…………………… Tel：0427-7817230
建昌绿宝露营养食品饮料有限公司
地址：建昌县食品产业园区内
…………………… Tel：0429-2699992
建昌县亿丰蓝莓饮料有限公司
地址：辽宁省葫芦岛市建昌县环城北街10号
…………………… Tel：0429-3607555
葫芦岛市大魏酒业有限公司
地址：建昌县　牛营子乡荆条沟村兰家湾子
…………………… Tel：0429-7686777

吉林省

吉林天景食品有限公司
地址：长春市净月旅游经济开发区金宝街2399号
…………………… Tel：0431-81057708
华润吉林医药有限公司
地址：吉林省长春市高新开发区越达路1277号办公楼
…………………… Tel：0431-81126011
吉林敖东大药房连锁有限公司
地址：吉林省长春市高新开发区顺达路789号鸿达光电子产业园1号研发中心B座三层
…………………… Tel：0431-81130218
长春欧亚商业连锁欧亚二道购物中心有限公司
地址：吉林省长春市二道区长新东街3999号
…………………… Tel：0431-81333665
长春市春城酿酒有限公司
地址：长春九台经济开发区纬九路8号
…………………… Tel：0431-81700390
中粮可口可乐饮料（吉林）有限公司
地址：长春经济技术开发区浦东路3825号
…………………… Tel：0431-8176777-6582
吉林省国盛大酒店有限公司
地址：长春市人民大街7008号
…………………… Tel：0431-81788888
长春吉实益田酒店管理有限公司
地址：净月经济开发区净月分团丁二十二路以南、丁二十五路以北
…………………… Tel：0431-81811111
长春地利农副产品有限公司
地址：吉林省长春市宽城区凯旋路3525号1号楼
…………………… Tel：0431-81871077
长春九州通医药有限公司
地址：吉林省长春市北湖科技开发区航空街888号
…………………… Tel：0431-81874503
长春伊利冷冻食品有限责任公司
地址：吉林省长春市九台市长春九台经济开发区群英大路1666号
…………………… Tel：0431-81897239
吉林金东谷食品饮料有限公司
地址：长春市朝阳区红旗街万达广场5幢3单元1113号房
…………………… Tel：0431-81905326
中化石油吉林有限公司
地址：长春市二道区远达大街以东红星美凯龙全球家居生活广场3幢0单元901号房

…………………… Tel：0431-81929100
九三集团长春大豆科技股份有限公司
地址：经济开发区兴隆山镇日喀则路999-1111号
…………………… Tel：0431-81982038
长春旺旺食品有限公司
地址：农安县合隆经济开发区北凯旋路西侧
…………………… Tel：0431-82004055
九台市小南山酿酒有限公司
地址：九台市沿河街379号
…………………… Tel：0431-82325324
吉林亚泰永安堂药业有限公司
地址：长春市高新开发区北区北远达大街7988号
…………………… Tel：0431-82619766
吉林省松苑宾馆
地址：长春市新发路1169号
…………………… Tel：0431-82727001
吉林华正农牧业开发股份有限公司
地址：长春市合隆经济开发区长农大街2688号
……………… Tel：0431-82968999-816
长春市宴丰酿酒集团有限公司
地址：农安县伏龙泉镇
…………………… Tel：0431-83543699
吉林省榆树钱酒业有限公司
地址：吉林省榆树市环城工业集中区榆陶路9号
…………………… Tel：0431-83618475
吉林省西源兴酒业有限公司
地址：吉林省榆树市五棵树镇龚家村六组
…………………… Tel：0431-83828158
长春长影世纪城有限公司
地址：长春净月潭旅游经济开发区净月分团二期
…………………… Tel：0431-84550333
长春百事可乐饮料有限公司
地址：长春市自由大路8388号
…………………… Tel：0431-84602068
吉林高速公路股份有限公司
地址：长春市经济技术开发区浦东路4488号
…………………… Tel：0431-84664798
吉林森工金桥地板集团有限公司
地址：宽城区凯旋北路9788号
…………………… Tel：0431-84748520
吉林亚泰制药股份有限公司
地址：吉林省长春市高新开发区北远达大街8000号
…………………… Tel：0431-84973578
国药一心制药有限公司
地址：长春双阳经济开发区怡心路111号
…………………… Tel：0431-85103153
吉林省高速公路集团有限公司
地址：长春市经济技术开发区浦东路1658号
…………………… Tel：0431-85254000
吉林省华赢农业集团股份有限公司
地址：吉林省长春市净月开发区川渝.泓泰国际-环球贸易中心一期2幢1单元613室
…………………… Tel：0431-85674537
长春华夏神酒业有限公司
地址：长春市宽城区小城物流园18栋
…………………… Tel：0431-85682296
长春帝豪食品发展有限公司
地址：经济开发区玉米工业园区中山大街1号
…………………… Tel：0431-85820831
长春国信南山酒店有限公司
地址：长春市双阳区长清公路16公里处幸福村马架子屯
…………………… Tel：0431-85837777
长影集团有限责任公司
地址：长春市朝阳区红旗街1118号
…………………… Tel：0431-85941817
长春海悦药业股份有限公司
地址：长春市高新区创举街672号
…………………… Tel：0431-87011500
长春春来矿泉水饮料实业有限责任公司
地址：德惠市大房身镇春来路111号
…………………… Tel：0431-87268581
长春欧亚集团欧亚车百大楼有限公司
地址：汽车产业开发区东风大街1038号
…………………… Tel：0431-87652530
吉林省欢乐家园葡萄酿酒有限公司
地址：吉林省长春市绿园区城西乡民丰村二社
…………………… Tel：0431-87653693
长春欧亚超市连锁经营有限公司
地址：绿园区春城大街万鑫花园3号楼
…………………… Tel：0431-87655393
今麦郎饮品（长春）有限公司
地址：长春绿园经济开发区金麦街888号
…………………… Tel：0431-87868078
中国吉林森林工业集团有限责任公司
地址：长春市人民大街4036号
…………………… Tel：0431-88916565
吉林省建设集团有限公司
地址：长春市莲花山生态旅游度假区泉眼镇泉眼村天定山民宿雪里屯1号院
…………………… Tel：0431-88497067
长春苏宁易购销售有限公司
地址：朝阳区西安大路8号1-2层
…………………… Tel：0431-88577777
吉林省互联网传媒股份有限公司
地址：经济开发区营口路956号
…………………… Tel：0431-82530030
吉林省中东集团有限公司
地址：长春市自由大路6738号
…………………… Tel：0431-88762844
吉林省中东龙兴商贸园有限公司
地址：吉林省长春市亚泰大街1138号
…………………… Tel：0431-88763505
吉视传媒股份有限公司
地址：长春市净月开发区和美路999号吉视传媒信息枢纽中心
…………………… Tel：0431-88789962
吉林粮食集团米业有限公司
地址：长春市春城大街1515号
…………………… Tel：0431-88790302
长春长百集团有限公司
地址：长春市朝阳区人民大街1881号11楼
…………………… Tel：0431-88922318
长春香格里拉大酒店有限公司
地址：长春市西安大路569号
…………………… Tel：0431-88981818
吉林大北农农牧科技有限责任公司
地址：经济开发区兴隆山镇兴北大路与惠州街交汇处
…………………… Tel：0431-89175199
长春欧亚商业连锁欧亚万豪购物中心有限公司
地址：经济技术开发区东方广场城市综合体A区C#楼
…………………… Tel：0431-89265555
长春统一企业有限公司
地址：经济开发区新兴产业园明斯克路5111号
…………………… Tel：0431-89368688
长春市酿酒总厂
地址：长春市双阳区奢岭镇幸福村
…………………… Tel：0431-89683000
吉林农安牧原农牧有限公司
地址：吉林省长春市农安县万顺乡万顺村
…………………… Tel：0431-89725928
吉林市华侨医药保健食品总厂
地址：吉林省吉林市永吉县永吉大街572号
…………………… Tel：0432-62758999
吉林吉美乐饮料有限公司
地址：吉林经济技术开发区九站三号道
…………………… Tel：0432-63050777
吉林欧亚置业有限公司
地址：吉林市丰满区吉林大街1-2号
…………………… Tel：0432-63368177
吉林市欧亚购物中心有限公司
地址：昌邑区解放东路6号
…………………… Tel：0432-63379696
吉林市娃哈哈饮料有限公司
地址：吉林市吉林经济技术开发区三号道南
…………………… Tel：0432-63501533
吉林娃哈哈启力饮料有限公司
地址：吉林市吉林经济开发区三号道南
…………………… Tel：0432-63501538
吉林黄酱酒酿造有限公司
地址：吉林省吉林市龙潭区珠江路507号
…………………… Tel：0432-63970999
益海嘉里（吉林）粮油食品工业有限公司
地址：吉林省吉林市龙潭区乌拉街镇亚复村
…………………… Tel：0432-64930377
吉林北沙制药有限公司
地址：吉林市吉林经济技术开发区政达街138号
…………………… Tel：0432-65116233
中粮米业（吉林）有限公司
地址：吉林市吉林经济技术开发区吉孤路668号
…………………… Tel：0432-65157009
桦甸丰泰热电有限责任公司
地址：桦甸市新能源产业园（公吉乡）
…………………… Tel：0432-66247605
吉林添正生物科技股份有限公司
地址：蛟河市河北街长白山大街167号办公楼
…………………… Tel：0432-67185299
吉林粮食集团酿酒有限公司
地址：舒兰市吉谷路68号
…………………… Tel：0432-68259286
吉林市五谷宝酿酒有限责任公司
地址：舒兰市经济开发区吉谷路66号
…………………… Tel：0432-68259299
吉林富兰克林酒业有限公司
地址：吉林省舒兰市经济开发区吉谷路68号
…………………… Tel：0432-68259299
吉林汇源食品饮料有限公司
地址：舒兰市经济开发区兴华路12号
…………………… Tel：0432-68866608
长白山森工集团有限公司
地址：延吉市长白山西路99号
…………………… Tel：0433-2909686
吉林敖东药业集团延吉股份有限公司
地址：吉林省延吉市高新技术开发区长白路389号
…………………… Tel：0433-2910159
延边娃哈哈启力饮料有限公司
地址：延吉市滨河东路5271号
…………………… Tel：0433-5010203
延边汇源食品饮料有限公司
地址：吉林省龙井市工业集中区
…………………… Tel：0433-5010803
北京汇源饮料食品集团延边有限公司
地址：龙井市工业集中区
…………………… Tel：0433-5010803
吉林海资生物工程技术有限公司
地址：吉林省敦化市经济开发区工业区
…………………… Tel：0433-5073260
吉林草还丹药业有限公司
地址：敦化经济开发区宏大路999号
…………………… Tel：0433-5076006
吉林敖东集团金海发药业股份有限公司
地址：吉林省安图县明月镇
…………………… Tel：0433-5810011
安图恒大长白山矿泉水有限公司
地址：安图县二道白河镇红丰村
…………………… Tel：0433-5935566
长春欧亚集团敦化欧亚敦百购物中心有限公司
地址：敦化市渤海街工农路888号
…………………… Tel：0433-6550333
吉林敖东健康科技有限公司
地址：吉林省敦化经济开发区敖东工业园
…………………… Tel：0433-6688832
延边出入之蒙福进出口贸易有限公司
地址：延吉市太平街（美好家园一号楼）
…………………… Tel：0433-8910123
四平欧亚商贸有限公司
地址：四平市铁东区中央东路776号
…………………… Tel：0434-3531667
四平昊华化工有限公司
地址：四平市铁东区北二经街936号
…………………… Tel：0434-3536029
吉林双辽牧原农牧有限公司
地址：吉林省双辽市茂林镇东升村
…………………… Tel：0434-6193331
吉林省华生交电集团有限公司
地址：公主岭市岭西街新建委西公主大街2575号
…………………… Tel：0434-6268918
吉林悦然饮料有限公司
地址：双辽市经济开发区辽西园区
…………………… Tel：0434-7660000
通化市二建实业有限公司
地址：通化市建设大街4093号
…………………… Tel：0435-3617871
通化金航酒庄有限公司
地址：通化市二道江区天露大街518号
…………………… Tel：0435-3760998
长春欧亚集团通化欧亚购物中心有限公司
地址：通化市江沿路888号
…………………… Tel：0435-3769000
吉林省正和药业集团股份有限公司
地址：通化市正和路888号
…………………… Tel：0435-3927266
通化葡萄酒股份有限公司
地址：通化市前兴路28号
…………………… Tel：0435-3948127
吉林金宝药业股份有限公司
地址：吉林省梅河口市环城北路6号
…………………… Tel：0435-4355195
吉林省军隆饮料有限公司
地址：吉林省梅河口市新合镇胜利村四组
…………………… Tel：0435-4668181
长春欧亚集团通化欧亚置业有限公司
地址：梅河口市人民大街1888号
…………………… Tel：0435-4696000
雪花啤酒（通化）有限公司
地址：通化市雪花路9号
…………………… Tel：0435-5009015
吉林创健科技有限公司
地址：通化市保安路835号（得珍源葡萄酿酒公司对面）
…………………… Tel：0435-5110386
吉林省通化振国药业有限公司
地址：吉林省通化县湾湾川植物园
…………………… Tel：0435-6179356
康美新开河（吉林）药业有限公司
地址：吉林省集安市锦绣街555号
…………………… Tel：0435-6699967
弘美制药（中国）有限公司
地址：吉林省梅河口市弘美工业园
…………………… Tel：0435-6909197
吉林卓越实业股份有限公司
地址：吉林省辉南县朝阳镇爱国街十委十组
…………………… Tel：0435-6989011
依曼迪酒庄（吉林）有限公司
地址：柳河县柳河镇机场路（柳河镇联合村）
…………………… Tel：0435-7228883
吉林省钓鱼台酿酒有限责任公司
地址：吉林省柳河县钓鱼台
…………………… Tel：0435-7328004
吉林海通制药有限公司
地址：辉南县朝阳镇永康路18号
…………………… Tel：0435-8219500
吉林省大椅山酿酒有限公司
地址：辉南县样子哨镇大椅山村
…………………… Tel：0435-8832998
吉林长龙食品饮料有限责任公司
地址：辉南经济开发区医药产业园
…………………… Tel：0435-8855999
通榆县吉鹤村酒业酿造有限公司
地址：吉林省通榆县开通镇新发北街东侧
…………………… Tel：0436-4262716
益海嘉里（白城）粮油食品工业有限公司
地址：白城工业园区长江街1688号
…………………… Tel：0436-5026039
长春欧亚集团白城欧亚购物中心有限公司
地址：白城市经济开发区开发大街111号
…………………… Tel：0436-5028003
吉林省大安市大发实业有限责任公司
地址：大安市人民路6号
…………………… Tel：0436-5222118
洮南市绿缘食品有限责任公司
地址：吉林省洮南经济开发区
…………………… Tel：0436-6259999
飞鹤（镇赉）乳品有限公司
地址：吉林省白城市镇赉县镇赉镇幸福东路433号
…………………… Tel：0436-7289388
长春欧亚集团辽源欧亚置业有限公司
地址：辽源经济开发区友谊工业园区财富大路146号
…………………… Tel：0437-5011007
吉林毅润蛋白有限公司
地址：松原市前郭县郭尔罗斯大路7399号
…………………… Tel：0438-5078037
长春欧亚集团松原欧亚购物中心有限公司

地址：松原经济技术开发区青年大街4799号
……………………Tel：0438-5189006

吉林省凤鲜酒业酿造有限公司
地址：松原经济技术开发区兴原街
……………………Tel：0438-6166025

吉林参花香生态酿酒有限公司
地址：抚松县泉阳镇新华街
……………………Tel：0439-6517039

吉林森宝参花香集团有限公司
地址：泉阳镇新华街
……………………Tel：0439-6517039

抚松县兴隆酿酒有限责任公司
地址：抚松县兴隆乡兴隆村
……………………Tel：0439-6570196

吉林鲁能漫江生态旅游开发有限公司
地址：抚松县漫江镇前进村
……………………Tel：0439-6979612

农夫山泉抚松长白山饮料有限公司
地址：抚松县露水河镇河北街
……………………Tel：0439-6979770

农夫山泉抚松长白山天然矿泉水有限公司
地址：抚松县露水河镇半截河矿泉保护区
……………………Tel：0439-6979781

农夫山泉吉林长白山有限公司
地址：吉林省靖宇县矿泉水源保护区.
……………………Tel：0439-7260010

白山娃哈哈饮料有限公司
地址：靖宇县五龙泉
……………………Tel：0439-7263416

白山娃哈哈启力饮料有限公司
地址：吉林省白山市靖宇县蒙江乡靖宇村
……………………Tel：0439-7263416

吉林宏宝莱矿泉水有限公司
地址：吉林省长白朝鲜族自治县马鹿沟双山矿泉水源地
……………………Tel：0439-8871111

吉林省林海雪原酿酒有限责任公司
地址：抚松县泉阳镇泉水林场
……………………Tel：0493-6521999

黑龙江省

哈尔滨宜家家居有限公司
地址：哈尔滨市南岗区复旦街48号
……………………Tel：0451-51164532

哈尔滨维科生物技术有限公司
地址：哈尔滨经开区哈平路集中区哈平路680号
……………………Tel：0451-51661112

哈尔滨雨润南极食品交易中心有限公司
地址：哈尔滨市道外区南极街54号1栋
……………………Tel：0451-51682162

哈尔滨建荣波塞冬文化旅游发展有限公司
地址：哈尔滨市呼兰区汇江路1号
……………………Tel：0451-51706880

黑龙江百酿蜂王酒业有限公司
地址：宾县居仁镇东兴村（哈同公路北）
……………………Tel：0451-51772420

枫叶小镇（哈尔滨）酒店管理有限责任公司
地址：哈尔滨市松北区智谷三街5555号
……………………Tel：0451-51971117

枫叶小镇奥特莱斯（哈尔滨）广场有限公司
地址：哈尔滨高新技术产业开发区中源大道16999号
……………………Tel：0451-51971222

黑龙江香其食品股份有限公司
地址：延寿县工业园区北泰山路5号
……………………Tel：0451-53038006

哈尔滨汇源食品饮料有限公司
地址：双城市经济技术开发区
……………………Tel：0451-53116603

黑龙江娃哈哈饮料有限公司
地址：哈尔滨市双城经济技术开发区
……………………Tel：0451-53118933

哈尔滨双城娃哈哈食品饮料有限公司
地址：哈尔滨市双城经济技术开发区
……………………Tel：0451-53118933

黑龙江天顺源清真食品有限公司
地址：哈尔滨市双城区新兴食品工业园区
……………………Tel：0451-53192662

青岛啤酒（哈尔滨）有限公司
地址：哈尔滨市阿城区阿城经济开发区青啤大街登州路56号
……………………Tel：0451-53722802

英联（哈尔滨）食品添加剂有限公司
地址：黑龙江省哈尔滨市阿城区通城街1号
……………………Tel：0451-53755012

哈尔滨洽洽食品有限公司
地址：双城市经济技术开发区堡旭大道1号
……………………Tel：0451-53986232

北大荒亲民有机食品有限公司
地址：哈尔滨市香坊区红旗大街259号博大公寓A栋1-5轴2层
……………………Tel：0451-55117866

黑龙江省北大荒米业集团有限公司
地址：黑龙江省哈尔滨市南岗区长江路207号
……………………Tel：0451-55196620

北大荒国际饭店
地址：黑龙江省哈尔滨市香坊区红旗大街175号
……………………Tel：0451-55198400

黑龙江北大荒丰威食品有限公司
地址：哈尔滨开发区哈平路集中区哈平东路9号
……………………Tel：0451-55393009

国药控股黑龙江有限公司
地址：哈尔滨高新技术产业开发区科技创新城创新创业广场20号楼秀月街178号A615-2室（经营地址哈尔滨市南岗区上方街16号）
……………………Tel：0451-5556698

哈尔滨市新胜饲料制造有限公司
地址：香坊区电碳路４号
……………………Tel：0451-55692715

哈尔滨古泉酿酒有限责任公司
地址：五常市亚臣路１４号
……………………Tel：0451-55855999

哈尔滨五国城饮料有限公司
地址：依兰县食品工业园区
……………………Tel：0451-56015050

华润雪花啤酒（依兰）有限公司
地址：哈尔滨市依兰县依兰镇雪花街８号
……………………Tel：0451-56019009

哈尔滨大北农牧业科技有限公司
地址：宾县宾西镇经济技术开发区宾富北路１１号
……………………Tel：0451-56150379

哈尔滨佳怡饮料有限公司
地址：五常市拉林镇铁路街
……………………Tel：0451-56654499

华润雪花啤酒（哈尔滨）有限公司
地址：黑龙江省尚志市雪花路1号
……………………Tel：0451-56756602

蒙牛乳业（尚志）有限责任公司
地址：黑龙江省哈尔滨市尚志市经济开发区
……………………Tel：0451-56765011

哈尔滨莱博通药业有限公司
地址：哈尔滨市利民开发区北京路１３号
……………………Tel：0451-57354017

哈尔滨红玫瑰饮料有限公司
地址：哈尔滨市道外区东化工路8号
……………………Tel：0451-57673349

哈尔滨得莫利格瓦斯饮料销售有限公司
地址：哈尔滨市道外区东化工路8号4栋
……………………Tel：0451-57673349

哈尔滨龙湖酒业有限公司
地址：哈尔滨市宾县宾州镇糖厂地区（原技校对过）
……………………Tel：0451-57908628

哈尔滨百事可乐饮料有限公司
地址：哈尔滨开发区迎宾路集中区太湖南路
……………………Tel：0451-58568303

哈尔滨松北香格里拉大酒店有限公司
地址：哈尔滨市松北区松北大道1号
……………………Tel：0451-58629999

哈尔滨秋林集团股份有限公司
地址：哈尔滨市南岗区东大直街３１９号
……………………Tel：0451-58938011

哈尔滨哈锅实业开发有限责任公司
地址：哈尔滨市香坊区锅炉四道街４号
……………………Tel：0451-82198723

哈尔滨红博物产经营有限责任公司
地址：哈尔滨经开区南岗集中区红旗大街339号
……………………Tel：0451-82273061

哈尔滨中国酿酒有限公司
地址：哈尔滨市利民经济技术开发区
……………………Tel：0451-85895860

哈尔滨中酿粮食贸易有限公司
地址：哈尔滨市利民开发区利民街道办事处裕强村综合办公楼
……………………Tel：0451-85895860

哈尔滨饮料经销有限责任公司
地址：哈尔滨市南岗区一曼街123号
……………………Tel：0451-82536509

哈尔滨秋林里道斯科技开发有限公司
地址：阿城区新华新区
……………………Tel：0451-82681288

哈尔滨新世界百货商场有限公司
地址：黑龙江省哈尔滨市南岗区花园街403号
……………………Tel：0451-82831444

北大荒酒业股份有限公司
地址：黑龙江省哈尔滨市道里区机场路13公里处
……………………Tel：0451-84105985

黑龙江北大荒酿酒（集团）有限责任公司
地址：黑龙江省哈尔滨市道里区机场路13公里处
……………………Tel：0451-84105985

哈尔滨市龙江酒业酿造有限公司
地址：哈尔滨市道里区新农镇１３３６号
……………………Tel：0451-84109077

哈尔滨市鑫雨食品饮料有限责任公司
地址：哈尔滨市道里区金山堡
……………………Tel：0451-84301886

黑龙江帝尊商贸有限公司
地址：哈尔滨市道里区群力新区群力大道、灵江路和群力第四大道围合区域3栋1单元11层1117号房
……………………Tel：0451-84313413

黑龙江冰城酿酒有限责任公司
地址：哈尔滨市道里区新发镇原种场薛家屯
……………………Tel：0451-84327988

哈尔滨儿童制药厂有限公司
地址：哈尔滨利民经济技术开发区北京路１９号
……………………Tel：0451-84563598

哈尔滨电力工程安装有限公司
地址：哈尔滨市道里区新阳路２６７号
……………………Tel：0451-51231000

黑龙江金谷大厦有限公司
地址：黑龙江省哈尔滨市道里区中央大街185号
……………………Tel：0451-84698438

哈尔滨香格里拉大酒店有限公司
地址：哈尔滨市道里区友谊路５５５号
……………………Tel：0451-84858888

黑龙江完达山阳光乳业有限公司
地址：哈尔滨高新技术产业开发区迎宾路集中区崂山路2号
……………………Tel：0451-84886117

黑龙江省万达股份有限公司
地址：哈尔滨市道里区经纬街90号
……………………Tel：0451-84887097

哈尔滨元申广电网络有限公司
地址：哈尔滨经开区南岗集中区汉水路１６８号
……………………Tel：0451-86220908

黑龙江龙运客运股份有限公司
地址：黑龙江省哈尔滨市南岗区文道街37号
……………………Tel：0451-86257149

哈尔滨丰葵农业科技发展有限公司
地址：哈尔滨市利民开发区酿酒路北、正大油脂厂南果菜综合批发市场住宅楼11栋1层4号
……………………Tel：0451-86267771

哈尔滨铁路站车文化传媒有限公司
地址：哈尔滨经开区南岗集中区长江路３６８号１５１２室
……………………Tel：0451-86430511

哈尔滨铁路房建置业集团有限公司
地址：哈尔滨市南岗区邮政街399号
……………………Tel：0451-86424015

哈尔滨摩天农科兽药有限公司
地址：哈尔滨市南岗区１０２国道１２公里处
……………………Tel：0451-86715358

哈尔滨红星美凯龙世博家居广场有限公司
地址：哈尔滨市松北区中源大道5466号
……………………Tel：0451-81057777

哈尔滨统一企业有限公司
地址：哈尔滨经济技术开发区综合工业区青岛路88号
……………………Tel：0451-86788210

哈尔滨秋林饮料科技股份有限公司
地址：哈尔滨哈南工业新城东兴路151号
……………………Tel：0451-86815662

黑龙江秋林格瓦斯饮料销售有限公司
地址：哈尔滨哈南工业新城东兴路151号
……………………Tel：0451-86815662

哈尔滨天手食品有限公司
地址：哈尔滨市开发区哈平路集中区杭州路西侧1、2、3栋
……………………Tel：0451-86818158

中粮包装（哈尔滨）有限公司
地址：哈尔滨开发区哈平路集中区镜泊路３号
……………………Tel：0451-86818953

麦肯食品（哈尔滨）有限公司
地址：哈尔滨开发区哈平路集中区青岛路１号
……………………Tel：0451-87035351

华润黑龙江医药有限公司
地址：哈尔滨市哈南工业新城春晖路9号
……………………Tel：0451-87060348

哈尔滨市友协经济发展有限公司
地址：哈尔滨市平房区公社大街６８号
……………………Tel：0451-87100198

黑龙江九州通医药有限公司
地址：哈尔滨市松北区龙兴路１８１９号
……………………Tel：0451-87199303

哈尔滨地利生鲜农产品企业管理有限公司
地址：哈尔滨市道里区友谊路22号
……………………Tel：0451-87221609

哈尔滨万达城投资有限公司
地址：哈尔滨高新区科技创新城创新创业广场科技一街301号3号楼G单元一至二层
……………………Tel：0451-87240735

中粮可口可乐饮料（黑龙江）有限公司
地址：哈尔滨市平房区晨曦路1号
……………………Tel：0451-87244801

哈尔滨卓展时代广场百货有限公司
地址：哈尔滨市道里区安隆街１０６号－１－６层
……………………Tel：0451-87736107

黑龙江金惠丰食品有限公司
地址：黑龙江省哈尔滨市道外区景阳街181号办公楼609房间
……………………Tel：0451-87805796

哈尔滨中药四厂有限公司
地址：哈尔滨市利民开发区南京路北
……………………Tel：0451-88120701

哈尔滨圣亚极地公园有限公司
地址：哈尔滨市松北区太阳大道３号
……………………Tel：0451-88191869

敖麓谷雅投资有限公司
地址：哈尔滨高新技术产业开发区科技创新城创新三路800号
……………………Tel：0451-88800808

黑龙江省光明松鹤乳品有限责任公司
地址：黑龙江省齐齐哈尔市富裕县新华南路
……………………Tel：0452-3123888

黑龙江省万兴源酿酒有限责任公司
地址：黑龙江省齐齐哈尔市讷河市希望工业园区
……………………Tel：0452-3543999

黑龙江淼源饮料有限公司
地址：黑龙江省齐齐哈尔市讷河市工业园区
……………………Tel：0452-3575345

齐齐哈尔黑土王酒业有限责任公司
地址：黑龙江省齐齐哈尔市讷河市拉哈镇红光街
……………………Tel：0452-3719999

黑龙江鸿展生物科技股份有限公司
地址：黑龙江省齐齐哈尔市讷河市拉哈镇红光街
……………………Tel：0452-3722152

普邦明胶（黑龙江）有限公司

地址：黑龙江省齐齐哈尔市讷河市孔国乡信义村
……………………Tel：0452-3800577
黑龙江省克东汇源食品饮料有限公司
地址：黑龙江省齐齐哈尔市克东县蒲峪路镇古城村
……………………Tel：0452-4640345
黑龙江龙汾酿酒有限责任公司
地址：黑龙江省齐齐哈尔市龙江县景星镇一街二委
……………………Tel：0452-5272220
飞鹤（甘南）乳品有限公司
地址：黑龙江省齐齐哈尔市甘南县生态工业新区
……………………Tel：0452-5682111
黑龙江龙江牧原农牧有限公司
地址：黑龙江省齐齐哈尔市龙江县白山工业园区
……………………Tel：0452-5852882
龙江元盛食品有限公司
地址：黑龙江省齐齐哈尔市龙江县景星镇永发村
……………………Tel：0452-5883888
飞鹤（龙江）乳品有限公司
地址：黑龙江省齐齐哈尔市龙江县黑岗乡
……………………Tel：0452-6127365
齐齐哈尔市嘉一香食品有限公司
地址：黑龙江省齐齐哈尔市甘南县生态工业园区
……………………Tel：0452-6137102
黑龙江和美泰富食品有限公司
地址：黑龙江省齐齐哈尔市富拉尔基区和平办事处开发西区朝阳路00单元01层10号
……………………Tel：0452-6732777
一重新能源发展集团有限公司
地址：黑龙江省齐齐哈尔市富拉尔基区铁西
……………………Tel：0452-6810662
黑龙江北大仓酿酒有限公司
地址：黑龙江省齐齐哈尔市富拉尔基区安平路5号
……………………Tel：0452-6913445
齐齐哈尔市富尔农艺有限公司
地址：黑龙江省齐齐哈尔市富拉尔基区科研办事处开发区内纬二路北
……………………Tel：0452-6924655
飞鹤（泰来）乳品有限公司
地址：黑龙江省齐齐哈尔市泰来县工业园区7号
……………………Tel：0452-8228066
黑龙江源龙源塔城酿酒有限公司
地址：黑龙江省齐齐哈尔市泰来县塔子城镇内
……………………Tel：0452-8711918
齐齐哈尔汇源食品饮料有限公司
地址：黑龙江省齐齐哈尔市泰来县大兴镇
……………………Tel：0452-8799735
黑龙江省信源酿酒有限责任公司
地址：林口县信源工业园
……………………Tel：0453-3599999
牡丹江友搏药业有限责任公司
地址：黑龙江省牡丹江市阳明区裕民路288号
……………………Tel：0453-6598806
牡丹江中燃城市燃气发展有限公司
地址：黑龙江省牡丹江市爱民区北安路89号
……………………Tel：0453-6835176
黑龙江红星集团食品有限公司
地址：黑龙江省牡丹江市阳明区铁岭三道
……………………Tel：0453-6888683
海林市横道河子酿酒有限公司
地址：黑龙江省牡丹江市海林市横道河镇道西区
……………………Tel：0453-7586177
海林市黑土寒带浆果种植专业合作社
地址：黑龙江省牡丹江市海林市横道镇1委
……………………Tel：0453-7586177
绥芬河市辛巴赫精酿啤酒销售有限公司
地址：绥芬河综合保税区办公楼626室
……………………Tel：0453-8200011
黑龙江辛巴赫精酿啤酒有限公司
地址：黑龙江省牡丹江市绥芬河市绥芬河综合保税区管委会办公楼二楼219-6室
……………………Tel：0453-8201199
黑龙江别拉音子山饮料有限公司
地址：黑龙江省佳木斯市富锦市锦山镇工农林场村
……………………Tel：0454-2345315
黑龙江鸿展生物能源有限公司
地址：黑龙江省桦南县经济开发区
……………………Tel：0454-2873777
同江市黑瞎岛酿酒有限公司
地址：黑龙江省佳木斯市同江市西区沿江路
……………………Tel：0454-2921863
黑龙江小兴安岭山葡萄酿酒有限公司
地址：黑龙江省佳木斯市桦南县桦南镇双果路81号
……………………Tel：0454-6260078
桦南隆发食品饮料有限责任公司
地址：黑龙江省佳木斯市桦南县环城北路北侧兴企路西侧
……………………Tel：0454-6777222
黑龙江苏木河酿酒有限公司
地址：黑龙江省佳木斯市郊区苏木河农场
……………………Tel：0454-8896037
益海（佳木斯）粮油工业有限公司
地址：黑龙江省佳木斯市东风区松兴路
……………………Tel：0454-8955677
黑龙江省庆安源升河酿酒有限责任公司
地址：黑龙江省绥化市庆安县工业示范基地（庆明社区）
……………………Tel：0455-4487999
绥棱汇丰酿酒有限公司
地址：绥棱县绥北路引线南加油站东侧（铁西街）
……………………Tel：0455-4500777
中粮生化能源（肇东）有限公司
地址：黑龙江省绥化市肇东市东城区肇兰路24号
……………………Tel：0455-5976576
中粮黑龙江酿酒有限公司
地址：黑龙江省绥化市肇东市东升区东直街77号
……………………Tel：0455-5994777
黑龙江鞍达实业集团股份有限公司
地址：黑龙江省绥化市安达市铁西区
……………………Tel：0455-7223032
黑龙江省安达银泉酿酒有限公司
地址：黑龙江省绥化市安达市正阳八道街
……………………Tel：0455-7340000
黑龙江八里坊酿酒有限公司
地址：黑龙江省绥化市肇东市昌五镇
……………………Tel：0455-7747666
维维东北食品饮料有限公司
地址：黑龙江省绥化市经济开发区
……………………Tel：0455-7860029
肇东星湖生物科技有限公司
地址：黑龙江省绥化市肇东市八仙北路199号
……………………Tel：0455-7916602
肇东汇源食品饮料有限公司
地址：黑龙江省绥化市肇东市经济开发区
……………………Tel：0455-8180029
黑龙江兰西牧原农牧有限公司
地址：兰西县开发区开元大道南中信农托大厦
……………………Tel：0455-8195910
黑龙江省老东北酿酒有限公司
地址：黑龙江省绥化市北林区中直北路（看守所北侧）
……………………Tel：0455-8227999
绥化市大宇啤酒饮料经销有限公司
地址：黑龙江省绥化市北林区新华乡三发村二组
……………………Tel：0455-8315966
黑龙江北国酒业有限公司
地址：绥化经济开发区东富工业园区
……………………Tel：0455-8333888
黑龙江省尊贵之星酿酒有限责任公司
地址：黑龙江省绥化市北林区东富开发区
……………………Tel：0455-8595678
黑龙江乌裕尔天然饮料研究发展有限公司
地址：黑龙江省黑河市北安市福安莹水庄
……………………Tel：0456-6800707
北大荒五大连池矿泉水股份有限公司
地址：黑龙江省黑河市五大连池市矿泉饮品工业园北大荒路8号
……………………Tel：0456-7258023
嫩江山泉酿酒有限责任公司
地址：黑龙江省嫩江县工业园区
……………………Tel：0456-7515866
九三集团嫩江九三粮食收储有限公司
地址：黑龙江省黑河市嫩江市九三局直23委
……………………Tel：0456-7876506
黑河银建酒店有限公司
地址：黑河市爱辉区双拥大街31号
……………………Tel：0456-8260261
大兴安岭三江食品饮料有限责任公司
地址：黑龙江省大兴安岭地区加格达奇区工业园区
……………………Tel：0457-2158080
黑龙江越橘庄园生物科技有限公司
地址：黑龙江省伊春市翠峦区伊春生态工业示范基地林都大街1号
……………………Tel：0458-3685498
伊春市忠芝大山王酒业有限公司
地址：黑龙江省伊春市五营区五营办红林街
……………………Tel：0458-3807119
黑龙江百森饮料有限公司
地址：黑龙江省大庆市肇州县杏山工业园区
……………………Tel：0459-2778789
黑龙江全星饮料有限公司
地址：黑龙江省大庆市肇州县杏山工业园区
……………………Tel：0459-2778789
肇州县椰晨饮料有限公司
地址：黑龙江省大庆市肇州县杏山工业园区
……………………Tel：0459-2778789
黑龙江广森食品饮料有限公司
地址：黑龙江省大庆市肇州县杏山工业园区
……………………Tel：0459-2778789
大庆晶涛源饮料有限公司
地址：黑龙江省大庆市肇州县杏山乡杏山工业园区
……………………Tel：0459-2778789
黑龙江伊利乳业有限责任公司
地址：黑龙江省大庆市杜尔伯特蒙古族自治县经济开发区让杜路1号
……………………Tel：0459-3490410
大庆农产品中心批发市场有限公司
地址：黑龙江省大庆市萨尔图区东风新村大庆农产品批发市场4#厅
……………………Tel：0459-4631125
大庆油田昆仑集团有限公司
地址：黑龙江省大庆市让胡路区爱国路29号（5101）
……………………Tel：0459-5955023
大庆乳品厂有限责任公司
地址：黑龙江省大庆市高新区安萨路18公里处
……………………Tel：0459-6030698
大庆宾馆有限公司
地址：黑龙江省大庆市萨尔图区东风路1号
……………………Tel：0459-6103143
大商大庆新玛特购物休闲广场有限公司
地址：黑龙江省大庆市高新区纬二路214号
……………………Tel：0459-6296001
大庆悦然饮料有限公司
地址：黑龙江省大庆市肇州县杏山工业园区
……………………Tel：0459-8193212
黑龙江林甸牧原农牧有限公司
地址：黑龙江省大庆市林甸县西南街（建设路西二段路南）
……………………Tel：0459-8881033
黑龙江南烧锅酒业有限公司
地址：黑龙江省七台河市勃利县南大直路255号
……………………Tel：0464-2971111
七台河仙洞山酿酒有限公司
地址：黑龙江省七台河市茄子河区向阳街（茄子河镇茄子河村）
……………………Tel：0464-8270288
鸡西市鑫宇饮料有限公司
地址：黑龙江省鸡西市鸡冠区东风办永昌1-门市-22
……………………Tel：0467-2648685
青岛啤酒（兴凯湖）有限公司
地址：鸡西市鸡冠产业园区青啤路1号
……………………Tel：0467-2682456
黑龙江福康生物科技股份有限公司
地址：黑龙江省鸡西市密山市兴凯镇八五一一农场
……………………Tel：0467-5086685
益海嘉里（密山）粮油工业有限公司
地址：黑龙江省鸡西市密山市经济开发区星光工业园区（原星光纱厂）
……………………Tel：0467-5181490
黑龙江金九药业股份有限公司
地址：黑龙江省鸡西市密山市裴德镇
……………………Tel：0467-5403308
鸡东县七善水酿酒有限公司
地址：鸡东县永和镇长安村
……………………Tel：0467-5528999
绿都集团股份有限公司
地址：黑龙江省鸡西市虎林市虎林镇建设东街79号
……………………Tel：0467-5806027
虎林娃哈哈饮料有限公司
地址：黑龙江省鸡西市虎林市工业路
……………………Tel：0467-5999896
黑龙江省宝泉岭农垦军粮酿酒有限责任公司
地址：黑龙江省鹤岗市萝北县军川农场13队南侧1幢1号
……………………Tel：0468-3775336
黑龙江宝泉岭双汇北大荒食品有限公司
地址：黑龙江省鹤岗市萝北县宝泉岭经济开发区双汇路7号
……………………Tel：0468-3791558
黑龙江省宝泉岭农垦川南饮料厂
地址：黑龙江省鹤岗市萝北县军川农场13队南侧1幢1号
……………………Tel：0468-3775336
黑龙江北三峡食品有限公司
地址：黑龙江省鹤岗市萝北县宝泉岭管理局二九0街69号
……………………Tel：0468-3899968
黑龙江农垦雁窝岛集团酿酒有限公司
地址：黑龙江省双鸭山市宝清县八五三农场五委500号
……………………Tel：0469-5389999
黑龙江酿清谷酒业集团有限公司
地址：黑龙江省双鸭山市宝山区双鸭山农场六队二区25栋1户
……………………Tel：0469-6123577
双鸭山鸿展生物科技有限责任公司
地址：黑龙江省双鸭山市集贤县丰收村道北200米处
……………………Tel：0469-6188358

江苏省

中化医药有限公司
地址：南京市秦淮区龙蟠中路216号金城大厦21层
……………………Tel：025-51817827
南京克莉丝汀食品有限公司
地址：南京市江宁区清水亭西路189号
……………………Tel：025-52097020
南京百事可乐饮料有限公司
地址：南京江宁经济技术开发区庄排路
……………………Tel：025-52102905
康宝莱（江苏）保健品有限公司
地址：南京市江宁区淳化街道帕威尔路6号（江宁高新园）
……………………Tel：025-52107188
南京上元堂医药股份有限公司
地址：南京市江宁区东山街道宏运大道2199号山水方舟雅苑29幢
……………………Tel：025-52124677
南京中山制药有限公司
地址：南京市经济技术开发区恒发路21号
……………………Tel：025-52154666
南京紫金精酿啤酒有限公司
地址：南京市江宁区禄口街道铜山集镇1幢（江宁开发区）
……………………Tel：025-52156885
江苏有货供应链管理有限公司
地址：南京市江宁区吉印大道3789号（江宁高新园）
……………………Tel：025-52172519
江苏省粮油食品进出口集团股份有限公司

地址：南京市太平南路５２８号
……………………Tel：025－52201906
江苏卓派食品商贸有限公司
地址：南京市秦淮区长乐路44－1号507、508室
……………………Tel：025－52218791
江苏蓝河酿酒股份有限公司
地址：宿迁市洋河新区洋河镇徐淮路与工业路交叉口
……………………Tel：025－52218791
南京宜家家居有限公司
地址：南京市秦淮区明匙路99号
……………………Tel：025－52254532
江苏苏豪爱涛文化有限公司
地址：南京市江宁经济技术开发区天元西路199号
……………………Tel：025－52783103
苏豪弘业股份有限公司
地址：南京市中华路50号
……………………Tel：025－52278888
江苏舜天国际集团机械进出口有限公司
地址：南京市雨花台区软件大道21号C座
……………………Tel：025－52875765
南京河海环境研究院有限公司
地址：南京市江北新区长芦街道宁六路606号D栋1101室
……………………Tel：025－52450559
南京医药康捷物流有限责任公司
地址：南京市江北新区星驰路99号
……………………Tel：025－52485521
江苏省东方世纪网络信息有限公司
地址：南京市鼓楼区汉中路180号星汉大厦20楼B座
……………………Tel：025－52726988
南京娃哈哈饮料有限公司
地址：南京市江宁经济技术开发区双塘路
……………………Tel：025－52730026
南京恒枫饮料有限公司
地址：南京江宁空港经济开发区吴歌路8号（江宁开发区）
……………………Tel：025－52730026
南京名红旺食品有限公司
地址：南京空港枢纽经济区苍穹路1号
……………………Tel：025－52759977
江苏舜天股份有限公司
地址：南京市雨花台区软件大道21号
……………………Tel：025－52875628
江苏舜天国际集团五金矿产有限公司
地址：南京市雨花台区软件大道21号D座4－6层
……………………Tel：025－52876489
信安细川（南京）包装有限公司
地址：南京市溧水经济开发区双塘北路18号
……………………Tel：025－56213008
南京金万辰生物科技有限公司
地址：南京市溧水区白马国家农业科技园
……………………Tel：025－56237163
南京人牌酿酒有限公司
地址：南京市六合区雄州街道瓜埠中心社区保江组
……………………Tel：025－57054836
南京茂鼎食品有限公司
地址：南京市江宁区秣陵街道甫岗街378号九竹路58号
……………………Tel：025－57065660
南京茂宏饮料有限公司
地址：南京市江宁滨江经济开发区翔凤路
……………………Tel：025－57065700
南京六合平山林场发展有限公司
地址：南京市六合区龙池街道雄州南路399号恒利园区204幢3号
……………………Tel：025－57176239
南京中农批农产品大市场股份有限公司
地址：南京市六合经济开发区湖荡路
……………………Tel：025－57191226
一出科技发展有限责任公司
地址：南京市溧水区永阳街道润阳路88号
……………………Tel：025－57200916
南京喜之郎海苔食品有限公司
地址：南京市溧水区经济开发区
……………………Tel：025－57426829
江苏永鸿巴布洛生态农业有限公司
地址：南京市六合区竹镇镇竹金路358号
……………………Tel：025－57686100
蓝星安迪苏南京有限公司
地址：南京化学工业园区长丰河路389号
……………………Tel：025－57688189
南京扬子石化炼化有限责任公司
地址：南京市江北新区28幢二层
……………………Tel：025－57787265
江苏红太阳医药集团有限公司
地址：南京市高淳区经济开发区双高路36号
……………………Tel：025－57886687
世界村国际大酒店有限公司
地址：南京市高淳区淳溪街道宝塔路269号
……………………Tel：025－57888689
江苏九州通医药有限公司
地址：南京市江宁经济开发区殷华街476号
……………………Tel：025－57926908
南京大吉泉水饮料有限公司
地址：南京市浦口区汤泉镇大塘湖
……………………Tel：025－58245666
金城化学（江苏）有限公司
地址：南京化学工业园区潘姚路88号
……………………Tel：025－58393388
江苏凤凰新华书店集团有限公司
地址：南京经济技术开发区仙新路98号
……………………Tel：025－51883369
江苏苏美达五金工具有限公司
地址：南京市星火路1号
……………………Tel：025－58638000
南京玉鹤鸣医学营养科技股份有限公司
地址：南京市六合区科创大道9号D12栋
……………………Tel：025－58709898
南京天环食品（集团）有限公司
地址：南京江宁区谷里街道银杏湖大道168号
……………………Tel：025－58796684
南京丁山花园酒店有限公司
地址：南京市察哈尔路90号
……………………Tel：025－58802888
江苏江浦经济贸易有限公司
地址：南京市浦口区江浦街道珠江工业园区浦丰路5号
……………………Tel：025－58888350
江苏宅优购电子商务有限公司
地址：南京市江北新区产业技术研创园团结路99号孵鹰大厦C座8层
……………………Tel：025－58889610
江苏雨润肉类产业集团有限公司
地址：南京市建邺区雨润路17号
……………………Tel：025－62200000
南京美安物流有限公司
地址：南京经济技术开发区疏港路1号龙潭物流基地A－26号
……………………Tel：025－66060271
南京邦德中医医院有限公司
地址：南京市玄武区龙蟠中路97号
……………………Tel：025－66981676
江苏苏宁物流有限公司
地址：南京市雨花台区龙藏大道2号
……………………Tel：025－66996699
苏宁电器集团有限公司
地址：南京市淮海路68号
……………………Tel：025－66996699
南京苏宁易购销售有限公司
地址：南京市鼓楼区山西路8号金山大厦1－5层
……………………Tel：025－66996699
南京华夏葡萄酿酒有限公司
地址：南京市江宁区汤山工业集中区汤山片区
……………………Tel：025－68132999
邦基（南京）粮油有限公司
地址：南京经济技术开发区新港大道99号
……………………Tel：025－68159626
南京丰盛大族科技股份有限公司
地址：南京市雨花台区软件大道109号1幢
……………………Tel：025－68199506
南京同凯兆业生物技术有限责任公司
地址：南京市浦口区双峰路8号
……………………Tel：025－68227007
南京三加三电子商务有限公司
地址：南京市玄武区玄武大道699－10号1幢101室
……………………Tel：025－68550657
南京九溪生物科技有限公司
地址：南京市溧水经济开发区柘宁东路368号
……………………Tel：025－68555823
南京西普水泥工程集团有限公司
地址：南京市溧水区经济开发区红光东路5号3幢
……………………Tel：025－68555888
南京紫乐饮料工业有限公司
地址：南京市江北新区新科一路18号
……………………Tel：025－68558181
南京紫泉饮料工业有限公司
地址：南京市江北新区新科一路18号
……………………Tel：025－68558181
南京浦东房地产开发有限公司
地址：南京市浦口区沿江镇泰冯路98号
……………………Tel：025－68580888
江苏海金盈泰文化发展有限公司
地址：南京市建邺区双闸路98号海峡城海峡云科技园5号楼801室
……………………Tel：025－69556589
南京市第四建筑工程有限公司
地址：南京市江宁区秣陵街道秣周东路11号
……………………Tel：025－69691666
南京江宁美丽乡村建设开发集团有限公司
地址：南京市江宁区江宁街道牌坊村龙坊路1号
……………………Tel：025－81033090
通用磨坊食品（南京）有限公司
地址：南京市江宁经济技术开发区通用磨坊路8号
……………………Tel：025－81062839
江苏一乙网络信息科技有限公司
地址：南京市江北新区高科五路529栋108－96室
……………………Tel：025－82231587
南京四方建设实业有限公司
地址：南京市秦淮区建康路1号
……………………Tel：025－82233999
凯米拉化学品（南京）有限公司
地址：南京化学工业园区留左路159号
……………………Tel：025－82272388
江苏凤凰文化贸易集团有限公司
地址：南京市中央路276－1号
……………………Tel：025－83113505
南京古杏酝酿酒业有限公司
地址：南京市江宁区苏源大道19号九龙湖国际企业总部园B1座15楼（江宁开发区）
……………………Tel：025－83152099
南京中心大酒店有限公司
地址：南京市鼓楼区中山路７５号
……………………Tel：025－83155888
南京工大环境科技有限公司
地址：南京江北新区智达路6号智城园区8号楼
……………………Tel：025－83172331
江苏省景田食品饮料有限公司
地址：南京市玄武区珠江路222号8层F座
……………………Tel：025－83192718
联童有限公司
地址：南京市秦淮区永丰大道36号天安数码城12栋
……………………Tel：025－83270805
江苏省医药有限公司
地址：南京市玄武区中央路258号－28五、八、十、十一、十五层
……………………Tel：025－83272668
江苏钱吉通柳电子商务有限公司
地址：南京高新区星火路9号软件大厦B座B616室
……………………Tel：025－83306767
南京七料九杂餐饮管理有限公司
地址：南京市秦淮区中山南路230号
……………………Tel：025－83326181
江苏中博通信有限公司
地址：南京市虎踞北路80号
……………………Tel：025－83344179
中科健康产业集团股份有限公司
地址：南京市玄武区北京东路22号
……………………Tel：025－83360051
南京瑞客思食品有限公司
地址：南京市玄武区长江路111号1304室
……………………Tel：025－83585167
江苏盘石物业管理有限公司
地址：南京市鼓楼区山西路8号金山大厦A楼2302－2308室
……………………Tel：025－83631452
南京亿略卓电子商贸有限公司
地址：南京市江宁区空港经济开发区苍穹路2号
……………………Tel：025－83679828
南京泰与利贸易有限公司
地址：南京市玄武区黑墨营98号06幢102室
……………………Tel：025－8368180
南京建邺金鹰购物中心有限公司
地址：南京市建邺区应天大街888号
……………………Tel：025－84098888
南京苏逸实业有限公司
地址：南京市鼓楼区中山路251号
……………………Tel：025－84226595
江苏汇鸿国际集团中鼎控股股份有限公司
地址：南京市建邺路１００号
……………………Tel：025－84468888
江苏苏美达机电有限公司
地址：南京市长江路１９８号十七楼
……………………Tel：025－84531711
南京医药股份有限公司
地址：南京市雨花台区宁双路19号云密城A幢
……………………Tel：025－84552626
南京欢泉啤酒酿造有限公司
地址：南京市江宁区麒麟街道泉水社区东林跃236号
……………………Tel：025－84614567
江苏龙虎网信息科技股份有限公司
地址：南京市秦淮区永智路6号
……………………Tel：025－86256271
江苏汇鸿国际集团中锦控股有限公司
地址：南京市秦淮区白下路91号20－25楼
……………………Tel：025－84691099
江苏汇鸿国际集团医药保健品进出口有限公司
地址：南京市白下路91号汇鸿大厦12－13楼
……………………Tel：025－84691899
江苏汇鸿国际集团土产进出口股份有限公司
地址：南京市白下路９１号
……………………Tel：025－84692710
南京金鹰国际集团有限公司
地址：南京市秦淮区汉中路89号－1金鹰国际商城
……………………Tel：025－84708898
金鹰国际商贸集团（中国）有限公司
地址：南京市秦淮区汉中路89号
……………………Tel：025－84708899
江苏现代快报股份有限公司
地址：南京市洪武北路55号
……………………Tel：025－84783525
江苏苏豪国际集团股份有限公司
地址：南京市软件大道48号
……………………Tel：025－84785448
南京天丰大酒店有限责任公司
地址：南京市白下区洪武路26号
……………………Tel：025－84788208
德基广场有限公司
地址：南京市玄武区中山路18号
……………………Tel：025－84788888
江苏省对外经贸股份有限公司
地址：南京市中山路55号新华大厦25楼
……………………Tel：025－84795609
南京维景国际大酒店有限公司
地址：江苏省南京市中山东路319号
……………………Tel：025－84808888
南京悦孚石化有限公司
地址：南京市栖霞区燕子矶街道太新路81号新办公楼四楼（401、402、403、404室）
……………………Tel：025－85502999
中通服网盈科技有限公司
地址：南京市建邺区奥体大街68号4幢10层
……………………Tel：025－85522363
南京玉桥商业集团有限公司
地址：南京市鼓楼区建宁路8号
……………………Tel：025－85531852
江苏饭店有限公司
地址：南京市太平南路305号
……………………Tel：025－85658461
南京蓝燕石化储运实业有限公司
地址：南京市栖霞区太新路81号（蓝燕路1号）
……………………Tel：025－85809999
大溪地诺丽饮料（中国）有限公司江苏分公司

地址：南京市玄武区长江路188号15层D座
…………Tel：025-85862371
江苏开畅生物科技有限公司
地址：南京市雨花台区大周路32号D2南1304室
…………Tel：025-86188882
江苏壹陆智慧智能科技有限公司
地址：中国（江苏）自由贸易试验区南京片区研创园团结路99号孵鹰大厦2589室
…………Tel：025-86188882
香格里拉大酒店（南京）有限公司
地址：南京市鼓楼区中央路329号
…………Tel：025-86308888
招商局地产（南京）有限公司
地址：南京市栖霞区汇通路8号211幢101室
…………Tel：025-86330017
南京公用发展股份有限公司
地址：南京市建邺区白龙江东街8号新城科技园科技创新综合体A4号楼18层
…………Tel：025-86383626
南京汤山精酿啤酒有限公司
地址：南京市江宁区汤山街道湖山社区汤湖路1号
…………Tel：025-86644168
南京钧宝食品饮料有限公司
地址：南京市江宁区秣陵街道诚信大道699号汇金九龙商业街7幢23室
…………Tel：025-86646661
江苏燕宁工程科技集团有限公司
地址：南京市建邺区水西门大街223号4楼
…………Tel：025-86651010
江苏苏糖糖业饮料有限公司
地址：南京市山西路67号A幢26A01室
…………Tel：025-86667860
江苏国酿酒业有限公司
地址：南京市江北新区葛塘街道浦六北路216号A1栋5339室
…………Tel：025-86727309
南京便利蜂商贸有限公司
地址：南京市秦淮区太平南路211号九龙大厦四楼401室
…………Tel：025-86733637
江苏泰牛维他饮料有限公司
地址：南京市高淳区经济开发区双高路168号9幢301室（阳江工业园）
…………Tel：025-86780709
南京中山大厦有限公司
地址：南京市中山路２００号
…………Tel：025-86815801
南京古南都饭店有限公司
地址：南京市鼓楼区广州路208号
…………Tel：025-86822998
江苏凤凰台饭店集团有限公司
地址：南京市湖南路４７号
…………Tel：025-86838888
江苏辰茂新世纪大酒店有限公司
地址：南京市龙蟠路133号
…………Tel：025-86888888
江苏金舜源商贸有限公司
地址：南京市栖霞区尧新大道341号
…………Tel：025-86975787
南京大旺食品有限公司
地址：南京江宁经济技术开发区董村路112号
…………Tel：025-86981111
南京森旺乳业有限公司
地址：南京空港枢纽经济区苍穹路1号
…………Tel：025-86981111
南京众彩农副产品批发市场有限公司
地址：南京市江宁区东山街道大里社区
…………Tel：025-87107603
南京中宁投资集团有限公司
地址：南京市江宁区汤山街道环镇北路8号
…………Tel：025-87127777
南京仙林金鹰购物中心有限公司
地址：南京市栖霞区仙林街道学海路1号
…………Tel：025-87723888
华新（南京）置业开发有限公司
地址：南京市建邺区江东中路236号
…………Tel：025-87767700
有货（江苏）商贸服务有限公司
地址：南京市建邺区嘉陵江东街18号05幢17、18层
…………Tel：025-87781000
国药控股江苏有限公司
地址：南京市鼓楼区中央路399号6幢1201室、1601室、1604-1608室、1702室
…………Tel：025-87790299
南京中生联合股份有限公司
地址：南京市玄武区长江路188号德基大厦30层
…………Tel：025-89670369
南京明发新河湾大酒店有限公司
地址：南京市雨花台区玉兰路99号2幢51128号
…………Tel：025-89693562
无锡茂业置业有限公司
地址：无锡市南长区清扬路138号
…………Tel：0501-85763083
上药控股江苏股份有限公司
地址：无锡市高邓路18号
…………Tel：0510-68075803
无锡大饭店有限公司
地址：江苏省无锡市梁清路1号
…………Tel：0510-68506789
华润雪花啤酒（无锡）有限公司
地址：江苏省无锡市滨湖区马山五号桥
…………Tel：0510-68863099
宜兴丁山国际大酒店有限公司
地址：宜兴市丁蜀镇民主路
…………Tel：0510-80338888
宜兴港华燃气有限公司
地址：宜兴市宜城街道人民北路681号
…………Tel：0510-80700956
宜兴市宜能实业有限公司
地址：宜兴市宜城街道巷头西路375号
…………Tel：0510-80766303
无锡香山置业发展有限公司
地址：无锡市新区高浪东路19号
…………Tel：0510-81121201
无锡君来广场有限公司
地址：无锡市永和路6号
…………Tel：0510-81185996
红牛维他命饮料（江苏）有限公司
地址：江苏省宜兴经济技术开发区永盛路88号
…………Tel：0510-81772888
华彬快速消费品饮料（江苏）有限公司
地址：宜兴经济技术开发区永盛路88号
…………Tel：0510-81772888
无锡恒隆地产有限公司
地址：无锡市人民中路139号
…………Tel：0510-81807111
维维华东食品饮料有限公司
地址：无锡市锡山经济技术开发区芙蓉中三路176号
…………Tel：0510-82210789
无锡一品料理餐饮有限公司
地址：无锡市梁溪区中山路168号8楼02
…………Tel：0510-82322387
江苏太湖佳酿酒业有限公司
地址：无锡市滨湖区雪浪街道山水西路75号
…………Tel：0510-82325979
无锡天鹏菜篮子工程有限公司
地址：无锡市通沙路88号
…………Tel：0510-82363005
无锡宜家家居零售有限公司
地址：无锡市锡山区团结中路1号
…………Tel：0510-82824532
无锡尚品饮料销售有限公司
地址：无锡市梁溪区人民东路29号附楼207
…………Tel：0510-82828522
上海申美饮料食品有限公司无锡营业部
地址：无锡市五湖大道11号蠡湖科创中心南楼2104-2106
…………Tel：0510-83033097
卓和药业集团有限公司
地址：无锡市锡山经济技术开发区芙蓉中四路219号
…………Tel：0510-83103151
无锡天资乳业有限公司
地址：无锡市黄巷锡龙路百子桥堍
…………Tel：0510-83119213
无锡宁紘生物科技有限公司
地址：无锡惠山经济开发区堰桥配套区堰宏路9号
…………Tel：0510-83587197
无锡市碧林稼乐食品有限公司
地址：无锡市惠山区堰桥街道堰宏路9
…………Tel：0510-83587197
无锡市惠山古镇文化旅游发展有限公司
地址：无锡市听松坊53-1号
…………Tel：0510-83707864
三能器具（无锡）有限公司
地址：无锡市锡山经济开发区友谊北路316号
…………Tel：0510-83770176
芝兰雅烘焙原料（无锡）有限公司
地址：无锡市锡山经济开发区友谊北路312号
…………Tel：0510-83774575
无锡永霖饮料有限公司
地址：无锡市锡山经济技术开发区芙蓉中一路162号
…………Tel：0510-83778879
无锡高新物流中心有限公司
地址：无锡市高浪东路1号
…………Tel：0510-85201522
拉卡拉云商科技有限公司
地址：无锡市新吴区菱湖大道111号无锡软件园飞鱼座C栋3楼
…………Tel：0510-68511002
无锡太湖饭店有限公司
地址：无锡市锦园路一号
…………Tel：0510-85517888
无锡太湖花园置业有限公司
地址：无锡市山水东路8号
…………Tel：0510-85555888
无锡市太工疗养院有限公司
地址：无锡市滨湖区中犊山（原太湖疗养院内）
…………Tel：0510-85559666
无锡灵山泉饮料有限公司
地址：无锡市滨湖区马山街道灵山景区内
…………Tel：0510-85680701
上海百事可乐饮料有限公司无锡营业所
地址：无锡市蠡湖大道168号蠡湖大厦1005-2-1008室
…………Tel：0510-85730779
无锡市众联饮料有限公司
地址：无锡市新吴区锡协路168
…………Tel：0510-85860000
无锡中粮工程科技有限公司
地址：无锡市惠河路186号
…………Tel：0510-85872100
江阴市龙希国际大酒店有限公司
地址：江阴市华士镇华西新市村民族路99号
…………Tel：0510-86068888
江阴市江南农副产品批发市场有限公司
地址：江阴市锡澄路88号
…………Tel：0510-86110227
江苏华西集团有限公司
地址：江阴市华士镇华西新市村民族路2号
…………Tel：0510-86216080
江苏雪豹日化有限公司
地址：江阴市徐霞客镇峭岐迎宾大道34、35号
…………Tel：0510-86270091
江苏云蝠跨境电子商务产业园有限公司
地址：江阴市顾山镇锡张路200号-1
…………Tel：0510-86321900
中粮麦芽（江阴）有限公司
地址：江阴市萧山路1号
…………Tel：0510-86401088
江阴市滨江酿酒有限公司
地址：江阴市滨江开发区萧山路141号
…………Tel：0510-86402375
江苏四环生物制药有限公司
地址：江阴市滨江开发区定山路10号
…………Tel：0510-86408222
江阴市一品酿酒有限公司
地址：江阴市西石桥苍墩村85号
…………Tel：0510-86600599
江阴市锡能实业有限公司
地址：江阴市站西路269号
…………Tel：0510-86673582
江阴海澜新生活科技发展有限公司
地址：江阴市华士镇工业区（华新路8号）
…………Tel：0510-86700300
江阴海澜优选商业有限公司
地址：江阴市华士镇工业区（华新路8号）
…………Tel：0510-86700300
江阴泓昇苑酒店有限公司
地址：江阴市人民中路289号-1
…………Tel：0510-86707888
江阴市康大酒业有限公司
地址：江阴市新园路12号
…………Tel：0510-86813738
江阴国际大酒店有限公司
地址：江苏省江阴市澄江西路299号
…………Tel：0510-86815000
江苏扬子大桥股份有限公司
地址：南京市中山东路291号301室
…………Tel：0510-86852290
江阴八佰伴商贸中心有限公司
地址：江阴市人民中路18号
…………Tel：0510-86878850
法尔胜泓昇集团有限公司
地址：江阴市澄江中路165号
…………Tel：0510-86907777
江苏金丝利药业股份有限公司
地址：江苏省宜兴市环科园茶泉路18号
…………Tel：0510-87062435
宜兴市中超利永紫砂陶有限公司
地址：宜兴市丁蜀镇丁山北路666号
…………Tel：0510-87092616
江苏汉光生物工程有限公司
地址：宜兴经济技术开发区袁桥路26号
…………Tel：0510-87126783
宜兴陶都紫砂宾馆有限公司
地址：宜兴市丁蜀镇公园路
…………Tel：0510-87208888
无锡市氿红酿酒有限公司
地址：宜兴市官林镇白茫村
…………Tel：0510-87251663
宜兴升森生物科技有限公司
地址：宜兴环科园现代生活广场1幢409号
…………Tel：0510-87458180
宜兴市江山生物科技有限公司
地址：宜兴市周铁镇徐渎村
…………Tel：0510-87579006
宜兴金浦酒店管理有限公司
地址：宜兴市宜城街道人民南路3号
…………Tel：0510-87700065
宜兴丹森科技有限公司
地址：宜兴经济技术开发区凯旋路22号
…………Tel：0510-87825601
宜兴华地百货有限公司
地址：宜兴市宜城街道人民中路227#
…………Tel：0510-87910928
无锡市锡美饮料食品有限公司
地址：无锡市新吴区旺庄街道工业配套区一期长江南路17-7号
…………Tel：0510-88250218
江苏知原药业有限公司
地址：无锡市锡山区锡北镇工业园区泾新路35号
…………Tel：0510-88276733
无锡红豆杉庄会议中心有限公司
地址：锡山区东港镇紫杉路1号
…………Tel：0510-88353333
无锡梁鸿湿地丽笙度假酒店有限公司
地址：无锡市新区鸿山街道飞凤路205号
…………Tel：0510-88584888
无锡超科食品有限公司
地址：无锡市锡山经济技术开发区芙蓉中三路180号
…………Tel：0510-88667777
江苏新广联科技股份有限公司
地址：无锡市锡山经济开发区团结北路18号
…………Tel：0510-88701888
无锡宝诚汽车销售服务有限公司
地址：无锡市五湖大道11-1号
…………Tel：0510-88772999
邦威防护科技股份有限公司
地址：锡山区东港镇（港下）湖塘桥村
…………Tel：0510-88773781
无锡香逸矿泉饮料有限公司
地址：无锡市锡山区安镇街道润锡路北（无锡市国防教育基地内）
…………Tel：0510-88786828
无锡融创城投资有限公司
地址：无锡市滨湖区棟泽路9号
…………Tel：0510-81016333
江苏金陵融锦饭店有限公司
地址：丹阳市新市口北角（云阳路1号）
…………Tel：0511-56998989
镇江百盛商城有限公司
地址：镇江市大市口
…………Tel：0511-80850661
健力宝（镇江）饮料有限公司
地址：镇江市丹徒新城恒园路18号

……………………… Tel：0511-80863197
镇江高鹏药业有限公司
地址：镇江市新区临江西路51号
……………………… Tel：0511-83175458
嘉吉饲料（镇江）有限公司
地址：镇江市大港经济开发区临江路6号
……………………… Tel：0511-83378998
江苏沐兰食品股份有限公司
地址：镇江市丹徒区宝堰镇邓巷村
……………………… Tel：0511-83895337
镇江国际饭店置业有限公司
地址：镇江市解放路218号
……………………… Tel：0511-85021888
江苏润扬环龙酒店有限公司
地址：镇江市丹徒区世业洲大桥公园内
……………………… Tel：0511-85300888
江苏镇江四建建设集团有限公司
地址：江苏省镇江市丹徒区沿江公路1号
……………………… Tel：0511-85373910
镇江未来饮料有限公司
地址：镇江市金山街道迎江路社区宝塔路167号
……………………… Tel：0511-85512081
镇江国有投资控股集团有限公司
地址：镇江市润州区南山路61号
……………………… Tel：0511-85606351
江苏老丹阳酿酒有限公司
地址：丹阳市金陵西路荆林民营工业园
……………………… Tel：0511-86057556
镇江欧尚超市有限公司
地址：丹阳市南环路1号
……………………… Tel：0511-86168210
丹阳八佰伴商贸有限公司
地址：丹阳市人民广场西侧
……………………… Tel：0511-86918815
江苏新爵鼎实业发展集团有限公司
地址：句容市华阳镇宁杭路86号
……………………… Tel：0511-85773305
江苏茅山涵田酒店有限公司
地址：句容市茅山集镇大茅路68号
……………………… Tel：0511-87826585
江苏瑞联贸易有限公司
地址：镇江市润州区运河路8号
……………………… Tel：0511-88076315
江苏润华物流有限公司
地址：扬中市西来桥镇幸福北路2号
……………………… Tel：0511-88208255
江苏中海粮油工业有限公司
地址：扬中市西来桥镇幸福南路27号
……………………… Tel：0511-88208257
道达尔润滑油（中国）有限公司
地址：镇江市大港经济开发区港韩路
……………………… Tel：0511-88951222
镇江市八佰伴商贸有限公司
地址：镇江市中山东路288号
……………………… Tel：0511-88975888
江苏汇鸿冷链物流有限公司
地址：镇江新区大港金港大道136号
……………………… Tel：0511-88986821
江苏沛愉食品饮料有限公司
地址：张家港市锦丰镇锦南路科技创业园B03、B05、B10幢
……………………… Tel：0512-35006298
昆山千灯润平商业有限公司
地址：江苏省昆山市千灯镇尚书路8号
……………………… Tel：0512-36618000
苏州天环冷链物流有限公司
地址：玉山镇古城路西侧、苏州绕城高速东侧
……………………… Tel：0512-36911800
新翔乐联（昆山）食品有限公司
地址：江苏省昆山市张浦镇益德路639号2、3号房
……………………… Tel：0512-36913357
中航城置业（昆山）有限公司
地址：玉山镇环庆路908号1号楼
……………………… Tel：0512-36917996
好利来食品科技（昆山）有限公司
地址：昆山市淀山湖镇新乐路818号
……………………… Tel：0512-50159220
八十五度（江苏）食品有限公司
地址：江苏省昆山市淀山湖镇翔云路东侧
……………………… Tel：0512-50160085
益海嘉里（昆山）食品工业有限公司
地址：江苏省昆山市张浦镇益海大道8号
……………………… Tel：0512-50318888
江苏远洋数据股份有限公司
地址：花桥镇金融大道518号
……………………… Tel：0512-50337500
艾迪科食品（常熟）有限公司
地址：常熟经济技术开发区兴华港区大道10号
……………………… Tel：0512-52296828
江苏同禾药业有限公司
地址：常熟市东南经济开发区武夷山路188号
……………………… Tel：0512-52300510
江苏奥特泉超轻水饮料有限公司
地址：常熟市常福街道宁波路78号
……………………… Tel：0512-52300900
江苏沪苏浙高速公路有限公司
地址：吴江区黎里镇浦北工业开发区
……………………… Tel：0512-52333208
江苏隆力奇生物科技股份有限公司
地址：江苏省常熟市隆力奇生物工业园
……………………… Tel：0512-52291663
苏州沙家浜旅游发展有限公司
地址：常熟市沙家浜镇芦苇荡
……………………… Tel：0512-52501411
常熟市食品饮料厂
地址：常熟市梅李镇梅西路32号
……………………… Tel：0512-52661801
东洋饮料（常熟）有限公司
地址：江苏省常熟高新技术产业开发区银丰路88号
……………………… Tel：0512-52882112
苏州华道生物药业股份有限公司
地址：常熟市江苏高科技氟化学工业园海安路北
……………………… Tel：0512-52969505
常熟裕坤国贸酒店有限公司
地址：常熟市珠江路176号
……………………… Tel：0512-52988888
太仓市传媒文化发展有限公司
地址：太仓市科教新城书院路103号
……………………… Tel：0512-53235203
太仓诺盟实业有限公司
地址：太仓经济开发区板桥发达路15号
……………………… Tel：0512-53636798
苏州和旺饮料食品有限公司
地址：太仓市港口开发区新港公路中燕工业园33号
……………………… Tel：0512-53646271
佳格食品（中国）有限公司
地址：太仓港经济技术开发区新区大连西路88号
……………………… Tel：0512-53677888
太仓市娄东宾馆有限公司
地址：太仓市城厢镇县府街6号
……………………… Tel：0512-53712222
苏州台亨生物科技有限公司
地址：太仓市浮桥镇中小企业创业园
……………………… Tel：0512-53785705
昆山金泰兴酒店有限公司
地址：江苏省昆山开发区前进东路389号1号房1室
……………………… Tel：0512-55388888
昆山金鹰国际购物中心有限公司
地址：昆山开发区珠江中路199号
……………………… Tel：0512-57008899
科冕木业（昆山）有限公司
地址：江苏省昆山市淀山湖镇淀兴路100号
……………………… Tel：0512-57051828
真彩文具股份有限公司
地址：江苏省昆山市千灯镇炎武北路889号
……………………… Tel：0512-57276666
日世（昆山）食品有限公司
地址：江苏省昆山经济技术开发区洪湖路399号
……………………… Tel：0512-57611619
昆山龙灯瑞迪制药有限公司
地址：江苏省昆山开发区黄浦江中路258号
……………………… Tel：0512-57702217
丹尼斯克（中国）有限公司
地址：江苏省昆山经济技术开发区顺帆北路288号
……………………… Tel：0512-57703888
昆山阳澄湖滨商务度假酒店有限公司
地址：昆山市马鞍山西路3668号
……………………… Tel：0512-57800888
好孩子（中国）商贸有限公司
地址：江苏省昆山市花桥镇兆丰路8号
……………………… Tel：0512-57871888
昆山琨华投资发展有限公司
地址：昆山开发区衡山路58号琨华国际商业广场3号楼2702室
……………………… Tel：0512-57880109
昆山统实企业有限公司
地址：江苏省昆山经济技术开发区青阳南路301号
……………………… Tel：0512-57880998
昆山马穆拉卡酒店有限公司
地址：江苏省昆山市前进中路
……………………… Tel：0512-57885714
昆山宾馆有限责任公司
地址：昆山市玉山镇人民北路99号
……………………… Tel：0512-57888000
青岛啤酒（昆山）有限公司
地址：江苏省昆山市周市镇昆太路388号
……………………… Tel：0512-57932099
哈森商贸（中国）股份有限公司
地址：江苏省昆山市花桥镇曹安经济技术开发区花安路1008号5幢6层
……………………… Tel：0512-57971118
苏州金童玉女儿童饮料食品有限公司
地址：张家港市杨舍镇暨阳中路119号2楼
……………………… Tel：0512-58150483
苏州熠能食品饮料有限公司
地址：杨舍镇通运路10号
……………………… Tel：0512-58178009
江苏国泰汉帛实业发展有限公司
地址：张家港市杨舍镇滨河路1号国泰金融广场B幢16-30楼
……………………… Tel：0512-58180062
张家港保税港区港务有限公司
地址：张家港保税港区西区南京路55号
……………………… Tel：0512-58322608
江苏金诚花开富贵酿酒有限公司
地址：张家港保税区北京路22号
……………………… Tel：0512-58358598
张家港保税区大秦国际贸易有限公司
地址：张家港保税区纺织原料市场325室
……………………… Tel：0512-58393591
江苏沙钢国际贸易有限公司
地址：锦丰镇沙钢大厦5楼
……………………… Tel：0512-58568263
张家港购物公园商业管理有限公司
地址：杨舍镇沙洲西路368号
……………………… Tel：0512-58584288
张家港保税区玛吉精酿啤酒有限公司
地址：张家港保税区北京路国际消费品中心大楼308Y室
……………………… Tel：0512-58587628
张家港花开倾城酿酒有限公司
地址：张家港市金港镇后塍袁家桥村
……………………… Tel：0512-58718999
江苏张家港酿酒有限公司
地址：张家港市金港镇后塍人民路
……………………… Tel：0512-58771691
张家港市沙洲宾馆有限公司
地址：杨舍镇暨阳中路170号
……………………… Tel：0512-58810888
张家港市沙洲湖酒店有限公司
地址：张家港市杨舍镇一干河东路333号、335号
……………………… Tel：0512-58987888
苏州泓迅生物科技股份有限公司
地址：苏州工业园区星湖街218号生物纳米园C20楼101单元
……………………… Tel：0512-62600336
越海全球物流（苏州）有限公司
地址：苏州市相城区望亭镇国际物流园华宇路199号
……………………… Tel：0512-62606901
苏州悦家超市有限公司
地址：苏州工业园区葑谊街266号
……………………… Tel：0512-62761382
苏州工业园区蓝枪鱼商贸有限公司
地址：苏州工业园区星海街168号白领公寓裙楼一层
……………………… Tel：0512-62889676
百乐嘉利宝（苏州）可可有限公司
地址：苏州工业园区方中街138号
……………………… Tel：0512-62890133
维斯克凡科技（苏州）有限公司
地址：苏州工业园区水郎街8号
……………………… Tel：0512-62897300
苏州新时代文体会展集团有限公司
地址：苏州工业园区观枫街1号
……………………… Tel：0512-62899600
东曜药业有限公司
地址：苏州工业园区长阳街120号
……………………… Tel：0512-62965186
苏州市黎花建国度假酒店有限公司
地址：苏州市吴江区黎里镇人民东路39号
……………………… Tel：0512-63001777
苏州钡泰材料科技有限公司
地址：吴江经济技术开发区甘泉西路500号
……………………… Tel：0512-63035031
吴江市飞云建设物资有限责任公司
地址：松陵镇交通路恒大装饰广场8幢5-6号二楼
……………………… Tel：0512-63111982
苏州市多哈饮料有限公司
地址：吴江经济开发区联杨路
……………………… Tel：0512-63179319
苏州丰连实业有限公司
地址：江苏省苏州市吴江区黎里镇新黎路435号
……………………… Tel：0512-63260286
苏州宏泰酒店投资管理有限责任公司
地址：苏州市吴江区黎里镇芦墟芦莘大道888号
……………………… Tel：0512-63260777
苏州东亚饮料有限公司
地址：江苏省汾湖高新技术产业开发区浦港路
……………………… Tel：0512-63271982
苏州同里国际旅游开发有限公司
地址：江苏省吴江区同里镇中川南路1号
……………………… Tel：0512-63326987
苏州同里湖大饭店有限公司
地址：吴江经济技术开发区（同里镇）崇本路8号
……………………… Tel：0512-63337888
苏州盛虹酒店有限公司
地址：吴江区盛泽镇哈密路199号
……………………… Tel：0512-63500888
苏州太湖酿酒股份有限公司
地址：苏州市吴江区桃源镇水家港村
……………………… Tel：0512-63831156
江苏吴江苏州湾大酒店有限公司
地址：吴江区松陵镇迎宾大道518号
……………………… Tel：0512-63872882
苏州市迎春酿酒有限公司
地址：吴江桃源镇铜罗社区迎春村
……………………… Tel：0512-63881152
苏州市苏南酒业有限公司
地址：铜罗镇凤仙桥境
……………………… Tel：0512-63881202
宿迁市洋河镇梦瓷丰藏酒业有限公司
地址：宿迁市洋河新区洋河镇仓集工业园区9号
……………………… Tel：0512-63881336
苏州天池酒业有限公司
地址：桃源镇铜罗社区仙南村
……………………… Tel：0512-63884111
苏州市凤栖酿造有限公司
地址：铜罗镇西亭村
……………………… Tel：0512-63886598
苏州市养生花酒业有限公司
地址：桃源镇铜罗开阳村思古桥境
……………………… Tel：0512-63889873
苏州宏星食品包装有限公司
地址：苏州市吴中区　直镇迎宾路58-8号
……………………… Tel：0512-65010680
江苏吴中地产集团有限公司
地址：苏州市吴中区东吴北路101号
……………………… Tel：0512-65133838
苏州市会议中心
地址：苏州市道前街100号
……………………… Tel：0512-65220606
苏州高峰淀粉科技有限公司
地址：苏州吴中经济开发区双桥村
……………………… Tel：0512-65258151
昆山涟港食品饮料有限公司
地址：昆山市玉山镇环庆路1368号5号房
……………………… Tel：0512-65856332
苏州碧螺天然泉食品饮料有限公司
地址：苏州市吴中区东山镇莫厘村
……………………… Tel：0512-65977777
苏州皇家金煦酒店有限公司
地址：苏州市吴中区太湖东路1号
……………………… Tel：0512-65986666
蜂巢供应链管理（苏州）有限公司
地址：苏州吴中经济开发区越溪街道东太湖路36号3-5幢

…………………… Tel：0512-65986888
苏州中化药品工业有限公司
地址：苏州高新区永安路66号
…………………… Tel：0512-66060668
吴江经济技术开发区物流中心
地址：吴江经济技术开发区庞金路888号
…………………… Tel：0512-66086508
江苏七欣天餐饮管理连锁有限公司
地址：苏州市相城区元和街道相城大道168号新尚广场B栋1411-1412室
…………………… Tel：0512-66107003
爱而泰可新材料（苏州）有限公司
地址：苏州市吴中区胥口镇胥江工业园（东欣路199号）
…………………… Tel：0512-66216000
苏州太湖尚怡酒店有限公司
地址：苏州太湖国家旅游度假区孙武路2013号
…………………… Tel：0512-66236666
苏州天平大酒店有限公司
地址：苏州市吴中区木渎金山路168号
…………………… Tel：0512-66268888
苏州金庭太湖碧螺股份有限公司
地址：苏州市吴中区金庭镇缥缈峰景区内
…………………… Tel：0512-66279387
苏州澹台湖大酒店有限公司
地址：苏州市吴中区太湖东路299号
…………………… Tel：0512-66358888
苏州食行生鲜电子商务有限公司
地址：苏州高新区竹园路209号
…………………… Tel：0512-66587658
苏州市天灵中药饮片有限公司
地址：苏州高新区嵩山路218号
…………………… Tel：0512-66610988
苏州太湖湖滨生态湿地旅游开发有限公司
地址：苏州太湖国家旅游度假区环太湖大道16号
…………………… Tel：0512-66796531
苏州市木渎旅游发展实业公司
地址：木渎镇金山路
…………………… Tel：0512-66796930
明治乳业（苏州）有限公司
地址：苏州高新区普陀山路189号
…………………… Tel：0512-66806111
加州庄园葡萄酿酒（苏州）有限公司
地址：苏州吴中经济开发区澄湖东路13号
…………………… Tel：0512-67083103
苏州市南环桥市场发展股份有限公司
地址：苏州市东方大道1688号
…………………… Tel：0512-67262038
江苏海王星辰健康药房连锁有限公司
地址：苏州市沧浪区南环东路10号1幢新联大厦（南楼）7-8层
…………………… Tel：0512-67271067
华润江苏医药有限公司
地址：苏州工业园区复兴街88号1号库东一、二、四、五层，苏州工业园区新未来花园21幢7-8层
…………………… Tel：0512-67325872
惠氏营养品（中国）有限公司
地址：苏州工业园区方洲路199号
…………………… Tel：0512-67335000
苏州苏嘉甬高速公路有限公司
地址：吴江区黎里镇汾湖大道558号
…………………… Tel：0512-67600770
苏州中茵皇冠假日酒店有限公司
地址：苏州工业园区星港街168号
…………………… Tel：0512-67616688
华润雪花啤酒（江苏）有限公司
地址：苏州工业园区红枫路一号
…………………… Tel：0512-67617100
书香酒店投资管理集团有限公司
地址：苏州市姑苏区二香路333号
…………………… Tel：0512-67631810
苏州高新金鹰商业广场有限公司
地址：苏州高新区狮山路298号
…………………… Tel：0512-67708899
苏州好风光旅游产品投资开发有限公司
地址：苏州市平江路34号
…………………… Tel：0512-67773297
江苏国泰南园宾馆有限公司
地址：苏州市十全街655号
…………………… Tel：0512-67786778
苏州金陵南林饭店有限责任公司
地址：苏州市滚绣坊20号
…………………… Tel：0512-68015478

苏州世豪国际酒店投资管理有限公司
地址：苏州高新区狮山路88号
…………………… Tel：0512-68056789
苏州宜家家居有限公司
地址：苏州高新区浒墅关镇城际路17号
…………………… Tel：0512-68134532
苏州酒花网络科技有限公司
地址：苏州高新区竹园路209号
…………………… Tel：0512-68139791
永旺美思佰乐（江苏）商业有限公司
地址：苏州高新区竹园路209号创业园3号楼1811
…………………… Tel：0512-68188291
苏州泉屋百货有限公司
地址：苏州高新区长江路211号
…………………… Tel：0512-68188360
苏州工业园区金鸡湖大酒店有限公司
地址：苏州工业园区国宾路168号
…………………… Tel：0512-68227878
上海申美饮料食品有限公司苏州经营部
地址：苏州市吴中区木渎镇珠江南路211号2幢2318室
…………………… Tel：0512-68245837
苏州苏宁易购销售有限公司
地址：苏州市人民路1351号
…………………… Tel：0512-68271122
雷允上药业集团有限公司
地址：苏州高新区横山路86号
…………………… Tel：0512-68417052
苏州高新旅游产业集团有限公司
地址：苏州市高新区山神湾路2号
…………………… Tel：0512-68717168
长谷川香料（苏州）有限公司
地址：苏州工业园区长阳街508号
…………………… Tel：0512-69362362
爱丽思生活用品（苏州）有限公司
地址：苏州高新区浒墅关镇青花路139号
…………………… Tel：0512-69370999
江苏王森企业管理集团有限公司
地址：苏州市吴中区木渎镇惠灵路98号
…………………… Tel：0512-69389012
卡士酸奶（苏州）有限公司
地址：苏州相城经济技术开发区漕湖产业园汤浜路
…………………… Tel：0512-69578408
新越百货（苏州）有限公司
地址：苏州工业园区苏州大道东456号
…………………… Tel：0512-80788888
典发食品（苏州）有限公司
地址：江苏省汾湖高新区文昌路189号
…………………… Tel：0512-81550606
苏州斯尔特实业有限公司
地址：太仓经济开发区东仓北路苏州路口
…………………… Tel：0512-81600172
苏州绿叶日用品有限公司
地址：苏州高新区浒墅关镇安杨路198号
…………………… Tel：0512-81880888
苏州同程文化旅游发展有限公司
地址：苏州工业园区裕新路188号同程大厦B区6F-601室
…………………… Tel：0512-82276000
信立泰（苏州）药业有限公司
地址：太仓市沙溪镇梦溪路1号
…………………… Tel：0512-82787998
江苏海岸药业有限公司
地址：吴江区黎里镇芦墟国道路2688号
…………………… Tel：0512-82869999
大东傲胜保健器（苏州）有限公司
地址：苏州工业园区白榆路45号
…………………… Tel：0512-83951001
苏州万邦置业发展有限公司
地址：苏州工业园区阳澄环路199号
…………………… Tel：0512-85661945
冈仁波齐食品饮料（昆山）有限公司
地址：昆山市花桥经济开发区远创路609号财智科技园1号楼101室
…………………… Tel：0512-86160551
苏州江南航天机电工业有限公司
地址：巴城镇石牌长江北路1328号
…………………… Tel：0512-86161818
江苏金狮饮料有限公司
地址：吴江经济技术开发区光明路1899号
…………………… Tel：0512-86856666
微康益生菌（苏州）股份有限公司
地址：吴江经济技术开发区龙桥路1033号
…………………… Tel：0512-86856998

苏州全亿健康药房连锁有限公司
地址：苏州工业园区星湖街218号生物纳米园A1南座503室
…………………… Tel：0512-87663988
基伊埃冷冻技术（苏州）有限公司
地址：中国（江苏）自由贸易试验区苏州片区苏州工业园区东长路8号
…………………… Tel：0512-87880788
苏州长申商贸有限公司
地址：苏州市吴中区郭巷街道郭新东路95号
…………………… Tel：0512-88186999
苏州顶津食品有限公司
地址：江苏省汾湖高新技术产业开发区临沪大道南侧
…………………… Tel：0512-88812880
三全食品（苏州）有限公司
地址：太仓经济开发区发达路166号
…………………… Tel：0512-88899133
百威（南通）啤酒有限公司
地址：南通高新技术产业开发区朝霞路666号
…………………… Tel：0513-66076501
江苏永友食品科技有限公司
地址：如皋市长江镇泓北沙路6号
…………………… Tel：0513-66908890
现代百朗德生物科技（江苏）有限公司
地址：江苏省南通市海门区临江新区天目湖路1号
…………………… Tel：0513-68050505
南通文景国际大酒店有限公司
地址：南通市世纪大道55号
…………………… Tel：0513-68115555
如皋苏中国际集装箱码头有限公司
地址：如皋市长江镇疏港路38号
…………………… Tel：0513-68167099
得福乐（南通）科技有限公司
地址：江苏省南通市经济技术开发区新兴东路329号
…………………… Tel：0513-68512000
南通大饭店有限公司
地址：南通市青年中路83号
…………………… Tel：0513-68588989
南通欧尚超市有限公司
地址：江苏省海门市海门镇黄海中路530号
…………………… Tel：0513-68905032
南通宜家家居有限公司
地址：南通市港闸区黄海路66号
…………………… Tel：0513-81155100
泰森华东食品发展有限公司
地址：南通市紫琅路30号狼山工业园1号楼5楼
…………………… Tel：0513-81265191
海门东恒盛国际大酒店有限公司
地址：海门市海门镇北京中路777号
…………………… Tel：0513-81299999
玫斯江苏宠物食品科技有限公司
地址：南通市经济技术开发区景兴路22号
…………………… Tel：0513-81525540
江苏中洋酒店有限公司
地址：海安县海安镇中坝南路100号
…………………… Tel：0513-81887777
南通龙洋水产有限公司
地址：海安市老坝港滨海新区（角斜镇）川港路68号
…………………… Tel：0513-81889171
深圳市景田食品饮料南通有限公司
地址：如东县经济开发区新区金沙江路9号
…………………… Tel：0513-81907211
凯爱瑞食品（南通）有限公司
地址：南通市如东县县城新区湘江路北侧
…………………… Tel：0513-81991818
南通市江州酒业有限公司
地址：海门市江心沙农场
…………………… Tel：0513-82291179
江苏通光光缆有限公司
地址：海门市滨江街道广州路1933号
…………………… Tel：0513-82298811
江苏百卡弗食品有限公司
地址：海门市常乐镇农业开发园区
…………………… Tel：0513-82738920
江苏恒丰强生物技术有限公司
地址：海门市三厂街道北京东路2666号
…………………… Tel：0513-82748366
南通秋之友生物科技有限公司

地址：启东市滨海工业园黄海路
…………………… Tel：0513-83265270
启东清泉有限公司
地址：汇龙镇清泉路8号
…………………… Tel：0513-83311880
南通金鹰圆融购物中心有限公司
地址：南通市工农路57号
…………………… Tel：0513-83518899
南通通露饮料有限责任公司
地址：永兴街道东港村10组
…………………… Tel：0513-83519518
如东文峰大世界有限公司
地址：如东县掘港镇青园北路19号
…………………… Tel：0513-84130073
江苏速冰洋饮料有限公司
地址：南通市如东县新店镇工业园区9号
…………………… Tel：0513-84388666
南通正大畜禽有限公司
地址：江苏省如东县掘港镇芳泉村
…………………… Tel：0513-84588829
正大食品（南通）有限公司
地址：如东县掘港镇南环路168号
…………………… Tel：0513-84588845
江苏江海造酒有限公司
地址：如东县双甸镇石甸自强路2号
…………………… Tel：0513-84652008
南通市文峰饭店有限公司
地址：南通市青年中路59号
…………………… Tel：0513-85011888
南通报业传媒集团有限公司
地址：南通市崇川区世纪大道8号17-25层
…………………… Tel：0513-68218829
南通文峰城市广场购物中心有限公司
地址：南通市虹桥路1号
…………………… Tel：0513-85355999
林森物流集团有限公司
地址：南通市港闸区幸余路998号
…………………… Tel：0513-85608754
上海申美饮料食品有限公司南通营业部
地址：南通市港闸区永和路398号8幢
…………………… Tel：0513-85652929
江苏安惠生物科技有限公司
地址：南通市经济技术开发区中央路68-A号
…………………… Tel：0513-85960100
嘉吉粮油（南通）有限公司
地址：江苏省南通经济技术开发区同兴路1号
…………………… Tel：0513-85966056
南通一德物流有限公司
地址：江苏省南通市经济技术开发区海堡路111号
…………………… Tel：0513-85994899
南通住友电木有限公司
地址：江苏省南通经济技术开发区通达路81号
…………………… Tel：0513-85997105
德源（中国）高科有限公司
地址：江苏省如皋市如皋港经济开发区
…………………… Tel：0513-87589955
江苏高寿酿酒有限公司
地址：如皋市长江镇郭园社区产业集中区（庙善路9号）
…………………… Tel：0513-87918999
江苏江中酿酒有限公司
地址：如皋市石庄镇金田路27号
…………………… Tel：0513-87928198
南通市江中农产品有限公司
地址：如皋市石庄镇何正村二十四组（公司自建房屋内）
…………………… Tel：0513-87928198
鑫缘茧丝绸集团股份有限公司
地址：江苏省海安县海安镇曙光西路20号
…………………… Tel：0513-88813706
南通白蒲黄酒有限公司
地址：如皋市白蒲镇市河路155号
…………………… Tel：0513-88571999
如皋润皋酒业有限公司
地址：如皋市白蒲镇黄酒科技园1号
…………………… Tel：0513-88578355
南通市健乔酒业有限公司
地址：海安县雅周镇周机村一组
…………………… Tel：0513-88614068
苏果超市（海安）有限公司
地址：海安市海安镇长江中路93号（贵都广场）
…………………… Tel：0513-88905326

华润置地（南通）发展有限公司
地址：江苏省南通市港闸区江海大道639号1幢
…………………… Tel：0513-89050000

苏果超市（南通）有限公司
地址：南通市城山路100号
…………………… Tel：0513-89077616

南通农副产品物流有限公司
地址：南通市崇川路777号
…………………… Tel：0513-89152209

奇华顿食用香精香料（南通）有限公司
地址：江苏省南通经济技术开发区江海路7号
…………………… Tel：0513-89181588

江苏金晖光伏有限公司
地址：高邮市城南经济新区
…………………… Tel：0514-80955038

扬州方广食品有限公司
地址：扬州市邗江区荷叶西路18号
…………………… Tel：0514-82076006

扬州冶春食品生产配送股份有限公司
地址：扬州市物港路10号
…………………… Tel：0514-82186379

扬州报业传媒集团有限责任公司
地址：扬州市文汇东路231号
…………………… Tel：0514-87863184

江苏汇金酿酒有限公司
地址：高邮市甘垛镇长海路1号
…………………… Tel：0514-84886199

江苏江府酿酒有限公司
地址：高邮市车逻镇工业集中区
…………………… Tel：0514-85082702

尤妮佳生活用品（江苏）有限公司
地址：扬州市吴州东路168号
…………………… Tel：0514-85107000

嘉里置业（扬州）有限公司
地址：扬州市文昌西路472号
…………………… Tel：0514-85128888

扬州云鹤金陵大饭店有限公司
地址：扬州市文昌西路318号
…………………… Tel：0514-85588888

扬州顶津食品有限公司
地址：扬州市荷叶西路11号
…………………… Tel：0514-85888001

扬州极牌精酿啤酒有限公司
地址：扬州市江都区沿江开发区三果路
…………………… Tel：0514-86441119

江苏亚新石化建设集团有限公司
地址：扬州市江都区新区南苑路79号
…………………… Tel：0514-86561156

苏果超市扬州市江都区有限公司
地址：扬州市江都区新区新都路东（金牛湾都市花园）
…………………… Tel：0514-86665960

江苏长青投资实业有限责任公司
地址：扬州市江都区文昌东路1002号
…………………… Tel：0514-86830339

江苏宏信超市连锁股份有限公司
地址：扬州市江都区邵伯镇工业集中区物流园
…………………… Tel：0514-86998155

扬州辰茂京江酒店有限公司
地址：扬州市江都区舜天路168号
…………………… Tel：0514-86999999

生合生物科技（扬州）有限公司
地址：扬州市邗江区健康一路8号
…………………… Tel：0514-87388678

扬州福尔喜果蔬汁机械有限公司
地址：扬州市沙头镇施沙路
…………………… Tel：0514-87535198

青岛啤酒（扬州）有限公司
地址：扬州市广陵区鼎兴路28号
…………………… Tel：0514-87812218

港扬食品有限公司
地址：江苏省扬州市经济开发区扬子江中路38号
…………………… Tel：0514-87870750

江苏五琼浆酒业有限公司
地址：宝应县南园路888号
…………………… Tel：0514-88200822

扬州市花仙子食品饮料有限公司
地址：宝应经济开发区大寨河路
…………………… Tel：0514-88231483

江苏宝粮酒业有限公司
地址：宝应县安宜工业集中区
…………………… Tel：0514-88232299

江苏莲吉镇食品饮料有限公司
地址：宝应县望直港镇食品工业集中区
…………………… Tel：0514-88921168

宝应县昌元食品饮料有限公司
地址：宝应县望直港镇獐狮片区集镇
…………………… Tel：0514-88985622

扬州明发大酒店有限公司
地址：扬州市广陵区明发路1号（明发商业广场）8-8°1028
…………………… Tel：0514-89908888

江苏方圆饮料实业有限公司
地址：建湖县经济开发区高桥村
…………………… Tel：0515-6292980

江苏菌钥生命科技发展有限公司
地址：盐城市大丰区南翔西路51号
…………………… Tel：0515-63666008

江苏怡宁能源实业集团有限公司
地址：盐城市大庆东路66号
…………………… Tel：0515-68189145

大丰英茂糖业有限公司
地址：盐城市大丰区大丰港中港大道南侧1号
…………………… Tel：0515-68852888

江苏远大仙乐药业有限公司
地址：江苏省盐城市滨海县经济开发区沿海工业园中山七路1号
…………………… Tel：0515-68988222

辉山乳业发展（江苏）有限公司
地址：射阳县射阳港经济区邮电路1号
…………………… Tel：0515-6922277

江苏省银宝盐业有限公司
地址：盐城市亭湖区人民南路1号华邦国际东厦2幢17楼
…………………… Tel：0515-69693378

江苏那美实业有限公司
地址：建湖县高新技术区
…………………… Tel：0515-80665555

盐城金鹰聚龙湖购物中心有限公司
地址：盐城市城南新区新都街道解放南路268号（CND）
…………………… Tel：0515-80896699

江苏驿都国际大酒店有限公司
地址：盐城市世纪大道603号
…………………… Tel：0515-81086916

盐城捷康三氯蔗糖制造有限公司
地址：射阳经济开发区人民东路118号
…………………… Tel：0515-82179297

江苏梅林畜牧有限公司
地址：江苏省盐城市大丰区四岔河上海农场上农西路52号
…………………… Tel：0515-83265051

盐城温氏畜牧有限公司
地址：盐城市大丰区新丰镇工业集中区
…………………… Tel：0515-83280066

大丰润泰商业有限公司
地址：盐城市大丰区幸福东大街7号
…………………… Tel：0515-83368888

江苏兄弟维生素有限公司
地址：盐城市大丰区海洋经济开发区南区纬二路南侧
…………………… Tel：0515-83552766

大丰海嘉诺药业有限公司
地址：盐城市大丰区海洋经济综合开发区南区
…………………… Tel：0515-83556558

江苏金风科技有限公司
地址：盐城市大丰区经济开发区金海路5号
…………………… Tel：0515-83626886

盐城大丰半岛温泉酒店有限公司
地址：盐城市大丰区港区沿湖大道9号
…………………… Tel：0515-83658888

盐城益康饮料食品有限公司
地址：滨海县东坎镇民营创业园富镇支路
…………………… Tel：0515-84100928

东祥麟（江苏）实业有限公司
地址：盐城市东台经济开发区纬七路
…………………… Tel：0515-85335999

东台市浩瑞生物科技有限公司
地址：东台沿海经济区通海大道18号
…………………… Tel：0515-85726689

江苏启梦食品饮料有限公司
地址：建湖县上冈镇镇东居委会园区路8号
…………………… Tel：0515-86413889

江苏天荷源食品饮料有限责任公司
地址：响水县张集中心社区韩家荡生态旅游区
…………………… Tel：0515-86886666

江苏粤海饲料有限公司
地址：东台市沿海经济区中粮路88号
…………………… Tel：0515-86681878

江苏汇源食品饮料有限公司
地址：江苏亭湖经济开发区飞驰大道26号（18）
…………………… Tel：0515-86803888

中粮米业（盐城）有限公司
地址：江苏省阜宁经济开发区中粮大道一号
…………………… Tel：0515-87353092

盐城南洋机场有限责任公司
地址：盐城市亭湖区南洋镇民航村
…………………… Tel：0515-88215005

江苏双惠鞋服有限公司
地址：盐城市盐南高新区开放大道南路418号（CNX）
…………………… Tel：0515-88414900

江苏汉世伟食品有限公司
地址：江苏省盐城市盐城高新区龙乘路7号
…………………… Tel：0515-88486799

淮安汉世伟食品有限公司
地址：盱眙县黄花塘镇张庵村
…………………… Tel：0515-88486957

盐城市潭之源酒业有限公司
地址：盐城市亭湖区新兴镇新南社区居民委员会（10）
…………………… Tel：0515-88511234

江苏彭城堂乳业有限公司
地址：盐城市人民北路新兴油库北侧（10）
…………………… Tel：0515-88511462

江苏百帝防护用品有限公司
地址：盐城市亭湖区新洋街道新洋路106号（7）
…………………… Tel：0515-88721070

盐城大纵湖旅游发展有限公司
地址：盐城市盐都区大纵湖镇旅游度假区内（M）
…………………… Tel：0515-88681138

奥特莱斯饮料江苏有限公司
地址：盐城市盐马路33号1幢112室
…………………… Tel：0515-88686999

益海（盐城）粮油工业有限公司
地址：射阳县临港工业区
…………………… Tel：0515-89211878

江苏晨露语饮料有限公司
地址：阜宁县现代服务业园区万国汽配城9号楼116号门市（D）
…………………… Tel：0515-89710036

上药控股盐城有限公司
地址：盐城经济技术开发区长江路19号
…………………… Tel：0515-89815806

新沂鲁花浓香花生油有限公司
地址：江苏新沂经济开发区大桥西路118号
…………………… Tel：0516-66616777

徐州西满食品饮料有限公司
地址：江苏省徐州高新技术产业开发区徐锻科技产业园
…………………… Tel：0516-66628099

徐州苏宁易购销售有限公司
地址：徐州淮海西路139号
…………………… Tel：0516-66666899

徐州雀桥汇食品有限公司
地址：徐州市迎宾大道新世纪服务中心新B104室
…………………… Tel：0516-66691386

徐州汇果之源饮料有限公司
地址：徐州市泉山区迎宾大道新世纪服务中心新B105室
…………………… Tel：0516-66691386

徐州娃哈哈饮料有限公司
地址：徐州市贾汪区工业园超越大道28号
…………………… Tel：0516-67028550

苏州高新（徐州）商旅发展有限公司
地址：徐州市云龙湖风景区玉带大道9号
…………………… Tel：0516-69859079

徐州海天石化有限公司
地址：邳州市炮车镇高新技术产业园（原邳州市炮车镇工业园区）
…………………… Tel：0516-80310777

徐州江煤科技有限公司
地址：丰县丰沛公路北经十路东侧
…………………… Tel：0516-80392579

徐州雨润农产品全球采购有限公司
地址：徐州市泉山区G311与G310国道重合段沿G311向西600米
…………………… Tel：0516-81915872

中酒国际饮品期货交易有限公司
地址：徐州经济技术开发区软件园E1北楼208
…………………… Tel：0516-83006021

江苏铜山牧原农牧有限公司
地址：徐州市铜山区单集镇中心中学北200米
…………………… Tel：0516-83128868

徐州香醅酒业有限公司
地址：徐州经济技术开发区大庙镇文化路18号
…………………… Tel：0516-83259968

江苏连徐高速公路有限公司
地址：南京市石鼓路６９号
…………………… Tel：0516-83296618

维维食品饮料股份有限公司
地址：徐州市维维大道300号
…………………… Tel：0516-83398138

徐州宜家家居有限公司
地址：徐州经济技术开发区和平路128号
…………………… Tel：0516-83664532

大江控股集团电力科技有限公司
地址：江苏省徐州市经济技术开发区高新路11号
…………………… Tel：0516-83771681

江苏万邦医药营销有限公司
地址：江苏省徐州市金山桥开发区杨山路6号
…………………… Tel：0516-83817019

徐州市金氏黑猫食品饮料有限公司
地址：云龙区金骆驼工业科技园59号
…………………… Tel：0516-83871448

苏果超市（徐州）有限公司
地址：徐州市坝子街与环城路交汇处福源广场商业楼地下一层
…………………… Tel：0516-85859488

徐州中煤友谊宾馆
地址：徐州市淮海西路241号
…………………… Tel：0516-85861558

徐州益客食品有限公司
地址：邳州市新河镇新河街
…………………… Tel：0516-86065777

正大食品（徐州）有限公司
地址：邳州市炮车街道太湖大道006号
…………………… Tel：0516-86600557

徐州绿健乳品饮料有限公司
地址：徐州市铜山区棠张镇纺织工业园镇东路3号
…………………… Tel：0516-87637828

徐州市云泉山庄酒店管理有限公司
地址：徐州市金山东路29号
…………………… Tel：0516-87789999

江苏翡翠泉深溶岩饮品有限公司
地址：徐州市贾汪区紫庄镇马山村
…………………… Tel：0516-87879991

青岛啤酒（徐州）彭城有限公司
地址：徐州经济技术开发区杨山路28号
…………………… Tel：0516-87980917

徐州佟世食品有限公司
地址：睢宁县城东北小区8排11号
…………………… Tel：0516-88265888

江苏花厅生物科技有限公司
地址：新沂市经济开发区新港南路228号
…………………… Tel：0516-88617015

新沂马陵山旅游发展有限公司
地址：新沂市马陵山风景名胜区
…………………… Tel：0516-88721358

江苏酒行天下酿酒有限公司
地址：新沂市马陵山镇陵沭路北侧
…………………… Tel：0516-88792999

江苏省瑞丰盐业有限公司
地址：江苏省丰县北苑路
…………………… Tel：0516-89208558

江苏皇轩酒业有限公司
地址：丰县师寨镇驻地
…………………… Tel：0516-89565555

江苏汉家酒业有限公司
地址：沛县张庄镇白楼村
…………………… Tel：0516-89875158

徐州天成氯碱有限公司
地址：徐州市沛县龙固镇
…………………… Tel：0516-89920006

江苏融昱药业有限公司
地址：淮安市淮安区工业园区
…………………… Tel：0517-8032999

淮安合祥饮料有限公司
地址：淮安高新技术产业开发区牡丹江路89号
…………………… Tel：0517-80865241

江苏今世缘酒业股份有限公司
地址：涟水县高沟镇今世缘大道1号
…………………… Tel：0517-82426096
江苏今世缘饮料有限公司
地址：淮安市涟水县高沟镇今世缘大道北侧天泉路1号
…………………… Tel：0517-82428186
江苏全稳康源农业发展有限公司
地址：淮安市涟水县新港新天地商业A2-1区109室
…………………… Tel：0517-82588018
金湖青鸟电子商务有限公司
地址：金湖县环城西路279号
…………………… Tel：0517-83960789
淮安神旺大酒店有限公司
地址：淮安市翔宇中道156号
…………………… Tel：0517-83971111
宿迁市洋河镇老窨酒业有限公司
地址：宿城区洋河镇工业园区
…………………… Tel：0517-84937379
江苏宁扬高速公路有限公司
地址：南京市山西路126号.128号2801室
…………………… Tel：0517-85211500
江苏省古顺河酒业发展有限公司
地址：淮安市淮安区顺河镇集镇淮茭路南侧
…………………… Tel：0517-85320012
淮安市顺河矿泉水饮料有限公司
地址：淮安市淮安区顺河镇人民路与古泉路交叉口
…………………… Tel：0517-85320168
淮安市双雄商贸发展有限公司
地址：淮安市淮安区顺河镇工业集中区南北水泥路东
…………………… Tel：0517-85897779
江苏神华药业有限公司
地址：江苏省金湖县神华大道100号
…………………… Tel：0517-86994078
江苏饮悦饮料有限公司
地址：淮安市淮阴区牡丹江路与新桥路交汇处
…………………… Tel：0517-80865241
洪泽县创新饮料厂
地址：洪泽县黄集镇黄河路200号
…………………… Tel：0517-87619111
江苏先河真酿酒业有限公司
地址：淮安市清江浦区健康西路25号1幢1层
…………………… Tel：0517-89339736
华润苏果物流（淮安）有限公司
地址：淮安经济技术开发区海口路9号115号配载楼1-3室
…………………… Tel：0517-89887830
江苏齐天电力建设集团有限公司
地址：连云港市海州区新浦经济开发区204国道西侧
…………………… Tel：0518-80189536
连云港福润食品有限公司
地址：连云港市东海县牛山镇雨润路8号
…………………… Tel：0518-80196121
金桥丰益氯碱（连云港）有限公司
地址：连云港连云区板桥工业园区云港路11号
…………………… Tel：0518-81198623
连云港中远海运有限公司
地址：连云港经济技术开发区高新区西安路
…………………… Tel：0518-82309782
连云港神州宾馆有限公司
地址：连云区墟沟海棠路
…………………… Tel：0518-82310088
江苏中金玛泰医药包装有限公司
地址：连云港经济技术开发区长江路9号
…………………… Tel：0518-82342727
连云港连岛旅游开发有限公司
地址：连云港市连云区连岛街道
…………………… Tel：0518-82600831
五洲科技（连云港）有限公司
地址：中国（江苏）自由贸易试验区连云港片区经济技术开发区综合保税区综合楼401-180
…………………… Tel：0518-83012355
灌南县汇达贸易有限公司
地址：连云港市灌南县新安镇苏州南路东侧灌南县建材市场6-7门面
…………………… Tel：0518-83289588
灌南县硕项湖酒店有限公司
地址：连云港市灌南县幸福大道西侧（灌南中等职业技术学校西南侧）
…………………… Tel：0518-83888676
连云港杰瑞药业有限公司
地址：连云港市振华路18号
…………………… Tel：0518-85152675
江苏天马网络科技集团有限公司
地址：连云港市海州区浦南镇许安大道100号
…………………… Tel：0518-81883839
万联能源集团有限公司
地址：连云港市海州区解放东路103号
…………………… Tel：0518-85452162
连云港市中央百货有限责任公司
地址：连云港市海州区解放中路56号
…………………… Tel：0518-85605712
连云港中油石油销售有限公司
地址：连云港市海州区解放东路8-18号
…………………… Tel：0518-85606639
青岛啤酒（连云港）有限公司
地址：江苏省连云港市海州区铁西路118号
…………………… Tel：0518-85685016
江苏诺泰澳赛诺生物制药股份有限公司
地址：连云港经济技术开发区临浦路28号
…………………… Tel：0518-85797023
连云港振兴实业集团有限公司
地址：连云港市海州区兴隆路17号
…………………… Tel：0518-85801840
江苏陇东酒业有限公司
地址：连云港市海州区西门工业园区
…………………… Tel：0518-85832619
丰益油脂科技（连云港）有限公司
地址：中国（江苏）自由贸易试验区连云港片区经济技术开发区黄海大道1号
…………………… Tel：0518-86099392
益海（连云港）特种油脂有限公司
地址：中国（江苏）自由贸易试验区连云港片区经济技术开发区临港产业区黄海大道东路1号
…………………… Tel：0518-86099407
连云港龙河酿酒有限公司
地址：连云港市赣榆区海头镇海洲湾生物科技园金海大道
…………………… Tel：0518-86808989
江苏得乐康生物科技有限公司
地址：东海县平明镇驻地乐康路1号
…………………… Tel：0518-87516929
江苏桃林酒业有限公司
地址：东海县桃林镇
…………………… Tel：0518-87672252
江苏伊云贝尔饮料股份有限公司
地址：连云港市灌云县经济开发区经一路8号
…………………… Tel：0518-88109713
扬子江药业集团江苏紫龙药业有限公司
地址：常州市新北区薛家镇云河西路9号
…………………… Tel：0519-68000102
江苏甲子生态旅游发展有限公司
地址：常州市武进区雪堰镇太北路6号
…………………… Tel：0519-68211996
常州超级食品有限公司
地址：常州市兴东路16号
…………………… Tel：0519-68869305
常州九洲花园大酒店有限公司
地址：武进区延政西大道1号
…………………… Tel：0519-69968888
国药控股常州有限公司
地址：常州市龙江中路6-1号
…………………… Tel：0519-69988038
溧阳天福观光茶园有限公司
地址：溧阳市溧城镇黄墟村委大林村
…………………… Tel：0519-80899115
常州市雅浦酿酒有限公司
地址：武进区雪堰镇雪马路26号
…………………… Tel：0519-81658795
江苏金坛酿酒有限公司
地址：常州市金坛区良常路2号
…………………… Tel：0519-82300966
江苏润澳花园大酒店集团有限公司
地址：常州市金坛区东环二路1088号
…………………… Tel：0519-82367777
金坛市神叶饮料有限公司
地址：金坛市直溪镇马脚山
…………………… Tel：0519-82446956
常州市金坛区华丰南瓜食品饮料厂
地址：常州市金坛区尧塘镇汤庄村委路家村1-1号
…………………… Tel：0519-82585718
江苏金坛大统华购物中心有限公司
地址：常州市金坛区金沙广场地下室
…………………… Tel：0519-82885072
华润雪花啤酒（常州）有限公司
地址：常州国家高新技术产业开发区乐山路
…………………… Tel：0519-82915180
常州市阳光药业有限公司
地址：常州新北区奔牛镇九里街红楼路1号
…………………… Tel：0519-83137895
江苏无花果酒业有限公司
地址：武进区嘉泽镇闵市村
…………………… Tel：0519-83785916
江苏凌家塘市场发展有限公司
地址：常州市钟楼区邹区镇龙潭村委
…………………… Tel：0519-83880058
常州光辉食品添加剂有限公司
地址：常州新北区春江镇滨江三路18号
…………………… Tel：0519-85031025
常州月星国际家居广场有限公司
地址：常州市通江中路588号
…………………… Tel：0519-85128057
兴和制药（中国）有限公司
地址：江苏省常州市新北区紫苏路1号
…………………… Tel：0519-85255158
江苏南方包装有限公司
地址：常州市五一路255号
…………………… Tel：0519-85266896
常州市诚利电子有限公司
地址：常州新北区电子科技产业园新四路18号
…………………… Tel：0519-85486165
常州市孟和酒业有限公司
地址：常州市新北区孟河镇东亭村苗圃园2号
…………………… Tel：0519-85557979
常州欧尚超市有限公司
地址：常州市天宁区永宁北路18号
…………………… Tel：0519-85577517
常州市春秋乐园旅游发展有限公司
地址：武进区湖塘镇武宜中路197号
…………………… Tel：0519-86312825
江苏亚邦医药物流中心有限公司
地址：常州市武进区牛塘镇新312国道亚邦中路1号
…………………… Tel：0519-86387621
吉动力（江苏）功能饮料有限公司
地址：武进国家高新技术产业开发区龙翔路3号
…………………… Tel：0519-86570928
常州新世纪商城有限公司
地址：市北大街2-8号
…………………… Tel：0519-86607019
江苏鑫洋建设集团有限公司
地址：江苏省常州市武进区西太湖科技产业园长扬路17号
…………………… Tel：0519-86612568
溧阳亚东实业发展有限公司
地址：溧阳市天目湖镇东园路88号
…………………… Tel：0519-87178888
溧阳八佰伴商贸中心有限公司
地址：溧阳市燕山路2号
…………………… Tel：0519-87267008
江苏省天目湖啤酒饮料公司
地址：溧阳市埭头镇工业园区
…………………… Tel：0519-87365821
溧阳天目湖维景酒店有限公司
地址：溧阳市天目湖镇迎宾路8号
…………………… Tel：0519-87889999
江苏省奥谷生物科技有限公司
地址：溧阳市经济开发区康平路17号
…………………… Tel：0519-87921088
江苏天目湖旅游股份有限公司
地址：溧阳市天目湖旅游度假区环湖西路1号
…………………… Tel：0519-87981828
常州东银企业咨询服务有限公司
地址：常州市新北区高新科技园3号楼E座210、212
…………………… Tel：0519-88055084
你酝我酿纯粮酒坊江苏有限公司
地址：常州市武进区湖塘镇夏城南路208号高力·常州国际汽车博览城A6幢3号
…………………… Tel：0519-88058818
常州晋陵电力实业有限公司
地址：武进国家高新技术产业开发区南区西湖路南侧12号
…………………… Tel：0519-88192352
江苏国粮仓储工程有限公司
地址：溧阳市溧城镇天目湖大道8号
…………………… Tel：0519-88302990
常州古运河酿酒有限公司
地址：天宁区郑陆镇工业集中区（东青村）
…………………… Tel：0519-88962977
江苏港城中药养生有限公司
地址：泰州市高港区龙港路150号
…………………… Tel：0523-80225697
华润雪花啤酒（泰州）有限公司
地址：泰州市高港区高新技术产业园区创新大道16号
…………………… Tel：0523-80279919
雀巢健康科学（中国）有限公司
地址：泰州市药城大道359号.
…………………… Tel：0523-80661632
江苏汇福蛋白科技有限公司
地址：泰州市高港区永安洲镇疏港北路西侧
…………………… Tel：0523-80821288
江苏汇福油脂科技有限公司
地址：泰州市高港区永安洲镇疏港北路18号
…………………… Tel：0523-80821288
泰州市梅兰春酒厂有限公司
地址：泰州市江州北路889号
…………………… Tel：0523-81552699
泰州市鹏欣国际大酒店有限公司
地址：泰州市海陵区鹏欣领誉小区90幢101室
…………………… Tel：0523-81888888
江苏华为医药物流有限公司
地址：泰州市杏林路9号G12栋.
…………………… Tel：0523-82227298
伽力森主食企业（江苏）有限公司
地址：兴化经济开发区纬七路1号
…………………… Tel：0523-83103988
江苏补给线饮料有限公司
地址：兴化市经济开发区荡南路南侧
…………………… Tel：0523-83227759
靖江龙威粮油港务有限公司
地址：靖江经济开发区新港园区安宁村岳怀埭160号
…………………… Tel：0523-84986616
泰州谷之源饮料有限公司
地址：泰州市高港高新技术产业园区永宁路5号
…………………… Tel：0523-86116096
江苏海王健康生物科技有限公司
地址：泰州市健康大道803号69幢（药城）.
…………………… Tel：0523-86202026
石药集团中诺药业（泰州）有限公司
地址：泰州市药城大道816号.
…………………… Tel：0523-86205202
华润置地（泰州）有限公司
地址：泰州市医药高新技术产业开发区凤凰街道工业园区88号
…………………… Tel：0523-86209609
苏果超市（泰州）有限公司
地址：泰州市青年南路428号
…………………… Tel：0523-86335569
江苏泰州大桥有限公司
地址：泰州市高港区港城东路8号
…………………… Tel：0523-86960559
江苏泰高高速公路有限公司
地址：泰州市高港区港城东路8号
…………………… Tel：0523-86960559
丰益生物科技（江苏）有限公司
地址：江苏省泰州市高港区永安洲镇疏港北路6号
…………………… Tel：0523-86991894
江苏晓牌精酿啤酒有限公司
地址：泰州市药城大道799-2号（数据大厦B幢1700室）
…………………… Tel：0523-86996199
江苏科鼐生物制品有限公司
地址：泰兴经济开发区疏港路20号
…………………… Tel：0523-87113358
泰兴市唯吾知足酿酒厂有限公司
地址：泰兴市城北路29号
…………………… Tel：0523-87731919
邦基（泰兴）粮油有限公司
地址：泰兴市经济开发区沿江路9号
…………………… Tel：0523-87926889
泰州华侨城有限公司
地址：泰州市姜堰区溱湖大道2号
…………………… Tel：0523-88628888
泰州开广塑胶有限公司

地址：姜堰经济开发区陈庄西路660号
…………………… Tel：0523-88817788
泰州市姜堰区鑫源建设有限公司
地址：姜堰经济开发区办事处陈庄村
…………………… Tel：0523-88101769
泰州市天目山酿酒有限公司
地址：姜堰区沈高镇万众工业集中区（万众村三组）
…………………… Tel：0523-88858064
泰州统实企业有限公司
地址：泰州高港高新技术产业园区永平路301号
…………………… Tel：0523-89500500
统之幸食品（江苏）有限公司
地址：泰州市高港区高新技术产业园区永盛路29号
…………………… Tel：0523-89509900
苏萨食品有限公司
地址：泰州市高港高新技术产业园区创新大道58号
…………………… Tel：0523-89696651
青岛啤酒（宿迁）有限公司
地址：江苏省宿迁市宿城区五湖大道9号
…………………… Tel：0527-80183918
江苏恒泰药业有限公司
地址：宿迁市宿城经济开发区（南区）民便路东侧8号厂区
…………………… Tel：0527-80666111
苏果超市（宿迁）有限公司
地址：宿迁市西湖路（西楚现代商城）
…………………… Tel：0527-80908182
宿迁汇源食品饮料有限公司
地址：江苏省宿迁经济开发区南京路999号
…………………… Tel：0527-80970981
江苏益元泰生物技术有限公司
地址：宿迁市洋河新区洋河镇北八路
…………………… Tel：0527-82668881
宿迁星辰国际酒店有限公司
地址：宿迁市湖滨新城玉兰路5号
…………………… Tel：0527-82889888
宿迁中央国际购物广场有限公司
地址：宿迁市宿城区幸福南路92号
…………………… Tel：0527-82991282
沭阳兆宇酿酒有限公司
地址：沭阳县经济开发区沂北工业区（经一路东侧）
…………………… Tel：0527-83280892
沭阳国华酒精酿造有限公司
地址：沭阳县经济开发区扎下工业园区
…………………… Tel：0527-83312199
沭阳县中富酿酒有限公司
地址：沭阳县沭城西关大街39号
…………………… Tel：0527-83552274
宿迁市洋河镇神龙酿酒股份有限公司
地址：宿迁市洋河镇工业园区66号
…………………… Tel：0527-84270618
江苏乾池酿酒股份有限公司
地址：江苏省宿迁市洋河新区酒家南路198号
…………………… Tel：0527-84358900
宿迁宏胜饮料有限公司
地址：江苏省宿迁市经济开发区通湖大道东侧
…………………… Tel：0527-84563812
江苏河洋酿酒有限公司
地址：宿迁市洋河新区工业园区18号
…………………… Tel：0527-84924599
宿迁市洋河镇第一酿酒有限公司
地址：宿迁市洋河镇徐淮路18号
…………………… Tel：0527-84928869
江苏省苏洋酿酒有限公司
地址：宿迁市洋河新区洋河镇徐淮路
…………………… Tel：0527-84928888
宿迁市洋河镇酿酒实业有限公司
地址：宿迁市洋河新区洋河镇兴洋东路9号-8区
…………………… Tel：0527-84931251
江苏贵人缘酒业有限公司
地址：宿迁市宿城区洋河镇徐淮路南侧
…………………… Tel：0527-84931251
宿迁市洋河镇金苏缘酿酒有限公司
地址：洋河镇酒家路33号
…………………… Tel：0527-84931668
宿迁市国悦酿酒股份有限公司
地址：宿迁市洋河新区洋河镇徐淮路23号
…………………… Tel：0527-84932932
宿迁市洋河镇名酿酒业有限公司
地址：宿迁市洋河镇新南园社区内
…………………… Tel：0527-84933489
宿迁市苏酌仙酿酒股份有限公司
地址：宿迁市洋河新区洋河镇徐淮路23号
…………………… Tel：0527-84933518
江苏中酿酒业股份有限公司
地址：宿迁市洋河新区洋河镇兴洋东路118号
…………………… Tel：0527-84936098
宿迁市洋河镇老作坊酿酒厂
地址：宿迁市洋河新区洋河镇酒家南路158号
…………………… Tel：0527-84937099
江苏洋河酒厂股份有限公司
地址：江苏省宿迁市洋河中大街118号
…………………… Tel：0527-84938001
宿迁市洋河镇酒都酿酒有限公司
地址：宿迁市洋河新区洋河镇南街118号
…………………… Tel：0527-84938909
宿迁市洋河镇御酒酒业有限公司
地址：宿迁市洋河新区洋河镇徐淮路152号
…………………… Tel：0527-84939588
宿迁市洋河镇佳酿酒业有限公司
地址：宿迁市宿城区洋河镇徐淮路68号
…………………… Tel：0527-84939958
江苏华阳制药有限公司
地址：江苏省泗阳县长江路21号
…………………… Tel：0527-85293687
江苏国脉食品饮料有限公司
地址：泗阳县众兴镇桃园村
…………………… Tel：0527-85282818
宿迁市御珍酒业销售有限公司
地址：泗阳经济开发区北京东路118号
…………………… Tel：0527-85869999
富源牧业宿迁有限公司
地址：泗洪县青阳镇重岗社区余庄居委会
…………………… Tel：0527-86666558
江苏双沟酿酒厂
地址：泗洪县双沟镇东大街88号
…………………… Tel：0527-86713489
江苏省泗洪县酿酒食品有限公司
地址：泗洪县双沟镇东大街123号
…………………… Tel：0527-86713996
泗洪县双沟镇白酒酿造有限公司
地址：泗洪县双沟新城工业园区纬二路8号
…………………… Tel：0527-86717399
百威英博大富豪（盐城）啤酒有限公司
地址：盐城市大丰区大中镇工业园区南环路西首
…………………… Tel：0527-88275210
江苏好彩头食品有限公司
地址：泗阳县经济开发区文城东路277号
…………………… Tel：0527-88558808
江苏金果乐食品饮料有限公司
地址：泗阳县众兴镇北京路（东方现代城H1幢16、17#商铺）
…………………… Tel：0527-89667999
阿里巴巴华东有限公司
地址：南京市建邺区白龙江东街8号新城科技园综合体2幢8层
…………………… Tel：0571-85022088

浙江省

衢州光明电力投资集团有限公司
地址：浙江省衢州市柯城区通荷路328号六楼
……………………Tel：0570-3840831
巨化集团有限公司
地址：浙江省杭州市江干区泛海国际中心2幢2001室
……………………Tel：0570-3614227
衢州娃哈哈启力饮料有限公司
地址：浙江省衢州市衢江区百灵北路8号
……………………Tel：0570-8793203
江山娃哈哈饮料食品有限公司
地址：浙江省衢州市江山市江山经济开发区莲华山工业园莲华山大道36号
……………………Tel：0570-4690107
开化国际大酒店有限公司
地址：浙江省衢州市开化县芹阳办事处江东南路1号
……………………Tel：0570-6888888
浙江省龙游百信酿酒有限公司
地址：龙游县东华街道龙丽线4KM
……………………Tel：0570-7187320
杭州余杭益民食品有限公司
地址：浙江省杭州余杭经济技术开发区塘宁路27号
…………………… Tel：0571-26239302
杭州贝因美母婴营养品有限公司
地址：杭州钱江经济开发区顺风路512号
…………………… Tel：0571-26292891
快鱼服饰有限公司
地址：浙江省杭州市江干区九堡街道创智绿谷发展中心9幢11层
…………………… Tel：0571-28332749
浙江海保食品饮料有限公司
地址：浙江省杭州市拱墅区半山街道北秀街386号北秀桃源大厦1605室
…………………… Tel：0571-28852366
建德市新安江置业有限公司
地址：浙江省杭州市建德市新安江街道南山路1号
…………………… Tel：0571-29806666
诚邦设计集团有限公司
地址：浙江省杭州市上城区馆驿后2号901室、902室、904室
…………………… Tel：0571-56109191
康师傅（杭州）饮品有限公司
地址：浙江省杭州经济技术开发区四号大街27号康饮生产车间
…………………… Tel：0571-56230292
杭州今元标矩科技有限公司
地址：浙江省杭州市上城区采荷大厦503室
…………………… Tel：0571-56502769
咪咕数字传媒有限公司
地址：浙江省杭州市西湖区西溪银座1幢1层101室
…………………… Tel：0571-56664204
浙江高速石油发展有限公司
地址：浙江省杭州市江干区闸弄口街道机场路里街48号4-7层
…………………… Tel：0571-56888835
杭州微米网络科技有限公司
地址：杭州市西湖区益乐路39号1幢7B14
…………………… Tel：0571-87967659
杭州顶园食品有限公司
地址：杭州经济技术开发区11号大街16号
…………………… Tel：0571-56925880
浙江益海嘉里食品工业有限公司
地址：浙江省杭州市余杭区崇贤街道拱康路889号
…………………… Tel：0571-57897888
杭州欧尚超市有限公司
地址：浙江省杭州市拱墅区大关路213号
…………………… Tel：0571-58105618
杭州悦萱堂化妆品有限公司
地址：中国（浙江）自由贸易试验区杭州市钱塘区白杨街道科技园路558号1幢25楼A区（自主申报）
…………………… Tel：0571-58120885
明康汇生态农业集团有限公司
地址：浙江省杭州市滨江区西兴街道协同路368号海亮教育科研大厦12楼1201室
…………………… Tel：0571-58121020
青岛啤酒（杭州）有限公司
地址：建德市新安江街道艾溪路999号
…………………… Tel：0571-58304900
农夫山泉（建德）新安江饮料有限公司
地址：建德市新安江街道朱家埠
…………………… Tel：0571-58318801
今麦郎饮品（杭州）有限公司
地址：桐庐县凤川街道凤川大道358号1幢
…………………… Tel：0571-58593909
杭州临安湍口众安氡温泉度假酒店有限公司
地址：浙江省临安市湍口镇湍口村
…………………… Tel：0571-58686888
开化绿色饮料有限公司
地址：浙江省衢州市开化县马金镇江坑口村
……………………Tel：0571-6062233
杭州天目山药业股份有限公司
地址：浙江省杭州市临安区锦南街道上杨路18号
…………………… Tel：0571-61105972
杭州中西进出口有限公司
地址：浙江省杭州市桐庐县桐庐经济开发区粜川路551号
…………………… Tel：0571-63168686
浙江富春山居健康旅游集团有限公司
地址：浙江省杭州市富阳区东洲街道江滨东大道339号
…………………… Tel：0571-63461111
杭州可靠护理用品股份有限公司
地址：浙江省杭州市临安区锦城街道（城西工业园）花桥路2号
…………………… Tel：0571-63820997
杭州冠华王食品有限公司
地址：浙江省杭州市桐庐县分水镇新淳路788号
…………………… Tel：0571-64313998
桐君堂药业有限公司
地址：浙江省杭州市桐庐县县城迎春南路279号立山国际中心2201室
…………………… Tel：0571-64623815
建德市新安旅游投资有限公司
地址：浙江省杭州市建德市新安江街道江滨中路678号
…………………… Tel：0571-64718619
浙江致中和实业有限公司
地址：浙江省杭州市建德市洋溪街道高畈村
…………………… Tel：0571-64743793
杭州千岛湖雅咪咪饮料食品有限公司
地址：淳安县千岛湖镇坪山路118号8幢101室
…………………… Tel：0571-64801838
农夫山泉杭州千岛湖饮用水有限公司
地址：浙江省淳安县千岛湖经济开发区
…………………… Tel：0571-64886033
农夫山泉浙江千岛湖有限公司
地址：浙江省杭州市淳安县千岛湖经济开发区
…………………… Tel：0571-64886028
杭州维皇生物科技有限公司
地址：上城区中河中路281号1604室
…………………… Tel：0571-64887388
外婆家餐饮集团有限公司
地址：浙江省杭州市西湖区紫荆花路2号B座2层202室
…………………… Tel：0571-81022890
浙江乡情山泉有限公司
地址：浙江省杭州市淳安县石林镇汪坑源
…………………… Tel：0571-81387545
松下家电（中国）有限公司
地址：浙江省杭州经济技术开发区松乔街2号
…………………… Tel：0571-81632785
杭州华新饮料食品有限公司
地址：萧山区进化镇华锋村（华新）
…………………… Tel：0571-82357978
浙江古泉酿酒有限公司
地址：萧山区益农镇星联村（夹灶）
…………………… Tel：0571-82595220
浙江珍诚医药在线股份有限公司
地址：浙江省杭州市萧山区萧山经济技术开发区桥南区块耕文路79号
…………………… Tel：0571-82697705
杭州娃哈哈永盛饮料有限公司
地址：萧山经济技术开发区建设一路以北，金一路以西
…………………… Tel：0571-82730020
杭州娃哈哈恒枫饮料有限公司
地址：浙江省杭州市萧山区萧山经济技术开发区建设一路以北，金一路以西
…………………… Tel：0571-82730020
宏胜饮料集团有限公司
地址：浙江省杭州市萧山区恒盛路9号
…………………… Tel：0571-82633270
杭州俊客食品饮料有限公司
地址：萧山区城厢街道人民路21-2号
…………………… Tel：0571-82805627
杭州汇德隆银隆世贸中心商贸有限公司
地址：萧山区北干街道市心中路268、288号
…………………… Tel：0571-82812678
十足集团有限公司
地址：浙江省杭州市下城区石桥路416号2幢306室
…………………… Tel：0571-82825773
浙江金马饭店有限公司
地址：杭州市萧山区通惠中路218号
…………………… Tel：0571-82887888
杭州赞宇油脂科技有限公司
地址：杭州市萧山区临江工业园区经八路1188号

…………………… Tel：0571-82900637

娇时日化（杭州）股份有限公司
地址：浙江省萧山区杭州江东工业园区青六北路1028号
…………………… Tel：0571-82980082

杭州冠亚饮料有限公司
地址：杭州市萧山区前进街道东晨路101号
…………………… Tel：0571-83811888

杭州中燃城市燃气发展有限公司
地址：浙江省杭州市萧山区宁围街道宁泰路27号江宁大厦1幢10层
…………………… Tel：0571-83813981

杭州长乔旅游投资集团股份有限公司
地址：浙江省杭州市萧山区城厢街道湘湖路777号
…………………… Tel：0571-83860185

杭州乐园有限公司
地址：浙江省城厢街道休博园中心区43号
…………………… Tel：0571-83866821

杭州第一世界大酒店有限公司
地址：浙江省杭州市萧山区城厢街道湘湖路92号休博园内
…………………… Tel：0571-83866821

杭州金马国际酒店有限公司
地址：浙江省杭州市萧山区城厢街道城河街65号萧然大厦2幢1004室
…………………… Tel：0571-83886888

浙江开元酒店管理股份有限公司
地址：浙江省杭州市萧山区北干街道市心中路818号18楼
…………………… Tel：0571-83893100

杭州开元森泊酒店有限公司
地址：浙江省杭州市萧山区闻堰街道湘湖路1515号
…………………… Tel：0571-83989888

杭州万事利丝绸数码印花有限公司
地址：浙江省杭州经济技术开发区下沙街道幸福南路2号
…………………… Tel：0571-85047967

浙江龙德医药有限公司
地址：浙江省杭州钱江经济开发区顺风路510号1-5幢
…………………… Tel：0571-85048489

浙江大酒店有限公司
地址：浙江省杭州市延安路595号
…………………… Tel：0571-85056666

浙江来益医药有限公司
地址：浙江省杭州市拱墅区登云路268号2-6层
…………………… Tel：0571-85060219

浙江凯喜雅国际股份有限公司
地址：杭州市体育场路105号
…………………… Tel：0571-85098269

红楼集团有限公司
地址：杭州新华路218号
…………………… Tel：0571-85196311

浙江太古可口可乐饮料有限公司
地址：浙江省杭州经济技术开发区8号大街18号、11号大街12号3幢1-2层
…………………… Tel：0571-85273000

浙江省交通投资集团有限公司
地址：浙江省杭州市文晖路303号
…………………… Tel：0571-85304777

巍联实业（浙江）有限公司
地址：浙江省杭州市富阳区银湖街道富闲路9号银湖创新中心6号楼十层1031室
…………………… Tel：0571-85390539

浙江中大集团国际贸易有限公司
地址：杭州市中大广场A座
…………………… Tel：0571-85778177

浙江省粮油食品进出口股份有限公司
地址：杭州市体育场路229号
…………………… Tel：0571-85779999

百大集团股份有限公司
地址：杭州市下城区延安路546号
…………………… Tel：0571-85823066

浙江银泰百货有限公司
地址：杭州市延安路530号
…………………… Tel：0571-85836387

美町宝植物科技（中国）有限公司
地址：浙江省杭州经济技术开发区白杨街道19号大街568号
…………………… Tel：0571-85863933

浙江省电信实业集团有限公司
地址：浙江省杭州市武林广场东侧3号
…………………… Tel：0571-85872127

纳德酒店股份有限公司
地址：杭州市湖墅南路2号
…………………… Tel：0571-85880888

浙江佳酿汇酒类销售有限公司
地址：杭州市江干区杭海路728－744号301室
…………………… Tel：0571-86031661

杭州娃哈哈集团有限公司
地址：杭州市清泰街160号
…………………… Tel：0571-87880537

杏辉天力（杭州）药业有限公司
地址：浙江省杭州市余杭区杭州市余杭经济开发区红丰路599号
…………………… Tel：0571-86168980

杭州城市花园酒店有限公司（杭州余杭国际会议中心）
地址：余杭区南苑街道人民大道505号
…………………… Tel：0571-86238888

杭州广泰丰食品有限公司
地址：浙江省杭州市临平区塘栖镇西河村1幢、2幢
…………………… Tel：0571-86316526

杭州同福永酿酒有限公司
地址：浙江省杭州市余杭区塘栖镇西河村西庄2号
…………………… Tel：0571-86372016

养乐多（中国）投资有限公司杭州分公司
地址：杭州市拱墅区祥茂路99号5幢一层
…………………… Tel：0571-86497905

杭州银泰世纪百货有限公司
地址：杭州市江干区景昙路18-26号
…………………… Tel：0571-86533998

杭州热联集团股份有限公司
地址：浙江省杭州市下城区环城北路167号
…………………… Tel：0571-85095323

杭州爱啤餐饮管理有限公司
地址：浙江省杭州市滨江区长河街道闻涛路1852号13-15商铺
…………………… Tel：0571-86718607

浙江东方豪生大酒店有限公司
地址：杭州市艮山西路288号
…………………… Tel：0571-86767888

川山甲供应链管理股份有限公司
地址：杭州市滨江区江南大道288号康恩贝大厦1幢801室
…………………… Tel：0571-86791167

杭州娃哈哈非常可乐饮料有限公司
地址：杭州经济技术开发区M10-1-3地块内
…………………… Tel：0571-86846106

杭州娃哈哈百立食品有限公司
地址：杭州经济技术开发区M-10-1-3地块内
…………………… Tel：0571-86846102

浙江杭康药业有限公司
地址：浙江省杭州市杭州经济技术开发区12号大街266号
…………………… Tel：0571-86857509

杭州嘉昇商业地产有限公司
地址：浙江省杭州市萧山区北干街道金城路927号
…………………… Tel：0571-86960099

华润新鸿基房地产（杭州）有限公司
地址：浙江省杭州市上城区四季青街道富春路701号
…………………… Tel：0571-86960099

浙江灵康药业有限公司
地址：浙江省杭州市萧山区萧山经济技术开发区红垦农场垦辉六路1000号2幢
…………………… Tel：0571-86965123

杭州米料亭餐饮有限责任公司
地址：浙江省杭州市西湖区学院路28-38号1幢2号楼3层301室
…………………… Tel：0571-87020733

杭州红牛饮料有限公司
地址：浙江省杭州市上城区庆春路25，27，29号十五层1501-2
…………………… Tel：0571-87045279

浙江物产国际贸易有限公司
地址：浙江省杭州市下城区环城西路56号6楼
…………………… Tel：0571-87058163

杭州西湖大酒店有限公司
地址：浙江省杭州市上城区西湖大道333号
…………………… Tel：0571-87075858

杭州维景大酒店有限公司
地址：杭州市平海路2号
…………………… Tel：0571-87088088

杭州宋城实业有限公司
地址：杭州市之江路148号-1号
…………………… Tel：0571-87099989

浙江春风服装集团有限公司
地址：浙江省杭州市滨江区滨康路188号3幢5楼
…………………… Tel：0571-87168023

国药控股浙江有限公司
地址：浙江省杭州市上城区雷霆路60号长城大厦11、12楼
…………………… Tel：0571-87177091

浙江省新华书店集团有限公司
地址：浙江省杭州市西湖区文二路38号
…………………… Tel：0571-87214993

杭州中维香溢大酒店股份有限公司
地址：杭州市上城区解放路108号
…………………… Tel：0571-87218899

浙江永安资本管理有限公司
地址：浙江省杭州市西湖区教工路199号5楼511室
…………………… Tel：0571-87238688

浙江省工艺品进出口有限公司
地址：杭州市中山北路12号
…………………… Tel：0571-87238888

昭德（杭州）酒店有限公司
地址：浙江省杭州市法云弄22号
…………………… Tel：0571-87329999

雷迪森旅业集团有限公司
地址：浙江省杭州市下城区体育场路333号
…………………… Tel：0571-87350056

珀莱雅化妆品股份有限公司
地址：浙江省杭州市西湖区留下街道西溪路588号
…………………… Tel：0571-87352875

迪火投资管理有限公司
地址：浙江省杭州市西湖区西溪街道文三路90号27幢1232室
…………………… Tel：0571-87396217

杭州百事可乐饮料有限公司
地址：杭州经济技术开发区M10-23-2
…………………… Tel：0571-87398111

中科耐迪（杭州）生物技术股份有限公司
地址：浙江省杭州市余杭区文一西路998号19幢504B
…………………… Tel：0571-87552988

浙江新迪嘉禾食品有限公司
地址：杭州市余杭区仁和街道银杏路6号
…………………… Tel：0571-87558017

浙江世界贸易中心有限公司
地址：浙江省杭州市曙光路122号
…………………… Tel：0571-87630612

杭州红星文化大厦有限公司
地址：浙江省杭州市上城区建国南路280号
…………………… Tel：0571-87703888

浙江南华资本管理有限公司
地址：浙江省杭州市上城区西湖大道193号313、316、317室
…………………… Tel：0571-87830338

赞宇科技集团股份有限公司
地址：浙江省杭州市城头巷128号
…………………… Tel：0571-87830830

丽水宏博饮料有限公司
地址：浙江省丽水市景宁畲族自治县鹤溪镇红星街道人民中路208号三楼302室
…………………… Tel：0571-87880466

丽水恒枫饮料有限公司
地址：浙江省丽水市景宁畲族自治县鹤溪镇红星街道人民中路208号三楼303室
…………………… Tel：0571-87880466

丽水港恒饮料有限公司
地址：浙江省丽水市景宁畲族自治县鹤溪镇红星街道人民中路208号三楼306室
…………………… Tel：0571-87880466

丽水枫港饮料有限公司
地址：浙江省丽水市景宁畲族自治县鹤溪镇红星街道人民中路208号三楼301室
…………………… Tel：0571-87880466

丽水荣辉饮料有限公司
地址：浙江省丽水市景宁畲族自治县鹤溪镇红星街道人民中路208号三楼304室
…………………… Tel：0571-87880466

杭州金溪山庄
地址：浙江省杭州市杨公堤39号
…………………… Tel：0571-87992288

杭州黄龙饭店有限公司
地址：浙江省杭州市西湖区曙光路120号
…………………… Tel：0571-87998833

浙江省医药工业有限公司
地址：杭州市莫干山路文北巷27号
…………………… Tel：0571-88089522

杭州天元大厦有限公司
地址：浙江省杭州市江干区钱江新城钱潮路2、4、6号
…………………… Tel：0571-88111111

企事通集团有限公司
地址：浙江省杭州市江干区九和路28号2号楼3楼301室
…………………… Tel：0571-88191111

浙江南旭实业有限公司
地址：浙江省杭州市上城区尚筑金座1519室
…………………… Tel：0571-88261312

物产中大化工集团有限公司
地址：浙江省杭州市上城区清吟街108号688室
…………………… Tel：0571-88278687

杭州民生健康药业有限公司
地址：浙江省杭州余杭经济技术开发区新天路101号
…………………… Tel：0571-88807066

浙江数联云集团有限公司
地址：浙江省杭州市滨江区滨文路200号1幢2层2003室
…………………… Tel：0571-88840008

浙江心怡供应链管理有限公司
地址：浙江省杭州市余杭区五常街道文一西路969号3幢5层579室
…………………… Tel：0571-88859588

三维通信股份有限公司
地址：杭州市火炬大道581号
…………………… Tel：0571-88866789

杭州百诚医药科技股份有限公司
地址：浙江省杭州市余杭区余杭经济技术开发区振兴东路9号一号楼B203
…………………… Tel：0571-88867469

杭州果品批发有限公司
地址：余杭区良渚街道博园路8号
…………………… Tel：0571-89012333

杭州五丰联合肉类冷藏有限公司
地址：浙江省杭州市余杭区良渚街道逸盛路115号13幢
…………………… Tel：0571-89013865

杭州新希望双峰乳业有限公司
地址：浙江省杭州市余杭区余杭经济开发区新洲路836号
…………………… Tel：0571-89166669

华润雪花啤酒（杭州）有限公司
地址：杭州市余杭区余杭经济技术开发区泰宁路39号
…………………… Tel：0571-89176900

杭州神旺食品有限公司
地址：杭州余杭经济技术开发区北沙西路5号
…………………… Tel：0571-89189600

杭州宜家家居有限公司
地址：浙江省杭州市余杭区乔司街道乔莫西路5号
…………………… Tel：0571-89355025

浙江普利药业有限公司
地址：浙江省杭州市余杭区余杭经济开发区新洲路78号
…………………… Tel：0571-89385079

来福士（杭州）房地产开发有限公司
地址：浙江省杭州市江干区新业路228号
…………………… Tel：0571-89721100

中国诚通国际贸易有限公司
地址：浙江省杭州市下城区东健康路1号6楼606室
…………………… Tel：0571-89807622

杭州加多宝饮料有限公司
地址：杭州经济技术开发区M10-23-4
…………………… Tel：0571-89819988

开望（杭州）科技有限公司
地址：浙江省杭州市西湖区蒋村街道双龙街99号三深国际中心C幢9层
…………………… Tel：0571-89938952

浙江英特药业有限责任公司
地址：浙江省杭州市滨江区西兴街道江南大道96号中化大厦3-13楼
…………………… Tel：0571-89982000

湖州市东湖石化销售有限公司
地址：浙江省湖州市外环东路368号
…………………… Tel：0572-2065953

浙北大厦集团有限公司

地址：浙江省湖州市吴兴区公园路188号
……………………Tel：0572-2072953
湖州天煌大酒店有限公司
地址：湖州市龙溪北路168号
……………………Tel：0572-2117777
湖州长运汽车运输有限公司
地址：浙江省湖州市太湖路4888号
……………………Tel：0572-2188981
浙江中维药业股份有限公司
地址：浙江省湖州经济技术开发区紫荆路366号
……………………Tel：0572-2575585
兰芳园食品有限公司
地址：浙江省湖州市凤凰西区西凤路1318号2号楼
……………………Tel：0572-2690075
湖州浙北明州医院有限公司
地址：浙江省湖州市吴兴区公园路255号（老三院院区）
……………………Tel：0572-2737688
浙江红鹰集团股份有限公司
地址：浙江省湖州市彩凤路1288号8幢
……………………Tel：0572-2765722
湖州金洁实业有限公司
地址：浙江省湖州市吴兴区织里镇富康路899号
……………………Tel：0572-3178577
中南百草原集团有限公司
地址：递铺镇三官村
……………………Tel：0572-5022290
浙江民生生物科技有限公司
地址：浙江省安吉县递铺镇阳光工业园区（健康园区）
……………………Tel：0572-5301632
港中旅（安吉）旅游发展有限公司
地址：浙江省湖州市安吉县安吉经济开发区水口村
……………………Tel：0572-5705782
安吉县大年初一旅业投资有限公司
地址：安吉县天荒坪镇天荒坪路1号
……………………Tel：0572-5835432
浙江长兴金沙红酿酒有限公司
地址：长兴县林城镇工业园区鼎兴东路2号
……………………Tel：0572-6087259
爱侣健康科技股份有限公司
地址：浙江省长兴经济开发区太湖大道1208号
……………………Tel：0572-6121079
长兴怡禾饮料有限公司
地址：浙江省湖州市长兴县水口乡顾渚村
……………………Tel：0572-6530199
波路梦（长兴）食品有限公司
地址：浙江省湖州市长兴县太湖街道荣乐路158号
……………………Tel：0572-6556901
浙江长兴百叶龙酿酒有限公司
地址：长兴县林城镇贺家岗
……………………Tel：0572-6800799
湖州干将酒业有限公司
地址：德清县洛舍镇张陆湾村
……………………Tel：0572-8222038
浙江德誉进出口有限公司
地址：德清县武康镇临溪街778号
……………………Tel：0572-8351181
德清县下渚湖湿地旅游发展有限公司
地址：浙江省湖州市德清县下渚湖街道二都集镇
……………………Tel：0572-8363006
浙江德清莫干山酒业有限公司
地址：新市镇果山头58号
……………………Tel：0572-8441189
浙江我武生物科技股份有限公司
地址：浙江省德清县武康镇志远北路636号
……………………Tel：021-64858216
德清县蓝梦食品饮料有限公司
地址：德清县武康镇舞阳街269号
……………………Tel：0572-8885448
海宁开元名都置业有限公司
地址：浙江省海洲街道江南大道2388号
……………………Tel：0573-80773601
嘉兴市湘家荡度假村有限公司
地址：浙江省嘉兴市南湖区七星湘家荡旅游度假区内
……………………Tel：0573-82081188
嘉兴良友进出口集团股份有限公司
地址：浙江省嘉兴市东升东路2500号良友大厦
……………………Tel：0573-82084258
金石包装（嘉兴）有限公司
地址：浙江省嘉兴市南湖区嘉兴亚太科技工业园区
……………………Tel：0573-82086586
嘉兴市月河客栈有限公司
地址：嘉兴市同乐路118号
……………………Tel：0573-82152685
浙江禾城酒业有限公司
地址：浙江省嘉兴市南湖区富润路105号
……………………Tel：0573-8227533
红船饮料股份有限公司
地址：浙江省湖州市湖州经济技术开发区凤凰街道海明商住广场B幢青铜路243号
……………………Tel：0573-82315858
龙庄润集团有限公司
地址：浙江省嘉兴市南湖区越秀北路1365号第二层
……………………Tel：0573-82513777
嘉兴悦程妇产医院有限公司
地址：浙江省嘉兴市南湖区庆丰路1407号
……………………Tel：0573-82793562
浙江瑞邦智能装备股份有限公司
地址：浙江省嘉兴市南湖区大桥镇科兴路969号
……………………Tel：0573-83675905
浙江德馨食品科技股份有限公司
地址：浙江省嘉兴市经济技术开发区银河路728号
……………………Tel：0573-83854509
嘉兴市沙龙国际宾馆有限公司
地址：嘉兴市环城南路393号
……………………Tel：0573-83986556
嘉兴唯你大德葡萄酒饮料有限公司
地址：嘉善县惠民街道惠新大道100号
……………………Tel：0573-84648655
浙江世博大酒店有限公司
地址：嘉善县罗星街道嘉善大道555号
……………………Tel：0573-84678280
浙江爱婴室物流有限公司
地址：浙江省嘉兴市嘉善县惠民街道隆全路19号
……………………Tel：0573-84717888
嘉兴怡品食品饮料有限公司
地址：浙江省嘉兴市嘉善县惠民街道虹桥路63号3幢一楼西侧
……………………Tel：0573-84753337
浙江顶誉食品有限公司
地址：浙江省嘉兴市嘉善县姚庄镇宝群路155号
……………………Tel：0573-84905000
雪花啤酒（嘉善）有限公司
地址：浙江省嘉兴市嘉善县惠民街道新华路100号
……………………Tel：0573-84973866
浙江莎普爱思医药销售有限公司
地址：浙江省平湖市经济开发区新明路1588号
……………………Tel：0573-85030161
浙江日清食品有限公司
地址：平湖经济技术开发区新明路1118号
……………………Tel：0573-85635757
好侣（中国）有限公司
地址：浙江省平湖经济开发区兴工路1688号
……………………Tel：0573-85722589
平湖大润发商业有限公司
地址：浙江省平湖市当湖街道新华中路519号
……………………Tel：0573-85822505
嘉兴荷美尔食品有限公司
地址：浙江省嘉兴市经济技术开发区董亭浜路89号
……………………Tel：0573-85936666
嘉吉食品科技（平湖）有限公司
地址：浙江省平湖经济开发区兴工路1865号
……………………Tel：0573-85985100
华润雪花啤酒（嘉兴）有限公司
地址：嘉兴市海盐县元通街道盐嘉路66号
……………………Tel：0573-86865210
海宁美林湾生态大观园观光农业有限公司
地址：浙江省嘉兴市海宁市马桥街道镇保路1号
……………………Tel：0573-87765803
浙江娃哈哈昌盛方便食品有限公司
地址：浙江省海宁农业对外综合开发区春澜西路
……………………Tel：0573-87960108
浙江娃哈哈昌盛饮料集团有限公司
地址：浙江省海宁农业对外综合开发区春澜西路
……………………Tel：0573-87969188
桐乡市光大食品饮料有限公司
地址：浙江省嘉兴市桐乡市梧桐街道振兴西路806号12幢1208号
……………………Tel：0573-88112422
振石大酒店有限公司
地址：浙江省嘉兴市桐乡市梧桐街道振兴东路（东）199号1幢
……………………Tel：0573-88188888
桐乡市石门食品饮料厂
地址：石门镇东市街5号
……………………Tel：0573-88611248
桐乡市乌镇泰丰斋旅游工艺品食品有限公司
地址：浙江省嘉兴市桐乡市乌镇镇桐乌公路浮澜桥南堍300米处
……………………Tel：0573-88711517
博森纺织科技股份有限公司
地址：浙江省嘉兴市桐乡市濮院镇毛衫城工业园区M2-65号
……………………Tel：0573-88870200
桐乡市电力工程有限责任公司
地址：浙江省嘉兴市桐乡市梧桐街道曙光路295号
……………………Tel：0573-88901627
浙江帝斯曼中肯生物科技有限公司
地址：浙江省嘉兴市桐乡市高桥街道高桥大道1288号
……………………Tel：0573-88960799
海宁实运投资有限公司
地址：海宁市斜桥镇庆云街洛塘路1号
……………………Tel：0573-89231115
浙江荟美食品饮料有限公司
地址：浙江省嘉兴市桐乡市濮院镇永越大道11号
……………………Tel：0573-89385198
玛氏食品（嘉兴）有限公司
地址：浙江省嘉兴经济技术开发区西南新区圣堂路505号
……………………Tel：0573-8985700
宁波乐购生活购物有限公司
地址：浙江省宁波市海曙区天一广场
……………………Tel：0574-27972501
宁波宜家家居有限公司
地址：浙江省宜园路525号
……………………Tel：0574-28832345
宁波长鸿高分子科技股份有限公司
地址：浙江省咸家山港口路108号
……………………Tel：0574-55222230
慈溪正大蛋业有限公司
地址：浙江省慈溪市现代农业开发区
……………………Tel：0574-55869198
宁波雅戈尔达蓬山旅游投资开发有限公司
地址：浙江省慈溪市龙山镇达蓬山旅游度假区
……………………Tel：0574-58996666
浙江百岁山食品饮料有限公司
地址：浙江省余姚市梁弄镇白水冲村
……………………Tel：0574-62372333
天邦食品股份有限公司
地址：浙江省宁波市余姚市城区阳光国际大厦A座1805室
……………………Tel：0574-62817777
浙江豪威客食品饮料有限公司
地址：浙江省宁波（慈溪）绿色农产品加工基地绿园一路369号
……………………Tel：0574-63025555
慈溪白金汉爵投资有限公司
地址：浙江省慈溪市杨梅大道北路888号
……………………Tel：0574-63250055
宁波惠康国际工业有限公司
地址：浙江省宁波杭州湾新区滨海四路南侧
……………………Tel：0574-63306837
慈溪银泰商业管理有限公司
地址：浙江省慈溪市浒山街道青少年宫南路99号（银泰购物中心内）
……………………Tel：0574-63907005
宁波杭州湾梦幻温泉水世界有限责任公司
地址：宁波杭州湾新区滨海二路928号
……………………Tel：0574-82350601
宁波爱科特生活电器有限公司
地址：浙江省宁波杭州湾新区滨海大道298号
……………………Tel：0574-82357987
宁波伯瑞特酒店有限公司
地址：浙江省余姚市新建北路177号
……………………Tel：0574-82377777
三生（中国）健康产业有限公司
地址：浙江省宁波市海曙区石 街道三生健康产业园
……………………Tel：0574-82820256
浙江浙海华地网络科技有限公司
地址：宁波大榭开发区榭南邻里中心1号楼201室-2
……………………Tel：0574-83886604
浙江神首生物科技有限公司
地址：浙江省宁波高新区翔云北路99号2号楼1单元4-1
……………………Tel：0574-86161111
宁波经济技术开发区热电有限责任公司
地址：浙江省开发区联合区域
……………………Tel：0574-86183035
林德气体（宁波）有限公司
地址：浙江省宁波市北仑区霞浦街道临港二路168-1号
……………………Tel：0574-86809337
宁波阿拉酿酒有限公司
地址：浙江省宁波市北仑区新 横浦
……………………Tel：0574-86826678
金光食品（宁波）有限公司
地址：浙江省宁波市北仑区黄河北路1号
……………………Tel：0574-86888188
宁波大榭国际大酒店有限公司
地址：浙江省宁波大榭开发区信开路111号3幢201室
……………………Tel：0574-86985888
宁波新华书店集团有限公司
地址：浙江省宁波市鄞州区甬江大道1号宁波书城文化广场5幢1、2号第5层
……………………Tel：0574-87246020
宁波大酒店有限责任公司
地址：浙江省宁波市海曙区中山东路145号
……………………Tel：0574-87250198
上药控股宁波医药股份有限公司
地址：浙江省宁波市海曙区车轿街26号
……………………Tel：0574-87267909
宁波中基惠通集团股份有限公司
地址：浙江省宁波市鄞州区首南街道天童南路666号2001室
……………………Tel：0574-87423010
宁波中策动力机电集团有限公司
地址：浙江省宁波市江北区金山路699号
……………………Tel：0574-87522626
天港酒店集团有限公司
地址：浙江省宁波市海曙区丽园南路620号
……………………Tel：0574-87628232
中国化学赛鼎宁波工程有限公司
地址：浙江省宁波高新区光华路300号
……………………Tel：0574-87918666
香格里拉大酒店（宁波）有限公司
地址：浙江省宁波市鄞州区豫源街88号
……………………Tel：0574-87998888
宁波八倍饮料有限公司
地址：浙江省宁波市海曙区聚才路99号商务楼A幢218室
……………………Tel：0574-88023360
浙江杭绍甬高速公路有限公司
地址：浙江省杭州市萧山区宁围街道市心北路857号318室
……………………Tel：0574-88389848
宁波益民酒业有限公司
地址：宁波市鄞州区邱隘镇沈家村（盛莫路379号）
……………………Tel：0574-88411652
宁波宁泰酿酒有限公司
地址：浙江省宁波市海曙区横街镇横溪桥
……………………Tel：0574-88425278
宁波罗蒙乐园有限公司
地址：宁波市鄞州区首南街道环球城1号
……………………Tel：0574-89018121
浙江省上虞汽车运输有限公司
地址：浙江省绍兴市上虞区高铁新城称

山北路306号
………………Tel：0575-82112948

浙江昌海制药有限公司
地址：绍兴滨海新城致远中大道188号
………………Tel：0575-82539678

浙江创新生物有限公司
地址：绍兴滨海新城越中路125号
………………Tel：0575-82539696

绍兴女儿红酿酒有限公司
地址：浙江省绍兴市上虞区东关街道
………………Tel：0575-82578866

绍兴女儿红酒业有限公司
地址：浙江省上虞市东关镇东东路3号
………………Tel：0575-82571990

浙江新赛科药业有限公司
地址：浙江省杭州湾上虞经济技术开发区纬五路33号
………………Tel：0575-82732999

绍兴上虞雷迪森万锦大酒店有限公司
地址：浙江省绍兴市上虞区百官街道城北新区市民大道555号
………………Tel：0575-82798634

浙江新光药业股份有限公司
地址：浙江省嵊州市剡湖街道环城西路25号
………………Tel：0575-83292588

会稽山绍兴酒股份有限公司
地址：浙江省绍兴市柯桥区湖塘街道杨绍路2579号
………………Tel：0575-84293887

绍兴鉴湖酿酒有限公司
地址：浙江省绍兴市柯桥区湖塘街道鉴湖村
………………Tel：0575-84384993

浙江震元股份有限公司
地址：浙江省绍兴市中兴中路276号现代大厦A座8-11层
………………Tel：0575-85114730

绍兴市佳诚酒类饮料有限责任公司
地址：浙江省绍兴市越城区解放南路1668号3楼（天镜南苑）
………………Tel：0575-88370913

中国绍兴黄酒集团有限公司
地址：浙江省绍兴市越城区北海桥
………………Tel：0575-85172643

浙江省绍兴市汇龙酿酒有限公司
地址：赵家镇庆华西路10号
………………Tel：0575-87461958

浙江塔牌国酿绍兴酒有限公司
地址：浙江省诸暨市姚江镇汪王村
………………Tel：0575-87679739

浙江梵沛珍珠股份有限公司
地址：浙江省诸暨市山下湖珍珠产品加工园
………………Tel：0575-87687178

诸暨市淀粉厂
地址：诸暨市应店街镇留下庄村
………………Tel：0575-87848881

绍兴咸亨大酒店有限公司
地址：浙江省绍兴市越城区解放南路680号
………………Tel：0575-88068688

绍兴椰树饮料有限公司
地址：浙江省绍兴市越城区西区-E31、32号
………………Tel：0575-88131383

浙江加多宝饮料有限公司
地址：浙江省绍兴市越城区斗门街道袍中南路1号
………………Tel：0575-88155888

绍兴白塔酿酒有限公司
地址：浙江省绍兴市越城区陶堰街道浔阳路188号
………………Tel：0575-88734421

绍兴金沙旅游发展股份有限公司
地址：浙江省绍兴市柯桥区柯岩街道稽山南路118号
………………Tel：0575-89970385

杭州宗源投资管理有限公司
地址：浙江省杭州市下城区永通信息广场西-1505室
………………Tel：0576-83172089

浙江情之酒业发展有限公司
地址：三门县海游街道西区开发区（上坎头）
………………Tel：0576-83334730

浙江绿岛科技有限公司
地址：浙江省台州市三门县海润街道工业大道5号
………………Tel：0576-83376286

浙江圣达生物药业股份有限公司
地址：浙江省天台县赤城街道人民东路789号
………………Tel：0576-83881111

耀达集团有限公司
地址：浙江省台州市临海市古城街道靖江中路207号（含地下一层）
………………Tel：0576-85316935

临海广电网络有限公司
地址：浙江省台州市临海市大洋街道临海大道（中）1258号九楼
………………Tel：0576-85400217

临海华润万家生活超市有限公司
地址：浙江省台州市临海市柏叶西路316号
………………Tel：0576-85470590

台州保灵药业有限公司
地址：浙江省化学原料药基地临海医化园区东海第五大道25号
………………Tel：0576-85589661

温岭耀达国际大酒店有限公司
地址：浙江省温岭市城东街道万昌中路889号
………………Tel：0576-86150670

浙江大麦屿港务有限公司
地址：浙江省玉环市大麦屿经济开发区
………………Tel：0576-87353088

浙江新飞跃股份有限公司
地址：台州市椒江区机场中路108号
………………Tel：0576-88155801

台州市料亭贸易有限公司
地址：台州市市府大道555号-599号万家灯火都市广场第五层B区
………………Tel：0576-88207888

台州耀达国际酒店有限公司
地址：浙江省台州市耀达路318号
………………Tel：0576-88688888

前后科技股份有限公司
地址：浙江省台州市开发大道900号701室A区
………………Tel：0576-89087777

浙江新维士生物科技有限公司
地址：浙江省台州市天台县花前工业园区园南路6号
………………Tel：0576-89331690

台州恩都酒店有限公司
地址：浙江省玉环市玉城街道城中路333号、335号
………………Tel：0576-89915925

诚德科技股份有限公司
地址：浙江省龙港市世纪大道888-1088号
………………Tel：0577-26819999

浙江中燃华电能源有限公司
地址：浙江省温州市洞头区小门山
………………Tel：0577-56978570

华润雪花啤酒（温州）有限公司
地址：温州经济技术开发区滨海十五路600号
………………Tel：0577-56979001

浙江朗诗德健康饮水设备股份有限公司
地址：浙江省乐清市北白象镇温州大桥工业园区（朗诗德电气有限公司内）
………………Tel：0577-57186999

熊猫乳品集团股份有限公司
地址：浙江省苍南县灵溪镇建兴东路650-668号
………………Tel：0577-59889666

苍南县旅游投资集团有限公司
地址：苍南县玉苍路670号
………………Tel：0577-59921101

浙江成泰建筑工程有限公司
地址：浙江省乐清市城东街道旭阳路6688号总部经济园3幢1001-1003室
………………Tel：0577-61607205

温州艾倍特饮品有限公司
地址：浙江省乐清市大荆镇田岙村
………………Tel：0577-62032777

浙江诚意药业股份有限公司
地址：温州市洞头区化工路118号
………………Tel：0577-63489509

普邦明胶（温州）有限公司
地址：浙江省平阳县敖江镇五板桥府前路
………………Tel：0577-63668200

嘉利达（平阳）明胶有限公司
地址：浙江平阳县钱仓镇东江村
………………Tel：0577-63686785

温州源飞宠物玩具制品股份有限公司
地址：浙江省平阳县水头镇标准园区宠乐路1号
………………Tel：0577-63990785

瑞安国际大酒店有限公司
地址：瑞安市安阳街道万松东路555号
………………Tel：0577-65886666

浙江迦南科技股份有限公司
地址：浙江省温州市永嘉县瓯北镇东瓯工业园区
………………Tel：0577-67378860

温州交运集团泰顺有限公司
地址：浙江省温州市泰顺县罗阳镇泰庆北路438号
………………Tel：0577-67596873

浙江伯温酿酒有限公司
地址：浙江省温州市文成县大 镇城东路666号
………………Tel：0577-67829999

奥康国际电子商务有限公司
地址：浙江省黄田街道千石工业区（奥康鞋业销售有限公司三楼）
………………Tel：0577-67984444

浙江大好大食品有限公司
地址：浙江省温州市瓯海郭溪梅屿工业区（温巨公路边）
………………Tel：0577-86111088

英博双鹿啤酒集团有限公司
地址：浙江省温州市梧田大道419号
………………Tel：0577-86762655

温州太古可口可乐饮料有限公司
地址：浙江省温州经济技术开发区滨海园区丁香路555号
………………Tel：0577-86900900

浙江亚光科技股份有限公司
地址：温州经济技术开发区滨海园区滨海三道4525号
………………Tel：0577-86906895

浙江人本超市有限公司
地址：浙江省温州经济技术开发区海工大道777号
………………Tel：0577-88085555-5503

温州东方饮料食品有限公司
地址：浙江省温州市瓯海区泽雅镇泽雅大道1560号
………………Tel：0577-88628218

普富投资管理股份有限公司
地址：浙江省温州市鹿城区车站大道京龙大厦1幢八层
………………Tel：0577-88856255

法派服饰股份有限公司
地址：浙江省温州经济技术开发区滨海园区滨海二道1168号1幢2层
………………Tel：0577-86909853

景宁娃哈哈饮料有限公司
地址：浙江省丽水市莲都区江南路807号（丽景民族工业园）
………………Tel：0578-2059058

丽水绿源酿造有限公司
地址：浙江五云镇上交岭38号
………………Tel：0578-3122572

浙江老土地食品有限公司
地址：浙江省丽水市缙云县东渡镇东渡工业区（兰口村）
………………Tel：0578-3610518

汇源（云和）饮料食品有限公司
地址：浙江云和县杨柳河二期北区块2-D-1地块
………………Tel：0578-5525866

义乌市输变电工程有限公司
地址：浙江省义乌市苏溪镇苏福路267号
………………Tel：0579-81565209

浙江宏伟供应链集团股份有限公司
地址：浙江省金华市永康市总部中心金州大厦29楼
………………Tel：0579-81700667

浙江奥托康制药集团股份有限公司
地址：浙江省金华市婺城区定业新村
………………Tel：0579-82020869

金华中燃城市燃气发展有限公司
地址：浙江省金华市人民东路保险巷21号
………………Tel：0579-82112300

金华金字火腿有限公司
地址：浙江省金华市婺城区金帆街1000号2幢
………………Tel：0579-82261716

金华蒙牛当代乳制品有限公司
地址：浙江省金华市婺城区汤溪镇经发街以东、龙丘路以北
………………Tel：0579-82362018

金华市久加久食品饮料有限公司
地址：浙江省金华市婺城区东阳街绿园嘉苑2幢5-7号
………………Tel：0579-82465905

浙江李子园食品股份有限公司
地址：浙江省金华市金东区曹宅镇李子园工业园
………………Tel：0579-82886761

浙江大北农农牧科技有限公司
地址：浙江省金华市婺城区神丽路868号
………………Tel：0579-83911918

浙江金华润舟贸易有限公司
地址：浙江省金华市婺城区宾虹西路118号棒棒科技产业园A区A2-313室
………………Tel：0579-83912968

浙江一方制药有限公司
地址：浙江省磐安县新渥街道永安西路38号
………………Tel：0579-84731870

浪莎针织有限公司
地址：浙江省义乌市稠江街道四海大道东1号（自主申报）
………………Tel：0579-85435788

东阳市虎鹿乳品饮料有限公司
地址：浙江省金华市东阳市虎鹿镇工业区
………………Tel：0579-86150016

浙江花园生物医药股份有限公司
地址：浙江东阳市南马镇花园村
………………Tel：0579-86271631

横店影视股份有限公司
地址：浙江省东阳市横店镇横店影视产业实验区商务楼
………………Tel：0579-86587898

横店集团英洛华电气有限公司
地址：浙江省东阳市横店电子工业园区
………………Tel：0579-86622171

浙江寿仙谷医药股份有限公司
地址：浙江省武义县壶山街道商城路10号
………………Tel：0579-87622285

武义寿仙谷中药饮片有限公司
地址：浙江省金华市武义县壶山街道黄龙工业区
………………Tel：0579-87622285

金华寿仙谷药业有限公司
地址：浙江省金华市武义县壶山街道商城路10号（自主申报）
………………Tel：0579-87622285

浙江清水湾沁温泉度假酒店有限公司
地址：浙江省金华市武义县熟溪街道温泉路1689号
………………Tel：0579-87739500

浙江渭开饮料有限公司
地址：浙江省金华市武义县白洋街道百花山工业区荷花路23号
………………Tel：0579-87968836

兰溪市李渔酿酒有限公司
地址：浙江省兰溪市上华街道横山路口
………………Tel：0579-88300906

兰溪五丰冷食有限公司
地址：浙江省金华市兰溪经济开发区登胜路2号（自主申报）
………………Tel：0579-88897257

浙江三江食品有限公司
地址：浙江省兰溪市云山街道岩头村
………………Tel：0579-88988701

金华市快速公交有限公司
地址：浙江省金华市婺城区迎宾大道1639号（自主申报）
………………Tel：0579-89105239

浙江华统肉制品股份有限公司
地址：浙江省义乌市义亭镇姑塘工业小区
………………Tel：0579-89908155

杭州华东医药集团浙江华义制药有限公司
地址：浙江省义乌市佛堂镇双峰路15号
………………Tel：0579-89948286

舟山海峡轮渡集团有限公司
地址：浙江省舟山市定海区鸭蛋山
………………Tel：0580-2022952

舟山市延中饮料食品有限公司
地址：舟山市普陀区勾山街道山头黄村山头黄路27号
………………Tel：0580-2053202

舟山凯虹广场商业管理有限公司

地址：浙江省舟山市定海区东瀛路199号
……………………Tel：0580-2526000

舟山市普陀油脂运贸有限公司
地址：浙江省舟山市普陀区沈家门街道佛国商城五楼
……………………Tel：0580-3059858

舟山市成丰饮料有限公司
地址：舟山市定海区白泉镇金林村（金林水库旁）
……………………Tel：0580-3261683

舟山水产品中心批发市场有限责任公司
地址：浙江省舟山市普陀区沈家门街道渔市一路95号
……………………Tel：0580-3663113

舟山海中洲国际大酒店有限公司
地址：浙江省舟山市普陀区东港街道海天大道2701号
……………………Tel：0580-3816666

嵊泗县同舟客运轮船有限公司
地址：浙江省嵊泗县菜园镇东海路100号
……………………Tel：0580-5593510

平太荣远洋渔业集团有限公司
地址：浙江省舟山市普陀区沈家门街道东海西路9号普陀海洋与渔业大楼10-11楼
……………………Tel：0580-6200977

舟山市普陀山祥生大酒店有限公司
地址：舟山市普陀山合兴西苑
……………………Tel：0580-6696666

中国水产舟山海洋渔业制品有限公司
地址：浙江省舟山市普陀区沈家门街道兴海路1号（舟山市普陀区平阳浦）
……………………Tel：0580-8139386

浙江舟山跨海大桥有限公司
地址：浙江省舟山市定海区金塘镇山潭东堠社区（甬舟高速金塘收费站旁）
……………………Tel：0580-8232052

浙江大洋世家股份有限公司
地址：浙江省舟山市定海区干览镇商会路1号-6（舟山国家远洋渔业基地商务中心603）
……………………Tel：0580-8888889

安徽省

昇兴（安徽）包装有限公司
地址：安徽省滁州市上海北路268号
……………………Tel：0550-2180333

安徽白云（集团）商贸有限公司
地址：安徽省滁州市南谯北路738号
……………………Tel：0550-2185600

安徽东鹏食品饮料有限公司
地址：安徽省滁州市丽水路1号
……………………Tel：0550-3026565

滁州信联食品饮料有限公司
地址：安徽省滁州市苏滁现代产业园伟业路8号
……………………Tel：0550-3028099

华润雪花啤酒（滁州）有限公司
地址：安徽省滁州市南谯中路1585号
……………………Tel：0550-3212571

滁州市金达石油有限公司
地址：安徽省滁州市凤阳路677号
……………………Tel：0550-3213882

安徽焕发生物科技有限公司
地址：安徽省滁州市杭州北路595号
……………………Tel：0550-3709888

定远县春远食品饮料有限责任公司
地址：安徽省滁州市定城曲阳路（定116）
……………………Tel：0550-4034125

安徽明相酒业有限公司
地址：定远县永康镇永康街道
……………………Tel：0550-4459111

滁州金辰置业有限公司
地址：安徽省滁州市来安县新城区来安大道东侧
……………………Tel：0550-5610138

安徽涂中酿酒有限公司
地址：安徽省滁州市来安县经济开发区纬一路79号
……………………Tel：0550-5950898

润贝（安徽）饮料食品有限公司
地址：安徽省滁州市凤阳县小岗村洪张健康产业园
……………………Tel：0550-6491129

凤阳大明旅游发展（集团）有限公司
地址：安徽省滁州市凤阳县府城镇东华路
……………………Tel：0550-6620502

凤阳华众玻璃有限公司
地址：安徽省滁州市凤阳县工业园区
……………………Tel：0550-6670888

安徽省凤阳酿酒有限责任公司
地址：安徽省滁州市府城文昌街38号
……………………Tel：0550-6721952

滁州华冠饮料有限公司
地址：安徽省滁州市徽州北路199号
……………………Tel：0550-6821180

今麦郎面品（天长）有限公司
地址：天长市汊涧镇双园村天汊线北侧
……………………Tel：0550-7155990

乐斯福（明光）有限公司
地址：安徽省明光市池河大道23号
……………………Tel：0550-8099211

安徽明光酒业有限公司
地址：安徽省明光市池河大道21号
……………………Tel：0550-8099889

明光市女山湖酒业酿造有限公司
地址：安徽省明光市潘村镇
……………………Tel：0550-8132889

安徽润海生物科技股份有限公司
地址：安徽省明光市工业园区
……………………Tel：0550-8259015

百川名品供应链股份有限公司
地址：安徽省合肥市蜀山区长江西路435号与植保路交汇处众诚公寓3楼
……………………Tel：0551-62199999

合肥海汇假日酒店有限公司
地址：安徽省合肥市明光路与大通路交口海汇大厦
……………………Tel：0551-62268888

合肥合协商贸有限公司
地址：安徽省合肥市长丰县水湖镇长淮路南段
……………………Tel：0551-62522567

合肥荣电实业股份有限公司
地址：安徽省合肥市肥东经济开发区临泉东路6号
……………………Tel：0551-62529214

安徽九州通医药有限公司
地址：安徽省合肥市经济技术开发区芙蓉路368号
……………………Tel：0551-62573098

国药控股安徽省医药有限公司
地址：安徽省合肥市宿松路3666号
……………………Tel：0551-62617085

合肥燕庄食用油有限责任公司
地址：合肥市高新区创新大道2799号
……………………Tel：0551-62628999

安徽辉隆农资集团股份有限公司
地址：安徽省合肥市蜀山区祁门路1777号
……………………Tel：0551-62667301

安徽福雅莱饮料有限责任公司
地址：安徽省合肥经济技术开发区翡翠路与芙蓉路交口翠微苑二期16幢109商
……………………Tel：0551-62794075

安徽华源聚源医药有限公司
地址：安徽省合肥市经济技术开发区合肥医药健康产业园XB北二号
……………………Tel：0551-62799569

安徽辉隆集团农资连锁有限责任公司
地址：安徽省合肥市蜀山区祁门路1777号辉隆大厦
……………………Tel：0551-62813737

安徽安粮国际发展有限公司
地址：安徽省合肥市包河区花园大道986号安粮中心1号楼27-29层
……………………Tel：0551-62831079

安徽安粮实业发展有限公司
地址：安徽省合肥市金寨路389号盛安广场
……………………Tel：0551-62831498

安徽燕之坊食品有限公司
地址：安徽省合肥市包河工业区天津路8号
……………………Tel：0551-62935119

欧普康视科技股份有限公司
地址：合肥市高新区望江西路4899号
……………………Tel：0551-62952201

合肥曼迪新药业有限责任公司
地址：安徽省合肥市包河大道曼迪新大厦
……………………Tel：0551-63359052

安徽皖投置业有限责任公司
地址：安徽省合肥市包河区常青街道姚公社居委南屏路555号
……………………Tel：0551-65678100

上药控股安徽有限公司
地址：合肥市包河区延安路19号
……………………Tel：0551-63483700

合肥乐富强房地产开发有限公司
地址：合肥市高新区创新大道2800号创新产业园二期J1楼C座19层
……………………Tel：0551-63539393

安徽华文国际经贸股份有限公司
地址：安徽省合肥市政务文化新区圣泉路1118号出版传媒广场
……………………Tel：0551-63533996

安徽天鹅湖大酒店有限公司
地址：安徽省合肥市政务文化新区东流路888号
……………………Tel：0551-63536666

合肥美而特物业服务有限公司
地址：安徽省合肥市包河区金寨路118号
……………………Tel：0551-63623118

同庆楼餐饮股份有限公司
地址：合肥市包河区万岗路10号9幢
……………………Tel：0551-63642210

安徽千品捞锅物料理餐饮有限公司
地址：合肥市蜀山区梅山路18号安徽国际金融贸易中心商3-401
……………………Tel：0551-63662077

安徽华人健康医药股份有限公司
地址：合肥市包河工业区上海路18号
……………………Tel：0551-63677615

安徽源水饮料有限公司
地址：合肥市包河区徽州大道1389号清和园4幢205室
……………………Tel：0551-63686869

中化石油安徽有限公司
地址：安徽省合肥市包河区包河大道118号
……………………Tel：0551-63712555

国药控股安徽有限公司
地址：安徽省合肥市经济开发区芙蓉路378号
……………………Tel：0551-63805272

安徽省东华医药科技有限公司
地址：安徽省合肥市经济技术开发区方兴大道与轩辕路交口东南角15＃仓库101-301、102-302室
……………………Tel：0551-63807656

合肥太古可口可乐饮料有限公司
地址：安徽省合肥市经济技术开发区
……………………Tel：0551-63815118

安徽卜蜂畜禽有限公司
地址：安徽省合肥市经济技术开发区繁华大道228号
……………………Tel：0551-63817802

安徽永辉超市有限公司
地址：安徽省合肥市滨湖新区徽州大道与紫云路交口金源购物中心S2栋一层和负一层
……………………Tel：0551-64202001

安徽乐锦记食品有限公司
地址：肥东经济开发区龙城路6号
……………………Tel：0551-64320202

合肥芳林商贸有限公司
地址：安徽省合肥市长江批发市场B111区8001号
……………………Tel：0551-64391878

安徽迅捷物流有限责任公司
地址：安徽省合肥市北二环双七路88号
……………………Tel：0551-64398667

安徽丰原医药营销有限公司
地址：安徽省合肥市包河区大连路16号
……………………Tel：0551-64846130

安徽电信实业集团有限公司
地址：合肥市蜀山区潜山路388号
……………………Tel：0551-65182067

安徽广电信息网络股份有限公司
地址：安徽省合肥市高新区望江西路766号
……………………Tel：0551-65310101

华润置地（合肥）有限公司
地址：安徽省合肥市蜀山区潜山路111号华润大厦A座5楼
……………………Tel：0551-65336888

合肥娃哈哈饮料有限公司
地址：合肥市高新区长江西路2221号
……………………Tel：0551-65393986

安徽立方药业有限公司
地址：合肥市高新区文曲路446号
……………………Tel：0551-65396515

合肥凯戈兰德科技有限公司
地址：安徽省合肥市蜀山区井岗镇井岗路CBC拓基广场B座2107室
……………………Tel：0551-65501893

香格里拉大酒店（合肥）有限公司
地址：安徽省合肥市庐阳区濉溪路256号
……………………Tel：0551-65509888

安徽新希望白帝乳业有限公司
地址：合肥市肥东县肥东经济开发区镇西路55号
……………………Tel：0551-65562571

安徽创爱酒业有限公司
地址：长丰县双墩镇蒙城北路东侧北城世纪城A6区裕徽苑3幢3202室
……………………Tel：0551-65626999

合肥百维食品饮料有限责任公司
地址：安徽省合肥市濉溪路西段282号
……………………Tel：0551-65627299

合肥粤诚置业有限公司
地址：合肥市瑶海区明光路与银屏路交口恒大广场2号地块商务写字楼51层5102
……………………Tel：0551-65666222

合肥百货大楼集团股份有限公司
地址：安徽省合肥市长江中路150号
……………………Tel：0551-65771000

合肥亿帆生物医药有限公司
地址：安徽省合肥市经济技术开发区锦绣大道与青龙潭路交叉口
……………………Tel：0551-65836001

安徽花果山农业科技有限公司
地址：长丰县岗集镇瑞风大道与金岗大道交叉口2幢（2号装配车间）
……………………Tel：0551-65852020

合肥京商融合置地有限公司
地址：合肥市新站区淮海大道与陶冲湖路交口
……………………Tel：0551-66220009

安徽怡定衍商贸有限公司
地址：合肥市包河区南二环与马鞍山路交叉口加侨国际广场B座1908室
……………………Tel：0551-66682080

长丰县长徐乌鸡酒酿造有限公司
地址：安徽省合肥市长丰县罗塘乡徐庙合淮路东侧
……………………Tel：0551-66962166

安徽智多星食品有限公司
地址：安徽省合肥市庐江县柯坦镇大屯工业园
……………………Tel：0551-67688033

肥东温氏畜牧有限公司
地址：安徽省合肥市肥东县梁园镇路口村
……………………Tel：0551-67799880

安徽计府家酒业有限公司
地址：安徽省合肥市肥东县肥东经济开发区包公大道181号
……………………Tel：0551-67898909

合肥蒙牛现代牧业乳制品有限公司
地址：安徽省合肥市肥东县白龙工业聚集区
……………………Tel：0551-67913511

安徽华源盛铭药业有限公司
地址：安徽省合肥市包河区上海路3号
……………………Tel：0551-68130099

合肥明发国际大酒店有限公司
地址：合肥市四里河路88号
……………………Tel：0551-68168888

中粮粮油工业（巢湖）有限公司
地址：安徽居巢经济开发区旗山路
……………………Tel：0551-82350520

巢湖娃哈哈昌盛饮料有限公司
地址：安徽省合肥市巢湖向阳南路民营经济园区
……………………Tel：0551-82367961

巢湖娃哈哈饮料有限公司
地址：安徽省合肥市巢湖市向阳南路民营经济园区
……………………Tel：0551-82367961

蚌埠市单氏食品饮料有限责任公司
地址：安徽省蚌埠市禹会区涂山路665号（火柴厂院内）
……………………Tel：0550-4030300

安徽禹王酿酒有限公司
地址：安徽省蚌埠市淮上区双墩路西侧（上河路357号）
……………………Tel：0552-2073501

安徽中粮油脂有限公司
地址：安徽省蚌埠市固镇经济开发区
……………………Tel：0552-2126333

安徽美滋源食品饮料有限公司

地址：安徽省蚌埠市淮上区沫河口工业园淝河北路19号
……………………Tel：0552-2336589

阜阳汉世伟食品有限公司
地址：阜南县经济开发区杨庄花园公租房五楼
……………………Tel：0552-2581567

蚌埠市皖圣酿酒有限公司
地址：安徽省固镇县经济开发区绿朋大道
……………………Tel：0552-2870148

安徽省绿十字医药股份有限公司
地址：安徽省蚌埠市凤阳东路169号
……………………Tel：0552-3826585

安徽天润化学工业股份有限公司
地址：安徽省蚌埠市江淮路71号
……………………Tel：0552-3951288

安徽丰原利康制药有限公司
地址：安徽省蚌埠市高新技术开发区（东海大道6288号）
……………………Tel：0552-4127903

安徽丰原生物化学股份有限公司
地址：安徽省蚌埠市固镇县经济开发区经二路东、纬四路北
……………………Tel：0552-6023068

蚌埠大成食品有限公司
地址：安徽省蚌埠市固镇县经济开发区固蚌路西侧
……………………Tel：0552-6566002

安徽鲜绿园果蔬饮料有限公司
地址：安徽省固镇县经济开发区经一路西侧、陈庄路北侧
……………………Tel：0552-6055222

现代牧业（蚌埠）有限公司
地址：安徽省蚌埠市五河县朱顶镇现代牧业园区
……………………Tel：0552-7233029

怀远县帝豪酒业有限公司
地址：安徽省蚌埠市怀远县榴城镇中央花园北
……………………Tel：0552-8215860

安徽省成果石榴酒酿造有限公司
地址：安徽省怀远县经济开发区兴园路5号
……………………Tel：0552-8502529

安徽同昌石榴酒酿造有限公司
地址：怀远县白莲坡食品科技产业园纬四路55号
……………………Tel：0552-8978333

华强方特（芜湖）文化产业有限公司
地址：安徽省芜湖市鸠江区银湖北路以东南大门
……………………Tel：0553-2295063

华强方特（芜湖）旅游发展有限公司
地址：芜湖市鸠江区赤铸山东路（华强文化科技产业园）三楼
……………………Tel：0553-2295063

益海嘉里（安徽）粮油工业有限公司
地址：安徽省芜湖市鸠江区二坝镇鸠江经济开发区二坝园区合裕路1号
……………………Tel：0553-2521133

芜湖新华联文化旅游开发有限公司
地址：安徽省芜湖市鸠江区海洋公园商业街游客中心二层
……………………Tel：0553-2711326

芜湖海螺国际大酒店有限公司
地址：安徽省芜湖市文化路39号（原北京东路209号）
……………………Tel：0553-3118188

芜湖苏宁易购商贸有限公司
地址：安徽省芜湖市中山路步行街中山大厦
……………………Tel：0553-3886565

芜湖九州通医药销售有限公司
地址：安徽省芜湖市经济技术开发区万春路27号
……………………Tel：0553-3902907

芜湖晋智房地产开发有限公司
地址：芜湖市三山经济开发区龙湖街道三山碧桂园商业街二楼物业中心
……………………Tel：0553-3888888

安徽省无为县时松饮料有限公司
地址：安徽省芜湖市无为县无城襄安路
……………………Tel：0553-6314257

芜湖光荣网络科技有限公司
地址：芜湖市三山区西湖新城
……………………Tel：0553-8800100

淮南中兴实业有限责任公司
地址：淮南市八公山区第二通道八公山段（东侧）
……………………Tel：0554-5628687

淮南沃太食品饮料有限公司
地址：安徽省淮南市田家庵区洞山西路
……………………Tel：0554-5816700

淮南市淙林饮料有限公司
地址：安徽省淮南市田区洞山苗圃内
……………………Tel：0554-6662525

淮南市舜泽山泉饮料有限公司
地址：安徽省淮南市田家庵区曹庵镇物流工业园区
……………………Tel：0554-6916670

淮矿现代物流有限责任公司
地址：安徽省淮南市谢家集区望峰岗(铁路新村)
……………………Tel：0554-7643999

安徽凤台牧原农牧有限公司
地址：淮南市凤台县古店乡古店工业园区
……………………Tel：0554-8881128

青岛啤酒（马鞍山）有限公司
地址：安徽省马鞍山市采石
……………………Tel：0555-2101779

苏果超市（马鞍山）有限公司
地址：安徽省马鞍山市梨苑新村15栋
……………………Tel：0555-2321352

安徽三联饮料发展有限公司
地址：安徽省马鞍山市和县石杨镇
……………………Tel：0555-2568800

和县金雄饮料有限公司
地址：安徽省马鞍山市和县石杨镇石杨社区居委会
……………………Tel：0555-2568800

含山县小河村酒业有限公司
地址：安徽省马鞍山市含山县环峰镇小河村联邦农业科技园
……………………Tel：0555-2585808

马鞍山中粮生物化学有限公司
地址：安徽省马鞍山市慈湖高新区联合路518号
……………………Tel：0555-3501260

马鞍山采石矶酿酒有限责任公司
地址：金家庄区慈湖北庙1号
……………………Tel：0555-3503612

蒙牛高科乳制品（马鞍山）有限公司
地址：安徽省马鞍山市马鞍山经济技术开发区红旗南路123号
……………………Tel：0555-3702511

安徽省古漕运酿酒有限公司
地址：安徽省马鞍山市含山县运漕镇运塔路旁
……………………Tel：0555-4360111

三联泵业股份有限公司
地址：安徽省马鞍山市和县经济技术开发区牛屯河路
……………………Tel：0555-5312265

安徽省和酒王酒业有限公司
地址：安徽省马鞍山市和县环城东路101号
……………………Tel：0555-5326929

安徽省雪润肉食品有限公司
地址：安徽省马鞍山市当涂县姑孰路627
……………………Tel：0555-6731420

桂龙药业（安徽）有限公司
地址：安徽省马鞍山市当涂经济开发区
……………………Tel：0555-6758271

马鞍山八佰伴商贸有限公司
地址：安徽省马鞍山市花山区大华国际广场2栋
……………………Tel：0555-7188800

苏果超市（安庆）有限公司
地址：安徽省安庆市经济开发区湖心北路与天柱山路西南角南铭商业城商务楼
……………………Tel：0556-5203606

安庆新华书店有限公司
地址：安徽省安庆市集贤南路2号
……………………Tel：0556-5221133

安庆横江集团有限责任公司
地址：安徽省安庆市人民路252号
……………………Tel：0556-5281521

安庆碧桂园房地产开发有限公司
地址：安徽省安庆市迎江区秦潭湖南侧
……………………Tel：0556-5283166

安徽南翔光彩大市场经营管理有限公司
地址：安徽省安庆市经济技术开发区四号区
……………………Tel：0556-5361880

安庆汇沣酒业有限公司
地址：安徽省安庆市怀宁县黄墩镇工业园318国道旁（独秀三农产业园内）
……………………Tel：0556-5368602

安徽小时代食品饮料贸易有限公司
地址：安徽省安庆市迎江区雨润中央新城5幢1单元701室
……………………Tel：0556-5451678

安庆六德宝食品饮料有限公司
地址：安徽省安庆市迎江区人民路48号9号楼二楼
……………………Tel：0556-5451678

安徽蓝猫食品饮料有限公司
地址：安徽省安庆市宜秀区大桥办事处（市佳美饮料有限公司2幢）
……………………Tel：0556-5588990

安庆供水集团公司
地址：安徽省安庆市宜秀区天柱山东路506号
……………………Tel：0556-5593307

安徽汇源食品饮料有限公司
地址：安徽省安庆市桐城经济开发区
……………………Tel：0556-5621906

安徽徽酿老窖酒业有限公司
地址：安徽省安庆市宜秀区经九路以东纬六路以南经十路以西（吴老大食品公司1号厂房）
……………………Tel：0556-5991199

安徽桐城老酒酿造有限公司
地址：桐城市大关镇青龙村沿河路2号
……………………Tel：0556-6560799

桐城市亨得利饮料有限公司
地址：安徽省桐城市吕亭镇平坦村1#101
……………………Tel：0556-6776077

安徽联河股份有限公司
地址：安徽省安庆市望江县经济开发区
……………………Tel：0556-7159999

安徽安德利电子有限公司
地址：安徽省安庆市潜山县综合经济开发区（皖水路）
……………………Tel：0556-8978199

砀山汇源食品饮料有限公司
地址：安徽省宿州市砀山县经济开发区
……………………Tel：0557-2259667

安徽安特食品股份有限公司
地址：安徽省宿州经济技术开发区金泰五路1号
……………………Tel：0557-2282600

苏果超市（宿州）有限公司
地址：安徽省宿州市汴河路恒丰大厦1-3层
……………………Tel：0557-2283318

安徽克焓生物科技有限公司
地址：安徽省宿州市银河三路万达广场4-4#907室
……………………Tel：0557-3021099

宿州大润发商业有限公司
地址：安徽省宿州市东昌路与顺河路交汇处西南角
……………………Tel：0557-3250501

安徽吉之宝食品饮料有限公司
地址：安徽省宿州市宿马园区楚江大道路东、X043县道以北
……………………Tel：0557-3310350

安徽乐天酿酒有限公司
地址：安徽省宿州市循环经济示范园
……………………Tel：0557-3668199

安徽古沱酿酒有限责任公司
地址：安徽省宿州市 桥区汴河东路264号（宿州市古沱酒厂门西侧0200室）
……………………Tel：0557-3730993

安徽笑果农牧产业科技有限公司
地址：安徽省宿州市灵璧县工业园区
……………………Tel：0557-6080665

灵璧县嘉源农业科技有限公司
地址：灵璧县禅堂乡黄桥村
……………………Tel：0557-6465555

安徽省泗县绿色家园食品饮料有限公司
地址：安徽省宿州市泗县黑塔镇小梁街
……………………Tel：0557-7631828

安徽砀山海升果业有限责任公司
地址：安徽省宿州市砀山县经济开发区
……………………Tel：0557-8671999

阜阳市白金汉宫酒业有限公司
地址：阜阳市颍州区颍州南路西侧白金汉宫
……………………Tel：0558-2169299

阜阳华联集团股份有限公司
地址：安徽省阜阳市颍泉区中市办事处颍上北路45号
……………………Tel：0558-2199000

安徽阜阳医药集团有限公司
地址：安徽省阜阳市开发区七里铺路219号
……………………Tel：0558-2211006

安徽金种子酒业股份有限公司
地址：安徽省阜阳市颍州区河滨路302号
……………………Tel：0558-2211999

华润雪花啤酒（阜阳）有限公司
地址：安徽省阜阳市莲花路105号
……………………Tel：0558-2215319

安徽省福润肉类加工有限公司
地址：安徽省阜阳市颍东区东方路16号
……………………Tel：0558-2323540

阜阳市西湖旅游有限公司
地址：安徽省阜阳市颍州区清河办事处淮河路767号万达广场1#2#公寓、3#大商业2#1615室
……………………Tel：0558-2561138

阜阳市懿囡养殖有限公司
地址：安徽省阜阳市颍泉区中市办李老庄村新河集南侧500米
……………………Tel：0558-2577669

安徽普仁中药饮片有限公司
地址：安徽亳州工业园区
……………………Tel：0558-2808357

安徽双轮酒业有限责任公司
地址：安徽省亳州市涡阳县高炉镇
……………………Tel：0558-2863702

安徽武子古酿酒业有限公司
地址：利辛县胡集镇利江路东侧
……………………Tel：0558-2901919

安徽瑞思威尔科技有限公司
地址：亳州市古井镇
……………………Tel：0558-5368506

安徽颍上牧原农牧有限公司
地址：颍上县经开区高速出口南200米
……………………Tel：0558-3903512

安徽颍泉牧原农牧有限公司
地址：安徽省阜阳市颍泉区闻集镇段庄村段庄村部旁
……………………Tel：0558-3976808

安徽强旺调味食品有限公司
地址：安徽省界首市工业园胜利路1号
……………………Tel：0558-4888155

亳州市金不换白酒酿造有限公司
地址：亳州市古泉路
……………………Tel：0558-5212899

亳州市小窖白酒酿造有限公司
地址：安徽省亳州市谯城区丰收路
……………………Tel：0558-5212899

华佗国药股份有限公司
地址：安徽省亳州市谯城区利辛路23号（谯城经济开发区华佗大道1号中药前处理、提取车间）
……………………Tel：0558-5314444

安徽古井贡酒股份有限公司
地址：安徽省亳州市古井镇
……………………Tel：0558-5358012

亳州市酒城酿酒实业总公司
地址：安徽省亳州市古井镇15
……………………Tel：0558-5362199

亳州市沪谯药业有限公司
地址：安徽省亳州市工业园区
……………………Tel：0558-5566444

亳州市大唐酒业有限公司
地址：安徽省亳州市谯城区古井镇
……………………Tel：0558-5576899

亳州宾馆有限责任公司
地址：安徽省亳州市药都大道北侧
……………………Tel：0558-5595555

保和堂（亳州）制药有限公司
地址：安徽省亳州经济开发区酒城大道1075号
……………………Tel：0558-5626182

安徽亳州小状元饮料有限公司
地址：亳州市谯城区经济开发区创业六路
……………………Tel：0558-5678615

安徽原粮液酒业有限责任公司
地址：安徽省亳州市谯城区古井镇
……………………Tel：0558-5710739

安徽井中集团店小二酿酒有限公司
地址：安徽省亳州市谯城区古井镇古井大道6号
……………………Tel：0558-5711699

安徽五岭洞藏酒业有限公司
地址：安徽省亳州市谯城区古井镇古井路1号

……………………Tel：0558-5790188
安徽玉井坊酿酒有限责任公司
地址：安徽省亳州市谯城区古井镇经济开发区
……………………Tel：0558-5886988
亳州市善酿酒业有限公司
地址：亳州市谯城区古井镇古井大道168号
……………………Tel：0558-5886988
安徽向阳泉饮料有限公司
地址：亳州市谯城区颜集镇工业园区双李路888号
……………………Tel：0558-5960127
苏果超市（亳州）有限公司
地址：安徽省亳州市新华路新东方休闲购物中心地下一层
……………………Tel：0558-5987225
安徽太一酒业有限公司
地址：安徽省阜阳市颍州区清河东路916号怡和城市广场2#918室
……………………Tel：0558-6012121
安徽文王酿酒股份有限公司
地址：安徽省阜阳市临泉县于寨临界路西侧
……………………Tel：0558-6489966
安徽省临泉县文王酒类有限公司
地址：安徽省阜阳市临泉县于寨临界路西侧
……………………Tel：0558-6489966
临泉县天下水坊饮料有限公司
地址：安徽省阜阳市临泉县工业园区建设路东侧纬二路北侧
……………………Tel：0558-6515236
安徽省奇泉酿造有限公司
地址：安徽省阜阳市阜南县焦陂镇焦陂街上
……………………Tel：0558-6765066
亳州拉图庄园酿酒有限公司
地址：涡阳县楚店镇202省道东侧
……………………Tel：0558-7220815
涡阳县高炉家酒类销售有限责任公司
地址：安徽省亳州市高炉镇高炉酒厂院内
……………………Tel：0558-7471151
涡阳县高炉酒类销售总公司
地址：安徽省亳州市涡阳县高炉镇
……………………Tel：0558-7479668
涡阳双轮酒类销售有限责任公司
地址：安徽省亳州市涡阳县高炉集
……………………Tel：0558-7479668
安徽源和堂药业股份有限公司
地址：安徽省涡阳县义门镇药材街1号
……………………Tel：0558-7481181
安徽源麦香商贸有限责任公司
地址：蒙城县乐土镇北三关村耿庄44号
……………………Tel：0558-7879027
安徽省太和县酿酒有限公司
地址：太和县城关镇工业园太何路东侧
……………………Tel：0558-8624578
安徽六粮窖酿酒有限公司
地址：安徽省阜阳市太和县城关镇工业园区
……………………Tel：0558-8676166
利辛县盛世餐饮服务管理有限公司
地址：利辛县城关镇向阳路西段南侧
……………………Tel：0558-8812899
亳州市岸香咖啡有限责任公司
地址：亳州市谯城区希夷大道与药都大道交叉口东北侧101
……………………Tel：0558-8888986
黄山市维笙徽州皖韵假日酒店有限公司
地址：黄山市屯溪区花山路14号
……………………Tel：0559-2326666
黄山松柏高尔夫乡村俱乐部有限公司
地址：安徽省黄山市屯溪区迎宾大道78号
……………………Tel：0559-2568201
黄山市徽州金黄山供销有限公司
地址：安徽省黄山市徽州区徽州西路64号
……………………Tel：0559-3519898
黄山小罐茶业有限公司
地址：黄山经济开发区梅林大道88号
……………………Tel：0559-5289188
黄山市谜窟徽酒文化产业发展有限公司
地址：黄山市屯溪区花山谜窟风景区屯光镇富墩村84号
……………………Tel：0559-6688099
黄山树德堂食品饮料有限公司
地址：安徽省黄山市歙县经济开发区
……………………Tel：0559-6697275
齐云山旅游股份有限公司
地址：安徽省黄山市休宁县齐云山镇齐云山风景区
……………………Tel：0559-7509999
黄山德青源种禽有限公司
地址：安徽省黄山市休宁县海阳镇秀阳村西
……………………Tel：0559-7532370
黄山市黄山酿酒有限公司
地址：黄山市黄山区甘棠镇大桥
……………………Tel：0559-8515306
黄山三自食品饮料有限公司
地址：安徽黄山工业园区
……………………Tel：0559-8517668
安徽中淮酒业有限公司
地址：安徽省淮北市凤凰山经济开发区栖凤路48号
……………………Tel：0561-2259020
思朗食品（淮北）有限公司
地址：淮北市凤凰山（食品）经济开发区栖凤路26号
……………………Tel：0561-2322222
安徽曦强乳业集团有限公司
地址：安徽省淮北市凤凰山经济开发区凤翔路1号
……………………Tel：0561-2326059
淮北市建筑勘察设计研究院有限公司
地址：安徽省淮北市相山花园路
……………………Tel：0561-3022370
安徽康迪纳电力科技有限责任公司
地址：安徽省淮北市朔里镇纵楼路1号
……………………Tel：0561-3031818
安徽益加力食品饮料有限责任公司
地址：安徽省淮北市凤凰山经济开发区仪凤路2号
……………………Tel：0561-3230530
淮北凌云电力实业有限公司
地址：安徽省淮北市淮海中路22号
……………………Tel：0561-3263312
安徽淮海实业集团相王现代服务有限公司
地址：安徽省淮北市相山区相山北路57号
……………………Tel：0561-3122903
安徽省双口酿酒集团有限公司
地址：安徽省淮北市濉溪县口子经济开发区
……………………Tel：0561-6846999
安徽口子酒营销有限公司
地址：安徽省淮北市相山南路9号
……………………Tel：0561-6899669
枞阳县靖华生物科技有限公司
地址：枞阳县麒麟镇梅花村
……………………Tel：0562-2910789
安徽缘酒酿造有限公司
地址：安徽省铜陵市枞阳县陈瑶湖镇
……………………Tel：0562-2937289
铜陵有色铜冠房地产集团有限公司
地址：安徽省铜陵市北京西路29号
……………………Tel：0562-5860741
安徽省古南丰酒业有限公司
地址：安徽省宣城市郎溪县南丰镇山南路42号
……………………Tel：0563-2278000
安徽宣酒集团股份有限公司
地址：安徽省宣城市北门工业干道28号
……………………Tel：0563-2717092
苏果超市（宁国）有限公司
地址：安徽省宁国市津河西路北侧
……………………Tel：0563-4037017
安徽山里仁食品股份有限公司
地址：安徽省宣城市宁国市经济开发区河沥园区外环东路99号
……………………Tel：0563-4186385
安徽活之酿酒类销售有限公司
地址：安徽省宣城市广德县东亭乡高峰工业集中区（高峰村委会东北450米）
……………………Tel：0563-6020179
华润雪花啤酒（六安）有限公司
地址：安徽省六安市经济技术开发区许继慎路
……………………Tel：0564-3214307
好水饮料股份有限公司
地址：六安市集中示范园区汉中路北徽熳动力产业园办公楼301室
……………………Tel：0564-3303090
安徽华宸文化旅游发展有限公司
地址：安徽省六安市霍山县上土市镇陡沙河温泉小镇2#楼1楼
……………………Tel：0564-5226868
安徽迎驾贡酒股份有限公司
地址：安徽省六安市霍山佛子岭镇
……………………Tel：0564-5231266
安徽迎驾山泉股份有限公司
地址：安徽省六安市霍山县衡山工业园野岭产业园
……………………Tel：0564-5231800
安徽迎驾酒业销售有限公司
地址：安徽省六安市霍山县佛子岭镇
……………………Tel：0564-5232108
六安曙光国际大酒店有限公司
地址：安徽省六安经济技术开发区许继慎路888号
……………………Tel：0564-5308888
华润怡宝饮料（六安）有限公司
地址：六安市经济技术开发区
……………………Tel：0564-5388008
安徽斯可健食品饮料发展有限公司
地址：金寨县全军乡沙河店村
……………………Tel：0564-7052399
金寨县朝阳饮料有限责任公司
地址：安徽省六安市金寨县梅山镇青年路
……………………Tel：0564-7062905
安美集团水百金饮料有限公司
地址：安徽省六安市金寨县梅山镇梅江路802号
……………………Tel：0564-7068849
安徽省三安生物科技有限公司
地址：安徽省六安市金寨县现代产业园金叶路
……………………Tel：0564-7736800
必斐艾食品有限公司
地址：六安市舒城县经济开发区龙潭北路
……………………Tel：0564-8681030
安徽重回甑酿酒文化发展有限公司
地址：安徽省池州市贵池区翠微苑小区商业街4#观景廊
……………………Tel：0566-5257499
安徽省青阳县金茗山天然饮料有限公司
地址：安徽省池州市青阳县丁桥茗山工业园
……………………Tel：0566-5680588

福建省

福建胜基食品饮料有限公司
地址：福建省福州市闽侯县甘蔗街道铁岭西路16号
……………………Tel：0591-22070003
青岛啤酒（福州）有限公司
地址：福建连江经济开发区敖江园区通港大道66号
……………………Tel：0591-22129055
福州民天实业有限公司
地址：福州市台江区广达支路18号（福州市榕福集团公司）
……………………Tel：0591-22213309
福建省福州双星食品饮料有限公司
地址：福建省福州市闽清县东桥镇大溪村270号
……………………Tel：0591-22320395
福州荣旺食品饮料有限公司
地址：福州316国道 66.6公里水口电站处
……………………Tel：0591-22332467
福州百事可乐饮料有限公司
地址：福州闽侯县西郊桐口181号
……………………Tel：0591-22619601
福建省辉业食品集团有限公司
地址：福建省福州市闽侯县荆溪镇福州粮食批发交易市场加工区7#二层
……………………Tel：0591-22628912
福建鹭燕中宏医药有限公司
地址：福建省福州市闽侯县上街镇建平路95号1号楼第1层、第2层南侧
……………………Tel：0591-22889511
福建胜华饮料有限公司
地址：福建省连江县 头镇东边村东兴路3号-2
……………………Tel：0591-23176057
柏瑞（福建）酿酒有限公司
地址：永泰县樟城镇北门路71号
……………………Tel：0591-24879615
马祖生物科技（福建）有限责任公司
地址：福州市连江县敖江经济开发区澳尾路335号3号楼A区02室、03室、05室、11室、16室、17室、18室、19室、20室
……………………Tel：0591-26228666
庄臣酿酒（福建）有限公司
地址：福州市连江县敖江经济开发区庄臣工业园1号楼、2号楼A区
……………………Tel：0591-26228666
福州威利农产品有限公司
地址：罗源县开发区北工业小区
……………………Tel：0591-26987688
福州纵横食品饮料有限公司
地址：福州市长乐区航城街道下朱村贵山85号1层
……………………Tel：0591-27918555
福建元成豆业有限公司
地址：长乐市松下牛头湾
……………………Tel：0591-28512699
长乐锦鲤岩食品饮料有限公司
地址：长乐市潭头镇边兰村
……………………Tel：0591-28683288
福建省医药有限责任公司
地址：福建省福州市仓山区高宅路142号3号楼6层A区
……………………Tel：0591-38102657
福州太古可口可乐饮料有限公司
地址：福建省福州市闽侯县荆溪镇荆溪大道33号3#厂房
……………………Tel：0591-38266879
福建广生堂药业股份有限公司
地址：福建省宁德市柘荣县富源工业园区1-7幢
……………………Tel：0591-38305326
明一国际营养品集团有限公司
地址：福州航空港工业集中区仙昙路3号
……………………Tel：0591-38869999
福州爆料餐饮有限公司
地址：福建省福州市台江区上海街道西环中路691号（原工业路378号）万象商业广场2层12商场212铺位
……………………Tel：0591-39011100
福建海壹食品饮料有限公司
地址：福清市融侨经济技术开发区宏路上郑村
……………………Tel：0591-62839610
福建省华莱士食品股份有限公司
地址：福建省福州市台江区同德路226号同德园13号楼南半部三层306-308室
……………………Tel：0591-63392697
福建健康之路信息技术有限公司
地址：福州市鼓楼区软件大道89号福州软件园F区3号楼22层
……………………Tel：0591-63509939
福建康佰家大药房连锁有限公司
地址：福州市仓山区盖山镇照屿路10号福州新宁电子有限公司1#厂房2层北侧
……………………Tel：0591-80350411
福建新紫金医药有限公司
地址：福州市仓山区盖山镇照屿路10号福州新宁电子有限公司1#楼2层南侧
……………………Tel：0591-83050411
福建仙芝楼生物科技有限公司
地址：福建省福州高新区创新路6号
……………………Tel：0591-83053398
福州亿力电力工程有限公司
地址：福建省福州市台江区祥坂路50号
……………………Tel：0591-83093708
福建耀华食品饮料开发有限公司
地址：福州市鼓楼区梅亭路138号
……………………Tel：0591-83125988
福州谷井饮料有限公司
地址：福州市鼓楼区铜盘路168号
……………………Tel：0591-83326199
万全速配网络科技有限公司
地址：福建省福州市鼓楼区福飞南路203号湖前办公服务大楼第五层至第七层
……………………Tel：0591-83373161
新中冠智能科技股份有限公司
地址：福建省福州市台江区鳌峰路2号鳌峰广场1号楼16层
……………………Tel：0591-83587785
福建华鹰葡萄酒酿造有限公司
地址：福建省福州市永泰县丹云乡丹云村洋头35号一层
……………………Tel：0591-83595599
福建三江正饮料有限公司
地址：福建省福州市闽侯县荆溪镇光明村下宅37号27#厂房
……………………Tel：0591-87533333

福建三江饮料有限公司
地址：福建省福州市晋安区鼓山镇园中村198号盛辉智慧物流园5#507
…………………… Tel：0591-87533333

昇兴集团股份有限公司
地址：福建省福州市经济技术开发区经一路
…………………… Tel：0591-83680888

福建龙马酿酒有限公司
地址：福州保税区第十号小区中17-3号地（自贸试验区内）
…………………… Tel：0591-83688552

沃尔玛（福建）商业零售有限公司
地址：福州市鼓楼区安泰街道道山路59号3座708单元
…………………… Tel：0591-83776963

福建浩蓝光电有限公司
地址：福州高新区海西高新技术产业园创新园一期15号楼3-8层
…………………… Tel：0591-83850581

北京同仁堂健康药业（福州）有限公司
地址：福州市仓山区金山工业区金山大道618号36#厂房
…………………… Tel：0591-83855900

福建新乌龙饮料有限公司
地址：福州市马尾区长安园区长兴东路55号（自贸试验区内）
…………………… Tel：0591-83960989

福建顶津食品有限公司
地址：福州经济技术开发区快安延伸区14号地（自贸试验区内）
…………………… Tel：0591-83978728

福建省景榕食品饮料有限公司
地址：福建省福州市福清市宏路街道金印村安福自然村
…………………… Tel：0591-85276287

福建龙旺食品饮料有限公司
地址：福州市福清市镜洋镇光荣村工业区
…………………… Tel：0591-85312856

福建省天海东方食品集团有限公司
地址：福建省福清市融侨经济技术开发区（清荣大道旁边）
…………………… Tel：0591-85366997

福清市耀华矿泉饮料有限公司
地址：福清市宏路义明综合楼
…………………… Tel：0591-85386770

福建老酒酒业有限公司
地址：福建省福州市福清市渔溪镇工业区福厦路67公里处东侧
…………………… Tel：0591-85679770

福建名味食品有限公司
地址：福清市融侨经济技术开发区宏路街道金印村福中路普前新村91号
…………………… Tel：0591-85878111

福建铁路实业发展有限公司
地址：福州市晋安区华林路408号
…………………… Tel：0591-87054763

福建九州通医药有限公司
地址：福建省福州市马尾区兴业路198号8#整座（自贸试验区内）
…………………… Tel：0591-87308556

福建东百集团股份有限公司
地址：福建省福州市鼓楼区八一七北路84号-185号（除178-1号）
…………………… Tel：0591-87556786

福建新华发行（集团）有限责任公司
地址：福州市鼓楼区五一北路126号
…………………… Tel：0591-87557359

福建海发医药科技股份有限公司
地址：福州市鼓楼区五一北路106号新侨联广场1#楼25层2501-2505室
…………………… Tel：0591-87583067

德艺文化创意集团股份有限公司
地址：福州市鼓楼区五四路158号环球广场1701单元
…………………… Tel：0591-87815850

福建省力得自动化设备有限公司
地址：福建省福州市闽侯经济技术开发区南岭支路1号
…………………… Tel：0591-87820834

福建省闽兴医药有限公司
地址：福建省福州市鼓楼区湖东路298号邦发新村1座第九层东区
…………………… Tel：0591-87827880

福建省物资（集团）有限责任公司
地址：福州市五四路239号
…………………… Tel：0591-87851614

福建茶叶进出口有限责任公司
地址：福建省福州市晋安区鼓山福兴投资区福兴大道23号
…………………… Tel：0591-87873405

东林（福建）饮料有限公司
地址：闽侯县荆溪镇溪头工业区
…………………… Tel：0591-87881639

福州香格里拉酒店有限公司
地址：福州市鼓楼区新权南路9号
…………………… Tel：0591-87988888

福建华威商贸物流有限公司
地址：福州市仓山区建新镇盘屿路850号
…………………… Tel：0591-88000151

福州祥进贸易有限公司
地址：福州市晋安区新店镇满洋路76号家天下E（二期）1#、2#楼连接体1层11商铺
…………………… Tel：0591-88019331

福建同春药业股份有限公司
地址：福建省福州市鼓楼区杨桥中路232号
…………………… Tel：0591-88072385

福建正祥置业发展有限公司
地址：福建省福州市仓山区建新镇盘屿路5号
…………………… Tel：0591-88199678

海欣食品股份有限公司
地址：福州市仓山区建新镇建新北路150号1#楼
…………………… Tel：0591-88202231

福州名成水产品市场有限公司
地址：福州市马尾区罗星街道青洲路67号福州海峡水产品交易中心及商务配套-B地块商务楼1（1A、1B）26层01-09商业（办公）（自贸试验区内）
…………………… Tel：0591-88626276

福建大兴饮料有限公司
地址：福建省长乐市金峰华阳工业区
…………………… Tel：0591-88866777

福建泰维置业有限公司
地址：龙海市隆教乡白塘村
……………………Tel：0592-2591199

福建正大食品有限公司
地址：龙岩市新罗区东城登高东路688号
……………………Tel：0592-2987555

福建省上杭县底气饮料有限公司
地址：福建省龙岩市上杭县古田镇溪背村新村路01号
……………………Tel：0592-6301666

宁德市天湖恒源酒业有限公司
地址：宁德市蕉城区洋中镇天湖村工业园区1号
……………………Tel：0593-2026000

福建新坦洋集团股份有限公司
地址：福建省福安市城阳镇占洋村101号天湖山庄2单元
……………………Tel：0593-2137999

安发（福建）生物科技有限公司
地址：东侨经济开发区国宝路36号（原宁德市东侨经济开发区塔南工业园区19号）
……………………Tel：0593-2928766

福建惠泽龙农业发展有限公司
地址：屏南县甘棠乡下山登村会溪76号
……………………Tel：0593-3277999

福建省金当家信息科技有限公司
地址：屏南县古峰镇国宝路288号宝洋一号三楼
……………………Tel：0593-3302111

福建省古田县石壁峰矿泉水饮料有限公司
地址：古田县泮洋石壁峰
……………………Tel：0593-3838000

福建省古田县绿林食品饮料有限公司
地址：古田县平湖镇中院村下洋
……………………Tel：0593-3892117

周宁县咸村重酿酒酒业有限公司
地址：周宁县咸村镇川中村横路35号
……………………Tel：0593-5639599

福建省天源食品有限公司
地址：福安市雁塔开发区6号
……………………Tel：0593-6186688

福建新大地贸易有限公司
地址：秀屿区太子山大地城高新园区（山亭乡利山村）
……………………Tel：0594-2203205

莆田鹅岛精酿啤酒文化有限公司
地址：福建省莆田市城厢区龙桥街道北磨中兴路99号
……………………Tel：0594-2252222

莆田市新华都万家惠购物广场有限公司
地址：莆田市荔城区体育中心南区综合体育馆一层
……………………Tel：0594-2280321

莆田市华港制油有限公司
地址：莆田市秀屿区东庄镇秀屿港港区
……………………Tel：0594-2650206

莆田鹭燕医药有限公司
地址：莆田市荔城区新度镇林芝路999号
……………………Tel：0594-2728203

福建省闽中有机食品有限公司
地址：莆田市荔城区西天尾镇三山村
……………………Tel：0594-2795888

景田（福建）食品饮料有限公司
地址：莆田市高新技术产业开发区（涵江三江口镇）
……………………Tel：0594-3338816

福建莆田市景田食品饮料有限公司
地址：莆田市涵江苍林工业区
……………………Tel：0594-3338816

莆田市必盛酒店管理有限公司
地址：福建省莆田市秀屿区笏石镇清塘大道108号
……………………Tel：0594-5199966

福建天喔茶庄饮料有限公司
地址：福建省莆田市城厢区灵川镇榜头村榜头551号
……………………Tel：0594-5321798

莆田市天妃枇杷酿酒有限公司
地址：莆田市城厢区华亭镇后塘村兰西角
……………………Tel：0594-6258378

福建省仙游县保健饮料厂
地址：鲤城镇会仙
……………………Tel：0594-8677668

泉州荣祺酿酒有限公司
地址：福建省泉州市洛江区河市镇霞溪工业区
…………………… Tel：0595-22033118

泉州亮星饮料有限公司
地址：福建省泉州经济技术开发区智泰路40号
…………………… Tel：0595-22359752

泉州市金达来食品饮料有限公司
地址：泉州市鲤城区南环路211号
…………………… Tel：0595-22485928

华润东大（福建）医药有限公司
地址：福建省泉州市鲤城区常泰街道新塘社区常泰路598号西侧营运大楼
…………………… Tel：0595-22491666

安记食品股份有限公司
地址：泉州市清　科技工业区4-9（A）（美泰路）
…………………… Tel：0595-22499222

福建泉州市清之源饮料有限公司
地址：泉州市丰泽区清源农场内
…………………… Tel：0595-22766799

泉州市宝露饮料有限责任公司
地址：福建省泉州市丰泽区清源街道田边社区清阴路160-1号
…………………… Tel：0595-22772399

福建省中科生物股份有限公司
地址：福建省泉州市安溪县湖头镇横山村光电产业园
…………………… Tel：0595-23165888

福建省戴康食品饮料有限公司
地址：德化县国宝乡佛岭村
…………………… Tel：0595-23678555

福建长绿食品饮料股份有限公司
地址：福建省泉州市永春县榜德工业区
…………………… Tel：0595-23718999

福建省宏顺食品饮料有限公司
地址：永春县榜德工业园区
…………………… Tel：0595-23718999

福建永春县矿益饮料有限公司
地址：永春县外山乡碧卿林场场部
…………………… Tel：0595-23862950

福建省永春县鸿源饮料有限公司
地址：永春县五里街溪滨路104号
…………………… Tel：0595-23870031

福建省祥业矿泉水饮料有限公司
地址：福建省永春县南环路生物医药产业园
…………………… Tel：0595-23886870

福建一都红实业有限责任公司
地址：永春县一都镇鲁山村56号
…………………… Tel：0595-23992003

惠安县达利世纪酒店有限公司
地址：惠安县螺城镇世纪大道888号
…………………… Tel：0595-27392880

日春股份公司
地址：泉州市鲤城区江南街道办事处火炬工业区
…………………… Tel：0595-28111111

泉州迎宾馆有限公司
地址：泉州市丰泽区东海宝山社区
…………………… Tel：0595-28239999

百润（中国）有限公司
地址：泉州市惠安县螺城镇城北工业路
…………………… Tel：0595-36362000

永春汇源食品饮料有限公司
地址：福建省永春县南环路85号
……………………Tel：0595-3688775

益海嘉里（泉州）粮油食品工业有限公司
地址：泉州市泉港区沙格码头
…………………… Tel：0595-68176527

泉州福海粮油工业有限公司
地址：福建省泉州市泉港区沙格码头
…………………… Tel：0595-68176527

泉怡饮料（福建）有限公司
地址：泉州市泉港区普安工业区
…………………… Tel：0595-68176996

泉州市泰锋饮料有限公司
地址：福建省泉州市晋江市经济开发区（食品园）坂山路6号
…………………… Tel：0595-68580791

泉州市康艺食品饮料有限公司
地址：晋江市罗山街道办事处社店工业区
…………………… Tel：0595-82898888

泉州嘉酿酒业有限公司
地址：福建省泉州市晋江市梅岭街道桂山社区世纪大道708号（中威中心城）
…………………… Tel：0595-85097999

福建西滨酒业有限公司
地址：福建省泉州市晋江市经济开发区（五里园）林麒路12号
…………………… Tel：0595-85121309

晋江市升力食品饮料有限公司
地址：福建省泉州市晋江市龙湖镇历山村东区33号
…………………… Tel：0595-85226087

福建省七酿台酒业有限公司
地址：晋江市青阳街道青华西区35号1梯809号
…………………… Tel：0595-85657393

阿一波食品有限公司
地址：晋江市安海前蔡工业区10号
…………………… Tel：0595-85731283

福建亲亲股份有限公司
地址：福建省晋江市五里工业园区
…………………… Tel：0595-85739915

泉州市灵源食品饮料有限公司
地址：福建省泉州市晋江经济开发区（五里园）长安路17号
…………………… Tel：0595-85755019

晋江市麒麟果酒贸易有限公司
地址：磁灶钱坡东路155号
…………………… Tel：0595-85881295

泉州协兴饮料有限公司
地址：福建省泉州市晋江市磁灶镇曾坑村99号
…………………… Tel：0595-85956559

福建福马食品集团有限公司
地址：晋江市罗山街道缺塘工业东区
…………………… Tel：0595-86771106

福建鸿酿酒业有限公司
地址：福建省泉州市南安市官桥镇繁荣大道188-101号
…………………… Tel：0595-86888688

福建泉州市龙珠酿酒有限公司
地址：惠安县辋川湖仔山
…………………… Tel：0595-87269999

森美（福建）食品有限公司
地址：泉州台商投资区洛阳镇下曾村下曾184号
…………………… Tel：0595-87491421

金冠（中国）食品有限公司
地址：晋江市新塘街道湖格工业区
…………………… Tel：0595-88120333

晋江市冰泉食品饮料有限公司
地址：晋江市罗山街道山仔社区
…………………… Tel：0595-88185276

雅客（中国）有限公司
地址：晋江市五里工业园区

……………………Tel：0595-88197026

石狮市百津食品饮料有限公司
地址：福建省泉州市石狮市蚶江镇锦里东南区103号
……………………Tel：0595-88618180

石狮市浪情食品饮料有限公司
地址：福建省泉州市石狮市宝盖镇宝昌路215号
……………………Tel：0595-88711102

漳州大北农农牧科技有限公司
地址：福建省漳州市芗城区金峰经济开发区漳州市西站高速引路北侧
……………………Tel：0596-2020188

漳州安然燃气有限公司
地址：漳州市嘉华大厦十三层
……………………Tel：0596-2068572

大闽食品（漳州）有限公司
地址：漳州市蓝田开发区
……………………Tel：0596-2100018

漳州宝鲜食品饮料有限公司
地址：漳州市蓝田工业区
……………………Tel：0596-2106058

福建南海饮料有限公司
地址：漳州市龙文区蓝田工业开发区横一路
……………………Tel：0596-2108822

福建片仔癀化妆品有限公司
地址：福建省漳州市芗城区琥珀路7号
……………………Tel：0596-2633173

福建省长力食品饮料有限公司
地址：龙海市颜厝镇田址村长力工业园
……………………Tel：0596-2919937

漳州市西番莲饮料厂
地址：福建省漳州市芗城区元光北路1号农垦大厦西侧附属两层楼
……………………Tel：0596-2952088

盈丰食品股份有限公司
地址：漳浦县绥安镇黄仓开发区
……………………Tel：0596-3119961

诏安花正农业开发有限公司
地址：诏安县四都镇后港村
……………………Tel：0596-3357998

诏安县天源酒业有限公司
地址：诏安工业园区北区(原花墩糖厂内)
……………………Tel：0596-3358821

漳州市燕锋水产食品有限公司
地址：福建省诏安县深桥镇西坑村西坑6号
……………………Tel：0596-3390113

福建省诏安县饮料厂
地址：福建省漳州市诏安县深桥镇中兴大道345号
……………………Tel：0596-3508099

诏安县安邦水产食品有限公司
地址：诏安县梅岭镇工业园区
……………………Tel：0596-3580888

平和江氏酒业有限公司
地址：平和县小溪工业路150号（二糖厂内）
……………………Tel：0596-5211618

福建漳州康润饮料制造有限公司
地址：福建省漳州市平和县五寨乡前岭村高雷1号
……………………Tel：0596-5212876

福建省东山县东海岸保税仓储物流中心有限公司
地址：东山县国家中心渔港经济区水产品综合市场
……………………Tel：0596-5699888

福建省东山县海魁水产集团有限公司
地址：福建省东山县道周路8号
……………………Tel：0596-5868888

东山腾新食品有限公司
地址：东山县西埔镇英雄路1号
……………………Tel：0596-6069827

漳浦天福观光茶园有限公司
地址：福建省漳州市漳浦县旧镇镇东厝村城内396号
……………………Tel：0596-6081000

福建万辰生物科技股份有限公司
地址：福建漳浦台湾农民创业园
……………………Tel：0608-3558059

漳州大润发商业有限公司
地址：漳州市新华北路与漳福路交汇处东北角
……………………Tel：0596-6157109

漳州顶津食品有限公司
地址：福建省漳州市龙文区龙腾北路21号
……………………Tel：0596-6158930

龙海长泉饮料有限公司
地址：龙海市石码镇高坑村林坑30号
……………………Tel：0596-6550819

福建紫山集团股份有限公司
地址：龙海市颜厝镇田址村
……………………Tel：0596-6655099

丹夫集团有限公司
地址：龙海市东园镇工业区
……………………Tel：0596-6711333

龙海虎甲山饮料有限公司
地址：福建省漳州市龙海区海澄镇黎明村坂尾49号
……………………Tel：0596-6723211

思美香食品（龙海）有限公司
地址：福建省漳州台商投资区福龙工业园
……………………Tel：0596-6765139

泰山企业（漳州）食品有限公司
地址：漳州台商投资区福龙工业园
……………………Tel：0596-6766401

宏全食品包装（漳州）有限公司
地址：福建长泰经济开发区兴泰工业园区
……………………Tel：0596-6950666

福建悦之源饮料有限公司
地址：福建省漳州市平和县山格镇宝丰村工业集中区
……………………Tel：0596-7031666

福建漳州市港昌罐头食品有限公司
地址：福建省漳州市龙文区登科村
……………………Tel：0596-7037619

龙翔实业有限公司
地址：华安县丰山镇银塘村潭口
……………………Tel：0596-7358166

福建永源酿酒有限公司
地址：华安县湖林乡前坑村
……………………Tel：0596-7365518

漳州市康宝饮料有限公司
地址：南靖县和溪镇林中
……………………Tel：0596-7596288

南靖县雨林山泉饮料有限公司
地址：福建省漳州市南靖县和溪镇林中村
……………………Tel：0596-7596288

福建省阿波罗旅游开发有限公司
地址：福建省漳州市南靖县山城镇官碑头
……………………Tel：0596-7880880

百世威酒业（漳州）有限公司
地址：福建长泰经济开发区银塘工业园
……………………Tel：0596-8337098

福建古农酿酒有限公司
地址：福建长泰经济开发区银塘工业园
……………………Tel：0596-8357859

漳州市乐透食品饮料有限公司
地址：云霄县莆美镇前埔北路与西环路交叉口西南侧
……………………Tel：0596-8513969

福建柏賓威士忌有限公司
地址：福建省漳州市云霄县云陵镇下坂村
……………………Tel：0596-8680333

福建省格兰尼生物工程股份有限公司
地址：福建省龙岩市新罗区北外环路1号
……………………Tel：0597-2112018

龙岩国酒贸易有限公司
地址：福建省龙岩市新罗区中城北门九一北路62-19号
……………………Tel：0597-2231688

福建鑫凤祥酒业有限公司
地址：龙岩市新罗区龙门镇谢洋村闽西交易城一期（阳光都汇）阳光楼11层1104
……………………Tel：0597-2251208

龙岩市聚象食品饮料有限公司
地址：龙岩市新罗区铁山镇洋美村车田外路230号
……………………Tel：0597-2348660

龙岩市年年好食品饮料有限公司
地址：龙岩市新罗区铁山镇洋美村美丽溪（6号）
……………………Tel：0597-2311086

福建容和盛食品集团有限公司
地址：龙岩市新罗区东城登高东路688号车间1幢1层
……………………Tel：0597-2331636

龙岩市水来运食品饮料有限公司
地址：龙岩市新罗区铁山镇洋美村
……………………Tel：0597-2348998

龙岩市大果源饮料贸易有限公司
地址：龙岩市新罗区龙门镇罗龙路96号（龙盛花园）B幢10层1008
……………………Tel：0597-2535699

福建富盈饮料有限公司
地址：龙岩市新罗区适中镇坂寮
……………………Tel：0597-2662255

龙岩佰翔京华酒店有限公司
地址：福建省龙岩市新罗区西陂街道龙岩大道688号佰翔京华中心
……………………Tel：0597-2687888

龙岩大自然食品饮料有限公司
地址：龙岩市新罗区红坊镇倒流水村
……………………Tel：0597-2776026

福建标致食品饮料有限公司
地址：福建省龙岩市新罗区西陂街道华莲社区龙岩大道中284号D幢1202室
……………………Tel：0597-2790580

福建省多特酿酒有限公司
地址：龙岩市永定区陈东乡大水坝
……………………Tel：0597-3211635

福建省龙岩陈缸酿酒有限公司
地址：龙岩市南城双泉路78号
……………………Tel：0597-3221362

福建龙岩绿泉食品饮料有限公司
地址：上杭县临城镇琴岗路123号（生产场所：上杭县白砂镇嫩洋村食水井）
……………………Tel：0597-3841666

福建龙祥葡萄酒酿造有限公司
地址：武平县十方镇黎畲村牛栏岗1幢一楼店面
……………………Tel：0597-4569196

龙岩康州饮料有限公司
地址：福建省龙岩市武平县平川街道城南直降脑65号
……………………Tel：0597-4821671

福建沉缸酒酿造有限公司
地址：福建省龙岩市新罗区小池镇培斜村外培斜路28号
……………………Tel：0597-5289915

龙岩金陈缸酿酒有限公司
地址：福建省龙岩市新罗区小池镇南山村后龙山路9号
……………………Tel：0597-5391619

龙岩土楼酿酒有限公司
地址：福建省龙岩市永定区岐岭乡永湖西路68、70、72号
……………………Tel：0597-5511991

福建富家食品饮料有限公司
地址：龙岩市永定区西溪乡礼田
……………………Tel：0597-5825456

福建金丰酿酒有限公司
地址：福建省龙岩市永定区凤城街道沈家坪
……………………Tel：0597-5832468

龙岩市玉涵食品饮料有限公司
地址：永定县凤城镇西门街凤发大厦B幢602号
……………………Tel：0597-5838942

福建三堡酿酒有限公司
地址：福建省龙岩市永定区堂堡乡 下村
……………………Tel：0597-5999999

福建省长汀盼盼食品有限公司
地址：长汀县腾飞经济开发区
……………………Tel：0597-6810880

长汀县星宇酒厂
地址：长汀县腾飞工业开发区
……………………Tel：0597-6831516

龙岩老鹰山食品饮料有限公司
地址：漳平市菁城街道铁本村33号
……………………Tel：0597-7534984

福建省一品名饮料有限公司
地址：漳平市和平镇升平中街43号
……………………Tel：0597-7777678

福建省连城县星纯氏饮料食品有限公司
地址：连城县莲峰镇东环北路
……………………Tel：0597-8930788

连城县绿源饮料食品有限公司
地址：连城县莒溪镇詹坑村梅花山
……………………Tel：0597-8971666

福建南方制药股份有限公司
地址：三明市明溪县雪峰镇东新路98号
……………………Tel：0598-2813439

福建省永安市吉盛轻工实业有限责任公司
地址：永安市上吉山71号
……………………Tel：0598-3839213

福建省尤溪县万事乐食品饮料有限公司
地址：尤溪县城关埔头工业区
……………………Tel：0598-6321108

尤溪县水哥食品饮料有限公司
地址：尤溪县城西5号区3排1号1层15
……………………Tel：0598-6367279

三明中燃城市燃气发展有限公司
地址：福建省三明市梅列区双园新村34幢三层1-2号
……………………Tel：0598-8270399

百威英博雪津（三明）啤酒有限公司
地址：三明市新泉路4号
……………………Tel：0598-8597297

三明新华都购物广场有限公司
地址：三明市梅列区玫瑰新村62幢一层1169号
……………………Tel：0598-8863807

福建加多宝饮料有限公司
地址：福建省泉州市石狮市祥芝镇古浮二十区5号加多宝
……………………Tel：0598-88938888-5388

福建省柒斗金酒业有限公司
地址：浦城县莲塘镇下沙村（原莲塘中学下沙初中部）
……………………Tel：0599-2875199

福建省建瓯黄华山酿酒有限公司
地址：建瓯市古城街182、188号
……………………Tel：0599-3833049

元翔（武夷山）机场有限公司
地址：武夷山市机场
……………………Tel：0599-5118012

武夷星茶业有限公司
地址：武夷山市旗山科技工业园区
……………………Tel：0599-5201999

武夷山市武夷山泉饮料食品有限公司
地址：武夷山市环岛西路（浙江商贸城）D幢1楼（生产地址：武夷山市度假区内）
……………………Tel：0599-5304821

武夷山市元祥房地产开发有限公司
地址：武夷山市五九路下洲五里
……………………Tel：0599-5314555

福建省建阳武夷味精有限公司
地址：南平市建阳区工业路201号
……………………Tel：0599-5631830

福建省大红袍饮料有限公司
地址：南平市建阳区将口镇高新技术园区
……………………Tel：0599-5829779

福建恒大饮料有限公司
地址：福建省顺昌县双溪货场路134号
……………………Tel：0599-7828808

福建武夷山水食品饮料有限公司
地址：光泽县坪山片区原林中东侧（坪山东路58号）
……………………Tel：0599-7955555

福建省光泽县武夷矿泉水饮料有限公司
地址：光泽县坪山东路68号
……………………Tel：0599-7933888

光泽县玉女峰食品饮料有限公司
地址：福建省光泽县杭川镇坪山东路56号1幢
……………………Tel：0599-7935559

武夷山云河漂流旅游有限公司
地址：武夷山市武夷大道武夷大桥赤石码头
……………………Tel：0599-8030990

福建海川药业科技发展有限公司
地址：南平市西芹镇坂后海川路8号(生产场所：南平市延平区大横镇龙山路28号)
……………………Tel：0599-8508577

厦门夏商百货集团南平有限公司
地址：南平市延平区滨江中路213号四鹤广场3层305-1
……………………Tel：0599-8601863

江西省

鹰潭华宝香精有限公司
地址：江西省鹰潭市经济技术开发区龙岗片区鹰南大道
……………………Tel：0701-5868166

江西天施康中药股份有限公司
地址：江西省鹰潭市万宝至路11号
……………………Tel：0701-6210191

新余市抱石天然食品有限公司
地址：江西省新余市渝水区罗坊镇北岗村委
……………………Tel：0790-6205178

江西金土地天然食品饮料股份有限公司
地址：江西省新余经济开发区渝东大道
……Tel：0790-6763888

江西加多宝饮料食品有限公司
地址：江西省新余市新余经济开发区渝东大道
……Tel：0790-6763888

江西太古可口可乐饮料有限公司
地址：江西省南昌市南昌县小蓝经济开发区金沙大道1318号
……Tel：0791-82098888

江西省广播电视网络传输有限公司
地址：江西省南昌市青山湖区洪都中大道207号
……Tel：0791-82180051

江西新华都购物广场有限公司
地址：江西省南昌市青云谱区井冈山大道533号锦绣花园10幢3单元105室
……Tel：0791-82210156

江西新华发行集团有限公司
地址：江西省南昌市西湖区八一大道102号
……Tel：0791-82298116

江西汪氏蜜蜂园有限公司
地址：江西省南昌市新建区长　工业区工业大道198号
……Tel：0791-83707300

南昌江南女儿红酒厂
地址：江西省南昌市新建区外商工业投资开发区工业二路
……Tel：0791-83775179

南昌深圳农产品中心批发市场有限公司
地址：江西省南昌市青云谱区朱桥东路99号
……Tel：0791-85290126

进贤县茅岗保健饮料厂
地址：江西省南昌市进贤县茅岗农场
……Tel：0791-85651884

南昌八王寺饮料有限公司
地址：江西省南昌市南昌县小蓝经济开发区金沙大道以西、百事可乐以南、可口可乐以北
……Tel：0791-85950962

江西煌上煌集团食品股份有限公司
地址：江西省南昌市南昌县小蓝经济开发区小蓝中大道66号
……Tel：0791-85985368

江西九州通药业有限公司
地址：江西省南昌市青云谱区昌南工业园B-06号
……Tel：0791-86176676

江西畅行高速公路服务区开发经营有限公司
地址：江西省南昌市经开区庐山南大道1678号（含里甲收费站内）
……Tel：0791-86243255

百事饮料（南昌）有限公司
地址：江西省南昌市南昌县小蓝经济开发区金沙大道1488号
……Tel：0791-86713345

江西省高正生物科技集团有限公司
地址：江西省南昌市进贤县开发区青岚大道
……Tel：0791-85251894

江西风尚电视购物股份有限公司
地址：江西省南昌市高新技术产业开发区京东大道698号
……Tel：0791-88110022

江西润田天然饮料食品有限公司
地址：江西省南昌市高新技术开发区火炬大街948号
……Tel：0791-88113725

江西共青江中食疗科技有限公司
地址：江西省九江市共青城市高新区朝阳大道188号
……Tel：0791-88164507

江西恒大高新技术股份有限公司
地址：南昌市高新区金庐北路88号
……Tel：0791-88194790

南昌娃哈哈饮料有限公司
地址：江西省南昌市青山湖区青山湖大道３８８号（民营科技园内）
……Tel：0791-88359685

星子县捷之康食品饮料有限公司
地址：江西省九江市星子县金鹿科技园内
……Tel：0792-2650668

江西云居山泉饮料有限公司
地址：江西省九江市永修县云居山
……Tel：0792-3022362

江西庐山西海华达食品饮料有限公司
地址：江西省九江市永修县江上乡乐平村
……Tel：0792-3127666

都昌县众兴食品饮料有限公司
地址：江西省九江市都昌县都昌镇芙蓉山工业园
……Tel：0792-5222850

江西润田（九江）饮料有限责任公司
地址：江西省九江市都昌县蔡岭镇工业园
……Tel：0792-5362123

九江七所精密机电科技有限公司
地址：江西省九江市经济技术开发区长江大道707号
……Tel：0792-8326756

九江汇源食品饮料有限公司
地址：江西省九江市经济技术开发区国家出口加工区汇源路01号
……Tel：0792-8431201

江西天地壹号饮料有限公司
地址：江西省九江市九江经济技术开发区港兴路129号
……Tel：0792-8636908

九江市庐山饮料厂
地址：江西省九江市庐山风景名胜区庐山赛阳乡
……Tel：0792-8892269

横峰县金凤山泉饮料厂
地址：江西省上饶市横峰县莲荷乡黄藤村丁家
……Tel：0793-5725789

江西省春波饮料有限公司
地址：江西省鄱阳县石门街镇金亭村
……Tel：0793-6080231

江西省天之润饮料有限公司
地址：江西省上饶市鄱阳县鄱阳镇杨梅桥村委会（供排水公司第二水厂）
……Tel：0793-6200900

婺源县聚芳永茶业有限公司
地址：江西省上饶市婺源县工业园区金山路1号
……Tel：0793-7410396

江西玉京峰天然食品饮料有限公司
地址：江西省德兴市龙头山乡南溪村黄竹山
……Tel：0793-7516388

江西汇源食品饮料有限公司
地址：江西省抚州市南丰县富溪工业园区
……Tel：0794-32669668

南丰县吉品生物科技有限公司
地址：江西省南丰县黄金工业园区
……Tel：0794-7220308

江西珍视明药业有限公司
地址：江西省抚州市临川区迎宾大道218号
……Tel：0794-8251531

江西东华科技园有限责任公司
地址：江西省抚州市抚州金巢开发区金大道88号
……Tel：0794-8258360

江西千品捞锅物料理餐饮管理有限公司
地址：江西省抚州市临川区金巢大道西侧凤凰城三期商业广场A区A-105店
……Tel：0794-8259188

抚州宏吉食品饮料有限公司
地址：江西省抚州市高新区文昌大道
……Tel：0794-8279000

江西临川酒业有限公司
地址：江西省抚州市临川区抚临路19号
……Tel：0794-8421499

江西省宜丰糖酒进出口有限公司
地址：江西省宜春市宜丰县良岗工业园
……Tel：0795-2901169

江西百岁山食品饮料有限公司
地址：宜丰县清水桥
……Tel：0795-2996800

深圳景田（宜春）食品饮料有限公司
地址：江西省宜春市宜丰县清水桥
……Tel：0795-2996800

江西润田明月山饮料有限责任公司
地址：江西省宜春市袁州区明月山温泉风景名胜区温汤镇
……Tel：0795-3515668

江西明月山秀美乡村旅游开发有限公司
地址：江西省宜春市袁州区温汤镇温泉路289号
……Tel：0795-3518183

江西九岭矿泉饮料厂
地址：江西省宜春市靖安县石境
……Tel：0795-4745888

江西省泰王山泉饮料食品有限公司
地址：江西省高安市独城镇工商路1号
……Tel：0795-5462122

江西高安巴夫洛生态谷有限公司
地址：江西省高安市大城昌西文化产业园
……Tel：0795-5772886

江西恒顶食品有限公司
地址：江西省丰城市高新技术产业园区慧灯路2号
……Tel：0795-6242788

江西景翠食品饮料有限公司
地址：江西省丰城市荷湖乡希望升华山
……Tel：0795-6293338

丰城润田食品饮料有限公司
地址：江西省宜春市丰城市高新技术产业园慧灯路9-10号
……Tel：0795-6555255

万载县汇利贸易有限公司
地址：万载县康乐大道西4-5号A栋二层9-10店面(康乐大道494号)
……Tel：0795-7108608

江西药都仁和制药有限公司
地址：江西省樟树市葛玄路6号
……Tel：0795-7358698

江西富达盐化有限公司
地址：江西省宜春市樟树市四特大道1号
……Tel：0795-7371990

江西仁翔药业有限公司
地址：江西省宜春市樟树市药都科技产业园医药区科技路99号
……Tel：0795-7373519

四特酒有限责任公司
地址：江西省樟树市药都北大道１１号
……Tel：0795-7777781

江西五洲医药营销有限公司
地址：江西省樟树市福城大道与四特大道交叉处
……Tel：0795-7779606

江西康美医药保健品有限公司
地址：江西省樟树市葛玄路6号
……Tel：0795-7839688

江西九怡养生泉饮料有限公司
地址：万载县双桥镇绍江村
……Tel：0795-8420288

万安县东华山泉饮料有限公司
地址：江西省吉安市万安县枧头彭江东华山
……Tel：0796-5703456

江西如金狗牯脑茶饮料有限公司
地址：遂川县工业园区规划路2号
……Tel：0796-6235168

井冈山同志哥食品饮料股份有限公司
地址：江西省井冈山市井冈山新城区工业园
……Tel：0796-6651779

吉安娃哈哈启力饮料有限公司
地址：江西省吉安市吉安县工业园
……Tel：0796-8402629

吉安娃哈哈饮料有限公司
地址：江西省吉安市吉安县工业园
……Tel：0796-8402629

江西奕方农业科技有限公司
地址：江西省吉安县工业园凤凰园区
……Tel：0796-8718888

信丰农夫山泉饮料有限公司
地址：江西省赣州市信丰县高新技术产业园区农夫路
……Tel：0797-2051010

瑞金市大健康饮料有限公司
地址：江西省瑞金市经济开发区胜利大道南侧
……Tel：0797-2320888

瑞金市怡润食品饮料有限公司
地址：江西省瑞金市经济技术开发区武阳路北侧（江西嘉汇饮品有限公司院内）
……Tel：0797-2501866

瑞金市十送郎酿酒厂（普通合伙）
地址：瑞金经济技术开发区沙九路
……Tel：0797-2599998

信丰恒隆麦饭石酒业有限公司
地址：江西省赣州市信丰县嘉定镇水东路61号
……Tel：0797-3366196

崇义县竹乡山泉饮料有限公司
地址：江西省赣州市崇义县横水镇上营村朝天阁
……Tel：0797-3822111

江西国兴集团百丈泉食品饮料有限公司
地址：江西省赣州市兴国县经济开发区新区大道
……Tel：0797-5325136

江西九二盐业有限责任公司
地址：江西省赣州市会昌县筠门岭白埠村
……Tel：0797-5605806

江西园山食品饮料有限责任公司
地址：江西省赣州市会昌县同济大道县委党校
……Tel：0797-5625885

石城县绿丰客家食品有限公司
地址：江西省赣州市石城县琴江镇颐高电子商务园8栋2楼[住所（经营场所）自主申报
……Tel：0797-5762288

江西绿泉食品饮料有限公司
地址：江西省赣州市于都县罗坳镇三门村
……Tel：0797-6212666

赣州生氏食品饮料有限公司
地址：江西省赣州市于都县葛坳乡塘泥村
……Tel：0797-6377666

宁都县固村镇山泉三甲酒酿造有限公司
地址：江西省赣州市宁都县固村镇王坊村
……Tel：0797-6989139

赣州市京都啤酒有限公司
地址：江西省瑞金市经济开发区金鑫大道1号
……Tel：0797-7269996

江西赣南海欣药业股份有限公司
地址：江西省赣州市赣州经济技术开发区湖边大道209号
……Tel：0797-8226545

赣州富贵酿酒有限公司
地址：江西省赣州市赣州经济技术开发区迎宾大道南侧、工业四路西侧办公楼第一层
……Tel：0797-8325959

江西健康壹加壹饮料有限公司
地址：江西省萍乡市萍乡经济技术开发区东区安泰北路6号1楼
……Tel：0799-6652369

山东省

山东达能食品饮料有限公司
地址：山东省济南市高新区工业南路59号中铁财智中心1号楼22层F11房间
……Tel：020-23381822

威海威高百货有限公司
地址：威海市新威路17-4号
……Tel：0361-5718187

菏泽多美酵母有限公司
地址：菏泽市开发区陈集镇工业园内
……Tel：0530-2227919

山东鲁花浓香花生油有限公司
地址：山东省菏泽市定陶区鲁花工业园
……Tel：0530-2252900

山东御思酿酒有限公司
地址：菏泽市定陶区御思工业园
……Tel：0530-2262777

菏泽嘉宏脱水食品有限公司
地址：菏泽市定陶区半堤镇工业区（镇政府南300米）
……Tel：0530-2711889

山东华鲁康工贸有限公司
地址：山东省菏泽市高新区银川路与黄河路交叉口北1666号
……Tel：0530-3181006

菏泽君赢酿酒有限公司
地址：山东省菏泽市曹县曹王路东段路南（曹县农商行郭庄支行对过）
……Tel：0530-3449688

山东四君子集团酿酒有限公司
地址：山东省菏泽市单县园艺办事处定砀路南天元路东
……Tel：0530-4678915

山东四君子集团饮料有限公司
地址：单城建康路
……Tel：0530-4678982

中粮艾地盟粮油工业（菏泽）有限公司

地址：山东省菏泽开发区长江东路南侧
……………………Tel：0530-5209003
山东牡丹城酿酒股份有限公司
地址：山东省菏泽市开发区福州路与丹阳东路交汇处南200米
……………………Tel：0530-5385280
山东佳美食品工业有限公司
地址：山东省菏泽市沙土镇
……………………Tel：0530-5770185
山东润泽制药有限公司
地址：山东省菏泽市牡丹区牡丹工业园区昆明路北段（泰山路999号）
……………………Tel：0530-5855286
山东郓城水浒酒业有限公司
地址：郓城县工业园区水浒大道108号
……………………Tel：0530-6238989
山东郓城鲁润酒业有限公司
地址：郓城县唐庙乡三屯村北
……………………Tel：0530-6560048
山东大树达孚特膳食品有限公司
地址：山东省菏泽市高新区吕陵镇菏东路东段
……………………Tel：0530-7156901
花冠集团酿酒股份有限公司
地址：巨野花冠路西段
……………………Tel：0530-8166908
菏泽华晶实业有限公司
地址：菏泽市巨野县城花冠路西段(花冠集团院内)
……………………Tel：0530-8166908
山东佳农国际贸易有限公司
地址：巨野县金山路西花冠路北
……………………Tel：0530-8253003
成武县文亭酒业酿造有限责任公司
地址：山东成武工业园区
……………………Tel：0530-8654999
山东圣果食品饮料有限公司
地址：济南市市中区党家街道办事处罗而庄104国道南侧18号
……………………Tel：0531-55588628
济南银丰财富酒店有限公司
地址：济南市历下区龙奥西路1号银丰财富广场5号楼105室
……………………Tel：0531-58029999
济南顶津食品有限公司
地址：济南市济阳县济北开发区迈大大街5号
……………………Tel：0531-58622801
济南农潮市集商贸有限公司
地址：济南市商河县孙集镇牛堡村316省道以北
……………………Tel：0531-55795669
青岛瑞康药品配送有限公司
地址：山东省青岛市市北区敦化路598号网点2楼203
……………………Tel：0531-58715601
济南百事可乐饮料有限公司
地址：山东省济南市高新区经十路7000号汉峪金融中心四区4号楼3层311室
……………………Tel：0531-62328140
山东能源国际贸易有限公司
地址：济南市历下区经十路10777号
……………………Tel：0531-62355317
山东益仁堂药业有限公司
地址：济南市长清区城南阜新西路20号幢2
……………………Tel：0531-66585267
山东檀抱泉酒业有限公司
地址：济南市长清区城南苏燕路88号
……………………Tel：0531-66589688
山东省商业集团有限公司
地址：山东省济南市历下区经十路9777号
……………………Tel：0531-66690123
山东将军烟草新材料科技有限公司
地址：济南市高新区科航路2006号
……………………Tel：0531-66776713
齐鲁交通服务开发集团有限公司
地址：山东省济南市历下区经十路13866号中润世纪财富中心5号楼2301
……………………Tel：0531-86598755
山东鹏泉酿酒有限公司
地址：山东省济南市莱芜区口苗路3号
……………………Tel：0531-76189988
山东广寒宫酿酒有限公司
地址：莱城区西秀大街99号
……………………Tel：0531-76199999
鲁中汇源食品饮料有限公司
地址：济南市莱芜高新区凤凰路汇源工业园
……………………Tel：0531-76251688
山东源达饮料有限公司
地址：济南市莱芜高新区凤凰路汇源工业园
……………………Tel：0531-76251688
山东嬴都酒业有限公司
地址：山东省济南市钢城区永兴路南首（高家庄村北）
……………………Tel：0531-76907999
济南大观园股份有限公司
地址：济南市市中区经四路纬二路
……………………Tel：0531-80658972
中国山东对外经济技术合作集团有限公司
地址：济南市龙奥北路8号山东高速大厦
……………………Tel：0531-81185007
山东福瑞达医药集团有限公司
地址：山东省济南市高新区新泺大街888号
……………………Tel：0531-81213187
海看网络科技（山东）股份有限公司
地址：山东省济南市经十路18567号新广电中心大楼六楼
……………………Tel：0531-81690200
山东普利思饮用水股份有限公司
地址：山东省济南市高新区东区街道春园路188号
……………………Tel：0531-81937710
山东家家悦生活超市有限公司
地址：山东省济南市市中区旅游路29666号国华广场1号楼负一层
……………………Tel：0531-82050526
济南东山春雨饮料有限公司
地址：山东省济南市市中区经十路20286号山东省体育中心体育场馆内
……………………Tel：0531-82072828
祥恒置业（济南）有限公司
地址：济南市历下区泺源大街102号祥恒广场301室
……………………Tel：0531-82355333
山东中铁文旅发展集团有限公司
地址：山东省济南市经一路（车站街）30-1号
……………………Tel：0531-82420891
济南铁路经营集团有限公司
地址：济南市天桥区车站街30号
……………………Tel：0531-82426632
济南国美电器有限公司
地址：济南市市中区英雄山路10号
……………………Tel：0531-82670808
山东华熙海御生物医药有限公司
地址：济南市高新区世纪大道中段3333号
……………………Tel：0531-82685586
山东国帆酒业酿造有限公司
地址：济南市历城区仲宫镇刘家村
……………………Tel：0531-82772899
济南宜家家居有限公司
地址：山东省济南市槐荫区烟台路121号
……………………Tel：0531-82782345
山东鲁能亘富开发有限公司
地址：山东省济南市市中区鲁能领秀城十二区商业综合体1-901
……………………Tel：0531-82789071
山东龙池酿酒有限公司
地址：济南市历城区董家镇荀于村村南路西
……………………Tel：0531-82899799
山东妙本虫草汁饮料有限公司
地址：济南市历下区经十路65号三庆汇文轩1-1702
……………………Tel：0531-82957888
济南趵突泉白酒销售有限公司
地址：济南市历城区仲宫镇龙山路48号
……………………Tel：0531-82991522
济南趵突泉酿酒有限责任公司
地址：济南市历城区仲宫镇龙山路53号
……………………Tel：0531-82991539
山东趵突泉酒业有限公司
地址：山东省济南市历城区仲宫镇园区北路北侧、103省道以东
……………………Tel：0531-82991539
济南洪济汇商贸有限公司
地址：济南市历城区仲宫镇龙山路48号
……………………Tel：0531-82991522
济南泉华包装制品有限公司
地址：济南市历城区仲宫镇龙山路北首
……………………Tel：0531-82998086
山东泉华包装制品有限公司
地址：济南市历城区仲宫镇龙山路北首
……………………Tel：0531-82998086
济南趵突泉包装有限责任公司
地址：济南市历城区仲宫镇龙山路北首
……………………Tel：0531-82998086
济南恒枫饮料有限公司
地址：山东省济南市章丘区明水经济开发区工业六路1号
……………………Tel：0531-83110955
济南逗好山泉饮料有限公司
地址：章丘市文祖镇锦屏山景区北石门中段
……………………Tel：0531-83233699
趋势电子商务集团有限公司
地址：山东省济南市高新区新泺大街1666号三庆齐盛广场5号楼2201室
……………………Tel：0531-83443988
迈大食品（山东）有限公司
地址：济南市济阳县迈大大街1号
……………………Tel：0531-84210838
中国广电山东网络有限公司
地址：山东省济南市历下区洪山路1号
……………………Tel：0531-85051665
中粮可口可乐饮料（济南）有限公司
地址：山东省济南市章丘区经十东路7799号
……………………Tel：0531-85059026
山东健康医疗大数据有限公司
地址：济南市槐荫区兴福街道西城西进时代中心D座1212室
……………………Tel：0531-85105825
山东省互联网传媒集团股份有限公司
地址：山东省济南市历下区泺源大街2号
……………………Tel：0531-85193663
山东佰斯葡萄酿酒有限公司
地址：济南市历城区工业南路103号
……………………Tel：0531-85598090
九阳股份有限公司
地址：济南市槐荫区美里路999号
……………………Tel：0531-85607901
山东润华兽药有限公司
地址：山东省济南市商河县经济开发区凯源街30号
……………………Tel：0531-85817566
济南东辰保健饮料有限公司
地址：山东省章丘市埠村镇
……………………Tel：0531-85830530
济南三木料理餐饮有限公司
地址：济南市历下区明湖路5号新景区烟雨堂
……………………Tel：0531-86101858
济南泉之酿酒业有限公司
地址：济南市历下区和平路36-2号北楼410室
……………………Tel：0531-86302972
山东九道生物科技有限公司
地址：山东省济南市槐荫区经十路27566号融建财富壹号广场1号楼1807
……………………Tel：0531-86951855
山东省人民药业有限公司
地址：济南市二环南路8060号
……………………Tel：0531-87112877
济南天聚牧业科技有限公司
地址：山东省济南市长清区文昌街道办事处苏燕路9号
……………………Tel：0531-87264067
山东益远药业有限公司
地址：山东省济南市平阴县济西工业园玫瑰路151号
……………………Tel：0531-87502966
山东葡业庄园酒业有限公司
地址：山东省济南市平阴县榆山街道深泉学院北邻
……………………Tel：0531-87855799
山东裕龙酿酒有限公司
地址：济南市市中区党家镇裕龙工业园
……………………Tel：0531-87992804
中车济南实业有限公司
地址：山东省济南市槐荫区槐村街73号
……………………Tel：0531-88305658
山东省诚信行物业管理有限公司
地址：山东省济南市历下区茂陵山三号路中欧校友产业大厦24F
……………………Tel：0531-88582000
济南晨高国际贸易有限公司
地址：山东省济南市历城区花园路2-8号办公楼1-102室
……………………Tel：0531-88613057
山东果天天食品饮料有限公司
地址：山东省济南市高新区工业南路44号丁豪广场6号楼2单元1507
……………………Tel：0531-88701600
青岛啤酒（济南）有限公司
地址：济南市高新区大正路3000号
……………………Tel：0531-88756868
济南华鲁实业有限责任公司
地址：济南市历下区工业南路26号
……………………Tel：0531-88834121
山东济钢文化旅游产业发展有限公司
地址：济南市历城区工业北路21号
……………………Tel：0531-88866978
山东新稀宝股份有限公司
地址：山东省济南市章丘区明水经济开发区工业园
……………………Tel：0531-88875315
济南同科医药物流有限公司
地址：济南市高新区舜风路322号生产厂2号楼二单元
……………………Tel：0531-88877158
山东新华书店集团有限公司
地址：山东省济南市市中区英雄山路189号
……………………Tel：0531-89737013
聚好看科技股份有限公司
地址：山东省青岛市崂山区松岭路399号
……………………Tel：0532-55756067
青岛吉斯波尔精酿啤酒有限公司
地址：山东省青岛市城阳区正阳东路69-1青岛鲁商泰晤士小镇商铺2-1
……………………Tel：0532-58072808
青岛东方影都文化旅游管理有限公司
地址：山东省青岛市黄岛区滨海大道2000-2777号
……………………Tel：0532-58519891
中化健康产业发展有限公司
地址：山东省青岛市市南区延安三路234号1号楼海航万邦中心30层
……………………Tel：0532-58526990
山东新希望六和集团有限公司
地址：山东省青岛市崂山区九水东路592-26号3号楼4楼
……………………Tel：0532-58585566
青岛丹香投资管理有限公司
地址：山东省青岛市城阳区铁骑山路383号
……………………Tel：0532-58659777
青岛家家悦生活超市有限公司
地址：山东省青岛市李沧区夏庄路7号B1-A-01
……………………Tel：0532-58661368
青岛蓝谷矿泉饮料研发有限公司
地址：青岛即墨市鳌山卫镇姜家白庙村村南
……………………Tel：0532-58728609
华强方特（青岛）文化科技有限公司
地址：青岛市红岛经济区红岛街道香东南路东侧
……………………Tel：0532-58759627
青岛水云宽酿酒技术开发有限公司
地址：山东省青岛市莱西市水集街道办事处北庄综合楼网点
……………………Tel：0532-66667007
青岛碧桂园产城发展有限公司
地址：山东省青岛市即墨市鳌山街道办事处蓝色硅谷创业中心科技路1号
……………………Tel：0532-66691666
麦凯乐（青岛）百货总店有限公司
地址：青岛市市南区香港中路69号
……………………Tel：0532-66700121
青岛丽达购物中心有限公司
地址：青岛市崂山区秦岭路18号
……………………Tel：0532-66718001
新时家智能科技有限公司
地址：青岛市崂山区王哥庄街道办事处大桥村
……………………Tel：0532-66750802
青岛清之源饮料有限公司
地址：山东省青岛市城阳区惜福镇街道东葛家社区王沙路东葛幼儿园东350米
……………………Tel：0532-68001901
青岛崂脉泉饮料有限公司
地址：青岛市崂山区王哥庄街道曲家庄社区
……………………Tel：0532-68003777
青岛国信城市信息科技有限公司
地址：山东省青岛市黄岛区九龙江路63号

……………………Tel：0532-68057210

青岛润昊天然气有限公司
地址：青岛市北区万安支路1号
……………………Tel：0532-68612122

华润置地（山东）有限公司
地址：山东省青岛市市南区山东路6号甲华润大厦13楼
……………………Tel：0532-68621188

青岛青饮国际贸易有限公司
地址：山东省青岛市保税港区上海路17号3层311室（B）
……………………Tel：0532-68853132

青岛鑫江置业集团有限公司
地址：青岛市城阳区夏庄街道秦家小水村.
……………………Tel：0532-80888787

山东瑞朗医药股份有限公司
地址：山东省青岛市市北区合肥路686号甲
……………………Tel：0532-80905321

青岛中润半岛饮料有限公司
地址：青岛市城阳区夏庄镇夏庄村
……………………Tel：0532-80920479

青岛陆橘食品有限公司
地址：山东省青岛市李沧区郑佛路8号
……………………Tel：0532-80928815

青岛渤海科技有限公司
地址：青岛市市北区港华路17号
……………………Tel：0532-80933930

青岛城阳润欣商业发展有限公司
地址：山东省青岛市城阳区城阳街道正阳路157号
……………………Tel：0532-80966758

青岛景园假日酒店有限公司
地址：青岛市城阳区兴阳路306号
……………………Tel：0532-80966888

青岛伯爵啤酒有限公司
地址：山东省青岛市黄岛区太白山路172号青岛中德生态园双创中心1510室
……………………Tel：0532-80981251

青岛星河湾酒店管理有限公司
地址：山东省青岛市城阳区滨海路773-1号1号楼
……………………Tel：0532-81789999

青岛大正精酿啤酒有限公司
地址：山东省青岛市市北区福州北路139号北门5号楼1单元701户
……………………Tel：0532-82030376

青岛龙得云长寿米酒酿造有限公司
地址：青岛胶州市北关街道办事处广东路7号
……………………Tel：0532-82287039

青岛星星协力生物工程有限公司
地址：青岛胶州市北关街道办事处东谷村
……………………Tel：0532-82287237

青岛柏兰集团有限公司
地址：山东省青岛市胶州市广州北路845号
……………………Tel：0532-82290818

青岛雀巢有限公司
地址：青岛莱西市威海西路
……………………Tel：0532-82436298

青岛星之联饮料食品有限公司
地址：山东省青岛市即墨区通济街道由和工业园由和二路9号
……………………Tel：0532-82527918

山东众邸便利生活有限公司
地址：山东省青岛市黄岛区长江中路415号
……………………Tel：0532-82660711

青岛秒遇时光食品饮料有限公司
地址：山东省青岛市市北区市场二路33号768室
……………………Tel：0532-82721513

青岛糖果饮料食品有限公司
地址：青岛市市北区市场二路83号
……………………Tel：0532-82825109

青岛益信医学科技有限公司
地址：山东省青岛市市北区黑龙江南路2号甲12层1202-1206室
……………………Tel：0532-83080308

中国烟草山东进出口有限责任公司
地址：青岛市市南区香港西路69号24层
……………………Tel：0532-83096285

青岛华东葡萄酿酒有限公司
地址：青岛市崂山区李沙路北侧
……………………Tel：0532-83096568

青岛葡萄酿酒有限公司
地址：青岛市四方区四流南路12号
……………………Tel：0532-83096568

亨氏（青岛）食品有限公司
地址：青岛市黄岛区朝阳山路797号
……………………Tel：0532-83193929

青岛海汇铁塔机械有限公司
地址：青岛平度市经济开发区宏伟一路17号
……………………Tel：0532-83302828

青岛瑞可莱餐饮配料有限公司
地址：山东省青岛市平度市经济开发区重庆路277号
……………………Tel：0532-83305551

利群集团青岛利群商厦有限公司
地址：山东省青岛市市北区台东三路63、77号
……………………Tel：0532-83636868

青岛贝斯特酿造工程技术有限公司
地址：青岛市四方区鞍山一路88号1724户
……………………Tel：0532-83733909

青岛机场物流发展有限公司
地址：山东省青岛市城阳区流亭街道两江路29号（青岛流亭机场内）
……………………Tel：0532-83788633

青岛崂之泉饮料有限公司
地址：山东省青岛市崂山区北宅街道凉泉社区
……………………Tel：0532-83816789

青岛饮料集团有限公司
地址：山东省青岛市崂山区松岭路236号
……………………Tel：0532-83864526

青岛丽天大酒店有限公司
地址：青岛市市南区香港西路87号
……………………Tel：0532-83999669

青岛藏马山国际旅游度假区有限公司
地址：山东省青岛市黄岛区藏马山国际旅游度假区蓝莓小镇3号楼3楼301室
……………………Tel：0532-84179169

青岛日清食品机械有限公司
地址：山东省青岛市市北区四流南路13号
……………………Tel：0532-84859791

华润青岛医药有限公司
地址：青岛市李沧区广水路616号
……………………Tel：0532-84892177

青岛迷你岛便利店有限公司
地址：山东省青岛市市南区香港中路10号颐和国际207室
……………………Tel：0532-85061162

青岛亚细亚酿酒有限公司
地址：青岛市黄岛区东岳中路1550号
……………………Tel：0532-85131399

青岛好麦精酿啤酒有限公司
地址：山东省青岛市黄岛区胶南街道办事处背儿山路1580号
……………………Tel：0532-85185538

青岛加斯克尼酒业有限公司
地址：山东省青岛市黄岛区华山路1号
……………………Tel：0532-85198895

青岛中仁动物药品有限公司
地址：青岛胶州市胶西镇雅胜路西侧
……………………Tel：0532-85212368

多格漫食品（青岛）有限公司
地址：青岛胶州市九龙街道九城路4号
……………………Tel：0532-85251999

青岛盛世乾景酒业有限公司
地址：山东省青岛市胶州市三里河街道办事处南关工业园平安路
……………………Tel：0532-85258588

青岛农心食品有限公司
地址：青岛市胶州市营海镇工业园地.
……………………Tel：0532-85270155

青岛万益惠生食品饮料有限公司
地址：山东省青岛市平度市凤台街道办事处重庆路589号
……………………Tel：0532-8533999

青岛品乐葡萄酒酿造有限公司
地址：青岛市市北区瑞昌路143号
……………………Tel：0532-85650706

青岛金盾控股管理有限公司
地址：山东省青岛市黄岛区胶州湾东路1000号
……………………Tel：0532-85713625

青岛润泰事业有限公司
地址：青岛市市南区宁夏路162号
……………………Tel：0532-85760512

青岛地泉天然水饮料有限公司
地址：青岛市崂山区王哥庄街道西山社区
……………………Tel：0532-85762828

巴龙国际集团有限公司
地址：青岛市市南区香港中路59号31层
……………………Tel：0532-85795807

青岛家乐福商业有限公司
地址：青岛市市南区香港中路21号
……………………Tel：0532-85846647

青岛东飞饮品有限公司
地址：青岛市崂山区王哥庄街道大桥社区
……………………Tel：0532-85865198

青岛丽晶大酒店有限公司
地址：青岛市市南区香港中路110号
……………………Tel：0532-85881818

青岛康洋食品有限公司
地址：山东省青岛市黄岛区海南路1号
……………………Tel：0532-86132981

青岛金沙滩精酿啤酒有限公司
地址：山东省青岛市黄岛区金沙滩路1356号
……………………Tel：0532-86152297

青岛益和兴食品有限公司
地址：山东省青岛市黄岛区大珠山南路2176号
……………………Tel：0532-86159623

青岛东安鑫龙泉饮料有限公司
地址：青岛市胶州市里岔镇东安家沟村
……………………Tel：0532-86237098

青岛绿野山泉饮料有限公司
地址：青岛胶州市里岔镇东安家沟村
……………………Tel：0532-86237126

青岛爱迪尔葡萄酿酒有限公司
地址：青岛平度市明村镇闫村
……………………Tel：0532-86339999

青岛大好河山葡萄酒业有限公司
地址：青岛莱西市武备镇山口山
……………………Tel：0532-86406766

青岛南南饮料有限公司
地址：青岛莱西市姜山镇工业园区
……………………Tel：0532-86461233

青岛即发龙山投资有限公司
地址：山东省青岛市即墨区即发龙山工业园
……………………Tel：0532-86593836

青岛明月海藻生物健康科技集团有限公司
地址：山东省青岛市黄岛区拥军路688号
……………………Tel：0532-86615601

青岛胶禾田生态农业发展有限公司
地址：山东省青岛市胶州市胶北街道办事处南庸村
……………………Tel：0532-86621210

青岛古酿酒业有限公司
地址：山东省青岛市黄岛区长江中路230号1幢17层07室
……………………Tel：0532-86737777

青岛龟田食品有限公司
地址：青岛经济技术开发区六盘山路18号
……………………Tel：0532-86837802

山东山孚日水有限公司
地址：青岛经济技术开发区昆仑山南路2089号
……………………Tel：0532-86838908

狮王日用化工（青岛）有限公司
地址：山东省青岛经济技术开发区渭河路919号
……………………Tel：0532-86897122

城发投资集团有限公司
地址：山东省青岛市黄岛区漓江西路1669号2号楼户21层
……………………Tel：0532-83173520

青岛丰隆饮料有限公司
地址：青岛胶州市胶州湾工业园二期
……………………Tel：0532-87293212

青岛富狮王葡萄酒酿造有限公司
地址：青岛平度市常州路212号
……………………Tel：0532-87310888

青岛金汇葡萄酿酒有限公司
地址：山东省青岛市平度市经济开发区香港路65
……………………Tel：0532-87333858

青岛骊龙葡萄酿酒有限公司
地址：青岛华侨科技园新区大道28号
……………………Tel：0532-87356689

青岛日辰食品股份有限公司
地址：青岛市即墨区青岛环保产业园（即发龙山路20号）
……………………Tel：0532-87520888

新华锦（青岛）即墨老酒有限公司
地址：山东省青岛市即墨市龙山办事处西南贡村298号
……………………Tel：0532-87550688

青岛康太源建设集团有限公司
地址：青岛市李沧区合川路28号
……………………Tel：0532-87603928

青岛康太源精酿啤酒科技有限公司
地址：山东省青岛市李沧区合川路28号
……………………Tel：0532-87603928

青岛东韵食品饮料有限公司
地址：山东省青岛市城阳区玉皇岭路8号
……………………Tel：0532-87680777

青岛流亭酿酒有限公司
地址：青岛市城阳区流亭街道洼里社区
……………………Tel：0532-87728988

青岛敬五宝食品饮料有限公司
地址：山东省青岛市城阳区城阳街道芙蓉街6号
……………………Tel：0532-87730688

青岛崂山仰口饮料有限公司
地址：青岛市崂山区王哥庄晓望村
……………………Tel：0532-87840858

青岛青麦精酿啤酒有限公司
地址：山东省青岛市崂山区王哥庄街道江家土寨社区
……………………Tel：0532-87846707

青岛市崂山区古建建筑工程有限公司
地址：青岛市崂山区王哥庄街道办事处曲家村
……………………Tel：0532-87849073

青岛崂水饮料有限公司
地址：山东省青岛市城阳区夏庄街道上山色峪村村民委员会西1600米
……………………Tel：0532-87870062

青岛古方食疗生物科技有限公司
地址：山东省青岛市城阳区夏庄街道夏庄村西夏塔路66号
……………………Tel：0532-87879999

青岛至纯饮料有限公司
地址：青岛市城阳区夏庄街道少山村.
……………………Tel：0532-87879339

青岛康地恩动物药业有限公司
地址：山东省青岛市城阳区青大工业园春海路3号
……………………Tel：0532-87905366

青岛幸福泉矿泉水有限公司
地址：青岛市崂山区王哥庄镇浦里村
……………………Tel：0532-87918932

青岛海洋兄弟海产股份有限公司
地址：青岛市城阳区上马街道前程社区
……………………Tel：0532-87815818

青岛波尼亚矿泉饮料有限公司
地址：青岛市城阳区惜福镇街道超然社区
……………………Tel：0532-87983888

青岛崂云饮料有限公司
地址：青岛市城阳区惜福镇棉花村.
……………………Tel：0532-87988902

青岛碱业发展有限公司
地址：青岛市李沧区四流北路78号
……………………Tel：0532-88082244

青岛福得味食品有限公司
地址：青岛黄岛区盛海路508号
……………………Tel：0532-88139151

圣元营养食品有限公司
地址：山东省青岛市黄岛区圣元路888号
……………………Tel：0532-88139901

青岛沃林蓝莓果业有限公司
地址：青岛市黄岛区铁橛山路1887号
……………………Tel：0532-88197654

山东省苞米香酒业有限公司
地址：青岛平度市经济开发区世纪大道299号
……………………Tel：0532-88346698

青岛第二酿酒厂
地址：青岛莱西市烟台路10号
……………………Tel：0532-88484387

希杰（青岛）食品有限公司
地址：青岛莱西市经济开发区内
……………………Tel：0532-88491141-2087

一生一世控股集团有限公司
地址：山东省青岛市即墨区淮涉河三路166号
……………………Tel：0532-88566668

青岛小九食品集团有限公司
地址：青岛即墨市环秀街道办事处长江三路8号

……………………Tel：0532-88566668
青岛金麦浪精酿啤酒有限公司
地址：山东省青岛市崂山区苗岭路17号金岭花园17号楼2号
……………………Tel：0532-88621598
中粮可口可乐饮料（山东）有限公司
地址：青岛高科技工业园(高新区)株洲路189号
……………………Tel：0532-66019806
青岛福兴祥商品配送有限公司
地址：青岛市市北区合肥路686号甲
……………………Tel：0532-88731199
青岛德丰堡精酿啤酒有限公司
地址：山东省青岛市市北区同兴路602号
……………………Tel：0532-88766589
福兴祥物流集团有限公司
地址：青岛市胶州市南外环路以北杭州路以西
……………………Tel：0532-88788831
青岛啤酒饮料有限公司
地址：青岛崂山区沙子口街道办事处崂山路97号
……………………Tel：0532-88807400
青岛东尼酿酒有限公司
地址：青岛市崂山区沙子口镇南龙口村.
……………………Tel：0532-88827766
青岛宇恒电器有限公司
地址：青岛市崂山区崂山路67号
……………………Tel：0532-88910002
海尔数字科技（青岛）有限公司
地址：山东省青岛市崂山区科苑纬一路1号青岛国际创新园D1座3003
……………………Tel：0532-88932170
青岛蔚蓝生物集团有限公司
地址：山东省青岛市崂山区九水东路596-1号工业园
……………………Tel：0532-88966607
青岛市海王星辰健康药房连锁有限公司
地址：青岛市市北区上清路16号甲南8号楼7层
……………………Tel：0532-88995588
青岛东方航空食品有限公司
地址：山东省青岛市城阳区流亭街道流亭机场新郑路5号
……………………Tel：0532-89087176
青岛极地海洋世界有限公司
地址：青岛崂山区东海东路60号
……………………Tel：0532-89091159
青岛三统万福食品科技股份有限公司
地址：山东省青岛市平度市北京路319号
……………………Tel：0532-89639616
淄博瑞康药品配送有限公司
地址：山东省淄博市张店区华光路10号
……………………Tel：0533-2115325
淄博派亚化工科技有限公司
地址：山东省淄博市张店区美食街137号8层0804号
……………………Tel：0533-2900060
山东新明食品饮料有限公司
地址：淄博市沂源县东里镇
……………………Tel：0533-3071827
山东绿兰莎啤酒有限公司
地址：山东省淄博市沂源县城历山路东侧
……………………Tel：0533-3235800
山东华狮啤酒有限公司
地址：山东省淄博市沂源县城鲁山路61号
……………………Tel：0533-3235815
淄博妙生源食品饮料有限公司
地址：山东省淄博市高新区中润大道138号院内办公区西南角平房1-2室
……………………Tel：0533-3586556
山东淄博新达制药有限公司
地址：淄博高新区鲁泰大道1号
……………………Tel：0533-3812611
华润圣海健康科技有限公司
地址：山东省淄博市高新区青龙山路2甲1
……………………Tel：0533-3980607
山东博山制药有限公司
地址：山东省淄博市博山区九州路9号
……………………Tel：0533-4408560
山东颜春酒业科技有限公司
地址：博山开发区科技工业园园内
……………………Tel：0533-4653565
淄博晶宝饮料有限公司
地址：山东省淄博市淄川区太河镇小口头村
……………………Tel：0533-5350168
山东金城生物药业有限公司
地址：淄博市淄川区经济开发区胶王路复线北，东一路西
……………………Tel：0533-5415898
淄博矿业集团物资供应有限公司
地址：淄川区淄矿路125号
……………………Tel：0533-5851975
高青县御封井酒厂
地址：高青县城西外环（田兴路榆林桥向北100米）
……………………Tel：0533-6787666
山东富欣生物科技股份有限公司
地址：淄博市高青县经济开发区
……………………Tel：0533-6989307
山东金长德气体有限公司
地址：山东省淄博市临淄区齐鲁国际塑化城精品塑化区1号楼18号
……………………Tel：0533-7366056
山东省淄博茂业百货股份有限公司
地址：山东省淄博市张店区柳泉路152号
……………………Tel：0533-7860666
山东淄博汇源食品饮料销售有限公司
地址：淄博市沂源县东里镇东村
……………………Tel：0533-7863079
淄博华侨城实业有限公司
地址：山东省淄博市高新区鲁山大道以东、鲁泰大道以南、中润大道以北
……………………Tel：0533-7870990
淄博黄河龙生物工程有限公司
地址：山东省淄博市桓台县果里镇张北路201号
……………………Tel：0533-7971008
山东海思堡服装服饰集团股份有限公司
地址：桓台县耿焦路188号
……………………Tel：0533-7972060
山东博汇集团有限公司
地址：桓台县马桥镇大成工业小区
……………………Tel：0533-8530370
淄博森源饮料有限公司
地址：淄川区太河镇陈家井村
……………………Tel：0533-8662365
淄博清河饮料有限公司
地址：淄川区太河镇鲁子峪村
……………………Tel：0533-8807873
乐陵香格里拉饮料有限公司
地址：乐陵市云红大街北首东侧
……………………Tel：0534-2111918
山东百龙创园生物科技股份有限公司
地址：山东省德州（禹城）国家高新技术产业开发区德信大街
……………………Tel：0534-2125676
汇源（禹城）食品饮料有限公司
地址：山东省德州（禹城）国家高新技术产业开发区东四环中段路西（鲁樱食品公司院内南区）
……………………Tel：0534-2125698
山东石油人酒业有限公司
地址：临邑县恒源经济新区2号路
……………………Tel：0534-2140888
德州百脑汇电子信息有限公司
地址：山东省德州市德城区解放中大道500号
……………………Tel：0534-8102886
德州中燃城市燃气发展有限公司
地址：德州市德城区三八中路402号
……………………Tel：0534-2236209
德州天马粮油食品集团有限公司
地址：德州经济开发区湘江路1号
……………………Tel：0534-2561796
山东联兴建设集团有限责任公司
地址：德城区新湖南路59号
……………………Tel：0534-2624324
德州又一村酿酒有限公司
地址：山东省德州市经济技术开发区崇德二大道1505号
……………………Tel：0534-2725806
夏津南海绿源食品饮料有限公司
地址：夏津县田庄乡曲庄村
……………………Tel：0534-3577888
山东卡洛斯葡萄酿酒有限公司
地址：山东夏津黄河故道森林公园B区
……………………Tel：0534-3632699
山东奥伦庄园葡萄酒有限公司
地址：山东省平原县兴原大街东首
……………………Tel：0534-4252258
山东欧加啤酒饮料有限公司
地址：山东省德州市平原县经济开发区京德智造产业园22号楼304室（经营场所：山东省德州市平原县盛堡啤酒特色小镇1号）
……………………Tel：0534-4542623
山东森力啤酒饮料有限公司
地址：平原县恩城经济开发区8号
……………………Tel：0534-4542623
山东中普啤酒有限公司
地址：平原县恩城镇西关105国道西
……………………Tel：0534-4542677
山东雪帝啤酒有限公司
地址：平原县恩城开发区6号
……………………Tel：0534-4542812
山东卢德堡精酿啤酒有限公司
地址：山东省德州市齐河县经济开发区顺京路7号
……………………Tel：0534-5022069
山东如康清真食品有限公司
地址：山东省德州市齐河县表白寺镇济北高铁枢纽经济协作区纬五路1号
……………………Tel：0534-5022776
齐河晏府酿酒总厂
地址：山东省德州市齐河县华店镇李舍村北
……………………Tel：0534-5330099
齐河县鲁仪酿酒有限公司
地址：山东省德州市齐河县胡官屯镇富足店村西
……………………Tel：0534-5339979
德州市京福酿酒厂
地址：齐河县县城迎宾路南首
……………………Tel：0534-5662999
益海嘉里（德州）粮油工业有限公司
地址：山东省德州市德城区湖滨北大道1588号
……………………Tel：0534-6013524
山东民安食品股份有限公司
地址：山东德州市乐陵市市中街道办事处科技创业园兴隆南大街619号
……………………Tel：0534-6110269
德州汇源食品饮料有限公司
地址：山东省乐陵市高新技术产业园
……………………Tel：0534-6118088
北京汇源集团（德州）婴童食品饮料有限公司
地址：山东省德州市乐陵市挺进西路北侧
……………………Tel：0534-6118088
山东双陵春酒业有限公司
地址：乐陵市开元东路北侧
……………………Tel：0534-6290999
山东星光糖业有限公司
地址：乐陵市经济技术开发区
……………………Tel：0534-6298999
山东雪榕生物科技有限公司
地址：德州经济开发区抬头寺乡山东雪榕生物科技园区1号
……………………Tel：0534-7059716
禹城市博雅特饮料有限责任公司
地址：山东省德州市禹城市迎宾路北首路西（东门大街北侧52号）
……………………Tel：0534-7262206
山东福田药业有限公司
地址：山东省德州（禹城）国家高新技术产业开发区南环路666号
……………………Tel：0534-7266353
山东禹王亭集团酒业股份有限公司
地址：禹城市开拓路115号
……………………Tel：0534-7320811
德州鲁樱食品有限公司
地址：山东省禹城高新技术开发区东四环中段路西
……………………Tel：0534-7359688
山东中茂实业集团有限公司
地址：德州市德城区东风东路41号
……………………Tel：0534-7613317
山东诚汇双达药业有限公司
地址：山东省德州市平原县经济开发区
……………………Tel：0534-7767022
山东龙力生物科技股份有限公司
地址：德州（禹城）国家高新技术产业开发区
……………………Tel：0534-8103800
宜瑞安（山东）食品配料有限公司
地址：山东平原经济开发区东区
……………………Tel：0534-7380988
谷神生物科技集团有限公司
地址：德州市陵城区经济开发区财源路中段
……………………Tel：0534-8328222
德州山宝饮料有限公司
地址：德州市陵城区经济开发区扶丰街313号
……………………Tel：0534-8822592
烟台帝伯仕自酿机有限公司
地址：山东省烟台市莱山区盛泉西路7-2号
……………………Tel：0535-2106169
烟台帝伯仕啤酒技术有限公司
地址：山东省烟台市莱山区蒲昌路20号综合楼三楼
……………………Tel：0535-2106169
山东益生种畜禽股份有限公司
地址：烟台市芝罘区朝阳街80号
……………………Tel：0535-2119075
烟台东岗葡萄酿酒股份有限公司
地址：山东烟台莱州市朱桥镇大兰邱家村
……………………Tel：0535-2399667
山东省莱州府酿酒有限公司
地址：山东省莱州市永安工业园（掖县西街）
……………………Tel：0535-2467258
烟台珈尔饮料股份有限公司
地址：山东省烟台市芝罘区南山路53号24楼
……………………Tel：0535-2732367
龙口市幸福里餐饮管理有限公司
地址：山东省烟台市龙口市东莱街道南山路北首
……………………Tel：0535-3126162
红驼酒业集团有限公司
地址：山东省烟台市龙口市龙口高新技术产业园区绿杰路168号
……………………Tel：0535-3127776
烟台海曼迪葡萄酿酒物料有限公司
地址：山东省蓬莱市登州办事处
……………………Tel：0535-3350805
烟台海曼迪葡农股份有限公司
地址：山东省蓬莱市北关路177号
……………………Tel：0535-3350806
山东半岛水务发展有限公司
地址：山东省烟台市莱阳市旌阳路70号
……………………Tel：0535-3362511
莱阳梨烧酿酒有限公司
地址：山东省烟台市莱阳市食品工业园龙大路4号
……………………Tel：0535-3366718
烟台恒邦物流股份有限公司
地址：山东省烟台市牟平区东关路461号
……………………Tel：0535-3396208
烟台统利饮料工业有限公司
地址：山东省烟台市牟平区新城大街889号
……………………Tel：0535-3397517
烟台台华食品实业有限公司
地址：山东省烟台市芝罘区环海路付28号
……………………Tel：0535-3459999
烟台阳酒酒业有限公司
地址：山东省烟台市海阳市方圆工业园区
……………………Tel：0535-3527555
威龙葡萄酒股份有限公司
地址：山东省龙口市环城北路276号
……………………Tel：0535-3616222
山东风光啤酒有限公司
地址：山东省烟台市经济技术开发区金沙江路78号内2号
……………………Tel：0535-3979362
烟台永盛金属结构有限公司
地址：牟平区新区大街805号
……………………Tel：0535-4216809
烟台吉斯波尔酿酒有限公司
地址：山东省烟台市牟平区师范路426号
……………………Tel：0535-4218542
烟台北方安德利果汁股份有限公司
地址：山东省烟台市牟平经济开发区安德利大街18号
……………………Tel：0535-4235386
烟台华泰饮料有限公司
地址：山东省烟台市牟平区新城大街909号
……………………Tel：0535-4235386
烟台恒邦酒业有限公司
地址：烟台市牟平区人和街359号
……………………Tel：0535-4268216
烟台帝斯曼安德利果胶股份有限公司
地址：山东省烟台市牟平区新城大街889

号
…………………………Tel：0535-4288989
山东荣华食品集团有限公司
地址：山东省烟台市牟平区大窑路369号
…………………………Tel：0535-4658016
山东仙坛股份有限公司
地址：牟平工业园区(城东)
…………………………Tel：0535-4658757
烟台艾斯卡特酒庄有限公司
地址：牟平区武宁镇留生院
…………………………Tel：0535-4709373
博赛图酒业有限公司
地址：牟平经济开发区武五路东
…………………………Tel：0535-4715899
烟台华夏王朝葡萄酿酒有限公司
地址：山东省烟台市牟平开发区文峰路西
…………………………Tel：0535-4719799
欧邑酒庄（烟台）有限公司
地址：烟台市栖霞市松山工业园
…………………………Tel：0535-5201345
烟台白洋河酿酒有限责任公司
地址：山东省烟台市栖霞市松山工业园
…………………………Tel：0535-5201345
烟台法莱雅酒庄有限公司
地址：山东省烟台市栖霞市松山工业园
…………………………Tel：0535-5201345
烟台市卡希露葡萄酒有限公司
地址：山东省烟台市栖霞观里经济开发区
…………………………Tel：0535-5206387
烟台东源送变电工程有限责任公司
地址：山东省烟台市芝罘区幸福中路16号
…………………………Tel：0535-5522291
蓬莱京鲁渔业有限公司
地址：山东省烟台市蓬莱市刘家沟镇北大街16号
…………………………Tel：0535-5605609
蓬莱市酿酒厂
地址：蓬莱市南关路２９１号
…………………………Tel：0535-5610177
烟台蓬莱阁葡萄酒有限公司
地址：山东省蓬莱市北沟镇蓬水路198号
…………………………Tel：0535-5610259
洛萨诺酒庄（烟台）有限公司
地址：山东省烟台市蓬莱市潮水镇驻地
…………………………Tel：0535-5611255
烟台传奇饮料食品有限公司
地址：山东省烟台市蓬莱区蓬莱阁街道蓬港路1号
…………………………Tel：0535-5636972
烟台市华泰酒业有限公司
地址：山东省蓬莱市蓬水路158号
…………………………Tel：0535-5668008
新三和（烟台）食品有限责任公司
地址：山东省烟台市蓬莱市小门家镇五龙路21号
…………………………Tel：0535-5759966
烟台盛世葡萄酒业有限公司
地址：山东省蓬莱市大辛店镇遇驾夼村
…………………………Tel：0535-5783999
蓬莱市蓬莱阁旅游有限责任公司
地址：山东省蓬莱市迎宾路7号
…………………………Tel：0535-5821623
烟台鹏飞葡萄与葡萄酒产业发展有限公司
地址：山东省蓬莱市刘家沟镇驻地
…………………………Tel：0535-5853566
中粮长城葡萄酒（蓬莱）有限公司
地址：山东省蓬莱市长城路1号
…………………………Tel：0535-5963982
蓬莱云雀酒庄有限公司
地址：山东省蓬莱市蓬水路8号
…………………………Tel：0535-5966789
蓬莱龙亭葡萄酒庄有限公司
地址：山东省蓬莱市刘家沟镇刘家沟村东
…………………………Tel：0535-5968789
蓬莱民和食品有限公司
地址：山东省蓬莱市新港街道民和路1号
…………………………Tel：0535-5971999
蓬莱汇洋食品有限公司
地址：山东省蓬莱市外向型加工区
…………………………Tel：0535-5973310
烟台皇家路易酒业有限公司
地址：山东省蓬莱市南关路2-36号
…………………………Tel：0535-5987858
蓬莱神琦力生物营养品有限公司
地址：山东省蓬莱市登州街道紫台花园4号楼101号
…………………………Tel：0535-5987977
山东营联酿酒有限公司
地址：山东省蓬莱市蓬水路6号
…………………………Tel：0535-5996966
烟台欧华庄园葡萄酿酒有限公司
地址：山东省烟台市芝罘区卧龙外商投资开发区
…………………………Tel：0535-6011789
中酒（烟台）国际供应链管理有限公司
地址：山东省烟台市芝罘区环海路89号0号路8号
…………………………Tel：0535-6019888
烟台世中国际贸易有限公司
地址：山东省烟台市经济技术开发区长江路28号10层内17-1号
…………………………Tel：0535-6119023
烟台市农业生产资料总公司
地址：芝罘区上夼东路18号
…………………………Tel：0535-6291500
金天国际医疗科技有限公司
地址：山东省烟台市福山区永达街986号
…………………………Tel：0535-6300838
图洛堡酒庄（烟台）有限公司
地址：中国（山东）自由贸易试验区烟台片区烟台开发区北京中路50号
…………………………Tel：0535-6385912
益海（烟台）粮油工业有限公司
地址：山东省烟台市芝罘区港湾大道100号
…………………………Tel：0535-6505407
烟台张裕先锋国际酒业有限公司
地址：山东省烟台市芝罘区大马路56号
…………………………Tel：0535-6518203
山东烟台酿酒有限公司
地址：芝罘区只楚路49号
…………………………Tel：0535-6523147
烟台万福泰酿酒经贸有限公司
地址：芝罘区只楚路102号C区19号
…………………………Tel：0535-6523147
烟台万福泰酿酒销售有限公司
地址：山东省烟台市芝罘区只楚路49号
…………………………Tel：0535-6523147
烟台振华购物中心有限公司
地址：芝罘区南大街68-78号
…………………………Tel：0535-6586608
蓬莱张裕酒业销售有限公司
地址：山东省蓬莱市大柳行镇驻地
…………………………Tel：0535-6601063
烟台张裕葡萄酿酒销售有限公司
地址：芝罘区大马路56号
…………………………Tel：0535-6602730
烟台张裕葡萄酒研发制造有限公司
地址：山东省烟台市经济技术开发区汕头大街2号
…………………………Tel：0535-2936687
烟台张裕丁洛特酒庄有限公司
地址：山东省烟台市经济技术开发区A-50小区
…………………………Tel：0535-6948999
烟台张裕卡斯特酒庄有限公司
地址：烟台经济技术开发区古现办事处
…………………………Tel：0535-6949009
烟台麒麟包装有限公司
地址：山东省烟台市芝罘区世回尧路174号
…………………………Tel：0535-6691267
烟台张裕酒业销售有限公司
地址：山东省烟台市芝罘区世回尧路174号
…………………………Tel：0535-6696725
烟台张裕葡萄酿酒股份有限公司
地址：烟台市大马路56号
…………………………Tel：0535-6633638
烟台张裕集团有限公司
地址：山东省烟台市芝罘区大马路56号
…………………………Tel：0535-6633638
威海雪莲山酿酒有限公司
地址：山东省威海市乳山市天津路28号
…………………………Tel：0535-6678233
烟台绿叶动物保健品有限公司
地址：莱山区桐林路32号
…………………………Tel：0535-6717476
烟台绿叶药品贸易有限公司
地址：莱山区宝源路9号
…………………………Tel：0535-6717618
烟台市禧贵酒业有限公司
地址：山东省烟台市芝罘区轸大路5898号
…………………………Tel：0535-6734999
杰仕（烟台）供应链管理有限公司
地址：山东省烟台市芝罘区环海路89号
…………………………Tel：0535-6802759
烟台华诺进出口有限公司
地址：山东省烟台市芝罘区环海路89号电子大厦A座206室
…………………………Tel：0535-6802759
新烟食品有限公司
地址：山东省烟台市芝罘区环海路40号
…………………………Tel：0535-6807588
烟台裕高酿酒技术服务有限公司
地址：山东省烟台市高新区科技大道69号
…………………………Tel：0535-6811726
烟台乾澜经贸有限公司
地址：芝罘区南山路52号1-4102号
…………………………Tel：0535-6838254
烟台欧尚超市有限公司
地址：烟台经济技术开发区衡山路58号
…………………………Tel：0535-6930860
烟台麦醇啤酒饮料技术有限公司
地址：山东省烟台市经济技术开发区奇山路9号
…………………………Tel：0535-6933359
万邦（烟台）酒业有限公司
地址：山东省烟台市经济技术开发区北京中路50号内15号
…………………………Tel：0535-6951858
烟台泰丰宝鼎酒业有限公司
地址：烟台开发区北京中路50号内15号
…………………………Tel：0535-6951916
山东美科富邦食品有限公司
地址：山东省莱阳市龙门路北汾河路东
…………………………Tel：0535-7297907
山东鲁花生物科技有限公司
地址：莱阳经济开发区雁荡路
…………………………Tel：0535-7602798
莱阳鲁花食品有限公司
地址：山东省莱阳市姜疃工业区
…………………………Tel：0535-7641618
烟台龙荣食品有限公司
地址：山东省烟台市莱阳市龙旺庄街道办事处纪格庄
…………………………Tel：0535-7706680
山东日龙食品有限公司
地址：山东省烟台市莱阳市食品工业园
…………………………Tel：0535-7708776
山东龙大商贸有限公司
地址：山东省莱阳市龙门东路199号
…………………………Tel：0535-7717589
莱阳市禾益生物科技有限公司
地址：山东省烟台市莱阳市吕格庄镇工业园
…………………………Tel：0535-7785585
山东健源生物工程股份有限公司
地址：山东省烟台市招远市开发区盛泰路100号
…………………………Tel：0535-8139201
烟台露冰花食品饮料股份有限公司
地址：山东省招远市温泉路406号（黄金阁对面）
…………………………Tel：0535-8165888
国药控股烟台有限公司
地址：烟台市高新区纬五路27号
…………………………Tel：0535-8206520
烟台隆橡葡萄酿酒有限公司
地址：山东省招远市初山路96号
…………………………Tel：0535-8212367
招远市百味佳食品饮料有限公司
地址：山东省招远市玲珑镇工业园金河路268号
…………………………Tel：0535-8225129
山东玲珑酒业有限公司
地址：山东省烟台市招远市玲珑工业园6号
…………………………Tel：0535-8247906
招远市东林矿泉饮料厂
地址：招远市蚕庄镇前孙家
…………………………Tel：0535-8321255
烟台欧斐堡庄园葡萄酒有限公司
地址：山东省烟台市招远市齐山镇政府西3km
…………………………Tel：0535-8418866
绿杰股份有限公司
地址：山东省龙口市高新技术产业园区绿杰路
…………………………Tel：0535-8617116
龙口香驰粮油有限公司
地址：山东省龙口市环海中路1899号
…………………………Tel：0535-8825222
中粮油脂（龙口）有限公司
地址：山东省烟台市龙口市新港路39号
…………………………Tel：0535-8857263
烟台滨海明珠葡萄酿酒有限公司
地址：山东省龙口市龙港开发区北沙姚家村
…………………………Tel：0535-8865000
烟台朗仕威酒庄有限公司
地址：山东省烟台市龙口市龙口经济开发区G228与政海路交汇西北方向100米
…………………………Tel：0535-8884598
烟台圣斐堡葡萄酿酒有限公司
地址：龙口经济开发区
…………………………Tel：0535-8884598
山东龙丰集团公司
地址：黄城北环路10号
…………………………Tel：0535-8951567
烟台龙口安德利果汁饮料有限公司
地址：山东省烟台市龙口市石良镇下河头村
…………………………Tel：0535-8955989
潍坊娃哈哈食品有限公司
地址：潍坊市高新技术产业开发区卧龙东街以北、金马路以西
…………………………Tel：0536-2105605
潍坊娃哈哈饮料有限公司
地址：潍坊市高新技术产业开发区
…………………………Tel：0536-2105605
山东凯加食品股份有限公司
地址：山东省高密市夏庄工业园A区138号
…………………………Tel：0536-2129986
潍坊歌尔庄园食品饮料有限公司
地址：山东省潍坊市安丘市辉渠镇尚庄村
…………………………Tel：0536-2149888
山东渠风食品科技有限公司
地址：安丘市新潍安路西侧景观大道北侧
…………………………Tel：0536-2262383
高密市吉源葡萄科技有限公司
地址：山东省潍坊市高密市醴泉街道康庄社区康庄农场
…………………………Tel：0536-2348866
山东密水葡萄酿酒有限公司
地址：山东省潍坊市高密市康成大街西首
…………………………Tel：0536-2348866
高密华奕庄园葡萄酿酒有限公司
地址：山东省潍坊市高密市密水街道下家庄
…………………………Tel：0536-2352799
山东高密华圆糖业有限公司
地址：山东省潍坊市高密市康成大街西首（山东密水葡萄酿酒有限公司院内）
…………………………Tel：0536-2536039
山东蒙图庄园葡萄酿酒有限公司
地址：山东省潍坊市高密市井沟镇经济技术开发区7777号
…………………………Tel：0536-2616789
山东成杰葡萄酒业有限公司
地址：山东省潍坊市高密市醴泉街道傅沈屯村
…………………………Tel：0536-2800977
高密市百平百太粮酿酒业有限公司
地址：山东省潍坊市高密市柏城镇千渠路东首青檀园
…………………………Tel：0536-2891888
青州康贝尔饮食服务有限公司
地址：青州市何官镇政府驻地
…………………………Tel：0536-3236698
山东椰源世嘉食品饮料有限公司
地址：山东省潍坊市青州市益王府北路228号国程大福地75号楼2单元101
…………………………Tel：0536-3250825
山东金保罗食品饮料有限公司
地址：山东青州市经济开发区东京路4188号
…………………………Tel：0536-3250826
山东青州云门酒业（集团）有限公司
地址：山东省潍坊市青州市经济开发区益王府北路1999号
…………………………Tel：0536-3261519
潍坊金宝酿酒厂
地址：临朐县临九路86号
…………………………Tel：0536-3470283

潍坊山水酒业有限公司
地址：临朐县九山镇大花龙潭村（潍九路103公里处）
……………………Tel：0536-3498577
青州市华夏葡萄酿酒有限公司
地址：青州市东夏镇西荒村
……………………Tel：0536-3519016
青州虹升源饮品有限公司
地址：青州市经济开发区（东青高管局东）
……………………Tel：0536-3521666
山东青州龙威酒业有限公司
地址：青州市何官镇郭集村
……………………Tel：0536-3557519
山东百纳城酒庄葡萄酿酒有限公司
地址：青州市王坟镇郭庄村东100米
……………………Tel：0536-3559025
潍坊天利珍珠泉食品饮料有限公司
地址：临朐县冶源镇冶西村
……………………Tel：0536-3631883
青州大金星航空饮料有限公司
地址：青州市王坟镇
……………………Tel：0536-3731143
青州市水晶洞矿泉饮料有限公司
地址：青州市庙子镇三角地村
……………………Tel：0536-3788029
山东省青州市龙宫矿泉饮料总公司
地址：青州市庙子镇三角地村西
……………………Tel：0536-3788124
潍坊新一代食品饮料公司
地址：青州市弥河镇
……………………Tel：0536-3810158
山东施普乐生物医药有限公司
地址：山东省潍坊市安丘市新安街道黄山西街8号
……………………Tel：0536-4388888
安丘市阶阶高酒业有限公司
地址：安丘市景芝镇景酒大道
……………………Tel：0536-4611999
福克斯食品有限公司
地址：山东省安丘市景芝镇
……………………Tel：0536-4615189
潍坊柘山乡情生态农业开发有限公司
地址：安丘市柘山镇昌盛路北首
……………………Tel：0536-4866866
寿光金远东变性淀粉有限公司
地址：寿光市古城街道安顺街以北、兴源路以西
……………………Tel：0536-5185032
寿光凤沙氏果蔬饮料技术开发有限责任公司
地址：山东省潍坊市寿光市羊口向阳路以东渤海大道以北
……………………Tel：0536-5349588
山东得和明兴生物科技有限公司
地址：昌邑市夏店镇工业园区
……………………Tel：0536-5590260
拉图酒庄（高密）葡萄酿酒有限公司
地址：山东省潍坊市高密市井沟镇呼家庄产业园
……………………Tel：0536-5591558
高密夷安红庄园葡萄酿酒有限公司
地址：山东省潍坊市高密市井沟镇呼家庄产业园
……………………Tel：0536-5591558
潍坊欢乐海沙滩管理有限公司
地址：山东省潍坊市滨海区英豪商贸城9-002
……………………Tel：0536-5605662
山东路斯宠物食品股份有限公司
地址：寿光市羊口先进制造园区（中新路以南，船舶路以东）
……………………Tel：0536-5808788
富氏食品（中国）有限公司
地址：寿光市稻田镇（王望潍高路北侧）
……………………Tel：0536-5860568
诸城富维食品有限公司
地址：山东省潍坊市诸城市开发区历山路208号
……………………Tel：0536-6063817
诸城新奥燃气有限公司
地址：山东省潍坊市诸城市繁荣路311号
……………………Tel：0536-6080000
潍坊高崖仙月葡萄酒酿造有限公司
地址：潍坊市潍城经济开发区工业二街以北、创业路以东8号
……………………Tel：0536-6231159
潍坊古营春酿酒厂（普通合伙）
地址：潍坊市昌乐县城昌五路一中南
……………………Tel：0536-6259999
得利斯集团有限公司
地址：山东省潍坊市诸城市昌城镇
……………………Tel：0536-6339283
潍坊莱威纳啤酒文化发展有限公司
地址：山东省潍坊市诸城市人民东路26-31号
……………………Tel：0536-6583858
山东铭基中慧食品有限公司
地址：山东省潍坊市昌乐县
……………………Tel：0536-6853503
山东中凯兴业贸易广场有限公司
地址：潍坊市寒亭区海港路45000号
……………………Tel：0536-7289177
山东三元乳业有限公司
地址：潍坊市坊子区崇文街66号
……………………Tel：0536-7523628
山东景芝酒业股份有限公司
地址：安丘市景芝镇景阳街
……………………Tel：0536-8025186
瑞福油脂股份有限公司
地址：潍坊市东风西街8999号
……………………Tel：0536-8169568
山东泽润鸿食品股份有限公司
地址：山东省潍坊高新区瑞斯东街1399号综合服务楼
……………………Tel：0536-8186099
潍坊利维酵母有限公司
地址：潍坊滨海经济开发区珠江西四街西首
……………………Tel：0536-8676059
潍坊凯泽酿酒材料有限公司
地址：山东省潍坊市潍城区豪德光彩贸易广场E-1栋八街16号
……………………Tel：0536-8676059
青岛汇堡酿造酒业有限公司
地址：青岛平度市明村镇孙正西村
……………………Tel：0536-8782317
潍坊华一饮料有限公司
地址：潍坊市奎文区虞河路268号内3号楼501
……………………Tel：0536-8800299
潍坊弘润旅游发展有限公司
地址：山东省潍坊市滨海区海汇西路00099号潍坊达美水岸29号楼
……………………Tel：0536-8875515
潍坊东方大酒店有限公司
地址：潍坊市高新技术产业开发区东风东街181号
……………………Tel：0536-8881111
富维薄膜（山东）有限公司
地址：潍坊高新开发区东明路以东、卧龙东街以南
……………………Tel：0536-8884280
潍坊凉三九饮料有限公司
地址：潍坊高新区蓉花路78号
……………………Tel：0536-8884920
潍坊翔宇医药有限公司
地址：山东潍坊经济开发区民主街13699号3号楼
……………………Tel：0536-8901277
山东菱花味精股份有限公司
地址：济宁市高新区菱花路
……………………Tel：0537-2080233
济宁九龙贵和购物广场有限公司
地址：济宁市金宇路69号
……………………Tel：0537-2108759
济宁市中央百货有限责任公司
地址：济宁市太白楼中路
……………………Tel：0537-2216057
伟龙食品有限公司
地址：济宁经济开发区嘉新路西
……………………Tel：0537-2217838
山东济宁北湖文化旅游有限公司
地址：山东省济宁北湖省级旅游度假区景区四合院
……………………Tel：0537-2292656
山东济宁南阳湖农场有限公司
地址：济宁北湖省级旅游度假区石桥镇
……………………Tel：0537-2299811
济宁九龙贵和商贸集团有限公司
地址：山东省济宁市太白中路15号
……………………Tel：0537-2328858
济宁鸿润食品股份有限公司
地址：泗水县经济开发区圣源大道
……………………Tel：0537-3147858
山东鲁门春酒业有限公司
地址：济宁市兖州区经济开发区大丰路18号
……………………Tel：0537-3838999
山东雪花生物化工股份有限公司
地址：山东省济宁市高新区
……………………Tel：0537-3866285
济宁娃哈哈饮料有限公司
地址：泗水经济开发区泉福路以北，新城路以西
……………………Tel：0537-3903199
山东圣水峪矿泉水有限公司
地址：山东省济宁市泗水县圣水峪镇椿树沟村
……………………Tel：0537-4033866
山东省润和酒业有限公司
地址：山东省济宁市泗水县经济开发区金鑫路2号
……………………Tel：0537-4117888
泗水利丰食品有限公司
地址：泗水县杨柳镇
……………………Tel：0537-4213777
济宁市尼山小镇矿磁酒股份有限公司
地址：泗水县济河办珍珠泉路11号
……………………Tel：0537-4257111
山东味珍食品有限公司
地址：山东省济宁市泗水县城西开发区，泉福路17号
……………………Tel：0537-4369205
曲阜孔府家酒业有限公司
地址：曲阜市裕隆路9号
……………………Tel：0537-4413325
曲阜孔府家酒酿造有限公司
地址：曲阜市裕隆路9号
……………………Tel：0537-4413325
曲阜圣仁制药有限公司
地址：曲阜市书院工业园圣旺大道6号
……………………Tel：0537-4424999
曲阜三孔苏兰朵食品有限公司
地址：曲阜市洙河后街3号
……………………Tel：0537-4498088
曲阜尼山清泉饮品有限公司
地址：曲阜市息陬镇北元疃村
……………………Tel：0537-4625678
山东孔酒酿造有限公司
地址：曲阜市桧柏路1369号
……………………Tel：0537-4918768
山东鲁泰供应链物流有限公司
地址：鱼台县张黄镇工业园区
……………………Tel：0537-5126099
中铁建山东济徐高速公路济鱼有限公司
地址：山东省济宁市任城区永基城商业A座写字楼第16层、17层
……………………Tel：0537-5168383
济宁中科智能科技有限公司
地址：济宁高新区产学研基地A3栋
……………………Tel：0537-5171007
山东圣德国际酒店有限公司
地址：济宁市兖州区兖颜公路北侧327国道西侧
……………………Tel：0537-5177777
山东端信供应链管理有限公司
地址：山东省济宁市邹城市西外环路5288号
……………………Tel：0537-5910238
孔府宴酒业销售有限公司
地址：山东省济宁市鱼台县鱼丰路西198号（原县酿酒厂西厂区）$
……………………Tel：0537-6212088
山东圣琪生物有限公司
地址：山东省邹城工业园区幸福河路6789号
……………………Tel：0537-2910063
益海嘉里（兖州）粮油工业有限公司
地址：山东省济宁市兖州区益海路1号
……………………Tel：0537-6621825
山东梁山酿酒总厂有限公司
地址：梁山县银山路69号
……………………Tel：0537-7333022
曲阜尼山文化旅游投资发展有限公司
地址：曲阜市尼山镇南辛南村二胡同6号
……………………Tel：0537-7778899
山东微山湖酒业有限公司
地址：山东省微山县夏镇街道夏阳路西首
……………………Tel：0537-8224505
山东正劲饮料有限公司
地址：山东省泰安市宁阳县磁窑镇104国道以西、新蒙馆路以北
……………………Tel：0538-2055377
山东虎彩泰山印刷有限公司
地址：泰安市泰山区博阳路55号
……………………Tel：0538-2060688
山东行军食品饮料有限公司
地址：东平县东平镇驻地
……………………Tel：0538-2830001
山东肥城精制盐厂有限公司
地址：山东省泰安市肥城市边院镇
……………………Tel：0538-3251088
泰安大凡神农制药有限公司
地址：肥城市金牛山大街001号
……………………Tel：0538-3366168
泰安汇源食品饮料有限公司
地址：山东肥城市高新技术产业开发区
……………………Tel：0538-3398979
泰安市昌臻商贸有限公司
地址：泰安市泰山区福源嘉苑小区20号楼1-3室
……………………Tel：0538-5070611
山东诚品饮料有限公司
地址：宁阳经济开发区
……………………Tel：0538-5355855
山东泰山粮食储备集团有限公司
地址：山东省泰安市东岳大街西首（大河站东）
……………………Tel：0538-5363607
泰安市浩翔酒业有限公司
地址：宁阳县葛石镇官庄村地址：
……………………Tel：0538-5413333
山东金彩山酒业有限公司
地址：宁阳县城文化路2号地址：
……………………Tel：0538-5518869
旱天下酒业有限公司
地址：山东省泰安市宁阳县文庙街道办事处建设路南首山东凌云物流有限公司院内
……………………Tel：0538-5639908
泰安市泓和葡萄酒业有限公司
地址：山东省泰安市岱岳区徂徕镇北望村
……………………Tel：0538-6120209
中国石化山东泰山石油股份有限公司
地址：山东省泰安市东岳大街369号
……………………Tel：0538-6269602
泰安市联强远大建筑工业科技有限公司
地址：山东省泰安市岱岳区满庄镇东大化工以东兴业大街以北
……………………Tel：0538-6306068
泰山酒业集团股份有限公司
地址：泰安市龙潭路泮河桥南
……………………Tel：0538-6612971
山东泰山生力源集团股份有限公司
地址：泰安市高新区北天门大街
……………………Tel：0538-6615060
泰安市安杰锅炉有限公司
地址：山东省泰安市岱岳区山口镇冶庄村
……………………Tel：0538-6630321
山东梁父山酿酒有限公司
地址：新泰市中西杏山坡西
……………………Tel：0538-7060016
山东众客食品有限公司
地址：山东省泰安市新泰市汶南镇工业园
……………………Tel：0538-7281667
山东汶阳春酒业有限公司
地址：新泰市莲花山路1号
……………………Tel：0538-7282199
山东宝来利来生物工程股份有限公司
地址：山东省泰安市泰山区擂鼓石东大街28号
……………………Tel：0538-8068012
山东健源生物科技有限公司
地址：泰安市泰山区南关大街214号
……………………Tel：0538-8095686
山东岱岳制盐有限公司
地址：泰安市大汶口石膏工业园区
……………………Tel：0538-8160666
泰安市泰山缘酒厂
地址：泰安市岱岳区夏张镇
……………………Tel：0538-8312999
泰安蓝海御华大饭店有限公司
地址：泰安市东岳大街以北迎春路公园以东
……………………Tel：0538-8319999
山东泰开电力建设工程有限公司
地址：山东省泰安市开发区中天门大街
……………………Tel：0538-8930225
泰安市宝泰隆泰山地下大裂谷旅游开发有限责任公司

地址：泰安市泰山区邱家店镇
…………Tel：0538-8662795

莒南县美达电力实业有限公司
地址：山东省临沂市莒南县经济开发区西五路北
…………Tel：0539-2078732

山东汇源食品饮料有限公司
地址：山东平邑经济开发区
…………Tel：0539-2090677

山东亲情沂蒙旅游有限公司
地址：沂水县沂水镇东院村（雪山景区）
…………Tel：0539-2222378

山东泓达生物科技有限公司
地址：沂水县工业园
…………Tel：0539-2237968

山东鼎邦健康食品有限公司
地址：沂水县四十里堡镇驻地（火车站北侧）
…………Tel：0539-2307777

马奇（山东）食品有限公司
地址：沂水县长安北路685号
…………Tel：0539-2311640

临沂大林食品股份有限公司
地址：临沂市河东区八湖镇郭圪墩村
…………Tel：0539-2457799

山东龙冈旅游股份有限公司
地址：沂水县南二环与西二环交汇处
…………Tel：0539-2553903

山东沂蒙山酒业有限公司
地址：沂水县院东头乡驻地
…………Tel：0539-2597888

临沂市仁和堂医药（连锁）有限公司
地址：临沂经济技术开发区沂河路中段北侧
…………Tel：0539-2650352

兰陵县宗山泉饮料有限公司
地址：山东省临沂市兰陵县大仲村镇陶屯村东南（临枣铁路西侧）
…………Tel：0539-3811333

蒙阴佳美包装有限公司
地址：山东省临沂市蒙阴县蒙阴街道汶河三路鲁和园院内
…………Tel：0539-4278899

临沂市康发食品饮料有限公司
地址：平邑县地方镇驻地
…………Tel：0539-4392088

山东蒙水食品集团有限公司
地址：平邑县地方镇驻地
…………Tel：0539-4399999

临沂鲁蒙万寿泉饮料有限公司
地址：山东省临沂蒙山旅游度假区柏林镇柘沟村
…………Tel：0539-4406766

山东蒙山酿酒有限公司
地址：蒙阴县城兴隆路13号
…………Tel：0539-4810159

鲁南新时代生物技术有限公司
地址：山东费县北外环路1号
…………Tel：0539-5030568

临沂超越电力建设有限公司
地址：临沂市兰山区金雀山四路２０号
…………Tel：0539-5276465

山东兰陵美酒股份有限公司
地址：山东省临沂市兰陵县兰陵镇
…………Tel：0539-5581308

山东滔达饮料有限公司
地址：山东费县上冶镇
…………Tel：0539-5811998

费县天然古泉饮料有限公司
地址：山东省临沂市费县上冶镇玉泉路18号
…………Tel：0539-5815885

国药控股鲁南有限公司
地址：临沂市经济开发区沂河东路101号
…………Tel：0539-6019001

山东郯城酒厂
地址：郯城县郯东路165号
…………Tel：0539-6107998

郯城县郯南饮料食品厂
地址：郯东路83号
…………Tel：0539-6221654

山东米兜熊食品有限公司
地址：山东省临沂市郯城县经济开发区郯马大道26号
…………Tel：0539-6779098

临沂山松生物制品有限公司
地址：临沂市兰山区金锣科技园
…………Tel：0539-7057757

临沂江泉肉制品有限公司
地址：山东省临沂市罗庄区沈泉庄
…………Tel：0539-7106233

名门世家酒业有限公司
地址：山东省临沂市兰陵县东环路与郯薛路交汇处北300米路东
…………Tel：0539-7161105

萧府酒业有限公司
地址：贵州省遵义市仁怀市中枢街道茅台路社区国酒新城一期五栋23-2号
…………Tel：0539-7161105

山东阜丰发酵有限公司
地址：山东省莒南县城淮海路西段
…………Tel：0539-7212351

翔宇药业股份有限公司
地址：临沂经济技术开发区翔宇路30号
…………Tel：0539-7253809

山东省鲁南眼科医院有限公司
地址：山东省临沂市兰山区育才路109号门诊楼一楼内部西侧101、102房间
…………Tel：0539-7326906

山东天蒙旅游开发有限公司
地址：山东省临沂市费县薛庄镇谭家村777号
…………Tel：0539-7632102

山东一方制药有限公司
地址：山东省临沂市经济开发区联邦路
…………Tel：0539-7701631

山东醉三国酒业有限公司
地址：县城北外环路东首
…………Tel：0539-7909779

青岛留苑酒业有限公司
地址：山东省青岛市城阳区夏庄街道王家曹村167号
…………Tel：0539-7923988

山东天同食品有限公司
地址、河东区凤凰大街中段
…………Tel：0539-8083988

仁宏医药有限公司
地址：临沂市考棚街45号
…………Tel：0539-8186565

上药罗欣医药（山东）有限公司
地址：山东省临沂市罗庄区罗庄街道湖西路与龙潭路交汇处
…………Tel：0539-7086295

山东天佑康健饮料有限公司
地址：山东省临沂市费县费城街道办事处泉盛村
…………Tel：0539-8297277

山东兰华集团股份有限公司
地址：临沂市兰山区解放路315号
…………Tel：0539-8350791

山东物商集团有限公司
地址：山东省临沂市罗庄区盛庄街道清河南路
…………Tel：0539-8590591

山东森森源食品饮料有限公司
地址：山东省临沂市郯城县国有清泉寺林场场部西1000米
…………Tel：0539-8697999

临沂市三和实业发展有限公司
地址：山东省临沂市兰山区北城新区北京路17号行政服务中心
…………Tel：0539-8727295

山东临沂新闻大厦有限公司
地址：临沂市金雀山路6号
…………Tel：0539-8963700

山东克里特皇家金葡萄酿酒有限公司
地址：无棣县工业园
…………Tel：0543-2258889

山东齐国盛世酒业酿造有限公司
地址：滨州市博兴县锦秋街道清河二路29号
…………Tel：0543-2330111

山东省博兴县清源酒业酿造有限公司
地址：博兴县湖滨工业园
…………Tel：0543-2360199

山东省博兴县董王白酒酿造有限公司
地址：博兴县乔博路11KM处
…………Tel：0543-2510111

山东香驰粮油有限公司
地址：山东省滨州市博兴县工业园
…………Tel：0543-2617798

滨州银座商城有限公司
地址：滨州市黄河四路539号
…………Tel：0543-3226009

滨州大润发商业有限公司
地址：滨州市黄河六路与渤海七路交叉口东南角
…………Tel：0543-3226722

山东三元生物科技股份有限公司
地址：滨州市滨北张富路89号
…………Tel：0543-3529818

青岛小罐啤酒业有限公司
地址：山东省青岛市黄岛区金沙滩路178号
…………Tel：0543-3792266

山东天河泉生物科技有限公司
地址：山东省滨州市邹平县黛溪街道办事处东明社区黛溪三路东侧东升花苑
…………Tel：0543-4335111

邹平泰康生物饲料有限公司
地址：邹平县临池镇驻地
…………Tel：0543-4532377

邹平天淇食品科技有限公司
地址：山东省滨州市邹平县西董街道办事处驻地
…………Tel：0543-4563238

天地缘酒业有限公司
地址：山东省邹平市西董街道办事处驻地
…………Tel：0543-4563219

邹平市迪乐福食品饮料有限公司
地址：山东省邹平市孙镇驻地
…………Tel：0543-4661199

邹平西王玉米油有限公司
地址：山东省邹平市韩店镇驻地西王中心路西段
…………Tel：0543-4866666

山东荣亚生物科技有限公司
地址：山东省滨州市惠民县辛店镇陶家坊村
…………Tel：0543-5057789

滨州高盛食品有限公司
地址：山东滨州高新区小营办事处新兴路501号
…………Tel：0543-5161807

山东一品液酿酒有限公司
地址：惠民县北门街73号
…………Tel：0543-5370608

滨州市无棣旭辉酿酒有限公司
地址：山东省滨州市无棣县棣新四路2-9号
…………Tel：0543-6345678

山东华义玉米科技有限公司
地址：邹平县焦桥镇驻地
…………Tel：0543-7059810

山东良友食品饮料有限公司
地址：山东省滨州市沾化区富源街道富国路1169号
…………Tel：0543-7322188

山东天宏新能源化工有限公司
地址：博兴县开发区博城五路东首
…………Tel：0543-8130266

滨州建业仓储物流有限公司
地址：滨州市经济开发区长江三路518号
…………Tel：0543-8181228

山东垦利石化集团有限公司
地址：山东省东营市垦利区胜兴路1001号
…………Tel：0546-2528141

山东金顺油品集团有限公司
地址：东营区西二路588号
…………Tel：0546-6093737

富海能源服务连锁有限公司
地址：东营市河口区黄河路37号富海大厦901室
…………Tel：0546-6381389

富友联合澳亚乳业有限公司
地址：山东省东营市河口区仙河镇兴港路以南、新卫东河以西
…………Tel：0546-7711661

东营市千里马酒业有限公司
地址：山东省东营市河口区孤岛镇济南军区生产基地一团（军马总场）
…………Tel：0546-7718615

山东蓝海酒店管理股份有限公司
地址：东营区新区黄河路以北、庐山路以西
…………Tel：0546-8151779

胜利油田富邦实业有限责任公司
地址：东营市东安镇
…………Tel：0546-8728024

山东天地阳光饮料有限公司
地址：东营市东营区北二路以北、天正大厦附属综合楼
…………Tel：0546-8822222

威海海源电力工程有限公司
地址：威海市昆明路21号
…………Tel：0631-2573707

山东安然纳米实业发展有限公司
地址：威海经济技术开发区环山路610号
…………Tel：0631-3560909

海泰和信集团有限公司
地址：山东省威海市文登经济开发区广州东路58-1号
…………Tel：0631-3589778

中粮食品（山东）有限公司
地址：山东省威海市文登经济开发区文昌路
…………Tel：0631-3589997

荣成皇朝马汉外贸综合服务有限公司
地址：荣成市峨石山路1号
…………Tel：0631-3787037

迪沙药业集团山东迪沙医药营销有限公司
地址：山东省威海市文登经济开发区广州东路69号
…………Tel：0631-3857027

迪沙药业集团有限公司
地址：威海经技区青岛南路-1-4号
…………Tel：0631-3857207

威海港集团有限公司
地址：山东省威海经济技术开发区海埠路-288-4号
…………Tel：0631-5236799

北京燃气集团山东有限公司
地址：威海市重庆街112号
…………Tel：0631-5289058

山东威海卫葡萄酿酒有限公司
地址：山东省威海市临港经济技术开发区汪疃镇永兴路47号
…………Tel：0631-5379989

威海紫光科技园有限公司
地址：山东省威海市经济技术开发区崮山镇东安路179-1、179-2、179-8号
…………Tel：0631-5381962

威海威高齐全医疗设备有限公司
地址：威海临港经济技术开发区草庙子镇棋山路566-1号
…………Tel：0631-5587638

威海国际物流园股份有限公司
地址：威海临港经济技术开发区福州路11号
…………Tel：0631-5589801

山东威高医药有限公司
地址：山东省威海市火炬高技术产业开发区初村镇威高路1号
…………Tel：0631-5652375

威海远航科技发展股份有限公司
地址：威海市唐山路-19-3号
…………Tel：0631-5661516

威海拉漫酒庄有限公司
地址：山东省威海临港经济技术开发区苘山镇大草场村75号
…………Tel：0631-5686875

威海金海湾国际饭店有限公司
地址：威海高技术产业开发区环海路128号
…………Tel：0631-5688777

华夏文化旅游集团股份有限公司
地址：山东省威海市环翠区华夏生态园-91号
…………Tel：0631-5906488

威海佳康食品有限公司
地址：威海经济技术开发区齐鲁大道53号
…………Tel：0631-5925528

乳山华信食品有限公司
地址：山东省威海市乳山市经济开发区创业二路77号
…………Tel：0631-6327360

乳山中诚果汁饮料有限公司
地址：山东省威海市乳山市徐家镇镇政府东
…………Tel：0631-6624346

山东台依湖葡萄酒业股份有限公司
地址：山东省威海市乳山市夏村镇台依湖西侧
…………Tel：0631-6906677

山东好当家海洋发展股份有限公司
地址：荣成市虎山镇沙咀子
…………Tel：0631-7438523

山东海之宝海洋科技有限公司
地址：山东省威海市荣成市凭海东路259号
…………Tel：0631-7500999

山东威豪葡萄酿酒有限公司
地址：威海临港经济技术开发区威浩路9号
……………………Tel：0631-8560768

威海国际机场集团有限公司
地址：山东省威海市环翠区竹岛街道青岛北路24号
……………………Tel：0631-8640016

山东羊庄千泉饮料有限公司
地址：山东省枣庄市市中区君山路中天步行街K街（现12号楼）3层304号
……………………Tel：0632-2921289

枣庄力源电力工程集团有限公司
地址：山东省枣庄市高新区泰山北路3177号
……………………Tel：0632-3237020

枣庄天润食品饮料有限公司
地址：枣庄经济开发区谷山路9-1号
……………………Tel：0632-3759555

山东沃弗生物工程股份有限公司
地址：枣庄市市中区农业高科技示范园
……………………Tel：0632-3863071

苏鲁海王医药集团有限公司
地址：山东省枣庄市高新区光明大道X2999号
……………………Tel：0632-5200510

山东南海亚龙食品饮料有限公司
地址：滕州市洪绪工业园区内（东张楼村）
……………………Tel：0632-5770668

枣庄市古镇酿酒有限公司
地址：枣庄市台儿庄区文化东路东首（原台儿庄区酿酒总厂）
……………………Tel：0632-6815999

三主粮（枣庄）食品饮料有限公司
地址：枣庄市峄城区阴平镇罗庄驻地
……………………Tel：0632-7538822

枣庄伟宸食品饮料有限公司
地址：山东省枣庄市薛城区周营镇邵楼村（水利站院内）
……………………Tel：0632-7625277

枣庄吉霞食品饮料有限公司
地址：枣庄市峄城榴园镇吴庄村科达2号
……………………Tel：0632-7758889

山东青檀酒业有限公司
地址：峄城区凤凰路93号(吴林乡杨楼)
……………………Tel：0632-7798298

山东加乐宝食品饮料有限公司
地址：枣庄市峄城区工业园跃进路中段
……………………Tel：0632-8029718

汉诺联合集团汉诺葡萄酒有限公司
地址：枣庄市山亭经济开发区黄河东路南
……………………Tel：0632-8867682

日照隆堡商贸有限公司
地址：山东省日照市东港区枣庄路北首
……………………Tel：0633-2228309

山东酿工坊酒业有限公司
地址：山东省日照市东港区秦楼街道海曲新村三区南沿街11B-2
……………………Tel：0633-2273291

山东丰华塑胶科技有限公司
地址：山东省日照市经济开发区深圳路东段
……………………Tel：0633-2930509

邦基三维油脂有限公司
地址：山东省日照市经济开发区海滨五路159号
……………………Tel：0633-3988872

山东绿色庄园葡萄酿酒股份有限公司
地址：日照市北经济开发区绿色庄园大道1号
……………………Tel：0633-5538777

山东渔海樵山酿酒科技有限公司
地址：山东省日照市东港区连云港路129号
……………………Tel：0633-5690333

国美葡萄酒业有限公司
地址：山东省日照市莒县故城中路南侧浮来春酿酒公司院内
……………………Tel：0633-6668702

君子葡萄酒业有限公司
地址：山东省日照市莒县故城中路南侧浮来春酿酒公司院内
……………………Tel：0633-6668702

浮来春酒店有限公司
地址：山东省日照市经济开发区大连路588号
……………………Tel：0633-6668702

君子庄园酒业有限公司
地址：山东省日照市莒县故城中路南侧（浮来春酿酒公司院内）
……………………Tel：0633-6668702

泰山十八盘酒业有限公司
地址：山东省日照市莒县城阳街道信中路355号
……………………Tel：0633-6668702

三生缘酒业股份有限公司
地址：山东省日照市莒县故城中路南侧浮来春酿酒公司院内1号楼1-102
……………………Tel：0633-6668702

浮来春集团股份有限公司
地址：日照莒县故城中路
……………………Tel：0633-6882515

日照市百花园饮料食品有限公司
地址：日照国际工业苑（河山镇驻地南）
……………………Tel：0633-7078658

浮来春科技发展有限公司
地址：山东省日照市莒县经济开发区莒州路与日照路交叉口北600米路西
……………………Tel：0633-7775678

国富城投有限公司
地址：山东省日照市莒县经济开发区莒州北路与日照东路交叉口北600米路西
……………………Tel：0633-7775678

日照机场建设投资有限公司
地址：山东省日照市莒县经济开发区城阳路以西淄博路以南鼎昌铁塔厂西对过
……………………Tel：0633-7999927

山东日照酿酒（集团）总厂
地址：山东省日照市经济开发区深圳西路89号
……………………Tel：0633-8222012

山东岚桥集团有限公司
地址：山东省日照市岚山阿掖山北路以北黄海路以南
……………………Tel：0633-2660999

德乐食品饮品配料（日照）有限公司
地址：日照经济开发区食品产业园三亚路1号
……………………Tel：0633-8369388

日照棕酒生物科技有限公司
地址：山东省日照高新区河山工业园（山海三路以北）
……………………Tel：0633-2240077

日照市山海海洋旅游产业开发有限公司
地址：山东省日照市东港区碧海路88号
……………………Tel：0633-8993668

山东生态洁环保科技有限公司
地址：山东省济南市莱芜区张家洼街道办事处鹿鸣路北首
……………………Tel：0634-6273212

山东王城精酿啤酒有限公司
地址：山东省莱芜市雪野旅游区雪野村防汛路9号
……………………Tel：0634-76559999

山东聊城科源食品饮料有限公司
地址：山东省聊城市东昌府区凤凰工业园纬三路17号
……………………Tel：0635-2112878

阳谷县陈酿酒业有限公司
地址：阳谷县寿张镇驻地
……………………Tel：0635-2159999

山东东阿胶城阿胶生物技术有限公司
地址：山东省聊城市东阿县鱼山镇大刘村南铜鱼路东
……………………Tel：0635-2177799

山东嘉华保健品股份有限公司
地址：莘县鸿图街19号
……………………Tel：0635-2909009

东阿县含冰笑饮料有限公司
地址：东阿县铜城街道办事处迟庄村
……………………Tel：0635-3278575

东阿生力源阿胶股份有限公司
地址：东阿县大桥镇驻地
……………………Tel：0635-3585858

高唐县快乐娃饮料食品有限公司
地址：高唐县人和街道办事处林寨工业园
……………………Tel：0635-3673228

山东大奥酒业有限公司
地址：高唐县赵寨子镇北段316国道西侧
……………………Tel：0635-3903009

山东奥博生物科技有限公司
地址：高唐县经济技术开发区超越路北首路南
……………………Tel：0635-3961001

纷美包装（山东）有限公司
地址：山东省高唐县官道街北首
……………………Tel：0635-3961380

山东省高唐蓝山集团总公司
地址：高唐县滨湖北路2号
……………………Tel：0635-3962177

山东齐鲁生物科技集团有限公司
地址：茌平齐鲁生态工业园
……………………Tel：0635-4232231

山东东阿百年堂阿胶生物制品股份有限公司
地址：东阿县阿胶街东首路南
……………………Tel：0635-5015829

华润雪花啤酒（聊城）有限公司
地址：聊城市经济开发区辽河路北
……………………Tel：0635-5050998

山东亚龙酿酒有限公司
地址：冠县冠城镇前张义堡（冠莘路北首路东）
……………………Tel：0635-5231678

山东聊城阿华制药股份有限公司
地址：聊城市高新技术产业开发区天津路东首
……………………Tel：0635-6057027

莘县华祥盐化有限公司
地址：莘县古云经济技术开发区
……………………Tel：0635-6172111

山东凤祥实业有限公司
地址：山东省阳谷县安乐镇刘庙村
……………………Tel：0635-7136034

山东凤祥食品发展有限公司
地址：山东省阳谷县刘庙
……………………Tel：0635-7136062

山东莘县牧原农牧有限公司
地址：山东省聊城市莘县徐庄镇324省道与德上高速交叉口西200米路北
……………………Tel：0635-7388809

聊城早八点食品有限公司
地址：莘县莘张路中段（本斋中学北临）
……………………Tel：0635-7692628

聊城荣盛房地产开发有限公司
地址：山东省聊城市东昌府区古楼街道楼东大街9号
……………………Tel：0635-8930010

河南省

民权果之缘饮品有限公司
地址：民权县人和镇工业园区310国道北侧
……………………Tel：0370-2060369

民权龙邑葡萄酒业有限公司
地址：民权县南环路南侧
……………………Tel：0370-2069966

商丘市路通实业公司
地址：商丘市新建南路105号
……………………Tel：0370-3100507

商丘市饮之健生物科技有限公司
地址：商丘市睢阳区金桥路（商丘生态食品产业园）
……………………Tel：0370-3362581

白象食品集团（河南）面业有限公司
地址：商丘市梁园区谢集镇
……………………Tel：0370-3601176

河南科迪乳业股份有限公司
地址：河南省虞城县产业集聚区工业大道18号
……………………Tel：0370-4218897

宁陵牧原农牧有限公司
地址：宁陵县城郊乡宁孔路东侧、闽江路北侧
……………………Tel：0370-5026988

五得利集团商丘面粉有限公司
地址：商丘市梁园区产业集聚区农副产品加工园区（310国道与水源路交叉口东南角）
……………………Tel：0370-6011801

夏邑县超威食品饮料有限公司
地址：夏邑县产业集聚区跨越大道西段路北1号
……………………Tel：0370-6788799

河南省张弓镇五酿酒业有限公司
地址：宁陵县张弓镇
……………………Tel：0370-7601123

睢县巨人园生物科技食品饮料有限公司
地址：睢县文化路中段
……………………Tel：0370-8168798

豫粮控股睢县酿酒有限公司
地址：睢县付楼（河集乡付楼村西北角）
……………………Tel：0370-8180555

睢县豫粮酒销售有限公司
地址：睢县河集乡付楼村西北角
……………………Tel：0370-8151668

河南万宝股份有限公司
地址：河南自贸试验区开封片区八大街与安康路交汇处A区万宝大厦（经营场所：开封市大梁路98号）
……………………Tel：0371-22616616

开封市三锋食品饮料有限公司
地址：尉氏县大营东开发区
……………………Tel：0371-23205510

北京汇源集团开封有限公司
地址：开封市宋城路以南、二号路以西
……………………Tel：0371-23688501

开封雏鹰肉类加工有限公司
地址：尉氏县产业集聚区福园路西段
……………………Tel：0371-23733113

开封万家食品饮料有限公司
地址：开封黄龙产业集聚区2号
……………………Tel：0371-26689689

兰考县路易葡萄酿酒有限公司
地址：兰考县开兰路三义寨东
……………………Tel：0371-26925123

开封力嘉食品科技有限公司
地址：河南省开封市尉氏县尉北科技食品工业园区皓月大道66号
……………………Tel：0371-27407701

开封市情有独钟食品饮料有限公司
地址：杞县西开发区经二路中段
……………………Tel：0371-28916101

河南豫粮酒销售有限公司
地址：河南自贸试验区郑州片区（郑东）福禄街108号河南商会大厦18层08号
……………………Tel：0371-53696519

郑州金融岛建设发展集团有限公司
地址：河南省郑州市郑东新区北三环与九如路交叉口东北角北龙湖金融岛生活区北一排二号102室
……………………Tel：0371-55115368

郑州露露饮料有限公司
地址：郑州经济技术开发区第十四大街72号
……………………Tel：0371-55182327

植朴磨坊食品（郑州）有限公司
地址：郑州经济技术开发区经开第十五大街以西、航海东路以南
……………………Tel：0371-55523000

郑州青春饮料有限公司
地址：郑州市二七区大学路35号院升龙天玺1号院1号楼1506号
……………………Tel：0371-55611776

天地民生医药集团有限公司
地址：郑州经济技术开发区前程大道345号院2栋及办公大楼一层西侧、四层、五层
……………………Tel：0371-55615868

永辉超市河南有限公司
地址：郑州市二七区大学路30号
……………………Tel：0371-55918371

益海嘉里（郑州）食品工业有限公司
地址：郑州经济技术开发区经北四路155号
……………………Tel：0371-55981609

中国机械工业国际合作有限公司
地址：河南省郑州市郑东新区地润路18号A座
……………………Tel：0371-55983603

河南省山河宾馆有限责任公司
地址：郑州市纬五路１１号山河宾馆
……………………Tel：0371-56166270

河南省中大门网络科技集团有限公司
地址：郑州市经济技术开发区航海东路1508号
……………………Tel：0371-56522059

河南广播电视网络股份有限公司
地址：郑州市金水区经五路66号省新闻出版局南楼
……………………Tel：0371-56536018

中粮（郑州）粮油工业有限公司
地址：郑州经济技术开发区航海东路1746号
……………………Tel：0371-56976056

河南海王医药集团有限公司
地址：河南自贸试验区郑州片区（郑东）康宁街96号2单元1901、1911、1912、2007、2008、2105-2111

……Tel：0371-58557779

山东东明石化集团河南销售有限公司
地址：河南自贸试验区郑州片区（郑东）商都路100号1号楼2单元19层1913号
……Tel：0371-58558510

郑州市水之青饮料有限公司
地址：河南省郑州市惠济区大河路办事处西牛庄54号
……Tel：0371-60988448

河南优德医疗设备股份有限公司
地址：尉氏县新尉工业园区优德大道1号
……Tel：0371-61172905

郑州新亚保食品饮料有限公司
地址：新郑市孟庄镇新孟公路西侧（双湖大道北侧1500米）
……Tel：0371-62466083

河南省鸡蛋妹食品饮料有限公司
地址：新郑市辛店镇工业区
……Tel：0371-62522989

雏鹰农牧集团股份有限公司
地址：新郑市薛店镇
……Tel：0371-62581338

新郑市天泉矿泉水饮料有限公司
地址：新郑市辛店镇驮窑村
……Tel：0371-62669333

登封市嵩源矿泉水饮料有限公司
地址：登封市君召乡山范村
……Tel：0371-62770215

河南华益药业有限责任公司
地址：郑州市货栈北街2号
……Tel：0371-63358999

郑州市家乐食品饮料有限公司
地址：郑州市惠济区古荥镇古荥西街炮营对面
……Tel：0371-63784093

今麦郎饮品（郑州）有限公司
地址：河南省巩义市生态经济园区神堤大道1号
……Tel：0371-64152333

河南瑞盛食品有限公司
地址：荥阳市科技工业园区京城路东侧
……Tel：0371-64616017

河南花花牛乳业有限公司
地址：郑州市金水区晨旭路68号
……Tel：0371-65726083

河南郑州建国饭店有限公司
地址：河南省郑州市金水区未来路街道办事处金水路272号
……Tel：0371-65792222

郑州市盐业公司
地址：郑州市经济技术开发区郑州国际物流园区前程大街北段路东
……Tel：0371-66220061

河南省医药药材集团有限公司
地址：郑州市金水路９６号
……Tel：0371-66222462

河南省郑州市新华书店有限公司
地址：郑州市金水区西太康路19号
……Tel：0371-66248572

河南省医药有限公司
地址：郑州市管城回族区货站街149号
……Tel：0371-66328997

河南朝阳沟酒业有限公司
地址：河南自贸试验区郑州片区（郑东）商鼎路78号3号楼2单元7层723号
……Tel：0371-66369856

河南省顺康医药有限责任公司
地址：郑州市城东南路４４号
……Tel：0371-66814818

河南迈乐加餐厅食品有限公司
地址：郑州市金水区经三路66-68号金成国际广场一楼
……Tel：0371-66900552

郑州全星饮料有限公司
地址：郑州高新技术开发区红叶路18号
……Tel：0371-67507378

河南中原铁道旅游集团有限责任公司
地址：郑州市二七区庆丰街6号
……Tel：0371-68321259

河南省永和铂爵国际酒店有限公司
地址：郑州市郑东新区金水东路21号
……Tel：0371-68663069

河南新天福饮料有限公司
地址：新密市城关镇高沟村
……Tel：0371-69982000

登封市嵩泉酿酒有限公司
地址：登封市大冶镇塔庙
……Tel：0371-85505068

河南省康信医药有限公司
地址：郑州经济技术开发区第四大街133号蓬勃大厦第3-5层
……Tel：0371-85511000

河南君和环保科技有限公司
地址：郑州高新技术产业开发区冬青街26号9号楼13层1301室
……Tel：0371-85965706

郑州百事饮料有限公司
地址：郑州经济技术开发区第十四大街以东、十五大街以西
……Tel：0371-86056789

郑州润瑞商业有限公司
地址：郑州市紫荆山路与陇海路交汇处东北角
……Tel：0371-86105620

中国广电河南网络有限公司
地址：郑州市金水区未来路104号广电大厦
……Tel：0371-86071538

河南人福医药有限公司
地址：郑州市经济技术开发区第五大街160号
……Tel：0371-87071951

河南高速公路发展有限责任公司
地址：郑州市淮河东路１９号
……Tel：0371-87165116

许昌泰牛维他命饮料有限公司
地址：河南省许昌市鄢陵县产业集聚区创业大道南段800米路东
……Tel：0371-88882998

河南科智人力资源服务有限公司
地址：河南省郑州市中原区淮河路131号中原农科楼6层
……Tel：0371-88885122

河南正弘商业管理有限公司
地址：郑州市金水区花园路126号正弘城负一至八楼
……Tel：0371-88920535

河南童联孩子王儿童用品有限公司
地址：郑州市二七区大学南路8号万达广场娱乐城Z-3F-A-B
……Tel：0371-89916792

安阳市豫北酿酒有限责任公司
地址：北关区安漳路23号
……Tel：0372-2259009

安阳市宋氏饮料有限公司
地址：安阳市北关区十里铺工业园
……Tel：0372-2260056

安阳市双翔食品饮料有限责任公司
地址：安阳市城乡一体化示范区高庄工业园区
……Tel：0372-2782900

安钢集团附属企业有限责任公司
地址：安阳市殷都区钢一路46号
……Tel：0372-3124828

上海安丁生物（汤阴）药业有限公司
地址：汤阴县产业集聚区兴隆路南段
……Tel：0372-3802688

安阳市水之源饮料食品有限公司
地址：安阳市殷都区武官村397号
……Tel：0372-3922216

河南省安鼎饮料有限公司
地址：安阳市殷都区安钢大道西段943号
……Tel：0372-3959009

国药控股安阳有限公司
地址：安阳市北关区化工路与邺城大道交叉口东南角
……Tel：0372-5057150

河南省太行青饮料有限公司
地址：河南省安阳市林州市龙山街道东街村507号
……Tel：0372-6097888

益海嘉里（安阳）食品工业有限公司
地址：汤阴县食品工业园区工纵二路
……Tel：0372-6256789

河南哈哈湖饮料有限公司
地址：林州新河公路北段
……Tel：0372-6527111

河南巴伦啤酒有限公司
地址：城郊乡上庄村
……Tel：0372-6870059

河南冬夏食品饮料有限公司
地址：内黄县城东环路中段
……Tel：0372-7752389

河南省冬夏酿酒有限公司
地址：内黄县城东环路中段
……Tel：0372-7752467

安阳市安氏春天饮品有限公司
地址：内黄县井店镇
……Tel：0372-7923289

滑县牧原农牧有限公司
地址：滑县新区南六环北侧水厂路东侧
……Tel：0372-8626166

百威（信阳）啤酒有限公司
地址：信阳市平桥区　河南路9号（雷山村）
……Tel：0373-2178587

新乡娃哈哈昌盛饮料有限公司
地址：新乡市开发区道清路208号
……Tel：0373-3522671

大商集团（新乡）新生活时代广场购物有限公司
地址：新乡市平原路139号
……Tel：0373-3737799

河南中富饮料有限公司
地址：河南省新乡市卫辉市唐庄镇农业路与S307交叉路口向南50米路西1号
……Tel：0373-5260601

新乡市吴铮饮料食品有限公司
地址：新乡市新秀公路100号（大块镇政府东200米）
……Tel：0373-5411666

上海凯宝新谊（新乡）药业有限公司
地址：新乡经济开发区青龙路399号
……Tel：0373-5589188

河南凯帝食品饮料有限公司
地址：辉县市孟庄镇郭村
……Tel：0373-6069655

新乡拓新药业股份有限公司
地址：新乡市高新区静泉西路398号
……Tel：0373-6351898

河南润禾贰拾肆小时医药连锁有限公司
地址：新乡市红旗区工业园区海马路03号（2）房
……Tel：0373-7115072

河南海华医药物流有限公司
地址：新乡市红旗区工业园区海马路03号
……Tel：0373-7169106

新乡市三元食品有限公司
地址：新乡市原阳县原阳工业区南二环路1号
……Tel：0373-7522008

河南大桥石化股份有限公司
地址：新乡市平原示范区桥北乡马庄村（107国道西侧）
……Tel：0373-7594899

新乡市宝芝林生物科技有限公司
地址：封丘县城工业路与工业二路交叉口
……Tel：0373-8252268

禹州市银梅饮料有限公司
地址：禹州市城西区园区大道1号
……Tel：0374-6067088

河南康健医药药材股份有限公司
地址：河南省许昌市禹州市轩辕大道与智慧大道交叉口南50米
……Tel：0374-2766966

许昌中原国际饭店有限公司
地址：许昌市建安大道东段
……Tel：0374-8525656

平顶山华辰电力集团有限公司
地址：河南省平顶山市湛河区东风路2号
……Tel：0375-7663667

河南省养生坊食品饮料有限公司
地址：郑州高新技术产业开发区翠竹街1号2幢6层601室
……Tel：0375-3312858

河南省中原红饮料有限公司
地址：郏县经济开发区
……Tel：0375-3359777

国药控股平顶山有限公司
地址：河南省平顶山市建设路东段路南619号（平顶山日报社印刷厂东邻）
……Tel：0375-3835698

圣光集团医药物流有限公司
地址：郏县城东高速引线北侧
……Tel：0375-5175001

河南天润真露饮料有限公司
地址：郏县渣元乡郏景路南段路西
……Tel：0375-5565000

河南伊利乳业有限公司
地址：平顶山市宝丰县郏宝路６６号
……Tel：0375-6318837

河南尧香酒业有限公司
地址：河南省平顶山市宝丰县杨庄镇产业集聚区兴宝一路1号
……Tel：0375-6400808

河南欣顺昊商贸有限公司
地址：河南省平顶山高新区平叶路与开发二路交叉口西20米路西
……Tel：0375-8663923

河南黄国粮业股份有限公司
地址：潢川开发区弋阳东路
……Tel：0376-3111808

信阳万富油脂有限责任公司
地址：平桥区平桥镇中心大道121号
……Tel：0376-3772080

信阳市鸡公山酒业有限公司
地址：信阳市平桥区洋河镇紫金工业园区二公里处
……Tel：0376-3815399

河南省澳源食品饮料有限责任公司
地址：信阳市南湾风景区南湾街道办二号桥
……Tel：0376-6181910

河南歌歌食品饮料有限公司
地址：信阳市平桥区平桥中心大道北端
……Tel：0376-6757219

信阳中酿酒业有限公司
地址：河南省信阳市　河区申碑路金杯花园17号楼A栋1、2层
……Tel：0376-6769626

信阳鸡公山风景区经营管理有限公司
地址：信阳市鸡公山风景区府苑山庄
……Tel：0376-6912009

河南五谷春酒业股份有限公司
地址：信阳市淮滨县金谷春大道东段
……Tel：0376-7711999

开源环保（集团）有限公司
地址：河南省商城县产业集聚区
……Tel：0376-7867009

河南省京德富世商贸有限公司
地址：河南省南阳市生态工业园区纬十路中段
……Tel：0377-60369985

河南福森大健康产业有限公司
地址：淅川县产业集聚区香九厚工业园（厚坡镇工业大道）
……Tel：0377-62002100

河南天冠企业集团有限公司
地址：南阳市生态工业园区天冠大道1号
……Tel：0377-63036666

南阳市南贸糖酒饮料有限公司
地址：南阳市人民北路与高新路交叉口
……Tel：0377-63291500

南阳佳吉食品饮料有限公司
地址：南阳新区迎宾大道1号
……Tel：0377-60326878

南阳娃哈哈昌盛饮料有限公司
地址：南阳市溧河工业园区
……Tel：0377-63652866

南阳娃哈哈饮料有限公司
地址：河南省南阳市溧河工业园区
……Tel：0377-63652818

河南九源智能设备有限公司
地址：南阳市宛城区溧河乡郭庄村六组
……Tel：0377-63703189

河南龙大牧原肉食品有限公司
地址：内乡县灌涨镇前湾村312国道与默河交叉口西北角
……Tel：0377-65239689

河南乐神饮品有限公司
地址：社旗县产业集聚区纬三路西段
……Tel：0377-67987666

南阳微醇精酿啤酒有限公司
地址：南阳市高新区黄岗工业园20号
……Tel：0377-68566661

河南省唐州农业科技有限公司
地址：唐河县大河屯镇大河屯街建设路
……Tel：0377-68581668

河南三源粮油食品有限责任公司
地址：桐柏县纬四路北侧
……Tel：0377-68822733

淅川县楚源龙山黄酒酿造有限公司
地址：淅川县毛堂乡贾营村
……Tel：0377-69225555

河南绿润达食品股份有限公司
地址：西峡县产业集聚区创业大道西段
……Tel：0377-69721999

想念食品股份有限公司
地址：南阳市龙升工业园龙升大道
……Tel：0377-83886782

洛阳正大食品有限公司
地址：洛阳工业园区秦岭西路18号
……Tel：0379-62221617

洛阳铁路运通集团有限公司

地址：洛阳市瀍河区陇海街1号
……………………Tel：0379-62721592
河南德尔康药业有限公司
地址：洛阳市洛龙区杜预街3号
……………………Tel：0379-62787118
青岛啤酒（洛阳）有限公司
地址：洛阳市宜阳县产业集聚区青啤大道1号
……………………Tel：0379-63007695
洛阳龙羽集团有限公司
地址：洛阳市西工区八一路23号院
……………………Tel：0379-63397492
河南省洛正药业有限责任公司
地址：洛阳市洛龙区白马寺车站路北1号
……………………Tel：0379-63789225
洛阳凤翔农业科技有限公司
地址：洛阳市洛龙区龙门镇张沟
……………………Tel：0379-65179802
洛阳恒枫饮料有限公司
地址：洛阳高新技术开发区军威路与河洛路西南角
……………………Tel：0379-65238939
洛阳中央百货大楼有限公司
地址：洛阳市西工区中州中路287号
……………………Tel：0379-65265678
洛阳源翔饮料有限公司
地址：洛阳市洛龙区花园工业开发区
……………………Tel：0379-65991188
河南省老君山文化旅游集团有限公司
地址：栾川县栾川乡七里坪村
……………………Tel：0379-66873890
洛阳金达石化有限责任公司
地址：洛阳市吉利区中原路中段
……………………Tel：0379-66992006
洛阳益心食品饮料有限公司
地址：新安县洛新产业集聚区福星西路18号
……………………Tel：0379-67354298
洛阳水泉饮料有限公司
地址：河南省洛阳市伊滨区庞村镇九贤村1组
……………………Tel：0379-67501898
汝阳县醉美酿酒有限公司
地址：汝阳县蔡店乡杜康村东酒祖大道农民创业园区
……………………Tel：0379-68016709
汝阳杜康窖酿酒业有限公司
地址：汝阳县杜康村
……………………Tel：0379-68110068
汝阳梦福坊酿酒有限公司
地址：汝阳县蔡店乡杜康村
……………………Tel：0379-68111902
汝阳杜康古酿坊酒业有限公司
地址：汝阳县蔡店乡杜康村
……………………Tel：0379-68117107
汝阳杜康酿酒有限公司
地址：洛阳市汝阳县蔡店乡杜康村
……………………Tel：0379-68171199
洛阳杜康佰亿酒业销售有限公司
地址：汝阳县蔡店乡杜康村
……………………Tel：0379-68171199
洛阳冰碧泉饮料制造有限公司
地址：河南省洛阳市栾川县庙子镇北凹村
……………………Tel：0379-68657686
洛阳新奕农业科技有限公司
地址：洛阳市宜阳县盐镇乡张沟村
……………………Tel：0379-68910999
河南杜康酒业股份有限公司
地址：洛阳市伊川县县城酒城南路1号
……………………Tel：0379-69362167
洛宁明月水坊食品饮料有限公司
地址：洛阳市洛宁县下峪镇下峪街
……………………Tel：0379-69827782
洛阳宏进农副产品批发市场有限公司
地址：洛阳市老城区洛吉快速通道西侧
……………………Tel：0379-69936010
国药控股洛阳有限公司
地址：洛阳市伊滨区科技大厦12层
……………………Tel：0379-80867397
焦作怀牌饮料有限公司
地址：焦作市中站区工业集聚区东区标准化厂房5号楼
……………………Tel：0391-2109669
焦作市三家村酿酒有限责任公司
地址：焦作市工业路45号
……………………Tel：0391-2622482
河南省淼雨饮品股份有限公司
地址：焦作市影视大道
……………………Tel：0391-2852506
焦作市金果利食品饮料有限公司
地址：焦作市解放区丰收中路1416号新河农场家属院7号楼1单元10号
……………………Tel：0391-3638177
焦作恒辉牧业有限公司
地址：修武县产业集聚区云翔路北侧
……………………Tel：0391-3807185
河南益和源饮品有限公司
地址：济源市梨林特色产业园
……………………Tel：0391-6055066
保和堂（焦作）制药有限公司
地址：河南省温县城北工业区
……………………Tel：0391-6102029
河南龙记食品饮料有限公司
地址：温县五里远村司马大街路西
……………………Tel：0391-6111866
济源市王屋山黑加伦饮料有限公司
地址：市济水大街西段318号
……………………Tel：0391-6692790
河南中沃实业有限公司
地址：济源市文昌南路339号
……………………Tel：0391-6699093
河南栗子园食品饮料有限公司
地址：修武县产业集聚区华芳路西段南侧
……………………Tel：0391-7131663
修武县伊赛牛肉有限公司
地址：修武县产业集聚区华芳路中段南侧
……………………Tel：0391-7173686
武陟县地黄宝食品有限公司
地址：武陟县工业园工业路018号13号楼
……………………Tel：0391-7284222
武陟县兴华（集团）有限公司
地址：武陟县红旗路５３号
……………………Tel：0391-7288590
焦作市沁河酒业有限公司
地址：武陟县县城北大街36号
……………………Tel：0391-7292438
焦作市明仁天然药物有限责任公司
地址：黄河大道（西段）68号
……………………Tel：0391-7750999
焦作青龙峡旅游发展有限公司
地址：修武县西村乡双庙村（青龙峡景区内）
……………………Tel：0391-7803315
河南伊赛牛肉股份有限公司
地址：博爱县鸿昌路西段
……………………Tel：0391-8058777
焦作菲特饮料有限公司
地址：博爱县孝敬镇西界沟村磨蒋路中段路东
……………………Tel：0391-8062888
孟州市国华饮料有限公司
地址：孟州市河阳办事处缑村
……………………Tel：0391-8166999
焦作电力集团野王食品饮料有限公司
地址：焦作市山阳区岗庄
……………………Tel：0391-2286667
焦作市米奇食品饮料有限公司
地址：孟州市米庄工业开发区
……………………Tel：0391-8396777
河南启神食品饮料有限公司
地址：博爱县清化镇街道办事处中山路西段
……………………Tel：0391-8687606
焦作青天河旅游发展有限公司
地址：博爱县鸿昌街道办事处萎城路中段（农机局临街商品楼3楼）
……………………Tel：0391-8972955
鹤壁市天润乳品饮料有限公司
地址：鹤壁经济开发区金山工业园区淇山路86号
……………………Tel：0392-2315555
鹤壁煤业（集团）有限责任公司
地址：鹤壁市淇滨区华夏南路东
……………………Tel：0392-2966382
淇县灵山神泉酿酒有限公司
地址：淇县铁西工业路西段路南
……………………Tel：0392-3629999
河南大用实业有限公司
地址：淇县思德桥北107国道东
……………………Tel：0392-7160666
濮阳市洋森食品饮料有限公司
地址：濮阳市高新区皇甫
……………………Tel：0393-4710199
河南省宏盛酿酒有限公司
地址：县城光明路北段
……………………Tel：0393-5318888
河南省傅潭酒业有限公司
地址：南乐县城傅潭路西段路北
……………………Tel：0393-6292292
濮阳市万果园食品饮料有限公司
地址：市黄河路西段路北（创业中心西）
……………………Tel：0393-8618091
世外葡园酿酒股份有限公司
地址：西华北工业区
……………………Tel：0394-2553848
河南百年康鑫药业有限公司
地址：郸城县金星路168号
……………………Tel：0394-3194818
河南莲花面粉有限公司
地址：项城市莲花大道１８号
……………………Tel：0394-4298118
河南佰食特食品有限公司
地址：周口市西华县产业集聚区
……………………Tel：0394-6119888
邦杰食品股份有限公司
地址：周口市川汇区川汇产业集聚区
……………………Tel：0394-6119960
河南仙源酿酒有限公司
地址：鹿邑县宋河镇宋河路
……………………Tel：0394-7153000
河南省宋河酒业股份有限公司
地址：河南省鹿邑县宋河镇
……………………Tel：0394-7556125
淮阳神农五谷酒业有限公司
地址：淮阳县工业园区
……………………Tel：0394-8288699
周口华富食品饮料有限公司
地址：周口市工农路南段
……………………Tel：0394-8392219
河南大用邦杰食品有限公司
地址：周口市南外环路东段
……………………Tel：0394-8393566
周口娃哈哈恒枫饮料有限公司
地址：周口市太昊路与工农路交叉口
……………………Tel：0394-8919299
漯河太古可口可乐饮料有限公司
地址：河南省漯河经济技术开发区纬一路1号
……………………Tel：0395-2588060
漯河市粮健食品有限责任公司
地址：漯河市召陵区东城工业园区
……………………Tel：0395-2600303
嘉吉食品（漯河）有限公司
地址：漯河经济开发区纬一路
……………………Tel：0395-2615027
漯河市全汇食品饮料有限公司
地址：漯河经济开发区漯上路东2公里处
……………………Tel：0395-2619999
漯河市汁美源饮料有限公司
地址：漯河市源汇区五一路南段与南环交叉口往南2公里西侧
……………………Tel：0395-3130958
漯河临颍亲亲食品工业有限公司
地址：临颍县产业集聚区颍川大道北侧、经三路东侧
……………………Tel：0395-3310555
河南华冠养元饮料有限公司
地址：临颍县产业集聚区纬一路与经一路交汇处东北角
……………………Tel：0395-3316288
河南百多利饮料有限公司
地址：漯河市郾城区龙江路888号
……………………Tel：0395-3333192
中粮面业（漯河）有限公司
地址：漯河经济开发区漓江路2号
……………………Tel：0395-3383777
漯河市万山远饮料有限公司
地址：漯河市郾城淞江产业集聚区龙江路西段
……………………Tel：0395-3396161
漯河市恒达食品工业有限公司
地址：漯河市淞江产业集聚区纬八路
……………………Tel：0395-3396666
河南山楂内金食品有限公司
地址：河南省漯河市郾城区牡丹江路与嵩山西支路交叉口昌建金融大厦19楼
……………………Tel：0395-5587696
河南统一企业有限公司
地址：国家漯河经济技术开发区东方红路西段
……………………Tel：0395-5750569
漯河大旺食品有限公司
地址：漯河经济开发区衡山路南段
……………………Tel：0395-5755999
漯河市日康食品饮料有限公司
地址：漯河市孟南工业区纬三路16号
……………………Tel：0395-6179339
河南澳的利饮料有限公司
地址：漯河市郾城区郾襄大道88号
……………………Tel：0395-6187688
漯河市青梅园饮料有限公司
地址：漯河市郾城区107国道靳庄路口东2公里老官田村
……………………Tel：0395-6769899
漯河加力加饮料有限公司
地址：漯河市郾城区淞江路与107国道交叉口
……………………Tel：0395-6777770
河南箭牛维他命饮料有限公司
地址：漯河市郾城区龙江路健康食品创业园
……………………Tel：0395-6789678
舞阳县舞泉饮料食品厂
地址：舞阳县光明路北段
……………………Tel：0395-7122399
贾湖酒业集团有限责任公司
地址：舞阳县城人民东路39号
……………………Tel：0395-7159668
漯河天冠生物化工有限公司
地址：河南省漯河市临颍县颍北工业区
……………………Tel：0395-8666002
宏全食品包装（漯河）有限公司
地址：漯河市临颍县产业集聚区颍昌路东段南侧
……………………Tel：0395-8869166
广东岭南人家（河南）酿酒有限公司
地址：驻马店市创业大道199号
……………………Tel：0396-2129196
河南省大程粮油集团股份有限公司
地址：驻马店市刘阁食品工业园区
……………………Tel：0396-2206222
深圳养生圆（河南）食品有限公司
地址：驻马店市乐山大道北段2058号
……………………Tel：0396-2612333
驻马店市喜盈门商业有限公司
地址：驻马店市乐山路中段
……………………Tel：0396-2638689
龟鹿药业集团有限公司
地址：栎城乡工贸开发区
……………………Tel：0396-2731187
驻马店天龙大酒店有限公司
地址：驻马店市文明路.
……………………Tel：0396-2859999
国药控股驻马店有限公司
地址：驻马店市淮河大道与农业路交叉口西北侧
……………………Tel：0396-2888286
驻马店市华宇电力实业有限公司
地址：驻马店市解放路363号
……………………Tel：0396-2892095
驻马店市天方饮料有限公司
地址：驻马店市高新区107国道东
……………………Tel：0396-2618989
河南徐福记食品有限公司
地址：中国（驻马店）国际农产品加工产业园（遂平县希望大道东段北侧）
……………………Tel：0396-4650888
河南省养生堂生物科技有限公司
地址：渑池县城关镇东河南街
……………………Tel：0398-4383755
乐氏同仁三门峡制药有限公司
地址：卢氏县东城工业区
……………………Tel：0398-7863861

湖北省

武汉华新达饮料有限公司
地址：武汉市东西湖区走马岭汇通大道7号（13）
……………………Tel：027-83375977
武汉竹叶山集团股份有限公司
地址：江岸区花桥三期四栋一单元
……………………Tel：027-51002623
武汉梁子湖水产品加工有限公司
地址：武汉市江夏区大桥新区国家农业科技园区
……………………Tel：027-51827272
湖北周黑鸭企业发展有限公司
地址：武汉市东西湖区走马岭汇通大道8-1号
……………………Tel：027-51900301
武汉跃莱健康产业有限公司

地址：武汉市汉南区纱帽街纱帽正街535号
……………………Tel：027-51909886

武汉航科物流有限公司
地址：武汉市江岸区兴业路136号
……………………Tel：027-52301710

中化石油湖北有限公司
地址：武汉市江汉区江汉经济开发区汉口创业中心二号楼智慧大厦3楼
……………………Tel：027-52363277

湖北达能食品饮料有限公司
地址：武汉市东西湖区走马岭食品一路12号
……………………Tel：027-59188890

重庆医药集团湖北恒安泽医药有限公司
地址：武汉市蔡甸区枫树一路78号办公楼1楼、2楼、3楼整层
……………………Tel：027-59330058

武汉中粮食品科技有限公司
地址：武汉市新洲区阳逻经济开发区金阳大道23号
……………………Tel：027-59365997

湖北友芝友乳业有限责任公司
地址：湖北省武汉市东西湖区金山大道1355号海口工业园
……………………Tel：027-59528569

湖北恒隆房地产开发有限公司
地址：武汉市　口区京汉大道688号武汉恒隆广场办公楼401-414号写字间
……………………Tel：027-59593637

中交二航局城市投资发展有限公司
地址：武汉经济技术开发区蔷薇路668号华中·中交城A区3层
……………………Tel：027-83920645

武汉宜家家居有限公司
地址：武汉市　口区张毕湖路2号
……………………Tel：027-59744532

武汉市金汇泉食品饮料有限公司
地址：武汉市汉南区薇湖路392号
……………………Tel：027-59823582

嘉必优生物技术（武汉）股份有限公司
地址：武汉市东湖新技术开发区高新大道999号
……………………Tel：027-67845385

武汉阿楚食品有限公司
地址：武汉市东西湖区走马岭汇通大道2-1号
……………………Tel：027-68785966

湖北太古可口可乐饮料有限公司
地址：湖北省武汉市武汉经济技术开发区车城南路59号
……………………Tel：027-68843589

武汉世茂锦绣长江房地产开发有限公司
地址：武汉市汉阳区滨江大道188号
……………………Tel：027-84882775

上药科园信海医药湖北有限公司
地址：武汉市蔡甸区九康大道花园湾一街60号办公楼一楼、二楼东北、三楼
……………………Tel：027-69166898

南京医药湖北有限公司
地址：武汉市江夏区经济开发区藏龙岛科技园凤凰大道18号
……………………Tel：027-81363170

武汉万达东湖置业有限公司
地址：武汉市武昌区松竹路28号7栋1单元22楼
……………………Tel：027-81881128

武汉加多宝饮料有限公司
地址：武汉经济技术开发区枫树南街66号
……………………Tel：027-81881388

武汉市沁园饮料有限公司
地址：武汉市东西湖区走马岭街道食品一路34号京茶及健康食品生产项目配套仓库/单元1至2层（1）号
……………………Tel：027-82312686

武汉肉联食品有限公司
地址：江岸区江岸路１２号
……………………Tel：027-82313455

武汉众泉联合食品饮料有限公司
地址：武汉市江岸区后湖街石桥一路5号4栋10楼
……………………Tel：027-82780381

武汉市武汉饮料一厂
地址：江岸区一元路5号
……………………Tel：027-82857771

湖北交投实业发展有限公司
地址：武汉市江岸区中山大道908号
……………………Tel：027-82880038

湖北丝宝股份有限公司
地址：湖北省仙桃市丝宝路1号
……………………Tel：027-82980888-8900

如意情生物科技股份有限公司
地址：武汉市东西湖区食品加工区汇通大道特1号（13）
……………………Tel：027-83239677

武汉市梦园冷链物流有限公司
地址：武汉市东西湖区吴家山六支沟田园大道108号（7）
……………………Tel：027-83216388

武汉光明乳品有限公司
地址：武汉市东西湖区张柏路１号
……………………Tel：027-83218126

武汉百事可乐饮料有限公司
地址：武汉市东西湖区七支沟
……………………Tel：027-83218600

湖北天济中药饮片有限公司
地址：武汉市东西湖区长青办事处革新大道572号
……………………Tel：027-83262930

武汉海王星辰医药连锁有限公司
地址：武汉市　口区古田四路49号（9）栋汇城壹号同心医药电商大楼5楼
……………………Tel：027-83300130

武汉宏胜恒枫饮料有限公司
地址：武汉市东西湖区慈惠墩农场场部
……………………Tel：027-83388820

湖北天禄旅游酒店有限责任公司
地址：湖北省武汉市　口区青年路5号
……………………Tel：027-83630888

中闻集团武汉印务有限公司
地址：　口区解放大道１１２１号
……………………Tel：027-83643463

罗盖特生物营养品（武汉）有限公司
地址：武汉市东西湖区张柏路2号
……………………Tel：027 83896688

武汉康乐药业股份有限公司
地址：武汉经济技术开发区3MA地块（创业三路29号）
……………………Tel：027-84210916

福格森（武汉）生物科技股份有限公司
地址：武汉经济技术开发区枫树三路9号
……………………Tel：027-84222571

湖北省超能电力有限责任公司
地址：武汉市汉阳大道387号
……………………Tel：027-84262411

武汉恒大欣旺食品饮料有限公司
地址：武汉市汉阳区金龙南路和隆祥街交汇处悦城街区11、12号楼4层411室
……………………Tel：027-84516288

华润湖北医药有限公司
地址：武汉经济技术开发区沌阳大道357号
……………………Tel：027-84621903

湖北格林药业有限公司
地址：武汉经济技术开发区东风大道1号
……………………Tel：027-84661605

湖北金贵中药饮片有限公司
地址：武汉市东西湖区长青街新城十七路8号
……………………Tel：027-84683021

九州天润中药产业有限公司
地址：武汉市东西湖区107国道南六支沟西东西湖大道6072号
……………………Tel：027-84683140

葛洲坝集团交通投资有限公司
地址：武汉市　口区　口路162号葛洲坝城市花园二期11栋/单元23层1号
……………………Tel：027-84739580

武汉金林食品饮料有限公司
地址：武汉市汉南区幸福村218号
……………………Tel：027-84753263

武汉润田食品饮料有限公司
地址：武汉市汉南区纱帽街汉南大道1523号
……………………Tel：027-84757990

同济堂医药有限公司
地址：湖北省武汉市经济技术开发区珠山湖大道237号
……………………Tel：027-84792713

中铁大桥局集团物资有限公司
地址：汉阳区莲花湖路特１号
……………………Tel：027-84825147

好药师大药房连锁有限公司
地址：武汉市汉阳区陶家岭康达街以北、车友路以西陶家岭产业园第19层
……………………Tel：027-84887033

湖北神农百草堂饮料有限公司
地址：武汉市汉阳区龙阳大道36号顶广场1栋21层4室
……………………Tel：027-84893653

华润武汉医药有限公司
地址：武汉经济技术开发区沌阳大道357号华润湖北物流中心9楼南
……………………Tel：027-84958507

武汉新世界百货有限公司
地址：武汉市江汉区建设大道566号
……………………Tel：027-85266842

湖北人福医药集团有限公司
地址：武昌区和平大道219号白云边大厦17、18层
……………………Tel：027-85487476

永旺（湖北）商业有限公司
地址：武汉市东西湖区将军路街办事处金银潭大道1号
……………………Tel：027-85668488

武汉市国营武汉饮料二厂
地址：江岸区解放大道８６５号
……………………Tel：027-82611105

武汉锦江国际大酒店有限公司
地址：武汉市江汉区建设大道707号
……………………Tel：027-85786888

武汉香格里拉大饭店有限公司
地址：武汉市建设大道700号
……………………Tel：027-85806868

武汉钢铁江北集团有限公司
地址：武汉市阳逻经济开发区滨江大道特1号
……………………Tel：027-86212630

武汉武商集团众圆广场管理有限公司
地址：武汉市青山区和平大道959号
……………………Tel：027-86304440

武汉市方氏食品饮料有限责任公司
地址：武汉市黄陂区滠口街桃元村汉口北工业园2号综合楼101－105、202－205号
……………………Tel：027-86738888

中国医药集团联合工程有限公司
地址：湖北省武汉市东湖开发区高新大道666号
……………………Tel：027-86783013

武汉武钢好生活服务有限公司
地址：武汉市青山区冶金大道285号（一照多址）
……………………Tel：027-86801997

湖北省楚天广播电视信息网络有限责任公司
地址：武汉市武昌区粮道街紫金村特1号
……………………Tel：027-87129231

湖北生物医药产业技术研究院有限公司
地址：武汉市东湖高新区高新大道666号C7栋217室
……………………Tel：027-87171922

武汉大隆天然气投资有限公司
地址：解放大道2159号航天星都汉口东部购物公园C2栋9层6室
……………………Tel：027-87271668

湖北洪山宾馆集团有限公司
地址：武汉市武昌中北路1号
……………………Tel：027-87311888

武汉邦之德牧业科技有限公司
地址：武汉东湖开发区珞狮南路517号
……………………Tel：027-87368929

武汉马应龙医药物流有限公司
地址：武汉东湖新技术开发区关南工业园关南四路8号办公楼五楼
……………………Tel：027-87387796

湖北武珞创意园发展有限公司
地址：洪山区珞南街珞瑜路33号(原37号)
……………………Tel：027-87585272

武汉光谷联合集团有限公司
地址：东湖新技术开发区关山一路１号
……………………Tel：027-87588872

湖北悦联商业管理有限公司
地址：洪山区狮子山街南湖大道48号芷岸龙庭超市栋1-3层1室
……………………Tel：027-87611888

群光实业（武汉）有限公司
地址：武汉市洪山区珞瑜路６号
……………………Tel：027-87665858

武汉泰康医院有限公司
地址：武汉市汉阳区江堤街鲤鱼洲社区四新北路还建房26栋A座1楼108号
……………………Tel：027-87719630

中百集团武汉生鲜食品加工配送有限公司
地址：武汉市江夏区大桥新区办事处大桥村（黄家湖大道6号）
……………………Tel：027-87925805

武汉华扬天乐动物保健品有限公司
地址：湖北省葛店开发区创业大道商控华顶工业园18栋1号
……………………Tel：027-87949666

武汉梁子湖水之韵饮料有限公司
地址：武汉市江夏区梁子湖风景区梁湖大道特一号
……………………Tel：027-87969653

武汉博沃生物科技有限公司
地址：武汉市东湖高新区高新大道858号生物医药产业园中小企业园A9-2栋
……………………Tel：027-87988585

武钢江南中燃燃气（武汉）有限公司
地址：武汉市武昌区张之洞路政通壹公馆A座22楼
……………………Tel：027-88028008

武汉市国营武汉饮料三厂
地址：武昌中山路261号
……………………Tel：027-88047668

湖北汇通工贸集团有限公司
地址：武昌区徐东大街6号汇通天地A塔栋/单元30层1-5号
……………………Tel：027-88232277

武汉天润健康产品有限公司
地址：武汉市东湖高新技术开发区高新大道666号
……………………Tel：027-88613192

维他奶（武汉）有限公司
地址：武汉市新洲区阳逻经济开发区余泊大道36号
……………………Tel：027-89002000

武汉市时震鸿食品饮料有限责任公司
地址：湖北省武汉市新洲区双柳街道阳大路18号
……………………Tel：027-89703888

华润苏果超市（襄阳）有限公司
地址：襄阳市高新区追日路9号汉北科技孵化园8幢9层002-6室
……………………Tel：0371-63623799

湖北雨润肉类食品有限公司
地址：襄阳市襄城区胜利街37号
……………………Tel：0710-2399857

襄阳世纪城投资有限责任公司
地址：襄阳市经开区东津镇政府2楼
……………………Tel：0710-2676686

襄阳正大有限公司
地址：襄阳市襄州区双沟工业园（杨柳村）
……………………Tel：0710-2829312

湖北大自然生物技术工程有限公司
地址：襄阳市经济技术开发区东津镇襄东路（原国营第一酿酒厂）
……………………Tel：0710-2831678

襄阳大汉光武酿酒股份有限公司
地址：襄阳市襄州区张湾镇武坡村四组
……………………Tel：0710-3016999

民发实业集团有限公司
地址：襄阳市东津新区（经开区）浩然河西路21号民发瑞际酒店10楼
……………………Tel：0710-3227778

襄阳状元桥食品饮料有限公司
地址：湖北省襄阳市襄州区伙牌镇东莞工业城18号（住所申报）
……………………Tel：0710-3255555

襄阳九州通医药有限公司
地址：襄阳市高新区追日路11号
……………………Tel：0710-3345911

湖北三国酒业有限公司
地址：襄阳市襄城区琵琶山路1号
……………………Tel：0710-3501999

襄阳伍子豪酒业有限公司
地址：襄阳市高新区刘集街道办事处武坡社区四组
……………………Tel：0710-3550601

湖北威润生物食品饮料有限公司
地址：湖北省襄阳市樊城区朝阳路10号泰跃朝阳21幢2层201室
……………………Tel：0710-3552599

湖北襄阳隆中文化园投资有限公司
地址：襄阳市襄城区隆中路6号
……………………Tel：0710-3795309

襄阳华侨城文旅发展有限公司
地址：襄阳市经济技术开发区东津新区五一路以东立学街以南
……………………Tel：0710-3716189

襄阳隆中对酒业有限公司
地址：襄阳市襄城区环城南路51号

…………………………Tel：0710-3721889
湖北古酿春酒业有限公司
地址：襄阳市高新区七里河路9号门面
…………………………Tel：0710-3999919
湖北喜气洋洋饮料食品有限公司
地址：宜城市宜远路
…………………………Tel：0710-4212568
襄阳华酿酒行有限公司
地址：宜城市楚都大道
…………………………Tel：0710-4212682
湖北楚汉源酒业酿造有限公司
地址：南漳县清河管理区创业路36号
…………………………Tel：0710-5369999
湖北楚天传媒珍珠液酒业有限公司
地址：南漳县城关镇青泥湾路11号
…………………………Tel：0710-5678968
湖北雕龙酿酒有限公司
地址：湖北省枣阳市鹿头镇映泉路一号
…………………………Tel：0710-6612086
湖北省石花酿酒股份有限公司
地址：湖北省谷城县石花镇中心路
…………………………Tel：0710-7611033
湖北南凤养生酒业有限公司
地址：谷城县石花镇杨溪湾村
…………………………Tel：0710-7619186
襄阳玖花电子商务有限公司
地址：谷城县城关镇粉水路47号
…………………………Tel：0710-7626370
湖北光化特酿酒股份有限公司
地址：老河口市北京路124号
…………………………Tel：0710-8360599
武汉爱民制药股份有限公司
地址：湖北省鄂州市葛店经济开发区创业大道10号
…………………………Tel：0711-3818499
湖北生龙清米酒股份有限公司
地址：孝南区南大经济开发区
…………………………Tel：0712-2310666
湖北乾坤购物有限公司
地址：孝感市乾坤大道
……………………Tel：0712-2464288-5086
湖北海王医药集团有限公司
地址：湖北省孝感市国家高新区孝汉大道33号海王科技园
…………………………Tel：0712-2483623
湖北御金丹饮料有限公司
地址：湖北孝南经济开发区
…………………………Tel：0712-2511739
孝感华冠饮料有限公司
地址：湖北省孝感市孝南区孝南经济开发区龙宫社区福广路18号
…………………………Tel：0712-2593001
湖北好好饮料有限责任公司
地址：孝感市孝南区南大工业园福广路10号
…………………………Tel：0712-2593016
孝感市农牧饮料厂
地址：孝感市园林一路5号
…………………………Tel：0712-2823541
孝感一品食品有限责任公司
地址：孝感市开发区六合工业园航空北侧1路1号
…………………………Tel：0712-2895218
湖北三江泉饮料有限公司
地址：孝感市北京路84号
…………………………Tel：0712-2950419
九州通集团应城医药有限公司
地址：应城市体育场北路1号
…………………………Tel：0712-3131310
孝感广盐华源制盐有限公司
地址：湖北省应城市盐化大道5号
…………………………Tel：0712-3222209
久大（应城）盐矿有限责任公司
地址：应城市四里棚盐环路4号
…………………………Tel：0712-3223713
湖北诺克特药业股份有限公司
地址：孝昌县城南工业园站前三路东延线
…………………………Tel：0712-4798309
安陆绿色巨农农牧食品有限公司
地址：安陆市木梓乡木梓街（乡人民政府院内）
…………………………Tel：0712-5665066
湖北福星生物科技有限公司
地址：汉川市沉湖镇福星街18号
…………………………Tel：0712-8741179
湖北将军红酿酒有限公司
地址：湖北省麻城市七里桥
…………………………Tel：0713-2116999
麻城市映山红饮料有限公司
地址：麻城市鼓楼小河头工业区
…………………………Tel：0713-2873777
红安娃哈哈天然饮料有限公司
地址：湖北省红安县城南开发区
…………………………Tel：0713-5185579
红安娃哈哈饮料有限公司
地址：红安县城南开发区
…………………………Tel：0713-5185579
李时珍医药集团有限公司
地址：湖北省蕲春县本草纲目生物科技园区
…………………………Tel：0713-7219898
湖北李时珍仙人泉矿泉饮料有限公司
地址：湖北省蕲春县漕河镇李嘴村五组
…………………………Tel：0713-7231881
中粮粮油工业（黄冈）有限公司
地址：湖北省黄冈市黄州工业园高新技术产业区唐渡四路（中粮大道）
…………………………Tel：0713-8389719
桃李满园（黄石）食品有限公司
地址：黄石港区江北管理区浠大公路以南、五一港以东（兴港大道24-1号）
…………………………Tel：0714-3058676
华润雪花啤酒（黄石）有限公司
地址：黄石市黄金山工业新区大棋路北侧
…………………………Tel：0714-3168520
湖北邦之德牧业科技有限公司
地址：黄石港区江北管理区港湾村
…………………………Tel：0714-3268566
青岛啤酒（黄石）有限公司
地址：湖北省黄石下陆区肖铺路8号
…………………………Tel：0714-3860378
黄石珍珠果食品饮料有限公司
地址：黄石市洋浦路1号
…………………………Tel：0714-6522023
大冶市鄂东酿酒原料有限公司
地址：大冶市七里界路金贸大厦A座一楼
…………………………Tel：0714-8738961
毛铺酒业有限公司
地址：湖北省大冶市大冶大道169号
…………………………Tel：0714-8761818
湖北劲牌皇宫酒业有限公司
地址：大冶市大冶大道169号
…………………………Tel：0714-8768042
崇阳三特旅业发展有限公司
地址：崇阳县白霓镇浪口村古镇路
…………………………Tel：0715-3658666
湖北康坤生物科技有限公司
地址：通城县通城大道276号
…………………………Tel：0715-4688259
湖北尖山生态农业专业合作社
地址：通城县五里镇尖山村二组
…………………………Tel：0715-4910858
红牛维他命饮料（湖北）有限公司
地址：湖北省咸宁市贺胜路88号
…………………………Tel：0715-8123456
华彬快速消费品饮料（湖北）有限公司
地址：咸宁市贺胜路88号
…………………………Tel：0715-8123456
黄鹤楼酒业（咸宁）有限公司
地址：咸宁高新技术产业开发区金桂路259号
…………………………Tel：0715-8190026
湖北奥瑞金饮料工业有限公司
地址：咸宁经济开发区长江产业园
…………………………Tel：0715-8190839
湖北贵竹寨生态产品有限公司
地址：咸安区咸安大道338号（咸宁文化城）A1幢
…………………………Tel：0715-8726166
湖北中交咸通高速公路有限公司
地址：咸宁市咸安区官埠桥镇桂乡大道300号
…………………………Tel：0715-8909052
湖北仁悦药业股份有限公司
地址：监利县容城镇玉沙大道城东工业园
…………………………Tel：0716-3326627
湖北和悦食品股份有限公司
地址：公安县夹竹园镇黄金口新街
…………………………Tel：0716-5155111
湖北酷我乳业股份有限公司
地址：公安县青吉工业园兴业路
…………………………Tel：0716-5159260
美灵宝现代农业股份有限公司
地址：公安县斗湖堤镇关山路2号
…………………………Tel：0716-5206188
中粮粮油工业（荆州）有限公司
地址：湖北省荆州市公安县青吉工业园
…………………………Tel：0716-5393005
湖北金池农业科技有限公司
地址：公安县藕池镇果园路168号
…………………………Tel：0716-5716366
湖北白云边酒店管理有限公司
地址：松滋市新江口镇金松大道东段8号
…………………………Tel：0716-6699888
湖北枫林酒业酿造有限公司
地址：石首市新厂镇建设路58号
…………………………Tel：0716-7614498
两湖绿谷物流股份有限公司
地址：荆州市荆沙大道（两湖绿谷）（一址多照）
…………………………Tel：0716-8260307
湖北瑞邦生物科技有限公司
地址：荆州开发区东方大道195号
…………………………Tel：0716-8338037
湖北昭君旅游文化发展有限公司
地址：兴山县古夫镇昭君路12号
…………………………Tel：0717-2528205
宜昌兴发集团有限责任公司
地址：兴山县古夫镇高阳大道58号
…………………………Tel：0717-2581719
秭归县屈姑食品有限公司
地址：秭归县茅坪镇金缸城村
…………………………Tel：0717-2661001
鲜绿园（湖北）食品饮料有限公司
地址：湖北省当阳市玉阳办事处三里港村
…………………………Tel：0717-3152026
湖北康乐滋食品饮料有限公司
地址：当阳市玉阳街道办事处环城南路80号
…………………………Tel：0717-3155958
当阳市长坂坡酒业有限公司
地址：当阳市环城东路(文化体育中心)
…………………………Tel：0717-3282279
湖北西泉食品饮料有限公司
地址：当阳市锦屏大道西端21号
…………………………Tel：0717-34285076
湖北鑫辰旅游开发有限公司
地址：远安县洋坪镇陈家湾村四组
…………………………Tel：0717-3899851
当阳市天美来饮料有限公司
地址：当阳市玉阳办事处三里港村五组（金桥工业园区内）
…………………………Tel：0717-3901109
湖北西陵酒业有限公司
地址：枝江市董市工业园金盆山大道9号
…………………………Tel：0717-4100958
华润雪花啤酒（宜昌）有限公司
地址：枝江市马家店镇迎宾大道50号
…………………………Tel：0717-4212829
湖北枝江酒业股份有限公司
地址：枝江市马家店迎宾大道西段
…………………………Tel：0717-4229363
宜昌山尔饮料有限公司
地址：枝江市马家店江口社区江口大道41号
…………………………Tel：0717-4352639
湖北宜都大别山食品饮料有限公司
地址：宜都市红花套镇吴家岗村四组
…………………………Tel：0717-4816116
宜昌山城水都温泉大饭店有限公司
地址：宜都市高坝洲镇青林寺村
…………………………Tel：0717-4904118
宜昌国际大酒店旅游有限公司
地址：宜昌市沿江大道121号
…………………………Tel：0717-6088888
宜昌武大科技园有限公司
地址：中国（湖北）自贸区宜昌片区发展大道56号
…………………………Tel：0717-6268995
宜昌紫泉饮料工业有限公司
地址：中国（湖北）自贸区宜昌片区桔乡路561号（生物产业园）
…………………………Tel：0717-6349119
安琪酵母股份有限公司
地址：宜昌市城东大道168号（原中南路24号）
…………………………Tel：0717-6369461
宜昌国贸大酒店有限公司
地址：宜昌市西陵云集路1号
…………………………Tel：0717-6449887
宜昌正大有限公司
地址：宜昌市　亭区　亭大道188号
…………………………Tel：0717-6511200
宜昌三峡机场有限责任公司
地址：宜昌市　亭区（三峡机场）
…………………………Tel：0717-6532558
宜昌三峡普诺丁生物制药有限公司
地址：中国（湖北）自贸区宜昌片区桔乡路539号（生物产业园）
…………………………Tel：0717-6861101
宜昌市关公坊酿酒有限公司
地址：宜昌市夷陵区龙泉镇龙镇村4组
…………………………Tel：0717-7760999
湖北三麦酒业有限公司
地址：宜昌市夷陵区龙泉镇龙泉村4组
…………………………Tel：0717-7761709
湖北均瑶大健康饮品股份有限公司
地址：宜昌市夷陵区夷兴大道257号
…………………………Tel：0717-7826858
宜昌娃哈哈启力饮料有限公司
地址：宜昌市夷陵区夷兴大道(小溪塔街道黄金卡)
…………………………Tel：0717-7837870
湖北粮呈酒业有限公司
地址：利川市汪营镇巷子口村14组28号
…………………………Tel：0718-6191919
来凤县古杨梅食品开发有限责任公司
地址：恩施州来凤县三胡乡集镇
…………………………Tel：0718-6431988
湖北香连药业有限责任公司
地址：利川市东城路666号
…………………………Tel：0718-7230531
利川市根之润饮料有限公司
地址：利川市东城办事处关东村三组
…………………………Tel：0718-7294009
湖北巴古淳酿酒业有限公司
地址：湖北省恩施市舞阳办事处耿家坪村马家鞍组
…………………………Tel：0718-8219373
湖北省思乐牧业集团有限公司
地址：湖北省恩施市后山湾111号
…………………………Tel：0718-8283820
湖北金茨泉酒业有限公司
地址：湖北省恩施市金龙大道酿酒工业园（龙凤镇三河村）
…………………………Tel：0718-8283999
恩施九州通医药有限公司
地址：恩施市舞阳街道办事处耿家坪村
…………………………Tel：0718-8303800
恩施中亿佰联酒业有限公司
地址：湖北省恩施市金龙大道酿酒工业园(龙凤镇三河村)
…………………………Tel：0718-8434333
恩施大峡谷旅游开发有限公司
地址：湖北省恩施市金桂大道3号硒都茶城一号楼11层
…………………………Tel：0718-8485866
恩施华龙总医院有限公司
地址：湖北省恩施市施州大道469号
…………………………Tel：0718-8902111
湖北艾德拉生物科技有限公司
地址：湖北省恩施市官坡街(园艺场)
…………………………Tel：0718-8985990
芙丝（湖北）饮品有限公司
地址：湖北省竹溪县桃源乡芙丝大道88号
…………………………Tel：0719-2845678
湖北神农泉黄酒酿造有限公司
地址：湖北房县红塔谢湾村三组
…………………………Tel：0719-3259599
湖北玉辂醉酒业有限公司
地址：房县红塔镇营盘村七组
…………………………Tel：0719-3259919
湖北神农架旅游发展股份有限公司
地址：湖北省神农架林区木鱼镇
…………………………Tel：0719-3452513
神农架林区东泉饮料有限公司
地址：神农架林区松柏镇盘水村一组老卫生院
…………………………Tel：0719-3322000
竹山县明清实业开发总公司
地址：竹山县城关镇明清村
…………………………Tel：0719-4220206
农夫山泉湖北丹江口（新城）饮料有限公司
地址：丹江口市经济开发区安乐河工业园水都大道008号
…………………………Tel：0719-5077506
农夫山泉湖北丹江口（均州）饮料有限公司
地址：丹江口市羊山路199号
…………………………Tel：0719-5077787

湖北武当仙尊酒业有限公司
地址：武当山特区火神巷85号
……Tel：0719－5666547

湖北加多宝饮料有限公司
地址：郧县茶店镇二道坡村
……Tel：0719－7228328

湖北省十堰市五堰商场股份有限公司
地址：湖北省十堰市五堰北街20号
……Tel：0719－7687666

十堰中燃城市燃气发展有限公司
地址：十堰市张湾区车城西路94号
……Tel：0719－8238695

湖北天海石油集团有限公司
地址：湖北省十堰市张湾区车城街道中岳路6号
……Tel：0719－8788666

湖北巷子深酿酒有限责任公司
地址：湖北省随州市经济技术开发区
……Tel：0722－3581199

湖北裕国菇业股份有限公司
地址：湖北随县烈山湖西路地址：
……Tel：0722－3828999

随县玉皇山泉饮料有限公司
地址：随县淮河镇铁山居委会
……Tel：0722－4672155

随州市曾都区金龙食品饮料有限公司
地址：随州市曾都区何店镇浪河食品工业园
……Tel：0722－4892669

湖北白金龙山泉食品饮料有限公司
地址：广水市蔡河镇食品工业园区
……Tel：0722－6892315

荆门市大亨酿酒公司
地址：沙洋经济开发区汉宜路68号
……Tel：0724－12345678

湖北彭墩科技集团有限公司
地址：湖北省钟祥市石牌镇彭墩村
……Tel：0724－4086786

中粮祥瑞粮油工业（荆门）有限公司
地址：湖北省荆门市钟祥经济开发区
……Tel：0724－4285798

湖北宝源集团有限公司
地址：荆门市金虾路143号
……Tel：0724－6077299

钟祥汇源饮料食品有限公司
地址：湖北省钟祥经济开发区地址：
……Tel：0724－6319097

湖北京源山生物科技股份有限公司
地址：湖北省京山经济开发区工业园
……Tel：0724－7210818

湖北国宝桥米有限公司
地址：京山经济开发区国宝桥米工业园
……Tel：0724－7321856

湖北稻田矿泉水饮料有限公司
地址：湖北省京山市石龙镇农谷大道（梭墩村七组）旁
……Tel：0724－7466666

湖北银池酒业有限责任公司
地址：湖北省荆门市东宝区盐池街
……Tel：0724－8761588

湖北省沙洋天福延龄保健酒业酿造有限公司
地址：湖北省沙洋县开发区
……Tel：0724－8808656

湖北金联农业科技有限公司
地址：仙桃市张沟镇友谊路1号
……Tel：0728－2721888

武商仙桃购物中心管理有限公司
地址：仙桃市龙华山办事处钱沟路西侧
……Tel：0728－3332566

星洲康派克（湖北）食品饮料有限公司
地址：仙桃市仙桃大道东段8号
……Tel：0728－3333857

仙桃加多宝饮料有限公司
地址：湖北省仙桃市黄金大道西段59号
……Tel：0728－8283088

湖南省

长沙百事可乐饮料有限公司
地址：湖南省长沙市宁乡经济技术开发区蓝月谷路6号
……Tel：0731－88732991

衡阳周福记食品有限公司
地址：祁东县河洲镇河洲村
……Tel：034－6302733

湖南顺天旅游投资开发有限公司
地址：湘阴县洋沙湖吴家渡口
……Tel：0730－2152168

道道全粮油岳阳有限公司
地址：湖南岳阳城陵矶新港区长江大道松阳湖南路
……Tel：0730－3068681

湖南长乐情食品科技股份有限公司
地址：湖南省岳阳市汨罗市长乐镇水府村
……Tel：0730－5684188

湖南屈原酒业有限公司
地址：汨罗市范家园茶叶示范场S201线西侧
……Tel：0730－5891919

湖南椰星食品饮料有限公司
地址：岳阳县荣家湾镇工业大道生态工业园6号
……Tel：0730－7665602

湖南新泰和绿色农业集团有限公司
地址：岳阳市岳阳楼区巴陵中路泰和商业广场五楼9833号
……Tel：0730－8278056

岳阳楼记干型黄酒生物酿造有限公司
地址：岳阳经济技术开发区通海路科美达1号
……Tel：0730－8712222

岳阳兴长石化股份有限公司
地址：岳阳市云溪区路口镇
……Tel：0730－8829793

湖南禹山食品饮料有限公司
地址：湖南省岳阳市华容县禹山镇大乘寺社区168号
……Tel：0730－4780918

湖南万佳福饮料有限责任公司
地址：湖南省株洲市天元区仙月环路高科新马金谷C7－B厂房
……Tel：0731－22113601

湖南猕恋生物科技股份有限公司
地址：株洲云龙示范区交通村茶杯冲组
……Tel：0731－22282699

湖南酒仙湖生态旅游开发有限公司
地址：湖南省株洲市攸县酒埠江镇酒仙湖村酒埠江游客服务中心4楼
……Tel：0731－24719999

湖南唐人神肉制品有限公司
地址：湖南省株洲市芦淞区古大桥
……Tel：0731－28591293

株洲市湘东泉饮料实业有限公司
地址：株洲县渌口镇张公岭村牛丫冲组
……Tel：0731－28818028

益阳陈克明食品股份有限公司
地址：益阳市南县工业园
……Tel：0731－5217666

龙牌食品股份有限公司
地址：湖南省湘潭市经济技术开发区红星路21号综合楼
……Tel：0731－52339576

湖南新中弘实业发展有限公司
地址：湘潭市岳塘区荷塘乡政府办公楼四楼402房（岳塘经开区）
……Tel：0731－52771258

湖南微醺食品饮料有限公司
地址：湖南湘乡经济开发区振湘路009号
……Tel：0731－52778158

湖南东宝资产管理有限公司
地址：湘潭市高新区宝塔街道芙蓉路
……Tel：0731－55573508

韶山宾馆
地址：韶山市韶山冲故园路16号
……Tel：0731－55685425

步步高置业有限责任公司
地址：湘潭市九华经开区步步高大道19号1号楼1层
……Tel：0731－52799999

吉昌动漫玩具（湖南）有限公司
地址：湖南省湘乡市经济开发区红仑大道18号
……Tel：0731－56211888

湖南珠江啤酒有限公司
地址：湘潭天易示范区杨柳路以西、天马路以南
……Tel：0731－5710858

湖南一格制药有限公司
地址：湘潭市雨湖区北二环路1689号
……Tel：0731－58289827

湖南白沙物流有限公司
地址：湖南省长沙市芙蓉区马王堆嘉雨路193号
……Tel：0731－81818817

湖南新希望南山液态乳业有限公司
地址：湖南望城经济开发区雷锋大道108号
……Tel：0731－81824196

长沙古冰饮料销售有限公司
地址：中国（湖南）自由贸易试验区长沙片区南山路48号
……Tel：0731－84070888

湖南省茶业集团股份有限公司
地址：长沙市芙蓉区隆平高科技园隆园一路19号湘茶高科技产业园
……Tel：0731－82222271

湖南省金六福酒业有限公司
地址：长沙市雨花区芙蓉中路三段569号湖南商会大厦西塔9楼901室
……Tel：0731－82225966

湖南友阿云商网络有限公司
地址：长沙市高新区旺龙路56号2栋工业用房（研发楼）101－605号
……Tel：0731－82239448

长沙友阿五一广场商业有限公司
地址：湖南省长沙市芙蓉区定王台街道黄泥街社区黄兴中路92号
……Tel：0731－82289448

湖南和立东升实业集团有限公司
地址：长沙市雨花区万家丽路南二段18号管理服务中心办公楼319房
……Tel：0731－82289818

湖南苏宁易购有限公司
地址：长沙市芙蓉区黄兴中路80号湘浙汇商厦负1－6层
……Tel：0731－82766888

湖南九典宏阳制药有限公司
地址：湖南望城经济开发区铜官循环经济工业基地内
……Tel：0731－82768109

长沙国安广播电视宽带网络有限公司
地址：湖南省长沙市雨花区湘府东路989号
……Tel：0731－82827858

长沙市宏通糖酒饮料有限公司
地址：长沙市雨花区韶山北路298号窑岭段汇富中心A栋19楼
……Tel：0731－82888733

湖南有线长沙网络有限公司
地址：湖南省长沙市雨花区黄土岭路260号
……Tel：0731－82910399

养天和大药房股份有限公司
地址：长沙市长沙县黄花镇大元路与鹏盛路交叉口西北角体验中心
……Tel：0731－82965653

鼎翰文化股份有限公司
地址：长沙高新开发区文轩路27号麓谷钰园B－4栋
……Tel：0731－82967999

长沙市人人乐商业有限公司
地址：湖南省长沙市岳麓区银盆岭街道杜鹃路99号天骄福邸综合楼栋101第二层
……Tel：0731－82974698

湖南省长沙市昆仑酿酒有限公司
地址：浏阳市镇头金牌岭
……Tel：0731－83100098

湖南春光九汇现代中药有限公司
地址：浏阳经济技术开发区康平路10号
……Tel：0731－83280777

绿之韵生物工程集团有限公司
地址：浏阳经济技术开发区绿之韵路8号
……Tel：0731－8328422

湖南一朵生活用品有限公司
地址：浏阳高新技术产业开发区坪头北路6号
……Tel：0731－83371666

浏阳高朗烈酒酿造有限公司
地址：浏阳市两型产业园
……Tel：0731－82034598

湖南福悦食品饮料股份有限公司
地址：浏阳市两型产业园
……Tel：0731－83452288

湖南相台春酿酒有限公司
地址：浏阳市关口街道和兴路99号
……Tel：0731－83456999

长沙相台春生态农业开发有限公司
地址：浏阳市溪江乡浆田村丰收组99号
……Tel：0731－83456999

浏阳市浏阳湖酿酒厂（普通合伙）
地址：浏阳市荷花办事处西环村万家组
……Tel：0731－83659108

湖南御福喜酿酒有限公司
地址：浏阳市集里街道东沙路54号
……Tel：0731－83899888

湖南欧比佳营养食品有限公司
地址：长沙市望城经济技术开发区望城大道766号
……Tel：0731－83916999

湖南长沙恒枫饮料有限公司
地址：湖南省长沙市经济技术开发区漓湘路236号
……Tel：0731－84014833

长沙棠坡饮料有限公司
地址：湖南省长沙县安沙镇鼎功桥村
……Tel：0731－84018048

丰沃达医药物流（湖南）有限公司
地址：长沙市开福区青竹湖路808号
……Tel：0731－84035115

湖南省潇湘王酿酒有限公司
地址：长沙县北山镇蒿塘路133号
……Tel：0731－84080399

湖南博雅智能装备股份有限公司
地址：长沙经济技术开发区东六线11号
……Tel：0731－84081470

蓝河营养品有限公司
地址：长沙市望城区仁和路7号
……Tel：0731－84156688

长沙通程国际大酒店有限公司
地址：长沙市芙蓉区韶山北路１５９号
……Tel：0731－84168888

湖南友阿黄金珠宝有限公司
地址：长沙市开福区中山路56号
……Tel：0731－84169448

湖南达嘉维康医药产业股份有限公司
地址：湖南省长沙市岳麓区茯苓路30号
……Tel：0731－84170051

湖南中洲地涌饮料有限公司
地址：长沙高新开发区麓谷街道和馨园二期A1栋1812室
……Tel：0731－84319977

长沙家乐福超市有限责任公司
地址：长沙市芙蓉区芙蓉中路238号
……Tel：0731－84398883

湖南泰尔制药股份有限公司
地址：长沙国家生物产业基地（浏阳）泰尔路16号
……Tel：0731－84438888

华润湖南瑞格医药有限公司
地址：长沙市岳麓区金星北路一段22号
……Tel：0731－84460688

湖南德荣医疗健康产业有限公司
地址：长沙市开福区四方坪街道三一大道303号永通佳苑A栋15楼1501房
……Tel：0731－84516768

国药控股湖南有限公司
地址：长沙市开福区金霞开发区华宁路299号
……Tel：0731－84555568

湖南高桥大市场股份有限公司
地址：长沙市雨花区东二环一段578号高桥大市场西大门5楼
……Tel：0731－84687088

湖南吉美生物科技发展有限公司
地址：长沙经济技术开发区榔梨街道东十一路南段55号2#智能车间
……Tel：0731－84877301

湖南草之原物流有限公司
地址：长沙市雨花区红莲路266号城南故事家园6栋2702
……Tel：0731－85105539

湖南家家红实业有限公司
地址：长沙市开福区沙坪街道中青路1118号
……Tel：0731－85156395

长沙市爆料餐饮管理有限公司
地址：湖南省长沙市天心区五一大道635号锦绣大厦301号
……Tel：0731－85158977

贝贝熊孕婴童连锁商业有限公司
地址：长沙市雨花区城南中路290号珠宝科技大楼5楼
……Tel：0731－85161055

绝味食品股份有限公司
地址：长沙市芙蓉区晚报大道267号晚报大厦1608室
……Tel：0731－85174397

湖南省亚太技术发展有限公司
地址：湖南省长沙市天心区劳动西路298号
……Tel：0731－85175801

长沙北辰房地产开发有限公司
地址：长沙市开福区湘江北路1500号北辰时代广场A1区写字楼29层2901号房

…………………… Tel：0731-85179602
湖南鑫远投资集团有限公司
地址：长沙市天心区湘府西路31号尚玺苑20栋10楼
…………………… Tel：0731-85191922
长沙神农酒店管理有限公司
地址：长沙市雨花区芙蓉中路三段269号
…………………… Tel：0731-85236730
重药控股湖南博瑞药业有限公司
地址：湖南省长沙市雨花区振华路511号博瑞医药产业园D座标准化厂房301
…………………… Tel：0731-85302888
湖南长韶娄高速公路有限公司
地址：长沙市岳麓区含浦街道大坡村长韶娄高速办公楼
…………………… Tel：0731-85322213
购宝乐商业（湖南）有限公司
地址：长沙市雨花区韶山北路355号鸿铭中心商业街门面H401号
…………………… Tel：0731-85424628
湖南常佰通食品饮料有限公司
地址：湖南省长沙市雨花区新兴路268号国际企业中心13栋1102室
…………………… Tel：0731-85467838
湖南凝露饮料有限公司
地址：湖南省长沙市雨花区德思勤城市广场B2栋11层1109室
…………………… Tel：0731-85489709
湖南中茶茶业有限公司
地址：长沙市望城经济技术开发区普瑞西路二段8号
…………………… Tel：0731-85540261
湖南湘水缘长生陵园有限公司
地址：长沙市天心区芙蓉中路三段380号汇金苑8幢16层1601、1602号
…………………… Tel：0731-85554371
湖南金辉大酒店
地址：长沙市雨花区黄土岭路187号
…………………… Tel：0731-85608291
湖南省新华书店有限责任公司
地址：长沙市芙蓉区五一大道826号
…………………… Tel：0731-85695700
长沙市慕尼黑精酿啤酒营销有限公司
地址：长沙市雨花区中环路都城康欣园1栋501
…………………… Tel：0731-85834296
国药控股长沙有限公司
地址：湖南省长沙市开福区龙福路2号（金霞湘绣园1201、1202、1203、1206、1207、1208、1209、13-15整层楼）
…………………… Tel：0731-85920880
湖南省邮政公司
地址：长沙市雨花区东二环一段710号
…………………… Tel：0731-85988114
长沙县麻姑井酿酒有限公司
地址：湖南省长沙县江背镇印山村上采田组71号
…………………… Tel：0731-86263599
长沙马王堆农产品股份有限公司
地址：湖南省长沙县黄兴镇打卦岭村山组长沙黄兴海吉星国际农产品物流园
…………………… Tel：0731-86308287
湖南先伟实业有限公司
地址：长沙县黄花工业园机场口118号
…………………… Tel：0731-86390549
湖南长株潭广联生猪交易市场有限公司
地址：长沙县安沙镇毛塘工业园毛塘大道669号
…………………… Tel：0731-86889770
湖南美奇幻食品有限公司
地址：宁乡县城郊乡茆田社区宝塔组
…………………… Tel：0731-87177096
湖南现代资源农业科技有限公司
地址：宁乡经济开发区资源大道6号
…………………… Tel：0731-87809715
湖南金健速冻食品有限公司
地址：湖南宁乡蓝月谷西路99号
…………………… Tel：0731-87893999
湖南运达房地产开发有限公司
地址：长沙市雨花区长沙大道567号运达中央广场三期塔楼部分1301
…………………… Tel：0731-88099099
华润湖南新特药有限公司
地址：长沙高新开发区麓谷大道698号
…………………… Tel：0731-88166805
华润湖南医药有限公司
地址：长沙市高新区麓谷大道698号
…………………… Tel：0731-88166992
中粮可口可乐华中饮料有限公司
地址：湖南省长沙市望城区经济技术开发区雷高路366号
…………………… Tel：0731-88185888
中国广电湖南网络股份有限公司
地址：长沙市高新技术产业开发区麓谷大道662号软件中心大楼258室
…………………… Tel：0731-88280070
长沙经济技术开发区威尼斯酒店有限公司
地址：湖南省长沙县星沙镇星沙大道325号
…………………… Tel：0731-88288888
普瑞酒店有限责任公司
地址：长沙市望城区月亮岛街道普瑞大道8号
…………………… Tel：0731-88388888
湖南湘江新区投资集团有限公司
地址：湖南省长沙市岳麓区坪塘街道狮峰山村潭州大道二段168号
…………………… Tel：0731-88502676
华润怡宝饮料（长沙）有限公司
地址：长沙市宁乡县经济开发区车站路359号
…………………… Tel：0731-88592790
湖南星浩医药物流有限公司
地址：湖南省长沙市天心区新岭路60号办公楼505-510室
…………………… Tel：0731-88595747
湖南新奥清洁能源有限公司
地址：长沙高新开发区尖山路39号长沙中电软件园有限公司总部大楼519室
…………………… Tel：0731-88628790
英氏控股集团股份有限公司
地址：长沙市芙蓉区隆平高科技园隆园五路6号1栋6楼
…………………… Tel：0731-88727323
湖南和美德成医药有限公司
地址：湖南省长沙市岳麓区咸嘉湖街道枫林二路218号
…………………… Tel：0731-88908855
湖南达嘉维康医药有限公司
地址：长沙市岳麓区茯苓路30号
…………………… Tel：0731-88911758
华谊兄弟（长沙）电影文化城有限公司
地址：湖南省长沙市岳麓区坪塘街道星光路6号华谊兄弟电影文化园A1-A7、B1-B8、C1-C20栋
…………………… Tel：0731-89507777
湖南吉公酒业有限公司
地址：长沙市雨花区万家丽路长远.华樟名府918房
…………………… Tel：0731-89609165
湖南慧多星饮料有限公司
地址：浏阳市龙伏镇龙伏村软桥组
…………………… Tel：0731-89679081
希界维（长沙）影城有限公司
地址：长沙市岳麓区岳麓大道57号奥克斯广场5F
…………………… Tel：0731-89728628
株洲华润万家生活超市有限公司
地址：湖南省株洲市荷塘区新华西路559号
…………………… Tel：0731-89759035
湖南粮食集团有限责任公司
地址：长沙市开福区芙蓉北路1119号
…………………… Tel：0731-89780555
湖南妇女儿童医院有限公司
地址：长沙市岳麓区景园路239号洋湖景园25号栋1801房
…………………… Tel：0731-89787368
湖南九州通医药有限公司
地址：长沙市开福区湘江北路一段359号
…………………… Tel：0731-89807387
衡阳市卫康食品饮料有限公司
地址：衡阳市石鼓区双桥南堤金秋大厦B栋101室
…………………… Tel：0734-2845333
湖南华侨城文旅投资有限公司
地址：衡阳市石鼓区合江路112号
…………………… Tel：0734-2919999
湖南心得乐食品饮料有限公司
地址：耒阳市五里牌办事处经济开发区工业大道南侧C-6栋
…………………… Tel：0734-4996166
衡山信联食品饮料有限公司
地址：湖南省衡山县工业园区
…………………… Tel：0734-5803002
祁东县永康食品饮料有限公司
地址：祁东县曹口堰水库管理所办公楼
…………………… Tel：0734-6288077
衡阳娃哈哈恒枫饮料有限公司
地址：衡阳市高新区47号街区04地块
…………………… Tel：0734-8143225
连卡福（衡阳）商业广场有限公司
地址：湖南省衡阳市高新开发区解放大道42号
…………………… Tel：0734-8276666
湖南裕华科技集团股份有限公司
地址：衡阳市珠晖区金甲岭
…………………… Tel：0734-8306026
郴州友谊阿波罗商业投资股份有限公司
地址：湖南省郴州市北湖区国庆北路附17号
…………………… Tel：0735-2119356
湖南省烟草公司郴州市公司
地址：郴州市北湖区燕泉北路6 1号
…………………… Tel：0735-2152939
郴州凯程医药有限公司
地址：郴州市开发区湘南高新园9号楼
…………………… Tel：0735-2169386
湖南开维猕恋果酒酿造有限公司
地址：湖南省郴州市北湖区月峰瑶族乡月峰村九组
…………………… Tel：0735-2703888
郴州市千里峰饮料有限公司
地址：郴州市北湖区仰天湖瑶族乡青山村一组
…………………… Tel：0735-2741818
湖南裕湘食品有限公司
地址：郴州市北湖区石盖塘镇商业大道南侧
…………………… Tel：0735-2791558
郴州东江稀品饮料有限公司
地址：资兴经济开发区罗围食品工业园S5区块
…………………… Tel：0735-3227777
资兴浩源食品饮料有限公司
地址：湖南省郴州市资兴市罗围食品工业园湖滨路
…………………… Tel：0735-3331116
湖南湘昆酒业有限公司
地址：桂阳县龙潭街道茶红路芙蓉食品工业区
…………………… Tel：0735-4420999
桂阳神农谷食品饮料有限公司
地址：桂阳县鹿峰街道欧阳海路4-5号
…………………… Tel：0735-4440958
湖南景湘源食品饮料有限公司
地址：湖南省郴州市桂阳县工业园芙蓉食品项目区
…………………… Tel：0735-4666999
湖南宇宏神农食品科技开发有限公司
地址：湖南省安仁县城关镇七一东路7号（粮食局二楼）
…………………… Tel：0735-5224878
郴州温德姆至尊豪廷大酒店有限公司
地址：郴州市苏仙区郴州大道2336号
…………………… Tel：0735-8899888
湖南金健乳业股份有限公司
地址：湖南省常德经济技术开发区德山街道办事处莲花池社区桃林路717号
…………………… Tel：0736-2588130
湖南康尔佳制药股份有限公司
地址：湖南汉寿高新技术产业园区汉太路9号
…………………… Tel：0736-2745268
常德中石油昆仑燃气有限公司
地址：湖南省常德市武陵区丹阳街道办事处光荣路社区光荣路320号
…………………… Tel：0736-2987403
常德市城头山绿色饮料有限公司
地址：湖南省澧县澧西街道办事处护城居委会翊武西路双堰巷1号
…………………… Tel：0736-3238588
湖南常德浪力食品饮料有限公司
地址：湖南省津市市高新技术产业开发区嘉山大道007号
…………………… Tel：0736-4222641
湖南湘情酒业股份有限公司
地址：湖南省常德市津市市嘉山工业新区胥家湖路与青山路交汇处
…………………… Tel：0736-4242999
药圣堂（湖南）制药有限公司
地址：湖南省常德市安乡县工业园区
…………………… Tel：0736-4331338
石门金润和食品饮料有限公司
地址：湖南省常德市石门县宝峰街道中渡社区夹山路嘉和物流园
…………………… Tel：0736-5323388
常德石湾酒厂有限公司
地址：湖南临澧经济开发区安福工业园
…………………… Tel：0736-5550933
湖南名家医药健康事业发展集团有限公司
地址：湖南省常德市武陵区东江街道办事处新安社区常德大道东侧常德市武陵区移动互联网创业园
…………………… Tel：0736-7150000
湖南武陵酒有限公司
地址：湖南省常德经济技术开发区德山大道598号
…………………… Tel：0736-7257509
中西洞庭红雪茶饮料有限公司
地址：常德市西洞庭管理区农垦大道88号
…………………… Tel：0736-7503829
湖南惠生肉业有限公司
地址：湖南省常德市经济技术开发区德山镇河家坪居委会四组
…………………… Tel：0736-7750508
湖南德嘉益民食品股份有限公司
地址：常德市武陵区东江街道办事处白龙村2组
…………………… Tel：0736-7951268
湖南天下洞庭粮油实业有限公司
地址：沅江市建设路1号
…………………… Tel：0737-2286517
辣妹子食品股份有限公司
地址：湖南沅江经济开发区辣妹子食品工业园
…………………… Tel：0737-2721668
湖南辣妹子销售管理有限公司
地址：沅江市经济开发区
…………………… Tel：0737-2721668
荷兰七箭啤酒（湖南）有限公司
地址：益阳市龙岭工业园紫竹路
…………………… Tel：0737-3256057
益阳粤湘大健康饮料有限公司
地址：益阳市高新区东部产业园综合服务楼5楼519号
…………………… Tel：0737-3781808
兴盛社区网络服务股份有限公司
地址：益阳市高新区迎宾东路南侧箴言社区
…………………… Tel：0737-4411688
益阳龙果饮料有限公司
地址：益阳市赫山区龙岭工业园
…………………… Tel：0737-4688977
湖南南洲酒业有限公司
地址：南县南洲镇兴盛西路
…………………… Tel：0737-5221408
克明面业股份有限公司
地址：南县兴盛大道工业园1号
…………………… Tel：0737-5229218
湖南津湘药业有限公司
地址：益阳市赫山区龙岭工业园迎宾东路
…………………… Tel：0737-6698110
湖南楚润生物科技有限公司
地址：湖南省娄底市新化县梅苑开发区学府南路君悦华府51号
…………………… Tel：0738-3388688
湖南达润饮料有限公司
地址：新化高新技术产业开发区梅苑工业园
…………………… Tel：0738-3442899
湖南省金湄泉饮料有限公司
地址：涟源市经济开发区
…………………… Tel：0738-4822108
湖南亲情果食品饮料有限公司
地址：娄底市万宝镇
…………………… Tel：0738-8299091
娄底华天酒店管理有限责任公司
地址：湖南省娄底市娄星区文艺路以东、涟水岸以西、娄底市新体育馆旁（华天城）1栋1301
…………………… Tel：0738-8988888
湖南水佬大饮料科技有限公司
地址：湖南省邵阳市邵东市生态产业园
…………………… Tel：0739-2251799
湖南仙宫养生泉饮料有限公司
地址：湖南省邵东县佘田桥镇羊岭村
…………………… Tel：0739-2727158
城步湘南山饮料有限责任公司
地址：湖南省邵阳市城步儒林镇工业园区(九鼎农业内)

……………………Tel：0739-2907799

新邵县犇宝水业饮料科技有限公司
地址：新邵县经济开发区安泰路东侧
……………………Tel：0739-3608888

武冈市顺顺和食品饮料有限公司
地址：湖南省武冈市工业园春光大道2号
……………………Tel：0739-4281900

邵阳市建民集团旅业有限公司
地址：邵阳市双清区宝庆东路461号
……………………Tel：0739-5161587

湖南湘窖酒业有限公司
地址：邵阳市北塔区蔡锷路江北工业园
……………………Tel：0739-5322303

湖南水中水饮料有限公司
地址：湖南省邵阳市洞口县文昌街道城北新村佳和名都2栋112室
……………………Tel：0739-7158655

湖南天人合一饮料有限公司
地址：湖南省绥宁县金屋镇新华村
……………………Tel：0739-7780388

邵阳云起堂纯茶酒酿造有限公司
地址：邵阳市宝庆工业集中区标准厂房1区7号
……………………Tel：0739-8913355

湘西果王饮料有限公司
地址：湖南省湘西土家族苗族自治州永顺县芙蓉镇双桥村
……………………Tel：0743-2130668

湖南东润食品饮料有限责任公司
地址：湖南省湘西土家族苗族自治州泸溪县武溪镇白沙杨柳溪六车道安置区101室
……………………Tel：0743-4611088

湘西芙蓉镇文化旅游开发有限公司
地址：湖南省湘西土家族苗族自治州永顺县灵溪镇永顺大道国土局办公楼七楼
……………………Tel：0743-5854532

龙山县恒康食品饮料有限责任公司
地址：湖南省湘西土家族苗族自治州龙山县洗洛镇洗洛村48号
……………………Tel：0743-6237411

湖南内参酒销售有限责任公司
地址：湖南省吉首市乾州街道大庭社区建新路创新创业示范园0027室
……………………Tel：0743-8312134

酒鬼酒供销有限责任公司
地址：吉首市峒河街道振武营村
……………………Tel：0743-8312290

湖南梅尼超市股份有限公司
地址：张家界经济开发区C区
……………………Tel：0744-8282288

张家界湘投阳光酒店有限公司
地址：张家界市永定区永定大道东2号
……………………Tel：0744-8558888

张家界中信和餐饮原材料配送有限公司
地址：张家界市永定区大庸桥办事处热水坑居委会十组整栋
……………………Tel：0744-8886886

湖南张家界大成山水国际大酒店有限公司
地址：张家界市永定区大庸西路（进机场路口）
……………………Tel：0744-8889999

湖南省侗家郎食品有限公司
地址：怀化市鹤城区盈口乡新家庄三组
……………………Tel：0745-2313481

湖南天海水业有限公司
地址：湖南省怀化市麻阳苗族自治县高村镇兴业路天海御景山庄10栋3单元202室
……………………Tel：0745-2628103

南方葡萄沟酒庄有限公司
地址：湖南省怀化市中方县县城迎松路与南湖路交叉处景熙园商业中心
……………………Tel：0745-2814155

湖南家源食品饮料有限公司
地址：湖南省怀化市高新区金光大道1栋101
……………………Tel：0745-2837898

怀化恒枫饮料有限公司
地址：湖南省怀化市怀化高新技术产业开发区希望路8号
……………………Tel：0745-2838017

溆浦县佳云罐头食品饮料有限公司
地址：溆浦县卢峰镇人民村十七组
……………………Tel：0745-3322321

沅陵县苗村水寨农业开发有限公司
地址：沅陵县二酉苗族乡洪树坪村
……………………Tel：0745-4230499

怀化市善行天下食品饮料有限公司
地址：怀化市鹤城区正清路（怀化医专南侧十字路口旁）
……………………Tel：0745-8665111

蓝山县湘韵食品饮料有限公司
地址：湖南省永州市蓝山县塔峰镇开发区五里大道（宏泰工业园内）
……………………Tel：0746-2222700

蓝山县蓝湘江源食品饮料有限责任公司
地址：湖南省永州市蓝山县塔峰镇新建西路200号
……………………Tel：0746-2225918

江华瑶族自治县依山食品饮料有限公司
地址：江华瑶族自治县桥头铺镇富足村
……………………Tel：0746-2338600

江华瑶族自治县神仙洞神仙湖食品饮料有限公司
地址：湖南省永州市江华瑶族自治县白芒营镇神仙洞村大岩冲
……………………Tel：0746-2586058

湖南新金浩茶油股份有限公司
地址：永州市祁阳县浯溪工业新村
……………………Tel：0746-3236288

道县湘双源饮料有限公司
地址：湖南省道县道江镇濂溪山庄北岸商贸城3栋5号
……………………Tel：0746-5351666

永州市古城天然食品饮料有限公司
地址：永州市冷水滩区凤凰园工业区内
……………………Tel：0746-8519111

邵阳华天大酒店有限责任公司
地址：邵阳市新邵经济开发区蔡锷大道旁
……………………Tel：0793-8688888

广东省

呈和科技股份有限公司
地址：广州市白云区北太路1633号广州民营科技园科强路2号
……………………Tel：020-22028118

小鹏汽车销售有限公司
地址：广州市天河区长兴街岑村松岗大街8号108房（仅限办公用途，不可作厂房使用）
……………………Tel：020-66805289

国药控股广东恒兴有限公司
地址：广东省广州市天河区高普路93号E栋
……………………Tel：020-22132101

东莞京东利昇贸易有限公司
地址：东莞市麻涌镇新基村
……………………Tel：020-22165500

广州阿恰普食品饮料有限公司
地址：广州市海珠区红卫村台涌东约大街18号之2编10
……………………Tel：020-36542622

广州若羽臣科技股份有限公司
地址：广州市黄埔区大沙地东319号607房自编A
……………………Tel：020-22198999

广州华糖食品有限公司
地址：广州市黄埔区东区开创大道362号
……………………Tel：020-22206332

广州明旺乳业有限公司
地址：广州经济技术开发区永和经济区新元路5号
……………………Tel：020-22209888

广州祥旺食品有限公司
地址：广州经济技术开发区永和经济区新元路5号
……………………Tel：020-22209888

杨协成（广州）食品饮料有限公司
地址：广州市海珠区赤岗西路288号
……………………Tel：020-22280888

中海油广东销售有限公司
地址：广州市海珠区江南大道中168号1712房
……………………Tel：020-22315926

广州市亚洲牌食品科技有限公司
地址：广州市黄埔区新业路46号自编21栋502房
……………………Tel：020-22211555

广东通驿高速公路服务区有限公司
地址：广州市白云区机场路1731-1735号五楼
……………………Tel：020-22353812

延长壳牌（广东）石油有限公司
地址：广州市天河区珠江新城珠江东路32号利通广场规划设计楼层39层全层单元（自编楼层41层全层单元）
……………………Tel：020-22397388

乐百氏（广东）饮用水有限公司
地址：广东省中山市小榄镇菊城大道东37号（之二）
……………………Tel：020-22516163

广州晶东贸易有限公司
地址：广州市黄埔区九龙镇九龙工业园凤凰三横路89号1号库房301
……………………Tel：020-22615500

广州南侨食品有限公司
地址：广州经济技术开发区东区联广路333号
……………………Tel：020-28203888

广州市晨峰贸易有限公司
地址：广州市海珠区石榴岗路600号首层之二
……………………Tel：020-28360220

广州华凯石油燃气有限公司
地址：广州市南沙区环市大道北1号
……………………Tel：020-28648666

旺仔食品（广州）集团有限公司
地址：广州市番禺区南村镇南村文明路5号311房
……………………Tel：020-28678205

广东泰牛维他命饮料有限公司
地址：广州市番禺区南村镇兴业大道921-929号东301-2
……………………Tel：020-28678205

中经汇通电子商务有限公司
地址：广州市黄埔区科学大道112号906房
……………………Tel：020-28808768

明治雪糕（广州）有限公司
地址：广州经济技术开发区夏园东路1号
……………………Tel：020-29080066

恩尼世饮料有限公司
地址：广州市越秀区西湖路18号2602、2603、2605-2609房
……………………Tel：020-29107888

亨氏（中国）调味食品有限公司
地址：广州市番禺区桥南街蚬涌粮油工业开发区
……………………Tel：020-29111731

吉百利糖果（广州）有限公司
地址：广州经济技术开发区蕉园路18号
……………………Tel：020-32101363

广州岭南花园大角山酒店发展有限公司
地址：广州市南沙区大角二路1号
……………………Tel：020-32108888

国际香料（中国）有限公司
地址：广州经济技术开发区金华二街9号
……………………Tel：020-32122165

普莱克斯（广州）工业气体有限公司
地址：广州经济技术开发区东区东联路6号
……………………Tel：020-32130000

广州傲加餐饮管理有限公司
地址：广州市番禺区市桥街光明南路163号置业华逸大厦1梯606
……………………Tel：020-32206656

广州美晨科技实业有限公司
地址：广州市经济技术开发区永和经济区新业路48号
……………………Tel：020-32221385

广州美亚股份有限公司
地址：广州经济技术开发区永和经济管理区永和大道38号
……………………Tel：020-32221688

百事饮料（广州）有限公司
地址：广州经济技术开发区永和区田园路2号
……………………Tel：020-32222228

广州百事可乐饮料有限公司
地址：广州市海珠区敦和路57号
……………………Tel：020-32222228

广州广番宜家家居有限公司
地址：广州市番禺区东环街东艺路139号15栋
……………………Tel：020-32255018

雪花啤酒（广州）有限公司
地址：广州市黄埔区埔南路66号
……………………Tel：020-32316100

广东粤运交通股份有限公司
地址：广州市白云区机场路1731-1735号8楼
……………………Tel：020-32318100

广东燕隆乳业科技有限公司
地址：广州市黄埔区香荔路188号（自主申报）
……………………Tel：020-32639988

广东东鹏饮料有限公司
地址：广州市增城区石滩镇三江荔三路746号
……………………Tel：020-32802312

广州市东鹏食品饮料有限公司
地址：广州市增城石滩镇三江荔三路750号
……………………Tel：020-32802312

广州大家乐食品实业有限公司
地址：广州经济技术开发区永和经济区春分路10号
……………………Tel：020-32813331

广州南国思念食品有限公司
地址：广州经济技术开发区永和经济区春分路8号
……………………Tel：020-32980203

广州新珠江食品饮料集团公司
地址：广州市海珠区敦和路57号之一
……………………Tel：020-34224088

红三角集团股份有限公司
地址：广州市番禺区大石街敏昌街43号2栋637
……………………Tel：020-34332739

广州双桥股份有限公司
地址：广州市海珠区工业大道南箕路346号
……………………Tel：020-34334856

广州奥桑味精食品有限公司
地址：广州市海珠区南箕路翔凤横街2号
……………………Tel：020-34336388

广州新免免税品有限公司
地址：广州市花都区白云国际机场航站楼国际厅内A9009-A、A9009、A9010、A9011、A9012、A9013、A9015、A9016、A9017、A9018商铺
……………………Tel：020-36067772

广州和睦家医院有限公司
地址：广州市海珠区琶洲路厚德街
……………………Tel：020-36102000

槵科集团有限公司
地址：广州市白云区景泰街大金钟路67号六楼610房（自主申报）
……………………Tel：020-36278875

立高食品股份有限公司
地址：广州市增城石滩镇工业园平岭工业区
……………………Tel：020-36510920

广州九龙湖高尔夫球俱乐部有限公司
地址：广州市花都区北兴镇九龙潭水库一侧
……………………Tel：020-36909961

广州佳吉饮料有限公司
地址：广州市白云区京溪街道广州大道北梅宾东街11号9房（自主申报）
……………………Tel：020-37242689

拓普基因科技（广州）有限责任公司
地址：广州市天河区天河北路侨林街47号2601房之L25房（仅限办公）
……………………Tel：020-37304316

广东经典吉元饮料有限公司
地址：广东省广州市天河区天河北路侨林街43号2701房内自编B
……………………Tel：020-37398782

广州好料好汤饮食服务有限公司
地址：广州市越秀区中山一路51号之三203房B室（仅限办公用途）
……………………Tel：020-37588898

广东时代传媒集团有限公司
地址：广州市越秀区环市东路472号粤海大厦11楼1121-1128室
……………………Tel：020-37592661

广东省粤新机械进出口有限公司
地址：广州市越秀区东风东路726号
……………………Tel：020-37658270

广东广垦绿色农产品有限公司
地址：广东省广州市天河区燕岭路29号燕岭大厦1108房
……………………Tel：020-37786654

广州赛莱拉干细胞科技股份有限公司
地址：广州国际生物岛螺旋四路一号生产区第五层502单元
……………………Tel：020-37792600

广州雅芳制造有限公司
地址：广州市从化区广东从化经济开发区工业大道11号
……………………Tel：020-37992000

佛山市保信置业有限公司
地址：佛山市顺德区伦教街道办事处常教社区居民委员会置业路明珠花园三座5号铺
……………………Tel：020-38033138

可口绿国际商贸（广州）有限公司
地址：广州市番禺区南村镇汉溪大道东390号四海城商业广场3栋（3栋）609-610房
……………………Tel：020-38036315

广州长濑贸易有限公司
地址：广州保税区东涌路8号A216室
……………………Tel：020-38139369

太古汇（广州）发展有限公司
地址：广州市天河区天河路385号太古汇一座1801室
……………………Tel：020-38151300

建发（广州）有限公司
地址：广州市天河区冼村路5号第27层04-12房
……………………Tel：020-38175800

合生元（广州）健康产品有限公司
地址：广州经济技术开发区东区联广路187号生产车间2-3楼
……………………Tel：020-38189999

广州市金妮宝食用油有限公司
地址：广州市南沙区东涌镇同业街17号（自编三栋（厂房二））
……………………Tel：020-38211705

广东海王医药集团有限公司
地址：广东省广州市天河区华利路19号二楼自编H01单元
……………………Tel：020-38299919

广州哥弟真的好贸易有限公司
地址：广州市天河区林和西路161号中泰国际广场第二层229商铺
……………………Tel：020-38370111

广州市正佳海洋世界生物馆有限公司
地址：广州市天河区天河路228号7C18自编01（仅限办公）
……………………Tel：020-38373008

广州逸仙电子商务有限公司
地址：广州市海珠区新港西路135号中大科技园B座（部位：1002-1015室）（仅限办公）
……………………Tel：020-38373543

广东华润太平洋餐饮有限公司
地址：深圳市罗湖区水贝二路27号611、612室
……………………Tel：020-38682340

广东无限能饮料食品有限公司
地址：佛山市三水区西南街道康岗路28号全信大厦701（仅作办公场所使用）
……………………Tel：020-38769861

广东佩斯饮料有限公司
地址：广州市番禺区南村镇江南工业二区二横路2号之一2栋262房
……………………Tel：020-38807510

广州亿喜生物科技有限公司
地址：广州市天河区珠江东路13号1401房（仅作办公功能用）
……………………Tel：020-38828278

广州弘前日本料理餐饮有限公司
地址：广州市天河区天河直街160号首层1-2号铺
……………………Tel：020-38845609

蜘点商业网络服务有限公司
地址：广州市天河区龙怡路117号2605房（仅限办公用途）
……………………Tel：020-38857701

江门万富酒店管理有限公司
地址：江门市蓬江区江门万达广场3幢
……………………Tel：020-38882777

广州正量饮料有限公司
地址：广州市南沙区东涌镇稳发路36号之101、102
……………………Tel：020-39010677

广州红牛维他命饮料有限公司
地址：广州市海珠区阅江中路832号第13层03B-06单元（仅限办公）
……………………Tel：020-39827680

提神宝（广州）控股有限公司
地址：广州市番禺区南村镇文明路5号601
……………………Tel：020-39211919

广东有线广播电视网络有限公司
地址：广州市天河区黄埔大道中路259号南座305铺
……………………Tel：020-61292711

中铁二十五局集团南方实业开发有限公司
地址：广州市越秀区中山一路55号首层101房
……………………Tel：020-31651471

广州市粤铁经营发展有限公司
地址：广州市越秀区白云路28号六楼
……………………Tel：020-61343244

广东瀚森酒店管理有限公司
地址：广州市白云区广从路南方医院院内康复楼
……………………Tel：020-61360888

广州市番禺区南村道之健饮料店
地址：广州市番禺区南村镇兴南大道163号华南新城大平台141号之一
……………………Tel：020-61902937

广州市百岁山饮料有限公司
地址：广州市从化区鳌头镇聚丰南路268号
……………………Tel：020-62160758

广州莱泰制药有限公司
地址：广州市从化广东从化经济开发区广从大道16号
……………………Tel：020-62161618

乐达（广州）香味剂有限公司
地址：广州经济技术开发区隧达街20号
……………………Tel：020-62746886

广东中人集团建设有限公司
地址：广州市天河区上元岗中成路300号大院
……………………Tel：020-62812590

杏林护理之家股份有限公司
地址：广州市白云区永平街丛云路382、384、386号
……………………Tel：020-62936517

广东卓志跨境电商供应链服务有限公司
地址：广州市南沙区港荣一街3号401-2房（仅限办公）
……………………Tel：020-62661188

广东新华发行集团股份有限公司
地址：广州市越秀区大沙头四马路12号
……………………Tel：020-66220261

益海（广州）粮油工业有限公司
地址：广州经济技术开发区东江大道2号
……………………Tel：020-66252529

广州白云山医药集团股份有限公司
地址：广州市荔湾区沙面北街45号
……………………Tel：020-66281011

广州白云山拜迪生物医药有限公司
地址：广州市番禺区万宝北街1号
……………………Tel：020-66284266

广州宏城发展有限公司
地址：广州市天河区珠江新城珠江西路5号广州国际金融中心15楼自编号02
……………………Tel：020-88838666

广东丸美生物技术股份有限公司
地址：广州高新技术产业开发区科学城伴河路92号2号楼
……………………Tel：020-66378666

广州市时尚商业城有限公司
地址：广州市天河区华庭路4号201之06之2D18房
……………………Tel：020-66670671

广州白云山敬修堂药业股份有限公司
地址：广州市荔湾区人民南路179号
……………………Tel：020-81157701

广州江楠鲜品科技有限公司
地址：广州市天河区高普路1021号5楼6251号
……………………Tel：020-81171103

广州采芝林药业有限公司
地址：广州市荔湾区塞坝路12号自编4号、5号房
……………………Tel：020-81713782

广州市泰奇食品有限公司
地址：广州经济技术开发区永和经济区斗塘路20号
……………………Tel：020-81812388

广东省华大物流有限公司
地址：广东省广州市荔湾区荔湾路92、94号自编1号四楼
……………………Tel：020-81944539

广州城投住房租赁发展投资有限公司
地址：广州市越秀区流花路117号内自编22号5层511室
……………………Tel：020-81958573

广州国盈医药有限公司
地址：广州市越秀区沿江中路298号C座6、8、9、10、11楼
……………………Tel：020-81962589

乐禾食品集团股份有限公司
地址：广州市白云区礼传东街2号全部（部位：一层）
……………………Tel：020-81980471

广州康臣药业有限公司
地址：广州萝岗区经济技术开发区东区东鹏大道71号
……………………Tel：020-82016888

广州徐标记食品饮料有限公司
地址：广州市黄埔区将军山三路6号101房（仅限办公）
……………………Tel：020-82063863

百事立顿（广州）饮料有限公司
地址：广州经济技术开发区金碧路金华二街3号
……………………Tel：020-82150000

广州港物流有限公司
地址：广州市黄埔区港前路531号
……………………Tel：020-82152825

广州市浪奇实业股份有限公司
地址：广州市天河区锦明街87-93号201室
……………………Tel：020-82161128

广州白云山奇星药业有限公司
地址：广州市海珠区新港中路赤岗北路33号
……………………Tel：020-82195022

仙妮蕾德（中国）有限公司
地址：广州经济技术开发区锦绣路15号
……………………Tel：020-82208288

广东科玮生物技术股份有限公司
地址：广州保税区保盈大道39号301、401房
……………………Tel：020-82208355

广东云髻山酿酒有限公司
地址：新丰县丰城街道紫城牛仔围（7号办公楼）
……………………Tel：020-82266253

科学城（广州）投资集团有限公司
地址：广州市经济技术开发区东区连云路2号6-8楼
……………………Tel：020-82515447

广州尚燕食品饮料有限公司
地址：广州市南沙区龙穴岛龙穴大道中路13号7楼X7113（仅限办公用途）（HL）
……………………Tel：020-82896619

广州恒枫饮料有限公司
地址：广州经济技术开发区永和经济区新业路60号
……………………Tel：020-32226581

广州曜能量饮料有限公司
地址：广州市越秀区越华路112号2704单元
……………………Tel：020-83033168

广州港集团有限公司
地址：广州市越秀区沿江东路406号
……………………Tel：020-83050088

广州海港商旅有限公司
地址：广州市越秀区沿江东路406-430号自编11号
……………………Tel：020-83050444

蓝妹啤酒（广州）有限公司
地址：广州市越秀区中山三路33号A2101自编2106-2107室
……………………Tel：020-83161730

华润广东医药有限公司
地址：广东省广州市越秀区沿江中路298号中区10楼、18楼、31楼3101-3108室、3110室
……………………Tel：020-83283288

广东省珠江航运有限公司
地址：广州市海珠区滨江东路远安新街39号211房
……………………Tel：020-83297903

广州虚荣精酿啤酒贸易有限公司
地址：广州市越秀区广州大道中289号印报办公楼一楼A2-2
……………………Tel：020-83305888

广州健民医药连锁有限公司
地址：广州市越秀区德政中路251-271号201房（仅限办公用途）
……………………Tel：020-83321889

广州市广百股份有限公司
地址：广州市越秀区西湖路12号
……………………Tel：020-83322348

广东省中国旅行社股份有限公司
地址：广州市越秀区沿江中路195-197号沿江大厦
……………………Tel：020-83328201

无名极物网络科技有限公司
地址：广州市天河区华夏路28号1903房
……………………Tel：020-83627352

广州市圣八宝矿泉水饮料实业有限公司
地址：广州市萝岗区联和街八斗村兴太三路62号
……………………Tel：020-83812613

广州威臣饮料有限公司
地址：广州市越秀区东华西路86号1901房（仅限办公用途）
……………………Tel：020-83830560

中石化中海船舶燃料供应有限公司
地址：广州市黄埔区港前路195号4楼
……………………Tel：020-84108141

广州润心堂饮料有限公司
地址：广州市白云区人和镇大巷村同贵路自编8号B1第二幢
……………………Tel：020-84226200

广州润之美食品饮料有限公司
地址：广州市白云区人和镇大巷村同贵路自编8号B1第一幢
……………………Tel：020-84226200

广州新源饮料有限公司
地址：广州市海珠区广州大道南路新源街29、31、33号（仅限办公）
……………………Tel：020-84298957

广州岭南穗粮谷物股份有限公司
地址：广州市南沙区横沥工业园冯马路6号
……………………Tel：020-84528091

广东永辉超市有限公司
地址：广州市番禺区市桥街清河东路203号汇珑商业中心一楼A29；二楼B34，三楼C30
……………………Tel：020-84639955

迈德乐（广州）糖果有限公司
地址：广州市番禺区沙湾镇福冠路福正西街2号
……………………Tel：020-84739790

广东乐轻然饮料有限公司
地址：广州市番禺区南村镇捷顺路9号1栋509
……………………Tel：020-84766411

广州至信药业股份有限公司
地址：广州市番禺区大石街石北工业路339号1号楼6楼
……………………Tel：020-84787666

广州珠江怡佳饮料有限公司
地址：广州市番禺区桥南街汇景大道863号
……………………Tel：020-84832053

广州市番禺莲花山粤海度假村
地址：广州市番禺区莲花山旅游区
……………………Tel：020-84862788

广东冠宝饮料有限公司
地址：广州市番禺区东环街天保路11号
……………………Tel：020-84883883

广东吉米酿酒有限公司
地址：广州市南沙区珠江街珠江东路4号之二（限办公用途）
……………………Tel：020-84942800

番禺合兴油脂有限公司
地址：广州市南沙区横沥镇合兴路18号
……………………Tel：020-84962688

广东坤德控股集团有限公司
地址：广州市黄埔区神舟路18号5栋（自编号C-3）906房
……………………Tel：020-85269255

广州市国美电器有限公司
地址：广州市黄埔区金中路23号自编一栋办公区303房
……………………Tel：020-85515181

广州薇美姿实业有限公司
地址：广州市天河区建中路64、66号西704、705房（仅限办公用途）
……………………Tel：020-85536022

广州市好又多百货商业广场有限公司
地址：广州市天河区天河棠下村口中山大道南
……………………Tel：020-85570231

中化石油广东有限公司
地址：广东省广州市天河区珠江西路15号第30层自编01-08房
……………………Tel：020-85601000

广州洋葱时尚集团有限公司
地址：广州市天河区黄埔大道中309号5栋104室

…………………Tel：020-38267223
霸王（广州）有限公司
地址：广州市南沙区丰泽东路106号（自编1号楼）13层1301房自编X1301-A767号（仅限办公用途）（JM）
…………………Tel：020-86117888
广州易初莲花连锁超市有限公司
地址：广州市白云区三元里华园一号二楼
…………………Tel：020-86361138
广州禄仕食品有限公司
地址：广州市花都区炭步镇社岗村
…………………Tel：020-86742606
好丽友食品（广州）有限公司
地址：广州市花都区花东镇金谷南路15号
…………………Tel：020-86757777
安婕妤化妆品科技股份有限公司
地址：广州市花都区新华街花港大道23号
…………………Tel：020-86865388
永旺美思佰乐（广州）商业有限公司
地址：广州市天河区马场路36号太阳新天地购物中心负一层B124商铺
…………………Tel：020-87106253
广州景源食品饮料有限公司
地址：广州市黄埔区联和街天鹿湖北街一巷9号
…………………Tel：020-87219677
广东省农业科学院蚕业与农产品加工研究所
地址：广州市天河区东莞庄一横路133号
…………………Tel：020-87236167
广州黑卡食品饮料有限公司
地址：广州市天河区广园东路2191号2708房
…………………Tel：020-87240658
广州市南方山泉饮料有限公司
地址：广州市黄埔区天鹿湖北街一巷9号201房
…………………Tel：020-87248775
广州市迪盈贸易有限公司
地址：广州市越秀区东风东路850号1201、1202、1203房
…………………Tel：020-87347778
广东省广梅汕宝露矿泉水饮料有限公司
地址：广州市黄埔区联和街八斗村
…………………Tel：020-87465067
广州金逸影视传媒股份有限公司
地址：广州市天河区华成路8号之一402房之一（仅限办公使用）
…………………Tel：020-87513960
广州植之元油脂实业有限公司
地址：广州市南沙区万顷沙镇万环西路新安工业园
…………………Tel：020-87520888
广州市福满家连锁便利店有限公司
地址：广州市经济技术开发区东区宏明路16号（办公用）
…………………Tel：020-87609888
广州哲品家居用品有限公司
地址：广州市海珠区新港东路1000号首至六层自编6012-1
…………………Tel：020-89080600
金碧物业有限公司
地址：广州市天河区黄埔大道西78号3101房之三
…………………Tel：020-89183981
广东人联网电子商务有限公司
地址：广州市荔湾区花地大道渔尾桥岭南市点园之一106（仅限办公用途）
…………………Tel：020-89208387
广州卡拉宝饮料有限公司
地址：广州市天河区花城大道68号环球都会广场56楼01-02单元（仅限办公用途）
…………………Tel：020-89280788
广州市红帆酒店有限公司
地址：广州市海珠区革新路126号之一
…………………Tel：020-89607881
广州家广超市有限公司
地址：广州市越秀区中山三路东皋大道17号之一3楼自编302房
…………………Tel：020-89610374
广州市和兴隆食品科技股份有限公司
地址：广州市白云区人和镇广花三路338号
…………………Tel：020-89898860
深圳佳酿酒业有限公司
地址：深圳市前海深港合作区前湾一路1号A栋201室（入驻深圳市前海商务秘书有限公司）经营场所：深圳市宝安区福永街道怀德社区怀德新村九巷55号203
…………………Tel：020-89899056
广东省机场管理集团有限公司
地址：广州市白云区机场路282号
…………………Tel：020-86128057
海丰县顺宝泉物业管理有限公司
地址：海丰县海城镇莲花山建祖寮村猪槽坑山地
…………………Tel：0660-6728168
广东莲花山酿酒有限公司
地址：海丰县海城镇莲花风门垭
…………………Tel：0660-6799008
广东斗牛维生素饮料有限公司
地址：阳江市银岭科技产业园C2-1
…………………Tel：0662-3378968
阳西县东水山饮料有限公司
地址：阳西县二十二区湖景路9号B5号二楼（仅限办公）
…………………Tel：0662-5523888
阳江市碧桂园凤凰酒店有限公司
地址：阳江市阳东区湖滨西路工商局对面
…………………Tel：0662-6666692
广东省阳春酒厂有限公司
地址：广东省阳春市合水镇东风街99号
…………………Tel：0662-7211228
普宁市华夏天泓影城有限公司
地址：普宁（国际）商品城商贸中心东座（四、五楼）
…………………Tel：0663-2848899
普宁市全兴食品有限公司
地址：里湖工业区
…………………Tel：0663-2776368
广东佳隆食品股份有限公司
地址：广东省普宁市池尾工业区上寮园256幢0138号
…………………Tel：0663-2931711
康美（普宁）中药材专业市场物业管理有限公司
地址：普宁市长春路中段（中药材专业市场内中心主楼五楼）
…………………Tel：0663-3882612
青岛啤酒（揭阳）有限公司
地址：广东省揭阳市揭东经济开发新区万宝路1号
…………………Tel：0663-6195817
揭阳市润轩饮料有限公司
地址：揭阳市榕城区马牙路敦庆苑二楼
…………………Tel：0663-8211573
揭阳市粤勋食品有限公司
地址：揭阳市榕城区揭丰路果菜市场路段（敦庆苑9楼901号）
…………………Tel：0663-8221333
广东华讯网络有限公司
地址：揭阳市榕城区黄岐山大道中段西侧
…………………Tel：0663-8782222
茂名市中晟实业有限公司
地址：茂名市市民大道66号交易综合楼一
…………………Tel：0668-2088888
茂名市广垦长晟粮油食品有限公司
地址：茂名市电白区（原茂港区）东16小区
…………………Tel：0668-2156188
广州酒家集团粮丰园（茂名）食品有限公司
地址：茂名高新技术产业开发区食品包装工业加工区研发中心3F
…………………Tel：0668-3968123
高州碧臣矿泉饮料有限公司
地址：高州市大坡镇平云山
…………………Tel：0668-6980056
化州市谢半嶂礤石农业发展有限公司
地址：化州市新安镇新塘村民委员会办公楼第二层201室
…………………Tel：0668-7363049
开平市红日饮料有限公司
地址：开平市赤水镇狮山水库
…………………Tel：0750-2221234
开平潭江半岛酒店有限公司
地址：开平市三埠祥龙中银路2号
…………………Tel：0750-2333333
江门顶益食品有限公司
地址：江门市蓬江区棠下镇堡棠路57号
…………………Tel：0750-2632690
江门华润万家生活超市有限公司
地址：江门市建设路196号5楼
…………………Tel：0750-3282779
广东华泰纸业有限公司
地址：江门市新会区双水镇工业开发区
…………………Tel：0750-3411719
东望洋（江门）食品有限公司
地址：江门市先进制造业江沙示范园区金桐路45号
…………………Tel：0750-3691119
天地壹号饮料股份有限公司
地址：江门市蓬江区棠下镇金桐三路121号
…………………Tel：0750-3856666
天地壹号饮料（湛江）有限公司
地址：遂溪县洋青镇洋青工业园2018006号地房屋
…………………Tel：0750-3856666
广东天地壹号饮料销售有限公司
地址：江门市蓬江区棠下镇金桐一路11号2幢101室
…………………Tel：0750-3856666
广东滨崎控股集团有限公司
地址：江门市蓬江区棠下镇堡棠路51号（一址多照）
…………………Tel：0750-3989673
广东特一海力药业有限公司
地址：台山市台城长兴路11号（综合仓库）6号楼一楼R-61-8203
…………………Tel：0750-5627588
珠海可口可乐饮料有限公司新会经营部
地址：江门市新会区宝源路30号
…………………Tel：0750-6361061
广东希杰大昌冷冻食品有限公司
地址：江门市新会区会城今古洲江裕路十号（综合楼）
…………………Tel：0750-6396651
大冢慎昌（广东）饮料有限公司
地址：江门市新会区会城今古洲福惠路6号
…………………Tel：0750-6398310
江门市森林之源饮料有限公司
地址：江门市新会区古斗林场青石坑仙人井
…………………Tel：0750-6431288
广东华糖实业有限公司
地址：江门市新会区双水镇桥港路8号
…………………Tel：0750-6507998
鹤山市共和碧桂园房地产开发有限公司
地址：鹤山市共和镇碧桂园天麓湖凤凰街1号
…………………Tel：0750-8200999
台山市君海悦凤凰酒店有限公司
地址：台山市台城台山碧桂园凤凰街398号
…………………Tel：0750-8262888
鹤山市华悦食品饮料有限公司
地址：鹤山市龙口镇福迳村
…………………Tel：0750-8808821
鹤山市华山泉食品饮料有限公司
地址：鹤山市龙口镇江筆公路38号之一
…………………Tel：0750-8808821
鹤山市碧桂园凤凰酒店有限公司
地址：鹤山市沙坪鹤山大道623号
…………………Tel：0750-8866388
广东青云山药业有限公司
地址：广东省翁源县龙仙镇环城北路369号
…………………Tel：0751-2872893
翁源广业清怡食品科技有限公司
地址：翁源县翁城镇翁城工业园
…………………Tel：0751-2882102
广东竹润酿酒有限公司
地址：始兴县澄江镇林业站贮木场地
…………………Tel：0751-3272343
始兴县泰源食品饮料有限公司
地址：始兴县顿岗镇中汇农业科技产业园B区二楼202房(办公场所)
…………………Tel：0751-8527328
广东康绿宝科技实业有限公司
地址：广东南雄市康绿宝大道1号
…………………Tel：0751-3871666
冠华乳江河（乳源）酿酒有限公司
地址：乳源县乳城镇侯公渡广东冠华食品有限公司办公楼一层102室
…………………Tel：0751-6120266
南雄市极品仕酿酒有限公司
地址：南雄市河南街80号
…………………Tel：0751-3881111更
韶关养圣堂酿酒有限公司
地址：仁化县丹霞街道黄屋村谢屋村小组茶叶岭
…………………Tel：0751-6298666
韶关娃哈哈恒枫饮料有限公司
地址：韶关市曲江经济开发区A5区韶关娃哈哈饮料有限公司内
…………………Tel：0751-6910902
韶关振兴实业有限公司
地址：曲江县白土工业园内
…………………Tel：0751-6483101
广东宝地南华产城发展有限公司
地址：韶关市曲江区江畔花园1期住房公积金管理中心曲江区办事处二楼
…………………Tel：0751-8785361
青岛啤酒（韶关）有限公司
地址：韶关市浈江区韶南大道中3号
…………………Tel：0751-8815930
韶关旭日酿酒厂有限公司
地址：仁化县大桥镇古洋村委会高脚板村小组
…………………Tel：0751-8828888
惠州金华悦国际酒店有限公司
地址：惠州市下埔大道路口
…………………Tel：0752-2088888
惠州市粤东饮料厂有限公司
地址：惠州市黄家塘39号
…………………Tel：0752-2100008
惠州市赛牛饮料有限公司
地址：惠州市惠城区金山大道一号浩盛嘉泽园第6栋1单元23层03号房（仅限办公）
…………………Tel：0752-2219369
惠州市万佳百货有限公司
地址：惠州市麦地路35号南湖花园
…………………Tel：0752-2186873
惠州凡端饮料有限公司
地址：惠州市惠城区河南岸高布村黄布组10号
…………………Tel：0752-2581003
惠州市康利食品饮料有限公司
地址：惠州市三栋镇坝山口经济开发区
…………………Tel：0752-2596811
华润惠州医药有限公司
地址：惠州仲恺高新区惠风七路26号
…………………Tel：0752-2765205
深圳市深粮食品有限公司
地址：深圳市南山区南山街道学府路科技园软件产业基地4栋B座8层
…………………Tel：0752-2793181
广东赤兔马饮料有限公司
地址：博罗县罗阳镇侨兴第二工业园内2号厂房
…………………Tel：0752-2828379
惠州印想科技有限公司
地址：惠州市仲恺高新区潼湖镇三和村和溪路256号1#厂房3楼301
…………………Tel：0752-3189906
惠州市润展食品饮料有限公司
地址：惠州市惠城区三栋镇上洞村石屋二街3号（5#厂房）
…………………Tel：0752-2566575
惠州市鼎冠塑胶玩具有限公司
地址：博罗县湖镇镇光辉村委会广梅公路边
…………………Tel：0752-5887888
惠州市耶利亚食品饮料有限公司
地址：博罗县园洲镇沙头村32米路南面
…………………Tel：0752-6118066
清蓝（广东）食品饮料有限公司
地址：博罗县园洲镇沙头村丰平工业区
…………………Tel：0752-6118077
惠州景田食品饮料有限公司
地址：博罗县石湾镇西埔工业区
…………………Tel：0752-6388781
惠州统实企业有限公司
地址：惠州市博罗县泰美镇板桥工业区
…………………Tel：0752-6509020
博罗县罗浮山九天观矿泉水饮料有限公司
地址：广东博罗县长宁镇九天观
…………………Tel：0752-6668539
惠州市南昆山云顶温泉度假村有限公司
地址：惠州市龙门县永汉镇马星村
…………………Tel：0752-7222222
惠州依云四季酒店管理有限公司
地址：龙门县永汉镇增龙公路上埔村委埔田村路段
…………………Tel：0752-7338888

广东酿吉酒业有限公司
地址：龙门县永汉镇增龙路郭屋路段
…………Tel：0752-7606333

龙门富力房地产开发有限公司
地址：龙门县永汉镇富力温泉养生谷
…………Tel：0752-7617777

广东省惠东高潭酿酒厂
地址：高潭镇
…………Tel：0752-8282388

惠州市九龙峰食品饮料有限公司
地址：惠东县平山街道下联村龙一小组
…………Tel：0752-8893993

梅州市山水源医疗用品有限公司
地址：梅州市梅县区南口镇葵黄村
…………Tel：0753-2416060

广东莲泉酒业有限公司
地址：梅州市梅县南口镇瑶上蝉犁岗
…………Tel：0753-2423669

广东恒泰公路工程有限公司
地址：梅州市梅县区华侨城香港花园6栋19号
…………Tel：0753-2515388

广东南寿峰养生大药房连锁有限公司
地址：梅州市梅县区程江镇西山村锭子桥金锭花园5栋7-13号店铺
…………Tel：0753-2526126

梅州市梅县区客乡酿酒有限公司
地址：梅州市梅县区石坑镇马径
…………Tel：0753-2628309

广东明珠珍珠红酒业有限公司
地址：兴宁市兴城司前街
…………Tel：0753-3258779

广东三丰禽业食品有限公司
地址：兴宁市东莞石碣（兴宁）产业转移工业园
…………Tel：0753-3881688

广东泉之乡矿泉饮料有限公司
地址：广东省大埔县湖寮镇葵坑
…………Tel：0753-5526198

蕉岭县云岭寿泉水厂
地址：蕉岭县蕉城镇横岗村溪峰口万安桥侧A块地
…………Tel：0753-7512119

梅州市八乡情酒业有限公司
地址：平远县中行镇良畲村大河背旅游区
…………Tel：0753-8236999

汕头市百脑汇商场有限公司
地址：汕头市龙湖区长平路98号百脑汇生活广场北塔609室
…………Tel：0754-81885656

西陇科学股份有限公司
地址：汕头市潮汕路西陇中街1-3号
…………Tel：0754-82481166

汕头市嘉信饮料有限公司
地址：汕头市潮南区仙城镇神仙里村
…………Tel：0754-84438406

广东荔宝酿酒有限公司
地址：汕头市潮南区雷岭镇麻埔工业区
…………Tel：0754-85524992

汕头易初莲花连锁超市有限公司
地址：汕头市长平路丰泽庄正大万客隆商城
…………Tel：0754-86303888

汕头市宝花食品饮料有限公司
地址：汕头市龙湖区新溪镇金新路（金新公路）东侧工业区1-2层
…………Tel：0754-87121772

雪花啤酒（汕头）有限公司
地址：汕头市金平区潮汕路１０８号
…………Tel：0754-88116981

四洲食品（汕头）有限公司
地址：汕头市月浦南工业区
…………Tel：0754-88117005

创美药业股份有限公司
地址：汕头市龙湖区嵩山北路235号
…………Tel：0754-88206420

广东飞达饮料有限公司
地址：汕头市潮阳区海门镇湖边村城山仔厂房
…………Tel：0754-88268668

汕头市投控农业发展有限公司
地址：市外马路卫海巷一号
…………Tel：0754-88288532

汕头市冷冻厂有限公司
地址：汕头市红领巾路24号
…………Tel：0754-88541924

金奇孕婴童生活科技股份有限公司
地址：汕头市澄海区莲下潜溪工业区
…………Tel：0754-88577777

汕头市酒类饮料公司
地址：汕头市金砂路128号星洲家园第3幢102、103、202、203号房
…………Tel：0754-88788770

广东泰恩康科技实业有限公司
地址：汕头市龙湖区泰山北路万吉南二街8号厂房
…………Tel：0754-88847515

广东泰恩康医药股份有限公司
地址：汕头市龙湖区泰山北路万吉南二街8号A幢
…………Tel：0754-88847515

广东大印象酿酒有限公司
地址：汕头市潮南区陇田镇乌石村广东大印象(集团)有限公司DE栋工业楼三层
…………Tel：0754-88891174

汕头市华英实业投资有限公司
地址：汕头市龙湖区榕江路21号龙湖综合市场工商大厦701号房
…………Tel：0754-88923888

深晖饮料（汕头）有限公司
地址：汕头市濠江区河浦磊口工业区
…………Tel：0754-87393389

太兴饮食管理（中国）有限公司
地址：深圳市罗湖区嘉宾路城市天地广场A座1901室
…………Tel：0755-22165985

深圳市海韵精酿酒业有限公司
地址：深圳市罗湖区黄贝街道新秀路新秀村瑞思大厦公寓楼21B
…………Tel：0755-22222022

佳兆业物业管理（深圳）有限公司
地址：深圳市龙岗区坂田街道办象角塘宝吉行政办公楼107室
…………Tel：0755-22312230

深圳世纪酩醇酒业有限公司
地址：深圳市福田区园岭街道园岭新58栋104
…………Tel：0755-22962071

深圳市保成酒业有限公司
地址：深圳市龙华区福城街道桔塘社区桔岭新村236号102
…………Tel：0755-23081866

深圳市天道食品饮料有限公司
地址：深圳市光明区新湖街道楼村社区振兴路33号盛泰安工业区A区第10栋一楼
…………Tel：0755-23427762

深圳市本来旺食品饮料有限公司
地址：深圳市罗湖区南湖街道沿河路好运来大厦1栋101室
…………Tel：0755-23599567

鹏星行汽车服务（深圳）有限公司
地址：深圳市龙华新区观澜富坑社区皇帝印工业区观光路1308号
…………Tel：0755-23740288

众德业（深圳）食品饮料有限公司
地址：深圳市龙华区观澜高尔夫大道牛湖石三村9号众德业楼102-103商铺
…………Tel：0755-23766071

深圳方元达供应链有限公司
地址：深圳市龙岗区坂田街道荷树路8号荷树排工业区2栋101
…………Tel：0755-23775660

深圳嘉里盐田港物流有限公司
地址：深圳市盐田区盐田港保税区南片区深圳嘉里盐田港物流中心
…………Tel：0755-25281166

深圳市蜜品源食品饮料有限公司
地址：深圳市龙华区民治街道民治社区春华四季园40栋二单元11A
…………Tel：0755-25404802

深圳市彼格餐饮文化有限公司
地址：深圳市南山区招商街道工业六路9号圈创101社区一楼部分C区和二楼C区
…………Tel：0755-25426828

华润堂（深圳）医药连锁有限公司
地址：深圳市福田区沙头街道滨河路与香蜜湖路交汇处天安创新科技广场二期东座1901-A区
…………Tel：0755-25431251

深圳市彩田食品饮料有限公司
地址：深圳市龙华区民治街道新牛社区民治大道542号智慧谷创新广场336
…………Tel：0755-25510889

深圳市东兴麦宝饮料有限公司
地址：深圳市龙华区龙华街道清湖路62号厂房1楼-3楼
…………Tel：0755-25514073

安奈吉（深圳）饮料有限公司
地址：深圳市罗湖区东门街道人民北路3080号芳邻大厦6楼6A3
…………Tel：0755-25829607

银基贸易发展（深圳）有限公司
地址：深圳市宝安区68区隆昌路10号美生创谷智谷5楼A单元
…………Tel：0755-25833333

深圳市物资集团有限公司
地址：深圳市罗湖区笋岗东路3002号万通大厦7-8层
…………Tel：0755-25867516

国药集团一致药业股份有限公司
地址：深圳市福田区八卦四路15号一致药业大厦
…………Tel：0755-25875149

深圳大球兴饮料有限公司
地址：深圳市罗湖区桂园街道大塘龙社区笋岗东路2127号华通大厦1710
…………Tel：0755-25978641

深圳市凯德瑞商贸有限公司
地址：深圳市福田区莲花街道景田社区景田北三街1025号景西大厦14D
…………Tel：0755-26411899

深圳市青藏高源食品饮料有限公司
地址：深圳市南山区粤海街道海珠社区南海大道2702号保利大厦810
…………Tel：0755-26655740

蛇口南顺面粉有限公司
地址：深圳市南山区招商街道蛇口港湾大道南康路28号
…………Tel：0755-26681092

景田（深圳）食品饮料集团有限公司
地址：深圳市南山区桃源街道桃源社区高发西路20号方大广场2号楼2001
…………Tel：0755-26788887

深圳市丹村食品饮料有限公司
地址：深圳市南山区龙井珠光工业区3号厂房3层
…………Tel：0755-26788888

深圳利孚饮料食品有限公司
地址：深圳市南山区粤海街道麻岭社区高新中三道9号环球数码大厦501
…………Tel：0755-26913094

深圳市海王生物工程股份有限公司
地址：深圳市南山区科技中三路1号海王银河科技大厦24层
…………Tel：0755-26968876

深圳市道光廿五南方酒业有限公司
地址：深圳市南山区学府路怡园大厦怡涛阁30C
…………Tel：0755-26977699

深圳市多润实业有限公司
地址：深圳市罗湖区布心路布心花园二区38栋101室
…………Tel：0755-26980030

东鹏饮料（集团）股份有限公司
地址：深圳市南山区桃源街道珠光北路142号众冠红花岭工业西区3栋1楼
…………Tel：0755-26980216

华润怡宝饮料（中国）有限公司
地址：深圳市南山区第五工业区朗山路怡宝食品饮料园
…………Tel：0755-26983333

华润怡宝饮料（中国）投资有限公司
地址：深圳市南山区高新技术产业园区北区朗山路22号怡宝食品饮料园二期办公楼三楼
…………Tel：0755-26983333

华润食品饮料（深圳）有限公司
地址：深圳市南山区第五工业区朗山路
…………Tel：0755-26983333

深圳市金新农科技股份有限公司
地址：深圳市光明新区光明街道光电北路18号金新农大厦
…………Tel：0755-27166036

深圳维他（光明）食品饮料有限公司
地址：深圳市光明区光明街道东周社区光明大道513号一层
…………Tel：0755-27402888

深圳市美盈服装贸易有限公司
地址：深圳市南山区南山街道阳光棕榈社区前海路2057号阳光棕榈园33栋1单元11D
…………Tel：0755-27472673

深圳市生命之源食品饮料有限公司
地址：深圳市宝安区沙井街道马安山社区马安山花园262
…………Tel：0755-27569898

深圳比利美英伟营养饲料有限公司
地址：深圳市宝安区福海街道塘尾社区建安路高新科技园第一栋101
…………Tel：0755-27677100

深圳市永辉超市有限公司
地址：深圳市宝安区松岗街道红星社区宝安大道与松明大道交汇处星际家园1-3楼
…………Tel：0755-27695766

雪花啤酒（深圳）有限公司
地址：深圳市宝安区创业二路388号
…………Tel：0755-27865998

深圳恒丰海悦国际酒店有限公司
地址：深圳市宝安区西乡镇宝城80区新城广场
…………Tel：0755-27922222

深圳市厨留香餐饮原料配送有限公司
地址：深圳市宝安区西乡街道宝民二路宝安农贸批发市场3151号
…………Tel：0755-27937745

深圳市德保膳食管理有限公司
地址：深圳市龙华新区大浪街道龙胜社区工业西路龙胜大厦4楼4318号
…………Tel：0755-28104130

深圳市云兴食品饮料有限公司
地址：深圳市龙岗区平湖街道鹅公岭社区东门路183号一二楼
…………Tel：0755-28214150

深圳华侨城文创投资有限公司
地址：深圳市龙岗区吉华街道甘坑社区甘李路18号甘坑客家小镇
…………Tel：0755-89893882

深圳市好景食品饮料有限公司
地址：深圳市龙岗区南湾街道樟树布社区布沙路13号A栋407房
…………Tel：0755-28415833

深圳市晶宝食品饮料有限公司
地址：深圳市坪山区石井街道金龟社区田作居民小组厂房(康思源)101
…………Tel：0755-28799769

深圳市怡景食品饮料有限公司
地址：深圳市龙岗区布吉街道龙珠社区京南路14号金联冠工业区厂房411
…………Tel：0755-28882298

深圳市精酿商贸有限公司
地址：深圳市宝安区沙井街道和一社区兴业西路36号鸿江工业园103
…………Tel：0755-29558852

深圳市甘坑老酒文化发展有限公司
地址：深圳市龙岗区吉华街道甘坑客家小镇7D-116,35幢101
…………Tel：0755-32913286

深圳市宝健士饮料有限公司
地址：深圳市罗湖区笋岗东路12号中民时代广场B座1106
…………Tel：0755-32981652

深圳市长实防水装饰工程有限公司
地址：深圳市宝安区新桥街道上寮社区上寮寮丰路9号广场1号806-1
…………Tel：0755-33168166

深圳市黑丽丝黑发连锁发展有限公司
地址：深圳市宝安区新安街道兴东社区67区高新奇厂房3层B05-1
…………Tel：0755-33185496

深圳市荣格科技有限公司
地址：深圳市南山区南山街道荔湾社区前海路0070号泛海城市广场2栋1605
…………Tel：0755-33205188

中广电传媒有限公司
地址：深圳市福田区福强路4001号（深圳文化创意园）AB座四层B401
…………Tel：0755-33220993

前海会嘉科技（深圳）有限公司
地址：深圳市前海深港合作区前湾一路1号A栋201室（入驻深圳市前海商务秘书有限公司）
…………Tel：0755-33510630

深圳市宝庆堂食品饮料有限公司
地址：深圳市龙岗区南湾街道丹竹头宝丹路6号
…………Tel：0755-33622777

深圳市碧琪食品饮料有限公司
地址：深圳市宝安区松岗街道燕川社区燕山大道5号豪诚科技园E栋
…………Tel：0755-33656750

深圳市亦只燕生物科技有限公司
地址：深深圳市龙岗区龙岗街道南联社区龙城大道31号金地凯旋广场4栋2801、3601-3604

……………………Tel：0755-36309344
深圳零萌科技有限公司
地址：深圳市南山区南头街道红花园社区南头街100号旺海怡苑2栋4单元12B
……………………Tel：0755-36969788
深圳市纯野饮料有限公司
地址：深圳市南山区粤海街道高新区社区高新南七道018号高新工业村R3-B座628A
……………………Tel：0755-5167502
深圳波登堡酿酒有限公司
地址：深圳市龙岗区龙城街道回龙埔社区协力路2号1-2层
……………………Tel：0755-54612548
深圳市艾莉莱服饰有限公司
地址：深圳市罗湖区黄贝街道新谊社区华丽路1069号华丽西村15栋二单元706
……………………Tel：0755-61826396
深圳百事可乐饮料有限公司
地址：深圳市龙岗区园山街道大康社区志鹤路98号邦彦绿谷工厂4栋103-5
……………………Tel：0755-61826888
深圳市通产丽星股份有限公司
地址：深圳市龙岗区龙岗大道（坪地段）1001号
……………………Tel：0755-61867333
深圳市百润宝饮料食品有限公司
地址：深圳市龙华新区龙华街道华联社区清泉北路合发投资大厦810室
……………………Tel：0755-66621652
深圳四大庄园商贸有限公司
地址：深圳市南山区粤海街道海德三道天利中央商务广场B座1601
……………………Tel：0755-6664458
深圳市巴马活泉食品饮料有限公司
地址：深圳市南山区蛇口工业七路113号
……………………Tel：0755-66668514
深圳市梧桐一号饮料有限公司
地址：深圳市罗湖区东湖街道梧桐山社区坑背村197号13栋101-106
……………………Tel：0755-66821555
深圳市上甘岭饮料有限公司
地址：深圳市龙华区观澜街道环观南路上甘岭工业园第1栋
……………………Tel：0755-81471057
深圳市东华通贸易发展有限公司
地址：深圳市福田区上步南路锦峰大厦写字楼21E
……………………Tel：0755-82077437
深圳市汇源新世纪食品饮料有限公司
地址：深圳市福田区园岭街道八卦四路先科机电大厦812
……………………Tel：0755-82132125
深圳市柏星龙创意包装股份有限公司
地址：深圳市罗湖区清水河街道清水河社区清水河一路112号罗湖投资控股大厦裙楼601和1座11整层
……………………Tel：0755-36681999
深圳后福牛羊食材供应链有限公司
地址：深圳市龙岗区平湖街道平湖社区富民工业区54栋201-4号
……………………Tel：0755-82159665
深圳市富讯达实业有限公司
地址：深圳市福田区新洲路西长景阁21B（仅限办公）
……………………Tel：0755-82223381
深圳市泰牛实业有限公司
地址：深圳市罗湖区黄贝街道文华社区春风路1001号锦星花园2栋一单元202
……………………Tel：0755-82226672
深圳香格里拉大酒店有限公司
地址：深圳市罗湖区建设路1002号（火车站东侧）
……………………Tel：0755-82330888
宝能物流集团有限公司
地址：深圳市罗湖区笋岗街道宝安北路2088号深业物流大厦701-1
……………………Tel：0755-82339004
深圳市红料理餐饮有限公司
地址：深圳市南山区南山街道南光社区南光路126号鹏都大厦B504
……………………Tel：0755-82409861
深圳岁宝连锁商业发展有限公司
地址：深圳市福田区滨河路花好园裙楼2层
……………………Tel：0755-82569952
华润股份有限公司
地址：深圳市南山区滨海大道3001号深圳湾体育中心体育场三楼
……………………Tel：0755-82668888
鲜绿园（深圳）果蔬饮料有限公司
地址：深圳市宝安区石岩街道塘头社区塘头1号路8号创维创新谷B0729
……………………Tel：0755-82821186
深圳市旗丰供应链服务有限公司
地址：深圳市福田区福保街道桃花路32号鑫瑞科大厦3楼305
……………………Tel：0755-82822495
深圳市非料理汇梦餐饮企业（有限合伙）
地址：深圳市南山区粤海街道中心路卓越维港北区名苑北区4-7栋裙楼141号
……………………Tel：0755-82986226
深圳市枣果园饮料有限公司
地址：深圳市龙华区民治街道勃兴工业区C栋5楼D区
……………………Tel：0755-82996386
深圳市深长实业股份有限公司
地址：深圳市福田区北环大道7001号中石化深石油大厦16楼1617房
……………………Tel：0755-83053127
深圳市顺易通信息科技有限公司
地址：深圳市福田区园岭街道鹏盛社区八卦一路八卦岭工业区617栋705
……………………Tel：0755-83112288
深圳市美人美景生物科技股份有限公司
地址：深圳市福田区福田街道福华社区福华路21号福侨大厦A座3D、E、F3D
……………………Tel：0755-83145207
华润五丰米业（中国）有限公司
地址：深圳市宝安区石岩街道上屋大道金泉工业区办公楼2栋一层
……………………Tel：0755-83280502
深圳南瑞湾饮料有限公司
地址：深圳市龙华新区龙华街道清龙路宏奕大厦1001
……………………Tel：0755-83530620
深圳市索尔通信服务有限公司
地址：深圳市福田区福田街道福安社区深南大道4013号兴业银行大厦4层408
……………………Tel：0755-83916666
阳江和鲜饮料有限公司
地址：阳江高新区福冈二期内科技二路北侧、站港公路东侧
……………………Tel：0662-3828602
广东卓越食品饮料有限公司
地址：深圳市福田区福田街道皇岗社区益田路3008号皇都广场C栋1006
……………………Tel：0755-83692579
深圳市食代餐饮管理有限公司
地址：深圳市福田区福田街道金田路2028-1号皇岗商务中心附楼商业02层01单元
……………………Tel：0755-83709183
深圳赛格股份有限公司
地址：深圳市福田区华强北路群星广场A座三十一楼
……………………Tel：0755-83747939
深圳前海夏酿仪狄酒业有限公司
地址：深圳市前海深港合作区前湾一路1号A栋201室（入驻深圳市前海商务秘书有限公司）
……………………Tel：0755-83866518
深圳市尚德酒业有限公司
地址：深圳市罗湖区桂园街道宝安路日豪名园27A4
……………………Tel：0755-83971856
深圳市时代乳业有限公司
地址：深圳市龙岗区坪地街道六联社区富临路2号
……………………Tel：0755-84060966
深圳市晟德堡酒业有限公司
地址：深圳市龙岗区吉华街道三联社区油麻地42号101
……………………Tel：0755-84159152
深圳市智慧享联网络技术有限公司
地址：深圳市南山区粤海街道高新区社区高新南九道009号威新软件科技园7号楼3层
……………………Tel：0755-84369800
深圳市融壹买信息科技有限公司
地址：深圳市前海深港合作区前湾一路1号A栋201室（入驻深圳市前海商务秘书有限公司）
……………………Tel：0755-84379818
可口食品罐头实业（深圳）有限公司
地址：深圳市龙岗区平湖街道白坭坑社区新荔二路8号
……………………Tel：0755-84660773
深圳市超跃食品有限公司
地址：深圳市坪山区坪山街道六联社区军田工业区1 栋
……………………Tel：0755-85203258
深圳百安居装饰建材有限公司
地址：深圳市罗湖区宝安北路4008号
……………………Tel：0755-33330338
深圳市洞酿酒业有限公司
地址：深圳市南山区沙河街道沙河东路名商高尔夫球会公寓C栋201D
……………………Tel：0755-86159303
深圳市四季甘泉食品饮料有限公司
地址：深圳市福田区香蜜湖街道香岭社区紫竹七道1号博园商务大厦9层9A
……………………Tel：0755-86199666
深圳市益田假日广场有限公司
地址：深圳市南山区沙河街道益田假日广场1-301
……………………Tel：0755-86298067
深圳市深南饮料有限公司
地址：深圳市南山区西丽街道大勘工业一路七号
……………………Tel：0755-86650405
深圳灵心泉食品饮料有限责任公司
地址：深圳市南山区粤海街道科苑路15号科兴科学园A1栋1002室
……………………Tel：0755-86676292
深圳市友信崧锋实业有限公司
地址：深圳市龙岗区南湾街道上李朗社区平吉大道78号友信食品城综合楼、1#仓库、2#仓库
……………………Tel：0755-88263688
深圳友瑞食品饮料有限公司
地址：深圳市福田区沙头街道车公庙天安创新科技广场b1407-01
……………………Tel：0755-88312597
深圳市歌志轩餐饮有限公司
地址：深圳市福田区香蜜湖街道香安社区侨香路3028号侨香公馆3栋A1403
……………………Tel：0755-88607100
华润五丰（中国）投资有限公司
地址：深圳市南山区粤海街道大冲社区科发路19号华润置地大厦D座1301-1305,1310-1311
……………………Tel：0755-82662968
深圳市富泽商贸有限公司
地址：深圳市龙华区大浪街道龙平社区部九窝龙军工业区21栋5层
……………………Tel：0755-89488400
金华市维康氏科技有限公司
地址：浙江省金华市金东区政和街33号金源大厦2幢304室南侧（自主申报）
……………………Tel：0755-89534160
深圳嘻咪咪食品饮料有限公司
地址：深圳市南山区深南大道10168号佳嘉豪商务大厦18楼
……………………Tel：0755-89562103
深圳市喜之康饮料有限公司
地址：深圳市龙岗区坂田街道象角塘社区雪象民兵楼二楼201
……………………Tel：0755-89584888
深圳市新嘉龙荣怡矿泉饮料有限公司
地址：深圳市龙岗区龙城街道松子岭二路天健花园16栋商铺7
……………………Tel：0755-89723038
深圳市鹏年酿酒有限公司
地址：深圳市龙华区民治街道新牛社区龙联工业区C栋厂房301
……………………Tel：0755-89808189
深圳市尚景食品饮料有限公司
地址：深圳市龙岗区龙城街道回龙埔社区龙平西路万科翰邻城5栋106
……………………Tel：0755-89881818
深圳市幸福商城科技股份有限公司
地址：深圳市盐田区沙头角街道田心社区沙深路142号创意港6栋3C-1
……………………Tel：0755-89990008
珠海横琴中闽大红袍饮料有限公司
地址：珠海市横琴新区宝华路6号105室-9590
……………………Tel：0756-3210606
华彬饮料销售有限公司
地址：珠海市横琴新区环岛东路3018号2624室
……………………Tel：0756-3232985
珠海唯他可可饮料有限公司
地址：珠海市横琴新区环岛东路3018号2601办公
……………………Tel：0756-3232991
珠海红牛饮料销售有限公司
地址：珠海市横琴新区环岛东路3018号2623办公
……………………Tel：0756-3232991
珠海市柔善堂实业有限公司
地址：珠海市横琴新区宝华路6号105室-3819
……………………Tel：0756-3666862
粤澳中医药科技产业园开发有限公司
地址：珠海市横琴新区豆蔻路1号粤澳合作中医药科技产业园总部研发办公大楼13层
……………………Tel：0756-8918488
广东顺德酒厂有限公司
地址：佛山市顺德区大良街道办事处五沙社区居民委员会顺昌路22号
……………………Tel：0757-22299480
佛山市顺德区顺联万利商业广场有限公司
地址：佛山市顺德区陈村镇佛陈路一号
……………………Tel：0757-23816386
生力（广东）啤酒有限公司
地址：佛山市顺德区龙江镇北山
……………………Tel：0757-23888222
广东顺德日清食品有限公司
地址：佛山市顺德区北　镇工业园港前路13号
……………………Tel：0757-26651778
佛山市顺德恒基精酿啤酒有限公司
地址：佛山市顺德区容桂街道办事处小黄圃社区居民委员会科苑三路6号E座西楼第一层之二
……………………Tel：0757-28389288
广东康富来药业有限公司
地址：佛山市顺德区容桂街道容里成业路63号
……………………Tel：0757-28804660
广东罗浮宫国际家具博览中心有限公司
地址：佛山市顺德区乐从镇英雄河西岸
……………………Tel：0757-28839999
广东顺德凤凰优选商业有限公司
地址：佛山市顺德区北　镇碧江大桥侧豪园会所一楼大堂商铺
……………………Tel：0757-29916749
广东千玺餐饮管理有限公司
地址：佛山市顺德区北　镇顺江居委会北　工业园骏业东路11号东面办公室二楼201-23
……………………Tel：0757-66832505
广东禅宝饮料有限公司
地址：佛山市南海区丹灶镇华南五金产业基地迎金二路2号
……………………Tel：0757-81202222
广东百森食品饮料有限公司
地址：广东省佛山市南海区桂城街道简平路1号天安南海数码新城5栋1103室
……………………Tel：0757-81632990
广东好来客集团有限公司
地址：佛山市禅城区季华五路55号2211房
……………………Tel：0757-81855382
广东石湾酒厂（佛山）有限公司
地址：佛山市三水区工业园区西南区B区28-1号
……………………Tel：0757-82276278
广东石湾酒厂集团有限公司
地址：佛山市石湾镇太平街106号.
……………………Tel：0757-82276278
广东石湾酒厂集团营销有限公司
地址：佛山市禅城区石湾镇街道跃进大街1号
……………………Tel：0757-82276278
国药集团冯了性（佛山）药材饮片有限公司
地址：佛山市南海区里水镇甘蕉旗峰工业区工业大道13号（住所申报）
……………………Tel：0757-82626073
一五零六创意城投资有限公司
地址：佛山市禅城区石湾忠信路83号
……………………Tel：0757-82787985
杨协成（广东）食品饮料有限公司
地址：佛山市三水区西南街道红牛路1号
……………………Tel：0757-83601088
佛山宜家家居有限公司
地址：佛山市南海区桂城街道桂澜北路18号
……………………Tel：0757-83672345
佛山市顶华珍珍饮料有限公司

地址：广东省佛山市南海区松岗工业城东区
…………………… Tel：0757-85223606

佛山市南海枫丹白鹭酒店有限公司
地址：佛山市南海区南国桃园度假区枫丹路
…………………… Tel：0757-85232288

佛山市南海祈福仙湖酒店有限公司
地址：佛山市南海区丹灶仙湖旅游度假区
…………………… Tel：0757-85449988

佛山市南海嘉润食品饮料有限公司
地址：佛山市南海区里水镇得胜幸福新村南八巷八号
…………………… Tel：0757-85603806

佛山市中南农业科技有限公司
地址：佛山市南海区桂丹路乐安路段
…………………… Tel：0757-86480099

广东星华保健饮料有限公司
地址：广东省佛山市南海区平洲佛平路
…………………… Tel：0757-86795855

广东樵宝饮料有限公司
地址：佛山市南海区西樵镇太平村八米涌工业区3号之三
…………………… Tel：0757-86862878

佛山市三水健叶饮料有限公司
地址：佛山市三水区芦苞镇健叶大道2号（仅作办公场所使用）（住所申报）
…………………… Tel：0757-87230303

佛山咔乐食品有限公司
地址：佛山市三水区中心科技工业区芦苞园D区13-1号（住所申报）
…………………… Tel：0757-87322802

门斯巴赫精酿啤酒（佛山三水）有限公司
地址：佛山市三水区白坭镇"国家火炬计划佛山电子电器产业基地"南区110号车间2(住所申报)
…………………… Tel：0757-87572187

佛山市粤家园饮料有限公司
地址：佛山市三水中心科技工业区西南园B区105-5号之二F2
…………………… Tel：0757-87573989

广东苏萨食品有限公司
地址：佛山市三水中心科技工业区西南园C区内25-4号
…………………… Tel：0757-87618682

佛山市西南水都饮料基地投资有限公司
地址：佛山市三水区西南街道红牛路1号之一3座3楼（仅作办公场所使用，住所申报）
…………………… Tel：0757-87655085

广东洒吉可饮料有限公司
地址：佛山市三水区云东海街道南丰大道3号百利达广场2座2017(之一）（住所申报）
…………………… Tel：0757-87666111

谢钦利食品饮料（佛山）有限公司
地址：佛山市三水区西南街道红牛路3号（四座）之二（住所申报）
…………………… Tel：0757-87666111

广东红牛维他命饮料有限公司
地址：佛山市三水区西南街道红牛路81号
…………………… Tel：0757-87783630

华彬快速消费品饮料（广东）有限公司
地址：佛山市三水区西南街道红牛路81号十三座首层112房
…………………… Tel：0757-87783630

佛山市三水华力饮料食品有限公司
地址：佛山市三水区西南街对外经济开发区
…………………… Tel：0757-87811263

佛山市三水华力饮料有限公司
地址：佛山市三水区西南街道广海大道西47号（自编3-208）
…………………… Tel：0757-87811263

佛山市绿湖实业发展有限公司
地址：佛山市三水区云东海街道绿湖爱伦堡花园一区5号（住所申报）
…………………… Tel：0757-87828636

佛山市闪能饮料有限公司
地址：佛山市三水区西南街道百威大道2号（F2）自编1
…………………… Tel：0757-87838809

佛山市双十一饮料科技有限公司
地址：佛山市三水区西南街道百威大道2号（F8）三层自编1（仅作办公场所使用）
…………………… Tel：0757-87838809

佛山小樱桃动漫饮料有限公司
地址：佛山市三水区对外经济开发区建设大道14号
…………………… Tel：0757-87838809

佛山广明高速公路有限公司
地址：佛山市高明区荷城街道荷富路168号
…………………… Tel：0757-88810055

广东海纳川生物科技股份有限公司
地址：佛山市高明区沧江工业园杨和园区沙水河西路
…………………… Tel：0757-88858688

佛山市华夏明珠大酒店有限公司
地址：佛山市禅城区南庄镇陶博大道8号、12号、16号
…………………… Tel：0757-89925773

广东逸舒制药股份有限公司
地址：广东省肇庆高新区凤岗西街6号
…………………… Tel：0758-2685888

广东爱森食品饮料有限公司
地址：肇庆市鼎湖区桂城新城三十四区
…………………… Tel：0758-2685816

肇庆市冠宏食品饮料有限公司
地址：肇庆市鼎湖区坑口街道办事处民乐大道边招商楼
…………………… Tel：0758-2692828

肇庆鼎湖水谷饮料有限公司
地址：肇庆市鼎湖区广利街道办事处桥林双龙开发区(厂房B幢A1)
…………………… Tel：0758-2697975

四会市百森食品饮料有限公司
地址：四会市南江工业园南江大道10号
…………………… Tel：0758-3138938

华润怡宝饮料（肇庆）有限公司
地址：肇庆高新区亚铝大街东16号
…………………… Tel：0758-3983626

广东温氏乳业有限公司
地址：肇庆高新技术产业开发区亚铝大街东12号
…………………… Tel：0758-3988228

不二制油（肇庆）有限公司
地址：肇庆高新区凤岗路1号
…………………… Tel：0758-3988981

肇庆麒麟山矿泉水有限公司
地址：封开县渔涝镇
…………………… Tel：0758-6386128

广东汉成商贸有限公司
地址：肇庆市端州区信安五路2号益华国际广场商业办公楼第一层L1-91
…………………… Tel：0758-6627211

广东新顺福食品有限公司
地址：广东省德庆县城区环市路
…………………… Tel：0758-7796883

肇庆康又康饮料食品有限公司
地址：肇庆市高要区蛟塘镇沙田工业园内（新强特种陶瓷有限公司厂房之一）
…………………… Tel：0758-8112623

广东新朝阳食品饮料有限公司
地址：肇庆市高要区新桥镇沙田开发区
…………………… Tel：0758-8491376

中纺粮油（湛江）工业有限公司
地址：湛江市霞山区湖光路5号
…………………… Tel：0759-2227197

欢乐家食品集团股份有限公司
地址：湛江市开发区人民大道中71号欢乐家大厦28层、29层、31层、32层
…………………… Tel：0759-2728988

湛江岭南医院有限公司
地址：湛江开发区龙潮西路
…………………… Tel：0759-2829040

湛江百事可乐饮料有限公司
地址：湛江经济技术开发区永平南路2号
…………………… Tel：0759-3086019

湛江南方水产市场经营管理有限公司
地址：湛江市赤坎区东盛路6号
…………………… Tel：0759-3116222

广东泰伦食品企业公司
地址：湛江市赤坎区康宁路1号
…………………… Tel：0759-3199201

广东画景饮料有限公司
地址：雷州市覃斗镇后洪村
…………………… Tel：0759-3236210

吴川市鼎龙置业有限公司
地址：吴川市覃巴镇吉兆湾六鳌度假小区
…………………… Tel：0759-3239999

广东恒诚制药股份有限公司
地址：湛江经济技术开发区东海大道599号
…………………… Tel：0759-3379620

广东太古可口可乐湛江有限公司
地址：湛江经济技术开发区乐金路8号
…………………… Tel：0759-5934036

湛江市长力酒业有限公司
地址：湛江市坡头区官渡镇工农路（湛江市坡头区长力酿酒厂）内
…………………… Tel：0759-3715233

湛江红牌实业有限公司
地址：湛江市坡头区龙头镇龙广路77号
…………………… Tel：0759-3769018

湛江三角威力神酿酒集团有限公司
地址：湛江市坡头区龙头镇龙广路8号
…………………… Tel：0759-3797979

湛江金兴罐头饮料有限公司
地址：湛江市坡头镇交通路21号
…………………… Tel：0759-3821588

广东果园郎食品饮料有限公司
地址：湛江市坡头区坡头镇交通路21号第1幢
…………………… Tel：0759-3828060

湛江绿品园饮料有限公司
地址：湛江市官渡工业园C区鸿业路1号
…………………… Tel：0759-2533307

湛江市新诺饮料设备制造有限公司
地址：湛江市坡头区官渡工业园宝业路1号
…………………… Tel：0759-3991066

珠海林尚熙养生茶业有限公司
地址：珠海市横琴新区粤澳合作中医药科技产业园豆蔻路36号2栋510
…………………… Tel：0759-6322252

广东茂德公食品集团有限公司
地址：雷州市龙门镇足荣村茂德公大观园
…………………… Tel：0759-8506666

雷州市神龙罐头饮料有限公司
地址：雷州市英利镇广海路
…………………… Tel：0759-8671226

雷州市英利罐头饮料食品有限公司
地址：雷州市英利镇
…………………… Tel：0759-8671489

雷州市康龙贸易有限公司
地址：雷州市雷城西湖大道（西湖中心小学斜对面）
…………………… Tel：0759-8893399

达能（中国）食品饮料有限公司
地址：中山市小榄镇菊城大道东37号
…………………… Tel：0760-22101803

中山市美太保健制品有限公司
地址：中山市小榄镇工业大道南23号
…………………… Tel：0760-22119772

中山市日康食品饮料有限公司
地址：中山市东升镇兆益路63号
…………………… Tel：0760-22225428

中山市珠江饮料厂有限公司
地址：中山市东凤镇兴华东路85号
…………………… Tel：0760-22600842

中山市新力食品饮料有限公司
地址：中山市黄圃镇新明南路161号
…………………… Tel：0760-23307713

中山市粤山泉矿泉水有限公司
地址：中山市五桂山桂南旗溪（增设一处经营场所，具体为：中山市五桂山桂南大道二路33号）
…………………… Tel：0760-23378666

中山市长盛酿酒有限公司
地址：中山市阜沙镇阜东村工业区东阜公路侧
…………………… Tel：0760-23452305

中山市金旺福饮料有限公司
地址：中山市黄圃镇新柳西路7号
…………………… Tel：0760-23506398

中山可可康制药有限公司
地址：中山市火炬开发区东镇东二路60号
…………………… Tel：0760-23768210

奥德美生物科技（中山）有限公司
地址：广东省中山市火炬开发区国家健康科技产业基地健康路
…………………… Tel：0760-23899218

中山市恬之乐饮料有限公司
地址：中山市坦洲镇群联村永欣街7号
…………………… Tel：0760-28177688

中山市裕豪食品饮料有限公司
地址：中山市古镇镇曹二东岸中路北5号二楼208
…………………… Tel：0760-28186682

中山市维嘉思食品饮料有限公司
地址：中山市古镇镇曹二东岸中路北5号二楼209
…………………… Tel：0760-28186682

昇兴（中山）包装有限公司
地址：中山市翠亨新区和耀路13号
…………………… Tel：0760-85573666

中山温泉股份有限公司
地址：广东省中山市三乡镇雍陌村
…………………… Tel：0760-86683888

中山市荔景饮料有限公司
地址：中山市坦洲镇前进村枝埔队荔景街11号
…………………… Tel：0760-86789681

中山市天晨食品饮料有限公司
地址：中山市民众镇三墩村路口
…………………… Tel：0760-86968201

中山市嘉乐保健饮料有限公司
地址：广东省中山市沙溪镇宝珠西路34号
…………………… Tel：0760-87792993

中山市百怡饮料有限公司
地址：中山市阜沙镇阜沙工业园（兴达大道）
…………………… Tel：0760-87821928

中山市富山清泉饮料有限公司
地址：广东省中山市五桂山镇南桥管理区
…………………… Tel：0760-88206655

中山市壹力源食品饮料有限公司
地址：中山市五桂山长逸路16号翠山雅筑3卡商铺
…………………… Tel：0760-88207366

冰锐实业（广东）有限公司
地址：中山市西区金昌工业路21号
…………………… Tel：0760-88558764

广东美怡乐食品有限公司
地址：中山市南区西环一路188号
…………………… Tel：0760-88831838

中山市蜂巢保健食品饮料有限公司
地址：中山市石岐区康华路6号801室
…………………… Tel：0760-88886843

中山长江高尔夫球场
地址：中山市东区景观路18号
…………………… Tel：0760-88889198

中山茵蓝卡食品饮料有限公司
地址：中山市东升镇同兴东路16号之一A区厂房
…………………… Tel：0760-89818825

小田（中山）实业有限公司
地址：中山市小榄镇小榄工业区
…………………… Tel：0760-89822888

广东曼可顿食品有限公司
地址：中山市火炬开发区九洲大道30号
…………………… Tel：0760-89873098

河源迪迪酒业有限公司
地址：河源市源城区高埔岗街道巴伐利亚庄园行政办公楼二层
…………………… Tel：0762-3115368

广东三友酿酒股份有限公司
地址：河源市新丰江水电厂大坝1号
…………………… Tel：0762-3118878

河源市五指毛桃酒业股份有限公司
地址：河源市市区高塘大澳山地段源城区民营工业园内（禽畜饲料厂厂房）第3卡
…………………… Tel：0762-3118878

河源市阿巴天旅游发展有限公司
地址：河源市源城区埔前镇陂角村小坑小组塘子头
…………………… Tel：0762-3168198

广东正能量食品饮料有限公司
地址：河源市源城区河源大道北350号二楼
…………………… Tel：0762-3116108

河源正能量更古潭山泉饮料有限公司
地址：东源县涧头镇举溪村村委会1号
…………………… Tel：0762-3116108

广东三友集团有限公司
地址：河源市建设大道西19号友力商务大厦A座八楼
…………………… Tel：0762-3260688

广东天岌山酿酒有限公司
地址：广东省河源市连平县三角镇生态工业园
…………………… Tel：0762-3291089

河源蓝鲸鱼网络科技有限公司
地址：河源市新市区凯丰路市粮食局内2-301号（仅供办公场所使用）

…………………………Tel：0762-3332020
河源市三友酿酒销售有限公司
地址：河源市源城区源西双塘村新丰江电厂公路边
…………………………Tel：0762-3380338
农夫山泉广东万绿湖饮料有限公司
地址：广东省河源市源城区中兴大道11号
…………………………Tel：0762-3680016
广东第奴迦食品饮料有限公司
地址：河源市源城区埔前镇高埔村黄沙小组68-1号
…………………………Tel：0762-3828388
龙川县拓鹏矿泉饮料有限公司
地址：龙川县老隆镇
…………………………Tel：0762-6855348
东源县三红糯稻专业合作社
地址：东源县涧头镇涧头村坪埔小组23号A栋
…………………………Tel：0762-8261688
清远长隆投资有限公司
地址：清远市清城区银盏林场长隆展示中心自编02室
…………………………Tel：0763-3688222
清远市碧桂园假日半岛酒店有限公司
地址：清远市清城区石角镇花兜开发区
…………………………Tel：0763-3836685
宏全食品包装（清新）有限公司
地址：清远市清新区太平镇盈富工业园M-05B号
…………………………Tel：0763-5383698
清远加多宝饮料有限公司
地址：佛冈县汤塘镇联和村花山
…………………………Tel：0763-8886888
新兴县车岗温氏家禽有限公司
地址：新兴县车岗镇工业开发区（办公楼）
…………………………Tel：0766-2386217
新兴县稔村温氏家禽有限公司
地址：新兴县稔村镇白土开发区（温氏销售部）三楼
…………………………Tel：0766-2583067
广东温氏佳润食品有限公司
地址：新兴县东成镇东瑶十里坩秋（办公住所）
…………………………Tel：0766-2956315
广东金樱子酿酒有限公司
地址：郁南县连滩镇西郊工业区二十五号
…………………………Tel：0766-7666600
广东展翠食品股份有限公司
地址：广东省潮州市东凤展翠工业园（即潮安县东凤镇陇仔村口园尾片、后壁仔片）
…………………………Tel：0768-5420886
广东济公保健食品有限公司
地址：潮州市潮安区潮安大道济公大厦
…………………………Tel：0768-5818888
雅士利国际集团有限公司
地址：广东潮州市潮安大道雅士利工业城
…………………………Tel：0768-5820217
广东军洁酒业科技有限公司
地址：潮州市潮安区沙溪镇镜鸿路沙二路段
…………………………Tel：0768-6531439
广东顺大食品调料有限公司
地址：广东省潮州市湘桥区官塘镇庵头工业区
…………………………Tel：0768-6725777
潮州市雄盛酿酒科技有限公司
地址：潮州市潮安区文祠西寮村边
…………………………Tel：0768-6741805
楠木天泉（潮州）矿泉水有限公司
地址：潮州市潮安区文祠镇楠木翁村万峰山
…………………………Tel：0768-6741843
饶平县和盛酿酒公司
地址：饶平县黄岗大桥西侧
…………………………Tel：0768-7810177
东莞市中心定点屠宰场股份有限公司
地址：东莞市万江区街道小享社区大洲
…………………………Tel：0769-22181928
东莞市伟盛饮料有限公司
地址：广东省东莞市莞城街道创业红山西路9号308室
…………………………Tel：0769-22200005
东莞市沃儿特饮料有限公司
地址：广东省东莞市南城街道隐山路12号101室
…………………………Tel：0769-22270952
广东省东莞国药集团有限公司
地址：东莞市莞城区金牛路４５号之六
…………………………Tel：0769-22337299
东莞市东糖生物技术有限公司
地址：东莞市中堂镇槎　村槎　工业园
…………………………Tel：0769-22613962
广东中食营科生物科技有限公司
地址：东莞市东城区科技工业园同庆路6号
…………………………Tel：0769-33810888
东莞益海嘉里赛瑞淀粉科技有限公司
地址：东莞市虎门港新沙南区
…………………………Tel：0769-38822913
东莞市美怡食品饮料有限公司
地址：广东省东莞市大朗镇荔乡西路66号
…………………………Tel：0769-81061221
东莞市广美食品饮料有限公司
地址：东莞市大朗镇屏山社区水屏路187号
…………………………Tel：0769-81230836
东莞深赤湾港务有限公司
地址：东莞市虎门港麻涌港区
…………………………Tel：0769-81297355
广东东鹏维他命饮料有限公司
地址：东莞市道　镇大罗沙工业区
…………………………Tel：0769-81712600
嘉顿食品（东莞）有限公司
地址：东莞市茶山镇茶山工业园工业大道
…………………………Tel：0769-81822998
东莞领驰食品有限公司
地址：广东省东莞市樟木头镇金河新光路2号1号楼201室
…………………………Tel：0769-82127115
金科伟业（中国）有限公司
地址：广东省东莞市黄江镇黄江东环路72号
…………………………Tel：0769-82309199
东莞市国丰粮油有限公司
地址：东莞市麻涌镇漳澎村
…………………………Tel：0769-82661909
东莞波顿香料有限公司
地址：东莞市寮步镇良边村大进路8号
…………………………Tel：0769-83308999
东莞市仙津保健饮料食品有限公司
地址：东莞市横沥第二工业区
…………………………Tel：0769-83378888
高宝化妆品（中国）有限公司
地址：东莞市常平镇土塘工业区
…………………………Tel：0769-83392980
广东仙津保健饮料食品有限公司
地址：广东省东莞市横沥镇大草埔路48号
…………………………Tel：0769-83798768
东莞市奔新食品饮料有限公司
地址：广东省东莞市常平镇常平六横路28号101室
…………………………Tel：0769-83998566
广东加多宝饮料食品有限公司
地址：东莞市长安镇长青北路
…………………………Tel：0769-85331688
东莞华港国际贸易有限公司
地址：广东省东莞市长安镇长安长青南路303号4栋2301室
…………………………Tel：0769-85416451
东莞东鹏食品饮料有限公司
地址：东莞市虎门镇广深公路虎门路口
…………………………Tel：0769-85552239
东莞市信立实业有限公司
地址：东莞市大岭山连平莞长路信立国际农产品贸易城信立大厦8楼
…………………………Tel：0769-85633333
东莞市丰泰花园酒店有限公司
地址：东莞市虎门镇树田村横圳水库侧
…………………………Tel：0769-85708888
东莞冠亚环岗湖商住区建造有限公司
地址：东莞市厚街镇环岗村(湖景大道东莞湖景渡假村有限公司员工村A501号)
…………………………Tel：0769-85832880
东莞百嘉宜食品有限公司
地址：东莞市石排镇庙边王村东园大道西10号
…………………………Tel：0769-86526088
东莞石龙津威饮料食品有限公司
地址：东莞市石龙镇中山西路198号
…………………………Tel：0769-86611348
东莞永富食品有限公司
地址：东莞市茶山镇上元村
…………………………Tel：0769-86643328
东莞市尚心食品饮料有限公司
地址：东莞市茶山镇横江村坑口园尾路118号三楼
…………………………Tel：0769-86646968
东莞大有饮料有限公司
地址：东莞市凤岗镇雁田村
…………………………Tel：0769-87515571
东莞顶志食品有限公司
地址：广东省东莞市麻涌镇麻涌新沙路7号
…………………………Tel：0769-88238263
东莞益海嘉里粮油食品工业有限公司
地址：广东省东莞市麻涌镇新沙公园路8号101室
…………………………Tel：0769-81297805
丰益油脂科技（东莞）有限公司
地址：广东省东莞市麻涌镇文武涌路6号
…………………………Tel：0769-88238700
东莞市富之源饲料蛋白开发有限公司
地址：广东省东莞市洪梅镇疏港大道1号
…………………………Tel：0769-88436556
广东天宸网络科技有限公司
地址：东莞市长安镇乌沙步步高大道255号E栋四楼
…………………………Tel：0769-33801039
东莞市古酿酒业有限公司
地址：东莞市茶山镇茶山圩茶园三路12号之一
…………………………Tel：0769-89168469
东莞市石排港亨饮料食品有限公司
地址：东莞市石排镇赤坎村工业区
…………………………Tel：0769-89398828
中粮（东莞）粮油工业有限公司
地址：广东省东莞市麻涌镇新沙公园路11号
…………………………Tel：0769-89769999

广西壮族自治区

南宁万达文华酒店管理有限公司
地址：南宁市青秀区东葛路118号青秀万达广场酒店
…………………………Tel：0771-8068888
南宁万富酒店管理有限公司
地址：南宁市邕宁区良堤路6号
…………………………Tel：0771-2538888
柳州万富酒店管理有限公司
地址：柳州市东环大道256号万达广场6栋
…………………………Tel：0772-3038888
巴马金童玉女儿童饮料食品有限公司
地址：巴马瑶族自治县巴马镇设长村班足屯厂区B号宗地（巴马和泰长寿产业有限公司内）
…………………………Tel：0772-58150483
广西碧海食品饮料有限公司
地址：港口区公车工业园区Ａ区
…………………………Tel：0770-2208477
防城港市蓝山食品饮料有限公司
地址：防城港市防城区华石林场东山工区
…………………………Tel：0770-282392
防城港北港物流有限公司
地址：防城港市港口区友谊大道22号3楼
…………………………Tel：0770-2893333
广西国茗金花茶科技有限公司
地址：防城区进站路一巷６８号
…………………………Tel：0770-3263076
广西糖业集团防城精制糖有限公司
地址：防城区白龙路４号
…………………………Tel：0770-3281935
东兴市红石谷食品饮料有限公司
地址：东兴市马路镇平丰村石马组
…………………………Tel：0770-3531288
广西惠禹粮油工业有限公司
地址：防城港粮油食品产业园（港口区东南部吹填区内）
…………………………Tel：0770-6103296
大海粮油工业（防城港）有限公司
地址：防城港市港口区出海大道一号
…………………………Tel：0770-6130615
嘉里粮油（防城港）有限公司
地址：广西防城港市七泊位作业区东南侧
…………………………Tel：0770-6130822
防城港澳加粮油工业有限公司
地址：防城港市港口区东部吹填区港区1号路西侧
…………………………Tel：0770-6131000
广西南宁邕州饭店有限公司
地址：南宁市兴宁区民主路１８号
…………………………Tel：0771-2101326
广西沃顿国际大酒店有限公司
地址：广西南宁市青秀区民族大道东段８８号
…………………………Tel：0771-2111888
南宁明园饭店
地址：南宁市兴宁区新民路３８号
…………………………Tel：0771-2118490
广西现代物流集团有限公司
地址：南宁市邕宁区龙岗大道21号
…………………………Tel：0771-2282008
广西玉柴物流股份有限公司
地址：南宁市兴宁区朝阳路66号钻石广场17层A9号写字楼
…………………………Tel：0771-2370101
广西鼎华商业股份有限公司
地址：南宁市中华支二路３号
…………………………Tel：0771-2438194
南宁顶津食品有限公司
地址：南宁市同德路6号、8号
…………………………Tel：0771-2501256
广西瓯文医疗科技集团有限公司
地址：南宁市邕宁区龙门路1号仓库第七层、第八层
…………………………Tel：0771-3150008
广西瑞启康饮料有限公司
地址：南宁市中尧路48-15号118室
…………………………Tel：0771-3183913
华润怡宝饮料（南宁）有限公司
地址：南宁高新区丰达路69号
…………………………Tel：0771-3085072
力倍特（中国）饮料有限公司
地址：南宁市江南区星光大道213号金康·天和时代8号楼9号楼10号楼第四层402号铺面
…………………………Tel：0771-4727866
广西力倍特饮料股份有限公司
地址：广西壮族自治区崇左市扶绥县中国—东盟青年产业园内
…………………………Tel：0771-4727866
广西南宁新源泉饮料有限公司
地址：南宁市科园大道６８号软件园二期第８号楼第一层
…………………………Tel：0771-3213308
培力（南宁）药业有限公司
地址：南宁高新区科园大道46号
…………………………Tel：0771-3218026
广西太古可口可乐饮料有限公司
地址：南宁市创新西路18号
…………………………Tel：0771-3218888
广西厚德大健康产业股份有限公司
地址：南宁市科园大道56号
…………………………Tel：0771-3219181
广西富凤农牧集团有限公司
地址：南宁市兴宁区三塘镇路东村留肖组
…………………………Tel：0771-3310569
广西心怡泉食品饮料有限公司
地址：南宁市江南区江西镇锦江村绿芦坡香炉坪
…………………………Tel：0771-3368906
广西九州通医药有限公司
地址：南宁市（高新区）振兴路８８号
…………………………Tel：0771-3391586
大新县德天山泉饮料有限责任公司
地址：大新县德天大道
…………………………Tel：0771-3625596
南宁东鹏食品饮料有限公司
地址：南宁市高新区明华路68号
…………………………Tel：0771-3805359
南宁青岛啤酒有限公司
地址：南宁市明秀西路154号
…………………………Tel：0771-3833571
南宁五丰联合食品有限公司
地址：南宁市鲁班路１号
…………………………Tel：0771-3847602
广西荔园饭店投资有限公司
地址：南宁市青秀区荔滨大道2号
…………………………Tel：0771-3893000
广西秋记餐饮管理有限公司
地址：（一）南宁市西乡塘区安吉大道47号广西华凯先锋商业中心有限公司美食区风情街C1、C2号；（二）南宁市西

乡塘区安吉大道11号秀灵村六组综合楼一、二楼铺面
……Tel：0771-3926470

南宁漓源粮油饲料有限公司
地址：南宁经济技术开发区金凯路25号
……Tel：0771-4517657

南宁港开发投资有限公司
地址：南宁市邕宁区张村路北侧南宁港开发投资有限公司牛湾作业区
……Tel：0771-4781999

广西大锰锰业集团有限公司
地址：南宁市青秀区民族大道152号广西铁投大厦19楼
……Tel：0771-4828298

南宁海王健康生物科技有限公司
地址：南宁市友谊路48-19号
……Tel：0771-4971299

南宁娃哈哈恒枫饮料有限公司
地址：南宁国家经济技术开发区国凯大道6号
……Tel：0771-2206778

广西巴马互生食品饮料有限公司
地址：巴马瑶族自治县巴马镇寿乡大道教育小区A87号
……Tel：0771-4979575

广西医大开元埌东医院有限责任公司
地址：南宁市青秀区民族大道131号航洋国际城1号楼23层
……Tel：0771-5363050

广西月亮河长寿村养生食品饮料有限公司
地址：南宁市青秀区嘉宾路南一里1号逸景园4号楼9单元1层102号房
……Tel：0771-6320003

南宁交投物流投资有限公司
地址：南宁市青秀区通达东路1号凤岭综合客运枢纽站长途客运站和1号楼15层
……Tel：0771-5498126

广西天贺寿泉食品有限公司
地址：昭平县昭平镇向阳街45号
……Tel：0771-5502091

广西活泉饮料有限公司
地址：南宁市东葛路８６号星和园办公楼１０层１００４号房
……Tel：0771-5507766

广西岑罗高速公路有限责任公司
地址：南宁市青秀区民族大道１１５－１号现代·国际２５层
……Tel：0771-5582310

南宁农产品交易中心有限责任公司
地址：南宁市青秀区长虹路88号
……Tel：0771-5673256

南宁市和久皇尚怀石料理餐饮管理有限公司
地址：南宁市青秀区民族大道136号南宁华润中心购物中心地下1层至6层商场的万象城第L3层301号商铺
……Tel：0771-5716816

广西醴泉山饮料有限公司
地址：南宁市青秀区会展南路6号服务楼（二）楼（201、202）室
……Tel：0771-5725740

广西交通实业有限公司
地址：南宁市高新区总部路１号Ｃ３栋
……Tel：0771-5726551

广西海酩威投资管理有限公司
地址：南宁市高新大道东段25号南宁市科技企业孵化基地科技孵化大楼三楼308室
……Tel：0771-5771519

广西南城百货有限责任公司
地址：南宁市友爱南路２２号南棉商业街２１６号
……Tel：0771-5797313

广西新友和古城大药房有限责任公司
地址：南宁市青秀区古城路8号2栋综合楼5楼501至509号房
……Tel：0771-5854788

广西洋浦南华糖业集团股份有限公司
地址：南宁市青秀区民族大道118-3号
……Tel：0771-5879558

广西儒春堂投资有限公司
地址：南宁市仙葫开发区县土地局住宅小区３２号一层铺面
……Tel：0771-5896799

广西云彩桥食品饮料有限公司
地址：南宁市武鸣区两江镇岭合村
……Tel：0771-6091968

南宁赢创美诗药业有限公司
地址：南宁市武鸣区文江路１０号
……Tel：0771-6202000

广西南宁市武鸣区大明山百榄泉天然泉水饮料有限公司
地址：南宁市武鸣区两江镇三联村东怀屯
……Tel：0771-6223201

广西比尔森精酿啤酒发展有限公司
地址：广西-东盟经济技术开发区永兴路19号一车间
……Tel：0771-6306699

广西伊利冷冻食品有限公司
地址：广西壮族自治区南宁市南宁－东盟经济开发区思源南路２３号
……Tel：0771-6315989

南宁统一企业有限公司
地址：南宁市东盟经济开发区武华大道２９号
……Tel：0771-6401334

广西南宁市迎宝食品饮料有限公司
地址：南宁市西乡塘区明秀西路170号龙光·水悦龙湾8号楼1902号
……Tel：0771-3929090

南宁市信荣酒业有限公司
地址：南宁市兴宁区三塘镇路东村管塘坡那桃岭
……Tel：0771-6723483

国药控股广西有限公司
地址：南宁市国凯大道东18号办公楼
……Tel：0771-6782079

广西永凯春晖酒店有限责任公司
地址：南宁市青秀区民族大道137号四楼
……Tel：0771-6788588

广西平南县龙鼎酒业有限公司
地址：平南县平南街道瑞雁广场优程酒店十一楼19号
……Tel：0771-7718889

广西湘桂酵母科技有限公司
地址：广西崇左市新和镇（新和华侨经济管理区内）
……Tel：0771-7882368

广西湘桂生物科技有限公司
地址：崇左市江州区新和镇（崇左华侨经济管理区内）
……Tel：0771-7882368

广西宁明县泊泉饮料有限公司
地址：（一）宁明县那堪镇驮楼村驮楼屯8号、（二）宁明县城中镇城南开发区金源名居2#楼1层A010号
……Tel：0771-8610388

中国铁路物资广西有限公司
地址：柳州市河西路1号
……Tel：0772-2056666

广西国茶酒业科技有限责任公司
地址：柳州市柳东新区双仁路10号官塘研发中心2号楼705号（柳州高创商务秘书有限公司托管）
……Tel：0772-2125523

广西柳钢钢城饮料有限公司
地址：柳州市北雀路１１７号柳钢工业园
……Tel：0772-2596277

柳州桂中海迅物流股份有限公司
地址：柳州市柳东新区水湾路２号柳东标准厂房２号配套办公楼２０６
……Tel：0772-2615256

广西古岭龙商贸有限公司
地址：柳州市潭中东路17号华信国际1单元9-1
……Tel：0772-2617678

柳州东城置地发展有限公司
地址：柳州市新柳大道89号企业总部大楼商务写字楼C座601号、602号，经营场所：柳州市九子岭大道36号
……Tel：0772-2675998

柳州东城酒店投资管理有限公司
地址：柳州市新柳大道113号
……Tel：0772-2671542

柳州市新华书店有限公司
地址：柳州市中山东路８１号
……Tel：0772-2802348

柳州饭店
地址：柳州市友谊路1号
……Tel：0772-2876601

柳州恒大金碧置业有限公司
地址：柳州市东环大道168号
……Tel：0772-3013981

广西柳州百草堂药业有限公司
地址：柳州市城站路１０２号
……Tel：0772-3611911

柳州天之业实业发展有限公司
地址：柳州市柳太路9号
……Tel：0772-3717356

广西宁铁物资工业有限公司
地址：柳州市和平路2号
……Tel：0772-3922437

广西壮族自治区花红药业股份有限公司
地址：广西柳州市柳江区柳堡路５２９号
……Tel：0772-3993500

广西一品鲜生物科技有限公司
地址：广西来宾市天然桥路2500号
……Tel：0772-4066760

广西丹宝利酵母有限公司
地址：广西来宾市天然桥路２５００号
……Tel：0772-4066760

广西金秀瑶泉饮料有限公司
地址：金秀县金秀镇下滩垌
……Tel：0772-4298988

广西博华食品有限公司
地址：广西象州县罗秀镇糖厂路１８号
……Tel：0772-4384332

广西博宣食品有限公司
地址：广西武宣县武宣镇仙蜜路41号
……Tel：0772-5211267

广西柳化氯碱有限公司
地址：广西鹿寨县鹿寨镇建中西路１００号
……Tel：0772-6863200

柳州市中峰食品饮料有限责任公司
地址：柳江县第一开发区家振路４号
……Tel：0772-7262567

广西日田药业集团有限责任公司
地址：广西柳州市柳城县大埔镇河西工业园区富民路一巷6号
……Tel：0772-7617352

广西海酩威酿酒股份有限公司
地址：广西合山市产业转型工业园横三路4号
……Tel：0772-8937369

广西万山汇饮料有限公司
地址：来宾市兴宾区良塘乡甘东村盘古山
……Tel：0772-9408

桂林信和信健康养老产业投资有限公司
地址：桂林市临桂区临桂镇东边山北、猴山西南侧
……Tel：0773-2158661

桂林桂湖饭店有限公司
地址：桂林市螺丝山1号
……Tel：0773-2558899

桂林两江四湖旅游有限责任公司
地址：桂林市丽君路2号丽泽苑
……Tel：0773-2580583

桂林力源粮油食品集团有限公司
地址：桂林市中山北路１２２号
……Tel：0773-2602335

香格里拉大酒店（桂林）有限公司
地址：桂林市环城北二路111号
……Tel：0773-2698888

桂林漓江大瀑布饭店有限责任公司
地址：杉湖北路1号
……Tel：0773-2822881

桂林衣恋大饭店有限公司
地址：桂林市滨江路１５号
……Tel：0773-2825588-8232

桂林市新华书店有限公司
地址：桂林市中山中路２８号
……Tel：0773-2880519

广西桂梧高速公路桂阳段投资建设有限公司
地址：桂林市阳朔县高田镇鹤岭村
……Tel：0773-3119677

广西桂兴高速公路投资建设有限公司
地址：灵川县灵川镇亭子头村
……Tel：0773-3119677

桂林汇源食品饮料有限公司
地址：桂林市恭城县茶东工业园
……Tel：0773-8189113

桂林吉福思罗汉果有限公司
地址：桂林市雁山区雁山镇良丰路5号
……Tel：0773-3551033

桂林三花股份有限公司
地址：桂林市上海路１９号
……Tel：0773-3834782

桂林灌阳千家洞天然饮料有限公司
地址：灌阳县灌阳镇福星村抱木坪屯
……Tel：0773-4216676

广西禅方药业有限公司
地址：广西桂林市全州县全州镇城南路38号
……Tel：0773-4815581

桂林恒枫饮料有限公司
地址：桂林市西城经济开发区
……Tel：0773-5363558

百事可乐饮料（桂林）有限公司
地址：桂林市骖鸾路４２号
……Tel：0773-5819639

桂林紫泉饮料工业有限公司
地址：桂林市铁山工业园铁山路8号
……Tel：0773-5829838

桂林珍泉饮料有限公司
地址：桂林市永福县百寿镇寿城村双排屯
……Tel：0773-5887979

广西大发食品饮料有限公司
地址：荔浦县荔城环东路４５号
……Tel：0773-7212563

广西亿发食品饮料有限公司
地址：荔浦县桥富工业园６号（荔桂路莲塘）
……Tel：0773-7214825

广西荔浦肥涛食品饮料有限公司
地址：荔浦荔城荔桂路193号
……Tel：0773-7217580

广西桂林荔浦鸿鑫食品饮料有限公司
地址：荔浦县五里新坪工业园（区）
……Tel：0773-7229118

广西永福县天然保健食品饮料厂
地址：永福县永福镇东滨路４８号
……Tel：0773-8512102

桂林永福山葡萄酿酒有限责任公司
地址：永福县永福镇向阳路上窑街１号
……Tel：0773-8512118

华润置地（桂林）有限公司
地址：桂林市秀峰区骝马山路1号1栋
……Tel：0773-8699988

桂林广维文华旅游文化产业有限公司
地址：阳朔县阳朔镇田园路１号
……Tel：0773-8811983

广西梧州市明阳生化科技有限公司
地址：蒙山县工业集中区（桐油坪片区）
……Tel：0774-2531288

梧州市智业食品饮料有限公司
地址：梧州市工业园区８路８号
……Tel：0774-3982142

昭平县千渡山泉饮料有限公司
地址：昭平县樟木林乡平田村
……Tel：0774-5122208

昭平县百花滩山泉饮料有限公司
地址：昭平县樟木林乡平田村平田小学附近榕树头旁
……Tel：0774-5290570

广西梧州泽雨润采饮料有限公司
地址：梧州市钱鉴路７７号第2.3.4.5.6.7.8.9.10.11.20幢
……Tel：0774-5858811

钟山汇龙农业开发有限公司
地址：钟山县红花镇红花村麦岭
……Tel：0774-8970808

玉林市发厚农业有限公司
地址：玉林市塘埔工区8号
……Tel：0775-2087538

玉林市春福农业有限公司
地址：玉林市塘埔工区8号
……Tel：0775-2087538

广西玉林市六万川泉食品饮料有限公司
地址：兴业县大平山机械产业园区C-06-03-01
……Tel：0775-2690368

广西明旺食品有限公司
地址：广西壮族自治区玉林市经济开发区
……Tel：0775-2691789

容县乐源文化旅游投资有限公司
地址：容县石寨镇石寨村白鹤塘景区
……Tel：0775-2755999

广西志有药业有限公司
地址：玉林市二环东路与民主南路交叉口东南侧
……Tel：0775-3127565

陆川乐源文化旅游投资有限公司
地址：陆川县温泉镇凤凰一巷
……Tel：0775-3251866

玉林市保健食品饮料有限公司
地址：兴业县石南镇（玉贵路上段）

……………………Tel：0775-3762382

广西玉林绿源矿泉饮料食品有限公司
地址：广西玉林市中秀路
……………………Tel：0775-3892945

贵港市西江食品饮料厂
地址：市江北大道
……………………Tel：0775-4215160

贵港市南山天然饮料有限责任公司
地址：贵港市港南区桥圩镇震华村
……………………Tel：0775-4267201

广西贵港市交投市场有限公司
地址：贵港市港北区中山北路（社区综合楼）
……………………Tel：0775-4293053

贵港市凉水山矿泉饮料有限公司
地址：贵港市中里乡三陵村
……………………Tel：0775-4561483

广西容县石印山水食品有限公司
地址：容县容州镇兴容街兴容二巷17号
……………………Tel：0775-5668099

北流市玉峰饮料厂
地址：六麻镇
……………………Tel：0775-6503288

广西真龙泉食品饮料有限公司
地址：：广西陆川县马坡镇珠砂村（陆川县裕强印花铁制罐有限公司第3栋）
……………………Tel：0775-7076320

广西茶花山矿泉水饮料有限公司
地址：广西陆川县马坡镇　砂村广西农垦国有马坡农场场部
……………………Tel：0775-7072385

广西乐滋味饮料有限公司
地址：广西百色市右江区龙景街道办事处莲塘村林屋屯51号
……………………Tel：0776-2386969

靖西县寿柏养生茶饮料有限公司
地址：靖西县新靖镇凤凰路１１３６号
……………………Tel：0776-2516599

广西岑山泉食品饮料有限公司
地址：广西百色市凌云县玉洪瑶族乡杨家坳
……………………Tel：0776-2617575

德保县九脉山泉工贸有限公司
地址：德保县都安乡都安村晚江屯
……………………Tel：0776-3926777

广西慧宝源医药科技有限公司
地址：广西中马钦州产业园区中马大街2号
……………………Tel：0777-2223079

广西众森医药集团有限公司
地址：钦州市南环路88号
……………………Tel：0777-2399282

广西百利乐生物科技有限公司
地址：钦州市高新技术产业开发区南环路18号
……………………Tel：0777-2829168

广西志嘉海通环保科技有限公司
地址：钦州市钦南区沙埠镇沙寮村委茶山村龙屋园
……………………Tel：0777-3212515

钦州市韩尚料理餐饮有限公司
地址：钦州市钦州湾大道年年丰广场四层D119－D126商铺
……………………Tel：0777-3663999

广西八寨沟绿泉天然饮料有限公司
地址：钦州市三十六曲林场东风工区
……………………Tel：0777-3680999

广西丹竹液饮料有限公司
地址：广西浦北县小江镇西环路６８８号
……………………Tel：0777-8212492

广西河池市帝王山天然矿泉饮料有限责任公司
地址：河池市金城东路４０号（运达公司办公楼四楼）
……………………Tel：0778-2200738

广西巴马寿天下食品饮料有限公司
地址：巴马镇印象巴马小区Ａ２－１－０６三、四层
……………………Tel：0778-2425089

宜州市源泉食品饮料有限公司
地址：宜州市金宜大道２８６号（经济开发区）
……………………Tel：0778-3181388

广西巴马丽琅饮料有限公司
地址：巴马瑶族自治县那桃乡班交村坡累屯
……………………Tel：0778-6150088

巴马活泉食品饮料有限公司
地址：巴马瑶族自治县巴马镇寿乡大道７６８、７７０号
……………………Tel：0778-6167003

巴马慧泉食品饮料有限公司
地址：巴马瑶族自治县巴马镇设长村班足屯厂区A号宗地（巴马和泰长寿产业有限公司内）
……………………Tel：0778-6167003

巴马百年食品饮料有限公司
地址：广西河池市巴马县燕洞镇燕洞村长寿山
……………………Tel：0778-6168699

巴马壹号食品饮料有限公司
地址：巴马瑶族自治县那桃乡廷炉那汉
……………………Tel：0778-6211056

大化姥巴马食品饮料有限公司
地址：大化瑶族自治县岩滩镇古龙村布累屯
……………………Tel：0778-6211158

巴马好氧饮料有限公司
地址：巴马瑶族自治县那桃乡那桃村那月屯
……………………Tel：0778-6271188

广西好氧饮料有限公司
地址：南宁市青秀区金湖路５９号地王国际商会中心２９１３、２９１４号
……………………Tel：0778-6271188

广西巴马长生宝录食品饮料有限公司
地址：巴马瑶族自治县巴马镇寿乡大道195号
……………………Tel：0778-6271763

广西巴马藏泉食品饮料有限公司
地址：广西壮族自治区河池市巴马瑶族自治县巴马镇文体路204号
……………………Tel：0778-6275205

广西巴马甘露食品饮料有限公司
地址：巴马瑶族自治县甲篆镇百马村甘水屯
……………………Tel：0778-6275205

广西巴马寿泉健康食品饮料有限公司
地址：巴马瑶族自治县巴马镇城东小区河堤路中段cd1－1号
……………………Tel：0778-6276777

凤山印象刘三姐饮料有限公司
地址：凤山县凤城镇西环路恒升大酒店
……………………Tel：0778-6811699

广西凤山荣事达饮料食品有限责任公司
地址：凤山县凤城镇西环路南侧农村信用社7楼
……………………Tel：0778-6815333

广西巴马水晶泉饮料股份有限公司
地址：巴马瑶族自治县新汽车总站旁河对面的原巴马龙凤大酒店（三楼8306号）
……………………Tel：0778-6887333

广西丹泉酒业有限公司
地址：南丹县城关镇民行北路
……………………Tel：0778-7211899

北海香格里拉大酒店有限公司
地址：北海市茶亭路３３号
……………………Tel：0779-2062288

广西北海市泰清天然饮料有限公司
地址：北海市水利工程管理处牛尾岭水库
……………………Tel：0779-2083523

北海保通食品股份有限公司
地址：市出口加工区二期北部湾西路与成都路交界处
……………………Tel：0779-2229211

广西渤海农业发展有限公司
地址：广西北海市铁山港区兴港镇四号路１号
……………………Tel：0779-2231681

北海群林生物工程有限公司
地址：北海市工业园区科盛路15号
……………………Tel：0779-3215388

北海锦波饮料有限公司
地址：北海市银海区工业开发区三区１号
……………………Tel：0779-3831777

北海辰茂海滩酒店有限公司
地址：市银滩大道海滩公园对面
……………………Tel：0779-3898198

北海和安贸易有限责任公司
地址：北海市北部湾中路39号
……………………Tel：0779-3998866

北海贝因美营养食品有限公司
地址：北海市北海大道工业园区１１号
……………………Tel：0779-6818172

北海蜂巢食品饮料有限公司
地址：合浦工业园区
……………………Tel：0779-7103996

田野创新股份有限公司
地址：北海市合浦县工业园区创业大道
……………………Tel：0779-7106273

广西合浦珠乡堂天然饮料有限责任公司
地址：合浦县城中站
……………………Tel：0779-7210090

广西银安天然饮料有限责任公司
地址：广西北海市合浦县中站
……………………Tel：0779-7210448

北海古力酒业股份有限公司
地址：北海市福成镇古城村
……………………Tel：0779-8529008

广西国酿酒业有限公司
地址：北海市铁山港区南康镇滨海路24号
……………………Tel：0779-8617899

海南省

儋州南椰饮料有限公司
地址：儋州市那大镇合罗农场
……………………Tel：0898-23357979

儋州夏日广场商业有限公司
地址：海南省儋州市那大三洋北路111号
……………………Tel：0898-23800368

海洋石油富岛有限公司
地址：海南省东方市珠江南大街3号
……………………Tel：0898-25692906

海南临高碧桂园房地产开发有限公司
地址：海南省临高县博厚镇碧桂园金沙滩商业街二楼
……………………Tel：0898-28268858

文昌中南房地产开发有限公司
地址：文昌市清澜开发区高隆湾沿海地段(旅游大道西侧)
……………………Tel：0898-62326666

海南椰谷食品饮料有限公司
地址：海南省海口市玉沙路玉沙广场2幢楼1807房
……………………Tel：0898-36618698

海南观龙水世界管理有限公司
地址：海南省海口市龙华区龙桥镇海口观澜湖大道1号D05房
……………………Tel：0898-36696688

海南椰岛酒业发展有限公司
地址：海南省海口国家高新技术产业开发区药谷工业园药谷一横路1号
……………………Tel：0898-36696777

三亚海昌梦幻不夜城发展有限公司
地址：海南省三亚市海棠区海岸大道168号
……………………Tel：0898-38216640

海南长江隆酒业有限公司
地址：三亚市田独高科技产业园区
……………………Tel：0898-38818001

海南椰碧野米酿酒有限公司
地址：海南省琼海市嘉积镇金海路192号5楼501房
……………………Tel：0898-62921100

微盟云谷股份有限公司
地址：海南省洋浦经济开发区盐田路8号政务服务中心大楼东区32-2-209
……………………Tel：0898-31637052

海南中坤渝安投资有限公司
地址：文昌市清澜经济开发区旅游大道西侧南三栋
……………………Tel：0898-63326999

海南农垦峻源食品饮料有限公司
地址：海南省定安县塔岭工业区栖凤路18号
……………………Tel：0898-63800357

海南海航迎宾馆有限公司
地址：海南省海口市美兰区大英山西三路9号
……………………Tel：0898-65205159

海南五指山矿泉水饮料有限公司
地址：海口市金盘工业开发区建设三横路１０号
……………………Tel：0898-65353173

海航航空地面服务有限公司
地址：海口国家高新技术产业开发区狮子岭工业园办公楼338号房
……………………Tel：0898-65772712

海南红牛饮料有限公司
地址：海口市美兰区三江镇24公里处
……………………Tel：0898-65774145

海南顶好食品饮料有限公司
地址：海南省海口市琼山区凤翔街道办五岳管区礼文村77号
……………………Tel：0898-65982841

海南中城实业集团有限公司
地址：海口市龙昆南路道客村路口右侧
……………………Tel：0898-66216612

海南原生道食品饮料有限公司
地址：海南省海口市龙华区海德路耀江花园誉心隆大药房二楼
……………………Tel：0898-66244508

海南广药晨菲医药有限公司
地址：海南省海口市美兰区桂林洋大道23号公司院内（综合办公楼）
……………………Tel：0898-66268016

海南凤凰新华出版发行有限责任公司
地址：海南省海口市南沙路27号
……………………Tel：0898-66503002

海南椰岛食品饮料有限公司
地址：海口市高新区药谷工业园二期1602，1603地块
……………………Tel：0898-66532900

海南岛屿食品饮料有限公司
地址：海南省文昌市潭牛镇海南岛热带食品饮料产业园
……………………Tel：0898-66707760

海南岛屿食品饮料营销有限公司
地址：海口市龙昆北路2号龙珠大厦11层C，D座
……………………Tel：0898-66566700

海南椰子岛食品饮料有限公司
地址：海南省文昌市潭牛镇海南岛屿热带食品饮料产业园3号
……………………Tel：0898-66566700

海南崂滨精酿啤酒有限公司
地址：海南省海口市龙华区垦中路20号青云公寓A栋1层A3-102房
……………………Tel：0898-66723319

海南亚洲制药股份有限公司
地址：海南省海口国家高新区药谷一横路18号
……………………Tel：0898-66775933

椰树集团海南椰汁饮料有限公司
地址：海口市龙华路41号
……………………Tel：0898-66796000

海南椰家豆食品饮料有限公司
地址：海南省海口市龙华路41号
……………………Tel：0898-66796000

海南金盘饮料有限公司
地址：海口市金盘工业区建设三横路
……………………Tel：00898-66811990

雪花啤酒（海南）有限公司
地址：海口市金盘工业区椰海大道８号
……………………Tel：0898-66826421

通威（海南）水产食品有限公司
地址：海南省澄迈县老城开发区美朗小区
……………………Tel：0898-67485568

海南顶德饮料有限公司
地址：海南省海口市龙华区金贸西路15号环海商务领馆21层A房
……………………Tel：0898-68509908

海南南岛椰枫饮料有限公司
地址：海南省海口市龙华区金秀街1号金海广场5幢1401房
……………………Tel：0898-68515377

海南宝华海景大酒店管理有限公司
地址：海口市滨海大道69号宝华海景大酒店13楼
……………………Tel：0898-68536699

海南椰国食品有限公司
地址：海口国家高新技术产业开发区药谷二横路12号
……………………Tel：0898-68666930

海南力神鑫天韵饮料有限公司
地址：海南省海口市龙华区海秀大道116号成信景苑B栋韵景阁首层01号房
……………………Tel：0898-68929136

海南太古可口可乐饮料有限公司
地址：海南省海口市秀英区滨海大道１５５增
……………………Tel：0898-68680666

海南红椰饮料有限公司
地址：海南省海口市秀英区海盛路25号负一楼
……………………Tel：0898-68683008

海南观澜湖酒店有限公司
地址：海口市龙华区龙桥镇海口观澜湖大道1号

……………Tel：0898-68683888-61115

海南康美食品有限公司
地址：海口市秀英港澳大道21号
……………Tel：0898-68925236

保亭七仙岭怡森饮料有限公司
地址：海南省保亭县团结南路8号御泉山嘉园商住楼9层A-901房（仅当办公场所使用）
……………Tel：0898-83609399

海南亚特兰蒂斯商旅发展有限公司
地址：海南省三亚市海棠区海棠北路36号亚特兰蒂斯酒店B106室
……………Tel：0898-88020593

海南夏日置业发展有限公司
地址：海南省三亚市天涯区三亚湾路国际客运港区国际养生度假中心酒店B座（2#楼）6楼606室
……………Tel：0898-88216635

海南水果岛农业开发有限公司
地址：海南省三亚市天涯区三亚湾路128号龙兴莱曼海景度假酒店主楼三层
……………Tel：0898-88296168

三亚椰林滩大酒店有限责任公司
地址：三亚海坡开发区椰林滩大酒店
……………Tel：0898-88331888

三亚嘉德实业有限公司
地址：海南省三亚市天涯区海坡度假区凤翔路西侧
……………Tel：0898-88583050

三亚香格里拉大酒店有限公司
地址：海南省三亚市海棠区海棠北路88号
……………Tel：0898-88758888

三亚南山普门旅游发展有限公司
地址：三亚市南山文化旅游区
……………Tel：0898-88838662

四川省

成都速料餐饮管理有限公司
地址：成都市成华区双庆路16号附22号1层
……………Tel：028-12345678

安岳县百乐饮料有限公司
地址：四川省资阳市安岳县岳阳镇船形村六组
……………Tel：028-24318888

四川加多宝饮料有限公司
地址：资阳市雁江区城东新区医药食品产业园加多宝大道3号
……………Tel：028-26052888

四川汇宇生物技术有限公司
地址：成都市简阳市石盘镇花红大道中段58号(石盘四海食品医药产业园)
……………Tel：028-26080129

四川大千药业有限公司
地址：四川省资阳市雁江区大千大道68号
……………Tel：028-26122713

四川华冠食品有限公司
地址：四川省简阳市十里坝工业园区简新大道南路319号
……………Tel：028-27728520

眉山大润发商业有限公司
地址：四川省眉山市东坡区环湖东路二段100号
……………Tel：028-36834151

眉山汇源食品饮料有限公司
地址：眉山经济开发区东区
……………Tel：028-37027888

幺麻子食品股份有限公司
地址：四川省眉山市洪雅县止戈镇五龙路15号
……………Tel：028-37494888

瓦屋山投资有限公司
地址：四川省眉山市洪雅县洪川镇东大街23号
……………Tel：028-37498077

四川省洪雅县林场
地址：洪雅县柳江镇
……………Tel：028-37527055

四川八百寿酒业有限公司
地址：眉山市彭山区凤鸣大道三段76号
……………Tel：028-37621551

四川茂华食品有限公司
地址：眉山市东坡区万胜镇商业街
……………Tel：028-38567222

眉山岷江东湖饭店有限公司
地址：眉山市东坡区湖滨路
……………Tel：028-38666033

成都中油能源有限公司
地址：成都市金牛区蜀跃路9号
……………Tel：028-60103240

四川奇变饮料有限公司
地址：成都市成华区建和路6号附66号1层
……………Tel：028-60159677

成都高丽源饮料有限公司
地址：成都高新区高新大道创业路38号
……………Tel：028-61030011

四川省川酒集团产业发展有限公司
地址：中国（四川）自由贸易试验区成都市天府新区兴隆街道湖畔路西段6号成都科学城天府菁蓉中心C区
……………Tel：028-61397192

柒一拾壹（成都）有限公司
地址：四川省成都市武侯区新希望路7号3层2号
……………Tel：028-61557711

成都有缘坊酒业有限公司
地址：四川省邛崃市卧龙镇酒源大道63号
……………Tel：028-61571006

成都川裕药业有限公司
地址：成都市温江区成都海峡两岸科技产业开发园
……………Tel：028-61683990

四川省天府酒厂（普通合伙）
地址：四川省成都市温江区和盛镇蓁江村5组301号
……………Tel：028-61715408

四川省金酒坊酒业有限公司
地址：成都市邛崃市临邛镇南郊生态酒业园区
……………Tel：028-61783856

成都星宸航都国际酒店有限公司
地址：成都市双流区东升街道航林路888号
……………Tel：028-61911111

成都时代奥特莱斯商业有限公司
地址：四川省成都市双流区东升街道双楠大道中段99号
……………Tel：028-61915000

成都康美药业有限公司
地址：中国（四川）自由贸易试验区成都高新区府城大道西段399号10栋11层6号
……………Tel：028-61957627

成都市医药工业有限公司
地址：成都市金牛区兴科北路18号3栋1、2、3层
……………Tel：028-61992233

成都聚美优品科技有限公司
地址：中国（四川）自由贸易试验区成都高新区益州大道中段1800号3栋7层701
……………Tel：028-62038899

成都怡星仁孚汽车服务有限公司
地址：四川省成都市锦江区皇经楼路289号
……………Tel：028-62561888

四川德康农牧食品集团股份有限公司
地址：成都市双流区临港路一段32号成都东航中心2号楼9层901-909单元
……………Tel：028-62588302

四川能投润嘉置业有限公司
地址：成都市青白江区大弯西路47号
……………Tel：028-62679551

四川铁投广润物流有限公司
地址：四川省成都市天府新区万安街道麓山大道二段669号
……………Tel：028-62712514

四川达能食品饮料有限公司
地址：成都市邛崃市临邛镇工业大道8号
……………Tel：028-62993880

成都万江物流有限公司
地址：四川省成都市天府新区新兴街道油坊村1组505号1栋2层505号
……………Tel：028-63026080

成都京东世纪贸易有限公司
地址：成都市武侯区科华北路65号四川大学国际学术交流中心（世外桃源广场）A、B栋16层
……………Tel：028-63167588

成都华侨城黄龙溪投资发展有限公司
地址：成都市双流区黄龙溪镇皇金路82号
……………Tel：028-64705055

成都百事饮料有限公司
地址：四川省成都市郫都区犀浦镇国宁西路142号
……………Tel：028-65055022

乐天百货（成都）有限公司
地址：中国（四川）自由贸易试验区成都高新区天府大道1700号
……………Tel：028-65188871

环球佳酿酒业集团有限公司
地址：中国（四川）自由贸易试验区成都市天府新区兴隆街道湖畔路西段成都科学城天府菁蓉中心C区5、6号
……………Tel：028-65279322

延长壳牌（四川）石油有限公司
地址：四川省成都市市辖区
……………Tel：028-65319999

四川川航物流有限公司
地址：成都市双流区西航港街道双流机场北头川航基地2栋1-4楼1号
……………Tel：028-65391290

四川天药医药集团有限公司
地址：成都市高新区高朋东路3号1幢3层DE1号
……………Tel：028-65770775

成都科讯药业有限公司
地址：成都市金牛区五福桥东路229号28栋6层0609、0611、0613、0615号
……………Tel：028-66150037

成都西部医药经营有限公司
地址：成都市金牛区五块石蓉北商贸大道二段228号
……………Tel：028-66153868

成都市秀域健康科技有限公司
地址：四川省成都市青羊区玉带桥街27号4楼1号
……………Tel：028-66330843

群光大陆实业（成都）有限公司
地址：四川省成都市锦江区春熙路南段8号
……………Tel：028-66665858

环太生物科技股份有限公司
地址：成都市双流区西南航空港经济开发区空港三路979号
……………Tel：028-67085115

四川宝鉴堂药业有限公司
地址：成都市温江区成都海峡两岸科技产业开发园科林路西段66号
……………Tel：028-67204985

成都濛阳农副产品综合批发交易市场有限责任公司
地址：成都市彭州市 阳镇工业集中发展园区物流大道中段18号
……………Tel：028-67407366

成都顶津食品有限公司
地址：四川省成都市温江区成都海峡两岸科技产业开发园蓉台大道
……………Tel：028-68178019

中铁二十三局集团有限公司
地址：中国（四川）自由贸易试验区成都高新区天府大道中段530号1栋5楼508号
……………Tel：028-68311225

四川本草堂药业有限公司
地址：四川省彭州市致和镇健康大道199号11栋4层401号
……………Tel：028-68338288

成都国酿食品股份有限公司
地址：成都市新都区新繁镇新繁大道139号
……………Tel：028-68611620

成都农产品中心批发市场有限责任公司
地址：中国（四川）自由贸易试验区成都市双流区西航港街道成白路98号
……………Tel：028-68818663

成都市美迪特饮料有限公司
地址：四川省成都市温江区成都海峡两岸科技产业开发园柳台大道西段466号
……………Tel：028-68909901

益海嘉里（成都）粮食工业有限公司
地址：四川省成都市青白江区弥牟镇粮食路288号
……………Tel：028-68936601

成都永辉商业发展有限公司
地址：成都市彭州 阳镇新城商业中心宝兴街37号二楼
……………Tel：028-69390078

四川彩食鲜供应链发展有限公司
地址：四川省彭州市 阳镇 兴西路50号
……………Tel：028-69390079

龙锦综合开发（成都）有限公司
地址：四川省成都市锦江区大慈寺路17号
……………Tel：028-69399111

成都陈同仁壹柒零柒酒业有限公司
地址：成都市青羊区敬业路229号7栋D单元
……………Tel：028-69933999

成都天源地涓饮料有限公司
地址：中国（四川）自由贸易试验区成都高新区天府三街199号A区12层
……………Tel：028-69959708

中粮（成都）粮油工业有限公司
地址：四川省成都市新津县金华镇清凉西路66号
……………Tel：028-80588191

成都伊势丹百货有限公司
地址：四川省成都市锦江区大科甲巷6号1栋
……………Tel：028-80821111

四川塔斯冰谷酒业有限公司
地址：成都高新区紫杉路28号1层
……………Tel：028-81430386

成都安琪儿妇产医院有限公司
地址：成都市武侯区高攀路3号
……………Tel：028-81922222

青岛啤酒（成都）有限公司
地址：成都市温江区成都海峡两岸科技产业开发园青啤大道
……………Tel：028-82090981

成都一品如心商贸有限公司
地址：成都高新区天韵路150号高新国际广场D座8楼44号
……………Tel：028-82122122

四川天丝红象饮料有限公司
地址：成都市金牛区二环路北一段10号1栋1单元4楼3号附10号
……………Tel：028-82249678

四川省川建管道有限公司
地址：崇州市元通镇禹王村16组
……………Tel：028-82262880

华润怡宝饮料（成都）有限公司
地址：四川省成都市新津县漆家西路281号
……………Tel：028-82342222

成都三和酿酒有限公司
地址：崇州市工业集中发展区
……………Tel：028-82390158

四川金盆地（集团）有限公司
地址：成都市崇州市锦江乡余塘村十组
……………Tel：028-82396198

成都崇阳古窖文化传媒有限公司
地址：崇州市集贤乡梁景村16组84号
……………Tel：028-82396198

四川统实企业有限公司
地址：四川省成都市温江区成都海峡两岸科技产业开发园蓉台大道北段18号
……………Tel：028-82606095

成都东虹商业服务管理有限公司
地址：成都市温江区万春镇场镇
……………Tel：028-82613373

正大食品企业（成都）有限公司
地址：四川省成都市温江区成都海峡两岸科技产业开发园蓉台大道北段189号
……………Tel：028-82630839

成都润馨堂药业有限公司
地址：成都市温江区成都海峡两岸科技产业开发园海科路西段
……………Tel：028-82631993

四川省申联生物科技有限责任公司
地址：成都市温江区海峡两岸科技产业开发园海科大道西段（成都市温江区海科路西段666号）
……………Tel：028-82666568

四川省天府名优酒研究中心
地址：成都市温江区成都海峡两岸科技产业开发园海科路西段666号
……………Tel：028-82666568

四川强劲奥林食品饮料有限公司
地址：成都市温江区蓉台大道南段520号
……………Tel：028-82666757

雷迪波尔服饰股份有限公司
地址：成都市温江区成都海峡两岸科技产业开发园新华路
……………Tel：028-82669999

四川省香江酒业有限公司
地址：成都市邛崃市宝林镇街上
……………Tel：028-82672490

成都市九宇酒业有限公司

地址：邛崃市桑园镇中田村十组
…………Tel：028-82672985

成都娃哈哈昌盛食品有限公司
地址：四川省成都市温江区海峡两岸科技产业开发园新华大道一段128号
…………Tel：028-82687373-8888

成都娃哈哈昌盛饮料有限公司
地址：四川省成都市温江区海峡两岸科技产业开发园新华大道一段128号
…………Tel：028-82687373-8888

成都中铁名人实业发展有限公司
地址：成都市青羊区人民南路一段122-124号1栋11层1-8号
…………Tel：028-86833333

四川省食品发酵工业研究设计院有限公司
地址：成都市温江区柳城杨柳东路中段98号
…………Tel：028-82762884

四川九州通医药有限公司
地址：成都市温江区成都海峡两岸科技产业开发园檬桥路777号
…………Tel：028-82782110

成都欧尚超市有限公司
地址：四川省成都市金牛区蜀汉路98号
…………Tel：028-82831766

四川建洲智能装备有限公司
地址：四川省德阳市广汉市向阳镇张化村六社
…………Tel：028-83082388

四川谦广建设项目管理有限公司
地址：成都市武侯区科华北路47号
…………Tel：028-83171287

四川智汇堂养老服务股份有限公司
地址：中国（四川）自由贸易试验区成都高新区天府大道北段1700号3栋1单元5层501-503号、3栋2单元5层501号
…………Tel：028-83229776

成都银犁冷藏物流股份有限公司
地址：中国（四川）自由贸易试验区成都市青白江区桂通北路1号
…………Tel：028-83268800

四川川酒鸿酿贸易有限公司
地址：成都市锦江区银木街493号附246号31号（自编号）
…………Tel：028-83326620

四川巴人酒业有限责任公司
地址：成都市武侯区高升桥路8号5幢13楼11号
…………Tel：028-83333519

四川纯酿液酒业有限公司
地址：中国（四川）自由贸易试验区成都高新区吉泰五路88号2栋21层9号
…………Tel：028-83384368

四川贝尔康医药有限公司
地址：成都市新都区大丰镇高堆村晓初滨河路77号
…………Tel：028-83508877

成都鑫鑫天府饮料用品有限公司
地址：成都市郫县成都现代工业港
…………Tel：028-83519518

四川和欣酒业有限公司
地址：成都市新都区龙桥镇渭水社区顺成路北三巷59号
…………Tel：028-83902566

成都紫泉饮料工业有限公司
地址：四川省成都市新都区新都镇凌波西路308号
…………Tel：028-83954207

中粮可口可乐饮料（四川）有限公司
地址：四川省成都市新都区新都镇工业大道东段60号
…………Tel：028-83963333

成都统实企业有限公司
地址：四川省成都市新都区新繁镇泡菜（食品）产业园汇香路129号
…………Tel：028-83965654

成都废墟精酿啤酒有限责任公司
地址：四川省成都市天府新区华阳街道华阳大道一段333号1栋1单元18层1号
…………Tel：028-84343088

四川五谷酿神酒业集团有限公司
地址：成都市锦江区柳荫路96号5楼5034号
…………Tel：028-84386700

四川环球绝缘子有限公司
地址：四川省成都经济技术开发区（龙泉驿区）南一路99号
…………Tel：028-84645456

成都史纪生物制药有限公司
地址：四川省成都经济技术开发区灵池街358号
…………Tel：028-84859728

成都金辰饮料有限公司
地址：四川省成都市金堂县成都-阿坝工业集中发展区内
…………Tel：028-84987799

成都市晋江福源食品有限公司
地址：四川省成都市金堂县三星镇天灯街189号
…………Tel：028-84994888

四川新希亚酒业发展有限公司
地址：四川省成都市天府新区白沙镇白沙村1组63号
…………Tel：028-85125816

信立泰（成都）生物技术有限公司
地址：成都高新区科园南路1号4栋3层1号
…………Tel：028-85195601

成都红牛维他命饮料销售有限公司
地址：成都市武侯区领事馆路7号1栋2单元18层1806号
…………Tel：028-85226292

成都宜家家居有限公司
地址：四川省成都市高新区站华路9号
…………Tel：028-85264532

四川玖玖爱食品有限公司
地址：成都高新西区双柏路686号
…………Tel：028-85268018

四川旅侨商贸有限公司
地址：成都市武侯区洗面桥街30号26楼5号
…………Tel：028-85560562

中石化四川销售有限公司
地址：中国（四川）自由贸易试验区成都市天府新区天府大道南段2028号石化大厦23层
…………Tel：028-85677000

成都正源禧悦酒店有限公司
地址：成都市双流区东升街道广都大道2号
…………Tel：028-85729666

成都麓山国际乡村俱乐部有限公司
地址：四川省成都市天府新区万安镇麓山大道二段6号附33号
…………Tel：028-85761451

雅拉供应链管理（成都）有限公司
地址：成都市双流区西航港临港路一段32号2号楼5层1-502（自主申报）
…………Tel：028-85785960

四川川投国际网球中心开发有限责任公司
地址：成都市双流区东升街道金河路66号
…………Tel：028-85899999

华润置地（成都）发展有限公司
地址：四川省成都市成华区双庆路6号
…………Tel：028-86008866

四川省国立饮料有限公司
地址：成都市郫县犀浦镇
…………Tel：028-86513251

东方尚品饮料成都有限公司
地址：成都市青白江区大弯同华大道199号10栋2单元20楼2010、2011号
…………Tel：028-86164769

中铁八局集团现代物流有限公司
地址：中国（四川）自由贸易试验区成都市青白江区城厢镇鸿泰大道168号
…………Tel：028-86329776

中国铁路物资成都有限公司
地址：成都市青羊区八宝街28号
…………Tel：028-86433450

成都市泰恒华锐实业有限公司
地址：成都市顺城大道306号凯乐广场5楼
…………Tel：028-86528956

成都王府井百货有限公司
地址：成都市锦江区总府路15号
…………Tel：028-86621188

四川广电星空电视购物有限公司
地址：成都高新区世纪城路66号1栋1层1号
…………Tel：028-86623479

四川郎酒股份有限公司
地址：四川省古蔺县二郎镇
…………Tel：028-86650533

成都成华宜家家居有限公司
地址：四川省成都市成华区蓉都大道将军碑路9号
…………Tel：028-86652345

成都市青羊区茂业仁和春天百货有限公司
地址：四川省成都市青羊区二环路西二段19号
…………Tel：028-86672679

新希望乳业股份有限公司
地址：四川省成都市锦江区金石路366号新希望中鼎国际2栋18楼3号
…………Tel：028-86748930

成都富力地产开发有限公司
地址：成都市青羊区顺城大街269号1栋1单元17楼1号
…………Tel：028-86780777

四川省商业投资集团有限责任公司
地址：成都市文武路42号
…………Tel：028-86787080

四川蜀交中油能源有限公司
地址：成都市锦江区工业园区三色路163号银海芯座大厦B栋12楼
…………Tel：028-86934532

四川峰格食品有限责任公司
地址：成都蛟龙工业港双流园区滨江大道495号
…………Tel：028-86939273

四川酝酿酒业有限公司
地址：成都市青羊区鼓楼南街117号A幢17楼F号
…………Tel：028-86957359

成都伊藤洋华堂有限公司
地址：四川省成都市武侯区二环路西一段逸都路6号
…………Tel：028-87021111

都江堰宝灌来饮料食品有限公司
地址：四川省成都市都江堰市银杏街道高埂社区通站路192号
…………Tel：028-87201065

四川省万事缘酒业有限公司
地址：邛崃市文君街道办长松路681、683号
…………Tel：028-8730888

成都酒盛中酿商贸有限公司
地址：成都市青羊区蜀金路1号3栋22层2209号
…………Tel：028-87395569

成都水井坊酒业有限公司
地址：成都市邛崃市临邛工业园区国道318西侧5号
…………Tel：028-87500037

成都馨千代饮料酒有限公司
地址：四川省成都崇州市崇阳世纪大道1011号
…………Tel：028-87507219

上药控股四川有限公司
地址：成都市金牛区金科南路38号IP科技中心2栋4楼、3栋4楼
…………Tel：028-87510780

成都水井坊营销有限公司
地址：成都市锦江区水井街21号
…………Tel：028-87519999

四川合时代食品饮料有限公司
地址：成都市温江区成都海峡两岸科技产业开发园金府路中段51号
…………Tel：028-87578790

重庆医药集团四川医药有限公司
地址：成都市金牛区蜀西路46号8栋2单元10层1号房、2号房
…………Tel：028-87619016

中铁物资集团西南有限公司
地址：成都市金牛区一环路北三段1号1栋3单元6至35层
…………Tel：028-87680726

四川蓝光嘉宝服务集团股份有限公司
地址：成都市武侯区一环路南三段二十二号
…………Tel：028-87825511

四川丁点儿食品开发股份有限公司
地址：成都市郫都区安德镇中国川菜产业化功能区蜀香路388号
…………Tel：028-87871012

成都飞水饮料有限责任公司
地址：四川省成都市大邑县西岭镇飞水村2组42号
…………Tel：028-88268266

成都安仁华侨城文化旅游开发有限公司
地址：四川省成都市大邑县安仁镇仁和街41号
…………Tel：028-88318878

成都蜀之源酒业有限公司
地址：成都市大邑县王泗镇蜀源路858号
…………Tel：028-88340333

四川省邛崃金穗实业有限公司
地址：成都市邛崃市桑园镇马鞍村六、七、八组1层
…………Tel：028-88340649

四川省大邑酒乡酿酒厂
地址：四川省成都市大邑县悦来镇前进村七社三十八号
…………Tel：028-88377899

四川花水湾温泉第一村有限公司
地址：四川省成都市大邑县花水湾镇温泉南路138号
…………Tel：028-88391002

成都市东升大药房连锁有限公司
地址：四川省成都市龙泉驿区龙泉街道世纪大道515号12栋1层
…………Tel：028-88464329

四川省绵龙春酿酒股份有限公司
地址：成都市蒲江县鹤山镇工业大道上段71号
…………Tel：028-88551579

蜡笔小新（四川）有限公司
地址：成都市蒲江县工业集中发展区
…………Tel：028-88556615

成都浆中浆精酿啤酒有限公司
地址：成都市蒲江县寿安镇迎宾大道88号
…………Tel：028-88558778

四川光良酿酒有限公司
地址：成都市蒲江县寿安镇元觉村3组307号
…………Tel：028-88621111

成都益州酒业有限公司
地址：成都市邛崃市桑园镇马鞍村七组
…………Tel：028-88701199

四川省邛崃市中田酒业有限公司
地址：成都市邛崃市桑园镇中田村
…………Tel：028-88701666

成都市林藏源商贸有限公司
地址：邛崃市桑园镇通泉村8组58号
…………Tel：028-88702222

四川天府川酒酒业销售有限公司
地址：邛崃市临邛街道盘陀村1组17号
…………Tel：028-88704118

四川省春泉集团有限公司
地址：成都市邛崃市前进镇凤凰村5组60号
…………Tel：028-88711999

四川省渔樵（集团）有限公司
地址：成都邛崃市前进镇渔樵路2号
…………Tel：028-88718333

四川省万泉春酒厂
地址：成都市邛崃市前进镇凤凰村
…………Tel：028-88717222

四川省邛崃市蜀风酒业有限公司
地址：成都市邛崃市前进镇
…………Tel：028-88717988

四川省春泉销售有限公司
地址：成都市邛崃市前进镇
…………Tel：028-88718068

四川省春泉酒厂
地址：成都市邛崃市前进镇凤凰村5组
…………Tel：028-88718718

四川九寨沟食品饮料有限公司
地址：成都市邛崃市前进镇凤凰村
…………Tel：028-88718718

四川省古川酒业有限公司
地址：四川省邛崃市卧龙镇酒源大道15号
…………Tel：028-88719078

成都市新兴粮油有限公司
地址：成都市邛崃市高埂镇联合村一组1号
…………Tel：028-88719085

成都市百民商贸有限公司
地址：邛崃市高埂镇高埂村五组
…………Tel：028-88719196

四川省古堰酒业集团有限公司
地址：成都市邛崃市孔明乡
…………Tel：028-88727198

天喔（成都）食品有限公司
地址：四川省成都市邛崃市临邛镇南江路11号
…………Tel：028-88703333

成都天喔茶庄饮料有限公司
地址：邛崃市临邛镇南江路11号附1号
…………Tel：028-88727922

成都新太丰农业开发有限公司
地址：成都市邛崃市临邛镇工业大道12号
……………………Tel：028-88740060

四川邛崃金六福崖谷生态酿酒有限公司
地址：成都市邛崃市金六福大道6号
……………………Tel：028-88740599

四川陈又陈酒业有限公司
地址：成都市邛崃市临邛镇工业集中发展区土地坡食品园区
……………………Tel：028-88740599

四川天和盛世酒业有限公司
地址：成都市邛崃市临邛镇南郊土陶村
……………………Tel：028-88740868

四川千缘酒有限公司
地址：成都市邛崃市临邛镇文昌街628号
……………………Tel：028-88741197

四川生春集团有限公司
地址：邛崃市文君街道办土陶村十一组50号
……………………Tel：028-88741294

四川省邛崃市东方酒厂
地址：成都市邛崃市文昌街628号
……………………Tel：028-88741699

成都华美农牧生物科技有限公司
地址：成都市邛崃回龙镇大塘村
……………………Tel：028-88741978

四川天高云淡酒业有限公司
地址：四川省成都市邛崃市文昌街628号
……………………Tel：028-88742662

成都市生春酒业有限公司
地址：邛崃市酒源大道13号
……………………Tel：028-88743958

四川华福酒业有限公司
地址：四川省成都市邛崃市文君街道黄鹤村14组99号附2号
……………………Tel：028-88743958

四川鲜绿园果蔬饮料有限公司
地址：四川省邛崃市临邛镇新邛路206号
……………………Tel：028-88744318

四川省川池酒业销售有限公司
地址：四川省邛崃市酒源大道1号
……………………Tel：028-88744598

四川省君乐酒厂
地址：四川省成都邛崃市平乐镇东乐村
……………………Tel：028-88744680

四川银帆生物科技有限公司
地址：成都市邛崃市临邛镇工业集中发展区一号道路北侧
……………………Tel：028-88744686

邛崃市崃山酒业有限公司
地址：邛崃市临邛镇工业集中发展区1号道路北侧
……………………Tel：028-88744686

四川省邛崃市龙池酒厂
地址：成都市邛崃市临邛镇金鼓村
……………………Tel：028-88745079

四川省高宇集团有限公司
地址：成都市邛崃市临邛镇文昌街343号
……………………Tel：028-88745527

四川省邛崃市高宇酒业有限公司
地址：成都市邛崃市临邛街道办文昌街343号
……………………Tel：028-88745938

四川省杏花村福禄酒业有限责任公司
地址：成都市邛崃市临邛镇东星大道延伸线126号
……………………Tel：028-88747766

成都春源食品有限公司
地址：成都市邛崃市临邛镇新邛路208号
……………………Tel：028-88748826

四川邛崃市川源酒业有限公司
地址：成都市邛崃市冉义镇
……………………Tel：028-88759898

四川文井（集团）有限公司
地址：四川省邛崃市前进镇
……………………Tel：028-88762999

成都市玉溪酒业有限公司
地址：成都市邛崃市茶园乡茶坝村2组22号
……………………Tel：028-88766956

成都崃岭酒业有限公司
地址：成都市邛崃市前进镇前新街9号
……………………Tel：028-88776105

成都市纵锐商贸有限公司
地址：成都市邛崃市临邛街道君平大道862号
……………………Tel：028-88778203

成都市龙井酒业有限责任公司
地址：四川省邛崃市平乐镇迎宾路354号
……………………Tel：028-88787168

邛崃市百耀商贸有限公司
地址：邛崃市平乐镇迎宾路354号
……………………Tel：028-88787168

邛崃市小成商贸有限公司
地址：四川省成都市邛崃市平乐镇迎宾路354号
……………………Tel：028-88787168

邛崃市欣蜀川商贸有限公司
地址：邛崃市平乐镇迎宾路354号
……………………Tel：028-88787168

成都市古泉酒业有限公司
地址：成都市邛崃市平乐镇迎宾路351号
……………………Tel：028-88781190

四川宜府春酒厂有限责任公司
地址：四川省成都市邛崃市卧龙镇酒源大道26号、59号、69号
……………………Tel：028-88787088

四川省文君井酒业集团有限公司
地址：成都市邛崃市卧龙镇酒源大道42号
……………………Tel：028-88787168

邛崃市兴华耀商贸有限公司
地址：邛崃市卧龙镇酒源大道42号
……………………Tel：028-88787168

邛崃市蓉池商贸有限公司
地址：邛崃市卧龙镇酒源大道42号
……………………Tel：028-88787168

邛崃市顺达祥商贸有限公司
地址：邛崃市平乐镇迎宾路354号
……………………Tel：028-88787168

四川省春源品悟酒业有限公司
地址：成都市邛崃市卧龙镇酒源大道60号
……………………Tel：028-88787255

成都市振川酒业有限公司
地址：成都市邛崃市临邛镇文昌街518号
……………………Tel：028-88787385

成都市合义坊酒业有限公司
地址：四川省成都市邛崃市孔明街道酒源社区15组6号
……………………Tel：028-88787439

四川省邛崃市正方酒业有限公司
地址：四川省成都市邛崃市孔明街道酒源社区15组6号
……………………Tel：028-88787439

四川省成都市国池酒厂
地址：四川省成都市邛崃市孔明街道龙府路678号
……………………Tel：028-88787488

四川省醉池酒业有限公司
地址：四川省成都市邛崃市孔明街道酒源大道45号
……………………Tel：028-88787899

成都天府源酒业有限公司
地址：邛崃市文君街道办凤凰大道1号
……………………Tel：028-88790520

四川省宏达酒业有限公司
地址：成都市邛崃市卧龙镇酒源大道49号
……………………Tel：028-88792888

四川省邛崃宏达酒厂
地址：四川省成都市邛崃市临邛街道文达路21号
……………………Tel：028-88792888

四川省成都鸿川酒业有限公司
地址：成都市邛崃临邛镇东郊
……………………Tel：028-88795366

四川省津昌酒业有限公司
地址：成都市邛崃市桑园镇马鞍社区17组35号
……………………Tel：028-88801369

四川三十六坊酒业有限公司
地址：成都市邛崃市固驿街道新安街19号
……………………Tel：028-88804333

四川省醉源春酒业有限公司
地址：成都市邛崃市孔明街道拢龙村5组88号
……………………Tel：028-88807333

四川古蜀坊酒业有限责任公司
地址：成都市邛崃市临邛街道凤凰社区5组
……………………Tel：028-88808333

四川省同源酿造有限公司
地址：四川省成都市邛崃市高埂街道光明村1组2号
……………………Tel：028-88819508

成都市青城山都江堰旅游股份有限公司
地址：四川省成都市都江堰市太平街175号附9号
……………………Tel：028-89708330

三峡物资招标管理有限公司
地址：中国（四川）自由贸易试验区成都市高新区府城大道东段288号B座11层
……………………Tel：028-62932163

四川景田饮料有限公司
地址：成都市蒲江县鹤山街道工业北路301号
……………………Tel：0755-26788887

攀钢集团物资贸易有限公司
地址：攀枝花市东区大渡口街85号
……………………Tel：0812-3385289

川煤集团米易益康投资有限责任公司
地址：四川省攀枝花市米易县攀莲镇安宁路193号
……………………Tel：0812-8188205

攀枝花红格投资开发有限责任公司
地址：盐边县红格镇
……………………Tel：0812-8782999

四川自贡铂海食品有限公司
地址：四川省自贡市自流井区汇川路东段北侧（汇川大厦）2幢2层
……………………Tel：0813-2106768

自贡市日月食品饮料有限公司
地址：自贡市大安区广华路14号
……………………Tel：0813-2302018

四川川科食品开发有限公司
地址：四川省自贡市自流井区汇兴路学苑街180号（四川轻化工大学大学实训大楼903-2室）
……………………Tel：0813-2606687

四川彩灯之乡酒业有限公司
地址：自贡沿滩区刘山乡云丰村3组
……………………Tel：0813-3507602

四川红亿酴酿酒业有限公司
地址：四川省自贡市沿滩区沿滩镇飞跃村10组
……………………Tel：0813-3801999

华西能源工业股份有限公司
地址：自贡市高新工业园区荣川路66号
……………………Tel：0813-4732367

四川富顺天菊食品饮料有限公司
地址：富顺县晨光科技园区（东湖镇南环路）
……………………Tel：0813-5150296

自贡市仁君饮料食品有限公司
地址：富顺县富世镇（晨光工业园区）
……………………Tel：0813-7161188

富顺县三亿食品饮料有限公司
地址：富顺县东湖镇塘家村7组
……………………Tel：0813-7194108

四川自贡汇东发展股份有限公司
地址：四川省自贡市沿滩区高新工业园区科创二路86号
……………………Tel：0813-8101293

四川葛之味饮料有限公司
地址：绵阳科创区八角南路东段1号5栋1-5层1号
……………………Tel：0816-2222499

四川家福来实业集团有限公司
地址：绵阳市涪城路28号
……………………Tel：0816-2240550

绵阳富乐山九洲国际酒店有限公司
地址：绵阳市游仙区芙蓉路一段一号
……………………Tel：0816-2284888

四川天诚药业股份有限公司
地址：绵阳市高新区永兴镇兴业南路15号第三幢
……………………Tel：0816-2347335

四川仁智石化科技有限责任公司
地址：绵阳市仙海水利风景区管委会附楼三楼
……………………Tel：0816-2547221

绵阳市高等级公路开发有限责任公司
地址：四川省绵阳市涪城区长虹大道北段123号
……………………Tel：0816-2680313

四川清香园调味品股份有限公司
地址：四川省江油市江油工业园区创元路南段1号
……………………Tel：0816-3368398

上海梅林正广和（绵阳）有限公司
地址：三台县农业产业化试验示范区花园干道
……………………Tel：0816-5961169

四川天赐窖酒业有限责任公司
地址：绵阳市涪城区富乐路5号
……………………Tel：0816-8095784

绵阳港华燃气有限公司
地址：绵阳市经开区涪滨路北段9号
……………………Tel：0816-2111902

绵阳长林食品股份有限公司
地址：四川省梓潼县文昌镇金牛大道南段718号
……………………Tel：0816-8323239

顺庆区徐艳饮料经营部
地址：顺庆区府街29号2幢1层4号
……………………Tel：0817-2290369

四川优翼饮料有限公司
地址：四川南充高坪航空港工业区
……………………Tel：0817-3358888

南充市超日食品饮料有限公司
地址：南充市嘉陵区维康路二段33号
……………………Tel：0817-3662166

南充汇源食品饮料有限公司
地址：四川省南充市嘉陵区工业园
……………………Tel：0817-3665977

四川阆中燃气有限公司
地址：四川省南充市阆中市江南大道7号
……………………Tel：0817-6222161

新华联景区管理（阆中）有限公司
地址：四川省南充市阆中市保宁镇北街83—93号
……………………Tel：0817-6263322

阆中市城市供排水有限公司
地址：阆中市七里新区落下闳大道
……………………Tel：0817-6289001

阆中古城文化旅游发展有限公司
地址：阆中市七里新区巴都大道77号2号楼
……………………Tel：0817-6339508

南充天来酒店有限公司
地址：四川省南充市高坪区江东中路7段1号
……………………Tel：0817-6588888

四川康星饮用水有限公司
地址：万源市青花镇油房街
……………………Tel：0818-8763666

四川摩尔春天百货有限公司
地址：遂宁市政府西街1号
……………………Tel：0825-2218000

四川高金实业集团有限公司
地址：遂宁市工业园区滨江南路666号22栋
……………………Tel：0825-2651999

遂宁嘉慧妇儿医院有限公司
地址：遂宁市河东新区五彩缤纷路1号附1号、附2号、2层201号、2层202号、3层301号、3层302号；河东新区五彩缤纷路33号1层101号、2层201号
……………………Tel：0825-2652153

四川美宁食品有限公司
地址：遂宁市明星大道313号
……………………Tel：0825-5895003

煜坤嘉慧集团有限公司
地址：四川省遂宁市经济技术开发区南津南路22号（四川煜坤CNG气瓶检验站）综合楼1至3层；遂宁市经济技术开发区泰吉路
……………………Tel：0825-8093171

华油天然气广安有限公司
地址：四川省广安经济技术开发区新桥工业园区华油路北段1号
……………………Tel：0826-2368982

四川远鸿小角楼酒业有限公司
地址：四川省平昌县江口镇小角楼大道金鑫路29号
……………………Tel：0827-6297345

四川江口醇诸葛酿酒业销售有限公司
地址：四川省平昌县金宝新区小桥街社区酒乡路2号
……………………Tel：0827-6297718

四川万莲宝酒业贸易有限公司
地址：四川省巴中市恩阳区柳林镇罐子沟村村委
……………………Tel：0827-8628606

泸州市天虎竹酒研究院（普通合伙）
地址：泸州市纳溪区白节镇街村9-14号
……………………Tel：0830-2648592

泸州天地同酿酒业有限公司
地址：泸州市纳溪区滨江街32号楼
……………………Tel：0830-2294831

泸州骄瑞酿酒有限公司
地址：泸州市江阳区通滩镇丰光村七组1幢

……Tel：0830-2390299

泸州华明酒业集团有限公司
地址：泸州市纳溪区蓝安大道三段3号（纳溪经开区）（自主申报）
……Tel：0830-2393625

泸州唐酝古酿酒业有限公司
地址：四川省泸州市龙马潭区安宁大道三段2号1栋
……Tel：0830-2397833

四川酿艺酒业有限公司
地址：泸州市纳溪区天仙镇银河街
……Tel：0830-2398271

泸州精圣酒业有限公司
地址：泸州市江阳区分水岭镇
……Tel：0830-2398321

泸州老窖酿酒有限责任公司
地址：泸州市罗汉镇
……Tel：0830-2398498

泸州老窖窖龄酒类销售股份有限公司
地址：泸州市纳溪区大渡口镇民主街
……Tel：0830-2398630

泸州贰拾叁代酿酒有限责任公司
地址：泸州市纳溪区大渡口镇民强村13社
……Tel：0830-2398702

泸州乾亨酒业有限公司
地址：泸州酒业集中发展区南区灌装区23-24号
……Tel：0830-2398715

泸州酿酒世家酒类销售有限公司
地址：龙马潭区特兴镇特兴二街78号1幢楼5号门市
……Tel：0830-2398843

泸州品创科技有限公司
地址：泸州市江阳区下平远路13号院
……Tel：0830-2398884

泸州鼎硕酒业有限公司
地址：泸州市龙马潭区长江路二段103附5号
……Tel：0830-2399522

泸州龙泉窖酒业有限公司
地址：龙马潭区罗汉镇石梁村
……Tel：0830-2399526

泸州利达丰商贸有限公司
地址：泸州市龙马潭区化工路四段10-1-4号
……Tel：0830-2399531

泸州浓鑫商贸有限公司
地址：龙马潭区长江路一段90号附18号
……Tel：0830-2399533

四川我本善酿酒业有限公司
地址：泸州市龙马潭区石洞镇桥头村16组39号附3号、附2号
……Tel：0830-2512336

泸州古酒佳酿酒类销售有限公司
地址：泸州市纳溪区大渡口镇光荣街
……Tel：0830-2525717

泸州华诞酿酒股份有限公司
地址：泸县福集镇水竹林村
……Tel：0830-2570222

泸州江泉纯酿酒厂
地址：泸 县 云 龙 镇
……Tel：0830-2594512

泸州泸九神酒业有限公司
地址：泸州市龙马潭区罗汉老窖酿酒基地
……Tel：0830-2603877

泸州市巨峰企业管理有限公司
地址：泸州市龙马潭区胡市镇旭东路二段7号楼1楼14号门市
……Tel：0830-2635568

泸州江潭窖酒业有限公司
地址：泸州市纳溪区龙车镇塘口村4组73号
……Tel：0830-2645871

四川天泰食品集团有限公司
地址：泸州市江阳区宝成路陕西馆一号楼2楼
……Tel：0830-2648592

四川活之酿酿酒公社有限公司
地址：泸州市纳溪区白节镇街村
……Tel：0830-22822328

泸州市龙马潭区巧酿坊酒业有限公司
地址：龙马潭区双加镇双加社区二十四组
……Tel：0830-2650106

泸州维维食品饮料有限公司
地址：泸州市龙马潭区向阳集团工业园区
……Tel：0830-2665818

泸州国粹酒业有限公司
地址：泸州市龙马潭区罗高路62号
……Tel：0830-2730801

泸州佳酿国粹酒类销售有限公司
地址：四川省泸州市龙马潭区罗高路62号1栋1、2号
……Tel：0830-2730801

泸州中酿酒业有限公司
地址：四川自贸区川南临港片区西南商贸城二期4幢2层364号（自主申报）
……Tel：0830-2738463

泸州国之荣耀酒业有限公司
地址：四川省泸州市龙马潭区石洞街道吉甫路289号3栋
……Tel：0830-2878503

泸州大华世家商贸有限公司
地址：四川省泸州市龙马潭区石洞街道吉甫路289号
……Tel：0830-2878503

泸州国宝天酿集团股份有限公司
地址：泸州市龙马潭区石洞街道吉甫路289号
……Tel：0830-2878503

泸州御酒老作坊酒业有限公司
地址：泸州市龙马潭区特兴镇罗沙村11社91号3幢楼附1号
……Tel：0830-2888983

泸州市定湖昌升酒业有限公司
地址：四川省泸州市泸县工业园A区
……Tel：0830-2935126

泸州禾润酿酒原料有限公司
地址：泸州市龙马潭区金龙乡金龙街村
……Tel：0830-2994095

四川邻玉实业有限公司
地址：泸州市江阳区邻玉街道漕溪村
……Tel：0830-3115562

红赤河产业集团有限公司
地址：古蔺县水口镇庙林村二组
……Tel：0830-3119660

泸州天地神工酿酒有限公司
地址：泸州市合江县先市镇
……Tel：0830-3154499

泸州锦程源贸易有限公司
地址：泸州市龙马潭区石洞镇河咀村九社
……Tel：0830-3159798

四川泸州港务有限责任公司
地址：泸州市龙马潭区罗汉镇泥大坝村五社
……Tel：0830-3252869

泸州国牌酿酒有限公司
地址：泸州市江阳区华阳乡四公里
……Tel：0830-3332033

泸州博大酿酒有限责任公司
地址：泸州市江阳区黄舣镇泸州酒业集中发展区
……Tel：0830-3626349

泸州永泰隆盛商贸有限公司
地址：中国（四川）自由贸易试验区川南临港片区云台路68号西南商贸城17区一楼北四排251号
……Tel：0830-3626450

泸州欣果园农业科技产业开发有限公司
地址：泸州国窖花园
……Tel：0830-3638985

泸州酒庄酿造有限公司
地址：叙永县叙永镇和平大道御景东城28幢金融大厦二楼
……Tel：0830-3652365

泸州酒业集中发展区酿酒有限公司
地址：叙永县和平大道御景东城28幢金融大厦二楼
……Tel：0830-3652499

泸州红高粱现代农业开发有限公司
地址：泸州市江阳区黄舣镇泸州酒业集中发展区聚源大道F006号
……Tel：0830-3653929

泸州老窖集团有限责任公司
地址：四川省泸州市中国白酒金三角酒业园区爱仁堂广场
……Tel：0830-3658630

泸州赐窖酒庄酿酒有限公司
地址：泸州市江阳区通滩镇向阳路西段299-3-301（自主申报）
……Tel：0830-3700713

泸州千年老窖股份有限公司
地址：泸州市江阳区邻玉镇迎宾路166号
……Tel：0830-3890988

泸州泸南酒业有限公司
地址：泸州市江阳区邻玉镇
……Tel：0830-3891385

泸州云上宽窄酒类销售有限公司
地址：泸州市江阳区邻玉街道先锋村埃山社15号一层（自主申报）
……Tel：0830-3891385

泸州机场（集团）有限责任公司
地址：四川自贸区川南临港片区云台路一段68号西南商贸城16区C-SD-1334号（集群注册）
……Tel：0830-3893503

泸州市天府酒厂有限公司
地址：泸州市纳溪区大渡口镇天府路01号
……Tel：0830-4211777

四川省古蔺郎酒厂（泸州）有限公司
地址：四川省泸州市龙马潭区石洞镇郎酒大道一段480号
……Tel：0830-6359999

泸州赖公高淮酒业有限公司
地址：泸州市江阳区邻玉街道漕溪村
……Tel：0830-6661838

泸州绿地酒业有限责任公司
地址：泸州市江阳区黄舣镇流香路3号
……Tel：0830-6664599

泸州白酒金三角酒业发展有限公司
地址：泸州市江阳区黄舣镇流香路3号
……Tel：0830-6667214

泸州酒园商贸有限公司
地址：泸州市江阳区黄舣镇流香路3号
……Tel：0830-6667214

沈酒集团有限公司
地址：叙永县向林镇向林街245号
……Tel：0830-6888889

沈酒玖集团有限公司
地址：泸州市江阳区江南轻工业集中发展区
……Tel：0830-6699999

沈酒集团酒业有限公司
地址：泸州市江阳区科技路2号4号楼1层
……Tel：0830-6699999

四川仙潭酒业集团有限责任公司
地址：四川省古蔺县太平镇
……Tel：0830-7409389

四川郎酒集团有限责任公司
地址：古蔺县二郎镇
……Tel：028-86728199

古蔺天宝洞休闲度假酒店有限公司
地址：古蔺县二郎镇
……Tel：0830-7776888

四川省泸州白云酿酒有限公司
地址：泸县城西工业园C区
……Tel：0830-8137999

泸州九曲河酿酒有限公司
地址：泸州市泸县嘉明工业园区
……Tel：0830-8178777

泸州名泉酒业有限公司
地址：泸 县 立 石 镇
……Tel：0830-8795358

泸州国之酿酒有限公司
地址：泸 县 福 集 镇
……Tel：0830-8871518

泸州蜀泸纯酿酒类销售有限公司
地址：泸县云龙镇云润路138号
……Tel：0830-8996255

宜宾市品醉酒业有限公司
地址：四川省宜宾市翠屏区春畅街17号1幢1层5号
……Tel：0831-2280123

四川涛盛酒业股份有限公司
地址：宜宾市翠屏区南岸西区C-02地块唐人财富中心7号楼二层7-1-1-6号
……Tel：0831-2320859

宜宾酒融仓股份有限公司
地址：宜宾市临港经济技术开发区临港大道17号企业服务中心530室
……Tel：0831-2542399

江安县亿源农业投资有限公司
地址：四川省江安县建设路31号
……Tel：0831-2633097

宜宾南溪区伏照餐饮有限责任公司
地址：四川省宜宾市南溪区前进路南段6号（南溪经开区）
……Tel：0831-3181218

宜宾六尺巷酒业有限公司
地址：宜宾市南溪区九龙食品产业园区
……Tel：0831-3322697

四川省茶业集团股份有限公司
地址：宜宾市旧州开发区红丰东路19号
……Tel：0831-3552875

宜宾五粮液股份有限公司
地址：四川省宜宾市翠屏区岷江西路150号
……Tel：0831-3553988

四川省宜宾五粮液集团有限公司
地址：宜宾市岷江西路150号
……Tel：0831-3553988

宜宾五粮液生态酿酒有限公司
地址：宜宾市翠屏区岷江西路150号
……Tel：0831-3565330

四川省宜宾五粮液集团生态酿酒营销有限公司
地址：宜宾市翠屏区岷江西路150号
……Tel：0831-3565330

宜宾长江源酿酒有限公司
地址：宜宾市南溪区南溪街道川主社区四组
……Tel：0831-3566664

四川省宜宾五粮液环保产业有限公司
地址：宜宾市岷江西路150号
……Tel：0831-3688313

宜宾市南溪区今良造酿酒有限公司
地址：宜宾市南溪食品产业园区
……Tel：0831-3834777

宜宾市南溪区天成酒业销售有限公司
地址：宜宾市南溪区食品产业园区
……Tel：0831-3834777

宜宾惠氏酒业有限公司
地址：宜宾市长宁县铜鼓乡新星社区
……Tel：0831-4550611

宜宾竹海世外桃源度假酒店有限责任公司
地址：宜宾市长宁县竹海镇
……Tel：0831-4999999

四川腾龙酒业酿造有限公司
地址：高县文江镇同心村
……Tel：0831-5420477

宜宾高洲酒酿造有限公司
地址：高县文江镇同心村沱田组
……Tel：0831-5422304

宜宾丰源盐业有限公司
地址：长宁县古河镇红色村
……Tel：0831-6010777

宜宾红楼梦酒类酿造有限公司
地址：四川省宜宾市叙州区柏溪街道育才路（万兴花园C区F组团）1幢6层
……Tel：0831-6206999

宜宾今良造酒业销售有限公司
地址：宜宾市南溪区福临大道时代公馆商业楼
……Tel：0831-6613797

四川景盛集团德盛福九粮老窖酿酒有限公司
地址：宜宾市下走马街88号
……Tel：0831-8238416

宜宾国新联程物流有限公司
地址：四川省宜宾市叙州区金沙江南路158号
……Tel：0831-8244681

兴文县李深华太子乐饮料系列经营部
地址：四川省兴文县古宋镇环城南路191号
……Tel：0831-8820595

品花酿酒业有限公司
地址：四川省宜宾市长宁县长宁镇顺河村
……Tel：0831-8888019

宜宾市八度阳光饮料有限公司
地址：四川省宜宾市叙州区柏溪街道大湾头1幢1层4、6号
……Tel：0831-8960088

内江市晶彩食品饮料有限公司
地址：四川省内江市市中区甜城大道777号-6号 内江市中区交通乡前进村七组
……Tel：0832-2263636

四川隆昌云川酒业有限公司
地址：隆昌县金鹅镇黄土坡
……Tel：0832-3955309

四川省喜庆郎酿酒有限公司
地址：隆昌金鹅镇环城东路176号（黄土坡工业园区）
……Tel：0832-5923688

四川润生源饮料有限公司
地址：资中经济开发区凤凰大道2号
……Tel：0832-5953666

四川汇宇制药股份有限公司
地址：四川省内江市市中区汉阳路333号

3幢
…………Tel：0832-8808000
乐山繁山矿泉饮料有限公司
地址：乐山市市中区棉竹镇通棉路308号
…………Tel：0833-2270999
乐山大佛实业有限公司
地址：乐山市市中区篦子街168号
…………Tel：0833-2302153
四川恒邦房地产开发有限公司
地址：乐山市市中区翡翠路529号
…………Tel：0833-2350777
四川海棠医药有限公司
地址：乐山高新区安港路255号18楼—20楼，177号2幢1层1—21号
…………Tel：0833-2423718
农夫山泉四川峨眉山饮料有限公司
地址：峨眉山市高桥镇万佛岭路北段1号
…………Tel：0833-3570301
峨眉山北纬三十度饮品有限公司
地址：峨眉山市绥山镇太泉村一组
…………Tel：0833-3572012
四川省井研县食品有限责任公司
地址：井研县研城镇建设路118号
…………Tel：0833-3712475
四川川投峨眉旅游开发有限公司
地址：犍为县玉津镇南街297号
…………Tel：0833-4092171
犍为美天恒饮料有限公司
地址：犍为县玉津镇联合村三组
…………Tel：0833-4222211
四川森态源生物科技有限公司
地址：沐川县建和乡凤凰村二组
…………Tel：0833-4613591
峨眉山峨眉雪矿泉饮料有限公司
地址：峨眉山市绥山镇佛光西路999号
…………Tel：0833-5522268
四川省思摩天然矿泉饮料有限公司
地址：夹江县界牌镇
…………Tel：0833-5801216
四川好医生攀西药业有限责任公司
地址：四川省凉山彝族自治州西昌市机场路三段115号
…………Tel：0834-3442938
越西县粮油贸易有限责任公司
地址：越城镇西宁路
…………Tel：0834-7313777
越西县丰南色素有限责任公司
地址：越城镇西宁路
…………Tel：0834-7507701
国网四川雅安电力（集团）股份有限公司
地址：四川省雅安市雨城区张家山路71号
…………Tel：0835-2602029
四川省蜀乡酒业有限公司
地址：雅安市名山区红星镇余坝村
…………Tel：0835-3358188
四川蒙顶酒业有限公司
地址：四川省雅安市名山区官田生态园
…………Tel：0835-8607666
甘孜州康巴尼玛青稞酒业有限公司
地址：康定县炉城镇大河沟村
…………Tel：0836-2826756
甘孜州康定红葡萄酒业有限公司
地址：丹巴县聂呷乡甲居三村佛爷岩（甘地工区）
…………Tel：0836-3523046
理县毕棚沟旅游开发有限公司
地址：理县朴头乡庄房村
…………Tel：0837-6824901
四川洋洋百货股份有限公司
地址：四川省德阳市区长江西路二段1号
…………Tel：0838-2225103
四川森普管材股份有限公司
地址：四川省德阳市旌阳区长白山路北段
…………Tel：0838-2801919
广汉乐富饮料有限公司
地址：四川省广汉市绍兴路二段2号13幢
…………Tel：0838-5102984
益海（广汉）粮油饲料有限公司
地址：四川省德阳市广汉市经济开发区湘潭路一段80号
…………Tel：0838-5300085
四川瑞宝生物科技股份有限公司
地址：四川省德阳市广汉市三星堆镇中兴村3组
…………Tel：0838-5502191
四川绵竹剑南春酒厂有限公司
地址：绵竹市春溢街289号
…………Tel：0838-6202206
四川绵竹碧坛春酿酒有限公司
地址：绵竹市剑南镇春溢街
…………Tel：0838-6213888
四川盛禾农业科技有限责任公司
地址：绵竹市土门镇罗荣村三组
…………Tel：0838-6905888
四川逢春制药有限公司
地址：四川省德阳市中江县南华镇迎宾路9号
…………Tel：0838-7134777
四川美大康药业股份有限公司
地址：四川省什邡市金河东路
…………Tel：0838-8101894
四川蓝剑酿酒有限公司
地址：四川省什邡市蓝剑大道
…………Tel：0838-8219190
四川唯怡饮料食品有限公司
地址：四川省德阳市什邡市蓝剑大道2.5公里处
…………Tel：0838-8219190
什邡唯怡饮料营销有限公司
地址：四川省德阳市什邡市方亭利民路438号
…………Tel：0838-8220441
绵阳蓝剑饮料食品有限公司
地址：四川省绵阳市经开区松垭镇白山路20号
…………Tel：0838-8263276
华润雪花啤酒（德阳）有限责任公司
地址：四川省什邡市蓝剑大道
…………Tel：0838-8281998
广元杭利食品饮料有限公司
地址：广元市利州区东坝办事处苴国路双园楼3-4-2
…………Tel：0839-3314066
华油天然气广元有限公司
地址：广元市利州区河西街道开泰路98号
…………Tel：0839-3328080
广元娃哈哈饮料有限公司
地址：广元经济技术开发区剑北路6号
…………Tel：0839-3423920
广元娃哈哈广发饮料有限公司
地址：广元经济技术开发区剑北路6号
…………Tel：0839-3423920
剑门关华侨城旅游开发股份有限公司
地址：四川省广元市剑阁县下寺镇龙江大道22号剑门大厦8楼
…………Tel：0839-6666066
四川剑门关酒有限公司
地址：剑阁县下寺镇剑门工业园区
…………Tel：0839-6668999
四川君安天源精酿啤酒有限公司
地址：广元经济技术开发区石龙工业园区白龙村
…………Tel：0839-8516666
中纺粮油（广元）有限公司
地址：四川省广元市昭化区中国食品产业发展重点园区
…………Tel：0839-8735378

贵州省

贵州省仁怀市茅台镇衡昌烧坊酿酒有限公司
地址：贵州省遵义市仁怀市茅台镇椿树村土滩坝组
…………Tel：028-65279322
贵州省仁怀市茅台镇衡昌烧坊酒业销售有限公司
地址：贵州省遵义市仁怀市茅台镇椿树村中心酿酒集团
…………Tel：028-65279322
贵州合祥饮料有限公司
地址：贵州省黔南布依族苗族自治州惠水县　江街道（经济开发区龙泉项目区）
…………Tel：0534-5678063
贵州方大黄果树食品饮料有限公司
地址：贵州省安顺市镇宁布依族苗族自治县扁担山乡星拱村
…………Tel：0791-88396314
贵州省仁怀市茅月号酿酒作坊
地址：贵州省遵义市仁怀市茅台镇向阳村新田组
…………Tel：0851-12345678
贵州省仁怀市金酱饮料有限公司
地址：贵州省遵义市仁怀市盐津街道办事处城南社区
…………Tel：0851-23298885
贵州美酒河酿酒（集团）有限公司
地址：贵州省遵义市仁怀市美酒河镇美酒河村
…………Tel：0851-22221110
贵州省仁怀市尚信酒业销售有限公司
地址：贵州省仁怀市酒都大道飘香路001号
…………Tel：0851-22221110
贵州省仁怀市茅台镇一九一五酒业有限公司
地址：贵州省遵义市仁怀市茅台镇椿树村土滩坝村民组
…………Tel：0851-22221915
贵州省仁怀市茅台镇一九一五酒业销售有限公司
地址：贵州省遵义市仁怀市茅台镇椿树村
…………Tel：0851-22221915
贵州省仁怀市茅台镇联合酿酒有限公司
地址：贵州省遵义市仁怀市茅台镇
…………Tel：0851-22222285
贵州黔铺酒业股份有限公司
地址：贵州省遵义市仁怀市茅台镇上坪村
…………Tel：0851-22222285
贵州联合酒业销售有限公司
地址：贵州省遵义市仁怀市茅台镇上坪村
…………Tel：0851-22222285
贵州红台旅游开发有限责任公司
地址：贵州省遵义市仁怀市茅台镇上坪村
…………Tel：0851-22222285
贵州省仁怀市茅台镇门弟酒业有限公司
地址：贵州省遵义市仁怀市茅台镇
…………Tel：0851-22222444
贵州省仁怀市新济源典当有限责任公司
地址：贵州省遵义市仁怀市国酒大道
…………Tel：0851-22222555
贵州省仁怀市仙酿酒业有限公司
地址：贵州省遵义市仁怀市鲁班镇
…………Tel：0851-22223043
贵州茅台酒厂（集团）白金酒有限责任公司
地址：贵州省遵义市仁怀市茅台镇国酒社区
…………Tel：0851-22232885
贵州古法酿酒集团古法酒业销售有限公司
地址：贵州省遵义市仁怀市茅台镇
…………Tel：0851-22238699
贵州古法酿酒集团有限责任公司
地址：贵州省遵义市仁怀市茅台镇南坳社区三组
…………Tel：0852-22231757
贵州省仁怀市茅台镇华中酿酒厂
地址：贵州省遵义市仁怀市茅台镇元木岩村元木岩组
…………Tel：0851-2224666
贵州省仁怀市怀东酿酒作坊
地址：贵州省遵义市仁怀市火石镇荣华村沿河组
…………Tel：0851-22251638
贵州遵义茅台机场有限责任公司
地址：贵州省遵义市仁怀市茅台镇尧坝村
…………Tel：0851-22258001
贵州省仁怀市龙人宴商贸有限公司
地址：贵州省遵义市仁怀市盐津街道馨天地三期23栋四楼8号
…………Tel：0851-22259229
贵州省仁怀市财富酒业销售有限公司
地址：贵州省遵义市仁怀市茅台镇上坪村
…………Tel：0851-22259229
贵州省仁怀市贵良酿酒作坊
地址：贵州省遵义市仁怀市茅台镇上坪村新华组
…………Tel：0851-22273789
贵州怀庄酒业（集团）茅台镇真酿轩酒业销售有限公司
地址：贵州省遵义市仁怀市茅台镇
…………Tel：0851-22274222
贵州贵酿酒业有限公司
地址：贵州省仁怀市茅台镇上坪村
…………Tel：0851-22277098
贵州省仁怀市天邦伟业酿酒有限公司
地址：仁怀市茅台镇上坪村新华组
…………Tel：0851-22277098
贵州省仁怀市茅台镇永泰酒业股份有限公司
地址：贵州省遵义市仁怀市茅台镇岩滩村
…………Tel：0851-22277116
贵州省仁怀市茅合酿酒（集团）有限责任公司
地址：贵州省遵义市仁怀市茅台镇环茅中路
…………Tel：0851-22278755
贵州省仁怀市茅合酿酒（集团）销售有限公司
地址：贵州省遵义市仁怀市茅台镇杨柳湾２４１号
…………Tel：0851-22278755
贵州仁怀酱香酒产业评估认证中心有限公司
地址：贵州省遵义市仁怀市国酒城A栋
…………Tel：0851-22280009
贵州茅台酱香酒营销有限公司
地址：贵州省遵义市仁怀市茅台镇
…………Tel：0851-22389863
贵州中心酿酒集团有限公司
地址：贵州省遵义市仁怀市茅台镇
…………Tel：0851-2228189
贵州古窖酿酒有限公司
地址：贵州省遵义市仁怀市茅台镇
…………Tel：0851-22238888
贵州酣客君丰酒业有限公司
地址：贵州省遵义市仁怀市茅台镇
…………Tel：0851-22293199
贵州黔庄酒业集团有限公司
地址：贵州省遵义市仁怀市茅台镇
…………Tel：0851-22031236
贵州省仁怀市冠为劳务有限公司
地址：贵州省仁怀市茅台镇上坪村竹林湾（天造酿酒内）
…………Tel：0851-23298689
贵州国坛酒类供应链管理有限公司
地址：贵州省遵义市仁怀市茅台镇中华村茅坛公路旁国坛酒庄生态区内
…………Tel：0851-22309366
贵州黔庄集团贸易有限公司
地址：贵州省遵义市仁怀市鲁班镇
…………Tel：0851-22031236
贵州红四渡酒业集团有限责任公司
地址：贵州省遵义市仁怀市茅台镇椿树村土滩坝
…………Tel：0851-22332678
贵州省仁怀市茅台镇天造酿酒有限公司
地址：贵州省遵义市仁怀市茅台镇上坪村
…………Tel：0851-23298689
贵州国台酒庄有限公司
地址：贵州省遵义市仁怀市名酒工业园区荣昌坝生产区
…………Tel：0851-22334019
贵州省仁怀市茅台镇茅渡酒业有限公司
地址：贵州省遵义市仁怀市茅台镇
…………Tel：0851-22334809
贵州无忧酒业（集团）有限公司
地址：贵州省遵义市仁怀市茅台镇怀庄路019号
…………Tel：0851-22335297
贵州省仁怀市建明酿酒作坊
地址：贵州省遵义市仁怀市茅台镇桂花村
…………Tel：0851-22335569
贵州正酿酒业股份有限公司
地址：贵州省仁怀市茅台镇上坪村长干子组
…………Tel：0851-22335619
贵州省仁怀市国昊酿酒作坊
地址：贵州省遵义市仁怀市二合镇向阳村
…………Tel：0851-22335688
贵州省仁怀市茅台镇神龙酒业有限公司
地址：贵州省遵义市仁怀市茅台镇
…………Tel：0851-22336177
中国贵州茅台酒厂（集团）有限责任公司
地址：贵州省贵阳市云岩区外环东路东山巷4号
…………Tel：0851-22386004
贵州茅台酒股份有限公司
地址：贵州省遵义市仁怀市茅台镇

…………………… Tel：0851-22386004

贵州茅台镇北街酒厂（集团）有限责任公司
地址：贵州省遵义市仁怀市茅台镇上坪村
…………………… Tel：0851-22476999

贵州华食酿酒股份有限公司
地址：贵州省遵义市仁怀市茅台镇岩滩村茅台驿站
…………………… Tel：0851-22476999

贵州茅台镇北街酒厂（集团）销售有限责任公司
地址：贵州省遵义市仁怀市
…………………… Tel：0851-22476999

贵州洞酿洞藏酒业有限公司
地址：贵州省遵义市习水县习酒镇
…………………… Tel：0851-22616199

贵州洞酿洞藏酒业销售有限公司
地址：贵州省遵义市习水县习酒镇新园村董家坝组
…………………… Tel：0851-22616199

贵州习酒股份有限公司
地址：贵州省遵义市习水县习酒镇
…………………… Tel：0851-22691185

贵州茅镇源酿酒有限公司
地址：贵州省遵义市仁怀市茅台镇上坪村
…………………… Tel：0851-23110626

贵州卓豪农业科技股份有限公司
地址：贵州省遵义市播州区龙泉食品工业园区
…………………… Tel：0851-23213898

遵义金世添华文化旅游发展有限公司
地址：贵州省遵义市红花岗区共青大道1号
…………………… Tel：0851-23312345

湄潭圣地酒店有限公司
地址：贵州省遵义市湄潭县湄江镇国际温泉城
…………………… Tel：0851-24076666

务川仡佬族苗族自治县酿酒厂
地址：贵州省遵义市务川仡佬族苗族自治县都濡镇
…………………… Tel：0851-25470289

贵州景源食品饮料有限公司
地址：贵州省遵义市桐梓县娄山关高新技术产业开发区科技企业孵化器8楼
…………………… Tel：0851-26831048

遵义机场有限责任公司
地址：贵州省遵义市新蒲新区新舟镇
…………………… Tel：0851-27335566

贵州茅台酒厂（集团）循环经济产业投资开发有限公司
地址：贵州省遵义市仁怀市茅台镇
…………………… Tel：0851-27385799

贵州鸭溪酒业有限公司
地址：贵州省遵义市播州区鸭溪镇东升社区
…………………… Tel：0851-27561888

贵州珍酒销售有限公司
地址：贵州省遵义市汇川区北郊十字铺
…………………… Tel：0851-28671778

贵州珍酒酿酒有限公司
地址：贵州省遵义市汇川区北郊十字铺
…………………… Tel：0851-28218156

贵州中交福和高速公路发展有限公司
地址：贵州省遵义市湄潭县湄江街道中交高速贵州道安管理中心
…………………… Tel：0851-24351339

贵州中交兴陆高速公路发展有限公司
地址：贵州省遵义市湄潭县湄江街道中交高速贵州道安管理中心
…………………… Tel：0851-24351339

遵义粮油（集团）通源粮油市场有限公司
地址：贵州省遵义市播州区龙坑街道（谢家社区）
…………………… Tel：0851-28452096

贵州董酒股份有限公司
地址：贵州省遵义市汇川区董公寺镇扬帆路198号
…………………… Tel：0851-28631118

遵义凤凰山矿泉饮料有限责任公司
地址：贵州省遵义市红花岗区深溪镇永安村
…………………… Tel：0851-28655229

乔新置地有限责任公司
地址：贵州省遵义市新蒲新区镇
…………………… Tel：0852-27588555

贵州铁帅酒业有限公司
地址：贵州省仁怀市茅台镇岩滩村
…………………… Tel：0851-2882994

贵州爱情记酒业有限公司
地址：贵州省遵义市红花岗区南关街道南岭村后槽组厂房
…………………… Tel：0851-28829994

贵州红培酒业有限公司
地址：贵州省遵义市仁怀市茅台镇白酒工业园区
…………………… Tel：0851-28829994

贵州茅台镇神舟酒业有限公司
地址：贵州省遵义市汇川区董公寺
…………………… Tel：0851-28860668

遵义市盛发实业有限公司
地址：贵州省遵义市汇川区西安路243号
…………………… Tel：0851-28921328

贵州容酿酒业销售有限公司
地址：贵州省遵义市汇川区深圳路茅草铺综合楼
…………………… Tel：0851-28956789

贵州福朋酒业有限公司
地址：贵州省遵义市汇川区昆明路航天罗庄小区裙楼-1层-1-7号
…………………… Tel：0851-28958127

贵州醉美佳酿酱酒发展有限公司
地址：贵州省遵义市汇川区大道商汇大厦北塔四楼
…………………… Tel：0851-28980035

贵州少府泉酒业有限公司
地址：贵州省遵义市汇川区高坪街道鸣庄社区红星组
…………………… Tel：0851-28985333

贵州索岭饮料食品有限公司
地址：贵州省安顺市关岭布依族苗族自治县顶云乡八角岩村中小企业孵化园
…………………… Tel：0853-38105955

贵州莹优加食品饮料有限公司
地址：贵州省安顺市经济技术开发区西航片西王山村二组82号附1号
…………………… Tel：0851-33641146

贵州省平坝酒厂
地址：贵州省安顺市平坝区城关镇平黎路2号
…………………… Tel：0851-34221555

贵州孟远酒业有限公司
地址：贵州省贵阳市云岩区贵乌南路140号冠竹苑D幢2单元2层1号
…………………… Tel：0851-5922533

贵州康心药业有限公司
地址：贵州省贵阳市乌当区高新路67号
…………………… Tel：0851-6202506

贵州永辉超市有限公司
地址：贵州省贵阳市观山湖区金阳南路6号
…………………… Tel：0851-82215839

贵州贵酒集团有限公司
地址：贵州省贵阳市修文县龙场镇（原庆文厂区内）
…………………… Tel：0851-82318958

贵州科开医药有限公司
地址：贵州省贵阳市修文县扎佐镇医药工业园区
…………………… Tel：0851-82380026

贵阳润康食品饮料有限责任公司
地址：贵州省贵阳市清镇市暗流乡（宝成铁厂对面）
…………………… Tel：0851-82750071

贵州天河潭旅游有限责任公司
地址：贵州省贵阳市花溪区天河潭风景区内
…………………… Tel：0851-83308014

贵州商储胜记仓物流有限公司
地址：贵州省贵阳市观山湖区金阳南路6号世纪城商务中心2号楼27层
…………………… Tel：0851-83928654

贵州黔图无酿酒业有限公司
地址：贵州省贵阳市经济技术开发区浦江路235号阳光嘉园三期五栋1单元1层3号
…………………… Tel：0851-83936075

贵州爱康国宾健康体检门诊部有限公司
地址：贵州省贵阳市观山湖区金阳南路6号贵阳世纪城P组团商业幢1层1号，2层1号，3层1号，4层1号
…………………… Tel：0851-85536666

贵州初酿坊酒业有限公司
地址：贵州省贵阳市观山湖区诚信北路81号大西南富力中心第A5栋1单元4层14号
…………………… Tel：0851-84123452

贵阳悦程妇幼医院有限公司
地址：贵州省贵阳市观山湖区金阳南路6号贵阳世纪城X组团医院综合楼1,2,3号
…………………… Tel：0851-84815966

贵州一家亲酒业供应链管理有限公司
地址：贵州省贵阳市经济技术开发区锦江路A2栋15号
…………………… Tel：0851-85117385

贵州武岳实业集团有限公司
地址：贵州省贵阳市南明区南厂路十二号
…………………… Tel：0851-85164086

贵州华密老酒酒业有限公司
地址：贵州省贵阳市南明区油榨街10号华源美家居（红星美凯龙二期）商场A栋五楼B7、B5[油榨社区]
…………………… Tel：0851-85209259

贵阳国贸广场商贸有限公司
地址：贵州省贵阳市云岩区中华北路1号
…………………… Tel：0851-85371519

贵州省机场集团有限公司
地址：贵州省贵阳市南明区龙洞堡机场路1号
…………………… Tel：0851-85497000

贵州恒丰医药有限公司
地址：贵州省贵阳市南明区富源北路3号锦绣家园二期7号楼2层4-5号
…………………… Tel：0851-85509429

贵州广奕医药物流集团销售有限公司
地址：贵州省贵阳市乌当区东风镇东风大道69号（东风镇工业园区）
…………………… Tel：0851-85512050

贵州美美一方酒业有限公司
地址：贵州省贵阳市南明区花果园彭家湾花果园项目C区第9（贵阳国际中心3号）栋1单元34层13号[花果园社区]
…………………… Tel：0851-85513481

贵州赖嗣烧坊酿酒有限公司
地址：贵州省贵阳市南明区云关摆郎五组[云关乡]
…………………… Tel：0851-85525269

贵州省怡亚通深度供应链管理有限公司
地址：贵州省贵阳市观山湖区金华镇贵州三汇物流园二期11号楼1-4层
…………………… Tel：0851-85559856

贵州传奇贵酒酿造有限公司
地址：贵阳市观山湖区长岭北路8号美的林城时代第F-02，F-03栋10层16号
…………………… Tel：0851-85610409

贵州善酿酒业有限公司
地址：贵州省贵阳市贵阳国家高新技术产业开发区长岭南路33号天一国际广场24层13号
…………………… Tel：0851-85637448

贵阳德昌祥药业有限公司
地址：贵州省贵阳市修文县扎佐医药园区A区8号
…………………… Tel：0851-85662100

贵阳苏宁易购销售有限公司
地址：贵州省贵阳市云岩区延安中路2号虹祥大厦二、三、四、十九楼
…………………… Tel：0851-85815731

贵州贵茶（集团）有限公司
地址：贵州省贵阳市花溪区久安乡小山村
…………………… Tel：0851-85823693

贵州志天成通信建设工程有限公司
地址：贵州省贵阳市白云区同心西路56号1栋3-4号
…………………… Tel：0851-85846555

贵州黔山玉液食品饮料厂
地址：贵州省贵阳市乌当区水田镇水田村
…………………… Tel：0851-85890308

贵州花果园购物中心有限公司
地址：贵州省贵阳市南明区花果园后街彭家湾[花果园社区]
…………………… Tel：0851-85913800

贵州黔状元酒业有限公司
地址：贵州省贵阳市南明区花果园后街彭家湾花果园项目E区第E7（国际金融街1号）栋（E7）1单元35层6号房[花果园社区]
…………………… Tel：0851-85914519

贵州贵酿坊酒业有限公司
地址：贵州省贵阳市南明区花果园后街彭家湾花果园项目E区E7号楼（E7）1单元35层2号[花果园社区]
…………………… Tel：0851-85914519

贵州香醪佳酿企业管理有限公司
地址：贵州省贵阳市南明区遵义路105号万象国际第A.C栋3单元18层9号
…………………… Tel：0851-85940026

贵州铭豫商贸有限公司
地址：贵州省贵阳市云岩区渔安街道渔安安井未来方舟第D16组团负6层28号
…………………… Tel：0851-85940026

贵州晓酒忆盅酒业有限公司
地址：贵州省贵安新区行政中心政务服务大厅2楼办公室
…………………… Tel：0851-85940026

贵州百利百盈贸易有限公司
地址：贵州省贵阳市清镇市云岭东路中深“高原明珠”（3）1-8-10号写字楼
…………………… Tel：0851-85940026

贵州威门药业股份有限公司
地址：贵州省贵阳市乌当区高新路23号
…………………… Tel：0851-86300666

贵定县山人酿酒有限责任公司
地址：贵州省黔南布依族苗族自治州贵定县盘江镇3535厂内
…………………… Tel：0851-86576720

贵州圣济堂制药有限公司
地址：贵州省贵阳市清镇市医药园区
…………………… Tel：0851-8663777

贵州金沙陈酿酒业有限公司
地址：贵州省贵阳市观山湖区金阳南路6号贵阳世纪城X组团1,2,3,4,5幢5单元14层1号
…………………… Tel：0851-86658999

贵州元亨华兴酒业有限公司
地址：贵州省贵阳市南明区花果园路花果园项目R-2区1栋301-324号[花果园社区]
…………………… Tel：0851-86765064

贵州天马品冠商贸有限公司
地址：贵州省贵阳市贵阳国家高新技术产业开发区金阳科技产业园标准厂房辅助用房B449室
…………………… Tel：0851-86767519

贵州雅园饮食娱乐有限责任公司
地址：贵州省贵阳市云岩区北京路138号
…………………… Tel：0851-86834221

贵州天越佳酿酒业有限公司
地址：贵州省贵阳市云岩区新添大道南段183号银佳花园8栋1单元1楼
…………………… Tel：0851-86872081

中天城投集团贵阳房地产开发有限公司
地址：贵州省贵阳市云岩区渔安安井温泉旅游城未来方舟A组团（接待中心）
…………………… Tel：0851-86988650

贵州开磷化肥有限责任公司
地址：贵州省贵阳市观山湖区金阳北路237号开磷城
…………………… Tel：0851-86989192

贵州团园山冰山泉饮料有限责任公司
地址：贵州省贵阳市息烽县永靖镇龙爪村快活组
…………………… Tel：0851-87722980

中粮可口可乐饮料（贵州）有限公司
地址：贵州省贵安新区兴科北路55号
…………………… Tel：0851-88402495

贵阳娃哈哈昌盛饮料有限公司
地址：贵州省贵阳市白云区景宏工业园
…………………… Tel：0851-88625163

贵阳娃哈哈饮料有限公司
地址：贵州省贵阳市白云区景宏工业园
…………………… Tel：0851-88625163

贵州省仁怀市金穗酿酒原料供应有限公司
地址：贵州省仁怀市鲁班镇鲁班街道生界社区
…………………… Tel：0852-2309449

贵州航天实业有限公司
地址：贵州省遵义市汇川区大连路航天大厦19楼
…………………… Tel：0852-8618908

贵州福泉富田饮料有限公司
地址：贵州省黔南布依族苗族自治州福泉市金山办事处西环路中段
…………………… Tel：0854-2330610

贵州中交贵瓮高速公路有限公司
地址：贵州省黔南布依族苗族自治州瓮安县瓮水街道办事处二中路
……………………Tel：0854-2789008

贵州苗姑娘控股集团有限公司
地址：贵州省黔南布依族苗族自治州贵定县昌明省级经济开发区城北产业园区8号
……………………Tel：0854-5215028

龙里县洗马区供销合作社
地址：贵州省黔南布依族苗族自治州龙里县洗马镇街上
……………………Tel：0854-5664331

贵州中交贵都高速公路建设有限公司
地址：贵州省贵阳市云岩区中华中路105－135号龙港国际中心11层1号
……………………Tel：0854-5676218

华润雪花啤酒（黔南）有限公司
地址：贵州省黔南布依族苗族自治州龙里县园区
……………………Tel：0854-5750666

贵州平塘三天旅游发展有限责任公司
地址：贵州省黔南布依族苗族自治州平塘县平舟镇东山路一段（平湖四小旁）
……………………Tel：0854-7223140

贵州柏格米耶饮料有限公司
地址：贵州省黔南布依族苗族自治州都匀市谢官冲24号
……………………Tel：0854-8312157

黔南州匀东实业有限责任公司
地址：贵州省黔南布依族苗族自治州经济开发区匀东镇幸福村匀东贵州饭店内
……………………Tel：0854-8999998

丹寨县粮食购销有限公司
地址：贵州省黔东南苗族侗族自治州丹寨县城关建设南路97—1号
……………………Tel：0855-3614542

贵州省丹寨县亿富农民生态食品有限公司
地址：贵州省黔东南苗族侗族自治州丹寨县排调镇宰宿村四组（老水井处）
……………………Tel：0855-3617381

贵州茅台（集团）生态农业产业发展有限公司
地址：贵州省黔东南苗族侗族自治州丹寨县金钟经济开发区
……………………Tel：0855-3618629

贵州省施秉县杉木河山泉饮料有限公司
地址：贵州省黔东南苗族侗族自治州施秉县城关镇鸡公岩
……………………Tel：0855-4223976

贵州青酒集团有限责任公司
地址：贵州省黔东南苗族侗族自治州镇远县青溪镇五里牌
……………………Tel：0855-5828208

贵州金奇谷酿酒文化实业有限公司
地址：贵州省黔东南苗族侗族自治州镇远县青溪镇河东村
……………………Tel：0855-5828866

贵州省从江县美丹天然矿泉饮料开发有限责任公司
地址：贵州省黔东南苗族侗族自治州从江县丙妹镇江东南路26号
……………………Tel：0855-6412834

华润雪花啤酒（黔东南）有限公司
地址：贵州省黔东南苗族侗族自治州凯里市鸭塘街道
……………………Tel：0855-8586099

贵州省松桃酒厂
地址：贵州省铜仁市松桃苗族自治县蓼皋镇南门湾
……………………Tel：0856-2830078

贵州桃李春风食品饮料股份有限公司
地址：贵州省铜仁市碧江区灯塔工业园区九龙大道1号
……………………Tel：0856-5235566

铜仁绿芙农食品饮料有限公司
地址：贵州省铜仁市碧江区灯塔工业园区九龙大道1号
……………………Tel：0856-5235566

农夫山泉（贵州）武陵山饮料有限公司
地址：贵州省铜仁市碧江区灯塔大道
……………………Tel：0856-5756863

贵州省梵净山益缘饮料有限责任公司
地址：贵州省铜仁市印江土家族苗族自治县梵净山护国禅寺
……………………Tel：0856-6225422

贵州梵净云天山泉水开发有限公司
地址：贵州省铜仁市江口县双江街道办事处镇江村龙井
……………………Tel：0856-6732418

贵州交建梵净山温泉小镇旅游开发有限公司
地址：贵州省铜仁市石阡县中坝街道办事处河西村
……………………Tel：0856-7627777

毕节观音源天然矿泉水饮料有限公司
地址：贵州省毕节市七星关区观音桥
……………………Tel：0857-2182888

贵州赫之林食品饮料有限公司
地址：贵州省毕节市赫章县野马川工业园区
……………………Tel：0857-3137986

贵州奢香野生源食品饮料有限公司
地址：贵州省毕节市大方县经济开发区同心大道标准化厂房7号楼
……………………Tel：0857-5444888

贵州利亚饮料有限公司
地址：贵州省毕节市大方县开发区药品食品园区标准化厂房48号楼
……………………Tel：0857-7150666

贵州金日久饮料有限公司
地址：小坝镇河尾村
……………………Tel：0857-7181563

贵州金沙禹龙酒业酿造有限公司
地址：贵州省毕节市金沙县源村镇普惠村
……………………Tel：0857-7310999

贵州省织金县弘达综合场
地址：贵州省毕节市织金县上坪寨乡平寨村石关半山箐林冲
……………………Tel：0857-7983099

贵州富豪啤酒饮料有限公司
地址：贵州省毕节市七星关区城关镇草堤村
……………………Tel：0857-8251258

毕节市老土哥饮料厂
地址：贵州省毕节市七星关区田坝镇兴旺村（猫场粮站内）
……………………Tel：0857-8292333

贵州乌蒙山天然矿泉水饮料有限公司
地址：贵州省毕节市七星关区贵毕路(兰苑花园对面)
……………………Tel：0857-8308888

贵州毕节碧春酒业有限公司
地址：贵州省毕节市七星关区五里坪
……………………Tel：0857-8337778

毕节市金竹源山泉水饮料有限责任公司
地址：贵州省毕节市七星关区燕子口镇沔鱼河村
……………………Tel：0857-8630663

贵州禾通商贸有限公司
地址：贵州省六盘水市盘州市两河街道办两河新区盘州农产品批发市场5号楼
……………………Tel：0858-3559660

水城茗露矿泉饮料有限公司
地址：贵州省六盘水市水城县陡箐乡茨冲村
……………………Tel：0858-8608240

贵州荣盛（集团）八千年矿泉饮料有限公司
地址：贵州省黔西南布依族苗族自治州兴义市桔山路一号
……………………Tel：0859-3215299

贵州金粮酿酒有限责任公司
地址：贵州省黔西南布依族苗族自治州兴义市坪东覇美
……………………Tel：0859-3814468

贵州鼎琦实业有限公司
地址：普安县罗汉镇戈余村永德组
……………………Tel：0859-3818860

云南省

中国邮政集团有限公司西双版纳州分公司
地址：云南省西双版纳傣族自治州景洪市宣慰大道75号
……………………Tel：0691-2125978

西双版纳永兴山泉饮料有限公司
地址：云南省西双版纳州景洪市嘎洒镇南糯山旁
……………………Tel：0691-2198819

西双版纳澜湄雨林饮料有限公司
地址：云南省西双版纳傣族自治州景洪市云南省西双版纳傣族自治州景洪市工业园区14号路曼回索信息物流仓库1幢1-13
……………………Tel：0691-2207000

西双版纳景兰酒店股份有限公司
地址：云南省西双版纳傣族自治州景洪市江北告庄西双景湄公河人家10栋501号
……………………Tel：0691-2220907

云南城投版纳投资开发有限公司
地址：云南省西双版纳旅游度假区二期曼弄枫片区景帕杭路8号
……………………Tel：0691-2728888

勐海景龙饮料有限公司
地址：云南省西双版纳傣族自治州勐海县勐海镇景管路225号1幢1-2-7层（富比仕）
……………………Tel：0691-5120004

勐海雨林古茶坊茶叶有限责任公司
地址：云南省西双版纳州勐海县勐宋乡三迈村委会南本老寨
……………………Tel：0691-5135698

云南纳西泉食品饮料有限责任公司
地址：云南省勐海县工业园区班章老树茶厂01号
……………………Tel：0691-5166611

西双版纳国际旅游度假区开发有限公司
地址：云南省西双版纳州景洪工业园区万景大道4号万达国际度假区2-1期A1栋1-2层A1-01、02号
……………………Tel：0691-8931666

西双版纳大兴有限责任公司
地址：云南省西双版纳傣族自治州景洪市勐泐大道51号福德广场
……………………Tel：0691-8987786

西双版纳恒枫饮料有限公司
地址：云南省西双版纳傣族自治州景洪工业园区龙栋大道10号
……………………Tel：0691-8996181

西双版纳娃哈哈饮料有限公司
地址：云南省西双版纳傣族自治州景洪市工业园区6号路旁F-01-05号地块
……………………Tel：0691-8996185

西双版纳铭晟商业管理有限公司
地址：云南省西双版纳傣族自治州景洪市清泉路万景大道13号
……………………Tel：0691-8999879

瑞丽市鹏和农业食品发展有限公司
地址：云南省德宏州瑞丽市瑞丽边合区（弄岛镇）农畜产品加工园区4号路1号（鹏和大道1号）
……………………Tel：0692-3838666

瑞丽市天潭饮料有限责任公司
地址：云南省德宏州瑞丽市勐秀乡南京里村
……………………Tel：0692-4141532

安琪酵母（德宏）有限公司
地址：云南省德宏州陇川县景罕镇
……………………Tel：0692-7175866

云南华润万家生活超市有限公司
地址：云南省昆明市西山区前兴路688号万达广场负一楼
……………………Tel：0771-5677822

昭通市航空旅游集团有限公司
地址：云南省昭通市昭阳区苏家院镇木瓜林村（大山包一级公路收费站旁）
……………………Tel：0870-3161009

云南东川长运印象葡萄酒有限公司
地址：昆明市东川区铜都镇起嘎村
……………………Tel：0871-2421859

昆明百货大楼商业有限公司
地址：云南省昆明市五华区东风西路1号
……………………Tel：0871-3625408

云南红牛维他命饮料有限公司
地址：云南省昆明市盘龙区白塔路延长线七彩俊园4栋18楼1806－1810室
……………………Tel：0871-63100422

云南建投物流有限公司
地址：云南省昆明市经济技术开发区信息产业基地林溪路188号
……………………Tel：0871-63111315

云南省盐业有限公司
地址：云南省昆明市官渡区春城路276号
……………………Tel：0871-63112019

昆明饭店有限公司
地址：云南省昆明市东风东路52号
……………………Tel：0871-63162063

昆明华润置地三联置业有限公司
地址：中国（云南）自由贸易试验区昆明片区官渡区钻街吴井街道办事处2楼
……………………Tel：0871-63166333

云南原始雨林芒果饮料有限公司
地址：云南省昆明市盘龙区葡萄街区天宇盛苑B—1205
……………………Tel：0871-63170700

昆明顶津食品有限公司
地址：中国（云南）自由贸易试验区昆明片区经开区经开路3号昆明科技创新园A35-34
……………………Tel：0871-63330784

昆明利马经贸有限公司
地址：云南省昆明市五华区青年路62号D幢2-302室
……………………Tel：0871-63353210

昆明市粮油购销有限责任公司
地址：昆明市西山区云山路357号
……………………Tel：0871-63353830

昆明中北交通旅游（集团）有限责任公司
地址：昆明市广福路119号
……………………Tel：0871-63382173

嵩明昌峰饮料制造有限公司
地址：嵩明县牛栏江镇四营火车站
……………………Tel：0871-63384999

昆明莱酿酒业有限公司
地址：云南省昆明市春城路银海领城15栋1层TS7室
……………………Tel：0871-63397719

昆明国际会展中心有限公司
地址：云南省昆明市春城路289号
……………………Tel：0871-63513442

国药控股云南有限公司
地址：云南省云南滇中新区大板桥街道办事处云水路1号A23栋6层
……………………Tel：0871-63627265

云南昊邦医药销售有限公司
地址：云南省昆明市高新区海源北路M2-9-1地块1幢写字楼23层1、2、3号房
……………………Tel：0871-63642787

云南农垦物流有限公司
地址：云南省昆明市经开区洛羊街道办事处王家营
……………………Tel：0871-63911117

云南强林石化集团有限公司
地址：云南省昆明市官渡区云秀路3298号
……………………Tel：0871-64143935

云南大禹食品饮料有限公司
地址：云南省昆明市西山区迎海路阳光海岸棕榈滩组团9幢
……………………Tel：0871-64170676

昆明滇池高尔夫有限公司
地址：云南省昆明市昆明滇池国家旅游度假区内
……………………Tel：0871-64316365

云南红塔体育中心有限公司
地址：云南省昆明市滇池国家旅游度假区红塔西路17号
……………………Tel：0871-64328888

昆明地酿经贸有限公司
地址：云南省昆明经开区新嘉源茶酒副食品市场C区15幢51、52号
……………………Tel：0871-64590111

云南公投建设集团养护工程有限公司
地址：云南省昆明市西山区日新中路399号广福城写字楼A11-3栋12B
……………………Tel：0871-65391939

康师傅（昆明）方便食品有限公司
地址：云南省昆明市嵩明县杨林工业园区空港大道东侧
……………………Tel：0871-64872002

益海嘉里（昆明）食品工业有限公司
地址：云南省昆明市晋宁区青山工业园片区
……………………Tel：0871-64970502

云南世博旅游景区投资管理有限公司
地址：云南省昆明市盘龙区白龙路439号世博园内1、2、3幢
……………………Tel：0871-65012159

云南城投昕益医药有限公司
地址：云南省昆明市高新区科发路468号综合楼7楼
……………………Tel：0871-65131450

昆明龙门酒业有限责任公司
地址：昆明市盘龙区鼓楼路75号
……………………Tel：0871-65192240

昆明瑞丽江食品饮料有限责任公司
地址：云南省昆明市呈贡区上海东盟商务大厦2号楼1721室
……………………Tel：0871-65623905

云南四誉经贸有限公司

地址：云南省昆明市盘龙区北京路947号世纪俊园二期星雅俊园6幢3201
……………………Tel：0871-65729009

云南和本茶业有限公司
地址：昆明经开区希陶路1号综合楼1层
……………………Tel：0871-65733889

昆明黄马高速公路有限公司
地址：中国（云南）自由贸易试验区昆明片区经开区经开路3号
……………………Tel：0871-65957913

昆明铁路局集团国际旅游服务有限公司
地址：中国（云南）自由贸易试验区昆明片区官渡区昆明火车站铁路大厦内
……………………Tel：0871-66124050

昆明傣乡果园饮料有限公司
地址：昆明市青年北路江滨西路8号1011室
……………………Tel：0871-66145599

云南佳能达医药有限公司
地址：云南省昆明市黑林铺镇街道办事处海源寺143号
……………………Tel：0871-66364000

云南空港航空食品有限公司
地址：云南省昆明市官渡区长水国际机场
……………………Tel：0871-67085170

云南旅游汽车有限公司
地址：云南省昆明市盘龙区青云街道办事处世博生态城低碳中心C栋3层301号
……………………Tel：0871-67170056

云南交投集团物资有限公司
地址：云南省昆明市官渡区关上民航路493号
……………………Tel：0871-67170355

昆明紫云精酿啤酒有限公司
地址：云南省昆明市五华区圆通北路86号
……………………Tel：0871-67175929

云南省海外投资有限公司
地址：云南省昆明市经济技术开发区信息产业基地林溪路188号
……………………Tel：0871-67206199

昆明玉丹果汁饮料有限责任公司
地址：云南省昆明经开区昆明中豪新册产业城H区2幢
……………………Tel：0871-67263048

昆明华润圣火药业有限公司
地址：云南省昆明市经济技术开发区经邮路2号
……………………Tel：0871-67282619

昆明安琪儿妇产医院有限责任公司
地址：昆明市西站16号
……………………Tel：0871-67379999

昆明百事可乐饮料有限公司
地址：云南省昆明市高新技术开发区马金铺街道办事处梁峰路1551号
……………………Tel：0871-63190221

昆明七彩云南庆沣祥茶业股份有限公司
地址：云南省昆明市国家昆明经济技术开发区
……………………Tel：0871-67428976

云南天外天天然饮料有限责任公司
地址：云南省昆明市呈贡县七甸乡七甸办事处
……………………Tel：0871-67451296

云南冷云食品饮料有限责任公司
地址：云南省昆明市阳宗海风景名胜区七甸工业园区哨溪北路
……………………Tel：0871-67452756

云南云铝物流投资有限公司
地址：云南省昆明阳宗海风景名胜区七甸街道云南铝业股份有限公司内
……………………Tel：0871-67455726

昆明娃哈哈启力饮料有限公司
地址：云南省昆明市高新区新城（马金铺）高新技术产业基地
……………………Tel：0871-67457228

宜良世博九乡旅游有限责任公司
地址：昆明市宜良县九乡乡九乡风景名胜区
……………………Tel：0871-67511998

昆明双汇食品有限公司
地址：云南省昆明市石林县鹿阜街道办事处石林生态工业集中区
……………………Tel：0871-67785279

昆明石林青龙矿泉饮料有限公司
地址：云南省昆明市石林县鹿阜街道办事处路美邑村委会路美邑村
……………………Tel：0871-67786201

云南广联饮料有限公司
地址：云南省昆明市石林彝族自治县鹿阜街道办事处石林生态工业集中区核心区
……………………Tel：0871-67786332

康师傅（昆明）饮品有限公司
地址：云南省昆明市嵩明县杨林工业园区空港大道5号
……………………Tel：0871-67971292

云南瑞宝生物科技股份有限公司
地址：云南省嵩明县杨林经济技术开发区天创路6号
……………………Tel：0871-67976242

云南伊利乳业有限责任公司
地址：云南嵩明杨林工业园区景观大道延长线
……………………Tel：0871-67976992

云南同丰医药有限公司
地址：云南省昆明市高新区昌源中路75号同丰商务中心第22、23、24、25楼
……………………Tel：0871-68123005

云南聚恒科技有限公司
地址：云南省昆明市高新区二环西路220号云南软件园A座10楼1004号
……………………Tel：0871-68220345

云南东骏药业有限公司
地址：云南省昆明市马街街道办事处东骏医药物流中心
……………………Tel：0871-68232198

昆明阳光高尔夫俱乐部有限公司
地址：云南省昆明市昆曲高速公路6公里处
……………………Tel：0871-68288091

云南龙润药业有限公司
地址：云南省昆明市高新技术产业开发区海源北路1299号
……………………Tel：0871-68313398

昆明联亚丰田汽车销售服务有限公司
地址：云南省昆明市高新技术开发区西二环路西边2-7幢
……………………Tel：0871-68313933

健力宝（云南）饮料有限公司
地址：云南省昆明市高新技术开发区科医路67号
……………………Tel：0871-68325123

云南医药工业销售有限公司
地址：云南省昆明市高新技术开发区科发路468号1幢
……………………Tel：0871-68350117

云南滇中山外山天然矿泉水饮料有限公司
地址：云南省昆明市呈贡区吴家营街道刘家营村
……………………Tel：0871-68350565

云南华侨城实业有限公司
地址：云南省昆明市阳宗海风景名胜区汤池街道云南华侨城
……………………Tel：0871-68388897

昆药集团医药商业有限公司
地址：云南省昆明市高新区科医路158号
……………………Tel：0871-68393228

云南诺仕达金宝山艺术园林有限公司
地址：云南省昆明市西山区碧鸡镇富善办事处晖湾村
……………………Tel：0871-68428569

云南华云实业集团有限公司
地址：安宁市昆钢建设街
……………………Tel：0871-68602207

云南能投联合外经股份有限公司
地址：云南省昆明市盘龙区白塔路延长线403号七彩俊园4栋19-21层
……………………Tel：0871-63167484

云南圣源饮料有限公司
地址：安宁市和平大道5号
……………………Tel：0871-68695198

云南昆钢国际贸易有限公司
地址：云南省安宁市郎家山
……………………Tel：0871-68755298

昆明雅居乐置业有限公司
地址：云南省昆明市西山区人民西路207号保利中心19楼
……………………Tel：0871-68893383

滇虹药业集团股份有限公司
地址：云南省昆明市高新技术开发区科医路45号
……………………Tel：0871-8281132

大理市小宝贝饮料有限公司
地址：云南省大理州大理市湾桥镇镇政府后
……………………Tel：0872-2441788

大理帝龙矿泉饮料有限公司
地址：大理市大理龙泉峰麓
……………………Tel：0872-2674483

大理娃哈哈饮料有限公司
地址：大理市银桥镇
……………………Tel：0872-2694689

云南白药清逸堂实业有限公司
地址：云南省大理白族自治州大理市大理创新工业园区生物制药园区
……………………Tel：0872-3100369

祥云县下关风酒业有限责任公司
地址：云南省大理白族自治州祥云县祥城镇东门外
……………………Tel：0872-3994999

洱源县德源实业有限责任公司
地址：云南省大理州洱源县邓川镇德源山
……………………Tel：0872-5384068

云南阿达俏农业科技有限公司
地址：云南省大理州洱源县邓川镇工业园区
……………………Tel：0872-5384689

云南大理青源酒业有限公司
地址：云南省大理白族自治州洱源县邓川镇开发区
……………………Tel：0872-5384999

弥渡彩云冰泉食品饮料有限公司
地址：云南省大理州弥渡县红岩镇吉祥村委会福长村
……………………Tel：0872-8392965

云南云河药业股份有限公司
地址：云南省红河州个旧市云河大道1号
……………………Tel：0873-2122589

云南锡业集团物流有限公司
地址：云南省红河哈尼族彝族自治州个旧市金湖东路121号
……………………Tel：0873-3116254

红河啤酒有限公司
地址：云南省红河州开远市西南路120号
……………………Tel：0873-7123420

云南曲靖昌红贸易有限公司
地址：云南省曲靖市麒麟巷47号
……………………Tel：0874-3128414

云南康恩贝希陶药业有限公司
地址：云南省曲靖市经济技术开发区瑞和西路
……………………Tel：0874-8998529

云南水谷酒业有限公司
地址：云南省保山市隆阳区金鸡乡郑官村
……………………Tel：0875-2211944

保山市天潭饮料有限责任公司
地址：云南省保山市隆阳区板桥工业园区
……………………Tel：0875-2848818

保山市艾伊达葡萄酒酿造有限责任公司
地址：云南省保山市隆阳区瓦渡乡瓦渡社区77号
……………………Tel：0875-2888169

云南柏联和顺旅游文化发展有限公司
地址：云南省保山市腾冲市和顺镇
……………………Tel：0875-5150010

龙陵县天潭饮料有限责任公司
地址：云南省保山市龙陵县龙山镇云山
……………………Tel：0875-6125777

龙陵县邦腊掌酒店有限责任公司
地址：云南省保山市龙陵县龙山镇香柏河村邦腊掌
……………………Tel：0875-6129060

龙陵县宏兴茶饮料开发有限责任公司
地址：云南省保山市龙陵县腊勐乡腊勐村
……………………Tel：0875-6880336

昌宁县耈酒酿造有限责任公司
地址：云南省保山市昌宁县 街乡 街村
……………………Tel：0875-7814558

云南特安呐制药股份有限公司
地址：云南省文山市三七药物产业园区
……………………Tel：0876-2139227

文山州煤业有限责任公司
地址：云南省文山州富宁县新华镇城北迎宾路67号
……………………Tel：0876-2184234

云南川大科技酿酒股份有限公司
地址：云南省文山州文山市东山经济开发区
……………………Tel：0876-2628199

云南省新沟水产养殖场
地址：云南省文山州丘北县曰者新沟村
……………………Tel：0876-3120313

云南普者黑文化旅游开发有限公司
地址：云南省文山壮族苗族自治州丘北县双龙营镇普者黑景区大门
……………………Tel：0876-4610003

云南天宝饮料有限公司
地址：云南省文山壮族苗族自治州麻栗坡县天保镇城子上村
……………………Tel：0876-6622455

云南实建褚橙果汁有限公司
地址：云南省玉溪市高新区九龙片区春和路16号
……………………Tel：0877-2070988

云南玉林泉酒业有限公司
地址：云南省玉溪市峨山县双江镇玉林村
……………………Tel：0877-4022068

元江县万酿春酒厂
地址：元江县澧江镇红旗路
……………………Tel：0877-6011552

云南省活发集团刘总旗水泥有限公司
地址：云南省玉溪市红塔区春和镇刘总旗办事处
……………………Tel：0877-6111989

云南万绿生物股份有限公司
地址：云南省元江县江东工业区
……………………Tel：0877-6513169

云南抚仙湖精酿啤酒有限公司
地址：云南省玉溪市澄江县九村镇九村工业园区
……………………Tel：0877-6711111

云南望天树饮料有限公司
地址：云南省玉溪市高新区九龙片区二经路与六纬路交叉口
……………………Tel：0877-8899778

大姚华盛饮料食品有限责任公司
地址：云南省楚雄彝族自治州大姚县金碧镇城北路145号
……………………Tel：0878-6210110

元谋鸿腾酒业有限公司
地址：云南省楚雄彝族自治州元谋县黄瓜园镇小雷宰工业园区
……………………Tel：0878-8222668

云南世界恐龙谷旅游股份有限公司
地址：云南省楚雄州禄丰县金山镇龙城路邮政大楼
……………………Tel：0878-8985598

云南天士力帝泊洱生物茶集团有限公司
地址：普洱市思茅区帝泊洱大道1号
……………………Tel：0879-2169020

墨江地道酒业有限公司
地址：云南省普洱市墨江县联珠镇桂香村
……………………Tel：0879-4238639

普洱西盟云舍酒店有限公司
地址：云南省普洱市西盟佤族自治县熙康云舍酒店
……………………Tel：0879-8228888

孟连县兴业酿酒有限责任公司
地址：云南省普洱市孟连县城西路61号
……………………Tel：0879-8722822

云南司岗里酒业有限责任公司
地址：云南省临沧市云县爱华镇小渡口6号
……………………Tel：0883-3226717

云南玉丹食品饮料有限责任公司
地址：云南省临沧市永德县永康镇茶铺
……………………Tel：0883-5811385

香格里拉市高原精酿工艺啤酒有限公司
地址：云南省迪庆藏族自治州香格里拉市箐口工业园区
……………………Tel：0887-3069519

香格里拉酒业股份有限公司
地址：云南省迪庆州香格里拉经济开发区松园片区
……………………Tel：0887-8388519

迪庆藏秘贸易有限公司
地址：迪庆香格里拉经济开发区松园片区
……………………Tel：0887-8388519

迪庆香格里拉藏青稞酒业有限公司
地址：迪庆香格里拉经济开发区松园桥
……………………Tel：0887-8388888

香格里拉大酒店（迪庆）有限公司
地址：云南省迪庆藏族自治州香格里拉市建塘镇池慈卡1号
……………………Tel：0887-8998998

丽江阿丹阁大酒店有限责任公司
地址：丽江市古城区香格里大道1317号
……………………Tel：0888-3018303
丽江龙悦餐饮经营管理有限公司
地址：丽江市古城区香格里大道转台东侧（玉龙旅游大楼）
……………………Tel：0888-5307946
丽江永生酿酒有限公司
地址：云南省丽江市永胜县期纳镇期纳村委会右所村
……………………Tel：0888-6841198

西藏自治区

西藏远征实业股份有限公司
地址：西藏自治区拉萨市拉贡路008号
……………………Tel：0891-6151111
邸达电子商务有限公司
地址：拉萨市金珠西路158号世通阳光新城B区1幢2单元2-2号
……………………Tel：0891-6154380
九瑞健康股份有限公司
地址：拉萨经济技术开发区阳光新城B区13号
……………………Tel：0891-6155349
拉萨娃哈哈食品饮料营销有限公司
地址：拉萨经济技术开发区维色路娃哈哈办公楼201室
……………………Tel：0891-6159333
梅花生物科技集团股份有限公司
地址：拉萨市金珠西路158号阳光新城11幢5号
……………………Tel：0891-6159899
西藏科旭电子有限公司
地址：拉萨市金珠西路54号
……………………Tel：0891-6385406
香格里拉大酒店（拉萨）有限公司
地址：西藏自治区拉萨市罗布林卡路19号
……………………Tel：0891-6558888
西藏雅江泉饮料开发有限公司
地址：西藏自治区拉萨市堆龙德庆区羊达乡帮普村
……………………Tel：0891-6626899
西藏拉萨饭店
地址：西藏拉萨市民族路一号
……………………Tel：0891-6848030
西藏易明西雅医药科技股份有限公司
地址：拉萨经济技术开发区林琼岗路6号
……………………Tel：0891-6862369
西藏顶峰安多夏木拉矿泉水有限公司
地址：西藏安多夏木拉山西北侧
……………………Tel：0891-6876666
西藏天地绿色饮品发展有限公司
地址：拉萨市金珠西路189号
……………………Tel：0891-6946660
西藏冰川矿泉水有限公司
地址：当雄县公塘乡冲嘎村
……………………Tel：0891-6285051
西藏桑昂曲宗生态农业有限公司
地址：林芝地区察隅县布达拉卡路3号
……………………Tel：0894-5432151
西藏阿里藏酿青稞酒业有限公司
地址：狮泉河镇狮昆路
……………………Tel：0897-2829981
西藏杰康酵母科技有限公司
地址：拉萨市金珠西路158号阳光新城商业门面房37.38.42.43号
……………………Tel：0943-8311381

陕西省

陕西张裕瑞那城堡酒庄有限公司
地址：陕西省西咸新区秦汉新城渭城街办坡刘村
……………………Tel：029-32085227
陕西达利食品有限公司
地址：陕西省咸阳市三原县食品工业园
……………………Tel：029-32310888
咸阳同骏益饮料食品有限公司
地址：陕西省咸阳市礼泉县工业园区科技路
……………………Tel：029-35611951
泾阳和悦丰润农业有限公司
地址：陕西省咸阳市泾阳县泾干镇西关村三组
……………………Tel：029-36225181
陕西紫泉饮料工业有限公司
地址：陕西省咸阳市三原县清河食品工业园食品一路
……………………Tel：029-38916003
陕西统一企业有限公司
地址：陕西省咸阳市礼泉县城东环路统一大道1号
……………………Tel：029-38923434
北京汇源集团咸阳饮料食品有限公司
地址：陕西省咸阳市礼泉县工业园区
……………………Tel：029-38928503
西安汉神商业管理有限公司
地址：西安经济技术开发区凤城八路168号
……………………Tel：029-62650999
西安浐灞国家湿地公园建设运营有限公司
地址：西安市　灞生态区启源三路1号
……………………Tel：029-62815504
西安萨雅饮料有限公司
地址：西安市莲湖区南二环西段180号财富中心18层
……………………Tel：029-62960060
陕西省物资产业集团总公司
地址：陕西省西安市新城区新城省政府大院内
……………………Tel：029-63918325
供销大集集团股份有限公司
地址：西安市解放路103号
……………………Tel：029-65678013
西安宜家家居有限公司
地址：陕西省西安市沣东新城三桥路866号
……………………Tel：029-68202345
西安中富饮料包装有限公司
地址：陕西省西安市经济技术开发区凤城二路20号中粮可口可乐饮料（陕西）有限公司院内
……………………Tel：029-36383281
陕西省石油化工工业贸易有限公司
地址：陕西省西安市灞桥区灞桥街办邵平店甲字一号
……………………Tel：029-68592620
西安百事可乐饮料有限公司
地址：西安市高新区长安科技产业园发展大道南段路西36号
……………………Tel：029-68901888
陕西净源饮料股份集团有限公司
地址：陕西省西安市高新区高新四路17号1幢7层30701号
……………………Tel：029-81877081
西安智德通品牌推广营销有限公司
地址：陕西省西安市高新区唐延路3号唐延国际中心23楼2301室
……………………Tel：029-81881165
西安鹿缘食品饮料有限公司
地址：西安市灞桥区席王街办霸陵路31号
……………………Tel：029-82100101
上药科园信海陕西医药有限公司
地址：陕西省西安市新城区长乐中路242号金花新都汇3号楼11层
……………………Tel：029-82501191
陕西华氏医药有限公司
地址：陕西省西安市新城区长乐中路242号金花新都汇3单元19层
……………………Tel：029-82538889
西安绿鼎餐饮原料配送有限公司
地址：西安市新城区西五路64号综合办公楼504室
……………………Tel：029-82540531
陕西白鹿原旅游文化发展有限公司
地址：陕西省西安市国家民用航天产业基地航创路1号陕旅豪布斯卡A座10层1009室
……………………Tel：029-82836866
西安西旅金花大酒店有限公司
地址：西安市新城区长乐西路8号
……………………Tel：029-83232981
陕西盘龙药业集团股份有限公司
地址：陕西省商洛市柞水县盘龙生态产业园
……………………Tel：029-83338888
西安中信丝绸之路大酒店有限公司
地址：陕西省西安市莲湖区丰镐东路260号
……………………Tel：029-84261888-1089
西安万基食品饮料有限公司
地址：西安市长安区何子路
……………………Tel：029-84280631
西安雪迪食品饮料有限公司
地址：西安市未央区三桥蔺高工业园西北路18号
……………………Tel：029-84518887
广药陕西医药有限公司
地址：陕西省西安市经开区尚稷路8989号创新孵化中心A座16、17层
……………………Tel：029-84623510
西安若翰生物饲料有限公司
地址：西安市　邑区甘河镇围棋寨村北
……………………Tel：029-84841409
陕西上野日本料理餐饮有限公司
地址：陕西省西安市碑林区含光北路1号北楼2层
……………………Tel：029-85266622
西安市华宝黑河源饮料食品有限责任公司
地址：西安市雁塔区雁南五路38号曲江水厂内东北拐角办公区
……………………Tel：029-85379664
陕西博森生物制药股份集团有限公司
地址：陕西省西安市高新区新型工业园创新路7号
……………………Tel：029-85691380-8022
华联SKP（陕西）百货有限公司
地址：陕西省西安市碑林区长安北路261号
……………………Tel：029-85735888-5515
中粮可口可乐饮料（陕西）有限公司
地址：西安市经开区凤城二路20号
……………………Tel：029-86108090
达能（陕西）食品饮料有限公司
地址：西安经济技术开发区草滩生态产业园尚苑路8000号
……………………Tel：029-89611371
陕西正大食品有限公司
地址：陕西省西安市经开区凤城十二路中港国际A座19楼1902室
……………………Tel：029-86519371
西安福瑞德食品饮料有限公司
地址：西安经济技术开发区雅荷花园中环大厦B座15层
……………………Tel：029-86522010
西安殷荣饮品有限公司
地址：西安市经济技术开发区凤城二路29号
……………………Tel：029-86513979
陕西吉瑞林饮料股份有限公司
地址：西安市未央区明光路121号中登文景大厦25层
……………………Tel：029-86531499
西安维维食品饮料有限公司
地址：西安经济技术开发区草滩生态产业园尚稷路2699号
……………………Tel：029-86603785
陕西凤香佳酿酒业有限公司
地址：陕西省西安市未央区明光路南段172号阳光新地1号楼1单元1002号
……………………Tel：029-86690425
西安汉斯食品饮料有限公司
地址：西安市未央区啤酒路1号西安汉斯酒厂家属院4号办公楼一层101室
……………………Tel：029-86701659
西安汉斯啤酒饮料总厂
地址：西安市太华北路啤酒路1号
……………………Tel：029-86733748
西安蓝天实业有限公司
地址：西安市阎良区人民路东段
……………………Tel：029-86835555
西安大业食品有限公司
地址：西安市高陵区鹿祥路166号
……………………Tel：029-86925839
陕西科飞工贸有限公司
地址：陕西省杨凌示范区五泉镇清心路工业园区33号
……………………Tel：029-87011118
杨凌萃健生物工程技术有限公司
地址：陕西省杨凌示范区新桥南路5号
……………………Tel：029-87071071
陕西昌龙食品饮料有限公司
地址：陕西省杨凌示范区东新路北段（铁路以北）
……………………Tel：029-87084444
陕西古都文化大酒店有限公司
地址：陕西省西安市莲湖区莲湖路172号
……………………Tel：029-87216868
西安医药股份有限公司
地址：西安市碑林区端履门37号
……………………Tel：029-87218508
陕西多木日本料理餐饮有限公司
地址：西安市碑林区南大街粉巷付26号
……………………Tel：029-87218689
群光实业（西安）有限公司
地址：西安市新城区南新街21号/西安市碑林区东大街301号
……………………Tel：029-87245858-8622
陕西盛世长安商贸有限公司
地址：陕西省西安市碑林区建国路建国五巷63号陕西省社团大厦门面房
……………………Tel：029-87299103
西安终南山甘泉食品饮料有限公司
地址：西安市新城区解放路111号万达广场2号楼5单元401号
……………………Tel：029-87363898
西安九抱五饮料有限责任公司
地址：陕西省西安市高新区光华路凯创国际2栋2301
……………………Tel：029-87596388
西安钟楼饭店有限公司
地址：西安市碑林区南大街110号
……………………Tel：029-87600000
西安君乐城堡酒店有限公司
地址：西安市环城南路西段12号
……………………Tel：029-87608888
世纪金花股份有限公司
地址：西安市西大街1号
……………………Tel：029-87631770
西安国中星城置业有限公司
地址：西安高新区新型工业园信息大道1号
……………………Tel：029-87636688
陕西赛特国贸百货有限公司
地址：陕西省西安市碑林区南关正街88号（66号）
……………………Tel：029-87651382
西安兴正元购物中心有限公司
地址：西安市碑林区东大街骡马市1号
……………………Tel：029-87656566
西安西北石油管道有限公司
地址：西安市未央路149号
……………………Tel：029-87662493
陕西皇城豪门酒店有限公司
地址：陕西省西安市碑林区东大街334号
……………………Tel：029-87690000-1320
陕西高速延长石油有限责任公司
地址：陕西省西安市碑林区长安北路8号高速经纬大厦10层
……………………Tel：029-87801335
陕西广电网络传媒（集团）股份有限公司
地址：西安曲江新区曲江行政商务区曲江首座大厦14-16、18-19、22-24层
……………………Tel：029-87991258
陕西西咸新区广电网络传媒有限公司
地址：陕西省西咸新区沣西新城西部云谷信息产业园E49层
……………………Tel：029-87992583
陕西百年财富酒业有限公司
地址：陕西省西安市曲江新区雁南五路1958号华美达广场酒店一楼103室
……………………Tel：029-88137777
金花国际大酒店有限公司
地址：西安市环城南路西段18号
……………………Tel：029-88181111
陕西嘉禾生物科技股份有限公司
地址：陕西省西安市高新区锦业一路66号甲6层
……………………Tel：029-88335239
陕西恒兴果汁饮料有限公司
地址：陕西省杨凌示范区五胡路东段
……………………Tel：029-88337508
陕西医药控股集团山海丹药业股份有限公司
地址：陕西省西安市高新区科技二路73号
……………………Tel：029-88384713
西安曲江文化旅游股份有限公司
地址：西安曲江新区（雁塔南路）曲江文化大厦7-8层
……………………Tel：029-88668899
香格里拉大酒店（西安）有限公司
地址：西安市高新区科技路38号乙
……………………Tel：029-88758888
陕西少康酿艺酒业有限公司
地址：陕西省西安市高新区丈八街办唐延路35号旺座现代城A座28层
……………………Tel：029-88810999
陕西煤业化工国际物流有限责任公司

地址：西安国际港务区港务大道99号中西部陆港金融小镇A座2201-1室
…………………Tel：029-81772164

西安秦岭终南山世界地质公园旅游发展有限公司
地址：陕西省西安市长安区太乙宫街办太乙村甲字一号
…………………Tel：029-89255513

西安世纪金花珠江时代广场购物有限公司
地址：西安市碑林区环城南路东段336号
…………………Tel：029-89358997

陕西天谷生物科技集团有限公司
地址：西安市雁塔区太白南路39号金石柏朗第1幢1单元16层11601室
…………………Tel：029-89384523

西安丝路首酿葡萄酒庄有限公司
地址：陕西省西安市雁塔区团结南路中建国熙台16幢1单元-1层1F107商铺、1层10102商铺
…………………Tel：029-89525199

陕西医药控股集团兴庆医药有限公司
地址：陕西省西咸新区沣东新城三桥镇建章路188号
…………………Tel：029-89599371

陕西海升果业发展股份有限公司
地址：陕西省西安市长安区航天基地神舟三路359号
…………………Tel：029-89696077

延安新区市政公用有限公司
地址：陕西省延安市宝塔区新区治平大厦二楼
…………………Tel：0911-2651370

陕西黄河壶口文化旅游发展有限责任公司
地址：陕西省延安市宜川县壶口景区
…………………Tel：0911-4838030

子长县方军农牧林业发展有限公司
地址：陕西省延安市子长县玉家湾镇玉家湾村
…………………Tel：0911-7552004

陕西绿宝王饮料食品有限公司
地址：陕西省榆林市横山区中小企业创业园区内
…………………Tel：0912-3544858

渭南杰美科贸技术有限公司
地址：陕西省渭南市经济技术开发区建业路东段
…………………Tel：0913-2152869

陕西张利民饮料有限公司
地址：陕西省渭南市临渭区环北路东段
…………………Tel：0913-2167385

陕西白水杜康酒祖贡酒业股份有限公司
地址：陕西省渭南市白水县杜康镇杜康街道南侧
…………………Tel：0913-2193388

中垦华山牧乳业有限公司
地址：陕西省渭南市经济技术开发区中垦大道
…………………Tel：0913-2581336

安康市青莲饮料有限公司
地址：陕西省安康市汉滨区关庙镇沈家岭
…………………Tel：0915-3756666

陕西天一泉食品饮料有限公司
地址：陕西省安康市旬阳县城关镇下菜湾社区二组
…………………Tel：0915-7218288

陕西华盛兴勇商贸有限公司
地址：陕西省汉中市汉台区西环路14号
…………………Tel：0916-2160250

汉中世纪阳光商厦有限公司
地址：陕西省汉中市汉台区天汉大道968号
…………………Tel：0916-2213946

汉中市天然气投资发展有限公司
地址：陕西省汉中市汉台区（经济开发区北区）天汉大道北段1号
…………………Tel：0916-2310066

陕西省城固酒业股份有限公司
地址：陕西省汉中市城固县博望镇谢家井
…………………Tel：0916-7299139

佛坪县浓情食品饮料有限责任公司
地址：陕西省汉中市佛坪县袁家庄街道办塘湾路38号
…………………Tel：0916-8915998

陕西有色旺峪矿业有限公司
地址：陕西省宝鸡市凤县留凤关镇酒铺村(无门牌号)
…………………Tel：0917-2653260

陕西和氏乳业集团有限公司
地址：陕西省宝鸡市陇县食品工业园区关和路9号
…………………Tel：0917-3060088

宝鸡商场有限公司
地址：陕西省宝鸡市渭滨区经二路114号
…………………Tel：0917-3215282

陕西紫光辰济药业有限公司
地址：陕西省宝鸡市金台区中山西路78号
…………………Tel：0917-3973390

陕西社会水泥有限责任公司
地址：陕西省宝鸡市眉县金渠镇
…………………Tel：0917-5695086

农夫山泉陕西太白山饮料有限公司
地址：陕西省宝鸡市眉县汤峪太白山风景区(法汤路1号)
…………………Tel：0917-5712138

农夫山泉（陕西）红河谷饮料有限公司
地址：陕西省宝鸡市眉县营头镇营头村东侧霸王河河滩
…………………Tel：0917-5791312

陕西西凤酒股份有限公司
地址：陕西省宝鸡市凤翔县柳林镇
…………………Tel：0917-7421000

陕西国粹凤香酿酒有限公司
地址：陕西省宝鸡市凤翔县彪角镇杨丹村
…………………Tel：0917-7628899

宝鸡广电网络传媒有限责任公司
地址：陕西省宝鸡市渭滨区滨河大道（石鼓园小区）
…………………Tel：0917-8690053

铜川乔山矿泉水饮料厂
地址：陕西省铜川市印台区红土镇周陵村乔子梁
…………………Tel：0919-2680006

甘肃省

临夏壹清食品有限公司
地址：甘肃省临夏经济开发区
…………………Tel：0930-3280330

甘肃漫啦食品饮料有限责任公司
地址：甘肃省临夏州广河县齐家镇新民滩村
…………………Tel：0930-5687054

甘肃清河源清真食品股份有限公司
地址：甘肃省临夏州临夏市临　路
…………………Tel：0930-6919600

永靖县太极神泉饮料有限公司
地址：甘肃省临夏州永靖县太极镇四沟村
…………………Tel：0930-8857161

兰州西城药业集团有限责任公司
地址：甘肃省兰州市安宁区莫高大道32号
…………………Tel：0931-2104700

兰州九州通医药有限公司
地址：甘肃省兰州市兰州新区昆仑山大道中段2069号
…………………Tel：0931-2123111

甘肃陇神戎发药业股份有限公司
地址：甘肃省兰州市榆中县定远镇国防路10号
…………………Tel：0931-2143336

兰州黄河源食品饮料有限公司
地址：兰州市七里河区郑家庄108号
…………………Tel：0931-2230305

甘肃沛源食品饮料有限公司
地址：甘肃省兰州市七里河区八里镇五泉村叶家湾66号
…………………Tel：0931-2790622

青岛啤酒（甘肃）农垦股份有限公司
地址：甘肃省兰州市兰州新区疏勒河街660号
…………………Tel：0931-2861360

甘肃华良饮料有限责任公司
地址：甘肃省天水市武山县城关工业园区
…………………Tel：0931-3587166

甘肃百士特实业集团有限公司
地址：甘肃省兰州市兰州新区西岔镇赵家铺
…………………Tel：0931-4601111

甘肃奇正藏药有限公司
地址：榆中奇正大道
…………………Tel：0931-5228888

兰州正大食品有限公司
地址：甘肃省兰州市甘南路701之1号21层
…………………Tel：0931-8101373

兰州正大有限公司
地址：甘肃省兰州市皋兰县新兴路155号
…………………Tel：0931-5752008

兰州伊利乳业有限责任公司
地址：甘肃省兰州市红古区花庄镇工农路17-24号
…………………Tel：0931-6272159

兰州乐赛特食品饮料有限公司
地址：甘肃省兰州市兰州新区秦川镇保家窑村
…………………Tel：0931-6161734

甘肃金能科源工贸有限责任公司
地址：甘肃省兰州市红古区海石湾镇平安路606号
…………………Tel：0931-6901488

兰州胜利酒业酿造有限公司
地址：兰州市安宁区福兴路98号
…………………Tel：0931-7669218

兰州顶津食品有限公司
地址：甘肃省兰州市安宁区众兴路39号
…………………Tel：0931-7824901

兰州黄河嘉酿啤酒有限公司
地址：甘肃省兰州市七里河区郑家庄108号
…………………Tel：0931-7845951

兰州三叶实业有限公司维力宝饮料厂
地址：甘肃省兰州市西固区西固中路152号
…………………Tel：0931-7934261

甘肃建投物流集团有限公司
地址：甘肃省兰州市城关区平凉路36号
…………………Tel：0931-8261080

兰州新胜利宾馆有限责任公司
地址：兰州市城关区庆阳路285号
…………………Tel：0931-8436546

兰州百事饮料有限公司
地址：甘肃省兰州市安宁区众兴路39号办公楼二楼
…………………Tel：0931-8437518

兰州东方友谊置业有限公司
地址：甘肃省兰州市七里河区西津西路16号
…………………Tel：0931-8457333

甘肃中粮可口可乐饮料有限公司
地址：兰州市城关区骆驼滩288号
…………………Tel：0931-8563836

甘肃华陇物业管理中心
地址：甘肃省兰州市城关区焦家湾路68号
…………………Tel：0931-8652120

读者出版传媒股份有限公司
地址：甘肃省兰州市城关区南滨河东路520号
…………………Tel：0931-8773067

甘肃中亚高原饮料有限公司
地址：甘肃省定西市渭源县会川镇黄香沟
…………………Tel：0932-4182222

甘肃中天药业有限责任公司
地址：甘肃省定西市陇西县长安路北侧
…………………Tel：0932-6602355

岷县六六野草莓饮料有限责任公司
地址：甘肃省定西市岷县寺沟乡纸坊村243号
…………………Tel：0932-7727853

庆阳市九龙春酒业有限公司
地址：甘肃省庆阳市西峰区长庆大道21号
…………………Tel：0934-8621852

甘肃普康酒业集团有限公司
地址：甘肃省武威市凉州区北关东路1号
…………………Tel：0935-2265380

武威红太阳酒业酿造有限责任公司
地址：甘肃省武威市凉州区谢河镇
…………………Tel：0935-2613436

甘肃皇台实业制糖有限公司
地址：甘肃省武威市凉州区黄羊镇靖边街
…………………Tel：0935-2615815

天祝藏族自治县雪域天源食品饮料厂
地址：甘肃省武威市天祝藏族自治县松山镇钱宝街
…………………Tel：0935-3137555

民勤县腾格里兴旺饮料纯水有限公司
地址：甘肃省武威市民勤县南大街13号
…………………Tel：0935-4134381

甘肃皇台酒业酿造有限公司
地址：甘肃省武威市凉州区西关街新建路55号
…………………Tel：0935-6139885

甘肃农垦天牧乳业有限公司
地址：甘肃省金昌市金川区双湾镇龙口村国有荒滩
…………………Tel：0935-7126222

金昌居佳生态农业有限公司
地址：甘肃省金昌市金川区延安东路59号
…………………Tel：0935-8827705

山丹县祁连润雪饮料有限公司
地址：甘肃省张掖市山丹县大马营镇磨湾村二社
…………………Tel：0936-2823889

张掖丹霞文化旅游股份有限公司
地址：甘肃省张掖市临泽县倪家营镇丹霞景区丹霞快速通道北侧
…………………Tel：0936-5581828

甘肃派瑞恩食品饮料科技有限公司
地址：甘肃省张掖市民乐县生态工业园区纬八路
…………………Tel：0936-5990705

张掖市飞翔饮料食品有限责任公司
地址：张掖市甘州区东北郊开发区（国道312线2723公里处）
…………………Tel：0936-8266243

甘肃三元乳业有限公司
地址：甘肃省张掖市甘州区绿洲现代物流园区滨河路
…………………Tel：0936-8567330

甘肃圣云山饮料有限公司
地址：甘肃省张掖市甘州区张掖经济技术开发区创业大厦6楼602孵化区
…………………Tel：0936-8656222

敦煌国际酒店有限责任公司
地址：甘肃省酒泉市敦煌市莫高镇苏家堡村六组（安敦公路南侧）
…………………Tel：0937-8887666

天水黄河嘉酿啤酒有限公司
地址：甘肃省天水市麦积区马跑泉东路6号
…………………Tel：0938-2511191

天水长城果汁饮料有限公司
地址：甘肃省天水市麦积区东柯河工业园区
…………………Tel：0938-2690189

天水泰丰果汁饮料有限责任公司
地址：天水市麦积区羲皇大道东段开发区
…………………Tel：0938-2729068

秦安长城果汁饮料有限公司
地址：甘肃省天水市秦安县安伏镇安伏工业园区
…………………Tel：0938-6251002

天水娃哈哈饮料有限公司
地址：甘肃省天水市秦州区暖和湾工业示范区
…………………Tel：0938-8239098

陇南长城果汁饮料有限公司
地址：甘肃省陇南市礼县永兴乡友好村18号
…………………Tel：0939-4452320

康县独一味生物制药有限公司
地址：甘肃省陇南市康县王坝独一味工业园区
…………………Tel：0939-5120255

甘肃蜂小匠酒业开发有限公司
地址：甘肃省陇南市徽县工业集中区企业孵化园2楼A8室
…………………Tel：0939-7550888

甘肃长河食品饮料有限责任公司
地址：甘肃省白银市靖远县乌兰镇
…………………Tel：0943-6210108

甘肃北方天狼葡萄酿酒有限公司
地址：甘肃省白银市靖远县糜滩乡碾湾村
…………………Tel：0943-6255709

甘肃正生酵母科技有限公司
地址：甘肃省白银市白银区中科院高技术产业园（04）5幢1-1
…………………Tel：0943-8311381

甘肃正生生物科技有限公司
地址：甘肃省白银市白银区中科院白银高新技术产业园正生路1号

……………………Tel：0943-8311381

青海省

青海省新绿洲药业集团有限公司
地址：青海省西宁市城北区柴达木路56-2号
……………………Tel：0971-5123758

青海新丁香粮油有限责任公司
地址：青海生物科技产业园经二路北段14号（装备园区）
……………………Tel：0971-5220012

青海黄河嘉酿啤酒有限公司
地址：西宁市城北区生物园经四路2号
……………………Tel：0971-5316280

青海西宁娃哈哈启力饮料有限公司
地址：青海省西宁市青海生物科技产业园区经二路以西纬五路以南
……………………Tel：0971-5319456

金诃藏药股份有限公司
地址：西宁市纬二路22号（青海生物科技产业园）
……………………Tel：0971-5319835

青海宾馆有限责任公司
地址：青海西宁市黄河路158号
……………………Tel：0971-6148795

青海百货有限责任公司
地址：青海省西宁市五四大街37号
……………………Tel：0971-6155294

青海华润万家生活超市有限公司
地址：西宁市城西区胜利路81号
……………………Tel：0971-6184420

青海开博文化旅游股份有限公司
地址：西宁市城中区创业路128号
……………………Tel：0971-6288298

青海省青海湖旅游集团有限公司
地址：青海省西宁市城西区西关大街49号3号楼3121室、3122室
……………………Tel：0971-6316261

青海新华百货商业有限公司
地址：西宁市城西区五四大街45号
……………………Tel：0971-7664130

青海交通投资有限公司
地址：青海省西宁市城中区创业路108号投资服务中心4楼413室
……………………Tel：0971-7797313

青海泽曲涌饮品有限公司
地址：青海省西宁市城北区沈那街5号第2号楼2单元2012室
……………………Tel：0971-8173873

三普药业有限公司
地址：青海省西宁市城北区生物园区经二路12号
……………………Tel：0971-8175197

青海省青海湖旅游控股有限公司
地址：青海省西宁市城西区盐湖巷6号城西区总部经济大厦13楼
……………………Tel：0971-8455633

青海西宁宾馆有限责任公司
地址：西宁市城中区七一路348号
……………………Tel：0971-8461515

青海三江雪生物科技集团有限公司
地址：西宁经济技术开发区昆仑东路21号
……………………Tel：0971-8865131

互助冠之青稞生物产业化技术研发有限公司
地址：青海省海东市互助县台子乡河东村199号
……………………Tel：0972-8321423

互助县威远青稞酒业酿造有限公司
地址：青海省互助县威远镇南街6号
……………………Tel：0972-8322418

青海互助青稞酒股份有限公司
地址：互助县威远镇西大街6号
……………………Tel：0972-8322525

青海互助青唐城青稞酒酿造有限公司
地址：互助县台子乡河东村199号
……………………Tel：0972-8323475

青海互助金泉青稞酒酿造有限公司
地址：互助县威远镇西街48号
……………………Tel：0972-8382932

互助七彩青稞酒酿造有限公司
地址：互助县威远镇台子路26号
……………………Tel：0972-8399036

青海互助庆丰青稞酒酿造酒业有限公司
地址：互助县台子乡下台一村18号
……………………Tel：0972-8399177

青海宏都饮料食品有限公司
地址：青海省海东市乐都区碾伯镇水磨营79号
……………………Tel：0972-8622050

青海聚能静度饮料股份有限公司
地址：青海省河南蒙古族自治县托叶玛乡
……………………Tel：0973-8765888

青海贵德清青稞酒业酿造有限责任公司
地址：青海省海南州贵德县河阴镇栅门街56号
……………………Tel：0974-8554408

青海威斯特铜业有限责任公司
地址：果洛州玛沁县青海省玛沁县德尔尼铜矿矿区
……………………Tel：0975-8388686

青海茶卡盐湖文化旅游发展股份有限公司
地址：青海省海西州乌兰县茶卡镇西街5号
……………………Tel：0977-8246699

昆仑能源青海有限公司
地址：格尔木昆仑经济开发区黄河东路北侧
……………………Tel：0979-7217219

青海中浩天然气化工有限公司
地址：青海省格尔木市昆仑南路15-02号
……………………Tel：0979-8431552

宁夏回族自治区

宁夏博纳佰馥酒庄有限公司
地址：银川市金凤区森林公园太阳岛1号商业综合楼14号营业房
……………………Tel：0951-2065133

保乐力加（宁夏）葡萄酒酿造有限公司
地址：宁夏玉泉营农场永黄公路南侧二号楼
……………………Tel：0951-3802571

宁夏美御葡萄酒酿造有限公司
地址：宁夏银川市西夏区镇北堡镇赤霞珠路与振兴路交汇处
……………………Tel：0951-3803160

宁夏宝丰养老产业有限公司
地址：银川市兴庆区丽景北街中国穆斯林商贸城6号办公楼一楼
……………………Tel：0951-6075005

银川顶津食品有限公司
地址：宁夏银川（国家级）经济技术开发区西区六盘山路153号
……………………Tel：0951-3806919

银川夏都工贸有限公司
地址：银川市兴庆区上海东路新水综合楼2号楼六层办公室
……………………Tel：0951-3814700

宁夏立兰酒庄有限公司
地址：宁夏永宁县闽宁镇原隆村
……………………Tel：0951-3855999

宁夏紫晶昱庄园葡萄酒业有限公司
地址：宁夏永宁县玉泉营农场玉泉大街
……………………Tel：0951-3892219

华润雪花啤酒（宁夏）有限公司
地址：银川市永宁县望远工业园区
……………………Tel：0951-3905667

宁夏西部创业实业股份有限公司
地址：银川市金凤区北京中路168号C座一楼
……………………Tel：0951-3975500

宁夏盛康源红枣酒业生物科技有限公司
地址：灵武市北门下白公路西侧
……………………Tel：0951-4029991

灵武市煜胜商贸有限公司
地址：灵武市东塔镇新园艺村四队
……………………Tel：0951-4512186

宁夏紫尚葡萄酿酒股份有限公司
地址：吴忠市红寺堡区宁夏弘德工业园区经一路东侧、纬三路北侧
……………………Tel：0951-5030983

宁夏紫尚葡萄酒业有限公司
地址：宁夏银川市金凤区新昌东路315号12栋-8-04号室
……………………Tel：0951-5030983

宁夏贺兰山葡萄酒业有限公司
地址：宁夏回族自治区银川开发区15号路东
……………………Tel：0951-5034291

宁夏百顺葡萄酿酒有限公司
地址：银川市开发区15号路东
……………………Tel：0951-5034291

宁夏华润万家生活超市有限公司
地址：银川市兴庆区宝湖东路与民族南街交汇处西北角
……………………Tel：0951-5137558

宁夏沃福百瑞枸杞产业股份有限公司
地址：银川市金凤区五里台路68号
……………………Tel：0951-5177298

宁夏圆润葡萄酒有限公司
地址：贺兰县富兴南街宏基花园3组团8号H座
……………………Tel：0951-5553666

宁夏张裕摩塞尔十五世酒庄有限公司
地址：宁夏银川经济技术开发区六盘山路359号
……………………Tel：0951-5618900

宁夏红中宁枸杞制品有限公司
地址：宁夏回族自治区宁夏中宁县新堡街
……………………Tel：0951-5663919

宁夏红枸杞产业集团有限公司
地址：宁夏银川市金凤区烟墩巷六盘山路396号银川iBi育成中心三期二号楼三层
……………………Tel：0951-5663919

宁夏香山科技有限公司
地址：宁夏回族自治区中卫市沙坡头区长河小区
……………………Tel：0951-5663919

宁夏红葡萄酿酒有限公司
地址：银川市金凤区iBi育成中心三期2号楼3层
……………………Tel：0951-5663919

宁夏红沙坡头酒庄有限公司
地址：宁夏中卫市应理北街官桥
……………………Tel：0951-5663919

宁夏景夏贡酒酒业有限公司
地址：宁夏回族自治区银川市兴庆区海宝小区福川苑11号楼15号营业房
……………………Tel：0951-5677891

宁夏汉斯食品饮料有限公司
地址：宁夏银川市兴庆区东安小区农业局家属楼3单元401室
……………………Tel：0951-7668118

宁夏芸尚酒业有限公司
地址：银川经开区金凤工业园工业集中区康地路106号六层
……………………Tel：0951-5988859

宁夏中青农业科技有限公司
地址：宁夏银川市兴庆区丽景街西侧金三角现代物流市场13号楼9号营业房
……………………Tel：0951-6017257

宁夏报业传媒集团有限公司
地址：宁夏银川市中山南街47号
……………………Tel：0951-8800801

银川华成饮料有限公司
地址：银川市东环北路高台巷4号楼
……………………Tel：0951-6031980

宁夏哈纳斯燃气集团有限公司
地址：银川市兴庆区北京东路139号宁夏出版大厦B段
……………………Tel：0951-6088901

中葡（宁夏）育苗中心有限公司
地址：贺兰县金贵镇汉佐村八队
……………………Tel：0951-6117771

宁夏兰得葡萄酒庄有限公司
地址：宁夏银川市贺兰县金山乡
……………………Tel：0951-6132677

宁夏沙湖春百味商贸有限责任公司
地址：宁夏回族自治区银川市兴庆区清和北街景墨家园121栋1单元101
……………………Tel：0951-6199008

国药控股宁夏有限公司
地址：宁夏银川市西夏区文昌南路西夏国际公铁物流城
……………………Tel：0951-6723593

宁夏亘元房地产开发有限公司
地址：银川市德胜工业园区德胜西路3号
……………………Tel：0951-8864907

宁夏新捷能源有限公司
地址：宁夏银川市西夏区贺兰山西路和兴州北街交汇处盈北商贸城富润新都1号楼22层
……………………Tel：0951-6825013

宁夏成功红黛墨酒庄管理服务有限公司
地址：宁夏银川市高新区科技企业孵化园
……………………Tel：0951-6836543

宁夏党项酒联投资有限公司
地址：银川市金凤区北京中路192号亲水商业广场（亲水商务中心）F1801室
……………………Tel：0951-6982222

宁夏品晟科技有限公司
地址：宁夏银川市宝湖中路55号宝湖湾62号楼2113室
……………………Tel：0951-6988713

宁夏丘山酒业有限公司
地址：宁夏银川市西夏区北京西路建设巷120号金波小区32号楼公寓1715室
……………………Tel：0951-7651593

宁夏塞尚金河科技有限公司
地址：银川德胜工业园区伊园路5号
……………………Tel：0951-7821898

宁夏塞尚乳业有限公司
地址：银川德胜工业园区伊园路5号
……………………Tel：0951-7821996

辛普劳（中国）食品有限公司
地址：宁夏银川德胜工业园区兴旺路10号
……………………Tel：0951-7829301

宁夏兰山云昊葡萄酒庄有限公司
地址：宁夏银川市贺兰县洪广金山8号
……………………Tel：0951-8089012

宁夏德福葡萄酒有限公司
地址：宁夏永宁县沿山公路西侧（宁夏德龙十万亩有机葡萄生态产业园）
……………………Tel：0951-8428111

贺兰神（宁夏）国际葡萄酒庄有限公司
地址：宁夏永宁县201省道西侧(宁夏德龙十万亩有机葡萄生态产业园)
……………………Tel：0951-8428111

宁夏贺兰君酒庄有限公司
地址：宁夏永宁县201省道西侧德龙路交叉口（宁夏贺兰神十万亩有机葡萄生态产业园）
……………………Tel：0951-8428111

宁夏酿藏臻品葡萄酒业有限公司
地址：宁夏银川市金凤区北京中路福宁城1号楼3层2室
……………………Tel：0951-8450111

宁夏金维制药股份有限公司
地址：宁夏宁东能源化工基地化工新材料园B区鸳鸯路以西、启源路以南、鸿雁路以东
……………………Tel：0951-8462647

宁夏贺兰山格森纳酒庄有限公司
地址：宁夏银川市西夏区金波北路东侧银川西夏万达广场C区公寓楼802室
……………………Tel：0951-8689854

宁夏长和翡翠酒庄有限公司
地址：宁夏永宁国营黄羊滩农场三号园区
……………………Tel：0951-8767855

银川科创融汇葡萄酒产业科技有限公司
地址：银川市西夏区贺兰山路与兴洲北街交汇处银川中关村创新中心2号楼二层西侧
……………………Tel：0951-8880977

宁夏览裕葡萄酒业有限公司
地址：宁夏银川市兴庆区丽景北街金三角现代物流市场西北农资城第21幢315号房
……………………Tel：0951-8936988

宁夏西夏嘉酿啤酒有限公司
地址：宁夏银川德胜工业园区永胜西路8号
……………………Tel：0951-8989466

宁夏西御王泉国际酒庄有限公司
地址：宁夏回族自治区惠农区燕子墩乡罗家园
……………………Tel：0952-2162726

宁夏汇源食品饮料有限公司
地址：宁夏回族自治区宁夏平罗县工业园区
……………………Tel：0952-5858801

宁夏饮马湖饲料有限责任公司
地址：宁夏回族自治区平罗县城郊华康路南侧
……………………Tel：0952-6016266

宁夏沙湖春酿酒集团有限公司
地址：宁夏沙湖旅游区沙湖大道99号
……………………Tel：0952-6685252

吴忠市物华乳品饮料有限公司
地址：吴忠市黄河西路（古城工业园区）
……………………Tel：0953-2015280

宁夏九和昌农牧科技有限公司
地址：青铜峡市贺兰山东麓鸽子山
……………………Tel：0953-2035216

吴忠市佳佳乐乳制品饮料厂
地址：吴忠市利通区马莲渠乡廖桥村
…………Tel：0953-2741662

宁夏大德工贸有限公司
地址：宁夏青铜峡工业园区（亲民路8号）
…………Tel：0953-3011222

宁夏青铜峡市禹皇酒庄有限公司
地址：青铜峡市甘城子地区沿山公路以西1500米
…………Tel：0953-6565999

宁夏禹皇红酒贸易有限公司
地址：青铜峡市甘城子地区沿山公路以西1500米处
…………Tel：0953-3059838

青铜峡市荣欣公路建设工程有限公司
地址：青铜峡市沿山公路以西庙山湖路口以南200米处
…………Tel：0953-3059838

宁夏怡园酒庄有限公司
地址：宁夏青铜峡市大坝镇中庄村滨河大道西侧
…………Tel：0953-3685887

王朝御马酒庄（宁夏）有限公司
地址：宁夏青铜峡市树新林场沿山分场办公楼
…………Tel：0953-3791199

青铜峡市贵人香酿酒葡萄专业合作社
地址：青铜峡市邵刚镇大沟村沿山公路西叶甘公路口
…………Tel：0953-3791333

宁夏金沙湾国际葡萄酒庄有限公司
地址：青铜峡市青铜峡镇109国道东南侧
…………Tel：0953-39519191

宁夏玺天龙葡萄酒庄有限公司
地址：宁夏青铜峡市青铜峡镇同兴村
…………Tel：0953-3958369

宁夏汉森葡萄酒有限公司
地址：吴忠市红寺堡弘德工业园区
…………Tel：0953-5088139

宁夏康龙酒业有限公司
地址：红寺堡区弘德工业园区
…………Tel：0953-5097999

宁夏沙泉葡萄酿酒有限公司
地址：宁夏回族自治区青铜峡市树新林场西侧
…………Tel：0953-6570199

宁夏老龙潭食品饮料有限公司
地址：宁夏泾源县城龙潭西街
…………Tel：0954-3985586

宁夏红宝实业有限公司
地址：宁夏回族自治区中宁县平安东街一号
…………Tel：0955-5025696

宁夏红枸杞产业有限公司
地址：宁夏回族自治区中宁县新堡镇
…………Tel：0955-7029666

宁夏沙湖春商贸有限责任公司
地址：银川市兴庆区民族北街287号
…………Tel：0982-6684232

新疆维吾尔自治区

新疆瑞蜂源蜂业有限公司
地址：新疆塔城地区裕民县巴尔鲁克东路46号
…………Tel：0901-6231289

塔城市天新酒业有限公司
地址：新疆塔城地区塔城市文化南路88号
…………Tel：0901-6278605

国投哈密实业有限责任公司
地址：新疆哈密市伊州区建设西路68号
…………Tel：0902-2383185

巴里坤健坤牧业有限公司
地址：新疆哈密市巴里坤县花园乡花庄子村八队
…………Tel：0902-6805596

新疆隆德饮料有限公司
地址：新疆和田地区和田市北京和田工业园区（河东区）京和大道18号
…………Tel：0903-2055958

和田家和天然气有限公司
地址：新疆和田地区和田市玉都大道40号
…………Tel：0903-2056292

新疆昆仑尼雅生态农牧发展有限公司
地址：新疆和田地区民丰县索达西路10号
…………Tel：0903-6752430

新疆北屯电力工业有限公司
地址：新疆北屯市博望东街857号
…………Tel：0906-3353207

新疆伊州特酒厂
地址：新疆阿勒泰地区福海县环城西路198号
…………Tel：0906-3475199

福海县金峰果汁饮料有限责任公司
地址：新疆阿勒泰地区福海县环城东路（旺源驼奶旁）
…………Tel：0906-3666999

新疆喀纳斯旅游发展股份有限公司
地址：新疆阿勒泰地区布尔津县神湖路11号
…………Tel：0906-6528399

新疆远方旅游有限公司
地址：新疆阿勒泰地区富蕴县库额尔齐斯镇团结北路3号
…………Tel：0906-8727478

博乐市红叶葡萄酒业酿造科技有限责任公司
地址：新疆博州博乐市顾里木图路（原技术监督局旁）
…………Tel：0909-2220002

博乐市华丰农业科技发展有限公司
地址：新疆博州博乐市开发区通乐路20号
…………Tel：0909-2298666

新疆博圣酒业酿造有限责任公司
地址：新疆博州博乐市博精公路50号
…………Tel：0909-2325888

博尔塔拉蒙古自治州宾馆有限责任公司
地址：新疆博州博乐市沿河路9号
…………Tel：0909-7612580

克拉玛依广盛实业投资有限公司
地址：新疆克拉玛依市白碱滩区门户路95-701至721号
…………Tel：0990-6380082

新疆塔林投资（集团）有限责任公司
地址：新疆克拉玛依市白碱滩区门户路100号
…………Tel：0990-6829575

克拉玛依天圣工程建设有限责任公司
地址：新疆克拉玛依市永红路74号
…………Tel：0990-6884175

新疆新投康佳股份有限公司
地址：新疆克拉玛依市金龙镇永盛路5号
…………Tel：0990-7563909

新疆苏宁易购商贸有限公司
地址：新疆乌鲁木齐市天山区中山路246号建银大厦
…………Tel：0991-2300011

新疆汇嘉时代百货股份有限公司
地址：新疆乌鲁木齐高新技术产业开发区北京南路钻石城5号1栋23层
…………Tel：0991-2821691

新疆农佳乐农业科技发展有限公司
地址：新疆博州城市综合服务设施3号楼三楼
…………Tel：0991-2837888

中国广电新疆网络股份有限公司
地址：新疆乌鲁木齐市头屯河区喀纳斯湖北路455号新软创智大厦B座4层
…………Tel：0991-3075501

新疆华润万家生活超市有限公司
地址：新疆乌鲁木齐市新市区河北东路966号
…………Tel：0991-3169538

新疆环球国际酒店管理有限公司
地址：新疆乌鲁木齐市新市区北京南路76号
…………Tel：0991-3330111

农夫山泉玛纳斯县饮料有限公司
地址：新疆昌吉州玛纳斯县凉州户镇太阳庙村81幢1号
…………Tel：0991-3331603

新疆海螺型材有限责任公司
地址：新疆乌鲁木齐经济技术开发区维泰北路309号
…………Tel：0991-3772601

中粮可口可乐饮料（新疆）有限公司
地址：新疆乌鲁木齐经济技术开发区庐山街389号
…………Tel：0991-3793867

新疆友好利通物流有限责任公司
地址：新疆乌鲁木齐市头屯河区北站三路621号
…………Tel：0991-3871571

新疆八钢国际贸易股份有限公司
地址：新疆乌鲁木齐经济技术开发区107号203号
…………Tel：0991-3883373

新疆天润生物科技股份有限公司
地址：新疆乌鲁木齐市头屯河区乌昌公路2702号
…………Tel：0991-3930018

新疆尊茂银都酒店有限责任公司
地址：新疆乌鲁木齐市沙依巴克区西虹西路179号
…………Tel：0991-4580080

新疆家乐福超市有限公司
地址：新疆乌鲁木齐市水磨沟区南湖路178号
…………Tel：0991-4699353

新疆九鼎盛和果品经营管理有限公司
地址：新疆乌鲁木齐市沙依巴克区苜蓿沟北路104团四连304号
…………Tel：0991-5366053

阳光恒昌物业服务股份有限公司
地址：新疆乌鲁木齐市新市区通安南路1999号1-1＃楼4层、5层
…………Tel：0991-5598816

新疆维吾尔自治区邮政公司
地址：新疆乌鲁木齐市黄河路３０号
…………Tel：0991-5853060

新疆尊茂鸿福酒店有限责任公司
地址：新疆乌鲁木齐市沙依巴克区五一路160号
…………Tel：0991-5881588

新疆伊犁库尔德宁酿酒有限公司
地址：新疆伊犁州巩留县塔斯托别乡
…………Tel：0991-5886989

新疆昆仑丝路文化旅游发展有限公司
地址：新疆乌鲁木齐市乌鲁木齐县平西梁景区运动员接待中心123号房
…………Tel：0991-5911111

新疆盐湖制盐有限责任公司
地址：新疆乌鲁木齐市达坂城区盐湖街17号
…………Tel：0991-5941730

中粮屯河番茄有限公司
地址：昌吉市大西渠镇区玉堂村丘82栋1层w101
…………Tel：0991-6173206

中粮屯河糖业股份有限公司
地址：新疆昌吉州昌吉市大西渠镇区玉堂村丘54栋1层w101
…………Tel：0991-6173517

中石油新疆销售有限公司
地址：新疆乌鲁木齐市新市区天津北路西五巷99号
…………Tel：0991-6600659

乌鲁木齐环鹏有限公司
地址：新疆乌鲁木齐市沙依巴克区后峡
…………Tel：0991-6618121

新疆红满疆饮料食品有限公司
地址：新疆吐鲁番市高昌区葡萄产业园12号
…………Tel：0991-6622777

新疆华世丹药业有限公司
地址：新疆乌鲁木齐高新区（新市区）河南东路169号2幢2层
…………Tel：0991-6642103

康师傅（乌鲁木齐）饮品有限公司
地址：新疆乌鲁木齐经济技术开发区流花湖路383号
…………Tel：0991-6768689

新疆华凌农牧科技开发有限公司
地址：新疆乌鲁木齐市米东南路华凌西3巷1151号
…………Tel：0991-6825018

新疆新捷燃气有限责任公司
地址：新疆乌鲁木齐经济技术开发区中亚南路117号
…………Tel：0991-7688684

新疆大陆桥集团有限责任公司
地址：新疆乌鲁木齐高新区（新市区）北纬三路163号
…………Tel：0991-7928507

新疆新铁工业装备有限公司
地址：新疆乌鲁木齐高新区（新市区）北纬三路163号乌铁局集团有限公司经营基地3号楼
…………Tel：0991-7929055

新疆海尔巴格餐饮股份有限公司
地址：新疆乌鲁木齐市天山区延安路4号1栋5层501室
…………Tel：0991-8523655

乌鲁木齐海岛园食品饮料有限公司
地址：新疆乌鲁木齐市天山区延安路556号边疆世贸综合楼1幢10层1009号
…………Tel：0991-8529126

新疆国际大巴扎文化旅游产业有限公司
地址：新疆乌鲁木齐市天山区解放南路510号
…………Tel：0991-8559036

新疆中泰化学股份有限公司
地址：新疆乌鲁木齐经济技术开发区阳澄湖路39号
…………Tel：0991-8758135

奎屯樽爵葡萄酒酿造有限公司
地址：新疆伊犁州奎屯市准噶尔路41-18号
…………Tel：0992-3232083

新疆德信燃气股份有限公司
地址：新疆伊犁州奎屯市苏瓦特-喀什东路37幢8号
…………Tel：0992-3256398

新疆天北能源有限责任公司
地址：新疆克拉玛依市独山子区韶山路27号
…………Tel：0992-3876133

新疆天虹实业有限公司
地址：新疆克拉玛依市独山子区大庆东路13号
…………Tel：0992-3886666

新疆西部银力棉业（集团）有限责任公司
地址：新疆石河子市北三路２３小区７９号
…………Tel：0993-2014903

石河子市汇泉葡萄酿酒有限公司
地址：新疆石河子市北泉镇清泉集十连处
…………Tel：0993-2090178

新疆燕京啤酒有限公司
地址：新疆石河子开发区天山路8号
…………Tel：0993-2613968

新疆天珠葡萄酒业有限公司
地址：新疆石河子开发区乌伊东路368号
…………Tel：0993-2621388

新疆泰山鲲鹏机械制造有限公司
地址：新疆石河子开发区北四东路70小区61-1号
…………Tel：0993-2622717

新疆戈壁酿造啤酒有限公司
地址：新疆石河子开发区北三东路31-11号
…………Tel：0993-2628327

新疆军垦印象酒业有限责任公司
地址：新疆石河子市花园镇143团工业园区46-3栋
…………Tel：0993-2707177

新疆张裕巴保男爵酒庄有限公司
地址：新疆兵团石河子高新技术产业开发区科教路81-4
…………Tel：0993-2830299

新疆天富天源燃气有限公司
地址：新疆石河子开发区北一东路52小区2号
…………Tel：0993-2904114

新疆圣露堡葡萄酒庄有限公司
地址：新疆石河子市城区就业局农场4栋（乌伊公路151公里处）
…………Tel：0993-5198736

石河子天源果饮料有限责任公司
地址：新疆石河子市花园镇工业园区24小区46-4栋
…………Tel：0993-55113777

新疆雪水坊酒业酿造有限责任公司
地址：新疆塔城地区沙湾县大泉乡烧坊庄子村叶河路9号
…………Tel：0993-6012108

九圣禾种业股份有限公司
地址：新疆昌吉州昌吉市三工镇区火车站丘27栋1层一层1号
…………Tel：0994-2208076

昌吉市和谐物业服务有限公司
地址：新疆昌吉州昌吉市红旗西路32号小区
…………Tel：0994-2221377

新疆汇源食品饮料有限公司
地址：新疆昌吉州昌吉高新技术产业开发区
…………Tel：0994-2260511

新疆华兴庄园酒业有限公司
地址：新疆昌吉州昌吉市农业园区老龙河丘39栋
……………………Tel：0994-2280433

新疆君豪酒店有限公司
地址：新疆五家渠24区北海东街999号君豪酒店
……………………Tel：0994-2588888

新疆美益天饮料有限公司
地址：新疆昌吉州昌吉市大西渠镇闽昌工业园区
……………………Tel：0994-2592316

益海（昌吉）粮油工业有限公司
地址：新疆昌吉州昌吉市三工镇(昌吉市火车站西侧)
……………………Tel：0994-2719238

新疆兵粮麦客投资有限责任公司
地址：新疆昌吉州阜康市北亭镇古井路
……………………Tel：0994-3241018

阜康市阜北酒业有限公司
地址：新疆昌吉州阜康市北亭镇
……………………Tel：0994-3241163

新兴铸管阜康能源有限公司
地址：新疆昌吉州阜康市产业园阜东一区百盛路29号
……………………Tel：0994-3362263

呼图壁县煤炭多种经营有限责任公司
地址：新疆昌吉州呼图壁县东风大街148号
……………………Tel：0994-4533623

新疆正大食品有限公司
地址：新疆五家渠市人民南路781号恒翔大厦4楼420室
……………………Tel：0994-5678210

新疆澳兰君泰贸易有限公司
地址：新疆五家渠市人民北路952号华源.贝鸟语城第83幢1056-2-1-05室
……………………Tel：0994-5812005

中粮（昌吉）粮油工业有限公司
地址：新疆昌吉州昌吉市火车站亚欧现代物流园
……………………Tel：0994-6501107

麦趣尔集团股份有限公司
地址：新疆昌吉州昌吉市麦趣尔大道
……………………Tel：0994-6568888

新疆天裕葡萄酿酒有限公司
地址：新疆五家渠市北工业园区甘莫东路777号
……………………Tel：0994-8397219

西域旅游开发股份有限公司
地址：新疆昌吉州阜康市准噶尔路229号
……………………Tel：0994-8850678

托克逊县零海拔酒业有限公司
地址：新疆吐鲁番市托克逊县托克逊镇胜利路666号
……………………Tel：0995-7637637

新疆天盛和生物科技有限公司
地址：新疆吐鲁番市高昌区葡萄沟风景区88号
……………………Tel：0995-8614999

和硕冠龙葡萄酿酒有限公司
地址：新疆巴州和硕县塔哈其镇314国道以东3公里处
……………………Tel：0996-5958123

新疆佰年庄酒业有限公司
地址：新疆巴州和硕县曲惠镇
……………………Tel：0996-5981919

新疆西部久王酒业有限公司
地址：新疆巴州焉耆县沙河工业园区
……………………Tel：0996-601880

新疆绿原糖业有限公司
地址：新疆巴州和静县才吾库勒镇
……………………Tel：0996-6090021

新疆天塞酒庄有限责任公司
地址：新疆巴州焉耆县葡萄产业园区华葡园
……………………Tel：0996-6322222

和硕芳香酿酒葡萄种植有限公司
地址：新疆巴州和硕县11区—01＃—0028（曲惠镇）
……………………Tel：0996-8752233

阿克苏娃哈哈饮料有限公司
地址：新疆阿克苏地区阿克苏市商贸物流产业园广州路3号
……………………Tel：0997-2510175

阿克苏地区鑫瑞食品饮料有限责任公司
地址：新疆阿克苏地区阿克苏市阿瓦提路8号
……………………Tel：0997-2555263

阿克苏统一企业有限公司
地址：新疆阿克苏地区阿克苏特色产业园区富达路15号
……………………Tel：0997-2562568

新疆阿拉尔新农甘草产业有限责任公司
地址：新疆阿拉尔市阿拉尔经济技术开发区中小企业园新越路388号
……………………Tel：0997-6373300

新疆冰西域食品饮料有限公司
地址：新疆阿克苏地区阿克苏市特色产业园区（东园）余杭路6号-01
……………………Tel：0997-6550555

新疆阿克苏多浪龟兹旅游发展股份有限公司
地址：新疆阿克苏地区阿克苏市锦绣路11号阿克苏迎宾馆办公楼二楼
……………………Tel：0997-6767197

库车荣光食品饮料加工有限责任公司
地址：新疆阿克苏地区库车县伊西哈拉镇马扎甫塘村2组88号-1
……………………Tel：0997-7796500

新疆火炬燃气股份有限公司
地址：新疆喀什地区喀什市世纪大道南路77号
……………………Tel：0998-2849608

新疆喀什新捷能源有限公司
地址：新疆喀什地区喀什市恰萨街道蓝湾路社区班超东路018号1幢
……………………Tel：0998-2304348

新疆优悦佳品饮料有限公司
地址：新疆维吾尔自治区喀什地区喀什市新疆喀什经济开发区深喀大道总部经济区深喀大道南侧陕西大厦15层802号
……………………Tel：0998-2309678

南达新农业股份有限公司
地址：新疆喀什地区喀什市迎宾大道666号
……………………Tel：0998-2838880

喀什清泉食品饮料制造有限公司
地址：新疆喀什地区伽师县和夏瓦提镇喀贼托格拉克村5组03号
……………………Tel：0998-6687202

新疆美嘉食品饮料有限公司
地址：新疆喀什地区叶城县轻工业园区经三路左侧3号
……………………Tel：0998-7477777

伊犁北山红食品有限公司
地址：新疆伊犁州霍城县朝阳南路服装服饰产业园一期标准化厂房2号
……………………Tel：0999-3021230

新疆伊犁独风流饮料食品有限公司
地址：新疆伊犁州霍城县朝阳南路67号
……………………Tel：0999-3027809

新疆马利食品有限公司
地址：新疆伊犁州霍城县界梁子
……………………Tel：0999-3127703

伊犁伊圣酿酒有限责任公司
地址：新疆伊犁州伊宁县胡地亚于孜乡境内(国道218线以南)
……………………Tel：0999-4022875

新疆天蕴有机农业有限公司
地址：新疆伊犁州尼勒克县喀拉苏乡（三文鱼基地）
……………………Tel：0999-4621200

新疆伊力特实业股份有限公司
地址：新疆可克达拉市天山北路619号
……………………Tel：0999-5266014

新疆伊犁酿酒总厂贸易公司
地址：新疆伊犁州新源县肖尔布拉克
……………………Tel：0999-5267180

伊犁福润德农牧业发展有限公司
地址：新疆伊犁州新源县别斯托别乡阿什勒布拉克村002号
……………………Tel：0999-7773111

可克达拉安琪酵母有限公司
地址：新疆可克达拉市工业园城西区开元北路1999号
……………………Tel：0999-7781883

安琪酵母（伊犁）有限公司
地址：新疆伊犁州伊宁市经济合作区重庆路4199号
……………………Tel：0999-7781883

新疆伊犁酿酒总厂
地址：新疆伊犁州新源县肖尔布拉克镇
……………………Tel：0999-8038058

新疆茂业国际商贸有限责任公司
地址：新疆伊犁州伊宁市经济合作区山东路朝北199号梧桐丽景商业综合体
……………………Tel：0999-8822206

家居生活用品
礼 品 工 艺 品

一、行业综合分析

家居生活用品、礼品工艺品综合分析

纺织工业作为国民经济传统支柱产业、重要的民生产业和国际竞争优势明显的产业，在繁荣市场、吸纳就业、增加农民收入、加快城镇化进程以及促进社会和谐发展等方面发挥了重要作用。

我国纺织工业现阶段的生产力布局体系是改革开放以来在市场机制的作用下逐步发展形成的，主要具有三个特点：一是产业在东部沿海地区高度集中，浙江、江苏、山东、广东、福建五省是我国纺织生产力布局的主体区域；二是生产力布局由东部沿海向中西部地区梯度转移的趋势显著；三是产业集群化发展特征突出，目前纺织工业共有产业特色鲜明、规模效益显著、对地方经济发展贡献突出的成熟产业集群170多个。

2013年，我国纺织行业依托自身调整转型的力量，延续了“十二五”以来的平稳发展态势。全年规模以上纺织企业工业增加值同比增长8.3%，主营业务收入同比增长11.5%。无论是与同期的其他工业产业还是与自身过去数年相比，纺织行业2013年的经济增速都不算十分突出，但考虑到并无明显起色的国际市场，持续上涨的综合制造成本，以及毫无调节弹性的高额内外棉价差，行业依然实现这样的增长，已属难能可贵。经济指标中增长较为突出的，一是纺织品服装出口总额同比增长11.2%，高于上年7.9个百分点；二是规模以上企业利润总额同比增长15.8%，高于上年8.1个百分点。虽然这两项指标较高增速的背后都存在2012年内外棉价差骤然拉大所造成的基数过低因素，却也依然不能抹杀行业在转型升级道路上的真实进步。毕竟与2012年相比较，国内外棉价差并没有缩小，真正发生变化并最终支撑行业平稳发展的，还是企业适应与化解不利影响因素的能力。

2013年，纺织行业运行质量稳步提升，先进技术应用与综合管理水平提升，促进了资产利用效率、市场反应能力改善，管理、财务等费用增速低于收入增长，综合赢利空间稳中有升，成为行业实现平稳运行的关键。产业内在发展结构得到优化，家纺、针织、产业用、服装等终端产业运行质量良好，表明行业与市场衔接基本顺畅。

目前我国家纺业正进入稳定增长期。随着家纺行业消费与竞争的不断升级，家纺行业正处在起步阶段向发展阶段过渡的时期，即市场的最大变化是已进入高速发展中的结构性调整周期。在倡导绿色、环保、健康、舒适理念的今天，健康家纺礼品，无疑是家纺市场上最大的赢家，越来越多的家纺礼品供应商在亦步亦趋地推出健康概念。2013年，国家统计局统计的1810家规模以上家纺企业累计实现利润总额157.5亿元，同比增长9.6%；成本费用利润率为6.5%，同比增加0.1个百分点；利润率为6.0%，同比增加0.1个百分点；利息支出同比增长2.4%，同比降低17.2个百分点；存货产成品增速同比下降10个百分点。

2013年产业用纺织品行业产销增速明显领先行业平均水平，在纤维加工总量中占比扩大至23%，产业链结构进一步优化。上游化纤、棉纺行业虽面临原料、市场等多重重压，但生产情况依然基本正常，为全产业链顺畅运转提供了有力原料保障。内需市场电子商务成交额快速增长，东盟等新兴市场对行业出口拉动作用加大，显示企业市场开拓能力的积极变化。中西部纺织企业产销、效益增速总体高于东部，在区域布局结构上表现出新的增长活力。

2014年以来，我国纺织行业总体运行平稳，仍居于发展区间，行业生产、出口、内销、投资、利润规模均保持增长，运行效率较上年同期有所提升。2014年1-4月，我国纺织行业固定资产投资累计完成2410亿元，比2013年同期增长12.95%。纺织行业规模以上企业累计生产纱1141万吨，同比增长8.07；布累计产量203亿米，同比增长3.09；服装累计产量84亿件，同比减少4.42%；化学纤维累计产量1343万吨，同比增长6.05%。2014年1-4月，我国纺织行业出口为844亿美元，较2013年同期减少2.21%；进口为88亿美元，较2013年同期增长6.48%。2014年1-4月，我国纺织行业规模以上企业经济整体平稳。纺织行业规模以上企业达37882家；累计实现利润总额921亿元，同比增长11.57；主营业务收入18547亿元，同比增长8.67%；出口交货值2797亿元，同比增长4.75。

2014年1-3月我国家纺行业规模以上企业总体增长平稳，利润增长明显高于营业收入增长。国家统计局统计的家纺规模以上企业共1942家，累计实现主营业务收入619.7亿元，同比增长8.7%；实现利润总额31.7亿元，同比增长14.2%。另外，2014年1-3月我国家纺产品出口实现了价格和数量的同时增长，家纺产品累计出口84亿美元，较2013年同期增长4.4%，其中出口数量增长了3.3%，出口价格增长了1%。1-3月我国家纺产品累计进口3.82亿，同比增长7.2%。

“十二五”以来，纺织行业经济发展速度总体平稳，但较之“十五”和“十一五”时期明显放缓，而内在结构性调整日益加剧，已是明显的趋势性特征。2014年行业的运行表现仍然是这一特征的延续和深化，也再次印证了纺织行业确已进入新的发展阶段。以往驱动行业的市场与投资两大因素仍在客观发挥作用，但确保行业真正抓住市场机遇，不断提升固定资产投资有效性，根本还在于行业内在综合实力。换言之，内在发展质量与结构已经替代增长速度，成为纺织行业发展追求的根本。

未来我国纺织行业依然面对多种风险考验。从国际宏观经济形势的复杂性，到内需市场的发展阶段性，再到生产要素价格提升的刚性，纺织行业在未来几年面临的各种风险因素无论是否可以预先估计，其最终发生都完全不受纺织行业的控制。但是，无可奈何的发生，并不意味着无所适从地面对。纺织行业依然坚定地行走在加快调整与转型的道路上，有了发展结构与质量的支撑，未来前景依然值得期待。

本文由中投顾问供稿

二、行业法规

公司注册资本登记管理规定

（2014年2月20日国家工商行政管理总局令第64号公布）

颁布日期：20140220　实施日期：20140301　颁布单位：国家工商行政管理总局

《公司注册资本登记管理规定》已经中华人民共和国国家工商行政管理总局局务会审议通过，现予公布，自2014年3月1日起施行。

2014年2月20日

第一条　为规范公司注册资本登记管理，根据《中华人民共和国公司法》（以下简称《公司法》）、《中华人民共和国公司登记管理条例》（以下简称《公司登记管理条例》）等有关规定，制定本规定。

第二条　有限责任公司的注册资本为在公司登记机关依法登记的全体股东认缴的出资额。

股份有限公司采取发起设立方式设立的，注册资本为在公司登记机关依法登记的全体发起人认购的股本总额。

股份有限公司采取募集设立方式设立的，注册资本为在公司登记机关依法登记的实收股本总额。

法律、行政法规以及国务院决定规定公司注册资本实行实缴的，注册资本为股东或者发起人实缴的出资额或者实收股本总额。

第三条　公司登记机关依据法律、行政法规和国家有关规定登记公司的注册资本，对符合规定的，予以登记；对不符合规定的，不予登记。

第四条　公司注册资本数额、股东或者发起人的出资时间及出资方式应当符合法律、行政法规的有关规定。

第五条　股东或者发起人可以用货币出资，也可以用实物、知识产权、土地使用权等可以用货币估价并可以依法转让的非货币财产作价出资。

股东或者发起人不得以劳务、信用、自然人姓名、商誉、特许经营权或者设定担保的财产等作价出资。

第六条　股东或者发起人可以以其持有的在中国境内设立的公司（以下称股权所在公司）股权出资。

以股权出资的，该股权应当权属清楚、权能完整、依法可以转让。

具有下列情形的股权不得用作出资：

（一）已被设立质权；

（二）股权所在公司章程约定不得转让；

（三）法律、行政法规或者国务院决定规定，股权所在公司股东转让股权应当报经批准而未经批准；

（四）法律、行政法规或者国务院决定规定不得转让的其他情形。

第七条　债权人可以将其依法享有的对在中国境内设立的公司的债权，转为公司股权。

转为公司股权的债权应当符合下列情形之一：

（一）债权人已经履行债权所对应的合同义务，且不违反法律、行政法规、国务院决定或者公司章程的禁止性规定；

（二）经人民法院生效裁判或者仲裁机构裁决确认；

（三）公司破产重整或者和解期间，列入经人民法院批准的重整计划或者裁定认可的和解协议。

用以转为公司股权的债权有两个以上债权人的，债权人对债权应当已经作出分割。

债权转为公司股权的，公司应当增加注册资本。

第八条　股东或者发起人应当以自己的名义出资。

第九条　公司的注册资本由公司章程规定，登记机关按照公司章程规定予以登记。

以募集方式设立的股份有限公司的注册资本应当经验资机构验资。

公司注册资本发生变化，应当修改公司章程并向公司登记机关依法申请办理变更登记。

第十条　公司增加注册资本的，有限责任公司股东认缴新增资本的出资和股份有限公司的股东认购新股，应当分别依照《公司法》设立有限责任公司和股份有限公司缴纳出资和缴纳股款的有关规定执行。股份有限公司以公开发行新股方式或者上市公司以非公开发行新股方式增加注册资本的，还应当提交国务院证券监督管理机构的核准文件。

第十一条　公司减少注册资本，应当符合《公司法》规定的程序。

法律、行政法规以及国务院决定规定公司注册资本有最低限额的，减少后的注册资本应当不少于最低限额。

第十二条　有限责任公司依据《公司法》第七十四条的规定收购其股东的股权的，应当依法申请减少注册资本的变更登记。

第十三条　有限责任公司变更为股份有限公司时，折合的实收股本总额不得高于公司净资产额。有限责任公司变更为股份有限公司，为增加资本公开发行股份时，应当依法办理。

第十四条　股东出资额或者发起人认购股份、出资时间及方式由公司章程规定。发生变化的，应当修改公司章程并向公司登记机关依法申请办理公司章程或者公司章程修正案备案。

第十五条　法律、行政法规以及国务院决定规定公司注册资本实缴的公司虚报注册资本，取得公司登记的，由公司登记机关依照《公司登记管理条例》的相关规定予以处理。

第十六条　法律、行政法规以及国务院决定规定公司注册资本实缴的，其股东或者发起人虚假出资，未交付作为出资的货币或者非货币财产的，由公司登记机关依照《公司登记管理条例》的相关规定予以处理。

第十七条　法律、行政法规以及国务院决定规定公司注册资本实缴的，其股东或者发起人在公司成立后抽逃其出资的，由公司登记机关依照《公司登记管理条例》的相关规定予以处理。

第十八条　公司注册资本发生变动，公司未按规定办理变更登记的，由公司登记机关依照《公司登记管理条例》的相关规定予以处理。

第十九条　验资机构、资产评估机构出具虚假证明文件的，公司登记机关应当依照《公司登记管理条例》的相关规定予以处理。

第二十条　公司未按规定办理公司章程备案的，由公司登记机关依照《公司登记管理条例》的相关规定予以处理。

第二十一条　撤销公司变更登记涉及公司注册资本变动的，由公司登记机关恢复公司该次登记前的登记状态，并予以公示。

对涉及变动内容不属于登记事项的，公司应当通过企业信用信息公示系统公示。

第二十二条　外商投资的公司注册资本的登记管理适用本规定，法律另有规定的除外。

第二十三条　本规定自2014年3月1日起施行。2005年12月27日国家工商行政管理总局公布的《公司注册资本登记管理规定》、2009年1月14日国家工商行政管理总局公布的《股权出资登记管理办法》、2011年11月23日国家工商行政管理总局公布的《公司债权转股权登记管理办法》同时废止。

三、相关企业介绍

北京市

北京早晨投资集团有限公司
地址：北京市昌平区回龙观镇静林苑33号楼1至3层33-5号
…………Tel：010-51283099

北京卓达伟业科贸有限公司
地址：北京市昌平区回龙观镇北清路1号院5号楼9层2单元1006
…………Tel：010-51288785

北京微度沃克科技有限责任公司
地址：北京市昌平区回龙观镇科星西路106号院4号楼7层713
…………Tel：010-56875562

北京迅想盛达科技有限公司
地址：北京市昌平区沙河镇西沙屯村北005号
…………Tel：010-57536908

中战蓝盟科技开发股份有限公司
地址：北京市昌平区东小口镇太平家园29号1至3层北京金顺源宾馆有限公司8320-8323
…………Tel：010-58444985

北京北科昊月科技有限责任公司
地址：北京市昌平区沙河镇沙阳路18号办公楼202
…………Tel：010-58911376

北京市飞翔建筑艺术雕刻有限责任公司
地址：北京市昌平区小汤山镇葫芦河村276号
…………Tel：010-61787868

中传壹画艺术（北京）有限责任公司
地址：北京市昌平区南口镇旅游服务中心1排28号
…………Tel：010-64285227

美亚海钛（北京）信息技术有限公司
地址：北京市昌平区科技园区超前路23号院A区2层213室
…………Tel：010-64555188

卓越置业集团北京有限公司
地址：北京市昌平区北七家镇海 落村民委员会院内平房
…………Tel：010-64828740

新时代健康产业（集团）有限公司
地址：北京市昌平区科学园路10号院1号楼
…………Tel：010-64850599

北京金艺嘉诚科技发展有限公司
地址：北京市昌平区科技园区白浮泉路10号2号楼一层106室
…………Tel：010-80108607

北京易货代信息技术有限公司
地址：北京市昌平区东小口镇天通中苑二区41号楼8层804
…………Tel：010-87661510

北京宏昌龙科技发展有限公司
地址：北京市昌平区科技园区创新路7号2号楼2242号
…………Tel：010-87715207

乡果（北京）农业发展有限公司
地址：北京市昌平区沙河镇小李庄村东9幢9001室
…………Tel：010-88589009

北京律腾科技有限责任公司
地址：北京市朝阳区工人体育场北路8号院1号楼10层01-1101内第B1202号办公室
…………Tel：010-51690496

北京惠誉佳源科技发展有限公司
地址：北京市朝阳区望京中环南路甲2号24层B2701
…………Tel：010-52366200

环球天下（北京）商贸股份公司
地址：北京市朝阳区广顺南大街21号1(1)号楼01-06层(办公)4层4002
…………Tel：010-52465237

北京品星信息技术有限公司
地址：北京市朝阳区安定路39号1幢10层1005D室
…………Tel：010-52490293

北京百信荣华投资管理有限公司
地址：北京市朝阳区建国路91号院8号楼15层1511单元
…………Tel：010-52498219

予润（北京）网络科技有限公司
地址：北京市朝阳区建国路15号院甲1号北岸1292三间房创意生活园区8号楼2层437
…………Tel：010-53170395

北京峰盛时代科技有限公司
地址：北京市朝阳区朝新嘉园西里二区4号楼1层103号02室
…………Tel：010-53360310

近邻宝科技有限公司
地址：北京市朝阳区酒仙桥路甲4号3号楼22层2201
…………Tel：010-56072121

北京新狮瑞德商业管理有限公司
地址：北京市朝阳区建国路89号院16号楼7层跃层
…………Tel：010-57036058

中昊博泰（北京）投资有限公司
地址：北京市朝阳区朝阳北路99号楼19层1单元2209
…………Tel：010-57223256

北京乐鱼电子商务有限公司
地址：北京市朝阳区建国路15号院甲1号北岸1292三间房创意生活园区9号楼10层1015
…………Tel：01057422234

北京九宝网络科技发展有限公司
地址：北京市朝阳区大郊亭中街2号院1号、甲1号、乙2号、2号、甲2号、3号、甲3号、4号、5号、甲5号、乙5号楼11层1号楼1-11A
…………Tel：010-57559956

北京工美多源文化发展有限责任公司
地址：北京市朝阳区东四环中路37号
…………Tel：010-57807640

北京友宝科斯科贸有限公司
地址：北京市朝阳区广顺北大街5号院内32号4005
…………Tel：010-57982430

北京金三环纺织进出口有限责任公司
地址：北京市朝阳区松榆南路107号三层
…………Tel：010-58175320

北京荣经贸易有限公司
地址：北京市朝阳区曙光西里甲1号6层A-709号
…………Tel：010-58220266

北京微油科技服务有限公司
地址：北京市朝阳区北苑东路19号院2号楼22层2210
…………Tel：010-58488686

北京海航珺府投资有限公司
地址：北京市朝阳区霄云路26号院2号楼23层
…………Tel：010-58576688

北京雅圣艺术品有限责任公司
地址：北京市朝阳区西大望路3号院3号楼9层1005内02室
…………Tel：010-58650558

北京汇阳财富投资管理有限公司
地址：北京市朝阳区望京西园三区312号楼8层8066
…………Tel：010-58653698

昆仑玉英投资管理（北京）有限公司
地址：北京市朝阳区曙光西里甲6号院1号楼20层2301
…………Tel：010-58677427

北京央务天颐养老服务有限公司
地址：北京市朝阳区朝阳门南大街14号二层B105-A53
…………Tel：010-58692276

中联京华文化传播（北京）有限公司
地址：北京市朝阳区望京东园四区4号楼1层101
…………Tel：010-58851881

北京华赢凯来资产管理有限公司
地址：北京市朝阳区十八里店乡大洋路168号院A091
…………Tel：010-58890381

中锝（北京）科技有限公司
地址：北京市朝阳区高碑店乡半壁店村惠河南街1008-B四惠大厦二层第2014W房间
…………Tel：010-59231443

北京五十家网络科技有限公司
地址：北京市朝阳区北四环东路望京桥西北角一层39-2号
…………Tel：010-59439579

北京吾玖电子商务有限公司
地址：北京市朝阳区建国路88号(7-10号楼)3层323
…………Tel：010-59443215

北京四海盛通国际商业管理服务有限公司
地址：北京市朝阳区大羊坊路85号汇金中心3层303室
…………Tel：010-59450798

北京游云天下信息技术有限公司
地址：北京市朝阳区朝阳路85号院4号楼四层4A29室
…………Tel：010-59603090

北京祺家国际贸易有限公司
地址：北京市朝阳区阜通东大街1号院3号楼3层1单元110306室
…………Tel：010-61842005

梧桐投资有限公司
地址：北京市朝阳区亮马桥路甲40号1幢1401-A1406室
…………Tel：010-61933600

圣和（北京）供应链管理有限公司
地址：北京市朝阳区将台乡酒仙桥路甲12号3层3259
…………Tel：010-64162691

北京光禾嘉润物业管理有限公司
地址：北京市朝阳区京顺路111号1幢202—1
…………Tel：010-64309725

北京北汽众泰物业管理有限公司
地址：北京市朝阳区望京新兴产业区利泽中园2区208号
…………Tel：010-64392785

北京正懿堂网络科技有限公司
地址：北京市朝阳区和平街东土城路12号院3号楼14层1404室
…………Tel：010-64472720

北京南洋莱太时尚女人服装用品交易市场有限公司
地址：北京市朝阳区麦子店西路九号
…………Tel：010-64626606

北京京西深国投商业管理有限公司
地址：北京市朝阳区阜荣街10号1层
…………Tel：010-64733016

乐天利（北京）餐饮管理有限公司
地址：北京市朝阳区望京湖光中街甲6号望京港旅大厦713室
…………Tel：010-64735977

北京北辰酒店管理有限公司
地址：北京市朝阳区安外安立路8号
…………Tel：010-64817194

北京宇晨亿荣网络科技有限公司
地址：北京市朝阳区望京东园四区13号楼-4至33层101内A座31层3102室
…………Tel：010-64828268

北京银博国际影业有限公司
地址：北京市朝阳区汤立路201号院2号楼6层2单元705
…………Tel：010-65053277

北京吉祥林达贸易有限公司
地址：北京市朝阳区建国路15号院甲1号北岸1292三间房创意生活园区8号楼2层617
…………Tel：010-65150546

《健康时报》社有限责任公司
地址：北京市朝阳区朝阳门外金台西路2号
…………Tel：010-65369681

中航文化有限公司
地址：北京市朝阳区南郎家园18号楼102室
…………Tel：010-65662288

北京银泰置业有限公司
地址：北京市朝阳区建国门外大街2号北京银泰中心C座M层
…………Tel：010-65666060

中国服装集团有限公司
地址：北京市朝阳区建国路99号中服大厦
…………Tel：010-65813501

北京蒙斯通咨询服务有限公司
地址：北京市朝阳区光华路9号3号楼18层1801
…………Tel：010-65871111

北京天阶迅时商贸有限公司
地址：北京市朝阳区光华路甲九号4号楼5层556室
…………Tel：010-65871179

北京美航凯互联网信息服务有限公司
地址：北京市朝阳区高碑店乡高碑店村一区7号楼2号一层
…………Tel：010-65931226

北京合益包装容器有限公司
地址：北京市朝阳区黑庄户乡大鲁店二村北三支一号院
…………Tel：010-67381788-8088

北京新京官庄投资有限公司
地址：北京市朝阳区王四营乡官庄村委会大院
…………Tel：010-67497749

北京潘家园旧货市场有限公司
地址：北京市朝阳区华威里18号
…………Tel：010-67741869

北京东方天娅网络科技有限公司
地址：北京市朝阳区延静西里2号1号楼14层1408室
…………Tel：010-67776692

中国石化燃料油销售有限公司
地址：北京市朝阳区惠新东街甲6号4号楼7-8层
…………Tel：010-69166291

北京新益纺织品有限公司
地址：北京市朝阳区东三环北路丙2号11层12B05
…………Tel：010-69518806

北京十方碧山文化传媒有限公司
地址：北京市朝阳区建国路15号院甲1号北岸1292三间房创意生活园区4-411
…………Tel：010-69593898

中建远通高速公路投资管理有限公司
地址：北京市朝阳区霄云路27号409A
…………Tel：010-80505188

中建远通高速公路投资管理有限公司
地址：北京市朝阳区霄云路27号409A
…………Tel：010-80505188

空天慧智（北京）科技有限公司
地址：北京市朝阳区建国路15号院甲1号北岸1292三间房创意生活园区9-7209
…………Tel：010-80725860

美圈惠网络科技发展有限公司
地址：北京市朝阳区五里桥二街1号院4号楼13层1321
…………Tel：010-82291319

北京五洲在线信息技术有限公司
地址：北京市朝阳区北苑东路19号院2号楼17层1703
…………Tel：010-82885146

中冶国新贸易有限公司
地址：北京市朝阳区曙光西里28号2101室
…………Tel：010-83673746

梅赛德斯-奔驰（中国）汽车销售有限公司
地址：北京市朝阳区望京街8号院戴姆勒大厦16层
…………Tel：010-84173001

北京博锐智诚展览展示有限公司
地址：北京市朝阳区建国路15号院甲1号北岸1292三间房创意生活园区3-206
…………Tel：010-84332580

金港汽车文化发展（北京）股份有限公司
地址：北京市朝阳区金盏乡东苇路北京金港展览展示有限公司D区8号
…………Tel：010-84333990

北京宜华时代家具有限公司
地址：北京市朝阳区芍药居北里101号1幢6层704
…………Tel：010-84351541

中昊（北京）投资基金管理有限公司
地址：北京市朝阳区青年路12号院2号楼3层326
…………Tel：010-84424568

北京啊哈嘟商贸有限公司
地址：北京市朝阳区安立路28号院9号楼1层01室
…………Tel：010-84450909

北京万户良方科技有限公司
地址：北京市朝阳区阜通东大街1号院5号楼2单元38层323805
…………Tel：010-84554058

北京神马青春娱乐传媒有限公司
地址：北京市朝阳区酒仙桥路4号原公司办公楼(综合楼)2层211室
…………Tel：010-84599397

北京沃谷农业发展有限公司朝阳第四销售分店
地址：北京市朝阳区利泽西街8号院1号楼一层107、108、109、110、111、112、115、122、123、125、126、127、128、129号商铺
…………Tel：010-84676858

华建暖星（北京）科技有限公司
地址：北京市朝阳区西大望路23号8号(住宅)楼708室
…………Tel：010-84775885

北京希鸿大国际贸易有限公司
地址：北京市朝阳区望京园609号楼10层1108
…………Tel：010-84787456

远大博睿国际文化发展（北京）有限公司
地址：北京市朝阳区慧忠路5号6层605c
…………Tel：010-84891818-6826

北京华信嘉创信息技术有限公司
地址：北京市朝阳区久文路6号院109号楼1至3层103
…………Tel：010-85095815

北京金隅家居有限公司
地址：北京市朝阳区和平里东土城路14号3层
…………Tel：010-85271469

北京信亚宏达投资有限公司
地址：北京市朝阳区金家村南侧三间房工业园B区201房间
……Tel：010-85377198

北京博大经典集团有限公司
地址：北京市朝阳区平房乡朝阳北路定福家园B-2号楼(商业)2层0201号
……Tel：010-85382799

海淘首（北京）信息科技有限公司
地址：北京市朝阳区朝阳北路白家楼甲1号北京红庄国际文化保税创新园区E-2-8(1层2层3层)
……Tel：010-85388759

北京广盛居大槐树贸易有限公司
地址：北京市朝阳区八里庄北里129号院8号楼1单元5层501
……Tel：010-85564208

幸福社区（北京）信息技术有限公司
地址：北京市朝阳区北苑路甲13号院1号楼23层1-2303-001
……Tel：010-85639169

中侨佳信（北京）艺术品投资有限公司
地址：北京市朝阳区建国门外大街甲6号1幢31层C座三十六层内3605室
……Tel：010-85679789

北京东亿紫枫装饰设计有限公司
地址：北京市朝阳区东亿国际传媒产业园三期C座701
……Tel：010-85765666

北京劳伦斯·许服装服饰有限公司
地址：北京市朝阳区高碑店乡西店村21号楼1号一层
……Tel：010-85777767

北京繁荣文化发展有限公司
地址：北京市朝阳区高碑店乡西店村48号楼3-01号一层
……Tel：010-85781678

北京经典罗莱家居有限责任公司
地址：北京市朝阳区建国路88号7-10号楼1至2层1501
……Tel：010-85805788

北京新潮文化传媒有限公司
地址：北京市朝阳区广渠路18号院1号楼4层401室
……Tel：010-85895689

中旅外服（北京）国际旅游有限公司
地址：北京市朝阳区三里屯西六街3号5幢110、113室
……Tel：010-85908080

艾图爱（北京）体育用品有限公司
地址：北京市朝阳区东三环南路甲52楼10层11B
……Tel：010-87399797

华联咖世家（北京）餐饮管理有限公司广渠路店
地址：北京市朝阳区东三环中路22号楼一层0101内1-23号
……Tel：010-87710677

华联咖世家（北京）餐饮管理有限公司广渠路店
地址：北京市朝阳区东三环中路22号楼一层0101内1-23号
……Tel：010-87710677

北京同舟嘉艺装饰工程有限责任公司
地址：北京市朝阳区十八里店乡十八里店村876号-201
……Tel：010-8774887

哆啦宝（北京）科技有限公司
地址：北京市朝阳区劲松三区甲302楼4层420室
……Tel：010-87770822

北京山水文创投资发展有限公司
地址：北京市朝阳区周庄山水文园202号楼1层103内(02)
……Tel：010-87831188

北京锦绣投资有限公司
地址：北京市朝阳区芍药居北里101号1幢1层102
……Tel：010-89592620

北京乐迈生活科技有限公司
地址：北京市朝阳区北苑东路19号院1号楼13层(来广营宏源广兴孵化器A490号)
……Tel：010-89942405

北京京远物流股份有限公司
地址：北京市北京经济技术开发区西环南路36号2号楼
……Tel：010-56352801

北京越海供应链管理有限公司
地址：北京市北京经济技术开发区经海五路59号院2号楼一层101室
……Tel：010-56843660

北京越海全球物流有限公司
地址：北京市北京经济技术开发区经海五路59号院
……Tel：010-56843660

北京泰丰合慧文化有限公司
地址：北京市北京经济技术开发区景园北街2号9号楼三层
……Tel：010-57017715

北京金领方舟实业股份有限公司
地址：北京市北京经济技术开发区经海三路109号院60号楼1层101室
……Tel：010-57412666

中传华夏（北京）投资管理有限公司
地址：北京市大兴区经济开发区科苑路18号1幢C1户型3层378室
……Tel：010-58363073

北京恒城实业发展公司
地址：北京市大兴区庞各庄镇瓜乡路10号3号楼一层1025室
……Tel：010-58781800

北京文亨商贸有限公司
地址：北京市大兴区旧宫镇清逸园小区15号楼1-603室
……Tel：010-59295196

北京信元电信维护有限责任公司
地址：北京市北京经济技术开发区瑞合西二路3号院1号楼1层101
……Tel：010-59323925

北京文投互娱投资有限责任公司
地址：北京市北京经济技术开发区景园北街2号56栋3层303室
……Tel：010-60910931

德高恒大（北京）投资有限公司
地址：北京市大兴区黄村镇康庄路29号中建一局集团安装工程有限公司1号楼408室
……Tel：010-61233520

北京中融百鸣科技有限责任公司
地址：北京市大兴区北臧村镇北京生物工程与医药产业基地天华大街15号
……Tel：010-61252630

北京艾荷安特印务有限公司
地址：北京市大兴区黄村镇孙村组团物顺路南侧
……Tel：010-61261807

北京中联银通投资有限公司
地址：北京市大兴区西红门镇宏业路9号院3号楼12层1204室
……Tel：010-62016609

北京乾坤通达贸易有限公司
地址：北京市北京经济技术开发区地盛北街1号院31号楼2层201
……Tel：010-63323661

北京丽家丽婴婴童用品股份有限公司
地址：北京市大兴区西红门镇金业大街2号
……Tel：010-80206666

北京店堂科技有限公司
地址：北京市北京经济技术开发区经惠东路5号院2号楼7层811
……Tel：010-87327667

酒仙联合供应链管理（北京）有限公司
地址：北京市北京经济技术开发区经海五路58号院8号楼6层602室
……Tel：010-87535999

中亿亚太国际贸易有限公司
地址：北京市北京经济技术开发区科创十四街99号31幢1层
……Tel：010-87855960

诚丰家具（北京）有限公司
地址：北京市北京经济技术开发区宏达北路8号6幢3层
……Tel：010-87925579

和云筹（北京）网络科技有限公司
地址：北京市东城区东水井胡同11号楼12层15B09
……Tel：010-50868999

中青国际旅行社（北京）有限公司
地址：北京市东城区南竹杆胡同1号5层608
……Tel：010-51260600

北京昆尚服饰有限公司
地址：北京市东城区东中街46号鸿基大厦6层603室
……Tel：010-56359181

金色家园旅行社（北京）有限公司
地址：北京市东城区王府井大街99号二层1012C室
……Tel：010-57789188

麦迪美思（北京）广告有限公司
地址：北京市东城区东水井胡同11号楼5层6A11室
……Tel：010-58642015

永稻星（北京）文化娱乐有限公司
地址：北京市东城区交道口北头条76号101房间
……Tel：010-59005023

美中利华（北京）文化交流有限公司
地址：北京市东城区安外大街2号1608室
……Tel：010-63213110

美中利华（北京）文化交流有限公司
地址：北京市东城区安外大街2号1608室
……Tel：010-63213110

北京佳龙酒店管理有限公司
地址：北京市东城区朝阳门内大街75号
……Tel：010-64038888

北京图易信息技术有限公司
地址：北京市东城区张自忠路10号3层1-3065
……Tel：010-64042176

北京洛可可科技有限公司第一分公司
地址：北京市东城区景山前街4号神武门内西大房
……Tel：010-64331889

北京外交人员人事服务公司
地址：北京市东城区朝阳门内大街223号
……Tel：010-65121448

北京爱建同益经贸发展有限责任公司
地址：北京市东城区灯市口大街33号1幢6层(621)
……Tel：010-65127225

金鹰摩尔科技（北京）有限公司
地址：北京市东城区藏经馆胡同17号2幢B372号
……Tel：010-65130035

北京市北京饭店
地址：北京市东城区东长安街33号
……Tel：010-65137766

北京君达科贸有限公司
地址：北京市东城区骑河楼街11号
……Tel：010-65221766

北京东方艺品诚投资管理有限公司
地址：北京市东城区王府井西街9号三层302室
……Tel：010-65270799

北京麦当劳食品有限公司
地址：北京市东城区王府井大街200号工美大厦七层718室
……Tel：010-65281188

中国文化艺术有限公司
地址：北京市东城区东中街58号美惠大厦公寓四门三层一号
……Tel：010-65546520

北京柒柒网络科技有限公司
地址：北京市东城区东兴隆街56号808室
……Tel：01067013002

北京商睿人力资源管理有限公司
地址：北京市东城区白桥大街22号主楼一层103室
……Tel：010-67186521

北京市珐琅厂有限责任公司
地址：北京市东城区永外安乐林路10号
……Tel：010-67211677

北京陆维科技有限公司
地址：北京市东城区王府井大街201号7层708
……Tel：010-80698750

北京得鸿之星商贸有限公司
地址：北京市东城区长青园7号1幢3507-689
……Tel：010-80885661

北京丰汇物业管理有限责任公司
地址：北京市东城区王府井大街99号A723-120室
……Tel：010-83571085

北京强势合力国际会展有限公司
地址：北京市东城区和平里东街11号院内研发中心三层北侧
……Tel：010-84227907

北京红杉盛远管理咨询有限公司
地址：北京市东城区汪魏新巷5号
……Tel：010-84475668

北京虚苑天宝文化创意产业有限公司
地址：北京市东城区三元街17号3号楼3层305室
……Tel：010-84702629

北京冰狮科技有限公司
地址：北京市东城区东四北大街107号27幢一层106室
……Tel：010-85868066

北京盛世融宝国际艺术品投资有限公司
地址：北京市东城区广渠门内大街2号2层2-11
……Tel：010-86223510

北京玉尊源玉雕艺术有限责任公司
地址：北京市东城区安乐林路10号4-410
……Tel：010-87696883

北京周大福珠宝金行有限公司
地址：北京市东城区崇文门外大街7、9号正仁大厦1-64
……Tel：010-87846312

中国免税品（集团）有限责任公司
地址：北京市东城区东直门外小街甲2号正东国际大厦A座
……Tel：010-88478888-6112

北京忠和酒业有限公司
地址：北京市房山区长阳镇夏场村长周路大街1号
……Tel：010-60352486

中煤（北京）印务有限公司
地址：北京市房山区良乡经济开发区白杨路5号
……Tel：010-60357591

北京贤和影视文化传播有限公司
地址：北京市房山区康泽路3号院12号楼8层2单元805
……Tel：010-63713419

北京宇水亚华科贸有限公司
地址：北京市房山区卓秀北街10号院4号楼8层801、802
……Tel：010-64478898

北京中汇商链科技文化有限公司
地址：北京市房山区周口店镇南韩继村村委会西500米
……Tel：010-69322966

优力维特（北京）电梯技术开发有限公司
地址：北京市房山区良乡凯旋大街建设路18号
……Tel：010-87313326

北京京铁西实业开发有限公司
地址：北京市丰台区北京西站西附楼7层701号
……Tel：010-51825157

北京博欧泰克科技发展有限公司
地址：北京市丰台区航丰路13号院2号楼4层404室
……Tel：010-52213222

北京音万轻商业连锁有限公司
地址：北京市丰台区外环西路26号院52号楼一层
……Tel：010-52971111

新能联合（北京）能源科技服务有限公司
地址：北京市丰台区南四环西路188号十二区8号楼6层(园区)
……Tel：010-53312521

北京金源阳光文化发展有限公司
地址：北京市丰台区万丰路68号院和谐广场南侧办公楼8层819号
……Tel：010-53609427

伙伴纵横（北京）网络科技有限公司
地址：北京市丰台区成寿寺路甲12号9幢1层1127室
……Tel：010-57185878

北京神通皓天商贸有限公司
地址：北京市丰台区成寿寺路5号楼9层904
……Tel：010-57457943

北京首汇创新健康科技发展有限公司
地址：北京市丰台区西四环中路78号院11号楼1至3层101内1层F101室
……Tel：010-57832971

蓝海同享文化传播（北京）有限公司
地址：北京市丰台区马家堡东路106号2号楼9层930
……Tel：010-58030635

京温实业有限公司
地址：北京市丰台区南苑路13号
……Tel：010-58058685

北京神华源丰商贸有限责任公司
地址：北京市丰台区五里店北里一区4号楼320室
……Tel：010-58132929

北京民安德宏投资管理有限公司
地址：北京市丰台区广安路9号院1号楼1408室
……Tel：010-63307611

北京商都酒店
地址：北京市丰台区右安门东滨河路8号
……Tel：010-63576666

北京商都酒店
地址：北京市丰台区右安门东滨河路8号
……Tel：010-63576666

北京一商集团有限责任公司电子商务分公司
地址：北京市丰台区右安门东滨河路10号2层219
……Tel：010-63586261

北京北方努派服装服饰有限公司
地址：北京市丰台区南四环西路188号十一区39号楼4层(园区)
……Tel：010-63765965

北京国润酒店管理有限公司
地址：北京市丰台区西四环南路46号国润商务大厦B座812室
……Tel：010-63816666

北京圣火科贸有限公司
地址：北京市丰台区长辛店德善里19号27号楼601
……Tel：010-63832720

北京品尚生活物联网科技有限公司
地址：北京市丰台区南方庄一号院2号楼20层2006室
……Tel：010-67630599

《中国企业报》集团全媒科技有限公司
地址：北京市丰台区卢沟桥乡万丰路68号院和谐广场西侧写字楼17层17009室
……Tel：010-68735707

北京恒达集电教学设备有限公司
地址：北京市丰台区西四环南路46号19层2210
……Tel：010-83131785

北京大漠风情食品有限公司
地址：北京市丰台区新村巴庄子124号京天明天假日酒店D225室
……Tel：010-83509711

北京绿农达商贸有限公司
地址：北京市丰台区京开路新发地桥西侧新发地农副产品批发市场翠鲜缘冷库B座6号
……Tel：010-83711706

北京华宇信诺印刷有限公司
地址：北京市丰台区王佐镇庄户工业园1号院
……Tel：010-83876175

北京斯普荣服饰有限责任公司

地址：北京市丰台区海慧寺28号1幢等2幢
…………Tel：010-87240336

北京中邮普泰移动通信设备有限责任公司
地址：北京市丰台区西罗园北路12号1楼217号
…………Tel：010-87250160

北京水产有限责任公司
地址：北京市丰台区角门路18号院
…………Tel：010-87582071

梨花科技（北京）有限公司
地址：北京市海淀区中关村南大街乙12号院1号楼6层705-A
…………Tel：010-50949656

海上丝绸之路控股集团股份有限公司
地址：北京市海淀区中关村南大街2号1号楼11层A座1202
…………Tel：010-50955581

北京汇享合一信息技术有限公司
地址：北京市海淀区阳光南里32号楼三层3015
…………Tel：010-51092727

博思梦想文化传播有限公司
地址：北京市海淀区中关村南大街5号理工科技大厦1908B室
…………Tel：010-51280099

禅境科技股份有限公司
地址：北京市海淀区中关村东路1号院8号楼一层CG05-030号
…………Tel：010-51530236

北京磊石科技有限公司
地址：北京市海淀区小营中关村东升科技园二期西区18号一区一层167室
…………Tel：010-52596088

紫清科技有限公司
地址：北京市海淀区北四环西路9号17层1707-A076
…………Tel：010-52894824

北京康悦汇文化科技有限公司
地址：北京市海淀区阜外亮甲店1号恩济西园产业园产业孵化区207室
…………Tel：010-53091026

美丽说（北京）网络科技有限公司
地址：北京市海淀区中关村大街15-11号B2 C07
…………Tel：010-53184310-801

北京颐生玖玖网络科技有限公司
地址：北京市海淀区北三环西路99号院3号楼8层907
…………Tel：010-53344838

游天下商务服务（北京）有限公司
地址：北京市海淀区建材城西一里12号楼1层1层商业D45号
…………Tel：010-53385285

思创华通科技集团有限公司
地址：北京市海淀区上地信息路2号2号楼24层24E-3
…………Tel：010-53602953

北京新派天地科技有限公司
地址：北京市海淀区清河西三旗东新都东站南3幢平房017
…………Tel：010-53646052

北京致远共创科技发展有限公司
地址：北京市海淀区清河嘉园东区甲1号楼11层1122室
…………Tel：010-56018136

北京爱德源教育科技发展有限公司
地址：北京市海淀区清华园三才堂42号9幢二层4428
…………Tel：010-56240580

北京优乐学园科技有限公司
地址：北京市海淀区燕西台嘉苑甲15号楼二层2020室
…………Tel：010-56291191

北京百得利国际商贸有限公司
地址：北京市海淀区五孔桥35号68号楼一层
…………Tel：010-56679803

云筑控股（北京）有限公司
地址：北京市海淀区西北旺东路10号院东区5号楼401
…………Tel：010-56730988

北京吾家品味餐饮服务有限公司
地址：北京市海淀区燕西台嘉苑甲15号楼二层2007室、2008室
…………Tel：010-57327855

北京班固商贸有限公司
地址：北京市海淀区车道沟8号13号楼522号
…………Tel：010-58220192

北京中和星空文化传媒有限公司
地址：北京市海淀区永嘉北路6号5幢2层015
…………Tel：010-58429191

北京新自我文化传播有限公司
地址：北京市海淀区阜石路甲69号院13号楼1层120室
…………Tel：010-58448686

北京跨学网教育科技有限公司
地址：北京市海淀区东北旺西路8号院25号楼3层333室
…………Tel：010-58572802

北京富达资产管理有限公司
地址：北京市海淀区紫竹院路广源闸5号4层84210号
…………Tel：010-58816739

中视购物有限公司
地址：北京市海淀区西三环中路11号1-4层
…………Tel：010-59801078

北京辰茂鸿翔酒店有限责任公司
地址：北京市海淀区龙翔路15号
…………Tel：010-59838888

中欧健元国际贸易（北京）有限公司
地址：北京市海淀区温泉镇山口路3号院1号楼3025室
…………Tel：010-61150990

标邦文化传媒（北京）集团有限公司
地址：北京市海淀区清河安宁庄路4号西平房16号102室
…………Tel：010-61223956

北京梦想蜂连锁商业有限公司
地址：北京市海淀区海淀大街27号一层F1-2室
…………Tel：010-61845888

北京和信成城技术有限公司
地址：北京市海淀区马甸东路19号2层225
…………Tel：010-61934990

北京创新思成科技有限公司
地址：北京市海淀区舒至嘉园4号楼612室(住宅)
…………Tel：010-62237812

中国健康传媒集团天和会展有限公司
地址：北京市海淀区文慧园南路甲2号三层305
…………Tel：010-62241517

北京宝明进科技发展有限公司
地址：北京市海淀区西直门北大街46号时代之光名苑6号楼B座804室
…………Tel：010-6225-0088

蓝锋资本管理股份有限公司
地址：北京市海淀区万柳中路11号派顿酒店六层605-2
…………Tel：010-62423598

北京华瑞东方科技有限公司
地址：北京市海淀区西草场1号15层1511室
…………Tel：010-62577115

北京好麦道餐饮管理有限公司
地址：北京市海淀区海淀中街16号3单元501
…………Tel：010-62684900

北京多赢科技有限公司
地址：北京市海淀区西三旗东(北京行星减速机厂院内)9幢2层202房间
…………Tel：010-62718960

新奥生态环境治理有限公司
地址：北京市海淀区北四环西路9号17层1708
…………Tel：010-62800810

北京华成时代科技有限公司
地址：北京市海淀区建材城翡丽华庭12号楼1层01
…………Tel：010-62987858

北京红果道和文化传播有限公司
地址：北京市海淀区昆明湖南路11号1号楼1层北中南部1023号
…………Tel：010-63302278

紫金国际矿业有限公司
地址：北京市海淀区复兴路乙12号7层726-729
…………Tel：010-63971526

北京同进科技有限公司
地址：北京市海淀区北三环西路甲18号1号楼1层101
…………Tel：010-64466009

雄龙实业有限公司
地址：北京市海淀区北太平庄路27号教2楼201
…………Tel：010-64664876

北京茂隆丰迈投资有限公司
地址：北京市海淀区上庄乡白水洼村东3幢平房306
…………Tel：010-65520010

北京葵元堂健康科技有限公司
地址：北京市海淀区知春路甲20号一层06号
…………Tel：010-66052345

北京四方启点科技有限公司
地址：北京市海淀区中关村南大街31号神舟科技大厦10层1001-1003室
…………Tel：010-68118224

龙仕（北京）非物质文化遗产保护有限公司
地址：北京市海淀区中关村南大街31号神舟科技大厦2层201室
…………Tel：010-68118988

北京中闰电子有限公司
地址：北京市海淀区复兴路甲23号13层13-18
…………Tel：010-68298268

北京中闰物业管理有限公司
地址：北京市海淀区复兴路甲23号13层13-21
…………Tel：010-68298268

中国国际图书贸易集团有限公司
地址：北京市海淀区车公庄西路35号
…………Tel：010-68433005

华通置业有限公司
地址：北京市海淀区车公庄西路乙19号二层208
…………Tel：010-68482634

北京容信合达科技有限责任公司
地址：北京市海淀区宝盛里19号楼507
…………Tel：010-82034016

国信中联汽车投资管理有限公司北京分公司
地址：北京市海淀区龙翔路甲1号泰翔商务楼一层111-1室
…………Tel：010-82036686

国信中联汽车投资管理有限公司北京分公司
地址：北京市海淀区龙翔路甲1号泰翔商务楼一层111-1室
…………Tel：010-82036686

北京赛凯威科技有限公司
地址：北京市海淀区马甸东路19号19层2207室
…………Tel：010-82207385

泛洋投资有限公司
地址：北京市海淀区温泉镇中央档案馆西侧平房(原北京护苗食品加工有限公司)A185号
…………Tel：010-82417970

北京纽西贸易发展有限公司
地址：北京市海淀区彰化路138号院1号楼525室
…………Tel：010-82449491

北京方正信息技术有限公司
地址：北京市海淀区成府路298号中关村方正大厦6层601室
…………Tel：010-82534206

北京方正互联技术有限公司
地址：北京市海淀区成府路298号中关村方正大厦6层601B
…………Tel：010 82534206

北京市金元子商贸有限公司
地址：北京市海淀区瀚河园20号楼3层101
…………Tel：010-82590640

北京墨提斯科技有限公司
地址：北京市海淀区北三环西路48号1号楼6至7层B座6-7B-101
…………Tel：010-82623630

北京中科万泰科技有限公司
地址：北京市海淀区信息路28号1层A2-2004号
…………Tel：010-82694549

北京黄金管家科技发展有限公司
地址：北京市海淀区海淀北二街8号3层309
…………Tel：010-82868255

优优祝福（北京）科技有限公司
地址：北京市海淀区上地信息路2号(北京实创高科技发展总公司2-2号D栋1-8层)四层404A室
…………Tel：010-82895677

北京双百爱玲珑数据技术有限公司
地址：北京市海淀区五塔寺村24号东平房北起第1间
…………Tel：010-84832573

北京佳捷瑞科科技有限公司
地址：北京市海淀区中关村南大街12号科技综合楼二层212房间
…………Tel：010-85175530

引力传媒股份有限公司
地址：北京市海淀区阜外亮甲店1号中水园乙3号楼105室
…………Tel：010-87521889

北京湘鄂情餐饮管理有限公司
地址：北京市海淀区西杉创意园四区3号楼2层101-206
…………Tel：010-88137599

北京锦绣大地农副产品批发市场有限责任公司
地址：北京市海淀区阜石路69号、海淀区阜石路甲69号院14号楼1-4层
…………Tel：010-88207706

新兴宾馆有限责任公司
地址：北京市海淀区西三环中路17号
…………Tel：010-88236688

美乐达（北京）商业管理有限公司
地址：北京市海淀区烟树园1号楼1A-2
…………Tel：010-88405148

明州实业发展集团有限公司
地址：北京市海淀区西翠路12号1层110
…………Tel：010-88437865

明州实业发展集团有限公司
地址：北京市海淀区西翠路12号1层110
…………Tel：010-88437865

中工艺美（北京）文化传播有限公司
地址：北京市海淀区新街口外大街23号院
…………Tel：010-88511169

中工艺美（北京）文化传播有限公司
地址：北京市海淀区新街口外大街23号院
…………Tel：010-88511169

北京国图创新文化服务有限公司
地址：北京市海淀区中关村南大街33号J栋113室
…………Tel：010-88544572

北京大盟文化艺术有限公司
地址：北京市海淀区中关村南大街17号韦伯时代3号楼908
…………Tel：010-88570709

卓易通（北京）网络技术有限公司
地址：北京市海淀区车道沟1号1号楼东6层
…………Tel：010-88820978

北京惟百放科贸有限责任公司
地址：北京市海淀区远大路1号D段四层4302号
…………Tel：010-88864384

北京盛世兴文文化发展有限公司
地址：北京市海淀区远大东路1号金源时代购物中心6楼610室
…………Tel：010-88865539

奇迹麦瑞可（北京）健身服务有限公司
地址：北京市海淀区昆明湖南路51号F座31号
…………Tel：010-88866011

同一贸易（北京）有限公司
地址：北京市海淀区林风二路38号院2号楼6层604B
…………Tel：010-89758470

北京微蓝生活科技有限公司
地址：北京市怀柔区桥梓镇兴桥大街1号南楼203室
…………Tel：01057012547

北京华信普惠信息技术有限公司
地址：北京市怀柔区渤海镇怀沙路536号
…………Tel：010-57233581

北京明德竞先科技有限公司
地址：北京市怀柔区杨宋镇凤翔东大街9号A座6601室
…………Tel：010-62513396

北京博泰投资有限公司
地址：北京市怀柔区杨宋镇凤翔东大街9号
…………Tel：010-64789559

北京宇兴文化传媒有限公司
地址：北京市怀柔区桥梓镇兴桥大街1号南楼203室
…………Tel：010-69792395

北京京西文化旅游股份有限公司
地址：北京市门头沟区水闸北路21号12幢
…………Tel：010-57807777

北京盛美卓越电器销售有限公司
地址：北京市门头沟区斋堂镇马栏村289号
…………Tel：010-64788697

北京新恒华盛国际贸易有限公司
地址：北京市门头沟区石龙经济开发区永安路20号3幢B1-0129室
…………Tel：010-84353263

北京博能时代国际会展有限公司
地址：北京市门头沟区桥东街13楼北105-37B室
…………Tel：010-84851160

嘉诚中泰文化艺术投资管理有限公司
地址：北京市门头沟区石龙经济开发区永安路20号3幢B1-1623室
…………Tel：010-85951985

北京恒辉天缘园林绿化工程有限公司
地址：北京市门头沟区石龙经济开发区永安路20号3幢B1-0265室
…………Tel：010-88210818

北京意飞巅企业策划有限公司
地址：北京市密云区河南寨镇下屯村(北京市密云区航云机械配件加工厂)3号楼205室
…………Tel：010-51653660

中景信旅游景区管理有限公司
地址：北京市密云区经济开发区兴盛南路8号开发区办公楼501室-1574(经济开发区集中办公区)
…………Tel：010-56715600

北京速优装饰有限公司
地址：北京市密云区经济开发区兴盛南路8号开发区办公楼501室-1638(经济开发区集中办公区)
…………Tel：010-59328022

北京通利嘉业船务代理有限公司
地址：北京市密云区溪翁庄镇水库坝西(北京交通云蒙山庄号楼303号房间)
…………Tel：010-65293978

盛世仁合（北京）国际管理咨询有限公司
地址：北京市密云区大城子镇政府东侧海惠诚综合楼101室-1758(大城子镇集中办公区)
…………Tel：010-67041901

北京密水云山旅游开发有限责任公司
地址：北京市密云区太师屯镇令公村
…………Tel：010-69035388

北京密水云山旅游开发有限责任公司
地址：北京市密云区太师屯镇令公村
…………Tel：010-69035388

北京青洞山旅游开发有限公司
地址：北京市密云县太师屯镇永安街143号镇政府办公楼415室-140
……Tel：010-69069010
北京青洞山旅游开发有限公司
地址：北京市密云县太师屯镇永安街143号镇政府办公楼415室-140
……Tel：010-69069010
万科城镇开发有限公司
地址：北京市密云区兴盛南路8号院2号楼106室-702(商务区集中办公区)
……Tel：010-85873666
北京赛克赛德酒店设备有限公司
地址：北京市密云县大城子镇政府东侧海惠诚综合楼101室-43
……Tel：010-87206221
北京适家生活馆科技有限公司
地址：北京市平谷区熊儿寨乡东路16号
……Tel：010-53345033
北京千顺合广传媒科技有限责任公司
地址：北京市平谷区熊儿寨乡东路16号
……Tel：010-58629961
北京福之派国际贸易进出口有限公司
地址：北京市平谷区平谷镇府前西街2号B座1601室
……Tel：010-64861618
北京爱奇尔白依科技有限公司
地址：北京市平谷区乐园西小区7号
……Tel：010-67379066
北京天实嘉业能源科技股份有限公司
地址：北京市平谷区兴谷经济开发区6 区305-173号
……Tel：010-69531988
北京天润新创投资管理有限公司
地址：北京市平谷区中关村科技园区平谷园兴谷B区1号-633
……Tel：010-82886898
弘付（北京）数据科技有限公司
地址：北京市石景山区银河南街2号院4号楼5层606
……Tel：010-52413212
仓颉文原教育科技（北京）有限公司
地址：北京市石景山区实兴大街30号院3号楼2层A-0151房间
……Tel：010-56185106
库巴科技（北京）有限公司
地址：北京市石景山区实兴大街30号院3号楼2层A-0072房间
……Tel：010-59288789
茂隆凯德控股有限公司
地址：北京市石景山区京汉旭城家园17号楼-1层-111
……Tel：010-65520010
环球爱玩（北京）网络科技有限公司
地址：北京市石景山区实兴大街30号院8号楼4层508
……Tel：010-68898584
环球爱玩（北京）网络科技有限公司
地址：北京市石景山区实兴大街30号院8号楼4层508
……Tel：010-68898584
北京东方双龙时代置业有限公司
地址：北京市石景山区阜石路166号1号楼104-B
……Tel：010-69808869
美家风尚科技（北京）有限公司
地址：北京市石景山区实兴大街30号院3号楼2层A-0957房间
……Tel：010-82254848
北京信宝立得信息技术有限公司
地址：北京市石景山区苹果园南路23号2幢3号
……Tel：010-82665115
北京大道融元文化发展有限公司
地址：北京市石景山区八大处高科技园区西井路3号3号楼9646房间
……Tel：010-84177082
大家电子商务有限公司
地址：北京市石景山区石景山路31号院盛景国际广场3号楼808
……Tel：010-85256142
北京文合教育科技有限公司
地址：北京市石景山区实兴大街30号院3号楼2层A-1598房间
……Tel：010-85322187
布谷鸟（北京）科技发展有限公司
地址：北京市石景山区八大处高科技园区西井路3号3号楼9636房间
……Tel：010-87213030
布谷鸟（北京）科技发展有限公司
地址：北京市石景山区八大处高科技园区西井路3号3号楼9636房间
……Tel：010-87213030
北京红都盛世服装服饰有限责任公司
地址：北京市石景山区八大处高科技园区西井路3号3号楼2864房间
……Tel：010-87862017
东煜经典文化有限责任公司
地址：北京市石景山区玉泉西里二区17号楼1层商业02 A102
……Tel：010-88694102

北京固德宏信信息技术有限公司
地址：北京市石景山区实兴大街30号院5号楼5层43号
……Tel：010-88696875
北京市西山机械厂
地址：北京市石景山区黑石头
……Tel：010-88952199
北京欧品生活健康管理有限公司
地址：北京市顺义区北京空港物流基地物流园八街1号二层B2-187
……Tel：010-57421636
北京橙天嘉禾祥云影城管理有限公司
地址：北京市顺义区临空经济核心区安泰大街9号院7号楼二层
……Tel：010-57641866-628
北京歌华宝石贸易服务中心有限公司
地址：北京市顺义区金航中路1号院2号楼217室(天竺综合保税区)
……Tel：010-57698103
北京华江东方工艺美术品有限公司
地址：北京市顺义区高丽营镇金马工业区77号
……Tel：010-67082233-6663
北京市顺义国泰商业大厦
地址：北京市顺义区新顺南大街2号1幢
……Tel：010-69447410
北京瑞格标牌制造有限公司
地址：北京市顺义区南法信镇三家店村委会西侧500米
……Tel：010-69475193
北京万事如意生活科技有限公司
地址：北京市顺义区仁和镇林河南大街9号
……Tel：010-81460827
北京郁都源园林绿化有限公司
地址：北京市顺义区赵全营镇联庄村南街西部甲1号
……Tel：010-84911815
北京东瑞科技有限公司
地址：北京市顺义区马坡镇白马路马坡段60号院6幢1至2层101内二层
……Tel：010-85758580
北京贝衡投资有限责任公司
地址：北京市通州区玉桥西里71号楼2幢二层215
……Tel：010-52292368
北京美好生活科技发展有限公司
地址：北京市通州区永乐店镇永乐大街9号-178号
……Tel：010-52325288
北京首想高新技术有限公司
地址：北京市通州区聚富苑民族产业发展基地聚祥三街3号
……Tel：010-56016278
北京爱特生活信息技术有限公司
地址：北京市通州区宋庄镇小堡村民委员会西305米
……Tel：010-58458960
北京五色土艺术品市场有限公司
地址：北京市通州区宋庄镇小堡村委会北1000米
……Tel：010-60572319
北京恒创佳益医药有限公司
地址：北京市通州区宋庄镇翟里村村委会西4000米
……Tel：010-63184471
北京浩华东方能源科技有限公司
地址：北京市通州区砖厂北里140号楼6层3634
……Tel：010-65728915
北京国泰昌荣贸易有限公司
地址：北京市通州区工业开发区云杉南路17号6幢6608号
……Tel：010-65788248
北京中商上科大厦有限公司
地址：北京市通州区新华东街126号
……Tel：010-69517413
北京空气雨艺术品工作室有限责任公司
地址：北京市通州区通胡大街15号院7号楼4层433室
……Tel：010-69596660
艾高（中国）户外体育用品有限公司
地址：北京市通州区光机电一体化产业基地办公楼301室
……Tel：010-80800368
北京春实空间设计工作室
地址：北京市通州区中关村科技园区通州园金桥科技产业基地环科中路17号26幢1至3层102-WK0451
……Tel：010-81777730
北京锐利兴业科贸有限责任公司
地址：北京市通州区工业开发区垂柳路42号
……Tel：010-83639238
北京乐友达康商贸有限公司
地址：北京市通州区潞苑南大街1093号151室
……Tel：010-85861200
北京汉艺煌景泰蓝工艺品有限公司
地址：北京市通州区宋庄文化创意产业集聚区徐宋路118号

……Tel：010-87796926
且游控股有限公司
地址：北京市通州区永乐店镇学府路08329号
……Tel：010-89592620
京太联合物流有限公司
地址：北京市西城区红莲南路28号6-1幢20148
……Tel：010-51862538
北京东祥和合艺术品有限公司
地址：北京市西城区大栅栏街25号8415室
……Tel：010-53392377
中联国融盐业有限公司
地址：北京市西城区马连道南街6号院1号楼11层1109-2
……Tel：010-56037607
北京黄金交易中心有限公司
地址：北京市西城区黄寺大街甲23号院1号楼601-36
……Tel：010-56930055
中钞实业有限公司
地址：北京市西城区德胜门外大街81号C座十二层(德胜园区)
……Tel：010-59062036
中化能源股份有限公司
地址：北京市西城区复兴门内大街28号凯晨世贸中心中座F9层
……Tel：010-59569575
北京市金属工艺品厂有限责任公司
地址：北京市西城区教场口街9号院戊9号
……Tel：010-62024337
良品物语（北京）国际贸易有限公司
地址：北京市西城区北三环中路甲25号6层
……Tel：010-62058174
荣宝斋文化有限公司
地址：北京市西城区琉璃厂西街19号14至26幢
……Tel：010-63033771
中财国盛投资（北京）股份有限公司
地址：北京市西城区大院胡同18甲18号
……Tel：010-63166821
北京金座投资管理有限公司
地址：北京市西城区南横西街27号
……Tel：010-63526873
中工美国际展览有限责任公司
地址：北京市西城区西直门外大街18号楼12层6单元1503
……Tel：010-66038881
五洲创意营销策划有限公司
地址：北京市西城区复兴门内大街45号408、406室
……Tel：010-66094340
中邮普泰通信服务股份有限公司
地址：北京市西城区复兴门内大街156号D座6层
……Tel：010-66426993
华联咖世家（北京）餐饮管理有限公司
地址：北京市西城区阜外大街1号四川大厦东塔楼5层524室
……Tel：010-68341188
中传经典（北京）影院投资管理有限公司
地址：北京市西城区新文化街56号1号楼208室
……Tel：010-82088061
北京欣燕都酒店连锁有限公司
地址：北京市西城区新街口南大街44号
……Tel：010-83221433
简道互动（北京）科技发展有限公司
地址：北京市西城区白纸坊西街(圣都大厦310室)
……Tel：010-83540066
豫章创新科技（北京）有限公司
地址：北京市西城区兴盛街2号院1号楼1层01商业06-2
……Tel：010-83937185
邮来邮网（北京）科技发展股份有限公司
地址：北京市西城区新街口外大街28号B座3层306
……Tel：010-84729925
北京华联嘉合投资管理有限公司
地址：北京市西城区广安门外大街180号三层
……Tel：010-85950282
北京市华联商业有限责任公司
地址：北京市西城区展览馆路40号楼南侧
……Tel：010-88373838
北京艺泽嫣工艺美术品有限责任公司
地址：北京市西城区新街口外大街28号102号楼320室(德胜园区)
……Tel：010-89487885
北京大唐华夏电力燃料有限公司
地址：北京市延庆区康庄镇天华路1号院2号1层101-107
……Tel：010-64082229
北京八达岭绿野莱蔬中心
地址：北京市延庆区康庄镇小丰营村东
……Tel：010-81187959
北京众得电子商务有限公司
地址：北京市延庆区延庆经济开发区百泉街10号2栋808室

……Tel：010-87688578

天津市

天津阊优建材贸易有限公司
地址：天津市和平区保定道35-37号新华大厦A幢-2202
……Tel：022-23121166
天津津湾大剧院有限公司
地址：天津市和平区解放北路与赤峰道交口津湾广场4号楼
……Tel：022-23219026
天津宣元装饰工程有限公司
地址：天津市东丽区新立街道海山北里10#-504
……Tel：022-23246070
天津市津商文化传媒有限公司
地址：天津市武清商务区新成路2号702-26（集中办公区）
……Tel：022-23281275
天津万航国际运输代理有限公司
地址：天津市东丽区滨海机场场外院7-3-405号
……Tel：022-23308786
天津时尚舞台国际品牌服装特卖有限责任公司
地址：天津空港经济区津空加挂2007-5号地块
……Tel：022-23391860
天津时尚舞台国际品牌服装特卖有限责任公司
地址：天津空港经济区津空加挂2007-5号地块
……Tel：022-23391860
天津这儿有科技有限公司
地址：天津市南开区航天道58号1号楼204室
……Tel：022-23457456
一一一八科技（天津）股份有限公司
地址：天津市南开区金坪路10号创客工坊109-2
……Tel：022-23518855
天津市树圣工艺品有限公司
地址：程林街一塑料仓库内
……Tel：022-24370605
天津海底捞餐饮管理有限公司
地址：华苑产业区华天道2号2100室-C1013（集中办公区）
……Tel：022-24411791
赛维（天津）供应链管理有限公司
地址：天津空港经济区经四路236号
……Tel：022-24938988
天津顶津食品有限公司
地址：天津经济技术开发区第五大街20号
……Tel：022-25329605
天津市福莱特建筑工程有限公司
地址：天津市河北区鸿顺里街四马路158号201室
……Tel：022-26219890
益德成（天津）闻药文化发展有限公司
地址：天津市红桥区丁字沽三号路45号红星职专院内高层19楼02-3
……Tel：022-26521287
荣宝斋（天津）有限责任公司
地址：红桥区西沽公园A区一号楼
……Tel：022-26541289
天津市北信中乒汽车装俱销售服务有限公司
地址：北辰区新宜白大道北
……Tel：022-26728620
天津万山文化传媒有限公司
地址：天津市和平区和平路321-327号、新239-243号7012
……Tel：022-27117003
乐宾百货（天津）有限公司
地址：天津市和平区南京路128号
……Tel：022-27168166
天津市新中国现代文化用品有限责任公司
地址：天津市和平区和平路270-274号
……Tel：022-27229830
天津老美华鞋店有限责任公司
地址：天津市和平区劝业场街和平路190-192号，178号
……Tel：022-27233636
仁恒发展（天津）有限公司
地址：天津市南开区东马路129号仁恒置地国际中心27层
……Tel：022-27266666
天津五行制冷设备商贸有限公司
地址：天津市河西区解放南路与浦口道交口东南侧创展大厦-2902
……Tel：022-27342126
天津悦品会有限公司
地址：天津市武清开发区福源道北侧创业总部基地C04号楼817室
……Tel：022-27555100
天津华厦物业管理发展有限公司
地址：天津开发区泰丰工贸大厦B座
……Tel：022-27836906
天津市程之创商贸有限公司

地址：天津市河西区广东路广顺园1号楼2门1109－1112
…………Tel：022－28138969
天津市浩物嘉德汽车贸易有限公司
地址：天津市滨海新区塘沽河南路1376号
…………Tel：022－28325231
天津精锐展览有限公司
地址：河西区友谊路与黑牛城道交口西北侧友谊大厦1－3－1106
…………Tel：022－28375228
威斯克（天津）精密五金有限公司
地址：天津滨海民营经济成长示范基地
…………Tel：022－28768690
天津市合作物美百恒商贸有限公司
地址：天津市静海区静海镇东方红路29号
…………Tel：022－28919383
虎牌机械（天津）有限公司
地址：天津市津南区长青科工贸园区
…………Tel：022－58335911
天津市金万达科技有限公司
地址：红桥区春至里1－6门底商113－115
…………Tel：022－58505180
天津南开允公集团有限公司
地址：天津市滨海高新区华苑产业区开华道20号南开科技大厦主楼－306－7室
…………Tel：022－58889298
天津泉植园林工程有限公司
地址：河西区绍兴道与永安道交口西南侧罗兰花园2－401－02
…………Tel：022－58895937
天津卓尔电商城管理有限公司
地址：天津西青学府工业区创新道32号天津卓尔电商城C区2号楼2楼101
…………Tel：022－58911111
绫致时装（天津）有限公司
地址：天津新技术产业园区武清开发区泉秀路9号
…………Tel：022－59696275
天津滨海新区中新企业外包服务有限公司
地址：天津生态城动漫中路126号动漫大厦B1区601室
…………Tel：022－59855859
森马（天津）物流投资有限公司
地址：天津市武清开发区泉秀路3号
…………Tel：022－59903908
天津一商友谊精品广场有限公司
地址：天津市和平区曲阜道38号负一至六层
…………Tel：022－60828999
天津联众永盛科技发展有限公司
地址：天津市和平区岳阳道127号（新71号）2层206号
…………Tel：022－60858581
舌尖文化（天津）有限公司
地址：天津市河西区大沽南路东侧博轩8－350
…………Tel：022－60913330
天津瑞福能源销售有限公司
地址：天津市滨海新区塘沽新港
…………Tel：022－62003161
天津市凯维进出口贸易有限公司
地址：天津市滨海新区塘沽新城镇邓善沽村
…………Tel：022－66208011
天津泛海华业物业服务有限公司
地址：天津市滨海新区塘沽大泛华商务中心第六层C－2
…………Tel：022－66880006
天津鹏福源广告有限公司
地址：天津静海北环工业区东兴道25号
…………Tel：022－68687997
天津市宁河县兴外贸易发展有限公司
地址：天津市宁河县经济开发区五纬路10号
…………Tel：022－69591638
天津上达干燥花有限公司
地址：天津市武清区上马台镇金裕道南
…………Tel：022－82284557
海普（天津）制鞋有限公司
地址：天津市武清开发区三号路六号标准厂房
…………Tel：022－82955129
天津市嘉圣礼品贸易有限公司
地址：河东区六纬路22号逸庭苑大厦2－15B
…………Tel：022－83278878
天津开发区信达成商贸有限公司
地址：天津开发区洞庭路122号2段F3602室
…………Tel：022－83280051
天津市长静中老年日用品有限公司
地址：天津市和平区汉口西道15号
…………Tel：022－83387046
天津市洪涛装饰产业有限公司
地址：天津市滨海新区中新生态城中心渔港鲤鱼门路58号
…………Tel：022－83656123
景合（天津）生活服务有限公司
地址：天津市东丽区新立街道惠山道润景家园33＃－1－116
…………Tel：022－84878788
天津市生生塑料制品有限公司
地址：北辰区宜兴埠外环线东马道一排3号
…………Tel：022－86995265
天津市米兰购物广场有限公司
地址：红桥区芥园道米兰弘丽园综合楼206号
…………Tel：022－87726809
天津轨道交通集团有限公司
地址：天津市西青区才智道36号
…………Tel：022－87811512
天津美宜天环境科技有限公司
地址：天津市津南区双港镇上海街57号D区厂房二层202
…………Tel：022－87831515
天津北大荒农垦绿色食品有限公司
地址：天津市滨海新区临港经济区海泰智仕园17号楼
…………Tel：022－87870053
中新房（天津）工程管理有限公司
地址：天津市河西区友谊路与黑牛城道交口西北侧友谊大厦2－701
…………Tel：022－88325115

上海市

上海正地实业有限公司
地址：上海市浦东新区张杨北路5650号1层
…………Tel：021－20218888
板通商贸（上海）有限公司
地址：上海市浦东新区耀华路488号1805室
…………Tel：021－20286088
上海怡亚通拓宏供应链管理有限公司
地址：中国（上海）自由贸易试验区金粤路202号1幢6楼A座01单元
…………Tel：021－20324800
上海宜德展览服务有限公司
地址：上海市松江区富荣经济园区内富汇路20号17幢504－2
…………Tel：021－20371161
上海诺施广告有限公司
地址：上海市静安区淮安路668号1幢3层D
…………Tel：021－20436119
上海福昱电子商务有限公司
地址：上海市崇明区新河镇新申路921弄2号R区267室（上海富盛经济开发区）
…………Tel：021－20531785
上海财易付商务服务有限公司
地址：上海崇明工业园区秀山路80号106室
…………Tel：021－20936382
上海纺织时尚定制服饰有限公司
地址：中国（上海）自由贸易试验区康桥东路1号16幢
…………Tel：021－20971308
上海放心酒业连锁有限公司
地址：上海市浦东新区川沙新镇会龙村688号2幢101室
…………Tel：021－20980561
上海乐优信息科技有限公司
地址：上海市浦东新区秀浦路2388号10幢3层
…………Tel：021－20989617
信麟商务咨询（上海）有限公司
地址：上海市奉贤区岚丰路1150号2幢2232室
…………Tel：021－21212121
上海世博会有限公司
地址：中国（上海）自由贸易试验区浦东南路3588号212、214室
…………Tel：021－22062416
上海世博会有限公司
地址：中国（上海）自由贸易试验区浦东南路3588号212、214室
…………Tel：021－22062416
上海世博会运营有限公司
地址：上海市延安中路1000号
…………Tel：021－22062931
中运富通（上海）黄金珠宝有限公司
地址：上海市崇明区横沙乡富民支路58号D1－8160室（上海横泰经济开发区）
…………Tel：021－22139030
上海聚纬电子商务有限公司
地址：上海砖桥贸易城三区45幢B29号
…………Tel：021－22139030
通用磨坊贸易（上海）有限公司
地址：上海市浦东新区懿德路399号
…………Tel：021－22237777
沃高（中国）商业有限公司
地址：上海市静安区南京西路1717号会德丰国际广场办公楼48楼5B
…………Tel：021－22261122
普拉达时装商业（上海）有限公司
地址：上海市静安区南京西路1366号恒隆广场办公楼二号楼41层4109、4110室
…………Tel：021－22313399
东方航空传媒股份有限公司
地址：上海市虹桥路2550号
…………Tel：021－22336561
上海新民网有限公司
地址：上海市静安区威海路755号
…………Tel：021－22896253
上海亚一市西金店有限公司
地址：上海沪宜路1号－516
…………Tel：021－23028744
上海亚一钻石首饰有限公司
地址：上海市福佑路258号－288号
…………Tel：021－23028963
上海老庙点睛品钻石首饰有限公司
地址：上海市奉贤区远东路828号2幢107室
…………Tel：021－23028994
上海亚一清河金店有限公司
地址：嘉定区嘉定镇清河路9号－1
…………Tel：021－23029057
上海豫园商城工艺品有限公司
地址：上海市方浜中路265号
…………Tel：021－23029200
上海豫园文化传播有限公司
地址：上海市黄浦区文昌路10号3楼
…………Tel：021－23029200
上海豫园商城工艺品有限公司
地址：上海市方浜中路265号
…………Tel：021－23029200
百事食品（中国）有限公司
地址：上海市松江工业区东兴路99号
…………Tel：021－23058000
奥旭（上海）市场营销服务有限公司
地址：上海市青浦区华青南路481－485号1703F室
…………Tel：021－23106666
上海恐龙贸易有限公司
地址：闵行区程家桥路258号
…………Tel：021－23138500
上海华谊集团资产管理有限公司
地址：上海市虹口区武进路440号一层
…………Tel：021－23538122
上海德新汽车服务有限公司
地址：中国（上海）自由贸易试验区张东路1388号19幢101室
…………Tel：021－24032111
上海拾味贸易有限公司
地址：中国（上海）自由贸易试验区奥纳路55号1幢607室
…………Tel：021－24099077
上海拾味贸易有限公司
地址：中国（上海）自由贸易试验区奥纳路55号1幢607室
…………Tel：021－24099077
禾沙（上海）信息科技有限公司
地址：上海市闵行区申滨南路1226号412室
…………Tel：021－24150768
上海宋城世博演艺发展有限公司
地址：中国（上海）自由贸易试验区耀华路251号一幢一层
…………Tel：021－24150856
上海万豪投资有限公司
地址：上海市徐汇区钦州北路120号259室
…………Tel：021－24178888
上海航天实业有限公司
地址：漕溪路222号
…………Tel：021－24239332
上海筹悦餐饮管理有限公司
地址：上海市闵行区合川路2570号2幢106－2室
…………Tel：021－24269555
安莉芳（上海）有限公司
地址：上海市杨浦区昆明路508号101－104室、201－205室、401－406室、501－506室
…………Tel：021－25058888
上海启环电信安装工程有限公司
地址：上海市松江区泖港镇中路33号
…………Tel：0212－50893118
上海丝绸集团品牌发展有限公司
地址：上海市虹口区四川北路1666号17层
…………Tel：021－25108888
上海摩凌投资有限公司
地址：青浦区公园路99号舜浦大厦二层E区295室
…………Tel：021－25630568
上海天印展览展示服务有限公司
地址：上海化学工业区物流产业园合展路118号1幢102室E23座
…………Tel：021－26050114
上海古昱家具科技有限公司
地址：上海市闵行区庙泾路66号I551室
…………Tel：021－31007155
上海亿德轩展览服务有限公司
地址：上海市普陀区云岭东路89号201－F室
…………Tel：021－31011965
苏宁文化产业有限公司
地址：上海市普陀区丹巴路99号A2幢3层307室
…………Tel：021－31015588
苏宁文化产业有限公司
地址：上海市普陀区丹巴路99号A2幢3层307室
…………Tel：021－31015588
上海顺涵礼品包装有限公司
地址：上海市金山工业区亭卫公路6558号5幢1109室
…………Tel：021－31019002
上海东用电器有限公司
地址：上海市浦东新区上川路6251号11幢210室
…………Tel：021－31037728
上海巨寿集团有限公司
地址：中国（上海）自由贸易试验区富特北路277号5层574室
…………Tel：021－31038800
上海予智服饰有限公司
地址：青浦区沪青平公路3841弄5号67宗地29幢二层C区255室
…………Tel：021－31052605
上海予智服饰有限公司
地址：青浦区沪青平公路3841弄5号67宗地29幢二层C区255室
…………Tel：021－31052605
科乐通汽车销售服务（上海）有限公司
地址：上海市普陀区红柳路399号2幢－A区
…………Tel：021－31065588
上海龙雪工艺礼品有限公司
地址：上海市奉贤区茂园路659号1040室
…………Tel：021－31125586
东都（上海）电子商务有限公司
地址：上海市奉贤区沿钱公路5601号1幢
…………Tel：021－31170817
上海宝燕网络科技有限公司
地址：上海市闵行区金都路2998号801室
…………Tel：021－31187577
上海萃司莱贸易有限公司
地址：上海市松江区九亭镇九新公路339号1幢14楼
…………Tel：021－31208867
孚汇资产管理（上海）有限公司
地址：上海市崇明县北沿公路2111号3幢134－7室（上海崇明森林旅游园区）
…………Tel：021－31234599
上海溢沃广告有限公司
地址：青浦区练塘镇章练塘路588弄15号1幢2层F区266室
…………Tel：021－31257741
如兴（上海）进出口有限公司
地址：上海市徐汇区中山西路1800号2楼2E1、2E2部位
…………Tel：021－31265077
上海鸿绪礼品有限公司
地址：上海市金山区廊下镇新风路2号903室
…………Tel：021－31268366
品慧堂（上海）酒业有限公司
地址：浦东新区航头镇航都路25号6幢3楼
…………Tel：021－31321855
上海浩岳国际贸易有限公司
地址：上海市普陀区交通路4711号1202室R
…………Tel：021－31322171
安娜生物科技（上海）有限公司
地址：上海市青浦区重固镇赵重公路2278号5号楼4层A55座
…………Tel：021－31328080
上海艾阁特文化传播有限公司
地址：上海市崇明区宏海公路4588号3号楼233室（上海三星经济小区）
…………Tel：021－31329736
上海渝盟超市管理有限公司
地址：上海市杨浦区政云路130号
…………Tel：021－31356000
上海东裔文化传媒有限公司
地址：上海市杨浦区翔股路81号2幢253室
…………Tel：021－31368758
上海健宏礼品有限公司
地址：上海市金山区朱枫公路9135号枫泾商城4号楼1－516室
…………Tel：021－31377650
上海唐影文化传媒有限公司
地址：上海市松江区新浜镇中心路314号120室
…………Tel：021－31397568
上海居智乐文化发展有限公司
地址：上海市虹口区广中路40号K1室
…………Tel：021－31399746
上海国真文化艺术有限公司
地址：上海市闵行区元江路5500号1号楼1124室
…………Tel：021－31399900
上海喜可买贸易有限公司
地址：上海市普陀区真北路3538号底层北E1006室
…………Tel：021－31576010
上海圆贝信息科技有限公司
地址：上海市徐汇区浦北路976号373室
…………Tel：021－31600035
上海笙福文化传播有限公司
地址：上海市奉贤区金齐路868号3735室
…………Tel：021－31603550
上海翌极广告有限公司

地址：上海市松江区车墩镇莘莘路32号1533
……Tel：021-31605996

上海本来果坊科技有限公司
地址：上海市青浦区华新镇新凤中路333号E区10幢203室-1
……Tel：021-31663438

上海疯咖信息技术有限公司
地址：上海市长宁区平武路38号6楼608-8室
……Tel：021-31667920

上海金牛黄金饰品销售有限公司
地址：上海市普陀区江宁路1165号804室
……Tel：021-31755999

上海蜂星电讯设备连锁有限公司
地址：上海市黄浦区南塘浜路103号539室B座
……Tel：021-31839888

上海珈奇有机玻璃制品有限公司
地址：上海市宝山区锦宏路518号1幢5楼-A322室
……Tel：021-32090147

上海越唐文化传媒有限公司
地址：青浦区赵巷镇沪青平公路3797号2158室
……Tel：021-32092855

上海弘广文化发展有限公司
地址：上海市静安区陕西北路446号
……Tel：021-32098290

上海中旅杨休国际旅行社有限公司
地址：上海市杨浦区长阳路1080号018幢502室
……Tel：021-32128361

上海元太广告有限公司
地址：上海市静安区江宁路815号5号楼204室
……Tel：021-32144518

上海君麟商贸有限公司浦东分公司
地址：上海市浦东新区三林镇胡巷村金家宅98号8幢112室
……Tel：021-32181681

上海君麟商贸有限公司浦东分公司
地址：上海市浦东新区三林镇胡巷村金家宅98号8幢112室
……Tel：021-32181681

上海东合化工有限公司
地址：上海市徐汇区柳州路138号1109室
……Tel：021-32200519

博洹国际贸易（上海）有限公司
地址：上海市静安区太阳山路188弄8号507室
……Tel：021-32201156

上海臻悦服饰股份有限公司
地址：上海市浦东新区万祥镇宏祥北路83弄1-42号20幢D区338室
……Tel：021-32212398

上海安盟国际贸易有限公司
地址：上海市宝山区梅林路358号11幢B1220室
……Tel：021-32252708

鹰晟国际贸易（上海）有限公司
地址：中国（上海）自由贸易试验区马吉路2号1101室
……Tel：021-32262611

上海尚九信息科技有限公司
地址：上海市虹口区广纪路173号1001-1007室121B
……Tel：021-32301739

上海尚九信息科技有限公司
地址：上海市虹口区广纪路173号1001-1007室121B
……Tel：021-32301739

上海爱驾网络科技有限公司
地址：上海市普陀区丹巴路28弄31号705室
……Tel：021-32500360

乐富家商贸（上海）有限公司
地址：上海市闵行区虹梅南路1755号1幢1层CC1093室
……Tel：021-32501385

上海松若商务咨询有限公司
地址：上海市金山区亭林镇林宝路39号9幢J13室
……Tel：021-32502010

上海众晋投资管理有限公司
地址：上海市普陀区真如镇郁家弄72号6幢103D座
……Tel：021-32502252

上海拜琦贸易有限公司
地址：上海市普陀区真北路915号2007室
……Tel：021-32503056

上海拜琦贸易有限公司
地址：上海市普陀区真北路915号2007室
……Tel：021-32503056

乔富贸易（上海）有限公司
地址：上海市嘉定区马陆镇封周路655号14幢202室
……Tel：021-32503800

万马奔腾艺术品（上海）股份有限公司
地址：上海市徐汇区东安路360号319室
……Tel：021-32503911

万马奔腾艺术品（上海）股份有限公司
地址：上海市徐汇区东安路360号319室
……Tel：021-32503911

创愿（上海）信息技术有限公司
地址：上海市静安区恒丰路329号905室
……Tel：021-32512062

上海申动文化传播有限公司
地址：上海市长宁区长宁路999号626室
……Tel：021-32527106

汉米敦（上海）工程咨询股份有限公司
地址：上海市崇明县陈家镇瀛东村53号3幢207室（上海智慧岛数据产业园）
……Tel：021-32553266

上海氏琛贸易有限公司
地址：上海市长宁区哈密路1953号615室
……Tel：021-32553727

上海乐线国际旅行社有限公司
地址：上海市长宁区延安西路1228弄2号10C、10D室（标号层）
……Tel：021-32562288

上海恒昶纺织品有限公司
地址：上海市宝山区月罗路241号1楼206室
……Tel：021-32563063

上海摩萨克服饰有限公司
地址：青浦区练塘镇章练塘路588弄15号1幢2层X区285室
……Tel：021-32563505

上海摩萨克服饰有限公司
地址：青浦区练塘镇章练塘路588弄15号1幢2层X区285室
……Tel：021-32563505

上海星索广告传媒有限公司
地址：青浦区浦仓路485号257-N
……Tel：021-32565083

上海伯华医疗设备有限公司
地址：上海市松江区泖港镇五　路30号201室
……Tel：021-32567617

少数民族经济文化开发上海有限公司
地址：中国（上海）自由贸易试验区台中南路68号202室
……Tel：021-32585007

上海尚演文化投资管理有限公司
地址：上海市静安区北京西路1013号北楼1-6楼
……Tel：021-32798888

上海吉汇资产管理有限公司
地址：上海市浦东新区江东路1586号3幢244室
……Tel：021-32915841

上海品纱礼服销售有限公司
地址：上海市金山区朱泾镇仙居路218号3幢2084室A座
……Tel：021-33100631

上海贵美文化传播有限公司
地址：上海市崇明区城桥镇中津桥路22号505室（上海城桥经济开发区）
……Tel：021-33110152

上海猫仕电子商务有限公司
地址：上海市闵行区联航路1188号9幢407室
……Tel：021-33233913

上海施帛格电子科技有限公司
地址：上海市嘉定区真新街道金沙江路3131号5幢北区305室
……Tel：021-33250264

有量（上海）信息技术有限公司
地址：上海市徐汇区宜山路700号86幢12层办公1217室
……Tel：021-33251805

上海式时商贸有限公司
地址：上海市静安区昌平路363号5楼5121室
……Tel：021-33254800

碧恩食（上海）餐饮管理有限公司
地址：上海市闵行区元江路5500号第1幢E2848室
……Tel：021-33283595

上海众申投资管理有限公司
地址：上海市虹口区广纪路173号1001-1007室115F
……Tel：021-33305058

上海众申投资管理有限公司
地址：上海市虹口区广纪路173号1001-1007室115F
……Tel：021-33305058

绿创意园林（上海）有限公司
地址：上海市虹口区霍山路170号1070室
……Tel：021-33315152

上海百联商业连锁有限公司
地址：上海市黄浦区福州路355号-377号4楼西部
……Tel：021-33359196

上海电影股份有限公司营销传媒分公司
地址：上海市徐汇区宜山路333号1幢803-6室
……Tel：021-33391000

上海必胜客有限公司
地址：上海市浦东新区牡丹路60号801B室
……Tel：021-33398888

昂美电子商务（上海）有限公司
地址：上海市奉贤区金海公路3265号14幢11204室
……Tel：021-33505926

国通实业（上海）股份有限公司
地址：上海市闵行区闵北路88弄1-30号第22幢MBA131室
……Tel：021-33508808

上海育贻工贸有限公司
地址：上海市松江区小昆山镇昆港公路429号7区203室
……Tel：021-33522125

上海贝蓝工艺品有限公司
地址：上海市松江区九亭镇九新公路339号1幢14楼
……Tel：021-33522333

上海享亮服饰有限公司
地址：上海市松江区九亭镇连富路918号3号楼二楼
……Tel：021-33522498

上海宝鸟纺织科技有限公司
地址：上海市长宁区广顺路33号8幢571室
……Tel：021-33528569

上海佳歆房地产投资顾问有限公司
地址：上海市静安区安远路733号一层、二层
……Tel：021-33532391

上海太和广告有限公司
地址：上海市松江区泖港镇中兴路111-20
……Tel：021-33532580

上海明驰家具有限公司
地址：青浦区练塘镇朱枫公路6188号2491室
……Tel：021-33532736

上海柏赋家居有限公司
地址：青浦区沪青平公路1362号1幢1层B区105室
……Tel：021-33536878

绿地集团森茂园林有限公司
地址：青浦区重固镇外青松公路4925号D-841
……Tel：021-33539955

上海尚沃通讯科技有限公司
地址：上海市松江区洞泾路8号18幢
……Tel：021-33553355

上海司雅装饰工程有限公司
地址：上海市松江区叶榭镇叶旺路1号三楼
……Tel：021-33559365

上海丰禾实业发展有限公司
地址：上海市普陀区交通路4711号1007室E
……Tel：021-33563556

上海典颐家具有限公司
地址：上海市闵行区元江路5500号第1幢E2074室
……Tel：021-33565935

上海华宏金笔有限公司
地址：上海市奉贤区杨海路118号一层
……Tel：021-33617311

上海证金贵金属经营有限公司
地址：上海市崇明县堡镇堡镇南路58号39幢116室（上海堡镇经济小区）
……Tel：021-33633453

上海鼎乘生物科技有限公司
地址：上海市杨浦区民京路853号2幢3045室
……Tel：021-33637909

上海贤邦电子集团有限公司
地址：上海市奉贤区新林路950号第3幢
……Tel：021-33653188

上海焕成礼品有限公司
地址：上海市奉贤区南桥镇张翁庙村金轩路8号
……Tel：021-33658088

上海韶涵旅游用品制造有限公司
地址：上海市奉贤区奉浦国顺路913号第三幢1-38
……Tel：021-33658686

道程文化传播（上海）有限公司
地址：广延路359-367、371-385号（单）409室
……Tel：021-33665213

上海吉野家快餐有限公司
地址：上海市静安区恒丰路585号
……Tel：021-33666060

夺金家居（上海）有限公司
地址：上海市闵行区万源路2800号Z175室
……Tel：021-33680379

上海天璨计算机科技有限公司
地址：上海市金山区张堰镇花贤路69号1幢A3445室
……Tel：021-33680391

上海商硕国际贸易有限公司
地址：上海市普陀区陕西北路1438号909室A区
……Tel：021-33681397

上海二有餐饮管理有限公司
地址：上海市徐汇区肇嘉浜路1111号3层A区3-17K、3-17out1单元
……Tel：021-33685552

上海金邦投资管理有限公司
地址：上海市北京东路666号B区43176室
……Tel：13901701885

上海潮宏基珠宝首饰有限公司第五分公司
地址：上海市闵行区吴中路1599号LG116号商铺
……Tel：021-33706383

上海潮宏基珠宝首饰有限公司第五分公司
地址：上海市闵行区吴中路1599号LG116号商铺
……Tel：021-33706383

上海赤琴实业集团有限公司
地址：上海市金山区朱泾镇新农浦银路438号1幢185G
……Tel：021-33738057

上海新倬壮贸易有限公司
地址：上海市松江区荣乐东路1556号2幢1楼
……Tel：021-33738178

上海睦航航空服务有限公司
地址：上海市金山区亭林镇兴工路225号1幢2945室
……Tel：021-33759920

上海渔澄食品有限公司
地址：上海市杨浦区军工路2855号东方国际水产中心29栋38号
……Tel：021-33816159

上海来克尼斯国际贸易有限公司
地址：上海市浦东新区金桥路2630号502室
……Tel：021-33829159

上海真趣国际旅行社有限公司
地址：上海市虹口区中州路133弄2号706室
……Tel：021-33871505

上海瑞珐服饰有限公司
地址：上海市静安区共和新路2750号1幢310室
……Tel：021-33872602

上海瑞珐服饰有限公司
地址：上海市静安区共和新路2750号1幢310室
……Tel：021-33872602

上海后天广告有限公司
地址：浦东新区环南汇新城镇环湖西二路888号C楼
……Tel：021-33883725

欧朵（上海）化妆品有限公司
地址：上海市闵行区都市路4855号1002-1室
……Tel：021-33883886

易番信息科技（上海）有限公司
地址：上海市奉贤区南桥运河北路1099号5幢102室
……Tel：021-33897429

上海华池会展服务有限公司
地址：上海市浦东新区周浦镇沈梅路99弄1-9号1幢6384室
……Tel：021-33897881

上海汉存电气科技有限公司
地址：上海市奉贤区南桥镇奉浦大道西路1号302室2-6
……Tel：021-33927366

上海邦伦进出口有限公司
地址：中国（上海）自由贸易试验区金新路99号2612室
……Tel：021-33927520

上海虹瑞服装有限公司
地址：中国（上海）自由贸易试验区民生路1403号1901室
……Tel：021-33927761

上海三喜纸制品有限公司
地址：上海市奉贤区青村镇上塑路1290号
……Tel：021-33928892

太积（上海）信息技术有限公司
地址：上海市徐汇区浦北路976号292室
……Tel：021-33966153

上海贝拉蓓蕾母婴用品有限公司
地址：上海市奉贤区金汇工业路1390号4幢2247室
……Tel：021-33975031

上海汉霆激光科技有限公司
地址：上海市奉贤区金碧路2012号
……Tel：021-33975037

上海紫竹酒店有限公司
地址：上海市闵行区东川路555号丙楼5202室
……Tel：021-34029000

上海高亚文化传播有限公司
地址：上海市崇明区潘园公路1800号2号楼1505室（上海泰和经济发展区）
……Tel：021-34080635

上海金豫百货有限公司
地址：上海市奉贤区南桥镇江海南路95弄2号9幢9112室-10-7
……Tel：021-34126593

云海肴（上海）餐饮管理有限公司
地址：上海市青浦区赵巷镇嘉松中路5399号3幢4楼E区406室
……Tel：021-34161966

上海户傲实业有限公司
地址：上海市松江区洞泾镇长兴东路1586号
…………Tel：021-34171770
上海渥福山谷投资管理有限公司
地址：上海漕河泾开发区松江高科技园莘砖公路518号3幢801室
…………Tel：021-34172443
上海祥意礼品有限公司
地址：上海市金山区枫泾镇环东一路65弄13号1917室
…………Tel：021-34172639
群领（上海）环保工程有限公司
地址：上海市闵行区曙光路280号第30幢676室
…………Tel：021-34201966
上海梓优会展服务有限公司
地址：上海市奉贤区柘林镇新塘村十一组
…………Tel：021-34202072
上海欧星机电设备有限公司
地址：上海市宝山区金石路1688号403－B
…………Tel：021-34305300
上海梵蔻化妆品贸易有限公司
地址：上海市闵行区宜山路1618号6幢A1105－A1108室
…………Tel：021-34317169
上海童梦投资管理有限公司
地址：上海市普陀区金沙江路1628弄5号1201室
…………Tel：021-34512135
上海超恩汽车销售服务有限公司
地址：上海市金山区金山卫镇学府路589号7幢711号库
…………Tel：021-34513066
上海好礼多信息技术有限公司
地址：上海市闵行区双柏路328号第1幢3011室
…………Tel：021-34536852
上海鑫港明胶有限公司
地址：上海市青浦区章练塘路508号3幢3层B309室
…………Tel：021-34537966
上海乐印美印务有限公司
地址：上海市闵行区虹梅南路1755号一幢一层EO1084室
…………Tel：021-34551232
上海鼎德商贸发展有限公司
地址：青浦区公园路99号舜浦大厦二层B区288室
…………Tel：021-34551553
上海尚谷软件有限公司
地址：上海市徐汇区钦州路100号2号楼510室
…………Tel：021-3459951
上海吉蒂屋礼品有限公司
地址：上海市嘉定区澄浏公路52号39幢2楼J1187室
…………Tel：021-34605233
上海欧芙瑞生活用品有限公司
地址：上海市徐汇区钦州南路38号102室
…………Tel：021-34616066
上海孜瑄服饰有限公司
地址：上海市闵行区光华路598号3幢H4113室
…………Tel：021-34630292
上海博锡环保科技有限公司
地址：上海市闵行区剑川路951号5幢1层A1084室
…………Tel：021-34668873
江苏省建工集团上海物贸发展有限公司
地址：中国（上海）自由贸易试验区日滨路76号B9部位
…………Tel：021-34675076
上海硕纶纺织品有限公司
地址：闵行区吴中路1100号北楼二楼
…………Tel：021-34683591
上海艺巷文化传播有限公司
地址：上海市奉贤区沿钱公路5599号20829室
…………Tel：021-34685711
上海新世傲广告有限公司
地址：上海市宝山区富联路888号5幢1楼
…………Tel：021-34698001
上海广丞实业有限公司
地址：嘉定区金沙江西路1555弄396号地下1层139室
…………Tel：021-34700969
上海麦斯家具制造有限公司
地址：上海市奉贤区金碧路1998弄3号
…………Tel：021-34716077
上海奇今贸易有限公司
地址：上海市沪太路7258号
…………Tel：021-34717358
上海智装新型材料有限公司
地址：上海市松江区松米路2号13幢235室
…………Tel：021-34751108
龙天实业（上海）有限公司
地址：上海市徐汇区冠生园路223号20幢216室
…………Tel：021-34771788
上海隽安标识有限公司
地址：嘉定区红石路119号
…………Tel：021-34785877
上海水游城商业投资管理有限公司
地址：上海市崇明区城桥镇东河沿68号6号楼430室（上海城桥经济开发区）
…………Tel：021-34795599
上海优车库文化创意产业发展有限公司
地址：上海市闵行区吴中路1199号第1幢418室
…………Tel：021-34903288
上海超前杰缘企业发展股份有限公司
地址：上海市浦东新区祝桥镇金闻路12号2幢2层225室
…………Tel：021-35080098
上海德曼科贸有限公司
地址：上海市杨浦区营口路825号906－1室
…………Tel：021-35090227
上海馨悦货运代理有限公司
地址：上海市金山区廊下镇金廊公路41号6幢496室
…………Tel：021-35091329
华宇玉城实业有限公司
地址：上海市宝山区长江西路200号3层313室A162
…………Tel：021-35309905
上海安舍建筑材料有限公司
地址：宝山区牡丹江路1508号2220－P室
…………Tel：021-35316080
上海证大画廊有限公司
地址：上海市浦东新区樱花路869号1夹层09室
…………Tel：021-35366001
上海真兴食品销售有限公司
地址：上海市闵行区中春路7001号6幢2楼222室
…………Tel：021-36031170
上海盛顺服装有限公司
地址：上海市宝山区富联路888号
…………Tel：021-36042214
上海乔达文化传媒有限公司
地址：上海市宝山区河曲路118号4632室
…………Tel：021-36160853
上海随易网络有限公司
地址：上海市宝山区 川路516号3幢1-27
…………Tel：021-36212288
上海艾佳礼品有限公司
地址：上海市松江区新浜镇中心路323号130室
…………Tel：021-36309686
上海君屹贸易有限公司
地址：上海市宝山区河曲路118号273室
…………Tel：021-36327973
上海范美焙亲国际贸易有限公司
地址：上海市静安区高平路777号819室
…………Tel：021-36328576
上海乐奔工艺品有限公司
地址：上海市嘉定区科福路358_368号4幢1层E区J6638室
…………Tel：021-36331657
上海太安实业发展有限公司
地址：上海市普陀区潮州路599号1402室
…………Tel：021-36338667
上海沽泉进出口贸易有限公司
地址：上海市奉贤区南桥镇金海路3369弄1幢208室－2
…………Tel：021-36352268
上海爱饴餐饮有限公司
地址：上海市静安区永和路118弄42号202室
…………Tel：021-36355588
上海依诚商贸有限公司
地址：上海市普陀区交通路4711号306室C
…………Tel：021-36361078
上海原兴实业有限公司
地址：浦东新区上南路3365号429室
…………Tel：021-36368890
上海东颐家商贸有限公司
地址：上海市金山区枫泾镇泾商路99弄2265号204室
…………Tel：021-36390073
上海凯地商务发展有限公司
地址：上海市松江区邱家湾44号15幢360室
…………Tel：021-36390132
锐真品牌管理（上海）有限公司
地址：上海市嘉定区科福路358_368号4幢1层E区JT6767室
…………Tel：021-36399690
上海青磊文化发展股份有限公司
地址：上海市浦东新区沈梅路123弄3号1211室
…………Tel：021-36399779
上海瑾润文化传播有限公司
地址：上海市金山区张堰镇松金公路2758号5幢B1119室
…………Tel：021-36520037
上海奥昱博广告有限公司
地址：上海市奉贤区青村镇北港村412号
…………Tel：021-36561179
中商投供应链管理（上海）有限公司
地址：上海市宝山区沪太路8885号A楼911室
…………Tel：021-36562670
上海博股信息科技有限公司
地址：上海市长宁区延安西路1160号201室－204
…………Tel：021-36566301
上海文房贸易有限公司
地址：上海市宝山区富联一路19号8幢一层101
…………Tel：021-36580072
上海晨光文具销售有限公司
地址：上海市奉贤区青村镇金钱公路3469号2号楼
…………Tel：021-36586388
上海积韵文化创意有限公司
上海市宝山区园泰路918号5幢1、2层厂房
…………Tel：021-36588901
上海晟维实业有限公司
地址：上海市杨浦区杨树浦路2310号111室
…………Tel：021-37003869
上海上金珠宝制品有限公司
地址：上海市松江区光星路618号2幢3层301室
…………Tel：021-37015125
有缘坊（上海）酒业有限公司
地址：上海市奉贤区高丰路899弄6号一层
…………Tel：021-37196299
上海联华超市奉贤有限公司
地址：上海市奉贤区南桥镇光明路471号
…………Tel：021-37442077
上海石天文化传媒有限公司
地址：上海市奉贤区望园路2165弄12号258室
…………Tel：021-37526198
上海睿润塑胶科技有限公司
地址：上海市奉贤区金汇镇工业路800号2栋1车间
…………Tel：021-37566203
上海佰雅富服饰有限公司
地址：上海市奉贤区南桥镇南桥路839号1幢
…………Tel：021-37631762
上海开元企业经营管理有限公司
地址：上海市松江区新松江路925弄1148室
…………Tel：021-37668188
上海憬之礼品包装有限公司
地址：上海市松江区车墩镇泖亭路632号1幢底楼-1、二楼、三楼
…………Tel：021-37720562
上海鑫雅新实业发展有限公司
地址：上海市松江区车墩镇香泾路48号
…………Tel：021-37772305
上海铮晟礼品有限公司
地址：上海市松江区文汇路1128号320室
…………Tel：021-37776290
上海科依恬毛衫织造有限公司
地址：上海市奉贤区金汇镇金碧路665、685号1幢1334室
…………Tel：021-37777948
上海科依恬毛衫织造有限公司
地址：上海市奉贤区金汇镇金碧路665、685号1幢1334室
…………Tel：021-37777948
铂威（上海）实业有限公司
地址：上海市松江区叶榭镇浦亭路186号2081室
…………Tel：021-37790889
上海纽源电子商务有限公司
地址：上海市松江区佘山镇辰花路5088弄113号1层
…………Tel：021-37811327
上海纽源莎顿营养品有限公司
地址：上海市松江区小昆山镇广富林路4855弄57号二楼
…………Tel：021-37811327
上海金滨海旅游开发有限公司
地址：上海市金山区浩源路289号6楼605室
…………Tel：021-37900211
上海金滨海文化传媒有限公司
地址：上海市金山区浩源路289号6楼602室
…………Tel：021-37900211
上海新廊下旅游管理发展有限公司
地址：上海市金山区廊下镇漕廊公路9133号103室
…………Tel：021-37900211
上海圣享锁具贸易有限公司
地址：浦东新区书院镇丽正路1628号4幢1082室
…………Tel：021-38016577
上海美特斯邦威服饰销售有限公司
地址：上海市黄浦区南京东路580号一至五层
…………Tel：021-38119999
上海市云孵天下企业管理有限公司
地址：上海市徐汇区康健路64号202－66室
…………Tel：021-38386811
上海衡怡智能科技有限公司
地址：上海市徐汇区桂平路418号1005室
…………Tel：021-38681128
清芳溪七叶餐饮（上海）有限公司
地址：上海市奉贤区浦卫公路1602、1626号202室
…………Tel：021-38710661
上海新巨方实业有限公司
地址：上海市金山区枫泾镇长征村6065号
…………Tel：021-38923244
蒙优汇（上海）电子商务有限公司
地址：中国（上海）自由贸易试验区乐园路199号四幢底楼101室
…………Tel：021-38973638
蒙优汇（上海）电子商务有限公司
地址：中国（上海）自由贸易试验区乐园路199号四幢底楼101室
…………Tel：021-38973638
上海七星国际购物有限公司
地址：上海市嘉定区南翔镇静塘路988号2幢J1789室
…………Tel：021-39125555
上海亚银实业有限公司
地址：上海市宝山区沪太路8885号
…………Tel：021-39126457
上海龙邦供应链管理有限公司
地址：上海市青浦区徐泾镇沪青平公路1881号4009幢一层A区175室
…………Tel：021-39282716
上海大一电子商务有限公司
地址：上海市金山工业区月工路888号6幢5区
…………Tel：021-39283326
上海康正昶铜汽车销售股份有限公司
地址：上海市青浦区盈港东路6655号5幢102室
…………Tel：021-39299257
上海名家酒店管理有限公司
地址：上海市崇明区新海镇星村公路700号7幢208－4室（上海新海经济开发区）
…………Tel：021-39360383
上海墨奇文化传播有限公司
地址：上海市普陀区怒江北路399号8楼855室
…………Tel：021-39593972
上海裕鸿企业发展集团有限公司
地址：上海市崇明县陈家镇前裕公路199号7幢959室（上海裕安经济小区）
…………Tel：021-39630071
上海伊锦辉置业发展有限公司
地址：青浦区徐泾镇沪青平公路1917号
…………Tel：021-39766666
上海晨隆汽车销售有限公司
地址：青浦区徐泾镇诸光路66号
…………Tel：021-39811011
上海宏途实业有限公司
地址：上海市浦东新区建豪路99号527室
…………Tel：021-39880279
上海滕香服装有限公司
地址：上海市奉贤区金汇镇大叶公路118号1幢118室
…………Tel：021-39885593
上海大生五金制品有限公司
地址：上海市嘉定区马陆镇樊家村
…………Tel：021-39908639
上海深信包装材料有限公司
地址：上海市金山区亭林镇南亭公路6985号79幢501－C室
…………Tel：021-39946387
上海胜者企业管理有限公司
地址：上海市嘉定区南翔镇静塘路988号2幢J3441室
…………Tel：021-39982717
上海桥融投资管理咨询有限公司
地址：上海市松江区石湖荡镇长塔路173号
…………Tel：021-50105202
上海众孚商贸有限公司
地址：浦东新区金海路3288号4幢B301室
…………Tel：021-50108100
上海锦江杰酒店管理有限公司
地址：中国（上海）自由贸易试验区张杨路707号二层西区
…………Tel：021-50125801
君儒佳（上海）商贸有限公司
地址：中国（上海）自由贸易试验区张江路91号6幢3楼326室
…………Tel：021-50128466
上海合增建筑装饰工程有限公司
地址：上海市奉贤区柘林镇环城东路6号第4幢201室
…………Tel：021-50132833
上海麒茗餐饮有限公司
地址：上海市浦东新区锦绣路2486弄6号一层、二层及地下一层部分
…………Tel：021-50133077
上海盐商集团有限公司
地址：上海市浦东新区港辉路509号204室
…………Tel：021-50152677
上海舟恩实业发展有限公司
地址：上海市浦东新区行南路880号6幢109室

……………………Tel：021-50155129
上海兵语网络科技有限公司
地址：上海市松江区泖港镇中库路165号1401室
……………………Tel：021-50160235
上海礼瀚工艺礼品有限公司
地址：中国（上海）自由贸易试验区新金桥路828号A幢二楼J区7座
……………………Tel：021-50193926
上海张江酒店经营管理有限公司
地址：中国（上海）自由贸易试验区张衡路200号2幢2301室
……………………Tel：021-50195900
上海凯略商务咨询有限公司
地址：上海市普陀区银杏路4号284室
……………………Tel：021-50253578
上海畅苑物业管理有限公司
地址：上海市闵行区鲁汇镇三鲁路1598号
……………………Tel：021-50258507
上海半兮文化艺术有限公司
地址：中国（上海）自由贸易试验区金高路2216弄35号4幢101室
……………………Tel：021-50328155
皓依羊绒服饰（上海）有限公司
地址：青浦区赵巷镇民实路91号3207室
……………………Tel：021-50329617
上海同脉食品有限公司
地址：中国（上海）自由贸易试验区碧波路518号1幢201、203室
……………………Tel：021-50330310
上海荣济广告有限公司
地址：上海市崇明区陈海公路三星段299号1号楼125室（上海三星经济小区）
……………………Tel：021-50332760
上海大董国际贸易有限公司
地址：中国（上海）自由贸易试验区富特北路211号302部位368室
……………………Tel：021-50388529
上海燕青照明集团有限公司
地址：浦东新区创业路369弄1-68号20幢132室
……………………Tel：021-50395978
上海墨墨实业有限公司
地址：上海市崇明区潘园公路1800号2号楼1287室（上海泰和经济开发区）
……………………Tel：021-50396378
上海久善建筑工程有限公司
地址：上海市崇明区三星镇宏海公路4588号14号楼303室（上海三星经济小区）
……………………Tel：021-50433180
上海财艳网络科技有限公司
地址：上海市崇明区长兴镇潘园公路1800号3号楼15408室（上海泰和经济发展区）
……………………Tel：021-5043833
指尖生活电子商务（上海）有限公司
地址：中国（上海）自由贸易试验区民生路1403号3002室
……………………Tel：021-50460868
上海星及实业有限公司
地址：中国（上海）自由贸易试验区东陆路1695号一层
……………………Tel：021-50478980
上海四联印刷厂有限公司
地址：上海市周家嘴路4214弄22号
……………………Tel：021-50479627
乐喜尔保险箱（上海）有限公司
地址：上海市普陀区长寿路360号1808室
……………………Tel：021-50497781
上海班师企业管理（集团）有限公司
地址：上海市宝山区长江西路2351号二楼224室
……………………Tel：021-50562610
上海恒园房地产置业有限公司
地址：上海市黄浦区国货路378号304室
……………………Tel：021-50568898
上海理晃化工有限公司
地址：上海市金山区枫泾商城2厅21号
……………………Tel：021-50586036
上海谷兹国际贸易有限公司
地址：上海市嘉定区嘉罗公路1661弄2号515室
……………………Tel：021-50591021
上海雅佳妮印务科技有限公司
地址：上海市松江区新桥镇新蟠路535号10幢-A
……………………Tel：021-50655591
上海悦鹏图文制作有限公司
地址：上海市杨浦区怀德路399号（集中登记地）
……………………Tel：021-50657952
上海中赣网络科技有限公司
地址：上海市奉贤区海湾镇五四支路171号15幢204室
……………………Tel：021-50677036
上海恒容企业管理有限公司
地址：潍坊六村627号109室
……………………Tel：021-50682877
上海倪俊国际贸易有限公司
地址：中国（上海）自由贸易试验区富特西一路139号一幢四层405室
……………………Tel：021-50687337
上海豪智贸易有限公司
地址：上海市静安区天目中路749弄53号712室
……………………Tel：021-50701008
上海爱集商贸有限公司
地址：上海市金山区枫泾镇环东一路65弄2号2749室
……………………Tel：021-50720612
上海中赋实业集团有限公司
地址：浦东新区胜利路896号
……………………Tel：021-50720878
上海渔泉实业有限公司
地址：上海市闵行区莘朱路968号第1幢第1层1082室
……………………Tel：021-50723587
上海网发信息科技有限公司
地址：浦东新区泥城镇新城路2号5幢1633室
……………………Tel：021-50802858
鼎索资产管理（上海）有限公司
地址：上海市崇明区竖新镇响椿路58号北四楼233室（上海竖新经济开发区）
……………………Tel：021-50808996
上海报格餐饮管理有限公司
地址：上海市黄浦区汉口路309号A1-03单元
……………………Tel：021-50813739
上海顶石珠宝有限公司
地址：中国（上海）自由贸易试验区华申路198号1幢楼四层F-09部位
……………………Tel：021-50817185
上海嘉印文化传播有限公司
地址：中国（上海）自由贸易试验区祖冲之路2290弄1号1001单元（产证登记楼层901单元）
……………………Tel：021-50875783
上海嘉印文化传播有限公司
地址：中国（上海）自由贸易试验区祖冲之路2290弄1号1001单元（产证登记楼层901单元）
……………………Tel：021-50875783
上海家乐宝真好电子商务有限公司
地址：中国（上海）自由贸易试验区祥科路58号1幢501-1室
……………………Tel：021-50878888
国合丞惠（上海）有限公司
地址：上海市奉贤区庄行镇东街265号15幢1040室
……………………Tel：021-50891088
上海好外电子商务有限公司
地址：中国（上海）自由贸易试验区峨山路91弄58号二楼C区
……………………Tel：021-50903907
上海视传礼品有限公司
地址：上海市松江区石湖荡镇闵塔路558弄5号107室
……………………Tel：021-50909021
上海祥祺工艺品有限公司
地址：中国（上海）自由贸易试验区耀华路215号2幢（名义6号楼）310室
……………………Tel：021-50909535
微先投资发展（上海）有限公司
地址：上海市奉贤区南桥镇运河北路1025号1幢0473室
……………………Tel：021-50916915
上海齐聚投资管理有限公司
地址：青浦区朱枫公路3424号1幢3层B区318室
……………………Tel：021-50922229
上海禾梧投资管理有限公司
地址：上海市浦东新区川沙路1098号8幢
……………………Tel：021-50938852
中油上海销售有限公司
地址：中国（上海）自由贸易试验区世纪大道1200号15层1515-1517号
……………………Tel：021-50956989
上海耀歌投资管理有限公司
地址：上海市崇明县长兴镇潘园公路1800号3号楼1630室（上海泰和经济发展区）
……………………Tel：021-51001929
上海卡利斯特企业发展有限公司
地址：上海市奉贤区金汇镇金钱公路339号1幢
……………………Tel：021-51029213
烁势商贸（上海）有限公司
地址：上海市长宁区定西路710弄87号103室-4
……………………Tel：021-51035022
上海意飞逊会展服务有限公司
地址：上海市嘉定区嘉戬公路328号7幢7层JT4773室
……………………Tel：021-51035618
上海旗济实业有限公司
地址：上海市汶水东路51号201D室
……………………Tel：021-51061859
上海翼利玻璃制品有限公司
地址：上海市奉贤区灯民路661号2幢1038室
……………………Tel：021-51068053
上海凡枝商贸有限公司
地址：上海市崇明区堡镇堡镇南路58号15幢1楼104-5室（上海堡镇经济小区）
……………………Tel：021-51068155
上海名驰股权投资基金管理有限公司
地址：中国（上海）自由贸易试验区浦东南路3456号3幢5楼
……………………Tel：021-51078995
上海紫伊陶瓷制品有限公司
地址：上海市奉贤区青村镇奉柘公路2799号1248室
……………………Tel：021-51078995
上海凌灏网络科技有限公司
地址：上海市宝山区新二路999弄148号3号门308室
……………………Tel：021-51078995
上海号正供应链管理有限公司
地址：上海市金山工业区通业路218号3幢303室
……………………Tel：021-51079812
上海喆氏智能科技有限公司
地址：上海市闵行区中春路7001号2幢3楼C3040室
……………………Tel：021-51081283
上海医药广告有限公司
地址：上海市长宁区华山路1399号
……………………Tel：021-51082118
上海九伽国际贸易有限公司
地址：上海市松江区泖港镇中大街123号8302
……………………Tel：021-51087391
吴裕泰茶业（上海）有限公司
地址：江场三路76、78号809室
……………………Tel：021-51097300
舌古实业（上海）有限公司
地址：上海市浦东新区三林路235号16幢317室
……………………Tel：021-5110376
上海强欧装饰材料有限公司
地址：上海市青浦区练塘镇朱枫公路3534弄1号4幢1层K区113室
……………………Tel：021-51110293
研耀（上海）信息科技有限公司
地址：上海市杨浦区国定路323号602-36室
……………………Tel：021-51131778
上海均瑶（集团）有限公司
地址：中国（上海）自由贸易试验区康桥东路8号
……………………Tel：021-51155555
上海裕佳物业管理有限公司
地址：上海市虹口区凉城路465弄60号（集中登记地）
……………………Tel：021-51186016
上海诚泰志邦网络通讯工程有限公司
地址：上海市浦东新区东方路3261号B座2207室
……………………Tel：021-51210886
上海诚泰志邦企业发展有限公司
地址：上海市浦东新区东方路3261号B座2208室
……………………Tel：021-51210887
上海雅菲化妆品有限公司
地址：上海市闵行区宝城路158弄38号1206室
……………………Tel：021-51211984
上海大吉礼品包装有限公司
地址：闻喜路555弄49号A119室
……………………Tel：021-51214998
上海铁道宾馆有限公司
地址：上海市贵州路160号
……………………Tel：021-51222133
上海华铁旅客服务有限公司
地址：秣陵路67号101室
……………………Tel：021-51235269
上海夏珏实业发展有限公司
地址：上海市宝山区友谊路1508弄6号902室
……………………Tel：021-51252096
上海三益医疗用品有限公司
地址：上海市杨浦区宁国路199号2101-2110室
……………………Tel：021-51255967
上海源意文化传播发展有限公司
地址：青浦区重固镇外青松公路4925号D-492
……………………Tel：021-51282685
上海东礼商贸有限公司
地址：上海市静安区恒丰路218号809室
……………………Tel：021-51286868
上海钱亿娱乐有限公司
地址：上海市虹口区四川北路1661号4幢4层04-A区、B区、C区
……………………Tel：021-51288300
上海溪横投资管理有限公司
地址：中国（上海）自由贸易试验区日京路118号五层111部位
……………………Tel：021-51302752
上海粤光贸易有限公司
地址：上海市奉贤区庄行镇长堤路301号1幢535室
……………………Tel：021-51325598
上海辉玲物资有限公司
地址：浦东新区民安路8号3033室
……………………Tel：021-51333288
上海隆屯实业投资有限公司
地址：中国（上海）自由贸易试验区富特北路211号302部位368室
……………………Tel：021-51352203
品沃国际贸易（上海）有限公司
地址：中国（上海）自由贸易试验区台中南路68号1幢606室
……………………Tel：021-51367077
上海茂界实业有限公司
地址：上海市金山区朱泾镇大茫村增产4061号二栋115室
……………………Tel：021-51370827
上海茂界贸易有限公司
地址：上海市金山区朱泾镇万联村联盟4095号2号楼136室
……………………Tel：021-51370827
宜拿得贸易（上海）有限公司
地址：上海市闵行区光华路2118号第4幢A147室
……………………Tel：021-51503678
上海迪世酒店管理有限公司
地址：上海市浦东新区秀浦路3999弄17号、18号、19号
……………………Tel：021-51509988
上海榜隽船舶工程设备有限公司
地址：浦东新区芳华路946号C室
……………………Tel：021-51531882
上海振华文具礼品有限公司
地址：青浦区朱家角镇康业路901弄98号4层P区428室
……………………Tel：021-51534716
奥达行礼品（上海）有限公司
地址：上海市莘庄工业区华宁路2888弄88号1号厂房
……………………Tel：021-51535795
上海翼海网络科技有限公司
地址：上海市崇明区长兴镇北兴村凤西路1512号1538室（上海泰和经济发展区）
……………………Tel：021-51537277
上海安鲜达物流科技有限公司
地址：上海市长宁区金钟路999号3幢6楼601室(一照多址试点企业)
……………………Tel：021-51554850
上海波澜企业管理集团有限公司
地址：上海市闵行区吴中路1050号5幢地下1层141室
……………………Tel：021-51575111
上海尊皇家居饰品有限公司
地址：嘉定区曹安路2688号楼2层B区
……………………Tel：021-51629888
上海四合木业有限公司
地址：嘉定区丰饶路333号2幢2楼
……………………Tel：021-51651200
上海振昌金属资源集团有限公司
地址：上海市宝山工业园区金石路505号A3幢
……………………Tel：021-51671108
舜广控股集团（上海）有限公司
地址：上海市宝山区铁山路1071-1079号1052室
……………………Tel：021-51671282
上海宝盾工贸有限公司
地址：上海市闵行区中春路7001号一号楼1楼1065室
……………………Tel：021-51683129
上海国堡工贸有限公司
地址：上海市宝山区牡丹江路1325号3D-189座
……………………Tel：021-51692999
上海致汶商贸有限公司
地址：上海市宝山区宝林八村101号612C室
……………………Tel：021-51692999
上海丰柏企业管理有限公司
地址：上海市松江区九亭镇沪亭北路218号19幢666单元
……………………Tel：021-51693688
上海海牙湾贸易有限公司
地址：上海市金山区吕巷镇璜溪西街88号2幢3850室
……………………Tel：021-51696195
冠亚名表城（上海）贸易有限公司
地址：上海市静安区成都北路199号2001A室
……………………Tel：021-51699738
上海君易装饰设计有限公司
地址：上海市奉贤区浦星公路8989号2幢302室
……………………Tel：021-51702118
全程网络科技（上海）有限公司
地址：上海市青浦区香花桥街道郏一村7号3幢1层B区111室
……………………Tel：021-51719222
上海大木建筑设计有限公司
地址：上海市杨浦区隆昌路619号356幢AB02室
……………………Tel：021-51719288
上海奥旦工艺礼品有限公司
地址：上海市闵行区金都路1338号6幢214

室
……………………Tel：021－51760253
上海养道食品有限公司
地址：上海市徐汇区肇嘉浜路789号11楼C3单元
……………………Tel：021－51763535
上海青蛙荷语文化传播股份有限公司
地址：中国（上海）自由贸易试验区芳春路400号1幢3层301－584室
……………………Tel：021－51780461
上海恒臣实业有限公司
地址：青浦区外青松公路7548弄588号10幢1层B区188室
……………………Tel：021－51791512
上海鼎佳纺织品有限公司
地址：上海市闵行区中春路7001号2幢3楼A3061室
……………………Tel：021－51791703
上海鼎佳纺织品有限公司
地址：上海市闵行区中春路7001号2幢3楼A3061室
……………………Tel：021－51791703
中欣金宝通控股有限公司
地址：上海市静安区万荣路700号7幢A736室
……………………Tel：021－51811085
上海玮欣景矿国际贸易有限公司
地址：上海市青浦区五厍浜路235号103室
……………………Tel：021－51816025
上海泛亚生物医药集团有限公司
地址：上海市嘉定区安亭镇嘉松北路3998号4幢2层244室
……………………Tel：021－51816778
上海佰兴餐饮管理有限公司
地址：上海市金山区金山卫镇钱鑫路301号234－K室
……………………Tel：021－51860026
上海用畅信息科技有限公司
地址：上海市嘉定区封周路655号14幢913室－1
……………………Tel：021－51860919
上海鑫和益速递有限公司
地址：上海市杨浦区凤城路1号123幢308室
……………………Tel：021－51863183
上海宏坤投资管理有限公司
地址：中国（上海）自由贸易试验区蔡伦路780号704室
……………………Tel：021－51863868
上海欧文国际贸易有限公司
地址：中国（上海）自由贸易试验区锦康路308号1002室
……………………Tel：021－51867099
上海正章洗染有限公司
地址：上海市静安区北京西路1868号
……………………Tel：021－51873838
上海名正家居有限公司
地址：上海市奉贤区青村镇光明村119号103
……………………Tel：021－51878926
上海易矢达艺术文化发展有限公司
地址：上海市虹口区新建路203号底层5199室
……………………Tel：021－51879128
都霖企业管理咨询（上海）有限公司
地址：上海市松江区广富林路600弄1号722室
……………………Tel：021－51919356
芬迪（上海）商业有限公司
地址：上海市静安区南京西路1266号33层3307B、3308、3309、3310室
……………………Tel：021－52033800
上海黎姿化妆品有限公司
地址：上海市嘉定区科福路358－368号4幢1层E区J395室
……………………Tel：021－52035555
上海联合纺织印染进出口有限公司
地址：浦东新区大同路1355号1幢101室
……………………Tel：021－52038688
上海联合纺织印染进出口有限公司
地址：浦东新区大同路1355号1幢101室
……………………Tel：021－52038688
上海乐茶实业有限公司
地址：上海市崇明区陈海公路三星段299号5号楼203室（上海三星经济小区）
……………………Tel：021－52048785
上海坤伦文化传播有限公司
地址：上海市静安区威海路755号37楼
……………………Tel：021－52061861
上海松联通讯设备有限公司
地址：中山北路972号A座8－8室
……………………Tel：021－52067924
忻度空间艺术设计（上海）有限公司
地址：上海市青浦区公园路99号舜浦大厦7层P区718室
……………………Tel：021－52181187
上海祺众建材有限公司
地址：青浦区公园路99号舜浦大厦7层B区751室
……………………Tel：021－52181795
吴宁府（上海）餐饮管理有限公司
地址：上海市杨浦区国定路323号15层（集中登记地）
……………………Tel：021－52185508
上海巧乐企业发展集团有限公司
地址：上海市崇明区陈家镇裕展路277号208室
……………………Tel：021－52185628
上海智致智能科技有限公司
地址：中国（上海）自由贸易试验区临港新片区海洋一路333号1号楼、2号楼
……………………Tel：021－52211523
上海世博投资管理有限公司
地址：上海市辽宁路244号310室
……………………Tel：021－52235399
酷星球房地产营销策划有限公司
地址：上海市奉贤区光泰路1899号2幢3420室
……………………Tel：021－52239001
上海上济建筑装饰设计工程有限公司
地址：上海市宝山区长江西路2351号2楼4室－28
……………………Tel：021－52243526
上海振瀚工艺品有限公司
地址：闵行区闵北路88弄19号1楼
……………………Tel：021－52260797
上海莹达彩印包装有限公司
地址：上海市长宁区北翟路八字桥888号
……………………Tel：021－52262678
上海生活家实业有限公司
地址：上海市闵行区光华路145号第一幢第三层A329室
……………………Tel：021－52272898
上海柯艺礼品有限公司
地址：上海市金山区漕泾镇致富路7号3幢105室
……………………Tel：021－52277268
上海中安商业发展有限公司
地址：上海市静安区南京西路1123号
……………………Tel：021－52289671
上海商全实业有限公司
地址：上海市青浦区重固镇新联村新力101号2层A区225室
……………………Tel：021－52300816
上海商全实业有限公司
地址：上海市青浦区重固镇新联村新力101号2层A区225室
……………………Tel：021－52300816
上海清雪仁美广告有限公司
地址：上海市嘉定区封周路655号14幢201室J1638
……………………Tel：021－52357099
上海杰马贸易发展有限公司
地址：上海市普陀区宁夏路201号14楼D座
……………………Tel：021－52358781
上海首艺传创文化发展有限公司
地址：青浦区赵巷镇民实路91号3745室
……………………Tel：021－52359355
上海关东大嫂超市有限公司
地址：上海市宝山区沪太路5018号3幢244室
……………………Tel：021－52360713
上海银镇饰品有限公司
地址：上海市闵行区放鹤路1088号
……………………Tel：021－52370333
上海萨莉亚餐饮有限公司
地址：上海市徐汇区上中西路280号310室
……………………Tel：021－52371376
上海祖平广告有限公司
地址：上海市普陀区金沙江路1995号6楼639室
……………………Tel：021－52379073
上海奂讯通信安装工程有限公司
地址：上海市松江区泖港镇中南路7号B－254
……………………Tel：021－52387675
上海红珊瑚科技发展有限公司
地址：上海市宝山区上大路668号501室
……………………Tel：021－52390001
上海大由广告有限公司
地址：上海市崇明县星村公路700号3幢106－1室
……………………Tel：021－52423666
上海羽如贸易有限公司
地址：上海市宝山区逸仙路1328号4幢3层3089室
……………………Tel：021－52526693
上海利疆纺织品有限公司
地址：上海市杨浦区双阳路330号208室
……………………Tel：021－52531731
上海利疆纺织品有限公司
地址：上海市杨浦区双阳路330号208室
……………………Tel：021－52531731
上海隆麟信息科技有限公司
地址：上海市嘉定区众仁路399号1幢12层B区J317室
……………………Tel：021－52550109
上海驾豪贸易发展有限公司
地址：上海市松江区叶榭镇叶达路1号223室
……………………Tel：021－52560996
上海欧懋广告有限公司
地址：青浦区西岑街349号2幢2层L区207室
……………………Tel：021－52567858
上海嘉企弘人礼品有限公司
地址：上海市崇明区城桥镇东河沿68号5号楼112室（上海城桥经济开发区）
……………………Tel：021－52573876
上海天程商务国际旅行社有限公司
地址：上海市徐汇区斜土路1221号304室
……………………Tel：021－52585166
上海君苑文化发展有限公司
地址：上海市普陀区常德路1239号503－13室
……………………Tel：021－52620098
百联金融服务有限公司
地址：中国（上海）自由贸易试验区商城路518号406室
……………………Tel：021－52629933
上海顺华玩具有限公司
地址：上海市闵行区华漕镇纪翟路1058号
……………………Tel：021－52633338
上海帘冠智能遮阳材料有限公司
地址：上海市闵行区光华路598号2幢A2004室
……………………Tel：021－52655170
艾侬花艺（上海）有限公司
地址：上海市嘉定区南翔镇沪宜公路1188号27幢106室
……………………Tel：021－52660850
康数企业管理咨询（上海）有限公司
地址：上海市静安区华康路118号A－67室
……………………Tel：021－52661023
上海卓进金属有限公司
地址：上海市普陀区东新路248号4楼D区404室
……………………Tel：021－52665837
上海业成印务有限公司
地址：上海市金山区朱泾镇仙居路218号3幢135室C座
……………………Tel：021－52668081
上海磁建实业有限公司
地址：上海市普陀区宁夏路366弄4号2606室
……………………Tel：021－52668918
上海上影曹杨电影放映有限公司
地址：上海市普陀区兰溪路125号2楼
……………………Tel：021－52669877
安道（上海）贸易有限公司
地址：上海市普陀区怒江北路598号18层1801室
……………………Tel：021－52671018
上海交运集团汽配有限公司
地址：中兴路289号
……………………Tel：021－52680202
上海高瞻实业集团有限公司
地址：上海市宝山区园泰路695号1幢2层228室
……………………Tel：021－52680358
上海美兰汽车销售服务有限公司
地址：上海市普陀区云岭西路688号
……………………Tel：021－52696999
上海美兰汽车销售服务有限公司
地址：上海市普陀区云岭西路688号
……………………Tel：021－52696999
上海百拓实业有限公司
地址：上海市杨浦区国权路39号905－906室
……………………Tel：021－52706679
上海铃邦国际贸易有限公司
地址：上海市长宁区威宁路333号413室
……………………Tel：021－52707020
上海铃邦国际贸易有限公司
地址：上海市长宁区威宁路333号413室
……………………Tel：021－52707020
上海三宁投资有限公司
地址：上海市长宁区延安西路2299号03C50（317C50）室
……………………Tel：021－52707027
上海易仲商贸有限公司
地址：上海市松江区小昆山镇山西路16号253室
……………………Tel：021－52712978
上海梵策文化传播有限公司
地址：上海市闵行区沪青平公路329号18幢244室
……………………Tel：021－52720622
上海宏泉集团有限公司
地址：上海市海川路1357号12楼
……………………Tel：021－52759298
上海坤岚文化传播有限公司
地址：上海市金山区漕泾镇亭卫公路3688号3幢565室
……………………Tel：021－52820161
锅事汇投资管理（上海）有限公司
地址：上海市长宁区哈密路1955号5F－79室
……………………Tel：021－52830827
上海展博包装材料有限公司
地址：上海市宝山区市一路200号A－1275
……………………Tel：021－52849576
上海泛商实业有限公司
地址：上海市浦东新区三林路235号10幢320室
……………………Tel：021－52891620
上海新力传媒管理有限公司
地址：上海市广中路40号D－74室
……………………Tel：021－52895213
中国航空技术上海有限公司
地址：上海市静安区江宁路212号28层A室
……………………Tel：021－52895588
上海泰汉胡同艺术品有限公司
地址：上海市闵行区金都路4299号6幢1楼F2室
……………………Tel：021－52911136
上海恒乾企业发展有限公司
地址：上海市青浦区朱家角镇康业路951弄32号1幢2层T区287室
……………………Tel：021－52911933
上海景立信息科技有限公司
地址：上海市国权路39号3号楼304B
……………………Tel：021－52917538
新派（上海）餐饮管理有限公司
地址：上海市宝山区双城路803弄11号1601室－6
……………………Tel：021－52919781
上海沁炎文化传播有限公司
地址：上海市奉贤区浦星公路8989号2幢394室
……………………Tel：021－52920392
上海沁炎文化传播有限公司
地址：上海市奉贤区浦星公路8989号2幢394室
……………………Tel：021－52920392
上海账正投资管理有限公司
地址：上海市静安区新闸路1098弄1号301室
……………………Tel：021－52930405
上海领潮装饰设计工程有限公司
地址：上海市崇明区北沿公路2111号3幢108－12室（上海崇明森林旅游园区）
……………………Tel：021－52930661
上海索拉实业有限公司
地址：青浦区华纺路69号3304室
……………………Tel：021－52980988
上海智幻软件科技有限公司
地址：上海市普陀区中山北路3663号第358幢117C室
……………………Tel：021－52985231
胡商国际贸易（上海）有限公司
地址：中国（上海）自由贸易试验区加太路78号第一幢一层F位置
……………………Tel：021－52986561
上海堃娱文化传媒有限公司
地址：上海市松江区富永路425弄212号2楼3724室
……………………Tel：021－52987802
上海沁池信息科技有限公司
地址：上海市宝山区月罗路559号S－563室
……………………Tel：021－52991935
希尔斯宠物医院（上海）有限公司
地址：上海市闵行区虹莘路3799弄3865号
……………………Tel：021－52996530
上海苞业数字科技有限公司
地址：上海市青浦区北青公路9138号1幢3层V区386室
……………………Tel：021－52999707
上海翰臻时装有限公司
地址：上海市金山区亭林镇寺平南路16号443室
……………………Tel：021－53018055
上海璐熙国际贸易有限公司
地址：上海市长宁区昭化路51号6幢131室
……………………Tel：021－53020153
上海泰基企业集团有限公司
地址：上海市静安区延安西路300号10楼1001室
……………………Tel：021－53069999
上海泰基企业集团有限公司
地址：上海市静安区延安西路300号10楼1001室
……………………Tel：021－53069999
上海瀛顶实业有限公司
地址：上海市崇明县兴工路18号1号楼361室（上海广福经济小区）
……………………Tel：021－53086253
上海湘芒果文化投资有限公司
地址：上海市徐汇区天钥桥南路1128号7幢168室
……………………Tel：021－53211101
上海舟道船舶设计有限公司
地址：上海市静安区中兴路1666号404－2室
……………………Tel：021－53513931
上海乐瑜网络科技有限公司
地址：上海市奉贤区柘林镇海湾路1609弄3998号
……………………Tel：021－53520235
上海乐瑜网络科技有限公司
地址：上海市奉贤区柘林镇海湾路1609弄3998号
……………………Tel：021－53520235
上海赛凌商贸有限公司

地址：上海市青浦区外青松公路5045号417室A区01号
…………………………Tel：021-53521295
上海新龙牌电动工具有限公司
地址：七浦路643号底楼
…………………………Tel：021-53530208
婕斯（上海）生物科技有限公司
地址：上海市闵行区龙吴路4481、4491号2幢一层120室
…………………………Tel：021-53537256
上海静安文化传媒投资有限公司
地址：上海市静安区延安中路596弄21号4018室
…………………………Tel：021-53550161
上海森气贸易有限公司
地址：上海市浦东新区杨高北路528号14幢5011室
…………………………Tel：021-53757188
上海稼润投资管理有限公司
地址：上海市黄浦区马当路588弄1号3楼、5楼
…………………………Tel：021-53821223
上海荣欣工贸有限公司
地址：上海市黄浦区制造局路130号1001室A区
…………………………Tel：021-53827863
上海久尚广告传播有限公司
地址：上海市浦东新区唐陆路2685号5号楼202室
…………………………Tel：021-53851177
上海宏邦科技有限公司第一分公司
地址：共和新路3615、3619、3623号5层510室
…………………………Tel：021-53858825
莆金（上海）珠宝首饰有限公司
地址：上海市金山区山阳镇浦卫公路16393号5幢一层A189室
…………………………Tel：021-53863629
上海纵横广告有限公司
地址：上海市虹口区四平路710号727－A室
…………………………Tel：021-53931338
上海锦琪礼品有限公司
地址：上海市金山区金山卫镇钱圩建设路20弄38号159室
…………………………Tel：021-54080766
上海大昌行经贸有限公司
地址：青浦区公园路99号舜浦大厦二层E区205室
…………………………Tel：021-54080919
上海欣程投资管理有限公司
地址：上海市长宁区中山西路750号1幢16185室
…………………………Tel：021-54082360
爱搽（上海）餐饮管理有限公司
地址：上海市长宁区茅台路179号一层L286X室
…………………………Tel：021-54110915
上海元逸贸易有限公司
地址：上海市金山区蒙山北路575号201室
…………………………Tel：021-54126321
上海利仕美电梯装潢有限公司
地址：上海市闵行区平阳路258号一层R1205室
…………………………Tel：021-54136077
上海又见投资管理有限公司
地址：浦东新区泥城镇泥城路149弄5号303室
…………………………Tel：021-54143967
上海旅锋建材有限公司
地址：上海市金山区金山卫镇钱鑫路301号251－R室
…………………………Tel：021-54146893
上海福耀金属装饰工程有限公司
地址：上海市松江区新桥镇卖新公路1028号1幢B区
…………………………Tel：021-54161585
上海骏雄木业有限公司
地址：上海市闵行区中春路7001号2幢3楼3137室
…………………………Tel：021-54164883
上海钧发灯饰有限公司
地址：上海市闵行区七宝镇九星村虹莘路7号楼2B1－2B5号
…………………………Tel：021-54166027
上海振宇化工科技有限公司
地址：上海市金山区朱泾镇南横街4号5幢1083室C座
…………………………Tel：021-54168854
上海惠胜实业有限公司
地址：上海市青浦区青昆路53弄13号7幢102室
…………………………Tel：021-5417005
上海炫东实业有限公司
地址：浦东新区大团镇东大公路2458号1幢5249室
…………………………Tel：021-54186514
上海鑫苑礼品有限公司
地址：上海市奉贤区奉城镇南奉公路1478号2号综合楼2409室
…………………………Tel：021-54188995
宴火（上海）食品有限公司
地址：上海市奉贤区南桥镇万众路368号3层3315室
…………………………Tel：021-54199058
上海卓泰实业有限公司
地址：青浦区西岑街349号2幢2层S区203室
…………………………Tel：021-54199377
上海本来生活信息科技有限公司
地址：上海市徐汇区襄阳南路218号8层
…………………………Tel：021-54199918
上海嘉博企业管理外包服务有限公司
地址：上海市徐汇区沪闵路8075号507A室
…………………………Tel：021-54202025
上海华港影视器材有限公司
地址：青浦区青安路958号4幢3层M区304室
…………………………Tel：021-54203134
上海岗权办公家具有限公司
地址：上海市松江区车墩镇莘莘路32号3295
…………………………Tel：021-54223550
上海兆锦实业集团有限公司
地址：上海市宝山区月罗路310号F西H325室
…………………………Tel：021-54225019
上海祁开电子商务有限公司
地址：上海市嘉定区真南路4268号2幢JT11160室
…………………………Tel：021-54244174
上海君向生物科技有限公司
地址：上海市闵行区莘浜路237弄6支弄2号101、105室
…………………………Tel：021-54248089
上海例方文化发展有限公司
地址：上海市徐汇区衡山路880号
…………………………Tel：021-54252577
上海戎元软件有限公司
地址：上海市崇明区城桥镇东河沿68号E幢325室（上海城桥经济开发区）
…………………………Tel：021-54252631
撼维数码科技（上海）有限公司
地址：上海市崇明县堡镇向阳路西首4幢307室
…………………………Tel：021-54253355
上海震撼广告传播有限公司
地址：上海市静安区万航渡路154号306室96座
…………………………Tel：021-54253355
上海社科人文经济有限公司
地址：上海市徐汇区中山西路2259号二楼201室
…………………………Tel：021-54254599
上海淘播播电子商务有限公司
地址：上海市杨浦区伟德路6号503－21室
…………………………Tel：021-54262011
上海淘播播电子商务有限公司
地址：上海市杨浦区伟德路6号503－21室
…………………………Tel：021-54262011
上海阿法迪电子商务有限公司
地址：上海市浦东新区周市路416号4层
…………………………Tel：021-54262851
上海优合环境工程设计有限公司
地址：上海市奉贤区海湾旅游区六号新村163号－2
…………………………Tel：021-54278666
上海锦锡生物科技有限公司
地址：上海市闵行区颛兴东路999弄58号105、115室
…………………………Tel：021-54288900
上海飒盈时装有限公司
地址：上海市金山区亭林镇寺平南路19号1幢B37室
…………………………Tel：021-54300675
上海首尼电气科技有限公司
地址：上海市金山区朱泾镇沈浦泾路251号6幢1楼1022V
…………………………Tel：021-54305066
上海艾樱健康科技股份有限公司
地址：上海市奉贤区上塑路1899号1幢
…………………………Tel：021-54321080
上海泰华工艺礼品有限公司
地址：上海市闵行区陈行公路2001号
…………………………Tel：021-54331709
上海泰华工艺礼品有限公司
地址：上海市闵行区陈行公路2001号
…………………………Tel：021-54331709
上海亚渡礼品有限公司
地址：上海市闵行区浦江镇勤劳村
…………………………Tel：021-54332117
上海宏森展示装饰有限公司
地址：上海市闵行区虹梅南路3938弄168号
…………………………Tel：021-54349588
上海瞻锦国际商贸有限公司
地址：上海市金山区石化卫清西路1391号第12幢301室
…………………………Tel：021-54355019
上海速力机械设备租赁有限公司
地址：上海市青浦区白鹤镇外青松公路3560号4号楼2层东裙楼A区2250室
…………………………Tel：021-54356167
上海隆齐不锈钢制品有限公司
地址：上海市金山区朱泾镇珠龙经济小区
…………………………Tel：021-54356309
上海今益坊文化传播有限公司
地址：上海市静安区康定路1147号2幢1019室
…………………………Tel：021-54356835
上海永达汽车贸易中心有限公司
地址：上海市徐汇区龙吴路1600号
…………………………Tel：021-54366789
上海楚阳投资管理有限公司
地址：上海市闵行区元江路5500号第1幢2716室
…………………………Tel：021-54376272
上海康得新文化传播有限公司
地址：上海市金山工业区广业路585号1楼102室
…………………………Tel：021-54379219
上海玺窑汇文化发展有限公司
地址：上海市奉贤区庄行镇叶家418号103室
…………………………Tel：021-54387966
上海力展企业管理咨询有限公司
地址：上海市宝山区逸仙路1277号18幢2层203－11室
…………………………Tel：021-54398283
上海御珩光电科技有限公司
地址：上海市闵行区莘北路518号3幢102室
…………………………Tel：021-54399818
上海捷步楼梯有限公司
地址：崇明工业园区秀山路28号404室
…………………………Tel：021-54405287
上海万延票务代理有限公司
地址：上海市闵行区吴中路1050号6幢212室
…………………………Tel：021-54408273
上海吉仕爱国际贸易有限公司
地址：浦东新区老港镇南港公路1765号392室
…………………………Tel：021-54439975
上海乐虎国际旅行社有限公司
地址：上海市闵行区吴中路1050号第6幢917B室
…………………………Tel：021-54452929
瑞象企业发展（上海）有限公司
地址：上海市金山区廊下镇景乐路228号7幢C250室
…………………………Tel：021-54452987
上海烨博实业有限公司
地址：上海市闵行区元江路5500号第1幢F897室
…………………………Tel：021-54479818
上海子瑞佳纺织品有限公司
地址：浦东新区航头镇航南公路999号7幢344室
…………………………Tel：021-54483263
上海天风贸易有限公司
地址：上海市徐汇区肇嘉浜路798号605室
…………………………Tel：021-54483833
上海老凤祥眼镜有限公司
地址：上海市黄浦区福佑路229号304室
…………………………Tel：021-54489802
上海洛莉实业有限公司
地址：上海市奉贤区茂园路659号B348室
…………………………Tel：021-54561557
乐际实业（上海）有限公司
地址：上海市金山区亭林镇金展路2229号6号楼1438室
…………………………Tel：021-54562435
上海简源家居有限公司
地址：上海市松江区九亭镇九新公路339号1幢14楼
…………………………Tel：021-54565680
上海逐鹿服饰有限公司
地址：上海市金山区亭林镇松育路181号3幢239室
…………………………Tel：021-54570016
上海九臻文化传播有限公司
地址：上海市松江区玉树路269号5号楼2578室
…………………………Tel：021-54590709
上海兰君文化传播有限公司
地址：上海市杨浦区军工路1436号64幢一层B147室
…………………………Tel：021-54610913
上海美承高科技有限公司
地址：上海市虹口区汶水东路937号1幢474室
…………………………Tel：021-54623666
上海锋行文化传播有限公司
地址：中国（上海）自由贸易试验区芳春路400号1幢3层
…………………………Tel：021-54633775
上海则徐实业有限公司
地址：上海市黄浦区徐家汇路550号三楼A室
…………………………Tel：021-54651371
上海翔颐特进出口有限公司
地址：上海市黄浦区徐家汇路550号301－A－2室
…………………………Tel：021-54651371
上海埃瑟信息科技有限公司
地址：上海市徐汇区宜山路889号1号楼9层B室
…………………………Tel：021-54652370
上海东莘文化传播有限公司
地址：上海市长宁区江苏北路30号1幢203室
…………………………Tel：021-54652370
上海三众华纳传媒投资管理有限公司
地址：上海市松江区洞泾镇茂盛路202弄1号751室
…………………………Tel：021-54653333
埃韦国际贸易（上海）有限公司
地址：上海市徐汇区永嘉路692号2幢285室
…………………………Tel：021-54660333
上海香榭丽广告传媒有限公司
地址：上海市静安区洛川中路1150号6幢409室
…………………………Tel：021-54660999
上海新闻出版发展有限公司
地址：上海市徐汇区东湖路7号F座二楼
…………………………Tel：021-54662039
上海烁麟实业有限公司
地址：上海市奉贤区光钱路558号17幢204室
…………………………Tel：021-54665682
上海库图工贸有限公司
地址：上海市闵行区曙光路1658号A区－32座
…………………………Tel：021-54665886
上海爱慕内衣有限公司
地址：上海市黄浦区永嘉路41号601室
…………………………Tel：021-54668066
华人优米影院管理（上海）有限公司
地址：上海市徐汇区龙腾大道2879号3楼3540室
…………………………Tel：021-54668282
上海笔诺展览展示有限公司
地址：上海市奉贤区青村镇岳和村242号1幢1131室
…………………………Tel：021-54710762
上海至恩贸易有限公司
地址：上海市闵行区吴中路1067－1087号第三幢408室
…………………………Tel：021-54712052
上海心娴珠宝设计有限公司
地址：上海市长宁区仙霞路350号3幢1楼1206室
…………………………Tel：021-54721151
滴乐餐饮管理（上海）有限公司
地址：上海市松江区洞泾镇洞舟路99号9幢C333室
…………………………Tel：021-54730723
上海健柏商贸有限公司
地址：上海市闵行区沪松公路450号1幢F202室
…………………………Tel：021-54739811
上海界美广告有限公司
地址：上海市松江区佘山镇陶干路701号5幢
…………………………Tel：021-54763648
上海艺紫陶工艺礼品有限公司
地址：上海市金山区枫泾镇环东一路65弄12号3277室
…………………………Tel：021-54790110
上海新华成城资产管理有限公司
地址：上海市闵行区虹井路120弄6号
…………………………Tel：021-54790266
上海盛享金属装饰工程有限公司
地址：上海市青浦区赵巷镇沪青平公路3398号1幢1层I区130室
…………………………Tel：021-54793800
上海东石水产有限公司
地址：上海市浦东新区康沈路2868号4幢623室
…………………………Tel：021-54793877
上海芬梦礼品有限公司
地址：上海市闵行区元江路5500号第2幢1517室
…………………………Tel：021-54796576
上海光懋纺织品有限公司
地址：上海市金山区金山卫镇永联村2052号212室
…………………………Tel：021-54859998
上海今智塔教育科技股份有限公司
地址：上海市青浦区华纺路69号6幢3层319室
…………………………Tel：021-54866957
上海海铭工艺品有限公司
地址：上海市嘉定工业区叶城路912号J1755室
…………………………Tel：021-54867090
上海金百岁农庄食品有限公司
地址：上海市闵行区莘北路518号1幢313室
…………………………Tel：021-54887313
古德智造文化创意（上海）有限公司
地址：上海市金山区亭林镇兴工路225号1

幢二层221室
……………Tel：021-54890255
上海一布文化传媒有限公司
地址：上海市闵行区东川路555号丁楼7026室
……………Tel：021-54890649
上海汉飞生化科技有限公司
地址：上海市静安区昌平路710号3楼A区097室
……………Tel：021-54960111
上海可颂食品有限公司
地址：上海市虹口区曲阳路379、383号4016室
……………Tel：021-54962660
上海中源科扬节能技术有限公司
地址：上海市金山区漕泾镇蒋庄2015号
……………Tel：021-54971520
上海尊然医院投资管理有限公司
地址：上海市闵行区三鲁公路719弄58号414室B座
……………Tel：021-54973211
趣贸（上海）国际贸易有限公司
地址：上海市奉贤区新四平公路2908号1幢1层659室
……………Tel：021-54978545
上海五角场黄金珠宝城实业发展有限公司
地址：上海市杨浦区四平路2500号22楼H38室
……………Tel：021-55057109
上海礼乐礼品有限公司
地址：上海市金山区枫泾镇环东一路65弄3号1877室
……………Tel：021-55057950
上海琪格珠宝饰品有限公司
地址：上海市黄兴路1618号二楼大厅
……………Tel：021-55066163
上海仓湾文化传媒有限公司
地址：上海市长宁区长宁路999号6楼648室
……………Tel：021-55083572
上海汉德精竣进出口有限公司
地址：浦东凌兆路555弄20号230室
……………Tel：021-55087281
上海岸晶贸易有限公司
地址：上海市金山区亭林镇兴工路225号2幢二层203室
……………Tel：021-55091036
上海璐璜国际贸易有限公司
地址：上海市宝山区淞南路493号340室
……………Tel：021-55096527
上海若林贸易有限公司黄浦分公司
地址：上海市黄浦区人民大道9-99号香港名店街5号商铺
……………Tel：021-55100142
欧商实业发展（上海）有限公司
地址：上海市杨浦区平凉路1730号2B114室
……………Tel：021-55137550
上海华信中贸重工有限公司
地址：上海市徐汇区中山南二路1089号802室
……………Tel：021-55150558
爱菠利国际贸易（上海）有限公司
地址：上海市虹口区临平北路55号801室
……………Tel：021-55152120
上海宏东实业发展有限公司
地址：上海市虹口区海宁路137号7层E座796P室
……………Tel：021-55157285
快方医药（上海）有限公司
地址：上海市松江区九亭镇涞寅路1969号2幢
……………Tel：021-55216958
上海摩意网络科技有限公司
地址：上海市青浦区工业园区郏一工业区7号3幢1层I区154室
……………Tel：021-55218533
上海之星国际旅行社有限公司
地址：上海市杨浦区平凉路2103号56幢127室
……………Tel：021-55220387
上海心圆贸易有限公司
地址：上海市杨浦区包头路1135弄5号304室
……………Tel：021-55230619
上海骅畅国际物流有限公司
地址：中国（上海）自由贸易试验区闻居路1333号B区875室
……………Tel：021-55232882
上海冠松汽车股份有限公司
地址：中国（上海）自由贸易试验区郭守敬路351号2号楼6楼
……………Tel：021-55239800
上海锦腾实业有限公司
地址：上海市奉贤区庄行欧洲工业园区庄邬公路1258号233室
……………Tel：021-55384274
上海喜多茶文化传播有限公司
地址：上海市虹口区纪念路486号-11
……………Tel：021-55510881
上海迎智信息科技有限公司
地址：上海市杨浦区国泰路11号1层展示厅A209室
……………Tel：021-55660026
上海迎智信息科技有限公司
地址：上海市杨浦区国泰路11号1层展示厅A209室
……………Tel：021-55660026
上海日由甲经贸发展有限公司
地址：上海市杨浦区四平路1945号HX008室
……………Tel：021-55666399
上海格律斯贸易有限公司
地址：上海市宝山区新二路999弄148号1107室
……………Tel：021-55801778
上海奥力福纺织品进出口有限公司
地址：上海市平凉路1398号701室
……………Tel：021-55803591
上海奥力福羽绒制品有限公司
地址：上海市奉贤区奉城镇川南奉公路9198号1幢1407室
……………Tel：021-55803591
上海瑞光贸易有限公司
地址：上海市虹口区中山北一路1230号1幢A1208室
……………Tel：021-55881831
嘉锦（上海）汽车租赁有限公司
地址：上海市宝山区　川路5475号4幢部分4757室
……………Tel：021-55883873
上海奇妙品牌管理有限公司
地址：上海市黄浦区南车站路600弄6号
……………Tel：021-55891613
上海锦彩科技发展有限公司
地址：上海市虹口区飞虹路35号2层201室
……………Tel：021-55962875
杜隆（上海）投资有限公司
地址：青浦区凤星路1588号2幢1层B区142室
……………Tel：021-56032911
天安数码城集团上海企业发展有限公司
地址：上海市虹口区东大名路391-393号508室
……………Tel：021-56055509
上海博冰商贸有限公司
地址：上海市青浦区华新镇新府中路1288号X-051
……………Tel：021-56056178
上海峰云堂文化投资有限公司
地址：上海市宝山区同济路60弄48号930室
……………Tel：021-56067301
上海亚昶行文化传媒有限公司
地址：浦东新区南汇新城镇环湖西一路333号C座584室
……………Tel：021-56070866
上海醇雅明坊商贸有限公司
地址：上海市静安区老沪太路255弄17号202室
……………Tel：021-56092267
上海纳旭航空服务有限公司
地址：青浦区公园路99号舜浦大厦2层K区292室
……………Tel：021-56119055
上海赢在顶层教育科技有限公司
地址：上海市宝山区德都路月浦六村88号115室
……………Tel：021-56123808
上海瑞和家世界网络科技有限公司
地址：上海市青浦区赵巷镇沪青平公路3398号1幢1层N区158室
……………Tel：021-56144299
上海红洞文化发展有限公司
地址：上海市宝山区宝林八村101号421Q室
……………Tel：021-56153373
嘉行新悦影视传媒有限公司
地址：上海市崇明区横沙乡富民支路58号A2-8956室（上海横泰经济开发区）
……………Tel：021-56160227
华美敦贸易（上海）有限公司
地址：上海市普陀区真北路915号7层812室
……………Tel：021-56206363
吾铭实业投资（上海）有限公司
地址：中国（上海）自由贸易试验区美盛路177号三幢楼2层221室
……………Tel：021-56235615
上海万吉包装印刷有限公司
地址：上海市宝山区沪太路5553号-18
……………Tel：021-56304488
上海家华酒店管理有限公司
地址：上海市虹口区西江湾路420号1幢
……………Tel：021-56308999
上海上大建筑设计院有限公司
地址：广延路140号
……………Tel：021-56333089
上海宋园文化发展有限公司
地址：上海市静安区共和新路1669号
……………Tel：021-56334429
上海纽赛富国际贸易有限公司
地址：上海市宝山区高跃路176号617室
……………Tel：021-56383617
上海阖祺信息技术有限公司
地址：上海市闸北区天目中路380号901-07室
……………Tel：021-56420157
兆银资产管理（上海）有限责任公司
地址：上海市宝山区菊泉街502号D楼507室
……………Tel：021-56423220
上海宝坤电气有限公司
地址：上海市宝山区逸仙路4318号-201
……………Tel：021-56462026
上海胧隆资产管理股份有限公司
地址：上海市黄浦区南塘浜路103号441室B座
……………Tel：021-56470813
上海胧隆资产管理股份有限公司
地址：上海市黄浦区南塘浜路103号441室B座
……………Tel：021-56470813
上海又豪餐饮管理有限公司
地址：上海市宝山区殷高路151号3034室
……………Tel：021-56470978
上海虾蹦跶网络科技有限公司
地址：上海市松江区泗泾镇文化路298号
……………Tel：021-56503755
上海美港实业有限公司
地址：青浦区金泽镇莲湖路53号1幢1层E区123室
……………Tel：021-56512656
创域智慧科技（上海）有限公司
地址：上海市青浦区公园路99号舜浦大厦二层J区271室
……………Tel：021-56512657
上海亚振国际贸易有限公司
地址：上海市宝山区沪太路1865号1幢1层101室
……………Tel：021-56515588
上海大宁商业投资有限公司
地址：万荣路700号7幢A726室
……………Tel：021-56523362
上海得力文具有限公司
地址：共和新路3201号907室
……………Tel：021-56529211
上海中和世纪工贸有限公司
地址：上海市金山区卫昌路293号2幢7420室
……………Tel：021-56530030
好运道场（上海）实业有限公司
地址：上海市奉贤区青村镇南奉公路385号4幢118室
……………Tel：021-56554011
上海瀚美餐饮管理有限公司
地址：中国（上海）自由贸易试验区灵山路958号1幢109室
……………Tel：021-56555528
上海逸途旅行社有限公司
地址：上海市虹口区四川北路1851号第5块-A
……………Tel：021-56555908
上海灵瀚文化传播有限公司
地址：上海市奉贤区大叶公路6758号第4幢6047室
……………Tel：021-56556469
上海灵瀚文化传播有限公司
地址：上海市奉贤区大叶公路6758号第4幢6047室
……………Tel：021-56556469
上海美哲企业形象策划有限公司
地址：青浦区重固镇北青公路6725弄6号123室
……………Tel：021-56561081
上海翁之良电子商务有限公司
地址：上海市宝山区淞滨路500号3幢A267室
……………Tel：021-56575858
陶朴科技（上海）有限公司
地址：上海市宝山区淞兴路163号5楼B区5046室
……………Tel：021-56578866
上海铼通企业管理有限公司
地址：上海市宝山区宝林八村101号6619室
……………Tel：021-56601796
上海首森工艺礼品有限公司
地址：上海市金山区朱泾镇金龙新街528弄1118号-494
……………Tel：021-56608900
上海错世物资贸易有限公司
地址：上海市宝山区双城路803弄11号1602B-542室
……………Tel：021-56609576
中君际联（上海）科技发展有限公司
地址：上海市杨浦区国通路127号16层（集中登记地）
……………Tel：021-56612387
上海晨光珍美文具有限公司
地址：上海市奉贤区青村镇金钱公路3488号-3
……………Tel：021-56625738
上海熙缘国际贸易有限公司
地址：中国（上海）自由贸易试验区乳山路227号3楼D-999室
……………Tel：021-56627213
上海丰得盛实业有限公司
地址：上海市奉贤区奉城镇南奉公路1478号8幢3542室
……………Tel：021-56628058
上海利奇礼品设计有限公司
地址：上海市嘉定区南翔镇德力西路88号2幢A区1744室
……………Tel：021-56628935
上海怡亚通润雪供应链管理有限公司
地址：上海市宝山区蕰川路5503号4782室
……………Tel：021-56642022
上海上风上水实业有限公司
地址：上海市宝山区月罗路310号F西K347室
……………Tel：021-56657681
上海力诚医院管理有限公司
地址：上海市同心路130号底层后门
……………Tel：021-56661316
上海市工艺品珠宝首饰进出口有限公司
地址：上海市虹口区多伦路52号平房之二层（部分）
……………Tel：021-56661863
中房联合房地产发展有限公司
地址：上海市崇明区长江农场长江大街161号2幢5888室（上海长江经济园区）
……………Tel：021-56668038
上海双双印刷有限公司
地址：上海市宝山区呼兰路911弄11号5号521D室
……………Tel：021-56673347
上海晟永实业有限公司
地址：上海市宝山区蕰川路3999号A幢1041室
……………Tel：021-56690162
上海都贵贸易有限公司
地址：上海市宝山区蕰川路5475号115室
……………Tel：021-56698755
上海欧趣电子商务有限公司
地址：上海市青浦区徐泾镇崧泽大道2088号二层C区208
……………Tel：021-56712679
上海汉友文化传播有限公司
地址：上海市金山区朱泾镇秀州村胜利7042号三栋121室
……………Tel：021-56712685
上海加海餐饮管理有限公司
地址：上海市静安区保德路177、181、183号194室
……………Tel：021-56713058
上海安劲企业管理咨询有限公司
地址：上海市东江湾路444号二楼平台插层13A室
……………Tel：021-56715929
上海鸿盈文具礼品有限公司
地址：青浦区沪青平公路3797号2872室
……………Tel：021-56716707
上海标盾工贸有限公司
地址：上海市松江区玉树路105号-E
……………Tel：021-56721808
上海永发保险箱有限公司
地址：上海市青浦区朱枫公路3424号1幢二层4区203室
……………Tel：021-56722299
上海承顺礼品有限公司
地址：上海市松江区泖港镇中大街92号227室
……………Tel：021-56723006
上海吉评艺术品有限公司
地址：上海市崇明区城桥镇乔松路492号一层5区27室（上海城桥经济开发区）
……………Tel：021-56723006
上海景和广菲汽车销售有限公司
地址：上海市静安区三泉路20弄1、2号322室
……………Tel：021-56790120
上海三毛国际网购生活广场贸易有限公司
地址：宝山区蕰川路6号
……………Tel：021-56800197
上海晶涔实业有限公司
地址：上海市宝山区呼兰路545号5号楼259室A
……………Tel：021-56812995
上海友天礼品有限公司
地址：上海市金山区枫泾镇环东一路65弄12号2楼186室
……………Tel：021-56838646
上海喜万服饰礼品有限公司
地址：上海市普陀区丹巴路1238号15楼1501室
……………Tel：021-56842169
上海民逸物业管理有限公司
地址：上海市崇明区东风农场东风公路399号2103室
……………Tel：021-56865676
上海星果进出口有限公司
地址：上海市闵行区闵北路88弄18-30号第9幢150室

…………Tel：021-56960006

上海帝芙特国际茶业市场经营管理有限公司
地址：共和新路1165号（5号楼1－2层、7号楼1－2层、8号楼、359幢）
…………Tel：021-56987515

上海晨奥进出口贸易有限公司
地址：上海市宝山区宝林八村101号524R室
…………Tel：021-56998881

上海纽贝滋电子商务有限公司
地址：上海市松江区广富林路658弄202号805室
…………Tel：021-57072555

上海艾鉴实业有限公司
地址：上海市奉贤区海湾镇五四公路4399号32幢203室
…………Tel：021-57150783

上海秀城景观工程有限公司
地址：上海市金山区山阳镇浦卫公路16393号1幢一层C115室
…………Tel：021-57158887

上海尚金新能源科技有限公司
地址：上海市金山工业区夏宁路818弄70号2270室
…………Tel：021-57250619

上海煜昌网络科技有限公司
地址：上海市金山工业区亭卫公路6558号5幢3263室
…………Tel：021-57276035

上海煜昌网络科技有限公司
地址：上海市金山工业区亭卫公路6558号5幢3263室
…………Tel：021-57276035

上海人意服饰有限公司
地址：上海市金山区朱泾镇仙居路88号
…………Tel：021-57313930

上海科林实业有限公司
地址：上海市金山区朱泾镇新顺路16号
…………Tel：021-57340666

上海嘉点礼品有限公司
地址：上海市金山区朱泾镇临源街750号2幢234B
…………Tel：021-57346000

上海畅茵广告有限公司
地址：上海市金山区朱泾镇临源街750号5幢158A
…………Tel：021-57346000

上海新发展圣淘沙大酒店有限公司
地址：上海市奉贤区南桥镇南桥路1号
…………Tel：021-57429999

上海红门商业道具有限公司
地址：上海市松江区天马山镇新宅路17号
…………Tel：021-57434025

上海水星家用纺织品股份有限公司
地址：上海市奉贤区沪杭公路1487号
…………Tel：021-57435888

上海仓木网络科技有限公司
地址：上海市奉贤区联合北路215号第5幢1287室
…………Tel：021-57448013

醒缘健康管理咨询（上海）有限公司
地址：上海市奉贤区联合北路215号第1幢4562室
…………Tel：021-57448013

上海细钦实业有限公司
地址：上海市奉贤区庄行镇南亭公路2847号3幢513室
…………Tel：021-57466122

上海恒寿堂药业有限公司
地址：上海市奉贤区海湾镇灵山路98号12幢
…………Tel：021-57466788

上海秦通工程建设有限公司
地址：上海市奉贤区科工路888号第4幢
…………Tel：021-57468680

晨光生活馆企业管理有限公司
地址：上海市奉贤区金钱公路3469号2号楼
…………Tel：021-57474488

上海晨光文具礼品有限公司
地址：上海市奉贤区青村镇金钱公路3469号1号楼
…………Tel：021-57475621

上海佑鸿工艺品有限公司
地址：上海市闵行区联明路389号13幢103室
…………Tel：021-57485028

上海金仿工艺品有限公司
地址：上海市奉贤区南航公路2368号1幢229-230室
…………Tel：021-57485052

上海昌源礼品有限公司
地址：上海市奉贤区金汇镇辉煌路497号
…………Tel：021-57485661

上海塑典工艺礼品厂
地址：上海市奉贤区奉城镇永益村111号
…………Tel：021-57529666

上海塑典工艺礼品厂
地址：上海市奉贤区奉城镇永益村111号
…………Tel：021-57529666

上海飞耀工艺制品有限公司
地址：上海市奉贤区奉城镇东街135号129室
…………Tel：021-57556419

上海华辇机床有限公司
地址：上海市金山区海丰路65号1187室
…………Tel：021-57561053

上海林林玻璃制品有限公司
地址：上海市奉贤区青村镇
…………Tel：021-57563625

上海林林玻璃制品有限公司
地址：上海市奉贤区青村镇
…………Tel：021-57563625

康利重型机械科技（上海）有限公司
地址：中国（上海）自由贸易试验区美盛路111号四层50部位
…………Tel：021-57570357

上海如意橡塑制品有限公司
地址：上海市奉贤区青村镇钱桥南张村六组
…………Tel：021-57593222

上海春华设计彩印有限公司
地址：上海市奉贤区青村镇钱忠村罗神499号1、2、4幢
…………Tel：021-57595000

上海博彩包装印刷有限公司
地址：上海市松江区泖港镇新艳路1099号4幢
…………Tel：021-57605991-803

上海统明服饰有限公司
地址：上海市奉贤区奉城镇南奉公路1478号2号综合楼2493室
…………Tel：021-57629777

上海孜强商贸有限公司
地址：上海市闵行区山花路518号1幢308室
…………Tel：021-57635707

上海先农台商贸有限公司
地址：上海市奉贤区金海公路3660号4幢308室
…………Tel：021-57646057

上海体蓝实业有限公司
地址：上海市金山区朱泾镇仙居路218号3幢2419室D座
…………Tel：021-57647371

上海浩泽服饰有限公司
地址：上海市松江区荣乐中路12弄136号
…………Tel：021-57655591

上海颐企网络科技有限公司
地址：上海漕河泾开发区松江高科技园莘砖公路668号202室-261
…………Tel：021-57655825

上海魅拓贸易有限公司
地址：上海市闵行区虹梅南路1755号一幢一层P1073室
…………Tel：021-57671851

上海海派墙纸有限公司
地址：上海市青浦区朱枫公路3424号1幢三层O区315室
…………Tel：021-57679637

上海海派墙纸有限公司
地址：上海市青浦区朱枫公路3424号1幢三层O区315室
…………Tel：021-57679637

上海开悦包装制品有限公司
地址：上海市松江区新桥镇新庙三路869号
…………Tel：021-57680538

上海悠县国际贸易有限公司
地址：浦东新区航头镇航川路50、52、56号27幢二层299室
…………Tel：021-57682241

上海悠县国际贸易有限公司
地址：浦东新区航头镇航川路50、52、56号27幢二层299室
…………Tel：021-57682241

上海极臻餐饮管理有限公司
地址：上海市松江区新桥镇明兴路628号1层108室
…………Tel：021-57689128

上海欣富发物业管理服务有限公司
地址：上海市松江区永丰街道玉树路269号5号楼3765室
…………Tel：021-57690063

上海多达贸易有限公司
地址：上海市闸北区共和新路3699号203室
…………Tel：021-57697049

上海尘色贸易有限公司
地址：上海市松江区泖港镇中库路165号
…………Tel：021-57708795

上海尘色贸易有限公司
地址：上海市松江区泖港镇中库路165号
…………Tel：021-57708795

上海先越贸易有限公司
地址：上海市松江区广富林路799弄22号813室
…………Tel：021-57711909

上海郦炫建筑装饰有限公司
地址：上海市松江区泖港镇中库路175号279室
…………Tel：021-57716592

企一照明（上海）有限公司
地址：上海市松江区松卫北路200号8幢1层
…………Tel：021-57717171

上海胡氏投资有限公司
地址：上海市松江区中山中路265-283号5楼F区
…………Tel：021-57719530

上海胡氏投资有限公司
地址：上海市松江区中山中路265-283号5楼F区
…………Tel：021-57719530

瀚德工艺礼品（上海）有限公司
地址：上海市闵行区中春路7001号2幢3楼B3025室
…………Tel：021-57719782

上海太平洋影业有限公司
地址：上海市松江区文诚路500弄1号4层403室
…………Tel：021-57731360

上海郁金香工艺品有限公司
地址：上海市松江区北杨路118号5幢1层
…………Tel：021-57734650

上海永欣礼品包装有限公司
地址：上海市松江区石湖荡镇长塔路775弄1～7号9幢3楼-342室
…………Tel：021-57750042

上海金来达家俱制造有限公司
地址：上海市松江区石湖荡镇松蒸公路2988号-1
…………Tel：021-57751067

上海世目实业有限公司
地址：上海市松江区佘山镇沈砖公路3129弄17-1号
…………Tel：021-57791987

上海富赛特电子有限公司
地址：上海市松江区佘山工业区明业路301号
…………Tel：021-57796431

上海金专资产管理有限公司
地址：上海市松江区车墩镇北松公路4915号影视乐园南大楼2297室
…………Tel：021-57826301

上海星之沛家用纺织制品有限公司
地址：上海市松江区石湖荡镇胜塔路9号1幢2楼
…………Tel：021-57847411

上海梓迪实验室科技有限公司
地址：上海漕河泾开发区松江高科技园莘砖公路668号202室-296
…………Tel：021-57857193

上海沐氧净化科技有限公司
地址：上海市松江区新桥镇泗砖南路255弄126号1层
…………Tel：021-57876590

上海海燕玩具有限公司
地址：上海市松江区张泽镇工业小区内
…………Tel：021-57881528

松南投资发展（上海）有限公司
地址：上海市松江区车墩镇车峰路452号301室
…………Tel：021-57896286

上海山鑫广告有限公司
地址：上海市金山区山阳镇亭卫中路66号
…………Tel：021-57962343

刚泰控股（上海）有限公司
地址：中国（上海）自由贸易试验区陆家嘴环路958号3601室
…………Tel：021-58038000

上海斯煦地坪科技有限公司
地址：上海市奉贤区肖塘路255弄10号2层
…………Tel：021-58110817

上海三松礼品有限公司
地址：上海市浦东康桥工业区康桥东路1300弄3号
…………Tel：021-58134099

上海品诺服饰有限公司
地址：浦东新区航头镇鹤东村呈祥港路585号
…………Tel：021-58143480

柯礼迪礼品（上海）有限公司
地址：上海市嘉定区环城路200号3层3426室
…………Tel：021-58155660

半园文化发展（上海）有限公司
地址：青浦区沈砖路建新221号1幢1层C区115室
…………Tel：021-58186281

上海海澜供应链管理有限公司
地址：中国（上海）自由贸易试验区张杨路707号二层西区
…………Tel：021-58352256

上海海澜之家电子商务有限公司
地址：上海市崇明县横沙乡富民支路58号A1-7597室（上海横泰经济开发区）
…………Tel：021-58352256

上海涵韬文化传播有限公司
地址：上海市崇明区城桥镇秀山路8号3幢三层R区379室（上海市崇明工业园区）
…………Tel：021-58352665

上海唐姿贸易有限公司
地址：中国（上海）自由贸易试验区新金桥路230号（T17-1A）幢二层D室
…………Tel：021-58358269

上海浦黎国际贸易有限公司
地址：上海市宝山区顾北东路575弄1-17号A区142-12
…………Tel：021-58363220

上海朝轩家具有限公司
地址：青浦区朱家角镇康业路951弄32号1幢2层G区240室
…………Tel：021-58376602

上海车驿汽车维修有限公司
地址：上海市浦东新区银山路181号底层3室
…………Tel：021-58383806

上海一尺之间文化传播有限公司
地址：上海市杨浦区平凉路1398号19幢1168室
…………Tel：021-58386018

夫天（上海）实业有限公司
地址：上海市金山区枫泾镇环东一路65弄4号3220室
…………Tel：021-58388996

上海固友文化艺术品有限公司
地址：青浦区白鹤镇鹤祥路1号C-333
…………Tel：021-58390500

欧菲（上海）纺织有限公司
地址：上海市闵行区七莘路889号2幢205室
…………Tel：021-58398724

上海谷钰行实业有限公司
地址：上海市金山区枫泾镇泾商路99弄3199号201室
…………Tel：021-58439386

上海谷钰行实业有限公司
地址：上海市金山区枫泾镇泾商路99弄3199号201室
…………Tel：021-58439386

上海齐勒实业有限公司
地址：上海市虹口区四平路421弄107号N142室
…………Tel：021-58446155

上海鸿亨贸易有限公司
地址：上海市松江区天马山镇天新路20号2号楼D13
…………Tel：021-58453818

上海神农氏餐饮管理有限公司
地址：上海市崇明区城桥镇江帆路329弄15号1307室
…………Tel：021-58480393

上海林清贸易有限公司
地址：上海市浦东新区灵岩南路728号13幢
…………Tel：021-58498622

上海丰初贸易有限公司
地址：上海市松江区叶榭镇叶旺路1号三楼
…………Tel：021-58503139

上海安贝实业有限公司
地址：中国（上海）自由贸易试验区乳山路227号369室
…………Tel：021-58522968

上海浦东锦绣乐购生活购物有限公司
地址：浦东新区锦绣路3218号
…………Tel：021-58536123

上海云梯信息科技有限公司
地址：中国（上海）自由贸易试验区碧波路500号211室
…………Tel：021-58565756

上海浦东电力服务公司
地址：中国（上海）自由贸易试验区即墨路5号101室
…………Tel：021-58612369

凯捷工艺品（上海）有限公司
地址：上海市浦东新区川沙路669号
…………Tel：021-58633777-398

上海力创广告有限公司
地址：浦东新区杨高北路528号14幢1D31室
…………Tel：021-58645295

上海美纺国际贸易有限公司
地址：浦东新区玉兰路8号901室
…………Tel：021-58661852

上海凯航进出口有限公司
地址：浦东新区航头镇航头路158弄第12幢568室
…………Tel：021-58662999

瑞骋（上海）实业发展有限公司
地址：上海市普陀区金沙江路1678号308室
…………Tel：021-58678999

上海万历报关有限公司
地址：上海市青浦区沪青平公路9565号1幢2层H区203室
…………Tel：021-58691315

上海世响电子商务有限公司
地址：中国（上海）自由贸易试验区富特南路301号2幢3层318室
…………Tel：021-58691606

上海磐基展览服务有限公司

地址：上海市闵行区江川路1565弄57号1036室
…………Tel：021-58710635
上海老城隍庙金银珠宝首饰有限公司
地址：上海市浦东新区西营路28号
…………Tel：021-58726081
上海博风餐饮服务有限公司
地址：上海市崇明区长兴镇潘园公路38号3号楼226室（上海泰和经济发展区）
…………Tel：021-58736868
久灿投资发展（上海）有限公司
地址：上海市浦东新区行南路880号3幢165室
…………Tel：021-58760336
上海博而成国际贸易有限公司
地址：中国（上海）自由贸易试验区浦东南路855号7J室
…………Tel：021-58775885
上海相爷府茶业有限公司
地址：恒丰路218号3楼301-3室
…………Tel：021-58777797
慧华（上海）物资有限公司
地址：中国（上海）自由贸易试验区西里路55号301-73室
…………Tel：021-58788889
上海融旺达商业管理有限公司
地址：武昌路559号B楼321室
…………Tel：021-58799211
上海意桥营销策划有限公司
地址：上海市金山区廊下镇漕廊公路6825弄505号522室
…………Tel：021-58816306
上海名钥实业有限公司
地址：中国（上海）自由贸易试验区东陆路1962号1层B室
…………Tel：021-58817700
开成兴业（上海）礼品有限公司
地址：中国（上海）自由贸易试验区浦东南路855号世界广场第32层H座单元
…………Tel：021-58825010
上海巨腾实业集团有限公司
地址：中国（上海）自由贸易试验区浦东大道2000号28楼
…………Tel：021-58837677
上海旌逸商贸有限公司
地址：上海市崇明县长兴镇潘园公路1800号2号楼8056室（上海泰和经济发展区）
…………Tel：021-58858002
上海金壹江礼品包装材料有限公司
地址：中国（上海）自由贸易试验区浦东大道2123号3E1124室
…………Tel：021-58858884
上海天企鼎拓投资有限公司
地址：中国（上海）自由贸易试验区临港新片区宏祥北路83弄1-42号20幢C区133室
…………Tel：021-58881143
上海荣鼎礼品有限公司
地址：上海市奉贤区庄行镇南亭公路1176号7幢796室
…………Tel：021-58890692
上海戴炜文化传播有限公司
地址：上海市浦东新区川沙路1098号8幢
…………Tel：021-58900530
上海湖中之海礼品有限公司
地址：浦东新区万祥镇宏祥北路83弄1-42号20幢118室
…………Tel：021-58900701
上海文昶文化发展有限公司
地址：中国（上海）自由贸易试验区马吉路2号1604C室
…………Tel：021-58901720
上海海真国际贸易有限公司
地址：中国（上海）自由贸易试验区富特东一路438号五层545室
…………Tel：021-58930788
上海格泽投资管理有限公司
地址：浦东新区南汇新城镇古棕路438弄18号104室
…………Tel：021-58953310
上海商昊贸易有限公司
地址：上海市宝山区沪太路5018号3幢1层B0276
…………Tel：021-58966188
上海原珍黄金珠宝有限公司
地址：上海市奉贤区南桥镇沪杭支路24号9幢235室
…………Tel：021-58966188
上海复单医疗科技有限公司
地址：上海市浦东新区三林路235号8幢513室
…………Tel：021-58966188
上海原珍黄金珠宝有限公司
地址：上海市奉贤区南桥镇沪杭支路24号9幢235室
…………Tel：021-58966188
上海华励包装有限公司
地址：上海市浦东新区合庆镇向阳村
…………Tel：021-58975854
上海爱格韵礼品有限公司
地址：上海市浦东新区川图路558号5幢一层东区
…………Tel：021-58981436
上海宝东投资管理有限公司
地址：上海市杨浦区国宾路36号1901-1室
…………Tel：021-58995288
上海维兴展览展示工程有限公司
地址：上海市宝山区沪太路8885号B楼4195室
…………Tel：021-59110683
上海黎亚礼品有限公司
地址：上海市嘉定区沪宜公路1188号36幢3层C区3285室
…………Tel：021-59128014
上海逸扬实业有限公司
地址：青浦区练塘镇朱枫公路6188号第十八幢105乙室
…………Tel：021-59140527
上海四海茶文化发展有限公司
地址：上海市嘉定区真新街道曹安路1978号1幢二层202室
…………Tel：021-59185220
上海泰品文教礼品有限公司
地址：上海市浦东新区川沙新镇新春村新春路11号A区
…………Tel：021-5947602
上海瀛仙旅游咨询有限公司
地址：上海市崇明区竖新镇响椿路58号北三楼221室（上海竖新经济开发区）
…………Tel：021-59491850
上海海上花岛旅游发展有限公司
地址：上海市崇明区竖新镇前卫村838-1号、838-2号
…………Tel：021-59499250
上海海亦金贸易有限公司
地址：上海市嘉定工业区叶城路1630号5幢2268室
…………Tel：021-59502899
上海大众汽车礼品有限公司
地址：上海市嘉定区安亭镇墨玉路玉兰一村8号东
…………Tel：021-59566399
上海誉加环保科技有限公司
地址：上海市宝山区南大路30号97幢205室
…………Tel：02159591596
上海佳汇服饰有限公司
地址：上海市崇明县城桥镇八一路452号-456号
…………Tel：021-59626998
上海易和广告有限公司
地址：上海市崇明区城桥镇东河沿68号6号楼316室（上海城桥经济开发区）
…………Tel：021-59690020
上海联航航空礼品有限公司
地址：青浦区莲民路36号1幢1层B区107室
…………Tel：021-59711800
上海亿路顺典当有限公司
地址：青浦区城中东路72号
…………Tel：021-59731121
上海百盛企业发展有限公司
地址：青浦区重固镇外青松公路4925号D-756
…………Tel：021-59739088
上海贤林投资有限公司
地址：上海市青浦区白鹤镇鹤鹏路355号2幢105室
…………Tel：021-59741511
上海宏丽建筑工艺制品有限公司
地址：上海市青浦区白鹤镇外青松公路3560号1号楼2层F区2064室
…………Tel：021-59743808
上海宏丽建筑工艺制品有限公司
地址：上海市青浦区白鹤镇外青松公路3560号1号楼2层F区2064室
…………Tel：021-59743808
上海献怡智能科技有限公司
地址：上海市青浦区双联路158号2层I区280室
…………Tel：021-59753904
旭道（上海）投资管理有限公司
地址：上海市青浦区沪青平公路3938号2幢316室
…………Tel：021-59758999
灿辉置业（上海）有限公司
地址：青浦区沪青平公路1881号3018幢一层A区110室
…………Tel：021-59761688
上海灿辉投资发展有限公司
地址：上海市青浦区徐泾镇徐祥路38号3幢1018室
…………Tel：021-59761688
灿辉物业管理（上海）有限公司
地址：上海市青浦区徐泾镇徐祥路38号3幢1008室
…………Tel：021-59761688
锐哲贸易（上海）有限公司
地址：上海市青浦区徐泾镇沪青平公路2008号9层905室
…………Tel：021-59768802
上海朋联梦世代超市股份有限公司
地址：上海市青浦区华新镇新凤中路333号E区3幢308室
…………Tel：021-59776320
上海联合国际小商品城有限公司
地址：青浦区华新镇新谊村
…………Tel：021-59795911
上海谢迪礼品有限公司
地址：上海市青浦区华新镇嘉松中路228弄8号
…………Tel：021-59799660
上海谢迪礼品有限公司
地址：上海市青浦区华新镇嘉松中路228弄8号
…………Tel：021-59799660
上海顺鼎园林绿化工程有限公司
地址：青浦区沪青平公路9565号1幢3层M区372室
…………Tel：021-59800087
上海存德投资管理有限公司
地址：青浦区胜利路588号5幢1层B区102室
…………Tel：021-59852899
上海存德投资管理有限公司
地址：青浦区胜利路588号5幢1层B区102室
…………Tel：021-59852899
上海春水实业有限公司
地址：青浦区胜利路588号5-306室
…………Tel：021-59853817
上海晟青礼品有限公司
地址：青浦区重固镇北青公路6725弄1号4幢-3
…………Tel：021-59863968
上海世界你好文化产业发展有限公司
地址：上海市青浦区徐泾镇双联路158号2层D区211室
…………Tel：021-59885533
上海仲信国际物流有限公司
地址：上海市闵行区沪青平公路329号18幢124室
…………Tel：021-59886922
上海力鸿包装有限公司
地址：上海市金山工业区朱漕路550号4幢103室
…………Tel：021-59896292
上海画润礼品有限公司
地址：青浦区徐泾镇徐民路8号
…………Tel：021-59896661
上海太睿实业有限公司
地址：上海市青浦区徐泾镇华徐公路962弄51、69号15层1501室
…………Tel：021-59897878
上海慧如玻璃工艺品有限公司
地址：上海市青浦区徐泾镇前云路268号
…………Tel：021-59898377
上海东威塑料制品有限公司
地址：上海市嘉定区华亭镇嘉行公路
…………Tel：021-59953358
上海福涞浩工艺品有限公司
地址：上海市嘉定区华亭镇浏翔公路6899号1幢J1250室
…………Tel：021-59975505
毕加索帕弗洛文具（上海）有限公司
地址：上海市静安区百禄路92号2幢217室
…………Tel：021-59976030
上海橄康实业发展有限公司
地址：上海市宝山区双城路803弄9号楼2003室
…………Tel：021-60022007
上海乐臣广告有限公司
地址：上海市虹口区海宁路137号7层E座729C室
…………Tel：021-60136125
尚涌文化传播（上海）有限公司
地址：上海市宝山区河曲路118号4485室
…………Tel：021-60151000
翎撼（上海）投资咨询有限公司
地址：上海市松江区九亭镇盛龙路77号一幢一层A座
…………Tel：021-60190379
上海聚繁金融信息服务有限公司
地址：中国（上海）自由贸易试验区德堡路38号2幢楼4层403-25室
…………Tel：021-60190801
上海中青大通旅行社有限公司
地址：上海市黄浦区北京东路666号H区（东座）6楼H141室
…………Tel：021-60192118
宝晟投资发展（上海）有限公司
地址：中国（上海）自由贸易试验区加太路29号2号楼东部502-A10室
…………Tel：021-60199336
中酒汇（上海）文化发展有限公司
地址：上海市虹口区曲阳路379、383号1层1006室
…………Tel：021-60251099
中酒汇（上海）文化发展有限公司
地址：上海市虹口区曲阳路379、383号1层1006室
…………Tel：021-60251099
央盛文化传媒（上海）有限公司
地址：上海市普陀区真北路958号20幢1519室
…………Tel：021-60252025
上海世纪润华文化传媒有限公司
地址：上海市奉贤区庄行镇叶家643号1057室
…………Tel：021-60257166
上海韶阳民族乐器有限公司
地址：上海市松江区大江路18号1-3幢
…………Tel：021-60259208
上海律才实业发展有限公司
地址：上海市松江区茸梅路139号1幢
…………Tel：021-60291799
上海松江新华都超市有限公司
地址：上海市松江区九亭镇沪松公路1399弄69号906室
…………Tel：021-60291869
上海绿知色实业集团有限公司
地址：中国（上海）自由贸易试验区美盛路55号2幢6层603室
…………Tel：021-60292370
上海凡票文化传媒有限公司
地址：上海市金山工业区亭卫公路6558号4幢2706室
…………Tel：021-60314399
容大时代教育科技有限公司
地址：上海市金山区金山卫镇长春村1044号2幢106室
…………Tel：021-60317687
上海红山拍卖有限公司
地址：上海市虹口区沽源路110弄15号（集中登记地）
…………Tel：021-60346245
上海利星旧机动车经纪经销有限公司
地址：上海市普陀区谈家渡路28-1号3层3023室
…………Tel：021-60379999
上海一统餐饮管理有限公司
地址：上海市杨浦区军工路334号6号楼二层（集中登记地）
…………Tel：021-60391878
上海澧溪大歌星餐饮娱乐有限公司
地址：上海市浦东新区周浦镇年家浜路518号二楼
…………Tel：021-60403658
上海定阳轩投资管理有限公司
地址：上海市杨浦区长阳路1568号301幢202
…………Tel：021-60409312
上海华岳文化传播有限公司第一分公司
地址：上海市长宁区万航渡路2453号15幢4层F室（B405）
…………Tel：021-60430316
上海芙恩礼品有限公司
地址：上海市普陀区金通路799、899、999号17幢1003室
…………Tel：021-60445313
倍电贸易（上海）有限公司
地址：上海市浦东新区东方路3601号2号楼318室
…………Tel：021-60453089
上海英和教育科技有限公司
地址：中国（上海）自由贸易试验区芳春路400号1幢3层
…………Tel：021-60470958
上海钰丰生态农业科技发展有限公司
地址：上海市青浦区浦仓路449弄14号二层
…………Tel：021-60486087
励琛（上海）投资管理有限公司
地址：上海市金山区朱泾镇临源街750号5幢432C
…………Tel：021-60486854
上海冠景家具有限公司
地址：青浦区沪青平公路9565号1幢3层X区302室
…………Tel：021-60490659
上海铭标办公家具有限公司
地址：宝山区金石路1688号C-549
…………Tel：021-60490659
上海瑾玺印刷科技有限公司
地址：上海市宝山区业绩路8号2幢2239室
…………Tel：021-60492610
上海麦力快递有限公司
地址：上海市奉贤区五四公路4399号90幢316室
…………Tel：021-60497466
上海风帆礼品有限公司
地址：嘉定区迎园中路632号211室
…………Tel：021-60499747
上海贝贝埃艺术设计有限公司
地址：上海市徐汇区漕溪北路41号1003室
…………Tel：021-60513550
上海周周靓礼品有限公司
地址：上海市闵行区元江路5500号第1幢F1249室
…………Tel：021-60514185
上海进礼包装制品有限公司
地址：上海市松江区车墩镇朝阳路20号4幢215室
…………Tel：021-60519968

上海森亿投资管理有限公司
地址：上海市松江区新浜镇新绿路398号
……………………Tel：021－60523611
上海知弘金融信息服务有限公司
地址：中国（上海）自由贸易试验区耀华路251号一幢一层
……………………Tel：021－60525661
上海一伍六零管理咨询服务股份有限公司
地址：上海市松江区新桥镇新蟠路189号5幢2楼西区
……………………Tel：021－60527000
上海盘升投资管理有限公司
地址：中国（上海）自由贸易试验区马吉路2号1101室
……………………Tel：021－60527862
上海美家木业有限公司
地址：上海市金山区吕巷镇干溪街70号1号楼216室
……………………Tel：021－60528126
上海缘也国际贸易有限公司
地址：上海市奉贤区海坤路1号1幢
……………………Tel：021－60529869
上海铸才文化传播有限公司
地址：上海市金山区山阳镇浦卫公路16393号4幢420室
……………………Tel：021－60535058
上海赫瑞会展服务有限公司
地址：上海市奉贤区青村镇奉柘公路2898号8幢121室
……………………Tel：021－60535058
上海丙泉实业有限公司
地址：上海市金山区张堰镇松金公路2514号1幢2435室
……………………Tel：021－60536074
上海毕琴实业有限公司
地址：上海市金山区亭林镇新巷村2089号7幢
……………………Tel：021－60537070
上海近业投资管理有限公司
地址：上海市崇明县新河镇新申路921弄2号H区245室（上海富盛经济开发区）
……………………Tel：021－60549002
上海景域旅游发展有限公司普陀分公司
地址：上海市普陀区金沙江路1759号1幢B座B1105－1107室
……………………Tel：021－60561616
上海景缦酒店管理有限公司
地址：上海市青浦区双联路158号2层H区261室
……………………Tel：021－60561616
上海君贵工艺礼品有限公司
地址：恒丰路218号1406室
……………………Tel：021－60566250
上海广汇德太保险经纪有限公司
地址：上海市闵行区吴中路1465号20幢6楼603室
……………………Tel：021－60609809
上海法岚斯实业有限公司
地址：上海市金山区金山卫镇钱鑫路293号115室
……………………Tel：021－60672912
上海众骁汽车销售服务有限公司
地址：上海市浦东新区御熙路502号1幢
……………………Tel：021－60679588
派臣（上海）投资管理有限公司
地址：上海市闵行区元江路5500号第1幢A883室
……………………Tel：021－60701830
精致钻石邮轮管理（上海）有限公司
地址：上海市宝山区宝林八村101号2幢1068室
……………………Tel：021－60703568
上海苏豪品牌营销管理有限公司
地址：上海市闵行区庙泾路66号M467室
……………………Tel：021－60705353
上海苏豪品牌营销管理有限公司
地址：上海市闵行区庙泾路66号M467室
……………………Tel：021－60705353
上海汇浚实业有限公司
地址：宝山区友谊路1500号16幢308室
……………………Tel：021－60705625
钦联（上海）资产管理有限公司
地址：上海市奉贤区庄行镇邬桥社区安东路118号5幢103
……………………Tel：021－60707319
上海恒青房地产有限公司
地址：上海市宝山区菊泉路502号E楼108室
……………………Tel：021－60709888
上海友旺旅行社有限公司
地址：南山路100号6层12座
……………………Tel：021－60713392
上海上坤实业投资有限公司
地址：上海市宝山区淞滨路500号6幢B390室
……………………Tel：021－60716181
上海优拓礼品有限公司
地址：上海市松江区泖港镇中库路161号440室
……………………Tel：021－60717194
月桂冠（上海）商贸有限公司
地址：上海市长宁区愚园路1258号1208室
……………………Tel：021－60723936
月桂冠（上海）商贸有限公司
地址：上海市长宁区愚园路1258号1208室
……………………Tel：021－60723936
上海心动投资管理有限公司
地址：上海市闵行区东川路555号戊楼1278室
……………………Tel：021－60727072
上海影响力教育投资有限公司
地址：上海市金山工业区亭卫公路6558号9幢2995室
……………………Tel：021－60730973
上海我享我家家居用品有限公司
地址：上海市闵行区剑川路920号2幢102室
……………………Tel：021－60732175
上海空谷实业有限公司
地址：中国（上海）自由贸易试验区临港新片区环湖西二路888号C楼
……………………Tel：021－60736356
万宁日用品商业（上海）有限公司
地址：上海市普陀区武宁路99号1802室
……………………Tel：021－60736500－118
鸿轩实业（上海）有限公司
地址：上海市静安区云欣路200弄1号201室
……………………Tel：021－60761580
意料饮料贸易（上海）有限公司
地址：上海市黄浦区北京东路668号F幢30层D27室
……………………Tel：021－60766300
永辉云创科技有限公司
地址：上海市杨浦区隆昌路586号地下一层A区－1
……………………Tel：021－60793658
九木杂物社企业管理有限公司
地址：上海市奉贤区金钱公路3469号7幢904室
……………………Tel：021－60797600
上海致云食品有限公司
地址：上海市宝山区江杨南路2500弄30号1609室
……………………Tel：021－60820727
上海国美电器有限公司
地址：上海市长宁区长宁路1000号一层、二层
……………………Tel：021－60826541
雅韵海行文化传媒（上海）有限公司
地址：上海市虹口区丰镇路806号4幢309室
……………………Tel：021－60837370
上海太德文化传播有限公司
地址：上海市崇明区建设公路1357号2幢226室（上海建设经济小区）
……………………Tel：021－60868866
淘酒人国际贸易（上海）有限公司
地址：中国（上海）自由贸易试验区泰谷路18号1幢楼16层1605A室
……………………Tel：021－60880098
上海艾飞儿实业有限公司
地址：上海市闵行区吴中路1065号1107室
……………………Tel：021－60900851
上海艺博会国际展览有限公司
地址：上海市徐汇区小木桥路251号901室
……………………Tel：021－60901776
上海乐纷工艺礼品有限公司
地址：上海市闵行区春申路1985弄69号243室
……………………Tel：021－60904328
上海乐纷工艺礼品有限公司
地址：上海市闵行区春申路1985弄69号243室
……………………Tel：021－60904328
上海真江贸易有限公司
地址：上海市奉贤区奉城镇同心路1号－102
……………………Tel：021－60906067
上海鱼脸广告传播有限公司
地址：上海市崇明区长兴镇潘园公路1800号2号楼6362室（上海泰和经济发展区）
……………………Tel：021－60906385
上海乔之音酒店管理有限公司
地址：上海市长宁区金钟路767弄5号101室
……………………Tel：021－60908928
犁民（上海）电子商务有限公司
地址：上海市奉贤区南桥镇城乡路188号2101－2105室
……………………Tel：021－60913230
犁民（上海）电子商务有限公司
地址：上海市奉贤区南桥镇城乡路188号2101－2105室
……………………Tel：021－60913230
上海龙馨酒店管理有限公司
地址：上海市浦东新区川沙路5206号3幢
……………………Tel：021－60936588
上海旗开优得企业管理咨询中心（有限合伙）
地址：上海市宝山区高逸路112－118号6幢1667室
……………………Tel：021－60942842
上海韵林礼品有限公司
地址：上海市嘉定区菊园新区胜竹路1399号2幢四层415室
……………………Tel：021－60943868
上海骅威文化发展有限公司
地址：上海市普陀区长寿路868号1605室A座
……………………Tel：021－60952252
上海泰埔广告有限公司
地址：崇明县城桥镇西引路123号
……………………Tel：021－60958981
上海甄贵金属有限公司
地址：上海市浦东新区海徐路939号
……………………Tel：021－61001883
上海方盒子贸易有限公司
地址：上海市普陀区真南路1809弄69号17幢114室
……………………Tel：021－61005055
上海七宝乐购购物中心有限公司
地址：上海市闵行区七莘路3155号
……………………Tel：021－61017361
上海树川信息科技有限公司
地址：浦东新区南汇新城镇环湖西二路888号1幢1区3059室
……………………Tel：021－61040376
上海农迪人然合一农业科技有限公司
地址：上海市崇明县中兴镇汲浜公路39号18幢139室
……………………Tel：021－61059201
纪沃投资管理（上海）有限公司
地址：上海市崇明区长兴镇潘园公路1800号3号楼215室（上海泰和经济发展区）
……………………Tel：021－61062898
上海蒲园供应链管理有限公司
地址：上海市黄浦区南塘浜路103号695室A座
……………………Tel：021－61065121
千通国际贸易（上海）有限公司
地址：上海市虹口区杨树浦路248号1001室
……………………Tel：021－61071577
上海华赫会展有限公司
地址：上海市青浦区工业园区郏一工业区7号3幢1层S区137室
……………………Tel：021－61074000
上海百安医药科技有限公司
地址：上海市杨浦区中山北二路1111号
……………………Tel：021－61076311
上海芳朵实业有限公司
地址：上海市奉贤区海湾镇农工商大道228号2幢2025室
……………………Tel：021－61079136
上海恒硕公寓酒店有限公司
地址：上海市闵行区虹许路368号一层102室、三层302室、四至九层
……………………Tel：021－61101999
上海厚云贸易有限公司
地址：上海市奉贤区南桥镇宏伟路24号5幢6364室
……………………Tel：021－61107337
上海君澜文化艺术传播有限公司
地址：上海市青浦区胜利路2号4幢一层G区170室
……………………Tel：021－61114275
上海抢啦信息技术有限公司
地址：上海市杨浦区包头路92号311－7室
……………………Tel：021－61114906
上海力聚广告有限公司
地址：上海市崇明区东平镇东风公路399号4211室（东平镇经济开发区）
……………………Tel：021－61135296
上海亚利实业有限公司
地址：上海市青浦区白鹤镇外青松公路3560号4号楼2层东裙楼C区2407室
……………………Tel：021－61140359
上海东立国际贸易有限公司
地址：中国（上海）自由贸易试验区世纪大道1500号701－C室－1
……………………Tel：021－61140596
上海如旺电子商务有限公司
地址：上海市闵行区虹许路558号3楼302室
……………………Tel：021－61151111
上海远骥进出口有限公司
地址：上海市普陀区曹杨路458、460、462号地下一层01－A10
……………………Tel：021－61155881
上海尊安投资管理有限公司
地址：上海市徐汇区石龙路395号4幢1楼02室
……………………Tel：021－61157726
上海尊安同合文化发展有限公司
地址：上海市徐汇区冠生园路223号21幢471室
……………………Tel：021－61157726
品琉（上海）餐饮管理有限公司
地址：上海市静安区恒通路360号B1202室
……………………Tel：021－61158286
上海升元投资管理有限公司
地址：上海市青浦区新达路1218号2幢一层P区175室
……………………Tel：021－61169739
上海元尚装饰设计有限公司
地址：上海真南路4268号A区2082号
……………………Tel：021－61171419
上海元尚装饰设计有限公司
地址：上海真南路4268号A区2082号
……………………Tel：021－61171419
上海住永投资集团有限公司
地址：上海市嘉定区胜辛南路800号1幢1018室
……………………Tel：021－61176866
凯迪服饰（上海）有限公司
地址：上海市徐汇区龙吴路777号11号楼408室
……………………Tel：021－61196096
上海汉鹏资产管理有限公司
地址：上海市黄浦区九江路663号1503室
……………………Tel：021－61199263
上海国尚环保科技有限公司
地址：上海市宝山区逸仙路2816号1幢1层E1071室
……………………Tel：021－61199428
上海开域信息科技有限公司
地址：上海市崇明区竖新镇响椿路116号3幢328室
……………………Tel：021－61203188
上海圆加建筑装饰有限公司
地址：上海市嘉定区嘉戬公路328号7幢7层J4252室
……………………Tel：021－61213211
上海东方汇融文化商务有限公司
地址：中国（上海）自由贸易试验区祖冲之路1559号2幢3023室
……………………Tel：021－61229300
上海东方汇融信息技术服务有限公司
地址：中国（上海）自由贸易试验区马吉路2号第34层03室
……………………Tel：021－61229300
上海宽盟国际贸易有限公司
地址：上海市杨浦区黄兴路1725号1703室
……………………Tel：021－61230831
上海越冠实业有限公司
地址：上海市闸北区大统路988号A幢16层01室
……………………Tel：021－61234358
上海巴联信息科技有限公司
地址：上海市长宁区仙霞路350号3幢2305室
……………………Tel：021－61237559
上海瀚杰投资管理有限公司
地址：上海市奉贤区金汇镇金钱公路411号6幢113室
……………………Tel：021－61245575
上海美莱信息技术有限公司
地址：上海市黄浦区南塘浜路103号554室A座
……………………Tel：021－61251325
圣世特（上海）物流有限公司
地址：上海市长宁区淮海西路432号508室
……………………Tel：021－61252408
晨光生活馆企业管理（上海）有限公司
地址：上海市奉贤区金钱公路3469号4号楼
……………………Tel：021－61265037
上海盛彩信息技术有限公司
地址：上海市徐汇区宜山路829号6幢506室
……………………Tel：021－61265445
上海酉辰信息技术有限公司
地址：上海市静安区沪太路785号22幢686室
……………………Tel：021－61312190
上海天瑞珠宝首饰有限公司
地址：上海市青浦区徐泾镇双联路398号一幢
……………………Tel：021－61315566
上海昶实实业有限公司
地址：上海市闵行区北吴路343弄30号3幢
……………………Tel：021－61316502
上海磊德国际货运代理有限公司
地址：上海市奉贤区青村镇钱桥文化路23号D－90
……………………Tel：021－61327562
真香无界香水贸易（上海）有限公司
地址：上海市静安区南京西路1486号4206室
……………………Tel：021－61363130
方针（上海）商贸有限公司
地址：上海市静安区永和路318弄18号215室
……………………Tel：021－61372438
上海中东企业发展总公司
地址：上海市长宁区芙蓉江路89号
……………………Tel：021－61372566
珍得（上海）实业有限公司
地址：上海市杨浦区杨树浦路2866号63栋（9号楼）
……………………Tel：021－61390150
上海衣品实业发展有限公司
地址：上海市普陀区梅川路1247号4幢10

层381室
……Tel：021-61395071
上海佰荣家具有限公司
地址：青浦区金泽镇莲湖路53号2号楼201E室
……Tel：021-61398531
上海沁怡工艺礼品有限公司
地址：上海市普陀区真北路3199弄4号楼2020室
……Tel：021-61407375
上海清契轩艺术品有限公司
地址：上海市闵行区虹梅南路1755号一幢一层WA1010室
……Tel：021-61410552
上海梓格出版科技有限公司
地址：上海市虹口区嘉兴路248号1层（集中登记地）
……Tel：021-61421930
上海装库服饰有限公司
地址：上海市静安区汶水路40号3幢3149室
……Tel：021-61426691
上海同粲国际贸易有限公司
地址：中国（上海）自由贸易试验区港澳路239号2幢3层306室
……Tel：021-61462093
上海留园文化传播有限公司
地址：青浦区青湖路728号2层B区276室
……Tel：021-61471892
上海留园文化传播有限公司
地址：青浦区青湖路728号2层B区276室
……Tel：021-61471892
上海中稳晟有色金属材料有限公司
地址：上海市宝山区永乐路400号128室
……Tel：021-61477909
上海八运水科技发展有限公司
地址：上海市青浦区朱家角镇康业路951弄32号1幢2层V区211室
……Tel：021-61489572
上海汇映商业经营管理有限公司
地址：中国（上海）自由贸易试验区银城中路8号3层02室-0301室
……Tel：021-61498276
上海忆世文化传播有限公司
地址：上海市崇明区城桥镇秀山路8号3幢三层M区3025室（上海市崇明工业园区）
……Tel：021-61504008
上海米醋礼品有限公司
地址：上海市金山区朱泾镇仙居路218号3幢2720室B座
……Tel：021-61509001
上海今庄礼品饰品有限公司
地址：上海市闵行区虹桥镇吴中路1345号
……Tel：021-61513738
上海木木生活贸易有限公司
地址：上海市虹口区水电路688号临1703室
……Tel：021-61517511
金喜珠宝（上海）有限公司
地址：上海市松江区九亭镇九新公路339号1幢14楼
……Tel：021-61521153
上海圣墨投资咨询有限公司
地址：上海市金山区枫泾镇泾商路99弄496号208室
……Tel：021-61527443
上海耀承礼品有限公司
地址：上海市松江区泖港镇叶新公路3500号27幢107室
……Tel：021-61535052
上海百思吉实业有限公司
地址：中国（上海）自由贸易试验区康桥镇康桥东路1号11幢3层36室
……Tel：021-61538882
上海盛延实业有限公司
地址：青浦区朱家角镇康业路951弄32号3029室
……Tel：021-61551150
上海夏露信息科技有限公司
地址：上海市金山区枫泾镇兴坊路565号3幢344室
……Tel：021-61551150
上海胤景实业有限公司
地址：上海市松江区石湖荡镇长塔路945弄18号2楼N-43
……Tel：021-61553378
上海莱高企业管理有限公司
地址：上海市宝山区蕴川路5503号A415室
……Tel：021 61554828
上海祺天文化发展有限公司
地址：上海市奉贤区海湾旅游区奉炮公路314号1幢651室
……Tel：021-61555410
上海顾颜资产管理有限公司
地址：上海市奉贤区光明A3工业园区顺福路415号1幢288室
……Tel：021-61559607
上海微生活电子商务有限责任公司
地址：上海市浦东新区川沙路1098号8幢
……Tel：021-61559660
上海喜达国际旅行社有限公司
地址：上海市普陀区江宁路1306弄7号2301-2室
……Tel：021-61612178
上海智珑实业有限公司
地址：上海市虹口区四平路710号705-L室
……Tel：021-61639602
上海冠玺投资管理有限公司
地址：上海市普陀区金沙江路1006号5幢381室
……Tel：021-61639602
上海智珑实业有限公司
地址：上海市虹口区四平路710号705-L室
……Tel：021-61639602
上海新纪元实业发展有限公司
地址：上海市青浦区沪青平公路5251号三层C区396室
……Tel：021-61650900
上海海烟广告有限公司
地址：上海市杨浦区江浦路1095号
……Tel：021-61663791
上海天业国际贸易有限公司
地址：上海市虹口区霍山路201号2幢102室
……Tel：021-61673501
上海华氏达进出口有限公司
地址：上海市宝山区山连路999号5幢513室
……Tel：021-61676005
上海福铭资产管理股份有限公司
地址：上海市普陀区志丹路168号2008室
……Tel：021-61677178
上海中罗实业有限公司
地址：上海市金山区朱泾镇大茫6019号一栋124室
……Tel：021-61683229
博柏利（上海）贸易有限公司
地址：上海市静安区南京西路1717号60楼(实际楼层为53楼)
……Tel：021-61718600
上海慧泽文化传播有限公司
地址：上海市金山区卫昌路293号2幢2245室
……Tel：021-61723816
上海千顺印务技术有限公司
地址：上海市宝山区高逸路112-118号3幢8131室
……Tel：021-61727278
上海心引网络科技有限公司
地址：上海市闵行区东川路555号戊楼1235室
……Tel：021-61729418
上海孚达礼品有限公司
地址：上海市宝山区真陈路1000号6楼C座59室
……Tel：021-61760201
上海西尊国际贸易有限公司
地址：上海市奉贤区金汇镇金钱公路411号5幢177室
……Tel：021-61766041
上海麟泷国际货运代理有限公司
地址：上海市虹口区海伦路160号5幢3楼D326室
……Tel：021-61766372
上海慧域文化发展股份有限公司
地址：上海市静安区天目西路111号2号楼1层102室
……Tel：021-61768160
上海萨托尼服饰有限公司
地址：上海市黄浦区制造局路437号8室
……Tel：021-61801106
上海卡斯德国际贸易有限公司
地址：上海市浦东新区上川路612号4幢220室
……Tel：021-61805620
上海科辉化工有限公司
地址：上海市金山区卫清西路421号六楼156室
……Tel：021-61806513
上海创园实业有限公司
地址：嘉定区城北路333号7幢1225室
……Tel：021-61806577
上海旷音文化艺术发展有限公司
地址：上海市崇明区三星镇宏海公路4588号7号楼313-4室（上海三星经济小区）
……Tel：021-61806903
上海陆荣广告装潢有限公司
地址：上海市宝山区双城路803弄11号901室
……Tel：021-61808842
上海意融文具礼品有限公司
地址：上海市嘉定区平城路789号1幢3008室
……Tel：021-61811058
上海铭豪文具礼品有限公司
地址：青浦区金泽镇莲湖路53号4号楼201A室
……Tel：021-61811082
上海美集工艺礼品有限公司
地址：上海市松江区泗泾镇打铁桥村217号-25室
……Tel：021-61811135
上海明雅建设工程有限公司
地址：崇明县长兴镇潘园公路1800号2号楼3938室（上海泰和经济发展区）
……Tel：021-61811353
上海明雅装饰工程有限公司
地址：崇明县潘园公路1800号2号楼1567室（上海泰和经济开发区）
……Tel：021-61811353
上海金色投资管理有限公司
地址：上海市花园路66弄1号610室
……Tel：021-61813331
上海港国际客运中心开发有限公司
地址：上海市虹口区东大名路358号1813室
……Tel：021-61819900
上海老庙黄金国际贸易发展有限公司
地址：浦东新区西营路28号
……Tel：021-61820736
星创眼镜（上海）有限公司
地址：上海市普陀区真北路2126号5幢2F-D室
……Tel：021-61831200
上海从容健康管理有限公司
地址：上海市长宁区仙霞路350号3幢5504室
……Tel：021-61837706
上海亚韵包装制品有限公司
地址：上海市金山区松隐经济小区
……Tel：021-61838081
宇廷实业（上海）有限公司
地址：上海市杨浦区政益路47号1207-1208室
……Tel：021-61838088
上海龙门广告有限公司
地址：上海市静安区江宁路495号2301室
……Tel：021-61840400
伊骋企业发展（上海）有限公司
地址：上海市宝山区金石路1688号C-602
……Tel：021-61842341
上海崇锦商贸有限公司
地址：上海市青浦区双联路168号1幢-4
……Tel：021-61869999-8341
上海堂庭装饰工程设计有限公司
地址：上海市青浦区朱枫公路3424号1幢2层L区237室
……Tel：021-61901307
上海银来影业有限公司
地址：中国（上海）自由贸易试验区东方路710号24楼-2室
……Tel：021-61903581
上海禾步家居有限公司
地址：上海市青浦区朱枫公路3424号1幢3层P区304室
……Tel：021-61908389
上海君地生态农业科技有限公司
地址：上海市崇明区新村乡新国村新庄594号临1幢109室
……Tel：021-61910789
崇远大卫服饰（上海）有限公司
地址：上海市青浦区双联路168号1幢-1
……Tel：021-61969909
上海路卓商贸有限公司
地址：青浦区徐泾镇双联路168号7幢103室
……Tel：021-61969909-8898
璟丰时尚有限公司
地址：青浦区徐泾镇双联路168号7幢101室
……Tel：021-61969999
上海极杜文化传播有限公司
地址：上海市金山区朱泾镇临源街750号1幢176B
……Tel：021-61990525
上海智振贸易有限公司
地址：上海市奉贤区海湾镇农工商大道28号13幢104室
……Tel：021-61990593
上海绿亚景观工程有限公司
地址：上海市金山区枫泾镇环东一路65弄3号3714室
……Tel：021-61994498
上海携银信息科技有限公司
地址：上海市闵行区江川路1777弄22号265室
……Tel：021-61999957
上海吉朗实业有限公司
地址：上海市普陀区兰溪路900弄15号107室
……Tel：021-62030009
上海地产优家房屋租赁管理有限公司
地址：上海市静安区延安中路841号4楼西半部1区
……Tel：021-62030236
上海三顾礼品有限公司
地址：上海市松江区小昆山镇山西路16号205室
……Tel：021-62050998
上海龙日科技发展有限公司
地址：上海市黄浦区斜土路251弄裙房302室
……Tel：021-62056666
上海闻思文化产业投资有限公司
地址：浦东新区高科西路551号四层A407室
……Tel：021-62086157
莫尚（上海）商贸有限公司
地址：上海市闵行区金都路4299号6幢2楼D20室
……Tel：021-62087073
上海甲益商贸有限公司
地址：上海市长宁区金钟路658弄16号甲、16号乙3层B03室
……Tel：021-62090550
上海汇澳风供应链管理（集团）有限公司
地址：上海市青浦区天辰路2801-2809号5幢3层A区371室
……Tel：021-62091273
上海欣欣向荣文化传播有限公司
地址：上海市杨浦区长阳路1687号1240幢
……Tel：021-62100028
上海梅高创意咨询有限公司
地址：青浦区公园路348号7A-109室
……Tel：021-62101166
上海淳粹文化传媒有限公司
地址：上海市浦东新区上丰路977号1幢一层
……Tel：021-62105552
金典工场（上海）企业发展有限公司
地址：上海市静安区南京西路1038号2604、2605A室
……Tel：021-62108375
上海影达文化传媒股份有限公司静安分公司
地址：上海市静安区万航渡路623弄85号1幢101室
……Tel：021-62108605
上海影达影视文化投资管理有限公司
地址：上海市松江区富永路425弄212号3086室
……Tel：021-62108605
上海外综科技有限公司
地址：中国（上海）自由贸易试验区浦东大道2123号三楼西南区
……Tel：021-62117728
上海音特餐饮管理有限公司
地址：青浦区公园路99号舜浦大厦2层E区288室
……Tel：021-62120577
上海北旺食品有限公司
地址：上海市普陀区真北路915号801室
……Tel：021-6212261
中铁建业啸伦（上海）新材料科技有限公司
地址：上海市崇明县横沙乡富民支路58号D1-3488室（上海横泰经济开发区）
……Tel：021-62126910-801
上海殷悦文具礼品有限公司
地址：上海市普陀区常德路1436号四层3A-02室
……Tel：021-62133805
上海兴沛投资有限公司
地址：上海市浦东新区上丰路700号8幢401室M座
……Tel：021-62140673
上海众誉资产管理有限公司
地址：上海市长宁区威宁路333号201室
……Tel：021-62147188
上海理业投资控股有限公司
地址：青浦区沈砖路建新221号3幢1层A区138室
……Tel：021-62150650
上海大瀚建筑设计有限公司
地址：上海新申经济小区B区267号
……Tel：021-62151597
广庆集团上海进出口有限公司
地址：上海市普陀区中江路388弄1号1703室
……Tel：021-62167324
上海颐展公关策划有限公司
地址：上海市崇明县城桥镇新闸路48号14幢208室
……Tel：021-62175801
上海丝蒂奇饰品有限公司
地址：上海市普陀区古浪路1659号
……Tel：021-62185589
上海正典食品有限公司
地址：上海市青浦区练塘镇章练塘路588弄15号1幢二层A区2051室
……Tel：021-62206061
上海克予展览展示服务有限公司
地址：上海市奉贤区青村镇奉柘公路2898号6幢209室
……Tel：021-62207227
中铁华巳石化有限公司
地址：上海市浦东新区上川路1499-1号5幢119室
……Tel：021-62207550
上海云杉广告有限公司
地址：上海市松江区新浜镇新绿路398号
……Tel：021-62207910

上海利百吉实业有限公司
地址：上海市闵行区光华路598号2幢K4028室
…………Tel：021-62207931

上海柏图柯立投资管理有限公司
地址：上海市闵行区元江路5500号第1幢B464室
…………Tel：021-62215996

上海润泽网络科技有限公司
地址：上海市黄浦区傅家街65号北楼409室
…………Tel：021-62226678

上海老酒窝建筑装饰工程有限公司
地址：上海市徐汇区沪闵路9818号1幢322室
…………Tel：021-62229199

上海道合讯商贸有限公司
地址：上海市长宁区临虹路128弄7号101室
…………Tel：021-62242516

上海振涛实业有限公司
地址：上海市长宁区东诸安浜路180弄25号302室
…………Tel：021-62263377

上海凯骋信息技术有限公司
地址：上海市嘉定区安亭镇嘉松北路6988号1幢1层108室J381
…………Tel：021-62267700

上海蚂聚电子商务有限公司
地址：上海市长宁区通协路288弄2号511室
…………Tel：021-62269686

上海奕闻实业有限公司
地址：上海市松江科技园区崇南路6号A区237号厂房
…………Tel：021-62271590

上海赢国服饰有限公司
地址：上海市金山区金山卫镇钱圩建设路80号1厅72室
…………Tel：021-62272606

上海墨乙艺术设计有限公司
地址：上海市金山区廊下镇金廊公路41号13幢196室
…………Tel：021-62277291

上海宇振文化传播有限公司静安分公司
地址：上海市静安区安远路139号303室
…………Tel：021-62278582

上海卡基家具有限公司
地址：上海市长宁区虹桥路1157号底楼101C室
…………Tel：021-62281665

上海欢昶工艺礼品有限公司
地址：上海市金山区金山卫镇钱鑫路263号215室
…………Tel：021-62285113

艾特维斯（上海）贸易有限公司
地址：上海市长宁区天山路641号21幢511室
…………Tel：021-62288609

上海兴升工艺品有限公司虹桥分公司
地址：上海市长宁区虹桥路2286号
…………Tel：021-62294728

上海凤仪餐饮管理有限公司
地址：上海市长宁区凯旋路1582-5号2层
…………Tel：021-62299195

上海品辉艺术品有限公司
地址：上海市嘉定区嘉戬公路328号7幢7层J4867室
…………Tel：021-62307173

上海德盛展示用品有限公司
地址：上海市青浦区青安路1097号8幢1层D区182室
…………Tel：021-62309819

上海唐诚建筑装潢工程有限公司
地址：上海市松江区石湖荡镇长塔路775弄1-7号9幢2层
…………Tel：021-62310177

上海申家医疗器械有限公司
地址：上海市金山区朱泾镇万安街51号19幢101室
…………Tel：021-62321070

上海吉鑫企业发展有限公司
地址：上海市虹口区高阳路481号518室
…………Tel：021-62322651

上海韩社投资管理有限公司
地址：上海市奉贤区岚丰路1150号2幢3375室
…………Tel：021-62326056

上海上象文化发展有限公司
地址：上海市普陀区同普路299弄2号401室
…………Tel：021-62327613

晶馔（上海）信息科技有限公司
地址：上海市长宁区仙霞路317号1514室
…………Tel：021-62327652

上海申达股份有限公司
地址：中国（上海）自由贸易试验区耀华路251号一幢一层
…………Tel：021-62328282

上海阿露法广告有限公司
地址：上海市金山区吕巷镇溪北路59号5幢1004室
…………Tel：021-62329213

上海阿露法广告有限公司
地址：上海市金山区吕巷镇溪北路59号5幢1004室
…………Tel：021-62329213

上海食信国际贸易有限公司
地址：中国（上海）自由贸易试验区美桂南路338号2幢二层207-03室
…………Tel：021-62338725

上海大想名成文化传播有限公司
地址：上海市长宁区天山路8号706B室
…………Tel：021-62360186

梦莉泽（上海）商贸有限公司
地址：上海市宝山区罗宁路1288弄15号5层501
…………Tel：021-62361771

上海孜梵国际贸易有限公司
地址：上海市宝山区长江南路668号A1772室
…………Tel：021-62365032

上海邑闻仕贸易有限公司
地址：上海市长宁区延安西路2299号1708室
…………Tel：021-62366000

上海颜无界商贸有限公司
地址：上海市长宁区天山路18号901-324室
…………Tel：021-62366685

上海吉盛伟邦家居市场经营管理有限公司
地址：上海市长宁区娄山关路75号
…………Tel：021-62368856

上海永诣投资咨询有限公司
地址：上海市长宁区虹古路214号A室
…………Tel：021-62370881

夏生控股有限公司
地址：上海市浦东新区东塘路675弄50号12幢116室
…………Tel：021-62379871

上海新吉多礼品商贸有限公司
地址：上海市浦东新区联明路586-2号1幢119室
…………Tel：021-62380179

上海滨翔科技发展有限公司
地址：中国（上海）自由贸易试验区泰谷路18号1幢楼11层1111A室
…………Tel：021-62384207

渤海云商电子商务股份有限公司
地址：上海市长宁区福泉北路518号3座1-2层101、102、201室
…………Tel：021-62395822

上海震启贸易有限公司
地址：上海市浦东新区三林镇胡巷村胡巷宅130号4幢一层171室
…………Tel：021-62401266

上海大西洋百货有限公司
地址：上海市杨浦区翔殷路1128号
…………Tel：021-62402960

上海章华保健化妆品销售有限公司
地址：青浦区青浦镇浦仓路485号420室
…………Tel：021-62406772

上海灏余投资管理有限公司
地址：上海市松江区洞泾镇茂盛路202弄1号747室
…………Tel：021-62416927

中稷瑞威控股（上海）有限公司
地址：上海市崇明区长兴镇潘园公路1800号2号楼4990室（上海泰和经济发展区）
…………Tel：021-62427938

上海雷金过滤工程设备有限公司
地址：上海市普陀区曹杨路1040弄1号917室
…………Tel：021-62431806

上海白衣天使纺织科技有限公司
地址：上海市普陀区祁连山路1035弄339号1幢1304室
…………Tel：021-62432188

上海盛放文化策划有限公司
地址：青浦区朱家角镇祥凝浜路16弄45号7-657室
…………Tel：021-62470845

衡山滨耀（上海）实业有限公司
地址：上海市虹口区北苏州路20号623室
…………Tel：021-62481774-120

衡山滨耀（上海）实业有限公司
地址：上海市虹口区北苏州路20号623室
…………Tel：021-62481774-120

上海椿祺集投资管理有限公司
地址：上海市徐汇区番禺路1150号二楼286室
…………Tel：021-62487033

上海室内装饰（集团）有限公司
地址：上海市共和新路3050号11幢301室
…………Tel：021-62487678

上海禄泰实业有限公司
地址：青浦区朱枫公路3424号1幢2层L区245室
…………Tel：021-62492255

上海尚东国际旅行社有限公司
地址：中国（上海）自由贸易试验区金藏路51号3015室
…………Tel：021-62495760

上海易元文化传播有限公司
地址：上海市嘉定区嘉罗公路1661弄12号101室-4
…………Tel：021-62496986

上海日鹏贸易有限公司
地址：上海市普陀区华池路51号323室
…………Tel：021-62498631

上海日鹏贸易有限公司
地址：上海市普陀区华池路51号323室
…………Tel：021-62498631

上海英雄集团文化用品销售有限公司
地址：上海市普陀区真南路1428号55幢101-D2-1、2室
…………Tel：021-62507017

中蓝慧智光电科技（上海）有限公司
地址：上海市金山区枫泾镇兴坊路565号4幢326室
…………Tel：021-62508912

中蓝光电科技（上海）股份有限公司
地址：上海市普陀区祁连山南路2889号3号楼3楼西侧
…………Tel：021-62508912

鼎久资产管理（上海）有限公司
地址：青浦区朱枫公路3533弄2号1幢2层B区256室
…………Tel：021-62523911

上海伊斯顿广告有限公司
地址：青浦区重固镇赵重路1741号
…………Tel：021-62551509

上海德皓商贸有限公司
地址：上海市杨浦区沧州路138号414室
…………Tel：021-62558890

上海尚炫商贸有限公司
地址：上海市闵行区苏召路1628号1幢1154室
…………Tel：021-62560633

上海今象广告有限公司
地址：上海市金山区山阳镇东方村2078号3幢101室
…………Tel：021-62580820

上海颜术高得医疗科技有限公司
地址：上海市静安区愚园路315号622室
…………Tel：021-62580859

上海懋余商贸有限公司
地址：上海市嘉定区菊园新区环城路2222号1幢J4832室
…………Tel：021-62581185

上海宇骜投资管理有限公司
地址：上海市金山区枫泾镇环东一路65弄13号1645室
…………Tel：021-62585055

上海阿中商贸有限公司
地址：上海市普陀区古浪路521号B区198室
…………Tel：021-62593029

华嘉泰（上海）室内游乐有限公司
地址：上海市普陀区中山北路3300号上海月星环球商业中心地上三层L3006-L3010，L3163，四层L4001-4010
…………Tel：021-62599108

上海秋林阁饮食服务有限责任公司
地址：上海市普陀区枣阳路460号
…………Tel：021-62605630

上海华事达实业有限公司
地址：上海市松江区中山街道荣乐东路18号A区
…………Tel：021-62656685

山能国际贸易（上海）有限公司
地址：中国（上海）自由贸易试验区富特北路231号2层244室
…………Tel：021-62666061

上海君顶奇楠投资有限公司
地址：上海市普陀区同普路1175弄3号153室
…………Tel：021-62666666

上海翼游国际旅行社有限公司
地址：上海市虹口区曲阳路379、383号三层3004B室
…………Tel：021-62685003

上海秋野物业管理有限公司
地址：上海市长宁区虹桥路2381号8号楼201室
…………Tel：021-62694082

上海弘筑贸易有限公司
地址：上海市黄浦区湖滨路202号109A室、217室
…………Tel：021-62702487

上海易端投资有限公司
地址：上海市长宁区古北路555弄8号301-A室
…………Tel：021-62749251

上海沁饮餐饮管理有限公司
地址：上海市长宁区古北路555弄8号301-B室
…………Tel：021-62749251

上海宝源房地产有限公司
地址：上海市崇明区陈家镇前裕公路199号2幢198室（上海裕安经济小区）
…………Tel：021-62756111

号百博宇（上海）科技有限公司
地址：上海市虹口区四川北路61号14楼1407室
…………Tel：021-62763018

上海品尼高文化传播有限公司
地址：上海市青浦区练东村泖口1号10幢2层I区203室
…………Tel：021-62776672

上海三诚文化传播有限公司
地址：中国（上海）自由贸易试验区临港新片区芦潮港路1758号1幢908室
…………Tel：021-62782608

上海欧蓝国际贸易有限公司
地址：上海市静安区西康路225号3幢底层
…………Tel：021-62792180

邦盈（上海）投资有限公司
地址：中国（上海）自由贸易试验区花园石桥路66号802室
…………Tel：021-62800667

津味（上海）餐饮管理有限公司
地址：上海市静安区威海路598号604室
…………Tel：021-62806585

上海少年儿童出版社有限公司
地址：上海市长宁区延安西路1573弄278号
…………Tel：021-62823025

上海交大达通实业有限公司
地址：上海市徐汇区华山路1954号
…………Tel：021-62825500

上海蓝色回响广告有限公司
地址：上海市金山区兴塔镇新金山路507号
…………Tel：021-62835722

上海亚威广告有限公司
地址：上海市嘉定区马陆镇浏翔公路1908号2幢一层A区
…………Tel：021-62849180

上海续鸿实业有限公司
地址：上海市金山区石化地区松南支路48号-636室
…………Tel：021-62850991

上海棕乔实业有限公司
地址：上海市崇明区北沿公路2111号3幢143-16室（上海崇明森林旅游园区）
…………Tel：021-62850991

上海九城体育有限公司
地址：上海市长宁区天山路18号901-259室
…………Tel：021-62870006

上海申安对外经济贸易有限公司
地址：上海市静安区江宁路418号2102室
…………Tel：021-62871108

上海星盟文化产业发展有限公司
地址：上海市金山区枫泾镇环东一路65弄3号2151室
…………Tel：021-62878877

国册文化发展（上海）有限公司
地址：上海市金山区枫泾镇环东一路65弄3号2088室
…………Tel：021-62878877

国册投资管理（上海）有限公司
地址：上海市金山区枫泾镇环东一路65弄3号1586室
…………Tel：021-62878877

意木馨（上海）商务咨询有限公司
地址：上海市徐汇区长乐路989号1852室
…………Tel：021-62885871

上海鑫铂实业（集团）有限公司
地址：上海市奉贤区庄行镇南亭公路2847号4幢157室
…………Tel：021-62896058

上海金璧建筑装璜有限责任公司
地址：上海市静安区胶州路339号203、207、209室
…………Tel：021-62910957

上海澄星磷化工有限公司
地址：上海市长宁区延安西路1228弄2号29楼G、H座
…………Tel：021-62949567

上海世瑞实业发展有限公司
地址：中国（上海）自由贸易试验区临港新片区新鹏路28号5幢B区138室
…………Tel：021-62951000

谷川明阳贸易（上海）有限公司
地址：上海市长宁区古北路678号2101室D区
…………Tel：021-62953895

谷川明阳贸易（上海）有限公司
地址：上海市长宁区古北路678号2101室D区
…………Tel：021-62953895

上海翰思家具有限公司
地址：上海市奉贤区沿钱公路5599号10269室
…………Tel：021-62965768

上海宁邑投资控股（集团）有限公司
地址：中国（上海）自由贸易试验区华申路215号2幢2033部位
…………Tel：021-62968888

上海信修企业管理咨询有限公司
地址：上海市崇明区横沙乡富民支路58号A1-5535室（上海横泰经济开发区）

…………………………Tel：021-62980388
上海富群物资有限公司
地址：上海市青浦区浦仓路485号403－A
…………………………Tel：021-62986893
距英文化传播（上海）有限公司
地址：上海市黄浦区北京东路390-408号全幢4层430室
…………………………Tel：021-63012225
上海大邑实业有限公司
地址：上海市徐汇区天钥桥南路1128号8幢168室
…………………………Tel：021-63013668
上海赵涌电子商务服务有限公司
地址：上海市沪太路7258号
…………………………Tel：021-63016611
臻施（上海）贸易有限公司
地址：上海市闵行区合川路2679号9幢702室
…………………………Tel：021-63028866
上海港银旅游文化发展有限公司
地址：上海市长宁区中山西路933号2217A室
…………………………Tel：021-63036161
猫目护眼商贸（上海）有限公司
地址：上海市徐汇区虹梅路2007号1号楼106室
…………………………Tel：021-63055050
佰明国际贸易（上海）有限公司
地址：中国（上海）自由贸易试验区杨高北路2001号1幢4部位三层333室
……………………Tel：021-63061122-28
上海音乐谷（集团）有限公司
地址：上海市虹口区溧阳路649号1号楼101室
…………………………Tel：021-63072029
上利上金融信息服务（上海）有限公司
地址：上海市虹口区吴淞路218号2301A室
…………………………Tel：021-63072666
上海市报刊零售公司
地址：天潼路395号
…………………………Tel：021-63074545
上海弥通雅贸易有限公司
地址：上海市宝山区共和新路4727号207M室
…………………………Tel：021-63075422
上海江南原址资产管理有限公司
地址：上海市黄浦区鲁班路600号1103室
…………………………Tel：021-63087618
上海天原资源贸易有限公司
地址：上海市青浦区重固镇赵重公路2278号5号楼4层A83座
…………………………Tel：021-63091079
上海汇然礼品有限公司
地址：上海市金山区金山卫镇钱鑫路313号128室
…………………………Tel：021-63110586
上海百川通银楼有限公司
地址：青浦区浦仓路485号235－P
…………………………Tel：021-63111896
上海宝仕奥莎贸易有限公司
地址：上海市静安区南京西路1728号1幢11楼1109室
…………………………Tel：021-63127770
上海正路礼品有限公司
地址：嘉定区叶城路1288号
…………………………Tel：021-63133005
上海八考文化发展有限公司
地址：上海市嘉定区封周路655号14幢201室J640
…………………………Tel：021-63139083
上海家有好面餐饮管理有限公司
地址：上海市青浦区外青松公路5537号101室
…………………………Tel：021-63139878
上海君时服饰有限公司
地址：上海市金山区山阳镇浦卫公路16393号5幢3190室
…………………………Tel：021-63149883
上海荣正办公用品有限公司
地址：上海市奉贤区金海公路5885号4201室
…………………………Tel：021-63151756
上海荣正办公用品有限公司
地址：上海市奉贤区金海公路5885号4201室
…………………………Tel：021-63151756
上海沐田网络科技有限公司
地址：上海市浦东新区上钢三村45号甲2062室
…………………………Tel：021-63156559
上海玖辰投资发展有限公司
地址：上海市静安区天目中路428号20F室
…………………………Tel：021-63172253
宝丽青贸易（上海）有限公司
地址：上海市奉贤区环城东路566号104室
…………………………Tel：021-63210995
上海惠罗乐器音响有限公司
地址：青浦区金泽镇莲湖路53号
…………………………Tel：021-63216176
上海申之江珠宝集团有限公司
地址：上海市黄浦区九江路769号1809－3室
…………………………Tel：021-63221182
上海老大同食品有限公司
地址：上海市黄浦区福建中路429号3楼
…………………………Tel：021-63221253
上海百联购物中心有限公司
地址：上海市黄浦区南京东路800号1002室
…………………………Tel：021-63223344
上海黄浦对外经济技术合作有限公司
地址：宁波路225号
…………………………Tel：021-63223648
上海丝绸商厦有限公司
地址：上海市南京东路588号
…………………………Tel：021-63223926
上海景卿纸业工贸有限公司
地址：上海市宝山区锦秋路48号D196
…………………………Tel：021-63245810
恒源祥（集团）有限公司
地址：上海市黄浦区金陵东路358号
…………………………Tel：021-63268888
隆骥资产管理（上海）有限公司
地址：上海市松江区富荣经济园区内富汇路20号15幢304-3
…………………………Tel：021-63270221
上海善容生物科技有限公司
地址：上海市奉贤区柘林镇海湾路1609弄2500号
…………………………Tel：021-63278213
上海蔡同德药业有限公司
地址：上海市黄浦区金陵东路396号四楼
…………………………Tel：021-63289063
上海艺恒信息技术有限公司
地址：上海市青浦区外青松公路5045号508室W区28号
…………………………Tel：021-63291104
上海华东电器（集团）有限公司
地址：上海市河南中路500号
…………………………Tel：021-63291770
上海多姆设计工程有限公司
地址：青浦区练塘镇朱枫公路3035号112－6室
…………………………Tel：021-63300180
古湾商业（上海）有限公司
地址：上海市长宁区虹梅路3721号323室
…………………………Tel：021-63300985
上海紫锦城资产管理有限公司
地址：青浦区练塘镇章练塘路588弄15号1幢2层T区219室
…………………………Tel：021-63302828
上海唐人文化交流有限公司
地址：上海市嘉定区曹新公路1352号1幢7150室
…………………………Tel：021-63308808
中传弭星（上海）文化传媒有限公司
地址：浦东新区云汉路979号三楼330室
…………………………Tel：021-63308808
上海都市旅游卡发展有限公司
地址：上海市虹口区欧阳路196号10号楼5层35室
…………………………Tel：021-63309120
上海众点广告传播有限公司
地址：上海市金山区朱泾镇亭枫公路4575号7110室
…………………………Tel：021-63335656
上海众点广告传播有限公司
地址：上海市金山区朱泾镇亭枫公路4575号7110室
…………………………Tel：021-63335656
上海宽鸣资产管理有限公司
地址：中国（上海）自由贸易试验区富特北路211号302部位368室
…………………………Tel：021-63335959
上海涵端服饰辅料有限公司
地址：上海市金山区漕泾镇亭卫公路3688号5幢二层704室
…………………………Tel：021-63337608
上海腾皇服饰有限公司
地址：上海市金山区山阳镇亭卫中路69号2幢191室
…………………………Tel：021-63340594
上海正宝实业有限公司
地址：上海市金山区石化卫清西路1391号第12幢210室
…………………………Tel：021-63362828
上海凤绫文化传播有限公司
地址：上海市浦东新区浦三路3058号3楼396室
…………………………Tel：021-63392223
上海黄金家族投资管理有限公司
地址：上海市闵行区平阳路258号一层A1075室
…………………………Tel：021-63411699
上海方豪实业集团有限公司
地址：中国（上海）自由贸易试验区马吉路2号1101室
…………………………Tel：021-63460728
上海源馨实业发展有限公司
地址：上海市金山区卫昌路293号2幢7906室
…………………………Tel：021-63500496
上海驰翰拍卖有限公司
地址：上海市黄浦区复兴东路1117号301室
…………………………Tel：021-63503828
上海格之商务有限公司
地址：上海市黄浦区北京东路390-408号全幢7层728室
…………………………Tel：021-63503999
上海炫阳会展服务有限公司
地址：上海市奉贤区奉浦开发区大叶公路2826号1幢237室
…………………………Tel：021-63511241
上海欣美工艺品有限公司
地址：上海市宝山区逸仙路2816号1幢1层A4323室
…………………………Tel：021-63519220
上海奈特钻石有限公司
地址：上海市霍山路201号3幢218室
…………………………Tel：021-63519881
钱咖网络科技（上海）有限公司
地址：上海市崇明县横沙乡富民支路58号3538室（上海横泰经济开发区）
…………………………Tel：021-63520780
吉明天商业（上海）有限公司
地址：上海市黄浦区中山东一路33号8幢
………………… Tel：021-63528848－812
上海责奚实业有限公司
地址：上海市宝山区潘泾路1001号3幢-3A室
…………………………Tel：021-63530307
上海近悦文化传媒有限公司
地址：上海市杨浦区长阳路2588号2幢2楼（集中登记地）
…………………………Tel：021-63531239
上海典士工艺品有限公司
地址：上海市奉贤区奉高路858号4幢2106室
…………………………Tel：021-63531239
上海栢戎网络科技有限公司
地址：上海市静安区江场路1319号5楼501-1室
…………………………Tel：021-63531239
上海帅齐网络科技有限公司
地址：上海市虹口区海宁路137号7层（集中登记地）
…………………………Tel：021-63531239
即赢（上海）电子商务有限公司
地址：上海市奉贤区奉城镇新奉公路2013号2幢2020室
…………………………Tel：021-63531239
上海泰静实业有限公司
地址：阳城路183号701-34室
…………………………Tel：021-63535519
上海牧灵电子商务有限公司
地址：上海市金山区朱泾镇南横街4号4幢1218室B座
…………………………Tel：021-63535520
稷业（上海）文化传媒有限公司
地址：中国（上海）自由贸易试验区张杨路707号二层西区
…………………………Tel：021-63536065
上海睿云广告有限公司
地址：上海市金山区吕巷镇溪北路59号5幢1012室
…………………………Tel：021-63537588
上海奥程商务咨询有限公司
地址：上海市虹口区四平路421弄107号P365室
…………………………Tel：021-63547761
上海雅丽丝绸工艺品有限公司
地址：上海市奉贤区庄行镇浦卫公路1518号-D15室
…………………………Tel：021-63553031
上海贯能工艺品有限公司
地址：上海市黄浦区方浜中路265号三楼3号商铺
…………………………Tel：021-63555027
上海民大机电设备有限公司
地址：上海施惠特综合经济开发区
…………………………Tel：021-63565290
上海创宙神自动化设备有限公司
地址：上海市闵行区吴中路1050号15幢－1147
…………………………Tel：021-63570588
上海畅亿投资有限公司
地址：上海市松江区乐都路18弄11-19（单）号1楼B区1157室
…………………………Tel：021-63605666
吉野家餐饮管理（上海）有限公司
地址：上海市黄浦区新闸路126号1幢二楼208室
…………………………Tel：021-63617700
上海高鳄服饰有限公司
地址：上海市静安区沪太路1053弄5号501A-46室
…………………………Tel：021-63640777
上海康馨珠宝有限公司上南路店
地址：浦东新区上南路3521号H78、H79
…………………………Tel：021-63670105
上海先雅环境艺术有限公司
地址：上海市宁海东路200号605室
…………………………Tel：021-63748457
国欣（上海）文化艺术发展有限公司
地址：上海市黄浦区福州路431号2楼西侧
…………………………Tel：021-63752769
上海沁宇工艺礼品有限公司
地址：上海市嘉定区南翔镇德力西路88号2幢A区905室
…………………………Tel：021-63782419
上海沁宇工艺礼品有限公司
地址：上海市嘉定区南翔镇德力西路88号2幢A区905室
…………………………Tel：021-63782419
上海轩天实业有限公司
地址：上海市金山区朱泾镇文商路70号108室-1
…………………………Tel：021-63802528
上海同立广告传播有限公司
地址：中国（上海）自由贸易试验区张江路1618号207室
…………………………Tel：021-63805522
上海西藏路百货礼品市场经营管理有限公司
地址：国庆路35号1－6幢底层
…………………………Tel：021-63807053
乐奔（上海）网络科技有限公司
地址：上海市长宁区金钟路968号7号楼1109室（实际楼层10层）
…………………………Tel：021-63807382
上海通友礼品有限公司
地址：上海市金山区亭林镇松隐小康路34号2楼53室
…………………………Tel：021-63808313
上海上影摄影有限公司
地址：上海市静安区闻喜路958号
…………………………Tel：021-63808995
上海锦元黄金珠宝股份有限公司
地址：上海市宝山区长建路777号560室
…………………………Tel：021-63815863
上海南华文具礼品有限公司
地址：中山北路972号B座2－28室
…………………………Tel：021-63818816
德施利安进出口有限公司
地址：上海市宝山区沪太路6397号1-2层A1077室
…………………………Tel：021-63820002
上海日延网络科技有限公司
地址：上海市普陀区桃浦路22号1号楼1208室
…………………………Tel：021-63830988
上海思远影视文化传播有限公司
地址：上海市兴业路123弄6号4楼（新天地内）
…………………………Tel：021-63841122
上海恒达旅游实业发展有限公司
地址：上海市黄浦区成都南路127号4F
…………………………Tel：021-63852434
上海英模文化发展有限公司
地址：中国（上海）自由贸易试验区祖冲之路1559号2幢3014室
…………………………Tel：021-63861535
上海先仓投资管理有限公司
地址：上海市普陀区真北路915号1011、1012室
…………………………Tel：021-63862228
斯高迪（上海）贸易有限公司
地址：上海市黄浦区建国东路525号1208室
…………………………Tel：021-63866018
艺诺艺术有限公司
地址：上海市宝山区三门路561号8幢1A01-203室
…………………………Tel：021-63895008
上海东华美钻金银珠宝礼品有限公司
地址：上海市虹口区海宁路137号7层F座790J室
…………………………Tel：021-63937644
上海东华美钻营销管理有限公司
地址：上海市虹口区曲阳路800号1507室
…………………………Tel：021-63937644
上海宝御酒店管理有限公司
地址：上海市虹口区吴淞路299号
…………………………Tel：021-63938989
上海世贸家具有限公司
地址：上海市徐汇区裕德路205号
…………………………Tel：021-64017018
路能（上海）供应链管理有限公司
地址：上海市金山区山阳镇浦卫公路16299弄13号5层513室L6
…………………………Tel：021-64028680
上海金牛经济发展有限公司
地址：上海市金山区亭卫公路1000号2层216室
…………………………Tel：021-64038404
玛舟（上海）智能科技有限公司
地址：上海市长宁区广顺路33号8幢1层1354室
…………………………Tel：021-64052978
上海梦驰家具有限公司
地址：上海市奉贤区五四公路2011号90幢251室
…………………………Tel：021-64053021

上海得为投资咨询有限公司
地址：上海市闵行区合川路3071号A栋4楼
……………………Tel：021－64054049

上海网鱼置业有限公司
地址：上海漕河泾开发区松江高科技园莘砖公路668号202室－180
…………………Tel：021－64080700－240

上海玖服服饰有限公司
地址：上海市金山区卫清西路421号四楼B－1902
……………………Tel：021－64085844

上海博萃塑胶有限公司
地址：上海市闵行区金都路4289号6幢1楼81室
……………………Tel：021－64091526

青岛啤酒上海闵行有限公司
地址：上海市闵行区沈杜公路1739号
……………………Tel：021－64110900

上海文铭礼品包装有限公司
地址：闵行区梅陇镇许泾村
……………………Tel：021－64124925

上海朴极食品发展有限公司
地址：上海市闵行区颛兴东路1313号511室
……………………Tel：021－64127499

上海莘闵拍卖行有限公司
地址：上海市闵行区都市路3825弄1号05室二层B区
……………………Tel：021－64127802

上海岳锋国际物流有限公司
地址：上海市闵行区光华路598号2幢CA4040室
……………………Tel：021－64140389

美仕唐纳滋（上海）食品有限公司
地址：上海市黄浦区淮海中路918号15楼A座
……………………Tel：021－64154269

上海角度文化传播有限公司
地址：青浦区朱家角镇康业路951弄32号1幢2层H区292室
……………………Tel：021－64162600

上海仰宏酒店管理有限公司
地址：上海市崇明县港沿镇港沿公路1700号3幢3007室（上海港沿经济小区）
……………………Tel：021－64162866

贝发（上海）文具礼品有限公司
地址：上海市青浦区外青松公路5045号510室B区02号
……………………Tel：021－64170266

上海熙剑实业有限公司
地址：上海市奉贤区四团镇六团公路288号6幢226室
……………………Tel：021－64175195

奈实（上海）贸易有限公司
地址：中国（上海）自由贸易试验区德堡路38号1幢3层309－36室
……………………Tel：021－64177776

上海脱普仕贸易有限公司
地址：上海市松江区小昆山镇崇南路6号1号房－113
……………………Tel：021－64181188

上海瑜通国际贸易有限公司
地址：上海市浦东新区杨思杨新东路24号219室
……………………Tel：021－64188428

上海泓升企业发展有限公司
地址：上海市丰镇路806号三幢320室
……………………Tel：021－64197858

上海颐澄元科技有限公司
地址：上海市徐汇区桂林路406号1号楼2层2038室
……………………Tel：021－64203566

上海索古礼品有限公司
地址：上海市金山区山阳镇华新村工农4013号103室
……………………Tel：021－64203907

上海康骏投资管理有限公司
地址：闻喜路555弄49号A411室
……………………Tel：021－64210295

上海博惠实业有限公司
地址：上海市长宁区万航渡路2453号6幢1层126室
……………………Tel：021－64211062

上海九星商场有限公司
地址：上海市徐汇区大木桥路446号
……………………Tel：021－64223034

吉嘉玛赛欧商贸（上海）有限公司
地址：中国（上海）自由贸易试验区祖冲之路1077号2幢2239室
……………………Tel：021－64224677

上海青云堂健康科技有限公司
地址：上海市奉贤区金海社区望园路2189号301室
……………………Tel：021－64225858

商赢文化传播（上海）有限公司
地址：上海市徐汇区钦州路221号1层102室
……………………Tel：021－64265918

上海奥拓灯饰有限公司
地址：上海市松江区玉树路103号7幢三楼E28室
……………………Tel：021－64279327

上海庭建企业发展有限公司
地址：上海市静安区天目中路380号701－01室
……………………Tel：021－64283327

上海庭建企业发展有限公司
地址：上海市静安区天目中路380号701－01室
……………………Tel：021－64283327

上海盛成文化传播有限公司
地址：青浦区浦仓路485号246－Q
……………………Tel：021－64287062

上海同和文化创意产业投资有限公司
地址：上海市杨浦区国通路133号1006室
……………………Tel：021－64287160

上海东创商业设备有限公司
地址：上海市奉贤区星火开发区阳明路1号6幢4层1568室
……………………Tel：021－64288898

上海枫桥宏美装饰设计工程有限公司
地址：上海市松江区谷阳北路1500号5楼502室
……………………Tel：021－64305380

上海聚腾国际贸易有限公司
地址：上海市徐汇区漕宝路78号3层305B31室
……………………Tel：021－64325010

上海天吕投资管理有限公司
地址：中国（上海）自由贸易试验区富特北路460号1楼二层244
……………………Tel：021－64326176

楷沁实业发展（上海）有限公司
地址：上海市奉贤区奉城镇新奉公路2313号7幢533室
……………………Tel：021－64332442

上海久璀企业管理有限公司
地址：上海市静安区泰兴路625弄6号101室
……………………Tel：021－64337197

上海易地电子商务有限公司
地址：上海市青浦区沪青平公路1362号1幢1层J区120室
……………………Tel：021－64365666

上海繁荣银海文化发展有限公司
地址：上海市徐汇区肇嘉浜路288号2号楼5层509室
……………………Tel：021－64372197

可恩姿（上海）贸易有限公司
地址：上海市徐汇区蒲汇塘路11号1601室
……………………Tel：021－64382092

上海电影艺术发展有限公司
地址：上海市徐汇区漕溪北路595号A栋8层
……………………Tel：021－64387100

上海佑途物联网有限公司
地址：上海市长宁区长宁路1488弄20号101室－6
……………………Tel：021－64390118

上海波托菲诺照明灯具有限公司
地址：上海市虹口区柳营路135号606室
……………………Tel：021－64398773

热耳科技（上海）有限公司
地址：青浦区朱枫公路3424号1幢2层H区217室
……………………Tel：021－64400900

首熙国际贸易（上海）有限公司
地址：上海市长宁区中山西路1065号1502－A室
……………………Tel：021－64410057

上海谯昉家居有限公司
地址：上海市金山区枫泾镇环东一路65弄12号3249室
……………………Tel：021－64416530

上海泰微信息科技有限公司
地址：上海市金山区亭林镇林宝路39号5幢F8室
……………………Tel：021－64430031

上海安祺科技有限公司
地址：上海市松江区永丰街道玉树路269号5号楼3542室
……………………Tel：021－64458938

上海禅雅文化传播有限公司
地址：上海市徐汇区清真路33－35号1－2层
……………………Tel：021－64459739

智胜实业（上海）有限公司
地址：上海市青浦区沪青平公路5251号一楼E区156室
……………………Tel：021－64460382

毕卡索品牌管理（上海）有限公司
地址：上海市金山区张堰镇松金公路2758号1幢A4026室
……………………Tel：021－64461581

上海丰山工艺品有限公司
地址：上海市闵行区号文路72弄5号901室A区
……………………Tel：021－64468522

派赛菲特（上海）商贸有限公司
地址：上海市徐汇区淮海中路1045号28楼2878S室
……………………Tel：021－64474005

上海狼腾装饰材料有限公司
地址：上海市青浦区朱枫公路3424号1幢2层N区257室
……………………Tel：021－64477088

上海特菱国际贸易有限公司
地址：民德路158号701室
……………………Tel：021－64480586

上海海友金融信息服务有限公司
地址：上海市青浦区沪青平公路1362号1幢1层I区130室
……………………Tel：021－64481302

上海革兰文化传播有限公司
地址：上海市崇明区长兴镇潘园公路1800号3号楼60368室（上海泰和经济发展区）
……………………Tel：021－64483338

上海革兰文化传播有限公司
地址：上海市崇明区长兴镇潘园公路1800号3号楼60368室（上海泰和经济发展区）
……………………Tel：021－64483338

阳豆网络信息技术（上海）有限公司
地址：上海市金山区朱泾镇人民路121号1幢1925室
……………………Tel：021－64483382

彩陶贸易（上海）有限公司
地址：上海市静安区胶州路397号5号楼2111室
……………………Tel：021－64500200

上海梓木实业有限公司
地址：上海市徐汇区斜土路2060弄5号105室
……………………Tel：021－64501399

多样屋生活用品（上海）有限公司
地址：上海市徐汇区天等路188号
……………………Tel：021－64530011

上海闽骏实业有限公司
地址：上海市金山区卫昌路251号2幢124室
……………………Tel：021－64532457

上海闽骏实业有限公司
地址：上海市金山区卫昌路251号2幢124室
……………………Tel：021－64532457

上海港印印刷科技有限公司
地址：上海市金山区漕泾镇海涯村塘外1218号21幢313室
……………………Tel：021－64563867

上海金枝柳礼品有限公司
地址：嘉定区宝园二路858号9幢
……………………Tel：021－64566358

上海仕观建筑装潢设计工程有限公司
地址：上海市金山区金山卫镇钱鑫路313号348室
……………………Tel：021－64572939

上海睿石礼品设计有限公司
地址：上海市闵行区联农路589号1楼161室
……………………Tel：021－64586639

上海美饰工艺礼品有限公司
地址：上海市闵行区沪松公路450号1幢2层JXZ217室
……………………Tel：021－64599572

上海斯凯林克货运代理有限公司
地址：青浦区朱家角镇康业路901弄98号4层N区479室
……………………Tel：021－64599927

首影（上海）文化发展有限公司
地址：上海市静安区万荣路700号31幢A44室
……………………Tel：021－64613155

上海中则广告有限公司
地址：上海市东大名路1191号16030室
……………………Tel：021－64655665

上海韩中工艺礼品有限公司
地址：上海市嘉定工业区叶城路925号B区4幢J2773室
……………………Tel：021－64657061

上海耀光奥菲斯集团有限公司
地址：上海市闵行区宜山路1768号2楼206室
……………………Tel：021－64657117

上海东品生活用品有限公司
地址：中国（上海）自由贸易试验区浦东大道2123号3E－1401室
……………………Tel：021－64665123

上海连隽商务咨询有限公司
地址：上海市金山区枫泾镇兴新路1073号二楼202室
……………………Tel：021－64666279

上海昊元商业发展有限公司
地址：上海市徐汇区罗秀路897号
……………………Tel：021－64669500

上海诗蒂食品销售有限公司
地址：上海市松江区泖港镇新艳路388号第1幢2楼第七、十五间
……………………Tel：021－64672299

上海花嫁丽舍婚庆股份有限公司
地址：上海市闵行区莘庄镇园文路28号12层1509室
……………………Tel：021－64672299

上海蒙舟工贸有限公司
地址：上海市松江区洞泾镇同盛路159号203－18
……………………Tel：021－64674122

上海宽视网络电视有限公司
地址：上海市静安区延安西路325弄2号305－307室
……………………Tel：021－64677700

上海上知营销策划有限公司
地址：上海市奉贤区柘林镇孙桥村十六组
……………………Tel：021－64682529

执着石会展（上海）有限公司
地址：青浦区练塘镇章练塘路588弄15号1幢二层K区269室
……………………Tel：021－64687927

上海楚杭礼品有限公司
地址：上海市金山区亭林镇松隐南星村3106号3楼63室
……………………Tel：021－64702684

上海昌礼贸易有限公司
地址：上海市金山区亭林镇松隐南星村3106号1楼60室
……………………Tel：021－64702684

富晋（上海）贸易有限公司
地址：上海市徐汇区乌鲁木齐南路288号北楼（部位：2）
……………………Tel：021－64715309

上海引客网络技术有限公司
地址：上海市青浦区华纺路69号3幢3层Q区380室
……………………Tel：021－64721189

上海益众文化传媒有限公司
地址：上海市宝山区高逸路111号202室
……………………Tel：021－64730707

上海益众文化传媒有限公司
地址：上海市宝山区高逸路111号202室
……………………Tel：021－64730707

上海陈逸飞建筑环境艺术有限公司
地址：青浦区白鹤镇香大路948号2－601C座
……………………Tel：021－64736224

上海城申文化发展有限公司
地址：上海市徐汇区沪闵路8075号823室
……………………Tel：021－64756806

上海中樱桃文化传媒有限公司
地址：青浦区金泽镇莲湖路53号1幢1层H区186室
……………………Tel：021－64757533

上海乐驰国际贸易有限公司
地址：上海市闵行区中春路6111号10幢1111室
……………………Tel：021－64776908

上海白金文化传播有限公司
地址：上海市虹口区海宁路137号7层F座766E室
……………………Tel：021－64784298

上海慕誉贸易有限公司
地址：上海市奉贤区金齐路868号5849室
……………………Tel：021－64785303

上海唐御贸易有限公司
地址：上海市松江区叶榭镇浦亭路186号458室
……………………Tel：021－64789958

上海琉璃工房琉璃艺术品有限公司
地址：上海市闵行区七宝镇华中路488号
……………………Tel：021－64790238

上海琉璃工房琉璃艺术品有限公司
地址：上海市闵行区七宝镇华中路488号
……………………Tel：021－64790238－1802

上海苞十蕾商贸有限公司
地址：青浦区公园路348号7D－621室
……………………Tel：021－64811057

上海宝室吉家具有限公司
地址：上海市闵行区吴中路1128号第1幢102室
……………………Tel：021－64811380

上海松源投资发展有限公司
地址：青浦区徐泾镇振泾路198号
……………………Tel：021－64811436

上海卓朴创意设计发展有限公司
地址：上海市青浦区北青公路8228号三区8号3幢1层J区160室
……………………Tel：021－64826250

上海里仁家具制造有限公司
地址：上海市金山区枫泾镇新兴路879号3幢408室
……………………Tel：021－64827521

上海久美国际贸易有限公司
地址：上海市黄浦区南塘浜路103号128室B座
……………………Tel：021－64829050

上海中大企业发展有限公司
地址：上海市徐汇区柳州路300弄2号201室A室
……………………Tel：021－64829390

上海老凤祥莫迪卡礼品有限公司
地址：上海市黄浦区福佑路239号302－1室
……………………Tel：021－64838607

上海爱宝宠物用品有限公司
地址：上海市徐汇区宜山路889号1号楼8楼－1
……………………Tel：021－64850068

银橙投资管理有限公司

地址：上海市奉贤区南桥镇望园南路1288弄80号1906
……………………Tel：021－64851212
银橙投资管理有限公司
地址：上海市奉贤区南桥镇望园南路1288弄80号1906
……………………Tel：021－64851212
上海祥子文化传媒有限公司
地址：中国（上海）自由贸易试验区临港新片区云汉路979号2楼
……………………Tel：021－64876032
上海莘裕实业合作公司
地址：上海市闵行区莘庄镇莘浜路188号
……………………Tel：021－64880846
上海星创星汽车销售有限公司
地址：上海市闵行区莘福路396号第1幢217室
……………………Tel：021－64887551
上海福臻服装有限公司
地址：上海市闵行区中春路7001号4幢12楼1202室
……………………Tel：021－64888849
上海丹利日用工艺品制造有限公司
地址：上海市莘庄工业区华宁路4018弄58号15号楼
……………………Tel：021－64893939
上海德辰汽车销售有限公司
地址：上海市闵行区颛兴东路1280弄3号
……………………Tel：021－64896666
上海莲商实业有限公司
地址：上海市闵行区春都路233号1层108室
……………………Tel：021－64907775
上海品裕物流有限公司
地址：上海市闵行区浦江镇正义村七组500号－1第二幢105室
……………………Tel：021－64919153
上海品裕物流有限公司
地址：上海市闵行区浦江镇正义村七组500号－1第二幢105室
……………………Tel：021－64919153
上海西南商城有限公司
地址：上海市闵行区颛桥镇镇南
……………………Tel：021－64925399
上海广年木业有限公司
地址：青浦区重固镇北青公路6725弄6号155室
……………………Tel：021－64938912
上海志梵包装礼品有限公司
地址：上海市松江区叶榭镇张泽浦亭路182号
……………………Tel：021－64941072
中国唱片（上海）有限公司
地址：上海市徐汇区钦州北路1066号74栋
……………………Tel：021－64958822
上海嘉豪摄影有限公司
地址：上海市徐汇区建国西路253号B1首层6号1093室
……………………Tel：021－64959775
好易鲜电子商务有限公司
地址：上海市普陀区曹杨路2088号305室
……………………Tel：021－64970333
上海炎帝文化传媒有限公司
地址：上海市嘉定工业区叶城路925号B区4幢J103室
……………………Tel：021－65029505
上海致正家具有限公司
地址：上海市奉贤区青村镇奉柘公路2789号
……………………Tel：021－65038632
上海健仪生物科技有限公司
地址：上海市徐汇区汾阳路138号09楼07单元
……………………Tel：021－65051533
上海鸿道文化传播有限公司
地址：上海市杨浦区民京路853号2幢266室
……………………Tel：021－65053337
品华（上海）文化传播有限公司
地址：上海市崇明区城桥镇东河沿68号8号楼4层402室（上海城桥经济开发区）
……………………Tel：021－65105558
萌工惠（上海）信息技术有限公司
地址：上海市杨浦区四平路2500号2105室
……………………Tel：021－65106875
上海华铠投资股份有限公司
地址：上海市黄浦区思南路105号312室
……………………Tel：021－65111195
上海起航资产管理有限公司
地址：上海市杨浦区周家嘴路3805号3140室
……………………Tel：021－65118875
上海金色玫瑰文化传播有限公司
地址：上海市杨浦区杨树浦路340号37幢
……………………Tel：021－65126228
上海如心文化传播有限公司
地址：上海市闵行区元江路5500号第1幢A604室
……………………Tel：021－65127762
上海福尊贸易有限公司
地址：上海市宝山区同济支路65号A653室
……………………Tel：021－65143128
上海二马文化传播有限公司
地址：中国（上海）自由贸易试验区富特西一路115号2号楼1层1－39部位
……………………Tel：021－65150696
上海翰春实业有限公司
地址：嘉定工业区叶城路1630号4幢1496室
……………………Tel：021－65170378
上海班德品牌设计有限公司
地址：上海市松江区文汇路1128号1350室
……………………Tel：021－65181421
上海玖玖国际旅行社有限公司
地址：上海市杨浦区控江路1688号1907室
……………………Tel：021－65198595
上海夜光螺信息技术有限公司
地址：上海市崇明县新河镇新申路921弄2号F区224室（上海富盛经济开发区）
……………………Tel：021－65212869
圳德（上海）投资有限公司
地址：中国（上海）自由贸易试验区浦东大道599号717室
……………………Tel：021－65221116
上海桓旅商务咨询有限公司
地址：上海市杨浦区民京路853号1幢2174室
……………………Tel：021－65224278
上海帅之神皮具礼品有限公司
地址：浦东新区惠南镇城西路200号10楼225室
……………………Tel：021－65226334
上海天云文化艺术有限公司
地址：上海市崇明县潘园公路1800号2号楼3221室
……………………Tel：021－65227372
上海乐竹文化传播有限公司
地址：上海市虹口区广纪路738号2幢123室
……………………Tel：021－65232731
上海金恺实业发展有限公司
地址：上海市虹口区逸仙路158号2507室
……………………Tel：021－65262357
上海阿忒加扭力文化发展有限公司
地址：上海市杨浦区延吉中路77号305－C10室
……………………Tel：021－65306999
上海行臻实业有限公司
地址：上海市宝山区高逸路112－118号3幢A0327室
……………………Tel：021－65309001
进华物业服务集团有限公司
地址：上海市杨浦区控江路1142号23幢5071－21室
……………………Tel：021－65321100
上海复翔信息科技有限公司
地址：中国（上海）自由贸易试验区盛夏路560号211室
……………………Tel：021－65337855
上海鸿翔进出口有限公司
地址：上海市虹口区四平路775弄1号504A
……………………Tel：021－65378850
上海鸿翔进出口有限公司
地址：上海市虹口区四平路775弄1号504A
……………………Tel：021－65378850
上海同跃服饰有限公司
地址：上海市虹口区四平路421弄107号N562室
……………………Tel：021－65379551
弗思艾化学（上海）有限公司
地址：上海市黄浦区外马路1218号216－1室
……………………Tel：021－65381262
上海宣水企业管理有限公司
地址：上海市杨浦区隆昌路619号356幢BA10室
……………………Tel：021－65381788
上海宣水企业管理有限公司
地址：上海市杨浦区隆昌路619号356幢BA10室
……………………Tel：021－65381788
上海嘉垣眼镜有限公司
地址：上海市奉贤区金钱公路228号1幢849室
……………………Tel：021－65382379
上海盛盈实业有限公司
地址：上海市虹口区玉田路222号五楼
……………………Tel：021－65414483
上海海耀实业有限公司
地址：上海市宝山区牡丹江路1325号4403－H室
……………………Tel：021－65427805
上海钢冠钢铁实业发展有限公司
地址：上海市嘉定区安亭镇嘉松北路6988号1幢1层108室J827
……………………Tel：021－65428869
上海普罗生活国际贸易有限公司
地址：上海市杨浦区国顺东路800号西楼203室
……………………Tel：021－65433207
上海君薇文化传播有限公司
地址：上海市杨浦区铁岭路32号402－8室
……………………Tel：021－65442673
上海知了医院管理有限公司
地址：上海市杨浦区平凉路1398号19幢1111室
……………………Tel：021－65515020
壹诺科技（上海）有限公司
地址：上海市虹口区凉城路465弄60号2713室
……………………Tel：021－65551678
上海潮生实业有限公司
地址：浦东新区康意路499号2幢A座4177室
……………………Tel：021－65559008
上海璟薇实业集团有限公司
地址：上海市奉贤区仁齐路159号第1幢2270室
……………………Tel：021－65570772
上海中电新能源置业发展有限公司
地址：上海市虹口区四平路216号501、1206室
……………………Tel：021－65757197
上海民生志远健康管理科技发展有限公司
地址：上海市虹口区四平路257号名义28A室
……………………Tel：021－65758090
上海羲何广告有限公司
地址：上海市静安区万荣路700号7幢A135室
……………………Tel：021－65796892
上海新想象实业有限公司
地址：上海市虹口区广纪路173号1001－1007室102Z
……………………Tel：021－65800992
上海胥隆投资管理有限公司
地址：宝山区双城路803弄11号1602B－234室
……………………Tel：021－65870630
上海现代国际旅行社有限公司
地址：上海市虹口区宝山路748号8层801室
……………………Tel：021－65872831
沃莱菲装饰材料（上海）有限公司
地址：上海市杨浦区荆州路280号197幢B09室
……………………Tel：021－65895679
上海蔚成进出口有限公司
地址：上海市虹口区四平路775弄1号1214室
……………………Tel：021－65898118
上海五舍商业经营管理有限公司
地址：上海市宝山区牡丹江路1325号3层－311Q室
……………………Tel：021－65977085
上海同济科教技术物资有限公司
地址：上海市杨浦区赤峰路83－1号
……………………Tel：021－65981969
上海昙丹实业有限公司
地址：中国（上海）自由贸易试验区富特东一路146号三幢1层A区A080室
……………………Tel：021－65982145
上海乔志家具有限公司
地址：上海市金山区枫泾镇环东一路65弄13号1837室
……………………Tel：021－66020577
上海华信世纪能源进出口有限公司
地址：上海市闸北区广中西路757号1408室
……………………Tel：021－66036699
上海伏睿影业有限公司
地址：上海市静安区共和路169号2层76室
……………………Tel：021－66036833
上海印迹包装材料有限公司
地址：上海市青浦区青赵公路1803号三层G区388室
……………………Tel：021－66046588
上海再昌实业（集团）有限公司
地址：上海市金山区朱泾镇南横街4号4幢1318室C座
……………………Tel：021－66050001
上海慢泊文化传播有限公司
地址：上海市虹口区哈尔滨路160号10幢1层10112室
……………………Tel：021－66073076
上海飞羊网络科技有限公司
地址：上海市浦东新区民冬路635号8幢C119室
……………………Tel：021－66075520
闽特优（上海）贸易有限公司
地址：上海市静安区沪太路1190、1192、1194、1196号2层201室
……………………Tel：021－66076963
上海上仕投资有限公司
地址：上海市闵行区平阳路258号一层E1028室
……………………Tel：021－66077018
上海斌旭实业有限公司
地址：上海市青浦区练塘镇章练塘路588弄15号1幢二层9区122室
……………………Tel：021－66081669
上海海维斯五金有限公司
地址：上海市崇明县建设公路1357号2幢133室（上海建设经济小区）
……………………Tel：021－66081695
上海庆博礼品有限公司
地址：上海市静安区中山北路588号2幢2层234室
……………………Tel：021－66082186
上海皓志礼品有限公司
地址：上海市嘉定区安亭镇墨玉路185号1层J1397室
……………………Tel：021－66082372
上海品凡文化传播有限公司
地址：上海市青浦区沈砖路建新221号2幢2层E区273室
……………………Tel：021－66116206
上海恒福科技发展有限公司
地址：上海市松江区洞泾镇洞业路108号
……………………Tel：021－66160164
上海得力商贸有限公司
地址：上海市青浦区白鹤镇外青松公路3560号1号楼2层F区2056室
……………………Tel：021－66271700
上海云娜家居用品有限公司
地址：上海市静安区俞泾港路11号1623室
……………………Tel：021－66283996
上海成光广告有限公司
地址：浦东新区南汇新城镇芦潮港路1758号1幢962室
……………………Tel：021－66287597
上海钲弘贵金属有限公司
地址：上海市崇明区北沿公路3366号4幢4114室
……………………Tel：021－66288389
上海九慈医疗器械有限公司
地址：上海市静安区共和新路3388号1109室
……………………Tel：021－66288979
上海瑞索资礼品有限公司
地址：上海市青浦区凤星路1588号2幢1层F区102室
……………………Tel：021－66289771
上海星晏园林景观工程设计有限公司
地址：上海市宝山区河曲路118号4100室
……………………Tel：021－66292298
上海芸神贸易有限公司
地址：上海市江场一路60号5幢1楼
……………………Tel：021－66302755
水立方科技发展有限公司
地址：中国（上海）自由贸易试验区富特西一路353号1幢2层206室
……………………Tel：021－66316387
上海百绘丰文具礼品有限公司
地址：上海市普陀区真南路2548号53幢
……………………Tel：021－66318966
上海摩捷展览服务有限公司
地址：上海市崇明区长兴镇潘园公路1800号3号楼1961室（上海泰和经济发展区）
……………………Tel：021－66358385
上海文懋文化科技有限公司
地址：上海市闸北区天潼路768号1608室
……………………Tel：021－66377633
上海点翼信息科技有限公司
地址：上海市崇明区宏海公路4588号1号楼207室（上海三星经济小区）
……………………Tel：021－66379840
上海东方珍藏纪念品有限公司
地址：上海市傅家街65号311室G座
……………………Tel：021－66390090
壹锐贸易（上海）有限公司
地址：上海市普陀区金通路83号普洛斯西北物流园3幢仓库U102号单元
……………………Tel：021－66397016
上海华灵乐购生活购物有限公司
地址：宝山区大华路518号
……………………Tel：021－66408000
上海凤礼投资管理有限公司
地址：上海市静安区江场西路1577弄10－12号226室
……………………Tel：021－66506739
上海旭澄化工有限公司
地址：嘉定区胜辛南路500号8幢1036室
……………………Tel：021－66550558
上海史丰物资有限公司
地址：上海市杨浦区邯郸路98号1501室
……………………Tel：021－66580815
上海古涧堂置业有限公司
地址：上海市青浦区朱家角镇康业路951弄32号1幢二层Y区228室
……………………Tel：021－66583001
上海乾禧贸易发展有限公司
地址：上海市青浦区练塘镇章练塘路588弄15号1幢二层E区2088室
……………………Tel：021－66600619
上海谷根投资控股（集团）有限公司
地址：上海市奉贤区庄行镇南亭公路2249号2幢113室
……………………Tel：021－66600622
上海华氏大药房有限公司
地址：上海市长宁区愚园路1435号二楼
……………………Tel：021－66674688
上海绿盛旅游汽车服务有限公司
地址：共和新路4712号6幢106室

…………Tel：021-66690117
上海宝山西城区房地产发展有限公司
地址：上海市宝山区水产西路2699号
…………Tel：021-66763626
上海联华超市嘉定有限公司
地址：嘉定工业区叶城路925号
…………Tel：021-66770042
上海元熙实业发展有限公司
地址：上海市宝山区友谊路323号
…………Tel：021-66786163
上海源谦营销策划有限公司
地址：上海市金山区山阳镇亭卫公路1500号五层A265室
…………Tel：021-66789681
翰立贸易（上海）有限公司
地址：中国（上海）自由贸易试验区福山路450号11D-11室
…………Tel：021-66822269
上海绿盛汽车租赁有限公司
地址：上海市静安区共和新路4666弄11号8楼814室
…………Tel：021-66871887
上海泰珲文化传播有限公司
地址：上海市静安区彭江路602号一幢3层303室
…………Tel：021-66899119
上海锦元文化艺术发展有限公司
地址：上海市普陀区柳园路58号2幢1楼南侧
Tel：021-66956117-123
上海升奇农业科技有限公司
地址：上海市崇明县兴工路18号3号楼143室（上海广福经济小区）
…………Tel：021-66956368
上海三威投资发展有限公司
地址：上海市青浦区双联路158号4层
…………Tel：021-67000268
上海振基资产管理有限公司
地址：上海市奉贤区环城东路610号608室
…………Tel：021-67100271
上海村宝信息科技有限公司
地址：上海市闵行区东川路555号乙楼4043室
…………Tel：021-67101800
阿凡达电子商务（上海）有限公司
地址：上海市青浦区双联路158号2层Y区293室
…………Tel：021-67102155
上海奉贤乐购生活购物有限公司
地址：上海市奉贤区南桥镇环城东路1454号-1468号
…………Tel：021-67113088
上海万兴汽车发展有限公司
地址：上海市奉贤区航南公路5886号3幢
…………Tel：021-67186655
上海瑞鑫百货有限公司
地址：上海市金山区石化卫零路555号
…………Tel：021-67241111
上海中发商业管理（集团）有限公司
地址：上海市金山区枫泾镇朱枫公路8678弄9001号
…………Tel：021-67247777
上海巴拉巴拉服饰有限公司
地址：上海市闵行区虹梅南路4999号第一幢3081室
…………Tel：021-67288216
上海百路户外用品有限公司
地址：上海市金山工业区亭卫公路6558号9幢3478室
…………Tel：021-67299878
上海禾之轩电子商务有限公司
地址：上海市金山区吕巷镇璜溪西街88号2幢1839室
…………Tel：021-67299890
上海良佩贸易有限公司
地址：上海市宝山区高逸路112-118号3幢4550室
…………Tel：021-67558855
酩樽汇（上海）文化传播有限公司
地址：上海市松江区新桥镇新格路505号3幢四楼4445室
…………Tel：021-67617939
上海游之友旅游用品有限公司
地址：上海市松江区莘砖公路258号35幢402室-2
…………Tel：021-67635992
上海晨大工艺品有限公司
地址：上海市松江区新闵经济开发区
…………Tel：021-67649292
上海乐薰包装印刷有限公司
地址：上海市松江区车墩镇泾车路137号2幢、9幢
…………Tel：021-67650222
上海优家家具股份有限公司
地址：上海市松江区闵塔路1315号6幢
…………Tel：021-67665441
上海多分网络科技有限公司
地址：上海市闵行区金都路4299号6幢3楼A16室
…………Tel：021-67680765
上海智添实业有限公司
地址：上海市松江区茸梅路139号1幢
…………Tel：021-67686123
上海品久电子商务有限公司
地址：上海市松江区洞泾镇洞舟路99号10幢128室
…………Tel：021-67730111
上海一升健康科技有限公司
地址：上海市松江区佘山镇天鸡路60号1号房102室
…………Tel：021-67759395
上海闽贤实业发展有限公司
地址：青浦区胜利路588号6-712室
…………Tel：021-67762555
上海信颐智能科技有限公司
地址：上海市松江区九新公路865号1幢102室
…………Tel：021-67766118
上海邦珏金融信息服务有限公司
地址：上海市宝山区新二路999弄148号3号门158室
…………Tel：021-67813933
上海菩静礼品有限公司
地址：上海市奉贤区目华北路388号第一幢1328室
…………Tel：021-67840799
上海鼎圣医疗器械有限公司
地址：上海市松江区茸梅路518号1幢304室
…………Tel：021-67856679
上海缘叶贸易有限公司
地址：上海市金山区朱泾镇朱平公路4458号六栋119室
…………Tel：021-67881357
石斛兰餐饮管理（上海）有限公司
地址：上海市松江区新松江路1800弄3号
…………Tel：021-67887777
上海畅蕾教育投资有限公司
地址：上海市徐汇区宜山路425号411-1室
…………Tel：021-67890925
上海金适遮阳制品有限公司
地址：上海市嘉定区安亭镇嘉松北路6988号1幢1层108室J1371
…………Tel：021-67890982
上海慧梦办公设备有限公司
地址：上海市松江区松汇路四十七弄4幢1楼114室
…………Tel：021-67893936
上海胜易企业公关服务有限公司
地址：上海市奉贤区联合北路215号第1幢2686室
…………Tel：021-67960676
上海梓康实业有限公司
地址：上海市浦东新区秀浦路2388号10幢3层
…………Tel：021-68063302
上海丹麒包装材料有限公司
地址：浦东新区祝桥镇空港开发区金顺路6号
…………Tel：021-68102998
上海申佳国际贸易有限公司
地址：上海市普陀区真光路1473弄3号116室
…………Tel：021-68321650
上海福臻品牌传播有限公司
地址：上海市奉贤区海湾旅游区奉炮公路315号9幢112室
…………Tel：021-68365567
上海天力集藏文化传播有限公司
地址：上海市金山区朱泾镇金龙新街528弄1118号-122
…………Tel：021-68387888
上海浦东川沙名镇文化发展有限公司
地址：浦东新区川沙路5278号3幢2楼201室
…………Tel：021-68392737
上海沃易智电子商务有限公司
地址：中国（上海）自由贸易试验区郭守敬路498号9幢4层20402、20413室
…………Tel：021-68396226
霍勒设计咨询（上海）有限公司
地址：上海市金山区卫清西路421号六楼3422室
…………Tel：021-68406332
上海圣心健康咨询有限公司
地址：中国（上海）自由贸易试验区富特北路205号A3部位3层315室
…………Tel：021-68453221
上海超辉投资发展有限公司齐河路分公司
地址：上海市浦东新区齐河路23号2楼东座
…………Tel：021-68453398
四邦资产管理（上海）有限公司
地址：上海市徐汇区吴兴路277号1幢706室
…………Tel：021-68455958
上海车邦手汽车科技有限公司
地址：上海市浦东新区秀浦路3999弄31号一层B
…………Tel：021-68505902
上海硕视文化传播有限公司
地址：浦东新区书院镇丽正路1628号4幢1301室
…………Tel：021-68520353
上海诺德科技发展有限公司
地址：上海市崇明县新河镇新申路921号
…………Tel：021-68534165
上海亚太新阳服饰礼品市场经营管理有限公司
地址：中国（上海）自由贸易试验区世纪大道2002号北广场
…………Tel：021-68542269
上海瑞云盛贸易有限公司
地址：金桥路799号南3幢202室
…………Tel：021-68552408
上海美辉商贸有限公司
地址：上海市黄浦区绍兴路17弄3号-4号底室L8
…………Tel：021-68558080
上海岛昌贸易发展有限公司
地址：上海市静安区天目西路218号3206室
…………Tel：021-68582860
品盐文化发展（上海）有限公司
地址：上海市宝山区河曲路118号4587室
…………Tel：021-68631333
上海嘉境通国际贸易有限公司
地址：上海市嘉定区宝钱公路4500号1幢1层A区
…………Tel：021-68639280
上海铭燕国际贸易有限公司
地址：浦东新区川沙镇普陀路39号1幢301室
…………Tel：021-68641580
上海舜雅化工有限公司
地址：上海市奉贤区楚华北路858号
…………Tel：021-68660222
上海王兴石材有限公司
地址：浦东新区下南路387号46幢
…………Tel：021-68670860
上海百闻公关顾问有限公司
地址：上海市奉贤区金海公路5885号3416室
…………Tel：021-68769983
上海五垒实业有限公司
地址：中国（上海）自由贸易试验区德堡路38号1幢3层305-16室
…………Tel：021-68770813
上海凯馨旅游票务有限公司
地址：上海市奉贤区四团镇四平路217号-78
…………Tel：021-68785515
镭驰（上海）投资管理有限公司
地址：上海市杨浦区国权北路1688弄22号601室
…………Tel：021-68797999
镭驰（上海）投资管理有限公司
地址：上海市杨浦区国权北路1688弄22号601室
…………Tel：021-68797999
上海佐诚金银饰品有限公司
地址：中国（上海）自由贸易试验区加枫路26号108室
…………Tel：021-68808818
大汉三通国际贸易有限公司
地址：中国（上海）自由贸易试验区芳春路400号1幢3层
…………Tel：021-68813733
上海简豆日用品有限公司
地址：上海市宝山区逸仙路2816号1幢9层A0152室
…………Tel：021-68828990
上海蒙塞拉特实业有限公司
地址：上海市崇明县新海镇星村公路700号10幢215-4室（上海新海经济开发区）
…………Tel：021-68872398
上海广兆供应链管理股份有限公司
地址：上海市闵行区闵北路88弄1-17号、18-30号第6幢129室
…………Tel：021-68877669
上海帝泰发展有限公司
地址：中国（上海）自由贸易试验区陆家嘴西路168号
…………Tel：021-68877888
上海魅沸贸易有限公司
地址：上海市闸北区塘沽路933号1502室
…………Tel：021-68880736
上海掬园贸易有限公司
地址：上海市浦东新区白杨路86号102室
…………Tel：021-68885588
磐玉文化传媒（上海）有限公司
地址：上海市奉贤区环城西路3111弄555号3幢-760
…………Tel：021-68886833
上海和兆投资有限公司
地址：上海市浦东新区周市路416号4层
…………Tel：021-68886988
上海舜农实业集团有限公司
地址：中国（上海）自由贸易试验区杨高南路759号11楼01单元
…………Tel：021-68913195
上海众毅贸易有限公司
地址：浦东新区川沙路2060号21幢3楼308室
…………Tel：021-68917868
上海美宏广告传媒有限公司
地址：上海市浦东新区上南路3855号418G室
…………Tel：021-68927080
上海张锦实业有限公司
地址：青浦区新达路1218号2幢一层A区141室
…………Tel：021-69001388
上海椅茂贸易有限公司
地址：上海市青浦区朱家角镇康业路6号1幢四层409室
…………Tel：021-69009710
上海证券印制有限公司
地址：上海市普陀区绥德路883号
…………Tel：021-69113718
上海佳山沙雕艺术有限公司
地址：上海市嘉定区江桥镇沙河路337号1_203室J440
…………Tel：021-69139943
上海跃森国际货运代理有限公司
地址：上海市奉贤区青村镇光明金钱公路3298号第5幢2133室
…………Tel：021-69153853
上海勒孚展览服务有限公司
地址：上海市奉贤青村镇光明金钱公路3298号第5幢2297室
…………Tel：021-69153853
上海协和木业有限公司
地址：上海市嘉定区马陆镇育绿东路1158号
…………Tel：021-69156299
上海捷通塑料包装材料有限公司
地址：嘉定区南翔工业开发区昌翔路638号
…………Tel：021-69178895
上海河马实业有限公司
地址：上海市青浦区华新镇华腾路1288号1幢1层H区159室
…………Tel：021-69207763
上海杨艺实业有限公司
地址：青浦区外青松公路7548弄588号14幢1层E区141室
…………Tel：021-69208196
上海大宋投资管理有限公司
地址：上海市嘉定区菊园新区昌徐路88号2幢3364室
…………Tel：021-69527198
上海弋潭网络科技有限公司
地址：上海市宝山区高逸路112-118号6幢2968室
…………Tel：021-69587019
上海真恒贸易有限公司
地址：上海市崇明区堡镇堡镇南路58号13幢1楼106-6室（上海堡镇经济小区）
…………Tel：021-69615298
上海榕港餐饮有限公司
地址：青浦区浦仓路888号
…………Tel：021-69718888
上海西园绿化工程有限公司
地址：青浦区重固镇外青松公路4925号D-689
…………Tel：021-69721533
上海鹤森商贸有限公司
地址：上海市青浦区徐泾镇明珠路258号1幢2楼
…………Tel：021-69761551
上海鹤森商贸有限公司
地址：上海市青浦区徐泾镇明珠路258号1幢2楼
…………Tel：021-69761551
上海顺丰实业有限公司
地址：上海市青浦区华新镇华腾路1669号7幢4楼419室
…………Tel：021-69763258
上海堑和实业有限公司
地址：上海市青浦区徐泾镇沪青平公路1881号4010幢一层A区133室
…………Tel：021-69765688
上海货通天下农产品有限公司
地址：上海市青浦区华新镇华腾路1288号1幢1层S103室
…………Tel：021-69787938
上海义林食品有限公司
地址：上海市青浦区华新镇芦蔡北路1988号8幢B区
…………Tel：021-69787938
上海农工商房地产置业有限公司
地址：上海市青浦区华腾路1288号1幢2层E区279室
…………Tel：021-69789521
上海弘雅汽车销售服务有限公司
地址：青浦区嘉松中路1398号
…………Tel：021-69789871
上海世纪天虹影城有限公司
地址：青浦区华新镇华强街239号三楼
…………Tel：021-69789961
上海摩太展示用品设计制作有限公司
地址：上海市青浦区新技路55号
…………Tel：021-69791872

上海益励金属材料有限公司
地址：上海市奉贤区肖塘路255弄10号1层
……Tel：021-69792028
上海金崎贸易有限公司
地址：上海市青浦区华新镇凤星路1588号2幢2层B区250室
……Tel：021-69792783
上海叶迪橱具有限公司
地址：青浦区徐泾镇金联村
……Tel：021-69839309
印蕊（上海）化妆品有限公司
地址：上海市崇明区横沙乡富民支路58号D1-8171室（上海横泰经济开发区）
……Tel：021-69950533
上海水墨盛世文化发展有限公司
地址：上海市嘉定区墨玉南路888号401室
……Tel：021-69959371
上海尊宝艺术品有限公司
地址：上海市金山区吕巷镇溪南路86号31幢3463室
……Tel：021-80100513
上海宇祥信息科技有限公司
地址：上海市宝山区长江南路668号A1202室
……Tel：021-80125325
上海健视通体育咨询有限公司
地址：上海市长宁区金钟路968号7号楼601室
……Tel：021-80125370
上海信崇资产管理有限公司
地址：上海市奉贤区庄行镇华园路68号9幢104室
……Tel：021-80128818
上海誉央贸易有限公司
地址：中国（上海）自由贸易试验区富特西一路115号2号全幢楼3层333室
……Tel：021-80168500
上海八百里人网络技术有限公司
地址：上海市奉贤区青村镇奉村路458号5幢221室
……Tel：021-80181260
上海点山展览展示有限公司
地址：上海市奉贤区海湾镇五四公路4399号37幢1604室
……Tel：021-80185865
上海申友广告有限公司
地址：上海市金山区枫泾镇一号桥北块2号32号厅9室
……Tel：021-80197150
上海金东威智能工程有限公司
地址：上海市宝山区蕴川路5503号A1158室
……Tel：021-80199111
上海郁泰钦望金融信息服务有限公司
地址：上海市青浦区练塘镇章练塘路588弄15号1幢一层6区036室
……Tel：021-80215222
即遇（上海）化妆品有限公司
地址：上海市浦东新区航头镇沪南路5469弄126号
……Tel：021-80229399
上海南方全维科技发展有限公司
地址：上海市虹口区场中路531号2号楼304A座
……Tel：021-80325912
国梁实业发展集团（上海）物资有限公司
地址：上海市崇明区长兴乡石沙路529号302室（上海泰和经济发展区）
……Tel：021-80362872
优欧辟环球油品工艺技术有限公司
地址：中国（上海）自由贸易试验区李冰路430号一号楼4楼
……Tel：021-80388881
上海璟仪实业有限公司
地址：上海市闵行区东川路555号戊楼1265室
……Tel：021-80392197
梅森（上海）家居有限公司
地址：上海市浦东新区三林路344号
……Tel：021-80962494
鸿惠工艺礼品（上海）有限公司
地址：上海市金山区廊下镇金廊公路41号13幢153室
……Tel：021-95420135
宁波海萃商贸有限公司
地址：宁波大榭开发区海光楼208-7室
……Tel：021-52895871
爱马仕（上海）商贸有限公司杭州第二分公司
地址：杭州市上城区湖滨路21、22、24号
……Tel：021-61710808

重庆市

重庆天赐温泉（集团）有限公司
地址：重庆市璧山区璧泉街道温泉路8号
……Tel：023-41555555-1022
重庆六月蜂礼品文化有限公司
地址：重庆市合川区南津街街道办事处振兴路438号负11号（2幢）
……Tel：023-42410929
重庆新乔商贸有限公司
地址：重庆市永川区内环南路777号二区9幢1号
……Tel：023-49859986
重庆渝森昆虫工艺品有限公司
地址：重庆市永川区泸州街167号
……Tel：023-49870430
重庆市龙凤工艺品有限公司
地址：重庆市巫溪县文峰镇三宝村
……Tel：023-51889222
重庆汉弘食品有限责任公司
地址：重庆市重庆梁平工业园区特色产业创新孵化园二楼
……Tel：023-53660099
重庆凯德古渝雄关置业有限公司
地址：重庆市渝中区长江滨江路2号22层1号
……Tel：023-60375555
重庆海通大药房连锁有限公司
地址：重庆市南岸区机电一支路4号附1号2层A区
……Tel：023-61753775
重庆凤凰文化教育投资有限公司
地址：重庆市巴南区渝南大道200号龙海大厦21楼
……Tel：023-62330952
重庆汉海海洋生物科普有限公司
地址：重庆市巴南区嘉龙路133号
……Tel：023-62333888
重庆华润万家生活超市有限公司
地址：重庆市沙坪坝区小龙坎正街3号
……Tel：02362383285
重庆美心婚庆有限公司
地址：重庆市南岸区弹子石组团A分区A16-1/02号（洋人街金色大厅）
……Tel：023-62515052
重庆五锋科技有限公司
地址：重庆市南岸区江溪路9号综合楼
……Tel：023-62619122
重庆市新鸥鹏社区服务有限公司
地址：重庆市经开区回龙路66号16栋一层8号门面
……Tel：023-62761772
重庆市美术有限责任公司
地址：重庆市渝中区新华路447号
……Tel：023-62812963
重庆上宝力投资有限公司
地址：重庆市渝北区两路寸滩保税港区空港综合大楼B栋B325
……Tel：023-62895555
重庆品正食品有限公司
地址：重庆市璧山区青杠街道剑山路236号
……Tel：023-62903952
重庆启正商贸有限公司
地址：重庆市璧山区青杠街道剑山路236号
……Tel：023-62903952
重庆要的食品超市有限公司
地址：重庆市渝北区黄山大道中段70号3幢23-1
……Tel：023-63026976
重庆市佑纳克网络科技有限公司
地址：重庆市江北区江北城西大街27号17-1
……Tel：023-63061902
重庆市中服富盛出国人员服务有限公司
地址：重庆市渝中区民权路89号日月光中心广场一层L1001-1008、L1007、L1076-L1081
……Tel：023-63065860
重庆卓福游旅行社有限公司
地址：重庆市南岸区亚太路1号1幢4-19号
……Tel：023-63502297
重庆融鼎恒科实业集团有限公司
地址：重庆市渝中区北区路26号19-1#
……Tel：023-63532323-223
重庆尚锋房地产营销代理有限公司
地址：重庆市渝中区中山四路15号3-1-#8
……Tel：023-63705032
重庆雅创服饰集团有限公司
地址：重庆市南岸区南滨路79号(喜来登国际中心)A栋25楼1号
……Tel：023-63732130
重庆同盛聚泰电子商务有限公司
地址：重庆市南岸区南城大道199号1-08
……Tel：023-63732646
重庆金诺工艺礼品有限公司
地址：重庆市北部新区金渝大道85号汉国中心A栋6楼
……Tel：023-63737003
重庆王府井百货有限责任公司
地址：重庆市沙坪坝区小龙坎新街49号
……Tel：023-63819105
重庆金辉旅业有限公司
地址：重庆市江北区金源路13号6-8
……Tel：023-63819799
重庆华华实业（集团）有限公司
地址：重庆市渝中区陕西路50号
……Tel：023-63844106
重庆宇耀文化传媒有限公司
地址：重庆市渝中区中山四路89号8幢7-2
……Tel：023-63876707
重庆微旅国际旅行社有限公司
地址：重庆市渝中区沧白路73号重庆商贸旅游大厦（永众国际大厦）11楼
……Tel：023-63933369
港群汇金重庆百货超市有限公司
地址：重庆市合川区南办处振兴路269号
……Tel：023-65034492
重庆旺成贸易有限公司
地址：重庆市沙坪坝区振华路37号
……Tel：023-65184179
重庆开水帮生活服务有限公司
地址：重庆市九龙坡区兰美路120号9幢附17号
……Tel：023-65311111
重庆小李子工艺品有限公司
地址：重庆市沙坪坝区华宇金沙港湾19-7-2号
……Tel：023-65846245
重庆万胜能源科技有限公司
地址：重庆市渝北区金开大道56号1单元6-2
……Tel：023-67239506
重庆洋玩易国际贸易有限公司
地址：重庆市沙坪坝区康安路2号1幢11-4
……Tel：023-67303810
重庆华实蓁科技有限公司
地址：重庆市沙坪坝区土主镇月台路18号【口岸服务大厦】B1单元5楼503-297
……Tel：023-67513267
重庆星豆餐饮管理有限公司
地址：重庆市江北区庆云路1号10楼1006室
……Tel：023-67520607
重庆市旅游营销中心有限公司
地址：重庆市渝中区民生路283号
……Tel：023-67638377
重庆嘉策实业有限公司
地址：重庆市江北区建新北路65号
……Tel：023-67699313
重庆兰渝投资有限公司
地址：重庆市北部新区星光五路8号7-1
……Tel：023-67755116
重庆超导工艺礼品有限公司
地址：重庆市渝北区财富大道3号20-10
……Tel：023-67786842
重庆市烟草投资管理有限公司
地址：重庆市江北区海尔路161号1幢附1号
……Tel：023-67867703
靠谱科技股份有限公司
地址：重庆市江北区海尔路319号4-1-61
……Tel：023-67875766
靠谱科技股份有限公司
地址：重庆市江北区海尔路319号4-1-61
……Tel：023-67875766
重庆谷禾网络科技有限公司
地址：重庆市江北区建国村15号附1-3
……Tel：023-67897637
重庆鲁能开发（集团）有限公司
地址：重庆市渝北区渝鲁大道777号
……Tel：023-67988777
重庆惠繁仪商贸有限公司
地址：重庆市九龙坡区石桥铺凤凰路17号附14号
……Tel：023-68647860
重庆洋山远创国际贸易有限公司
地址：重庆市九龙坡区杨家坪正街7号5楼513室
……Tel：023-68669989
重庆昊然实业有限公司
地址：重庆市渝中区大坪正街140号1幢31-6#
……Tel：023-68803777
重庆梦柯达鞋业有限公司
地址：重庆市大渡口区新山村街道钢花路507号1栋1号
……Tel：023-68900888
重庆颐德物流有限公司
地址：重庆市长寿区晏家街道育才路5号3-1#
……Tel：023-68975657
重庆周大福钟表销售有限公司
地址：重庆市涪陵区黎明路70号3楼
……Tel：023-72261108
周大福珠宝金行（重庆）有限公司
地址：重庆市涪陵区黎明路70号3楼
……Tel：023-72262720
秀山云智科贸有限公司
地址：重庆市秀山县中和街道武陵北路1号 C栋二层
……Tel：023-76052721
秀山县新生活家居销售有限公司
地址：重庆市秀山县物流园区武陵3C批发市场1幢1层109-1号
……Tel：023-76056388
重庆优丹百货股份有限公司
地址：重庆市大足区商贸中心（国梁路6号）2、3号楼1-4层
……Tel：023-85002223
重庆竣尊房地产开发有限公司
地址：重庆市永川区经济技术开发区
……Tel：023-85350915
重庆卓之珏商贸有限责任公司
地址：重庆市永川区汇龙大道688号附6号
……Tel：023-85385686
重庆金科两江大酒店有限公司
地址：重庆市涪陵区滨江大道二段6号
……Tel：023-85677777
重庆吉兴礼品有限公司
地址：重庆市涪陵区新城区龙兴路4号
……Tel：023-85685905
重庆恒奥环保产业发展有限公司
地址：重庆市渝中区石油路1号12幢17-1#
……Tel：023-86016986
重庆绿虎再生资源有限公司
地址：重庆市江北区海尔路825号1幢第5层
……Tel：023-86102030
贝瑞文化创意有限公司
地址：重庆市沙坪坝区沙南街001号南开商业街南园附3号
……Tel：023-86339933
贝瑞文化创意有限公司
地址：重庆市沙坪坝区沙南街001号南开商业街南园附3号
……Tel：023-86339933
光彩科技重庆有限公司
地址：重庆市渝北区黄山大道中段64号13幢17楼1#
……Tel：023-86837088
重庆宏邦实业有限公司
地址：渝北区龙溪街道新南路3号水利大厦6楼
……Tel：023-88160777
重庆励耕商贸有限公司
地址：重庆市南岸区丹龙路78号3A22-4
……Tel：023-88217188
重庆航空有限责任公司
地址：重庆市渝北区双凤桥街道江北机场内
……Tel：023-88358001
重庆万众影院有限公司
地址：重庆市沙坪坝区大学城中路46号第一栋四层1号
……Tel：023-88366773
重庆亦云广告传媒有限公司
地址：重庆市巴南区鱼洞商业院21号附13号
……Tel：023-88672271
重庆百工文化传媒有限公司
地址：重庆市北部新区青枫北路30号凤凰座C6楼
……Tel：023-88739000
重庆交通运业有限责任公司
地址：重庆市渝中区菜袁路12号
……Tel：023-89033704

河北省

荣宝斋（邯郸）有限公司
地址：邯郸市丛台区人民东路98号招贤大厦1808号
……Tel：0310-2053867
邯郸市邯山区中邯国际旅行社有限公司
地址：河北省邯郸市邯山区农林路57号
……Tel：0310-3083456
邯郸市永康医药有限公司
地址：河北省邯郸市邯山区廉颇大街以东、代召纬八路以南
……Tel：0310-6092002
大名县华府商业广场有限公司
地址：河北省邯郸市大名县大名府路52号
……Tel：0310-6560000
冀中能源股份有限公司邯郸分公司
地址：邯郸市东柳北大街268号
……Tel：0310-7758385
邯郸市现代轻纺城商业管理有限公司
地址：邯郸市邯山区浴新南大街37号
……Tel：0310-7955555
邯郸市庞大兴沃汽车销售服务有限公司
地址：邯郸开发区世纪大街1号4#
……Tel：0310-8010770
邯郸市方源园林花木有限公司
地址：邯郸市309国道路南高速东侧49处
……Tel：0310-8023188
河北果莺电子科技股份有限公司
地址：河北省石家庄市高新区黄河大道136号
……Tel：0311-66571360
新源商业管理有限公司
地址：石家庄市长安区中山东路11号
……Tel：0311-66612228
河北槐蝶医疗器械贸易有限公司
地址：河北省石家庄市新华区西三庄街付2号
……Tel：0311-66632759

河北博智商贸有限公司
地址：元氏县常山路中段南侧
……Tel：0311-66637369

河北习三内画艺术有限公司
地址：石家庄市桥西区中山西路96号
……Tel：0311-66683126

河北瑞欧文化传播有限公司
地址：石家庄裕华区青园街420号碧水青园7-105
……Tel：0311-67301477

河北东驰电子科技有限公司
地址：河北省石家庄市长安区平安北大街4号
……Tel：0311-67591984

河北省艺术传媒有限公司
地址：石家庄长安区西大街142号
……Tel：0311-67667768

石家庄德众业胜企业营销策划有限公司
地址：河北省石家庄市新华区民族路69号女人世界大厦1805
……Tel：0311-67669601

石家庄晴连煤炭运销有限公司
地址：石家庄新华区新华路91号金亿城12楼1202室
……Tel：0311-68022456

石家庄科达华进出口贸易有限公司
地址：河北省石家庄市新华区友谊北大街351号信诚商务大厦806
……Tel：0311-69006830

河北正泰实业集团有限公司
地址：辛集市北区迎宾路西侧
……Tel：0311-69138666

河北创富会展服务有限公司
地址：河北省石家庄市裕华区槐北路43号原生工楼五楼
……Tel：0311-80667626

河北隆钲生物科技有限公司
地址：河北省石家庄市长安区建设北大街44号瀚科大厦10层1006室
……Tel：0311-80791096

移联网信集团有限公司
地址：钟祥市南湖新区楚商路（钟祥天有投资有限公司西侧）
……Tel：0311-80852958

石家庄泽皓包装制品有限公司
地址：河北省石家庄市平山县平山镇西水碾村北
……Tel：0311-82881723

河北原子网络科技有限公司
地址：河北省石家庄市长安区中山东路289号长安广场1606室
……Tel：0311-83076555

河北鼎兴汽车销售有限公司
地址：赵县308国道苏村段电视塔对面
……Tel：0311-84901600

河北顺啸丰商贸有限公司石家庄槐中路分公司
地址：河北省石家庄市桥西区槐中路99-2号
……Tel：0311-85018692

河北友振贸易有限公司
地址：河北省石家庄市新华区联盟路707号中化大厦1301
……Tel：0311-85028538

河北英华实业股份有限公司
地址：石家庄市友谊北大街２２２号
……Tel：0311-85029956

石家庄市盛隆广告有限公司
地址：石家庄市新华区北小街6号
……Tel：0311-85209988

石家庄北国人百集团有限责任公司
地址：石家庄桥西区中山东路１８８号
……Tel：0311-85261913

河北方达国际贸易有限责任公司
地址：河北省石家庄市新华区友谊北大街345号
……Tel：0311-85275939

河北洋格电子商务有限公司
地址：石家庄高新区黄河大道98号澳怡大厦1502室
……Tel：0311-85383555

天山海世界有限公司
地址：石家庄高新区天山大街116号201室
……Tel：0311-85389244

河北塔坛易淘科技有限公司
地址：河北省石家庄市桥西区车站街14号801室
……Tel：0311-85628877

河北怀特集团股份有限公司
地址：石家庄市槐岭路２６号
……Tel：0311-85815299

河北宝驰商贸有限公司
地址：石家庄桥西区平安南大街38号
……Tel：0311-86038121

河北路标咨询策划有限公司
地址：石家庄裕华区裕华东路70号
……Tel：0311-86088608

石家庄天元名品商业管理有限公司
地址：河北省石家庄市长安区跃进路3号天元商务大厦21层
……Tel：0311-86251990

河北正一技术工程有限公司
地址：石家庄裕华区裕华东路298号
……Tel：0311-86682166

石家庄集元龙祥贸易有限公司
地址：河北省石家庄市裕华区建华南大街万达广场写字楼B座7F
……Tel：0311-86908066

河北新博志达商贸有限公司
地址：河北省石家庄市桥西区建设南大街6号
……Tel：0311-86962648

河北纵横国际旅行社有限公司
地址：河北省石家庄市桥西区平祥路66号石铁家园门口南侧第二间底商
……Tel：0311-87025333

河北华联商厦
地址：石家庄市站前街８号
……Tel：0311-87028721

河北国大连锁商业有限公司
地址：石家庄长安区中山东路296号
……Tel：0311-87653888

河北省金石钱币有限公司
地址：石家庄市新华区新华路125号
……Tel：0311-87874606

河北机场管理集团有限公司
地址：河北省正定县石家庄机场
……Tel：0311-88027193

石家庄市藁城区天宇工艺礼品有限公司
地址：河北省石家庄市藁城区梅花镇屯头村中华大街与北围村路交口东行150米
……Tel：0311-88096868

石家庄铭之宝汽车销售服务有限公司
地址：河北省石家庄市新华区北二环西路328号
……Tel：0311-88237777

河北诺道医药贸易有限公司
地址：石家庄高新区长江大道168号天山银河广场C区商办楼01单元2311-2320
……Tel：0311-89078230

河北名都商贸有限公司
地址：石家庄市长安区翟营大街147号
……Tel：0311-89643562

河北腾达包装服务有限公司
地址：河北省石家庄市裕华区建华西路8号
……Tel：0311-89839199

石家庄亚太通信科技有限公司
地址：河北省石家庄市长安区中山东路567号
……Tel：0311-89929981

定州市时代广场商贸有限责任公司
地址：定州市中山中路
……Tel：0312-2315315

保定沐风贸易有限公司
地址：白沟镇富民路
……Tel：0312-2897777

高碑店市新发地国际酒店有限公司
地址：河北省保定市高碑店市中华大街西侧、北城路南侧总部综合楼
……Tel：0312-2961187

河北保定星光集团有限公司
地址：保定市高新区朝阳北大街999号
……Tel：0312-3102285

河北东诺企业管理服务股份有限公司
地址：河北省保定市竞秀区天鹅中路708号华瑞科技苑A座1707室
……Tel：0312-3186667

保定盛兴典当行有限公司
地址：保定市朝阳北大街999号星光国际商务酒店1幢1层北侧
……Tel：0312-5066111

满城信誉楼百货有限公司
地址：满城县爱琴海小区办公楼三层
……Tel：0312-5399100

河北红阳润达窗业有限公司
地址：定州市高蓬镇西牛村
……Tel：0312-5531978

河北星光机床有限公司
地址：保定市七一东路77号
……Tel：0312-5923116

保定市中国旅行社有限公司
地址：保定市恒祥北大街109号
……Tel：0312-5996280

保定金萨工艺品有限公司
地址：顺平县腰山镇正童村北、保阜路北侧（顺平县工业园区）
……Tel：0312-7672888

曲阳天聚源环保科技有限公司
地址：河北省保定市曲阳县恒州镇许城东村
……Tel：0312-7740883

保定清苑古城工艺香有限公司
地址：保定市清苑区魏村镇魏村东街
……Tel：0312-8076130

河北五润能源科技开发有限公司
地址：保定市朝阳北大街1362号风能大厦1单元C-4-20号
……Tel：0312-8925226

张家口市轩辕商务礼品有限公司
地址：张家口市桥东区胜利北路15号3号楼3单元201室
……Tel：0313-2029424

张家口和平国际旅行社有限公司
地址：张家口桥西区西坝岗44楼南侧平房1幢（1-3）
……Tel：0313-2185166

蓝鲸悦海（张家口）国际商务酒店有限公司
地址：河北省张家口市高新区胜利中路233号
……Tel：0313-4016672

张家口大德商务会馆有限责任公司
地址：张家口市桥东区钻石中路3号
……Tel：0313-4093576

草原天路旅游开发有限责任公司
地址：河北省张家口市张北县张北镇明清商业街1号楼A1
……Tel：0313-7675858

张家口通泰旅游集团有限责任公司
地址：张家口市桥西区明德北大街西山底小区3号楼
……Tel：0313-7979696

承德双百购物广场有限公司
地址：承德双桥区新华路北侧1号楼
……Tel：0314-2060955

承德市乐怡商贸有限责任公司
地址：承德双桥区商城一楼１１１厅
……Tel：0314-2073890

承德宽广购便利店有限公司
地址：河北省承德市双桥区迎宾路21号嘉和广场11幢13层A1306号
……Tel：0314-2077811

承德宽广购便利店有限公司
地址：河北省承德市双桥区迎宾路21号嘉和广场11幢13层A1306号
……Tel：0314-2077811

承德金龙购物广场有限公司
地址：承德双桥区都统府大街（原老市政府院内）
……Tel：0314-2538160

承德县鼎诚商贸有限公司
地址：河北省承德市承德县下板城镇光明路东侧金地书香园1号楼105号底商
……Tel：0314-3116116

承德市乐道信息技术服务有限公司
地址：河北省承德市双桥区迎宾路21号宽广生活广场负一层电梯下
……Tel：0314-5977997

承德绿世界活性炭有限公司
地址：平泉市平泉镇城北街（平泉经济开发区360号）
……Tel：0314-6082200

承德天济源医疗器械有限公司
地址：河北省承德市双桥区大石庙镇汇强矿业大厦第1幢2单元902室
……Tel：0314-7051183

承德亮达实业有限公司
地址：平泉市平泉镇府前街（承德亮达实业有限公司亮达国际酒店1楼102-105号）
……Tel：0314-7577777

承德汇天旅游开发有限公司
地址：河北省承德市丰宁满族自治县大滩镇北梁村天马飞行小镇8号楼一层103室
……Tel：0314-8281118

唐山市博鳌实业有限责任公司
地址：唐山市开平区唐榛路东后屯村北
……Tel：0315-2021996

唐山市漆之杰商贸有限公司
地址：唐山路北区南新西道69号
……Tel：0315-2335669

唐山华润万家生活超市有限公司
地址：唐山路北区体育馆道２号
……Tel：0315-2349636-4208

唐山市路北区北新东道跨越文化用品商店
地址：北新东道15号
……Tel：0315-2812291

星微科技（唐山）有限公司
地址：河北省唐山市路北区学院路与朝阳道交叉口美地生活广场写字楼24层2404-7号
……Tel：0315-2815395

唐山市新华书店有限责任公司
地址：唐山路南区新华东道100号B座1-3层
……Tel：0315-2818178

唐山洋仓贸易有限公司
地址：唐山海港开发区海城路西侧
……Tel：0315-2919577

唐山冀东三枝花文化产业发展有限公司
地址：唐山海港开发区海港大路西侧港欣街南侧(电子商务创业中心7层701室)
……Tel：0315-2943608

河北聚民惠贸易有限公司
地址：唐山市路北区金融中心B座19层1903
……Tel：0315-5645333

唐山万达百货有限公司
地址：唐山路南区新华东道南侧
……Tel：0315-5783128

唐山市五洲金行有限公司
地址：河北省唐山市路北区建设北路128号远洋城购物广场外街W1-32、33、34号
……Tel：0315-5909091

唐山亚利陶瓷有限公司
地址：河北省唐山市丰南区经济技术开发区
……Tel：0315-5938072

唐山开滦大酒店有限责任公司
地址：唐山路南区新华西道７６号
……Tel：0315-6325116

唐山欣欣实业集团有限公司
地址：玉田县鸦鸿桥
……Tel：0315-6569999

河北海通商贸有限公司
地址：河北省唐山市滦州市新城和平里服装批发市场8号楼2层1号
……Tel：0315-7107805

迁安锦江饭店
地址：迁安市燕山大路南段西侧
……Tel：0315-7286666

唐山市城通卡运营服务有限公司
地址：唐山路南区新华西道110号
……Tel：0315-8058001

廊坊市坤泽燃气销售有限公司
地址：廊坊市广阳区博泰商务中心1-1-504
……Tel：0316-2198473

廊坊泽涛商贸有限公司
地址：河北省廊坊市文安县文安镇大庄子村
……Tel：0316-2301100

廊坊晗默装饰工程有限公司
地址：河北省廊坊市文安县苏桥镇西李庄村村东
……Tel：0316-2302716

新绛七修健康咨询有限公司
地址：河北省廊坊市经济技术开发区友谊路国际会议中心4幢
……Tel：0316-2596980

慈灸堂健康科技三河有限公司
地址：河北省廊坊市三河市燕郊开发区迎宾路东留山大街10号22A号厂房
……Tel：0316-3086367

廊坊雅纳商贸有限公司
地址：固安县万汇广场5号楼1单元501室（永定西路、新中街南）
……Tel：0316-3239601

廊坊博发户外用品有限公司
地址：文安经济开发区
……Tel：0316-5121885

华夏云联智慧城市有限公司
地址：河北省廊坊市固安县新兴产业示范区
……Tel：0316-5908962

廊坊京际科技有限公司
地址：廊坊荣盛发展大厦22层2203号
……Tel：0316-6077713

廊坊市安次区速杰纸制品经销处
地址：河北省廊坊市安次区龙河开发区王常甫村
……Tel：0316-7017802

廊坊市安次区速杰纸制品经销处
地址：河北省廊坊市安次区龙河开发区王常甫村
……Tel：0316-7017802

廊坊友顺家具有限公司
地址：霸州市东段乡中兴路南侧王家堡村北
……Tel：0316-7680166

大厂回族自治县路源商贸有限公司
地址：河北省廊坊市大厂回族自治县夏垫镇褚各庄村
……Tel：0316-8865068

沧州市中艺玻璃工艺品有限公司
地址：沧州经济开发区八里屯村沧盐路西
……Tel：0317-2105999

沧州市华北商厦有限公司
地址：沧州市运河区新华中路
……Tel：0317-3040187

金雁通用航空股份有限公司
地址：任丘市　州镇人民政府
……Tel：0317-7565888

黄骅市华贸房地产开发有限公司
地址：黄骅市模具城
……Tel：0317-8889890

衡水艺林园工艺品有限公司
地址：衡水市开发区繁荣道
……Tel：0318-2126384

深州东方实业集团有限公司
地址：河北省深州市大屯工业区
……Tel：0318-3485888

河北明泽家具制造有限公司
地址：武邑县肖桥头镇王桥头村1区23号
……Tel：0318-5938288

河北玄清玻璃钢制品有限公司
地址：枣强县富强北路
……Tel：0318-8268865

河北标科电子科技有限公司
地址：衡水市冀州区辛家庄
……Tel：0318-8613410

河北辰光集团有限公司
地址：邢台市桥西区中兴西大街３１９号
……Tel：0319-2120185

邢台优扬文化传播有限公司
地址：河北省邢台市桥西区永祥街59号温馨家园二区1号楼一层116铺
……Tel：0319-2606660

邢台市庞大之星汽车销售服务有限公司
地址：邢台市桥东区龙岗大街北侧、邢煤专线西侧邢台市汽车城内一号店
……Tel：0319-3867777

邢台冉特绿化工程有限公司
地址：河北省邢台市桥东区泉南东大街29号三义庙生活区20号楼底商二层202室
……Tel：0319-5235182

邢台市襄城商贸有限公司
地址：河北省邢台市桥东区泉南东大街29号三义庙生活区2号楼3层303办公，3层304办公
……Tel：0319-5901111

秦皇岛冀弘渔岛温泉度假村有限公司
地址：秦皇岛北戴河新区赤洋口片区滨海新大道D4段东侧
……Tel：0335-2601998

秦皇岛市新供销农副产品有限公司
地址：秦皇岛市海港区河北大街中段302号
……Tel：0335-3017578

天洋电器有限公司
地址：秦皇岛市海港区和平大街6-3号
……Tel：0335-3225718

秦皇岛华都商贸有限公司
地址：秦皇岛市经济技术开发区珠江道2号盛景金领城4层
……Tel：0335-3990012

秦皇岛际华三五四四鞋业有限公司
地址：河北省秦皇岛市抚宁区碧海路与洋河大街交叉口东北角
……Tel：0335-5312022

秦皇岛世美国际化妆品有限公司
地址：秦皇岛市海港区迎宾路83号(泛亚大厦B区第六层601室)
……Tel：0335-5805999

秦皇岛市洋洋花卉工程有限公司
地址：秦皇岛市海港区北港镇太平寨村
……Tel：0335-5817772

秦皇岛德信医药连锁有限责任公司
地址：秦皇岛市海港区秦山路58-2号
……Tel：0335-7526142

秦皇岛广仁堂医药有限公司
地址：秦皇岛市北戴河区联峰路193号
……Tel：0335-8362011

中豪金山投资控股集团有限公司
地址：秦皇岛市经济技术开发区峨嵋山中路8号501-526号
……Tel：0335-8391198

秦皇岛胜茂港湾购物广场有限公司
地址：秦皇岛市海港区秦皇东大街138号
……Tel：0335-8816978

秦皇岛开发区创融科技服务有限公司
地址：秦皇岛市经济技术开发区金明国际财富中心17层
……Tel：0335-8888071

山西省

山西和牌黄金珠宝有限公司
地址：朔州朔城区开发南路58号（市人行家属楼4-402）
……Tel：0349-5997028

山西和牌黄金珠宝有限公司
地址：朔州朔城区开发南路58号（市人行家属楼4-402）
……Tel：0349-5997028

太原贵都百货有限公司
地址：太原市迎泽区柳巷南路19号楼
……Tel：0351-2383885

山西国投丝路国际贸易有限公司
地址：山西示范区庆云街19号太原武宿综合保税区通关服务中心企业孵化楼A座A426号
……Tel：0351-2557579

山西住好点网络科技有限公司
地址：山西综改示范区太原学府园区长治路308号同昌创业园A座8层802室
……Tel：0351-2792141

山西影视（集团）有限责任公司
地址：太原市迎泽区迎泽大街352号
……Tel：0351-4120223

山西煤炭进出口集团金利达酒店投资有限责任公司
地址：太原市小店区长风街115号写字楼711、712室
……Tel：0351-4645117

山西飞达服饰有限公司
地址：太原市迎泽区松庄村西街36号
……Tel：0351-4858657

太原三友家用电器有限公司
地址：太原市迎泽区新建南路20号1幢1层1-4层
……Tel：0351-4946618

山西七巧生活商贸有限公司
地址：山西综改示范区太原学府园区高新街15号1幢2层东区
……Tel：0351-5281828

山西宏艺礼品奖品贸易有限责任公司
地址：太原市新建路１１５号一层北侧
……Tel：0351-5628894

山西宏艺礼品奖品贸易有限责任公司
地址：太原市新建路１１５号一层北侧
……Tel：0351-5628894

山西鸿翔一心堂药业有限公司
地址：太原市迎泽区劲松路3号中泰广场写字楼A厅8层
……Tel：0351-5636253

山西永华装饰工程有限公司
地址：太原市万柏林区漪兴路1号7幢1-3层4号
……Tel：0351-6272666

山西万国汽车贸易服务园有限责任公司
地址：太原市晋源区新晋祠路４８８号
……Tel：0351-6329069

山西晟朝经典文化交流有限公司
地址：太原市小店区二营盘街8号1层
……Tel：0351-6561963

山西蒲公英生活商贸有限公司
地址：太原市小店区坞城南路59号农科院一号楼1402
……Tel：03517030838

山西华菱丰汽车贸易有限公司
地址：太原高新区平阳南路6号红三角汽车广场
……Tel：0351-7037250

山西博浩通贸易有限公司
地址：山西综改示范区太原学府园区长治西巷9号电子商务产业园二期6层0608室
……Tel：0351-7282877

山西鼎润贸易有限公司
地址：太原市迎泽区新建南路157号．
……Tel：0351-7327398

山西高新普惠旅游开发有限公司
地址：山西综改示范区太原学府园区南中环街418号千禧中环大厦12层1211室
……Tel：0351-7330099

山西省商贸资产经营有限公司
地址：太原市迎泽区解放南路87号菜园广场写字楼8层
……Tel：0351-7566200

山西泰瑞国际商务酒店有限公司
地址：太原市小店区长风街7号
……Tel：0351-7596666

山西广播电视传媒（集团）有限责任公司
地址：山西示范区长治路453号．
……Tel：0351-7675610

山西星火太行文化交流有限公司
地址：太原市杏花岭区帽儿巷2号2幢203室
……Tel：0351-7775505

太原市海丽美装饰洁具有限公司
地址：太原市尖草坪区和平北路锦绣家园建材家居装饰市场东区15楼A8005-2号
……Tel：0351-7882661

山西阳光房地产开发有限公司
地址：太原市小店区长治路103号
……Tel：0351-7889936

山西易联支付数据处理有限公司
地址：山西综改示范区太原学府园区南中环街529号D座1512室
……Tel：0351-7923285

山西太旧高速公路管理有限责任公司
地址：太原市亲贤北街２７５号（省高管局办公大楼６层）
……Tel：0351-7976767

太原市大昌汽车销售服务有限公司
地址：太原市小店区平阳南路88号
……Tel：0351-7998866

山西大昌汽车装潢有限公司
地址：太原市小店区平阳南路88号1号
……Tel：0351-7998866

山西大昌汽车贸易有限公司
地址：太原市小店区平阳南路88号
……Tel：0351-7998866

山西铜锣湾国际购物中心有限公司
地址：太原市迎泽区五一路77号铜锣湾国际购物中心
……Tel：0351-8200556

山西省焦炭集团经销贸易有限公司
地址：太原市迎泽区劲松北路31号哈伯中心10层
……Tel：0351-8206196

太原市创意多文化传播有限公司
地址：太原市小店区晋阳街89号君威国际金融中心A座6层0608号房
……Tel：0351-8236777

山西煤炭大厦
地址：太原市杏花岭区府西街18号
……Tel：0351-8239186

山西煤炭大厦
地址：太原市杏花岭区府西街18号
……Tel：0351-8239186

《山西广播电视报》社
地址：太原市迎泽区迎泽大街318号
……Tel：0351-8302123

山西神寓置业有限公司
地址：大同市魏都大道南侧与武定北路交汇处雁北广场
……Tel：0352-2326666

大同煤矿星云电子商务有限公司
地址：大同市南郊区五一街
……Tel：0352-2328555

大同市啤斯食品有限责任公司
地址：大同市新荣区花园屯乡前井村
……Tel：0352-3156369

大同朝批北辰商贸有限公司
地址：大同市平城区南新华里永昌小区9楼4号商铺
……Tel：0352-4480570

大同融盛有限责任公司
地址：大同市城区魏都大道东侧东信广场5号商场1-2层524号商铺
……Tel：0352-6089875

山西赛欧平型关酒店有限公司
地址：山西省大同市灵丘县振华西街北侧太白路西侧
……Tel：0352-7212777

山西煤炭运销集团大同晋银矿业有限公司
地址：山西省大同帽灵丘县城东
……Tel：0352-8526618

大同宗银银制品制造有限责任公司
地址：灵丘县城西环岛东南侧
……Tel：0352-8601290

日昱投资发展集团有限公司
地址：山西省阳泉市城区泉中路45号（美隆国际广场A座8层）
……Tel：0353-2915997

山西名邦农业科技有限公司
地址：阳泉平定县冠山镇三岔口（原城里阀门厂）
……Tel：0353-6105555

山西老香醇食品有限公司
地址：山西省晋中市榆次区张庆乡西河堡村
……Tel：0354-2412722

山西榆次老城文化旅游开发有限公司
地址：山西省晋中市榆次区东大街18号
……Tel：0354-3296809

晋中市龙湖紫云轩文化艺术有限公司
地址：晋中市开发区龙湖大街
……Tel：0354-3995764

祁县众友玻璃工艺品有限公司
地址：山西省晋中市祁县安宁小区1号楼4单元2层西套
……Tel：0354-5525069

中科鸿基生物科技有限公司
地址：山西省晋中市平遥县工业新区
……Tel：0354-5817999

长治市华泰鸿瑞贸易有限公司
地址：长治市西大街下梅辉坡小区10号
……Tel：0355-2036912

山西左中右美装饰工程有限公司
地址：山西省长治市潞州区太行西街中央商务大厦A座1004室
……Tel：0355-2087588

长治市雨露汇泉家具有限公司
地址：长治市府后西街348号
……Tel：0355-5833986

长治市亚太时尚购物广场有限公司
地址：长治市东大街1幢
……Tel：0355-8500117

晋城市联航信息技术有限公司
地址：山西省晋城市城区泽州北路红星金街5-2商铺2#
……Tel：0356-2057618

山西智慧景潮包装印刷有限公司
地址：山西省晋城开发区金匠社区金石路西（景潮公司四号楼201室）
……Tel：0356-2180033

晋城市太平洋大厦有限公司
地址：山西省晋城市城区凤台西街899号
……Tel：0356-3019881

山西晨光物流有限公司
地址：山西省晋城市泽州县南村镇
……Tel：0356-3651702

晋城市景熙现代农业开发有限公司
地址：山西省晋城市城区北石店镇东上村景熙绿谷生态园
……Tel：0356-6992255

山西和兴坤邦商贸有限公司
地址：山西省晋城市泽州县金村镇孟匠村弘泽街1号鑫农欣大厦801室
……Tel：0356-8980888

山西碳生活远红外科技有限公司
地址：山西省晋城市开发区玉龙湾公馆3号楼6号商铺
……Tel：0356-8989995

临汾市品逸装饰装潢有限公司
地址：临汾市鼓楼西大街西关社区农培中心八层809
……Tel：0357-2590233

山西德和鼎宸房地产开发有限责任公司
地址：临汾市开发区中大街德和大厦4层
……Tel：0357-3988338

山西军强鑫物业服务有限公司
地址：侯马市张少村东侧1幢3-304
……Tel：0357-4190018

山西忠恒生物科技有限公司
地址：山西省临汾市滨河南路教授花苑A区-19号
……Tel：0357-5777776

临汾市瑞亿商贸城有限公司
地址：山西省临汾市尧都区尧庙镇乔村
……Tel：0357-6787222

临汾市世纪百悦购物中心有限公司
地址：临汾市解放西路商会巷37号
……Tel：0357-6788857

临汾五洲购物广场有限公司
地址：临汾开发区河汾路中段
……Tel：0357-7186505

汾阳市迅达瑞翔电子商务有限公司
地址：汾阳市栗家庄乡栗家庄村集贤北街旧中学院
……Tel：0358-7371666

孝义市康洁尔贸易有限公司
地址：山西吕梁孝义市新义街道建设西街
……Tel：0358-7649667

山西鑫源兄弟实业集团有限公司
地址：运城市盐湖区河东东街8号
……Tel：0359-2252976

运城金凯利纸业有限公司
地址：运城市盐湖区运临路七公里处
……Tel：0359-2550991

永济市雪花山景区旅游开发有限公司
地址：运城永济市城东街道马铺头村南
……Tel：0359-8152868

内蒙古自治区

呼伦贝尔市德盛大酒店有限责任公司
地址：呼伦贝尔市海拉尔区正阳办桥头街11号
……Tel：0470-8110022

呼伦贝尔天骄宾馆有限公司
地址：内蒙古自治区呼伦贝尔市海拉尔区哈萨尔大街（东）32号
……Tel：0470-8218752

内蒙古内秀廊文化发展有限公司
地址：内蒙古自治区呼和浩特市赛罕区长安金座Ｂ座８０１２室
……Tel：0471-4694055

内蒙古润隆餐饮管理有限公司
地址：内蒙古自治区鄂尔多斯市康巴什区东方纽蓝地综合办公楼
……Tel：0471-5193662

内蒙古金币文化有限公司
地址：内蒙古自治区呼和浩特市新城区乌兰恰特东街8号
……Tel：0471-6288072

内蒙古自治区邮政公司
地址：内蒙古自治区呼和浩特市赛罕区呼伦贝尔南路１６９号
……Tel：0471-6291517

内蒙古爱放牧电子商务有限公司
地址：内蒙古自治区呼和浩特市金桥开发区阿拉坦大街金桥电子商务产业园商务办公楼0741号
……Tel：0471-6313622

呼和浩特汉堡王餐饮服务有限公司
地址：内蒙古自治区呼和浩特市赛罕区新华东街62号维多利摩尔城1号楼二层A0205号
……Tel：0471-6317550

呼和浩特市泛蒙石材市场有限责任公司
地址：内蒙古自治区呼和浩特市新城区１１０国道北呼哈路８００米
……Tel：0471-6490282

内蒙古滨海投资股份有限公司
地址：内蒙古自治区呼和浩特市新城区政府西配楼２１６－２１７
……Tel：0471-6523610

内蒙古阿拉伯宫经营管理有限公司
地址：内蒙古自治区呼和浩特市回民区西龙王庙艾博龙园住宅小区阿拉善路连体二楼南起6号二层房屋
……Tel：0471-6961300

武川县中燃燃气有限公司
地址：内蒙古自治区呼和浩特市武川县可镇碧水龙城商业4号楼62、63号
……Tel：0471-8816881

内蒙古金冕珠宝股份有限公司
地址：内蒙古自治区呼和浩特市回民区中山西路锦都商场一层门面东一间
……Tel：0471-8964444

包头百货大楼集团万银商贸有限公司
地址：内蒙古自治区包头市昆区团结大街甲12号林荫路北呱呱叫院-2号底店
……Tel：0472-2528090

包头神华蓝天百货有限公司
地址：昆区阿尔丁大街１号
……Tel：0472-5368606

包头市立丰科技发展有限公司
地址：昆区钢24#宾馆底店2号
……Tel：0472-6958513

凉城县中燃燃气有限公司
地址：内蒙古自治区乌兰察布市凉城县岱海镇圪臭沟村南

…………Tel：0474-4200000

内蒙古居尚生活馆有限公司
地址：乌兰察布市集宁区现代物流园区内集宁国际商贸城
…………Tel：0474-4800008

宁城县山水风情餐饮服务有限公司
地址：宁城县黑里河镇南毛扎子村二组
…………Tel：0476-4264687

宁城天宇旅游开发有限公司
地址：宁城县天义镇长青路北段（园林路东华园小区一期C幢商业楼３０１室）
…………Tel：0476-4265938

赤峰海达电器有限责任公司
地址：内蒙古自治区赤峰市红山区哈达街与昭乌达路交汇处
…………Tel：0476-8369010

赤峰铭康大药房连锁有限责任公司
地址：内蒙古自治区赤峰市红山区红山经济开发区车间2幢
…………Tel：0476-8868302

内蒙古德日素商贸有限责任公司
地址：东胜区杭锦北路２０号街坊３号
…………Tel：0477-2200004

达拉特旗宏珠供暖有限公司
地址：达拉特旗树林召镇平原大街北，西园路东３００米处
…………Tel：0477-3962746

内蒙古伊东力沣包装制品有限公司
地址：内蒙古自治区鄂尔多斯市准格尔旗沙圪堵镇纬六路南侧
…………Tel：0477-4921289

鄂尔多斯市中视实业有限公司
地址：东胜区罕台镇109国道8号昌盛伟业建材城B座
…………Tel：0477-8505081

鄂尔多斯市华研投资集团有限责任公司
地址：内蒙古自治区鄂尔多斯市东胜区铜川镇
…………Tel：0477-8572913

鄂尔多斯市通惠商贸有限公司
地址：内蒙古自治区鄂尔多斯市康巴什区通惠街5号通惠供热燃气集团有限公司208室
…………Tel：0477-8583156

内蒙古康巴什文化产业投资集团有限公司
地址：内蒙古自治区鄂尔多斯市康巴什区鄂尔多斯总部经济孵化大厦11层
…………Tel：0477-8593787

内蒙古伊泰大漠马业有限责任公司
地址：鄂尔多斯市伊金霍洛旗乌兰木伦镇哈沙图村
…………Tel：0477-8962696

鄂尔多斯市慧森实业有限责任公司
地址：伊旗阿镇滨河路南工贸大厦B座5楼504室
…………Tel：0477-8969512

巴彦淖尔市四季春天商厦有限公司
地址：内蒙古巴彦淖尔市临河区新华东街红美建材家居生活广场4号馆4层
…………Tel：0478-8998566

内蒙古大兴安旅业有限责任公司
地址：阿尔山市林海街（阿旅游开发公司）
…………Tel：0482-7151666

内蒙古浩悦电子商务有限责任公司
地址：内蒙古自治区阿拉善盟阿拉善左旗巴彦浩特镇东城区贺兰路东A3-10号二层
…………Tel：0483-6100969

辽宁省

辽宁隆太实业集团有限公司
地址：沈阳市沈河区团结路５４号
…………Tel：024-22831111

中国石油天然气股份有限公司辽宁沈阳沈新路加油站
地址：沈阳经济技术开发区抚仙湖街7号
…………Tel：024-22914221

百胜餐饮（沈阳）有限公司
地址：沈阳市和平区青年大街286号
…………Tel：024-23341718

中国国旅（辽宁）国际旅行社有限公司
地址：沈阳市和平区市府大路55号
…………Tel：024-23492003

沈阳腾兴工艺品有限公司
地址：辽宁省沈阳市浑南区白塔街44号241室
…………Tel：024-23758320

沈阳明晖工艺品有限公司
地址：沈阳市浑南新区汇泉路6号
…………Tel：024-23821851

抚顺中兴时代广场商业有限公司
地址：辽宁省抚顺市新抚区东富平路3-5号楼2单元501号
…………Tel：024-23838888

沈阳亚奇雅文化传播有限公司
地址：沈阳市沈河区市府路290号（2幢1-25-6室）
…………Tel：024-23887799

沈阳恒基包装有限公司
地址：沈阳市沈河区小南街２１１号
…………Tel：024-24127799

沈阳万鸿星汇商业有限公司
地址：沈阳市沈河区朝阳街168号
…………Tel：024-24523333

沈阳天陨原石商贸有限公司
地址：中国（辽宁）自由贸易试验区沈阳片区机场路1005号G4026室
…………Tel：024-24805828

辽宁金银销售中心
地址：沈阳市沈河区西顺城街75号
…………Tel：024-24848903

沈阳热风贸易有限公司
地址：沈阳市沈河区中街路128号负一层第B122号
…………Tel：024-24873282

沈阳古诺奇家居用品股份有限公司
地址：沈阳市铁西区建设东路78号（1501）
…………Tel：024-25448900

沈阳美琪工艺品有限公司
地址：辽宁省沈阳市辽中区六间房镇马三家村
…………Tel：024-27810336

沈阳泰德云文化传媒有限公司
地址：沈阳市大东区白塔路156号527室
…………Tel：024-31014076

沈阳宜华时代家具贸易有限公司
地址：沈阳市铁西区兴华北街11号
…………Tel：024-31086982

乐天游乐（沈阳）有限公司
地址：辽宁省沈阳市皇姑区北陵大街9-8号
…………Tel：024-31099700

沈阳轩通商贸有限公司
地址：辽宁省沈阳经济技术开发区中央大街20甲1-4-3号1207室
…………Tel：024-31251005

辽宁奔马电气系统集成有限公司
地址：沈阳市皇姑区黄河南大街112巷12-2号
…………Tel：024-31488418

沈阳爱你好思特商贸有限公司
地址：沈阳市和平区市府大路168-1号
…………Tel：024-31503676

天津德克士食品开发有限公司普兰店万达餐厅
地址：辽宁省大连市普兰店区振兴街68号万达广场1层1038号
…………Tel：024-31909505

上海伐楼拿文化创意有限公司
地址：上海市闵行区虹泉路1000号2幢B座3楼306室
…………Tel：024-34505273

辽宁华联商厦有限公司
地址：辽宁省本溪市平山区华联街1号
…………Tel：024-42805090

本溪市博羽环保科技有限公司
地址：辽宁省本溪市明山区卧龙镇欢喜岭五组
…………Tel：024-42862199

辽宁上药好护士健康科技有限公司
地址：辽宁省本溪经济技术开发区香槐路158号
…………Tel：024-45858633

德科斯米尔（本溪）汽车电气有限公司
地址：本溪满族自治县小市工业园C区德科斯米尔路1号
…………Tel：024-46879900

抚顺兴隆生活广场超市有限公司
地址：抚顺市东洲区虎万路4-1号
…………Tel：024-54666007

辽宁汉邦物业有限公司
地址：沈阳市沈河区惠工街124号（607室）
…………Tel：024-62570088

辽宁省展览贸易集团有限公司
地址：辽宁省沈阳市和平区彩塔街33-1号
…………Tel：024-83939900

沈阳五爱电子商务信息有限公司
地址：沈阳市沈河区热闹路65-5号1606室
…………Tel：024-84185178

沈阳书业集团发行有限责任公司
地址：沈阳市皇姑区昆山中路31号
…………Tel：024-86299086

沈阳尚柏百货有限公司
地址：沈阳市沈北新区蒲河路98号
…………Tel：024-86817777

辽宁路安鸿吉汽车销售服务有限公司
地址：中国（辽宁）自由贸易试验区沈阳片区全运路109-1号（109-1号）2层247-5271室
…………Tel：024-88764258

中化辽宁有限公司
地址：辽宁省大连市中山区中山路136号
…………Tel：0411-39057891

大连九江泰科技有限公司
地址：辽宁省大连高新技术产业园区高新街3号2层210单元
…………Tel：0411-39566354

大连创达技术交易市场有限公司
地址：辽宁省大连市西岗区双兴街25-1号102室
…………Tel：0411-62980255

大连万菁国际贸易有限公司
地址：中国（辽宁）自由贸易试验区大连经济技术开发区金窑路38-7-1号1层
…………Tel：0411-66160962

大连超划算智能超市连锁有限公司
地址：辽宁省大连经济技术开发区时代城9幢1层1-2号
…………Tel：0411-66779999

大连优选生活贸易有限公司
地址：辽宁省大连市沙河口区五一路274号3层702室
…………Tel：0411-81760260

大连达伦特工艺品有限公司
地址：辽宁省大连市普兰店区太平街道唐房社区
…………Tel：0411-82544444

大连金龙剑社工艺品有限公司
地址：辽宁省大连普湾新区三十里堡临港工业区南14号路北侧、Ga4号路东侧
…………Tel：0411-82593022

大连新世界大厦有限公司
地址：辽宁省大连市中山区人民路41号
…………Tel：0411-82820111

大连中化辽宁油品公司
地址：辽宁省大连普湾新区松木岛化工园区松海街东侧
…………Tel：0411-82820616

大连农垦北大荒国际贸易有限公司
地址：辽宁省大连保税区市场大厦412D
…………Tel：0411-83702588

大连民航快递有限公司
地址：辽宁省大连市甘井子区迎客路96号
…………Tel：0411-83886005

砧明集团有限公司
地址：辽宁省大连市甘井子区红旗街道棠梨街1号
…………Tel：0411-84010350

大连嘉通文化产业有限公司
地址：辽宁省大连高新技术产业园区火炬路1号
…………Tel：0411-84754966

大连远洲东涛房地产开发有限公司
地址：辽宁省大连市瓦房店市共济办事处西长春路西段148号（1号楼）317房间
…………Tel：0411-85576666

大连金普新区商品现货合约交易中心有限公司
地址：辽宁省大连经济技术开发区金马路128栋-19-2号
…………Tel：0411-87579022

阳光财富投资管理（大连）有限公司
地址：辽宁省大连中山区同兴街25号大连世界贸易大厦44层08、09、10室
…………Tel：0411-87638980

大连高夫文化传播有限公司
地址：辽宁省大连经济技术开发区红梅南6栋-1-3-2号
…………Tel：0411-87644408

鞍钢附属企业公司
地址：鞍山市立山区北胜利路3号
…………Tel：0412-5237021

辽宁信源实业集团有限公司
地址：鞍山市铁东区千山路5号
…………Tel：0412-5520202

辽宁比奇食品有限公司
地址：辽宁省丹东市沿江开发区房坝4#楼512室
…………Tel：0415-2136555

丹东华润万家生活超市有限公司
地址：丹东市振兴区万隆体育场6纬路89-8号
…………Tel：0415-2170148

丹东学创电子商务有限公司
地址：辽宁省丹东市振兴区振五街41号
…………Tel：0415-6156299

辽宁润生堂天然补品有限责任公司
地址：凌海市松山镇齐家村
…………Tel：0416-2968666

锦州润生堂商贸有限公司
地址：锦州市太和区市府路95-4号
…………Tel：0416-3881268

锦州海业物业管理有限公司
地址：辽宁省锦州市凌河区文治里33-1号
…………Tel：0416-4986008

大商营口新玛特购物广场有限公司
地址：辽宁省营口市站前区市府路东1号
…………Tel：0417-2837328

营口对外供应有限责任公司
地址：鲅鱼圈区盐场村
…………Tel：0417-6149256

营口万之玛百货有限公司
地址：辽宁省营口市鲅鱼圈区青龙山大街鑫发15-雅威制衣有限公司厂房及办公楼2楼
…………Tel：0417-8202030

营口万隆广场商业管理有限公司
地址：辽宁省营口市鲅鱼圈区04-万隆广场A区裙房5-17
…………Tel：0417-8202032

辽宁超懿工贸集团有限公司
地址：阜新市太平区高孙路５８号
…………Tel：0418-2199318

朝阳随行付信息科技有限公司
地址：辽宁省朝阳市双塔区凤凰大街一段175号5层520号
…………Tel：0421-2810036

朝阳随行付信息科技有限公司
地址：辽宁省朝阳市双塔区凤凰大街一段175号5层520号
…………Tel：0421-2810036

朝阳佳惠超市有限公司
地址：朝阳市双塔区光明街二段12号
…………Tel：0421-7210029

辽宁瀚新家年华国际家居生活广场有限公司
地址：兴隆台区泰山路东工业街北瀚新花园
…………Tel：0427-2207008

盘锦同程物业管理服务有限公司
地址：辽宁省盘锦市兴隆台区苏宁荣悦SY3-104一层
…………Tel：0427-2222567

辽宁圣千万实业有限公司
地址：盘锦市兴隆台区赵家1-17-1
…………Tel：0427-2291718

盘锦中尧七彩庄园有限公司
地址：大洼县王家乡王家村
…………Tel：0427-6929018

宏运商业集团有限公司
地址：葫芦岛市龙港区锦葫路41号楼
…………Tel：0429-2191105

吉林省

吉林省民航机场集团公司
地址：长春龙嘉国际机场、机场路3500号
…………Tel：0431-77785139

长春优琦国际家居有限公司
地址：长春市二道区长江工业区（长春市环达实业有限公司院内2038号房）
…………Tel：0431-80666347

长春佳邦商业投资有限公司
地址：宽城区青年路青年城小区B18号
…………Tel：0431-81068059

华润吉林医药有限公司
地址：吉林省长春市高新开发区越达路1277号办公楼
…………Tel：0431-81126011

吉林万帮置业有限公司
地址：德惠市德惠路888号
…………Tel：0431-81189900

吉林昊融贸易有限公司
地址：长春市南关区南湖大路以北、磐石路以南南湖大路综合楼（南湖假日）1#综合楼幢2103号房
…………Tel：0431-81330319

吉林昊融贸易有限公司
地址：长春市南关区南湖大路以北、磐石路以南南湖大路综合楼（南湖假日）1#综合楼幢2103号房
…………Tel：0431-81330319

吉林省五蕴建筑安装有限公司
地址：吉林省长春市宽城区兰家镇兰家大街3688号一楼B120室
…………Tel：0431-81737899

吉林省海太欧林德家具有限公司
地址：长春市经济开发区浦东路816-2号
…………Tel：0431-81862875

亚非国际投资有限公司
地址：长春市高新区蔚山路2559号
…………Tel：0431-81929313

吉林省松苑宾馆
地址：长春市新发路1169号
…………Tel：0431-82727001

吉林省汽车工业贸易集团有限公司
地址：长春市西长春大街136号
…………Tel：0431-84648374

吉林省南湖宾馆
地址：长春市南湖大路3798号
…………Tel：0431-85586888

吉林省同乐旅游服务有限公司
地址：吉林省长春市农安县合隆镇合兴大路南侧（长春农安经济开发区总部基地办公楼2011号）
…………Tel：0431-85623033

吉林省鑫雅印务科贸有限公司
地址：吉林省长春市宽城区贵阳小区19号楼105室
…………Tel：0431-86097008

吉林省正达五金矿产有限公司
地址：长春市朝阳区慈光路8号
…………Tel：0431-88568939

吉林省方裕建筑工程有限责任公司
地址：吉林省长春市二道区红星美凯龙全球家居生活广场第7幢1308号房
…………Tel：0431-88598333

吉林省盈瑞环境艺术设计有限公司
地址：长江路经济开发区长江路69号双龙大厦B单元1707室

…………Tel：0431-88987505

吉林省八吉工艺美术集团有限公司
地址：吉林省长春市净月开发区普阳街3388号电影城北侧（月星家居西侧一楼）
…………Tel：0431-89108288

吉林省班作装饰工程有限公司
地址：长春市二道区远达大街以东红星美凯龙全球家居生活广场第3幢0单元1206号房
…………Tel：0431-89211727

吉林银融科技有限公司
地址：吉林省吉林市高新技术产业开发区创业园D座六层615室
…………Tel：0432-68076609

华润雪花啤酒（吉林）有限公司
地址：吉林省吉林市昌邑区松江北路999号
…………Tel：0432-68199601

延边世进食品有限公司
地址：吉林省龙井市老头沟镇廉明村四队
…………Tel：0433-2214588

吉林省华宇集团四平仁兴商厦有限公司
地址：四平市铁西区南仁兴街360号
…………Tel：0434-3238869

四平市东达工贸有限公司
地址：四平市铁东区平东大路1819号
…………Tel：0434-6124491

通化市二轻工业建筑有限公司
地址：通化市滨江西路121号
…………Tel：0435-3336705

通化万通大酒店有限公司
地址：通化市建设大街1022号
…………Tel：0435-3537855

吉林省瑞博网络科技有限公司
地址：吉林省通化市东昌区新华大街1-1号门市
…………Tel：0435-3537955

吉林省金安智汇云信息科技有限公司
地址：东丰县东丰镇北街45号（吉林省荣峰门业有限公司院内）
…………Tel：0437-5068000

松原市金钻百货有限公司
地址：松原市宁江区乌兰大街3085号
…………Tel：0438-2229008

临江市芝麻开门科技有限公司
地址：临江市站前路2号
…………Tel：0439-5831666

吉林鲁能漫江生态旅游开发有限公司
地址：抚松县漫江镇前进村
…………Tel：0439-6979612

汪清县誉鹏房地产开发有限公司
地址：汪清县工业集中区
…………Tel：0499-5027702

黑龙江省

哈尔滨款款爱珠宝首饰有限公司
地址：哈尔滨市道里区西十五道街4号5层A号
…………Tel：0451-51027848

黑龙江省东方红智慧农业有限公司
地址：哈尔滨市香坊区向阳镇东方红农场
…………Tel：0451-51811666

哈尔滨君豪置业房地产有限公司
地址：哈尔滨市呼兰区利民大道888号
…………Tel：0451-53782611

哈尔滨伏尔加庄园文化旅游有限公司
地址：哈尔滨市香坊区成高子镇民强村
…………Tel：0451-55156801

哈尔滨中润商业运营管理有限公司
地址：哈尔滨市南岗区民福路63号108室
…………Tel：0451-55167143

北大荒电子商务集团有限公司
地址：黑龙江省哈尔滨市南岗区长江路382-2号
…………Tel：0451-55193848

北大荒文化创意产业集团股份有限公司
地址：黑龙江省哈尔滨市南岗区长江路382-6号
…………Tel：0451-55195337

黑龙江汇良餐厅食品有限公司
地址：黑龙江省哈尔滨市道里区中央大街83号
…………Tel：0451-55550872

哈尔滨裕建商贸有限公司
地址：哈尔滨市利民开发区裕田村
…………Tel：0451-57359225

哈尔滨裕建商贸有限公司
地址：哈尔滨市利民开发区裕田村
…………Tel：0451-57359225

哈尔滨好享天鹅购物有限公司
地址：哈尔滨市平房区会宾路21号
…………Tel：0451-58952022

黑龙江智慧铁路网络发展股份有限公司
地址：哈尔滨市南岗区松花江街11号
…………Tel：0451-58983627

哈尔滨隽逸商业管理有限公司
地址：哈尔滨市呼兰区利民西六大街168号
…………Tel：0451-82475777

敖麓谷雅投资有限公司
地址：哈尔滨高新技术产业开发区科技创新城创新三路800号
…………Tel：0451-85932328

黑龙江北方文化产权交易所有限公司
地址：哈尔滨市道里区田地街100号（道里区群力第四大道399号中楼3层304号）
…………Tel：0451-86786760

哈尔滨市晟旭废旧物资回收有限公司
地址：阿城区金城街永太广小区27#楼1层109号
…………Tel：0451-87071222

黑龙江省新合作置业有限公司
地址：黑龙江省哈尔滨市香坊区民生三道街哈量新区33栋1层12号
…………Tel：0451-87322222

黑龙江省新合作置业有限公司
地址：黑龙江省哈尔滨市香坊区民生三道街哈量新区33栋1层12号
…………Tel：0451-87322222

齐齐哈尔中瑞广场商业管理有限公司
地址：黑龙江省齐齐哈尔市建华区文化大街科达敏感仪器厂综合楼1-2层
…………Tel：0452-2457555

齐齐哈尔市红鹤木业有限公司
地址：黑龙江省齐齐哈尔市建华区建华乡红光村
…………Tel：0452-2560438

齐齐哈尔奥悦冰雪旅游投资有限公司
地址：黑龙江省齐齐哈尔市龙沙区民意路1号龙沙区财政局106室
…………Tel：0452-2820029

绥芬河市兴旺商城有限公司
地址：黑龙江省牡丹江市绥芬河市文化街
…………Tel：0453-3985333

牡丹江市珠江万嘉旅游投资发展集团有限公司
地址：黑龙江省牡丹江市爱民区新丹溪小区46号楼101门市
…………Tel：0453-8231678

黑龙江名木源古典家具有限公司
地址：黑龙江省绥化市北林区经济技术开发区
…………Tel：0455-8362796

黑河市龙助粮贸有限公司
地址：黑河市爱辉区坤河乡富拉尔基村
…………Tel：0456-2880180

伊春市鼎盛玉阳商贸有限公司
地址：黑龙江省伊春市伊春区旭日街松林委1组（毓鹏山庄3号楼东数第四户）
…………Tel：0458-3644455

伊春市中艺商贸有限责任公司
地址：黑龙江省伊春市五营区农林街
…………Tel：0458-3816438

北京汇源集团（伊春）有限公司
地址：黑龙江省伊春市乌马河区青山大街北侧（伊春汇源国际会展中心）
…………Tel：0458-3873792

大庆市鸿然达科技有限公司
地址：黑龙江省大庆市让胡路区奥林国际公寓商业区G区商业服务中心B-商服804
…………Tel：0459-5152069

大庆至富生活科技有限公司
地址：黑龙江省大庆市让胡路区明湖电子信息商业步行街明湖19号商服楼商服4
…………Tel：0459-5596111

大庆万达百货有限公司
地址：黑龙江省大庆市萨尔图区东风路15-5号
…………Tel：0459-6079198

大庆万达百货有限公司
地址：黑龙江省大庆市萨尔图区东风路15-5号
…………Tel：0459-6079198

大庆广普亿豪科技有限公司
地址：黑龙江省大庆市让胡路区喇嘛甸镇富兴牧业小区北100米
…………Tel：0459-6558777

七台河龙之旅旅游开发有限公司
地址：黑龙江省七台河市茄子河区铁山乡石龙山国家森林公园管理处办公室
…………Tel：0464-2965822

江苏省

南京格林东方工艺美术饰品有限公司
地址：南京市鼓楼区五所村35号
…………Tel：025-4400320

江苏扬狮体育传媒有限公司
地址：南京市高淳区淳溪街道固城湖北路55号4幢33
…………Tel：025-51888760

南京摩尔猫猫电子商务有限公司
地址：南京市秦淮区正学路1号
…………Tel：025-52000080

南京百家湖国际文化投资有限公司
地址：南京市江宁区秣陵街道秣周中路188号
…………Tel：025-52100111

南京水秀苑大酒店有限责任公司
地址：南京市江宁经济技术开发区佳湖西路11号
…………Tel：025-52105588

南京苏新印务有限公司
地址：南京市秦淮区海福巷1号
…………Tel：025-52106737

江苏同坤投资发展有限公司
地址：南京江宁空港枢纽经济区飞天大道69号
…………Tel：025-52108333

南京宁展投资管理有限公司
地址：南京市鼓楼区建宁路263号第四层
…………Tel：025-52108810

南京艾立克网络科技有限公司
地址：南京市江宁区秣陵街道科技创业中心
…………Tel：025-52115003

南京基仁装饰工程有限公司
地址：南京市江宁区湖熟镇龙都
…………Tel：025-52150055

南京中山制药有限公司
地址：南京市经济技术开发区恒发路21号
…………Tel：025-52154666

南京润灵鑫工艺品有限公司
地址：南京市江宁区东山街道上元二街488号嘉顺时代广场01栋106室
…………Tel：025-52193351

江苏省浪淘沙数字科技有限公司
地址：南京市建邺区江东中路303号03幢1单元1101室
…………Tel：025-52219743

南京礼记礼品贸易有限公司
地址：南京市雨花台区赛虹桥街道北西营村德盈国际广场2幢623室
…………Tel：025-52231008

江苏商润实业有限公司
地址：南京市建邺区嘉陵江东街18号03栋
…………Tel：025-52233333

江苏瑞银电子商务有限公司
地址：南京市浦口区江浦街道浦滨大道88号浦口科创广场4号楼402室
…………Tel：025-52252666

江苏珍宝堂名人艺术精品有限公司
地址：南京市南捕厅19号
…………Tel：025-52314990

福创农发电子商务有限公司
地址：南京市栖霞区紫东路1号A4栋5层
…………Tel：025-52315371

南京美特斯邦威服饰有限公司
地址：南京市秦淮区贡院街61号
…………Tel：025-52328573

南京元绪中鉴艺术品有限公司
地址：南京市秦淮区正学路1号
…………Tel：025-52335088

南京极地进出口有限公司
地址：南京市雨花台区安德门大街46号
…………Tel：025-52350969

江苏新美亚印刷有限公司
地址：南京市雨花台区雨花西路262号
…………Tel：025-52356228

江苏誉天移民咨询服务有限公司
地址：南京市鼓楼区姜家园20号
…………Tel：025-52385238

南京康泓医药科技有限公司
地址：南京市江宁区东山街道文靖东路333号1幢803室
…………Tel：025-52392115

江苏博子岛网络科技有限公司
地址：南京市秦淮区中山东路532-1号金蝶科技园7栋2楼
…………Tel：025-52450326

江苏苏豪健康产业有限公司
地址：南京市汤山温泉旅游度假区规划展览中心
…………Tel：025-52605809

江苏苏豪健康产业有限公司
地址：南京市汤山温泉旅游度假区规划展览中心
…………Tel：025-52605809

南京宝旺包装有限公司
地址：南京市江宁区淳化街道马家塘路2号1幢
…………Tel：025-52625524

江苏万顺通宝文化有限公司
地址：南京市秦淮区双龙街2号-2
…………Tel：025-52645100

江苏民航实业发展总公司
地址：南京市大校场机场
…………Tel：025-52651520

南京国际小商品城有限公司
地址：南京市江宁区禄口华商科技园
…………Tel：025-52778119

南京爱涛礼品有限公司
地址：南京市江宁区东山街道同夏路51号
…………Tel：025-52838012

南京永成广告传媒有限责任公司
地址：南京市江北新区大厂街道新华路148号-516
…………Tel：025-57022210

有品信息科技有限公司
地址：南京市建邺区白龙江东街8号3栋9层
…………Tel：025-57050069

南京润昌投资管理有限公司
地址：南京市江北新区葛塘街道博富路1号综合楼202室
…………Tel：025-57085603

江苏宁杭高速公路有限公司
地址：南京市中山东路291号203室
…………Tel：025-57208558

南京意斯达包装制品有限公司
地址：溧水县柘塘镇
…………Tel：025-57248158

南京牧乐旅游发展有限公司
地址：南京市溧水区洪蓝镇蒲塘
…………Tel：025-57430847

南京中茂工艺礼品有限公司
地址：南京市溧水区东屏镇百里工业区
…………Tel：025-57492472

江苏骐坤贸易集团有限公司
地址：南京市雨花台区安德门大街57号8幢1110室
…………Tel：025-5766777

南京太极宠物用品有限公司
地址：六合区冶山镇
…………Tel：025-57696587

南京乐彩优网络科技有限公司
地址：南京市雨花台区大周路32号3幢1001室
…………Tel：025-57715916

江苏中域广告传媒有限责任公司
地址：南京市雨花台区软件大道119号6幢405室
…………Tel：025-58061091

江苏浩扬文化产业发展有限公司
地址：南京市鼓楼区古平岗4号C座8层
…………Tel：025-58063362

江苏紫金文创新传媒股份有限公司
地址：南京市秦淮区菱角市路66号22栋101号
…………Tel：025-58682066

南京嘟宝儿童用品有限公司
地址：南京市秦淮区汉中路89号8层
…………Tel：025-58703089

南京悦达国际购物中心有限公司
地址：南京市下关区大桥南路7号
…………Tel：025-58803893

南京汐钰四一五九号文化艺术品投资合伙企业（有限合伙）
地址：南京市建邺区嘉陵江东街18号5栋7层
…………Tel：025-58807399

南京源承九七五号文化艺术品投资合伙企业（有限合伙）
地址：南京市秦淮区白鹭洲公园白鹭村一号
…………Tel：025-58807399

南京濮垚三九二六号文化艺术品投资合伙企业（有限合伙）
地址：南京市建邺区嘉陵江东街18号05栋7层
…………Tel：025-58807399

南京馨栾一八一五号文化艺术品投资合伙企业（有限合伙）
地址：南京市建邺区嘉陵江东街18号05栋7层
…………Tel：025-58807399

江苏大文文化科技有限公司
地址：南京市建邺区扬子江大道230号（紫金文创园）1号楼二层
…………Tel：025-58809941

江苏绿国文化传媒有限公司
地址：南京市江宁经济技术开发区东吉大道一号江苏软件园
…………Tel：025-58813866

南京鹏德科技有限公司
地址：南京市玄武区中山路268号1幢601室
…………Tel：025-58819950

南京三略建筑科技有限公司
地址：南京市建邺区奥体大街68号新城科技园国际研发总部园02栋5层A区
…………Tel：025-58827781

江苏创响国际贸易有限公司
地址：南京市江北新区星火路17号中建环球大厦2楼
…………Tel：025-58867099

南京云帆物业管理有限公司
地址：南京市鼓楼区中山北路324号
…………Tel：025-58897175

南京中商超市有限公司
地址：南京市建邺区雨润路17号
…………Tel：025-66008197

南京中央商场便利有限公司
地址：南京市建邺区雨润大街10号
…………Tel：025-66008259

南京中央商场便利有限公司
地址：南京市建邺区雨润大街10号
…………Tel：025-66008259

江苏菲尔斯通文化传播集团有限公司
地址：南京市栖霞区马群街道紫东路1号5幢

……………………Tel：025-66040066
江苏众诚互联科技有限公司
地址：南京市高新区新科二路18号15楼104-F室
……………………Tel：025-66118766
江苏老乡鸡餐饮有限公司南京水西门大街店
地址：南京市建邺区水西门大街268-1号铺位（金基广场2-102）
……………………Tel：025-66207057
南京白金汉爵大酒店有限公司
地址：南京市栖霞区尧化街道玄武大道888号
……………………Tel：025-66606999
江苏船之宝医疗科技有限公司
地址：南京市江宁经济技术开发区清水亭西路219号
……………………Tel：025-66608018
南京磐业贸易有限公司
地址：南京市玄武区花园路8号
……………………Tel：025-66611161
高力物业服务有限公司
地址：南京市栖霞区燕子矶街道栖霞大道8-1号
……………………Tel：025-66668988
江苏可一艺术品发展有限公司
地址：南京市鼓楼区山西路67号世贸中心大厦4楼831室
……………………Tel：025-66989881
南京苏宁商通企业管理服务有限公司
地址：南京市鼓楼区山西路8号金山大厦B楼一层
……………………Tel：025-66996699
南京苏宁易购电子商务有限公司
地址：南京市玄武区苏宁大道1-9号
……………………Tel：025-66996699
南京超驰汽车销售有限公司
地址：南京市建邺区应天大街888号金鹰世界6层F633-A
……………………Tel：025-68151988
江苏鸿宝玩具礼品有限公司
地址：江苏国际经贸工业园
……………………Tel：025-68181360
江苏开元众鑫鞋业有限公司
地址：南京市雨花台区铁心桥街道大定坊工业园
……………………Tel：025-68181360
江苏开元众鑫玩具有限公司
地址：南京市雨花台区铁心桥大街108号
……………………Tel：025-68181360
南京福德礼品有限公司
地址：南京市江宁区东山外港新村7-102
……………………Tel：025-68520388
江苏泛亚文化传媒投资有限公司
地址：南京市玄武区玄武大道699-10号1幢301室
……………………Tel：025-68550657
南京福中生活惠电子商务有限公司
地址：南京市玄武区玄武大道699-10号1幢301室
……………………Tel：025-68550657
南京江宁商贸有限公司
地址：南京市江宁区东山街道金箔路429号
……………………Tel：025-68566879
南京旭光玩具有限公司
地址：南京市六合区雄州镇迎恩西村26号
……………………Tel：025-68593476
南京福凯华轻纺有限公司
地址：南京市溧水区经济开发区南区（永阳镇常溧路）
……………………Tel：025-68803688
南京元隆雅图文化传播有限公司
地址：南京市建邺区水西门大街272号701室
……………………Tel：025-69813361
南京北极纸品有限公司
地址：南京市玄武区太平门街81号
……………………Tel：025-80886229
南京圣博文化礼品包装有限公司
地址：南京市江宁区东山街道骆村兴民工业园
……………………Tel：025-82168444
南京百工居肆贸易有限公司
地址：南京市玄武区玄武大道699-8号3幢3楼
……………………Tel：025-82216308
江苏福佑艺术设计有限公司
地址：南京市鼓楼区定淮门4号古林公园北门内综合办公楼
……………………Tel：025-83111938
江苏福佑艺术设计有限公司
地址：南京市鼓楼区定淮门4号古林公园北门内综合办公楼
……………………Tel：025-83111938
南京华圣晶洲家具有限责任公司
地址：南京市鼓楼区北京西路10号3幢204室
……………………Tel：025-83113929
南京亿创天辰智能科技有限公司
地址：南京市浦口区汤泉街道高华社区办公楼205室
……………………Tel：025-83115133
南京东方大唐置业有限公司
地址：南京市鼓楼区山西路7号18层A、B、C座
……………………Tel：025-83121966
江苏好庭商务酒店有限公司
地址：南京中山北路28号
……………………Tel：025-83127778
江苏弘润科技实业有限公司
地址：南京市珠江路655号613室
……………………Tel：025-83151455
江苏大融茶庄股份有限公司
地址：南京市玄武区玄武大道699-1号徐庄软件基地管委会行政服务中心3楼
……………………Tel：025-83171207
江苏省文化产业集团有限公司
地址：南京市云南路31-1号
……………………Tel：025-83204690
南京凯瑞进出口贸易有限公司
地址：南京市鼓楼区五台山1号丰汇大厦2506室
……………………Tel：025-83206401
南京祥虎国际贸易有限公司
地址：南京市建邺区江东中路102号601室
……………………Tel：025-83211785
南京嘉宝婴儿用品有限公司
地址：南京市白下区瑞金路19号
……………………Tel：025-83215184
南京市文化投资控股集团有限责任公司
地址：南京市玄武区玄武大道699-1号3楼
……………………Tel：025-83217691
江苏南大时光文化传媒有限公司
地址：南京市中央路258号
……………………Tel：025-83221999
南京山西路百货大楼有限责任公司
地址：南京市鼓楼区中山北路107号
……………………Tel：025-83238008
南京新机王电子有限公司
地址：南京市鼓楼区虎踞北路90号
……………………Tel：025-83248787
南京一念七宝文化发展有限公司
地址：南京市鼓楼区广州路140号9层E座
……………………Tel：025-83307623
南京千禧二〇六三号文化艺术品投资合伙企业（有限合伙）
地址：南京市鼓楼区山西路8号金山大厦B栋17楼E座
……………………Tel：025-83310161
南京裕千亨贸易有限公司
地址：南京市鼓楼区北京西路17号209室
……………………Tel：025-83311084
江苏神凰教育科技有限公司
地址：南京市雨花台区软件大道119号5幢506室
……………………Tel：025-83356168
南京天奥体育文化发展有限公司
地址：南京市建邺区云锦路71号
……………………Tel：025-83373556
江苏比锐恩数字科技有限公司
地址：南京市秦淮区永丰大道8号南京白下高新技术产业园区三号楼B幢603室
……………………Tel：025-83375158
南京师范大学科技实业集团公司
地址：南京市宁海路１２２号
……………………Tel：025-83598731
南京亲和力礼品有限公司
地址：南京市玄武区大石桥19号北3楼
……………………Tel：025-83600198
南京华侨城实业发展有限公司　南京经济技术开发区官窑山路8号
……………………Tel：025-85286888
江苏福本命年品牌管理有限公司
地址：南京市秦淮区中山东路198号2312室
……………………Tel：025-83626775
江苏凤凰艺术有限公司
地址：南京市中央路165号
……………………Tel：025-83658032
南京图灵数码快印发展有限公司
地址：南京市鼓楼区汉口路27号
……………………Tel：025-83688588
南京图灵数码快印发展有限公司
地址：南京市鼓楼区汉口路27号
……………………Tel：025-83688588
南京宁康惠电子科技有限公司
地址：南京市玄武区珠江路435号1006-1室
……………………Tel：025-83699283
南京贝叶斯科技有限公司
地址：南京市栖霞区迈皋桥合班村293号
……………………Tel：025-83723838
南京荣氏商贸有限公司
地址：南京市鼓楼区中山北路283号
……………………Tel：025-83729030
江苏爱特科技有限公司
地址：南京市雨花台区软件大道180号7#-B1-209
……………………Tel：025-83732583
江苏扬子江游船有限公司
地址：南京市虎踞关1号
……………………Tel：025-83751121
江苏东方高速公路经营管理有限公司
地址：南京市鼓楼区江苏路60号
……………………Tel：025-83778109
南京互达贸易有限公司
地址：南京市下关区幕府东路205号317室
……………………Tel：025-84068819
江苏六道文化传媒有限公司
地址：南京市雨花台区宁南街道喜马拉雅中心J、J-1、J-5幢2202室
……………………Tel：025-84201799
江苏六道文化传媒有限公司
地址：南京市雨花台区宁南街道喜马拉雅中心J、J-1、J-5幢2202室
……………………Tel：025-84201799
南京丹诏工艺品有限公司
地址：南京市栖霞区迈皋桥创业园科技研发基地寅春路18号-A1568
……………………Tel：025-84212120
南京钟山旅游发展有限公司
地址：南京市玄武区石象路7号
……………………Tel：025-84301170
江苏国美食品有限公司
地址：南京市江北新区中山科技园众泰路2号
……………………Tel：025-84327978
江苏盛世宝玉有限公司
地址：南京市中山陵园风景区石象路7号-8
……………………Tel：025-84345300
南京积分通电子商务有限公司
地址：南京市玄武区玄武大道699-1号
……………………Tel：025-84408068
南京美木荟家居科技有限公司
地址：南京市建邺区水西门大街291号259室
……………………Tel：025-84430039
南京方焱办公设备有限公司
地址：南京市栖霞区迈皋桥创业园科技研发基地寅春路18号-G124
……………………Tel：02584445289
南京方之佳电子科技有限公司
地址：南京市栖霞区迈皋桥创业园科技研发基地寅春路18号-G125
……………………Tel：025-84445289
南京爱果数码科技有限公司
地址：南京市高淳经济开发区花山路8号2幢
……………………Tel：025-84455276
南京常光摩托车销售有限公司
地址：南京市秦淮区太平南路394-3号
……………………Tel：025-84486432
南京梅派服饰有限公司
地址：南京市秦淮区龙蟠中路329号306室
……………………Tel：025-84486620
南京梅花饮食有限公司
地址：南京市玄武区锁金村10号
……………………Tel：025-84495660
上海盈旭电脑科技江苏有限公司
地址：南京市玄武区珠江路88号1幢3602室
……………………Tel：025-84533076
南京医药国药有限公司
地址：南京市雨花台区宁双路19号云密城A幢3层301室
……………………Tel：025-84536309
南京沐野餐饮管理服务有限公司
地址：南京市江宁区胜太东路229号
……………………Tel：025-84560661
江苏柯诺苏酒业有限公司
地址：南京市秦淮区王府大街63号二层203室
……………………Tel：025-84650056
南京三角洲玩具礼品有限公司
地址：南京市白下区瑞金路1-1号优略商务中心五楼
……………………Tel：025-84684647
南京泰卓工贸有限公司
地址：南京市鼓楼区中山北路107-141号
……………………Tel：025-84700027
南京蓝风房地产投资顾问有限公司
地址：南京市建邺区奥体大街68号国际研发总部园3幢18层
……………………Tel：025-84705131
南京泛太克文化产业发展有限公司
地址：南京市栖霞区马群街道紫东路1号
……………………Tel：025-84706660
溧阳金鹰国际购物中心有限公司
地址：溧阳市溧城镇天目路8号
……………………Tel：025-84707089
南京金鹰国际贸易有限公司
地址：南京市秦淮区汉中路89号
……………………Tel：025-84708899
南京三夫户外用品有限公司
地址：南京市鼓楼区中山路57号
……………………Tel：025-84721228
南京人和礼品有限公司
地址：南京市江宁区开发区天元路
……………………Tel：025-84757312
南京方圆嘉士广告有限公司
地址：南京市江北新区高科二路9号B幢二楼
……………………Tel：025-84758585
南京天丰大酒店有限责任公司
地址：南京市白下区洪武路26号
……………………Tel：025-84788208
南京天丰商务管理服务有限公司
地址：南京市白下区洪武路26号
……………………Tel：025-84792688
南京笛瑞新农业发展有限责任公司
地址：南京市玄武区龙蟠中路71号
……………………Tel：025-84800853
南京协轩禄礼品有限公司
地址：南京市江宁区江宁街道庙庄社区物流大道3号
……………………Tel：025-85087226
南京古之博礼品有限公司
地址：南京市栖霞区仙林街道学津路1号金鹰湖滨天地B区C-35号
……………………Tel：025-85262700
南京汉唐宾馆有限公司
地址：南京市秦淮区苜蓿园大街69号9幢
……………………Tel：025-85264020
类医美南京智能科技股份有限公司
地址：南京市秦淮区龙蟠中路459号203室
……………………Tel：025-85288331
南京有润陶瓷有限公司
地址：南京市鼓楼区中央北路185-3号
……………………Tel：025-85322920
江苏色达文化发展有限公司
地址：南京市玄武区板仓街9号C2栋5楼
……………………Tel：025-85399231
南京林业大学资产经营管理有限责任公司
地址：南京市龙蟠路159号
……………………Tel：025-85427012
南京东方之珠工贸有限公司
地址：南京市玄武区太平北路102号1108室
……………………Tel：025-85472424
江苏布德纺织品有限公司
地址：南通市通州区张芝山镇工业园北区兴园路6号
……………………Tel：025-85549757
南京德朴纺织品有限公司
地址：鼓楼区建宁路22号1111室
……………………Tel：025-85549757
南京豪东科技发展有限公司
地址：南京市鼓楼区新模范马路5号科技创新大楼B2104室
……………………Tel：025-85582257
江苏品润文化艺术有限公司
地址：南京市秦淮区户部街33号2527室
……………………Tel：025-85652515
南京正明德汽车销售服务有限公司
地址：南京市浦口区江浦街道扬子路同心佳园大门右侧沿街
……………………Tel：025-85667766
南京飞亚达实业有限公司
地址：南京市江北新区葛塘街道中山社区
……………………Tel：025-85671888
南京天乐展览有限公司
地址：南京市鼓楼区幕府西路29号723室
……………………Tel：025-85692880
南京爱丝坊商贸有限公司
地址：南京市鼓楼区建宁路61号中央金地广场1幢1901室
……………………Tel：025-85695020
南京金线金箔总厂
地址：南京市栖霞区龙潭进士坊88号
……………………Tel：025-857011336
南京东升箔业有限公司
地址：南京市栖霞区龙潭街道花园村新庄
……………………Tel：025-85708054
南京深商德百货贸易有限公司
地址：南京市秦淮区瑞阳街30号
……………………Tel：025-85719900
江苏省金地体育发展有限公司
地址：南京市仙林大道169号
……………………Tel：025-85788056
江苏鸿祥铝塑印务有限公司
地址：南京市江宁区东山街道章村社区城北路19号
……………………Tel：025-86159978
南京圣亚地园林建设有限公司
地址：南京市建邺区奥体大街118-8号
……………………Tel：025-86222383
南京汇福堂礼品有限公司
地址：南京市玄武区长江路109号1005室
……………………Tel：025-86268815
南京法桐世家装饰工程有限公司
地址：南京市建邺区江东中路88号金陵国际家居四楼D8302、D8306
……………………Tel：025-86280081
南京中贸奥特莱斯商业经营管理有限公司
地址：南京市建邺区江东中路289号
……………………Tel：025-86453788
江苏中服免税品有限公司
地址：南京市建邺区江东中路329号南京金奥国际购物中心1层L107-L111、L118-L125室和2层L209-L216、L228室
……………………Tel：025-86465779
南京奥吉风范服饰有限公司

地址：南京市建邺区莫愁湖街道水西门大街262号-13
……Tel：025-86510158

南京六策文化传播有限公司
地址：南京市鼓楼区虎踞北路10-2号310室
……Tel：025-86520837

南京硕启文化传媒有限公司
地址：南京市秦淮区抄纸巷11号
……Tel：025-86520837

江苏伽仕盛商业管理有限公司
地址：南京市建邺区江东中路235号2幢涵月楼酒店内5楼
……Tel：025-86520872

南京锡华服饰有限公司
地址：南京市秦淮区秦虹南路150号-7
……Tel：025-86539626

江苏德宝商贸有限公司
地址：南京市雨花台区西营村186号
……Tel：025-86595079

南京聚力体育用品有限公司
地址：南京市建邺区江东中路222号南京奥体中心体育场3121室
……Tel：025-86607315

南京携众信息科技有限公司
地址：南京高新开发区星火路9号软件大厦B座402室
……Tel：025-86608700

南京奥吉领带服饰有限公司
地址：南京市建邺区水西门大街153号
……Tel：025-86610158

南京聚恒广告有限公司
地址：南京市玄武区中山东路293号207室
……Tel：025-86648652

江苏翰明典藏文化发展有限公司
地址：南京市建邺区水西门大街272号703室
……Tel：025-86679128

南京便利蜂商贸有限公司雨润大街店
地址：南京市建邺区雨润大街55号
……Tel：025-86733637

南京便利蜂商贸有限公司雨润大街店
地址：南京市建邺区雨润大街55号
……Tel：025-86733637

江苏凤凰台文化传播有限公司
地址：南京市鼓楼区湖南路47号五楼营业区
……Tel：025-86838868

南京确时家居用品有限公司
地址：南京市栖霞区仙林街道文枢东路2号商住综合楼六楼607室
……Tel：025-86883126

江苏旸谷文化发展有限公司
地址：南京市高淳区东坝游子山路2号
……Tel：025-86884488

南京锦艺天成广告有限公司
地址：南京市秦淮区中山南路49号商茂广场15层C6、C7座
……Tel：025-86893188

南京苗行天下传媒科技有限公司
地址：南京江北新区星火路11号软件园软件大厦C座2楼
……Tel：025-86968929

江苏斑马生活信息科技有限公司
地址：南京市六合区金牛湖街道金牛湖风景区内银牛山路1幢243室
……Tel：025-86980056

南京宝丽华商贸有限公司
地址：南京市秦淮区康安里1号之一
……Tel：025-87187358

南京鞋局信息技术有限公司
地址：南京市江宁开发区东吉大道1号江苏软件园科技成果转化中心2号楼5层
……Tel：025-87191989

江苏一九一二文化产业发展有限公司
地址：南京市玄武区珠江路523号东方大厦6楼
……Tel：025-87721912

南京煜鼎家政服务有限公司
地址：南京市高淳区砖墙经济园528号
……Tel：025-87771586

江苏中民经济文化开发有限公司
地址：南京市建邺区嘉陵江东街18号05栋2层
……Tel：025-87793644

江苏该撤信息科技有限公司
地址：泰兴市陵园路6号
……Tel：025-87998566

南京交家电有限责任公司
地址：南京市鼓楼区中山路57号
……Tel：025-89611030

南京金箔集团南京展销中心
地址：南京市江宁区东山街道金箔路98号
……Tel：028-87185739

江苏飞视广告传播有限公司
地址：无锡惠山经济开发区堰新路311号1号楼1510-1室
……Tel：0510-68008909

宜兴市云天五星广告有限公司
地址：宜兴市新街街道绿园路479号彩虹大厦5号19A02
……Tel：0510-80383728

无锡市新奇汇商贸有限公司
地址：无锡市惠山区洛社镇人民南路40号
……Tel：0510-81188016

宜兴市日淘连球商贸有限公司
地址：宜兴市宜城街道君悦天禧广场4幢114号、115号店面
……Tel：0510-81192288

无锡亿品电子商务有限公司
地址：无锡新区无锡中关村软件园3号楼210室
……Tel：0510-81810733

无锡华东航天食品分析测试有限公司
地址：无锡市通江大道898号-710室
……Tel：0510-82409030

无锡市广益投资发展有限公司
地址：无锡市广益路208号11楼东
……Tel：0510-82462799

江苏河埒渔工商集团有限公司
地址：无锡市梁溪路138号
……Tel：0510-82610188

江苏家步三一超市有限公司
地址：无锡市人民西路25-1810
……Tel：0510-82721813

无锡道可道商务咨询有限公司
地址：无锡市新吴区天山路8-1507
……Tel：0510-83586898

无锡众智商业管理有限公司
地址：无锡惠山经济开发区智慧路1号清华创新大厦B2216（开发区）
……Tel：0510-83588419

无锡市惠山泥人厂有限责任公司
地址：锡惠路26号
……Tel：0510-83700937

宜兴通六置业发展有限公司
地址：宜兴市官林镇凌霞村
……Tel：0510-83823888

无锡新宇钟表有限公司
地址：无锡市新区长江路5-2-501号
……Tel：0510-85050170

无锡市蠡园公园服务部
地址：无锡市蠡园公园内
……Tel：0510-85101380

无锡银湾生活网络有限公司
地址：无锡新区震泽路18号无锡软件园射手座B栋294室
……Tel：0510-85180020

江苏润钜资产投资有限公司
地址：无锡新区震泽路18号无锡软件园射手座B栋273室
……Tel：0510-85205252

无锡精善工业有限公司
地址：无锡市锡山区安泰二路2892号
……Tel：0510-85305567

无锡市长江商务印刷有限公司
地址：锡山区鹅湖镇青虹路
……Tel：0510-85343290

拉卡拉云商科技有限公司
地址：无锡市新吴区菱湖大道111号无锡软件园飞鱼座C栋3楼
……Tel：0510-85380965

镇江大歌星餐饮娱乐有限公司
地址：镇江市黄山西路19号
……Tel：0510-85506666

无锡金南进出口贸易有限公司
地址：无锡新吴区旺庄路138号-5二楼
……Tel：0510-85685799

江苏香槟街商业管理有限公司
地址：宜兴市宜城街道荆邑中路177号
……Tel：0510-85803508

江阴市雨晨机械制造有限公司
地址：江阴市西城路1号
……Tel：0510-86006569

江苏晨薇生态园科技有限公司
地址：江阴市新桥镇新郁路中房6号
……Tel：0510-86121988

江阴罗宾孙礼品有限公司
地址：江阴经济开发区高新园区澄江东路80号
……Tel：0510-86190606

江阴罗宾孙礼品有限公司
地址：江阴经济开发区高新园区澄江东路80号
……Tel：0510-86190606

江苏新潮科技集团有限公司
地址：江阴市滨江开发区澄江东路99号
……Tel：0510-86199009

江阴新潮文化产业发展有限公司
地址：江阴市澄江东路99号
……Tel：0510-86199009

江阴市金久久布业有限公司
地址：江阴市站西路229号
……Tel：0510-86270099

江阴市金久久布业有限公司
地址：江阴市站西路229号
……Tel：0510-86270099

无锡唯丰工艺品有限公司
地址：江阴市长泾镇河塘中心街21号
……Tel：0510-86331959

江阴市中信彩印有限公司
地址：江阴市顾山镇解放村
……Tel：0510-86351650

桑阳纺织有限公司
地址：江阴市祝塘镇环南路
……Tel：0510-86397118

江苏西比亚新能源科技有限公司
地址：江阴市临港街道镇澄路2504号
……Tel：0510-86601400

江苏西比亚新能源科技有限公司
地址：江阴市临港街道镇澄路2504号
……Tel：0510-86601400

江阴采麟彩砂制品有限公司
地址：江阴经济开发区石庄园区
……Tel：0510-86669660

江阴海澜之家电子商务有限公司
地址：江阴市新桥镇陶新路8号
……Tel：0510-86700300

江阴雷驰汽车销售服务有限公司
地址：江阴市云亭街道澄杨路202号
……Tel：0510-86776789

江阴国际大酒店有限公司
地址：江苏省江阴市澄江西路299号
……Tel：0510-86815000

江阴市百顺医用材料有限公司
地址：江阴市东盛西路78号
……Tel：0510-86906592

宜兴市百师园紫砂文化有限公司
地址：宜兴市丁蜀镇西望村
……Tel：0510-87436669

宜兴市菁泉商贸有限公司
地址：宜兴环科园绿园新村综合楼104室
……Tel：0510-87670333

宜兴锦田商贸有限公司
地址：宜兴市万石镇工业集中区（南区）
……Tel：0510-87850288

无锡涌灿科技有限公司
地址：宜兴市屺亭街道骏马路186号
……Tel：0510-87892577

无锡禾记工艺玩具有限公司
地址：江苏省锡山经济开发区云林街道仓下春雷东路5号
……Tel：0510-88250021

江苏红善数字科技有限公司
地址：无锡市锡山区安镇街道红豆财富广场A楼13层
……Tel：0510-88688520

无锡市甘露工艺品厂
地址：锡山区鹅湖镇甘露工业园
……Tel：0510-88752575

江苏视立佳视力保健股份有限公司
地址：无锡市太湖新城金融一街一号昌兴国际金融大厦1010-1013
……Tel：0510-88835666

句容华鑫工艺礼品有限公司
地址：句容市葛村集镇
……Tel：0511-7523200

镇江协信房地产开发有限公司
地址：镇江市中山西路88号
……Tel：0511-81982934

镇江万特福化工有限公司
地址：镇江新区粮山路西侧
……Tel：0511-83365088

镇江市祥云药业连锁有限公司
地址：镇江市高新区蒋乔镇六摆渡村
……Tel：0511-84498321

镇江市南山风景名胜区管理处
地址：镇江市竹林路99-1号
……Tel：0511-84498660

恒顺养生醋有限公司
地址：镇江市丹徒新城恒园路1号
……Tel：0511-85307796

恒顺养生醋有限公司
地址：镇江市丹徒新城恒园路1号
……Tel：0511-85307796

镇江交通产业集团有限公司
地址：镇江市润州区官塘桥路200号
……Tel：0511-85363288

镇江凯天工艺品有限公司
地址：镇江市乔家门路200号
……Tel：0511-85622520

江苏齐梁文化旅游发展有限公司
地址：丹阳市开发区胡桥天地石刻园内
……Tel：0511-86056033

嘉彩包装丹阳有限公司
地址：丹阳市皇塘镇常溧路
……Tel：0511-86136888

丹阳市全民健身中心
地址：丹阳市中山路6号
……Tel：0511-86575877

江苏荣世佳家居有限公司
地址：丹阳市访仙镇杨城村
……Tel：0511-86591811

江苏维登家居有限公司
地址：丹阳市访仙镇工业园
……Tel：0511-86591811

江苏维美家居有限公司
地址：丹阳市访仙工业园（杨城村）
……Tel：0511-86785055

句容宝利工艺品有限公司
地址：句容市葛村集镇东开发区
……Tel：0511-87522758

江苏瑞联贸易有限公司
地址：镇江市润州区运河路8号
……Tel：0511-88089055

镇江润科投资有限公司
地址：镇江市京口区小米山路274号
……Tel：0511-88610266

镇江蓝宝石电子实业有限公司
地址：镇江市新区丁卯片区纬三路南侧
……Tel：0511-88880822

昆山番尼文化传播有限公司
地址：昆山开发区百富路88号4号房
……Tel：0512-36690934

昆山晶勋印刷制品有限公司
地址：江苏省昆山市张浦镇三家路388号
……Tel：0512-36801092

昆山杨恒旺节能科技有限公司
地址：玉山镇城北亿升路398号
……Tel：0512-36859777

宁沪置业（昆山）有限公司
地址：花桥镇兆丰路8号
……Tel：0512-50122666

江苏特土食用农产品有限公司
地址：花桥镇徐公桥路2号892室
……Tel：0512-50123468

昆山卓石装饰工程有限公司
地址：玉山镇白马泾路52号802室
……Tel：0512-50161577

中宇竹业发展股份有限公司
地址：昆山市花桥镇三星路288号大上海国际商务广场2号楼201室
……Tel：0512-50353395

无锡巧克文化产业投资有限公司
地址：无锡市锡山区安镇街道东兴路北、胶南路西
……Tel：0512-52185628

东方红木家具股份有限公司
地址：苏州市常熟虞山镇海虞北路299号1幢
……Tel：0512-52213686

常熟捞品购物商城有限公司
地址：常熟市白雪路7号仕德伟外贸内销中心4001
……Tel：0512-52239870

常熟市久光商贸有限公司
地址：常熟经济开发区望江大道105号5幢08
……Tel：0512-52265758

江苏沿江高速公路有限公司
地址：南京市中山东路291号
……Tel：0512-52333208

佐诗兰纺织科技股份有限公司
地址：常熟市虞山镇兴隆陆樟村5幢
……Tel：0512-52355582

佐诗兰纺织科技股份有限公司
地址：常熟市虞山镇兴隆陆樟村5幢
……Tel：0512-52355582

常熟红柿针织品有限公司
地址：江苏省常熟市东张镇（东张工业园）
……Tel：0512-52658208

常熟市文化产业有限责任公司
地址：常熟市县南街106号
……Tel：0512-52719178

常熟市网路神卡通假日酒店有限公司
地址：常熟市沙家浜镇芦荡路1号
……Tel：0512-52839777

常熟市海外贸易有限公司
地址：常熟市青墩塘路118号（内）
……Tel：0512-52848000

常熟市苏常置业有限公司
地址：常熟市海虞镇周行金家浜路2号3幢
……Tel：0512-52867007

江苏世纪心园科技有限公司
地址：常熟高新技术产业开发区湖山路333号同济科技广场1幢2201
……Tel：0512-52936558

常熟市伍迪服装辅料贸易有限公司
地址：常熟市青莲路1号（小商品市场）1楼1065号
……Tel：0512-52997076

太仓市新创力科技拓展有限公司
地址：太仓经济开发区东仓北路48号
……Tel：0512-53189858

太仓威玛贸易有限公司
地址：太仓市城厢镇人民北路10号
……Tel：0512-53353238

苏州华友工艺品有限公司
地址：太仓港经济技术开发区新区兴业路
……Tel：0512-53538728

苏州国信集团太仓恒祥进出口有限公司
地址：太仓经济开发区上海路1号
……Tel：0512-53560886

苏州香塘科技实业股份有限公司
地址：太仓市娄东街道上海东路168号3幢1901-1906室
……Tel：0512-53589758

苏州富田日用品有限公司
地址：太仓市浏河镇闸南工业园区
……Tel：0512-53601695

太仓市供应链金融服务有限公司
地址：太仓市城厢镇南郊文治路55号1704-1710室

…………………… Tel：0512-53995556
太仓嘉斯特礼品有限公司
地址：太仓经济开发区兴业北路20号2#
…………………… Tel：0512-53996780
江苏依典雅服装有限公司
地址：昆山市周市镇万达广场金街7号楼505、507室
…………………… Tel：0512-55197369
昆山普丽礼品有限公司
地址：江苏省昆山开发区昌 路8号
…………………… Tel：0512-55387751
昆山市优佰吉礼品有限公司
地址：周市镇新镇春晖路689号
…………………… Tel：0512-57008988
江苏周庄文画艺术股份有限公司
地址：苏州市昆山周庄镇高勇东路8号
…………………… Tel：0512-57220600
江苏华哲标签有限公司
地址：周庄镇高勇路111号4号房
…………………… Tel：0512-57228115
昆山开发区同嘉辉贸易商行
地址：玉山镇环北路195号
…………………… Tel：0512-57552959
昆山开发区同嘉辉贸易商行
地址：玉山镇环北路195号
…………………… Tel：0512-57552959
苏州超华物业管理有限公司
地址：玉山镇白马泾路8号
…………………… Tel：0512-57567230
江苏男绅服饰有限公司
地址：玉山镇城北民营中路8号
…………………… Tel：0512-57597886
昆山荟识咨询有限公司
地址：昆山高新区登云路268号
…………………… Tel：0512-57599848
昆山阳澄湖旅游发展总公司
地址：巴城镇阳澄湖娱乐场边
…………………… Tel：0512-57658372
昆山捷扬工艺品有限公司
地址：江苏省昆山市锦溪镇
…………………… Tel：0512-57682398
昆山捷福特工艺礼品有限公司
地址：昆山市周市镇陆杨友谊南路39号
…………………… Tel：0512-57761267
昆山协振礼品有限公司
地址：江苏省昆山市玉山镇开贵路66号
…………………… Tel：0512-57790938
苏州乐奥智能科技有限公司
地址：昆山开发区洪湖路1288号
…………………… Tel：0512-57811757
昆山聚宝化妆礼品有限公司
地址：江苏省昆山开发区精密机械产业园天鹅路268号
…………………… Tel：0512-57880588
梵阿特展示设备（昆山）有限公司
地址：昆山市张浦镇垌 路88号13号房
…………………… Tel：0512-57912888
张家港澳洋进出口有限公司
地址：杨舍镇塘市镇中路澳洋国际大厦
…………………… Tel：0512-58163915
江苏潮生活商贸投资有限公司
地址：张家港市杨舍镇沙洲西路368号购物公园克拉水岸一楼
…………………… Tel：0512-58309708
张家港保税区长乐广告有限公司
地址：张家港保税区北监控楼
…………………… Tel：0512-58320043
中康顺医学科技（江苏）有限公司
地址：张家港市杨舍镇东环路68号城南大厦11层1106室
…………………… Tel：0512-58419811
张家港市凤凰文化旅游发展有限公司
地址：凤凰镇金谷路
…………………… Tel：0512-58421008
江苏攀杰特装饰工程有限公司
地址：张家港保税区汇达大厦110E室
…………………… Tel：0512-58697726
江苏宏宝云商有限公司
地址：张家港市大新镇人民路
…………………… Tel：0512-58760113
张家港市金陵纺织研究所有限公司
地址：金港镇后塍
…………………… Tel：0512-58772618
张家港奥泰纺织品有限公司
地址：张家港经济技术开发区长兴路16号
…………………… Tel：0512-58916650
苏州日禾家具有限公司
地址：苏州工业园区唯亭镇唯华路2号和泰都市生活广场2幢753室
…………………… Tel：0512-62529687
苏州食育未来网络科技有限公司
地址：苏州工业园区金鸡湖大道1355号国际科技园A2001-7单元
…………………… Tel：0512-62620281
苏州肯德基有限公司
地址：苏州高新区珠江路117号创新中心B座2层
…………………… Tel：0512-62782888
苏州行一贸易有限公司
地址：苏州工业园区唯亭唯华路2号和泰都市生活广场1幢433室
…………………… Tel：0512-62812530
苏州国华展览有限公司
地址：苏州工业园区现代大道南博览广场
…………………… Tel：0512-62899806
苏州工业园区雅可集团有限公司
地址：苏州工业园区和顺路77号
…………………… Tel：0512-62950236
苏州工业园区雅可集团有限公司
地址：苏州工业园区和顺路77号
…………………… Tel：0512-62950236
苏州天虹商场有限公司
地址：苏州工业园区苏雅路388号
…………………… Tel：0512-62990188
苏州华漫信息服务有限公司
地址：苏州工业园区仁爱路1号C区南楼2F
…………………… Tel：0512-62997055
苏州市万华文化传媒有限公司
地址：吴江经济技术开发区仲英大道789号-402商铺
…………………… Tel：0512-63162926
吴江市同里旅游有限责任公司
地址：同里镇入镇口
…………………… Tel：0512-63326987
苏州吴江报业广告有限公司
地址：吴江区松陵镇笠泽路150号
…………………… Tel：0512-63498579
吴江勋业印花有限公司
地址：吴江区盛泽镇坝里村1组
…………………… Tel：0512-63504018
吴江市龙盛纺织有限公司
地址：盛泽镇圣塘村
…………………… Tel：0512-63571388
苏州太湖雪丝品生活有限公司
地址：吴江区震泽镇金星村
…………………… Tel：0512-63751888
苏州汪永亨丝绸文化传播有限公司
地址：苏州市吴江区盛泽镇西白洋（市场路北侧）8幢105室
…………………… Tel：0512-63857388
苏州苏报传媒营销有限公司
地址：苏州市吴中区木渎镇中山东路162号2幢
…………………… Tel：0512-65100069
苏州市新达东方文化礼品有限公司
地址：苏州市沧浪区司前街96号301室
…………………… Tel：0512-65107746
苏州市金皇冠东方文化礼品有限公司
地址：苏州市甫桥里1号201室
…………………… Tel：0512-65107746
江苏金创意教育科技有限公司
地址：苏州工业园区南施街298号
…………………… Tel：0512-65118880
苏州三景刺绣股份有限公司
地址：苏州高新区科灵路168号
…………………… Tel：0512-65136602
苏州阿里巴巴酒店管理有限公司
地址：苏州市北局一弄10号
…………………… Tel：0512-65155288
苏州银月礼品商贸有限公司
地址：苏州市十梓街327号213室
…………………… Tel：0512-65159882
江苏水天堂餐饮管理有限公司
地址：苏州市十梓街463号
…………………… Tel：0512-65162028
苏州电视广告有限公司
地址：苏州市天薇巷88号
…………………… Tel：0512-65181649
苏州美而雅家具有限公司
地址：苏州工业园区唯华路2号和泰都市生活广场2幢332室
…………………… Tel：0512-65205639
苏州乔鹰商贸有限公司
地址：苏州市锦帆路9号
…………………… Tel：0512-65224376
苏州乔鹰商贸有限公司
地址：苏州市锦帆路9号
…………………… Tel：0512-65224376
苏州工业园区恒宇置业有限公司
地址：苏州工业园区北摆宴街18号
…………………… Tel：0512-65266085
苏州市宝成实业有限公司
地址：苏州市吴中区长桥街道财智商务广场1幢1206室
…………………… Tel：0512-65273288
苏州一团和气年画艺术礼品有限公司
地址：苏州市山塘街184号
…………………… Tel：0512-65335667
苏州工业园区汇源贸易有限公司
地址：苏州工业园区星都街39号苏都花园5幢104-2室
…………………… Tel：0512-65338448
苏州中惠工艺品有限公司
地址：苏州市相城区阳澄湖镇凤阳路99号
…………………… Tel：0512-65428727
苏州银联卡专业服务有限公司
地址：苏州市闾胥路251号
…………………… Tel：0512-65523169
苏州原创读行学堂文化旅游发展股份有限公司
地址：苏州市吴中区长桥街道澄湖路888号1幢304室
…………………… Tel：0512-65643669
苏州工业园区益丰德商贸有限公司
地址：苏州工业园区唯亭双马街2号星华产业园20幢303室
…………………… Tel：0512-65816153
苏州双龙文化传媒有限公司
地址：苏州市西环路868号双桥商务大厦410室
…………………… Tel：0512-65822088
苏州工业园区迪卡尔装饰工程有限公司
地址：苏州工业园区唯正路16号联合生活广场2幢1205室
…………………… Tel：0512-65857857
苏州珍珠宝石首饰国际交易中心有限公司
地址：苏州市相城区渭塘镇
…………………… Tel：0512-65903666
苏州市鸿昌工艺品有限公司
地址：苏州市吴中区郭巷街道后港路88号
…………………… Tel：0512-65972918
苏州听蓝企业营销策划有限公司
地址：苏州工业园区中银惠龙大厦1幢808室
…………………… Tel：0512-65975808
苏州森瑞特黄金珠宝销售有限公司
地址：苏州工业园区通园路666号5号楼2F
…………………… Tel：0512-65982822
蜂巢供应链管理（苏州）有限公司
地址：苏州吴中经济开发区越溪街道东太湖路36号3-5幢
…………………… Tel：0512-65986888
苏州博克企业集团有限公司
地址：苏州市吴中区 直镇经济开发区
…………………… Tel：0512-66022888
苏州太湖游船管理有限公司
地址：苏州市吴中区东山镇陆巷村沙滩山码头
…………………… Tel：0512-66026289
苏州恒亚纺织有限公司
地址：苏州高新区何山路226号
…………………… Tel：0512-66152875
苏州酷麦智能装备科技有限公司
地址：苏州高新区浒关工业园浒杨路26号1号楼1楼
…………………… Tel：0512-66166672
苏州市四城房产置业有限公司
地址：苏州市相城区元和街道古元路105号
…………………… Tel：0512-66180072
苏州自然因子贸易有限公司
地址：苏州工业园区苏州中心办公楼D座18层01号
…………………… Tel：0512-66610003
盛诠包装设计（苏州）有限公司
地址：苏州高新区广东路66号
…………………… Tel：0512-66651112
苏州大阳山商旅酒店有限公司
地址：苏州市高新区阳山环路999号（苏州高新区浒关开发区观山村）
…………………… Tel：0512-66676777
苏州聚金文化传媒有限公司
地址：苏州市相城区太平街道聚金路98号15楼1510室
…………………… Tel：0512-66830608
苏州海宏众联家居系统集成有限公司
地址：苏州西环路883号
…………………… Tel：0512-66905553
苏州镇湖刺绣艺术馆有限公司
地址：苏州高新区镇湖街道西华路
…………………… Tel：0512-66911650
苏州镇湖文化旅游发展有限公司
地址：苏州高新区镇湖街道办事处办公楼
…………………… Tel：0512-66911650
苏州启迪协信建设有限公司
地址：苏州工业园区淞北路45号4号楼1-1-03室
…………………… Tel：0512-66967600
苏州炉缘雅舍艺术品有限公司
地址：苏州市平江区桃花坞大街158号
…………………… Tel：0512-67204787
苏州金泰茂苑商贸有限公司
地址：苏州市民治路25号
…………………… Tel：0512-67244544
苏州市黄天源食品有限公司
地址：苏州市观前街86号
…………………… Tel：0512-67277033
苏州森屹阁装饰设计工程有限公司
地址：苏州工业园区唯新路60号启迪时尚科技城西区38幢915室
…………………… Tel：0512-67313381
苏州恒品装饰科技有限公司
地址：苏州工业园区东平街汉嘉大厦3010室
…………………… Tel：0512-67317691
苏州帝辉装饰工程有限公司
地址：苏州市西环路2928号35幢5楼
…………………… Tel：0512-6732451
苏州稻草人装饰工程有限公司
地址：苏州市姑苏区总官堂路555号苏尚新地生活广场1幢1039室
…………………… Tel：051267331022
唯泰精品购物村（苏州）有限公司
地址：苏州工业园区唯亭阳澄环路969号
…………………… Tel：0512-67338888
苏州吾品玉艺工艺礼品有限公司
地址：苏州市十全街329号
…………………… Tel：0512-67525830
苏州办公伙伴贸易有限公司
地址：苏州市友新路6号
…………………… Tel：0512-67551566
苏州大歌星餐饮娱乐有限公司
地址：苏州市人民路3188号18幢
…………………… Tel：0512-67576666
苏州娑罗画廊有限公司
地址：苏州市 猪河头51号
…………………… Tel：0512-67577881
苏州一泽文化传媒有限公司
地址：苏州工业园区苏州大道西158号苏州凤凰广场3楼儿童书店
…………………… Tel：0512-67629672
苏州玉石雕刻厂有限公司
地址：苏州市白塔西路33号
…………………… Tel：0512-67708658
北京同仁堂苏州大药房专卖店有限公司
地址：苏州市人民路420号
…………………… Tel：0512-67879768
苏州书香世家山塘府邸酒店管理有限公司
地址：苏州市山塘街88号（冈州会馆）
…………………… Tel：0512-67879889
苏州众联国际文化发展有限公司
地址：苏州高新区滨河路1701号
…………………… Tel：0512-68026055
苏州企新动信息技术有限公司
地址：苏州高新区竹园路209号4号楼16楼
…………………… Tel：0512-68050005
苏州招银文化创意有限公司
地址：苏州市闾胥路483号1号楼1313室
…………………… Tel：0512-68184650
苏州公装建筑材料有限公司
地址：苏州市苏福公路147-1号康馨花园61幢-8
…………………… Tel：0512-68229990
苏州禾道创业投资股份有限公司
地址：苏州高新区竹园路209号（财富广场）16层1601、1602、1604室
…………………… Tel：0512-68326000
苏州龙辰礼品有限公司
地址：苏州高新区狮山路199号1幢903室
…………………… Tel：0512-68681777
苏州运河花园酒店有限公司
地址：苏州高新区运河路28号
…………………… Tel：0512-68716888
苏州西京湾商旅发展有限公司
地址：苏州高新区镇湖街道绣馆街6-4号
…………………… Tel：0512-68756707
苏州龙湖基业房地产有限公司
地址：江苏省苏州市虎丘区狮山天街生活广场14幢101室
…………………… Tel：0512-68759280
苏州高铁新城传媒文化有限公司
地址：苏州市高铁新城南天成路99号6层601-613、625-627室
…………………… Tel：0512-68830187
旭方贸易（苏州）有限公司
地址：苏州工业园区苏雅路388号新天翔商业广场2幢1801室
…………………… Tel：0512-69365893
苏州玖树旅店投资管理有限公司
地址：苏州市苏站路418号701室
…………………… Tel：0512-69389998
苏州福锐得礼品有限公司
地址：苏州市相城区元和街道嘉元路788号悦豪大厦12层
…………………… Tel：0512-69396069
江苏雪赤那网络科技有限公司
地址：苏州高新区华山路151号6幢601室
…………………… Tel：0512-69578461
苏州恒易礼品包装有限公司
地址：苏州市相城区元和街道采莲路505号百汇商业广场5幢1033室
…………………… Tel：0512-69593205
苏州美瑞德建筑材料有限公司
地址：苏州工业园区金尚路89号
…………………… Tel：0512-80880561
苏州广奕置业开发有限公司
地址：苏州市吴中区越溪街道溪霞路8号
…………………… Tel：0512-82289192
格曼润信息科技（江苏）股份有限公司
地址：苏州市高新区竹园路209号
…………………… Tel：0512-84298228
江苏汇锦利通信息科技有限公司
地址：昆山市花桥镇亚太广场5号楼1905室
…………………… Tel：0512-86178602
昆山新丝路信息科技有限公司
地址：昆山市花桥镇商祥路55号汇金大厦2幢1201室
…………………… Tel：0512-86899068
苏州利人装饰工程有限公司
地址：苏州工业园区唯正路11号星湖都市生活广场4幢515室
…………………… Tel：0512-87669166

苏州中色金属材料科技有限公司
地址：苏州市相城区阳澄湖镇画师湖路8号
Tel：0512-88160907
非凡探索户外用品有限公司
地址：常熟市尚湖镇冶塘尚湖大道50号2幢
Tel：0512-88800597
家生活源态商业管理（苏州）有限公司
地址：苏州工业园区唯正路8号地址：
Tel：0512-88855275
苏州游良品网络科技有限公司
地址：苏州工业园区东长路88号B2幢4层401、402室
Tel：0512-88969275
苏州煌雅晶家具有限公司
地址：苏州工业园区唯正路16号联合生活广场2幢721室
Tel：0512956843
江苏卡莱丝纺织科技发展有限公司
地址：南通市开发区长圆路1号益兴大厦主楼21层2101、2102、2103、2104室
Tel：0513-51085319
南通华林上善投资管理有限公司
地址：南通市崇川区工农路33号金融汇1002室
Tel：0513-55085458
星城高新科技发展（江苏）有限公司
地址：市唐闸河东市场东首
Tel：0513-66677292
江苏国沃纺织品有限公司
地址：南通市崇川区观音山街道新胜路208号6号楼3层
Tel：0513-66808088
上海涤诺如皋贸易有限公司
地址：如皋市长江镇沿江公路186号
Tel：0513-68162206
南通大饭店有限公司
地址：南通市青年中路83号
Tel：0513-68588989
江苏私享生活电子商务有限公司
地址：南通市如皋市丁堰镇纪港路15号
Tel：0513-68665490
南通昊鑫纺织品有限公司
地址：南通市港闸区幸福街道棉机路188号
Tel：0513-80279906
南通京扬数码城管理有限公司
地址：南通市人民东路699号1号楼B1区
Tel：0513-80980733
南通巴黎春天电子商务有限公司
地址：海门市海门经济技术开发区广州路999号
Tel：0513-81220369
南通欧力工艺品有限公司
地址：如东县掘港镇六总村四组
Tel：0513-81598906
南通艺源家用纺织品有限公司
地址：江苏省南通市通州区川姜镇中心村一组
Tel：0513-81602819
如皋正翔商业广场管理有限公司
地址：如皋市如城街道中山西路1号
Tel：0513-81700333
南通文博海绵工艺品有限公司
地址：如皋市城北街道陆姚居二组88号
Tel：0513-81765666
江苏南通海之升电子商务有限公司
地址：如东县县城黄河路南侧井冈山路西侧
Tel：0513-81905359
海门市江中金属材料有限公司
地址：海门市海门镇秀山西路10号
Tel：051382202325
南通梦之莱纺织品有限公司
地址：南通市崇川区星明路20号
Tel：0513-83571218
南通海盟汽车销售服务有限公司
地址：南通市经济技术开发区星湖大道1010号
Tel：0513-83581111
如东县圣佳工艺品有限公司
地址：如东县掘港镇德大生活区
Tel：0513-84094158
南通妍阳工艺品有限公司
地址：江苏省如东县掘港镇江海东路184号
Tel：0513-84101280
南通兴辰礼艺品有限公司
地址：如东经济开发区新区湘江路
Tel：0513-84127882
弘昌（南通）工具有限公司
地址：江苏省如东县工业新区南康路北侧
Tel：0513-84127899
江苏东扬文化产业集团有限公司
地址：人民中路146-160号
Tel：0513-85353995
江苏润科商业有限公司
地址：南通市青年中路200号3层
Tel：0513-85439999
南通生活用品集团有限公司
地址：南通市人民中路43号
Tel：0513-85511188
南通慈孝堂殡葬礼仪服务有限公司
地址：南通市崇川区外环东路111号
Tel：0513-85544444
南通金典绣艺有限公司
地址：开发区通富南路19号
Tel：0513-85582288
罗莱生活科技股份有限公司
地址：江苏省南通经济技术开发区星湖大道1699号
Tel：0513-85928733
南通睿媛网络科技有限公司
地址：南通市通州区川姜镇金川大道南通家纺城电子商务产业园三楼B-026
Tel：0513-86341698
南通顺裕包装材料有限公司
地址：南通市通州区二甲镇三甲社区28组1幢
Tel：0513-86414699
南通思安纺织工艺品有限公司
地址：南通市通州区东社镇杨港居14组
Tel：0513-86520051
南通市通州区拓玉工艺品有限公司
地址：南通市通州开发区银河路32号
Tel：0513-86541698
江苏橙子网络科技有限公司
地址：如皋市城北街道万寿路168号四楼4054室
Tel：0513-87198080
如皋市坝新肠衣有限公司
地址：如城镇惠民路666号816幢
Tel：0513-87306868
江苏昌盛建设集团有限公司
地址：如皋市东陈镇雪岸社区七组红旗路8号
Tel：0513-87341048
江苏昊天文化发展股份有限公司
地址：如皋市如城镇万寿南路999号
Tel：0513-87513510
南通芳彩家居用品有限公司
地址：如皋市江安镇镇中居24组
Tel：0513-87590756
致尊建材有限公司
地址：如皋市长江镇金石大道123号
Tel：0513-87682222
中青智谷信息科技江苏有限公司
地址：如皋市如城街道益寿南路188号
Tel：0513-88505099
中青智谷信息科技江苏有限公司
地址：如皋市如城街道益寿南路188号
Tel：0513-88505099
哈漫尼家具（海安）有限公司
地址：海安市城东镇和畅中路11号
Tel：0513-88937388
特易购商业（江苏）有限公司
地址：南京市玄武大道699号行政服务中心2楼
Tel：0513-89011552
南通中南文体产业有限公司
地址：南通市桃园路7号
Tel：0513-89156588
江苏植物猎人生物科技有限公司
地址：南通市经济技术开发区滨水路28号双逸创业园6号楼3楼
Tel：0513-89199177
江苏润宝教玩具有限公司
地址：宝应县曹甸镇工业集中区晨化路
Tel：051480836888
扬州天美滋玩具礼品有限公司
地址：扬州市蜀岗东路150号-5
Tel：0514-80874556
扬州百菲特玩具礼品有限责任公司
地址：扬州市邗江区西湖镇科技园路52号
Tel：0514-80874558
扬州佳乐奇教玩具有限公司
地址：宝应县安宜工业集中区创业园
Tel：0514-80900032
扬州中兴华彩影城管理有限公司
地址：扬州市开发区顺达路138号
Tel：0514-82358886
扬州市斯特普玩具礼品有限公司
地址：扬州文昌路456号华城科技广场1栋1511号
Tel：0514-82791632
江苏道和教育文化艺术发展有限公司
地址：扬州市邗江区江阳工业园区纬九路1号
Tel：0514-82817777
扬州神游羽绒制衣有限公司
地址：高邮市高邮镇威高路28号
Tel：0514-83413901
仪征苏豪制衣有限公司
地址：仪征市真州镇渡江路118号
Tel：0514-83442189
扬州市鹊桥仙纸业有限公司
地址：高邮市送桥镇郭集工业集中区
Tel：0514-84244416
扬州祥龙制衣有限公司
地址：高邮市龙虬镇泾河北路5号
Tel：0514-84475819
江苏快乐乳胶科技有限公司
地址：扬州市江都区小纪镇高徐集镇
Tel：0514-85183836
扬州广天通讯设备有限公司
地址：扬州市江都区工农路1号
Tel：0514-85555518
华建传媒集团有限公司
地址：南京市建邺区奥体大街69号新城科技大厦01栋2层
Tel：0514-85580383
扬州市木偶剧团有限公司
地址：扬州市维扬路271号三区
Tel：0514-85827006
扬州剪纸博物馆有限公司
地址：扬州市马家巷2号
Tel：0514-85883016
扬州剪纸博物馆有限公司
地址：扬州市马家巷2号
Tel：0514-85883016
扬州嘉盛鞋业有限公司
地址：扬州市江都区吴桥镇工业园区
Tel：0514-86363729
江苏长青投资实业有限责任公司
地址：扬州市江都区文昌东路1002号
Tel：0514-86830339
扬州水韵文化旅游有限公司
地址：扬州市大虹桥路18号
Tel：0514-87226000
扬州金鹰玉器珠宝有限公司
地址：扬州市广陵区湾头镇北街88号
Tel：0514-87293888
扬州文物商店
地址：扬州盐阜西路1号
Tel：0514-87313797
扬州金鹰国际实业有限公司
地址：扬州市汶河南路120号
Tel：0514-87330888
扬州市信立佳塑胶有限公司
地址：文昌西路名城花园20幢402室
Tel：0514-87590171
扬州市天瑞礼品玩具有限公司
地址：江阳工业园区创业园
Tel：0514-87637895
扬州金坤工艺品有限公司
地址：扬州市邗江区扬子江北路959号（花样年华名苑）2幢317号
Tel：0514-87693500
江苏邗记生物科技有限公司
地址：扬州市经济开发区江阳中路43号九洲大厦605、606室
Tel：0514-87893626
扬州美轩玩具礼品有限公司
地址：仪征市大仪镇张家村
Tel：0514-87893626
扬州易麦电子商务有限公司
地址：扬州市邗江区文汇西路268号
Tel：0514-87961200
宝应县神雕工艺品有限公司
地址：宝应县车站北路19号
Tel：0514-88202079
扬州盛德工艺品有限公司
地址：江苏省宝应县安宜镇民营工业区
Tel：0514-88264953
宝应县华鹏工艺礼品厂
地址：沿河三团四组
Tel：0514-88304158
扬州伟业教玩具有限公司
地址：宝应县曹甸工业集中区三环路
Tel：051488620667
扬州市楚楚文体玩具有限公司
地址：宝应县曹甸镇工业集中区
Tel：0514-88621348
扬州市远见文体玩具有限公司
地址：宝应县曹甸镇工业集中区
Tel：0514-88622205
江苏七巧板科教设备有限公司
地址：宝应县曹甸工业园区
Tel：051488622932
扬州普菲特工艺品有限公司
地址：宝应县西安丰镇工业集中区(花亭村)
Tel：0514-88661092
扬州天成工艺品有限公司
地址：宝应县西安丰南窑工业区
Tel：0514-88665258
宝应县永鑫圣诞礼品有限公司
地址：小官庄镇工业园区
Tel：0514-88802598
扬州美瑞华工艺礼品有限公司
地址：扬州市宝应县小官庄镇官北北路55号
Tel：0514-88805960
江苏同心智创教育装备有限公司
地址：宝应县紫京商旅中心-523
Tel：0514-88921168
扬州志智家科教设备有限公司
地址：宝应县曹甸镇工业集中区二环路
Tel：0514-88921168
扬州智多星科教设备有限公司
地址：宝应县曹甸镇工业集中区二环路
Tel：0514-88921168
宝应县盛银水晶礼品有限公司
地址：安宜镇民营工业区
Tel：0514-88981635
江苏掌柜宝网络科技有限公司
地址：盐城市盐都区新204国道东、盐渎路北物联大厦1301室（B）
Tel：0515-66669019
江苏省银宝盐业有限公司
地址：盐城市亭湖区人民南路1号华邦国际东厦2幢17楼
Tel：0515-69693378
大丰海融国际贸易有限公司
地址：盐城市大丰区大丰港国际商务大厦20楼2012室
Tel：0515-69869010
江苏玉吉家具有限公司
地址：盐城市城南新区新都街道人民南路38号新龙D2#楼1804室（CND）
Tel：0515-80896013
盐城鑫阳科教设备有限公司
地址：盐城市城南新区新都街道大数据产业园D栋A座2F（CND）
Tel：0515-81361516
江苏大丰盐土大地农业科技有限公司
地址：盐城市大丰区大丰港经济区中央大道1号
Tel：0515-83289968
江苏银都集团有限公司
地址：盐城市大丰区人民南路50号
Tel：0515-83515888
江苏翔宇工艺编织有限公司
地址：东台经济开发区纬一路4号
Tel：0515-85032085
江苏唯美物业发展有限公司
地址：东台高新技术产业开发区创业大厦325室
Tel：0515-85189698
江苏享御商业运营管理顾问有限公司
地址：盐城市建军东路201号（18）
Tel：0515-87015069
江苏昌宜建设工程有限公司
地址：盐城市建军西路129号51幢（2）
Tel：0515-8805157
江苏幸顺福房地产信息咨询服务有限公司
地址：盐城市城南新区新都街道建设组团1幢104室（CND）
Tel：0515-88205136
江苏心易达文化发展有限公司
地址：盐城市城南新区新都街道解放南路268号金鹰天地广场1幢507室（CND）
Tel：0515-88225880
江苏嘉璞酒店管理有限公司
地址：盐城市区开放大道北路168号2幢1-3层、9-16层（7）
Tel：0515-88259888
盐城市合众电子工程有限公司
地址：盐城市迎宾北路19号1幢4号
Tel：0515-88296665
盐城芙拉沃智能科技有限公司
地址：盐城市城南新区新都街道大数据产业园D栋B座2F（CND）
Tel：0515-88300789
江苏金麦穗新能源科技股份有限公司
地址：盐城市盐都区中兴街道裕兴路1号
Tel：051588450366
江苏金麦穗新能源科技股份有限公司
地址：盐城市盐都区中兴街道裕兴路1号
Tel：0515-88450366
江苏逆风飞扬电子商务有限公司
地址：盐城经济技术开发区长江路28号1幢二楼202室（J）
Tel：0515-88631998
江苏捷程旅游文化传媒有限公司
地址：盐城市迎宾北路6号（1）
Tel：0515-88885318
江苏力至来自动化有限公司
地址：盐城市区盐城五金机电城8幢114室（7）
Tel：0515-89909986
江苏远丰仁商软件技术有限公司
地址：徐州市泉山区软件园路6号徐州软件园11号楼704室
Tel：0516-66699680
徐州闽商石材市场管理有限公司
地址：徐州高新技术产业开发区北京南路520号
Tel：0516-80228818
徐州雨润农产品全球采购有限公司
地址：徐州市泉山区G311与G310国道重合段沿G311向西600米
Tel：0516-81915872
徐州白云大厦股份有限公司
地址：徐州市复兴北路１２号
Tel：0516-82636588
徐州金鹰国际实业有限公司金鹰国际购物中心
地址：徐州市鼓楼区彭城广场北侧
Tel：0516-83108899
徐州盘古天下礼品有限公司
地址：徐州市科技城硬件市场3区4号
Tel：0516-83899098
展阔教育科技有限公司

地址：徐州市云龙区迎宾大道一号潘塘街道西商务楼2-045室
……………… Tel：0516-85600063
徐州经济技术开发区蟠桃文化旅游发展有限公司
地址：徐州经济技术开发区徐海路9号科技大厦303室
……………… Tel：0516-87981287
江苏白塘河湿地建设发展有限公司
地址：睢宁县庆安镇三闸村沿河南路2号（财政所）
……………… Tel：0516-88095862
淮安市富鑫商贸中心
地址：淮安经济技术开发区深圳路1号汇金豪庭2-18
……………… Tel：0517-83181268
淮安五菱汽车销售服务有限公司
地址：淮安市清河新区管委会旺旺大道50号
……………… Tel：0517-83797209
淮安嘉龙饮食有限公司
地址：淮安市淮海东路142号
……………… Tel：0517-83932077
江苏康乃馨集团驿之家酒店纺织品有限公司
地址：江苏淮安经济开发区汪廷珍路68号
……………… Tel：0517-85206018
江苏京沪高速公路有限公司
地址：南京市山西路128号2901
……………… Tel：0517-85211500
江苏双丰教学用品有限公司
地址：淮安市淮安区施河镇德福路102号
……………… Tel：0517-85661771
江苏羊君科教设备有限公司
地址：淮安市淮安区马甸镇工业集中区仁和西路北
……………… Tel：0517-85827889
江苏意利礼品工艺有限公司
地址：洪泽县工业园区北三道北侧、东九街西侧
……………… Tel：0517-87803552
盱眙维登家居有限公司
地址：盱眙县盱城镇工业集中区
……………… Tel：0517-88551201
盱眙米雅家居有限公司
地址：淮安市盱眙县盱城工业集中新区
……………… Tel：0517-88573789
盱眙龙虾餐饮文化有限公司
地址：盱眙县盱城都梁公园龙虾博物馆二楼
……………… Tel：0517-89720080
九龙云天集团有限公司
地址：连云港市海州区解放路81-4号
……………… Tel：0518-5427706
连云港苏海投资有限公司
地址：连云港市徐圩新区徐新路1号洁净技术研发中心4#厂房401室
……………… Tel：0518-80528026
江苏天元锰业有限公司
地址：连云港市徐圩新区江苏大道中小企业创业园2号楼367室
……………… Tel：0518-81398595
江苏研邦国际贸易有限公司
地址：连云港市经济技术开发区黄河路43号5楼
……………… Tel：0518-81398595
江苏诺乾实业有限公司
地址：连云港经济技术开发区中云文体中心308室
……………… Tel：0518-81398597
江苏茵特体育用品有限公司
地址：连云港市海州区许安大道100号
……………… Tel：0518-81883839
连云港源宏国际贸易有限公司
地址：连云港市连云区中山西路283号
……………… Tel：0518-85428838
连云港市房政信息服务有限公司
地址：连云港市海州区海昌北路28号房产交易中心四楼
……………… Tel：0518-85488302
连云港东亚房地产开发有限公司
地址：连云港市海州区浦南镇太平工业区太平路1号
……………… Tel：0518-85851962
江苏贵瀚实业有限公司
地址：连云港市海州区双龙街幸福南路鸿运楼一层
……………… Tel：0518-85897717
连云港报业印务有限公司
地址：连云港市海州开发区振兴路8号
……………… Tel：0518-85910242
连云港兴隆装饰城有限公司
地址：连云港市海州开发区瀛洲南路1号
……………… Tel：0518-85913595
江苏华怡珠宝有限公司
地址：连云港市赣榆区青口镇黄海路百货大楼
……………… Tel：0518-86236617
连云港亲泰儿玩具有限公司
地址：连云港市赣榆区塔山镇驻地工业路8号
……………… Tel：0518-86799277
江苏中茂工艺品制造有限公司
地址：江苏省赣榆海洋经济开发区
……………… Tel：0518-87183768
江苏省东海县水晶市场
地址：东海县牛山镇钢铁路
……………… Tel：0518-87227899
常州菱贸国际贸易有限公司
地址：常州市新北区通江中路398-1号521室
……………… Tel：0519-5115068
江苏尚妆洗化有限公司
地址：扬州市邗江区绿地商业生活广场3-1503
……………… Tel：0519-68952770
江苏建设控股集团绿色装饰产业园有限公司
地址：钟楼区新闸镇新龙路23号
……………… Tel：0519-68972186
常州新润乐家商贸有限公司
地址：武进高新技术产业开发区定安中路1号
……………… Tel：0519-69690005
常州常骏行汽车销售服务有限公司
地址：武进区湖塘镇永胜中路21号
……………… Tel：0519-69698222
江苏武进唱游网络技术开发有限公司
地址：常州西太湖科技产业园禾香路123号
……………… Tel：0519-69812305
江苏协洋商贸有限公司
地址：常州市金坛区晨风路22号4幢106号
……………… Tel：0519-82696656
常州万帮新能源汽车有限公司
地址：武进国家高新技术产业开发区新雅路18号142室
……………… Tel：0519-8360666
江苏书式文化发展有限公司
地址：常州市钟楼区吾悦国际广场5幢201号2层5-237、5-238
……………… Tel：0519-85528017
常州百旭电子商务有限公司
地址：常州市天宁区天宁时代广场2号楼1305室
……………… Tel：0519-85529397
常州市艺青礼品有限公司
地址：武进区湖塘镇（翰林雅居） 湖中路17号西楼10号
……………… Tel：0519-85569666
常州市春晖信息技术服务有限公司
地址：常州市新北区太湖东路9-1号407-1室
……………… Tel：0519-86115708
常州市滝城投资发展有限公司
地址：武进区湖塘镇武宜中路1号-2205号
……………… Tel：0519-86310078
常州市武进华丰红木工艺品有限公司
地址：武进区牛塘镇牛塘村
……………… Tel：0519-86399030
江苏武进太湖湾旅游发展有限公司
地址：武进区雪堰镇城湾村百渎
……………… Tel：0519-86543001
江苏达诚汽车俱乐部有限公司
地址：常州市武进区湖塘镇广电中路29号
……………… Tel：0519-86592222
常州市新兴安防设备有限公司
地址：常州市钟楼区怀德北路71号
……………… Tel：0519-86678556
常州金店工艺美术有限公司
地址：常州市延陵西路85号
……………… Tel：0519-86805370
常州运河五号创意产业发展有限公司
地址：常州市三堡街141号
……………… Tel：0519-86855988
溧阳申特现代物流有限公司
地址：溧阳市昆仑北路288号
……………… Tel：0519-87335817
常州德乐信息科技有限公司
地址：常州市天宁区劳动西路21号2幢1715室
……………… Tel：0519-88100907
常州艾莘公关策划有限公司
地址：常州市新北区华山路8号5号楼
……………… Tel：0519-88998063
江苏试折惠网络科技有限公司
地址：武进国家高新技术产业开发区广电东路8号8幢722室
……………… Tel：0519-89602786
江苏必美新材料科技有限公司
地址：常州市武进区横山桥镇东洲村
……………… Tel：0519-89813773
江苏梵客荟电子商务股份有限公司
地址：泰州市药城大道799-2号（数据大厦B幢2101室）
……………… Tel：0523-80188666
江苏诚阳服饰有限公司
地址：泰州市海陵工业园区梅兰东路99号2幢A205室
……………… Tel：0523-82113986
兴化市邮政广告有限公司
地址：兴化市长安中路1号楼二楼
……………… Tel：0523-83223583
靖江市黄金石礼品有限公司
地址：靖江市人民南路98号
……………… Tel：0523-84981666
中体泰州体育场馆运营管理有限公司
地址：泰州市永兴路66号405室
……………… Tel：0523-86167687
江苏安科特安全防护装备有限公司
地址：泰州市医药高新区无量寺路58号1号楼1楼
……………… Tel：0523-86213863
泰州邮政广告有限公司
地址：泰州市迎春西路69号
……………… Tel：0523-86332610
元邦礼制品（泰州）有限公司
地址：江苏省泰州经济开发区高新技术园区
……………… Tel：0523-86820888
泰州广播电视传媒集团有限责任公司
地址：泰州市梅兰东路128号
……………… Tel：0523-86891000
泰州广播电视传媒集团有限责任公司
地址：泰州市梅兰东路128号
……………… Tel：0523-86891000
泰州凤凰文化发展有限公司
地址：泰州市鼓楼南路318号
……………… Tel：0523-86893266
锦宸商贸股份有限公司
地址：泰州市姜堰区姜堰大道368号
……………… Tel：0523-88050006
江苏金日商贸有限责任公司
地址：泰州市姜堰区罗塘街道西大街111号
……………… Tel：0523-88240102
泰州市振兴公共交通有限公司
地址：泰州市姜堰区罗塘街道姜堰大道1070号
……………… Tel：0523-88800057
江苏宁靖盐高速公路有限公司
地址：南京市山西路128号
……………… Tel：0523-88841018
江苏乐之语电子商务有限公司
地址：沭阳县新河镇双荡村徐北组001号
……………… Tel：0527-3399919
沭阳博恒实业有限公司
地址：沭阳县月星家居生活广场1号楼3层3055-3153铺
……………… Tel：0527-80818877
宿迁市一百商业经营管理有限公司
地址：宿迁市宿城区幸福路4号
……………… Tel：0527-81181286
江苏省瑞谷商贸有限公司
地址：宿豫区洪泽湖东路北侧，嘉陵江路西侧
……………… Tel：0527-81187999
江苏宝宝宿迁国民生物科技有限公司
地址：宿迁市宿城区罗圩乡罗圩街
……………… Tel：0527-81225688
宿迁市知谷科技发展有限公司
地址：宿迁市湖滨新区知创产业园3号楼12楼1230室
……………… Tel：0527-82561077
宿迁中青电子商务有限公司
地址：宿迁经济技术开发区中青国际家居生活广场B幢B1055、B1063、B1066号
……………… Tel：0527-82598708
江苏美宅汪网络科技有限公司
地址：宿豫区江山大道西侧、天山路北侧的红星凯盛国际纺织生活城10号楼2层209210
……………… Tel：0527-82996667
沭阳盛泽燃气工程有限公司
地址：沭阳县浙江商城A5栋14号
……………… Tel：052783068868
江苏福庆家居有限公司
地址：沭阳县经济开发区北区（萧山路北义乌路东）
……………… Tel：0527-83069008
江苏安阳文化创意产业园股份有限公司
地址：宿迁市沭阳县经济开发区金华路南首
……………… Tel：0527-83661111
江苏泽达文化发展有限公司
地址：宿迁市软件与服务外包产业园水杉大道1号
……………… Tel：0527-84258288
苏酒集团贸易股份有限公司
地址：宿迁市洋河新区洋河镇中大街118号
……………… Tel：0527-84938608
江苏凤丝实业有限公司
地址：泗阳县临河镇发展大道18号
……………… Tel：0527-85538889
宿迁禾记木制玩具有限公司
地址：泗阳县王集镇泗沭路东侧
……………… Tel：0527-85814799
江苏泽旭金属制品有限公司
地址：泗阳县经济开发区文城路262号
……………… Tel：0527-88555068
宿迁市洋河新城国际旅行社有限公司
地址：宿迁市洋河新城洋河镇东大街3号
……………… Tel：0527-88982999
江苏炜博门控科技有限公司
地址：沭阳县经济开发区萧山路68号
……………… Tel：0527-89982667
江苏诚之优品信息科技有限公司
地址：沭阳县软件园产业园大厦A栋10楼1002室
……………… Tel：0527-89990085
常熟铂启商贸有限公司
地址：苏州市常熟市长江路777号佳和云筑21幢104
……………… Tel：0573-82083881
南京宜华时代家具有限公司
地址：南京市建邺区庐山路92号-1
……………… Tel：0754-85100989

浙江省

浙江钱江花木城开发有限公司
地址：萧山区新街街道浙江花木城72号楼6楼
……………… Tel：0517-82855997
绍兴柯桥美棉坊家纺制品有限公司
地址：浙江省绍兴市柯桥区平水镇平阳村度假村40号
……………… Tel：0543-2353888
浙江聚福多电子商务有限公司
地址：浙江省衢州市柯城区西安路70号
……………… Tel：0570-3039636
衢州东方商厦有限公司
地址：浙江省衢州市柯城区上街96号
……………… Tel：0570-3058389
衢州国际旅游集团烂柯山开发有限公司
地址：浙江省衢州市烂柯山风景区西入口服务区1幢
……………… Tel：0570-3680160
甲壳虫动漫有限公司
地址：浙江省杭州市滨江区长河街道江南大道588号恒鑫大厦26层2606室
……………… Tel：0570-6520380
浙江艾科新型复合材料有限公司
地址：衢州市衢江区高塘路4号
……………… Tel：0570-8263657
浙江雅昌文化发展有限公司
地址：浙江省杭州市上城区南山路218号9幢三层
……………… Tel：0571-28032330
浙江吉桂投资有限公司
地址：浙江省杭州市拱墅区和睦新村24-2号206室
……………… Tel：0571-28102139
杭州怡莱连锁酒店有限公司
地址：上城区惠民路56号401室
……………… Tel：0571-28139170
新辰控股有限公司
地址：浙江省杭州市上城区婺江路217号12层1203室
……………… Tel：0571-28252180
杭州细叶科技有限公司
地址：浙江省杭州市余杭区仓前街道舒心路359号正元智慧大厦B幢16层1601室
……………… Tel：0571-28289350
杭州顶仁乐购超市有限公司
地址：浙江省杭州市下城区德胜路28号
……………… Tel：0571-28295916
杭州四叶草家居科技有限公司
地址：杭州市滨江区长河街道山一社区孔家里88-2号
……………… Tel：0571-28828808
浙江久加久科技股份有限公司
地址：浙江省杭州市拱墅区半山路157号106、107室
……………… Tel：0571-28852271
杭州市城市建设发展集团有限公司
地址：杭州市江干区新塘路33-35号12、13层
……………… Tel：0571-28885736
杭州市新能源汽车服务有限公司
地址：浙江省杭州市西湖区古翠路78号
……………… Tel：0571-51232837
杭州顶益食品有限公司
地址：浙江省杭州经济技术开发区银海街555号
……………… Tel：0571-56230290
杭州中申科源科技有限公司
地址：杭州市滨江区江南大道4288号东冠创业大厦14层1415室
……………… Tel：0571-56699999
浙江公苑科技有限公司
地址：杭州市余杭区五常街道高教路970-1号7幢5层501室
……………… Tel：0571-56707047
杭州同富家居有限公司
地址：浙江省杭州市滨江区西兴街道科技馆街972号悦晟国际金融大厦1825室
……………… Tel：0571-56971666
益读科技集团有限公司
地址：萧山区北干街道建设一路1号中栋国际银座1幢1401-1室
……………… Tel：0571-57189916

润家润联合控股有限公司
地址：浙江省杭州市萧山区经济技术开发区百瑞广场1幢1724室
…………………… Tel：0571－57571766
杭州金圆供应链管理有限公司
地址：杭州钱江经济开发区龙船坞路103号
…………………… Tel：0571－57876678
杭州淘丫电子商务有限公司
地址：杭州经济技术开发区白杨街道21号大街600号6幢505室
…………………… Tel：0571－58120358
杭州颐居智慧养生园有限公司
地址：浙江省桐庐县城乔林路
…………………… Tel：0571－58502029
杭州茂华工贸有限公司
地址：浙江省杭州市富阳区银湖街道东坞山村
…………………… Tel：0571－63418777
建德市浩然工艺品有限公司
地址：建德市乾潭镇工业功能区（黄立）
…………………… Tel：0571－64175906
杭州微旅居文化传播有限公司
地址：浙江省桐庐县富春江镇芦茨村蟹坑口自然村
…………………… Tel：0571－64315558
杭州金马文具礼品有限公司
地址：桐庐县分水镇九龙路71号
…………………… Tel：0571－64317316
淳安千岛湖星悦湾度假酒店有限公司
地址：浙江省杭州市淳安县千岛湖镇阳光路960号
…………………… Tel：0571－65039999
桐庐励骏酒店有限公司
地址：桐庐县县城金东路398号306室
…………………… Tel：0571－69809314
杭州梦至超服饰有限公司
地址：杭州市西湖区西溪路908号
…………………… Tel：0571－81022018
美雨霖（杭州）商贸有限公司
地址：杭州市江干区凤起东路189号新城时代广场3幢1313室
…………………… Tel：0571－81101002
浙江明境控股集团有限公司
地址：萧山区义蓬街道义前东街18号
…………………… Tel：0571－82161000
杭州创威空分贸易有限公司
地址：上城区景江城市花园2幢3单元2506室
…………………… Tel：0571－82353838
浙江九州通医药有限公司
地址：浙江省杭州市萧山区经济技术开发区红垦农场垦辉六路1号
…………………… Tel：0571－82397005
杭州艾曦文化创意有限公司
地址：萧山区蜀山街道祝家桥村
…………………… Tel：0571－82470711
杭州威利进出口有限公司
地址：萧山区开元名都3幢1903室
…………………… Tel：0571－82566508
杭州航民百泰首饰有限公司
地址：浙江省杭州市萧山区瓜沥镇航民村
…………………… Tel：0571－82571199
浙江英冠属相文化创意有限公司
地址：萧山区北干街道金城路77号置地大厦1幢2单元2004室
…………………… Tel：0571－82812218
杭州泛嘉科技有限公司
地址：浙江省杭州市萧山区博学路618号萧山科创中心B座2203－2室
…………………… Tel：0571－82855505
浙江金马饭店有限公司
地址：杭州市萧山区通惠中路218号
…………………… Tel：0571－82887888
浙江金科汤姆猫网络科技有限公司
地址：浙江省杭州市萧山区宁围街道平澜路299号浙江商会大厦1幢3601
…………………… Tel：0571－83539966
杭州天丽工贸有限公司
地址：浙江省杭州市萧山区瓜沥镇坎山路258号
…………………… Tel：0571－83581917
浙江新大三源控股集团有限公司
地址：杭州市江晖路1888号
…………………… Tel：0571－83783567
浙江驿栈网络科技有限公司
地址：浙江省杭州市余杭区五常街道文一西路969号3幢5层513室
…………………… Tel：0571－85022088
杭州来疯科技有限公司
地址：浙江省杭州市滨江区网商路699号4号楼3楼303室
…………………… Tel：0571－85022088
杭州万事利丝绸文化有限公司
地址：杭州市天城路68号（万事利科技大厦）2幢5楼501室
…………………… Tel：0571－85040769
杭州初礼商贸有限公司
地址：浙江省杭州市滨江区长河街道秋溢路500号3号楼406室
…………………… Tel：0571－85071761
浙江英特医疗科技有限公司
地址：浙江省杭州市拱墅区康乐路7号2幢402、403室
…………………… Tel：0571－85108605
浙江扶上马网络科技有限公司
地址：浙江省杭州市上城区笤帚湾63号B2区
…………………… Tel：0571－85156760
杭州紫烟投资管理有限公司
地址：上城区中山南路77号20幢101室
…………………… Tel：0571－85165252
中国国旅（浙江）国际旅行社有限公司
地址：杭州市金隆花园南区二层商场3号
…………………… Tel：0571－85171118
杭州海买海电子商务有限公司
地址：浙江省杭州市下城区新天地商务中心12幢13层第1305、1306室
…………………… Tel：0571－85221132
杭州笛舞服饰设计有限公司
地址：杭州市余杭区龙船坞路157号1幢3层303室
…………………… Tel：0571－85261073
杭州先觉文化创意有限公司
地址：浙江省杭州市拱墅区祥园路108号5幢1305室
…………………… Tel：0571－85281880
浙江蝶来三舍酒店投资管理有限公司
地址：杭州市西湖区桃花弄8号401室
…………………… Tel：0571－85335083
浙江省汽车工业有限公司
地址：杭州市绍兴路53－77号
…………………… Tel：0571－85370780
杭州柏品科技有限公司
地址：浙江省杭州市拱墅区祥园路28号6幢101室
…………………… Tel：0571－85390720
杭州过夹来家居有限公司
地址：浙江省杭州市江干区中盛府13幢303室
…………………… Tel：0571－85395602
浙江中杰进出口有限公司
地址：杭州市下城区新天地商务中心10幢701－707室
…………………… Tel：0571－85779239
浙江东邑文化创意有限公司
地址：浙江省杭州市江干区太平门直街260号三新银座1203室（中浙商务秘书7885－凯旋7885）
…………………… Tel：0571－85788103
杭州悦行优品健康管理有限公司
地址：浙江省杭州市下城区延安路468号1号楼1号门712室
…………………… Tel：0571－85863057
杭州廷源生物科技有限公司
地址：浙江省杭州市滨江区浦沿街道联庄社区12组34号
…………………… Tel：0571－85899335
杭州现代商厦有限公司
地址：浙江省杭州市下城区华盛达时代中心4幢1401室－1
…………………… Tel：0571－85899609
杭州木尔兰纺织有限公司
地址：浙江省杭州市余杭区乔司街道乔莫西路158号1幢1001室－3
…………………… Tel：0571－86014505
杭州雷洛文化创意有限公司
地址：浙江省杭州市钱塘新区之江铭楼722室
…………………… Tel：0571－86021710
浙江合凰文化创意有限公司
地址：杭州市下城区华电弄76号199室
…………………… Tel：0571－86026558
杭州润上商业发展有限公司
地址：浙江省杭州经济技术开发区4号大街505号二楼271室
…………………… Tel：0571－86057560
九五宝佑网络科技（浙江）股份有限公司
地址：浙江省杭州市江干区钱塘航空大厦1幢717室
…………………… Tel：0571－86069595
杭州施涛贸易有限公司
地址：杭州市江干区同方国际大厦1916室
…………………… Tel：0571－86094099
杭州联净复合材料科技有限公司
地址：浙江省杭州市余杭区仁和街道中和路211号
…………………… Tel：0571－86209101
杭州顿力展示道具有限公司
地址：杭州市余杭区仁和街道顿力路1号7－1幢、8－1幢、9幢、10幢
…………………… Tel：0571－86309999
杭州万事利丝绸礼品有限公司
地址：浙江省杭州市江干区天城路68号（万事利科技大厦）2幢5楼502室
…………………… Tel：0571－86439159
浙江君时时装有限公司
地址：杭州市江干区九堡镇通盛路31号五、六层
…………………… Tel：0571－86538387
网筑投资管理有限公司
地址：浙江省杭州市滨江区滨安路756号B区五层518室
…………………… Tel：0571－86539172
嘿嘿星人（杭州）文化创意有限公司
地址：浙江省杭州市西湖区转塘街道双流643号A5－1－202
…………………… Tel：0571－86566671
明达意航控股集团有限公司
地址：浙江省杭州市江干区迪凯银座209－3室
…………………… Tel：0571－86569798
杭州冉力旭农产品有限公司
地址：浙江省杭州市余杭区良渚街道逸盛路115号13幢609室
…………………… Tel：0571－86575692
浙江国贵文化艺术有限公司
地址：浙江省杭州市萧山区宁围街道市心北路1929号万和国际中心7幢16层1601室
…………………… Tel：0571－86588272
浙江融易通进出口有限公司
地址：杭州市萧山区靖江街道保税路西侧保税大厦635室
…………………… Tel：0571－86596767
浙江金砖和府整体家居有限公司
地址：浙江省杭州市西湖区古墩路808号杭州新时代家居生活广场D座4楼4D9,4D17号铺位
…………………… Tel：0571－86597888
浙江领曼控股有限公司
地址：浙江省杭州市江干区凯旋路147号337室
…………………… Tel：0571－86713320
浙江炬荣集团有限公司
地址：杭州市江干区庆春东路78号紫晶商务城浙江紫晶大酒店主楼702室
…………………… Tel：0571－86720777
杭州意酷科技有限公司
地址：浙江省杭州市江干区瑞晶国际商务中心102－1室
…………………… Tel：0571－86729083
浙江德的集团有限公司
地址：浙江省杭州市钱塘新区金隅金座1幢308室
…………………… Tel：0571－86816222
杭州傅立叶科技有限公司
地址：浙江省杭州市拱墅区祥园路38号1幢A611室
…………………… Tel：0571－86824312
杭州尚源服饰有限公司
地址：杭州市江干区九环路31－1号2幢203室
…………………… Tel：0571－86870875
杭州汇途汽车服务有限公司
地址：拱墅区花园岗街113号金通国际大厦1－1幢1单元1303室－1
…………………… Tel：0571－86876530
浙江绿城家网络科技有限公司
地址：浙江省杭州市西湖区西溪国际商务中心5幢606室
…………………… Tel：0571－86885858
杭州华联星光大道文化传播有限公司
地址：杭州市滨江区长河街道星光国际广场3－501
…………………… Tel：0571－86888500
杭州至美营销策划有限公司
地址：杭州经济技术开发区白杨街道科技园路2号5幢6层01－05单元
…………………… Tel：0571－86903115
华润新鸿基房地产（杭州）有限公司
地址：杭州市江干区四季青街道富春路701号
…………………… Tel：0571－86960099
凡力门（杭州）电子有限公司
地址：杭州市江干区玉兰公寓1幢104临室
…………………… Tel：0571－86991691
浙江盛古信息技术有限公司
地址：浙江省杭州市余杭区仓前街道仓兴街1号2幢103A、B室
…………………… Tel：0571－87007757
浙江物产国际贸易有限公司
地址：浙江省杭州市下城区环城西路56号6楼
…………………… Tel：0571－87058163
浙江香溢控股有限公司
地址：浙江省杭州市上城区解放路108号杭州中维香溢大酒店620室
…………………… Tel：0571－87061601
浙江视博影业有限公司
地址：浙江省杭州市下城区东新路610号112室
…………………… Tel：0571－87065866
浙江亚视传播有限责任公司
地址：杭州市环城西路西子公寓403室
…………………… Tel：0571－87081988
浙江雅葵艺术文化传播有限公司
地址：杭州市上城区郡亭公寓3幢214室
…………………… Tel：0571－87088888
杭州南恒贸易有限公司
地址：上城区望江东路332号418室
…………………… Tel：0571－87090228
杭州简庐文化艺术品有限公司
地址：杭州市滨江区长河街道江南星座1幢1单元2105室
…………………… Tel：0571－87118559
杭州杰迪进出口有限公司
地址：浙江省杭州市江干区九环路31－6号4幢第3层
…………………… Tel：0571－87155356
浙江春风雨虹纺织品有限公司
地址：浙江省杭州市滨江区滨康路188号5幢3楼303室
…………………… Tel：0571－87161715
浙江豪乐商贸发展有限公司
地址：浙江省杭州市宏程国际大厦1701－3室
…………………… Tel：0571－87172503
杭州雷峰塔文化旅游发展有限公司
地址：浙江省杭州市南山路15号
…………………… Tel：0571－87185810
中传视界（杭州）文化传媒有限公司
地址：上城区清吟街110号529室
…………………… Tel：0571－87188446
杭州星矢投资管理有限公司
地址：浙江省杭州经济技术开发区金沙大道606号金沙汇地下商城B078号
…………………… Tel：0571－87240011
浙江联谊文化发展有限公司
地址：浙江省杭州市下城区东园新村365－369号3幢
…………………… Tel：0571－87247505
星创置业集团有限公司
地址：浙江省杭州市江干区平安金融中心1幢1701－2A室
…………………… Tel：0571－87272627
湖州生意家供应链管理有限公司
地址：浙江省湖州市嘉年华国际广场D座D202－111室
…………………… Tel：0571－87320801
杭州耐克力建筑工程有限公司
地址：上城区延安路9号吴山名楼3012室
…………………… Tel：0571－87553097
浙江东方集团产融投资有限公司
地址：杭州市西湖大道12号17楼
…………………… Tel：0571－87600266
浙江三弦投资有限公司
地址：浙江省杭州市上城区姚江路65—1号206室
…………………… Tel：0571－87602177
杭州新苗网络科技有限公司
地址：浙江省杭州经济技术开发区下沙街道七格路459号14楼1405室
…………………… Tel：0571－87677832
杭州悦江新远影城有限公司
地址：杭州市滨江区信诚路857号悦江商业中心5031室
…………………… Tel：0571－87707939
杭州九隆艺术品有限公司
地址：杭州市江干区九堡镇八堡村6组
…………………… Tel：0571－87775399
浙江时代教育新闻中心
地址：杭州市文二路求智巷 3号
…………………… Tel：0571－87778180
浙江省国际合作旅行社有限公司
地址：浙江省杭州市清泰街509号富春大厦12楼1201室
…………………… Tel：0571－87830038
艺是网络科技有限公司
地址：浙江省舟山市定海区舟山港综合保税区企业服务中心305－41室
…………………… Tel：0571－87918953
杭州南宋佛教文化发展有限公司
地址：杭州元宝心67号
…………………… Tel：0571－87926858
浙江绿郡生命礼仪服务有限公司
地址：杭州市西湖区文一西路522号2幢3单元202室
…………………… Tel：0571－87969961
杭州十二楼网络科技有限公司
地址：杭州余杭区仓前街道绿汀路1号3幢314室
…………………… Tel：0571－87997755
杭州银伴实业有限公司
地址：杭州市下城区绍兴路337号现代之星大厦1004室
…………………… Tel：0571－88006781
杭州祥鑫医疗器械有限公司
地址：拱墅区易构大厦1幢1612室
…………………… Tel：0571－88041728
浙江浙旅旅游文化会展有限公司
地址：浙江省杭州市上城区中河中路198号8层
…………………… Tel：0571－88048686
浙江中浙国际贸易中心有限公司
地址：杭州市马塍路3号5楼
…………………… Tel：0571－88074110
浙江梦马控股有限公司
地址：浙江省杭州经济技术开发区金沙湖畔商业中心6幢7层701室
…………………… Tel：0571－88135188
浙江唯选商贸有限公司
地址：浙江省杭州市西湖区西园八路11号2幢B座三楼308室

……………………… Tel：0571-88291369
杭州宸鹿环境艺术有限公司
地址：杭州市滨江区长河街道江虹路735号3幢B楼八层802室
……………………… Tel：0571-88311153
杭州俞亚企贸易有限公司
地址：浙江省杭州市滨江区西兴街道西兴路399号锦绣玲珑府2幢1207室
……………………… Tel：0571-88334270
浙江金诚意趣实业有限公司
地址：浙江省嘉兴市海盐县于城镇勤俭路8-1号
……………………… Tel：0571-88337593
义乌市鑫达彩印包装有限公司
地址：浙江省金华市义乌市福田街道下骆宅工业区
……………………… Tel：0571-88506108
杭州鲶鱼电子商务有限公司
地址：浙江省杭州市临安区青山湖街道大园路958号1幢702-15室
……………………… Tel：0571-88517193
杭州玉诚印务有限公司
地址：浙江省杭州市余杭区中泰街道富泰路23号1幢一楼-1
……………………… Tel：0571-88631098
杭州蓝城绿居生活服务有限公司
地址：浙江省杭州市余杭区五常街道五常大道133号1幢2楼2001室
……………………… Tel：0571-88662266
浙江金成实业有限公司
地址：杭州市杭大路9号聚龙大厦7楼
……………………… Tel：0571-88687082
杭州印象生活工艺品有限公司
地址：拱墅区丽水路166号146幢S7室
……………………… Tel：0571-88731731
杭州良渚玉文化创意产业有限公司
地址：余杭区良渚街道良博路249号
……………………… Tel：0571-88770002
浙江博古投资管理有限公司
地址：杭州市江干区钱江国际时代广场2幢2608室
……………………… Tel：0571-88772357
杭州柏汇纸制品有限公司
地址：杭州市西湖区西园五路16号2幢210室
……………… Tel：0571-88793972-807
杭州越普科技有限公司
地址：浙江省杭州市拱墅区万达商业中心3幢3单元320室
……………………… Tel：0571-88820098
杭州三威贸易有限公司
地址：浙江省杭州市下城区费家塘路588号9幢109室
……………………… Tel：0571-88887888
浙江易融实业有限公司
地址：杭州市西湖区万塘路252号计量大厦2106室
……………………… Tel：0571-88947067
杭州正野装饰设计有限公司
地址：浙江省杭州市西湖区古墩路387号金桂大厦1415、1417室
……………………… Tel：0571-88983517
浙江素雅实业有限公司
地址：浙江省杭州市余杭区仁和街道东山村2幢208室
……………………… Tel：0571-89003007
杭州西溪国家湿地公园西区经营管理有限公司
地址：杭州余杭区五常街道访溪路洪园入口洪园游客服务中心
……………………… Tel：0571-89081098
杭州晨欧环境设备有限公司
地址：拱墅区新文路33号2幢四层410室
……………………… Tel：0571-89777322
正融物流产业投资控股有限公司
地址：浙江省杭州市拱墅区莫干山路949号佳源银座1408室
……………………… Tel：0571-89936055
浙江兴合春风投资发展有限公司
地址：杭州市滨江区滨康路188号3幢4楼
……………………… Tel：0571-89966946
杭州慧佳网络技术有限公司
地址：浙江省杭州市滨江区六和路368号一幢（北）三楼B3199室
……………………… Tel：0571-89997065
浙江双城网络科技集团有限公司
地址：浙江省杭州市西湖区西溪国际商务中心2幢401-9室
……………………… Tel：0571-95089777
湖州海都公众信息服务有限公司
地址：浙江省湖州市仁皇山路588号1幢12楼西侧
……………………… Tel：0572-2399486
浙江百利达木业有限公司
地址：浙江省南浔经济开发区强园路
……………………… Tel：0572-2900089
浙江华金康工贸有限公司
地址：浙江省湖州市南浔区菱湖镇竹墩工业园区
……………………… Tel：0572-3752799
浙江久安公益事业有限公司
地址：湖州市南浔镇园林路
……………………… Tel：0572-3919589
湖州永昌丝绸有限公司
地址：湖州市菱湖镇河滨路258号
……………………… Tel：0572-3947720
安吉县东荣竹木工艺有限公司
地址：安吉县孝丰镇赤坞村
……………………… Tel：0572-5068031
长兴大昌家具有限公司
地址：长兴县雉城镇金陵南路98号
……………………… Tel：0572-6580333
长兴耿宇金属制品有限公司
地址：长兴县李家巷镇工业集中区
……………………… Tel：0572-6666665
长兴利时建设开发有限公司
地址：长兴经济开发区中央大道与经一路交叉口东南角
……………………… Tel：0572-6820777
德清县海新工艺品有限公司
地址：德清县新市镇加元村北村
……………………… Tel：0572-8223787
浙江真盛五金制造有限公司
地址：德清县雷甸镇工业园内
……………………… Tel：0572-8244239
浙江龙华树家具有限公司
地址：浙江省湖州市德清县钟管镇钟新湖中路848号
……………………… Tel：0572-8409119
嘉兴富帝黄金珠宝销售有限公司
地址：浙江省嘉兴市南湖区联创大厦1幢1402-1408室
……………………… Tel：0573-82090172
浙江卓骏服饰有限公司
地址：浙江省嘉兴市秀洲区平南路418号
……………………… Tel：0573-82119433
浙江新正方实业股份有限公司
地址：浙江省嘉兴市冬青路225号
……………………… Tel：0573-82203838
嘉兴市新正方鞋业有限公司
地址：嘉兴市嘉北工业园区秀义路
……………………… Tel：0573-82218603
嘉兴市凯瑞尔纺织品有限公司
地址：嘉兴市中山西路国浩广场18楼A座
……………………… Tel：0573-82318157
嘉兴纽韦实业有限公司
地址：嘉兴市海盐塘路555号103室
……………………… Tel：0573-82531265
嘉兴市迪科威礼品设计有限公司
地址：嘉兴市国浩广场综合楼22A号
……………………… Tel：0573-82551161
华械集团有限公司
地址：嘉兴市秀洲区五丰路51号D幢3楼、4楼
……………………… Tel：0573-82677896
嘉兴佳诗琪时装有限公司
地址：浙江省嘉兴市秀洲新区洪兴路2228号瑞安广场1109室
……………………… Tel：0573-82797633
浙江协同光电科技有限公司
地址：浙江省嘉兴市南湖区亚太路522号15幢204室
……………………… Tel：0573-83018151
浙江蒂曼诗时装有限公司
地址：浙江省嘉兴市经济技术开发区塘汇工业区平一路281号4幢2楼201室
……………………… Tel：0573-83381058
杉杉商业广场管理（浙江）有限公司
地址：浙江省嘉兴市经济技术开发区杉禾生活广场1-501～504
……………………… Tel：0573-83923333
嘉兴翔兆工艺品有限公司
地址：浙江省嘉兴市嘉善县魏塘街道迎新路77号
……………………… Tel：0573-84632696
浙江宏嘉实业有限公司
地址：浙江省嘉兴市嘉善县惠民街道惠新大道8号
……………………… Tel：0573-84646358
浙江海创农业科技有限公司
地址：浙江省嘉兴市嘉善县魏塘街道嘉善商城旺德福商业中心4幢15号
……………………… Tel：0573-84802688
慧生活（嘉兴）电子商务有限公司
地址：海盐县武原街道百尺南路西、出海路北2幢
……………………… Tel：0573-86727512
嘉兴浙一丝绸商贸有限公司
地址：海宁市长安镇辛江路33号3幢
……………………… Tel：0573-87411766
海宁利均贸易有限公司
地址：浙江省嘉兴市海宁市马桥街道红旗西路16号
……………………… Tel：0573-87987676
桐乡华桂家具有限公司
地址：浙江省嘉兴市桐乡市河山镇集镇
……………………… Tel：057388033188
浙江雅达酒店投资管理有限公司
地址：浙江省嘉兴市桐乡市乌镇镇雅达国际健康产业园休闲商业配套项目1号楼2楼东第10间
……………………… Tel：0573-88715961
彩蕾工艺品制造（宁波）有限公司
地址：宁波市北仑区大　沿山河北路78号
……………………… Tel：0574-26893202
宁波杰尼斯医疗科技有限公司
地址：宁波市鄞州区横溪镇宁横南路2112号
……………………… Tel：0574-27729658
宁波萌恒进出口有限公司
地址：宁波市江北区洪塘镇洪塘中路
……………………… Tel：0574-27766500
宁波萌恒抽纱有限公司
地址：浙江省宁波市江北区银海路300号
……………………… Tel：0574-27766575
宁波乐龄健康管理咨询有限公司
地址：浙江省宁波新材料科技城贵驷街道贵安路10号209-419
……………………… Tel：0574-27961666
慈溪银泰置业有限公司
地址：浙江省慈溪市浒山街道游泳池路1号
……………………… Tel：0574-27991174
宁波明达针织有限公司
地址：宁波市鄞州区邱隘镇镇中路
……………………… Tel：0574-55334611
宁波韩流电子商务有限公司
地址：宁波高新区创苑路800号5层508室
……………………… Tel：0574-55861875
宁波一栋贸易有限公司
地址：余姚市中国塑料城中心交易区F区1幢211室
……………………… Tel：0574-56311666
宁波博洋智谷电子商务有限公司
地址：浙江省慈溪市浒山街道慈百路276号
……………………… Tel：0574-56332771
宁波鼎邦进出口有限公司
地址：浙江省宁波保税区兴业二路8号3幢456室
……………………… Tel：0574-56806869
浙江大森家私有限公司
地址：慈溪市龙山镇慈东滨海区海丰北路666号
……………………… Tel：0574-58966172
余姚市成功文具制造有限公司
地址：浙江省余姚市临山镇临海村
……………………… Tel：0574-62037777
余姚市江南印务有限公司
地址：浙江省余姚市阳明科技园区兴业路26号
……………………… Tel：0574-62501198
余姚市天都贸易有限公司
地址：余姚市中国塑料城国际商务中心3幢1103室
……………………… Tel：0574-62531208
宁波三圆工艺礼品有限公司
地址：浙江省余姚市阳明街道北郊村
……………………… Tel：0574-62536277
余姚市卓泰文化创意有限公司
地址：余姚市城东新区邵竹路以东
……………………… Tel：0574-62602322
余姚市环球经贸技术合作有限公司
地址：余姚市余姚镇南滨江路111号
……………………… Tel：0574-62720258
宁波舜申包装用品有限公司
地址：浙江远东工业城CS4-2
……………………… Tel：0574-62760808
宁波新峰实业集团有限公司
地址：余姚市谭家岭东路9号
……………………… Tel：0574-62762468
浙江联尚电子商务有限公司
地址：余姚市经济开发区南区谭家岭路
……………………… Tel：0574-62773555
余姚义荣工艺旅游用品有限公司
地址：浙江省余姚市三七市镇工业园区云山小区
……………………… Tel：0574-62940498
宁波合盛集团有限公司
地址：慈溪市长河镇镇东公路
……………………… Tel：0574-63402221
慈溪市润森工艺品有限公司
地址：慈溪市桥头镇上林湖村
……………………… Tel：0574-63606038
宁波慈云山檀香文化有限公司
地址：浙江省慈溪市浒山街道峙山路301号一楼
……………………… Tel：0574-63876807
宁波凡地思服饰有限公司
地址：浙江省宁波杭州湾新区兴慈三路199号
……………………… Tel：0574-63882777
宁波科润网络科技有限公司
地址：宁波市海曙区永丰西路231号4-56室
……………………… Tel：0574-63973418
宁海捷顺工艺品有限公司
地址：宁海县强蛟镇下浦村下洋
……………………… Tel：0574-65232899
宁波兰迪投资有限公司
地址：宁海县桃源街道新兴小区15幢8号
……………………… Tel：0574-65333758
宁波石勇影视文化传播有限公司
地址：浙江省象山县新桥镇（象山影视城内）
……………………… Tel：0574-65882979
宁波中渔在线电子商务有限公司
地址：浙江省象山县石浦镇兴港西路567号中国水产城办公楼2楼
……………………… Tel：0574-65960607
宁波市华珍门文化发展有限公司
地址：宁波市鄞州区江东北路375号宁波和丰创意广场丰庭楼401室
……………………… Tel：0574-66896666
余姚市鼎达进出口有限公司
地址：余姚市金型路485号
……………………… Tel：0574-8120777
宁波正和清科技发展有限公司
地址：浙江省宁波市鄞州区江东北路485号宁波和丰创意广场谷庭楼一楼42号004幢1-7
……………………… Tel：0574-81891258
宁波深国投商用置业有限公司
地址：宁波市鄞州区钱湖北路288号印象城04-21室
……………………… Tel：0574-82809824
宁波康赛妮电子商务有限公司
地址：宁波市江北区长兴路8号2幢
……………………… Tel：0574-83063219
宁波贞惠商业管理有限公司
地址：宁波市鄞州区东吴镇北村
……………………… Tel：0574-83075044
宁波卓越皮革制品有限公司
地址：宁波市北仑区庙前山路209号
……………………… Tel：0574-86115010
宁波市镇海欣利工艺品有限公司
地址：镇海区骆驼街道南一西路68号1幢
……………………… Tel：0574-86560445
宁波百盈工艺礼品有限公司
地址：浙江省宁波市北仑区小港纬三路98号1幢1号；2幢1号
……………………… Tel：0574-87029521
宁波尚腾商贸有限公司
地址：浙江省象山县丹东街道靖南大街766-768号
……………………… Tel：0574-87193999
宁波美诺华控股有限公司
地址：浙江省宁波高新区光华路299弄4幢7、8、9号1-1，G-1
……………………… Tel：0574-87218913
浙江裕泽进出口有限公司
地址：浙江省宁波高新区光华路299弄15幢36、37、38号004幢3-1室
……………………… Tel：0574-87218913
宁波银亿物产集团有限公司
地址：浙江省宁波市鄞州区首南街道水街11号512室
……………………… Tel：0574-87242302
宁波雅滋食品有限公司
地址：浙江省宁波市海曙区江厦街21号（10-8）室
……………………… Tel：0574-87348868
浙江优鲜网络科技有限公司
地址：浙江省宁波市海曙区机场路1000号6号楼343室
……………………… Tel：0574-87561360
宁波怡瑞工艺品有限公司
地址：浙江省宁波高新区清逸路66号044幢301-181
……………………… Tel：0574-87565717
宁波先锋工艺饰品有限公司
地址：宁波市江北区西草马路118弄9号
……………………… Tel：0574-87764064
宁波君安物产有限公司
地址：浙江省宁波市鄞州区彩虹北路40号（4-6）楼
……………………… Tel：0574-87798018
宁波千乘达国际贸易有限公司
地址：宁波市江东区福明路828号（11-3）
……………………… Tel：0574-87813700
宁波蓝橙广告有限公司
地址：宁波市高新区光华路299弄4幢14-15、14-16
……………………… Tel：0574-87993991
宁波新概念礼品设计制造有限公司
地址：浙江省宁波市鄞州区梅墟工业区
……………………… Tel：0574-88483030
宁波卡西可制衣有限公司
地址：宁波市奉化区南山路153号
……………………… Tel：0574-88570258
浙江银泰西选电子商务有限公司
地址：浙江省杭州市下城区延安路528号3001-6室
……………………… Tel：0574-89119709
绍兴夏汉贸易有限公司
地址：绍兴市柯桥区柯岩街道新未庄
……………………… Tel：0575-81167790
浙江名扬影院管理有限公司
地址：浙江省绍兴市越城区越发大厦708室-1
……………………… Tel：0575-81508822
绍兴市上虞新华阳工艺品有限公司
地址：绍兴市上虞区曹娥街道花园中路

479号
…………………… Tel：0575–82216578
浙江金港汽车有限公司
地址：杭州湾上虞经济技术开发区
…………………… Tel：0575–82310568
绍兴市上虞区交通贸易有限公司
地址：浙江省绍兴市上虞区高铁新城称山北路306号上虞客运中心行政楼10层1002室（住所申报）
…………………… Tel：0575–82506720
绍兴市远足蜡业礼品有限公司
地址：绍兴市上虞区长塘镇后庄村
…………………… Tel：0575–82590889
绍兴畅逍提花针织有限公司
地址：绍兴市柯桥区钱清镇联兴村
…………………… Tel：0575–84096128
浙江中国轻纺城集团股份有限公司
地址：浙江省绍兴市柯桥区柯桥街道鉴湖路1号中轻大厦
…………………… Tel：0575–84135813
浙江炎中进出口有限公司
地址：绍兴县柯岩街道信心村
…………………… Tel：0575–84315086
浙江维艺实业股份有限公司
地址：绍兴市柯桥区滨海工业区兴滨路5828号
…………………… Tel：0575–84555780
浙江蜜瓜网络科技有限公司
地址：绍兴市柯桥区柯桥国贸中心（北区）13幢303室
…………………… Tel：0575–8517517
绍兴万达百货有限公司
地址：浙江省绍兴市柯桥区柯桥钱陶路799号万达广场百货楼5层
…………………… Tel：0575–85525531
绍兴天马新基业纺织品贸易有限公司
地址：绍兴市柯桥区马鞍镇姚家埠
…………………… Tel：0575–85627116
浙江丰岛股份有限公司
地址：浙江省新昌县梅渚镇兴梅大道87–2号
…………………… Tel：0575–86680025
浙江三毛红木工艺品有限公司
地址：诸暨市 浦镇工业区(楼童)
…………………… Tel：0575–87093868
浙江诸暨华安工艺品有限公司
地址：浙江省诸暨市暨阳街道城东路58号
…………………… Tel：0575–87107558
诸暨市开拓广告有限公司
地址：诸暨市暨阳街道占家山153号
…………………… Tel：0575–87283222
浙江天使之泪珍珠股份有限公司
地址：浙江省诸暨市山下湖珍珠产品加工园
…………………… Tel：0575–87687178
绍兴水城旅游股份有限公司
地址：浙江省绍兴市越城区延安路485号
…………………… Tel：0575–88369982
浙江毅腾足球发展有限公司
地址：浙江省绍兴市柯桥区柯华路958号
…………………… Tel：0575–88405563
浙江洁丽雅电子商务有限公司
地址：浙江省诸暨市陶朱街道诸三西路18号
…………………… Tel：0575–89097786
浙江嘉华印染有限公司
地址：绍兴市柯桥区滨海工业区
…………………… Tel：0575–89965690
台州市男人帮信息技术有限公司
地址：浙江省台州市温岭市太平街道北门街8弄1幢205–208室
…………………… Tel：0576–80681567
台州市正达灯饰有限公司
地址：台州市路桥区横街镇机场疏散道258号
…………………… Tel：0576–82645378
浙江润霖控股集团有限公司
地址：台州市路桥区峰江南新街
…………………… Tel：0576–82690888
浙江报恩网络科技有限公司
地址：天台县始丰街道兴法路11巷8号
…………………… Tel：0576–83751181
玉环美科文化传播有限公司
地址：玉环市龙溪镇陈岙村
…………………… Tel：0576–83880973
天台县协成工艺品有限公司
地址：浙江省台州市天台县赤城街道八都工业园区
…………………… Tel：0576–83966218
浙江裕足圣诞树有限公司
地址：台州市黄岩区黄椒路133 号
…………………… Tel：0576–84276588
浙江如意实业有限公司
地址：台州市黄岩区澄江仙浦喻
…………………… Tel：0576–84301097
台州市黄岩初阳礼品玩具有限公司
地址：浙江省台州市黄岩区澄江街道西工业园区
…………………… Tel：0576–84316218
浙江旭日工贸有限公司
地址：台州市黄岩沙埠镇念四都村
…………………… Tel：0576–84755818
台州市黄岩格瑞工艺品有限公司
地址：台州市黄岩区院桥镇繁荣村
…………………… Tel：0576–84833567
临海市博晔工艺品有限公司
地址：临海市江南街道汇丰北路36号
…………………… Tel：0576–85191916
临海立发工艺品有限公司
地址：浙江省台州市临海市江南外商投资区汇丰北路
…………………… Tel：0576–85198098
浙江鼎一工贸有限公司
地址：临海市大田街道朝阳村
…………………… Tel：0576–85997389
浙江台州东景礼品有限公司
地址：浙江省仙居县安洲街道工艺品城
…………………… Tel：0576–87817678
台州市明天礼品有限公司
地址：台州市椒江区枫南东路1515号
…………………… Tel：0576–88516222
台州市国际贸易有限公司
地址：台州市市府大道322号
…………………… Tel：0576–88533802
台州中基工艺品有限公司
地址：浙江省台州市海天苑4幢901室东–7室（仅限办公用）
…………………… Tel：0576–88675098
台州市椒江福友工艺礼品厂
地址：台州市椒江区章安柏树里村
…………………… Tel：0576–88985252
台州市椒江福友工艺礼品厂
地址：台州市椒江区章安柏树里村
…………………… Tel：0576–88985252
台州市椒江一江山岛战役遗址管理有限公司
地址：台州市椒江区一江山岛
…………………… Tel：0576–89052905
台州市亿嘉礼品有限公司
地址：临海市上盘北洋七路6号
…………………… Tel：0576–89115086
台州市亿嘉礼品有限公司
地址：临海市上盘北洋七路6号
…………………… Tel：0576–89115086
台州市泰澄电子科技有限公司
地址：临海市临海头门港新区北洋一路3号
…………………… Tel：0576–89222554
天台天音石材有限公司
地址：天台县赤城街道赤城路247号
…………………… Tel：0576–89357570
温州凯恩特种印刷有限公司
地址：温州市鹿城工业区奋飞路9号
…………………… Tel：0577–56706006
温州龙湾云泽商贸有限公司
地址：浙江省温州市龙湾城市中心区（永中街道镇北、寺西村）
…………………… Tel：0577–56706501
瑞安市中包国际贸易有限公司
地址：瑞安市飞云街道飞云新区（华联制药机械公司1#车间3楼）
…………………… Tel：0577–58766556
奥光动漫股份有限公司
地址：浙江省瑞安市安阳街道农行大厦六层
…………………… Tel：0577–58906318
温州富恒国际贸易有限公司
地址：苍南县龙港镇西城路示范工业园区富康综合大楼二楼
…………………… Tel：0577–59921988
温州市润佳印业有限公司
地址：浙江省温州市苍南县龙港镇龙湖路61–67号第八幢一层（温龙集团有限公司厂房内）
…………………… Tel：0577–59977599
浙江普尔工艺品有限公司
地址：浙江省温州市龙港市龙金大道仪邦工业区5幢14号
…………………… Tel：0577–59978988
浙江嘉禾农业发展有限公司
地址：乐清市城南街道良港西路64、66、68号
…………………… Tel：0577–61603836
浙江诺贝电子科技有限公司
地址：浙江省平阳经济开发区鞋业园区D区2幢
…………………… Tel：0577–63610656
温州飞扬工艺品有限公司
地址：平阳县鳌江镇兴鳌服饰园区2号楼A幢
…………………… Tel：0577–63637589
苍南县帝龙工艺品有限公司
地址：苍南县龙港镇朝北处村228号
…………………… Tel：0577–64197619
浙江巨诚印刷有限公司
地址：浙江省温州市苍南县龙港镇示范工业园区11号1楼
…………………… Tel：0577–64269888
浙江巨诚印刷有限公司
地址：浙江省温州市苍南县龙港镇示范工业园区11号1楼
…………………… Tel：0577–64269888
温州荣博日用品有限公司
地址：浙江省温州市龙港市温州礼品城二期A区一层305号
…………………… Tel：0577–64288039
苍南县正阳箱包有限公司
地址：苍南县龙港镇刘南村1108号
…………………… Tel：0577–64310816
温州市恒进文具礼品有限公司
地址：苍南县钱库镇项东村888号
…………………… Tel：0577–64491618
苍南县臻品工艺礼品有限公司
地址：浙江省温州市苍南县金乡镇朝阳路停车场内148–6号
…………………… Tel：0577–64565918
苍南县臻品工艺礼品有限公司
地址：浙江省温州市苍南县金乡镇朝阳路停车场内148–6号
…………………… Tel：0577–64565918
苍南县晨亮标牌有限公司
地址：苍南县金乡镇金余路1号
…………………… Tel：0577–64571816
苍南县万博礼品有限公司
地址：苍南县金乡环城东路168号
…………………… Tel：0577–64591999
温州市弘福法器制造有限公司
地址：苍南县灵溪镇大门四街51号
…………………… Tel：0577–64798266
温州英塑贸易有限公司
地址：苍南县灵溪镇百丈小区天竺路166号二楼
…………………… Tel：0577–64882699
温州永生工艺品有限公司
地址：瑞安市湖岭镇盐店村
…………………… Tel：0577–65486688
瑞安市五洲超市连锁有限公司
地址：瑞安市玉海街道万松路兴业一号楼
…………………… Tel：0577–65802988
浙江奥光工艺品制造有限公司
地址：浙江省瑞安市湖岭镇林溪张山庵
…………………… Tel：0577–65850771
浙江杰克巴乔鞋业有限公司
地址：瑞安市安阳街道瑞祥大道1100号三层
…………………… Tel：0577–66865400
浙江中宇竹木科技有限公司
地址：泰顺县司前畲族镇峰门新村
…………………… Tel：0577–67616001
浙江诠渡良品品牌管理有限公司
地址：永嘉县东瓯街道堡二村
…………………… Tel：0577–67989299
温州佳佳秀日用品有限公司
地址：浙江省温州市龙港市南城路1399号（浙江福慧数码科技有限公司厂房第1栋二层）
…………………… Tel：0577–68002608
温州圣朗达电子有限公司
地址：苍南县龙港镇兴 路58–112号（浙江泰港印业公司厂房A幢4楼）
…………………… Tel：0577–68099910
浙江佳宏文具礼品有限公司
地址：浙江省温州市苍南县钱库镇金鑫路以东、园区一路以南（温州佳诺工艺礼品有限公司内4幢）
…………………… Tel：0577–68115566
温州德龙包装制品有限公司
地址：浙江省温州市龙港市海西路9–99号第1号楼
…………………… Tel：0577–68526005
温州德龙包装制品有限公司
地址：浙江省温州市龙港市海西路9–99号第1号楼
…………………… Tel：0577–68526005
温州澜宇实业有限公司
地址：浙江省温州市苍南县龙港镇曙光工业园区5栋
…………………… Tel：0577–68582555
温州皓宇印业有限公司
地址：苍南县龙港镇小包装印刷工业园区6幢1号
…………………… Tel：0577–68609855
浙江福门包装有限公司
地址：浙江省苍南县龙港镇世纪大道仓前路99号1幢
…………………… Tel：0577–68619777
苍南县塔木德工艺品有限公司
地址：浙江省温州市苍南县龙港镇克拉名园1808室
…………………… Tel：0577–68632363
温州瓷爵士科技股份有限公司
地址：温州市龙湾区机场大道4142号（温州日兴光学眼镜有限公司内C幢南首）
…………………… Tel：0577–85500766
温州瓷爵士科技股份有限公司
地址：温州市龙湾区机场大道4142号（温州日兴光学眼镜有限公司内C幢南首）
…………………… Tel：0577–85500766
温州驿融建材有限公司
地址：浙江省温州经济技术开发区上江路198号经开区商务广场1幢502室–4号
…………………… Tel：0577–86666692
温州龙湾国际机场汉莎航空食品有限公司
地址：浙江省温州市龙湾区机场大道1号
…………………… Tel：0577–86898839
温州市圆梦圆网络科技有限公司
地址：温州市鹿城路499弄76号
…………………… Tel：0577–88558856
浙江奥鼎贸易有限公司
地址：浙江省温州市鹿城区大南路温州世贸中心2802室–8
…………………… Tel：0577–88619067
温州耳遥国际贸易有限公司
地址：温州市飞霞北路永诚公寓1幢201室西首
…………………… Tel：0577–88768230
温州荣乐国际贸易有限公司
地址：浙江省温州市龙湾区蒲州街道兴国路169号A幢202室
…………………… Tel：0577–88781185
温州市水产品对外贸易有限公司
地址：浙江省温州市十八家路31号五楼
…………………… Tel：0577–88842516
温州市晶品元食品有限公司
地址：温州市十八家29–31号1–2楼东南首
…………………… Tel：0577–88866898
温州洋帆贸易有限公司
地址：温州市六虹钢材市场12幢21号
…………………… Tel：057788877345
温州市东来门业有限公司
地址：浙江省温州市瓯海区泽雅镇戈恬路9号A幢第五层
…………………… Tel：0577–88898099
浙江百捷数码有限公司
地址：浙江省温州市电脑市场一楼D32号
…………………… Tel：0577–88930098
浙江绿缘电子商务有限公司
地址：温州市鹿城工业园区昆仑路72号A幢301室
…………………… Tel：057788976780
浙江金牛文化产业有限公司
地址：温州市沿江工业区68号（丘地号10649104–2–3）
…………………… Tel：0577–89792178
浙江宏拓实业有限公司
地址：浙江丽水市莲都区水阁工业区江南路780号
…………………… Tel：0578–2699987
浙江顺联网络科技有限公司
地址：浙江省丽水市缙云县东渡镇外街8号7楼
…………………… Tel：0578–3300333
景宁六江源茶业有限公司
地址：浙江省丽水市景宁畲族自治县红星街道正达阳光城第27幢107–108号
…………………… Tel：0578–5092508
云和县金茂工艺品有限公司
地址：浙江省丽水市云和县凤凰山街道新华街269–271号
…………………… Tel：0578–5113907
云和县新胜玩具有限公司
地址：浙江云和县凤凰山街道工业园区解放西街36–38号
…………………… Tel：0578–5381775
浙江金尔泰玩具有限公司
地址：浙江省丽水市云和县白龙山街道和信路318号
…………………… Tel：0578–5528859
庆元县方圆工艺品有限公司
地址：浙江省丽水市庆元县工业园区安南工业园区安溪区7号
…………………… Tel：0578–6138898
浙江鑫光竹木科技有限公司
地址：浙江庆元县庆元工业园区025–01–34、35号
…………………… Tel：0578–6389988
浙江泰运通家居礼品有限公司
地址：浙江省丽水市遂昌县东城工业园
…………………… Tel：0578–8185048
义乌广丰通田汽车销售服务有限公司
地址：浙江省义乌市后宅街道宗泽北路1058号
…………………… Tel：0579–81076666
浙江光合盛世家居用品股份有限公司
地址：浙江省金华市永康街697号亚泰公司大楼220室
…………………… Tel：0579–82065030
浙江银泰百货（金华）有限公司
地址：浙江省金华市婺城区解放东路168号
…………………… Tel：0579–82135096
金华市飞燕工艺制品有限公司
地址：浙江省金华市婺城区秋滨街道熟溪路988号
…………………… Tel：0579–82275018
金华市金盾实业有限公司
地址：浙江省金华市凤山路396号
…………………… Tel：0579–82342299
浙江玖源食品有限公司
地址：浙江省金华市婺城区东市北街1729号金华CRC文化创意园A–201Y
…………………… Tel：0579–82516099
金华骏宝行汽车销售服务有限公司

地址：浙江省金华市环城南路西段333号
Tel：0579-82680888

金华雅非奇工艺品有限公司
地址：浙江省金东经济开发区金山大道北253号3号楼
Tel：0579-82977789

金华市东正进出口有限公司
地址：浙江金东经济开发区东港北街466号办公大楼
Tel：0579-82981767

浦江不舍民宿管理有限公司
地址：浙江省浦江县虞宅乡马岭脚村7号
Tel：0579-83133082

金华未名信息科技园有限公司
地址：浙江省金华市婺城区金帆街276号北京大学（金华）信息科技园6幢107室
Tel：0579-83527881

浦江县金利工艺有限公司
地址：浙江省浦江县月泉东路855号
Tel：0579-84200562

浦江妞妞礼品有限公司
地址：浦江县体育场东路45号
Tel：0579-84202090

浙江枫丹白露纺织品有限公司
地址：浦江县中山特色工业园区
Tel：0579-84256618

浙江百川导体技术股份有限公司
地址：浙江省金华市浦江县仙华街道宝掌大道299号（自主申报）
Tel：0579-84312814

浦江海迪家纺有限公司
地址：浙江省浦江县金垒大道218号
Tel：0579-84512511

磐安通达礼品有限公司
地址：浙江省磐安县方前镇玛府街6号
Tel：0579-84631508

金华超帅礼品有限公司
地址：浙江省磐安县安文镇昌文路
Tel：0579-84660603

浙江凯宇工艺礼品有限公司
地址：浙江省磐安县安文镇联进村
Tel：0579-84676888

浙江凯宇工艺礼品有限公司
地址：浙江省磐安县安文镇联进村
Tel：0579-84676888

浙江金华广鸿礼品股份有限公司
地址：浙江省金华市磐安县安文镇壶厅三路
Tel：0579-84880719

森之物工艺品有限责任公司
地址：浙江省义乌市福田街道下骆宅振兴西路168-2号4楼
Tel：0579-85084516

义乌市赛浪工艺品有限公司
地址：浙江省义乌市佛堂镇达摩路140号3号楼1楼（自主申报）
Tel：0579-85690610

义乌市新彩虹工艺地毯有限公司
地址：浙江省义乌市佛堂镇彩云路11号
Tel：0579-85869922

浙江沙洲针织品有限公司
地址：浙江省义乌市义北工业园区
Tel：0579-85915788

义乌市派对服饰有限公司
地址：浙江省义乌市赤岸镇华川北路251号
Tel：0579-85992800

东阳市乐道工贸有限公司
地址：浙江省东阳市江北街道上卢社区上卢
Tel：0579-86750318

东阳市御乾堂宫廷红木家具有限公司
地址：浙江省东阳市城南西路218号1-6层
Tel：0579-86967111

永康市蓝芙商贸有限公司
地址：浙江省金华市永康市经济开发区学院北路171号第二层（自主申报）
Tel：0579-87070099

浙江千足经贸有限公司
地址：浙江省永康市华丰中路27-61号
Tel：0579-87186831

浙江瑞德玛科技有限公司
地址：浙江省金华市婺城区雅畈镇雅畈一村工业区
Tel：0579-87208202

永康市尚祺工贸有限公司
地址：浙江省永康市花街镇花街西大道298号3楼
Tel：0579-87293737

浙江富安锁业有限公司
地址：浙江省金华市永康市花街镇新川村（富新集团有限公司内第三幢）
Tel：0579-87539652

武义福多纳小额贷款有限公司
地址：浙江省金华市武义县武阳东路1号
Tel：0579-87627366

浙江浦江晶盛水晶有限公司
地址：浙江省浦江县宏业大道1688号-3B幢
Tel：0579-88720816

武义拓展工艺制品有限公司
地址：武义县桐琴镇倪桥村
Tel：0579-89089918

东阳市木番实业有限公司
地址：浙江省东阳市歌山镇象塘工业区1号3楼（自主申报）
Tel：0579-89329551

浙江星碧水晶有限公司
地址：浙江省浦江县星碧大道88号
Tel：0579-89382853

浙江超界集团有限公司
地址：浦江县永在大道666号
Tel：0579-89389361

浙江埃莉奥喏拉国际贸易有限公司
地址：浙江省浦江县中部水晶聚集区写字楼A幢第2层
Tel：0579-89397786

浙江华丽达塑料制品有限公司
地址：浙江省义乌市城西街道雪峰西路2289号
Tel：0579-89926391

金鹰工艺品有限公司
地址：浙江省义乌市经济开发区经发大道295号
Tel：0579-89938009

浙江卡汇电子商务有限公司
地址：浙江省义乌市稠江街道经发大道207号
Tel：0579-89949189

浙江舟山群岛新区淘文化科技发展有限公司
地址：舟山市定海区临城街道百川道11号202室
Tel：0580-2280794

舟山太平洋百货有限公司
地址：浙江省舟山市定海区解放西路106号
Tel：0580-2607661

舟山通惠全城电子商务有限公司
地址：中国（浙江）自由贸易试验区舟山市定海区舟山港综合保税区明珠广场B号楼108-9
Tel：0580-2915389

舟山多宝斋商贸有限公司
地址：舟山市普陀区东港街道昌正街82号昌正大厦1403室
Tel：0580-3817388

舟山桃花岛江湖旅游产业有限公司
地址：浙江省舟山市普陀区桃花镇塔湾金沙景区内
Tel：0580-6063793

浙江海博文化发展有限公司
地址：舟山市普陀区沈家门街道食品厂路103号503、504室
Tel：0580-6206797

舟山杉杉生活广场有限公司
地址：浙江省舟山市普陀区东港街道海印路850号杉杉普陀天地2幢301室
Tel：0580-6876339

舟山利鹏进出口有限公司
地址：浙江省舟山市定海区舟山港综合保税区明珠广场B号楼101-1（自贸试验区内）
Tel：0580-8176808

安徽省

文士科普（安徽）有限公司
地址：安徽省滁州市环滁西路29号
Tel：0550-3110015

滁州芙妮曼玩具有限公司
地址：安徽省滁州市全椒县襄河镇新南路25号
Tel：0550-5023388

凤阳县礼尚礼品商务有限公司
地址：安徽省滁州市凤阳县府城镇东华路
Tel：0550-6655588

安徽天康超市股份有限公司
地址：安徽省天长市天康东路20号
Tel：0550-7309966

天长市金桑园生态农业观光有限公司
地址：天长市铜城镇天铜公路东侧
Tel：0550-7766512

天长市佳悦工艺礼品有限公司
地址：安徽省天长市金集工业园区
Tel：0550-7918311

合肥金泉印务有限公司
地址：合肥市庐阳工业园金池路1136号
Tel：0551-5588393

合肥金泉印务有限公司
地址：合肥市庐阳工业园金池路1136号
Tel：0551-5588393

安徽圣龙书画投资集团有限公司
地址：安徽省合肥经开区桃花工业园金寨南路与天台路交口四方花苑商住楼3001室
Tel：0551-62145018

安徽乐美晨辉电子商务有限公司
地址：安徽省合肥市蜀山区经济开发区湖光路1299号电商园1幢7275室
Tel：0551-62158150

安徽弗恩教育咨询有限公司
地址：合肥市瑶海区全椒路信地步行街2栋326
Tel：0551-62226886

安徽海之星展览工程有限责任公司
地址：安徽省合肥市庐阳区安庆路天徽大厦B座1007号
Tel：0551-62610058

安徽启峰进出口贸易有限公司
地址：安徽省合肥市庐阳区舒城路11号省民主党派三楼305室
Tel：0551-62630735

合肥华博印务有限公司
地址：安徽省合肥市包河工业园区E3路2号
Tel：0551-62637428

合肥海之源广告有限公司
地址：安徽省合肥市经济技术开发区繁华大道北，翡翠路东凯旋公寓1216室
Tel：0551-62646183

合肥万能商务有限公司
地址：安徽省合肥市新站区濉溪路42号方圆华庭1幢502室
Tel：0551-62653338

合肥市轻工工艺品进出口有限责任公司
地址：安徽省合肥市美菱大道绿都商城E区107号12楼
Tel：0551-62655021

民盛创意礼品有限公司
地址：安徽省合肥市庐阳区阜南路166号润安大厦A座13层
Tel：0551-62859883

安徽辰元物业管理有限公司
地址：安徽省合肥市庐阳区寿春路211号
Tel：0551-62869993

安徽金赖商贸有限公司
地址：安徽省合肥市包河区马鞍山路与芜湖路交口万达广场7-1401室
Tel：0551-62875519

安徽省金桥拍卖有限责任公司
地址：合肥市蜀山区清溪路22号天一家园天一大厦2112室至2118室
Tel：0551-62915110

安徽特力星光金尊珠宝有限公司
地址：合肥市长江中路136号
Tel：0551-62930181

易汇网络股份有限公司
地址：安徽省合肥市包河工业区纬二路25号
Tel：0551-63362666

安徽时代旅游礼品有限公司
地址：安徽省合肥经济技术开发区引针路66号中环城C地块5幢3101室
Tel：0551-63452645

合肥喜狮贸易有限公司
地址：合肥市政务区南二环路3818号合肥天鹅湖万达广场1-8幢7-办409室
Tel：0551-63509039

安徽水安恒诚商贸有限公司
地址：安徽省合肥市经济技术开发区紫云路1288号
Tel：0551-63636026

合肥鸿鹤物业管理集团有限公司
地址：合肥市庐阳区临泉路与肥西路交汇处东南角广大商务中心办1204室
Tel：0551-63650063

合肥市福天礼品有限公司
地址：合肥市包河区互联网产业园12号楼108-110
Tel：0551-63654222

安徽一涵投资有限公司
地址：合肥市滨湖区徽州大道与扬子江路交口东南A2A3幢金融港中心A2A3幢A2-办1701室
Tel：0551-63675588

安徽鑫宾利商贸有限公司
地址：安徽省合肥市瑶海区铜陵路198号华业苑小区18幢203、303室
Tel：0551-63823888

安徽鑫宾利商贸有限公司
地址：安徽省合肥市瑶海区铜陵路198号华业苑小区18幢203、303室
Tel：0551-63823888

安徽协尔机械设备科技有限公司
地址：安徽省合肥市包河区芜湖路275号14幢403室
Tel：0551-63828950

安徽金杏林暖通设备有限公司
地址：安徽省合肥市庐阳区利辛路18号上城国际新城新界14幢商102、102上
Tel：0551-64225918

合肥明远扬营销策划有限公司
地址：安徽省合肥市新站区安徽大市场五期J幢四层402B号
Tel：0551-64229145

安徽美宝贸易有限公司
地址：合肥市瑶海区站西路君临大厦2817室
Tel：0551-64259464

安徽文化旅游投资集团有限责任公司
地址：安徽省合肥市高新区黄山路599号时代数码港
Tel：0551-64376984

安徽天成汽车贸易有限公司
地址：安徽省合肥市瑶海区汴河路以南国际汽车城
Tel：0551-64399278

合肥天石礼品有限公司
地址：合肥新站区当涂北路西侧格兰云天花园33幢809室
Tel：0551-64477974

安徽省体育旅行社
地址：安徽省合肥市包河区芜湖路99号
Tel：0551-64665754

安徽红土地软装艺术有限公司
地址：合肥市包河区徽州大道6699号滨湖时代广场G3幢G5幢G6幢及商业ABC区G5-2001
Tel：0551-64674412

安徽煋城商贸有限公司
地址：安徽省合肥市瑶海区全椒路与站前路交口乐富公寓5幢1328
Tel：0551-64694989

安徽瑞沅商业资产管理有限公司
地址：合肥市瑶海区长江东路1137号安徽圣大国际商贸中心3-501室
Tel：0551-64697120

合肥长江石油有限责任公司
地址：合肥市濉溪路310号翡丽时代广场商业综合楼B座703室
Tel：0551-65160325

安徽国购投资管理有限公司
地址：安徽省合肥市长江西路199-201号（安徽国际购物广场）
Tel：0551-65222222

中交传媒安徽有限公司
地址：合肥市庐阳区长江中路365号CBD中央广场2幢2210室
Tel：0551-65228862

安徽国金商业运营发展有限公司
地址：合肥市蜀山区梅山路18号
Tel：0551-65276666

安徽嘉铭贸易有限公司
地址：合肥市高新区柏堰科技园科学大道与习友路交口现代名苑6#705
Tel：055165300144

安徽省万事通金卡通科技信息服务有限公司
地址：合肥市瑶海区东一环与和平路交口东北角101号
Tel：0551-65373333

合肥琥珀家具有限责任公司
地址：合肥市瑶海区定远路与临泉路交口瑶海配送中心综合楼
Tel：0551-65398435

合肥震美家具有限公司
地址：安徽省合肥市政务区东流路新际商务中心A-512室
Tel：0551-65436108

合肥中睿文化传媒有限公司
地址：合肥市蜀山区望江西路69号印象西湖花园公建区东组团4-1805
Tel：0551-65506210

水孕新生科技有限公司
地址：合肥市肥西县紫蓬镇工业聚集区紫一路合肥丙尚包装产品有限公司宿舍楼
Tel：0551-65523189

中资创联区块链技术开发应用有限公司
地址：合肥市包河区徽州大道与扬子江路交口东南金融港中心A幢办601室
Tel：0551-65545679

安徽省博达传媒有限公司
地址：合肥市高新区创新大道2800号创新产业园二期F3-5
Tel：0551-65574111

安徽金运来文化传媒有限公司
地址：合肥市瑶海区长江东路1104号
Tel：0551-65580711

安徽煜煌大垄生态农业开发有限公司
地址：安徽省合肥市经济技术开发区高刘社区连环村路北村民组
Tel：0551-65589519

合肥时通贸易有限责任公司
地址：安徽省合肥市凤凰桥路1幢401室
Tel：0551-65604246

安徽港发印务有限公司
地址：安徽省合肥市庐阳工业园天河路356号
Tel：0551-65661345

合肥荣容融商贸有限公司
地址：长丰县双墩镇
Tel：0551-65842285

合肥汀汀后勤服务有限公司
地址：安徽省合肥市高新区创新大道与长江西路交口西南角投资创新中心塔楼办1612室
Tel：0551-65868388

安徽守家实业有限公司
地址：安徽省合肥市庐阳区临泉路4999号广大克拉广场511室
Tel：0551-65876423

合肥小林日用品有限公司
地址：安徽省合肥市高新区生物医药园支路99号

……………………… Tel：0551-65884599

合肥屈臣氏个人用品商店有限公司蜀山区华润五彩城分店
地址：安徽省合肥市蜀山区望江西路与合作化路交口西南角华润五彩城首层25号商铺
……………………… Tel：0551-65952886

安徽银利来网络有限公司
地址：合肥市蜀山区梅山路18号国际金融中心B座12楼
……………………… Tel：0551-65959883

安徽银利来网络有限公司
地址：合肥市蜀山区梅山路18号国际金融中心B座12楼
……………………… Tel：0551-65959883

安徽康标环保科技有限公司
地址：安徽省合肥市蜀山区长江西路478号松芝万象城A-811
……………………… Tel：0551-65994399

合肥迁源企业管理服务有限公司
地址：合肥市肥东县店埠镇南环路和顺雅苑1幢101-111室
……………………… Tel：0551-65998088

合肥天勤易方电子科技有限公司
地址：安徽省合肥市金寨路黄金广场3号楼804室
……………………… Tel：0551-67132700

安徽省永兴旅游工艺品有限公司
地址：安徽省合肥市龙岗开发区通达路义乌商城D楼4层
……………………… Tel：0551-67667390

安徽芙兰德文化传播有限公司
地址：合肥市蜀山区新产业园汶水路电商园3期1号楼B区3层
……………………… Tel：0551-68106055

安徽芙兰德品牌管理有限公司
地址：合肥市蜀山区新产业园湖光路1201号自主创新产业基地2期11栋3层
……………………… Tel：0551-68106055

安徽依家美越百货有限公司
地址：合肥市瑶海区长江东路宝业·东城时代广场商业G区
……………………… Tel：0551-68112555

巢湖市希安琦玩具有限公司
地址：安徽省合肥巢湖经济开发区濡须路8号
…………… Tel：0551-82856162-2001

合肥佳昕特密胺制品有限公司
地址：安徽省巢湖市经开区秀湖路与兴业大道交叉口工投·巢湖花山工业园A1号
……………………… Tel：0551-85203198

安徽省庐江县新叶工艺品有限公司
地址：安徽省合肥市庐江县石头镇胡井小学内
……………………… Tel：0551-87986996

安徽中鑫天下文化发展有限公司
地址：合肥市新站区鹿鸣山路与颍河路交口启创大厦1层102室
……………………… Tel：0551-8963952

安徽中鑫天下文化发展有限公司
地址：合肥市新站区鹿鸣山路与颍河路交口启创大厦1层102室
……………………… Tel：0551-8963952

安徽三联木艺包装有限公司
地址：安徽省蚌埠市锥子山路151号
……………………… Tel：0552-3029393

蚌埠耀莱腾龙蚌山影城管理有限公司
地址：安徽省蚌埠市汇金商业广场四层
……………………… Tel：0552-3338855

蚌埠名城造花有限公司
地址：安徽省蚌埠市怀远县淝南乡双沟街道3号院
……………………… Tel：0552-4015535

蚌埠市喜元国际大酒店有限公司
地址：安徽省蚌埠市东海大道4509号培训中心东侧1-3层商业部分
……………………… Tel：0552-7151199

芜湖明辉商业管理有限公司
地址：芜湖市鸠江区天门山东路58号（建材馆）
……………………… Tel：0553-2815127

芜湖新电新文化策划有限公司
地址：安徽省芜湖市鸠江经济开发区管委会大楼1151室
……………………… Tel：0553-3848928

芜湖太平洋塑胶有限公司
地址：芜湖市弋江区高新技术开发区长江南路166号
……………………… Tel：0553 5864817

芜湖瑞洲实业有限公司
地址：芜湖高新技术产业开发区205国道旁
……………………… Tel：0553-5887282

安徽安德利电子商务有限公司
地址：安徽省合肥市政务区怀宁路288置地广场C座38层
……………………… Tel：0553-6699012

安徽雄风百货广场有限公司
地址：安徽省芜湖市南陵县籍山镇利民北路
……………………… Tel：0553-6822160

安徽省首府文化投资有限公司
地址：安徽省芜湖市南陵县籍山镇陵阳西路
……………………… Tel：0553-6838888

安徽鑫志翔电子科技有限公司
地址：无为县高沟镇龙庵街道
……………………… Tel：0553-6868506

安徽徽艳文化传媒有限公司
地址：芜湖市弋江区外经德盛广场A3#楼4单元117、118室（申报承诺）
……………………… Tel：0553-8366537

安徽洁诺德塑胶包装有限公司
地址：安徽省淮南市凤台县桂集工业区
……………………… Tel：0554-2312681

安徽振华物业管理有限公司
地址：淮南经济技术开发区朝阳东路力达明和绿洲8栋1601号
……………………… Tel：0554-2695808

安徽茂合建筑工程有限公司
地址：安徽省淮南市大通区洞山东路888号九龙国际广场A2号楼9层
……………………… Tel：0554-6677520

安徽金象艺术品有限公司
地址：安徽省马鞍山市雨山区雨山经济开发区汤阳创业园1-1
……………………… Tel：0555-2303988

马鞍山惊鸿文化传媒有限公司
地址：马鞍山市雨山区九华西路1369号马鞍山青年电子商务产业园28栋
……………………… Tel：0555-2819977

马鞍山市惊鸿广告有限公司
地址：马鞍山市雨山区九华西路1369号28栋厂房
……………………… Tel：0555-2819977

雅士利乳业（马鞍山）销售有限公司
地址：安徽省马鞍山经济技术开发区红旗南路123号
……………………… Tel：0555-3705943

安徽六鸣装饰有限公司
地址：安徽省安庆市怀宁县高河镇育儿路祥和家园二期1栋门面101-102
……………………… Tel：0556-4218688

安徽慧泉投资有限公司
地址：安徽省安庆市怀宁县工业园
……………………… Tel：0556-4645788

大金新百百货股份有限公司
地址：安徽省安庆市人民路529号
……………………… Tel：0556-5512179

安庆市宜瑾网络科技有限公司
地址：安徽省安庆市开发区光彩大市场B6幢38号门面
……………………… Tel：0556-5512821

安徽金隆园食品股份有限公司
地址：安徽省安庆市宜秀区白泽工业园
……………………… Tel：0556-5809908

安庆百联购物中心有限公司
地址：安徽省安庆市大观区德宽路277号马山宾馆22幢
……………………… Tel：0556-5838120

安庆百联购物中心有限公司
地址：安徽省安庆市大观区德宽路277号马山宾馆22幢
……………………… Tel：0556-5838120

安庆益生活网络信息咨询有限公司
地址：安徽省安庆市开发区光彩大市场三期天柱山路82号
……………………… Tel：0556-5911799

安庆益生活网络信息咨询有限公司
地址：安徽省安庆市开发区光彩大市场三期天柱山路82号
……………………… Tel：0556-5911799

安庆琪美电子商务有限公司
地址：安徽省安庆市潜山市开发区天柱山科技园C10栋2号
……………………… Tel：0556-6598567

桐城市顺源塑料有限公司
地址：安徽省桐城市新渡镇
……………………… Tel：0556-6810366

安庆市七仙女土特产有限公司
地址：安徽省安庆市潜山经济开发区迎宾大道南环路0058号
……………………… Tel：0556-8222567

望江县惠龙挑花工艺品有限公司
地址：安徽省安庆市望江县华阳镇香茗山路169号
……………………… Tel：0556-8222567

安徽全城攻略网络科技发展有限公司
地址：宿州市高新技术产业开发区
……………………… Tel：0557-3053860

南京肯德基有限公司宿州万达广场餐厅
地址：安徽省宿州市　桥区拂晓大道东银河三路北交叉口万达广场一层及二层1080、1081A号商铺
……………………… Tel：0557-3638886

安徽儒意文化创意产业有限公司
地址：安徽省宿州市宿马园区东城北苑13栋307室
……………………… Tel：0557-3756888

宿州市兜兜猪网络科技有限公司
地址：安徽省宿州市金海街道邵王村
……………………… Tel：0557-3908110

安徽省孚众建设投资有限公司
地址：亳州市谯城区西外环路
……………………… Tel：0558-5568555

阜南县金地柳木工艺品有限公司
地址：安徽省阜阳市阜南县郜台乡保庄圩
……………………… Tel：0558-6029992

阜南县利民工艺品有限公司
地址：安徽省阜阳市阜南县黄岗镇工业园区
……………………… Tel：0558-6816958

阜南县金源柳木工艺品有限公司
地址：安徽省阜阳市阜南县黄岗柳编大市场
……………………… Tel：0558-6818168

黄山市宇昌微藻有限公司
地址：黄山市屯溪区黄山经济开发区徽光路106号二期厂房
……………………… Tel：0559-2315598

黄山市金太阳置业投资集团有限公司
地址：黄山市屯溪区屯光大道22-1号
……………………… Tel：0559-2357811

黄山市亿利宏业包装制品有限公司
地址：安徽黄山工业园区
……………………… Tel：0559-5298721

黄山市亿利宏业包装制品有限公司
地址：安徽黄山工业园区
……………………… Tel：0559-5298721

黄山市洁惠日用品有限公司
地址：歙县经济开发区扬光路1号
……………………… Tel：0559-6527503

黟县宇仁建设投资有限公司
地址：安徽省黄山市黟县县城沿河西路建行营业间
……………………… Tel：0559-8512106

淮北市新中原商业发展有限责任公司
地址：安徽省淮北市淮海路139号城市广场11层C座
……………………… Tel：0561-3886203

淮北市新中原商业发展有限责任公司
地址：安徽省淮北市淮海路139号城市广场11层C座
……………………… Tel：0561-3886203

铜陵新九鼎铜文化产业有限公司
地址：安徽省铜陵市铜陵经济技术开发区泰山大道951号
……………………… Tel：0562-2190933

铜陵华瑞服装有限责任公司
地址：安徽省铜陵市郊区私营工业园
……………………… Tel：0562-2626058

铜陵援民园绿色科技有限责任公司
地址：铜陵市翠湖三路1199号院内厂房A（老家经贸公司内）
……………………… Tel：0562-2651613

铜陵精达电子商务有限责任公司
地址：安徽省铜陵市经济技术开发区黄山大道北段988号科技楼一楼
……………………… Tel：0562-2688665

铜陵源丽电子化学品有限公司
地址：安徽省铜陵市义安区五松镇翠湖六路
……………………… Tel：0562-5868085

铜陵市青铜时代铜艺术有限公司
地址：安徽省铜陵市铜官区农林村
……………………… Tel：0562-7126108

宣城乔兴工艺品有限公司
地址：安徽省宣城市宣州区狸桥经济开发区水晶产业园C区8号2单元
……………………… Tel：0563-2021383

安徽省泾县双联工艺品有限责任公司
地址：安徽省宣城市泾县榔桥镇榔桥街道
……………………… Tel：0563-2388378

安徽燕青宣纸文创股份有限公司
地址：安徽省宣城市泾县泾川镇泾县经济开发区桃花潭东路13号
……………………… Tel：0563-5091999

郎溪县百大台客隆百货有限公司
地址：郎溪县建平镇涛峰路258号
……………………… Tel：0563-5230888

郎溪县百大台客隆百货有限公司
地址：郎溪县建平镇涛峰路258号
……………………… Tel：0563-5230888

安徽鸿艺宣纸工艺品有限公司
地址：安徽省宣城市泾县丁家桥镇李元村周村
……………………… Tel：0563-5703999

安徽三农恒业电子商务有限公司
地址：广德县经济开发区荆汤路609号电子商务产业园内
……………………… Tel：0563-6050555

霍邱县巾华商贸有限公司
地址：安徽省六安市霍邱县城关光明大道南段
……………………… Tel：0564-2736933

六安荣轩物业服务有限公司
地址：安徽省六安经济技术开发区新加坡御苑24号楼602室
……………………… Tel：0564-3225928

安徽航旅科技有限公司
地址：安徽省六安经济技术开发区皖西大道红叶时代广场20楼
……………………… Tel：0564-3313388

安徽华安发展控股集团有限公司
地址：安徽省六安市承接产业转移集中示范园区（示范园区）
……………………… Tel：0564-3633399-8068

霍邱县华安达旅游制品有限公司
地址：安徽省六安市霍邱县城关镇城北村工业园
……………………… Tel：0564-6073008

安徽省天艺工艺品有限公司
地址：安徽省六安市金寨县经济开发区中小企业创业园
……………………… Tel：0564-7358528

安徽银杏旅游发展有限公司
地址：安徽省池州市青阳县蓉城镇木镇路三一八国道北侧
……………………… Tel：0566-5020546

福建省

福建博得康实业有限公司
地址：平潭县潭城镇西航路中段东侧西和园6幢5-601号
……………………… Tel：0591-2111111

福州汇益家居用品有限公司
地址：闽侯县甘蔗街道墩园洲工业区新浦路1号
……………………… Tel：0591-22075733

闽侯县博来工艺品有限公司
地址：闽侯县甘蔗镇陈店湖工业区
……………………… Tel：0591-22076569

福州麦吉工艺品有限公司
地址：福州市鼓楼区华大街道华林路166号经贸大厦11层314号房
……………………… Tel：0591-22076792

福州美和生活贸易有限公司
地址：福建省福州市闽侯县甘蔗街道滨江西大道6号1#楼一层
……………………… Tel：0591-22079871

闽侯县金隆工艺品有限公司
地址：闽侯县甘蔗镇陈店湖工业区
……………………… Tel：0591-22079983

福州金熹工艺品有限公司
地址：福建省闽侯县尚干镇祥宏中路138号
……………………… Tel：0591-22260086

福建省闽清昌宏电器有限公司
地址：福建省福州市闽清县白中镇白金东路3号工业园区科技孵化器1#5层
……………………… Tel：0591-22338656

闽侯县十美工艺品厂
地址：闽侯县荆溪镇徐家村光明下宅37号
……………………… Tel：0591-22619616

福建省毅成投资发展有限公司
地址：福州市鼓楼区鼓西街道西洪路与湖头街交叉口处福禄寿花园2#楼201单元
……………………… Tel：0591-22628338

福州阳涵工贸有限公司
地址：福建省福州市闽侯县南屿镇高岐村高岐工业区闽侯县双良机电设备有限公司厂房2层
……………………… Tel：0591-22813288

福州市华韵养老服务有限公司
地址：福建省福州市闽侯县科技东路3号福州高新区海西高新技术产业园创新园10#楼1层146室
……………………… Tel：0591-22868815

福州天福茗茶销售有限公司
地址：福建省福州市闽侯县上街镇国宾大道199号
……………………… Tel：0591-22877962

喜运来（福州）纸制礼品有限公司
地址：福州闽侯县甘蔗街道南山村铁岭工业集中区二期
……………………… Tel：0591-22917508

福州弘博工艺有限公司
地址：闽侯县甘蔗街道滨江西大道8号
……………………… Tel：0591-22917803

闽侯闽兴编织品有限公司
地址：闽侯县白沙镇
……………………… Tel：0591-22955835

福州欣博工艺品有限公司
地址：闽侯县鸿尾乡超　村工业区
……………………… Tel：0591-22970381

闽侯县财超工艺制品有限公司福建自贸试验区福州片区分公司
地址：福建省福州保税区综合大楼15层A区-A0102（自贸试验区内）
……………………… Tel：0591-22997872

福州统领文具礼品有限公司
地址：福建省闽侯县上街镇
……………………… Tel：0591-23535839

福州康特捷机电有限公司
地址：永泰县城峰镇马洋工业集中区二期4-1号平台
……………………… Tel：0591-24878396

福建国帆礼品有限公司
地址：福州市鼓楼区杨桥路宏杨新城4座6B单元
……………………… Tel：0591-26306666

福州东免免税品有限公司

地址：福州长乐国际机场候机楼国际厅
……Tel：0591-28014028

福建省南方新能源科技集团有限公司
地址：福建省福州市晋安区二环中路斗门红星花园二号5-8层701室
……Tel：0591-28023596

福州锦顺电子有限公司
地址：福州市仓山区建新镇后巷路2号
……Tel：0591-28056520

福清市恒鑫贸易有限公司
地址：福建省福州市福清市音西街道音西村福清市金鹰酒店有限公司金鹰公寓酒店1012室
……Tel：0591-28389989

福建兴隆发投资有限责任公司
地址：福建省福州保税区综合大楼15层A区-0041（自贸试验区内）
……Tel：0591-38128083

福州国美电器有限公司
地址：福州市晋安区华林路366号隆盛小区一号楼一至四层
……Tel：0591-38129500

福建省林记珠宝贸易有限公司
地址：福建省福州市鼓楼区东街96、98号东方大厦1楼05店面
……Tel：0591-38173689

福建御用管家家政服务有限公司
地址：福建省福州市鼓楼区五四路158号环球广场30层03室右侧第一间
……Tel：0591-38180666

福州云飞编织品有限公司
地址：闽侯县鸿尾乡
……Tel：0591-62099924

福建省海都公众服务股份有限公司
地址：福州市闽侯县甘蔗街道校园路52号
……Tel：0591-63395057

福建省越洋集团有限公司
地址：福州市鼓楼区古田路22号
……Tel：0591-63511580

福建天映世纪商贸有限公司
地址：福建省福州市台江区鳌峰街道连江中路318号2#-1层-B区
……Tel：0591-83201755

福建省模世能文化传播有限公司
地址：福建省福州市台江区新港街道鸿雁大厦8层
……Tel：0591-83256670

福州华之缘工艺品有限公司
地址：福州市鼓楼区鼓西路380号东胜大厦1座607室
……Tel：0591-83263355

福州东西电子商务有限公司
地址：福建省福州市仓山区建新镇百花洲路11号金山鼓楼工业园2号楼3层
……Tel：0591-83299866

福州力丰工艺品有限公司
地址：福州市鼓楼区安泰街道古田路9号福胜大厦10层507单元（广场明珠10G）
……Tel：0591-83300336

福州朗迪特进出口贸易有限公司
地址：福州市仓山区金山街道浦上大道216号福州仓山万达广场C区C3号楼8层10办公
……Tel：0591-83321235

福州市二轻供销公司
地址：福州市台江区八一七中路965号
……Tel：0591-83323995

福州新雅图网络科技有限公司
地址：福州市台江区五一中路与群众路交叉口西北角1号楼源利明珠30层3006室
……Tel：0591-83330057

福建锦绣传媒集团股份有限公司
地址：福建省福州市闽侯经济技术开发区南边路1-1号试制车间4楼401
……Tel：0591-83333958

福建锦绣堂书画艺术品有限公司
地址：福建省福州市鼓楼区杨桥东路7号中闽大厦D座6层
……Tel：0591-83333958

福州兴联汇都贸易有限公司
地址：福州市台江区广达路68号金源大广场东区17层A单元
……Tel：0591-83379517

福州叶下塑革有限公司
地址：福州市仓山区盖山镇叶厦村163号
……Tel：0591-83421368

福州澳贝尔贸易有限公司
地址：福州市仓山区六一南路259号
……Tel：0591-83443083

福建两岸茶业文化有限公司
地址：连江县凤城镇凤园路327号天和城14#16号
……Tel：0591-83562351

福建超创实业有限公司
地址：福州市台江区鳌峰街道光明南路西侧与曙光支路北侧交叉处恒丰大厦6层603办公-1
……Tel：0591-83568383

福建大世界企业集团有限公司
地址：福州市广达路68号金源大广场28层JK室
……Tel：0591-83568608

福州开发区旺盛达贸易有限公司
地址：福州市马尾区济安新村8号楼603单元（自贸试验区内）
……Tel：0591-83618806

福州丽宇贸易有限公司
地址：福州市鼓楼区旧米仓新村3#楼8层409、410单元
……Tel：0591-83623112

磐盛（福州）贸易有限公司
地址：福州市晋安区福马路161号福百祥壹玖伍捌文化创意园1号楼2层1-207C
……Tel：0591-83625856

磐盛（福州）贸易有限公司
地址：福州市晋安区福马路161号福百祥壹玖伍捌文化创意园1号楼2层1-207C
……Tel：0591-83625856

福建荣捷达贸易有限公司
地址：福建省福州市晋安区新店镇秀山工业区一号三层
……Tel：0591-83768155

德诚珠宝集团有限公司
地址：福州市长乐区鹤上珠宝创意园999号
……Tel：0591-83855998

日暮里保健礼品（福建）有限公司
地址：福清市融侨经济技术开发区福玉中路
……Tel：0591-85365718

万家乐家居装饰（福建）有限公司
地址：福建省福州保税港区自由贸易区监管大楼附属楼2层211室166区间（福清市新厝镇新江路9号）（自贸试验区内）
……Tel：0591-85465888

必高家具（福建）有限公司
地址：福建省福州市福清市音西街道洋浦村福人大道融商大厦30层3007办公室
……Tel：0591-85938188

福清市虹达贸易有限公司
地址：福清市龙山街道龙东村龙山东6号
……Tel：0591-86072558

泉州迈康商贸有限公司
地址：福建省泉州市晋江市梅岭街道五店市传统街区052号
……Tel：0591-86161557

福州冠恒华瑞资产管理有限公司
地址：福建省福州市台江区宁化街道江滨西大道东北侧海西金融大厦26层10办公
……Tel：0591-86279666

福建花田咏春商贸有限公司
地址：福州市仓山区浦上大道万达广场C3座1701室
……Tel：0591-86390496

福建未来生活网络科技有限公司
地址：福建省福州市仓山区建新镇金山大道618号金山工业区桔园洲园67号楼4层B区09室
……Tel：0591-86397535

福建兴汇林投资有限公司
地址：福建省福州市仓山区螺洲镇杜园路12号海峡西岸国际物流商贸城13号楼1层05单元
……Tel：0591-87278601

福建嘉禾源水产品有限责任公司
地址：福州市长乐区松下镇松下港
……Tel：0591-87319160

福州福田工艺品有限公司
地址：福州市鼓楼区东大路88号建闽大厦5楼(生产场所：福州市仓山区盘屿路854号福湾工业园)
……Tel：0591-87503653

福建省工美创意设计有限公司
地址：福州市鼓楼区五一北路42号4层403
……Tel：0591-87504316

福建天成集团有限公司
地址：福州市鼓楼区五四路75号营业厅17层
……Tel：0591-87529909

福建东百集团股份有限公司
地址：福建省福州市鼓楼区八一七北路84号-185号（除178-1号）
……Tel：0591-87556786

福建恒美佳贸易有限公司
地址：福州市西洪路西洪小区1#、2#一层
……Tel：0591-87590000

福建博动文化传播有限公司
地址：福州市马尾区快安路8号6-3房（自贸试验区内）
……Tel：0591-87611058

八十五度（福州）餐饮管理有限公司
地址：福州市鼓楼区西洪路33号湖滨邮电小区8号楼连体一层
……Tel：0591-87621339

集珍坊（福建）网络科技有限公司
地址：福建省福州高新区海西高新科技产业园创业大厦23层2333室
……Tel：0591-87621635

吉美乐（福州）贸易有限公司
地址：福州市晋安区新店镇西园村692号2#楼二层205室
……Tel：0591-87666299

福建大地北斗信息技术有限公司
地址：福建省福州市晋安区新店镇坂中路6号泰禾城市广场（二期）5#、5a#楼5层16办公
……Tel：0591-87717609

福州中旅旅游汽车有限公司
地址：福州市仓山区下渡街道南江滨西大道96号港头商务中心（港头广场）2#楼9层21商务办公
……Tel：0591-87718626

福州东矿贸易有限公司
地址：福州市晋安区湖塘路22号福州南方钢材物流中心1座06号
……Tel：0591-87719881

福建铁路广告传媒有限责任公司
地址：福建省福州市晋安区秀峰路188号闽台广告创意园3#3A
……Tel：0591-87723618

福州广信食品有限公司
地址：福建省福州市晋安区新店镇坂中路6号泰禾广场（一）期2#楼21层27办公
……Tel：0591-87765053

福建省西湖宾馆
地址：福州市华林路11号
……Tel：0591-87857008

福州九尚商贸有限公司
地址：福建省福州市闽侯县南屿镇乌龙江南大道79号信通国际中心A地块3#楼19层1911办公
……Tel：0591-87892801

福州寿山石文化艺术品产权交易所股份有限公司
地址：福州市晋安区福新中路77号一栋三楼一号
……Tel：0591-87902557

福建云布施集团有限公司
地址：福建省福州保税区综合大楼15层A区-0584（自贸试验区内）
……Tel：0591-87912505

福建创益贸易有限公司
地址：福建省福州市马尾区快安路8号创新楼201Z#室（自贸试验区内）
……Tel：0591-87953222

福建省闽渝港贸易有限责任公司
地址：福建省福州市鼓楼区三坊七巷塔巷75号-2
……Tel：0591-88008799

福建勃莱特彩焰工艺品有限公司
地址：闽侯县竹岐乡苏洋村
……Tel：0591-88011099

福建勃莱特彩焰工艺品有限公司
地址：闽侯县竹岐乡苏洋村
……Tel：0591-88011099

福建翌青禾信息科技有限公司
地址：福建省福州市仓山区建新镇百花洲路16号（金山工业集中区浦上片仓山园）1#楼518-5
……Tel：0591-88032386

福建慧亿供应链管理有限公司
地址：福清市音西街道洋埔村福人大道融商大厦1007办公室
……Tel：0591-88079111

福建省汇通天下投资发展有限公司
地址：福州市鼓楼区五一北路171号新都会花园广场三层
……Tel：0591-88088726

瀚海无限（福建）网络科技有限公司
地址：福建省福州市晋安区鼓山镇福马路504号福州市科技信息中心大楼B区五层B506室
……Tel：0591-88231913

百胜餐饮（福州）有限公司
地址：福建省福州市鼓楼区五四路118号三盛国际中心21层01，02，03，05，12，13办公
……Tel：0591-88368136

福建万源投资有限公司
地址：福州市鼓楼区温泉支路39号温泉宾馆12号楼内
……Tel：0591-88388670

福建中悦实业有限公司
地址：福建省福州市鼓楼区华林路19号北大综合楼四层01室
……Tel：0591-88555656

福州永祥汇商业管理有限公司
地址：福建省福州市仓山区南江滨西大道26号鸿博江城锦绣裙楼二层14室
……Tel：0591-88599589

福建红点生活艺术品有限公司
地址：福建省福州市仓山区建新镇金工路1号海峡创意产业园1号楼2层1203单元
……Tel：0591-88601999

福州邦正贸易有限公司
地址：福州市鼓楼区五一北路186号利嘉大世界-1层第85号
……Tel：0591-88610616

福建铨泰兴贸易有限公司
地址：福州市马尾区君竹路83号科技发展中心大楼八层817室（自贸试验区内）
……Tel：0591-88628893

福建盛世福源实业有限公司
地址：闽侯县南屿镇南井村新桥头2号二层
……Tel：0591-88687788

福建智网通网络有限公司
地址：福建省福州市鼓楼区软件大道89号福州软件园F区1号楼7层
……Tel：0591-88833888

宝丽星股份有限公司
地址：上海市浦东新区川宏路528号
……Tel：0592-5039287

泉州市福满工艺美术有限公司
地址：泉州台商投资区张坂镇上塘村
……Tel：0592-5106085

福建省福源集团公司
地址：福建省厦门市思明区莲前西路209号福源大厦7楼AB单元
……Tel：0592-5191909

龙岩市泽祥旅游开发有限公司
地址：福建省漳平市永福镇福里村供销社办公楼后面B4号自建房一层
……Tel：0592-5796555

龙海市渊源工艺品有限公司
地址：龙海市港尾镇格林村
……Tel：0592-8476190

福建惠安鑫藤石材制品有限公司
地址：惠安县涂寨镇曾厝工业区
……Tel：0592-87239618

福建八方红茶业有限公司
地址：福安市社口镇利岔村南山1号
……Tel：0593-2078678

福建宁邦商贸有限公司
地址：宁德市蕉城区城东路下道尾东兴花苑1号楼B302室
……Tel：0593-2816366

福建省宁德市华闽进出口有限公司
地址：宁德市蕉城环城路132号
……Tel：0593-2838265

古田县嘉泰贸易有限公司
地址：古田县城西街道城西路9号金田佳园10幢11号店
……Tel：0593-3863955

寿宁县鑫润房地产开发有限公司
地址：寿宁县鳌阳镇胜利街日升大厦三层F区
……Tel：0593-5517999

福建永隆实业集团有限公司
地址：福安市秦溪洋工业园区
……Tel：0593-6512366

福安市维美工艺品有限公司
地址：福安市秦溪洋工业区吉安路
……Tel：0593-6867776

福鼎市金磊石业有限公司
地址：福鼎市白琳镇金山路117号
……Tel：0593-7371105

莆田市华鑫盛发展有限公司
地址：莆田市荔城区红星美凯龙全球家居生活MALL（莆田店）2#605号
……Tel：0594-2202228

福建省尚都贸易有限公司
地址：莆田市荔城区红星美凯龙全球家居生活MALL（莆田店）2#1509
……Tel：0594-2202228

福建省裕方电商管理有限公司
地址：福建省莆田市荔城区镇海办英龙居委会八二一街319号219室
……Tel：05942267991

福建数贸电子商务服务有限公司
地址：福建省莆田市荔城区拱辰街道东园路新日财富广场A座1601室
……Tel：0594-2603388

莆田市众源腾建材贸易有限公司
地址：莆田市荔城区拱辰街道福厦路与东圳路交叉口西北侧-红星美凯龙全球家居生活Mall（莆田店）四楼D8076/D8077/D8078/D8079/D8080/D8087/D8088/D8089/D8090
……Tel：0594-2777676

福建省雕艺宝电子商务有限公司
地址：福建省莆田市城厢区龙桥街道龙桥社区东园路三组团二楼
……Tel：0594-2923666

莆田新智电子有限公司
地址：莆田市涵江区赤港华侨经济开发区
……Tel：0594-3793216

莆田市诚信礼品有限公司
地址：莆田市秀屿区东庄镇马厂村马厂338号
……Tel：0594-5596898

福建省上品橼家居有限公司
地址：仙游县榜头镇龙腾村仙榜路北侧
……Tel：0594-7758888

仙游县兴隆工艺品有限公司
地址：福建省莆田市仙游县赖店镇赖店村霞阳105
……Tel：0594-8663699

仙游鑫伟业商业管理有限公司
地址：福建省莆田市仙游县度尾镇中岳村艺雕路168号
……Tel：0594-8886888

泉州东南树脂有限公司

地址：泉州市洛江区双阳华侨经济区鹏山园区
……Tel：0595-22065333

福建省惠金建筑装饰工程有限公司
地址：福建省泉州市惠安县螺阳镇世纪大道溪畔阳光B幢602号
……Tel：059522196208

泉州市凸凹工业设计有限公司
地址：泉州市丰泽区泉秀街道泉秀路现代家具广场C馆3楼318
……Tel：0595-22256660

泉州久益轻工有限公司
地址：泉州市丰泽区浔美工业区B5
……Tel：0595-22377561

泉州鸿达工艺有限公司
地址：泉州市鲤城区浮桥镇罐头厂边
……Tel：0595-22427388

泉州鸿星沃登卡商贸有限公司
地址：福建省泉州市鲤城区南环路1398#鸿星沃登卡集团四楼第二间
……Tel：0595-22487000

福建太古广告有限公司
地址：泉州市丰泽区田安路华尔顿大厦8楼F座
……Tel：0595-22500788

泉州荣利发工艺礼品有限公司
地址：泉州市洛江区塘西工业区
……Tel：0595-22637898

泉州荣利发工艺礼品有限公司
地址：泉州市洛江区塘西工业区
……Tel：0595-22637898

泉州天勤艺品有限公司
地址：泉州市丰泽区北峰工业区丰顺路9号
……Tel：0595-22648166

泉州艾迪礼品有限公司
地址：泉州市丰泽区清源街道环清村290号
……Tel：0595-22770999

福建环兴堂生态茶业有限公司
地址：福建省泉州经济技术开发区智泰路7号雷恩公司A幢六层
……Tel：0595-22796568

泉州市鸿佳复合材料有限公司
地址：福建省泉州市南安市霞美镇创新路光电信息产业基地光伏二路
……Tel：0595-22881048

泉州新万宝工艺礼品有限公司
地址：泉州市丰泽区北峰街道工业区丰盈北路20号
……Tel：0595-22890966

福建省崇裕纳米工贸有限公司
地址：泉州市丰泽区北峰潘山普贤路口
……Tel：0595-22892257

福建高利宝装饰礼品有限公司
地址：泉州市丰泽区东海滨城工业园EA-21
……Tel：0595-22902808

实达工艺（泉州）有限公司
地址：泉州市东海滨城工业区
……Tel：0595-22918778

安溪宏迪工艺有限公司
地址：安溪城区工业区
……Tel：0595-23260958

安溪宏迪工艺有限公司
地址：安溪城区工业区
……Tel：0595-23260958

福建安溪星辉工艺品有限公司
地址：安溪县凤城镇吾都工业区
……Tel：0595-23272635

安溪新唐信家俱有限公司
地址：安溪县凤城镇吾都工业区
……Tel：0595-23279810

泉州恒星集团有限公司
地址：安溪县西坪镇安平路182号
……Tel：0595-23419888

福建安溪合兴工艺品有限公司
地址：福建省泉州市安溪县尚卿乡翰卿村东山41号
……Tel：0595-23488588

福建泉州兴达集团有限公司
地址：福建省德化县龙浔镇浔南西路223号
……Tel：0595-23515658

福建省德化县优扬工艺品有限公司
地址：福建省泉州市德化县浔中镇城东工业项目区
……Tel：0595-23522887

福建省德化龙峰陶瓷有限公司
地址：浔中镇浔中村东坑垅（龙鹏工业园）
……Tel：0595-23522984

福建省泉州伟盛集团有限公司
地址：德化县浔中镇浔中村西墩
……Tel：0595-23556876

福建省德化友盛陶瓷有限公司
地址：龙浔镇金锁新村20号
……Tel：0595-23558058

泉州德化县嘉欧利工艺品有限责任公司
地址：泉州市德化县浔中镇城东工业区
……Tel：0595-23578188

福建省德化真泰尔陶瓷有限公司
地址：三班镇泗滨村
……Tel：0595-23578668

福建省德化百合工艺品有限公司
地址：福建省泉州市德化县三班镇东山村
……Tel：0595-23578999

福建省德化福杰陶瓷有限公司
地址：福建省泉州市德化县浔中镇诗墩四路15号
……Tel：0595-23580516

泉州永春梅源工艺品有限公司
地址：永春县榜德工业园区
……Tel：0595-23869550

福建乐生活文化发展有限公司
地址：福建省泉州市晋江市西园街道赖厝北区94号
……Tel：059523893111

德化县飞越工贸发展有限公司
地址：泉州市德化县宝美开发区
……Tel：0595-25384969

泉州闽新包装有限公司
地址：南安市省新镇省新村
……Tel：0595-26536666

环球石材（福建）有限公司
地址：福建省南安市水头镇福山二期项目区
……Tel：0595-26907828

南安市恒美石业有限公司
地址：南安市滨海项目区
……Tel：0595-26928000

福建晟宇建材有限公司
地址：福建省泉州市南安市水头镇永泉山工业区御锦路6号
……Tel：0595-26994999

泉州市恒生工艺礼品有限公司
地址：泉州市惠安县惠南工业区
……Tel：0595-27309978

泉州永发线带有限公司
地址：惠安县城南工业区
……Tel：0595-27582255

泉州市雅博电子商务有限公司
地址：泉州市丰泽区丰泽街中段煌星大厦C区917室
……Tel：0595-28031670

中钜（福建）珠宝首饰有限责任公司
地址：泉州市丰泽区田安路中段西侧千亿大厦E3
……Tel：0595-28167277

泉州环湾文化体育投资有限公司
地址：福建省泉州市丰泽区东湖街侨乡体育馆综合楼5楼
……Tel：0595-28389995

泉州协升科技有限公司
地址：泉州台商投资区东园镇群青村惠南工业区
……Tel：0595-36367717

鑫威（福建）轻工有限公司
地址：晋江市陈埭镇洋埭永埔工业区
……Tel：0595-68106608

晋江市佳福化纤实业有限公司
地址：福建省泉州市晋江市龙湖镇陈店村龙英路2115号
……Tel：0595-68862696

福建省锐驰电子科技有限公司
地址：中国泉州特种汽车基地一期规划C-09地块内
……Tel：0595-82038999

福建龙鼎化工有限公司
地址：晋江市青阳街道崇德路273号工行大厦主楼第十四层D1区
……Tel：0595-82665857

福建省超盛化工工贸有限公司
地址：晋江市青阳崇德路273号工行大厦主楼第14层A区
……Tel：0595-82669366

翰东（福建）文体用品有限公司
地址：晋江市龙湖镇埔锦村
……Tel：0595-83927888

晋江大马礼品有限公司
地址：晋江市安海镇安平工业综合开发区第3区第13#小区7号
……Tel：0595-85528305

晋江大马礼品有限公司
地址：晋江市安海镇安平工业综合开发区第3区第13#小区7号
……Tel：0595-85528305

福建省晋江陶瓷编织工艺厂
地址：东石四居工业区
……Tel：0595-85585878

福建省起恒景观工程有限公司
地址：晋江市东石镇金厩村西区360号
……Tel：0595-85586677

福建瀚马进出口贸易有限公司
地址：福建省泉州市晋江市梅岭街道万达广场商业综合体3栋B座B2007室
……Tel：0595-85687025

福建省晋江华源石材有限公司
地址：晋江市磁灶镇香埔头
……Tel：0595-85881415

泉州市闽之星电子商务有限公司
地址：晋江市磁灶镇新　村福新西路164号
……Tel：0595-85885359

福建省泉州远泰石业有限公司
地址：晋江市磁灶镇福厦路206段
……Tel：0595-85951258

晋江市池店镇恒毅鞋塑工艺品有限公司
地址：晋江市池店镇潘湖
……Tel：0595-85958336

晋江市宏盛工艺品有限公司
地址：晋江市池店镇池店村凤北区247号
……Tel：0595-8595932

溪石集团发展有限公司
地址：南安市柳城办事处帽山工业区
……Tel：0595-86001500

福建华能工贸有限公司
地址：南安市美林办事处西美村
……Tel：0595-86298580

泉州市乔东新型材料有限公司
地址：福建省泉州市南安市雪峰经济开发区
……Tel：0595-86691350

福建省南安市源港石业有限公司
地址：南安市水头镇朴三村
……Tel：0595-86800088

泉州鹏圣艺品有限公司
地址：泉州市鲤城区常泰街道芙蓉街148号
……Tel：0595-86851383

福建省南安市银星石材有限公司
地址：南安市水头镇仁福村
……Tel：0595-86908596

福建省南安市东升石材有限公司
地址：南安市水头镇巷内工业区
……Tel：0595-86986333

福建省南安市华洲石业有限公司
地址：南安市水头镇江崎村
……Tel：0595-86997255

泉州钦扬礼品有限公司
地址：福建省泉州市泉港区山腰街道埭港村三落86号
……Tel：0595-87033088

杰丰（泉州）礼品有限公司
地址：泉州市惠安县张坂镇开发区
……Tel：0595-87512111

福建惠安集龙石制品有限公司
地址：惠安县崇武镇龙西工业区
……Tel：0595-87619168

福建上正实业发展有限公司
地址：惠安县惠东工业区（涂寨）
……Tel：0595-87871111

泉州皇达石业有限公司
地址：晋江市内坑白　工业区
……Tel：0595-88382218

漳州市芗城海辉日用品有限公司
地址：漳州市芗城区金峰工业开发区（南浦路11号）
……Tel：0596-2137891

福建万宝龙金属制品有限公司
地址：福建省漳州高新技术产业开发区（靖城大道与高新二路交接东北侧）
……Tel：0596-2233911

漳州市泓旺工艺品有限公司
地址：诏安金都工业集中区
……Tel：0596-3553820

平和龙湾房地产开发有限公司
地址：福建省漳州市平和县小溪镇河滨东路288号
……Tel：0596-5556999

凯成（福建）橱柜有限公司
地址：龙海市角美工业综合开发区文圃工业园
……Tel：0596-6768936

华安县大兴石业有限公司
地址：华安县华丰镇下坂村梨仔坪
……Tel：0596-7368117

福建省德元工贸有限公司
地址：漳州市芗城区金峰工业区南浦路3号
……Tel：0596-7683372

漳州庆铭工艺品有限公司
地址：长泰县岩溪工业区
……Tel：0596-8291565

龙岩市华利传媒广告有限公司
地址：龙岩市新罗区龙岩大道388号万宝广场A1梯1825
……Tel：0597-2288891

福建省米兰春天量贩有限公司
地址：福建省龙岩市新罗区中城北门北环西路20号裕锦园39座101B
……Tel：0597-2391386

龙岩市天荣汽车用品有限公司
地址：龙岩市新罗区龙门镇谢洋村闽西交易城C5-2幢1层24-25号店
……Tel：0597-2523799

福建多特实业有限公司
地址：龙岩市新罗区西陂街道龙岩大道383号(龙岩国际商贸中心)B幢3梯7层右侧
……Tel：0597-2600600

福建多特实业有限公司
地址：龙岩市新罗区西陂街道龙岩大道383号(龙岩国际商贸中心)B幢3梯7层右侧
……Tel：0597-2600600

福建金腾贸易有限公司
地址：龙岩市新罗区中城凤凰路5号（凤凰花园）4幢7层705室
……Tel：0597-2661998

龙岩之星汽车销售服务有限公司
地址：福建省龙岩市新罗区龙门镇物流大道338-2号
……Tel：0597-3229888

龙岩市古田圣地旅游经营管理有限公司
地址：上杭县古田镇上洋村（古田游客中心B区）
……Tel：0597-3609390

上杭县鑫鑫广告有限公司
地址：上杭县临江镇人民路83号
……Tel：0597-3848510

长汀粤福农产品有限公司
地址：长汀县大同镇南里村画眉铺（东南农产品交易中心）
……Tel：0597-6680333

福建鑫大有贸易有限公司
地址：长汀县腾飞三路6号
……Tel：0597-6817888

福建爱晚养老服务有限公司
地址：沙县凤岗街道西门村马岩
……Tel：0598-5667051

三明市泰宁鼎晟贸易有限公司
地址：泰宁县杉城镇水南东街12号
……Tel：0598-7822001

三明市鸿海物资贸易有限公司
地址：三明市梅列区列西五四新村35幢116号
……Tel：0598-8288889

福建省福发工艺品有限公司
地址：政和县铁山镇江上村
……Tel：0599-3379788

武夷山市夷宝斋茶业科技有限公司
地址：武夷山市五九路200号（生产地址：武夷山市武夷街道柘洋竹坜39号）
……Tel：0599-5113098

福建刚泰武夷天堂文化旅游集团有限公司
地址：武夷山市公馆村上裴山1-4层一楼
……Tel：0599-5137177

武夷山神秘地球村有限公司
地址：武夷山市茶场五区安置地1-4层
……Tel：0599-5138520

武夷山中和酒店投资有限公司
地址：武夷山市武夷街道办事处下梅村原村部
……Tel：0599-5208511

武夷山市三槐堂茶业有限公司
地址：武夷山市度假区仙馆路24号
……Tel：0599-5257669

武夷山三秀茶业有限公司
地址：武夷山市星村镇江东路54号
……Tel：0599-5262769

武夷山云河漂流旅游有限公司
地址：武夷山市武夷大道武夷大桥赤石码头
……Tel：0599-8030990

福州市得胜工艺礼品有限公司
地址：连江县凤城镇丹凤路北侧5号丹凤朝阳花园11#楼601
……Tel：0951-26177899

江西省

江西三顺机械科技有限公司
地址：江西省贵溪市工业园区
……Tel：0701-3339989

赣州宝粤隆百货有限公司
地址：江西省赣州市章贡区兴国路61号赣州总部经济区东座办公大楼6层609-1
……Tel：0755-33187135

江西全隆投资有限公司
地址：江西省新余市城北中山路968号
……Tel：0790-6358877

新余市添财广告有限公司
地址：江西省新余高新区创业路365号
……Tel：0790-7110995

江西美天传媒有限公司
地址：江西省新余市渝水区仙来东大道479号2号楼京东（新余）数字经济产业园四楼
……Tel：0790-7132188

江西百事通国际旅行社有限公司
地址：江西省南昌市青云谱区解放西路49号明珠广场商务办公楼1502室（第15层）
……Tel：0791-82078933

智慧海派科技有限公司
地址：江西省南昌临空经济区黄堂东街688号
……Tel：0791-82227888

南昌港恒商贸有限公司
地址：江西省南昌市东湖区胜利路120号506室
……Tel：0791-83815619

宝代保联合控股有限公司
地址：江西省南昌市湾里区梅岭国家森林公园旁

Tel：0791-83909200

南昌礼联尊礼工艺品有限公司
地址：江西省南昌市青云谱区抚河南路269号玉带明珠19、20、22号商住楼19号楼二单元301室
Tel：0791-85212584

进贤县天成制笔礼品有限公司
地址：江西省南昌市进贤县文港镇邮东路60号
Tel：0791-85592963

江西绿航实业有限公司
地址：南昌县莲塘镇澄湖中路666号
Tel：0791-85788583

江西盐业包装有限公司
地址：江西省南昌县小蓝经济开发区富山一路398号
Tel：0791-85983186

江西陶礼满天下陶瓷文化有限公司
地址：江西省南昌市红谷滩新区中央广场B区准甲办公楼303室（第三层）
Tel：0791-86268718

南昌迎智教育科技有限公司
地址：江西省南昌市高新技术产业开发区火炬大街559号南昌高新国家软件科技园科技大厦二层206室
Tel：0791-86303885

南昌新恒礼品有限公司
地址：南昌市青云谱区洪城路6号2幢A座2006室（第20层）
Tel：0791-86426291

江西新力置地绿化工程有限公司
地址：江西省南昌市西湖区云锦路756号新力洲悦小区1#楼104室
Tel：0791-86598899

洪城大厦（集团）股份有限公司
地址：江西省南昌市西湖区北京西路156号
Tel：0791-86660769

江西省三可由文化创意有限公司
地址：江西省南昌市东湖区佘山路66号
Tel：0791-86861322

江西鼎业实业有限公司
地址：江西省南昌市高新技术产业开发区火炬三路189号（出口加工区内）
Tel：0791-87651617

江西省赣江宾馆有限公司
地址：江西省南昌市西湖区八一大道138号
Tel：0791-88856888

江西省绿冬丝科实业有限责任公司
地址：江西省九江市经济技术开发区综合工业园1号路中段
Tel：0792-2188010

江西神州通油茶投资有限公司
地址：江西省九江市庐山市温泉镇西洲村吴家咀10号
Tel：0792-26088598

九江万泰盛鞋服有限公司
地址：江西省九江市武宁县工业园
Tel：0792-2866668

江西青藤科技有限公司
地址：江西省九江市共青城市全国青年创业基地工业大道以西景湖路
Tel：0792-7376699

九江晨晖石材有限公司
地址：江西省九江市星子县星子金鹿石材城
Tel：0792-7756229

九江中鼎健康体检管理有限公司
地址：江西省九江市浔阳区南湖路116号远洲国际商务港东区写字楼二楼202号
Tel：0792-8112277

九江网客电子商务有限公司
地址：江西省九江市濂溪区十里大道1460号物资大楼四楼
Tel：0792-8185885

江西省江申华富实业有限公司
地址：江西省九江市浔阳区长虹北路1号长盛锦江小区三栋不分单元1602号
Tel：0792-8493666

江西含珠实业有限公司
地址：江西省上饶市铅山县工业园区
Tel：0793-5187777

江西百川电导体有限公司
地址：江西省上饶市横峰县经济开发区龙门路
Tel：0793-5667556

江西宝利骋实业有限公司
地址：江西省上饶市德兴市张村乡店前村
Tel：07937522716

江西省新视界国际旅游发展有限公司
地址：江西省上饶市信州区凤凰大道39号11幢1-501
Tel：0793-7950785

江西景田实业有限公司
地址：江西省抚州市资溪县鹤城镇沙桐工业园区
Tel：0794-2380011

江西福阿哥礼品有限公司
地址：南丰县桔都大道美食街小区1#楼
Tel：0794-3220555

江西聚福堂农业发展有限公司
地址：江西省抚州市南丰县富溪工业园区
Tel：0794-3397111

江西美尔丝瓜络有限公司
地址：江西省抚州市东乡区大富岗工业园区28号
Tel：0794-4332311

江西九龙湖旅游度假区有限公司
地址：江西省抚州市资溪县鹤城镇九龙湖景区
Tel：0794-5789789

江西九瀑峡旅游开发有限公司
地址：江西省抚州市乐安县招携镇港田村
Tel：0794-6662888

江西南丰振宇实业集团有限公司
地址：江西省抚州市南丰县工业园区
Tel：0794-7161985

建昌帮医药经营有限公司
地址：江西省抚州市抚州高新技术产业开发区金　大道198号新智科技园A4栋4楼20号
Tel：0794-7222866

江西正兴工艺制品有限公司
地址：江西省抚州市南城县第三工业园区
Tel：0794-7366688

江西瑞银科技有限公司
地址：江西省抚州市抚州高新技术产业开发区高新四路206号森鸿科技8#工业厂房
Tel：0794-8623180

江西瑞银科技有限公司
地址：江西省抚州市抚州高新技术产业开发区高新四路206号森鸿科技8#工业厂房
Tel：0794-8623180

江西谁叫随到网络科技有限公司
地址：江西省宜春市高安市瑞阳新区大观苑19-24栋
Tel：0795-5777761

江西中力文化发展有限公司
地址：丰城市新城区孺子路(君留苑生活小区)北23-26号
Tel：0795-6853333

江西好美声电声科技有限公司
地址：江西省宜春经济技术开发区锂电标准厂房园
Tel：0795-7202788

江西喜尔美喜庆用品连锁股份有限公司
地址：江西省宜春市万载县马步乡布城村
Tel：0795-8803456

江西点拾文化传媒有限公司
地址：江西省吉安市青原区井大阳光城三期25#1712室
Tel：0796-2139215

江西点拾文化传媒有限公司
地址：江西省吉安市青原区井大阳光城三期25#1712室
Tel：0796-2139215

江西迪客瑞特艺术设计工程有限公司
地址：江西省吉安市泰和县工业园区创业区一期
Tel：0796-5373820

江西赣绿木业有限公司
地址：江西省吉安市遂川县工业园区狮山路
Tel：0796-6235166

井冈山红色文化研究院有限公司
地址：江西省井冈山市茨坪天街天乐府大酒店
Tel：0796-6561166

江西吉州窑玺窑汇文化发展有限公司
地址：江西省吉安县永和镇
Tel：0796-8325070

吉安山人工艺制品有限公司
地址：江西省吉安市吉安县工业园西区
Tel：0796-8432900

江西前岸广告装饰工程有限公司
地址：江西省南昌市南昌高新技术产业开发区紫阳大道3088号【泰豪科技广场】-B栋1801室
Tel：0797-7896172

江西盛行礼品有限公司
地址：江西省赣州市章贡区赞贤路8-8#4楼404
Tel：0797-8088779

赣州市赣南报业传媒有限公司
地址：江西省赣州市章贡区八一四大道60号赣南新闻中心大楼
Tel：0797-8101102

赣州市金娥礼品有限公司
地址：江西省赣州市章贡区赣南贸易广场一街38号
Tel：0797-8102958

国金黄金（江西）有限公司
地址：江西省赣州市章贡区章贡经济开发区光明大道23号
Tel：0797-8198339

景德镇陶瓷大学科技开发中心
地址：江西省景德镇市珠山区陶阳路（陶院大门左侧）
Tel：0798-8499229

江西星星科技有限责任公司
地址：江西省萍乡市萍乡经济技术开发区周江智能制造产业园B1栋
Tel：0799-7191668

山东省

威海建盛购物广场有限公司
地址：威海市长江街25号
Tel：0361-5750889

山东金文电子商务有限公司
地址：山东省日照高新区山东路379号江豪大厦17A
Tel：0515-88118812

青岛奥飞广告有限公司
地址：青岛市市南区南京路100-1号3号楼208-1室
Tel：0516-55579212

曹县商都工艺品有限公司
地址：山东省菏泽市曹县青菏街道隆华店村
Tel：0530-3430666

山东省曹县亚鲁工艺品有限公司
地址：曹县倪集乡崔河村
Tel：0530-3516686

曹县联邦工艺品有限公司
地址：曹县青菏街道办事处隆华店村
Tel：0530-6214518

曹县艺天工艺品有限公司
地址：曹县青菏街道办事处杜庄行政村刘庄自然村
Tel：0530-6216989

菏泽康正圣耀汽车销售股份有限公司
地址：山东省菏泽市开发区黄河路与南京路路口西南角
Tel：0530-6227666

山东达驰文亭湖大酒店有限公司
地址：成武县伯乐大街62号
Tel：0530-8619612

山东国仕电力科技有限公司
地址：济南市历下区龙奥北路8号玉兰广场1号办公楼20层
Tel：0531-55516100

济南红星美凯龙世博家居生活广场有限公司
地址：济南市天桥区北园大街225号山东石材市场E区1号
Tel：053155530021

山东城安实业有限公司
地址：济南市历城区经十东路30766号
Tel：0531-55680167

山东百联海那商业有限公司
地址：济南市槐荫区美里湖美里路555号海那城总部46号101单元
Tel：0531-55809106

山东点指信息技术有限公司
地址：济南市高新区工业南路59号中铁财智中心3-2103
Tel：0531-58619991

山东银座文化产业发展有限公司
地址：济南市泺源大街1号
Tel：0531-66572288

鲁商健康产业发展股份有限公司
地址：山东省博山经济开发区
Tel：0531-66697777

山东和美商业管理有限公司
地址：济南市历下区经十路12406号名士豪庭5号市级公建2212室
Tel：0531-67860527

山东银座信息科技有限公司
地址：山东省济南市历下区泺源大街66号银座三期11楼1101室
Tel：0531-67895902

济南富石投资有限公司
地址：山东济南市天桥区无影山北路87号环球城营销中心
Tel：0531-68888881

山东馨百商贸有限公司
地址：莱芜市鲁中东大街21号
Tel：0531-76607777-8182

莱芜市福瑞祥纺织品有限公司
地址：山东省莱芜市莱城区大桥南路（泰丰纺织集团沿街楼）
Tel：0531-78863005

山东顺泰投资置业有限公司
地址：济南市历城区二环东路3749号六楼601室
Tel：0531-81180178

山东中润置业有限公司
地址：济南市历下区经十路13866号中润世纪财富中心1号楼502室
Tel：0531-81660222

山东千色生物科技有限公司
地址：山东省济南市历下区历山路143号山东新闻大厦六楼601室
Tel：0531-81766851

济南汇乾贸易有限公司
地址：济南市市中区民生大街22号三箭银苑2302室
Tel：0531-82052980

山东中铁国际旅行社有限公司
地址：济南市共青团路10号
Tel：0531-82420996

山东冠达消防科技有限公司
地址：山东省济南市历下区浆水泉路17号黄金99生活广场3号楼1单元511室
Tel：0531-82621878

山东丽天大酒店
地址：济南市经一路66号
Tel：0531-8268888

山东鲁能亘富开发有限公司
地址：山东省济南市市中区鲁能领秀城十二区商业综合体1-901
Tel：0531-82789017

济南人民商场股份有限公司
地址：济南市经四路东首13号
Tel：0531-83185888

山东泓杰电子商务有限公司
地址：山东省济南市济阳县济北开发区汇鑫路108号院内3113号（科信达永康苑南）
Tel：053184210078

山东浪潮集成电子科技有限公司
地址：济南市高新区浪潮路1036号浪潮科技园S06楼
Tel：0531-85102504

山东航空集团有限公司
地址：济南市历下区二环东路5746号
Tel：0531-85698667

山东广电农科传媒有限公司
地址：山东省济南市历下区经十路18589号
Tel：0531-85851557

济南浩裕工艺印务有限责任公司
地址：济南市市中区经三路87号
Tel：0531-86057658

山东开元餐饮有限公司
地址：济南市历下区趵突泉北路1号开元广场二层
Tel：0531-86089922

山东城市出版传媒集团有限公司
地址：山东省济南市市中区二环南路1号济南出版有限责任公司办公楼第六层
Tel：0531-86131707

山东天泽发展集团有限公司
地址：山东省济南市高新区工业南路57-1号高新万达J3写字楼2011室
Tel：0531-86406995

济南慕思妍生物科技有限公司
地址：山东省济南市历下区山大路以西，文化东路以北恒大帝景9号楼1单元1718
Tel：0531-86419901

济南艺术广告公司
地址：济南市市中区经三路123号
Tel：0531-86952222

山东省辉煌世纪影视文化有限公司
地址：济南市历下区青年东路16号
Tel：0531-86973968

济南润之意汽车销售服务有限公司
地址：山东省济南市历城区辛祝路17号604-45号
Tel：0531-86986907

济南海可工贸有限公司
地址：中国（山东）自由贸易试验区济南片区经十路11097号济南博越星光城C区C-018
Tel：0531-86990939

济南华联商厦集团股份有限公司
地址：济南市经二纬十路571号
Tel：0531-87082966

济南振华广告传媒有限公司
地址：山东省济南市长清区宾谷街644号
Tel：0531-87215866

济南东瑞恒华公关策划有限公司
地址：山东省济南市济阳县曲堤镇曲索路108号（原卫生院办公楼）466室
Tel：0531-88805308

山东华宸景观雕塑工程有限公司
地址：山东省济南市长清区崮云湖街道办事处104国道坡庄段北100米
Tel：0531-88811707

山东矩智文化传播有限公司
地址：山东省济南市高新区新宇北路以西新生活家园47号楼2-102
Tel：0531-88896550

济南世纪采尚广告信息有限公司
地址：山东省济南市济阳区济阳街道纬四路108号济南浙江五金建材城42号楼02号商铺
Tel：0531-88911166

银丰融金投资有限公司
地址：济南市市中区历阳大街6号银丰大厦11楼
Tel：0531-89019695

青岛罗友工艺品有限公司
地址：山东省青岛市城阳区流亭街道赵红路东段（春雨工业园内）
Tel：0532-55565202

青岛希恩吉贸易有限公司
地址：山东省青岛市城阳区长城南路6号2号楼104户
Tel：0532-55565615

青岛智慧林业投资开发有限公司
地址：山东省青岛市崂山区海口路235号

…………Tel：0532-55571516

青岛商扶篮工艺品有限公司
地址：山东省青岛即墨市蓝村工业园
…………Tel：0532-55578496

青岛海尚海生活服务集团有限公司
地址：青岛市崂山区同安路872号
…………Tel：0532-55578991

青岛西海岸商品交易中心有限公司
地址：山东省青岛市黄岛区双珠路（原珠海东路288号东方金石大厦14层1405）
…………Tel：0532-55588627

科标集团有限公司
地址：山东省青岛市市北区四流南路94号丁201E-2室
…………Tel：0532-58660108

青岛齐鲁商品现货交易中心有限公司
地址：山东省青岛市保税港区汉城路6号黄海大厦602室（B）
…………Tel：0532-58696036

圣历生活服务（青岛）集团有限公司
地址：山东省青岛市市南区香港中路8号中铁青岛中心2303
…………Tel：0532-58722349

青岛宝莱商厦有限公司
地址：青岛市李沧区九水路227号
…………Tel：0532-58806172

青岛中汉投资管理有限公司
地址：青岛市崂山区海尔路61号2号楼610
…………Tel：0532-58871669

青岛科标检测研究院有限公司
地址：山东省青岛市高新区锦业路1号蓝贝智造工场C3-4区域
…………Tel：0532-58976521

青岛锦瑞麟服装有限公司
地址：山东省青岛市市北区龙城路31号卓越世纪中心2号楼33楼
…………Tel：0532-66021377

新华锦集团山东盈商国际贸易有限公司
地址：山东省青岛市市南区香港中路22号10楼
…………Tel：0532-66062901

中润杰诚招标有限公司
地址：山东省青岛市市南区文登路9号天泰体育场4楼403室
…………Tel：0532-66070597

青岛麦莎国际贸易有限公司
地址：青岛市崂山区海尔路170号11楼1101-1102室
…………Tel：0532-66716929

青岛东大行工贸有限公司
地址：青岛市崂山区香港东路225号（千禧龙苑）23号楼401户
…………Tel：0532-66725371

青岛聚优轩商贸有限公司
地址：山东省青岛莱西市店埠镇于家小里村310号
…………Tel：0532-66898018

青岛思扬服饰有限公司
地址：青岛市城阳区308国道189号1栋A2005
…………Tel：0532-67730402

青岛新世界广场实业有限责任公司
地址：山东省青岛市城阳区正阳路151号世正爱丽安综合楼网点216
…………Tel：0532-67767666

青岛利群文化投资有限公司
地址：山东省青岛市李沧区广水路610号
…………Tel：0532-67785661

青岛计世高科产业园管理有限公司
地址：山东省青岛市高新区汇智桥路169号
…………Tel：0532-68013686

青岛计世高科产业园管理有限公司
地址：山东省青岛市高新区汇智桥路169号
…………Tel：0532-68013686

青岛华耐建材有限公司
地址：山东省青岛市黄岛区灵山湾路红星美凯龙全球家居生活广场5楼5022
…………Tel：0532-68061279

青岛东雍经济发展有限公司
地址：青岛市崂山区海尔路178-2号1号楼302室
…………Tel：0532-68066568

青岛中联混凝土工程有限公司
地址：山东省青岛市黄岛区红石崖街道办事处龙首山路西侧清水河路北200米
…………Tel：0532-68618255

青岛奥旭集团有限公司
地址：山东省青岛市李沧区夏庄路73号
…………Tel：0532-68696108

山东浙商电子商务产业园有限公司
地址：青岛市崂山区海尔路182-8号1502、1503、1504
…………Tel：0532-68890111

青岛水之母海洋生物科技有限公司
地址：青岛市崂山区秦岭路15号804室
…………Tel：0532-80821207

青岛盖洛普商务有限公司
地址：山东省青岛市崂山区香港东路195号上实中心T7楼1001室
…………Tel：0532-80900885

青岛今日首发网络科技有限公司
地址：青岛市市南区香港中路100号1601户
…………Tel：0532-80913319

青岛天斯国际贸易有限公司
地址：山东省青岛市高新区华贯路669号13-1-702
…………Tel：0532-80928507

青岛海澜环境科技有限公司
地址：山东省青岛市崂山区海尔路63号B座2402室
…………Tel：0532-80938417

青岛嘉禾润通商业管理有限公司
地址：青岛市市南区香港中路61号乙16层1605室
…………Tel：0532-80977555

青岛金泰来国际贸易有限公司
地址：青岛市崂山区秦岭路18号1号楼204
…………Tel：0532-80990898

青岛海森林时尚发制品有限公司
地址：山东省青岛市崂山区株洲路20号海信创智谷大厦3号楼B座402室
…………Tel：0532-80991020

青岛浩鑫合工艺品有限公司
地址：青岛胶州市李哥庄镇李哥庄村
…………Tel：0532-81198688

青岛威柏礼品股份有限公司
地址：青岛胶州市北关工业园内山东道26号
…………Tel：0532-82299937

青岛威柏礼品股份有限公司
地址：青岛胶州市北关工业园内山东道26号
…………Tel：0532-82299937

青岛有美在工艺品有限公司
地址：青岛即墨市通济街道办事处仇家沟岔村村北
…………Tel：0532-82505131

青岛新颖工艺礼品有限公司
地址：青岛即墨市龙山街道办事处辉恒路28号
…………Tel：0532-82580360

青岛紫云米国际茶都有限公司
地址：青岛胶州市里岔镇大河流村
…………Tel：0532-82682333

青岛市第二汽车运输公司
地址：青岛市四方区萍乡路37号
…………Tel：0532-82710795

青岛信而得商贸有限公司
地址：青岛市市北区通山路11号-517
…………Tel：0532-82808800

青岛雪来工艺品有限公司
地址：青岛市市北区堂邑路5号一层
…………Tel：0532-82829751

青岛成波工艺品有限公司
地址：山东省青岛市胶州市李哥庄镇迎宾大街5号
…………Tel：0532-82889188

山东新华锦国际商务集团有限公司
地址：青岛市崂山区松岭路127号
…………Tel：0532-82899835

山东元田国际集团有限公司
地址：青岛市市南区太平路51号
…………Tel：0532-82971777

青岛陆海威迪斯进出口有限公司
地址：青岛市四方区萍乡路55号-301、302
…………Tel：0532-83101535

青岛恩普工艺品有限公司
地址：青岛胶州市胶平路东侧.
…………Tel：0532-83233717

青岛鑫恺达工艺品有限公司
地址：青岛胶州市胶东镇店口工业园
…………Tel：0532-83281968

青岛里奥工艺品有限公司
地址：青岛平度市经济开发区海州路76号
…………Tel：0532-83306879

青岛农夫格林食品科技有限公司
地址：青岛市崂山区苗岭路36号国发中心2号楼906-1室
…………Tel：0532-83869399

青岛名扬影视传播有限公司
地址：青岛市市南区延安三路129号1001室
…………Tel：0532-83880058

青岛绿泽画院有限公司
地址：山东省青岛市黄岛区张家楼镇大泥沟头村
…………Tel：0532-84139866

青岛藏马山万龙运动旅游有限公司
地址：青岛市黄岛区藏南镇曾家官庄村2664号
…………Tel：0532-84162255

青岛百翔工艺品有限公司
地址：山东省青岛市平度市李园街道办事处华星路57号
…………Tel：0532-84389555

青岛美露亚工艺品有限公司
地址：山东省青岛市城阳区308国道189号1栋A3-43、A3-44
…………Tel：0532-84715000

青岛松竹源工艺品有限公司
地址：青岛市城阳区流亭新型建材工业园内.
…………Tel：0532-84717111

青岛城阳海洋化工有限公司
地址：青岛市城阳区流亭镇于家村
…………Tel：0532-84717111

青岛三隆塑胶彩印包装有限公司
地址：青岛市四方区四流南路124、126号
…………Tel：0532-84883661

青岛森科工艺礼品有限公司
地址：山东省青岛市市南区东海西路35号9栋0603户
…………Tel：0532-85023956

青岛应天力国际贸易有限公司
地址：青岛市市南区香港中路10号1号楼811户
…………Tel：0532-85028091

青岛纽新普瑞国际贸易有限公司
地址：山东省青岛市市北区小港一路6号名城荟3004室
…………Tel：0532-85155150

青岛金王应用化学股份有限公司
地址：青岛即墨市环保产业园
…………Tel：0532-85718989

青岛金王集团有限公司
地址：山东省青岛市市北区龙潭路12号1066室
…………Tel：0532-85718989

青岛合嬴纺织实业有限公司
地址：青岛市市南区东海西路37号A座17层F室
…………Tel：0532-85724344

青岛瑞信家用纺织品有限公司
地址：青岛市市南区香港中路32号25层
…………Tel：0532-85755731

山东奥美文化发展股份有限公司
地址：青岛市市南区宁夏路268号乙101
…………Tel：0532-85759370

青岛益佳抽纱进出口有限公司
地址：青岛市市南区东海路39号
…………Tel：0532-85798098

青岛市舒朗服装服饰销售有限公司
地址：青岛市市南区宁夏路274号丁
…………Tel：0532-85855213

青岛海王果蔬制品有限公司
地址：山东省青岛平度市南村镇驻地
…………Tel：0532-85875711

青岛晨辉纺织品有限公司
地址：青岛市市南区宁夏路288号1号楼1802室
…………Tel：0532-85884810

青岛德风良谷贸易有限公司
地址：山东省青岛市市南区香港中路8号乙2号楼34层3501户
…………Tel：0532-85909252

青岛闻达客网络服务有限公司
地址：山东省青岛市黄岛区庐山路36号
…………Tel：0532-86106118

青岛皇室工艺品有限公司
地址：青岛市城阳区夏庄街道西宅子头村
…………Tel：0532-86122001

青岛福茂源工艺品有限公司
地址：青岛市平度市新河镇驻地
…………Tel：0532-86351027

青岛裕昊工艺品有限公司
地址：青岛市平度市新河镇驻地
…………Tel：0532-86351888

青岛民生工艺品有限公司
地址：青岛市平度市新河镇驻地
…………Tel：0532-86355052

青岛富申莱工艺品有限公司
地址：山东省青岛平度市新河镇北镇
…………Tel：0532-86355668

青岛永福工艺品有限公司
地址：山东省青岛平度市新河镇驻地
…………Tel：0532-86355917

青岛鹏程工艺品有限公司
地址：山东省青岛平度市新河镇驻地
…………Tel：0532-86358888

青岛芭东日光山丘香道文化传播有限公司
地址：山东省青岛市即墨市温泉街道办事处府东一路9号
…………Tel：0532-86569816

青岛金客隆保温建材有限公司
地址：青岛市李沧区升平东路16号
…………Tel：0532-86590811

长青（中国）日用品有限公司
地址：青岛市黄岛区盛海路888号
…………Tel：0532-86619018

青岛辰和国际礼品制造有限公司
地址：山东省青岛市即墨市青岛环保产业园环保二路9号
…………Tel：0532-86655226

青岛新国际（集团）有限公司
地址：青岛市市南区东海西路12号甲3楼
…………Tel：0532-86680753

青岛万汇商品交易中心有限公司
地址：山东省青岛市黄岛区海南路501号5号楼1单元2605户
…………Tel：0532-86686159

青岛润泰环保科技有限公司
地址：山东省青岛市黄岛区张黄公路南侧
…………Tel：0532-86769696

青岛灵珠山医养健康管理中心有限公司
地址：山东省青岛市黄岛区柳花泊路59号
…………Tel：0532-86852288

青岛哥大石油有限公司
地址：山东省青岛经济技术开发区珠江路1389号1栋办公1405室
…………Tel：0532-86943267

海龙泉集团有限公司
地址：山东省青岛市保税港区莫斯科路44号202室（A）
…………Tel：0532-86959907

青岛万德瑞木业有限公司
地址：山东省青岛市黄岛区黄岛办事处徐戈庄社区办公室
…………Tel：0532-86995884

青岛敬瑞工艺品有限公司
地址：青岛市城阳区流亭街道东流亭社区（青威路南段）
…………Tel：0532-87728887

青岛文兴精密弹簧有限公司
地址：青岛市城阳区棘洪滩街道南万社区
…………Tel：0532-87906823

青岛时尚工艺品有限公司
地址：青岛市城阳区艳阳路100号
…………Tel：0532-87961118

青岛竹内大惠纺织品有限公司
地址：山东省青岛市保税港区青岛出口加工区内五号线东、八号线北侧
…………Tel：0532-87973226

青岛光商商贸有限公司
地址：青岛市黄岛区世纪大道1018号
…………Tel：0532-88137877

青岛精友工艺品有限公司
地址：青岛胶州市胶东镇小麻湾西村.
…………Tel：0532-88266667

青岛首玺胶东建设工程有限公司
地址：山东省青岛市胶州市胶东街道办事处南庄二村村前
…………Tel：0532-88271066

青岛万通工艺品有限公司
地址：青岛平度市李园街道办事处人民路381号
…………Tel：0532-88371097

青岛恒生源集团文化产业有限公司
地址：山东省青岛市即墨市通济办事处振华街87号
…………Tel：0532-88572755

青岛华人兄弟文化产业股份有限公司
地址：山东省青岛市崂山区香港东路195号6号楼903
…………Tel：0532-88697767

青岛海尔文化产业发展有限公司
地址：青岛市胶州市郑州东路39号
…………Tel：0532-88931238

青岛海寓汇信息科技有限公司
地址：山东省青岛市崂山区海尔路178-2号裕龙国际中心1803室
…………Tel：0532-88932375

快乐思（青岛）国际物流有限公司
地址：山东省青岛市城阳区正阳中路192号办公403
…………Tel：0532-89083585

青岛月亮湾连锁机构有限公司
地址：青岛市城阳区棘洪滩街道北万社区济青收费站南50米
…………Tel：0532-89089876

青岛国际工艺品城集团有限公司
地址：青岛市城阳区夏庄街道华仙路北
…………Tel：0532-89657277

淄博宜臣轻工制品有限公司
地址：淄博高新区民营园民祥路137号
…………Tel：0533-2272667

淄博久通汽车维修服务有限公司
地址：张店区山泉路77号
…………Tel：0533-2716123

山东纳宁国际贸易有限公司
地址：山东省淄博市张店区新村路北、柳泉路西金宝岛二期1号综合楼010104号房
…………Tel：0533-2790279

淄博龙之媒文化传播有限公司
地址：沂源县城鲁山路(文化广场)
…………Tel：0533-3258538

淄博市博山方正工艺制品有限公司
地址：博山区八陡镇青石关村
…………Tel：0533-4197866

淄博君尚工艺礼品有限公司
地址：博山区夏家庄镇后峪社区工业园17号
…………Tel：0533-4202175

淄博庆宏金属工艺品有限公司
地址：博山区岿山镇南庄村南
…………Tel：0533-4508968

淄博新星商厦有限公司
地址：淄川区张博路公路大桥北
…………Tel：0533-5188027

山东新星信息科技有限公司
地址：淄川区淄城路341号

……Tel：0533-5188027
淄博晶舜玻璃制品有限公司
地址：山东省淄博市淄川区昆仑镇上针泉村
……Tel：0533-5555188
山东嘉业日用制品有限公司
地址：淄博市周村区309国道贾黄路口
……Tel：0533-6011845
淄博东泰集团有限公司
地址：临淄区齐园路化工商城
……Tel：0533-7318627
山东源丰利恒信息技术有限公司
地址：山东省淄博市临淄金岭镇西首清源商务中心
……Tel：0533-7480020
山东第五季商业投资有限公司
地址：淄博市博山区大街9号
……Tel：0533-7917099
山东鸿君杰文化发展有限公司
地址：山东省淄博市桓台县寿济路14666号
……Tel：0533-8520001
夏津兰诺实业有限公司
地址：山东省德州市夏津县宋楼镇南张庄村
……Tel：05343317577
平原县云鹏电脑有限公司
地址：平原县文兴路
……Tel：0534-4251580
平原县华益工艺品有限公司
地址：平原县龙门经济技术开发东区
……Tel：0534-4296999
山东中平国安电子科技开发有限公司
地址：山东省德州市庆云县商城大街0626号（金融机具工贸园）
……Tel：0534-6102666
山东万兴家具有限公司
地址：山东省德州市乐陵市东环路东首
……Tel：0534-6900988
莱州众合工艺品有限公司
地址：山东省莱州市沙河镇前陈村
……Tel：0535-2091563
山东三站股份有限公司
地址：山东省烟台市芝罘区前进路9号
……Tel：0535-2152788
烟台市天润福慧黄金珠宝有限公司
地址：山东省烟台市开发区福州路11号内2号
……Tel：0535-2165671
山东省莱州工艺品集团有限责任公司
地址：莱州南路367号
……Tel：0535-2213239
山东莱州市贝思工艺品有限公司
地址：沙河镇胜建村
……Tel：0535-2311072
烟台集雅斋礼品广告有限公司
地址：山东省烟台市海阳市海河路80号银河名座一楼
……Tel：0535-3228855
海阳才高置业有限公司
地址：山东省海阳市旅游度假区海滨路
……Tel：0535-3313877
烟台大华投资有限公司
地址：山东烟台龙口市兰高镇驻地
……Tel：0535-3317979
烟台烟凯进出口有限公司
地址：山东省烟台市芝罘区胜利路139号万达金融中心A座20楼
……Tel：0535-3383605
龙口美嘉彩印有限公司
地址：山东省烟台市龙口市兰高镇工业园
……Tel：0535-3467120
烟台美星工艺品有限公司
地址：芝罘区机场路169号
……Tel：0535-3970887
烟台新海岸酒店管理服务有限公司
地址：山东省烟台市经济技术开发区海滨路12号
……Tel：0535-3976666
烟台兴华彩印有限公司
地址：山东省烟台市牟平区牟山路639号
……Tel：0535-4318911
烟台壹美四季文化艺术交流有限公司
地址：山东省烟台市牟平区养马岛鸿宇路188号
……Tel：0535-4706599
烟台三蝶塑料制品有限公司
地址：山东省栖霞市桃村镇迎宾路3号
……Tel：0535-5484795
烟台大悦城有限公司
地址：烟台市芝罘区北马路150号
……Tel：0535-6080000
烟台玉兔网络科技有限公司
地址：烟台市芝罘区青年南路462号电子商务产业园501号
……Tel：0535-6089983
烟台韩极鲜商贸有限公司
地址：芝罘区卧龙园区内通世路2号
……Tel：0535-6207919
中国工艺烟台抽纱有限公司
地址：山东省烟台市芝罘区朝阳街80号绮丽大厦7-15层
……Tel：0535-6225943
烟台胖琳商贸有限公司
地址：山东省烟台市芝罘区南大街壹通国际1807
……Tel：0535-6228346
烟台天歌礼品包装有限公司
地址：山东省烟台市芝罘区通世南路7号烟台广告创意产业园C6楼310室
……Tel：0535-6252968
烟台德凯商贸有限公司
地址：芝罘区西南河路45号501室
……Tel：0535-6269928
烟台家都建材有限公司
地址：山东省烟台市福山区颐景园小区266-21号
……Tel：0535-6320777
汉高乐泰（中国）有限公司
地址：中国（山东）自由贸易试验区烟台片区烟台经济技术开发区珠江路90号
……Tel：0535-6372999
烟台张钰礼品有限公司
地址：山东省烟台市经济技术开发区武汉大街19号
……Tel：0535-6385889
烟台万商通电子商务有限公司
地址：山东省烟台市芝罘区冰轮路27号306室
……Tel：0535-6500801
淄博振华百货有限公司
地址：山东省淄博市张店区新村西路24号305
……Tel：0535-6589807
烟台星霸表业有限公司
地址：芝罘区朝阳街16-19号
……Tel：0535-6652825
烟台大明礼仪礼品广告有限公司
地址：芝罘区南大街156号
……Tel：0535-6681518
烟台大明礼仪股份有限公司
地址：山东省烟台市芝罘区通世南路7号C2号楼510号
……Tel：0535-6681518
烟台峻德礼品广告有限公司
地址：山东省烟台市芝罘区通世南路7号东和科技园C6号楼6层
……Tel：0535-6734874
杰瑞环球发展有限公司
地址：山东省烟台市莱山区杰瑞路9号
……Tel：0535-6766386
杰瑞环球发展有限公司
地址：山东省烟台市莱山区杰瑞路9号
……Tel：0535-6766386
烟台市汇霖建筑装饰工程有限公司
地址：烟台高新区蓝海路1号蓝海国际软件园D#研发楼7楼
……Tel：0535-6790775
烟台勋桐商贸有限公司
地址：芝罘区珠玑西路18号
……Tel：0535-6837678
烟台斯纳科经贸有限公司
地址：山东省烟台市莱山区观海路63号1106室
……Tel：0535-6908801
烟台三棵树制衣有限公司
地址：山东省莱阳市柏林庄镇工业园北区
……Tel：0535-7473888
山东健源国际贸易有限公司
地址：山东省烟台市招远市开发区盛泰路100号04号
……Tel：0535-8139201
山东金软科技股份有限公司
地址：山东省烟台市招远市罗峰路299号
……Tel：0535-8250678
招远鸿鹤化工有限公司
地址：山东省烟台市招远市金城路528号
……Tel：0535-8393900
智科畅联科技有限公司
地址：山东省烟台市芝罘区峰山路1号212室
……Tel：0535-8458351
山东汇川石油工程技术服务有限公司
地址：龙口市龙口永基房业新港路商品楼3#楼东单元1楼西户
……Tel：0535-8858087
道恩集团有限公司
地址：山东省烟台市龙口市龙口经济开发区和平北路道恩经济园区
……Tel：0535-8867198
潍坊加州阳光美食礼品有限公司
地址：潍坊经济开发区民通路470号
……Tel：0536-2105527
潍坊凯美食品有限公司
地址：潍坊高新区卧龙东街3009号
……Tel：0536-2106619
山东盛德物流有限公司
地址：山东省潍坊市高密市柴沟镇驻地（原交通管理所）
……Tel：0536-2507688
山东汇尔丰环保设备有限公司
地址：山东省潍坊市高密市阚家镇阚西村阚西路88号
……Tel：0536-2816567
青州市环球电子有限公司
地址：青州市云门山街道办事处孟家社区工业园
……Tel：0536-3236086
青州贝隆花园大酒店有限公司
地址：山东省潍坊市青州市仰天山路与凤凰山路交叉口向南1000米
……Tel：0536-3326661
临朐县嵩山实业有限公司
地址：山东省潍坊市临朐县五井镇嵩山村（嵩山生态旅游区管理委员会内）
……Tel：0536-3627501
山东广购电子商务有限公司
地址：寿光市金海路与文圣街交叉路口北500米路东
……Tel：0536-5118228
山东全福元商业集团有限责任公司
地址：寿光市圣城街以南，尧河路以东（全福元中心2号楼）
……Tel：0536-5221478
青岛啤酒（寿光）有限公司
地址：寿光市渤海路8号
……Tel：0536-5221723
诸城市隆宇抽纱工艺品有限公司
地址：山东省潍坊市诸城市相州镇兴和村
……Tel：0536-6309017
高密帛方家纺有限公司
地址：山东省潍坊市高密市夏庄镇夷安大道A区63号
……Tel：0536-8526616
济宁瑞尔福商贸有限公司
地址：山东省济宁市任城区运河路1号
……Tel：0537-2257017
济宁银座商城有限公司
地址：济宁市太白东路51号
……Tel：0537-2718807
山东松推机械有限公司
地址：济宁市火炬路（北首）西侧，机电一路南侧
……Tel：0537-2868699
山东恒诚拍卖有限公司
地址：山东省济宁市建设路10号综合楼八楼
……Tel：0537-3152399
济宁市万禾进出口有限公司
地址：山东省济宁市任城区长沟镇水牛陈北村1号
……Tel：0537-3167002
山东天孚莱电子科技有限公司
地址：临淄区金岭镇艾庄
……Tel：0537-368999
曲阜金龙阁艺术品有限公司
地址：曲阜市鼓楼街南侧（城区）
……Tel：0537-4416916
济宁耀莱影城管理有限公司
地址：山东省济宁市任城区建设路东与吴泰闸路北交汇处领秀城市广场3层
……Tel：0537-5153686
济宁共享酒业有限公司
地址：济宁光明小区公建北楼西楼第二号营业房
……Tel：0537-5157019
济宁银座佳悦酒店有限公司
地址：山东省济宁市任城区东寺街5号
……Tel：0537-5161999
山东凯浮特石业有限公司
地址：嘉祥县城兖兰东街(南机场路西)
……Tel：0537-6866999
济宁恒良文化传媒有限公司
地址：汶上县城普陀山路西侧
……Tel：0537-7281598
山东金彩山文化科技有限公司
地址：宁阳县城文化街西首（宁阳县环城科技产业园内）
……Tel：0538-5518869
山东甜蜜公社农业开发有限公司
地址：山东省泰安市东平县东平街道大井村
……Tel：0538-6192999
泰安泰尔制衣有限公司
地址：山东省泰安市新泰市楼德镇新庄村689号
……Tel：0538-6329111
泰安市环泰物资有限公司
地址：泰安市满庄钢材大市场中路96号
……Tel：0538-8109101
山东泰山花海旅游开发有限公司
地址：山东省泰安大汶口工业园
……Tel：0538-8168026
山东综艺联创包装股份有限公司
地址：泰山青春创业开发区机电工业园内
……Tel：0538-8361588
泰安市耀莱成龙影城管理有限公司
地址：泰安市泰山区徐家楼街道办事处小白峪村对面新华城国际广场B4-5层
……Tel：0538-8720008
山东云农公社现代农业有限公司
地址：山东省泰安市泰山区东岳大街华泰购物广场东座4层
……Tel：0538-8787806
蒙阴县祥韵家纺有限公司
地址：蒙阴县工业园区
……Tel：0539-2655067
临沂宏帆国际贸易有限公司
地址：山东省临沂市兰山区柳青街道北京路与大青山路交汇龙凤花园沿街1C号楼105室
……Tel：0539-2912183
临沂市大兴东国际贸易有限公司
地址：临沂市兰山区开阳路4号润地大厦1号楼1005室
……Tel：0539-3593071
临沂市蒙山旅游区云景旅游资源开发有限公司
地址：山东省临沂市蒙山旅游区云蒙办事处
……Tel：0539-4552098
费县金原工艺品有限公司
地址：山东省费县马庄镇
……Tel：0539-5626888
郯城县银都购物有限公司
地址：郯城县城区郯东路东首
……Tel：0539-6115660
山东四季盟约电子商务有限公司
地址：山东省临沂市兰山区双岭路与宏达路交汇处凯歌文化城出口商品展示中心L3-032室
……Tel：0539-6173638
临沂市君发供应链服务有限公司
地址：临沂万泰商贸城6号楼601号
……Tel：0539-6176180
临沭县篮田草柳工艺品有限公司
地址：临沭县白旄镇驻地
……Tel：0539-6330188
郯城县石泉工艺品有限公司
地址：泉源乡石泉村
……Tel：0539-6870181
华达利家具（山东）有限公司
地址：郯城县李庄镇诸葛店村
……Tel：0539-7157880
山东通昊国际贸易有限公司
地址：临沂综合保税区沂河三路2号楼A单元08008
……Tel：0539-7160801
莒南县帛霖工艺品有限公司
地址：莒南县洙边镇工业园区
……Tel：0539-7210877
临沂铭展商贸有限公司
地址：临沂市小商品城18号楼0621#
……Tel：0539-8073878
临沂市红雨办公设备有限公司
地址：兰山区新华一路107-8号
……Tel：0539-8133779
山东九州商业集团有限公司
地址：兰山区解放路183号
……Tel：0539-8209958
临沂金鹏装饰工程有限公司
地址：临沂市河东区九曲街道九曲店工业园
……Tel：0539-8306657
领先未来（临沂）科技有限公司
地址：山东省临沂市兰山区新华路与金一路交汇北200米路东信用社南邻巷内30米
……Tel：0539-8310881
山东兰华集团股份有限公司
地址：临沂市兰山区解放路315号
……Tel：0539-8350791
山东兰华集团股份有限公司
地址：临沂市兰山区解放路315号
……Tel：0539-8350791
山东春旺食品科技有限公司
地址：山东省临沂市兰山区半程工业园春旺路1号
……Tel：0539-8569991
临沂淦银盘企业服务集团有限公司
地址：山东省临沂市罗庄区盛庄街道通达路与金八路交汇向东500米路北沿街1-301室
……Tel：0539-8855552
临沂华通工艺品有限公司
地址：河东区汤河镇禹屋村
……Tel：0539-8868772
临沂昌晨国际贸易有限公司
地址：山东省临沂市兰山区陶然路与新华二路交汇福德花园3号楼3单元402室
……Tel：0539-8878126
山东省博兴县兰冶金属有限公司
地址：博兴县兴福镇西工业园(兴福镇魏庄村)
……Tel：0543-2960298
滨州华瑞实业有限责任公司
地址：滨州市黄河六路527号
……Tel：0543-3360042
滨州盛华实业集团有限公司
地址：滨州市滨城区渤海十路908号
……Tel：0543-3363114
山东全银高科金融设备有限公司
地址：山东省滨州市渤海十八路北首杨柳雪工业园
……Tel：0543-3523588

山东和万实业有限公司
地址：邹平县黛溪街道办事处西范村
…………Tel：0543-4555557

山东红和红家具有限公司
地址：邹平县西董镇中王村
…………Tel：0543-4556288

黄河文化产业股份有限公司
地址：无棣县黄河岛
…………Tel：0543-5099777

山东孙武温泉大酒店有限公司
地址：山东省滨州市惠民县武定府路8号
…………Tel：0543-8187888

东营东港海源商贸有限公司
地址：山东省东营市东营港经济开发区海港路以西
…………Tel：0546-6060360

东营大众信息传媒有限责任公司
地址：东营市东城府前街以北
…………Tel：0546-6377719

山东一鸣国际贸易有限公司
地址：广饶县大王经济技术开发区
…………Tel：0546-6853108

山东金岭化学有限公司
地址：广饶县经济开发区
…………Tel：0546-6878831

山东安运车娘家汽车服务有限责任公司
地址：山东省东营市河口区明河路10号
…………Tel：0546-7711368

东营市华科精工有限责任公司
地址：东营市东营区玉河路5号
…………Tel：0546-7765116

山东蓝海酒店管理股份有限公司
地址：东营区新区黄河路以北、庐山路以西
…………Tel：0546-8151779

利津鲁百百货大楼有限责任公司
地址：利津县城津二路
…………Tel：0546-8221575

胜利油田仙河投资发展有限公司
地址：东营市河口区仙河镇文化路2号
…………Tel：0546-8588166

东营市海兴化工有限公司
地址：东营区龙居经济园区郝纯路以西
…………Tel：0546-8615555

东营市南天商贸有限公司
地址：山东省东营市东营区井冈山路808号
…………Tel：0546-8811822

山东云龙绣品有限公司
地址：山东省威海市文登区龙山办龙山路89号
…………Tel：0631-3582360

威海抱海大酒店
地址：威海市海滨中路
…………Tel：0631-3688888

威海威港置业有限公司
地址：威海市和平路1号
…………Tel：0631-5225858

威海威高盛祥商业管理有限公司
地址：山东省威海市环翠区新威路17-6号（迪尚大厦负一层）（经营场所：新威路17-1-17-2号、新威路17-3号和新威路17-5号）
…………Tel：0631-5228716

山东燕喜堂医药连锁有限公司
地址：山东省威海市经济技术开发区凤鸣路—9—2号
…………Tel：0631-5229122

威海天海进出口有限公司
地址：山东威海高区世昌大道-111号-4
…………Tel：0631-5299585

威海金鼎礼品策划有限公司
地址：威海经区海滨南路-6号一层101
…………Tel：0631-5570081

威海圣特雅漆贝工艺品有限公司
地址：山东省威海市环翠区羊亭镇中阳村
…………Tel：0631-5763999

威海艺元工艺品有限公司
地址：威海市环翠省级旅游度假区长江街北侧(淮河街5号)
…………Tel：0631-5783669

威海康新礼品有限公司
地址：山东省威海市火炬高技术产业开发区翠竹园-6号幸福广场三楼
…………Tel：0631-5810806

威海新天地毛绒有限公司
地址：威海经济技术开发区环山路西第三工业园
…………Tel：0631-5990511

威海芸祥家纺技术服务有限公司
地址：山东省威海市文登经济开发区广州路42-1号
…………Tel：0631-8350576

文登阜昌物资贸易有限公司
地址：山东省威海市文登区天福办文昌路南首路东
…………Tel：0631-8480518

文登家家悦超市有限公司
地址：山东省威海市文登区天福办天福路甲1号
…………Tel：0631-8808659

微山湖旅游发展有限公司
地址：山东枣庄滕州市滨湖镇经济开发区红荷湿地景区内
…………Tel：0632-2610012

山东丰源远航物流贸易有限公司
地址：枣庄市峄城区桃花路3号
…………Tel：0632-3032291

滕州晨晖商贸有限公司
地址：滕州市经济开发区益康大道368号
…………Tel：0632-5232088

滕州银座商城有限公司
地址：山东省枣庄市滕州市大同路西侧
…………Tel：0632-5669656

滕州市金太阳工艺礼品有限责任公司
地址：南沙河镇驻地
…………Tel：0632-5962166

枣庄善视信息科技有限公司
地址：山东省枣庄市峄城区坛山东路明德花园东门市B区103号
…………Tel：0632-7512888

山东北钛河陶瓷有限公司
地址：枣庄市峄城区经济开发区郯薛路3号
…………Tel：0632-7781207

枣庄市立德国际贸易有限公司
地址：山东省枣庄市峄城经济开发区科达中路3号（山东弘毅金属制品有限公司院内）
…………Tel：0632-8029277

山东福宝国际贸易有限公司
地址：山东省日照市济南路257号兴业财富广场B座五楼
…………Tel：0633-2288988

日照岚桥能源有限公司
地址：山东省日照市岚山区岚山头街道周家庄子村
…………Tel：0633-2660958

日照迈达装饰工程有限公司
地址：山东省日照高新区明阳路后楼生活二区东沿街北第三间
…………Tel：0633-2971911

山东大川国际贸易有限公司
地址：日照市黄海一路北侧（海滨二路东）97号1楼106室
…………Tel：0633-3606007

日照东辰企业集团有限公司
地址：山东省日照市菏泽路369号
…………Tel：0633-3996819

山东合昌文化发展股份有限公司
地址：山东省日照市莒县经济开发区锦程嘉苑社区日照西路275号
…………Tel：0633-6260287

日照市汉金缘城市公园建设有限公司
地址：山东省日照市东港区海曲路与绿舟路交汇处喜来登广场6号写字楼东座5层
…………Tel：0633-7976198

日照凌云工贸有限公司
地址：山东省日照市东港区兴海路109号
…………Tel：0633-8211107

日照万鸿经贸有限公司
地址：日照市北京路中段西侧（国际现代城）
…………Tel：0633-8877678

山东昌瑞实业集团有限公司
地址：莱芜高新区龙潭东大街
…………Tel：0634-5961018

莱芜市吉瑞建筑材料有限公司
地址：莱城区凤城街道办事处吴花园村沿街楼
…………Tel：0634-6582166

山东源海城建工程有限公司
地址：聊城市东昌府区柳园街道办事处陈庄社区综合楼
…………Tel：0635-2123211

冠县鑫鑫民大药店连锁有限公司四十店
地址：山东省聊城市冠县清泉街道办事处朱霍三里庄兴贤西路（锦绣家园小区南门对过）
…………Tel：0635-5238567

山东亨博尔服饰有限公司
地址：阳谷县侨润办事处黄河东路
…………Tel：0635-6264560

阳谷广视文化传媒有限公司
地址：山东省聊城市阳谷县博济桥办事处景阳路一号
…………Tel：0635-7106122

阳谷祥光铜业有限公司
地址：山东省阳谷县石佛镇祥光路1号
…………Tel：0635-7136062

聊城市大商广告传媒有限公司
地址：聊城市花园北路38号
…………Tel：0635-8261005

聊城正信市政园林有限公司
地址：山东省聊城市经济技术开发区北城街道办事处范庄村南段
…………Tel：0635-8880076

河南省

商丘市方盛建筑安装工程有限公司
地址：河南省商丘市虞城县镇里固乡丁马庄村
…………Tel：0370-2965152

河南新宇诚品商贸有限公司
地址：宁陵县永乐路466号
…………Tel：0370-7833578

开封顿汉商贸有限公司
地址：开封市经济技术开发区宋城路7号
…………Tel：0371-22318633

迪臣世博商业运营（开封）有限公司
地址：开封市西门大街388号（迪臣世纪豪苑E区）
…………Tel：0371-23389965

开封市盈科伟业市场发展有限公司
地址：开封市滨河路中段53号
…………Tel：0371-23697006

河南省江山信息产业有限公司
地址：开封市开发区周天路1号金秀名典2号楼
…………Tel：0371-23851177

河南优依份电子商务集团有限公司
地址：郑州市惠济区英才街6号河南电子商务创业孵化基地1楼
…………Tel：0371-53330225

河南安澜文化传播有限公司
地址：郑州经济技术开发区经南四路68号7号楼4层
…………Tel：0371-53389612

郑州丰之硕农业科技有限公司
地址：郑州市金水区信基路信基建材家具生活用品商城2173号
…………Tel：0371-55059819

河南林之佳实业有限公司
地址：郑州市金水区信基路信基建材家具生活用品商城2173号
…………Tel：0371-55059819

河南君业进出口贸易有限公司
地址：郑州市金水区郑汴路127号院2号楼1单元2605号
…………Tel：0371-55155718

豫乾大数据集团有限公司
地址：河南省郑州市郑东新区商都路北、站南路西2幢2单元13层1319号
…………Tel：0371-55192070

河南千之惠商贸有限公司
地址：河南省郑州市二七区建设东路24号楼附2号
…………Tel：0371-55515545

郑州市今好广告传媒有限公司
地址：郑州市金水区经三路95号11层1107号
…………Tel：0371-55551615

康桥悦生活服务集团有限公司
地址：河南省郑州市二七区大学路80号9号楼24层2421号
…………Tel：0371-55628126

郑州印之星印务有限公司
地址：郑州高新技术产业开发区冬青西街101号
…………Tel：0371-55658707

河南金博大新地标购物广场有限公司
地址：郑州市未来路与福元路交叉口金林中心1号楼2单元2114室
…………Tel：0371-55679383

河南尚致展览展示有限公司
地址：郑州市金水区福元路157号8号楼2层203号
…………Tel：037155912682

河南玖建实业有限公司
地址：郑州市惠济区天河路东新苑路北6幢20层2003号
…………Tel：0371-56609212

河南玖建实业有限公司
地址：郑州市惠济区天河路东新苑路北6幢20层2003号
…………Tel：0371-56609212

河南凯工实业有限公司
地址：郑州南阳路184号院2号楼4单元51号
…………Tel：0371-56656222

郑州京东优凯贸易有限公司
地址：郑州经济技术开发区郑州国际物流园区傲雪路以南、凤凰大街以东、环区东路以西、兰心二路以北区域内
…………Tel：0371-56688025

河南买果果电子商务有限公司
地址：郑州市高新区冬青街26号3号楼二层222号
…………Tel：0371-56787722

郑州万邦农业有限公司
地址：郑州市中牟县刁家乡付李庄社区7号
…………Tel：0371-56925558

郑州华强文化科技有限公司
地址：郑州市中牟县郑开大道（郑州华强文化科技产业基地广场A栋办公楼）
…………Tel：0371-56928833

荥阳耀莱腾龙影城管理有限公司
地址：荥阳市贾峪镇洞林湖新田城湖滨西路湖中岛B栋
…………Tel：0371-58507208

郑州美港文化传媒有限公司
地址：新郑市龙湖镇商业街北侧（北五排）
…………Tel：0371-58553999

河南三六九酒业有限公司
地址：郑州市惠济区花园口镇京黄路中段108号家具城5号办公楼207室
…………Tel：0371-58576360

河南三星广告集团有限公司
地址：河南省郑州市市辖区郑东新区博学路277号正商四大铭筑2号楼26层2603-1室
…………Tel：0371-60155553

郑州梦达实业有限公司
地址：郑州市金水区红专路84号
…………Tel：0371-60228929

郑州遇见网络科技有限公司
地址：河南自贸试验区郑州片区（郑东）商务外环路25号19层1905号
…………Tel：0371-60333172

河南祥贵珠宝有限公司
地址：郑州市管城区紫荆山路西、法院东街南兴达国贸9层916号
…………Tel：0371-60333813

河南恒盈进出口贸易有限公司
地址：郑州经济技术开发区航海东路1508号14号库4层
…………Tel：0371-63217026

郑州威顺游乐设备有限公司
地址：郑州市二七区大学路99号A座1301
…………Tel：0371-63302956

河南航泰实业有限公司
地址：郑州市金水区农业路东45号2号楼32层3226号
…………Tel：0371-63716657

郑州海天文化传媒有限公司
地址：郑州市金水区宋砦小区3号院3号楼东3单元34号
…………Tel：0371-63886270

河南省工艺品进出口有限公司
地址：郑州市金水区红旗路5号
…………Tel：0371-63943439

河南堂立进出口贸易有限公司
地址：河南省郑州市金水区东风路南、文博东路东4号楼14层1416号
…………Tel：0371-63959597

河南省绿士达园艺有限公司
地址：郑州市农业路22号
…………Tel：0371-65336607

郑州万戈免洗用品工贸有限公司
地址：郑州经济技术开发区经北二路66号22号楼1单元2层3号
…………Tel：0371-65338249

郑州万戈免洗用品工贸有限公司
地址：郑州经济技术开发区经北二路66号22号楼1单元2层3号
…………Tel：0371-65338249

河南省钱币有限公司
地址：郑州市金水区经三路25号财政厅临街办公房
…………Tel：0371-65356000

河南益隆进出口有限公司
地址：郑州市金水区经三北路32号财富广场5号楼1单元4层东北户
…………Tel：0371-65510935

郑州物华豪悦酒店管理有限公司
地址：郑州市金水区农业路171号院5号楼1-2层
…………Tel：0371-65565903

河南大河加油站管理有限公司
地址：郑州市农业路东段28号河南报业大厦
…………Tel：0371-65795098

河南光电通信设备有限公司
地址：郑州高新技术开发区瑞达路96号
…………Tel：0371-65826379

河南省旅游手机报传媒有限公司
地址：郑州市金水区农业路72号2号楼1302号
…………Tel：0371-65908007

河南创客教育科技有限公司
地址：郑州高新技术产业开发区长椿路11号1号孵化楼202号
…………Tel：0371-65998881

河南金宝利纸业有限公司
地址：郑州高新技术产业开发区西三环路279号大学科技园东区13号楼17层东南户
…………Tel：0371-66166199

河南红色健康茶叶有限公司
地址：郑州市金水区金水路99号建达大厦四层407-1号
…………Tel：0371-66207888

郑州市我爱运动健康产业有限公司
地址：郑州市二七区大学路80号9号楼4层
…………Tel：0371-66359666

河南所望实业发展有限公司
地址：郑州市郑东新区金水东路和农业南路交叉口美盛中心1115号
…………Tel：0371-66619706

郑州美特斯邦威服饰有限公司
地址：郑州市二七区航海中路58号海为科技园A区第10层1002号

…………………… Tel：0371-66681196
河南省卫群多品种盐有限公司
地址：河南省新乡市原阳县产业集聚区太行大道以西万象路南侧
…………………… Tel：0371-66782273
河南台品贸易有限公司
地址：郑州市郑东新区七里河南路79号2号楼1单元9层19号
…………………… Tel：0371-66783670
河南象聚实业集团有限公司
地址：郑州市高新区翠竹街1号33幢1单元01号
…………………… Tel：0371-67579956
郑州顶津食品有限公司
地址：郑州市二七区马寨镇光明路6号、7号
…………………… Tel：0371-67827717
河南茂发实业有限公司
地址：商丘市梁园区神火大道与合欢路交叉口西100米路南
…………………… Tel：0371-68089188
河南德一电子科技有限公司
地址：南阳市独山大道中泰国际大厦18层
…………………… Tel：0371-69106377
河南华润万家生活超市有限公司
地址：郑州市金水区经三路北46号
…………………… Tel：0371-69353636
河南正道中环百货有限公司
地址：郑州市花园路59号
…………………… Tel：0371-69526986
河南新生活物业服务有限公司
地址：郑州市金水区经三路北段99号附1号鑫苑金融广场金座25层2511号
…………………… Tel：0371-85021225
河南商报发展有限责任公司
地址：郑州经济技术开发区经北三路
…………………… Tel：0371-86088312
河南欧信贸易有限公司
地址：河南自贸试验区郑州片区（郑东）平安大道201号博雅广场4号楼402室
…………………… Tel：0371-86131558
河南锦绣物流港建设开发有限公司
地址：郑州市郑东新区如意路建业总部港606、607、608、609号
…………………… Tel：0371-86139690
河南红星纸制品有限公司
地址：郑州航空港区新港大道西侧空港二路南侧
…………………… Tel：0371-86210991
河南莲花优品贸易有限公司
地址：河南自贸试验区郑州片区（郑东）CBD商务外环路9号10层1002号
…………………… Tel：0371-86539300
河南北之海信息科技有限公司
地址：郑州高新技术产业开发区化工路40号10幢1单元6层13号
…………………… Tel：0371-86586999
河南郑州国贸商业有限公司
地址：郑州市金水区花园路39号国贸中心6号楼招银大厦5楼
…………………… Tel：0371-87097360
河南世葡实业有限公司
地址：郑州市航空港区郑港四街东侧郑港十路南侧恒丰电子科技园2号楼附房地上3层
…………………… Tel：0371-89906807
安阳盛世文化礼品有限公司
地址：安阳市北关区红旗渠商贸城市场AB区210号
……………………Tel：0372-2263000
河南天地通科技发展有限公司
地址：高新区海河大道东段创业中心1号楼327室
……………………Tel：0372-2590089
安阳市卫东购物中心有限责任公司
地址：安阳市殷都区文体路中段
……………………Tel：0372-3659891
安阳市天宏伟业科技有限责任公司
地址：安阳市北关区彰德路与健康路交叉口东南角ULO生活广场1-1-940号
……………………Tel：0372-5110002
安阳市臻信冶金材料有限公司
地址：安阳市龙安区彰武街张家庄村
……………………Tel：0372-5622721
安阳银座商城有限公司
地址：安阳市文峰区彰德路101号
……………………Tel：0372-5988898
新乡市新合商贸有限公司
地址：新乡市平原路202号6号
……………………Tel：0373-2032680
新乡市新运旅行社有限公司
地址：新乡市自由街155号客运总站
……………………Tel：0373-2065369
新乡市新创纺织印染有限公司
地址：获嘉县太山乡太山村
……………………Tel：0373-3079823
新乡市新特纺织印染有限公司
地址：牧野区宏力大道东段46号
……………………Tel：0373-3322857
河南天工金属品制造有限公司
地址：新乡市新一街高新技术创业园2#园E1-3
……………………Tel：0373-3517599
许昌市大昌工艺美术有限公司
地址：许昌市七一路14号
……………………Tel：0374-2334962
许昌莱克思奴食品有限公司
地址：许昌市毓秀路中段文峰新村
……………………Tel：0374-5117528
河南钧兴工艺品有限公司
地址：郑州市金水区国基路2号东区6号楼2号
……………………Tel：0374-8611283
禹州市神垕古镇旅游运营管理有限公司
地址：禹州市神　镇钧瓷文化主题公园办公楼二楼
……………………Tel：0374-8876667
平顶山市赛尔贸易有限责任公司
地址：河南省平顶山市新华区建设路与中兴路交叉口佳田国际大厦B座20楼05室
……………………Tel：0375-2206088
平顶山市德惠商贸有限公司
地址：河南省平顶山市湛河区光明路南段化肥厂第一生活区新　31号楼3单元6楼东户
……………………Tel：0375-2870166
平顶山绿巨人能源有限公司
地址：河南省平顶山市石龙区人民路西段
……………………Tel：0375-3368396
汝州天瑞物资有限公司
地址：汝州市广城东路天瑞大厦一楼
……………………Tel：0375-6056996
信阳大风文化传媒有限公司
地址：信阳市　河区化工路沁馨苑商铺22-23号
…………………… Tel：03766250111
南阳市白圭商贸有限公司
地址：南阳高新区创业大厦
…………………… Tel：0377-61599037
南阳御航礼博院文化传媒有限公司
地址：南阳市张衡路丰泉小区2幢2单元702室
…………………… Tel：0377-63022299
河南成昊实业有限公司
地址：南阳市白河大道天工丽水源A栋
…………………… Tel：0377-63907771
镇平县醒石工艺品有限公司
地址：河南省南阳市镇平县平安大道中国玉雕大师创意园B19号
…………………… Tel：0377-65600367
方城石猴文化传播有限公司
地址：方城县城关镇北环路西侧864号
…………………… Tel：0377-67366666
南阳张仲景养生旅行社有限公司
地址：南阳市滨河西路1888号
…………………… Tel：0377-83976888
河南玖壹连锁超市股份有限公司
地址：洛阳市伊川县滨河新区滨河大道中段总部大厦19层19c-4房屋
…………………… Tel：0379-60209108
洛阳宏旺宜家电子商务有限公司
地址：洛阳市洛龙区关林西路8号中浩德电子商务产业园2号办公楼
…………………… Tel：0379-60850300
洛阳姚壮装饰工程有限公司
地址：洛阳市洛龙区古城路376号8幢1-201
…………………… Tel：0379-60866091
洛阳宝泉汽车运输有限公司
地址：洛阳市洛龙区八里堂小区南边永安大道58号
…………………… Tel：03796226080l
河南中赫进出口贸易有限公司
地址：洛阳市高新区滨河北路20号火炬大厦B306-1
…………………… Tel：0379-63003775
河南泽万物业管理有限公司
地址：洛阳市西工区嵩山北路与汉宫路西北角和昌城（洛阳）商业A区三层302号
…………………… Tel：0379-63333388
洛阳徐氏商贸有限公司
地址：洛阳市老城区中州渠东西门口丽京门1幢303
…………………… Tel：0379-63503386
洛阳丽景门实业集团有限公司
地址：洛阳市老城区西关丽京门
…………………… Tel：0379-63503386
洛阳汇恩医疗科技有限公司
地址：洛阳市洛龙区开元大道248号五洲大厦911-912室
…………………… Tel：0379-63513290
洛阳固捷机械设备有限公司
地址：洛阳市西工区红山乡下沟村汉宫路与衡山路交叉口东南侧2号
…………………… Tel：0379-63621839
河南霓汇国际贸易有限公司
地址：洛阳市西工区红山乡张岭村村民委员会第二层南201室
…………………… Tel：0379-63981777
博艺信息科技有限公司
地址：洛阳市九都西路71号
…………………… Tel：0379-64261333
洛阳美伦实业有限公司
地址：洛阳市涧西区天津路19号
…………………… Tel：0379-64683077
洛阳铜加工集团金像艺术制品有限公司
地址：洛阳市宜阳县产业集聚区洛宜南路东一号
…………………… Tel：0379-64939155
洛阳市雅捷物业管理有限公司
地址：洛阳市涧西区西苑路26号院8号7-602房
…………………… Tel：0379-64946141
洛阳斯雅家居有限公司
地址：洛阳市老城区九都东路330-06
…………………… Tel：0379-65172114
洛阳东方静宝车用空调有限公司
地址：涧西区建设路拖厂四号门内
…………………… Tel：0379-65190816
洛阳元宝商贸有限公司
地址：河南省洛阳市洛龙区聂泰路与园区北路东南角停车场院内1号
…………………… Tel：0379-65505600
洛阳左创装饰工程有限公司
地址：洛阳市经济技术开发区长夏门街西侧1幢322、323
…………………… Tel：0379-65558996
河南德念电子商务有限公司
地址：洛阳市涧西区蓬莱路2号洛阳国家大学科技园13幢101
…………………… Tel：0379-65866000
洛阳九鼎房地产有限公司
地址：洛阳新区南苑一路北侧九鼎中和湾
…………………… Tel：0379-65920663
嵩县国美商贸有限公司
地址：嵩县城白云路交警队隔壁
…………………… Tel：0379-66318888
栾川县盛元旅游开发有限公司
地址：河南省洛阳市栾川县栾川乡画眉山路金融信息大厦B栋
…………………… Tel：0379-66876588
孟津文化旅游发展集团有限公司
地址：洛阳市孟津县城关镇会盟大道休闲文化广场东楼二楼
…………………… Tel：0379-67091953
洛阳豪泽文化旅游有限责任公司
地址：洛阳市伊滨区李村大街77号
…………………… Tel：0379-67536666
洛阳志鸿商贸有限公司
地址：中国（河南）自由贸易试验区洛阳片区高新区技术开发区翠微路11号303-7
…………………… Tel：0379-67548180
河南金海能实业有限公司
地址：中国（河南）自由贸易试验区洛阳片区高新区河洛路6号鸿都公寓3-3-501
…………………… Tel：0379-68610800
洛阳买乐买电子商务有限公司
地址：洛阳市伊川县城荆山路东段隆裕工业品公司院内
…………………… Tel：0379-69399978
河南瀚馨实业有限公司
地址：洛阳市经济技术开发区长夏门街32号2幢1010
…………………… Tel：0379-69622222
洛阳潘拉多商务服务有限公司
地址：洛阳市洛龙区开元大道龙门大道交叉口潘拉多电脑家电城413室
…………………… Tel：0379-69910361
河南银九信息技术有限公司
地址：洛阳市洛龙区开元大道219号宝龙城市广场E座2819房
…………………… Tel：0379-80858499
洛阳工海集团有限公司
地址：洛阳市洛龙区开元大道与唐功街交叉口工海国际广场办公楼1号楼29层2902号房
…………………… Tel：0379-80876787
焦作市三维商业广场有限公司
地址：焦作市解放路与民主路交叉口西南角
……………………Tel：0391-2288809
河南省中信国韵贸易有限公司
地址：焦作市山阳区华融国际1706号
……………………Tel：0391-2958129
焦作鸿运置业有限公司
地址：焦作市马村区人民路3888号
……………………Tel：0391-3166576
沁阳市檀溪堂文化产业园有限公司
地址：沁阳市玉溪街4号
……………………Tel：0391-5619188
沁阳市龙威包装有限公司
地址：沁阳市王曲乡范家庄村
……………………Tel：0391-5660006
河南园林小镇电子商务有限公司
地址：河南省鹤壁市淇滨区淇水路淇林小镇B26号栋东单元1-3层101号
……………………Tel：0392-3273388
濮阳中禾工贸有限公司
地址：濮阳市黄河路与昆吾路交叉口向北500米路东
……………………Tel：0393-5398991
南乐慕龙工艺品有限公司
地址：县城东环路与安济路交汇处
……………………Tel：0393-6223967
太康县润恒商贸有限公司
地址：太康县安康路西段（锦绣银城）
……………………Tel：0394-6860189
漯河建业昌建置业有限公司
地址：漯河市郾城区嵩山路与淮河路交叉口建业森林半岛小区
……………………Tel：0395-3186691
河南乐山全明电缆有限公司
地址：驻马店市富强路北段与纬六路交叉口东北角
……………………Tel：0396-2582788
河南康乾实业有限公司
地址：河南省驻马店市练江大道与文明大道交叉口文明小区3号楼2单元8楼东户
……………………Tel：0396-2866999
河南联创商贸有限公司
地址：驻马店市文明路与春晓街交叉口东南角
…………………… Tel：03963978888
河南省商城县飞亚工艺制品有限公司
地址：商城县城关滨河路139号
……………………Tel：0397-7933709

湖北省

武汉同心礼业礼品有限公司
地址：武汉市汉阳区二桥街水仙里93号4层1室
……………………Tel：027-51117300
云筑智联科技有限公司
地址：武汉临空港经济技术开发区五环大道666号（21）
……………………Tel：027-59804999
武汉矽感数码有限公司
地址：武汉市东西湖区三店农场二大队（10）
……………………Tel：027-61675590
福星智慧家（武汉）信息咨询服务有限公司
地址：武汉市江汉区福星城市花园公寓式写字楼1单元6层1号
……………………Tel：027-62435572
湖北淡雅香生物科技股份有限公司
地址：武汉市东西湖区金银湖办事处海口二路1号（张柏公路东、金山大道北）第3层303
……………………Tel：027-63603983
武汉运通控股集团有限公司
地址：江汉区新华下路13号添地公寓C栋12层
……………………Tel：027-65603273
百胜餐饮（武汉）有限公司
地址：武汉市江岸区中山大道1628号29-30层
……………………Tel：027-65799000
武汉圣淘沙集团有限公司
地址：江汉区万松园路4　3号
……………………Tel：027-67844177
新世界嘉业（武汉）有限公司
地址：武汉东湖新技术开发区关山大道353号I座
……………………Tel：027-68850675
武汉和厚德文化传媒有限公司
地址：武昌区临江大道98号武汉积玉桥万达广场（二期）1栋1-3层017号
…………………… Tel：027-6888887
武汉和厚德文化传媒有限公司
地址：武昌区临江大道98号武汉积玉桥万达广场（二期）1栋1-3层017号
…………………… Tel：027-6888887
武汉长江日报创印科技有限公司
地址：武汉市江岸区谌家矶大道119号2栋1-4层
……………………Tel：027-82329591
武汉盈合源科技发展有限公司
地址：武汉市江岸区汉黄路7号
……………………Tel：027-82333008
武汉亚华针织服饰有限公司
地址：武汉市东西湖区径河办事处径河八路2号
……………………Tel：027-82604352
武汉新世纪礼品有限公司
地址：江岸区铭新街7　1号
……………………Tel：027-82642498
武汉永和大王餐饮有限公司
地址：武汉市江岸区胜利街164号
……………………Tel：027-82823659
湖北竞速商贸有限公司
地址：武汉市江岸区江汉路26号正信大厦16楼
……………………Tel：027-82825788
武汉新宇三宝钟表有限公司
地址：武汉市江岸区岳飞街7号401室
……………………Tel：027-82832872
武汉金拱门食品有限公司
地址：武汉市江汉区云霞路187号泛海国际中心A单元（武汉民生金融中心）17层
……………………Tel：027-82848288
山绿农产品集团股份有限公司

地址：武汉市东西湖区高桥五路18号
……Tel：027-83050459

武汉康弘装饰材料有限公司
地址：武汉市东西湖区油纱路158号（13）
……Tel：027-83053639

武汉玛丽办公用品有限公司
地址：武汉市东西湖区吴家山六支沟（8）
……Tel：027-83226272

资六堂实业有限公司
地址：武汉市东西湖区七支沟团结大道北电子设备生产及研发项目2栋7层2、3号（7）
……Tel：027-83236286

湖北新星影视文化传播有限公司
地址：武汉市东西湖区长青办事处五环大道29号（7）
……Tel：027-83256828

武汉汉欧国际物流有限公司
地址：武汉市东西湖区革新大道1998号综保区大厦704室（8）
……Tel：027-83322201

武汉艾特纸塑包装有限公司
地址：武汉市东西湖区径河路21号（10）
……Tel：027-83372327

湖北智慧创鑫工贸有限公司
地址：武汉市东西湖区金山银湖湾东区K栋1单元101室
……Tel：027-83381145

湖北省新华资产管理有限公司
地址：武汉市发展大道33号
……Tel：027-83512895

湖北小森林集团鸿发蜂产品有限公司
地址：武汉市江汉区武汉中央商务区泛海国际SOHO城（一期）第7栋28层2号房
……Tel：027-83599807

武汉金创鑫办公礼品有限公司
地址：武汉市　口区民意四路美奇青年汇二期19层3号
……Tel：027-83600500

武汉云海车信科技有限公司
地址：武汉市江汉区解放大道358号武汉广场D座24层6室
……Tel：027-83637181

武汉市大发商贸发展有限公司
地址：江汉区青年路45号长源大厦703室
……Tel：027-83668898

武汉市欧利捷化工有限公司
地址：武汉市青山区和平大道1244号45栋120室
……Tel：027-83733049

武汉利标日化有限公司
地址：武汉市　口区中山大道228号汉华大厦9楼
……Tel：027-83800678

武汉非遗文化传播有限公司
地址：东湖生态旅游风景区碧波宾馆内
……Tel：027-83807727

湖北奥美创意设计股份有限公司
地址：武汉市　口区古田二路1588号
……Tel：027-83839903

好想你枣业湖北有限公司
地址：武汉市　口区宝丰一路湖北商务大楼23楼2303-04室
……Tel：027-83887669

武汉格瑞生物工程有限公司
地址：武汉市东西湖区金银湖南街5号
……Tel：027-83917032

武汉新港商务经济管理发展有限公司
地址：武汉经济技术开发区28R地块金色港湾三期21栋40号商铺
……Tel：027-84232420-601

武汉羽和装饰工程有限公司
地址：武汉市汉阳区黄金口工业园百威路18号第2栋4层408室
……Tel：027-84233913

武汉天河世纪娱乐有限责任公司
地址：武汉市汉阳区汉阳大道577号
……Tel：027-84675900

湖北天诚至尊科技有限公司
地址：武汉市江汉区万松街解放大道万松园路口创世纪广场A单元13层1号房
……Tel：027-84888699

武汉经济技术开发区绿岛实业股份有限公司
地址：武汉经济技术开发区绿岛大厦
……Tel：027-84899451

武汉遇见礼科技发展有限公司
地址：武汉市江汉区中央商务区泛海国际SOHO城（一期）商业1.2.7幢2层5号
……Tel：027-85352826

汇诺商业管理（武汉）有限公司
地址：武汉市江汉区建设大道737号广发银行大厦1栋15层2室
……Tel：027-85500557

武汉国华礼品发展有限公司
地址：　口区沿河大道187-189号3层1号
……Tel：027-85533696

武汉力兴礼品包装有限公司
地址：武汉市东西湖区将军路街办事处兴业中路01号3号车间1-3层（12）
……Tel：027-85559296

湖北神行者商贸有限公司
地址：武汉市东西湖区金南一路特1号丽景湾106栋102号
……Tel：027-85581903

湖北壹加捌供应链科技管理有限公司
地址：武汉市东西湖区金山南路以北、立光路以西仓储物流1号仓库栋/单元1-4层/号二楼-9号（16）
……Tel：027-85888938

湖北农谷巨海商贸有限公司
地址：武汉市武昌徐东二路2号东创创意园1-214、216号
……Tel：027-86778668

湖北书法报社书道文化有限公司
地址：武昌区水果湖街水果湖横路7号4楼
……Tel：027-86787580

武汉炎黄光谷电子技术有限公司
地址：武汉市东湖开发区珞瑜路鲁巷广场西北角光谷中心花园A幢22层
……Tel：027-87138838

武汉元千瑞文化礼品有限公司
地址：武昌区八一路105号503号
……Tel：027-87268647

武汉市正隆财富管理有限公司
地址：武昌区中北路与东沙大道交汇处武汉中央文化区K1地块一期一区K1-1幢22层1号
……Tel：027-87300038

湖北昆仑投资发展有限公司
地址：武汉市武昌区中北路148号东沙大厦A座25楼
……Tel：027-87319999

武汉普提金之家置业有限公司
地址：洪山区珞狮路248号综合办公楼
……Tel：027-87393830

武汉鑫佳捷印务有限公司
地址：武汉市黄陂区横店街临空北路江恒工业园2栋
……Tel：027-87531185

武汉快全易客电子商务有限公司
地址：武汉市东湖新技术开发区软件园东路1-29-11号光谷软件园展示中心D座5层
……Tel：027-87531589

湖北领上办公环境工程有限公司
地址：武汉东湖新技术开发区关山一路光谷软件园A9-201号
……Tel：027-87537088

湖北三环重工有限公司
地址：武汉市武汉东湖新技术开发区佳园路33号
……Tel：027-87609133

西迈电气（武汉）有限公司
地址：武汉市东湖新技术开发区光谷三路777号2号电子厂房4层南侧以东015-017号
……Tel：027-8761266

武汉贝特泰格科技有限公司
地址：武汉市东湖高新技术开发区光谷大道特1号国际企业中心三期3栋6层02号
……Tel：027-87667068

湖北陆羽国际实业有限公司
地址：武昌区水果湖街武汉中央文化区K4地块一期K4-2-5幢1-2层6号
……Tel：027-87731666

湖北陆羽国际实业有限公司
地址：武昌区水果湖街武汉中央文化区K4地块一期K4-2-5幢1-2层6号
……Tel：027-87731666

晟瑞诚（武汉）信息技术有限公司
地址：武汉市东湖新技术开发区武大园路5-1号国家地球空间信息产业基地南主楼2单元6层03号
……Tel：027-87777335

武汉十六平方科技有限公司
地址：武汉市东湖新技术开发区东信路11号武汉留学生创业园A栋2层2158号
……Tel：027-87809659

湖北澳宝莱国际贸易有限公司
地址：武汉市东湖新技术开发区光谷三路777号
……Tel：027-87874588

中合华企（武汉）企业服务有限公司
地址：湖北省武汉市青山区工人村路99号武汉国际钢铁物流服务中心一期第17栋101室
……Tel：027-87891880

武汉烽火集团有限公司
地址：武汉市白沙洲
……Tel：027-88117603

武汉鑫嘉瑞商贸有限公司
地址：武汉市航侧村葛洲坝国际广场北区第3幢1单元31层2号房
……Tel：027-88189022

武汉裕大华纺织服装集团有限公司
地址：武汉市蔡甸区五贤路5号（蔡甸街幺铺村红光村）
……Tel：027-88222725

湖北佳和艺品文化发展有限公司
地址：武汉市武昌区东湖路181号（老黄鹂路65号）A栋2层
……Tel：027-88568436

武汉一境文化传播有限责任公司
地址：武昌区胭脂路38号
……Tel：027-88858786

老爵爷（武汉）钟表有限公司
地址：武汉市江汉区青年路308号花园道一期1层B118b室
……Tel：027-88860899

星光珠宝（湖北）有限公司
地址：武昌区解放路328号
……Tel：027-88913166

武汉华联综合超市有限公司
地址：武昌区临江路35号
……Tel：027-88915535

易食纵横股份有限公司
地址：武汉市青山区冶金大道（中国一冶高新技术产业园）1号办公楼栋1-6层608室
……Tel：029-86676508

宜城市大平水晶工艺品有限公司
地址：湖北省襄阳市宜城市雷河发展区
……Tel：0710-4363456

鄂州市杰尼百货贸易有限公司
地址：鄂州经济开发区吴楚大道8号豪威城市广场
……Tel：0711-3607008

中百仓储孝感购物广场有限公司
地址：孝感市长征路29号
……Tel：0712-2324599

湖北灵秀林农综合开发有限公司
地址：孝感市孝南区卧龙乡长湖村316国道南
……Tel：0712-2825632

湖北创购商品交易服务有限公司
地址：孝感市孝汉大道57号（孝感高新区上海产业园）
……Tel：0712-2885507

黄冈龙全教育科技股份有限公司
地址：黄冈市蕲春县漕河镇付畈社区一路南侧童馨丽都9号楼
……Tel：0713-7242028

黄冈中商百货有限公司
地址：黄冈市赤壁大道2号
……Tel：0713-8668216

湖北第六空间贸易有限公司
地址：大冶市新冶大道4号(钢花新村)
……Tel：0714-6389638

湖北元阳食品有限公司
地址：湖北省嘉鱼县经济开发区发展大道
……Tel：0715-6316006

湖北浩康医疗器械有限公司
地址：咸宁市温泉太乙大道1号肖桥村党群活动中心西侧副楼
……Tel：0715-8912195

湖北鑫元春商贸有限公司
地址：公安县斗湖堤镇荆江大道
……Tel：0716-5230099

荆州市蓝星电脑有限公司
地址：沙市区红门路30号
……Tel：0716-8128406

湖北佳海房地产开发有限公司
地址：荆州市318国道南、塔桥北路延伸段
……Tel：0716-8386811

湖北天盾电子技术有限公司
地址：公安县斗湖堤镇青年路28号（棉花公司院内）
……Tel：0716-8525363

湖北省万乡旅居养老服务有限公司
地址：沙市区玉桥公园生活区7栋4门1楼1号
……Tel：0716-8879987-801

湖北三峡世家度假山庄有限公司
地址：秭归县九畹溪镇界垭村二组
……Tel：0717-2800777

枝江市鑫泰工艺礼品有限责任公司
地址：枝江市马家店石碑山路东段
……Tel：0717-4218509

中联巴蜀贸易发展股份有限公司
地址：宜都市红花套杨家畈村五组巴蜀科技园
……Tel：0717-4952809

宜昌新世界商业管理有限公司
地址：宜昌市西陵一路51号
……Tel：0717-6266630

湖北峡州国际旅行社有限公司
地址：宜昌市西陵区夷陵路52号
……Tel：0717-6467700

宜昌鑫丰商业管理有限公司
地址：宜昌市　亭区　亭二居委会
……Tel：0717-6772829

宜昌三峡环坝旅游发展集团有限公司
地址：宜昌市夷陵区三峡路
……Tel：0717-7853756

湖北宝石花红木家具有限公司
地址：来凤县翔凤镇桂花树工业园
……Tel：0718-6295872

恩施硒谷科技股份有限公司
地址：湖北省恩施市龙麟宫路190号
……Tel：0718-8110187

湖北远近网络科技有限公司
地址：湖北省恩施市金龙大道星汇广场9栋2302
……Tel：0718-8431980

湖北锐光文化传媒有限公司
地址：丹江口市右岸水都大道均州老街
……Tel：0719-5900616

十堰太和和欣商贸有限公司
地址：十堰市茅箭区上海路25号
……Tel：0719-8876631

湖北拉风网络科技有限公司
地址：湖北省随州市曾都区东城街道（办事处）烈山大道205号（香港街）九龙楼幢4层069号
……Tel：0722-3999999

湖北广水军升包装有限公司
地址：广水市经济技术开发区
……Tel：0722-6418777

湖北壹飞旅游发展有限公司
地址：荆门市象山大道84号（御景天城小区B单元2912号）
……Tel：0724-2341827

《文化中国》实业（湖北）有限公司
地址：荆门高新区·掇刀区江山路丰收新村62号
……Tel：0724-2441913

湖北星球家俱装饰集团有限公司
地址：荆门虎牙关大道星球路18号
……Tel：0724-6800801

武汉宜华时代家具有限公司
地址：武汉市　口区解放大道三金香港映象三期一、二层
……Tel：0754-83262602

湖南省

湖南君山印象农业科技发展有限公司
地址：岳阳市君山区柳林洲镇濠河村濠河组
……Tel：0730-3367197

岳阳万里石石材有限公司
地址：华容县三封寺镇官堰村七组
……Tel：0730-4571555

湖南友朋国际旅行社有限公司
地址：岳阳市岳阳楼区巴陵西路93号三角大厦十楼1001房
……Tel：0730-8353553

岳阳格兰云天大酒店有限公司
地址：岳阳市岳阳楼区东茅岭路42号
……Tel：0730-8398818

岳阳富兴酒店管理有限公司
地址：岳阳市南湖新区南湖游路6号经贸旅游招商局二楼209-210室
……Tel：0730-8720251

株洲新芦淞服饰投资经营有限公司
地址：湖南省株洲市芦淞区太子路1135号碧玉花园商住楼101号
……Tel：0731-22200733

湖南金凤凰珠宝有限公司
地址：湖南省株洲市芦淞区钟鼓岭邮电综合楼208号
……Tel：0731-22588871

株洲神农千金实业发展有限公司
地址：湖南省株洲市天元区栗雨工业园株洲千金药业股份有限公司综合制剂车间
……Tel：0731-22731069

醴陵市华瑞瓷业有限公司
地址：湖南省株洲市醴陵市孙家湾镇孙家湾村许家湾组
……Tel：0731-23382629

湖南万利服饰有限公司
地址：醴陵市船湾镇金子坪居委会96号
……Tel：0731-23738048

醴陵市高新技术产业投资经营管理有限公司
地址：醴陵市经济开发区A区
……Tel：0731-27572050

韶山华龙山庄酒店有限公司
地址：韶山市韶山乡铁皮村
……Tel：0731-55651111

湖南湘视城市电视传媒有限公司
地址：湘潭市九华经开区传奇西路9号
……Tel：0731-58218188

湘潭大学科技产业公司
地址：湘潭市雨湖区羊牯塘
……Tel：0731-58298755

湖南禧铭教育文化产业有限公司
地址：长沙市开福区通泰街街道（通泰街龙王宫）新风街22号北栋501房
……Tel：0731-82083279

长沙京银礼联工艺品贸易有限公司
地址：湖南省长沙市芙蓉区远大路与东二环西南角湘城东方家园B-908房
……Tel：0731-82279316

湖南同享工艺品有限公司
地址：湖南省长沙市芙蓉区五一大道98号（湖南省商务厅内）
……Tel：0731-82285037

湖南天经资产管理有限公司

地址：长沙市天心区大托镇新路村天心创业园长沙超世实业公司办公楼208房
…………Tel：0731-82436086

湖南旭日东升文化礼品贸易有限公司
地址：长沙市芙蓉区韶山北路1号第四层（湖南省委大院内）
…………Tel：0731-82689367

长沙宁乡润福商业有限公司
地址：长沙宁乡县玉潭镇玉潭中路和花明路交汇处（紫金广场东北角）
…………Tel：0731-82752999

湖南酷贝拉欢乐城管理有限公司
地址：长沙市天心区芙蓉中路二段188号新世纪体育文化中心东广场101
…………Tel：0731-82810458

湖南大宗商品交易中心有限公司
地址：长沙市开福区青竹湖街道湘江北路一段369号1栋8403-2房（中部进出口加工物流中心1#栋）
…………Tel：0731-82811955

长沙出版物交易中心有限公司
地址：湖南省长沙市雨花区万家丽路三段59号长沙出版物交易中心506房
…………Tel：0731-82885588

湖南置青春网络科技有限公司
地址：湖南省长沙市岳麓区咸嘉湖街道谷丰南路9号高信向日葵园12栋11层03号房
…………Tel：0731-83063039

浏阳市福祥烟花集团有限公司
地址：浏阳市淮川街道办事处城东社区菜园小区13栋01-02号
…………Tel：0731-83627078

湖南宝泉文化发展有限公司
地址：长沙市雨花区侯家塘街道韶山北路254号汇富中心第一幢719号房
…………Tel：0731-83758868

长沙威尔环保工艺品有限公司
地址：浏阳市集里办事处白沙中路才智广场逸景苑小区第50栋102号
…………Tel：0731-83824988

湖南华臻展览服务有限公司
地址：湖南省长沙市天心区芙蓉中路三段380号汇金苑9栋3521房
…………Tel：0731-83880551

湖南苏香文化发展有限公司
地址：长沙市雨花区人民路王公塘29号颐美园金桥阁1304房
…………Tel：0731-84122738

湖南顺泽建材贸易有限公司
地址：湖南省长沙市天心区芙蓉南路二段103号生活艺术城综合楼826
…………Tel：0731-84143193

湖南新佳宜商贸有限公司
地址：长沙市雨花区朝晖路496号锦湘国际星城锦绣苑7栋、8栋2407房
…………Tel：0731-84165595

湖南长沙新三冠标识实业有限公司
地址：湖南省长沙市芙蓉区蔡锷中路66号
…………Tel：0731-84438659

湖南车车快告文化传媒有限公司
地址：长沙市雨花区万家丽中路三段36号喜盈门商业广场6、8栋2316房
…………Tel：0731-84627896

长沙飘峰礼品开发有限公司
地址：长沙县星沙街道办事处天华北路159号
…………Tel：0731-84650876

长沙德齐福礼品有限公司
地址：湖南省长沙市芙蓉区东屯渡街道万家丽中路139号宽寓大厦28层13号房
…………Tel：0731-84728662

中南民航张家界实业有限公司
地址：张家界永定区南庄坪五组坡
…………Tel：0731-84798587

芒果影视文化有限公司
地址：长沙市开福区金鹰影视文化城主楼8楼801房
…………Tel：0731-84802221

长沙福基装饰设计有限公司
地址：长沙市雨花区韶山南路633号上海城33栋2105房
…………Tel：0731-84804546

湖南运达贸易有限公司
地址：长沙市开福区芙蓉中路478号运达国际广场2801号
…………Tel：0731-84888688

湖南省广圣酒店管理有限公司
地址：湖南省长沙市芙蓉区五一西路86号蝴蝶大厦20楼
…………Tel：0731-84939888

长沙市恩典工艺品科技有限公司
地址：长沙市开福区三一大道303号永通佳苑B栋1702房
…………Tel：0731-85143758

湖南梵雅家具有限公司
地址：湖南省长沙市天心区芙蓉南路二段生活艺术城12栋401房
…………Tel：0731-85413330

湖南国喜新能源科技有限公司
地址：湖南省长沙市天心区暮云工业园新兴科技产业园A3幢302号
…………Tel：0731-85510858

湖南和一国际大酒店有限公司
地址：长沙高新开发区枫林三路268号麓景裕园2栋606
…………Tel：0731-86456711

湖南捷顺工艺制品有限公司
地址：湖南省长沙市望城经济技术开发区腾飞路二段398号
…………Tel：0731-88056166

湖南寸金环保科技有限公司
地址：长沙市雨花区万家丽中路三段36号喜盈门商业广场1、2栋及地下室14008
…………Tel：0731-88390118

长沙婕骏日用品贸易有限公司
地址：长沙市雨花区韶山北路488号东一国际大厦南栋919房
…………Tel：0731-88613456-616

湖南蓝域科技有限公司
地址：长沙市岳麓区望岳南路29号嘉逸名庭1栋503房
…………Tel：0731-88677699

湖南省大印湘西酒业有限公司
地址：湖南省长沙市芙蓉区定王台街道五一大道599号供销大厦2908房
…………Tel：0731-88688633

湖南奥立福橄榄油贸易有限公司
地址：长沙市芙蓉区远大路130号湘聚大厦2319-2320号
…………Tel：0731-88851575

湖南七想文化传媒有限公司
地址：长沙市天心区劳动西路245号凯瑞大厦1907房
…………Tel：0731-88888786

湖南远大铃木住房设备有限公司
地址：长沙高新开发区麓谷大道636号麓园6栋106
…………Tel：0731-88911568

浏阳市大润发商业有限公司
地址：湖南省浏阳市集里街道办事处石霜路与花炮大道交汇处
…………Tel：0731-88930860

长沙星展电器科技有限公司
地址：湖南省长沙市芙蓉区火星街道远大一路418号东门天厦1703号房
…………Tel：0731-88969016

湖南传禧礼品有限公司
地址：长沙市雨花区朝晖路都城康欣园3栋1201
…………Tel：0731-89600063

湖南耀邦实业集团有限公司
地址：长沙市芙蓉区远大一路582号东方芙蓉3栋20层
…………Tel：0731-89701373

湖南云生活信息技术有限公司
地址：长沙高新开发区岳麓西大道588号芯城科技园1栋1801房
…………Tel：0731-89720932

湖南华润万家生活超市有限公司
地址：长沙高新开发区麓湖路39号央谷金苑A栋11楼1121-1125房
…………Tel：0731-89759035

湖南观贞同城艺术品电子商务平台有限公司
地址：长沙高新开发区麓枫路69号晶源电子科技有限责任公司检测中心101三楼392房
…………Tel：0731-89767898

湖南地球村家政产业管理有限公司
地址：长沙市雨花区韶山中路489号万博汇名邸5栋1120房
…………Tel：0731-89793489

湖南久丰国际商品现货交易市场有限公司
地址：湖南省长沙市开福区芙蓉北路159号1417房
…………Tel：0731-89904299

湖南瑞饰家居生活有限公司
地址：长沙市开福区通泰街街道中山路589号开福万达广场C区3号写字楼3607号房
…………Tel：0731-89906903

湖南省文化艺术产业集团股份有限公司
地址：长沙市天心区新开铺路579号及第府1栋2层
…………Tel：0731-89963292

衡阳天衡玩具有限公司
地址：常宁市宜阳工业区工业走廊投资创业园A基地
…………Tel：0734-7601668

衡阳金果物流有限公司
地址：衡阳市雁峰区天马山南路26号
…………Tel：0734-8227957

郴州华天大酒店有限责任公司
地址：郴州市北湖区南岭大道958号
…………Tel：0735-2818888

临武县通天玉石发展有限责任公司
地址：湖南省临武县工业园区隆武路1号南岭通天玉石城
…………Tel：0735-6265888

湖南唐宸旅游文化开发有限公司
地址：常德市桃源县钟家铺乡青年村上街组
…………Tel：0735-6905586

湖南同元文化古镇旅游开发有限公司
地址：常德柳叶湖旅游度假区七里桥街道戴家岗社区环湖路大唐司马46栋
…………Tel：0736-7071888

湖南九云珠电子商务有限公司
地址：湖南省常德市经济技术开发区樟木桥街道长安社区桃林路713号
…………Tel：0736-7302968

常德晨光文具礼品有限公司
地址：常德市武陵区丹阳街道办事处紫桥社区滨湖路(紫桥小区2-06B栋)
…………Tel：0736-7620077

常德市春华广告策划有限公司
地址：常德市武陵区城西办事处西园社区滨湖中路666号（时代广场1212号）
…………Tel：0736-7717978

湖南太阳鸟控股有限公司
地址：沅江市琼湖路
…………Tel：0737-2606577

湖南步步高连锁超市益阳有限责任公司
地址：益阳市康复南路
…………Tel：0737-4248568

湖南佳佳粮食购销股份有限公司
地址：益阳市赫山区兰溪镇
…………Tel：0737-4681666

湖南秋忆浓冰碛岩工艺材用品开发有限公司
地址：湖南安化经济开发区黑茶产业园
…………Tel：0737-7775999

冷水江市通泰贸易有限公司
地址：冷水江市锑都中路（佳泰家信和商业广场1栋115室）
…………Tel：0738-5369833

湖南凯圆智能家居科技产业有限公司
地址：双峰县经济开发区科技工业园
…………Tel：0738-6890888

凤凰古城景区旅游管理服务有限公司
地址：湖南省凤凰县沱江镇县政府大楼旁
…………Tel：0743-3227166

凤凰古城文化旅游投资股份有限公司
地址：湖南省湘西自治州凤凰县沱江镇凤凰路
…………Tel：0743-3501065

湖南生安云采电子商务有限责任公司
地址：慈利县零阳镇白沙溪村111号
…………Tel：0744-3351869

张家界熊风文化艺术产业有限公司
地址：湖南省张家界市武陵源区索溪峪街道办事处双文村（老村部办公楼）
…………Tel：0744-5559876

黄龙洞投资股份有限公司
地址：湖南省张家界市武陵源区黄龙洞
…………Tel：0744-5612026

张家界天鹏科技集团股份有限公司
地址：湖南省张家界市永定区大庸桥办事处且住岗居委会鑫成君泰19栋鑫成国际旅游广场15楼
…………Tel：0744-8201062

张家界万众国际旅行社有限责任公司
地址：张家界市崇文办事处风湾居委会（子午路52号）
…………Tel：0744-8882993

怀化新时代办公用品有限公司
地址：湖南省怀化市鹤城区迎丰中路银河电脑城509号
…………Tel：07452257138

湖南纳纳生活用品有限公司
地址：湖南省怀化市溆浦县工业集中区红花园工业园
…………Tel：0745-3228228

湖南美森竹木住宅科技有限公司
地址：湖南省洪江市安江镇枫树坪15号
…………Tel：0745-7229366

道县惠民信息技术有限公司
地址：湖南省永州市道县潇水中路商业步行街1栋2楼229号
…………Tel：0746-5220746

永州市巅峰管理有限公司
地址：永州市冷水滩区河东沿江路与昌盛路东侧交叉处（湘寓1号）四楼
…………Tel：0746-6662518

永州爱网特实业有限公司
地址：湖南省永州市冷水滩区长丰大道永州电子商务产业园三楼
…………Tel：0746-8618566

永州市腾龙节能环保厨业有限公司
地址：湖南省永州市冷水滩区凤凰园经济开发区（恒丰机械公司门面）
…………Tel：0746-8662961

广东省

广州云呼吸生物科技有限公司
地址：广州市白云区同德街道恒丰街6号3楼（部位：303）（自主申报）
…………Tel：020-20113101

蛋壳（广州）公寓管理有限公司
地址：广州市天河区冼村路11号之二3801室（仅限办公）
…………Tel：020-22156045

广州华驰广告有限公司
地址：广州市荔湾区黄沙大道144号1009房（仅限办公）
…………Tel：020-22292189

雅芳（中国）有限公司
地址：广州市天河区华明路13号1902室（仅限办公）
…………Tel：020-22368888

广东珠江影视传播有限公司
地址：广东省广州市海珠区新港中路350号之四201室
…………Tel：020-26185132

广州万黛莫兰文化传播有限公司
地址：广州市海珠区江南大道中路180号1914（部位：自编之七）（仅限办公用途，不可作厂房使用）
…………Tel：020-28035903

广州飞人网络科技有限公司
地址：广州市越秀区环市东路371-375号北楼2302房
…………Tel：020-28101224

广州寰图商业运营有限公司
地址：广州市天河区华夏路26号3203自编32-AR（仅限办公用途）（不可作厂房使用）
…………Tel：020-28120826

广东爱盯堡防护用品有限公司
地址：广州市番禺区东环街番禺大道北555号天安总部中心23号楼2205房
…………Tel：020-28140493

广东美喇美女子健康管理有限公司
地址：广州市番禺区洛浦街北环路83号E座207-210、247-250单元
…………Tel：020-28148597

广州景致饰品有限公司
地址：广州市番禺区沙头街小平村祥平路横街8号
…………Tel：020-28654383

广州海商网络科技有限公司
地址：广州市越秀区东华南路98号2101房（仅限办公用途）
…………Tel：020-28828356

广州国天酒店用品有限公司
地址：广州市花都区新华街广塘村白蟒塘东商业街35号（空港花都）
…………Tel：020-28976963

广州景轩雕塑工艺品有限公司
地址：广州市番禺区大石街105国道大石段838号A505
…………Tel：020-29014166

广州市金彩投资管理有限公司
地址：广州市天河区花城大道68号3201房，3202房（仅限办公用途）
…………Tel：020-29112854

广州乐菲尚家庭用品有限公司
地址：广州市天河区临江大道681号303房（本住所限写字楼功能）
…………Tel：020-29161888

广东华瑞环境工程有限公司
地址：广州市番禺区东环街东艺路139号22栋508房
…………Tel：020-29806942

广州市洛恒工艺制品有限公司
地址：广州市白云区人和镇西成路光华体育馆第一层商铺A7铺（空港白云）
…………Tel：020-29822123

广州臻采陈列展示用品有限公司
地址：广州市白云区白云湖街大朗货场生活区十五社上桥工业区三栋一楼
…………Tel：020-29822123

广州飞天诚信云商科技有限公司
地址：广州市天河区龙口东路34号2201房自编2201单元（仅限办公用途）
…………Tel：020-29822498

广东品智网络有限公司
地址：广州市天河区天河路228号之二3809、3810房（仅限办公用途）
…………Tel：020-29880859

广州施力普家居用品有限公司
地址：广州市番禺区钟村街汉溪大道东290号保利大都汇3栋办公楼1303房（仅限办公用途）
…………Tel：020-31008885

广州市宝爱婴童用品有限公司
地址：广州市天河区龙洞路北苑小区五巷3号101房
…………Tel：020-31042206

广州尚雕坊工艺品有限公司
地址：广州市番禺区大龙街沙涌村金鳌街13号301
…………Tel：020-31100922

广州雅汇信息科技有限公司
地址：广州市白云区金钟横路32号之二3栋346房
…………Tel：020-31523719

广东千媚实业投资有限公司
地址：广州市天河区大观南路26号C203A房（仅限办公用途）(不可作厂房使用)
…………Tel：020-32095935

深圳海航地产开发有限公司
地址：深圳市龙岗区龙岗街道南联社区龙岗大道6001号海航城6号楼501（海航国兴花园）
……Tel：020-32258862

广东星艺装饰集团股份有限公司
地址：广东省广州市番禺区洛浦街105国道上 段90号（华南商业城）自编号一楼106、107各半卡铺至二楼206-213号
……Tel：020-32509700

广州诺米品牌管理有限公司
地址：广州市海珠区瞻悦东街23号自编B2栋（部位：19层，20层）（仅限办公）
……Tel：020-32613888

广州市澳鑫纺织有限公司
地址：广州市增城石滩镇三江西区黄泥路墩
……Tel：020-32801016

广州润增商贸有限公司
地址：广州市增城荔城街府佑路98号2051号-2087号、3051号-3086号、4017号公寓裙楼部分约800平方米
……Tel：020-32832505

广州润增商贸有限公司
地址：广州市增城荔城街府佑路98号2051号-2087号、3051号-3086号、4017号公寓裙楼部分约800平方米
……Tel：020-32832505

清星（广州）商务集团有限公司
地址：广州市番禺区大龙街城区大道93号二楼204
……Tel：020-34563029

广州奥园物业服务有限公司
地址：广州市番禺区钟村镇汉溪大道诜敦村（悉奥路一区酒店公寓）自编B2
……Tel：020-34733222

广州达润智能科技有限公司
地址：广州市南沙区东涌镇太石村太南路273号
……Tel：020-3473662

深圳选礼易电子商务有限公司
地址：深圳市南山区沙河街道沙河东路255号2栋405室
……Tel：020-34761998

广州爱辰防护用品有限公司
地址：广州市番禺区市桥街捷进二路37号401
……Tel：020-34838386

广州市嘉来艺工艺品有限公司
地址：广州市番禺区大龙街新水坑村"深沙"之一
……Tel：020-34889306

广州市潮锋玻璃工艺制品有限公司
地址：广州市南沙区大岗镇普荣路8号之一
……Tel：020-34971141

北欧时刻（广州）商业有限公司
地址：广州市番禺区大石街石北工业路210号1号楼1011、1012
……Tel：020-35678866

广州新免税品有限公司
地址：广州市花都区白云国际机场航站楼国际厅内A9009-A、A9009、A9010、A9011、A9012、A9013、A9015、A9016、A9017、A9018商铺
……Tel：020-36067772

广州伶俐宝玩具有限公司
地址：广州市白云区鹤龙街尖彭路395号天瑞广场电梯层B1828房（自主申报）
……Tel：020-36242680

广州市易居乐筑信息技术有限公司
地址：广州市白云区太和镇太源中路63号503房
……Tel：020-36298463

广州京盛车缝制品有限公司
地址：广州市白云区人和镇湖村镇清街36号
……Tel：020-36352187

广州市缔源工艺品有限公司
地址：广州市花都区新雅街广塘村1队自编号22号（可作厂房使用）
……Tel：020-36354381

广州市正宇物流有限公司
地址：广州市白云区太和镇沙太北路华邦路1号之一华邦物流园C栋2单元2702号（自主申报）
……Tel：02036513456

广东柏铭颢实业有限公司
地址：广州市白云区均禾街石马村小马商业南街合兴工业园内A2区三楼
……Tel：020-36679551

广州白云苏宁易购广场有限公司
地址：广州市白云区云城东路507号
……Tel：020-36689988

广州睿丽生活服务有限公司
地址：广州市天河区林和西路159号703房（仅限办公）
……Tel：020-36776575

美爵生活科技（广州）有限公司
地址：广州市从化区江埔街小海桥地段美味人生B10-01商铺（自主申报）
……Tel：020-37033732

广州市拓尔家具有限公司
地址：广州市白云区同和路328号808房
……Tel：020-37242689

广州丽芮礼品科技有限公司
地址：广州市白云区北太路1633号广州民营科技园科兴路19号206房
……Tel：020-37312020

广州逸生活信息科技服务有限公司
地址：广州高新技术产业开发区科学城科学大道182号创新大厦C2栋首层附楼凯得创梦空间（自编号：106号）办公卡位259号
……Tel：020-37392048

广州福生帝威商业投资有限公司
地址：广州市白云区三元里街机场路航云南街38号主楼321-322房（自主申报）
……Tel：020-37412182

广州神爸电子商务有限公司
地址：广州市越秀区东风中路515号东照大厦第13层第01房（仅限办公用途）
……Tel：020-37615238

广东中南创展集团有限公司
地址：广州市越秀区环市东路461号自编4号楼、5号楼
……Tel：020-37616681

广州市纳客酒店管理有限公司
地址：广州市越秀区农林上路一横路1号21-26层及首层南大堂、三层局部
……Tel：020-37878888

广州富敏城工艺有限公司
地址：广州市从化温泉镇石海工业区工业南路1号
……Tel：020-37901790

广州嘉憬母婴科技股份有限公司
地址：广州市番禺区钟村街钟盛路185号一、二层
……Tel：020-38033076

广州丝泊工艺制品有限公司
地址：广州市越秀区永福路40号盛大国际汽车用品交易广场架空层自编048号（仅限办公用途）
……Tel：020-38036969

广东征鸿实业有限公司
地址：广州市天河区体育东路108号西座802单元（仅限办公用途）（不可作厂房）
……Tel：020-38080376

广州国际玩具礼品城有限公司
地址：广州市黄埔区黄埔东路3889号07213房
……Tel：020-38081288

广州泰司克贸易发展有限公司
地址：广州市天河区林和西路9号915房
……Tel：020-38107766

广州太平鸟服饰营销有限公司
地址：广州市白云区云城东路509号234之B房
……Tel：020-38200992

广州市九悦行馆投资管理有限公司
地址：广州市天河区林和西路161号六层606房
……Tel：020-38251333

广州优果蔬网络科技有限公司
地址：广州市天河区黄村路57号二楼（部位：A205）
……Tel：020-38269887

广东寰宇实业股份有限公司
地址：广州市萝岗区崖鹰石路8号自编5栋4楼
……Tel：020-38269986

广州卓艺工艺品有限公司
地址：广州市天河区金穗路30号丽晶华庭金莱阁1803室
……Tel：020-38293033

珠海市省广华屹智能数字营销有限公司
地址：珠海市横琴新区宝华路6号105室-28458（集中办公区）
……Tel：020-38309590

广州利宸贸易有限公司
地址：广州市番禺区大石街石北工业路539号5栋104室
……Tel：020-38336299

广州逸仙化妆品有限公司
地址：广州市海珠区瞻悦东街23号自编B2栋（部位：32层自编01）（仅限办公）
……Tel：020-38373543

广东加博汇电子商务有限公司
地址：广州市天河区华夏路26号23层（部位：自编02、04单元）
……Tel：020-38633918

广东省雄泰珠宝产业投资有限公司
地址：广州市天河区中山大道西1138号1116房（仅限办公）
……Tel：020-38665056

广州乐欣母婴用品有限公司
地址：广州市天河区珠江东路6号13层01-06室（仅限办公用途）（不可作厂房使用）
……Tel：020-38772996

广东博爱鹏瑞利医疗管理有限公司
地址：广州市番禺区钟村街汉兴中路93号1103房
……Tel：020-39236548

广州优你贝科技有限公司
地址：广州市番禺区沙头街禺山西路329号一座308
……Tel：020-39276860

广州柏林世家家居用品有限公司
地址：广州市番禺区钟村街雄峰南一街1号A2-3011
……Tel：020-39283838

广东电视企业管理中心
地址：广州市越秀区环市东路３３１号
……Tel：020-61293828

广东都市百姓药业有限公司
地址：广州市白云区嘉禾街望岗工业区二路52号B栋602（自主申报）
……Tel：020-61839666

广东林江政贸工程有限公司
地址：广州市增城区增江街纬五路首层1号
……Tel：020-62114674

广东新华发行集团股份有限公司书香文化传播分公司
地址：广州市越秀区东湖路152号4楼
……Tel：020-66220264

广州合悦网络科技有限公司
地址：广州市白云区岗贝路68号自编1栋第三层（部位：三楼右侧）
……Tel：020-66282654

广州医药海马品牌整合传播有限公司
地址：广州市荔湾区沙面北街41号二楼
……Tel：020-66284428

广东省丝丽国际集团股份有限公司
地址：广州市越秀区东风西路198号3、4楼
……Tel：020-66612333

广东玖珑创革商贸有限公司
地址：广州市天河区华利路2号1801房（仅限办公）（不可作厂房使用）
……Tel：020-66698808

黑牛食品营销有限公司
地址：广州市黄埔区云埔工业区埔北路1号自编3号二楼202室
……Tel：020-66885830

广东鼎唐文化传播有限公司
地址：广州市天河区华景路70号5楼自编501房
……Tel：020-81289148

广东圣约翰服饰股份有限公司
地址：广州市天河区珠江西路17号2001-1房（不作厂房使用，仅限办公用途）
……Tel：020-81306666

广东正方物业发展有限公司
地址：广州市荔湾区周门北路28号B座六层601、602房（仅限办公用途）
……Tel：020-81533132

广州艾时依实业有限公司
地址：广州市南沙区进港大道579号A栋619房（仅限办公）
……Tel：02081621111

广州骏翱礼品有限公司
地址：广州市荔湾区誉江路16号1809房（仅限办公）
……Tel：020-81955498

广州女神钟表工艺有限公司
地址：广州市黄埔区笔村大道108号
……Tel：020-82024738

广州市惠森档案用品有限公司
地址：广州市萝岗区科学城开创大道彩文路飞晟一街13号703A（仅限办公用途）
……Tel：020-82088039

广州中金建设工程技术有限公司
地址：广州市天河区棠下涌西路35号二层2A08（仅限办公）
……Tel：020-82276325

广州市爱惟美礼品贸易有限公司
地址：广州市黄埔区红山街道黄埔东路1389号祥晖广场A座二层（自主申报）（仅限办公用途）
……Tel：020-82391660

广州市中林木业投资有限公司
地址：广州市经济技术开发区东园一街26号2003房
……Tel：020-82490818

广州邑扬网络科技有限公司
地址：广州市天河区中山大道中2号610-615房（仅限办公用途）
……Tel：020-82513479

广州麦凯龙咖啡食品有限公司
地址：广州市黄埔区东区云庆路62号内厂房一共四层的第三层
……Tel：020-82557460

广东南方都市报经营有限公司
地址：广州市越秀区广州大道中289号第5层501-506室
……Tel：020-83004213

广州珠广传媒股份有限公司
地址：广州市越秀区先烈中路83号502自编之六单元
……Tel：020-83179733

广州珠江钢琴文化艺术发展有限公司
地址：广州市越秀区沿江东路418号三层自编301-302铺
……Tel：020-83200010

广州无界创异文化用品有限公司
地址：广州市天河区柯木 坳头北街8号101房
……Tel：020-83221750

广州穗新投资发展集团有限公司
地址：广州市越秀区广卫路4号附楼306室
……Tel：020-83273034

广州市见闻科技发展有限公司
地址：广州市白云区机场路11号首层之三
……Tel：020-83275308

广州市悦心文化传播有限公司
地址：广州市越秀区东风中路318号2103房自编R002
……Tel：020-83293811

广州市帷澜工艺品有限公司
地址：广州市荔湾区芳村大道东200号87栋203房（仅限办公）
……Tel：020-83321573

广东五月花电影城有限公司
地址：广州市越秀区中山五路68号五月花商业广场陆层全层
……Tel：020-83337366

深圳菲斯特资产管理有限公司
地址：深圳市前海深港合作区前海湾一路1号A栋201室(入驻深圳市前海商务秘书有限公司)
……Tel：020-83389980

广东永励贸易有限公司
地址：广州市越秀区麓景路黄田直街1、2号广信商业中心16楼E
……Tel：020-83572790

广州市哇数网络科技有限公司
地址：广州市天河区育英路31号（部位：二楼A317）
……Tel：020-83701519

首旅如家（广州）区块链科技有限公司
地址：广州市黄埔区护林路1198号611房号（仅限办公）
……Tel：020-84156572

广东礼都旅游文化产业有限公司
地址：广州市越秀区建设大马路22号903房
……Tel：020-84228338

广东祈福医院有限公司
地址：广州市番禺区鸿福路3号
……Tel：020-84518222

广州友居生活服务有限公司
地址：广州市南沙区金岭北路95号1019铺
……Tel：020-84612993

广东及响科技有限公司
地址：广州市天河区珠江东路12号1501房自编1556（仅限办公）
……Tel：020-85167271

广州市脉动电子科技有限公司
地址：广州市天河区龙口西路196号501-502房（仅限办公用途）（不可作厂房使用）
……Tel：020-85201432

广州市汇邦通信技术有限公司
地址：广州市天河区粤垦路68号1901（部位：1901-3室）（仅限办公）
……Tel：020-85212093

广州市铂绅顿服装有限公司
地址：广州市番禺区市桥街捷进2路31、33（首层、二层）自编201号
……Tel：020-85261836

广州市木莲庄酒店管理有限公司
地址：广州市天河区金穗路715号首层101房
……Tel：020-85500800

广州市方直环境艺术有限公司
地址：广州市天河区中山大道科韵路102号8楼南（本住所限写字楼功能）
……Tel：020-85574480

广州市创展投资管理有限公司
地址：广州市荔湾区黄沙大道粤南大街26、27、28、29号荔河商贸中心二楼D69房
……Tel：020-85596630

广州好品汇网络科技有限公司
地址：广州市海珠区新港东路1226号18层（仅限办公用途）
……Tel：020-85656079

广东尚品国际装饰工程有限公司
地址：广州市天河区棠下科新路龙船头工业区2号优可商务中心A栋402房
……Tel：020-85657700

广州新浩创新科技有限公司
地址：广州市番禺区石 镇华创动漫产业园二期17号楼401室
……Tel：020-85685529

广东南方希杰商贸有限公司
地址：广州市越秀区人民北路686号自编13栋603房
……Tel：020-86110007

广州市飞腾骏业礼品制造有限公司
地址：广州市花都区花山镇新和村三东大

道以南
Tel：020-86789122

广州市铭丽磁性工艺制品有限公司
地址：广州市天河区高普路83号B栋4楼
Tel：020-87035002

广州市美术有限公司
地址：广州市天河区沙河顶水荫四横路46号
Tel：020-87047229

广东羊城报业传媒集团有限公司
地址：广州市越秀区东风东路733号
Tel：020-87138260

广东南方周末报系发行有限公司
地址：广东省广州市越秀区广州大道中289号新闻中心第23层
Tel：020-87364492

广东南方文交所艺术品运营有限公司
地址：广州市越秀区广州大道中289号新闻中心3楼A327房（仅限办公用途）
Tel：020-87364710

广州市白云区圣龙工艺制品厂
地址：广州市白云区均禾街新科村第七工业区205栋
Tel：020-87438960

摩登大道时尚电子商务有限公司
地址：广州市黄埔区科学城光谱中路23号A1栋7楼
Tel：020-87529999

广东艺时代文化产业投资发展有限公司
地址：广州市天河区黄埔大道中199号整栋（部位：15层1501-1514）（仅限办公）
Tel：020-87558915

广东荣悦服装连锁有限公司
地址：广东省广州市天河区天河路351号2213单元
Tel：020-87566259

广州馨知心企业管理服务有限公司
地址：广州市越秀区中山一路57号25楼2505B
Tel：020-87609062

广东军地文化传播有限公司
地址：广州市越秀区寺右新马路四号大院广州军区司令部印刷厂五楼
Tel：020-87622018

广州市荣金茵工艺制品有限公司
地址：广州市从化明珠工业园振华路3号（车间2）
Tel：020-87866288

从化市碧泉大酒店有限责任公司
地址：广州市从化温泉镇温泉东路76号
Tel：020-87876666

广州正典物业管理有限公司
地址：广州市白云区岗贝路19号806房
Tel：020-88881234

广州满裳红服装有限公司
地址：广州市海珠区福场路5号1202、1203房（仅限办公用途）
Tel：020-89115317

广东明众物业管理有限公司
地址：广州市海珠区润田街19号205室
Tel：020-89209516

润花艺设计咨询（广州）有限公司
地址：广州市海珠区怡安路288号之十四铺
Tel：020-89449549

澳斯汀拍卖（广州）有限公司
地址：广州市天河区林和西路157号保利中汇广场A座3005室（自主申报）
Tel：020-89810638

爱丽思生活用品（广州）有限公司
地址：广州经济技术开发区东区东吉路1号
Tel：020-89850999

珠海横琴华瑞鑫贸易有限公司
地址：珠海市横琴镇上村183号510单元
Tel：0371-86507129

汕尾市斯彼得传媒有限公司
地址：海丰县海城镇城西居委海渡路南（34米大道）
Tel：0660-6201222

超群（海丰）首饰厂有限公司
地址：海丰县可塘镇圆山岭工业区
Tel：0660-6765988

陆丰市嘉荣实业有限公司
地址：陆丰市甲子镇瀛城新区瀛全大道东第二区五栋1-9号
Tel：0660-8564433

陆丰市永盛工艺品有限公司
地址：陆丰市河西镇湖田社区莲塘村（湖田至西南公路旁莲塘村路口对面）
Tel：0660-8963989

阳江市智动科技有限公司
地址：阳江市江城区漠江路边实验南A1-1号5楼
Tel：0662-3333147

阳江市国惠科技有限公司
地址：阳江市阳东区工业园裕园四路
Tel：0662-6221868

阳东好利金属塑胶制品有限公司
地址：阳江市阳东区工业园永兴四路南裕东六路西号地
Tel：0662-6633919

阳江市远洋工艺制品有限公司
地址：阳春市陂面镇陂面圩三街
Tel：0662-7261336

普宁市蓝精灵工艺品有限公司
地址：普宁市流沙大道与环城北路交汇处普宁国际商品城东区7幢A13号
Tel：0663-2222552

深圳市宅美乐服饰有限公司
地址：深圳市福田区香蜜湖街道侨香路3028号侨香公馆5栋A座1603
Tel：06632263488

深圳市晴梦仙服饰有限公司
地址：深圳市福田区莲花街道金田路4036号荣超大厦10层05单元
Tel：0663-2423318

深圳市凯堡利服饰有限公司
地址：深圳市福田区莲花街道金田路4036荣超大厦8层6单元
Tel：0663-2423318

揭阳市骏业家具有限公司
地址：揭阳空港经济区地都镇埔尾村陇后
Tel：0663-3332888

揭阳苏宁易购销售有限公司普宁商品城店
地址：普宁市流沙大道与环城北路交汇处普宁国际商品城尚东步行街3栋一楼A03、A05-A07、A17-A19、二楼B01、三楼C01
Tel：0663-7688686

揭阳市嘉信科技有限公司
地址：揭阳市榕城区东升新河村建阳路南一区E幢104号铺
Tel：0663-8182277

揭阳市博艺彩印广告有限公司
地址：揭阳市榕城区榕东办事处东乡工业区南侧
Tel：0663-8214280

广东玉商集团有限公司
地址：揭阳市蓝城区磐东富经桥社区阳美路29号
Tel：0663-8500798

揭阳市玉商玉石进出口有限公司
地址：揭阳市蓝城区磐东富经桥社区阳美路29号4楼405室
Tel：0663-8836303

广东银华食品包装有限公司
地址：化州市杨梅工业园杨良大道6号
Tel：0668-2261266

信宜市广信工艺品有限公司
地址：信宜市东镇镇六运
Tel：0668-8857368

广东友人弘业投资有限公司
地址：珠海市横琴新区宝华路6号105室-4055
Tel：0750-3090815

江门市宝盛五金工艺制品有限公司
地址：江门市棠下镇金桐一路15号
Tel：0750-3096098

广东巨业科技股份有限公司
地址：江门市江海区东睦路7号1幢全部
Tel：0750-3101888

广州珠宝一万号有限公司
地址：广州市南沙区丰泽东路106号（自编1号楼）X1301-G4103（仅限办公用途）(JM)
Tel：0750-3108446

广东红太阳传媒股份有限公司
地址：江门市蓬江区江门万达广场16幢601-624室
Tel：0750-3396662

江门市新会区克蜜五金贸易部
地址：江门市新会区会城东庆北路13号2座121
Tel：0750-3411222

江门文行灯饰有限公司
地址：江门市荷塘镇霞村工业区厂房
Tel：0750-3756698

江门市中特工艺制品有限公司
地址：江门市江海区科苑西路46号1幢1层（自编103）
Tel：0750-3756712

江门市滨崎食品有限公司糖果分公司
地址：江门市江海区 兴南路1号之一
Tel：0750-3806611

江门市坚利达橡胶制品厂有限公司
地址：江门市蓬江区篁庄大道西（群华工业区）16号12幢一楼
Tel：0750-3863860

李锦记（新会）食品有限公司
地址：广东省江门市新会区七堡工贸城北区一号至二号
Tel：0750-6705555

鹤山市秦伟园林陶瓷有限公司
地址：鹤山市鹤城镇工业三区020号1座、2座、3座、4座、5座
Tel：0750-7179802

韶关市东润贸易有限公司
地址：韶关市浈江区东莞（韶关）浈江产业转移工业园创业路76号
Tel：0751-8772208

韶关科艺创意工业有限公司
地址：广东韶关市沐溪工业园内
Tel：0751-8801111

惠州市源东商业投资有限公司
地址：惠州市南新路30号家华花园A、B栋四层4B办公
Tel：0752-2081686

惠州市林田实业有限公司
地址：惠州市惠城区下埔23号金融大厦10层01号（仅限办公）
Tel：0752-2082229

惠州市合立方文化传播有限公司
地址：惠州市演达大道41号德明国际公寓2单元29层01号房
Tel：0752-2158555

惠州市菲安妮皮具有限公司
地址：惠州市惠城区龙丰街道办尖尾坑6号
Tel：0752-2261984

惠州市鹏达实业发展集团有限公司
地址：惠州市鹅岭北路12号
Tel：0752-2380318

惠州市红鑫投资发展有限公司
地址：惠州市东江二路一号富力丽港中心酒店式公寓2座3层01号
Tel：0752-2522388

惠州市智航包装制品有限公司
地址：惠州仲恺高新区惠环街道西坑工业区169号A栋厂房第五层
Tel：0752-2627338

惠州艾美鑫生物科技有限公司
地址：惠州市江北文昌一路7号华贸大厦2单元4层01号
Tel：0752-2893836

中佳天晟（深圳）科技有限公司
地址：深圳市南山区粤海街道高新中一道8号万和医药园南面3楼
Tel：0752-3138671

新强印刷（惠州）有限公司
地址：惠州市惠阳区镇隆镇甘陂村
Tel：0752-3299611

惠州市诚昌五金工艺有限公司
地址：惠阳区平潭镇独石村
Tel：0752-3302189

惠阳盛裕工艺家具有限公司
地址：惠州市惠阳区新圩镇
Tel：0752-3339188

鼎佳礼品（惠州）有限公司
地址：广东省惠州市陈江镇澄海村
Tel：0752-3895139

惠州市创美科技有限公司
地址：惠州市惠阳经济开发区惠澳大道西侧矮岭段惠州创美五金有限公司厂房A
Tel：0752-3913567

惠州市天赏科技有限公司
地址：惠州市惠阳经济开发区惠澳大道西侧矮岭段（厂房六）
Tel：0752-3913567

惠州市苏意家居礼品有限公司
地址：惠州大亚湾西区龙山一路59号办公楼2楼202室
Tel：0752-5205583

广东品智商贸发展有限公司
地址：博罗县园洲镇阵村村朱屋沙河大道A区水岸香洲9座楼1层67商铺
Tel：0752-5706798

富茂工业（惠阳）有限公司
地址：广东省惠州市惠阳区镇隆镇
Tel：0752-5768801

惠州文泰办公用品有限公司
地址：惠州市惠城区江北三环北路18号摩卡生活花园C区21、22号楼21号楼1层05号
Tel：0752-5857365

博罗县鸿银实业有限公司
地址：博罗县龙溪镇夏寮管理区大门村
Tel：0752-6677555

惠州市隆青工艺品有限公司
地址：惠阳区沙田镇肖屋村1幢
Tel：0752-8220638

广东惠艺实业发展有限公司
地址：惠州市环城西二路3号
Tel：0752-8244991

广东风华环境工程投资有限公司
地址：广东省梅州市东升工业园
Tel：0753-2233816

广东晟通投资有限公司
地址：梅州市梅江区三角镇梅园新村群福路惠金华庭A1、A2栋首层车库12号
Tel：075-32252668

梅州市弘盛电子科技有限公司
地址：梅州市梅副路叶屋村道侧
Tel：0753-2280228

梅州嘉宇礼品有限公司
地址：梅州高新技术产业开发区畲江园区
Tel：0753-2482888

广东宝丽华集团有限公司
地址：梅州市梅县区华侨城香港花园香港大道宝丽华综合大楼
Tel：0753-2523988

梅州市旭森商贸有限公司
地址：兴宁市兴城团结路南片H栋6-7卡二楼
Tel：0753-3327688

梅州市万通电脑科技有限公司
地址：大埔县湖寮镇同仁路南安苑A幢7号门店
Tel：0753-5533888

广东华清园生物科技有限公司
地址：平远县大柘镇黄花陂平远县工业区
Tel：0753-8393266

汕头市比比乐服装有限公司
地址：汕头市潮南区陇田镇珠埕村
Tel：0754-82227872

广东科泰塑业有限公司
地址：汕头市金平区南澳路20号
Tel：0754-82541728

汕头万顺新材料集团股份有限公司
地址：汕头保税区万顺工业园
Tel：0754-83597123

深圳宜华时代家具有限公司
地址：深圳市罗湖区笋岗街道笋岗东路洪湖花园裙楼2层C
Tel：0754-85100989

金奇集团有限公司
地址：汕头市澄海区国道324线莲下路段金奇大厦
Tel：0754-85137519

广东御辉投资有限公司
地址：汕头市澄海区澄江路宜居华庭5幢一层5-F10号连二层5-F10号东侧
Tel：0754-85311328

广东全宇工艺玩具有限公司
地址：广东省汕头市澄海区莱美工业区全宇工业园
Tel：0754-85506666

汕头市丽嘉纺织实业有限公司
地址：汕头市潮南区纺织印染环保综合处理中心YR-D-0401-4地块
Tel：0754-85570449

汕头市赞宝贝儿童用品有限公司
地址：汕头市澄海区广益街道埔美振兴工业区57号第三层
Tel：0754-85828507

汕头市赞宝贝儿童用品有限公司
地址：汕头市澄海区广益街道埔美振兴工业区57号第三层
Tel：0754-85828507

汕头市品利诺生活用品有限公司
地址：汕头市澄海区凤翔街道外埔工业区长岭片80号
Tel：0754-85830922

广东新龙新服饰有限公司
地址：汕头市澄海区广益龙田文冠路北侧南田路西侧
Tel：0754-85891922

汕头市大潮文化创意产业发展有限公司
地址：汕头市龙湖区绿茵庄7幢104号房（海湾新区000103号）
Tel：0754-86860189

汕头市濠江区濠翔工艺品有限公司
地址：汕头市濠江区达濠府前路七号B幢。
Tel：0754-87371878

汕头市东信酒店用品实业有限公司
地址：汕头市潮南区司马浦镇溪美朱高新路工业道
Tel：0754-87736408

广东添华无纺布实业有限公司
地址：汕头市潮南区峡山街道北环路北洋
Tel：0754-87762983

广东雅艺印务有限公司
地址：汕头市龙湖区珠津工业区新津路中段厂房
Tel：0754-88217777

汕头市杰瑞工艺品有限公司
地址：汕头市龙湖区韩江路19号怡景大厦602号房之一
Tel：0754-88310677

汕头市新供销商贸连锁有限公司
地址：汕头市迎春路3号311号房
Tel：0754-88431789

汕头市麦丹娜包装有限公司
地址：汕头市龙湖区黄山路65号诚融大厦802
Tel：0754-88466142

汕头市健生塑胶制品有限公司
地址：汕头市潮阳区棉北街道办事处平北工业区
Tel：0754-88722822

汕头市天翼礼品有限公司
地址：汕头市龙湖区丽水庄41幢1903号房
Tel：0754-88786218

汕头市固特野营装备制造有限公司
地址：汕头市龙湖区练江路16号H5工业大厦七层东侧之三
Tel：0754-88840928

广东锦通贸易有限公司
地址：汕头市金砂中路98号国际友谊大厦603号
Tel：0754-88856720

广东华商实业有限公司
地址：汕头市嵩山路金涛庄东区51幢

（东、南、北座）东座701号房
…………………… Tel：0754-88885115

汕头航空投资股份有限公司
地址：汕头市龙湖区朝阳庄北区二幢航空大厦六楼
…………………… Tel：0754-88886882

汕头市圣迪工艺品有限公司
地址：汕头市龙湖区嵩山路珠池大厦7楼707、709、711、713号
…………………… Tel：0754-88933972

汕头市华业百货有限公司门市部
地址：汕头市金平区月浦街道葫头居委（原郊区运输二公司新建楼房第四间）
…………………… Tel：0754-88972180

蓝裕国际供应链管理（广东）有限公司
地址：汕头市龙湖区长平路98号百脑汇生活广场北塔楼1608号房
…………………… Tel：0754-88977018

汕头市万礼礼品有限公司
地址：汕头市澄海区莱美工业区海升路与秀水路交汇处东北侧
…………………… Tel：0754-89676999

汕头卜高通美实业有限公司
地址：汕头保税区内B02及B05地块
…………………… Tel：0754-89816528

深圳市五十色包装制品有限公司
地址：深圳市龙华区福城街道章阁社区塘前西区53号五栋23-A
…………………… Tel：0755-13714463

深圳市皇家精典工艺礼品有限公司
地址：深圳市龙岗区园山街道大康社区大康路36号G栋4楼
…………………… Tel：0755-20536256

深圳市皇家精典工艺礼品有限公司
地址：深圳市龙岗区园山街道大康社区大康路36号G栋4楼
…………………… Tel：0755-20536256

深圳雍乾盛世艺术品展览销售有限公司
地址：深圳市罗湖区笋岗街道笋西社区宝安北路2011号桃园商业大厦114
…………………… Tel：0755-21012137

深圳市鸿福源工艺礼品有限公司
地址：深圳市光明新区光明街道白花社区丰稳大厦六楼
…………………… Tel：0755-21012726

深圳市伊悦科技有限公司
地址：深圳市宝安区西乡街道79区好运来商务大厦A座6018
…………………… Tel：0755-21031455

深圳市信嘉能工艺制品有限公司
地址：深圳市龙岗区龙岗街道新生社区宝田路5-3号1号楼101
…………………… Tel：0755-21034155

深圳市信嘉能工艺制品有限公司
地址：深圳市龙岗区龙岗街道新生社区宝田路5-3号1号楼101
…………………… Tel：0755-21034155

深圳市录得清科技有限公司
地址：深圳市福田区北环大道7001号中国石化深圳石油大厦28楼
…………………… Tel：0755-21049941

深圳市华人在线信息技术有限公司
地址：深圳市龙岗区南联碧新路2095号世宏大厦17楼1706
…………………… Tel：0755-21238327

深圳市承轩礼品有限公司
地址：深圳市南山区临海路海运中心主塔楼412-2号
…………………… Tel：0755-21330749

深圳万博佳斯科技有限公司
地址：深圳市光明新区公明办事处田寮社区光明高新园西片区森阳电子科技园厂房二栋3楼
…………………… Tel：0755-21384069

深圳市宏鑫达印刷有限公司
地址：深圳市宝安区燕罗街道罗田社区象山大道7号厂房二101、102、201
…………………… Tel：0755-21509175

太平洋未来科技（深圳）有限公司
地址：深圳市龙岗区坂田街道梅坂大道雅南路星河.领创天下1楼W区
…………………… Tel：0755-21613143

深圳市易点商业管理有限公司
地址：深圳市南山区蛇口街道金世纪路半岛城邦花园一期商业217
…………………… Tel：0755-21618797

深圳市礼来礼往礼品有限公司
地址：深圳市宝安区西乡街道共和工业路乐群第一工业区125区A2栋五楼
…………………… Tel：0755-21635300

深圳市鸿盛伟业贸易有限公司
地址：深圳市福田区华强北街道中航路新亚洲电子市场一期628-3
…………………… Tel：0755-21635300

深圳市粤茂源电子有限公司
地址：深圳市罗湖区南湖街道嘉宾路城市天地广场A座1301、1302
…………………… Tel：0755-22160978

深圳市兰妍之谜化妆品有限责任公司
地址：深圳市南山区西丽街道新围社区沙河西路4011号丽新花园A栋604
…………………… Tel：075522194631

深圳市仕辉商贸有限责任公司
地址：深圳市罗湖区笋岗街道宝岗路23号笋岗大厦403
…………………… Tel：0755-22204739

深圳市佳新创业投资有限公司
地址：深圳市福田区皇岗路皇家翠苑雍景轩25AB
…………………… Tel：0755-22206645

深圳市星品优汇电子商务有限公司
地址：深圳市福田区莲花街道福新社区益田路6009号新世界商务中心5001
…………………… Tel：0755-22211114

深圳仁怀会文化传播有限公司
地址：深圳市罗湖区桂园街道红岭中路1002号环宇大厦裙楼南侧1002楼部分
…………………… Tel：0755-22239325

深圳市久久金供应链有限公司
地址：深圳市罗湖区东湖街道太宁路2号百仕达大厦28层A单元
…………………… Tel：0755-22271871

深圳市兴旺珠宝包装有限公司
地址：深圳市罗湖区翠竹街道翠锦社区翠竹路2099号水贝工业区8栋105
…………………… Tel：0755-22273612

深圳市信达祥珠宝发展有限公司
地址：深圳市罗湖区翠竹街道贝丽北路71号兴龙黄金珠宝大厦10楼
…………………… Tel：0755-22302881

深圳卡曼天使服饰有限公司
地址：深圳市福田区沙头街道天安社区泰然五路天安数码城天祥大厦9B2-158
…………………… Tel：0755-22305766

中天运科技（深圳）有限公司
地址：深圳市福田区福田街道彩田南路中深花园B座3003A
…………………… Tel：075522306919

佳兆业文化传媒有限公司
地址：深圳市龙岗区龙城街道深圳市龙岗区龙城街道龙翔大道3001号大运中心体育场负一层023室
…………………… Tel：0755-22315959

深圳市隆泰兴珠宝有限公司
地址：深圳市盐田区海山街道深盐路黄金珠宝大厦3楼B座
…………………… Tel：0755-22321891

深圳市金金金黄金珠宝集团有限公司
地址：深圳市罗湖区东晓街道布心路3008号水贝珠宝总部大厦IBC写字楼A座13层05-A
…………………… Tel：0755-22322912

深圳恒达福珠宝有限公司
地址：深圳市罗湖区翠竹街道愉天社区贝丽南路52-2号
…………………… Tel：0755-22380968

深圳大印文化传媒有限公司
地址：深圳市南山区南头街道桃园路147号南景苑大厦4-016室
…………………… Tel：0755-22384555

呼噜栈酒店管理（深圳）有限公司
地址：深圳市福田区红荔西路与农林路交汇处香荔花园12、13栋裙楼二楼、三楼、一楼部分
…………………… Tel：075522669893

前荣实业（深圳）有限公司
地址：深圳市龙岗区龙城街道爱联社区如意路55号西侧金顺大厦C栋503
…………………… Tel：0755-22671573

深圳市前海优信进出口贸易有限公司
地址：深圳市前海深港合作区前湾一路1号A栋201室（入驻深圳市前海商务秘书有限公司）实际经营场所：深圳市龙岗区南湾街道平吉大道13号-2栋3层301-302号
…………………… Tel：0755-22678292

壹分体育产业发展有限公司
地址：深圳市前海深港合作区前湾一路1号A栋201室（入驻深圳市前海商务秘书有限公司）
…………………… Tel：0755-22740342

深圳市润人珠宝有限公司
地址：深圳市罗湖区翠竹街道翠锦社区翠竹路2099号水贝工业区19栋1层M01
…………………… Tel：0755-22901589

深圳市诚品鲜电子商务有限公司
地址：深圳市前海深港合作区前湾一路1号A栋201室（入驻深圳前海商务秘书有限公司）经营地址：深圳市罗湖区桂园街道深南东路京基100大厦D座金龙大厦906室
…………………… Tel：0755-22911916

深圳市嘉乐祥珠宝饰品有限公司
地址：深圳市罗湖区翠竹街道翠锦社区水贝一路20号金展珠宝广场2层055F
…………………… Tel：0755-22918196

深圳荣金珠宝有限公司
地址：深圳市罗湖区翠竹街道田贝四路水田二街翠竹酒店首层103号
…………………… Tel：0755-22919890

深圳荣金珠宝有限公司
地址：深圳市罗湖区翠竹街道田贝四路水田二街翠竹酒店首层103号
…………………… Tel：0755-22919890

深圳市中亚广宇贸易有限公司
地址：深圳市龙华新区大浪街道华荣路58号龙兴商业大厦8068
…………………… Tel：0755-22925528

深圳国金恒邦贵金属精炼股份有限公司
地址：深圳市罗湖区翠竹街道水贝水田二街三号二栋八层D单元
…………………… Tel：0755-22930838

深圳瑞红文化发展有限公司
地址：深圳市罗湖区南湖街道和平路1085号富临大酒店5楼A03
…………………… Tel：0755-22933338

深圳禧金珠宝有限公司
地址：深圳市南山区南山街道南新路向南海德大厦A座501-B57
…………………… Tel：0755-22934019

深圳市礼程礼品有限公司
地址：深圳市福田区彩田路2006号深圳青年大厦3层305-2
…………………… Tel：0755-22953913

深圳婵娟珠宝股份有限公司
地址：深圳市罗湖区翠竹街道贝丽北路75号水贝银座大厦十七层
…………………… Tel：0755-22954911

前海菩净（深圳）文化传播有限公司
地址：深圳市前海深港合作区前湾一路1号A栋201室（入驻深圳市前海商务秘书有限公司）
…………………… Tel：0755-22969691

深圳市中豪品牌形象设计有限公司
地址：深圳市龙华新区民治街道沙元埔壹玖柒零文创园B栋5楼510号
…………………… Tel：0755-23001099

深圳市玲龙创新包装有限公司
地址：深圳市宝安区西乡河西城西工业区第一栋2楼
…………………… Tel：0755-23003665

深圳市深宜家家具有限公司
地址：深圳市龙岗区坂田街道山海商业广场A栋703室
…………………… Tel：0755-23013959

深圳市颂尚礼品有限公司
地址：深圳市龙华新区大浪街道华繁路9号4楼
…………………… Tel：0755-23024306

深圳市创鼎工艺礼品有限公司
地址：深圳市龙华区福城街道茜坑社区田茜路2号楼房二H单元501
…………………… Tel：0755-23058118

三季家用纺织品（深圳）有限公司
地址：深圳市宝安区西乡街道桃源社区臣田航城工业区A1栋538南边
…………………… Tel：0755-23065112

深圳市逸众科技发展有限公司
地址：深圳市宝安区福永街道桥头社区宝安大道6348号福永商会信息大厦369
…………………… Tel：0755-23101082

深圳市逸众科技发展有限公司
地址：深圳市宝安区福永街道桥头社区宝安大道6348号福永商会信息大厦369
…………………… Tel：0755-23101082

深圳市锦四方科技有限公司
地址：深圳市宝安区沙井街道黄埔路商业综合楼第二层29号（办公场所）
…………………… Tel：0755-23155310

深圳航空港配餐有限公司
地址：深圳市宝安区宝安机场
…………………… Tel：0755-23168619

深圳市吉邦生活贸易有限公司
地址：深圳市南山区登良路26号公园道大厦B栋1610
…………………… Tel：0755-23188233

深圳市中安领云网络科技有限公司
地址：深圳市龙华新区民治街道民治大道1079号展滔科技大厦A座2201室
…………………… Tel：0755-23208078

深圳市白尼罗河技术有限公司
地址：深圳市龙岗区坂田街道坂雪岗大道2号万科城揽湖阁B904
…………………… Tel：0755-23214806

深圳市品食科技有限公司
地址：深圳市宝安区西乡街道劳动社区名优采购中心A座3层A330号
…………………… Tel：0755-23222661

深圳市森源丰科技有限公司
地址：深圳市福田区园岭街道八卦一路鹏益花园4栋506
…………………… Tel：0755-23228132

深圳市壹滴水亲民科技有限公司
地址：深圳市宝安区航城街道后瑞社区瑞发路116号102
…………………… Tel：0755-23271336

深圳印科技术有限公司
地址：深圳市宝安区新桥街道上星社区中心路108号锐钧大厦20H
…………………… Tel：0755-23284713

启乾投资管理实业科技（深圳）有限公司
地址：深圳市前海深港合作区前湾一路1号A栋201室（入驻深圳市前海商务秘书有限公司）
…………………… Tel：075523302019

深圳忆美化妆品有限公司
地址：深圳市宝安区西乡街道福中福社区宝源路1084号财富港A座2108
…………………… Tel：0755-23328825

深圳市百盛鑫贸易有限公司
地址：深圳市福田区福田街道福南社区深南中路3027号嘉汇新城汇商中心3017
…………………… Tel：0755-23356519

深圳市艺立方文化发展有限公司
地址：深圳市宝安区沙井街道蚝一社区锦程路2068号千金方大厦二单元205、艺立方手信购物街展馆
…………………… Tel：0755-23358999

深圳市金礼工艺礼品有限公司
地址：深圳市龙岗区坂田街道宝利工业区5栋6楼
…………………… Tel：0755-23466891

深圳远森光电科技有限公司
地址：深圳市光明区马田街道石围社区石围油麻岗工业区斯迈特公司4号302
…………………… Tel：0755-23498042

深圳市麦乐士科技有限公司
地址：深圳市宝安区松岗街道楼岗大道11号1栋208
…………………… Tel：0755-23504359

深圳市新奇全礼品有限公司
地址：深圳市宝安区松岗街道佳裕大厦1019
…………………… Tel：0755-23578199

深圳中锦发贸易有限公司
地址：深圳市宝安区西乡大道大铲湾港区金湾大道2段西面中锦钢材市场B栋B4
…………………… Tel：0755-23594985

深圳市京智生活科技有限公司
地址：深圳市前海深港合作区前湾一路1号A栋201室（入驻深圳市前海商务秘书有限公司）
…………………… Tel：0755-23618821

深圳广利源进出口贸易有限公司
地址：深圳市龙岗区龙城街道龙岗大道（龙岗段）3020号润广通创业大厦303
…………………… Tel：0755-23619378

深圳市旭晖华彩礼品有限公司
地址：深圳市罗湖区桂园街道笋岗路长虹大厦808-809室
…………………… Tel：0755-23671697

深圳市逗子益智玩具有限公司
地址：深圳市光明新区光明街道白花社区丽霖科技园办公楼3楼
…………………… Tel：0755-23695265

深圳市大汇礼品有限公司
地址：深圳市宝安区松岗街道沙浦围社区创业工业区46栋302
…………………… Tel：0755-23720455

深圳市互利众赢供应链股份有限公司
地址：深圳市宝安区新安街道留仙一路与洪浪北二路交汇处南行200米中粮商务公园1栋7楼
…………………… Tel：0755-23728589

深圳市奥地利珠片有限公司
地址：深圳市龙华新区民治街道中华路24号广明工业园B栋2楼202
…………………… Tel：0755-23739053

唐鱼文化传媒（深圳）有限公司
地址：深圳市龙岗区南湾街道布澜路31号中盈珠宝工业区厂房A1-501-3
…………………… Tel：0755-23739395

深圳市松兴华贸易有限公司
地址：深圳市龙华新区龙华街道东环二路维雅德酒店商务办公楼17A
…………………… Tel：0755-23760757

深圳市松兴康贸易有限公司
地址：深圳市龙华新区龙华街道东环二路维雅德酒店商务办公楼16A
…………………… Tel：0755-23760757

深圳云养值网络科技有限公司
地址：深圳市龙华区民治街道民治社区春华四季园27栋一单元11A
…………………… Tel：0755-23773961

深圳市瑞金源工艺品有限公司
地址：深圳市龙岗区横岗街道六约社区勤富一街一号中和盛世珠宝园E区二栋二楼
…………………… Tel：0755-23775544

威利默克实业（深圳）有限公司
地址：深圳市龙华新区龙华街道清龙路卫东龙商务大厦A座0212
…………………… Tel：0755-2377926

深圳市华中工艺模型设计有限公司
地址：深圳市龙华区观澜街道君子布君新路126号
…………………… Tel：0755-23779767

深圳晶辉煌文化传媒有限公司
地址：深圳市罗湖区深南东路5016号京基100大厦A座68楼
…………………… Tel：0755-23890851

前海富利来实业（深圳）有限公司
地址：深圳市前海深港合作区前湾一路1号A栋201室（入驻深圳市前海商务秘书有限公司）

…………Tel：0755-23904527

深圳市前海万扬国际贸易有限公司
地址：深圳市前海深港合作区前湾一路1号A栋201室（入驻深圳市前海商务秘书有限公司）
…………Tel：0755-23907142

深圳远趣科技有限公司
地址：深圳市福田区福田街道福安社区福华一路98号卓越大厦1201-1210（1201室）
…………Tel：0755-23915971

时美财经印务（深圳）有限公司
地址：深圳市福田区福田街道福华一路138号国际商会大厦B座0204-B单元
…………Tel：0755-23919356

深圳市爱巢吧贸易有限公司
地址：深圳市宝安区新安街道金宝大厦B栋8319
…………Tel：0755-23951321

深圳市客至旅游地产有限公司
地址：深圳市福田区梅林街道中康路8号雕塑家园917房
…………Tel：0755-23954923

深圳市三宝轩投资管理有限公司
地址：深圳市南山区开平街2号华侨城中旅仓G1栋603（仅限办公）
…………Tel：0755-23981925

深圳市溪息生物科技有限公司
地址：深圳市福田区莲花街道益田路新世界商务中心806C
…………Tel：0755-23982912

折划算网络科技（深圳）有限公司
地址：深圳市福田区福保街道福保社区深圳福田保税区桃花路东侧福保物流大厦一层桃花路1号国际互联网金融产业园创业中心1A1室
…………Tel：0755-23991927

深圳市博洋礼品有限公司
地址：深圳市福田区南园街道园西社区深南中路2077号统建商住楼丁、丙、乙、甲栋乙栋10A
…………Tel：0755-25013816

深圳市爱峰实业有限公司
地址：深圳市福田区新闻路中房景苑大厦A座504（仅限办公）
…………Tel：0755-25029953

深圳橙爱生活有限公司
地址：深圳市龙岗区龙岗街道南联社区满京华喜悦里华庭二期12座1304-C区12号
…………Tel：0755-25109501

深圳市西联康美贸易有限公司
地址：深圳市福田区园岭街道红岭北路先科大院2栋204
…………Tel：0755-25111151

深圳市居美优品金属制品有限公司
地址：深圳市罗湖区南湖街道东门南路1010号文锦渡口岸大厦A座901A
…………Tel：0755-25119873

深圳市海康新实业有限公司
地址：深圳市罗湖区深南东路文华大厦东座9D
…………Tel：0755-25124993

深圳市爱诺斯礼品发展有限公司
地址：深圳市罗湖区春风路联城联合大厦6楼西（601-602）
…………Tel：0755-25128190

深圳前海万诺科技有限公司
地址：深圳市前海深港合作区前湾一路1号A栋201室（入驻深圳市前海商务秘书有限公司）
…………Tel：0755-25162889

深圳市华瑜金业有限公司
地址：深圳市罗湖区文锦北路2028号逸潮居商场三层05号
…………Tel：0755-25162891

深圳明丰珠宝首饰有限公司
地址：深圳市罗湖区翠竹街道水贝一路金展珠宝广场1808室
…………Tel：0755-25164218

深圳市星宝珠宝首饰有限公司
地址：深圳市龙岗区南湾街道布澜路31号李朗国际珠宝产业园厂房六B7栋1201-201室
…………Tel：0755-25176833

深圳市东福珠宝首饰有限公司
地址：深圳市盐田区盐田街道沿港社区北山道146号北山工业区6栋一楼
…………Tel：0755-25207014

深圳市传世典藏黄金有限公司
地址：深圳市福田区福田街道深南大道与彩田路交界西南星河世纪大厦A栋3609室
…………Tel：0755-25255933

深圳周大福钟表有限公司
地址：深圳市盐田区海山街道鹏湾社区深盐路2011号周大福集团大厦1701
…………Tel：0755-25260720

诺商贸易（深圳）有限公司
地址：深圳市罗湖区翠竹街道东门北路1032号虹楼11B
…………Tel：0755-25286658

广东聪慧腾飞贸易有限公司
地址：深圳市前海深港合作区前湾一路1号A栋201室（入驻深圳市前海商务秘书有限公司）
…………Tel：0755-25306036

深圳皇庭家具集团有限公司
地址：深圳市福田区园岭街道华林社区八卦一路50号鹏基商务时空大厦1920
…………Tel：075525404521

深圳市恒丰泰业贸易有限公司
地址：深圳市南山区西丽街道曙光社区沙河西路众冠仓库2栋101
…………Tel：075525415540

深圳市勋誉贸易有限公司
地址：深圳市罗湖区黄贝街道沿河北路1002号瑞思国际中心B座28E
…………Tel：0755-25426111

深圳市金天下珠宝有限公司
地址：深圳市龙岗区坪地街道中心社区吉祥三路18号一楼
…………Tel：0755-25430001

深圳市金天下珠宝有限公司
地址：深圳市龙岗区坪地街道中心社区吉祥三路18号一楼
…………Tel：0755-25430001

深圳市金福旺供应链有限公司
地址：深圳市福田区华强北街道华强北路华强广场A座11E
…………Tel：0755-25455579

深圳市红韵轩文化有限公司
地址：深圳市罗湖区黄贝街道怡景路峰景台大厦二栋24C
…………Tel：0755-25465589

深圳市国品金宝珠宝首饰有限公司
地址：深圳市龙岗区南湾街道布澜路31号中盈珠宝工业厂区厂房七B9-1001
…………Tel：0755-25500706

深圳恒峰日昇实业有限公司
地址：深圳市龙岗区横岗街道六约社区埔厦路62号C栋301
…………Tel：0755-25504357

深圳市东方金钰珠宝实业有限公司
地址：深圳市盐田区黄金珠宝大厦八楼
…………Tel：0755-25507000

山金金控（深圳）黄金投资发展有限公司
地址：深圳市前海深港合作区前湾一路1号A栋201室（入驻深圳市前海商务秘书有限公司）
…………Tel：0755-25507094

乾坤金银民族艺术品（深圳）有限公司
地址：深圳市龙岗区平湖街道山厦社区罗山工业区B3栋1＃厂房301
…………Tel：0755-25508866

深圳市金明丰工艺品有限公司
地址：深圳市龙岗区南湾街道布澜路31号中盈珠宝工业厂区厂房三B2-502
…………Tel：0755-25508906

深圳市艾易思品牌文化传播有限公司
地址：深圳市龙华新区民治街道龙胜路西头瓜地新村49-50栋408室
…………Tel：0755-25517190

深圳市法莱雅珠宝有限公司
地址：深圳市罗湖区东晓街道太白路3013号工艺制品厂房第六层西603
…………Tel：0755-25518390

深圳香村生物科技有限公司
地址：深圳市宝安区福永街道凤凰山大道美食街14栋16-4号
…………Tel：0755-25527781

深圳市百泰国礼文化创意有限公司
地址：深圳市盐田区盐田街道沿港社区北山道146号北山工业区二期百泰珠宝大楼八楼西区
…………Tel：0755-25534083

深圳市绿阳礼品有限公司
地址：深圳市罗湖区和平路船步街15号渔景大厦1702房
…………Tel：0755-25584800

深圳市至善礼品定制有限公司
地址：深圳市罗湖区桂园街道桂园路电影大厦裙楼二楼北2-11
…………Tel：0755-25593233

深圳市跃进珠宝有限公司
地址：深圳市罗湖区翠竹街道翠竹街道翠竹北路水贝石化工业区1号厂房7楼北侧
…………Tel：0755-25600870

深圳市�谢一生珠宝首饰有限公司
地址：深圳市罗湖区翠竹街道田贝四路与贝丽北路交汇处水贝国际珠宝交易中心三楼3E006
…………Tel：0755-25603941

深圳市和合珠宝有限公司
地址：深圳市罗湖区田贝四路与贝丽北路交汇处阳光天地家园B座明星阁1606
…………Tel：0755-25607856

深圳市金玉福珠宝首饰有限公司
地址：深圳市罗湖区翠竹街道翠锦社区翠竹路2135号水贝工业区3栋1层A/B区
…………Tel：0755-25609880

深圳市女神之星珠宝有限公司
地址：深圳市龙岗区坂田街道万科城社区坂雪岗大道万科城丹枫居E栋102
…………Tel：0755-25612907

深圳市女神之星珠宝有限公司
地址：深圳市龙岗区坂田街道万科城社区坂雪岗大道万科城丹枫居E栋102
…………Tel：0755-25612907

深圳市百瑞祥珠宝首饰有限公司
地址：深圳市盐田区北山道146号北山工业区3栋二楼
…………Tel：0755-25618358

深圳市屹鹏进出口有限公司
地址：深圳市龙岗区平湖街道平安大道三号华南城铁东物流区二栋仓库四楼C区CSC24C-1
…………Tel：0755-25661511

深圳市保来鑫贸易有限公司
地址：深圳市龙岗区南湾街道宝岭社区布沙路158号概念投创（深圳）有限公司C栋(厂房)302
…………Tel：0755-25720247

深圳市保来鑫贸易有限公司
地址：深圳市龙岗区南湾街道宝岭社区布沙路158号概念投创（深圳）有限公司C栋(厂房)302
…………Tel：0755-25720247

深圳市盛氏彩宝首饰有限公司
地址：深圳市罗湖区翠竹街道田贝四路水贝国际珠宝交易中心二楼2D012-1
…………Tel：0755-25790008

深圳市帝壹金业有限公司
地址：深圳市盐田区海山街道深盐路北侧昊海君悦大厦1622
…………Tel：0755-25792610

深圳市国信文化产业有限公司
地址：深圳市福田区福保街道桂花路海虹道红树绿洲22号
…………Tel：0755-25796549

深圳市美星礼品有限公司
地址：深圳市福田区下梅林福田农产品批发市场第一层阳光雨棚花卉观赏鱼区90号
…………Tel：0755-25807880

深圳金恒鑫珠宝首饰有限公司
地址：深圳市罗湖区东晓路特力布心工业区7栋四楼（南）、7栋四楼（北）
…………Tel：0755-25808669

深圳市蒂欧妮珠宝首饰有限公司
地址：深圳市罗湖区东晓街道草埔翠山路63号西湖工业大厦2栋六层A面
…………Tel：0755-25810158

深圳市耀铭进出口有限公司
地址：深圳市盐田区北山道132号裕民大厦608室
…………Tel：0755-25821473

深圳市一下创意科技有限公司
地址：深圳市龙岗区平湖街道白坭坑社区丹农路1号海吉星电商大厦2211-2
…………Tel：0755-25829192

深圳市耐诗商业管理有限公司
地址：深圳市罗湖区南湖街道新南社区深南东路2017号华乐大厦1104
…………Tel：0755-25852888

深圳市枫行节能科技有限公司
地址：深圳市盐田区大梅沙环梅路1号海丽晶商住园A栋510室
…………Tel：0755-25855986

深圳市奥维通信有限公司
地址：深圳市盐田区海山街道海景二路东南侧壹海城四区9栋102
…………Tel：0755-25875661

锦南科技（深圳）有限公司
地址：深圳市南山区招商街道沿山社区蛇口南海大道1057科技大厦二期A栋101A
…………Tel：0755-25892689

深圳市周国文化传媒有限公司
地址：深圳市罗湖区黄贝街道深南东路1027号文华大厦西座26E
…………Tel：0755-25897229

深圳市贝思图科技有限公司
地址：深圳市龙岗区龙岗街道仁恒峦山美地花园3栋D座27D
…………Tel：0755-25897229

深圳市艾格家居制品有限公司
地址：深圳市罗湖区笋岗街道宝安北路国际商品交易大厦6楼C28
…………Tel：0755-25898900

深圳莴苣科技有限公司
地址：深圳市福田区八卦三路88号荣生大厦506室
…………Tel：0755-25911580

深圳莴苣科技有限公司
地址：深圳市福田区八卦三路88号荣生大厦506室
…………Tel：0755-25911580

深圳市舍得礼品有限责任公司
地址：深圳市福田区园岭街道上林社区八卦四路22号华晟达大厦A座223
…………Tel：0755-25921883

深圳晶美卓越工艺礼品有限公司
地址：深圳市福田区园岭街道园东社区红岭中路2061、2063、2065号园岭花园南国1栋16B
…………Tel：0755-25933668

深圳市凯昂普礼品有限公司
地址：深圳市宝安区西乡街道劳动社区西乡大道288号华丰总部经济大厦A座1512
…………Tel：0755-26055870

深圳市谢谢礼文化礼品传播有限公司
地址：深圳市龙华新区大浪办事处高峰社区忠信路9号1601
…………Tel：0755-26058986

深圳市雅尔卡迪工艺品有限公司
地址：深圳市坪山新区坑梓龙田社区大窝工业区新厂房3号
…………Tel：0755-26342880

深圳诺贝尔礼品包装有限公司
地址：深圳市南山区粤海街道兴南路南山互联网产业园A栋317
…………Tel：0755-26411400

中汇商业广场（深圳）有限公司
地址：深圳市南山区南山街道前海路3101-90振业商务大厦11层1101
…………Tel：0755-26414009

深圳市红馆文化传播有限责任公司
地址：深圳市南山区南头街前海华庭105商铺
…………Tel：0755-26427499

深圳米汇科技有限公司
地址：深圳市南山区粤海街道滨海社区高新南十道81、83、85号深圳市软件产业基地1栋C1902A
…………Tel：0755-26532738

乐微科技（深圳）有限公司
地址：深圳市龙岗区横岗街道大运软件小镇35号楼201
…………Tel：0755-26533151

深圳市红源旅游投资开发有限公司
地址：深圳市福田区莲花街道新闻路61号山水宾馆大堂内（仅限办公）
…………Tel：0755-26607790

深圳市隆德福礼品有限公司
地址：深圳市南山区南山街道南海大道新能源大厦12北半层-11D12
…………Tel：0755-26607920

深圳市旺生活互联网科技有限公司
地址：深圳市龙岗区坂田街道坂雪岗大道碧桂园荣汇花园D栋1层
…………Tel：0755-26609184

深圳市俊豪马黛贸易有限公司
地址：深圳市南山区粤海街道高新区社区高新南六道8号航盛科技大厦9层航盛科技大厦9层906
…………Tel：0755-26651567

深圳市美一味贸易有限公司
地址：深圳市龙岗区坂田街道南坑社区南坑第一工业区厂房B栋 B栋301
…………Tel：0755-26660366

深圳市社区通信息技术有限公司
地址：深圳市宝安区沙井街道衙边社区衙边学子围宝安大道工业区一栋四楼B7区
…………Tel：0755-26665122

深圳市前海云锦商贸有限公司
地址：深圳市前海深港合作区前湾一路1号A栋201室（入驻深圳市前海商务秘书有限公司）
…………Tel：0755-26665633

深圳前海上品供应链管理有限公司
地址：深圳市前海深港合作区南山街道临海大道59号海运中心主塔楼1303号-13053
…………Tel：0755-26676195

深圳众源兴贸易有限公司
地址：深圳市光明新区光明街道观光路安华洲利工业园D栋106-108
…………Tel：0755-26702658

深圳市松源工艺礼品有限公司
地址：深圳市南山区侨香路香年广场C座1904C
…………Tel：0755-26710388

深圳前海洋行电子商务有限责任公司
地址：深圳市前海深港合作区前湾一路1号A栋201室（入驻深圳市前海商务秘书有限公司）
…………Tel：0755-26742000

深圳协固玉器礼品有限公司
地址：深圳市南山区龙井路龙井大厦七楼
…………Tel：0755-26783666

深圳市汉堂迹录文化有限公司
地址：深圳市南山区兴华路6号华建工业大厦（又名：南海意库）1号楼405室
…………Tel：0755-26880278

中品恒泰（深圳）投资有限公司
地址：深圳市前海深港合作区前湾一路1号A栋201室（入驻深圳市前海商务秘书有限公司）
…………Tel：0755-26911005

深圳市木头人礼品有限公司
地址：深圳市南山区深南西路深南花园B座15A
…………Tel：0755-26980808

深圳金夫实业有限公司
地址：深圳市宝安区新安街道灵芝园社区22区中粮紫云大厦2204
…………Tel：0755-26991109

深圳新国强金属制品有限公司

地址：深圳市宝安区沙井街道帝堂路沙二蓝天科技园第6幢第1层、第2层、第3层
…………………… Tel：0755-27065637
深圳市景程工艺品有限公司
地址：深圳市宝安区松岗街道松岗社区山门路22号301（办公场所）
…………………… Tel：0755-27096856
深圳市圣和礼品有限公司
地址：深圳市光明新区公明办事处将石社区工业总公司上石家工业区SM7号
…………………… Tel：0755-27125368
深圳市永福生纸品包装有限公司
地址：深圳市宝安区沙井街道万丰丰山三路慧丰工业园5号三楼
…………………… Tel：0755-27200834
九天鲲鹏商贸（深圳）有限公司
地址：深圳市宝安区沙井街道宝安大道与蚝乡路交汇处华美居家居生活广场五楼570号
…………………… Tel：0755-27216868
深圳市宏通骏业科技有限公司
地址：深圳市龙岗区平湖街道凤凰社区宏泰街1号A栋201
…………………… Tel：0755-27364182
深圳市睿士通礼品经营部
地址：深圳市宝安区西乡镇新城大道南侧富通蟠龙居B栋B5座702(办公场所)
…………………… Tel：0755-27366546
深圳市同造业贸易有限公司
地址：深圳市龙岗区横岗街道六约社区牛始埔路18号1栋牛始埔商务中心107
…………………… Tel：0755-27367595
深圳云之彩美术工艺用品有限公司
地址：深圳市龙华区观澜街道黎光社区黎光新工业区114号(6栋)整套1栋一楼西侧
…………………… Tel：0755-27520858
深圳鲜达信息科技有限公司
地址：深圳市宝安区西乡街道宝民二路臣田工业区22栋403
…………………… Tel：0755-27582294
深圳前海纳时文化有限公司
地址：深圳市前海深港合作区前湾一路1号A栋201室（入驻深圳市前海商务秘书有限公司）
…………………… Tel：0755-27605666
深圳前海宇宙行创新科技有限公司
地址：深圳市前海深港合作区前湾一路1号A栋201室（入驻深圳市前海商务秘书有限公司）
…………………… Tel：0755-27611858
深圳市无极云互联网技术开发有限公司
地址：深圳市南山区招商街道沿山社区龟山路8号明华国际会议中心二号楼
…………………… Tel：0755-27638179
深圳市昇华汇电子商务有限公司
地址：深圳市宝安区新安街道海旺社区海天路21号前海颐大厦华寓B单元18E
…………………… Tel：0755-27751145
深圳馨家乡间生活家居有限公司
地址：深圳市南山区招商街道水湾社区荔园路9号101G&G创意社区 Bee+联合办公空间868室
…………………… Tel：0755-27781840
深圳馨家乡间生活家居有限公司
地址：深圳市南山区招商街道水湾社区荔园路9号101G&G创意社区 Bee+联合办公空间868室
…………………… Tel：0755-27781840
深圳市东西成实业有限公司
地址：深圳市宝安区新安街道新安办48区金成名苑一栋107
…………………… Tel：0755-27785228
弘道山和实业（深圳）有限公司
地址：深圳市宝安区西乡街道银田路4号华丰宝安智谷科技创新园C座四楼405、406号
…………………… Tel：0755-27795589
弘道山和实业（深圳）有限公司
地址：深圳市宝安区西乡街道银田路4号华丰宝安智谷科技创新园C座四楼405、406号
…………………… Tel：0755-27795589
深圳市乔立兴电子有限公司
地址：深圳市宝安区新安街道翻身社区47区怡景北九号厂房B栋五层
…………………… Tel：0755-27825271
深圳市天昊商贸有限公司
地址：深圳市龙华区龙华街道富康社区东环二路8号中执时代广场B座11J
…………………… Tel：0755-27851961
深圳市奇美特塑胶礼品有限公司
地址：深圳市罗湖区南湖街道嘉北社区嘉宾路2018号深华商业大厦132
…………………… Tel：0755-27858283
深圳悟明堂生活艺术有限公司
地址：深圳市南山区沙河街道华侨城创意园A5栋4楼403
…………………… Tel：0755-27881123
深圳市世航印刷包装有限公司
地址：深圳市宝安区石岩街道园岭工业园厂房11号
…………………… Tel：0755-27906426
深圳市千秋墨文化传播有限公司
地址：深圳市宝安区西乡街道海城湾美花园9栋301
…………………… Tel：0755-27919613
深圳市真悦采礼品有限公司
地址：深圳市宝安区西乡街道宝源路1065号F518时尚创意园F5栋210
…………………… Tel：0755-27924139
深圳市好睡眠生活网络科技有限公司
地址：深圳市宝安区前进一路25区兴业(29栋)公司2号厂房第五层502号（办公场所）
…………………… Tel：0755-27951591
深圳市鑫海盈礼品包装有限公司
地址：深圳市龙岗区平湖街道辅城坳社区富安西路51-1号401
…………………… Tel：0755-27982821
深圳市家佳浩工艺品有限公司
地址：深圳市宝安区观澜街道悦兴围社区福前路96号厂房2栋7楼701（办公场所）
…………………… Tel：0755-28088083
深圳市前海森乙达电子商务有限公司
地址：深圳市前海深港合作区前湾一路1号A栋201室（入驻深圳市前海商务秘书有限公司）
…………………… Tel：0755-28105073
深圳市臻品忆江南红木商贸有限公司
地址：深圳市福田区福田街道新洲路文化创意园E馆1楼001
…………………… Tel：0755-28105073
深圳市雅勒尔礼品包装有限公司
地址：深圳市罗湖区水贝二路28号水贝工业区9栋01＃铺
…………………… Tel：0755-28106561
深圳市印心文化礼品发展有限公司
地址：深圳市龙岗区平湖上木古彩銮北路21号302
…………………… Tel：0755-28125253
深圳淘保电子商务有限公司
地址：深圳市龙岗区横岗街道六约振业城一期春晓阁6单元201
…………………… Tel：0755-28133330
深圳市以礼相待礼品有限公司
地址：深圳市龙华新区观澜街道章阁社区章阁华庭015
…………………… Tel：0755-28178893
深圳市飞宏工贸有限公司
地址：深圳市龙华新区龙华办事处清湖社区神径工业区一栋厂房2楼201室
…………………… Tel：0755-28187871
深圳市联众贷投资管理有限公司
地址：深圳市龙岗区坂田街道坂田国际中心H栋5楼5288
…………………… Tel：0755-28218060
深圳市宝福和文化传播有限公司
地址：深圳市龙华区观湖街道樟坑径社区上围村东区34-2号102
…………………… Tel：0755-28225933
深圳市雅宾礼品制品有限公司
地址：深圳市龙岗区横岗街道安良社区沙坪路83-1号1-2楼
…………………… Tel：0755-28226478
深圳炎皇健业科技有限公司
地址：深圳市龙岗区园山街道龙岗大道8288号大运软件小镇30栋202
…………………… Tel：0755-28251319
深圳市木之木礼品有限公司
地址：深圳市龙岗区布吉街道泽润华庭E栋1002号
…………………… Tel：0755-28283061
深圳市红韵礼品有限公司
地址：深圳市龙华区龙华街道三联社区新弓村5号联汇大厦5层508
…………………… Tel：0755-28287312
富丽高生活用品（深圳）有限公司
地址：深圳市龙岗区龙岗街道龙平西路鹏利泰工业园C栋一楼西面
…………………… Tel：0755-28298421
深圳市逐虎贸易有限公司
地址：深圳市福田区沙头街道天安社区泰然六路泰然科技园205栋七层703C4
…………………… Tel：0755-28344231
深圳市贝迪工艺礼品有限公司
地址：深圳市龙岗区龙城街道龙西社区清水路辉利巷1号
…………………… Tel：0755-28366399
深圳市博亚企业管理有限公司
地址：深圳市罗湖区南湖街道东门南路华都园大厦8A
…………………… Tel：0755-28373350
深圳市百迪表业有限公司
地址：深圳市宝安区西乡街道固戍一路东工业园三楼A
…………………… Tel：0755-28436203
深圳市中源祥礼品有限公司
地址：深圳市龙岗区坂田街道南坑麒麟山东园A栋312
…………………… Tel：0755-28443019
深圳市灵龙玩具礼品有限公司
地址：深圳市龙岗区龙岗街道南联社区向新路1号臻彦工业园第8栋南座3楼
…………………… Tel：0755-28445089
深圳市睿钻珠宝有限公司
地址：深圳市罗湖区南湖街道春风路庐山大厦A座十四层1471室
…………………… Tel：0755-28484186
深圳市君煌珠宝首饰有限公司
地址：深圳市罗湖区翠竹街道翠竹北路1号厂房7楼东北面
…………………… Tel：0755-28523222
赛优博科技（深圳）有限公司
地址：深圳市龙岗区布吉街道宝丽路泽润华庭B栋商场1楼55-24
…………………… Tel：0755-28523321
深圳市森海洋圣诞礼品有限公司
地址：深圳市龙岗区南湾街道丹竹头社区宝丹路16号3号楼409室
…………………… Tel：0755-28542527
深圳市鹏宇礼品包装有限公司
地址：深圳市龙岗区布吉街道办白鸽笼京南路京南工业区5B栋五楼南
…………………… Tel：0755-28571986
深圳市鑫佳工艺品有限公司
地址：深圳市龙岗区横岗街道安良社区安良路40号A栋1-2层
…………………… Tel：0755-28612366
深圳市伟龙鑫工艺礼品有限公司
地址：深圳市龙岗区龙岗大道4001号万汇大厦13层1307A房
…………………… Tel：0755-28635970
马斯克（深圳）智造科技有限公司
地址：深圳市龙岗区宝龙街道宝龙社区宝龙四路2号安博科技宝龙厂区2号厂房1110
…………………… Tel：0755-28689192
深圳富贝特礼品有限公司
地址：深圳市宝安区西乡街道海城路林荣商务大厦三楼
…………………… Tel：0755-28740831
深圳市悍高家居五金有限公司
地址：深圳市龙岗区平湖街道鹅公岭明光路102号二楼
…………………… Tel：0755-28767395
深圳市环通珠宝首饰有限公司
地址：深圳市龙岗区南湾街道布澜路31号中盈珠宝工业厂区厂房二A4-801
…………………… Tel：0755-28781666
深圳市劳安仕科技有限公司
地址：深圳市龙岗区龙城街道盛龙路盛龙花园二期1号楼1419室
…………………… Tel：0755-28837580
深圳市创富港玩具礼品有限公司
地址：深圳市龙岗区龙城街道嶂背社区嶂背路28号302
…………………… Tel：0755-28998712
深圳市英博桑工艺礼品有限公司
地址：深圳市龙岗区龙岗街道南联社区瑞记路8号101、301、401
…………………… Tel：0755-28998712
深圳市怡韵工艺礼品有限公司
地址：深圳市坪山区坪山街道六联社区锦龙大道16号东晟时代花园6栋二单元B-19B
…………………… Tel：0755-29030427
深圳市辉亿豪包装材料有限公司
地址：深圳市龙华新区大浪街道龙胜社区龙胜工业区11号厂房1至3楼
…………………… Tel：0755-2905657
深圳市手足情文化艺术有限公司
地址：深圳市宝安区西乡街道富华社区铁岗水库管理处办公大楼4层
…………………… Tel：0755-29076630
深圳市金狼电子有限公司
地址：深圳市宝安区西乡街道南昌社区南昌华丰工业园2栋厂房201
…………………… Tel：0755-29191112
深圳市龙翔珠宝有限公司
地址：深圳市宝安区新安街道新安四路198号宝立方珠宝玉石文化创意园一楼L1-A13
…………………… Tel：0755-29352763
深圳市德俊电子有限公司
地址：深圳市龙岗区坂田街道五和南路星光之约广鑫大厦509室
…………………… Tel：0755-29360695
深圳市晶彩有机玻璃制品有限公司
地址：深圳市龙岗区平湖街道长龙西路36号四楼
…………………… Tel：0755-29367069
深圳前海港策文化传播有限公司
地址：深圳市前海深港合作区前湾一路1号A栋201室（入驻深圳市前海商务秘书有限公司）
…………………… Tel：0755-29447723
深圳市中投融通投资发展有限公司
地址：深圳市龙华区龙华街道油松路天汇大厦B栋4楼431(办公场所)
…………………… Tel：0755-29467220
深圳市雅创工艺礼品有限公司
地址：深圳市宝安区西乡街道宝源路亨林大厦901C室
…………………… Tel：0755-29467890
深圳市凯珞帝实业有限公司
地址：深圳市龙华区龙华街道清湖社区清华东路24号润泽大厦A405
…………………… Tel：0755-29500218
深圳市聚宝盆文具礼品有限公司
地址：深圳市宝安区松岗街道红星社区蚝涌第二工业区81号得合大厦601
…………………… Tel：0755-29501564
深圳市品筑艺术精品有限公司
地址：深圳市宝安区石岩街道塘头社区塘头第三工业区第9栋5楼东边
…………………… Tel：0755-29510310
深圳市惠宝纸制品有限公司
地址：深圳市龙华区福城街道茜坑社区茜坑南路7号3栋101(整栋)
…………………… Tel：0755-29550271
深圳市康亿达实业有限公司
地址：深圳市龙岗区坂田街道杨美社区长发中路7号云里智能园7栋2014
…………………… Tel：0755-29626099
深圳市诚信义贸易有限公司
地址：深圳市宝安区新安街道新安湖社区宝农北巷128号海信花园1栋1单元802
…………………… Tel：0755-29630886
深圳市往来商贸有限公司
地址：深圳市福田区沙头街道泰然九路苍松大厦5A
…………………… Tel：0755-29670052
深圳市粤盟实业有限公司
地址：深圳市宝安区航城街道三围社区三围工业路17号第三栋厂房102
…………………… Tel：0755-29741996
深圳市礼悟文化发展有限公司
地址：深圳市宝安区新安街道74区宝安新村17栋209
…………………… Tel：0755-29782265
深圳市永丰源酒店礼品有限公司
地址：深圳市福田区福强路4001号深圳市世纪工艺品文化市场309栋A座G1-03
…………………… Tel：0755-29808999
深圳市万瑞珠宝首饰有限公司
地址：深圳市盐田区沙头角街道沙深路东和工业大厦B座7楼西南侧（1）
…………………… Tel：0755-29823263
知音卡片礼品（深圳）有限公司
地址：深圳市龙华区福城街道章阁社区桂月路451号
…………………… Tel：0755-29832000
知音卡片礼品（深圳）有限公司
地址：深圳市龙华区福城街道章阁社区桂月路451号
…………………… Tel：0755-29832000
深圳华侨城西部投资有限公司
地址：深圳市宝安区新安街道宝安中心区宝兴路8号
…………………… Tel：0755-29910821
深圳市明博澳科技有限公司
地址：深圳市宝安区新安街道办建安路综合楼1栋D座六层602（办公场所）
…………………… Tel：0755-29966166
深圳市尚福泰科技有限公司
地址：深圳市南山区南山街道月亮湾大道2076号高科集团大楼7楼78027
…………………… Tel：0755-29971549
深圳市华图测控系统有限公司
地址：深圳市宝安区西乡街道铁岗社区铁岗水库路147号厂房2栋3层
…………………… Tel：0755-29977605
深圳市弘德联创文化发展有限公司
地址：深圳市宝安区56区万骏汇1433
…………………… Tel：0755-29992640
深圳市六月贸易有限公司
地址：深圳市龙岗区龙城街道爱联如意小区二巷9号305
…………………… Tel：0755-32876966
深圳市聚龙通科技有限公司
地址：深圳市福田区华强北街道远望数码城A1-501房
…………………… Tel：0755-32910182
深圳畅行金融服务股份有限公司
地址：深圳市前海深港合作区前湾一路1号A栋201室（入驻深圳市前海商务秘书有限公司）
…………………… Tel：0755-32911555
深圳市科宇芯科技有限公司
地址：深圳市龙华区大浪街道春华路544号福顺居C栋409
…………………… Tel：0755-32983627
深圳市卓平科技有限公司
地址：深圳市南山区招商街道南海大道鹏基时代创业园花样年美年广场5栋A538室
…………………… Tel：0755-33023377
深圳市锦鸿传媒有限公司
地址：深圳市福田区深南大道北侧浩铭财富广场A座17H
…………………… Tel：0755-33033553
深圳市鸿德泰贸易有限公司
地址：深圳市宝安区新安二路资安商务大楼2至16楼、19楼北面2楼2107室
…………………… Tel：0755-33080588
深圳市铭丰国际贸易有限公司

地址：深圳市龙岗区龙岗街道南联社区爱南路348号605
……Tel：0755-33123298

深圳市盛洲创信实业有限公司
地址：深圳市宝安区新安街道四十七区海滨市场一楼63号
……Tel：0755-33154905

深圳市万顺文具礼品有限公司
地址：深圳市龙华区观澜街道牛湖社区观天路79号厂房A栋301
……Tel：0755-33233159

深圳市茜子服饰连锁经营有限公司
地址：深圳市福田区金田路与福华路交汇处现代商务大厦1806
……Tel：0755-33336888

深圳市天行道文化传播有限公司
地址：深圳市福田区福保街道福田保税区市花路长平商务大厦3412
……Tel：0755-33337296

回收哥（深圳）互联网有限公司
地址：深圳市宝安区新安街道海秀路荣超滨海大厦A栋1812-1813
……Tel：0755-33386666

深圳前海美莱汇跨境电商有限公司
地址：深圳市前海深港合作区前湾一路1号A栋201室（入驻深圳市前海商务秘书有限公司）实际经营地址：深圳市福田区振兴路华发大厦嘉年华商城3楼3039
……Tel：0755-33560035

嗨卖网络科技（深圳）有限责任公司
地址：深圳市南山区粤海街道高新区社区高新南环路22号深圳湾科技生态园4栋101
……Tel：0755-33596366

全一快递有限公司
地址：深圳市福田区华富街道莲花三村社区红荔西路5007号现代苑204
……Tel：0755-33599622

深圳市泰恒源贸易有限公司
地址：深圳市南山区南山街道荷兰花卉小镇生活艺术中心一层102号
……Tel：0755-33654752

深圳市林立礼品科技有限公司
地址：深圳市宝安区松岗街道红星南岸社区聚顺达智能装备产业园G栋2楼
……Tel：0755-33867786

深圳市志兴礼品有限公司
地址：深圳市龙岗区龙城街道五联社区瓦窑四路4号正华工业园二栋三楼
……Tel：0755-33908086

深圳市三生万物互联网供应链有限公司
地址：深圳市福田区沙头街道车公庙泰然七路苍松大厦南座1712
……Tel：075535925540

深圳赫美珠宝制造有限公司
地址：深圳市盐田区沙头角街道深盐路黄金珠宝大厦B座9楼
……Tel：0755-36357988

深圳赫美联合互联网科技有限公司
地址：深圳市福田区香蜜湖街道侨香路1011号1979文化生活新领域A区2栋3楼
……Tel：0755-36357988

深圳合鑫弘盛精密科技有限公司
地址：深圳市龙岗区平湖街道力昌社区平龙东路43号C栋东都雅苑沐香阁B202
……Tel：0755-36535410

深圳市幸安居家居生活用品有限公司
地址：深圳市福田区华强北街道深南中路2010号东风大厦1613室
……Tel：0755-36627204

深圳市名天下礼品有限公司
地址：深圳市宝安区沙井新桥芙蓉工业区赛尔康大道一号C栋三楼
……Tel：0755-36636982

深圳市威尔斯顿服饰有限公司
地址：深圳市龙岗区南湾街道香叶路3号荣丰包装工业园办公楼501
……Tel：0755-36643972

中核清大（深圳）控股有限公司
地址：深圳市南山区西丽街道松坪山社区松坪山朗山路11号同方信息港B栋601单元B6A-1
……Tel：0755-36648868

深圳解州武圣文化传播有限公司
地址：深圳市南山区西丽街道西丽湖路4221-55号
……Tel：0755-36822168

深圳市亿飞豹贸易有限公司
地址：深圳市龙华新区龙华街道共和新村C10栋1007室
……Tel：0755-36843246

深圳市鹏城艺贝文化传媒有限公司
地址：深圳市宝安区新安街道高发西岸花园一期M152商铺
……Tel：0755-36893415

深圳市美丽多科技有限公司
地址：深圳市光明区马田街道南环大道电连科技大厦D号楼1111
……Tel：075536923632

深圳市微云广告有限公司
地址：深圳市罗湖区桂园街道笋岗东路长虹大厦512
……Tel：0755-36927879

深圳皇家一号家居建材销售有限公司
地址：深圳市龙岗区南湾街道龙岗大道南岭荔枝花园c5-1302a
……Tel：0755-36956219

深圳市中亚富华实业有限公司
地址：深圳市龙华新区龙华街道工业西路中顺商务大厦6楼603
……Tel：0755-36960676

深圳市雷达网络技术有限公司
地址：深圳市龙岗区龙城街道爱联社区太平村176号三楼301室
……Tel：0755-36962340

深圳市妈咪宝贝贸易有限公司
地址：深圳市宝安区新安街道上川社区35区黄金台小区综合楼新安四路235-5号
……Tel：0755-36968082

盟山科技（深圳）有限公司
地址：深圳市前海深港合作区前湾一路1号A栋201室（入驻深圳市前海商务秘书有限公司）
……Tel：0755-36968570

深圳市游奇互娱科技有限责任公司
地址：深圳市福田区沙头街道深南大道6031号杭钢富春大厦2315室
……Tel：0755-36972167

深圳市野狼标识有限公司
地址：深圳市龙岗区布吉街道吉华路315号上水径商业大厦11楼B02
……Tel：0755-36976954

深圳市汇联汇生活互联网金融服务有限公司
地址：深圳市南山区粤海街道深圳软件产业基地1栋C座1801
……Tel：0755-36988000

深圳市融创嘉业实业有限公司
地址：深圳市宝安区福永街道塘尾社区建安路正昌达数码科技园E栋第五层
……Tel：0755-61102311

南雄彩色纸品（深圳）有限公司
地址：深圳市龙华区大浪街道高峰社区下早新村108-3号1层-2层
……Tel：0755-61123368

深圳市成名家具有限公司
地址：深圳市福田区园岭街道八卦四路岭尚时代园C座2305
……Tel：0755-61254802

深圳市众邦环境工程服务有限公司
地址：深圳市龙岗区南湾街道百门前工业区7号厂房7楼西边
……Tel：0755-61277791

深圳市问陶工艺品有限公司
地址：深圳市罗湖区沿河路宁水花园7栋203
……Tel：0755-61335611

深圳市大昌源贸易有限公司
地址：深圳市南山区招商街道南海大道以西鹏基时代创业园花样年美年广场5栋B578
……Tel：0755-61335611

深圳市德鸿智贸易有限公司
地址：深圳市前海深港合作区前湾一路1号A栋201室（入驻深圳市前海商务秘书有限公司）
……Tel：0755-61335611

乔治白（深圳）服饰有限公司
地址：深圳市龙华区龙华街道油松社区布龙公路662号荔苑大厦C1006
……Tel：0755-61472169

深圳市宏昊联包装礼品有限公司
地址：深圳市宝安区福永街道白石厦社区东区永泰西路5号3栋201
……Tel：0755-61506568

深圳市天暨科技有限公司
地址：深圳市龙华新区民治街道沙元埔大厦1110室
……Tel：0755-61595100

深圳市高特精铸礼品文化发展有限公司
地址：深圳市龙岗区横岗街道六约开明路中和盛世珠宝文化创意园A区15栋
……Tel：0755-61825359

永旺华南商业有限公司
地址：深圳市福田区深南中路市政府南侧的城市广场下首层部分房屋
……Tel：0755-61865555

德新礼品文具（深圳）有限公司
地址：深圳市龙岗区平湖街道力昌社区平龙东路501号B栋德新厂厂房101A-E栋。
……Tel：0755-61866599

深圳市前海今生金饰珠宝有限公司
地址：深圳市前海深港合作区前湾一路1号A栋201室（入驻深圳市前海商务秘书有限公司）
……Tel：0755-61866669

深圳市前海侨交会跨境电商有限公司
地址：深圳市前海深港合作区前湾一路1号A栋201室（入驻深圳市前海商务秘书有限公司）实际经营地址：深圳市福田区沙头街道福强路金地名轩裙楼1层1号
……Tel：0755-61887988

深圳金一文化发展有限公司
地址：深圳市罗湖区翠竹街道翠达社区翠竹路2058号3层309-4C2
……Tel：0755-61898021

深圳金一投资发展有限公司
地址：深圳市龙岗区吉华街道甘李二路9号金苹果创新园厂房C-202
……Tel：0755-61898021

深圳顺然服饰有限公司
地址：深圳市南山区桃园路前海金岸大厦金丰阁1206
……Tel：0755-61966032

深圳中微电子商务有限公司
地址：深圳市龙岗区布吉街道南三社区锦绣新村四巷8号102
……Tel：0755-66601363

深圳市望家礼舍科技有限公司
地址：深圳市龙岗区坂田街道布龙路339号鸿生源工业园A栋2层
……Tel：0755-66632121

深圳市在华采购电子商务有限公司
地址：深圳市宝安区福永街道翠竹街海晖阁A栋102号
……Tel：07556691293

幸福姓氏文化传播（深圳）有限公司
地址：深圳市龙华新区民治街道梅花山庄韵梅园23号
……Tel：0755-66807821

深圳市优觅餐饮管理有限公司
地址：深圳市龙岗区坂田街道万科城社区龙岗区冲之大道华为培训中心sj1栋101-G01R
……Tel：0755-66817752

深圳市二十四季实业有限公司
地址：深圳市龙岗区南湾街道上李朗社区布澜路182号182设计园1栋702A
……Tel：0755-66851855

深圳华强前海科技有限公司
地址：深圳市前海深港合作区前湾一路1号A栋201室（入驻深圳市前海商务秘书有限公司）
……Tel：0755-66861175

深圳华箔行箔业科技有限公司
地址：深圳市南山区蛇口沿山路43号中科院创业壹号C栋208
……Tel：0755-81071153

深圳市宏运达礼品包装有限公司
地址：深圳市龙华新区观澜街道广培社区牛湖宝湖工业区第三栋三楼
……Tel：0755-81473096

深圳市新力文具礼品有限公司
地址：深圳市龙华区观湖街道新田社区创新工业园11-2号301
……Tel：0755-81710086

深圳市恒德源文化科技有限公司
地址：深圳市坪山区龙田街道坪山大道6088号
……Tel：0755-81797559

恒大百货有限公司
地址：广州市天河区黄埔大道西78号3101房自编之六
……Tel：0755-81997756

深圳嘉晟供应链股份有限公司
地址：深圳市福田区香蜜湖街道竹林社区紫竹七道17号求是大厦西座2518
……Tel：0755-82021862

深圳市生活汇贸易发展有限公司
地址：深圳市龙华新区大浪办事处龙胜社区新区大道东侧潜龙曼海宁花园（北区）6栋8A
……Tel：075582069992

深圳真功夫餐饮管理有限公司
地址：深圳市罗湖区深南东路5015号金丰城B座19层北面
……Tel：0755-82073288

深圳市欣天新文具礼品有限公司
地址：深圳市福田区彩田南路彩天名苑碧萝轩8F
……Tel：0755-82075235

深圳市荟丰珠宝首饰有限公司
地址：深圳市罗湖区翠竹街道翠竹路水贝工业区11栋2楼A
……Tel：0755-82077888

深圳市茗醣商贸有限公司
地址：深圳市福田区福田街道岗厦彩田南路彩福大厦三楼3A026
……Tel：0755-82131809

深圳市金恒昌珠宝首饰有限公司
地址：深圳市罗湖区翠竹街道水贝国际珠宝交易中心阳光天地明星阁2601室
……Tel：0755-82131809

深圳市十方实业有限公司
地址：深圳市罗湖区东晓街道东昌路6-16号
……Tel：0755-82131809

深圳市茗醣商贸有限公司
地址：深圳市福田区福田街道岗厦彩田南路彩福大厦三楼3A026
……Tel：0755-82131809

深圳市道融汇国际旅游有限公司
地址：深圳市罗湖区南湖街道迎春路安华大厦3楼
……Tel：0755-82176801

深圳市艺华珠宝首饰股份有限公司
地址：深圳市福田区南园街道滨河路3170号怡兴苑二栋602室
……Tel：0755-82182128

深圳市伊达文化产业发展有限公司
地址：深圳市盐田区沙头角街道工业东街盐田国际创意港2栋2楼2C
……Tel：0755-82186578

深圳远景时装发展有限公司
地址：深圳市龙华区福城街道观澜大道107号粤鹏工业区2栋3楼
……Tel：0755-82187776

深圳市尚境艺术品有限公司
地址：深圳市福田区深南中路佳和华强大厦A座1210
……Tel：0755-82222491

深圳市绿飘带文化传播有限公司
地址：深圳市福田区新闻路华富大厦2109室
……Tel：0755-82244000

深圳市前海海纳吉国际贸易有限公司
地址：深圳市前海深港合作区前湾一路1号A栋201室（入驻深圳市前海商务秘书有限公司）
……Tel：0755-82244456

深圳市亿成投资有限公司
地址：深圳市罗湖区人民南路友谊路口发展中心大厦904室
……Tel：0755-82280116

深圳市思达教育科技咨询有限公司
地址：深圳市龙岗区龙城街道爱联社区沙园路阳光天健城4栋B单元阳光天健城2205
……Tel：0755-82320466

深圳云朵商业有限公司
地址：深圳市福田区香蜜湖街道侨香路1011号1979文化生活新领域A区2栋3楼
……Tel：0755-82336093

深圳市时代良品家居生活用品有限公司
地址：深圳市前海深港合作区前湾一路1号A栋201室（入驻深圳市前海商务秘书有限公司）
……Tel：0755-82353596

深圳世佳国际贸易有限公司
地址：深圳市龙岗区龙城街道吉祥社区龙翔大道7188号万科天誉中央广场A2-3602
……Tel：075582398066

深圳市一家乐厨供应链有限公司
地址：深圳市罗湖区笋岗街道宝岗路笋岗大厦418
……Tel：0755-82413489

深圳市福瑞斯礼品有限公司
地址：深圳市龙华区龙华街道富康社区东环一路天汇大厦9层904-1
……Tel：0755-82416273

深圳市全全礼品开发有限公司
地址：深圳市福田区香蜜湖一号路瀚城花园3栋5C
……Tel：0755-82428047

深圳韦美创域装饰设计有限公司
地址：深圳市福田区南园街道滨河大道3155号深华工业大厦五楼北侧
……Tel：0755-82436820

深圳前海鸿程隆投资有限公司
地址：深圳市前海深港合作区前湾一路1号A栋201室（入驻深圳市前海商务秘书有限公司）
……Tel：0755-82515188

小秋千精品贸易（深圳）有限公司
地址：深圳市福田区华强北街道华发北路群星广场2913-2914
……Tel：0755-82521035

深圳江南时尚贸易有限公司
地址：深圳市罗湖区桂园街道人民桥社区宝安南路2010号龙园创展大厦1904
……Tel：0755-82526157

深圳马斯海瑞珠宝有限公司
深圳市龙岗区坂田街道南坑社区五和大道（南）47号当纳利B栋3层313
……Tel：18123676772

创意家居股份有限公司
地址：深圳市罗湖区桂园街道宝安南路2014号振业大厦A、B座三层部分
……Tel：0755-82529230

深圳市瑞金国际投资控股有限公司
地址：深圳市盐田区海山街道沙头角保税区21栋南座4层东
……Tel：0755-82535333

深圳市广润发贸易有限公司
地址：深圳市福田区福田街道新洲路东深圳国际商会大厦1317
……Tel：0755-82552101

深圳前海碧联供应链有限公司
地址：深圳市前海深港合作区前湾一路1号A栋201室(入驻深圳市前海商务秘书有限公司)
……Tel：0755-82568313

深圳市天工开物景观艺术有限公司
地址：深圳市南山区西丽大勘村杨门工业区14号101-102
……Tel：0755-82573656

深圳麦增电子商务有限公司
地址：深圳市盐田区沙头角街道盐田国际创意港10栋1B
Tel：0755-82621755

深圳市无限生活电子商务有限公司
地址：深圳市龙岗区龙城街道吉祥社区中心城4区鸿基花园三期3栋D423
Tel：0755-82669790

深圳金得乐礼品有限公司
地址：深圳市罗湖区笋岗街道宝安北路国际商品交易大厦一楼C区C08
Tel：0755-82669875

深圳天元锰业有限公司
地址：深圳市福田区香蜜湖街道竹林社区紫竹七道18号中国经贸大厦20层
Tel：0755-82719762

深圳前海天元锰业投资有限公司
地址：深圳市前海深港合作区南山街道临海大道59号海运中心口岸楼3楼E315
Tel：0755-82719762

深圳塔斯克电子商务有限公司
地址：深圳市龙华区龙华街道三联社区和平东路98号金銮国际商务大厦20层
Tel：0755-82722840

六艺源设计（深圳）有限公司
地址：深圳市福田区福保街道福保社区红柳道2号顺丰工业厂房5层C510-511
Tel：0755-82733280

深圳前海荣百家供应链管理有限公司
地址：深圳市前海深港合作区前湾一路1号A栋201室（入驻深圳市前海商务秘书有限公司）
Tel：0755-82736042

深圳市八厘米文化传播有限公司
地址：深圳市南山区沙河街道华侨城光侨街一号华夏艺术中心一楼办公室
Tel：0755-82750063

深圳市东华麒礼品有限公司
地址：深圳市福田区金田路与福华路交汇处现代商务大厦2003A
Tel：0755-82777593

深圳选最好健康智能管理有限公司
地址：深圳市罗湖区东湖街道大望社区新平村402号10栋101
Tel：0755-82784658

深圳市吧唧贸易有限公司
地址：深圳市龙岗区龙岗街道南联社区龙城大道29号龙年大厦1609
Tel：075582788366

深圳市快点生活科技有限公司
地址：深圳市南山区粤海街道高新区社区高新南九道53号航空航天大厦2号楼1111
Tel：0755-82799596

深圳元昌珠宝饰品有限公司
地址：深圳市前海深港合作区前湾一路1号A栋201室（入驻深圳市前海商务秘书有限公司）
Tel：0755-82820832

深圳市世纪金桥印刷包装制品有限公司
地址：深圳市龙岗区南湾街道上李朗社区洲腾公司工业厂区厂房（三）2楼A
Tel：0755-82823838

深圳市奢华街电子商务有限公司
地址：深圳市罗湖区莲塘街道仙湖社区国威路68号国威商务大厦1904
Tel：0755-82828388

深圳立梵创意策划有限公司
地址：深圳市福田区香蜜湖街道深南大道7008号银座国际阳光高尔夫大厦1708
Tel：0755-82831202

深圳哇金网络科技有限公司
地址：深圳市龙岗区平湖街道华南城5号馆A座2C043
Tel：0755-82833028

深圳市鼎夏泓杉艺术有限公司
地址：深圳市龙华区龙华街道松和社区东吴工业厂区宿舍101
Tel：0755-82840797

东莞三思化妆品有限公司
地址：东莞市常平镇上坑村工业园区第6栋
Tel：0755-82856938

深圳市润泰供应链管理有限公司
地址：深圳市福田保税区桃花路15号嘉里福保仓储楼502单元
Tel：0755-82871661

深圳市天海基业实业集团有限公司
地址：深圳市福田区福田街道深南大道浩铭财富广场B座5H
Tel：0755-82873688

深圳市苏宁易购销售有限公司
地址：深圳市罗湖区莲塘街道仙湖社区国威路72号莲塘第一工业区102栋国威路70-1号3-6楼
Tel：0755-82905888

深圳市追梦创想网络科技有限公司
地址：深圳市前海深港合作区前湾一路1号A栋201室（入驻深圳市前海商务秘书有限公司）
Tel：0755-82909915

深圳走秀网络科技有限公司
地址：深圳市福田区沙头街道天安社区泰然五路12号天安数码城天祥大厦四层4A04B
Tel：0755-82924499

深圳市金一百艺术品股份有限公司
地址：深圳市福田区园岭街道八卦岭八卦四路423栋5楼东506-508室
Tel：0755-82933581

深圳市美霖实业有限公司
地址：深圳市福田区福田街道彩田南路彩福大厦A座鸿福阁20A
Tel：0755-82953782

深圳市能达箱包袋业有限公司
地址：深圳市龙岗区横岗街道勤富路1号201
Tel：0755-82961718

深圳市蓝途广告有限公司
地址：深圳市福田区石厦北星座大厦22A-D（仅限办公）
Tel：0755-82974809

深圳金仓贸易有限公司
地址：深圳市福田区莲花街道金田路与福中路交界东南荣超经贸中心3102
Tel：0755-82977999

深圳市芃薇投资管理有限公司
地址：深圳市南山区粤海街道科苑路15号科兴科学园A1单元1203室
Tel：0755-82989066

深圳市兆百川工贸发展有限公司
地址：深圳市龙华区观澜街道樟坑径社区下围工业区一路1号A1栋603
Tel：0755-83021582

深圳市鸿喜礼品有限公司
地址：深圳市宝安区民治街道人民南路风和日丽花园A栋102（办公场所）
Tel：0755-83051402

深圳市卓众东方广告有限公司
地址：深圳市福田区梅林街道北环大道7008号下梅林一街通业花园7栋602
Tel：0755-83122582

深圳市凤凰之翔礼品开发有限公司
地址：深圳市龙岗区坂田街道天安云谷产业园一期3栋C座702
Tel：0755-83179037

深圳市昱杉礼品有限公司
地址：深圳市龙岗区坂田街道天安云谷产业园一期3栋C座702
Tel：0755-83179037

银田投资（深圳）有限公司
地址：深圳市前海深港合作区前湾一路1号A栋201室（入驻深圳市前海商务秘书有限公司）
Tel：075583188376

深圳美潘梅贸易有限公司
地址：深圳市福田区梅林街道上梅林中汽南方大厦东座四楼东
Tel：0755-83188676

深圳市群泰联合供应链管理有限公司
地址：深圳市福田区福田街道彩田路中深花园A座30楼
Tel：0755-83191069

深圳仁芳家居用品有限公司
地址：深圳市南山区西丽镇光前村光前大厦D座302
Tel：0755-83198283

深圳市荣捷天成实业有限公司
地址：深圳市福田区华富街道皇岗北路神彩苑402栋六楼635室
Tel：0755-83218689

深圳市邦联礼品有限公司
地址：深圳市罗湖区笋岗街道宝岗路269号美芝大华电视机厂1号厂房1栋7楼701房
Tel：0755-83226502

深圳市加泽实业有限公司
地址：深圳市福田区梅林街道梅林路卓越梅林中心广场南区A座20层2008
Tel：0755-83233691

深圳市铂睿成科技有限公司
地址：深圳市福田区华强北街道振华路海外装饰大厦综合楼2栋A段第15层15-22
Tel：0755-83239059

深圳市星远信息工程有限公司
地址：深圳市龙华区龙华街道华联社区大浪南路海荣豪苑1、2栋二层B37
Tel：0755-83249808

深圳市明泰顺商贸发展有限公司
地址：深圳市前海深港合作区前湾一路1号A栋201室（入驻深圳市前海商务秘书有限公司）
Tel：0755-83257971

深圳市大都进出口有限公司
地址：深圳市龙华新区大浪街道和平西路部九窝龙军工业区第12栋第3层南边
Tel：0755-83274774

深圳市彩之云网络科技有限公司
地址：深圳市前海深港合作区前湾一路1号A栋201室（入驻深圳市前海商务秘书有限公司）经营场所：深圳市龙华区民治街道留仙大道彩生活大厦11楼
Tel：0755-83281777

深圳市金信金诺艺术品有限公司
地址：深圳市龙岗区横岗街道六约社区龙岗大道(横岗段)3116号4F-B09
Tel：0755-83282599

深圳市金信金诺艺术品有限公司
地址：深圳市龙岗区横岗街道六约社区龙岗大道(横岗段)3116号4F-B09
Tel：0755-83282599

深圳市鑫鼎旺贸易有限公司
地址：深圳市龙岗区布吉街道政清路灏景明苑1-14B
Tel：0755-83289290

深圳市深港独家贸易有限公司
地址：深圳市南山区粤海街道沙河西路3609号深圳湾科技生态园5栋裙楼2层09号A
Tel：0755-83289290

深圳市森杰雷贸易有限公司
地址：深圳市福田区沙头街道天安社区泰然六路泰然科技园205栋七层703-01
Tel：075583295202

深圳市正东源科技有限公司
地址：深圳市龙岗区横岗街道大康社区大康路10号
Tel：0755-83303889

深圳市御宝馆工艺品有限公司
地址：深圳市南山区西丽街道曙光社区沙河西路康和盛大楼106
Tel：0755-83306818

深圳市金基博盛贸易有限公司
地址：深圳市福田区沙头街道沙嘴路金地花园210栋305
Tel：0755-83308057

深圳市彩之富网络科技有限公司
地址：深圳市盐田区沙头角深盐路东北侧东部阳光A栋3D
Tel：0755-83331896

深圳市彩之富网络科技有限公司
地址：深圳市盐田区沙头角深盐路东北侧东部阳光A栋3D
Tel：0755-83331896

信阳毛尖茶叶（深圳）有限公司
地址：深圳市福田区沙头街道天安社区泰然十路天安创新科技广场二期东座1602
Tel：0755-83332980

中亿发房地产有限公司
地址：深圳市罗湖区南湖街道建设路1008号王子客栈35楼3512室
Tel：0755-83386888

深圳市瑞翔办公生活科技有限公司
地址：深圳市福田区华强北街道振兴路109号华康大厦A栋507室
Tel：075583460623

深圳市礼记尚品投资发展有限公司
地址：深圳市南山区粤海街道高新区社区高新南七道022号高新工业村T2-A座610
Tel：0755-83487639

深圳市芙若雅服饰有限公司
地址：深圳市南山区沙河街道深云路深云村5幢24A
Tel：0755-83494060

深圳市突突科技有限公司
地址：深圳市南山区南山街道登良社区登良路19号恒裕中心B栋5层502
Tel：0755-83530620

深圳市甜甜圈科技有限公司
地址：深圳市罗湖区清水河街道红岗路1299号龙园山庄31栋1501室
Tel：0755-83530988

深圳市天长广告有限公司
地址：深圳市福田区沙头街道沙嘴路椰树花园5栋三单元102
Tel：0755-83532822

深圳市新盐成酒店有限公司
地址：深圳市福田区香蜜湖街道车公庙泰然七路苍松大厦南座811
Tel：0755-83541967

迎智教育科技（深圳）有限公司
地址：深圳市福田区莲花街道北环大道7043青海大厦九楼
Tel：0755-83553892

深圳捷通快讯科技有限公司
地址：深圳市福田区福田街道滨河大道5020号证券大厦9楼
Tel：0755-83557562

深圳市森泊科技有限公司
地址：深圳市龙岗区宝龙街道宝龙社区宝荷大道76号智慧家园C座404
Tel：0755-83579089

深圳秦唐文化传播有限公司
地址：深圳市福田区景田东路润丰园汇诚阁402
Tel：0755-83594100

深圳市巨匠汇网络信息有限公司
地址：深圳市南山区粤海街道蔚蓝海岸社区深圳湾1号广场南区T8-16A
Tel：0755-83611810

深圳市文博源文化发展有限公司
地址：深圳市福田区彩田南路海天综合大厦2308号
Tel：0755-83614592

深圳七号珠宝有限公司
地址：深圳市福田区南园街道园西社区华发南路60号飞扬时代B、A座B座1003
Tel：0755-83639493

深圳市悟元文化传播有限公司
地址：深圳市福田区福田街道福华一路88号中心商务大厦三层18号
Tel：0755-83645472

深圳市特隆工艺礼品有限公司
地址：深圳市龙岗区布吉街道细靓工业区综合楼A1005房
Tel：0755-83648504

深圳市中泉实业有限公司
地址：深圳市福田区红荔西路7024号市政大院会所2楼西
Tel：0755-83650578

深圳市白鹭耕夫子果品贸易有限公司
地址：深圳市福田区上步南路国企大厦永富楼9F
Tel：0755-83658960

深圳市资汇通富科技有限公司
地址：深圳市宝安区西乡街道宝源路中央大道A座3D-E
Tel：0755-83664116

深圳市金盛雅实业有限公司
地址：深圳市福田区梅华路梅林多丽工业区厂房1栋5楼1508房（仅限办公）
Tel：0755-83689981

深圳市金祥和珠宝有限公司
地址：深圳市龙华区大浪街道大浪社区同富 工业区28号4楼
Tel：0755-83692579

深圳君荣礼品有限公司
地址：深圳市龙华新区民治街道民治大道展滔科技大厦B座1307室
Tel：0755-83701502

深圳安通通讯有限公司
地址：深圳市福田区华强北街道红荔路群星广场大厦B座1706号
Tel：0755-83717888

深圳市伟琦礼品设计有限公司
地址：深圳市坪山区坪山街道行政二路4号招商花园1栋A单元1402室
Tel：0755-83728501

深圳市大润木业有限公司
地址：深圳市福田区福虹路华强花园A-17A
Tel：0755-83740208

深圳市华铁科技发展有限公司
地址：深圳市福田区华强北路群星广场A1503
Tel：0755-83747128

深圳市泰德通实业有限公司
地址：深圳市龙岗区南湾街道南岭村社区黄金南路21号黄金花园2-G
Tel：0755-83781066

深圳市汇生活科技技术有限公司
地址：深圳市前海深港合作区前湾一路1号A栋201室（入驻深圳市前海商务秘书有限公司）
Tel：0755-83864578

深圳市马歇尔健康产业科技有限公司
地址：深圳市南山区南海大道保利大厦20楼
Tel：0755-83865510

深圳鼎沃汽车销售服务有限公司
地址：深圳市福田区莲花街道景田商报路商报社印刷厂一层东侧
Tel：0755-83886788

深圳市宝昌钻石饰品实业有限公司
地址：深圳市龙岗区横岗街道六约社区金泉三路3号六约珠宝文化产业园1栋厂房201-6
Tel：0755-83893929

深圳市实通礼品有限公司
地址：深圳市福田区莲花街道香梅路天然居F栋1906
Tel：0755-83953461

深圳市健康连线网络技术有限公司
地址：深圳市南山区粤海街道高新技术产业园南区科园路18号北科大厦9010
Tel：0755-83959979

深圳市爱泡智能科技有限公司
地址：深圳市龙华区民治街道民乐社区民乐工业区7栋102
Tel：0755-83971856

诚泰明科技（深圳）有限公司
地址：深圳市福田区梅林街道梅京社区下梅林二街6号颂德花园办公楼603B
Tel：0755-83974595

深圳市天宝汇文化发展有限公司
地址：深圳市前海深港合作区前湾一路1号A栋201室（入驻深圳市前海商务秘书有限公司）
Tel：0755-83980000

深圳市华海礼品包装有限公司
地址：深圳市龙岗区平湖街道平湖社区平湖大街308号A栋301
Tel：0755-84008672

深圳市深辉礼品有限公司
地址：深圳市龙岗区布吉街道中元路33号新纪元工业区C栋301-2

……………………Tel：0755-84033699
深圳市德方园艺术雕塑制造有限公司
地址：深圳市龙岗区横岗街道西坑社区广兴路2号102、202
……………………Tel：0755-84089318
深圳唯雪生物科技有限公司
地址：深圳市龙岗区龙岗街道南约社区联合工业区一区5号
……………………Tel：0755-84298958
深圳申隆汽车销售服务有限公司
地址：深圳市龙岗区龙城街道盛平社区龙平西路18号
……………………Tel：0755-84500888
深圳市日宝李氏礼品有限公司
地址：深圳市龙岗区龙岗街道龙西社区富民路217号
……………………Tel：0755-84515585
深圳市爱赛邦科技有限公司
地址：深圳市坪山新区坪山街道东纵路253号
……………………Tel：0755-84554322
深圳市文雄文具礼品有限公司
地址：深圳市坪山新区坪山街道福民路立厂后面1-2层
……………………Tel：0755-84621040
深圳市泰戈尔皮具有限公司
地址：深圳市龙岗区平湖街道力昌社区力西路10号厂房A栋101
……………………Tel：0755-84680914
深圳市翰龙基印刷有限公司
地址：深圳市龙岗区平湖街道鹅公岭社区新南村凤凰工业园C区7号A栋101、201、301
……………………Tel：0755-84685888
深圳上佳美礼品有限公司
地址：深圳市龙岗区龙岗街道银威路6号满京华喜悦里12座盈丰中心905室
……………………Tel：0755-84808973
深圳市雅特美我创玩具礼品有限公司
地址：深圳市龙岗区龙岗街道南联社区爱南路348号404
……………………Tel：0755-84818553
深圳市礼思工艺礼品有限公司
地址：深圳市龙岗区龙岗街道南联社区龙河路22号302室
……………………Tel：0755-84826800
深圳市礼思工艺礼品有限公司
地址：深圳市龙岗区龙岗街道南联社区龙河路22号302室
……………………Tel：0755-84826800
深圳市祥融科技有限公司
地址：深圳市宝安区燕罗街道罗田社区井山路257号1栋厂房201
……………………Tel：0755-84828780
深圳市百福礼品有限公司
地址：深圳市龙岗区龙城街道尚景社区龙翔大道9009号珠江广场D栋8G
……………………Tel：0755-84865462
深圳市盛利行文具有限公司
地址：深圳市龙岗区坪地街道坪东社区同心中路9号201
……………………Tel：0755-84870922
深圳市俊曦商贸有限公司
地址：深圳市龙岗区龙岗街道满京华喜悦里华庭二期12座1001
……………………Tel：0755-84875463
深圳同辉工艺礼品有限公司
地址：深圳市坪山区坑梓街道秀新社区明冠一路8号
……………………Tel：0755-84886136
宇凡（深圳）实业有限公司
地址：深圳市龙岗区坂田街道杨美社区长坑区一巷15-1号（金裕城二栋）603
……………………Tel：0755-85250902
深圳市希特伦贸易有限公司
地址：深圳市前海深港合作区前湾一路1号A栋201室(入驻深圳市前海商务秘书有限公司)
……………………Tel：0755-85255685
深圳市非凡尚品国际贸易有限公司
地址：深圳市前海深港合作区前湾一路1号A栋201室（入驻深圳市前海商务秘书有限公司）
……………………Tel：0755-85255685
如果汇商贸（深圳）有限公司
地址：深圳市龙华区龙华街道景龙社区东环一路恒和国际大厦7层740号-01
……………………Tel：0755-85262552
深圳市点页产品设计开发有限公司
地址：深圳市宝安区西乡街道流塘路中粮锦云3栋1701室
……………………Tel：0755-85277136
深圳市扫扫网络科技有限公司
地址：深圳市龙岗区坂田街道南坑社区五和南路34号天景东区22栋503
……………………Tel：0755-85296332
深圳市欧途欧科技有限公司
地址：深圳市前海深港合作区前湾一路1号A栋201室（入驻深圳市前海商务秘书有限公司）
……………………Tel：0755-86030106
深圳市嘉嘉购网络有限公司
地址：深圳市福田区中心区金田路4036号荣超大厦12层03单元
……………………Tel：0755-86033333
深圳市东升胜达高科实业有限公司
地址：深圳市南山区南头街道桃园路金桃园大厦金馨阁6B
……………………Tel：0755-86034723
深圳市人源科技有限公司
地址：深圳市宝安区西乡街道银田路43号锦明大厦1栋D2座118-122号
……………………Tel：0755-86037199
华润（深圳）有限公司
地址：深圳市罗湖区宝安南路1001号华瑞大厦7楼
……………………Tel：0755-86060038
深圳市恩派云印刷科技有限公司
地址：深圳市宝安区福永街道第三工业区永丰田科技园印刷楼四层
……………………Tel：0755-86098666
深圳市新希望实业发展有限公司
地址：深圳市南山区粤海街道海德三海岸大厦东座229
……………………Tel：0755-86123558
深圳菲丽欧健康科技有限公司
地址：深圳市前海深港合作区前湾一路1号A栋201室(入驻深圳市前海商务秘书有限公司)
……………………Tel：075586197785
深圳前海皇潮实业有限公司
地址：深圳市前海深港合作区前湾一路1号A栋201室（入驻深圳市前海商务秘书有限公司）
……………………Tel：075586222000
深圳市芯蔚莱技术有限公司
地址：深圳市福田区梅林街道梅都社区中康路128号卓越梅林中心广场(北区)2号楼906-66
……………………Tel：0755-86222000
时悦汇精品（深圳）有限公司
地址：深圳市南山区粤海街道高新区社区高新南一道002号飞亚达科技大厦1801
……………………Tel：0755-86244782
深圳市兴华通付科技有限公司
地址：深圳市龙华区民治街道新牛社区民治大道与工业东路交汇处展滔科技大厦B座B707
……………………Tel：0755-86282033
深圳市恒泰礼品策划有限公司
地址：深圳市南山区白石路御景东方10栋17A
……………………Tel：0755-86283639
深圳市隆泰荣和智能科技有限公司
地址：深圳市南山区粤海街道海天一路深圳湾软件基地4栋裙楼B座409房
……………………Tel：075586337299
深圳厚本实业有限公司
地址：深圳市福田区福保街道市花路南花样年.福年广场B4.628号
……………………Tel：0755-86337381
深圳市伟亮服饰有限公司
地址：深圳市南山区南山街道创业路华联花园A栋214
……………………Tel：0755-86381649
深圳市伟力绳袋制品有限公司
地址：深圳市光明区凤凰街道塘尾社区奥德工业园1栋201
……………………Tel：0755-86381649
前海金玉投资控股（深圳）有限公司
地址：深圳市前海深港合作区前湾一路1号A栋201室（入驻深圳市前海商务秘书有限公司）
……………………Tel：0755-86399772
壹麦商业咨询管理（深圳）有限公司
地址：深圳市福田区福保街道明月社区益田路3013号南方国际广场C座2007
……………………Tel：0755-86501120
深圳法路源生物科技有限公司
地址：深圳市南山区西丽大学城学苑大道1068号西侧9A
……………………Tel：0755-86518801
深圳市仁正安文化投资有限公司
地址：深圳市南山区西丽街道西丽路德意名居一期3栋142
……………………Tel：0755-86546066
深圳金润母婴用品有限公司
地址：深圳市宝安区西乡街道兴业路2005号宝安互联网产业基地C区A栋607
……………………Tel：075586555085
深圳市欢喜人商贸发展有限公司
地址：深圳市罗湖区东湖街道梧桐山塘坑仔村101号301号
……………………Tel：0755-86593538
深圳小明移动互联科技有限公司
地址：深圳市南山区西丽街道新围社区沙河西路4811号深港花卉中心B-07
……………………Tel：0755-86621479
深圳市源新德商贸有限公司
地址：深圳市福田区红荔西路与农林路交汇处香荔花园7栋202-1（仅限办公）
……………………Tel：0755-86626523
美颐美餐厅（深圳）有限公司
地址：深圳市宝安区西乡街道固戍泰华梧桐岛10B3F
……………………Tel：0755-86627777
美颐美餐厅（深圳）有限公司
地址：深圳市宝安区西乡街道固戍泰华梧桐岛10B3F
……………………Tel：0755-86627777
深圳市耐诗礼品有限公司
地址：深圳市福田区沙头街道深南路与泰然九路交汇处英龙展业大厦3013
……………………Tel：0755-86667274
深圳市欣然礼品有限公司
地址：深圳市光明新区光明街道观光路与科泰路交汇处华强创意产业园1栋B座702
……………………Tel：0755-86667274
雅昌文化（集团）有限公司
地址：深圳市南山区深云路19号
……………………Tel：0755-86701321
深圳市友福诚商贸易有限公司
地址：深圳市南山区粤海街道前海路阳光花地苑B座607
……………………Tel：0755-86701981
深圳市友福诚商贸易有限公司
地址：深圳市南山区粤海街道前海路阳光花地苑B座607
……………………Tel：0755-86701981
深圳市前海莫霍克资产管理有限公司
地址：深圳市前海深港合作区前湾一路1号A栋201室（入驻深圳市前海商务秘书有限公司）
……………………Tel：0755-86708617
深圳深港澳文化产业交易中心有限公司
地址：深圳市南山区粤海街道深圳湾科技生态园5栋D座3205室
……………………Tel：0755-86720010
深圳市华茂黄金有限公司
地址：深圳市福田区沙头街道天安社区泰然四路25号天安创新科技广场一期B座309A
……………………Tel：0755-86728507
深圳市钛佳科技有限公司
地址：深圳市前海深港合作区前湾一路1号A栋201室（入驻深圳市前海商务秘书有限公司）
……………………Tel：0755-86935416
开物成务文化科技（深圳）有限公司
地址：深圳市南山区粤海街道科技园高新中一道12号
……………………Tel：0755-86969485
深圳市南方联合酒店设备有限公司
地址：深圳市宝安区松岗街道东方社区华美工业区2号四单元301
……………………Tel：0755-88213221
深圳市鸿威鸣实业有限公司
地址：深圳市宝安区福永街道新田社区新塘路5-2号三层
……………………Tel：0755-88215235
深圳市赛藤农用化学有限公司
地址：深圳市龙华区民治街道新区大道3号翠岭华庭3栋1单元14A
……………………Tel：0755-88267278
深圳市慧泽天成文化传媒有限公司
地址：深圳市福田区莲花街道福中社区深南大道2008号中国凤凰大厦2栋26F
……………………Tel：0755-88285502
深圳光汇云油电商有限公司
地址：深圳市前海深港合作区前湾一路1号A栋201室（入驻深圳市前海商务秘书有限公司）
……………………Tel：0755-88295858
深圳前海金叶珠宝实业发展有限公司
地址：深圳市前海深港合作区前湾一路1号A栋201室（入驻深圳市前海商务秘书有限公司）
……………………Tel：0755-88305776
深圳市信雅装饰设计工程有限公司
地址：深圳市福田区上梅林凯丰路28号富国工业区2栋六楼
……………………Tel：0755-88308812
深圳市盛天源投资咨询有限公司
地址：深圳市福田区深南中路新闻大厦1号楼3406#
……………………Tel：0755-88312578
深圳市祥聚源包装制品有限公司
地址：深圳市龙岗区平湖街道平湖社区富民工业区76栋401
……………………Tel：0755-88316711
深圳市中投大数据科技有限公司
地址：深圳市前海深港合作区前湾一路1号A栋201室（入驻深圳市前海商务秘书有限公司）
……………………Tel：0755-88350114
深圳樱桃源工艺品有限公司
地址：深圳市福田区福民路东方欣悦居东方阁12E
……………………Tel：0755-88379698
深圳市启邦商贸集团有限公司
地址：深圳市福田区华强北街道振华路工艺服装大厦7楼
……………………Tel：0755-88601486
仙童岛服饰（深圳）有限公司
地址：深圳市龙华区大浪街道新石社区浪腾路2号3栋艺之卉创意园楼7层
……………………Tel：0755-88601662
深圳市世纪文化创意有限公司
地址：深圳市福田区福强路沙尾工业区19栋,301-305,310-317栋
……………………Tel：0755-88601811
深圳市元盛发创意文化有限公司
地址：深圳市福田区沙头街道福强路4001号文化创意园B座5楼
……………………Tel：0755-88601811
深圳市名思诺服饰有限公司
地址：深圳市龙岗区平湖街道富康路10号富民工业区75栋1-5层
……………………Tel：0755-88605405
深圳市名思诺服饰有限公司
地址：深圳市龙岗区平湖街道富康路10号富民工业区75栋1-5层
……………………Tel：0755-88605405
购私生活创意家居电子商务（深圳）有限公司
地址：深圳市前海深港合作区前湾一路1号A栋201室（入驻深圳市前海商务秘书有限公司）
……………………Tel：075588606178
深圳赏海商贸有限公司
地址：深圳市罗湖区清水河街道清水河社区清水河一路19号清水河生活区5栋507
……………………Tel：0755-88833381
深圳市金中港实业有限公司
地址：深圳市龙岗区龙岗街道南联社区龙园路245号302
……………………Tel：075588835035
深圳市皇家金工珠宝有限公司
地址：深圳市龙岗区南湾街道布澜路31号中盈珠宝工业厂区厂房七B10栋4楼407室
……………………Tel：0755-89220088
深圳市恒艺兴工艺品有限公司
地址：深圳市龙岗区龙岗街道平南社区榭丽花园三期5座1905
……………………Tel：0755-89244493
深圳市精玉诚玩具礼品有限公司
地址：深圳市坪山区坪山街道办事处六和社区宝山第二工业区77栋四楼
……………………Tel：0755-89254492
一洋贸易（深圳）有限公司
地址：深圳市龙岗区南湾街道平吉大道平朗路9号万国食品城C座21楼L号房
……………………Tel：0755-89255411
深圳金润泽贸易有限公司
地址：深圳市龙岗区南湾街道布澜路131号A栋402
……………………Tel：0755-89307575
深圳市颖海实业有限公司
地址：深圳市宝安区76区丽景城1栋122号
……………………Tel：0755-89344212
深圳市壹加壹酒店用品有限公司
地址：深圳市光明新区公明办事处将石社区上石家路2号二楼C区
……………………Tel：0755-89387048
深圳市峰行互动传媒有限公司
地址：深圳市福田区福田街道福民社区滨河大道5003号爱地大厦西座24E
……………………Tel：0755-89490111
深圳市科邦通电子有限公司
地址：深圳市宝安区沙井街道上星星悦豪庭三期1栋8C
……………………Tel：0755-89495629
深圳市三原礼品贸易有限公司
地址：深圳市龙岗区布吉街道木棉湾百劳坑七巷十一号301室
……………………Tel：0755-89512105
深圳市宝之丽礼品有限公司
地址：深圳市龙岗区龙城街道新联社区军田路22号B栋1106室
……………………Tel：0755-89517272
中科招财（深圳）区块链信息技术有限公司
地址：深圳市前海深港合作区前湾一路1号A栋201室（入驻深圳市前海商务秘书有限公司）
……………………Tel：075589587290
深圳市中美科技有限公司
地址：深圳市龙岗区坂田街道五和南路34号星景苑A604
……………………Tel：0755-89603031
深圳市巴天弩礼品有限公司
地址：深圳市龙岗区坪地街道环城南路57-1号
……………………Tel：0755-89603239
深圳市吉瑞时尚礼品有限公司
地址：深圳市龙华新区观澜街道向西村新围105号三楼
……………………Tel：0755-89605759
深圳励诚工艺制品有限公司
地址：深圳市龙岗区平湖街道新南村红朱岭新和一巷13-2鸿国祥工业园厂房E栋五楼C
……………………Tel：0755-89694813
深圳市世纪辉工艺品有限公司

地址：深圳市坪山区龙田街道龙田社区龙兴北路61号2栋2楼203-3
……Tel：0755-89710955

深圳市金祥源工艺品制造有限公司
地址：深圳市龙岗区龙岗街道新生社区龙凤路45号二楼
……Tel：0755-89759200

深圳法诺新能源汽车控股有限公司
地址：深圳市大鹏新区葵涌街道土洋社区深葵路35号
……Tel：0755-89779830

深圳前海点对点电子商务有限公司
地址：深圳市前海深港合作区前湾一路1号A栋201室（入驻深圳市前海商务秘书有限公司）经营场所：深圳市龙岗区布吉街道布吉龙岭十一巷6号201
……Tel：0755-89796116

深圳市富立礼品有限公司
地址：深圳市龙岗区南湾街道香叶路1号汤姆逊商务大厦A408
……Tel：0755-89797007

比亚迪汽车销售有限公司
地址：深圳市坪山新区坪山街道比亚迪路3005号
……Tel：0755-89888888

深圳市友琪便利店有限公司
地址：深圳市龙岗区龙岗街道龙岗大道4001号万汇大厦10层1001室
……Tel：0755-89907091

深圳市锦合兴塑胶礼品有限公司
地址：深圳市龙岗区龙城街道五联社区朱古石连心路196-1号一楼
……Tel：0755-89908898

深圳市明森兴玩具礼品有限公司
地址：深圳市龙岗区龙岗街道南联社区第三工业区第35栋三楼
……Tel：0755-89909191

深圳市隐萃堂文化传播有限公司
地址：深圳市龙岗区黄阁北路龙岗天安数码创新园三号厂房A座A202-2
……Tel：0755-89938538

深圳市赛杰电子有限公司
地址：深圳市宝安区新安街道28区大宝路51号新柯城工业园1栋3楼西面
……Tel：0755-89962760

深圳市点睛之礼礼品有限公司
地址：深圳市龙岗区布吉街道信义假日名城菁华园G栋二单元502
……Tel：0755-89969476

深圳尚往传媒有限公司
地址：深圳市南山区粤海街道中洲控股中心A座18楼01
……Tel：0755-98765431

珠海横琴菲尼斯美陈创意设计有限公司
地址：珠海市横琴新区宝华路6号105室-19381
……Tel：0756-2609300

珠海中资置业集团有限公司
地址：珠海市横琴新区宝华路6号105室-10929
……Tel：0756-3255581

横琴麦麦臻品电子商务有限公司
地址：珠海市横琴新区宝华路6号105室-18157
……Tel：0756-6805180

珠海立信德健康科技有限公司
地址：珠海市横琴新区宝华路6号105室-38122（集中办公区）
……Tel：0756-6832699

珠海立信德健康科技有限公司
地址：珠海市横琴新区宝华路6号105室-38122（集中办公区）
……Tel：0756-6832699

广东瀚宏轩实业有限公司
地址：珠海市横琴新区宝华路6号105室-13135
……Tel：0756-8339189

珠海横琴维威商业运营管理有限公司
地址：珠海市横琴新区宝华路6号105室-40850（集中办公区）
……Tel：0756-8688096

佛山市乐亨工艺品有限公司
地址：佛山市顺德区大良中区东康路云康一街十一巷九号首层之三
……Tel：0757-22273158

佛山市我爱生活电子商务有限公司
地址：佛山市顺德区大良街道办事处德和社区居民委员会兴顺路嘉信城市广场二期B305之一
……Tel：0757-22275642

佛山市顺德区贝迪工艺礼品有限公司
地址：佛山市顺德区杏坛镇逢简大道13号之三
……Tel：0757-27380800

广东阅生活家居科技有限公司
地址：佛山市顺德区杏坛镇古朗工业区入乡大道北三路一号之一
……Tel：0757-27682806

佛山市顺德区优优礼品有限公司
地址：佛山市顺德区容桂东风居委会东堤路7号A栋202
……Tel：0757-28887338

佛山市南海兴发印务实业有限公司
地址：佛山市南海区大沥镇盐步永青路永平工业区12号
……Tel：0757-81108596

广东云商珠宝有限公司
地址：佛山市南海区桂城街道石龙南路1号嘉邦国金中心2座1608单元（住所申报）
……Tel：0757-81811010

佛山天恒标牌有限公司
地址：佛山市南海区桂城平洲夏西海五路一环交界处厂房之十五
……Tel：0757-81993800

佛山市云峰汇科技有限公司
地址：佛山市禅城区季华六路17号2710室（住所申报）
……Tel：0757-82092079

佛山市顺联国际购物中心有限公司
地址：佛山市禅城区季华五路33号
……Tel：0757-82361025

广东喜兔生活空间科技有限公司
地址：佛山市禅城区弼塘路10号佛山义乌小商品城贸易中心6层6F66（住所申报）
……Tel：0757-82589281

广东铭策广告标识有限公司
地址：佛山市南海区狮山镇罗村广东新光源产业基地核心区内B区4座首层
……Tel：0757-82785255

佛山市星星文化传播有限公司
地址：佛山市禅城区季华七路北侧星星工业园（自编2号），
……Tel：0757-83078229

佛山市怀英通讯有限公司
地址：佛山市南海区狮山镇罗村芦塘金湖新村十四巷3号首层之二
……Tel：0757-83361080

广东奥帝文化发展有限公司
地址：佛山市南海区里水镇里广路154-8号（综合楼一楼，编号154-7号）
……Tel：0757-85609118

佛山市优纳文化礼品有限公司
地址：佛山市南海区里水镇沙涌下亨田工业区
……Tel：0757-85610508

佛山市南海瑞昌五金木制品工艺有限公司
地址：佛山市南海区里水镇宏岗工业区（沥口村）
……Tel：0757-85632663

广东可儿玩具有限公司
地址：佛山市南海区桂城街道深海路17号瀚天科技城A区8号楼十一楼1102单元
……Tel：0757-86307783

广东科晨家居科技有限公司
地址：佛山市三水区芦苞镇懿龙路5号F1
……Tel：0757-88353980

佛山市睿恩建材有限公司
地址：佛山市三水区西南街道洲边五村"庄仔"（土名）之二（住所申报）
……Tel：0757-88868978

肇庆市铭业文化传播有限公司
地址：肇庆市端州区信安三路3号敏捷广场一期第2座1019室第A1卡
……Tel：0758-2758300

肇庆嘉丰工艺品实业有限公司
地址：肇庆市端州区端州八路西侧6区（荣美工业区）东起第16卡
……Tel：0758-2856866

肇庆市高要鸿禧国际工艺品发展有限公司
地址：肇庆市高要区白诸镇布院工业园
……Tel：0758-8239506

上海适达餐饮管理有限公司湛江鼎盛店
地址：湛江市霞山区人民大道南116号鼎盛广场购物中心四层L4-10A号
……Tel：0759-2716981

湛江市同宇麻制品有限公司
地址：湛江市赤坎区丰厚村368号第一层
……Tel：0759-3283387

湛江经济技术开发区对外贸易总公司
地址：湛江市人民大道中28号
……Tel：0759-3382828

广东静动实业有限公司
地址：湛江市麻章区城家外村11号
……Tel：0759-3711811

中山市华邦纸品工艺有限公司
地址：中山市小榄镇竹源公路２３１号
……Tel：0760-22278022

中山君行天下礼品有限公司
地址：中山市港口镇港口大道21号怡方都汇大厦3座617房之四
……Tel：0760-23776822

中山日秀工艺礼品有限公司
地址：中山市南朗镇南朗工业区
……Tel：0760-28118310

中山市盈辉礼品包装用品有限公司
地址：中山市火炬开发区江尾头康怡路9号文德大厦一、二楼
……Tel：0760-85334991

中山日盈礼品制造有限公司
地址：中山市火炬开发区歧民北路4号
……Tel：0760-85590068

中山市名丰工艺品有限公司
地址：中山市三乡镇鸦岗村三洲工业大街一巷13号之三
……Tel：0760-86288735

中山聚夏工艺礼品有限公司
地址：广东省中山市三乡镇白石工业区教育路18号
……Tel：0760-86331636

中山市美都化妆品企业有限公司
地址：中山市神湾镇宥南村鹏明街1号（住所申报）
……Tel：0760-86608238

中山市骏诚展示制品有限公司
地址：中山市南朗镇南朗村竹仔林工业区
……Tel：0760-86629888

中山市新动力礼品制造有限公司
地址：中山市沙溪镇坎溪工业区26号3幢
……Tel：0760-87320667

广东益华跨电商业中山有限公司
地址：中山市东区中山三路怡华大厦东座1楼12卡
……Tel：0760-88305688

中山生活家整体家居有限公司
地址：中山市港口镇福田六路5号厂房1
……Tel：0760-88482388

广东前景科技股份有限公司
地址：中山市东区白沙湾工业区14号之四
……Tel：0760-88551310

中山市西区文化传媒有限公司
地址：中山市西区后山中山一路东村路口（中山一路99号第三楼）
……Tel：0760-88622758

中山市柏天尼不锈钢制品有限公司
地址：中山市南区大新路5号
……Tel：0760-88701189

广东飞胜电子有限公司
地址：中山市三角镇新华路3号
……Tel：0760-89819777

广东乐天动力投资有限公司
地址：清远高新技术产业开发区科技创新园创兴大道18号天安智谷展示服务中心自编97号
……Tel：0763-3323588

迪米格（佛冈）实业有限公司
地址：佛冈县石角镇龙溪村
……Tel：0763-4284888

华联（佛冈）机械制造有限公司
地址：佛冈县迳头镇陂下村
……Tel：0763-6830781

华联（佛冈）机械制造有限公司
地址：佛冈县迳头镇陂下村
……Tel：0763-6830781

潮州市智丽珠绣有限公司
地址：广东省潮州市凤新街道凤山村凤园路口堀乾
……Tel：0768-2101888

伟业工艺（潮州）有限公司
地址：广东省潮州经济开发试验区高新区D5-5小区
……Tel：0768-2278445

潮州市青年旅行社
地址：潮州市湘桥区枫春路前街枫春日杂副食品批发市场163号二层
……Tel：0768-2387111

潮州市金成圣诞东方礼品灯饰有限公司
地址：广东省潮州市经济开发试验区（D1-1-3-1小区内东大楼）
……Tel：0768-2802498

潮州市华丰集团有限公司
地址：广东省潮州市潮州大道中银综合楼（第十七层）
……Tel：0768-2863440

潮州市潮越礼服有限公司
地址：广东省潮州市春晖路金山工业小区（五至七层）
……Tel：0768-2898404

潮州市松发陶瓷有限公司
地址：广东省潮州市枫溪区如意工业区C2-3号楼
……Tel：0768-2921620

广东诺宝家居用品实业有限公司
地址：潮州市潮安区彩塘镇华桥村骊华路中段
……Tel：0768-5637008

广东康辉集团有限公司
地址：广东省潮州市潮安区庵埠镇庵凤公路中段49号
……Tel：0768-5819614

红盒（潮安）文具有限公司
地址：广东省潮安区庵埠经济开发试验区东区
……Tel：0768-5823147

广东铭丰包装材料有限公司
地址：汕头市龙湖区长平路161号艺苑大厦1201号房西侧
……Tel：0768-6661096

广东非凡实业有限公司
地址：潮州市潮安区古巷镇孚中工业区
……Tel：0768-6961008

潮州升煌陶瓷制作有限公司
地址：饶平县新丰陶瓷工业园
……Tel：0768-8623998

东莞市明和光学科技有限公司
地址：东莞市寮步镇横坑北门工业区2号
……Tel：0769-21980368

东莞百威商贸有限公司
地址：广东省东莞市东城街道东城振兴路222号103室
……Tel：0769-22013388

东莞铭丰包装股份有限公司
地址：东莞市万江区严屋铭丰工业园
……Tel：0769-22171188

东莞玮光礼品有限公司
地址：东莞市万江区新兴工业区第四栋
……Tel：0769-22274448

东莞市罗莱家用纺织品有限公司
地址：东莞市东城区火炼树怡丰都市广场怡嘉阁第11铺
……Tel：0769-22301233

东莞市金榜广告有限公司
地址：东莞市莞城白沙塘兴塘路31号
……Tel：0769-22305969

东莞市三星品高整体家居有限公司
地址：东莞市东城街道东城中心还翠庭商铺东城中路南25号
……Tel：0769-22306576

广东溯原生活科技有限公司
地址：广东省东莞市松山湖园区研发五路2号5栋202室
……Tel：0769-22483535

东莞市天虹商场有限公司
地址：东莞市莞城区东纵路111号中银广场一楼东南角2号铺（仅限办公）
……Tel：076922765321

广东甜蜜智造家居科技有限公司
地址：东莞市松山湖高新技术产业开发区创意生活城商城B二楼商城2部分场地（201号）（集群注册）
……Tel：0769-22891371

东莞市大洋文化传媒有限公司
地址：广东省东莞市南城街道元美西路10号207室
……Tel：0769-22991997

广东社区通传媒有限公司
地址：东莞市南城街道胜和社区胜和商住广场B座9A号C室
……Tel：0769-22992200

广东出彩生活家居电子商务有限公司
地址：东莞市厚街镇南五区会展东路1号
……Tel：0769-23035285

广东铂俪塔珠宝有限公司
地址：广东省东莞市东城街道三兴路15号2栋302室
……Tel：0769-26620662

东莞圣凡日映工艺饰品有限公司
地址：广东省东莞市南城街道水濂市场路18号1栋101室
……Tel：0769-26980132

东莞市瑛达礼品包装有限公司
地址：东莞市万江街道上甲社区汾溪一路167号二楼
……Tel：0769-33345345

东莞锦致工艺礼品有限公司
地址：东莞市万江区胜利社区龙湾路龙湾雅苑售楼部2号铺
……Tel：0769-33509388

东莞市丰勤礼品有限公司
地址：东莞市樟木头镇樟洋社区绿茵温莎堡60栋102-103号
……Tel：0769-33661692

广东汇生活科技有限公司
地址：东莞市南城街道会展北路6号鸿发大厦商铺201
……Tel：0769-33665816

东莞市龙星东钰礼品有限公司
地址：东莞市桥头镇田新社区友谊路（第一工业区）8号
……Tel：0769-38913938

东莞市佳旺礼品盒有限公司
地址：广东省东莞市石排镇石排崇田路7号之一
……Tel：0769-38932993

东莞东业工艺制品有限公司
地址：东莞市企石镇第三工业区
……Tel：0769-39001888

广东龙威粮油工业有限公司
地址：东莞市沙田镇港口大道（沙田段）虎门港中心服务区虎门港服务大楼三楼
……Tel：0769-39002188

东莞市智盛礼品有限公司
地址：东莞市东坑镇正坑工业区第三栋第二层
……Tel：0769-81013115

东莞振戎能源有限公司
地址：东莞市常平镇南埔工业区科技创新中心B栋首层
……Tel：0769-81188068

东莞艺树工艺品有限公司
地址：广东省东莞市企石镇江边滨河东一街6号2号楼
……Tel：0769-81236896

成业礼品（东莞）有限公司

地址：东莞市清溪镇浮岗村香芒西路南7街
Tel：0769-81289343

东莞市天鸿礼品有限公司
地址：东莞市石排镇赤坎村工业区三路
Tel：0769-81377293

东莞市梵嘉玩具礼品有限公司
地址：东莞市长安镇咸西社区德政中路239号莲盛大厦二楼218室
Tel：0769-81583848

东莞市谭呗贸易有限公司
地址：东莞市长安镇新安社区德政西路6号海联大厦四楼406室（集群注册）
Tel：0769-81608436

东莞伟而塑胶电子制品有限公司
地址：东莞市长安镇厦边银城工业区
Tel：0769-81608989

东莞登鼎五金工艺品有限公司
地址：东莞市厚街镇下汴村
Tel：0769-81638900

广东鼎盛家具有限公司
地址：广东省东莞市大岭山镇莞长路大岭山段19号1号楼401室
Tel：0769-81882559

广东省润杰服饰有限公司
地址：广东省东莞市长安镇乌沙环东路306号1号楼
Tel：0769-81888372

东莞天志木制品有限公司
地址：东莞市企石镇上截村黄金积工业区
Tel：0769-81928148

广东佰德金属礼品有限公司
地址：广东省东莞市凤岗镇乌坑工业路12号
Tel：0769-82082666

东莞市中良工艺品有限公司
地址：东莞市塘厦镇莆心湖中心二路17号
Tel：0769-82090899

广东国康怡健之家商贸有限公司
地址：广东省东莞市沙田镇沙田湖东路108号101室
Tel：0769-82239333

东莞市鑫润兴工艺品有限公司
地址：东莞市桥头镇大洲社区大东路78号
Tel：0769-82369689

东莞市米勒斯礼品有限公司
地址：东莞市长安镇上沙社区第三工业区荣基路4号二楼
Tel：0769-82389829

东莞新美奇文具礼品有限公司
地址：东莞市常平镇霞坑村横圣贝1号
Tel：0769-82523188

东莞市永盛通信科技有限公司
地址：东莞市长安镇乌沙海滨路18号5号门办公区101室
Tel：0769-82581966

东莞市艾励美达智能制造有限公司
地址：东莞市清溪镇铁场村金龙工业区中坑路22号
Tel：0769-82664585

东莞市益兴玻璃礼品有限公司
地址：东莞市常平镇桥沥村大岗组利氏工业区（创兴厂正对面）后排一楼
Tel：0769-82695539

东莞市涵阳宠物用品有限公司
地址：东莞市厚街镇赤岭博览大道9号亿方工业园A栋三楼（北侧）
Tel：0769-82767469

东莞市创一礼品有限公司
地址：东莞市常平镇袁山贝村商业街243号厂区内办公楼三楼
Tel：0769-82815918

东莞添盟生活超市有限公司
地址：东莞市虎门镇虎门寨永安路13-17号悦伴服装批发市场3F1街1卡商铺
Tel：0769-82889403

广东传速物流有限公司
地址：东莞市大朗镇佛子凹村富民南路佛子凹工业区29号
Tel：0769-83109361

东莞市绅立工艺制品有限公司
地址：东莞市大朗镇长塘第三工业区
Tel：0769-83181271

东莞市百兆塑胶制品有限公司
地址：广东省东莞市石碣镇石碣科技中路57号5栋409室
Tel：0769-83233889

联志玩具礼品（东莞）有限公司
地址：广东省东莞市横沥镇六兴路8号
Tel：0769-83372813

东莞联弘玩具有限公司
地址：东莞市横沥镇神山工业城
Tel：0769-83376123

东莞市雅欣礼品有限公司
地址：东莞市东坑镇东兴中路243号东坑电信综合楼二楼（集群注册）
Tel：0769-83383333

东莞博登实业有限公司
地址：广东省东莞市桥头镇桥头东新路82号
Tel：0769-83562831

东莞礼国光电科技有限公司
地址：东莞市黄江镇黄京坑村
Tel：0769-83627166

东莞市华鸿橡塑材料有限公司
地址：东莞市黄江镇胜前岗村江北路胜前二街3号
Tel：0769-83663177

东莞市顺林模型礼品股份有限公司
地址：东莞市横沥镇水边宝马路第三幢厂房
Tel：0769-83718588

东莞微观车界贸易有限公司
地址：东莞市横沥镇水边大道（公交站对面）
Tel：0769-83718588

东莞天富柯式印刷有限公司
地址：东莞市横沥镇三江工业区87栋
Tel：0769-83718608

东莞市福汇礼品有限公司
地址：广东省东莞市常平镇袁山贝大道197号
Tel：0769-83972175

东莞市长风文具礼品有限公司
地址：广东省东莞市虎门镇大宁建设路3号2栋301室
Tel：0769-85028135

东莞市黄河商业城有限公司
地址：东莞市虎门镇港口大道（黄河商业城一、九楼）
Tel：0769-85128888

东莞宏鹰礼品有限公司
地址：广东省东莞市长安镇新安红山一街3号1栋202室
Tel：0769-85312252

东莞市万辉印刷有限公司
地址：广东省东莞市长安镇厦岗新业北街9号1号楼
Tel：0769-85326001

东莞长安至专光栅印刷厂
地址：东莞市长安镇振安工业园
Tel：0769-85372000

东莞市派美陈列道具有限公司
地址：广东省东莞市长安镇长安步步高路238号101室
Tel：0769-85385006

东莞市派美陈列道具有限公司
地址：广东省东莞市长安镇长安步步高路238号101室
Tel：0769-85385006

东莞亿利纸品印刷有限公司
地址：广东省东莞市虎门镇虎门环岛路7号2栋
Tel：0769-85500366

东莞东溢印刷制品有限公司
地址：东莞市长安镇上沙村第四工业区
Tel：0769-85544991

东莞乐迪卡游戏机制造厂有限公司
地址：东莞市虎门镇龙眼村
Tel：0769-85553346

东莞美欧妮礼品有限公司
地址：东莞市石碣镇四甲庆丰中路163号
Tel：0769-86308933

东莞市韩源生活科技有限公司
地址：东莞市莞城街道罗沙社区莞龙路天台工业区智慧小镇创意产业园三期B203室
Tel：0769-86590669

夏晖物流（东莞）有限公司
地址：东莞市石排镇东园大道庙边王路段
Tel：0769-86650111

东莞市晟泰隆实业有限公司
地址：东莞市桥头镇朗厦村华厦路116号
Tel：0769-86738323

东莞市烨隆礼品制造有限公司
地址：东莞市东坑镇勤达工业园区内
Tel：0769-86765230

东莞新利电子有限公司
地址：东莞市塘厦镇蛟乙塘银园街9号三楼
Tel：0769-86851599

集美化妆品（东莞）有限公司
地址：东莞市樟木头镇金河工业城一期五巷一号
Tel：0769-86905888

东莞达爵礼品有限公司
地址：东莞市石排镇石崇横路一号
Tel：0769-86922333

东莞市大成手袋礼品有限公司
地址：东莞市樟木头镇裕丰社区裕兴街88号
Tel：0769-87122280

东莞翔轮塑胶有限公司
地址：广东省东莞市清溪镇香芒西路333号2号楼102室
Tel：0769-87327799

广东小猪班纳服饰股份有限公司
地址：东莞市樟木头镇樟洋村富达工业区
Tel：0769-87713178

旗利得电子（东莞）有限公司
地址：广东省东莞市谢岗镇谢岗广场中路西一巷5号
Tel：0769-8776645

东莞台凯玩具礼品有限公司
地址：广东省东莞市凤岗镇黄洞岭南二路1号
Tel：0769-87774515

东莞澳利高太平洋手袋有限公司
地址：东莞市常平镇东部工业园常平园区第三工业小区
Tel：0769-87927505

东莞进艺纸制品有限公司
地址：东莞市望牛墩镇南昌南路
Tel：0769-88556615

东莞市彩之叶礼品有限公司
地址：东莞市东城街道温塘温周路祠下工业区一路27号
Tel：0769-88755618

东莞大宝杰松印刷有限公司
地址：东莞市洪梅镇台盈工业区
Tel：0769-8884488

东莞市冠升礼品有限公司
地址：广东省东莞市横沥镇横沥育才路32号52号楼101室
Tel：0769-89117899

东莞市启点工艺品原料有限公司
地址：广东省东莞市企石镇企石湖光路201号101室
Tel：0769-89268418

森思（东莞）印刷有限公司
地址：东莞市谢岗镇银湖工业区银丰一路五号
Tel：0769-89291989

东莞永晋灯饰有限公司
地址：广东省东莞市沙田镇环保路600号
Tel：0769-89985688

深圳金万年珠宝有限公司
地址：深圳市罗湖区贝丽北路水贝工业区单身宿舍8栋608
Tel：077-22364232

深圳市全晟礼品有限公司
地址：深圳市光明区公明街道公明社区长春中路98号长春花园17栋302
Tel：0775-27732345

深圳市聚德盛礼品有限公司
地址：深圳市南山区粤海街道兴南路南油生活B区12栋104
Tel：0775-27987500

深圳市新风尚科技有限公司
地址：深圳市龙华新区观澜街道易事达科技园E栋4楼
Tel：0775-89603239

广西壮族自治区

融昇影业有限公司
地址：南宁市青秀区民族大道１３１号航洋国际城３号楼２１３１号
Tel：028-83503773

广西东兴环华投资开发有限责任公司
地址：东兴市东盟大道799号东武酒店二楼
Tel：0770-2282868

广西华业休闲健身有限公司
地址：防城港市防城区防城镇防钦路５２８号
Tel：0770-3296098

广西名人养生堂投资管理有限公司
地址：南宁市青秀区桂春路１２号琅西三组办公综合楼
Tel：0771-2

广西金迈进出口有限公司
地址：南宁市青秀区凤翔路8号金碧花园C栋1102号房
Tel：0771-2022627

南宁市诺庭酒店管理有限公司
地址：南宁市高新区高新大道80号罗赖村十队一组综合楼一楼大堂、一楼临街铺面一间、二楼餐厅、四楼五楼六楼整层、七楼会议室
Tel：0771-2311188

南宁市宝利汇工艺品有限公司
地址：南宁市青秀区中泰路9号天健·国际公馆A座1407号
Tel：0771-2351416

广西华凯生活超市有限责任公司
地址：南宁市青秀区民族大道１３７号永凯大厦１楼
Tel：0771-2385588

广西乐之美投资有限公司
地址：南宁市青秀区七星路125号新民大厦A座1203号
Tel：0771-2627879

广西朗弗电器有限责任公司
地址：南宁市西乡塘区大塘村赤里12队250-1号仓
Tel：0771-2700766

广西景枫文化传播有限公司
地址：南宁市青秀区英华路68号半岛·半山C3号楼1202号
Tel：0771-2815851

广西康之桥护理服务有限公司
地址：南宁市七星路１２９号２０５号室
Tel：0771-2818332

广西美特斯邦威服饰有限公司
地址：南宁市兴宁区民生路１１５号
Tel：0771-2827370

南宁华策广告策划有限公司
地址：南宁市高新区滨河路28号中国-东盟企业总部基地三期综合楼南宁广告产业园大楼305室
Tel：0771-2862810

广西南宁展会商品进出口交易有限公司
地址：南宁市国凯大道东19号金凯工业园南区2号厂房五层501号
Tel：0771-3112601

南宁汇商物业服务有限公司
地址：南宁市义忠街４８－１号1栋1单元１０２号房
Tel：0771-3226661

广西云商圈网络科技发展有限责任公司
地址：南宁市西乡塘区明秀西路170号龙光·水悦龙湾11号楼1单元3802号
Tel：07713317525

广西南宁欧璐琳贸易有限公司
地址：南宁市青秀区东葛路118号南宁青秀万达广场西3栋722号
Tel：0771-3328044

广西贯凯办公家具有限公司
地址：广西中国-东盟青年产业园（扶绥县渠黎镇）管委会办公室4楼425号
Tel：0771-3397052

广西中路资产投资有限公司
地址：南宁市兴宁区望州南路110号10栋
Tel：0771-3492399

广西比德好投资有限公司
地址：南宁市安吉大道47-8号204号房
Tel：0771-3800094

广西达泉科技发展有限公司
地址：南宁市西乡塘区科园大道68号软件园二期12号楼七层701室
Tel：0771-3822922

广西南宁市嘉年华贸易有限责任公司
地址：南宁市秀厢路４２号嘉丰副食品中心１１栋A座
Tel：0771-3920618

南宁宝驼工贸有限责任公司
地址：南宁市沿海开发区南北二级公路１３·２公里处
Tel：0771-4011198

广西尊典投资有限公司
地址：南宁市良庆区凯旋路9号海尔·青啤东盟联合广场2号楼1908号
Tel：0771-4503652

广西学学色彩美丽私塾形象设计有限公司
地址：南宁市青秀区朱槿路1号马来西亚园区南洋庭苑2号楼A单元101号
Tel：0771-4873525

南宁嘉泰商业运营管理有限公司
地址：南宁市江南区沙井大道５６号南宁华南城物流区4号广场A栋4层
Tel：0771-4881188

广西泰捷通盛网络科技有限公司
地址：南宁市西乡塘区秀灵路东四里5号西西湾商住大厦1811号
Tel：0771-4956231

广西陆熙装饰材料有限公司
地址：南宁市友谊路48-6号18栋6层607号商铺
Tel：0771-4972681

广西纳福投资集团有限公司
地址：南宁市民族大道１１５－１号６层１１号房
Tel：0771-5511192

广西百家惠商贸有限公司
地址：广西南宁市民族大道１３１号航洋国际城１号楼１１０１房
Tel：0771-5528521

广西镭射广告有限公司
地址：南宁市青秀区越秀路7号金盛时代B座B-0703A号
Tel：077-15561588

广西宇之光科技有限公司
地址：南宁市民族大道３８－２号泰安大厦２栋商住楼２－Ｄ２号房
Tel：0771-5593552

广西旅通商务服务有限公司
地址：南宁市青秀区金湖路55号亚航财富中心25层2509号
Tel：0771-5671138

广西西田科技发展有限公司
地址：南宁市青秀区民族大道127号铂宫.国际12层1206号房
Tel：0771-5687073

广西荣顾天瑞生态农业有限公司
地址：南宁市武鸣区城厢镇标营路３号标营一品小区１幢１－０６号商铺
Tel：0771-5689006

广西九星商贸有限公司
地址：南宁市青秀区金洲路２７号红十字会大楼１４楼１４Ｄ号房
Tel：0771-5768368

广西广纳置业有限公司
地址：南宁市青秀区东葛路118号南宁青

秀万达广场西3栋2307号
……Tel：0771-5785267

广西正恒文化产业有限公司
地址：南宁市青秀区民族大道136-2号南宁华润中心西写字楼30层3005号
……Tel：0771-5804249

广西坤烈实业有限公司
地址：南宁市西乡塘区雅里村2号
……Tel：0771-5860168

广西通天香茶业有限公司
地址：南宁市新竹路33号竹苑公寓111-112号
……Tel：0771-5879101

广西赛朗文化传媒有限公司
地址：南宁市西乡塘区高新大道55号南宁安吉万达广场1栋十八层1802号
……Tel：0771-6716866

广西马山托尼玩具有限公司
地址：马山县苏博工业集中区1#标准厂房
……Tel：0771-6804099

广西横县北京张一元茶业有限责任公司
地址：广西横县校椅镇石井村委石井新街
……Tel：0771-7082816

南宁市坤联贸易有限公司
地址：南宁市秀安路1-3号棕榈湾25幢3楼
……Tel：0771-74112233

广西桂华丝绸有限公司
地址：横县云表镇兴云街212号
……Tel：0771-7430480

广西友好国际货运代理有限责任公司
地址：凭祥市金象大道壮族文化街2-6号
……Tel：0771-8563582

柳州饭店
地址：柳州市友谊路1号
……Tel：0772-2876601

广西源助力后勤服务有限公司
地址：柳州市初阳路19号官塘创业园A10号厂房
……Tel：0772-2997088

柳州市中糖股份有限公司
地址：柳州市八一路17号一层
……Tel：0772-3605723

广西宏业投资集团有限公司
地址：来宾市红水河大道245号裕达华庭住宅小区1栋201室
……Tel：0772-5312808

金秀瑶族自治县马骏红茶业有限公司
地址：金秀县六巷乡门头村门头屯
……Tel：0772-6216066

柳州市东博汽车配件有限公司
地址：柳州市雒容镇盘古大道1号
……Tel：0772-6888888

桂林市电影公司
地址：中山南路54号
……Tel：0773-2158658

广西桂林新声文化传播集团有限公司
地址：桂林市象山区沙河路7号
……Tel：0773-2216668

桂林昶德投资管理有限公司
地址：桂林市叠彩区大河乡下良江
……Tel：0773-2565677

桂林千烨农产品有限公司
地址：桂林市七星区七里店路108号大学科技园2栋1单元5层503室
……Tel：0773-3677846

桂林达尔曼酒店有限公司
地址：市红岭路1号
……Tel：0773-3822333

桂林市昱信家居用品有限公司
地址：桂林市象山区环城南二路38号桂林国际旅游品批发市场及住宅组团S-2栋3-1号门面
……Tel：0773-3899300

桂林致和文化传播有限公司
地址：灵川县大圩镇袁家第三村民小组
……Tel：0773-6350198

桂林高旭工艺品有限公司
地址：荔浦市荔城镇黄寨居委会电镀城小区
……Tel：0773-7232788

桂林市新晟办公家具有限公司
地址：桂林市七星区穿山街道办事处屏风村黄莺岩村第四组117号
……Tel：0773-8990555

贺州新时代商业有限公司
地址：贺州市建设中路93号
……Tel：0774-5290012

广西桂企百货有限公司
地址：玉林市一环东路200号工商大厦ABCD座商场01层
……Tel：0775-2380900

广西运美旅游集团有限公司
地址：玉林市人民东路136号
……Tel：0775-2692711

玉林市晶致礼品有限公司
地址：玉林市美林街161号
……Tel：0775-2898108

贵港市新华书店有限公司
地址：贵港市江北东路392号
……Tel：0775-2922789

广西桂博矿业有限公司
地址：广西博白县三滩镇那秀村横江窝
……Tel：0775-3219115

广西万众时代发展有限公司
地址：广西贵港市解放北路（龙圣新村）
……Tel：0775-4364056

贵港市嘉禾工贸发展有限公司
地址：贵港市龙脉华庭小区
……Tel：0775-4552511

广西联大家政服务有限公司
地址：贵港市港北区民主路196号院（天悦豪庭）1幢2单元501号；经营场所：（一）贵港市港北区新华路南侧
……Tel：0775-4563913

容县峤峰木器工艺制品有限公司
地址：容县容州镇大明村山口队
……Tel：0775-5112111

广西新润发投资有限公司
地址：南宁市北湖北路67号北湖宽达生活广场一层、二层、三层
……Tel：07755615880

平南县郁润工艺制品有限公司
地址：平南县平山镇平山村
……Tel：0775-7653613

广西平南城嘉工艺品有限公司
地址：广西平南县寺面镇寺面村学堂岭
……Tel：0775-7672038

广西博白县金鑫工艺品有限公司
地址：博白镇石禾塘开发区
……Tel：0775-8237568

百色南大小商品市场有限公司
地址：百色市右江区站前大道南大建材综合市场内F区6号
……Tel：0776-2822666

广西鹏创投资开发有限公司
地址：广西百色右江区城北一路29号上12栋3单元405号
……Tel：0776-2828040

百色佳兴物业服务有限责任公司
地址：百色市右江区四塘镇南百二级公路百东新区BD05-12-01地块（百东企业服务站）
……Tel：0776-2965060

广西荣荣实业有限公司
地址：平果县高速公路进城线西侧
……Tel：0776-5881596

广西钦州市广达贸易有限公司
地址：钦州市子材西大街福宁鑫城A栋908号
……Tel：0777-2853003

钦州市新时代房地产开发股份有限公司
地址：钦州市金钟路39号
……Tel：0777-3216601

北海市恒兴珠宝有限责任公司
地址：北海市海城区云南路西9巷6号
……Tel：0779-2033179

北海新绎国际旅行社有限公司
地址：北海市四川南路铁路桥以南日东综合楼（新奥大厦）四楼1室
……Tel：0779-3078216

海南省

昌江恒盛元棋子湾旅游置业有限公司
地址：海南省昌江县昌化镇石昌公路昌化镇段北侧E-54地块千和家园
……Tel：0898-26771993

洋浦鑫泉实业有限公司
地址：洋浦金洋路浦馨苑小区12栋1201房
……Tel：0898-28812111

海南泰中和贸易有限公司
地址：海南省海口市龙华区国贸帝国大厦A1815房
……Tel：0898-32022535

海口蔚蓝九域实业有限公司
地址：海南省海口市美兰区国际机场国内候机楼（T1）北侧旅游城二楼
……Tel：0898-32697062

海南亚鑫建筑装饰设计工程有限公司
地址：海南省海口市龙华区椰海大道321号海南现代美居生活物流园二期A区B栋506单元
……Tel：0898-36305566

海口赛强发展公司
地址：海口市海盛路88号
……Tel：0898-36619322

三亚国光投资置业有限公司
地址：三亚市海坡开发区三亚湾路
……Tel：0898-38279997

海南中田旅业开发有限公司
地址：海南省琼海市白石岭风景区
……Tel：0898-60802896

海南海航迎宾馆有限公司
地址：海南省海口市美兰区大英山西三路9号
……Tel：0898-65205159

海南华润万家生活超市有限公司
地址：海口市蓝天路31号
……Tel：0898-65251598

海南一真网络科技有限公司
地址：海南省海口市龙华区紫荆路1号紫荆花园Ⅱ区6066室
……Tel：0898-65327447

海南豪维实业有限公司
地址：海南省海口市桂林洋经济开发区
……Tel：0898-65716538

海南豪维实业有限公司
地址：海南省海口市桂林洋经济开发区
……Tel：0898-65716538

海南和云科技有限公司
地址：海南省海口市美兰区海秀大道10号海南DC商业城内第四层4058号
……Tel：0898-65777809

海南吗哪投资管理有限公司
地址：海南省海口市琼山区凤翔东路北侧绿色佳园31栋沿街铺面第一层
……Tel：0898-65853555

海南睿富互联网竞技有限公司
地址：海南省老城高新技术产业示范区海南生态软件园A17幢1001室
……Tel：0898-66167999

海南寰岛泰得酒店物业管理有限公司
地址：海南省海口市海甸四东路1号寰岛大厦
……Tel：0898-66260259

海南亚奥集团有限公司
地址：海口市龙昆北路18号景瑞大厦23层
……Tel：0898-66776033

海南海城航空旅游服务有限公司
地址：海口市华海路3号安海大厦5E1室
……Tel：0898-66798777

海口启善贸易有限公司
地址：海南省海口市龙华区椰海大道321号喜盈门建材家具生活广场C区一层70号
……Tel：0898-66804276

海南维恩汽车用品有限公司
地址：海南省海口市龙华区椰海大道321号喜盈门国际大厦1302-01房
……Tel：0898-66813009

海南沙里瓦文化旅游地产开发有限公司
地址：海南省海口市龙华区南海大道42号3楼301房
……Tel：0898-66862566

海南盈鑫实业有限公司
地址：海口市龙昆南路76号金霖花园8栋
……Tel：0898-66961982

海南州府文化旅游开发有限公司
地址：海南省海口市府城镇琼州大道21号三楼301房
……Tel：0898-68503912

海南昌利隆实业有限公司
地址：海南省海口市龙华区椰海大道321号喜盈门（海口）建材家居生活广场B区2层B2-C1-158-159-160-161号展厅
……Tel：0898-68513269

海南易派建材有限公司
地址：海南省海口市龙华区椰海大道321号喜盈门（海口）建材家具生活广场B区二层B2-27-28-29-30-31展位号
……Tel：0898-68513269

海南宝华海景大酒店管理有限公司
地址：海口市滨海大道69号宝华海景大酒店13楼
……Tel：0898-68536699

海口中视电影城有限公司
地址：海南省海口市龙华区椰海大道321号
……Tel：0898-68555112

海南华人国际文化有限公司
地址：海南省海口市滨海大道97号置盛西苑A栋6层
……Tel：0898-68557653

海南国宏盛物业管理有限公司
地址：海南省海口市秀英区金福路12号文渊阁花园2号楼第02层2-201房
……Tel：0898-68617868

沃嘉信息服务有限责任公司
地址：海南省老城高新技术产业示范区海南生态软件园
……Tel：0898-68875913

海南海航航空销售有限公司
地址：海南省澄迈县老城高新技术示范区海南生态软件园
……Tel：0898-68875913

海南省农垦服务公司
地址：海南省农垦总局大院内
……Tel：0898-68914838

三亚明日大酒店有限公司
地址：三亚市吉阳区新风路265号
……Tel：0898-88235522

三亚太阳湾开发有限公司
地址：海南省三亚市吉阳区榆亚路569号
……Tel：0898-88285588

三亚格夫森礼品有限责任公司
地址：海南省三亚市河西路金河公寓B座1层
……Tel：0898-88298141

三亚鸿睿船舶服务管理有限公司
地址：海南省三亚市河东区榆亚路时代海岸高层住宅海天阁（T05栋）2702房
……Tel：0898-88600786

海南恩建实业有限公司
地址：海南省三亚市河东区商品街2号盛龙公寓402室
……Tel：0898-88651411

国旅（三亚）投资发展有限公司
地址：海南省三亚市海棠湾镇海棠北路118号免税购物中心负一层
……Tel：0898-88816666

三亚晋合置业有限公司
地址：海南省三亚市海棠湾镇海棠北路100号
……Tel：0898-88956781

海南科瑞特文化传媒有限公司
地址：海口市大同路38号财富中心大厦1705室
……Tel：098-66736009

海南奇佑技术工程有限公司
地址：海南省海口市龙华区椰海大道321号喜盈门(海口)建材家具生活广场C区一层C1-122展厅号
……Tel：0989-66283970

四川省

成都鸿宇霖科技有限公司
地址：四川省成都市武侯区长华路19号3栋13楼1307、1308号
……Tel：028-27316140

四川蜀商电子商务有限公司
地址：眉山市东坡区尚义镇红岗村圣丰农产品物流批发市场一期B区13栋1-3层
……Tel：028-38183280

四川云贵办公家具有限公司
地址：四川省眉山市高新技术产业园区象耳路175号
……Tel：028-3818502

成都宝窝家居有限公司
地址：四川省成都市成华区将军路68号成都富森美家居装饰材总部进口/拎包生活馆1楼E1075-E1082号
……Tel：028-61157087

四川盛世丰顺贸易有限公司
地址：成都市金牛区沙湾东二路1号1栋1单元19层25号
……Tel：028-61538816

成都保利影城有限公司
地址：中国（四川）自由贸易试验区成都高新区益州大道中段722号2栋1单元4层406号
……Tel：028-61551688

成都嘉瑞得贸易有限公司
地址：成都市金牛区金府路555号万贯五金机电市场B区13栋20号
……Tel：02861690148

成都娇子涌金电子商务有限公司
地址：四川省成都市天府新区华阳华新下街446号一层
……Tel：028-61742808

成都金控置业有限公司
地址：中国（四川）自由贸易试验区成都高新区天府四街300号2栋B座9楼
……Tel：028-61886356

四川新华海颐文化发展有限公司
地址：四川省成都市都江堰市建设路413号
……Tel：028-61920888

眉山联影博瑞科技有限公司
地址：眉山经济开发区新区
……Tel：028-62015695

成都聚美优品科技有限公司
地址：中国（四川）自由贸易试验区成都高新区益州大道中段1800号天府软件园G区3栋5层501
……Tel：028-62038899

成都盈迅科技有限公司
地址：中国（四川）自由贸易试验区成都高新区益州大道中段1800号3栋7层701号
……Tel：028-62038899

成都阿坝宾馆有限责任公司
地址：成都市金牛区金鱼街18号
……Tel：028-62052177

成都广聚源亨商贸有限公司
地址：成都市金牛区金府路666号1栋20层2011号
……Tel：028-62639888

成都易掌时代电子商务有限公司
地址：中国（四川）自由贸易试验区成都高新区益州大道中段722号4栋30层3002号
……Tel：028-62997266

成都星思宇家纺有限公司
地址：成都市金牛区北站西一巷7号1栋-1层0210号
……Tel：028-64020868

四川靓千城板业有限公司
地址：成都金牛高新技术产业园区金科南路38号IP科技中心3期12栋6层604号
……Tel：028-64211832

**成都赛肯思创享生活景观设计股份有限公

司
地址：成都市锦江区东光街18号4幢1楼1号
…………………………Tel：028-64911115

四川尚舍生活家具设计有限公司
地址：中国（四川）自由贸易试验区成都高新区锦晖西一街99号1栋2单元21层2110号
…………………………Tel：028-65210309

成都梓君商贸有限公司
地址：成都市成华区建设南路160号9栋1层9号
…………………………Tel：028-65214578

成都趣生活网络科技有限公司
地址：中国（四川）自由贸易试验区成都高新区天府大道北段1480号8栋3单元10层4号
…………………………Tel：028-65292690

成都永通贸易有限公司
地址：成都市金牛区茶店子西街36号1栋2单元24楼2401号
…………………………Tel：02865352068

成都永盛利华贸易有限公司
地址：成都市金牛区长兴街锦鸿西苑34号
…………………………Tel：028-65412307

成都辰兮文化传媒有限公司
地址：成都市金牛区金牛坝路4号2栋1-3楼46号
…………………………Tel：028-65809206

四川涌建隆商贸有限公司
地址：成都市金牛区韦家碾一路118号1栋2层14号
…………………………Tel：028-6631281

成都佳鑫达商贸有限公司
地址：成都市金牛区金丰路6号成都量力钢材物流中心A区1幢18号
…………………………Tel：028-66383136

四川川辰通电气设备有限公司
地址：成都市金牛区西华街道金罗社区3组
…………………………Tel：028-66792883

四川品信汽车集团有限公司
地址：成都市锦江区锦江大道1676号
…………………………Tel：028-66898992

四川禾怡实业有限公司
地址：中国（四川）自由贸易试验区成都高新区盛兴街288号
…………………………Tel：028-67138888

成都市求福贸易有限公司
地址：成都市金牛区为民路1号附2号
…………………………Tel：02867335516

成都瑞华凯泽企业管理服务有限公司
地址：成都市锦江区东大街牛王庙段100号1栋1单元19层1903号
…………………………Tel：028-67635336

成都创驰万商商务信息咨询有限公司
地址：成都市成华区建设路10号1栋1单元24层2号
…………………………Tel：028-68627899

成都钰成家具有限公司
地址：成都市金牛区金府路593号8栋1单元14层12号
…………………………Tel：028-69295032

成都竹川贸易有限公司
地址：成都市新都区大丰街道大天路296号2栋18层1815
…………………………Tel：028-69295032

四川永辉超市有限公司
地址：成都市锦江区工业园区锦盛路138号4楼2号
…………………………Tel：028-69390078

成都未央生态农业有限公司
地址：四川省成都市龙泉驿区同安街道花海路8号
…………………………Tel：028-69913340

成都聚隆润业商贸有限公司
地址：成都市金牛区韦家碾一路118号2栋16层22号
…………………………Tel：028-81720736

成都名创礼品包装有限公司
地址：成都蛟龙工业港双流园区双巷路37座
…………………………Tel：028-82154566

成都九龙贸易连锁有限责任公司
地址：崇州市崇阳街道蜀州中路104-118号
…………………………Tel：028-82393332

成都三一浩博文化传播有限公司
地址：成都市温江区成都海峡两岸科技产业开发园科兴路西段188号
…………………………Tel：028-82690449

温江唯齐名店服饰店
地址：成都市场温江区柳城和宁街2号繁华时代3幢1层8号
…………………………Tel：028-82760205

成都富森美家居实业有限公司
地址：中国（四川）自由贸易试验区成都高新区都会路99号5楼
…………………………Tel：028-82830888

成都市蓝翔商务有限责任公司
地址：成都市新都区大丰街道太平村一社
…………………………Tel：028-83074789

成都智神物资贸易有限公司
地址：成都市金牛区金丰路6号成都市量力钢材物流中心加工区9号
…………………………Tel：028-83114568

成都时代豪庭装饰工程有限公司
地址：成都市金牛区金丰路299号2层201号
…………………………Tel：028-83125061

成都硕博机电设备有限公司
地址：成都市金牛区蓉北商贸大道二段293号15栋1单元14楼1401号
…………………………Tel：028-83176169

四川省上雄商贸有限公司
地址：成都市金牛区一环路北一段99号1栋13层7号
…………………………Tel：028-83191559

成都天和银楼有限责任公司
地址：成都市琴台路13号
…………………………Tel：028-83331796

成都启天文化传播有限公司
地址：成都市金牛区营门口路251号7层726号
…………………………Tel：028-83522793

四川绿万家食品有限公司
地址：成都市金牛区金府路777号46栋7层6号
…………………………Tel：028-83555183

四川万润信达贸易有限公司
地址：成都市金牛区茶店子安蓉路8号4幢1单元6楼12号
…………………………Tel：028-8355532

四川鲁鸿医疗器械有限公司
地址：成都市金牛区金丰路6号成都市量力钢材物流中心10幢3层9号
…………………………Tel：028-83578179

四川亚细亚运业有限公司
地址：成都市成华区五桂桥迎晖路321号
…………………………Tel：028-84208886

成都宜华时代家具有限公司
地址：成都高新区都会路4号
…………………………Tel：028-84247560

成都市丘比特卫生用品有限公司
地址：成都市金牛区金府路666号1栋31层3106号
…………………………Tel：028-84549528

四川美天培力生活科技有限公司
地址：成都市武侯区武科东一路15号3栋1单元5层512号
…………………………Tel：028-84828769

成都龙汇教学设备有限公司
地址：四川省成都市龙泉驿区龙泉街道长柏村九鼎小区
…………………………Tel：02884897461

成都文华彩色印务有限责任公司
地址：成都市武侯区机投镇机投村肆组
…………………………Tel：028-85022815

四川华旗伟业商贸有限公司
地址：成都市金牛区金府路666号1栋22号2213号
…………………………Tel：028-85031868

成都万和维贸易有限公司
地址：成都市金牛区交大路222号2幢4B
…………………………Tel：028-85172185

成都吉辉工贸发展有限公司
地址：成都高新区高朋大道10号3栋1单元12楼1号
…………………………Tel：028-85187288

成都卓标建材有限公司
地址：成都市金牛区金府路699号2栋7层3号
…………………………Tel：028-85221488

成都铭强建材有限公司
地址：成都市金牛区金府路699号2栋7层3号
…………………………Tel：028-85221488

成都衣念商贸有限公司
地址：成都市武侯区科华中路9号
…………………………Tel：028-85224040

成都兴昊物业服务有限公司
地址：中国（四川）自由贸易试验区成都市高新区天府大道北段966号4栋1单元1楼40108号
…………………………Tel：028-85233718

成都嘉豪利商贸有限公司
地址：成都市金牛区西北桥北街1号41栋1层12号
…………………………Tel：028-85258826

成都新然农业科技有限公司
地址：成都市金牛区沙湾东二路1号1栋1单元27层18号
…………………………Tel：028-85258826

成都天地飘香礼品有限公司
地址：成都高新区天府四街66号2栋19层3号
…………………………Tel：028-85322891

成都优赞网络科技有限公司
地址：中国（四川）自由贸易试验区成都高新区吉瑞三路99号1栋5单元902号
…………………………Tel：028-85353629

成都惠尔斯科技有限公司
地址：四川省成都市蒲江县寿安镇博世路1828号
…………………………Tel：028-85377165

成都惠尔斯科技有限公司
地址：四川省成都市蒲江县寿安镇博世路1828号
…………………………Tel：028-85377165

成都利耐贸易有限公司
地址：成都市金牛区金丰路6号9栋1层91091号
…………………………Tel：028-8541260

四川雷诺传媒机构有限公司
地址：成都市一环路南三段51号
…………………………Tel：028-85453138

成都蓝色飞扬广告艺术有限公司
地址：成都市武侯区林荫街九号
…………………………Tel：028-85480800

成都兴昆隆兴商贸有限公司
地址：成都市金牛区王家巷28号附36号4幢1层
…………………………Tel：028-85513718

百丽鞋业（成都）有限公司
地址：四川省成都市武侯区武青南路33号
…………………………Tel：028-85573115

成都市申泰贸易有限公司
地址：成都市金牛区金府路555号成都万贯五金机电市场15号C7号
…………………………Tel：028-85586627

成都金舟信和贸易有限公司
地址：中国（四川）自由贸易试验区成都高新区天府二街368号2栋1单元12层1202、1216号
…………………………Tel：028-85599909

成都仁和制衣有限责任公司
地址：成都市双流区西南航空港经济开发区空港二路218号
…………………………Tel：028-85672188

四川创辉雕塑有限公司
地址：成都市双流区东升街道龙桥路155号1栋6层607号
…………………………Tel：028-85730499

四川国氏文化传播有限公司
地址：成都市金牛区茶店子安蓉路8号4幢1单元6楼630号
…………………………Tel：028-86008300

成都汇光数码科技有限公司
地址：成都市金牛区金仙桥路18号1栋2楼1213号
…………………………Tel：028-86088789

成都昊源礼品包装有限公司
地址：成都市人民南路四段19号1幢1单元17A1号
…………………………Tel：028-86156666

成都蓉辉茂商贸有限公司
地址：成都市金牛区天回乡大湾村4、5组B区283号
…………………………Tel：028-86203555

成都成铁金食坊贸易有限公司
地址：成都市金牛区马家花园路2号4楼401号
…………………………Tel：02886396338

四川广电星空电视购物有限公司
地址：成都高新区世纪城路66号1栋1层1号
…………………………Tel：028-86623479

成都美特斯邦威服饰有限责任公司
地址：成都市锦江区大科甲巷43号1栋5层1号
…………………………Tel：028-86652048

成都美特斯邦威服饰有限责任公司
地址：成都市锦江区大科甲巷43号1栋5层1号
…………………………Tel：028-86652048

成都乐微服饰有限公司
地址：成都市温江区成都海峡两岸科技产业开发园温泉大道三段255号
…………………………Tel：028-86669375

成都市众新原机电设备有限公司
地址：成都市金牛区花圃路8号B区6号
…………………………Tel：028-86670097

成都市壹购商业经营管理有限公司
地址：四川省成都市锦江区大业路6号1栋4楼16号
…………………………Tel：028-86700298

成都富华嘉境商贸有限公司
地址：成都市锦江区琉璃路8号5栋1单元24层2411号
…………………………Tel：028-86720968

四川中原物业顾问有限公司
地址：四川省成都市锦江区大业路6号青石桥南街财富中心一栋3单元24层
…………………………Tel：028-86766488

成都爱林实业有限公司
地址：四川省成都市锦江区东大街牛王庙段100号1栋1单元11层1103号A号（自编号）
…………………………Tel：028-86789685

成都金房物业集团有限责任公司
地址：成都市金牛区金房苑北路1号4-4-101号
…………………………Tel：028-86916887

成都市春又绿文化传播有限公司
地址：成都市金牛区长庆东路24号1层
…………………………Tel：028-86963042

瑞幸咖啡（成都）有限公司
地址：成都市锦江区小科甲巷1号1幢2层F2-1（自编号）
…………………………Tel：028-86968393

成都汇学教育科技有限公司
地址：成都市武侯区领事馆路9号保利中心3栋3单元1409-1410
…………………………Tel：028-87012131

都江堰东润置业有限公司
地址：四川省成都市都江堰市永丰街道联盟社区彩虹大道南段295号东能财富广场写字楼6楼7号
…………………………Tel：028-87158076

都江堰市都江堰旅游商务有限责任公司
地址：四川省成都市都江堰市奎光塔街道民丰社区彩虹大道南段689号
…………………………Tel：028-87298269

四川晶雄贸易有限公司
地址：成都市金牛区金府路668号1栋1单元12楼1223号
…………………………Tel：028-87320000

四川城棋建筑材料有限公司
地址：四川省成都市金牛区华丰路217号2栋4单元22楼5号
…………………………Tel：028-87320000

中酒万达酒业成都有限公司
地址：成都市金牛区圃园北路1号1栋1层12号
…………………………Tel：028-87335861

成都融迈商贸有限公司
地址：成都市金牛区金丰路6号2栋1层9号
…………………………Tel：028-87367490

四川鹏亿荣泰商贸有限公司
地址：成都市金牛区西华街道富家社区六组
…………………………Tel：028-87501078

四川文能捷商贸有限公司
地址：成都市金牛区金府路593号8栋1单元9层4号
…………………………Tel：028-87503233

成都同创谷企业孵化器有限公司
地址：四川省成都市经济技术开发区（龙泉驿区）成龙大道二段888号成都经济开发区总部经济港FZ组团6号楼
…………………………Tel：028-87510181

成都云岩工贸有限公司
地址：成都市金牛区营门口路45号1栋1单元5楼10号附4号
…………………………Tel：028-87561132

成都艾佩克电力设备有限公司
地址：成都市金牛区金府路669号56幢4号
…………………………Tel：028-87604408

四川凯纳捷实业有限公司
地址：成都市金牛区金府路669号19栋1层5-1号
…………………………Tel：028-87643736

成都唯购贸易有限公司
地址：成都市金牛区花照壁西顺街318号2栋1单元28层2807号
…………………………Tel：028-87643736

四川阜锌装饰工程有限公司
地址：成都市金牛区天龙大道1333号附66号
…………………………Tel：028-87652279

四川维尔杜为之体育文化传播有限公司
地址：成都市金牛区金泉街道两河路555号
…………………………Tel：028-87655180

四川盛全商贸有限公司
地址：成都市金牛区金丰路6号7栋2单元19层21907号
…………………………Tel：02887686960

成都滨阳电力科技有限公司
地址：成都市金牛区洞子口乡金府路777号35栋11号
…………………………Tel：028-87686960

四川省鑫鹏服饰有限责任公司
地址：成都金牛高科技产业园兴川路866号C区40号
…………………………Tel：028-87686960

成都益达制服有限公司
地址：成都市武侯区机投镇中央花园一期
…………………………Tel：028-87686960

成都市红珊瑚广告传播有限责任公司
地址：成都市金牛区一环路北一段279号
…………………………Tel：028-87701710

四川合众电力工程有限公司
地址：成都市金牛区石灰街71号大华大厦第二层
…………………………Tel：028-87702608

四川四玮鑫光商务服务有限公司
地址：成都市金牛区金丰路6号7栋2单元11层21105号
…………………………Tel：02887775788

四川千里走单骑文化旅游有限公司
地址：中国（四川）自由贸易试验区成都高新区盛安街401号1栋1单元18层1801号
…………………………Tel：028-87778707

成都盛腾文化传播有限公司
地址：成都市武侯区云影路1号7幢1层27号
Tel：028-87787642

成都鸿志恒贸易有限公司
地址：成都市金牛区韦家碾一路118号1幢7层16号
Tel：028-87818865

翡马成都酒业有限公司
地址：成都高新区（西区）天朗路55号4栋1层
Tel：028-87843322

成都中铁瑞城大厦有限公司
地址：成都市人民中路二段68号
Tel：028-88033333

成都国储展恒贸易有限公司
地址：成都市成华区龙潭寺东路396号
Tel：028-88172164

四川德源蚕业股份有限公司
地址：四川省成都市大邑县晋原镇工业区干溪路68号
Tel：028-88202398

成都市鑫森古韵工艺品有限公司
地址：成都市邛崃市牟礼镇新建街1号
Tel：028-88721898

邛崃市天际山水文化旅游投资集团有限公司
地址：邛崃市临邛街道办文昌街121号
Tel：028-88801100

成都源玖商贸有限公司
地址：成都市金牛区赛云台北路9号
Tel：028-89002150

成都铁航网络服务有限公司
地址：成都市火车北站候车大厅一楼
Tel：028-89898888-6202

四川宏杰投资集团有限公司
地址：绵阳市长虹大道中段9号
Tel：0816-2213885

四川鼎发电子商务有限公司
地址：绵阳市经开区三江大道39号
Tel：0816-2288622

四川省绵阳市丰谷酒业有限责任公司
地址：绵阳市飞云大道中段369号
Tel：0816-2565123

四川乾元山哪吒旅游有限公司
地址：江油市含增镇人民政府大楼4楼
Tel：0816-3461588

四川好农集团有限公司
地址：绵阳市安州区花　镇先林村八组
Tel：0816-4322199

绵阳市杰越商贸有限公司
地址：三台县潼川镇新西外街118号
Tel：0816-5555125

四川省科学城久源商贸有限公司
地址：绵阳市绵山路64号（科学城商业大楼旁）
Tel：0816-6800399

四川依格尔纺织品有限公司
地址：南充市嘉陵区燕京东路9号
Tel：0817-3661065

达州永诚至公商贸有限公司
地址：达州市西外体育场8号
Tel：0818-2126667

达州市双惠贸易有限公司
地址：达州市通川区西城朝阳路151号
Tel：0818-2245598

四川泊海实业有限公司
地址：达州市经开区斌郎乡河东村四组13号
Tel：0818-2246077

达州市新达维修服务有限公司
地址：达州市达川区汇通大道东段11号
Tel：0818-3437388

达州市焱阳暖通工程有限公司
地址：达州市达川区商贸物流园区中青路199号达州中青家居生活广场14栋1楼14-1-A（2）号
Tel：0818-8097962

万源市众鑫电子商务有限责任公司
地址：万源市太平镇河西新区瑞龙苑2号楼1层24号
Tel：0818-8730567

遂宁市闻喜阁文化有限公司
地址：遂宁市城区嘉禾街西路中段嘉禾小区商住楼底层1号
Tel：0825-2311766

四川馨思源物业管理有限公司
地址：广安枣山物流商贸园区桃园路广安高新区创新创业服务中心11楼11室
Tel：0826-2602178

广安银泰电子商务有限公司
地址：广安经济技术开发区石滨路2号
Tel：0826-4720666

广安金光大道电子商务有限公司
地址：四川省广安市岳池县翔凤大道与安拱路交汇处岳池亿联建材家居五金城28#楼325
Tel：0826-5307679

巴中润色餐饮管理有限公司
地址：四川省巴中市巴州区中交．王府景20-21A号楼2层15-25号
Tel：0827-3335039

泸州南苑宾馆有限公司
地址：泸州南苑宾馆内
Tel：0830-3158888

泸州纳溪竹韵贸易有限公司
地址：泸州市纳溪区白节镇街村
Tel：0830-4189253

宜宾市天润酒业有限公司
地址：宜宾市翠屏区岷江北路68号正和花园A幢2层4号
Tel：0831-3567296

成都豪格科技有限公司
地址：成都市金牛区二环路北一段241号6层26号
Tel：0831-4381336

四川省川傲投资有限公司
地址：内江市市中区南环路124号附1号
Tel：0832-2123299

内江景鸿汽车销售有限责任公司
地址：内江市东兴区红牌路719号
Tel：0832-2290113

资中太平洋影业有限公司
地址：资中县水南镇资州大道综合馆一楼
Tel：0832-5613777

四川省荣兴实业有限公司
地址：峨眉山市绥山镇名山路东段1号
Tel：0833-5472913

峨眉山仙芝竹尖茶业有限责任公司
地址：峨眉山市胜利镇红星村3组
Tel：0833-5521556

峨眉山竹叶青生态茗园有限公司
地址：峨眉山市佛光东路
Tel：0833-5549649

中信国安峨眉旅游山城投资有限公司
地址：四川省峨眉山市绥山镇光明大道6号26幢
Tel：0833-5567777

夹江县盛世东方陶瓷有限公司
地址：夹江县新场镇红旗村6社
Tel：0833-5920303

凉山千寻网络科技有限公司
地址：四川省凉山彝族自治州西昌市西郊乡张家屯村二组（仅用于行政办公）
Tel：0834-8211238

四川资育档案文化服务有限公司
地址：四川省雅安市雨城区沙湾路185号1栋1层191号
Tel：0835-2244366

雅江县开元贸易有限责任公司
地址：四川省甘孜州雅江县河口镇解放街130号
Tel：0836-5124931

四川富亚涂料有限公司
地址：四川什邡经济开发区（北区）
Tel：0838-3160089

四川国盛基业投资有限公司
地址：绵竹市东北镇双胜村十一组
Tel：0838-6912222

四川绿环园林工程有限公司
地址：四川省剑阁县下寺镇修城园区江岸华城北5号楼3-3-2号
Tel：0839-6607399

贵州省

贵州习水大自然生态旅游发展有限公司
地址：贵州省遵义市习水县三岔河镇三岔河村游客接待中心2号
Tel：0851-22539090

安顺青食食品有限公司
地址：贵州省安顺市西秀区西五路与西七路交叉口西秀产业园内
Tel：0851-33452235

安顺青食食品有限公司
地址：贵州省安顺市西秀区西五路与西七路交叉口西秀产业园内
Tel：0851-33452235

贵州国际酒类博览会会展有限公司
地址：贵州省贵阳市云岩区东山路217号
Tel：0851-82203327

贵州众联信息产业有限公司
地址：贵州省贵阳市贵阳国家高新技术产业开发区都匀路89号金利大厦商业写字楼及商铺第A幢（A）1单元16层7号
Tel：0851-82272999

贵州阿布拉装饰装修有限公司
地址：贵州省贵阳市观山湖区世纪城H、I、N组团商业第商业1幢1层8号房
Tel：0851-84116566

贵州空港服务有限公司
地址：贵州省贵阳市南明区龙洞堡机场
Tel：0851-85498266

贵州大健康家科技有限公司
地址：贵州省贵阳市贵阳国家高新技术产业开发区标准厂房辅助用房B413室
Tel：0851-85506515

贵州保利文化发展有限公司
地址：贵州省贵阳市南明区花溪大道北段448号左藏三库泛艺术区二层
Tel：0851-85509999

贵州双龙航空港旅游文化传媒有限公司
地址：贵州省贵阳市南明区龙洞堡电子商务港A栋2单元14层6号
Tel：0851-85536756-8393

贵阳卓然商贸有限公司
地址：贵州省贵阳市经济技术开发区红河路5号贵阳生活区龙湖园D栋1单元2层201号
Tel：0851-85660007

贵州鸿翔一心堂医药连锁有限公司
地址：贵阳市经济技术开发区翁岩村开发大道126号小孟工业园区贵阳恒业丰电子科技有限公司1号厂房
Tel：0851-85802768

贵州省珏石矿业投资开发有限公司
地址：贵州省贵阳市南明区中山东路42号银座大厦10层3-4号
Tel：0851-85833473

贵州惠泽天下旅行社有限公司
地址：贵州省贵阳市南明区宝山南路27号凯尼大厦22层13号[西湖办事处]
Tel：0851-85865630

贵阳佳惠百货有限责任公司
地址：贵州省贵阳市南明区花果园彭家湾花果园项目F区第1栋（1）1单元38层6、7号
Tel：0851-85945790

贵州融正德文化传媒股份有限公司
地址：贵州省贵阳市南明区花果园五里冲花果园项目V区第15栋（15）1单元36层4号
Tel：0851-85952358

贵州星空影业有限公司
地址：贵州省贵阳市观山湖区房交中心一楼
Tel：0851-85967793

当代贵州传媒有限责任公司
地址：贵州省贵阳市乌当区大坡路26号6楼
Tel：0851-86407563

贵州日报报业集团文化旅游产业投资开发股份有限公司
地址：贵州省贵阳市云岩区外环东路360号
Tel：0851-86625106

贵州日报报业集团广告有限责任公司
地址：贵州省贵阳市云岩区宝山北路372号
Tel：0851-86625824

贵州昱之投资有限公司
地址：贵州省贵阳市云岩区北京路66号（贵州饭店）1幢
Tel：0851-86653787

贵州日铃星石科技发展有限公司
地址：贵州省贵阳市云岩区下威清路商办楼11层8号房
Tel：0851-86763091

贵州近邻宝科技有限公司
地址：贵州省贵阳市云岩区贵乌南路140号冠竹苑B幢1层4号
Tel：0851-86827509

贵州阋阋饰佳商贸有限公司
地址：贵州省贵阳市南明区油榨街10号富源美家居生活广场B2-8051、8071[油榨社区]
Tel：085186827900

贵州雅特礼品有限公司
地址：贵州省贵阳市云岩区瑞金北路68号裕辉商业中心6层601号
Tel：0851-86831478

贵州楼上楼下电子商务有限公司
地址：贵州省贵阳市贵阳国家高新技术产业开发区金阳科技产业园创业大厦B120室
Tel：0851-86872833

贵阳花溪旅游文化投资开发经营有限公司
地址：贵州省贵阳市花溪区清溪南路111号
Tel：0851-88171597

贵州铁路生活服务公司
地址：贵州省贵阳市南明区遵义路109号
Tel：0851-88210030

贵州贵安能矿产品电子商务股份有限公司
地址：贵州省贵安新区贵安电商生态城内
Tel：0851-88308127

贵州众返网电子商务有限公司
地址：贵州省贵阳市贵阳国家高新技术产业开发区金阳科技产业园标准厂房辅助用房B515室
Tel：0851-88611788

贵州华联综合超市有限公司
地址：贵州省贵阳市云岩区王家桥渔安新城A1栋1楼2号
Tel：0851-88617200

贵州御龙尊茶业有限公司
地址：贵州省黔南布依族苗族自治州独山县影山镇翁奇村
Tel：0854-3231388

贵州龙里大草原景区草原旅游有限公司
地址：贵州省黔南布依族苗族自治州龙里县龙山镇草原乡
Tel：0854-86819008

贵州省铜仁市万山区丹缘朱砂工艺品有限公司
地址：贵州省铜仁市万山区张家湾工业园区
Tel：0856-6924115

贵州岸莲科技有限公司
地址：贵州省黔西南布依族苗族自治州兴义市体育中心B3组团1号楼27层04号房
Tel：0859-3112337

黔西南州捌捌点叁广告有限责任公司
地址：贵州省黔西南布依族苗族自治州兴义市兴泰办安置一街
Tel：0859-3668663

云南省

西双版纳景缘投资开发有限公司
地址：云南省西双版纳旅游度假区庄尖路东1号
Tel：0691-8999100

德宏地平线文化有限公司
地址：云南省德宏州瑞丽市姐岗南路温泉巷4号
Tel：0692-4118268

云南矿山冶金设备成套公司
地址：昆明市人民东路19号有色大厦星宫酒店11层04号
Tel：0871-63137095

云南九九乐享生活科技有限公司
地址：中国（云南）自由贸易试验区昆明片区经开区云大西路39号新兴产业孵化区A幢3楼310-316号
Tel：0871-63522715

云南天地广告有限公司
地址：云南省昆明市富春街98号万隆商厦A座1608号
Tel：0871-63628381

昆明美特斯邦威服饰有限公司
地址：昆明市南屏街62—63号
Tel：0871-63638878

云南美术出版社有限责任公司
地址：云南省昆明市环城西路609号云南新闻出版大楼24-25层
Tel：0871-64193099

地平线文化有限公司
地址：云南省昆明市滇池国家旅游度假区滇池路中段沁园7幢301号
Tel：0871-64320768

云南英茂汽车饰品有限公司
地址：云南省昆明市高新区二环西路小屯立交桥旁高新生物医药产业园区M2-4-4地块
Tel：0871-64637954

云南省劳动经济技术开发公司
地址：云南省昆明市螺蛳街35号
Tel：0871-65115105

昆明雄业大酒店有限公司
地址：云南省昆明市北京路907-909号
Tel：0871-65165888

云南金寰投资开发有限公司
地址：云南省昆明市人民西路149号五欣盛源商住楼2-201号
Tel：0871-65302958

昆明市斑铜厂有限公司
地址：昆明市虹山东路163号
Tel：0871-65311353

昆明泰克计算机系统有限公司
地址：昆明市环城西路42号
Tel：0871-65335584

昆明繁荣文化礼品有限公司
地址：昆明市丹霞路集成大厦5楼507室
Tel：0871-65385340

昆明登康婴幼儿用品有限公司
地址：云南省昆明市西山区润城小区（第二大道A1地块）6座3层301号
Tel：0871-65390258

云南烟草集团兴云卷烟展销部
地址：云南省昆明市五华区钱局街186号
Tel：0871-65391923

云南众合实业有限公司
地址：云南省昆明市高新区茭菱路1299号西城心景休闲广场西塔4楼401室
Tel：0871-65394929

昆明东泉斑铜工艺品有限公司
地址：云南省昆明市五华区王家桥云南冶炼厂生产区内
Tel：0871-65532327

云南下关茶厂对外贸易有限责任公司
地址：云南省昆明市滇池路南亚风情第壹城A4幢2501、2502号
Tel：0871-65618825

昆明宜华时代家具有限公司
地址：云南省昆明市官渡区矣六街道办事处金域南郡花园（3号地块）10幢3层301号
Tel：0871-65652235

昆明佳达科技有限公司
地址：云南省昆明市盘龙区北京路金江小区云苑15幢1单元1103号
Tel：0871-65728307

昆明懿德酒业有限公司
地址：昆明市盘龙区白云路与万华路交汇

处滨江俊园4幢1-2层4-01室
……………Tel：0871-65749966
曲靖新丝路商贸有限公司
地址：云南省曲靖市交通路与麒麟北路交汇处
……………Tel：0871-65883456
昆明鼎达生物科技有限公司
地址：云南省昆明经开区经牛路3号
……………Tel：0871-65899004
昆明怡美天香置业有限公司
地址：昆明市盘龙区东白沙河片区金瓦路8188号
……………Tel：0871-66206197
云南泊安大酒店有限公司
地址：云南省昆明市官渡区关通路57号
……………Tel：0871-66391999
云南怡泰投资开发有限公司
地址：云南省昆明市高新区C2-6号地块垠创大厦405号
……………Tel：0871-67173848
昆明野鸭湖旅游服务有限公司
地址：云南省昆明市盘龙区双龙乡天生坝水库旁
……………Tel：0871-67339493
昆明恒邦永丰商贸有限公司
地址：云南省昆明市高新技术开发区康宏小区48幢2-203号
……………Tel：0871-68188813
云南民族华彩创意文化有限公司
地址：云南省昆明市滇池国家旅游度假区滇池路1310号
……………Tel：0871-68527022
云南弘祥化工有限公司
地址：云南省昆明市安宁市草铺镇昆畹公路38公里
……………Tel：0871-68674816
安宁得胜家居有限公司
地址：云南省昆明市安宁市柳树花园C区
……………Tel：0871-68870567
大理古玩城文化产业发展有限公司
地址：大理市下关洱河南路8号
……………Tel：0872-2195552
云南白药大理置业有限公司
地址：云南省大理州大理市大理镇大理健康养生创意园
……………Tel：0872-3156136
永平云森木业有限公司
地址：永平县博南镇营门小区88号
……………Tel：0872-6520601
大理州乐购街电子商务有限责任公司
地址：云南省大理白族自治州大理市下关镇福星村七社泰兴巷30号5楼
……………Tel：0872-8813225
红河奔腾物流集团有限公司
地址：云南省红河州弥勒市弥阳镇玛　沟（昆河公路旁）
……………Tel：0873-6131599
建水星辉电子科技有限公司
地址：云南省红河哈尼族彝族自治州建水县临安镇北山路（华府佳苑）8幢1-1201号
……………Tel：08737686888
云南普者黑文化旅游开发有限公司
地址：云南省文山壮族苗族自治州丘北县双龙营镇普者黑景区大门
……………Tel：0876-4610003
云南玉溪凤凰生态食品有限责任公司
地址：云南省玉溪市红塔区高仓镇桃源村
……………Tel：0877-2698686
南华县宏怡野生菌开发有限公司
地址：云南省楚雄州南华县龙川镇龙泉东路大秋树
……………Tel：0878-7225086
临沧万通实业有限公司
地址：云南省临沧市临翔区南塘街295号(万通大厦)
……………Tel：0883-2134988
丽江黑白水国际旅行社有限责任公司
地址：云南省丽江市古城区南郊
……………Tel：0888-5185601
丽江商盟电子商务有限公司
地址：云南省丽江市玉龙县南口工业园区
……………Tel：0888-5192188
丽江大研商贸有限公司
地址：云南省丽江市古城区西安街道香格里大道丽房商厦
……………Tel：0888-5322066
丽江纳禧适老科技服务有限公司
地址：云南省丽江市古城区吉祥路139号
……………Tel：0888-5358777
丽江实力大酒店有限公司
地址：丽江市古城区香格里大道
……………Tel：0888-5550609

西藏自治区

西藏四丰贸易有限责任公司
地址：拉萨市宇拓路10号
……………Tel：0891-6323119
西藏华钰融信经贸有限公司
地址：拉萨经济技术开发区格桑路华钰大厦301室
……………Tel：0891-6329000-8059
西藏圣美家网络科技有限公司
地址：拉萨市雪新村15号
……………Tel：0891-6386660
拉萨尚品商贸有限公司
地址：住所：西藏自治区拉萨市城中区宇拓路市医药公司后院（拉百基地）；经营场所：拉萨百货南楼一层18-A11002；18-A11015；18-A11019；18-A11020；18-A11021；8-A11022；18-A11027；拉萨市宇拓路3号西藏自治区迎宾馆南二楼西边共10间
……………Tel：0891-6517588
西藏商品交易中心有限公司
地址：拉萨市柳梧新区国际总部城3栋1单元6楼7房
……………Tel：0891-6535099
西藏恒辉农牧科技发展有限公司
地址：西藏拉萨市柳梧新区柳梧大厦1409室
……………Tel：0891-6759217
西藏奇胜光电科技有限公司
地址：西藏自治区拉萨市堆龙德庆区西藏自治区拉萨市柳梧新区金盾苑16-1-101
……………Tel：0891-6759217
西藏万裕实业有限公司
地址：西藏自治区拉萨市柳梧新区世纪大道20号拉萨万裕城5楼501
……………Tel：0891-6835061
西藏圣地文化有限公司
地址：拉萨市北京中路８５号
……………Tel：0891-6910810
林芝梴燊嘉瑞实业有限责任公司
地址：林芝市巴宜区八一镇迎宾大道泰立酒店旁
……………Tel：0894-5884588

陕西省

咸阳中瑞实业有限公司
地址：陕西省咸阳市乾县城关镇兴业路6号
……………Tel：029-33571289
彬县供销电子商务有限公司
地址：陕西省咸阳市彬县义乌商城A1区2幢三层303室
……………Tel：029-34922370
长安航空有限责任公司
地址：陕西省西咸新区空港新城西安咸阳国际机场长安航空营运基地
……………Tel：029-38056382
陕西民生家乐商业连锁有限责任公司
地址：陕西省西安市雁塔区太白南路263号新一代大厦1幢1单元4层401室
……………Tel：029-62653473
西安大渭文化科技商贸集团有限公司
地址：陕西省西安市高新区细柳街办软件新城天谷八路西安数字出版基地南区贰栋202室
……………Tel：029-63389676
西安金都工艺美术集团有限公司
地址：西安市雁塔中路33号
……………Tel：029-65657871
西安昌威贸易有限公司
地址：西安市高新区高新路枫叶广场A座805室
……………Tel：029-65690768
陕西圣烽影视文化传播有限公司
地址：西安曲江新区雁展路1111号莱安中心T5栋6楼602单元
……………Tel：029-68545333
西安轮子网络科技有限公司
地址：陕西省西安市高新区丈八街办唐延路南段通达国际大厦1号楼1单元1808室
……………Tel：029-68876277
陕西泾阳易昌茗茯砖茶业有限公司
地址：陕西省咸阳市泾阳县三渠镇汉堤村
……………Tel：029-69897896
西安通海服饰有限公司
地址：陕西省西安市高新区唐延南路都市之门C座1幢单元10715室
……………Tel：029-81123309
陕西国信中联汽车投资管理有限公司
地址：陕西省西安市碑林区南二环西段157号大洋时代国际A10701室
……………Tel：029-81871897
西北黄金珠宝商城有限公司
地址：西安市碑林区雁塔北路8号李家村服装城四层4055号
……………Tel：029-82250999
陕西煜麒麟广告装饰有限公司
地址：西安市未央路69号
……………Tel：029-82269283
陕西海星连锁超级市场有限责任公司
地址：陕西省西安市高新区科技路37号海星城市广场A座916室
……………Tel：029-82307709
西安黄河机器制造有限公司
地址：西安市新城区幸福北路21号
……………Tel：029-82521766
西安绿草地科工贸有限公司
地址：西安市灞桥区东月路中段3号
……………Tel：029-83231860
西安国际陆港文化体育产业有限公司
地址：西安国际港务区港务大道6号529办公室
……………Tel：029-83332243
西安世园文化艺术品交易中心股份有限公司
地址：西安市　灞生态区　灞大道一号灞商务中心7B10
……………Tel：029-83596736
陕西琛墨商贸有限公司
地址：西安经济技术开发区国金华府21号楼2单元14层21401室
……………Tel：029-83657485
西安筑巢装饰设计工程有限公司
地址：陕西省西安市雁塔区西沣路56号万科高新生活广场第1幢1单元20层12015室
……………Tel：029-83937266
西安美华洁乐环境工程有限公司
地址：陕西省西安市莲湖区劳动路102号都市绿洲花园2幢1单元2501室
……………Tel：029-84218817
西安中信丝绸之路大酒店有限公司
地址：陕西省西安市莲湖区丰镐东路260号
……………Tel：029-84261888-1089
陕西永辉超市有限公司
地址：西安市莲湖区唐延路168号
……………Tel：029-84354948
西安多星网络技术有限公司
地址：陕西省西安市碑林区雁塔路中段58号百瑞广场A区11楼A-1130室
……………Tel：029-84525262
西安弹库智讯企业营销策划有限公司
地址：西安曲江新区雁塔南路以西雁南五路以南商通大道以北曲江国际大厦第1幢1单元21层12101号房
……………Tel：029-85212908
陕西嘉汇汉唐图书发行有限责任公司
地址：陕西省西安市雁塔区长安中路111号
……………Tel：029-85219888
西安扫电猴信息科技有限公司
地址：西安经济技术开发区凤城九路北侧未央路西侧海荣名城二期第5幢1单元11316室
……………Tel：029-85237081
陕西中侨实业股份有限公司
地址：西安市高新区旺座国际城1幢4单元41105室
……………Tel：029-85269816
陕西秦贝网络科技有限公司
地址：陕西省西安市碑林区长安大街3号写字楼B座1806室
……………Tel：029-85358456
陕西省文化联盟超市科技发展有限公司
地址：陕西省西安市碑林区标新街119号2号楼1层商铺6-9号
……………Tel：029-85422597
西安尚美礼品有限公司
地址：陕西省西安市雁塔区长安南路375号1幢1单元11219室
……………Tel：029-85490342
陕西伟悦食品餐饮有限公司
地址：陕西省西安市雁塔区大雁塔北广场1幢10101三层
……………Tel：029-85537015
西安森圳商贸有限公司
地址：西安市莲湖区桃园南路85号兰空西安生活基地桃园小区9幢1单元3层302室
……………Tel：029-86108654
陕西精辉贸易有限公司
地址：陕西省西安市莲湖区丰禾路甲字19号
……………Tel：029-86228125
陕西鸿金鹏饮食文化有限公司
地址：陕西省西安市　灞区欧亚大道西段666号2幢11243室
……………Tel：029-86254649
陕西百嘉贸易服务有限公司
地址：陕西省西安市新城区长乐西路166号朝阳国际广场B座14层11403号
……………Tel：029-86269077
陕西金旅商业运营管理有限公司
地址：陕西省西安市国家民用航天产业基地航创路1号陕旅豪布斯卡A座13层
……………Tel：029-86327200
陕西超能石化科技有限公司
地址：西安经济技术开发区凤城十二路首创国际城26号楼1601
……………Tel：029-86525891
西安福泽建筑装饰工程有限公司
地址：西安市高新区丈八街办唐延南路11号i都会2幢21620室
……………Tel：02986527556
西安智豪机电贸易有限公司
地址：西安市未央区东风路2号西安恒立苑小区4幢2单元21705室
……………Tel：029-86586008
陕西美迪实业有限公司
地址：陕西省西安市未央区太华北路855号
……………Tel：029-86626678
陕西东原实业有限公司
地址：陕西省西安市未央区西安市北二环大明宫建材家具商城D-B-005-1
……………Tel：029-86626678
西安悠龙印务包装有限公司
地址：陕西省西安市高新区丈八六路34号融城东海A座1302室
……………Tel：029-86698556
杨凌农高会运营发展有限公司
地址：陕西省杨凌示范区展馆西路1号
……………Tel：029-87032663
陕西阳光生活购物广场有限公司
地址：陕西省杨凌示范区渭惠路火车站东侧绿谷财富中心
……………Tel：029-87039172
陕西郑远元健康管理有限公司
地址：陕西省西安市碑林区和平路108号佳腾大厦12层B座
……………Tel：029-87213790
西安富凯酒店有限公司
地址：西安市南新街27号
……………Tel：029-87218666
西安市鑫龙建筑装饰工程（集团）有限公司
地址：陕西省西安市雁塔区公园南路与建工路十字西南角公园壹号10层
……………Tel：029-87240681
西安开元同悦电子商务有限公司
地址：西安国际港务区陆港保税大厦1518-56室
……………Tel：029-87250850
西安开元同悦电子商务有限公司
地址：西安国际港务区陆港保税大厦1518-56室
……………Tel：029-87250850
陕西西北金行有限责任公司
地址：西安市碑林区东大街402号
……………Tel：029-87286862
西安诺依信息技术有限公司
地址：陕西省西安市高新区高新路86号领先时代广场B座2单元305
……………Tel：029-87302622
陕西桂圆商贸有限公司
地址：陕西省西安市高新区丈八东路南侧汇鑫IBC1幢2单元21层22101室
……………Tel：029-87303378
陕西供销电子商务集团有限公司
地址：陕西省西安市莲湖区大兴东路8号供销大厦20层
……………Tel：029-87423472
陕西供销电子商务集团有限公司
地址：陕西省西安市莲湖区大兴东路8号供销大厦20层
……………Tel：029-87423472
陕西爱的新声母婴家政服务有限公司
地址：西安市高新区高新三路2号海佳云顶商住楼30403室
……………Tel：029-87510005
西安全息双创综合产业孵化园区股份有限公司
地址：西安市未央区太华北路与凤城三路交界西北富铭新一城一期A区二层A1—A9号商铺
……………Tel：029-87576632
西安妆网商贸有限公司
地址：西安市雁塔区长安中路89号1幢16层11603室
……………Tel：029-87595202
西安维葡商贸有限公司
地址：陕西省西安市碑林区长安南路与南二环立交东北角长安大街3号1幢10803室
……………Tel：029-87609980
维葡酒业有限公司
地址：西安市高新区科技路48号创业广场B609
……………Tel：029-87609980
陕西嘉溢环保科技有限公司
地址：陕西省西安市碑林区南广济街荣民国际公寓1幢1单元10508室
……………Tel：029-87616089
西安曲江国际会展（集团）有限公司
地址：西安曲江新区汇新路15号
……………Tel：029-87655333
西安欧格尔贸易有限公司
地址：西安市朱雀大街78号豪盛大厦C座503室
……………Tel：029-87808861
西安华康广告文化传播有限公司
地址：陕西省西安市雁塔区太白南路139号荣禾云图中心11-12002室
……………Tel：029-87856789
陕西华阳新材料科技有限公司
地址：陕西省西安市临潼区新丰街办刘寨村许沟组许沟砖厂
……………Tel：029-88210169
陕西旅游集团朗德演艺有限公司

地址：西安市国家民用航天产业基地航创路1号陕旅豪布斯卡A座10楼西侧
……Tel：029-88212660

西安航德自动化工程有限公司
地址：西安市高新区电子一路西段18号西部电子社区C座1705室
……Tel：029-88245539

陕西爱氏康食品科技有限公司
地址：西安市高新区科技二路41号水晶城1幢1单元12205室
……Tel：029-88314538

西安繁荣恒业文化艺术有限公司
地址：陕西省西安市高新区丈八街办高新三路信息港大厦3A01
……Tel：029-88319808

西安立人智慧教育信息技术有限公司
地址：陕西省西安市高新区高新六路52号立人科技园3幢2楼2001室
……Tel：029-88328833-693

陕西伟志服饰文化有限公司
地址：陕西省西安市高新区高新路88号尚品国际第5幢1单元26层12603号
……Tel：029-88332888

西安正日信息科技有限公司
地址：西安市高新区天谷七路996号西安国家数字出版基地A10602室
……Tel：029-88333626

百胜餐饮（西安）有限公司
地址：西安市雁塔区南二环西段64号凯德广场19、20层
……Tel：029-88342800

陕西顺景环境工程有限公司
地址：西安市雁塔区长安南路西三爻村长丰园小区15号楼A幢2单元2505室
……Tel：02988384776

西安艾克瑞科贸有限公司
地址：西安市高新区锦业路1号都市之门D座10901室
……Tel：029-88387688

陕西诚威保安服务有限公司
地址：陕西省西安市碑林区环城南路西段33号1幢21601室
……Tel：029-88406210

陕西千维工贸有限责任公司
地址：陕西省西安市碑林区含光路46号银城大厦1302室
……Tel：029-88415462

西安达鑫塬商贸有限公司
地址：陕西省西安市碑林区南关正街中段长鑫领先国际12210室
……Tel：029-88419893

陕西瑞翔广告装饰有限责任公司
地址：陕西省西安市高新区高新六路52号立人科技园C座5层
……Tel：029-88453397

西安乐慧母婴用品有限公司
地址：西安市莲湖区大庆路3号蔚蓝国际A座1208-A室
……Tel：029-88612263

陕西省交通广告传媒有限公司
地址：陕西省西安市碑林区含光北路110号陕西省公路局写字楼B区1006.1007.1008写字间
……Tel：029-88662761

陕西首信商贸有限责任公司
地址：陕西省西咸新区空港新城咸阳国际机场内
……Tel：029-88799897

阿纳克斯（西安）数码软件有限公司
地址：西安市碑林区火炬路1号3号楼2层D1区
……Tel：029-88830121

陕西雍和珠宝有限公司
地址：西安市高新区博士路东侧企业壹号公园银座14号
……Tel：029-88853715

西安尊泽商贸有限公司
地址：西安市高新区唐延南路11号逸翠园二期i都会4-1-2831号
……Tel：029-88993939

西安瑾米环保科技有限公司
地址：西安市高新区科技路50号金桥国际广场2号楼11110室
……Tel：029-89136219

陕西集众智来信息科技有限公司
地址：西安市高新区丈八二路31号2幢4单元40501室
……Tel：029-89185859

西安昔若美智能化系统集成有限公司
地址：西安市高新区科技五路8号数字生活1栋2单元2层20208室
……Tel：029-89187609

陕西金美福商贸有限公司
地址：陕西省西安市碑林区雁塔路北段8号万达广场小区1幢3单元31203室
……Tel：029-89327208

陕西金美福商贸有限公司
地址：陕西省西安市碑林区雁塔路北段8号万达广场小区1幢3单元31203室
……Tel：029-89327208

陕西云中居陶瓷有限公司
地址：西安市高新区锦业路32号锦业时代4幢3单元8层30801号
……Tel：029-89520253

西安快瓶子电子商务有限公司
地址：西安国际港务区物联网应用产业园办公楼四层
……Tel：029-89521000

陕西斌凝祥融企业管理咨询股份有限公司
地址：西安市莲湖区南二环西段208号捷瑞智能大厦15层西侧
……Tel：029-89585371

陕西供销农产品贸易有限公司
地址：陕西省西安市莲湖区大兴东路8号供销大厦20层002号
……Tel：029-89629555

陕西绿歌生态农业有限公司
地址：陕西省杨凌示范区新桥路中段众创田园A座A-3楼
……Tel：029-89834266

延安旅游（集团）有限公司
地址：陕西省延安市宝塔区枣园镇枣园路4号院A座6楼
……Tel：0911-8075080

榆林麦客玛特商贸有限公司
地址：陕西省榆林市高新技术产业园区兴达路和顺嘉府西门三号楼一层及地下室5号楼
……Tel：0912-6664366

韩城国际酒店有限公司
地址：陕西省韩城市新城区龙门大街中段东侧
……Tel：0913-2252789

商洛雍和珠宝有限公司
地址：商洛市商州区莲湖公园步行街1号楼20410
……Tel：0914-2398815

石泉县旅游开发有限公司
地址：陕西省安康市石泉县城关镇向阳路中段
……Tel：0915-6320181

安康市盛力实业集团有限公司
地址：陕西省安康市汉滨区南环干道香溪洞景区入口处
……Tel：0915-8198027

汉中世纪阳光商厦有限公司
地址：陕西省汉中市汉台区天汉大道968号
……Tel：0916-2213946

汉中市汉台区帝然红木品鉴汇所
地址：陕西省汉中市汉台区汉台区西环路中核大厦一层
……Tel：0916-7289999

宝鸡豪景花园酒店有限责任公司
地址：陕西省宝鸡市渭滨区清姜路70号
……Tel：0917-2869999

宝鸡豪景花园酒店有限责任公司
地址：陕西省宝鸡市渭滨区清姜路70号
……Tel：0917-2869999

宝鸡雪云文化产业发展有限公司礼品分公司
地址：陕西省宝鸡市金台区行政中心8号楼B段2楼西侧A区
……Tel：0917-3262519

飞雳士（宝鸡）顺驰汽车服务有限公司
地址：陕西省宝鸡市高新开发区火炬路万利酒店东楼一层
……Tel：0917-3859999

铜川市药王山旅游开发有限公司
地址：陕西省铜川市耀州区药王山
……Tel：0919-6602958

甘肃省

临夏市金泰置业有限公司
地址：甘肃省临夏州临夏市东城区绿化中心广场东北侧金泰购物中心
……Tel：0930-5500666

临夏市南利建材家居商贸城有限责任公司
地址：甘肃省临夏州临夏市南龙镇穆斯林物流园区
……Tel：0930-5918888

甘肃锦绣实业发展有限公司
地址：甘肃省临夏州临夏县韩集镇双城村
……Tel：0930-6365008

甘肃海浩商贸有限公司
地址：甘肃省兰州市七里河区兰州市七里河区西津西路572号3303号商铺
……Tel：0931-4524580

得力集团兰州得力商贸有限公司
地址：榆中县来紫堡乡桑园子村兴隆工业园
……Tel：0931-4688514

甘肃瀚海明玉环保科技有限责任公司
地址：甘肃省兰州市西固区玉门街8号30幢1单元2701室
……Tel：0931-7510135

甘肃燕翔环境科技有限责任公司
地址：甘肃省兰州市七里河区西湖街道硷沟沿115号
……Tel：0931-7683883

甘肃苦水玫瑰化妆品有限公司
地址：甘肃省兰州市城关区甘南路万盛名仕佳园A座907室
……Tel：0931-8111118

甘肃鑫中天能源科技有限公司
地址：甘肃省兰州市城关区草场街村大破沟煤炭市场
……Tel：0931-8186051

兰州科天投资控股股份有限公司
地址：甘肃省兰州市兰州新区昆仑山大道3949号科天水性科技产业园
……Tel：0931-8257679

兰州汇达康商贸有限公司
地址：兰州市城关区中山路32号
……Tel：0931-8401403

甘肃聚丰古今商贸有限公司
地址：甘肃省兰州市兰州新区中川街联创科技园
……Tel：0931-8449833

甘肃裕华木制品有限公司
地址：甘肃省兰州市城关区拱星墩街道焦家湾南路79号1幢102室
……Tel：0931-8750118

甘肃华润万家生活超市有限公司
地址：兰州市城关区甘南路1号
……Tel：0931-8793791

陇西县北城商贸有限公司
地址：陇西县巩昌镇北城路
……Tel：0932-6610661

定西市长乐纸业有限责任公司
地址：甘肃省定西市安定区南川经济开发区华泰路18号
……Tel：0932-8217137

甘肃启辰文化传媒有限责任公司
地址：甘肃省平凉市华亭市东华镇西阜苑小区3单元601
……Tel：0933-7825259

庆阳孜霖健康生活体验有限公司
地址：甘肃省庆阳市西峰区东大街东湖龙湾17号
……Tel：09346464999

甘肃立方科技股份有限公司
地址：甘肃省庆阳市西峰区育才西路7号三楼
……Tel：0934-6466789

甘肃宏达集团庆阳市陇东文宝古玩城有限公司
地址：甘肃省庆阳市西峰区长庆大道27号
……Tel：0934-8371888

庆阳市启院工程技术服务有限责任公司
地址：甘肃省庆阳市庆城县凤城苑5号楼3单元4楼2号
……Tel：0934-8598844

甘肃中资联供应链管理有限公司
地址：甘肃省庆阳市西峰区岐黄大道西部车城
……Tel：0934-8682868

永昌县裕锋商贸有限责任公司
地址：永昌县城钟鼓楼西南角
……Tel：0935-7522999

张掖市志成电子科技有限公司
地址：甘肃省张掖市甘州区西街粮食局楼下
……Tel：0936-8234657

甘肃祁连山大酒店有限公司
地址：甘肃省张掖市甘州区西二环路东侧
……Tel：09368581171

酒泉成林精品生活超市有限公司
地址：甘肃省酒泉市肃州区西关路27号
……Tel：0937-2856666

嘉峪关鑫宏宇建材有限责任公司
地址：甘肃省嘉峪关市嘉东工业园区
……Tel：0937-5967700

嘉峪关紫玉酒店管理有限责任公司
地址：甘肃省嘉峪关市新华北路1号
……Tel：0937-6202442

嘉峪关市恒信商贸有限责任公司
地址：甘肃省嘉峪关市新华中路39号
……Tel：0937-6232917

甘肃瑞丹商贸有限公司
地址：甘肃省嘉峪关市新华南路962号
……Tel：0937-6333333

天水农锦电子商务有限公司
地址：甘肃省天水市麦积区花牛镇曹家埂村
……Tel：0938-8223059

甘肃玲瑞医疗器械有限公司
地址：甘肃省天水市秦州区七里墩新村2号楼10号铺面
……Tel：0938-8600381

宕昌县官鹅沟田野土特产品开发有限公司
地址：甘肃省陇南市宕昌县城关镇
……Tel：0939-6122476

陇南鹏祥商贸有限公司
地址：甘肃省陇南市武都区东江镇万象星座二幢一单元1401号
……Tel：0939-8877999

甘肃长林投资有限责任公司
地址：甘肃省甘南州卓尼县柳林镇拥军路北街2号201室
……Tel：0941-3624777

夏河海明禅茶文化有限公司
地址：甘肃省甘南州夏河县拉卜楞镇麻莲滩村29号（夏河县麻莲滩藏中对面）
……Tel：0941-7191017

甘南兴羚商贸综合服务有限公司
地址：合作市汽车北站
……Tel：0941-8223543

甘肃天伟房地产开发有限责任公司
地址：甘肃省白银市平川区大桥路21号（开元商厦）（限于行政办公和通讯联络）
……Tel：0943-6657866

青海八瓣莲花电子商务有限公司
地址：青海省西宁市湟中县鲁沙尔镇迎宾路189号
……Tel：0971-2232707

青海联力工贸有限公司
地址：西宁市城北区朝阳西路16号
……Tel：0971-5506204

青海华润万家生活超市有限公司
地址：西宁市城西区胜利路81号
……Tel：09716184420

青海班徒生活科技服务有限公司
地址：青海生物科技产业园区经四路26号第10号楼105室
……Tel：0971-8266868

青海新宏铭印业有限公司
地址：西宁市开发区东川工业园内
……Tel：0971-8865158

宁夏回族自治区

收藏界杂志社（宁夏）有限公司
地址：银川市兴庆区北京东路139号宁夏出版大厦A段
……Tel：0951-5051889

银川新华百货连锁超市有限公司
地址：银川市兴庆区解放西街2号7-703室
……Tel：0951-5065709

宁夏嘉宇隆实业发展有限公司
地址：银川市兴庆区民族南街名人国际大厦8层1号房
……Tel：0951-5137883

宁夏爱康国宾健康体检投资控股有限公司
地址：宁夏银川市兴庆区文化西街106号银川国际贸易中心B段十层B9号办公用房
……Tel：0951-5155848

宁夏恒昌顺贸易有限公司
地址：银川市金凤区宁安东巷156号
……Tel：0951-5671185

宁夏瑞烨工贸有限公司
地址：宁夏银川市金凤区黄河路荣华园4号楼2单元A6室
……Tel：0951-5956321

宁夏中睿工贸有限公司
地址：宁夏银川市金凤区北京中路269号银川文化城一期3栋4、6号营业房
……Tel：0951-5988509

宁夏伊特石油制品有限公司
地址：宁夏回族自治区银川市清和北街32号
……Tel：0951-6029291

中免集团银川机场免税品有限公司
地址：宁夏银川河东国际机场
……Tel：0951-6086550

银川王府井百货有限责任公司
地址：宁夏银川市兴庆区新华东街与玉皇阁南街交汇处西北角东方红广场
……Tel：0951-6099280

宁夏蓝图科技发展有限公司
地址：银川市金凤区亲水大街东侧银川万达中心1号公寓711室
……Tel：0951-6832002

宁夏悦恒福黄金珠宝有限公司
地址：宁夏银川市金凤区康平路悦海新天地购物广场16-101号
……Tel：0951-8762070

宁夏盈谷黄金有限公司
地址：宁夏石嘴山市大武口区欣盛路16号
……Tel：0952-3961910

宁夏金百瑞包装有限公司
地址：宁夏回族自治区平罗县工业园
……Tel：0952-6295000

黄土地（宁夏）文化传媒有限公司
地址：青铜峡市大成蓝色港湾9幢104号
……Tel：0953-3721518

宁夏利源交通集团有限公司
地址：盐池县城北关西路（307国道南侧）
……Tel：0953-6022444

宁夏源浩商贸有限公司
地址：吴忠市利通区利宁街东侧南一环南侧红星美凯龙艺术生活建材生活之城7号楼北12
……Tel：0953-6519809

新疆维吾尔自治区

和田和核露食品科技有限公司

地址：新疆和田地区和田市北京和田工业园区京和大道32号
……………………Tel：0903-2518050
博乐市博水缘食品有限责任公司
地址：新疆博州博乐市顾里木图路67号
……………………Tel：0909-2315658
新疆伊力特酒店有限责任公司
地址：新疆乌鲁木齐市沙依巴克区长江路352号
……………………Tel：0990-5888818
克拉玛依山之阳文化传播有限公司
地址：新疆克拉玛依市胜利路56-8号（天池南村28-5号）
……………………Tel：0990-6858016
新疆星火文化传播有限公司
地址：新疆乌鲁木齐市水磨沟区南湖东路北二巷66号龙润锦城住宅区A栋7层3单元701室
……………………Tel：0991-2307356
乌鲁木齐市阿斯利进出口贸易有限公司
地址：新疆乌鲁木齐市天山区大湾北路876号西城国际商贸城1期市场2楼D243、D245号商铺
……………………Tel：0991-2560677
新疆远山国际贸易有限公司
地址：新疆乌鲁木齐市天山区新华北路66号新世纪小区1栋11层11A2
……………………Tel：0991-2605969
新疆北泽联盟商贸有限公司
地址：新疆乌鲁木齐经济技术开发区万寿山街991号5层516室
……………………Tel：0991-3633708
新疆博瑞恒商贸有限公司
地址：新疆乌鲁木齐市高新技术产业开发区（新市区）昆明路518号阳光·天和综合楼高层底商住宅楼215室
……………………Tel：0991-3686462
新疆田野生活商贸有限公司
地址：新疆乌鲁木齐高新技术产业开发区（新市区）曲扬街418号办公楼812-5室
……………………Tel：0991-3687697
新疆联宇实业有限公司
地址：新疆乌鲁木齐市水磨沟区安居南路802号鸿瑞豪庭3号楼1001室A区
……………………Tel：0991-4183182
新疆中仁天一信息科技有限公司
地址：新疆乌鲁木齐市沙依巴克区西虹路27号2号楼1单元602号
……………………Tel：0991-4543653
新疆金凯成教学设备有限公司
地址：新疆乌鲁木齐经济技术开发区（头屯河区）玄武湖路555号万达中心14号楼1113号
……………………Tel：09914598713
新疆福利多商贸有限公司
地址：新疆乌鲁木齐市沙依巴克区公园北街118号12栋1层
……………………Tel：0991-4800166
霍尔果斯兴源国际货运代理有限公司
地址：新疆伊犁州霍尔果斯兰新路华洋小区6号楼2单元701室
……………………Tel：0991-4886277
新疆金瑞鹏厨房设备有限公司
地址：新疆乌鲁木齐市沙依巴克区仓房沟路长胜三队。
……………………Tel：09915616633
新疆农副产品交易中心有限公司
地址：新疆乌鲁木齐市沙依巴克区扬子江路314号
……………………Tel：0991-5854022
乌鲁木齐金盛祥装修装饰工程有限公司
地址：新疆乌鲁木齐市头屯河区屯坪路西六巷14号楼二单元101室
……………………Tel：0991-6570088
托克逊县汇天力能源有限责任公司
地址：新疆吐鲁番市托克逊县伊拉湖镇布尔加依村望布车站东南方向2公里处
……………………Tel：0991-6773351
新疆西域轻工国际商贸城有限公司
地址：新疆乌鲁木齐市天山区大湾北路876号
……………………Tel：0991-7630585
新疆巴义篮电子商务有限公司
地址：新疆乌鲁木齐市天山区新华南路379号商业写字楼1栋19层商铺06
……………………Tel：0991-8553772
新疆三宝实业集团有限公司
地址：新疆乌鲁木齐经济技术开发区卫星路531号
……………………Tel：0991-8561818
新疆爱普瑞净化科技有限公司
地址：新疆乌鲁木齐市沙依巴克区城街685号荣和城二期B18栋1单元1001室
……………………Tel：0991-8735397
喀什发展商业投资管理有限公司
地址：新疆喀什地区喀什经济开发区深喀大道总部经济区川渝大厦11层1103-3室
……………………Tel：0991-8882700
奎屯鑫运信寄卖服务有限公司
地址：新疆伊犁州奎屯市南环西路61-1号
……………………Tel：0992-3211666
新疆吉瑞祥投资（集团）有限公司
地址：新疆昌吉州昌吉市昌五路30号
……………………Tel：0994-2338755
新疆亚克希姆建材有限公司
地址：新疆五家渠市二十三区猛进南路616号青湖·铭城商业综合楼二层
……………………Tel：09945808887
昌吉市汇京吉祥汽车销售服务有限公司
地址：新疆昌吉州昌吉市乌伊西路南侧夹滩村
……………………Tel：0994-6531660
新疆致善堂医药连锁有限公司
地址：新疆巴音郭楞蒙古自治州库尔勒市建设街道新华路龙兴苑小区一期1栋4层05号
……………………Tel：0996-2113232
新疆洁康达纸业有限公司
地址：新疆巴州尉犁县兴平乡境内、西尼尔水库南侧、218国道东侧（开发区二期内）
……………………Tel：0996-8691103
阿克苏中坤旅游有限公司
地址：新疆阿克苏地区阿克苏市美家物流园Q2栋1单元502室
……………………Tel：0997-2151931
阿克苏市政投资发展有限公司
地址：新疆阿克苏地区阿克苏市文化西路供排水公司办公楼四楼402室
……………………Tel：0997-8888178
新疆前海天路电子商务有限公司
地址：新疆喀什地区喀什市克孜都维路478号
……………………Tel：0998-2525087
新疆南达投资有限公司
地址：新疆喀什地区喀什市色满路66号
……………………Tel：0998-2839997
国药控股新疆新特喀什药业有限公司
地址：新疆喀什地区疏勒县南疆齐鲁工业园泰山路010号
……………………Tel：0998-6537575
国药集团新疆伊犁医疗器械有限公司
地址：新疆伊犁州伊宁市经济开发区重庆北路新发地国际广场18号三层
……………………Tel：0999-8130966
中港（霍尔果斯）投资有限公司
地址：新疆伊犁州霍尔果斯中哈边境合作中心A7地块国际会展中心服务区B101号
……………………Tel：0999-8796626

化肥农药
橡胶塑料
石油化工

一、行业综合分析

化肥农药、橡胶塑料、石油化工行业综合分析

石油化学工业简称石油化工，是化学工业的重要组成部分，它囊括了很多生产部门，如农药行业，化肥行业，橡胶助剂行业，塑料行业等，是国民经济重要的支柱产业和基础产业，资源、资金、技术密集，产业关联度高，经济总量大，产品应用范围广，在国民经济中占有十分重要的地位。目前我国已成为世界石化化工生产和消费大国。成品油、乙烯、合成树脂、无机原料、化肥、农药等重要大宗产品产量位居世界前列，基本满足国民经济和社会发展需要。

2013年，面对世界经济复苏乏力、国内经济下行压力加大的错综复杂形势，石化产业以提高经济发展质量为中心，加快转方式调结构促升级，生产稳步增长、经营情况向好、价格小幅下跌、投资结构优化、外贸稳中有升，总体呈平稳向好态势。2013年，规模以上化学原料及化学制品制造业增加值同比增长12.1%，高于同期工业增加值增速2.4个百分点；石化产业主营业务收入119663亿元，同比增长10%；石化产业经营情况总体向好，但盈利能力仍较弱，产业整体销售利润率4.2%，其中炼油行业销售利润率仅1.2%。从各行业销售利润率看，农药、专用化学品、橡胶制品盈利能力较强，基础化学原料、合成材料、化肥盈利能力相对较弱；石化产业完成投资17233亿元，同比增长16.8%；主要石化产品产量稳步增长，原油加工量47858万吨、成品油产量29616万吨、乙烯产量1623万吨，同比增长3.3%、4.4%、8.5%，合成树脂产量5837万吨、合成橡胶产量409万吨，同比增长11%、6.3%；化肥产量7154万吨，同比增长4.9%。

2014年前4月，石油和化工行业经济运行总体保持平稳态势。全行业实现利润总额2645.2亿元，同比增长2.2%，占同期全国规模工业利润总额的15%；全行业主营业务收入4.34万亿元，同比增长7.1%；固定资产投资5020.5亿元，同比增长14.4%；出口总额2269.7亿美元，同比增长7.4%。从石化主要产品产量看，2014年1-4月，全国原油天然气总产量1.06亿吨油当量，同比增长2.2%；累计生产化肥2206.39万吨，同比下降1.19%，化肥产量一改以前的增长态势变为全面下滑；累计生产农药原药109.2万吨，同比增长4.6%；塑料制品行业累计完成产量1932.9万吨，同比增长6.5%。

石油化工行业是我国国民经济的基础产业，也是能源资源消耗高和污染物排放量大的重点行业。“十一五”以来，石化和化学工业按照国家节能减排总体要求，加快产业结构调整步伐，积极推广节能环保新技术、新装备，不断加强企业能源和环保管理，全行业节能减排工作取得显著进展。炼油、乙烯、合成氨、烧碱、电石等重点产品单位综合能耗均有较大幅度下降，重点污染物减排任务均超额完成，部分企业能效指标居于世界先进水平。但是，石化和化学工业能源资源消耗高、污染物排放量大的局面尚未得到根本改变。2012年全行业综合能源消费量4.73亿吨标准煤，约占全国工业能耗总量的18%。行业技术装备工艺水平参差不齐，企业间节能、清洁生产、综合利用等方面工作开展情况差距较大，部分企业单位产品能耗与国际先进水平差距较大，节能环保水平离生态文明建设的要求还有一定差距，行业可持续发展面临新的挑战。2013年12月23日，工业和信息化部正式发布《石化和化学工业节能减排指导意见》。《意见》提出，到2017年底，石化行业万元工业增加值能耗比2012年下降18%，重点产品单位综合能耗持续下降，全行业化学需氧量、二氧化硫、氨氮、氮氧化物排放量分别比2012年下降8%、8%、10%和10%，单位工业增加值用水量降低30%，废水实现全部处理并稳定达标排放，水的重复利用率提高到93%以上，新增固体废物综合利用率达到75%，危

险废物无害化处置率达到100%。为确保国家中长期节能减排约束性目标和能源消费总量控制目标顺利实现，《意见》明确提出了优化调整产业结构、推动节能减排技术研发和推广、加快低碳能源开发利用等11项重点任务和强化监督管理、完善节能减排机制和优惠政策等6项具体措施。

2014年6月4日，国务院总理李克强主持召开国务院常务会议，部署石化产业科学布局和安全环保集约发展，定调石化产业未来“绿色、安全、高效”的发展方向。《石化产业规划布局方案》也在筹备中，而炼油、乙烯、芳烃（又称PX）是方案涉及的主要三类石化产品。2013年，我国乙烯、芳烃的对外依存度达到51.5%和53%，并呈现进一步扩大的趋势。而随着环保理念的普及，民众更加注重人居环境。《方案》正是在这样的背景下诞生。未来项目将按照安全环保优先的原则进行推进，并且常务会议首次提到“信息公开、保障公众知情权”。未来，类似PX项目环评将成为必过的关，在环评以及听证等环节的保障下，新项目审批将会陆续放开。

国家的积极支持和引导，为石油和化学工业转型发展创造了良好的政策环境。中国石油和化学工业已经形成了比较完整的产业体系，具有创新发展的内在活力和强劲动力。因此，中国石油和化学工业未来发展潜力巨大，具有较强的比较优势和广泛的发展空间。

“十二五”时期是保持我国经济平稳增长、实现石油和化学工业由大到强的关键时期。工信部印发的《石化和化学工业“十二五”发展规划》提出，“十二五”期间，全行业经济总量继续保持稳步增长，总产值年均增长13%左右。到2015年，石化和化学工业总产值增长到14万亿元左右。此外，《规划》还配套发布了《烯烃工业“十二五”发展规划》、《化肥工业“十二五”发展规划》、《危险化学品“十二五”发展布局规划》和《农药工业“十二五”发展规划》4个子规划。《规划》指出，到2015年，全国炼厂平均规模超过600万吨/年，石油路线乙烯装置平均规模达到70万吨/年以上。氮肥、农药、氯碱、纯碱、电石、轮胎等行业产业集中度进一步提高；全行业销售收入过千亿的企业达到10个以上。

由此可见，未来我国石油化工行业发展前景可期。

本文由中投顾问供稿

二、行业法规

中华人民共和国石油天然气管道保护法

(2010年6月25日第十一届全国人民代表大会常务委员会第十五次会议通过
2010年6月25日中华人民共和国主席令第三十号公布 自2010年10月1日起施行)

第一章　总　则

第一条　为了保护石油、天然气管道，保障石油、天然气输送安全，维护国家能源安全和公共安全，制定本法。

第二条　中华人民共和国境内输送石油、天然气的管道的保护，适用本法。

城镇燃气管道和炼油、化工等企业厂区内管道的保护，不适用本法。

第三条　本法所称石油包括原油和成品油，所称天然气包括天然气、煤层气和煤制气。

本法所称管道包括管道及管道附属设施。

第四条　国务院能源主管部门依照本法规定主管全国管道保护工作，负责组织编制并实施全国管道发展规划，统筹协调全国管道发展规划与其他专项规划的衔接，协调跨省、自治区、直辖市管道保护的重大问题。国务院其他有关部门依照有关法律、行政法规的规定，在各自职责范围内负责管道保护的相关工作。

第五条　省、自治区、直辖市人民政府能源主管部门和设区的市级、县级人民政府指定的部门，依照本法规定主管本行政区域的管道保护工作，协调处理本行政区域管道保护的重大问题，指导、监督有关单位履行管道保护义务，依法查处危害管道安全的违法行为。县级以上地方人民政府其他有关部门依照有关法律、行政法规的规定，在各自职责范围内负责管道保护的相关工作。

省、自治区、直辖市人民政府能源主管部门和设区的市级、县级人民政府指定的部门，统称县级以上地方人民政府主管管道保护工作的部门。

第六条　县级以上地方人民政府应当加强对本行政区域管道保护工作的领导，督促、检查有关部门依法履行管道保护职责，组织排除管道的重大外部安全隐患。

第七条　管道企业应当遵守本法和有关规划、建设、安全生产、质量监督、环境保护等法律、行政法规，执行国家技术规范的强制性要求，建立、健全本企业有关管道保护的规章制度和操作规程并组织实施，宣传管道安全与保护知识，履行管道保护义务，接受人民政府及其有关部门依法实施的监督，保障管道安全运行。

第八条　任何单位和个人不得实施危害管道安全的行为。

对危害管道安全的行为，任何单位和个人有权向县级以上地方人民政府主管管道保护工作的部门或者其他有关部门举报。接到举报的部门应当在职责范围内及时处理。

第九条　国家鼓励和促进管道保护新技术的研究开发和推广应用。

第二章　管道规划与建设

第十条　管道的规划、建设应当符合管道保护的要求，遵循安全、环保、节约用地和经济合理的原则。

第十一条　国务院能源主管部门根据国民经济和社会发展的需要组织编制全国管道发展规划。组织编制全国管道发展规划应当征求国务院有关部门以及有关省、自治区、直辖市人民政府的意见。

全国管道发展规划应当符合国家能源规划，并与土地利用总体规划、城乡规划以及矿产资源、环境保护、水利、铁路、公路、航道、港口、电信等规划相协调。

第十二条　管道企业应当根据全国管道发展规划编制管道建设规划，并将管道建设规划确定的管道建设选线方案报送拟建管道所在地县级以上地方人民政府城乡规划主管部门审核；经审核符合城乡规划的，应当依法纳入当地城乡规划。

纳入城乡规划的管道建设用地，不得擅自改变用途。

第十三条　管道建设的选线应当避开地震活动断层和容易发生洪灾、地质灾害的区域，与建筑物、构筑物、铁路、公路、航道、港口、市政设施、军事设施、电缆、光缆等保持本法和有关法律、行政法规以及国家技术规范的强制性要求规定的保护距离。

新建管道通过的区域受地理条件限制，不能满足前款规定的管道保护要求的，管道企业应当提出防护方案，经管道保护方面的专家评审论证，并经管道所在地县级以上地方人民政府主管管道保护工作的部门批准后，方可建设。

管道建设项目应当依法进行环境影响评价。

第十四条　管道建设使用土地，依照《中华人民共和国土地管理法》等法律、行政法规的规定执行。

依法建设的管道通过集体所有的土地或者他人取得使用权的国有土地，影响土地使用的，管道企业应当按照管道建设时土地的用途给予补偿。

第十五条　依照法律和国务院的规定，取得行政许可或者已报送备案并符合开工条件的管道项目的建设，任何单位和个人不得阻碍。

第十六条　管道建设应当遵守法律、行政法规有关建设工程质量管理的规定。

管道企业应当依照有关法律、行政法规的规定，选择具备相应资质的勘察、设计、施工、工程监理单位进行管道建设。

管道的安全保护设施应当与管道主体工程同时设计、同时施工、同时投入使用。

管道建设使用的管道产品及其附件的质量，应当符合国家技术规范的强制性要求。

第十七条　穿跨越水利工程、防洪设施、河道、航道、铁路、公路、港口、电力设施、通信设施、市政设施的管道的建设，应当遵守本法和有关法律、行政法规，执行国家技术规范的强制性要求。

第十八条　管道企业应当按照国家技术规范的强制性要求在管道沿线设置管道标志。管道标志毁损或者安全警示不清的，管道企业应当及时修复或者更新。

第十九条　管道建成后应当按照国家有关规定进行竣工验收。竣工验收应当审查管道是否符合本法规定的管道保护要求，经验收合格方可正式交付使用。

第二十条　管道企业应当自管道竣工验收合格之日起六十日内，将竣工测量图报管道所在地县级以上地方人民政府主管管道保护工作的部门备案；县级以上地方人民政府主管管道保护工作的部门应当将管道企业报送的管道竣工测量图分送本级人民政府规划、建设、国土资源、铁路、交通、水利、公安、安全生产监督管理等部门和有关军事机关。

第二十一条　地方各级人民政府编制、调整土地利用总体规划和城乡规划，需要管道改建、搬迁或者增加防护设施的，应当与管道企业协商确定补偿方案。

第三章　管道运行中的保护

第二十二条　管道企业应当建立、健全管道巡护制度，配备专门人员对管道线路进行日常巡护。管道巡护人员发现危害管道安全的情形或者隐患，应当按照规定及时处理和报告。

第二十三条　管道企业应当定期对管道进行检测、维修，确保其处于良好状态；对管道安全风险较大的区段和场所应当进行重点监测，采取有效措施防止管道事故的发生。

对不符合安全使用条件的管道，管道企业应当及时更新、改造或者停止使用。

第二十四条　管道企业应当配备管道保护所必需的人员和技术装备，研究开发和使用先进适用的管道保护技术，保证管道保护所必需的经费投入，并对在管道保护中做出突出贡献的单位和个人给予奖励。

第二十五条　管道企业发现管道存在安全隐患，应当及时排除。对管道存在的外部安全隐患，管道企业自身排除确有困难的，应当向县级以上地方人民政府主管管道保护工作的部门报告。接到报告的主管管道保护工作的部门应当及时协调排除或者报请人民政府及时组织排除安全隐患。

第二十六条　管道企业依法取得使用权的土地，任何单位和个人不得侵占。

为合理利用土地，在保障管道安全的条件下，管道企业可以与有关单位、个人约定，同意有关单位、个人种植浅根农作物。但是，因管道巡护、检测、维修造成的农作物损失，除另有约定外，管道企业不予赔偿。

第二十七条　管道企业对管道进行巡护、检测、维修等作业，管道沿线的有关单位、个人应当给予必要的便利。

因管道巡护、检测、维修等作业给土地使用权人或者其他单位、个人造成损失的，管道企业应当依法给予赔偿。

第二十八条　禁止下列危害管道安全的行为：

（一）擅自开启、关闭管道阀门；

（二）采用移动、切割、打孔、砸撬、拆卸等手段损坏管道；

（三）移动、毁损、涂改管道标志；

（四）在埋地管道上方巡查便道上行驶重型车辆；

（五）在地面管道线路、架空管道线路和管桥上行走或者放置重物。

第二十九条　禁止在本法第五十八条第一项所列管道附属设施的上方架设电力线路、通信线路或者在储气库构造区域范围内进行工程挖掘、工程钻探、采矿。

第三十条　在管道线路中心线两侧各五米地域范围内，禁止下列危害管道安全的行为：

（一）种植乔木、灌木、藤类、芦苇、竹子或者其他根系深达管道埋设部位可能损坏管道防腐层的深根植物；

（二）取土、采石、用火、堆放重物、排放腐蚀性物质、使用机械工具进行挖掘施工；

（三）挖塘、修渠、修晒场、修建水产养殖场、建温室、建家畜棚圈、建房以及修建其他建筑物、构筑物。

第二十 条　在管道线路中心线两侧和本法第五十八条第一项所列管道附属设施周边修建下列建筑物、构筑物的，建筑物、构筑物与管道线路和管道附属设施的距离应当符合国家技术规范的强制性要求：

（一）居民小区、学校、医院、娱乐场所、车站、商场等人口密集的建筑物；

（二）变电站、加油站、加气站、储油罐、储气罐等易燃易爆物品的生产、经营、存储场所。

前款规定的国家技术规范的强制性要求，应当按照保障管道及建筑物、构筑物安全和节约用地的原则确定。

第三十二条　在穿越河流的管道线路中心线两侧各五百米地域范围内，禁止抛锚、拖锚、挖砂、挖泥、采石、水下爆破。但是，在保障管道安全的条件下，为防洪和航道通畅而进行的养护疏浚作业除外。

第三十三条　在管道专用隧道中心线两侧各一千米地域范围内，除本条第二款规定的情形外，禁止采石、采矿、爆破。

在前款规定的地域范围内，因修建铁路、公路、水利工程等公共工程，确需实施采石、爆破作业的，应当经管道所在地县级人民政府主管管道保护工作的部门批准，并采取必要的安全防护措施，方可实施。

第三十四条　未经管道企业同意，其他单位不得使用管道专用伴行道路、管道水工防护设施、管道专用隧道等管道附属设施。

第三十五条　进行下列施工作业，施工单位应当向管道所在地县级人民政府主管管道保护工作的部门提出申请：

（一）穿跨越管道的施工作业；

（二）在管道线路中心线两侧各五米至五十米和本法第五十八条第一项所列管道附属设施周边一百米地域范围内，新建、改建、扩建铁路、公路、河渠，架设电力线路，埋设地下电缆、光缆，设置安全接地体、避雷接地体；

（三）在管道线路中心线两侧各二百米和本法第五十八条第一项所列管道附属设施周边五百米地域范围内，进行爆破、地震法勘探或者工程挖掘、工程钻探、采矿。

县级人民政府主管管道保护工作的部门接到申请后，应当组织施工单位与管道企业协商确定施工作业方案，并签订安全防护协议；协商不成的，主管管道保护工作的部门应当组织进行安全评审，作出是否批准作业的决定。

第三十六条　申请进行本法第三十三条第二款、第三十五条规定的施工作业，应当符合下列条件：

（一）具有符合管道安全和公共安全要求的施工作业方案；

（二）已制定事故应急预案；

（三）施工作业人员具备管道保护知识；

（四）具有保障安全施工作业的设备、设施。

第三十七条　进行本法第三十三条第二款、第三十五条规定的施工作业，应当在开工七日前书面通知管道企业。管道企业应当指派专门人员到现场进行管道保护安全指导。

第三十八条　管道企业在紧急情况下进行管道抢修作业，可以先行使用他人土地或者设施，但应当及时告知土地或者设施的所有权人或者使用权人。给土地或者设施的所有权人或者使用权人造成损失的，管道企业应当依法给予赔偿。

第三十九条　管道企业应当制定本企业管道事故应急预案，并报管道所在地县级人民政府主管管道保护工作的部门备案；配备抢险救援人员和设备，并定期进行管道事故应急救援演练。

发生管道事故，管道企业应当立即启动本企业管道事故应急预案，按照规定及时通报可能受到事故危害的单位和居民，采取有效措施消除或者减轻事故危害，并依照有关事故调查处理的法律、行政法规的规定，向事故发生地县级人民政府主管管道保护工作的部门、安全生产监督管理部门和其他有关部门报告。

接到报告的主管管道保护工作的部门应当按照规定及时上报事故情况，并根据管道事故的实际情况组织采取事故处置措施或者报请人民政府及时启动本行政区域管道事故应急预案，组织进行事故应急处置与救援。

第四十条　管道泄漏的石油和因管道抢修排放的石油造成环境污染的，管道企业应当及时治理。因第三人的行为致使管道泄漏造成环境污染的，管道企业有权向第三人追偿治理费用。

环境污染损害的赔偿责任，适用《中华人民共和国侵权责任法》和防治环境污染的法律的有关规定。

第四十一条　管道泄漏的石油和因管道抢修排放的石油，由管道企业回收、处理，任何单位和个人不得侵占、盗窃、哄抢。

第四十二条　管道停止运行、封存、报废的，管道企业应当采取必要的安全防护措施，并报县级以上地方人民政府主管管道保护工作的部门备案。

第四十三条　管道重点保护部位，需要由中国人民武装警察部队负责守卫的，依照《中华人民共和国人民武装警察法》和国务院、中央军事委员会的有关规定执行。

第四章　管道建设工程与其他建设工程相遇关系的处理

第四十四条　管道建设工程与其他建设工程的相遇关系，依照法律的规定处理；法律没有规定的，由建设工程双方按照下列原则协商处理，并为对方提供必要的便利：

（一）后开工的建设工程服从先开工或者已建成的建设工程；

（二）同时开工的建设工程，后批准的建设工程服从先批准的建设工程。

依照前款规定，后开工或者后批准的建设工程，应当符合先开工、已建成或者先批准的建设工程的安全防护要求；需要先开工、已建成或者先批准的建设工程改建、搬迁或者增加防护设施的，后开工或者后批准的建设工程一方应当承担由此增加的费用。

管道建设工程与其他建设工程相遇的，建设工程双方应当协商确定施工作业方案并签订安全防护协议，指派专门人员现场监督、指导对方施工。

第四十五条　经依法批准的管道建设工程，需要通过正在建设的其他建设工程的，其他工程建设单位应当按照管道建设工程的需要，预留管道通道或者预建管道通过设施，管道企业应当承担由此增加的费用。

经依法批准的其他建设工程，需要通过正在建设的管道建设工程的，管道建设单位应当按照其他建设工程的需要，预留通道或者预建相关设施，其他工程建设单位应当承担由此增加的费用。

第四十六条　管道建设工程通过矿产资源开采区域的，管道企业应当与矿产资源开采企业协商确定管道的安全防护方案，需要矿产资源开采企业按照管道安全防护要求预建防护设施或者采取其他防护措施的，管道企业应当承担由此增加的费用。

矿产资源开采企业未按照约定预建防护设施或者采取其他防护措施，造成地面塌陷、裂缝、沉降等地质灾害，致使管道需要改建、搬迁或者采取其他防护措施的，矿产资源开采企业应当承担由此增加的费用。

第四十七条　铁路、公路等建设工程修建防洪、分流等水工防护设施，可能影响管道保护的，应当事先通知管道企业并注意保护下游已建成的管道水工防护设施。

建设工程修建防洪、分流等水工防护设施，使下游已建成的管道水工防护设施的功能受到影响，需要新建、改建、扩建管道水工防护设施的，工程建设单位应当承担由此增加的费用。

第四十八条　县级以上地方人民政府水行政主管部门制定防洪、泄洪方案应当兼顾管道的保护。

需要在管道通过的区域泄洪的，县级以上地方人民政府水行政主管部门应当在泄洪方案确定后，及时将泄洪量和泄洪时间通知本级人民政府主管管道保护工作的部门和管道企业或者向社会公告。主管管道保护工作的部门和管道企业应当对管道采取防洪保护措施。

第四十九条　管道与航道相遇，确需在航道中修建管道防护设施的，应当进行通航标准技术论证，并经航道主管部门批准。管道防护设施完工后，应经航道主管部门验收。

进行前款规定的施工作业，应当在批准的施工区域内设置航标，航标的设置和维护费用由管道企业承担。

第五章 法律责任

第五十条 管道企业有下列行为之一的，由县级以上地方人民政府主管管道保护工作的部门责令限期改正；逾期不改正的，处二万元以上十万元以下的罚款；对直接负责的主管人员和其他直接责任人员给予处分：

（一）未依照本法规定对管道进行巡护、检测和维修的；

（二）对不符合安全使用条件的管道未及时更新、改造或者停止使用的；

（三）未依照本法规定设置、修复或者更新有关管道标志的；

（四）未依照本法规定将管道竣工测量图报人民政府主管管道保护工作的部门备案的；

（五）未制定本企业管道事故应急预案，或者未将本企业管道事故应急预案报人民政府主管管道保护工作的部门备案的；

（六）发生管道事故，未采取有效措施消除或者减轻事故危害的；

（七）未对停止运行、封存、报废的管道采取必要的安全防护措施的。

管道企业违反本法规定的行为同时违反建设工程质量管理、安全生产、消防等其他法律的，依照其他法律的规定处罚。

管道企业给他人合法权益造成损害的，依法承担民事责任。

第五十一条 采用移动、切割、打孔、砸撬、拆卸等手段损坏管道或者盗窃、哄抢管道输送、泄漏、排放的石油、天然气，尚不构成犯罪的，依法给予治安管理处罚。

第五十二条 违反本法第二十九条、第三十条、第三十二条或者第三十三条第一款的规定，实施危害管道安全行为的，由县级以上地方人民政府主管管道保护工作的部门责令停止违法行为；情节较重的，对单位处一万元以上十万元以下的罚款，对个人处二百元以上二千元以下的罚款；对违法修建的建筑物、构筑物或者其他设施限期拆除；逾期未拆除的，由县级以上地方人民政府主管管道保护工作的部门组织拆除，所需费用由违法行为人承担。

第五十三条 未经依法批准，进行本法第三十三条第二款或者第三十五条规定的施工作业的，由县级以上地方人民政府主管管道保护工作的部门责令停止违法行为；情节较重的，处一万元以上五万元以下的罚款；对违法修建的危害管道安全的建筑物、构筑物或者其他设施限期拆除；逾期未拆除的，由县级以上地方人民政府主管管道保护工作的部门组织拆除，所需费用由违法行为人承担。

第五十四条 违反本法规定，有下列行为之一的，由县级以上地方人民政府主管管道保护工作的部门责令改正；情节严重的，处二百元以上一千元以下的罚款：

（一）擅自开启、关闭管道阀门的；

（二）移动、毁损、涂改管道标志的；

（三）在埋地管道上方巡查便道上行驶重型车辆的；

（四）在地面管道线路、架空管道线路和管桥上行走或者放置重物的；

（五）阻碍依法进行的管道建设的。

第五十五条 违反本法规定，实施危害管道安全的行为，给管道企业造成损害的，依法承担民事责任。

第五十六条 县级以上地方人民政府及其主管管道保护工作的部门或者其他有关部门，违反本法规定，对应当组织排除的管道外部安全隐患不及时组织排除，发现危害管道安全的行为或者接到对危害管道安全行为的举报后不依法予以查处，或者有其他不依照本法规定履行职责的行为的，由其上级机关责令改正，对直接负责的主管人员和其他直接责任人员依法给予处分。

第五十七条　违反本法规定，构成犯罪的，依法追究刑事责任。

第六章　附　则

第五十八条　本法所称管道附属设施包括：

（一）管道的加压站、加热站、计量站、集油站、集气站、输油站、输气站、配气站、处理场、清管站、阀室、阀井、放空设施、油库、储气库、装卸栈桥、装卸场；

（二）管道的水工防护设施、防风设施、防雷设施、抗震设施、通信设施、安全监控设施、电力设施、管堤、管桥以及管道专用涵洞、隧道等穿跨越设施；

（三）管道的阴极保护站、阴极保护测试桩、阳极地床、杂散电流排流站等防腐设施；

（四）管道穿越铁路、公路的检漏装置；

（五）管道的其他附属设施。

第五十九条　本法施行前在管道保护距离内已建成的人口密集场所和易燃易爆物品的生产、经营、存储场所，应当由所在地人民政府根据当地的实际情况，有计划、分步骤地进行搬迁、清理或者采取必要的防护措施。需要已建成的管道改建、搬迁或者采取必要的防护措施的，应当与管道企业协商确定补偿方案。

第六十条　国务院可以根据海上石油、天然气管道的具体情况，制定海上石油、天然气管道保护的特别规定。

第六十一条　本法自2010年10月1日起施行。

农药管理条例（修订）

（1997年5月8日国务院发布 根据2001年11月29日《国务院关于修改〈农药管理条例〉的决定》修订）

第一章　总　则

第一条　为了加强对农药生产、经营和使用的监督管理，保证农药质量，保护农业、林业生产和生态环境，维护人畜安全，制定本条例。

第二条　本条例所称农药，是指用于预防、消灭或者控制危害农业、林业的病、虫、草和其他有害生物以及有目的地调节植物、昆虫生长的化学合成或者来源于生物、其他天然物质的一种物质或者几种物质的混合物及其制剂。

前款农药包括用于不同目的、场所的下列各类：

（一）预防、消灭或者控制危害农业、林业的病、虫（包括昆虫、蜱、螨）、草和鼠、软体动物等有害生物的；

（二）预防、消灭或者控制仓储病、虫、鼠和其他有害生物的；

（三）调节植物、昆虫生长的；

（四）用于农业、林业产品防腐或者保鲜的；

（五）预防、消灭或者控制蚊、蝇、蜚蠊、鼠和其他有害生物的；

（六）预防、消灭或者控制危害河流堤坝、铁路、机场、建筑物和其他场所的有害生物的。

第三条　在中华人民共和国境内生产、经营和使用农药的，应当遵守本条例。

第四条　国家鼓励和支持研制、生产和使用安全、高效、经济的农药。

第五条　国务院农业行政主管部门负责全国的农药登记和农药监督管理工作。省、自治区、直辖市人民政府农业行政主管部门协助国务院农业行政主管部门做好本行政区域内的农药登记，并负责本行政区域内的农药监督管理工作。县级人民政府和设区的市、自治州人民政府的农业行政主管部门负责本行政区域内的农药监督管理工作。

县级以上各级人民政府其他有关部门在各自的职责范围内负责有关的农药监督管理工作。

第二章　农药登记

第六条　国家实行农药登记制度。

生产（包括原药生产、制剂加工和分装，下同）农药和进口农药，必须进行登记。

第七条　国内首次生产的农药和首次进口的农药的登记，按照下列三个阶段进行：

（一）田间试验阶段：申请登记的农药，由其研制者提出田间试验申请，经批准，方可进行田间试验；田间试验阶段的农药不得销售。

（二）临时登记阶段：田间试验后，需要进行田间试验示范、试销的农药以及在特殊情况下需要使用的农药，由其生产者申请临时登记，经国务院农业行政主管部门发给农药临时登记证后，方可在规定的范围内进行田间试验示范、试销。

（三）正式登记阶段：经田间试验示范、试销可以作为正式商品流通的农药，由其生产者申请正式登记，经国务院农业行政主管部门发给农药登记证后，方可生产、销售。

农药登记证和农药临时登记证应当规定登记有效期限；登记有效期限届满，需要继续生产或者继续向中国出售农药产品的，应当在登记有效期限届满前申请续展登记。

经正式登记和临时登记的农药，在登记有效期限内改变剂型、含量或者使用范围、使用方法的，应当申请变更登记。

第八条　依照本条例第七条的规定申请农药登记时，其研制者、生产者或者向中国出售农药的外国企业应当向国务院农业行政主管部门或者经由省、自治区、直辖市人民政府农业行政主管部门向国务院农业行政主管部门提供农药样品，并按照国务院农业行政主管部门规定的农药登记要求，提供农药的产品化学、毒理学、药效、残留、环境影响、标签等方面的资料。

国务院农业行政主管部门所属的农药检定机构负责全国的农药具体登记工作。省、自治区、直辖市人民政府农业行政主管部门所属的农药检定机构协助做好本行政区域内的农药具体登记工作。

第九条　国务院农业、林业、工业产品许可管理、卫生、环境保护、粮食部门和全国供销合作总社等部门推荐的农药管理专家和农药技术专家，组成农药登记评审委员会。

农药正式登记的申请资料分别经国务院农业、工业产品许可管理、卫生、环境保护部门和全国供销合作总社审查并签署意见后，由农药登记评审委员会对农药的产品化学、毒理学、药效、残留、环境影响等作出评价。根据农药登记评审委员会的评价，符合条件的，由国务院农业行政主管部门发给农药登记证。

第十条　国家对获得首次登记的、含有新化合物的农药的申请人提交的其自己所取得且未披露的试验数据和其他数据实施保护。

自登记之日起6年内，对其他申请人未经已获得登记的申请人同意，使用前款数据申请农药登记的，登记机关不予登记；但是，其他申请人提交其自己所取得的数据的除外。

除下列情况外，登记机关不得披露第一款规定的数据：

（一）公共利益需要；

（二）已采取措施确保该类信息不会被不正当地进行商业使用。

第十一条　生产其他厂家已经登记的相同农药产品的，其生产者应当申请办理农药登记，提供农药样品和本条例第八条规定的资料，由国务院农业行政主管部门发给农药登记证。

第三章　农药生产

第十二条　农药生产应当符合国家农药工业的产业政策。

第十三条　开办农药生产企业（包括联营、设立分厂和非农药生产企业设立农药生产车间），应当具备下列条件，并经企业所在地的省、自治区、直辖市工业产品许可管理部门审核同意后，报国务院工业产品许可管理部门批准；但是，法律、行政法规对企业设立的条件和审核或者批准机关另有规定的，从其规定：

（一）有与其生产的农药相适应的技术人员和技术工人；

（二）有与其生产的农药相适应的厂房、生产设施和卫生环境；

（三）有符合国家劳动安全、卫生标准的设施和相应的劳动安全、卫生管理制度；

（四）有产品质量标准和产品质量保证体系；

（五）所生产的农药是依法取得农药登记的农药；

（六）有符合国家环境保护要求的污染防治设施和措施，并且污染物排放不超过国家和地方规定的排放标准。

农药生产企业经批准后，方可依法向工商行政管理机关申请领取营业执照。

第十四条　国家实行农药生产许可制度。

生产有国家标准或者行业标准的农药的，应当向国务院工业产品许可管理部门申请农药生产许可证。

生产尚未制定国家标准、行业标准但已有企业标准的农药的，应当经省、自治区、直辖市工业产品许可管理部门审核同意后，报国务院工业产品许可管理部门批准，发给农药生产批准文件。

第十五条　农药生产企业应当按照农药产品质量标准、技术规程进行生产，生产记录必须完整、准确。

第十六条　农药产品包装必须贴有标签或者附具说明书。标签应当紧贴或者印制在农药包装物上。标签或者说明书上应当注明农药名称、企业名称、产品批号和农药登记证号或者农药临时登记证号、农药生产许可证号或者农药生产批准文件号以及农药的有效成份、含量、重量、产品性能、毒性、用途、使用技术、使用方法、生产日期、有效期和注意事项等；农药分装的，还应当注明分装单位。

第十七条　农药产品出厂前，应当经过质量检验并附具产品质量检验合格证；不符合产品质量标准的，不得出厂。

第四章　农药经营

第十八条　下列单位可以经营农药：

（一）供销合作社的农业生产资料经营单位；

（二）植物保护站；

（三）土壤肥料站；

（四）农业、林业技术推广机构；

（五）森林病虫害防治机构；

（六）农药生产企业；

（七）国务院规定的其他经营单位。经营的农药属于化学危险物品的，应当按照国家有关规定办理经营许可证。

第十九条　农药经营单位应当具备下列条件和有关法律、行政法规规定的条件，并依法向工商行政管理机关申请领取营业执照后，方可经营农药：

（一）有与其经营的农药相适应的技术人员；

（二）有与其经营的农药相适应的营业场所、设备、仓储设施、安全防护措施和环境污染防治设施、措施；

（三）有与其经营的农药相适应的规章制度；

（四）有与其经营的农药相适应的质量管理制度和管理手段。

第二十条　农药经营单位购进农药，应当将农药产品与产品标签或者说明书、产品质量合格证核对无误，并进行质量检验。

禁止收购、销售无农药登记证或者农药临时登记证、无农药生产许可证或者农药生产批准文件、无产品质量标准和产品质量合格证和检验不合格的农药。

第二十一条　农药经营单位应当按照国家有关规定做好农药储备工作。

贮存农药应当建立和执行仓储保管制度，确保农药产品的质量和安全。

第二十二条　农药经营单位销售农药，必须保证质量，农药产品与产品标签或者说明书、产品质量合格证应当核对无误。

农药经营单位应当向使用农药的单位和个人正确说明农药的用途、使用方法、用量、中毒急救措施和注意事项。

第二十三条　超过产品质量保证期限的农药产品，经省级以上人民政府农业行政主管部门所属的农药检定机构检验，符合标准的，可以在规定期限内销售；但是，必须注明“过期农药”字样，并附具使用方法和用量。

第五章　农药使用

第二十四条　县级以上各级人民政府农业行政主管部门应当根据“预防为主，综合防治”的植保方针，组织推广安全、高效农药，开展培训活动，提高农民施药技术水平，并做好病虫害预测预报工作。

第二十五条　县级以上地方各级人民政府农业行政主管部门应当加强对安全、合理使用农药的指导，根据本地区农业病、虫、草、鼠害发生情况，制定农药轮换使用规划，有计划地轮换使用农药，减缓病、虫、草、鼠的抗药性，提高防治效果。

第二十六条　使用农药应当遵守农药防毒规程，正确配药、施药，做好废弃物处理和安全防护工作，防止农药污染环境和农药中毒事故。

第二十七条　使用农药应当遵守国家有关农药安全、合理使用的规定，按照规定的用药量、用药次数、用药方法和安全间隔期施药，防止污染农副产品。

剧毒、高毒农药不得用于防治卫生害虫，不得用于蔬菜、瓜果、茶叶和中草药材。

第二十八条　使用农药应当注意保护环境、有益生物和珍稀物种。

严禁用农药毒鱼、虾、鸟、兽等。

第二十九条　林业、粮食、卫生行政部门应当加强对林业、储粮、卫生用农药的安全、合理使用的指导。

第六章　其他规定

第三十条　任何单位和个人不得生产未取得农药生产许可证或者农药生产批准文件的农药。

任何单位和个人不得生产、经营、进口或者使用未取得农药登记证或者农药临时登记证的农药。

进口农药应当遵守国家有关规定，货主或者其代理人应当向海关出示其取得的中国农药登记证或者农药临时登记证。

第三十一条　禁止生产、经营和使用假农药。

下列农药为假农药：

（一）以非农药冒充农药或者以此种农药冒充他种农药的；

（二）所含有效成份的种类、名称与产品标签或者说明书上注明的农药有效成份的种类、名称不符的。

第三十二条　禁止生产、经营和使用劣质农药。

下列农药为劣质农药：

（一）不符合农药产品质量标准的；

（二）失去使用效能的；

（三）混有导致药害等有害成份的。

第三十三条　禁止经营产品包装上未附标签或者标签残缺不清的农药。

第三丨四条　未经登记的农药，禁止刊登、播放、设置、张贴广告。

农药广告内容必须与农药登记的内容一致，并依照广告法和国家有关农药广告管理的规定接受审查。

第三十五条　经登记的农药，在登记有效期内发现对农业、林业、人畜安全、生态环境有严重危害的，经农药登记评审委员会审议，由国务院农业行政主管部门宣布限制使用或者撤销登记。

第三十六条　任何单位和个人不得生产、经营和使用国家明令禁止生产或者撤销登记的农药。

第三十七条　县级以上各级人民政府有关部门应当做好农副产品中农药残留量的检测工作，并公布检测结果。

第三十八条　禁止销售农药残留量超过标准的农副产品。

第三十九条　处理假农药、劣质农药、过期报废农药、禁用农药、废弃农药包装和其他含农药的废弃物，必须严格遵守环境保护法律、法规的有关规定，防止污染环境。

第七章　罚　则

第四十条　有下列行为之一的，依照刑法关于非法经营罪或者危险物品肇事罪的规定，依法追究刑事责任；尚不够刑事处罚的，由农业行政主管部门按照以下规定给予处罚：

（一）未取得农药登记证或者农药临时登记证，擅自生产、经营农药的，或者生产、经营已撤销登记的农药的，责令停止生产、经营，没收违法所得，并处违法所得1倍以上10倍以下的罚款；没有违法所得的，并处10万元以下的罚款；

（二）农药登记证或者农药临时登记证有效期限届满未办理续展登记，擅自继续生产该农药的，责令限期补办续展手续，没收违法所得，可以并处违法所得5倍以下的罚款；没有违法所得的，可以并处5万元以下的罚款；逾期不补办的，由原发证机关责令停止生产、经营，吊销农药登记证或者农药临时登记证；

（三）生产、经营产品包装上未附标签、标签残缺不清或者擅自修改标签内容的农药产品的，给予警告，没收违法所得，可以并处违法所得3倍以下的罚款；没有违法所得的，可以并处3万元以下的罚款；

（四）不按照国家有关农药安全使用的规定使用农药的，根据所造成的危害后果，给予警告，可以并处3万元以下的罚款。

第四十一条　有下列行为之一的，由省级以上人民政府工业产品许可管理部门按照以下规定给予处罚：

（一）未经批准，擅自开办农药生产企业的，或者未取得农药生产许可证或者农药生产批准文件，擅自生产农药的，责令停止生产，没收违法所得，并处违法所得1倍以上10倍以下的罚款；没有违法所得的，并处10万元以下的罚款；

（二）未按照农药生产许可证或者农药生产批准文件的规定，擅自生产农药的，责令停止生产，没收违法所得，并处违法所得1倍以上5倍以下的罚款；没有违法所得的，并处5万元以下的罚款；情节严重的，由原发证机关吊销农药生产许可证或者农药生产批准文件。

第四十二条　假冒、伪造或者转让农药登记证或者农药临时登记证、农药登记证号或者农药临时登记证号、农药生产许可证或者农药生产批准文件、农药生产许可证号或者农药生产批准文件号的，依照刑法关于非法经营罪或者伪造、变造、买卖国家机关公文、证件、印章罪的规定，依法追究刑事责任；尚不够刑事处罚的，由农业行政主管部门收缴或者吊销农药登记证或者农药临时登记证，由工业产品许可管理部门收缴或者吊销农药生产许可证或者农药生产批准文件，由农业行政主管部门或者工业产品许可管理部门没收违法所得，可以并处违法所得10倍以下的罚款；没有违法所得的，可以并处10万元以下的罚款。

第四十三条　生产、经营假农药、劣质农药的，依照刑法关于生产、销售伪劣产品罪或者生产、销售伪劣农药罪的规定，依法追究刑事责任；尚不够刑事处罚的，由农业行政主管部门或者法律、行政法规规定的其他有关部门没收假农药、劣质农药和违法所得，并处违法所得1倍以上10倍以下的罚款；没有违法所得的，并处10万元以下的罚款；情节严重的，由农业行政主管部门吊销农药登记证或者农药临时登记证，由工业产品许可管理部门吊销农药生产许可证或者农药生产批准文件。

第四十四条　违反工商行政管理法律、法规，生产、经营农药的，或者违反农药广告管理规定的，依照刑法关于非法经营罪或者虚假广告罪的规定，依法追究刑事责任；尚不够刑事处罚的，由工商行政管理机关依照有关法律、法规的规定给予处罚。

第四十五条　违反本条例规定，造成农药中毒、环境污染、药害等事故或者其他经济损失的，应当依法赔偿。

第四十六条　违反本条例规定，在生产、储存、运输、使用农药过程中发生重大事故的，对直接负责的主管人员和其他直接责任人员，依照刑法关于危险物品肇事罪的规定，依法追究刑事责任；尚不够刑事处罚的，依法给予行政处分。

第四十七条　农药管理工作人员滥用职权、玩忽职守、徇私舞弊、索贿受贿的，依照刑法关于滥用职权罪、玩忽职守罪或者受贿罪的规定，依法追究刑事责任；尚不够刑事处罚的，依法给予行政处分。

第八章　附　则

第四十八条　中华人民共和国缔结或者参加的与农药有关的国际条约与本条例有不同规定的，适用国际条约的规定；但是，中华人民共和国声明保留的条款除外。

第四十九条　本条例自1997年5月8日起施行。

三、相关企业介绍

北京市

新投能源控股（北京）有限公司
地址：北京市平谷区马昌营镇天井大街甲2号
…………Tel：010-50951000
北京中合农发企业管理有限公司
地址：北京市朝阳区望京北路9号9幢2层D217
…………Tel：010-51077535
正信电子商务有限公司
地址：北京市朝阳区小营路9号3号楼2层207
…………Tel：010-51077535
德成北方实业有限公司
地址：北京市海淀区清河嘉园东区甲1号楼三层301-60号
…………Tel：010-51087809
北京三兴加腾石化集团有限公司
地址：北京市房山区城关街道农林路1号(北京石油交易所100178号)
…………Tel：010-51238333
京铁物流有限公司
地址：北京市西城区南蜂窝路9-2号902室
…………Tel：010-51266633-501
北京橡院橡胶轮胎检测技术服务有限公司
地址：北京市海淀区阜石路甲19号(西南区)18号楼
…………Tel：010-51338028
北京橡胶工业研究设计院有限公司
地址：北京市海淀区阜石路甲19号
…………Tel：010-51338031
冀东发展集团国际贸易有限公司
地址：北京市通州区北皇木厂街2号院3号楼13层1322
…………Tel：010-51399960
德农种业股份公司
地址：北京市海淀区中关村南大街甲6号17层1701
…………Tel：010-51582999
北京圣特华科橡胶有限公司
地址：北京市石景山区体育场南路2号812A
…………Tel：010-51810173
中铁联合物流股份有限公司
地址：北京市怀柔区杨宋镇和平路16号156室
…………Tel：010-51820448
北京京铁经贸有限公司
地址：北京市西城区广安门外车站东街9号
…………Tel：010-51861059
北京京铁天佑酒店管理有限公司
地址：北京市丰台区北京西站东附楼二层
…………Tel：010-51861555
中铁快运股份有限公司
地址：北京市丰台区科学城中核路7号
…………Tel：010-51873469
中铁物总进出口有限公司
地址：北京市西城区宣武门大街28号(大成广场1门16层)
…………Tel：010-51877909
中铁现代物流科技股份有限公司
地址：北京市海淀区皂君庙14号院1号楼201.202室
…………Tel：010-51895315
国投国际贸易（北京）有限公司
地址：北京市朝阳区惠新西街19号9层901室
…………Tel：010-52021875
中国牧工商集团有限公司
地址：北京市丰台区南四环西路188号十一区20号楼
…………Tel：010-52238827
北京石油化工工程有限公司
地址：北京市朝阳区天居园7号楼3层301
…………Tel：010-52243081
华开世纪集团有限公司
地址：北京市丰台区丰管路16号9号楼3层3045B室
…………Tel：010-52297086
中证明阳集团有限公司
地址：北京市朝阳区望京北路39号11号楼1层会所106
…………Tel：010-52297086
中铁中基（北京）贸易有限公司
地址：北京市顺义区木林镇李各庄村杨木路5号
…………Tel：010-52326969
北京普惠联盟商贸有限公司
地址：北京市北京经济技术开发区地盛南街甲1号4号楼6层606室
…………Tel：010-52402337
北京易军通科技股份有限公司
地址：北京市北京经济技术开发区地盛南街甲1号4号楼5层505室
…………Tel：010-52402337
易商通环球控股集团有限公司
地址：北京市北京经济技术开发区地盛南街甲1号4号楼6层601室
…………Tel：010-52402337
北京易商通科技股份有限公司
地址：北京市北京经济技术开发区地盛南街甲1号4号楼5层506室
…………Tel：010-52402337
中储农垦有限公司
地址：北京市通州区环景路18号院6号楼3层301室
…………Tel：010-52471869
北京亿美汇金信息技术有限责任公司
地址：北京市朝阳区锦芳路1号院10号楼7层719
…………Tel：010-52831132
中国石化咨询有限责任公司
地址：北京市朝阳区安外小关街24号
…………Tel：010-52826100
中润国力集团有限公司
地址：北京市北京经济技术开发区（通州）兴留三街18号院17号楼8层809
…………Tel：010-53320406
北京红林叶茂商贸有限公司
地址：北京市朝阳区南沙滩66号院1号楼商业1-2-(2)B区a661号
…………Tel：010-53320876
中铁泰吉利石油化工有限公司
地址：北京市密云区兴盛南路8号院2号楼106室-1234(商务区集中办公区)
…………Tel：010-53325560
京朋亿万（北京）农业有限公司
地址：北京市顺义区南法信镇顺平路南法信段9号院1幢7层705室
…………Tel：010-53355458
晖农集团有限公司
地址：北京市丰台区汽车博物馆南路3号院A座603
…………Tel：010-53513969
北京世农科技发展有限公司
地址：北京市东城区南竹杆胡同2号1幢5层50632
…………Tel：010-53558133
御室（北京）控股集团有限公司
地址：北京市东城区东直门外大街48号1幢18层办公楼20D
…………Tel：010-53656911
中玥世纪国际贸易有限公司
地址：北京市朝阳区亮马桥路甲40号1幢16层1602号12
…………Tel：010-53678100
国药种业有限公司
地址：北京市海淀区西四环北路15号07层801
…………Tel：010-53771890
中联橡胶股份有限公司
地址：北京市朝阳区慧忠路5号12层C1201
…………Tel：010-53779600
中生康养（北京）生态环境科技有限公司
地址：北京市西城区百万庄大街16号1号楼5层1535室
…………Tel：010-53813131
北京耀硕贸易有限公司
地址：北京市海淀区阳光南里32号楼1层1010
…………Tel：010-53821860
中农国联冷链物流有限公司
地址：北京市密云区双燕街3号院10号等22幢(5幢-101)
…………Tel：010-56023000
书行科技（北京）有限公司
地址：北京市朝阳区安定路5号院5号楼18层01单元
…………Tel：010-56025502
中合汇农有限公司
地址：北京市门头沟区石龙经济开发区永安路20号3号楼A-5742室
…………Tel：010-56071779
新农利合供应链管理有限公司
地址：北京市门头沟区石龙经济开发区永安路20号3号楼A-4269室
…………Tel：010-56071779
北京三快科技有限公司
地址：北京市海淀区海淀大街38号楼18层22-01
…………Tel：010-56115484
掌上微联科技有限公司
地址：北京市大兴区北兴路(东段)2号院19号楼4层411室
…………Tel：010-56122879
太古工程管理（北京）有限公司
地址：北京市门头沟区大台商贸公司玉皇庙门市部2幢1至2层DT0147
…………Tel：010-56126000
中骏兴烟科技发展有限公司
地址：北京市朝阳区十里堡1号112号楼223室
…………Tel：010-56137497
中金国泰电子科技（北京）有限公司
地址：北京市朝阳区南沙滩66号院1号楼商业1-2-(2)b091号
…………Tel：010-56142788
北京盈科宏业石油化工投资管理有限公司
地址：北京市海淀区苏州街16号(北京神州数码大厦)18层1827室
…………Tel：010-56142788
北京天健石油化工有限公司
地址：北京市房山区阎村镇焦庄村西大件路北侧1号楼1层107室
…………Tel：010-56196602
中农批长信（北京）环保科技有限公司
地址：北京市通州区中关村科技园区通州园光机电一体化产业基地经海五路1号院4号楼055室
…………Tel：010-56235225
中城创展农业科技有限公司
地址：北京市平谷区平谷镇下纸寨东路5号—3
…………Tel：010-56236046
北京燕炼宏远石油化工有限公司
地址：北京市怀柔区桥梓镇上王峪村村委会南3000米
…………Tel：010-56259070
国本控股有限公司
地址：北京市东城区东直门南大街甲3号15层1501室
…………Tel：010-56283903
中商国富控股有限公司
地址：北京市东城区东水井胡同11号楼9层10B08
…………Tel：010-56283903
恒天幸福投资控股有限公司
地址：北京市昌平区政府街15号8层801
…………Tel：010-56297835
北京正佳精准生物科技有限公司
地址：北京市通州区环科中路17号4幢3层302
…………Tel：010-56370781
中航油石化管道有限公司
地址：北京市顺义区临空经济核心区裕华路28号2号楼2层202室
…………Tel：010-56468280
中国交通进出口有限公司
地址：北京市朝阳区建国路118号招商局大厦6层
…………Tel：010-56529777-726
中国华农资产经营有限公司
地址：北京市西城区民丰胡同31号5号楼5层509室
…………Tel：010-56546008-6030
中铁中宇有限公司
地址：北京市朝阳区东四环南路53号院4号楼12层1510
…………Tel：010-56579563
北京亿兆华盛股份有限公司
地址：北京市北京经济技术开发区科创十街10号院2号楼4层401室
…………Tel：010-56632438
昊华北方化工有限公司
地址：北京市西城区六铺炕一区中街1号
…………Tel：010-56683740
中石化炼化工程（集团）股份有限公司
地址：北京市朝阳区胜古家园8号楼1至5层101
…………Tel：010-56730522
开金能源有限公司
地址：北京市朝阳区安定路5号院1号楼19层05室
…………Tel：010-56736300
美益投资有限公司
地址：北京市西城区武定侯街6号F2-1(A)1101内12层1202P
…………Tel：010-56760693
百诚源科技有限公司
地址：北京市北京经济技术开发区地盛中路3号1幢B座4层401-18
…………Tel：010-56841890
新洋丰沛瑞（北京）生态农业科技有限公司
地址：北京市丰台区南四环西路188号十六区17号楼2层202室
…………Tel：010-56961606
库铂（北京）橡胶科技股份有限公司
地址：北京市丰台区南四环西路128号院3号楼8层907(园区)
…………Tel：010-57112677
北京通广恒信投资担保有限公司
地址：北京市北京经济技术开发区荣华南路19号1号楼401-09
…………Tel：010-57181275
北京嵘浩电子商务有限公司
地址：北京市朝阳区小红门乡南四环成寿寺路308号城外诚商务楼四层1284号
…………Tel：010-57268400
圣贤投资控股有限公司
地址：北京市昌平区东小口镇中滩村6号院7号楼8层801
…………Tel：010-57295508
北京格晟科技有限公司
地址：北京市东城区朝阳门内北小街2号北京凯龙宾馆2层
…………Tel：010-57295700
北京波菲特生态科技有限公司
地址：北京市昌平区科技园区超前路甲1号17号楼302室
…………Tel：010-57325097
中粮海优（北京）有限公司
地址：北京市朝阳区朝阳门南大街8号18F-09室
…………Tel：010-57371300
中粮进口食品有限公司
地址：北京市朝阳区朝阳门南大街8号18层1801内18F-12室
…………Tel：010-57371300
易大宗（北京）供应链管理有限公司
地址：北京市北京经济技术开发区荣华南路7号院6号楼6层703
…………Tel：010-57521200
中能华辰控股集团有限公司
地址：北京市海淀区花园路3号15号楼507
…………Tel：010-57582967
北京华盛新能投资有限公司
地址：北京市房山区良乡凯旋大街建设路18号-C608
…………Tel：010-57649692
《企业观察报》社有限责任公司
地址：北京市海淀区紫竹院南路2号506
…………Tel：010-57720082
华美孚泰油气增产技术服务有限责任公司
地址：北京市通州区经济开发区东区靓丽三街9号-35
…………Tel：010-57792117
北京汇源康民有机农业有限公司
地址：北京市密云区东邵渠镇南达峪村路口办公楼4层
…………Tel：010-57799388
中石化石油工程技术服务有限公司
地址：北京市朝阳区惠新东街甲六号第十二层
…………Tel：010-57972065
中国石油工程建设有限公司
地址：北京市西城区六铺炕街6号
…………Tel：010-58192777
瑞态汉土（北京）科技有限公司
地址：北京市通州区朱家垡村西900号院2号楼101二层2539
…………Tel：010-58221812
中安嘉域环境科技有限公司
地址：北京市北京经济技术开发区地盛北街1号院40号楼9层902室
…………Tel：010-58256988
北京益恒泰科技发展有限公司
地址：北京市大兴区金星路12号院3号楼4层0509室
…………Tel：010-58459277
北京景扬国际贸易集团有限公司
地址：北京市朝阳区豆各庄六号京城雅

居8E
…………………………Tel：010-58618200
中国寰球工程有限公司
地址：北京市朝阳区创达二路1号
…………………………Tel：010-58676688
北京基洛夫化肥有限公司
地址：北京市海淀区中关村北大街178号三层304室
…………………………Tel：010-58697508
中新恒超实业有限公司
地址：北京市朝阳区东三环中路39号院23号楼16层1902内1
…………………………Tel：010-58697508
中青旅城市开发控股有限公司
地址：北京市朝阳区工人体育场北路8号院4号楼2层5118-2
…………………………Tel：010-58700566
中储联合（北京）石化有限公司
地址：北京市密云区大城子镇政府东侧海惠诚综合楼101室-1626(大城子镇集中办公区)
…………………………Tel：010-58707939
国宏中晶集团有限公司
地址：北京市海淀区长春桥路11号3号楼12层1206-4
…………………………Tel：010-58816773
北京奥瑞金国丰生物技术有限公司
地址：北京市海淀区生命园路21号1号楼B栋科研楼3层303室
…………………………Tel：010-58907511
北京奥瑞金种业有限公司
地址：北京市海淀区生命园路21号1号楼A栋办公楼3层309室
…………………………Tel：010-58907588
中农集团现代农业服务有限公司
地址：北京市西城区宣武门外大街甲1号1513
…………………………Tel：010-59337062
中农集团种业控股有限公司
地址：北京市西城区宣武门外大街甲1号15层1513
…………………………Tel：010-59337161
中农聚田（北京）农业科技服务有限公司
地址：北京市西城区宣武门外大街甲1号12层1212
…………………………Tel：010-59337216
中农集团控股股份有限公司
地址：北京市西城区宣武门外大街甲1号13层1303
…………………………Tel：010-59337228
中农资联合贸易有限责任公司
地址：北京市西城区宣武门外大街甲1号12层1203
…………………………Tel：010-59337554
中国农业生产资料集团公司
地址：北京市西城区宣武门外大街甲1号1512号
…………………………Tel：010-59337676
中农国际钾盐开发有限公司
地址：北京市西城区平安里西大街26号楼8层801-07室
…………………………Tel：010-59337803
供销集团慧农资本控股有限公司
地址：北京市西城区宣武门外大街甲1号14层1401
…………………………Tel：010-59338333
中农批（北京）冷链物流有限公司
地址：北京市通州区嘉创路5号1号楼4层509
…………………………Tel：010-59338379
北京新合作现代物流投资有限公司
地址：北京市西城区宣武门外大街甲1号14层1408
…………………………Tel：010-59338421
中国供销石油有限公司
地址：北京市西城区宣武门外大街甲一号2层203
…………………………Tel：010-59338489
新合作商贸连锁集团有限公司
地址：北京市西城区宣武门外大街甲1号B座15层
…………………………Tel：010-59338585
北京金翔石油化工有限公司
地址：北京市朝阳区北四环中路27号3805单元
…………………………Tel：010-59393969
沃德合润（北京）环保技术有限公司
地址：北京市朝阳区东三环中路甲10号18层2101
…………………………Tel：010-59431086
中化现代农业有限公司
地址：北京市西城区复兴门内大街28号818室
…………………………Tel：010-59568676
中化石油勘探开发有限公司
地址：北京市西城区复兴门内大街28号凯晨世贸中心中座8层
…………………………Tel：010-59568800
中国中化集团有限公司
地址：北京市西城区复兴门内大街28号凯晨世贸中心中座
…………………………Tel：010-59568888
中国中化股份有限公司
地址：北京市西城区复兴门内大街28号
…………………………Tel：010-59568888
中国中化集团有限公司
地址：北京市西城区复兴门内大街28号凯晨世贸中心中座
…………………………Tel：010-59568888
中化石油销售有限公司
地址：北京市西城区复兴门内大街28号4层
…………………………Tel：010-59569338
中化能源股份有限公司
地址：北京市西城区复兴门内大街28号凯晨世贸中心中座F9层
…………………………Tel：010-59569575
中化石油有限公司
地址：北京市西城区复兴门内大街28号凯晨世贸中心中座F9层
…………………………Tel：010-59569585
中化化肥有限公司
地址：北京市西城区复兴门内大街28号凯晨世贸中心中座10层
…………………………Tel：010-59569601
中化肥美特农资连锁有限公司
地址：北京市石景山区八大处高科技园区西井路3号3号楼4952房间
…………………………Tel：010-59569601
天老实业有限公司
地址：北京市东城区大经厂胡同55号11幢101-36室
…………………………Tel：010-59576252
北京固废处理有限公司
地址：北京市朝阳区北湖渠路15号院1号楼3至4层101
…………………………Tel：010-59682021
北京伟氏宏泰石油化工产品有限公司
地址：北京市朝阳区东三环北路甲19号楼23层2715
………………Tel：010-59693530-115
北京益瑞怡和实业股份有限公司
地址：北京市房山区良乡凯旋大街建设路18号—D3630
…………………………Tel：010-59840443
中国航空油料有限责任公司
地址：北京市顺义区天竺空港工业区A区天柱路28号蓝天大厦6层
…………………………Tel：01059890000
北京福田国际贸易有限公司
地址：北京市昌平区沙河镇沙阳路北侧100米
…………………………Tel：010-59912280
北京蒙歌科技有限公司
地址：北京市大兴区天华街9号院1号楼1至2层101
…………………………Tel：010-59941971
中国石油化工集团有限公司
地址：北京市朝阳区朝阳门北大街22号
…………………………Tel：010-59960114
中国石油化工股份有限公司
地址：北京市朝阳区朝阳门北大街22号
…………………………Tel：010-59960114
中国石化集团共享服务有限公司
地址：北京市北京经济技术开发区地盛北街1号院36号楼206室
…………………………Tel：010-59963744
中国石化化工销售有限公司
地址：北京市朝阳区朝阳门北大街22号10层
…………………………Tel：010-59963881
中国石化化工销售有限公司
地址：北京市朝阳区朝阳门北大街22号10层
…………………………Tel：010-59963881
中国石化长城能源化工有限公司
地址：北京市北京经济技术开发区地盛北街1号院36号楼218室
…………………………Tel：010-59965284
中石化石油工程建设有限公司
地址：北京市朝阳区惠新东街甲六号第四幢第十一层
…………………………Tel：010-59965321
中石化保险经纪有限公司
地址：北京市朝阳区朝阳门北大街22号1幢19层1911室
…………………………Tel：010-59965497
中国石化集团国际石油工程有限公司
地址：北京市朝阳区惠新东街甲6号
…………………………Tel：010-59965556
中石化石油工程地球物理有限公司
地址：北京市朝阳区惠新东街甲六号第十一层(第四栋)-1126
…………………………Tel：010-59965737
中石化石油工程技术服务股份有限公司
地址：北京市朝阳区朝阳门北大街22号1202房间
…………………………Tel：010-59965998
中国石化国际事业有限公司
地址：北京市朝阳区朝阳门北大街22号中国石化大厦5-6层
…………………………Tel：010-59966087
中国石化国际事业有限公司
地址：北京市朝阳区朝阳门北大街22号中国石化大厦5-6层
…………………………Tel：010-59966087
中国石化集团物资装备有限公司
地址：北京市朝阳区惠新东街甲6号二号楼
…………………………Tel：010-59966087
中国石化财务有限责任公司
地址：北京市朝阳区朝阳门北大街22号中国石化大厦七层
…………………………Tel：010-59966700
中国国际石油化工联合有限责任公司
地址：北京市朝阳区朝阳门北大街22号八层
…………………………Tel：010-59966876
中国石化集团资产经营管理有限公司
地址：北京市朝阳区朝阳门北大街22号12层
…………………………Tel：010-59968197
中国石化集团资产经营管理有限公司
地址：北京市朝阳区朝阳门北大街22号12层
…………………………Tel：010-59968197
中国石化销售股份有限公司
地址：北京市朝阳区朝阳门北大街22号18层
…………………………Tel：010-59969079
中国石化销售股份有限公司
地址：北京市朝阳区朝阳门北大街22号18层
…………………………Tel：010-59969079
中国石化集团销售实业有限公司
地址：北京市朝阳区朝阳门北大街22号1幢18层
…………………………Tel：010-59969079
中国石化集团石油商业储备有限公司
地址：北京市朝阳区朝阳门北大街22号楼1921室
…………………………Tel：010-59969625
中国石化集团百川经济贸易有限公司
地址：北京市朝阳区朝阳门北大街22号1幢
…………………………Tel：010-59969911
中经天地源（北京）国际科技文化有限公司
地址：北京市东城区东直门南大街14号4号楼7层776室
…………………………Tel：010-60239687
北京汇邦国际石油化工集团有限公司
地址：北京市房山区良乡长虹西路71号2幢301
…………………………Tel：01060330698
北京凯达恒业农业技术开发有限公司
地址：北京市房山区窦店镇久安路38号
…………………………Tel：010-60332301
北京润华园林绿化有限公司
地址：北京市顺义区南法信镇三家店村前街8号
…………………………Tel：010-60440680
北京汇源农业股份有限公司
地址：北京市密云区东邵渠镇东邵渠村河东路88号
…………………………Tel：010-60483388
中航东源石油化工（北京）有限公司
地址：北京市通州区中山大街59号院1号楼25层2501
…………………………Tel：010-60569250
中石化中铁油品销售有限公司
地址：北京市海淀区知春路6号锦秋国际大厦A座19层1901-1913
…………………………Tel：010-61043005
泰康保险集团股份有限公司
地址：北京市西城区复兴门内大街156号泰康人寿大厦8层、9层
…………………………Tel：010-61045966
统一石油化工有限公司
地址：北京市大兴区芦城开发区
………………Tel：010-61238888-8848
埃尔曼润滑油（北京）有限公司
地址：北京市大兴区魏善庄镇龙发大街北京密码1号院2号楼1单元6层603室
…………………………Tel：010-61257016
北京方盛云采电子商务有限公司
地址：北京市密云区兴盛南路8号院2号楼106室-647(商务区集中办公区)
…………………………Tel：010-61267312
睿达天下（北京）企业管理有限公司
地址：北京市房山区张坊镇张坊村南欣街168号
…………………………Tel：010-61331099
北京顺鑫农业股份有限公司
地址：北京市顺义区站前街1号院1号楼12层
…………………………Tel：010-61406658
中祥石油化工数据应用开发有限公司
地址：北京市顺义区天竺镇天竺家园17号17幢2层230室
…………………………Tel：010-61595577
北京京丰橡塑制品有限公司
地址：北京市怀柔区杨宋镇北年丰村北500米处
…………………………Tel：010-61671988
北京杨杨润华科技开发有限责任公司
地址：北京市昌平区小汤山镇尚信村村南院内
…………………………Tel：010-61794377
北京联创种业有限公司
地址：北京市海淀区中关村南大街乙12号院1号楼19层2211、2212
…………………………Tel：010-62110498
北京华奥农科玉育种开发有限责任公司
地址：北京市海淀区羊坊店路18号2幢10层1059
…………………………Tel：010-62188977
北京和岳乐华贸易有限公司
地址：北京市海淀区知春路51号慎昌大厦五层5993室
…………………………Tel：010-62250737
中基联合国际工程有限公司
地址：北京市朝阳区民族园路2号3幢4层4011室
…………………………Tel：010-62385061
四通集团公司
地址：北京市海淀区上园村3号知行大厦七层707室
…………………………Tel：010-62575850
中石化中化成品油销售有限公司
地址：北京市海淀区彩和坊路8号8号楼10层1008室
…………………………Tel：010-62698718
北京农信数智科技有限公司
地址：北京市海淀区中关村大街27号16层1601室
…………………………Tel：010-62698801
华清农业开发有限公司
地址：北京市海淀区中关村东路1号院创新大厦B座1201室
…………………………Tel：010-62798166
中国石化长城润滑油集团有限公司
地址：北京市海淀区安宁庄西路6号
…………………………Tel：010-62846462
北京绿色农华作物科技有限公司
地址：北京市海淀区中关村大街27号19层1901D
…………………………Tel：010-62895880
中国石化润滑油有限公司
地址：北京市海淀区安宁庄西路六号
…………………………Tel：010-62949196
中石化长城润滑油科技发展有限公司
地址：北京市海淀区清河安宁庄村南(南区)
…………………………Tel：010-62949790
华圣达股份有限公司
地址：北京市西城区复兴门南大街甲2号楼9层B009室
…………………………Tel：010-63082710
大儒之乡（北京）科技有限公司
地址：北京市丰台区南三环西路91号院1号楼5层1单元605室
…………………………Tel：010-63250226
京蓝能科技术有限公司
地址：北京市昌平区科技园区仁和路4号3幢218室
…………………………Tel：010-63303671
中国技术进出口集团有限公司
地址：北京市海淀区西三环北路21号久凌大厦
…………………………Tel：010-63349151
中国技术进出口集团有限公司
地址：北京市海淀区西三环北路21号久凌大厦
…………………………Tel：010-63349151
中石油昆仑好客有限公司
地址：北京市昌平区科技园区超前路37号院16号楼2层A0039
…………………………Tel：010-63596212
中国光大银行股份有限公司
地址：北京市西城区太平桥大街25号、甲25号中国光大中心
…………………………Tel：010-63636363
中鲁岳实业发展有限公司
地址：北京市丰台区科学城海鹰路5号2层228室(园区)
…………………………Tel：010-63713712
昊宇东方集团有限公司
地址：北京市密云区经济开发区兴盛南路8号开发区办公楼410室-246
…………………………Tel：010-63906222
中新国华能源控股有限公司
地址：北京市西城区广安门内大街6号3层1-3-319室
…………………………Tel：010-63963698
华财新兴控股有限公司
地址：北京市朝阳区东三环北路2号3层310室
…………………………Tel：010-64106238
中威联合国际能源服务有限公司
地址：北京市通州区经济开发区东区靓丽三街9号36
…………………………Tel：010-64135200

国能安储（北京）石油化工有限责任公司
地址：北京市丰台区方庄南路15号楼12层2座1525
……Tel：010-64178911

北京正果农业科技集团有限公司
地址：北京市朝阳区西坝河北里51号2号楼一层2102
……Tel：010-64201251

北京华视天星贸易有限公司
地址：北京市朝阳区东三环中路59号楼12层1505号
……Tel：010-64267552

北京火山橡胶制品设计研究院有限公司
地址：北京市丰台区马家堡东路2号五层503号房间
……Tel：010-64403166

中国化工信息中心有限公司
地址：北京市朝阳区安外小关街53号
……Tel：010-64444120

中国安华集团有限公司
地址：北京市朝阳区安定路35号安华发展大厦6层
……Tel：010-64448303

蓝星石化有限公司
地址：北京市朝阳区北三环东路19号2号411、413、415、417、419、421、423室
……Tel：010-64452860

北京中油京成石化有限责任公司
地址：北京市门头沟区葡东20号楼办公楼101室
……Tel：010-64478920

北京宜家家居有限公司
地址：北京市朝阳区阜通东大街59号
……Tel：010-64504532-5024

化学工业出版社有限公司
地址：北京市东城区青年湖南街13号
……Tel：010-64518855

中国农副土特产品开发有限责任公司
地址：北京市昌平区天通北苑一区甲6号楼1至3层02二层239
……Tel：010-64608862

亚洲联合商贸有限公司
地址：北京市密云区鼓楼东大街3号山水大厦3层313室-2364(云创谷经济开发中心集中办公区)
……Tel：010-64688628

北京亚龙新天实业有限责任公司
地址：北京市东城区东直门南大街6号七层701
……Tel：010-64688628

正大商贸（北京）有限公司
地址：北京市东城区建国门内大街7号光华长安大厦1座1106
……Tel：010-64730070

北京农田管家信息技术有限公司
地址：北京市朝阳区望京园601号楼27层3108
……Tel：010-64776211

中国中轻国际控股有限公司
地址：北京市朝阳区启阳路4号
……Tel：010-64778666

北京龙禹石油化工有限公司
地址：北京市平谷区山东庄镇桥头营大街31号
……Tel：010-64906980

诺贝富勒烯科技（北京）股份有限公司
地址：北京市顺义区李桥镇顺通路李桥段60号-247
……Tel：010-65006439

中油圣坤石化产业有限公司
地址：北京市通州区永乐店镇柴厂屯村东(联航大厦)1-1657号
……Tel：010-65006843

春晓环发环保科技（北京）有限公司
地址：北京市西城区百万庄大街16号1号楼8层1866室
……Tel：010-65073546

中能国际石油化工有限公司
地址：北京市东城区贡院西街6号及甲6号E座12层1201室
……Tel：010-65176677

北京市邮政公司
地址：北京市东城区建国门内大街邮政枢纽
……Tel：010-65196335

北方欧亚石化贸易（北京）有限公司
地址：北京市怀柔区雁栖经济开发区雁栖大街13号3幢202室
……Tel：010-65265588

伊罗石化贸易（北京）有限公司
地址：北京市怀柔区雁栖经济开发区雁栖大街13号3幢203室
……Tel：010-65265588

北京中农振国集团有限公司
地址：北京市朝阳区博大路3号院6号楼5层508
……Tel：010-65268499

众网红魔（北京）集团有限公司
地址：北京市门头沟区石龙经济开发区永安路20号3号楼A-4315室
……Tel：010-65268499

顺鑫（北京）国际贸易有限公司
地址：北京市顺义区北石槽镇北武路1号院内戊96号
……Tel：010-65269807

北京中迪投资股份有限公司
地址：北京市丰台区海鹰路1号院六号楼5层
……Tel：010-65275609

北京亿辰嘉泰实业发展有限公司
地址：北京市通州区运河核心区Ⅳ-10地块F3其它类多功能用地项目7#办公及商业楼办公4层408室
……Tel：010-65284808

中政金控贸易有限公司
地址：北京市朝阳区百子湾西里402号楼20层2011
……Tel：010-65326966

松下电器（中国）有限公司
地址：北京市朝阳区景华南街5号远洋光华中心C座3层、6层
……Tel：010-65626688

北京绿宝石农业科学院有限公司
地址：北京市朝阳区红军营东路18号院78号楼1层105
……Tel：010-65627086

家乡好（集团）有限公司
地址：北京市朝阳区红军营东路18号院78号楼2层207
……Tel：010-65627086

农商一号电子商务有限公司
地址：北京市朝阳区建国门外郎家园10号49号楼6层633
……Tel：010-65630571-628

美盛农资（北京）有限公司
地址：北京市朝阳区建国门外大街乙12号双子座大厦东塔18层1803-1805室
……Tel：010-65829999

驰象实业有限公司
地址：北京市海淀区甘家口街道建设部大院南配楼1幢188
……Tel：010-65889118

北京仁顺旺兴石油制品销售有限公司
地址：北京市顺义区赵全营镇兆丰产业基地园盈路7号A座515室
……Tel：010-65996103

中商时代石化有限公司
地址：北京市顺义区南法信镇南法信大街118号天博中心C座8层3804-32室
……Tel：010-66071057

中诚通国际投资有限公司
地址：北京市东城区南竹杆胡同2号1幢5层50615、50616、50617
……Tel：010-66094031

中农发集团国际农业合作开发有限公司
地址：北京市西城区砖塔胡同56号
……Tel：010-66172780

中国石油国际事业有限公司
地址：北京市西城区成方街27号
……Tel：010-66227001

开磷盐碱地改造有限公司
地址：北京市西城区茶马北街1号院2号楼13层2单元1648
……Tel：010-66423988

国家开发投资集团有限公司
地址：北京市西城区阜成门北大街6号-6国际投资大厦
……Tel：010-66579001

北京市环球橡胶厂
地址：北京市丰台区永外海慧寺1号
……Tel：010-67221250

英和乐辰（北京）实业发展有限公司
地址：北京市通州区台湖北里24号楼3层331室
……Tel：010-67301668

北京三元石油有限公司
地址：北京市大兴区旧宫西路15号301-310室
……Tel：01067374467

中国能源工程股份有限公司
地址：北京市西城区阜成门外大街1号(四川大厦西塔楼22层)
……Tel：010-67411080

北京市丰硕达农业生产资料有限责任公司
地址：北京市丰台区南四环中路130号
……Tel：010-67589596

大朋（北京）农业科技有限公司
地址：北京市通州区马驹桥镇兴华小区245号院12号楼(北京金鲽静苑商务酒店管理有限公司)8423室
……Tel：010-67660836

北京弘德环卫科技有限公司
地址：北京市昌平区回龙观镇龙城北街5号院2号楼5层503
……Tel：010-67676755

北京东方石油化工有限公司
地址：北京市朝阳区广文街12号院25号楼、27号楼1至3层101
……Tel：010-67712255

中星盛达投资有限公司
地址：北京市北京经济技术开发区地盛南街9号1幢一层
……Tel：010-67837658

北京晋煤太阳石化工有限公司
地址：北京市北京经济技术开发区地盛北街1号院26号楼2单元201室
……Tel：010-67857291

北京安普科瑞科技发展有限公司
地址：北京市北京经济技术开发区宏达北路10号203-4室
……Tel：010-67880135

北京市光明福利橡胶厂
地址：北京市丰台区大红门久敬庄丙57号
……Tel：010-67940740

中国海外经济合作有限公司
地址：北京市西城区阜成门外大街6号
……Tel：010-68032336

联合惠农农资（北京）有限公司
地址：北京市朝阳区朝外大街22号301室
……Tel：010-68037676

中物华商集团股份有限公司
地址：北京市顺义区北京空港物流基地物流园八街1号二层B2-094
……Tel：010-68291800

北京市液化石油气公司
地址：北京市海淀区车公庄西路13号
……Tel：01068315559

中国昆仑工程有限公司
地址：北京市海淀区增光路21号
……Tel：010-68395277

正元伟业商业集团有限公司
地址：北京市海淀区西三环北路21号
……Tel：010-68405897

中商企业集团公司
地址：北京市西城区三里河东路5号
……Tel：010-68535000

中商控股集团有限公司
地址：北京市西城区三里河东路五号十七层
……Tel：010-68535000

中国百货纺织品有限公司
地址：北京市西城区三里河东路5号
……Tel：010-68535160

中海外能源集团有限公司
地址：北京市北京经济技术开发区文化园西路8号院44号楼15层1508
……Tel：010-68587717

北方爆破科技有限公司
地址：北京市海淀区昆明湖南路51号C座三层301、302
……Tel：010-68968112

弗伦克（北京）国际投资基金管理有限公司
地址：北京市朝阳区农展馆南路12号1号楼5层506
……Tel：010-68988580

中国石化集团国际石油勘探开发有限公司
地址：北京市海淀区北四环中路263号
……Tel：010-69165136

中国石化国际石油勘探开发有限公司
地址：北京市朝阳区惠新东街甲6号4号楼10层
……Tel：010-69165136

中国石化天然气有限责任公司
地址：北京市西城区安德路甲67号1号楼6层
……Tel：010-69166031

中国石化燃料油销售有限公司
地址：北京市朝阳区惠新东街甲6号4号楼7-8层
……Tel：010-69166291

中国石化燃料油销售有限公司
地址：北京市朝阳区惠新东街甲6号4号楼7-8层
……Tel：010-69166291

中国石化催化剂有限公司
地址：北京市北京经济技术开发区地盛北街1号院36号楼4007单元(集中办公区)
……Tel：010-69166523

中国石油化工科技开发有限公司
地址：北京市朝阳区惠新东街甲8号院综合楼8层
……Tel：010-69166667

北京润福通石油化工有限公司
地址：北京市房山区房山街道北市村
……Tel：010-69323333

北京燕山东炼石油化工有限公司
地址：北京市房山区燕山东流水开发区丁东路26号
……Tel：010-69339954

北京燕山石化液化空气气体有限公司
地址：北京市房山区燕山岗东路12号
……Tel：010-69341329

北京燕山集联石油化工有限公司
地址：北京市房山区燕山东流水开发区
……Tel：010-69342257

北京燕山东润石化技术开发有限公司
地址：北京市房山区燕山岗南路6号C座306-1
……Tel：010-69343088

北京燕山威立雅水务有限责任公司
地址：北京市房山区燕山杏花东路5号
……Tel：010-69343147

中国石化集团北京燕山石油化工有限公司
地址：北京市房山区燕山岗南路1号
……Tel：010-69346666

北京燕山石化橡塑化工有限责任公司
地址：北京市房山区燕山岗南路1号
……Tel：010-69346666

中国石化润滑油北京有限责任公司
地址：北京市房山区燕山岗南路东一巷6号C座218房间
……Tel：010-69346849

北京燕山和成新材料研究开发有限公司
地址：北京市房山区燕山岗南路2号
……Tel：010-69346909

北京顺鑫国际种业集团有限公司
地址：北京市顺义区南彩镇顺平辅线188号1幢306室
……Tel：010-69478916

北京联绿技术集团有限公司
地址：北京市昌平区城北街道鼓楼南大街东侧1号楼等2幢1号楼2层8222
……Tel：010-69766656

北京东方景泰控股集团有限公司
地址：北京市石景山区实兴大街30号院3号楼2层D—0641房间
……Tel：010-69940206

北京宏思达中心（集团）
地址：北京市平谷区王辛庄乡贾各庄村
……Tel：010-69951280

北京锦绣绿都园林绿化有限公司
地址：北京市平谷区旧城街10号
……Tel：010-69996026

中国石油集团石油化工研究院有限公司
地址：北京市昌平区昆仑路7号院6号楼
……Tel：010-80165245

北京中兆惠民农业科技有限公司
地址：北京市大兴区经济开发区科苑路3号2幢B101-2室
……Tel：010-80252066

中石化三菱化学聚碳酸酯（北京）有限公司
地址：北京市房山区燕山岗北路34号
……Tel：010-80345917

北京航宜科技有限公司
地址：北京市朝阳区南磨房路37号1701-1703O室
……Tel：010-80448673

北京奥顺兴燃油有限公司
地址：北京市顺义区京密路西侧
……Tel：010-80492266

九州国泰控股有限公司
地址：北京市大兴区春和路39号院1号楼1-506
……Tel：010-80699323

北京科力丹迪技术开发有限责任公司
地址：北京市昌平区沙河镇松兰堡村西科力丹迪院内B103室
……Tel：010-80705588-1210

中合金网（北京）电子商务有限公司
地址：北京市通州区潞苑南大街1093号商-141
……Tel：010-80887681

中国供销电子商务有限公司
地址：北京市西城区宣武门外大街甲1号3层303号
……Tel：010-80889000

中粮贸易有限公司
地址：北京市朝阳区朝阳门南大街8号7层
……Tel：010-80985232

中石化催化剂（北京）有限公司
地址：北京市房山区燕山石化新材料科技产业基地B7-12
……Tel：010-81340463

北京燕化永乐生物科技股份有限公司
地址：北京市通州区永乐店镇德仁务村东
……Tel：010-81363666

中国中煤能源股份有限公司
地址：北京市朝阳区黄寺大街1号
……Tel：010-82256681

中国石化石油勘探开发研究院有限公司
地址：北京市昌平区沙河镇百沙路5号春潮大厦1-3层
……Tel：010-82312070

中国石化集团新星石油有限责任公司
地址：北京市海淀区北四环中路263号
……Tel：010-82335153

中石化新星（北京）新能源研究院有限公司
地址：北京市海淀区学院路31号45幢2层201-211房间
……Tel：010-82335938

北京纬纶华业环保科技股份有限公司
地址：北京市海淀区中关村东路18号财智国际大厦16层A座1910、1911室
……Tel：010-82600698

紫荆控股有限公司
地址：北京市通州区新华北路55号2楼218室
……Tel：010-82626902
北京扬帆耐力贸易有限公司
地址：北京市海淀区创业中路36号2层208室
……Tel：010-82665258
中国化工农化有限公司
地址：北京市海淀区北四环西路62号
……Tel：010-82677203
中国化工油气股份有限公司
地址：北京市海淀区北四环西路62号5层
……Tel：010-82677211
中国化工橡胶有限公司
地址：北京市海淀区北四环西路62号
……Tel：010-82677355
中国化工资产管理有限公司
地址：北京市海淀区北四环西路62号
……Tel：010-82677737
北京三聚环保新材料股份有限公司
地址：北京市海淀区人大北路33号1号楼大行基业大厦9层
……Tel：010-82684990
北京三聚能源有限公司
地址：北京市海淀区人民大学北路33号院1号楼10层1022号
……Tel：010-82684990
中国工程与农业机械进出口有限公司
地址：北京市海淀区丹棱街3号
……Tel：010-82688025
中国石油集团工程设计有限责任公司
地址：北京市海淀区上地信息路8号
……Tel：010-82778888
北京农信互联科技集团有限公司
地址：北京市海淀区中关村大街27号16层1601号
……Tel：010-82856450-8150
北京威斯迈科技发展有限公司
地址：北京市海淀区北四环中路229号海泰大厦1602室
……Tel：010-82885759
中国通用机械工程有限公司
地址：北京市大兴区海子角村1号院4幢1层
……Tel：010-83132008
中农联控股有限公司
地址：北京市西城区宣武门外大街甲1号4层401-7
……Tel：010-83163168
北京京农控股集团有限公司
地址：北京市门头沟区石龙经济开发区永安路20号3号楼A-0397室
……Tel：010-83828769
北京石油交易所股份有限公司
地址：北京市房山区城关农林路1号
……Tel：010-83957000
北京石油交易所股份有限公司
地址：北京市房山区城关农林路1号
……Tel：010-83957000
躺平设计家（北京）科技有限公司
地址：北京市东城区东直门南大街甲3号20层2011室
……Tel：010-84098692
北京元易环境科技有限责任公司
地址：北京市海淀区北四环中路229号海泰大厦9层929房间
……Tel：010-84109901
石化盈科信息技术有限责任公司
地址：北京市海淀区中关村南大街甲10号银海大厦北408室
……Tel：010-84191066
中国林业物资北京有限公司
地址：北京市东城区和平里东街14号林调局2号楼中林商务楼312房间
……Tel：010-84239468
中化明达地质矿业有限公司
地址：北京市石景山区玉泉路59号院3号楼8层801-802号
……Tel：010-84261096
中化明达控股集团有限公司
地址：北京市石景山区实兴大街7号2幢3层2454号
……Tel：010-84263281
华阳国际能源开发集团有限公司
地址：北京市朝阳区亮马桥路32号5层621室
……Tel：010-84283385
中煤焦化控股有限责任公司
地址：北京市朝阳区黄寺大街1号九层
……Tel：010-84293386
北京爱种网络科技有限公司
地址：北京市海淀区翠湖南环路13号院1号楼4层401-2室
……Tel：010-84294988
中国林业物资有限公司
地址：北京市东城区和平里东街18号院3号楼
……Tel：010-84351476
北京一米农业信息咨询服务有限公司
地址：北京市朝阳区芍药居北里101号1幢16层1座1915
……Tel：010-84351821
铂尊投资集团有限公司
地址：北京市朝阳区工体北路幸福二村(B区)综合楼39号楼4单元502
……Tel：010-84353143
中地海外集团有限公司
地址：北京市朝阳区北辰西路8号院2号楼A1718-A1753
……Tel：010-84373600
北京惠农合生科技发展有限公司
地址：北京市朝阳区麦子店街39号附房一层115号
……Tel：010-84374650
北京中科金海石油化工工程设计有限公司
地址：北京市顺义区北京天竺空港经济开发区A区天柱路28号蓝天大厦2层202
……Tel：010-84414467
北京华兴凯达石油化工有限公司
地址：北京市朝阳区太阳宫中路8号冠捷大厦11层1106
……Tel：010-84438112
中海油能源发展股份有限公司
地址：北京市东城区东直门外小街6号
……Tel：010-84521454
中海石油炼化有限责任公司
地址：北京市东城区朝阳门北大街25号
……Tel：010-84526172
中国化工建设有限公司
地址：北京市朝阳区安贞西里三区15号楼
……Tel：010-84527225
中海石油化工进出口有限公司
地址：北京市东城区东直门外小街6号13层
……Tel：010-84527863
中海油中石化联合国际贸易有限责任公司
地址：北京市东城区东直门外小街6号海油大厦1311室
……Tel：010-84527863
中国海洋石油集团有限公司
地址：北京市东城区朝阳门北大街25号
……Tel：010-84528347
中海油气开发利用有限公司
地址：北京市朝阳区安贞西里三区15号楼5-6层
……Tel：010-84528364
华贸金叶实业发展有限公司
地址：北京市朝阳区麦子店西路3号3层302室
……Tel：010-84585995
中益善源（北京）科技有限公司
地址：北京市朝阳区阜通东大街1号院3号楼9层1单元111015
……Tel：010-84783800
中油北京销售有限公司
地址：北京市房山区城关街道农林路1号(北京石油交易所110001号)
……Tel：010-84809700
昆仑能源控股有限公司
地址：北京市昌平区超前路九号3号楼2406号
……Tel：010-84836136
北京银橡联橡胶有限公司
地址：北京市朝阳区北苑路172号11号楼1210室
……Tel：010-84853432
北京中世汉明实业有限公司
地址：北京市朝阳区建国路93号院5号楼2213室
……Tel：010-84867185
长联石油股份有限公司
地址：北京市通州区砖厂北里142号楼1层7-011
……Tel：010-84868592
中国石化工程建设有限公司
地址：北京市朝阳区安慧北里安园21号楼
……Tel：010-84876050
中国石化工程建设有限公司
地址：北京市朝阳区安慧北里安园21号楼
……Tel：010-84876050
碧海舟（北京）节能环保装备有限公司
地址：北京市朝阳区小关北里45号世纪嘉园5号楼6层
……Tel：010-84896885
中国福马机械集团有限公司
地址：北京市朝阳区安苑路20号世纪兴源大厦
……Tel：010-84898622
乐普生石油化工有限公司
地址：北京市朝阳区安立路80号1202号
……Tel：010-84970281
北大荒工贸有限公司
地址：北京市丰台区南四环西路186号三区4号楼-1至11层101内1层09室
……Tel：010-84972880
北京东方海星石油销售有限公司
地址：北京市朝阳区北辰东路8号汇宾大厦B1216-1220
……Tel：010-84980619
中民冀东集团有限公司
地址：北京市东城区珠市口东大街346号南楼四层4101室
……Tel：010-84982082
中国石化集团石油工程技术研究院有限公司
地址：北京市昌平区沙河镇百沙路5号
……Tel：010-84988728
中国乡镇企业有限公司
地址：北京市朝阳区农展南路5号京朝大厦八层
……Tel：010-85143651
联信盈达有限公司
地址：北京市东城区天坛东路72号五幢二层2112室
……Tel：010-85152214
泰生佳德（北京）农业科技产业发展有限责任公司
地址：北京市平谷区大华山镇政府前街10号
……Tel：010-85323191
润泽一华有限公司
地址：北京市朝阳区秀水街1号4号楼2单元16层162号
……Tel：010-85326050
北京康安农业发展有限公司
地址：北京市朝阳区吉庆里14号佳汇国际中心1901房
……Tel：010-85406800
易派客电子商务有限公司
地址：北京市朝阳区朝阳门北大街22号1幢6层628室
……Tel：010-85539018
中安华夏能源集团有限公司
地址：北京市朝阳区向军北里甲22楼一层A101室
……Tel：010-85656815
中鸿财富供应链管理有限公司
地址：北京市通州区台湖镇政府大街13号216室
……Tel：010-85780488
中能天成（北京）科技发展有限公司
地址：北京市东城区东总布胡同58号11层1105B单元
……Tel：010-85871616-804
中浩铭企投资有限公司
地址：北京市朝阳区工人体育场北路8号院2号楼9层03-1005
……Tel：010-85887701
中稻集团股份有限公司
地址：北京市朝阳区高碑店乡半壁店村惠河南街1069号2号楼4层401
……Tel：010-85891157
星辰联合石油化工（北京）有限公司
地址：北京市朝阳区光华路1号(商业写字楼)28层2822单元
……Tel：010-85910299
美西资源有限公司
地址：北京市朝阳区八里庄北里129号院8号楼8层1单元801
……Tel：010-85918839
京朋富矿（北京）农业有限公司
地址：北京市顺义区南法信镇顺平路南法信段9号院1幢7层706室
……Tel：010-85926590
首大能源环保集团有限公司
地址：北京市西城区德胜门西大街56号1001
……Tel：010-85970999
中储国控实业有限公司
地址：北京市顺义区林河工业开发区顺仁路54号3幢3层322室
……Tel：010-86203673
中拓国贸实业有限公司
地址：北京市丰台区黄土岗马家楼119号32号楼一层11号
……Tel：010-86203673
朴厚大有（北京）科技有限公司
地址：北京市丰台区巴庄子139号17幢163室
……Tel：010-86462801
北京中福石油投资集团有限公司
地址：北京市朝阳区北苑甲1号院
……Tel：010-87181005
中晶环境科技股份有限公司
地址：北京市北京经济技术开发区荣华南路10号院3号楼17层2008室
……Tel：010-87237000
中农华开城镇发展建设有限公司
地址：北京市门头沟区清水镇台上村TSC006号
……Tel：010-87385567
中农世杰农业科技服务有限公司
地址：北京市北京经济技术开发区凉水河二街8号院5号楼B座3层301
……Tel：010-87927604
优士创新商业集团有限公司
地址：北京市朝阳区观音惠园1号楼3层302
……Tel：010-87953452
北京海淀中京工程设计软件技术有限公司
地址：北京市海淀区清河安宁庄东路18号23号楼二层2437
……Tel：010-87984006
中农发种业集团股份有限公司
地址：北京市西城区西单民丰胡同31号5幢318室
……Tel：010-88067515
北京中联环工程股份有限公司
地址：北京市海淀区三里河路13号B座5层
……Tel：010-88083251
北京物美商业集团股份有限公司
地址：北京市石景山区实兴大街30号院3号楼8层8039房间
……Tel：010-88258796
中材供应链管理有限公司
地址：北京市海淀区三里河路17号10层1005至1010
……Tel：010-88392076
中国招标公共服务平台有限公司
地址：北京市海淀区首体南路9号7楼3层301
……Tel：010-88484118
北京中泰齐力国际科贸有限公司
地址：北京市房山区城关街道农林路1号(北京石油交易所100316号)
……Tel：010-88504663
中国船舶重工国际贸易有限公司
地址：北京市西城区月坛北小街10号
……Tel：010-88573030
中农民生电子商务（北京）有限公司
地址：北京市海淀区西四环北路146三层8330室
……Tel：010-88592107
北京京石园景有限公司
地址：北京市石景山区杨庄北区甲12号楼二层202
……Tel：010-88728120
北京神州信达科技有限公司
地址：北京市海淀区云会里金雅园12号楼C门202
……Tel：010-88774389
北京瑞伯达橡胶制品有限公司
地址：北京市石景山区八大处高科技园区西井路3号3号楼6875房间
……Tel：010-88790868
东方聚龙大智然（北京）科技有限公司
地址：北京市海淀区西三环北路87号4层411-14
……Tel：010-88825955
北京龙耘种业有限公司
地址：北京市密云区十里堡镇靳各寨村东(原种子公司院内)
……Tel：010-89097854
北京京东世纪贸易有限公司
地址：北京市北京经济技术开发区科创十一街18号C座2层201室
……Tel：010-89118888
北京京迪信科技有限公司
地址：北京市北京经济技术开发区科创十一街18号院1号楼7层702室
……Tel：010-89126700
北京燕东石油化工集团有限公司
地址：北京市房山区阎村镇焦庄村村委会西200米
……Tel：010-89318665
北京华福工程有限公司
地址：北京市昌平区科技园区富康路18号
……Tel：010-89782592

天津市

中石化管道技术服务有限公司
地址：天津滨海高新区梅苑路5号金座广场-3610
……Tel：022-060710583
天津市远洋舜禹车料有限公司
地址：武清区汊沽港镇政府西津永路北1-1
……Tel：022-22145951
博思特能源装备（天津）股份有限公司
地址：天津市武清区京滨工业园复元道18号
……Tel：022-22193891
天津市际华橡胶制品有限公司
地址：天津市武清区京滨工业园泰元道3号
……Tel：022-22198001
京通华宇（天津）科技有限公司
地址：天津市南开区鞍山西道265号时代大厦1803
……Tel：022-23015888
中国石化销售华北有限公司
地址：天津市华苑产业区榕苑路11号
……Tel：022-23059649

天津天物津港通石油化工销售有限公司
地址：天津市滨海新区大港街北围堤路南物资公司西侧
……Tel：022-23063186

天津纽威特橡胶制品股份有限公司
地址：天津市西青区辛口镇水高庄工业园区1号
……Tel：022-23065885

中化国际石油（天津）有限公司
地址：天津市静海区唐官屯物流园区一大道七号
……Tel：022-23120125

天津中亿石油化工有限公司
地址：天津经济技术开发区（南港工业区）西港池东侧
……Tel：022-23201130

中康天融（天津）国际贸易有限公司
地址：天津自贸试验区（天津港保税区）海滨十路129号B2027
……Tel：022-23220498

天津天象工业进出口有限公司
地址：天津市河北区张兴庄大街（意式工业园内）314号
……Tel：022-23285097

天津市陆港石油橡胶有限公司
地址：天津市滨海新区大港北围堤路（西）1175号
……Tel：022-23348998

天津宏远旺能石油化工科技有限公司
地址：天津开发区信环西路19号泰达服务外包产业园4号楼4302-2
……Tel：022-23416666

天津三和创展石油化工科技有限公司
地址：天津开发区信环西路19号泰达服务外包产业区4号楼4302-1
……Tel：022-23416666

天津万能石油化工科技有限公司
地址：天津经济技术开发区信环西路19号泰达服务外包产业园4号楼4302-3
……Tel：022-23416666

天津国贸石化有限公司
地址：天津滨海高新区滨海科技园日新道188号1号楼1053号
……Tel：022-23755888-8701

天津市橡胶工业研究所有限公司
地址：天津市华苑产业区（环外）海泰南北大街15号
……Tel：022-23787360

蒂普拓普（天津）橡胶技术有限公司
地址：天津市西青经济技术开发区赛达三支路25号
……Tel：022-23888889

天津国能北方石油化工销售有限公司
地址：天津唐官屯加工物流区一大道1号
……Tel：022-23892668

天津市橡陆橡胶机带有限公司
地址：西青区南河工业区民兴路以东
……Tel：022-23985129

天津滨海万盈建设投资发展有限公司
地址：天津市滨海新区大港街建安里西天津星源石化工程有限公司3号楼3219室
……Tel：022-24128877

天津物产化轻陆港橡胶贸易有限公司
地址：天津市西青区大寺镇柳杨道30号天物化轻大厦B座6层
……Tel：022-24213539

中国铁路物资天津有限公司
地址：河东区津塘路21号
……Tel：022-24250023

天津市精益橡胶制品有限公司
地址：天津市滨海新区津塘公路86号
……Tel：022-24355060

天津市富东橡胶阀门制造有限公司
地址：天津市东丽区津塘公路十号桥
……Tel：022-24361633

天津市大顺国际花卉有限公司
地址：天津市东丽区赤欢路6901号
……Tel：022-24924833

天津洪海石油化工销售有限公司
地址：天津自贸试验区（天津港保税区）京门大道389号6310-6216
……Tel：022-24953883

中商雍泰（天津）进出口贸易有限公司
地址：天津自贸试验区（东疆保税港区）鄂尔多斯路599号东疆商务中心A3楼903（天津东疆商服商务秘书服务有限公司自贸区分公司托管第169号）
……Tel：022-25121766

天津渤化石化有限公司
地址：天津临港经济区渤海十三路189号
……Tel：022-25262253

孚宝渤化（天津）仓储有限公司
地址：天津市滨海新区临港经济区清河道68号
……Tel：022-25268168

庆华集团国际贸易有限公司
地址：天津经济技术开发区98号Ⅰ区D座4门202室
……Tel：022-25277797

天津联合石油电子商务有限公司
地址：天津经济技术开发区第三大街51号W2-ABC-3层-326室
……Tel：022-25320969

天津滨城龙达集团有限公司
地址：天津市滨海新区塘沽新城镇黄圈村
……Tel：022-25333333-668

天津首农东疆牧业有限责任公司
地址：天津自贸区（东疆保税港区）陕西道1068号
……Tel：022-25600132

京粮（天津）贸易发展有限公司
地址：天津自贸试验区（东疆保税港区）海铁三路288号
……Tel：022-25604553

天津港中化石化码头有限公司
地址：天津市滨海新区中燃路281号
……Tel：022-25607156

埃克森美孚（天津）石油有限公司
地址：天津塘沽新港南港路2486号
……Tel：022-25608672

天津港散货物流有限责任公司
地址：天津市滨海新区塘沽海防路
……Tel：022-25702916

天津港交易市场有限责任公司
地址：天津自贸试验区（天津港保税区）国贸路18号腾达大厦205室
……Tel：022-25703017

壳牌（天津）石油化工有限公司
地址：天津市滨海新区塘沽天津港南疆开发区南三路286号
……Tel：022-25703188

天津孚宝南疆石化仓储有限公司
地址：天津市滨海新区塘沽南疆路2770号
……Tel：022-25703207

天津港第一港埠有限公司
地址：天津市塘沽新港六米
……Tel：022-25706601

天津北方港航石化码头有限公司
地址：天津经济技术开发区（南港工业区）综合服务区办公楼D座第二层212-08室
……Tel：022-25706800

天津港石油化工码头有限公司
地址：天津市滨海新区塘沽天津港南疆港区
……Tel：022-25709277

天津东方石油有限公司
地址：天津市滨海新区塘沽南疆路3232号
……Tel：022-25709394

天津港第四港埠有限公司
地址：天津市塘沽新港二号路2750号
……Tel：022-25709397

天津财茂石油化工有限公司
地址：天津市津南经济开发区（东区）聚英路1号
……Tel：022-25780669

天津大港油田滨港集团博弘石油化工有限公司
地址：天津大港油田三号院希望路与光明大道交口
……Tel：022-25977226

天津耀君农业科技有限公司
地址：天津市东丽区金钟公路3699号B10-113
……Tel：022-26237766

天津渤海商品交易所股份有限公司
地址：天津市河北区进步道48号
……Tel：022-26356788

天津市欣龙达橡胶贸易有限公司
地址：天津市北辰区北仓镇京津公路与龙洲道交口西南侧北辰大厦5-1206
……Tel：022-26834905

天津大丰橡胶工业有限公司
地址：天津市北辰区经济开发小区
……Tel：022-26975901

天津东榛橡胶有限公司
地址：北辰区北辰经济开发区双辰东路29号
……Tel：022-26986389

天津市振新橡胶有限公司
地址：北辰区宜兴埠镇畜牧研究所路
……Tel：022-26990915

天津市盛达橡胶轮胎有限公司
地址：北辰区宜兴埠镇畜牧研究所路
……Tel：022-26990915

天津渤化橡胶有限责任公司
地址：华苑产业区（环外）海泰南北大街15号办公楼608室
……Tel：022-27279292

天津海豚橡胶集团有限公司
地址：南开区三马路133号
……Tel：022-27279292

天津津泰橡胶股份有限公司
地址：南开区三马路133号
……Tel：022-27279292

天津橡胶工业供销公司
地址：和平区湖南路德旺里1号
……Tel：022-27342937

中石化津福（天津）成品油销售有限公司
地址：天津市津南区咸水沽镇东张庄津沽路南
……Tel：022-27396367

天津康华裕丰节能环保科技有限公司
地址：北辰区大张庄桥南津围公路东
……Tel：022-27594588

天津雨融泽科技发展有限公司
地址：西青区泰和都市工业园营瑞路
……Tel：022-27799386

天津宝轮橡胶有限公司
地址：天津市西青区精武镇津文公路杨成庄大桥东100米
……Tel：022-27999992

为峰（天津）有限公司
地址：天津自贸试验区（东疆保税港区）亚洲路6865号金融贸易中心北区1-1-801-7
……Tel：022-28217777

天津市瑞力通轮胎橡胶有限公司
地址：天津市河西区大沽南路新城大厦2-705
……Tel：022-28277790

天津滨海新区渤油石化产品有限公司
地址：天津市津汉公路13888号滨海高新区滨海科技园日新道188号1号楼1016号
……Tel：022-28455352

天津立林石油机械有限公司
地址：天津市津南区葛沽三合村
……Tel：022-28696698

天津市胜利橡胶制品有限公司
地址：静海县静海镇运河西静文路北侧
……Tel：022-28941980

中石化渔阳（天津）成品油销售有限责任公司
地址：天津市蓟州区渔阳镇东一环路2号304-B室
……Tel：022-29140628

天津市星兴橡胶制品有限公司
地址：天津宝坻节能环保工业区天通路3号
……Tel：022-29231888

天津市茹生橡胶轮胎有限公司
地址：天津市宝坻区钰华街东侧
……Tel：022-29232486

中石化雍阳（天津）成品油销售有限公司
地址：天津市武清区崔黄口镇西外环路
……Tel：022-29341606

泰奥星（天津）有限公司
地址：天津市武清区东马圈镇东旺道5号
……Tel：022-29470685

库毕斯橡胶制品（天津）有限责任公司
地址：天津市武清区曹子里乡花城中路50号
……Tel：022-29552976

天津润成橡胶制品股份有限公司
地址：蓟县桑梓镇赵翰林村南侧
……Tel：022-29810055

圣保路石油化工（天津）股份有限公司
地址：天津市蓟州区天津专用汽车产业园金水河东街北侧（500KV高压走廊西侧）
……Tel：022-29889899

中央储备粮天津蓟州直属库有限公司
地址：天津市蓟州区洇溜镇高各庄北，京哈公路南侧
……Tel：022-29899693

天津海美诺橡胶制品有限公司
地址：天津市宝坻区大钟庄镇工业用地3号路9号
……Tel：022-29938651

亚太中商（天津）石油化工有限公司
地址：天津唐官屯加工物流区一大道1号
……Tel：022-58100886

中央储备粮天津武清直属库有限公司
地址：天津武清农场南
……Tel：022-58131598

天津东兴和合国际贸易有限公司
地址：天津市南开区怀安环路与三潭路交口东北侧兴业家园公建1-102
……Tel：022-58635366

天津市既济商贸有限公司
地址：天津自贸试验区（中心商务区）滨海华贸中心-844-1
……Tel：022-58686134

南粤国联（天津）有限公司
地址：天津市红桥区西于庄街道银泰大厦B座1001-1
……Tel：022-58836579

天津展融博通科技有限公司
地址：天津自贸试验区（天津港保税区）海滨九路131号A134室
……Tel：022-58881107

天津致远投资集团有限公司
地址：北辰区双发大厦6#26门705
……Tel：022-58882415

天津阿斯提亚克联合石油化工进出口有限公司
地址：天津自贸试验区（空港经济区）保航路1号航空产业支持中心645AG004房间
……Tel：022-58992918

中炼联合石油化工进出口有限公司
地址：天津开发区洞庭路74号3号楼1403室
……Tel：022-58992918

冀中中冀黄金销售（天津）有限公司
地址：天津自贸试验区（空港经济区）空港国际物流区第二大街1号312室
……Tel：022-59060622

中石化京东（天津）成品油销售有限公司
地址：天津市宝坻区建设路东段
……Tel：022-59280022

建大橡胶（天津）有限公司
地址：天津市静海区静海经济开发区南区泰安道6号、8号
……Tel：022-59526778

天津港孚石油机械制造有限公司
地址：天津市滨海新区大港凯旋街929#（石化产业园区）
……Tel：022-59719708

天津市正方科技发展有限公司
地址：天津市滨海新区大港开发区吉照路133号
……Tel：022-59755188

天津国成橡胶工业有限公司
地址：天津市静海经济开发区金海道28号
……Tel：022-59792030

天津泰达生物医学工程股份有限公司
地址：天津开发区第五大街泰华路12号
……Tel：022-59816900

中俄东方石化（天津）有限公司
地址：天津经济技术开发区第二大街35号银座大厦第四层
……Tel：022-59826507

中能投（天津）石油化工有限公司
地址：天津开发区南港工业区综合服务区办公楼D座106室
……Tel：022-59856995

天津滨海泰达物流集团股份有限公司
地址：天津经济技术开发区渤海路39号办公楼三层
……Tel：022-59858181

天津渤化永利化工股份有限公司
地址：天津滨海新区临港经济区渤海十路3369号
……Tel：022-59865954

新兴重工（天津）国际贸易有限公司
地址：天津开发区第二大街融汇大厦三层
……Tel：022-59867583

天津市瑞丰达橡胶助剂有限公司
地址：天津市滨海新区大港石化炼油厂西侧
……Tel：022-59922657

天津上嘉卓成石油化工销售有限公司
地址：天津唐官屯加工物流区一大道1号
……Tel：022-60287874

天津益海石油化工有限公司
地址：天津经济技术开发区天保星月轩12-1-101
……Tel：022-60750058

中机国能炼化工程有限公司
地址：天津开发区南港工业区综合服务区办公楼C座108室26单元
……Tel：022-60978180-8626

领航石油化工（天津）有限公司
地址：天津开发区南港工业区创业路（东）49号
……Tel：022-63116999

天津飞龙橡胶制品有限责任公司
地址：天津市滨海新区中塘镇中塘路64号
……Tel：022-63135706

天津天拓铁路橡胶制品有限责任公司
地址：天津市滨海新区中塘镇中塘路64号（中塘工业区内）
……Tel：022-63135706

天津滨海新区大港宏源浩达钢结构制造有限公司
地址：天津市滨海新区大港太沙路2400号
……Tel：022-63146777

天津宏凯华石油设备制造有限公司
地址：天津市滨海新区大港港西街联盟工业园区
……Tel：022-63152782

天津鑫泰石油化工有限公司
地址：天津市滨海新区海滨街远景一村村委会东
……Tel：022-63198128

天津市石化管件有限公司
地址：天津市滨海新区大港古林街上古林村
……Tel：022-63220418

天津德鑫石化设备有限公司
地址：天津市滨海新区大港经济开发区仁祥街186号

…………………………Tel：022-63231883
天津正峰石油化工贸易有限公司
地址：天津市滨海新区大港世纪大道66号1215室
…………………………Tel：022-63233043
天津市昊航复合管业有限公司
地址：天津市大港石化产业园区
…………………………Tel：022-63233225
天津金伟晖生物石油化工有限公司
地址：天津市滨海新区大港石化产业园区
…………………………Tel：022-63233490
天津市嘉丰石油化工贸易集团有限公司
地址：天津市滨海新区古林街万象路东南侧万象路(东)19#
…………………………Tel：022-63255766
天津市中塘五金橡胶制品有限公司
地址：天津市滨海新区大港中塘镇中塘村
…………………………Tel：022-63269510
天津昊泰石化有限公司
地址：天津自贸试验区（空港经济区）环河北路与中心大道交口空港商务园西区20-1,2-301-56室
…………………………Tel：022-63296320
天津龙鼎熙石化新能源科技有限公司
地址：天津经济技术开发区中区纺五路656号
…………………………Tel：022-63298998
天津市昊泰石油化工销售有限公司
地址：天津市滨海新区古林街道万象路58号311室
…………………………Tel：022-63305090
天津宏久石油化工销售有限公司
地址：天津市滨海新区大港经济开发区仁祥街186号
…………………………Tel：022-63308637
天津石化液化空气气体有限公司
地址：天津市滨海新区大港石化产业园区
…………………………Tel：022-63311374
天津市旭峰石油化工销售有限公司
地址：天津市滨海新区古林街道万象路58号310室
…………………………Tel：022-63312061
天津利海石化有限公司
地址：天津市滨海新区大港海洋石化科技园区
…………………………Tel：022-63343010
天津精华石化有限公司
地址：天津市滨海新区大港天津石化院内化纤路
…………………………Tel：022-63803917
天津海盛石化建筑安装工程有限公司
地址：天津市滨海新区大港世纪大道198号
…………………………Tel：022-63804588
天津津滨石化设备有限公司
地址：天津市滨海新区大港东干道北
…………………………Tel：022-63805749
天津市万全设备安装有限公司
地址：天津市滨海新区大港（中石化股份天津分公司炼油部院内）
…………………………Tel：022-63807569
中沙（天津）石化有限公司
地址：天津经济技术开发区南港工业区红旗路以北、规划道路以西
…………………………Tel：022-63809018
天津江东石油化工有限公司
地址：天津市滨海新区大港石化产业园区金汇路66号
…………………………Tel：022-63811799
天津盛源祥石油化工销售有限公司
地址：天津唐官屯加工物流区一大道1号
…………………………Tel：02263832096
天津星源石化工程有限公司
地址：天津市滨海新区大港世纪大道188号
…………………………Tel：022-63862161
天津众业建设工程有限公司
地址：天津市滨海新区大港世纪大道194号
…………………………Tel：022-63862450
天津冠杰石化工程有限公司
地址：天津市滨海新区大港世纪大道北侧
…………………………Tel：022-63862635
英派克（天津）贸易发展有限公司
地址：天津经济技术开发区第五大街泛海大厦2-2-423-1
…………………………Tel：022-65171006
雪佛龙（天津）润滑油有限公司
地址：天津港保税区东方大道32号
…………………………Tel：022-65277700
天津市斯维斯商贸有限公司
地址：天津自贸区（中心商务区）响螺湾旷世国际大厦A座1704-571号
…………………………Tel：022-65358373
天津市茜茜商贸有限公司
地址：天津市滨海新区中心商务区响螺湾旷世国际大厦B座305-408
…………………………Tel：022-65358373
天津临港威而豪石化码头有限公司
地址：天津市滨海新区临港经济区辽河三街9号
…………………………Tel：022-65367016
天津临港港务集团有限公司
地址：天津市滨海新区临港经济区浑河道529号
…………………………Tel：022-65367072
中石化天津液化天然气有限责任公司
地址：天津开发区第二大街与新城东路交口隆泰广场2号楼-1-1101
…………………………Tel：022-65836107
天津博迈科海洋工程有限公司
地址：天津市滨海新区临港经济区渤海二十七路53号
…………………………Tel：022-66299900
博迈科海洋工程股份有限公司
地址：天津经济技术开发区第四大街14号
…………………………Tel：022-66299900
中石化新海湾（天津）成品油销售有限公司
地址：天津市滨海新区塘沽津塘公路30号
…………………………Tel：022-66315949
天津市森泰园林绿化有限公司
地址：天津市滨海新区时代大厦1-1605
…………………………Tel：022-66316718
天津腾源国际贸易有限公司
地址：天津自贸试验区（空港经济区）环河北路80号空港商务园东区8号楼A810房间
…………………………Tel：022-66373951
天津港保税区天空国际贸易有限公司
地址：天津自贸试验区（空港经济区）环河北路80号空港商务园东区8号楼A810房间
…………………………Tel：022-66373951
天津国际联合轮胎橡胶股份有限公司
地址：天津市滨海新区汉江道347号
…………………………Tel：022-66622587
天津渤海天力轮胎橡胶有限责任公司
地址：天津市滨海新区临港经济区汉江道347号
…………………………Tel：022-66622587
天津渤海石化有限公司
地址：天津市滨海新区临港经济区渤海十三路189号
…………………………Tel：022-66627563
中海油能源物流有限公司
地址：天津市滨海新区新村路1150号
…………………………Tel：022-66917977
天津长城协同油脂有限公司
地址：天津市滨海新区汉沽化工街5号
…………………………Tel：022-67905417
中石化滨旅（天津）成品油销售有限公司
地址：天津市滨海新区中新生态城滨海旅游区安正路252号
…………………………Tel：022-67957997
天津九宇飞驰科技有限公司
地址：天津市静海区良王庄乡中石化加油站东100米
…………………………Tel：022-68121688
天津市绿岛环保科技有限公司
地址：天津市静海区静海镇新开路北段1号
…………………………Tel：022-68298293
天津贾立明蚯蚓养殖有限公司
地址：天津市宁河区芦台镇曹庄村周营
…………………………Tel：022-69463688
中石化渠梁（天津）成品油销售有限责任公司
地址：天津市宁河区芦台镇芦汉路东侧
…………………………Tel：022-69565113
天津恒瑞祥通商贸有限公司
地址：天津市宁河区芦台镇王前村村外
…………………………Tel：022-69596060
天津大地世茂石化设备制造有限公司
地址：天津市武清区地毯产业园兴广路东侧2号
…………………………Tel：022-82203616
环强（天津）石化产品销售有限公司
地址：天津市宝坻区钰华街道建设路东段北侧（钰鑫园小区对面）
…………………………Tel：022-82662006
金泰丽城（天津）置业投资有限公司
地址：天津市武清开发区福源道北侧创业总部基地C02号楼312室
…………………………Tel：022-82953039
天津市君缘恒商贸有限公司
地址：天津市静海县东兴道与北华路交口处
…………………… Tel：022-83862266-8010
天津市施普特橡胶有限公司
地址：天津自贸试验区（空港经济区）国际物流区第三大街8号326号
…………………………Tel：022-84327118
中央储备粮天津东丽直属库有限公司
地址：天津市东丽区华明街道跃进路华粮道1号
…………………………Tel：022-84828957
天津市古斯比特橡胶制品有限公司
地址：天津市北辰区大张庄镇南王平村北津围公路东侧
…………………………Tel：022-85102389
天津伯仲健康产业发展有限公司
地址：天津自贸试验区（东疆保税港区）重庆道以南，呼伦贝尔路以西铭海中心1号楼-2、7-407（天津盛泰达商务秘书服务有限公司托管第023号）
…………………………Tel：022-86286400
天津市宏隆盛有限公司
地址：天津市北辰区北仓镇三义村东侧
…………………………Tel：022-86966872
天津市天轮橡胶有限公司
地址：天津市西青区精武镇安兴路7号1区
…………………………Tel：022-87806800
天津市园意橡胶密封件有限公司
地址：天津市南开区资阳路5号A座A单元1层
…………………………Tel：022-87915370
天津市世通橡胶制品有限公司
地址：天津市西青区张家窝镇张家窝工业区汇源路13号B区
…………………………Tel：022-87986371
天津市红联橡胶制品有限公司
地址：天津市西青区张家窝镇张家窝工业区汇源路13号A区
…………………………Tel：022-87986371
天津市圣奥橡胶制品有限公司
地址：西青区张家窝镇兰韵道西头
…………………………Tel：022-87988375
天津市飞亚达橡胶制品有限公司
地址：西青区张家窝镇兰韵道西头
…………………………Tel：022-87988375
天津双安劳保橡胶有限公司
地址：天津市河西区珠江道81号
…………………………Tel：022-88233107
天津中建北方集团有限公司
地址：天津市和平区承德道与张自忠路交口西北侧港湾中心1802
…………………………Tel：022-88278831
天津市中建机工程设备有限公司
地址：天津市河西区体院北环湖南道9号6门
…………………………Tel：022-88278831
天津市金颐有色线材有限公司
地址：天津市津南区双桥河镇欣欣中路6号
………………………… Tel：022-8851887
天津隆达伟业橡胶机械有限公司
地址：天津市津南区北闸口示范镇高营路8号A区502-25
…………………………Tel：022-88531466
天津科赡硅橡胶科技有限公司
地址：津南区小站镇传字营村五号路西侧
…………………………Tel：022-88615801
天津奇昌阀门制造有限公司
地址：天津市津南区北闸口镇火炬路16号
…………………………Tel：022-88652168
天津兴晟和橡胶制造有限公司
地址：天津市津南区辛庄镇环美路3-2号（天津市环美工贸有限公司院内）
…………………………Tel：022-88825676

上海市

上海长江联合金属交易中心有限公司
地址：上海市长宁区定西路650号6246室
…………………………Tel：021-20202777
上海瑞锋橡胶有限公司
地址：中国（上海）自由贸易试验区罗山路1502弄14号202-3室
…………………………Tel：021-20232175
上海中皓橡胶有限公司
地址：中国（上海）自由贸易试验区罗山路1502弄14号
…………………………Tel：021-20232175
上海中也橡胶有限公司
地址：上海市浦东新区樱花路291号265室
…………………………Tel：021-20232175
上海中东石化有限公司
地址：中国（上海）自由贸易试验区世纪大道1200号19层252席位
…………………………Tel：02120237778
惠生工程（中国）有限公司
地址：中国（上海）自由贸易试验区中科路699号
…………………………Tel：021-20306789
沙特基础工业（中国）投资有限公司
地址：中国（上海）自由贸易试验区爱都路56号第1幢第二层C部位
…………………………Tel：021-20378002
中石化海洋石油工程有限公司
地址：中国（上海）自由贸易试验区加太路39号1幢四层30室
…………………………Tel：021-20896999
中国石化集团上海海洋石油局有限公司
地址：中国（上海）自由贸易试验区杨高北路2001号市场商务楼一层509室
…………………………Tel：021-20896999
上海联合石油液化气发展有限公司
地址：中国（上海）自由贸易试验区浦东大道1525号西五楼160席
…………………………Tel：021-22037612
上海圆迈贸易有限公司
地址：上海市嘉定工业区叶城路1118号19层1901室
…………………………Tel：021-22255162
英力士苯领（中国）投资有限公司
地址：上海市普陀区岚皋路567号2502室
…………………………Tel：021-22269802
永柏资本控股集团有限公司
地址：中国（上海）自由贸易试验区业盛路188号A-522室
…………………………Tel：021-23198000
上海永亭投资管理有限公司
地址：浦东新区南汇新城镇环湖西一路333号C座F159室
…………………………Tel：021-23198000
上海华谊集团股份有限公司
地址：上海市静安区常德路809号
…………………………Tel：021-23530000
双钱集团上海供销有限公司
地址：上海市黄浦区广东路131弄21号116室
…………………………Tel：021-23537000
上海乐辅电子商务有限公司
地址：浦东新区书院镇石潭街109号238室
…………………………Tel：021-23563330
华信天然气（上海）有限公司
地址：中国（上海）自由贸易试验区港澳路239号1幢4层416室
…………………………Tel：021-23577967
上海赛瓦纳石油化工有限公司
地址：中国（上海）自由贸易试验区富特西一路477号一层B6室
…………………………Tel：021-24119600
中谷石化（上海）有限公司
地址：上海市金山区山阳镇浦卫公路16299弄13号5层513室T7
…………………………Tel：021-25258888
上海攀腾投资管理有限公司
地址：浦东新区南汇新城镇环湖西一路333号C座F149室
…………………………Tel：021-26067458
施柯沙巴化肥（中国）有限公司
地址：中国（上海）自由贸易试验区港澳路285号3幢3层303室
…………………………Tel：021-31083187
上海中利电农业科技发展集团有限公司
地址：上海市宝山区真陈路1000号1幢6楼C座1086室
…………………………Tel：021-31195566
国泰君安投资管理股份有限公司
地址：上海市静安区愚园路172号主楼601-602室
…………………………Tel：021-31222388
珠江石油化工有限公司
地址：中国（上海）自由贸易试验区耀华路251号一幢一层1010室
…………………………Tel：02131322040
上海安兹耐橡胶新材料科技股份有限公司
地址：中国（上海）自由贸易试验区芳春路400号1幢3层
…………………………Tel：021-31327028
上海浩昌投资控股有限公司
地址：上海市青浦区重固镇赵重公路2278号5号楼353室
…………………………Tel：021-31335230
将城商贸（上海）有限公司
地址：中国（上海）自由贸易试验区唐陆公路901号4幢A区4层412室
…………………………Tel：021-31353502
兆佩商贸（上海）有限公司
地址：中国（上海）自由贸易试验区加太路29号2号楼东部701-B12室
…………………………Tel：021-31353537
中南石油化工股份有限公司
地址：上海市奉贤区金海公路5885号1368室
…………………………Tel：021-31398148
上海石化金艺工业建设有限公司
地址：上海市金山区板桥东路488号
…………………………Tel：021-31583300
上海盛伽贸易有限公司
地址：上海市崇明区新河镇新开河路825号8幢I区504室（上海新河经济小区）
…………………………Tel：021-31667542
中化国际（控股）股份有限公司
地址：中国（上海）自由贸易试验区长清北路233号12层
…………………………Tel：021-31760000
中化作物保护品有限公司

地址：中国（上海）自由贸易试验区长清北路233号3层
…………………Tel：021－31768300
中化农化有限公司
地址：中国（上海）自由贸易试验区长清北路233号4层北厅区域
…………………Tel：021－31768419
上海玺美橡胶制品有限公司
地址：中国（上海）自由贸易试验区加枫路26号108室
…………………Tel：021－31769106
合盛天然橡胶（上海）有限公司
地址：中国（上海）自由贸易试验区长清北路233号8层
…………………Tel：021－31769110
上海瑞云石油化工有限公司
地址：上海市宝山区爱辉路201号33幢3538室
…………………Tel：021－31770100
嘉科工程（上海）有限公司
地址：上海市浦东新区杨高北路528号14幢1－5层
…………………Tel：021－31837700
优科豪马橡胶有限公司
地址：上海市长宁区虹桥路1452号1002室
…………………Tel：021－32091717
上海嘉盛石油化学品有限公司
地址：中国（上海）自由贸易试验区世纪大道1200号19层199号席位
…………………Tel：021－32096666
上海长宁橡胶制品厂有限公司
地址：上海市金山区漕泾镇亭卫公路3688号8幢
…………………Tel：021－32099155
万轩实业集团有限公司
地址：上海市青浦区金泽镇练西路2725号－M8
…………………Tel：021－32102677
陕西延长石油物资集团上海有限公司
地址：上海市奉贤区联合北路215号第3幢1218室
…………………Tel：021－32200883
安洁士环保（上海）股份有限公司
地址：中国（上海）自由贸易试验区亮秀路112号A座402室
…………………Tel：021－32231668
中林财富控股有限公司
地址：上海市徐汇区龙川北路621弄1－2号2幢
…………………Tel：021－33318720
中国电建集团上海能源装备有限公司
地址：浦东新区航头镇大麦湾工业区航都路80－86号
…………………Tel：021－33758800
上海三鼎印刷橡胶制品有限公司
地址：上海市宝山区铁山路130号
…………………Tel：021－33794871
国海石化有限公司
地址：中国（上海）自由贸易试验区世纪大道1200号19层189号席位
…………………Tel：021－33832990
上海万方博通石油化工工程有限公司
地址：上海市虹口区欧阳路196号10幢8－9层
…………………Tel：021－35300330
上海鹏瑞投资管理有限公司
地址：上海市虹口区邯郸路135号5幢203室
…………………Tel：021－35316398
银河德睿资本管理有限公司
地址：上海市虹口区东长治路359号1601室
…………………Tel：021－35870621
宝钢发展有限公司
地址：上海市宝山区克山路550弄8号
…………………Tel：021－36025666
上海明治橡胶制品有限公司
地址：上海市宝山城市工业园区城银路363号
…………………Tel：021－36161119
腾慧橡胶（上海）有限公司
地址：上海市宝山区沪太路9088号3号楼A1075室
…………………Tel：021－36330670
上海东申橡胶化工有限公司
地址：上海市普陀区兰溪路900弄4号401室
…………………Tel．021－36334692
上海贯本实业有限公司
地址：宝山区沪太路8885号A楼596室
…………………Tel：021－36588188
上海首农投资控股有限公司
地址：上海市普陀区武威路288号8号楼306室
…………………Tel：021－36696101
启迪清源（上海）新材料科技有限公司
地址：上海市奉贤区星火开发区阳明路1号9幢5层1258室
…………………Tel：021－37033288
上海静澄石油化工有限公司
地址：上海市奉贤区岚丰路1150号9幢1152室
…………………Tel：021－37195279
上海芝惠石油化工有限公司
地址：上海市奉贤区岚丰路1150号9幢1072室
…………………Tel：021－37195280
上海拉培石油化工有限公司
地址：上海市奉贤区岚丰路1150号9幢1037室
…………………Tel：021－37195280
上海懋敦石油化工有限公司
地址：上海市宝山区毛家路31号3幢1349室
…………………Tel：021－37195280
上海统领石化有限公司
地址：上海市奉贤区望园路2165弄2号318室
…………………Tel：021－37195280
上海淄拓石油化工有限公司
地址：上海市奉贤区金齐路868号5948室
…………………Tel：021－37195280
上海楠燊石油化工有限公司
地址：上海市奉贤区岚丰路1150号9幢1079室
…………………Tel：021－37195387
上海勤进石油化工有限公司
地址：上海市奉贤区金齐路868号5979室
…………………Tel：021－37195387
上海万瑞石油化工有限公司
地址：上海市奉贤区金海公路5885号2304－265室
…………………Tel：021－37195390
上海荣利石油化工有限公司
地址：上海市奉贤区金海公路5885号2304－123室
…………………Tel：021－37195515
上海弘春石油化工有限公司
地址：上海市奉贤区岚丰路1150号9幢1218室
…………………Tel：021－37195515
上海企燃石化有限公司
地址：上海市奉贤区金齐路868号5941室
…………………Tel：021－37195515
上海凯壹弘石油化工有限公司
地址：上海市奉贤区岚丰路1150号9幢1151室
…………………Tel：021－37195515
上海南鹿石油化工有限公司
地址：上海市奉贤区岚丰路1150号9幢1187室
…………………Tel：021－37195515
上海叠翔石油化工有限公司
地址：上海市奉贤区岚丰路1150号9幢1107室
…………………Tel：021－37195515
上海利津石油化工有限公司
地址：上海市奉贤区金海公路5885号2304－236室
…………………Tel：021－37195515
上海汐腾石油化工有限公司
地址：上海市奉贤区岚丰路1150号9幢1160室
…………………Tel：021－37195578
上海辰华石油化工有限公司
地址：上海市奉贤区望园路2165弄19号240室
…………………Tel：021－37195578
上海振军石油化工有限公司
地址：上海市奉贤区望园路2165弄19号253室
…………………Tel：021－37195867
上海东联石油化工有限公司
地址：上海市奉贤区岚丰路1150号9幢1051室
…………………Tel：021－37195867
上海海光休斯奥石化实业有限公司
地址：奉贤现代农业园区大庆路1号房B区6号
…………………Tel：021－37196521
上海石油化工交易中心有限公司
地址：上海市奉贤区金齐路868号5988室
…………………Tel：021－37196521
上海萨哈林石油化工有限公司
地址：上海市奉贤区金齐路868号5953室
…………………Tel：021－37196730
上海旭默石油化工有限公司
地址：上海市奉贤区岚丰路1150号9幢1118室
…………………Tel：021－37196730
大稻橡胶制品（上海）有限公司
地址：上海市奉贤区环城西路3111弄555号3幢－1800室
…………………Tel：021－37198598
上海路博减振科技股份有限公司
地址：上海市奉贤区航谊路8号6幢B楼4层B4－01#
…………………Tel：021－37199146
上海巴斯夫聚氨酯有限公司
地址：上海市上海化学工业区
…………………Tel：021－37503000
上海联恒异氰酸酯有限公司
地址：上海市上海化学工业区
…………………Tel：021－37508000
森佩富莱（上海）特种橡胶制品有限公司
地址：上海市化学工业区奉贤分区苍工路1255号
…………………Tel：021－37581133
中实投新能源有限公司
地址：上海市松江区九亭镇伴亭路488号4幢10层1006室
…………………Tel：021－37601271
昭德石油贸易（上海）有限公司
地址：上海市松江区九亭镇伴亭路488号4幢3层308M室
…………………Tel：021－37601271
中实投石化科技有限公司
地址：上海市松江区九亭镇伴亭路488号4幢10层1005室
…………………Tel：021－37601272
上海给力新能源科技有限公司
地址：中国（上海）自由贸易试验区世纪大道1200号19层223号席位
…………………Tel：021－37668011－8815
上海维益石油化工有限公司
地址：上海市金山工业区亭卫公路6726号13幢2层
…………………Tel：021－37916989
上海赛科石油化工有限责任公司
地址：上海市化学工业区南银河路557号
…………………Tel：021－37990088
上海绩瞻橡胶科技有限公司
地址：上海市金山区山阳镇浦卫公路16299弄11号1层123室
…………………Tel：021－37990866
三井物产（上海）贸易有限公司
地址：中国（上海）自由贸易试验区基隆路6号6层615室
…………………Tel：021－38500500
巴斯夫高桥特性化学品（上海）有限公司
地址：上海市浦东新区浦东北路1350号
…………………Tel：021－38555008
先正达（中国）投资有限公司
地址：中国（上海）自由贸易试验区栖霞路26弄3号富汇大厦6楼
…………………Tel：021－38651800
国泰君安证券股份有限公司
地址：中国（上海）自由贸易试验区商城路618号
…………………Tel：021－38676666
上海中长信企业发展有限公司
地址：上海市虹口区黄浦路99号B1－01C室
…………………Tel：021－38821891
上海西氏医用橡胶制品有限公司
地址：上海市青浦区天辰路69号
…………………Tel：021－39206300
上海橡通橡胶化工有限公司
地址：上海市嘉定区沪宜公路5358号4层J1186室
…………………Tel：021－39525636
上海鑫喆农业科技有限公司
地址：上海市奉贤区岚丰路1150号2幢6001室
…………………Tel：021－39565448
上海彤恒橡胶科技有限公司
地址：上海市青浦区华新镇凤星路1588号1幢2层B区180室
…………………Tel：021－39875965
中鑫能源科技集团有限公司
地址：上海市浦东新区东方路1988号6层471席位
…………………Tel：021－39983090
上海申之禾化工集团有限公司
地址：上海市杨浦区昆明路739号10层1008室
…………………Tel：021－50155715
上海蓉城奥凯国际贸易有限公司
地址：中国（上海）自由贸易试验区浦东南路500号42楼4206室
…………………Tel：021－50156692
上海中熬石油化工有限公司
地址：上海市闵行区莘建东路58弄2号103室
…………………Tel：021－50176159
上海雳砺石油化工有限公司
地址：中国（上海）自由贸易试验区新金桥路1888号9幢403A
…………………Tel：021－50180786
上海杨仕贸易有限公司
地址：中国（上海）自由贸易试验区金沪路1283弄88号1－2幢
…………………Tel：021－50320272
鸿图石油化工有限公司
地址：上海市浦东新区洲海路2777号803－03室
…………………Tel：021－50348653
上海兴海石油化工有限公司
地址：中国（上海）自由贸易试验区浦东大道720号25楼G室
…………………Tel：021－50367307
巨伦石油化工贸易有限公司
地址：中国（上海）自由贸易试验区德堡路38号2幢楼五层502－08室
…………………Tel：021－50388571
中铜国际贸易集团有限公司
地址：中国（上海）自由贸易试验区长清北路53号南楼10层
…………………Tel：021－50459911
上海川铁投广润实业发展有限公司
地址：上海市宝山区罗宁路1515号3幢411室
…………………Tel：021－50460729
上海中油石油交易中心有限公司
地址：中国（上海）自由贸易试验区世纪大道1200号19层
…………………Tel：021－50589360
思玥贸易（上海）有限公司
地址：中国（上海）自由贸易试验区临港新片区双惠路99号2幢2－2－4部位
…………………Tel：021－50651322
上海勤舜石油化工有限公司
地址：中国（上海）自由贸易试验区富特北路81号2幢1层1005室
…………………Tel：021－50687337
华发石油化工（上海）有限公司
地址：中国（上海）自由贸易试验区富特东一路112号一层137室
…………………Tel：021－50687337
上海泓冀石油化工有限公司
地址：上海市金山区亭林镇松育路181号2幢136室
…………………Tel：021－50723612
上海新湖瑞丰金融服务有限公司
地址：中国（上海）自由贸易试验区向城路288号，世纪大道1501号608室
…………………Tel：021－50766062
上海申渤石油化工有限公司
地址：中国（上海）自由贸易试验区世纪大道1200号19层061号席位
…………………Tel：021－50818009
青路实业（上海）有限公司
地址：上海市浦东新区东方路1988号6层485席位
…………………Tel：021－50900728
上海志润石油化工有限公司
地址：上海市浦东新区东方路1988号704－E49室
…………………Tel：021－50900728
上海万邑石油化工有限公司
地址：上海市浦东新区东方路1988号704－E50室
…………………Tel：021－50900728
上海乐际石油化工有限公司
地址：上海市浦东新区东方路1988号6层458席位
…………………Tel：021－50900728
上海立亨石油化工有限公司
地址：上海市浦东新区东方路1988号6层571席位
…………………Tel：021－50900728
上海国合新浦石化有限责任公司
地址：上海市浦东新区东方路1988号6层662席位
…………………Tel：021－50900728
上海道呈石油化工有限公司
地址：中国（上海）自由贸易试验区世纪大道1200号19层260号席位
…………………Tel：021－50900728
中颐兴能源（上海）有限公司
地址：上海市浦东新区沪南路2218号西楼18层
…………………Tel：021－50900728
上海申腾石油化工有限公司
地址：上海市浦东新区东方路1988号704－G24室
…………………Tel：021－50900728
上海骏途石油化工有限公司
地址：上海市浦东新区东方路1988号6层648席位
…………………Tel：021－50900728
上海箭林石油化工有限公司
地址：上海市浦东新区东方路1988号6层584席位
…………………Tel：021－50900728
上海辽科石油化工有限公司
地址：上海市浦东新区东方路1988号6层516席位
…………………Tel：021－50900728
上海向驰石油化工有限公司
地址：上海市浦东新区东方路1988号704－D46室
…………………Tel：021－50900728
上海程钰石油化工有限公司
地址：上海市浦东新区东方路1988号704－E60室
…………………Tel：021－50900728
上海泽旺石油化工有限公司
地址：上海市浦东新区东方路1988号704－F11室
…………………Tel：021－50900728

上海茂鑫石油化工有限公司
地址：上海市浦东新区东方路1988号6层214席位
……Tel：021-50906528

上海奔旭石油化工有限公司
地址：上海市浦东新区东方路1988号6层646席位
……Tel：021-50906528

上海宜弘石油化工有限公司
地址：中国（上海）自由贸易试验区环龙路65弄1号三层、四层
……Tel：021-50908668

上海申中石油（集团）有限公司
地址：上海市浦东新区建豪路95号416室
……Tel：021-50933755

上海虹翊橡胶贸易有限公司
地址：上海市浦东新区沪南路2633弄1号9楼C单元
……Tel：021-50937262

中油上海销售有限公司
地址：中国（上海）自由贸易试验区世纪大道1200号15层1515-1517号
……Tel：021-50956989

上海华昌源实业投资有限责任公司
地址：东体育会路996号A座
……Tel：021-51078515

上海纵辉能源科技有限公司
地址：上海市松江区九亭镇坊东路100号2幢213室
……Tel：021-51093890

海上丝绸之路石油化工有限公司
地址：中国（上海）自由贸易试验区富特西一路355号4层421-A室
……Tel：021-51113723

海上丝绸之路石油化工有限公司
地址：中国（上海）自由贸易试验区富特西一路355号4层421-A室
……Tel：021-51113723

上海蓝滨石化设备有限责任公司
地址：上海市金山区吕巷镇汇丰东大街588号
……Tel：021-51219888

上海诚德石油工程有限公司
地址：上海市宝山区友谊路1508弄7号101室F187
……Tel：021-51267197

上海河图工程股份有限公司
地址：上海市闵行区金都路4299号D幢392号
……Tel：021-51371099

上海中川石油化工有限公司
地址：嘉定区南翔镇美裕路600号2幢2068室
……Tel：021-51500254

埃珂森（上海）企业管理有限公司
地址：中国（上海）自由贸易试验区洋山保税港区汇港路501号2号楼二层1-2-02室
……Tel：021-51755282

上海咸池控股有限公司
地址：上海市普陀区中山北路2000号9楼39室
……Tel：021-51781280

上海高桥捷派克石化工程建设有限公司
地址：浦东江心沙路1号
……Tel：021-51786378

上海丰墨实业有限公司
地址：上海市闵行区中春路4999号1366室
……Tel：021-51854182

百鸽（上海）电子商务有限公司
地址：中国（上海）自由贸易试验区西里路55号201-63室
……Tel：021-51919356

上海欣耀石化有限公司
地址：上海市闵行区新镇路1509弄3号302-B99室
……Tel：021-52510006

上海铮齐国际贸易有限公司
地址：上海市虹口区大连路277号75幢214室
……Tel：021-52802996

上海化工研究院有限公司
地址：云岭东路345号
……Tel：021-52815377

上海晟勋石油化工有限公司
地址：上海市奉贤区金海公路5885号2304-29室
……Tel：021-52950591

上海麟勇国际贸易有限公司
地址：上海市青浦区北青公路9138号1幢3层X区349室
……Tel：021-52999707

上海兰怡企业发展有限公司
地址：崇明县潘园公路1800号456室（上海泰和经济发展区）
……Tel：021-53021603

上海京秉贸易有限公司
地址：上海市宝山区真陈路1000号1幢6楼C座907室
……Tel：021-53087399

哲欣能源开发（上海）集团有限公司
地址：上海市闵行区虹梅南路3509弄298号第8幢2005室
……Tel：021-53188871

上海冠鼎石油化工有限公司
地址：中国（上海）自由贸易试验区西里路55号1016A室
……Tel：021-54019359

上海益电能源控股有限公司
地址：上海市闵行区闵北路88弄1-30号第102幢1层103室
……Tel：021-54037622

盛洲控股有限公司
地址：上海市徐汇区陕西南路238号319室
……Tel：021-54042100

上海盛洲粮油集团有限公司
地址：上海市徐汇区凌云路400号306室
……Tel：021-54042100

上海云峰石油有限公司
地址：龙水南路52号
……Tel：021-54091423

上海东一超星橡胶有限公司
地址：上海市闵行区吴中路1439号7幢A栋806室
……Tel：021-54225691

上海艺传橡胶科技有限公司
地址：上海市崇明区新河镇新开河路825号8幢G区210室（上海新河经济小区）
……Tel：021-54245508

上海神开石油化工装备股份有限公司
地址：闵行区浦星公路1769号
……Tel：021-54332841

上海神开石油设备有限公司
地址：上海市闵行区浦星路1769号
……Tel：021-54332841

嘉拓（上海）化工贸易有限公司
地址：上海市金山区山阳镇浦卫公路16299弄13号2层206室A1
……Tel：021-54451116-133

上海二商国际物流有限公司
地址：中国（上海）自由贸易试验区栖霞路120号5层527-528室
……Tel：021-54660280

中怡控股有限公司
地址：上海市奉贤区金齐路868号4355室
……Tel：021-54717279

双钱集团上海轮胎研究所有限公司
地址：上海市闵行区剑川路2613号
……Tel：021-54722747

上海云峰矿业有限公司
地址：上海市闵行区吴中路478号17层1704室
……Tel：021-54778898

上海宝联橡胶制品厂
地址：闵行区七宝镇新龙路258号
……Tel：021-54887485

上海聚连能贸易有限公司
地址：中国（上海）自由贸易试验区日京路191号三层B部位302室
……Tel：021-55082178

上海欣笙国际贸易有限公司
地址：中国（上海）自由贸易试验区日京路191号三层B部位304室
……Tel：021-55082178

上海润彪贸易有限公司
地址：中国（上海）自由贸易试验区富特北路211号302部位368室
……Tel：021-55082178

上海蒂达贸易有限公司
地址：中国（上海）自由贸易试验区奥纳路55号1幢十五层1513室
……Tel：021-55082178

鑫华霞投资控股（上海）有限公司
地址：上海市杨浦区国权路525号207-5室
……Tel：021-55086511

上海范盛橡胶有限公司
地址：上海市宁国路229弄1号101室
……Tel：021-55127185

中海龙石化科技（上海）有限公司
地址：上海市杨浦区军工路334号6号楼118室
……Tel：021-55131389

中能贸信控股有限公司
地址：上海市普陀区宜昌路458弄8号三楼3133室
……Tel：021-55150558

上海金山石油化工建筑有限公司
地址：上海市金山区石化卫清西路1391号
……Tel：021-55266200

华君橡胶科技（上海）有限公司
地址：上海市闵行区七莘路889号2幢A258室
……Tel：021-55610376

五洲贸发控股有限公司
地址：上海市浦东新区民冬路239号3幢1层
……Tel：021-55781733

巨鑫国际进出口（上海）有限公司
地址：上海市宝山区真陈路1000号1幢6楼G座505室
……Tel：021-55781733

上海袁禾投资管理有限公司
地址：中国（上海）自由贸易试验区新金桥路27号13号楼2层
……Tel：021-55801637

中商投嘉贝（上海）石油化工有限公司
地址：上海市浦东新区东方路1988号6楼417席
……Tel：021-55806981

龙泽石化（上海）有限公司
地址：上海市杨浦区宁国路313弄8号1001-1002室
……Tel：021-55807687

双钱集团上海东海轮胎有限公司
地址：上海市浦东新区环湖西二路888号2幢2区3011室
……Tel：0215-58291142

上海锐翀投资有限公司
地址：上海市普陀区曹杨路2009弄68号1606-C室
……Tel：021-55987830

大宁进出口有限公司
地址：中国（上海）自由贸易试验区罗山路1502弄14号403-29室
……Tel：021-56060027

中鑫石油化工交易中心（上海）有限公司
地址：上海市普陀区志丹路168号3028室
……Tel：021-56355168

上海伊贝尔橡胶有限公司
地址：上海市浦东新区金桥出口加工区金佳路398号
……Tel：021-56384873

上海中墨新能源产业有限公司
地址：上海市徐汇区肇嘉浜路1033号501室C座3室
……Tel：021-56635712

上海彭浦橡胶制品有限公司
地址：沪太路1895弄58号
……Tel：021-56689561

德翌复合材料（上海）有限公司
地址：中国（上海）自由贸易试验区华申路198号1幢2层F-23室
……Tel：021-56751095

上海中策橡胶有限公司
地址：上海市普陀区真光路1473弄3号4层4077室
……Tel：021-56883784

上海增平新材料科技有限公司
地址：上海市宝山区江杨南路1227号
……Tel：021-56886163

上海中石化三井化工有限公司
地址：上海市化学工业区天华路51号
……Tel：021-57033000

上海阳申石化设备安装有限公司
地址：上海市金山区漕泾镇漕廊公路598号
……Tel：021-57256060

上海石化西尼尔化工科技有限公司
地址：上海市金山区金山卫镇纬五路沪杭路口
……Tel：021-57269222

上海立得催化剂有限公司
地址：上海市金山区金环路288号
……Tel：021-57294664

赛驭通化工工程（上海）有限公司
地址：上海市金山区石化蒙山路939弄10号408室
……Tel：021-57359636

上海奉贤经济发展有限公司
地址：上海市奉贤区南桥镇宏伟路24号
……Tel：021-57420941

高野阀门有限公司
地址：上海市奉贤区青村镇岳和村348号1幢0812室
……Tel：021-57472227

上海创奇特种橡胶制品有限公司
地址：上海市奉贤区金汇镇大叶公路5555号A座3号
……Tel：021-57484187

上海储汇国际贸易有限公司
地址：中国（上海）自由贸易试验区长柳路58号2302室
……Tel：021-57493888

技鹏石油化工（上海）有限公司
地址：上海市奉贤区柘林镇环城东路6号第2幢678室
……Tel：021-57494312

上海旭凯橡胶科技有限公司
地址：上海市奉贤区茂园路661号4442室
……Tel：021-57500371

上海平泰橡胶制品有限公司
地址：上海市奉贤区平安镇四平路6号
……Tel：021-57541424

上海坎赛橡胶有限公司
地址：中国（上海）自由贸易试验区临港新片区安泰路708号
……Tel：021-57541514

偲成新材料（上海）有限公司
地址：上海市奉贤区金汇镇大叶公路6858号
……Tel：021-57581127

上海申森橡胶制品有限公司
地址：上海市奉贤区青村镇奉柘公路3533号
……Tel：021-57593208

上海华向橡胶履带有限公司
地址：上海市奉贤区钱桥镇桃园村六组（奉柘公路2735号）
……Tel：021-57599867

泰克国际（上海）技术橡胶有限公司
地址：上海市松江区荣乐东路1536号
……Tel：021-57740748

上海东武橡胶中心有限公司
地址：上海市松江工业区松东路318号
……Tel：021-57742505

兴国（上海）精密橡胶有限公司
地址：上海市松江工业区洞泾路8号标准厂房9号
……Tel：021-57747556

雅泰实业集团有限公司
地址：上海市松江区车墩镇香闵路601号
……Tel：021-57776888

大宜吉橡胶（上海）有限公司
地址：上海市松江区乐都路251号12G座
……Tel：021-57782362

上海星星橡胶制品有限公司
地址：上海市松江区泗陈公路4968号
……Tel：021-57797015

上海泰明橡胶轮胎公司
地址：上海市松江区叶榭镇叶大公路185号
……Tel：021-57801490

上海明成石油化工有限公司
地址：上海市松江区车墩镇泖亭路188弄32号101室
……Tel：021-57836969

上海金昌工程塑料有限公司
地址：上海市金山区石化卫二路8号
……Tel：021-57934269

上海金鑫建筑安装工程有限公司
地址：上海市金山区石化卫清路111号47幢101室
……Tel：021-57935062

中国石化上海石油化工股份有限公司
地址：上海市金山区金一路48号
……Tel：021-57941941

上海石化投资发展有限公司
地址：上海市金山区石化金一东路1号金山宾馆南七楼
……Tel：021-57943362

上海博凯石化设备检修安装有限公司
地址：上海市金山区石化金一路98号
……Tel：021-57950007

上海金菲石油化工有限公司
地址：上海市金山区卫三路99号
……Tel：021-57958866

上海翊旋石油化工有限公司
地址：上海市嘉定区沪宜公路1185号1幢1层J1012室
……Tel：021-58023821

上海神农节能环保装备有限公司
地址：浦东新区宣桥镇宣秋路139号1幢1068室
……Tel：021-58039245

上海亚深石油化工有限公司
地址：中国（上海）自由贸易试验区奥纳路188号3幢2层234室
……Tel：021-58085096

上海攸望石油化工有限公司
地址：上海市金山区金山卫镇秋实路688号1号楼5单元133室D座
……Tel：021-58092282

上海金竹工程橡胶制品有限公司
地址：浦东新区祝桥镇祝潘公路66号10室
……Tel：021-58100902

浦盛石油集团有限公司
地址：上海市普陀区曹杨路1888弄11号11楼1102室-44
……Tel：021-58150151

上海中国石化大厦置业发展有限公司
地址：中国（上海）自由贸易试验区浦东大道1539号东五楼
……Tel：021-58216268

上海中亚橡胶机械有限公司
地址：浦东新区泥城镇银河路21号
……Tel：021-58241838

上海普田橡胶制品有限公司
地址：浦东新区泥城镇马五公路109号
……Tel：021-58241985

上海普港橡胶制品有限公司
地址：浦东新区泥城镇马五公路345号
……Tel：021-58241985

上海龙宇燃油股份有限公司
地址：中国（上海）自由贸易试验区东方路710号25楼
……Tel：021-58301681

上海中煤华东有限公司
地址：中国（上海）自由贸易试验区东

方路899号613室
…………Tel：021-58306300
上海进泓石油化工有限公司
地址：上海市浦东新区三林路235号22幢478室
…………Tel：021-58338137
上海百金化工集团股份有限公司
地址：中国（上海）自由贸易试验区张杨路707号26层
…………Tel：021-58359999
中石化上海工程有限公司
地址：上海市静安区南京西路1910号－3幢
…………Tel：021-58366600
上海蓝亿德石油化工有限公司
地址：中国（上海）自由贸易试验区世纪大道1200号19层123席位
…………Tel：021-58366996-8026
上海添久实业有限公司
地址：上海市浦东新区东方路3601弄7号楼5层
…………Tel：021-58437131
上海拓东国际贸易有限责任公司
地址：中国（上海）自由贸易试验区浦东大道2123号3F－B08室
…………Tel：021-58511545
南光（上海）投资有限公司
地址：中国（上海）自由贸易试验区浦东大道1525号中国石化大厦西楼9层
…………Tel：021-58523396
上海碧清环境科技有限公司
地址：上海市虹口区海宁路137号7层F座774M室
…………Tel：021-58550556
上海景鹏石油化工有限公司
地址：中国（上海）自由贸易试验区美盛路111号三层86部位
…………Tel：021-58550556
上海景瑞石油化工有限公司
地址：中国（上海）自由贸易试验区美盛路111号三层85部位
…………Tel：021-58550556
中海外赛宝（上海）实业有限公司
地址：中国（上海）自由贸易试验区浦东大道1539号23楼2302－02室
…………Tel：021-58600702
上海高桥－巴斯夫分散体有限公司
地址：上海市浦东新区浦东北路1929弄99号
…………Tel：021-58612789
上海高桥爱思开溶剂有限公司
地址：上海市浦东新区浦东北路1563弄16号
…………Tel：021-58616688
上海览洲国际贸易有限公司
地址：中国（上海）自由贸易试验区富特西一路155号B幢底层114部位
…………Tel：021-58690161
上海峻茹石油化工有限公司
地址：中国（上海）自由贸易试验区富特东一路350号1幢楼2层210室
…………Tel：021-58691606
豫新投资管理（上海）有限公司
地址：中国（上海）自由贸易试验区马吉路28号22层2209B室
…………Tel：021-58692203
上海源天德能源有限公司
地址：中国（上海）自由贸易试验区泰谷路18号2幢4层474室
…………Tel：021-58695155
中国石化上海高桥石油化工有限公司
地址：中国（上海）自由贸易试验区新金桥路27号13号楼2层
…………Tel：021-58711001
上海泰元石油化工有限公司
地址：中国（上海）自由贸易试验区福山路450号27层2726室
…………Tel：02158751020
上海陇商供应链管理有限公司
地址：上海市金山区金山卫镇秋实路688号1号楼5单元821室B座
…………Tel：021-58811925
上海沣东石化有限公司
地址：中国（上海）自由贸易试验区临港新片区新杨公路1588号4幢
…………Tel：021-58815106
上海江汉石油化工有限公司
地址：中国（上海）自由贸易试验区东方路969号1层097室
…………Tel：021-58818228
上海置诚城市管网工程技术股份有限公司
地址：嘉定区恒永路518弄1号B区503－2
…………Tel：021-58855866
上海嘉勒石油化工有限公司
地址：中国（上海）自由贸易试验区世纪大道1200号19层85号席位
…………Tel：021-58856985
上海小超橡胶工贸有限公司
地址：中国（上海）自由贸易试验区浦东大道2123号3E－1657室
…………Tel：021-58872597
上海新高盈能源科技股份有限公司
地址：中国（上海）自由贸易试验区浦东南路1088号1601室
…………Tel：021-58878800
上海兆邦石油化工有限公司
地址：上海市奉贤区望园路2165弄19号243室
…………Tel：021-58880777
上海印利石化有限责任公司
地址：中国（上海）自由贸易试验区浦东大道1525号西五楼37席
…………Tel：021-58880777
上海游龙橡胶制品有限公司
地址：浦东新区川沙新镇新春村新春路20号
…………Tel：021-58946711
上海金工轮胎厂有限公司
地址：浦东金工路215号
…………Tel：021-58991772
上海富盈石化产品有限公司
地址：浦东新区大团镇永春东路10号10号楼1150室
…………Tel：021-58992390
上海星成实业（集团）有限公司
地址：上海市金山区枫泾镇王圩东路1528号第1幢149室
…………Tel：021-58998896
上海博奥石油化工有限公司
地址：中国（上海）自由贸易试验区东方路969号10楼136席
…………Tel：021-58999702
上海联宇石油天然气化工有限公司
地址：浦东新区东方路1988号706－B4室
…………Tel：021-58999702
上海南翔橡胶制品有限公司
地址：嘉定区南翔镇德园路565号
…………Tel：021-59121142
上海隆泰资产管理有限公司
地址：上海市嘉定区马陆镇育绿路270号3幢
…………Tel：021-59159862
上海衡奥橡胶制品有限公司
地址：上海市嘉定区科福路358_368号4幢1层E区J6877室
…………Tel：021-59180786
上海新鼎减振橡胶技术有限公司
地址：青浦区香花桥街道漕盈路3777号
…………Tel：021-59227317
博戈橡胶金属（上海）有限公司
地址：上海市青浦区天辰路1818号
…………Tel：021-59227662
上海葳力橡胶制品有限公司
地址：青浦区金泽镇商周路80号8幢
…………Tel：021-59281136
上海睐晖园林投资有限公司
地址：上海市宝山区新二路999弄148号1155室
…………Tel：021-59502060
上海科频再生能源有限公司
地址：上海市嘉定区沪宜公路5358号4层J1324室
…………Tel：021-59585153
上海全众石油化工有限公司
地址：上海市嘉定区曹安路4671号25幢J318室
…………Tel：021-59595413
上海广耀橡胶制品有限公司
地址：嘉定区黄渡镇曹安路4583号
…………Tel：021-59597141
上海富瀛橡胶制品有限公司
地址：上海市崇明区东风农场林风公路325号
…………Tel：021-59641600
上海加富新材料科技有限公司
地址：上海市崇明区东平镇东风公路399号2006室（东平镇经济开发区）
…………Tel：021-59642166
上海欣展橡胶有限公司
地址：上海市青浦区白鹤镇外青松公路3236号2、3、4幢
…………Tel：021-59742360
上海昊华南方橡胶机械有限公司
地址：上海市青浦区白鹤镇外青松公路3560号4号楼2层西裙楼B区2072室
…………Tel：021-59745981
青浦徐卫橡胶制品厂
地址：青浦区徐泾镇宅东村王家塘
…………Tel：021-59760131
上海罗登橡胶有限公司
地址：上海市青浦区华新镇华丹路599号
…………Tel：021-59793611
博利特橡胶（上海）有限公司
地址：上海市青浦区朱家角镇工业园区（B19）
…………Tel：021-59832337
上海荣生橡胶工业有限公司
地址：上海市青浦区朱家角镇康工路85号2幢
…………Tel：021-59832465
上海健耀科技有限公司
地址：上海市嘉定区嘉新公路778号
…………Tel：021-59903257
上海中石化三井弹性体有限公司
地址：上海化学工业区天华路108号
…………Tel：021-60128800
上海峻屹商务咨询有限公司
地址：上海市崇明区北沿公路2099号1幢112-4（上海崇明森林旅游园区）
…………Tel：021-60232660
上海深隆商务咨询有限公司
地址：上海市崇明区北沿公路2099号1幢110-5（崇明森林旅游园区）
…………Tel：021-60232661
上海润宜石油化工有限公司
地址：上海市奉贤区望园路2165弄3号232室
…………Tel：021-60259093
上海励珅石油化工有限公司
地址：上海市浦东新区南汇新城镇环湖西二路888号A楼715室
…………Tel：021-60276093
上海智德信集团有限责任公司
地址：上海市长宁区虹桥路1157号447室
…………Tel：021-60318814
上海驰典贸易有限公司
地址：上海市长宁区虹桥路1157号446室
…………Tel：021-60319798
上海晖璟贸易有限公司
地址：中国（上海）自由贸易试验区双惠路99号3幢105室
…………Tel：021-60319798
上海宝姜国际贸易有限公司
地址：中国（上海）自由贸易试验区加太路29号2号楼西部304－A10室
…………Tel：021-60488899
上海邦贸国际贸易有限公司
地址：中国（上海）自由贸易试验区华申路221号2幢楼1层122室
…………Tel：021-60493006
上海柴润石油化工有限公司
地址：上海市浦东新区周浦镇祝家港路190号304室
…………Tel：021-60513550
上海昂仁贸易有限公司
地址：上海市浦东新区南汇新城镇环湖西二路888号C楼
…………Tel：021-60518173
上海华恒实业有限公司
地址：上海市浦东新区联明路586－3号3幢119室
…………Tel：021-60528126
上海安博投资集团有限公司
地址：中国（上海）自由贸易试验区双惠路99号2幢楼2-2-37部位
…………Tel：021-60563880
安裕贸易（上海）有限公司
地址：中国（上海）自由贸易试验区奥纳路55号1号楼八层8835室
…………Tel：021-60563880
安晶商贸（上海）有限公司
地址：中国（上海）自由贸易试验区双惠路99号2幢2-2-25部位
…………Tel：021-60563880
建信商贸有限责任公司
地址：中国（上海）自由贸易试验区业盛路188号A－708室
…………Tel：021-60635551
上海源璟控股有限公司
地址：上海市静安区江场西路1577弄1-2号254室
…………Tel：021-60726039
上海俞阳实业有限公司
地址：上海市浦东新区东方路1988号6层640号席位
…………Tel：021-60750831
韩程橡胶（上海）有限公司
地址：上海市嘉定区众仁路399号1幢12层B区路J1369室
…………Tel：021-60766300
上海枣矿投资控股有限公司
地址：中国（上海）自由贸易试验区浦东南路588号28楼HI室
…………Tel：021-60791867
上海枣矿新能源有限公司
地址：上海市浦东新区东方路1988号6层643席位
…………Tel：021-60791879
上海利旷国际贸易有限公司
地址：中国（上海）自由贸易试验区德堡路38号1幢楼五层503-29室
…………Tel：021-60791884
上海汇玺国际贸易有限公司
地址：上海市宝山区逸仙路2816号1幢1层E0077室
…………Tel：021-60791884
上海寰筑国际贸易有限公司
地址：中国（上海）自由贸易试验区德堡路38号1幢1层111-44室
…………Tel：021-60791884
上海寰彤国际贸易有限公司
地址：上海市宝山区新二路999弄148号3号门234室
…………Tel：021-60791884
枣矿物产集团有限公司
地址：中国（上海）自由贸易试验区耀华路251号一幢一层
…………Tel：021-60791889
康迪泰克（上海）橡塑技术有限公司
地址：上海市青浦工业园区新达路1333号1号厂房第一层
…………Tel：021-60802500
上海智安达橡胶科技有限公司
地址：上海市崇明区绿华镇富华路79号16幢1532室（上海绿华经济开发区）
…………Tel：021-60818963
冀中宏远国际贸易有限公司
地址：上海市宝山区永乐路388号商务楼420室
…………Tel：021-60825608
远宜实业发展（上海）有限公司
地址：上海市普陀区华池路51号327室
…………Tel：021-60836708
中国石化炼油销售有限公司
地址：上海市长宁区延安西路728号25层
…………Tel：021-60863300
上海中鸿燃料有限公司
地址：浦东新区书院镇船山街80号3106室
…………Tel：021-60873963
上海韩彤实业发展有限公司
地址：上海市闵行区虹梅南路1755号一幢一层VD1093室
…………Tel：021-60875618
上海仁和智本能源投资有限公司
地址：上海市杨浦区国定支路26号2124室
…………Tel：021-60876826
上海亮实贸易有限公司
地址：中国（上海）自由贸易试验区临港新片区环湖西二路888号C楼
…………Tel：021-60880708
上海绿地石油化工有限公司
地址：中国（上海）自由贸易试验区世纪大道1200号19层126号席位
…………Tel：021-60880708
上海新上橡汽车胶管有限公司
地址：上海市金山区亭林镇亭华路119号4幢
…………Tel：021-60892658
上海仕悦实业有限公司
地址：上海市浦东新区洲海路2777号910-02室
…………Tel：021-60939008
联晟信鼎金融信息服务（上海）有限公司
地址：中国（上海）自由贸易试验区富特西一路99号二层201-D6部位
…………Tel：021-61031122-6423
中曼石油天然气集团股份有限公司
地址：中国（上海）自由贸易试验区临港新片区南汇新城镇飞渡路2099号1幢1层
…………Tel：021-61048066
上海贺肯石油化工有限公司
地址：上海市宝山区毛家路31号12幢1019室
…………Tel：021-61074799
上海九天橡胶制品有限公司
地址：上海市浦东新区金桥路1389号1501室
…………Tel：021-61099611
上海淞旭贸易有限公司
地址：上海市浦东新区东方路1988号704-D59室
…………Tel：021-61117335
上海啸名石油化工有限公司
地址：上海市浦东新区东方路1988号704-D60室
…………Tel：021-61117335
上海江能路政石油化工有限公司
地址：上海市宝山区真陈路1000号（园区大厦5040号）
…………Tel：02161173667
上海银亿实业有限公司
地址：上海市杨浦区四平路2500号22楼A17室
…………Tel：021-61176378
上海浩克橡胶技术有限公司
地址：上海市奉贤区南桥镇金海路3369弄5幢219室-3
…………Tel：021-61247129
上海先丰石化国际贸易有限公司
地址：上海市长宁区红宝石路500号1号楼1402室
…………Tel：021-61272917
上海培涂能源科技有限公司
地址：中国（上海）自由贸易试验区东方路969号十层128席位
…………Tel：021-61316363
上海禹麒实业有限公司
地址：上海市虹口区中山北一路1250号4号楼317室

……………………Tel：021-61363985
上海博德尔环保集团有限公司
地址：上海市奉贤区岚丰路1150号2幢2137室
……………………Tel：021-61405593
糖人贸易（上海）有限公司
地址：上海市奉贤区金海公路6055号20号楼607室
……………………Tel：021-61457100
拜耳（中国）有限公司
地址：中国（上海）自由贸易试验区海阳西路399号前滩时代广场第6层
……………………Tel：021-61468282
上海领新农业发展有限公司
地址：上海市崇明区新河镇新申路921弄2号J区476室（上海富盛经济开发区）
……………………Tel：021-61488939
上海宝赢石油化工科技有限公司
地址：上海市普陀区真光路1473弄3号2层2188室
……………………Tel：021-61491906
上海金则石油化工有限公司
地址：上海市浦东新区历城路70号甲二楼
……………………Tel：021-61553070
上海鼎江石油化工有限公司
地址：上海市浦东新区历城路70号甲二楼
……………………Tel：021-61553070
斧创（上海）农业科技有限公司
地址：上海市崇明区中兴镇兴工路37号1号楼1层198室（上海广福经济开发区）
……………………Tel：021-61557160
工银标准（中国）商贸有限公司
地址：中国（上海）自由贸易试验区基隆路6号5层531室
……………………Tel：021-61568900
丰锦国际贸易（上海）有限公司
地址：中国（上海）自由贸易试验区英伦路38号四层426室
……………………Tel：021-61621199
太平石化金融租赁有限责任公司
地址：中国（上海）自由贸易试验区富特北路211号302-378室
……………………Tel：021-61625379
建发（上海）有限公司
地址：中国（上海）自由贸易试验区张杨路620号1201室
……………………Tel：021-61635000
上海鑫驰石油化工有限公司
地址：中国（上海）自由贸易试验区富特西一路115号2幢楼2层2-B24室
……………………Tel：021-61639532
贝亚齐橡胶制品（上海）有限公司
地址：上海市闵行区吴中路1065号
……………………Tel：021-61671100
上海惠丞资源贸易有限公司
地址：中国（上海）自由贸易试验区顺通路5号A楼010C室
……………………Tel：021-61677503
东方集团物产进出口有限公司
地址：中国（上海）自由贸易试验区华京路8号三层329室
……………………Tel：021-61766529
上海东瑞贸易有限公司
地址：中国（上海）自由贸易试验区东方路971号3楼322A室
……………………Tel：021-61766529
上海尚友实业集团有限公司
地址：崇明县潘园公路1800号903室（上海泰和经济开发区）
……………………Tel：021-61812868
京朋贸易集团（上海）有限公司
地址：上海市宝山区真陈路1000号6楼B座1798室
……………………Tel：021-61859886
上海铎鑫贸易有限公司
地址：上海市宝山区真陈路1000号6楼H区606室
……………………Tel：021-61859886
上海苏锡橡胶有限公司
地址：上海市浦东新区园顺路8号2号厂房
……………………Tel：021-61905508
上海焱朝石油化工有限公司
地址：上海市浦东新区东方路1988号704-D57室
……………………Tel：021-61920208
亿峰橡胶技术（上海）有限公司
地址：上海市浦东新区沪南公路8666弄2号楼606室
……………………Tel：021-62108291
中铁中宇实业有限公司
地址：上海市奉贤区程普路377号5幢1604室
……………………Tel：021-62120789
上海中海油元昌能源有限公司
地址：嘉定区金沙江西路1555弄393号5层505室
……………………Tel：021-62138438
中铁华巳石化有限公司
地址：上海市浦东新区上川路1499-1号5幢119室
……………………Tel：021-62207550
上海冠油石油化工有限公司
地址：上海市奉贤区四团镇六团公路391弄5号414室
……………………Tel：021-62253782
上海阿尔贡石化有限公司
地址：上海市宝山区牡丹江路1508号2203-K室
……………………Tel：02162262503
上海德耐赛橡胶技术有限公司
地址：上海市松江区泖港镇中大街78号1幢3楼C区
……………………Tel：021-62266630
上海得蒂橡胶有限公司
地址：上海市松江区泖港镇中南路35号102室
……………………Tel：021-62266630
上海优科豪马橡胶制品商贸有限公司
地址：上海市长宁区红宝石路188号1幢10层（实际楼层9层）
……………………Tel：021-62368811
上海泰禾国际贸易有限公司
地址：上海市长宁区北翟路785号
……………………Tel：021-62398696
上海弘亨石化有限公司
地址：中国（上海）自由贸易试验区西里路55号201-37室
……………………Tel：021-62451977
凯远资产管理有限公司
地址：上海市静安区万荣路1198号119室
……………………Tel：021-62496887
山东省国际贸易集团上海有限公司
地址：中国（上海）自由贸易试验区浦建路620号3楼323室
……………………Tel：021-62498789
凯远投资控股有限公司
地址：上海市静安区万荣路1198号118室
……………………Tel：021-62498801
上海鲁垣石油化工有限公司
地址：上海市静安区华山路370号2幢5层
……………………Tel：021-62498801
荣龙资源有限公司
地址：上海市徐汇区华泾路507号5幢245室
……………………Tel：021-62499171
上海熔和石油化工有限公司
地址：上海市浦东新区东方路1988号6层545席位
……………………Tel：021-62499171
上海创宏橡胶机械有限公司
地址：上海市青浦区白鹤镇胜联路9号6幢
……………………Tel：021-62509064
亚久（上海）国际贸易有限公司
地址：中国（上海）自由贸易试验区德堡路38号2幢四层403-22室
……………………Tel：021-62568387
国网（上海）国际贸易有限公司
地址：上海市宝山区同济路2号1幢1G27室
……………………Tel：021-62576100
京岱（上海）生态科技有限公司
地址：上海市崇明区城桥镇东门路378号3号楼431室（崇明区经济委员会招商服务中心）
……………………Tel：021-62712827
中化石化销售有限公司
地址：中国（上海）自由贸易试验区浦东大道1200号2层206室
……………………Tel：02162781635
上海橡胶制品研究所有限公司
地址：上海市长宁区番禺路381号
……………………Tel：021-62810667
上海善羡农产品有限公司
地址：上海市虹口区水电路688号临1004室
……………………Tel：021-62840617
延长石油化工销售（上海）有限公司
地址：上海市闵行区闵北路88弄1-30号第102幢1层101室
……………………Tel：021-62878018
洛恩能源科技有限公司
地址：上海市长宁区仙霞路350号10幢2层2112室
……………………Tel：021-62900318
上海乐恒石油化工集团有限公司
地址：上海市静安区中兴路1233弄8幢1号
……………………Tel：021-62986009
上海隧桥特种橡胶厂有限公司
地址：上海市崇明区堡镇合五公路921号
……………………Tel：021-63035226
上海龙泰精细橡胶公司
地址：沪闵路剑川路口
……………………Tel：021-63111869
上海轮胎橡胶（集团）有限公司
地址：上海市奉贤区科工路789号
……………………Tel：021-63112051
上海乾燊石油化工有限公司
地址：上海市浦东新区川沙路1098号8幢
……………………Tel：021-63181018
上海大生农产品有限公司
地址：上海市浦东新区临沂路130-134（双）号三层318室
……………………Tel：021-63255986
上海大生农业金融科技股份有限公司
地址：中国（上海）自由贸易试验区浦东大道2056号仁和大厦706室
……………………Tel：021-63256060
上海泰华石油化工有限公司
地址：上海市浦东新区东方路1988号601-D7室
……………………Tel：021-63256060
上海大生农化有限公司
地址：上海市崇明区城桥镇东河沿68号6号楼517室（上海城桥经济开发区）
……………………Tel：021-63256060
上海泰华石油化工有限公司
地址：上海市浦东新区东方路1988号601-D7室
……………………Tel：021-63256060
浦昕化工科技（上海）有限公司
地址：上海市奉贤区金海公路5885号2304-60室
……………………Tel：021-63332310-8028
上海国农控股有限公司
地址：上海市杨浦区闸殷路850号202-5室
……………………Tel：021-63333366
上海国农金控有限公司
地址：中国（上海）自由贸易试验区创新西路778号10幢119室
……………………Tel：021-63333366
上海宝源橡胶有限公司
地址：宝源路265号
……………………Tel：021-63508637
上海宝鼎投资股份有限公司
地址：上海市浦东新区芦潮港路1758号1幢8298室
……………………Tel：021-63591070
上海市农业生产资料有限公司
地址：恒丰路1号1幢1108室
……………………Tel：021-63807492
简街贸易（上海）有限公司
地址：中国（上海）自由贸易试验区富特北路211号302部位368室
……………………Tel：021-63915028
上海淳栎贸易有限公司
地址：上海市宝山区锦宏路518号1幢-A1807室
……………………Tel：021-64079271
上海紫江橡胶制品有限公司
地址：上海市闵行区沪闵路5688号
……………………Tel：021-64090907
上海莹德工程技术有限公司
地址：上海市嘉定区宝安公路4229号4层J461室
……………………Tel：021-64149307
上海寰球工程有限公司
地址：肇嘉浜路807号
……………………Tel：021-64164200
上海青客贸易有限公司
地址：上海市嘉定区嘉戬公路328号7幢7层JT2967室
……………………Tel：021-64179625
上海顶涛橡胶机械有限公司
地址：浦东新区老港镇拱极东路568号3-6幢
……………………Tel：021-64276272
上海采之道生态科技有限公司
地址：上海市奉贤区奉浦工业区奉浦大道111号6楼3379室
……………………Tel：021-64282565
上海菱达斯电梯配件有限公司
地址：闵行区光华路1253号
……………………Tel：021-64421951
龙丰（上海）石化有限公司
地址：中国（上海）自由贸易试验区张杨路828-838号26G02室
……………………Tel：021-64438960
上海佩颂石油化工有限公司
地址：中国（上海）自由贸易试验区世纪大道1200号19层284号席位
……………………Tel：021-64579999
巴实（上海）石油化工有限公司
地址：上海市金山区朱泾镇万安街105号1号楼A座840室
……………………Tel：021-64610105
上海戎坤石油化工有限公司
地址：上海市金山区亭林镇金展路2229号6号楼914室
……………………Tel：021-64640356
上海中油企业集团石油化工有限公司
地址：中国（上海）自由贸易试验区世纪大道1200号19层125号席位
……………………Tel：021-64645024
上海司尔特电子商务有限公司
地址：中国（上海）自由贸易试验区闻居路1333号B区8086室
……………………Tel：021-64681086
上海沪曌信息科技有限公司
地址：上海市崇明区城桥镇东河沿68号S幢109室（上海城桥经济开发区）
……………………Tel：021-64790506
上海晨稻网络科技有限公司
地址：上海市崇明区城桥镇东河沿68号S幢110室（上海城桥经济开发区）
……………………Tel：021-64790506
中林赫泽能源科技发展有限公司
地址：上海市奉贤区金海公路5885号2304-53室
……………………Tel：021-64829771
中林赫泽能源科技发展有限公司
地址：上海市奉贤区金海公路5885号2304-53室
……………………Tel：021-64829771
昶号石油化工（上海）有限公司
地址：中国（上海）自由贸易试验区德堡路38号1幢2层212-07室
……………………Tel：021-64862255
昶号石油化工（上海）有限公司
地址：中国（上海）自由贸易试验区德堡路38号1幢2层212-07室
……………………Tel：021-64862255
上海迈凡欧贸易有限公司
地址：上海市普陀区祁连山南路2891弄105号6322室
……………………Tel：021-64889506
摩贝（上海）生物科技有限公司
地址：中国（上海）自由贸易试验区港澳路239号1幢3层333室
……………………Tel：021-64956998
上海国联有限公司
地址：中国（上海）自由贸易试验区美盛路168号、丹格路168号
……………………Tel：021-65029999
上海同杰良生物材料有限公司
地址：上海市杨浦区赤峰路65号同济科技园902-60室
……………………Tel：021-65064763
上海总华石油化工有限公司
地址：中国（上海）自由贸易试验区德堡路38号2幢三层311-13室
……………………Tel：021-65183741
上海鼎亿石油化工有限公司
地址：中国（上海）自由贸易试验区德堡路38号1幢5层502-51室
……………………Tel：021-65183741
上海松安职业服饰有限公司
地址：上海市松江区车墩镇车阳路50号第2幢第4层
……………………Tel：021-65278658
上海新君投资管理有限公司
地址：上海市虹口区曲阳路777-779号8层
……………………Tel：021-65323339
上海华义晋嘉企业发展有限公司
地址：上海市杨浦区国权路525号207-3室
……………………Tel：021-65390055
上海金铃橡胶制品有限公司
地址：上海市杨浦区平凉路1550弄1号603室
……………………Tel：021-65392339
上海华向橡胶制品有限公司
地址：上海市青浦区诸陆西路2883号
……………………Tel：021-65435088
上海中油大庆石油化工销售有限公司
地址：上海市虹口区中山北二路1515号
……………………Tel：021-65548436
上海汇和通润石油化工有限公司
地址：上海市普陀区云岭东路89号8层0807-B室
……………………Tel：021-65559337
上海阜商工程机械设备有限公司
地址：上海市宝山区顾北东路365号C区1328
……………………Tel：021-65566030
上海楷模橡胶制品有限公司
地址：上海市松江区南乐路158号1幢1层Y3室
……………………Tel：021-65620843
上海磊海石油化工有限公司
地址：上海市浦东新区东方路1988号6楼466席位
……………………Tel：021-65656631
上海胶带橡胶有限公司
地址：上海市奉贤区化工分区目华北路699号1号厂房（东侧）
……………………Tel：021-65663291
上海欣正房地产开发经营有限公司
地址：中国（上海）自由贸易试验区民生路206号
……………………Tel：021-65797809
上海携程工程橡胶有限公司
地址：上海市奉贤区钱桥镇奉柘公路2755号
……………………Tel：021-65899884
上海太迪石油化工有限公司
地址：上海市宝山区月新南路888弄175号3幢A183室

…………………………Tel：021-66013877

宇馨国际贸易（上海）有限公司
地址：中国（上海）自由贸易试验区日京路118号5层126室
…………………………Tel：021-66140483

科玛建设工程技术有限公司
地址：上海市宝山区河曲路118号5028室
…………………………Tel：021-66180651

上海萱达乐橡胶有限公司
地址：上海市宝山区长江西路1180号4楼401-114
…………………………Tel：021-66210085

恩耐聚（上海）石化有限公司
地址：中国（上海）自由贸易试验区加太路39号3幢二层12室
…………………………Tel：021-66228555

上海宝佳橡胶管带科技有限公司
地址：上海市宝山区蕴川路6001号1幢
…………………………Tel：021-66289181

中垠融通（上海）国际贸易有限公司
地址：中国（上海）自由贸易试验区世纪大道1168号A座704室
…………………………Tel：021-66580988

中商沪深（上海）商贸有限公司
地址：上海市宝山区真陈路1000号6楼B座1356室
…………………………Tel：021-66591155

金宇橡胶（上海）有限公司
地址：上海市嘉定区徐行镇曹胜公路818号2幢
…………………………Tel：021-66932363

上海泰奉橡胶塑料有限公司
地址：上海市奉贤区奉城镇南奉公路502号
…………………………Tel：021-67102401

上海化学工业区发展有限公司
地址：上海市目华路201号化工区大厦
…………………………Tel：021-67120000

上海化学工业区中法水务发展有限公司
地址：上海市化学工业区目华路168号
…………………………Tel：021-67121707

上海伊丰新能源科技有限公司
地址：上海市奉贤区百秀路399号2107室
…………………………Tel：021-67159916

上海孟齐橡胶有限公司
地址：上海市奉贤区金海公路6055号11幢5层
…………………………Tel：13918905988

上海卡曼橡胶地板有限公司
地址：上海市宝山区沪太路6397号1-2层F7区1160室
…………………………Tel：021-67232894

上海石化漕泾机械制造有限公司
地址：上海市金山区漕泾镇共创路105号
…………………………Tel：021-67251111

上海金森石油树脂有限公司
地址：上海市金山区南随塘河中路581号
…………………………Tel：021-67299602

上海日上车用橡胶件有限公司
地址：上海市松江区松江444号地块
…………………………Tel：021-67648171

章运机械（上海）有限公司
地址：上海市松江区永丰街道玉树路269号5号楼33003室
…………………………Tel：021-67662506

音孚化学科技（上海）有限公司
地址：上海市松江区乐都路358号502室
…………………………Tel：021-67711120

上海强联橡胶制品有限公司
地址：上海市松江区沪松公路2988号
…………………………Tel：021-67827918

巧继国际贸易（上海）有限公司
地址：上海市金山区石化卫清西路1391号第12幢8315室
…………………………Tel：021-67960519

上海浦东国际机场航空油料有限责任公司
地址：上海市浦东国际机场机场大道1号
…………………………Tel：021-68343520

上海辉烨石油化工有限公司
地址：上海市浦东新区东方路1988号6楼432席位
…………………………Tel：021-68380125

上海盛启石油化工有限公司
地址：上海市浦东新区东方路1988号704-F36室
…………………………Tel：021-68380125

上海滠山石油化工有限公司
地址：上海市浦东新区东方路1988号704-H21室
…………………………Tel：021-68380125

上海裕龙润泰石化有限公司
地址：中国（上海）自由贸易试验区桃林路18号A楼1707-6室
…………………………Tel：021-68380125

上海亚旭石油有限公司
地址：上海市闵行区集心路168号第1幢1106室
…………………………Tel：021-68386198

上海华湛实业有限公司
地址：上海市青浦区徐泾镇双联路158号2层P区265室
…………………………Tel：021-68405016

上海星沂石油化工有限公司
地址：中国（上海）自由贸易试验区世纪大道1200号19层010号席位
…………………………Tel：021-68406807

上海石油交易所有限公司
地址：中国（上海）自由贸易试验区商城路618号
…………………………Tel：021-68418016

上海际悦国际贸易有限公司
地址：中国（上海）自由贸易试验区富特北路211号302部位368室
…………………………Tel：021-68453201

上海海洋石油物探有限公司
地址：浦东新区东塘路240号
…………………………Tel：021-68466271

上海蓝科石化环保科技股份有限公司
地址：上海市嘉定区江桥镇沙河路337号1_203室J1795
…………………………Tel：021-68536661

路易达孚（上海）有限公司
地址：中国（上海）自由贸易试验区华申路180号1幢七层729室
…………………………Tel：021-51913333

上海裕华石油化工有限公司
地址：中国（上海）自由贸易试验区世纪大道1239号3层01A室
…………………………Tel：021-68597820

东橡投资控股（上海）有限公司
地址：中国（上海）自由贸易试验区基隆路55号6层A01室
…………………………Tel：021-68620060

上海策汇国际贸易有限公司
地址：中国（上海）自由贸易试验区华申路198号1幢二层A-21室
…………………………Tel：021-68622259

上海冠壹石油化工有限公司
地址：中国（上海）自由贸易试验区华申路198号1幢楼1层A-38室
…………………………Tel：021-68622259

上海弘图资产管理有限公司
地址：中国（上海）自由贸易试验区富特北路460号二层396部位
…………………………Tel：021-68670838

上海京慧诚国际贸易有限公司
地址：中国（上海）自由贸易试验区福山路450号21C、D室
…………………………Tel：021-68764133

京慧诚（上海）商贸有限公司
地址：中国（上海）自由贸易试验区业盛路188号国贸大厦A-442室
…………………………Tel：021-68764133

北大方正物产集团（上海）有限公司
地址：中国（上海）自由贸易试验区福山路450号20B室
…………………………Tel：021-68764133

昊华华东化工有限公司
地址：中国（上海）自由贸易试验区东方路989号9楼
…………………………Tel：021-68767627

上海伊藤忠商事有限公司
地址：中国（上海）自由贸易试验区基隆路6号外高桥大厦504室
…………………………Tel：021-68776688

上海润晟石油化工有限公司
地址：上海市浦东新区花木路1707、1709号101室
…………………………Tel：021-68815589

亨持（上海）贸易有限公司
地址：中国（上海）自由贸易试验区加太路29号2号楼西部304-A52室
…………………………Tel：021-68822622

上海合一供应链管理有限公司
地址：上海市浦东新区上丰路977号1幢B座324室
…………………………Tel：021-68828385

成泰（上海）有限公司
地址：中国（上海）自由贸易试验区张杨路828-838号（双）15G-2室
…………………………Tel：021-68862628

上海南光石化有限公司
地址：中国（上海）自由贸易试验区浦东南路256号401-A室
…………………………Tel：021-68865216

中石化（上海）能源贸易有限责任公司
地址：中国（上海）自由贸易试验区金海路1000号52幢1层B单元01室
…………………………Tel：021-68867862

上海瑞谷石油化工有限公司
地址：中国（上海）自由贸易试验区锦绣东路2777弄34号6楼612室
…………………………Tel：021-68870096

上海福钏供应链管理有限公司
地址：中国（上海）自由贸易试验区加太路29号1号楼西部五层504-16室
…………………………Tel：02168888511

上海振晟石油化工有限公司
地址：上海市宝山区金石路1688号D-497
…………………………Tel：021-68912087

上海欣泷源石油化工有限公司
地址：中国（上海）自由贸易试验区世纪大道1200号19层211号席位
…………………………Tel：021-68935556

上海惠达橡胶制品有限公司
地址：上海市浦东新区祝桥镇施新路989号
…………………………Tel：021-68960804

上海朱桥石油制品有限公司
地址：上海市嘉定工业区叶城路912号J4015室
…………………………Tel：021-69119961

上海团满石油化工有限责任公司
地址：上海市奉贤区联合北路215号第2幢1367室
…………………………Tel：021-69225801

上海普惠橡胶有限公司
地址：上海市崇明区中兴镇中兴村352号
…………………………Tel：021-69446362

上海映瑞橡胶制品有限公司
地址：上海市崇明区城桥镇秀山路B-3-6地块（崇明工业园区）
…………………………Tel：021-69695055

建豫新材料科技（上海）有限公司
地址：上海市青浦工业园区漕盈路3399号2幢
…………………………Tel：021-69714715

上海双浦橡胶防腐衬里有限公司
地址：上海市青浦区赵巷镇崧辉路568号
…………………………Tel：021-69758016

上海回声橡胶制品有限公司
地址：上海市青浦区华新镇北新村北葛244号
…………………………Tel：021-69778351

上海华信国际集团有限公司
地址：中国（上海）自由贸易试验区新金桥路27号13号楼2层
…………………………Tel：021-80128888

上海华信集团石化交易网络有限公司
地址：中国（上海）自由贸易试验区西里路55号1135A室
…………………………Tel：021-80128888

文通钾盐集团有限公司
地址：上海市杨浦区贵阳路398号23D10室
…………………………Tel：021-80179166

亿燃（上海）国际贸易有限公司
地址：上海市浦东新区东方路1988号604-A16室
…………………………Tel：021-80228035

上海能加国际贸易有限公司
地址：上海市浦东新区川沙路1098号8幢
…………………………Tel：021-80228057

上海万途实业有限公司
地址：上海市金山区漕泾镇亭卫公路3688号5幢3628室
…………………………Tel：021-80228057

上海祥通石化科技有限公司
地址：浦东新区玉兰路8号428室
…………………………Tel：021-80344899

优欧辟环球油品工艺技术有限公司
地址：中国（上海）自由贸易试验区李冰路430号一号楼4楼
…………………………Tel：021-80388881

重庆市

重庆立可来橡胶有限责任公司
地址：重庆市大渡口区新山村街道钢花路347号三楼3-8室
…………………………Tel：023-40310080

重庆市映天辉氯碱化工有限公司
地址：重庆市(长寿)化工园区化北路2号
…………………………Tel：023-40717888

正新橡胶（重庆）有限公司
地址：重庆市长寿经济技术开发区齐心大道27号
…………………………Tel：023-40719999

重庆东银壳牌石化有限公司晏家加油站
地址：重庆市长寿区晏家镇大连村一组
…………………………Tel：023-40765000

重庆壳牌能源有限公司长寿八颗加油站
地址：重庆市长寿区八颗镇八颗村九组
…………………………Tel：023-40794226

重庆壳牌能源有限公司璧山璧八路加油站
地址：重庆市璧山区大路街道龙溪字藏四社
…………………………Tel：023-41502800

重庆壳牌能源有限公司璧山璧青路加油站
地址：重庆市璧山区璧泉街道双狮街道2组
…………………………Tel：023-41512828

重庆东银壳牌石化有限公司璧山来凤加油站
地址：重庆市璧山区来凤街道新华路1号
…………………………Tel：023-41512828

重庆东银壳牌石化有限公司璧山北二环路加油站
地址：重庆市璧山区璧城镇北二环路三叉口
…………………………Tel：023-41698785

重庆东银壳牌石化有限公司合川玉龙加油站
地址：重庆市合川区草街街道玉龙村二社
…………………………Tel：023-42467055

重庆东银壳牌石化有限公司合川合武路加油站
地址：重庆市合川区高龙镇下街1号
…………………………Tel：023-42591999

重庆合川盐化工业有限公司
地址：重庆市合川区南办处花园路2666号(重庆市合川工业园区南溪片区)
…………………………Tel：023-42753521

重庆东银壳牌石化有限公司合川区合铜路加油站
地址：重庆市合川区十塘镇墙院村一社
…………………………Tel：023-42759295

重庆壳牌能源有限公司合川合阳加油站
地址：重庆市合川区合阳办长兴村四社
…………………………Tel：023-42867400

重庆洛矶山石油化工有限公司
地址：重庆市双桥区双星路1号
…………………………Tel：023-43380882

重庆东银壳牌石化有限公司大足高铁加油站
地址：重庆市双桥经开区邮亭镇天堂村4组
…………………………Tel：023-43529058

重庆东银壳牌石化有限公司大足区大邮路加油站
地址：重庆市大足区棠香街道五星大道中段196号
…………………………Tel：023-43730383

重庆大足现代农业发展有限公司
地址：重庆市大足区棠香街道办事处大铜路污水处理厂内
…………………………Tel：023-43789508

潼南县石镜蔬菜专业合作社
地址：重庆市潼南县上和镇石镜村5社
…………………………Tel：023-44411010

重庆市万利来化工股份有限公司
地址：重庆市潼南区桂林街道办事处产业大道11号
…………………………Tel：023-44551839

重庆东银壳牌石化有限公司铜梁区壁铜路双龙加油站
地址：重庆市铜梁区南城街道办事处白龙社区八社
…………………………Tel：023-45212667

重庆东银壳牌石化有限公司荣昌区双河加油站
地址：重庆市荣昌区双河街道白玉1组233号
…………………………Tel：023-46260206

重庆东银壳牌石化有限公司荣昌油栎加油站
地址：重庆市荣昌区昌州街道东方大道183号
…………………………Tel：023-46555234

重庆东银壳牌石化有限公司荣昌高铁加油站
地址：重庆市荣昌区荣昌大道中部
…………………………Tel：023-46555520

重庆尧博控股（集团）股份有限公司
地址：重庆市江津区几江珉山社区
…………………………Tel：023-47581566

重庆双福农产品批发市场有限公司
地址：重庆市江津区双福街道珊瑚大道6号
…………………………Tel：023-47888520

重庆市万盛区安达橡胶制品有限责任公司
地址：重庆市万盛经开区平山产业园区
…………………………Tel：023-48343762

重庆东银壳牌石化有限公司綦江浸水加油站
地址：重庆市綦江区文龙街道通惠大道158号
…………………………Tel：023-48438680

重庆东银壳牌石化有限公司綦江永新加油站
地址：重庆市綦江区永新镇富家村蹬子坝
…………………………Tel：023-48460653

重庆东银壳牌石化有限公司綦江花坝加油站
地址：重庆市綦江区古南镇花坝六社
…………………………Tel：023-48651095

重庆东银壳牌石化有限公司永川区双石加油站
地址：重庆市永川区双石镇响滩子村大涧口
…………………………Tel：023-49304239

重庆东银壳牌石化有限公司永川区三教加油站
地址：重庆市永川区三教镇石龙冲村七社
…………………………Tel：023-49351619

重庆市申南橡胶制造有限公司
地址：重庆市永川区大安镇茶店场镇
…………Tel：023-49406428
重庆东银壳牌石化有限公司永川区永津路加油站
地址：重庆市永川区陈食镇梓潼观村和平村民小组988号
…………Tel：023-49448379
重庆中石化兴湖石油天然气有限公司
地址：重庆市永川区汇龙大道东一路19号
…………Tel：023-49848366
巫溪县薯光农业科技开发有限公司
地址：重庆市巫溪县马镇坝柏杨街道丰益社区第三安置区
…………Tel：023-51330111
重庆东银壳牌石化有限公司梁平区金带加油站
地址：重庆市梁平区金带镇仁和村3组
…………Tel：023-53376610
重庆东银壳牌石化有限公司云阳双江加油站
地址：重庆市云阳县双江镇爱国村6组
…………Tel：023-55217500
重庆巨能矿产（集团）有限公司
地址：重庆市奉节县永安街道乔木街16号三楼
…………Tel：023-56565333
重庆奉节生态旅游开发有限公司
地址：重庆市奉节县康乐镇河水村16组
…………Tel：023-56689323
重庆奉节生态农业发展有限公司
地址：重庆市奉节县朱衣镇五湘社区2组98号
…………Tel：023-56689323
巫山民生石油化工有限公司
地址：重庆市巫山县巫峡镇西坪村红石梁（李明处）
…………Tel：023-57687187
重庆市万州区昌隆供销社集团有限公司
地址：重庆市万州区电报路223号第五层部分
…………Tel：023-58215352
重庆东银壳牌石化有限公司万州李河加油站
地址：重庆市万州区李河镇李河村国光路194号
…………Tel：023-58307577
重庆东银壳牌石化有限公司万州跨越加油站
地址：重庆市万州区申明北路75号2幢
…………Tel：023-58581412
中国石化销售股份有限公司重庆三峡石油分公司和平加油加气站
地址：重庆市城口县复兴街道和平村6组48号
…………Tel：023-58692688
重庆谊木唐农业开发有限公司
地址：重庆市万州区静园路193号(国贸中心B栋三楼17号)
…………Tel：023-58700403
重庆三阳化工有限公司
地址：重庆市万州区金陵路1号
…………Tel：023-58818699
重庆东银壳牌石化有限公司万州永佳路加油站
地址：重庆市万州区永佳路341号
…………Tel：023-58832172
重庆东银壳牌石化有限公司万州天城加油站
地址：重庆市万州区天城周家居委会10-11
…………Tel：023-58899385
重庆中石化城盛石油销售有限公司
地址：重庆市江北区建新东路90号
…………Tel：023-60333082
重庆欣地石油零售有限公司
地址：重庆市江北区建新东路90号第7层
…………Tel：023-60337370
重庆欣地石油零售有限公司
地址：重庆市江北区建新东路90号第7层
…………Tel：023-60337370
重庆正泓石油化工有限公司
地址：重庆市北部新区经开园金开大道1666号1幢3-1-1号
…………Tel：023-60360573
重庆隆皓贸易有限公司
地址：重庆市江北区建新北路65号8楼
…………Tel：023-60391837
重庆东银壳牌石化有限公司北碚区复兴加油站
地址：重庆市北碚区复兴镇大树村一社
…………Tel：023-60645219
重庆湘渝盐化股份有限公司
地址：重庆市万州区龙都大道519号
…………Tel：023-61002061
重庆化医恩力吉投资有限责任公司
地址：重庆市长寿区晏家街道齐心大道二十号
…………Tel：023-61026695
重庆天原实业集团有限责任公司
地址：重庆市北部新区高新园星光大道70号天王星A1座第10层
…………Tel：023-61808913
中盐西南盐业有限公司
地址：重庆市渝中区五四路39号物理层第20层部分
…………Tel：023-61965585
重庆市盐业（集团）有限公司
地址：重庆市渝中区五四路39号第19层部分及第20层
…………Tel：023-61965585
重庆江顺航运有限公司
地址：重庆市江津区朱杨镇振兴街39号5幢1号
…………Tel：023-62310991
重庆联农实业（集团）有限公司
地址：重庆市南岸区南坪街道南坪西路2号2单元27-5号
…………Tel：023-62513655
重庆东银壳牌石化有限公司渝南大道加油站
地址：重庆市巴南区花溪镇民主新村12社
…………Tel：023-62581596
重庆长江橡胶厂
地址：重庆市南岸区四公里街208号
…………Tel：023-62653497
重庆奥星橡胶化工有限公司
地址：重庆市南岸区长生桥镇河街19-1号
…………Tel：023-62757866
重庆兆盈石化有限公司
地址：重庆市南岸区江峡路一号新天泽国际总部城7幢1单元1-27
…………Tel：023-62762630
重庆东银壳牌石化有限公司南岸区南坪东路加油站
地址：重庆市南岸区南坪东路680号
…………Tel：023-62795387
重庆中一种业有限公司
地址：重庆市南岸区南坪东路二巷12号
…………Tel：023-62802826
重庆欣之安电子商务有限公司
地址：重庆市江北区庆云路10号15-11
…………Tel：023-62871730
重庆能投商贸有限公司
地址：重庆市南岸区南滨路162号2幢16-18层
…………Tel：023-62930535
重庆东银壳牌石化有限公司南岸区涂山路加油站
地址：重庆市南岸区涂山路414号
…………Tel：023-62965795
重庆壳牌能源有限公司金开大道加油站
地址：重庆市北部新区金开大道1780号
…………Tel：023-63087683
重庆中石化石油销售有限公司
地址：重庆市江北区建新东路90号第三层
…………Tel：023-63107555
重庆国立元创生物科技有限公司
地址：重庆市渝北区金开大道西段106号互联网产业园13栋18楼
…………Tel：023-63111715
重庆市农产品集团国际贸易有限公司
地址：重庆市沙坪坝区土主镇月台路18号口岸贸易服务大厦B1单元5楼503-238室
…………Tel：023-63123056
重庆睿优商贸有限公司
地址：重庆市渝中区中山二路192号28-4号
…………Tel：023-63200337
重庆能投进出口有限公司
地址：重庆市江北区海尔路319号4-1-83
…………Tel：023-63419505
重庆绿科开投橡胶科技有限公司
地址：重庆市沙坪坝区振华路41号附17号
…………Tel：023-63700997
重庆云仓物流科技有限公司
地址：重庆市渝中区新华路216号24层
…………Tel：023-63718588
重庆农资连锁股份有限公司
地址：重庆市江北区海尔路319号3-1-2-20
…………Tel：023-63734653
重庆市能源投资集团物资有限责任公司
地址：重庆市南岸区南滨路162号2幢16-18层
…………Tel：023-63825836
重庆市农业生产资料（集团）有限公司
地址：重庆市渝中区新华路216号
…………Tel：023-63842664
重庆市汽车运输（集团）有限责任公司
地址：重庆市渝中区临江路60#
…………Tel：023-63842759
重庆四联技术进出口有限公司
地址：重庆市渝中区人民路123号附1号
…………Tel：023-63858565
重庆市邮政公司
地址：重庆市渝中区嘉陵桥西村83号
…………Tel：023-63862200
重庆龙海石化有限公司
地址：重庆市涪陵区石沱镇宛平路235号
…………Tel：023-63875557
重庆中石化和光石油销售有限公司
地址：重庆市江北区建新东路90号第2层
…………Tel：023-63900360
重庆对外贸易进口有限公司
地址：重庆市渝中区邹容路50号
…………Tel：023-63949056
重庆壳牌能源有限公司井口加油站
地址：重庆市沙坪坝区井口镇杨家湾74号
…………Tel：023-65200565
重庆壳牌能源有限公司九中路加油站
地址：重庆市九龙坡区华岩镇石堰村八社
…………Tel：023-65211391
重庆壳牌能源有限公司高滩岩加油站
地址：重庆市沙坪坝区高滩岩正街94号
…………Tel：023-65222480
重庆申渝橡胶有限公司
地址：重庆市沙坪坝区天星桥正街27-8号
…………Tel：023-65358274
重庆壳牌能源有限公司新兴加油站
地址：重庆市沙坪坝区中梁镇石院村黄岭杠社
…………Tel：023-65529982
重庆壳牌能源有限公司碚青路加油站
地址：重庆市沙坪坝区青木关镇管家桥村陡石梯社
…………Tel：023-65600593
重庆壳牌能源有限公司青木关加油站
地址：重庆市沙坪坝区青木关镇青木湖村骑龙桥社
…………Tel：023-65606125
重庆壳牌能源有限公司团歇路加油站
地址：重庆市沙坪坝区回龙坝镇回龙坝村三社
…………Tel：023-65659328
重庆壳牌能源有限公司华福路加油站
地址：重庆市九龙坡区石板镇高农村
…………Tel：023-65768261
重庆壳牌能源有限公司白彭路加油站
地址：重庆市九龙坡区西彭镇长石村6社
…………Tel：023-65803430
重庆壳牌能源有限公司天马加油站
地址：重庆市沙坪坝区陈家桥街道陈家桥村四社
…………Tel：023-65821331
重庆壳牌能源有限公司鹿角加油站
地址：重庆市巴南区南泉镇和平村
…………Tel：023-66275526
重庆威星橡胶工业有限公司生产二车间
地址：重庆市巴南区界石镇界南街188号
…………Tel：023-66420508
重庆威星橡胶工业有限公司
地址：重庆市巴南区界石镇腊梅路668号
…………Tel：023-66420508
重庆多普橡胶有限公司
地址：重庆市巴南区界石镇界南街298号
…………Tel：023-66420789
重庆中胶橡胶（集团）有限公司
地址：重庆市江北区鸿恩路5号附1号名义层吊3层
…………Tel：023-66897777
重庆龙禹石油有限公司
地址：重庆市北部新区高新园星光大道60号
…………Tel：023-67030105
重庆龙禹石油有限公司
地址：重庆市北部新区高新园星光大道60号
…………Tel：023-67030105
重庆中讯控股（集团）有限公司
地址：重庆市南岸区复兴街9号32楼
…………Tel：023-67036666
重庆德桥橡胶有限公司
地址：重庆市长寿区齐心大道60号
…………Tel：023-67074669
重庆中食食品发展有限公司
地址：重庆市大足区高新技术产业开发区
…………Tel：023-67173001
重庆壳牌能源有限公司空港大道加油站
地址：重庆市渝北区空港经济开发区空港大道587号
…………Tel：023-67187692
重庆市日用消费品（集团）有限公司
地址：重庆市渝北区龙兴镇两江大道618号
…………Tel：023-67210392
重庆市圣琳机械配件有限公司
地址：重庆市渝北区双凤桥街道敬业路12号3幢1-3号厂房
…………Tel：023-67250980
重庆壳牌能源有限公司兴科大道加油站
地址：重庆市渝北区兴科大道宝桐一路
…………Tel：023-67257789
重庆泽胜御临石油化工有限公司
地址：重庆市涪陵区点易路66号江北街道办事处3017室
…………Tel：023-67345487
重庆华油实业有限公司
地址：重庆市渝北区龙溪红石路
…………Tel：023-67350620
重庆供销控股（集团）有限公司
地址：重庆市江北区建北四支路6号信一金典四楼
…………Tel：023-67482902
重庆壳牌能源有限公司会展中心加油站
地址：重庆市渝北区悦来街道悦城路101号
…………Tel：023-67483057
重庆胜赢石油化工有限公司
地址：重庆市潼南区桂林街道办事处龙潭路101号
…………Tel：02367515619
重庆中商华夏渝湖石油化工有限公司
地址：重庆市江津区德感街道长江路7号附1号1幢1-1号
…………Tel：023-67631681
重庆阿绿农业科技有限公司
地址：重庆市江北区洋河一路68号2幢31-5
…………Tel：023-67651704
重庆鼎盛石油化工有限公司
地址：重庆市渝中区彭家花园13号
…………Tel：023-67731591
中盐重庆物流配送有限公司
地址：重庆市渝北区金石大道458号
…………Tel：023-67736564
重庆中石化渝辉油料有限公司
地址：重庆市江北区港城工业园区C片区港宁路36号
…………Tel：023-67782818
重庆满集网络科技有限公司
地址：重庆市江北区建新西路2号22-1
…………Tel：023-67868001
重庆渝贸通供应链管理有限责任公司
地址：重庆市南岸区铜元局街道南坪西路36号“嘉发中心”写字楼名义层【33】【1、2、3、4、5、6】
…………Tel：023-67870519
重庆疆商实业集团股份有限公司
地址：重庆市渝北区双龙湖街道百果路99号
…………Tel：023-67980444
重庆明辉石油化工有限责任公司
地址：重庆市两江新区金开大道90号棕榈泉国际中心B栋18楼
…………Tel：023-67981613
重庆新德杰实业（集团）有限公司
地址：重庆市铜梁区土桥镇旧市路85号
…………Tel：023-68108602
重庆壳牌能源有限公司三峡加油站
地址：重庆市北碚区施家梁镇狮子村龙潭社
…………Tel：023-68226887
重庆市北碚区蔡家岗镇农林村狗脚湾
地址：重庆市北碚区蔡家岗镇农林村狗脚湾
…………Tel：023-68277329
重庆世轩橡胶制品有限公司
地址：重庆市九龙坡区九龙园区翼龙路2号1-18-8#
…………Tel：023-68453303
重庆壳牌能源有限公司袁茄路加油站
地址：重庆市大渡口区民新村6号附95号
…………Tel：023-68551219
重庆易耀通科技股份有限公司
地址：重庆市江北区庆云路16号30-1
…………Tel：023-68553333
重庆壳牌能源有限公司翼龙路加油站
地址：重庆市九龙坡区盘龙村五社
…………Tel：023-68663966
重庆华筑建筑设计集团有限公司
地址：重庆市北部新区栖霞路16号9幢1单元13-2
…………Tel：023-68793638
重庆壳牌能源有限公司金桥路加油站
地址：重庆市大渡口区八桥镇民乐村袁茄公路旁
…………Tel：023-68834119
重庆皇室实业发展有限公司
地址：重庆市渝中区体育村31号
…………Tel：023-68899933
重庆山菊实业有限公司
地址：重庆市巴南区南彭公路物流基地环道东路6号
…………Tel：023-68957779
中国石化集团重庆川维化工有限公司
地址：重庆市长寿区维江路36号
…………Tel：023-68974061
重庆川维建安工程有限公司
地址：重庆市长寿区朱家镇川维厂内
…………Tel：023-68974724
重庆九橡化大橡胶科技有限责任公司
地址：重庆市长寿区齐心大道46号

…………Tel：023-68981591
重庆市九龙橡胶制品制造有限公司
地址：重庆市长寿经济技术开发区齐心大道46号
…………Tel：023-68981594
重庆壳牌能源有限公司南川西胜加油站
地址：重庆市南川区西城街道办事处龙济居委3组
…………Tel：023-71405068
重庆壳牌能源有限公司南川南平加油站
地址：重庆市南川区南平镇荣华路
…………Tel：023-71448001
重庆卡维迪夫汽车零部件制造有限公司
地址：重庆市涪陵区龙桥街道曾银大道1号217号
…………Tel：023-72138166
重庆壳牌能源有限公司涪陵望江加油站
地址：重庆市涪陵区江北街道永柱社区一组
…………Tel：023-72160309
重庆物原生态农业开发有限公司
地址：重庆市涪陵区增福乡协和街8号
…………Tel：023-72311536
重庆建峰工业集团有限公司
地址：重庆市涪陵区白涛街道办事处
…………Tel：023-72591408
重庆建峰化工股份有限公司
地址：重庆市涪陵区白涛街道办事处王家坝
…………Tel：023-72591408
重庆壳牌能源有限公司涪陵渝祥加油站
地址：重庆市涪陵区石沱镇天府村三社
…………Tel：023-72800675
中化重庆涪陵化工有限公司
地址：重庆市涪陵黎明路2号
…………Tel：023-72884089
秀山民生石油化工有限公司
地址：重庆市秀山县中和镇新齐村与官坟村交界处
…………Tel：023-76868917
中石化重庆页岩气有限公司
地址：重庆市南川区西城街道办事处白果路16号8幢
…………Tel：023-85638833
重庆秦经实业有限公司
地址：重庆市万州区江南新区玉龙路138号重报万州中心三峡文化创意产业园3号楼第1层24号
…………Tel：023-85722877
重庆华强控股（集团）有限公司
地址：重庆市綦江区文龙街道转关口
…………Tel：023-85899187
同相石油化工有限公司
地址：重庆市渝北区黄山大道中段70号3幢5-1、5-2、5-3、5-4
…………Tel：023-86110988
重庆陆航石化有限公司
地址：重庆市南岸区桃源路155号2幢6-2号
…………Tel：023-86636889
重庆市中农联建设开发有限公司
地址：重庆市合川区合阳城街道办事处合阳大道1477号
…………Tel：023-87102669
重庆援生实业有限公司
地址：重庆市璧山区璧城街道文星路287号
…………Tel：023-87388985
中国石化销售股份有限公司重庆涪陵石油分公司武隆白马加油站
地址：重庆市武隆区白马镇渔光村
…………Tel：023-87888807
中国石化销售股份有限公司重庆涪陵石油分公司李渡玉屏加油加气站
地址：重庆市涪陵李渡新区玉屏居委四组
…………Tel：023-87888807
中国石化销售股份有限公司重庆涪陵石油分公司武隆白马加油站
地址：重庆市武隆区白马镇渔光村
…………Tel：023-87888807
重庆建兴橡胶制品厂
地址：重庆市九龙坡区华福大道北段308号
…………Tel：023-88108998
国粮铧垠重庆实业有限公司
地址：重庆市江津区朱杨镇利民社区石梯巷19号
…………Tel：023-88215588
重庆中南橡胶有限公司
地址：重庆市渝北区空港工业园区87号地块
…………Tel：023-88663090
龙禹天然气有限公司
地址：重庆市涪陵区新城区鹤凤大道6号
…………Tel：023-88751013
重庆嘉川橡胶制品有限公司
地址：重庆市九龙坡区兰美路120号1幢附10号
…………Tel：023-89084618
重庆曲线橡胶制品有限公司
地址：重庆市九龙坡区石新路121号1单元2-1号
…………Tel：023-89802019
九禾股份有限公司
地址：重庆市九龙坡区杨家坪西郊路33号第5层
…………Tel：023-89805921

河北省

河北恒聚源物流有限公司
地址：邯郸冀南新区林坛工业园区(林坛镇范村)
…………Tel：0310-2138888
邯郸市宁宇物资有限公司
地址：河北省邯郸市铁西北大街136号四季花城一号院2-824号
…………Tel：0310-2163869
冀中能源峰峰集团邯郸百维进出口贸易有限公司
地址：邯郸开发区联纺东路588号六号楼
…………Tel：0310-2757191
河北鸣仁橡胶制品有限公司
地址：河北省邯郸市魏县经济开发区东区创业大街8号
…………Tel：0310-3518444
天津铁厂有限公司
地址：河北省邯郸市涉县更乐镇
…………Tel：0310-3973332
河北科欧环保科技股份有限公司
地址：河北省邯郸市肥乡区屯庄营乡田寨村路口309国道南侧
…………Tel：0310-4777886
河北汇谷石油化工有限公司
地址：馆陶县城南106国道与邯济铁路交汇处
…………Tel：0310-4915161
冀中恒丰邯郸石油化工有限公司
地址：河北省邯郸市邯山区国际陆港园区28号3号楼
…………Tel：0310-5709358
邯郸市恒质公路建设集团有限公司
地址：邯郸市复兴区防汛路2号
…………Tel：0310-5800181
邯郸鸿盛贸易有限公司
地址：河北省邯郸市经济开发区联纺东路588号5号楼8层
…………Tel：0310-5801856
新兴能源装备股份有限公司
地址：邯郸市经济开发区和谐大街99号
…………Tel：0310-5807510
新兴永洋河北天然气有限公司
地址：永年县界河店乡杜刘固村
…………Tel：0310-5807636
河北陆港保税物流有限公司
地址：河北省邯郸市武安市　湖北路北侧
…………Tel：0310-5821801
河北远邦贸易集团有限公司
地址：邯郸市邯山区渚河路680号
…………Tel：0310-6068335
河北博洲石油化工有限公司
地址：河北省邯郸市邯山区缇香花舍水厂路西90号
…………Tel：0310-6090999
河北硅谷肥业有限公司
地址：河北省邯郸市永年区张西堡镇借马庄村西
…………Tel：0310-6630599
河北可利尔种业有限公司
地址：河北省邯郸市永年区临　关镇铁西永丰街18号
…………Tel：0310-6821723
中煤第一建设有限公司
地址：河北省邯郸市丛台区丛台东路52号
…………Tel：0310-7159996
中央储备粮邯郸直属库有限公司
地址：河北省邯郸市黄粱梦镇
…………Tel：0310-7163400
派瑞科技有限公司
地址：河北省邯郸市经济开发区世纪大街6号和中船路5号
…………Tel：0310-7189486
邯郸碧鸿舟石油化工设备有限公司
地址：河北省邯郸市成安县工业区聚良大道东侧
…………Tel：0310-7289308
邯郸市橡胶厂
地址：邯郸市复兴区橡胶路64号(复兴区后郝村)
…………Tel：0310-7430990
河北瑞谷丰物流集团有限公司
地址：河北省邯郸市丛台区丛台路甲33号院2-2-4号
…………Tel：0310-7508618
峰峰矿区华汇橡胶制品有限责任公司
地址：邯郸市峰峰矿区大社镇牛儿庄矿建南一街二号
…………Tel：0310-7730432
冀中能源邯郸矿业集团聚能物资有限公司
地址：河北省邯郸市丛台区东柳北大街268号
…………Tel：0310-7758276
冀中能源邯郸矿业集团有限公司
地址：邯郸市东柳北大街268号
…………Tel：0310-7758385
河北恒泰聚鑫贸易有限公司
地址：河北省邯郸市经济开发区诚信路9号珈鼎大厦25层2501室
…………Tel：0310-8015117
邯郸市邯隆高分子材料有限公司
地址：邯郸市邯山区代召村北
…………Tel：0310-8030608
河北建军橡胶科技有限公司
地址：邯郸市邯山区南堡工业区
…………Tel：0310-8115255
邱县合众康复橡胶制品有限公司
地址：邱县中兴路西延北侧
…………Tel：0310-8362449
河北沃土种业股份有限公司
地址：河北省邯郸市肥乡区河北邯郸３０９国道肥乡段西环岛北侧
…………Tel：0310-8523508
河北银昌再生橡胶有限公司
地址：曲周县白寨乡席庄村西
…………Tel：0310-8753529
曲周县强维橡胶循环利用有限公司
地址：曲周县凤城路东段路北（原曲周县光大纸业有限公司院内）
…………Tel：0310-8815866
中国电子系统工程第四建设有限公司
地址：河北省石家庄市新华区合作路２８５号
…………Tel：0311-66033557
河北省国控食品有限责任公司
地址：河北省石家庄市裕华区仓兴街39号
…………Tel：0311-66175652
河北大美农业科技有限公司
地址：河北省石家庄市桥西区中山东路166号如意商务大厦2504号
…………Tel：0311-66178668
河北阳煤正元化工集团有限公司
地址：石家庄经济技术开发区创业路17号
…………Tel：0311-66609931
石家庄柏坡正元化肥有限公司
地址：河北省平山县正元工业区
…………Tel：0311-66609931
石家庄正元化肥有限公司
地址：河北省灵寿县正南北大街15号
…………Tel：0311-66609931
河北广电信息网络集团股份有限公司
地址：河北省石家庄市裕华区黄河大道118号
…………Tel：0311-66681566
河北省供销商贸有限公司
地址：河北省石家庄市裕华区塔北路68号
…………Tel：0311-68091687
河北环沧电缆销售有限公司
地址：巨鹿县王虎寨镇西坚台村
…………Tel：0311-68091687
河北省农业生产资料集团有限公司
地址：石家庄市长安区胜利北街3号嘉艺大厦1401、1501、1601、1701、1801、1901号
…………Tel：0311-68127000
河北新合作裕丰农业发展有限公司
地址：河北省石家庄市藁城区市府东路399号
…………Tel：0311-68127767
石家庄槐南橡胶制品销售有限公司
地址：河北省石家庄市桥西区中华南大街585号华府园银座3-802
…………Tel：0311-69016263
河北昂远橡胶制品贸易有限公司
地址：河北省石家庄市长安区跃进路80号乐城商务8层
…………Tel：0311-80381938
石家庄鼎盈化工股份有限公司
地址：河北省石家庄市循环化工园区化工中路98号
…………Tel：0311-80862084
石家庄鹿泉农村商业银行股份有限公司
地址：河北省石家庄市鹿泉区会馆路77号
…………Tel：0311-82015069
井陉县正大信用担保有限责任公司
地址：井陉县微水镇河西街6号（县工业局）
…………Tel：0311-82022155
河北富冠橡胶制品有限公司
地址：石家庄市鹿泉区大河镇贾村
…………Tel：0311-82296788
石家庄鸿欣橡胶制品有限公司
地址：河北省辛集市范家庄村西307国道路南
…………Tel：0311-83270666
石家庄鸿泰橡胶有限公司
地址：河北省辛集市范家庄村西307国道路南
…………Tel：0311-83273001
河北泓盛橡胶有限公司
地址：辛集市北区工业路东、范庄街南侧
…………Tel：0311-83275178
河北飞天石化集团有限公司
地址：河北省辛集市教育北路99号
…………Tel：0311-83323288
亿博国际能源有限公司
地址：河北省石家庄市高邑县工业路西侧
…………Tel：0311-83755139
石家庄江峰橡胶制品有限公司
地址：河北省石家庄市高邑县千秋路
…………Tel：0311-84012379
石家庄宏尚橡胶制品有限公司
地址：高邑县107国道中韩段
…………Tel：0311-84089333
赞皇县燕锐橡胶有限责任公司
地址：赞皇县延康村
…………Tel：0311-84226662
河北石油集团石化销售有限公司
地址：元氏县交通局北楼
…………Tel：0311-84629696
中化河北有限公司
地址：石家庄市联盟路707号中化大厦
…………Tel：0311-85028654
中铁物资集团华北有限公司
地址：河北省石家庄市长安区工人街22号
…………Tel：0311-85364898
华药国际医药有限公司
地址：河北省石家庄市长安区和平东路217-1号
…………Tel：0311-85528588-8869
河北润垚种业有限公司
地址：河北省石家庄市裕华区国际丽都1-2-601
…………Tel：0311-85691737
河北东明石化国和能源有限公司
地址：河北省邢台经济开发区中兴大街中兴绿谷小区5号楼1702室
…………Tel：0311-85837608
河北威远生物化工有限公司
地址：石家庄循环化工园区化工中路6号
…………Tel：0311-85915999
河北省外贸资产经营有限公司
地址：石家庄市飞翼路1号
…………Tel：0311-85922226
石家庄化肥集团有限责任公司
地址：石家庄市长安区丰收６５号
…………Tel：0311-85991010
华北制药集团有限责任公司
地址：河北省石家庄市长安区和平东路388号
…………Tel：0311-85993999
河北省新合作控股集团有限公司
地址：河北省石家庄市裕华区东岗路8号
…………Tel：0311-86219308
河北睿银金融服务外包有限公司
地址：河北省石家庄市桥西区自强路35号庄家金融大厦902-1
…………Tel：0311-86271929
河北国控国际物流有限公司
地址：河北省石家庄市桥西区站前街10号主楼8层
…………Tel：0311-86273379
河北省国控商贸集团有限公司
地址：河北省石家庄市桥西区站前街10号华联河北饭店有限责任公司主楼3层
…………Tel：0311-86277500
朴朴股份公司
地址：河北省石家庄市裕华区华清南街16号方北小区（鑫水园）1号商住楼02单元3101
…………Tel：0311-86770668
中海油销售河北有限公司
地址：河北省石家庄市长安区工人街2号明日郡商务楼16层
…………Tel：0311-86886977
河北中储物流有限公司
地址：石家庄新华区中华北大街203号
…………Tel：0311-87059279
河北省交通金属橡胶制品有限公司
地址：石家庄市新华区北二环西路31号
…………Tel：0311-87730059
石家庄市康健橡胶制品有限公司
地址：正定县中咬村
…………Tel：0311-88248286
晋煤金石化工投资集团有限公司
地址：河北石家庄循环化工园区丘头镇工业大街88号
…………Tel：0311-88399683
河北金万泰化肥有限责任公司
地址：新乐市无繁路工业园
…………Tel：0311-88509999
河北冀物金属回收有限公司
地址：石家庄市新华区中华北大街3号
…………Tel：0311-88600363

河北省邮政公司
地址：石家庄市建设南大街5号
……………………Tel：0311-88632785

中央储备粮新乐直属库有限公司
地址：新乐市车站东街23号
……………………Tel：0311-88651555

河北科诺橡胶制品有限公司
地址：石家庄市新乐经济开发区
……………………Tel：0311-88652854

中央储备粮石家庄直属库有限公司
地址：河北省石家庄市长安区工人街10号
……………………Tel：0311-88712823

河北金源化工股份有限公司
地址：石家庄市正定县金源路1号
……………………Tel：0311-88792625

河北铁科翼辰新材科技有限公司
地址：河北省石家庄市藁城区翼辰北街1号
……………………Tel：0311-88929097

河北航空投资集团有限公司
地址：中国（河北）自由贸易试验区正定片区园博园大街19号河北出版传媒创意中心1202室
……………………Tel：0311-89193999

石家庄第一橡胶股份有限公司
地址：石家庄市裕华区和平东路618号
……………………Tel：0311-89197895

中融国远农业综合开发有限公司
地址：河北省石家庄市长安区中山东路39号勒泰中心A座2406
……………………Tel：0311-89929118

保定市琅乐轩拍卖有限公司
地址：保定市莲池区百楼乡路家寺村
……………………Tel：0312-2172813

保定市诺博橡胶制品有限公司
地址：保定市朝阳南大街2288号长城汽车零部件园
……………………Tel：0312-2196903

河北增利橡胶科技有限公司
地址：定州市北方（定州）再生资源产业基地迎宾路1号
……………………Tel：0312-2375239

定州市宏源防腐设备有限公司
地址：定州市息仲乡南庞村
……………………Tel：0312-2536012

定州市建宇配电设备有限公司
地址：定州市息仲乡南庞村
……………………Tel：0312-2536708

河北中科定洋农业科技集团有限公司
地址：定州市砖路镇台头村
……………………Tel：0312-2719988

河北广友橡胶制品制造有限公司
地址：定州市北方（定州）再生资源产业基地初加工区经六路008号
……………………Tel：0312-2806688

高碑店市峰业橡胶制品有限责任公司
地址：高碑店市北大街２２８号
……………………Tel：0312-2911578

保定天威今三橡胶工业有限公司
地址：河北省保定市鲁岗路127号
……………………Tel：0312-3050333

中石化保定石油化工有限责任公司
地址：保定市竞秀区隆兴西路1791号
……………………Tel：0312-3109019

中央储备粮保定直属库有限公司
地址：保定市竞秀区隆兴西路2881号
……………………Tel：0312-3176674

保定金长城体育设施有限公司
地址：保定市光明路5号
……………………Tel：0312-3223353

保定长城合成橡胶有限公司
地址：河北省保定市光明路5号
……………………Tel：0312-3223353

保定市燃气总公司
地址：保定市向阳南路２０２号
……………………Tel：0312-3266759

河北广电网络集团保定有限公司
地址：保定市恒滨路99号B座
……………………Tel：0312-3311633

安国市祁苑橡胶有限责任公司
地址：安国市定河路
……………………Tel：0312-3566634

中石化绿源地热能开发有限公司
地址：河北省保定市雄县雄州路768号
……………………Tel：0312-5301017

河北田原化工集团有限公司
地址：河北省保定市曲阳县循环经济产业园区北路路南
……………………Tel：0312-5340222

河北旭阳能源有限公司
地址：河北省定州市胜利路
……………………Tel：0312-5533935

河北优创橡胶制品有限公司
地址：雄 县大步村
……………………Tel：0312-5567559

河北永续农业科技有限公司
地址：河北省保定市雄县昝岗镇孤庄头村
……………………Tel：0312-5713686

保定众幸洋橡胶制品有限公司
地址：保定市徐水区长城北大街货场西行200米
……………………Tel：0312-5850308

河北天朔医疗用品股份有限公司
地址：雄 县大步村工业区
……………………Tel：0312-5868668

保定市大正轮胎橡胶有限公司
地址：保定市莲池区利民路１０号
……………………Tel：0312-2167222

保定恒瑞橡胶机带制造有限公司
地址：河北省保定市蠡县蠡吾镇大宋村
……………………Tel：0312-6055666

河北三毓橡胶制品有限公司
地址：河北省保定市蠡县蠡吾镇兑坎庄村
……………………Tel：0312-6118118

保定光博橡胶机带有限公司
地址：河北省保定市蠡县蠡吾镇南忠卫村
……………………Tel：0312-6217567

保定永祥橡胶输送设备制造有限公司
地址：河北省保定市蠡县蠡吾镇北高晃村
……………………Tel：0312-6261087

蠡县昌鑫橡胶机械制造有限公司
地址：河北省保定市蠡县蠡吾镇兑坎庄村
……………………Tel：0312-6268000

保定橡六胶带有限公司
地址：河北省保定市蠡县蠡吾镇兑坎庄村
……………………Tel：0312-6268006

保定远晟橡胶胶带制造有限公司
地址：河北省保定市蠡县蠡吾镇兑坎庄村
……………………Tel：0312-6268086

蠡县鑫涛橡胶机带有限公司
地址：河北省保定市蠡县蠡吾镇兑坎庄村
……………………Tel：0312-6268117

保定顺通橡胶机带有限公司
地址：河北省保定市蠡县蠡吾镇兑坎庄村
……………………Tel：0312-6268121

保定天润橡胶机带有限公司
地址：河北省保定市蠡县蠡吾镇大宋村
……………………Tel：0312-6268125

保定恒橡橡胶机带有限公司
地址：河北省保定市蠡县蠡吾镇兑坎庄村
……………………Tel：0312-6268177

保定红星橡胶制品有限公司
地址：河北省保定市蠡县蠡吾镇兑坎庄村
……………………Tel：0312-6268302

河北中北橡胶机带有限公司
地址：河北省保定市蠡县蠡吾镇兑坎庄村
……………………Tel：0312-6268318

河北丰泰橡胶机带有限公司
地址：河北省保定市蠡县蠡吾镇兑坎庄村
……………………Tel：0312-6268368

保定保华橡胶机带有限公司
地址：河北省保定市蠡县蠡吾镇兑坎庄村
……………………Tel：0312-6268382

保定鑫源橡胶制品有限公司
地址：河北省保定市蠡县蠡吾镇兑坎庄村
……………………Tel：0312-6268459

蠡县华都橡胶机带有限公司
地址：河北省保定市蠡县蠡吾镇兑坎庄村
……………………Tel：0312-6268481

河北双龙橡胶有限公司
地址：河北省保定市蠡县蠡吾镇兑坎庄村
……………………Tel：0312-6268592

河北中凯橡胶机带有限公司
地址：河北省保定市蠡县蠡吾镇兑坎庄村
……………………Tel：0312-6268629

保定森源橡胶有限公司
地址：河北省保定市蠡县蠡吾镇兑坎庄村
……………………Tel：0312-6268630

保定神州橡胶有限公司
地址：河北省保定市蠡县蠡吾镇兑坎庄村
……………………Tel：0312-6268655

保定乾元橡胶机带制造有限公司
地址：河北省保定市蠡县蠡吾镇兑坎庄村
……………………Tel：0312-6268680

保定中南橡胶机带有限公司
地址：河北省保定市蠡县蠡吾镇兑坎庄村
……………………Tel：0312-6268710

保定东正橡胶机带有限公司
地址：河北省保定市蠡县蠡吾镇兑坎庄村
……………………Tel：0312-6268756

蠡县鑫广橡胶机带制造有限公司
地址：河北省保定市蠡县蠡吾镇兑坎庄村
……………………Tel：0312-6268795

保定弘强橡胶机带有限公司
地址：河北省保定市蠡县蠡吾镇兑坎庄村
……………………Tel：0312-6268807

河北九洲橡胶科技股份有限公司
地址：河北省保定市蠡县经济开发区橡胶工业园区
……………………Tel：0312-6268888

保定超越橡胶机带有限公司
地址：河北省保定市蠡县蠡吾镇兑坎庄村
……………………Tel：0312-6268905

蠡县华恒橡胶机带有限公司
地址：河北省保定市蠡县蠡吾镇大宋村
……………………Tel：0312-6366068

保定华橡胶带有限公司
地址：河北省保定市蠡县蠡吾镇大宋村
……………………Tel：0312-6366352

河北华维橡胶机带有限公司
地址：河北省保定市蠡县蠡吾镇大宋村
……………………Tel：0312-6366352

保定中橡橡胶机带制造有限公司
地址：河北省保定市蠡县蠡吾镇城南贾庄村
……………………Tel：0312-6366662

保定大润橡胶机带制造有限公司
地址：河北省保定市蠡县蠡吾镇兑坎庄村
……………………Tel：0312-6528666

保定开阳橡胶制品制造有限公司
地址：河北省保定市蠡县蠡吾镇兑坎庄村
……………………Tel：0312-6567999

河北翔宇橡胶机带有限公司
地址：蠡 县兑坎庄
……………………Tel：0312-6585666

定兴县金伟橡胶制品制造有限公司
地址：定兴县火车站北侧300米，旧107国道东侧
……………………Tel：0312-6922604

保定莱和橡胶制品制造有限公司
地址：顺平县王各庄村
……………………Tel：0312-7692666

河北蓝通橡胶机带制造有限公司
地址：博野县北白沙村南
……………………Tel：0312-8306102

河北中澳橡胶有限公司
地址：河北省保定市博野县张岳
……………………Tel：0312-8323659

保定飞腾橡胶机带制造有限公司
地址：博野县城南原造纸厂
……………………Tel：0312-8325308

河北纵横橡胶有限公司
地址：博野县迁庄村
……………………Tel：0312-8331303

保定盛运橡胶机带制造有限公司
地址：博野县张岳村南
……………………Tel：0312-8332678

保定三叶橡胶机带制造有限公司
地址：博野县县城东南
……………………Tel：0312-8336177

保定华阳橡胶机带有限公司
地址：博野县西王各庄工业区
……………………Tel：0312-8340236

保定茂源橡胶输送带制造有限公司
地址：博野县西王各庄
……………………Tel：0312-8340918

保定航达橡胶机带有限公司
地址：博野县西王各庄
……………………Tel：0312-8341555

保定泰达橡胶机带制造有限公司
地址：博野县西王各庄村村北
……………………Tel：0312-8341788

保定鹏业橡胶制造有限公司
地址：博野县刘陀营村
……………………Tel：0312-8345555

保定华星橡胶有限公司
地址：博野县大墟村
……………………Tel：0312-8345558

保定胶六橡胶制品有限公司
地址：博野县西王各庄村南
……………………Tel：0312-8345998

保定顺华橡胶有限公司
地址：博野县东墟乡大墟村
……………………Tel：0312-8345999

保定鑫兴橡胶机带有限公司
地址：博野县东墟乡张岳村南口
……………………Tel：0312-8348000

保定华日橡胶有限公司
地址：博野县大齐村
……………………Tel：0312-8348444

保定天华橡胶有限公司
地址：河北省博野县刘陀营
……………………Tel：0312-8348660

保定恒硕橡胶机带制造有限公司
地址：博野县刘陀营村
……………………Tel：0312-8348838

保定三源橡胶有限公司
地址：博野县博里路
……………………Tel：0312-8348886

保定京博橡胶有限公司
地址：河北省保定市博野县经济开发区东区
……………………Tel：0312-8348888

河北信雅达橡胶机带有限公司
地址：博野县刘陀营工业区
……………………Tel：0312-8348928

河北奥宇橡胶有限公司
地址：博野县大齐村
……………………Tel：0312-8349008

河北华安橡胶有限公司
地址：博野县大齐工业区
……………………Tel：0312-8349058

河北蓝箭橡胶机带有限公司
地址：博野县大齐工业区
……………………Tel：0312-8349136

保定宏宇达橡胶工业有限公司
地址：博野县刘陀营工业区
……………………Tel：0312-8349305

保定亚华橡胶有限公司
地址：博野县大齐工业区
……………………Tel：0312-8349458

河北博傲橡胶制品有限公司
地址：博野县大齐工业区
……………………Tel：0312-8349558

保定华兴橡胶工业有限公司
地址：博野县东墟乡大齐村
……………………Tel：0312-8349763

博野县三兴橡胶制品有限公司
地址：博野县东墟乡张岳村
……………………Tel：0312-8349960

保定旭茂橡胶机带制造有限公司
地址：博野县史家佐村南
……………………Tel：0312-8360333

保定隆昌橡胶有限公司
地址：博野县东墟村
……………………Tel：0312-8378777

保定晟实橡胶机带制造有限公司
地址：博野县西王各庄村村南
……………………Tel：0312-8385588

河北宝象输送带制造有限公司
地址：博野县刘陀店村
……………………Tel：0312-8388688

河北亿宏橡胶有限公司
地址：博野县刘陀店村西南
……………………Tel：0312-8391188

保定川宇橡胶机带制造有限公司
地址：博野县史家佐村村北
……………………Tel：0312-8393000

保定金耐橡胶机带制造有限公司
地址：博野县史家佐村村南
……………………Tel：0312-8423655

诺博橡胶制品有限公司
地址：河北省保定市徐水区朝阳北大街（徐）299号
……………………Tel：0312-8655860

河北东风橡胶机带有限公司
地址：河北省保定市蠡县蠡吾镇兑坎庄村
……………………Tel：0312-8756683

易县匡山凤瑞橡胶厂
地址：易县匡山村
……………………Tel：0312-8886512

张家口昊华化工有限公司
地址：张家口市宣化区幸福东街4号
……………………Tel：0313-3048616

中国昊华集团宣化有限公司
地址：张家口宣化区幸福东街四号
……………………Tel：0313-3048616

天润返古农业开发有限公司
地址：河北省张家口市宣化区义圣宫3号楼5号底商2层
……………………Tel：0313-3682222

张北丰茂农业开发有限公司
地址：河北省张家口市张北县经济开发区察哈尔北大街树儿湾社区1号底商
……………………Tel：0313-5319588

张家口塞垣市政水务集团有限公司
地址：河北省张家口市高新区西苑南路供热调度大楼11层
……………………Tel：0313-5801281

张家口时代橡胶制品股份有限公司
地址：张家口市产业集聚区沈孔路11号
……………………Tel：0313-5805850

张家口市新世纪橡胶制品有限公司
地址：张家口高新技术产业开发区沈孔路11号
……………………Tel：0313-5805850

河北巡天农业科技有限公司
地址：河北省张家口市宣化区洋河南巡天农业（洋河大桥南行２公里路东）
……………………Tel：0313-6085158

中盐能源有限公司
地址：涿鹿县工业开发区
……………………Tel：0313-6589812

张家口中铁国电联合物流有限公司

地址：张家口市万全区旧堡乡旧堡村
…………Tel：0313-7657611

张家口联合石油化工有限公司
地址：河北省怀安县柴沟堡镇西门外
…………Tel：0313-7824995

承德供销集团有限公司
地址：河北省承德市双桥区丽正门大街5号供销写字楼二楼
…………Tel：0314-2023968

承德江钻石油机械有限责任公司
地址：承德市双桥区南山街道5号
…………Tel：0314-2157540

中央储备粮承德直属库有限公司
地址：承德双滦区东平台
…………Tel：0314-4044741

承德晋银化工有限公司
地址：兴隆县兴隆镇雾灵街
…………Tel：0314-5081795

三北种业有限公司
地址：隆化县隆化镇通站街6号
…………Tel：0314-7066478

冀北煤炭物流有限公司
地址：河北省承德市丰宁满族自治县天桥镇天桥村
…………Tel：0314-8360088

承德信通首承矿业有限责任公司
地址：滦平县金沟屯镇滦河沿村
…………Tel：0314-8730389

中海油销售唐山有限公司
地址：河北省唐山市路南区学院南路增898号
…………Tel：0315-2250625

河北九华农业科技有限公司
地址：唐山市路南区稻地镇北岭村村北
…………Tel：0315-2815543

唐山永红橡胶有限责任公司
地址：唐山路南区花园街
…………Tel：0315-2861113

唐山友好橡胶有限公司
地址：唐山海港开发区10号路西
…………Tel：0315-2917616

开滦集团国际物流有限责任公司
地址：唐山路南区新华东道70号
…………Tel：0315-3026661

冀东发展集团有限责任公司
地址：唐山丰润区林荫路东侧
…………Tel：0315-3083406

唐山陶瓷集团有限公司
地址：唐山路北区缸窑路110号（唐山陶瓷研究院院内南侧5层建筑3楼）
…………Tel：0315-3107061

唐山渤海石油销售有限公司
地址：曹妃甸工业区化学工业园区
…………Tel：0315-3266808

唐山天润石化有限责任公司
地址：曹妃甸工业区化学工业园区
…………Tel：0315-3266808

国粮（唐山）实业有限公司
地址：唐山高新技术产业园区火炬路宏扬花园204-1-2
…………Tel：0315-3393522

河北联业电子商务有限公司
地址：乐亭县乐亭镇腾飞街西
…………Tel：0315-4613933

乐亭县润丰农业发展有限公司
地址：河北省唐山市乐亭县乐亭镇东大街3号
…………Tel：0315-4614800

乐亭县农贸发展有限公司
地址：乐亭县乐亭镇金融街53号
…………Tel：0315-4614800

唐山旭阳石油化工有限公司
地址：曹妃甸工业区化学工业园区
…………Tel：0315-4871000

唐山东亚重工装备集团有限公司
地址：玉田县玉田镇
…………Tel：0315-5052572

唐山德赛双丰橡胶有限公司
地址：唐山丰润区城西荣国北路42号
…………Tel：0315-5127213

唐山盛华世家仓储购物有限公司
地址：高新区老庄子村
…………Tel：0315-5398838

唐山市丰润区金丰橡胶有限公司
地址：唐山丰润区任各庄镇肘各庄村
…………Tel：0315-5500798

唐山市福利冶金材料厂
地址：迁西县兴城镇白堡店村西(看守所路南)地址：
…………Tel：0315-5623057

唐山三孚钾肥有限公司
地址：唐山市南堡开发区工业区（唐山三友集团兴达化纤有限公司北侧、希望东路东侧）
…………Tel：0315-5656180

河北滦南农村商业银行股份有限公司
地址：河北省唐山市滦南县　城友谊路55号
…………Tel：0315-5708808

迁西县兴城镇金龙橡胶厂
地址：迁西县城关东化工厂西侧
…………Tel：0315-5711555

唐山金路通商贸有限公司
地址：玉田县城南环路西段路北
…………Tel：0315-6104321

唐山万仞橡胶制品有限公司
地址：河北省唐山市玉田县玉田镇马头山
…………Tel：0315-6164980

玉田县中玺橡胶制品有限公司
地址：玉田县玉田镇兴玉小区
…………Tel：0315-6189733

唐山腾源橡胶配件制造有限公司
地址：玉田县潮洛窝乡北单庄
…………Tel：0315-6431333

遵化中石油昆仑燃气有限公司
地址：遵化市通华街65号
…………Tel：0315-6668218

唐山好乡亲叁陆伍电子商务有限公司
地址：唐山市丰南区瑞景街18号（通达金融中心D区1层D1-11、D0-13号）
…………Tel：0315-6836329

遵化市永兴铁路器材厂
地址：遵化市汤泉乡楼似山村
…………Tel：0315-6956828

春山国际贸易集团有限责任公司
地址：河北省唐山市滦县新城龙盛花园B12栋1单元301室
…………Tel：0315-7109985

中油曹妃甸石油销售有限公司
地址：河北省唐山市曹妃甸区垦丰大街团结里245-1号
…………Tel：0315-7337366

唐山市鑫邦橡胶制品有限公司
地址：滦县茨榆坨工业区
…………Tel：0315-7410900

唐山鸿兴农业生产资料有限公司
地址：滦县小马庄镇西李兴庄村北
…………Tel：0315-7421111

河北百禾丰化肥有限公司
地址：河北省唐山市滦县津秦高铁滦河站南行1公里（东安各庄镇铁局寨村东）
…………Tel：0315-7445555

河北迁安化肥股份有限公司
地址：河北省迁安市马兰庄镇
…………Tel：0315-7718221

河北滦水矿业控股集团有限公司
地址：迁安市马兰庄镇西马兰庄村西
…………Tel：0315-7718653

唐山市第二橡胶厂
地址：唐山市路北区大众桥西
…………Tel：0315-7758128

唐山市兆泰橡胶有限公司
地址：唐山市丰南沿海工业区
…………Tel：0315-8422888

唐山渤龙橡胶有限公司
地址：唐山市丰南区大新庄镇李公道村南
…………Tel：0315-8581888

河北国燕橡胶有限公司
地址：唐山市丰南沿海工业区
…………Tel：0315-8589281

唐山渤海湾石油化工储运有限公司
地址：中国（河北）自由贸易试验区曹妃甸片区曹妃甸工业区金岛大厦化学工业园区管委会办公楼C506-272号
…………Tel：0315-8739733

唐山久发农业科技有限公司
地址：中国（河北）自由贸易试验区曹妃甸片区曹妃甸综合保税区投资服务中心B座3006-14号
…………Tel：0315-8819555

河北港禾实业发展有限公司
地址：中国（河北）自由贸易试验区曹妃甸片区曹妃甸工业区市政服务大厦B座710室
…………Tel：0315-8825756

中海外物流有限公司
地址：中国（河北）自由贸易试验区曹妃甸片区曹妃甸工业区中山路市政服务大厦B座7层
…………Tel：0315-8851080

旭阳安东（曹妃甸）石油化工有限公司
地址：曹妃甸工业区化学工业园区
…………Tel：0315-8855667

河北一泓石油化工有限公司
地址：曹妃甸工业区化学产业园区
…………Tel：03158858090

金隅冀东曹妃甸供应链管理有限公司
地址：中国（河北）自由贸易试验区曹妃甸片区曹妃甸临港商务区金岛大厦A座5层501
…………Tel：0315-8859016

唐山曹妃甸港深物流有限公司
地址：中国（河北）自由贸易试验区曹妃甸片区曹妃甸工业区综合保税区创新创业中心一号楼五层502号
…………Tel：0315-8859551

河北港济实业有限公司
地址：中国（河北）自由贸易试验区曹妃甸片区曹妃甸工业区滨海大道（工业区段）南侧高新厂房F楼三层
…………Tel：0315-8859853

唐山曹妃甸海乾贸易有限公司
地址：中国（河北）自由贸易试验区曹妃甸片区曹妃甸工业区市政服务大厦B座733室
…………Tel：0315-8859853

唐山曹妃甸海博实业有限公司
地址：中国（河北）自由贸易试验区曹妃甸片区曹妃甸工业区中日生态园高新A2厂房2层
…………Tel：0315-8859853

唐山曹妃甸区焱杰希国际贸易有限公司
地址：曹妃甸工业区综合保税区投资服务中心B座4005室
…………Tel：0315-8882603

固安中德利华石油化学有限公司
地址：固安县工业园区
…………Tel：0316-2017578

中国石油管道局工程有限公司
地址：廊坊市广阳区广阳道87号
…………Tel：0316-2075803

廊坊梅花生物科技有限公司
地址：霸州市东段经济技术开发区（廊大路东侧）
…………Tel：0316-2359620

新地能源工程技术有限公司
地址：廊坊开发区华祥路118号新奥科技园B楼
…………Tel：0316-2591004

河北森荣建材有限公司
地址：大城县东汪村
…………Tel：0316-2727568

廊坊市长征农业开发有限公司
地址：廊坊市广阳区南尖塔镇南甸村西南第1幢楼一层102室（廊万路廊坊市长征驾驶员培训有限公司旁）
…………Tel：0316-2800000

廊坊瑞华石化有限公司
地址：廊坊经济技术开发区华祥路75号
…………Tel：0316-2881035

三河市长城橡胶有限公司
地址：三河市工业新区贤人西大街
…………Tel：0316-3159515

三河市瑞利管业有限公司
地址：三河市京哈西路26号
…………Tel：0316-3213204

三河市昌泰新材料科技有限公司
地址：河北省廊坊市三河市李旗庄镇李旗庄村102国道南
…………Tel：0316-5166316

河北凯跃化工集团有限公司
地址：河北省文安县左各庄镇南环路
…………Tel：0316-5381797

河北炼化鸿天石油化工有限公司
地址：永清县别古庄镇徐庄村
…………Tel：0316-5695826

廊坊翔悦橡胶制品有限公司
地址：大城县关家务村
…………Tel：0316-5738808

燕赵园林景观工程有限公司
地址：三河市燕郊开发区行宫西大街北侧圣得花园西侧潮白人家二期23号商业楼-商业01
…………Tel：0316-5856069

廊坊市中筑建筑工程有限公司
地址：河北省廊坊市安次区永兴路5号
…………Tel：0316-5898618

廊坊泛华石化设备有限公司
地址：固安县工业园区南区
…………Tel：0316-5928519

廊坊伊奈霸精密橡胶制品有限公司
地址：河北省廊坊经济技术开发区翠青南道27号
…………Tel：0316-6082375

河北永胜石油化工机械制造有限公司
地址：霸州市霸州镇老堤
…………Tel：0316-7355316

中国石油北京销售大厂有限责任公司
地址：大厂县夏垫镇
…………Tel：0316-7788790

雏菊新集农场开发有限公司
地址：河北省廊坊市三河市城区
…………Tel：0316-8018666

沧州市元亨橡胶有限责任公司
地址：沧州市西二环路（迎宾大道）西茅草洼（小杨庄北）
…………Tel：0317-2151086

河北明兴石化机械有限公司
地址：任丘市北环路
…………Tel：0317-2221136

中国农业发展银行任丘市支行
地址：河北省任丘市渤海东路76号万丰嘉园底商
…………Tel：0317-2257462

任丘市合盛电力器材有限公司
地址：任丘市经济开发区管委会北侧
…………Tel：0317-2268005

廊坊市鼎鑫联拓工贸有限公司
地址：廊坊市广阳区万庄镇墨其营村东石油基地第一管具分处院内
…………Tel：0317-2510900

任丘市天丰橡胶有限公司
地址：任丘市牛村工业区
…………Tel：0317-2616777

任丘市宏利橡胶制品有限公司
地址：任丘市西李各庄村
…………Tel：0317-2617777

河北光大石化有限公司
地址：任丘市经济技术开发区泰山北道501号
…………Tel：0317-2735926

河北华油龙昌化工产品有限公司
地址：任丘市西环路街道办事处肖楼
…………Tel：0317-2775692

任丘市长兴石油化工有限公司
地址：任丘市长丰镇长丰村
…………Tel：0317-2961086

沧州汇亿丰橡胶贸易有限公司
地址：河北省沧州市河间市城苑东路235号
…………Tel：0317-3223941

河北鸿泽化工有限公司
地址：任丘市梁召镇东姜村
…………Tel：03173311234

河北艾格森石油化工设备有限公司
地址：任丘市经济技术开发区
…………Tel：0317-3339666

河北国赢天晟石油化工有限公司
地址：沧州经济开发区东海路20号靖烨科技园8号楼7层707室
…………Tel：0317-3507007

沧州渤海石化工程有限公司
地址：沧州市新华区北郊
…………Tel：0317-3552021

沧州朝阳石化工程有限公司
地址：河北省沧州市运河区迎宾大道泰大国际家居博览中心6号楼20层2017室
…………Tel：0317-3552253

河北欣发石化有限公司
地址：沧州市运河区文庙小区1号楼
…………Tel：0317-3589388

河北嘉利橡胶密封制品有限公司
地址：河间市时村工业园区
…………Tel：0317-3672868

河间市众园橡胶制品有限公司
地址：河北省沧州市河间市沙洼乡南中原村
…………Tel：0317-3681000

河北丰德橡胶制品有限公司
地址：河间市米各庄镇刘店村
…………Tel：0317-3800341

河间市东方橡胶制品批发部
地址：河间市米各庄镇汽车配件市场一街
…………Tel：0317-3802823

河间市冀宏化工建材有限公司
地址：河间市北司徒村
…………Tel：0317-3815072

河间市星源橡胶密封材料有限公司
地址：河间市束城镇东王村
…………Tel：0317-3815991

河北九润橡胶制品有限公司
地址：河间市束城镇西呈各庄
…………Tel：0317-3817088

河北利兴特种橡胶股份有限公司
地址：河间市黎民居乡孙郭庄
…………Tel：0317-3841086

河间市正邦橡胶制品有限公司
地址：河间市米各庄镇
…………Tel：0317-3866068

沧州中源橡胶制品有限公司
地址：河北省青县周官屯镇周官屯村
…………Tel：0317-4029200

青县旭通橡胶制品有限公司
地址：河北省沧州市青县经济开发区北区
…………Tel：0317-4070608

沧州日东升橡胶制品有限责任公司
地址：河北省青县清州镇南张庄
…………Tel：0317-4224221

河北汇丰石油化工有限公司
地址：河北省沧州市青县马厂镇孙官屯村104国道东
…………Tel：0317-4295588

中央储备粮沧州直属库有限公司
地址：河北省沧州市沧县李天木乡皂坡村西2公里处
…………Tel：0317-4800519

河北盛德燃气有限公司
地址：黄骅市新立村
…………Tel：0317-5231001

河北中捷石化集团有限公司
地址：沧州临港经济技术开发区黄赵路北
…………Tel：0317-5232179

河北华晨石油化工有限公司
地址：黄骅市吕桥镇工业区
…………Tel：0317-5335789

河北省大港石化有限责任公司
地址：南大港管理区
…………Tel：0317-5461999

河北东和盛泰石油化工有限公司

地址：南大港二分区李刘堡村东侧
……………………………Tel：0317-5463666
河北鑫旺石油化工有限公司
地址：沧州市南大港管理区一分区
……………………………Tel：0317-5463788
沧州海川石化有限公司
地址：南大港管理区工业园区
……………………………Tel：0317-5467777
沧州市南大港管理区昊源石化产品有限公司
地址：南大港一分区小辛庄大队（浩盛建材公司院内）
……………………………Tel：03175469160
河北中实特种橡胶有限公司
地址：中捷产业园区花园路以西、火炬大道以南
……………………………Tel：0317-5482001
河北陆源物流有限公司
地址：沧州渤海新区港务局办公楼
……………………………Tel：0317-5606330
河北伦特化工集团有限公司
地址：沧州渤海新区南疏港路北
……………………………Tel：0317-5606615
河北海特伟业石化有限公司
地址：沧州渤海新区南疏港路北侧伦特办公楼
……………………………Tel：0317-5606615
沧州鑫海石化有限公司
地址：沧州渤海新区南疏港路北侧、中疏港路南侧
……………………………Tel：0317-5607007
中亚沧州特种设备制造有限公司
地址：沧州渤海新区迎宾馆8901房间
……………………………Tel：0317-5607999
黄骅市宏业石油化工管件制造有限公司
地址：黄骅市常郭镇前王桥
……………………………Tel：0317-5626056
黄骅港泰地石油化工有限公司
地址：沧州渤海新区洁城环卫办公楼
……………………………Tel：0317-5760822
河北浅海石油化工集团有限公司
地址：黄骅市羊二庄临港产业聚集区
……………………………Tel：0317-5766999
沧州渤海新区渤投物流有限公司
地址：沧州渤海新区金融广场502室
……………………………Tel：0317-5767053
黄骅市海域石油化工产品有限公司
地址：沧州渤海新区一千吨码头
……………………………Tel：0317-5767850
黄骅市仓宇石油化工有限公司
地址：滕庄子企业家园
……………………………Tel：0317-5880600
河北凯意石化有限公司
地址：沧州市南大港管理区一分区（工农大道西侧）
……………………………Tel：0317-5893669
河北鑫泉石油化工有限公司
地址：南大港管理区
……………………………Tel：0317-5895518
沧州鼎顺石化有限公司
地址：南大港管理区兴港路东（河北鑫泉石化公司院内）
……………………………Tel：0317-5895818
河北鑫禄石油化工有限公司
地址：沧州渤海新区南疏港路北侧、中疏港路南侧
……………………………Tel：0317-5907000
河北瑞动泰安石油化工运输有限公司
地址：盐山县正港工业园路南
……………………………Tel：0317-6090898
河北大本营能源科技有限公司
地址：盐山县城东正港开发区
……………………………Tel：0317-6197396
河北巅峰体育设施有限公司
地址：盐山县马王路刘巡堂路段南侧
……………………………Tel：0317-6290099
中海石油中捷石化有限公司
地址：沧州渤海新区中捷产业园区
……………………………Tel：0317-6903191
中海石油华岳化工有限公司
地址：渤海新区中捷产业园区
……………………………Tel：0317-6903191
沧州黄骅港钢铁物流有限公司
地址：沧州渤海新区综合港区一港池西侧钢铁物流公司办公楼二楼204室
……………………………Tel：0317-7558350
河北正元氢能科技有限公司
地址：沧州临港经济技术开发区东区化工一路北侧
……………………………Tel：0317-7559213
河北嘉泰橡胶制品有限公司
地址：东光县于桥乡冯庄村
……………………………Tel：0317-7743666
河北精致科技有限公司
地址：沧州临港经济技术开发区东区，通六路以东，化工一路以南
……………………………Tel：0317-7972699
沧州晨昊管道设备有限公司
地址：孟村回族自治县李庄工业区
……………………………Tel：0317-8523888
南皮县顺诚橡胶溶剂有限公司
地址：河北省沧州市南皮县南皮经济开发区乌马营工业园（赛格大道以东，永达路南侧）
……………………………Tel：0317-8612088
沧州久泰石油产品有限公司
地址：南大港管理区一分区西庄大队（穿港路北侧同源石化公司院内）
……………………………Tel：0317-8880588
黄骅市裕达石油化工有限公司
地址：河北省沧州市黄骅市羊三木乡刘皮庄段
……………………………Tel：03178881699
河北众一融资担保有限公司
地址：中捷农场黄赵公路北原外贸地毯厂南
……………………………Tel：0317-8882868
衡水鸿兴工程橡胶有限公司
地址：河北省衡水滨湖新区横一路北、纵一路以东、内环路以南衡水第一中学教职公寓9号楼1单元4层401室
……………………………Tel：0318-1234567
衡水思钧橡胶制品有限公司
地址：河北省衡水市桃城区永兴路69号2号楼4-301号
……………………………Tel：0318-12345678
衡水市橡胶一厂
地址：衡水桃城区大庆路
……………………………Tel：0318-2024520
衡水瑞通橡胶制品有限公司
地址：河北省衡水市经济开发区衡武连接线以西、大麻森乡大辛庄村南
……………………………Tel：0318-2035888
衡水逸海工程橡胶有限公司
地址：衡水市桃城区郑家河沿镇种高村村东
……………………………Tel：0318-2045555
衡水衡一工程橡胶有限公司
地址：河北省衡水市高新区战备路中段公交三公司东行200米1600号
……………………………Tel：0318-2067323
衡水机电大楼有限公司
地址：衡水市红旗大街158号
……………………………Tel：0318-2068518
衡水长泰工程橡胶有限公司
地址：河北省衡水滨湖新区衡　路777号彭杜乡王许庄村
……………………………Tel：0318-2080588
衡水华迈工程橡胶有限公司
地址：河北省衡水市滨湖新区彭杜乡吴杜村
……………………………Tel：0318-2087899
衡水天林工程橡胶有限公司
地址：河北省衡水市橡胶城金光路201号1幢1号
……………………………Tel：0318-2100589
衡水盛旭橡胶制品有限公司
地址：河北省衡水市桃城区河东街道办事处南华村（衡枣路橡胶城东100米）
……………………………Tel：0318-2100589
衡水木子橡胶制品有限公司
地址：河北省衡水滨湖新区南赵常村西南角
……………………………Tel：0318-2100589
衡水旭通工程橡胶有限公司
地址：河北省衡水滨湖新区彭杜乡小侯村
……………………………Tel：0318-2100589
衡水泽合机械橡胶有限公司
地址：河北省衡水市深州市高古庄镇高古庄村（原太古庄乡政府院内）
……………………………Tel：0318-2101066
衡水余庆橡胶贸易有限公司
地址：衡水市桃城区橡胶城9区4号1幢
……………………………Tel：0318-2103813
衡水冀兴化工橡胶有限公司
地址：桃城区橡胶城９区１８号
……………………………Tel：0318-2103813
衡水中海进出口有限公司
地址：河北省衡水市桃城区康宁街西侧C幢10号1-4层（人民路南）
……………………………Tel：0318-2105100
衡水锦轩工程橡胶有限公司
地址：河北省衡水市桃城区宜居嘉园15号楼4单元701室
……………………………Tel：0318-2106268
衡水春宇工程橡胶有限公司
地址：河北省衡水滨湖新区彭杜乡王许庄村东
……………………………Tel：0318-2106268
河北兆衡橡胶科技有限公司
地址：衡水市开发区滏阳四路东侧、新区七路北侧ZB-0001
……………………………Tel：0318-2118608
衡水倍特力橡胶制品有限公司
地址：河北省衡水市桃城区榕花北大街恒茂城一区39号楼2层商108室
……………………………Tel：0318-2119855
衡水奥泰工程橡胶有限公司
地址：衡水市站前西路2幢-16号
……………………………Tel：0318-2121059
衡水市都圣化工橡胶有限公司
地址：衡水市红旗大街２８１９号
……………………………Tel：0318-2123369
河北振控新材料科技有限公司
地址：衡水市桃城区橡胶城4区19号
……………………………Tel：0318-2126544
衡水桥闸工程橡胶有限公司
地址：衡水市胜利东路2348号
……………………………Tel：0318-2127424
衡水聚兴工程橡胶有限公司
地址：河北省衡水滨湖新区彭杜乡善官村106国道南侧
……………………………Tel：0318-2128861
衡水同力橡胶制品有限公司
地址：衡水市南苑经济区
……………………………Tel：0318-2129032
衡水宇娇橡胶贸易有限公司
地址：河北省衡水市桃城区中华南大街761号1幢B501号
……………………………Tel：0318-2135968
衡水普泰橡胶制品有限公司
地址：河北省衡水滨湖新区彭杜乡新立村
……………………………Tel：0318-2135968
衡水奥达化工橡胶有限责任公司
地址：衡水市桃城区景和大街华兴世家301号处4号门店
……………………………Tel：0318-2143006
衡水禹力工程橡胶有限公司
地址：衡水市桃城区河沿镇后孙庄
……………………………Tel：0318-2143418
衡水奔腾工程橡胶有限公司
地址：河北省衡水滨湖新区彭杜乡陈辛庄村
……………………………Tel：0318-2145120
衡水鑫力工程橡胶有限公司
地址：河北省衡水滨湖新区彭杜乡南王庄
……………………………Tel：0318-2145556
衡水明光工程橡胶有限公司
地址：河北省衡水滨湖新区彭杜乡陈辛庄
……………………………Tel：0318-2145588
衡水伟建工程橡胶有限公司
地址：河北省衡水滨湖新区彭杜乡陈辛庄
……………………………Tel：0318-2145628
河北衡奥交通工程橡胶有限公司
地址：衡水市衡枣路1018号
……………………………Tel：0318-2145658
衡水亚亨工程橡胶有限公司
地址：河北省衡水滨湖新区彭杜乡张辛庄
……………………………Tel：0318-2145683
河北宝进工程橡胶有限公司
地址：河北省衡水滨湖新区彭杜乡西三景官村
……………………………Tel：0318-2148593
衡水众志橡胶科技开发有限公司
地址：河北衡水桃城高新技术产业开发区
……………………………Tel：0318-2149168
衡水凯泰工程橡胶有限公司
地址：河北省衡水市桃城区王渡口村
……………………………Tel：0318-2153379
衡水市桃城区福兴橡胶制品厂
地址：衡水市桃城区河沿镇王渡口
……………………………Tel：0318-2153379
衡水亚辉复合材料科技有限公司
地址：河北省衡水市桃城区邓庄镇大葛村
……………………………Tel：0318-2156268
衡水勤兴航空地面设备有限公司
地址：桃城区大庆东路
……………………………Tel：0318-2165385
衡水健达工程橡胶有限公司
地址：衡水市京衡南大街６６６号
……………………………Tel：0318-2168888
衡水泽瑞工程橡胶有限公司
地址：衡水滨湖新区彭杜乡祝戈店
……………………………Tel：0318-2169162
衡水丰林金属橡胶制品有限公司
地址：衡水开发区顺兴街688号
……………………………Tel：0318-2170928
衡水建胜橡塑科技有限公司
地址：衡水市冀衡循环园区威武大街东、东北助剂厂南
……………………………Tel：0318-2182166
衡水金鹏工程橡胶有限公司
地址：衡水市新区七路北侧，滏阳四路东侧
……………………………Tel：0318-2185630
河北鑫扬工程橡胶有限公司
地址：衡水市桃城区邓庄镇田家庄村西侧
……………………………Tel：0318-2194444
衡水恒工建业工程橡胶有限公司
地址：衡水市彭杜乡徐家南田村
……………………………Tel：0318-2198951
衡水天正机电建材城有限公司
地址：衡水市桃城区胜利西路881号康龙大厦366室
……………………………Tel：0318-2201088
衡水展赫工程橡胶有限公司
地址：衡水市桃城区邓家庄乡张单驼村
……………………………Tel：0318-2206667
衡水路港工程橡胶有限公司
地址：衡水滨湖新区彭杜乡赵辛庄
……………………………Tel：0318-2208866
衡水祥利工程橡胶有限公司
地址：衡水市北方工业基地迎宾大街10号
……………………………Tel：0318-2210666
衡水佳兴工程橡胶有限公司
地址：衡水市桃城区北方工业基地工业大街88号
……………………………Tel：0318-2212803
衡水正兴橡胶化工有限公司
地址：衡水市北方工业基地工业大街13号
……………………………Tel：0318-2212803
河北中基恒茂工程橡胶有限公司
地址：衡水市高新区北方工业园工业大街88-1号
……………………………Tel：0318-2212803
衡水宝乐橡胶制品贸易有限公司
地址：衡水市桃城区京大路橡胶城4区7号2栋1层
……………………………Tel：0318-2212825
衡水乐通工程橡胶有限公司
地址：河北省衡水市桃城区河沿乡焦汪村一区64号
……………………………Tel：0318-2217005
衡水中铁建工程橡胶有限责任公司
地址：衡水市桃城区北方工业基地橡塑路1号
……………………………Tel：0318-2218052
衡水冀军桥闸工程橡胶有限公司
地址：衡水市桃城区北方工业基地橡塑路3号
……………………………Tel：0318-2219196
衡水德斯特工程橡胶有限公司
地址：河北省衡水市桃城区中心大街452号腾达住宅楼2幢3单元1层101室
……………………………Tel：0318-2220858
衡水高新橡胶制品有限公司
地址：衡水市东兴街256号
……………………………Tel：0318-2221229
衡水路通工程橡胶有限公司
地址：河北省衡水市高新区北方工业园区橡塑东路6号
……………………………Tel：0318-2221618
衡水厚桦基础工程有限公司
地址：衡水市胜利西路以北宝云街以东
……………………………Tel：0318-2223333
衡水茂源橡胶化工有限公司
地址：河北省衡水滨湖新区彭杜乡半壁店村
……………………………Tel：0318-2223333
衡水敬诚橡胶贸易有限公司
地址：衡水胜利西路南侧、顺兴大街西侧
……………………………Tel：0318-2223333
衡水庆兴工程橡胶有限公司
地址：河北省衡水市彭杜乡侯店村
……………………………Tel：0318-2228222
衡水百威工程橡胶有限公司
地址：衡水市桃城区北方工业基地迎宾大街9号
……………………………Tel：0318-2246556
河北成瑞橡胶管业有限公司
地址：衡水工业新区六路南侧、滏阳三路东侧
……………………………Tel：0318-2249999
衡橡科技股份有限公司
地址：衡水桃城区北方工业基地园区东路9号
……………………………Tel：0318-2250005
衡水恒鑫源工贸有限公司
地址：衡水市永兴西路1829号1幢11层1103室
……………………………Tel：0318-2252977
衡水华瑞工程橡胶有限责任公司
地址：衡水市桃城区北方工业基地橡塑路188号
……………………………Tel：0318-2276920
河北茂祥橡胶制品有限公司
地址：衡水市大麻森乡大张庄村东北、省道040东侧
……………………………Tel：0318-2276936
衡水中盛工程橡胶有限公司
地址：衡水市开发区新区五路南侧、新桥新路西侧
……………………………Tel：0318-2278590
衡水悦泽工程橡胶有限公司
地址：衡水滏阳四路东侧、新区七路北侧ZB-0001号6幢1-5层
……………………………Tel：0318-2281999
衡水鑫佳工程橡胶有限公司
地址：河北省衡水滨湖新区彭杜乡祝葛店一区6号
……………………………Tel：0318-2288805
河北建泰橡胶制品有限公司

地址：河北省衡水市武邑县文昌街西侧、衡水凯隆固异特橡胶有限公司南侧
……Tel：0318-2289996
河北道勤橡胶制品有限公司
地址：河北省衡水市阜城县经济开发区西区
……Tel：0318-2310888
衡水陆铁工程橡胶有限公司
地址：河北省衡水滨湖新区彭杜乡善官村
……Tel：0318-2315690
衡水浩帆商贸有限公司
地址：河北省衡水市高新区苏正李庄村3区15号
……Tel：0318-2329009
衡水新视野橡胶有限公司
地址：河北省衡水市桃城区橡胶城7区23号1幢1-2层南户
……Tel：0318-2342001
衡水百兴工程橡胶有限公司
地址：衡水市开发区北方工业基地内、迎宾路西侧、橡塑路以北
……Tel：0318-2350566
衡水天拓橡胶制品有限公司
地址：衡水市北方工业基地后野营村23号
……Tel：0318-2355557
衡水冀通工程橡胶有限公司
地址：河北省衡水滨湖新区彭杜乡南王庄
……Tel：0318-2356939
衡水宇润橡胶制品有限公司
地址：衡水市工业新区滏阳路四路东侧新区七路北侧ZB-0001号4幢1层
……Tel：0318-2359888
衡水牧盛橡胶制品有限公司
地址：河北省衡水市滨湖新区彭杜乡肖家庄
……Tel：0318-2396826
衡水腾建橡胶制品有限公司
地址：河北省衡水滨湖新区彭杜乡王许庄
……Tel：0318-2631328
河北冀衡集团有限公司
地址：衡水市中华北大街398号
……Tel：0318-2633100
衡水市橡胶总厂有限公司
地址：衡水滨湖新区衡枣路989号
……Tel：0318-2638908
衡水常青橡胶有限公司
地址：河北省衡水滨湖新区彭杜乡祝葛村村东
……Tel：0318-2660058
丰泽智能装备股份有限公司
地址：衡水经济开发区北方工业基地橡塑路15号
……Tel：0318-2661511
衡水恒洋工程橡胶有限公司
地址：衡水滨湖新区滨河路1688号
……Tel：0318-2662221
衡水华工建工程橡胶有限公司
地址：河北省衡水滨湖新区彭杜乡祝葛店村东衡枣路东侧
……Tel：0318-2668866
衡水明宇橡胶制品有限公司
地址：衡水市何庄乡孙三村木材货场院内
……Tel：0318-2669169
衡水恒力通工程橡胶有限公司
地址：河北省衡水滨湖新区彭杜乡陈辛庄村
……Tel：0318-2680035
衡水昊通工程橡胶有限公司
地址：河北省衡水滨湖新区彭杜乡祝葛店村
……Tel：0318-2696236
衡水市金都橡胶化工有限公司
地址：衡水市橡胶城10区32号
……Tel：0318-2698689
衡水三源橡胶化工有限公司
地址：衡水市桃城区河沿镇西康庄村
……Tel：0318-2791688
河北昊程橡胶制品有限公司
地址：河北省衡水滨湖新区彭杜乡祝葛店
……Tel：0318-2823352
衡水博利工程橡胶有限公司
地址：衡水市彭杜乡刘田村
……Tel：0318-2855885
衡水路翔工程橡胶有限公司
地址：河北省衡水市滨湖新区彭杜乡祝戈店村北
……Tel：0318-2891658
衡水胜建工程橡胶有限公司
地址：河北省衡水滨湖新区彭杜乡马家庄
……Tel：0318-2892889
衡水昊德工程橡胶有限公司
地址：衡水滨湖新区彭杜乡陈辛庄
……Tel：0318-2895899
衡水锐盛科技有限公司
地址：河北省衡水滨湖新区彭杜乡南王庄村
……Tel：0318-2899688
衡水建硕工程橡胶有限公司
地址：武邑县经济开发区欢龙路1号
……Tel：0318-2981869
衡水桥兴工程技术有限公司
地址：河北省衡水市桃城区红旗大街76号1幢南4号
……Tel：0318-2989338
河北村村友售电有限公司
地址：衡水市开发区邢团马村
……Tel：0318-2992288
衡水海龙橡胶有限公司
地址：衡水桃城区赵圈镇代家口工业园
……Tel：0318-2992767
衡水松润橡塑科技有限公司
地址：河北省衡水市高新区宝云大街469号怡水公馆10栋2单元1702室
……Tel：0318-2993896
衡水兴益工程橡胶有限公司
地址：衡水市桃城区集贤新村
……Tel：0318-2996262
衡水海恒工程橡胶有限公司
地址：衡水市彭杜乡赵辛庄（衡枣路1000号）
……Tel：0318-2998889
阳煤集团深州化工有限公司
地址：河北省衡水市深州市化工产业聚集区阳煤工业路1号
……Tel：0318-3116609
阳煤集团深州化肥有限公司
地址：深州市西外环路126号（西侧）
……Tel：0318-3116667
深州市太行橡胶有限公司
地址：深州市城市新区、黄河东路南
……Tel：0318-3315728
衡水吉地尔特种胶管有限公司
地址：深州市前么头镇西北角(地方铁路以北)
……Tel：0318-3429880
河北振兴化工橡胶有限公司
地址：河北省衡水市深州市高古庄镇深么路东侧
……Tel：0318-3456269
河北双赢橡胶制品有限公司
地址：深州市赵八庄路段保衡路东侧
……Tel：0318-3537867
衡水晟鼎机械设备有限公司
地址：武强县西辛工业区
……Tel：0318-3783333
衡水朗瑞尔科技实业有限公司
地址：武强县马头工业区
……Tel：03183786331
衡水昌辉橡胶制品有限公司
地址：武强县城东工业区
……Tel：0318-3829996
河北科佳橡胶制品有限公司
地址：武强县城东工业区
……Tel：0318-3835326
衡水金贝特橡胶管业有限公司
地址：景 县二中北路
……Tel：0318-4220543
河北腾硕橡胶制品有限公司
地址：景 县景王公路西侧
……Tel：0318-4221191
景县海通橡胶制品有限公司
地址：景 县城西工业区（景州镇焦庄村南、老景龙路北）
……Tel：0318-4222126
河北富德克橡胶制品有限公司
地址：河北省衡水市景县城南开发区
……Tel：0318-4222955
河北西伯力特种橡胶有限公司
地址：景 县开发区
……Tel：0318-4223659
河北千辉金属橡胶科技有限公司
地址：河北省衡水市景县城西工业区
……Tel：0318-4224444
河北百富金属橡胶科技有限公司
地址：河北省衡水市景县城西工业园
……Tel：0318-4224444
景县华北橡胶制品有限公司
地址：景县梁集工业区189号
……Tel：0318-4225113
河北亿福安橡胶科技有限公司
地址：景县景新大街544号
……Tel：0318-4225868
华普飞橡胶制品有限公司
地址：河北省衡水市景县景州镇景阜路西侧
……Tel：0318-4226877
海特工程橡胶有限公司
地址：河北省衡水市景县王千寺工业园区
……Tel：0318-4227846
恒宇集团液压流体科技河北有限公司
地址：河北省衡水市景县开发区
……Tel：0318-4229666
河北耐密德橡胶制品有限公司
地址：河北省衡水市景县橡塑辅导基地
……Tel：0318-4237123
景县龙诺橡胶制品有限公司
地址：河北省衡水市景县橡塑管业基地
……Tel：0318-4238333
河北启星生态科技发展有限公司
地址：河北省衡水市景县龙华工业区
……Tel：0318-4251212
景县新诚橡胶制品有限公司
地址：河北省衡水市景县杜桥曹庄村
……Tel：0318-4255413
河北凯德文橡胶制品有限公司
地址：河北省衡水市景县橡塑基地
……Tel：0318-4255559
衡水凌钰橡胶制品有限公司
地址：河北省衡水市景县景州镇小厂村
……Tel：0318-4259609
河北百一橡胶制品有限公司
地址：景县杜桥镇丁马庄
……Tel：0318-4262996
景县华龙橡胶有限公司
地址：景 县工业园区东区、景开大街南侧
……Tel：0318-4263923
河北奥中橡胶机带有限公司
地址：景 县橡塑管业辅导基地570号
……Tel：0318-4265688
河北广旭橡塑科技有限公司
地址：河北省衡水市景县城西工业区
……Tel：0318-4296588
衡水仁泽橡胶制品有限公司
地址：武邑县审坡镇西审坡村村北
……Tel：0318-4298009
景县杜桥海洋橡胶制品厂
地址：景县杜桥郑香坊
……Tel：0318-4302091
河北浩航橡胶制品有限公司
地址：景 县杜桥镇曹庄
……Tel：0318-4302688
景县郝杨院书营橡胶制品点
地址：杜桥郝杨院
……Tel：0318-4305035
河北胜泽橡胶制品有限公司
地址：河北省衡水市景县城西开发区张戈候橡塑基地916号
……Tel：0318-4306588
河北九强橡胶管业有限公司
地址：景 县杜桥草厂
……Tel：0318-4308134
河北铭成橡胶制品有限公司
地址：河北省衡水市景县杜桥镇前杜桥村
……Tel：0318-4308699
河北涵宇橡胶科技有限公司
地址：河北省衡水市景县水厂路
……Tel：0318-4312008
河北环球科技股份有限公司
地址：衡水市景州高新技术产业开发区
……Tel：0318-4312128
河北中美特种橡胶有限公司
地址：景 县开发区
……Tel：0318-4312620
美拓利普管业有限公司
地址：景县杜桥镇原农场
……Tel：0318-4312620
河北澳通橡胶制品有限公司
地址：景 县开发区
……Tel：0318-4312801
衡水庚寅橡胶制品有限公司
地址：河北省衡水市景县北留智镇工业园
……Tel：0318-4313777
河北皓宇橡胶制品有限公司
地址：景 县经济开发区
……Tel：0318-4316611
河北晁立橡胶制品有限公司
地址：景 县工业园区东区
……Tel：0318-4316998
河北浩正环保科技发展有限公司
地址：河北省衡水市景县景州镇景新大街南侧汽校对过
……Tel：0318-4318320
河北泽邦塑胶科技有限公司
地址：景 县工业园区
……Tel：0318-4319986
景县学治橡胶厂
地址：景县杜桥镇香坊
……Tel：0318-4322499
河北瀚博工程橡胶有限公司
地址：景县杜桥工业区
……Tel：0318-4326789
河北振昌橡胶制品有限公司
地址：河北省衡水市景县降河流工业区
……Tel：0318-4327111
河北景嘉橡胶制品有限公司
地址：景 县王谦寺乡高堡工业区
……Tel：0318-4338271
河北省衡水飞跃橡胶液压软管有限责任公司
地址：景 县王谦寺工业区
……Tel：0318-4338277
衡水凯威橡胶管业有限公司
地址：景 县王千寺镇高村
……Tel：0318-4338385
河北华宇特种橡胶有限公司
地址：景 县温城工业区
……Tel：0318-4346966
河北省衡水东方工程橡胶有限公司
地址：景 县留府
……Tel：0318-4353168
河北冠烽橡胶科技有限公司
地址：景 县留府乡留龙路东韩黄村西
……Tel：0318-4356856
衡水隆泰橡胶化工有限公司
地址：衡水市橡胶城３区１３号
……Tel：0318-4357112
河北恒锦橡塑制品有限公司
地址：景 县降河流镇工业区
……Tel：0318-4362149
衡水亚冠橡胶制品有限公司
地址：景 县降河流工业区
……Tel：0318-4362292
河北中信橡胶管带有限公司
地址：景 县降河流工业区
……Tel：0318-4362399
河北隆众橡胶制品有限公司
地址：景 县降河流镇许高
……Tel：0318-4365588
衡水东弘橡胶制品有限公司
地址：河北省衡水市景县降河流工业区
……Tel：0318-4366234
河北鸿凯橡塑制品有限公司
地址：景县城西工业区
……Tel：0318-4369888
河北佑弘橡胶制品有限公司
地址：景 县梁集河沟
……Tel：0318-4389998
景县中交工程橡胶有限公司
地址：河北省衡水市景县留府后路村
……Tel：0318-4455215
衡水中立橡胶有限公司
地址：景 县留府工业区
……Tel：0318-4456326
衡水佰世特橡塑科技有限公司
地址：景 县西路工业开发区
……Tel：0318-4456999
河北红建橡胶制品有限公司
地址：河北省衡水市景县景州镇刘庄
……Tel：0318-4466686
河北龙凤橡胶制品有限公司
地址：景 县开发区东区（景开大街南）
……Tel：0318-4468666
衡水海韵橡胶制品有限公司
地址：河北省衡水市景县留府乡工业区
……Tel：0318-4528866
河北兴建通橡胶制品有限公司
地址：景 县景王公路东侧
……Tel：0318-4553668
河北劲龙橡胶制品有限公司
地址：景 县景龙路北、佛台村西北
……Tel：0318-4580111
河北古晨工程橡胶有限公司
地址：河北省衡水市阜城县阜城镇甜水庄
……Tel：0318-4899389
衡水霞光橡胶有限公司
地址：衡水市胜利西路开发区２０号小区
……Tel：0318-5105178
衡水市冀州区冀顺橡胶贸易有限公司
地址：衡水市冀州区迎宾市场E座3号
……Tel：0318-5177762
阜城县瑞仁橡胶贸易有限公司
地址：河北省衡水市阜城县中兴路北侧丽景中苑11号楼1-4号商铺102室
……Tel：0318-5178127
衡水天正国际贸易有限公司
地址：河北省衡水市桃城区育才北大街699号5幢1-3层
……Tel：0318-5225006
衡水晨锐工程橡胶有限公司
地址：衡水市桃城区邓家庄乡南苏闸村
……Tel：0318-5227508
衡水天博工程橡胶有限公司
地址：河北省衡水滨湖新区彭杜乡祝葛店村北
……Tel：0318-5228166
河北共振橡胶制品有限公司
地址：故城县西苑工业项目区
……Tel：0318-5318898
衡水宏远橡胶制品有限公司
地址：故城县工业路县武装部东邻
……Tel：0318-5364906
河北认养一头牛乳业有限公司
地址：河北省衡水市故城县郑口镇贾黄村
……Tel：0318-5381001
河北中康橡胶制品有限公司
地址：河北省衡水市故城县衡德工业园
……Tel：0318-5535999
河北路盈橡胶制品有限公司
地址：河北省衡水市故城县衡德工业园杨庄北路与杨庄大街交叉口

……Tel：0318-5593996

河北凯隆固异特橡胶股份有限公司
地址：武邑县县城新区宁武路南侧
……Tel：0318-5738966

衡水永一橡胶制品有限公司
地址：河北省衡水市景县留府工业区
……Tel：0318-5739619

河北佰特橡胶有限公司
地址：武邑县循环经济园区宁武路108号
……Tel：0318-5739891

河北佰特橡胶科技有限公司
地址：武邑县循环经济园区学苑大街
……Tel：0318-5739891

衡水大有橡胶贸易有限公司
地址：武邑经济开发区（武邑县学苑街西侧，佰特橡胶科技有限公司院内）
……Tel：0318-5739892

河北建业工程橡胶有限公司
地址：武邑县清凉店镇中兴路中兴广场东邻
……Tel：0318-5817366

衡水兴威贸易有限公司
地址：衡水市桃城区裕华路356号
……Tel：0318-5825688

衡水佰力橡胶制品有限公司
地址：衡水市北方工业园区橡塑路20号
……Tel：0318-5829911

河北福旺橡胶制品有限公司
地址：武邑县腾达南大街阳光花城小区北8号
……Tel：0318-5960058

河北盛盟橡胶制品有限公司
地址：武邑县审坡镇苗小庄武景路北侧
……Tel：0318-5960058

河北环宇工程橡胶有限公司
地址：武邑县环宇工业区
……Tel：0318-5980066

河北铁交科技有限公司
地址：河北省衡水市景县龙华镇工业区
……Tel：0318-6100525

河北隆凯液压机械有限公司
地址：景 县北留智工业区
……Tel：0318-6116200

衡水晶浩橡胶制品有限公司
地址：景 县龙华镇工业基地
……Tel：0318-6117788

河北冠鹏橡胶脚轮制造有限公司
地址：故城县西苑工业园
……Tel：0318-6136557

河北寰宇橡胶科技有限公司
地址：武邑县循环经济园区106国道东侧
……Tel：0318-6150888

衡水信达工程橡胶有限公司
地址：河北省衡水滨湖新区彭杜乡南王庄村
……Tel：0318-6666765

衡水兴邦工程橡胶科技有限公司
地址：衡水滨湖新区彭杜乡南王庄村
……Tel：0318-6668519

国鑫石化能源有限公司
地址：河北省衡水市饶阳县城区平安西路396号4楼西侧1-013
……Tel：0318-6808678

衡水佳路新材料科技有限公司
地址：衡水市桃城区问津街人民路南商业自建3幢4号1-3层
……Tel：0318-6809307

衡水明途工程橡胶有限公司
地址：河北省衡水滨湖新区彭杜乡吴杜村
……Tel：0318-6809309

衡水祥利工程橡胶销售有限公司
地址：衡水市北方工业基地大张庄村南
……Tel：0318-6883166

河北拓及橡胶管业有限公司
地址：景 县工业园区东区
……Tel：0318-6966086

衡水鑫盛达新材料科技有限公司
地址：河北省衡水滨湖新区衡 路1001号
……Tel：0318-6985572

河北佰泰橡胶有限公司
地址：河北省衡水市枣强县马屯镇马屯村南
……Tel：0318-6991999

河北百盛橡胶有限公司
地址：河北省衡水市枣强县马屯镇马屯村
……Tel：0318-6991999

衡水宏力工程橡胶有限公司
地址：河北省衡水滨湖新区彭杜乡赵辛庄村
……Tel：0318-7019662

衡水中洲工程橡胶有限公司
地址：衡水市赵辛经济开发区
……Tel：0318-7019888

河北腾盛橡塑制品有限公司
地址：景 县龙华镇铁道北工业开发区
……Tel：0318-7068888

衡水铭伟路桥养护工程有限公司
地址：河北省衡水市桃城区胜利东路2669号东盛街118号1-2层商业
……Tel：0318-7080555

衡水亿力工程橡胶机械制造有限公司
地址：衡水市桃城区北方工业园区路11号
……Tel：0318-7083382

衡水泽森橡胶制品有限公司
地址：武邑县循环经济园区（小郭村西、武清路东）
……Tel：0318-7108818

河北隆岩橡胶制品有限公司
地址：河北省衡水市景县龙华镇工业区
……Tel：0318-7152002

景县龙海工程材料科技有限公司
地址：河北省衡水市景县降河流镇十二里塘村163号
……Tel：0318-7153089

河北万成橡胶制品有限公司
地址：河北省衡水市景县降河流贾高
……Tel：0318-7763112

河北威瓦力橡胶管业有限公司
地址：河北省衡水市景县橡塑基地
……Tel：0318-7763116

中燃石化（安平）有限公司
地址：安平县沿湖路1号
……Tel：03187878855

衡水顺泰工程橡胶有限公司
地址：河北省衡水市桃城区人民西路与康复街交叉口西南角602号1栋1层1室
……Tel：0318-7909139

河北铁龙工程材料有限公司
地址：河北省邢台市南宫经济开发区平安路2号
……Tel：0318-7916936

衡水路德工程橡胶有限公司
地址：衡水市彭杜乡赵辛庄
……Tel：0318-7925255

衡水双盛工程橡胶有限公司
地址：衡水市桃城区邓庄乡武家庄村
……Tel：0318-7925298

衡水金泰工程橡胶有限公司
地址：河北省衡水滨湖新区彭杜乡赵辛庄村东
……Tel：0318-7925628

衡水铭健工程橡胶有限公司
地址：河北省衡水滨湖新区彭杜乡小侯村
……Tel：0318-7925888

衡水中大工程橡胶有限公司
地址：河北省衡水滨湖新区彭杜乡南王庄
……Tel：0318-7926685

河北宝力工程装备股份有限公司
地址：衡水市开发区北方工业基地橡塑路13号
……Tel：0318-7950881

衡水市宝源橡胶有限公司
地址：河北省衡水滨湖新区衡 路西侧（彭杜乡政府东）
……Tel：0318-8016608

衡水力丰橡胶制品有限公司
地址：衡水市桃城区邓庄镇东邢疃村
……Tel：0318-8018515

景县辉腾橡胶制品金属软管加工处
地址：张戈侯橡塑基地南区560号
……Tel：0318-8058150

枣强县亿亨橡胶制品有限责任公司
地址：枣强县肖张工业园区888号
……Tel：0318-8077328

中域机电建材城有限公司
地址：河北省衡水市桃城区红旗大街12号1-3层
……Tel：0318-8088186

枣强县旭阳橡胶制品有限公司
地址：枣强县中小企业创业园兴园南街11号
……Tel：0318-8223658

河北德立达鑫橡胶制品有限公司
地址：枣强县王常乡工业园区
……Tel：0318-8229566

河北友联橡胶制品有限公司
地址：枣强县富强南路198号
……Tel：0318-8261808

河北清新新能源有限公司
地址：河北省衡水市枣强县王常乡东王常村
……Tel：0318-8265029

衡水冠华工程橡胶有限公司
地址：河北省衡水滨湖新区彭杜乡半壁店村
……Tel：0318-8486509

衡水天华辊业有限公司
地址：河北省衡水滨湖新区彭杜乡半壁店村
……Tel：0318-8489207

枣强县路航橡胶制品有限公司
地址：河北省衡水市枣强县枣强镇东外环路东侧中小企业创业园兴园中街北侧
……Tel：0318-8489877

衡水通程工程橡胶有限公司
地址：枣强县肖张开发区
……Tel：0318-8489899

衡水万宝工程橡胶有限公司
地址：河北省衡水滨湖新区彭杜乡善官村南106国道南侧
……Tel：0318-8516038

衡水盛鼎橡胶工程有限责任公司
地址：河北省衡水滨湖新区彭杜乡祝葛店村东（衡枣路东侧）
……Tel：0318-8538118

衡水鸿嘉橡胶制品有限公司
地址：河北省衡水市景县橡塑辅导基地
……Tel：0318-8550916

河北恒隆特种橡胶制品有限公司
地址：冀州市春风街东侧
……Tel：0318-8614431

河北顺博工程橡胶有限公司
地址：河北省衡水市冀州区高新技术产业开发区内规划四路南侧、纬三路东侧
……Tel：0318-8638566

河北金星科技有限公司
地址：衡水市冀州区长安东路800号
……Tel：0318-8638596

衡水泽邦橡胶制品有限公司
地址：衡水市冀州区顺平街（开发园区）
……Tel：0318-8638863

衡水市乾丰橡胶制品有限公司
地址：衡水市冀州区建设南大街786号
……Tel：0318-8638986

河北双泉橡胶制品有限公司
地址：衡水市冀州区西环路西侧、永兴路北侧
……Tel：0318-8681839

衡水润德橡胶有限公司
地址：衡水市冀州区冀州镇李桃村
……Tel：0318-8685999

河北润捷橡胶制品有限公司
地址：河北省衡水市冀州区南午村镇李瓦窑村
……Tel：0318-8735188

河北华晨轨道科技有限公司
地址：衡水市冀州区信都东路666号
……Tel：0318-8816666

枣强县恒州橡胶制品有限公司
地址：枣强县建设南路路西
……Tel：0318-8885162

衡水剑锋工程橡胶有限公司
地址：河北省衡水市桃城区人民西路赵家圈镇高家村村南开发区
……Tel：0318-8888096

衡水市志力工程橡胶有限公司
地址：衡水市衡水滨湖新区彭杜乡祝葛村
……Tel：0318-8888626

衡水鑫威工程橡胶有限公司
地址：衡水市桃城区京大路南侧、干马村南（市滏阳印刷物资供应站）
……Tel：0318-8889500

河北骏泽橡塑制品有限责任公司
地址：衡水市冀州区春风大街南头路东
……Tel：0318-8963619

衡水大森林橡胶制品有限公司
地址：河北省衡水滨湖新区魏屯镇赵祥屯工业区
……Tel：0318-8973329

河北易德利橡胶制品有限责任公司
地址：魏屯镇魏齐路108号
……Tel：0318-8974266

冀州市金亿达橡胶厂
地址：魏屯镇常宜子村
……Tel：0318-8975102

冀州市常宜英甫橡胶厂
地址：魏屯镇常宜子
……Tel：0318-8975105

衡水滨湖新区兰群密封件加工服务部
地址：衡水滨湖新区魏屯镇常宜子村
……Tel：0318-8975845

邢台泽良橡胶制品贸易有限公司
地址：河北省邢台市桥东区泉北东大街385号紫金泉综合市场综合楼2-8号门市
……Tel：0319-2025204

邢台中燃能源发展有限公司
地址：邢台县龙冈经济开发区
……Tel：0319-2568811

邢台群英橡胶制品销售有限公司
地址：邢台市桥西区冶金北路196号1号楼4层401
……Tel：0319-2672693

邢台市华昕橡胶有限公司
地址：邢台市桥东区新兴东大街1号
……Tel：0319-3190606

河北禹工工程橡胶有限公司
地址：河北省邢台市广宗县河北广宗经济开发区中小企业创业园内
……Tel：0319-3752998

广宗县辰龙橡胶制品有限公司
地址：河北省邢台市广宗县冯家寨镇冯家寨工业区
……Tel：0319-3759689

巨鹿县卓利橡胶制品有限公司
地址：巨鹿县观寨乡何寨村西
……Tel：0319-4221199

邢台正迈橡胶科技有限公司
地址：河北省邢台市巨鹿县河北巨鹿经济开发区（健康路西延线与辛寨西支路交叉口以东200米路南）
……Tel：0319-4315988

巨鹿县桐泰橡麻橡胶有限公司
地址：巨鹿县张王疃乡洪水口村北（原国营巨鹿县良棉厂）
……Tel：0319-4336358

河北科达橡胶制品有限公司
地址：巨鹿县城工业园区
……Tel：0319-4361131

河北黑一橡胶有限公司
地址：巨鹿县县城工业园区富源街与福泽路交叉口西北角
……Tel：0319-4361646

河北光洋橡胶制品有限公司
地址：河北省邢台市巨鹿县城工业园区1号
……Tel：0319-4362291

河北飞欧照明电器科技有限公司
地址：巨鹿县堤村乡纪家寨村
……Tel：0319-4369988

邢台天骄橡胶机带有限公司
地址：河北省邢台市巨鹿县经济开发区（荣泽路南侧、兴源街东侧）
……Tel：0319-4388766

巨鹿县亚龙橡胶机带有限公司
地址：巨鹿县官亭镇鱼营村
……Tel：0319-4388800

河北无双橡胶制品有限公司
地址：河北省邢台市巨鹿县官亭镇鱼营村村北
……Tel：0319-4388999

邢台市星明溪橡胶制品有限公司
地址：河北省邢台市任县邢湾镇牛辛寨村
……Tel：0319-4391186

邢台市亚瀛工矿设备橡塑制品有限公司
地址：巨鹿县前路寨
……Tel：0319-4391456

新河县天航橡胶制品有限公司
地址：新河县城东魏家庄工业区
……Tel：0319-4835415

巨鹿县京龙橡胶有限公司
地址：河北省邢台市巨鹿县经济开发区健康西路南侧（天成矿山机械园区6号院）
……Tel：0319-5130063

河北宝信物流有限公司
地址：河北隆尧经济开发区北区
……Tel：0319-5206666

河北天泰橡胶制品有限公司
地址：南宫市段芦头镇董家庙
……Tel：0319-5396999

铭扬电缆有限公司
地址：宁晋县宁营路黄儿营村
……Tel：0319-5486625

河北智裕橡胶助剂有限公司
地址：河北省邢台市宁晋县唐邱乡唐邱村西南、宁司线南侧
……Tel：0319-5656788

河北优科斯橡胶科技有限公司
地址：河北省邢台市宁晋县城工业街113号
……Tel：0319-5850668

威县仁盛橡胶制品有限公司
地址：河北省邢台市威县固献乡陈家庄村
……Tel：0319-6068618

威县延天橡胶科技有限公司
地址：河北省邢台市威县常屯镇东阳庄村
……Tel：0319-6350185

威县浩达橡胶制品有限公司
地址：威县常庄乡牛家寨村
……Tel：0319-63787778

邢台百胜橡胶制造有限公司
地址：威县常庄乡牛家寨村（威县汽车工业配件产业聚集区）
……Tel：0319-6393980

河北鑫策橡胶制品有限公司
地址：河北省邢台市威县常庄镇牛家寨村
……Tel：0319-6395539

中央储备粮邢台直属库有限公司
地址：隆尧县尹村镇西尹村
……Tel：0319-6628518

河北卓泰肥业有限公司
地址：河北内丘工业园区北园
……Tel：0319-7207666

邢台市特爱特橡胶制品有限公司
地址：任县天口乡东刘村
……Tel：0319-7565076

邢台市惠林橡胶制品有限公司
地址：河北省邢台市任县辛店镇白家村
……Tel：0319-7566358

河北龙洋橡胶制品股份有限公司
地址：任县天口乡东刘村
……Tel：0319-7570660

邢台山峰特种橡胶制品有限公司
地址：河北省邢台市任县经济开发区河头
Tel：0319-7576068

邢台市村嵋汽车配件有限公司
地址：任县天口乡尼家庄村东河沿村北
Tel：0319-7590388

邢台市华拓橡胶有限公司
地址：河北省邢台市任县天口镇辛兴庄村
Tel：0319-7596328

任县三威橡胶工业有限公司
地址：河北省邢台市任县天口村
Tel：0319-7596888

河北华密新材科技股份有限公司
地址：任县邢德路河头段北侧
Tel：0319-7630809

邢台市金潮橡胶有限公司
地址：任县辛店镇辛庄
Tel：0319-7639555

河北正固橡胶有限公司
地址：平乡县县城文明路东段路北
Tel：0319-7822555

平乡县丰业橡胶助剂有限公司
地址：平乡县丰州镇北张庄村南
Tel：0319-7862225

强久集团有限公司
地址：河北省邢台市平乡县河古庙镇兴达路北侧
Tel：0319-7869588

平乡县永盛橡胶制品经销处
地址：平乡县河古庙镇大里村
Tel：0319-7886558

平乡县华冠橡胶制品有限公司
地址：平乡县油召乡西来仲町
Tel：0319-7925666

河北正固橡胶科技有限公司
地址：平乡县县城文明路东段北侧
Tel：0319-7936325

河北协美橡胶制品有限公司
地址：平乡县董庄村，平乡县中华路与仿古街交叉口东北角双桥创业孵化基地
Tel：0319-7936705

平乡县徐轮橡胶有限公司
地址：河北省邢台市平乡县高新技术产业开发区
Tel：0319-7991100

清河县光明橡胶门市部
地址：清河县后丁村
Tel：0319-8030019

河北博业汽车零部件科技有限公司
地址：清河县马屯工业区
Tel：0319-8035686

河北科丰橡胶制品有限公司
地址：清河县中华路
Tel：0319-8056190

清河县亿嘉兴汽车零部件有限公司
地址：清河县城关工业区
Tel：0319-8056200

清河县海曙橡胶制品科技有限公司
地址：清河县井冈山路东侧、邢清公路南
Tel：0319-8056678

河北亿昌橡胶制品有限公司
地址：清河县汽车产业园区桂江街北侧、九华山路东
Tel：0319-8127999

河北迪奥橡胶制品有限公司
地址：清河县王官庄工业区
Tel：0319-8136822

河北全成新能源汽车配件科技有限公司
地址：清河县王官庄
Tel：0319-8136863

河北实达集团一橡橡塑科技有限公司
地址：河北省邢台市清河县汽车产业园区闽江街南侧、九华山路东侧
Tel：0319-8138668

河北巨丰橡塑制品有限公司
地址：清河县开发区西区漓江街南侧大众路东侧
Tel：0319-8161711

河北新华汽车零部件集团有限公司
地址：河北省清河县汽摩工业园区邢清路6号
Tel：0319-8176216

河北隆兴橡胶密封件有限公司
地址：清河县新世纪大街北、华山路西侧
Tel：0319-8183588

河北昊荣橡胶制品有限公司
地址：河北省邢台市清河县王官庄镇董家铺村
Tel：0319-8190988

河北奇星橡胶科技有限公司
地址：清河县漓江大街南侧
Tel：0319-8269091

河北红兴橡胶密封件有限公司
地址：清河县新世纪大街２６号
Tel：0319-8291588

临西县兴和橡胶有限公司
地址：临西县城运河工业园区
Tel：0319-8585566

清河县利佳橡胶制品有限公司
地址：清河县王官庄镇小屯东村
Tel：0319-8720888

昌黎县嘉诚实业集团有限公司
地址：昌黎县新集镇新集村
Tel：0335-2067999

秦皇岛市橡胶粉厂
地址：秦皇岛市海港区北环路北段
Tel：0335-3063941

河北港口集团国际物流有限公司
地址：秦皇岛市海港区海滨路35号
Tel：0335-3099376

中国-阿拉伯化肥有限公司
地址：河北省秦皇岛市海港区建设大街东段
Tel：0335-3161114

秦皇岛正信贸易发展有限公司
地址：河北省秦皇岛市抚宁区骊城大街北骊郡华府小区4号楼206室
Tel：0335-3355788

美盛化肥（秦皇岛）有限公司
地址：河北省秦皇岛市海港区海滨路３５号太平湾３号库
Tel：0335-3408248

中国煤炭工业秦皇岛进出口有限公司
地址：秦皇岛市海港区民族路252号
Tel：0335-3878821

秦皇岛市卓众实业有限公司
地址：秦皇岛市海港区燕山大街124号
Tel：0335-3898577

秦皇岛中融泰富石油化工产品销售有限公司
地址：河北省秦皇岛市北戴河区西山花园Ⅱ公寓式办公楼1栋
Tel：0335-4029607

河北滦水实业有限责任公司
地址：秦皇岛市北戴河区海宁路94号
Tel：0335-4682605

秦皇岛中石油燃料沥青有限责任公司
地址：秦皇岛市经济技术开发区发展大厦901、902室
Tel：0335-5300812

抚宁东奥石油炼化有限公司
地址：河北省秦皇岛市抚宁县城南
Tel：0335-5989011

中央储备粮秦皇岛直属库有限公司
地址：河北省秦皇岛市经济技术开发区（东区）北京东道4号
Tel：0335-7092201

秦皇岛中昊物流有限公司
地址：秦皇岛市海港区东港镇中心庄村
Tel：0335-7526048

秦皇岛国粮石油化工有限公司
地址：秦皇岛市经济技术开发区龙海道数谷大厦1507-A0001
Tel：0335-8068623

河北天人化工股份有限公司
地址：秦皇岛市经济技术开发区华山中路10号第3层
Tel：0335-8579181

山西省

平朔工业集团有限责任公司
地址：山西省朔州市平朔行政生活区
Tel：0349-2052128

山西中煤平朔正嘉橡胶制品有限公司
地址：山西省朔州市平鲁区北坪循环经济园区纬四路5号
Tel：0349-2207324

朔州市戎创实业有限责任公司
地址：朔州市朔城区新建设北路宝源之都2幢34号商铺
Tel：0349-2225266

山西浩谦糖业有限公司
地址：山西省朔州市应县新建东路31号
Tel：0349-5063991

朔州市平鲁区平安化肥有限责任公司
地址：朔州平鲁区井坪镇下麻黄头村北
Tel：0349-6076198

岢岚万达煤炭集运有限公司
地址：忻州岢岚县大坪
Tel：0350-4585293

山西礼信橡胶科技有限公司
地址：代县枣林镇沱阳村
Tel：0350-5274668

山西天柱山化工有限公司
地址：静乐县娘子神乡娘子神村营坊沟
Tel：0350-7831000

山西太钢不锈钢股份有限公司
地址：太原市尖草坪区尖草坪街2号
Tel：0351-2134955

山西鑫诚天华实业有限公司
地址：太原市小店区亲贤北街189号5幢A单元9层2号
Tel：0351-2197666

中化二建集团有限公司
地址：太原市晋源区长风商务区谐园路9号
Tel：0351-2329689

山西益驰轮胎橡胶有限公司
地址：太原市小店区太榆路19号东鼎大厦临街西大厅
Tel：0351-2535619

山西民丰轮胎橡胶有限责任公司
地址：太原市小店区太榆路31号
Tel：0351-2535619

山西农易通科技有限公司
地址：太原市迎泽区南内环东街158号（互联网+智慧产业园A座303号）
Tel：0351-2604125

山西通用电缆有限公司
地址：太原市尖草坪区阳曲镇阳曲村
Tel：0351-3946776

山西省邮政公司
地址：太原市并州北路2号
Tel：0351-4111685

山西供销杂粮有限公司
地址：山西省太原市迎泽区解放南路48号四层402、403、404室
Tel：0351-4168979

美锦固贤煤业有限公司
地址：太原市迎泽区桃园北路190号
Tel：0351-4236199

中国农业发展银行山西省分行
地址：太原市康乐街38号
Tel：0351-4602134

山煤煤炭进出口有限公司
地址：太原市杏花岭区府西街9号王府商务大厦A座25层
Tel：0351-4645306

山西威普斯橡胶有限公司
地址：山西省太原市小店区平阳路101号时尚商城北1层1号
Tel：0351-4959256

宅便利电子商务有限公司
地址：太原市迎泽区桥东街桥东小区G区14幢2单元1-2层102号
Tel：0351-5220660

山西太钢不锈钢钢管有限公司
地址：太原不锈钢生态工业园区.
Tel：0351-5268949

太原化学工业集团有限公司
地址：太原市晋源区义井街２０号
Tel：0351-5638025

太原化工股份有限公司
地址：山西示范区长治路工西三条２号
Tel：0351-5638036

山西省工业设备安装集团有限公司
地址：山西示范区新化路8号
Tel：0351-5679326

中化石油山西有限公司
地址：山西转型综合改革示范区唐槐产业园开元街6号1幢2层3号
Tel：0351-6198500

中化石油山西有限公司
地址：山西转型综合改革示范区唐槐产业园开元街6号1幢2层3号
Tel：0351-6198500

山西西山煤电贸易有限责任公司
地址：太原市万柏林区西矿街建筑西巷12号
Tel：0351-6216511

中油北方石油天然气（山西）科技有限公司
地址：太原市万柏林区小井峪街30号3幢1层
Tel：0351-6527366

山西省投资集团物贸有限公司
地址：太原市杏花岭区城坊街29-13号三层301室
Tel：0351-6994539

山西晋煤集团国际贸易有限责任公司
地址：山西综改示范区太原学府园区长治路306号C座9层
Tel：0351-7021781

山西美仓橡胶有限公司
地址：山西省太原市小店区滨河东路馨和佳苑1栋1单元702
Tel：0351-7021997

山西金荣石化有限公司
地址：太原市尖草坪区阳曲镇皇后园村村东石岭子
Tel：0351-7084122

共享智农有限公司
地址：山西综改示范区太原唐槐园区龙盛街18号孵化基地5号楼5层E2号
Tel：0351 7090351

山西中瑞实业有限公司
地址：太原市小店区长治路山西世贸中心B座13层B05室
Tel：0351-7091158

山西晋煤能源交通有限公司
地址：太原市长治路292号山西交通投资大厦六楼613号
Tel：0351-7227782

阳煤化工股份有限公司
地址：山西省阳泉市矿区桃北西街2号
Tel：0351-7255608

阳泉煤业集团国际贸易有限公司
地址：山西省阳泉市矿区北大街5号
Tel：0351-7255731

山西阳煤化工投资有限责任公司
地址：阳泉市北大西街5号.
Tel：0351-7255820

阳泉煤业化工集团有限责任公司
地址：山西示范区科技街18号
Tel：0351-7255922

阳泉煤业化工集团供销有限责任公司
地址：山西转型综合改革示范区学府产业园龙城大街58号中国知网大厦A座三层
Tel：0351-7739289

山西省冶金物资投资有限公司
地址：山西省太原市小店区平阳路101号国瑞综合楼5层
Tel：0351-7782811

山西世发投资有限责任公司
地址：太原市小店区体育路88号
Tel：0351-7828956

中煤晋中能源化工有限责任公司
地址：山西省晋中市山西示范区晋中开发区汇通产业园区108国道东鸿基商务楼208室
Tel：0351-7876814

山西阳光实业集团宏昌橡胶制品有限公司
地址：太原市晋源区旧晋祠路三段45号
Tel：0351-7889936

山西大丰种业有限公司
地址：太原市小店区坞城南路49号
Tel：0351-7963018

山西焦煤集团国际贸易有限责任公司
地址：山西综改示范区太原学府园区振兴街11号24层
Tel：0351-8305444

山西焦煤集团公路煤焦物流有限责任公司
地址：山西省示范区五龙口街678号1幢5-6层
Tel：0351-8305549

山西华宇安泰实业有限公司
地址：山西示范区产业路36号A座402-1户
Tel：0351 8616595

山西合成橡胶集团有限责任公司
地址：山西省大同市平城区拥军北路1号
Tel：0352-2892055

山纳合成橡胶有限责任公司
地址：山西省大同市阳高县龙泉工业园区
Tel：0352-2894022

大同煤矿通泰橡胶有限公司
地址：大同市阳高县龙泉工业园区
Tel：0352-6621008

晋能控股煤业集团大同煤炭经营有限公司
地址：大同市云冈区大同煤矿集团公司运销办公大楼四层1号
Tel：0352-7012006

阳泉天成煤炭铁路集运有限公司
地址：山西省阳泉市经济技术开发区下五渡
Tel：0353-7089911

阳泉煤业晋东物流有限公司
地址：山西省阳泉市经济技术开发区下五渡（义白路西）
Tel：0353-7089911

盂县石煤合盛元贸易有限公司
地址：阳泉盂县孙家庄镇石店村
Tel：0353-8190751

山西中海国储石油化工有限公司
地址：山西省阳泉市郊区李家庄乡汉河沟村（307复线汉河沟地段）
Tel：0353-8881117

聚贤橡胶有限公司
地址：山西省晋中市平遥县香乐乡南薛靳村
Tel：0354-2086296

晋中欣隆凯顺橡胶制品有限公司
地址：晋中市榆次区汇通南路96号
Tel：0354-2412775

昔阳县金硕农牧集团有限公司
地址：山西省晋中市昔阳县沾尚镇横河村
Tel：0354-2535888

晋中市金粮农业科技开发有限公司
地址：山西省晋中市榆次区东赵乡李村
Tel：0354-2634413

晋中市益与荣商贸有限公司
地址：山西省晋中市榆次区中都北路333号中都商务中心409
Tel：0354-3251218

祁县中信国能石油化工有限责任公司
地址：山西省晋中市祁县北环东路108国道
Tel：0354-5245865

山西北海橡胶有限公司
地址：山西省晋中市平遥县北汪湛村平南路南
Tel：0354-5661181

平遥县中宝橡胶制品有限公司

地址：山西省晋中市平遥县平南公路10公里（兴东市场）
……Tel：0354-5690115

平遥县靖宇橡胶制品有限公司
地址：山西省晋中市平遥县岳壁乡闫良庄村
……Tel：0354-5814608

山西金谷农投农业开发有限公司
地址：山西省晋中市太谷县北 乡北村窑 粮库院内
……Tel：0354-6220520

山西金粮农科农业开发有限公司
地址：山西省晋中市太谷县北 乡北村民委员会办公楼2楼203室
……Tel：0354-6220520

山西平榆高速公路有限责任公司
地址：山西示范区高新街35号C座10层
……Tel：0354-6624857

山西汾西矿业新产业橡胶有限责任公司
地址：山西省晋中市介休市绵山镇西新屯村健身休闲小游园东北300米（汾西矿业多经工业园区内）
……Tel：0354-7562946

山西保利合盛煤业有限公司
地址：晋中灵石县翠峰镇
……Tel：0354-7644688

山西中煤华利星晨煤焦化有限公司
地址：山西省晋中市灵石县段纯镇云义村.
……Tel：0354-7649042

灵石县晋通贸易有限公司
地址：晋中市灵石县两渡镇崔家沟村.
……Tel：0354-7832283

阳煤集团和顺化工有限公司
地址：山西省晋中市和顺县平松乡白泉村和尚垴
……Tel：0354-8138880

阳煤集团晋中物流有限公司
地址：山西省晋中市和顺县城滨河路25号
……Tel：0354-8349027

山西晋煤集团佐民农业开发有限公司
地址：山西省晋中市左权县垢窑峪
……Tel：0354-8630366

山西徽凰物流有限公司
地址：山西省晋中市左权县寒王乡寒王村阳涉铁路有限责任公司寒王发运站
……Tel：0354-8970277

山西长高商务服务有限公司
地址：山西省长治市北一环路9号（长治高新区科技孵化园218室）
……Tel：0355-2023668

山西省长治市橡胶工业有限公司
地址：长治市太行西街南三巷1号
……Tel：0355-2082886

长治市橡塑橡胶工业有限公司
地址：屯留县康庄工业园区
……Tel：0355-2082886

山西霍家长化合成橡胶有限公司
地址：山西省长治市潞州区西白兔乡霍家沟村
……Tel：0355-3367950

山西潞安煤炭经销有限责任公司
地址：山西省长治市潞城市五里后村东
……Tel：0355-5923778

山西潞安煤基合成油有限公司
地址：山西省长治市屯留区余吾镇镇政府东南
……Tel：0355-5952069

山西荣海橡胶有限公司
地址：长治市西一环路伊佳苑小区
……Tel：0355-6066799

天脊煤化工集团股份有限公司
地址：山西省潞城市中华东大街.
……Tel：0355-6898259

山西省山力铂纳橡胶机带有限公司
地址：长治市襄垣县富阳循环经济工业区
……Tel：0355-7793363

山西潞玉种业股份有限公司
地址：山西省长治市长治县农产品物流园区
……Tel：0355-8253003

晋城市金利通工贸有限公司
地址：山西省晋城市开发区二级路金东顺院内
……Tel：0356-2020036

晋城市金路通橡胶技术有限公司
地址：山西省晋城市城区北环街（陵沁路晓庄村口南300米）
……Tel：0356-2020036

山西天泽煤化工集团股份公司
地址：山西省晋城市迎宾街639号.
……Tel：0356-2122412-8037

山西兰花科技创业股份有限公司
地址：晋城市凤台东街2288号
……Tel：0356-2189601

山西瑞博凡尔橡胶制品有限公司
地址：山西省泽州县南村镇翟河底村
……Tel：0356-2583182

山西兰花国际物流园区置业开发有限公司
地址：山西省晋城市泽州县金村镇霍秀村
……Tel：0356-2686210

山西晋丰煤化工有限责任公司
地址：山西省高平市坪曲路86号（原村乡）
……Tel：0356-3609099

山西金象煤化工有限责任公司
地址：山西省晋城市阳城县北留镇王庄村
……Tel：0356-3610100

山西晨光物流有限公司
地址：山西省晋城市泽州县南村镇
……Tel：0356-3651702

晋城蓝焰煤业股份有限公司
地址：晋城市城区北石店
……Tel：0356-3668817

山西兰花煤化工有限责任公司
地址：山西省晋城市泽州县巴公镇
……Tel：0356-3928011

山西天泽集团永丰化肥有限公司
地址：晋城市巴公工业园区
……Tel：0356-3961013

阳城县恒强助剂有限公司
地址：山西省晋城市阳城县河北镇河北村
……Tel：0356-4921188

山西晋煤天源化工有限公司
地址：山西省晋城市高平市南城办北陈村北侧
……Tel：0356-5288888

高平市丹阳橡胶制品有限公司
地址：山西省晋城市高平市米山镇南朱庄村
……Tel：0356-5846914

山西高达电缆有限公司
地址：山西省晋城市高平市河西镇河西工业小区
……Tel：0356-5892121

山西中艺钜丰能源有限公司
地址：临汾市尧都区向阳路29号（临汾公共交通有限公司写字楼十四层3号）
……Tel：0357-2995951

山西方略保税物流中心有限公司
地址：侯马市合欢街东侧方略联检办公大楼1幢
……Tel：0357-4160533

山西鑫通矿业有限公司
地址：侯马市合欢街东侧方略联检办公大楼310室
……Tel：0357-4161618

山西黄河金三角工业品交易中心有限公司
地址：侯马开发区幸福街大宗商品交易中心3层
……Tel：0357-4167800

山西德邦橡胶制品有限公司
地址：侯马市张村办事处褚村
……Tel：0357-4211155

山西九盈输带科技有限公司
地址：侯马市张村办事处褚村东
……Tel：0357-4211155

山西海盾橡胶制品有限公司
地址：霍州市工业路沟口村村西
……Tel：0357-5629292

太钢集团临汾钢铁有限公司
地址：临汾市桥东街3号
……Tel：0357-6797898

襄汾县星原钢铁集团有限公司
地址：襄汾县景毛乡西郭村
……Tel：0357-8867779

文水县振兴化肥有限公司
地址：山西省吕梁市文水县孝义镇乐村村北
……Tel：0358-3031334

山西焦煤集团五麟煤焦开发有限责任公司
地址：汾阳市三泉镇经济开发工业园区
……Tel：0358-3327010

山西大土河焦化有限责任公司
地址：山西省吕梁市离石区大土河村
……Tel：0358-3364070

山西华鑫肥业股份有限公司
地址：吕梁市交城县经济开发区(覃村)
……Tel：0358-3553019

山西福龙煤化有限公司
地址：山西省柳林县薛村
……Tel：0358-4061647

汾阳市橡胶厂（有限公司）
地址：汾阳市三泉镇工业园区（南垣村）
……Tel：0358-7333121

吕梁市恒盛橡胶股份有限公司
地址：汾阳市肖家庄镇八十堡村.
……Tel：0358-7557111

汾阳市润恒橡胶有限公司
地址：汾阳市演武镇演武村
……Tel：0358-7560266

汾阳市瑞丰橡胶有限公司
地址：汾阳市演武镇演武村
……Tel：0358-7560638

汾阳市明兴橡胶有限公司
地址：汾阳市演武镇演武村
……Tel：0358-7561295

汾阳市华瑞橡胶有限公司
地址：汾阳市演武镇南开社村
……Tel：0358-7568299

山西方中贸易有限公司
地址：山西省吕梁孝义市新义街道迎宾路(电视台对面)
……Tel：0358-7634183

孝义市京泽园能源有限公司
地址：山西省吕梁孝义市中阳楼街道新庄村振兴东街（鹏飞总部）
……Tel：0358-7899936

吕梁市泰化石油有限公司
地址：离石区西崖底.
……Tel：0358-8283978

山西仁核山谷农林开发集团有限公司
地址：运城市盐湖区河东东街4701号（丰汇大厦六层）
……Tel：0359-2126685

山西手拉手石化科技集团有限公司
地址：运城市盐湖区振兴庄北三巷9号二楼
……Tel：0359-2479999

阳煤丰喜肥业（集团）有限责任公司
地址：山西省运城禹都经济开发区库东路1号
……Tel：0359-2898111

山西阳煤丰喜国际贸易有限公司
地址：运城经济开发区邑北工业区
……Tel：0359-2898169

山西三合橡胶制品有限公司
地址：芮城县工业东街北侧
……Tel：0359-3080115

山西省芮城县金龙橡胶有限公司
地址：芮城县南卫乡东张村北
……Tel：0359-3110224

山西杜庄橡胶制品有限公司
地址：芮城县杜庄西街
……Tel：0359-3410026

山西阳煤丰喜化工有限责任公司
地址：临猗县丰喜工业园区(东)
……Tel：0359-4062875

山西阳光华泰能源有限责任公司
地址：河津经济技术开发区东区
……Tel：0359-5328491

山西三维丰海化工有限公司
地址：运城市盐湖区运解公路二十里店村南
……Tel：0359-8691194

内蒙古自治区

满洲里远东气体有限公司
地址：内蒙古自治区满洲里市产业园区联检楼401房间
……Tel：0470-2253292

满洲里华智石油化工进出口有限公司
地址：内蒙古自治区满洲里市北区一道街22号
……Tel：0470-2254977

呼伦贝尔晟通糖业科技有限公司
地址：内蒙古自治区呼伦贝尔市额尔古纳市工业园区西中央大街6号
……Tel：0470-2385757

内蒙古百业成酒精制造有限责任公司
地址：扎兰屯市中央南路55号
……Tel：0470-2803738

满洲里中能石油化工进出口贸易有限公司
地址：满洲里市扎区重化工业基地管委会403室
……Tel：0470-2818557

内蒙古蒙东高新材料有限公司
地址：呼伦贝尔经济技术开发区谢尔塔拉项目区和谐街8-7号
……Tel：0470-2951659

呼伦贝尔市禾牧阳光生态农业有限公司
地址：新巴尔虎左旗罕达盖苏木
……Tel：0470-3101900

呼伦贝尔东北阜丰生物科技有限公司
地址：内蒙古呼伦贝尔岭东工业开发区（扎兰屯）开创大街
……Tel：0470-3265566

大唐呼伦贝尔化肥有限公司
地址：内蒙古自治区呼伦贝尔经济技术开发区（谢尔塔拉）和谐路29号
……Tel：0470-3568263

满洲里基洛夫石化有限公司
地址：内蒙古自治区满洲里市工商银行3号综合楼1层2号
……Tel：0470-6234722

满洲里伊利托物流有限公司
地址：内蒙古自治区呼伦贝尔市满洲里市国际物流产业园区伊利托铁路物流港综合楼201室
……Tel：0470-6236218

牙克石市兴安运达物流有限公司
地址：呼伦贝尔牙克石市兴安西街南（物流园区）
……Tel：0470-7227102

内蒙古蒙东宏图新材料有限公司
地址：新巴尔虎左旗经信局
……Tel：0470-8108035

海拉尔农垦（集团）有限责任公司
地址：内蒙古自治区呼伦贝尔市海拉尔区加格达奇路（海农场局办公楼）
……Tel：0470-8291101

内蒙古大雁矿业集团有限责任公司
地址：内蒙古自治区呼伦贝尔市鄂温克族自治旗大雁矿区
……Tel：0470-8644007

内蒙古呼铁对外经济技术合作集团有限责任公司
地址：呼和浩特市如意开发区东区远五纬路
……Tel：0471-2244734

内蒙古呼铁物流有限责任公司
地址：内蒙古自治区呼和浩特市新城区车站东街108号盛业城市广场综合楼11楼
……Tel：0471-2245185

内蒙古奈伦集团股份有限公司
地址：内蒙古自治区呼和浩特市赛罕区新建东街68号
……Tel：0471-2348206

内蒙古云峰物流有限公司
地址：呼和浩特市土默特左旗白庙子镇沙尔营区域服务中心晋丰元园区
……Tel：0471-2841788

内蒙古三主粮天然燕麦产业股份有限公司
地址：呼和浩特市经济技术开发区如意工业新区阳光大道北侧思源北路东侧
……Tel：0471-3188869

内蒙古九洲贸易矿产有限公司
地址：内蒙古自治区呼和浩特金川开发区吉祥企业（集团）有限公司院内
……Tel：0471-3245987

内蒙古牧泉元兴饲料有限责任公司
地址：呼和浩特市赛罕区河西路13公里北169号
……Tel：0471-3393314

内蒙古君信农业科技发展有限公司
地址：内蒙古自治区鄂尔多斯市杭锦旗呼和木独镇巴拉亥村
……Tel：0471-3691170

阿鲁科尔沁旗天泽农牧业有限公司
地址：阿鲁科尔沁旗绍根镇呼和格日嘎查
……Tel：0471-4505944

内蒙古西蒙集团有限公司
地址：内蒙古呼和浩特市如意开发区如意和大街西蒙奈伦广场7号楼B座2层
……Tel：0471-4600710

内蒙古鸿孚橡胶有限公司
地址：内蒙古自治区呼和浩特市新华东街长乐宫西侧长安金座C栋16层1605-1606号
……Tel：0471-4693428

内蒙古金汇通物联网有限公司
地址：内蒙古自治区呼和浩特市玉泉区石东路中意小区3#楼2单元502号
……Tel：0471-4966985

内蒙古中润丰德能源开发有限公司
地址：内蒙古自治区呼和浩特市赛罕区锡林南路盈嘉国际综合楼13层13011号
……Tel：0471-5255001

中海石油天野化工有限责任公司
地址：内蒙古自治区呼和浩特市赛罕区金河镇
……Tel：0471-5607260

中海石油天野化工有限责任公司
地址：内蒙古自治区呼和浩特市赛罕区金河镇
……Tel：0471-5607260

内蒙古阜丰生物科技有限公司
地址：内蒙古自治区呼和浩特市经济技术开发区金川区经二路
……Tel：0471-5661161

内蒙古北祥橡胶装备有限责任公司
地址：内蒙古自治区呼和浩特市玉泉区裕隆工业园区E区3号
……Tel：0471-5964141

内蒙古自治区邮政公司
地址：内蒙古自治区呼和浩特市赛罕区呼伦贝尔南路169号
……Tel：0471-6291517

内蒙古农牧业生产资料股份有限公司
地址：内蒙古自治区呼和浩特市回民区文化宫街3号
……Tel：0471-6963132

包头天蒙石油有限公司
地址：内蒙古包头铝业产业园区内
……Tel：0472-2501202

包头市光大橡胶有限公司
地址：内蒙古自治区包头市九原区花园路1号街坊兰溪花园15-1504
……Tel：0472-2893333

内蒙古新工创业发展集团有限责任公司
地址：内蒙古自治区包头市青山区葛兰

西道与草原道交叉口西北角4-106号
……………………Tel：18686157560

中铁一运（包头）运销有限公司
地址：东河区北梁九江口核心区乔家金街14-112号
……………………Tel：0472-4117711

内蒙古山路能源集团有限责任公司
地址：内蒙古自治区包头市土右旗沟门镇纳太村西
……………………Tel：0472-6120863

包头钢铁（集团）铁捷物流有限公司
地址：内蒙古自治区包头市昆区河西工业园区包钢环保楼三层
……………………Tel：0472-6188901

中盾置业有限公司
地址：内蒙古自治区包头市稀土开发区稀土大街33号4层
……………………Tel：0472-6237753

内蒙古敕勒川糖业有限责任公司
地址：土默特右旗新型工业园区
……………………Tel：0472-8858855

神华蒙西煤化股份有限公司
地址：内蒙古自治区鄂托克旗110国道东千钢路北
……………………Tel：0473-2554192

乌海市友谊精煤有限责任公司
地址：内蒙古自治区乌海市海勃湾区摩尔沟口
……………………Tel：0473-2991590

乌海市蒙达湖橡胶制品有限责任公司
地址：内蒙古自治区乌海市海南区公乌素工业园区
……………………Tel：0473-6902625

内蒙古煜丰石油有限公司
地址：乌兰察布市察哈尔园区号圣路西侧、110国道北
……………………Tel：0474-3663899

博天糖业（察右前旗）有限公司
地址：内蒙古乌兰察布市察右前旗土镇向阳街17号
……………………Tel：0474-3911581

内蒙古通汇钾肥股份有限公司
地址：内蒙古乌兰察布市察哈尔右翼后旗建材化工园
……………………Tel：0474-6586613

内蒙古民丰种业有限公司
地址：内蒙古自治区乌兰察布市内蒙古集宁区李长庆村
……………………Tel：0474-8986831

通辽市凌云海糖业有限公司
地址：内蒙古自治区通辽市奈曼旗八仙筒工业园区
……………………Tel：0475-4616234

内蒙古通辽集丰粮贸有限责任公司
地址：奈曼旗大沁他拉镇平安大街东段
……………………Tel：0475-4668777

内蒙古东蒙鑫农牧业有限责任公司
地址：内蒙古自治区通辽市霍林郭勒市静湖南路2号公交园区3-商铺5
……………………Tel：0475-7821555

内蒙古通粮粮食购销集团有限公司
地址：内蒙古自治区通辽市科尔沁区建国路37号
……………………Tel：0475-8357791

内蒙古禾为贵农业发展（集团）有限公司
地址：内蒙古自治区赤峰市敖汉旗新惠镇物流园区
……………………Tel：0476-2829907

内蒙古宁城农村商业银行股份有限公司
地址：宁城县天义镇哈河大街道北（宁城县人民法院西侧）
……………………Tel：0476-4235632

内蒙古黄羊洼草业有限公司
地址：内蒙古自治区赤峰市敖汉旗新惠镇本街
……………………Tel：0476-4310500

赤峰市丰田科技种业有限责任公司
地址：赤峰市松山区穆家营子镇农家营子村(环城高速西出口西100米南)
……………………Tel：0476-5671209

赤峰市得丰焦化有限责任公司
地址：内蒙古自治区赤峰市宁城县汐子镇汐子村
……………………Tel：0476-5836090

京蓝沐禾节水装备有限公司
地址：内蒙古自治区赤峰市翁牛特旗玉龙工业园区
……………………Tel：0476-5977566

巴林右旗蒙泰创导橡胶制品再生资源有限公司
地址：赤峰市巴林右旗煤电化基地（工业园区内）
……………………Tel：0476-6206578

赤峰众益糖业有限公司
地址：内蒙古自治区赤峰市松山区工业园区十号街西段8号
……………………Tel：0476-8177727

内蒙古鄂尔多斯化学工业有限公司
地址：内蒙古自治区鄂托克旗棋盘井工业园区
……………………Tel：0477-2283069

中煤鄂尔多斯能源化工有限公司
地址：鄂尔多斯市乌审旗图克工业园区
……………………Tel：0477-3132800

内蒙古博大实地化学有限公司
地址：内蒙古自治区鄂尔多斯市乌审旗纳林河工业园区
……………………Tel：0477-3808012

内蒙古博源化学有限责任公司
地址：内蒙古自治区内蒙古乌审旗纳林河工业园区
……………………Tel：0477-3808012

鄂尔多斯市易享成食品包装股份有限公司
地址：鄂尔多斯市东胜区维邦金融广场F座21层办公房
……………………Tel：0477-3887978

鄂尔多斯市东达农牧产业开发有限公司
地址：内蒙古自治区鄂尔多斯市达拉特旗盐店乡哈勒正壕村
……………………Tel：0477-3940399

亿利生态科技有限责任公司
地址：内蒙古自治区鄂尔多斯市达拉特旗树林召镇包神铁路西白塔粮库南
……………………Tel：0477-3943003

内蒙古天润化肥股份有限公司
地址：内蒙古自治区鄂尔多斯市准格尔旗大路工业园区南煤化工基地世纪大道东侧
……………………Tel：0477-3956127

内蒙古伊泰石化装备有限责任公司
地址：准格尔旗大路新区
……………………Tel：0477-4853648

亿利资源集团有限公司
地址：内蒙古自治区东胜区鄂尔多斯西街30号
……………………Tel：0477-5105000

内蒙古真金种业科技有限公司
地址：达拉特旗树林召镇达拉特经济开发区
……………………Tel：0477-5290937

内蒙古鄂尔多斯联合化工有限公司
地址：内蒙古鄂尔多斯市鄂托克旗棋盘井镇
……………………Tel：0477-6436079

亿利绿土地农业股份有限公司
地址：鄂尔多斯市东胜区鄂尔多斯西街30号
……………………Tel：0477-6889660

鄂尔多斯市亿利沙漠生态健康股份有限公司
地址：鄂尔多斯市杭锦旗独贵特拉镇所在地亿利路西侧
……………………Tel：0477-6889689

中合建石油天然气化工有限公司
地址：内蒙古鄂尔多斯市东胜区罕台镇布日都梁村韩家坡社蒙汇时代广场5号楼
……………………Tel：0477-8113678

内蒙古伊泰石油化工有限公司
地址：内蒙古鄂尔多斯市东胜区伊煤路14号街坊
……………………Tel：0477-8310251

中科晶信煤业有限公司
地址：内蒙古自治区鄂尔多斯市东胜区锦厦国际商务广场1号楼2201号
……………………Tel：0477-8501999

鄂尔多斯市中科晶信煤炭运销有限公司
地址：内蒙古自治区鄂尔多斯市东胜区锦厦国际商务广场1号楼2201号
……………………Tel：0477-8501999

中科晶信国际贸易有限公司
地址：内蒙古自治区鄂尔多斯市东胜区东环路7号街坊锦厦国际商务广场1号楼2201号
……………………Tel：0477-8501999

中石化新星内蒙古新能源开发有限责任公司
地址：内蒙古自治区鄂尔多斯市东胜区铁西迎宾路13号
……………………Tel：0477-8508606

巴彦淖尔市蒙润钾肥有限公司
地址：内蒙古自治区巴彦淖尔市乌拉特前旗工业园区纬四路1号
……………………Tel：0478-2651799

内蒙古齐华矿业有限责任公司
地址：内蒙古自治区巴彦淖尔市乌后旗青山镇
……………………Tel：0478-4610777

五原县力华得现代农业发展有限责任公司
地址：内蒙古自治区巴彦淖尔市五原县隆兴昌镇110国道高新路西侧
……………………Tel：0478-5255188

中粮屯河五原番茄制品有限公司
地址：内蒙古自治区巴彦淖尔市五原县复兴镇
……………………Tel：0478-5511018

内蒙古乌拉山化肥有限责任公司
地址：内蒙古自治区巴彦淖尔市乌拉特前旗乌拉山镇
……………………Tel：0478-7987669

巴彦淖尔市兴农农牧业生产资料有限公司
地址：内蒙古自治区巴彦淖尔市巴彦淖尔经济开发区
……………………Tel：0478-8523002

东乌珠穆沁旗天浩石化有限公司
地址：内蒙古自治区锡林郭勒盟东乌珠穆沁旗乌镇工业园办公室
……………………Tel：0479-2288777

内蒙古格瑞得马铃薯种业集团有限公司
地址：内蒙古锡林郭勒盟太仆寺旗贡宝拉格苏木宝日浩特嘎查
……………………Tel：0479-5232000

乌拉盖管理区锡林河化肥有限公司
地址：内蒙古自治区锡林郭勒盟巴音胡硕镇团结大街34号
……………………Tel：0479-6752010

宝塔石化（二连浩特）石油储备有限公司
地址：内蒙古自治区锡林郭勒盟二连浩特市神木大街北、东环路西侍浩石化公司二楼
……………………Tel：0479-7528708

内蒙古特浩石油化工有限公司
地址：内蒙古自治区锡林郭勒盟二连浩特市铁道东工业园区内(东环路中心线50M，神木大街中心线50M)
……………………Tel：0479-7528708

内蒙古蒙润粮油购销有限公司
地址：内蒙古自治区兴安盟乌兰浩特市铁西街14委
……………………Tel：0482-2208227

内蒙古蒙佳粮油工业集团有限公司
地址：内蒙古自治区兴安盟乌兰浩特市归流河北大路1号
……………………Tel：0482-2257189

兴安盟博源化学有限公司
地址：内蒙古自治区兴安盟经济技术开发区（葛根庙工业园区）
……………………Tel：0482-2840022

内蒙古荷丰农业有限公司
地址：内蒙古自治区兴安盟科右前旗工业园区乌兰毛都路68号
……………………Tel：0482-2880858

扎赉特旗荷丰农业有限公司
地址：内蒙古自治区兴安盟扎赉特旗音德尔镇绰尔工业园区六路1号
……………………Tel：0482-6603567

内蒙古易供销农业有限公司
地址：内蒙古自治区兴安盟乌兰浩特市乌兰浩特市北物流园区内农资批发市场
……………………Tel：0482-8210057

大民种业股份有限公司
地址：内蒙古自治区兴安盟乌兰浩特市经济技术开发区
……………………Tel：0482-8281558

中国华粮物流集团乌兰浩特国家粮食储备库有限公司
地址：内蒙古自治区兴安盟乌兰浩特市都林街
……………………Tel：0482-8298180

辽宁省

沈阳晟林博石化设备有限公司
地址：沈阳市沈河区北站路146号（1-18-21室）
……………………Tel：024-22510409

辽宁省邮政公司
地址：沈阳市沈河区北站路１１１号
……………………Tel：024-22562201

辽宁华信石油化工有限公司
地址：沈阳市沈河区青年大街51-2号
……………………Tel：024-22942698

辽宁众诚道建设有限公司
地址：沈阳市沈河区西滨河路６２号
……………………Tel：024-22952945

辽宁中海石油天然气有限公司
地址：辽宁省沈阳近海经济区近海南大街1号
……………………Tel：024-23351635

沈阳杭通橡胶有限公司
地址：沈阳市和平区南二马路27甲号
……………………Tel：024-23414070

辽宁省石油化工规划设计院有限公司
地址：沈阳市和平区青年大街３０６号
……………………Tel：024-23924466

东北输油管理局石化物资公司
地址：沈阳市皇姑区华山路106号
……………………Tel：024-24106666

沈阳市塑料六厂
地址：沈阳市沈河区北顺城路11号
……………………Tel：024-24844796

沈阳远大智能农业有限公司
地址：沈阳经济技术开发区开发大路27号-9
……………………Tel：024-25162451

沈阳中海船舶橡胶制品有限公司
地址：沈阳市于洪区洪泽湖街18号
……………………Tel：024-25201366

埃迪亚（沈阳）橡胶制品有限公司
地址：沈阳经济技术开发区星海路
……………………Tel：024-25268386

沈阳三橡轮胎有限责任公司
地址：辽宁省沈阳经济技术开发区花海路26-1号（1-8-1）
……………………Tel：024-25309011

辽宁中科石化集团有限公司
地址：沈阳化学工业园沈西三东路11号
……………………Tel：024-25326612

沈阳旭峰橡胶制品有限公司
地址：沈阳经济技术开发区星海路23号
……………………Tel：024-25607588

沈阳市第九橡胶制品有限公司
地址：中国（辽宁）自由贸易试验区沈阳片区创新二路39-1号606室
……………………Tel：024-25732468

沈阳第四橡胶（厂）有限公司
地址：沈阳经济技术开发区十三号路68号
……………………Tel：024-25804401

沈阳银海橡胶制品有限责任公司
地址：沈阳经济技术开发区开发二十五号路33号
……………………Tel：024-25819370

沈阳新飞宇橡胶制品有限公司
地址：辽宁省沈阳市于洪区洪汇路188号
……………………Tel：024-25852848

沈阳橡胶研究设计院有限公司
地址：铁西区兴顺街9号
……………………Tel：024-25862315

中央储备粮新民直属库有限公司
地址：新民市城区西城街西郊社区
……………………Tel：024-27526277

中国石油销售东北有限公司
地址：沈阳市沈河区惠工街２３９号
……………………Tel：024-28552727

中农批（辽宁）农产品经营有限公司
地址：辽宁省沈阳市和平区南堤西路905号1503
……………………Tel：024-31077029

沈阳第四橡胶股份有限公司
地址：沈阳经济技术开发区细河四北街17号
……………………Tel：024-31085008

沈阳东油（集团）石油化工销售有限公司
地址：辽宁省沈阳市铁西区北一中路1-8号1306室
……………………Tel：024-31229599

辽宁省沈阳橡胶厂
地址：沈阳市大东区新生一街1号
……………………Tel：024-31252401

沈阳华宁实业有限公司
地址：东陵区前进乡榆林村
……………………Tel：024-31252401

沈阳北丰汇锱橡胶有限公司
地址：沈阳市浑南新区世纪路5号B座1503室
……………………Tel：024-31263727

辽宁三农石化集团有限公司
地址：辽宁省沈阳近海经济区近海南大街1号
……………………Tel：024-31356818

沈阳市启良汽车配件有限公司
地址：沈阳市于洪区昆山西路238号2-1（1门）
……………………Tel：024-31373759

沈阳京东世纪贸易有限公司
地址：辽宁省沈阳市浑南区麦子屯590-4号102室
……………………Tel：024-31511371

辽宁军创盛商贸有限公司
地址：中国（辽宁）自由贸易试验区沈阳片区全运路109-1号（109-1号）2层247-5455室
……………………Tel：024-31631331

辽宁省高速石化能源有限责任公司
地址：辽宁省沈阳市浑南区全运路109-3号10层
……………………Tel：024-31695002

沈阳德普橡胶制品有限公司
地址：辽宁省沈阳市浑南区学城路18-12号152
……………………Tel：024-31698315

本溪宝利橡胶制品有限公司
地址：本溪市明山区卧龙镇兴隆山村四组
……………………Tel：024-42843593

本钢板材股份有限公司
地址：辽宁省本溪市平山区人民路16号
……………………Tel：024-42843889

本溪钢铁橡胶有限公司
地址：本溪市南芬区铁山东路2号
……………………Tel：024-43819666

本溪市金山立橡胶辊制造有限责任公司
地址：本溪经济开发区滨河工业区
……………………Tel：024-45858868

本溪市宝华橡胶有限公司
地址：本溪市溪湖区竖井街12组
……………………Tel：024-45892909

北台钢铁（集团）有限责任公司
地址：明山区环山路３６号
……Tel：024-47839333

抚顺北天众兴石化工程有限公司
地址：辽宁省沈抚新区中兴街君悦国际城36-31号楼-1-101
……Tel：024-52350596

抚顺水泥股份有限公司
地址：抚顺市新抚区华山街2号
……Tel：024-52367543

抚顺厚益石油化工设备有限公司
地址：辽宁省抚顺市东洲区章党街7委8组
……Tel：02452630457

抚顺石化北天化工有限公司
地址：抚顺市东洲区东洲大街30-18号
……Tel：024-52992968

中国石油抚顺石油化工有限公司
地址：辽宁省抚顺市东二街3号
……Tel：024-52999999

抚顺佳林防护装备科技有限公司
地址：清原镇桥南街（高中道东）
……Tel：024-53052737

抚顺中石油昆仑燃气有限公司
地址：辽宁省抚顺市望花区鞍山路西段54号院内综合楼（总厂办公楼）
……Tel：024-53826008

抚顺欣和石化设备制造有限公司
地址：抚顺市顺城区前岭工业园区
……Tel：024-54163377

抚顺中海石油化工有限公司
地址：抚顺胜利经济开发区平山街南昌路１７－２号
……Tel：024-54266177

抚顺石油机械有限责任公司
地址：辽宁省沈抚新区沈东四路81号
……Tel：024-56614166

抚顺博阳再生物资回收有限公司
地址：辽宁省抚顺经济开发区中兴大街西侧沈东六路以南地块C12区205室
……Tel：024-56622009

抚顺市恒泰工业橡胶制品有限责任公司
地址：望花区青台子街40号
……Tel：024-56630218

辽宁盛泰橡胶有限公司
地址：辽宁省沈抚新区大南经济区东鲜村
……Tel：024-56635599

辽宁志诚石油化工有限公司
地址：新宾满族自治县北四平乡北四平村
……Tel：024-56702105

辽宁圣莱特石化设备有限公司
地址：抚顺经济开发区中兴大街东侧沈东七路以南地块D15b
……Tel：024-56805090

辽宁东汇商贸有限责任公司
地址：辽宁省抚顺市东洲区搭连街新苑小区7号楼北1、2号门市
……Tel：024-57817666

辽宁同益石化有限公司
地址：辽宁省抚顺市东洲区同益北路7号楼1号办公
……Tel：024-58011866

抚顺大源有色金属有限公司
地址：辽宁省抚顺市新抚区千金路12-1号楼2单元103号
……Tel：024-58055238

抚顺远宏石化设备科技开发制造有限公司
地址：抚顺市顺城区河北乡上寺村1-60号
……Tel：024-58345997

沈阳铁道石油化工集团有限公司
地址：辽宁省沈阳市和平区北五经街1号3门
……Tel：024-62038150

辽宁德义利石油化工销售有限公司
地址：辽宁省沈阳经济技术开发区沈辽西路65-6号（1-2-2）
……Tel：024-62498826

辽宁德义利石油化工销售有限公司
地址：辽宁省沈阳经济技术开发区沈辽西路65-6号（1-2-2）
……Tel：024-62498826

铁岭福神橡胶密封有限责任公司
地址：开发区秦家岗子分场区外
……Tel：024-72223379

铁岭远东橡胶密封有限公司
地址：铁岭经济开发区城南街58号
……Tel：024-72690402

铁岭市国华橡胶制品有限公司
地址：铁岭经济开发区富州路98号
……Tel：024-72695636

铁岭振宇橡胶密封件制造有限公司
地址：铁岭经济开发区何家屯分场
……Tel：024-72871981

铁岭助驰橡胶密封制品有限公司
地址：辽宁省铁岭经济开发区帽山橡塑产业园
……Tel：024-74259003

铁岭橡胶工业研究设计院科技股份有限公司
地址：辽宁省铁岭市经济开发区帽山橡塑产业园
……Tel：024-74290716

铁岭市宇邦橡胶制品有限公司
地址：辽宁省铁岭市铁岭县镇西堡镇养马堡村
……Tel：024-74503293

铁岭五星油膜橡胶密封研究所
地址：铁岭市银州工业园区辽海北路15号
……Tel：024-74564226

铁岭晟丰橡胶密封有限公司
地址：开发区帽山分场区外橡塑园
……Tel：024-74825719

铁岭市机械橡胶密封件有限公司
地址：铁岭市经济开发区何家屯分场
……Tel：024-74960791

辽宁圣邦橡胶制造有限公司
地址：辽宁省昌图县老四平工业园区
……Tel：024-75167111

辽宁金仕橡胶制造有限公司
地址：辽宁省铁岭市昌图县老四平工业园区
……Tel：024-75167111

辽宁嘉冠石化科技有限公司
地址：辽宁省铁岭市调兵山市南工业园区
……Tel：024-77480999

铁岭市宏大橡胶制品有限责任公司
地址：辽宁省铁岭市西丰县钓鱼乡钓鱼村
……Tel：024-77993010

沈阳永业实业有限公司
地址：铁岭县新台子镇懿路村中央路11号
……Tel：024-78715797

辽宁精华汽车零部件有限公司
地址：铁岭县凡河镇红光村
……Tel：024-78846253

铁岭嘉鑫橡胶密封有限公司
地址：铁岭县凡河镇红光村
……Tel：024-78848782

铁岭天达石油化工有限公司
地址：辽宁省铁岭市铁岭县李千户乡
……Tel：024-78873568

辽宁中旭石化科技股份有限公司
地址：辽宁省铁岭市调兵山市城南开发区
……Tel：024-79271988

辽宁新益农信息科技有限公司
地址：沈阳市沈北新区聚农路34号
……Tel：024-82576266

辽宁天富实业发展有限公司
地址：辽宁省沈阳市和平区十三纬路35号1-10-8
……Tel：024-82707066

辽宁联海石油化工集团有限责任公司
地址：辽宁省沈阳市于洪区永兴街2号
……Tel：024-82911056

沈阳福瑞泽机电橡胶有限公司
地址：沈阳市沈北新区虎石台镇建设北一路59号17门
……Tel：024-86501556

沈阳长城橡胶有限公司
地址：沈阳市皇姑区陵东街道文官屯
……Tel：024-86670442

沈阳长城橡胶厂
地址：沈阳市皇姑区陵东街道文官屯
……Tel：024-86670442

沈阳赛亚橡胶制品有限公司
地址：辽宁省沈阳市于洪区洪洋路32号2门
……Tel：024-86785249

沈阳城市公用集团橡胶制品有限公司
地址：沈阳经济技术开发区沈西三东路5-1号
……Tel：024-86801106

辽宁农产品交易中心（集团）有限公司
地址：辽宁省沈阳市皇姑区宁山中路35号（2407）
……Tel：024-86842123

辽宁省供销社集团总公司
地址：沈阳市皇姑区黄河南大街４８号
……Tel：024-86842863

沈阳天元石油化工有限责任公司
地址：沈阳经济技术开发区星海路16号
……Tel：024-86932954

辽宁辽河石油股份有限公司
地址：辽宁省新民市中兴西路92号
……Tel：024-87501011

沈阳航宇橡胶制品有限公司
地址：辽宁省沈阳经济技术开发区冶金五街5-5号全部
……Tel：024-87799552

沈阳沈桥胶带制造有限公司
地址：辽宁省沈阳市辽中区北四东路28号
……Tel：024-87805929

沈阳立德石油化工有限公司
地址：辽宁省沈阳近海经济区近海南大街1号
……Tel：024-87833123

沈阳立德石油化工有限公司
地址：辽宁省沈阳近海经济区近海南大街1号
……Tel：024-87833123

辽宁国科能源有限公司
地址：辽宁省沈阳近海经济区近海南大街1号
……Tel：024-87833123

沈阳致远石油化工有限公司
地址：辽宁省沈阳近海经济区近海南大街1号
……Tel：024-87833123

沈阳石化产品交易中心有限公司
地址：辽宁省沈阳近海经济区近海南大街1号
……Tel：024-87838888

辽宁鲸海石化贸易有限公司
地址：辽宁省沈阳市近海经济区近海南大街1号
……Tel：024-87883188

中沥石化（沈阳）有限公司
地址：辽宁省沈阳近海经济区规划七路近海南大街1号
……Tel：024-87883188

辽宁鲸海石化贸易有限公司
地址：辽宁省沈阳市近海经济区近海南大街1号
……Tel：024-87883188

中科北方投资发展有限公司
地址：辽宁省沈阳市浑南区高科路7号
……Tel：024-88052888

辽宁沈焦国际贸易有限公司
地址：沈阳市沈北新区虎石台镇建设路
……Tel：024-88108811

辽宁沈焦供应链管理有限公司
地址：中国（辽宁）自由贸易试验区沈阳片区创新路155-3号4层A-314室
……Tel：024-88108811

辽宁兰锋橡胶制品有限公司
地址：沈阳市大东区前进街道大志新村
……Tel：024-88271580

沈阳正兴橡胶制品有限公司
地址：沈阳市大东区北大营西路17号
……Tel：024-88320087

辽宁东亚种业有限公司
地址：沈阳市沈北新区兴农路58-9号
……Tel：024-88433338

辽宁诚通物流有限公司
地址：辽宁省沈阳市苏家屯区机场路966号
……Tel：024-88454030

辽宁东方石化集团有限公司
地址：沈阳市大东区北顺城路１１８号
……Tel：024-88503005

三橡橡胶集团有限公司
地址：辽宁省沈阳经济技术开发区花海路26-2号（26-2-6门）
……Tel：024-89151097

沈阳飞研航空设备有限公司
地址：辽宁省沈阳市于洪区洪润路73号（1门）、（2门），73-1号（1门）、（2门）
……Tel：024-89289289

沈阳双龙天宝橡胶有限公司
地址：沈阳经济技术开发区闻家洼子村
……Tel：024-89301007

三橡股份有限公司
地址：沈阳经济技术开发区沈西三东路5号
……Tel：024-89301012

辽宁维航基业科技有限公司
地址：辽宁省沈阳经济技术开发区沈西三东路5-3号
……Tel：024-89301085

沈阳橡胶机械有限公司
地址：沈阳经济技术开发区7号街8甲2号
……Tel：024-89301764

沈阳大龙洋石油有限公司
地址：沈阳市苏家屯区陈相镇大陈相村
……Tel：024-89570077

沈阳大龙洋石油有限公司
地址：沈阳市苏家屯区陈相镇大陈相村
……Tel：024-89581508

辽宁易通石化装备制造有限公司
地址：辽宁省沈阳市沈北新区道义镇工匠屯村
……Tel：024-8960355

蓝田升华（大连）能源集团有限公司
地址：辽宁省大连保税区IA-23-4盛夏工贸厂房306
……Tel：0411-39042176

大连橡胶塑料机械有限公司
地址：辽宁省大连市甘井子区营辉路18号
……Tel：0411-39079987

大连蒙连石油化工有限公司
地址：辽宁省大连长兴岛经济区西中岛石化产业园区海高路8号
……Tel：0411-39114999

大连美华石油化工有限公司
地址：辽宁省大连长兴岛经济区何屯村（原何屯小学）
……Tel：041139115183

大连富泰橡胶机械有限公司
地址：辽宁省庄河市昌盛街道疏港路399号
……Tel：0411-39190099

亚太能源交易中心（大连）有限公司
地址：辽宁省大连经济技术开发区小窑湾国际商务区42号路西侧1号
……Tel：0411-39270999

大连国翔石油化工有限公司
地址：辽宁省大连保税区慧能大厦1302A-1
……Tel：0411-39276399

大连瑞漪实业发展有限公司
地址：辽宁省大连保税区汇源街21号-1号
……Tel：0411-39325112

中化胜隆石油化工（大连）有限公司
地址：辽宁省大连长兴岛经济区何屯村（原何屯小学）
……Tel：0411-39411053

中油华兴石油化工（大连）有限公司
地址：辽宁省大连长兴岛经济区何屯村（原何屯小学）
……Tel：0411-39411053

中油德海石油化工（大连）有限公司
地址：辽宁省大连长兴岛经济区何屯村（原何屯小学）
……Tel：0411-39411053

中油安东（大连）石油化工有限公司
地址：辽宁省大连长兴岛经济区何屯村（原何屯小学）
……Tel：0411-39417015

大连汇联企创企业服务有限公司
地址：辽宁省大连长兴岛经济区楼亭街297号
……Tel：0411-39417017

大连和怡阳光酒店有限公司
地址：辽宁省大连高新技术产业园区黄浦路710号
……Tel：0411-39421111

锦国投（大连）发展有限公司
地址：辽宁省大连市沙河口区体坛路22号诺德大厦38层01单元
……Tel：041139427515

大连菱日电力设备有限公司
地址：辽宁省大连市普湾新区三十里堡临港工业区港通街10号
……Tel：041139523013

一重集团大连核电石化有限公司
地址：辽宁省大连市甘井子区棉花岛路1-1号
……Tel：0411-39539008

一重集团大连石化装备有限公司
地址：辽宁省大连市甘井子区大连湾街道前盐村
……Tel：0411-39539008

大连淡水石油化工有限公司
地址：辽宁省大连保税区慧能大厦613B
……Tel：0411-39587711

大连金浦石油化工资源交易中心有限公司
地址：辽宁省大连经济技术开发区金窑路38-2-5号5层
……Tel：0411-39735717

大连星锐贸易有限公司
地址：辽宁省大连旅顺口区开发区滨港路985号8层2号
……Tel：0411-39972063

大连联港能源集团有限公司
地址：中国（辽宁）自由贸易试验区大连经济技术开发区金窑路38-7-1号1层（能源市场）
……Tel：0411-62187996

大连云都实业有限责任公司
地址：辽宁省大连市普兰店区乐甲街道庙岭社区
……Tel：0411-62662935

大连盈信橡胶部件有限公司
地址：辽宁省大连经济技术开发区48#工业区
……Tel：0411-62788600

大连铁越集团有限公司
地址：辽宁省大连市中山区安民街11号
……Tel：0411-62831350

大连大化龙岛石化有限公司
地址：辽宁省大连普湾新区松木岛化工园区
……Tel：0411-65838082

大连中航廷瑞石化有限公司
地址：辽宁省大连保税区中轻大厦2号楼207-051
……Tel：0411-65895808

大连升元农业发展有限公司
地址：辽宁省大连市瓦房店市新华办事处新联路87-4号
……Tel：0411-66515919

恒力石化（大连）炼化有限公司
地址：辽宁省大连长兴岛经济区长松路298号
……………………Tel：0411-66522099

恒力炼化产品销售（大连）有限公司
地址：辽宁省大连长兴岛经济区长松路298号OSBL项目-工务办公楼
……………………Tel：0411-66522099

恒力石化（大连）化工有限公司
地址：辽宁省大连长兴岛经济区长松路298号
……………………Tel：041166522650

大连因泰能源有限公司
地址：辽宁省大连保税区泰华大厦A座530-27
……………………Tel：041166776573

东亚能源交易中心（大连）有限公司
地址：辽宁省大连经济技术开发区金窑路38-2-5号5层
……………………Tel：0411-66776573

中北联（大连）石油化工有限公司
地址：辽宁省大连保税区自贸大厦813室
……………………Tel：0411-66776573

中能建（大连）供应链管理有限公司
地址：辽宁省大连保税区中轻大厦2号楼207-137
……………………Tel：0411-66776573

大连雷雷石油化工有限公司
地址：辽宁省大连保税区国贸中心E座602-20
……………………Tel：0411-66776573

大连汇洲石化有限公司
地址：辽宁省大连长兴岛经济区三堂中心街5-7号
……………………Tel：0411-66776573

保利富泰（大连）石化有限公司
地址：辽宁省大连保税区黄海西四路国商大厦201号4层15号-21
……………………Tel：0411-66776573

中石化催化剂大连有限公司
地址：辽宁省大连市旅顺口区三涧堡街道土城子村北路三涧段588号
……………………Tel：0411-66864011

大连金州重型机器集团有限公司
地址：辽宁省大连市金州区龙湾路5号
……………………Tel：0411-82161888

辽宁美意高智慧农业综合开发有限公司
地址：辽宁省大连庄河市新华街道站前委阳光100小区二期5号楼一层7#门市
……………………Tel：0411-82282022

众妙之门（大连）石油化工有限公司
地址：辽宁省大连保税区市场大厦608-131
……………………Tel：0411-82316959

东北中石油国际事业有限公司
地址：辽宁省大连保税区国际贸易中心E座1401室
……………………Tel：0411-82353752

东北中石油国际事业有限公司
地址：辽宁省大连保税区国际贸易中心E座1401室
……………………Tel：0411-82353752

大连保税区虎翼石油化工有限公司
地址：辽宁省大连市旅顺口区兴港路39号2层9号
……………………Tel：041182356102

中途恒业石油化工（大连）有限公司
地址：辽宁省大连长兴岛经济区何屯村（原何屯小学）
……………………Tel：0411-82508000

中油岳阳石油化工（大连）有限公司
地址：辽宁省大连保税区海天路慧能大厦33号13层1302-42
……………………Tel：0411-82510000

中能国投石油化工（大连）有限公司
地址：辽宁省大连长兴岛经济区何屯村（原何屯小学）
……………………Tel：0411-82518000

国宇（大连）石油化工有限公司
地址：辽宁省大连长兴岛经济区何屯村（原何屯小学）
……………………Tel：0411-82518000

大连金瑞石油化工有限公司
地址：辽宁省大连长兴岛经济区三堂中心街5-7号
……………………Tel：0411-82518146

海杰石油化工（大连）有限公司
地址：辽宁省大连长兴岛经济区锦城路468号421室
……………………Tel：0411-82518146

中油鸿业石油化工（大连）有限公司
地址：辽宁省大连长兴岛经济区三堂中心街5-7号
……………………Tel：0411-82518147

辽油石化（大连）有限公司
地址：辽宁省大连长兴岛经济区三堂中心街5-7号
……………………Tel：0411-82518147

大连亨润丰石油化工有限公司
地址：辽宁省大连长兴岛经济区何屯村（原何屯小学）
……………………Tel：0411-82518261

中油华臻石油化工（大连）有限公司
地址：辽宁省大连长兴岛经济区何屯村（原何屯小学）
……………………Tel：0411-82518261

中油圣辰石油化工（大连）有限公司
地址：辽宁省大连长兴岛经济区何屯村（原何屯小学）
……………………Tel：0411-82518301

中油圣辰石油化工（大连）有限公司
地址：辽宁省大连长兴岛经济区何屯村（原何屯小学）
……………………Tel：0411-82518301

中油汇益石油化工（大连）有限公司
地址：辽宁省大连长兴岛经济区何屯村（原何屯小学）
……………………Tel：0411-82518323

大连淡水前通石油化工有限公司
地址：辽宁省大连长兴岛经济区何屯村（原何屯小学）
……………………Tel：0411-82518330

国燃石化有限公司
地址：辽宁省大连长兴岛经济区三堂中心街5-7号
……………………Tel：0411-82518330

万特维贸易（大连）有限公司
地址：辽宁省大连长兴岛经济区何屯村（原何屯小学）
……………………Tel：0411-82518360

中油弘汇新石油化工（大连）有限公司
地址：辽宁省大连长兴岛经济区何屯村（原何屯小学）
……………………Tel：0411-82518360

中兴石油化工（大连）有限公司
地址：辽宁省大连长兴岛经济区三堂中心街5-7号
……………………Tel：0411-82518360

中赫石油化工（大连）有限公司
地址：辽宁省大连长兴岛经济区三堂中心街5-7号
……………………Tel：0411-82518360

中油傲天石化（大连）有限公司
地址：辽宁省大连长兴岛经济区何屯村（原何屯小学）
……………………Tel：041182518630

中油华原石化（大连）有限公司
地址：辽宁省大连长兴岛经济区何屯村（原何屯小学）
……………………Tel：041182518630

大连远诚石油化工有限公司
地址：辽宁省大连长兴岛经济区何屯村（原何屯小学）
……………………Tel：0411-82518630

中锦石油化工（大连）有限公司
地址：辽宁省大连长兴岛经济区何屯村（原何屯小学）
……………………Tel：0411-82518630

大连捷普瑞石油化工有限公司
地址：辽宁省大连长兴岛经济区何屯村（原何屯小学）
……………………Tel：0411-82518630

中油智客（大连）石化有限公司
地址：辽宁省大连长兴岛经济区何屯村（原何屯小学）
……………………Tel：0411-82518630

大连嘉源石油化工有限公司
地址：辽宁省大连长兴岛经济区何屯村原何屯小学
……………………Tel：0411-82518630

大连富生石油化工有限公司
地址：辽宁省大连市西岗区长春路350号C座101室
……………………Tel：041182529815

大连金信集团有限公司
地址：辽宁省大连市中山区同兴街25号22层
……………………Tel：0411-82530800

中石油大连液化天然气有限公司
地址：辽宁省大连保税区辅一路20号-3（大连液化天然气(LNG)接收站综合主控楼）
……………………Tel：0411-82566629

中能立合石化（大连）有限公司
地址：辽宁省大连长兴岛经济区三堂中心街5-7号
……………………Tel：0411-82588031

大连辰旭石油化工有限公司
地址：辽宁省大连长兴岛经济区三堂中心街5-7号
……………………Tel：0411-82592211

大连锦源石油化工有限公司
地址：辽宁省大连普湾新区松木岛化工园区
……………………Tel：0411-82594899

大连广和石油化工有限公司
地址：辽宁省大连长兴岛经济区新港村（原新港小学）
……………………Tel：0411-82594899

大连铭远石化有限公司
地址：辽宁省大连保税区海天路慧能大厦33号13层1304-3
……………………Tel：0411-82646409

大连源通石油化工有限公司
地址：辽宁省大连保税区慧能大厦602
……………………Tel：0411-82710700

中国船舶重工集团大连船舶工业有限公司
地址：辽宁省大连市中山区竹青街１６号
……………………Tel：0411-82803648

数字乡村（辽宁）科技有限公司
地址：辽宁省大连市中山区海之韵路9号
……………………Tel：0411-82808566

大连捷凯国际贸易有限公司
地址：辽宁省大连保税区海天路IB-44号323F
……………………Tel：0411-82858623

中储能（大连）石油化工有限公司
地址：辽宁省大连经济技术开发区辽河西路3-1号-B
……………………Tel：0411-82858623

辽宁成大股份有限公司
地址：大连市中山区人民路７１号
……………………Tel：0411-83511999

大连耀中贸易有限公司
地址：辽宁省大连长兴岛经济区何屯村（原何屯小学）
……………………Tel：0411-84071609

帕纳尔石化（大连）有限公司
地址：中国（辽宁）自由贸易试验区大连保税区海兴街60 1号959室
……………………Tel：0411-84219998

大连渤海橡胶塑料有限公司
地址：辽宁省大连市甘井子区红旗街道棠梨村南沟
……………………Tel：0411-84289650

中化石油辽宁有限公司
地址：辽宁省大连保税区海天路24号慧能大厦33号13层1301D-50
……………………Tel：0411-84990709

中油中金（大连）石油化工有限公司
地址：辽宁省大连长兴岛经济区三堂中心街5-7号
……………………Tel：0411-85760121

新大陆橡胶科技（大连）有限公司
地址：辽宁省大连花园口经济区银杏路一段6-2号
……………………Tel：0411-86077666

大连球城橡胶制品有限公司
地址：辽宁省大连市旅顺口区三涧堡镇土城子村
……………………Tel：0411-86260071

大连仓敷橡胶零部件有限公司
地址：辽宁省大连市旅顺口区三涧堡街道东安路1016号
……………………Tel：0411-86266866

大连科技橡胶密封件有限公司
地址：辽宁省大连市甘井子区辛寨子砬子山村
……………………Tel：0411-86306187

大连郑氏橡胶有限公司
地址：辽宁省大连市甘井子区革镇堡镇鞍子山村
……………………Tel：0411-86419299

中央储备粮大连直属库有限公司
地址：辽宁省大连市甘井子区华北路２８６号
……………………Tel：0411-86537166

大连巅峰橡胶机带有限公司
地址：辽宁省大连市甘井子区华北路319号
……………………Tel：0411-86602607

大连巅峰集团有限公司
地址：辽宁省大连市西岗区香周路101号
……………………Tel：0411-86641889

大连华锐康石化工程有限公司
地址：中国（辽宁）自由贸易试验区大连经济技术开发区生命三路27号
……………………Tel：0411-86741117

大连渤海轮渡燃油有限公司
地址：辽宁省大连保税区慧能大厦808Ａ
……………………Tel：0411-86741893

大连石油化工有机合成有限公司
地址：辽宁省大连市甘井子区山西街２３１号
……………………Tel：0411-86772075

大连石化矿区服务有限公司
地址：辽宁省大连经济技术开发区新星里12＃楼1-1
……………………Tel：0411-86772262

大连石油化工建筑安装工程有限公司
地址：辽宁省大连市甘井子区山中街
……………………Tel：0411-86773571

大化集团股份有限公司
地址：辽宁省大连市甘井子区工兴路１０号
……………………Tel：0411-86893688

大连益大精密橡胶制品有限公司
地址：辽宁省大连经济技术开发区淮河西路95-1号1-3层
……………………Tel：0411-87189058

大连保税区益照橡胶有限公司
地址：辽宁省大连保税区海航路5号
……………………Tel：0411-87309798

大连亚东石油化工有限公司
地址：辽宁省大连保税区慧能大厦1301-5
……………………Tel：0411-87316407

大连西太平洋石油化工有限公司
地址：辽宁省大连经济技术开发区港兴大街500号
……………………Tel：0411-87506666

大连顺安水产供油有限公司
地址：辽宁省大连市金州区杏树街道和谐街36号
……………………Tel：0411-87693251

大连金弘橡胶有限公司
地址：辽宁省大连市金州区大魏家镇连丰村
……………………Tel：0411-87790370

中油东蒙石化（大连）有限公司
地址：中国（辽宁）自由贸易试验区大连经济技术开发区金窑路38-7-1号1层（能源市场）
……………………Tel：0411-87962500

大连福佳·大化石油化工有限公司
地址：辽宁省大连经济技术开发区大孤山石化产业园区
……………………Tel：0411-88011828

大连福佳·大化石油化工码头有限公司
地址：辽宁省大连经济技术开发区大孤山石化产业园区
……………………Tel：0411-88011868

中国石油集团东北炼化工程有限公司
地址：辽宁省大连高新技术产业园区七贤岭亿阳街8号
……………………Tel：0411-88069800

中油长运渤海石油化工（大连）有限公司
地址：辽宁省大连保税区慧能大厦906B-235
……………………Tel：0411-88705198

大连福佳石油化工有限公司
地址：辽宁省大连长兴岛经济区新港村（原新港小学）
……………………Tel：0411-88891865

大连平安石油化工有限公司
地址：辽宁省庄河市黑岛镇山南头村（政府办公楼106室）
……………………Tel：0411-88891865

大连响水溪谷生态农业有限公司
地址：辽宁省庄河市大郑镇宏发村
……………………Tel：0411-89133738

大连和鹏橡胶机械有限公司
地址：辽宁省庄河市鞍子山乡花院村
……………………Tel：0411-89340569

大连高科阻燃橡胶有限公司
地址：辽宁省庄河市新华街道徐岭村（新华工业园区）
……………………Tel：0411-89703048

大连华日橡塑机械有限公司
地址：辽宁省庄河市新华工业园区
……………………Tel：0411-89713177

大连远程橡胶机械有限公司
地址：辽宁省庄河市新华街道赛屯委
……………………Tel：0411-89837011

大连益达橡胶机械有限公司
地址：辽宁省庄河市建设大街二段18号
……………………Tel：0411-89878588

物天成农业发展有限公司
地址：辽宁省鞍山市海城市经济技术开发区三里委三里街1379号
……………………Tel：0412-3232788

辽宁赫亿有机肥业有限公司
地址：海城市牌楼镇杨家甸村
……………………Tel：0412-3526008

海城市裕丰科技有限公司
地址：辽宁省鞍山市海城市西柳工业园区19号
……………………Tel：0412-3760333

辽宁华油石化有限公司
地址：台安县高力房镇本街
……………………Tel：0412-4621188

辽宁缘泰石油化工有限公司
地址：鞍山市台安县胜利西路工业园区
……………………Tel：0412-4699015

鞍炼石化有限公司
地址：辽宁省鞍山市台安县台安镇台大路南工业园区
……………………Tel：0412-4699015

中央储备粮台安直属库有限公司
地址：辽宁省鞍山市台安县城郊乡老边村
……………………Tel：0412-4847155

辽宁中合供销农业发展有限公司
地址：辽宁省鞍山市铁东区千华街12栋-1层S3号
……………………Tel：0412-5061207

鞍山市聚隆冶金设备有限公司
地址：鞍山市千山高新开发区科技路98号
……………………Tel：0412-5210583

鞍山文翰耐磨制品有限公司

地址：鞍山市千山区齐大山镇
……Tel：0412-5621766

鞍钢民企橡胶制品厂
地址：鞍山市立山区鞍辽路245号
……Tel：0412-6211478

德邻陆港（鞍山）有限责任公司
地址：辽宁省鞍山市鞍刘路3号
……Tel：0412-6353355

中民石化有限公司
地址：鞍山市立山区铁塔路150号
……Tel：0412-6487700

鞍钢股份有限公司
地址：中国辽宁省鞍山市铁西区鞍钢厂区
……Tel：0412-6733309

鞍山市顺隆胶化材料厂
地址：鞍山市千山区大孤山镇花麦屯村
……Tel：0412-7365001

岫岩满族自治县广客商贸有限公司
地址：辽宁省鞍山市岫岩满族自治县岫岩经济开发区管理委员会西侧
……Tel：0412-7668888

岫岩满族自治县大兴轮胎有限责任公司
地址：岫岩满族自治县大营子镇大营子村
……Tel：0412-7724455

辽宁中冶石化机械有限公司
地址：鞍山高新技术产业开发区（西区）协作路5号
……Tel：0412-8253228

鞍山泰源实业有限公司
地址：鞍山市铁西区双圆路24号
……Tel：0412-8269008

鞍山市辽化实业有限公司
地址：鞍山市铁西区交通路138号
……Tel：0412-8840247

鞍山市赛特达橡胶有限公司
地址：海城市腾鳌特区黄县村
……Tel：0412-8935955

辽宁天赐投资发展（集团）有限公司
地址：丹东市振兴区七经街99号
……Tel：0415-2853555

丹东盈峰石油化工有限公司
地址：辽宁省丹东市振兴区地质路1865号
……Tel：0415-3155088

中国农业发展银行辽宁省宽甸满族自治县支行
地址：宽甸镇中心路１４８号
……Tel：0415-3218707

丹东正浩石化设备有限公司
地址：辽宁省丹东市振安区五龙背镇五龙背村三组
……Tel：0415-4109863

宽甸兴隆大家庭购物中心有限公司
地址：宽甸满族自治县宽甸镇城东街
……Tel：0415-5586677

丹东石油化工有限公司
地址：丹东市振兴区黄海大街2号
……Tel：0415-6050158

丹东市振华橡胶制品有限公司
地址：东港市合隆乡合隆村十一组
……Tel：0415-6250058

丹东市东升石化设备有限公司
地址：丹东市宝泉路16号（丹东产业园区）
……Tel：0415-6279587

丹东市富润橡胶有限公司
地址：丹东临港产业园区港口工业区DD-LG-Ia-12#地
……Tel：0415-7567315

锦州宏泽橡胶制品有限公司
地址：锦州市太和区新民乡刘家村
……Tel：0416-3498888

锦州鼎鸿商贸有限公司
地址：辽宁省锦州经济技术开发区下朱口村（12-13-2）
……Tel：0416-3575065

锦州锦晖石油化工储运有限公司
地址：辽宁省锦州经济技术开发区锦港大街1号
……Tel：0416-3586640

锦州明岩橡胶制品有限公司
地址：辽宁省锦州经济技术开发区辽阳路1号
……Tel：0416-3588701

锦州利新石油化工产品有限公司
地址：辽宁省锦州经济技术开发区兴海路一段12-1号
……Tel：0416-3854444

中国石油锦州石油化工有限公司
地址：古塔区重庆路二号
……Tel：0416-4153413

锦州石化集体企业管理中心
地址：古塔区重庆路２号
……Tel：0416-4264736

锦州开元石化有限责任公司
地址：锦州市古塔区锦朝街36-1号
……Tel：0416-4264736

锦州海森堡石化科技有限公司
地址：锦州经济技术开发区上朱口村
……Tel：0416-5160601

中北石油化工有限公司
地址：锦州经济技术开发区邵阳路海景花园12-12号
……Tel：0416-5160601

锦州华贸石油化工有限公司
地址：辽宁省锦州市沟帮子街道办事处铁南社区铁南东段22-12号
……Tel：0416-6652563

辽宁德营石油化工集团有限公司
地址：沟帮子镇铁南委富国街８０号
……Tel：0416-6652563

北镇市隆盛石化有限公司
地址：辽宁省锦州市北镇市沟镇三委
……Tel：0416-6859688

锦州兰星石油化工集团有限公司
地址：北镇市沟帮子铁南工业园区
……Tel：0416-7097588

锦州新兴橡胶制品有限公司
地址：锦州经济技术开发区
……Tel：0416-7900666

辽宁鼎华盛经贸有限公司
地址：沈阳市浑南新区浑南三路1-7号6门
……Tel：0416-8133229

辽宁宏坤九利石油化工有限公司
地址：中国（辽宁）自由贸易试验区营口片区世纪路南11号302
……Tel：0417-2948448

辽宁中普石化有限公司
地址：中国（辽宁）自由贸易试验区营口市渤海大街西93号134-008
……Tel：0417-3260905

天元军融（辽宁）化工研究所新材料孵化器股份有限公司
地址：中国（辽宁）自由贸易试验区营口市西市区新湖大街75号
……Tel：0417-3287711

营口圣阳塑胶有限公司
地址：站前区向阳里
……Tel：0417-3699284

辽宁供销汉吉斯跨境供应链有限公司
地址：中国（辽宁）自由贸易试验区营口市新海大街49号907房间
……Tel：0417-3829199

营口石油装备有限公司
地址：营口市渤海大街西105号
……Tel：0417-3842500

营口庆营石油化工设备有限公司
地址：老边区工业园区汽保园内
……Tel：0417-3858131

中央储备粮老边直属库有限公司
地址：辽宁省营口市老边区铁南街珍珠岩里
……Tel：0417-3865534

营口特茂石油化工有限公司
地址：辽宁省营口市老边区兴达街32号
……Tel：0417-3953366

营口中金石油化工机械有限公司
地址：营口市西市区世纪路南10号
……Tel：0417-4833678

营口佳孚石油化工有限公司
地址：辽宁省营口市仙人岛能源化工区南仙路西段
……Tel：0417-4835211

营口兴源石油化工有限公司
地址：辽宁省营口市老边区水岸壹品外门市10#
……Tel：0417-5167111

辽宁津大肥业有限公司
地址：营口大石桥沿海新兴产业区
……Tel：0417-5228700

中丝辽宁化工物流有限公司
地址：营口仙人岛能源化工区
……Tel：0417-6175539

国能安储（辽宁）石油有限公司
地址：辽宁省营口市鲅鱼圈区盐场石油公司3#楼东侧10号门市
……Tel：0417-6183636

营口万润商贸有限公司
地址：辽宁省营口市鲅鱼圈区03-红运商业街F区-4#门市
……Tel：0417-6188888

中央储备粮营口直属库有限公司
地址：辽宁省营口市鲅鱼圈区黄河路神井子村
……Tel：0417-6198373

大连富丽石化贸易有限公司
地址：辽宁省大连长兴岛经济区何屯村
……Tel：04176202616

营口金舫（集团）节能环保工贸有限公司
地址：鲅鱼圈区福地山水文园3#楼-1#门市
……Tel：0417-6207117

辽宁兆一物产有限公司
地址：辽宁省营口市鲅鱼圈区01-港房产临天山大街2#网点楼-13#门市
……Tel：0417-6210111

长城石化（营口）有限公司
地址：辽宁省营口市鲅鱼圈区09-鲅鱼圈海关办公楼（营口港1号门物贸中心东楼418室）
……Tel：0417-6255673

营口港务集团贸易有限公司
地址：营口市经济技术开发区营港路1号
……Tel：0417-6264797

中储粮营口储运有限责任公司
地址：鲅鱼圈港区
……Tel：0417-6269299

营口元力石化有限公司
地址：营口仙人岛能源化工区
……Tel：0417-6276125

辽宁海化石油化工有限公司
地址：辽宁省营口仙人岛能源化工区
……Tel：0417-6573356

辽宁海化石油化工有限公司
地址：辽宁省营口仙人岛能源化工区
……Tel：0417-6573356

中海石化（营口）有限公司
地址：营口仙人岛能源化工区中小企业园3#楼
……Tel：0417-6573956

辽宁胜星石化有限公司
地址：辽宁（营口）沿海产业基地新联大街东1号
……Tel：0417-6659222

北大荒物流股份有限公司
地址：鲅鱼圈区辽东湾大街中段（地税局西侧）
……Tel：0417-6681801

海粮农业（营口）有限公司
地址：辽宁省营口市鲅鱼圈区华海国际物流大厦-2单元1703室（经营场所：辽宁省营口市鲅鱼圈区临港工业区新鞍钢路15号1号仓库）
……Tel：0417-6712131

营口荣泰能源有限公司
地址：中国（辽宁）自由贸易试验区营口市渤海大街西93号401-47房间
……Tel：0417-6816283

营口经济技术开发区爱维尔铸业有限公司
地址：辽宁省营口市鲅鱼圈区红旗镇红旗工业园（生产车间位于滨海工业园区B区）
……Tel：0417-6817962

营口瑞杰石油化工有限公司
地址：营口经济技术开发区临港工业区
……Tel：0417-6837986

盖州市辰钲实业有限公司
地址：辽宁省营口盖州市市府大街9号（市财政局5楼）
……Tel：0417-7832641

优尼克（营口）石油化工有限公司
地址：辽宁（营口）沿海产业基地新联大街东1号
……Tel：0417-8187788

阜新天惠石油化工产品销售有限公司
地址：辽宁省阜新高新技术产业园区东新大街东规划八一路南
……Tel：0418-2165555

大连长兴岛铭源石油化工有限公司
地址：辽宁省大连长兴岛经济区新港村（原新港小学）
……Tel：041-82594899

辽宁东亚橡胶有限公司
地址：辽宁省阜新开发区东风路197号
……Tel：0418-2901154

阜新环宇橡胶（集团）有限公司
地址：辽宁省阜新高新技术产业开发区开通街92号
……Tel：0418-2901733

阜新中园石油化工产品销售有限公司
地址：阜新市东新大街
……Tel：0418-3370008

阜新铭品电子商务有限公司
地址：辽宁省阜新高新技术产业园区中华路19-5-06
……Tel：0418-3371111

阜新蒙古族自治县天立新型橡胶材料有限公司
地址：辽宁省阜新市阜新氟产业开发区化工E街
……Tel：0418-3810061

阜新嘉邦橡胶有限公司
地址：阜新经济开发区新康街93号
……Tel：0418-6050558

辽阳第地嘉仓储物流有限公司
地址：辽阳市太子河区铁西路4号
……Tel：0419-3308220

辽阳石化机械设计制造有限公司
地址：辽阳市宏伟区南环街二段
……Tel：0419-3666338

辽宁聚嘉晟业电子商务有限公司
地址：辽宁省辽阳市白塔区万隆花园B区二期A网点三层东兴路2-3号
……Tel：0419-4938888

中国石油辽阳石油化纤有限公司
地址：辽阳市宏伟区火炬大街５－１号
……Tel：0419-5153387

辽阳石油化纤工程有限公司
地址：辽宁省辽阳市宏伟区南环路1号
……Tel：0419-5156183

辽宁添玺石化工程有限公司
地址：辽宁省辽阳市太子河区沙岭镇兵马屯村
……Tel：0419-5659018

辽阳县鼎理橡胶促剂加工有限公司
地址：辽宁省辽阳市辽阳市辽阳县刘二堡镇后堡村
……Tel：0419-7166899

辽阳县鼎理橡胶制品有限公司
地址：辽宁省辽阳市辽阳县刘二堡镇后堡村
……Tel：0419-7606899

辽宁华恒农业投资开发有限公司
地址：辽宁省朝阳市朝阳县柳城街道波赤村
……Tel：0421-2575786

朝阳农产品交易物流园区有限责任公司
地址：辽宁省朝阳市朝阳县柳城街道波赤村
……Tel：0421-2575786

朝阳市橡胶制品有限公司
地址：朝阳市龙城区海龙街八里堡村-豪德广场西区17栋10、17号
……Tel：0421-2628329

中央储备粮朝阳直属库有限公司
地址：辽宁省朝阳市龙城区燕山街凌山路117号
……Tel：0421-2951345

辽宁普耐特轮胎有限公司
地址：朝阳市龙城区向阳街43号
……Tel：0421-3602260

朝阳中联化工有限公司
地址：朝阳市双塔区桃花吐镇小桃花吐村
……Tel：0421-3891112

凌源鑫龙橡胶科技有限公司
地址：辽宁省朝阳市凌源市兴源街道（工业园区）
……Tel：0421-6829936

中化石油辽宁（朝阳）有限公司
地址：辽宁省朝阳市建平县富山街道张福店村
……Tel：0421-7417388

建平县顺达橡胶有限公司
地址：辽宁省朝阳市建平县陶瓷工业园区
……Tel：0421-7579067

朝阳县骏业橡胶制品有限公司
地址：辽宁省朝阳市朝阳县二十家子镇兴隆岗村
……Tel：0421-8685555

辽宁和运合成橡胶研究院有限公司
地址：辽宁省盘锦辽东湾新区20901184号
……Tel：0427-2259555

盘锦港物流发展有限公司
地址：辽宁省盘锦辽东湾新区盘锦港办公楼（盘锦港保税物流中心）
……Tel：0427-2270518

盘锦弘力实业发展有限公司
地址：辽宁省盘锦市大洼县田家镇马圈子村
……Tel：0427-2287565

中国国储能源化工集团辽宁联合化工有限公司
地址：辽宁省盘锦辽东湾新区物流大厦337室
……Tel：0427-2288221

盘锦晟腾石油化工有限公司
地址：辽宁省盘锦市大洼县新兴镇王家村
……Tel：0427-2288221

盘锦中腾石油化工有限公司
地址：辽宁省盘锦辽东湾新区直方街北，庆誉路东101（物流大厦316室）
……Tel：0427-2288221

北方华锦石油化工贸易有限责任公司
地址：辽宁省盘锦市双台子区辽河街2-24-100-3号
……Tel：0427-2361777

盘锦博惠实业有限公司
地址：盘锦市兴隆台区石油大街176号
……Tel：0427-2680607

盘锦辽东湾港口石化有限公司
地址：辽宁省盘锦辽东湾新区物流大厦529室
……Tel：0427-2813077

盘锦天逸顺石化商贸有限公司
地址：辽宁省盘锦市兴隆台区兴海街道市经济开发区1-16-69-3C
……Tel：0427-2818177

盘锦天逸顺石化商贸有限公司
地址：辽宁省盘锦市兴隆台区兴海街道市经济开发区1-16-69-3C
……Tel：0427-2818177

辽宁石油化工建设有限责任公司
地址：兴隆台区新工街
……Tel：0427-2887722

辽宁南油石化有限公司

地址：辽宁省盘锦新材料产业经济开发区
…………………Tel：0427-2888897

辽宁西布石油化工有限公司
地址：辽宁省盘锦市盘山县府前大街8号创业大厦3层327室
…………………Tel：0427-2888897

辽宁北方戴纳索合成橡胶有限公司
地址：盘锦市双台子区华锦精细化工园区
…………………Tel：0427-2988100

辽宁中恒通石油化工有限公司
地址：辽宁省盘锦辽东湾新区物流大厦525室
…………………Tel：0427-3106666

盘锦宏业石油化工有限公司
地址：辽宁省盘锦市双台子区工业园内
…………………Tel：0427-3126122

盘锦太平河沥青有限责任公司
地址：辽宁省盘锦市盘山县太平街道太平河社区
…………………Tel：0427-3126122

辽宁华塑实业集团有限公司
地址：双台子区双盛街道宋家村211102009014021 2（双台子区工业园区）
…………………Tel：0427-3126551

辽宁泰隆石油机械有限公司
地址：盘锦经济开发区石油高新技术产业园
…………………Tel：0427-3219695

盘锦金梵石油化工有限公司
地址：辽宁省盘锦市兴隆台区外经贸大厦710
…………………Tel：0427-3232277

盘锦港润邦国际物流有限公司
地址：辽宁省盘锦辽东湾新区盘锦港区纬六路南、经八路西F0001幢
…………………Tel：0427-3237533

盘锦加伦置业有限公司
地址：辽宁省盘锦市兴隆台区兴盛街道20#单元101号
…………………Tel：0427-3257556

盘锦新飞宇橡胶制品有限公司
地址：辽宁省盘锦市兴隆台区双兴中路77号新宇保利大厦8楼826
…………………Tel：0427-3339345

盘锦华奥民丰农业开发有限公司
地址：辽宁省盘锦辽东湾新区荣滨街道原辽滨苇场办公楼（荣滨创业中心）102、103室
…………………Tel：0427-3360111

盘锦瀚海石油化工有限公司
地址：辽宁省盘锦辽东湾新区
…………………Tel：0427-3400812

辽宁版图农化科技有限公司
地址：辽宁省盘锦市大洼区新兴镇园林村东旺锦绣家园小区9-1-8
…………………Tel：0427-3553556

辽宁天天好石油化工有限公司
地址：盘山县陈家乡郎家村
…………………Tel：0427-3553556

辽宁恒利橡胶有限公司
地址：盘锦市盘山县太平镇西五村
…………………Tel：0427-3713232

盘锦瑞东石化贸易有限公司
地址：盘山县古城子镇
…………………Tel：0427-5657010

盘锦天策石油化工有限公司
地址：辽宁北方新材料产业园
…………………Tel：0427-5678566

辽宁胜友橡胶科技有限公司
地址：盘山县辽宁北方新材料产业园
…………………Tel：0427-5687033

辽宁卓信能源有限公司
地址：辽宁省盘锦市双台子区外环路以西、北一街以北北方华锦石化交易中心327室
…………………Tel：0427-5696111

盘锦中沥石化有限公司
地址：辽宁省盘锦市盘山县吴家乡榆树村
…………………Tel：0427-5813555

盘锦环帮节能设备有限公司
地址：辽宁省盘锦市盘山县吴家镇吴榆路237号
…………………Tel：0427-5877472

盘锦兴达沥青有限公司
地址：盘山县高升镇南关村
…………………Tel：0427-5924865

盘锦锦江石油化工有限公司
地址：盘锦兴隆台新工街
…………………Tel：0427-5959666

盘锦铭瀚橡胶制品有限公司
地址：辽宁省盘锦市盘山县高升镇东莲花村
…………………Tel：0427-5991777

盘锦禹王橡胶制品有限公司
地址：辽宁省盘锦市兴隆台区经一路东、兴油街南、经一支路西、纬二路北石化工业园内
…………………Tel：0427-6517153

盘锦兴隆石化实业开发有限公司
地址：盘山县经济开发区
…………………Tel：0427-6560501

盘锦兆龙石油化工发展有限公司
地址：大洼县唐家乡何家村
…………………Tel：0427-6710798

盘锦惠誉达实业集团有限责任公司
地址：辽宁省盘锦辽东湾新区创业孵化中心218-106室
…………………Tel：0427-6761988

盘锦胜东石油化工有限公司
地址：辽宁省盘锦辽东湾新区辽宁滨海餐饮娱乐有限公司辽字第C153150722号商网
…………………Tel：0427-6776775

盘锦鑫海华石油化工有限公司
地址：辽宁省盘锦市大洼县唐家乡陈家村20204004
…………………Tel：0427-6820128

辽宁金社裕农供销集团有限公司
地址：辽宁省盘锦市大洼区大洼街道新园社区
…………………Tel：0427-6823660

盘锦奥凯石油化工有限公司
地址：辽宁省盘锦市大洼县大洼镇四新街
…………………Tel：0427-6840533

辽宁亿方石油化工有限公司
地址：大洼县东风镇二道边村
…………………Tel：0427-6840599

盘锦金力源化工有限公司
地址：辽宁省盘锦市大洼县东风镇帅乡工业园
…………………Tel：0427-6849549

盘锦路路顺石化有限公司
地址：辽宁省盘锦辽东湾新区创业孵化中心218-138室
…………………Tel：0427-6872588

辽宁泰宇石化有限公司
地址：盘锦市大洼县东风镇帅乡工业园
…………………Tel：0427-6946333

盘锦鹏瀚石油化工科技有限公司
地址：辽宁省盘锦市大洼区大洼街道17号街
…………………Tel：0427-6994567

辽河石油勘探局有限公司物资分公司
地址：盘锦市兴隆台区渤海街供应委
…………………Tel：0427-7811792

中油辽河工程有限公司
地址：盘锦市兴隆台区石油大街
…………………Tel：0427-7821565

辽宁辽河浩天石油机械橡化有限公司
地址：新民市兴隆堡镇(采油厂院内)
…………………Tel：0427-7826033

盘锦城发资产经营有限责任公司
地址：辽宁省盘锦市兴隆台区石油装备制造基地起步区405室
…………………Tel：0427-8237874

盘锦大奔金蚁橡胶制品有限公司
地址：盘锦经济开发区石油高新技术产业园区19#
…………………Tel：0427-8281226

辽宁亿发石油化工贸易有限公司
地址：盘锦市兴隆台区瀚新紫润茗都13号楼
…………………Tel：0427-8283908

辽宁陕汽金玺装备制造有限公司
地址：盘锦市兴隆台区公园街555号
…………………Tel：0427-8588200

辽宁臻德化工集团有限公司
地址：大洼县东风镇帅乡工业园
…………………Tel：0427-8676888

盘锦浩泰石化科技有限公司
地址：辽宁省盘锦市大洼县东风镇二道边村
…………………Tel：0427-8676888

辽宁嘉凯精化股份有限公司
地址：盘锦新立外商园
…………………Tel：0427-8817333

盘锦义朋石化有限公司
地址：大洼县新开镇
…………………Tel：0427-8898222

中国石油锦西石油化工有限公司
地址：石油街
…………………Tel：0429-2178075

葫芦岛锦西石油化工建筑安装工程有限公司
地址：葫芦岛市连山区新华大街42号
…………………Tel：0429-2178425

宏运石化有限公司
地址：辽宁省葫芦岛市龙港区锦葫路41号楼
…………………Tel：0429-2191080

中宏龙马集团有限公司
地址：辽宁省葫芦岛市龙港区锦葫路41号楼四层
…………………Tel：0429-2191094

葫芦岛市科维石油产品销售有限公司
地址：辽宁省葫芦岛经济开发区北港工业园区辽河路18号
…………………Tel：0429-2821222

葫芦岛利海亨通船舶燃料油有限公司
地址：辽宁省葫芦岛市北港综合产业园区葫芦岛市兴邦实业有限公司202室
…………………Tel：0429-2821222

葫芦岛市兴邦实业有限公司
地址：辽宁省葫芦岛市龙港区辽河路18号楼202室
…………………Tel：0429-2867117

锦西天然气化工有限责任公司
地址：连山区化工街
…………………Tel：0429-2907075

锦西化工机械集团有限公司
地址：辽宁省葫芦岛市连山区化机路25号
…………………Tel：0429-2980882

葫芦岛市极远石化有限公司
地址：葫芦岛市连山区锦北村5号
…………………Tel：0429-3020550

葫芦岛金马石化有限公司
地址：辽宁省葫芦岛高新技术产业开发区创业大厦2号楼403号
…………………Tel：0429-3020551

葫芦岛国华能源装备集团有限公司
地址：葫芦岛打渔山泵业产业园区振兴大街76号
…………………Tel：0429-3497755

建昌汇源农谷生态农业庄园有限公司
地址：辽宁省葫芦岛市建昌县巴什罕乡榆树底下村
…………………Tel：0429-3571888

辽宁双箭橡胶销售有限公司
地址：辽宁省葫芦岛市连山区发展街2-10号楼2单元602室
…………………Tel：0429-5558666

兴城万发橡胶制品有限公司
地址：辽宁省葫芦岛市兴城市宁远办事处铁西
…………………Tel：0429-5625999

兴城市通胜纸制品有限公司
地址：兴城市南大乡后山村柴屯
…………………Tel：0429-5921288

辽宁万来轮胎有限公司
地址：辽宁省葫芦岛市兴城市羊安乡刘八斗村
…………………Tel：0429-5946999

葫芦岛八家矿业股份有限公司
地址：建昌县八家子镇
…………………Tel：0429-7530010

辽宁孚迪斯新材料科技有限公司
地址：辽宁省葫芦岛高新技术产业开发区高新十路8-3号
…………………Tel：0429-7890555

孚迪斯石油化工（葫芦岛）有限公司
地址：辽宁省葫芦岛市高新技术产业开发区高新十路8号
…………………Tel：0429-7890555

吉林省

吉林省丰乾农垦科技有限公司
地址：吉林省长春市朝阳区西安大路南、安达街西长春上海广场1单元1521-1室
…………………Tel：0431-80660396

吉林省农业投资集团有限公司
地址：吉林省长春市净月高新区生态大街3777号长春明宇金融广场A4栋23楼
…………………Tel：0431-81120201

吉林省保丰农业投资有限公司
地址：经济开发区长春总部基地D地块D14幢102号房
…………………Tel：0431-81122756

长春市丰粮农业开发有限公司
地址：高新区硅谷大街1198号前进村民委员会9层901室
…………………Tel：0431-81169940

中石化新星吉林新能源开发有限公司
地址：吉林省长春市绿园区皓月大路与建阳街交汇龙城御苑1号楼8楼
…………………Tel：0431-81179690

长春中势旭阳橡胶有限公司
地址：吉林省长春市朝阳经济开发区三友路与阜育西街交汇处
…………………Tel：0431-81771535

吉林隆源农业股份有限公司
地址：长江路经济开发区兰家镇乙四路
…………………Tel：0431-81808608

中粮贸易吉林有限公司
地址：吉林省长春市南关区南湖大路518号鸿城国际大厦A座24层
…………………Tel：0431-81858117

吉林省中亚集团股份有限公司
地址：长春市净月开发区乙十四路伟峰生态新城11#办公楼501号
…………………Tel：0431-81909888

中化石油吉林有限公司
地址：长春市二道自由大路6451号（宏盛花园小区6号楼西数1-2轴5楼整层）
…………………Tel：0431-81929100

中化石油吉林有限公司
地址：长春市二道自由大路6451号（宏盛花园小区6号楼西数1-2轴5楼整层）
…………………Tel：0431-81929100

九三集团长春大豆科技股份有限公司
地址：经济开发区兴隆山镇日喀则路999-1111号
…………………Tel：0431-81982038

吉林省嘉鹏集团有限公司
地址：九台市西环路65-18号
…………………Tel：0431-82322489

长春市中澳城物流有限公司
地址：长春九台经济开发区省道101八公里南侧
…………………Tel：0431-82563316

长春市兴华橡胶制品厂
地址：宽城区兰家镇丛家村
…………………Tel：0431-82624128

吉林省邮政公司
地址：长春市解放大路3088号
…………………Tel：0431-82757640

长春众诚投资发展集团有限公司
地址：吉林省长春市二道区吉林街16号4楼406室
…………………Tel：0431-82910666

吉林东大天然气有限公司
地址：农安县农安镇铁西村西侧
…………………Tel：0431-83202199

吉林省新大石油化工有限公司
地址：农安县农安镇铁西村
…………………Tel：0431-83246200

榆树市融兴城市开发有限公司
地址：榆树市府前路（畜牧局五楼）
…………………Tel：0431-83699009

长春佳信橡胶制品有限公司
地址：长春市净月开发区16号地紫杉家园9号楼1门01室
…………………Tel：0431-84665448

吉林惠中农业发展有限公司
地址：长春市经济技术开发区玉米工业园区中山大街
…………………Tel：0431-85308067

吉林省吉测检测技术有限公司
地址：长春市净月开发区博硕路1035号长春中医药大学院内研发大厦
…………………Tel：0431-86172766

吉林云天化农业发展有限公司
地址：长岭县太平川镇五区二段
…………………Tel：0431-86776666

吉林德大农牧有限公司
地址：吉林省德惠市京哈公路1149公里处
…………………Tel：0431-87201009

中国石化集团东北石油局有限公司
地址：长春市和平大街355号
…………………Tel：0431-87958835

长春吉旺轩经贸有限公司
地址：吉林省长春市朝阳区自由大路1000号亚泰豪苑1109室B区
…………………Tel：0431-88023503

吉林玉米中心批发市场有限公司
地址：吉林省长春市净月开发区川渝泓泰国际环球贸易中心二期1幢0单元3001-3005室
…………………Tel：0431-88401000

吉林玉米中心批发市场有限公司
地址：吉林省长春市净月开发区川渝泓泰国际环球贸易中心二期1幢0单元3001-3005室
…………………Tel：0431-88401000

中国石化东北天然气销售有限公司
地址：长春市和平大街3-1号
…………………Tel：0431-88531995

中国农业发展银行吉林省分行
地址：长春市解放大路2733号
…………………Tel：0431-88577257

吉林省国华物流集团有限公司
地址：长春市人民大街5225号
…………………Tel：0431-88905955

长春现代农业产业建设有限公司
地址：经济开发区吉林大路6188号503室
…………………Tel：0431-89546081

吉林广泽现代农业产业有限公司
地址：长春市高新开发区长德路2333号
…………………Tel：0431-89577711

长春市同晟投资有限公司
地址：长春市南关区锦湖大路6288号保合大厦13A1406室
…………………Tel：0431-89611101

吉林省能源商贸物流有限公司
地址：吉林省长春市高新区硅谷大街3988号
…………………Tel：0431-89683068

长春新大石油集团农安石油化工有限公司
地址：农安县工业集中区内（铁西村农安县炼油厂北侧）
…………………Tel：0431-89931666

吉化集团吉林市江滨石油化工机械有限责任公司
地址：龙潭区兴城街37号

…………Tel：0432-3985590

吉林省吉利源肥业有限公司
地址：吉林市吉林经济技术开发区昆仑街345号
…………Tel：0432-62017777

世纪华扬环境工程有限公司
地址：吉林省吉林市船营区致和街越山西路32号楼西侧
…………Tel：0432-62297653

吉林环城农村商业银行股份有限公司
地址：吉林省吉林市昌邑区天津街1888号
…………Tel：0432-62401916

吉林市铁投农业有限公司
地址：吉林省吉林市船营区搜登站镇德胜村四社
…………Tel：0432-63295654

吉林首信物权融资集团有限责任公司
地址：吉林市高新区台北路7号软件园5号科技办公楼三楼
…………Tel：0432-63324777

吉利源农业集团有限公司
地址：吉林省吉林市吉林经济技术开发区昆仑街345号
…………Tel：0432-63601111

吉林市万达橡胶机械设备有限责任公司
地址：吉林高新区深圳街86号创业园C座3层5号
…………Tel：0432-64686840

吉林昊宇电气股份有限公司
地址：吉林市高新区南山街3356号
…………Tel：0432-66528810

吉林市汇宇食品有限责任公司
地址：船营区吉兴路45号
…………Tel：0432-66569362

中国物流吉林市有限公司
地址：吉林高新区火炬大厦19层Ｂ号房间
…………Tel：0432-67778901

吉林市鑫海实业有限公司
地址：吉林市致远街320号
…………Tel：0432-68098686

吉林中投红光保健食品有限公司
地址：吉林省吉林市丰满区红旗街道小兰旗幸福家园14-1-601号
…………Tel：0432-69912877

吉林市吉星橡胶科技开发有限公司
地址：吉林高新区火炬大厦20层2002号
…………Tel：0432-69963789

延边林业集团物资有限公司
地址：图们市石岘镇前进街01号
…………Tel：0433-2837366

海华贸易集团有限公司
地址：图们市锦水街24号
…………Tel：0433-3661510

吉林省利安石油化工有限公司
地址：吉林省图们市图们江东山路688号
…………Tel：0433-6124001

敦化市永源石油有限公司
地址：敦化市大石头镇孤山子油库
…………Tel：0433-6427596

吉林省中洲能源进出口有限公司
地址：珲春边境经济合作区1号小区
…………Tel：0433-7611024

四平昊华化工有限公司
地址：四平市铁东区北二经街936号
…………Tel：0434-3536121

吉林省禾冠种业有限公司
地址：四平铁东经济开发区一正路788#
…………Tel：0434-3599066

四平市天远石油化工有限公司
地址：四平红嘴经济技术开发区兴红路山水庄园物业办公楼201室（生产地址：红嘴经济技术开发区兴红路南侧）
…………Tel：04343628817

吉林省佳续科技开发有限公司
地址：梨树县梨树镇东奉化大街梨十公路0.5公里处北侧
…………Tel：0434-5293999

吉林省中联资源有限公司
地址：吉林省四平市四平新型工业化经济开发区十家堡镇铁岭窝堡村
…………Tel：0434-5637022

公主岭市隆盛热电有限公司
地址：公主岭市岭东街黄龙委
…………Tel：0434-6096514

吉林省北方工程橡胶有限公司
地址：吉林公主岭国家农业科技园区102国道989公里处路南
…………Tel：0434-6263019

公主岭市鸿丰物流有限公司
地址：公主岭市陶家屯镇人民政府二楼
…………Tel：0434-6715222

通化市前进石油机械有限公司
地址：通化市光复路1519号
…………Tel：0435-3431502

吉林省瑞博网络科技有限公司
地址：吉林省通化市东昌区新华大街1-1号门市
…………Tel：0435-3537955

通化群大能源机械制造有限责任公司
地址：吉林省通化市二道江区二道江村/1-1
…………Tel：0435-3650999

通化石油化工机械制造有限责任公司
地址：通化县二密镇通梅路7777号
…………Tel：0435-3946808

信通物产（集团）有限公司
地址：吉林省通化市通化开发区四洋公路077-1号214室
…………Tel：0435-5055688

通化化工股份有限公司
地址：通化县二密镇化工路8号
…………Tel：0435-5712478

吉林裕丰米业股份有限公司
地址：白城市经济开发区富裕路1号
…………Tel：0436-5086112

大安市旺盛石油化工助剂有限责任公司
地址：大安市长虹街105-24号
…………Tel：0436-5220196

吉林省百禾农业开发有限公司
地址：吉林省白城市大安市锦华街联通公司楼四楼
…………Tel：0436-5567232

镇赉县澎派粮油销售有限公司
地址：吉林省镇赉县南湖街西永安西路南（飞翔A3区7号楼商服8号门）
…………Tel：0436-5876688

金垦现代农业（吉林）有限公司
地址：吉林省洮南市光明南街社会福利服务中心505室
…………Tel：0436-6691333

洮南市九洲经贸有限公司
地址：吉林省洮南市洮府乡福胜村
…………Tel：0436-6711111

吉林省农投集团生态食品有限公司
地址：吉林省辽源市东辽县连昌村四组
…………Tel：0437-5027153

吉林省金洲现代农业产业发展有限公司
地址：东辽县金州乡福善村二组
…………Tel：0437-5555779

吉林骏程橡胶有限责任公司
地址：东辽县安恕镇乌龙村三组
…………Tel：0437-6191789

吉林省松原石油化工股份有限公司
地址：松原市宁江区新城东路2999号
…………Tel：0438-2082018

松发控股集团石油化学工业循环经济园区土地开发建设投资有限公司
地址：吉林省松原市宁江区石化街889号档案楼538室
…………Tel：0438-2196028

松原石化园区实业有限责任公司
地址：松原市宁江区石化街887号
…………Tel：04382960078

松原吉安生化有限公司
地址：松原经济技术开发区江南工业园区
…………Tel：0438-5058400

松原天源生化工程有限公司
地址：松原经济技术开发区江南工业园区裕丰街1888号
…………Tel：0438-5058400

中化吉林长山化工有限公司
地址：吉林省前郭县长山镇
…………Tel：0438-5197017

吉林省基正谷物有限公司
地址：扶余市陶赖昭镇
…………Tel：0438-5863599

扶余市海洋橡胶制品有限公司
地址：扶余市蔡家沟工业园区
…………Tel：0438-6149911

吉林石油集团兴业石油化学技术服务有限公司
地址：松原经济技术开发区兴原乡油田综合利用厂院内
…………Tel：0438-6223708

吉林石油集团有限责任公司
地址：吉林省松原市宁江区锦江大街1号
…………Tel：0438-6258214

中国石油前郭炼油厂
地址：松原市宁江区石化街749号
…………Tel：0438-6258214

吉林新洋丰肥业有限公司
地址：扶余市陶赖昭工业园区
…………Tel：0438-6827999

史丹利扶余农业有限公司
地址：吉林省扶余市工业集中区
…………Tel：0438-6932999

史丹利化肥扶余有限公司
地址：吉林省扶余市工业集中区
…………Tel：0438-6932999

吉林省吉农国际经贸有限公司
地址：吉林省长春市朝阳区威尼斯花园小区10号楼3门204室
…………Tel：0438-8258047

吉林森工松江河林业（集团）有限公司
地址：抚松县松江河镇白山街
…………Tel：0439-5073056

黑龙江省

黑龙江象屿农业物产有限公司
地址：黑龙江省齐齐哈尔市依安县依明公路西侧（城南九公里路西）
…………Tel：0451-51016886

黑龙江象屿金谷农产有限公司
地址：哈尔滨高新技术产业开发区科技创新城创新三路800号18-19层
…………Tel：0451-51016886

黑龙江葆融农业发展有限公司
地址：哈尔滨经开区南岗集中区长江路496号悦山国际D栋1号商服
…………Tel：0451-51053735

黑龙江云天化农业物产有限公司
地址：哈尔滨高新技术产业开发区科技创新城创新二路277号哈投大厦16层
…………Tel：0451-51067311

金色景田实业发展有限公司
地址：哈尔滨市道里区群力第六大道与朗江路交口君康大厦写字楼23层1区至5区
…………Tel：0451-51096617

黑龙江省农投供应链管理有限公司
地址：哈尔滨市松北区创新三路800号国际农业科技创新中心第16层
…………Tel：0451-51536175

哈尔滨润恒物流发展有限公司
地址：哈尔滨市松北区万宝大道2166号A区9号沿街商铺
…………Tel：0451-51855188

商德国际物流股份有限公司
地址：哈尔滨市香坊区成高子大街５８号
…………Tel：0451-51866018

黑龙江诚通物流有限公司
地址：哈尔滨市香坊区三大动力路39号1层101室
…………Tel：0451-51868023

中化石油黑龙江有限公司
地址：哈尔滨高新区科技创新城创新创业广场１９号楼创新１路６９９号Ａ２０５室
…………Tel：0451-51901931

中化石油黑龙江有限公司
地址：哈尔滨高新区科技创新城创新创业广场１９号楼创新１路６９９号Ａ２０５室
…………Tel：0451-51901931

黑龙江康尚汇农业科技发展有限公司
地址：哈尔滨高新技术产业开发区智谷二街5333号办公楼301-27室
…………Tel：0451-51912141

黑龙江三聚北大荒生物质新材料有限公司
地址：黑龙江省哈尔滨市南岗区汉水路263号
…………Tel：0451-52996399

寒地黑土生态环保科技有限公司
地址：哈尔滨市道外区巨源镇
…………Tel：0451-53617779

北大荒龙垦麦芽有限公司
地址：黑龙江省哈尔滨市开发区哈平路集中区宁波路8号
…………Tel：0451-55193837

黑龙江北大荒种业集团有限公司
地址：黑龙江省哈尔滨市香坊区红旗大街175号
…………Tel：0451-55195311

黑龙江北大荒农化科技有限公司
地址：黑龙江省哈尔滨市南岗区高新技术开发区10栋1-5轴
…………Tel：0451-55393923

哈尔滨橡胶厂
地址：哈尔滨市道外区先锋路130-1号
…………Tel：0451-55667066

汉枫缓释肥料有限公司
地址：尚志市经济开发区
…………Tel：0451-56763000

哈尔滨市呼兰第二粮库有限公司
地址：哈尔滨市呼兰区杨林乡吉祥村
…………Tel：0451-56887728

瓮福巴彦农业发展有限公司
地址：巴彦县松花江乡民胜村
…………Tel：0451-57561377

黑龙江瓮福生态农业发展有限公司
地址：哈尔滨市松北区创新二路733号哈尔滨国际金融大厦17层6号办公
…………Tel：0451-58560838

黑龙江大荒缘电子商务有限公司
地址：哈尔滨高新技术产业开发区科技创新城创新创业广场14号楼明月街236号火炬电子商务大厦11层
…………Tel：0451-58894316

和安特种设备检测有限公司
地址：哈尔滨高新技术产业开发区迎宾路集中区天平路22号对俄产业园1A号楼
…………Tel：0451-82315079

万向德农股份有限公司
地址：黑龙江省哈尔滨市南岗区玉山路18号
…………Tel：0451-82368448

中国铁路物资哈尔滨物流有限公司
地址：哈尔滨市道外区东棵街副57号
…………Tel：0451-82426946

黑龙江省达捷中俄经贸物资调剂有限公司
地址：哈尔滨高新技术开发区科技创新城创新创业广场15号楼(明月街192号)电子商务大厦717-115室
…………Tel：0451-82462269

黑龙江北大荒农垦集团农业生产资料有限公司
地址：黑龙江省哈尔滨市香坊区中山路64号
…………Tel：0451-82618091

哈尔滨天地丰农业科技有限公司
地址：哈尔滨市宾县宾西镇宾西经济技术开发区
…………Tel：0451-83134500

中储农垦北方有限公司
地址：哈尔滨市南岗区民益街24号1层122室
…………Tel：0451-84010197

黑龙江省云田农业科技发展有限公司
地址：哈尔滨市南岗区一曼街162号六层605室
…………Tel：0451-84010197

黑龙江省万里海粮农业发展有限公司
地址：哈尔滨市松北区创新二路733号哈尔滨国际金融大厦2102室
…………Tel：0451-84090941

绥芬河国中能源有限公司
地址：绥芬河综合保税区展馆二楼210-4室
…………Tel：0451-84627468-89

黑龙江中蒙石化有限公司
地址：巴彦县巴彦镇太平街金迈隆综合楼4单元502室
…………Tel：0451-84671779

黑龙江省农业生产资料公司
地址：黑龙江省哈尔滨市道外区景阳街181号
…………Tel：0451-84698741

黑龙江联合石油化工有限公司
地址：黑龙江省牡丹江市东安区江南新城区中俄信息产业园孵化器10号楼7层7001室
…………Tel：0451-84859806

黑龙江联合石油化工有限公司
地址：黑龙江省牡丹江市东安区江南新城区中俄信息产业园孵化器10号楼7层7001室
…………Tel：0451-84859806

黑龙江联合石化控股有限公司
地址：哈尔滨高新技术产业开发区科技创新城创新创业广场13号楼世茂大道72号火炬欧亚大厦A406室
…………Tel：0451-84859806

黑龙江省卓信农业发展集团有限公司
地址：哈尔滨市道里区群力汇智金融企业总部一期1栋4层401号
…………Tel：0451-85715776

供销粮油黑龙江有限公司
地址：哈尔滨经开区南岗集中区长江路209号中浩华尔街A栋13层
…………Tel：0451-85970816

中油黑龙江农垦石油有限公司
地址：黑龙江省哈尔滨市道里区群力第五大道2700号
…………Tel：0451-85998111

哈尔滨铁路对外经贸有限公司
地址：黑龙江省哈尔滨市南岗区红军街108号
…………Tel：0451-86427404

黑龙江省元坤农业种植专业合作社联社
地址：哈尔滨市南岗区学府路368号1-2层7号
…………Tel：0451-86537889

哈尔滨利民橡胶有限公司
地址：哈尔滨市平房区平房镇西村二道街１２号
…………Tel：0451-86574926

北大荒龙麦农业股份有限公司
地址：哈尔滨经开区哈平路集中区宁波路西侧8号
…………Tel：0451-86667578

黑龙江千秋农业集团有限公司
地址：哈尔滨市呼兰区双井街道小罗村
…………Tel：0451-86681378

黑龙江莊施美生物科技开发有限公司
地址：哈尔滨市道外区团结镇东风村义兴屯
…………Tel：0451-86784888

哈尔滨中盛能源技术有限公司
地址：哈尔滨开发区哈平路集中区松花路１１号
…………Tel：0451-86810188

哈尔滨天源石化装备制造有限责任公司
地址：哈尔滨市道里区机场路2公里群力园区
…………Tel：0451-87007711

哈尔滨谷物交易所有限公司
地址：哈尔滨经开区南岗集中区长江路

３６８号１５０８室
…………………… Tel：0451-87043388
黑龙江中油哈铁石油有限责任公司
地址：哈尔滨市道里区地段街76号
…………………… Tel：0451-87052373
哈尔滨东安橡胶有限责任公司
地址：哈尔滨市平房区哈五路
…………………… Tel：0451-87106919
黑龙江北大荒人农业发展有限公司
地址：黑龙江省绥化市兰西县兰西经济开发区绥兰路8号
…………………… Tel：0451-87170127
哈尔滨海亮实业有限公司
地址：哈尔滨市香坊区旭升街１７０号７栋１层５号
…………………… Tel：0451-87261938
黑龙江亿宇石油石化产品有限公司
地址：黑龙江省哈尔滨市南岗区西大直街369号恒祥首府B栋1单元9层1号
…………………… Tel：0451-87365009
哈尔滨天稻农业发展有限公司
地址：哈尔滨市香坊区菜艺街35号
…………………… Tel：0451-87555488
佳沃北大荒农业控股有限公司
地址：哈尔滨经开区南岗集中区黄河路88号哈工大建筑科技大厦1栋2单元12层4号
…………………… Tel：0451-87676109
黑龙江中铁龙禹石油有限责任公司
地址：哈尔滨市道里区建国街２７９号
…………………… Tel：0451-87705021
中国石油销售东北公司哈尔滨公司
地址：黑龙江省哈尔滨市南岗区东大直街120号
…………………… Tel：0451-87859310
黑龙江倍丰农业生产资料集团有限公司
地址：黑龙江省哈尔滨市道外区景阳街181号
…………………… Tel：0451-88383752
东方集团粮油食品有限公司
地址：哈尔滨经开区南岗集中区红旗大街240号
…………………… Tel：0451-88832230
谷和农业服务有限公司
地址：哈尔滨市平房区星海路20号A栋一层103(仅限办公使用)
…………………… Tel：0451-89203888
黑龙江中汇恒实业有限公司
地址：黑龙江省哈尔滨市道里区新阳路38号
…………………… Tel：0451-89599993
黑龙江国弛进出口贸易有限公司
地址：哈尔滨市松北区创新一路2345号电子商务主楼A103室
…………………… Tel：0451-89917777
黑龙江中宇实业有限公司
地址：哈尔滨高新技术产业开发区科技创新城创新一路2305号101-225室
…………………… Tel：0451-89917777
齐齐哈尔市第一粮库有限公司
地址：黑龙江省齐齐哈尔市铁锋区南卜街
…………………… Tel：0452-2634597
讷河市吉泰农业有限公司
地址：讷河市西南街弘苑综合楼B栋00单元01层07号
…………………… Tel：0452-2654555
齐齐哈尔市缘子汇福农业发展有限公司
地址：黑龙江省齐齐哈尔市龙沙区二号院邮电楼1-3层
…………………… Tel：0452-2799066
金鹤川集团有限公司
地址：黑龙江省齐齐哈尔市龙沙区新立街（教学楼3）00单元01层01号
…………………… Tel：0452-2815552
齐齐哈尔市恒阳现代农业开发有限公司
地址：黑龙江省齐齐哈尔市龙沙区胜利小区11号楼5单元1层5号
…………………… Tel：0452-3323941
齐齐哈尔鹏程北方糖业股份有限公司
地址：黑龙江省齐齐哈尔市讷河市拉哈镇
…………………… Tel：0452-3721469
黑龙江瓮福金泰农业发展有限公司
地址：克山县克山镇建材产业园
…………………… Tel：0452-4550005
黑龙江陆玖矿业有限公司
地址：黑龙江省齐齐哈尔市龙江县杏山乡后六九村屯
…………………… Tel：0452-5328008
龙江县史丹利江之源农业服务有限公司
地址：黑龙江省齐齐哈尔市龙江县龙江镇山包村三屯
…………………… Tel：0452-5837711
龙江县江源油脂有限责任公司
地址：黑龙江省齐齐哈尔市龙江县龙江镇青山路1号
…………………… Tel：0452-5837711
齐齐哈尔龙江阜丰生物科技有限公司
地址：黑龙江省齐齐哈尔市昂昂溪区111国道1558公里处东侧
…………………… Tel：0452-6028106
齐化集团有限公司
地址：黑龙江省齐齐哈尔市昂昂溪区榆树屯化工街
…………………… Tel：0452-6200806
黑龙江鑫泰石化有限公司
地址：黑龙江省齐齐哈尔市昂昂溪区化工街
…………………… Tel：0452-6219655
齐齐哈尔达腾商贸有限公司
地址：齐齐哈尔市梅里斯达斡尔族区雅尔塞镇雅尔塞村
…………………… Tel：0452-6728883
齐齐哈尔顺然实业有限公司
地址：黑龙江省齐齐哈尔市铁锋区龙华路58号综合楼1-2层4号
…………………… Tel：0452-6732777
一重新能源发展集团有限公司
地址：黑龙江省齐齐哈尔市富拉尔基区铁西
…………………… Tel：0452-6810191
齐齐哈尔百信聚氨酯橡胶有限公司
地址：黑龙江省齐齐哈尔市富拉尔基区建富路112号
…………………… Tel：0452-6880086
黑龙江省东府塑料实业有限公司
地址：黑龙江省齐齐哈尔市富拉尔基区富景公路
…………………… Tel：0452-6914848
依安县五谷行农业科技发展有限公司
地址：黑龙江省齐齐哈尔市依安县依安镇东北新街城外
…………………… Tel：0452-7786777
民众大福实业控股有限公司
地址：黑龙江省齐齐哈尔市铁锋区龙华路58号综合楼1-2层4号
…………………… Tel：0452-7799999
黑龙江黑化集团有限公司
地址：黑龙江省齐齐哈尔市富拉尔基区向阳大街2号
…………………… Tel：0452-8927424
黑龙江省嘉吉利石油化工有限公司
地址：绥芬河综合保税区管委会办公楼二楼205-5室
…………………… Tel：0453-3937728
绥芬河市龙生经贸有限责任公司
地址：黑龙江省牡丹江市绥芬河市文化街47号商联商厦1201室
…………………… Tel：0453-3958326
绥芬河龙江商联进出口有限公司
地址：黑龙江省牡丹江市绥芬河市文化街47号商联商厦
…………………… Tel：0453-3961620
牡丹江鼎翔橡胶有限公司
地址：黑龙江省牡丹江市阳明区桦林镇东
…………………… Tel：0453-6301829
中央储备粮牡丹江直属库有限公司
地址：黑龙江省牡丹江市爱民区光华街米厂路13号
…………………… Tel：0453-6331212
牡丹江特种橡胶制品有限公司
地址：黑龙江省牡丹江市阳明区光华街17号
…………………… Tel：0453-6336967
牡丹江首控石油化工有限公司
地址：黑龙江省牡丹江市爱民区大庆街435号
…………………… Tel：0453-6823341
黑龙江省中广万顺物流有限公司
地址：黑龙江省牡丹江市阳明区电子商务产业中心8层809室
…………………… Tel：0453-8224333
牡丹江铁路物流有限公司
地址：黑龙江省牡丹江市西安区日照街259号
…………………… Tel：0453-8822186
黑龙江沐源生物工程有限公司
地址：佳木斯郊区江北经济开发区
…………………… Tel：0454-3821460
黑龙江北大荒农垦集团前进农场有限公司
地址：黑龙江省佳木斯市同江市建三江前进农场社区综合服务楼
…………………… Tel：0454-5799126
黑龙江省前进农场
地址：黑龙江省佳木斯市同江市建三江前进农场
…………………… Tel：0454-5799126
富锦市万里利达粮食储备有限公司
地址：富锦市二龙山镇政府公共服务中心
…………………… Tel：0454-6157958
佳木斯东兴煤化工有限公司
地址：黑龙江省佳木斯市东风区松兴路中段
…………………… Tel：0454-7781540
黑龙江北大荒浩良河化肥有限公司
地址：黑龙江省伊春市南岔区浩良河化肥厂
…………………… Tel：0454-8197125
佳木斯市龙德纸业有限公司
地址：佳木斯市东风区高新街（原吴广巷）与光复路交叉口东兴城A-D3号楼102门市
…………………… Tel：0454-8289316
佳木斯三江伟业农资物流园有限公司
地址：向阳区联盟路
…………………… Tel：0454-8436888
大庆高新区韵丰现代农业发展有限公司
地址：黑龙江省大庆市高新区温泉新城国家级示范园区经九南街西02-1商服
…………………… Tel：0454-98170508
黑龙江省汉泽石油设备有限公司
地址：黑龙江省安达市综合开发区安东一大道以东，安东四路以南
…………………… Tel：0455-2805188
黑龙江云天化农业发展有限公司
地址：青冈县经济开发区
…………………… Tel：0455-3231005
绥化象屿能源有限公司
地址：绥化市北林区张维镇现代农业产业园
…………………… Tel：0455-3582157
黑龙江省昌益实业发展有限公司
地址：绥化市北林区绥望路3.5公里
…………………… Tel：0455-5455555
黑龙江省大地粮食贸易有限公司
地址：绥化市北林区新华乡三发村
…………………… Tel：0455-5455555
黑龙江四方山牧业有限公司
地址：黑龙江省绥化市肇东市四方山农场场部
…………………… Tel：0455-7725988
黑龙江福和制药集团股份有限公司
地址：黑龙江省绥化市肇东市正阳大街1166号
…………………… Tel：0455-7785490
黑龙江安瑞佳石油化工有限公司
地址：黑龙江省绥化市安达市哈大齐北城发展用地项目区
…………………… Tel：0455-7889990
安达兴达化工有限公司
地址：黑龙江省绥化市安达市高新化工新材料产业园区规划3路东侧安东10路北侧
…………………… Tel：0455-8139993
五大连池市三农农业科技发展有限公司
地址：五大连池市新发镇矿泉工业园区
…………………… Tel：0456-2615888
黑龙江北五地方储备粮有限公司
地址：黑龙江省黑河市北安市北五公路出口
…………………… Tel：0456-6222222
黑龙江省九三物流有限公司
地址：黑龙江省黑河市嫩江县九三管理局经济开发区
…………………… Tel：0456-7878457
华康现代农业物流有限公司
地址：黑龙江省黑河市嫩江县九三管理局经济开发区二路7号
…………………… Tel：0456-7881877
黑龙江宝邦供应链管理有限公司
地址：黑河市合作区中小企业创业服务中心
…………………… Tel：0456-8229763
黑龙江农垦完达山贸易有限公司
地址：黑龙江省哈尔滨市南岗区长江路386号
…………………… Tel：045-85979751
伊春世纪明华汽车零部件制造有限公司
地址：黑龙江省伊春市翠峦区伊春工业园区
…………………… Tel：0458-8883354
大庆市华禹石油机械制造有限公司
地址：黑龙江省大庆市龙凤区光明产业园区光明南街23-2号
…………………… Tel：0459-2636736
大庆九洲方圆体育科技有限公司
地址：大庆市让胡路区大庆经济技术开发区高端装备制造园一期A13栋
…………………… Tel：0459-2756456
大庆高新石油化工有限公司
地址：黑龙江省大庆高新区新科路5号310室
…………………… Tel：0459-2792922
大庆农产品中心批发市场有限公司
地址：黑龙江省大庆市萨尔图区东风新村大庆农产品批发市场1#厅
…………………… Tel：0459-4631125
大庆市泰恒机电设备有限公司
地址：黑龙江省大庆市萨尔图区拥军村
…………………… Tel：0459-4681529
大庆市力讯电通科技有限公司
地址：黑龙江省大庆市萨尔图区拥军村十三中对面
…………………… Tel：0459-4681529
大庆市瑞通机械设备制造有限公司
地址：黑龙江省大庆市让胡路区大庆经济技术开发区开元大街2号602房间
…………………… Tel：0459-5059388
大庆常弘石油化工科技有限公司
地址：黑龙江省大庆市让胡路区广厦小区A-7商服楼商服03
…………………… Tel：0459-5516648
大庆宏伟庆化石油化工有限公司
地址：黑龙江省大庆高新区宏伟园区宏庆路2号
…………………… Tel：0459-5611338
大庆锐航橡胶制品销售有限公司
地址：黑龙江省大庆市萨尔图区火炬路83号（59043）
…………………… Tel：0459-5725678
大庆市华克石油化工有限公司
地址：黑龙江省大庆市萨尔图区五金大街88号08
…………………… Tel：0459-5826960
大庆市昊营石油化工科技有限公司
地址：黑龙江省大庆高新区宏伟园区浩拓路2号-2
…………………… Tel：0459-5962001
大庆润欣石化科技有限公司
地址：黑龙江省大庆市让胡路区大众创业孵化基地办公楼创新楼201房间
…………………… Tel：0459-5984660
凯山重工机械有限公司
地址：黑龙江省大庆市高新区新发街7-1-4号石油石化装备制造园2号厂房
…………………… Tel：0459-6316900
大庆博茂橡胶制品有限公司
地址：黑龙江省大庆市让胡路区大庆昆仑唐人中心SOHO公寓楼A幢1单元商业性质公寓1521号房
…………………… Tel：0459-6333369
大庆市让胡路区裕展橡胶制品有限公司
地址：黑龙江省大庆市让胡路区庆新二村庆福路（9001）
…………………… Tel：0459-6351144
大庆市让胡路区庆新橡胶制品有限公司
地址：黑龙江省大庆市让胡路区庆新村
…………………… Tel：0459-6355113
黑龙江华商农业发展有限公司
地址：黑龙江省大庆高新区新风路6-1号大庆服务外包产业园C1、C2、C3座450室
…………………… Tel：0459-6381011
大庆雪龙石化技术开发有限公司
地址：黑龙江省大庆市高新区技术产业开发区兴化园区
…………………… Tel：0459-6410167
大庆普瑞石油化工科技有限公司
地址：黑龙江省大庆市龙凤区光明北街9一层
…………………… Tel：0459-6525888
庆丰农业生产资料集团有限责任公司
地址：黑龙江省大庆市龙凤区卧里屯大街55号
…………………… Tel：0459-6555112
大庆英华管业有限公司
地址：黑龙江省大庆市高新区石油石化装备制造产业园新A05号厂房
…………………… Tel：0459-6613072
大庆锦联石油化工有限公司
地址：黑龙江省大庆高新区高端装备制造园创盈大厦401室-12
…………………… Tel：0459-6618566
大庆昊运橡胶制品有限公司
地址：黑龙江省大庆市让胡路区喇嘛甸镇富兴牧业小区394号
…………………… Tel：0459-6726558
大庆中蓝石化有限公司
地址：黑龙江省大庆市让胡路区让杜路254号
…………………… Tel：0459-6728528
大庆石化建设有限公司
地址：黑龙江省大庆市高新区兴化化工园区
…………………… Tel：0459-6763605
中国石油大庆石油化工有限公司
地址：黑龙江省大庆市龙凤区兴化村
…………………… Tel：0459-6763987
中国石油大庆石油化工有限公司
地址：黑龙江省大庆市龙凤区兴化村
…………………… Tel：0459-6763987
大庆石油化工机械厂有限公司
地址：黑龙江省大庆市高新区兴化园区化工路95号
…………………… Tel：0459-6764056
大庆五大连油能源科技有限公司
地址：黑龙江省人庆高新区化工路103-1号
…………………… Tel：0459-6767850
大庆恒通石油化工销售有限公司
地址：黑龙江省大庆市龙凤区火车站前凤一路1号一楼22门
…………………… Tel：0459-6793681
大庆北研石油设备制造有限公司
地址：黑龙江省大庆市高新区石油石化产业装备制造园4号东侧厂房
…………………… Tel：0459-6816766
大庆市加通石油化工有限公司
地址：黑龙江省大庆市龙凤区东干线西侧、向阳工业园区内

…………………………Tel：0459-68555555
黑龙江省龙油石油化工股份有限公司
地址：黑龙江省大庆市大同区林源南街黑龙江省大庆联谊石油化工总厂307、308房间
…………………………Tel：0459-6926009
黑龙江省海国龙油石化股份有限公司
地址：黑龙江省大庆市大同区林源南街5号
…………………………Tel：0459-6926009
黑龙江龙油石油化工气体有限公司
地址：黑龙江省大庆市大同区林源南街五号
…………………………Tel：0459-6926009
黑龙江龙油石油化工蜡化有限公司
地址：黑龙江省大庆市大同区林源南街五号大庆联谊石化股份有限公司助剂厂4层417-418号
…………………………Tel：04596966998
黑龙江省嘉信石化机械有限公司
地址：黑龙江省大庆市让胡路区乘风西路16号
…………………………Tel：0459-6970933
大庆锡达石油化工有限公司
地址：黑龙江省大庆高新区宏伟园区宏庆路6号
…………………………Tel：0459-8161177
黑龙江中路石化有限公司
地址：肇源县东方红街（04-32-445）
…………………………Tel：0459-8361888
大庆普吉田园营养食品集团有限公司
地址：黑龙江省大庆市高新区新风路9号
…………………………Tel：0459-8979035
大庆圆明石油机械制造有限公司
地址：黑龙江省大庆市高新区创业新街14号科技创业园创新大厦419房间
…………………………Tel：0459-8986543
泛东北亚大宗商品国际交易中心有限公司
地址：黑龙江省七台河市桃山区石油大道88号
…………………………Tel：0464-6168088
七台河市隆鹏煤炭发展有限责任公司
地址：黑龙江省七台河市新兴区红旗镇红鲜村
…………………………Tel：0464-8372555
黑龙江惠丰珍宝粮油集团有限责任公司
地址：虎林市解放西街北检察院东侧宝润香林里1号楼2号门市
…………………………Tel：0467-5891277
黑龙江省延军农场
地址：黑龙江省鹤岗市萝北县延军农垦社区B区2委42栋1号
…………………………Tel：0468-3760496
黑龙江北大荒农垦集团延军农场有限公司
地址：黑龙江省鹤岗市萝北县延军农垦社区B区2委42栋1号
…………………………Tel：0468-3760496
黑龙江省福人和米业有限公司
地址：鹤岗市兴安区5委4组滨河南小区棚改办综合楼208室
…………………………Tel：0468-3781200
黑龙江省宝泉岭农垦山林粮食加工有限责任公司
地址：黑龙江省鹤岗市萝北县宝泉岭双汇路3号
…………………………Tel：0468-3794777
鹤岗市元华橡胶密封科技有限公司
地址：黑龙江省鹤岗市南山区南山路
…………………………Tel：0468-6192177
中海石油华鹤煤化有限公司
地址：黑龙江省哈萝公路鹤岗段8号
…………………………Tel：0468-8969311
中海石油华鹤煤化有限公司
地址：黑龙江省哈萝公路鹤岗段8号
…………………………Tel：0468-8969311
黑龙江红兴隆农垦宝华粮贸有限公司
地址：黑龙江省双鸭山市宝清县五九七农场工业园区一园
…………………………Tel：0469-2684531
集贤县天兴粮食收储有限公司
地址：黑龙江省双鸭山市集贤县升昌镇政府西
…………………………Tel：0469-4942566
黑龙江天兴生物科技集团升昌物流有限公司
地址：黑龙江省双鸭山市集贤县双鸭山林业局升昌综合厂287号
…………………………Tel：0469-4942566
黑龙江省友谊农场
地址：黑龙江省双鸭山市友谊县友谊路广场街
…………………………Tel：0469-5851209
黑龙江北大荒农垦集团友谊农场有限公司
地址：黑龙江省双鸭山市友谊县红兴隆管理局红兴隆大街商贸城4层
…………………………Tel：0469-5851209
宝清北大荒米高农业科技有限公司
地址：黑龙江省双鸭山市宝清县宝清镇永宁路西
…………………………Tel：0469-6135403
北大仓粮油股份有限公司
地址：黑龙江省双鸭山市集贤县经济开发区
…………………………Tel：0469-6185279
黑龙江宝硒农业科技发展有限公司
地址：黑龙江省双鸭山市宝清县宝清镇北关村原小学
…………………………Tel：0469-8800000

江苏省

江苏高速公路能源发展有限公司
地址：南京市江东中路399号紫金金融中心A2楼24层
…………………………Tel：025-52227218
江苏伊斯特威尔供应链管理有限公司
地址：南京市雨花台区小行路16号3号楼402室
…………………………Tel：025-52279177
江苏创携国际贸易有限公司
地址：南京市建邺区江东中路211号908
…………………………Tel：025-52685655
宇通建设投资集团有限公司
地址：南京市江宁区秣陵街道铺岗街599号
…………………………Tel：025-52728513
江苏天天订电子商务有限公司
地址：南京市江宁区东山街道高桥工业集中区润发路18号
…………………………Tel：025-52785977
南京东宸供应链管理有限公司
地址：南京市建邺区邺城路19号双闸社区中心B座5楼501室
…………………………Tel：025-52860503
南京金浦英萨合成橡胶有限公司
地址：南京化学工业园区崇福路109号
…………………………Tel：025-56300111
冠东橡胶实业（南京）有限公司
地址：南京市溧水经济开发区南区
…………………………Tel：025-56616018
中电建国际贸易服务（江苏）有限公司
地址：南京市高淳区经济开发区古檀大道3号1幢
…………………………Tel：025-56830066
南京远古水业股份有限公司
地址：南京市六合区大厂新华西路70号
…………………………Tel：025-57059559
江苏海德石化集团有限公司
地址：南京市江北新区大厂街道湛水路668号
…………………………Tel：025-57059999
江苏江杭石化工程有限公司
地址：南京市六合经济开发区时代大道81号
…………………………Tel：025-57155995
南京韬聚冷链科技有限公司
地址：南京市六合经济开发区湖荡路3号
…………………………Tel：025-57191226
南京固瑞橡胶有限公司
地址：南京市高淳区固城街道黄花路228号
…………………………Tel：025-57356538
中石化南京清江物流有限公司
地址：南京市江北新区长芦街道金江公路18号
…………………………Tel：025-57559820
东方石化股份有限公司
地址：南京市玄武区苏宁大道64号9栋302室
…………………………Tel：025-57725650
江苏阔油石油化工有限公司
地址：南京市六合区大厂街道园西路180号307室（化工园）
…………………………Tel：025-57738099
中国石化集团南京化学工业有限公司
地址：南京市六合区葛关路189号
…………………………Tel：025-57765939
南京扬子石化碧辟乙酰有限责任公司
地址：南京市六合区火炬路9号
…………………………Tel：025-57780000
南京扬子检修安装有限责任公司
地址：南京市江北新区园区西路111号
…………………………Tel：025-57782576
南京扬子化工实业有限责任公司
地址：南京市江北新区大厂街道新华路710号
…………………………Tel：025-57782967
中石化项目管理有限公司
地址：南京市江北新区大厂街道新华东路9号
…………………………Tel：025-57783285
中集安瑞科工程科技有限公司
地址：南京市江北新区大厂街道扬村三路95号
…………………………Tel：025-57783742
南京扬子石化炼化有限责任公司
地址：南京市江北新区28幢二层
…………………………Tel：025-57784511
南京扬子检维修有限责任公司
地址：南京江北新区大厂街道新华东路
…………………………Tel：025-57784806
南京扬子石油化工工程有限责任公司
地址：南京市沿江工业开发区新华东路9号
…………………………Tel：025-57786515
中国石化扬子石油化工有限公司
地址：南京市江北新区高科一路28号
…………………………Tel：025-57787554
南京扬子石油化工有限责任公司
地址：南京江北新区大厂街道园区西路111号
…………………………Tel：025-57787554
南京奇宏机械工程有限公司
地址：南京市沿江工业开发区新华路288号
…………………………Tel：025-57791339
南京迎强车辆配件有限公司
地址：南京市浦口区盘城新街5-8号
…………………………Tel：025-57793759
南京灵科橡胶有限公司
地址：南京市高淳区淳溪镇宝塔路127号
…………………………Tel：025-57955768
江苏新天际国际贸易有限公司
地址：南京市建邺区江东中路333号（金奥国际中心8楼801室）
…………………………Tel：025-58058170
江苏罗恩石化有限公司
地址：南京市建邺区江东中路110号1907室
…………………………Tel：025-58061356
江苏昱芃能源集团有限公司
地址：南京市秦淮区中牌楼西118号
…………………………Tel：025-58075599
南京苏达橡胶有限公司
地址：南京市浦口区泰山街道花旗工业园60号
…………………………Tel：025-58117710
国投源通网络科技有限公司
地址：南京市建邺区嘉陵江东街18号2栋7层708室
…………………………Tel：025-58305600
金浦新材料股份有限公司
地址：南京市六合区大厂（化学工业园区）大纬东路188号
…………………………Tel：025-58366661
中石化南京催化剂有限公司
地址：南京市江北新区开发土地Y06-4-1号地块
…………………………Tel：025-58375880
南京化学工业园铁路运输有限责任公司
地址：南京市江北新区长芦街道方水路90号-151
…………………………Tel：025-58380890
江苏慧聚橡胶股份有限公司
地址：南京市江北新区化学工业园区罐区南路69号
…………………………Tel：025-58391236
江苏耀达石油化工有限公司
地址：南京市浦口区江浦街道浦口大道1号新城总部大厦B座20层
…………………………Tel：025-58462781
南京扬子石化橡胶有限公司
地址：南京市江北新区丰华路299号
…………………………Tel：025-58561698
南京扬子石化橡胶有限公司
地址：南京市江北新区丰华路299号
…………………………Tel：025-58561698
扬子石化-巴斯夫有限责任公司
地址：南京市六合区乙烯路266号
…………………………Tel：025-58569966
江苏省港口集团物流有限公司
地址：南京经济技术开发区兴智路6号兴智科技园B栋第22层
…………………………Tel：025-58582258
招商局南京油运股份有限公司
地址：南京市鼓楼区中山北路324号油运大厦
…………………………Tel：025-58586816
南京富国勃朗峰橡胶有限公司
地址：南京市浦口区浦泗路18号泰山都市工业园04栋
…………………………Tel：025-58629356
华扬石油天然气勘探开发有限公司
地址：南京市建邺区江东中路375号
…………………………Tel：025-58777135
中石化华东石油工程有限公司
地址：南京市建邺区江东中路315号
…………………………Tel：025-58778968
南京威诺油气井测试工程有限公司
地址：南京市建邺区江东中路315号中泰大厦6号楼1601室
…………………………Tel：025-58778980
南京正隆橡胶有限公司
地址：南京市下关区方家营800号02幢-5
…………………………Tel：025-58788399
江苏华扬液碳有限责任公司
地址：南京市江东中路315号
…………………………Tel：025-58817281
南京金陵石化建筑安装工程有限公司
地址：南京市栖霞区栖霞街道甘家巷
…………………………Tel：025-58978120
南京红叶石化有限公司
地址：南京市栖霞区栖霞街道甘家巷
…………………………Tel：025-58981037
中国石化集团金陵石油化工有限责任公司
地址：南京市栖霞区栖霞街道甘家巷388号
…………………………Tel：025-58988114
江苏中昌石化工程有限公司
地址：南京市江宁区芝兰路18号
…………………………Tel：025-66033683
南京扬子伊士曼化工有限公司
地址：南京化学工业园区沿河路1号
…………………………Tel：025-66609287
中海油华东销售有限公司
地址：南京市建邺区河西大街198号一单元301室、309室
…………………………Tel：025-66697880
江苏苏宁易购电子商务有限公司
地址：南京市玄武区苏宁大道1-9号
…………………………Tel：025-66996699
中海外江苏贸易发展有限公司
地址：南京市凤台南路138号
…………………………Tel：025-68199763
南京江盛建材有限公司
地址：南京市六合区龙池街道雄州南路399号阜康园区506幢1单元301室
…………………………Tel：025-68199763
江苏新迪诚供应链管理有限公司
地址：南京市雨花台区小行尤家凹4号
…………………………Tel：025-68199916
南京三方化工设备监理有限公司
地址：南京市鼓楼区清江南路19号南大苏富特科技创新园一号楼3层
…………………………Tel：025-68220755
江苏金象旅游发展有限公司
地址：句容市茅山风景区夏林大道18号
…………………………Tel：025-68792361
南京市第四建筑工程有限公司
地址：南京市江宁区秣陵街道秣周东路11号
…………………………Tel：025-69691811
江苏凤凰文化贸易集团有限公司
地址：南京市中央路276-1号
…………………………Tel：025-83113505
江苏汇鸿国际集团莱茵达有限公司
地址：南京市湖南路181号轻工大厦1-9层
…………………………Tel：025-83170038
南京国际集团股份有限公司
地址：南京市鼓楼区中央路201号南楼22层
…………………………Tel：025-83271643
南京道通资本管理有限公司
地址：南京市江北新区研创园团结路99号孵鹰大厦999室
…………………………Tel：025-83276916
中农集团靖江港务有限公司
地址：靖江经济开发区新港园区苏农路1号
…………………………Tel：025-83291821
南京汉融石油化工集团有限公司
地址：南京经济技术开发区仙新路97号
…………………………Tel：025-83414338
南京橡胶厂
地址：南京市鼓楼区钟阜路29号
…………………………Tel：025-83436383
江苏舜冠石油化工有限公司
地址：南京市建邺区双闸路98号海峡城海峡云科技园04栋03楼310室
…………………………Tel：025-83610363
南京安孚新型橡胶材料有限公司
地址：南京市鼓楼区汉中门大街309号
…………………………Tel：025-83740076
中化石油江苏有限公司
地址：南京市建邺区江东中路373号金融城8号楼17层
…………………………Tel：025-84237908
中化石油南通有限公司
地址：南通市开发区通盛南路1号
…………………………Tel：025-84237908
江苏君达石化集团有限公司
地址：南京市栖霞区马群街道石坝社区66号
…………………………Tel：025-84361986
江苏汇鸿国际集团中鼎控股股份有限公司
地址：南京市建邺路１００号
…………………………Tel：025-84468888
中石化南京沿江石油发展有限责任公司
地址：南京市江北新区葛关路815号
…………………………Tel：025-84569611
江苏天鹏石化科技股份有限公司
地址：南京市龙蟠中路418号-33
…………………………Tel：025-84599888
江苏省大华种业集团有限公司
地址：南京市建邺区恒山路136号苏垦大厦10楼
…………………………Tel：025-84650811
南京曼可橡胶进出口有限公司

地址：南京市秦淮区太平南路1号2621室
…………Tel：025-84653270

南京金陵橡胶厂有限公司
地址：南京市雨花台区普德村134号3-1
…………Tel：025-84704097

江苏苏豪国际集团股份有限公司
地址：南京市软件大道48号
…………Tel：025-84785448

江苏海企橡胶有限公司
地址：南京市鼓楼区中山路55号24楼
…………Tel：025-84795517

南京市液化石油气公司
地址：南京市玄武区中央路210号2楼
…………Tel：025-85411801

南京市栖霞区金翔农村小额贷款有限公司
地址：南京市栖霞区燕子矶街道太新路81号303室
…………Tel：025-85502128

华业石化南京有限公司
地址：南京市玄武区板仓街9号C1幢1层
…………Tel：025-85516566

江苏金桐化学工业有限公司
地址：南京经济技术开发区恒发路18号
…………Tel：025-85563140

金桐石油化工有限公司
地址：江苏省南京经济技术开发区尧新大道201号
…………Tel：025-85563140

南京帝尧石油化工有限公司
地址：南京市栖霞区迈皋桥街道和燕路396号6幢529室
…………Tel：025-85568528

南京金陵石油化工设备有限公司
地址：南京市栖霞区燕子矶街道燕尧路100号
…………Tel：025-85571818

江苏省苏盐连锁有限公司
地址：南京市玄武区紫气路16号
…………Tel：025-85582368

南京禾之芃商贸有限公司
地址：南京市栖霞区八卦洲街道鹂岛路268号服贸区A区12-1306
…………Tel：025-85613399

江苏东亿先程新材料贸易有限公司
地址：南京市秦淮区中山南路501号1502、1503室
…………Tel：025-85631577

江苏中胜净水工程有限公司
地址：南京市鼓楼区中山北路28号1711
…………Tel：025-85657678

南京宇创石化工程有限公司
地址：南京市栖霞区栖霞街道甘家巷
…………Tel：025-85663196

中石化南京中锦石油有限公司
地址：南京市鼓楼区幕府西路59号
…………Tel：025-85692300

南京中邦能源有限公司
地址：南京市溧水区和凤镇凤翔路9-3号
…………Tel：025-85709299

南京石化商品合约交易中心有限公司
地址：南京市建邺区白龙江东街16号1号楼12楼101室
…………Tel：025-85719999

中建安装集团有限公司
地址：南京市栖霞区文澜路6号
…………Tel：025-85726789

南京中石油联安石化有限公司
地址：南京市栖霞区靖安街道三江口工业园
…………Tel：025-85727759

江苏龙蟠科技股份有限公司
地址：南京经济技术开发区恒通大道6号
…………Tel：025-85804868

江苏金翔石油化工有限公司
地址：南京经济技术开发区新港大道7号
…………Tel：025-85809999

江苏博翔石油化工有限公司
地址：南京市栖霞区尧化街道尧佳路7号上城风景北苑16幢1004室
…………Tel：025-85809999

南京大生现代农业控股有限公司
地址：南京市江宁区谷里街道牛首大道69号
…………Tel：025-86166670

南京大生农化有限公司
地址：南京市江宁区谷里街道牛首大道69号
…………Tel：025-86166670

南京大生蔬菜产业有限公司
地址：南京市江宁区谷里街道牛首大道69号
…………Tel：025-86166670

南京清江石化有限公司
地址：南京化学工业园区金江公路18号
…………Tel：025-86433018

南京市六合区清江农村小额贷款有限公司
地址：南京市六合区龙袍街道通玉路1号
…………Tel：025-86433018

江苏建开农业科技有限公司
地址：南京市雨花台区凤展路30号2幢12层12D-28
…………Tel：025-86501373

江苏淘嗨电子商务有限公司
地址：南京市栖霞区马群街道紫东路2号B6栋B601室
…………Tel：025-86520859

江苏苏农国际贸易有限公司
地址：南京市雨花台区凤南路146号天合广场1栋1502室
…………Tel：025-86533839

中煤能源南京有限公司
地址：南京市鼓楼区集庆门大街272号2幢2601-2607室
…………Tel：025-86579822

江苏省海亚贸易有限公司
地址：南京市鼓楼区云南路27号
…………Tel：025-86633077

江苏海亚能源有限公司
地址：南京市奥体大街69号新城科技大厦01栋8层
…………Tel：025-86633077

南京雅珑石化装备有限公司
地址：南京市江宁区淳化街道工业园
…………Tel：025-86665308

南京金安胶管有限公司
地址：南京市雨花台区板桥镇王家山
…………Tel：025-86700067

江苏港润石化有限公司
地址：南京市栖霞区甘家边东108号2幢101室
…………Tel：025-86715878

江苏中商石化有限公司
地址：镇江市润州区官塘远洋一期29号商办楼远洋双创产业园
…………Tel：025-86715878

江苏宝塔国际贸易有限公司
地址：南京市鼓楼区幕府东路52号1028室
…………Tel：025-86722732

永泰石油化工股份有限公司
地址：南京市秦淮区中山南路49号39-A
…………Tel：025-86890651

永泰科技投资有限公司
地址：南京市雨花台区共青团路18号
…………Tel：025-86890656

江苏汉唐国际贸易集团有限公司
地址：南京市北京东路22号18楼
…………Tel：025-86967929

中石化南京工程有限公司
地址：南京市栖霞区马群科技园马群大道3号
…………Tel：025-87118000

南京红太阳股份有限公司
地址：南京市高淳区桠溪镇东风路8号
…………Tel：025-87132166

江苏省农垦农业发展股份有限公司
地址：南京市建邺区恒山路136号苏垦大厦12楼
…………Tel：025-87772112

南京建邺江滨国有资产经营有限公司
地址：南京市建邺区河西大街198号3单元10楼1001室
…………Tel：025-87775756

江苏御道田石油化工有限公司
地址：南京市建邺区奥体大街130号01幢1705室
…………Tel：025-87776211

江苏钦洋石油化工有限责任公司
地址：南京市建邺区嘉陵江东街18号01幢14层
…………Tel：025-87776211

江苏省海洋石化集团有限公司
地址：连云港市赣榆区柘汪镇临港产业区
…………Tel：025-87776990

中闽石化有限公司
地址：南京市江北新区长芦街道宁六路591号313室
…………Tel：028-85288128

光大国际（江苏）石化有限公司
地址：灌云县临港产业区管委会大楼613号
…………Tel：0411-82400154

连云港吉辰石油化工有限公司
地址：灌云县临港产业区办公大楼612室
…………Tel：0411-82400154

无锡华盛橡胶新材料科技股份有限公司
地址：无锡市惠山区钱桥街道伟业路18号
…………Tel：0510-3206788

江苏朔耘环保科技有限公司
地址：无锡市滨湖区山水西路鹏大坞597号
…………Tel：0510-5550507

博戈橡胶塑料（无锡）有限公司
地址：无锡市锡山区安泰三路1012号
…………Tel：0510-66681101

无锡喜达通橡胶轮胎销售有限公司
地址：锡山区东港镇湖塘桥村
…………Tel：0510-66866156

江苏通用科技股份有限公司
地址：无锡市锡山区东港镇港下
…………Tel：0510-66866165

无锡红豆国际投资有限公司
地址：无锡市锡山区东港镇
…………Tel：0510-66868426

无锡市宝金石油化工有限公司
地址：无锡市惠山区洛社镇振石路108号
…………Tel：0510-68516328

住理工橡塑（无锡）有限公司
地址：无锡国家高新技术产业开发区31-B地块
…………Tel：0510-68557088

江阴海达集装箱部件有限公司
地址：江阴市云顾路201号
…………Tel：0510-68978883

无锡阳明橡胶机械有限公司
地址：江苏省宜兴市官林台湾工业城
…………Tel：0510-68992701

三浦橡胶（无锡）有限公司
地址：无锡市锡山经济开发区芙蓉二路以南
…………Tel：0510-73781361

江苏路弘橡胶制品有限公司
地址：无锡市南湖大道501号H幢411
…………Tel：0510-80212303

无锡凌峰材料科技有限公司
地址：宜兴市官林镇新宜金南路1号
…………Tel：0510-80332896

江苏正信和荣石油化工有限公司
地址：江阴市长江路218号809
…………Tel：0510-80623025

江阴市安基橡胶销售有限公司
地址：江阴市名贤路188号312室
…………Tel：0510-80662287

江苏畅为橡胶机械有限公司
地址：宜兴市高塍镇胥井村
…………Tel：0510-80709977

无锡市久泰橡胶制品有限公司
地址：无锡惠山经济开发区洛社配套区（石塘湾陡门）
…………Tel：0510-81012050

无锡市美峰橡胶制品制造有限公司
地址：无锡新吴区梅村街道群兴路9号
…………Tel：0510-81021952

江阴市澄润石油化工有限公司
地址：江阴市青阳镇工业园区青联村
…………Tel：0510-81610126

无锡优可橡胶科技有限公司
地址：宜兴市官林镇工业集中区（凌霞村）
…………Tel：0510-81739979

无锡市中港石化集团有限公司
地址：无锡市优谷商务园11-401
…………Tel：0510-8180989

无锡华东汇通商贸有限公司
地址：无锡市新吴区东环路167
…………Tel：0510-82122578

无锡益鹏集团有限公司
地址：无锡市复兴路121号
…………Tel：0510-82723975

江苏舜天汉唐贸易有限公司
地址：无锡市复兴路151机械大楼三层317室
…………Tel：0510-82730844

爱吉橡胶密封件（无锡）有限公司
地址：无锡市锡山经济技术开发区芙蓉一路双桥村工业园
…………Tel：0510-82767205

无锡市东宇橡胶制品有限公司
地址：无锡市江海西路金山北私营工业园
…………Tel：0510-83020550

江苏路宝仕石化科技有限公司
地址：江阴市滨江西路8号3号楼701室
…………Tel：0510-83278101

江苏新苑集团公司
地址：洛社镇
…………Tel：0510-83313035

江苏金马化工有限公司
地址：无锡市惠山区洛社镇新苑路
…………Tel：0510-83313035

江苏惠山民泰村镇银行股份有限公司
地址：无锡市惠山区锡澄路堰桥南段98-102号
…………Tel：0510-83580106

无锡石油化工起重机有限公司
地址：无锡惠山经济开发区惠畅路111号
…………Tel：0510-83592637

嘉科（无锡）密封技术有限公司
地址：无锡惠山经济开发区惠畅路159号
…………Tel：0510-83621388

无锡苏圣橡胶有限公司
地址：无锡惠山经济开发区工业园
…………Tel：0510-83623330

无锡市天合景观工程有限公司
地址：无锡市民丰路198-2001
…………Tel：0510-83712286

无锡市华恒橡胶有限公司
地址：无锡市北塘区新惠路3号桥境
…………Tel：0510-83735242

无锡市吉利橡胶机械设备制造有限公司
地址：无锡市惠山区堰畅路8号
…………Tel：0510-83748976

无锡二橡胶股份有限公司
地址：江苏省无锡市锡山经济开发区团结大道东、芙蓉一路南
…………Tel：0510-83789007

无锡丰惠农业发展有限公司
地址：无锡市锡山区锡北镇泾红路
…………Tel：0510-83790393

无锡健源农业发展有限公司
地址：无锡市锡山区锡北镇泾阳路
…………Tel：0510-83790393

无锡泾润农业科技发展有限公司
地址：无锡市锡山区锡北镇泾声路
…………Tel：0510-83790393

无锡水木禾园林绿化有限公司
地址：无锡市锡山区锡北镇锡港东路
…………Tel：0510-83790393

无锡嘉吉农业物资有限公司
地址：无锡市锡山区锡北镇锡港东路
…………Tel：0510-83790393

无锡禾昌蔬果发展有限公司
地址：无锡市锡山区锡北镇泾安路
…………Tel：0510-83790393

无锡大成橡胶制品有限公司
地址：江阴市祝塘镇文林锡文路30号
…………Tel：0510-83805678

无锡市石油化工设备有限公司
地址：无锡市滨湖区胡埭工业园西拓区杜鹃西路28号
…………Tel：0510-85063172

德特威勒密封技术（无锡）有限公司
地址：无锡新区硕放工业集中区5期A21地块
…………Tel：0510-85310500

无锡天龙锻造橡胶有限公司
地址：无锡市新区硕放工业园五期A11-5号地块
…………Tel：0510-85311599

无锡市新安太湖橡胶机械厂
地址：无锡市新区鸿山街道鸿祥路57
…………Tel：0510 85380461

无锡市石化配件厂有限公司
地址：无锡市滨湖区胡埭工业园南区紫荆路10号
…………Tel：0510-85581555

无锡市林格自动化电气装备厂
地址：无锡市滨湖区胡埭工业安置区西区（鸿翔中心路7#）
…………Tel：0510-85590626

无锡市胜特石化配件有限公司
地址：无锡市滨湖区胡埭镇龙延村
…………Tel：0510-85599079

无锡市中惠橡胶科技有限公司
地址：无锡惠山经济开发区玉祁配套区（蓉东村）
…………Tel：0510-85702988

无锡中联橡胶科技有限公司
地址：无锡市惠山区堰桥街道西漳西昌路7号
…………Tel：0510-85877498

江苏恒茂机械制造有限公司
地址：常州市武进区雪堰镇工业集中区
…………Tel：0510-85881345

无锡联盛石化装备制造有限公司
地址：无锡市滨湖区胡埭镇红枫路1
…………Tel：0510-85918899

江阴市伟富橡胶化工有限公司
地址：江阴市云亭街道那巷路33号
…………Tel：0510-86018379

江阴中泰橡胶有限公司
地址：江阴市锡澄路273号
…………Tel：0510-86021298

江苏丽天石化码头有限公司
地址：江阴市利港镇沿江工业园区
…………Tel：0510-86092190

江苏百诺橡胶制品有限公司
地址：江阴市南闸街道开泰路7号
…………Tel：0510-86100282

江阴精亚冷却设备有限公司
地址：江阴市新桥镇工业集中区新华路40号
…………Tel：0510-86120094

江阴市和荣燃烧设备有限公司
地址：江阴市新桥镇东环路30号
…………Tel：0510-86129199

江阴市华翔纺织橡胶制品有限公司
地址：江阴市华士镇华中村石洞坝60号
…………Tel：0510-86213390

江阴市安基橡胶工业有限公司
地址：江阴市经济开发区南区车站西路18号
…………Tel：0510-86278888

江阴市澜新石油机械有限公司
地址：江阴市经济开发区文化东路38号
…………Tel：0510-86411918

江阴市人人达科技有限公司
地址：江阴市青阳镇锡澄路1612号
…………Tel：0510-86501935

无锡玮泰橡胶工业有限公司

地址：江阴市徐霞客镇北渚村大刘家村79号
…………Tel：0510-86528618
江阴市第三橡胶制品有限公司
地址：江阴市青阳镇振阳路52号
…………Tel：0510-86551302
江阴澄利散装化工有限公司
地址：江阴市滨江西路1200号
…………Tel：0510-86660033
江阴海华石油化工有限公司
地址：江阴市石庄新街8号031席
…………Tel：0510-86660273
江阴阿尔法石油化工码头有限公司
地址：江阴经济开发区石庄园区盘龙北路
…………Tel：0510-86660290
江阴市辽澄石油化工有限公司
地址：江阴市石庄南街（璜石路260号）
…………Tel：051086667068
江苏嘉盛燃气有限公司
地址：江阴市石庄嘉盛南路1号
…………Tel：0510-86667863
南荣石油化学有限公司
地址：江苏省江阴市璜土镇石庄南荣路1号
…………Tel：0510-86667932
江苏达西石油有限公司
地址：江阴市西大街27号
…………Tel：0510-86888061
江苏沿海石化有限公司
地址：江阴市新桥镇陶新路98号
…………Tel：0510-86917377
无锡中宏橡胶科技有限公司
地址：江阴经济开发区高新园区金山路399号
…………Tel：0510-86991370
华东香实业有限公司
地址：泗阳县庄圩乡全民创业园
…………Tel：0510-87113999
宜兴市海尔斯橡胶制品有限公司
地址：宜兴经济开发区袁桥路
…………Tel：0510-87120226
江苏鹤新纤维有限公司
地址：宜兴市杨巷镇新芳街城典桥
…………Tel：0510-87281612
江苏兴建产业投资发展有限公司
地址：宜兴市新建镇华亚路1号
…………Tel：0510-87286755
宜兴市渚峰实业有限公司
地址：宜兴市张渚镇人民北路58号
…………Tel：0510-87316829
宜兴市华达石油化工助剂厂有限公司
地址：宜兴市张渚镇长岗村
…………Tel：0510-87341128
宜兴市兴陶建设发展有限公司
地址：宜兴市丁蜀镇公园路112号
…………Tel：0510-87402905
宜兴市湖韵产业投资有限公司
地址：宜兴市周铁镇朝阳路220号
…………Tel：0510-87508771
无锡市侣湖橡胶制品有限公司
地址：宜兴市周铁镇竺西工业集中区
…………Tel：0510-87509377
宜兴市芳兴源实业有限公司
地址：宜兴市芳桥街道芳阳南路
…………Tel：0510-87580082
宜兴市久胜橡胶制品股份有限公司
地址：宜兴市徐舍镇工业集中区
…………Tel：0510-87670333
宜兴市精益特种橡胶制品有限公司
地址：宜兴市徐舍镇芳庄村
…………Tel：0510-87671026
江苏中晟高科环境股份有限公司
地址：江苏省宜兴市徐舍镇鲸塘工业集中区
…………Tel：0510-87688832
灵谷化工集团有限公司
地址：宜兴经济技术开发区杏里路
…………Tel：0510-87823077
宜兴市星光宝亿化工有限公司
地址：宜兴经济技术开发区凯旋路
…………Tel：0510-87825888
江苏宏鑫旋转补偿器科技有限公司
地址：宜兴市万石镇大尖村
…………Tel：0510-87849828
江苏保瑞工业水处理有限公司
地址：宜兴市高塍镇工业园区
…………Tel：0510-87890111
无锡市加达材胶有限公司
地址：宜兴市高塍镇高塍村
…………Tel：0510-87891681
宜兴市供销企业集团公司
地址：宜兴市宜城街道人民北路131#
…………Tel：0510-87939039
阿尔特斯橡胶密封件（无锡）有限公司
地址：无锡市锡山经济技术开发区万全路30号平谦国际产业园N栋
…………Tel：0510-88260136
恩欧凯（无锡）防振技术有限公司
地址：无锡市锡山经济开发区云林街道春晖东路168号
…………Tel：0510-88265005
无锡锡东生态园建设发展有限公司
地址：无锡市锡山区东港镇金港大道8号
…………Tel：0510-8835032
无锡霓达美峰橡胶制品制造有限公司
地址：无锡新区梅村街道群兴路9号
…………Tel：0510-88551601
无锡市第五橡胶厂
地址：无锡市滨湖区马山五号桥
…………Tel：0510-88651383
无锡市万丰橡胶有限公司
地址：无锡市锡山经济开发区新材料产业园
…………Tel：0510-88761138
无锡市中轮橡胶有限公司
地址：锡山区东港镇勤新村后市
…………Tel：0510-88762139
无锡市万丰橡胶厂
地址：无锡市锡山经济开发区新材料产业园
…………Tel：0510-88764127
无锡丰华智慧轮胎股份有限公司
地址：无锡市锡山区东港镇五一园区
…………Tel：0510-88767699
江苏双象集团有限公司
地址：无锡市新吴区鸿山街道后宅中路156号
…………Tel：0510-88993888
无锡鑫常钢管有限责任公司
地址：无锡惠山经济开发区春惠路（东）
…………Tel：0510-88996288
无锡市锡山新材料科技有限公司
地址：无锡市新区鸿山镇后宅东街
…………Tel：0510-88999001
句容益柯赛橡胶制品有限公司
地址：句容经济开发区华阳北路（句容市永城实业有限公司内）
…………Tel：0511-80787869
陕西延长石油物资集团江苏有限公司
地址：镇江市润州区朱方路98号
…………Tel：0511-81985205
优利德（江苏）化工有限公司
地址：镇江新区松林山路81号
…………Tel：0511-83365700
镇江新农发展投资有限公司
地址：镇江新区大港银山南山路
…………Tel：0511-8337376
江苏莱斯特纤维科技有限公司
地址：镇江新区丁岗镇平昌路618号
…………Tel：0511-83380003
镇江市招商燃气有限公司
地址：镇江市大港经济开发区
…………Tel：0511-83816392
南京恒昱辉橡胶制品有限公司
地址：南京市江宁区东山街道双龙大道577号名嘉佳园18栋1507室
…………Tel：0511-85098186
惠龙易通国际物流股份有限公司
地址：镇江市长江路758号
…………Tel：0511-85110839
镇江同立橡胶有限公司
地址：镇江新区松林山路79号
…………Tel：0511-85483255
江苏恒通石化有限公司
地址：镇江市丹徒区高资街道巫岗村三组
…………Tel：0511-85752227
江苏宝利来斯橡胶有限公司
地址：镇江市民营经济开发区龙脉路8号
…………Tel：0511-85917888
江苏德士邦橡胶制品有限公司
地址：扬中市八桥镇心安路35号
…………Tel：0511-85929999
镇江中油京惠石油化工有限公司
地址：镇江市金桥大道88号1幢5048、5068、5088室
…………Tel：0511-85938885
句容建荣汽配有限公司
地址：句容市后白镇工业集中区
…………Tel：0511-85978705
镇江市康泰橡胶有限公司
地址：镇江市七里甸黎明村黄山南路10号
…………Tel：0511-86098508
江苏普菲克新材料有限公司
地址：丹阳市开发区金陵西路（江苏太平橡胶股份有限公司院内）
…………Tel：0511-86232785
江苏太平橡胶股份有限公司
地址：丹阳市云阳镇荆林集镇
…………Tel：0511-86237777
江苏华恩能源有限公司
地址：丹阳市云阳街道健康路健康公寓608室
…………Tel：0511-86569618
江苏绿岸农业科技股份有限公司
地址：丹阳市开发区普善人家10幢113、114室
…………Tel：0511-86577301
丹阳市联化石油化工有限公司
地址：丹阳市开发区新港路1号
…………Tel：0511-86595727
江苏中合新农农产品市场有限公司
地址：丹阳市开发区葛丹路101号
…………Tel：0511-86597569
江苏云浩再生资源有限公司
地址：丹阳市导墅镇金鹤路
…………Tel：0511-86681156
丹阳永宏船舶橡胶有限公司
地址：丹阳市开发区迎春路
…………Tel：0511-86885403
江苏丹化集团有限责任公司
地址：丹阳市北环路12号
…………Tel：0511-86919010
丹阳市齐梁农业发展有限公司
地址：丹阳市开发区齐梁路19号
…………Tel：0511-86923909
优立邦新材料江苏有限公司
地址：丹阳市司徒镇河阳工业园（河阳沪宁高速北侧、丹西公路西侧）
…………Tel：0511-86962190
句容蔚蓝生态农业发展有限公司
地址：句容市边城镇陈武村乔巷
…………Tel：0511-87330228
江苏华神特种橡胶制品股份有限公司
地址：句容市白兔镇凤塘工业集中区18号
…………Tel：0511-87674888
江苏飞跃橡胶有限公司
地址：扬中市新坝镇新坝东路1号
…………Tel：0511-88138898
江苏明珠硅橡胶材料有限公司
地址：扬中市三茅镇宜禾路
…………Tel：0511-88223400
长江三星能源科技股份有限公司
地址：扬中市中电大道2号
…………Tel：0511-88227389
扬中市科融农业发展有限公司
地址：扬中市三茅街道春柳北路382号
…………Tel：0511-88332166
扬中市中泰电力设备有限公司
地址：扬中市三茅街道长江路402号
…………Tel：0511-88333739
江苏伊顿复合材料科技有限公司
地址：扬中市三茅街道丰裕社区向阳河西路8号
…………Tel：0511-88361729
镇江市伊顿橡胶科技有限公司
地址：镇江市扬中市三茅街道向阳河西路8号
…………Tel：0511-88433220
扬中市宏辉橡胶制品有限公司
地址：扬中市油坊镇会龙村
…………Tel：0511-88522344
镇江丰正橡塑有限公司
地址：镇江市扬中市八桥镇二桥工业集中区（扬中大道西侧）
…………Tel：0511-88547059
扬中市橡胶塑料厂有限公司
地址：扬中市油坊镇太平688号
…………Tel：0511-88550664
江苏华元焦化有限公司
地址：镇江市丹徒经济开发区（高资镇）
…………Tel：0511-88977079
苏能投资发展集团有限公司
地址：镇江市京口区新民洲朝阳路764号
…………Tel：0511-88990901
江苏索普（集团）有限公司
地址：镇江市京口区求索路101号
…………Tel：0511-88995088
埃克森美孚（太仓）石油有限公司
地址：江苏省太仓市太仓港港口开发区浏家港飞马路1号
…………Tel：0512-33057127
江苏佳佳实业投资有限公司
地址：玉山镇新阳街185号6号楼521室
…………Tel：0512-50106665
苏州科环环保科技有限公司
地址：花桥镇商务大道99号1号楼1001-1010室
…………Tel：0512-50112666
昆山优博橡胶科技有限公司
地址：玉山镇北门路3199号8号房
…………Tel：0512-50358455
科恩马特殊过程装备（常熟）有限公司
地址：江苏省常熟经济开发区（沿江工业园）
…………Tel：0512-52291888
华丰橡胶（苏州）有限公司
地址：江苏省常熟经济开发区
…………Tel：0512-52296380
金利橡胶（常熟）有限公司
地址：江苏省常熟经济开发区高新技术园
…………Tel：0512-52330713
金利橡胶（常熟）有限公司富利分厂
地址：常熟方浜工业园虞虹路6号
…………Tel：0512-52330713
常熟卓世橡胶制品有限公司
地址：江苏省常熟市练塘镇工业集中区东区
…………Tel：0512-52421131
常熟橡胶有限公司
地址：常熟市东南开发区富春江东路38号1幢
…………Tel：0512-52445301
常熟大象橡胶工业有限公司
地址：江苏省常熟市辛庄镇（张桥）卫家塘村
…………Tel：0512-52461147
常熟联邦化工股份有限公司
地址：常熟市支塘镇何市西
…………Tel：0512-52541039
常熟市桥隧橡胶有限责任公司
地址：常熟市沙家浜镇唐市中环路1号
…………Tel：0512-52571710
苏州鑫宇新材料科技有限公司
地址：常熟市沙家浜镇青年路9号
…………Tel：0512-52572849
常熟市海虞橡胶有限公司
地址：常熟市海虞镇工业园二区（汪桥村）常浒路117号
…………Tel：0512-52590111
苏州海恒精密橡胶制品有限公司
地址：常熟市海虞镇虞南村
…………Tel：0512-5259268
常熟宏川石化仓储有限公司
地址：常熟经济技术开发区建业路2号
…………Tel：0512-52651185
常熟市滨江橡塑胶辊制品有限公司
地址：常熟市董浜镇徐市安庆路3号
…………Tel：0512-52671769
常熟市四通工程橡胶有限公司
地址：常熟市董浜镇安庆路200号
…………Tel：0512-52679997
住友橡胶（中国）有限公司
地址：江苏常熟经济开发区兴华港区大道1号
…………Tel：0512-52695000
住友橡胶（常熟）有限公司
地址：江苏省常熟经济开发区沿江工业区
…………Tel：0512-52695000
苏州石大石油化工有限公司
地址：常熟经济开发区化工集中区
…………Tel：0512-52699803
常熟市供销大厦
地址：常熟市新颜东路18号
…………Tel：0512-52733469
华丰橡胶（中国）有限公司
地址：江苏省常熟经济开发区兴业路1号
…………Tel：0512-52811788
华丰橡胶（中国）有限公司珍门工厂
地址：江苏省常熟市珍门镇支梅路
…………Tel：0512-52811788
太仓市祖达橡胶厂
地址：太仓市归庄镇葛桥村
…………Tel：0512-53295417
苏州诚达橡胶制品有限公司
地址：太仓市岳王镇工业园区
…………Tel：0512-53306975
太仓阳鸿石化有限公司
地址：太仓市浮桥镇浏家港石化路1号
…………Tel：0512-53370106
太仓东华能源燃气有限公司
地址：太仓市浮桥镇浏家港石化工业区
…………Tel：0512-53370777
太仓市申宏橡胶制品有限公司
地址：太仓市浮桥镇浏家港港口开发区滨洲路9号
…………Tel：0512-53378012
太仓市天顺农业发展有限公司
地址：太仓市双凤镇凤苑路
…………Tel：0512-53436181
太仓凤林综合投资发展有限公司
地址：太仓市双凤镇凤林路
…………Tel：0512-53436181
苏州江南橡胶有限公司
地址：太仓市陆渡镇郑和中路150号
…………Tel：0512-53455666
苏州优洁能液化石油气有限公司
地址：太仓市浏家港石化路
…………Tel：0512-53537351
苏州金翔石油化工有限公司
地址：太仓市浏河镇渔港路66号
…………Tel：0512-53603007
江苏长江石油化工有限公司
地址：太仓港港口开发区滨江南路8号
…………Tel：0512-53719627
太仓市开源橡胶有限公司
地址：金浪镇新仓村
…………Tel：0512-53781943
和承特种橡胶（太仓）有限公司
地址：太仓经济开发区北京东路86号
…………Tel：0512-53872872
昆山西马克动力机械有限公司
地址：周市镇陆杨迎宾西路18号
…………Tel：0512-55103516
奇卡胶橡塑部件（昆山）有限公司
地址：江苏省昆山市千灯镇黄浦江路西侧

…………………… Tel：0512-55155139
泓源航旅实业（苏州）有限公司
地址：太仓市浮桥镇华苏东路19号
…………………… Tel：0512-56661011
江苏新元古国际贸易有限公司
地址：张家港保税区石化交易大厦1812室
…………………… Tel：0512-56889896
张家港华达码头有限公司
地址：张家港市大新镇
…………………… Tel：0512-56920612
昆山上象橡胶制品有限公司
地址：江苏省昆山市陆家镇新民路10号
…………………… Tel：0512-57077692
江苏神农农业有限公司
地址：昆山国家农业示范区内（千灯镇"张大千"6号）
…………………… Tel：0512-57291266
昆山力普电子橡胶有限公司
地址：昆山市巴城镇红杨路1038号
…………………… Tel：0512-57400798
昆山虹霖橡胶有限公司
地址：江苏省昆山市南港镇
…………………… Tel：0512-57427331
昆山市橡胶制品厂
地址：张浦镇昆陈公路吴家站
…………………… Tel：0512-57441680
六晖橡胶金属工业（昆山）有限公司
地址：江苏省昆山市花桥镇逢星路586号
…………………… Tel：0512-57601216
喜莱德机械产品（昆山）有限公司
地址：江苏省昆山市玉山镇古城中路78号4号房
…………………… Tel：0512-57603578
昆山敦发聚氨酯橡塑胶有限公司
地址：江苏省昆山市花桥镇逢星路555号
…………………… Tel：0512-57607999
江苏龙腾聚氨酯橡塑胶有限公司
地址：昆山市花桥镇星光创业园40A栋
…………………… Tel：0512-57609969
建大橡胶（中国）有限公司
地址：江苏省昆山开发区昆嘉路2号
…………………… Tel：0512-57614172
昆山正阳兴业橡胶有限公司
地址：江苏省昆山开发区大通路198号
…………………… Tel：0512-57618668
韩一橡胶制品（昆山）有限公司
地址：江苏省昆山市周市镇迎宾路5号
…………………… Tel：0512-57646500
昆山景大合成橡胶工业有限公司
地址：江苏省昆山市周市镇横泾路
…………………… Tel：0512-57666139
中国石油化学昆山有限公司
地址：江苏省昆山市环城北路１０号
…………………… Tel：0512-57666355
正新橡胶（中国）有限公司
地址：江苏省昆山市陆家镇合丰路8号
…………………… Tel：0512-57673888
昆山市铁鹰橡胶制品有限公司
地址：昆山市花桥镇象蚌泾路8号4号房
…………………… Tel：0512-57695888
先正达（苏州）作物保护有限公司
地址：江苏省昆山开发区黄浦江中路255号
…………………… Tel：0512-57716998
苏州金驼铃物流有限公司
地址：苏州市白洋湾西站内
…………………… Tel：0512-57726065
张家港保税区道璟石化有限公司
地址：张家港保税区石化交易大厦1922室
…………………… Tel：0512-58308234
南港（张家港保税区）橡胶工业有限公司
地址：张家港保税区内
…………………… Tel：0512-58320228
江苏约哈斯物资有限公司
地址：张家港保税区诺亚物流大厦215B室
…………………… Tel：0512-58325091
张家港保税区佳地化工有限公司
地址：张家港保税区石化交易大厦1018-2室
…………………… Tel：0512-58327796
苏州丰倍生物科技有限公司
地址：张家港保税区新兴产业育成中心A栋346B室
…………………… Tel：0512-58329962
中林物资（张家港）有限公司
地址：张家港市金港镇香山南路1号中联木业城A座402室
…………………… Tel：0512-58358752
苏州圣汇装备有限公司
地址：张家港市金港镇临江路3号
…………………… Tel：0512-58377178
张家港大裕橡胶制品有限公司
地址：江苏省张家港市凤凰镇
…………………… Tel：0512-58450022
张家港贝顺橡胶制品有限公司
地址：江苏省张家港市西张镇
…………………… Tel：0512-58452166
安固（张家港）橡胶工业有限公司
地址：张家港市凤凰镇港口街道
…………………… Tel：0512-58480156
张家港天润橡胶用布有限公司
地址：杨舍镇闸上村
…………………… Tel：0512-58586068
张家港市南丰美丽镇村投资建设有限公司
地址：张家港市南丰镇东沙物流园综合办公楼
…………………… Tel：0512-58620263
张家港市南丰现代农业投资发展有限公司
地址：南丰镇金陵东路8号
…………………… Tel：0512-58620263
张家港保税区恒德投资有限公司
地址：张家港保税区石化交易大厦533-9室
…………………… Tel：051258675282
蓝色之光能源（苏州）有限公司
地址：张家港保税区纺织原料市场1237室
…………………… Tel：0512-58709023
张家港市金桥农业科技发展有限公司
地址：张家港市大新镇桥头村
…………………… Tel：0512-58717129
张家港市新丰建设发展有限公司
地址：张家港市大新镇府前路
…………………… Tel：0512-58717129
张家港市大新现代农业发展有限公司
地址：张家港市大新镇桥头村
…………………… Tel：0512-58717129
张家港市新南商务发展有限公司
地址：张家港市大新镇新凯村
…………………… Tel：0512-58717129
江苏华昌化工股份有限公司
地址：张家港市金港镇保税区扬子江国际化学工业园南海路1号
…………………… Tel：0512-58727122
张家港市圣华橡胶科技有限公司
地址：张家港市金港镇后塍袁家桥村
…………………… Tel：0512-58771241
张家港市腾达橡胶制品有限公司
地址：常阴沙管理区常沙社区
…………………… Tel：0512-58964961
优必得石油设备（苏州）有限公司
地址：苏州工业园区唯文路11号
…………………… Tel：0512-62745328
江苏远石川机电设备有限公司
地址：苏州市相城区黄桥街道方浜工业园苏埭路（方浜加油站北300米）
…………………… Tel：0512-62755258
苏州市恒能石油销售有限公司
地址：吴江经济技术开发区龙桥路东侧
…………………… Tel：0512-62993805
苏州市吴江区供销企业（集团）总公司
地址：吴江区松陵镇县府路99号
…………………… Tel：0512-63026738
吴江市宝吴橡胶制品厂
地址：吴江市汾湖镇北厍社区梅东村委南
…………………… Tel：0512-63242385
苏州高求美达橡胶金属减震科技有限公司
地址：苏州市吴江区黎里镇汾越路1088号
…………………… Tel：0512-63260063
吴江兴业橡胶有限公司
地址：吴江市松陵镇八拆友谊村
…………………… Tel：0512-63368368
吴江市逸达橡胶科技有限公司
地址：吴江市横扇镇菀坪社区王焰村4组
…………………… Tel：0512-63396000
江苏吴江丝绸集团有限公司
地址：吴江区盛泽镇舜新路24号
…………………… Tel：0512-63527921
江苏盛虹新材料集团有限公司
地址：吴江区盛泽镇西二环路1188号中国.盛泽纺织科技创业园5幢
…………………… Tel：0512-63681937
恒力海油石油化工有限公司
地址：苏州市吴江区黎里镇汾湖大道558号
…………………… Tel：0512-63859888
盛州橡塑胶（苏州）有限公司
地址：苏州市吴中区　直镇长虹北路226号
…………………… Tel：0512-65019991
苏州名扬橡胶制品有限公司
地址：苏州市吴中区　直镇联谊路3A号
…………………… Tel：0512-65048186
苏州新世界橡胶有限公司
地址：苏州工业园区浦田路182号
…………………… Tel：0512-65077388
苏州明鑫科技集团有限公司
地址：苏州工业园区娄葑镇环府路66号信息大厦12E
…………………… Tel：0512-65183415
苏州市文益石油化工有限公司
地址：苏州高新区浒关工业园华桥路162号
…………………… Tel：0512-65392301
苏州华东橡胶工业有限公司
地址：苏州市相城区渭塘镇渭南路355号
…………………… Tel：0512-65404120
苏州市诚强橡胶有限公司
地址：苏州吴中经济开发区迎春南路58-1号
…………………… Tel：0512-65622333
德尼培橡胶塑料科技（苏州）有限公司
地址：苏州工业园区东宏路25号
…………………… Tel：0512-65933222
苏州天脉导热科技股份有限公司
地址：苏州市吴中区　直镇港升路9号
…………………… Tel：0512-66028722
吴江经济技术开发区物流中心
地址：吴江经济技术开发区庞金路888号
…………………… Tel：0512-66086508
苏州市兆惠农业科技发展有限公司
地址：苏州市吴中区临湖镇东山大道3988号
…………………… Tel：0512-66293678
富吉精密橡胶电子（苏州）有限公司
地址：苏州市吴中区西山镇
…………………… Tel：0512-66374718
苏州毅丰橡胶工业有限公司
地址：苏州市相城区望亭镇新华村路518号
…………………… Tel：0512-66701389
苏州第一橡胶有限公司
地址：苏州市吴中区光福镇工业园南区一号路以东
…………………… Tel：0512-66953314
苏州源贸精密橡胶有限公司
地址：苏州市相城区黄埭镇
…………………… Tel：0512-67125168
苏州工业园区金橡塑胶科技有限公司
地址：苏州工业园区唯亭镇浦田路118号
…………………… Tel：0512-67325316
华成（苏州）橡胶工业有限公司
地址：苏州工业园区娄葑分区群星一路59号
…………………… Tel：0512-67428431
苏州进优橡胶有限公司
地址：苏州工业园区金鸡湖路88号1幢603室
…………………… Tel：0512-67436557
中石化壳牌（江苏）石油销售有限公司
地址：南京经济技术开发区新港大道100号
…………………… Tel：0512-67616161
中石化壳牌（江苏）石油销售有限公司
地址：南京经济技术开发区新港大道100号
…………………… Tel：0512-67616161
中石化壳牌（江苏）石油销售有限公司苏州分公司
地址：苏州市竹辉路252号408室
…………………… Tel：0512-67616161
华龙（苏州）橡胶产品有限公司
地址：苏州工业园区振胜路28号
…………………… Tel：0512-67621528
苏州创元和赢资本管理有限公司
地址：苏州工业园区苏州大道东265号现代传媒广场25楼C座
…………………… Tel：0512-68286310
苏州大域无疆航空科技有限公司
地址：苏州高新区科技城科灵路78号
…………………… Tel：0512-68639812
远景（苏州）橡胶制品有限公司
地址：苏州市吴中区木渎镇珠江南路378号天隆大楼5329室
…………………… Tel：0512-68763644
美达高（苏州）金属橡胶制品有限公司
地址：江苏省苏州高新区支英街东厂房3号
…………………… Tel：0512-68783189
苏州西诺泛斯橡胶制品有限公司
地址：苏州高新区枫桥向街2号
…………………… Tel：0512-69370590
苏州温橡特种橡胶有限公司
地址：太仓经济开发区东仓路
…………………… Tel：0512-81602828
捷讯精密橡胶（苏州）有限公司
地址：吴江经济技术开发区花港路956号
…………………… Tel：0512-82073188
吴江腾飞橡胶科技有限公司
地址，江苏省汾湖高新技术产业开发区东港路
…………………… Tel：0512-82078066
昆山毅达精密橡胶有限公司
地址：江苏省昆山开发区高科技工业园中环路68号
…………………… Tel：0512-82622611
昆山宝腾橡塑胶材料科技有限公司
地址：江苏省昆山开发区前进东路579号811室
…………………… Tel：0512-82627366
苏州恒升新材料有限公司
地址：吴江区七都太湖高新技术开发区
…………………… Tel：0512-82877707
毕马杰橡胶科技（常熟）有限公司
地址：江苏省常熟经济开发区高新技术产业园阳光大道55号
…………………… Tel：0512-83861999
哈金森工业橡胶制品（苏州）有限公司
地址：苏州工业园区临埠街6号
…………………… Tel：0512-85188298
苏州盐云实业有限公司
地址：苏州市相城区望亭镇福杭路88号
…………………… Tel：0512-85662191
克莱伯格橡胶（苏州）有限公司
地址：苏州工业园区苏虹东路166号
…………………… Tel：0512-87656080
富莱顺（苏州）精密橡胶制品有限公司
地址：苏州工业园区东富路25号东景工业坊67幢
…………………… Tel：0512-88186565
南通高中压阀门有限公司
地址：南通市唐闸西市街148号
…………………… Tel：0513-55013885
南通中海石油化工有限公司
地址：南通市港闸区江海佳苑19幢1202室
…………………… Tel：0513-55880543
森松（江苏）重工有限公司
地址：江苏省如皋市长江镇（如皋港区）森松路1号
…………………… Tel：0513-66009300
双钱集团（江苏）轮胎有限公司
地址：江苏省如皋市城北街道益寿北路888号
…………………… Tel：0513-68163034
南通美迪制冷配件有限公司
地址：海门市海门经济技术开发区扬子江路566号
…………………… Tel：0513-68189112
南通中农物流有限公司
地址：南通市经济技术开发区保税十九路18号
…………………… Tel：0513-68281682
南通焯晟石油化工有限公司
地址：如皋市长江镇（如皋港区）如港路139号
…………………… Tel：0513-68665100
南通焯源石油化工有限公司
地址：南通市如皋市长江镇堤顶路68号
…………………… Tel：0513-68665100
江苏苏洪农业科技集团有限公司
地址：海门市滨江街道社南路68号
…………………… Tel：0513-68703734
南通卜奎石化有限公司
地址：南通市开发区通盛大道188号创业外包服务中心A座707-1室
…………………… Tel：0513-68765550
壹信石化有限公司
地址：如皋市长江镇华江中路88号0924室
…………………… Tel：0513-68765550
南通中和石化有限公司
地址：如皋市长江镇华江中路88号0925-88
…………………… Tel：0513-68765550
江苏润海通石油化工有限公司
地址：南通市如皋市长江镇华江中路88号0925-73
…………………… Tel：0513-68765550
南通润邦重机有限公司
地址：南通市船舶配套工业园区荣盛路88号
…………………… Tel：0513-80101000
江苏华兴化学工程建设有限公司
地址：南通市崇海路6号
…………………… Tel：0513-80108990
南通优谷石油化工仓储有限公司
地址：南通市如皋市长江镇粤江路2号
…………………… Tel：0513-80552021
江苏神马电力股份有限公司
地址：南通市苏通科技产业园海维路66号
…………………… Tel：0513-80579878
南通盈晖石油化工有限公司
地址：南通市桃坞路服饰城1幢十二层
…………………… Tel：0513-80778850
江苏威名石化有限公司
地址：江苏省如东县长沙镇港城村九组
…………………… Tel：0513-80863530
江苏豫硕农业发展有限公司
地址，如东县大豫镇新兴路8号
…………………… Tel：0513-80866534
南通润德石油化工有限公司
地址：南通经济技术开发区通盛南路2-1号
…………………… Tel：0513-80988998
思怡供应链（南通）有限公司
地址：南通市开发区江成路1088号内3幢3859室（生产经营地：南通市苏通科技产业园江成路1088号办公用房1029室）
…………………… Tel：0513-81525089
江苏通湾国际物流有限公司
地址：江苏省通州湾江海联动开发示范区滨海大道88号
…………………… Tel：0513-81680271

江苏金坤鑫橡胶有限公司
地址：海门经济开发区广州路999号
Tel：0513-82298686

江苏金轮橡胶有限公司
地址：江苏省海门市经济开发区海门港区大港路2333号
Tel：0513-82298908

江苏金鑫橡胶科技有限公司
地址：海门市海门港大港路588号
Tel：0513-82298908

南通纺都置业有限公司
地址：海门市三星镇叠石桥大岛路188号
Tel：0513-82331021

南通回力橡胶有限公司
地址：江苏省海门市包场镇通光街8号
Tel：0513-82671668

南通展麒橡胶有限公司
地址：海门市麒麟镇林桥村五组
Tel：0513-82708699

南通大华橡胶有限公司
地址：海门市包场镇工业园区
Tel：0513-82771688

施凯乐橡胶制品（江苏）有限公司
地址：江苏省南通市海门区包场镇包场村三十六组88号
Tel：0513-82771999

江苏三阳机电设备有限公司
地址：江苏省海门市三阳镇工业园区
Tel：0513-82856333

海门回力废橡胶利用有限公司
地址：海门市包场镇通光街8号
Tel：0513-82863356

南通佳骄国际贸易有限公司
地址：海门市包场镇河塘村
Tel：0513-82864716

江苏南回橡胶再生与利用技术研发有限公司
地址：海门市包场镇通光大街9号
Tel：0513-82865000

长裕建设有限公司
地址：启东经济开发区纬一路118号
Tel：0513-83314788

启东市贵麟橡塑胶管有限公司
地址：少直镇聚阳村18组（聚阳镇西首）
Tel：0513-83497888

易联能源（南通）有限公司
地址：江苏省如皋市长江镇（如皋港区）香江路28号
Tel：0513-83578275

南通首控石化有限公司
地址：如皋市长江镇（如皋港区）香江路28号
Tel：0513-83578275

江苏好管佳橡胶工业有限公司
地址：启东滨海工业园南海路
Tel：0513-83601888

江苏运科橡胶科技有限公司
地址：启东市滨海工业园南海路289号
Tel：0513-83601888

江苏悉典石化装备有限公司
地址：启东市惠萍镇大兴工业园曙光路8号
Tel：0513-83666611

启东金竹橡胶制品有限公司
地址：启东高新技术产业开发区云海路26号
Tel：0513-83921382

南通鼎宏建筑材料有限公司
地址：如东县掘港镇运河路98号
Tel：0513-84128787

江苏顺行橡胶制品有限公司
地址：江苏省如东经济开发区新区牡丹江路南侧
Tel：0513-84166890

如东纺织橡胶有限公司
地址：江苏省如东县马塘镇仁和南路86号
Tel：0513-84410080

千久国际贸易（南通）有限公司
地址：南通市南大街28号金树银花大厦18层
Tel：0513-85118685

南通化工轻工股份有限公司
地址：南通市南大街28号14-18层
Tel：0513-85118685

南通化工轻工股份有限公司
地址：南通市南大街28号14-18层
Tel：0513-85118685

江苏东旭科技有限公司
地址：如皋市如城镇花市路8号
Tel：0513-85378109

南通科技工贸投资发展有限公司
地址：南通市人民西路73号
Tel：0513-85517519

融易货行进出口江苏有限公司
地址：南通市开发区星湖大道1101号星湖广场101广场8号楼7层
Tel：0513-85580513

南通通州湾石油有限公司
地址：江苏省通州湾江海联动开发示范区海盐路北侧、乐海大道东侧
Tel：0513-85594310

南通金阳石油化工有限公司
地址：南市街88号（毛纺厂）
Tel：0513-85630009

南通亨达石油化工有限公司
地址：南通市港闸区陈桥街道怡景新居2号楼
Tel：0513-85698796

国储能源化工南通有限公司
地址：南通市姚港路6号方天大厦8楼
Tel：0513-8597777

南通天诚清洁能源有限公司
地址：南通开发区通盛南路16号
Tel：0513-85996262

中化南通石化储运有限公司
地址：南通市经济技术开发区通盛南路1号
Tel：0513-85996910

南通金磊橡胶工业有限公司
地址：如皋市桃园镇夏庄村
Tel：0513-86213800

江苏景瑞农业科技发展有限公司
地址：南通市通州区东社镇新街村
Tel：0513-86474567

江苏本乡本土农业发展有限公司
地址：南通市通州区石港科技产业园
Tel：0513-86518280

南通公铁物流有限公司
地址：江苏省通州湾江海联动开发示范区滨海大道185号
Tel：0513-86966688

南通顺驰橡胶制品有限公司
地址：如皋市柴湾镇镇南村8组
Tel：0513-87209959

如皋市马成橡胶有限公司
地址：如皋市如城街道沿河村14组
Tel：0513-87260168

南通福瑞达橡胶有限公司
地址：如皋市城北街道花园桥社区十四组112号
Tel：0513-87289850

南通龙洋橡胶制品有限公司
地址：如皋市如城镇鹿门社区19组（本公司所属房屋内）
Tel：0513-87300068

江苏恒安橡胶有限公司
地址：如皋市雪岸镇雪岸居委会13组（雪岸镇工业小区内）
Tel：0513-87349820

华大石化（南通）有限公司
地址：江苏省如皋市如皋港经济开发区
Tel：0513-87680013

南通市亨大利橡胶制品有限公司
地址：如皋市搬经镇叶庄居委会八组
Tel：0513-87786309

中石油江苏液化天然气有限公司
地址：江苏省如东县洋口港经济开发区
Tel：0513-88153366

江苏宏博机械制造有限公司
地址：海安县南莫镇兴南路158号
Tel：0513-88485999

南通通江橡胶制品有限公司
地址：如皋市搬经镇搬东村9组
Tel：0513-88501178

南通凤凰橡胶制品有限公司
地址：如皋市搬经镇朱夏村三组（本公司所属房屋内）
Tel：0513-88509118

雉水花谷（如皋）旅游发展有限公司
地址：如皋市桃园镇育华村三十二组18号
Tel：0513-88548089

南通恒宇橡胶科技发展有限公司
地址：如皋市磨头镇新徐村25组
Tel：0513-88599699

江苏曲水园城镇化建设投资有限公司
地址：海安市海安镇长江中路122号
Tel：0513-88608593

海安曲水农业开发有限公司
地址：海安市曲塘镇金曲路5号
Tel：0513-88608593

南通文牌橡胶有限公司
地址：海安县大公镇城北工业园区188号
Tel：0513-88750558

华商（海安）产业投资集团有限公司
地址：海安市海安镇黄海大道（中）165号1幢1701室
Tel：0513-88783966

双惠橡胶南通有限公司
地址：江苏海安经济开发区北海路
Tel：0513-88809968

安达斯橡胶科技（南通）有限公司
地址：南通市海安市海安镇谭港路101号
Tel：0513-88825880

阿朗台橡（南通）化学工业有限公司
地址：江苏省南通经济技术开发区申华路1号
Tel：0513-89059199

江苏华纳石化工程有限公司
地址：仪征市真州镇胥浦工业集中区浦西西路
Tel：0514-80850672

江苏多肯新材料有限公司
地址：八里镇金河路199号3、4
Tel：0514-82201798

扬州奥克石化仓储有限公司
地址：仪征市青山镇油港路20号
Tel：0514-83215066

中国石化仪征化纤有限责任公司
地址：仪征市长江西路1号
Tel：0514-83232235

江苏兴邦资源利用有限公司
地址：扬州化学工业园区中央大道8号（仪征市区西）
Tel：0514-83292566

江苏海德石油化工有限公司
地址：扬州化学工业园区中央大道8号
Tel：0514-83293366

扬州佩恩橡胶科技有限公司
地址：仪征市马集镇工业集中区金营集中区
Tel：0514-83662282

仪征市兴农投资发展有限公司
地址：仪征市月塘镇谢集街道中兴路118号
Tel：0514-83810002

仪征市橡胶制品有限公司
地址：仪征市陈集镇江淮路37号
Tel：0514-83870019

扬州东星橡胶股份有限公司
地址：扬州市仪征市陈集镇人民东路160号
Tel：0514-83878899

扬州东星佩恩橡胶科技有限公司
地址：仪征市陈集镇人民东路160号
Tel：0514-83878899

江苏长城电缆有限公司
地址：高邮市菱塘镇
Tel：0514-84232100

江苏赛德电气有限公司
地址：扬州北郊郭集
Tel：0514-84248690

扬州市海港橡胶制品有限公司
地址：高邮市郭集镇大营村
Tel：0514-84249128

扬州市科瑞橡胶有限公司
地址：高邮市车逻镇工业集中区
Tel：0514-84451009

扬州市世海橡胶制品有限公司
地址：高邮市车逻工业集中区
Tel：0514-84455234

扬州市增平橡胶有限公司
地址：高邮市八桥镇工业集中区
Tel：0514-84522316

江苏西尔特橡胶股份有限公司
地址：高邮市高邮镇工业集中区
Tel：0514-84549488

江苏建港橡胶制品有限公司
地址：高邮市城南经济新区悍海路1号
Tel：0514-84560518

扬州旭港橡胶制品有限公司
地址：高邮市车逻镇人民路35号
Tel：0514-84562306

扬州市鹏达橡胶制品有限公司
地址：高邮市南郊经济开发区
Tel：0514-84610485

江苏赛尔橡胶股份有限公司
地址：高邮城南经济新区外环路北侧
Tel：0514-84619229

扬州市华东橡胶有限公司
地址：高邮市经济开发区兴业路
Tel：0514-84684803

扬州申业达机电有限公司
地址：高邮市汤庄镇工业集中区
Tel：0514-84716888

扬州市港盾工程橡胶有限公司
地址：高邮市卸甲镇工业园区
Tel：0514-84733518

江苏安锦橡胶有限公司
地址：高邮市卸甲镇
Tel：0514-84736008

江苏扬州合力橡胶制品有限公司
地址：扬州市施井路36号
Tel：0514-85559696

江苏诚创智能装备有限公司
地址：扬州维扬经济开发区内
Tel：0514-85883521

江苏科投悦孚能源有限公司
地址：扬州市广陵区京杭中路1号京杭水镇A栋
Tel：0514-85953253

江苏晨中石油化工有限公司
地址：宝应县泾河镇白龙南路8号1050
Tel：0514-85953253

鸿盛石化有限公司
地址：靖江市开发区建安路3号
Tel：0514-85953259

扬州顺江贸易有限公司
地址：扬州市江都区仙女镇玉带居委会大会堂路10号
Tel：0514-86506578

江苏亚新石化建设集团有限公司
地址：扬州市江都区新区南苑路79号
Tel：0514-86561156

扬州新亚环境工程有限公司
地址：扬州市江都区小纪镇工业园区
Tel：0514-86596699

中石化江苏油建工程有限公司
地址：扬州市邗江区峰创国际大厦(江阳西路南、润扬路西侧)
Tel：0514-86762247

江苏飞龙石油化工工程有限公司
地址：扬州市邗江区峰创国际大厦14层
Tel：0514-86765860

扬州石化有限责任公司
地址：扬州市江都区江淮路156号
Tel：0514-86850149

江苏威达建设有限公司
地址：扬州市江都区仙城工业园宝来路6号
Tel：0514-86868911

江苏润森石化工程有限公司
地址：扬州市江都区舜天路368号
Tel：051486882586

扬州华能石化机械有限公司
地址：扬州市广陵区创业路20号1
Tel：0514-87201346

扬州澄露环境工程有限公司
地址：扬州市江都区小纪镇富民富新路18号
Tel：0514-87209999

江苏金牌橡胶有限公司
地址：扬州市江都区人民路33号
Tel：0514-87301366

江苏远洋东泽电缆股份有限公司
地址：扬州市邗江工业园祥园路15号
Tel：0514-87506898

环球橡胶履带（江苏）有限公司
地址：盐城市大丰区西团镇三号路东侧
Tel：0514-87517608

江苏金土地种业有限公司
地址：扬州市邗江区文昌西路440号国泰大厦1号楼9楼
Tel：0514-87635755

扬州市江海工程橡胶有限公司
地址：高邮市高邮镇新民村（原电镀厂）
Tel：0514-87657975

江苏紫京有限公司
地址：南京市晏公庙53号南京紫京饭店一号楼
Tel：0514-87760560

江苏油田矿业开发有限公司
地址：扬州市文汇西路1号
Tel：0514-87761329

中国石化集团江苏石油勘探局有限公司
地址：江苏省扬州市经济开发区文汇西路1号
Tel：0514-87762061

中石化江苏监理有限公司
地址：文汇西路1号
Tel：0514-87762205

建业庆松集团有限公司
地址：扬州维扬经济开发区蜀岗东路
Tel：0514-87785855

扬州市鑫磊橡胶制品有限公司
地址：杨庙工业园
Tel：0514-87831073

宝应县城西经济发展有限公司
地址：宝应县城西工业集中区
Tel：0514-88353678

宝应县金运开发有限公司
地址：宝应县泾河镇金龙路
Tel：0514-88385007

扬州润和橡胶科技有限公司
地址：宝应县柳堡镇工业集中区创业路
Tel：0514-88779598

扬州市天元辊业有限公司
地址：宝应县鲁垛镇工业集中区
Tel：0514-88892128

宝利泰橡胶科技扬州有限公司
地址：宝应县鲁垛镇工业集中区紫薇路1号
Tel：0514-88897998

中化扬州石化码头仓储有限公司
地址：江苏省仪征市扬州化学工业园区中化路1号
Tel：0514-89185050

南京港股份有限公司
地址：南京市和燕路251号1幢1101室
Tel：0514-89314035

江苏华扬国泰石化仓储有限公司
地址：扬州化学工业园区长城路19号（仪征市区西）
Tel：0514-89319288

扬州贝尔特橡胶有限公司
地址：仪征市大仪镇千棵村3号
Tel：0514-89381649

扬州裕和资产管理有限公司
地址：扬州市广陵区李典镇秀清村大洋生活区二号楼
Tel：0514-89789150

江苏金材科技有限公司
地址：扬州市广陵区杭集镇曙光路
…………Tel：0514-89883888

盐城瑞德石化机械有限公司
地址：建湖县高新技术经济区唐桥路888号
…………Tel：0515-61669558

维立斯橡胶工业（盐城）有限公司
地址：盐城综合保税区封关区内10＃标厂第一层南侧
…………Tel：0515-68605792

江苏华展石油机械有限公司
地址：建湖县建阳石油装备产业园区
…………Tel：0515-68783588

江苏碧海石油化工有限公司
地址：盐城市大丰区大丰港石化工业园区
…………Tel：0515-69860969

江苏丽王科技股份有限公司
地址：阜宁澳洋工业园双昌大道
…………Tel：0515-69910858

盐城市盐都七星现代农业发展有限公司
地址：盐城市盐都区大纵湖镇三官村三组（Q）
…………Tel：0515-69960699

盐城新伦石油化工有限公司
地址：盐城市人民北路149号
…………Tel：0515-80551715

江苏照友石化机械有限公司
地址：建湖县近湖镇民营工业园内
…………Tel：0515-80600089

江苏亿德隆石油机械有限公司
地址：建湖县明珠西路818号
…………Tel：0515-80613102

江苏绿锦农业发展有限公司
地址：盐城市盐都区新区世纪路
…………Tel：0515-81086899

盐城欧润石化设备制造有限公司
地址：响水县经济开发区灌江居委会
…………Tel：051581582866

盐城市禾源农业发展有限公司
地址：盐城市盐都区郭猛镇孙英村七组1幢商务楼B座室（H）
…………Tel：0515-81993393

江苏宏泰石化机械有限公司
地址：阜宁经济开发区黄河路99号（A）
…………Tel：0515-82099999

盐城吉姆世通橡胶工业有限公司
地址：射阳县洋马镇茯苓西路
…………Tel：0515-82162066

射阳国投农业科技发展有限公司
地址：射阳县合德镇沿河西路
…………Tel：0515-82227688

江苏射阳大米集团有限公司
地址：射阳县海河镇烈士村七组S329北侧
…………Tel：0515-82358983

中铁中安建设集团第二工程局有限公司
地址：射阳县合德镇解放路30号
…………Tel：0515-82391300

江苏正大苏垦猪业有限公司
地址：滨海县振东乡境内（淮海农场第一管理区）
…………Tel：0515-82543794

盐城宏瑞石化机械有限公司
地址：射阳县阜余镇工业集中区双星路118号
…………Tel：0515-82881266

江苏蓝星石化有限公司
地址：大丰市大丰港经济区海融广场4＃250号
…………Tel：0515-83289898

江苏辉丰石化有限公司
地址：盐城市大丰区大丰港二期码头凸堤内南港路南侧（仓储二大道）
…………Tel：0515-83555536

大丰海嘉诺药业有限公司
地址：盐城市大丰区海洋经济综合开发区南区
…………Tel：0515-83556558

盐城盛达橡胶科技有限公司
地址：盐城市大丰区西团镇大龙工业园区
…………Tel：0515-83752666

江苏凯嘉橡胶科技股份有限公司
地址：盐城市大丰区经济开发区
…………Tel：0515-83856216

盐城市大丰区橡塑制品有限公司
地址：盐城市大丰区人民北路167号
…………Tel：0515-83856328

江苏腾龙石化机械有限公司
地址：滨海县阜东北路239号
…………Tel：0515-84133688

江苏华澳橡胶机械有限公司
地址：江苏滨海经济开发区工业园北区世纪大道123号
…………Tel：0515-84335666

江苏碧城商贸园有限公司
地址：东台市廉贻镇进洋居委会
…………Tel：0515-85433001

连福（东台）橡胶金属制品有限公司
地址：东台市唐洋镇新元工业园区
…………Tel：0515-85736988

盐城市鑫和沣石油机械制造厂
地址：建湖县民营工业园
…………Tel：0515-86093399

建湖县杰林石化机械有限公司
地址：建湖县高作镇科技创业园516号
…………Tel：0515-86118776

建湖县维企经济互助有限公司
地址：建湖县新建路67号
…………Tel：0515-86233376

盐城市盛达石化机械有限公司
地址：建湖县高新技术经济区唐桥西路98号
…………Tel：0515-86262188

江苏柒亿石化装备有限公司
地址：建湖县近湖民营工业园区
…………Tel：0515-86276558

江苏腾龙凯智科技有限公司
地址：建湖县近湖镇太平工业园区（太平村）
…………Tel：0515-86280987

盐城三益石化机械有限公司
地址：建湖县冠华西路8号
…………Tel：0515-86314388

建湖县昊辉电力石化机械有限公司
地址：建湖县建阳镇开发区
…………Tel：0515-86318799

盐城凯发石油机械有限公司
地址：建湖县建阳工业集中区
…………Tel：0515-8631906

盐城市恒泰橡胶有限公司
地址：建湖县庆丰镇机电产业园马庄路199号
…………Tel：0515-86383088

建湖县祥阳橡胶制品有限公司
地址：建湖县建阳镇工业园区
…………Tel：0515-86390216

建湖县旭盛石化机械有限公司
地址：建湖县石油装备产业园新世纪路
…………Tel：0515-86390885

盐城神华机械制造有限公司
地址：建湖县颜单镇工业集中区（沈杨村）
…………Tel：0515-86500588

江苏久旺能源有限公司
地址：建湖县恒济镇人民路18号
…………Tel：0515-86501668

江苏九龙阀门制造有限公司
地址：江苏省建湖县九龙口镇建蒋路888号
…………Tel：0515-86559222

江苏森光橡胶制品有限公司
地址：建湖县城滨河北路38号
…………Tel：0515-86571001

江苏巨力橡胶科技有限公司
地址：建湖县县城宁湖桥工业园区内
…………Tel：0515-86571001

盐城市崇达石化机械有限公司
地址：建湖县芦沟镇大崔路99号
…………Tel：0515-86578027

建湖县荣杰橡胶制品有限公司
地址：建湖县沿河镇东夏路6号
…………Tel：0515-86599168

江苏裕廊石油化工有限公司
地址：响水县陈家港化工集中区
…………Tel：0515-86735990

万丰橡胶响水有限公司
地址：响水县大有镇淮河村八组
…………Tel：0515-86819080

江苏柯沣石化机械有限公司
地址：阜宁县经济开发区双叶路6号
…………Tel：051587206888

阜宁县宏达石化机械有限公司
地址：阜宁县城河东路66号
…………Tel：0515-87212179

江苏大昌石化设备有限公司
地址：阜宁县城南一路279号
…………Tel：0515-87214918

江苏阜顺生态农业科技有限公司
地址：阜宁经济开发区花园居委会二组
…………Tel：0515-87216598

盐城雄威石化通用机械设备有限公司
地址：阜宁县装备制造产业园通城路1＃
…………Tel：0515-87380895

阜宁县润地商贸有限公司
地址：盐城市阜宁县上海路409号
…………Tel：0515-87398832

江苏恒鑫石化机械有限公司
地址：阜宁县施庄镇工业园区8号
…………Tel：0515-87401588

盐城市佳鑫石化机械制造有限公司
地址：阜宁县施庄工业区88号
…………Tel：0515-87401963

江苏天信工业橡胶有限公司
地址：阜宁县东沟镇创业路888号（H）
…………Tel：0515-87609988

万上高压阀门有限公司
地址：阜宁县向阳路191号
…………Tel：0515-87688888

阜宁澳洋工业园投资有限责任公司
地址：阜宁澳洋工业园澳洋大道8号
…………Tel：0515-87888001

盐城市体育实业发展有限公司
地址：盐城市解放南路100号
…………Tel：0515-88581299

盐城市华谊石油机械有限公司
地址：盐城市盐都区大冈镇新军北路19号（N）
…………Tel：0515-88800808

江苏盐龙湖农业发展投资有限公司
地址：盐城市盐都区龙冈镇华兴大道（F）
…………Tel：0515-88850556

江苏铭川橡胶科技有限公司
地址：东台市广山镇创业园
…………Tel：0515-89500111

盐城市德通石化机械制造有限公司
地址：江苏省阜宁经济开发区中小企业园E4-1号
…………Tel：0515-89794199

盐城市亭盛贸易有限公司
地址：盐城市亭湖区青年东路53号东亭国际商务中心B座10楼（18）
…………Tel：0515-89918998

徐州汉邦橡胶有限公司
地址：邳州经济开发区北环路北侧
…………Tel：0516-66683590

江苏鸿兴泰实业有限公司
地址：睢宁县中央大街南、小濉河东侧维景大厦（6楼603号）
…………Tel：0516-67012685

徐州市创高农业发展有限公司
地址：徐州市铜山区农业委员会办公楼五楼
…………Tel：0516-69683702

邳州润开农业发展有限公司
地址：邳州市辽河路南侧福州路东侧
…………Tel：0516-69797856

邳州润穗农业发展有限公司
地址：徐州市邳州市东湖街道福州路东侧、辽河路南侧100米
…………Tel：0516-69797856

徐州泰彭橡胶有限公司
地址：徐州市鼓楼区殷庄路中段五金机电城中6街区037-043
…………Tel：0516-80119818

江苏奔腾橡胶制品有限公司
地址：丰县经济开发区北环路南
…………Tel：0516-80179888

徐州海天石化有限公司
地址：邳州市炮车镇高新技术产业园（原邳州市炮车镇工业园区）
…………Tel：0516-80303789

江苏摩力顿纳米科技有限公司
地址：邳州市赵墩镇明珠工业园区
…………Tel：0516-80310789

徐州恒祥橡胶有限公司
地址：沛县丰沛路北侧朱寨镇机电产业园内
…………Tel：0516-80356628

徐州中策橡胶科技有限公司
地址：沛县栖山镇新兴街8-14号
…………Tel：0516-80356628

江苏晋煤恒盛化工股份有限公司
地址：新沂市新安镇新沂经济开发区上海路39号
…………Tel：0516-81627509

江苏丰裕粮油实业集团有限公司
地址：徐州市泉山区苏山街道办事处三环西路旁
…………Tel：0516-82565118

中国石化管道储运有限公司
地址：徐州市南郊翟山新村Ⅶ区
…………Tel：0516-83452270

中国石化集团管道储运资产管理有限公司
地址：徐州市南郊翟山
…………Tel：0516-83452270

中石化长输油气管道检测有限公司
地址：徐州市泉山区翟山新村Ⅰ区
…………Tel：0516-83452458

华东管道设计研究院有限公司
地址：徐州南郊翟山
…………Tel：0516-83454119

徐州实华管道特种作业有限公司
地址：徐州市泉山区翟山新村7号路1号
…………Tel：0516-83455954

徐州铁路经营集团有限公司
地址：徐州市复兴南路364号
…………Tel：0516-83924131

徐州市铜山县矿山橡胶厂
地址：刘集乡丁场村
…………Tel：0516-85095344

江苏徐矿能源股份有限公司
地址：徐州市徐州经济技术开发区软件园E2楼三层
…………Tel：0516-85320939

长三角徐州石油科技有限公司
地址：徐州经济技术开发区大庙街道办事处虎山村
…………Tel：0516-85800018

邳州正大食品有限公司
地址：邳州市炮车镇滨湖大道南太湖大道西
…………Tel：0516-86266658

邳州沂河橡胶坝风景区管理有限公司
地址：徐州市邳州市官湖镇授贤村
…………Tel：0516-86400019

邳州市润亿家农业发展有限公司
地址：邳州市上海路北侧、淮海路东侧
…………Tel：0516-86611027

邳州市禾泽农业发展有限公司
地址：邳州市东湖街道上海路北侧、淮海路东侧（财政局院内）
…………Tel：0516-86611027

邳州市楚韵汉风农业发展有限公司
地址：邳州市运河镇上海路北侧、淮海路东侧
…………Tel：0516-86611027

邳州市润嘉农业发展有限公司
地址：徐州市邳州市运河镇上海东路北侧、淮海路东侧
…………Tel：0516-86611027

邳州市振邦农业发展有限公司
地址：邳州市运河镇上海路北侧、淮海路东侧
…………Tel：0516-86611027

邳州市禾穗农业发展有限公司
地址：邳州市运河镇上海路北侧、淮海路东侧
…………Tel：0516-86611027

徐州市芭田生态有限公司
地址：沛县能源经济技术开发区郝寨路南
…………Tel：0516-86641880

江苏金驹物流投资有限公司
地址：徐州市三环北路一号金驹物流园
…………Tel：0516-87533920

徐州徐轮橡胶有限公司
地址：江苏徐州工业园区徐轮路1号
…………Tel：0516-87608088

徐州市鼓楼区国有资产投资集团有限公司
地址：徐州市鼓楼区中山北路255-1号
…………Tel：0516-87665942

徐州正海橡胶有限公司
地址：江苏徐州工业园区内
…………Tel：0516-87769717

徐州统一企业有限公司
地址：徐州经济技术开发区金港路36号
…………Tel：0516-87981190

徐州市四通工程橡胶有限公司
地址：徐州经济开发区荆马河污水处理厂东
…………Tel：0516-87983008

江苏新沂农村商业银行股份有限公司
地址：江苏省新沂市钟吾路163号
…………Tel：0516-88923922

新沂市新润绿色农业科技有限公司
地址：新沂市钟吾路51号
…………Tel：0516-88979012

新沂市丰硕绿色农业科技有限公司
地址：新沂市钟吾路51号
…………Tel：0516-88979012

丰县中合农产品市场发展有限公司
地址：徐州市丰县南环路南、西城路西
…………Tel：0516-89288828

沛县汉润农村土地流转经营有限公司
地址：沛县新城区汉邦路1号
…………Tel：0516-89887155

江苏普耐力橡胶有限公司
地址：江苏涟水经济开发区
…………Tel：0517-20890678

江苏瑞丰橡胶履带科技有限公司
地址：淮阴区广州路588号
…………Tel：0517-81563798

今世缘集团有限公司
地址：涟水县高沟镇涟高路1号
…………Tel：0517-82433329

淮安清江石油化工有限责任公司
地址：淮安市化工路22号
…………Tel：0517-83138112

淮安市清浦现代农村建设开发有限公司
地址：淮安市清浦区淮海南路268号西辅楼3楼
…………Tel：0517-83515246

淮安市清浦区泽农基础设施开发有限公司
地址：淮安市清江浦区朝阳路106号
…………Tel：0517-83515407

玄溢橡胶（淮安）有限公司
地址：淮安经济技术开发区合肥南路15号
…………Tel：0517-83572638

上海胶带橡胶（淮安）有限公司
地址：淮安盐化新材料产业园区盐都路88号
…………Tel：0517-85850008

恒邦石油化工有限公司
地址：淮安经济技术开发区韩侯大道1号
…………Tel：0517-87038068

洪泽东俊机械有限公司

地址：洪泽县经济开发区北四道10号
……Tel：0517-87216958
华东助剂有限公司
地址：洪泽盐化工区洪盐路东侧、李湾路南侧
……Tel：0517-87455555
江苏浙东橡胶助剂有限公司
地址：洪泽县盐化工区洪盐路东侧、李湾路南侧
……Tel：0517-87555555
淮安合力橡胶工业有限公司
地址：淮安市洪泽经济开发区东三街西侧、东三道南侧
……Tel：0517-87808113
江苏华源生态农业有限公司
地址：涟水县淮安（薛行）循环经济产业园涟新路28号
……Tel：0517-89960999
连云港瑞泰投资有限公司
地址：连云港市徐圩新区港前大道399号3号倒班楼415
……Tel：0518-8139000
江苏斯尔邦石化有限公司
地址：连云港市徐圩新区港前四路东、陬山二路北
……Tel：0518-81391000
盛虹石化集团有限公司
地址：连云港市徐圩新区港前大道399号3号倒班楼407
……Tel：0518-81391000
江苏虹港石化有限公司
地址：连云港市徐圩新区港前大道西、陬山三路北
……Tel：0518-81391000
盛虹炼化（连云港）有限公司
地址：连云港市徐圩新区石化三路59号
……Tel：0518-81393966
连云港新富海仓储有限公司
地址：连云港市连云区中山东路2-2号
……Tel：0518-81883706
江苏泰和国际货运有限公司
地址：连云港经济技术开发区朱山路8号205室
……Tel：0518-82235505
连云港张圩能源投资有限公司
地址：连云港市徐圩新区创投服务中心201室
……Tel：0518-82256180
江苏方洋物流有限公司
地址：连云港市徐圩新区江苏大道西、规划路北（示范区资源集中采购中心）205室
……Tel：0518-82256268
连云港云泰港口物流发展有限公司
地址：连云港市徐圩新区徐圩大道66号产业服务中心435室
……Tel：0518-82256806
连云港桥源贸易有限公司
地址：中国（江苏）自由贸易试验区连云港片区连云区墟沟镇海滨大道2号阳光国际中心D08室
……Tel：0518-82308750
连云港新世纪石油化工有限公司
地址：连云港市连云区中山东路2-1号
……Tel：0518-82389021
连云港加泰农业开发有限公司
地址：东海县平明镇平塔路东侧
……Tel：0518-82800927
江苏德邦化学工业集团有限公司
地址：江苏省连云港市海州区江化路
……Tel：0518-85123538
江苏邦基石油化工有限公司
地址：江苏省赣榆海洋经济开发区海洋大道东侧
……Tel：0518-85166666
连云港中翔钢材现货交易市场管理有限公司
地址：连云港市海州区锦屏路1号-8号楼
……Tel：0518-8522111
连云港华泰石油化工机械有限公司
地址：连云港市海州区浦南开发区珠江路16号
……Tel：0518-85280988
江苏金田集团有限公司
地址：灌云县城东郊通榆路
……Tel：0518-85520066
连云港华德石油化工机械有限公司
地址：连云港市海州经济开发区朐凤路117号
……Tel：0518-85525708
番禺珠江钢管（连云港）有限公司
地址：连云港市徐圩新区江苏大道396号办公楼
……Tel：0518-85538888
连云港珍珠河石化管件有限公司
地址：连云港市徐圩新区江苏大道396号办公楼3楼
……Tel：0518-85538888
江苏两淮盐化有限公司
地址：连云港市海州区苍梧路53号
……Tel：0518-85573088
连云港市农业发展集团有限公司
地址：连云港市海州区兴隆路17号
……Tel：0518-85801840
连云港市东茂矿业有限公司
地址：连云港市连云区板桥工业园区
……Tel：0518-86085726
连云港金泰达橡胶材料有限公司
地址：连云港开发区久和国际新城15号楼一单元301室
……Tel：0518-86085816
连云港赣榆瑞泰橡胶制品有限公司
地址：连云港市赣榆区青口镇大小盘村
……Tel：0518-86217771
连云港快驰橡胶制品有限公司
地址：连云港市赣榆区墩尚镇驻地
……Tel：0518-86401399
江苏海湃实业发展有限公司
地址：连云港市赣榆区柘汪临港产业区连云港大道
……Tel：0518-86859208
江苏润海油品销售有限公司
地址：连云港市赣榆区柘汪临港产业区日照大道
……Tel：0518-86859208
江苏新海石化有限公司
地址：连云港市赣榆区柘汪临港产业区连云港大道
……Tel：0518-86866888
连云港正德塑业有限公司
地址：连云港市连云区板桥工业园
……Tel：0518-86995507
江苏省海洋石化股份有限公司
地址：江苏省连云港市赣榆县柘汪临港产业区连云港大道
……Tel：0518-86995597
江苏省海洋石化集团有限公司
地址：连云港市赣榆区柘汪镇临港产业区
……Tel：0518-86995597
绨亚希西纺织橡胶（连云港）有限公司
地址：连云港市东海县牛山镇湖东路1号
……Tel：0518-87269190
江苏旺河淌农场有限公司
地址：连云港市灌云县长安大道中段南侧阳光景都15幢201号商铺
……Tel：0518-88106838
南京新时代科技集团有限公司
地址：南京市江北新区滨江大道396号
……Tel：0519-67180808
江苏新时代新材料科技集团有限公司
地址：溧阳经济开发区泓枫路8号2幢
……Tel：0519-67180808
江苏璟祎国际贸易有限公司
地址：溧阳经济开发区泓枫路8号5幢
……Tel：0519-67180808
江苏创祎新时代进出口有限公司
地址：溧阳市昆仑街道泓枫路8号2幢
……Tel：0519-67180808
玛普兰（常州）橡胶机械有限公司
地址：武进国家高新技术产业开发区武宜南路377号创新园区1号楼西侧
……Tel：0519-68212880
常州市沪泰橡胶履带有限公司
地址：常州市武进区前黄镇前进村后黄119号
……Tel：0519-81195216
常州汇兆橡胶有限公司
地址：常州市新北区通江中路600号江苏长江塑料化工交易市场7幢415号
……Tel：0519-81290608
常州市汇业贸易有限公司
地址：常州市金坛区朱林镇晨风路88号
……Tel：0519-82626422
江苏维优思橡胶科技有限公司
地址：常州市金坛区江南路36号
……Tel：0519-82822194
常州市第一橡塑设备有限公司
地址：常州市新北区罗溪镇汤庄桥街
……Tel：0519-83202196
常州市吉远橡胶瓶塞厂
地址：钟楼区邹区镇卜弋工业集中区
……Tel：0519-83312356
江苏中东化肥股份有限公司
地址：金坛经济开发区金化路6号
……Tel：0519-83801135
常州罗尔橡胶科技有限公司
地址：武进区雪堰镇圣烈村
……Tel：0519-83980218
常州富本橡胶有限公司
地址：常州市新北区泰山北路214号
……Tel：0519-85109188
常州市东海橡胶厂有限公司
地址：常州市新北区黄河西路189号
……Tel：0519-85128751
常州荣南橡胶科技有限公司
地址：常州市新北区春江镇魏村德胜路139号
……Tel：0519-85711093
常州瑞沃电子有限公司
地址：常州新北区春江镇圩塘水利站
……Tel：0519-85774580
常州市双志石油化工储运有限公司
地址：常州市新北区春江镇圩塘江花路18号
……Tel：0519-85775813
常州市新华石油化工储运集团有限公司
地址：常州市新北区春江镇新化路
……Tel：0519-85776077
南京华信石化仓储有限公司
地址：南京化学工业园区开发土地Y09-3-2地块
……Tel：0519-85803588
江苏华牛石油科技有限公司
地址：常州市新北区奔牛镇九里九奔西路111号
……Tel：0519-85856663
常州新区能源设备有限公司
地址：常州市新北区龙虎塘街道科技大道3号（经营场所：常州市新北区天山路28号）
……Tel：0519-85921888
常州市武进雪堰石油化工备件有限公司
地址：武进区雪堰镇雪东村
……Tel：0519-86052896
常州市百兴塑胶制品有限公司
地址：武进区礼嘉镇工业集中区
……Tel：0519-86238930
常州市多灵流量计厂
地址：武进区礼嘉镇毛家村
……Tel：0519-86251190
常州市金诺电器有限公司
地址：武进区前黄镇寨桥寨灵路16号
……Tel：0519-86280868
常州市威力橡胶机械有限公司
地址：武进区雪堰镇潘家工业园区
……Tel：0519-86543098
江苏前龚橡胶设备有限公司
地址：武进区雪堰镇潘家永新路99号
……Tel：0519-86543169
江苏申利科技有限公司
地址：武进区雪堰镇潘家东街15 号
……Tel：0519-86543172
江苏逸盛投资集团有限公司
地址：武进区雪堰镇潘家工业集中区
……Tel：0519-86547025
常州市逸和橡胶制品有限公司
地址：常州市武进区雪堰镇潘家工业园区
……Tel：0519-86547025
常州市西普橡胶机械有限公司
地址：武进区礼嘉镇蒲岸村
……Tel：0519-86597086
常州橡胶塑料机械有限公司
地址：常州市钟楼经济开发区香樟路55号
……Tel：0519-86852363
江苏金马工程有限公司
地址：溧阳市昆仑街道腾飞路3号
……Tel：0519-87222787
溧阳市东郊农业科技有限公司
地址：溧阳市溧城镇东大街188号
……Tel：0519-87287987
江苏恒祥石化工程有限公司
地址：溧阳市天目湖工业园区滨河路5号
……Tel：0519-87951988
常州市康成橡胶有限公司
地址：钟楼区清潭路384号
……Tel：0519-88251833
溧阳市巨神化学品有限公司
地址：溧阳市经济开发区宋庄路18号
……Tel：0519-88325848
常州住电东海今创特殊橡胶有限公司
地址：武进高新技术产业开发区凤鸣路20号
……Tel：0519-88370253
江苏安普特能源装备股份有限公司
地址：江苏省常州市武进区遥观镇华昌路5号
……Tel：0519-88712901
常州泰皋塑化新材料有限公司
地址：常州市钟楼经济开发区桂花路30号
……Tel：0519-88825823
常州昊天新材料科技有限公司
地址：常州市天宁区中吴大道576号
……Tel：0519-88832688
江苏日成橡胶有限公司
地址：天宁区郑陆镇焦溪工业集中区
……Tel：0519-88912160
常州洁莉安橡胶制品有限公司
地址：常州市新北区河海西路195号
……Tel：0519-89581987
常州金坛五洲新材料科技有限公司
地址：常州市金坛区指前港园区兴旺路68号
……Tel：0519-89625882
江苏锦泰实联电子材料有限公司
地址：泰兴经济开发区福泰路1号
……Tel：0523-80125529
汉枫缓释肥料（江苏）有限公司
地址：江苏姜堰经济开发区天目西路88号
……Tel：0523-80187007
泰州市润泰园林绿化工程有限公司
地址：泰州市高港区科技创业园振北路8号
……Tel：0523-80278028
江苏实诺实业有限公司
地址：泗洪经济开发区管委会辅楼28号
……Tel：0523-80678126
泰州姜堰锡州村镇银行股份有限公司
地址：江苏省泰州市姜堰区花园路185号
……Tel：0523-80770881
江苏金扬子包装科技有限公司
地址：兴化市张郭镇科技园区88号
……Tel：0523-80951855
江苏文禾石化有限公司
地址：泰州市海陵区蒲田路1号803-012
……Tel：0523-82184606
江苏川油石化进出口有限公司
地址：泰州市海陵区蒲田路1号801-1区-019
……Tel：0523-82184606
江苏枢雅石油化工有限公司
地址：泰兴市黄桥工业园区电子商务产业园1幢8211
……Tel：0523-82184606
江苏文禾石化有限公司
地址：泰州市海陵区蒲田路1号803-012
……Tel：0523-82184606
江苏昆丰石油化工有限公司
地址：泰州市海陵区蒲田路1号803-018
……Tel：0523-82184606
中麦石化江苏有限公司
地址：泰州市海陵区蒲田路1号803-011
……Tel：0523-82184606
江苏国宏石化有限公司
地址：泰州市海陵区蒲田路1号803-005
……Tel：0523-82184606
江苏昊鑫石油化工有限公司
地址：泰州市海陵区蒲田路1号802-028
……Tel：0523-82184606
江苏油惠石化有限公司
地址：泰州市海陵区蒲田路1号803-013
……Tel：0523-82184606
中鳌石化江苏有限公司
地址：泰州市海陵区蒲田路1号803-016
……Tel：0523-82184606
江苏创硕石化有限公司
地址：泰州市海陵区蒲田路1号803-025
……Tel：0523-82184606
泰州东联化工有限公司
地址：泰州滨江工业园区泰镇路9号
……Tel：0523-82220018
江苏德信汇隆橡胶贸易有限公司
地址：兴化市临城镇科技园创业路南侧
……Tel：0523-8368011
江苏中燃长江石化有限公司
地址：江苏省靖江市新港园区旺桥路2号
……Tel：0523-84200701
靖江市庆元橡胶制品有限公司
地址：靖江市城南办事处昆圣村15队
……Tel：0523-84612079
靖江王子橡胶有限公司
地址：靖江市经济开发区城南园区苏源热电路1号
……Tel：0523-84616601
靖江市星源橡塑制品有限公司
地址：靖江市东兴镇北路67号
……Tel：0523-84681002
联合安能石化有限公司
地址：靖江市新港大道35号
……Tel：0523-84860907
托普工业（江苏）有限公司
地址：江苏省靖江经济开发区富阳路20号
……Tel：0523-84982289
泰州东泰石化有限公司
地址：泰州经济开发区滨江工业园区引江河路6号
……Tel：0523-86391068
泰州石油化工有限责任公司
地址：泰州市江洲北路36号
……Tel：0523-86558888
泰州市泰山橡胶有限公司
地址：泰州市吴洲北路179号内
……Tel：0523-86559442
泰州市欣旺石油化工有限公司
地址：泰州市海陵区城西街道森南村
……Tel：0523-86568277
泰州申凯石油化工有限公司
地址：泰州市恒景国际花园C21幢1002室
……Tel：0523-86891179
江苏泰联石油化工有限公司
地址：泰州市高港区永安洲镇高永化工集中区
……Tel：0523-86923382
泰州市凯世源绿化工程有限公司
地址：泰州市高港区口岸街道通扬路120号
……Tel：0523-86963030
泰兴市虹桥园工业开发有限公司
地址：泰兴市虹桥工业园区

…… Tel：0523-87015061
泰兴市鑫乐盛实业有限公司
地址：泰兴市虹桥镇虹桥大厦
…… Tel：0523-87015061
泰兴市神龙橡胶制品有限公司
地址：泰兴市滨江镇马甸电厂路168号
…… Tel：0523-87515958
泰兴新奥创实业有限公司
地址：泰兴市虹桥镇人民路
…… Tel：0523-87551307
泰兴鼎先实业有限公司
地址：泰兴市虹桥镇人民路
…… Tel：0523-87551307
江苏恒丰橡胶制品有限公司
地址：泰兴市张桥镇工业集聚区1区
…… Tel：0523-87569892
泰兴市光华石油化工机械制造有限公司
地址：泰兴市济川街道大生中华中路6号
…… Tel：0523-87594588
江苏中源石化建设工程有限公司
地址：泰州市高港区永安洲镇明珠大道366号
…… Tel：0523-87607288
泰兴锦华石油化工有限公司
地址：泰兴经济开发区新港路18号
…… Tel：0523-87671936
泰兴市机电设备安装有限公司
地址：泰兴市车站路46号
…… Tel：0523-87684067
江苏中丹建设有限公司
地址：泰兴高新技术产业开发区人才科技广场17号楼5楼
…… Tel：0523-87733616
江苏永辉橡胶有限公司
地址：泰兴市黄桥镇东顾村一组
…… Tel：0523-87808161
江苏新恒源橡胶有限公司
地址：泰兴市黄桥镇东顾工业园
…… Tel：0523-87808444
泰兴市天启橡胶有限公司
地址：泰兴市黄桥镇果园村三组
…… Tel：0523-87808444
泰兴市宏鑫橡胶有限公司
地址：泰兴市黄桥镇海顾村7组
…… Tel：0523-87890018
江苏福斯特石化装备有限公司
地址：姜堰经济开发区天目路北侧
…… Tel：0523-88018802
泰州晨润石化有限公司
地址：泰州市农业开发区红旗大道西路1号1幢
…… Tel：0523-88303958
泰州市金鸡密封保温制品有限公司
地址：泰州市姜堰区大伦镇桥东村
…… Tel：0523-88324321
江苏鸿愿石油化工有限公司
地址：泰州市姜堰区沈高镇腾飞北路28号
…… Tel：0523-88651033
江苏虹磊橡胶有限公司
地址：泰州市姜堰区娄庄镇工业集中区
…… Tel：0523-88698263
江苏景泰石油化工装备有限公司
地址：姜堰经济开发区陈庄东路006号
…… Tel：0523-88817008
江苏宏泰橡胶助剂有限公司
地址：姜堰经济开发区鸡鸣西路198号
…… Tel：0523-88817628
中海油气（泰州）石化有限公司
地址：泰州市医药高新区海油路1号
…… Tel：0523-89698019
沙桐（泰兴）石油化工有限公司
地址：泰兴经济开发区福泰路1号609室
…… Tel：0523-89788161
沭阳县新邦橡胶厂
地址：沭阳县经济开发区南区
…… Tel：0527-000000
宿迁鑫慧隆橡胶科技有限公司
地址：泗阳县经济开发区东区漓江路东侧、福建路南侧
…… Tel：0527-80627999
江苏瑞士麟实业有限公司
地址：宿迁市宿城区经济开发区南区黄河南路1099号（江苏财茂城展示中心）
…… Tel：0527-80900137
江苏旺玛庆贸易有限公司
地址：江苏省宿迁市宿豫区工业园区江山大道113号
…… Tel：0527-81180598
沭阳县银龙橡胶机械配件厂
地址：沭阳县湖东镇工业区6号
…… Tel：0527-83460002
宿迁市安基橡胶工业有限公司
地址：沭阳县沭城镇章集社区章集工业区
…… Tel：0527-83752200
江苏震泰农业科技有限公司
地址：沭阳县耿圩镇孙庄村
…… Tel：0527-83780888
江苏东昊橡胶有限公司
地址：沭阳县经济开发区海宁路北义乌路西
…… Tel：0527-83910168
沭阳万成橡胶工业有限公司
地址：沭阳县经济开发区宁波路12号
…… Tel：0527-83968568
沭阳广成橡胶工业有限公司
地址：沭阳县经济开发区海宁路12号
…… Tel：0527-83968568
江苏华兴橡胶科技有限公司
地址：宿迁市宿城区开发区南区华夏大道西侧
…… Tel：0527-84277797
宿迁市裕农农业发展集团有限公司
地址：宿迁市宿豫区洪泽湖东路19号中宏大厦三楼
…… Tel：0527-84469086
江苏国邦石油化工有限公司
地址：宿迁市宿豫区京杭运河北岸洋河大桥东500米
…… Tel：0527-84498101
江苏中瓯置业有限公司
地址：宿迁经济开发区淮海建材装饰城36幢3楼
…… Tel：0527-84696907
江苏福友化肥催化净化环保材料有限公司
地址：江苏宿迁生态化工科技产业园光前村
…… Tel：0527-84823050
泗阳县民鼎投资有限公司
地址：宿迁市泗阳县众兴镇北京西路（众兴镇人民政府院内）
…… Tel：0527-85298617
江苏民裕投资有限公司
地址：泗阳县众兴镇北京西路(众兴镇人民政府院内)
…… Tel：0527-85298617
江苏润昌橡胶科技有限公司
地址：泗阳县经济开发区太湖路206号
…… Tel：0527-85378005
泗阳城南新城实业投资有限公司
地址：江苏省宿迁市泗阳县城南商务中心
…… Tel：0527-85392110
泗阳旭杰石油化工有限公司
地址：宿迁市泗阳县众兴镇人民北路8号商业房屋
…… Tel：0527-85656960
泗洪县奔腾橡胶制品有限公司
地址：泗洪县经济技术开发区北环西路
…… Tel：0527-86203525
江苏华安橡胶科技有限公司
地址：沭阳县经济开发区沭七路东侧
…… Tel：0527-88700000
国豪橡胶股份有限公司
地址：沭阳经济开发区沭七路东侧
…… Tel：0527-88700000
贝卡尔特橡胶江苏有限公司
地址：宿迁市沭阳县经济技术开发区沭七路东侧、赐富路北侧
…… Tel：0527-88700000
江苏智联汽车服务有限公司
地址：沭阳县扎下镇沈魏村2158标准化厂房
…… Tel：0527-88722222
江苏川和石油化工有限公司
地址：沭阳县南城新区沭阳石化有色金属交易市场3号楼901
…… Tel：0527-88906666
江苏华瑞嘉石化有限公司
地址：沭阳县南部新区沭阳石化有色金属交易市场86号
…… Tel：0527-88906666
江苏勇创石化有限公司
地址：沭阳县南城新区沭阳石化有色金属交易市场3号楼906
…… Tel：0527-88906666
江苏联畅石油化工有限公司
地址：沭阳县南城新区石化有色金属交易市场3号楼907
…… Tel：0527-88906666
江苏美澜能源有限公司
地址：沭阳县南城新区沭阳石化有色金属交易市场三楼202号
…… Tel：0527-88906666
江苏海岳石油化工有限公司
地址：沭阳县南城新区沭阳石化有色金属交易市场3号楼120号
…… Tel：0527-88906666
黄山华能石化机械有限公司
地址：黄山市休宁县经济开发区枫林大道1号
…… Tel：0559-7776161

浙江省

浙江晋巨化工有限公司
地址：浙江省衢州市柯城区巨化中央大道251号
…… Tel：0570-3096104
浙江巨化检安石化工程有限公司
地址：浙江省衢州市东南时代城3幢917室
…… Tel：0570-3097447
巨化集团有限公司
地址：浙江省杭州市江干区泛海国际中心2幢2001室
…… Tel：0570-3614227
浙江富士特有机硅制品有限公司
地址：江山市经济开发区江电路19号
…… Tel：0570-4221399
浙江童氏橡胶有限公司
地址：龙游县东华街道城南工业园区永兴路8号
…… Tel：0570-7888187
浙江桂财橡胶制品有限公司
地址：浙江省衢州市东港六路25号
…… Tel：0570-8010690
浙江正扬建设集团有限公司
地址：浙江省衢州市衢江区东迹大道186-188号
…… Tel：0570-8566613
浙江富士特硅橡胶材料有限公司
地址：衢州市念化路51号4幢
…… Tel：0570-8597008
杭州中油橡胶化工有限公司
地址：萧山区萧山经济技术开发区桥南区块高新九路129号
…… Tel：0571-22800873
浙江吉华集团股份有限公司
地址：浙江省杭州市萧山区临江工业园新世纪大道1766号
…… Tel：0571-22898018
中化石油浙江有限公司
地址：浙江省杭州市江干区民心路100号万银国际大厦3905-3909室
…… Tel：0571-28161757
电联工程技术股份有限公司
地址：浙江省杭州市钱塘新区杭州江东工业园区江东五路7589号
…… Tel：0571-28903333
浙江多吉盛供应链技术有限公司
地址：浙江省杭州市滨江区长河街道泰安路239号18层1803室
…… Tel：0571-56076755
浙江城建煤气热电设计院有限公司
地址：浙江省杭州市西湖区三墩镇清池路81号
…… Tel：0571-56811878
浙江高速石油发展有限公司
地址：浙江省杭州市江干区闸弄口街道机场路里街48号4-7层
…… Tel：0571-56888835
杭州优科豪马橡胶制品有限公司
地址：浙江省杭州市萧山区江东本级区块前进工业园区三丰路89号
…… Tel：0571-56975288
杭州峰谷电力科技有限公司
地址：浙江省杭州市临安区太湖源镇青云村浩溪桥山头60号
…… Tel：0571-61062640
浙江杭园特种橡胶有限公司
地址：杭州富阳区新登镇新登新区8号路1号（经济开发区）
…… Tel：0571-61778017
浙江富立橡胶制品有限公司
地址：浙江省杭州市富阳区永昌镇永昌村
…… Tel：0571-63292368
杭州美仑橡胶制品有限公司
地址：杭州富阳区银湖街道工业功能区
…… Tel：0571-63431596
杭州临安市橡胶有限公司
地址：临安市昌化镇工业园区
…… Tel：0571-63662796
杭州泰弘橡胶有限公司
地址：浙江省杭州市建德市新安江街道新安东路东兴商厦1幢205A室（自主申报）
…… Tel：0571-64177209
浙江新安化工集团股份有限公司
地址：浙江省建德市新安江镇
…… Tel：0571-64723891
浙江新化化工股份有限公司
地址：浙江省建德市洋溪街道新安江路909号
…… Tel：0571-64758432
杭州蓝光和骏投资有限公司
地址：浙江省杭州市萧山区浦阳镇桃源村
…… Tel：0571-82137360
杭州桥头堡开发管理有限公司
地址：杭州大江东产业集聚区河庄街道江东村
…… Tel：0571-82175221
浙江荣通化纤新材料有限公司
地址：浙江省杭州市萧山区益农镇红阳路98号
…… Tel：0571-82520090
浙江金帝石化能源有限公司
地址：浙江省杭州市萧山区新塘街道萧绍路555号（杭州萧山新塘华田商务酒店）
…… Tel：0571-82610833
浙江恒逸国际贸易有限公司
地址：浙江省杭州市萧山区衙前镇成虎路102号三层
…… Tel：0571-82768235
浙江正大橡胶有限公司
地址：杭州市萧山经济技术开发区建设二路8号
…… Tel：0571-82832028
浙江巴陵恒逸己内酰胺有限责任公司
地址：杭州市萧山区临江工业园区（农二场）
…… Tel：0571-83512017
浙江传化功能新材料有限公司
地址：浙江省杭州钱塘新区新世纪大道1818号
…… Tel：0571-83516952
浙江海裕橡胶有限公司
地址：萧山区萧山经济技术开发区天辰国际广场4幢915室
…… Tel：0571-83536800
浙江萧山农村商业银行股份有限公司
地址：浙江省人民路258号
…… Tel：0571-83686756
杭州萧山农业生产资料有限公司
地址：萧山区新塘街道萧绍路89号
…… Tel：0571-83712687
杭州传化精细化工有限公司
地址：浙江省杭州市萧山区萧山经济技术开发区桥南区块鸿达路125号
…… Tel：0571-83781281
传化集团有限公司
地址：浙江省杭州萧山宁围街道
…… Tel：0571-83781789
浙江智传供应链管理有限责任公司
地址：浙江省宁波市北仑区梅山梅山大道288号2幢909-1室
…… Tel：0571-83783007
杭州橡胶集团有限公司
地址：浙江省杭州市上城区望江门外海潮路
…… Tel：0571-85119335
浙江省出版印刷物资集团有限公司
地址：浙江省杭州市下城区文晖路108号2幢
…… Tel：0571-85172758
中石化碧辟（浙江）石油有限公司
地址：浙江省莫干山路231号广厦锐明大厦5楼
…… Tel：0571-85279072
国海良时资本管理有限公司
地址：浙江省杭州市下城区河东路91号207室
…… Tel：0571-85332292
杭州杭氧化医工程有限公司
地址：杭州市下城区中山北路592号四层
…… Tel：0571-85351227
浙江自贸区国湾石化有限公司
地址：中国（浙江）自由贸易试验区舟山市普陀区东港街道麒麟街211号东港财富中心B座融资租赁产业园区1002-71室
…… Tel：0571-85770561
浙江省振兴乡村建设投资发展有限公司
地址：浙江省杭州市下城区延安路484号
…… Tel：0571-85813822
杭州朝阳工贸有限公司
地址：浙江省杭州市钱塘新区下沙街道七格社区沿街商业营业房C-2-013二楼
…… Tel：0571-86063406
宁波象石实业有限公司
地址：浙江省宁波保税区兴业大道2号A812室（甬保商务秘书公司托管A94号）
…… Tel：0571-86089916
仟金顶网络科技有限公司
地址：浙江省杭州市滨江区滨安路756号B区五层510室
…… Tel：0571-86539175
浙江浙能石油新能源有限公司
地址：浙江省杭州市上城区临江金座1号楼9层至11层
…… Tel：0571-86664000
杭州种业集团有限公司
地址：杭州市江干区凤起东路81号2幢
…… Tel：0571-86735571
盛康橡胶（杭州）有限公司
地址：浙江省杭州市钱塘区白杨街道18号大街100号5幢三楼309室
…… Tel：0571-86736860
中策橡胶集团有限公司
地址：浙江省杭州市钱塘新区10大街2号
…… Tel：0571-86755858
中策橡胶（安吉）有限公司
地址：安吉县临港经济区疏港大道1号
…… Tel：0571-86755990
杭州银泰农旅投资发展有限公司
地址：浙江省杭州市萧山区戴村镇三头村
…… Tel：0571-86905517
杭州朝阳橡胶有限公司

地址：杭州经济技术开发区1号大街23号
…………………… Tel：0571－86911940
杭州藤仓橡胶有限公司
地址：杭州经济技术开发区M6－5－4
…………………… Tel：0571－86912035
美丽健乳业集团有限公司
地址：上城区太和广场8号2316室
…………………… Tel：0571－86963806
浙江物产实业控股（集团）有限公司
地址：浙江省杭州市环城西路56号
…………………… Tel：0571－87054560
杭州怡创橡胶有限公司
地址：浙江省杭州市江干区秋涛北路83号1807室
…………………… Tel：0571－87171207
浙江舟山君润石化有限公司
地址：舟山港综合保税区企业服务中心301－10262室
…………………… Tel：0571－87173111
杭州中策橡胶循环科技有限公司
地址：浙江省杭州市建德市乾潭镇安仁村
…………………… Tel：0571－87195533
杭州博洋橡胶化工有限公司
地址：浙江省杭州市下城区绍兴路337号现代之星大厦1318室
…………………… Tel：0571－87241335
宁波国沛石油化工有限公司
地址：宁波经济技术开发区杨公山区域
…………………… Tel：0571－87334378
浙江骏宏集团有限公司
地址：浙江省杭州市滨江区江晖路1888号15楼C室
…………………… Tel：0571－87566679
浙江四邦实业有限公司
地址：浙江省丽水市景宁畲族自治县红星街道人民北路105号619室
…………………… Tel：0571－87621516
惠多利农资有限公司
地址：杭州市泰安路199号19楼
…………………… Tel：0571－87661186
浙江惠多利农资连锁有限公司
地址：杭州市滨江区泰安路199号浙江农资大厦19楼
…………………… Tel：0571－87661186
浙江圣兰得控股集团有限公司
地址：上城区钱江国际商务中心1903室
…………………… Tel：0571－87789261
浙江中石化浙能油气发展有限公司
地址：杭州市体育场路桃花弄2号
…………………… Tel：0571－87818833
浙江物产融资租赁有限公司
地址：浙江省杭州市下城区环城西路56号202室
…………………… Tel：0571－87985829
杭州东华橡胶有限公司
地址：浙江省杭州市拱墅区拱康路77号（富康大厦）B座二层201室
…………………… Tel：0571－88059859
杭州兴达特种橡胶有限公司
地址：浙江省杭州市莫干山路1418－6号（上城区工业园区）
…………………… Tel：0571－88176166
浙江物产化工集团有限公司
地址：浙江省杭州市上城区清吟街108号688室
…………………… Tel：0571－88278687
浙江省天正设计工程有限公司
地址：浙江省杭州市西湖区双龙街199号金色西溪商务中心2号楼
…………………… Tel：0571－88361936
浙江顺豪新材料有限公司
地址：浙江省杭州市余杭区仓前街道龙舟路1号
…………………… Tel：0571－88627008
杭州东庆橡胶有限公司
地址：杭州余杭区仓前街道龙泉路6－2号1、2幢
…………………… Tel：0571－88627085
浙江蓝城双浦农业开发有限公司
地址：浙江省杭州市西湖区双浦镇铜鉴湖村518号2001室
…………………… Tel：0571－89051322
杭州宜家家居有限公司
地址：浙江省杭州市余杭区乔司街道乔莫西路5号
…………………… Tel：0571－89355025
浙江绿光投资有限公司
地址：杭州市下城区华电弄76号1楼1189室
…………………… Tel：0571－89702067
杭州意昂橡胶制品有限公司
地址：浙江省杭州市西湖区留和路16号1幢B417室
…………………… Tel：0571－89774396
浙江舟山中南石油化工有限公司
地址：舟山港综合保税区企业服务中心301－10010室
…………………… Tel：0571－89892975
湖州市东湖石化销售有限公司
地址：浙江省湖州市外环东路368号
…………………… Tel：0572－2065953
湖州市农合联资产经营有限公司
地址：浙江省湖州市公园路188号金瑞大厦A座2006室
…………………… Tel：0572－2091630
中央储备粮湖州直属库有限公司
地址：浙江省湖州市经济技术开发区杨家庄路728号
…………………… Tel：0572－2151096
湖州荣恒石油化工有限公司
地址：浙江省湖州市南浔区和孚镇陶家墩村匠人堡89号－1(自主申报)
…………………… Tel：0572－3965905
安吉藤仓橡胶有限公司
地址：浙江省安吉经济开发区塘浦＊
…………………… Tel：0572－5115868
长兴明旺橡塑科技股份有限公司
地址：长兴县和平镇北洋桥
…………………… Tel：0572－6097656
浙江嘉吉石化工程有限公司
地址：浙江省湖州市长兴县太湖街道祥福路299号
…………………… Tel：0572－6511006
长兴安科舒橡胶科技有限公司
地址：长兴县经济开发区经四路1号厂房
…………………… Tel：0572－6651733
德清县龙溪建设有限公司
地址：浙江省湖州市德清县新市镇中南西路72号
…………………… Tel：0572－8401278
浙江省天台大鹏橡胶有限公司
地址：浙江省台州市天台县三合亭头工业园区
…………………… Tel：0573－83087830
嘉兴市凤新投资开发有限公司
地址：嘉兴市南湖区凤桥镇新康路105号
…………………… Tel：0573－83188763
嘉兴市东凤投资有限公司
地址：嘉兴市凤桥镇凤余公路南侧2幢206室
…………………… Tel：0573－83188763
嘉兴市嘉凤生态农业开发有限公司
地址：嘉兴市南湖区凤桥镇凤篁路258号
…………………… Tel：0573－83188763
玄溢橡胶（嘉兴）有限公司
地址：嘉兴市秀洲工业区加创路西洪高路南加创科技嘉兴有限公司内3号厂房东侧
…………………… Tel：0573－83932807
嘉兴泰特橡胶有限公司
地址：浙江省嘉兴市嘉善县惠民街道天山路20号
…………………… Tel：0573－84632202
浙江卡曼橡胶地板有限公司
地址：嘉善县姚庄镇镇南路189号
…………………… Tel：0573－84733029
浙江宏利汽配集团有限公司
地址：浙江省嘉兴市平湖市经济开发区永兴路2223号内1号楼、4号楼
…………………… Tel：0573－85072816
浙江壳牌化工石油有限公司
地址：嘉兴市乍浦港区内
…………………… Tel：0573－85523666
嘉兴杭州湾石油化工物流有限公司
地址：嘉兴市嘉兴港区中山中路5号3楼B301室
…………………… Tel：0573－85532017
浙江东恒石化有限公司
地址：浙江省嘉兴港区三期围堤内浙江东恒石化销售储运有限公司办公楼二楼208室
…………………… Tel：0573－85535999
浙江东恒石化销售储运有限公司
地址：嘉兴港区港口三期围堤内
…………………… Tel：0573－85535999
泰地石化集团股份有限公司
地址：浙江省嘉兴市乍浦港区三期纬一路
…………………… Tel：0573－85581698
嘉兴金汇石化有限公司
地址：浙江省嘉兴港区乍浦镇经济开发区三期围堤内信汇公司综合楼103室
…………………… Tel：0573－85587314
浙江中润资产管理股份有限公司
地址：浙江省杭州市上城区白云路26号209室
…………………… Tel：0573－85591975
浙江美福石油化工有限责任公司
地址：浙江省嘉兴市乍浦镇东方大道88号
…………………… Tel：0573－85623440
中嘉华宸能源有限公司
地址：平湖市独山港镇白沙路333号
…………………… Tel：0573－85809898
浙江金联石化储运有限公司
地址：平湖市独山港区白沙路88号
…………………… Tel：0573－85812200
网壳智能科技有限公司
地址：浙江省嘉兴市海盐县武原街道盐北路368号
…………………… Tel：0573－86092001
浙江秦山橡胶工程股份有限公司
地址：海盐县秦山镇许油车村
…………………… Tel：0573－86645876
新世纪分离技术（嘉兴）有限公司
地址：海盐县武原街道正华路、武原大道交叉口东侧
…………………… Tel：057386777226
海宁联足实业有限公司
地址：浙江省海宁市盐官镇城北
…………………… Tel：0573－87677899
浙江双箭橡胶股份有限公司
地址：浙江省桐乡市洲泉镇晚村
…………………… Tel：0573－88531023
浙江道济农业科技发展有限公司
地址：浙江省嘉兴市桐乡市乌镇镇正福村村委内医务室二楼
…………………… Tel：0573－88876563
浙江亿善橡胶制品有限公司
地址：浙江省嘉兴市嘉善县魏塘街道长盛路188号
…………………… Tel：0573－89118899
宁波广达石化有限公司
地址：浙江省宁波保税区兴业二路18号1幢2035室
…………………… Tel：0574－28863798
宁波长鸿高分子科技股份有限公司
地址：浙江省戚家山港口路108号
…………………… Tel：0574－55222090
宁波顺泽橡胶有限公司
地址：浙江省宁波市镇海区宁波石化经济技术开发区滨海路3200号
…………………… Tel：0574－55838500
宁波利万聚酯材料有限公司
地址：浙江省宁波市大榭开发区海光楼E座206－8室
…………………… Tel：0574－56580205
宁波华泰盛富聚合材料有限公司
地址：浙江省宁波市大榭开发区环岛西路18号
…………………… Tel：0574－56580206
中海石油宁波大榭石化有限公司
地址：宁波大榭开发区榭东北港区
…………………… Tel：0574－56777000
正大农业科技（浙江）有限公司
地址：浙江省慈溪市现代农业开发区（半掘浦以西）
…………………… Tel：0574－58586907
宁波杭州湾新区中石化油站发展有限公司
地址：浙江省宁波杭州湾新区兴慈四路311号
…………………… Tel：0574－58962580
建新赵氏集团有限公司
地址：宁海桃源街道科园北路281号
…………………… Tel：0574－59975000
浙江环科万顺新材料有限公司
地址：余姚市经济开发区南区来雁路3号
…………………… Tel：0574－62512268
浙江峻和科技股份有限公司
地址：浙江省余姚市远东工业城CE10－11
…………………… Tel：0574－62760066
宁波丰茂远东橡胶有限公司
地址：浙江省余姚市锦凤路22号
…………………… Tel：0574－62762225
慈溪市海升橡胶制品有限公司
地址：慈溪市长河镇长丰村
…………………… Tel：0574－63009093
慈溪市雄丰橡胶科技有限公司
地址：浙江省慈溪市长河镇长丰村
…………………… Tel：0574－63402753
宁波捷耀橡胶科技有限公司
地址：慈溪市长河镇长丰村二横路
…………………… Tel：0574－63412106
慈溪市焙客家橡胶制品有限公司
地址：慈溪市坎墩街道顺泰路58号
…………………… Tel：0574－63479099
宁波泰悦橡胶科技有限公司
地址：浙江省慈溪滨海经济开发区莲塘路288号
…………………… Tel：0574－63636657
宁波兴亚橡塑有限公司
地址：宁海县梅林街道梅林南路136号
…………………… Tel：0574－65206711
宁波兴亚汽车零部件有限公司
地址：浙江省宁波市宁海县梅林街道梅林南路136号（自主申报）
…………………… Tel：0574－65206755
宁波光明橡塑有限公司
地址：宁海县城关梅林工业区
…………………… Tel：0574－65291092
宁波和谐橡胶有限公司
地址：宁海县越溪乡下盘屿村下湾塘
…………………… Tel：0574－65362271
浙江新智石化有限公司
地址：宁波高新区创苑路750号003幢7楼743室
…………………… Tel：0574－81858963
远大橡胶有限公司
地址：浙江省宁波高新区扬帆路515号15－1
…………………… Tel：0574－83071680
宁波海欣石化设备有限公司
地址：宁波北仑柴桥工业园区二期
…………………… Tel：0574－86062826
浙江众源石油化工有限公司
地址：浙江省宁波高新区朱一路2号－6＃楼13－1
…………………… Tel：0574－86173563
宁波金发新材料有限公司
地址：浙江省北仑区戚家山街道宏源路168号
…………………… Tel：057486235093
恒河材料科技股份有限公司
地址：浙江省宁波市镇海区　浦镇跃进塘路3511号
…………………… Tel：0574－86253877
宁波市博琨石化仓储有限公司
地址：宁波市镇海区蛟川街道镇宁东路1号A－13－11室
…………………… Tel：0574－86265068
华东能源环保股份有限公司
地址：浙江省宁波市镇海区石化经济技术开发区正德路257号
…………………… Tel：0574－86360388
宁波博汇化工科技股份有限公司
地址：宁波石化经济技术开发区泰兴路199号
…………………… Tel：0574－86369037
宁波昊德化学工业股份有限公司
地址：浙江省石化经济技术开发区跃进塘路3307号
…………………… Tel：0574－86369265
宁波天翼装备技术有限公司
地址：浙江省象山县贤庠镇象山港口工业小区兵泽路1号
…………………… Tel：0574－86433811
中石化宁波镇海炼化有限公司
地址：浙江省宁波市镇海区蛟川街道炼化路187号
…………………… Tel：0574－86443800
镇海石化建安工程有限公司
地址：宁波市镇海区蛟川街道炼化路
…………………… Tel：0574－86445184
中石化宁波新材料研究院有限公司
地址：浙江省宁波市镇海区蛟川街道炼化路218号
…………………… Tel：0574－86445648
宁波东鼎石化装备有限公司
地址：浙江省宁波市镇海区蛟川街道炼化路
…………………… Tel：0574－86449545
宁波广昌达新材料有限公司
地址：浙江省宁波市镇海区石化经济技术开发区海山路2号
…………………… Tel：0574－86509038
宁波爱思开合成橡胶有限公司
地址：宁波市镇海区宁波石化经济技术开发区海河路187号
…………………… Tel：0574－86657801
宁波图锐新材料科技有限公司
地址：浙江省宁波市镇海区石化经济技术开发区北海路389号
…………………… Tel：0574－86669890
浙江逸盛新材料有限公司
地址：浙江省宁波市镇海区宁波石化经济技术开发区荣盛路1号
…………………… Tel：0574－86688635
宁波逸盛化学有限公司
地址：浙江省宁波市镇海区　浦镇北海路266号
…………………… Tel：0574－86688635
宁波百地年液化石油气有限公司
地址：浙江省宁波市大榭开发区关外路1号
…………………… Tel：0574－86757009
东华能源（宁波）新材料有限公司
地址：浙江省宁波市大榭开发区东港北路6号
…………………… Tel：0574－86757121
宁波和益兴石油化工有限公司
地址：北仑区梅山大道商务中心四号办公楼504室
…………………… Tel：0574－86851231
浙江晶海橡胶有限公司
地址：宁波市江北区长兴路618号41幢3131室
…………………… Tel：0574－87104824
宁波铜岸橡胶国际贸易有限公司
地址：北仑区梅山大道商务中心三号办公楼157室
…………………… Tel：0574－87140654
宁波明宇橡胶制品有限公司
地址：宁波市镇海区蟹浦镇觉渡村山俺脚下
…………………… Tel：0574－87173900
宁波明港液化气有限公司
地址：浙江省宁波市北仑区新　明州西路479号1幢2号49－1室
…………………… Tel：0574－87260999
中基石化有限公司
地址：浙江省宁波市鄞州区会展路222号

079幢4-1-1
…………………… Tel：0574-87426327
宁波元稹国际物流有限公司
地址：浙江省宁波市海曙区三市路1号（2-25）室
…………………… Tel：0574-87555675
信风（宁波）海运物流有限公司
地址：浙江省宁波市江北区慈城镇慈湖人家377号204室
…………………… Tel：0574-87645428
宁波市科瑞石化设备有限公司
地址：宁波高新区聚贤路587弄15号3#楼12层
…………………… Tel：0574-87662361
宁波泰科威橡胶科技有限公司
地址：宁波高新区沧海路189弄2号韵升科技工业一园10号楼A4-3
…………………… Tel：0574-87737381
春和集团有限公司
地址：宁波高新区江南路599号7-47
…………………… Tel：0574-87787522
宁波杨公山石化码头有限公司
地址：宁波经济技术开发区杨公山
…………………… Tel：0574-87868970
中石化宁波工程有限公司
地址：宁波高新区院士路660号
…………………… Tel：0574-87975475
宁波东胜橡胶制品有限公司
地址：宁波市滨海开发区投资创业中心
…………………… Tel：0574-88105888
宁波市奉化区惠业建设有限公司
地址：浙江省宁波市奉化区中山东路518号金城大厦B座
…………………… Tel：0574-88680070
宁波博尔麦密封技术有限公司
地址：浙江省宁波市奉化区岳林街道斗门村
…………………… Tel：0574-88926414
宁波大宗商品交易所有限公司
地址：浙江省宁波市鄞州区会展路128号（常年展2号馆十楼A区）
…………………… Tel：0574 89116504
宁波供销集团公司
地址：海曙区老实巷66号
…………………… Tel：0574-89385406
绍兴振荣汽车零部件有限公司
地址：绍兴市上虞区章镇镇车站路13号
…………………… Tel：0575-82096119
绍兴十川橡胶有限公司
地址：绍兴市上虞区上浦工业区
…………………… Tel：0575-82365378
浙江金茂橡胶助剂品有限公司
地址：杭州湾上虞经济技术开发区
…………………… Tel：0575-82722008
浙江绿环工程机械有限公司
地址：浙江省绍兴市嵊州市剡湖街道罗东路388号
…………………… Tel：0575-83108111
嵊州市天然橡胶化工有限公司
地址：浙江省绍兴市嵊州市甘霖镇工业开发区
…………………… Tel：0575-83667988
三力士股份有限公司
地址：浙江省绍兴县柯岩街道余渚村
…………………… Tel：0575-84366806
浙江中驰橡胶有限公司
地址：绍兴市柯桥区兰亭镇桃源村
…………………… Tel：0575-84623908
绍兴市柯桥区中石化交通油气站建设发展有限公司
地址：浙江省绍兴市柯桥区齐贤街道兴浦村
…………………… Tel：0575-84780200
浙江油联加油站有限公司
地址：杭州湾上虞经济技术开发区
…………………… Tel：0575-85093660
浙江华彬供应链管理有限责任公司
地址：浙江省绍兴市柯桥区滨海工业区九O丘11幢
…………………… Tel：0575-85622283
浙江振立进出口有限公司
地址：浙江省诸暨市大唐镇开元东路505号
…………………… Tel：0575-87752988
绍兴市中浩建设有限公司
地址：浙江省绍兴市越城区富盛镇红山村原富盛精制茶厂202
…………………… Tel：0575-88122277
绍兴市轮胎橡胶有限公司
地址：绍兴市皋埠镇樊江街东
…………………… Tel：0575-88759888
黄岩浙东橡胶助剂进出口有限公司
地址：浙江省台州市黄岩区新前开发区茂丰街15号
…………………… Tel：0576-81100588
浙江飞波橡胶有限公司
地址：天台县洪畴镇希董村岩板寺
…………………… Tel：0576-83010323
浙江冠驰橡胶有限公司
地址：天台县洪畴镇希董村
…………………… Tel：0576-83010518
浙江龙圣华橡胶股份有限公司
地址：天台县洪畴镇东宝路2号
…………………… Tel：0576-83013082
天台县大华橡胶有限公司
地址：天台县洪畴第三工业区
…………………… Tel：0576-83015095
浙江宏达橡胶股份有限公司
地址：浙江省台州市天台县洪畴镇戴家村
…………………… Tel：0576-83015111
天台县远程橡胶有限公司
地址：天台县洪三工业功能区
…………………… Tel：0576-83017222
浙江四海新材料股份有限公司
地址：浙江省台州市天台县洪畴镇东安路21号
…………………… Tel：0576-83019567
台州市康力橡胶有限公司
地址：天台县三合镇洪三橡胶工业功能区合心路10号
…………………… Tel：0576-83077166
天台县同源橡胶有限公司
地址：天台县三合镇三合路160号
…………………… Tel：0576-83077495
天台县宇翔橡胶有限公司
地址：天台县三合镇下坊村工业区
…………………… Tel：0576-83078221
台州大象橡胶有限公司
地址：浙江省台州市天台县三合镇洪三工业园区
…………………… Tel：0576-83078815
浙江玖龙橡塑科技有限公司
地址：浙江省台州市天台县三合镇洪三工业区洪三大道8号
…………………… Tel：0576-83088208
浙江宝源橡胶有限公司
地址：浙江省台州市天台县赤城街道人民东路928号
…………………… Tel：0576-83088881
浙江省三门县西陈橡胶厂
地址：浙江省三门县珠岙镇西陈
…………………… Tel：0576-83104278
台州市奇宇橡胶有限公司
地址：三门县珠岙镇坎头路29号
…………………… Tel：0576-83105052
浙江三门华龙轮胎橡胶有限公司
地址：三门县珠岙镇里塘
…………………… Tel：0576-83110915
浙江鑫鸿橡胶有限公司
地址：三门县珠岙镇高枧开元大街198号
…………………… Tel：0576-83118280
浙江开牌橡胶科技有限公司
地址：三门县珠岙镇方下洋开发区
…………………… Tel：0576-83118801
浙江善好工贸有限公司
地址：三门县珠岙镇吴岙
…………………… Tel：0576-83160998
浙江东电橡胶产品设计有限公司
地址：三门县珠岙镇余庆街243号
…………………… Tel：0576-83321785
浙江三维橡胶制品股份有限公司
地址：三门县海游街道下坑村
…………………… Tel：0576-83518368
三维控股集团股份有限公司
地址：浙江省台州市三门县海游街道光明中路518号
…………………… Tel：0576-83518368
浙江大统密封件有限公司
地址：浙江省三门县浦坝港镇洞港（工业集聚区）
…………………… Tel：0576-83598338
天台鹏宇橡胶有限公司
地址：天台县三合镇大横村
…………………… Tel：0576-83811028
天台县双翔橡胶有限公司
地址：浙江省台州市天台县天台县三合镇合心路11号
…………………… Tel：0576-83915909
天台县国有资产投资管理有限公司
地址：天台县赤城街道工人西路77号
…………………… Tel：0576-83930297
天台神力投资有限公司
地址：浙江省台州市天台县赤城街道人民东路655号
…………………… Tel：0576-83938626
天台禾丰橡胶有限公司
地址：天台县赤城街道横潭坎
…………………… Tel：0576-83983252
浙江恩德橡胶有限公司
地址：天台县城关桥南路
…………………… Tel：0576-83986036
浙江黄岩浙东橡胶助剂有限公司
地址：台州市黄岩区新前开发区茂丰街15号
…………………… Tel：0576-84223983
浙江国威橡胶有限公司
地址：浙江省台州市临海市东部园区南洋四路
…………………… Tel：0576-85661623
临海市久大橡胶履带有限公司
地址：浙江省台州市临海市大洋街道柘溪路360号
…………………… Tel：0576-85997068
浙江物产港洲石化有限公司
地址：浙江省台州市温岭市石塘镇桂岙村棺材屿
…………………… Tel：0576-86128555
浙江宏鑫密封件有限公司
地址：温岭市新河镇环城东路30号
…………………… Tel：0576-86553548
浙江发光橡胶密封件股份有限公司
地址：浙江省台州市温岭市新河镇楼岙工业区
…………………… Tel：0576-86565258
温岭市第二橡胶厂
地址：浙江省台州市温岭市城北街道麻车
…………………… Tel：0576-86913238
浙江贝斯特减震系统有限公司
地址：玉环市玉城街道小水埠
…………………… Tel：0576-87227347
浙江双友石化能源有限公司
地址：浙江省玉环市玉城街道城中村沙岙（市机电工业园区）
…………………… Tel：0576-87246065
浙江大麦屿港务有限公司
地址：浙江省玉环市大麦屿经济开发区
…………………… Tel：0576-87353088
台州中宏废橡胶综合利用有限公司
地址：玉环市滨港工业城
…………………… Tel：0576-87573098
浙江省仙居县华丰橡胶有限公司
地址：仙居县城关南大桥
…………………… Tel：0576-87731662
浙江永安胶带有限公司
地址：仙居县南峰街道城南大桥
…………………… Tel：0576-87732359
浙江仙居永固橡胶科技有限公司
地址：仙居县福应街道现代工业集聚区鸿远路7号
…………………… Tel：0576-87750299
浙江利兴减震橡胶有限公司
地址：台州市椒江区东太和路95号2幢
…………………… Tel：0576-88506567
台州市海门橡胶四厂
地址：台州市椒江区机场路北段5号桥
…………………… Tel：0576-88523505
浙江崇富橡塑有限公司
地址：台州市经达路118号
…………………… Tel：0576-88598560
台州远洲石化仓储有限公司
地址：台州市椒江区沿海涛江闸
…………………… Tel：057688931115
浙江三特科技股份有限公司
地址：浙江省三门县海游街道上叶北山
…………………… Tel：0576-89303586
浙江海航橡胶轮胎有限公司
地址：三门县海游街道马湖洋（西区开发区）
…………………… Tel：0576-89330338
台州太阳风橡胶有限公司
地址：仙居县南峰街道管山
…………………… Tel：0576-89372202
浙江中能石油有限公司
地址：温州市洞头区鹿西乡兴渔路90弄42号
…………………… Tel：0577-57152836
中欧能源集团有限公司
地址：浙江省温州市乐清市蒲岐镇北门街村
…………………… Tel：057757155555
温州锋润新材料有限公司
地址：浙江省温州市苍南县金乡镇后半路91-99号
…………………… Tel：0577-59897772
乐清市金宇科技有限公司
地址：浙江省乐清市乐成街道汇丰路26号（乐清市金宇发动机研究所内）
…………………… Tel：0577-61571151
民扬集团有限公司
地址：乐清市柳市镇民扬大厦
…………………… Tel：057761711155
乐清市鸿翔橡胶有限公司
地址：浙江省乐清市白石街道凤凰村（另设分支机构经营场所：乐清市北白象镇塘下工业区）
…………………… Tel：0577-62682717
华东控股集团有限公司
地址：乐清市白石街道东浃工业区
…………………… Tel：0577-62686666
温州兴达橡胶有限公司
地址：乐清市白石镇东浃工业区
…………………… Tel：0577-62696888
浙江江南石化机械有限公司
地址：浙江省乐清市温州大桥工业园区
…………………… Tel：0577-62866007
浙江人本鞋业有限公司
地址：瑞安市仙降街道胶鞋园区
…………………… Tel：0577-65558888
浙江申立鞋业有限公司
地址：浙江省温州市瑞安市云周街道杏洋村
…………………… Tel：0577-65583388
瑞安市新地球星橡胶有限公司（查不到）
地址：浙江省温州市瑞安市汀田街道大典下工业区
…………………… Tel：0577-66502168
浙江中瑞橡胶高分子材料股份有限公司
地址：浙江省瑞安市南滨街道远航路888号
…………………… Tel：0577-66858080
温州申展橡胶有限公司
地址：浙江省温州市瑞安市南滨街道围五路8号
…………………… Tel：0577-66862255
泰顺白云橡胶有限公司
地址：泰顺县罗阳镇白云路1号
…………………… Tel：0577-67563766
浙江林博橡胶有限公司
地址：浙江省温州市永嘉县瓯北街道浦二村坎下
…………………… Tel：0577-67963266
新力橡胶轮胎（温州）有限公司
地址：浙江省温州市瓯海区潘桥街道宁波路2888号3幢1401室
…………………… Tel：0577-85190770
温州市华邦橡胶有限公司
地址：温州市瓯海潘桥河西村皎巨路23号（不作拆迁凭证）
…………………… Tel：0577-86167723
温州市冠盛汽车零部件集团股份有限公司
地址：浙江省温州市瓯海高新技术产业园区高翔路1号
…………………… Tel：0577-86291790
浙江增诚钢管有限公司
地址：温州市龙湾区永中建中南街16-40号
…………………… Tel：0577-86859666
浙江正辉照明工程有限公司
地址：温州市瓯海娄桥街道上汇村
…………………… Tel：0577-88005668
浙江双屿实业有限公司
地址：温州市炬光园炬高路11号
…………………… Tel：0577-89612228
乐清市金宇石化设备有限公司
地址：浙江省乐清市乐成街道汇丰路26号
…………………… Tel：0577-92523731
丽水市祈程轮胎橡胶有限责任公司
地址：浙江省丽水市莲都区城南停车场门口店面
…………………… Tel：0578-2116588
丽水华鸿橡胶有限公司
地址：浙江省丽水市莲都区水阁工业园区龙庆路319号
…………………… Tel：0578-2951877
晨龙集团有限责任公司
地址：浙江省丽水市缙云县壶镇溪东北路158号
…………………… Tel：0578-3158998
浙江鸿腾橡胶有限公司
地址：浙江省龙泉市大沙经济开发区
…………………… Tel：0578-7218018
金华美源橡胶有限公司
地址：浙江省金华市婺城区工贸区（工贸街1159号）
…………………… Tel：0579-82523328
浙江金栋橡胶制品有限公司
地址：浙江省金华市磐安县尖山镇万苍工业功能区(自主申报)
…………………… Tel：0579-84786918
浙江天考国际贸易有限公司
地址：浙江省义乌市稠江街道江湾井头山路34号1楼
…………………… Tel：0579-85836985
浙江庆大橡胶有限公司
地址：浙江省永康市城西新区花城东路288号
…………………… Tel：0579-87205297
浙江超牛橡胶制品有限公司
地址：浙江省兰溪经济开发区环城西路6号
…………………… Tel：0579-88131786
浙江正固橡胶有限公司
地址：浙江省兰溪经济开发区三鑫路31号
…………………… Tel：0579-88231689
兰溪市合顺橡胶机带有限责任公司
地址：浙江省兰溪市永昌街道大阜张村
…………………… Tel：0579-88766298
浙江农信数智电子商务有限公司
地址：浙江省金华市金东区多湖街道政和街33号金源大厦2幢1508(自主申报)
…………………… Tel：0579-81299833
中化兴中石油转运（舟山）有限公司
地址：舟山市定海区兴中路1号
…………………… Tel：0580-2061894
舟山万福原石油化工有限公司
地址：舟山市定海区岑港街道坞　社区紫窟涂（浙江定海工业园区管委会办公楼210室）

……………………Tel：0580－2067578
中阿能源（浙江）有限公司
地址：中国（浙江）自由贸易试验区舟山市定海区临城街道翁山路555号大宗商品交易中心6001－A122室
……………………Tel：0580－2108889
浙江昆洋石油化工有限公司
地址：浙江省舟山市定海区舟山港综合保税区企业服务中心301－150室（自贸试验区内）
……………………Tel：0580－2166027
舟山安盛欣荣石油化工有限公司
地址：舟山港综合保税区企业服务中心301－10378室
……………………Tel：0580－2188003
舟山市天盛石油化工有限公司
地址：浙江省舟山市定海区临城街道翁山路555号大宗商品交易中心6001－A102室（集中办公）（自贸试验区内）
……………………Tel：0580－2263593
中工建投（浙江）石油化工有限公司
地址：中国（浙江）自由贸易试验区舟山市定海区舟山港综合保税区大成四路86号B区2号仓库107室
……………………Tel：0580－2327505
浙江自贸区蓝盾石油化工有限公司
地址：中国（浙江）自由贸易试验区舟山市嵊泗县马迹山港区港航大楼304－60
……………………Tel：0580－2360311
浙江自贸区蓝盾石油化工有限公司
地址：中国（浙江）自由贸易试验区舟山市嵊泗县马迹山港区港航大楼304－60
……………………Tel：13675977776
浙江舟山融润石化有限公司
地址：中国（浙江）自由贸易试验区舟山市千岛中央商务区自贸村32－128号
……………………Tel：0580－2623706
九车能源（浙江自贸区）有限公司
地址：浙江省舟山市定海区舟山港综合保税区企业服务中心301－12402室（自贸试验区内）
……………………Tel：0580－2623706
浙石化新奥（舟山）燃气有限公司
地址：中国（浙江）自由贸易试验区舟山市定海区千岛街道定沈路619号港航国际大厦A幢3501室
……………………Tel：0580－2911688
舟山市晓兰琼玉石化能源有限公司
地址：中国（浙江）自由贸易试验区舟山市千岛中央商务区自贸村32－128号
……………………Tel：0580－2950580
浙江舟山祥辉石油化工有限公司
地址：浙江省舟山市定海区舟山港综合保税区企业服务中心301－10027室（自贸试验区内）
……………………Tel：0580－2988050
中油万达（舟山）石化有限公司
地址：浙江省舟山市定海区盐仓街道兴舟大道西段10号302－13室
……………………Tel：0580－2988050
舟山正乙石油化工有限公司
地址：舟山港综合保税区企业服务中心301－10108室
……………………Tel：0580－2988050
浙江舟山明诚石油化工有限公司
地址：浙江省舟山市定海区舟山港综合保税区企业服务中心301－10722室（自贸试验区内）
……………………Tel：0580－2988050
舟山万联石油化工有限公司
地址：浙江省舟山港综合保税区企业服务中心301－10251室
……………………Tel：0580－2988050
宁波众在盛达石油管道建设有限公司
地址：浙江省宁波保税区国际发展大厦1303B
……………………Tel：0580－3055944
中创海洋科技股份有限公司
地址：中国（浙江）自由贸易试验区舟山市普陀区沈家门街道渔港路2号（自主申报）
……………………Tel：0580－3098000
浙江自贸区冠成石油化工有限公司
地址：浙江省舟山市普陀区东港街道沙田街66号普陀商会大厦1501－368室（自贸试验区内）
……………………Tel：0580－3261770
中石化浙江舟山石油有限公司
地址：中国（浙江）自由贸易试验区舟山市普陀区东港街道海洲路727号恒尊大厦11楼
……………………Tel：0580－3788875
国达石油化工有限公司
地址：中国（浙江）自由贸易试验区舟山市普陀区东港街道麒麟街211号东港财富中心B座1001－221室
……………………Tel：0580－3819393
国昌石油化工有限公司
地址：浙江省舟山市普陀区东港街道麒麟街211号东港财富中心B座1001－256室（自贸试验区内）
……………………Tel：0580－3819393
浙江自贸区中瑞石油化工有限公司
地址：浙江省舟山市普陀区东港街道麒麟街211号东港财富中心B座1001－217室（自贸试验区内）
……………………Tel：0580－3819393
千福石油化工有限公司
地址：中国（浙江）自由贸易试验区舟山市普陀区东港街道麒麟街211号东港财富中心A座11楼普陀油气贸易企业服务中心1104－46室
……………………Tel：0580－3819393
中耀石油化工有限公司
地址：中国（浙江）自由贸易试验区舟山市普陀区东港街道麒麟街211号东港财富中心A座11楼普陀油气贸易企业服务中心1106－08室
……………………Tel：0580－3819393
舟山美之特种橡胶科技有限公司
地址：浙江省舟山市岱山县高亭镇经济开发区徐福大道212号101室
……………………Tel：0580－4962898
浙江泰信橡胶有限公司
地址：舟山港综合保税区企业服务中心301－287室
……………………Tel：0580－7368021
浙江海港国际贸易有限公司
地址：中国（浙江）自由贸易试验区舟山市定海区海洋产业集聚区大成四路86号B区1号仓库402－12室
……………………Tel：0580－8012512
浙江浙石油燃料油销售有限公司
地址：中国（浙江）自由贸易试验区舟山市定海区白泉镇海洋产业集聚区大成四路86号B区1号仓库402－5室（自主申报）
……………………Tel：0580－8058507
浙江东燃石油化工有限公司
地址：舟山港综合保税区企业服务中心301－10142室
……………………Tel：0580－8062287
东欧石化（舟山）有限公司
地址：浙江省舟山港综合保税区企业服务中心301－28053室（自贸试验区内）
……………………Tel：0580－8081068
浙江自贸区冀东石化有限公司
地址：中国（浙江）自由贸易试验区舟山市定海区临城街道翁山路555号大宗商品交易中心6001—A230室
……………………Tel：0580－8086063
浙江正太石化有限公司
地址：中国（浙江）自由贸易试验区舟山市定海区临城街道翁山路555号大宗商品交易中心6001－A138室
……………………Tel：0580－8086063
浙江自贸区福乐石油化工有限责任公司
地址：浙江省舟山市千岛中央商务区自贸村31－10（自贸试验区内）
……………………Tel：0580－8086063
舟山吉达石化有限公司
地址：浙江省舟山市定海区舟山港综合保税区企业服务中心301－1056室（自贸试验区内）
……………………Tel：0580－8086285
舟山永信石油化工有限公司
地址：浙江省舟山港综合保税区企业服务中心301－10272室（自贸试验区内）
……………………Tel：0580－8086285
舟山宏伟石化有限公司
地址：中国（浙江）自由贸易试验区舟山市定海区舟山港综合保税区企业服务中心301－28027号
……………………Tel：0580－8086285
中海石油舟山石化有限公司
地址：浙江省舟山市定海区马岙镇北部港区
……………………Tel：0580－8127297
浙江泰富石油化工有限公司
地址：浙江省舟山市定海区马岙北部港区
……………………Tel：0580－8127297
浙江富振石油化工有限公司
地址：浙江省舟山市定海区干览镇揽华路10号
……………………Tel：0580－8178105
浙江纳海石油化工有限公司
地址：浙江省舟山市定海区岑港街道烟墩化工工业园区23号
……………………Tel：0580－8178955
舟山市鑫易石油化工有限公司
地址：浙江省舟山市定海区舟山港综合保税区企业服务中心301－10576室（自贸试验区内）
……………………Tel：0580－8179207
浙江舟山大宗商品交易所有限公司
地址：浙江省舟山市定海区临城街道翁山路555号
……………………Tel：0580－8230901
浙江自贸区美华石油化工有限公司
地址：浙江省舟山市定海区临城街道翁山路555号大宗商品交易中心6001－A277室（自贸试验区内）
……………………Tel：0580－8262210
浙江石油化工有限公司
地址：浙江省舟山市定海区临城街道翁山路555号大宗商品交易中心5201室（自贸试验区内）
……………………Tel：0580－8263983
舟山市鱼山石化工程有限公司
地址：浙江省舟山市定海区临城街道翁山路555号大宗商品交易中心6001室（集中办公）（自贸试验区内）
……………………Tel：0580－8263983
浙江海洋石油化工有限公司
地址：浙江省舟山市定海区岑港街道烟墩工业区22号
……………………Tel：0580－8710878
浙江象屿石化有限公司
地址：中国（浙江）自由贸易试验区舟山市定海区临城街道翁山路555号大宗商品交易中心 6001—A258室
……………………Tel：0592－5691290

安徽省

德轮橡胶股份有限公司
地址：安徽省定远县工业园区泉坞山大道西侧
……………………Tel：0550－2166688
安徽奥丰汽车配件有限公司
地址：安徽省滁州市长江西路305号
……………………Tel：0550－2577688
安徽炭本科技有限公司
地址：明光市三界镇104国道与朱庄村村通道路交叉口有东北角
……………………Tel：0550－2608888
瓦卢瑞克天大（安徽）股份有限公司
地址：安徽省滁州市紫薇中路1899号
……………………Tel：0550－3088388
安徽华峰医药橡胶有限公司
地址：安徽省滁州市来安县建阳北路521号
……………………Tel：0550－5628041
安徽省天马泵阀集团有限公司
地址：安徽省天长市天长经济开发区天马路1号
……………………Tel：0550－7031888
安徽晋源铜业有限公司
地址：来安县汊河经济开发区朝阳路10号
……………………Tel：0550－7179881
安徽天大石化有限公司
地址：安徽省天长市铜城镇铜南工业园区
……………………Tel：0550－7518900
安徽天大石化有限公司
地址：安徽省天长市铜城镇铜南工业园区
……………………Tel：0550－7518900
天长市金桑园生态农业观光有限公司
地址：天长市铜城镇天铜公路东侧
……………………Tel：0550－7766512
安徽华龙橡胶有限公司
地址：安徽省天长市铜城工业园区纬三大道一号
……………………Tel：0550－7867878
合肥市合兴源精密橡胶制品有限公司
地址：安徽省合肥市长丰县下塘镇工业园纬五路
……………………Tel：0551－3650777
安徽中康能源有限责任公司
地址：合肥市包河区淝河路99号玫瑰绅城花园B14幢301上
……………………Tel：0551－5681733
安徽金源热电有限公司
地址：安徽省合肥市经济技术开发区方兴大道667号
……………………Tel：0551－62357999
安徽柴氏秋乐农牧科技开发有限公司
地址：合肥市蜀山区长江西路478号松芝万象城1幢911室
……………………Tel：0551－62396217
合肥环巢湖文化旅游投资有限公司
地址：安徽省合肥市庐江县同大镇灵台村
……………………Tel：0551－62613237
合肥铭晟文化旅游管理有限公司
地址：合肥市包河区庐州大道788号融创乐园行政楼一层
……………………Tel：0551－62758066
安徽天徽置业有限公司
地址：安徽省合肥市高新区科学大道55号综合楼2－396
……………………Tel：0551－62811888
安徽辉隆集团农资连锁有限责任公司
地址：安徽省合肥市蜀山区祁门路1777号辉隆大厦
……………………Tel：0551－62813737
安徽辉隆集团瑞丰化肥有限公司
地址：安徽省合肥市蜀山区祁门路1777号辉隆大厦15楼
……………………Tel：0551－62852587
安徽省徽商长城能源有限公司
地址：安徽省合肥市包河区经济技术开发区佛掌路
……………………Tel：0551－62861011
合肥华仑文化产业投资有限公司
地址：合肥市包河区北京路8号
……………………Tel：0551－62968613
合肥恒信轻量化科技发展有限公司
地址：安徽省合肥市经济技术开发区紫石路1518号
……………………Tel：0551－63368363
合肥凤凰文化地产有限公司
地址：安徽省合肥市包河区徽州大道1388号办公楼第六层
……………………Tel：0551－63440691
中盐安徽红四方股份有限公司
地址：安徽省合肥市蜀山区祁门路12号
……………………Tel：0551－63515015
中盐安徽红四方肥业股份有限公司
地址：安徽省合肥市循环经济示范园纬五路北侧
……………………Tel：0551－63515015
合肥市地方铁路投资建设有限公司
地址：安徽省合肥市金寨路851号
……………………Tel：0551－63515871
合肥文旅博览集团有限公司
地址：安徽省合肥市政务文化新区习友路988号
……………………Tel：0551－63529118
安徽皖垦食品有限公司
地址：合肥市蜀山区黄山路468号通和易居同辉南苑19号楼2楼210－216室
……………………Tel：0551－63655936
中化石油安徽有限公司
地址：安徽省合肥市包河区包河大道118号
……………………Tel：0551－63712555
安徽天泽橡胶机械科技有限公司
地址：合肥市蜀山区蔚蓝商务港城市广场A座1322室
……………………Tel：0551－63720697
安徽辉隆集团农业发展有限责任公司
地址：安徽省合肥市包河区延安路1779号
……………………Tel：0551－63736625
安徽卜蜂畜禽有限公司
地址：安徽省合肥市经济技术开发区繁华大道228号
……………………Tel：0551－63817802
安徽佳轮橡胶有限公司
地址：安徽省合肥市经济技术开发区始信路以西、繁华大道以南
……………………Tel：0551－63895205
安徽新桥永发橡胶投资有限公司
地址：安徽省寿县新桥国际产业园新桥大道东侧、和谐大道北侧
……………………Tel：0551－64220145
安徽旭原春机电科技有限公司
地址：合肥市肥东县撮镇镇店撮路西中国石化华东石油工程有限公司内
……………………Tel：0551－64269728
合肥海川石化设备有限公司
地址：合肥市新站区新站工业园E区22号
……………………Tel：0551－64281606
安徽德明石油化工设备有限公司
地址：安徽省合肥市高新区潜水东路5－5号合肥德文公司厂房内
……………………Tel：0551－64492291
中海油销售安徽有限公司
地址：合肥市瑶海区明光路1号9楼
……………………Tel：0551－65109800
合肥天汇孵化科技有限公司
地址：安徽省合肥市经济技术开发区繁华大道199号
……………………Tel：0551－65121470
合肥蜀山生态文化旅游投资有限公司
地址：合肥市蜀山区井岗路1100号北四楼
……………………Tel：0551－65126619
住化电子材料科技（合肥）有限公司
地址：安徽省合肥市新站区工业园内新汴河路以南
……………………Tel：0551－65190908
华艺生态园林股份有限公司
地址：安徽省合肥市高新区红枫路7号富邻广场B座12楼
……………………Tel：0551－65333939
安徽丰乐农化有限责任公司
地址：肥东县合肥循环经济示范园
……………………Tel：0551－65360912
合肥聚能新能源科技有限公司
地址：合肥市包河区太原路28号
……………………Tel：0551－65393686
安徽省石油化工集团有限责任公司
地址：安徽省合肥市庐阳区砀山路3086号
……………………Tel：0551－65525891
中农联控股安徽有限公司
地址：合肥市政务区祁门路333号新地中心A座（原10幢）办2409

…………Tel：0551-65577636

绿地化肥集团股份有限公司
地址：合肥市包河区徽州大道477号
…………Tel：0551-65655076

合肥华威自动化有限公司
地址：安徽省合肥市双凤工业区凤霞路008号
…………Tel：0551-65665766

安徽实华工程技术股份有限公司
地址：合肥市包河区杭州路与西藏路交口东北角滨湖时代广场C3幢1301号
…………Tel：0551-65708600

安徽隆平高科种业有限公司
地址：安徽省合肥市高新区望江西路533号
…………Tel：0551-65846038

安徽中成农业科技有限公司
地址：合肥市高新区红枫路6号科研综合楼三层
…………Tel：0551-65848028

安徽德润融资租赁股份有限公司
地址：安徽省合肥市政务区祁门路1777号辉隆大厦
…………Tel：0551-65860210

安徽省中安油料销售有限责任公司
地址：安徽省合肥市瑶海区长江东路1157号
…………Tel：0551-65869198

淮北矿业集团（滁州）华塑物流有限公司
地址：安徽省滁州市定远县盐化工业园内
…………Tel：0551-65882806

合肥京东科昇贸易有限公司
地址：安徽长丰双凤经济开发区淮南北路与双凤路交口
…………Tel：0551-67108270

安徽省合肥市循环经济示范园建设投资有限公司
地址：安徽省合肥市肥东县撮镇镇电站村
…………Tel：0551-67360978

合肥优铌帕克化工有限公司
地址：安徽省合肥市循环经济示范园
…………Tel：0551-67602680

合肥优铌帕克化工有限公司
地址：安徽省合肥市循环经济示范园
…………Tel：0551-67602685

安徽桑铌科技股份有限公司
地址：安徽省合肥市经济技术开发区紫云路338号
…………Tel：0551-68102316

中科合肥煤气化技术有限公司
地址：合肥巢湖经济开发区半汤路花山服务中心
…………Tel：0551-82329632

安徽正和橡塑合金有限公司
地址：安徽省合肥市巢湖经济开发区花山工业园云溪北路
…………Tel：0551-82333806

安徽龙川橡塑科技有限公司
地址：安徽省合肥市庐江县城西经济开发区中塘路2号
…………Tel：0551-82567911

中化农业（安徽）粮谷有限公司
地址：巢湖市苏湾镇工业集中区水泥路北侧
…………Tel：0551-82630268

安徽路丰橡胶工业有限公司
地址：庐江县庐城镇城西工业园苏河路028号（庐江县庐城镇开发区纬三路）
…………Tel：0551-87426002

安徽省庐江县华益橡胶制品有限公司
地址：安徽省合肥市庐江县白湖镇泉水工业园
…………Tel：0551-87583408

庐江县丰源橡胶密封件有限公司
地址：安徽省合肥市庐江县白湖镇泉水村军二路南侧（005）号1幢2幢3幢
…………Tel：0551-87583568

安徽省庐江县飞云特种橡胶制品有限公司
地址：安徽省合肥市庐江县泥河镇沙溪社区合铜路旁
…………Tel：0551-87652282

安徽锐达橡胶科技有限公司
地址：安徽省蚌埠市淮上区沫河口工业园淝河西路2号
…………Tel：0552-2821380

安徽辉隆集团五禾生态肥业有限公司
地址：安徽省蚌埠市淮上区沫河口工业园区五蚌路2号
…………Tel：0552-2867587

安徽省徽商五源国际物流港务有限公司
地址：安徽省蚌埠市淮上区正街1080号
…………Tel：0552-2867907

蚌埠天隆橡胶有限公司
地址：安徽省蚌埠市解放四路治淮1号（解放路245号）
…………Tel：0552-3024423

安徽中粮生化燃料酒精有限公司
地址：安徽省蚌埠市黑虎山路818号
…………Tel：0552-4932800

力源港务集团有限公司
地址：安徽省蚌埠市淮上区沫河口工业园区港口产业园五蚌路6号-1号
…………Tel：0552-5854969

安徽中青生物技术有限公司
地址：安徽省蚌埠市固镇县城关镇北城区投资大厦18楼北部东数第4间
…………Tel：0552-6677117

安徽米耐尔橡胶科技股份有限公司
地址：安徽省蚌埠市怀远县经济开发区世纪大道17号
…………Tel：0552-8318601

亲近有限公司
地址：安徽省怀远县榴城镇政府三楼
…………Tel：0552-8614999

芜湖风雪橡胶有限公司
地址：安徽省芜湖市高新技术产业开发区
…………Tel：0553-3719606

安徽三箭橡胶机带有限公司
地址：芜湖市弋江区漳河路21号
…………Tel：0553-4822013

芜湖海昌橡胶有限责任公司
地址：安徽省芜湖市鸠江经济开发区南阳路
…………Tel：0553-5209990

芜湖集拓橡胶技术有限公司
地址：安徽省芜湖市经济技术开发区龙山街道凤鸣湖南路17号
…………Tel：0553-5965838

安徽华能医用橡胶制品股份有限公司
地址：安徽省芜湖市无为县姚沟工业区
…………Tel：0553-6763015

淮南市石油化工机械设备有限公司
地址：安徽省淮南市大通区工业园区9号
…………Tel：0554-2514939

淮南石化产发销售有限公司
地址：淮南市田家庵区朝阳街道舜耕社区石油公司综合楼
…………Tel：0554-6606070

安徽淮化集团有限公司
地址：安徽省淮南市田家庵区泉山
…………Tel：0554-6875422

安徽淮化股份有限公司
地址：安徽省淮南市田家庵区泉山
…………Tel：0554-6875422

淮南石化旭来商贸有限公司
地址：淮南市凤台县城关镇农水西路
…………Tel：0554-8610650

马鞍山市世骏橡胶科技有限公司
地址：马鞍山市慈湖高新区杨坝村
…………Tel：0555-2329115

马鞍山宏力橡胶制品有限公司
地址：安徽省马鞍山市花山区新化路226号
…………Tel：0555-3500538

马鞍山中粮生物化学有限公司
地址：安徽省马鞍山市慈湖联合路
…………Tel：0555-3501260

马鞍山赛亚特橡胶空气弹簧有限公司
地址：安徽省马鞍山市金家庄区慈湖车站路37号
…………Tel：0555-3508855

安徽华星化工有限公司
地址：安徽省马鞍山市和县乌江镇
…………Tel：0555-5393948

安徽海德化工科技有限公司
地址：安徽省马鞍山市和县乌江镇省精细化工基地
…………Tel：0555-5963266

岳西县农村发展投资有限公司
地址：岳西县天堂镇建设东路12号
…………Tel：0556-2170317

岳西县金鸡产业发展有限公司
地址：岳西县天堂镇建设东路12号
…………Tel：0556-2170317

安徽高速物流股份有限公司
地址：安徽省安庆市开发区小孤山路6号
…………Tel：0556-5205732

安庆市新莱园农业科技有限公司
地址：安庆市开发区中兴大道109号
…………Tel：0556-5355333

安徽盈创石化检修安装有限责任公司
地址：安徽省安庆市高花亭油化一路5号
…………Tel：0556-5374456

安徽时联特种溶剂股份有限公司
地址：安徽省安庆市皖河大道
…………Tel：0556-5688000

安徽岳塑汽车工业股份有限公司
地址：安徽省安庆市岳西县莲云乡腾云村（县经济开发区）
…………Tel：0556-5695918

桐城市水电橡胶制品有限公司
地址：安徽省桐城市范岗镇童铺街
…………Tel：0556-6042360

安徽盛运橡胶有限责任公司
地址：安徽省桐城经济开发区经五路
…………Tel：0556-6080101

安徽桐城市盛晟建设开发有限公司
地址：桐城经济开发区铁东二路东侧
…………Tel：0556-6099500

安徽美祥实业有限公司
地址：安徽省桐城市同安路35号
…………Tel：0556-6211001

安徽中天石化股份有限公司
地址：安徽宿松经济开发区
…………Tel：0556-7818298

潜山县福达橡胶刷业制品厂
地址：安徽省安庆市潜山县源潭镇
…………Tel：0556-8451088

安徽萧汉投资有限公司
地址：萧县龙城镇龙虎路北侧
…………Tel：0557-2208615

安徽世旅橡胶有限公司
地址：宿州市萧县经济开发区
…………Tel：0557-2209166

安徽绿丹农生物科技有限公司
地址：安徽省宿州市宿马现代产业园区043县道北侧（宿州大道与佳山路交叉口东北角）
…………Tel：0557-3901819

宿州市飞跃物流有限公司
地址：安徽省宿州市经济开发区金海大道9号
…………Tel：0557-3931099

安徽农乐科创生物制品有限责任公司
地址：宿州市灵璧县经济开发区电子产业园2号楼
…………Tel：0557-6900888

阜阳中农正泰农业开发有限公司
地址：安徽省阜阳市颍泉区光华路197号翡翠华庭4#楼105室
…………Tel：0558-2265556

阜阳裕东农业科技发展有限公司
地址：安徽省阜阳市颍东区颍河东路北侧向阳办事处办公楼1幢113号
…………Tel：0558-2313265

安徽昊源化工集团有限公司
地址：安徽省阜阳市颍东区阜康路1号
…………Tel：0558-2368015

界首市绿博园林绿化有限公司
地址：界首市胜利东路101号
…………Tel：0558-2833392

亳州司尔特生态肥业有限公司
地址：亳州市谯城区十河镇化工集中区
…………Tel：0558-3030115

安徽管鲍宫神农业科技有限公司
地址：颍上经济开发区高速公路出入口西侧
…………Tel：0558-4577888

民生药业集团（亳州）中药材种植有限公司
地址：亳州市亳芜产业园区合欢路以南、茴香路以北、菁华路以西、汤王大道以东地块内1号
…………Tel：0558-5587306

亳州尊健生物科技有限公司
地址：亳州市谯城区研发路西侧紫苑路265号
…………Tel：0558-5886988

安徽腾辉国际城开发有限公司
地址：临泉县经济开发区管理委员会6楼
…………Tel：0558-6160020

安徽辉隆生资建材大市场管理有限公司
地址：临泉县城关镇解放南路西侧浮翠路南侧
…………Tel：0558-6176866

安徽省华洋橡胶有限公司
地址：安徽省亳州市利辛县工业园
…………Tel：0558-8807648

黄山全晟密封科技有限公司
地址：歙县循环经济园区二幢
…………Tel：0559-6519822

淮北市交投石化油品销售有限公司
地址：安徽省淮北市杜集区矿山集街道办淮海东路与团结路（X002县道）交口向西290米处南侧
…………Tel：0561-3110196

临涣焦化股份有限公司
地址：安徽省濉溪县韩村镇小湖孜
…………Tel：0561-4851815

安徽临涣化工有限责任公司
地址：安徽省淮北市濉溪县韩村镇临涣矿区
…………Tel：0561-4851815

安徽宏泰橡胶制品有限公司
地址：安徽省淮北市濉溪经济开发区金桂路
…………Tel：0561-6065398

安徽中翰润誉石油化工有限公司
地址：铜陵金桥经济开发区科技孵化器（创业营内）
…………Tel：0562-2109757

铜陵恩创石油化工有限公司
地址：铜陵金桥经济开发区科技孵化器（创业营内）
…………Tel：0562-2109757

安徽兴石金石化有限公司
地址：铜陵金桥经济开发区科技孵化器（创业营内）
…………Tel：0562-2109757

安徽中瑞佳旭石油化工有限公司
地址：铜陵金桥经济开发区科技孵化器（创业营内）
…………Tel：0562-2109757

安徽凌驰石油化工有限公司
地址：铜陵金桥经济开发区科技孵化器（创业营内）
…………Tel：0562-2109757

远之航石油化工有限公司
地址：安徽省铜陵市义安区义安经济开发区科技孵化器（创业营内）
…………Tel：0562-2109757

耀成石化有限公司
地址：安徽省铜陵市义安区义安经济开发区科技孵化器（创业营内）
…………Tel：0562-2109757

天鑫石油化工有限公司
地址：铜陵金桥经济开发区科技孵化器（创业营内）
…………Tel：0562-2109757

铜陵琛错石油化工有限公司
地址：铜陵金桥经济开发区科技孵化器（创业营内）
…………Tel：0562-2109757

铜陵化学工业集团有限公司
地址：安徽省铜陵市翠湖一路2758号
…………Tel：0562-2652770

铜陵鑫克精细化工有限责任公司
地址：安徽省铜陵市铜陵大桥经济开发区内
…………Tel：0562-2802968

安徽省普济圩现代农业集团有限公司
地址：安徽省铜陵市普济圩农场
…………Tel：0562-3711039

安徽六国化工股份有限公司
地址：安徽省铜陵市铜港路
…………Tel：0562-3801021

安徽耀信石油天然气有限公司
地址：安徽省铜陵市铜官山区金山广场宝山路68-402室
…………Tel：0562-3866626

铜陵市金运橡胶塑料有限责任公司
地址：安徽省铜陵市狮子山区曹山路
…………Tel：0562-6825389

安徽立信橡胶科技有限公司
地址：安徽省宣城市宣州工业园区北区
…………Tel：0563-2062232

宁国市赛科思橡胶有限公司
地址：宁国经济技术开发区松岭路西侧
…………Tel：0563-2675506

宁国市宁彩橡胶密封材料有限公司
地址：宁国经济技术开发区河沥园区振宁路东侧
…………Tel：0563-4025118

安徽恩龙园林股份有限公司
地址：宁国市津河西路南侧90#
…………Tel：0563-4103218

安徽省司尔特肥业股份有限公司
地址：安徽省宁国经济技术开发区
…………Tel：0563-4181505

宁国市乔茨金江橡塑有限公司
地址：宁国经济技术开发区创新南路
…………Tel：0563-4183788

安徽中鼎减震橡胶技术有限公司
地址：安徽省宣城市宁国市梅林镇鼎湖北路1号中鼎工业园
…………Tel：0563-4185040

安徽鼎封橡胶减震技术有限公司
地址：宁国经济技术开发区河沥园区外环东路117号
…………Tel：0563-4187535

宁国市启辰橡塑制品有限公司
地址：宁国市河沥溪开发区外环东路33号
…………Tel：0563-4309400

宁国市兴源橡胶制品有限公司
地址：宁国市汪溪工业集中区
…………Tel：0563-4442016

安徽海蚨祥橡胶有限公司
地址：宁国市中溪镇东坡村九组
…………Tel：0563-4676359

宁国绿谷建设工程有限公司
地址：宁国经济技术开发区河沥园区东城大道北侧
…………Tel：0563-4690999

安徽正信宏磊橡胶有限公司
地址：安徽省宣城市泾县经济开发区箬帽路
…………Tel：0563-5092918

广德县船海橡胶制品有限公司
地址：安徽广德县杨滩镇街道
…………Tel：0563-6703888

天沛橡胶工业（安徽）有限公司
地址：安徽省广德县南环路北，光藻路西（现名德昌路）
…………Tel：0563-6975208

安徽中昊环保装备股份有限公司
地址：安徽省宣城市郎溪县经济开发区钟梅路
…………Tel：0563-7371006

安徽大银实业有限公司
地址：安徽省宣城市绩溪县华阳镇适之街1号
……Tel：0563-8161931

六安宝益德橡胶制品有限公司
地址：六安市裕安经济开发区七里岗村
……Tel：0564-3332522

安徽省弘江橡胶有限公司
地址：安徽省合肥市庐江县庐城镇牌楼中路20号
……Tel：0565-87321487

池州宇杭橡胶制品有限公司
地址：安徽省江南产业集中区万凯产业园5#厂房
……Tel：0566-3390061

安徽华尔泰化工股份有限公司
地址：安徽省东至县香隅镇
……Tel：0566-5299005

福建省

福州中民新能源有限公司
地址：福建省福州市福清市江阴镇工业区福建中景石化有限公司办公楼3层05室（自贸试验区内）
……Tel：0591-22167130

福建鸿鼎盛新材料有限公司
地址：闽侯县白沙镇下浦路55号
……Tel：0591-22193502

福州荣清橡胶有限公司
地址：福州市闽清县王大河工业区2号
……Tel：0591-22358188

竹兴（福州）橡胶有限公司
地址：闽侯县青口投资区
……Tel：0591-22769818

福州国台橡胶有限公司
地址：闽侯青口投资区
……Tel：0591-22772701

福建天骏工业有限公司
地址：闽侯县青口投资区
……Tel：0591-22779188

福州帝都橡胶有限公司
地址：福建省福州市闽侯县青口镇祥宏南路33号3号楼整栋
……Tel：0591-22783256

谢华安种业科技（福建）有限公司
地址：福州市鼓楼区华大街道188号1#楼一层
……Tel：0591-22850252

福建北斗时空科技有限公司
地址：福州高新区海西高新技术产业园创新园一期15#楼2层A38
……Tel：0591-23537621

福州金坛康娱橡胶工程材料有限公司
地址：平潭县上楼工业园区
……Tel：0591-24396611

敢先（福建）农林发展有限公司
地址：连江县潘渡乡陀市村（陀市林场果树组）
……Tel：0591-26130606

福建省南方新能源科技集团有限公司
地址：福建省福州市晋安区二环中路斗门红星花园二号5-8层701室
……Tel：0591-28023598

福建中庚国际贸易有限公司
地址：福建省福州市马尾区琅岐镇新道路408号鸿鑫楼20509号房间（自贸区内）
……Tel：0591-28083296

福建正和云商集团有限公司
地址：福州市晋安区日溪乡政府经济大楼二层203
……Tel：0591-28357000

福建超大全求吃集团有限公司
地址：福建省福州市仓山区城门镇南江滨西大道198号福州海峡国际会展中心地下一层东区办公中心B-010号（自贸试验区内）
……Tel：0591-28378888

兴业证券股份有限公司
地址：福州市湖东路268号
……Tel：0591-38281888

名筑建工集团有限公司
地址：福州市马尾区江滨东大道108号福建留学人员创业园408A
……Tel：0591-38390701

福州耀隆化工集团公司
地址：福建省福州市福清市江阴工业集中区林芝路
……Tel：0591-38773252

福建融御实业有限公司
地址：福建省福州市台江区鳌峰街道曙光路132号申发大厦21楼06办公号房
……Tel：0591-63112859

福建省久久实业有限公司
地址：福州市台江区五一南路1号联信中心15层03室
……Tel：0591-63112859

福州景昕源实业有限公司
地址：福建省福州市台江区曙光路118号宇洋中央金座写字楼43层17单元-27
……Tel：0591-83229762

福建省邮政公司
地址：福州市鼓楼区水部街道古田路101号闽通大厦1-15层
……Tel：0591-83319717

福州朴朴时代电子商务有限公司
地址：福建省福州市台江区瀛洲街道长乐南路56号红星商务大厦3层
……Tel：0591-83350333

福建三木建设发展有限公司
地址：福州市马尾区江滨东大道108号福建留学人员创业园研究试验综合楼401（自贸试验区内）
……Tel：0591-83351911

福州发达燃料石化有限公司
地址：福州市古田路中美大厦24层东单元
……Tel：0591-83364104

福建省远通能源发展有限公司
地址：福州市鼓楼区五凤街道江厝路规划院湖前职工住宅1#楼108单元
……Tel：0591-83369032

福建中景燃气有限公司
地址：福建省福州市福清市江阴镇工业区福建中景石化有限公司办公楼8层02室（自贸试验区内）
……Tel：0591-83570915

中首城投（福建）发展有限公司
地址：福建省福州市鼓楼区五凤街道西环北路60号融侨花园三区1#、13#、14#楼连接体3层01店面，仓库1，仓库2，仓库3，仓库4，仓库5，仓库6
……Tel：0591-83800081

福建省福抗药业股份有限公司
地址：福建省福州市福清市江阴工业集中区高港大道6号
……Tel：0591-83810885

福州本元实业有限公司
地址：福建省福州市台江区鳌峰街道光明南路1号升龙大厦办公主楼12层09办公
……Tel：0591-83898527

福建立昌实业有限公司
地址：福州市仓山区金山桔园洲工业园台江工业园10号楼
……Tel：0591-83952222

五洲贸发（福建）进出口有限公司
地址：福州市鼓楼区华大街道华林路246号永鸿城1#、2#楼连接体5层08室
……Tel：0591-83956166

福建景新太平橡胶有限公司
地址：福清市融侨经济技术开发区
……Tel：0591-85287010

福建金德信橡胶轮胎有限公司
地址：福建省福州市福清市宏路街道东坪村（福清市金星汽车配件有限公司内）
……Tel：0591-85366380

爱沃特玛铅橡胶制品（福建）有限公司
地址：福清市融侨经济技术开发区
……Tel：0591-85379445

福建省正坤橡胶科技有限公司
地址：福建省福州市福清市上迳镇工业小区（福清逢源鞋业制造有限公司内）
……Tel：0591-85626618

奥司卡橡胶（福清）有限公司
地址：福建省福州市福清市高山镇山后村大真线公路北面（祥锋汽配对面）
……Tel：0591-85659966

福建冠发实业集团有限公司
地址：福清市音西街道音西村冠发国际新城1号商住楼店01（经营场所：福清市音西街道马山村）
……Tel：0591-86077603

中盛翔晖城创建设集团有限公司
地址：福建省福州市福清市音西街道洋埔村福人大道融商大厦1007办公室
……Tel：0591-86213111

福建高速中化石油有限公司
地址：福建省福州市仓山区盖山镇浦下村后门里122号1055室（自贸试验区内）
……Tel：0591-86217300

福建高速中化石油有限公司
地址：福建省福州市仓山区金山街道卢滨支路87号12室
……Tel：0591-86217300

福建骏森投资有限公司
地址：福州市马尾区马限山一号轮运大厦二层210室（自贸试验区内）
……Tel：0591-86276339

百润昌隆物产集团有限公司
地址：福州市马尾区君竹路83号科技发展中心大楼5层526室（自贸试验区内）
……Tel：0591-86276733

福州麒铠商贸发展有限公司
地址：福州市马尾区君竹路83号科技发展中心大厦五层523室（自贸试验区内）
……Tel：0591-86276733

福建智上国际贸易有限公司
地址：福州市马尾区君竹路83号科技发展中心大楼第8层833室（自贸试验区内）
……Tel：0591-86276733

福建奥盛荣实业有限公司
地址：福州市马尾区君竹路83号科技发展中心大楼第8层826室（自贸试验区内）
……Tel：0591-86276733

福建乐力鑫实业有限公司
地址：闽侯县南通镇古城村
……Tel：0591-86276733

福建兴胜博实业有限公司
地址：福建省福州市台江区宁化街道工业路193号宝龙城市广场西南侧小白楼1楼A22
……Tel：0591-86276733

福州富全橡胶有限公司
地址：闽侯县青口投资区
……Tel：0591-87013686

福建汇丰物流有限公司
地址：福州开发区君竹路83号科技发展中心四层413室（自贸试验区内）
……Tel：0591-87054338

中海能源储运（福建）有限公司
地址：福建省福州市长乐区猴屿乡象屿村象屿作业区
……Tel：0591-87119348

福建省和格实业集团有限公司
地址：福建省福州市鼓楼区软件大道89号福州软件园F区5号楼18层
……Tel：0591-87279946

福州壹经工贸有限公司
地址：福建省福州市鼓楼区安泰街道八一七中路98号渔阳大厦7层01室
……Tel：0591-87283777

福建鑫泰实业有限公司
地址：福建省福州市鼓楼区水部街道六一中路28号佳盛广场C座27层10室
……Tel：0591-87288777

福建周行实业有限公司
地址：福建省福州保税区综合大楼15层A区-1603（自贸试验区内）
……Tel：0591-87412268

福建沃若石油化工有限公司
地址：福建省福州市鼓楼区梅峰路180号保福公寓1#-3#楼连接体2层3#
……Tel：0591-87412268

福建众成联合贸易有限公司
地址：福建省福州市鼓楼区洪山镇西环中路98号黎明方商大厦7层712室
……Tel：0591-87412802

大生（福建）农业有限公司
地址：福建省福州市鼓楼区五凤街道铜盘路95号406室
……Tel：0591-87413666

福建大生控股有限公司
地址：福建省福州市鼓楼区乌山西路318号洪山科技园创业中心大厦第2层213室
……Tel：0591-87413666

福建大生进出口有限公司
地址：福建省福州市鼓楼区乌山西路318号洪山科技园创业中心大厦第2层212室
……Tel：0591-87413666

福建深深投资有限公司
地址：闽侯县上街镇新保路10号博仕后悦府8#楼306
……Tel：0591-87505528

福建石油化工集团有限责任公司
地址：福建省福州市鼓楼区琴亭路29号方圆大厦16层
……Tel：0591-87522128

福建省石油化学工业有限公司
地址：福州市鼓楼区东街33号武夷中心10层
……Tel：0591-87522128

福建省福农农资集团有限公司
地址：福州市鼓楼区尚宾路32号2#楼第10层、第11层
……Tel：0591-87551020

福建京朋水力发电集团有限公司
地址：福州市晋安区华林路492号金辉大厦13层
……Tel：0591-87592712

福州信佩投资有限公司
地址：福建省福州市鼓楼区洪山镇梅亭路2号仁文大儒世家国光新区F地块1号楼地下1层41商铺
……Tel：15659380436

福州辉宇投资有限公司
地址：福州市晋安区茶园街道华林路492号金辉大厦2#楼1301室
……Tel：0591-87592730

福建省亿科贸易有限公司
地址：福州市鼓楼区五四路国际大厦十九层B室
……Tel：0591-87592730

福建省亿辉投资有限责任公司
地址：福州市晋安区茶园街道华林路492号金辉大厦2号楼1301室
……Tel：0591-87592730

福建八方物流股份有限公司
地址：福建省福州市保税区8号小区7号地第三层306室
……Tel：0591-87660727

福建省昆仑石化产品有限公司
地址：福建省福州市晋安区茶园路39号
……Tel：0591-87665190

西汉园林集团有限公司
地址：福建省福州市台江区宁化街道祥坂街26号（原上浦路南侧）富力中心A座7层07商务办公-1
……Tel：0591-87667268

福建省福化工贸股份有限公司
地址：福建省福州市鼓楼区省府路1号石化楼
……Tel：0591-87677672

福州静安橡胶制品有限公司
地址：福州市金山工业区福湾片8号
……Tel：0591-87720689

福建浩伦农业科技集团有限公司
地址：福州市鼓楼区湖东路154号中山大厦31层 厂址：晋安区西园村
……Tel：0591-87808515

福建省闽投资产管理有限公司
地址：福建省福州市鼓楼区华林路197号
……Tel：0591-87856094

中房建发控股有限责任公司
地址：福建省福州市台江区工业路红庆里7号3层E205室
……Tel：0591-87867352

中福海峡（平潭）发展股份有限公司
地址：福建省平潭综合实验区北厝镇金井二路台湾创业园28、35号楼4层
……Tel：0591-87871990

福建省天力橡胶轮胎有限公司
地址：福州市晋安区岳峰镇岳峰路13号三华花园19-20#楼连接体综合一层01店面
……Tel：0591-87901596

福建省大丰橡胶轮胎有限公司
地址：福州市晋安区红星工业区3号楼三层
……Tel：0591-87901596

福建三禾农资有限公司
地址：福建省福州市晋安区连江中路151号方广大厦四层
……Tel：0591-87930073

中骏兴烟（平潭）科技发展有限公司
地址：平潭综合实验区金井湾片区商务营运中心
……Tel：0591-87931552

福建丰腾橡胶有限公司
地址：福建省福州市晋安区鼓山镇上洋村C102、C103、C105、C107、C108、C110
……Tel：0591-87933296

福建医工设计院有限公司
地址：福建省福州市闽侯县南屿镇乌龙江南大道26-1号
……Tel：0591-87933669

冠壹实业集团有限公司
地址：福州市鼓楼区鼓东街道五四路158号环球广场31层01室B区
……Tel：0591-88019331

福建省众邦石油化工有限公司
地址：福建省福州市鼓楼区洪山镇福三路20号（原工业路东侧，福三路北侧洪山园地块）华润万象城（一区）（一期）S2#楼20层01办公
……Tel：0591-88177880

鲲腾（平潭）石油化工有限责任公司
地址：平潭综合实验区金井湾商务营运中心6号楼22层2202-1
……Tel：0591-88600987

龙净实业集团有限公司
地址：福建省平潭综合实验区金井湾商务营运中心1号楼3层309
……Tel：0591-88706706

福建阳光集团有限公司
地址：福建省福州市马尾区罗星街道登龙路99号
……Tel：0591-88706706

福建博美源贸易有限公司
地址：福建省福州保税区综合大楼15层A区-0236（自贸试验区内）
……Tel：0591-88706706

福建雅思德贸易有限公司
地址：福建省福州保税区综合大楼15层A区-0237（自贸试验区内）
……Tel：0591-88706706

福建兴衡投资有限公司
地址：福州市马尾区君竹路83号科技发展中心大楼六层635室（自贸试验区内）
……Tel：0591-88706706

福建虹盛实业集团有限公司
地址：福州市马尾区江滨东大道108号创业园新园区研究实验综合楼212B（自贸试验区内）
……Tel：0591-88706706

福建阳光科教股份有限公司
地址：福建省福州市闽侯县甘蔗街道榕洲路58号阳光城领海综合楼105室
……Tel：0591-88706706

阳光科技有限公司
地址：福建省福州市马尾区登龙路99号13#楼207室
……………………Tel：0591-88706706

福建康田实业集团有限公司
地址：福州市马尾区马限山一号6#楼轮运大厦三层310室
……………………Tel：0591-88706706

福建千和全实业有限公司
地址：福州市马尾区君竹路83号科技发展中心大楼八层819室（自贸试验区内）
……………………Tel：0591-88706706

阳光国贸集团有限公司
地址：福州市马尾区登龙路99号12#楼024室（自贸试验区内）
……………………Tel：0591-88706706

福建青企实业有限公司
地址：福州市马尾区马限山一号6#轮运大厦三层303室
……………………Tel：0591-88706706

福州开发区鸿宇实业有限公司
地址：福州市马尾区江滨东大道108号创业园新园区研究实验综合楼209C（自贸试验区内）
……………………Tel：0591-88706706

福州联合实业有限公司
地址：福州市马尾区亭江镇长洋路1号亭江科教大楼6060室（自贸试验区内）
……………………Tel：0591-88706706

福州开发区恒成实业有限公司
地址：福州市马尾区星发路8号生产力促进大厦412-E(自贸试验区内)
……………………Tel：0591-88706706

福州森艺贸易有限公司
地址：福州市马尾区亭江镇长洋路1号亭江科教大楼6065室（自贸试验区内）
……………………Tel：0591-88706706

顶丞投资有限公司
地址：福州市马尾区湖里路27号2#楼2X-11B（自贸试验区内）
……………………Tel：0591-88706706

中石化森美（福建）石油有限公司
地址：福建省福州市五四路109号东煌大厦18-26层
……………………Tel：0591-95105888

宝丽星股份有限公司
地址：上海市浦东新区川宏路528号
……………………Tel：0592-5039287

福建百氏耘谷生物科技有限公司
地址：福建省龙岩市连城县宣和乡新曹村曹坊街127号
……………………Tel：0592-5738801

寿宁县信达特种橡胶有限公司
地址：寿宁县南阳镇工业园区含头湾
……………………Tel：0593-5483998

福建省启轩信息技术有限公司
地址：宁德市蕉城区城东路西侧15-8号三层
……………………Tel：0593-5621506

福安市泓晟橡胶制品有限公司
地址：福安市城阳镇化蛟村兰里1号
……………………Tel：0593-6059066

福安市农垦集团有限公司
地址：福建省宁德市福安市冠杭路1号人大办公楼3楼
……………………Tel：0593-6616060

福建省鑫福辉鞋材有限公司
地址：莆田市秀屿区笏石镇坝津村度黄路168号
……………………Tel：0594-2114088

中海石油空气化工产品（福建）有限公司
地址：福建省莆田市秀屿区东庄镇望山北街997号
……………………Tel：0594-2569608

福建中原港务有限公司
地址：福建省莆田市秀屿区东庄镇莆头村莆头788号
……………………Tel：0594-2622133

中石化湄控（福建）石油有限责任公司
地址：莆田市荔城区拱辰街道东圳东路1256、1260、1264号
……………………Tel：0594-2771105

兆华实业（福建）有限公司
地址：莆田市涵江区新涵工业区
……………………Tel：0594-3285081

福建永荣科技有限公司
地址：福建省莆田市秀屿区东庄镇石门澳产业园内
……………………Tel：0594-5930955

福建蓝海新材料科技有限公司
地址：仙游县枫亭镇滨海新城中央大厦15楼
……………………Tel：05947620756

福建省海安橡胶有限公司
地址：福建省仙游县枫亭工业园区
……………………Tel：0594-7658555

福建省沃源橡胶轮胎有限公司
地址：福建省莆田市仙游县枫亭镇铺头山立小区
……………………Tel：0594-7691888

仙游县宝泉投资开发有限公司
地址：仙游县鲤城街道北宝峰村内（原仙游县工艺城内）
……………………Tel：0594-8251255

仙游县城南新区开发总公司
地址：仙游县鲤南镇新园街
……………………Tel：0594-8281188

福建中州石化有限公司
地址：福建省泉州市洛江区塘西工业园聚星街一号
……………………Tel：0595-22131419

福建匹克能源有限公司
地址：福建省泉州市晋江市滨江商务区海峡石化大厦25层A19单元
……………………Tel：0595-22213399

福建创能达石油化工有限公司
地址：福建省泉州市晋江市滨江商务区海峡石化大厦05层12单元
……………………Tel：0595-22578222

泉州港丰能源有限公司
地址：泉州市丰泽区后渚港区港丰油库管理中心
……………………Tel：0595-22776128

福建中橡乳胶科技有限公司
地址：永春县工业园区
……………………Tel：0595-23981111

福建安溪县供销集团有限公司
地址：福建省泉州市安溪县城厢镇二环南路1号金融行政服务中心6号楼B幢10层
……………………Tel：0595-26768133

福建联合石油化工有限公司
地址：福建省泉州市泉港区福建联合石油化工有限公司厂区办公楼
……………………Tel：0595-27355756

泉州船舶工业有限公司
地址：福建惠安斗尾港区船舶大厦
……………………Tel：0595-27366001

福建中农农业科技发展有限公司
地址：泉州市惠安县螺阳镇洋坑村惠崇路边洋坑村委会西侧四层
……………………Tel：0595-27372999

中化泉州石化有限公司
地址：福建省泉州市惠安县泉惠石化工业区内（东桥镇）
……………………Tel：0595-27570009

中化泉州能源科技有限责任公司
地址：福建省泉州市丰泽区东海大街泉州师范学院邱天生实验楼2楼
……………………Tel：0595-27570009

福建省东鑫石油化工有限公司
地址：福建省泉州市泉港区南埔镇沿海大通道北侧
……………………Tel：0595-27711955

华源联合石油化工有限公司
地址：福建省泉州市泉港区滨海东路68号
……………………Tel：0595-27728887

中化石油成品油销售有限公司
地址：福建省泉州市丰泽区丰海路1号（原海洋与渔业局办公楼）8层
……………………Tel：0595-28390181

福建香江石化有限公司
地址：福建省泉州市惠安县东桥镇泉惠石化工业园区
……………………Tel：0595-28966658

方圆建设集团有限公司
地址：福建省泉州市洛江区安平路方圆建设大厦
……………………Tel：0595-29881518

中化（晋江）石油销售有限公司
地址：福建省泉州市晋江市陈埭镇溪边村双龙东路1270号
……………………Tel：0595-82075005

晋江浩源橡胶有限公司
地址：福建省泉州市晋江市金井镇塘东工业区
……………………Tel：0595-82597222

海峡石化产品交易中心有限公司
地址：福建省泉州市晋江市滨江商务区海峡石化大厦28层
……………………Tel：0595-82677522

福建益隆供应链发展有限公司
地址：晋江陆地港通关中心306室C单元
……………………Tel：0595-82835577

艾博特（晋江）橡胶科技有限公司
地址：晋江经济开发区（五里园）灵安路25号
……………………Tel：0595-85170270

晋江市伍阳橡胶制品有限公司
地址：福建省泉州市晋江市陈埭镇苏厝村新兴路121号
……………………Tel：0595-85187677

晋江华鑫塑料橡胶制品有限公司
地址：晋江市龙湖镇粘厝埔工业区
……………………Tel：0595-85291299

晋江东风橡胶有限公司
地址：福建省泉州市晋江市经济开发区（安东园）园东路5号
……………………Tel：0595-85586663

中农批泉州国际物流港建设投资有限公司
地址：福建省泉州市南安市石井镇林炳新村46号
……………………Tel：0595-86028080

福建龙田石化有限公司
地址：南安市石井镇后店开发区
……………………Tel：0595-86077377

泉州市益达橡塑制品有限公司
地址：南安市霞美镇四黄工业区
……………………Tel：0595-86769999

南安内外橡胶有限公司
地址：南安市水头镇蟠龙开发区
……………………Tel：0595-86905070

福建省南安市榕泉橡胶有限公司
地址：南安市水头镇福山工业区
……………………Tel：0595-86983259

嘉诚（福建）石油化工有限公司
地址：福建省泉州市泉港石化工业区南山片区D区1号
……………………Tel：0595-87080136

福建省迅达石化工程有限公司
地址：泉港区南埔镇天竺村通港路1931号（南埔派出所斜对面）
……………………Tel：0595-87738187

泉州市鸿基沥青石化有限公司
地址：泉州市泉港区石化园仙境片区
……………………Tel：0595-87775788

福建福昇消防服务集团有限公司
地址：福建省泉州市泉港石化工业园区特勤消防站三楼
……………………Tel：0595-87799728

泉州市中天石油化工机械制造有限公司
地址：惠安县东桥镇东桥工业小区
……………………Tel：0595-87850718

福建安捷工贸有限公司
地址：福建省泉州市泉港区南山北路海事处斜对面
……………………Tel：0595-87913666

福建东港石油化工实业有限公司
地址：泉州市泉港石化园洋屿片区
……………………Tel：0595-87963288

泉州市泉港高新产业园区建设有限公司
地址：福建省泉州市泉港区驿峰西路596号孵化基地大楼2楼
……………………Tel：0595-87968728

福建富源石化仓储发展有限公司
地址：福建省泉州市泉港区界山镇边综合楼北幢205
……………………Tel：0595-87980399

福建玉和鑫化工销售有限公司
地址：福建省泉州市晋江市滨江商务区海峡石化大厦27层16单元
……………………Tel：0595-87986333

福建省晋江市石油化工有限公司
地址：晋江市良种场开发区
……………………Tel：0595-88126083

泉州绅翔橡胶股份有限公司
地址：福建省泉州市晋江市陈埭镇坊脚新村滨阳路102号
……………………Tel：0595-88135508

建新橡胶（福建）有限公司
地址：晋江市灵源街道办事处小浯塘
……………………Tel：0595-88183185

福建省晋江市英山橡胶工业有限公司
地址：晋江市灵源街道办事处小浯塘
……………………Tel：0595-88193185

福建斯巴夫石油化工有限公司
地址：福建省泉州市晋江市滨江商务区海峡石化大厦24层08单元
……………………Tel：0595-88370076

漳州晟发贸易有限公司
地址：福建省漳州市龙文区迎宾大道1号101室
……………………Tel：0596-2129098

福建艳阳农业开发有限公司
地址：福建省漳州市芗城区闽南新城综合大市场24幢21号
……………………Tel：0596-2633335

福建晟发进出口有限公司
地址：福建省漳州市芗城区胜利西路7号粮食大厦1-2层
……………………Tel：0596-2671651

锦禾建设集团有限公司
地址：福建省漳州台商投资区角美镇万益广场路12栋916室
……………………Tel：15059658887

福建漳华石化有限公司
地址：福建省漳州市古雷港经济开发区古雷大道一号
……………………Tel：0596-3699999

漳浦富全艾伯克橡胶有限公司
地址：漳浦县赤湖工业开发区
……………………Tel：0596-3706507

漳浦县一德石化有限公司
地址：福建省漳州市古雷港经济开发区航标路83号
……………………Tel：0596-3805003

漳州九龙江古雷码头有限公司
地址：福建省漳州市古雷港经济开发区古雷作业区南公用港池内的南10号、11号泊位
……………………Tel：0596-3892229

福建裕华石油化工有限公司
地址：西埔镇冬古村
……………………Tel：0596-5872805

华东（福建）石油有限公司
地址：福建省漳州市东山县西埔镇冬古村古雷庄58号
……………………Tel：0596-5872883

力品橡胶（龙海）工业有限公司
地址：福建省漳州台商投资区角美镇龙工业园金沙路15号
……………………Tel：0596-6268222

漳州市龙江商贸有限公司
地址：福建省漳州高新区九湖镇衍后村吉吉高办公楼526室
……………………Tel：0596-6289952

漳州古雷海腾码头投资管理有限公司
地址：福建省漳州市漳浦县古雷镇旌旗路83号
……………………Tel：0596-6310338

福建福海创石油化工有限公司
地址：福建省漳州市古雷港经济开发区腾龙路84号
……………………Tel：0596-6311819

福建福化古雷石油化工有限公司
地址：福建省漳州市古雷港经济开发区腾龙路84号
……………………Tel：0596-6311819

翔鹭石化（漳州）有限公司
地址：福建省漳州市古雷港经济开发区腾龙路86号
……………………Tel：0596-6311819

漳州九龙江古雷投资有限公司
地址：福建省漳州市古雷港经济开发区下林路17号
……………………Tel：0596-6317176

漳州富群橡塑胶制品有限公司
地址：龙海市角美工业综合开发区
……………………Tel：0596-6382081

福建亿龙实业集团有限公司
地址：龙海市颜厝镇长边开发区
……………………Tel：0596-6655028

正新（漳州）橡胶工业有限公司
地址：福建省龙海市港尾镇青石路15号
……………………Tel：0596-6888766

长泰南华糖业有限公司
地址：长泰县岩溪镇圭前村陂头
……………………Tel：0596-8288328

吉泰（福建）体育用品有限公司
地址：长泰县经济开发区兴泰工业园区
……………………Tel：0596-8353678

福建科普托橡胶制品有限公司
地址：福建省龙岩市新罗区北城闽西交易城滨河路东四街3-33号
……………………Tel：0597-2228209

中南橡胶集团龙岩销售有限公司
地址：福建省龙岩市龙州工业园区电商产业园F幢502号
……………………Tel：0597-2228209

中化石油福建龙岩有限公司
地址：连城县莲峰镇北大路79号
……………………Tel：0597-2500997

龙岩市星旺橡胶制品有限公司
地址：龙岩市工业西路68号(福建龙州工业园区8#标准厂房北侧一层)
……………………Tel：0597-2896651

福建省烟草公司龙岩市公司
地址：龙岩市新罗区龙岩大道288号
……………………Tel：0597-2999820

龙岩农业发展有限公司
地址：福建省龙岩市新罗区登高东路169号农业农村大厦1-3楼
……………………Tel：0597-3389989

龙岩市永定区农村信用合作联社
地址：福建省龙岩市永定区凤城街道沿河北路北198号
……………………Tel：0597-5821729

福建省龙岩市国贸有限公司
地址：福建省龙岩市新罗区西陂街道华莲路138号（龙岩金融商务中心A地块）A6幢410、411-1、411-2
……………………Tel：0597-6022888

福建富赞橡胶工业有限公司
地址：长汀县工贸新城
……………………Tel：0597-6813716

金德橡胶（福建）有限公司
地址：漳平工业园区工贸新区工业路26号
……………………Tel：0597-7766677

福建省信明橡塑有限公司
地址：永安市尼葛开发区2776号
……………………Tel：0598-3605016

永安市佳洁农业投资有限公司
地址：永安市南大路1399号
……………………Tel：0598-3615022

福建和兴橡胶有限公司
地址：永安市尼葛工业园南区1088号
……………………Tel：0598-3722003

福建晶鑫橡胶助剂有限公司
地址：永安市尼葛路399号
……………………Tel：0598-3815381

福建环科橡胶有限公司

地址：沙县高砂镇龙江工业区（福建环科集团三明市高科橡胶有限公司厂区）
……Tel：0598-5158085
三明市泰宁鼎晟贸易有限公司
地址：泰宁县杉城镇水南东街12号
……Tel：0598-7822001
福建省泰宁县鸿瑞实业有限公司
地址：泰宁县状元街南侧五幢二楼
……Tel：0598-7822001
福建环科众和橡胶科技股份有限公司
地址：福建省三明沙县生态新城金泉路三明港务联检大楼内
……Tel：0598-8050029
福建环科化工橡胶集团有限公司
地址：沙县洋坊民营科技工业园
……Tel：0598-8050029
福建环科集团三明市高科橡胶有限公司
地址：沙县高砂镇龙江工业区
……Tel：0598-8050029
福建省东亚金属材料有限公司
地址：三明市三元区工业南路118号8幢7楼
……Tel：0598-8306189
三明市永祥盛贸易有限责任公司
地址：三明市三元区工业南路118号8幢9楼901室
……Tel：0598-8306189
福建省闽中能源有限责任公司
地址：三明市三元区工业南路116号1幢
……Tel：0598-8316311
福建省耐强橡胶有限公司
地址：沙县高砂镇龙江工业区（福建环科集团三明市高科橡胶有限公司内）
……Tel：0598-8862371
福建省中兴橡胶轮胎有限公司
地址：沙县洋坊汽车城
……Tel：0598-8866713
正大奥格（福建）生态农业发展有限公司
地址：福建省南平市浦城县兴浦路东一区5号
……Tel：0599-2887259
政和县茶业有限公司
地址：政和县解放街83号二楼
……Tel：0599-3280188
南平市建阳区腾跃橡胶机械有限公司
地址：南平市建阳区潭城街道桥南村白茶埠
……Tel：0599-5634700
福建邵化化工有限公司
地址：邵武市下沙镇
……Tel：0599-6611073
福建省建大橡胶制造有限公司
地址：邵武市下沙镇晒溪桥街1号
……Tel：0599-6612716
福建省绿屯生物科技有限公司
地址：福建省南平市光泽县金岭工业园7#幢
……Tel：0599-7799380
福建省南平市闽橡胶带制品有限公司
地址：南平市延平区炉下工业园区
……Tel：0599-8735051

江西省

江西六国化工有限责任公司
地址：江西省贵溪市化工大道1号
……Tel：0701-3353491
中央储备粮鹰潭直属库有限公司
地址：江西省鹰潭市月湖区南郊岱宝山
……Tel：0701-6467070
江西利新橡胶有限公司
地址：江西省新余市分宜县东兴工业区
……Tel：0790-5817777
新余市凯光橡胶有限公司
地址：江西省新余市珠珊镇板桥工业区
……Tel：0790-6222465
南昌铁路局新余橡胶厂
地址：江西省新余市新余经济开发区南源大道
……Tel：0790-7062159
江西创驰橡胶有限公司
地址：江西省南昌市安义县工业园区
……Tel：0791-83410788
江西强普瑞石化设备科技有限公司
地址：江西省南昌市新建区长　外商投资工业（二区）
……Tel：0791-83670750
江西高速实业开发有限公司
地址：江西省南昌市经开区昌九公路雷公坳服务区
……Tel：0791-83820217
江西谷稼粮油有限公司
地址：江西省南昌市南昌经济技术开发区双港西大街1468号办公楼三楼310室
……Tel：0791-83950798
江西锅炉化工石油机械联合有限责任公司
地址：江西省南昌市青云谱区迎宾大道913号
……Tel：0791-85216684
江西永安石油化工设备有限公司
地址：江西省南昌市进贤县进贤大道3009号
……Tel：0791-8530266
江西华锦石油化工设备有限公司
地址：江西省南昌市进贤县高桥工业园区
……Tel：0791-85533866
江西省亚马逊生鲜产品有限公司
地址：江西省南昌市青云谱区金鹰路89号
……Tel：07918635l773
江西省盐业集团股份有限公司
地址：江西省南昌市红谷滩新区庐山南大道369号
……Tel：0791-86373711
江西翰林实业有限公司
地址：江西省南昌市东湖区中山路135-137号1317室（第13层）
……Tel：0791-86537768
中化石油江西有限公司
地址：江西省南昌经济技术开发区园林所办公大楼210室
……Tel：0791-86719519
南昌金泰国资管理有限公司
地址：江西省南昌市西湖区井冈山大道1338号汇盛大厦写字楼4楼
……Tel：0791-87766369
江西惠万家农资连锁有限公司
地址：江西省南昌市高新开发区湖东四路以北、产业路以东
……Tel：0791-88103381
华夏禾恒实业集团有限公司
地址：福建省福州市鼓楼区水部街道五一北路129号榕城商贸中心十八层04室
……Tel：0791-88116077
江西高速石化有限责任公司
地址：江西省南昌市南昌经济技术开发区双港东大街
……Tel：0791-88519325
九江心连心化肥有限公司
地址：江西省九江市彭泽县矶山工业园区
……Tel：0792-2113012
江西新洋丰肥业有限公司
地址：瑞昌市码头工业城
……Tel：0792-3603667
江西天瑞丰收化工有限公司
地址：瑞昌市码头工业城
……Tel：0792-3603999
江西云丰农业科技开发有限公司
地址：江西省九江市瑞昌市赛湖农场
……Tel：0792-4233559
九江华亿石油化工有限公司
地址：江西省九江市彭泽县马当镇跃进村
……Tel：0792-5828888
九江杜威橡胶科技有限公司
地址：江西省九江市彭泽县矶山工业园
……Tel：0792-5996466
九江永发实业有限公司
地址：江西省九江市湖口县武山镇神堰村
……Tel：0792-6561599
九江银行股份有限公司
地址：江西省九江市濂溪区长虹大道619号
……Tel：0792-7783000-1101
九江石化盈德气体有限公司
地址：江西省九江市浔阳区石化工业园滨江东路228号
……Tel：0792-8494312
九江橡胶厂
地址：江西省九江市濂溪区新港镇
……Tel：0792-8732247
江西中化石油成品油销售有限公司
地址：江西省九江市濂溪区滨江东路以北，新港大道以西综合楼
……Tel：0792-8735609
江铜赛尔橡胶有限公司
地址：江西省上饶市铅山县永平铜矿
……Tel：0793-5375690
江西建博士橡胶助剂有限公司
地址：江西省上饶市铅山县工业园区
……Tel：0793-7150969
江西铜业集团（德兴）橡胶实业有限公司
地址：江西省德兴市泗洲镇
……Tel：0793-7717010
山东鲁花（万年）米业有限公司
地址：江西省上饶市万年县高新技术产业区丰收工业园姚西路以东
……Tel：0793-8021313
上饶市新升橡胶有限公司
地址：江西省上饶市信州区朝阳产业园
……Tel：0793-8173280
抚州郡晟橡胶新材料有限公司
地址：江西东乡经济开发区东升工业园深圳路6号
……Tel：0794-4281096
江西华琪合成橡胶有限公司
地址：江西省抚州市东乡区（省级）经济开发区东升工业园厦门路1号
……Tel：0794-4332897
江西秀谷橡胶有限责任公司
地址：江西省抚州市金溪县工业园A区
……Tel：0794-5292648
江西世纪星校具实业有限公司
地址：江西省抚州市南城县株良镇世厚村红山岗
……Tel：0794-7353583
江西骆驼橡胶有限公司
地址：江西省抚州市抚州金巢经济开发区金　大道
……Tel：0794-8733160
江西金利隆橡胶履带有限公司
地址：江西省宜春市上高县科技工业园
……Tel：0795-2505578
江西鑫鑫橡胶履带有限公司
地址：江西省宜春市上高县工业园
……Tel：0795-2505578
江西省德龙橡胶履带有限公司
地址：江西省宜春市上高县锦江镇工业区
……Tel：0795-2521810
宜丰县江南橡胶制品有限公司
地址：江西省宜春市宜丰县良岗工业园
……Tel：0795-2977777
江西英龙橡胶软管科技协同创新有限公司
地址：江西省宜春经济技术开发区经发大道29号
……Tel：0795-3556666
江西英龙橡胶科技股份有限公司
地址：江西省宜春市经济开发区工业北大道
……Tel：0795-3556666
江西泰明（上海）橡胶轮胎有限公司
地址：江西省宜春市奉新县工业园区应星南大道2039号
……Tel：0795-4605862
江西风神橡胶有限公司
地址：江西奉新工业园区应星南大道2039号
……Tel：0795-4605862
江西正邦作物保护股份有限公司
地址：江西省九江市永修县星火工业园星云大道西侧（汇和公司办公楼）
……Tel：0795-5266736
江西安普瑞橡胶有限公司
地址：江西省宜春市宜丰县工业园
……Tel：0795-7130168
江西华谊橡胶有限公司
地址：江西省宜春市宜丰县良岗工业园
……Tel：0795-7137575
史丹利化肥丰城有限公司
地址：丰城市循环经济园区
……Tel：0795-7150777
江西南氏锂电新材料有限公司
地址：江西省宜春市万载县工业园
……Tel：0795-8868170
江西省万日橡胶有限责任公司
地址：江西省宜春市万载县县一期工业园
……Tel：0795-8913818
万载县康强橡胶制品有限公司
地址：江西省宜春市万载县工业园工业一路C3区
……Tel：0795-8915198
江西和宣实业有限公司
地址：江西省吉安市万安县江天丽景城20号商铺
……Tel：0796-5839661
江西天人生态股份有限公司
地址：江西省吉安市井冈山经济技术开发区
……Tel：0796-8404518
瑞金万合控股股份有限公司
地址：江西省瑞金市经济技术开发区金龙工业园（红都水产公司院内）
……Tel：0797-2508309
赣州汇金供应链管理有限公司
地址：江西省赣州市龙南县行政服务中心
……Tel：0797-3536685
江西正大畜禽有限公司
地址：江西省赣州市于都县贡江镇文昌路
……Tel：0797-6309792
赣州九合绿色农业发展有限公司
地址：信丰县西牛镇西牛村
……Tel：0797-7107281
赣州银行股份有限公司
地址：江西省赣州市赣江源大道26号
……Tel：0797-8100355
赣州龙鑫橡胶制品有限公司
地址：江西省赣州市章贡区沙石镇沙石村
……Tel：0797-8185369
江西润超石油化工有限公司
地址：江西省赣州市章贡区章江新区盛汇城市中心10幢719号
……Tel：0797-8235713
江西樟丰化工有限公司
地址：江西省萍乡市湘东区下埠镇西源村
……Tel：0799-3413668
萍乡市石化填料有限责任公司
地址：江西省萍乡市湘东区产业园B区1-154号
……Tel：0799-3415026
江西省萍乡市湘东石油化工填料厂
地址：江西省萍乡市湘东区产业园C区2-321号
……Tel：0799-3429235
江西民生橡胶有限公司
地址：江西省萍乡市芦溪县工业园西区
……Tel：0799-7583366

山东省

正道轮胎有限公司
地址：曹县青菏办事处温庄村（鸭绿江路南侧）
……Tel：0530-2066699
山东凯旋橡胶有限公司
地址：曹县经济开发区鸭绿江路以北与五台山路以东
……Tel：0530-2066900
山东美阳车业有限公司
地址：山东省菏泽市单县经济技术开发区纬创路西段路北（七里庄南）
……Tel：0530-2091717
菏泽大宗商品交易中心有限公司
地址：山东省菏泽市鄄城县建设街东段1号（菏泽华意化工有限公司院内）
……Tel：0530-2400698
山东济铁菏泽物流园有限公司
地址：菏泽市牡丹区皇镇淮河东路888号
……Tel：0530-3989601
山东玉皇化工有限公司
地址：武胜工业开发区
……Tel：0530-5377260
中储棉菏泽有限责任公司
地址：菏泽市黄河西路5666号
……Tel：0530-5889007
郓城华创实业有限公司
地址：山东省菏泽市郓城县经济开发区工业四路路西
……Tel：0530-6986555
山东亿业石油化工有限公司
地址：菏泽市长江东路1号（定陶陈集镇工业园区）
……Tel：0530-7071111
山东源润石油化工有限公司
地址：单县开发区化工园
……Tel：0530-7150901
山东浩通橡胶有限公司
地址：山东省菏泽市曹县青岛北路东侧松花江路南侧
……Tel：0530-7158222
华夏佳润（东明）石化有限公司
地址：山东省菏泽市东明县菜园集镇工业园区
……Tel：0530-7220888
山东润泽化工有限公司
地址：东明县菜园集工业园区
……Tel：0530-7286026
山东泽明天然气投资股份有限公司
地址：东明县黄河路27号
……Tel：0530-7286026
山东宏利源股份有限公司
地址：东明县石化大道
……Tel：0530-7286659
东明中油燃料石化有限公司
地址：东明县石化大道
……Tel：0530-7286659
山东东明石化集团有限公司
地址：东明县黄河路27号
……Tel：0530-7286659
山东高端化工研究院有限公司
地址：山东省菏泽市开发区济南路新世纪科技城4号楼
……Tel：0530-7286659
东明润邦化工有限公司
地址：东明县菜园集经济园区
……Tel：0530-7286659
山东东明石化集团汇泽有限公司
地址：山东省菏泽市东明县菜园集工业园区
……Tel：0530-7286659
东明恒润化工有限公司
地址：东明县石化大道
……Tel：0530-7288067
山东东明石化集团油品销售有限公司
地址：菏泽开发区济南路666号新世纪科技城4#楼
……Tel：0530-7289267
山东东明石化集团胜利能源有限公司
地址：山东省菏泽市开发区长江路1102号（山海天泰12楼）
……Tel：0530-7362718

山东东明石化集团胜利能源有限公司
地址：山东省菏泽市开发区长江路1102号（山海天泰12楼）
…………………Tel：0530-7362718
华宇橡胶有限责任公司
地址：山东省东明县武胜桥镇工业园区
…………………Tel：0530-7601666
菏泽交通集团有限公司
地址：菏泽市黄河东路1566号
…………………Tel：0530-7709025
山东路垚橡胶有限公司
地址：曹县青岛北路东侧松花江路南侧
…………………Tel：0530-7851555
山东巨工橡塑科技有限公司
地址：巨野县麒麟镇安庄
…………………Tel：0530-8111111
成武利通石油化工产品有限公司
地址：成武县天宫庙镇康集北
…………………Tel：0530-8699388
鲁南物产有限公司
地址：济南市历下区转山西路22-1号
…………………Tel：0531-55633677
山东中信石油化工有限公司
地址：山东省济南市天桥区小清河北路188号莆田商会三楼
…………………Tel：0531-55702102
济南市鲁明济北油气开发有限公司
地址：山东省济南市济阳区垛石镇唐庙管区五七农场北院内
…………………Tel：0531-58017616
山东省盐业集团有限公司
地址：山东省济南市历下区文化东路59号
…………………Tel：0531-58691829
星优选有限公司
地址：山东省青岛市市南区香港中路50号3层A-318
…………………Tel：0531-58700221
山东三箭资产投资管理有限公司
地址：济阳县城纬三路39号（原济阳镇政府办公楼405室）
…………………Tel：0531-58799177
山东银靓智能科技有限公司
地址：山东省济南市历下区燕子山路2号办公综合楼二楼204室
…………………Tel：0531-62330682
山东能源集团煤炭营销有限公司
地址：山东省济南市历下区经十路10777号
…………………Tel：0531-62355220
山东能源国际物流有限公司
地址：山东省济南市高新区新泺大街1166号奥盛大厦1号楼1702室
…………………Tel：0531-62355220
山东龙锦环保科技股份有限公司
地址：山东省济南市高新区舜华路2000号舜泰广场9号楼11层1106室
…………………Tel：0531-66590788
山东钢铁集团国际贸易有限公司
地址：济南市高新区舜华路2000号舜泰广场4号楼19层
…………………Tel：0531-67606625
山东地矿租赁有限公司
地址：济南市历下区历山路74号
…………………Tel：0531-67715205
济南兄弟作物科学有限公司
地址：山东省济南市商河县经济开发区汇源路南侧
…………………Tel：0531-67801832
济南随晓实业有限公司
地址：山东省济南市市中区英雄山路84号名商广场B座
…………………Tel：0531-67810266
鲁农集团新能源开发有限公司
地址：山东省济南市天桥区历山北路19号
…………………Tel：0531-67896363
山东顺通橡胶轮胎有限公司
地址：山东省济南市高新区工业南路59号中铁财智中心1号楼1201
…………………Tel：0531-67965907
青岛锐丰源化工有限公司
地址：山东省青岛市平度市新河生态化工科技产业基地海浦北路10号
…………………Tel：0531-68081158
山东鸿业物资交易中心有限公司
地址：济南市高新区新泺大街1166号奥盛大厦2号楼17层
…………………Tel：0531-68621580
山东东明英伦石油有限公司
地址：济南市历下区泺源大街8号B座7层B-703、B-704、B-705、B-706、B-707
…………………Tel：0531-68799968
山东京金控股有限公司
地址：山东省济南市历下区解放东路6-17号中弘广场D座2111室
…………………Tel：0531-68880538
山东高速国际产业发展有限公司
地址：济南市历下区龙奥北路8号山东高速大厦16-18层
…………………Tel：0531-68972277
水发农业发展有限公司
地址：山东省济南市历城区经十东路33399号水发大厦907室
…………………Tel：0531-80876209
山东华鲁集团有限公司
地址：山东省济南市历下区舜海路219号华创观礼中心A座19楼
…………………Tel：0531-80982878
山东鲁化置信实业有限公司
地址：山东省济南市历城区荷花路街道宁华路288号办公楼303
…………………Tel：0531-81207996
山东高速标准箱物流有限公司
地址：山东省济南市历城区二环北路500号
…………………Tel：0531-81609013
山东省融资担保有限公司
地址：济南市历下区经十路13777号（中润世纪城18号楼）
…………………Tel：0531-81663718
山东华瑞道路材料技术有限公司
地址：淄博高新区柱台新区石化路7号
…………………Tel：0531-82316536
山东齐鲁石油化工联营开发有限公司
地址：山东省济南市历下区朝山街38号
…………………Tel：0531-82352015
济南铁路经营集团有限公司
地址：济南市天桥区车站街30号
…………………Tel：0531-82426632
济南铁路煤炭运贸集团有限公司
地址：济南市车站街30号
…………………Tel：0531-82429613
山东亿润农业发展有限公司
地址：山东省济南市商河县经济开发区凯源街9号
…………………Tel：0531-82556666
山东程序农业发展有限公司
地址：山东省德州市齐河县齐鲁高新技术开发区齐鲁科技孵化器B座707室
…………………Tel：0531-82565706
济南宜家家居有限公司
地址：山东省济南市槐荫区烟台路121号
…………………Tel：0531-82782345
山东炼化园港建设开发有限公司
地址：山东省济南市历城区旅游路港沟街道办事处第二大院202
…………………Tel：0531-82926932
济南三星橡胶有限责任公司
地址：济南市天桥区济洛路32号
…………………Tel：0531-83167060
明泉集团股份有限公司
地址：山东省济南市章丘区刁镇明泉化肥厂以北，水田路以南
…………………Tel：0531-83253305
山东明泉新材料科技有限公司
地址：章丘市刁镇明泉化肥厂以北，水田路以南
…………………Tel：0531-83253305
章丘市宝仲石油化工配件制造有限公司
地址：山东省济南市章丘区城东民营工业园
…………………Tel：0531-83313379
济南恒远百瑞石化设备有限公司
地址：山东省济南市章丘区城东工业园
…………………Tel：0531-83325001
山东南海气囊工程有限公司
地址：山东省济南市章丘区双山街道东昊工业园
…………………Tel：0531-83328977
山东省邮政公司
地址：济南市黑虎泉西路181号
…………………Tel：0531-85056384
济南新轮橡胶有限公司
地址：济南市槐荫区张庄路正华园小区3号楼1单元102室
…………………Tel：0531-85602759
山东零公里润滑科技有限公司
地址：济南市天桥区药山张庄工业园蓝翔路1号
…………………Tel：0531-85713823
山东硒润环保科技股份有限公司
地址：山东省济南市槐荫区经十路22799号银座中心5号楼1708室
…………………Tel：15153148888
山东硒润环保科技股份有限公司
地址：山东省济南市历下区解放东路56号金泉大厦A座2301室
…………………Tel：0531-85814543
山东中石化石油天然气有限公司
地址：山东省济南市历下区经十路13777号9栋
…………………Tel：0531-85856771
山东中石化石油天然气有限公司
地址：山东省济南市历下区经十路13777号9栋
…………………Tel：0531-85856771
中海油石化工程有限公司
地址：山东省济南市历下区经十路9999号黄金时代广场H楼
…………………Tel：0531-86942387
山东供销综合服务平台有限公司
地址：山东省济南市历下区历山路157号
…………………Tel：0531-86975201
山东国鲁集团有限公司
地址：济南市高新区舜华路2000号舜泰广场1号楼西6层A3区
…………………Tel：0531-86990186
济南鲁联集团橡胶制品有限公司
地址：济南市长清区经十西路11889号
…………………Tel：0531-87203711
山东汇泉果品有限公司
地址：山东省济南市长清区平安街道平安北路707号西一楼106
…………………Tel：0531-87219955
山东水龙王集团有限公司
地址：济南市长清区张夏水龙王工业园
…………………Tel：0531-87488108
济南锦程橡胶有限公司
地址：山东省济南市槐荫区经六路490号阳光商务中心6008室
…………………Tel：0531-87588567
山东玫瑰古镇农业开发有限公司
地址：山东省济南市平阴县榆山路茂昌银座新天地东部商业综合体D座26层
…………………Tel：0531-87757777
山东鸿瑞新材料科技有限公司
地址：济南市平阴县平阴工业园南苑街6号
…………………Tel：0531-87856866
山东禾建商贸有限公司
地址：山东省济南市历下区华阳路65号B座二层北侧
…………………Tel：0531-88028211
山东盛宏新能源有限公司
地址：济南市天桥区济南新材料交易中心办公楼三层315-6号
…………………Tel：0531-88550363
山东伯仲橡胶有限公司
地址：山东省济南市高新区济南综合保税区空港功能区综合楼四层403室A8席位
…………………Tel：0531-88684369
山东金裁刀纳米科技股份有限公司
地址：济南市天桥区北园大街548号嘉汇环球广场C-719
…………………Tel：0531-88699666
山东胜邦绿野化学有限公司
地址：山东省济南市章丘区刁镇工业园
…………………Tel：0531-88725007
山东泰夏橡胶科技有限公司
地址：山东省济南市高新区工业南路44号丁豪广场7号楼1单元1702
…………………Tel：0531-88813797
山东联友石化工程有限公司
地址：济南市历下区工业南路26号联友公司办公楼206室
…………………Tel：0531-88833602
济南华鲁实业有限责任公司
地址：济南市历下区工业南路26号
…………………Tel：0531-88834121
泗商有限公司
地址：山东省济宁市泗水县泗张镇张庄村青源路279号
…………………Tel：0531-88880010
济南和浦橡胶有限公司
地址：山东省济南市天桥区济南新材料交易中心办公楼九层北侧913号
…………………Tel：0531-88887213
济南益新橡胶有限公司
地址：山东省济南市天桥区蓝翔路15号时代总部基地二区5号楼101-4
…………………Tel：0531-88978203
临沂市卓润经贸有限公司
地址：山东省临沂市兰山区沂蒙路与武汉路交汇处银丰雅园7号楼103室
…………………Tel：0531-89017716
济南阿波罗甲壳素肥业有限公司
地址：山东省济南市高新区春兰路1177号银丰生物城2地块8号楼
…………………Tel：0531-89702345
淄矿（青岛）国际物流有限公司
地址：中国（山东）自由贸易试验区青岛片区前湾保税港区北京路43号办公楼三楼112号（A）
…………………Tel：0532-55575727
青岛汇达信诺橡胶材料有限公司
地址：山东省青岛市崂山区石岭路39号名汇国际2号楼2707室
…………………Tel：0532-55579913
青岛泰凯英橡胶科技有限公司
地址：山东省青岛市保税港区北京路38号四号厂房二楼东2008号（A）
…………………Tel：0532-55588888
青岛奥普利橡胶有限公司
地址：山东省青岛市市北区辽宁路127号2层275室
…………………Tel：0532-55672175
中石化第十建设有限公司
地址：青岛市黄岛区漓江西路677号
…………………Tel：0532-55681983
青岛世平橡胶有限公司
地址：山东省青岛市保税港区北京路45号东办公楼一楼-1026（商务秘书公司托管地址）（A）
…………………Tel：0532-55713178
青岛途乐驰橡胶有限公司
地址：山东省青岛市城阳区锦盛一路86号
…………………Tel：0532-58099675
中石化管道储运（青岛）油库有限公司
地址：山东省青岛市黄岛区油港二路8号
…………………Tel：0532-58652026
青岛中合农产品市场有限公司
地址：山东省青岛市平度市同和街道办事处北京路717号
…………………Tel：0532-58655150
中国石化青岛液化天然气有限责任公司
地址：山东省青岛市黄岛区双珠路197号卓越金融广场1号楼21-23层
…………………Tel：0532-58658633
青岛橡六集团有限公司
地址：青岛市城阳区棘洪滩街道金岭一路
…………………Tel：0532-58663677
青岛鸿旭泰橡胶制品有限公司
地址：山东省青岛市胶州市李哥庄镇大屯二村东
…………………Tel：0532-58675112
青岛骏鹏石化设备制造有限公司
地址：青岛高新技术产业开发区新材料团地
…………………Tel：0532-58710331
青岛康普顿石油化工有限公司
地址：山东省青岛市黄岛区龙首山路192号
…………………Tel：0532-58811863
青岛康普顿科技股份有限公司
地址：青岛市崂山区深圳路18号
…………………Tel：0532-58811863
山东顺合沣石油化工有限公司
地址：山东省青岛市黄岛区井冈山路111号阳光新天地大厦东楼1005-20
…………………Tel：0532-58930658
青岛正油石油化工有限公司
地址：山东省青岛市黄岛区井冈山路111号阳光新天地大厦东座1005-5室
…………………Tel：0532-58930658
青岛安泰诺和石油化工有限公司
地址：山东省青岛市黄岛区（原开发区长江中路230号A座1402室）
…………………Tel：0532-58930658
青岛福运橡胶科技有限公司
地址：青岛红岛经济区河套街道锦海路188号综合楼2楼201室
…………………Tel：0532-66023015
青岛新富强石油化学品有限公司
地址：青岛市市南区香港中路56号1栋20层1-4户
…………………Tel：0532-66715880
青岛新富强石油化学品有限公司
地址：青岛市市南区香港中路56号1栋20层1-4户
…………………Tel：0532-66715880
西王荣华国际贸易有限公司
地址：山东省青岛市市北区敦化路138号3801室
…………………Tel：0532-66752999
中国石化青岛石油化工有限责任公司
地址：青岛市李沧区滨海路8号
…………………Tel：0532-66762958
乐邦控股集团有限公司
地址：山东省青岛市市南区东海西路15号8G户
…………………Tel：0532-66888811
青岛富耐特矿业科技有限公司
地址：青岛市城阳区流亭街道长城南路6号
…………………Tel：0532-66960288
青岛创佳橡胶科技有限公司
地址：青岛市李沧区衡水路7号-44号
…………………Tel：0532-66981698
怡维怡橡胶研究院有限公司
地址：青岛市四方区郑州路43号
…………………Tel：0532-66989886
青岛运达石油化工有限公司
地址：青岛市市北区延吉路76号中海大厦6幢2101室
…………………Tel：0532-66990987
青岛中策橡胶有限公司
地址：青岛市城阳区流亭街道空港工业园金刚山路北侧
…………………Tel：0532-67760252
青岛韩瑞工贸有限公司
地址：山东省青岛市城阳区流亭街道洼里社区富民路2号
…………………Tel：0532-67767121
青岛橡胶谷产业供应链有限公司
地址：山东省青岛市市北区郑州路43号院内
…………………Tel：0532-67772230
青岛橡胶谷知识产权有限公司
地址：青岛市四方区郑州路43号A栋130室

………………………… Tel：0532-67772230

青岛顺斯达橡胶有限公司
地址：山东省青岛市崂山区苗岭路36号国际发展中心2号楼506室
………………………… Tel：0532-67781555

青岛天塑石化有限公司
地址：山东省青岛市保税港区北京路43号办公楼三楼109号（A）
………………………… Tel：0532-67782012

中化石油山东有限公司
地址：山东省烟台市开发区长江路28号华新商务大厦2005—2009室
………………………… Tel：0532-67791766

中化石油山东有限公司
地址：山东省烟台市开发区长江路28号华新商务大厦2005—2009室
………………………… Tel：0532-67791766

青岛裕龙盛捷国际物流有限公司
地址：中国（山东）自由贸易试验区青岛片区西海岸综合保税区太平洋路7号
………………………… Tel：0532-67798059

青岛黄海橡胶有限公司
地址：山东省青岛市城阳区锦盛一路86号
………………………… Tel：0532-68016078

青岛碱业钾肥科技有限公司
地址：山东省青岛市平度市新河生态化工科技产业基地海湾路8号
………………………… Tel：0532-68081601

山东橡胶谷物业管理有限公司
地址：山东省青岛市市北区郑州路43号A栋410室
………………………… Tel：0532-68662001

中胶橡胶资源再生（青岛）有限公司
地址：青岛市市北区郑州路43号A栋楼348室
………………………… Tel：0532-68662065

青岛普路通橡胶科技有限公司
地址：山东省青岛市崂山区秦岭路8号金石馆18层1810号
………………………… Tel：0532-68722357

橡胶谷集团有限公司
地址：山东省青岛市市北区郑州路43号
………………………… Tel：0532-68862073

青岛橡胶谷创业投资中心（有限合伙）
地址：山东省青岛市市北区郑州路43号B栋104
………………………… Tel：0532-68862073

青岛橡胶谷信息网络有限公司
地址：青岛市市北区郑州路43号A栋316室
………………………… Tel：0532-68862564

青岛橡胶谷融冠置业有限公司
地址：山东省青岛市市北区郑州路43号A栋104室
………………………… Tel：0532-68862564

山东宇科数字科技有限公司
地址：山东省青岛市市北区郑州路43号B栋130室
………………………… Tel：0532-68862564

青岛橡胶谷橡胶工业制品有限公司
地址：青岛市四方区郑州路43号A栋320室
………………………… Tel：0532-68862564

青岛伊佩克润滑油科技有限公司
地址：青岛市四方区郑州路43号H栋一层
………………………… Tel：0532-68862564

青岛普元栋盛商业发展有限公司
地址：青岛市四方区郑州路43号
………………………… Tel：0532-68862688

青岛宏曼历橡胶有限公司
地址：中国（山东）自由贸易试验区青岛片区前湾保税港区北京路45号东办公楼一楼2022-2237（A）
………………………… Tel：0532-68970007

城发集团（青岛）贸易发展有限公司
地址：山东省青岛市黄岛区漓江西路1669号2号楼户16层
………………………… Tel：0532-68972276

青岛天美橡胶有限公司
地址：青岛保税区北京路63号天智大厦32层B户
………………………… Tel：0532-68972990

青岛南方弘泰橡胶国际贸易有限公司
地址：山东省青岛市保税港区北京路45号1号库一楼189号（A）
………………………… Tel：0532-68979720

青岛谏芮橡胶有限公司
地址：青岛保税区东京路60号306室
………………………… Tel：0532-68979745

青岛优福橡胶有限公司
地址：青岛市崂山区香山路12号1单元1501（集中办公区）
………………………… Tel：0532-80609106

建发（青岛）有限公司
地址：山东省青岛市保税港区曼谷路36号204房间（A）
………………………… Tel：0532-80909333

山东汉诚检测技术有限公司
地址：青岛市李沧区四流北路33号5/6层
………………………… Tel：0532-80921977

青岛双星轮胎工业有限公司
地址：山东省青岛市黄岛区泊里镇港兴大道66号
………………………… Tel：0532-80958373

青岛捷顺达石油化工有限责任公司
地址：山东省青岛市黄岛区井冈山路658号1603室
………………………… Tel：0532-80982868

青岛鑫贸圆橡胶有限公司
地址：山东省青岛市保税港区北京路45号东办公楼一楼-081（商务秘书公司托管地址）（A）
………………………… Tel：0532-80983801

德瑞石油装备（青岛）有限公司
地址：中国（山东）自由贸易试验区青岛片区昆仑山北路666号
………………………… Tel：0532-80989656

青岛青橡橡胶有限公司
地址：青岛市黄岛区大场镇大营路16号
………………………… Tel：0532-80993502

青岛鑫福致远能源有限公司
地址：山东省青岛市保税港区汉城路14号402室（B）
………………………… Tel：0532-81635888

青岛海琴橡胶有限公司
地址：青岛市崂山区深圳路230号1号楼1002户
………………………… Tel：0532-81927106

山东旭昊晨石油化工有限公司
地址：山东省日照市东港区国际商贸中心B座1902室
………………………… Tel：0532-82127577

青岛洪泉石油化工设备制造有限公司
地址：山东省青岛市胶州市胶西镇工业园
………………………… Tel：0532-82287765

青岛欧美亚橡胶工业有限公司
地址：青岛平度市崔家集镇小张家村
………………………… Tel：0532-82390878

青岛莱恩斯橡胶科技有限公司
地址：山东省青岛莱西市姜山镇泰光路197号
………………………… Tel：0532-82471888

青岛明和橡胶有限公司
地址：青岛市莱西市姜山镇驻地
………………………… Tel：0532-82499666

青岛三正新材料有限公司
地址：山东省青岛市即墨市蓝村镇蓝村二里村
………………………… Tel：0532-82500826

青岛华夏橡胶工业有限公司
地址：即墨市通济街道办事处城马路中段
………………………… Tel：0532-82519555

青岛高陆博橡胶有限公司
地址：青岛市城阳区流亭街道仙家寨社区南流路201号
………………………… Tel：0532-82519555

青岛祥云橡胶有限公司
地址：山东省青岛市即墨市通济街道办事处黄丹岘村
………………………… Tel：0532-82532282

青岛裕盛源橡胶有限公司
地址：青岛即墨市南泉镇王家辛庄
………………………… Tel：0532-82577688

青岛新农村建设开发有限公司
地址：山东省青岛市黄岛区黄岛街道办事处管家洼社区328号
………………………… Tel：0532-82778989

青岛胶六橡特胶带有限公司
地址：青岛市市北区市场二路36号2603户
………………………… Tel：0532-82825527

青岛新宏达橡胶制品有限公司
地址：山东省青岛市市北区温州路33号
………………………… Tel：0532-82825638

青岛通力橡胶科技有限公司
地址：青岛城阳区惜福镇街道演礼社区明基路东端
………………………… Tel：0532-82874888

山东济铁胶州物流园有限公司
地址：山东省青岛市胶州市广东路2号甲
………………………… Tel：0532-82974565

青岛铁路经营集团有限公司
地址：青岛市市南区朝城路2号
………………………… Tel：0532-82979215

青岛港（集团）有限公司
地址：青岛市市北区港青路6号
………………………… Tel：0532-82982011

东营港联化管道石油输送有限公司
地址：广饶县河辛路以东、杜疃东村以西
………………………… Tel：0532-82985689

山东港联化管道石油输送有限公司
地址：山东省青岛市黄岛区泊里镇董家口路28号创业创客中心
………………………… Tel：0532-82986327

山东青东管道有限公司
地址：山东省东营市广饶县踊跃路颜徐社区服务中心综合楼二楼
………………………… Tel：0532-82986546

青岛橡六胶管有限公司
地址：青岛市莱西市青岛昌阳工业园
………………………… Tel：0532-83028372

青岛百泰旺橡胶有限公司
地址：山东省青岛市黄岛区双珠路（原珠海东路136号）1栋1单元2106
………………………… Tel：0532-83133816

固恩治（青岛）工程橡胶有限公司
地址：中国（山东）自由贸易试验区青岛片区团结路3690号
………………………… Tel：0532-83151203

青岛弘德祥橡胶工业科技有限公司
地址：青岛胶南市隐珠街道办事处临港路东首
………………………… Tel：0532-83192766

青岛吉尔工程橡胶有限公司
地址：青岛胶州市胶北镇胶北工业园
………………………… Tel：0532-83241759

青岛诚益海盛矿业科技有限公司
地址：山东省青岛市即墨区通济街道办事处阎家岭村委东路北200米
………………………… Tel：0532-83501266

青岛丰一顺海事工程技术有限公司
地址：青岛即墨市普东镇长直村
………………………… Tel：0532-83530669

青岛宝威橡胶制品有限公司
地址：山东省青岛市市南区山东路46号3103户
………………………… Tel：0532-83686088

青岛橡陆橡胶有限公司
地址：青岛市四方区洛阳路12-58号4层
………………………… Tel：0532-83757091

青岛橡六方腾胶带有限公司
地址：青岛莱西市姜山镇南环路
………………………… Tel：0532-83836341

山东蓝色能源投资企业（有限合伙）
地址：山东省青岛市崂山区香港东路195号9号楼1001室
………………………… Tel：0532-83950812

山东科迈橡胶集团有限公司
地址：山东省青岛市崂山区株洲路20号海信创智谷3栋B座24层
………………………… Tel：0532-83951698

青岛华达橡胶制品有限公司
地址：青岛市黄岛区张家楼镇张家楼村
………………………… Tel：0532-84130808

青岛德盛利橡胶机械有限公司
地址：青岛市黄岛区峄山路656号
………………………… Tel：0532-84131278

中矿联华（山东）矿业有限公司
地址：山东省青岛市黄岛区长江西路161号办公1201
………………………… Tel：0532-84461999

青岛亨孚橡胶有限公司
地址：青岛市李沧区永定路21号2号楼1单元102户
………………………… Tel：0532-84626166

青岛头马橡胶科技有限公司
地址：青岛市李沧区太原路82号
………………………… Tel：0532-84663131

青岛金瑞纳橡胶科技有限公司
地址：山东省青岛市高新区锦业路1号蓝贝智造工场D1楼407室
………………………… Tel：0532-84670417

青岛华盛飞汽车配件有限公司
地址：山东省青岛市胶州市李哥庄镇周臣屯村
………………………… Tel：0532-84673097

青岛松林实业发展有限公司
地址：青岛市李沧区唐山路中段
………………………… Tel：0532-84698541

青岛大宪汽车配件有限公司
地址：青岛市城阳区流亭街道西后楼社区
………………………… Tel：0532-84930160

新矿国际贸易有限公司
地址：青岛市市南区香港中路10号TOP颐和国际A座3203室
………………………… Tel：0532-85027116

青岛昊禾石油化工有限公司
地址：青岛市市北区延吉路81号锦绣大厦107室
………………………… Tel：0532-85039127

青岛米多奇橡胶科技有限公司
地址：山东省青岛市保税港区北京路43号办公楼三楼339号（A）
………………………… Tel：0532-85111658

青岛盛华隆橡胶机械有限公司
地址：青岛市黄岛区大村镇理务关驻地
………………………… Tel：0532-85141026

山东启源橡胶有限公司
地址：青岛胶州市张应镇大朱戈村
………………………… Tel：0532-85695009

佳施加德士（青岛）石油有限公司
地址：山东省青岛市黄岛区辽河路88号
………………………… Tel：0532-85713625

青岛中联油国际贸易有限公司
地址：山东省青岛市市南区银川西路67-69号D座三层
………………………… Tel：0532-85725588

青岛泰科斯橡胶制品有限公司
地址：山东省青岛市市南区香港中路10号1号楼2404户
………………………… Tel：0532-85832656

英特尼迪橡胶制品（青岛）有限公司
地址：青岛市市南区山东路1号4号楼1504户
………………………… Tel：0532-85832656

青岛雅凯橡胶有限公司
地址：青岛市市北区富环路77号102户
………………………… Tel：0532-85883311

青岛海大生物集团有限公司
地址：山东省青岛市高新区汇智桥路127号
………………………… Tel：0532-85902888

青岛中哲工程设计咨询有限公司
地址：山东省青岛市高新区智力岛路1号创业大厦B座三层306室（集中办公区）
………………………… Tel：0532-85909163

青岛中胶六橡输送带有限公司
地址：山东省青岛市城阳区威青公路与礼阳路交叉口西南150米
………………………… Tel：0532-86036627

青岛渤海石油化工有限责任公司
地址：青岛市市南区东海西路15号英德隆大厦16D户
………………………… Tel：0532-86101280

山东物流集团（青岛）有限公司
地址：中国（山东）自由贸易试验区青岛片区前湾保税港区莫斯科路40号办公楼216室（A）
………………………… Tel：0532-86128120

青岛大宗商品交易中心有限公司
地址：青岛市崂山区东海东路58号极地金岸6号楼F1层
………………………… Tel：0532-86128138

青岛祥杰橡胶机械制造有限公司
地址：山东省青岛市黄岛区王台镇安康路146号
………………………… Tel：0532-86191388

青岛九顶莲花山观光旅游有限公司
地址：青岛市胶州市洋河镇山相家村
………………………… Tel：0532-86226636

青岛七洲橡胶有限公司
地址：青岛市平度市明村前楼村
………………………… Tel：0532-86311068

青岛旺裕橡胶制品有限公司
地址：青岛平度市明村镇刘家庄子村（青岛双合轮胎有限公司院内）
………………………… Tel：0532-86316818

青岛高品橡胶密炼有限公司
地址：青岛平度市明村镇刘家庄子村
………………………… Tel：0532-86316818

青岛格锐达橡胶有限公司
地址：青岛平度市明村镇田新路210号
………………………… Tel：0532-86318181

青岛艾力特橡胶有限公司
地址：青岛平度市田庄镇张舍永昌路东侧
………………………… Tel：0532-86320000

青岛神润橡胶密炼有限公司
地址：山东省青岛市平度市田庄镇张舍永昌路东侧
………………………… Tel：0532-86320000

青岛卓路通橡胶商贸有限公司
地址：山东省青岛市平度市明村镇南埠村（林西新朱路西）
………………………… Tel：0532-86323096

卡摩速橡胶制品（青岛）有限公司
地址：青岛平度市新河镇206国道61号
………………………… Tel：0532-86392522

青岛耐克森橡胶有限公司
地址：青岛莱西市姜山镇青岛（韩国）釜山工业园
………………………… Tel：0532-86460535

青岛峻合科技集团有限公司
地址：山东省青岛市即墨区青岛汽车产业新城青威路1068号D座305室
………………………… Tel：0532-86578111

青岛皓丰橡胶工业有限公司
地址：青岛市黄岛区隐珠街道办事处东冯家滩村
………………………… Tel：0532-86616808

青岛海福橡胶制品有限公司
地址：青岛胶州市海尔工业园
………………………… Tel：0532-86622539

青岛瑞元减震机械科技有限公司
地址：山东省青岛市即墨区蓝村镇西环二路东、站前街北
………………………… Tel：0532-86655785

青岛谊联达工贸有限公司
地址：青岛市市南区山东路10号壬-3户
………………………… Tel：0532-86682018

青岛海士林橡胶有限公司
地址：山东省青岛市市南区东海西路12号8栋
………………………… Tel：0532-86686693

青岛能源集团天然气管网有限公司
地址：山东省青岛市市北区蚌埠路6号甲
………………………… Tel：0532-86688721

青岛聚仁兴橡胶有限公司
地址：山东省青岛市保税港区北京路45

号东办公楼一楼-117（商务秘书公司托管地址）（A）
…………………… Tel：0532-86766610
青岛众田橡胶有限公司
地址：山东省青岛市保税港区北京路45号东办公楼一楼-335（商务秘书公司托管地址）（A）
…………………… Tel：0532-86767762
青岛华融橡胶轮胎有限公司
地址：山东省青岛市保税港区北京路45号东办公楼一楼-344（商务秘书公司托管地址）（A）
…………………… Tel：0532-86767893
青岛启纪石化集团有限公司
地址：山东省青岛市保税港区上海路34号（B）
…………………… Tel：0532-86768128
青岛启泰物流有限公司
地址：山东省青岛市保税港区莫斯科路46号（A）
…………………… Tel：0532-86768128
青岛联佳国际贸易有限公司
地址：山东省青岛市保税港区北京路54号密尔大厦602E（B）
…………………… Tel：0532-86768398
青岛国际橡胶交易市场有限公司
地址：山东省青岛市保税港区维也纳路3号305室（B）
…………………… Tel：0532-86768532
中海青投石化有限公司
地址：山东省日照市经济开发区临港工业大厦1单元405-4号
…………………… Tel：0532-86789566
青岛保税中社国际贸易有限公司
地址：山东省青岛市保税区西海岸出口加工区内（红石崖十一号线以西，十四号线以北）0337室
…………………… Tel：0532-86818928
青岛祥昌石油化工有限公司
地址：中国（山东）自由贸易试验区青岛片区西海岸综合保税区印度洋路1号禹纺海联办公楼三层8312室
…………………… Tel：0532-86819898
青岛思远化工有限公司
地址：青岛经济技术开发区淮河东路89号
…………………… Tel：0532-86860715
中国石化青岛炼油化工有限责任公司
地址：山东省青岛市黄岛区（开发区）千山南路827号
…………………… Tel：0532-86915983
青岛环海石油化工科技开发有限公司
地址：山东省青岛市黄岛区黄岛办事处张戈庄村
…………………… Tel：0532-86918561
青岛联港石化有限公司
地址：山东省青岛市黄岛区泊里镇海泊二路62号201室
…………………… Tel：0532-86934118
青岛联港石化有限公司
地址：山东省青岛市黄岛区泊里镇海泊二路62号201室
…………………… Tel：0532-86934118
中联港化工贸易有限公司
地址：青岛市保税区天智大厦22层H户
…………………… Tel：0532-86934118
青岛青泽控股有限公司
地址：山东省青岛市黄岛区（原开发区庐山路2号1325室）
…………………… Tel：0532-86936620
青岛德泰石油科技有限责任公司
地址：山东省青岛市黄岛区长江中路366号1单元1104
…………………… Tel：0532-86943155
青岛罗格斯橡胶制品有限公司
地址：中国（山东）自由贸易试验区青岛片区前湾保税港区北京路43号办公楼三楼047号（A）
…………………… Tel：0532-86949559
青岛广垦橡胶国际贸易有限公司
地址：山东省青岛市保税港区北京路45号3号库一楼168号（A）
…………………… Tel：0532-86959883
青岛科耐德橡胶科技有限公司
地址：山东省青岛市黄岛区长江西路157号商业配套104-018室
…………………… Tel：0532-86995171
青岛联台橡胶有限公司
地址：山东省青岛市保税港区北京路45号东办公楼一楼-284（商务秘书公司托管地址）（A）
…………………… Tel：0532-86996928
青岛西海岸农高贸易有限公司
地址：山东省青岛市黄岛区张家楼镇画家村路188号
…………………… Tel：0532-86999175
青岛振华橡胶有限公司
地址：山东省青岛市黄岛区胶南街道办事处姜家洼子村
…………………… Tel：0532-87190118
青岛超越体育文化发展有限公司
地址：青岛胶州市杜村镇南杜村
…………………… Tel：0532-87203376
青岛大中恒橡胶有限公司
地址：山东省青岛市胶州市胶西镇大行三村东
…………………… Tel：0532-87203376
青岛万象橡胶机械有限公司
地址：青岛胶州市皮衣城锦州路西端
…………………… Tel：0532-87270998
青岛凤金惠信石油能源管理中心有限公司
地址：山东省青岛市平度市凤台街道办事处重庆路589号
…………………… Tel：0532-87355067
青岛美嘉能石油化工销售有限公司
地址：山东省青岛市平度市凤台街道办事处重庆路589号
…………………… Tel：0532-87355067
青岛益海通石化有限公司
地址：山东省青岛市平度市凤台街道办事处重庆路589号
…………………… Tel：0532-87355067
山东煜昇石化有限公司
地址：山东省青岛市平度市凤台街道办事处重庆路589号
…………………… Tel：0532-87355067
青岛华锦祥润石油化工有限公司
地址：山东省青岛市平度市南村镇三城路189号裕龙商务区17号楼
…………………… Tel：0532-87355067
青岛方圆达橡胶机械有限公司
地址：山东省青岛市城阳区流亭街道空港工业园
…………………… Tel：0532-87728288
青岛海润博橡胶制品有限公司
地址：山东省青岛市保税港区北京路45号东办公楼一楼-185（商务秘书公司托管地址）（A）
…………………… Tel：0532-87798839
青岛森麒麟集团股份有限公司
地址：山东省青岛市保税港区北京路38号四号厂房二楼东2052（A）
…………………… Tel：0532-87798929
青岛森泰达橡胶有限公司
地址：青岛城阳区夏庄丹山工业园内
…………………… Tel：0532-87798929
青岛安邦石化有限公司
地址：青岛市城阳区棘洪滩街道铁家庄社区
…………………… Tel：0532-87801481
青岛安邦石油有限公司
地址：山东省青岛市城阳区棘洪滩街道锦宏东路74号甲
…………………… Tel：0532-87801481
青岛铁路橡胶厂
地址：青岛市城阳区棘洪滩街道岙东北路667号
…………………… Tel：0532-87801967
中央储备粮青岛直属库
地址：青岛市市北区馆陶路4号
…………………… Tel：0532-87802248
青岛中汇谷商业有限公司
地址：青岛市四方区舞阳路51号-1号1号楼206室
…………………… Tel：0532-87886967
青岛胶林橡胶制品有限公司
地址：青岛市城阳区棘洪滩锦绣工业园.
…………………… Tel：0532-87900836
青岛天盾海洋护舷技术有限公司
地址：青岛市城阳区城阳街道绣城路210号
…………………… Tel：0532-87925225
青岛鑫黄海橡胶有限公司
地址：青岛市红岛经济区红岛街道宿流社区街南947号
…………………… Tel：0532-87930387
青岛诺安橡胶有限公司
地址：青岛市李沧区重庆中路299号
…………………… Tel：0532-87976988
青岛亿朗橡胶装备有限公司
地址：青岛市崂山区深圳路178号13号楼2单元601户
…………………… Tel：0532-88012835
青岛天海橡塑制品有限公司
地址：青岛市黄岛区铁山工业园玉泉路
…………………… Tel：0532-88165898
青岛西海岸供销联合社集团有限公司
地址：山东省青岛市黄岛区灵山湾路539号
…………………… Tel：0532-88184591
山东村连云实业有限公司
地址：山东省青岛市崂山区株洲路20号海信创智谷A座2404
…………………… Tel：0532-88603879
青岛中航宇装备科技有限公司
地址：山东省青岛市胶州市李哥庄街道龙翔大街5号
…………………… Tel：0532-88686866
山东康诚石油化工科技股份有限公司
地址：青岛市崂山区株洲路175号1号楼一层
…………………… Tel：0532-88691666
青岛鲁商社橡胶科技有限公司
地址：山东省青岛市保税港区北京路43号办公楼二楼211室-165号（A）
…………………… Tel：0532-88701178
汇智工程科技股份有限公司
地址：青岛市崂山区香港东路196号
…………………… Tel：0532-88708588
青岛国人建筑高新材料有限公司
地址：青岛市北区杨家群501号综合楼
…………………… Tel：0532-88721684
青岛邦得力热工器材有限公司
地址：青岛市四方区黑龙江南路188-6号
…………………… Tel：0532-88855498
青岛鼎正橡胶机械有限公司
地址：山东省青岛市崂山区翠岭路6号银盛泰新空间B座412室
…………………… Tel：0532-88912315
青岛福克森橡胶轮胎有限公司
地址：山东省青岛市保税港区北京路45号东办公楼一楼-641（商务秘书公司托管地址）（A）
…………………… Tel：0532-88914656
青岛信和联实业有限公司
地址：山东省青岛市崂山区石岭路39号山东民营科技大厦名汇国际2号楼11层1214户
…………………… Tel：0532-88962689
青岛橡胶谷科技集团有限公司
地址：青岛市市北区舞阳路51-2号2号楼515室
…………………… Tel：0532-88969998
山东金宇橡胶科技有限公司
地址：山东省青岛市崂山区文岭路5号白金广场1号楼10层
…………………… Tel：0532-88988616
有道橡胶有限公司
地址：山东省青岛市崂山区海尔路182-6号1307室
…………………… Tel：0532-88988616
海工英派尔工程有限公司
地址：青岛市崂山区海口路277号
…………………… Tel：0532-89090708
淄博绿象橡胶有限公司
地址：张店区洪沟路43号
…………………… Tel：0533-2069888
山东硕龙橡胶有限公司
地址：张店杏园东路22号－A区002号
…………………… Tel：0533-2160544
山东嘉驰工业技术有限公司
地址：淄博高新区鲁泰大道51号高分子材料产业创新园B1702-1703、B1705-1707室
…………………… Tel：0533-2162919
山东全驰通橡胶有限公司
地址：山东省淄博市张店区柳泉路13号赢环商务大厦6层C6号
…………………… Tel：0533-2340937
淄博金永润汽车销售有限公司
地址：张店区山泉路138号
…………………… Tel：0533-2362018
山东龙宜石油化工有限公司
地址：蒙阴县垛庄镇政府
…………………… Tel：0533-3085688
淄博亨泰新能源发展有限公司
地址：山东省淄博市高新区中润大道69号中德花园6号楼1单元1层西户
…………………… Tel：0533-3185333
山东齐隆化工股份有限公司
地址：山东省淄博市张店区冯北路7号
…………………… Tel：0533-3191731
淄博汇佳橡胶新型材料有限公司
地址：沂源县经济开发区儒林路北首
…………………… Tel：0533-3288058
山东开泰石化股份有限公司
地址：淄博张店区中心路202号
…………………… Tel：0533-3576637
中胶伟业（山东）橡胶有限公司
地址：山东省淄博市沂源县南悦路1号
…………………… Tel：0533-3669028
山东金鹏石化设备有限公司
地址：淄博市博山区石马镇东石村东兴街260号
…………………… Tel：0533-4518180
淄博昀腾橡胶制品有限公司
地址：博山区石马镇桥东村蛟石路520号
…………………… Tel：0533-4563111
淄博朋鹤橡胶有限公司
地址：博山区石马镇桥东村
…………………… Tel：0533-4569577
淄博颜辰机械实业有限责任公司
地址：博山开发区南城城工业园
…………………… Tel：0533-4652066
山东盛世达橡胶有限公司
地址：博山区白塔镇饮马村工业园
…………………… Tel：0533-4681268
淄博展宏机械有限公司
地址：山东省淄博市博山区白塔镇南万山村
…………………… Tel：0533-4918666
山东淄矿煤炭运销有限公司
地址：淄博市淄川区淄矿路133号
…………………… Tel：0533-5858833
山东天晟机械装备股份有限公司
地址：淄川区昆仑镇晟地路73号
…………………… Tel：0533-5861040
山东美旗石化交易有限公司
地址：山东省淄博市临淄区临淄大道818号中瑞大厦二楼
…………………… Tel：0533-6127209
山东章临石油化工有限公司
地址：淄博市临淄区大武水库西侧
…………………… Tel：0533-6127209
淄博圣灵石油化工有限公司
地址：山东省淄博市淄川区龙泉镇龙四村玉石街八号楼2号门
…………………… Tel：0533-6207677
中融新大集团有限公司
地址：张店区柳泉路97号
…………………… Tel：0533-6207908
山东齐阳石化工程有限公司
地址：山东省淄博市临淄区建设路27号
…………………… Tel：0533-6295825
高青绿仔城乡信息服务有限公司
地址：山东省淄博市高青县芦湖路299号（国井苑）3号楼24#
…………………… Tel：0533-6971000
淄博天鑫石化有限公司
地址：山东省淄博市高青县常家镇外环路北首
…………………… Tel：0533-7057039
山东富瑞达石化工程有限公司
地址：山东省淄博市临淄区朱台化工园区
…………………… Tel：0533-7072999
淄博山河石油化工储运有限公司
地址：山东省淄博市临淄区齐鲁化学工业区经二路西侧
…………………… Tel：0533-7087908
山东源通石化有限公司
地址：山东省淄博市临淄区稷山花园尚东华庭1号楼2201
…………………… Tel：0533-7111635
山东胜越石化工程建设有限公司
地址：淄博市临淄区乙烯路22号
…………………… Tel：0533-7123081
山东大齐石油化工设计有限公司
地址：淄博市临淄区临淄大道688号501室
…………………… Tel：0533-7216358
山东珠成石化装备工程有限公司
地址：临淄大道中段1003号
…………………… Tel：0533-7312599
山东齐炼石化工程有限公司
地址：山东省淄博市临淄区一诺路77号
…………………… Tel：0533-7316179
山东中东石油化工有限公司
地址：山东省淄博市高新区中润大道158号MEMS产业园1号楼11楼1107
…………………… Tel：05337325277
中东泰普（青岛）能源有限公司
地址：山东省青岛市崂山区科苑纬一路科新园B座1604
…………………… Tel：0533-7325277
中东石化有限公司
地址：山东省淄博市临淄区临淄大道818甲1号1003
…………………… Tel：0533-7325277
淄博泰格贸易有限公司
地址：山东省淄博市张店区人民西路43号4层414
…………………… Tel：0533-7325277
中东高盛能源科技有限公司
地址：山东省淄博市临淄区齐鲁国际塑化城临淄大道818甲1号1603室
…………………… Tel：0533-7325277
中东（平原）石化有限公司
地址：山东省德州市平原县经济开发区北三环路西首路南
…………………… Tel：0533-7325277
山东盛富石油化工有限公司
地址：山东省淄博市临淄区齐鲁化学工业区纬六路南首
…………………… Tel：0533-7482838
山东清源石化有限公司
地址：临淄区齐鲁石化乙烯厂北路中段
…………………… Tel：0533-7483928
山东齐旺达石油化工有限公司
地址：山东省淄博市临淄区金燔路199号
…………………… Tel：0533-7488588
山东澳信石化装备工程有限公司
地址：淄博市临淄区辛化路南首
…………………… Tel：05337507788
山东三维石化工程股份有限公司
地址：临淄区炼厂中路22号
…………………… Tel：0533-7575719
山东齐鲁石化机械制造有限公司
地址：山东省淄博市临淄区新化路1号
…………………… Tel：0533-7580266
山东鑫吉万鼎石油化工有限公司
地址：山东省淄博市临淄区凤凰镇北王村东首向南200米

……………………Tel：0533-7664789
山东齐文沥青有限公司
地址：山东省淄博市临淄区凤凰镇梧台中心路南辛兴村北甲室
……………………Tel：0533-7668882
淄博鑫泰石化有限公司
地址：淄博市临淄区凤凰镇刘地村
……………………Tel：0533-7691669
山东锦鸿盛润石油销售有限公司
地址：山东省淄博市临淄区凤凰镇刘地村北100米
……………………Tel：0533-7691669
山东睿泽化工科技有限公司
地址：山东省淄博市临淄区凤凰镇刘地村北
……………………Tel：0533-7691669
山东建兰化工股份有限公司
地址：山东省淄博市临淄区金山镇一化北路7号
……………………Tel：0533-7699800
阳煤集团淄博齐鲁第一化肥有限公司
地址：临淄区一化南路2号
……………………Tel：0533-7699800
淄博泽耀橡胶有限公司
地址：山东省淄博市临淄区朱台镇朱东村东
……………………Tel：0533-7806666
淄博玺天利工贸有限责任公司
地址：山东省淄博市临淄区临淄大道818甲1号1808
……………………Tel：0533-7838531
山东齐鲁石化建设有限公司
地址：山东省淄博市临淄区乙烯南路12号
……………………Tel：0533-7852900
山东朗晖石油化学股份有限公司
地址：淄博市临淄区金山镇经济开发区内
……………………Tel：0533-7871399
淄博舜正橡胶有限公司
地址：淄川区昆仑镇昆仑路160号
……………………Tel：0533-7879130
山东鑫石源石油化工有限公司
地址：山东省青岛市保税区莫斯科路49号二楼2010室-A421号（商务秘书公司托管地址）
……………………Tel：0533-7961007
山东海方橡胶科技有限公司
地址：山东省淄博市临淄区齐鲁化学工业园经二路西侧
……………………Tel：0533-7962295
山东雪佛龙石油化工有限公司
地址：山东省淄博市高新区兰雁大道21号院内四层
……………………Tel：0533-8170048
山东中汇物流实业有限公司
地址：淄博市桓台县果里镇石化南路东首
……………………Tel：0533-8406200
山东公路重交沥青有限公司
地址：桓台县果里镇东果里村205国道以东
……………………Tel：0533-8406300
山东汇丰石化集团有限公司
地址：桓台县果里镇驻地
……………………Tel：0533-8406300
淄博海益精细化工有限公司
地址：桓台县果里镇政府驻地
……………………Tel：0533-8407192
山东天说橡胶有限公司
地址：淄博市桓台县马桥镇辛庄村
……………………Tel：0533-8538887
山东金诚重油化工有限公司
地址：桓台县马桥镇
……………………Tel：0533-8539430
山东翔龙橡胶助剂有限公司
地址：田庄镇田庄村
……………………Tel：0533-8580035
中诚国投矿产品交易中心有限公司
地址：山东省淄博市临淄区齐鲁化工商城北部石化大厦主楼第15层1510
……………………Tel：0533-8800800
中诚国投矿产品交易中心有限公司
地址：山东省淄博市临淄区齐鲁化工商城北部石化大厦主楼第15层1510
……………………Tel：0533-8800800
山东威格尔集团有限公司
地址：乐陵市开元西大道北侧
……………………Tel：0534-2117666
华禹百行企业管理有限公司
地址：山东省德州市禹城市商贸港第二期C1馆401室
……………………Tel：0534-2122477
史丹利化肥（平原）有限公司
地址：平原县经济开发区（东区）
……………………Tel：0534-2166666
山东赤兔马新材料科技有限公司
地址：德州市经济技术开发区三八路东首蔚来城10号楼2单元6层601室
……………………Tel：0534-2180660
山东奥阳农业开发有限公司
地址：德城区天衢工业园（格瑞德路南侧）
……………………Tel：0534-2225799
德州农村商业银行股份有限公司
地址：德州市大学西路1576号
……………………Tel：0534-2235680
山东华鲁恒升化工股份有限公司
地址：山东省德州市天衢西路24号
……………………Tel：0534-2465031
德州天马粮油食品集团有限公司
地址：德州经济开发区湘江路1号
……………………Tel：0534-2561796
德州百工橡胶原料有限公司
地址：德州市新华小区二期14号楼5单元602室
……………………Tel：0534-2602515
德州大陆架石油工程技术有限公司
地址：德州经济开发区常兴路1286号
……………………Tel：0534-2670150
山东新奥工程橡胶有限公司
地址：德州经济开发区晶华路26号
……………………Tel：0534-2755779
庆云华泰橡胶制品有限公司
地址：庆云县北三环北侧、中心街东
……………………Tel：0534-3220333
庆云华耀橡胶制品有限公司
地址：庆云县经济开发区商城大街北首1368号
……………………Tel：0534-3223188
山东鼎力枣业食品集团有限公司
地址：山东省德州市庆云县北环路277号
……………………Tel：0534-3862606
山东固轮橡胶有限公司
地址：山东省德州市夏津县经济开发区解放街西侧步云街北侧
……………………Tel：0534-3986666
山东恒源石油化工股份有限公司
地址：山东省临邑县城恒源路111号
……………………Tel：0534-4233769
山东省临邑县石油化工厂
地址：临邑县恒源路111号
……………………Tel：0534-4233769
山东恒源石油化工集团有限公司
地址：临邑县石化路70号
……………………Tel：0534-4233798
临邑恒源石化产品销售有限公司
地址：山东省德州市临邑县子愿路112号
……………………Tel：0534-4330065
临邑晨东橡胶有限公司
地址：临邑县德平镇工业园
……………………Tel：0534-4891188
山东瑞科新能源有限公司
地址：山东省齐河经济开发区园区西路
……………………Tel：0534-5022900
嘉施利（平原）化肥有限公司
地址：山东平原经济开发区东区北二环路南
……………………Tel：0534-5030111
阳煤平原化工有限公司
地址：平原县城立交东路1 5号
……………………Tel：0534-5036608
山东阳煤鼎鑫化工有限公司
地址：平原县兴平路15号
……………………Tel：0534-5036608
山东海跃汽车零部件有限公司
地址：山东省德州市武城县经济开发区振华街东首路南
……………………Tel：0534-5070009
德州祥龙生化有限公司
地址：山东省德州市宁津县经济开发区化工园区，314延伸线以北，工业二路以西
……………………Tel：0534-5786666
宁津圆鑫瑞机电有限公司
地址：宁津县柴胡店镇彭胡同工业园区16号
……………………Tel：0534-5875868
山东省鲁北煤炭配送基地有限公司
地址：山东省德州市齐河县潘店镇政府驻地
……………………Tel：0534-5977888
益海嘉里（德州）粮油工业有限公司
地址：山东省德州市德城区湖滨北大道1588号
……………………Tel：0534-6013524
山东固通橡胶有限公司
地址：山东省德州市庆云县尚堂镇（天宇橡胶有限公司以西）
……………………Tel：0534-6106222
山东陈氏集团有限公司
地址：武城县科技工业园
……………………Tel：0534-6288888
山东橡六华乐胶带有限公司
地址：乐陵市技术开发区挺进路1号
……………………Tel：0534-6708867
乐陵市农村信用合作联社
地址：乐陵市阜欣路399号（枣城南大街西侧乐德路北侧）
……………………Tel：0534-6808837
山东禹城农村商业银行股份有限公司
地址：山东省禹城市汉槐街181号
……………………Tel：0534-7223413
山东济铁陵城物流园有限公司
地址：德州市陵城区临齐街道马厂街
……………………Tel：0534-8957005
山东济铁省会物流有限公司
地址：山东省德州市齐河县晏北街道办事处金能路1号
……………………Tel：0534-8957020
山东莱州市金桥橡胶制造厂
地址：虎头崖镇后桥村
……………………Tel：0535-2091563
山东新潮石油有限公司
地址：山东省烟台市牟平区通海路308号
……………………Tel：0535-2109791
莱州市方园橡胶厂
地址：山东烟台莱州市土山镇谭家村
……………………Tel：0535-2338681
烟台现代橡胶制品有限公司
地址：山东省莱州市金城镇驻地
……………………Tel：0535-2638595
山东星海石化有限公司
地址：山东省莱州市三山岛街道
……………………Tel：0535-2683111
莱州苏鲁商渤海湾石化仓储有限公司
地址：山东省莱州市三山岛街道府前街999号
……………………Tel：0535-2683111
山东豪克国际橡胶工业有限公司
地址：山东省烟台市莱州经济技术开发区凤凰工业园
……………………Tel：0535-2717012
莱州东方石油化工港储有限公司
地址：山东省莱州市三山岛特别工业区
……………………Tel：0535-2783418
莱州市顺泰橡胶有限公司
地址：土山镇杨王村
……………………Tel：0535-2815999
莱州市精诚橡胶有限公司
地址：山东省莱州市虎头崖镇郎村
……………………Tel：0535-2883558
莱州市金精诚橡胶有限公司
地址：山东省莱州市虎头崖镇东宋村
……………………Tel：0535-2883558
山东济铁烟台物流园有限公司
地址：山东省烟台市福山区门楼镇大旺路7号
……………………Tel：0535-2967279
万华化学（烟台）石化有限公司
地址：山东省烟台市经济技术开发区重庆大街59号
……………………Tel：0535-3032462
中央储备粮烟台直属库有限公司
地址：山东省烟台市莱阳市五龙南路185号
……………………Tel：0535-3363938
烟台桑尼橡胶有限公司
地址：山东栖霞松山开发区
……………………Tel：0535-3379890
华恒能源有限公司
地址：山东烟台龙口市龙港街道烟潍公路路南
……………………Tel：0535-3453727
山东华东橡胶材料有限公司
地址：山东省招远市玲珑镇政府驻地
……………………Tel：0535-3455612
招远中合实业发展有限公司
地址：山东省招远市河东路859号
……………………Tel：0535-3459067
烟台牟瑞供应链管理有限公司
地址：山东省烟台市牟平区大窑路451号
……………………Tel：0535-4288387
山东恒邦冶炼股份有限公司
地址：烟台市牟平区水道镇
……………………Tel：0535-4631180
烟台四通橡胶有限责任公司
地址：山东省烟台市莱山区盛泉工业园
……………………Tel：0535-4971668
龙口金晟能源石化有限公司
地址：山东省烟台市龙口市龙港街道恒通物流园
……………………Tel：0535-5137177
山东栖霞农村商业银行股份有限公司
地址：山东省烟台市栖霞市腾飞路197号B座
……………………Tel：0535-5213141
山东鲁沃电子商务股份有限公司
地址：山东省烟台开发区长江路212号科信大厦408室
……………………Tel：0535-5235555
烟台宏业橡胶有限公司
地址：栖霞经济开发区
……………………Tel：0535-5576801
烟台德威能源科技有限公司
地址：蓬莱市北沟镇西城临港工业开发区明福路2号
……………………Tel：0535-5606199
烟台安泰橡胶有限公司
地址：山东省蓬莱市北沟镇孙陶村
……………………Tel：0535-5911666
蓬莱安邦石化有限公司
地址：山东省蓬莱市北沟镇栾家口村西
……………………Tel：0535-5918688
蓬莱安邦油港有限公司
地址：山东省蓬莱市北沟镇栾家口村西北
……………………Tel：0535-5918688
山东玲珑橡胶科技有限公司
地址：中国（山东）自由贸易试验区烟台片区烟台经济技术开发区长沙大街5号
……………………Tel：0535-6117050
烟台市供销合作社
地址：芝罘区上夼东路18号
……………………Tel：0535-6235945
山东钊海铁路建设发展有限公司
地址：山东省烟台市经济技术开发区金光小区35号楼101号
……………………Tel：0535-6379938
烟台华福农资有限公司
地址：山东省烟台市芝罘区海港路25号2512号
……………………Tel：0535-6395857
中海油烟台港石化仓储有限公司
地址：烟台经济技术开发区大季家烟台港西港区
……………………Tel：0535-6506300
烟台中策橡胶有限公司
地址：山东省烟台市芝罘区凤凰台路2号
……………………Tel：0535-6529564
烟台华卫橡胶科技有限公司
地址：山东省烟台市西南河路174号
……………………Tel：0535-6712890
烟台泰鸿橡胶有限公司
地址：山东省烟台市莱山区盛泉东路9号
……………………Tel：0535-6726036
烟台港集团有限公司
地址：山东省烟台市芝罘区北马路155号
……………………Tel：0535-6742134
烟台港化肥物流有限公司
地址：烟台经济技术开发区大季家烟台港西港区
……………………Tel：0535-6743598
烟台天圣橡胶坝集团有限公司
地址：莱山区莱山工业园
……………………Tel：0535-6771128
烟台天圣科技股份有限公司
地址：莱山经济开发区同和路
……………………Tel：0535-6774625
卡力（烟台）农业发展有限公司
地址：烟台市经济技术开发区长江路177号
……………………Tel：0535-6857806
众德肥料（烟台）有限公司
地址：山东省烟台市芝罘区珠玑西路东20号
……………………Tel：0535-6857806
百沃国际贸易（烟台）有限公司
地址：山东省烟台市经济技术开发区长沙大街8号内1号
……………………Tel：0535-6926655
山东军星被装有限公司
地址：山东省烟台市莱阳市54685部队院内
……………………Tel：0535-7189716
阳煤集团烟台巨力化肥有限公司
地址：山东省莱阳市荆山路105号
……………………Tel：0535-7318545
烟台正威进出口有限公司
地址：山东省烟台市招远市金晖路333号
……………………Tel：0535-8037886
山东玲珑轮胎股份有限公司
地址：招远市金龙路777号
……………………Tel：0535-8242600
玲珑集团有限公司
地址：山东省招远市泉山路50号
……………………Tel：0535-8242600
山东阿特拉斯橡胶科技有限公司
地址：中国（山东）自由贸易试验区烟台片区烟台经济技术开发区长沙大街8-1号
……………………Tel：0535-8242692
招远市鹏泰橡胶有限公司
地址：山东省招远市蚕庄镇西沟村
……………………Tel：0535-8323258
招远君源生态农业发展有限公司
地址：山东省烟台市招远市金晖路271号
……………………Tel：0535-8372139
国储悦孚能源（烟台）有限公司
地址：山东省龙口市龙口港东港
……………………Tel：0535-8552891
国储悦孚能源（烟台）有限公司
地址：山东省龙口市龙口港东港
……………………Tel：0535-8552893
国储能源化工（烟台）有限公司
地址：山东省烟台市龙口市龙港街道环海中路1899号
……………………Tel：0535-8552893
龙口市商业石油化工有限责任公司
地址：山东省龙口市诸由观镇西河阳
……………………Tel：0535-8573788
烟台国亨农产品有限公司
地址：三站市场（芝罘区幸福南路11号A4-21）

……………………Tel：0535-8579607

龙口市橡塑胶管有限公司
地址：山东省烟台市龙口市诸由观镇后李家村
……………………Tel：0535-8581231

山东博瀚输送带有限公司
地址：山东省烟台市龙口市兰高镇工业园
……………………Tel：0535-8631728

山东龙海煤炭配送有限公司
地址：烟台市龙口市振兴路369号
……………………Tel：0535-8657008

龙口启航石油化工有限公司
地址：山东省烟台市龙口市龙港街道206国道附近
……………………Tel：0535-8781555

中储联合（烟台）供应链管理有限公司
地址：山东省烟台市龙口市龙港街道206国道恒通物流园内3-311
……………………Tel：0535-8781555

龙口港集团有限公司
地址：山东省龙口市环海中路1899号
……………………Tel：0535-8845576

龙口宏港码头有限公司
地址：山东省龙口市环海中路1899号
……………………Tel：0535-8848177

龙口兴隆轮胎有限公司
地址：山东省龙口市中村镇兴隆庄
……………………Tel：0535-8867368

招远君邦商贸有限公司
地址：山东省招远市金岭镇中村村西
……………………Tel：0535-8938393

烟台双塔食品股份有限公司
地址：山东省招远金岭镇寨里
……………………Tel：0535-8938520

中化弘润石油储运（潍坊）有限公司
地址：潍坊滨海经济开发区先进制造业产业园海丰路以西渤海大街以北
……………………Tel：0536-2095128

山东滨海弘润管道物流股份有限公司
地址：山东省潍坊市滨海区珠江西街003633号
……………………Tel：0536-2095128

山东新和成氨基酸有限公司
地址：山东省潍坊市滨海区央子街道珠江西三街02999号
……………………Tel：0536-2095703

潍坊滨海石油化工有限公司
地址：山东省潍坊市滨海区香江西一街001001
……………………Tel：0536-2103289

山东土生金电力科技有限公司
地址：山东省潍坊市青州市王府街道赵家河村东五文路北侧
……………………Tel：0536-2133061

山东省寿光市银宝橡胶工业有限公司
地址：寿光市台头镇道口一村
……………………Tel：0536-2150666

诸城市益和盛橡胶有限公司
地址：山东省潍坊市诸城市辛兴镇徐家芦水村
……………………Tel：0536-2160701

山东成泰化工有限公司
地址：昌邑滨海（下营）经济开发区
……………………Tel：0536-2179888

潍坊市跃龙橡胶有限公司
地址：寿光市台头镇河头村
……………………Tel：0536-2231111

潍坊市华东橡胶有限公司
地址：寿光市台头镇刘家河头村
……………………Tel：0536-2231276

山东创赢再生资源有限公司
地址：寿光市台头镇汪家营村3号路南
……………………Tel：0536-2236202

寿光市联盟石油化工有限公司
地址：寿光市侯镇项目区（大九路以东岔盐路以北）
……………………Tel：0536-2238181

山东联盟磷复肥有限公司
地址：寿光市侯镇工业园（丰东路以东、岔盐路以北）
……………………Tel：0536-2238238

山东联盟化工集团有限公司
地址：寿光市农圣街豪源路交叉路口北路西（寿光市东城商务区27号楼）
……………………Tel：0536-2238659

山东联盟投资有限公司
地址：山东省潍坊市寿光市农圣街豪源路交叉路口北路西（寿光市东城商务区27号楼）
……………………Tel：0536-2238678

山东聚丰橡胶有限公司
地址：山东省潍坊市高密市醴泉工业园盛泉街1518号
……………………Tel：0536-2320588

高密市密泉工贸有限公司
地址：山东省潍坊市高密市醴泉街道顺河路183号
……………………Tel：0536-2337077

山东路力通橡胶有限公司
地址：山东省潍坊市高密市经济开发区卢家岭社区兴源街（东）2379号
……………………Tel：0536-2383928

潍坊市路通橡胶有限公司
地址：山东省潍坊市高密市南环路南800米
……………………Tel：0536-2574899

山东大唐油气有限公司
地址：潍坊市寒亭区潍县北路88号
……………………Tel：0536-2600269

山东奥通轮胎有限公司
地址：山东省潍坊市高密市阚家镇双羊社区驻地（天池街以南派出所西侧）
……………………Tel：0536-2621658

潍坊圣基橡胶有限公司
地址：高密市富泉街北侧
……………………Tel：0536-2638288

山东省振泰集团股份有限公司
地址：高密市姜庄镇仁和工业园
……………………Tel：0536-2717199

高密市东北乡新农业发展有限公司
地址：山东省潍坊市高密市东北乡文化发展区驻地
……………………Tel：0536-2727033

山东龙兴橡胶轮胎有限公司
地址：山东省潍坊市高密市姜庄镇驻地
……………………Tel：0536-2733096

山东胶六橡特胶带有限公司
地址：山东省潍坊市高密市东北乡文化发展区胶平路1号
……………………Tel：0536-2770159

山东元丰橡胶科技有限公司
地址：山东省潍坊市高密市醴泉街道醴泉工业园西环城路以西潍胶路以南
……………………Tel：0536-2784888

山东黄海橡胶制品有限公司
地址：山东省潍坊市峡山区郑公街道北甲庄村
……………………Tel：0536-2832088

山东红光橡胶科技有限公司
地址：山东省潍坊市高密市咸家工业区红光大道西首
……………………Tel：0536 2861115

高密安耐橡胶有限公司
地址：山东省潍坊市高密市朝阳街道曙光路（北）1738号
……………………Tel：0536-2890297

潍坊迎瑞源工贸有限公司
地址：山东省潍坊市高密市醴泉街道尧头村后
……………………Tel：0536-2898188

山东福航橡胶科技发展有限公司
地址：山东潍坊经济开发区永康街与友爱路交叉口西200米路北
……………………Tel：0536-2983432

山东奥凯龙橡胶科技有限公司
地址：临朐县龙山高新技术产业园营龙路与龙高路交汇处
……………………Tel：0536-3096314

青州家家富现代农业集团有限责任公司
地址：青州市高柳镇政府驻地
……………………Tel：0536-3236698

中央储备粮潍坊直属库有限公司
地址：青州市尧王山西路237号
……………………Tel：0536-3289889

山东跃马胶带有限公司
地址：临朐县辛寨镇驻地
……………………Tel：0536-3343503

山东横滨橡胶工业制品有限公司
地址：临朐县辛寨镇
……………………Tel：0536-3343576

山东临朐万和橡胶制品有限公司
地址：临朐县龙岗镇政府南1公里路东
……………………Tel：0536-3421888

山东盛世泰来橡胶科技有限公司
地址：青州市经济开发区高铁线以北玲珑山路东侧
……………………Tel：0536-3526855

潍坊弘润石化物流有限公司
地址：山东省潍坊市青州市经济开发区口普路6009
……………………Tel：0536-3556555

青州冠青橡胶有限公司
地址：青州市何官镇政府驻地
……………………Tel：0536-3571059

青州市华晨橡胶有限公司
地址：青州市高柳镇许王村
……………………Tel：0536 3596218

山东豪俐恒石油化工有限公司
地址：青州市高柳镇阳河工业园
……………………Tel：0536-3597977

青州广信橡胶有限公司
地址：青州市高柳镇阳河村工业园
……………………Tel：0536-3598330

青州广阔国际贸易有限公司
地址：山东潍坊青州市高柳镇阳河工业园
……………………Tel：0536-3598330

山东宏信铝业有限公司
地址：临朐县东城街道东阳路1477号
……………………Tel：0536-3710631

山东优科豪马橡胶制品有限公司
地址：山东潍坊临朐辛寨镇驻地永泰西路1号
……………………Tel：0536-3723677

潍坊市胜泰橡胶有限公司
地址：卧龙镇西半中村
……………………Tel：0536-3729288

山东多路驰橡胶股份有限公司
地址：山东省潍坊市青州市齐王路12399号
……………………Tel：0536-3890788

安丘市万蔬园农产品交易市场有限公司
地址：山东省潍坊市兴安街道安丘市下小路北（四海村）
……………………Tel：0536-4571666

潍坊盛世物流有限公司
地址：山东省潍坊市安丘市兴安街道石泉路口西500米路北
……………………Tel：0536-4873777

山东盛鑫农业科技有限公司
地址：山东省潍坊市安丘市兴安街道华安路南首
……………………Tel：0536-4873777

寿光龙海油品仓储有限公司
地址：寿光市羊口镇新城南路北规划路以南
……………………Tel：0536-5117239

寿光市种好地农业服务有限公司
地址：寿光市古城安顺街北，益羊铁路西（渤海物流园内）
……………………Tel：0536-5262718

山东寿农现代农业集团有限公司
地址：寿光市文庙东街东环路西
……………………Tel：0536-5262718

寿光市克洛尼尔酒业有限公司
地址：寿光市圣城街568
……………………Tel：0536-5268793

潍坊沃尔特科技有限公司
地址：潍坊市滨海经济开发区临港化工园，临港路以东，润丰路以西
……………………Tel：0536-5301000

山东海化集团有限公司
地址：山东省潍坊市滨海区
……………………Tel：0536-5329888

潍坊市三方橡胶有限公司
地址：寿光市台头镇工业园东庄路与顺府路交叉口向北1000米路西（后寨子村）
……………………Tel：0536-5335666

山东寿光鲁清石化有限公司
地址：寿光市渤海工业园
……………………Tel：0536-5456800

山东宏源集团有限公司
地址：寿光市寿尧路中段
……………………Tel：0536-5498688

山东晨华防水材料股份有限公司
地址：山东省潍坊市寿光市台头工业园丰台路台头段738号
……………………Tel：0536-5512516

潍坊泰莱橡胶科技有限公司
地址：寿光市台头镇彭家道口村村委西1公里路南
……………………Tel：0536-5518968

潍坊山橡橡胶有限公司
地址：寿光市台头镇彭家道口村委西1公里
……………………Tel：0536-5520998

潍坊安固橡胶工业有限公司
地址：寿光市台头镇彭家道口
……………………Tel：0536-5520999

潍坊市鹏润橡胶助剂有限责任公司
地址：寿光市台头镇工业园南洋路与南一路交叉口以东150米
……………………Tel：0536-5523506

山东国鹏橡胶有限公司
地址：寿光市羊口先进制造业园区（渤海大道和羊临路交叉路口东北角）
……………………Tel：0536-5566366

寿光市莱博实业有限公司
地址：山东省潍坊市寿光市洛城街道潍高路蔬菜博览园内22901号会展中心办公楼
……………………Tel：0536-5662767

寿光农业发展集团有限公司
地址：寿光市金海路东农圣街北商务小区5号楼A座116号
……………………Tel：0536-5670706

山东巨晖防水材料有限公司
地址：寿光市台头镇大坨村
……………………Tel：0536-5676880

寿光市光谷农业生态园有限公司
地址：寿光市双王城生态经济园区管理委员会驻地
……………………Tel：0536-5678278

固佳德橡胶科技股份有限公司
地址：寿光市化龙镇裴家岭村辛裴路沿街房
……………………Tel：0536-5895098

瑞思通橡胶科技有限公司
地址：寿光市化龙镇辛裴路37号
……………………Tel：0536-5895098

山东力创模具股份有限公司
地址：寿光市化龙镇裴岭村辛裴路37号
……………………Tel：0536-5895098

山东信泰汽车技术服务有限公司
地址：山东省潍坊市诸城市西外环路南首东侧（东升国际物流城内）
……………………Tel：0536-6069866

中坛农业科技有限公司
地址：山东省潍坊市诸城市龙都街道谭家庄770号
……………………Tel：0536-6181198

潍坊振兴橡胶有限公司
地址：昌乐县温州工业园振兴路1号
……………………Tel：0536-6283277

通伊欧轮胎（诸城）有限公司
地址：山东省潍坊市诸城市昌城镇芦河北路301号
……………………Tel：0536-6336010

诸城市国信橡胶有限公司
地址：山东省潍坊市诸城市枳沟镇乔庄村东
……………………Tel：0536-6457160

诸城市众合工贸有限公司
地址：山东省潍坊市诸城市辛兴镇隋家沙岭村
……………………Tel：0536-6500567

山东大象超能石化有限公司
地址：山东省潍坊市诸城市桃林镇山东头临港高端产业示范区平日路与东三路交叉口
……………………Tel：0536-6501001

山东三工橡胶有限公司
地址：山东省潍坊市诸城市皇华镇驻地
……………………Tel：0536-6581388

诸城市腾安橡胶有限公司
地址：山东省潍坊市诸城市舜都路107号（生产车间：山东省潍坊市诸城市诸冯街263号）
……………………Tel：0536-6588699

潍坊弘润石化科技有限公司
地址：山东省潍坊市滨海区大家洼街道创新街以北蓝海路以东科技项目区
……………………Tel：0536-7103666

山东昌邑石化有限公司
地址：D昌邑市利民街西首
……………………Tel：0536-7194186

潍坊禹王湿地旅游文化发展有限公司
地址：山东省潍坊市寒亭区固高路与潍九路交叉口南50米路东
……………………Tel：0536-7250550

山东润惠农业综合开发有限公司
地址：山东省潍坊市寒亭区通亭街3379号寒亭金融中心1号楼01-912
……………………Tel：0536-7282022

潍坊凯力橡胶有限公司
地址：潍坊市坊子区潍州路15公里处路西
……………………Tel：0536-7629571

潍坊兴旺生物种业有限公司
地址：山东省潍坊市峡山区怡峡街197号6号楼129室
……………………Tel：0536-7737088

山东潍水田园农业发展有限公司
地址：山东省潍坊市昌邑市石埠社区新兴路26号8幢811
……………………Tel：0536-7761777

潍坊鲁邑橡胶制品有限公司
地址：昌邑市夏店镇前柳村
……………………Tel：0536-7842018

山东闰成石化有限公司
地址：安丘经济开发区新安北路208号
……………………Tel：0536-8025232

山东老乡农业科技集团有限公司
地址：山东省济南市历下区绿城兰悦A-D栋楼3号楼507
……………………Tel：0536-8186099

潍坊安耐达橡胶有限公司
地址：潍坊市奎文区新华路以西胜利街以南海关西巷76号置地公馆2号楼1702室（住宅作为住所）
……………………Tel：0536-8186099

潍坊胜利石化机械有限公司
地址：山东省潍坊市潍城区仓南街11999号
……………………Tel：0536-8573288

山东中非融合国际贸易有限公司
地址：山东省潍坊市奎文区东风东街303号1号楼1501号
……………………Tel：0536-8664491

马石油润滑油（山东）有限公司
地址：潍坊经济开发区友谊路北段、顺通街9号
……………………Tel：0536-8675630

潍坊沃捷生态科技有限公司
地址：山东省潍坊市潍城区潍胶路3999号
……………………Tel：0536-8802566

中化弘润石油化工有限公司
地址：潍坊高新技术产业开发区福寿东街中段
……………………Tel：0536-8875915

山东铭鼎橡胶有限公司

地址：潍坊高新区东方路309号（恒天阳光公司办公楼）
…………Tel：0536-8885201

卡松科技股份有限公司
地址：济宁市327国道与105国道交汇处向西500米
…………Tel：0537-2116799

济宁矿业集团有限公司
地址：济宁市崇文大道2299号
…………Tel：0537-2379002

山东万祥润滑科技有限公司
地址：山东省济宁市任城区李营街道机电二路9号
…………Tel：0537-2483330

山东源根石油化工有限公司
地址：山东省济宁市高新区开源路
…………Tel：0537-2613097

济宁圣达橡胶有限公司
地址：济宁高新区327国道南6号工业园
…………Tel：0537-2982111

水发金水建设工程有限公司
地址：山东省济南市章丘区双山街道高层次人才创新创业基地一号楼十二层
…………Tel：0537-3166898

济宁燕山石油化工有限公司
地址：济宁市火炬路祥和花园2号楼东一单元24楼东户
…………Tel：05373283766

华勤橡胶工业集团有限公司
地址：山东省济宁市兖州区华勤工业园
…………Tel：0537-3658006

山东康迪泰克工程橡胶有限公司
地址：山东省济宁市兖州区华勤工业园
…………Tel：0537-3658006

山东华勤橡胶科技有限公司
地址：山东省济宁市兖州区新兖镇华勤工业园
…………Tel：0537-3658006

山东雷皓橡胶工业股份有限公司
地址：济宁市兖州区新驿镇工业园
…………Tel：0537-3855345

山东源腾石化安装工程有限公司
地址：济宁高新区黄屯镇驻地
…………Tel：0537-3866678

山东裕隆煤电有限公司
地址：曲阜市西郊
…………Tel：0537-4546731

山东景山石油化工有限公司
地址：济宁高新区海关东路1号
…………Tel：0537-5374988

兖矿铝业国际贸易有限公司
地址：山东省邹城市凫山南路869号
…………Tel：0537-5380813

山东端信供应链管理有限公司
地址：山东省济宁市邹城市西外环路5288号
…………Tel：0537-5910238

兖矿东华物流有限公司
地址：山东省邹城经济开发区
…………Tel：0537-5910238

兖矿集团邹城金通橡胶有限公司
地址：邹城市西外环路5289号
…………Tel：0537-5943879

山东至澄农业发展有限公司
地址：山东省济宁市邹城市太平东路201号
…………Tel：0537-6559667

山东圣琪生物有限公司
地址：山东省邹城工业园区幸福河路6789号
…………Tel：0537-6599313

益海嘉里（兖州）粮油工业有限公司
地址：山东省济宁市兖州区益海路1号
…………Tel：0537-6621825

兖矿煤化供销有限公司
地址：山东省济宁市邹城市矿建东路1085号
…………Tel：0537-6721682

山东圣丰种业科技有限公司
地址：嘉祥县嘉金路1号
…………Tel：0537-6800010

山东昊油石油化工有限公司
地址：金乡县卜集镇夏庄村东南谢线北侧
…………Tel：0537-8038000

金乡县得威石油化工科技有限公司
地址：山东省济宁市金乡县胡集镇新材料产业园区
…………Tel：0537-8702788

山东昆谷通蒜农产品供应链有限公司
地址：金乡县城区开元大道西首路北亿九科技大楼10层
…………Tel：0537-8818966

山东汉正橡胶工业有限公司
地址：宁阳县葛石镇凤凰路谭厂段路南
…………Tel：0538-2093099

山东清水谷新能源科技有限公司
地址：山东省泰安市东平县彭集街道105国道西侧
…………Tel：0538-2417310

山东粮霸肥业科技有限公司
地址：山东省泰安市东平县彭集街道105国道西侧
…………Tel：0538-2417310

山东润银生物化工股份有限公司
地址：东平县彭集镇
…………Tel：0538-2417310

肥粮通集团有限公司
地址：山东省泰安市东平县彭集街道
…………Tel：0538-2417310

福富集团有限公司
地址：山东省泰安市东平县彭集街道（现代国际物流园区内）
…………Tel：0538-2417310

兖矿东平陆港有限公司
地址：山东省泰安市东平县彭集街道财智大厦
…………Tel：0538-2587688

泰安燕山石油化工有限公司
地址：山东省泰安市东平县经济开发区
…………Tel：0538-2822217

新东岳集团有限公司
地址：山东省泰安市东平县工业园区内
…………Tel：0538-2896688

肥城市新陶橡胶有限公司
地址：肥城市仪阳工业园
…………Tel：0538-3162719

泰安新合作供销云仓物流有限公司
地址：山东省泰安市肥城市仪阳街道办事处仪兴路028号
…………Tel：0538-3226880

中有农业科技股份有限公司
地址：山东省泰安市肥城市潮汶路会展中心
…………Tel：0538-3259166

山东明瑞化工集团有限公司
地址：肥城市长山街066号
…………Tel：0538-3382909

山东迅驰橡胶工业有限公司
地址：山东省泰安市肥城市石横镇工业园
…………Tel：0538-3667277

山东泰力宝橡胶有限公司
地址：山东省泰安市肥城市新城工业园区东付村项目区
…………Tel：0538-3669788

山东阿斯德科技有限公司
地址：山东省泰安市肥城市石横镇肥城化工产业园1号
…………Tel：0538-3690076

肥城石横焦化有限公司
地址：山东省肥城市石横镇驻地
…………Tel：0538-3696719

山东肥城海晶盐化有限公司
地址：肥城市边院镇盐化工业园
…………Tel：0538-3821201

中央储备粮泰安直属库有限公司
地址：泰安市迎宾大道西首桃花源路19号
…………Tel：0538-5013606

泰安好河山商贸有限公司
地址：山东省泰安市宁阳县城长寿路014号
…………Tel：0538-5458888

泰安市金山橡胶工业有限公司
地址：山东省泰安市东平县工业园区
…………Tel：0538-6065858

衡健石化有限公司
地址：山东省泰安市泰山区长城路46号城建大厦综合楼（国山中心A座1109）
…………Tel：0538-6266885

山东长尼石化有限公司
地址：泰安市泰山区长城路46号城建大厦综合楼（国山中心A座1102室）
…………Tel：0538-6266885

中国石化山东泰山石油股份有限公司
地址：山东省泰安市东岳大街369号
…………Tel：0538-6269602

中国石化山东泰山石油股份有限公司
地址：山东省泰安市东岳大街369号
…………Tel：0538-6269602

山东鲁润宏泰石化有限责任公司
地址：泰安市岱岳区粥店办事处黄草岭村南邻104国道路南
…………Tel：0538-6269623

肥城泰鑫橡胶机械装备有限公司
地址：肥城市星火街11号
…………Tel：0538-6330960

山东德润宝石化有限公司
地址：泰安市泰山青春创业开发区
…………Tel：0538-6790777

泰安恒丰橡胶有限公司
地址：泰安市长城路时代明珠商务大厦15B层A7室
…………Tel：0538-6980518

山东瑞泰橡胶助剂有限公司
地址：山东省泰安大汶口石膏工业园
…………Tel：0538-8160969

泰山区灵山街橡胶经营部
地址：旧镇社区南湖商城（06）
…………Tel：0538-8218728

山东泽锐石化有限公司
地址：泰安市泰山大街泰安万达广场第8号商务办公楼1608户
…………Tel：0538-8281119

泰安市天际橡胶有限公司
地址：泰安市灵山大街九州五金机电市场10号楼2号商铺
…………Tel：0538-8281945

山东稳如泰山乐鸽文旅康养产业发展集团有限公司
地址：山东省泰安高新区房村镇南宋村
…………Tel：0538-8948877

泰安市岱岳区金龙橡胶制品厂
地址：范镇倪家庄村
…………Tel：0538-8982069

山东道一石化有限公司
地址：沂水县经济技术开发区庐山项目区
…………Tel：0539-2361888

山东道一新能源科技有限公司
地址：山东省沂水县经济开发区庐山项目区（山东道一石化有限公司办公楼一楼）
…………Tel：0539-2361888

山东威普斯橡胶股份有限公司
地址：沂水县经济开发区冯家官庄村西南350米
…………Tel：0539-2507986

山东新大陆橡胶科技有限公司
地址：沂水经济开发区庐山项目区
…………Tel：0539-2655216

山东泓瀚石化有限公司
地址：山东省临沂市临港经济开发区壮岗镇东坡村
…………Tel：0539-2659697

山东中农天泰种业有限公司
地址：山东省临沂市平邑县银花路南，文化路西侧
…………Tel：0539-4088498

临沂启泰橡胶有限公司
地址：山东省临沂市临沭县青云镇工业园区
…………Tel：0539-5255699

山东远东国际生物化工股份有限公司
地址：兰陵县尚岩镇
…………Tel：0539-5483555

山东宏扬石化工程有限公司
地址：费县经济开发区纵二路西侧（岩滨路东侧）
…………Tel：0539-5935177

兰陵县华凯农产品有限公司
地址：向城镇峰下沟村
…………Tel：0539-5976619

中化山东肥业有限公司
地址：山东省临沂经济开发区东纵路中段
…………Tel：0539-6016112

临沂市盛元伟业经贸有限公司
地址：山东省临沂市临沭县兴大西街307号
…………Tel：0539-6213888

山东临沭农村商业银行股份有限公司
地址：山东省临沭县沭新东街31号
…………Tel：0539-6215170

史丹利农业集团股份有限公司
地址：山东省临沂市临沭县史丹利路
…………Tel：0539-6233369

临沭县盛泰橡胶有限公司
地址：临沭县临沭街道后杨村
…………Tel：0539-6239951

史丹利农业服务有限公司
地址：山东省临沂市临沭县常林东大街东首于店居
…………Tel：0539-6255677

金正大生态工程集团股份有限公司
地址：临沭县兴大西街19号
…………Tel：0539-6377192

山东农商一号电子商务有限公司
地址：山东省临沂市临沭县工业园区
…………Tel：0539-6377197

山东江泉实业股份有限公司
地址：临沂市罗庄区罗庄镇龙潭路东
…………Tel：0539-7100683

临沭县常林小额贷款有限责任公司
地址：临沭县城常林西大街112号
…………Tel：0539-7193678

临沂新天地农业化工有限责任公司
地址：临沂市临沭县经济开发区
…………Tel：0539-7198220

山东清沂山石化科技有限公司
地址：沂水县经济开发区庐山项目区（许家湖镇夏家楼村）
…………Tel：0539-7255333

山东旭泰化工有限公司
地址：沂水县高桥镇驻地桥舜路1号
…………Tel：0539-7255359

阜丰营销有限公司
地址：山东省临沂市莒南县经济技术开发区淮海路西段
…………Tel：0539-7261977

山东白龙轮胎有限公司
地址：山东莒南经济开发区岚济路西段
…………Tel：0539-7281988

中农舜天生态肥业有限公司
地址：山东省沂南经济开发区绿源路南段
…………Tel：0539-7371235

临沂金誉石化有限公司
地址：临沂临港产业区团林镇埃沟一村
…………Tel：0539-7555766

临沂凯博石油化工有限公司
地址：临沂临港经济开发区壮岗镇大莲花汪村
…………Tel：0539-7590668

山东蓝海石油化工有限公司
地址：临沂临港经济开发区壮岗镇大莲花村
…………Tel：0539-7595866

中化农业（临沂）研发中心有限公司
地址：山东省临沂市临沂经济技术开发区东纵路001号（现已改为杭州路61号）
…………Tel：0539-7632516

巨鸿有限公司
地址：山东省临沂市罗庄区盛庄街道双月园路中段罗庄区国家领军人才创新创业园
…………Tel：0539-7777959

山东长虹橡胶科技有限公司
地址：沂南澳柯玛大道东首北侧（沂南经济开发区长虹项目区）
…………Tel：0539-7900766

山东邦州实业发展有限公司
地址：山东省临沂市经济开发区华夏路（国道327）与新规划东外环交汇处东300米
…………Tel：0539-7971667

国投山东临沂路桥发展有限责任公司
地址：山东省临沂市河东区九曲街道办事处季山官庄社区0014号
…………Tel：0539-8093176

山东沂粮商贸集团有限公司
地址：山东省临沂市罗庄区高都街道常旺社区沿街
…………Tel：0539-8136908

山东物商集团有限公司
地址：山东省临沂市罗庄区盛庄街道清河南路
…………Tel：0539-8590591

山东泰油能源科技有限公司
地址：临沂市河东区汤头街道长沟西岭村
…………Tel：0539-8711703

邹平县豪宇橡胶制品有限公司
地址：邹平县青阳镇刘家村
…………Tel：0543-2106086

山东醴泉集团有限公司
地址：邹平县青阳镇刘家村
…………Tel：0543-2109555

山东醴泉橡胶制品销售有限公司
地址：山东省滨州市邹平市青阳镇刘家村东002号
…………Tel：0543-2109555

山东卓群橡胶有限公司
地址：山东省滨州市阳信县温店镇王坤兮村
…………Tel：0543-2140097

山东联化新材料有限责任公司
地址：山东省滨州市阳信县经济开发区工业七路1号
…………Tel：0543-2202776

山东滨阳石化有限公司
地址：滨州市阳信县经济开发区工业七路
…………Tel：0543-2206001

山东省阳信创星橡胶有限公司
地址：山东省滨州市阳信县劳店镇陈楼开发区205国道以南
…………Tel：0543-2208220

滨州黄河岸农业开发有限公司
地址：山东省滨州市滨城区市中办事处大刘居委会
…………Tel：0543-2213292

山东京博新能源控股发展有限公司
地址：博兴县经济开发区
…………Tel：0543-2313130

山东京博石油化工有限公司
地址：博兴县经济开发区
…………Tel：0543-2313130

山东京博宏远石化有限公司
地址：山东省淄博市高青县常家镇73号（常家镇政府驻地）
…………Tel：0543-2313130

山东中油胜利石化有限公司
地址：博兴县经济开发区
…………Tel：0543-2313130

山东益丰生化环保股份有限公司
地址：博兴县经济开发区
…………Tel：0543-2313130

黄河三角洲京博化工研究院有限公司
地址：博兴县经济开发区
…………Tel：0543-2313130

青岛京博中宇橡胶有限公司
地址：山东省青岛市市北区郑州路43号A

栋120-8室（集中办公区）
…………Tel：0543-2313130
山东鑫龙胜达新能源有限公司
地址：山东省滨州市博兴县经济开发区228省道以东、新农村路以北
…………Tel：0543-2519788
山东永裕供热有限公司
地址：山东省滨州市博兴县纯化镇郝纯路以西，贾家村以北
…………Tel：0543-2567663
山东鑫成达石化销售有限公司
地址：山东省滨州市博兴县湖滨镇寨郝村240乡道向东1000米路北
…………Tel：0543-2800617
山东中悦石化科技有限公司
地址：山东省滨州市博兴县经济开发区228省道以东、新农村路以北
…………Tel：0543-2911126
山东盛佳环宇新能源有限公司
地址：山东省滨州市博兴县经济开发区228省道以东、新农村路以北
…………Tel：0543-2911126
山东惠升伟业新能源有限公司
地址：山东省滨州市博兴县经济开发区228省道以东、新农村路以北
…………Tel：0543-2911158
山东滨港国际供应链管理有限公司
地址：滨州高新区小营办事处新五路十路创新大厦2号楼1905-1202室
…………Tel：0543-3157567
滨州市鲁明滨南油气开发有限公司
地址：山东省滨州市滨城区黄河六路渤海六路701市中办事处办公楼1楼103室
…………Tel：0543-3231982
邹平县润兴橡胶有限公司
地址：邹平县台子镇宋坊村
…………Tel：0543-4329158
山东继涛橡胶有限公司
地址：邹平县黄山街道办事处张家山村
…………Tel：0543-4347616
邹平县嘉益金属橡胶有限公司
地址：邹平县黄山街道办事处大李村
…………Tel：0543-4347906
山东邹金城市开发建设有限公司
地址：山东省滨州市邹平市黄山街道办事处鹤伴二路888号
…………Tel：0543-4660996
山东瑞驰橡胶有限公司
地址：邹平县黄山办事处张山村
…………Tel：0543-4785999
山东东尉石化科技有限公司
地址：山东省滨州市邹平县长山镇东尉村
…………Tel：0543-4818199
邹平和兴橡胶助剂有限公司
地址：山东省滨州市邹平市焦桥镇太平村98号
…………Tel：0543-4876761
邹平县鑫福源橡胶有限公司
地址：邹平县九户镇工业园区
…………Tel：0543-5063997
滨港石油化工码头有限公司
地址：山东省滨州北海经济开发区经十七路七号
…………Tel：0543-5152678
森岳（无棣）国际能源化工有限公司
地址：无棣县鲁北高新技术开发区内
…………Tel：0543-5153875
山东万普海容石油设备科技发展有限公司
地址：滨州市经济开发区黄河十二路以南、渤海二十四路以西
…………Tel：0543-5167111
山东惠民润怡橡胶科技有限公司
地址：惠民县何坊乡前苏村（乐胡路和大济路交叉口西200米南侧）
…………Tel：0543-5355777
山东滨州润杰橡胶制品有限公司
地址：滨州市惠民县清河镇二二零国道南侧
…………Tel：0543-5682777
山东鲁北企业集团总公司
地址：无棣县埕口镇东侧
…………Tel：0543-6451057
沾化国昌精细化工有限公司
地址：山东省滨州市沾化区滨海镇耿局村北1公里处（滨海产业园内）
…………Tel：0543-7057196
山东隆泽化工有限公司
地址：山东省滨州市沾化区城北工业园清风六路
…………Tel：05437696889
山东天宏新能源化工有限公司
地址：博兴县开发区博城五路东首
…………Tel：0543-8130266
山东京阳科技股份有限公司
地址：山东省滨州市阳信县经济开发区工业九路326号
…………Tel：0543-8179999
滨州丰华橡胶粉制造有限公司
地址：滨州小营镇街道办事处
…………Tel：0543-8188218
滨州市恒丰橡胶有限公司
地址：滨州高新区小营办事处龙腾三路北侧
…………Tel：0543-8188218
山东省阳信源泰橡胶有限公司
地址：阳信经济开发区工业五路北、河东一路东
…………Tel：0543-8688803
山东佳泰橡胶有限公司
地址：山东省滨州市阳信县经济开发区工业五路北、河东一路东
…………Tel：0543-8688803
东辰控股集团有限公司
地址：东营市垦利区胜坨镇府西（永莘路98号）
…………Tel：0546-2068311
山东天弘化学有限公司
地址：东营市东营港经济开发区港西一路以西、港北一路以北
…………Tel：0546-2068578
山东腾宇石化有限公司
地址：东营港经济开发区港东五路以西、港北一路以南
…………Tel：0546-2068578
山东和利时石化科技开发有限公司
地址：东营市垦利区胜坨镇永莘路69号
…………Tel：0546-2073066
山东万达橡胶有限责任公司
地址：垦利县青垦路以西，广兴路以南，市北外环以北，经三路以东
…………Tel：0546-2362369
东营市亚通石化有限公司
地址：东营市东营港港北一路北、港西二路西
…………Tel：0546-2367778
山东东昊石油化工有限公司
地址：山东省东营市垦利区石新路3号
…………Tel：0546-2527188
山东垦利石化集团有限公司
地址：山东省东营市垦利区胜兴路1001号
…………Tel：0546-2528141
凯迪家具有限公司
地址：东营市垦利区大桥路东北角
…………Tel：0546-2566786
东营永耀石油化工有限公司
地址：东营市垦利区胜坨镇永莘路68号（永莘路以南、万达轮胎公司对面）
…………Tel：05462580009
东营市信诺民间资本管理股份有限公司
地址：垦利县胜兴路99号
…………Tel：0546-2666999
东营汇盈石油化工有限责任公司
地址：东营市垦利区永安经四路1号
…………Tel：0546-2778001
东营市万里越橡胶发展有限责任公司
地址：东营市垦利区开发区新兴路441号
…………Tel：0546-2881366
山东康瑞集团有限公司
地址：东营市垦利区开发区振兴路233号
…………Tel：0546-2881778
山东拓达化工有限公司
地址：山东省东营市东营区北一路747号
…………Tel：0546-2918198
山东屹伟橡胶有限公司
地址：广饶县稻庄镇西水
…………Tel：0546-2952594
江山联合化工集团有限公司
地址：广饶县大王镇复兴王村
…………Tel：0546-2952666
东营翔昶石油化工有限公司
地址：广饶县原石村乡政府驻地
…………Tel：0546-2952924
东营泰盛橡胶有限公司
地址：广饶县大王镇青垦路西侧灶户王东段3号
…………Tel：0546-2953088
东营市兴通橡胶有限公司
地址：广饶县大王镇王永槐村
…………Tel：0546-2953596
东营河口中海利兴石化产品销售有限公司
地址：东营市河口区滨孤路277号
…………Tel：0546-3638708
山东中海化工集团有限公司
地址：东营市河口区河庆路175号
…………Tel：0546-3638928
山东通瑞嘉石油化工有限公司
地址：山东省东营市河口区河庆路179号（创业大厦5楼8697席）
…………Tel：05463650801
东营明博石油化工有限公司
地址：山东省东营市河口区河庆路179号（创业大厦5楼8358席）
…………Tel：0546-3650801
东营万泽石油化工有限公司
地址：山东省东营市河口区河庆路179号（创业大厦5楼8397席）
…………Tel：0546-3650801
山东煦海石油化工有限公司
地址：山东省东营市河口区河庆路179号（创业大厦5楼8507席）
…………Tel：0546-3650801
东营宏合石油化工有限公司
地址：山东省东营市河口区河庆路179号（创业大厦5楼8388席）
…………Tel：0546-3650801
山东恒启石油化工有限公司
地址：山东省东营市河口区河庆路179号（创业大厦5楼8772席）
…………Tel：05463650809
山东宏基伟业石油化工有限公司
地址：山东省东营市河口区河庆路179号（创业大厦5楼8639席）
…………Tel：05463650809
山东晋京石油化工有限公司
地址：山东省东营市河口区河庆路179号（创业大厦5楼8606席）
…………Tel：05463650809
东营乾方石油化工有限公司
地址：山东省东营市河口区河庆路179号（创业大厦5楼8751席）
…………Tel：0546-3650809
山东蓝硅石油化工有限公司
地址：山东省青岛市城阳区浦东路3号8楼
…………Tel：05463650813
山东瑞宝石油化工有限公司
地址：山东省东营市河口区河庆路179号（创业大厦5楼8598席）
…………Tel：05463650820
山东新航舟石油化工有限公司
地址：山东省东营市河口区河庆路179号（创业大厦5楼8766席）
…………Tel：0546-3650820
山东中融石油化工有限公司
地址：山东省东营市河口区河庆路179号（创业大厦5楼8592席）
…………Tel：0546-3650820
山东正觉石油化工有限公司
地址：山东省东营市河口区河庆路179号（创业大厦5楼8593席）
…………Tel：0546-3650820
山东茂盛石油化工有限公司
地址：山东省东营市河口区河庆路179号（创业大厦5楼8796席）
…………Tel：0546-3650820
山东渤鑫石油化工有限公司
地址：东营市河口区河庆路179号（创业大厦5楼8089席）
…………Tel：0546-3650827
中海石油东营石化有限公司
地址：东营市河口区滨孤路68号
…………Tel：0546-3689679
东营市泰富石油化工有限公司
地址：东营市河口蓝色经济开发区顺园路2号
…………Tel：0546-3995776
利华益利津炼化有限公司
地址：利津县永莘路55号
…………Tel：0546-5621310
利华益利津炼化产品销售有限公司
地址：利津县永莘路55号
…………Tel：0546-5621310
东营市宝隆石油化工有限公司
地址：利津县陈庄镇工业园区
…………Tel：0546-5657177
掘金橡胶科技有限公司
地址：广饶县稻庄镇东朱营村
…………Tel：0546-6060189
齐鲁徽商控股有限公司
地址：东营市东营区西四路870号
…………Tel：0546-6069646
东营区财金石油石化投资有限公司
地址：山东省东营市东营区胜利街道庐山路1188号华泰国际金融中心B座2302房间
…………Tel：0546-6076677
山东齐成石油化工有限公司
地址：东营市广饶镇工业园
…………Tel：0546-6076924
山东华滨化工科技有限公司
地址：东营港经济开发区（化工园区）
…………Tel：0546-6076924
东营宝佳商贸有限公司
地址：山东省东营市广饶县广饶经济开发区广凯路（政府驻地）
…………Tel：0546-6076924
山东厚惟碳素有限公司
地址：山东省东营市广饶县广饶街道辛河路以东，石大路以南
…………Tel：0546-6076926
东营杜申商贸有限公司
地址：山东省东营市广饶县大王镇灶户王村
…………Tel：0546-6076926
东营市飞龙焊材有限公司
地址：广饶县大王镇周庄村
…………Tel：0546-6080567
富海集团有限公司
地址：东营市河口区黄河路37号
…………Tel：0546-6083666
东营市世创石油化工有限公司
地址：山东省东营市河口区富海工业园
…………Tel：0546-6083955
东营华联石油化工厂有限公司
地址：东营市河口区滨孤路88号
…………Tel：0546-6083999
山东同盛石化发展有限公司
地址：山东省东营市广饶县大王镇韩桥村
…………Tel：0546-6086175
山东正德橡胶有限公司
地址：广饶县李鹊镇政府驻地
…………Tel：0546-6086528
山东富宇石化有限公司
地址：山东省东营市河口区富海工业园
…………Tel：0546-6090982
山东省瑞昌石油化工有限公司
地址：河口蓝色经济开发区
…………Tel：0546-6092695
东营市聚仁橡胶有限公司
地址：广饶县大王镇灶户王村
…………Tel：0546-6095720
东营联合石化有限责任公司
地址：东营市东营港经济开发区港西二路以东、港北二路以北
…………Tel：0546-6096567
东营威联化学有限公司
地址：山东省东营市东营港经济开发区港西二路以东、港北二路以北
…………Tel：0546-6096567
东营海旺储运有限责任公司
地址：东营港经济开发区港北一路以北、东港路以东
…………Tel：0546-6096567
东营富海化学科技有限公司
地址：山东省东营市东营综合保税区德顺路3号楼302室
…………Tel：0546-6096567
山东环海石化工程有限公司
地址：东营市广饶县李鹊镇工业园
…………Tel：0546-6261221
广饶齐成新能源有限公司
地址：山东省东营市广饶县广饶街道杜疃西村
…………Tel：0546-6261767
东营齐成化工科技有限公司
地址：广饶县广饶街道辛河路以东，石大路以南
…………Tel：0546-6261767
中能源（广饶）石化发展有限公司
地址：山东省东营市广饶县广凯路55号同和大厦907室
…………Tel：0546-6282261
东营奥星石油化工有限公司
地址：广饶县李鹊南十里
…………Tel：0546-6283126
东营市泽诚石油化工有限公司
地址：东营市垦利区黄河路93号
…………Tel：0546-6369658
富海能源服务连锁有限公司
地址：东营市河口区黄河路37号富海大厦901室
…………Tel：0546-6381389
富海能源服务连锁有限公司
地址：东营市河口区黄河路37号富海大厦901室
…………Tel：0546-6381389
山东齐通化工有限公司
地址：广饶稻庄镇西大路村
…………Tel：0546-6410789
东营市昊正橡胶有限公司
地址：广饶县稻庄镇高刘村
…………Tel：0546-6411788
东营腾盛橡胶有限公司
地址：广饶县陈官乡斜里村
…………Tel：0546-6431081
青岛涌金橡胶有限公司
地址：山东省青岛市保税区北京路63号天智大厦14层1户-1室
…………Tel：0546-6434107
山东涌金橡胶有限公司
地址：广饶县陈官乡政府驻地
…………Tel：0546-6434110
东营涌金橡胶材料有限公司
地址：广饶县陈官镇涌金工业园
…………Tel：0546-6434117
山东华通石化工程建设有限公司
地址：广饶县陈官工业园88号
…………Tel：0546-6440180
山东劲步橡胶有限公司
地址：山东省东营市广饶县大王镇高卜纸村
…………Tel：0546-6440228
山东水衡浩正环保材料有限公司
地址：广饶县开发区广兴路15号
…………Tel：0546-6440444
山东蓝标橡胶科技有限公司
地址：山东省东营市广饶县广饶经济开发区广饶县乐安街道张庄村
…………Tel：0546-6469718

广饶永隆橡胶有限公司
地址：山东省东营市广饶县大王镇工业园
…………Tel：0546-6488399

东营森泰橡胶有限公司
地址：广饶县稻庄镇政府驻地（转型升级）
…………Tel：0546-6493666

山东华丰源橡胶科技有限公司
地址：东营农业高新技术产业示范区
…………Tel：0546-6497230

东营华丰源橡胶有限公司
地址：东营市东营区南一路282号21栋1501号
…………Tel：0546-6497230

山东省广饶县兴源橡胶有限公司
地址：广饶县稻庄镇西水村
…………Tel：0546-6497378

永一橡胶有限公司
地址：山东广饶西水工业区
…………Tel：0546-6497618

盛泰集团有限公司
地址：东营市广饶县西水工业区
…………Tel：0546-6497767

山东铸盛华橡胶有限公司
地址：山东省东营市广饶县西水工业区
…………Tel：0546-6497767

东营众和橡胶有限公司
地址：广饶县稻庄镇西水磨村
…………Tel：0546-6498300

山东金运来橡胶有限公司
地址：东营市广饶县稻庄镇东水磨村
…………Tel：0546-6498888

广饶县宏泰橡胶有限公司
地址：广饶县稻庄镇皂李村
…………Tel：0546-6500460

山东江山集团有限公司
地址：广饶县稻庄镇政府驻地
…………Tel：0546-6500797

山东江山橡胶工业研究院
地址：山东省广饶县稻庄镇政府驻地
…………Tel：0546-6500797

东营市隆泰橡胶有限责任公司
地址：广饶县稻庄镇高湾村
…………Tel：0546-6501409

东营市盛凯橡塑有限公司
地址：广饶县稻庄镇西水村
…………Tel：0546-6506060

山东盛泰橡胶集团国际贸易有限公司
地址：东营市广饶县西水工业区
…………Tel：0546-6506063

兴源轮胎集团有限公司
地址：东营广饶西水工业区
…………Tel：0546-6506644

东营市华泰橡胶有限公司
地址：广饶县稻庄镇西水村
…………Tel：0546-6506666

山东张驰橡胶有限公司
地址：广饶县稻庄镇段河二村
…………Tel：0546-6506886

东营市源通橡胶有限公司
地址：广饶县稻庄镇段河一村（转型升级）
…………Tel：0546-6507282

广饶科力达石化科技有限公司
地址：广饶县经济开发区（广明路以北）
…………Tel：0546-6516862

山东海新石油化工有限公司
地址：东营市广饶县广饶街道办事处工业园
…………Tel：0546-6625206

山东华岳橡胶有限责任公司
地址：山东省东营市广饶县大王镇19号路南侧2号
…………Tel：0546-6661222

中一橡胶股份有限公司
地址：山东省东营市广饶县大王镇兴工路以东、北外环路以南
…………Tel：0546-6850199

山东道远橡胶科技有限公司
地址：广饶县大王镇红盆村
…………Tel：0546-6850222

山东中一橡胶有限公司
地址：广饶县大王镇经济园区
…………Tel：0546-6850222

东营金海橡胶科技有限公司
地址：广饶县大王镇延集村
…………Tel：0546-6850288

东营金通橡胶设备科技有限公司
地址：广饶县大王镇东张庄村东首
…………Tel：0546-6852281

山东双马橡胶有限公司
地址：广饶县大王镇灶户王村
…………Tel：0546-6870538

山东恒宇橡胶有限公司
地址：广饶县大王镇工业园
…………Tel：0546-6872237

山东金颂橡胶科技有限公司
地址：山东省东营市广饶县大王镇
…………Tel：0546-6872237

山东华星石油化工集团有限公司
地址：广饶县大王镇
…………Tel：0546-6872660

东营市鑫源橡胶有限责任公司
地址：广饶县大王镇大王西村（转型升级）
…………Tel：0546-6875078

山东三泰橡胶有限责任公司
地址：广饶县大王镇橡胶工业园区
…………Tel：0546-6877005

山东三辰橡胶有限公司
地址：东营市广饶县大王镇橡胶工业园区
…………Tel：0546-6877005

山东鑫鑫橡胶有限公司
地址：广饶大王镇延集村
…………Tel：0546-6877816

东营信义企业集团公司橡塑厂
地址：大王镇驻地
…………Tel：0546-6878039

山东齐通橡胶有限公司
地址：广饶大王镇政府驻地
…………Tel：0546-6878099

东营市方兴橡胶有限责任公司
地址：东营市大王经济技术开发区
…………Tel：0546-6881399

山东皓宇橡胶有限公司
地址：东营市广饶县大王镇复兴王村
…………Tel：0546-6881588

山东盛海橡胶有限公司
地址：东营市广饶县大王镇周庄村
…………Tel：0546-6881600

山东珠峰橡胶有限公司
地址：广饶县大王经济开发区（青垦路以西，阳河北路以北）（转型升级）
…………Tel：0546-6881600

山东玖盛橡胶有限公司
地址：广饶县大王镇复兴王村
…………Tel：0546-6881653

东营固安达橡胶科技有限公司
地址：山东省东营市广饶县大王镇延集村
…………Tel：0546-6886877

东营兴隆橡胶有限公司
地址：广饶县大王镇田辛村
…………Tel：0546-6887788

山东友悦石化科技有限公司
地址：广饶县大王镇政府驻地
…………Tel：0546-6889025

山东双王橡胶有限公司
地址：广饶县大王镇东张庄村
…………Tel：0546-6891376

山东恒通橡胶机械有限公司
地址：广饶县大王经济开发区（李桥西村）
…………Tel：0546-6891393

东营市冠球橡胶有限责任公司
地址：广饶县大王镇延集村
…………Tel：0546-6891918

东营市鼎星橡胶设备科技有限公司
地址：广饶县大王镇东张庄村
…………Tel：0546-6892281

山东广丰橡胶轮胎交易中心有限公司
地址：山东省东营市广饶县迎宾路335号恒丰大厦A座7楼
…………Tel：0546-6893052

山东恒达橡胶有限公司
地址：广饶县大王经济技术开发区
…………Tel：0546-6893277

山东万邦橡胶有限公司
地址：东营市广饶经济开发区
…………Tel：0546-6893277

山东沃森橡胶有限公司
地址：广饶县大王镇李桥西村
…………Tel：0546-6893527

东营市盛星橡胶有限责任公司
地址：广饶县大王镇东工业区胜利路以东、02号路以北、03号路以南、兴工路以西
…………Tel：0546-6893955

山东金山汽配有限公司
地址：广饶县大王镇新兴开发区
…………Tel：0546-6895980

山东祥泰金正新材料有限公司
地址：广饶县大王镇高卜纸村
…………Tel：0546-6896005

山东优卡特橡胶科技有限公司
地址：东营市广饶县滨海新区滨四路以东，东八路东西段以北
…………Tel：0546-6896678

东营广友橡胶有限公司
地址：东营市广饶县大王镇中李村
…………Tel：0546-6897622

山东国一橡胶有限公司
地址：广饶县大王镇经济技术开发区
…………Tel：0546-6898378

山东一橡橡胶有限公司
地址：广饶县大王镇西李村
…………Tel：0546-6899898

山东亨润德石化有限公司
地址：广饶县李鹊镇工业园区
…………Tel：0546-6916368

山东永盛橡胶集团有限公司
地址：广饶县经济开发区广凯路南侧
…………Tel：0546-6920701

东营泰斯特橡胶轮胎产业技术研究院有限公司
地址：广饶县经济开发区广凯路65号
…………Tel：0546-6925972

东营万通橡胶助剂有限公司
地址：广饶县稻庄镇高湾村
…………Tel：0546-6928183

山东昊龙橡胶轮胎有限公司
地址：广饶县经济技术开发区
…………Tel：0546-6928822

山东康龙橡胶科技有限公司
地址：东营市广饶县广饶经济开发区广瑞路北侧
…………Tel：0546-6928834

中石化新星山东新能源有限公司
地址：山东省东营市河口区庆苑街1号410室
…………Tel：0546-7059768

山东宏宇橡胶有限公司
地址：广饶县稻庄镇西水村
…………Tel：0546-7072010

东营曼迪橡胶科技有限公司
地址：广饶县大王镇冯庄村
…………Tel：0546-7072811

胜利德润能源股份有限公司
地址：东营市东营区东赵经济园区
…………Tel：0546-7077817

东营华宇石油化工股份有限公司
地址：垦利县永安工业园区经三路以南、西纬三路以东
…………Tel：05467083255

东营宏蔚石油化工有限公司
地址：东营市垦利区胜坨镇丰收路27号1幢
…………Tel：0546-7083288

山东隆源橡胶有限公司
地址：东营市利津县经济开发区
…………Tel：0546-7085977

山东海泽石油化工有限公司
地址：山东省东营市开发区府前大街55号A座17楼1701-1712室
…………Tel：0546-7265046

山东胜凯石化有限公司
地址：东营市北二路西首东营西郊工贸发展基地
…………Tel：0546-7277559

山东金开实业集团有限公司
地址：山东河口经济开发区（黄河口高新技术企业创业园）
…………Tel：0546-77127789

东营润博石油化工有限公司
地址：东营市河口区中海工业园六合工业区（渤三路东首路北）
…………Tel：0546-7717008

山东省广饶县东源橡胶厂
地址：稻庄镇西水村
…………Tel：0546-7723522

东营瑞腾石油化工有限公司
地址：广饶滨海新区滨六路以西、东八路（东西段）以北
…………Tel：0546-7727770

东营瑞升橡胶有限公司
地址：广饶县大王镇李桥西村(转型升级)
…………Tel：0546-7728881

东营市盛源橡胶有限责任公司
地址：广饶县稻庄镇高湾村
…………Tel：0546-7729302

东营港华石油化工有限公司
地址：山东东营东营港经济开发区港西三路以西、港城路以北
…………Tel：0546-7733271

东营邦金石油化工有限责任公司
地址：东营市垦利区永安镇东兴村南二公里处
…………Tel：05467736555

东营泰舜石油化工有限公司
地址：山东省东营市东营区黄河路430-1号
…………Tel：0546-7757108

东营万兴石化仓储有限公司
地址：利津县陈庄工业园
…………Tel：0546-7766101

东营市华颖石化机械有限责任公司
地址：山东省东营市东营区黄河路839号1幢309
…………Tel：0546-7766679

山东华辰生态环保有限公司
地址：山东省东营市东营区北一路75号8幢217室
…………Tel：0546-7772805

东营宝莫石油天然气勘探开发有限公司
地址：山东省东营市东营区西四路892号
…………Tel：0546-7775226

胜利油田胜利资产调剂租赁有限责任公司
地址：东营市东营区西四路715号
…………Tel：0546-7783065

山东东润清洁能源有限公司
地址：东营港经济开发区海滨路南、港西一路东
…………Tel：0546-7790117

山东纳英橡胶有限公司
地址：山东省东营市稻庄镇东水工业园
…………Tel：0546-7792052

和达（山东）橡胶科技有限公司
地址：山东省东营市广饶县广饶经济开发区广瑞路12号
…………Tel：0546-7792515

广饶县晨旭橡胶有限公司
地址：山东省东营市广饶县稻庄镇政府驻地
…………Tel：0546-7792515

东营市展高橡胶有限公司
地址：山东省东营市广饶县稻庄镇政府驻地
…………Tel：0546-7792515

广饶建信橡胶有限公司
地址：山东省东营市广饶县滨海新区东八路南侧
…………Tel：0546-7797828

山东正顺车轮有限公司
地址：广饶县稻庄西水工业园
…………Tel：0546-7797968

山东宏盛橡胶有限公司
地址：广饶县大王镇东张庄村
…………Tel：0546-7799622

路博橡胶科技有限公司
地址：山东省东营市广饶县稻庄镇西水工业园
…………Tel：0546-7799622

山东路博橡胶有限公司
地址：广饶县大王镇橡胶工业园青垦路262号
…………Tel：0546-7799622

山东宏盛橡胶科技有限公司
地址：广饶县大王镇兴工路以西、胜利路以东
…………Tel：0546-7799627

山东华盛橡胶有限公司
地址：广饶县稻庄镇政府驻地
…………Tel：0546-7799628

东营市广饶县宏伟橡胶厂
地址：大王镇东张庄
…………Tel：0546-7799628

山东齐轮橡胶有限公司
地址：东营市广饶县大王镇橡胶工业园青垦路262号
…………Tel：0546-7799668

山东海倍德橡胶有限公司
地址：广饶县大王镇橡胶工业园青垦路262号
…………Tel：0546-7799668

东营市宏润橡胶有限公司
地址：山东省东营市广饶县大王镇东张庄村
…………Tel：0546-7799678

东营市英派橡胶轮胎进出口有限公司
地址：东营市广饶县稻庄镇政府驻地
…………Tel：0546-7799777

胜利油田鲁明油气勘探开发有限公司
地址：山东省东营市东营区济南路57号
…………Tel：0546-7888991

山东兴强化工产业技术研究院有限公司
地址：东营市东营港经济开发区港城路25-1号万达海港城
…………Tel：0546-8019573

东营胜宏地产开发投资有限公司
地址：东营市东营区东三路186号
…………Tel：0546-8063878

山东汇邦渤海农业开发有限公司
地址：东营区东三路111号6幢602室（众成都市中心）
…………Tel：0546-8087001

山东耐福斯石化科技有限公司
地址：山东省滨州市无棣县棣州大街67号
…………Tel：0546-8091606

东营柯杰石油化工有限公司
地址：山东省东营市东营区香山路829号
…………Tel：0546-8162288

山东东营弗特石油化工有限公司
地址：山东省东营市开发区府前大街55号金融港B楼17层17027室
…………Tel：0546-8191901

国网胜利（东营）供电有限公司
地址：山东省东营市开发区府前大街61-3号众成大厦610室
…………Tel：0546-8192050

东营市恒胜石化机械有限责任公司
地址：东营区北二路与张屋路交界北400米
…………Tel：0546-8210663

山东鑫瑞安装工程有限公司
地址：山东省东营市东营区胜利工业园八号路以北、十九号路以西
…………Tel：0546-8258277

山东神驰石化有限公司
地址：东营市东营港经济开发区港北三

路南、港西二路西
…………Tel：0546-8286899
山东万通石油化工集团有限公司
地址：东营区郝纯路
…………Tel：0546-8288666
山东龙源石油化工有限责任公司
地址：东营区史口镇政府北邻
…………Tel：0546-8288966
东营市金石国有资本投资集团有限公司
地址：东营市东营区东三路237号
…………Tel：0546-8306906
山东贝瑞石油化工有限公司
地址：山东省东营市东营区府前大街53号悦来广场1幢1203-5室
…………Tel：0546-8370008
中海外石油化工有限公司
地址：东营市垦利区胜兴路1118号
…………Tel：05468505588
中国石化胜利油田天然气销售有限公司
地址：东营市西四路633号
…………Tel：0546-8512160
山东德丰石油装备有限公司
地址：东营区西四路909号
…………Tel：0546-8526856
中国石化集团胜利石油管理局有限公司广播电视中心
地址：山东省东营市东营区影视街12号
…………Tel：0546-8550659
中石化胜利海上石油工程技术检验有限公司
地址：山东省东营市东营区淄博路50号
…………Tel：0546-8551792
中石化胜利建设工程有限公司
地址：山东省东营市东营区北二路222号
…………Tel：0546-8552462
中石化石油工程设计有限公司
地址：山东省东营市东营区济南路49号
…………Tel：0546-8552563
中石化胜利油建工程有限公司
地址：东营市东营区西四路324号
…………Tel：0546-8552830
中国石化集团胜利石油管理局有限公司
地址：东营市东营区济南路125号
…………Tel：0546-8555313
中石化胜利石油工程有限公司
地址：山东省东营市东营区济南路125号
…………Tel：0546-8555613
胜利油田金色河口石化工程有限公司
地址：山东省东营市河口区金河路4号1幢
…………Tel：0546-8572637
胜利国电（东营）热电有限公司
地址：东营市东营区南二路207号
…………Tel：0546-8593070
中国石化集团胜利石油管理局有限公司胜南管理中心
地址：山东省东营市东营区西三路929号
…………Tel：0546-8613377
德仕能源科技集团股份有限公司
地址：东营区胜利工业园
…………Tel：0546-8617288
胜利油田长龙石油新技术开发有限责任公司
地址：东营市东营区北一路83号
…………Tel：0546-8635377
中国石化集团胜利石油管理局有限公司河口社会化服务协调中心
地址：山东省东营市河口区黄河路146号
…………Tel：0546-8665799
胜利油田东胜精攻石油开发集团股份有限公司
地址：东营市东营区西四路260号
…………Tel：0546-8687569
中国石化集团胜利石油管理局有限公司西城社会化服务协调中心
地址：山东省东营市东营区济南路120号
…………Tel：0546-8712032
东营市中信同创石油科技有限公司
地址：山东省东营市东营区西四路826-1号
…………Tel：05468718600
中国石化集团胜利石油管理局有限公司垦利社会化服务协调中心
地址：东营市东营区地质巷9号
…………Tel：0546-8721559
中国石化集团胜利石油管理局有限公司东城社会化服务协调中心
地址：东营市东营区东二路169号
…………Tel：0546-8733966
胜利油田龙玺石油工程服务有限责任公司
地址：东营市经济开发区胜利工业园
…………Tel：0546-8739198
胜利油田集兴石化安装有限公司
地址：东营市东营区菏泽路195号
…………Tel：0546-8773027
山东胜利水务有限责任公司
地址：山东省东营市东营区北二路37号
…………Tel：0546-8776271
东营普润石油化工有限公司
地址：东营区牛庄镇小宋村东
…………Tel：0546-8777309
胜利油田牛庄石油开发有限责任公司
地址：东营市东营区牛庄镇
…………Tel：0546-8779857
东营海相油气技术有限公司
地址：东营区济南路20号
…………Tel：0546-8791896
胜利油田石油开发中心有限公司
地址：东营市西四路633号（胜建大厦21层）
…………Tel：0546-8794629
胜利油田石油开发中心胜丰有限公司
地址：北镇办事处黄河一路535号
…………Tel：0546-8794629
胜利油田石油开发中心胜兴有限公司
地址：博兴县吕艺镇（原经贸委办公楼8号房间）
…………Tel：0546-8794629
中国石化集团胜利石油管理局有限公司车辆管理中心
地址：山东省东营市东营区北二路995号
…………Tel：0546-8797303
山东胜利地球物理有限公司
地址：山东省东营市东营区牛庄镇镇前街173号
…………Tel：0546-8851308
中海石油炼化山东有限责任公司
地址：东营市东营港经济开发区港东六路西、港北一路北
…………Tel：0546-8875625
胜利油田中胜国际石油化工集团有限公司
地址：东营开发区一类工业园徐州路东、北一路南
…………Tel：0546-8875968
胜利油田奥凯龙石油工程有限公司
地址：东营区辽河路36号
…………Tel：0546-8956613
淄博亿海橡胶有限公司
地址：临淄区南王镇建设路29号
…………Tel：0599-6299895
华岳集团有限公司
地址：山东省威海市经济技术开发区国泰路-13-6号（自主申报）
…………Tel：0631-3687789
山东腾森橡胶轮胎有限公司
地址：山东省威海临港经济技术开发区江苏路南
…………Tel：0631-3856652
腾森橡胶轮胎（威海）有限公司
地址：威海经济技术开发区腾森路1号
…………Tel：0631-3856652
威海三方橡胶机械有限公司
地址：威海市温泉镇冶口村东
…………Tel：0631-5225259
山东港口威海港有限公司
地址：山东省威海经济技术开发区海埠路-288-4号
…………Tel：0631-5236799
山东鑫彦石油化工有限公司
地址：威海市世昌大道307-1号1105室
…………Tel：0631-5251217
威海橡胶化工进出口有限公司
地址：威海市伴月山庄15号
…………Tel：0631-5262198
金猴国际控股有限公司
地址：威海市高区世昌大道-358-7号
…………Tel：0631-5289860
威海光威聚氨酯橡胶制品有限公司
地址：威海市天津路-192号
…………Tel：0631-5298568
科人实业发展有限公司
地址：山东省威海市经区皇冠街道海滨南路-55号1316号（嘉和国际大厦）
…………Tel：0631-5338601
威海国际物流园股份有限公司
地址：威海临港经济技术开发区福州路11号
…………Tel：0631-5589801
威海中威橡胶有限公司
地址：威海市世昌大道345号
…………Tel：0631-5660118
威海威洋石油有限公司
地址：山东省威海市经济技术开发区海埠村
…………Tel：0631-5901550
威海大庆特种材料制品有限公司
地址：威海市经济技术开发区海埠路19号金海工业园
…………Tel：0631-5967098
威海红泓橡胶有限公司
地址：威海经技区青岛中路-83号
…………Tel：0631-5998508
威海丰泰新材料科技股份有限公司
地址：荣成市龙雨路
…………Tel：0631-7313660
荣成腾飞橡胶科技股份有限公司
地址：荣成市荷田东路
…………Tel：0631-7506369
荣成市新创橡胶制品有限公司
地址：荣成市荣盛路北
…………Tel：0631-7552928
山东通泰橡胶股份有限公司
地址：荣成市黎明南路88号
…………Tel：0631-7555607
威海康耐斯通能源科技有限公司
地址：荣成市葭子镇耩上姚家村
…………Tel：0631-7556899
荣成市华诚橡胶有限公司
地址：荣成市俚岛镇驻地
…………Tel：0631-7660666
荣成市荣利阀门有限公司
地址：荣成市俚岛路733号
…………Tel：0631-7661151
威海荣华胶带股份有限公司
地址：荣成市大疃镇小泥沟村
…………Tel：0631-7772988
威海市润通橡胶有限公司
地址：山东省威海市文登经济开发区宁波路23号
…………Tel：0631-8252475
润通橡胶有限公司
地址：山东省威海市文登经济开发区宁波路23号
…………Tel：0631-8252475
威海泰森橡胶有限公司
地址：山东省威海临港经济技术开发区黄岚办事处人民路6-11号
…………Tel：0631-8253877
威海市丰登农业发展有限公司
地址：山东省威海市文登区天福办世纪大道84号
…………Tel：0631-8452578
威海盛煌橡胶工业股份有限公司
地址：山东省威海市文登区汇港路29号
…………Tel：0631-8850319
鲁化好阳光生态肥业有限公司
地址：滕州市木石镇镇政府院内
…………Tel：0632-2363113
新能凤凰（滕州）能源有限公司
地址：滕州市木石镇（驻地）
…………Tel：0632-2366230
兖矿鲁南化肥厂
地址：滕州市木石镇
…………Tel：0632-2368360
枣庄银行股份有限公司
地址：山东省枣庄市薛城区光明大道1666号
…………Tel：0632-3096007
枣庄微湖橡胶有限公司
地址：市中区枣庄经济开发区长江路21-1号
…………Tel：0632-3131277
枣庄嘉瑞橡胶有限公司
地址：市中区（枣庄）经济开发区长江路3号
…………Tel：0632-3136066
山东新安泰橡胶股份有限公司
地址：枣庄市市中区解放南路219号
…………Tel：0632-3279615
枣庄崮山橡胶股份有限公司
地址：市中区西王庄乡前小湾柏桃岭
…………Tel：0632-3713972
枣庄众泰橡胶有限公司
地址：枣庄市市中区工业园
…………Tel：0632-3759203
山东大工橡胶股份有限公司
地址：枣庄市市中区枣庄经济开发区长江四路北侧
…………Tel：0632-3880685
枣庄矿业（集团）有限责任公司
地址：山东省枣庄市薛城区泰山南路
…………Tel：0632-4083254
山东潍焦集团薛城能源有限公司
地址：枣庄市薛城区临泉路68号
…………Tel：0632-4412476
山东联迪建设集团有限公司
地址：滕州市高铁站南侧联迪商务中心
…………Tel：0632-5593299
爱拉森医用品有限公司
地址：滕州经济开发区祥源南路
…………Tel：0632-5898188
滕州赛阳橡胶工业有限公司
地址：滕州经济开发区
…………Tel：0632-5977958
滕州市富源橡胶制品有限公司
地址：滕州经济开发区金滕大道北侧
…………Tel：0632-5990906
汉诺联合集团有限公司
地址：山亭区北京路397号
…………Tel：0632-8028655
山东中农研创生物科技有限公司
地址：山东省枣庄市山亭工业集聚区
…………Tel：0632-8028880
山东佳程橡胶工业有限公司
地址：市中区经济开发区西昌路8号
…………Tel：0632-8076111
八亿橡胶有限责任公司
地址：枣庄高新产业技术开发区天安一路1529号
…………Tel：0632-8182022
山东亿和橡胶输送带有限公司
地址：枣庄高新技术产业开发区天安一路
…………Tel：0632-8182184
枣庄盛田汽车贸易有限公司
地址：市中区光明路街道田屯村驻地
…………Tel：0632-8887155
日照兴华石油化工有限公司
地址：山东省日照市岚山区新天地阿掖山大厦1207-3室
…………Tel：0633-2180262
山东鲁耀石油化工有限公司
地址：山东省日照市东港区黄海一路南北京路东252号蓝天世贸大厦23层
…………Tel：06332195158
山东兖煤日照港储配煤有限公司
地址：日照市黄海一路86号
…………Tel：0633-2207827
山东迪孚石油化工有限公司
地址：山东省日照市东港区海曲东路与绿舟路交汇处日照国际财富中心36层
…………Tel：0633-2214456
山东浦盛石油化工有限公司
地址：日照市岚山区碑廓镇大湖村
…………Tel：0633-2233509
日照滨海石油化工有限公司
地址：山东省日照市岚山区佛手湾
…………Tel：0633-2236005
山东圣翔腾石油化工有限公司
地址：山东省潍坊市诸城市百尺河镇管家朱村南首
…………Tel：06332297071
山东栋青石油化工有限公司
地址：山东省日照市东港区石臼街道黄海一路北、海滨六路西001号楼451号
…………Tel：0633-2297071
山东辽能石化有限公司
地址：山东省日照市东港区北京路东蓝天世贸大厦1802室
…………Tel：0633-2297071
山东泽臻石油化工有限公司
地址：山东省日照市东港区北京路东蓝天世贸大厦1802室
…………Tel：0633-2297071
山东达仁勇石化有限公司
地址：山东省日照市东港区北京路东蓝天世贸大厦1802室
…………Tel：0633-2297167
日照市新岚山能源有限公司
地址：山东省日照市岚山区安东卫街道岚山中路169号
…………Tel：0633-2611366
山东岚山孚宝仓储有限公司
地址：山东省日照市岚山区岚山头街道
…………Tel：0633-2638086
山东省岚桥石化有限公司
地址：山东省日照市岚山区虎山镇潘家村西首
…………Tel：0633-2660128
日照岚桥石油化工有限责任公司
地址：山东省日照市岚山区岚山头街道童海路北首
…………Tel：0633-2660958
山东日照焦电国际贸易有限公司
地址：日照市岚山区安东卫街道辛庄子村
…………Tel：0633-2686128
中海外能源科技（山东）有限公司
地址：日照市岚山区虎山镇西潘村北侧沿海路西侧
…………Tel：0633-2953923
山东石大科技石化油品销售有限公司
地址：日照市岚山港北工业区
…………Tel：0633-2953923
山东素米石油化工有限公司
地址：山东省日照市东港区潍坊路126号富阳小区沿街D段
…………Tel：0633-2971911
中燊石油化工有限公司
地址：山东省日照高新区昭阳路北侧大香店村第二生活区南沿街
…………Tel：0633-2971911
日照旭升石化股份有限公司
地址：山东省日照市岚山区虎山镇化工园区大道3号
…………Tel：0633-2988899
山东一步集团有限公司
地址：山东省日照市东港区海滨二路东侧005幢101号
…………Tel：0633-3637222
日照润通石化有限公司
地址：日照市迎宾路149号四楼
…………Tel：0633-3688801
青岛鲁尔实业有限公司
地址：青岛市市南区香港中路8号乙2号楼3204
…………Tel：0633-388856
日照威奕汽车有限公司
地址：山东省日照市天津路99号508室
…………Tel：0633-5970633
五莲县龙驰橡胶有限公司
地址：山东省日照市五莲县高泽镇七宝

山驻地
……Tel：0633-6151111

五莲县森龙橡胶有限公司
地址：日照市五莲县高泽镇七宝山驻地
……Tel：0633-6151111

五莲县宝龙橡胶有限公司
地址：山东省日照市五莲县高泽七宝山驻地
……Tel：0633-6151111

山东永飞国际贸易有限公司
地址：山东省日照市莒县刘官庄镇李楼社区李家念头村
……Tel：0633-6163002

山东海右石化集团有限公司
地址：山东省日照市莒县夏庄镇工业园
……Tel：0633-6165800

日照市新岚山资产管理有限公司
地址：山东省日照市岚山区安东卫街道岚山中路169号
……Tel：0633-6197009

日照新光橡胶有限公司
地址：山东省日照市岚山区中楼镇马亓河西村
……Tel：0633-6432105

日照市正大三元橡胶有限公司
地址：山东省日照市岚山区中楼镇马亓河东村
……Tel：0633-6432178

日照盛泰橡胶有限公司
地址：山东省日照市岚山区中楼镇工业园（马亓河西村）
……Tel：0633-6432600

日照厚荣橡胶有限公司
地址：山东省日照市岚山区中楼镇上涧村
……Tel：0633-6436669

日照天泰橡胶有限公司
地址：山东省日照市岚山中楼镇中鹏路汽车零部件产业园
……Tel：0633-6488222

日照金宏泰橡胶有限公司
地址：山东省日照市岚山中楼镇橡胶工业园中兴路8号
……Tel：0633-6488985

山东东盛橡胶科技股份有限公司
地址：山东省日照市莒县浮来山工业园（后石灰窑村）
……Tel：0633-6621599

日照万华生化科技有限公司
地址：山东省日照市莒县夏庄镇海佑经济开发区临港路与通达路交汇处
……Tel：0633-6850999

日照储元实业集团有限公司
地址：莒县振兴路东首
……Tel：0633-6880888

山东荣德石油化工有限公司
地址：山东省日照市东港区黄海一路南北京路东252号蓝天世贸大厦23层
……Tel：0633-7266001

中石油山东输油有限公司
地址：山东省东明县黄河路27号
……Tel：0633-7385780

日照港大华和沣石油化工码头有限公司
地址：山东省日照市岚山区沿海公路南首
……Tel：0633-7385987

莒县通达物流股份有限公司
地址：山东省日照市莒县山东路555号
……Tel：0633-7775006

日照金贸资产管理有限公司
地址：山东省日照市东港区石臼街道海曲东路396号日照国际财富中心57层
……Tel：063-37893022

日照谷田石化有限公司
地址：山东省日照市东港区山海路388号清大华创科技大厦六楼
……Tel：0633-7897116

日照中油长运渤海石油化工有限公司
地址：山东省日照市东港区山海路388号清大华创科技大厦六楼
……Tel：0633-7897117

中商华晟能源发展有限公司
地址：山东省日照市东港区海曲路与绿洲路交汇处兴业喜来登广场6号
……Tel：0633-7966922

山东华油高捷石油化工有限公司
地址：山东省日照市经济开发区北京路377号临港大厦8层829室
……Tel：0633-8012567

山东百洲石化有限公司
地址：山东省日照市东港迎宾路北、临沂路西（华地丽舍）001幢01单元01-303
……Tel：0633-8012567

阳煤华信（山东）国际贸易有限公司
地址：日照市经济技术开发区银川路东香港路北006幢101号
……Tel：0633-8076308

山东万企合石油化工有限公司
地址：山东省日照市东港区黄海三路北火车站广场东金湾国贸大厦001幢01单元1508号
……Tel：0633-8190005

华东蓝海石油化工集团有限公司
地址：日照市迎宾路149号
……Tel：0633-8222586

日照岚海石化有限公司
地址：日照市岚山区岚山头街道岚山港区东侧
……Tel：0633-8222586

日照源丰油品有限公司
地址：山东省日照市海滨五路南首
……Tel：0633-8255911

山东鲁齐石油化工运销有限公司
地址：山东省日照市日照港
……Tel：0633-8256033

山东蓝鳌电器科技有限公司
地址：山东省日照市五莲县潮河镇驻地
……Tel：0633-8337766

山西晋煤集团晋瑞能源有限责任公司
地址：山东省日照市经济开发区北京路277号航贸中心01幢02单元805号房
……Tel：0633-8338178

日照伟俊国际贸易有限公司
地址：日照市东港石臼黄海一路35#（市口岸办家属楼3幢001号）
……Tel：0633-8391728

中煤能源山东有限公司
地址：日照市天津路135号
……Tel：0633-8396826

日照薇澄石油化工有限公司
地址：山东省日照山海天旅游度假区太公岛一路北董家滩社区商业沿街3号楼601室
……Tel：0633-8700099

日照市博景石油化工有限公司
地址：山东省日照市东港区日照街道迎宾路1号南方家园1号楼5楼1室
……Tel：0633-8806159

山东善本供应链管理有限公司
地址：山东省青岛市黄岛区长白山路888号九鼎峰大厦202-M室
……Tel：0633-8810669

山东金九塑胶工业有限公司
地址：山东省济南市钢城区颜庄街道疃里村村北
……Tel：0634-5656777

莱芜熙泰阳光能源科技有限公司
地址：钢城区颜庄镇黄花店村村西
……Tel：0634-6465077

济南市莱芜福泉橡胶有限公司
地址：山东省济南市莱芜区口镇慧通东路15号
……Tel：0634-8867109

莱芜市兴泉橡胶有限公司
地址：莱城工业区汇金路东首
……Tel：0634-8867109

山东嘉隆石油专用管制造有限公司
地址：聊城嘉明经济开发区
……Tel：0635-2185088

山东世粮粮油有限公司
地址：山东省聊城市临清市临博路西首（戴湾镇温庄西村）
……Tel：0635-2423666

山东临清农村商业银行股份有限公司
地址：山东省临清市文化路6号
……Tel：0635-2425828

茌平华鲁橡胶制品有限公司
地址：茌平县城中心街
……Tel：0635-2985199

山东聊城鲁西化工第二化肥有限公司
地址：东阿县城阿胶街96号
……Tel：0635-3481178

东阿鲁西水务股份有限公司
地址：东阿县阿胶街96号
……Tel：0635-3481208

鲁西工业装备有限公司
地址：聊城市高新技术产业开发区化工产业园内鲁西集团驻地
……Tel：0635-3481620

高唐县物资能源储运有限公司
地址：山东省聊城市高唐县琉璃寺镇安埠屯村中段路南
……Tel：0635-3751898

聊城市万和橡胶轮胎有限公司
地址：聊城市双力路香江二期服装城1号
……Tel：0635-3997778

信发集团铁路物流有限公司
地址：山东省聊城市茌平县信发街道顺河北街747号
……Tel：0635-4258077

聊城鑫佳实业有限公司
地址：聊城市东昌府区凤凰工业园内
……Tel：0635-5085606

山东冠力橡胶有限公司
地址：冠县崇文街道办事处苗圃东邻
……Tel：0635-5432888

山东阳谷农村商业银行股份有限公司
地址：阳谷县谷山北路64号
……Tel：0635-6261038

山东阳谷狮子楼橡胶有限公司
地址：山东省聊城市阳谷县闫楼镇赵海村
……Tel：0635-6263348

山东聊城鲁西化工第五化肥有限公司
地址：阳谷运河西路421号
……Tel：0635-6323103

山东景阳岗橡胶总厂
地址：阳谷县城育才街1号
……Tel：0635-6361365

山东华瑞橡胶管业有限公司
地址：山东省聊城市阳谷县侨润办事处祥光经济开发区长江路以西，B二路以南
……Tel：0635-6385998

山东东明石化集团聊城胜信能源有限公司
地址：山东省聊城市高新技术产业开发区庐山路5号（高新科技城11号楼）
……Tel：0635-7072997

山东鑫丰种业股份有限公司
地址：莘县工业园区中路东首(汽车站北2.5公里路西)
……Tel：0635-7110666

聊城卓恒仓储物流有限公司
地址：聊城市东昌府区新南环路166号院内办公楼103室
……Tel：0635-7120077

聊城一键达仓储物流有限公司
地址：聊城市东昌府区凤凰工业园新南环路166号院内办公楼一楼102室
……Tel：0635-7120077

山东聊城鲁西化工第一化肥有限公司
地址：聊城市鲁化路68号
……Tel：0635-8334527

山东聊城鲁西化工第四化肥有限公司
地址：聊城市光狱路中段
……Tel：0635-8528245

河南省

中央储备粮宁陵直属库有限公司
地址：宁陵县柳河镇道南
……Tel：0370-3072590

河南齐林橡胶科技有限公司
地址：商丘市示范区方域路与京九西路交叉口西北角
……Tel：0370-3539879

中央储备粮商丘直属库有限公司
地址：商丘市梁园区谢集镇
……Tel：0370-3601521

史丹利化肥宁陵有限公司
地址：宁陵县产业集聚区工业大道与黄河路交叉口
……Tel：0370-5026555

永城市恒源橡胶制品有限公司
地址：永城市永煤集团热电厂院内
……Tel：0370-5193137

河南龙宇国际贸易有限公司
地址：永城市产业集聚区（芒山南路西）
……Tel：0370-5194550

嘉施利（宁陵）化肥有限公司
地址：宁陵县工业园区黄河路东侧
……Tel：0370-7772951

河南晋开化工投资控股集团有限责任公司
地址：开封市祥符区新城路1号
……Tel：0371-22210025

尉氏县中原橡胶有限公司
地址：尉氏县产业集聚区福园路6号
……Tel：0371-22510109

河南绿色快车橡塑制品有限公司
地址：开封市魏都路与11大街西北角开封市川页机械有限公司院内1号厂房
……Tel：0371-22771688

开封市镭克科技有限公司
地址：开封市金明区西郊乡三间房村
……Tel：0371-22952265

开封永龙橡胶有限公司
地址：开封市开发区周天路
……Tel：0371-23836601

开封铁塔橡胶胶带有限公司
地址：开封市新区周天路109号院内
……Tel：0371-23970299

开封铁塔矿业橡胶有限公司
地址：开封市西环城路37号
……Tel：0371-23977888

开封铁塔橡胶（集团）有限公司
地址：开封新区周天路109号
……Tel：0371-23978311

尉氏县众工橡胶制品有限公司
地址：尉氏县永兴镇三柳村
……Tel：0371-27287777

开封三龙橡胶有限公司
地址：尉氏县大营工业园区
……Tel：0371-27368888

开封市宏利橡胶有限公司
地址：尉氏县大营乡开发区
……Tel：0371-27369688

开封恒达橡胶有限公司
地址：尉氏县大桥乡周庄村
……Tel：0371-2756828

尉氏县双龙橡胶制品有限公司
地址：尉氏县大马乡双岭岗村
……Tel：0371-27917777

开封市兴龙橡胶制品有限公司
地址：尉氏县大桥乡老鸭刘村
……Tel：0371-27982082

尉氏县飞达橡胶制品有限公司
地址：尉氏县建设路南段
……Tel：0371-27990608

河南蒲源建设集团有限公司
地址：河南自贸试验区郑州片区（经开）航海东路1346号国安经贸大厦B座10层1001号
……Tel：0371-53370000

河南亚立石油化工有限公司
地址：郑州市金水路99号建达大厦5楼
……Tel：0371-55151500

郑州中策橡胶贸易有限公司
地址：郑州经济技术开发区航海东路1394号3幢7层703号
……Tel：0371-55329392

郑州东方富邦石油钢铁有限公司
地址：郑州高新开发区玉兰街55号
……Tel：0371-55695571

郑州航空港区兴瑞实业集团有限公司
地址：郑州航空港区兴瑞汇金国际A2楼6层601
……Tel：0371-55987201

河南星联供应链管理有限公司
地址：河南省新乡市平原示范区滨湖大道9号市民之家一楼D区151房间
……Tel：0371-55990235

中部金属物流有限公司
地址：郑州经济技术开发区经北四路126号
……Tel：0371-56500567

中农万嘉鲜实业发展股份有限公司
地址：河南自贸试验区郑州片区（郑东）东风南路东、金水东路北绿地新都会9号楼2606、2607号
……Tel：0371-56533996

郑州航空港兴港供应链管理有限公司
地址：郑州航空港经济综合实验区新港大道与舜英路交叉口兴瑞大宗商品供应链产业园GB号楼1204-2
……Tel：0371-56567339

河南盛港物流发展有限公司
地址：河南省郑州市航空港区新郑国际机场T1航站楼
……Tel：0371-56567608

河南瑞马工程技术有限公司
地址：郑州高新技术产业开发区国槐街8号1幢A单元18层73号
……Tel：0371-56587329

河南恒创实业有限公司
地址：郑州市郑东新区商务外环路西、九如东路南1幢6层9号
……Tel：0371-56658738

河南鑫联通达轮胎橡胶有限公司
地址：郑州经济技术开发区国际物流园区龙腾街以东、菊芳路以南、龙飞街以西、环区南路以北园区院内1号楼西201号
……Tel：0371-56677620

河南中港石油有限公司
地址：郑州市管城回族区石化路魏庄东里2号
……Tel：0371-56722969

河南森源生态农业有限公司
地址：长葛市魏武路南段西侧
……Tel：0371-56806256

河南中之银农业科技有限公司
地址：郑州市郑东新区明理路与尚贤街交叉口利丰国际大厦13楼1301室
……Tel：0371-56826200

山东东明石化集团河南销售有限公司
地址：河南自贸试验区郑州片区（郑东）商都路100号1号楼2单元19层1913号
……Tel：0371-58558510

中部石油化工有限公司
地址：郑州市郑东新区金水东路88号2号楼1单元19层1906号
……Tel：0371-60195678

中石化华北石油工程有限公司
地址：郑州市中原区陇海西路199号4层
……Tel：0371-60197600

中石化河南石油工程有限公司
地址：郑州市郑东新区正光北街21号1-12层1号
……Tel：0371-60197677

郑州未来集团有限公司
地址：郑州市郑东新区商务内环路26号楼1层01号
……Tel：0371-60230502

中国石化集团河南石油总公司
地址：郑州市郑东新区正光路16号
……Tel：0371-60689600

郑州中石化油品经营有限责任公司
地址：河南自贸试验区郑州片区（郑东）正光路16号
……Tel：0371-60689600

河南亿和实业有限公司
地址：郑州市郑东新区文苑路北后贾东街西安和小区6号楼1单元14层1401号
………………Tel：0371-60979211

郑州新发展供应链管理有限公司
地址：郑州航空港经济综合实验区新港大道东侧、淌美路南侧兴瑞大宗商品产业园G-D号6层610
………………Tel：0371-60986059

河南铁建投物资股份有限公司
地址：郑州市航空港区新港大道与舜英路交叉口大宗商品产业园2号楼4楼
………………Tel：0371-60989690

河南豫资国储实业有限公司
地址：河南自贸试验区开封片区郑开大道296号自贸大厦A座906室
………………Tel：0371-61758591

河南能源化工集团供应链有限公司
地址：郑州市郑东新区商鼎路东风南路交叉口西北角龙宇国际写字楼23层2307号
………………Tel：0371-61770575

河南久龙橡胶有限公司
地址：河南自贸试验区郑州片区（郑东）商务外环路29号26层2601号
………………Tel：0371-62682222

登封市蓝天石化光伏电力装备有限公司
地址：登封市君召乡大滹沱村
………………Tel：0371-62775258

国投康菲控股有限公司
地址：郑州市郑东新区商务外环路5号6层602室
………………Tel：0371-63318785

国投康菲控股有限公司
地址：郑州市郑东新区商务外环路5号6层602室
………………Tel：0371-63318785

郑州稳恩佳力佳石油化工设备有限公司
地址：郑州市二七区马寨镇工业园区先锋路18号
………………Tel：0371-63363928

河南绿凯源农业综合开发有限公司
地址：郑州市中原区嵩山北路298号5号楼东2单元2层西户
………………Tel：0371-64089868

河南潜坤石油化工有限公司
地址：驻马店市开源路与金山路交叉口西南角写字楼14层02室
………………Tel：0371-65311181

河南省金昌石化建设有限公司
地址：郑州市金水区经三北路32号财富广场1幢1单元22层西南户
………………Tel：037165336239

河南糯神生态酒粮产业有限公司
地址：郑州市郑东新区农业东路96号2号楼7层36号
………………Tel：0371-65356087

河南糯神生态酒粮产业有限公司
地址：郑州市郑东新区农业东路96号2号楼7层36号
………………Tel：0371-65356087

河南能源化工集团采购有限公司
地址：郑州市郑东新区商鼎路东风南路交叉口西北角龙宇国际写字楼23层2307号
………………Tel：0371-65616539

郑州宏鑫橡胶制品有限公司
地址：河南省郑州市金水区民航路15号企业壹号16层1603号
………………Tel：0371-65689955

中石化河南油建工程有限公司
地址：郑州市郑东新区商都路53号佳田国际广场22层01号
………………Tel：0371-65893369

河南烟草投资管理有限公司
地址：河南省郑州市金水区政七街7号办公楼
………………Tel：0371-65959408

河南省经济技术协作实业集团有限公司
地址：郑州市金水区政三街2号楼371室
………………Tel：0371-66288869

河南明珠电力销售有限公司
地址：郑州市金水区人民路6号
………………Tel：0371-66289820

河南领创置业有限公司
地址：郑州市中原区冉屯南街南、化肥东路东天誉华庭10号楼106号
………………Tel：0371-66686919

郑州兰博尔科技有限公司
地址：郑州市城东南路五十七号
………………Tel：0371-66823168

标准石化股份有限公司
地址：郑州市管城区南曹乡尚庄168号
………………Tel：0371-66871218

河南中石油力源石化天然气有限公司
地址：河南自贸试验区郑州片区（郑东）福禄街108号17层05号
………………Tel：0371-67116067

郑州澳德橡胶工业有限公司
地址：郑州高新区化工路中段
………………Tel：0371-6757001

郑州安泰橡胶有限公司
地址：郑州市二七区马寨镇张寨工业开发区
………………Tel：0371-67591718

河南金山控股股份有限公司
地址：郑州市郑东新区商务外环路10号31层
………………Tel：0371-68080068

郑州粮食批发市场有限公司
地址：郑州市郑东新区商务内环路26号楼1层01号
………………Tel：0371-68107879

河南中原铁道投资管理集团有限公司
地址：郑州市保全街49号
………………Tel：0371-68323373

郑州铁路经济开发集团有限公司
地址：郑州市二七区西中和路6号
………………Tel：0371-68350435

中国石化集团华北石油局有限公司
地址：郑州市伏牛路南段
………………Tel：0371-68689220

郑州天源橡胶有限公司
地址：郑州市上街区科学大道1107号
………………Tel：0371-68966888

河南中州石油运营管理有限公司
地址：范县产业集聚区新区产业园金堤大道与东环路交叉口西北角
………………Tel：0371-69070003

河南百丰农业发展有限公司
地址：新郑市辛店镇南靳楼村
………………Tel：0371-85019696

郑州江岸石化销售有限公司
地址：河南自贸试验区郑州片区（经开）航海东路与四港联动大道交叉口西南角
………………Tel：0371-85511513

巩义市裕新橡胶制品有限公司
地址：巩义市新中镇温堂村
………………Tel：0371-85619088

河南风轮橡胶科技有限公司
地址：巩义市新中镇温堂村
………………Tel：0371-85619088

河南能源化工集团销售有限公司
地址：郑州市郑东新区商鼎路东风南路交叉口西北角龙宇国际写字楼23层2307号
………………Tel：0371-86121060

河南能源化工国际贸易集团有限公司
地址：郑州市郑东新区商鼎路东风南路交叉口西北角龙宇国际写字楼23层2307号
………………Tel：0371-86121070

万众石化有限公司
地址：河南自贸试验区郑州片区（郑东）中兴南路康宁街万众大厦1601号
………………Tel：0371-86195566

郑州德斯普橡胶有限公司
地址：郑州市金水区英协路50号5号楼7层711号
………………Tel：0371-86221362

河南农开供应链有限公司
地址：郑州航空港经济综合实验区新港大道与舜英路交叉口兴瑞汇金国际2号楼4层
………………Tel：0371-86533599

中石化新星河南新能源开发有限公司
地址：郑州市郑东新区和光街10号路劲东方陆港G栋17层1701、1702、1703、1704、1707房间
………………Tel：0371-86585085

河南华弘泰供应链管理有限公司
地址：驻马店市天中山大道341号
………………Tel：0371-86601822

河南金瑞供应链管理有限公司
地址：河南自贸试验区开封片区郑开大道296号自贸大厦A座911室
………………Tel：0371-88917898

河南诚港物流发展有限公司
地址：河南自贸试验区郑州片区（港区）金水东路85号雅宝东方国际广场2号楼11层1109室
………………Tel：0371-89908319

河南省供销电子商务有限公司
地址：郑州市纬五路12号合作大厦A座11层
………………Tel：0371-89912377

河南中油联合石油天然气销售有限公司
地址：郑州市管城区郑汴路96号
………………Tel：0371-89986559

河南中平能源供应链管理有限公司
地址：郑州航空港经济综合实验区兴瑞汇金国际A2楼4层406室30
………………Tel：0371-89987211

滑县新鑫田园开发有限公司
地址：滑县新区滑州南路北侧
………………Tel：0372-3306626

河南万庄安阳物流园有限公司
地址：安阳市汤阴县产业集聚区
………………Tel：0372-5525656

鹤壁市双力橡塑有限公司
地址：浚县黎阳镇界牌村村东
………………Tel：0372-5579552

安阳中盈化肥有限公司
地址：河南省安阳市滑县中盈路1号
………………Tel：0372-6270889

安阳天利石油化工销售有限公司
地址：汤阴县产业集聚区工横六路南侧（伏道）
………………Tel：0372-6290027

安阳市双力橡胶制品有限公司
地址：内黄县梁庄镇中华路南段路西
………………Tel：0372-7063333

河南滑丰种业科技有限公司
地址：滑县南环路北侧
………………Tel：0372-8163863

中粮贸易新乡粮食储运有限公司
地址：新乡市纬三路南（南环路与西环路交叉口南50米）
………………Tel：0373-2117730

濮阳市德宝橡胶有限公司
地址：台前县产业集聚区
………………Tel：0373-2275656

河南省君泰科技发展股份有限公司
地址：卫辉市产业集聚区标准化厂区
………………Tel：0373-3802303

科隆环境工程有限公司
地址：新乡市新长北线北
………………Tel：0373-5068989

河南心连心化学工业集团股份有限公司
地址：河南省新乡市新乡县经济开发区
………………Tel：0373-5592888

新乡市高服机械股份有限公司
地址：新乡县朗公庙镇(107国道立交桥北)
………………Tel：0373-5703795

河南大林橡胶通信器材有限公司
地址：辉县市东环路1号
………………Tel：0373-6221830

辉县市威普橡胶制品有限公司
地址：辉县市吴村镇官店村
………………Tel：0373-6535668

新乡市亨利橡胶助剂有限公司
地址：辉县市东二环北段（周卜村东南600米）
………………Tel：0373-6855212

原阳县华强橡胶助剂有限公司
地址：原阳县官厂乡黄寺村
………………Tel：0373-7337888

河南省西贝橡胶有限公司
地址：延津胙城300号
………………Tel：0373-7749266

中础建工集团有限公司
地址：长垣县蒲西区宏力大道北段东侧、警民路南侧
………………Tel：0373-8681000

河南省昊隆实业集团有限公司
地址：河南省新乡市长垣市南蒲国贸中心B座24楼
………………Tel：0373-8895488

河南首瑞科技有限公司
地址：襄城县循环经济产业集聚区
………………Tel：0374-3516677

河南首瑞智能输送有限公司
地址：襄城县煤焦化循环经济产业园
………………Tel：0374-3868888

河南兆丰农垦集团有限公司
地址：许昌市建安区蒋李集镇南东侧
………………Tel：0374-5729170

河南汉歌硅橡胶制品有限公司
地址：河南省鄢陵县产业集聚区科技创业园11号厂房
………………Tel：0374-6097033

长葛市云帆橡胶有限公司
地址：市区钟繇大道北段西侧
………………Tel：0374-6229888

禹州市宇森橡胶有限公司
地址：禹州市韩城办事处西大二组西厂院
………………Tel：0374-8723777

禹州市龙泰橡胶制品有限公司
地址：禹州市龙岗工贸园区
………………Tel：0374-8862421

河南宝民丰农业发展有限公司
地址：河南省平顶山市宝丰县兴宝路270号
………………Tel：0375-2202369

河南中平银基置业有限责任公司
地址：平顶山市湛河区凌云路南段西侧（原化肥厂厂区大门口处）
………………Tel：0375-2391682

中国神马集团橡胶轮胎有限责任公司
地址：河南省平顶山市荆山路18号
………………Tel：0375-4857200

河南颐和天驹实业有限公司
地址：河南省平顶山市湛河区黄河路中段鹰纶锦苑小区临街商铺
………………Tel：0375-4857223

中国平煤神马集团飞行化工有限公司
地址：平顶山市湛河区南环路西段
………………Tel：0375-4943507

河南天工科技股份有限公司
地址：平顶山市卫东区建设路与许南路交叉口北1000米路西
………………Tel：0375-6190868

中国平煤神马集团尼龙科技有限公司
地址：河南省平顶山市平顶山化工产业集聚区
………………Tel：0375-7265599

平顶山市华凯橡胶有限公司
地址：叶县城南三里桥北200米路东
………………Tel：0375-8096466

中央储备粮潢川直属库有限公司
地址：潢川经济开发区货场路
………………Tel：0376-3183607

河南省狼牌轮胎科技有限公司
地址：信阳市高新区工三路汇盈大厦9楼1926房间
………………Tel：0376-3721166

河南省信阳市奥龙集团公司橡胶总厂
地址：信阳市平桥区平桥镇平桥大道191号
………………Tel：0376-3793802

信阳市供销合作实业集团有限公司
地址：信阳市工区路290号
………………Tel：0376-6563885

信阳富地燃气有限公司
地址：信阳市羊山新区中心大道8号
………………Tel：0376-6575156

安钢集团信阳钢铁有限责任公司
地址：信阳市明港镇新民路34号
………………Tel：0376-8672018

南阳华润燃气有限公司
地址：南阳市工业南路505号
………………Tel：0377-61667890

河南省裕丰复合肥有限公司
地址：河南省邓州市东一环与南二环交叉口
………………Tel：0377-62798686

南阳供销集团有限公司
地址：南阳市中州路91号
………………Tel：0377-63132016

中石化南阳能源化工有限公司
地址：南阳油田中南路北段炼油厂厂区1-54幢
………………Tel：0377-63827165

南阳康兴石化机械实业有限公司
地址：河南省唐河县油田油建大院
………………Tel：037763829861

南阳大正科美实业有限公司
地址：南阳市官庄工区化工产业集聚区辽河路与天山路交界处
………………Tel：037763829935

南阳大正石化实业有限公司
地址：河南省南阳市官庄工区大庆路东段
………………Tel：0377-63829939

中国石化集团河南石油勘探局有限公司
地址：河南省南阳市宛城区
………………Tel：0377-63830388

河南石化运输有限公司
地址：南阳油田胜利路
………………Tel：0377-63838019

南阳市宝鼎废旧橡胶购销有限公司
地址：南阳市潦河镇潦东村
………………Tel：0377-66193298

河南顺天生物科技有限公司
地址：河南省南阳市信臣路与独山大道交叉口东300米（南阳盛元汽车销售有限公司院内）
………………Tel：0377-67000888

唐河源新橡胶制品有限公司
地址：唐河县产业集聚区文峰路南段
………………Tel：0377-68998701

想念食品股份有限公司
地址：南阳市龙升工业园龙升大道
………………Tel：0377-83886782

河南中源化学股份有限公司
地址：河南省桐柏县安棚镇
………………Tel：0377-83980011

河南华中石油高速服务有限公司
地址：南阳市卧龙区蒲山镇黄渠河村（南阳鑫港石化公司办公楼）
………………Tel：0377-83988066

河南隆都集团第三建设有限公司
地址：洛阳市洛龙区李屯石化生活区41号楼2单元102室
………………Tel：0379-60210519

河南河阳石化有限公司
地址：洛阳市吉利区207国道黄河桥北路东
………………Tel：0379-60217001

洛阳宏兴石化销售有限公司
地址：中国（河南）自由贸易试验区洛阳片区高新技术开发区河洛路215号1幢13层
………………Tel：0379-61293986

洛阳瑞泽石化工程有限公司
地址：中国（河南）自由贸易试验区洛阳片区高新技术开发区河洛路215号。
………………Tel：0379-61298989

洛阳市元方橡胶有限公司
地址：西工区红山乡下沟村
………………Tel：0379-62188116

洛阳中广石油化工机械设备有限公司
地址：洛阳市老城区310国道南工业园区9号
……Tel：0379-62261903

洛阳铁路运通集团有限公司
地址：洛阳市瀍河区陇海街1号
……Tel：0379-62721592

洛阳市亿丰石油化工有限责任公司
地址：洛阳市洛龙区龙门镇李屯
……Tel：0379-62977012

中淼石油化工有限公司
地址：洛阳市洛龙区开元大道238号1-902
……Tel：0379-63128119

自贸（河南）石化贸易产业园管理有限公司
地址：中国（河南）自由贸易试验区洛阳片区高新技术开发区翠微路11号
……Tel：0379-63210000

洛阳瑞拓橡胶技术有限公司
地址：孟津县常袋镇武家湾村
……Tel：0379-64837001

洛阳瑞塔橡胶有限公司
地址：洛阳市涧西区联盟路3号文兴现代城1-4-1809
……Tel：0379-64837001

河南国能黄河物流有限公司
地址：新安县铁门镇芦院村
……Tel：0379-65126010

洛阳卓达石化设备有限公司
地址：洛阳市洛新工业园310国道
……Tel：0379-65190802

洛阳瑞昌环境工程有限公司
地址：中国（河南）自由贸易试验区洛阳片区高新技术产业开发区延光路8号
……Tel：0379-65196157

洛阳沃虹石化设备有限公司
地址：新安县洛新产业集聚区东大科技产业园W2-1
……Tel：0379-65290028

洛阳市太普橡胶有限公司
地址：洛阳市洛龙区安乐镇王庄村南街西1号
……Tel：0379-65520588

七彩花海有限公司
地址：洛阳市宜阳县莲庄镇安虎路中段莲庄村委
……Tel：0379-65588473

洛阳吉利农村商业银行股份有限公司
地址：洛阳市吉利区文化路29号
……Tel：0379-66911965

洛阳昊海环保科技有限公司
地址：洛阳市吉利区207国道东（石化产业集聚区内）
……Tel：0379-66936551

中源生态农业发展有限公司
地址：河南省郑州市新密市刘寨镇赵沟村草马沟81号
……Tel：0379-66951208

洛阳新岭石油化工有限公司
地址：洛阳市吉利区科技园纬一路3号
……Tel：0379-66959370

洛阳金达石化有限责任公司
地址：洛阳市吉利区中原路中段
……Tel：0379-66992006

洛阳石化工程建设集团有限责任公司
地址：洛阳市吉利区中原路167号
……Tel：0379-66992332

洛阳隆惠石化工程有限公司
地址：洛阳市吉利区石化总厂院内
……Tel：0379-66992608

洛阳三隆安装检修有限公司
地址：吉利区洛阳石化总厂院内
……Tel：0379-66994866

洛阳石化吉润化工有限责任公司
地址：洛阳市吉利区大港路
……Tel：0379-66996605

洛阳炼化宏达实业有限责任公司
地址：吉利区中原路中段
……Tel：0379-66997362

洛阳炼化有限责任公司
地址：河南省洛阳市吉利区大庆路街道胜利路北段9号
……Tel：0379-66997838

洛阳炼化九源石化有限公司
地址：河南省洛阳市吉利区胜利路北段9号
……Tel：0379-66997838

洛阳宏兴新能化工有限公司
地址：洛阳市孟津县白鹤镇华阳产业集聚区焦柳大道109号
……Tel：0379-67066016

河南省驰源石油化工机械有限公司
地址：偃师市顾县镇曲家寨村
……Tel：0379-67519777

洛阳市强胜实业有限公司
地址：偃师市首阳山镇
……Tel：0379-67552089

洛阳华晟物流有限公司
地址：洛阳市伊川县水寨镇上天院村郑潼路南侧(金亨电力院内)
……Tel：0379-68312178

河南宏昇石化有限公司
地址：洛阳市孟津县会盟镇黄河桥南
……Tel：0379-80863938

中阔建设管理有限公司
地址：中国（河南）自由贸易试验区洛阳片区洛阳国家大学科技园3-2幢407室
……Tel：0379-80877799

焦作市华伟科技有限公司
地址：焦作市解放西路南侧
……Tel：0390-2911606

焦作三叶环保设备有限公司
地址：焦作市建设西路995号
……Tel：0391-2631818

焦作市弘瑞橡胶有限责任公司
地址：焦作市中站区北朱村西
……Tel：0391-2948276

焦作市恒成橡胶有限公司
地址：焦作新区丰收路马庄段路南
……Tel：0391-3991678

河南晋煤天庆煤化工有限责任公司
地址：沁阳市沁北工业集聚区
……Tel：0391-5038099

河南华冠化工有限公司
地址：沁阳市产业集聚区沁北产业园区（西向镇玻璃钢大道8号）
……Tel：0391-5099299

焦作市森晟橡胶有限公司
地址：温县太行路西段
……Tel：0391-6110038

焦作德祥橡胶有限公司
地址：温县振兴路西段
……Tel：0391-6119163

焦作市环球橡胶有限公司
地址：温县祥云镇张寺村
……Tel：0391-6533028

河南中兴物流有限公司
地址：济源市玉川产业集聚区石河村南
……Tel：0391-6701833

河南晋开集团武陟绿宇化工有限公司
地址：武陟县城红旗路北段
……Tel：0391-7206724

河南新艾卡橡胶工业有限公司
地址：武陟县工业集聚区
……Tel：0391-7250111

焦作市祥源橡胶制品有限公司
地址：修武县热电循环经济工业园区008号
……Tel：0391-7786819

焦作市耐克橡胶制品有限公司
地址：博爱县磨头镇大礼园村
……Tel：0391-8067888

河南省博农实业集团有限公司
地址：博爱县磨头镇政府西50米
……Tel：0391-8068032

河南金山化工有限责任公司
地址：孟州市西工区
……Tel：0391-8518666

焦作市林烨橡胶工业有限公司
地址：博爱县清化镇街道办事处博王路中段518号
……Tel：0391-8685883

博爱县风驰橡胶制品有限公司
地址：博爱县许良镇工业区
……Tel：0391-8813888

焦作市鹏鑫橡胶生产有限公司
地址：博爱县柏山镇贵屯村东北地
……Tel：0391-8980098

焦作市中远橡胶工业有限公司
地址：博爱县工业集聚区广兴路（原松林大道）北段东侧
……Tel：0391-8986699

河南永优种业科技有限公司
地址：鹤壁市淇滨区钜桥镇北二公里
……Tel：0392-2219023

河南三喜商贸有限公司
地址：鹤壁市山城区长风中路宝马宾馆三号楼4楼
……Tel：0392-2634888

鹤壁市名都园林绿化工程有限公司
地址：市鹤山区鹤壁集乡后蜀村
……Tel：0392-3073388

河南益林农业发展有限公司
地址：河南省郑州市郑东新区商务外环路25号王鼎国际大厦19层1905号
……Tel：0392-5598880

鹤壁市同力橡胶有限公司
地址：浚县黄河路南段
……Tel：0392-6975666

濮阳市恒润石油化工有限公司
地址：台前县孙口化工工业园区
……Tel：0393-2738195

濮阳恒润筑邦石油化工有限公司
地址：濮阳市台前县产业集聚区
……Tel：0393-2738195

河南省中泰石化有限公司
地址：范县濮州产业园
……Tel：0393-3666655

濮阳市鑫锋石油机械设备有限公司
地址：大庆中路总站南路西520号
……Tel：0393-4200059

中国石化中原石油化工有限责任公司
地址：河南省濮阳市胜利西路南侧
……Tel：0393-4471060

河南省中原石化工程有限公司
地址：濮阳市胜利西路中原乙烯厂内
……Tel：0393-4471529

中石化中原建设工程有限公司
地址：河南省濮阳市胜利东路232号
……Tel：0393-4729255

濮阳市濮鑫钻采配件有限公司
地址：市中原路东段路南
……Tel：0393-4730421

濮阳市源隆机械设备有限公司
地址：市大庆路南段路西
……Tel：0393-4753099

濮阳市双华兴业石油机械科技有限公司
地址：濮阳市中原路东段109号
……Tel：0393-4772689

河南省文田石油机械设备有限公司
地址：市胜利路东段104号
……Tel：0393-4777278

中石化中原石油工程设计有限公司
地址：河南省濮阳市中原路189号
……Tel：0393-4783811

濮阳中原三力橡胶制品有限公司
地址：清丰县马庄桥镇（中原油田第七矿区）
……Tel：0393-4800105

濮阳中石集团有限公司
地址：清丰县马庄桥油田五社区
……Tel：0393-4805719

濮阳中环实业有限公司
地址：清丰县马庄桥镇
……Tel：0393-4809398

中石化中原石油工程有限公司
地址：濮阳市中原路277号
……Tel：0393-4810517

濮阳市胜安德石油机械设备有限公司
地址：范县高码头乡镇企业委员会
……Tel：0393-4810909

中石化中原监理有限公司
地址：濮阳市大庆路122号
……Tel：0393-4816897

濮阳市新世纪房地产开发有限公司
地址：濮阳市大庆路与中原路交叉口西200米路南345号
……Tel：0393-4817286

中原总机石油设备有限公司
地址：濮阳市大庆路北段465号
……Tel：0393-4817636

中国石化集团中原石油勘探局有限公司
地址：河南省濮阳市中原路
……Tel：0393-4823385

中石化中原油建工程有限公司
地址：河南省濮阳市大庆中路339号
……Tel：0393-4826029

濮阳市宏昌实业有限公司
地址：濮阳市长庆路与胜利路交叉口南300米路西
……Tel：0393-4887111

濮阳市建工石油机械设备有限公司
地址：濮阳市胜利东路与马颊河交叉口东100米路北190号
……Tel：03934888985

河南中原油田信息通信技术有限公司
地址：濮阳市华龙区兴业路15号
……Tel：0393-4893311

河南天邦石油化工有限公司
地址：台前县产业集聚区
……Tel：0393-5320116

濮阳市盛源石油化工（集团）有限公司
地址：濮阳市范县产业集聚区新区产业园
……Tel：0393-5331081

范县诚信石化有限公司
地址：范县王楼乡濮台路北
……Tel：0393-5338609

河南源庆电气有限公司
地址：濮阳市经二路与锦湖路交叉口向西100米路北
……Tel：0393-5382866

中原油建工程有限公司
地址：濮阳县铁邱路东段北侧文明路西侧（产业集聚区内）
……Tel：0393-5388366

华油石化工程有限公司
地址：濮阳市长庆路万利财富广场1902室
……Tel：0393-5388399

中油石化建设工程有限公司
地址：濮阳市长庆路万利财富广场12楼
……Tel：0393-5388966

河南东方龙机械制造有限公司
地址：濮阳市106国道与锦田路交叉口东500米路南
……Tel：03935399266

河南龙都石油化工有限公司
地址：濮阳工业园区黄河路东段许信路与河寨路交叉口
……Tel：0393-5568289

濮阳市旌胜石油化工有限公司
地址：濮阳市范县王楼工业区
……Tel：0393-5776678

濮阳通宇石油化工有限公司
地址：范县濮王产业集聚区
……Tel：0393-5926886

濮阳市国控中仁石油化工有限责任公司
地址：濮阳市黄河路与化工一路交叉口西300米路南
……Tel：0393-6110006

濮阳市通达石化设备有限公司
地址：胜利东路马颊河东侧路北186号
……Tel：0393-6122159

河南万相农林实业股份有限公司
地址：濮阳市建设路与振兴路交叉口东200米路南143号
……Tel：0393-6927789

宏业控股集团有限公司
地址：濮阳市高新路与华丰路交叉口西50米
……Tel：0393-7776679

濮阳中农实业有限公司
地址：南乐县生物质能产业园区内
……Tel：0393-7776679

濮阳市众成金属建材有限公司
地址：濮阳市中原路与新东路交叉口豫北大厦北楼305室
……Tel：0393-8080389

濮阳市融通建材化工有限公司
地址：河南濮阳工业园区大河寨村经八路南段
……Tel：0393-8081828

河南省荣源石油化工工程有限公司
地址：濮阳市京开道南段路东62号
……Tel：0393-8128008

河南省盛发电力工程有限公司
地址：濮阳市京开道与石化路交叉口东100米路南
……Tel：0393-8138111

豫粮集团濮阳粮食产业园有限公司
地址：濮阳市黄河路西段皇甫矿区大门西300米路南
……Tel：0393-8211600

河南丰利石化有限公司
地址：河南省濮阳市范县濮州化工工业园区
……Tel：0393-8631700

河南信儒碳复合材料科技有限公司
地址：河南省范县产业集聚区濮王工业园
……Tel：0393-8631700

河南贝利石化股份有限公司
地址：河南省范县城南十字坡
……Tel：0393-8631700

河南信宇石油机械制造股份有限公司
地址：河南省濮阳市华龙区石化东路路北
……Tel：0393-8751758

濮阳天地人环保科技股份有限公司
地址：市濮东产业集聚区锦田路
……Tel：0393-8757936

濮阳市君屹物资有限公司
地址：濮阳市濮东产业集聚区新东路与高阳路交叉口北150米路东。。
……Tel：0393-8858999

河南万义茂实业有限公司
地址：濮阳市石化路与长庆路交叉口西50米路北
……Tel：0393-8867999

濮阳市国胜机械加工有限公司
地址：濮阳市106国道北段工业园
……Tel：0393-8915955

河南顺达石油科技有限公司
地址：濮阳市胜利路与马颊河交叉口东100米路北190号
……Tel：0393-8932976

河南省中原大化集团有限责任公司
地址：河南省濮阳市人民路
……Tel：0393-8956436

河南省新陆专业合作社联合社
地址：淮阳县新陆春天王店生态园内
……Tel：0394-2885999

河南省力神机械有限公司
地址：扶沟县城北关街
……Tel：0394-6305075

漯河市力源橡胶有限公司
地址：漯河市源汇区沙澧产业集聚区桂江路西段
……Tel：0395-2385711

漯河利通液压科技股份有限公司
地址：漯河经济开发区民营工业园
……Tel：0395-2615502

漯河市亮阳橡胶有限公司
地址：漯河市源汇区桂江路与丹霞山路交叉口西南角1幢
……Tel：0395-2961338

河南固特威液压科技有限公司
地址：漯河市源汇区桂江路352号（桂江路与丹霞山路交叉口西南角））
……Tel：0395-3222262

河南亿博科技股份有限公司
地址：漯河市召陵区阳山路11号

……………………Tel：0395–3287688
漯河市久隆液压科技有限公司
地址：漯河市经济技术开发区东方红路东段
……………………Tel：0395–3289518
漯河市邦威橡胶有限公司
地址：漯河市源汇区沙澧产业集聚区湘江西路851号
……………………Tel：0395–5592266
河南银鸽工贸有限公司
地址：舞阳县舞泉镇张家港路中段
……………………Tel：0395–5615512
漯河中阳橡胶科技有限公司
地址：漯河市郾城区龙城镇郾襄大道10公里处路北168号
……………………Tel：0395–6516777
河南省南街村（集团）有限公司
地址：河南省临颍县南街村颍松大道2号
……………………Tel：0395–8851273
驻马店市天健实业有限公司
地址：驻马店市驿城区诸市乡魏庄村
……………………Tel：0396–2156666
驻马店市老庄台农业发展有限公司
地址：驻马店市驿城区诸市乡魏庄村
……………………Tel：0396–2326333
河南鑫芳生态农业发展有限公司
地址：驻马店市平舆县普照寺村民委员会
……………………Tel：0396–2632666
平舆海邦橡胶制品有限公司
地址：平舆县西工业区驻新路北侧
……………………Tel：0396–2781916
河南省旭航石油化工有限公司
地址：驻马店市团结路与盘古山路交叉口东北角建业.十八城住宅小区3号楼东1单元第26层2601
……………………Tel：0396–2933861
河南蓝天能源投资股份有限公司
地址：驻马店市解放路中段
……………………Tel：0396–2958018
河南省金桥农业发展有限公司
地址：新蔡县黄楼镇工业园区
……………………Tel：0396–3279599
河南若德橡胶科技有限公司
地址：驻马店市市辖区工业二路与蔡州大道交叉口西南侧
……………………Tel：0396–3658867
河南骏化发展股份有限公司
地址：河南省驻马店市中华大道东段439号
……………………Tel：0396–3813488
中国平煤神马集团蓝天化工股份有限公司
地址：遂平县车站镇汝河路2号
……………………Tel：0396–3832088
史丹利化肥遂平有限公司
地址：遂平县产业集聚区（希望大道北侧京广铁路东侧）
……………………Tel：0396–4717777
西平澳申橡胶有限公司
地址：西平县宋集乡107国道东侧
……………………Tel：0396–6201888
河南省佳立环境检测有限公司
地址：三门峡市崤山路（源馨酒店后院405）
……………………Tel：0398–2181877
河南中原黄金冶炼厂有限责任公司
地址：三门峡产业集聚区209国道南侧
……………………Tel：0398–2756812
河南中赢橡胶科技有限公司
地址：三门峡市湖滨区科技工业园
……………………Tel：0398–2822626
三门峡江河水电橡胶制品有限公司
地址：三门峡市湖滨工业园区
……………………Tel：0398–2910367
河南三通易达供应链管理有限公司
地址：三门峡市陕州区张茅乡后崖村
……………………Tel：0398–3419015
灵宝市豫西佛山生态旅游开发有限责任公司
地址：灵宝市朱阳镇朱阳街
……………………Tel：0398–6812888
河南远山自然农业有限公司
地址：灵宝市朱阳镇
……………………Tel：0398–8655000
灵宝金源晨光有色矿冶有限公司
地址：灵宝市鼎塬路中段
……………………Tel：0398–8837800

湖北省

振兴之路（湖北）石油化工有限公司
地址：武汉市青山区建设三路1栋703号
……………………Tel：027–50858888
中铁第四勘察设计院集团有限公司
地址：武昌区和平大道745号
……………………Tel：027–51156100
武汉京东金德贸易有限公司
地址：武汉市新洲区阳逻街邱栗村、仓埠街东岳村
……………………Tel：027–51907876
中石化石油机械股份有限公司
地址：武汉市东湖新技术开发区庙山小区华工园一路5号
……………………Tel：027–52306800
中石化江汉石油工程设计有限公司
地址：武汉东湖新技术开发区汤逊湖北路38–2号
……………………Tel：027–52307999
中化石油湖北有限公司
地址：武汉市江汉区江汉经济开发区汉口创业中心二号楼智慧大厦3楼
……………………Tel：027–52363277
湖北九源石油化工有限公司
地址：武汉市江汉区泛海国际SOHO城2栋906
……………………Tel：027–56353553
湖北中锦通辉石油化工有限公司
地址：武汉市青山区工人村街青和居公租房小区20号综合商业楼一、三、四、五层4055室
……………………Tel：027–56587446
中煤华中能源有限公司
地址：武昌区徐东大街6号汇通天地A栋22楼
……………………Tel：027–59331682
湖北海洋工程装备研究院有限公司
地址：武汉东湖新技术开发区高新大道999号
……………………Tel：027–59429396
武汉炼化工程设计有限责任公司
地址：青山区长青路特1号
……………………Tel：027–59621201
中化农业生态科技（湖北）有限公司
地址：江陵县鹤庆路8号
……………………Tel：027–59765693
中石化江汉石油工程有限公司钻井二公司
地址：武汉东湖新技术开发区高新大道807号
……………………Tel：027–59803197
哈金森（武汉）汽车橡胶制品有限公司
地址：武汉经济技术开发区内5号地
……………………Tel：027–59805888
天域田园园区建设发展有限公司
地址：武汉市东西湖区东山街道办事处遮湖岗村17附1号(16)
……………………Tel：027–59820777
武汉荣中石油化工有限公司
地址：武汉市黄陂区滠口汉口北大道68号
……………………Tel：027–61905980
湖北中锦宏通石油化工有限公司
地址：武汉市青山区工人村街青和居公租房小区20号综合商业楼一、三、四、五层4051室
……………………Tel：027–65287123
长江证券股份有限公司
地址：湖北省武汉市新华路特8号
……………………Tel：027–65799866
湖北润杉石油化工有限公司
地址：武汉市东湖新技术开发区光谷三路777号武汉光谷保税国际交流中心486
……………………Tel：027–67786111
武汉市凤麒橡胶有限公司
地址：武汉市蔡甸区侏儒街蟹湖路
……………………Tel：027–69400652
湖北中地瑞景园艺产业集团有限公司
地址：武汉市蔡甸区玉贤镇玉贤路199号
……………………Tel：027–69905266
湖北凯毅石化设备制造有限公司
地址：武汉市江夏区庙山开发区医药产业园（二期）
……………………Tel：027–81319022
武汉新星汉宜化工有限公司
地址：洪山区关山村下马庄永利国际大厦1幢6层615–616号
…………………Tel：027–81339949–8152
湖北江汉石油仪器仪表股份有限公司
地址：武汉东湖新技术开发区佛祖岭三路35号
……………………Tel：027–81710500
武汉市旭阳橡胶制品有限公司
地址：武汉市江夏区大桥产业园邢远长村工业园23–5
……………………Tel：027–81990068
湖北供销合作电子商务有限公司
地址：武汉市江汉区解放大道1409号循礼门饭店
……………………Tel：027–82282156
武汉周正工贸有限公司
地址：武汉市江岸区二七街黄浦大街86、88号（黄埔东宫）1栋B单元2402室
……………………Tel：027–82288461
武汉欣宏申橡胶有限公司
地址：武汉市江岸区四唯街保仁里37号左栋
……………………Tel：027–82328728
湖北既济电力集团有限公司
地址：武汉市东西湖区田园大道祥泰综合楼（16）
……………………Tel：027–82528328
武汉市红桥橡胶厂
地址：黄陂区武湖工业园发展北路新华大道特8号
……………………Tel：027–82630814
湖北省再生资源集团有限公司
地址：武汉市 口区牌楼街特1号
……………………Tel：027–82733306
长航凤凰股份有限公司
地址：江汉区民权路39号汇江大厦
……………………Tel：027–82763901
武汉油联石化有限公司
地址：武汉市东西湖区宏图路8号武汉客厅第D幢23层01号房（8）
……………………Tel：027–82806388
武汉供销现代农业集团有限公司
地址：湖北省武汉市东西湖区慈惠农场沙咀大队（朝阳路117号）10栋1–3层
……………………Tel：027–83252895
武汉市江汉石油机械有限公司
地址：武汉市东西湖吴家山田园路1000号（10）
……………………Tel：027–83379096
湖北省邮政公司
地址：武汉市江汉区江兴路10号
……………………Tel：027–83568526
武汉巨精机电有限公司
地址：武汉市东西湖区长青街高桥五路22号2号厂房1–02
……………………Tel：027–83602861
中煤科工（武汉）资源发展有限公司
地址：武汉东湖新技术开发区光谷三路777号A办公楼7层703–120号工位（自贸区武汉片区）
……………………Tel：027–83633188
武汉金控能源集团有限公司
地址：武汉市江汉区长江日报路77号投资大厦2楼203室
……………………Tel：027–83763299
湖北东明石化有限公司
地址：武汉市江岸区后湖二路59号
……………………Tel：027–83905678
武汉邦仕燕山石化有限公司
地址：武汉经济技术开发区长江路449号
……………………Tel：027–84613349
东方油气（武汉）石油化工市场经营管理有限公司
地址：武汉市汉阳区罗七北路12号金龙公馆综合楼栋4–21层
……………………Tel：027–84622900
武汉星光石油化工设备有限公司
地址：武汉市汉南经济开发区南二路特1号
……………………Tel：027–84759692
武汉宇浩石化有限公司
地址：武汉市汉阳区罗七北路12号金龙公馆综合楼栋14层9号
……………………Tel：027–84771778
武汉辉盛新能源石油化工有限公司
地址：武汉市汉阳区罗七北路12号金龙公馆综合楼栋14层21号办公区
……………………Tel：027–84771778
武汉欣建桥橡胶科技有限公司
地址：武汉市汉阳区琴断口街黄金口三村270号黄金口科技企业孵化基地西区特1号
……………………Tel：027–84841582
武汉萨克橡胶有限公司
地址：武汉经济技术开发区创业三路28号
……………………Tel：027–84897610
迪斯科化工集团股份有限公司
地址：武汉市东西湖区将军路街银潭西路迪斯科大厦
……………………Tel：027–85381498
湖北骆驼胶带橡胶有限公司
地址：武汉市江汉区民主二街30–6号一楼
……………………Tel：027–85421349
湖北乾信橡胶实业有限公司
地址：武汉市东西湖区台商密集区汉丹铁路北、十五支沟东盈创动力产业园一期4号厂房3层2号房（8）
……………………Tel：027–85585811
湖北民生石油液化气有限公司
地址：湖北省武汉市洪山区花山镇白浒山储配站
……………………Tel：027–85712188
上海申联武汉中南橡胶有限公司
地址：武汉市黄陂区横店横天路
……………………Tel：027–85757329
武汉路杰通橡胶制品有限公司
地址：武汉市黄陂区前川街孙教村工业园
……………………Tel：027–85925117
武汉钢实硅钢华鑫橡胶有限责任公司
地址：武汉市青山区油坊岭2幢–2
……………………Tel：027–86347912
武汉市武钢北湖橡胶制品有限责任公司
地址：武汉市青山区武钢北湖农场内
……………………Tel：027–86420203
天圜工程有限公司
地址：武昌区徐东大街6号汇通天地新长江中心A塔栋26层1–2号
……………………Tel：027–86506160
中韩（武汉）石油化工有限公司
地址：湖北省武汉市化学工业区八吉府大街特1号
……………………Tel：027–86630049
武汉钢铁石化工业气体有限责任公司
地址：武汉化学工业区临江大道1666号
……………………Tel：027–86631397
武汉青山商场股份有限公司
地址：武汉市青山区红钢城和平大道1544号
……………………Tel：027–86862565
武汉凯顺石化科技有限公司
地址：武汉化学工业区化工大道129号
……………………Tel：027–86877888
武汉恒力橡胶有限公司
地址：武汉市新洲区邾城街建业里1号
……………………Tel：027–86924989
武汉东海石化重型装备有限公司
地址：武汉市江夏区郑店黄金工业园
……………………Tel：027–87028790
武汉华中石油化工交易中心有限公司
地址：武汉东湖新技术开发区光谷三路777号A栋办公楼7层701–705室
……………………Tel：027–87161625
中石化江钻石油机械有限公司
地址：武汉市东湖新技术开发区庙山小区华工园一路5号
……………………Tel：027–87180588
湖北惠民农业科技有限公司
地址：武汉市东湖新技术开发区神墩一路228号
……………………Tel：027–87227310
湖北中鑫天贸石油化工有限公司
地址：武汉市青山区工人村街道青和居20栋二层2015室
……………………Tel：027–87364857
艾柯尔橡胶防腐（武汉）有限公司
地址：洪山区雄楚大道关西小区南侧关山工业园
……………………Tel：027–87461511
湖北中圣科技有限公司
地址：洪湖市府场镇曙光路
……………………Tel：02787677365
湖北省天然气发展有限公司
地址：武汉市东湖开发区光谷三路618号
……………………Tel：027–87701025
湖北长投材料科技有限公司
地址：湖北省武汉市武昌区水果湖街中北路54号宏城金都7层1室1号
……………………Tel：027–87731613
湖北长投联合矿业开发有限公司
地址：武汉市武昌区中北路54号宏城金都C座7楼
……………………Tel：027–87739931
武汉民生石油液化气有限公司
地址：武汉市洪山区珞南街武珞路717号1栋第6层
……………………Tel：027–87867985
武汉合煜能源有限公司
地址：武昌区东湖路181号（楚天181文化创意产业园内三层）
……………………Tel：027–88025989
湖北凯力特石化设备有限公司
地址：湖北省洪湖市府场镇中华路
……………………Tel：027–88155880
湖北国际经济技术合作有限公司
地址：武汉市东湖高新技术开发区光谷三路777号
……………………Tel：027–88708892
武汉海德派克橡胶工业有限公司
地址：嘉鱼县武汉新港潘湾工业园
……………………Tel：027–88779150
武汉莲花湖集团有限公司
地址：蔡甸区蔡甸街汉阳大街2363–3号
……………………Tel：027–88921617
武汉中东磷业科技有限公司
地址：武汉市新洲区阳逻开发区汽渡路
……………………Tel：027–89657309
中信泰富特钢集团股份有限公司
地址：黄石市黄石大道316号
……………………Tel：0510–80675555
湖北腾龙种业有限公司
地址：襄阳市襄州区园林路117号
……………………Tel：0710–2819000
襄阳正大种业股份有限公司
地址：湖北自贸区（襄阳片区）东风汽车大道11号襄阳管理部办公大楼2楼208室
……………………Tel：0710–2843900
武汉武铁物流襄阳有限公司
地址：湖北省襄阳市樊城区春园路41号
……………………Tel：0710–3029241
湖北恒新力创橡胶机带有限公司
地址：襄阳市樊城区邓城大道航空航天工业园恒星路2号第4栋
……………………Tel：0710–3157966
襄阳市开利橡胶化工有限公司

地址：襄阳市樊城区丹江路98号附7号
……………………Tel：0710-3498500
襄阳港务发展有限公司
地址：湖北省襄阳市襄城区余家湖
……………………Tel：0710-3519738
襄阳泽东化工集团有限公司
地址：湖北省襄阳市襄城区余家湖
……………………Tel：0710-3723626
金砖国际贸易（襄阳）有限公司
地址：湖北省襄阳市高新区长虹北路118号中润云邦写字楼10层010-012室
……………………Tel：0710-3770093
嘉施利（宜城）化肥有限公司
地址：湖北省襄阳市宜城大雁工业园区
……………………Tel：0710-4900162
亿峰橡胶制品有限公司
地址：老河口市循环经济产业园
……………………Tel：0710-8190279
鄂州日跃橡胶机械有限公司
地址：鄂州市泽林镇桐城村（江碧路747号）
……………………Tel：0711-2339010
鄂州市久妍橡胶制品有限公司
地址：鄂州市长港镇滨港大道
……………………Tel：0711-3228965
鄂州市供销合作总公司
地址：鄂城区小北门17号
……………………Tel：0711-3257540
鄂州市振凯橡胶有限责任公司
地址：鄂州市樊川大道159号
……………………Tel：0711-3615176
湖北月新橡胶有限公司
地址：湖北省孝感市应城市东马坊街道东城工业园
……………………Tel：0712-3133888
应城市新都化工复合肥有限公司
地址：湖北省应城市四里棚蒲阳大道
……………………Tel：0712-3238742
应城市新都化工有限责任公司
地址：应城市盐化大道26号
……………………Tel：0712-3238916
湖北富邦科技股份有限公司
地址：应城市经济技术开发区
……………………Tel：0712-3254988
湖北双环科技股份有限公司
地址：湖北省应城市东马坊团结大道26号
……………………Tel：0712-3591188
湖北双环化工集团有限公司
地址：湖北省应城市东马坊办事处团结大道26号
……………………Tel：0712-3591188
安陆市中壹达电子科技有限公司
地址：安陆市府城办事处洪庙村二组
……………………Tel：0712-5594518
湖北省黄麦岭控股集团有限公司
地址：湖北省孝感市大悟县高铁新区黄麦岭大厦
……………………Tel：0712-7422026
湖北省黄麦岭磷化工有限责任公司
地址：湖北省孝感市大悟县阳平镇
……………………Tel：0712-7422026
武汉盛泰华隆换热器有限责任公司
地址：汉川市经济开发区北桥工业园福星北路
……………………Tel：0712-8371298
湖北壮志石化设备科技有限公司
地址：湖北省汉川市开发区北桥科技工业园开发二路
……………………Tel：0712-8385922
湖北东升橡胶密封有限公司
地址：湖北省黄冈市黄梅县小池镇临港产业园五环路3666号
……………………Tel：0713-3418528
湖北梅川生态农业科技发展有限公司
地址：湖北省武穴市梅川镇三八水库东头
……………………Tel：0713-6373502
湖北祥云（集团）化工股份有限公司
地址：湖北省武穴市盘塘
……………………Tel：0713-6542450
湖北兴成石化设备有限公司
地址：英山县经济开发区沿河大道五号
……………………Tel：0713-7069123
湖北耀恒橡胶制品有限公司
地址：湖北省浠水县经济开发区人形地村三组
……………………Tel：0713-8906689
黄石中鑫橡胶有限公司
地址：黄石市西塞山区颐阳路452号
……………………Tel：0714-6227242
港达橡胶工业（黄石阳新）有限公司
地址：湖北省阳新县枫林镇花塘村花坟组
……………………Tel：0714-7522114
崇阳县明炬橡胶股份有限公司
地址：崇阳县经济开发区
……………………Tel：0715-3900081
咸宁裕岁丰农业科技有限公司
地址：通城县隽水镇解放东路与学府路交叉口西侧
……………………Tel：0715-4068187
湖北耐拓特种橡胶有限公司
地址：湖北省赤壁市经济开发区凤凰山路2号
……………………Tel：0715-5067881
湖北司克嘉耐磨橡胶制品有限公司
地址：赤壁市经济开发区发展大道1#
……………………Tel：0715-5067881
赤壁市永盛橡胶制品有限公司
地址：赤壁市经济开发区发展大道136-1号
……………………Tel：0715-5260630
湖北华亿通橡胶有限公司
地址：嘉鱼县经济开发区
……………………Tel：0715-6316999
湖北金远石油化工有限公司
地址：嘉鱼县潘家湾镇通武街文化路1号
……………………Tel：0715-6618888
咸宁华仑盛农业科技有限公司
地址：咸宁市温泉孟养浩东路与南外环交叉处
……………………Tel：0715-8058977
咸宁市中南橡胶技术有限公司
地址：咸宁市产业园内，2栋
……………………Tel：0715-8323590
咸宁市荣大防腐技术有限责任公司
地址：咸宁市咸安区官埠桥八斗角83号
……………………Tel：0715-8325660
湖北华宁防腐技术股份有限公司
地址：湖北咸宁经济开发区兴发路9号（华宁防腐科技产业园）
……………………Tel：0715-8339630
湖北中旺化工物资有限公司
地址：湖北省咸宁市咸安区河堤北路420-2号
……………………Tel：0715-8376017
咸宁市化建特种橡胶技术有限责任公司
地址：咸安区贺胜桥镇桃林村
……………………Tel：0715-8872998
咸宁市凌云橡胶制品有限公司
地址：咸安区大畈西路8-1号
……………………Tel：0715-8908853
湖北浩运石化设备有限公司
地址：湖北省洪湖市府场镇中华路
……………………Tel：0716-2852169
湖北昌达石化装备有限公司
地址：洪湖市府场镇新建街
……………………Tel：0716-2852601
湖北剑波石化设备制造有限公司
地址：洪湖市府场镇峰府路
……………………Tel：0716-2852891
湖北瑞隆石化设备有限公司
地址：洪湖市府场镇中山路
……………………Tel：0716-2853348
湖北瑞邦石化装备科技有限公司
地址：湖北省洪湖市府场镇中华路
……………………Tel：0716-2853533
洪湖骏鑫石化设备有限公司
地址：湖北省洪湖市府场镇中华路
……………………Tel：0716-2853733
洪湖市兴达石化设备制造有限公司
地址：洪湖市府场镇严八家特8号
……………………Tel：0716-2853968
湖北鑫瑞石化装备科技有限公司
地址：湖北省洪湖市曹市镇长虹大道22号
……………………Tel：0716-2853968
湖北万乘石化装备有限公司
地址：洪湖市府场镇中心路18号
……………………Tel：0716-2854526
湖北晨光石化设备有限公司
地址：洪湖市府场镇
……………………Tel：0716-2854726
湖北恒信石化设备有限公司
地址：湖北省洪湖市府场镇中华路38号
……………………Tel：0716-2855066
湖北富之恒石化科技有限公司
地址：湖北省荆州市洪湖市府场镇中山路工业园区
……………………Tel：0716-2855226
湖北雄鹰石化设备发展有限公司
地址：洪湖市府场镇中华路5号
……………………Tel：0716-2855226
湖北宏晟石化设备制造有限公司
地址：湖北省洪湖市府场镇中华路
……………………Tel：0716-2855288
湖北毅远石化装备有限公司
地址：湖北省洪湖市曹市镇中心街
……………………Tel：0716-2872154
湖北华亿石化设备有限公司
地址：湖北省洪湖市曹市镇工业大道
……………………Tel：0716-2872458
湖北振源石化设备有限公司
地址：洪湖市曹市镇振声工业园区
……………………Tel：0716-2874258
湖北毅力石化设备股份有限公司
地址：湖北省洪湖市曹市镇工业大道
……………………Tel：0716-2875279
湖北五环石化设备制造有限公司
地址：监利县网市镇网市大道41号
……………………Tel：0716-3602999
中农联荆州农业产业开发有限公司
地址：荆州区太湖大道华中农高区创业服务中心368号
……………………Tel：0716-4085938
湖北汉兴科技有限公司
地址：湖北省公安县斗湖堤镇孱陵大道
……………………Tel：0716-5101007
湖北富凯橡胶品有限责任公司
地址：公安县斗湖堤镇孱陵创业园区
……………………Tel：0716-5157968
嘉施利（荆州）化肥有限公司
地址：松滋市临港工业园疏港大道北边
……………………Tel：0716-6011091
湖北宜化松滋肥业有限公司
地址：松滋市陈店镇全心村（临港工业园通港大道旁）
……………………Tel：0716-6798998
四机赛瓦石油钻采设备有限公司
地址：湖北省荆州市荆州区西环路
……………………Tel：0716-8012729
湖北永盛石棉橡胶有限公司
地址：荆州市沙市区红门路中段
……………………Tel：0716-8115861
湖北省聚元石油自动化装备股份有限公司
地址：荆州开发区北京东路68号
……………………Tel：0716-8352660
中石化四机石油机械有限公司
地址：荆州市荆州区龙山寺街一号
……………………Tel：0716-8429076
荆州市进跃石油化工有限公司
地址：荆州开发区沙市农场农技路1栋
……………………Tel：07168527658
荆州市泛亚石油化工有限公司
地址：沙市农场农技路
……………………Tel：0716-8527658
湖北昭君旅游文化发展有限公司
地址：兴山县古夫镇昭君路12号
……………………Tel：0717-2528205
兴山县城乡建设投资有限公司
地址：兴山县古夫镇高阳大道龙珠广场
……………………Tel：0717-2581299
兴山兴发矿产品销售有限公司
地址：兴山县古夫镇高阳大道58号
……………………Tel：0717-2588385
湖北泰和石化设备有限公司
地址：秭归县茅坪镇建东大道183号
……………………Tel：0717-2866585
华强化工集团股份有限公司
地址：湖北省当阳市锦屏大道1号
……………………Tel：0717-3281199
湖北广凯机械制造有限公司
地址：当阳市坝陵经济开发区坝陵东路
……………………Tel：0717-3282006
史丹利化肥当阳有限公司
地址：湖北当阳经济开发区坝陵工业园
……………………Tel：0717-3328888
湖北三宁化工股份有限公司
地址：枝江市姚家港沿江路9号
……………………Tel：0717-4140301
湖北香青化肥有限公司
地址：枝江市经济开发区姚家港化工园区沿江大道
……………………Tel：0717-4219088
宜昌阿波罗肥业有限公司
地址：宜都市化工建材工业园区（枝城镇洋溪）
……………………Tel：0717-4640668
湖北楚星化工股份有限公司
地址：宜都市枝城镇化工路11号
……………………Tel：0717-4662481
湖北大江化工集团有限公司
地址：宜都市枝城镇滨江路70号
……………………Tel：0717-4662481
宜都兴发化工有限公司
地址：宜都市枝城镇兴宜大道66号
……………………Tel：0717-4788888
宜昌中农联市场开发有限公司
地址：宜都市姚家店镇宜华大道与陆逊大道交汇处
……………………Tel：0717-4801777
宜昌亿桂橡胶有限公司
地址：宜都市聂家河镇车湾（原238厂内）
……………………Tel：0717-4840437
宜昌金信化工有限公司
地址：宜昌市 亭区 亭大道66-5号
……………………Tel：0717-6233535
湖北亚隆达实业发展有限公司
地址：中国（湖北）自贸区宜昌片区大连路9号（太平鸟时尚创意园306室）
……………………Tel：0717-6251295
中南橡胶集团长征橡胶制品有限责任公司
地址：宜昌市伍家岗区共升路9号
……………………Tel：0717-6368563
中南橡胶集团中字橡胶汽车配件有限责任公司
地址：宜昌市伍家岗区共升路9号
……………………Tel：0717-6369251
中南橡胶集团有限责任公司
地址：宜昌市伍家岗区共升路9号
……………………Tel：0717-6370006
中石化宜昌三峡石油有限责任公司
地址：宜昌市伍家岗区胜利四路30号石油大厦
……………………Tel：0717-6442716
湖北宜化新材料科技有限公司
地址：枝江市姚家港化工园
……………………Tel：0717-6516768
湖北兴福电子材料有限公司
地址：宜昌市 亭区 亭大道66-3号
……………………Tel：0717-6530035
湖北泰盛化工有限公司
地址：宜昌市 亭区 亭大道66-4号
……………………Tel：0717-6530552
宜昌宜化太平洋热电有限公司
地址：宜昌市 亭区 亭大道399号
……………………Tel：0717-6535845
宜昌市中南源发橡胶有限公司
地址：宜昌市伍家岗区伍临路31号13栋
……………………Tel：0717-6552396
宜昌市中南橡胶制品销售有限公司
地址：宜昌市西陵区东山大道15号
……………………Tel：0717-6830866
湖北宜化集团有限责任公司
地址：宜昌市沿江大道52号
……………………Tel：0717-8868189
湖北宜化化工股份有限公司
地址：宜昌市 亭区
……………………Tel：0717-8868222
湖北宜化肥业有限公司
地址：宜昌市 亭区 亭大道399号
……………………Tel：0717-8868230
宜昌海利外贸有限公司
地址：宜昌市 亭区桃子冲二组
……………………Tel：0717-8868237
宜昌利达丰华科技有限公司
地址：宜昌市 亭桃子冲二组
……………………Tel：0717-8868237
湖北宜化贸易有限公司
地址：宜昌高新区长机路3号地址：
……………………Tel：0717-8868237
湖北宜化农资超市有限公司
地址：宜昌市开发区长机路3号地址：
……………………Tel：0717-88682392
利川市玉龙大厦
地址：利川市清江大道243号
……………………Tel：0718-7282581
湖北杰楚橡胶制品有限公司
地址：丹江口市六里坪镇工业园
……………………Tel：0719-5719009
中沃能源（湖北）集团股份有限公司
地址：十堰市经济开发区龙门工业园龙门大道东路1号
……………………Tel：0719-8303702
湖北神绿专用汽车有限公司
地址：随州市曾都区新型工业基地
……………………Tel：0722-3308359
湖北广大物流有限责任公司
地址：随州市新火车站货场
……………………Tel：0722-3599777
湖北润全科技有限公司
地址：石首市绣林街道笔架山路120号1幢1单元302号
……………………Tel：0724-2210265
湖北清洲供应链管理有限公司
地址：荆门市东宝区苏台路8号
……………………Tel：0724-2217543
湖北金石炼化建设有限公司
地址：荆门高新区·掇刀区白庙路39号
……………………Tel：0724-2274749
荆门市中石化油气经营有限责任公司
地址：荆门市漳河新区天山路1号国华汇金中心A座15楼
……………………Tel：0724-2320828
荆门市顺洋农资有限公司
地址：荆门市掇刀区果园二路云中仙居6栋17层
……………………Tel：0724-2341333
荆门市昌丰橡胶有限公司
地址：荆门市东宝区白云大道35号
……………………Tel：0724-2361542
湖北晋煤金楚化肥有限责任公司
地址：湖北省钟祥市双河镇官冲村
……………………Tel：0724-4838688
湖北大峪口化工有限责任公司
地址：湖北省钟祥市胡集镇
……………………Tel：0724-4891520
湖北大峪口化工有限责任公司
地址：湖北省钟祥市胡集镇
……………………Tel：0724-4891520
湖北鄂中生态工程股份有限公司
地址：钟祥市磷矿镇鄂中磷化工业园
……………………Tel：0724-6901199
钟祥市金鹰能源科技有限公司
地址：湖北荆襄磷化循环产业园
……………………Tel：0724-6909335
湖北京阳橡胶制品有限公司
地址：湖北省京山市宋河镇苍台村
……………………Tel：0724-7564888
湖北神州农信科技有限公司

地址：沙洋经济开发区五洋路企业孵化中心
Tel：0724-8612777

新洋丰农业科技股份有限公司
地址：湖北省荆门市月亮湖北路附7号
Tel：0724-8661388

湖北新洋丰肥业有限公司
地址：湖北省荆门市东宝区石桥驿镇工业小区
Tel：0724-8661388

仙桃市聚兴橡胶有限公司
地址：仙桃市郑场镇郑场大道北侧
Tel：0728-2892093

湖北沔台实业投资有限公司
地址：仙桃市龙华山办事处大新路43号
Tel：0728-3236179

湖北沃夫特生态工程有限公司
地址：潜江经济开发区竹泽路6号
Tel：0728-3507888

湖北天门市健康农工商总公司
地址：天门市岳口镇健康村
Tel：0728-4722345

天门市江汉石油三机传动设备有限公司
地址：天门市龙尾山
Tel：0728-4851236

天门市兴天融资担保有限公司
地址：天门市竟陵办事处钟惺大道特53号
Tel：0728-5232768

江汉油田大宇石油技术开发潜江有限公司
地址：潜江市广华办事处地质路G1号20栋
Tel：0728-6500251

中国石化集团江汉石油管理局有限公司
地址：湖北省潜江市广华江汉路1号
Tel：0728-6502180

中石化新星湖北新能源开发有限公司
地址：武汉市东湖新技术开发区华工园一路5号江汉石油钻头股份有限公司办公楼三楼
Tel：0728-6505843

心意浓新农业科技股份有限公司
地址：潜江市广华办事处广南二路良机小区办公楼
Tel：0728-6506345

湖北江汉良机石化工程集团有限公司
地址：潜江市江汉油田广华广南二路
Tel：0728-6506381

江汉油田恒实石油工程建设（武汉）有限公司
地址：潜江市广华办事处向阳石化路1号
Tel：0728-6508585

中石化江汉石油工程有限公司测录井公司
地址：潜江市广华办事处五七大道235号
Tel：0728-6556085

湖北铭日工程有限公司
地址：潜江市广华办事处向阳石化路一号
Tel：0728-6556668

湖北龙湖江汉物业服务有限公司
地址：潜江市广华办事处先锋路1号
Tel：0728-6570036

江汉油田启东工程潜江有限公司
地址：潜江市广华办事处向阳石化路1号33栋北
Tel：0728-6586690

中石化江汉建设工程有限公司
地址：潜江市广华办事处向阳五七大道187号
Tel：0728-6596136

中石化江汉油建工程有限公司
地址：潜江市广华办事处向阳建新路1号
Tel：0728-6596177

潜江传化公路港物流有限公司
地址：潜江市杨市办事处奥体路56号
Tel：0728-6606001

中石化江汉石油工程有限公司
地址：湖北省潜江市广华江汉路1号
Tel：0728-681979

湖南省

际华橡胶工业有限公司
地址：中国（湖南）自由贸易试验区岳阳片区长江大道际华高分子材料高科产业园
Tel：0730-2278220

岳阳新华联富润石油化工有限公司
地址：岳阳市云溪区道仁矶镇滨江村三组
Tel：0730-2280969

湖南金正科技有限公司
地址：湖南省汨罗市汨罗江大道9号
Tel：0730-5111835

湖南天立橡胶有限公司
地址：湖南汨罗市工业园
Tel：0730-5222999

湖南金洲文富置业有限公司
地址：岳阳市岳阳楼区青年中路374号银浓大厦108室
Tel：0730-8228555

岳阳市发达橡胶制品有限公司
地址：岳阳经济技术开发区西塘镇真力村六房组
Tel：0730-8277225

岳阳圣华织带厂
地址：岳阳市岳阳楼区洞庭北路剪刀池
Tel：0730-8332138

湖南泓源石化仓储有限公司
地址：岳阳市云溪区道仁矶镇上乌石矶岳阳市招商燃气有限公司综合楼
Tel：0730-8427109

岳阳长岭炼化通达建筑安装工程有限公司
地址：岳阳市云溪区长炼五山包
Tel：0730-8452344

湖南中创化工股份有限公司
地址：岳阳市云溪区长岭
Tel：0730-8452709

湖南长盛石化有限公司
地址：岳阳市云溪区长炼
Tel：0730-8453569

岳阳长炼机电工程技术有限公司
地址：岳阳经济技术开发区监申桥工业园（金枫路以东，监申桥路以北）
Tel：0730-8477889

岳阳同泰石化有限公司
地址：岳阳市云溪区巴陵公司二号沟
Tel：0730-8493620

岳阳隆兴实业公司
地址：岳阳市云溪区岳化二工区（胜利沟社区巴陵公司供销部旁）
Tel：0730-8495855

湖南凯美特气体股份有限公司
地址：湖南省岳阳市岳阳楼区七里山（巴陵石化化肥事业部西门）
Tel：0730-8553660

湖南凯美特气体股份有限公司
地址：湖南省岳阳市岳阳楼区七里山（巴陵石化化肥事业部西门）
Tel：0730-8553660

岳阳巴陵煤气化有限公司
地址：岳阳市岳阳楼区七里山
Tel：0730-8555099

湖南一航石化设备有限公司
地址：岳阳经济技术开发区白石岭南路175号（康王工业园创业基地办公楼南312）
Tel：0730-8601570

岳阳恒盛石化科技有限公司
地址：岳阳经济技术开发区木里港大道（现代工业产业园6栋一层、五层南）
Tel：0730-8665209

长岭炼化岳阳工程设计有限公司
地址：岳阳经济技术开发区康王工业园奇康路26号
Tel：0730-8720780

岳阳金石集团有限公司
地址：岳阳市岳阳楼区南湖路29号
Tel：0730-8822381

岳阳兴长石化股份有限公司
地址：岳阳市云溪区路口镇
Tel：0730-8829793

上海华信国际集团岳阳石化有限公司
地址：岳阳市临港新区城陵矶新港有限公司宿舍楼208号
Tel：07308833926

湖南上橙有机生态农业发展有限公司
地址：湖南省株洲市天元区三门镇株木村范家组
Tel：0731-22162556

株洲市恒通资产经营管理有限公司
地址：湖南省株洲市石峰区清霞路199号
Tel：0731-22223366

中国化工株洲橡胶研究设计院有限公司
地址：湖南省株洲市荷塘区新华东路818号
Tel：0731-22495105

湖南云田园林市政建设集团有限公司
地址：株洲市云龙示范区云田镇
Tel：0731-22710292

醴陵市橡胶制品厂有限责任公司
地址：醴陵市东富镇台子上
Tel：0731-23029876

醴陵市三三橡胶有限公司
地址：醴陵市八里庵洲上1号
Tel：0731-23253388

湖南省醴陵市橡胶防水有限公司
地址：醴陵市西山办事处江源村
Tel：0731-23280534

湖南柳化桂成化工有限公司
地址：湖南省株洲市石峰区建设北路1493号
Tel：0731-28362888

湖南智成化工有限公司
地址：湖南省株洲市石峰区建设北路1493号
Tel：0731-28362888

博戈橡胶塑料（株洲）有限公司
地址：湖南省株洲市天元区黑龙江路639号栗雨工业园58区
Tel：0731-28491686

湖南住总家美现代服务业投资发展有限公司
地址：湖南省湘潭市高新区吉安路108号0401004号
Tel：0731-55574321

湖南鼎盛石油化工有限公司
地址：湘潭市九华经济区九华北路1号
Tel：0731-58308103

湖南高星物流园开发有限公司
地址：湖南望城经济开发区望城大道777号
Tel：0731-82022222

快乐购有限责任公司
地址：湖南省长沙市开福区洪山街道金鹰小区综合楼2楼
Tel：0731-82168918

袁隆平农业高科技股份有限公司
地址：长沙市芙蓉区远大二路马坡岭农业高科技园内
Tel：0731-82183111

长沙永固橡胶有限公司
地址：长沙市芙蓉区三湘五金机电水暖市场C区一栋5－6号门面
Tel：0731-82207847

湖南和顺石油股份有限公司
地址：长沙市雨花区万家丽中路二段58号和顺大厦
Tel：0731-82224888

湖南铭伦石油化工有限公司
地址：湖南省长沙市望城区月亮岛街道桑梓社区卧龙湾会所4栋8402号
Tel：0731-82741777

芒果超媒股份有限公司
地址：金鹰影视文化城
Tel：0731-82967188

浏阳市广宇高科技农业有限公司
地址：浏阳市两型产业园
Tel：0731-83408198

湖南省能源销售有限公司
地址：长沙市开福区秀峰街道芙蓉北路388号中国石化湖南长沙石油分公司9楼
Tel：0731-84020520

湖南亚飞海晟实业有限公司
地址：长沙县星沙镇中南汽车世界C15栋110-112、126-128号
Tel：0731-84089167

湖南矿用橡胶有限责任公司
地址：长沙市开福区黑石渡路
Tel：0731-84216558

湖南三维橡胶有限公司
地址：长沙市雨花区韶山南路五金机电市场B区9栋109房
Tel：0731-84223207

湖南石油化工建设有限公司
地址：长沙市开福区湘雅路381号3栋107房
Tel：0731-84223788

吉尔润科（湖南）石油化工有限公司
地址：长沙市芙蓉区隆平路777号爵世名邸120栋102（B35）号房
Tel：0731-84286666

湖南亚泰生物发展有限公司
地址：长沙经济技术开发区板仓南路9号
Tel：0731-84685345

湖南神隆高科技股份有限公司
地址：长沙市芙蓉区八一路539号亚华大酒店2501房
Tel：0731-84691059

湖南华宇建筑劳务服务有限公司
地址：长沙市芙蓉区惠泽园A1栋608号
Tel：0731-84757638

湖南隆科农资连锁有限公司
地址：长沙市芙蓉区远大二路892号农科院28栋1门302房
Tel：0731-84878985

隆平数字科技有限公司
地址：湖南省长沙市高新开发区文轩路27号麓谷钰园C3栋13层1306、1308、1309号
Tel：0731-85225318

湖南有色国贸有限公司
地址：长沙市天心区劳动西路342号
Tel：0731-8527115

湖南煜坤实业集团有限公司
地址：湖南省长沙市雨花区长沙大道567号运达中央广场商务综合楼37002房
Tel：0731-85283900

湖南海利化工股份有限公司
地址：长沙市芙蓉中路二段251号
Tel：0731-85357800

湖南有色金属投资有限公司
地址：长沙市劳动西路342号有色大厦A栋11楼
Tel：0731-85392399

湖南双威科技有限公司
地址：长沙市雨花区洞井街道韶山南路五金机电市场B区4栋114号二楼
Tel：0731-85478569

湖南活力种业科技股份有限公司
地址：长沙市芙蓉区远大一路719号长沙种业大厦5楼
Tel：0731-85529009

中国石化集团中南石油有限公司
地址：长沙市雨花区梓园路11号中国石化大楼701-702房
Tel：0731-85601325

湖南威圣农林科技有限公司
地址：长沙市芙蓉区韶山北路084号天心大厦1906房
Tel：0731-85773248

湖南省五粮产业发展有限公司
地址：湖南省长沙市开福区营盘东路19号三和大酒店2楼
Tel：0731-85894206

湖南达堡斯达橡胶科技发展有限公司
地址：长沙县星沙镇开元路17号湘商世纪鑫城3103号
Tel：0731-86193177

长沙马王堆农产品股份有限公司
地址：湖南省长沙县黄兴镇打卦岭村山组长沙黄兴海吉星国际农产品物流园
Tel：0731-86308287

住友橡胶（湖南）有限公司
地址：湖南省长沙市长沙县长龙街道凉塘东路1318号
Tel：0731-86407001

长沙市弘达石化设备有限公司
地址：湖南省长沙县黄兴镇0501040栋（湖南长轴科技发展有限公司内）
Tel：0731-86868513

长沙正大有限公司
地址：湖南省长沙市开福区金霞经济开发区广胜路175号
Tel：0731-86902211

湖南合得利橡胶科技有限公司
地址：湖南省长沙市金洲新区金园东路058号
Tel：0731-87802916

湖南神农大丰种业科技有限责任公司
地址：长沙市望城区高塘岭街道雷锋北大道106号
Tel：0731-88258286

信隆现代农业科技有限公司
地址：湖南省长沙市芙蓉区合平路618号华智水稻生物技术有限公司1栋厂房
Tel：0731-88283933

湖南益江清群橡胶有限公司
地址：长沙市雨花区树木岭16号双铁兴苑第1号综合楼2013号
Tel：0731-88288825

湖南省宏尚检测技术股份有限公司
地址：长沙市岳麓区学士街道翰林路112-1号
Tel：0731-88533336

湖南农夫科技有限公司
地址：长沙市高新区麓谷大道662号软件中心大楼后栋3楼327房
Tel：0731-88607196

中化石油湖南有限公司
地址：长沙市天心区新韶东路318号天心创业大厦二楼西头
Tel：0731-88738117

长沙先导城市资源投资有限公司
地址：湖南省长沙市岳麓区洋湖景园商务中心西楼701-716、915-916号
Tel：0731-88768846

湖南新大新股份有限公司
地址：长沙市雨花区芙蓉中路三段569号湖南商会大厦西塔十七楼
Tel：0731-88786999

湖南安淳高新技术有限公司
地址：湖南省长沙市高新技术产业开发区麓枫路65号
Tel：0731-88958610

湖南春光现代农业有限公司
地址：长沙高新开发区汇智中路169号金导园一期工业厂房A区3栋204房
Tel：0731-88969970

湖南省和信诚能源化工有限公司
地址：湖南省长沙市芙蓉区马王堆街道晚报大道南明苑时速风标九楼907室
Tel：073189678692

湖南房乐汇地产服务有限公司
地址：湖南省长沙市天心区劳动西路289号嘉盛商业广场11003室
Tel：0731-89717929

湖南先导中石化能源有限公司
地址：湖南省长沙市高新区岳麓大道与明湖路交叉口西侧
Tel：0731-89781165

隆平现代农业科技服务有限公司
地址：长沙高新开发区沿高路15号隆平高科麓谷基地检测中心办公楼101-513室
Tel：0731-89929315

湖南欣港集团有限公司
地址：长沙市天心区湘府西路222号华菱大厦1208室
Tel：0731-89952086

湖南农人公社电子商务有限公司

地址：长沙市芙蓉区浏阳河大道一段588号红橡华园1栋第18层
………………………Tel：0731-89973333

衡阳振利橡胶股份有限公司
地址：湖南省衡阳市衡南县云集工业园鸿兴路8号
………………………Tel：0734-2633588

耒阳市诚昌橡胶有限公司
地址：湖南耒阳市经济开发区东二路南段
………………………Tel：0734-2816988

国荣（常宁）橡胶工业有限公司
地址：湖南省衡阳市常宁市常荫东路（原常宁药材公司内）
………………………Tel：0734-7264378

湖南省瓦松铁路建设投资有限责任公司
地址：湖南省常宁市水口山镇渡西1栋
………………………Tel：0734-7516699

湖南晟茂橡胶制品有限公司
地址：衡阳市雁峰区光明路20号
………………………Tel：0734-8213650

衡阳市石油化工集团公司
地址：衡阳市石鼓区青山街124号
………………………Tel：0734-8293521

湖南裕华科技集团股份有限公司
地址：衡阳市珠晖区金甲岭
………………………Tel：0734-8306026

湖南红光物流有限公司
地址：衡阳市珠晖区东阳渡镇南村38号
………………………Tel：0734-8363001

衡阳宏润橡胶有限公司
地址：衡阳市蒸湘区北塘村55号
………………………Tel：0734-8419988

衡阳市湘源新型城镇化投资建设有限公司
地址：湖南省衡阳市高新区华兴街道三江路15号
………………………Tel：0734-8877007

郴州顺势为农产品有限公司
地址：湖南省郴州市苏仙区苏仙岭街道城东路22号
………………………Tel：0735-2860163

安仁县中兴橡胶有限公司
地址：安仁县清溪镇青路村干桥组
………………………Tel：073-55224531

永兴县永兴冰糖橙有限责任公司
地址：湖南省郴州市永兴县便江街道城郊村观前组
………………………Tel：0735-5564183

安乡县现代农业文化旅游投资有限公司
地址：湖南省常德市安乡县大鲸港镇西城社区创新创业园双创大楼601-4
………………………Tel：0736-4358898

常德市中南特种橡胶制品有限公司
地址：常德市武陵区芷兰街道办事处荷花社区荷花路139号
………………………Tel：0736-7168633

湖南双狮橡胶制品有限责任公司
地址：湖南省常德市武陵区东江乡新安村常德大道1908号（武陵工业园新区）
………………………Tel：0736-7792654

益阳益神橡胶机械有限公司
地址：益阳市环园路18号
………………………Tel：0737-4236842

益阳橡胶塑料机械集团有限公司
地址：益阳高新区东部产业园如舟路78号
………………………Tel：0737-4299404

中央储备粮益阳直属库有限公司
地址：益阳市高新区迎宾西路488号
………………………Tel：0737-6180882

湖南省涟源市环宇橡胶制品厂（普通合伙）
地址：涟源市石马山镇人民东路
………………………Tel：0738-4823888

湖南宜化化工有限责任公司
地址：湖南省冷水江市禾青镇
………………………Tel：0738-5276312

湖南汉尔橡胶营销管理有限公司
地址：湖南省娄底市娄星区氐星路万豪城市广场1908室
………………………Tel：0738-8212241

娄底市瑞克橡胶有限公司
地址：娄底市经济开发区洪冠街20号（太和工业园内）
………………………Tel：0738-8626099

娄底市湘中石油化工销售有限责任公司
地址：娄底市娄星区杉山镇杉山村
………………………Tel：0738-8686600

娄底市涟钢大同橡胶有限责任公司
地址：娄底市娄星区高溪工业园百花路万新街东南角
………………………Tel：0738-8690183

湖南先导能源有限公司
地址：湖南省娄底市新化县经济开发区勤三村梅山民俗文化村2期1栋
………………………Tel：0738-8786666

湖南先导能源有限公司
地址：湖南省娄底市新化县经济开发区勤三村梅山民俗文化村2期1栋
………………………Tel：0738-8786666

湖南省天骄富森塑料橡胶有限公司
地址：湖南省邵阳市邵东市火厂坪镇木林村
………………………Tel：0739-2639811

邵阳市宝庆新能源有限责任公司
地址：邵阳市北塔区云山路江馨裕泽园9栋1单元2楼
………………………Tel：0739-5276332

湖南省烟草公司湘西自治州公司
地址：吉首市人民南路118号
………………………Tel：0743-8568526

湖南奥谱隆科技股份有限公司
地址：怀化市经开区河西大道北侧农副产品交易中心4栋2楼
………………………Tel：0745-2329168

洪江市新昌石化有限责任公司
地址：湖南省怀化市洪江市黔城镇雪峰大道（市人社局二楼）
………………………Tel：0745-2990089

永州协威橡胶工业有限公司
地址：湖南永州市蓝山县工业园
………………………Tel：0746-2268704

永州市协荣橡胶制品有限公司
地址：湖南省永州市祁阳县工业园区内（长流路以北湖南凯盛鞋业D5、D6厂房）
………………………Tel：0746-3399689

江永中合实业发展有限公司
地址：湖南省江永县行政中心5022、5025房
………………………Tel：0746-5730750

湖南衡光农业发展集团有限公司
地址：湖南省永州市零陵区富家桥镇晓里塘村四组
………………………Tel：0746-6376969

永州市零陵交通建设投资有限责任公司
地址：湖南省永州市零陵区萍洲中路88号
………………………Tel：0746-6663789

湖南省联泰石油有限责任公司
地址：湖南省邵永高速公路冷水滩服务区
………………………Tel：0746-8328497

广东省

中石化广州工程有限公司
地址：广州市天河区体育西路191号A塔3301房（仅限办公用途）
………………………Tel：020-22192972

广州唯品会数据科技有限公司
地址：广州市海珠区广州大道南788号自编15栋之134房
………………………Tel：020-22330000

唯品会（中国）有限公司
地址：广州市荔湾区芳村花海街20号自编6号楼
………………………Tel：020-22330000

广州唯品会信息科技有限公司
地址：广州市荔湾区芳村花海街20号自编1-5号楼（仅作写字楼功能使用）
………………………Tel：020-22330000

延长壳牌（广东）石油有限公司
地址：广州市天河区珠江新城珠江东路32号利通广场规划设计楼层39层全层单元（自编楼层41层全层单元）
………………………Tel：020-22397388

广州晶东贸易有限公司
地址：广州市黄埔区九龙镇九龙工业园凤凰三横路89号1号库房301
………………………Tel：020-22615500

中铁物资集团华南有限公司
地址：广州市越秀区东风东路745号东山紫园商务大厦1701-1705房
………………………Tel：020-28079988

广州建滔国际石油化工码头有限公司
地址：广州市南沙区坦头管理区
………………………Tel：020-28655555

广州市中经石油化工有限公司
地址：广州市黄埔区埔南路2号129房（仅限办公用途）
………………………Tel：020-28808768

广州市睿唐投资控股集团有限公司
地址：广州市高新技术产业开发区科学城开源大道188号H栋厂房三层A01房
………………………Tel：020-32168028

广东金盛石油化工有限公司
地址：广东省广州市南沙区黄阁镇小虎南三路20号2楼
………………………Tel：020-32686835

广东省石油化工建设集团有限公司
地址：广州市海珠区同福中路293号
………………………Tel：020-34375338

广州永盈橡胶制品有限公司
地址：广州市番禺区化龙镇国贸大道南55号（厂房一）
………………………Tel：020-34509707

广州港发石油化工码头有限公司
地址：广州市南沙区南沙街港前大道南162号第十七层自编1812单元
………………………Tel：020-34681621

广州市星创达石化有限公司
地址：广州市南沙区万顷沙镇福安村新安工业园内（仅限办公用途）
………………………Tel：020-34811158

广州天沅硅胶机械科技有限公司
地址：广州市番禺区石基镇海涌路115号
………………………Tel：020-34860132

广东拉多美化肥有限公司
地址：广州市南沙区东涌镇三沙港路28号
………………………Tel：020-34900666

广州世霸龙保温材料有限公司
地址：广州市南沙区东涌镇天益村工业二园10-11号
………………………Tel：020-34908716

中国烟草总公司广东省公司
地址：广东省广州市天河区珠江西路15号第6、59-67层
………………………Tel：020-35668135

广州市君达橡胶沥青材料有限公司
地址：广州市天河区体育东路140-148号2803-2810房A07房（仅限办公）
………………………Tel：020-36241156

广州市瑞合新材料科技有限公司
地址：广州市花都区秀全街风神大道自编168号（可作厂房使用）
………………………Tel：020-36896507

广州中保国际贸易有限公司
地址：广州市花都区花东镇九一村空港大道9号B栋801单元（仅限办公用途）
………………………Tel：020-36977245

广东凡世通橡胶有限公司
地址：广州市天河区天源路963号二楼之七
………………………Tel：020-3720085

广东城投投资发展有限公司
地址：广州市天河区珠江西路8号1801房之自编01B单元（自主申报）（仅限办公）(不可做厂房使用)
………………………Tel：020-37266689

广东新裕泰石油化工有限公司
地址：广州市南沙区环市大道中27号1823房（仅限办公用途）
………………………Tel：020-37268056

南海石化（广东）能源有限公司
地址：广州市海珠区广州大道南1601号之三十八101房、201房、301房、401房（仅限办公）
………………………Tel：020-37305655

国储华南投资有限公司
地址：广州市海珠区广州大道南1601号之三十八101房、201房、301房、401房（仅限办公）
………………………Tel：020-37305655

广州畅业橡胶石油设备有限公司
地址：广州市花都区狮岭镇芙蓉高新科技园
………………………Tel：020-37708375

广州雄集橡胶有限公司
地址：广州市南沙区万顷沙镇粤海大道九涌段出口加工区管委会大楼403房之一（仅限办公用途）
………………………Tel：020-37818488

广东宏辉石油化工股份有限公司
地址：广州市天河区林和西路9号1324房（仅限办公用途）
………………………Tel：020-37904932

南方石化集团有限公司
地址：广东省广州市天河区林和西路9号14楼1406-1408房
………………………Tel：020-38100353

南方石化集团有限公司
地址：广东省广州市天河区林和西路9号14楼1406-1408房
………………………Tel：020-38100353

广州市泰富石油化工有限公司
地址：广州市天河区林和西路9号1412房（仅限办公用途）（不可作厂房使用）
………………………Tel：020-38100353

建发（广州）有限公司
地址：广州市天河区冼村路5号第27层04-12房（仅限办公）（不可作厂房使用）
………………………Tel：020-38175800

广东振戎能源有限公司
地址：广东省广州市天河区天府路161号464房
………………………Tel：020-38336000

德致商成集团有限公司
地址：广州市天河区龙口西路1号701、702、703、704、705、706、707、708、709、710房（仅限办公）（不可作厂房使用）
………………………Tel：020-38550202

中化广东有限公司
地址：广州市天河区珠江新城华夏路28号富力盈信大厦13楼1307-1313房
………………………Tel：020-38686368

中石化新海能源有限公司
地址：广州市南沙区市南公路东涌段402房
………………………Tel：020-38763157

嘉汉板业（广州）商贸有限公司
地址：广州市天河区体育西路55号501自编B59（仅限办公）
………………………Tel：020-38773888

广东中石油国际事业有限公司
地址：广州市南沙区港荣二街3号夹层北01房（仅限办公）
………………………Tel：020-38780911

广州福瑞德石油化工有限公司
地址：广州市黄埔区大沙地西6号1号楼101房B09室
………………………Tel：020-39005480

中谷石化（广州）有限公司
地址：广州市天河区中山大道西491号二楼商场221铺006
………………………Tel：020-39005480

广东新途源石油化工有限公司
地址：广州市南沙区进港大道187号尚品一街2号616房
………………………Tel：020-39007170

广东玉博元石油化工有限公司
地址：广州市南沙区美麓二街2号112房A1
………………………Tel：020-39007170

广州金诚石化有限公司
地址：广州市南沙区进港大道187号尚品一街2号616房（临时经营场所）（一址多照）（仅限办公）
………………………Tel：020-39007170

广东超爽石油化工有限公司
地址：广州市南沙区进港大道187号尚品一街2号616房（仅限办公）（临时经营场所）
………………………Tel：020-39007170

广州华南石化交易中心有限公司
地址：广州市南沙区南沙街成汇街2号1003房
………………………Tel：020-39009080

广州悦乐充气橡胶制品有限公司
地址：广州市南沙区东涌镇东涌村自编工业路13号101
………………………Tel：020-39101359

优立美橡塑胶（广州）有限公司
地址：广州市番禺区石基镇永锋路19号(2号厂房)
………………………Tel：020-39207668

蒂普拓普（广州）橡胶技术有限公司
地址：广州市番禺区石基镇金山村华创动漫产业园B7号第一、二层厂房
………………………Tel：020-39934821

广州港牛鑫橡胶有限公司

地址：广州市白云区机场东路10号C栋1-6层306房（仅限办公用途）
…………………………Tel：020-60606060
广州爱其科技有限公司
地址：广州市增城区朱村街横 村康庄路2号
…………………………Tel：020-61739801
广州晋永实业有限公司
地址：广州市番禺区沙头街大富村进村大街5号
…………………………Tel：020-61945050
广州石化建筑安装工程有限公司
地址：广州市黄埔区石化路
………………………… Tel：02062122226
广州大明联合橡胶制品有限公司
地址：广州市花都区港口工业区大明街1号
…………………………Tel：020-62308288
广州中志橡胶科技有限公司
地址：广州市花都区狮岭镇联合村
…………………………Tel：020-62321588
粤海（番禺）石油化工储运开发有限公司
地址：广州市南沙区黄阁镇粤海路1号
…………………………Tel：020-66603088
广州市中穗石油化工发展有限公司
地址：广州市番禺区东环街金山谷创意十街3号706
…………………………Tel：020-66603088
广州江楠鲜品科技有限公司
地址：广州市天河区华夏路16号4705、4706、4707房
…………………………Tel：020-81171123
广东省广盐集团股份有限公司
地址：广东省广州市越秀区中山四路18号
…………………………Tel：020-81587964
广州蔚联橡胶有限公司
地址：广州市荔湾区西 东西路工业三区28号101房（仅限办公用途）
…………………………Tel：020-81622975
广东雄资石油化工集团有限公司
地址：广州市黄埔区广海路26号自编2栋（仅限办公用途）
…………………………Tel：020-82050202
广州港物流有限公司
地址：广州市黄埔区港前路531号
…………………………Tel：020-82152825
广州市浪奇实业股份有限公司
地址：广州市天河区黄埔大道东128号
…………………………Tel：020-82161128
广州宝塔石化有限公司
地址：广州经济技术开发区青年路336号科瑞大厦副楼三楼北面
…………………………Tel：020-82219831
广州市中源石油化工有限公司
地址：广州经济技术开发区志诚大道302号融汇大厦710B房
………………………… Tel：02082223990
广州德润橡胶制品有限公司
地址：广州经济技术开发区东区果园一路2号自编厂房二103、厂房三305
…………………………Tel：020-82371148
广东金姬科技有限公司
地址：广州市黄埔区万达街183号A4
…………………………Tel：020-82389782
广州烨枫能源有限公司
地址：广州市增城增江街陆村村新万社围岭、毬山吓（土名）办公楼B1（仅限办公用途）
…………………………Tel：020-82758975
广州禾芮橡胶精密混练有限公司
地址：广州市增城市石滩镇岗尾村厂房A1
…………………………Tel：020-82909982
卡斯特（广州）橡胶制品有限公司
地址：广州经济技术开发区永和经济区沧海一路7号
…………………………Tel：020-82981828
广州市室内装饰配套公司
地址：广州市越秀区大新路１４４号
…………………………Tel：020-83383301
广州市时代三围码头有限公司
地址：广州市海珠区南洲路148号大院
…………………………Tel：020-83486668
广东中煤进出口有限公司
地址：广东省广州市天河区金穗路1号2601房
…………………………Tel：020-83703702
广州新星投资发展有限公司
地址：广州市越秀区中山三路33号
…………………………Tel：020-83739860
广州市番禺区化龙橡胶厂
地址：广州市番禺区化龙镇工业路
…………………………Tel：020-84754282
广州海宁橡胶有限公司
地址：广州市番禺区化龙镇工业路十四号
…………………………Tel：020-84755686
广州番禺新声橡塑胶有限公司
地址：广州市番禺区莲花山保税加工区灵兴工业区19号F
…………………………Tel：020-84863236
广州适年珠宝首饰有限公司
地址：广州市番禺区石楼镇国康大道岳溪村基金楼
…………………………Tel：020-84866565
广州协大橡胶有限公司
地址：广州市南沙区东涌镇励业路5号
…………………………Tel：020-84905988
广东福伴网络科技有限公司
地址：广东省广州市番禺区大石街沿江中路73号之3A21
…………………………Tel：020-85586095
中化石油广东有限公司
地址：广东省广州市天河区珠江西路15号第30层自编01-08房
…………………………Tel：020-85601000
广州市团结橡胶厂有限公司
地址：广州市越秀区三元里走马岗路33号自编A区108室
…………………………Tel：020-86571079
广州富鑫集团有限公司
地址：广州市越秀区流花路120号自编12幢东方宾馆3001（不可作厂房使用）
…………………………Tel：020-86666701
广州市富莱丰橡胶企业有限公司
地址：广州市花都区赤坭镇白石村渡头旧瓦厂
…………………………Tel：020-86728833
广州国成橡胶有限公司
地址：广州市花都区汽车城东风大道西
…………………………Tel：020-86732328
广州飞旋橡胶有限公司
地址：广州市花都区赤坭镇剑岭
…………………………Tel：020-86748413
广东省广垦橡胶集团有限公司
地址：广东省广州市天河区粤垦路38号3层
…………………………Tel：020-87089486
广东广安冠德石化有限公司
地址：广州市天河区华穗路406号之二（A4-2）2904房（仅限办公用途）
…………………………Tel：020-87096025
中垦天然橡胶种业股份有限公司
地址：广州市天河区东莞庄路省农垦总局大院自编45号604房
…………………………Tel：020-87291997
广东省广垦橡胶集团销售有限公司
地址：广州市天河区粤垦路38号4层（仅作办公功能用）
…………………………Tel：020-87294034
新星石油广州有限公司
地址：广州市越秀区环市东路477号7楼B
…………………………Tel：020-87304261
广州聚元投资发展有限公司
地址：广州市南沙区龙穴岛龙穴大道中路13号7楼X7093（仅限办公用途）（HL）
…………………………Tel：020-87346388
广州元亨能源有限公司
地址：广州市越秀区东风东路850号锦城大厦1801室
…………………………Tel：020-87346388
广州卓粤橡胶制品有限公司
地址：广州市白云区太和镇龙归永兴村十九社榕树塘自编6号
…………………………Tel：020-87479485
广州市健宇橡胶制品有限公司
地址：广州市白云区太和镇谢家庄西新南街5号
…………………………Tel：020-87486137
广东天禾农资股份有限公司
地址：广州市越秀区东风东路709号
…………………………Tel：020-87773051
万力轮胎股份有限公司
地址：广州市从化鳌头镇万力路3号
…………………………Tel：020-87880830
广州市华南橡胶轮胎有限公司
地址：广州市番禺区东环街东环路116号
…………………………Tel：020-87880830
广州中安实业发展集团有限公司
地址：广州市从化区街口街河滨南路37号202房（商铺）
…………………………Tel：020-87887788
广东省土产进出口（集团）有限公司
地址：广州市海珠区江南大道中１０８号
…………………………Tel：020-89306002
广州鼎经供应链管理有限公司
地址：广州市花都区绿港三街1号广州空港中心D栋404-9室（空港花都）
…………………………Tel：020-89309420
广州越秀风行食品集团有限公司
地址：广州市天河区广州大道中路628号12楼
…………………………Tel：020-89910547
深圳市前海中企国储石化有限公司
地址：深圳市前海深港合作区南山街道桂湾片区二单元前海卓越金融中心（一期）8号楼2305D
…………………………Tel：027-87161625
中勘捷泰石油天然气化工有限公司
地址：深圳市前海深港合作区前湾一路1号A栋201室（入驻深圳市前海商务秘书有限公司）
………………………… Tel：02868207158
中油国际石化能源投资管理（深圳）有限公司
地址：深圳市前海深港合作区前湾一路1号A栋201室（入驻深圳市前海商务秘书有限公司）
…………………………Tel：029-68769772
深圳前海港航石化供应链管理有限公司
地址：深圳市前海深港合作区前湾一路鲤鱼门街一号前海深港合作区管理局综合办公楼A栋201室（入驻深圳市前海商务秘书有限公司）
…………………………Tel：0411-8676856
恒泰国际控股（广州）有限公司
地址：广州市天河区天河路490号1902室B27（仅限办公用途）
…………………………Tel：0531-81797171
深圳鸿鑫商业保理有限公司
地址：深圳市前海深港合作区前湾一路1号A栋201室（入驻深圳市前海商务秘书有限公司）
…………………………Tel：0535-6617561
广州华旭商贸有限公司
地址：广州市越秀区沿江中路298号裙楼首层夹层自编A01
…………………………Tel：0591-88706706
阳江市远达石化有限公司
地址：阳江市东怡商住小区商铺第30号
…………………………Tel：0662-3303990
阳江市阳东坚固橡胶制品有限公司
地址：阳江市阳东区工业园永兴五路
…………………………Tel：0662-6602878
广东鹏锦实业有限公司
地址：揭阳市揭东经济开发区２０６国道西侧（光大码头隔壁）
…………………………Tel：0663-3286938
广东奇鹏生物科技有限公司
地址：揭阳市揭东经济开发试验区206国道西侧
…………………………Tel：0663-3291228
广东速力实业股份有限公司
地址：揭阳市揭东经济开发区新型工业园夏新路
…………………………Tel：0663-3295628
揭阳市天阳模具有限公司
地址：揭阳空港经济区 台镇天鹅山
…………………………Tel：0663-3351575
揭阳市三农优化投资有限公司
地址：广东省揭阳市揭西县京溪园镇新洪村老虎径地段（茶博馆之二）
…………………………Tel：0663-5598911
广东冠东石化产品交易中心有限公司
地址：普宁市普宁商业街第44栋
…………………………Tel：0663-7677777
广东新泉通石油化工有限公司
地址：普宁市普宁商业街第44栋第2层自编086号
…………………………Tel：0663-7677777
广东新明华石油化工有限公司
地址：普宁市普宁商业街第44栋第2层自编039号
…………………………Tel：0663-7677777
广东瀚星海石化有限公司
地址：普宁市普宁商业街第44栋首层自编181号
…………………………Tel：0663-7677777
广东金安祺石油化工有限公司
地址：普宁市普宁商业街第44栋第2层自编026号
…………………………Tel：0663-7677777
广东乾润石化有限公司
地址：普宁市普宁商业街第44栋首层自编207号
…………………………Tel：0663-7677777
广东星盛石化有限公司
地址：普宁市普宁商业街第44栋第2层自编097号
…………………………Tel：0663-7677777
揭阳冠盛石油化工有限公司
地址：揭阳空港经济区渔湖镇长美村渡向畔
…………………………Tel：0663-8329189
茂名市狮特龙橡胶企业集团有限公司
地址：茂名市电白区沙院镇工业园
…………………………Tel：0668-2221249
茂名市环球橡胶制品有限公司
地址：茂名市电白区沙院镇何屋
…………………………Tel：0668-2221249
茂名市橡胶制品有限公司
地址：茂名市新坡路62号
…………………………Tel：0668-2221249
茂名万汇石化交运有限公司
地址：茂名市红旗北路90号大院
…………………………Tel：0668-2229392
广东众和石化有限公司
地址：茂名市光华北路28号永盛大厦四楼
…………………………Tel：0668-2231893
茂名石化液化空气气体有限公司
地址：广东省茂名石化工业区管委办办公楼101室
…………………………Tel：0668-2241961
广东茂化建集团有限公司
地址：茂名市厂前西路６号
…………………………Tel：0668-2242653
茂名石化实华股份有限公司
地址：茂名市官渡路１６２号
…………………………Tel：0668-2243965
茂名实华东成化工有限公司
地址：茂名市官渡路162号
…………………………Tel：0668-2243965
茂名实华东油化工有限公司
地址：茂名市环市北路茂南石化工业园区
…………………………Tel：0668-2243965
广东新华粤石化集团股份公司
地址：茂名市油城四路18号
…………………………Tel：0668-2245686
广东华锦达新材料科技有限公司
地址：广东省茂名高新技术产业开发区恒基路139号5栋307-G2室
…………………………Tel：0668-2246668
茂名市恒威橡胶制品有限公司
地址：茂名市大塘西路40号
…………………………Tel：0668-2255319
茂名市大泽天科技发展有限公司
地址：茂名市环市北路59-5号
…………………………Tel：0668-2268908
中国石化集团茂名石油化工有限公司
地址：茂名市双山四路9号大院8号楼
…………………………Tel：0668-2269317
茂名石化南海精细化工有限公司
地址：茂名高新技术产业开发区七迳镇高水路西侧乙烯厂区5号（综服C楼）901房
…………………………Tel：0668-2269317
广东南油石化有限公司
地址：茂名市环市西路大玉山路段
…………………………Tel：0668-2392838
广东茂化国际贸易有限公司
地址：广东省茂名市茂名大道高新段698号（国家危险化学品质量监督检验中心五楼）
…………………………Tel：0668-2616616
茂名市高琦石化投资有限公司
地址：茂名市高新区管委会大楼6楼604室
…………………………Tel：0668-2696666
茂名石化巴斯夫有限公司
地址：广东省茂名高新技术产业开发区

茂水路高新段98号
…………………Tel：0668-2727527

茂名市洪河石油化工有限公司
地址：茂名市官山四路101号大院2号301房A1
…………………Tel：0668-2751689

茂名海和石油化工有限公司
地址：茂名市茂南区环市北路59-1-1号（茂南石化工业园内）
…………………Tel：0668-2758612

广东凯亚石化有限公司
地址：茂名市电白区谭莲开发区
…………………Tel：0668-2761988

广东荣标石油化工有限公司
地址：茂名市高凉中路9号大院1号第3层3号房
…………………Tel：0668-2791198

广东和大工程物资有限公司
地址：茂名市新福四路188号汇景新城
…………………Tel：0668-2792168

广东兴达石油化工有限公司
地址：茂名市油城五路28号大院13号201房
…………………Tel：0668-2801666

中东石油炼化股份有限公司
地址：茂名市光华南路67号三楼
…………………Tel：0668-2810128

广东恒汇实业发展有限公司
地址：茂名石化工业区管委办办公楼501室
…………………Tel：0668-2811222

广东晋兴橡胶制品有限公司
地址：茂名市茂南区茂南大道西段北面C栋二楼206房
…………………Tel：0668-2829918

茂名市港安石油化工有限公司
地址：茂名市光华南路文光街8号7楼
…………………Tel：0668-2830995

茂名市城区农村信用合作联社
地址：茂名市双山四路12号
…………………Tel：0668-2831963

中俄石油天然气股份有限公司
地址：茂名市光华南路67号
…………………Tel：0668-2839102

广东茂名石油集团股份有限公司
地址：茂名市光华南路67号
…………………Tel：0668-2839102

广东恒孚环保科技有限公司
地址：茂名市茂南区环市北路59-2号（茂南石化工业园区内）
…………………Tel：0668-2867678

茂名新金明石油有限公司
地址：茂名市官渡路1号
…………………Tel：0668-2883388

茂名市泰联石化有限公司
地址：茂名市露天矿采矿路华德岭村牌坊旁（华德岭村委屋）
…………………Tel：0668-3382376

茂名天源石化有限公司
地址：茂名市茂南区环市北路59-8号（茂南石化工业园内）
…………………Tel：0668-3937752

茂名市天茂橡胶贸易有限公司
地址：茂名高新技术产业开发区七迳镇厂前居委会厂前村二行十五号二楼228房
…………………Tel：0668-5502389

广东金墩橡胶工业有限公司
地址：高州市石鼓镇金墩工业园区-02号
…………………Tel：0668-6362418

茂名港长兴石化储运有限公司
地址：茂名市电白区电城镇岭脚村博贺新港区规划展示中心楼二楼203房
…………………Tel：0668-7777777

江门坚达橡胶制品厂有限公司
地址：江门市外海麻三工业区
…………………Tel：0750-2034488

开平市添美橡胶原料贸易有限公司
地址：开平市龙胜镇石桥圩新发街22号
…………………Tel：0750-2850999

江门腾晖橡胶有限公司
地址：江门市杜阮北三路15号
…………………Tel：0750-3656999

江门泰鑫橡胶工业有限公司
地址：江门市江海区龙溪路114号1幢首层
…………………Tel：0750-3969356

台山市信诚橡胶有限公司
地址：台山市西湖外商投资示范区
…………………Tel：0750-5585678

江门泰利源橡胶化工有限公司
地址：江门市高新区45号地
…………………Tel：0750-7377200

广东狮特龙实业有限公司
地址：鹤山市沙坪港口路308号
…………………Tel：0750-8538331

橡鸿（惠州）橡胶制品有限公司
地址：博罗县石湾镇中岗管理区
…………………Tel：0752-2033588

惠州市正冠工贸有限公司
地址：惠城区下角禾塘街江边路33号江南丽苑二期B区G栋2层03号房
…………………Tel：0752-2155332

天冠新能源有限公司
地址：惠州大亚湾西区科技创新园科技路1号创新大厦607号房
…………………Tel：0752-2866315

惠州市嘉信橡胶制品有限公司
地址：惠阳区秋长镇官山村委会岭下芳
…………………Tel：0752-3065751

惠州忠信化工有限公司
地址：惠州大亚湾石油化学工业区石化大道中滨海十一路6号
…………………Tel：0752-3096978

惠州市信元橡胶电子有限公司
地址：惠州市仲恺高新区沥林镇泮沥村委会沥镇路209号厂房一楼
…………………Tel：0752-3220830

深圳前海晟欣石油化工有限公司
地址：深圳市前海深港合作区前湾一路1号A栋201室（入驻深圳市前海商务秘书有限公司）
…………………Tel：0752-3266976

中海油惠州石化有限公司
地址：惠州大亚湾澳头石化大道中302号
…………………Tel：0752-3681862

中海石油开氏石化有限责任公司
地址：惠州大亚湾南边灶石化大道中29号信箱
…………………Tel：0752-3681862

中海壳牌石油化工有限公司
地址：广东省惠州市大亚湾石油化学工业区
…………………Tel：0752-3688608

惠州新明珠石油化工有限责任公司
地址：惠州大亚湾澳头荃湾港区
…………………Tel：0752-5107189

广东新华粤前兴石化有限公司
地址：惠州大亚湾区上杨富康国际综合楼15楼
…………………Tel：0752-5185881

惠州市东达石化有限公司
地址：惠州大亚湾霞涌石油化学工业区石化大道301号
…………………Tel：0752-5200199

惠州市中茂橡胶制品有限公司
地址：惠州大亚湾西区塘布村
…………………Tel：0752-5203022

惠州惠印石油化工有限公司
地址：惠州大亚湾惠州港区内
…………………Tel：0752-5533611

惠州大诚石油化工有限公司
地址：广东省惠州市大亚湾惠州港
…………………Tel：0752-5533611

惠州大亚湾晟跃石化有限公司
地址：惠州大亚湾澳头中兴五路103号南山国际1栋1313号房
…………………Tel：0752-5536596

智盛（惠州）石油化工有限公司
地址：惠州市大亚湾区霞涌镇石化大道中滨海十路1号
…………………Tel：0752-5552577

惠州泽华石化仓储码头有限公司
地址：广东省惠州市大亚湾惠州港区
…………………Tel：0752-5555989

惠州大亚湾美誉化工仓储贸易有限公司
地址：惠州大亚湾石化区J1地块
…………………Tel：0752-5556992

华瀛石油化工有限公司
地址：惠州大亚湾区澳头街道海鲜街131号
…………………Tel：0752-5559888

华瀛（惠州大亚湾）石化码头仓储有限公司
地址：惠州大亚湾区澳头街道海鲜街131号
…………………Tel：0752-5559888

广东惠州天然气发电有限公司
地址：惠州大亚湾经济技术开发区石化工业园
…………………Tel：0752-5587160

李长荣（惠州）高新材料有限公司
地址：广东省惠州市大亚湾经济技术开发区石化工业区
…………………Tel：0752-5596646

惠州李长荣橡胶有限公司
地址：惠州市大亚湾经济技术开发区石化区J2地块
…………………Tel：0752-5599000

惠州市永诚硅橡胶制品有限公司
地址：惠州仲恺高新区陈江街道元晖路8-1号（厂房一）一、二层
…………………Tel：0752-5707033

惠州伊斯科新材料科技发展有限公司
地址：惠州大亚湾澳头石化大道中328号
…………………Tel：0752-5765856

惠州恒富石化实业有限公司
地址：惠州大亚湾南山国际大厦A区11楼1118-1120号房
…………………Tel：0752-5821702

中海油国际货运代理有限公司
地址：惠州大亚湾石化大道16号
…………………Tel：0752-5951110

中海石油（惠州）物流有限公司
地址：惠州大亚湾霞涌石化大道中滨海十二路9号
…………………Tel：0752-5952609

联铭橡胶（惠东）工业有限公司
地址：广东省惠州市惠东县太阳工业城
…………………Tel：0752-6531177

金麟橡胶五金化工（惠东）有限公司
地址：惠州市惠东县平山镇民营科技工业园区
…………………Tel：0752-6531177

梅州市日昇橡胶传动带有限公司
地址：梅县畲江镇广州（梅州）产业转移工业园
…………………Tel：0753-2486812

卡莱（梅州）橡胶制品有限公司
地址：梅州市梅县雁洋镇瓜坪顶
…………………Tel：0753-2826222

广东惠昌源实业有限公司
地址：五华县横陂镇坡头下
…………………Tel：0753-4189218

广东广澳宏田石化码头有限公司
地址：汕头市濠江区汕头港广澳港区内联检大楼7楼
…………………Tel：0754-83904108

汕头市大明液化石油气有限公司
地址：汕头市潮阳区海门镇笔架山库区
…………………Tel：0754-86612345

广东中石油昆仑液化气有限公司
地址：汕头市濠江区磊口村塔头危险品库区得源综合楼二楼
…………………Tel：0754-88171280

汕头北斗航天石化港区有限公司
地址：汕头市潮阳区海门镇西南门居委海尖路(汕头市大明液化石油气有限公司A区范围内之二)307房
…………………Tel：0754-88789888

广东金源昌投资集团有限公司
地址：汕头市金平区金园工业区潮汕路与金兴路交界西南角1C3-1号
…………………Tel：0754-88793883

中铁多经（深圳）建设有限公司
地址：深圳市深汕特别合作区赤石镇园林北区慧鸿大厦B-1楼
…………………Tel：0755-21097072

深圳市惠德新能源环保科技有限公司
地址：深圳市宝安区新安街道上合社区33区裕安二路131号星辉工业区2栋309
…………………Tel：0755-21636550

深圳肯信集团有限公司
地址：深圳市福田区深南中路与同心路交汇处中信城市广场办公楼第16层16B-1
…………………Tel：0755-22163288

深圳市前海国源石油化工有限公司
地址：深圳市前海深港合作区前湾一路鲤鱼门街一号前海深港合作区管理局综合办公楼A栋201室（入驻深圳市前海商务秘书有限公司，经营场所：福田区滨河路南集华花园裙楼2层2A53号）
…………………Tel：0755-22284056

深圳市中石化荣达加油站有限公司
地址：深圳市罗湖区东湖街道盐排高速公路南面
…………………Tel：07552320538

深圳慈航资本发展有限公司
地址：深圳市罗湖区莲塘街道仙湖社区国威路72号莲塘第一工业区111栋五层
…………………Tel：0755-22370199

深圳市前海鑫德金石油化工贸易有限公司
地址：深圳市前海深港合作区前湾一路1号A栋201室（入驻深圳市前海商务秘书有限公司）经营场所：深圳市福田区国际商会大厦B座0204单元062号
…………………Tel：0755-22370199

深圳市立圣投资有限公司
地址：深圳市罗湖区太白路中深石化大厦A栋一层东
…………………Tel：0755-22377399

平安商贸有限公司
地址：深圳市前海深港合作区前湾一路1号A栋201室（入驻深圳市前海商务秘书有限公司）经营场所：深圳市福田区金田路4036号荣超大厦1408室
…………………Tel：0755-22626876

深圳市广源石油股份有限公司
地址：深圳市罗湖区南湖路铂金时代公寓二层商铺201-02
…………………Tel：0755-22658901

深圳市民飞石油化工有限公司
地址：深圳市福田区福田街道岗厦社区金田路3038号现代国际3109A1
…………………Tel：0755-22665648

深圳市前海绿辰石油化工实业有限公司
地址：深圳市前海深港合作区前湾一路1号A栋201室（入驻深圳市前海商务秘书有限公司））经营地址:深圳市南山侨香路4068号智慧广场A座1501
…………………Tel：0755-22670656

深圳川铁投广润实业发展有限公司
地址：深圳市盐田区沙头角街道田心社区沙盐路3018号盐田现代产业服务中心(一期)A座13A
…………………Tel：0755-22746824

深圳市海豪石化有限公司
地址：深圳市罗湖区文锦北路文锦广场文安中心2611
…………………Tel：0755-22955329

深圳市海豪石化有限公司
地址：深圳市罗湖区文锦北路文锦广场文安中心2611
…………………Tel：0755-22955359

力邦合成橡胶纤维（深圳）有限公司
地址：深圳市光明区公明街道西田社区第三工业区力邦研发科技园厂房A栋(1栋)2楼
…………………Tel：0755-23426919

深圳市空港油料有限公司
地址：深圳市宝安区深圳机场航油大厦四楼
…………………Tel：0755-23546800

第五季国际石化（深圳）有限公司
地址：深圳市前海深港合作区前湾一路鲤鱼门街一号前海深港合作区管理局综合办公楼A栋201室（入驻深圳市前海商务秘书有限公司）
…………………Tel：0755-23605878

深圳市火象供应链有限公司
地址：深圳市福田区福田街道福山社区滨河大道5022号联合广场A座1309A室
…………………Tel：0755-23606625

深圳宝塔石油化工有限公司
地址：深圳市福田区福田街道岗厦社区深南大道1003号东方新天地广场C804
…………………Tel：0755-23608512

深圳市前海国油储能石油化工投资有限公司
地址：深圳市宝安区西乡街道盐田社区宝安大道4018号华丰国际商务大厦611
…………………Tel：0755-23615504

新华粤石化（深圳）股份有限公司
地址：深圳市福田区华强北街道通新岭社区红荔路1001号银荔大厦902、903-A13
…………………Tel：0755-23823148

深圳市前海通源石油化工有限公司
地址：深圳市前海深港合作区南山街道临海大道59号海运中心口岸楼3楼L381
…………………Tel：0755-23823148

深圳市前海广陵粤湘石化有限公司
地址：深圳市前海深港合作区前湾一路鲤鱼门街一号前海深港合作区管理局综合办公楼A栋201室（入驻深圳市前海商务秘书有限公司）经营场所：福田区滨

河路南集华花园裙楼2层2A71号
…………………… Tel：0755－23832250
深圳石油化工物联网金融有限公司
地址：深圳市前海深港合作区南山街道临海大道59号海运中心口岸楼3楼A372
…………………… Tel：0755－23832293
深圳市前海燕能联合石油化工有限公司
地址：深圳市前海深港合作区前湾一路1号A栋201室（入驻深圳市前海商务秘书有限公司）经营场所：深圳福田国际商会大厦B座1112A单元41号
…………………… Tel：075523894725
深圳市中汇国华实业有限公司
地址：深圳市龙岗区坂田街道五和大道（南）118号和成世纪名园3栋A座1407室
…………………… Tel：0755－23937763
深圳市全浩贸易有限公司
地址：深圳市福田区福田街道福华三路88号财富大厦38层G
…………………… Tel：0755－23960668
深圳市康大生科贸易有限公司
地址：深圳市福田区福田街道福安社区益田路4068号卓越时代广场大厦2310
…………………… Tel：0755－23984599
深圳国富集团有限公司
地址：深圳市福田区莲花街道福中社区金田路4028号荣超经贸中心B3902
…………………… Tel：075523991202
深圳市大生农业集团有限公司
地址：深圳市福田区沙头街道天安社区深南大道6033号金运世纪大厦23H
…………………… Tel：0755－23995777
深圳前海大生股权投资基金有限公司
地址：深圳市前海深港合作区前湾一路1号A栋201室（入驻深圳市前海商务秘书有限公司）
…………………… Tel：0755－23995777
深圳市大生农资有限公司
地址：深圳市福田区沙头街道天安社区深南大道6033号金运世纪大厦23H
…………………… Tel：0755－23995777
深圳大生农产品全球采购中心有限公司
地址：深圳市福田区沙头街道天安社区深南大道6033号金运世纪大厦23H
…………………… Tel：0755－23995777
深圳市中石化坤达加油站有限公司
地址：深圳市罗湖区东湖街道盐排高速公路北面
…………………… Tel：0755－25031148
深圳洋川贸易合伙企业（有限合伙）
地址：深圳市前海深港合作区前湾一路1号A栋201室（入驻深圳市前海商务秘书有限公司）
…………………… Tel：0755－25061331
深圳市前海深博凯石油化工贸易有限公司
地址：深圳市前海深港合作区前湾一路1号A栋201室（入驻深圳市前海商务秘书有限公司）经营场所：深圳市南山区南山大道新绿岛大厦3A06&3A28
…………………… Tel：0755－25102829
深圳市华德石油化工股份有限公司
地址：深圳市罗湖区笋岗街道田心社区梨园路与梅园路交汇处东北侧深业泰富广场B座1601－12单元
…………………… Tel：0755－25113041
深圳前海新中海石油化工有限公司
地址：深圳市前海深港合作区前湾一路1号A栋201室（入驻深圳市前海商务秘书有限公司）
…………………… Tel：0755－25118033
深圳市中茂橡胶有限公司
地址：深圳市罗湖区人民南路深圳嘉里中心2208房
…………………… Tel：0755－25181822
华彦控股有限公司
地址：深圳市福田保税区红花路长平商务大厦2622
…………………… Tel：0755－25327770
深圳市风华石油有限公司
地址：深圳市福田区北环大道7001号中国石化深圳石油大厦28楼
…………………… Tel：0755－25327770
深圳龙坤石化进出口有限公司
地址：深圳市福田区福田街道岗厦社区彩田路3069号星河世纪A栋1009/1010
…………………… Tel：0755－25335153
深圳市前海深港联合石油化工供应链管理有限公司
地址：深圳市前海深港合作区南山街道临海大道59号海运中心口岸楼3楼F321
…………………… Tel：0755－25338640
深圳市前海中沙石油化工贸易有限公司
地址：深圳市前海深港合作区前湾一路1号A栋201室（入驻深圳市前海商务秘书有限公司）经营场所：深圳南山茶光路1063号一本大楼401－083号
…………………… Tel：0755－25558653
深圳市宏铭橡塑有限公司
地址：深圳市坪山新区坑梓街道沙田社区田脚宝田一路3－1号
…………………… Tel：0755－25589551
深圳九牛石油化工基金有限公司
地址：深圳市南山区南头街道前海路星海茗城七期振业国际商务中心2706－2708
…………………… Tel：0755－25897229
深圳市前海金丰石油有限公司
地址：深圳市前海深港合作区前湾一路1号A栋201室（入驻深圳市前海商务秘书有限公司）
…………………… Tel：0755－25978641
中海油信息科技有限公司
地址：深圳市南山区粤海街道蔚蓝海岸社区后海滨路3168号中海油大厦B3305
…………………… Tel：0755－26022920
深圳市广聚亿升石油化工储运有限公司
地址：深圳市南山区妈湾大道41号
…………………… Tel：0755－26392910
深圳雨安石化有限公司
地址：深圳市前海深港合作区前湾一路1号A栋201室（入驻深圳市前海商务秘书有限公司）经营场所：深圳市南山区海德三道195号天利中央商务广场（二期）C－2105
…………………… Tel：075526407376
深圳市前海东川聚石油化工贸易有限公司
地址：深圳市前海深港合作区前湾一路1号A栋201室（入驻深圳市前海商务秘书有限公司）
…………………… Tel：0755－26418896
深圳市前海北联石化有限公司
地址：深圳市前海深港合作区前湾一路1号A栋201室（入驻深圳市前海商务秘书有限公司）；经营场所：深圳福田国际商会大厦B座1101单元72号
…………………… Tel：075526643187
中国南山开发（集团）股份有限公司
地址：深圳市南山区招商街道赤湾社区赤湾六路8号南山开发集团赤湾总部大厦33楼
…………………… Tel：0755－26675085
长园长通新材料股份有限公司
地址：深圳市光明新区公明办事处楼村社区第一工业区浩轩工业园A1栋、C栋、G栋
…………………… Tel：0755－26717899
深圳合丰橡胶制品有限公司
地址：深圳市宝安区沙井街道新桥社区新发工业区丰益科技工业园B1,B2,B3,B4,C厂房第一层
…………………… Tel：0755－26792910
深圳海星港口发展有限公司
地址：深圳市前海深港合作区妈湾大道1027号
…………………… Tel：0755－26823000
格萃能源科技（深圳）有限公司
地址：深圳市南山区太子路海景广场17H室
…………………… Tel：075526861841
深圳市深南燃气有限公司
地址：深圳市南山区南山大道3093号
…………………… Tel：0755－26896560
深圳石化能源控股有限公司
地址：深圳市南山区南山大道1088号南园枫叶大厦11E
…………………… Tel：0755－26908536
深圳市前海中航石油化工有限公司
地址：深圳市前海深港合作区前湾一路A栋201号（入驻深圳市前海商务秘书有限公司）经营地址：深圳市南山区粤海街道深南大道9680号大冲商务中心1号楼2805
…………………… Tel：0755－26916246
东莞贝通工业发展有限公司
地址：东莞市港口大道（沙田段）虎门港中心服务区虎门港服务大楼1楼101－2
…………………… Tel：0755－26939072
深圳市思贝克时代科技有限公司
地址：深圳市南山区粤海街道深南大道大冲商务中心D座18楼1820
…………………… Tel：0755－26939072
深圳市芭田生态工程股份有限公司
地址：深圳市南山区高新技术园学府路63号联合总部大厦30、31楼
…………………… Tel：0755－26955688
和原生态控股股份有限公司
地址：深圳市南山区粤海街道高新技术园学府路63号联合总部大厦30楼30A室
…………………… Tel：0755－26955688
深圳市前海天业莱德供应链管理有限公司
地址：深圳市前海深港合作区前湾一路1号A栋201室（入驻深圳市前海商务秘书有限公司）
…………………… Tel：0755－26997701
台翔橡胶（深圳）有限公司
地址：深圳市光明新区公明街道李松社区第一工业区第六栋
…………………… Tel：0755－27126057
茂联橡胶制品（深圳）有限公司
地址：深圳市宝安区松岗街道沙浦围社区第二工业区碧朗路34号
…………………… Tel：0755－27133601
深圳市华永锋科技有限公司
地址：深圳市光明区马田街道新庄社区将石社区同富工业区A栋厂房3201
…………………… Tel：0755－27151881
永德利硅橡胶科技（深圳）有限公司
地址：深圳市光明新区公明办事处下村社区第三工业区4号、11号
…………………… Tel：0755－27163033
恒通橡胶制品（深圳）有限公司
地址：深圳市光明新区公明办事处合水口社区下朗工业区第二十九、三十、三十一栋
…………………… Tel：0755－27168832
深圳市森城橡胶有限公司
地址：深圳市光明新区公明上村上辇民福巷7号森城科技工业园
…………………… Tel：0755－27168902
华清国际贸易（深圳）有限公司
地址：深圳市前海深港合作区前湾一路1号A栋201室（入驻深圳市前海商务秘书有限公司）
…………………… Tel：0755－27307405
华清中曦投资控股（深圳）有限公司
地址：深圳市前海深港合作区前湾一路1号A栋201室（入驻深圳市前海商务秘书有限公司）
…………………… Tel：0755－27307405
华清聚能产业控股（深圳）有限公司
地址：深圳市前海深港合作区前湾一路1号A栋201室（入驻深圳市前海商务秘书有限公司）
…………………… Tel：0755－27307405
华清国际贸易（深圳）有限公司
地址：深圳市前海深港合作区前湾一路1号A栋201室（入驻深圳市前海商务秘书有限公司）
…………………… Tel：0755－27307405
华清中曦投资控股（深圳）有限公司
地址：深圳市前海深港合作区前湾一路1号A栋201室（入驻深圳市前海商务秘书有限公司）
…………………… Tel：0755－27307405
华清聚能产业控股（深圳）有限公司
地址：深圳市前海深港合作区前湾一路1号A栋201室（入驻深圳市前海商务秘书有限公司）
…………………… Tel：0755－27307405
深圳市联裕石油化工有限公司
地址：深圳市前海深港合作区前湾一路1号A栋201室（入驻深圳市前海商务秘书有限公司）经营场所：深圳市南山区南海大道西海岸大厦3M.3N－2
…………………… Tel：0755－27336046
深圳市前海京融石化有限公司
地址：深圳市前海深港合作区前湾一路1号A栋201室（入驻深圳市前海商务秘书有限公司）
…………………… Tel：0755－27336046
新易供销管理（深圳）有限公司
地址：深圳市南山区粤海街道南油社区东滨路3036号南油文化广场1F－32＃五楼
…………………… Tel：0755－2750263
丸一橡胶（深圳）有限公司
地址：深圳市光明新区公明街道办长圳社区长兴科技工业园43栋
…………………… Tel：0755－27559156
深圳市淇洋石油化工有限公司
地址：深圳市南山区招商街道水湾社区太子路111号水湾1979广场二期15D－15A－9
…………………… Tel：0755－27563368
深圳市慧丰淇洋石油化工有限公司
地址：深圳市前海深港合作区前湾一路1号A栋201室（入驻深圳市前海商务秘书有限公司）
…………………… Tel：0755－27563368
向强橡胶科技（深圳）有限公司
地址：深圳市宝安区沙井　岗松山工业区瑞源路7号
…………………… Tel：0755－27565688
深圳田田圈互联生态有限公司
地址：深圳市宝安区西乡街道凤凰岗社区水库路113诺普信农化股份有限公司办公楼A23层308－309室
…………………… Tel：0755－27697937
日溢橡胶（深圳）有限公司
地址：深圳市龙华区福城街道福民社区润塘工业区1号101
…………………… Tel：0755－28011203
顺泰精密橡胶（深圳）有限公司
地址：深圳市龙华新区观澜悦兴围社区福前路54号
…………………… Tel：0755－28023392
深圳市中洲石油科技有限公司
地址：深圳市龙华区龙华街道油松社区油松路36号A栋3层301
…………………… Tel：0755－28081288
建大橡胶（惠州）有限公司
地址：惠州仲恺高新技术产业开发区沥林镇山陂村（仅限办公）
…………………… Tel：0755－28095282
建泰橡胶（深圳）有限公司
地址：深圳市龙华区大浪街道龙胜社区建泰橡胶(深圳)有限公司厂房整套
…………………… Tel：0755－28095282
建大橡胶（深圳）有限公司
地址：深圳市宝安区大浪街道第三工业区建设路
…………………… Tel：0755－28095282
深圳市利勇安硅橡胶制品有限公司
地址：深圳市龙华区龙华街道龙园社区龙峰一路宝华工业区新2栋整套1层
…………………… Tel：0755－28107078
利高矽橡胶科技（中国）有限公司
地址：深圳市南山区后海大道以东天利中央商务广场（二期）2106－18室
…………………… Tel：0755－28579281
明治橡胶化成（深圳）有限公司
地址：深圳市龙岗区园山街道保安社区沙荷路8号厂房101、厂房201、厂房301、厂房401、厂房501
…………………… Tel：0755－28622601
国联国际石化股份有限公司
地址：深圳市龙岗区龙城街道龙城大道89号正中时代广场B座21楼
…………………… Tel：0755－28939132
深圳前海德信人和石油化工有限公司
地址：深圳市前海深港合作区前湾一路1号A栋201室（入驻深圳市前海商务秘书有限公司）（经营场所：深圳福田滨河路南集华花园裙楼2层－2A－130号）
…………………… Tel：0755－29028287
深圳市小旋风石化能源有限公司
地址：深圳市南山区西丽街道华信息港706
…………………… Tel：0755－29575599
深圳市臻美硅橡胶有限公司
地址：深圳市龙华区观澜街道君子布社区兴发路2号厂房301
…………………… Tel：0755－29679438
耶格尔橡胶塑胶（深圳）有限公司
地址：深圳市龙华区观澜街道桂月路334号硅谷动力汽车电子创业园A9栋一、二楼
…………………… Tel：0755－29832412
深圳利南硅胶科技有限公司
地址：深圳市宝安区公明街道上村社区莲塘工业城C区第28栋三楼A单元
…………………… Tel：0755－29892869
深圳市广裕丰橡胶制品有限公司
地址：深圳市宝安区福海街道桥头社区富桥工业区一区11栋厂房11栋厂房1层－3

层、13栋厂房
…………………… Tel：0755-29929988

深圳华枫石油化工有限公司
地址：深圳市前海深港合作区前湾一路1号A栋201室（入驻深圳市前海商务秘书有限公司）
…………………… Tel：0755-32805990

中能万通石油化工贸易（深圳）有限公司
地址：深圳市福田区福田街道福华三路与金田路交汇处卓悦世纪中心4号楼5楼
…………………… Tel：0755-32891455

深圳市前海石化产品交易清算服务有限公司
地址：深圳市前海深港合作区前湾一路1号A栋201室（入驻深圳市前海商务秘书有限公司）
…………………… Tel：0755-33029666

深圳市丹尔斯顿实业有限公司
地址：深圳市福田区沙头街道滨河大道与东涌路交汇处京基滨河时代广场北区（二期）第1栋09层
…………………… Tel：0755-33037820

深圳市前海昆仑石油化工有限公司
地址：深圳市前海深港合作区前湾一路鲤鱼门街一号前海深港合作区管理局综合办公楼A栋201室（入驻深圳市前海商务秘书有限公司）经营场所：深圳福田滨河路南集华花园裙楼2层2A63号
……………………Tel：0755-3312197

深圳市广慧阳进出口有限公司
地址：深圳市福田区沙头街道滨河大道南京基滨河时代广场北区(二期)1307D1
…………………… Tel：0755-33347963

深圳华大基因农业控股有限公司
地址：深圳市大鹏新区大鹏街道鹏飞路7号A205
…………………… Tel：0755-36352093

深圳市分期乐网络科技有限公司
地址：深圳市南山区粤海街道科苑南路3099号中国储能大厦第23层-27层
…………………… Tel：0755-36378888

深圳乐信电子商贸有限公司
地址：深圳市南山区粤海街道科苑南路3099号中国储能大厦第27层
…………………… Tel：0755-36378888

深圳分期乐贸易有限公司
地址：深圳市南山区粤海街道科苑南路3099号中国储能大厦第23层
…………………… Tel：0755-36378888

深圳联合发展贸易有限公司
地址：深圳市罗湖区东门街道螺岭社区东门中路2110号东方大厦1201
…………………… Tel：0755-36605083

前海海皇石油化工（深圳）有限公司
地址：深圳市前海深港合作区前湾一路1号A栋201室（入住深圳市前海商务秘书有限公司）
…………………… Tel：0755-36806023

深圳前海启沃石油化工投资有限公司
地址：深圳市前海深港合作区梦海大道5033号卓越前海壹号8栋20层2008H单元
…………………… Tel：0755-36823702

深圳前海施惠泽石油化工投资有限公司
地址：深圳市前海深港合作区前湾一路1号A栋201室（入驻深圳市前海商务秘书有限公司）
…………………… Tel：0755-36823702

深圳前海益同石油化工投资有限公司
地址：深圳市前海深港合作区梦海大道5033号卓越前海壹号8栋20层2008I单元
…………………… Tel：0755-36823702

深圳市年轻贝硅橡胶制品有限公司
地址：深圳市福田区福保街道益田社区益田路1005号益田村55栋2单元504
…………………… Tel：0755-36989091

深圳市前海鑫运石化有限公司
地址：深圳市前海深港合作区前湾一路1号A栋201室（入驻深圳市前海商务秘书有限公司）
…………………… Tel：0755-61157908

深圳市福德新型农业有限公司
地址：深圳市前海深港合作区前湾一路1号A栋201室（入驻深圳市前海商务秘书有限公司）
…………………… Tel：0755-61266666

深圳市前海戴龙供应链有限公司
地址：深圳市前海深港合作区前湾一路1号A栋201室（入驻深圳市前海商务秘书有限公司）
…………………… Tel：0755-61370139

深圳市盈泰高精密五金橡胶有限公司
地址：深圳市宝安区沙井街道沙井社区万科翡丽郡花园一期3栋二层2044
…………………… Tel：0755-61512902

鸿胜石化投资（深圳）有限公司
地址：深圳市前海深港合作区前湾一路1号A栋201室（入驻深圳市前海商务秘书有限公司）
…………………… Tel：0755-66619657

恒力华南石化销售有限公司
地址：深圳市罗湖区东门街道城东社区深南东路2028号罗湖商务中心3202
…………………… Tel：0755-66855999

粤海石化（深圳）有限公司
地址：深圳市前海深港合作区临海大道59号海运中心主塔楼14楼-14053
…………………… Tel：0755-66855999

深圳得精开智能装备有限责任公司
地址：深圳市宝安区沙井街道万丰社区上城名邸D1803
…………………… Tel：0755-81733030

深圳市恒大互联网农业有限公司
地址：深圳市南山区粤海街道海德三道1126号卓越后海金融中心3503房
…………………… Tel：0755-81995555

中化美林石油化工集团有限公司
地址：深圳市前海深港合作区前湾一路1号A栋201室（入驻深圳市前海商务秘书有限公司）经营场所：深圳福田国际商会大厦A座2209房
…………………… Tel：0755-82036354

深圳市华晟达投资控股有限公司
地址：深圳市福田区八卦四路22号
…………………… Tel：0755-82056650

天下尚品商城有限公司
地址：深圳市宝安区西乡街道广兴源互联网产业基地A区5栋5楼
…………………… Tel：0755-82076258

深圳市庆鹏石油化工经销有限公司
地址：深圳市福田区红荔路1号银盛大厦804号
…………………… Tel：0755-82095588

深圳市喜达康石油化工控股有限公司
地址：深圳市福田区南园街道深南中路1019号万德大厦1706室
…………………… Tel：0755-82137683

深圳市威荣实业有限公司
地址：深圳市罗湖区莲塘街道国威路4号仙桐御景家园丽景轩303房
…………………… Tel：0755-82190950

深圳市商贸通供应链管理有限公司
地址：深圳市福田区深南中路世纪汇广场2301
…………………… Tel：0755-82300011

深圳前海联合石油化工有限公司
地址：深圳市前海深港合作区前湾一路1号A栋201室（入驻深圳市前海商务秘书有限公司）
…………………… Tel：0755-82357201

深圳市倬信石油设备技术有限公司
地址：深圳市龙岗区横岗街道松柏社区横岗大厦505室
…………………… Tel：0755-82357201

深圳市果莱贸易有限公司
地址：深圳市罗湖区深南东路123号百货广场大厦西座九楼
…………………… Tel：0755-82380555

深圳前海方悦石油化工有限公司
地址：深圳市前海深港合作区前湾一路1号A栋201室（入驻深圳市前海商务秘书有限公司）
…………………… Tel：0755-82509200

深圳市友之源石化集团有限公司
地址：深圳市福田区福田街道中康路卓越梅林中心广场（北区）2栋18层
…………………… Tel：0755-82533299

深圳市前海晟通石油化工有限公司
地址：深圳市前海深港合作区前湾一路1号A栋201室（入驻深圳市前海商务秘书有限公司）
…………………… Tel：07558252101

欧孚（深圳）石化有限公司
地址：深圳市福田区福田街道福南社区深南中路3027号嘉汇新城汇商中心2111
…………………… Tel：0755-82559599

深圳万嘉壕实业有限公司
地址：深圳市福田区南园街道南园社区南园路68号上步大厦6层H单元
…………………… Tel：0755-82560024

深圳市前海一方供应链管理有限公司
地址：深圳市前海深港合作区前湾一路1号A栋201室（入驻深圳市前海商务秘书有限公司）
…………………… Tel：0755-82567005

大晟时代文化投资股份有限公司
地址：深圳市罗湖区东门街道城东社区深南东路2028号罗湖商务中心3510-30单元
…………………… Tel：0755-82600892

深圳天沅集团有限公司
地址：深圳市福田区华富街道彩田路7018号新浩壹都A座18层01A单元
…………………… Tel：0755-82706119

深圳市润泰石油化工有限公司
地址：深圳市福田区沙头街道天安社区深南大道6011号NEO绿景纪元大厦A座22A
…………………… Tel：0755-82720800

深圳前海恒润能源石油化工有限公司
地址：深圳市前海深港合作区前湾一路1号A栋201室（入驻深圳市前海商务秘书有限公司）经营场所：深圳市福田区滨河路南集华花园裙楼2层-2A-197号
…………………… Tel：0755-82788871

铜道资源控股有限公司
地址：深圳市福田区福田街道岗厦社区金田路3088号中洲大厦3302
…………………… Tel：0755-82792111

深圳铜道国际商贸有限公司
地址：深圳市盐田区沙头角街道田心社区沙盐路3018号盐田现代产业服务中心(一期)A座31D
…………………… Tel：0755-82792111

云飞虎跨境电子商务有限公司
地址：深圳市盐田区沙头角街道田心社区沙盐路3018号盐田现代产业服务中心(一期)A座31A
…………………… Tel：0755-82792111

深圳市前海新协国际石化投资有限公司
地址：深圳市前海深港合作区前湾一路1号A栋201室(入驻深圳市前海商务秘书有限公司)
…………………… Tel：0755-82876269

深圳前海伟豪石油化工有限公司
地址：深圳市前海深港合作区南山街道临海大道59号海运中心口岸楼3楼G303、G305
…………………… Tel：0755-82876269

深圳市前海泓普石化供应链有限公司
地址：深圳市前海深港合作区前湾一路鲤鱼门街一号前海深港合作区管理局综合办公楼A栋201室（入驻深圳前海商务秘书公司）经营场所深圳福田滨河南集华花园裙楼2层-2A-004号
…………………… Tel：0755-82876269

深圳市前海石油化工产业发展有限公司
地址：深圳市前海深港合作区前湾一路1号A栋201室（入驻深圳市前海商务秘书有限公司）
…………………… Tel：0755-82876480

深圳威宇达石化供应链有限公司
地址：深圳市前海深港合作区前湾一路1号A栋201室（入驻深圳市前海商务秘书有限公司）经营场所：深圳市南山南油大道西西海岸大厦7K
…………………… Tel：0755-82878100

深圳市前海中恒石化有限公司
地址：深圳市前海深港合作区前湾一路鲤鱼门街一号前海深港合作区管理局综合办公楼A栋201室（入驻深圳市前海商务秘书有限公司）经营场所：深圳福田滨河路南集华花园裙楼2层2A83号
……………………Tel：0755-8293079

深圳市前海煌泰石化贸易有限公司
地址：深圳市前海深港合作区前湾一路1号A栋201室（入驻深圳市前海商务秘书有限公司）
…………………… Tel：07558293O828

深圳市前海顺柏石油化工贸易有限公司
地址：深圳市前海深港合作区前湾一路1号A栋201室（入驻深圳市前海商务秘书有限公司）
…………………… Tel：07558293O888

深圳市联合国际石油化工贸易有限公司
地址：深圳市前海深港合作区前湾一路1号A栋201室（入驻深圳市前海商务秘书有限公司）经营场所：深圳市福田区滨河路南集华花园裙楼2层-2A-211号
…………………… Tel：0755-82930888

深圳市前海汇佳石化有限公司
地址：深圳市前海深港合作区前湾一路1号A栋201室（入驻深圳市前海商务秘书有限公司）
…………………… Tel：0755-82930888

深圳市前海明森石油化工贸易有限公司
地址：深圳市前海深港合作区前湾一路鲤鱼门街一号前海深港合作区管理局综合办公楼A栋201室（入驻深圳市前海商务秘书有限公司）经营场所：深圳福田国际商会大厦B座1112A单元42号
…………………… Tel：0755-82930888

深圳市前海富地石油化工有限公司
地址：深圳市前海深港合作区前湾一路1号A栋201室（入驻深圳市前海商务秘书有限公司）（经营场所：深圳市南山区南海大道新能源大厦12层北半层-11B16）
…………………… Tel：0755-82930888

深圳市前海南星石油化工有限公司
地址：深圳市前海深港合作区前湾一路1号A栋201室（入驻深圳市前海商务秘书有限公司）分支机构经营场所：深圳市南山区蛇口新街金色海琴B座108商铺
…………………… Tel：0755-82930888

深圳石油化工金融服务有限公司
地址：深圳市前海深港合作区前湾一路1号A栋201室（入驻深圳市前海商务秘书有限公司）
…………………… Tel：0755-82930901

深圳石油化工互联网金融有限公司
地址：深圳市前海深港合作区前湾一路1号A栋201室（入驻深圳市前海商务秘书有限公司）
…………………… Tel：0755-82931243

深圳信德医疗健康产业发展有限公司
地址：深圳市前海深港合作区前湾一路1号A栋201室（入驻深圳市前海商务秘书有限公司）经营地址：深圳福田国际商会大厦B座1112A单元7号
…………………… Tel：0755-82933174

深圳市石化融通投资担保有限公司
地址：深圳市前海深港合作区前湾一路1号A栋201室（入驻深圳市前海商务秘书有限公司）
…………………… Tel：0755-82933179

深圳市普惠石油化工有限公司
地址：深圳市前海深港合作区前湾一路1号A栋201室（入驻深圳市前海商务秘书有限公司）
…………………… Tel：0755-82934751

广东欣意线缆有限公司
地址：深圳市宝安区西乡街道龙腾社区深圳西乡大道与广深公路交汇处西侧满京华艺峦大厦3座803
…………………… Tel：0755-82936988

深圳华强供应链管理有限公司
地址：深圳市福田区深南中路华强路口电子大楼1栋整栋6层
…………………… Tel：0755-83030552

深圳市深长实业股份有限公司
地址：深圳市福田区北环大道7001号中石化深石油大厦16楼1617房
…………………… Tel：0755-83053127

深圳中石化深燃天然气有限公司
地址：深圳市福田区北环大道7001号中石化深石油大厦1606-1608室
…………………… Tel：0755-83053134

深圳市鑫通融达石油化工有限公司
地址：深圳市前海深港合作区前湾一路1号A栋201室（入驻深圳市前海商务秘书有限公司）
…………………… Tel：075583064525

深圳市前海鲁鹏石油化工有限公司
地址：深圳市前海深港合作区前湾一路1号A栋201室（入驻深圳市前海商务秘书有限公司）经营场所：深圳福田滨河路南集华花园裙楼2层2A87号
…………………… Tel：0755-83128637

深圳市汉源生物科技开发有限公司
地址：深圳市龙岗区布吉街道布吉社区东心岭151号101
…………………… Tel：0755-83253311

深圳市粤深石化集团有限公司
地址：深圳市福田区华强北街道红荔路上步工业区501栋10楼
…………………… Tel：0755-83258033

深圳国科控股集团有限公司
地址：深圳市罗湖区桂园街道老围社区深南东路5016号蔡屋围京基金融中心2301-2303
Tel：0755-83278861

深圳市金麟橡胶有限公司
地址：深圳市坪山区坑梓街道坑梓社区新梓路2号C栋左1101
Tel：0755-83286521

深圳海联石化有限公司
地址：深圳市前海深港合作区前湾一路1号A栋201室（入驻深圳市前海商务秘书有限公司）
Tel：0755-83287444

中亿发投资有限公司
地址：深圳市前海深港合作区前湾一路1号A栋201室（入驻深圳市前海商务秘书有限公司）
Tel：0755-83386888

巨正源股份有限公司
地址：深圳市前海深港合作区前湾一路1号A栋201室（入驻深圳市前海商务秘书有限公司）经营场所：深圳市大鹏新区大鹏街道布心路140号208室
Tel：0755-83395333

中国航油集团新源石化有限公司
地址：深圳市前海深港合作区前湾一路1号A栋201室（入驻深圳市前海商务秘书有限公司）经营地址：深圳市大鹏新区大鹏街道布新路140号206室
Tel：0755-83395333

深圳市前海宏承石油化工有限公司
地址：深圳市前海深港合作区前湾一路1号A栋201室（入驻深圳市前海商务秘书有限公司）
Tel：0755-83440150

中建海西（深圳）石油化工有限公司
地址：深圳市前海深港合作区前湾一路1号A栋201室（入驻深圳市前海商务秘书有限公司）经营场所：深圳市南山区茶光路1063号一本大楼401-126号
Tel：0755-83470955

深圳市前海江山石油化工贸易有限公司
地址：深圳市前海深港合作区临海大道59 号海运中心口岸楼第3层B317
Tel：0755-83547268

深圳市大熙洋国际贸易股份有限公司
地址：深圳市福田区彩田南路中深花园A栋2603
Tel：0755-83547298

深圳市前海中钰石油化工有限公司
地址：深圳市前海深港合作区临海大道59号海运中心主塔楼2118A
Tel：0755-83547661

中国爱地集团有限公司
地址：广东省深圳市福田区滨河路爱地大厦东座16楼1601-1606
Tel：0755-83551971

深圳申润石化有限公司
地址：深圳市福田区莲花街道景田路79号飞顺达汽车大厦一楼102
Tel：0755-83597050

亚立石油化工（深圳）有限公司
地址：深圳市前海深港合作区前湾一路1号A栋201室（入驻深圳市前海商务秘书有限公司）
Tel：0755-83613136

亚立石油化工（深圳）有限公司
地址：深圳市前海深港合作区前湾一路1号A栋201室（入驻深圳市前海商务秘书有限公司）
Tel：0755-83613136

深圳市仁瑞石油化工有限公司
地址：深圳市前海深港合作区前湾一路1号A栋201室（入驻深圳市前海商务秘书有限公司）经营场所：深圳市福田区滨河路南集华花园裙楼2层 2A 192号
Tel：0755-83632299

深圳市前海盈富石化有限公司
地址：深圳市前海深港合作区前湾一路1号A栋201室（入驻深圳市前海商务秘书有限公司）
Tel：075583669516

明彰橡胶（深圳）有限公司
地址：深圳市罗湖区清水河街道泥岗路旭飞华天苑A1414
Tel：0755-83693227

深圳前海锐佳石油化工物资贸易有限公司
地址：深圳市前海深港合作区前湾一路鲤鱼门街一号前海深港合作区管理局综合办公楼A栋201室（入驻深圳市前海商务秘书公司；经营场所：深圳福田滨河路南集华花园裙楼2层2A46）
Tel：0755-83821885

中联通泰实业（深圳）有限公司
地址：深圳市福田区车公庙工业开发区第3小区中联大厦第1层（仅办公）
Tel：0755-83869758

深圳市鼎嘉信息科技有限公司
地址：深圳市南山区粤海街道高新区社区高新南九道10号深圳湾科技生态园10栋B2001-02
Tel：0755-83890390

业舜石油化工（深圳）有限公司
地址：深圳市龙华区大浪街道高峰社区龙观西路2号B902
Tel：0755-83917713

深圳市中天实业有限公司
地址：深圳市罗湖区水贝二路56号特力大厦四楼
Tel：0755-83989317

深圳市兆方石油化工股份有限公司
地址：深圳市福田区彩田南路中深花园A栋2601
Tel：0755-83991177

深圳市前海康源石化贸易有限公司
地址：深圳市前海深港合作区前湾一路1号A栋201室（入驻深圳市前海商务秘书有限公司）
Tel：0755-83999792

深圳市康源石油化工技术有限公司
地址：深圳市南山区滨海大道3012号三诺智慧大厦15楼01-D室
Tel：0755-83999792

深圳市旭泰橡胶制品有限公司
地址：深圳市坪山区龙田街道龙田社区龙窝路12号旭泰工业园
Tel：0755-84119318

深圳市光汇石油化工股份有限公司
地址：深圳市大鹏新区葵涌街道下洞光汇综合楼
Tel：0755-84230998

深圳元盟有机硅制品有限公司
地址：深圳市龙岗区横岗大康莘塘大黄工业区5号1-2层
Tel：0755-84265550

奥司卡橡胶（深圳）有限公司
地址：深圳市龙岗区园山街道大康社区公园路3号6栋办公楼101
Tel：0755-84268453

深圳市前海天汇通石油化工有限公司
地址：深圳市前海深港合作区前湾一路鲤鱼门街一号前海深港合作区管理局综合办公楼A栋201室（入驻深圳市前海商务秘书有限公司）
Tel：0755-86022766

福基橡胶制品（深圳）有限公司
地址：深圳市光明新区公明街道楼村社区公常公路543号
Tel：0755-86033333

深圳潮商（集团）股份有限公司
地址：深圳市南山区科技园科兴路10号汇景花园海典阁29A
Tel：0755-86222000

深圳市广聚投资控股（集团）有限公司
地址：深圳市南山区商业文化中心区海德三道海岸大厦东座716
Tel：0755-86271666

深圳市前海亿晟石油化工有限公司
地址：深圳市前海深港合作区前湾一路1号A栋201室（入驻深圳市前海商务秘书有限公司）
Tel：0755-86396699

深圳市前海正易石油化工贸易有限公司
地址：深圳市前海深港合作区前湾 路1号A栋201室（入驻深圳市前海商务秘书有限公司）（经营场所：深圳福田国际商会大厦B座0204单元020号）
Tel：0755-86514409

华瀛石化（深圳）供应链管理有限公司
地址：深圳市前海深港合作区前湾一路1号A栋201室（入驻深圳市前海商务秘书有限公司）
Tel：0755-86523942

深圳市前海君匯石化有限公司
地址：深圳市前海深港合作区前湾一路1号A栋201室（入驻深圳市前海商务秘书有限公司）
Tel：0755-86533981

深圳市诚来鑫橡胶油有限公司
地址：深圳市南山区登良路南油第二工业区207栋6楼2段648房
Tel：0755-86579031

深圳中京骏实石油化工有限公司
地址：深圳市南山区西丽街道松坪山社区科苑北路78号共享大厦B座305
Tel：0755-86950313

中海油销售深圳有限公司
地址：深圳市南山区粤海街道后海滨路（深圳湾段）3168号中海油大厦B座23层2301-2305、B座24层2405
Tel：0755-87859688

永辉橡胶制品（深圳）有限公司
地址：深圳市福田区福田街道彩田路彩福大厦C座聚福阁32C
Tel：0755-88250242

中扶实业（深圳）有限公司
地址：深圳市前海深港合作区前湾一路1号A栋201室（入驻深圳市前海商务秘书有限公司）经营场所：深圳市南山区蛇口招商大厦431
Tel：0755-88279848

深圳市光汇石化仓储有限公司
地址：深圳市福田区福保街道市花路5号长富金茂大厦62楼6203室
Tel：0755-88295858

深圳市普惠商务有限公司
地址：深圳市前海深港合作区南山街道临海大道59号海运中心口岸楼3楼A330
Tel：0755-88303639

深圳市前海中油石油化工有限公司
地址：深圳市前海深港合作区前湾一路鲤鱼门街前海深港合作区管理局综合办公楼A栋201室（入驻深圳市前海商务秘书有限公司）经营场所深圳福田国际商会大厦B座1114单元01号
Tel：0755-88304424

深圳市国艺园林建设有限公司
地址：深圳市福田区福保街道市花路长富金茂大厦1号楼49层
Tel：0755-88308661

深圳市前海亿鑫科技有限公司
地址：深圳市前海深港合作区前湾一路1号A栋201室（入驻深圳市前海商务秘书有限公司）
Tel：0755-88312230

深圳市前海中化巴陵石化有限公司
地址：深圳市前海深港合作区前湾一路1号A栋201室（入驻深圳市前海商务秘书有限公司）经营场所：深圳市福田区滨河路南集华花园裙楼2层-2A-097号
Tel：0755-88317085

深圳市怡亚通供应链股份有限公司
地址：深圳市宝安区新安街道海旺社区N26区海秀路2021号荣超滨海大厦A座2111
Tel：0755-88393198

深圳市前海怡亚通供应链有限公司
地址：深圳市前海深港合作区前湾一路1号A栋201室（入驻深圳市前海商务秘书有限公司）经营场所：深圳市南山区登良路南侧汉京大厦5G-535
Tel：0755-88393198

中油实利石油化工有限公司
地址：深圳市前海深港合作区前湾一路1号A栋201室（入驻深圳市前海商务秘书有限公司）经营场所：深圳市南山区南海大道新能源大厦12层北半层-11B-23、F11
Tel：0755-88917155

深圳中鹏能源有限公司
地址：深圳市前海深港合作区南山街道临海大道59号海运中心口岸楼3楼A316、A317
Tel：0755-88917187

深圳市扬航贸易有限公司
地址：深圳市福田区南园街道玉田社区上步南路1002号国企大厦永裕楼19B
Tel：0755-89237507

深圳前海万宁石油化工投资有限公司
地址：深圳市前海深港合作区前湾一路1号A栋201室（入驻深圳市前海商务秘书有限公司）
Tel：0755-89303137

美银建筑有限公司
地址：深圳市前海深港合作区前湾一路1号A栋201室（入驻深圳市前海商务秘书有限公司）
Tel：0755-89328879

深圳市安能丰硅橡胶有限公司
地址：深圳市龙岗区平湖街道华南大道一号华南国际五金化工塑料原辅料物流区（一期）M16栋125号（办公住所）
Tel：0755-89634291

深圳华安液化石油气有限公司
地址：深圳市大鹏新区葵涌街道深葵路70号
Tel：0755-89770012

中海石油广东液化天然气有限公司
地址：珠海市横琴环岛北路1680号
Tel：0756-3330700

珠海中油加华石化有限公司
地址：珠海市横琴新区宝华路6号105室-13011
Tel：0756-3333306

珠港石化（广东）有限公司
地址：珠海市横琴新区宝华路6号105室-25341（集中办公区）
Tel：0756-7213776

中谷海港（珠海）石化有限公司
地址：珠海市横琴新区宝华路6号105室-24707（集中办公区）
Tel：0756-7213776

珠海横琴石化产品销售有限公司
地址：珠海市横琴新区横琴创意谷21栋408室-02卡位
Tel：0756-8913408

中科北方（珠海横琴）投资发展有限公司
地址：珠海市横琴新区宝华路6号105室-57614（集中办公区）
Tel：0756-8986692

珠海市农业投资控股集团有限公司
地址：珠海市横琴新区宝华路6号105室-21（集中办公区）
Tel：0756-8996668

佛山市顺德区橡胶厂有限公司
地址：佛山市顺德区勒流街道连杜村天任工业园内（自编）18号厂房
Tel：0757-22226996

广东昊儒硅橡胶制品有限公司
地址：佛山市顺德区北 镇顺江社区居民委员会环镇东路南5号之一
Tel：0757-22278987

艾士达橡胶（佛山）有限公司
地址：广东省佛山市顺德区均安镇均安社区智安北路2号6座首层之二（住所申报）
Tel：0757-25506601

佛山市顺德区奇泰橡胶机械有限公司
地址：佛山市顺德区杏坛镇马东工业区大仔路3号之二
Tel：0757-27688655

佛山市顺德区天地橡胶有限公司
地址：佛山市顺德区勒流镇富安新区
Tel：0757-29993060

珠海市飞霸环保科技有限公司
地址：珠海市横琴新区宝华路6号105室-17638
Tel：0757-3351168

英力士苯领高分子材料（佛山）有限公司
地址：佛山市三水区西南街道金本工业大道61号
Tel：0757-66897899

广东省石油化工职业技术学校
地址：广州市海珠区仑头路23号
Tel：0757-81208130

中聚盛典（广东）电子商务有限公司
地址：佛山市禅城区季华五路57号1座1803之一（住所申报）
Tel：0757-82561482

佛山市华横石油化工有限公司
地址：佛山市禅城区绿景一路26号七楼
Tel：0757-83202429

佛山市和泰橡胶汽配有限公司
地址：广东省佛山市南海区里水镇和顺官和路南23号
Tel：0757-85114888

佛山东荣橡胶有限公司
地址：广东省佛山市南海区狮山镇松岗松夏工业园盛景路
Tel：0757-85230601

佛山市金鼎城橡塑有限公司
地址：佛山市南海区大沥广佛路大镇路

段华盛厂北起1-5 铺
…………………… Tel：0757-85539090

广东汇达通科技有限公司
地址：佛山市南海区桂城街道平西上海村东平路北侧瀚天科技城B区产业区2号楼A座四楼401单元
…………………… Tel：0757-85856325

佛山市南海合丰橡胶制品有限公司
地址：广东省佛山市南海区狮山镇罗村下柏村
…………………… Tel：0757-86418888

广东纵一电力设备材料有限公司
地址：佛山市禅城区张槎街道古灶古生雅苑二层218号铺（住所申报）
…………………… Tel：0757-86793693

日密科偲橡胶（佛山）有限公司
地址：佛山市三水区乐平镇齐力大道南10号
…………………… Tel：0757-87380386

佛山市瑞丰石化燃料有限公司
地址：佛山市三水区白坭镇中部工业开发区
…………………… Tel：075787510068

佛山市三水龙池石化燃料有限公司
地址：佛山市三水区白坭镇周村村委会"龙池沙"地块一（F1、F2）、地块二、地块四
…………………… Tel：0757-87561838

佛山国科科丽宝橡胶制品有限公司
地址：佛山市三水区芦苞工业园D区34号厂房之一（住所申报）
…………………… Tel：0757-87645766

四会金宝利橡胶鞋厂有限公司
地址：四会市东城区清塘大道3号内（厂房）
…………………… Tel：0758-3367111

国粮祥润（湛江）实业有限公司
地址：湛江开发区园岭路7号第5幢3门501房
…………………… Tel：0759-2262208

湛江新中美化工有限公司
地址：湛江市人民大道中5号
…………………… Tel：0759-2356882

湛江中星石油化工有限公司
地址：湛江市霞山区解放西路22号（一照多址：湛江市霞山区宝石路7号）
…………………… Tel：0759-2357398

湛江市鸿达石化有限公司
地址：湛江市霞山区石头村路口
…………………… Tel：0759-2357716

中国石化湛江东兴石油化工有限公司
地址：湛江市霞山湖光路15号
…………………… Tel：0759-2606615

广东广垦糖业集团有限公司
地址：湛江经济技术开发区人民大道中35号4楼
…………………… Tel：0759-2629898

湛江荣利橡胶制品有限公司
地址：湛江市麻章金川路32号
…………………… Tel：0759-2705443

湛江实华化工有限公司
地址：公司住所：湛江经济开发区乐山路27号财富汇金融中心2901号办公室。（生产经营地：湛江经济技术开发区东海岛新区疏港公路以北（中科炼化公司南侧））
…………………… Tel：0759-2974003

中海沥青（广东）有限公司
地址：湛江市人民大道中42号泰华大厦
…………………… Tel：0759-3093808

湛江康年橡胶制品有限公司
地址：湛江市椹川大道中85号
…………………… Tel：0759-3285866

广东广旭环保工程有限公司
地址：湛江开发区龙潮村龙潮路八区六巷1号3楼A套
…………………… Tel：0759-3388617

华南联合石化有限公司
地址：湛江经济技术开发区泰华大厦1305室
…………………… Tel：0759-3393909

中石化国际事业华南有限公司
地址：湛江市赤坎区人民大道北41/43号西粤·京基城首期办公楼2301号办公室
…………………… Tel：0759-3609678

美福石化科技有限公司
地址：廉江市营仔镇龙营围鸿丰场
…………………… Tel：0759-6699926

廉江市安铺橡胶厂
地址：廉江市安铺镇瑞环路5号
…………………… Tel：0759-6848063

湛江甘化糖业有限公司
地址：广东省遂溪县杨柑镇（原建国糖厂）
…………………… Tel：0759-7333906

湛江市久耐橡胶制品有限公司
地址：遂溪县岭北镇国道207线南
…………………… Tel：0759-7905898

湛江众慧供应链管理有限公司
地址：湛江开发区乐山路23号恒兴大厦2122号办公室
…………………… Tel：0759-8883388

中山市飞博橡胶制品有限公司
地址：广东省中山市东升镇同乐村龙生经济合作社"龙生围"
…………………… Tel：0760-22222161

中山源贸精密橡塑胶五金有限公司
地址：广东省中山市三角镇东南村
…………………… Tel：0760-23389898

中山佳胶精密橡胶有限公司
地址：广东省中山火炬高技术产业开发区火炬大道21号
…………………… Tel：0760-85314774

中山亿流橡塑胶有限公司
地址：广东省中山市三乡镇第二工业区
…………………… Tel：0760-85881008

宫坂富士（中山）有限公司
地址：中山市火炬高技术产业开发区集中新建区
…………………… Tel：0760-88286149

中山台荣橡胶制品有限公司
地址：广东省中山市长江水库
…………………… Tel：0760-88304433

中山市佳越橡胶轮胎有限公司
地址：中山市小榄镇广源南路40号科技创业中心后座4楼401室之一
…………………… Tel：0760-88666160

智慧创新投资股份有限公司
地址：中山市东区博爱六路28号远洋广场2幢办公楼501号之七
…………………… Tel：0760-88666199

中山市盛鸿石化有限公司
地址：中山市民众镇沿江村沿福路2号
…………………… Tel：0760-89930235

中山市科腾机械有限公司
地址：中山市翠亨新区和耀路11号B幢一层、三层
…………………… Tel：0760-89963781

河源市栢富环球实业有限公司
地址：河源市源城区龙岭工业园龙岭三路8号企业服务中心大楼331房
…………………… Tel：0762-2858868

和平县五丰行石油化工有限公司
地址：和平县阳明镇东山路6号
…………………… Tel：0762-5630738

晋勇（清远）橡胶工业有限公司
地址：清远市清城区源潭镇峡山工业区规划9-1号地
…………………… Tel：0763-3129001

国荣（清远）橡胶工业有限公司
地址：清远市清城区龙塘镇新庄、井岭村委会（浩良工业开发区内）
…………………… Tel：0763-3695378

璟泰（清远）橡胶工业有限公司
地址：清远高新技术产业开发区银盏工业园嘉福工业城B2区
…………………… Tel：0763-3697560

广东宏诚石油集团有限公司
地址：潮州市韩江大桥头南侧宏诚石油公司综合楼三层
…………………… Tel：07682525701

潮州市潮安区合融皮革橡胶有限公司
地址：潮州市潮安区庵埠经济开发区A片一横路
…………………… Tel：0768-5923185

东莞上圣实业有限公司
地址：东莞市东城区主山村
…………………… Tel：0769-21981088

华期资本管理（广州）有限公司
地址：广州市南沙区黄阁镇望江二街5号2903房（仅限办公）
…………………… Tel：0769-22111022

广东中启石油化工有限公司
地址：广东省东莞市大岭山镇连环路31号101室
…………………… Tel：0769-23118455

东莞市贝司通橡胶科技有限公司
地址：东莞市望牛墩镇石排工业区
…………………… Tel：0769-23363223

东莞虎门港海湾石油仓储码头有限公司
地址：广东省东莞市沙田镇　沙大道11号
…………………… Tel：0769-23366666

东莞市建东橡胶制品科技有限公司
地址：东莞市大岭山镇杨屋村第二工业区
…………………… Tel：0769-38827288

东莞市云汉橡胶制品有限公司
地址：东莞市中堂镇凤冲牌坊路7号
…………………… Tel：0769-38858958

东莞喜威液化石油气有限公司
地址：广东省东莞市南城街道宏图路86号1栋707室
…………………… Tel：0769-38863168

东莞日升橡塑胶厂有限公司
地址：东莞市道　镇北永村马洲道洪路旁
…………………… Tel：0769-38953588

东莞广德橡胶制品有限公司
地址：东莞市寮步镇小坑村沙岭工业区文德路13号
…………………… Tel：0769-39025299

广东中成化工有限公司
地址：东莞市麻涌镇第二涌工业开发区
…………………… Tel：0769-66200048

东莞市众鑫五金橡胶制品有限公司
地址：东莞市塘厦镇诸佛岭社区塘龙东路100-112号
…………………… Tel：0769-81283316

中海油销售东莞储运有限公司
地址：东莞市沙田镇大流村沙尾
…………………… Tel：0769-81565143

中海油销售东莞储运有限公司
地址：东莞市沙田镇大流村沙尾
…………………… Tel：0769-81565143

东莞光达橡胶制品有限公司
地址：广东省东莞市清溪镇鹿城东路1号1089室
…………………… Tel：0769-82068800

东莞市源荣硅橡胶制品有限公司
地址：东莞市塘厦镇林村林东一路13A号
…………………… Tel：0769-82087955

东莞市中科硅谷橡胶科技有限公司
地址：东莞市横沥镇长田工业区旭和厂房D厂
…………………… Tel：0769-82306698

东莞市嘉悦硅橡胶制品有限公司
地址：广东省东莞市横沥镇村头兴达一路11号1号楼
…………………… Tel：0769-82398000

淘然橡胶制品（东莞）有限公司
地址：东莞市桥头镇大洲社区大东路东一街
…………………… Tel：0769-82551389

东莞市能者橡胶制品有限公司
地址：东莞市石碣镇沙腰村中兴路
…………………… Tel：0769-82630130

东莞朝日精密橡胶制品有限公司
地址：广东省东莞市横沥镇西聚路1号5号楼101室
…………………… Tel：0769-82650228

东莞市旭源石油化工有限公司
地址：东莞市常平镇志兴商务大厦写字楼B层1801A室
…………………… Tel：0769-82827525

东莞市盛源石油化工有限公司
地址：东莞市虎门港沙田港区立沙岛作业区
…………………… Tel：0769-82934029

东莞市新帆顺橡塑胶有限公司
地址：东莞市桥头镇工商南街75号
…………………… Tel：0769-82939666

东莞市华创橡胶制品有限公司
地址：东莞市大朗镇佛新社区富民工业二园
…………………… Tel：0769-83114188

东莞南阳橡胶制品有限公司
地址：广东省东莞市寮步镇寮步金富路10号101室
…………………… Tel：0769-83213199

广东金维密封科技有限公司
地址：广东省东莞市高　镇高　创兴中路48号3号楼101室
…………………… Tel：0769-83309995

东莞市常平石油供应有限公司
地址：东莞市常平镇袁山贝路口
…………………… Tel：0769-83336788

优品精密橡胶零件（东莞）有限公司
地址：东莞市东坑镇骏达工业基地E区1栋
…………………… Tel：0769-83695990

阿尔法（东莞）精密橡胶制品有限公司
地址：东莞市常平镇司马村石马河工业区
…………………… Tel：0769-83815687

东莞市共赢橡胶制品有限公司
地址：东莞市常平镇常平大道万业金融中心一楼106号
…………………… Tel：0769-83978333

东莞瑞禧橡胶有限公司
地址：东莞市长安镇沙头村
…………………… Tel：0769-85541547

东莞德盛硅橡胶制品有限公司
地址：东莞市虎门镇村头社区大板地工业区
…………………… Tel：0769-85558622

麟兴橡胶制品（东莞）有限公司
地址：东莞市厚街镇汀山东埔村
…………………… Tel：0769-85589317

东莞市秉能橡胶有限公司
地址：广东省东莞市东城街道同荣街1号101室
…………………… Tel：0769-85882176

东莞景大精密橡胶工业有限公司
地址：东莞市石碣镇四甲第二工业区
…………………… Tel：0769-86018918

东莞联安橡胶有限公司
地址：东莞市茶山镇石大路民营工业区
…………………… Tel：0769-86174787

东莞捷讯橡胶有限公司
地址：东莞市企石镇铁岗村
…………………… Tel：0769-86724555

东莞祥腾橡胶制品有限公司
地址：东莞市樟木头镇裕丰村宝丰工业区
…………………… Tel：0769-87186123

东莞市柏百顺石油化工有限公司
地址：广东省东莞市樟木头镇柏峰路168号8栋101室
…………………… Tel：076987781216

东莞裕荣精密橡胶制品有限公司
地址：东莞市塘厦镇石潭埔社区工业区
…………………… Tel：0769-87881056

东莞荒井橡胶制品有限公司
地址：东莞市塘厦镇科苑工业区
…………………… Tel：0769-87925725

东莞高丽硅橡胶制品有限公司
地址：东莞市塘厦镇林村里牙塘工业区167号
…………………… Tel：0769-87927080

广东贝洛新材料科技有限公司
地址：东莞市高　镇冼沙五坊工业区
…………………… Tel：0769-88125611

东莞市永荣石油化工有限公司
地址：东莞市望牛墩镇赤　村
…………………… Tel：0769-88519623

东莞罗威橡胶原料有限公司
地址：东莞市望牛墩镇东兴工业园
…………………… Tel：0769-88555158

东长集团有限公司
地址：东莞市望牛墩镇下漕村望洪路50号
…………………… Tel：0769-88566888

东莞市东长新能源股份有限公司
地址：东莞市望牛墩镇望洪路50号东长大厦三楼303-308
…………………… Tel：0769-88566888

广东诚泰投资集团有限公司
地址：广东省东莞市沙田镇石化三路5号
…………………… Tel：0769-88680608

东莞三胜橡胶制品有限公司
地址：东莞市沙田镇大泥村
…………………… Tel：0769-88686716

东莞万泰橡胶有限公司
地址：东莞市道　镇蔡白工业区
…………………… Tel：0769-88833021

东莞市东伟石油化工有限公司
地址：东莞市望牛墩镇锦涡村
…………………… Tel：0769-88856188

东莞市琳达橡胶科技有限公司
地址：东莞市厚街镇白濠第二工业区世纪路
…………………… Tel：0769-88915968

东莞市恒强橡胶制品有限公司
地址：东莞市塘厦镇清湖头村三坑路2号
…………………… Tel：0769-89053222

东莞市宗茂橡胶新材料有限公司
地址：东莞市望牛墩镇官洲新村67号
……Tel：0769-89067608

东莞南良橡胶制品有限公司
地址：东莞市寮步镇坑口新城工业区
……Tel：0769-89161199

东莞市东洲国际石化仓储有限公司
地址：广东省东莞市沙田镇　沙大道39号
……Tel：0769-89985555

东莞市虎门港同舟石化码头有限公司
地址：东莞市沙田镇立沙岛
……Tel：0769-89985678

广西壮族自治区

广西芭田生态农业科技有限公司
地址：南宁市西乡塘区科园大道25-1号科创大厦第7楼7188号房
……Tel：0755-29655688

广西防城港桂能管业科技有限公司
地址：防城港市港口区大西南临港工业园A区防城港市宝兴工艺品有限公司1号公共租赁住房
……Tel：0770-2063670

广西钢铁集团有限公司
地址：防城港市港口区北部湾大道196号
……Tel：0770-2069599

武钢防城港钢铁有限公司
地址：防城港市港口区北部湾大道196号
……Tel：0770-2090012

广西明利创新实业股份有限公司
地址：港口区东部吹填区（港区1号路）
……Tel：0770-2829883

广西苏密特化肥有限公司
地址：防城港市港口区仙人湾港务集团住宅小区3-A5-13号房
……Tel：0770-2870773

广西川金诺化工有限公司
地址：防城港市企沙大道东湾综合楼一楼客商接待室
……Tel：0770-2872885

防城港市信润石化有限公司
地址：防城港市港口区西湾广场紫荆小区E14号
……Tel：0770-2882800

广西鼎盛物流有限公司
地址：防城港市港口区西湾广场怡园小区越秀街18号
……Tel：0770-3292262

广西中进石化股份有限公司
地址：钦州市钦州港果鹰大道鹰岭作业区钦州市玉明年年丰仓储有限公司
……Tel：0770-3887818

广西钦州恒源石化有限公司
地址：钦州市永福西大街27号碧海盛世国际大厦A1509房
……Tel：0770-3887818

广西博思雅橡胶制造有限公司
地址：东兴市江平镇工业集中区B-3-2#
……Tel：0770-7224699

广西中航国际海运有限公司
地址：南宁市青秀区民族大道168-5号雅典国际十二层1201号
……Tel：0771-2023706

广西金岩商贸有限公司
地址：南宁市青秀区园湖南路18号
……Tel：0771-2025212

广西尚钰投资有限公司
地址：南宁市青秀区越秀路3号龙盘小区3号楼1单元0301号
……Tel：0771-2259739

广西桂物燃料有限责任公司
地址：南宁市邕宁区龙岗大道21号广西现代物流产业孵化中心13楼
……Tel：0771-2283308

广西云海电子商务股份有限公司
地址：南宁市青秀区民族大道127号铂宫·国际写字楼12层1201-1203号房
……Tel：0771-2315643

广西农企联农业有限公司
地址：南宁市青秀区新竹路20号2号楼504室
……Tel：0771-2365871

广西闽晟荣商贸有限公司
地址：南宁市江南区洪胜路5号丽汇科技工业园标准厂房综合楼1513-3号房
……Tel：0771-2398815

广西富力航投资集团有限公司
地址：中国（广西）自由贸易试验区钦州港片区中马钦州产业园区中马大街1号公共服务中心A107室
……Tel：0771-2508296

广西八方国际物流有限公司
地址：南宁市青秀区民族大道92-1号新城国际26层2605号
……Tel：0771-2508296

广西南宁骏前机械设备材料有限公司
地址：南宁市兴宁区望州南路110号9栋
……Tel：0771-2509963

广西北港物流有限公司
地址：南宁市良庆区银海大道1219号南宁保税物流中心综合楼19层
……Tel：0771-2519950

北部湾港股份有限公司
地址：北海市海角路145号
……Tel：0771-2531338

广西怡亚通深度供应链管理有限公司
地址：南宁市青秀区民族大道131号航洋国际城1号楼9层
……Tel：0771-2618398

广西物产桂储物流有限公司
地址：广西—东盟经济技术开发区宁武路16号
……Tel：0771-2705735

广西金手投资有限公司
地址：南宁市青秀区民族大道16号环球时代1810号
……Tel：0771-2717089

广西可高集团有限公司
地址：南宁市青秀区星湖路8号可高·至胜电子科技广场15楼
……Tel：0771-2811316

广西农垦集团有限责任公司
地址：南宁市青秀区七星路135号
……Tel：0771-2831325

广西农垦对外经济技术合作有限公司
地址：南宁市青秀区七星路135号
……Tel：0771-2832160

桂合成石油化工有限公司
地址：南宁市青秀区民族大道157号财富国际广场31号楼602号
……Tel：0771-3188166

广西壮族自治区邮政公司
地址：南宁市青秀区金浦路三支路1号
……Tel：0771-3193748

广西金钦州丰产林有限公司
地址：广西钦州市新兴路14号
……Tel：0771-3221512

广西供销农资有限公司
地址：南宁市西乡塘区总部路1号中国—东盟科技企业孵化基地一期C-6栋
……Tel：0771-3224012

广西兆和种业有限公司
地址：南宁市大学东路174号广西农业科学院3号科研服务楼二、三楼
……Tel：0771-3276638

广西皖赭农业发展有限公司
地址：南宁市青秀区长湖路1号建政街道办服务中心办公楼202室
……Tel：0771-3302945

广西蓝德再生能源有限责任公司
地址：南宁市相思湖新区邕隆公路石西垃圾处理厂办公楼（1栋）
……Tel：0771-3393760

广西西江开发投资集团南宁投资有限公司
地址：南宁市青秀区金湖路33号港务大厦23楼2312-1、2313、2317、2318号
……Tel：0771-3395328

广西鼎桂木业有限公司
地址：南宁市青秀区双拥路36号南方食品大厦13楼08号房
……Tel：0771-3395968

广西欧建投资有限公司
地址：南宁市青秀区中越路7号金旺角　CASA国际公馆A栋1723号
……Tel：0771-3806155

南宁玛赛贸易有限公司
地址：南宁市秀厢路16号北湖安居小区C区22栋3单元509号房
……Tel：0771-3930267

广西农垦明阳生化集团股份有限公司
地址：南宁市江南区吴圩镇明阳大道36号
……Tel：0771-4217522

广西晨洋达业实业集团有限公司
地址：南宁市青秀区民族大道166号上东国际T3栋2916号
……Tel：0771-4601188

广西众晖建设工程有限公司
地址：南宁市邕宁区八鲤路199号
……Tel：0771-4714642

中央储备粮南宁直属库有限公司
地址：南宁市仙葫经济开发区
……Tel：0771-4733696

广西中融华属贸易有限公司
地址：南宁市江南区壮锦大道23号八桂绿城-绿城印象-象岭云飞组团3栋S-201号
……Tel：0771-4888929

广西中融国属贸易有限公司
地址：南宁市江南区壮锦大道23号八桂绿城-绿城印象-象岭云飞组团3栋S-201号
……Tel：0771-4888929

广西路邦石化有限公司
地址：南宁市壮锦大道那洪收费站办公区
……Tel：0771-4892958

南宁国际综合物流园有限公司
地址：南宁市良庆区银海大道1223号南宁保税物流中心综合楼一楼（南宁综合保税区）
……Tel：0771-4895591

广西南宁壮锦橡胶有限责任公司
地址：南宁市金凯路13号综合办公楼313号房
……Tel：0771-4984811

南宁农工商集团有限责任公司
地址：南宁市竹溪大道36号青湖中心五、六层
……Tel：0771-5314178

广西宝坤北部湾石化投资发展有限公司
地址：南宁市兴宁区人民路北二里4号住宅楼2单元704号
……Tel：0771-5348479

广西利思远东贸易有限公司
地址：南宁市兴宁区高峰林场二塘坡小区
……Tel：0771-5380036

广西昊安时代贸易有限公司
地址：南宁市青秀区金浦路6号金湖帝景3号楼C1113号
……Tel：0771-5380036

广西农村投资集团农产商务服务有限公司
地址：南宁市青秀区厢竹大道30号农投大厦17层
……Tel：0771-5381076

橡胶王国投资开发管理有限公司
地址：凭祥综合保税区一期联检大楼7楼712-39室
……Tel：0771-5384475

广西北部湾石化有限公司
地址：南宁市高新区高科路8号南宁市高新区高科路电子产业园2号楼五层厂房
……Tel：0771-5385789

广西六和世纪置业集团有限公司
地址：南宁市青秀区民族大道157号财富国际广场2号办公楼16层办公1601号
……Tel：0771-5386725

广西北港西江港口有限公司
地址：南宁市良庆区体强路12号北部湾航运中心A座13楼
……Tel：0771-5501330

广西加伍产业投资有限责任公司
地址：中国（广西）自由贸易试验区南宁片区歌海路9号广西体育中心配套工程综合体东塔楼A座、B座办公区15楼1519号
……Tel：0771-5503596

中商鸿程城市建设投资有限公司
地址：南宁市青秀区金湖路59号地王国际商会中心1524号
……Tel：0771-5503596

广西集付通电子商务股份有限公司
地址：南宁市青秀区东葛路118号南宁青秀万达广场西1栋4017号
……Tel：0771-5516205

广西丰浩实业有限公司
地址：广西宁明县城中镇兴宁大道西六里52号
……Tel：0771-5530961

广西凭祥市丰浩糖业科技开发有限公司
地址：凭祥市夏石镇友谊关工业园
……Tel：0771-5530961

广西林农发展有限公司
地址：南宁市青秀区金湖北路67号梦之岛广场9楼B903室
……Tel：0771-5531551

广西广投石化有限公司
地址：中国（广西）自由贸易试验区钦州港片区保税港区八大街1号北部湾国际门户港航运服务中心1楼103室
……Tel：0771-5533052

横县东糖糖业有限公司
地址：横县横州镇谢圩
……Tel：0771-5556585

广西金昆仑投资有限公司
地址：南宁市金凯路96号见隆工业园综合服务楼710-1号房
……Tel：0771-5572824

广西力元科技有限公司
地址：南宁市青秀区民族大道62号
……Tel：0771-5578123

广西凯南投资有限公司
地址：南宁市青秀区民族大道136-5号南宁华润中心南写字楼2902号
……Tel：0771-5585976

广西柳钢国际贸易有限公司
地址：广西—东盟经济技术开发区武华大道37号华强会展综合楼608室
……Tel：0771-5593309

广西闽桂投资有限公司
地址：南宁市青秀区金湖路26-1号东方国际商务港A座13层1301、1302号房
……Tel：0771-5596699

广西石油化学工业供销集团有限公司
地址：南宁市青秀区园湖南路32号五矿大厦六楼
……Tel：0771-5624010

广西古鼎香农产业投资集团股份有限公司
地址：南宁市青秀区金湖路57号金湖商住小区北楼18层号房
……Tel：0771-5663088

南宁农产品交易中心有限责任公司
地址：南宁市青秀区长虹路88号
……Tel：0771-5673256

华海石油化工有限公司
地址：南宁市青秀区厢竹大道11号7号楼
……Tel：0771-5675007

广西鸿坤商贸有限公司
地址：南宁市民族大道155号荣和山水美地东盟国际第A座3-G号房
……Tel：0771-5675603

广西中涌新镇投资有限公司
地址：南宁市青秀区仙葫大道中121号商业08号206室
……Tel：0771-5689829

广西物资储备有限公司
地址：南宁市青秀区中柬路9号利海亚洲国际5号楼5-905、906号
……Tel：0771-5739497

广西永盛石油化工有限公司
地址：钦州港金海湾花园海名轩、海逸轩三单元1505房
……Tel：0771-5739981

广西中俄石油化工发展集团有限公司
地址：南宁市青秀区民族大道82号嘉和　南湖之都9层913号
……Tel：0771-5761533

广西南亚金融服务外包有限公司
地址：南宁市青秀区民族大道82号嘉和　南湖之都9层913号
……Tel：0771-5761533

广西中俄石油化工发展集团有限公司
地址：南宁市青秀区民族大道82号嘉和　南湖之都9层913号
……Tel：0771-5761533

广西普天腾云贸易有限公司
地址：南宁市青秀区东葛路118号南宁青秀万达广场西1栋1206号
……Tel：0771-5773122

广西盈凯通欣能源有限公司
地址：南宁市青秀区金州路25号太平洋世纪广场7层707号房
……Tel：0771-5773122

广西翔隆骏驰商贸有限公司
地址：南宁市青秀区金州路25号太平洋世纪广场A座7层707号房
……Tel：0771-5773122

广西中银财富投资有限公司

地址：南宁市青秀区金洲路25号太平洋世纪广场A座7层707号房
……Tel：0771-5773152

广西长林实业发展有限公司
地址：南宁市青秀区东葛路118号南宁青秀万达广场西1栋4016号
……Tel：0771-5776010

南宁交能石化有限责任公司
地址：南宁市江北大道凌铁段20号1号综合楼负一楼第八间
……Tel：0771-5776442

北海冠信物流有限公司
地址：北海市铁山港区兴港镇铁山港口岸联检大楼二楼11号
……Tel：0771-5776650

广西远投商贸有限公司
地址：南宁市青秀区合作路3号印度尼西亚园区15号楼A单元403号房
……Tel：0771-5776727

广西宝丽达资产管理有限公司
地址：南宁市青秀区青环路90号汇东郦城北苑组团地下室1号
……Tel：0771-5776979

广西荣泰源商贸有限公司
地址：南宁市青秀区民族大道92-1号新城国际11层1108号房
……Tel：0771-5783461

南宁市泰安农林资源开发有限公司
地址：南宁市青秀区中柬路9号利海·亚洲国际4号楼4-2019号办公用房
……Tel：0771-5784651

广西矩朴农业发展股份有限公司
地址：南宁市青秀区桃源路82-1号科研大楼第8层801-804房
……Tel：0771-5789151

广西水利电力建设集团有限公司
地址：南宁市青秀区民族大道135号水电大厦
……Tel：0771-5796520

广西天晟骄扬实业有限公司
地址：南宁市青秀区民族大道131号航洋国际城2号楼3111号
……Tel：0771-5824311

广西泰和三元投资有限公司
地址：南宁市青秀区青山路8-2号东方园8栋523号房
……Tel：0771-5825618

广西中石油国际事业有限公司
地址：广西钦州保税港区
……Tel：0771-5827059

广西景焕投资有限公司
地址：南宁市青秀区民族大道146号三祺广场16楼1606号
……Tel：0771-5828056

广西南利贸易有限公司
地址：南宁市西乡塘区科园大道33号盛世龙腾A单元A-0608号
……Tel：0771-5828056

广西森林城房地产投资有限公司
地址：南宁市青秀区民族大道146号三祺广场16楼
……Tel：0771-5828056

广西嘉筑房地产投资有限公司
地址：南宁市青秀区中柬路9号利海亚洲国际4号楼4-1119号办公用房
……Tel：0771-5828056

国林林业产业投资有限公司
地址：南宁市青秀区东葛路118号南宁青秀万达广场西1栋3816号
……Tel：0771-5828906

广西农垦十万大山天然食品有限公司
地址：南宁市青秀区七星路135号农垦大厦第11层东（半层）
……Tel：0771-5845015

广西铁投商贸集团有限公司
地址：南宁市青秀区金浦路33号港务大厦20层
……Tel：0771-5882101

广西油易通数字科技集团有限公司
地址：中国（广西）自由贸易试验区南宁片区五象大道401号南宁航洋信和广场3号楼十五层1503号办公D79号
……Tel：0771-5882610

广西永凯六景纸业集团有限责任公司
地址：南宁市横县六景镇景泰路16号
……Tel：0771-5910588

广西大兴建设集团有限公司
地址：南宁市武鸣区万隆国际二期9栋201-204号房
……Tel：0771-6223192

南宁华强产业投资有限公司
地址：南宁一东盟经济开发区宁武路30号四楼410室
……Tel：0771-6303032

南宁双腾橡胶机械有限公司
地址：广西-东盟经济技术开发区武华大道247号
……Tel：0771-6305909

广西鹏程润投资集团有限公司
地址：南宁市青秀区金湖路63号金源·现代城1315号
……Tel：0771-6319006

广西众信农业科技股份有限公司
地址：南宁市武鸣里建南宁华侨投资区武华大道39号东盟青年工业园内3号展示厅第一层1-2号房
……Tel：0771-6395669

中粮崇左江州糖业有限公司
地址：崇左市江州区驮卢镇左江农场第27栋
……Tel：0771-6465629

广西金穗生态科技股份有限公司
地址：南宁市隆安县那桐镇兴桐大道123号金穗大厦一层102室
……Tel：0771-6507252

广西得力木业开发有限公司
地址：隆安华侨管理区富侨大道23号
……Tel：0771-6507708

广西国鑫农牧科技发展集团有限公司
地址：南宁市青秀区民族大道127号铂宫·国际28楼2801号房
……Tel：0771-6708569

广西中石化南宁石油有限公司
地址：南宁市龙腾路45号
……Tel：0771-6722990

南宁新奥车用清洁能源有限公司
地址：南宁市科园大道68号南宁软件园二期16号楼402、404号房
……Tel：0771-6759083

广西先顺进出口贸易有限公司
地址：南宁市良庆区金沙大道339号阳光新城蓝波湾5号楼2单元1511号
……Tel：0771-6790136

广西西江开发投资集团崇左投资有限公司
地址：扶绥县新宁镇港源路48号
……Tel：0771-7514166

广西信强建筑工程有限责任公司
地址：崇左市江州区嘉苑小区J-26
……Tel：0771-7826888

广西大州资产管理有限责任公司
地址：广西崇左市江州区建设路丽江公务员小区会所一楼
……Tel：0771-7830959

广西桃花岛现代农业科技有限公司
地址：南宁市兴宁区新民路59号太阳广场A座705室
……Tel：0771-7965107

广西中烟工业有限责任公司
地址：南宁市西乡塘区北湖南路28号
……Tel：0771-8098001

广西龙州北部湾现代农业有限公司
地址：龙州县下冻镇玉米场
……Tel：0771-8860687

广西龙州中升物流开发有限公司
地址：龙州县龙州镇龙水路3号龙庭一品12号楼03号商铺[生产经营地：龙州县水口镇共和大道1号]
……Tel：0771-8871111

柳州化工股份有限公司
地址：广西柳州市北鹊路67号
……Tel：0772-2510041

柳州化学工业集团有限公司
地址：柳州市北鹊路67号
……Tel：0772-2572255

广西柳州化工控股有限公司
地址：柳州市北雀路67号
……Tel：0772-2572375

柳州桂中海迅物流股份有限公司
地址：广西壮族自治区柳州市柳北区园艺路12号
……Tel：0772-2615256

柳州市盈科房地产开发有限公司
地址：柳州市潭中西路15号富丽嘉园1栋B座7楼718
……Tel：0772-2626041

柳州东城石油化工有限公司
地址：柳州市冠东路7号
……Tel：0772-2671527

柳州东方工程橡胶制品有限公司
地址：柳州市洛维工业园葡萄山路19号
……Tel：0772-3111102

柳州市乘风汽车橡胶配件制造有限公司
地址：柳州市河表工业园
……Tel：0772-3198397

柳州市金盛商业管理集团有限责任公司
地址：柳州市柳南区柳邕路273号2楼
……Tel：0772-3227305

司能石油化工有限公司
地址：柳州市阳和工业新区阳泰路6号
……Tel：0772-3510598

柳州市致美供应链管理实业有限公司
地址：柳州市鹧鸪江路15号柳北物流基地8号楼611房
……Tel：0772-3851997

广西宁铁物资工业有限公司
地址：柳州市和平路2号
……Tel：0772-3922437

广西来宾三江口生态科技有限公司
地址：来宾市荣和路2号来宾市华侨创业大厦四、五楼
……Tel：0772-4210880

广西来宾现代农业投资集团有限公司
地址：来宾市华侨投资区荣和路2号华侨创业大厦六楼西面
……Tel：0772-4211366

来宾市金凤凰农业投资有限公司
地址：来宾市荣和路2号华侨创业大厦六楼西面
……Tel：0772-4212825

广西来宾东糖桂宝有限公司
地址：来宾市兴宾区正龙乡回龙村
……Tel：0772-4253179

广西来宾东糖凤凰有限公司
地址：广西来宾市兴宾区凤凰镇
……Tel：0772-4811963

广西来宾中科生态科技有限公司
地址：广西壮族自治区黔江示范牧场场部办公室
……Tel：0772-4858220

广西来宾东糖迁江有限公司
地址：来宾市兴宾区迁江镇
……Tel：0772-4900018

来宾市农业发展投资有限责任公司
地址：来宾市兴宾区翠屏路399号金创中心18层1807号
……Tel：0772-5323867

广西来宾金融投资集团有限公司
地址：来宾市滨江北路288号裕达大厦1401-1411号（十四层）
……Tel：0772-5323881

忻城南华糖业有限责任公司
地址：广西忻城县城关镇畔水村
……Tel：0772-5511525

广西来兴宾农业开发投资集团有限公司
地址：来宾市城南区宾城路1号企业总部写字楼
……Tel：0772-6620158

广西鹿寨化肥有限责任公司
地址：广西鹿寨县鹿寨镇金鸡路
……Tel：0772-6819205

广西柳化氯碱有限公司
地址：广西鹿寨县鹿寨镇建中西路100号
……Tel：0772-6863200

柳州市橡六中青橡胶有限公司
地址：柳州市柳石路470号（新兴农场路段）
……Tel：0772-7507358

广西柳城农村合作银行
地址：柳城县大埔镇河东大道276号
……Tel：0772-7612111

桂林市鼎润石化有限公司
地址：桂林市七星区栖霞路7号二楼
……Tel：0773-2205995

桂林言行橡胶机械科技有限公司
地址：桂林市叠彩区大河乡村委会下梁江工业园
……Tel：0773-2211302

桂林紫竹乳胶制品有限公司
地址：桂林市巫山路6号
……Tel：0773-2556606

广西智友生物科技股份有限公司
地址：桂林市秀峰区信义路桂湖花园53号楼
……Tel：0773-2637800

桂林新奥清洁能源有限公司
地址：桂林市秀峰区骝马山路1号263室
……Tel：0773-2893051

桂林橡胶机械有限公司
地址：桂林市象山区将军路24号
……Tel：0773-3883218

桂林南方橡胶（集团）公司
地址：桂林市七星区七星路36号
……Tel：0773-5815653

桂林橡胶设计院有限公司
地址：桂林市七星路77号
……Tel：0773-5833005

新凯骅实业发展有限公司
地址：桂林市象山区上海路14号
……Tel：0773-5878888

中国化工集团曙光橡胶工业研究设计院有限公司
地址：桂林市东郊横塘路55号
……Tel：0773-5880386

桂林橡胶制品厂有限责任公司
地址：桂林市秀峰区巫山路7号
……Tel：0773-5884575

中国石油天然气第六建设有限公司
地址：桂林市空明西路7号
……Tel：0773-5886510

广西新桂轮橡胶有限公司
地址：广西桂林经济技术开发区苏桥工业园土榕东路10号
……Tel：0773-6756850

中庆潞业石油有限公司
地址：桂林市七星区七里店路108号大学科技园5#-5楼510、511室
……Tel：0773-7596397

中国化工橡胶桂林有限公司
地址：桂林市七星区横塘路80号
……Tel：0773-8658010

中国化工橡胶桂林轮胎有限公司
地址：桂林市苏桥经济开发区苏桥（工业）园土榕东路10号
……Tel：0773-8658010

广西梧州国龙橡胶科技有限公司
地址：梧州市龙圩区梧州进口再生资源加工园区广源大道6号8#103室
……Tel：0774-3106083

广西西江开发投资集团梧州投资有限公司
地址：梧州市西堤一路5号二层3号
……Tel：0774-3820388

广西汇源智慧农业股份有限公司
地址：梧州市新兴二路137-6号
……Tel：0774-3863886

广西贺州正旭农业旅游产业投资有限公司
地址：贺州市八步区城东街道灵凤路12号东方广场2楼
……Tel：0774-5288778

广西桂东石化有限公司
地址：贺州市鞍山西路83号汇豪国际城综合楼三楼
……Tel：0774-5619518

梧州市农村投资发展有限公司
地址：梧州市兴梧路23号1号楼2单元
……Tel：0774-6021213

中国有色集团（广西）平桂飞碟股份有限公司
地址：广西贺州市平桂区电厂南路1号
……Tel：0774-8835566

玉林市华鼎投资有限公司
地址：玉林市二环北路1299号中鼎·公园假日金融投资大厦13楼1303
……Tel：0775-2297119

广西恒林投资有限公司
地址：玉林市玉州区玉东大道88号光大索菲特国际大酒店配套商贸大楼804号
……Tel：0775-2297119

广西玉林双创投资有限公司
地址：玉林市玉州区玉东大道88号光大·索菲特大酒店-后勤服务用房8212号
……Tel：0775-2297119

玉林市臻亿投资有限责任公司
地址：玉林市玉州区二环北路1299号中鼎·公园假日商住小区金融投资大厦11楼1122号
……Tel：0775-2297175

广西恒有金源石化投资有限公司
地址：广西中马钦州产业园区中马大街1号公共服务中心A106室
……Tel：0775-3628360

广西金恒有能源化工科技有限公司

地址：广西钦州市中马钦州产业园区中马大街1号公共服务中心A106室
……Tel：0775-3628360

贵港市芭田生态有限公司
地址：贵港市港北区上江码头
……Tel：0775-4204511

广西贵港市港盛投资有限公司
地址：贵港市港北区民主路69号（宏桂·城市广场）4幢1308号
……Tel：0775-4240578

广西西江开发投资集团贵港投资有限公司
地址：贵港市港北区金田路贵港市交通运输局六楼
……Tel：0775-4290939

广西江富农业股份有限公司
地址：贵港市港南区东津镇东岭村23号
……Tel：0775-4590383

广西福盛橡胶有限责任公司
地址：广西贵港市覃塘区石卡镇
……Tel：0775-4857188

广西德盛橡胶有限公司
地址：贵港市石卡镇（台湾产业园）
……Tel：0775-4857288

史丹利化肥贵港有限公司
地址：广西贵港市江南工业园
……Tel：0775-5968888

广西普利橡胶制品有限公司
地址：陆川县马坡靖东公路大古岭工业区
……Tel：0775-7076669

广西宏赞农业发展集团有限公司
地址：平南县上渡街道迎宾大道李铠锱房屋
……Tel：0775-7690888

广西桂山特种橡胶制品有限公司
地址：平南县平南镇环西路乌江工业园
……Tel：0775-7831569

广西昭裕商贸有限公司
地址：南宁市青秀区双拥路40号汇金苑B座13H“商务秘书企业...
……Tel：0776-2039839

中油广西田东石油化工总厂销售有限公司
地址：田东县平马镇油城路２２８号
……Tel：0776-2593509

中油广西田东石油化工总厂有限公司
地址：田东县平马镇油城路２２８号
……Tel：0776-2593699

中油广西田东石油化工总厂有限公司
地址：田东县平马镇油城路２２８号
……Tel：0776-2593699

广西田东石油化工总厂
地址：田东县平马镇油城路２２８号
……Tel：0776-2593699

广西福地产业投资有限公司
地址：百色市右江区环岛一路S1栋
……Tel：0776-2865900

广西福地供应链管理有限公司
地址：广西百色市环岛一路S1栋
……Tel：0776-2865900

广西百色广润资产经营投资有限公司
地址：百色市右江区大旺路1-1号C区01座
……Tel：0776-2960629

广西华油新能能源股份有限公司
地址：百色市右江区大旺路1-1号C区01座2楼
……Tel：0776-2961133

广西百丰石化有限公司
地址：百色市右江区龙腾路东中石化百色分公司办公大楼3楼
……Tel：0776-2990019

广西百色西江投资发展有限公司
地址：广西百色市右江区迎龙路70号百色建通中心2栋B座17层
……Tel：0776-2998800

田阳县那利投资开发有限责任公司
地址：田阳县田州镇解放东路10号
……Tel：0776-3229988

百色百矿发电有限公司
地址：广西百色市田阳区头塘镇新山铝产业示范园
……Tel：0776-3358108

广西隆林万峰湖渔业有限公司
地址：隆林各族自治县新州镇民强村六我屯033号
……Tel：0776-8187676

广西玉柴石油化工有限公司
地址：钦州港金谷石化工业园勒沟东大街６８号
……Tel：0777-2105288

广西玉柴能源储运有限公司
地址：钦州市钦州港金谷石化工业园勒沟东大街68号
……Tel：0777-2105288

钦州万隆石化销售有限公司
地址：钦州市钦州港金谷石化工业园勒沟东大街68号
……Tel：0777-2105288

广西远景资源再生有限公司
地址：钦州市钦南区黎合江工业园
……Tel：0777-2550082

广西京盛石油化工集团有限公司
地址：钦州港滨海远洋小区５栋Ｅ１０３房
……Tel：0777-2569028

防城港市特达石油化工有限公司
地址：防城港市港口区西湾广场北侧越秀国贸新城2单元18层1805号房
……Tel：0777-2585243

钦州市海建石油化工有限公司
地址：钦州市金中街49号
……Tel：0777-2871988

广西凯富中化石油有限公司
地址：广西钦州市钦州湾大道赛格时代广场福苑6单元202号
……Tel：0777-2881830

广西钦州泰兴石油化工有限公司
地址：钦州港南港大道101号
……Tel：0777-3666516

钦州天亿石化有限公司
地址：钦州市钦州港区金鼓大街116号
……Tel：0777-3666813

广西那彭欧亚糖业有限公司
地址：广西钦州市那彭镇
……Tel：0777-3781325

广西钦州北投水务有限公司
地址：钦州市钦州港金鼓大街112号
……Tel：0777-3816999

中亚石化科技有限公司
地址：钦州市钦州港柳州路滨海小区8栋302室
……Tel：0777-3819677

广西钦州保税港区顺达橡胶有限公司
地址：广西钦州保税港区东海路东面恒湘物流仓储2号仓库
……Tel：0777-3882538

广西南部湾石化有限公司
地址：钦州市钦州港逸仙路8号海富中心A单元410办公室
……Tel：0777-3883856

钦州天恒石化有限公司
地址：钦州市钦州港区金鼓大街19号
……Tel：0777-5881568

广西华盈天益化工有限公司
地址：钦州市钦州港区金鼓大街19号
……Tel：0777-5881568

广西自贸区鑫卓国际贸易有限公司
地址：中国（广西）自由贸易试验区钦州港片区保税港区八大街1号北部湾国际门户港航运服务中心1楼103室
……Tel：0777-5986988

广西陆屋欧亚糖业有限公司
地址：广西灵山县陆屋镇北郊
……Tel：0777-6592002

广西华远金属化工有限公司
地址：河池市金城江区大任工业园区
……Tel：0778-2102758

广西远通商贸有限责任公司
地址：河池市建设路220号
……Tel：0778-2102985

广西川化天禾钾肥有限责任公司
地址：北海市铁山港区兴港镇铁山港口岸联检大楼三楼11号
……Tel：0779-2660727

北海锦程国际物流有限公司
地址：市北海大道西１６号海富大厦５楼G、H号
……Tel：0779-3081898

中国石化北海炼化有限责任公司
地址：北海市铁山港区四号路南
……Tel：0779-8528011

中国石油化工集团北海石化有限责任公司
地址：北海市贵州路５０号内５号楼
……Tel：0779-8528011

广西新鑫能源科技有限公司
地址：北海市铁山港区经八路以西、纬七路以南
……Tel：0779-8718512

北海哈纳利石油化工企业有限公司
地址：北海市铁山港区石头埠卧龙匝哈纳利石油储备基地办公楼
……Tel：07798901161

海南省

海南中化橡胶有限公司
地址：海南省儋州市那大镇侨锋农场中化路1号
……Tel：0898-23339201

海南保亭中化橡胶有限公司
地址：保亭县新政镇毛胆坡(原红毛丹基地)
……Tel：0898-23339201

儋州长坡南华糖业有限公司
地址：儋州市东成镇长坡糖厂内
……Tel：0898-23511056

儋州展悦橡胶贸易有限公司
地址：海南省儋州市那大镇福隆路61号
……Tel：0898-23888965

东方傲立石化有限公司
地址：海南省东方市永安西路南十巷
……Tel：0898-25567685

中海油东方石化有限责任公司
地址：海南省东方市疏港大道1号
……Tel：0898-25588912

中海石油建滔化工有限公司
地址：海南省东方市珠江南大街
……Tel：089825691859

海洋石油富岛有限公司
地址：海南省东方市珠江南大街3号
……Tel：0898-25692906

海南司克嘉橡胶制品有限责任公司
地址：海南省昌江石碌镇
……Tel：0898-26609625

海南金林橡胶特种材料有限公司
地址：海南省昌江县叉河镇金林橡胶加工分公司
……Tel：0898-26690222

白沙狮球盛发橡胶厂有限公司
地址：白沙黎族自治县打安镇狮球
……Tel：0898-27519566

白沙金中海橡胶有限公司
地址：白沙黎族自治县白沙农场原牙叉小学A栋402房
……Tel：0898-27710998

海南海宏橡胶有限公司
地址：临高县和舍镇光明街
……Tel：0898-28432028

临高海富橡胶产业综合发展有限公司
地址：临高县和舍镇和舍居委会牛栏坡
……Tel：0898-28432666

海南临高广垦橡胶有限公司
地址：临高县和舍镇海榆西线西北坡117公里处
……Tel：0898-28433239

中石化（香港）海南石油有限公司
地址：海南省洋浦经济开发区化学工业园区
……Tel：0898-28812832

广信恒晟控股有限公司
地址：海南省洋浦经济开发区控股大道1号洋浦国际能源交易中心第5-3号工位
……Tel：0898-28819099

中国石化海南炼油化工有限公司
地址：海南洋浦经济开发区中国石化海南炼油化工有限公司办公楼
……Tel：0898-28820068

海南汉地阳光石油化工有限公司
地址：海南洋浦经济开发区博洋路D12-8
……Tel：0898-28820287

海南汉地流体材料有限公司
地址：洋浦经济开发区博洋路D12-9
……Tel：0898-28820287

海南实华嘉盛化工有限公司
地址：海南炼化厂区苯乙烯装置操作站二楼
……Tel：0898-28820713

海南超丰收橡胶高产技术有限公司
地址：海南省海口市美兰区西苑路12号海口新埠岛起步区三水澜湾77栋02号
……Tel：0898-31278489

海南海峡汇能石油化工有限公司
地址：海南省洋浦经济开发区浦馨苑6栋503室
……Tel：0898-31558173

海南汇智石化精细化工有限公司
地址：洋浦经济开发区洋浦大道西侧海南汇智石化精细化工有限公司厂区
……Tel：0898-31558180

海南天然橡胶产业集团金橡有限公司
地址：海南省海口市滨海大道103号财富大厦三楼
……Tel：0898-31662988

海南金岭橡胶工业有限公司
地址：海口市金岭路（省农垦局东侧）
……Tel：0898-31665252

海南天然橡胶产业集团股份有限公司
地址：海口市滨海大道103号财富广场四层
……Tel：0898-31669368

海南天然橡胶产业集团股份有限公司
地址：海口市滨海大道103号财富广场四层
……Tel：0898-31669368

海南铁路有限公司
地址：海南省海口市琼山区石塔东路68号
……Tel：0898-31686280

海南中能石油化工有限公司
地址：海南省海口市美兰区国兴大道5号海南大厦908室
……Tel：0898-32182971

海南美联橡胶工业有限公司
地址：儋州市农垦西部工业城
……Tel：0898-32627176

海南华信国际控股有限公司
地址：海南省洋浦经济开发区吉浦路凯丰城市广场商务大厦19楼
……Tel：0898-36681877

海南华信石油基地有限公司
地址：海南省洋浦经济开发区石化功能区滨海大道85号
……Tel：0898-36681877

蓝星（海南）航天化工有限公司
地址：海南省文昌市龙楼镇发射场内
……Tel：0898-36886513

儋州金溢橡胶产业服务有限公司
地址：海南省儋州市那大中兴大道新世界花园小区B26号
……Tel：0898-36922550

海南万园椰子产业有限公司
地址：海南省海口市工业大道118号京江D栋1单元
……Tel：0898-36963007

海南高深橡胶产业发展有限公司
地址：海南省儋州市木棠工业园内振兴大道
……Tel：0898-36990808

海南高深英联橡胶发展有限公司
地址：琼海市大路镇江湖村
……Tel：0898-36990809

海南植达东部橡胶木业有限公司
地址：万宁市礼纪镇高速公路出口处北侧（木材厂办公室）
……Tel：0898-62295399

海南琼海广垦橡胶有限公司
地址：海南省琼海市石壁镇椰丛水库附近
……Tel：0898-62605889

海南冠龙橡胶工贸有限公司
地址：海南省琼海市嘉积镇龙头开发区美都半岛花园3幢二单元1611号
……Tel：0898-62636888

海南生源橡胶实业有限公司
地址：琼海市龙江镇炮楼岭
……Tel：0898-62823362

海南大印橡胶加工有限公司
地址：海南省琼海市嘉积镇金海路192号
……Tel：0898-62921100

文昌市橡胶研究所医院
地址：文昌市潭牛镇新桥美文圩
……Tel：0898-63442019

定安益合天然橡胶实业有限公司
地址：定安县岭口镇热作场
……Tel：0898-63792617

海南景隆恒工程有限公司
地址：海南省海口市美兰区蓝天路32-2号蓝天丽城1911房
……Tel：0898-63835178

海南万驹商贸有限公司
地址：海南省海口市美兰区和平大道59

号金椰都滨海花园2单元1-406 房
…………………… Tel：0898-63835178

海南蜀物实业有限公司
地址：海南省澄迈县老城经济开发区南一环路69号海口综合保税区跨境电商产业园国际商务中心213-8
…………………… Tel：0898-65340280

中化（海南）作物科技有限公司
地址：海南省海口市滨海大道81号南洋大厦502室
…………………… Tel：0898-65391629

海南信荣橡胶机械有限公司
地址：海口市琼山区云龙镇云龙产业园横五路6号
…………………… Tel：0898-65622879

海南华橡实业集团有限公司
地址：海南省澄迈县老城经济开发区南二环路海胶深加工产业园206栋501室
…………………… Tel：0898-65678989

海南华阳投资集团有限公司
地址：海南省海口市秀英区滨海大道159-2号福隆广场三期G栋2层商业
…………………… Tel：0898-65678989

海南华阳致远置业有限公司
地址：海南省老城开发区南一环路南侧福隆丽水湾（一期）A2栋303房
…………………… Tel：0898-65678989

海南南洋恒泰橡胶有限公司
地址：海南省海口国家高新技术产业开发区狮子岭工业园办公楼83号房
…………………… Tel：0898-65716978

海南美亚实业有限公司
地址：海口市美兰区美兰机场旁（海南美亚实业有限公司综合楼）
…………………… Tel：0898-65722301

海口铂翔丰橡胶贸易有限公司
地址：海口市凤翔西路28号华荣府小区C栋二单元1603房
…………………… Tel：0898-65952600

海南祥健橡胶有限公司
地址：白沙黎族自治县邦溪镇便民服务中心办公楼二楼201室
…………………… Tel：0898-66274557

海南省农业生产资料集团有限公司
地址：海南省海口市国贸路26号汇通大厦11层
…………………… Tel：0898-66532316

洋浦兆煌石油化工进出口有限公司
地址：海南省洋浦经济开发区新英湾区洋浦迎宾馆B座一层海南国际能源交易中心2-1号
…………………… Tel：0898-66598299

中热科（海南）海洋与农业研究院有限公司
地址：洋浦经济开发区盐田路8号政务服务中心大楼东区2-4-101
…………………… Tel：0898-66661666

海南国橡乳胶制品有限公司
地址：海南省定安县黄竹镇国营南海农场油王队油王仓库
…………………… Tel：0898-66735503

海南神农科技股份有限公司
地址：海口市秀英区美林路8号慧远美林谷综合服务楼
…………………… Tel：0898-66738106

海南中投无氨橡胶投资有限公司
地址：海南省海口市国贸大道国联大厦A座705房
…………………… Tel：0898-66769530

中国中丝集团海南公司
地址：海口市龙昆北路国贸大厦A座9层
…………………… Tel：0898-66779552

乐东圣霖橡胶工贸有限公司
地址：乐东县城三角路何光乾商业楼第五层
…………………… Tel：0898-66891907

中垦天然橡胶科技有限公司
地址：海南省老城高新技术产业示范区海南生态软件园
…………………… Tel：0898-67204822

海南天然橡胶研究院有限公司
地址：海南省老城高新技术产业示范区海南生态软件园
…………………… Tel：0898-67204822

海南省先进天然橡胶复合材料工程研究中心有限公司
地址：海南省老城高新技术产业示范区海南生态软件园
…………………… Tel：0898-67204822

澄迈仁兴练氏橡胶黄花梨农民专业合作社
地址：海南省澄迈县仁兴镇仁府路（仁兴卫生院对面）
…………………… Tel：0898-67338368

海南安顺达橡胶制品有限公司
地址：海南省澄迈县老城经济开发区南二环路
…………………… Tel：0898-67486397

海南东鑫橡胶有限公司
地址：澄迈县中兴镇里万村
…………………… Tel：0898-67568036

海南屯昌卓泰橡胶有限公司
地址：海南省屯昌县屯城镇东风东路38号
…………………… Tel：0898-67816865

海南屯昌三发橡胶实业有限公司
地址：海南省屯昌县屯城镇新华路119号
…………………… Tel：0898-67816865

海南盛莱石油化工有限公司
地址：海南省海口市龙华区玉沙路海岸金城商住楼B座26层26A房
…………………… Tel：0898-68508038

海南自贸区桐和橡胶贸易有限公司
地址：海南省海口市龙华区龙昆北路38号华银大厦1098室
…………………… Tel：0898-68529005

海南盛友泰橡胶股份有限公司
地址：海南省海口市龙华区世贸中心F座2004室
…………………… Tel：0898-68529262

海南顺达实业有限公司
地址：海南省海口市保税区南海大道168号海口保税区西侧办公室二楼225-6室
…………………… Tel：0898-68534162

海口展旺海石化有限公司
地址：海南省海口市龙华区金贸中路1号半山花园晓峰阁25层2888房
…………………… Tel：0898-68559596

海南国盛石油有限公司
地址：海南省澄迈县老城工业开发区
…………………… Tel：0898-68581555

海口蓉海实业有限公司
地址：海南省海口市保税区海口综合保税区联检大楼四楼A110-30室
…………………… Tel：0898-68582028

海南金益石油天然气有限公司
地址：洋浦经济开发区港北路海岸华庭G栋1603房
…………………… Tel：0898-68582917

海南国农橡胶有限公司
地址：海南省海口市美兰区人民大道74号八菱大厦A1602房。
…………………… Tel：0898-68585033

海南金畅进出口贸易有限公司
地址：海南省澄迈县金马大道21公里处（南二环路与金马大道交汇处西南侧）
…………………… Tel：0898-68612582

海南港航物流集团有限公司
地址：海南省洋浦经济开发区新英湾区新恒基大厦C9-2房
…………………… Tel：0898-68623719

海南金垦化肥有限公司
地址：海口市秀英白水塘三O三油库西侧
…………………… Tel：0898-68630138

安通西南物流有限公司
地址：海南省海口市秀英区滨海大道157号18楼
…………………… Tel：0898-68651662

海南思坦德科技集团有限公司
地址：海口市高新科技大道17号裕科大厦北面第壹层
…………………… Tel：0898-68683117

洋浦祥建投资有限公司
地址：洋浦干冲东临中心街3号
…………………… Tel：0898-68710995

海南天然橡胶产业集团金橡有限公司
地址：海南省海口市滨海大道103号财富大厦三楼
…………………… Tel：0898-68910906

海南海垦农资有限责任公司
地址：海南省海口市海垦路13号绿海大厦16楼
…………………… Tel：0898-68923082

海南广垦橡胶有限公司
地址：海南省海口市滨海大道103号财富广场写字楼6-A房
…………………… Tel：0898-68951686

海南农垦商贸物流产业集团有限公司
地址：海南省海口市海垦路13号绿海大厦9楼
…………………… Tel：0898-68951893

海南顺驰轮胎橡胶有限公司
地址：海口市海秀路104号金天龙大厦406室
…………………… Tel：0898-68965205

海南供销大集供销链网络科技有限公司
地址：海南省海口市国兴大道7号新海航大厦17层
…………………… Tel：0898-69960787

海南供销大集酷铺商贸有限公司
地址：海南省海口市国兴大道7号海航大厦17层
…………………… Tel：0898-69960787

海南银泰金润置地有限公司
地址：海南省陵水县椰林镇椰林南干道华天龙大厦五楼
…………………… Tel：0898-83312757

琼中永鑫橡胶有限公司
地址：琼中县营根镇海榆路新二区（云鼎雅苑）2幢绿橙阁609房
…………………… Tel：0898-86234108

琼中英意天然橡胶有限公司
地址：琼中县国营新市农场胶厂
…………………… Tel：0898-86236682

海南成信橡胶产业有限公司
地址：儋州市西北工业区
…………………… Tel：0898-86868686

海南农垦神泉集团有限公司
地址：海南省三亚市海棠湾镇南田农场内
…………………… Tel：0898-88812973

四川省

中国石化集团西南石油局有限公司
地址：成都市高新区吉泰路688号
……………………Tel：028-65285555

四川启明辉石油化工有限公司
地址：中国（四川）自由贸易试验区天府大道中段1388号11栋13层16号
…………………… Tel：02812345678

四川东益石油化工有限公司
地址：中国（四川）自由贸易试验区成都高新区天府大道北段1700号1栋2单元14层1403号
……………………Tel：028-13265460

安岳县恒信置业有限公司
地址：安岳县岳阳镇普州大道北段178号一幢三单元301、302号
……………………Tel：028-24067666

四川思味特食品有限公司
地址：资阳经济技术开发区安岳工业园（安岳县石桥铺镇）
……………………Tel：028-24512088

四川国光农化股份有限公司
地址：简阳市平泉镇
……………………Tel：028-27015253

简阳市三新惠农科技有限公司
地址：成都市简阳市东城新区大地国际花园2号楼7楼
……………………Tel：028-27238865

成都空港产城实业有限公司
地址：中国（四川）自由贸易试验区成都高新区府城大道中段88号1栋13层13号
……………………Tel：028-27377685

四川海大橡胶集团有限公司
地址：简阳市养马镇
……………………Tel：028-27729251

四川轮胎橡胶（集团）股份有限公司
地址：四川省简阳市养马镇川橡路568号
……………………Tel：028-27729251

洪雅发展投资控股有限责任公司
地址：洪雅县洪川镇洪州大道106号（国土局办公楼内）
……………………Tel：028-37412285

四川金叶化肥有限公司
地址：四川省眉山市彭山区青龙镇龙都北二路西段166号
……………………Tel：028-37668312

四川铁通公铁物流股份有限公司
地址：四川省眉山市彭山区青龙镇青龙大道792号
……………………Tel：028-37696000

眉山市东坡区中南橡胶经营部
地址：东坡区诗书路中段22号
……………………Tel：028-38108375

中央储备粮眉山直属库有限公司
地址：眉山市东坡区象耳镇快乐村
……………………Tel：028-38175690

眉山东创智慧农业有限公司
地址：四川省眉山市东坡区经济开发区新区兴业路南段18号圣丰国际大厦A区12层1203号
……………………Tel：028-38231933

成都中油能源有限公司
地址：成都市金牛区蜀跃路9号
……………………Tel：028-60103240

成都中油能源有限公司
地址：成都市金牛区蜀跃路9号
……………………Tel：028-60103240

四川省华锐石油化工工程有限公司
地址：成都市金牛区蜀西路9号1栋10层1002号
……………………Tel：028-61339131

成都金品莱科技有限公司
地址：四川省成都市成华区双庆路10号1栋17层01号
……………………Tel：028-61382201

四川远大聚华实业有限公司
地址：成都市青羊工业集中发展区敬业路218号K区21栋
……………………Tel：028-61509028

四川鑫电电缆有限公司
地址：成都市郫都区成都现代工业港北片区港通北三路781号
……………………Tel：028-61778522

四川太源农业集团有限公司
地址：成都市金牛区金府路88号1栋1单元35层3525号
……………………Tel：028-61836696

四川智聚农业科技股份有限公司
地址：成都市金牛区茶店子西街36号1栋2单元21层2101-2109号
……………………Tel：028-61991571

四川和邦生物科技股份有限公司
地址：乐山市五通桥区牛华镇沔坝村
……………………Tel：028-62050230

成都先进制造产业投资有限公司
地址：成都市青羊区顺城大街221号工投大厦二楼201室
……………………Tel：028-62077800

成都高投物产有限公司
地址：中国（四川）自由贸易试验区成都高新区益州大道中段1800号4栋10层1002号、1003号
……………………Tel：028-62371521

成都米高工程技术有限公司
地址：中国（四川）自由贸易试验区成都高新区锦城大道666号2栋23层3号、4号、5号、6号
……………………Tel：028-62725188

四川达天下农业开发股份有限公司
地址：中国（四川）自由贸易试验区成都高新区世纪城南路599号天府软件园D区6栋505号
……………………Tel：028-62818116

成都福洪鑫融实业有限公司
地址：中国（四川）自由贸易试验区成都高新区锦城大道666号4栋17层14号
……………………Tel：028-63205818

建发（成都）有限公司
地址：成都市武侯区锦绣街8号
……………………Tel：028-64362060

四川郎霖农业科技有限公司
地址：成都市郫都区德源镇（菁蓉镇）红旗大道北段160号一楼2号
……………………Tel：028-64721146

四川石化路桥有限公司
地址：中国（四川）自由贸易试验区成都市天府新区天府大道南段2028号
……………………Tel：028-65128888

成都华川石油天然气勘探开发有限公司
地址：成都市一环路北四段116号
……………………Tel：028-65285555

中国石化四川天然气有限责任公司
地址：中国（四川）自由贸易试验区成都市高新区吉泰路688号21楼
……………………Tel：028-65285555

中石化西南石油工程有限公司
地址：中国（四川）自由贸易试验区成都市高新区吉泰路688号A栋15楼
……………………Tel：028-65285566

成都赛普瑞兴科技有限公司
地址：成都金牛高新技术产业园区兴川路866号B座1310号
……………………Tel：028-65332860

中农万生农业发展股份有限公司
地址：成都市双流区西航港街道珠江路600号5栋2单元4楼405号
……Tel：028-65400065
四川知丰供应链管理股份有限公司
地址：成都市金牛区金泉街道淳风路133号3层附373号
……Tel：028-65710338
成都水工橡胶有限公司
地址：成都市金牛区马鞍东路17号
……Tel：028-66559499
成都仁极创商贸有限公司
地址：成都市武侯区金花桥街道陆坝社区草金路北段336号
……Tel：028-67141618
四川瑞源石油化工实业有限公司
地址：成都市青羊区鼓楼南街117号A幢20层F号
……Tel：028-6745468
四川天农未来农业集团有限公司
地址：中国（四川）自由贸易试验区成都高新区交子大道88号3栋8层813号
……Tel：028-67499037
四川省泸州鑫福石化有限公司
地址：泸县福集镇花园路
……Tel：028-67569180
四川中油海航巨能燃气有限公司
地址：中国（四川）自由贸易试验区川南临港片区云台路一段68号附2号
……Tel：028-67569180
四川能投川化新材料科技有限公司
地址：四川省眉山市彭山区惠灵村四组（成眉石化园区）
……Tel：028-67593399
中石化川西天然气勘探开发有限公司
地址：四川省成都市彭州市天彭大道456号
……Tel：028-67829299
四川省中塑石油化工投资股份有限公司
地址：成都市锦江区三圣花乡花果村一组沙河壹号2期7栋18层1802号
……Tel：028-68181187
成都合达商贸有限公司
地址：成都市武侯区永丰场街57号
……Tel：028-68730891
四川皇柏贡粮实业集团股份有限公司
地址：中国（四川）自由贸易试验区成都高新区天府大道中段666号1栋35层3506号
……Tel：028-68739065
四川世纪本草中药材有限公司
地址：四川省成都市金牛区聚霞路1号国际商贸城六区6-2-0001至6-2-0592号；6-2-2145至6-2-2177号
……Tel：028-68765501
中石化四川石油化工有限公司
地址：成都市武侯区武青南路33号（武侯新城管委会内）
……Tel：028-69980987
成都银龙石油化工有限公司
地址：成都市双流区黄甲街道一里坡社区
……Tel：028-81512139
成都佳捷橡胶制品有限公司
地址：成都崇州经济开发区金鸡路1266号
……Tel：028-82223085
中央储备粮成都直属库有限公司
地址：四川省成都市新津县普兴镇
……Tel：028-82470317
四川汇津现代物流股份有限公司
地址：成都市新津县普兴镇物流园区
……Tel：028-82490377
成都坤泰睿实业有限公司
地址：成都市武侯区聚龙路16号
……Tel：028-82723692
成都市顺欣交通橡胶实业有限公司
地址：成都市成华区保和乡团结村五组
……Tel：028-82734898
四川顺卓科技有限公司
地址：成都市新都区新都镇兴乐北路1288号1栋3楼21号
……Tel：028-83016527
四川中塑石化股份有限公司
地址：成都市新都区木兰镇塑城路123号18栋1-2层
……Tel：028-83039836
四川商投善集汽车服务有限责任公司
地址：成都市锦江区锦华路一段163号20幢1层
……Tel：028-83166830
四川华星天然气有限责任公司
地址：成都市金牛区一环路北四段116号
……Tel：028-83354561
四川中能中资石油化工有限公司
地址：成都市成华区文德路77号1幢1层17号
……Tel：028-83374518
成都艾尔普气体产品有限公司
地址：四川省成都市彭州市石化北路1号
……Tel：028-83458568
成都博达飞商贸有限公司
地址：成都高新区紫杉路64号1层
……Tel：028-83512467
四川康道生润实业有限公司
地址：四川省成都市成华区泰兴路36号1幢3层369号
……Tel：028-83515903
成都瑞奇石化工程股份有限公司
地址：成都市青白江区青华东路288号
……Tel：028-83600662
埃斯科姆米高（四川）化肥有限公司
地址：四川省成都市青白江区大弯镇
……Tel：028-83602257
成都新辉贸易有限公司
地址：成都市青白江区团结北路7号1栋1单元第6层
……Tel：028-83621008
成都华瀚展宏国际贸易有限公司
地址：成都市青白江区德汇路88号17栋1单元3层305号
……Tel：028-83680903
华融化学股份有限公司
地址：四川省成都市彭州市九尺镇林杨路166号
……Tel：028-83800329
四川中腾宏建建设集团有限公司
地址：成都市青羊区苏坡乡中鹏巷121号3幢2楼92号
……Tel：028-83915708
成都云图控股股份有限公司
地址：四川省成都市新都区蓉都大道南二段98号附101号
……Tel：028-83961041
成都云图生活电子商务有限公司
地址：成都市新都区新都工业开发区南二路
……Tel：028-83965517
四川国储物流集团有限公司
地址：成都市成华区龙潭寺东路396号
……Tel：028-84215122
四川中能橡胶粉有限责任公司
地址：崇州市公议乡三合堰村1组
……Tel：028-84282122
成都益民供应链有限公司
地址：成都市成华区成华大道新鸿路331号
……Tel：028-84398115
四川中晟新源石油化工设备有限公司
地址：成都市成华区望平滨河路30号1-4幢6层1、4号
……Tel：028-84477142
四川天浩橡胶有限责任公司
地址：四川成都经济技术开发区（龙泉驿区）航天工业区
……Tel：028-84891485
四川德沂实业有限公司
地址：四川省成都市天府新区华阳街道伏龙路一段71号1层
……Tel：028-85040999
四川省铁产石油化工有限责任公司
地址：叙永县兴隆镇黄家坝村
……Tel：028-85062226
四川新一天园农业综合开发有限公司
地址：四川省成都市天府新区永兴街道土主庙街44号附8号
……Tel：028-85063666
成都乾骏泓实业有限公司
地址：成都市武侯区武侯大道双楠段150号
……Tel：028-85080917
中安亚太（成都）实业有限公司
地址：中国（四川）自由贸易试验区成都高新区府城大道西段399号7栋2单元8层808号
……Tel：028-85122501
成都鹰明智通科技股份有限公司
地址：成都高新区天泰路111号1栋19层1901号
……Tel：028-85141500
四川双瑞能源有限公司
地址：成都高新区芳草东街76号4层
……Tel：028-85213238
四川百通四达实业有限公司
地址：中国（四川）自由贸易试验区成都市高新区天府三街218号2栋5层516号
……Tel：028-85252595
四川海川汇实业有限公司
地址：中国（四川）自由贸易试验区成都高新区天泰路338号
……Tel：028-85252595
绵阳市联锋机械橡胶制造有限责任公司
地址：绵阳市游仙区小枧沟镇新华社区居委会
……Tel：028-85267111
四川省元一建设工程有限公司
地址：四川省南充市嘉陵区学府路39号人和逸景苑1号楼1幢1—6号
……Tel：028-85351101
四川精胜石油化工有限公司
地址：成都市青羊区金凤路13号附16号7栋1楼4号
……Tel：028-85446633
铭创（成都）石油化工有限公司
地址：成都市青羊区过街楼街17号1栋3单元13层1304号
……Tel：028-85446633
中石油四川铁投能源有限责任公司
地址：成都市武侯区武侯新城管委会武兴四路166号二栋A单元2层3号
……Tel：028-85513375
中海油成都石油化工有限公司
地址：中国（四川）自由贸易试验区成都高新区天府大道中段666号1栋28楼2809、2810号
……Tel：028-85544745
四川佳奇石化有限公司
地址：四川省广汉市高坪镇东升街6号
……Tel：028-85555515
屏山蜀钧生态环保有限公司
地址：四川省宜宾市屏山县屏山镇34-12地块第M02号门面
……Tel：028-85577700
四川旗瑞石化有限公司
地址：成都市彭州市天彭镇天贸巷48号1层
……Tel：028-85582335
中石化四川销售有限公司
地址：中国（四川）自由贸易试验区成都市天府新区天府大道南段2028号石化大厦23层
……Tel：028-85677000
四川石化天然气有限公司
地址：成都市武侯区人民南路四段53号
……Tel：028-85677000
四川石化建设集团有限公司
地址：成都市武侯区人民南路四段53号13楼
……Tel：028-85677001
四川渝蓉石化能源有限公司
地址：中国（四川）自由贸易试验区成都市天府新区华阳街道天府大道南段2028号10层
……Tel：028-85677111
成都盛帮特种橡胶制品有限公司
地址：成都市双流区东升街道成双大道南段1077号
……Tel：028-85774433
四川天行健万众实业有限公司
地址：中国（四川）自由贸易试验区成都高新区天府三街218号2栋12层1219号
……Tel：028-85784833
四川九圆万方农业科技有限公司
地址：四川省成都市天府新区华阳街道丽都街193号
……Tel：028-85802957
四川三纯绿色建筑科技集团有限公司
地址：成都市青羊区同诚路8号8栋1单元3楼5号
……Tel：028-85888111
四川中宇本鑫实业有限公司
地址：成都市武侯区晋吉南路59、117号1栋1单元9层927号
……Tel：028-85919871
四川誉海融汇贸易有限公司
地址：中国（四川）自由贸易试验区成都高新区天府大道北段1288号1幢1单元18层1801号
……Tel：028-85963215
西南化工研究设计院有限公司
地址：成都高新区高朋大道5号
……Tel：028-85964616
成都活力旺贸易有限公司
地址：成都市成华区新鸿南路101号1栋2层1号
……Tel：028-85999871
四川贵源石油化工工程有限公司
地址：四川省成都市都江堰市奎光塔街道灌温路1699号
……Tel：028-86014830
成都铁路石油化工实业有限公司
地址：成都市金牛区五丁路1号
……Tel：028-86423348
仲衍种业股份有限公司
地址：成都市武侯区黉门街79号
……Tel：028-86517808
成都交子供应链金融服务有限公司
地址：中国（四川）自由贸易试验区成都市青白江区香岛大道1509号现代物流大厦A区A0401
……Tel：028-86519254
四川省石油集团有限公司
地址：成都市鼓楼北二街２４号
……Tel：028-86520034
四川美丰农资化工有限责任公司
地址：成都市金牛区银河北街锦西生活广场5楼
……Tel：028-86528811
四川交投商贸有限公司
地址：成都市锦江区工业园区三色路163号银海芯座2栋2层202号
……Tel：028-86625659
四川虹升石化设备有限公司
地址：中国（四川）自由贸易试验区成都高新区益州大道北段777号A座14楼15A05室
……Tel：028-86627111
邦力达农资连锁有限公司
地址：成都市太升北路１０号
……Tel：028-86928839
四川交投中油能源有限公司
地址：成都市锦江区工业园区三色路163号银海芯座大厦B栋12楼
……Tel：028-86934532
东明石化成都销售有限公司
地址：中国（四川）自由贸易试验区成都高新区吉泰五路118号3栋8层3号
……Tel：028-87098087
四川中天橡胶有限公司
地址：四川省成都市都江堰市四川都江堰经济开发区凤鸣路5号
……Tel：028-87235626
四川鸿投实业有限公司
地址：四川省成都市都江堰市四川都江堰经济开发区凤鸣路5号
……Tel：028-87287675
四川欧亚路态贸易股份有限公司
地址：中国（四川）自由贸易试验区成都市高新区中和观东三街308号
……Tel：028-87317531
四川中柱供应链管理集团有限公司
地址：中国（四川）自由贸易试验区成都高新区府城大道西段399号天府新谷7号楼C座6楼7号
……Tel：028-87333550
四川升荣建筑工程有限公司
地址：成都市武侯区广福桥正街28号4-3幢1层1号
……Tel：028-87364189
四川高科智慧工场农业发展有限公司
地址：中国（四川）自由贸易试验区成都高新区天府二街138号3栋41楼4106号
……Tel：028-87368496
成都盛图康生物科技有限公司
地址：成都市武侯区万寿路66号
……Tel：028-87488371
四川金星石油化工机械设备有限公司
地址：成都市郫县成都现代工业港北片区
……Tel：028-87511024
成都明宇熙橡胶制品有限公司
地址：成都金牛高新技术产业园区蜀西路46号6栋2楼16号
……Tel：028-87563699
成都道臣物流集团有限公司
地址：成都市青羊区文家乡华严村四组

…………………………Tel：028-87628919

四川鑫福石油化工设备制造有限责任公司
地址：四川省成都市都江堰市四川都江堰经济开发区堰华路
…………………………Tel：028-87775567

四川中商国能实业有限公司
地址：四川省成都市武侯区沙堰街40号1栋601号
…………………………Tel：028-87960022

四川远星橡胶有限责任公司
地址：四川省成都市大邑县王泗经济开发区
…………………………Tel：028-88348000

成都晟源石化有限公司
地址：四川省彭州市隆丰镇石化北路东段516号
…………………………Tel：028-88503056

顶菓（成都）农业科技有限公司
地址：成都市蒲江县光明乡金花村二组106号
…………………………Tel：028-88628692

四川省高宇集团有限公司
地址：成都市邛崃市临邛镇文昌街343号
…………………………Tel：028-88745527

四川川化永鑫建设工程有限责任公司
地址：成都市青白江区川化集团公司内
…………………………Tel：028-89300875

四川能投川化商业管理有限责任公司
地址：成都市青白江区大弯通站路121号
…………………………Tel：028-89307996

中国航发成都发动机有限公司
地址：成都市新都区蜀龙大道成发工业园区
…………………………Tel：028-89358555

成都粮食集团有限公司
地址：成都市锦江区水碾河南路44号
…………………………Tel：0289-84471951

四川启源德瑞环保科技股份有限公司
地址：攀枝花钒钛高新技术产业开发区
…………………………Tel：0812-2326239

攀枝花市新锐华农业科技有限责任公司
地址：盐边县桐子林镇西环南路132号
…………………………Tel：0812-3337433

攀枝花市天成石化有限责任公司
地址：攀枝花市攀枝花大道东段492号
…………………………Tel：0812-3516688

攀枝花市恒源石化有限公司
地址：攀枝花钒钛产业园区
…………………………Tel：0812-6211336

米易城乡融合发展投资开发有限公司
地址：四川省攀枝花市米易县攀莲镇安宁路56号商会大厦
…………………………Tel：0812-8170399

自贡银行股份有限公司
地址：自贡市自流井区解放路58号
…………………………Tel：0813-2305694

自贡中农联建设开发有限公司
地址：自贡市自流井区工业集中区丹阳街168号
…………………………Tel：0813-2609868

自贡市中新农村信用合作联社
地址：自贡市西客运站（底楼）
…………………………Tel：0813-3305557

自贡市沿滩区汇通现代农业有限公司
地址：自贡市沿滩区沿滩镇狮子山9组
…………………………Tel：0813-3800085

四川中润石化有限公司
地址：自贡市王井七星桥
…………………………Tel：0813-3950096

昊华鸿鹤化工有限责任公司
地址：中国四川省自贡市鸿鹤路43号
…………………………Tel：0813-4662210

富顺兴力达投资有限公司
地址：四川省富顺县富世镇读易洞街70号
…………………………Tel：0813-7193333

富顺润恒贸易有限公司
地址：富顺县富世镇锦程路北段12号瑞祥商务中心6楼15-18号
…………………………Tel：0813-7203651

自贡市光大橡胶有限公司
地址：自贡市汇东路西段富源小区1栋2号店面
…………………………Tel：0813-8260406

绵阳耀东农业投资开发有限公司
地址：四川省绵阳市游仙区沈家坝17号
…………………………Tel：0816-2270057

四川中油德源能源有限公司
地址：盐亭县云溪镇红光村
…………………………Tel：0816-2319215

四川仁智石化科技有限责任公司
地址：绵阳市仙海水利风景区管委会附楼三楼
…………………………Tel：0816-2353029

四川同路农业科技有限责任公司
地址：绵阳现代农业科技示范区一号路
…………………………Tel：0816-2821488

西澳农业科技有限公司
地址：四川省绵阳市江油市彰明镇昌明村1、2、3幢1楼（生产经营地：江油市彰明镇昌明村二、四组）
…………………………Tel：0816-3483338

江油易生房地产开发有限公司
地址：江油市三合镇桂香村三组
…………………………Tel：0816-3527780

江油星乙现代农业服务有限公司
地址：江油市三合镇太白东路三合国土所1栋1-5层1号
…………………………Tel：0816-3841995

四川建丰林业有限公司
地址：盐亭县工业集中开发区（下月园村）
…………………………Tel：0816-6166205

西科农业集团股份有限公司
地址：绵阳市科创园区八角路西段
…………………………Tel：0816-6355515

四川晟达化学新材料有限责任公司
地址：四川省南充化学工业园区（嘉陵区河西片区）
…………………………Tel：0817-2272532

四川佳豪建设集团有限公司
地址：南充市顺庆区锦程路69号南充总商会大厦1号楼21层2105室
…………………………Tel：0817-2866288

南充市景盛橡胶制品有限公司
地址：南充市高坪区长乐镇工业街36号
…………………………Tel：0817-3418868

中农联南充农产品开发有限公司
地址：四川省南充市嘉陵区滨江南路二段78号滨江印象1号楼15楼5-8
…………………………Tel：0817-3623567

四川蜀能石油化工有限责任公司
地址：南充市嘉陵区文峰大道中段南充化学工业园科技研发中心
…………………………Tel：0817-3661987

四川科华石油化工设备工程有限公司
地址：四川省南充市高坪区航空港工业集中区
…………………………Tel：0817-6177728

中石化广元天然气净化有限公司
地址：四川省广元市利州区莲花路378号
…………………………Tel：0817-6309614

达州瓮福物流有限责任公司
地址：达州市西外凤凰大道西端
…………………………Tel：0818-2188888

四川达兴能源有限责任公司
地址：达州市通川区西河路25号（经营场所：达州市经济开发区）
…………………………Tel：0818-2520361-9280

蓝凼集团有限公司
地址：达州市达川区新桥路特八十八号
…………………………Tel：0818-2677977

瓮福达州化工有限责任公司
地址：四川省达州经济开发区瓮福达州基地
…………………………Tel：0818-3118000

四川阳源石油化工有限公司
地址：四川省遂宁高新区遂创汇.创客360科技企业孵化基地3楼B307-1号
…………………………Tel：0818-3299779

圣吉强农业集团有限公司
地址：达州市达川区店子梁南天丽都58号2单元14楼8号
…………………………Tel：0818-3360777

四川大耀实业有限责任公司
地址：达州市达川区马家乡柳杨村8社
…………………………Tel：0818-3390777

四川雷迈实业有限责任公司
地址：达州市达川区富康综合楼B幢2-4-2号
…………………………Tel：0818-3390777

中国石化达州天然气净化有限公司
地址：达州市西外新区凤凰大道468号
…………………………Tel：0818-4776951

四川省丽天牧业有限公司
地址：达州市达川区石桥镇宝井寨社区6组
…………………………Tel：0818-5356799

四川福翔科技有限公司
地址：大竹县工业园区科技路6号
…………………………Tel：0818-6221369

四川亨源石化有限责任公司
地址：渠县天星镇解放村
…………………………Tel：0818-7344838

万源石化有限公司
地址：万源市官渡镇青岩坝村四组
…………………………Tel：0818-8092100

开江县农村信用合作联社
地址：开江县新宁镇淙城街45号
…………………………Tel：0818-8227402

四川睿洋亨源科技有限公司
地址：遂宁市经济技术开发区川中大市场物业11号楼南1层7号
…………………………Tel：0825-2228888

四川丰生农业有限公司
地址：遂宁市船山区河沙镇凤凰咀村4社村小学
…………………………Tel：0825-2248893

中石油遂宁天然气净化有限公司
地址：四川省遂宁市安居区化工工业园安东大道63号
…………………………Tel：0825-2517182

四川威斯腾物流有限公司
地址：遂宁高新区中国西部现代物流港内
…………………………Tel：0825-2636866

四川青龙丙烯酸酯橡胶有限公司
地址：南充市嘉陵区文峰大道中段南充化学工业园科技研发中心
…………………………Tel：0825-2895158

四川安东油气工程技术服务有限公司
地址：遂宁市船山区金家沟中国西部现代物流基地
…………………………Tel：0825-57897788

四川中盛柴润石化有限公司
地址：四川省遂宁高新区中国西部现代物流港物流大道488号1468室
…………………………Tel：0825-5857103

四川维中众诚石油化工有限公司
地址：四川省遂宁高新区物流港物流园区主干道B西南侧健坤商贸物流总部大厦601号等8处中605B号（B07）
…………………………Tel：0825-5857103

四川乐言石油化工有限公司
地址：四川省遂宁高新区中国西部现代物流港物流大道488号1860室
…………………………Tel：0825-5857103

四川中海迈鸿石油化工有限公司
地址：四川省遂宁高新区物流港物流园区主干道B西南侧健坤商贸物流总部大厦5-5号等8处中的506号（A13）
…………………………Tel：0825-5857103

四川中海化能石油化工有限公司
地址：四川省遂宁高新区中国西部现代物流港物流大道488号1807室
…………………………Tel：0825-5857103

四川康吉伦石油化工有限公司
地址：四川省遂宁高新区中国西部现代物流港物流大道488号1570室
…………………………Tel：0825-5857103

四川合美联泰石油化工有限公司
地址：四川省遂宁高新区中国西部现代物流港物流大道488号1759室
…………………………Tel：0825-5857103

四川仟飞石油化工有限公司
地址：四川省遂宁市遂宁高新区中国西部现代物流港物流大道488号1623室
…………………………Tel：0825-5857103

四川和利祥石油化工有限公司
地址：四川省遂宁高新区中国西部现代物流港物流大道488号1320室
…………………………Tel：0825-5857103

四川圆融石油化工有限公司
地址：四川省遂宁高新区中国西部现代物流港物流大道488号1344室
…………………………Tel：0825-5857103

四川中海辰泽石化有限公司
地址：四川省遂宁高新区中国西部现代物流港物流大道488号1383室
…………………………Tel：0825-5857103

四川凯发石油化工有限公司
地址：四川省遂宁高新区中国西部现代物流港物流大道488号1838室
…………………………Tel：0825-5857103

四川庚鑫石油化工有限公司
地址：四川省遂宁高新区中国西部现代物流港物流大道488号1584室
…………………………Tel：0825-5857103

四川如德石油化工有限公司
地址：四川省遂宁高新区中国西部现代物流港物流大道488号1272室
…………………………Tel：0825-5857103

遂宁圣宇石油化工有限公司
地址：四川省遂宁高新区中国西部现代物流港物流大道488号1089室
…………………………Tel：0825-5857103

四川祥泰兴德石油化工有限公司
地址：四川省遂宁高新区中国西部现代物流港物流大道488号1281室
…………………………Tel：0825-5857103

四川中海九通石化有限公司
地址：四川省遂宁高新区中国西部现代物流港物流大道488号1814室
…………………………Tel：0825-5857103

四川中海联胜石油化工有限公司
地址：四川省遂宁高新区中国西部现代物流港物流大道488号1275室
…………………………Tel：0825-5857103

遂宁合强石油化工有限公司
地址：四川省遂宁市遂宁高新区中国西部现代物流港物流大道488号1288室
…………………………Tel：0825-5857103

遂宁承平石化有限公司
地址：四川省遂宁高新区中国西部现代物流港物流大道488号1755室
…………………………Tel：0825-5857103

四川泰戈伦石油化工有限公司
地址：四川省遂宁高新区中国西部现代物流港物流大道488号1239室
…………………………Tel：0825-5857103

四川沈通恒兴石油化工有限公司
地址：遂宁市船山区中国西部现代物流港物流大道488号1331室
…………………………Tel：0825-5857103

四川恒益鼎孚石油化工有限公司
地址：四川省遂宁高新区中国西部现代物流港物流大道488号1411室
…………………………Tel：0825-5857103

四川迈阔方石油化工有限公司
地址：四川省遂宁高新区中国西部现代物流港物流大道488号1866室
…………………………Tel：0825-5857103

四川九州仁合石油化工有限公司
地址：四川省遂宁高新区物流港物流园区主干道B西南侧健坤商贸物流总部大厦25-5号等8处中25-1号（A37）
…………………………Tel：0825-5857103

四川孚士多石油化工有限公司
地址：四川省遂宁高新区中国西部现代物流港物流大道488号1733室
…………………………Tel：0825-5857103

四川蜀铭石油化工有限公司
地址：四川省遂宁高新区物流港物流园区主干道B西南侧健坤商贸物流总部大厦5-5号等8处中的506号（B33）
…………………………Tel：0825-5857103

中海联油石油化工有限公司
地址：四川省遂宁高新区物流港物流园区主干道B西南侧健坤商贸物流总部大厦5-5号等8处中的506号（A40）
…………………………Tel：0825-5857103

四川信发能源有限公司
地址：四川省遂宁高新区中国西部现代物流港物流大道488号1008室
…………………………Tel：0825-5857103

四川中诚远通石油化工有限公司
地址：四川省遂宁高新区物流港物流园区主干道B西南侧健坤商贸物流总部大厦6-1号等8处中的605B号（B72）
…………………………Tel：0825-5857103

四川信多源石油化工有限公司
地址：四川省遂宁高新区中国西部现代物流港物流大道488号1056室
…………………………Tel：0825-5857103

四川齐玥轩石油化工有限公司
地址：四川省遂宁高新区中国西部现代物流港物流大道488号1709室
…………………………Tel：0825-5857103

四川松孚石化有限公司
地址：阆中市江南办事处阆升路88号
…………………………Tel：0825-5857105

四川中海致远石化有限公司
地址：四川省遂宁高新区中国西部现代物流港物流大道488号1801室
…………………………Tel：0825-5857105

四川中芝钛石油化工有限公司
地址：四川省遂宁高新区中国西部现代物流港物流大道488号1867室
…………Tel：0825-5857105

四川顺通美业石油化工有限公司
地址：四川省遂宁高新区中国西部现代物流港物流大道488号1373室
…………Tel：0825-5857105

四川盛元吉石化有限公司
地址：四川省遂宁高新区 中国西部现代物流港物流大道488号1631室
…………Tel：0825-5857105

四川碧美石油化工有限公司
地址：四川省遂宁市船山区中国西部现代物流港物流大道488号1581室
…………Tel：0825-5857113

遂宁蜀道通石油化工有限公司
地址：四川省遂宁高新区物流港西部铁路物流园对外贸易物资集散区（海关监管区）综合服务楼415
…………Tel：0825-5857114

遂宁方向石油化工有限公司
地址：四川省遂宁高新区中国西部现代物流港物流大道488号1293室
…………Tel：0825-5857120

四川汇百川石油化工有限公司
地址：四川省遂宁高新区物流港物流园区主干道B西南侧健坤商贸物流总部大厦601号等8处中606号（A55）
…………Tel：0825-5857120

四川世纪洪石油化工有限公司
地址：遂宁市船山区中国西部现代物流港物流大道488号1401室
…………Tel：0825-5857121

四川鲁渤石油化工有限公司
地址：四川省遂宁高新区中国西部现代物流港物流大道488号1647室
…………Tel：0825-5857135

四川中筹石化有限公司
地址：遂宁市船山区中国西部现代物流港物流大道488号1111室
…………Tel：0825-5888866

四川虹迈石油化工有限公司
地址：遂宁市船山区中国西部现代物流港物流大道488号1358室
…………Tel：0825-5888866

四川腾英农业发展有限责任公司
地址：大英县新城区中海大道180号
…………Tel：0825-6151656

四川贝特尔橡胶科技有限公司
地址：射洪县太和镇美丰工业园包装印刷城1栋
…………Tel：0825-6666688

四川欣泰丰商贸有限公司
地址：射洪县太和镇紫云路6号
…………Tel：0825-6685566

四川锦瑞嘉辰实业股份有限公司
地址：四川省射洪市经济开发区云辰国际二期5幢2层1-22号
…………Tel：0825-6688373

四川中谷石化有限公司
地址：大英县蓬莱镇盛马大道3号1层中心控制室
…………Tel：0825-7880127

大英辰盛石油化工有限公司
地址：大英县工业园区
…………Tel：0825-7880127

大英维涛石化装备技术有限公司
地址：大英县工业园区
…………Tel：0825-7880191

四川新英能源科技有限公司
地址：大英县工业园区
…………Tel：0825-7880386

四川佳世特橡胶有限公司
地址：大英县工业集中发展区席家沟
…………Tel：0825-7888520

四川原子利华新材料科技有限公司
地址：大英县蓬莱镇工业集中发展区采和大道
…………Tel：0825-7976715

煜坤嘉慧集团有限公司
地址：四川省遂宁市经济技术开发区南津南路22号（四川煜坤CNG气瓶检验站）综合楼1至3层；遂宁市经济技术开发区泰吉路
…………Tel：0825-8093171

四川哥们儿加油石化有限公司
地址：四川省遂宁高新区中国西部现代物流港物流大道488号1852室
…………Tel：0825-8587115

四川君格橡胶制品有限公司
地址：遂宁市安居区工业集中发展区演化寺机械工业园
…………Tel：0825-8666900

广安鑫农发展有限公司
地址：广安市广安区洪州大道西段27号五楼
…………Tel：0826-2222518

广安西部绿色橡胶资源循环利用有限公司
地址：四川省广安市广安区金安大道二段303号广安经开区科技企业孵化器
…………Tel：0826-2813558

广安玖源化工有限公司
地址：四川省广安市经济技术开发区新桥工业园区
…………Tel：0826-2828061

四川泰本道农业开发集团有限公司
地址：四川省广安市岳池县苟角镇水浮山村基点校
…………Tel：0826-8862077

巴中建丰新材料有限公司
地址：四川省巴中市经济开发区工业园区（兴文镇中山村）
…………Tel：0827-5588222

四川许氏科技有限公司
地址：四川自贸区川南临港片区商贸城16区电商中心2层B区218号(自主申报)
…………Tel：0830-2526097

泸州交投集团物流有限公司
地址：中国（四川）自由贸易试验区川南临港片区安宁街道云台路69号城北公交枢纽站三楼302-304号
…………Tel：0830-2632743

四川煤气化有限责任公司
地址：泸州市纳溪区金园路1号
…………Tel：0830 4214607

四川天志合建设工程有限公司
地址：四川省泸州市合江县虎头镇堰坝场华强花苑14号门市
…………Tel：0830-5012168

四川天华股份有限公司
地址：泸州市合江县榕山
…………Tel：0830-5482253

古蔺县长欣城镇开发建设有限公司
地址：古蔺县水口镇水口街社区蔺茅路329号
…………Tel：0830-7770002

泸县方洞镇雨锋村集体资产经营管理有限责任公司
地址：泸县方洞镇雨锋村党群服务中心
…………Tel：0830-8296186

泸县方洞镇邹寺村集体资产经营管理有限责任公司
地址：泸县方洞镇邹寺村党群服务中心
…………Tel：0830-8296506

北大荒和久粮食加工集团有限公司
地址：宜宾市临港区沙坪镇泰兴路龙顺小区综合楼323、324号
…………Tel：0831-3520370

宜宾天亿新材料科技有限公司
地址：四川省宜宾市临港经济技术开发区港园路西段61号
…………Tel：0831-5980780

四川天原鑫华供应链科技有限公司
地址：四川省宜宾市临港经济技术开发区港园路西段61号
…………Tel：0831-5980957

四川石化川南实业有限公司
地址：四川省宜宾市翠屏区清华街8号一幢二层附1、2号
…………Tel：0831-8236710

四川宜宾中元石油化工开发投资有限责任公司
地址：宜宾市真武路14号综合楼1层
…………Tel：08318239571

四川恒通动保生物科技有限公司
地址：四川省内江市市中区安吉街898号
…………Tel：0832-2202738

四川省屹达商贸有限公司
地址：隆昌市金鹅镇金华路二段2号
…………Tel：0832-3888111

四川省盛威物资贸易有限公司
地址：四川省隆昌县金鹅镇康复西路二段143号
…………Tel：0832-3962345

四川省屹邦商贸有限公司
地址：隆昌市金鹅镇金华路二段6号
…………Tel：0832-3962345

四川省隆昌海燕橡胶有限公司
地址：隆昌市黄土坡工业园区环城东路322号
…………Tel：0832-8709001

乐山和邦农业科技有限公司
地址：乐山市五通桥区牛华镇
…………Tel：0833-3208293

峨眉山金丰农产品种植营销有限公司
地址：峨眉山市胜利镇红月路1号（农产品物流园区）
…………Tel：0833-5472744

德昌县蔬菜藏业开发有限公司
地址：德昌县德州镇阿荣村三社
…………Tel：0834-5208826

四川省烟草公司凉山州公司
地址：西昌市三岔口东路432号
…………Tel：0834-6120027

西昌天华实业有限责任公司
地址：西昌市西郊乡长安村四组（凯乐路）2幢唐人酒店二楼
…………Tel：0834-6131121

西昌农业投资开发有限责任公司
地址：西昌市建昌东路团结安置新村
…………Tel：0834-6968887

四川庄稼源农资有限公司
地址：德昌县香城大道33号
…………Tel：0834-8056777

四川美丰化工股份有限公司
地址：四川省射洪县太和镇新阳街87号
…………Tel：0838-2304222

中国第二重型机械集团（德阳）万信工程设备有限责任公司
地址：四川省德阳市区珠江西路460号
…………Tel：0838-2340054

德阳市振兴国有资本投资运营有限公司
地址：四川省德阳市庐山南路二段79号
…………Tel：0838 2509581

四川美丰复合肥有限责任公司
地址：四川省德阳市华山南路三段一号
…………Tel：0838-2680733

四川万成橡胶工业有限公司
地址：四川省广汉市南丰镇阳关村（工业开发区）
…………Tel：0838-5655358

四川中京燃气有限公司
地址：四川省德阳市旌阳区德新镇新玉村二组
…………Tel：0838-5928121

四川北大荒物流集团有限公司
地址：四川省德阳市旌阳区黄许镇外南街174号
…………Tel：0838-5928989

银谷玫瑰科技有限公司
地址：四川省绵竹市玫瑰路三段1号
…………Tel：0838-6017696

德阳昊华清平磷矿有限公司
地址：绵竹市清平镇湔沟村
…………Tel：0838-6269978

四川成良橡胶制品有限公司
地址：四川省德阳市中江县南华镇五块碑村9社
…………Tel：0838-7126999

四川威德福石化装备有限责任公司
地址：四川省什邡市慧剑新街35号
…………Tel：0838-8221253

四川蓝剑化工（集团）有限责任公司
地址：什邡市双盛镇永宁村
…………Tel：0838-8502119

四川德盛橡胶制品有限公司
地址：什邡市师古镇清泉村10组
…………Tel：0838-8660933

四川华朴现代农业股份有限公司
地址：苍溪县紫云工业园区
…………Tel：0839-5829999

苍溪县红心世家猕猴桃种植有限公司
地址：苍溪县陵江镇肖家坝高科技工业园区
…………Tel：0839-5829999

秦巴山股份有限公司
地址：四川省广元市青川县乔庄镇文化路8号双创空间
…………Tel：0839-7207090

贵州省

贵州竹茂林业产业发展有限公司
地址：贵州省遵义市赤水市文华街道赤水大道西路14号
…………Tel：0851-22827381

遵义市新雪域置业有限公司
地址：贵州省遵义市南部新区南关办南山村湘江大道530号
…………Tel：0851-23126825

贵州湄潭祥农现代农业发展有限责任公司
地址：贵州省遵义市湄潭县湄江镇天文大道县政府A区1楼
…………Tel：0851-24043386

遵义市播州区交通建设投资有限公司
地址：贵州省遵义市播州区桂花桥街道遵南大道589号
…………Tel：0851-27301276

贵州省遵义三力石油化工有限公司
地址：贵州省遵义市播州区影山湖街道办事处关门山二七七货场内
…………Tel：0851-28222558

中石化遵义新蒲能源发展有限责任公司
地址：贵州省遵义市新蒲新区城二号还房小区
…………Tel：0851-28685060

遵义茶业（集团）有限公司
地址：贵州省遵义市湄潭县湄江街道中国茶城贵州遵义茶叶交易中心12区
…………Tel：0851-28762552

安顺市西秀区小村姑农特产品开发有限公司
地址：贵州省安顺市西秀区黄果树大街印象安顺B栋23楼
…………Tel：0851-33418868

安顺市宏盛化工有限公司
地址：贵州省安顺市西秀区大西桥镇鲍屯村
…………Tel：0851-33712013

贵州瀚岭橡胶科技有限公司
地址：贵州省安顺市关岭布依族苗族自治县顶云街道顶云新区八角岩大健康食品园
…………Tel：0851-38105955

瓮福（集团）有限责任公司
地址：贵州省贵阳市南明区市南路57号（瓮福国际大厦）
…………Tel：0851-5526928

贵州中盟磷业有限公司
地址：贵州省黔南布依族苗族自治州瓮安县瓮水办事处国税局原（老）办公楼
…………Tel：0851-5532119

瓮福集团农资有限责任公司
地址：贵州省黔南布依族苗族自治州福泉市马场坪工业园区
…………Tel：0851-5627888

贵州省农业生产资料有限责任公司
地址：贵州省贵阳市云岩区延安中路105-5号13楼
…………Tel：0851-6571277

贵州双龙航空港中石化能源发展有限公司
地址：贵州省贵阳市双龙航空港经济区电子商务港A栋2单元14层1号
…………Tel：0851-82274336

贵州乾朗钢材物流有限公司
地址：贵州省贵阳市南明区富源南路1号附5号[二戈寨社区]
…………Tel：0851-83795011

贵阳城发中石化能源有限公司
地址：贵州省贵阳市花溪区董家堰村集体综合楼
…………Tel：0851-83858978

贵州绿云能源有限公司
地址：贵州省贵阳市观山湖区诚信北路8号绿地联盛国际11号楼23层
…………Tel：0851-84396228

贵州高速中石化能源有限责任公司
地址：贵州省贵阳市贵阳国家高新技术产业开发区湖滨路10号翔明科技大厦
…………Tel：0851-84700633

贵州大众橡胶有限公司
地址：贵州省贵阳市白云区麦架镇麦架村白云北路876号纵支路41号
…………Tel：0851-84762930

贵州前进橡胶有限公司
地址：贵州省贵阳市云岩区百花大道50号
…………Tel：0851-84765529

贵州戴斯威特橡胶有限公司
地址：贵州省贵阳市清镇市站街镇百花工业区
…………Tel：0851-84767955

林泉航天电机有限公司
地址：贵州省贵阳市云岩区三桥新街28号
……………………… Tel：0851-84801358
贵阳兴胜和橡胶有限公司
地址：贵州省贵阳市白云区北路350号5栋
……………………… Tel：0851-84867488
瓮福国际贸易股份有限公司
地址：贵州省贵阳市南明区市南路57号
……………………… Tel：0851-85513300
百江西南燃气有限公司
地址：贵州省贵阳市云岩区渔安安井片区未来方舟D3组团D3-4栋（4）1单元29层4号房
……………………… Tel：0851-85624548
贵州合源油气有限责任公司
地址：贵州省贵阳市市南路69号电信商务大厦7楼
……………………… Tel：0851-85639311
贵州开磷国际贸易有限公司
地址：贵州省贵阳市观山湖区金阳北路237号开磷城
……………………… Tel：0851-85861597
中国农业发展银行贵州省分行
地址：贵州省贵阳市南明区神奇路110号
……………………… Tel：0851-85874965
贵州交投中石化能源发展有限责任公司
地址：贵州省贵阳市贵阳国家高新技术产业开发区黔灵山路357号德福中心A7栋1单元22层1号
……………………… Tel：0851-85918739
贵阳亚东橡胶有限公司
地址：贵州省贵阳市云岩区山林路31号-B24
……………………… Tel：0851-86511539
贵州路发实业有限公司
地址：贵州省贵阳市开阳县金中镇吉乐湾
……………………… Tel：0851-86525569
贵州中蓝供应链管理有限公司
地址：贵州省贵阳市观山湖区林城西路北侧贵州煤炭资源开发利用工程研究中心项目技术研发大楼1502号
……………………… Tel：0851-86691559
贵州赤天化能源有限责任公司
地址：阳关大道28号赤天化大厦17层
……………………… Tel：0851-86822187
贵州开磷农业发展有限公司
地址：贵州省贵阳市观山湖区金阳北路237号开磷城
……………………… Tel：0851-86989032
贵州开磷集团股份有限公司
地址：贵州省贵阳市观山湖区金阳北路237号开磷城
……………………… Tel：0851-86989132
贵州开磷化肥有限责任公司
地址：贵州省贵阳市观山湖区金阳北路237号开磷城
……………………… Tel：0851-86989192
贵阳开磷化肥有限公司
地址：贵州省贵阳市息烽县小寨坝镇
……………………… Tel：0851-87714003
贵州西洋肥业有限公司
地址：贵州省贵阳市息烽县温泉镇尹庵村
……………………… Tel：0851-87791988
贵州盘江投资控股（集团）有限公司
地址：贵州省贵阳市观山湖区林城西路95号
……………………… Tel：0851-88206665
贵阳市乌当区五彩生态农业发展投资有限责任公司
地址：贵州省贵阳市乌当区羊昌镇（贵阳国家农业科技园区）
……………………… Tel：0851-88325506
兖矿贵州能化有限公司
地址：金阳南路6号世纪金源商务中心3号楼
……………………… Tel：0851-88613920
贵州骑至晴物流有限公司
地址：贵州省贵阳市南明区新华路110-134号富中国际广场1栋9层1号[新华社区]
……………………… Tel：0851-88655785
贵州贵安中石化有限责任公司
地址：贵州省贵安新区行政中心4号楼4125号
……………………… Tel：0851-88901871
贵州贵安商贸投资有限公司
地址：贵州省贵安新区湖潮乡集镇
……………………… Tel：0851-88925366
贵州赤天化桐梓化工有限公司
地址：贵州省遵义市桐梓县娄山关经济开发区1号（桐梓县）
……………………… Tel：0852-26899051
贵州川恒化工股份有限公司
地址：贵州省黔南布依族苗族自治州福泉市龙昌镇
……………………… Tel：0854-2210228
贵州胜威福全化工有限公司
地址：贵州省黔南布依族苗族自治州福泉市牛场镇双龙工业园区
……………………… Tel：0854-2468758
黔南州祥驰石油化工有限公司
地址：贵州省黔南布依族苗族自治州瓮安县雍阳办事处草盛街北侧碧桂园瓮安首府商业4号楼2-21
……………………… Tel：0854-2818185
贵州芭田生态工程有限公司
地址：贵州省黔南布依族苗族自治州瓮安县工业园区
……………………… Tel：0854-2878112
金正大诺泰尔化学有限公司
地址：贵州省黔南布依族苗族自治州瓮安县工业园区
……………………… Tel：0854-4858166
贵州昌明国际陆港有限责任公司
地址：贵州省黔南布依族苗族自治州贵定县昌明经济开发区3号
……………………… Tel：0854-4956816
贵州联合新能源有限公司
地址：贵州省黔南布依族苗族自治州福泉市马场坪工业园区管委会综合大楼
……………………… Tel：0854-4983595
贵州联合石化科技有限公司
地址：贵州省黔南布依族苗族自治州福泉市马场坪工业园区
……………………… Tel：0854-4983595
平塘县天源农业发展有限责任公司
地址：贵州省黔南布依族苗族自治州平塘县林工商大楼
……………………… Tel：0854-7312602
贵州都匀农村商业银行股份有限公司
地址：贵州省黔南布依族苗族自治州都匀市河滨路12号2-7层
……………………… Tel：0854-8368486
贵州开磷剑江化肥有限责任公司
地址：贵州省黔南布依族苗族自治州都匀市南工区
……………………… Tel：0854-8370242
贵州苗侗百草医药发展有限公司
地址：贵州省黔东南苗族侗族自治州凯里市风情大道1号十二号大院内
……………………… Tel：0855-8655098
铜仁万山翠丰农业有限责任公司
地址：贵州省铜仁市万山区谢桥大众创业万众创新产业园B区三楼311室
……………………… Tel：0856-2422777
贵州华泰橡胶科技有限公司
地址：贵州省铜仁市玉屏侗族自治县双桥工业园区
……………………… Tel：0856-3911566
贵州华宇橡胶科技有限公司
地址：贵州省铜仁市大龙经济开发区大屯村钟家组步行街
……………………… Tel：0856-3911566
贵州康诚橡胶制品科技有限公司
地址：贵州省铜仁市玉屏侗族自治县平溪镇双桥工业园
……………………… Tel：0856-3911866
铜仁市丰晟农业产业发展投资有限责任公司
地址：贵州省铜仁市碧江区行政服务中心3号楼6楼
……………………… Tel：0856-5210098
大方县顺德项目投资有限公司
地址：贵州省毕节市大方县大方镇云龙村
……………………… Tel：0857-5225246
毕节鲁清石化贸易有限公司
地址：贵州省毕节市七星关区麻园街道办事处望城路望城花园5栋1楼
……………………… Tel：0857-7160055
贵州金丽水务投资有限公司
地址：贵州省毕节市金沙县鼓场街道玉屏社区一网格黎明花园东区三楼
……………………… Tel：0857-7221715
贵州省金沙县金民投资有限责任公司
地址：贵州省金沙县鼓场街道长江大道与泰山路交汇处黎明花园东片区三楼
……………………… Tel：0857-7249569
贵州金丽医疗投资有限公司
地址：贵州省毕节市金沙县鼓场街道长江大道与泰山路交汇处黎明花园东区三楼
……………………… Tel：0857-7362697
贵州金丽教育投资有限公司
地址：贵州省毕节市金沙县鼓场街道长江大道与泰山路交汇处黎明花园东片区三楼
……………………… Tel：0857-7441026
贵州荣强实业集团有限公司
地址：贵州省毕节市织金县双堰街道星河湾一幢二单元14-5号
……………………… Tel：0857-7821777
贵州金江化工有限公司
地址：贵州省毕节市七星关区头步桥
……………………… Tel：0857-8272495
毕节金河化工有限公司
地址：贵州省毕节市七星关区头步桥
……………………… Tel：0857-8272495
贵州省烟草公司毕节市公司
地址：贵州省毕节市七星关区贵毕路519号
……………………… Tel：0857-8282770
毕节石化交通能源投资有限责任公司
地址：贵州省毕节市七星关区深圳路2号（南山大酒店旁）
……………………… Tel：0857-8316560
毕节盛丰农业发展有限公司
地址：贵州省毕节市七星关区碧阳街道碧阳大道与深圳路交汇处奥莱国际1号楼2楼
……………………… Tel：0857-8330766
贵州凤凰菊农业发展有限公司
地址：贵州省六盘水市钟山区大湾镇大湾新城3栋三单元6号
……………………… Tel：0858-6576333
水城县茶叶发展有限公司
地址：贵州省六盘水市水城县双水新区双水大道北侧茶叶公司综合楼（生产地址：水城县杨梅乡沙沟村）
……………………… Tel：0858-6663890
贵州万峰（集团）实业有限公司
地址：贵州省黔西南布依族苗族自治州兴义市万屯镇大数据产业园区
……………………… Tel：0859-3388968
贵州宜化化工有限责任公司
地址：贵州省黔西南布依族苗族自治州兴义市马岭镇光明村
……………………… Tel：0859-3410740
贵州义龙新区农业开发投资有限责任公司
地址：贵州省黔西南布依族苗族自治州兴义市万屯镇盘兴村仙人坡组
……………………… Tel：0859-3453038
贵州大明边屯神木营生态文化开发有限公司
地址：贵州省黔西南布依族苗族自治州兴义市鲁屯镇鲁屯社区十二组懒坡、鲁屯古镇95号（鲁屯商会会馆）
……………………… Tel：0859-3567838
贵州易见供应链管理有限责任公司
地址：贵州省黔西南布依族苗族自治州兴义市瑞金路富康公馆1804号
……………………… Tel：0859-3667277
贵州兴仁薏仁米实业有限公司
地址：贵州省黔西南州兴仁市城南街道办事处薏仁生态产业园
……………………… Tel：0859-6218010

云南省

西双版纳顺达恒泰橡胶有限公司
地址：云南省西双版纳傣族自治州景洪市嘎洒镇曼景傣村
……………………… Tel：0691-2131518
西双版纳众联橡胶有限公司
地址：云南省西双版纳傣族自治州景洪工业园区百合西路1号
……………………… Tel：0691-2135715
景洪市聚仁兴橡胶有限公司
地址：云南省西双版纳州景洪市白象巷12号
……………………… Tel：0691-2147888
西双版纳华磊橡胶有限公司
地址：云南省西双版纳州景洪市纳昆康小区
……………………… Tel：0691-2150330
西双版纳立仁橡胶有限公司
地址：云南省西双版纳州景洪市纳坤康小区2幢3楼
……………………… Tel：0691-2150330
勐腊田野橡胶销售有限责任公司
地址：云南省西双版纳州勐腊县勐仑镇（原农工商1队）
……………………… Tel：0691-2160585
勐腊田野橡胶销售有限责任公司
地址：云南省西双版纳州勐腊县勐仑镇（原农工商1队）
……………………… Tel：0691-2160585
云南田野橡胶集团有限公司
地址：云南省昆明市滇池度假区百年 世界花苑7幢66号
……………………… Tel：0691-2160585
勐腊金色橡胶有限公司
地址：云南省西双版纳州勐腊县勐捧镇温泉村
……………………… Tel：0691-2160585
西双版纳西纳橡胶有限公司
地址：云南省西双版纳州景洪市勐遮路15号
……………………… Tel：0691-2160585
西双版纳云实橡胶有限公司
地址：云南省西双版纳傣族自治州勐海县勐宋乡昆洛公路751.3公里处
……………………… Tel：0691-2160585
勐海百惠橡胶有限公司
地址：云南省西双版纳傣族自治州勐海县勐宋乡昆洛公路751.3公里处
……………………… Tel：0691-2160585
云南广垦橡胶有限公司
地址：云南省西双版纳州景洪市开发区勐泐大道80号活发大厦
……………………… Tel：0691-2163056
西双版纳景仁橡胶有限公司
地址：云南省西双版纳州景洪市西双十贰城.泼水广场
……………………… Tel：0691-2200031
西双版纳固可力橡胶管理有限公司
地址：云南省西双版纳州景洪市西双十二城观澜B-1-701号
……………………… Tel：0691-2201877
西双版纳鼎盛轩商贸有限公司
地址：云南省西双版纳傣族自治州景洪市普洱茶文化博览园C区YZ幢4层4002室
……………………… Tel：0691-2201877
云南天然橡胶产业集团西双版纳景阳有限公司
地址：云南省西双版纳傣族自治州景洪市宣慰大道142号
……………………… Tel：0691-2205622
云南天然橡胶产业集团西双版纳景阳有限公司
地址：云南省西双版纳傣族自治州景洪市宣慰大道142号
……………………… Tel：0691-2205622
西双版纳凯曼经贸有限公司
地址：云南省西双版纳傣族自治州景洪市大沙坝腾江苑11栋1602号
……………………… Tel：0691-2221539
西双版纳傣橡农业开发有限公司
地址：云南省西双版纳傣族自治州景洪市大沙坝望江苑28幢502号
……………………… Tel：0691-2260428
西双版纳弘晟橡胶贸易有限责任公司
地址：云南省西双版纳傣族自治州旅游度假区林语半山14幢
……………………… Tel：0691-2292978
西双版纳版腊橡胶有限公司
地址：云南省西双版纳傣族自治州景洪市勐罕镇三乡凤凰胶厂
……………………… Tel：0691-2420082
勐腊鑫泰橡胶销售有限公司
地址：云南省西双版纳傣族自治州勐腊县关累镇正街
……………………… Tel：0691-2420082
西双版纳曼列橡胶有限公司
地址：云南省西双版纳州景洪市勐罕镇曼列村
……………………… Tel：0691-2420221
西双版纳中化橡胶有限公司
地址：云南省西双版纳州景洪市勐罕镇曼法村委会曼桂村小组旁
……………………… Tel：0691-2420402

西双版纳胶龙天然橡胶有限责任公司
地址：云南省西双版纳傣族自治州景洪市王震路5号
……………………Tel：0691-2551873

西双版纳兴佰泰橡胶有限公司
地址：云南省西双版纳州景洪市傣江南B11栋
……………………Tel：0691-2581098

西双版纳华热亚橡胶有限公司
地址：云南省西双版纳傣族自治州景洪市勐龙镇曼别村
……………………Tel：0691-2736098

西双版纳曝勐橡胶制品有限公司
地址：云南省西双版纳州景洪市嘎洒镇曼迈村
……………………Tel：0691-2750356

云南西双版纳维盛橡胶有限公司
地址：云南省西双版纳州景洪市嘎洒镇曼景傣村
……………………Tel：0691-2752078

西双版纳佳力轮橡胶有限公司
地址：云南省西双版纳州景洪工业园区曼沙农场一综合队胶厂
……………………Tel：0691-2757158

西双版纳源美橡胶贸易有限公司
地址：云南省西双版纳傣族自治州景洪市勐龙镇曼养村
……………………Tel：0691-2769078

西双版纳景洪工业园区曼沙农场橡胶有限责任公司
地址：西双版纳景洪工业园区曼沙农场
……………………Tel：0691-2770609

西双版纳州龙新橡胶有限公司
地址：云南省西双版纳州勐腊县关累镇盘先龙村民小组旁
……………………Tel：0691-3029999

云南海胶橡胶产业有限公司
地址：云南省西双版纳傣族自治州景洪市勐海路2号西双版纳普洱茶文化博览园C区YZ幢4层
……………………Tel：0691-3066099

云南海胶橡胶产业有限公司
地址：云南省西双版纳傣族自治州景洪市勐海路2号西双版纳普洱茶文化博览园C区YZ幢4层
……………………Tel：0691-3066099

西双版纳新高深橡胶股份有限公司
地址：云南省西双版纳州景洪工业园区管理委员会2楼206号
……………………Tel：0691-3100888

西双版纳嘉裕兄弟橡胶有限公司
地址：勐海县打洛镇
……………………Tel：0691-5567777

勐腊县嘉创橡胶商贸有限责任公司
地址：云南省西双版纳傣族自治州勐腊县勐腊镇勐腊农场南腊生产队场部168号办公楼二楼207室
……………………Tel：0691-8120828

勐腊县剑峰天然橡胶开发有限公司
地址：勐腊县城环福山庄一栋外1-1
……………………Tel：0691-8160555

西双版纳宝莲华橡胶工业有限公司
地址：云南省西双版纳勐腊县勐仑镇
……………………Tel：0691-8712041

西双版纳固可力特种橡胶有限公司
地址：云南省西双版纳傣族自治州勐腊县磨憨经济开发区曼庄村委会龙茵村
……………………Tel：0691-8712268

西双版纳中劲投资有限责任公司
地址：云南省西双版纳傣族自治州磨憨经济开发区紫薇路57号
……………………Tel：0691-8811360

云南西双版纳中劲橡胶种植有限公司
地址：景洪市易武路10号（市交通局）
……………………Tel：0691-8811360

勐腊县曼庄橡胶有限公司
地址：云南省西双版纳州勐腊县尚勇镇曼庄曼粉村
……………………Tel：0691-8819108

西双版纳安宝麟锋橡胶科技有限公司
地址：云南省西双版纳傣族自治州磨憨经济开发区曼庄村委会曼粉村（曼庄胶场内）
……………………Tel：0691-8819108

达维天然橡胶（云南）有限公司
地址：云南省西双版纳傣族自治州勐腊县勐捧镇
……………………Tel：0691-8831992

勐腊县勐满镇满源橡胶场
地址：云南省西双版纳傣族自治州勐腊县勐满镇勐满街
……………………Tel：0691-8851034

勐腊县瑞祥橡胶木业有限责任公司
地址：云南省西双版纳州勐腊县勐满农场七分场胶厂对面
……………………Tel：0691-8857988

西双版纳云锰新兴天然橡胶有限公司
地址：云南省西双版纳傣族自治州勐腊县南腊新城
……………………Tel：0691-8991004

智美橡胶（西双版纳）有限公司
地址：云南省西双版纳傣族自治州勐腊县勐满镇勐满口岸经济区
……………………Tel：0691-8991004

众人食品芒市有限公司
地址：云南省德宏州芒市胞波路68号
……………………Tel：0692-2255668

云南德宏英茂糖业有限公司
地址：云南省德宏傣族景颇族自治州芒市大街北段
……………………Tel：0692-2910371

瑞丽市国恒丝业有限公司
地址：云南省德宏州瑞丽市卯喊路171号雅居乐国际花园9栋702房
……………………Tel：0692-2922268

德宏后谷咖啡有限公司
地址：云南省德宏州芒市飞机场旁
……………………Tel：0692-2933282

德宏高深橡胶产业发展有限公司
地址：云南省德宏州芒市工业园区遮放片区（遮放弄喜村）
……………………Tel：0692-2961777

德宏国沛丝绸有限公司
地址：云南省德宏州芒市帕底工业园区锦绣阳光家园咖啡小区1栋S-8号
……………………Tel：0692-3068183

昭通能投物流有限责任公司
地址：云南省昭通市昭阳区北闸镇红路村"创新创业园"办公楼27栋
……………………Tel：0870-2121096

昭通市远大商贸有限公司
地址：云南省昭通市昭阳区迎宾大道59号附111号
……………………Tel：0870-2132555

云南省烟草公司昭通市公司
地址：云南省昭通市昭阳区凤霞路48号
……………………Tel：0870-2225965

昭通粮油集团有限公司
地址：云南省昭通市昭阳区迎丰路36号
……………………Tel：0870-2230709

云南农垦昭通农业投资发展有限责任公司
地址：云南省昭通市昭阳区珠泉路133号
……………………Tel：0870-3191788

中国邮政集团有限公司云南省绥江县会仪支局
地址：云南省昭通市绥江县会仪镇集镇政通路10号
……………………Tel：0870-7931155

云南水富云天化有限公司
地址：云南省水富市云富街道办事处云天大道37号
……………………Tel：0870-8662006

云南嵩衡橡胶有限公司
地址：中国（云南）自由贸易试验区昆明片区经开区洛羊街道办事处春漫大道80号云南海归创业园1幢7楼731号
……………………Tel：0871-08264467

昆明橡胶厂
地址：云南省昆明市西山区昆明市书林街１２８号
……………………Tel：0871-3103970

云南明东化工有限公司
地址：云南省昆明市东川区四方地工业园区北片区
……………………Tel：0871-62132882

云南红富化肥有限公司
地址：东川区铜都镇四方地
……………………Tel：0871-62412879

中化云龙有限公司
地址：云南省昆明市寻甸县金所乡工业园区
……………………Tel：0871-62731168

寻甸捷同橡胶有限公司
地址：云南省昆明市寻甸县寻甸特色产业园区金所竹沟村委会渭所村
……………………Tel：0871-62731708

云南常青树化工有限公司
地址：云南省昆明市寻甸县塘子镇
……………………Tel：0871-62781958

云南省双江恒泰橡胶工业有限公司
地址：云南省昆明市晋宁工业园区二街片区
……………………Tel：0871-63106300

云南铜业股份有限公司
地址：云南省昆明高新技术产业开发区M2-3
……………………Tel：0871-63106739

云南九州财富林业有限公司
地址：云南省昆明市人民东路6号新华大厦10层AB座
……………………Tel：0871-63107118

云南省烟草实业公司
地址：云南省昆明市拓东路5号烟草大厦6楼
……………………Tel：0871-63129888

云南集付通农业科技股份有限公司
地址：云南省昆明经开区昌宏路36号B-401-1号
……………………Tel：0871-63149931

云南华叶投资有限责任公司
地址：云南省昆明市拓东路263号
……………………Tel：0871-63165100

云南高深橡胶有限公司
地址：云南省昆明市嵩明县杨林工业开发区内
……………………Tel：0871-63178555

昆明高深国际商务有限责任公司
地址：云南省昆明经开区云大西路新兴产业孵化区创业大厦7楼704-D室
……………………Tel：0871-63178555

云南泽嘉涵川商社橡胶有限公司
地址：云南省昆明市五华区翠湖南路4号三亩地物业及西门
……………………Tel：0871-63178555

昆明市橡胶工业公司
地址：云南省昆明市书林街１３３号
……………………Tel：0871-63179136

云南中石化燃气有限公司
地址：云南省昆明市青年路北路江滨西路8号
……………………Tel：0871-63199001

中国石化集团西南石油局有限公司云南石油基地服务中心
地址：云南省昆明市东风东路118号
……………………Tel：0871-63199030

昆明双昌橡胶管带制造有限公司
地址：云南嵩明杨林工业园区华狮路6号
……………………Tel：0871-63307012

昆明新高深橡胶有限公司
地址：中国（云南）自由贸易试验区昆明片区经开区洛羊街道办事处信息产业基地春漫大道80号云南海归创业园2幢13楼1334、1336号
……………………Tel：0871-63312255

昆明市西山区秀滇小额贷款有限公司
地址：云南省昆明市西山区广福小区二区B幢3-9号
……………………Tel：0871-63313829

云南天然橡胶产业股份有限公司
地址：云南省昆明市东风东路36号建工大厦4楼
……………………Tel：0871-63317855

云南天然橡胶产业股份有限公司
地址：云南省昆明市东风东路36号建工大厦4楼
……………………Tel：0871-63317855

昆明国资实业发展有限责任公司
地址：云南省昆明市盘龙区诚信路50号领东大厦22、24楼
……………………Tel：0871-63320020

昆明云垦橡胶有限公司
地址：云南省昆明市盘龙区拓东办事处东风东路47、49号建筑大厦1903室
……………………Tel：0871-63329843

云南煤化工集团有限公司
地址：云南省昆明市五华区小康大道580号
……………………Tel：0871-63331459

云南自由贸易试验区红投国际产业有限公司
地址：中国（云南）自由贸易试验区红河片区河口县东西干道旁（原中国-东盟国际会展中心2楼243）
……………………Tel：0871-63347717

云南天然橡胶产业集团有限公司
地址：云南省昆明市金马镇王大桥郭家凹村省农垦仓库
……………………Tel：0871-63349355

云南天然橡胶产业集团有限公司
地址：云南省昆明市金马镇王大桥郭家凹村省农垦仓库
……………………Tel：0871-63349355

云南煤化工应用技术研究院
地址：云南省昆明市新迎小区白云路69号
……………………Tel：0871-63383893

昆明浩瀚龙橡胶有限责任公司
地址：昆明市拓东路集成广场G段三层1-A区X号
……………………Tel：0871-63549655

云南仁丰华信贸易有限公司
地址：昆明市滇池路金岸春天会所
……………………Tel：0871-63618972

云南兴昂实业（集团）有限公司
地址：云南省昆明市西山区滇池路金岸春天花园小区综合楼二楼
……………………Tel：0871-63618972

云南高德丽商贸有限公司
地址：昆明市滇池度假区滇池路金岸春天小区会所二楼
……………………Tel：0871-63618972

昆明橡胶管带厂
地址：云南省昆明市盘龙区人民东路王大桥
……………………Tel：0871-63818307

云南农垦物流有限公司
地址：云南省昆明市经开区洛羊街道办事处王家营
……………………Tel：0871-63911117

云南天然橡胶储运中心有限公司
地址：云南省昆明市官渡区凉亭公司院内
……………………Tel：0871-63911117

云南云投中油油品销售有限公司
地址：中国（云南）自由贸易试验区昆明片区经开区经开路3号昆明科技创新园209-5室
……………………Tel：0871-63915169

云南强林石化集团有限公司
地址：云南省昆明市官渡区云秀路3298号
……………………Tel：0871-64143935

云南云天化联合商务有限公司
地址：云南省昆明市滇池度假区滇池路1417号
……………………Tel：0871-64327096

云南云天化股份有限公司
地址：云南省昆明市西山区滇池路1417号
……………………Tel：0871-64327130

云南云天化集团投资有限公司
地址：云南省滇中新区大板桥街道办事处云水路1号A2栋203室
……………………Tel：0871-64333634

云南新钢综合物流有限公司
地址：云南省昆明市晋宁区工业园区青山片区
……………………Tel：0871-64586968

云南英茂现代农业有限公司
地址：云南省昆明市滇池路739号英茂集团三楼
……………………Tel：0871-64604004

云南滇粮实业集团有限公司
地址：云南省昆明市经开区出口加工区浦发路16号A1栋9楼1号
……………………Tel：0871-64619067

云南云天化农资连锁有限公司
地址：昆明市度假区金柳路11号
……………………Tel：0871-64632709

云南助农发展集团有限公司
地址：云南省昆明市晋宁区工业园区二街基地
……………………Tel：0871-64873688

云南云天化石化有限公司
地址：安宁市草铺镇
……………………Tel：0871-64986804

云南中石油昆仑燃气有限公司
地址：云南省昆明经开区科技创新园2B1-21室
……………………Tel：0871-64987017

云南宝顿农林科技集团有限公司
地址：云南省昆明市盘龙区金殿宅家山1幢1单元101号
……………………Tel：0871-65016658

云南中燃石油有限公司

地址：云南省昆明市五华联盟镇上马村云南财贸学院（生活区）办公楼2-2，2-3号房屋
……………………Tel：0871-65027002
云南滇资生物产业有限公司
地址：昆明市经开区出口加工区A4—6—1地块现代国际综合物流中心-电子及信息产品物流功能区工业一区3幢
……………………Tel：0871-65384493
云南优帅橡胶制品有限公司
地址：云南省昆明市盘龙区联盟办事处同德广场5幢1单元12层1202号
……………………Tel：0871-65610292
云南坦欣橡胶制品有限公司
地址：云南省昆明市盘龙区同德广场5幢1单元12层1202号
……………………Tel：0871-6561092
昆明嘉和科技股份有限公司
地址：昆明经济技术开发区信息产业基地拓翔路208号
……………………Tel：0871-65638866
云南滇中供应链管理有限公司
地址：云南省滇中新区大板桥街道办事处云水路1号A1栋605-2号办公室
……………………Tel：0871-65650055
昆明滇源橡胶有限公司
地址：中国（云南）自由贸易试验区昆明片区经开区经开路3号昆明科技创新园A35-74号
……………………Tel：0871-65650777
云南天质弘耕科技有限公司
地址：云南省昆明市盘龙区北京路与白云路交叉口西南角心景假日大厦21层2112层
……………………Tel：0871-65656003
普洱恒渝橡胶有限责任公司
地址：云南省普洱市思茅区普洱中心1期第2幢第5层2-520号
……………………Tel：0871-65691924
昆明凤凰橡胶有限公司
地址：云南省昆明市嵩明县杨林工业开发区
……………………Tel：0871-65703106
中海油云南销售有限公司
地址：云南省昆明市呈贡区春融街上海东盟商务大厦C座24楼2401号
……………………Tel：0871-65933232
云南志欣贸易有限公司
地址：昆明经开区云大西路新广丰食品批发市场C区3幢927-1号
……………………Tel：0871-65956888
昆明铁路局集团投资开发有限公司
地址：中国（云南）自由贸易试验区昆明片区官渡区凉亭75栋大楼
……………………Tel：0871-66120223
昆明乐维石化有限公司
地址：云南省昆明市官渡区太和街道拓东路270号得胜大厦B座801室
……………………Tel：0871-66123402
云天化集团有限责任公司
地址：云南省昆明市滇池路1417号
……………………Tel：0871-66242672
云南云岭石化有限公司
地址：云南省昆明市西山区前福路229号凌云大厦2层
……………………Tel：0871-67016578
红河中金绿色食品产业有限公司
地址：云南省红河州蒙自市红河工业园区管委会孵化楼2楼205室
……………………Tel：0871-67017775
昆明新机场长水油料有限责任公司
地址：云南省昆明市长水国际机场南工作区机场西路西南侧加油站内
……………………Tel：0871-67083886
昆明阜康橡胶有限公司
地址：云南省昆明市盘龙区白塔路延长线七彩俊园一期5幢9层903室
……………………Tel：0871-67154123
万裕石化云南有限公司
地址：云南省昆明市关上关兴路288号万裕国际商务大厦5楼
……………………Tel：087167156666
云南橡联橡胶有限公司
地址：云南省昆明市呈贡区惠兰园E区E11幢8层802号
……………………Tel：0871-67167393
云南农垦高原特色农业有限公司
地址：中国（云南）自由贸易试验区昆明片区经开区希陶路3号云啡楼二楼202号
……………………Tel：0871-67180013
云南鼎安贸易有限公司
地址：云南省昆明经开区经开路3号科技创新园B1-23室
……………………Tel：0871-67181284
昆明旭然石化有限公司
地址：云南省昆明市经济技术开发区 科技创新园A31室
……………………Tel：0871-67276699
云南昆明国家粮食储备中转库有限公司
地址：云南省昆明市东郊三瓦村黄龙山
……………………Tel：0871-67330911
云南省粮食产业集团有限公司
地址：云南省昆明经开区洛羊街道办事处南昆编组站内
……………………Tel：0871-67411874
云南省粮油工业有限公司
地址：云南省昆明经开区洛羊街道办事处南昆编组站内
……………………Tel：0871-67411874
昆明聚仁兴橡胶有限公司
地址：云南省昆明经开区洛羊街道办事处王家营
……………………Tel：0871-67412639
云南国际橡胶交易中心有限公司
地址：云南省昆明市呈贡新区上海东盟商务大厦A座21层
……………………Tel：0871-67412919
云南农垦电子商务有限公司
地址：云南省昆明市盘龙区寺瓦路金香巷115号
……………………Tel：0871-67412919
昆明川金诺化工股份有限公司
地址：昆明市东川区铜都镇四方地工业园区
……………………Tel：0871-67436102
云南铝业股份有限公司
地址：昆明市呈贡区七甸街道
……………………Tel：0871-67456789
云南高联橡胶有限公司
地址：云南省昆明经开区洛羊街道东盟森林未来港M10栋1306号
……………………Tel：0871-67467908
云南大禹龙橡胶工贸有限公司
地址：昆明市晋宁工业园区二街基地
……………………Tel：0871-67894841
云南磷化集团有限公司
地址：云南省昆明市晋宁县昆阳镇月山中路
……………………Tel：0871-67896020
嵩明高深橡胶有限公司
地址：嵩明县杨林工业开发区天创路5号
……………………Tel：0871-67975888
嵩明中石油昆仑燃气有限公司
地址：云南省昆明市嵩明县杨林工业园区
……………………Tel：0871-67975970
云南瑞宝生物科技股份有限公司
地址：云南省嵩明县杨林经济技术开发区天创路6号
……………………Tel：0871-67976242
昆明金水龙橡胶制品有限公司
地址：云南省昆明市嵩明县杨林工业园区华狮路
……………………Tel：0871-67976648
昆明津汕石化有限责任公司
地址：中国（云南）自由贸易试验区昆明片区经开区经开路3号时代创富中心C幢10层1007、1008室
……………………Tel：0871-68016872
云南滇中创兴供应链管理有限公司
地址：云南省滇中新区云水路1号A1幢6楼607室
……………………Tel：0871-68177218
云南聚博橡胶工程有限公司
地址：云南省昆明市高新技术开发区 西秀园10幢3单元102室
……………………Tel：0871-68214049
天驰物流有限责任公司
地址：云南省昆明市滇池度假区金柳路11号
……………………Tel：0871-68255800
云南中油强林石油化工有限公司
地址：云南省昆明市东风东路延长线229号
……………………Tel：0871-68319099
昆明贵金属研究所
地址：云南省昆明市人民西路121号
……………………Tel：0871-68328192
云南橡胶有限公司
地址：云南省昆明市金马镇凉亭村290号
……………………Tel：0871-68378306
中石油云南石化有限公司
地址：云南省昆明安宁市温泉路口
……………………Tel：0871-68518077
云南中科新吉投资控股集团有限公司
地址：云南省昆明市官渡区关上关坡片区融城金阶广场C座25层2503号
……………………Tel：0871-68588788
云南磷化集团海口磷业有限公司
地址：云南省昆明市西山区海口工业园区
……………………Tel：0871-68596600
云南三环化工有限公司
地址：云南省昆明市西山区海口镇
……………………Tel：0871-68596600
云南三环中化化肥有限公司
地址：云南省昆明市西山区海口工业园区
……………………Tel：0871-68596668
云南三环新盛化肥有限公司
地址：云南省昆明市西山区海口镇
……………………Tel：0871-68596688
云南铁投恒维实业发展有限公司
地址：中国（云南）自由贸易试验区昆明片区经开区经开路3号科技创新园B1-46室
……………………Tel：0871-68598977
云南昆钢桥钢有限公司
地址：云南省昆明钢铁厂区内
……………………Tel：0871-68610374
云南瑞三控股集团有限公司
地址：云南省昆明市安宁市草铺街道办事处草铺村民委员会吴海塘路西侧
……………………Tel：0871-68612214
云南弘祥化工有限公司
地址：云南省昆明市安宁市草铺镇昆畹公路38公里
……………………Tel：0871-68674816
云南祥丰石化有限公司
地址：云南省昆明市安宁市禄 街道办事处安丰营村委会下禄 村
……………………Tel：0871-68682856
云南祥丰石化有限公司
地址：云南省昆明市安宁市禄 街道办事处安丰营村委会下禄 村
……………………Tel：0871-68682856
昆明南亚国际陆港开发有限公司
地址：云南省昆明市安宁市金方路75号四楼、五楼
……………………Tel：0871-68686499
云南祥丰化肥股份有限公司
地址：云南省昆明市安宁市百花东路东湖小区祥丰大厦
……………………Tel：0871-68686669
云南昆钢国际贸易有限公司
地址：云南省安宁市郎家山
……………………Tel：0871-68755298
云南省烟草公司大理州公司
地址：云南省大理州大理市下关镇鹤庆路71号
……………………Tel：0872-2201888
大理中石油昆仑燃气有限公司
地址：云南省大理白族自治州大理市下关镇大关邑村北段万花路
……………………Tel：0872-2215091
大理中油能源有限责任公司
地址：云南省大理白族自治州大理市经济开发区富海路77号
……………………Tel：0872-2326750
大理新储物流园有限公司
地址：大理白族自治州大理市凤仪镇兴凤路7号
……………………Tel：0872-2521116
宾川大禹节水有限责任公司
地址：云南省大理白族自治州宾川县金牛镇金叶路东段（袁洪萍租房）
……………………Tel：0872-7330108
云南省南湖橡胶厂
地址：蒙自市新安所镇
……………………Tel：0873-3034305
红河州坤和橡胶有限公司
地址：云南省红河州蒙自市园区4号路与7号路交叉口西北侧
……………………Tel：0873-3034909
河口南溪农场有限责任公司
地址：云南省红河州河口县南溪镇
……………………Tel：0873-3124909
云南天然橡胶产业集团红河云象有限公司
地址：云南省红河州河口县槟榔路7幢
……………………Tel：0873-3421680
红河中丹橡胶实业有限公司
地址：云南省红河州蒙自市兴盛路117号
……………………Tel：0873-3739811
云南鑫源橡胶有限公司
地址：云南省红河州蒙自市兴盛路117号
……………………Tel：0873-3739811
蒙自新型城镇化开发投资有限责任公司
地址：云南省红河州蒙自市米线小镇E2幢
……………………Tel：0873-3944053
绿春县永兴天然橡胶有限公司
地址：云南省红河哈尼族彝族自治州绿春县骑马坝乡骑马坝村下寨60号
……………………Tel：0873-4361337
云南天然橡胶产业集团金平有限公司
地址：云南省红河州金平县勐拉乡农场场部
……………………Tel：0873-5430436
云南红河双箭橡胶有限公司
地址：云南省红河州蒙自市红河工业园区冶金材料加工区(蒙自市雨过铺镇)
……………………Tel：0873-5436148
金平双箭橡胶有限公司
地址：金平县金水河镇八道班
……………………Tel：0873-5436148
云南中创石油天然气能源石化有限公司
地址：中国（云南）自由贸易试验区红河片区河口县河口会展中心3号馆241室
……………………Tel：0873-6268365
红河锦东化工股份有限公司
地址：云南省红河州弥勒市新哨镇东风口
……………………Tel：0873-6355034
云南天露高原果蔬有限公司
地址：云南省红河州泸西县中枢镇太阳坡
……………………Tel：0873-6658559
云南云天化红磷化工有限公司
地址：云南省红河哈尼族彝族自治州开远市西北路
……………………Tel：0873-7173001
开远市融诚城乡建设有限公司
地址：云南省红河哈尼族彝族自治州开远市灵泉东路84号
……………………Tel：0873-7177224
开远全星石油化工有限公司
地址：云南省红河州开远市东联村自来水厂旁
……………………Tel：0873-7231726
云南源鑫炭素有限公司
地址：云南省红河州建水县羊街工业园区
……………………Tel：0873-7624036
云南云铝涌鑫铝业有限公司
地址：云南省红河哈尼族彝族自治州建水县羊街工业园区
……………………Tel：0873-7686682
云南云维股份有限公司
地址：云南省曲靖市沾益区花山街道
……………………Tel：0874-3064250
云南大为商贸有限公司
地址：云南省曲靖市沾益区花山街道花山工业园区
……………………Tel：0874-3065934
曲靖市麒麟蔬菜集团有限责任公司
地址：云南省曲靖市麒麟南路165号
……………………Tel：0874-3125777
云南欧罗汉姆肥业科技有限公司
地址：云南省曲靖市陆良县工业园区大莫古工业片区丫巴坡
……………………Tel：0874-6036882
陆良县鑫林橡胶有限责任公司
地址：陆良县西桥居委会16社区
……………………Tel：0874-6869956
云南金鼎云天化物流有限责任公司
地址：云南省曲靖市宣威市板桥街道云峰小区旁
……………………Tel：0874-7988266
曲靖市马龙区天龙橡胶制品有限公司
地址：云南省曲靖市马龙区工业园区东光冶金机械制造片区
……………………Tel：0874-8076918
罗平瑞祥天合橡胶制品有限公司
地址：罗平县板桥镇巨朵村

……………………Tel：0874-8741851

云南省保山明和农资有限责任公司
地址：云南省保山市隆阳区兰城街道下巷街45号
……………………Tel：0875-2122702

云南瑞和锦程实业股份有限公司
地址：云南省保山市隆阳区永昌街道红庙社区恒益半山御景小区恒益综合办公大楼二楼206室
……………………Tel：0875-2222963

云南腾鹰贸易有限责任公司
地址：云南省保山市腾冲市腾越镇东山社区恒益半山御景小区恒益综合办公大楼二楼206室
……………………Tel：0875-5155788

腾冲县腾密路建设管理有限公司
地址：云南省保山市腾冲县腾越镇满邑下村96号
……………………Tel：0875-5161026

施甸县凯禾扶贫开发有限责任公司
地址：云南省保山市施甸县甸阳镇施孟公路东侧文化路南侧永观佳苑小区9幢2楼208室
……………………Tel：0875-8127989

云南保山嘉宏农业开发（集团）有限公司
地址：云南省保山市隆阳区九隆街道永昌路岱官路口兴达小区1号
……………………Tel：0875-8897999

富宁工业园区基础设施建设投资开发有限公司
地址：云南省文山州富宁县新华镇普厅北路民政局4楼
……………………Tel：0876-3069992

砚山县粮食购销有限公司
地址：云南省文山壮族苗族自治州砚山县江那镇新丰路95号
……………………Tel：0876-3123809

富宁绿色水电铝材产业示范园区投资开发有限公司
地址：云南省文山州富宁县新华镇河畔茗郡小区丽苑12号
……………………Tel：0876-6321889

玉溪市红塔区石化开发有限责任公司
地址：云南省玉溪市红塔区珊瑚路与太极路交叉口
……………………Tel：0877-2025844

中南华信玉溪石油有限公司
地址：云南省玉溪市红塔区玉兴路35号中轴玉玺A幢20层2004号
……………………Tel：0877-2661686

云南省烟草公司玉溪市公司
地址：云南省玉溪市红塔区凤凰路102号
……………………Tel：0877-2966601

新平福泰橡胶有限公司
地址：云南省玉溪市新平彝族傣族自治县扬武镇矿山路2公里处
……………………Tel：0877-7612800

云南同力橡胶有限公司
地址：云南省玉溪市江川区前卫镇石河村
……………………Tel：0877-8556166

云南新方向石化有限公司
地址：云南省玉溪市红塔区研和工业园区太标大楼九楼9-1-61
……………………Tel：0877-8869991

玉溪苍海石化有限公司
地址：云南省玉溪市红塔区研和工业园区太标大楼9-2-26
……………………Tel：0877-8869991

玉溪乐成石化有限公司
地址：云南省玉溪市红塔区研和工业园区太标大楼9-2-45
……………………Tel：0877-8869991

云南云飞石化有限公司
地址：云南省玉溪市红塔区研和工业园区太标大楼九楼9-2-8
……………………Tel：0877-8869991

玉溪盈润石化有限公司
地址：云南省玉溪市红塔区研和工业园区太标大楼9-1-89
……………………Tel：0877-8869991

云南威龙化工科技有限公司
地址：禄丰县勤丰镇羊街村委会(勤丰工业园区)
……………………Tel：0878-4721888

禄丰中石油昆仑燃气有限公司
地址：云南省楚雄彝族自治州禄丰县金山镇金水路南侧
……………………Tel：0878-6034506

云南文山英茂糖业有限公司
地址：云南省文山壮族苗族自治州西畴县兴街镇老街村委会
……………………Tel：0878-7829978

楚雄中石油昆仑燃气有限公司
地址：云南省楚雄高新区庄甸医药园区东升路328号
……………………Tel：0878-8965898

云南天腾化工有限公司
地址：云南省楚雄州楚雄市开发区冶金化工园区
……………………Tel：0878-8969618

云南爱伲天然橡胶产业有限责任公司
地址：云南省普洱市思茅区洗马河南侧
……………………Tel：0879-2127988

云南农垦普洱云象农业发展有限公司
地址：云南省普洱市思茅区墨江路1号
……………………Tel：0879-2192881

普洱晨誉橡胶产业有限公司
地址：云南省普洱市思茅区洗马河路3号
……………………Tel：0879-2202389

普洱市众和橡胶有限公司
地址：云南省普洱市思茅区环城北路机场小区
……………………Tel：0879-2817005

普洱得位橡胶有限公司
地址：普洱市思茅区思茅港镇橄榄坝村
……………………Tel：0879-2880028

普洱瑞宝橡胶有限公司
地址：云南省普洱市思茅区龙生路89号岱骏嘉园8幢2单元402号房
……………………Tel：0879-2880028

普洱市天骄橡胶产业有限公司
地址：云南省普洱市江城哈尼族彝族自治县曲水镇高山村曼匹河
……………………Tel：0879-3829329

云南天然橡胶产业集团江城有限公司
地址：云南省普洱市江城哈尼族彝族自治县曲水镇整康坝
……………………Tel：0879-3842033

江城县成明橡胶有限公司
地址：云南省普洱市江城哈尼族彝族自治县公路管理段宿舍区7幢302室
……………………Tel：0879-3868388

云南天然橡胶产业集团墨江有限公司
地址：云南省普洱市墨江县泗南江镇大沙坝
……………………Tel：0879-4643116

景谷洋浦南华糖业有限公司
地址：云南省普洱市景谷傣族彝族自治县芒乡路25号
……………………Tel：0879-5112241

云南云景林业开发有限公司
地址：云南省普洱市景谷县金田路1号
……………………Tel：0879-5222548

景谷民森橡胶有限责任公司
地址：云南省普洱市景谷县益智乡中和村
……………………Tel：0879-5316666

景谷惠民橡胶种植服务专业合作社
地址：景谷益智乡街子
……………………Tel：0879-5321148

云南中云勐滨糖业有限公司
地址：云南省普洱市澜沧拉祜族自治县勐朗镇勐滨村原勐滨糖厂
……………………Tel：0879-7561003

云南天然橡胶产业集团西盟有限公司
地址：云南省西盟县勐卡路563号
……………………Tel：0879-8345356

云南孟连县勐马橡胶有限责任公司
地址：云南省普洱市孟连县勐马镇回江桥旁
……………………Tel：0879-8911006

云南天然橡胶产业集团孟连有限公司
地址：云南省普洱市孟连县勐马镇勐阿口岸勐阿国际4幢
……………………Tel：0879-8914416

孟连广科橡胶农民专业合作社
地址：云南省普洱市孟连县公信乡广科村广科一社
……………………Tel：0879-8926288

临沧市林业开发有限公司
地址：云南省临沧工业园区(临翔区南塘街283号)
……………………Tel：0883-2121069

云南八业橡胶有限责任公司
地址：云南省临沧市耿马傣族佤族自治县孟定农场管委会小岛社区
……………………Tel：0883-3067271

云南省孟定天然橡胶有限责任公司
地址：云南省临沧市耿马县孟定农场
……………………Tel：0883-3067271

耿马黑象石橡胶有限公司
地址：云南省耿马县勐简乡勐简村大小芒弄组间
……………………Tel：0883-6399116

临沧洛凌集团橡胶有限责任公司
地址：云南省临沧市耿马自治县勐撒农场（分场社区公办楼）
……………………Tel：0883-6419010

耿马孟定鑫俊橡胶有限责任公司
地址：耿马县孟定镇遮哈大寨
……………………Tel：0883-6518383

耿马鑫华橡胶有限责任公司
地址：云南省临沧市永德县崇岗团树村委会户等组
……………………Tel：0883-6521168

耿马福旺橡胶有限公司
地址：耿马县孟定镇中缅路（交警队对面）
……………………Tel：0883-6521660

耿马滇源橡胶有限公司
地址：云南省临沧市耿马傣族佤族自治县孟定镇艾叶大道（原新区）
……………………Tel：0883-6521685

耿马县孟定万星橡胶有限公司
地址：云南省临沧市耿马傣族佤族自治县孟定镇新区(昭瑞商务宾馆对面)
……………………Tel：0883-6521686

临沧孟定南华糖业有限公司
地址：临沧市耿马县孟定镇班幸村
……………………Tel：0883-6526336

临沧市亚泰橡胶有限公司
地址：云南省临沧市耿马傣族佤族自治县孟定镇景信村忙丙组（临沧边境经济合作区孟定片区）
……………………Tel：0883-6528008

镇康康源农业科技有限公司
地址：云南省临沧市镇康县南伞镇公主路与永安路交叉口
……………………Tel：0883-6632506

镇康县如意橡胶开发有限责任公司
地址：云南省临沧市镇康县南伞镇公主路与永安路交叉口
……………………Tel：0883-6632506

镇康县吉祥橡胶有限责任公司
地址：云南省临沧市镇康县南伞镇公主路与永安路交叉口
……………………Tel：0883-6632506

镇康县康诚林产品开发有限责任公司.
地址：云南省临沧市镇康县南伞镇公主路与永安路交叉口
……………………Tel：0883-6632506

云南如意实业集团有限公司
地址：云南省临沧市镇康县南伞镇公主路与永安路交叉口
……………………Tel：0883-6632506

镇康县如意橡胶专业合作社
地址：镇康县南伞镇公主路佳源商贸区
……………………Tel：0883-6632506

临沧祖古纳咖啡股份有限公司
地址：云南省临沧市镇康县南伞镇隆昌公司住宅区
……………………Tel：0883-6632967

镇康县健杰橡胶开发有限责任公司
地址：云南省临沧市镇康县南伞镇国门路8号
……………………Tel：0883-6634385

云南荣达实业集团有限公司
地址：云南省怒江傈僳族自治州泸水市六库镇排路坝向阳南路203号
……………………Tel：0886-3629808

华坪县国有资产管理有限公司
地址：云南省丽江市华坪县河东狮山路
……………………Tel：0888-3078088

丽江中石油昆仑燃气有限公司
地址：丽江市高新技术产业经济区A-02-08号地块
……………………Tel：0888-8898886

西藏自治区

西藏天耀石油化工有限公司
地址：西藏拉萨市城关区八一路解甲园9幢2单元2-B座
……………………Tel：0891-6155111

西藏宏庆建设有限公司
地址：拉萨市圣城丽都苑9栋3单元308号
……………………Tel：0891-6389967

中石化交投西藏销售有限公司
地址：西藏自治区拉萨市柳梧新区世纪大道39号天知集团办公大楼6楼601室
……………………Tel：0891-6514994

西藏石化城市建设投资有限公司
地址：拉萨经济技术开发区林琼岗路16号孵化园西藏世峰实业有限公司众创空间ZCH020
……………………Tel：0891-6528682

拉萨经济技术开发区南昱商贸有限公司
地址：拉萨市金珠西路158号阳光新城B区1栋2单元501号
……………………Tel：0891-6871418

中石化日喀则市销售有限公司
地址：西藏日喀则市仁布达热瓦后藏庄园公寓楼A区四栋2单元204号
……………………Tel：0892-8952992

陕西省

中石化华北石油工程咸阳三普油田服务有限公司
地址：陕西省咸阳市渭城区毕塬东路10号
……………………Tel：029-32083973

咸阳鸿元石油化工有限责任公司
地址：陕西省咸阳市三原县石油化工工业园区
……………………Tel：029-32598666

咸阳西华橡胶有限公司
地址：陕西省咸阳市秦都区马泉中小企业园
……………………Tel：029-32838568

咸阳高科工贸有限公司
地址：陕西省咸阳市毕塬西路9号
……………………Tel：029-33228815

陕西宏基塑胶科技有限公司
地址：陕西省咸阳市高新技术产业开发区高科三路中韩产业园A区筑梦创智空间109-2室
……………………Tel：029-33321092

咸阳恒宇祥橡胶制品有限公司
地址：陕西省咸阳市秦都区西郊咸兴路西橡桥北
……………………Tel：029-33329666

咸阳新凯伦橡胶制品有限公司
地址：陕西省咸阳市秦都区步长路东段（高新一中西50米）
……………………Tel：029-33347781

陕西银通橡胶工贸有限公司
地址：陕西省宝鸡市岐山县蔡家坡百万平方米标准化厂房产业园2-3号
……………………Tel：029-33372327

咸阳石油化工有限公司
地址：陕西省西咸新区秦汉新城金旭大道1号
……………………Tel：029-33413332

陕西富进轮胎橡胶（集团）有限公司
地址：陕西省西咸新区秦汉新城窑店街道办兰池三路西段10号
……………………Tel：029-33433107

陕西中核大地实业有限公司
地址：陕西省咸阳市秦都区渭阳西路48号
……………………Tel：029-33572091

陕西华兴橡胶制品有限公司
地址：陕西省西安市未央区大兴西路25号付33号
……………………Tel：029-33612305

西北橡胶塑料研究设计院有限公司
地址：陕西省咸阳市秦都区西华路2号
……………………Tel：029-33621036

陕西凯航橡胶制品有限公司
地址：陕西省咸阳市秦都区西华路8号
……………………Tel：029-33621069

陕西恒准橡胶产品质量检验有限公司
地址：陕西省咸阳市秦都区西华路1号院内
……………………Tel：029-33621206

陕西凯力特橡胶有限公司
地址：陕西省咸阳市秦都区西华路1号
……………………Tel：029-33621267

咸阳斯派克橡胶科技有限公司
地址：陕西省咸阳市秦都区马泉街道办粉铺村124号
……………………Tel：029-33622100

凯迪西北橡胶有限公司
地址：陕西省咸阳市秦都区西华路一号

院内
……………………Tel：029-33622691
陕西延长石油西北橡胶有限责任公司
地址：陕西省咸阳市秦都区西华路一号院内
……………………Tel：029-33622786
西北橡胶总厂二0三分厂
地址：陕西省咸阳市秦都区西华路8号
……………………Tel：029-33623041
咸阳斯尔泰橡胶科技有限公司
地址：陕西省咸阳市秦都区高新技术产业开发区西华路一号
……………………Tel：029-33623733
咸阳凤凰橡胶科技有限公司
地址：陕西省咸阳市秦都区高新技术产业开发区鑫苑又一程2号楼1单元201室
……………………Tel：029-33627163
陕西西桥橡胶制品有限公司
地址：陕西省咸阳市乾县姜村橡胶工业园
……………………Tel：029-35412028
陕西精工橡胶工业有限公司
地址：陕西省咸阳市乾县马连镇工业区
……………………Tel：029-35476788
咸阳煜兴橡胶有限责任公司
地址：陕西省咸阳市乾县姜村白南村
……………………Tel：029-35483496
陕西伯乐橡胶制品有限责任公司
地址：陕西省咸阳市乾县姜村镇白乐村
……………………Tel：029-35484369
武功县国立橡胶制品有限公司
地址：陕西省咸阳市武功县贞元镇东川村
……………………Tel：029-37360323
陕西久盛橡胶有限公司
地址：陕西省咸阳市武功县贞元镇中川村
……………………Tel：029-37360700
陕西延长石油集团橡胶有限公司
地址：陕西省西咸新区沣东新城统一路1号
……………………Tel：029-38001961
咸阳北方石化有限公司
地址：陕西省咸阳市三原县西阳镇光明村关中环线南侧
……………………Tel：029-38131568
陕西远程胶带有限公司
地址：陕西省咸阳市兴平市庄头镇工业园区
……………………Tel：029-38572748
陕西秦航橡胶密封件有限责任公司
地址：陕西省咸阳市兴平市西城区金城路西段
……………………Tel：029-38612527
兴平市恒兴橡胶制品化工有限公司
地址：陕西省咸阳市兴平市兴平市金城路西段工业园区内
……………………Tel：029-38825778
陕西延长石油兴化化工有限公司
地址：陕西省咸阳市兴平市东城办
……………………Tel：029-38838029
陕西兴化集团有限责任公司
地址：陕西省咸阳市兴平市东城办
……………………Tel：029-38838029
华阳致远实业集团有限公司
地址：西安市莲湖区未央路32号喜来登办公楼9楼
……………………Tel：029-62605836
陕西长江不锈钢制品有限公司
地址：陕西省西安市莲湖区星火路107号天正机电市场D区6排3号
……………………Tel：029-62677677
陕西天元石化建设工程有限公司
地址：陕西省西安市经开区凤城二路与文景路十字东南角海　国际2号楼1单元19层11906号
……………………Tel：029-65693235
西安凯尔文石化助剂制造有限公司
地址：西安经济技术开发区凤城六路旺景国际大厦第1幢1单元10层11012号
……………………Tel：029-68255216
中油延长石油销售股份有限公司
地址：陕西省西安市临潼区斜口街办岳沟村108国道南侧
……………………Tel：029-68592222
西安沣东现代都市农业发展有限公司
地址：西安市沣东新城西咸路501号启航时代广场A座25层
……………………Tel：029-68715961
陕西省石油化工工业贸易有限公司
地址：西安市灞桥滨河公园西路9号
……………………Tel：029-68879171
西安威尔罗根能源科技有限公司
地址：陕西省西安市高新区丈八街办唐延南路十一号1幢2单元20304室
……………………Tel：029-81122748
陕西瑞能环保科技有限公司
地址：陕西省西安市未央区萧家巷备勤公寓楼2单元24层2404室
……………………Tel：029-81619882
陕西煤业化工物资集团有限公司
地址：陕西省西安市高新区锦业一路2号16楼
……………………Tel：029-81772178
陕西煤业物资有限责任公司
地址：陕西省西安市高新区锦业一路2号15楼
……………………Tel：029-81772178
陕西宝姜石化有限责任公司
地址：西安市高新区高新路52号高科大厦
……………………Tel：029-82087777
陕西宝姜能源投资控股有限公司
地址：西安市高新区高新路52号高科大厦21层12006室
……………………Tel：029-82087777
陕西大运石化物资（集团）有限公司
地址：陕西省西安市碑林区东关正街70号招商局广场17楼
……………………Tel：029-82222000
陕西铁路石油物资有限公司
地址：陕西省西安市碑林区友谊东路铁安一街小吃城三楼
……………………Tel：029-82327221
陕西西延铁路经济技术开发有限责任公司
地址：陕西省西安市雁塔区南二环东段366号
……………………Tel：029-82342189
西安北盛建工集团有限公司
地址：陕西省西安市经济技术开发区明光路55号天朗经开中心10F11005室
……………………Tel：029-82523663
西安搏扬橡胶有限公司
地址：西安市高新区科技五路以北橡树星座1幢30605号
……………………Tel：029-82613955-8000
西安双益橡胶股份有限公司
地址：西安市新城区韩森路西段1号
……………………Tel：029-83218829
西安国富伦橡胶有限公司
地址：西安市碑林区咸宁路9号碧水云轩商住楼1幢19层22C号房
……………………Tel：029-83296080
西安联谊橡胶制品有限公司
地址：西安市临潼区代新工业园
……………………Tel：029-83518543
西安华山橡胶制品有限公司
地址：西安市碑林区顺城巷湘子庙街40号三层2号门
……………………Tel：029-83518543
西安浐灞智慧城市建设发展有限公司
地址：陕西省西安市　灞生态区欧亚大道1188号企业孵化中心B70
……………………Tel：029-83572272
陕西宇航科技工业有限公司
地址：陕西省西安市灞桥区田王特字1号
……………………Tel：029-83603244
陕西万尔能源装备有限责任公司
地址：陕西省西安市雁塔区长安南路农林巷3号蓝山国际公寓1幢1单元510室
……………………Tel：029-83996288
陕西延长石油物资集团有限责任公司
地址：陕西省西安市高新区唐延路61号6-602室
……………………Tel：029-84229050
陕西航舰实业有限公司
地址：陕西省西安市莲湖区西斜路东段1号
……………………Tel：029-84256122
西安欧亚橡胶有限公司
地址：西安市　邑区北转盘东500米
……………………Tel：029-84829993
西安晨光橡胶有限公司
地址：西安市　邑区东城南路
……………………Tel：029-84880877
西安户县兴隆橡胶有限公司
地址：西安市　邑区草堂镇黄堆村东
……………………Tel：029-84922189
西安弘力橡胶有限责任公司
地址：西安经济技术开发区沣京工业园
……………………Tel：029-84982448
西安市高中压阀门总厂
地址：西安市含光南路178号
……………………Tel：029-85399703
西安汉华橡胶科技有限公司
地址：陕西省西安市雁塔区西延路61号实验北楼B106室
……………………Tel：029-85534599
陕西省光华橡胶厂
地址：陕西省西安市长安区韦曲北街建材街西口2219号2楼201室
……………………Tel：029-85630278
陕西日新石油化工有限公司
地址：西安泾河工业园北区泾勤路
……………………Tel：029-86043009
西安航新石化设备有限责任公司
地址：陕西省西安市高陵区高交路183号
……………………Tel：029-86044616
中国石化集团新星陕西新源科技有限公司
地址：西安经济技术开发区明光路55号天朗经开中心11901-11905室
……………………Tel：029-86118985
陕西格鲁特橡胶有限公司
地址：陕西省杨凌示范区渭惠路36号富海工业园内B6号
……………………Tel：029-86119862
西安核设备有限公司
地址：陕西省西安市未央区北郊徐家湾渭滨街5号
……………………Tel：029-86158008
陕西铭锐石油科技有限公司
地址：陕西省西安市经开区凤城七路长和上尚郡18幢2单元9层20902号
……………………Tel：029-86183118
西安亿祥石化科技有限公司
地址：西安经济技术开发区凤城九路中登文景时代5号楼1单元1103
……………………Tel：029-86194540
陕西宏达橡胶有限公司
地址：陕西省西安市莲湖区纬二十六街居业大厦6F
……………………Tel：029-86261227
西安晟禾橡胶有限公司
地址：西安市莲湖区永新路16号
……………………Tel：029-86310508
陕西广穗石化工程有限公司
地址：西安经济技术开发区北二环东段路北锦尚小区2幢1单元10305室
……………………Tel：029-86471172
陕西经达石化装备工程有限公司
地址：陕西省西安市未央区未央路138号豪盛花园C座2203室
……………………Tel：029-86515081
陕西超能石化科技有限公司
地址：西安经济技术开发区凤城十二路首创国际城26号楼1601
……………………Tel：029-86525891
西安嘉宏石化科技有限公司
地址：西安泾河工业园泾渭南路
……………………Tel：029-86528060
西安长庆科技工程有限责任公司
地址：西安市长庆兴隆园小区
……………………Tel：029-86592974
陕西延安石油天然气有限公司
地址：陕西省延安市宝塔区枣园路中段延长石油办公大楼
……………………Tel：029-86970856
陕西延长石油化建股份有限公司
地址：陕西省杨凌示范区新桥北路2号
……………………Tel：029-87016670
杨凌华中农投农业科技有限责任公司
地址：陕西省杨凌示范区自贸大街西段旱区植物品种交易中心院内
……………………Tel：029-87053368
陕西中商景卉实业有限公司
地址：陕西省杨凌示范区渭惠路绿谷财富中心乾隆街区A单元119号301室
……………………Tel：029-87076199
陕西苍山秦茶集团有限公司
地址：陕西省西安市莲湖区莲湖路236号
……………………Tel：029-87334439
陕西中鑫工程橡胶有限公司
地址：陕西省西安市沣东新城水厂路10号
……………………Tel：029-87857828
陕西广电智慧社区服务运营管理有限责任公司
地址：西安曲江新区曲江行政商务区曲江首座10309、10310号
……………………Tel：029-87991163
陕西华兴石油化工产品有限公司
地址：陕西省西安市高新区科技路48号创业广场B座2404室
……………………Tel：029-87999160
西安国际陆港物资贸易有限公司
地址：西安国际港务区秦汉大道99号西安港港航大厦13层1309号
……………………Tel：029-88089200
西安雅荷绿世界农业科技集团有限公司
地址：西安市未央区湖滨路雅荷度假山庄57幢
……………………Tel：029-88110192
西安蓝天石化设备有限公司
地址：陕西省西安市高新区锦业一路10号中投国际B座8层
……………………Tel：029-88220628
西安中工动力能源有限公司
地址：西安市航空基地航空四路47号
……………………Tel：029-88230628
西安珍佰粮行有限公司
地址：西安市高新区太白南路181号A座工业写字楼A区3层303室
……………………Tel：029-88231591
西安珍佰农业有限公司
地址：西安市高新区太白南路181号A座工业写字楼A区三层303室
……………………Tel：029-88231591
北方石油化工（集团）有限公司
地址：陕西省西安市高新区高新四路17号4F、B座
……………………Tel：029-88320317
西安恒旭装备制造有限公司
地址：蓝田县工业园区规划1路8号
……………………Tel：029-88332708
陕西凯新化工物资装备有限公司
地址：陕西省西安市莲湖区劳动路102号都市绿洲花园2幢1单元11层E号
……………………Tel：029-88616728
陕西能源化工交易所股份有限公司
地址：陕西省西安市高新区科技六路31号华鼎国际1幢11101室
……………………Tel：029-88766759
陕西正扬实业集团有限公司
地址：陕西省西安市高新区丈八街办科技五路8号数字大厦18层1801室
……………………Tel：029-88892188
中通石油集团有限公司
地址：陕西省西安市高新区枫叶广场C座401号
……………………Tel：029-88897830
西安万达辊业有限责任公司
地址：西安市莲湖区北关正街16号1幢2单元22208室
……………………Tel：029-89105297
西安英智好运橡胶有限公司
地址：陕西省西安市浐东新城三桥国际汽配欢乐港3栋-1-01号
……………………Tel：029-89143093
亚能石化股份有限公司
地址：陕西省西安市高新区锦业一路10号金谷融城（中投国际）B座16层
……………………Tel：029-89194501
陕西华润化工有限责任公司
地址：陕西省西安市长安区引镇咸宁路西
……………………Tel：029-89233668
陕西华特智创橡胶科技有限公司
地址：陕西省西安市未央区草滩九路9号华夏石材城F 3 -30号
……………………Tel：029-89396166
西安欣成石油有限责任公司
地址：西安市未央路130号凯鑫国际1幢1单元11701室
……………………Tel：029-89565851
陕西移民（脱贫）搬迁开发集团供应链服务有限公司
地址：陕西省西安市高新区丈八街办高新路51号高新大厦7层
……………………Tel：029-89589016
陕西煤业化工贸易物流有限公司
地址：陕西省西安市高新区锦业路1号都市之门C座11505室
……………………Tel：029-89589808
陕西润源石化物资有限公司

地址：陕西省西安市未央区未央路149号2幢11006室
………………………Tel：029-89602085
钛联国际贸易有限公司
地址：西安经济技术开发区凤城九路中登文景大厦A座25层
………………………Tel：029-89628926
陕西博达石油工程技术服务有限公司
地址：陕西省西安市未央区未央路138-1号
………………………Tel：029-89821797
陕西延长石油物资集团延安有限公司
地址：陕西省延安市宝塔区陕西省延安市新城区上城六号能源大夏十七楼
………………………Tel：0911-2191708
延安南泥湾（集团）农业有限公司
地址：陕西省延安市宝塔区南泥湾开发区管理委员会楼
………………………Tel：0911-2993138
陕西双翼石油化工有限责任公司
地址：陕西省延安市富县何家湾
………………………Tel：0911-3223520
陕西深能石油化工股份有限公司
地址：陕西省延安市宝塔区新区北区轩辕大道5号创业大厦二楼006
………………………Tel：0911-8096899
陕西旭盟石油化工有限公司
地址：陕西省延安市宝塔区新区北区轩辕大道5号创业大厦2楼006
………………………Tel：0911-8096899
陕西延长石油油田化学科技有限责任公司
地址：陕西省延安市安塞区安塞工业园
………………Tel：0911-8302255-8019
陕西延长石油延安能源化工有限责任公司
地址：陕西省延安市富县洛阳乡
………………………Tel：0911-8325001
陕西龙泽建设集团有限公司
地址：陕西省延安市宝塔区嘉陵商务大厦B栋12层
………………………Tel：0911-8695558
延安油气田技术服务有限公司
地址：陕西省延安市宝塔区百米大道龙昌园小区4号楼1单元-19楼
………………………Tel：0911-8880789
延安市宏泽建筑工程有限公司
地址：陕西省延安市宝塔区七里铺北龙大厦15楼
………………………Tel：0911-8889685
陕西榆横铁路有限责任公司
地址：陕西省榆林市高新技术产业园区建设有限公司办公大楼二楼
………………………Tel：0912-2394191
陕西延长石油榆横煤化工有限公司
地址：陕西省榆林市榆神工业区清水工业园南区汇源大道与延长路交汇处榆神办公楼
………………………Tel：0912-3362558
榆林市洪宇石化开发有限公司
地址：陕西省榆林市榆阳区航宇路东瑞丰巷
………………………Tel：0912-3529199
中石化陕西榆林天然气发展有限公司
地址：陕西省榆林市高新技术产业园区210国道313公里处
………………………Tel：0912-3541919
榆林市和信石化有限公司
地址：陕西省榆林市高新技术产业园区明珠大道易迅大厦9楼909
………………………Tel：0912-3896444
陕西洪成石油化工有限公司
地址：陕西省榆林市定边县贺圈乡王来滩村
………………………Tel：0912-4590208
陕西环保宏润固废处置有限公司
地址：陕西省榆林市靖边县永宁路2号
………………………Tel：0912-4863095
陕西延长中煤榆林能源化工有限公司
地址：陕西省榆林市靖边县杨桥畔镇能源化工综合利用产业园区
………………………Tel：0912-4868128
陕西和胜石化有限公司
地址：陕西省榆林市榆阳区榆阳西路尚德名苑南3号楼6楼
………………………Tel：0912-7153377
陕西恒能石油化工有限公司
地址：陕西省榆林市子洲县苗家坪镇苗家坪村055号
………………………Tel：0912-7311567
陕西延长石油榆林凯越煤化有限责任公司
地址：陕西省榆林市横山区榆横煤化工业区C18区
………………………Tel：0912-7711607
中石油兰州石化榆林化工有限公司
地址：陕西省榆林市高新技术产业园区B1路东A5路南
………………………Tel：0912-7729100
陕西延长石油榆林煤化有限公司
地址：陕西省榆林市高新技术产业园区榆横煤化工业园区
………………………Tel：0912-7777370
陕西智诚运势石油化工有限公司
地址：陕西省榆林市定边县定边镇长城北街283号
………………………Tel：0912-7989001
陕西延长石油榆阳三江煤化工有限公司
地址：陕西省榆林市榆阳区麻黄梁镇乔界村（榆阳工业园区）
………………………Tel：0912-7993068
陕西延长石油精原煤化工有限公司
地址：陕西省榆林市神木市大柳塔镇乌兰色太村
………………………Tel：0912-8025036
陕西延长石油榆林天然气化工有限责任公司
地址：陕西省榆林市榆阳区南郊
………………………Tel：0912-8190022
陕煤集团神南产业发展有限公司
地址：陕西省榆林市神木市新村中国石化加油站北200米
………………………Tel：0912-8308201
陕西延长石油鑫磊鸿盛煤化工有限公司
地址：陕西省榆林市神木市孙家岔镇马连塔村
………………………Tel：0912-8462894
陕西延长石油安源化工有限公司
地址：陕西省榆林市神木市锦界工业园区
………………………Tel：0912-8497678
陕西延长石油隆星化工有限公司
地址：陕西省榆林市神木市锦界镇工业园区
………………………Tel：0912-8498557
陕西延长石油榆神能源化工有限责任公司
地址：陕西省榆林市榆神工业区清水工业园南区汇源大道与延长路交汇处西南角
………………………Tel：0912-8605555
陕西奥维乾元化工有限公司
地址：陕西省榆林市府谷县黄甫镇
………………………Tel：0912-8859157
陕西渭河煤化工集团有限责任公司
地址：陕西省渭南市高新技术产业开发区东风大街西段
………………………Tel：0913-2106688
中石化陕西新能源有限公司
地址：陕西省韩城市金城区梁山路
………………………Tel：0913-2118591
陕西橡六胶带股份有限公司
地址：陕西省渭南市经济技术开发区里仁街东路1号
………………………Tel：0913-2215000
陕西陕化化工集团有限公司
地址：陕西省渭南市华州区瓜坡镇
………………………Tel：0913-3086515
陕西陕化化肥股份有限公司
地址：陕西省渭南市华州区瓜坡镇
………………………Tel：0913-3086515
陕西陕化煤化工集团有限公司
地址：陕西省渭南市华州区瓜坡镇
………………………Tel：0913-3088909
载元派尔森新能源科技有限公司
地址：陕西省渭南市华州区瓜坡镇良侯大道东侧
………………………Tel：0913-4017000
渭南精诚橡胶有限责任公司
地址：陕西省渭南市华州区工业园区潜龙东路
………………………Tel：0913-4732022
韩城市商贸科技发展有限责任公司
地址：陕西省韩城市招商区金融创新中心5楼
………………………Tel：0913-5309158
西安重装渭南橡胶制品有限公司
地址：陕西省渭南市高新技术产业开发区新区南街
………………………Tel：0913-8181258
陕西延长石油集团氟硅化工有限公司
地址：陕西省商洛市商州区氟硅化工产业园区
………………………Tel：0914-2481010
安康西铁物流有限责任公司
地址：陕西省安康市汉滨区江北大街75号
………………………Tel：0915-2227081
陕西鱼山再生资源集团废橡胶开发利用有限公司
地址：陕西省安康市汉滨区五里镇民力村
………………………Tel：0915-3321881
陕西百事特集团有限责任公司
地址：陕西省汉中市汉台区（汉中经济开发区北区）希望路
………………………Tel：0916-2310134
汉中橡胶总厂
地址：陕西省汉中市汉台区铺镇司法路3号
………………………Tel：0916-2577253
陕西省汉中市瑞达石油化工有限责任公司
地址：陕西省汉中市汉台区（汉中经济开发区北区）八里桥
………………………Tel：0916-2617127
汉中园通橡胶科技开发有限公司
地址：陕西省汉中市南郑县汉山街道办事处高庄村
………………………Tel：0916-5697703
宝鸡市华邦橡胶制品有限公司
地址：陕西省宝鸡市金台区
………………………Tel：0917-3576744
陕西秦力橡胶有限责任公司
地址：陕西省宝鸡市眉县金渠镇大桥口霸王河工业园区秀舒路东段
………………………Tel：0917-5557241
陕西宝昆泰化石化有限责任公司
地址：陕西省宝鸡市凤翔县长青工业园区
………………………Tel：0917-7281617
宝鸡阜丰生物科技有限公司
地址：陕西省宝鸡市岐山县蔡家坡经济开发区安乐社区
………………………Tel：0917-8721688
陕西惠创供应链管理有限公司
地址：陕西省铜川市耀州区锦阳新城创业大厦三层
………………………Tel：0919-2861202
铜川市新越工贸科技有限公司
地址：陕西省铜川市新区阳光花园
………………………Tel：0919-2886161

甘肃省

临夏州盛河惠泽石化销售有限责任公司
地址：甘肃省临夏州临夏市西关路205号
………………………Tel：0930-6216068
甘肃刘化（集团）有限责任公司
地址：甘肃省临夏州永靖县刘家峡镇化工路38号
………………………Tel：0930-8858200
兰州西北橡胶工业有限公司
地址：甘肃省兰州市七里河区西津西路819号甘肃国际机电城10号楼114室
………………………Tel：0931-2317345
兰州永诚化工有限公司
地址：甘肃省兰州市七里河区西津西路16号兰州中心27层
………………………Tel：0931-2666970
兰州永诚化工有限公司
地址：甘肃省兰州市七里河区西津西路16号兰州中心27层
………………………Tel：0931-2666970
甘肃省物产集团兰州物流配送有限公司
地址：甘肃省兰州市七里河区建西西路17号
………………………Tel：0931-2865096
兰州银行股份有限公司
地址：甘肃省兰州市城关区酒泉路211号
………………………Tel：0931-4600239
兰州新区化学工程有限公司
地址：甘肃省兰州市永登县秦川镇西小川村
………………………Tel：0931-4692252
甘肃公航旅国际贸易有限公司
地址：甘肃省兰州市城关区天水中路3号盛达金融大厦7层
………………………Tel：0931-4917159
公航旅（兰州新区）国际贸易有限公司
地址：甘肃省兰州市兰州新区综合保税区D区
………………………Tel：0931-4917159
甘肃西部物流有限责任公司
地址：甘肃省兰州市城关区和政路156号
………………………Tel：0931-4925043
兰州兰煤节净能源有限公司
地址：甘肃省兰州市榆中县夏官营镇夏官营村839号
………………………Tel：0931-5369959
酒钢集团榆中钢铁有限责任公司
地址：甘肃省兰州市榆中县来紫堡乡
………………………Tel：0931-5503755
甘肃省物产集团皋兰物流园有限公司
地址：甘肃省兰州市皋兰县石洞镇新兴路43号
………………………Tel：0931-5750261
甘肃裕润工程重科有限公司
地址：甘肃省兰州市皋兰县九合镇九合村
………………………Tel：0931-5771500
天华化工机械及自动化研究设计院有限公司
地址：甘肃省兰州市西固区合水北路3号
………………………Tel：0931-7312166
兰州海荞石化有限公司
地址：甘肃省兰州市七里河区敦煌路街道敦煌路41-2号
………………………Tel：0931-7364918
兰州蓝星有限公司
地址：兰州市西固区新冶路135号
………………………Tel：0931-7367162
甘肃省物产集团河口物流园有限公司
地址：甘肃省兰州市西固区河口新冶路212号
………………………Tel：0931-7523465
兰州高盛石化物资有限公司
地址：甘肃省兰州市西固区合水路248号
………………………Tel：0931-7533699
甘肃龙昌石化集团有限公司
地址：兰州市西固区公园路129号（长业大厦18层）
………………………Tel：0931-7582200
甘肃华宇盈丰橡胶制品有限公司
地址：甘肃省兰州市西固区先锋路街道先锋路176号第4层241室
………………………Tel：0931-7582200
甘肃蓝科石化高新装备股份有限公司
地址：兰州市安宁区蓝科路8号
………………………Tel：0931-7639638
兰州蓝亚能源管理有限公司
地址：兰州市安宁区蓝科路8号
………………………Tel：0931-7639638
机械工业兰州石油化工设备检测所有限公司
地址：甘肃省兰州市安宁区蓝科路8号
………………………Tel：0931-7639638
兰州天翼石化实业有限公司
地址：甘肃省兰州市兰州新区红玉村
………………………Tel：0931-7658811
甘肃辰辉投资控股有限公司
地址：甘肃省兰州市安宁区安宁西路399号
………………………Tel：0931-7766146
兰州金润宏成新材料科技有限公司
地址：甘肃省兰州市安宁区沙井驿乡南坡坪村
………………………Tel：0931-7786118
中国石油兰州石油化工有限公司
地址：兰州市西固区兰炼街
………………………Tel：0931-7932314
兰州三叶实业有限公司
地址：兰州市西固区西固中路152号
………………………Tel：0931-7932417
甘肃兰炼中旅石化有限公司
地址：甘肃省兰州市玉门街10号
………………………Tel：0931-7933936
兰州汇丰石化有限公司
地址：甘肃省兰州市西固区古浪路157号
………………………Tel：0931-7988031
兰州亚华石油化工有限责任公司
地址：甘肃省兰州市安宁区沙井驿乡南坡坪村
………………………Tel：0931-7988031
甘肃中石油昆仑燃气有限公司
地址：兰州市城关区白银路332号

……………………Tel：0931-8115080

兰州国际高原夏菜副食品采购中心有限公司
地址：甘肃省兰州市榆中县城关镇兴隆路275号（县政府统办楼4楼406、416号）
……………………Tel：0931-8115306

甘肃国通大宗商品供应链管理股份有限公司
地址：甘肃省兰州市兰州新区山丹河街968号
……………………Tel：0931-8251322

兰州新区化工商贸有限公司
地址：甘肃省兰州市兰州新区综合保税区综合服务楼D区3层
……………………Tel：0931-8251815

兰州中轮橡胶销售有限公司
地址：甘肃省兰州市城关区中山路156号亚太名苑1幢2502室
……………………Tel：0931-8407527

甘肃祥顺源科技石化有限公司
地址：甘肃省兰州市城关区金昌南路215号中央名筑A座701
……………………Tel：0931-8416194

甘肃金冠供应链管理有限公司
地址：甘肃省兰州市城关区白银路街道酒泉路31号14层002号
……………………Tel：0931-8449009

四方信和有限公司
地址：甘肃省兰州市兰州新区兴隆山路瑞岭翠苑1号楼110-111室
……………………Tel：0931-8469878

国丰科技集团股份有限公司
地址：甘肃省兰州市城关区天庆大道588号天庆商务大厦1402号
……………………Tel：0931-8522591

定西昌林农产品交易中心有限公司
地址：甘肃省定西市安定区镇龙路昌林花苑4号楼403商铺
……………………Tel：0931-8537919

甘肃丝绸之路能源开发利用有限公司
地址：甘肃省兰州市城关区张掖路中广大厦9楼901室
……………………Tel：0931-8565082

甘肃能源化工贸易有限公司
地址：甘肃省兰州市城关区甘南路122号至诚首府一号门19楼
……………………Tel：0931-8613462

甘肃能源化工投资集团有限公司
地址：甘肃省兰州市城关区甘南路122号
……………………Tel：0931-8630085

甘肃鑫港物流有限公司
地址：甘肃省兰州市西固区环行西路6号
……………………Tel：0931-8733355

甘肃鑫盛源商贸有限公司
地址：甘肃省兰州市城关区庆阳路60号1104室
……………………Tel：0931-8800177

甘肃亚盛好食邦食品集团有限公司
地址：甘肃省兰州市城关区雁兴路21号4楼401室
……………………Tel：0931-8801785

甘肃亚盛实业（集团）股份有限公司
地址：甘肃省兰州市城关区雁兴路21号14楼
……………………Tel：0931-8857002

陇西县农投产业发展有限公司
地址：甘肃省定西市陇西县云田镇三十铺村上街
……………………Tel：0932-5964108

陇西晟农农副产品购销农民专业合作社联合社
地址：甘肃省定西市陇西县巩昌镇长安路农业综合服务大楼一楼
……………………Tel：0932-6666989

史丹利化肥定西有限公司
地址：甘肃省定西市安定区新城大道18号
……………………Tel：0932-8336666

平凉辉煌再生橡胶科技有限责任公司
地址：甘肃省平凉市崆峒区三角城保丰村高速公路以南（振辉再生资源交易市场内）
……………………Tel：0933-6466508

甘肃山河油田开发有限公司
地址：甘肃省庆阳市庆城县西川工业园区
……………………Tel：0934-3265255

甘肃衍河石油管道涂层有限公司
地址：甘肃省庆阳市庆城县西川工业园区
……………………Tel：0934-3279266

庆阳洲阳石油机械制造有限公司
地址：甘肃省庆阳市华池县悦乐镇新堡村
……………………Tel：0934-5987768

庆阳橡树橡胶有限公司
地址：甘肃省庆阳市西峰区岐黄大道51号
……………………Tel：0934-8539310

甘肃丰盛环保科技股份有限公司
地址：甘肃省金昌市永昌县河西堡化工循环经济产业园
……………………Tel：0935-5849019

武威复兴华通铁路器材有限公司
地址：甘肃省武威市凉州区武南镇二马路机务段99号
……………………Tel：0935-5928646

内蒙古太西煤集团民勤金阿铁路有限责任公司
地址：甘肃省武威市民勤县红沙岗镇
……………………Tel：0935-7322033

金昌氨碱源化工有限公司
地址：甘肃省金昌市永昌县河西堡镇化工循环经济产业园 川河路 5-1号
……………………Tel：0935-7328990

甘肃金昌化学工业集团有限公司
地址：永昌县河西堡镇河雅路
……………………Tel：0935-7351605

金昌奔马农用化工股份有限公司
地址：金昌市金川区金昌市河西堡镇河雅路173号
……………………Tel：0935-7351605

甘肃瓮福化工有限责任公司
地址：甘肃省金昌市永昌县河西堡镇河雅路
……………………Tel：0935-7351817

甘肃元林农业科技有限公司
地址：甘肃省武威市凉州区双城镇中山村
……………………Tel：0935-8217666

甘肃新瑞玖高分子材料有限公司
地址：甘肃省金昌市金川区新华东路68号循环经济展览馆2楼206号
……………………Tel：0935-8229667

中林集团张掖金象种业有限公司
地址：甘肃省张掖市甘州区西大街213号金象大厦
……………………Tel：0936-8219441

张掖市宏金雁再生能源科技发展有限责任公司
地址：甘肃省张掖市甘州区东北郊循环经济工业园区经五路
……………………Tel：0936-8269042

酒泉荣泰橡胶科技发展有限公司
地址：甘肃省酒泉市肃州区兴工西路11号
……………………Tel：0937-2625612

酒泉荣泰橡胶制品有限公司
地址：甘肃省酒泉市肃州区兴工西路11号
……………………Tel：0937-2625612

酒泉荣泰橡胶股份有限公司
地址：甘肃省酒泉市肃州区工业园区南园兴工西路11号
……………………Tel：0937-2625612

甘肃巨龙农业物流港有限责任公司
地址：甘肃省酒泉市肃州区飞翔路80号（航天公园南侧）
……………………Tel：0937-2635871

甘肃省敦煌种业集团股份有限公司
地址：甘肃省酒泉市肃州区肃州路28号
……………………Tel：0937-2666192

酒泉市浩源水利电力建筑安装工程有限公司
地址：甘肃省酒泉市肃州区公园路2号
……………………Tel：0937-2793028

甘肃宏兴石化有限公司
地址：甘肃省酒泉市肃州区风电大道2号（鑫隆国际电子商贸中心3号楼7楼）
……………………Tel：0937-2828806

嘉峪关翼翔橡胶制品有限责任公司
地址：甘肃省嘉峪关市兰新东路矿机场西北侧
……………………Tel：0937-5979795

玉门市恒正博发石油化工有限公司
地址：甘肃省酒泉市玉门市玉门静洋钛白粉制造有限责任公司院内
……………………Tel：0937-6789669

甘肃汉方本草高新农业有限公司
地址：甘肃省酒泉市阿克塞哈萨克族自治县红柳湾镇红柳湾村
……………………Tel：0937-8325201

天水欣珑实业有限公司
地址：甘肃省天水市秦州区盛世桃园办公楼
……………………Tel：0938-8499581

陇南市羌源富民农业发展股份有限公司
地址：甘肃省陇南市宕昌县城关镇农牧大厦四楼
……………………Tel：0939-6181115

甘肃谊诚水利水电建设工程有限公司
地址：甘肃省甘南州合作市人民东街23号甘南顺昌物资贸易大厦503
……………………Tel：0941-8210582

甘肃羚翔建设有限公司
地址：甘肃省甘南州合作市当周街颐和小区1号楼1单元303室
……………………Tel：0941-8239911

甘肃启邦中州矿用装备有限公司
地址：中科院白银高技术产业园
……………………Tel：0943-8302000

青海省

青海大禾农牧业发展有限公司
地址：青海省海北藏族自治州农牧局104室
……………………Tel：0970-8619591

青海云天化国际化肥有限公司
地址：青海省西宁市湟中县甘河工业园区甘河大道5号、6号
……………………Tel：0971-2229706

中铝青海西部国际贸易有限公司
地址：西宁经济技术开发区金桥路38号
……………………Tel：0971-5119121

西宁远翔工贸有限公司
地址：西宁市城北区大堡子镇晋家湾村
……………………Tel：0971-5205513

青海丰润农业开发有限公司
地址：湟中县田家寨镇黄蒿台村
……………………Tel：0971-5213747

青海物产工业投资有限公司
地址：青海省西宁市大通回族土族自治县长宁镇上孙家寨村719号
……………………Tel：0971-5314199

青海青业石化有限公司
地址：青海生物科技产业园管委会大楼607室
……………………Tel：0971-5317598

青海橡胶工贸有限公司
地址：青海省西宁市朝阳东路19号
……………………Tel：0971-5500768

青海省物产集团有限公司
地址：青海省西宁市城北区朝阳东路34-2号
……………………Tel：0971-5501020

青海省国有资产投资管理有限公司
地址：西宁市城北区生物园区纬二路18号
……………………Tel：0971-6124998

青海同成工贸有限公司
地址：青海省西宁市城西区香格里拉路8号8-46号
……………………Tel：0971-6267616

青海省恒力石化有限责任公司
地址：青海省湟中县多巴镇城西村
……………………Tel：0971-6302144

青海迅捷物流股份有限公司
地址：青海省西宁市生物科技产业园区经二路56号
……………………Tel：0971-6361266

青海路兴物流集团有限公司
地址：青海省西宁市城东区祁连路10号
……………………Tel：0971-7123803

青海中梁建设工程有限公司
地址：青海省西宁市城北区朝阳东路49号2号楼
……………………Tel：0971-7354543

青海宜化化工有限责任公司
地址：青海省大通县长宁镇新添堡村
……………………Tel：0971-7531600

青海川勇建设工程有限公司
地址：青海省果洛州玛沁县大武镇环城南路
……………………Tel：0971-8116765

青海国投矿业投资有限责任公司
地址：西宁市城西区文景街32号
……………………Tel：0971-8117098

青海银行股份有限公司
地址：青海省西宁市城西区西关大街130号1号楼
……………………Tel：0971-8185270

青海新富康企业管理集团有限公司
地址：青海省西宁市城北区小桥大街6号2号楼1单元1231号
……………………Tel：0971-8222777

青海恒朋贸易有限公司
地址：青海省西宁市城北区朝阳东路49号商铺
……………………Tel：0971-8222777

青海富康矿业资产管理有限公司
地址：青海省海西州茫崖冷湖镇巴仑马海湖区西侧
……………………Tel：0971-8222777

青海锦泰钾肥有限公司
地址：青海冷湖行委巴仑马海湖湖区西侧
……………………Tel：0971-8222777

青海省旅游投资集团股份有限公司
地址：西宁经济技术开发区中心创业园A区
……………………Tel：0971-8228306

西宁振鑫汽配橡胶件经销部
地址：西宁市城北区祁连路西15-1号
……………………Tel：0971-8454882

青海庆华矿冶煤化集团有限公司
地址：海西州天峻县新源镇草原路西
……………………Tel：0971-8812831

青海开诚资产管理运营有限公司
地址：西宁经济技术开发区管委会大厦
……………………Tel：0971-8816452

青海迅达冷链物流股份有限公司
地址：青海省西宁市生物科技产业园区经二路56号
……………………Tel：0971-8825058

中央储备粮平安直属库有限公司
地址：平安县平安镇兰青路595号
……………………Tel：0972-7699116

青海丰之源农牧科技发展有限公司
地址：青海省互助县威远镇南郊7号
……………………Tel：0972-8328588

共和县玉苗产业有限责任公司
地址：共和县恰卜恰镇长空路31号
……………………Tel：0974-8539777

德令哈沃源农垦开发有限公司
地址：青海省海西州德令哈市绿色产业园区唐古拉路以西
……………………Tel：0977-8128526

青海德一福工业贸易股份有限公司
地址：德令哈市河西区八一路（晨兴一期住宅小区2号楼2-211室）
……………………Tel：0977-8211957

青海中航资源有限公司
地址：青海省德令哈市长江路35号
……………………Tel：0977-8221295

海西和润生物制造有限公司
地址：德令哈市绿色产业园区二区规划的经二路以东、纬二路以北
……………………Tel：0977-8331179

青海创新矿业开发有限公司
地址：青海省海西州大柴旦行委锡铁山镇
……………………Tel：0979-4212667

青海中浙科技有限责任公司
地址：青海省海西蒙古族藏族自治州格尔木市格尔木昆仑经济技术开发区开发区商业街246号
……………………Tel：0979-8436176

青海盐湖工业股份有限公司
地址：青海省格尔木市黄河路28号
……………………Tel：0979-8448121

青海盐湖元通钾肥有限公司
地址：青海省格尔木察尔汗
……………………Tel：0979-8448434

青海盐湖硝酸盐业股份有限公司
地址：青海省格尔木市察尔汗盐湖发展大道
……………………Tel：0979-8449506

青海文通盐桥化肥有限公司
地址：青海格尔木市察尔汗盐湖发展大道
……………………Tel：0979-8449506

格尔木藏华大颗粒钾肥有限公司
地址：青海省格尔木市黄河中路70号
……………………Tel：0979-8481390

藏格控股股份有限公司
地址：青海省格尔木市昆仑南路15－02号
……Tel：0979－8966600
格尔木藏格钾肥有限公司
地址：格尔木市昆仑南路15－02号
……Tel：0979－8966600

宁夏回族自治区

宁夏巨融石化工程科技有限公司
地址：盐池县城花园街301号
……Tel：0912－4598521
宁夏银带橡胶有限公司
地址：宁夏银川市经济技术开发区红墩子工业园经四北路136号
……Tel：0951－2021119
宁夏银带礼明橡胶有限公司
地址：宁夏银川市兴庆区滨河工业园北区纬五路北侧
……Tel：0951－2021119
宁夏石油化工建设有限公司
地址：银川市西夏区宁朔南街2号
……Tel：0951－2026968
宁夏回族自治区银川橡胶厂
地址：银川市西夏区怀远东路425号
……Tel：0951－2045095
中石油（宁夏）化工有限责任公司
地址：银川市西夏区北京西路1338号
……Tel：0951－2974800
宁夏锦宇建设工程有限公司
地址：宁夏银川市兴庆区新华东街南侧友爱中心路西侧隆鑫综合市场B9号楼14号商业房
……Tel：0951－3819656
宁夏驰创贸易有限责任公司
地址：宁夏银川市西夏区怀远东路508号院内二层楼
……Tel：0951－3898225
宁夏精英鲁西装备制造有限公司
地址：宁夏银川市西夏区北京西路38号
……Tel：0951－3956200
宁夏宝塔石化股份有限公司
地址：宁夏宁东镇黎羊公路西侧
……Tel：0951－4713298
宁夏宝塔能源化工有限公司
地址：灵武市宁东镇黎羊公路西侧
……Tel：0951－4713577
宁夏宁东宝塔石油化工有限公司
地址：宁夏宁东镇马跑泉村黎羊公路西侧
……Tel：0951－4713577
宁夏永大石化有限公司
地址：灵武市宁东能源化工基地临河综合工业园区A区
……Tel：0951－4719998
华油银川石化有限公司
地址：宁夏回族自治区银川市金凤区新夏路
……Tel：0951－5011088
宁夏工化石油经销有限公司
地址：银川市解放西街１４４号
……Tel：0951－5096456
宁夏德泽农业产业投资开发有限公司
地址：同心县同德慈善产业园区
……Tel：0951－5100547
宁夏中垦科技发展有限公司
地址：宁夏回族自治区银川市金凤区CBD保险大厦第20层
……Tel：0951－5190567
玺赞庄园枸杞有限公司
地址：中宁县市场监督管理局东楼二楼
……Tel：0951－5659668
宝塔国际石化工程技术有限公司
地址：银川市开发区宁安大街88号宝塔大厦19楼
……Tel：0951－5673145
宝塔石化集团有限公司
地址：银川市金凤区宁安大街88号宝塔石化大厦
……Tel：0951－5699601
宁夏宝塔国际贸易有限公司
地址：银川市金凤区宁安大街88号
……Tel：0951－5699909
宝塔科技实业（宁夏）有限公司
地址：银川市金凤区宁安大街88号宝塔石化大厦19楼
……Tel：0951－5699963
宁夏大夏伟业石油化工有限公司
地址：宁夏银川市金凤区宝湖福邸第1幢3层501号房
……Tel：0951－5965621
宁夏泰华实业集团有限公司
地址：宁夏银川市民族北街24号
……Tel：0951－6041389
宁夏金沙江西域能源有限公司
地址：银川市兴庆区清和北街兴泰隆创享国际大厦20层2010室
……Tel：0951－6717293
宁夏埃威特新材料有限公司
地址：银川市金凤区中央大道中苑大厦A1段三楼317室
……Tel：0951－6827289
宁夏伯克希尔商贸有限公司
地址：银川市金凤区宁安大街88号宝塔石化大厦10层2号
……Tel：0951－6836567
宁夏东兴石化科技有限公司
地址：宁夏银川市金凤区尹家渠街东侧枕水路南侧悦海新天地购物广场15号办公楼1306室
……Tel：0951－6893655
银川市长陇石化实业有限公司
地址：银川高新区中苑商业街36号
……Tel：0951－7631811
宁夏正源通国际贸易有限公司
地址：宁夏回族自治区银川市金凤区紫荆花商务中心C座702室
……Tel：0951－7659378
宁夏伊品生物科技股份有限公司
地址：宁夏回族自治区永宁县杨和工业园区
……Tel：0951－8026371
宁夏四季鲜果品蔬菜批发市场有限公司
地址：宁夏永宁县望远四季鲜综合批发市场四号楼11号房
……Tel：0951－8039066
宁夏昊鑫现代农业开发有限公司
地址：宁夏永宁县望洪镇望洪三队粮食银行
……Tel：0951－8454216
宁夏泰利龙轮胎橡胶有限公司
地址：宁夏永宁县望远工业园区
……Tel：0951－8458886
宁夏宝利科技设计研究院有限公司
地址：宁夏宁东镇化工新材料园区内
……Tel：0951－8657156
银川塞昊橡胶有限公司
地址：银川丽景南街机电批发市场1536号
……Tel：0951－8973832
宁夏大荣化工冶金有限公司
地址：宁夏石嘴山市高新技术产业开发区金龙街以北、西环路以西
……Tel：0952－2170312
中石化石嘴山市常道石化有限公司
地址：大武口区长胜路188号
……Tel：0952－5810835
宁夏大地循环发展股份有限公司
地址：平罗县太西镇太沙工业园区
……Tel：0952－6093968
宁夏坤辉气化有限公司
地址：宁夏回族自治区平罗县太沙工业区
……Tel：0952－6093968
宁夏西部吉运国际物流有限公司
地址：石嘴山火车站站前路（石大公路）以东"金三角"地段原平罗县化肥厂办公楼
……Tel：0952－6589005
平罗县兴叶橡胶制品有限公司
地址：宁夏回族自治区平罗县黄渠桥镇通润村
……Tel：0952－6686221
吴忠市凯威石油销售有限公司
地址：吴忠市裕民西街星河锦城小区
……Tel：0953－2271091
宁夏塞外香食品有限公司
地址：宁夏青铜峡工业园区汉坝东街69号
……Tel：0953－3724100
宁夏壹加壹农牧股份有限公司
地址：宁夏吴忠市红寺堡区南环路南侧三干渠西侧
……Tel：0953－3960656
宁夏江鑫石油化工有限公司
地址：盐池县工业园区功能区二期
……Tel：0953－3990005
宁夏宝瑞隆石化有限公司
地址：宁夏吴忠市太阳山开发区庆安大道东侧宁夏瑞科化工有限公司办公楼
……Tel：0953－5085088
宁夏宝众祥石化仓储有限公司
地址：宁夏吴忠市太阳山开发区工业园区
……Tel：0953－5085088
宁夏泰富能源有限公司
地址：宁夏吴忠市太阳山开发区南二环南侧、庆安大道以东
……Tel：0953－5095811
宁夏宁鲁石化有限公司
地址：盐池县东顺工业园区E区
……Tel：0953－6015426
宁夏润广石化有限公司
地址：盐池县工业园区县城功能区二期
……Tel：0953－6688607
宁夏中宁枸杞产业发展股份有限公司
地址：中卫市中宁县中国枸杞加工城
……Tel：0955－3955678
中宁国有资本运营有限公司
地址：中宁县平安东街142号
……Tel：0955－5024053
中宁县恒通投资有限公司
地址：中宁县殷庄大社区D区1＃楼103号营业房
……Tel：0955－5024053
中宁县国有资产经营有限公司
地址：宁夏回族自治区中宁县财政局院内
……Tel：0955－5024053
宁夏中宁枸杞产业集团有限公司
地址：中宁县宁安东街国土资源局办公大楼东侧
……Tel：0955－5035980
宁夏杞春堂生物科技股份有限公司
地址：中卫市中宁县城宁安西街天仁假日酒店5层11号
……Tel：0955－5658566
宁夏玉隆石油化工建设有限公司
地址：宁夏回族自治区中宁县石空镇
……Tel：0955－5683656
宁夏红宝农特产品有限公司
地址：中宁县红宝农特产品交易中心3＃商业楼
……Tel：0955－6582966
宁夏创业工贸有限责任公司
地址：中卫市沙坡头区鼓楼东街银行巷
……Tel：0955－7331099
宁夏润夏能源化工有限公司
地址：中卫工业园区
……Tel：0955－7616386
宁夏渝丰化工股份有限公司
地址：宁夏中卫工业园
……Tel：0955－7691888
宁夏钙果果业有限公司
地址：中卫市沙坡头区蔡桥新村东门6号营业房
……Tel：0955－8597503
宁夏硒谷园生态农业科技有限公司
地址：中卫市沙坡头区香山乡政府西500米
……Tel：0955－8704569

新疆维吾尔自治区

新疆生产建设兵团第九师国有资产投资经营有限责任公司
地址：新疆塔城地区额敏县第九师绿翔大厦13楼
……Tel：0901－3385491
新疆塔城储绿粮油购销集团有限公司
地址：新疆塔城地区塔城市文化南路997号
……Tel：0901－6222187
中央储备粮塔城直属库有限公司
地址：新疆塔城地区塔城市32公里
……Tel：0901－6992211
哈密新捷燃气有限责任公司
地址：新疆哈密市伊州区南部哈罗公路西南侧（非典医院东侧）
……Tel：0902－2585202
哈密信合棉业股份有限公司
地址：新疆哈密地区哈密市红光路1号（哈密红星钙塑厂院内）
……Tel：0902－6975326
哈密市丝路果香供销（集团）有限公司
地址：新疆哈密市伊州区现代农业园区主道路8公里处北侧
……Tel：0902－8688820
新疆虹合圆有机农业股份有限公司
地址：新疆和田地区和田市吉亚乡有机农业产业园
……Tel：0903－2021780
和田农牧科技扶贫投资有限公司
地址：新疆和田地区和田市纳瓦格路196号
……Tel：0903－2023246
和田昆仑山枣业股份有限公司
地址：新疆昆玉市皮墨北京工业园区和兴街137号
……Tel：0903－6561248
新疆昆仑尼雅生态农牧发展有限公司
地址：新疆和田地区民丰县索达西路10号
……Tel：0903－6752430
新疆生产建设兵团第十师一八一团
地址：新疆阿勒泰地区阿勒泰市巴里巴盖
……Tel：0906－3384022
新疆双河水控农业发展（集团）有限公司
地址：新疆双河市89团彩虹路1号
……Tel：0909－2276301
博尔塔拉蒙古自治州祥泰石油化工有限公司
地址：新疆博州博乐市锦绣小区A区21号楼1单元101室
……Tel：0909－2299108
新疆天莱牧业集团有限责任公司
地址：新疆博州博乐市阿热勒托海牧场牧业三队
……Tel：0909－2325777
博尔塔拉蒙古自治州艾比湖大酒店有限公司
地址：博乐市北京路295号
……Tel：0909－2326971
新疆昊汉番茄制品有限公司
地址：新疆博州博乐市青达拉（第五师86团团部光明路3号）
……Tel：0909－6701118
新疆中亚中青石油化工有限公司
地址：新疆博尔塔拉蒙古自治州阿拉山口市综合保税区企业服务中心426室
……Tel：0909－6999023
博乐市兴业惠民农业开发投资有限公司
地址：新疆博州博乐市文化路S1幢401室
……Tel：0909－7658260
阿拉山口国储进出口贸易有限公司
地址：新疆博州阿拉山口综合保税区内东环路
……Tel：0909－7720608
昆仑银行股份有限公司
地址：新疆克拉玛依市世纪大道7号
……Tel：0990－6230689
新疆华澳能源化工股份有限公司
地址：新疆克拉玛依市克拉玛依区经四路160号
……Tel：0990－6360217
克拉玛依锦泰国际物流股份有限公司
地址：新疆克拉玛依市白碱滩区平南八路2906号
……Tel：0990－6611017
克拉玛依锦泰国际物流股份有限公司
地址：新疆克拉玛依市白碱滩区平南八路2906号
……Tel：0990－6611019
宝鸡钢管克拉玛依有限公司
地址：新疆克拉玛依市石化工业园
……Tel：0990－6630030
新疆金源石油化工有限公司
地址：新疆克拉玛依市白碱滩区金龙镇金华路15号附楼102室
……Tel：0990－6831512
中石油克拉玛依石化有限责任公司
地址：新疆克拉玛依市平北六路5680号
……Tel：0990－6833414
新疆耶路高特工贸有限公司
地址：新疆克拉玛依市纬三路6号
……Tel：0990－6847568
新疆美叶油气能源储运有限公司
地址：新疆克拉玛依市金龙镇通运路7号
……Tel：0990－7580368
新疆大和石油化工有限公司
地址：乌鲁木齐经济技术开发区口岸路5号海滨花园小区1号楼二单元602室
……Tel：0991－2321765
新疆现代特油科技股份有限公司

地址：新疆乌鲁木齐市高新区（新市区）长沙路361号
……………………Tel：0991−2351820
阿拉山口现代石油化工有限公司
地址：新疆博州金三角工业园区
……………………Tel：0991−2356332
新疆生产建设兵团石油化工有限责任公司
地址：新疆阿拉尔军垦大道西1068号一楼大厅
……………………Tel：0991−2375610
新疆金钥匙生物科技有限公司
地址：新疆五家渠工业园兵团新型建材工业园区建四路5号附4号
……………………Tel：0991−2661863
新疆康隆科技股份有限公司
地址：新疆塔城地区和布克赛尔县察和特农业综合开发区
……………………Tel：0991−2817555
新疆国投燃气有限责任公司
地址：新疆乌鲁木齐高新区（新市区）长春中路818号新世界广场1701室
……………………Tel：0991−2817780
新疆农佳乐农业科技发展有限公司
地址：新疆博州城市综合服务设施3号楼三楼
……………………Tel：0991−2837888
新疆农资（集团）有限责任公司
地址：新疆乌鲁木齐市天山区中山路2号
……………………Tel：0991−2840504
霍尔果斯国经国际投资有限公司
地址：新疆省伊犁州霍尔果斯中哈边境合作区中科国际贸易中心A馆三层3081号
……………………Tel：0991−2970762
新疆国经贝正实业有限责任公司
地址：新疆乌鲁木齐市水磨沟区南湖东路165号
……………………Tel：0991−2970783
新疆国合绿丰农业有限责任公司
地址：新疆乌鲁木齐市水磨沟区南湖东路165号1栋18层
……………………Tel：0991−2970789
新疆国经农业发展有限责任公司
地址：新疆乌鲁木齐市天山区建国路252号4栋5层
……………………Tel：0991−2970790
博乐市国禾粮业有限公司
地址：新疆博州博乐市小营盘镇工业园区
……………………Tel：0991−2970790
新疆蓝天石油化学物流有限责任公司
地址：新疆乌鲁木齐经济技术开发区阳澄湖路39号1206室
……………………Tel：0991−3073820
新疆泽天石油化工有限公司
地址：新疆乌鲁木齐市头屯河区工业园区四期祥云西街38号
……………………Tel：0991−3100999
新疆中油化工集团有限公司
地址：新疆乌鲁木齐市头屯河区南渠路西一巷2号
……………………Tel：0991−3104200
新疆金博立泰橡胶有限责任公司
地址：新疆乌鲁木齐市头屯河区北站西路1669号14−2−302室
……………………Tel：0991−3109126
新疆宝塔石化有限公司
地址：新疆乌鲁木齐市头屯河区工业园四期明晨街36号1栋1层、2层
……………………Tel：0991−3110729
新疆中瑞恒远仓储有限公司
地址：新疆乌鲁木齐经济技术开发区兵团工业园区丁香一街9−36号
……………………Tel：0991−3115181
中石化新星新疆新能源开发有限公司
地址：新疆乌鲁木齐市米东区古牧地西路1860号朝阳雅居小区办公楼4楼403室
……………………Tel：0991−3161697
新疆天恒兴达能源有限公司
地址：新疆乌鲁木齐市西山兵团乌鲁木齐工业园区丁香一街9−125号
……………………Tel：0991−3163041
新疆路油石化有限责任公司
地址：新疆乌鲁木齐经济技术开发区嵩山街229号
……………………Tel：0991−3163188
新疆路油石化有限责任公司
地址：新疆乌鲁木齐经济技术开发区嵩山街229号
……………………Tel：0991−3163188
国家管网集团新疆煤制天然气外输管道有限责任公司
地址：新疆乌鲁木齐高新技术产业开发区（新市区）长春南路466号中石化西北科研生产园区
……………………Tel：0991−3163203
中石化新疆巴州油气开发有限公司
地址：新疆巴州库尔勒市文化路6号九华万象城三楼
……………………Tel：0991−3166432
中国石化集团西北石油局有限公司
地址：新疆乌鲁木齐高新技术开发区长春南路466号综合办公楼8层
……………………Tel：0991−3166441
新疆金成线缆制造有限公司
地址：新疆乌鲁木齐市米东新区化工工业园经三路北（中国石油乌市石化总厂加油站对面）
……………………Tel：0991−3323588
新疆旭泓鑫泰石油化工有限公司
地址：新疆乌鲁木齐高新区（新市区）高新街217号盈科广场12层A座商铺12−2
……………………Tel：0991−3336751
新疆艾美克石油科技有限公司
地址：新疆乌鲁木齐市米东区石化街道办事处林泉路南侧米东新区化工工业园
……………………Tel：0991−3345385
新疆双宇房地产开发有限公司
地址：新疆乌鲁木齐市米东区上沙河村（米东区消防大队南500米）
……………………Tel：0991−3364055
新疆中基石油化工有限责任公司
地址：新疆乌鲁木齐市米东区化工工业园（福州东路1596号）
……………………Tel：0991−3388316
新疆生产建设兵团交通建设有限公司
地址：新疆石河子开发区78小区46号
……………………Tel：0991−3531512
奇台县新蒙石油化工销售有限公司
地址：新疆昌吉州奇台县东关街6−1−351号
……………………Tel：0991−3637879
新疆天富国际经贸有限公司
地址：新疆乌鲁木齐高新技术产业开发区（新市区）北京南路358号大成国际楼中心A栋15层写字间1
……………………Tel：0991−3671527
新疆美特智能安全工程股份有限公司
地址：新疆乌鲁木齐高新技术产业开发区（新市区）天津南路682号创业大厦配楼3至5层
……………………Tel：0991−3673790
新疆宜化化工有限公司
地址：新疆昌吉州准东经济技术开发区彩北产业园吉彩路20号（彩北产业园）
……………………Tel：0991−3687720
新疆广开元能源集团有限公司
地址：新疆乌鲁木齐经济技术开发区泰山街25号3栋1单元1303室
……………………Tel：0991−3716824
新疆亚心文旅实业集团有限公司
地址：新疆乌鲁木齐经济技术开发区（头屯河区）兵团工业园区丁香一街9−102号
……………………Tel：0991−3717973
中国石油运输有限公司
地址：新疆乌鲁木齐市新市区西环北路2219号
……………………Tel：0991−3722377
新疆旺达明德实业有限公司
地址：新疆乌鲁木齐经济技术开发区喀纳斯湖北路455号新疆软件园创智大厦A座15楼1512室
……………………Tel：0991−3722687
新疆诚通国际物流有限公司
地址：新疆乌鲁木齐高新技术开发区（新市区）友谊路69号3号楼
……………………Tel：0991−3726259
新疆缔九能源有限责任公司
地址：新疆乌鲁木齐高新技术产业开发区（新市区）北区工业区西彩路321号3号楼4楼A区室403室
……………………Tel：0991−3732395
新疆西帕科技产业集团有限公司
地址：新疆乌鲁木齐经济技术开发区(头屯河区）天鹅湖路2号爱地大厦4层406室
……………………Tel：0991−3745769
新疆嘉盛阳光新能源投资有限公司
地址：新疆乌鲁木齐经济技术开发区卫星路475号紫金矿业集团西北有限公司紫金大厦A座12楼1202室
……………………Tel：0991−3780928
新疆航鹏矿业投资有限公司
地址：新疆乌鲁木齐经济技术开发区喀什西路499号龙海置业商业楼602室
……………………Tel：0991−3790132
新疆康地种业科技股份有限公司
地址：新疆乌鲁木齐高新技术产业开发区北京南路钻石城416号盈科国际中心27层
……………………Tel：0991−3820333
新疆天佑石化有限公司
地址：新疆乌鲁木齐高新技术产业开发区（新市区）北京南路358号大成国际19楼1909室
……………………Tel：0991−3824318
新疆橡树橡胶产业有限公司
地址：新疆乌鲁木齐市新市区阿勒泰路2338号山水名居综合楼A座21层2101号
……………………Tel：0991−3857688
阿拉山口海宇有限责任公司
地址：新疆博州阿拉山口准噶尔路（鑫达公司2单元401号）
……………………Tel：0991−3858860
新疆兵储物流有限责任公司
地址：新疆乌鲁木齐市头屯河区北站西路530号
……………………Tel：0991−3871232
新疆友好利通物流有限责任公司
地址：新疆乌鲁木齐市头屯河区北站三路621号
……………………Tel：0991−3871571
新疆中泰高铁股份有限公司
地址：新疆乌鲁木齐经济技术开发区高铁北五路236号7楼
……………………Tel：0991−3926065
新疆中泰新建新丝路农业投资有限公司
地址：新疆乌鲁木齐经济技术开发区阳澄湖路39号6层
……………………Tel：0991−3926108
新疆天恒基仓储有限公司
地址：新疆乌鲁木齐（第十二师）经济技术开发区(头屯河区）三坪农场头屯河公路2201号恒汇机电城综合服务楼31栋1−02号
……………………Tel：0991−3930389
新疆天华新瑞橡胶制品有限公司
地址：新疆乌鲁木齐市头屯河区崇五路838号210室
……………………Tel：0991−3970870
中国彩棉（集团）股份有限公司
地址：新疆乌鲁木齐市新市区乌昌路2538号
……………………Tel：0991−3973604
新疆硝石钾肥有限公司
地址：新疆乌鲁木齐高新技术产业开发区（新市区）天津南路682号创业服务中心508−1室
……………………Tel：0991−4152301
新疆雪峰投资控股有限责任公司
地址：新疆乌鲁木齐经济技术开发区嵩山街229号研发楼414室
……………………Tel：0991−4187066
新疆新棉集团股份有限公司
地址：新疆喀什地区喀什经济开发区深喀大道总部经济区陕西大厦18层606号
……………………Tel：0991−4187309
新疆博弈达石油化工有限责任公司
地址：新疆乌鲁木齐市水磨沟区南湖东路北七巷9号
……………………Tel：0991−4512512
新疆生产建设兵团供销投资（控股）有限公司
地址：新疆乌鲁木齐市沙依巴克区西北路955号
……………………Tel：0991−4533658
中资国本（新疆）供应链管理有限公司
地址：新疆乌鲁木齐市沙依巴克区黄河路2号10−1号
……………………Tel：0991−4551228
新疆兆荣石油化工装备制造有限公司
地址：新疆乌鲁木齐市米东区南园南路579号
……………………Tel：0991−4628000
新疆国经能源有限责任公司
地址：新疆乌鲁木齐市水磨沟区南湖东路165号1栋13层
……………………Tel：0991−4630931
新疆弈德众诚物产有限公司
地址：新疆乌鲁木齐经济技术开发区（头屯河区）天鹅湖路2号爱地大厦1幢2005室
……………………Tel：0991−5266956
新疆骏瑞众研矿山设备有限公司
地址：新疆乌鲁木齐高新技术产业开发区（新市区）河北东路430号上海大厦1幢25层B2501号
……………………Tel：0991−5305777
新疆好物德汇物流投资有限公司
地址：新疆乌鲁木齐市沙依巴克区奇台路658号火车头外贸城A栋4层
……………………Tel：0991−5811770
新疆维吾尔自治区邮政公司
地址：新疆乌鲁木齐市黄河路３０号
……………………Tel：0991−5853060
新疆新化化肥有限责任公司
地址：新疆乌鲁木齐市达坂城区乌拉泊
……………………Tel：0991−5882201
新疆中化房地产有限公司
地址：新疆乌鲁木齐市乌鲁木齐县水西沟镇南溪南路125号
……………………Tel：0991−5960531
中粮屯河番茄有限公司
地址：昌吉市大西渠镇区玉堂村丘82栋1层w101
……………………Tel：0991−6173206
中粮糖业控股股份有限公司
地址：新疆昌吉州昌吉市大西渠镇区玉堂村丘54栋1层w101
……………………Tel：0991−6173517
新疆生态大果园有限公司
地址：新疆乌鲁木齐高新技术产业开发区（新市区）北区57号
……………………Tel：0991−6297505
新疆农果惠农农业科技有限公司
地址：新疆乌鲁木齐高新技术产业开发区（新市区）银藤街2040号二期库房1栋101室等7处
……………………Tel：0991−6297506
新疆中石化准东油品销售有限公司
地址：新疆昌吉州准东经济技术开发区五彩湾工业园
……………………Tel：0991−6366771
河南能源化工集团新疆投资控股有限公司
地址：新疆昌吉州昌吉市长宁南路中央公馆佳弘大厦写字楼七楼（69区3丘17栋）
……………………Tel：0991−6557800
中石油新疆销售有限公司
地址：新疆乌鲁木齐市新市区天津北路西五巷99号
……………………Tel：0991−6600659
新疆中海联合石油化工有限公司
地址：新疆乌鲁木齐经济技术开发区（头屯河区）北站二路东一巷226号2区2栋242号
……………………Tel：0991−6629595
新疆坤塬鑫域农业科技有限公司
地址：新疆乌鲁木齐高新区(新市区)四平路2288号创新广场D座1005号
……………………Tel：0991−6630857
新疆中瑞恒远商贸集团有限公司
地址：新疆乌鲁木齐经济技术开发区喀什西路778号二栋二层乙单元202室
……………………Tel：0991−6688667
德蓝水技术股份有限公司
地址：新疆乌鲁木齐市高新区(新市区)北区工业园蓝天路216号
……………………Tel：0991−6767789
新疆三力士橡胶有限公司
地址：新疆乌鲁木齐市米东区米东南路西三巷1151号华凌防水区6排54、56、58、60号商铺
……………………Tel：0991−6885856
中国石油乌鲁木齐石油化工有限公司
地址：新疆乌鲁木齐市米东区石化大庆路966号
……………………Tel：0991−6901787
中国石油乌鲁木齐石油化工有限公司
地址：新疆乌鲁木齐市米东区石化大庆路966号
……………………Tel：0991−6901787
新疆乌石化西峰（集团）有限公司
地址：新疆乌鲁木齐市米东区中远街489号

……………………Tel：0991-6911272

新疆博润供应链管理有限公司
地址：新疆乌鲁木齐市甘泉堡经济技术开发区月恒东街29号甘泉星空春苑小区32号楼302室
……………………Tel：0991-6951073

兖矿新疆煤化工有限公司
地址：新疆乌鲁木齐甘泉堡经济技术开发区工业园区翠竹路1666号
……………………Tel：0991-6970700

西部绿洲国际实业集团有限公司
地址：新疆乌鲁木齐市沙依巴克区友好南路551号3栋
……………………Tel：0991-7509516

新疆新投经贸发展有限公司
地址：新疆乌鲁木齐市水磨沟区温泉北路2号新投大厦B座第9层
……………………Tel：0991-7533169

新疆新铁中泰物流股份有限公司
地址：新疆昌吉州阜康市准噶尔路3188号
……………………Tel：0991-7555275

新疆托吉斯供应链有限公司
地址：新疆乌鲁木齐经济技术开发区（头屯河区）玄武湖路宝能城666号3-C2
……………………Tel：0991-7589289

新疆新铁石油化工有限公司
地址：新疆乌鲁木齐高新区（新市区）北纬三路163号乌铁局集团有限公司经营基地2号楼（原教院综合楼）三、四层
……………………Tel：0991-7595135

新疆新捷燃气有限责任公司
地址：新疆乌鲁木齐经济技术开发区中亚南路117号
……………………Tel：0991-7688691

新疆新捷股份有限公司
地址：新疆乌鲁木齐市高新街北二巷9号
……………………Tel：0991-7688731

新疆新铁石油化工有限公司
地址：新疆乌鲁木齐高新区（新市区）北纬三路163号乌铁局集团有限公司经营基地2号楼（原教院综合楼）三、四层
……………………Tel：0991-7925179

新疆大陆桥集团有限责任公司
地址：新疆乌鲁木齐高新区（新市区）北纬三路163号
……………………Tel：0991-7928507

新疆新铁工业装备有限公司
地址：新疆乌鲁木齐市火车西站中枢路70号
……………………Tel：0991-7929051

新疆亚欧铁路多元经济发展中心
地址：新疆乌鲁木齐市新市区北京中路39号
……………………Tel：0991-7950672

新疆爱特利石油化工有限公司
地址：新疆乌鲁木齐高新区（新市区）北区工业园西彩路321号3号楼4楼A区518室
……………………Tel：0991-8185593

新疆生产建设兵团农业生产资料有限公司
地址：新疆乌鲁木齐市新市区北京南路63号
……………………Tel：0991-8738923

新疆中泰化学股份有限公司
地址：新疆乌鲁木齐经济技术开发区阳澄湖路39号
……………………Tel：0991-8758135

新疆仁本然农业科技有限公司
地址：新疆乌鲁木齐市天山区新华北路258号金谷大酒店6楼601室
……………………Tel：0991-8859677

新疆中亚金谷国际物流有限责任公司
地址：新疆伊犁州奎屯市园一环路1号
……………………Tel：0992-3243289

新疆锦棉棉业股份有限公司
地址：新疆伊犁州奎屯市伊犁路63号
……………………Tel：0992-3245452

新疆远宏石化有限公司
地址：新疆伊犁州奎屯市喀什东路83号
……………………Tel：0992-3276986

奎屯锦疆化工有限公司
地址：新疆伊犁州奎屯市喀什东路98号
……………………Tel：0992-3297788

中央储备粮奎屯直属库有限公司
地址：新疆伊犁州奎屯市南环西路36号
……………………Tel：0992-3317698

第七师国有资产经营（集团）有限公司
地址：新疆伊犁州奎屯市团结东街27号
……………………Tel：0992-3378999

克拉玛依市独山子区宏泰石油化工有限责任公司
地址：新疆克拉玛依市独山子区新北区西九公里
……………………Tel：0992-3691338

新疆炼化建设集团有限公司
地址：新疆克拉玛依市独山子区油城路26号
……………………Tel：0992-3870154

新疆独山子石油化工有限公司
地址：新疆克拉玛依市独山子区北京路6号
……………………Tel：0992-3871234

新疆天北能源有限责任公司
地址：新疆克拉玛依市独山子区韶山路27号
……………………Tel：0992-3876133

新疆天利高新石化股份有限公司
地址：新疆克拉玛依市独山子区大庆东路2号
……………………Tel：0992-3877038

新疆蓝德精细石油化工股份有限公司
地址：新疆克拉玛依市独山子大庆东路2号
……………………Tel：0992-3877038

新疆天虹实业有限公司
地址：新疆克拉玛依市独山子区大庆东路13号
……………………Tel：0992-3886666

新疆天正中广石化有限公司
地址：新疆伊犁州奎屯市光明路5号
……………………Tel：0992-3906661

新疆天正中广石油化工销售有限公司
地址：新疆伊犁州奎屯市光明路5号
……………………Tel：0992-3906661

新疆陆路顺石油化工有限公司
地址：新疆克拉玛依市五五工业园区工业大道18号
……………………Tel：0992-3998108

新疆澳林石化科技有限责任公司
地址：新疆克拉玛依市五五工业园区工业大道18号
……………………Tel：0992-6373005

新疆金玛依石油化工有限公司
地址：新疆伊犁州奎屯-独山子经济技术开发区启航路16号
……………………Tel：0992-6830881

新疆聚鑫盛贸易有限公司
地址：新疆伊犁州奎屯市阿克苏东路10号
……………………Tel：0992-6880699

乌苏鑫海化工有限公司
地址：新疆塔城地区乌苏市东工业园区
……………………Tel：0992-6897202

新疆蓝星丝路石化有限公司
地址：新疆伊犁州奎屯市东外环路以东、贵阳路以北、启航路以南
……………………Tel：0992-7235888

乌苏市华泰石油化工有限公司
地址：新疆塔城地区乌苏市东工业园区
……………………Tel：0992-7261697

克拉玛依宝塔石化有限公司
地址：新疆克拉玛依市五五工业园区工业大道18号
……………………Tel：0992-7375064

新疆奎山宝塔石化有限公司
地址：新疆伊犁州奎屯-独山子经济开发区纵三路以东，贵阳路以北
……………………Tel：0992-7375069

奎屯航科仓储服务有限公司
地址：新疆伊犁州奎屯市光明路2号
……………………Tel：0992-7375069

乌苏市明源石油化工有限公司
地址：新疆塔城地区乌苏市化工园东区鑫源路南
……………………Tel：0992-8018899

新疆西部银力棉业（集团）有限责任公司
地址：新疆石河子市北三路23小区79号
……………………Tel：0993-2014903

新疆诚通西部物流有限公司
地址：新疆石河子北工业园区经七路42-A号
……………………Tel：0993-2266212

新疆石总场农业发展有限责任公司
地址：新疆石河子市北泉镇北泉路299-B9、-B16号
……………………Tel：0993-2268778

新疆石总场国有资产经营有限责任公司
地址：新疆石河子北泉镇北泉路256号
……………………Tel：0993-2268788

八师石河子现代农业投资有限公司
地址：新疆石河子市33小区北一路255号综合培训楼1号楼4楼
……………………Tel：0993-2700608

新疆天特物流有限责任公司
地址：新疆石河子市北泉镇军垦新村6小区153栋303室
……………………Tel：0993-2904138

新疆力铭鑫通石油化工有限公司
地址：新疆塔城地区沙湾县哈拉干德工业园区黄河路（闽顺铸造公司西侧）
……………………Tel：0993-6608541

新疆昌吉农业科技园区农业科技开发有限公司
地址：新疆昌吉州昌吉市乌伊东路时代广场A座5层514
……………………Tel：0994-2215597

昌吉州久康物流有限公司
地址：新疆昌吉州昌吉市建国西路37号审计局二楼
……………………Tel：0994-2215699

新疆华西种业有限公司
地址：新疆昌吉州昌吉市建设路14号
……………………Tel：0994-2345654

新疆恒丰绿源生态农业发展有限公司
地址：新疆昌吉州昌吉市农业园区老龙河丘39栋
……………………Tel：0994-2357269

中新融汇有限责任公司
地址：新疆乌鲁木齐经济技术开发区马家庄一巷33号116室
……………………Tel：0994 2522311

新疆连运物流有限责任公司
地址：新疆昌吉州昌吉市宁边西路68号（18区1丘6栋三层）
……………………Tel：0994-2594917

昌吉市国有资产投资经营有限责任公司
地址：新疆昌吉州昌吉市长宁路17号（66区3丘54栋）
……………………Tel：0994-2597003

中疆物流有限责任公司
地址：新疆昌吉州昌吉市X131中疆3号
……………………Tel：0994-2704186

新兴铸管阜康能源有限公司
地址：新疆昌吉州阜康市产业园阜东一区百盛路29号
……………………Tel：0994-3362263

新疆迎新工贸有限公司
地址：新疆昌吉州阜康市天山街78号招商大厦四楼
……………………Tel：0994-3362263

新疆正源泰有色金属有限公司
地址：新疆昌吉州阜康产业园阜东一区厂前路南侧阜东创业园西侧
……………………Tel：0994-3513688

新疆鑫可维能源科技有限公司
地址：新疆昌吉州呼图壁县工业园区煤化工产业区
……………………Tel：0994-4208011

昌吉华孚棉花产业有限公司
地址：新疆昌吉州呼图壁县二十里店镇东滩村一组4院
……………………Tel：0994-4557332

新疆新农现代投资发展有限公司
地址：新疆五家渠市青湖北路3288号准噶尔农资大厦
……………………Tel：0994-5672567

新疆国兴农业发展集团有限公司
地址：新疆五家渠市青湖北路3288号准噶尔农资大厦
……………………Tel：0994-5819544

新疆准噶尔农发润丰果蔬有限公司
地址：新疆五家渠市军垦路十二区三十八栋
……………………Tel：0994-5819544

新疆中基红色番茄产业有限公司
地址：新疆五家渠市人民北路梧桐东街3092号
……………………Tel：0994-5829040

新疆动力源生物科技有限公司
地址：新疆五家渠市农房公司九区（74号）
……………………Tel：0994-6116889

新疆新丰化工股份有限公司
地址：新疆昌吉州阜康市甘河子镇8公里处（七区一段）26栋-1
……………………Tel：0994-6189806

新疆天池能源有限责任公司
地址：新疆昌吉州吉木萨尔县北庭路34号
……………………Tel：0994-6535953

特变电工新疆能源有限公司
地址：新疆昌吉州奇台县东大街6号（4区1丘101幢）
……………………Tel：0994-6535956

新疆特变电工集团物流有限公司
地址：新疆昌吉州昌吉市高新区科技大道综合办公楼217室
……………………Tel：0994-6553677

新疆五家渠现代石油化工有限公司
地址：新疆五家渠市梧桐镇经二路10666号
……………………Tel：0994-6809898

新疆中能万源化工有限公司
地址：新疆昌吉州玛纳斯县塔西河工业园区
……………………Tel：0994-6861111

昌吉华东橡胶材料有限公司
地址：新疆昌吉州昌吉市三工镇冶金工业园
……………………Tel：0994-8382656

新疆新钠有限公司
地址：新疆吐鲁番市鄯善县六区新城路西侧农科所对面
……………………Tel：0995-6279146

新疆新京藤石化有限公司
地址：新疆吐鲁番市鄯善县火车站镇解放南路东侧吐哈油田院内
……………………Tel：0995-8311086

吐鲁番现代农业科技有限责任公司
地址：新疆吐鲁番市高昌区亚尔乡亚尔果勒村(农业科技示范园区)
……………………Tel：0995-8526209

新疆美汇特石化产品有限公司
地址：新疆吐鲁番市鄯善工业园区
……………………Tel：0995-8845813

新疆美汇特能源股份有限公司
地址：新疆吐鲁番市鄯善县火车站镇工业园区友好西路4196号
……………………Tel：0995-8845813

新疆绿原国有资本投资运营有限公司
地址：新疆铁门关市兴疆路1号政府办公楼5楼501、502室
……………………Tel：0996-2019021

铁门关市鼎业投资有限公司
地址：新疆铁门关市二十九团府前东路与为民东街交汇处创业孵化园公共实训基地一楼107
……………………Tel：0996-2019021

永瑞集团有限公司
地址：新疆铁门关市库西工业园纬五路1号河北创业服务大厦221号
……………………Tel：0996-2022690

库尔勒大冶商贸有限公司
地址：新疆巴州库尔勒市石化大道30号建行家属院2栋2-202室
……………………Tel：0996-2053996

库尔勒国鸿种业有限责任公司
地址：新疆巴州库尔勒市英下路
……………………Tel：0996-2057688

巴州苗雨农业开发有限公司
地址：新疆巴州库尔勒市团结北路18号6号楼3单元201室
……………………Tel：0996-2071661

铁门关市禾苗雨露农业科技有限公司
地址：新疆铁门关市二十九团铁门关经济工业园中联农产品会展电商中心南区三层324室
……………………Tel：0996-2081696

新疆巴州中泰石油机械化工有限公司
地址：新疆巴州库尔勒市西站
……………………Tel：0996-2095322

新疆冠农果茸股份有限公司
地址：新疆铁门关市库西工业园区二十九团公路口东11栋35号101室-120室
……………………Tel：0996-2113063

新疆塔里木石油勘探开发指挥部有限公司
地址：新疆巴州库尔勒市石化大道
……………………Tel：0996-2171208

新疆富力安康投资股份有限公司
地址：新疆巴州库尔勒市石化大道

……………………Tel：0996-2201569

中新晟业能源建设集团有限公司
地址：新疆巴州库尔勒经济技术开发区金鹿药业用地北侧
……………………Tel：0996-2273326

新疆利华（集团）股份有限公司
地址：新疆巴州库尔勒市新华路龙兴大厦二楼
……………………Tel：0996-2707182

新疆水控国棉科技有限公司
地址：新疆生产建设兵团铁门关市铁门关市市区库西工业园农副产品会展电商物流中心北区二层206室-220室
……………………Tel：0996-2920519

库尔勒新鸿普惠农业发展有限责任公司
地址：新疆巴州库尔勒市普惠乡
……………………Tel：0996-2986272

中石化新疆阿克苏油气开发有限公司
地址：新疆阿克苏地沙雅县文化东街3号一号楼三单元
……………………Tel：0996-4676820

新疆大用石油化工有限公司
地址：新疆巴州轮台县拉依苏工业园区314国道652公里处
……………………Tel：0996-4695345

巴州隆顺石油化工有限公司
地址：新疆巴州轮台县博斯坦路石油公司住宅楼1幢3-401
……………………Tel：0996-4695345

新疆星美石油管道有限公司
地址：新疆轮台县火车站
……………………Tel：0996-4696003

新疆巴州天源石油化工有限公司
地址：新疆巴州轮台县拉依苏工业园一号
……………………Tel：0996-4939276

新疆天运化工有限公司
地址：新疆巴州轮台县拉依苏化工区
……………………Tel：0996-4939700

新疆和钢新能科技股份有限公司
地址：新疆维吾尔自治区巴音郭楞蒙古自治州和静县铁尔曼区
……………………Tel：0996-5380298

巴州鸿鼎石油应用化学有限公司
地址：新疆巴州库尔勒经济技术开发区安东路016号
……………………Tel：0996-6769776

新疆塔能农业科技开发有限公司
地址：新疆巴州且末县丝绸西路亚欧花苑14号楼1单元301室
……………………Tel：0996-7933558

新疆庆回归化肥有限公司
地址：新疆铁门关市库西工业园区纬二路
……………………Tel：0996-8693960

安东能源开发有限公司
地址：新疆阿克苏地区阿克苏纺织城（开发区）上海路南侧纺城发展大厦6楼610室
……………………Tel：0997-2115156

新疆鹏安能源科技有限责任公司
地址：新疆阿克苏地区阿克苏市南大街信诚大厦B座9楼
……………………Tel：0997-2222767

新疆天润建融牧业有限公司
地址：新疆阿拉尔市五团沙河镇建设路1号（国资公司二楼）
……………………Tel：0997-2350288

阿克苏汗腾生物科技有限公司
地址：新疆阿克苏地区阿克苏纺织工业城昌达路7号
……………………Tel：0997-2664156

新疆生产建设兵团第一师供销（集团）有限公司
地址：新疆阿拉尔市秋收大道新美小区1号楼
……………………Tel：0997-4660026

新疆阿拉尔聚天红果业有限责任公司
地址：新疆阿拉尔市阿塔公路113公里北侧
……………………Tel：0997-4666888

新疆生产建设兵团天盈石油化工股份有限公司
地址：新疆阿拉尔市二号工业园区经三路
……………………Tel：0997-4668907

阿瓦提县宏宇农业发展有限公司
地址：新疆阿克苏地区阿瓦提县团结西路12号财政局一楼116室
……………………Tel：0997-5129677

阿克苏心连心复合肥有限公司
地址：新疆阿克苏地区库车县经济技术开发区福洋路以南、经四路以西
……………………Tel：0997-6161366

库车水控农业发展有限公司
地址：新疆阿克苏地区库车县二八台镇却勒阿瓦提村东南处自然村9-1号
……………………Tel：0997-6691016

阿克苏华锦化肥有限责任公司
地址：新疆阿克苏地区库车县东城天山路111号
……………………Tel：0997-7301234

新疆金石沥青股份有限公司
地址：新疆阿克苏地区库车县工业园石化大道
……………………Tel：0997-7320118

中国石化塔河炼化有限责任公司
地址：新疆阿克苏地区库车县天山东路573号
……………………Tel：0997-7979150

库车锦润农业发展开发集团有限公司
地址：新疆阿克苏地区库车市东城街道长安社区开发区企业公馆A区4层A403-408室
……………………Tel：0997-7998111

新疆桑塔木种业股份有限公司
地址：新疆阿克苏地区新和县新沙路40号
……………………Tel：0997-8251377

新疆玉象胡杨化工有限公司
地址：新疆阿克苏地区沙雅县沙雅镇团结南路171号
……………………Tel：0997-8394808

新疆金圣胡杨化工有限公司
地址：新疆阿克苏地区沙雅县循环经济工业园区
……………………Tel：0997-8394808

拜城县兴科农牧业有限责任公司
地址：新疆阿克苏地区拜城县种羊场场部
……………………Tel：0997-8627842

喀什深喀现代农业有限公司
地址：新疆喀什地区喀什市明宇路西侧（帕哈太克里乡2村）惠农批发市场1栋1号
……………………Tel：0998-2300219

新疆疆南希望农业发展集团有限公司
地址：新疆图木舒克市中山路1号
……………………Tel：0998-2524478

新疆昆仑农业发展有限公司
地址：新疆喀什地区喀什经济开发区深喀大道总部经济区深圳城2号楼4层5-1号
……………………Tel：0998-2823101

喀什远方国际物流港有限责任公司
地址：新疆喀什地区喀什经济开发区深圳产业园西区喀什远方国际物流港物流中心一期B区一号楼232室
……………………Tel：0998-6896520

伊犁伊力特现代物流有限公司
地址：新疆伊犁州伊宁县伊东工业园区B区
……………………Tel：0999-4308819

伊犁哈萨克自治州天通伊物流有限责任公司
地址：新疆伊犁州伊宁县伊东工业园区A区布列开站北侧
……………………Tel：0999-4309929

特克斯县八卦城城市开发（集团）有限责任公司
地址：新疆伊犁哈萨克自治州特克斯县阿扎提街四环路44院301室
……………………Tel：0999-6628355

新疆泰克图建材有限公司
地址：新疆伊犁州霍尔果斯口岸工业园区内
……………………Tel：0999-7851188

新疆金禾源种业发展有限公司
地址：新疆伊犁察布查尔县伊南工业园区
……………………Tel：0999-7897158

新疆嘉友恒信国际物流有限公司
地址：新疆伊犁哈萨克自治州霍尔果斯市经济开发区兵团分区永固路03号
……………………Tel：0999-8791034

矿产冶金
有色金属
特种材料
钢铁煤炭

一、行业综合分析

矿产冶金、有色金属、特种材料、钢铁煤炭行业综合分析

矿产资源是自然资源的重要组成部分，是人类社会发展的重要物质基础。随着中国新型工业化、信息化、城镇化和农业现代化的加快推进，矿产资源消费进一步增长。由国土资源部编制的《中国矿产资源报告（2013）》显示：2012年，矿产资源勘查投入超过1200亿元。其中，采矿业固定资产投资1.31万亿元，原矿开采量87.23亿吨。2012年，我国铁、铜、钨、钼、金等矿产勘查取得重要进展：铁矿勘查新增查明资源储量40亿吨、铜矿431万吨、金矿917吨。截至2012年底，查明资源储量铁矿775亿吨、铜矿9037万吨、铝土矿38亿吨、金矿8196吨。煤炭、粗钢、水泥等矿产品产量稳居世界首位，国内供应能力不断增强。矿产资源综合利用水平不断提高，绿色矿业发展取得明显进展。通过资源综合利用示范基地建设，盘活了石油、煤炭、铁矿、铜矿、磷矿等一批重要矿产资源；评选并向社会推介了涉及油气、煤炭、金属和非金属采选和综合利用的99项先进适用技术；推进绿色矿业发展，先后遴选出3批共459个试点单位；和谐矿区建设试点工作全面启动，选择16个矿山开展试点。此外，2012年，中国还积极推进“找矿突破战略行动”，深入探索地质找矿新机制，加强地质调查和矿产资源勘查，培育和规范矿业权市场，促进矿产资源科学开发和合理利用，进一步完善矿产资源法律法规体系。

冶金工业是指对金属矿物的勘探、开采、精选、冶炼、以及轧制成材的工业部门，包括黑色冶金工业（即钢铁工业）和有色冶金工业两大类，是重要的原材料工业部门，为国民经济各部门提供金属材料，也是经济发展的物质基础。

新中国成立60多年来，钢铁工业发展迅速。在大连、天津、上海等沿海城市发展钢铁工业的同时，在内地的包头、太原、武汉、重庆、攀枝花等地建设了一批大型钢铁和铁合金、耐火材料等辅助原料企业。在黑色冶金工业发展的同时，中国有色金属冶炼及加工业迅速发展起来，辽宁、黑龙江、山东、河南、四川、贵州、甘肃等地先后建设了一批大型氧化铝厂、电解铝厂和铝材加工厂。还在湖南、江西、贵州、广西等地建立了大型的有色金属生产基地。

在国家政策的大力扶持和业内企业的不断努力下，冶金工业持续良好发展势头，市场规模持续扩张，经济效益显著。2013年1-12月，我国黑色金属冶炼和压延加工业规模以上企业主营业务收入76317亿元，同比增长7.3%；2014年1-3月，我国黑色金属冶炼和压延加工业规模以上企业实现主营业务收入17719.8亿元，同比增长1.9%。2013年1-12月份，9276家规模以上有色金属工业企业(含黄金、稀土)实现主营业务收入52695亿元，增长11.8%，实现利润2073亿元，下降5.9%，降幅减少1.2个百分点。其中，有色金属采选、冶炼行业利润分别为628亿元和259亿元，分别下降17.2%和0.2%，在主要冶炼品种中，铝冶炼亏损23.1亿元。有色金属压延加工实现利润791亿元，增长11.5%，压延加工已成为行业利润最大和增长最快领域。2014年，1-3月，中国有色金属矿采选业固定资产投资额(不含农户)为173.3亿元，同比增长为0.3%。

粉末冶金是冶金和材料科学的一个分支，是以制造金属粉末和以金属粉末（包括混入少量非金属粉末）为原料，用成形——烧结法制造材料与制品的行业。粉末冶金行业是机械工业中重要的基础零部件制造业。近年来，通过不断引进国外先进技术与自主开发创新相结合，中国粉末冶金产业和技术都呈现出高速发展的态势，是中国机械通用零部件行业中增长最快的行业之一。在中国经济高速发展，特别是中国汽车工业强劲

发展的推动下，中国粉末冶金行业迎来高速增长。粉末冶金汽车零件所占比重已经超过45%，粉末冶金汽车零件成为中国粉末冶金行业最大的市场。2013年1-12月，全国粉末冶金零件累计产量为118.3万吨，同比降低9.97%。2014年1-3月，全国粉末冶金零件产量为28.6万吨，同比增长7.79%。中国粉末冶金行业发展很快，汽车行业、机械制造、金属行业、航空航天、仪器仪表、五金工具、工程机械、电子家电及高科技产业等迅猛发展，为粉末冶金行业带来了不可多得的发展机遇和巨大的市场空间。中国制造业即将进入关键材料与核心零部件时代，关键材料与核心部件将是制造产业链中的主要经济增长点。随着新材料与核心零部件时代的到来，国内粉末冶金材料产业将迎来一个高速发展的全新时期。

冶金行业是高耗能高排放行业，其耗能量占我国总能耗的10%左右。为贯彻落实《大气污染防治行动计划》，环境保护部与全国31个省(区、市)签署了《大气污染防治目标责任书》，明确了各地空气质量改善目标和重点工作任务，进一步落实了地方政府环境保护责任。各地也纷纷出台节能减排、控制大气污染的政策措施，分解落实各项指标任务。在此形势下，传统意义上的高能耗、高污染的钢铁行业正在努力转变发展方式，大力推进节能减排，加快实现绿色发展。2013年重点统计钢铁企业的节能减排工作再次迈上新台阶：重点统计钢铁企业的总能耗、用水总量、重复用水量等总量指标仍呈现出上升趋势，但吨钢指标持续改善，如吨钢综合能耗、吨钢可比能耗、吨钢耗电、主要工序能耗、吨钢耗新水等指标均呈下降趋势。重点统计钢铁企业总能耗同比增加1136.88万吨标煤，增长4.14%；吨钢综合能耗同比减少11.77千克标煤/吨，下降1.95%；吨钢耗电同比减少9.38千瓦时/吨，下降1.98%。有色金属也是我国工业耗能大户之一，是推进节能降耗的重点行业。加强节能减排和资源综合利用对有色金属工业提高效益和可持续发展具有重要意义。近年来，通过政策引导、技术改造、结构调整，有色金属行业主要产品单位能耗大幅下降，一些主要的技术经济指标接近或达到世界先进水平，大大提高了我国有色金属工业的国际竞争力。

冶金工业是一个高耗能、高污染的产业，也是节能减排潜力较大的行业之一。目前国家对生态环保的重视已上升到空前高度。我国《节能减排“十二五”规划》提出，“十二五”时期实施节能减排重点工程需投资约23660亿元。可以预见，冶金工业节能减排领域具有广阔的增长空间。2013年2月19日，工信部发布《关于有色金属工业节能减排的指导意见》，明确到2015年底，有色金属工业万元工业增加值能耗比2010年下降18%左右，累计节约标煤750万吨，二氧化硫排放总量减少10%。

受益于良好的外部环境，冶金工业将迎来历史性发展机遇，有望带动产业链上、下游等相关产业的蓬勃发展。在资源、技术、企业、配套设施等方面具备优势的地区应抢抓机遇，积极培育市场，出台优惠政策招商引资，成为冶金市场的主力军，使冶金工业成为拉动地方经济发展、促进产业结构调整的又一重要力量。

近年来，中国冶金行业保持着高速发展，冶金企业的生产经营规模急剧扩张，企业间的兼并重组成为潮流，行业集中度不断提升，公司的管理幅度迅速加大，冶金企业出现了集团化的发展趋势，资源整合成为冶金企业生产经营的重要课题。企业的竞争，也从传统的产品、技术、成本的竞争向资本、资源、服务的竞争转化，行业竞争日趋激烈。今后几年，冶金行业将全面进入行业洗牌阶段。

本文由中投顾问供稿

二、行业法规

中华人民共和国矿山安全法

(1992年11月7日第七届全国人民代表大会常务委员会第二十八次会议通过 1992年11月7日中华人民共和国主席令第六十五号公布 根据2009年8月27日第十一届全国人民代表大会常务委员会第十次会议《关于修改部分法律的决定》修正)

第一章 总 则

第一条 为了保障矿山生产安全，防止矿山事故，保护矿山职工人身安全，促进采矿业的发展，制定本法。

第二条 在中华人民共和国领域和中华人民共和国管辖的其他海域从事矿产资源开采活动，必须遵守本法。

第三条 矿山企业必须具有保障安全生产的设施，建立、健全安全管理制度，采取有效措施改善职工劳动条件，加强矿山安全管理工作，保证安全生产。

第四条 国务院劳动行政主管部门对全国矿山安全工作实施统一监督。

县级以上地方各级人民政府劳动行政主管部门对本行政区域内的矿山安全工作实施统一监督。

县级以上人民政府管理矿山企业的主管部门对矿山安全工作进行管理。

第五条 国家鼓励矿山安全科学技术研究，推广先进技术，改进安全设施，提高矿山安全生产水平。

第六条 对坚持矿山安全生产，防止矿山事故，参加矿山抢险救护，进行矿山安全科学技术研究等方面取得显著成绩的单位和个人，给予奖励。

第二章 矿山建设的安全保障

第七条 矿山建设工程的安全设施必须和主体工程同时设计、同时施工、同时投入生产和使用。

第八条 矿山建设工程的设计文件，必须符合矿山安全规程和行业技术规范，并按照国家规定经管理矿山企业的主管部门批准；不符合矿山安全规程和行业技术规范的，不得批准。

矿山建设工程安全设施的设计必须有劳动行政主管部门参加审查。

矿山安全规程和行业技术规范，由国务院管理矿山企业的主管部门制定。

第九条 矿山设计下列项目必须符合矿山安全规程和行业技术规范：

（一）矿井的通风系统和供风量、风质、风速；

（二）露天矿的边坡角和台阶的宽度、高度；

（三）供电系统；

（四）提升、运输系统；

（五）防水、排水系统和防火、灭火系统；

（六）防瓦斯系统和防尘系统；

（七）有关矿山安全的其他项目。

第十条 每个矿井必须有两个以上能行人的安全出口，出口之间的直线水平距离必须符合矿山安全规程和行业技术规范。

第十一条　矿山必须有与外界相通的、符合安全要求的运输和通讯设施。

第十二条　矿山建设工程必须按照管理矿山企业的主管部门批准的设计文件施工。

矿山建设工程安全设施竣工后，由管理矿山企业的主管部门验收，并须有劳动行政主管部门参加；不符合矿山安全规程和行业技术规范的，不得验收，不得投入生产。

第三章　矿山开采的安全保障

第十三条　矿山开采必须具备保障安全生产的条件，执行开采不同矿种的矿山安全规程和行业技术规范。

第十四条　矿山设计规定保留的矿柱、岩柱，在规定的期限内，应当予以保护，不得开采或者毁坏。

第十五条　矿山使用的有特殊安全要求的设备、器材、防护用品和安全检测仪器，必须符合国家安全标准或者行业安全标准；不符合国家安全标准或者行业安全标准的，不得使用。

第十六条　矿山企业必须对机电设备及其防护装置、安全检测仪器，定期检查、维修，保证使用安全。

第十七条　矿山企业必须对作业场所中的有毒有害物质和井下空气含氧量进行检测，保证符合安全要求。

第十八条　矿山企业必须对下列危害安全的事故隐患采取预防措施：

（一）冒顶、片帮、边坡滑落和地表塌陷；

（二）瓦斯爆炸、煤尘爆炸；

（三）冲击地压、瓦斯突出、井喷；

（四）地面和井下的火灾、水害；

（五）爆破器材和爆破作业发生的危害；

（六）粉尘、有毒有害气体、放射性物质和其他有害物质引起的危害；

（七）其他危害。

第十九条　矿山企业对使用机械、电气设备，排土场、矸石山、尾矿库和矿山闭坑后可能引起的危害，应当采取预防措施。

第四章　矿山企业的安全管理

第二十条　矿山企业必须建立、健全安全生产责任制。

矿长对本企业的安全生产工作负责。

第二十一条　矿长应当定期向职工代表大会或者职工大会报告安全生产工作，发挥职工代表大会的监督作用。

第二十二条　矿山企业职工必须遵守有关矿山安全的法律、法规和企业规章制度。

矿山企业职工有权对危害安全的行为，提出批评、检举和控告。

第二十三条　矿山企业工会依法维护职工生产安全的合法权益，组织职工对矿山安全工作进行监督。

第二十四条　矿山企业违反有关安全的法律、法规，工会有权要求企业行政方面或者有关部门认真处理。

矿山企业召开讨论有关安全生产的会议，应当有工会代表参加，工会有权提出意见和建议。

第二十五条　矿山企业工会发现企业行政方面违章指挥、强令工人冒险作业或者生产过程中发现明显重大事故隐患和职业危害，有权提出解决的建议；发现危及职工生命安全的情况时，有权向矿山企业行政方面建议组织职工撤离危险现场，矿山企业行政方面必须及时作出处理决定。

第二十六条　矿山企业必须对职工进行安全教育、培训；未经安全教育、培训的，不得上岗作业。

矿山企业安全生产的特种作业人员必须接受专门培训，经考核合格取得操作资格证书的，方可上岗作业。

第二十七条　矿长必须经过考核，具备安全专业知识，具有领导安全生产和处理矿山事故的能力。

矿山企业安全工作人员必须具备必要的安全专业知识和矿山安全工作经验。

第二十八条　矿山企业必须向职工发放保障安全生产所需的劳动防护用品。

第二十九条　矿山企业不得录用未成年人从事矿山井下劳动。

矿山企业对女职工按照国家规定实行特殊劳动保护，不得分配女职工从事矿山井下劳动。

第三十条　矿山企业必须制定矿山事故防范措施，并组织落实。

第三十一条　矿山企业应当建立由专职或者兼职人员组成的救护和医疗急救组织，配备必要的装备、器材和药物。

第三十二条　矿山企业必须从矿产品销售额中按照国家规定提取安全技术措施专项费用。安全技术措施专项费用必须全部用于改善矿山安全生产条件，不得挪作他用。

第五章　矿山安全的监督和管理

第三十三条　县级以上各级人民政府劳动行政主管部门对矿山安全工作行使下列监督职责：

（一）检查矿山企业和管理矿山企业的主管部门贯彻执行矿山安全法律、法规的情况；

（二）参加矿山建设工程安全设施的设计审查和竣工验收；

（三）检查矿山劳动条件和安全状况；

（四）检查矿山企业职工安全教育、培训工作；

（五）监督矿山企业提取和使用安全技术措施专项费用的情况；

（六）参加并监督矿山事故的调查和处理；

（七）法律、行政法规规定的其他监督职责。

第三十四条　县级以上人民政府管理矿山企业的主管部门对矿山安全工作行使下列管理职责：

（一）检查矿山企业贯彻执行矿山安全法律、法规的情况；

（二）审查批准矿山建设工程安全设施的设计；

（三）负责矿山建设工程安全设施的竣工验收；

（四）组织矿长和矿山企业安全工作人员的培训工作；

（五）调查和处理重大矿山事故；

（六）法律、行政法规规定的其他管理职责。

第三十五条　劳动行政主管部门的矿山安全监督人员有权进入矿山企业，在现场检查安全状况；发现有危及职工安全的紧急险情时，应当要求矿山企业立即处理。

第六章　矿山事故处理

第三十六条　发生矿山事故，矿山企业必须立即组织抢救，防止事故扩大，减少人员伤亡和财产损失，对伤亡事故必须立即如实报告劳动行政主管部门和管理矿山企业的主管部门。

第三十七条　发生一般矿山事故，由矿山企业负责调查和处理。

发生重大矿山事故，由政府及其有关部门、工会和矿山企业按照行政法规的规定进行调查和处理。

第三十八条　矿山企业对矿山事故中伤亡的职工按照国家规定给予抚恤或者补偿。

第三十九条　矿山事故发生后，应当尽快消除现场危险，查明事故原因，提出防范措施。现场危险消除后，方可恢复生产。

第七章　法律责任

第四十条　违反本法规定，有下列行为之一的，由劳动行政主管部门责令改正，可以并处罚款；情节严重的，提请县级以上人民政府决定责令停产整顿；对主管人员和直接责任人员由其所在单位或者上级主管机关给予行政处分：

（一）未对职工进行安全教育、培训，分配职工上岗作业的；

（二）使用不符合国家安全标准或者行业安全标准的设备、器材、防护用品、安全检测仪器的；

（三）未按照规定提取或者使用安全技术措施专项费用的；

（四）拒绝矿山安全监督人员现场检查或者在被检查时隐瞒事故隐患、不如实反映情况的；

（五）未按照规定及时、如实报告矿山事故的。

第四十一条　矿长不具备安全专业知识的，安全生产的特种作业人员未取得操作资格证书上岗作业的，由劳动行政主管部门责令限期改正；逾期不改正的，提请县级以上人民政府决定责令停产，调整配备合格人员后，方可恢复生产。

第四十二条　矿山建设工程安全设施的设计未经批准擅自施工的，由管理矿山企业的主管部门责令停止施工；拒不执行的，由管理矿山企业的主管部门提请县级以上人民政府决定由有关主管部门吊销其采矿许可证和营业执照。

第四十三条　矿山建设工程的安全设施未经验收或者验收不合格擅自投入生产的，由劳动行政主管部门会同管理矿山企业的主管部门责令停止生产，并由劳动行政主管部门处以罚款；拒不停止生产的，由劳动行政主管部门提请县级以上人民政府决定由有关主管部门吊销其采矿许可证和营业执照。

第四十四条　已经投入生产的矿山企业，不具备安全生产条件而强行开采的，由劳动行政主管部门会同管理矿山企业的主管部门责令限期改进；逾期仍不具备安全生产条件的，由劳动行政主管部门提请县级以上人民政府决定责令停产整顿或者由有关主管部门吊销其采矿许可证和营业执照。

第四十五条　当事人对行政处罚决定不服的，可以在接到处罚决定通知之日起十五日内向作出处罚决定的机关的上一级机关申请复议；当事人也可以在接到处罚决定通知之日起十五日内直接向人民法院起诉。

复议机关应当在接到复议申请之日起六十日内作出复议决定。当事人对复议决定不服的，可以在接到复议决定之日起十五日内向人民法院起诉。复议机关逾期不作出复议决定的，当事人可以在复议期满之日起十五日内向人民法院起诉。

当事人逾期不申请复议也不向人民法院起诉、又不履行处罚决定的，作出处罚决定的机关可以申请人民法院强制执行。

第四十六条　矿山企业主管人员违章指挥、强令工人冒险作业，因而发生重大伤亡事故的，依照刑法第一百一十四条的规定追究刑事责任。

第四十七条　矿山企业主管人员对矿山事故隐患不采取措施，因而发生重大伤亡事故的，比照刑法第一百八十七条的规定追究刑事责任。

第四十八条　矿山安全监督人员和安全管理人员滥用职权、玩忽职守、徇私舞弊，构成犯罪的，依法追究刑事责任；不构成犯罪的，给予行政处分。

第八章　附　则

第四十九条　国务院劳动行政主管部门根据本法制定实施条例，报国务院批准施行。

省、自治区、直辖市人民代表大会常务委员会可以根据本法和本地区的实际情况，制定实施办法。

第五十条　本法自1993年5月1日起施行。

中华人民共和国煤炭法

（1996年8月29日第八届全国人民代表大会常务委员会第二十一次会议通过
根据2009年8月27日第十一届全国人民代表大会常务委员会第十次会议
《关于修改部分法律的决定》第一次修正 根据2011年4月22日
第十一届全国人民代表大会常务委员会第二十次会议《关于修改
〈中华人民共和国煤炭法〉的决定》第二次修正 根据2013年6月29日
第十二届全国人民代表大会常务委员会第三次会议《关于修改
〈中华人民共和国文物保护法〉等十二部法律的决定》第三次修正）

第一章　总　则

第一条　为了合理开发利用和保护煤炭资源，规范煤炭生产、经营活动，促进和保障煤炭行业的发展，制定本法。

第二条　在中华人民共和国领域和中华人民共和国管辖的其他海域从事煤炭生产、经营活动，适用本法。

第三条　煤炭资源属于国家所有。地表或者地下的煤炭资源的国家所有权，不因其依附的土地的所有权或者使用权的不同而改变。

第四条　国家对煤炭开发实行统一规划、合理布局、综合利用的方针。

第五条　国家依法保护煤炭资源，禁止任何乱采、滥挖破坏煤炭资源的行为。

第六条　国家保护依法投资开发煤炭资源的投资者的合法权益。

国家保障国有煤矿的健康发展。

国家对乡镇煤矿采取扶持、改造、整顿、联合、提高的方针，实行正规合理开发和有序发展。

第七条　煤矿企业必须坚持安全第一、预防为主的安全生产方针，建立健全安全生产的责任制度和群防群治制度。

第八条　各级人民政府及其有关部门和煤矿企业必须采取措施加强劳动保护，保障煤矿职工的安全和健康。

国家对煤矿井下作业的职工采取特殊保护措施。

第九条　国家鼓励和支持在开发利用煤炭资源过程中采用先进的科学技术和管理方法。

煤矿企业应当加强和改善经营管理，提高劳动生产率和经济效益。

第十条　国家维护煤矿矿区的生产秩序、工作秩序，保护煤矿企业设施。

第十一条　开发利用煤炭资源，应当遵守有关环境保护的法律、法规，防治污染和其他公害，保护生态环境。

第十二条　国务院煤炭管理部门依法负责全国煤炭行业的监督管理。国务院有关部门在各自的职责范围内负责煤炭行业的监督管理。

县级以上地方人民政府煤炭管理部门和有关部门依法负责本行政区域内煤炭行业的监督管理。

第十三条　煤炭矿务局是国有煤矿企业，具有独立法人资格。

矿务局和其他具有独立法人资格的煤矿企业、煤炭经营企业依法实行自主经营、自负盈亏、自我约束、自我发展。

第二章　煤炭生产开发规划与煤矿建设

第十四条　国务院煤炭管理部门根据全国矿产资源勘查规划编制全国煤炭资源勘查规划。

第十五条　国务院煤炭管理部门根据全国矿产资源规划规定的煤炭资源，组织编制和实施煤炭生产开发规划。

省、自治区、直辖市人民政府煤炭管理部门根据全国矿产资源规划规定的煤炭资源，组织编制和实施本地区煤炭生产开发规划，并报国务院煤炭管理部门备案。

第十六条　煤炭生产开发规划应当根据国民经济和社会发展的需要制定，并纳入国民经济和社会发展计划。

第十七条　国家制定优惠政策，支持煤炭工业发展，促进煤矿建设。

煤矿建设项目应当符合煤炭生产开发规划和煤炭产业政策。

第十八条　开办煤矿企业，应当具备下列条件：

（一）有煤矿建设项目可行性研究报告或者开采方案；

（二）有计划开采的矿区范围、开采范围和资源综合利用方案；

（三）有开采所需的地质、测量、水文资料和其他资料；

（四）有符合煤矿安全生产和环境保护要求的矿山设计；

（五）有合理的煤矿矿井生产规模和与其相适应的资金、设备和技术人员；

（六）法律、行政法规规定的其他条件。

第十九条　开办煤矿企业，必须依法向煤炭管理部门提出申请；依照本法规定的条件和国务院规定的分级管理的权限审查批准。

审查批准煤矿企业，须由地质矿产主管部门对其开采范围和资源综合利用方案进行复核并签署意见。

经批准开办的煤矿企业，凭批准文件由地质矿产主管部门颁发采矿许可证。

第二十条　煤矿建设使用土地，应当依照有关法律、行政法规的规定办理。征收土地的，应当依法支付土地补偿费和安置补偿费，做好迁移居民的安置工作。

煤矿建设应当贯彻保护耕地、合理利用土地的原则。

地方人民政府对煤矿建设依法使用土地和迁移居民，应当给予支持和协助。

第二十一条　煤矿建设应当坚持煤炭开发与环境治理同步进行。煤矿建设项目的环境保护设施必须与主体工程同时设计、同时施工、同时验收、同时投入使用。

第三章　煤炭生产与煤矿安全

第二十二条　煤矿投入生产前，煤矿企业应当依照有关安全生产的法律、行政法规的规定取得安全生产许可证。未取得安全生产许可证的，不得从事煤炭生产。

第二十三条　对国民经济具有重要价值的特殊煤种或者稀缺煤种，国家实行保护性开采。

第二十四条　开采煤炭资源必须符合煤矿开采规程，遵守合理的开采顺序，达到规定的煤炭资源回采率。

煤炭资源回采率由国务院煤炭管理部门根据不同的资源和开采条件确定。

国家鼓励煤矿企业进行复采或者开采边角残煤和极薄煤。

第二十五条　煤矿企业应当加强煤炭产品质量的监督检查和管理。煤炭产品质量应当按照国家标准或者行业标准分等论级。

第二十六条　煤炭生产应当依法在批准的开采范围内进行，不得超越批准的开采范围越界、越层开采。

采矿作业不得擅自开采保安煤柱，不得采用可能危及相邻煤矿生产安全的决水、爆破、贯通巷道等危险方法。

第二十七条　因开采煤炭压占土地或者造成地表土地塌陷、挖损，由采矿者负责进行复垦，恢复到可供利用的状态；造成他人损失的，应当依法给予补偿。

第二十八条　关闭煤矿和报废矿井，应当依照有关法律、法规和国务院煤炭管理部门的规定办理。

第二十九条　国家建立煤矿企业积累煤矿衰老期转产资金的制度。

国家鼓励和扶持煤矿企业发展多种经营。

第三十条　国家提倡和支持煤矿企业和其他企业发展煤电联产、炼焦、煤化工、煤建材等，进行煤炭的深加工和精加工。

国家鼓励煤矿企业发展煤炭洗选加工，综合开发利用煤层气、煤矸石、煤泥、石煤和泥炭。

第三十一条　国家发展和推广洁净煤技术。

国家采取措施取缔土法炼焦。禁止新建土法炼焦窑炉；现有的土法炼焦限期改造。

第三十二条　县级以上各级人民政府及其煤炭管理部门和其他有关部门，应当加强对煤矿安全生产工作的监督管理。

第三十三条　煤矿企业的安全生产管理，实行矿务局长、矿长负责制。

第三十四条　矿务局长、矿长及煤矿企业的其他主要负责人必须遵守有关矿山安全的法律、法规和煤炭行业安全规章、规程，加强对煤矿安全生产工作的管理，执行安全生产责任制度，采取有效措施，防止伤亡和其他安全生产事故的发生。

第三十五条　煤矿企业应当对职工进行安全生产教育、培训；未经安全生产教育、培训的，不得上岗作业。

煤矿企业职工必须遵守有关安全生产的法律、法规、煤炭行业规章、规程和企业规章制度。

第三十六条　在煤矿井下作业中，出现危及职工生命安全并无法排除的紧急情况时，作业现场负责人或者安全管理人员应当立即组织职工撤离危险现场，并及时报告有关方面负责人。

第三十七条　煤矿企业工会发现企业行政方面违章指挥、强令职工冒险作业或者生产过程中发现明显重大事故隐患，可能危及职工生命安全的情况，有权提出解决问题的建议，煤矿企业行政方面必须及时作出处理决定。企业行政方面拒不处理的，工会有权提出批评、检举和控告。

第三十八条　煤矿企业必须为职工提供保障安全生产所需的劳动保护用品。

第三十九条　煤矿企业应当依法为职工参加工伤保险缴纳工伤保险费。鼓励企业为井下作业职工办理意外伤害保险，支付保险费。

第四十条　煤矿企业使用的设备、器材、火工产品和安全仪器，必须符合国家标准或者行业标准。

第四章 煤炭经营

第四十一条 煤炭经营企业从事煤炭经营，应当遵守有关法律、法规的规定，改善服务，保障供应。禁止一切非法经营活动。

第四十二条 煤炭经营应当减少中间环节和取消不合理的中间环节，提倡有条件的煤矿企业直销。

煤炭用户和煤炭销区的煤炭经营企业有权直接从煤矿企业购进煤炭。在煤炭产区可以组成煤炭销售、运输服务机构，为中小煤矿办理经销、运输业务。

禁止行政机关违反国家规定擅自设立煤炭供应的中间环节和额外加收费用。

第四十三条 从事煤炭运输的车站、港口及其他运输企业不得利用其掌握的运力作为参与煤炭经营、谋取不正当利益的手段。

第四十四条 国务院物价行政主管部门会同国务院煤炭管理部门和有关部门对煤炭的销售价格进行监督管理。

第四十五条 煤矿企业和煤炭经营企业供应用户的煤炭质量应当符合国家标准或者行业标准，质级相符，质价相符。用户对煤炭质量有特殊要求的，由供需双方在煤炭购销合同中约定。

煤矿企业和煤炭经营企业不得在煤炭中掺杂、掺假，以次充好。

第四十六条 煤矿企业和煤炭经营企业供应用户的煤炭质量不符合国家标准或者行业标准，或者不符合合同约定，或者质级不符、质价不符，给用户造成损失的，应当依法给予赔偿。

第四十七条 煤矿企业、煤炭经营企业、运输企业和煤炭用户应当依照法律、国务院有关规定或者合同约定供应、运输和接卸煤炭。

运输企业应当将承运的不同质量的煤炭分装、分堆。

第四十八条 煤炭的进出口依照国务院的规定，实行统一管理。

具备条件的大型煤矿企业经国务院对外经济贸易主管部门依法许可，有权从事煤炭出口经营。

第四十九条 煤炭经营管理办法，由国务院依照本法制定。

第五章 煤矿矿区保护

第五十条 任何单位或者个人不得危害煤矿矿区的电力、通讯、水源、交通及其他生产设施。

禁止任何单位和个人扰乱煤矿矿区的生产秩序和工作秩序。

第五十一条 对盗窃或者破坏煤矿矿区设施、器材及其他危及煤矿矿区安全的行为，一切单位和个人都有权检举、控告。

第五十二条 未经煤矿企业同意，任何单位或者个人不得在煤矿企业依法取得土地使用权的有效期间内在该土地上种植、养殖、取土或者修建建筑物、构筑物。

第五十三条 未经煤矿企业同意，任何单位或者个人不得占用煤矿企业的铁路专用线、专用道路、专用航道、专用码头、电力专用线、专用供水管路。

第五十四条 任何单位或者个人需要在煤矿采区范围内进行可能危及煤矿安全的作业时，应当经煤矿企业同意，报煤炭管理部门批准，并采取安全措施后，方可进行作业。

在煤矿矿区范围内需要建设公用工程或者其他工程的，有关单位应当事先与煤矿企业协商并达成协议后，方可施工。

第六章 监督检查

第五十五条　煤炭管理部门和有关部门依法对煤矿企业和煤炭经营企业执行煤炭法律、法规的情况进行监督检查。

第五十六条　煤炭管理部门和有关部门的监督检查人员应当熟悉煤炭法律、法规，掌握有关煤炭专业技术，公正廉洁，秉公执法。

第五十七条　煤炭管理部门和有关部门的监督检查人员进行监督检查时，有权向煤矿企业、煤炭经营企业或者用户了解有关执行煤炭法律、法规的情况，查阅有关资料，并有权进入现场进行检查。

煤矿企业、煤炭经营企业和用户对依法执行监督检查任务的煤炭管理部门和有关部门的监督检查人员应当提供方便。

第五十八条　煤炭管理部门和有关部门的监督检查人员对煤矿企业和煤炭经营企业违反煤炭法律、法规的行为，有权要求其依法改正。

煤炭管理部门和有关部门的监督检查人员进行监督检查时，应当出示证件。

第七章　法律责任

第五十九条　违反本法第二十四条的规定，开采煤炭资源未达到国务院煤炭管理部门规定的煤炭资源回采率的，由煤炭管理部门责令限期改正；逾期仍达不到规定的回采率的，责令停止生产。

第六十条　违反本法第二十六条的规定，擅自开采保安煤柱或者采用危及相邻煤矿生产安全的危险方法进行采矿作业的，由劳动行政主管部门会同煤炭管理部门责令停止作业；由煤炭管理部门没收违法所得，并处违法所得一倍以上五倍以下的罚款；构成犯罪的，由司法机关依法追究刑事责任；造成损失的，依法承担赔偿责任。

第六十一条　违反本法第四十五条的规定，在煤炭产品中掺杂、掺假，以次充好的，责令停止销售，没收违法所得，并处违法所得一倍以上五倍以下的罚款；构成犯罪的，由司法机关依法追究刑事责任。

第六十二条　违反本法第五十二条的规定，未经煤矿企业同意，在煤矿企业依法取得土地使用权的有效期间内在该土地上修建建筑物、构筑物的，由当地人民政府动员拆除；拒不拆除的，责令拆除。

第六十三条　违反本法第五十三条的规定，未经煤矿企业同意，占用煤矿企业的铁路专用线、专用道路、专用航道、专用码头、电力专用线、专用供水管路的，由县级以上地方人民政府责令限期改正；逾期不改正的，强制清除，可以并处五万元以下的罚款；造成损失的，依法承担赔偿责任。

第六十四条　违反本法第五十四条的规定，未经批准或者未采取安全措施，在煤矿采区范围内进行危及煤矿安全作业的，由煤炭管理部门责令停止作业，可以并处五万元以下的罚款；造成损失的，依法承担赔偿责任。

第六十五条　有下列行为之一的，由公安机关依照治安管理处罚法的有关规定处罚；构成犯罪的，由司法机关依法追究刑事责任：

（一）阻碍煤矿建设，致使煤矿建设不能正常进行的；

（二）故意损坏煤矿矿区的电力、通讯、水源、交通及其他生产设施的；

（三）扰乱煤矿矿区秩序，致使生产、工作不能正常进行的；

（四）拒绝、阻碍监督检查人员依法执行职务的。

第六十六条　煤矿企业的管理人员违章指挥、强令职工冒险作业，发生重大伤亡事故的，依照刑法有关规定追究刑事责任。

第六十七条　煤矿企业的管理人员对煤矿事故隐患不采取措施予以消除，发生重大伤亡事故的，依照刑法有关规定追究刑事责任。

第六十八条　煤炭管理部门和有关部门的工作人员玩忽职守、徇私舞弊、滥用职权的，依法给予行政处分；构成犯罪的，由司法机关依法追究刑事责任。

第八章　附　则

第六十九条　本法自1996年12月1日起施行。

三、相关企业介绍

北京市

中国能源投资有限公司
地址：北京市朝阳区五里桥二街1号院11号楼8层0823
……………………Tel：010-58295686

冠国金地（北京）矿产集团有限公司
地址：北京市大兴区庆祥南路29号院9号楼10层1单元1007
……………………Tel：010-58672588

民生人寿保险股份有限公司
地址：北京市朝阳区东三环北路38号院2号楼
……………………Tel：010-59206000

中信金属股份有限公司
地址：北京市朝阳区新源南路6号京城大厦1903室
……………………Tel：010-59661983

中国五矿集团有限公司
地址：北京市海淀区三里河路五号
……………………Tel：010-60169000

中油新兴能源产业集团股份公司
地址：北京市朝阳区管庄路181号院1号楼103室
……………………Tel：010-64255501

丰田通商（中国）有限公司
地址：北京市朝阳区东三环北路5号发展大厦2层218室
……………………Tel：010-65908929

中色地科矿产勘查股份有限公司
地址：北京市朝阳区北苑5号院四区8号楼920室
……………………Tel：010-84929170

中国华贸工经有限公司
地址：北京市朝阳区白家庄东里42号26幢4层D01
……………………Tel：010-88860690

保利科技有限公司
地址：北京市东城区朝阳门北大街1号新保利大厦27层
……………………Tel：010-64082288

龙昊国际能源股份有限公司
地址：北京市东城区朝阳门北大街1号11层A办公室A2号
……………………Tel：010-64082339

中核地质勘查集团有限公司
地址：北京市东城区和平里七区14号办公楼
……………………Tel：010-64220815

保创投资发展有限公司
地址：北京市东城区朝阳门北大街1号新保利大厦26层26C
……………………Tel：010-84197177

中国煤炭资产管理集团有限公司
地址：北京市东城区安定门外大街乙88号
……………………Tel：010-84293711

保利矿业投资有限公司
地址：北京市东城区朝阳门北大街1号新保利大厦26层2628号
……………………Tel：010-87411356

旭阳供应链管理有限公司
地址：北京市房山区房山工业园区西区顾八路甲1号-G47
……………………Tel：010-63701616

中矿资源集团股份有限公司
地址：北京市丰台区海鹰路5号6层613室
……………………Tel：010-58815531

北矿科技股份有限公司
地址：北京市丰台区南四环西路188号18区23号楼4层
……………………Tel：010-63299988

新兴重工集团有限公司
地址：北京市丰台区南四环西路188号15区6号楼
……………………Tel：010-66235802

北京建龙重工集团有限公司
地址：北京市丰台区南四环西路188号二区4号楼
……………………Tel：010-83627005

中色国际矿业股份有限公司
地址：北京市丰台区科技园星火路10号A416
……………………Tel：010-84426629

中铁物资集团有限公司
地址：北京市海淀区西四环中路19号
……………………Tel：010-51881000

中铁物产控股发展有限公司
地址：北京市海淀区西四环北路136号海博写字楼A座110号(原1号楼)
……………………Tel：010-51898203

中国新兴交通物流有限责任公司
地址：北京市海淀区西三环中路17号
……………………Tel：010-56767121

中国电建集团海外投资有限公司
地址：北京市海淀区车公庄西路22号院1号楼10层1001室
……………………Tel：010-58367612

中钢钢铁有限公司
地址：北京市海淀区海淀大街8号31层
……………………Tel：010-62688688

中钢炉料有限公司
地址：北京市海淀区海淀大街8号
……………………Tel：010-62688895

中钢德远矿产品有限公司
地址：北京市海淀区海淀大街8号A座32层3207号
……………………Tel：010-62688895

中钢贸易有限公司
地址：北京市海淀区海淀大街8号
……………………Tel：010-62689882

中钢投资有限公司
地址：北京市海淀区海淀大街8号19层
……………………Tel：62689529

中国技术进出口集团有限公司
地址：北京市海淀区西三环北路21号久凌大厦
……………………Tel：010-81166600

五矿钢铁有限责任公司
地址：北京市海淀区三里河路5号B座8层
……………………Tel：010-88821759

五矿物流集团有限公司
地址：北京市海淀区三里河路5号B座四层
……………………Tel：010-68495550

中国矿产有限责任公司
地址：北京市海淀区三里河路5号B座五层
……………………Tel：010-68494956

中建材集团进出口有限公司
地址：北京市海淀区首体南路9号主语商务中心4号楼17-21层
……………………Tel：010-68796782

中国兵工物资集团有限公司
地址：北京市海淀区车道沟10号院科技1号楼四、五层
……………………Tel：010-68962926

中国铝业股份有限公司
地址：北京市海淀区西直门北大街62号12-16、18-31层
……………………Tel：010-82298124

中国汽车工业进出口有限公司
地址：北京市海淀区北四环中路265号
……………………Tel：010-88422222-8121

中国新兴建设开发有限责任公司
地址：北京市海淀区太平路44号
……………………Tel：0010-81167725

中国第一重型机械股份公司
地址：黑龙江省齐齐哈尔市富拉尔基区红宝石办事处厂前路9号
……………………Tel：0452-6810123

山西晋煤集团晋瑞能源有限责任公司
地址：山东省日照市经济开发区北京路277号航贸中心01幢02单元805号房
……………………Tel：0633-7171758

广东茂名石油集团股份有限公司
地址：茂名市光华南路67号
……………………Tel：025-87117558

北京铁科首钢轨道技术股份有限公司
地址：北京市昌平区沙河镇沙阳路南24号
……………………Tel：010-51529898

华电煤业集团有限公司
地址：北京市昌平区科技园区中兴路10号A303室
……………………Tel：010-51969719

北京联钢建业钢铁贸易有限公司
地址：北京市昌平区马池口镇上念头村北300米北京上念头京北建材市场有限公司6号厅114
……………………Tel：010-53322022

北京兰格首联国际钢铁物资有限公司
地址：北京市昌平区沙河镇沙阳路9号4幢平房101室
……………………Tel：010-53665306

中石化长城燃气投资有限公司
地址：北京市昌平区未来科学城英才北二街鞍钢未来钢铁研究院三号楼405室
……………………Tel：010-56176086

鑫立方科技发展股份公司
地址：北京市昌平区立汤路186甲4号楼1层1122
……………………Tel：010-56187032

鞍钢集团北京研究院有限公司
地址：北京市昌平区北京未来科技城北区鞍钢未来钢铁研究院内
……………………Tel：010-56352776

国电燃料有限公司
地址：北京市昌平区科技园区中兴路10号
……………………Tel：010-57338130

中油测井技术服务有限责任公司
地址：北京市昌平区昌平镇创新路12号
……………………Tel：010-59285954

北京福田国际贸易有限公司
地址：北京市昌平区沙河镇沙阳路北侧100米
……………………Tel：010-59912280

神雾科技集团股份有限公司
地址：北京市昌平区科技园区昌怀路155号
……………………Tel：010-60751999

北京利尔高温材料股份有限公司
地址：北京市昌平区小汤山镇小汤山工业园四号楼
……………………Tel：010-61714720

中国华能集团燃料有限公司
地址：北京市昌平区科技园区超前路37号院16号楼2层A0013号
……………………Tel：010-63226187

中石油管道有限责任公司
地址：北京市昌平区科技园区超前路9号3号楼2510号
……………………Tel：010-63595764

现代农装科技股份有限公司
地址：北京市昌平区科技园区中兴路10号A208房间
……………………Tel：010-64882282

中民集团医疗管理有限公司
地址：北京市昌平区未来科学城北二街鞍钢未来钢铁研究院三号楼207室
……………………Tel：010-65688884

中铝材料应用研究院有限公司
地址：北京市昌平区北七家镇未来科技城南区中铝科学技术研究院10号楼
……………………Tel：010-66600193

北京顺鑫东方矿产品有限公司
地址：北京市昌平区城北街道府学路24号四层4023
……………………Tel：010-67867788

国融方舟投资有限公司
地址：北京市昌平区未来科学城英才北二街鞍钢未来钢铁研究院三号楼311室
……………………Tel：010-68367856

北京永安热力有限公司
地址：北京市昌平区科技园区振兴路37号
……………………Tel：010-69741844

北大医疗产业集团有限公司
地址：北京市昌平区生命园路29号A110-6室
……………………Tel：010-82524352

中国华电集团清洁能源有限公司
地址：北京市昌平区科技园区超前路37号院16号楼2层A0037
……………………Tel：010-83367000

北京帝测科技股份有限公司
地址：北京市昌平区未来科学城英才北三街16号院15号楼2单元1105室
……………………Tel：010-84673931-815

昀泽投资控股有限公司
地址：北京市昌平区未来科学城英才北二街鞍钢未来钢铁研究院三号楼427室
……………………Tel：010-86392485

中国健康产业投资基金管理股份有限公司
地址：北京市朝阳区白鹿司路4号院49号楼2层202内1
……………………Tel：010-50913966

中国国投国际贸易有限公司
地址：北京市朝阳区惠新西街19号
……………………Tel：010-52021800

中昊海外建设工程有限公司
地址：北京市朝阳区祁家豁子2号(南院)10号楼306室
……………………Tel：010-52322649

北京万鸿泰科技集团有限公司
地址：北京市朝阳区秀水街1号院16号楼1层JG10-F101B号
……………………Tel：010-53380588

西部新时代能源投资股份有限公司
地址：北京市朝阳区光华路15号院1号楼10层1003内-D
……………………Tel：010-56632598

中石化炼化工程（集团）股份有限公司
地址：北京市朝阳区胜古家园8号楼1至5层101
……………………Tel：010-56730522

开金能源有限公司
地址：北京市朝阳区安定路5号院1号楼19层05室
……………………Tel：010-56736300

长河投资有限公司
地址：北京市朝阳区惠新西街15号309室
……………………Tel：010-56875089

中新房国创实业（北京）有限公司
地址：北京市朝阳区博大路3号院2号楼5层517
……………………Tel：010-57295508

浦项（中国）投资有限公司
地址：北京市朝阳区望京东园四区13号楼A座35层
……………………Tel：010-57312417

北京中哈铀资源投资有限公司
地址：北京市朝阳区芍药居北里101号1幢25层1座2906
……………………Tel：010-57321923

双日（中国）有限公司
地址：北京市朝阳区曙光西里甲5号院22号楼第8层
……………………Tel：010-57322676

中石考克（北京）环保科技发展股份有限公司
地址：北京市朝阳区豆各庄黄厂西路1号A3栋三层3053
……………………Tel：010-57811597

宝塔投资控股有限公司
地址：北京市朝阳区慧忠路5号C502室
……………………Tel：010-57902000

宝塔盛华商贸集团有限公司
地址：北京市朝阳区慧忠路5号C506室
……………………Tel：010-57902751

北京宝塔石化有限责任公司
地址：北京市朝阳区慧忠路5号5层C501
……………………Tel：010-57902751

北京宝塔国际经济技术合作有限公司
地址：北京市朝阳区慧忠路5号C座505
……………………Tel：010-57907447

中石化石油工程技术服务有限公司
地址：北京市朝阳区惠新东街甲六号第十二层
……………………Tel：010-57972065

中远海运国际贸易有限公司
地址：北京市朝阳区安贞西里五区仟村商务大楼A座12A层
……………………Tel：010-58341609

北京首贸投资实业有限公司
地址：北京市朝阳区北苑路13号院1号楼4层A单元401
……………………Tel：010-58700389

华北新兴（北京）国际贸易有限公司
地址：北京市朝阳区王四营乡南花园村100号
……………………Tel：010-58707999

北京国际信托有限公司
地址：北京市朝阳区安立路30号院1、2号楼
……………………Tel：010-59680888

北京城市矿产资源开发有限公司
地址：北京市朝阳区北湖渠路15号院1号楼5层101-558
……………………Tel：010-59682861

北京洲际联合油气投资有限公司
地址：北京市朝阳区霄云路26号鹏润大厦A座3层301
……………………Tel：010-59826883

中国石油化工股份有限公司
地址：北京市朝阳区朝阳门北大街22号
……………………Tel：010-59960114

中石化石油工程地球物理有限公司
地址：北京市朝阳区惠新东街甲六号第十一层(第四栋)-1126
……………………Tel：010-59965737

中石化石油工程技术服务股份有限公司
地址：北京市朝阳区朝阳门北大街22号1202房间
……………………Tel：010-59965998

中国石化国际事业有限公司
地址：北京市朝阳区朝阳门北大街22号中国石化大厦5-6层
……………………Tel：010-59966353

中国石化集团物资装备有限公司
地址：北京市朝阳区惠新东街甲6号二号楼
……………………Tel：010-59966353

五矿矿业控股有限公司
地址：北京市海淀区三里河路5号1幢1层133室
……………………Tel：010-60163053

五矿勘查开发有限公司
地址：北京市海淀区三里河路5号院D座二层
……………………Tel：010-60163903

中国五矿股份有限公司
地址：北京市海淀区三里河路5号
……Tel：010-60169640

北京河钢钢铁贸易有限公司
地址：北京市朝阳区建国路甲92号17层1701单元
……Tel：010-62355398

北京百扬资源投资有限公司
地址：北京市朝阳区建国门外大街8号35层3506单元
……Tel：010-62536210

中信国安投资有限公司
地址：北京市朝阳区关东店北街1号
……Tel：010-63176633

北京沃富能源有限公司
地址：北京市朝阳区东三环中路9号25层2909内2909A
……Tel：010-63701616

北京中色资源环境工程股份有限公司
地址：北京市朝阳区北苑5号院4区19号楼2层东区
……Tel：010-63702715

华财新兴控股有限公司
地址：北京市朝阳区东三环北路2号3层310室
……Tel：010-64106238

北京南银大厦物业发展有限公司
地址：北京市朝阳区东三环北路2号
……Tel：010-64107001

裕峻控股集团有限公司
地址：北京市朝阳区将台路6号丽都饭店(0-700A)室
……Tel：010-64353535

北京毕捷电机股份有限公司
地址：北京市朝阳区酒仙桥北路7号
……Tel：010-64377071

北京普阳国际能源管理股份有限公司
地址：北京市朝阳区北辰东路8号院16号楼B501
……Tel：010-64405003

中国地质矿业有限公司
地址：北京市朝阳区安贞西里三区26楼
……Tel：010-64410008

北京中冶设备研究设计总院有限公司
地址：北京市朝阳区安外胜古庄2号
……Tel：010-64458432

中国包装有限责任公司
地址：北京市朝阳区东三环北路3号B座
……Tel：010-64616362

中国包装进出口有限责任公司
地址：北京市朝阳区东三环北路幸福大厦B座
……Tel：010-64616362

中国中信集团有限公司
地址：北京市朝阳区光华路10号院1号楼中信大厦89-102层
……Tel：010-64661710

中国中信有限公司
地址：北京市朝阳区光华路10号院1号楼中信大厦89-102层
……Tel：010-64661710

永信国际投资（集团）有限公司
地址：北京市朝阳区阜通东大街6号院3号楼7层808室
……Tel：010-64770077

中国中轻国际控股有限公司
地址：北京市朝阳区启阳路4号
……Tel：010-64778666

北京锦鸿投资发展有限公司
地址：北京市朝阳区建国路89号4号楼17层2007
……Tel：010-64979899

中企国际建设发展集团有限公司
地址：北京市朝阳区北辰东路8号
……Tel：010-64992806

新兴发展集团有限公司
地址：北京市朝阳区向军北里28号院1号楼9层
……Tel：010-65008721

新兴际华集团有限公司
地址：北京市朝阳区东三环中路5号楼62层、63层
……Tel：010-65165127

三菱商事（中国）商业有限公司
地址：北京市朝阳区新源南路8号院4号楼5层11-16单元
……Tel：010-65183030

中轻中小企业投资担保有限公司
地址：北京市朝阳区慧忠路3号院4号楼B1-ZQ室
……Tel：010-65286469

壳牌（中国）有限公司
地址：北京市朝阳区建国门外大街1号院16号楼30层01-02单元
……Tel：010-65296616

中海龙（北京）物资有限公司
地址：北京市朝阳区常通路3号院2号楼11层2单元12005
……Tel：010-65766590

中国服装集团有限公司
地址：北京市朝阳区建国路99号中服大厦
……Tel：010-65813501

伊藤忠（中国）集团有限公司
地址：北京市朝阳区建国路77号9层901内01室
……Tel：010-65997000

北京立根集团有限公司
地址：北京市朝阳区北苑东路350号立根大厦6-1室
……Tel：010-66612345

北京金马世纪国际贸易有限公司
地址：北京市朝阳区南湖东园122楼3层T-10
……Tel：010-67776692

五矿发展股份有限公司
地址：北京市海淀区三里河路5号
……Tel：010-68494956

五矿铝业有限公司
地址：北京市海淀区三里河路5号
……Tel：010-68495590

五矿稀土集团有限公司
地址：北京市海淀区三里河路5号院1幢A210
……Tel：010-68495757

中国石化国际石油勘探开发有限公司
地址：北京市朝阳区惠新东街甲6号4号楼10层
……Tel：010-69165136

中国中煤能源集团有限公司
地址：北京市朝阳区黄寺大街1号
……Tel：010-82256688

中国中煤能源股份有限公司
地址：北京市朝阳区黄寺大街1号
……Tel：010-82256681

中国煤炭销售运输有限责任公司
地址：北京市朝阳区黄寺大街1号9层
……Tel：010-82256948

仁东集团有限公司
地址：北京市朝阳区工体东路18号2号楼二层A2152
……Tel：010-83533333

海隆石油技术服务有限公司
地址：北京市朝阳区工人体育场北路13号院1号楼18层2006
……Tel：010-84059090

北京源平企业管理有限公司
地址：北京市朝阳区和平街十三区35号楼22层2201内2206
……Tel：010-84261736

天地科技股份有限公司
地址：北京市朝阳区和平街青年沟路5号
……Tel：010-84262794

中煤科工清洁能源股份有限公司
地址：北京市朝阳区酒仙桥路甲12号1号楼908A室
……Tel：010-84263727

中国煤炭开发有限责任公司
地址：北京市朝阳区黄寺大街1号
……Tel：010-84293351

北京道思克矿山装备技术有限公司
地址：北京市朝阳区幸福二村39号楼5层4单元502
……Tel：010-84353143

北京海垦商贸发展有限公司
地址：北京市朝阳区尚家楼路2号院10号楼4层401室
……Tel：010-84361605

中联煤层气有限责任公司
地址：北京市朝阳区酒仙桥路乙21号3幢16层
……Tel：010-84520110

鑫德国际矿业集团有限公司
地址：北京市朝阳区北四环东路89号3幢2层201室
……Tel：010-84639381

中国出国人员服务有限公司
地址：北京市朝阳区惠新东街4号
……Tel：010-84648264

中信国际商贸有限公司
地址：北京市朝阳区新源南路6号京城大厦45层
……Tel：010-84861578

北京华林枫源国际贸易有限公司
地址：北京市朝阳区安苑路20号605-607
……Tel：010-84897571

中国林产品集团有限公司
地址：北京市朝阳区安苑路20号
……Tel：010-84898240

中国林产工业有限公司
地址：北京市朝阳区安苑路20号世纪兴源大厦1101-1104
……Tel：010-84898432

北京京奥港矿产有限公司
地址：北京市朝阳区鼎成路9号365房间
……Tel：010-84899966

北京京奥港集团有限公司
地址：北京市朝阳区鼎成路9号裙房
……Tel：010-84899966

中色金地资源科技有限公司
地址：北京市朝阳区北苑5号院四区8号楼7层701内714室
……Tel：010-84926584

中色地科蓝天矿产（北京）有限公司
地址：北京市朝阳区北苑5号院四区8号楼9层901内910室
……Tel：010-84929647

北京中色资源科技有限公司
地址：北京市朝阳区北苑5号院四区8号楼918室
……Tel：010-84929648

北京有色金属与稀土应用研究所
地址：北京市朝阳区北苑路40号
……Tel：010-84932112

北京西蒙矿产勘查有限责任公司
地址：北京市朝阳区北苑5号院四区8号楼三层
……Tel：010-84934051

中国乡镇企业有限公司
地址：北京市朝阳区农展南路5号京朝大厦八层
……Tel：010-85143651

成隆矿产资源投资有限公司
地址：北京市朝阳区建国路93号院1号楼25层2902
……Tel：010-85171717

中青高新技术产业发展中心
地址：北京市朝阳区酒仙桥东路1号
……Tel：010-85212273

北京京能油气资源开发有限公司
地址：北京市朝阳区永安东里16号12层1203室
……Tel：010-85219000

北京大家能源有限公司
地址：北京市朝阳区东三环中路55号楼6层701
……Tel：010-85256428

中信矿业科技发展有限公司
地址：北京市朝阳区建外大街19号国际大厦26-0203
……Tel：010-85261246

光彩四十九控股股份有限公司
地址：北京市朝阳区建国门外大街19号国际大厦10层02室
……Tel：010-85263549

北京中煤大地技术开发有限公司
地址：北京市朝阳区东四环中路39号12层A单元1502-3
……Tel：010-85551629

中安华夏能源集团有限公司
地址：北京市朝阳区向军北里甲22楼一层A101室
……Tel：010-85656815

中矿建投资产管理有限公司
地址：北京市朝阳区亮马河南路16号1幢1层TG66-3-1H
……Tel：010-85660589

中矿联合投资集团有限公司
地址：北京市朝阳区东方东路19号5号楼D01-0-0802E
……Tel：010-85660589

德丰利达资产管理集团有限公司
地址：北京市朝阳区东三环北路38号院3号楼20层2301-2302号
……Tel：010-85712488

北京地豪能源股份有限公司
地址：北京市朝阳区东风乡将台洼村甲188号-11A
……Tel：010-85904483

北京津西投资控股有限公司
地址：北京市朝阳区东三环中路9号2901室
……Tel：010-85910207

天和商业集团有限公司
地址：北京市朝阳区朝阳公园南路10号院2号楼11层1101-01
……Tel：010-85952019

神华国华（北京）分布式能源科技有限责任公司
地址：北京市朝阳区建国路75号5幢4层
……Tel：010-85956918

北京首钢钢贸投资管理有限公司
地址：北京市石景山区首都钢铁公司行政处21号楼三层315房间
……Tel：010-88291775

北京银盛龙翔投资有限公司
地址：北京市朝阳区广顺北大街19号1层01层B11
……Tel：010-88517956

美林控股集团有限公司
地址：北京市朝阳区望京园402号楼13层1615
……Tel：010-88551166

中国国机重工集团有限公司
地址：北京市北京经济技术开发区天华北街11号院3号楼1001、1101、1201、1301、1401、1501、1601
……Tel：010-57387900

易大宗（北京）供应链管理有限公司
地址：北京市北京经济技术开发区荣华南路7号院6号楼6层703
……Tel：010-57521200

中冶赛迪电气技术有限公司
地址：北京市北京经济技术开发区博兴一路10号
……Tel：010-57633727

北京鑫博鸿业市政工程有限公司
地址：北京市大兴区西红门镇宏业路9号院1号楼12层1216室
……Tel：010-60268770

中国黑色金属材料北京有限公司
地址：北京市大兴区黄村镇大庄东天河北路14号
……Tel：010-60281699

中科胜建设集团有限公司
地址：北京市大兴区中关村科技园区大兴生物医药产业基地永大路38号6幢101-1
……Tel：010-65969918

鑫塔矿业有限责任公司
地址：北京市大兴区榆垡镇盛平街8号1-230室
……Tel：010-66538806

中国华冶科工集团有限公司
地址：北京市北京经济技术开发区康定街1号1幢B2座
……Tel：010-67810586

中冶京诚工程技术有限公司
地址：北京市北京经济技术开发区建安街7号
……Tel：010-67835888

中国黄金集团科技有限公司
地址：北京市北京经济技术开发区景园北街2号49号楼(整栋)
……Tel：010-67856930

北京大瀚发能源集团有限公司
地址：北京市北京经济技术开发区荣华中路5号院2号楼8层803室（北京自贸试验区高端产业片区亦庄组团）
……Tel：010-68587717

北京雪花电器集团公司
地址：北京市大兴区黄村镇兴华大街(三段)1号
……Tel：010-69241477

北京天翔成钢铁贸易有限公司
地址：北京市大兴区黄村镇立垡村村民委员会南200米
……Tel：010-82748698

中国通用机械工程有限公司
地址：北京市大兴区海子角村1号院4幢1层
……Tel：010-83132008

中国黄金集团资源有限公司
地址：北京市北京经济技术开发区景园北街2号49号楼
……Tel：010-84139069

中化地国兴矿业投资股份有限公司
地址：北京市北京经济技术开发区科创14街99号33幢D栋二层2109号
……Tel：010-84264458

中国黄金集团建设有限公司
地址：北京市北京经济技术开发区景园北街2号49号楼
……Tel：010-85147070

中国航空技术北京有限公司
地址：北京市北京经济技术开发区宏达北路16号6号楼
……Tel：010-87091000

北京市阀门总厂股份有限公司
地址：北京市大兴区庞各庄镇绿海路3号
……Tel：010-89283399

中宇国晔（北京）实业投资有限公司
地址：北京市东城区广渠门内大街121号9层906
……Tel：010-53386390

国本控股有限公司
地址：北京市东城区东直门南大街甲3号15层1501室
……Tel：010-56283903

中金黄金股份有限公司
地址：北京市东城区柳荫公园南街1号5-7层
……Tel：010-56353906

通达凯富（北京）科贸有限公司
地址：北京市东城区夕照寺中街31楼1层2座0119
……Tel：010-57038373

北京易道通进出口有限公司
地址：北京市东城区东总布胡同58号B座七楼705室
……Tel：010-57521230

国家能源投资集团有限责任公司
地址：北京市东城区安定门西滨河路22号
……Tel：010-58131649

中国神华煤制油化工有限公司
地址：北京市东城区安德路16号9、10层
……Tel：010-58132222

中国神华能源股份有限公司
地址：北京市东城区安定门西滨河路22号
……Tel：010-58133355

明科矿业（中国）有限公司
地址：北京市东城区藏经馆胡同11号E112室
……Tel：010-59575377

恒邦汇融实业有限公司
地址：北京市东城区南竹杆胡同2号1幢7层10807
……Tel：010-59576252

中国化学工程股份有限公司
地址：北京市东城区东直门内大街2号
……Tel：010-59765555

北京中油瑞飞信息技术有限责任公司
地址：北京市东城区青龙胡同1号歌华大厦1501室
……Tel：010-59981010

五矿钨业集团有限公司
地址：北京市东城区朝阳门北大街3号6层
……Tel：010-60163236

五矿地产控股有限公司
地址：北京市东城区朝阳门北大街3号801
……Tel：010-60163698

冶金工业出版社有限公司
地址：北京市东城区嵩祝院北巷39号
……Tel：010-64013877

中国黄金集团投资有限公司
地址：北京市东城区柳荫公园南街1号
……Tel：010-64026288

保华控股集团股份有限公司
地址：北京市东城区朝阳门北大街1号十一层A办公室A1号
……Tel：010-64082330

中国航空工业供销有限公司
地址：北京市东城区东直门南大街甲10号楼
……Tel：010-64150961

中国地方煤矿有限公司
地址：北京市东城区安定门外大街200号
……Tel：010-64202287

北京中核大地矿业勘查开发有限公司
地址：北京市东城区和平里七区14号楼
……Tel：010-64207116

中国交通物资有限公司
地址：北京市东城区安外大街甲88号
……Tel：010-64247919

国投信达（北京）投资基金集团有限公司
地址：北京市东城区安定门外大街138号7层B座701
……Tel：010-64267133

北京中煤融资租赁有限责任公司
地址：北京市东城区安定门外大街192号1幢518室
……Tel：010-64268364

中控国际资源投资集团有限公司
地址：北京市东城区王府井大街138号1幢10层1003M室
……Tel：010-65272887

中资国本（北京）实业有限公司
地址：北京市东城区朝阳门北大街8号富华大厦E座3层
……Tel：010-65546061

华隆投资集团有限公司
地址：北京市东城区隆福寺街1号隆福广场B座209号
……Tel：010-65630909-9655

领先未来科技集团有限公司
地址：北京市东城区永定门外大街86号5号楼一层111室
……Tel：010-66123123

中联钢信电子商务有限公司
地址：北京市东城区崇文门外大街16号1幢5层509
……Tel：010-67192028

国投煤炭有限公司
地址：北京市东城区安外大街乙88号3层
……Tel：010-82256333

北京翼诺捷投资管理有限公司
地址：北京市东城区安定门外大街甲88号9层1-46
……Tel：010-82256546

华夏董氏实业集团有限公司
地址：北京市东城区隆福寺街99号金隆基大厦11D-10
……Tel：010-84095959

中交水运规划设计院有限公司
地址：北京市东城区国子监街28号
……Tel：010-84199822

中国煤炭科工集团有限公司
地址：北京市朝阳区和平里青年沟路5号
……Tel：010-84263200

中国林业物资有限公司
地址：北京市东城区和平里东街18号院3号楼
……Tel：010-84351476

中海灿销售（北京）股份有限公司
地址：北京市东城区和平里七区四号楼
……Tel：010-84520665

中海油能源发展股份有限公司
地址：北京市东城区东直门外小街6号
……Tel：010-84521454

中国青旅实业发展有限责任公司
地址：北京市东城区东交民巷甲23号一层108室
……Tel：010-84636616

中国金域黄金物资有限公司
地址：北京市东城区柳荫公园南街1号
……Tel：010-84871383

北京富申联合供应链管理有限公司
地址：北京市东城区建国门北大街5号10层1021
……Tel：010-85072165

中博实业发展总公司
地址：北京市东城区正义路甲4号1幢6层606
……Tel：010-85229566

中煤资源发展集团有限公司
地址：北京市东城区安定门外大街乙88号6层、7层、8层
……Tel：010-87421112

中核恒通（北京）物资有限责任公司
地址：北京市房山区阎村镇焦庄村西大件路北侧1号楼3层329
……Tel：010-57491717

北京益瑞怡和实业股份有限公司
地址：北京市房山区良乡凯旋大街建设路18号—D3630
……Tel：010-59840443

北京金隅水泥经贸有限公司
地址：北京市房山区工业园区西区顾八路甲1号—Z27
……Tel：010-67283099

北京天峰扬帆股权投资合伙企业（有限合伙）
地址：北京市房山区长沟镇金元大街1号北京基金小镇大厦C座150
……Tel：010-68940758

大鼎文旅城集团股份有限公司
地址：北京市房山区良乡长虹西路翠柳东街1号—932
……Tel：010-85898123

北京昊辰投资担保有限公司
地址：北京市房山区良乡凯旋大街建设路18号—A390
……Tel：010-88355097

北京市京东物资公司
地址：北京市房山区房山街道大石河京周公路南侧
……Tel：010-89345521

北京华夏建龙矿业科技有限公司
地址：北京市丰台区南四环西路188号七区五号楼
……Tel：010-51103303

中铁快运股份有限公司
地址：北京市丰台区科学城中核路7号
……Tel：010-51873469

浩吉铁路股份有限公司
地址：北京市丰台区科学城海鹰路9号院2号楼
……Tel：010-51877278

华开世纪集团有限公司
地址：北京市丰台区丰管路16号9号楼3层3045B室
……Tel：010-52297086

净雅食品股份有限公司
地址：北京市丰台区丰北路77号2号楼1层105室
……Tel：010-52838013

北京盛达实业集团股份有限公司
地址：北京市丰台区南方庄158号2幢3层
……Tel：010-56933909

冶金自动化研究设计院
地址：北京市丰台区西四环南路72号
……Tel：010-62185119

北京志能祥赢节能环保科技股份有限公司
地址：北京市丰台区南四环西路186号四区6号楼2层01-06室
……Tel：010-63707707-8035

华电重工股份有限公司
地址：北京市丰台区汽车博物馆东路6号院1号楼B座11层
……Tel：010-63919777

中宇华星实业发展有限公司
地址：北京市丰台区成寿寺路33号1号楼2层219号
……Tel：010-65211041

新兴铸管集团资源投资发展有限公司
地址：北京市丰台区丰台南路新村一里15号53幢2层201室
……Tel：010-65896985

中建材信息技术股份有限公司
地址：北京市丰台区南四环西路186号二区9号楼-1至11层101内2层01室
……Tel：010-68738963

中国诚通生态有限公司
地址：北京市丰台区南四环西路188号六区18号楼五、六层
……Tel：010-81131301

中国盐业股份有限公司
地址：北京市丰台区西站南广场驻京办1号楼
……Tel：010-83063802

中国盐业集团有限公司
地址：北京市丰台区西站南广场驻京办1号楼
……Tel：010-83063819

北京中凯宏德科技有限公司
地址：北京市丰台区航丰路1号院1号楼1至2层101内1层112室
……Tel：010-83185988

建龙钢铁控股有限公司
地址：北京市丰台区南四环西路188号总部基地二区4号楼
……Tel：010-83627006

中煤建工集团有限公司
地址：北京市丰台区西局南街甲15号北京华辰饭店二层8225、8227、8228房
……Tel：010-83667367

中国物资储运集团有限公司
地址：北京市丰台区南四环西路188号6区18号楼
……Tel：010-83673315

中国中金科技股份有限公司
地址：北京市丰台区南四环西路188号1区15号楼
……Tel：010-83739977

中车北京二七车辆有限公司
地址：北京市丰台区张郭庄甲1号
……Tel：010-83804016

国储石化销售集团有限公司
地址：北京市丰台区南四环中路40号派诺利文创园B411
……Tel：010-84139119

中色镍业有限公司
地址：北京市丰台区西站南广场驻京办1号楼
……Tel：010-84426522

中国有色金属建设股份有限公司
地址：北京市丰台区西客站南广场驻京办一号楼B座中色建设大厦
……Tel：010-84427755

中恒国控物资有限公司
地址：北京市丰台区宋家庄路苇子坑149号北厂14幢1401
……Tel：010-86203673

光彩（北京）实业投资管理有限公司
地址：北京市丰台区草桥欣园一区6号楼B段2层商业2
……Tel：010-86469558

天佑京铁资产运营有限公司
地址：北京市海淀区北蜂窝105号1号楼五层
……Tel：010-51019621

中车投资租赁有限公司
地址：北京市海淀区西四环中路16号院5号楼406室
……Tel：010-51362019

北京奥瑞安能源技术开发有限公司
地址：北京市海淀区知春路63号中国卫星通信大厦东塔17层1701号
……Tel：010-52707700

正元国际矿业有限公司
地址：北京市海淀区上地信息路1号2号楼6层603-3
……Tel：010-56331236

太极计算机股份有限公司
地址：北京市海淀区北四环中路211号
……Tel：010-57702888

神华销售集团有限公司
地址：北京市海淀区阜成路73号37号楼B1402室
……Tel：010-58134883

神华煤炭运销有限公司
地址：北京市海淀区北洼路26号
……Tel：010-58134883

中国水电建设集团新能源开发有限责任公司
地址：北京市海淀区车公庄西路22号
……Tel：010-58381612

中国久远高新技术装备有限公司
地址：北京市海淀区丰豪东路1号
……Tel：010-59872614

五矿国际工程技术有限公司
地址：北京市海淀区西直门外大街168号腾达大厦2011室
……Tel：010-60163369

五矿资产经营管理有限公司
地址：北京市海淀区三里河路5号
……Tel：010-60167650

安泰科技股份有限公司
地址：北京市海淀区学院南路76号
……Tel：010-62180969

中国钢研科技集团有限公司
地址：北京市海淀区学院南路76号
……Tel：010-62182505

钢研晟华科技股份有限公司
地址：北京市海淀区学院南路76号37幢、38幢
……Tel：010-62182520-263

安泰国际贸易有限公司
地址：北京市海淀区学院南路76号
……Tel：010-62182710

中联先进钢铁材料技术有限责任公司
地址：北京市海淀区大柳树南村19号南院主楼二层
……Tel：010-62182990

新冶高科技集团有限公司
地址：北京市海淀区学院南路76号
……Tel：010-62185106

中国金川投资控股有限公司
地址：北京市海淀区学院路30号科大天工大厦A座17层
……Tel：010-62336567-6699

有研新材料股份有限公司
地址：北京市海淀区北三环中路43号
……Tel：010-62369559

中钢集团工程设计研究院有限公司
地址：北京市海淀区海淀大街8号中钢国际广场18层
……Tel：010-62687111

中钢鑫融贸易有限公司
地址：北京市海淀区海淀大街8号A座7层718号
……Tel：010-62688562

紫光股份有限公司
地址：北京市海淀区清华大学紫光大楼
……Tel：010-62789898

北京仁创科技集团有限公司
地址：北京市海淀区上地三街9号B座5层508室
……Tel：010-62987799

华能能源交通产业控股有限公司
地址：北京市海淀区复兴路甲23号7、8层
……Tel：010-63213795

中国恩菲工程技术有限公司
地址：北京市海淀区复兴路12号
……Tel：010-63936881

紫金国际矿业有限公司
地址：北京市海淀区复兴路乙12号7层726-729
……Tel：010-63971526

北方水泥有限公司
地址：北京市海淀区复兴路17号国海广场2号楼16层
……Tel：010-68138701

中国新兴进出口有限责任公司
地址：北京市海淀区西三环中路17号
……Tel：010-68179673

五矿贸易有限责任公司
地址：北京市海淀区三里河路5号C座三层
……Tel：010-68494956

五矿江铜矿业投资有限公司
地址：北京市海淀区三里河路7号3号楼3层会议室
……Tel：010-68495256

中建材工程材料有限公司
地址：北京市海淀区首体南路9号主语商务中心4号楼20层2020-2021
……Tel：010-68796896

北新建材集团有限公司
地址：北京市海淀区首体南路9号4楼10层1001号
……Tel：010-68799790

北方爆破科技有限公司
地址：北京市海淀区昆明湖南路51号C座三层301、302
……Tel：010-68968112

中国石化集团国际石油勘探开发有限公司
地址：北京市海淀区北四环中路263号
……Tel：010-69165136

中冶纸业集团有限公司
地址：北京市海淀区高梁桥斜街11号
……Tel：010-81131365

中冶节能环保有限责任公司
地址：北京市海淀区西土城路33号
……Tel：010-82227608

中冶建筑研究总院有限公司
地址：北京市海淀区西土城路33号
……Tel：010-82228001

中国铝业集团有限公司
地址：北京市海淀区西直门北大街62号18、22、28层
……Tel：010-82298080

中国稀有稀土股份有限公司
地址：北京市海淀区西直门北大街62号10层
……Tel：010-82298615

中铝投资发展有限公司
地址：北京市海淀区西直门北大街62号19层南区
……Tel：010-82298633

中铜矿产资源有限公司
地址：北京市海淀区西直门北大街62号15层
……Tel：010-82298843

中国有色金属实业技术开发有限公司
地址：北京市海淀区复兴路12号43号楼六层中区
……Tel：010-82337900

同方环境股份有限公司
地址：北京市海淀区王庄路1号B座28层
……Tel：010-82390326

中铝国际工程股份有限公司
地址：北京市海淀区杏石口路99号C座
……Tel：010-82406615

中铝国际工程设备有限公司
地址：北京市海淀区杏石口路99号C座310室
……Tel：010-82406646

北京华星泰升钢铁贸易有限公司
地址：北京市海淀区白家疃尚水园4号楼3

层2单元303
…………Tel：010-82463988
北大方正物产集团有限公司
地址：北京市海淀区成府路298号方正大厦501室
…………Tel：010-82524839
北京中科通用能源环保有限责任公司
地址：北京市海淀区苏州街3号大恒科技大厦南座九层902号
…………Tel：010-82569918
中国工程与农业机械进出口有限公司
地址：北京市海淀区丹棱街3号
…………Tel：010-82688025
梅安森中太（北京）科技有限公司
地址：北京市海淀区高里掌路3号院7号楼2层201B
…………Tel：010-82826012-8039
中国重型机械有限公司
地址：北京市海淀区复兴路甲23号
…………Tel：010-83927000
中国有色矿业集团有限公司
地址：北京市海淀区复兴路乙12号
…………Tel：010-84426677
北京市华清地热开发集团有限公司
地址：北京市海淀区田村路39号院10号楼201、202、203、204、205、206号
…………Tel：010-84841052
中安永泰经济技术合作有限公司
地址：北京市海淀区西郊北洼路1区195幢3层035
…………Tel：010-84873313
北京市大地科技实业总公司
地址：北京市海淀区阜石路甲69号院11号楼2层一单元208
…………Tel：010-88207979
机科发展科技股份有限公司
地址：北京市海淀区首体南路2号
…………Tel：010-88301424
中矿宏业（北京）房地产开发有限公司
地址：北京市海淀区西四环北路136号2号楼07室
…………Tel：010-88482670
中国船舶重工股份有限公司
地址：北京市海淀区昆明湖南路72号
…………Tel：010-88573293
中国船舶工业贸易有限公司
地址：北京市海淀区中关村南大街乙56号
…………Tel：010-88573543
航天信息股份有限公司
地址：北京市海淀区杏石口路甲18号
…………Tel：010-88896023
航天长征国际贸易有限公司
地址：北京市海淀区阜成路14号1号楼507号
…………Tel：010-89062810
中铁联合物流股份有限公司
地址：北京市怀柔区杨宋镇和平路16号156室
…………Tel：010-51820448
北京中超天业矿产品有限公司
地址：北京市怀柔区桥梓镇兴桥大街1号南楼201室
…………Tel：010-60638224
有研工程技术研究院有限公司
地址：北京市怀柔区雁栖经济开发区兴科东大街11号
…………Tel：010-60662811
国联汽车动力电池研究院有限责任公司
地址：北京市怀柔区雁栖经济开发区兴科东大街11号(北京有色金属研究总院怀柔基地4号楼、5号楼)
…………Tel：010-60662925-8075
中农华鑫实业发展集团有限公司
地址：北京市东城区北京站东街6号北京金谷琪珑酒店有限公司3层
…………Tel：010-65265588
中科合成油技术股份有限公司
地址：北京市怀柔区雁栖经济开发区C区乐园南二街1号
…………Tel：010-69667600
大唐电力燃料有限公司
地址：北京市怀柔区庙城镇宽沟8号
…………Tel：010-80731018
东泰联合集团有限公司
地址：北京市怀柔区杨宋镇凤翔东大街9号A座9710室
…………Tel：010-87942468
华鼎国联动力电池有限公司
地址：北京市怀柔区雁栖经济开发区兴科东大街11号(北京有色金属研究总院怀柔基地5号楼5208)
…………Tel：010-88576199
华鼎国联电池材料有限公司
地址：北京市怀柔区雁栖经济开发区兴科东大街11号(北京有色金属研究总院怀柔基地5号楼5206)
…………Tel：010-88576199
中铁国际集团有限公司
地址：北京市门头沟区石龙经济开发区永安路20号3号楼一层107室
…………Tel：010-52680123
中铁物贸集团有限公司
地址：北京市门头沟区石龙经济开发区永安路20号3号楼A-3604室
…………Tel：010-61829827
北京京煤集团有限责任公司
地址：北京市门头沟区新桥南大街2号
…………Tel：010-69842461
北京京能建设集团有限公司
地址：北京市门头沟区黑山大街32号
…………Tel：010-69844497
中铁资源地质勘查有限公司
地址：北京市门头沟区石龙经济开发区永安路20号3号楼A-3829室
…………Tel：010-83890700
中蓝基业集团有限公司
地址：北京市门头沟区石龙经济开发区永安路20号3幢B1-1831室
…………Tel：010-86464882
中农华开城镇发展建设有限公司
地址：北京市门头沟区清水镇台上村TSC006号
…………Tel：010-87385567
中建基础设施勘察设计建设集团有限公司
地址：北京市门头沟区曹各庄路34号院4号楼2层204号
…………Tel：010-88083933
中铁资源集团有限公司
地址：北京市门头沟区石龙经济开发区永安路20号3号楼B1-2666室
…………Tel：010-88213080
北京华盈伟业科技发展有限公司
地址：北京市密云区西田各庄镇雁密路99号601室-1865
…………Tel：010-56087600
首云矿业股份有限公司
地址：北京市密云区巨各庄镇
…………Tel：010-61039513
金诚信矿业管理股份有限公司
地址：北京市密云区经济开发区水源西路28号院1号楼101室
…………Tel：010-83203999
中矿财富资产管理有限公司
地址：北京市密云区经济开发区西统路8号西田各庄镇政府办公楼508室-264
…………Tel：010-85660589
中城创展集团有限公司　北京市朝阳区亮马桥路甲40号1幢14层1401号02B
…………Tel：010-56236046
诺文科风机（北京）有限公司
地址：北京市平谷区中关村科技园区平谷园马坊工业园2区1号
…………Tel：010-65288318
北京大圆亚细亚汽车科技有限公司
地址：北京市平谷区兴谷工业开发区M2-6区
…………Tel：010-69956571
北京大地高科地质勘查有限公司
地址：北京市石景山区玉泉路59号3号楼13层1301-1303室
…………Tel：010-50813117
北京中铁建工物资有限公司
地址：北京市石景山区苹果园路28号院2号楼17层1701至1707室
…………Tel：010-51812048
新联冶（北京）国际贸易有限公司
地址：北京市石景山区实兴大街30号院3号楼2层D-0247房间
…………Tel：010-51864369
北京中铁工业有限公司
地址：北京市石景山区玉泉路65号
…………Tel：010-51887099
北京中铁物总贸易有限公司
地址：北京市石景山区实兴大街30号院3号楼2层D-0959房间
…………Tel：010-51895908
北京铁矿石交易中心股份有限公司
地址：北京市石景山区石景山路31号院盛景国际广场3号楼2001
…………Tel：010-57712888
中节能工业节能有限公司
地址：北京市石景山区实兴大街30号院3号楼2层A-0328房间
…………Tel：010-62247133
中能化创新投资集团有限公司
地址：北京市石景山区玉泉路59号院3号楼14层1401-011
…………Tel：010-63998967
北京信力筑正新能源技术股份有限公司
地址：北京市石景山区实兴东街11号北楼B1020室
…………Tel：010-68869025
中化明达控股集团有限公司
地址：北京市石景山区实兴大街7号2幢3层2454号
…………Tel：010-84263281
中矿御鼎隆泰科贸（北京）有限公司
地址：北京市石景山区实兴大街30号院3号楼2层B-0063房间
…………Tel：010-85660589
首钢环境产业有限公司
地址：北京市石景山区首钢厂区(75)首都钢铁公司行政处4号楼一层
…………Tel：010-88291353
北京首奥置业有限公司
地址：北京市石景山区首钢厂区(68)首都钢铁公司行政处3号楼4层403
…………Tel：010-88291922
北京首侨创新置业有限公司
地址：北京市石景山区首钢厂区(68)首都钢铁公司行政处
…………Tel：010-88291922
北京首钢建设投资有限公司
地址：北京市石景山区首钢厂区(68)首都钢铁公司行政处3号楼4层423
…………Tel：010-88291981
北京首钢园区综合服务有限公司
地址：北京市石景山区首钢厂区(75)首都钢铁公司行政处4栋103室
…………Tel：010-88292185
北京首钢国际工程技术有限公司
地址：北京市石景山区石景山路60号
…………Tel：010-88292244
北京首钢物资贸易有限公司
地址：北京市石景山区首都钢铁公司行政处21号楼三层318房间
…………Tel：010-88292308
北京首钢建设集团有限公司
地址：北京市石景山区古城路首钢总公司第一机械运输工程公司院内
…………Tel：010-88294206
北京首特钢园区开发经营有限公司
地址：北京市石景山区古城大街首都钢铁公司特殊钢公司十四区(机修)7幢
…………Tel：010-88916582
北京特宇板材有限公司
地址：北京市石景山区古城大街首都钢铁公司特殊钢公司四区
…………Tel：010-88916962
中铁物总能源有限公司
地址：北京市顺义区北京空港物流基地物流园八街1号
…………Tel：010-51877969
国家电投集团物流有限责任公司
地址：北京市顺义区天竺空港工业区A区天柱路28号楼
…………Tel：010-51965200
北京中色地科测绘有限公司
地址：北京市顺义区临空经济核心区机场东路2号
…………Tel：010-58297077
中物华商集团股份有限公司
地址：北京市顺义区北京空港物流基地物流园八街1号二层B2-094
…………Tel：010-68291800
北方金科能源勘探技术有限公司
地址：北京市顺义区临空经济核心区机场东路2号(地理信息产业园2A-3号楼2层202室)
…………Tel：010-81466013
中诚大通投资有限公司
地址：北京市顺义区大孙各庄镇府前西街1号-2
…………Tel：010-82254419
中铁资源集团建设投资有限公司
地址：北京市顺义区北京空港物流基地物流园八街1号2层B2-078
…………Tel：010-88213386
首都城投集团有限公司
地址：北京市顺义区南法信大街118号C座3804室
…………Tel：010-88382080
中都物流有限公司
地址：北京市顺义区仁和镇顺强路2号
…………Tel：010-89401195
北京现代制铁钢材有限公司
地址：北京市顺义区仁和镇顺平西路9号(顺通路西侧)
…………Tel：010-89401532-125
华电集团北京燃料物流有限公司
地址：北京市通州区经济开发区南区鑫隅街46号1层101
…………Tel：010-51969555
北京国际矿业权交易所有限公司
地址：北京市通州区运河核心区Ⅳ-10地块F3其他类多功能用地项目7#办公及商业楼办公6层606室
…………Tel：010-56717022
北京邢钢焊网科技发展有限责任公司
地址：北京市通州区中关村科技园区通州园金桥科技产业基地环科中路12号
…………Tel：010-60503659
北京新光凯乐汽车冷成型件股份有限公司
地址：北京市通州区中关村科技园区金桥科技产业基地环科中路12号
…………Tel：010-60506892
北京金鹰铜业有限责任公司
地址：北京市通州区梨园镇小街村东
…………Tel：010-60526450
天元矿业有限责任公司
地址：北京市通州区新华北路55号二层226室
…………Tel：010-61599514
正元置业有限公司
地址：北京市通州区新华北路55号
…………Tel：010-61599559
北京合地威技术开发有限公司
地址：北京市通州区郎府工业区
…………Tel：010-67626550
新华联矿业有限公司
地址：北京市通州区外郎营村北2号院2号楼5层
…………Tel：010-80538531
中国国电集团有限公司
地址：北京市西城区阜成门北大街6-8号
…………Tel：010-57338388
中合中小企业融资担保股份有限公司　北京市朝阳区建国门外大街丙12号楼17层
…………Tel：010-57355288
中国民生银行股份有限公司
地址：北京市西城区复兴门内大街2号
…………Tel：010-58560666
中国燃料有限公司
地址：北京市西城区月坛北街26号写字楼4层408
…………Tel：010-58569958
北京国电电力有限公司
地址：北京市西城区阜成门北大街6号(B幢)十一层1108室
…………Tel：010-58685361
铸金集团有限公司
地址：北京市西城区阜成门外大街甲271号4188室
…………Tel：010-58692824
中农国际钾盐开发有限公司
地址：北京市西城区平安里西大街26号楼8层801-07室
…………Tel：010-59337803
中农矿产资源勘探有限公司
地址：北京市西城区宣武门外大街甲1号8层812
…………Tel：010-59337803
中棉工业有限责任公司
地址：北京市西城区宣武门外大街甲1号6层608
…………Tel：010-59338973
华泰保险集团股份有限公司
地址：北京市西城区金融大街35号
…………Tel：010-59371888
中船重工物资贸易集团有限公司
地址：北京市西城区月坛北街5号
…………Tel：010-59518617
中国船舶集团物资有限公司
地址：北京市西城区月坛北街5号
…………Tel：010-59518617
中化石油勘探开发有限公司
地址：北京市西城区复兴门内大街28号凯晨世贸中心中座8层
…………Tel：010-59568800
中国中化集团有限公司
地址：北京市西城区复兴门内大街28号凯晨世贸中心中座
…………Tel：010-59568888
中国中化股份有限公司
地址：北京市西城区复兴门内大街28号
…………Tel：010-59568888
泰康保险集团股份有限公司
地址：北京市西城区复兴门内大街156号泰康人寿大厦8层、9层
…………Tel：010-61045966
中商华天实业有限公司
地址：北京市西城区月坛北街26号512房间
…………Tel：010-61163910
中国石油物资有限公司
地址：北京市西城区鼓楼外大街5号
…………Tel：010-62065904
中国有色金属工业再生资源有限公司
地址：北京市西城区展览馆路12号7号楼415室
…………Tel：010-62387667
中科久泰控股有限公司
地址：北京市西城区金融大街27号15层B1708
…………Tel：010-62668245
万宝矿产有限公司
地址：北京市西城区南线里56号(不含地下空间)
…………Tel：010-63209300
矿冶科技集团有限公司
地址：北京市西城区西外文兴街1号
…………Tel：010-63299710
中国诚通资产管理有限公司
地址：北京市西城区广外大街248号机械大厦801-808室
…………Tel：010-63363010
中国电力传媒集团有限公司
地址：北京市西城区白广路二条1号
…………Tel：010-63415864
北京钢铁设计研究总院有限公司
地址：北京市西城区白广路4、6号
…………Tel：010-63529688
中国北方工业有限公司

地址：北京市西城区广安门南街甲12号
……………………Tel：010－63529988
中国铁路物资北京有限公司
地址：北京市西城区宣武门西大街28院－1
……………………Tel：010－63602299
中国光大银行股份有限公司
地址：北京市西城区太平桥大街25号、甲25号中国光大中心
……………………Tel：010－63636363
国储物资调节中心
地址：北京市西城区木樨地北里甲11号
……………………Tel：010－63908197
中国国际能源控股有限公司
地址：北京市西城区阜成门外大街2号A1006
……………………Tel：010－65627086
全国现代金融控股有限公司
地址：北京市西城区阜成门外大街2号601－1
……………………Tel：010－65627086
中国联合装备集团有限公司
地址：北京市西城区西黄城根南街33号
……………………Tel：010－66014181
北京市再生资源利用开发集团有限责任公司
地址：北京市西城区大觉胡同24号
……………………Tel：010－66251084
中国邮电器材集团有限公司
地址：北京市西城区复兴门内大街156号
……………………Tel：010－66426777
神华国能集团有限公司
地址：北京市西城区金融大街乙26号
……………………Tel：010－66491135
大有资源有限公司
地址：北京市西城区复兴门内大街158号4层F309A
……………………Tel：010－66493769
北京江铜营销有限公司
地址：北京市西城区金融大街5号1101室
……………………Tel：010－66555353－815
国投物流投资有限公司
地址：北京市西城区阜成门北大街6号A栋1015室
……………………Tel：010－66579335
中国能源工程股份有限公司
地址：北京市西城区阜成门外大街1号(四川大厦西塔楼22层)
……………………Tel：010－67411080
北京金色源泉商贸有限公司
地址：北京市西城区马连道10号院世纪茶贸中心5层B2－0620室
……………………Tel：010－67776692
北京金鼎建达商贸有限公司
地址：北京市西城区永宁胡同10号程锦宾馆1404号
……………………Tel：010－67776692
中国海外经济合作有限公司
地址：北京市西城区阜成门外大街6号
……………………Tel：010－68032336
中国建筑进出口总公司
地址：北京市西城区阜成门外大街14号
……………………Tel：010－68036169
中商企业集团公司
地址：北京市西城区三里河东路5号
……………………Tel：010－68535000
中国核工业集团有限公司
地址：北京市西城区三里河南三巷1号
……………………Tel：010－68555734
中国工艺美术集团有限公司
地址：北京市西城区复兴门内大街101号
……………………Tel：010－68570023
中国水利电力物资集团有限公司
地址：北京市西城区广安门内大街甲306号
……………………Tel：010－68777001
中国纸业投资有限公司
地址：北京市西城区南礼士路二条2号院1号楼1501
……………………Tel：010－81131199
中华康普资产经营管理公司
地址：北京市西城区车公庄大街4号物华大厦A1508号
……………………Tel：010－82191473
中建材矿业有限公司
地址：北京市西城区西直门北顺城街11号1204房间
……………………Tel：010－82229948
有研稀土新材料股份有限公司
地址：北京市西城区新街口外大街2号
……………………Tel：010－82241180
北京市有色金属工业总公司
地址：北京市西城区槐柏树街2号
……………………Tel：010－83121987
中国新型房屋集团有限公司
地址：北京市西城区百万庄中里47号
……………………Tel：010－83278948
中国华电集团有限公司
地址：北京市西城区宣武门内大街2号
……………………Tel：010－83566734
中国诚通金属集团有限公司
地址：北京市西城区广安门外大街180号7层710房间
……………………Tel：010－83673406
中国物流股份有限公司
地址：北京市西城区三里河东路乙23号楼6层
……………………Tel：010－83673500
北京大唐燃料有限公司
地址：北京市西城区菜市口大街1号15层1501
……………………Tel：010－83956100
中国大唐集团能源投资有限责任公司
地址：北京市西城区菜市口大街1号9层901、10层1001
……………………Tel：010－83956279
国家电投集团资本控股有限公司
地址：北京市西城区金融大街28号院3号楼
……………………Tel：010－86625982
大唐京津冀能源开发有限公司
地址：北京市西城区菜市口大街1号7层701
……………………Tel：010－88008111
北京电信实业集团有限公司
地址：北京市西城区复兴门南大街6号
……………………Tel：010－88222899
国开厚德（北京）投资基金有限公司
地址：北京市西城区金融大街7号英蓝国际金融中心1008室
……………………Tel：010－88308787
北京元昌亨泰钢铁有限公司
地址：北京市延庆区大榆树镇下屯村东区188号8幢103室
……………………Tel：010－67711052
北京仁东信息技术有限公司
地址：北京市朝阳区朝阳门外大街甲10号2层2053室
……………………Tel：010－83533333

天津市

中天宏昌（天津）钢铁有限公司　天津市宝坻区方家庄镇水源路一号方盛商务楼A座1017室
……………………Tel：022－29277777
天津国京煤炭有限公司
地址：天津市宝坻区大钟庄镇通唐公路北侧（产业园区3号路3号）
……………………Tel：022－82428595
中国天辰工程有限公司
地址：天津市北辰区京津路1号
……………………Tel：022－23408826
汇舟（天津）商贸有限公司
地址：天津市北辰区经济开发区双辰中路西（双街置业集团公司内）
……………………Tel：022－24149797
天津冶金钢线钢缆集团有限公司
地址：天津市北辰区引河桥北
……………………Tel：022－24151659
天津冶金集团隆盛达钢业有限公司
地址：天津市北辰区引河桥北双海道
……………………Tel：022－24561659
天津市天锻压力机有限公司
地址：天津市北辰区小淀镇津围公路东
……………………Tel：022－26223030
天津辰盈凯通国际贸易有限公司
地址：天津市北辰区京津公路东（天穆镇政府内）
……………………Tel：022－26271777
地天泰集团有限公司
地址：天津市北辰经济开发区双源道18号
……………………Tel：022－26395018
天津北方亚太有限公司
地址：天津市北辰区普济河道北（国家粮食储备库内）
……………………Tel：022－26520937
天津华南线材有限公司
地址：天津市北辰区大张庄镇津围公路1295号
……………………Tel：022－26712902
天津市华北电缆厂有限公司
地址：天津市北辰区大张庄镇津围公路1295号
……………………Tel：022－26712902
天津世通钢铁有限责任公司
地址：天津市北辰科技园区兴中路
……………………Tel：022－26792865
江铜华北（天津）铜业有限公司
地址：天津市北辰区大张庄镇津围公路1295号
……………………Tel：022－26893588
天津市日吉昌小额贷款有限公司
地址：天津市北辰区大张庄镇张辛公路666号
……………………Tel：022－26897059
天津市天铁轧二制钢有限公司
地址：天津市北辰区引河桥北杨堤对面
……………………Tel：022－26970823
天津奥达通合金材料科技有限公司
地址：天津市北辰区大张庄镇大张庄桥南
……………………Tel：022－26995358
天津小猫天缆集团有限公司
地址：天津市北辰区大张庄镇津围公路西20公里处
……………………Tel：022－26999889
天津创欧商贸有限公司
地址：天津市北辰区创富道3号
……………………Tel：022－27281366
天津市天塑小猫电线电缆有限公司
地址：天津市北辰区宜兴埠镇高新大道北（贝思特电气旁东南100米）
……………………Tel：022－27514513
天津市嘉柏宏业新材料科技有限公司
地址：天津市北辰区顺义道北南仓道南（储宝钢材市场内）
……………………Tel：022－28362001
天津物产国际贸易有限公司
地址：天津市北辰开发区主干道北
……………………Tel：022－58156580
天津益福隆钢铁贸易有限公司
地址：天津市北辰经济开发区
……………………Tel：022－58198567
天津市华物商贸有限责任公司
地址：天津市北辰经济开发区
……………………Tel：022－58565826
天津强灿商贸有限公司
地址：天津市北辰区创富道3号
……………………Tel：022－59957495
天津天晟泰和建材有限公司
地址：天津市北辰科技园区淮河道5号中捷火炬创业大厦507B
……………………Tel：022－84016666
天津轧一联升带钢有限公司
地址：天津市北辰区西堤头镇辰东工业园内福康路189号
……………………Tel：022－86846631
天津武钢钢材加工有限公司
地址：天津市北辰区北辰科技园区
……………………Tel：022－86880087
天津先知邦科技股份有限公司
地址：天津市北辰区大张庄镇南麻疸村西津榆公路北
……………………Tel：022－86885367
天津市久舰商贸有限公司
地址：天津市北辰区炭黑路北（天津市聚龙贸易有限公司院内）
……………………Tel：022－86897551
天津拉斯汀商贸有限公司
地址：天津市北辰区果园新村街双发温泉花园A1－1102
……………………Tel：022－86912003
天津北达线缆集团有限公司
地址：天津市北辰区双街镇汉沟村东
……………………Tel：022－86969661
天津浩德物产有限公司
地址：天津自贸试验区（东疆保税港区）亚洲路6975号金融贸易中心南区1－1－1320
……………………Tel：022－23063186
天津市渤钢商贸有限公司
地址：天津自贸区（东疆保税港区）亚洲路6975号金融贸易中心南区1栋1门5017室－35
……………………Tel：022－23128633
天津市渤钢物产有限公司
地址：天津滨海高新区滨海科技园日新道188号3号孵化楼4－A－54室
……………………Tel：022－23128633
渤海俊通（天津）国际贸易有限公司
地址：天津自贸试验区（东疆保税港区）亚洲路6975号金融贸易中心南区1－1－916（天津创博商务秘书服务有限公司托管第311号）
……………………Tel：022－23128633
天津渤海物贸电子商务有限公司
地址：天津自贸试验区（东疆保税港区）亚洲路6975号金融贸易中心南区1－1－916（天津创博商务秘书服务有限公司托管第310号）
……………………Tel：022－23128633
渤钢联兴贸易发展股份有限公司
地址：天津自贸试验区（东疆保税港区）洛阳道601号（海丰物流园7区2单元－91）
……………………Tel：022－23132698
天津泽希矿产加工有限公司
地址：天津滨海高新区塘沽海洋科技园嵩山道298号
……………………Tel：022－23133086
万森控股集团有限公司
地址：天津滨海民营经济成长示范基地创意中心A座15－1510室066号
……………………Tel：022－23293619
国建瑞银建设有限公司
地址：天津市高新区华苑产业区梓苑路6号7幢577室
……………………Tel：022－23296869－8013
天津国贸石化有限公司
地址：天津滨海高新区滨海科技园日新道188号1号楼1053号
……………………Tel：022－23755888－8701
中新运（天津）国际贸易有限公司
地址：天津自贸试验区（东疆保税港区）兰州道188号3－113（厚德商务秘书服务（天津自贸试验区）有限公司托管第051号）
……………………Tel：022－23896428
天津峰山钢铁集团有限公司
地址：天津市滨海新区临港经济区海港创业园1号楼3，4门31157
……………………Tel：022－23976245
联合矿产（天津）有限公司
地址：天津滨海高新区塘沽海洋科技园燕山道2号
……………………Tel：022－25210378
中铁十八局集团第五工程有限公司
地址：天津滨海高新区塘沽海洋科技园新北路3199号
……………………Tel：022－25216519
天津嘉融小额贷款有限公司
地址：天津滨海－中关村科技园揽涛轩24－2
……………………Tel：022－25251007
天津方通中港实业有限公司
地址：天津市滨海新区临港经济区1号1号楼208室
……………………Tel：022－25256788
晟鑫（天津）资产管理有限公司
地址：天津经济技术开发区（南港工业区）综合服务区办公楼D座三层305－07室
……………………Tel：022－25280213
天津亿德泰商业管理有限公司
地址：天津经济技术开发区南港工业区综合服务区办公楼C座第二层212室30单元
……………………Tel：022－25280213
天津富迪特实业有限公司
地址：天津自贸试验区（东疆保税港区）亚洲路6865号金融贸易中心北区1－1－603－C
……………………Tel：022－25280383
天津海晶汇利实业有限公司
地址：天津开发区南港工业区综合服务区办公楼C座第二层206场地
……………………Tel：022－25290063
俊安新通（天津）国际物流有限公司
地址：天津自贸试验区（东疆保税港区）洛阳道601号（海丰物流园五号仓库2单元－88）
……………………Tel：022－25290235
天津魏氏能源贸易有限公司
地址：天津自贸试验区（中心商务区）旷世国际大厦2－1807
……………………Tel：022－25313911
天津中盛新元国际贸易有限公司
地址：天津自贸试验区（东疆保税港区）澳洲路6262号查验库办公区202室（天津东疆商务秘书服务有限公司自贸区分公司托管第1760号）
……………………Tel：022－25316219
天津滨海天筑永利建材有限公司
地址：天津市滨海新区临港经济区渤海十八路420号
……………………Tel：022－25388620
天津大沽化工股份有限公司
地址：天津市滨海新区塘沽兴化道一号
……………………Tel：022－25393966
神华天津煤炭码头有限责任公司
地址：天津市滨海新区塘沽南港路6201号
……………………Tel：022－25605951
天津临港铁路建设发展有限公司
地址：天津市滨海新区临港经济区辽河道423号
……………………Tel：022－25642635
天津港南疆矿石物流有限公司
地址：天津自贸试验区（东疆保税港区）海铁三路288号办公楼401－4
……………………Tel：022－25700979
天津港散货物流有限责任公司
地址：天津市滨海新区塘沽海防路
……………………Tel：022－25702916
天津港焦炭码头有限公司
地址：天津市滨海新区塘沽南疆路3519号
……………………Tel：022－25703156
天津金岸重工有限公司
地址：天津市滨海新区临港经济区黔江道179号
……………………Tel：022－25706152
天津港兴东物流有限公司
地址：天津自贸试验区（东疆保税港区）成都道1488号
……………………Tel：022－25706495
天津港第四港埠有限公司
地址：天津市塘沽新港二号路2750号
……………………Tel：022－25709397
中交天航滨海环保浚航工程有限公司
地址：天津市滨海新区塘沽中心路增1号
……………………Tel：022－25862132
天津建宇能源发展有限公司
地址：天津自贸试验区（中心商务区）迎宾大道1988号2－1720
……………………Tel：022－28133383
天津市矿产资源交易所股份有限公司
地址：天津自贸试验区（中心商务区）浙商大厦B座2910室
……………………Tel：022－28377777
天津滨海奥源国际贸易有限公司
地址：天津市滨海新区临港经济区临港怡湾广场渤海十二南路1－204号（美华商务

秘书（天津）有限公司托管第0545号）
Tel：022-28378118

天津物产鑫凯龙国际贸易有限公司
地址：天津自贸试验区（天津港保税区）海滨六路78号
Tel：022-58156580

亚太中商（天津）实业有限公司
地址：天津自贸试验区（东疆保税港区）亚洲路6975号金融贸易中心南区1-1-1608（考拉（天津）商务秘书服务有限公司托管第215号）
Tel：022-58220315

渤海钢铁集团国际贸易有限公司
地址：天津自贸试验区（中心商务区）响螺湾旷世国际大厦1栋1604-50
Tel：022-58320271

渤海钢铁集团（天津）融资租赁有限公司
地址：天津自贸区（东疆保税港区）洛阳道601号（海丰物流园五号仓库1单元-68）
Tel：022-58320291

渤海金创（天津）商业保理有限公司
地址：天津市滨海新区中心商务区响螺湾旷世国际大厦A座1704-126
Tel：022-58320291

天津渤大恒通国际贸易有限公司
地址：天津自贸试验区（东疆保税港区）亚洲路6865号金融贸易中心北区1-1-709-F
Tel：022-58921642

天津市宇信国际贸易有限公司
地址：天津经济技术开发区新城西路52号金融街西区6号楼403单元
Tel：022-58950232

中铁十八局集团物资贸易有限公司
地址：天津自贸试验区（东疆保税港区）呼伦贝尔路342号-8（5号楼底商）
Tel：022-59060572

天津市茂联科技有限公司
地址：天津经济技术开发区南港工业区富港路9号
Tel：022-59851388

恒富通（天津）融资租赁有限公司
地址：天津自贸试验区（中心商务区）迎宾大道1988号1-1601
Tel：022-59856668-778

优美科催化剂（天津）有限公司
地址：天津经济技术开发区南港工业区创业路（东）69号
Tel：022-60182907

央新文化（天津）有限公司
地址：天津市滨海新区临港经济区渤海二十六路1469号综合办公楼419室
Tel：022-60913330

天津轧一冷轧薄板有限公司
地址：天津市滨海新区大港经济技术开发区朝霞道396号
Tel：022-63255885

天津市津缆集团有限公司
地址：天津市滨海新区轻纺经济区纺四路1号386室（集中办公区）
Tel：022-63349328

天津国林天成贸易有限公司
地址：天津自贸区（中心商务区）响螺湾旷世国际大厦A座1704-5260号房间
Tel：022-65171381

中富达润业（天津）有限公司
地址：天津自贸试验区（东疆保税港区）洛阳道601号（海丰物流园2幢-2-1-135）
Tel：022-65184313

博荣供应链（天津）有限公司
地址：天津自贸试验区（东疆保税港区）亚洲路6975号金融贸易中心南区1-1-1418（中企商务秘书服务（天津）有限公司托管第021号）
Tel：022-65187570

天津宝沃国际贸易有限公司
地址：天津自贸试验区（东疆保税港区）亚洲路6865号金融贸易中心北区1-1-2202-13
Tel：022-65187615

天津杰诺康园艺休闲用品有限公司
地址：天津经济技术开发区汉沽现代产业区栖霞东街128号
Tel：022-65294318

滨海投资集团股份有限公司
地址：天津市滨海新区烟台道十五号
Tel：022-65377173

中安能（天津）能源有限公司
地址：天津自贸试验区（东疆保税港区）亚洲路6865号金融贸易中心北区1-1-802-F
Tel：022-65379281

中商建开有限公司
地址：天津自贸试验区（中心商务区）迎宾大道旷世国际大厦2-2206
Tel：022-65668388

天津中际装备制造有限公司
地址：天津滨海新区临港经济区海河道4689号
Tel：022-65668633

滨海云商金控（天津）投资集团有限公司
地址：天津自贸区（中心商务区）响螺湾旷世国际大厦A座1603号房间
Tel：022-66286980

中油海工船舶（天津）有限公司
地址：天津滨海新区中新生态城中成大道以西、中滨大道以南生态建设公寓8号楼3层355房间
Tel：022-66315323

天津泰达能源集团有限公司
地址：天津市滨海新区大港万象路187号
Tel：022-66321560

中改进出口集团有限公司
地址：天津自贸试验区(中心商务区）万隆大厦-1-2004-1
Tel：022-66371932

中国海洋石油渤海有限公司
地址：天津市滨海新区渤海石油路688号
Tel：022-66502753

天津硒劼同创精密钛铸造有限公司
地址：天津滨海新区临港经济区1号1号楼3067室
Tel：022-66621267

天津临港投资开发有限公司
地址：天津市滨海新区临港经济区渤海十二南路2336号B座7层
Tel：022-66624452

天津现代制铁钢材有限公司
地址：天津开发区汉沽现代产业区碧波东街65号
Tel：022-67221072

天津滨海旅游区建设开发有限公司
地址：天津市滨海旅游区1号楼一层122室
Tel：022-67289753

天津物产友发实业发展有限公司
地址：天津自贸试验区（东疆保税港区）亚洲路6975号金融贸易中心南区1-1-1908
Tel：022-68276189

天津众信国际贸易有限公司
地址：天津自贸区（中心商务区）响螺湾旷世国际大厦A座1704-396号
Tel：022-68582023

东方信远融资租赁有限公司
地址：天津市滨海高新区华苑产业区梅苑路5号金座广场515
Tel：022-83719983

天津渤海兴业国际物流有限公司
地址：天津自贸试验区（东疆保税港区）呼伦贝尔路356号-14（5号楼底商）
Tel：022-84701381

天津芳苑丰国际贸易有限公司
地址：天津自贸试验区（东疆保税港区）洛阳道601号（海丰物流园五号仓库1单元-24）
Tel：022-86830852

天津珂艾商贸有限公司
地址：天津市滨海新区临港经济区临港怡湾广场渤海十二南路1-204号（美华商务秘书（天津）有限公司托管第0567号）
Tel：022-88272616

天津中盛恒信国际贸易有限公司
地址：天津自贸试验区（东疆保税港区）鄂尔多斯路599号东疆商务中心A3楼903（天津东疆商服商务秘书服务有限公司自贸区分公司托管第137号）
Tel：022-88368009

天津商品交易服务管理集团有限公司
地址：天津自贸试验区（中心商务区）水线路2号增1号于家堡金融区服务中心101-178（集中办公区）
Tel：022-88379818

天津天盛翔新能源科技集团有限公司
地址：天津市东丽区无瑕街道十号桥招商大厦B区2320H
Tel：022-23298800

天津恒泰美源煤炭销售有限公司
地址：天津市东丽区华明街津赤路（合洗旁）
Tel：022-2430432

天津立业建工轻钢有限公司
地址：天津市东丽区军粮城工业园区
Tel：022-24351055

天津钢管集团股份有限公司
地址：天津市东丽区津塘路
Tel：022-24355707

天津市新天钢特钢有限公司
地址：天津市东丽区津塘公路398号
Tel：022-24706660

天津钢铁集团有限公司
地址：天津市东丽区津塘公路398号
Tel：022-24706800

天津钢宏建材有限公司
地址：天津市东丽区津塘公路398号天津钢铁集团公司电炉院内
Tel：022-24708619

天津天管太钢焊管有限公司
地址：天津市东丽区先锋东路300号
Tel：022-24800736

天津大无缝钢铁开发有限公司
地址：天津市东丽区无瑕街经济发展中心9号（二道闸公路南、老袁仓库西侧）
Tel：022-24800812

天津钢管制造有限公司
地址：天津市东丽区津塘公路396号
Tel：022-24801503

天津钢管钢铁贸易有限公司
地址：天津市东丽区无瑕街道十号桥招商大厦A区2280-179
Tel：022-24802219

天津市丽兴京津钢铁贸易有限公司
地址：天津市东丽区军粮城街兴农村
Tel：022-24850007

天津实发新源科技发展有限公司
地址：天津市经济技术开发区西区中南二街200号
Tel：022-25236603

天津市宽宏工贸有限公司
地址：天津市东丽区大毕庄工业区电解铜厂内
Tel：022-26329956

天津渤海润德钢铁集团有限公司
地址：天津市东丽区腾飞路18号2037房间
Tel：022-28266677

天津同建国际贸易有限公司
地址：天津市东丽区腾飞路18号2034
Tel：022-28277353

渤海钢铁集团有限公司
地址：天津市东丽区东丽湖华纳景湖花园（景湖科技园1号楼）
Tel：022-58320234

天津海滨圣地预应力制品有限公司
地址：天津市东丽区无瑕街滨海重机工业园李西道2号
Tel：022-58602180

天津鸿兆翔实业有限公司
地址：天津市东丽区新立街道顾庄村（津塘二线以南，外环线以东）
Tel：022-58603688

天津宝井钢材加工配送有限公司
地址：天津经济技术开发区西区泰民路18号
Tel：022-59801900

天津联发精密钢铁有限公司
地址：天津经济技术开发区西区中南六街125号
Tel：022-59832888

天津津路钢铁实业有限公司
地址：津经济技术开发区滨海-中关村科技园泉州道3号北塘建设发展大厦B座215室(北塘湾（天津）科技发展有限公司托管第223号)
Tel：022-59850902

天津津路钢铁加工配送有限公司
地址：天津开发区西区环泰南街89号
Tel：022-59850902

天津立中合金集团有限公司
地址：天津开发区西区泰民路58号
Tel：022-59889002

天津新立中合金集团有限公司
地址：天津开发区西区泰民路58号
Tel：022-59889002

天津正弘顺工贸科技有限公司
地址：天津市东丽区津塘公路398号（天津钢铁有限公司内）
Tel：022-59983862

天津兴天地实业发展有限公司
地址：天津市东丽区津塘公路398号
Tel：022-59983862

天津天钢金属科技有限公司
地址：天津市东丽区津塘公路398号
Tel：022-59983862

天津天钢物流有限公司
地址：天津市东丽区津塘公路398号
Tel：022-59983862

天津市天钢国际贸易有限公司
地址：天津市东丽区金钟街津芦公路徐庄子东铅网厂院内办公楼2楼201
Tel：022-59983862

天津鹏信瑞德实业有限公司
地址：天津市东丽经济开发区一经路1号503-11房间
Tel：022-65179449

浦项（天津）钢材加工有限公司
地址：天津经济技术开发区西区中南二街288 号
Tel：022-66689888

天津富士达自行车工业有限公司
地址：天津市东丽区军粮城街东金路富士达集团院内
Tel：022-84360388

天津宝仓钢管集团有限公司
地址：天津市东丽区军粮城产业园区内
Tel：022-84364638

天津晟日通实业股份有限公司
地址：天津市东丽开发区五纬路62号办公楼四层
Tel：022-84849827

天津通钢立业钢材加工配送有限公司
地址：天津市东丽区军粮城工业园
Tel：022-84871423

天津天管资源有限公司
地址：天津市东丽区无瑕街二道闸公路南、老袁仓库西2320室
Tel：022-84936366

天津诚通国际物流有限公司
地址：天津市东丽区平盈路8号服务滨海委3457室
Tel：022-84959208

天津立业钢铁集团有限公司
地址：天津市东丽区军粮城工业园宝仓路立业物流园内北侧厂房3号门
Tel：022-88494303

天津大通铜业有限公司
地址：天津市东丽区大毕庄工业区
Tel：022-88615827

天津市浩通物产有限公司
地址：天津市和平区营口道4号
Tel：022-23032293

天津市建筑材料集团（控股）有限公司
地址：天津市和平区贵州路4号
Tel：022-23046666

天津物产国际能源发展有限公司
地址：天津市和平区马场道78号(原130号）三层
Tel：022-23063186

天津国源天物燃料有限公司
地址：天津市和平区五大道街马场道78号二楼
Tel：022-23063186

天津津旅物贸实业有限公司
地址：天津市和平区小白楼街南京路94号（新华路那桐旧居门）
Tel：022-23193059

天津市长芦盐业集团有限公司
地址：天津市和平区睦南道20号
Tel：022-23195386

天津市铨赢科技发展有限公司
地址：天津市和平区大沽路、兴安路交口西北侧大沽北路2号-2101
Tel：022-23298866

天津正信滨海投资发展有限公司
地址：天津市和平区成都道108号206
Tel：022-23302522

光大永明人寿保险有限公司
地址：天津市和平区南京路75号国际大厦37层
Tel：022-23391188

天津物产国际物流有限公司
地址：天津市和平区五大道街睦南道111号
Tel：022-23393605

天津文化用品商贸有限公司
地址：天津市和平区台儿庄路6号
Tel：022-23395050

天津恒通贸易发展有限公司
地址：天津市和平区新兴街卫津路193号A211
Tel：022-23546274

天津德天投资有限公司
地址：天津市和平区常德道13、15号A区102
Tel：022-28250521

天津物产集团有限公司
地址：和平区营口道4号
Tel：022-3030779

渤海钢铁集团（天津）投资有限公司
地址：天津市和平区马场道74号
Tel：022-58320205

天津冶金集团物流有限公司
地址：天津市和平区重庆道225号
Tel：022-58951904

天津渤海化工集团有限责任公司
地址：天津市和平区湖北路10号
Tel：022-58980325

天津物产基建物资有限公司
地址：天津市和平区郑州道26号
Tel：022-82455121

天津国德实业集团有限公司
地址：天津市和平区南市大街与福安大街交口天汇广场2-2101
Tel：022-82551111

天津物产九江国际贸易有限公司
地址：天津市和平区睦南道111号
Tel：022-83121619

中非华勘投资有限公司
地址：天津市和平区劝业场街包头道与西藏路交口西侧宜天花园4-201-A2
Tel：022-84236507

天津安邦吉航贸易有限公司
地址：天津市和平区气象台路与新兴大街交口万科都市花园4-604
Tel：022-87586028

天津国电海运有限公司
地址：天津市河北区光复道街建国道与胜利路交口瑞海大厦A座20层
Tel：022-23195001

天津正信集团有限公司
地址：天津市河北区昆纬路59号
Tel：022-23302522

天津休波顿物流有限公司
地址：天津市河北区五马路35号增1号
Tel：022-23350666

天津现代物流有限公司

地址：天津市河北区五马路35号增1号
……Tel：022-23350666

国网天津市电力公司
地址：天津市河北区五经路39号
……Tel：022-24408600

北泰联合（天津）集团有限公司
地址：天津市河北区水产前街28号（华闻商务园B2-169室）
……Tel：022-24458946

天津物产浩英集团有限公司
地址：天津市河北区建昌道65号
……Tel：022-26124049

天津京铁实业有限公司
地址：天津市河北区鸿顺里街中山路1号-2
……Tel：022-26181733

天津渤海商品交易所股份有限公司
地址：天津市河北区进步道48号
……Tel：022-26356788

天津市浩物机电汽车贸易有限公司
地址：天津市河北区真理道54号
……Tel：022-28325231

天津物华矿业有限公司
地址：天津市河北区建国道66号
……Tel：022-58078658

天津市盈通物资有限公司
地址：天津市河北区光复道街海河东路旺海国际公寓2号楼22号、24号、26号
……Tel：022-58188788

天津融诚物产能源资源发展有限公司
地址：天津市河北区光复道街海河东路旺海国际公寓2号楼22号、24号、26号
……Tel：022-58188788

天津华泽小额贷款有限公司
地址：天津市河北区建昌道街富瀛洲花园15-3-201
……Tel：022-58779916

天津天铁冶金集团商贸有限公司
地址：天津市河东区七纬路83号第四层B区第401单元房间
……Tel：022-23121779

天津物产俊泽矿产有限公司
地址：天津市河东区津滨大道59号-2301-01
……Tel：022-23190721

天津锦亿供应链管理有限公司
地址：天津市河东区真理道南侧43号12号楼2014室
……Tel：022-23721668

中国水利电力物资天津有限公司
地址：天津市河东区七纬路五号
……Tel：022-24226656

中国铁路物资天津有限公司
地址：天津市河东区津塘路21号
……Tel：022-24250023

天津盛鑫元通有限公司
地址：天津市河东区大王庄十经路九号A303
……Tel：022-25500221

天津亚贸国际贸易有限公司
地址：天津市河东区津滨大道59号-1501（8号）
……Tel：022-58156580

渤海银行股份有限公司
地址：天津市河东区海河东路218号
……Tel：022-58316272

天津市浩瑞矿产有限公司
地址：天津市河东区津滨大道59号-1301
……Tel：022-58905917

天津物产浩瑞国际矿业有限公司
地址：天津市河东区津滨大道59号-1201
……Tel：022-58905917

天津冶金集团商贸有限公司
地址：天津市河东区十一经路与十纬路交口西侧三联大厦1门2401-5室
……Tel：022-58918855

天津天钢集团有限公司
地址：天津市河东区张达庄大街1号
……Tel：022-59983862

中新房华建（天津）实业有限公司
地址：天津市河东区津滨大道55号-1502
……Tel：022-83681959

天津华勘集团有限公司
地址：天津市河东区津塘路99号
……Tel：022-84236606

天津天铁冶金集团有限公司
地址：天津市和平区马场道148号
……Tel：022-23255701

中钢集团天津有限公司
地址：天津市河西区马场道103号
……Tel：022-23285143

中国轻工物资供销华北公司
地址：天津市河西区气象台路70-1-502室
……Tel：022-24124370

天津市新天钢国际贸易有限公司
地址：天津市河西区郁江道17号陈塘孵化器235
……Tel：022-24706620

中交第一航务工程勘察设计院有限公司
地址：天津市河西区大沽南路1472号
……Tel：022-28160808

天津南楼商贸集团有限责任公司
地址：天津市河西区解放路大沽路交界口
……Tel：022-28256005

中钢集团天津地质研究院有限公司
地址：天津市河西区友谊路42号
……Tel：022-28357460

天津市工益商贸有限公司
地址：天津市河西区围堤道和广东路交口东北侧中豪世纪花园
……Tel：022-58688632

天津祥润昌商贸有限公司
地址：天津市河西区大沽南路928号（新1300号）
……Tel：022-58688660

天津冶金轧一国际贸易有限公司
地址：天津市河西区大沽南路928号
……Tel：022-58688830

天津华威新桃园投资发展有限公司
地址：天津市河西区围堤道和广东路交口东北侧中豪世纪花园7号楼
……Tel：022-58881288

天津市永欣顺科技有限公司
地址：天津市河西区围堤道1号中冀宾馆一号楼1428室
……Tel：022-60997706

天津国际名众控股有限公司
地址：天津市河西区友谊北路合众大厦D-1902室
……Tel：022-83281699

中能新强（天津）实业有限公司
地址：天津市河西区马场道188号燕园别墅独体12号
……Tel：022-83510695

天津天物机电贸易发展有限公司
地址：天津市河西区越秀路珠海里30门底商
……Tel：022-84908438

天津元辰投资有限公司
地址：天津市河西区黄埔南路与围堤道交口西南侧峰汇广场1-2201
……Tel：022-88270058

中海油天津化工研究设计院有限公司
地址：天津市红桥区丁字沽二号路85号
……Tel：022-26689008

天津市创晓贸易有限公司
地址：天津市红桥区大丰路水游城商务区安顺大厦四号楼8层810号
……Tel：022-27281366

天津大胡同国际贸易有限公司
地址：天津市红桥区大丰路水游城商务区安顺大厦4号楼811
……Tel：022-27281366

天津云岩龙商贸有限公司
地址：天津市红桥区大丰路水游城商务区安顺大厦4号楼809
……Tel：022-27281468

中铁中基建设集团有限公司
地址：天津市红桥区咸阳北路48号（银泰大厦9层）
……Tel：022-58306008

天津天首钢铁贸易有限公司
地址：天津市红桥区丁字沽三号路45号职大高层11-10
……Tel：022-59655676

天津市红桥区国有资产经营有限公司
地址：天津市红桥区民畅园配套商业B202门
……Tel：022-86516731

天津恒业商贸有限公司
地址：天津上仓酒业及绿色食品加工区内纬八路北
……Tel：022-29862273

天津财茂石油化工有限公司
地址：天津市津南经济开发区（东区）聚英路1号
……Tel：022-25780669

天津大容铜业有限公司
地址：天津市津南区汉港路（津南段）155号
……Tel：022-26769344

天津中唐盛达钢铁贸易有限公司
地址：天津市津南区津南经济开发区（西区）九洲创意园4-2015
……Tel：022-27608206

天津经纬辉开光电股份有限公司
地址：天津市津南经济开发区（双港）旺港路12号
……Tel：022-28572588

天津中联进出口贸易有限公司
地址：天津市津南区葛沽镇滨海工业园区
……Tel：022-28681999

天津津南村镇银行股份有限公司
地址：天津市津南区咸水沽镇津沽公路295号
……Tel：022-58080167

吉艾（天津）石油工程有限公司
地址：天津市津南区八里台镇工业园区
……Tel：022-58088189

天津荣程联合钢铁集团有限公司
地址：天津市津南区葛沽镇冶金工业园区
……Tel：022-60110909

天津荣程联合金属制品有限公司
地址：天津市津南区葛沽镇葛万公路东侧
……Tel：022-60110909

天津荣程祥矿产有限公司
地址：天津市津南区葛沽镇葛万公路东
……Tel：022-60110909

天津冀物金属材料有限公司
地址：天津市津南经济开发区（西区）香港街3号A座305-28
……Tel：022-60275995

天津长青集团有限公司
地址：天津市津南区长青科工贸园区(微山路)管理中心201-205号
……Tel：022-88335034

吉捷（天津）线缆有限公司
地址：天津市津南区辛庄镇发港南路25号
……Tel：022-88565888

西部矿业投资（天津）有限公司
地址：天津市津南区汉港路（津南段）155号
……Tel：022-88615827

天津江盛煤炭销售有限公司
地址：天津市津南区八里台镇国家农业科技园区管委会2楼2A228房间
……Tel：022-88812954

天津浩安矿产有限公司
地址：天津经济技术开发区洞庭路2号国际发展大厦21楼A座
……Tel：022-23190721

天津物产进出口贸易有限公司
地址：天津自贸试验区（天津港保税区）海滨六路78号403室
……Tel：022-23190721

兴华力天国际贸易有限责任公司
地址：天津自贸试验区（空港经济区）平盈路8号服务滨海委5247室
……Tel：022-23296568

天津冶金集团有限公司
地址：天津自贸试验区（空港经济区）航空路60号办公楼B区3楼304
……Tel：022-23316020

天津津联晟达商贸有限公司
地址：天津自贸试验区（空港经济区）空港国际物流区第二大街1号312室
……Tel：022-23319406

三菱商事（天津）有限公司
地址：天津自贸试验区（天津港保税区）海滨五路31号318室
……Tel：022-23393030

天津亚铜钢铁有限公司
地址：天津市静海县子牙环保产业园天环路5号
……Tel：022-23675582

天津戈锐石油管材有限公司
地址：天津市静海区大邱庄镇满井子村轧钢三厂南侧
……Tel：022-23962370

天津济润石油海运服务有限公司
地址：天津经济技术开发区第一大街2号津滨大厦第五层526房间
……Tel：022-24128877

天津荣茂国际物流有限公司
地址：天津自贸试验区（空港经济区）启航路81号2层202室
……Tel：022-24149797

维达信诚（天津）国际贸易有限公司
地址：天津自贸试验区（天津港保税区）通达路80号1-106室
……Tel：022-24149797

天津宏轩达科技有限公司
地址：天津滨港高新铸造工业区
……Tel：022-24316884

天津钢管制铁有限公司
地址：天津钢管公司院内
……Tel：022-24805708

庆华集团国际贸易有限公司
地址：天津经济技术开发区98号Ⅰ区D座4门202室
……Tel：022-25277797

俊安（天津）能源贸易有限公司
地址：天津自贸试验区（空港经济区）中环西路与西二道交口丽港大厦2-1011
……Tel：022-25280213

俊安（天津）矿产能源管理有限公司
地址：天津经济技术开发区洞庭路2号第一层局部
……Tel：022-25280213

广安（天津）企业管理有限公司
地址：天津自贸试验区（空港经济区）中环西路与西二道交口丽港大厦3-1020室
……Tel：022-25280213

俊安（天津）实业有限公司
地址：天津经济技术开发区洞庭路2号
……Tel：022-25290235

中国物资储运天津有限责任公司
地址：天津自贸试验区（天津港保税区）海滨七路71号
……Tel：022-25316103

金加利（天津）有限公司
地址：天津自贸试验区（天津港保税区）海滨十路129号A-4075室
……Tel：022-25320233

天津港交易市场有限责任公司
地址：天津自贸试验区（天津港保税区）国贸路18号腾达大厦205室
……Tel：022-25703017

炎黄儿女国际贸易（天津）有限公司
地址：天津自贸试验区（天津港保税区）海滨八路118号B303(乾聚源(天津)商务秘书有限公司托管第20190072号)
……Tel：022-25766335

天津大无缝铜材有限公司
地址：天津自贸试验区（天津港保税区）津滨大道317号
……Tel：022-25766967

天津天保国际物流集团有限公司
地址：天津自贸试验区（天津港保税区）海滨七路23号
……Tel：022-25767070

天津汇丰能源发展有限公司
地址：天津自贸试验区（天津港保税区）海滨八路11号A-101室
……Tel：022-25785293

天津物产金属国际贸易有限公司
地址：天津自贸试验区（天津港保税区）海滨六路78号B-410室
……Tel：022-27020368

天津物产瑞翔国际贸易有限公司
地址：天津自贸试验区（空港经济区）空港国际物流区第二大街1号312室
……Tel：022-27020368

华贸里奥实业（天津）集团有限公司
地址：天津自贸试验区（空港经济区）中环西路1号浩物大厦A424-1
……Tel：022-27821851

天津冶金集团进出口有限公司
地址：天津自贸试验区（空港经济区）环河南路88号2-3287室
……Tel：022-28219558

华星北方汽车贸易有限公司
地址：天津自贸试验区（天津港保税区）天保大道129号306
……Tel：022-28274753

天津天物汽车发展有限公司
地址：天津自贸试验区（空港经济区）中环西路1号浩物大厦A317
……Tel：022-28325231

天津市诚志钢铁有限公司
地址：天津市静海区大丰堆镇港静线东200米
……Tel：022-28855289

天津富士达科技有限公司
地址：天津市静海经济开发区南区泰安道与爱玛路交口
……Tel：022-28855878

德龙国际贸易（天津）有限公司
地址：天津自贸试验区（空港经济区）环河北路与中心大道交口空港商务园西区20-1,2-401
……Tel：022-58098686

天津物资招商有限公司
地址：天津自贸试验区（天津港保税区）海滨六路78号
……Tel：022-58156580

天津市仁通钢铁有限公司
地址：静海县大邱庄镇满井子村
……Tel：022-58399988

天津仁爱资源投资有限公司
地址：天津市静海县团泊新城2号路
……Tel：022-58399988

天津市仁爱集团有限公司
地址：天津市开发区第一大街晓园路3号
……Tel：022-58399988

华阳中远（天津）实业集团有限公司
地址：天津滨港高新铸造工业区
……Tel：022-68522796

天津市坤峰管业有限公司
地址：天津滨港高新铸造产业区滨港三大道4号
……Tel：022-58500081

天津市天华元新材料科技有限公司
地址：天津滨港高新铸造工业区
……Tel：022-68522796

汇金钢材加工（天津）有限公司
地址：天津自贸试验区（空港经济区）领航路50号C区
……Tel：022-58501776

艾仡国际贸易（天津）有限公司
地址：天津自贸试验区（空港经济区）平盈路8号服务滨海委5353室
……Tel：022-58666017

天津贵信和投资合伙企业（有限合伙）
地址：天津自贸试验区（空港经济区）环河北路与中心大道交口空港商务园西区3-1-501B区
……Tel：022-58678112

中铁建大桥工程局集团钢结构工程有限公司
地址：天津自贸试验区（空港经济区）中环西路32号天津铁建大厦五层B区
……Tel：022-58802039

汇金钢铁（天津）集团有限公司

地址：天津自贸试验区（空港经济区）西四道168号融和广场1-3-501
……Tel：022-58802385

汇金工贸（天津）有限公司
地址：天津自贸试验区（空港经济区）领航路50号D区
……Tel：022-58802385

汇金进出口贸易（天津）有限公司
地址：天津自贸试验区（空港经济区）西四道168号融和广场1-3-401
……Tel：022-58802385

汇金实业（天津）有限公司
地址：天津自贸试验区（空港经济区）领航路50号
……Tel：022-58802386

天津展融博通科技有限公司
地址：天津自贸试验区（天津港保税区）海滨九路131号A134室
……Tel：022-58881107

天物通用（天津）国际贸易有限公司
地址：天津自贸区（天津港保税区）海滨六路78号B-208
……Tel：022-58896011

天津冶金集团贸易有限公司
地址：天津自贸试验区（空港经济区）中环西路与西二道交口丽港大厦3-1016
……Tel：022-58951916

格林美（天津）城市矿产循环产业发展有限公司
地址：天津子牙循环经济产业区园区十号路9号
……Tel：022-59186666

新华电力发展投资有限公司
地址：天津自贸试验区（空港经济区）西二道商务园西区W7号楼202
……Tel：022-59265762

天津市岐丰钢铁有限公司
地址：天津市静海县大邱庄镇百亿道
……Tel：022-59518999

天津德诺石油管材有限公司
地址：天津市静海县蔡公庄镇静王路北
……Tel：022-59527777

天津友发瑞达交通设施有限公司
地址：天津市静海区唐官屯加工物流区B1号
……Tel：022-59598163

天津聚利国际贸易有限公司
地址：天津子牙循环经济产业区（静海区总部经济大楼西楼126号）
……Tel：022-59599870

天津恒源润通商贸有限公司
地址：天津自贸试验区（空港经济区）西三道166号A3-428
……Tel：022-59668575

天津市鑫联和科技有限公司
地址：天津经济技术开发区南港工业区富港路9号305室
……Tel：022-59851388

天津建龙钢铁实业有限公司
地址：天津经济技术开发区第一大街79号泰达ＭＳＤ－Ｃ区Ｃ1座2504、2505房间
Tel：022-59856668-778

天津天山进出口贸易有限公司
地址：天津自贸试验区(空港经济区)环河北路与中心大道交口空港商务园西区20-1，2-301-33室
……Tel：022-59857070

渤海钢铁集团财务有限公司
地址：天津自贸区（空港经济区）西四道168号融和广场2-2 301，401，501
……Tel：022-59983847

天津永华嘉迪商贸有限公司
地址：天津自贸区（空港经济区）空港国际物流区第二大街1号312室
……Tel：022-59983862

天津天纺投资控股有限公司
地址：天津自贸试验区（空港经济区）东九道6号
……Tel：022-60405816

天津诺至诚国际贸易有限公司
地址：天津自贸试验区（空港经济区）空港国际物流区第二大街一号企业服务中心三楼304房间
……Tel：022-60909088

天津鹏宇投资发展有限公司
地址：天津静海北环工业区
……Tel：022-60965555

振华物流集团有限公司
地址：天津经济技术开发区第二大街62号MSD-B1座9层
……Tel：022-60977770

天津正标津达线缆集团有限公司
地址：天津经济技术开发区中区纺八路283号
……Tel：022-63298231

天津龙港国际贸易有限公司
地址：天津经济技术开发区第一大街79号泰达MSD-C区C1座2504
……Tel：022-65377017

中兖（天津）物流有限公司
地址：天津经济技术开发区博润商务广场2-1213
……Tel：022-65633018

天津远华海运有限公司
地址：天津自贸试验区（天津港保税区）东三路78号1-A-209
……Tel：022-66280000

崴朗能源服务（天津）有限公司
地址：天津经济技术开发区第四大街80号天大科技园软北楼209室
……Tel：022-66351699

天津腾源国际贸易有限公司
地址：天津自贸试验区（空港经济区）中心大道华盈大厦1006室（天津浩琳商务秘书有限公司托管第382号）
……Tel：022-66373951

天津隆华源金属制品有限公司
地址：天津市静海县子牙环保产业园子富道4号
……Tel：022-68101753

天津市同盈钢铁有限公司
地址：天津市静海区静海镇东方红路与春曦道交口双子大厦20层
……Tel：022-68132608

天津金华都废品收购有限公司
地址：天津滨港高新铸造工业区
……Tel：022-68273567

天津昊泰科技有限公司
地址：天津子牙经济技术开发区长春道22号
……Tel：022-68277203

通用钢铁（中国）有限公司
地址：天津市静海县大邱庄镇
……Tel：022-68506596

天津市泰峰钢铁有限公司
地址：天津滨港高新铸造工业区
……Tel：022-68523036

天津兴峰科技有限公司
地址：天津滨港高新铸造工业区泰中路8号
……Tel：022-68523036

天津市坤峰工贸有限公司
地址：天津子牙循环经济产业区（静海总部经济服务中心1排6-101号房间）
……Tel：022-68523036

天津天华元科技有限公司
地址：天津滨港高新铸造工业区泰中路6号
……Tel：022-68523036

天津市中兴盛达钢铁销售有限公司
地址：天津自贸试验区（空港经济区）中心大道华盈大厦102
……Tel：022-68529805

天津聚和钢铁有限公司
地址：天津市静海县大邱庄镇邢家　村
……Tel：022-68557918

天津市仁翼钢铁有限公司
地址：天津市静海区大邱庄镇太平村港静线与大赵路交口
……Tel：022-68558831

天津市欣荣源盛科技发展集团有限公司
地址：天津市静海县蔡公庄镇工业园内
……Tel：022-68563929

天津君诚管道实业集团有限公司
地址：天津市静海区蔡公庄镇朱家房子村西1000米
……Tel：022-68568527

天津冶金集团轧三钢铁有限公司
地址：天津市静海区大邱庄镇津王支路东1号
……Tel：022-68582023

天津冶金集团轧三钢铁物流有限公司
地址：天津自贸试验区（空港经济区）环河南路88号标准厂房2-3459号房间
……Tel：022-68582023

天津昊宇钢铁贸易有限公司
地址：天津市静海区大邱庄镇百亿道27号（宇康盛公司院内）
……Tel：022-68582855

天津市英贺工贸有限公司
地址：天津市静海县大邱庄镇大屯村
……Tel：022-68587152

天津市恒固钢铁贸易有限公司
地址：天津市静海县大邱庄镇大屯村（源通钢材市场院内）
……Tel：022-68588778

天津市保润达实业有限公司
地址：天津市静海区大邱庄镇百亿工业区段51号
……Tel：022-68589890

天津胜达实业有限公司
地址：天津市静海县大邱庄镇津美街
……Tel：022-68589890

天津市富仁板带有限公司
地址：天津市静海县静海镇北华路北侧、旭华道西侧
……Tel：022-68601629

天津泰隆恒华投资有限公司
地址：天津静海北环工业区
……Tel：022-68601965

大禾（天津）科技有限公司
地址：天津静海北环工业区
……Tel：022-68601965

天津市兴跃智能科技有限公司
地址：天津市静海区大丰堆镇2730养殖场东排2号
……Tel：022-68651133

天津友惠电线电缆有限公司
地址：天津市静海城东天宇科技园
……Tel：022-68663595

天津华油科思能源利用技术开发有限公司
地址：天津市静海区西翟庄镇西翟庄村（大强钢铁有限公司五楼503室）
……Tel：022-68674155

天津峰利蒙瑞特实业有限公司
地址：天津市静海县大邱庄镇满井子村
……Tel：022-68676697

天津银泽集团有限公司
地址：天津市静海县开发区天宇科技园内天宇大道北侧
……Tel：022-68686810

天津市博奇金属制品有限公司
地址：天津市静海县沿庄镇西禅房西侧、津涞路东侧
……Tel：022-68711002

天津盈达气体有限公司
地址：天津市静海区大邱庄镇现代钢铁产业园内
……Tel：022-68727590

天津正源顺钢铁销售有限公司
地址：天津市静海区地纬路与瑞和道交口筑境销售中心303
……Tel：022-68783331

天津腾海科技发展有限公司
地址：天津市静海区双塘高档五金制品产业园达胜道6号
……Tel：022-68865566

天津港保税区瀚通国际贸易有限公司
地址：天津自贸试验区（天津港保税区）天保大道199号240室
……Tel：022-82455121

天津大通矿业投资管理有限公司
地址：天津自贸试验区（空港经济区）中心大道与东二道交口东北侧瑞航广场19-1-604
……Tel：022-83129543

天津市众泰集团有限公司
地址：天津市静海区开发区京福公路南侧
……Tel：022-83710119

天津资宝金属制品有限公司
地址：天津子牙环保产业园
……Tel：022-83978092

华鑫（天津）矿产资源经营有限公司
地址：天津自贸试验区（空港经济区）西四道168号融和广场6-1-905
……Tel：022-84841649

天津市润飞钢材加工有限公司
地址：天津经济技术开发区现代产业区大丰路以南
……Tel：022-84841799

中铝国际（天津）建设有限公司
地址：天津自贸试验区（空港经济区）西三道158号5-801
……Tel：022-84866807

中冶天工集团有限公司
地址：天津自贸试验区（空港经济区）西二道88号
……Tel：022-84908000

唐钢华冶（天津）钢材营销有限公司
地址：天津自贸试验区（空港经济区）领航路8号
……Tel：022-84910569

天津正达科技有限责任公司
地址：天津自贸试验区（空港经济区）环河南路225
……Tel：022-84910968

天津物产瑞恒国际贸易有限公司
地址：天津自贸试验区（空港经济区）空港国际物流区第二大街1号312室
……Tel：022-87476151

齐鲁国际融资租赁（天津）有限公司
地址：天津生态城国家动漫园文三路105号读者新媒体大厦第三层办公室A区311房间（天津全新全易商务秘书服务有限公司托管第385号）
……Tel：022-87536670

天津海纳金国际贸易有限公司
地址：天津子牙循环经济产业区（静海县总部经济大楼主楼206号）
……Tel：022-87820537

天津国机东泰有限公司
地址：天津自贸试验区（空港经济区）西五道35号汇津广场4-504室
……Tel：022-88958735

天津有色金属集团有限公司
地址：南开区红日南路
……Tel：022-27683038

天津盛名投资集团有限公司
地址：天津市南开区黄河道519号
……Tel：022-27687988

华阳新兴科技（天津）集团有限公司
地址：天津市南开区红日南路42号内（科技园）
……Tel：022-27981113

天津鸿浩进出口贸易有限公司
地址：天津华苑产业区开华道20号允公科技园B座15层
……Tel：022-82455121

天津和心力科技发展有限公司
地址：天津市宁河区芦台镇幸福商业广场E-2-309
……Tel：022-24149797

天津海之和股份有限公司
地址：天津市宁河区现代产业区海航东路聚丰一品5-1-279
……Tel：022-25682840

荣程智运科技（天津）有限公司
地址：天津市宁河区现代产业区海航东路新华产业科技园A35
……Tel：022-58663622

天津天钢联合特钢有限公司
地址：天津市宁河区经济开发区五纬路
……Tel：022-59266832

天津达亿钢铁有限公司
地址：天津市宁河区七里海镇兰台村
……Tel：022-59566012

天津兴元鼎盛实业有限公司
地址：天津市宁河区芦台镇幸福商业广场A区-502（集中办公区）
……Tel：022-69558616

天津友联盛业科技集团有限公司
地址：天津市宁河区经济开发区六纬路以西
……Tel：022-69559047

天津众冶钢铁有限公司
地址：天津市宁河县经济开发区
……Tel：022-69559047

天津金丰钢铁工贸有限公司
地址：天津市宁河区七里海镇兰台村西
……Tel：022-69559078

天津田丰投资有限公司
地址：天津市宁河区经济开发区六纬路
……Tel：022-69559095

天津新亿兴再生资源回收有限公司
地址：天津市宁河区现代产业区海航东路新华产业科技园A-35
……Tel：022-69566010

中大博雅能源有限公司
地址：天津市武清开发区福源道北侧创业总部基地C01号楼502
……Tel：022-25316219

天津工业化建筑有限公司
地址：武清区梅厂镇福源经济区发源路9号
……Tel：022-29532758

天津冶金轧一物流有限公司
地址：天津市武清区大良镇旗良公路东侧
……Tel：022-58881136

满孚首成（天津）实业有限公司
地址：天津市武清开发区福源道北侧金融商务楼1-302
……Tel：022-59015503

天津晋商矿产贸易集团有限公司
地址：天津市武清区自行车王国产业园区福发路26号
……Tel：022-59621609

鑫投国际贸易（天津）有限公司
地址：天津市武清区大黄堡乡后蒲棒村综合大楼404-15
……Tel：022-59680760

天津中通小额贷款有限公司
地址：天津市武清区地毯产业园综合办公楼301-2
……Tel：022-59688701

麦格昆磁（天津）有限公司
地址：天津新技术产业园区武清开发区泉州路19号
……Tel：022-82125068

天津市津能电缆有限公司
地址：天津新技术产业园区武清开发区开源道32号
……Tel：022-82130038

天津华住金属制品有限公司
地址：天津新技术产业园区武清开发区泉旺路7号
……Tel：022-82192049

天津市恒基岩土工程有限公司
地址：天津市武清开发区福源道18号526室-42（集中办公区）
……Tel：022-84326780

天津迪马投资管理有限公司
地址：天津市西青经济技术开发区赛达新兴产业园C座6层6-002
……Tel：022-23348239

天津源利盛商贸有限公司
地址：天津市西青区王稳庄镇赛达工业园天源道20号蓝领公寓8-612
……Tel：022-23891332

天津得瑞源商贸有限公司
地址：天津市西青区经济开发区大寺工业园洪泽路20号
……Tel：022-23891332

天津盛源通广钢铁有限公司
地址：天津市西青区王稳庄镇政府东侧
……Tel：022-23891332

天津市津兰集团公司

地址：天津市西青区李七庄乡王兰庄村
……Tel：022-23928006
天津市利丰源达钢铁集团有限公司
地址：天津市西青区大寺镇王村金龙道南侧
……Tel：022-23966789
天津市力拓钢制品有限公司
地址：天津市西青区大寺镇王村村西
……Tel：022-23966789
天津市星宇达钢管有限公司
地址：天津市西青区大寺镇王村金龙道南侧
……Tel：022-23966789
天津物产化轻陆港橡胶贸易有限公司
地址：天津市西青区大寺镇柳杨道30号天物化轻大厦B座6层
……Tel：022-24213539
天津原野贸易发展有限公司
地址：天津开发区海通街81号
……Tel：022-25260888
天津俊安煤焦化工有限公司
地址：天津开发区洞庭路2号国际发展大厦21层B座
……Tel：022-25280213
天津鑫东林矿产贸易有限公司
地址：天津开发区南海路11号A座901室
……Tel：022-25288552
天津港中煤华能煤码头有限公司
地址：天津开发区第五大街33号308室
……Tel：022-25703620
天津天缆集团有限公司
地址：天津中北工业园区阜锦道88号
……Tel：022-27984812
天津经济技术开发区机电设备有限公司
地址：天津开发区第十大街49号303室
……Tel：022-28325231
天津市顺鑫进出口贸易有限公司
地址：天津开发区洞庭路122号2段E3511室
……Tel：022-28455121
舒驰容器（天津）有限公司
地址：天津市西青经济开发区赛达世纪大道11号
……Tel：022-58335108
天津保安华宝护卫押运有限公司
地址：天津市西青区梨双路39号
……Tel：022-58680855
天津冶金轧一钢铁贸易有限公司
地址：天津市西青区王稳庄镇政府东侧
……Tel：022-58688696
天津冶金轧一钢铁集团有限公司
地址：天津市西青区王稳庄镇政府北
……Tel：022-58688796
天津重型装备工程研究有限公司
地址：天津开发区海星街20号
……Tel：022-58808791
天津市泰森化工集团有限公司
地址：天津市西青区津港大道13号三楼
……Tel：022-58882317
天津乾泰源化工销售有限公司
地址：天津市西青经济开发区大寺工业园津荣道412号
……Tel：022-58882317
天津物产化轻国际贸易有限公司
地址：天津市西青区柳杨道34号
……Tel：022-58882388
天津物产化轻旭阳国际贸易有限公司
地址：天津市西青经济开发区大寺工业园津荣道23号
……Tel：022-58882473
天津商品交易市场有限公司
地址：天津开发区黄海路98号A座101室212房间
……Tel：022-59824809
天津前进实业有限公司
地址：天津开发区洞庭路160号办公楼第四层
……Tel：022-59835096
天津中林天立实业有限公司
地址：天津开发区睦宁路69号-1
……Tel：022-65171381
中汇发展进出口有限公司
地址：天津开发区海通街81号9号楼A座（出口加工区内）
……Tel：022-65625198
亚太中商国际贸易发展有限公司
地址：天津开发区海通街81号5号楼（出口加工区内）
……Tel：022-65625198
天津荣程祥泰投资控股集团有限公司
地址：天津开发区盛达街9号701
……Tel：022-66286980
浦项世亚线材（天津）有限公司
地址：天津开发区逸仙园工业区翠柳道以南、平和化工公司以东翠柳道4号
……Tel：022-82125164
日铝全综（天津）精密铝业有限公司
地址：天津市西青经济开发区兴华一支路20号
……Tel：022-83982800
天津华璟金属材料有限公司
地址：天津市西青区王稳庄镇政府东
……Tel：022-83998639
天津卓华金属材料有限公司
地址：天津市西青区王稳庄镇政府东侧
……Tel：022-83998639
天津圣佳鑫投资有限公司
地址：天津开发区第四大街95号3门207室
……Tel：022-86766666
天津捷通达汽车投资集团有限公司
地址：天津市西青经济技术开发区大寺高新技术产业园储源道018号
……Tel：022-87199001
天津美林控股有限公司
地址：天津开发区第二大街50号南侧裙楼202房间
……Tel：022-88230388
天津锦宝投资股份有限公司
地址：天津市西青区新产业园区华苑产业区兰苑路1号增2号-1112
……Tel：022-23711777
天津滨海泰达物流集团股份有限公司
地址：天津经济技术开发区渤海路39号办公楼三层
……Tel：022-59858181
天津鞍钢天铁冷轧薄板有限公司
地址：天津空港经济区经三路99号
……Tel：022-60309715
天津钢管国际经济贸易有限公司
地址：天津钢管公司办公楼六楼
……Tel：022-66280988
天津市方通投资集团有限公司
地址：天津经济技术开发区第四大街95号2门201室
……Tel：022-66310189

上海市

上海瑞玛矿产品有限公司
地址：中国（上海）自由贸易试验区西里路55号1136A室
……Tel：021-20232801
久保田（中国）投资有限公司
地址：中国（上海）自由贸易试验区陆家嘴金融贸易区商城路618号良友大厦3层A315室
……Tel：021-20272399
上海金克金属贸易有限公司
地址：上海市浦东新区川沙路1098号8幢
……Tel：021-20286662
摩根士丹利商贸（中国）有限公司
地址：上海市静安区南京西路1168号3512A室
……Tel：021-20336800
东方希望集团有限公司
地址：中国（上海）自由贸易试验区世纪大道1777号1501室
……Tel：021-20360000
上海东方希望建筑科技有限公司
地址：中国（上海）自由贸易试验区世纪大道1777号地下2层03-1室
……Tel：021-20360043
上海东益资产管理有限公司
地址：中国（上海）自由贸易试验区菲拉路55号第2幢第9层911室
……Tel：021-20360043
山金金控资本管理有限公司
地址：上海市黄浦区九江路769号1805室
……Tel：021-20627288
山金国际资产管理有限公司
地址：中国（上海）自由贸易试验区东方路12号2层206室
……Tel：021-20627288
宝钢集团财务有限责任公司
地址：中国（上海）自由贸易试验区世博大道1859号1号楼9楼
……Tel：021-20657307
中国宝武钢铁集团有限公司
地址：中国（上海）自由贸易试验区世博大道1859号
……Tel：021-20658888
上海际丰投资管理有限责任公司
地址：上海市黄浦区南苏州路381号405G07室
……Tel：021-20778922
中国商用飞机有限责任公司
地址：中国（上海）自由贸易试验区张杨路25号
……Tel：021-20888888
中国石化集团上海海洋石油局有限公司
地址：中国（上海）自由贸易试验区杨高北路2001号市场商务楼一层509室
……Tel：021-20896999
五矿有色金属（上海）有限公司
地址：中国（上海）自由贸易试验区业盛路188号A-878室
……Tel：021-20899777
上海餍龙国际贸易有限公司
地址：上海市宝山区江杨南路2500弄30号1809室
……Tel：021-20961057
浦项国际贸易（上海）有限公司
地址：上海市长宁区红宝石路500号1号楼1604室
……Tel：021-22113573
淡水河谷矿产品（中国）有限公司
地址：上海市静安区裕通路100号宝矿洲际商务中心5201-1、5202-2、5201-3、5201-5、5301-1、5301-2和5301-3室
……Tel：021-22150200
中海油销售上海有限公司
地址：上海市宝山区月罗路218号
……Tel：021-22833952
上海新启投资有限公司
地址：上海市嘉定区菊园新区环城路2222号1幢J10722室
……Tel：021-22835888
上海电力股份有限公司
地址：上海市黄浦区中山南路268号
……Tel：021-23108818
东沃能源集团股份有限公司
地址：上海市奉贤区联合北路215号第2幢1182室
……Tel：021-23132313
上海柏云特投资管理有限公司
地址：中国（上海）自由贸易试验区业盛路188号国贸大厦A-1488F室
……Tel：021-23151840
上海复星矿业投资管理有限公司
地址：浦东新区康桥镇沪南路2575号1288室
……Tel：021-23156839
永柏资本控股集团有限公司
地址：中国（上海）自由贸易试验区业盛路188号A-522室
……Tel：021-23198000
中林时代控股有限公司
地址：上海市虹口区黄浦路53号1409室
……Tel：021-23267800
上海国林鸿港国际贸易有限公司
地址：上海市虹口区保定路450号9幢303室
……Tel：021-23267810
采埃孚销售服务（中国）有限公司
地址：中国（上海）自由贸易试验区台中南路138号西楼4层V01-2室
……Tel：021-23500600
上海华谊能源化工有限公司
地址：上海市闵行区龙吴路4280号
……Tel：021-23531243
上海华信物产有限责任公司
地址：中国（上海）自由贸易试验区马吉路88号3幢201间
……Tel：021-23565655
上海惠翱有色金属有限公司
地址：上海市虹口区武昌路559号C楼447室
……Tel：021-23570350
上海汽车工业销售有限公司
地址：上海市普陀区曹杨路589号
……Tel：021-24011188
特力（中国）投资有限公司
地址：上海市闵行区泰虹路456弄21号701室
……Tel：021-24082888
西马克工程（中国）有限公司
地址：上海市闵行区莲花南路2200号综合楼
……Tel：021-24086500
上海实达精密不锈钢有限公司
地址：上海市闵行区华锦路291号
……Tel：021-24087888
优美科金属国际贸易（上海）有限公司
地址：中国（上海）自由贸易试验区英伦路300号高安展示厅西部位
……Tel：021-24116883
星巴克（上海）咖啡有限公司
地址：上海市静安区南京西路789号N110、N201单元
……Tel：021-24145888
上海锐镐有色金属股份有限公司
地址：上海市宝山区真陈路1000号6楼F座22室
……Tel：021-24150387
中国兵工物资华东有限公司
地址：上海市徐汇区肇嘉浜路359号
……Tel：021-24227200
中海万悦实业集团有限公司
地址：上海市青浦区华纺路69号3幢3层B区346室
……Tel：021-25257939
宝武特种冶金有限公司
地址：上海市宝山区水产路1269号216幢1277室
……Tel：021-26032000
宝钢特钢长材有限公司
地址：上海市宝山区水产路1269号
……Tel：021-26032100
上海宝钢不锈钢有限公司
地址：上海市宝山区长江路735号
……Tel：021-26034567
上海电气国际经济贸易有限公司
地址：上海市静安区和田路211号2幢101、201、202、301室
……Tel：021-26065000
上海宝钢节能环保技术有限公司
地址：上海市宝山区克山路550弄7号商务楼2、3层
……Tel：021-26088540
宝钢工程技术集团有限公司
地址：宝山区铁力路2510号
……Tel：021-26088800
宝武水务科技有限公司
地址：上海市宝山区牡丹江路1508号1幢
……Tel：021-26088991
上海宝钢建筑工程设计有限公司
地址：上海市长宁区定西路1118号
……Tel：021-26089301
上海钢联金属矿产国际交易中心有限责任公司
地址：中国（上海）自由贸易试验区业盛路188号A-735室
……Tel：021-26093093
上海钢联电子商务股份有限公司
地址：上海市宝山区园丰路68号
……Tel：021-26093333
上海钢银电子商务股份有限公司
地址：上海市宝山区园丰路68号5楼
……Tel：021-26093333
上海钢银供应链管理有限公司
地址：上海市宝山区园丰路68号1幢4楼
……Tel：021-26093333
宝钢金属有限公司
地址：上海市宝山区蕴川路3962号
……Tel：021-26099999
上海宝钢浦东国际贸易有限公司
地址：中国（上海）自由贸易试验区荷丹路88号
……Tel：021-26640606
上海宝钢资产管理有限公司
地址：上海市宝山区月罗路559号S-1088室
……Tel：021-26641111
宝钢日铁汽车板有限公司
地址：上海市宝山钢铁股份有限公司厂区内纬五路冷轧综合楼
……Tel：021-26641800
上海宝钢国际经济贸易有限公司
地址：上海市宝山区漠河路151号1816室
……Tel：021-26643666
宝山钢铁股份有限公司
地址：上海市宝山区富锦路885号
……Tel：021-26647000
宝武炭材料科技有限公司
地址：上海市宝山区宝钢厂区纬三路化工办公楼
……Tel：021-26648409
上海斯迪尔电子交易市场经营管理有限公司
地址：上海市宝山区牡丹江路1325号3308-H室
……Tel：021-31080558
上海谷汇实业有限公司
地址：上海市杨浦区政悦路318号68幢2172室
……Tel：021-31109911
宝武装备智能科技有限公司
地址：上海市宝山区同济路3520号
……Tel：021-31115515
上海高泰精密管材股份有限公司
地址：上海市嘉定区横仓公路1655号
……Tel：021-31164816
上海宝钢包装股份有限公司
地址：上海市宝山区罗东路1818号
……Tel：021-31165678
中铝国际贸易集团有限公司
地址：中国（上海）自由贸易试验区长清北路53号南楼1202室
……Tel：021-31181888
中金天公共设施运营管理有限公司
地址：上海市浦东新区沪南路2218号西楼18层
……Tel：021-31195566
国泰君安投资管理股份有限公司
地址：上海市静安区愚园路172号主楼601-602室
……Tel：021-31222388
漓江有色金属有限公司
地址：中国（上海）自由贸易试验区耀华路251号一幢一层1011室
……Tel：021-31322040
佰力实业（上海）有限公司
地址：上海市杨浦区波阳路16号8号楼1488室
……Tel：021-31338112
华虎钢铁集团有限公司
地址：上海市宝山区牡丹江路1325号4408-K室
……Tel：021-31391000
中豹钢铁集团有限公司
地址：上海市金山区廊下镇景乐路228号7幢（廊下经济小区）
……Tel：021-31391000
上海中豹钢铁集团材料技术有限公司
地址：上海市宝山区牡丹江路1508号1幢583-D室
……Tel：021-31391000
上海华虎投资集团钢铁有限公司

地址：上海市宝山区牡丹江路1325号3320-C室
……Tel：021-31391000

上海木马投资集团材料技术有限公司
地址：上海市金山区廊下镇景乐路228号7幢（廊下经济小区）
……Tel：021-31391000

上海木马投资集团有限公司
地址：上海市宝山区牡丹江路1325号302室
……Tel：021-31391000

上海胶润国际贸易有限公司
地址：上海市浦东新区南汇新城镇环湖西二路888号C楼
……Tel：021-31579686

上海闽上钢铁贸易发展有限公司
地址：上海市宝山区长建路777号911室
……Tel：021-31595300

上海晶铠新能源科技发展有限公司
地址：上海市浦东新区秀浦路3188弄30号1层102室
……Tel：021-31600988

中昌海运控股有限公司
地址：中国（上海）自由贸易试验区顺通路5号上海深水港商务广场A座009A室
……Tel：021-31650380-6600

华宝冶金资产管理有限公司
地址：中国（上海）自由贸易试验区世博大道1859号2号楼7层701室
……Tel：021-31651750

中化国际（控股）股份有限公司
地址：中国（上海）自由贸易试验区长清北路233号12层
……Tel：021-31760000

上海时代航运有限公司
地址：中国（上海）自由贸易试验区业盛路188号A-1221室
……Tel：021-31828800

上海瑞宁航运有限公司
地址：上海市虹口区吴淞路218号3801室-1
……Tel：021-31829099

上海悦轩企业发展有限公司
地址：上海市金山区海丰路65号1802室
……Tel：021-32030089

意爱崎（上海）国际贸易有限公司
地址：上海市普陀区中山北路2299号2088室
……Tel：021-32098999

上海高旅投资管理集团有限公司
地址：上海市嘉定区沪宜路1号B-142
……Tel：021-32126039

大冶有色金属集团上海投资贸易有限公司
地址：中国（上海）自由贸易试验区世纪大道1168号B座1604室
……Tel：021-32516790

宝矿贸易（上海）有限公司
地址：中国（上海）自由贸易试验区基隆路28号808室
……Tel：021-32529999

上海市机械设备成套（集团）有限公司
地址：中国（上海）自由贸易试验区商城路518号15A室
……Tel：021-32557163

上海中民商业发展有限公司
地址：中国（上海）自由贸易试验区加枫路26号108室
……Tel：021-32585007

国泰君安风险管理有限公司
地址：上海市徐汇区虹漕路25-1号二层355室
……Tel：021-33037686

上海诺昉国际贸易有限公司
地址：上海市金山区朱泾镇临仓街600、612号15幢四楼4326室
……Tel：021-33051887

上海钦屹贸易有限公司
地址：上海市杨浦区国定东路275-8号613室
……Tel：021-33161113

上海黄金交易所
地址：上海市黄浦区河南中路99号
……Tel：021-33189588

上海厚实信息技术有限公司
地址：中国（上海）自由贸易试验区富特东一路438号全幢楼3层301室
……Tel：021-33266068

上海中泰多经国际贸易有限责任公司
地址：上海市黄浦区九江路769号1808室
……Tel：021-33283126

上海象屿速传供应链有限公司
地址：上海市虹口区飞虹路360弄9号6层（集中登记地）
……Tel：021-33313679

蔷薇（上海）企业发展有限公司
地址：上海市黄浦区黄河路333号201室A区081单元
……Tel：021-33356699

上海新潮酒业有限责任公司
地址：上海市虹口区曲阳路851弄7号2401室
……Tel：021-33356888

上海道成实业有限公司
地址：上海市奉贤区青村镇奉柘公路2898号4幢7车间
……Tel：021-33580879

上海强劲产业发展投资控股有限公司
地址：上海市闵行区中春路7228号2幢D2-27号
……Tel：021-33589090

上海展志实业集团有限责任公司
地址：上海市杨浦区国宾路36号1701室
……Tel：021-33621790

上海中财塑胶有限公司
地址：上海市徐汇区龙漕路乙字一号
……Tel：021-33676288

利民华枫企业发展（上海）有限公司
地址：上海市金山区枫泾镇环东一路88号3幢1697室
……Tel：021-33697958

上海翩腾国际贸易有限公司
地址：中国（上海）自由贸易试验区美盛路177号4幢2层2087室
……Tel：021-33758639

上海三冠钢铁有限公司
地址：上海市宝山区铁力路229号
……Tel：021-33790333

上海舜业钢铁集团有限公司
地址：上海市宝山区友谊路1588弄1号1801室
……Tel：021-33796688

上海淮矿资产管理有限公司
地址：中国（上海）自由贸易试验区浦东南路256号803、804室
……Tel：021-33908702

上海罡星实业发展有限公司
地址：上海市金山工业区立新村横泾2109号7幢145室
……Tel：021-33975033

上海电气电站设备有限公司
地址：上海市莘庄工业区金都路3669号3幢
……Tel：021-34059888

江苏省建工集团上海物贸发展有限公司
地址：中国（上海）自由贸易试验区日滨路76号B9部位
……Tel：021-34675076

驰宏实业发展（上海）有限公司
地址：上海市普陀区曹杨路1888弄11号2楼201室-A
……Tel：021-34788389

上海蓝日信息技术有限公司
地址：上海市宝山区沪太路6950号（A区二号楼103室）
……Tel：021-35052299

上海中数建筑有限公司
地址：上海市崇明区城桥镇东河沿68号F幢355室（上海城桥经济开发区）
……Tel：021-35312699

绿地能源集团有限公司
地址：中国（上海）自由贸易试验区浦电路438号606B室
……Tel：021-35316588

上海华能电子商务有限公司
地址：中国（上海）自由贸易试验区陆家嘴路66号招商大厦24层01单元
……Tel：021-35316699

五矿上海浦东贸易有限责任公司
地址：上海市浦东新区川沙路450号317室
……Tel：021-35371511

银河德睿资本管理有限公司
地址：上海市虹口区东长治路359号1601室
……Tel：021-35870621

宝钢资源有限公司
地址：浦东新区金海路3288号F3208室
……Tel：021-35880888

宝钢资源控股（上海）有限公司
地址：上海市虹口区东大名路568号三楼
……Tel：021-35880888

上海鹿锋金属贸易有限公司
地址：上海市宝山区牡丹江路1325号四楼B-4013U室
……Tel：021-36010613

宝钢发展有限公司
地址：上海市宝山区克山路550弄8号
……Tel：021-36025666

上海宝地不动产资产管理有限公司
地址：中国（上海）自由贸易试验区张江路665号3层
……Tel：021-36025666

上海航空发动机制造有限公司
地址：上海市宝山区富联路1058号-1068号
……Tel：021-36042798

赛领国际投资基金（上海）有限公司
地址：上海市虹口区飞虹路360弄10号7层
……Tel：021-36126800

上海宝合实业股份公司
地址：上海市崇明县庙镇宏海公路843号1幢
……Tel：021-36338596

上海荔源物资贸易有限公司
地址：上海市普陀区长寿路30号505室
……Tel：021-36363333

上海陆上货运交易中心有限公司
地址：上海市普陀区金迈路1号1幢12层
……Tel：021-36366030

赣商联合股份有限公司
地址：上海市虹口区四川北路1717号2312室
……Tel：021-36393402

中钢上海钢材加工有限公司
地址：上海市宝山工业园区金石路1688号207室
……Tel：021-36551860

中商投供应链管理（上海）有限公司
地址：上海市宝山区沪太路8885号A楼911室
……Tel：021-36562670

宝武集团环境资源科技有限公司
地址：上海市宝山区逸仙路2816号一幢一层A006室
……Tel：021-36588698

上海鑫矿钢铁有限公司
地址：上海市松江区洞泾镇茂盛路202弄1号1069室
……Tel：021-36626659

宝武物流资产有限公司
地址：上海市宝山区牡丹江路1508号1幢
……Tel：021-36628808

上海欧冶材料技术有限责任公司
地址：上海市宝山区潘泾路2666号-8
……Tel：021-36638100

东方钢铁电子商务有限公司
地址：中国（上海）自由贸易试验区郭守敬路515号4楼
……Tel：021-36638633

东方付通信息技术有限公司
地址：中国（上海）自由贸易试验区郭守敬路498号1幢503/02-A室
……Tel：021-36638732

欧冶云商股份有限公司
地址：上海市宝山区漠河路600弄1号5层A501-A507室
……Tel：021-36638888

上海钢铁交易中心有限公司
地址：上海市宝山区双城路803弄9号楼3001室
……Tel：021-36639607

上海首农投资控股有限公司
地址：上海市普陀区武威路288号8号楼306室
……Tel：021-36696101

亚上国际贸易（上海）有限公司
地址：上海市静安区广中西路757号1717室
……Tel：021-36696732

上海乾通汽车附件有限公司
地址：上海市嘉定区百安公路168号
……Tel：021-36717090

上海宝冠钢铁有限公司
地址：上海市徐汇区天钥桥南路1128号7幢274室
……Tel：021-37003859

上海金山惠民村镇银行有限责任公司
地址：上海市金山区卫清东路3008号-3018号
……Tel：021-37213031

格林大华资本管理有限公司
地址：中国（上海）自由贸易试验区马吉路28号22层2202E室
……Tel：021-38126256

上海钜库供应链管理有限公司
地址：中国（上海）自由贸易试验区临港新片区秋兴路875号7幢4层106室
……Tel：021-38139555

上海蒙洋能源科技有限公司
地址：浦东新区沪南公路8666弄2号4楼
……Tel：021-38233986-8012

三井物产（上海）贸易有限公司
地址：中国（上海）自由贸易试验区基隆路6号6层615室
……Tel：021-38500500

华宝投资有限公司
地址：中国（上海）自由贸易试验区世纪大道100号59层西区
……Tel：021-38506555

华宝资本有限公司
地址：上海市浦东新区牡丹路60号531室
……Tel：021-38506555

华宝信托有限责任公司
地址：中国（上海）自由贸易试验区世纪大道100号59层
……Tel：021-38506666

诺贸贸易（上海）有限公司
地址：中国（上海）自由贸易试验区世纪大道88号金茂大厦办公楼25楼06单元
……Tel：021-38573333

上海怡亚通供应链有限公司
地址：中国（上海）自由贸易试验区金粤路202号1幢5楼A座
……Tel：021-38575555

上海中财实业发展有限公司
地址：上海市徐汇区龙漕路乙字1号
……Tel：021-38600945

长江养老保险股份有限公司
地址：中国（上海）自由贸易试验区世纪大道1239号9楼01单元、10楼和11楼
……Tel：021-38606800

国泰君安证券股份有限公司
地址：中国（上海）自由贸易试验区商城路618号
……Tel：021-38676666

世天威物流（上海外高桥保税物流园区）有限公司
地址：中国（上海）自由贸易试验区申亚路89号4幢二层
……Tel：021-38751600

上海信达诺有限公司
地址：上海市虹口区曲阳路299号801室（集中登记地）
……Tel：021-38863061

精典电子股份有限公司
地址：中国（上海）自由贸易试验区泰谷路169号C座1层
……Tel：021-38954599

上海宏禹矿产品有限公司
地址：上海市宝山区吉浦路545-551号1339室
……Tel：021-38959088

上海晟天企业发展有限公司
地址：中国（上海）自由贸易试验区创新西路778号
……Tel：021-38959088

上海宏达矿业股份有限公司
地址：上海市宝山区高逸路112-118号5幢203室
……Tel：021-38959088

上海顶锋金属制品有限公司
地址：上海市嘉定区安亭镇宝安公路5111号
……Tel：021-39503088

上海日铁物产汽车配件有限公司
地址：上海市嘉定工业区新和路939号第3幢一层A区
……Tel：021-39538411

上海弗贺实业发展有限公司
地址：中国（上海）自由贸易试验区巴圣路160号
……Tel：021-39882552

上海申之禾投资发展有限公司
地址：上海市杨浦区水丰路180号167室
……Tel：021-50155715

光大光子投资管理有限公司
地址：中国（上海）自由贸易试验区马吉路28号7层707A室
……Tel：021-50322063

上海证大能源贸易有限公司
地址：上海市浦东新区牡丹路60号513室
……Tel：021-50338550

三林万业（上海）企业集团有限公司
地址：中国（上海）自由贸易试验区浦东大道720号27楼
……Tel：021-50367878

上海江铜营销有限公司
地址：中国（上海）自由贸易试验区张江路727号7F-1室
……Tel：021-50431800

中铜国际贸易集团有限公司
地址：中国（上海）自由贸易试验区长清北路53号南楼10层
……Tel：021-50459911

中钢银通电子商务股份有限公司
地址：中国（上海）自由贸易试验区芳春路400号1幢301-125室
……Tel：021-50585555

上海中路（集团）有限公司
地址：上海市浦东新区康杉路888号
……Tel：021-50591378

上海归桐企业发展有限公司
地址：中国（上海）自由贸易试验区张衡路500弄1号楼502室
……Tel：021-50620093

上海蓝翔海陆燃料有限公司
地址：浦东新区莱阳路3125号1幢
……Tel：021-50676113

上海臣商新能源发展有限公司
地址：上海市浦东新区东方路1988号704-C37室
……Tel：021-50677216

基泰国际贸易（上海）有限公司
地址：中国（上海）自由贸易试验区华申路198号1幢楼一层A-07室
……Tel：021-50687337

上海核创实业有限公司
地址：中国（上海）自由贸易试验区富特北路81号1幢楼3层305部位
……Tel：021-50705952

上海陇菀实业发展有限公司
地址：上海市崇明区横沙乡富民支路58号5907室（上海横泰经济开发区）
……Tel：021-50722218

上海新湖瑞丰金融服务有限公司
地址：中国（上海）自由贸易试验区向城路288号，世纪大道1501号608室
……Tel：021-50766062

上海拓石矿产品有限公司

地址：上海市浦东新区书院镇丽正路1628号4幢1-2层
…………Tel：021-50773215
上海臻傲贸易有限公司
地址：嘉定区南翔镇真南路4929号303室
…………Tel：021-50786062
上海宝信软件股份有限公司
地址：中国（上海）自由贸易试验区郭守敬路515号
…………Tel：021-50801155
马衡达信息技术（上海）有限公司
地址：中国（上海）自由贸易试验区郭守敬路498号浦东软件园23102、23104、23202、23204室
…………Tel：021-50807600
上海净烨金属材料有限公司
地址：上海漕河泾开发区松江高科技园莘砖公路668号202室-287
…………Tel：021-50809273
上海中国煤炭大厦有限责任公司
地址：中国（上海）自由贸易试验区东方路899号
…………Tel：021-50811891
中盼（上海）实业投资发展有限公司
地址：上海市嘉定区菊园新区嘉唐公路488号1幢202室
…………Tel：021-50851167
上海天元锰业国际贸易有限公司
地址：上海市宝山区同济路2号1幢1G01室
…………Tel：021-50855700
上海皈依贸易有限公司
地址：上海市普陀区金沙江路972号3层303室
…………Tel：021-50873868
上海商翔金属贸易有限公司
地址：中国（上海）自由贸易试验区临港新片区新杨公路860号10幢
…………Tel：021-50886808
中贸投能源科技有限公司
地址：上海市浦东新区绿科路90号1幢315室
…………Tel：021-50900728
升秉环保科技（上海）有限公司
地址：中国（上海）自由贸易试验区富特北路131号二层2082室
…………Tel：021-50900888
梓升环保科技（上海）有限公司
地址：中国（上海）自由贸易试验区德堡路38号1幢3层311-39室
…………Tel：021-50900888
上海锦臻盛国际贸易有限公司
地址：上海市浦东新区东三里桥555号205室
…………Tel：021-50900888
上海茂鑫石油化工有限公司
地址：上海市浦东新区东方路1988号6层214席位
…………Tel：021-50906528
上海百丰企业发展集团有限公司
地址：中国（上海）自由贸易试验区商城路618号1301-1室
…………Tel：021-50916128
国瑜（上海）贸易有限公司
地址：上海市奉贤区沿钱公路5599号10293室
…………Tel：021-50938156
中铁物上海有限公司
地址：上海市静安区会文路50号1603室
…………Tel：021-51006969
上海嘉利兴国际贸易有限公司
地址：上海市虹口区东体育会路996号6010室
…………Tel：021-51078515
上海华昌源实业投资有限责任公司
地址：上海市虹口区东体育会路996号A座
…………Tel：021-51078515
东京贸易（中国）有限公司
地址：中国（上海）自由贸易试验区富特西一路459号214室
…………Tel：021-51098158
上海世隆投资管理有限公司
地址：上海市宝山区新二路999弄148号一层楼101室
…………Tel：021-51118818
上海银鸿国际贸易有限公司
地址：上海市宝山区月罗路559号R-148室
…………Tel：021-51132833
上海润盛贸易有限公司
地址：上海市宝山区月罗路559号R-147室
…………Tel：021-51132835
上海宝山华辉小额贷款股份有限公司
地址：上海市宝山区长逸路15号B座1107-1110室
…………Tel：021-51251189
上海钢之源电子交易中心有限公司
地址：上海市宝山区友谊路1588弄14号
…………Tel：021-51251189
上海航向钢铁有限公司
地址：上海市宝山区长逸路15号东区一路3楼-238
…………Tel：021-51251629

上海宝闽钢铁集团有限公司
地址：上海市逸仙路661号13层、16层
…………Tel：021-51251765
上海威耀实业有限公司
地址：上海市浦东新区民秋路366号8幢301室
…………Tel：021-51315131
舜广控股集团（上海）有限公司
地址：上海市宝山区铁山路1071-1079号1052室
…………Tel：021-51671282
上海研翊科贸有限公司
地址：上海市宝山区宝杨路1800号2号楼754室
…………Tel：021-51693076
上海浩宇实业集团有限公司
地址：宝山区友谊路1588弄11号606室
…………Tel：021-51838838
马钢（上海）工贸有限公司
地址：上海市宝山区友谊路1518弄（永景国际）1号楼703-704室
…………Tel：021-51839883
上海金自天正信息技术有限公司
地址：中国（上海）自由贸易试验区芳春路400号1幢3层301-130室
…………Tel：021-51839999
上海龙昱投资咨询有限公司
地址：上海市静安区北京西路968号3001室
…………Tel：021-51853888
上海茂能企业管理有限公司
地址：上海市浦东新区牡丹路80号A室
…………Tel：021-51860638
宏源恒利（上海）实业有限公司
地址：上海市虹口区汶水东路351号2号楼三层309室
…………Tel：021-51878077
上海华谊集团华原化工有限公司
地址：上海市金山区金山卫镇华通路200号
…………Tel：021-51953030
中钢集团上海有限公司
地址：上海市静安区南京西路996号
…………Tel：021-52036587
上海棉纺织印染联合有限公司
地址：上海市长寿路295弄1号
…………Tel：021-52038688
上海化学纤维（集团）有限公司
地址：上海市浦东新区崂山东路300号
…………Tel：021-52038719
上海虹桥临空经济园区发展有限公司
地址：上海市长宁区广顺路33号8号楼
…………Tel：021-52191199
上海五金矿产发展有限公司
地址：上海市静安区光复路757号2幢18楼
…………Tel：021-52292888
福建阳光集团上海实业有限公司
地址：上海市浦东新区金桥路2630号1幢407室
…………Tel：021-52358005
润灌资源开发有限公司
地址：上海市长宁区延安西路895号10楼G室
…………Tel：021-52395298
史泰博（上海）有限公司
地址：上海市长宁区通协路269号5号楼3楼
…………Tel：021-52609020
云锡（上海）投资发展有限公司
地址：中国（上海）自由贸易试验区临港新片区业盛路188号A-522室
…………Tel：021-52664788
云锡贸易（上海）有限公司
地址：上海漕河泾开发区松江高科技园莘砖公路258号32幢1501室
…………Tel：021-52664788
上海高瞻实业集团有限公司
地址：上海市宝山区园泰路695号1幢2层228室
…………Tel：021-52680358
中瑞华林能源投资有限公司
地址：上海市松江区石湖荡镇石湖新路168号
…………Tel：021-52726060
上海在凌资产管理有限公司
地址：上海市普陀区花溪路199号531室
…………Tel：021-52790270
上海鼎奘实业有限公司
地址：上海市浦东新区康士路17号314室
…………Tel：021-52831866
矽比科（上海）矿业有限公司
地址：上海市松江区李塔汇镇贵南路28号
…………Tel：021-52895000
上海快鹿投资（集团）有限公司
地址：上海市天山路600弄4号思创大厦8层A室
…………Tel：021-52896666
上海贸圣供应链管理有限公司
地址：上海市宝山区长逸路15号东区一路三楼-245
…………Tel：021-52898008
上海中通瑞德投资集团有限公司
地址：上海市虹口区新建路203号底层（集中登记地）

…………Tel：021-52899998
金川集团国际贸易有限公司
地址：上海市虹口区水电路1308号
…………Tel：021-52903530
上海金川国际贸易有限公司
地址：中国（上海）自由贸易试验区业盛路188号A-522室
…………Tel：021-52903530
杰拉德金属（上海）有限公司
地址：中国（上海）自由贸易试验区西里路55号6层658室
…………Tel：021-52928989
上海誉俪有色金属贸易有限公司
地址：上海市宝山区沪太路6397号1-2层F39区1158室
…………Tel：021-52956192
上海垚宇能源有限公司
地址：上海市崇明区新海镇星村公路700号12幢117-11室（上海新海经济开发区）
…………Tel：021-52980621
白银有色国际贸易（上海）有限公司
地址：上海市金山区金山卫镇秋实路688号1号楼5单元224室Q座
…………Tel：021-53061001
上海正晟国际贸易有限公司
地址：上海市青浦区金泽镇金中路5号108室
…………Tel：021-53086510
上海珍乔自动化设备有限公司
地址：上海市普陀区中江路106号3层309室
…………Tel：021-53530005
上海荣有贸易有限公司
地址：中国（上海）自由贸易试验区加太路39号1幢二层58室
…………Tel：021-53530005
上海实业发展股份有限公司
地址：中国（上海）自由贸易试验区浦东南路1085号
…………Tel：021-53858686
上海舟基实业有限公司
地址：上海市青浦区双联路158号2层H区286室
…………Tel：021-53858929
上海星巴克咖啡经营有限公司
地址：上海市淮海中路937号金叶大楼第一、二层
…………Tel：021-53898621
神钢商贸（上海）有限公司
地址：上海市黄浦区蒙自路757号802室
…………Tel：021-53966464
上海富多达能源有限公司
地址：中国（上海）自由贸易试验区奥纳路55号1幢607室
…………Tel：021-54019359
上海美衡实业有限公司
地址：中国（上海）自由贸易试验区浦明路1258号1层102室
…………Tel：021-54360091
上海大昌铜业有限公司
地址：上海市嘉定区外冈镇新望路1号
…………Tel：021-54396272
上海国大建设集团有限公司
地址：上海市浦东新区昌里路335号409-3
…………Tel：021-54450598
上海金颐实业投资股份有限公司
地址：上海市徐汇区武康路280弄19-1号地下1_地下夹层
…………Tel：021-54657697
上海星弘实业有限公司
地址：上海市松江区谷阳北路166号7楼728室
…………Tel：021-54667999
上海公采实业有限公司
地址：上海市青浦区外青松公路5088号3幢103室
…………Tel：021-54668807
上海闵旺钢铁有限公司
地址：上海市奉贤区齐贤镇南闸路57号
…………Tel：021-54707605
上海电气上重铸锻有限公司
地址：上海市闵行区江川路1800号207幢
…………Tel：021-54721141
上海云峰矿业有限公司
地址：上海市闵行区吴中路478号17层1704室
…………Tel：021-54778898
上海云峰（集团）有限公司
地址：上海市闵行区吴中路478号16楼
…………Tel：021-54778898-1872
上海田蓝实业有限公司
地址：上海市普陀区大渡河路1718号B区511-7室
…………Tel：021-54868866
上海日丰实业有限公司
地址：上海市金山工业区天工路80号2幢
…………Tel：021-54868866
国信金阳资本管理有限公司
地址：上海市虹口区东大名路358号20楼2011、2012室
…………Tel：021-55007873
上海运天钢铁有限公司

地址：上海市浦东新区惠南镇拱极东路28号202室47号
…………Tel：021-55042566
上海同业煤化集团有限公司
地址：上海市杨浦区黄兴路2005弄2号楼2301室
…………Tel：021-55050077
上海豫信实业发展有限公司
地址：上海市宝山区杨泰路386号B-279
…………Tel：021-55063277
中科建飞投资控股集团有限公司
地址：上海市宝山区德都路30弄10号
…………Tel：021-55068769
中建创辉（上海）供应链管理有限公司
地址：上海市宝山区双城路803弄11号1602A-829室
…………Tel：021-55080591
上海拓闽实业有限公司
地址：上海市宝山区长江南路668号-75
…………Tel：021-55085397
鑫华霞投资控股（上海）有限公司
地址：上海市杨浦区国权路525号207-5室
…………Tel：021-55086511
上海西城钢铁销售有限公司
地址：上海市虹口区广纪路173号1001-1007室106H
…………Tel：021-55138081
上海中联钢钢铁电子交易市场经营管理有限公司
地址：上海市虹口区汶水东路29号603、605-608室
…………Tel：021-55157285
上海汉芮实业发展有限公司
地址：上海市杨浦区民京路853号1幢2156室
…………Tel：021-55380861
上海杨浦盛瑞德小额贷款股份有限公司
地址：上海市杨浦区国和路490号金宏商务大厦1002室
…………Tel：021-55396176
上海占鳌钢铁物资有限公司
地址：上海市青浦区青赵公路1803号三层G区313室
…………Tel：021-55397013
上海人民电缆集团有限公司
地址：上海市金山区吕巷镇建乐路550号
…………Tel：021-55521555
上海宝钢航运有限公司
地址：中国（上海）自由贸易试验区顺通路5号B座604B室
…………Tel：021-55699838
巨鑫国际进出口（上海）有限公司
地址：上海市宝山区真陈路1000号1幢6楼G座505室
…………Tel：021-55781733
中商投灏嘉（上海）投资控股有限公司
地址：上海市杨浦区黄兴路1800号1105、1106室
…………Tel：021-55806981
河南商贸集团郑中贸易（上海）有限公司
地址：上海市宝山区牡丹江路1508号4406-J室
…………Tel：021-55888121
上海均和集团有限公司
地址：上海市黄浦区巨鹿路137号5F-6室
…………Tel：021-55888777
上海均和集团国际贸易有限公司
地址：上海市宝山区牡丹江路1508号107室
…………Tel：021-55888777
上海均和企业管理有限公司
地址：上海市崇明区建设镇建星路108号2幢3115室（上海建设经济小区）
…………Tel：021-55888777
上海均和能源科技有限公司
地址：上海市浦东新区泥城镇云汉路979号2楼
…………Tel：021-55896117
均和控股有限公司
地址：上海市静安区江场三路26、28号313室
…………Tel：021-55896229
上海复星冶金投资管理有限公司
地址：上海市浦东新区莲林路15号1幢321室
…………Tel：021-55987829
上海田蓝企业发展有限公司
地址：中国（上海）自由贸易试验区临港新片区云汉路979号2楼
…………Tel：021-56060318
上海承源企业发展（集团）有限公司
地址：上海市浦东新区欧高路127号9幢
…………Tel：021-56111929
上海万斛泉实业有限公司
地址：上海市宝山区牡丹江路1508号2203室
…………Tel：021-56112623
中联恒业（上海）国际贸易有限公司
地址：上海市长宁区遵义路100号A楼2006-2013单元
…………Tel：021-56118383

杭锦国际贸易有限公司
地址：中国（上海）自由贸易试验区杨高北路2001号1幢4部位三层333室
……Tel：021-56231562

国商投实业有限公司
地址：上海市杨浦区国定支路26号3316室
……Tel：021-56319787

上海桔颂实业有限公司
地址：上海市宝山区沪太路6399号401室-2
……Tel：021-56352115

上海亨禧实业有限公司
地址：上海市闵行区莘北路505号1幢202室
……Tel：021-56352115

宝钢集团上海钢管有限公司
地址：上海市宝山区逸仙路3950号
……Tel：021-56463558

上海宝山银合小额贷款有限公司
地址：上海市宝山区双城路803弄7号1704室
……Tel：021-56572670

宝钢集团上海五钢有限公司
地址：上海市宝山区同济路303号
……Tel：021-56578030

上海宝钢物流有限公司
地址：宝山区水产路1508号
……Tel：021-56582405

上海交运日红国际物流有限公司
地址：上海市静安区恒丰路288号
……Tel：021-56630000

上海宝钺物流有限公司
地址：宝山区月新南路821号
……Tel：021-56642008

中铜（上海）铜业有限公司
地址：宝山区泰和路1088号
……Tel：021-56679888

上海彭浦橡胶制品有限公司
地址：沪太路1895弄58号
……Tel：021-56689561

宝武集团上海宝山宾馆有限公司
地址：上海市宝山区牡丹江路1813号
……Tel：021-56698290

上海普恬贸易有限公司
地址：上海市宝山区牡丹江路1211号1910-G室
……Tel：021-56723006

上海中远化工有限公司
地址：宝山区长江西路1001号
……Tel：021-56754337

上海厚立实业有限公司
地址：中国（上海）自由贸易试验区临港新片区云汉路979号2楼
……Tel：021-56775100

上海京坤实业有限公司
地址：上海市静安区灵石路721号4幢110室
……Tel：021-56775321

中国二十冶集团有限公司
地址：上海市宝山区盘古路777号
……Tel：021-56784839

上海欲昱煜新能源科技有限公司
地址：上海市虹口区同心路723号16幢2B04室
……Tel：021-56787837

上海越疆企业发展有限公司
地址：上海市宝山区宝杨路1800号2号楼1592室
……Tel：021-56787937

上海十实贸易有限公司
地址：上海市虹口区凉城路1315号2幢312室
……Tel：021-56797837

上海威钢能源有限公司
地址：上海市宝山区长江路735号
……Tel：021-56825588

上海交运沪北物流发展有限公司
地址：上海市宝山区牡丹江路1508号208室
……Tel：021-56840912

上海力朝实业有限公司
地址：上海市浦东新区惠南镇团结车站西首
……Tel：021-56863136

中冶宝钢技术服务有限公司
地址：上海市宝山区宝泉路1号
……Tel：021-56925184

赐威贸易（上海）有限公司
地址：上海市静安区淮安路717号2号楼325室
……Tel：021-56982628

上海鑫冶铜业有限公司
地址：上海市金山区张堰镇金张支路18号
……Tel：021-57220936

中建金沛钢管有限公司
地址：上海市金山区金山大道3999号
……Tel：021-57260058

上海春友金属制品有限公司
地址：上海市金山区朱泾镇东粮库路20号2幢
……Tel：021-57338975

上海海亮铜业有限公司
地址：上海市奉贤区四团镇新四平公路2688号
……Tel：021-57536223

上海聚祥钢铁有限公司
地址：上海市松江区洞泾镇沪松公路3009号3幢2号
……Tel：021-57616462

中嘉融资租赁（上海）有限公司
地址：上海市浦东新区芦潮港镇芦潮港路1758号1幢8246室
……Tel：021-57625667

上海创松钢铁贸易有限公司
地址：上海市松江区沪松公路5050号南三幢42号
……Tel：021-57699181

融学（上海）实业有限公司
地址：上海市松江区洞泾镇沪松公路5050号B3幢7号
……Tel：021-57753198

上海安增实业有限公司
地址：上海市松江区泗泾镇泗砖公路103弄中环33号
……Tel：021-57753198

上海比亚迪有限公司
地址：上海市松江区车墩镇香泾路999号
……Tel：021-57778888

中航核华实业有限公司
地址：上海市奉贤区金碧路1998弄3号
……Tel：021-57878098

中国石化上海石油化工股份有限公司
地址：上海市金山区金一路48号
……Tel：021-57941941

上海苒兴国际贸易有限公司
地址：中国（上海）自由贸易试验区美盛路177号4幢2层2101室
……Tel：021-58085563

上海兼陶国际贸易有限公司
地址：中国（上海）自由贸易试验区美盛路177号4幢1层1139室
……Tel：021-58085596

来实建筑系统（上海）有限公司
地址：上海市浦东新区秀浦路2388号5幢302室
……Tel：021-58120138

上海神火铝箔有限公司
地址：上海市浦东康桥工业区秀沿路3699号
……Tel：021-58136765

上海胜华实业有限公司
地址：中国（上海）自由贸易试验区浦东大道2123号3E-1512室
……Tel：021-58177768

丰鑫隆贸易（上海）有限公司
地址：中国（上海）自由贸易试验区商城路618号22楼R2203
……Tel：021-58206687

上海龙橡国际贸易有限公司
地址：中国（上海）自由贸易试验区张杨路838号29楼H座
……Tel：021-58207195

上海航福机场设备有限公司
地址：浦东新区航头镇沪南公路5999号2幢1层
……Tel：021-58225999

上海光明朝阳农场有限公司
地址：中国（上海）自由贸易试验区临港新片区东海镇东
……Tel：021-58292816

上海甚喆实业有限公司
地址：上海市长宁区天山路18号901-338室
……Tel：021-58302001

上海久联集团有限公司
地址：中国（上海）自由贸易试验区商城路618号
……Tel：021-58311111

上海奈加实业有限公司
地址：中国（上海）自由贸易试验区加太路29号1幢东部702-A03室
……Tel：021-58317775

上海力岳投资管理有限公司
地址：上海市浦东新区三林路235号22幢479室
……Tel：021-58338137

国贸启润（上海）有限公司
地址：上海市浦东新区金海路2449弄6号10层L、M区
……Tel：021-58352300

上海通盛（集团）发展有限公司
地址：中国（上海）自由贸易试验区茂兴路86号18C室
……Tel：021-58397288

上海钿茵实业有限公司
地址：上海市宝山区逸仙路2816号1幢1层B0667
……Tel：021-58421387

上海三禄贸易有限公司
地址：中国（上海）自由贸易试验区港澳路239号1幢3层331室
……Tel：021-58428888

上海诗惠实业发展有限公司
地址：上海市宝山区双城路803弄11号1602A-3233室
……Tel：021-58437131

上海银利华融资性担保有限公司
地址：上海市延安东路55号
……Tel：021-58586592

埃地沃兹贸易（上海）有限公司
地址：中国（上海）自由贸易试验区富特北路23号
……Tel：021-58669618

君堡进出口（上海）有限公司
地址：中国（上海）自由贸易试验区富特北路399号2幢楼1层1182室
……Tel：021-58691606

上海昆谷国际贸易有限公司
地址：中国（上海）自由贸易试验区富特东一路438号5层514室
……Tel：021-58691606

信都泓投资管理（上海）有限公司
地址：中国（上海）自由贸易试验区富特北路81号2幢楼一层1193室
……Tel：021-58691608

上海中桥钢铁电子商务有限公司
地址：中国（上海）自由贸易试验区西里路55号15层1520A室
……Tel：021-58700820

上海宝奥国际贸易有限公司
地址：上海市浦东新区三林路494号7幢108室
……Tel：021-58766697

上海亚融融资担保有限公司
地址：上海市虹口区汶水东路29号901、902室
……Tel：021-58777797

中金瑞德（上海）股权投资管理有限公司
地址：中国（上海）自由贸易试验区浦电路438号605-19室
……Tel：021-58796226

上海益心工贸有限公司
地址：上海市宝山区牡丹江路1325号3D-474
……Tel：021-58810357

上海陇商供应链管理有限公司
地址：上海市金山区金山卫镇秋实路688号1号楼5单元821室B座
……Tel：021-58811925

铜冠融资租赁（上海）有限公司
地址：中国（上海）自由贸易试验区张杨路88号507-511室
……Tel：021-58829738

上海巨腾实业集团有限公司
地址：中国（上海）自由贸易试验区浦东大道2000号28楼
……Tel：021-58857677

上海皓者实业有限公司
地址：中国（上海）自由贸易试验区马吉路28号2207A室
……Tel：021-58858550

上海新金穗实业（集团）股份有限公司
地址：中国（上海）自由贸易试验区浦东新区浦东南路379号28楼
……Tel：021-58870887

中民阳光国际贸易有限公司
地址：中国（上海）自由贸易试验区菲拉路45号全幢2层O1部位
……Tel：021-58993019

浦成（上海）实业有限公司
地址：中国（上海）自由贸易试验区罗山路1502弄14号
……Tel：021-58998896

上海宝康瀛鑫资产管理有限公司
地址：上海市崇明县港西镇三双公路1021号12幢C1253室（上海津桥经济开发区）
……Tel：021-59392705

上海嘉定交运有限公司
地址：上海市嘉定区陈家山路1800号
……Tel：021-59532648

上海永同钢铁有限公司
地址：上海市崇明县新河镇新申路921弄2号A区277室
……Tel：021-59680412

上海交大电气（集团）昱银实业有限公司
地址：上海市闵行区东川路2818号
……Tel：021-59760795

上海永茂泰汽车零部件有限公司
地址：上海市青浦区练塘镇章练塘路577号第3、4幢
……Tel：021-59815220

上海永茂泰汽车科技股份有限公司
地址：上海市青浦区练塘镇章练塘路577号
……Tel：021-59815220

上海群略商务发展有限公司
地址：上海市青浦区城中北路79号
……Tel：021-59850688

上海钢有商贸有限公司
地址：上海市嘉定区汇源路55号8幢6层A区6007
……Tel：021-60100242

久益恒丰（上海）企业发展有限公司
地址：上海市嘉定区嘉行公路3188号8幢J64室
……Tel：021-60126399

上海泰智有色金属有限公司
地址：上海市浦东新区金海路2449弄6号11层Q区
……Tel：021-60129860

喜利得（中国）商贸有限公司
地址：上海市漕河泾开发区桂箐路69号29幢5楼、6楼
……Tel：021-60167016

上海海通资源管理有限公司
地址：中国（上海）自由贸易试验区顺通路5号B座605E室
……Tel：021-60201595

上海深隆商务咨询有限公司
地址：上海市崇明区北沿公路2099号1幢110-5（崇明森林旅游园区）
……Tel：021-60232661

上海远宜国际贸易有限公司
地址：中国（上海）自由贸易试验区临港新片区常满路98号1幢楼一层1022室
……Tel：021-60259093

上海强荣国际物流有限公司
地址：中国（上海）自由贸易试验区富特北路211号302部位368室
……Tel：021-60278350

上海竑臻贸易有限公司
地址：上海市浦东新区东三里桥路555号203室
……Tel：021-60300999

上海智德信集团有限责任公司
地址：上海市长宁区虹桥路1157号447室
……Tel：021-60310349

凯思尔顿（上海）投资有限公司
地址：中国（上海）自由贸易试验区富特北路211号302-379部位
……Tel：021-60310711

上海驰典贸易有限公司
地址：上海市长宁区虹桥路1157号446室
……Tel：021-60319798

上海鲁啸矿业有限公司
地址：上海市崇明县三星镇宏海公路4588号13号楼215室（上海三星经济小区）
……Tel：021-60319969

上海鲁鸣环保科技有限公司
地址：上海市崇明县三星镇宏海公路4588号14号楼228室（上海三星经济小区）
……Tel：021-60339969

云能投（上海）能源开发有限公司
地址：中国（上海）自由贸易试验区栖霞路120号5层520-521室
……Tel：021-60435887

龙源电力集团（上海）投资有限公司
地址：中国（上海）自由贸易试验区加枫路26号六楼660室
……Tel：021-60470136

上海大宗贸易有限公司
地址：上海市金山区朱泾镇鸿安路599号6幢4楼410室
……Tel：021-60525379

帝增（上海）融资租赁有限公司
地址：上海市嘉定区沪宜公路1188号20幢210室
……Tel：021-60549940

上海安博投资集团有限公司
地址：中国（上海）自由贸易试验区双惠路99号2幢楼2-2-37部位
……Tel：021-60563880

彼欧投资（上海）有限公司
地址：上海市徐汇区桂平路391号2号楼35层3501室
……Tel：021-60574505

上海和燊投资有限公司
地址：中国（上海）自由贸易试验区富特北路399号2幢一层101部位
……Tel：021-605824791

上海混沌投资（集团）有限公司
地址：中国（上海）自由贸易试验区民生路600号16幢206室
……Tel：021-60608699

上海互森实业有限公司
地址：上海市金山区张堰镇松金公路2758号1幢A2497室
……Tel：021-60649711

华泰长城投资管理有限公司
地址：中国（上海）自由贸易试验区世纪大道1788号、1800号T1第29层03单元
……Tel：021-60702084

上海华锦实业有限公司
地址：中国（上海）自由贸易试验区郭守敬路351号2幢531室
……Tel：021-60707777

上海鸿闻实业（集团）有限公司
地址：上海市静安区威海路696号9幢302室（集中登记地）
……Tel：021-60710308

上海国心实业有限公司
地址：上海市闵行区新镇路1509弄3号302-A85室
……Tel：021-60712203

上海承砚实业有限公司
地址：上海市闵行区红松路518号1幢5层503室
……Tel：021-60712203

上海宝武杰富意清洁铁粉有限公司
地址：上海市宝山区　川路3962号
……Tel：021-60718809

中航国际供应链科技有限公司
地址：上海市杨浦区铁岭路32号1201室
……Tel：021-60729200

上海湛钢科技集团股份有限公司
地址：中国（上海）自由贸易试验区金沪路99弄1905室
……Tel：021-60751979

上海枣矿新能源有限公司
地址：上海市浦东新区东方路1988号6层643席位
……Tel：021-60791879

上海利矿国际贸易有限公司
地址：中国（上海）自由贸易试验区德堡路38号1幢楼五层503-29室
……Tel：021-60791884

上海汇玺国际贸易有限公司
地址：上海市宝山区逸仙路2816号1幢1层E0077室
……Tel：021-60791884

枣矿物产集团有限公司
地址：中国（上海）自由贸易试验区耀华路251号一幢一层
……Tel：021-60791889

上海中创凌兴能源科技集团有限公司
地址：上海市崇明区长兴镇凤滨路248号1号楼1022室（上海泰和经济发展区）
……Tel：021-60871185

上海杉融供应链管理有限公司
地址：上海市浦东新区老港镇老芦公路536号
……Tel：021-60875966

上海绿地能源集团实业发展有限公司
地址：中国（上海）自由贸易试验区临港新片区环湖西二路888号A楼405-1室
……Tel：021-60880708

上海绿地能源产业发展有限公司
地址：中国（上海）自由贸易试验区杨高北路2001号F区二层204室
……Tel：021-60880708

上海亮实贸易有限公司
地址：中国（上海）自由贸易试验区临港新片区环湖西二路888号C楼
……Tel：021-60880708

上海重塑能源科技有限公司
地址：上海市嘉定区靖远路1555号
……Tel：021-60953738

法巴商贸（上海）有限公司
地址：中国（上海）自由贸易试验区业盛路188号A-1068F室
……Tel：021-60969156

长信基金管理有限责任公司
地址：中国（上海）自由贸易试验区银城中路68号9楼
……Tel：021-61009999

上海隆萃商贸有限公司
地址：中国（上海）自由贸易试验区日樱南路15号二幢五层511部位
……Tel：021-61040376

上海大钰国际贸易有限公司
地址：上海市普陀区同普路1220号3楼304室
……Tel：021-61063599

上海金太国际贸易有限公司
地址：上海市普陀区同普路1130弄7号240室
……Tel：021-61063599

上海中齐贸易有限公司
地址：上海市宝山区蕴川路3999号E幢1036室
……Tel：021-61074799

上海宽频科技股份有限公司
地址：上海市浦东新区民夏路100号2幢304室
……Tel：021-61079899

腾凌（上海）投资有限公司
地址：中国（上海）自由贸易试验区加太路29号楼东部1层C-20室
……Tel：021-61117335

乾通瑞源投资有限公司
地址：上海市杨浦区闸殷路880号105-1室
……Tel：021-61117335

中信国安商贸有限公司
地址：中国（上海）自由贸易试验区业盛路188号A 888室
……Tel：021-61159430

中崇投资集团有限公司
地址：上海市崇明县宏海公路4288号8号楼
……Tel：021-61171818

上海中崇实业有限公司
地址：上海市崇明区港沿镇港沿公路1700号3幢10704室（上海港沿经济小区）
……Tel：021-61171818

中崇地产集团有限公司
地址：上海市崇明区新河镇新申路921弄2号S区313室
……Tel：021-61171818

上海森工实业有限公司
地址：上海市宝山区真陈路1000号4楼B区406室
……Tel：021-61176513

上海华诚经贸集团控股有限公司
地址：中国（上海）自由贸易试验区富特东一路146号2幢1层179室
……Tel：021-61239077

托克投资（中国）有限公司
地址：中国（上海）自由贸易试验区世纪大道8号上海国金中心办公楼二期56层5616室
……Tel：021-61258300

上海秦哈希矿产品股份有限公司
地址：中国（上海）自由贸易试验区罗山路1502弄14号303-5室
……Tel：021-61260738

上海睦晨贸易有限公司
地址：上海市金山区亭林镇金展路2229号7号楼11080室
……Tel：021-61261709

上海泰运贸易有限公司
地址：中国（上海）自由贸易试验区业盛路188号A-1478A室
……Tel：021-61263113

上海助信实业有限公司
地址：上海市奉贤区奉浦工业区奉浦大道518号5幢101室
……Tel：021-61326598

助信企业发展（上海）有限公司
地址：上海市普陀区大渡河路1718号A区517-1室
……Tel：021-61326598

上海灿宏钢铁有限公司
地址：上海市奉贤区庄行镇新村村5组
……Tel：021-61396776

上海昊阁实业有限公司
地址：上海市崇明县横沙乡富民支路58号3124室（上海横泰经济开发区）
……Tel：021-61420683

上海闽桂钢铁有限公司
地址：上海市宝山区逸仙路2816号1幢1层A4682室
……Tel：021-61425259

上海住友商事有限公司
地址：中国（上海）自由贸易试验区外高桥大厦528室
……Tel：021-61461888

上海同粲国际贸易有限公司
地址：中国（上海）自由贸易试验区港澳路239号2幢3层306室
……Tel：021-61462093

上海杭钢凯暄矿业投资有限公司
地址：上海市虹口区广中路208号302C室
……Tel：021-61492009

昭光通商（上海）有限公司
地址：中国（上海）自由贸易试验区富特北路201号华铁商务楼402室
……Tel：021-61498358

奥依修商贸（上海）有限公司
地址：上海市静安区延安中路596弄21号202A室
……Tel：021-61611900

上海中海万悦国际贸易有限公司
地址：中国（上海）自由贸易试验区法赛路281号1幢楼一层B部位
……Tel：021-61621056

丰锦国际贸易（上海）有限公司
地址：中国（上海）自由贸易试验区英伦路38号四层426室
……Tel：021-61621199

永飞企业发展集团有限公司
地址：中国（上海）自由贸易试验区加太路39号1幢五层7室
……Tel：021-61625325

三星工程建设（上海）有限公司
地址：上海市浦东新区凌河路212号206室
……Tel：021-61630900

建发（上海）有限公司
地址：中国（上海）自由贸易试验区张杨路620号1201室
……Tel：021-61635000

上海腾善贸易有限公司
地址：中国（上海）自由贸易试验区临港新片区环湖西一路333号C座8535室
……Tel：021-61637205

上海仰融国际贸易有限公司
地址：上海市奉贤区航南公路6666号1幢5层1264室
……Tel：021-61652682

上海兴山实业有限公司
地址：上海市宝山区月罗路559号Q-398室
……Tel：021-61659220

青投国际贸易（上海）有限公司
地址：中国（上海）自由贸易试验区杨高北路2001号一层645室
……Tel：021-61659518

鹏欣环球资源股份有限公司
地址：上海市普陀区中山北路2299号2280室
……Tel：021-61677738

上海瑞茂通供应链管理有限公司
地址：上海市浦东新区航头镇航头路144_164号9幢612室
……Tel：021-61712531

中信泰富特钢经贸有限公司
地址：上海市静安区南京西路1168号中信泰富广场1504-1506室
……Tel：021-61713366

上海复星高科技集团财务有限公司
地址：上海市普陀区江宁路1158号1602A、B、C室、1603A室
……Tel：021-61735858

上海海越航运有限公司
地址：中国（上海）自由贸易试验区业盛路188号A楼414室
……Tel：021-61757076

上海尚融供应链管理有限公司
地址：中国（上海）自由贸易试验区加太路29号2号楼东部302-B11室
……Tel：021-61757080

上海隆泰矿产品有限公司
地址：上海市崇明区横沙乡富民支路58号D2-657室（上海横泰经济开发区）
……Tel：021-61808256

上海宝富钢管有限公司
地址：上海市宝山区春和路158号
……Tel：021-61809270

上海尚友实业集团有限公司
地址：上海市崇明县潘园公路1800号903室（上海泰和经济开发区）
……Tel：021-61812868

上海百略商贸集团有限公司
地址：上海市浦东新区高荷路257号3层301室
……Tel：021-61997610

东风电子科技股份有限公司
地址：上海市闵行区浦江镇新骏环路88号13幢203室
……Tel：021-62033003

上海鸿火国际贸易有限公司
地址：中国（上海）自由贸易试验区富特北路223号2层203室
……Tel：021-62049213

上海莱建置业有限公司
地址：上海市嘉定区菊园新区环城路2222号907室
……Tel：021-62066015

上海莱建投资有限公司
地址：上海市宝山区逸仙路2816号1幢1层A4240室
……Tel：021-62066015

上海宝顺置业有限公司
地址：上海市宝山区市一路200号A-1309
……Tel：021-62066015

上海荣胜置业有限公司
地址：上海市唐山路796号11幢102室
……Tel：021-62066015

宝钢集团上海梅山有限公司
地址：上海市静安区安远路505号
……Tel：021-62076233

上海明美特矿产能源有限公司
地址：上海市闵行区吴中路1050号第6幢215A室
……Tel：021-62111929

上海理业金服供应链股份有限公司
地址：上海市青浦区朱家角镇沈砖路建新221号619室
……Tel：021-62150650

上海远银金属有限公司
地址：上海市青浦区白石路2628号1幢一层B区187室
……Tel：021-62169080

中天钢铁集团（上海）有限公司
地址：上海市宝山区双城路803弄11号1601A室
……Tel：021-62172121

上海中腾泰富实业有限公司
地址：上海市静安区南京西路1486号4901室
……Tel：021-62172121

上海鼎溪实业有限公司
地址：中国（上海）自由贸易试验区希雅路69号6层610室
……Tel：021-62172121

上海嘉堂实业有限公司
地址：上海市崇明区长兴镇潘园公路1800号2号楼7614室（上海泰和经济发展区）
……Tel：021-62172121

上海邦益钢铁贸易有限公司
地址：上海市宝山区牡丹江路1325号404室C座
……Tel：021-62172121

中铁物资集团华东有限公司
地址：上海市长乐路462号
……Tel：021-62172358

上海中源农林科技发展（集团）有限公司
地址：中国（上海）自由贸易试验区创新西路778号10幢106室
……Tel：021-62196057

上海宝钢型钢有限公司
地址：上海市宝山区宝杨路2056号
……Tel：021-62211365

艾乐瑞国际贸易（上海）有限公司
地址：上海市黄浦区打浦路15号3803-2室
……Tel：021-62228137

上海盛源实业（集团）有限公司
地址：上海市城桥镇秀山路1号6号楼303室
……Tel：021-62258811

上海盛源发展有限公司
地址：上海市嘉定区南翔镇　北公路1755弄5号4层4002室
……Tel：021-62258811

上海悦达新实业集团有限公司
地址：上海市普陀区长寿路1118号B座27楼E、F、G、H、I室
……Tel：021-62265332

东方控股集团有限公司
地址：上海市长宁区仙霞路319号A座28楼
……Tel：021-62350086

瑞宝骏隆实业发展有限公司
地址：上海市浦东新区南六公路699弄1支弄183号202室
……Tel：021-62371191

上海德灵钢铁物料有限公司
地址：上海市浦东新区高桥镇清溪路574号2幢4室
……Tel：021-62372820

上海中金能源投资有限公司
地址：中国（上海）自由贸易试验区浦东大道2123号3E1024室
……Tel：021-62376600

上海工业对外贸易公司
地址：中国（上海）自由贸易试验区浦东大道2000号11楼H室
……Tel：021-62482695

上海烨垒实业有限公司
地址：中国（上海）自由贸易试验区华申路198号1幢二层C-22室
……Tel：021-62496763

凯远资产管理有限公司
地址：上海市静安区万荣路1198号119室
……Tel：021-62496887

山东省国际贸易集团上海有限公司
地址：中国（上海）自由贸易试验区浦建路620号3楼323室
……Tel：021-62498789

凯远投资控股有限公司
地址：上海市静安区万荣路1198号118室
……Tel：021-62498801

上海席尔诺电梯有限公司
地址：上海市嘉定工业区北区45号地块
……Tel：021-62544773

上海沃盾国际贸易有限公司
地址：上海市宝山区新二路999弄148号3号门119室
……Tel：021-62549895

星崎（中国）投资有限公司
地址：上海市静安区天目西路128号嘉里不夜城企业中心办公楼第一座5层505室
……Tel：021-62552020

上海汇通能源股份有限公司
地址：上海市浦东新区康桥路1100号
……Tel：021-62560000

上海弘昌晟集团有限公司
地址：上海市浦东新区祝潘路66、68号2幢350室
……Tel：021-62566000

上海典佑能源技术有限公司
地址：上海市嘉定工业区宝钱公路3885号8幢3层310室
……Tel：021-62571153

华宇伟业（上海）实业发展有限公司
地址：上海市宝山区毛家路31号A-015
……Tel：021-62577702

上海领秀电子商务有限公司
地址：上海市静安区南京西路758号18楼B室
……Tel：021-62585500

中邹（上海）能源有限公司
地址：上海市嘉定区南翔镇众仁路399号1幢A区901-5室
……Tel：021-62680576

览海控股（集团）有限公司
地址：中国（上海）自由贸易试验区加枫路26号6层639室
……Tel：021-62756111

上海宝塔石化有限公司
地址：上海市青浦区公园路99号舜浦大厦二层E区272室
……Tel：021-62781290

东方国际集团上海市对外贸易有限公司
地址：上海市娄山关路85号
……Tel：021-62786500

长江经济联合发展（集团）股份有限公司
地址：中国（上海）自由贸易试验区世纪大道1500号
……Tel：021-62800565

上海添时信息科技有限公司
地址：上海市青浦区朱枫公路3424号1幢2层R区256室
……Tel：021-62875088

上海竑瑞贸易有限公司

地址：上海市宝山区园泰路918号5幢B区401室
…………………………Tel：021-62887056

上海祈悦企业管理有限公司
地址：中国（上海）自由贸易试验区张衡路500弄1号楼502室
…………………………Tel：021-62887808

上海伊晟国际贸易有限公司
地址：中国（上海）自由贸易试验区基隆路1号塔楼9层927室
…………………………Tel：021-62889500

爱思开实业（上海）有限公司
地址：中国（上海）自由贸易试验区富特北路458号三层373部位
Tel：021-62950088-890

中康启航实业发展（上海）有限公司
地址：上海市松江区佘山镇沈砖公路3129弄8号A321室
…………………………Tel：021-62955056

上海茂盛半岛经济发展有限公司
地址：浦东新区芦潮港镇西首人工半岛大厦312室
…………………………Tel：021-62957002

中金天科技有限公司
地址：上海市杨浦区国权路39号1206室
…………………………Tel：021-63011178

上海茂隆云晴供应链管理有限公司
地址：中国（上海）自由贸易试验区德堡路38号1幢6层602-43室
…………………………Tel：021-63129737

晏奇实业（上海）有限公司
地址：上海市长宁区新华路728号1220室
…………………………Tel：021-63150966

京畅实业（上海）有限公司
地址：中国（上海）自由贸易试验区富特西一路477号4层B23室
…………………………Tel：021-63150966

上海詹弈贸易有限公司
地址：上海市虹口区凉城路465弄60号（集中登记地）
…………………………Tel：021-63178958

上海金南娱乐有限公司
地址：上海市黄浦区西藏南路1090弄2号517室
…………………………Tel：021-63188656

中建材建浦资源有限公司
地址：浦东新区御桥路298号103室
…………………………Tel：021-63230088

上海五晟实业有限公司
地址：上海市普陀区常和路100号7幢2楼238室
…………………………Tel：021-63231809

中建材国际物产有限公司
地址：中国（上海）自由贸易试验区世博村路231号1单元209-33室
…………………………Tel：021-63239100

上海亚龙工业股份有限公司
地址：上海市金山区漕廊公路2888号41幢
…………………………Tel：021-63261111

上海华东电器（集团）有限公司
地址：上海市河南中路500号
…………………………Tel：021-63291770

上海隆平明安实业有限公司
地址：上海市青浦区天辰路2801-2809号5幢3层R区366室
…………………………Tel：021-63297552

上海金杖投资集团有限公司
地址：上海市金山区亭枫公路2435号4号楼110室
…………………………Tel：021-63312700

东证润和资本管理有限公司
地址：中国（上海）自由贸易试验区临港新片区业盛路188号国贸大厦A-817室
…………………………Tel：021-63325888

中创工程物流有限公司
地址：上海市闵行区申长路668号地下一层01D室
…………………………Tel：021-63390109

上海乐越黄金集团有限公司
地址：上海市黄浦区淮海中路300号2203A室
…………………………Tel：021-63390328

兼松（中国）有限公司
地址：中国（上海）自由贸易试验区富特北路205号302B部位
…………………………Tel：021-63403456

上海华亨投资（集团）有限公司
地址：上海市嘉定区曹安路555号3楼339室
…………………………Tel：021-63510126

科洛尼金属（上海）有限公司
地址：上海市宝山区银石路288号
…………………………Tel：021-63582151

上海宝鼎投资股份有限公司
地址：上海市浦东新区芦潮港路1758号1幢8298室
…………………………Tel：021-63591070

上海燃料有限公司
地址：上海市黄浦区天津路66号
…………………………Tel：021-63602021

上海申丝凯乐供应链管理有限公司
地址：上海市宝山区锦秋路2399弄198号1幢北侧
…………………………Tel：021-63636677

华亿通控股集团有限公司
地址：上海市青浦区车站支一路4号309室
…………………………Tel：021-63677999

公航旅（上海）供应链管理有限公司
地址：上海市崇明区横沙乡富民支路58号D2-8109室（上海横泰经济开发区）
…………………………Tel：021-63809958

上海华局能源有限公司
地址：上海市静安区新疆路500号2009-1室
…………………………Tel：021-63812008

睿银控股集团有限公司
地址：中国（上海）自由贸易试验区新金桥路27号13号楼2层
…………………………Tel：021-63897666

上海申能能创能源发展有限公司
地址：中国（上海）自由贸易试验区东环龙路181弄35号2幢1层
…………………………Tel：021-63900800

上海荷福人工智能矿业科技有限公司
地址：上海市虹口区东大名路391-393号（单号）4层（集中登记地）
…………………………Tel：021-63907288

中油龙昌股份有限公司
地址：上海市中山南路28号20层
…………………………Tel：021-64062622

国林汇泰（上海）企业发展有限公司
地址：上海市松江区荣乐中路12弄136号
…………………………Tel：021-64076688

上海宏辉企业发展有限公司
地址：上海市闵行区黎安路999号、1009号801室
…………………………Tel：021-64125337

上海翰伟斯投资有限公司
地址：上海市闵行区庙泾路66号274室
…………………………Tel：021-64139152

神钢投资有限公司
地址：上海市黄浦区淮海中路300号3701-3702室
…………………………Tel：021-64154977

上海有色新材料（集团）有限公司
地址：上海市中州路101号
…………………………Tel：021-64188817

上海有色金属（集团）有限公司
地址：上海市中州路101号
…………………………Tel：021-64188817

中启天润实业发展（上海）有限公司
地址：上海市闸北区共和新路1301号12幢464室
…………………………Tel：021-64188999

上海第一医药股份有限公司
地址：上海市南京东路616号
…………………………Tel：021-64333830

中南矿业发展有限公司
地址：中国（上海）自由贸易试验区乳山路227号383室
…………………………Tel：021-64338888

上海快鹿电线电缆有限公司
地址：上海市闵行区虹梅南路3938弄228号
…………………………Tel：021-64341404

中交第三航务工程勘察设计院有限公司
地址：上海市肇嘉浜路831号
…………………………Tel：021-64381730

中煤科工集团上海有限公司
地址：上海市徐汇区天钥桥路1号19幢18层A座
…………………………Tel：021-64388442

泛亚环保（中国）有限公司
地址：上海市静安区山西北路433号
…………………………Tel：021-64455269

上海仿云实业有限公司
地址：上海市闵行区光华路248号54幢107室
…………………………Tel：021-64607391

上海梵恬实业有限公司
地址：上海市静安区沪太支路768弄9-11号412室
…………………………Tel：021-64680703

上海游久游戏股份有限公司
地址：上海市静安区石门二路333弄3号
…………………………Tel：021-64710022

上海大辰科技投资有限公司
地址：上海市静安区平型关路451、453号三层323室
…………………………Tel：021-64730666

中天科技集团上海国际贸易有限公司
地址：中国（上海）自由贸易试验区西里路55号1543B室
…………………………Tel：021-64739988

上海划云城市建设发展有限公司
地址：上海市徐汇区虹漕路25-1号二层61室
…………………………Tel：021-64751555

中京国实（上海）艺术品股份有限公司
地址：上海市宝山区上大路668号1幢1682室
…………………………Tel：021-64770685

中林赫泽能源科技发展有限公司
地址：上海市奉贤区金海公路5885号2304-53室
…………………………Tel：021-64829771

上海昊耀国际贸易有限公司
地址：中国（上海）自由贸易试验区富特西一路115号2幢楼5层5-50室
…………………………Tel：021-64883707

上海稀田实业集团有限公司
地址：上海市宝山区月罗路559号Q-114室
…………………………Tel：021-64889501

上海中九远景资源投资有限公司
地址：上海市嘉定区封周路655号14幢6001室
…………………………Tel：021-64898899

上海南大集团有限公司
地址：上海市中春路500号
…………………………Tel：021-64904777

上海九龙建材贸易有限公司
地址：上海市普陀区交通路2123号
…………………………Tel：021-65025098

祝泰供应链管理（上海）有限公司
地址：上海市闸北区阳城路183号701-42室
…………………………Tel：021-65061385

上海联能物资有限公司
地址：上海市宝山区铁力路785号9幢A1016室
…………………………Tel：021-65150166

上海民生轮船有限公司
地址：上海市虹口区大连路1619号1608室
Tel：021-65158555-247

西本新干线股份有限公司
地址：上海市虹口区东体育会路990号2楼201室
…………………………Tel：021-65161686

上海浦东物流云计算有限公司
地址：中国（上海）自由贸易试验区新金桥路27号13号楼2楼
…………………………Tel：021-65161686

上海宝山融泰小额贷款有限公司
地址：上海市宝山区殷高西路101号1102、1104室
…………………………Tel：021-65171609

上海均和创盈企业管理有限公司
地址：上海市宝山区牡丹江路1508号1幢550-W室
…………………………Tel：021-65172855

上海杨浦览坤小额贷款股份有限公司
地址：上海市杨浦区逸仙路23号201、202室
…………………………Tel：021-65173333

上海总华石油化工有限公司
地址：中国（上海）自由贸易试验区德堡路38号2幢三层311-13室
…………………………Tel：021-65183741

上海鼎亿石油化工有限公司
地址：中国（上海）自由贸易试验区德堡路38号1幢5层502-51室
…………………………Tel：021-65183741

上海沪泰石油制品销售有限公司
地址：上海市青浦区练塘镇章练塘路588弄15号1幢2层C区218室
…………………………Tel：021-65183741

上海杨浦滨江投资开发有限公司
地址：上海市杨浦区宁国路28号311-313室
…………………………Tel：021-65186969

上海第二耐火材料厂
地址：上海市中山北一路82号
…………………………Tel：021-65318174

上海泰山耐火材料有限公司
地址：上海市徐汇区龙吴路1270号
…………………………Tel：021-65318174

上海新君投资管理有限公司
地址：上海市虹口区曲阳路777-779号8层
…………………………Tel：021-65323339

上海强冠企业集团有限公司
地址：上海市宝山区长江南路668号A0372室
…………………………Tel：021-65360968

上海中振交通装备有限公司
地址：上海市崇明区陈家镇瀛东村53号3幢1688室（上海智慧岛数据产业园）
…………………………Tel：021-65381562

上海华义晋嘉企业发展有限公司
地址：上海市杨浦区国权路525号207-3室
…………………………Tel：021-65390055

上海金益融资租赁有限公司
地址：中国（上海）自由贸易试验区正定路530号A5库区集中辅助区三层318室
…………………………Tel：021-65448090

上海盛玄物产有限公司
地址：上海市崇明区城桥镇秀山路101号5号楼H区5106室
…………………………Tel：021-65555528

中回实业（上海）有限公司
地址：上海市杨浦区水丰路180号1幢287-2室
…………………………Tel：021-65565885

中约实业（上海）有限公司
地址：上海市真陈路1000号（园区大厦Ⅰ22）
…………………………Tel：021-65566009

上海桓世国际工贸有限公司
地址：上海市浦东新区枣庄路675号302室
…………………………Tel：021-65650977

上海际大实业发展有限公司
地址：上海市嘉定区迎园路400号-J029
…………………………Tel：021-65650977

上海宇宝投资管理有限公司
地址：上海市普陀区真北路3199弄8号311室
…………………………Tel：021-65675523

上海成雨投资控股集团有限公司
地址：上海市杨浦区黄兴路2077号2204室
…………………………Tel：021-65678606

中榕实业（上海）有限公司
地址：上海市长宁区武夷路656-658号2幢2层2910室
…………………………Tel：021-65805971

上海中技桩业股份有限公司
地址：上海市虹口区广粤路437号2幢4楼
…………………………Tel：021-65929302

上海友好航运有限公司
地址：上海市东大名路908号12楼F、G室
…………………………Tel：021-65952769

申特集团有限公司
地址：上海市宝山区双城路803弄7号1401室
…………………………Tel：021-66031828

上海昊苍贸易有限公司
地址：上海市嘉定区众仁路399号1幢12层B区J1604室
…………………………Tel：021-66180557

顶天进出口（上海）有限公司
地址：上海市宝山区殷高西路101号305室
…………………………Tel：021-66183523

宝钢集团上海第一钢铁有限公司
地址：上海市宝山区长江路868号
…………………………Tel：021-66186195

上海拓普精密钢带有限公司
地址：中国（上海）自由贸易试验区临港新片区丽正路1628号7幢
…………………………Tel：021-66188071

上海雨杉进出口有限公司
地址：上海市浦东新区川沙路500号205-175室
…………………………Tel：021-66220778

中铁伊红钢板桩有限公司
地址：上海市宝山区铁山路1071-1079（单号）2008室
…………………………Tel：021-66222100

日鸿不锈钢（上海）有限公司
地址：上海市普陀区柳华路118号
…………………………Tel：021-66278733

上海摩士达投资有限公司
地址：上海市杨浦区武东路32号1号楼1209室
…………………………Tel：021-66310970

上海宝山神农小额贷款股份有限公司
地址：上海市宝山区上大路688号218A
…………………………Tel：021-66593012

上海昌瑞钢铁有限公司
地址：上海市宝山区蕴川路5475号070室
…………………………Tel：021-66595680

上海山苑双成投资有限公司
地址：上海市宝山区月罗路559号S-365室
…………………………Tel：021-66595752

上海热联钢铁贸易有限公司
地址：上海市宝山区牡丹江路1211号1810-1812室
…………………………Tel：021-66595770

上海钢铁研究所有限公司
地址：上海市宝山区泰和路1001号
…………………………Tel：021-66630077

上海宝山富民村镇银行股份有限公司
地址：上海市宝山区宝林路458号
…………………………Tel：021-66680633

中成万禾有限公司
地址：上海市宝山区沪太路5018号3幢1层B0130
…………………………Tel：021-66775700

中建锦瑞（上海）企业发展有限公司
地址：上海市宝山区真陈路1000号1幢6楼Q座1057室
…………………………Tel：021-66780092

宝武清洁能源有限公司
地址：上海市宝山区四元路19号35幢666室
…………………………Tel：021-66788821

上海洪利金属材料有限公司
地址：上海市宝山区友谊路40号上海宁江大酒店（1301）房
…………………………Tel：021-66789988

宝钢工程建设有限公司
地址：上海市宝山区同济路525号
…………………………Tel：021-66792222

上海埃圣玛金属科技集团有限公司
地址：上海市宝山区蕴川路5553号108室
…………………………Tel：021-66797122

上海海隆复合钢管制造有限公司
地址：上海市宝山工业园区罗东路1825号F厂房
…………………………Tel：021-66861126

南极光新材料（上海）有限公司
地址：上海市宝山区罗店镇罗春路298号
…………………………Tel：021-66867019

上海罗泾矿石码头有限公司
地址：上海市宝山区川念路58号
……Tel：021-66870333

上海荣谭实业有限公司
地址：上海市崇明区横沙乡富民支路58号A2-6755室（上海横泰经济开发区）
……Tel：021-66880072

上海荣汇实业有限公司
地址：上海市崇明区横沙乡富民支路58号A2-5674室（上海横泰经济开发区）
……Tel：021-66880072

华冶物产集团有限公司
地址：上海市宝山区锦乐路288号
……Tel：021-66892206

上海百营钢铁集团有限公司
地址：上海市宝山区宝杨路1188号B-63
……Tel：021-66898888

上海七都实业集团有限公司
地址：上海市嘉定区真南路4268号2幢JT10916室
……Tel：021-66957666

上海新杨实业有限公司
地址：上海市南大路2888号
……Tel：021-66959689

上海琪璞实业发展有限公司
地址：上海市宝山区吉浦路545-551号2432室
……Tel：021-66986896

上海江南长兴造船有限责任公司
地址：上海市崇明县长兴镇长兴江南大道2468号
……Tel：021-66997799

新时代金峰实业有限公司
地址：上海市奉贤区程普路377号5幢1275室
……Tel：021-67100126

上海国能领航能源有限公司
地址：上海市嘉定区金沙江西路568号2幢1层1001室
……Tel：021-67120909

上海维卓建设发展有限公司
地址：上海市奉贤区金汇镇工业路1399号2幢1352室
……Tel：021-67181209

上海华峰铝业股份有限公司
地址：上海市金山区月工路1111号
……Tel：021-67276853

上海闵熙投资控股集团有限公司
地址：上海市松江区泗泾镇泗砖路103弄45号7层
……Tel：021-67616538

上海尼西钢铁贸易有限公司
地址：上海市闵行区中春路7758弄198-199号
……Tel：021-67618005

同泰兴（上海）控股有限公司
地址：中国（上海）自由贸易试验区加太路39号1幢六层31部位
……Tel：021-67618020

中铁二十三局集团轨道交通工程有限公司
地址：中国（上海）自由贸易试验区临港新片区平港路386号4幢2层一车间
……Tel：021-68037915

上海佩尼医疗科技发展有限公司
地址：上海市浦东新区康桥东路1159弄101号3号厂房
……Tel：021-68182745

上海柯君供应链管理有限公司
地址：上海市闵行区紫星路588号2幢4097室
……Tel：021-68189676

伊藤忠丸红钢铁贸易（上海）有限公司
地址：中国（上海）自由贸易试验区台中南路2号新贸楼206室
……Tel：021-68411278

铜陵有色金属集团上海投资贸易有限公司
地址：中国（上海）自由贸易试验区源深路273号
……Tel：021-68536350

三菱商事（上海）有限公司
地址：中国（上海）自由贸易试验区台中南路2号新贸楼312室
……Tel：021-68543030

宝钢集团上海浦东钢铁有限公司
地址：中国（上海）自由贸易试验区上南路300号
……Tel：021-68587339

上海博友国际贸易有限公司
地址：中国（上海）自由贸易试验区双惠路99号2幢2-4-36部位
……Tel：021-68595612

昊华华东化工有限公司
地址：中国（上海）自由贸易试验区东方路989号9楼
……Tel：021-68767627

上海中联信投资发展股份有限公司
地址：上海市长宁区江苏路398号503-4室
……Tel：021-68770230

上海婧祎实业有限公司
地址：上海市宝山区沪太路8885号B楼4226室
……Tel：021-68788698

华夏一号实业集团有限公司
地址：上海市静安区江场西路1577弄13-14号118室
……Tel：021-68815589

上海秉亨贸易有限公司
地址：中国（上海）自由贸易试验区富特北路460号二层249室
……Tel：021-68822050

上海云港海运有限公司
地址：中国（上海）自由贸易试验区业盛路188号A-1451室
……Tel：021-68823060

上海合一供应链管理有限公司
地址：上海市浦东新区上丰路977号1幢B座324室
……Tel：021-68828385

成泰（上海）有限公司
地址：中国（上海）自由贸易试验区张杨路828-838号（双）15G-2室
……Tel：021-68862628

上海华庆石油销售有限公司
地址：中国（上海）自由贸易试验区浦东南路256号2501室
……Tel：021-68865331

上海堃怡国际贸易有限公司
地址：上海市黄浦区打浦路15号2503室
……Tel：021-68882990

上海新材料产业技术研究院有限公司
地址：上海市普陀区绥德路789号8幢E区
……Tel：021-68888886

奥盛集团有限公司
地址：上海市普陀区绥德路789号8幢F区
……Tel：021-68888886

岚桥国际商业有限公司
地址：中国（上海）自由贸易试验区世纪大道1128号1101室
……Tel：021-68912087

上海恒汾国际贸易有限公司
地址：中国（上海）自由贸易试验区西里路55号817A室
……Tel：021-68915190

南方水泥有限公司
地址：中国（上海）自由贸易试验区世纪大道1600号20楼07-13室
……Tel：021-68989016

上海中暨投资管理有限公司
地址：上海市嘉定区银翔路819弄1号20层
……Tel：021-69179999

基胜工业（上海）有限公司
地址：上海市青浦工业园区崧华路707号
……Tel：021-69758994

上海昊海矿产品有限公司
地址：上海市嘉定工业区叶城路925号B区4幢J2546室
……Tel：021-69982812

上海信开水务产业有限公司
地址：上海市中山北二路1121号801室
……Tel：021-69988712

润富实业（上海）有限公司
地址：上海市普陀区真北路958号21幢6层13室
……Tel：021-80123555

上海鑫宝能源发展集团有限公司
地址：中国（上海）自由贸易试验区东方路738号23楼
……Tel：021-80125699

贡渥（中国）经贸有限公司
地址：中国（上海）自由贸易试验区业盛路188号A-1233室
……Tel：021-80131999

贯众新能源集团股份有限公司
地址：上海市杨浦区武东路198号1204-11室
……Tel：021-80161881

上海中金钢铁电子交易中心有限公司
地址：上海市静安区共和新路1301号1幢7楼
……Tel：021-80161881

炫乾实业发展（上海）有限公司
地址：中国（上海）自由贸易试验区环龙路65弄1号三层、四层
……Tel：021-80161881

中金国泰控股集团上海供应链管理有限公司
地址：中国（上海）自由贸易试验区浦东南路2250号3幢4层A443室
……Tel：021-80161881

上海均和供应链管理有限公司
地址：中国（上海）自由贸易试验区临港新片区业盛路188号A-522室
……Tel：021-80169606

日铁物产（中国）有限公司
地址：中国（上海）自由贸易试验区英伦路38号三层330室
……Tel：021-80175880

上海文通化工有限公司
地址：上海市杨浦区贵阳路398号23D11
……Tel：021-80179166

中金国创控股有限公司
地址：上海市浦东新区南汇新城镇环湖西二路888号1幢1区12051室
……Tel：021-80258100

上海骥铖企业管理有限公司
地址：上海市宝山区逸仙路2816号1幢9层A0469室
……Tel：021-80264803

东铭实业集团有限公司
地址：上海市宝山区逸仙路2816号1幢9层A0472室
……Tel：021-80264803

上海金竺实业有限公司
地址：上海市奉贤区星火开发区阳明路1号6幢4层1489室
……Tel：021-80270586

中铁上海工程局集团物资工贸有限公司
地址：上海市宝山区富联路681号209室
……Tel：021-80277055

阳光龙净集团有限公司
地址：中国（上海）自由贸易试验区富特西一路155号C座六层X8室
……Tel：021-80325824

国梁实业发展集团（上海）置业有限公司
地址：中国（上海）自由贸易试验区临港新片区丽正路1628号4幢1-2层
……Tel：021-80362963

中信中证资本管理有限公司
地址：中国（上海）自由贸易试验区杨高南路799号23层（名义楼层，实际楼层21层）03单元
……Tel：021-80365268

重庆市

重庆长寿开发投资（集团）有限公司
地址：重庆市长寿区桃源大道3号
……Tel：023-40230017

重庆长寿捷圆化工有限公司
地址：重庆市长寿区凤城街道关口新湾
……Tel：023 40264700

重庆市润金新材料科技有限公司
地址：重庆市长寿区新市街道新富大道7号
……Tel：023-40312728

重庆浦项重钢汽车板有限公司
地址：重庆市长寿区江南街道江南大道2号
……Tel：023-40616103

重庆钢铁股份有限公司
地址：重庆市长寿区江南街道江南大道2号
……Tel：023-40688022

重庆永航钢铁集团有限公司
地址：重庆市长寿区晏家河泉路11号
……Tel：023-40714615

重庆云天化天聚新材料有限公司
地址：重庆市长寿区经济技术开发区化南路3号
……Tel：023-40717352

重庆渝商再生资源开发有限公司
地址：重庆市长寿区经济技术开发区齐心大道42号
……Tel：023-40761602

重庆市澜林教学设备有限公司
地址：重庆市沙坪坝区歌乐山镇天池村兴隆沟社
……Tel：023-41416688

国家电投集团重庆合川发电有限公司
地址：重庆市合川区双槐镇
……Tel：023-42458811

重庆成瑞光电科技有限公司
地址：重庆市合川工业园区草街拓展区金凤环路
……Tel：023-42466006

重庆足航钢铁有限公司
地址：重庆市双桥经开区邮亭镇建昌路6号
……Tel：023-43352678

重庆永荣矿业有限公司
地址：重庆市荣昌区广顺街道成渝东路103号
……Tel：023-46384298

重庆天扬钧达供应链管理有限公司
地址：重庆市江津区双福工业园
……Tel：023-47851999

重庆双福农产品批发市场有限公司
地址：重庆市江津区双福街道珊瑚大道6号
……Tel：023-47888520

重庆四钢钢业有限责任公司
地址：重庆市綦江区三江镇
……Tel：023-48242528

重庆松藻煤电有限责任公司
地址：重庆市綦江区打通镇砚台路30号
……Tel：023-48731019

重庆綦江交通实业（集团）有限公司
地址：重庆市綦江区文龙街道通惠大道26号附9号
……Tel：023-48880000

重庆市渝西钢铁（集团）有限公司
地址：重庆市永川区三教镇工业园区
……Tel：023-49353559

重庆迪凯实业发展有限公司
地址：重庆市南岸区玉马路8号科技创业中心融英楼7楼33号（经开区拓展区内）
……Tel：023-49366050

重庆市源庆矿业开发有限责任公司
地址：重庆市永川区渝西大道支路19号
……Tel：023-49366050

重庆新格有色金属有限公司
地址：重庆永川工业园区港桥工业园
……Tel：023-49403666

重庆恩基矿业（集团）有限公司
地址：重庆市永川区朱沱镇（重庆永川工业园区港桥工业园内）
……Tel：023-49689991

国家电投集团重庆白鹤电力有限公司
地址：重庆市开州区白鹤街道办事处大胜村
……Tel：023-52299993

重庆巨能矿产（集团）有限公司
地址：重庆市奉节县永安街道乔木街16号三楼
……Tel：023-56565333

重庆长庆集团有限责任公司
地址：重庆市万州区五桥上海大道173号
……Tel：023-58234166

中国船舶重工集团衡远科技有限公司
地址：重庆市万州经济技术开发区九龙园经开大道486号（万州经开区）
……Tel：023-58558453

重庆市鹏欣国有资产投资经营有限公司
地址：重庆市城口县葛城街道东大街16号附1号3-1
……Tel：023-59221716

重庆瑞欣土地整治有限公司
地址：重庆市城口县葛城街道东大街16号附1号3-1
……Tel：023-59221716

重庆泰正矿产资源开发有限公司
地址：重庆市城口县高燕乡大元村三社
……Tel：023-59501191

重庆索特盐化股份有限公司
地址：重庆市万州区龙都大道519号
……Tel：023-61002061

神华神东电力重庆万州港电有限责任公司
地址：重庆市万州区新田镇原新田中学教学楼
……Tel：023-61007100

重庆汇程铝业有限公司
地址：重庆市綦江区北渡铝产业园
……Tel：023-61270088

国电重庆恒泰发电有限公司
地址：重庆市万盛区勤俭路23号
……Tel：023-61283678

重庆天泰铝业有限公司
地址：重庆市九龙坡区西彭镇森迪大道66号附171号
……Tel：023-61376000

重庆长恒新达物资有限公司
地址：重庆市九龙坡区西彭镇森迪大道66号附140号
……Tel：023-61376023

力帆实业（集团）股份有限公司
地址：重庆市两江新区金山大道黄环北路2号
……Tel：023-61663050

重庆重铁巨龙储运有限公司
地址：重庆市沙坪坝区土主镇土主中路199号附1-26
……Tel：023-61728877

重庆南投智能终端投资有限公司
地址：重庆市经开区茶园工业园区长电路5号
……Tel：023-61752673

浙商中拓集团（重庆）有限公司
地址：重庆市沙坪坝区西部现代物流园垒安大道传化公路物流港信息交易大楼2层A207
……Tel：023-61791996

重庆钢结构产业有限公司
地址：重庆市大渡口区大堰三村1栋1号
……Tel：023-61847200

重庆鼎久管道有限公司
地址：重庆市潼南区高新区环保科技产业园T8-39/02地块
……Tel：023-62467990

重庆东港船舶产业有限公司
地址：重庆市南岸区东港工业园910栋
……Tel：023-62490013

重庆博森电气（集团）有限公司
地址：重庆市南岸区机电一支路8号
……Tel：023-62496891

重庆神箭汽车传动件有限责任公司
地址：重庆市南岸区牡丹路1号
……Tel：023-62555315

重庆五锋科技有限公司
地址：重庆市南岸区江溪路9号综合楼
……Tel：023-62619122

重庆鲁岳电池科技有限公司
地址：重庆市江津区珞璜镇郭坝村芋河沟安居房小区2-7地块1号楼
……Tel：023-62668997

重庆高新金控投资有限公司
地址：重庆市高新区石桥铺石杨路17号77-1及77-4万昌国际商业城三楼孵化基地B108
Tel：023-62785301

重庆博悦投资有限公司
地址：重庆市九龙坡区石桥铺石杨路17号77-1及77-4万昌国际商业城三楼孵化基地B108
Tel：023-62785301

重庆市电煤储运集团有限公司
地址：重庆市南岸区南滨路162号2栋（重庆能源大厦）8层、9层
Tel：023-62903611

重庆国际贸易集团有限公司
地址：重庆市南岸区复兴街9号6-3
Tel：023-62930289

重庆能投商贸有限公司
地址：重庆市南岸区南滨路162号2幢16-18层
Tel：023-62930535

重庆市渝矿实业有限责任公司
地址：重庆市北部新区春兰三路1号
Tel：023-63020935

中铁二十三局集团第六工程有限公司
地址：重庆市渝中区嘉陵江滨江路118号圣地大厦名义层1层
Tel：023-63035822

马钢（重庆）材料技术有限公司
地址：重庆市北部新区礼平路6号综合楼
Tel：023-63056798

重庆昱浩阔再生资源有限公司
地址：重庆市江北区海尔路825号1幢第1层
Tel：023-63065860

国城矿业股份有限公司
地址：重庆市涪陵江东群沱子路31号
Tel：023-63067269

重庆机电控股集团机电工程技术有限公司
地址：重庆市北部新区黄山大道中段60号（机电大厦8楼）
Tel：023-63075674

重庆机电股份有限公司
地址：重庆市北部新区黄山大道中段60号
Tel：023-63075723

重庆对外经贸（集团）有限公司
地址：重庆市北部新区高新园星光大道80号
Tel：023-63076634

重庆港九股份有限公司
地址：重庆市九龙坡区九龙镇盘龙五村113-13号
Tel：023-63100700

重庆西部煤炭运销有限公司
地址：重庆市江津区德感街道工业园区A幢10号
Tel：023-63114460

重庆市地质矿产勘查开发集团有限公司
地址：重庆市北部新区春兰三路1号综合科研办公楼4楼
Tel：023-63391333

重庆千信集团有限公司
地址：重庆市长寿区晏家街道齐心大道20号
Tel：023-63413937

重庆能投进出口有限公司
地址：重庆市江北区海尔路319号4-1-83
Tel：023-63419505

重庆现代制铁钢材有限公司
地址：重庆市渝北区龙兴镇迎龙大道19号
Tel：023-63422386

中联投（重庆）产业集团有限公司
地址：重庆市南岸区亚太路9号3幢21-5（仅限于行政办公、通讯联络）
Tel：023-63511158

重庆圣能能源管理有限公司
地址：重庆市九龙坡区杨家坪正街2号
Tel：023-63521683

中冶赛迪集团有限公司
地址：重庆市北部新区赛迪路1号
Tel：023-63548131

中冶赛迪工程技术股份有限公司
地址：重庆市渝中区双钢路1号
Tel：023-63548131

重庆西南水泥有限公司
地址：重庆市江北区复盛镇正街（政府大楼）4-28
Tel：023-63805881

重庆四联技术进出口有限公司
地址：重庆市渝中区人民路123号附1号
Tel：023-63858565

重庆龙海石化有限公司
地址：重庆市涪陵区石沱镇宛平路235号
Tel：023-63875557

重庆市博赛矿业（集团）有限公司
地址：重庆市南川区南城街道办事处白房居委
Tel：023-63886666

重庆对外贸易进口有限公司
地址：重庆市渝中区邹容路50号
Tel：023-63949056

重庆天原化工有限公司
地址：重庆市涪陵区白涛街道
Tel：023-64689510

重庆东华特殊钢有限责任公司
地址：重庆市沙坪坝区双碑团结坝155号
Tel：023-65137010

重庆钢铁集团耐火材料有限责任公司
地址：重庆市沙坪坝区双碑石堰沟191号
Tel：023-65154849

中煤科工集团重庆研究院有限公司
地址：重庆市九龙坡区科城路6号
Tel：023-65239999

重庆融汇投资有限公司
地址：重庆市沙坪坝区清溪路171号
Tel：023-65319876

重庆万普隆能源技术有限公司
地址：重庆市沙坪坝区凤凰镇皂桷树村临谢家院子组2号1-39室
Tel：023-65436508

重庆千诚实业发展有限公司
地址：重庆市长寿区晏家街道齐心大道20号2-1室
Tel：023-65493745

重庆海亮铜业有限公司
地址：重庆市江津区珞璜镇郭坝村芋河沟安居房小区2-7地块1号楼
Tel：023-65558222

重庆川东南工程勘察设计院有限公司
地址：重庆市沙坪坝天星桥晒光坪81号
Tel：023-65730554

重庆铝产业开发投资集团有限公司
地址：重庆市九龙坡区西彭镇森迪大道66号
Tel：023-65820078

重庆千信新能源有限公司
地址：重庆市长寿区晏家街道齐心大道20号6-1室
Tel：023-65906443

重庆宗申汽车销售服务有限公司
地址：重庆市巴南区宗申工业园（巴南区花溪民主村9社）
Tel：023-66372146

重庆川仪自动化股份有限公司
地址：重庆市北碚区人民村1号
Tel：023-67032075

重庆市能源投资集团有限公司
地址：重庆市渝北区洪湖西路12号
Tel：023-67039111

渝能（集团）有限责任公司
地址：重庆市北部新区高新园星光大道76号B1-25-27楼
Tel：023-67088106

重庆望江工业有限公司
地址：重庆市江北区郭家沱
Tel：023-67110497

重庆保税商品展示交易中心有限公司
地址：重庆市江北区海尔路319号
Tel：023-67122629

重庆鼎泰能源（集团）有限公司
地址：重庆市渝北区龙溪街道紫园路116号鼎泰公寓1幢2-5-1
Tel：023-67125053

重庆市农产品（集团）有限公司
地址：重庆市渝中区新华路216号
Tel：023-67212578

重庆兰羚天和科技股份有限公司
地址：重庆市渝北区龙兴镇兴同路16号
Tel：023-67344176

重庆金世利航空材料有限公司
地址：重庆市渝北区石船镇龙羽路3号
Tel：023-67374858

攀中伊红金属制品（重庆）有限责任公司
地址：重庆市北部新区云竹路23号
Tel：023-67396798

重庆供销控股（集团）有限公司
地址：重庆市江北区建北四支路6号信一金典四楼
Tel：023-67482902

重庆房角石商贸有限公司
地址：重庆市渝北区回兴街道翠屏路3号3-6-153
Tel：023-6758657

重庆铂礼贸易有限公司
地址：重庆市北部新区泰山大道西段2号3幢5-3
Tel：023-67619488

重庆两江新区宗申小额贷款有限责任公司
地址：重庆市江北区两路寸滩保税港区水港综合大楼A栋2308
Tel：023-67623830

重庆鼎富瑞泽风险管理有限公司
地址：重庆市江北区鱼嘴镇永和路39号2层208室
Tel：023-67629305

重庆渝新通达能源有限公司
地址：重庆市黔江区城西办事处城西四路118号1幢1-102
Tel：023-67640984

重庆中科建设（集团）有限公司
地址：重庆市涪陵区李渡工业园区管委会办公楼
Tel：023-67641576

均和（重庆）能源有限公司
地址：重庆市渝中区民族路188号3102单元
Tel：023-67663803

拓土发展有限公司
地址：重庆市渝北区龙溪街道新牌坊一路1号世纪花园1幢14-2
Tel：023-67686071

重庆东电通信技术有限公司
地址：重庆市渝北区黄山大道中段66号
Tel：023-67688688

陕煤重庆港物流有限公司
地址：重庆市江北区鱼嘴镇工农路23号
Tel：023-67724688

重庆三钢钢业有限责任公司
地址：重庆市大渡口区茄子溪刘家坝
Tel：023-67735221

重庆茧丝绸集团有限公司
地址：重庆市江北区红黄路10号14-6
Tel：023-67856245

重庆中京安产物资有限公司
地址：重庆市大渡口区春晖路街道翠柏路101号3幢18-1
Tel：023-68033268

重庆正达护栏有限公司
地址：重庆市九龙坡区石桥镇白合村
Tel：023-68154053

重庆川仪自动化股份有限公司金属功能材料分公司
地址：重庆市北碚区三花石57号内
Tel：023-68224415

重庆同人联恒能源集团有限公司
地址：重庆市九龙坡区科城路71号、71号附1号留学生创业园D栋10-9号
Tel：023-68233354

重庆超威机械有限公司
地址：重庆市北碚区龙凤一村
Tel：023-68262013

重庆天弘矿业有限责任公司
地址：重庆市合川区盐井街道大坝村
Tel：023-68303333

重庆银钢科技（集团）有限公司
地址：重庆市北碚区同兴南路71号
Tel：023-68327879

重庆钢铁集团矿业有限公司
地址：重庆市大渡口区大堰一村81幢
Tel：023-68401787

重庆朝阳气体有限公司
地址：重庆市大渡口区重庆建桥工业园C区石林大道8号
Tel：023-68423824

神华国能重庆铁路运输有限公司
地址：重庆市万盛经济技术开发区关坝镇新化路88号
Tel：023-68502476

重庆市同汇小额贷款股份有限公司
地址：重庆市大渡口区新山村街道钢花路540号第二层
Tel：023-68555673

重庆钢铁集团朵力房地产股份有限公司
地址：重庆市大渡口区重钢钢城大厦
Tel：023-68842351

重庆朵力远恒房地产开发有限公司
地址：重庆市大渡口重钢钢城大厦
Tel：023-68842351

重庆钢铁（集团）有限责任公司
地址：重庆市大渡口区大堰三村1栋1号
Tel：023-68846155

重庆钢铁集团设计院有限公司
地址：重庆市大渡口区大堰三村1栋1号
Tel：023-68846193

重庆钢铁集团建设工程有限公司
地址：重庆市大渡口区新街道钢花村
Tel：023-68847029

重庆重钢矿产开发投资有限公司
地址：重庆市大渡口区重钢大堰二村科学教育培训楼
Tel：023-68848196

重庆钢铁集团钢管有限责任公司
地址：重庆市巴南区土桥王家坝
Tel：023-68873639

重庆新港长龙物流有限责任公司
地址：重庆市晏家工业园区D区
Tel：023-68873664

重庆钢铁集团电子有限责任公司
地址：重庆市大渡口区钢花路5号
Tel：023-68876119

重庆中林林产品有限公司
地址：重庆市沙坪坝区土主镇月台路18号【口岸贸易服务大厦】B1单元5楼503-614室
Tel：023-68889098

重庆长航钢城物流有限公司
地址：重庆市长寿区晏家工业园区江南钢城内
Tel：023-68981558

重庆长寿钢铁有限公司
地址：重庆市长寿区晏家街道齐心大道20号1-1室
Tel：023-68983196

重庆钢铁集团运输有限责任公司
地址：重庆市大渡口重钢钢城大厦4-9、11
Tel：023-68983200

重庆钢铁集团产业有限公司
地址：重庆市大渡口区大堰三村路口产业大楼
Tel：023-68983446

重庆市丰都县水资源开发有限公司
地址：重庆市丰都县三合街道滨江东路(水电局六楼)
Tel：023-70701456

丰都县鑫磊矿业有限公司
地址：重庆市丰都县武平新场镇雪玉山路23号
Tel：023-7072758

重庆派恩思矿业有限公司
地址：重庆市南川区西城街道办事处隆化大道12号（总商会大厦）1幢1-7-4
Tel：023-71615999

重庆涪陵电力实业股份有限公司
地址：重庆市涪陵区人民东路17号
Tel：023-72286701

重庆白涛化工园区能通建设开发有限责任公司
地址：重庆市涪陵区白涛镇兴政路（白涛工业园区管委会办公楼）
Tel：023-72593483

重庆市东升铝业股份有限公司
地址：重庆市涪陵区清溪镇东升路88号
Tel：023-72716158

重庆市涪陵港务有限公司
地址：重庆市涪陵区黎明路85号
Tel：023-72893799

石柱振兴矿业有限责任公司
地址：重庆市石柱南宾镇二环路国土局家属院
Tel：023-73312958

重庆通耀交通装备有限公司
地址：重庆市武隆区平桥镇西街
Tel：023-77785182

重庆九黎旅游控股集团有限公司
地址：重庆市彭水县靛水街道张家坝居委一组
Tel：023-78492078

彭水县盐丹文化旅游开发有限公司
地址：重庆市彭水县靛水街道张家坝社区一组
Tel：023-78492078

重庆中科矿业有限公司
地址：重庆市彭水县绍庆街道河堡社区乌江西路38号
Tel：023-7883777

重庆秦泰云华置业有限公司
地址：重庆市彭水县靛水街道学府家园8号楼2-1
Tel：023-78867667

重庆佑泰能源有限公司
地址：重庆市黔江区城西办事处城西四路118号1幢1-201
Tel：023-79229024

重庆鸿业实业（集团）有限公司
地址：重庆市黔江区行署街768号民警新村宿舍A栋2楼1号
Tel：023-79230169

重庆新禹能源科技（集团）有限公司
地址：重庆市黔江区行署街768号民警新村宿舍A栋2楼1号
Tel：023-79230169

重庆鸿钻页岩气开发有限公司
地址：重庆市黔江区城西街道行署街768号民警新村宿舍A栋2楼1号
Tel：023-79230682

重庆矿产资源开发有限公司
地址：重庆市渝北区黄山大道中段55号双鱼座2号楼第24层
Tel：023-81399616

重庆市西乾页岩气投资有限公司
地址：重庆市南岸区南坪街道惠工路190号
Tel：023-81399623

重庆巫峡矿业股份有限公司
地址：重庆市巫山县巫峡镇广东中路267号
Tel：023-81720619

重庆二朗冶金新材料有限公司
地址：重庆市涪陵区清溪镇安民路96号（涪陵清溪再生有色金属特色产业园）
Tel：023-81817875

重庆长寿经济技术开发区开发投资集团有限公司
地址：重庆市长寿区晏家街道办事处齐心大道F幢
Tel：023-81880188

重庆钢铁能源环保有限公司
地址：重庆市长寿区晏家工业园区
Tel：023-81883205

重庆页岩气产业投资基金有限责任公司
地址：重庆市北部新区龙睛路2号A1幢1-9-1
Tel：023-81925839

重庆长兴水利水电有限公司

地址：重庆市秀山县中和街道民学街52号
…………Tel：023－85057007

重庆九鑫实业集团有限公司
地址：重庆市酉阳县龙江重工业园
…………Tel：023－85062899

重庆跃进机械厂有限公司
地址：重庆市永川区化工路1号
…………Tel：023－85383404

中石化重庆页岩气有限公司
地址：重庆市南川区西城街道办事处白果路16号8幢
…………Tel：023－85638833

奉节县国有资产经营有限责任公司
地址：重庆市奉节县西部新区胡家社区2组
…………Tel：023－85990888

重庆武钢钢材配送有限公司
地址：重庆市江北区港城路75号
…………Tel：023－86856700

重庆恒和物流有限公司
地址：重庆市江北区鱼嘴镇东风路146号
…………Tel：023－86885333

重庆衡山机械有限责任公司
地址：重庆市万州经济技术开发区盐气化工园经开大道486号
…………Tel：023－87507486

东方希望重庆水泥有限公司
地址：重庆市丰都县湛普镇燕子村
…………Tel：023－87828880

重庆三峰科技有限公司
地址：重庆市大渡口区建桥工业园区建桥大道3号
…………Tel：023－88055907

国粮铧垠重庆实业有限公司
地址：重庆市江津区朱杨镇利民社区石梯巷19号
…………Tel：023－88215588

鞍钢蒂森克虏伯（重庆）汽车钢有限公司
地址：重庆市江北区鱼嘴镇和煦路222号
…………Tel：023－88216333

重庆博奥镁铝金属制造有限公司
地址：重庆市万盛经开区南桐镇平山大道5号
…………Tel：023－88319558

重庆蓝洋金控有限责任公司
地址：重庆市两路寸滩保税港区管理委员会综合大楼8－2－94
…………Tel：023－88950115

重庆轮船（集团）有限公司
地址：重庆市渝中区解放东路127－129号第4层1、2、3、4、5号房
…………Tel：023－89030777

浦项（重庆）汽车配件制造有限公司
地址：重庆市两江新区长福南路1号
…………Tel：023－89036558

重庆瀚华资产管理有限公司
地址：重庆市渝北区洪湖东路11号附15号
…………Tel：023－89666600

瀚华融资担保股份有限公司
地址：重庆市渝北区洪湖东路11号2幢2－6
…………Tel：023－89666600

重庆渝能矿业（集团）有限责任公司
地址：重庆市北部新区黄山大道中段5号水星科技发展中心
…………Tel：023－89680000

河北省

中煤地华盛水文地质勘察有限公司
地址：河北省邯郸市丛台区滏河北大街154号
…………Tel：0310－2057261

邯钢集团晟达磁县能源有限公司
地址：河北省邯郸市磁县时村营乡时村营村北(磁县经济开发区内)
…………Tel：0310－6072141

河北河钢化工有限公司
地址：河北省邯郸市复兴区复兴路232号（邯钢集团邯宝钢铁有限公司营销部办公楼4021号）
…………Tel：0310－2095115

邯郸市邯钢附属企业公司
地址：河北省邯郸市复兴区邯钢路11号
…………Tel：0310－2098380

邯郸市赵都大酒店有限公司
地址：河北省邯郸市丛台区中华大街74号
…………Tel：0310－2113501

河北恒聚源物流有限公司
地址：河北省邯郸冀南新区林坛工业园区(林坛镇范村)
…………Tel：0310－2138888

冀中能源峰峰集团邯郸百维进出口贸易有限公司
地址：河北省邯郸开发区联纺东路588号六号楼
…………Tel：0310－2757191

河北恒优广信贸易有限公司
地址：河北省邯郸市复兴区林村西路67号
…………Tel：0310－3108080

邯郸市城郊农村信用合作联社
地址：河北省邯郸市邯山区光明南大街４４号
…………Tel：0310－3118592

中环新威绿色科技（临漳）有限公司
地址：河北省邯郸市临漳县邺都工业园区魏峰路西段（邺都工业园区1号）
…………Tel：0310－3191888

河北新武安钢铁集团有限公司
地址：河北省武安市桥西路６４号
…………Tel：0310－3716769

天铁第一轧钢有限责任公司
地址：河北省邯郸市涉县井店镇
…………Tel：0310－3971903

崇利制钢有限公司
地址：河北省邯郸市涉县井店镇
…………Tel：0310－3971903

鑫工农机制造有限公司
地址：河北省邯郸市涉县开发区平乐路南侧龙井大街东侧
…………Tel：0310－3781333

河北腾飞太行井业有限公司
地址：涉县崇州路南侧
…………Tel：0310－3892593

国电河北龙山发电有限责任公司
地址：河北涉县经济技术开发区
…………Tel：0310－3896609

天津铁厂有限公司
地址：河北省邯郸市涉县更乐镇
…………Tel：0310－3973332

天铁热轧板有限公司
地址：河北涉县井店镇
…………Tel：0310－3979113

邯郸市鑫炜钢结构有限责任公司
地址：河北省邯郸市复兴区前进大街19号西4楼
…………Tel：0310－4055419

邯郸市博地房地产开发有限公司
地址：河北省邯郸市峰峰矿区滨河东路200号
…………Tel：0310－5013961

磁县鑫宝化工有限公司
地址：河北省邯郸市磁县时村营乡陈庄村北（磁县经济开发区富强路8号）
…………Tel：0310－5071211

华瑞（邯郸）铸管有限公司
地址：河北省邯郸市峰峰矿区和村镇
…………Tel：0310－5092382

邯郸市峰峰矿区新峰房地产开发有限公司
地址：河北省邯郸市峰峰矿区滨河东路188号
…………Tel：0310－5166119

河北天业经贸有限公司
地址：河北省邯郸市武安市上团城乡崇义村东
…………Tel：0310－5172059

嘉晟国际贸易有限公司
地址：河北省邯郸市武安市上团城乡崇义村东
…………Tel：0310－5172020

河北兴华钢铁轧材有限公司
地址：河北省武安市南营井村东
…………Tel：0310－5173986

河北兴华钢铁有限公司
地址：河北省邯郸市武安市上团城西
…………Tel：0310－5173991

河北普阳钢铁有限公司
地址：河北省武安市阳邑镇村东
…………Tel：0310－5178900

中普（邯郸）钢铁有限公司
地址：河北省武安市阳邑镇东
…………Tel：0310－5178900

河北文丰钢铁有限公司
地址：河北省邯郸市武安市午汲镇大贺庄村村东
…………Tel：0310－5179100

河北文丰轧钢有限公司
地址：河北省邯郸市武安市南环路南侧
…………Tel：0310－5179100

冀南钢铁集团有限公司
地址：河北省邯郸市武安市上团城镇兴凯街东侧
…………Tel：0310－5179100

河北新金永盛钢铁有限公司
地址：河北省邯郸市武安市东长远村
…………Tel：0310－5179821

峰峰矿区合信钢铁有限公司
地址：河北省邯郸市峰峰矿区大社镇南
…………Tel：0310－5197782

河北银河轴承有限公司
地址：河北省邯郸市成安工业区地址：
…………Tel：0310－5231013

邯郸鹏鑫特种钢铁有限公司
地址：河北省邯郸市峰峰矿区义井义矿路4号
…………Tel：0310－5425586

河北冀峰新能源科技有限公司
地址：河北省邯郸市峰峰矿区大峪镇仁义村
…………Tel：0310－5466885

河北乔煜能源有限公司
地址：河北省邯郸市复兴区铁西北大街与果园路交叉口东北角EGO复兴新经济产业园B座9楼
…………Tel：0310－5508882

河北新武安钢铁集团文安钢铁有限公司
地址：河北省邯郸市武安市南环路
…………Tel：0310－5533089

元宝山（邯郸）钢铁能源有限公司
地址：河北省邯郸市武安市新华大街路西南头
…………Tel：0310－5533121

河北新武安钢铁集团东山冶金有限公司
地址：河北省邯郸市武安市中兴路东段路北
…………Tel：0310－5569988

邯郸市邯钢附企百宽装备制造有限公司
地址：河北省邯郸市复兴区人民西路409号兴隆商务公寓19层03号
…………Tel：0310－5602772

武安市农村信用联社股份有限公司
地址：河北省武安市富强街585号
…………Tel：0310－5611121

冀中能源峰峰集团有限公司
地址：河北省邯郸市峰峰矿区太中路2号
…………Tel：0310－5629930

河北新金钢铁有限公司
地址：河北省武安市骈山村东
…………Tel：0310－5630685

河北新金钢铁销售有限公司
地址：河北省邯郸市武安市同安路北
…………Tel：0310－5630686

武安市宏基投资有限公司
地址：河北省武安市建设大街2222号
…………Tel：0310－5688556

河北新金轧材有限公司
地址：河北省武安市曹公泉工业园区
…………Tel：0310－5630685

河北太行钢铁集团有限公司
地址：河北省邯郸市武安市南　河工业园区磁山镇西、邢峰公路以西、太行路以南
…………Tel：0310－5581668

河北远盛钢铁有限公司
地址：河北省邯郸市武安市磁山一街村
…………Tel：0310－3718038

河北明顺冶金工业有限公司
地址：河北省武安市北关街北侧
…………Tel：0310－5631588

河北姚氏钢铁贸易集团有限公司
地址：河北省邯郸市武安市北环路五街桥东
…………Tel：0310－5631588

武安市明星鸿业混凝土有限公司
地址：河北省邯郸市武安市徘徊镇西河下村村东
…………Tel：0310－5581668

飞马特（中国）有限公司
地址：河北省邯郸市武安市上团城乡崇义村东
…………Tel：0310－5670028

金鼎重工有限公司
地址：河北省邯郸市武安工业园区青龙山工业园
…………Tel：0310－5670028

金鼎钢铁集团有限公司
地址：河北省邯郸市武安工业园区青龙山工业园区
…………Tel：0310－5670028

中衍资源有限公司
地址：河北省邯郸市武安市上团城乡上团城村南
…………Tel：0310－5670199

武安市裕华钢铁有限公司
地址：河北省邯郸市武安市崇义四街村北
…………Tel：0310－5751935

河北新武安钢铁集团鑫汇冶金有限公司
地址：河北省邯郸市武安市午汲镇下白石村北
…………Tel：0310－5781817

新兴能源装备股份有限公司
地址：河北省邯郸市经济开发区和谐大街99号
…………Tel：0310－5807510

河北新武安钢铁集团物流有限公司
地址：河北省邯郸市武安市邯长铁路武安站东南
…………Tel：0310－5821393

河北陆港保税物流有限公司
地址：河北省邯郸市武安市　湖北路北侧
…………Tel：0310－5821801

河北雄文贸易有限公司
地址：河北省邯郸市武安市向阳路科苑小区1－14铺
…………Tel：0310－5892016

河北新武安钢铁集团烘熔钢铁有限公司
地址：河北省邯郸市武安市固镇元宝山东
…………Tel：0310－5919430

河北铭镔钢铁有限公司
地址：河北省邯郸市武安市工业园区南河工业园
…………Tel：0310－5919442

武安市永诚铸业有限责任公司
地址：河北省邯郸市武安市石洞乡史二庄村南
…………Tel：0310－5928499

武安市广耀铸业有限公司
地址：河北省邯郸市武安市大同镇小屯村东
…………Tel：0310－5959888

河北远邦贸易集团有限公司
地址：河北省邯郸市邯山区渚河路680号
…………Tel：0310－6068335

邯郸市邯钢集团丰达冶金原料有限公司
地址：河北省邯郸市峰峰矿区大社镇彦亭村西
…………Tel：0310－6072087

邯郸钢铁集团设备制造安装有限公司
地址：河北省邯郸市复兴区庞村北路1号
…………Tel：0310－6072123

邯钢集团邯宝钢铁有限公司
地址：河北省邯郸市复兴区复兴路232号
…………Tel：0310－6072141

邯郸钢铁集团有限责任公司
地址：河北省邯郸市复兴路232号
…………Tel：0310－6072141

邯郸市邯钢集团汇达汽车运输有限公司
地址：邯郸市复兴区军营路七十号
…………Tel：0310－6072361

邯郸市中发物资有限公司
地址：邯郸市复兴区联纺西路158号
…………Tel：0310－6161085

河北纵横钢铁集团有限公司
地址：河北省邯郸市复兴区跨世特工业区
…………Tel：0310－6275111

五矿邯邢矿业有限公司
地址：河北省邯郸市丛台区朝阳路88号
…………Tel：0310－6286411

五矿邯邢矿业邯郸物流有限公司
地址：河北省邯郸市武安市南环东路1001号
…………Tel：0310－6287117

河北永洋特钢集团有限公司
地址：河北省邯郸市永年区界河店乡杜刘固
…………Tel：0310－6662039

河北领航物流有限公司
地址：永年县界河店乡前曹庄村街南
…………Tel：0310－6666690

河北天创管业有限公司
地址：河北省邯郸市永年区工业园区装备制造区建设路东侧、永洋大街北侧
…………Tel：0310－6887778

中煤一局集团有限公司地理信息分公司
地址：河北省邯郸市经济开发区世纪大街3号3层
…………Tel：0310－8018908

中煤第一建设有限公司
地址：河北省邯郸市丛台区丛台东路52号
…………Tel：0310－7159970

中煤建筑安装工程集团有限公司
地址：河北省邯郸市丛台路56号
…………Tel：0310－7209571

成安县农村信用合作联社
地址：河北省成安县青云南大街路西绿岛风景小区1－105
…………Tel：0310－7215013

河北遂泽实业有限公司
地址：河北省邯郸市鸡泽县民生东路北侧河北尚纯环境科技有限公司二楼
…………Tel：0310－7511088

冀中能源峰峰集团邯郸宝峰矿业有限公司
地址：河北省磁县路村营乡上庄村西（磁峰复线九龙煤矿）
…………Tel：0310－7715269

冀中能源峰峰集团邯郸鼎峰物流有限公司
地址：河北省邯郸市峰峰矿区煤城路
…………Tel：0310－7731652

冀中能源邯郸矿业集团聚能物资有限公司
地址：河北省邯郸市丛台区东柳北大街268号
…………Tel：0310－7758276

冀中能源邯郸矿业集团有限公司
地址：河北省邯郸市东柳北大街268号
…………Tel：0310－7758385

河北峰煤焦化有限公司
地址：河北省邯郸市峰峰矿区和村镇
…………Tel：0310－7768810

邯郸市日鑫板材有限责任公司
地址：河北省邯郸市经济开发区新兴路11号
…………Tel：0310－8192616

河北保有贸易有限公司
地址：河北省邯郸市丛台区中华北大街702号天琴大厦2－2－2501
…………Tel：0310－8198883

磁县鑫盛煤化工有限公司
地址：河北省磁县时村营乡陈庄村北（磁县煤化工产业园区）
…………Tel：0310－8328699

河北巨恒投资集团有限公司

地址：河北省邯郸市邯山区代召乡309国道北侧（代召村村北）
……………………Tel：0310-8975885

邯郸国际陆港有限公司
地址：河北省邯郸市邯山区机场路18号
……………………Tel：0310-5767735

财达证券股份有限公司
地址：河北省石家庄市自强路35号
……………………Tel：0311-66008555

燕赵财产保险股份有限公司
地址：河北省唐山市路北区北新西道30号逸景阳光商住楼1至3层
……………………Tel：0311-66019666

河北地矿建设工程集团公司
地址：河北省石家庄市桥西区中山西路800号
……………………Tel：0311-66106007

河北申地售电有限公司
地址：河北省石家庄市长安区开元花园B1-1-3202室
……………………Tel：0311-66501339

中环新威绿色科技（深州）有限公司
地址：河北省衡水市深州市高古庄镇保衡公路东侧
……………………Tel：0311-66600890

河北建设勘察研究院有限公司
地址：河北省石家庄市鹿泉区槐安西路555号
……………………Tel：0311-66723211

河钢股份有限公司
地址：河北省石家庄市体育南大街385号
……………………Tel：0311-66770709

河钢集团国际物流有限公司
地址：河北省石家庄市体育南大街385号9层
……………………Tel：0311-66778531

河钢集团售电有限公司
地址：河北省石家庄市裕华区体育南大街385号
……………………Tel：0311-66778030

河钢集团投资控股有限公司
地址：河北省石家庄市裕华区体育南大街385号
……………………Tel：0311-66503163

河钢集团有限公司
地址：河北省石家庄市体育南大街385号
……………………Tel：0311-66778886

河钢集团物资贸易有限公司
地址：河北省石家庄市裕华区体育南大街385号
……………………Tel：0311-66778557

河北金筑建工集团有限公司
地址：河北省石家庄裕华区裕华东路1061号金领大厦2-3-2903
……………………Tel：0311-66792186

河钢工业技术服务有限公司
地址：河北省廊坊市经济技术开发区科技谷园区青果路99号科技谷大厦11层
……………………Tel：0311-67807660

河钢集团财务有限公司
地址：河北省石家庄市体育南大街385号10层
……………………Tel：0311-67807606

河北钢铁交易中心
地址：河北省石家庄市体育南大街385号
……………………Tel：0311-66778157

河北洁净能源投资有限公司
地址：河北省石家庄市长安区北二环东路68号
……………………Tel：0311-68095115

河北众美房地产开发集团有限公司
地址：河北省石家庄市裕华区翟营南大街72号
……………………Tel：0311-69097216

河北华泰纸业有限公司
地址：河北省赵县石塔西路
……………………Tel：0311-69105555

河北冀铁集团有限公司
地址：河北省石家庄市新华区水源街89号
……………………Tel：0311-7827544

河北鑫跃焦化有限公司
地址：河北省石家庄市井陉矿区矿务局一矿
……………………Tel：0311-82080249

河北敬业钢构科技股份有限公司
地址：河北省平山县南甸镇解家疃村
……………………Tel：0311-82876129

石家庄西柏坡钢铁有限公司
地址：河北省平山县孟耳庄
……………………Tel：0311-82885353

敬业钢铁有限公司
地址：河北省平山县南甸镇
……………………Tel：0311-82888888

敬业集团有限公司
地址：河北省石家庄市新华区西三庄街111号豪威大厦A-8-10
……………………Tel：0311-82888888

河北矿业资源有限责任公司
地址：河北省石家庄市桥西区石家庄市工农路410号
……………………Tel：0311-83023700

河北辛集农村商业银行股份有限公司
地址：河北省辛集市兴华北路184号
……………………Tel：0311-83222935

辛集市澳森特钢集团有限公司
地址：河北省辛集市南智邱镇赵马村村东
……………………Tel：0311-83965096

辛集市海昇投资管理有限公司
地址：辛集市安新线与兴华路交叉口北行300米路东（澳森钢铁有限公司新垒头分公司院内办公楼一楼）
……………………Tel：0311-83965098

辛集市澳森热力有限公司
地址：河北省辛集市兴华路与迎宾路交叉口北行800米路东
……………………Tel：0311-83965203

河北神邦矿业有限公司
地址：河北省石家庄市新华区中山西路西山花园别墅A001号
……………………Tel：0311-83985550

河北天同名城投资有限公司
地址：河北省石家庄市长安区大径北街18号花中城五金电料市场605号
……………………Tel：0311-85066126

石家庄北国人百集团有限责任公司
地址：河北省石家庄桥西区中山东路188号
……………………Tel：0311-85261813

河北融投担保集团有限公司
地址：河北省石家庄市新华区合作路328号
……………………Tel：0311-85271299

冀凯装备制造股份有限公司
地址：河北省石家庄高新区湘江道418号
……………………Tel：0311-85323533

石家庄煤矿机械有限责任公司
地址：河北省石家庄市栾城区裕翔街167号
……………………Tel：0311-85538992

河北省国和投资集团有限公司
地址：河北省石家庄市桥西区自强路37号
……………………Tel：0311-85668887

冀中能源机械装备集团有限公司
地址：河北省石家庄市裕华区槐岭路19号
……………………Tel：0311-85822186

华亿通沧州城市建设有限公司
地址：河北省沧州市黄骅市经济开发区管委会二楼206-207室
……………………Tel：0311-85927109

华北制药股份有限公司
地址：河北省石家庄市和平东路388号
……………………Tel：0311-85993999

华北有色工程勘察院有限公司
地址：河北省石家庄市裕华区汇通路39号
……………………Tel：0311-86013887

河北融投创业投资有限公司
地址：河北省石家庄市新华区合作路328号省国资委第六后勤服务中心办公楼2层西侧大厅-2
……………………Tel：0311-85272088

河北富春华贸易有限公司
地址：河北省石家庄市长安区丰收路32号
……………………Tel：0311-86270071

河北国控国际物流有限公司
地址：河北省石家庄市桥西区站前街10号主楼8层
……………………Tel：0311-86273379

河北省国控商贸集团有限公司
地址：河北省石家庄市桥西区站前街10号华联河北饭店有限责任公司综合楼9、10层
……………………Tel：0311-86277500

河北钢益机械装备技术有限公司
地址：河北省石家庄市长安区和平东路363号
……………………Tel：0311-86913374

石家庄钢铁有限责任公司
地址：河北省石家庄市和平东路363号
……………………Tel：0311-86913686

石家庄焦化集团有限责任公司
地址：河北省石家庄市长安区谈固北大街56号
……………………Tel：0311-86916590

河北神兴建筑工程有限公司
地址：河北省石家庄市新华区石清路56号005幢三楼
……………………Tel：0311-86956268

河北物流集团金属材料有限公司
地址：河北省石家庄市新华区中华北大街3号
……………………Tel：0311-87030309

河北中储物流有限公司
地址：河北省石家庄新华区中华北大街203号
……………………Tel：0311-87059279

河北正定农村商业银行股份有限公司
地址：河北省正定县恒山西路108号
……………………Tel：0311-88022121

晋煤金石化工投资集团有限公司
地址：河北石家庄循环化工园区丘头镇工业大街88号
……………………Tel：0311-88399683

河北物产企业（集团）公司
地址：河北省石家庄市新华区中华大街91号
……………………Tel：0311-88600323

无极县宝石花地热能开发有限公司
地址：河北省石家庄市无极县无极镇东关村无极路4号
……………………Tel：0311-89903338

河北省国控矿业开发投资有限公司
地址：河北省石家庄市桥西区站前街10号南配楼5楼
……………………Tel：0311-89912753

保定市华北机电设备有限公司
地址：河北省保定市莲池区三丰中路178-1号华北轴承大厦商务楼B座
……………………Tel：0312-2164999

长城汽车股份有限公司
地址：河北省保定市朝阳南大街2266号
……………………Tel：0312-2197815

保定长城精工铸造有限公司
地址：河北省顺平县蒲上乡东南蒲村
……………………Tel：0312-2197815

高碑店市昊龙工业有限责任公司
地址：河北省高碑店市梁家营112线东侧
……………………Tel：0312-2844490

高碑店市铁岩钢板桩有限公司
地址：河北省高碑店市团结东路南侧光为大街西侧
……………………Tel：0312-2998805

保定银行股份有限公司
地址：河北省保定市高开区保定市朝阳北大街889号
……………………Tel：0312-3101000

保定亚新钢铁有限公司
地址：河北省保定市富昌路288号
……………………Tel：0312-3262366

保定吉达电力设备有限公司
地址：河北省保定市五四东路625号
……………………Tel：0312-3294931

保定天威线材制造有限公司
地址：河北省保定市创业路111号
……………………Tel：0312-3309311

涿神有色金属加工专用设备有限公司
地址：河北省涿州市镇安寺区南环路北侧
……………………Tel：0312-3805394

中国石油集团东方地球物理勘探有限责任公司
地址：河北省保定市涿州市范阳西路189号
……………………Tel：0312-3825823

中铁建钢结构有限公司
地址：河北省涿州市华阳中路143号
……………………Tel：0312-3972509

河北松赫再生资源股份有限公司
地址：河北省安新县老河头镇西地
……………………Tel：0312-5160086

河北泰斗线缆集团有限公司
地址：河北省雄县旅游路西大工业区9号
……………………Tel：0312-5734000

河北新立中有色金属集团有限公司
地址：河北省保定市清苑区发展西路338号
……………………Tel：0312-5802367

河北立中有色金属集团有限公司
地址：河北省保定市清苑区发展西路338号
……………………Tel：0312-5802367

立中四通轻合金集团股份有限公司
地址：河北省保定市清苑区发展西街359号
……………………Tel：0312-5806816

首特华峰装配式建材股份有限公司
地址：河北省高碑店市梁家营乡蔡庄村南
……………………Tel：0312-6391083

保定宏泰管式输送机械制造有限公司
地址：河北省保定市蠡县育才东路（电力局办公楼南面）
……………………Tel：0312-6585666

定兴县农村信用联社股份有限公司
地址：河北省定兴县华建路18号
……………………Tel：0312-6912903

河北尚熊建设工程有限公司
地址：河北省保定市创业路88号12号楼1202
……………………Tel：0312-7018778

保定华森电力设备制造有限公司
地址：河北省保定市满城区东辛章村
……………………Tel：0312-7180979

河北钢铁集团涞源有色金属有限公司
地址：河北省涞源县南屯镇南屯村富民路4号
……………………Tel：0312-7399001

河北钢铁集团涞源独山城矿业有限公司
地址：河北省涞源县水堡镇龙门村
……………………Tel：0312-7399001

滦州田兴铁矿有限公司
地址：河北省唐山市滦州市响　街道办事处司家营铁矿二期院内
……………………Tel：0315-7466583

河北钢铁集团涞源锌钼矿业有限公司
地址：河北省保定市涞源县南屯乡南屯村
……………………Tel：0312-7399001

河北九华勘查测绘有限责任公司
地址：河北省保定市天鹅中路999号
……………………Tel：0312-7519801

保定青旅雄城实业有限公司
地址：河北省保定市顺平县天赐龙都商D-27
……………………Tel：0312-7628092

隆达铝业（顺平）有限公司
地址：河北省顺平县蒲上乡东南蒲村
……………………Tel：0312-7681016

涞源县奥宇钢铁有限公司
地址：河北省涞源县涞源镇丰乐村
……………………Tel：0312-7396117

保定德龙科技实业有限公司
地址：河北省保定市涞源县涞源镇丰乐村
……………………Tel：0312-7843766

中国乐凯集团有限公司
地址：河北省保定市竞秀区乐凯南大街6号
……………………Tel：0312-7923000

河北双强金属有限公司
地址：河北省保定市清苑区臧村镇中村村北
……………………Tel：0312-8095999

保定立元铜件制造有限公司
地址：河北省保定市清苑区园区路12号
……………………Tel：0312-8170000

保定隆达铝业有限公司
地址：河北省保定市徐水区朝阳北大街（徐）299号（汽车部件园A区—15）
……………………Tel：0312-8656331

巨力索具股份有限公司
地址：河北省保定市徐水区巨力路
……………………Tel：0312-8777777

中节能保定废旧汽车回收拆解有限公司
地址：河北省保定市徐水区崔庄镇田庄村北
……………………Tel：0312-8795152

中煤张家口煤矿机械有限责任公司
地址：河北省张家口市产业集聚区煤机路1号
……………………Tel：0313-2056273

宣化钢铁公司龙烟矿山公司
地址：河北省张家口宣化区庞家堡
……………………Tel：0313-3271509

张家口冀钢钢铁有限公司
地址：河北省宣化区北门外四方台
……………………Tel：0313-3582642

河北晟佳投资集团有限公司
地址：河北省张家口市宣化区人民西路1号院13号楼三层
……………………Tel：0313-3861928

张家口冀东水泥有限责任公司
地址：河北省张家口市宣化区东升路宣钢水泥厂院内
……………………Tel：0313-3867708

河北万全农村商业银行股份有限公司
地址：河北省张家口市万全区孔家庄镇全兴路24号
……………………Tel：0313-4222396

河北崇礼紫金矿业有限责任公司
地址：河北省崇礼区四台嘴乡东坪村
……………………Tel：0313-4772138

冀中能源张家口矿业集团有限公司
地址：河北省张家口市下花园区新立街1号
……………………Tel：0313-5189111

康保县宏电新能源科技有限公司
地址：河北省张家口市康保县经济开发区管理委员会
……………………Tel：0313-5222332

河北大唐国际张家口热电有限责任公司
地址：河北省张家口高新区南环路9号
……………………Tel：0313-5802102

河北蔚州能源综合开发有限公司
地址：河北省张家口市蔚县经济开发区景元路1号
……………………Tel：0313-6683011

开滦（集团）蔚州矿业有限责任公司
地址：河北省蔚县南留庄镇
……………………Tel：0313-7179001

张家口蔚县源恒建设发展集团有限公司
地址：河北省张家口市蔚县蔚县蔚州镇人民路69号
……………………Tel：0313-7213492

张家口福州商会投资有限公司
地址：张家口市桥西区南城壕街6号岸尚清城小区14号楼6层31号
……………………Tel：0313-8076999

张家口农村商业银行股份有限公司
地址：河北省张家口市经济开发区中兴北路9号1号楼
……………………Tel：0313-8203301

张家口宣钢杭萧钢构股份有限公司
地址：河北省张家口市宣化区胜利路28号
……………………Tel：0313-8672005

张家口宣龙高速线材有限责任公司
地址：河北省张家口市宣化区胜利路26号院宣钢东厂区线材加工办公楼
……………………Tel：0313-8673818

宣化钢铁集团有限责任公司
地址：河北省张家口市宣化区宣府大街93号
……………………Tel：0313-8674421

宣化钢铁棒材有限责任公司

地址：张家口宣化区幸福街151号
……………………Tel：0313-8674796

张家口宣钢医院有限公司
地址：河北省张家口市宣化区钟楼大街57号院1号楼
……………………Tel：0313-8675571

河北物华循环资源股份有限公司
地址：河北涉县更乐镇
……………………Tel：031-3972947

承德龙志达智能仪表科技有限公司
地址：河北省承德市上板城镇电子工业园区
……………………Tel：0314-2078139

河北华勘资环勘测有限公司
地址：河北省承德市高新区科技大厦主楼12层1201室(仅限办公)
……………………Tel：0314-2156838

承德矿业集团有限责任公司
地址：河北省承德市双桥区桥东武阳东区国土局办公楼1102-1109室
……………………Tel：0314-2259882

承德承钢正桥矿业开发有限公司
地址：河北省承德县甲山镇山咀村
……………………Tel：0314-3087789

承德钢铁集团有限公司
地址：河北省承德双滦区滦河镇
……………………Tel：0314-4070114

河钢承德钒钛新材料有限公司
地址：河北省承德市双滦区滦河镇河钢承钢1号办公楼
……………………Tel：0314-4070114

承德天运物流有限公司
地址：河北省承德双滦区滦河镇承钢西地区
……………………Tel：0314-4073685

承德承钢医院有限公司
地址：河北省承德市双滦区滦河镇河钢承钢医院办公楼
……………………Tel：0314-4073938

承德燕山气体有限公司
地址：河北省承德双滦区滦河镇承钢厂区
……………………Tel：0314-4074384

承德燕山带钢有限公司
地址：河北省承德双滦区西地乡西地村
……………………Tel：0314-4074904

承德承钢物流有限公司
地址：河北省承德双滦区承钢1号办公楼
……………………Tel：0314-4075058

承德中滦煤化工有限公司
地址：河北省承德双滦区滦河镇
……………………Tel：0314-4078458

承德张双铁路有限公司
地址：河北省承德双滦区滦河镇承钢厂区
……………………Tel：0314-4078638

承德承钢钒钛冷轧薄板有限公司
地址：河北省承德市双滦区承钢2号办公楼3楼
……………………Tel：0314-4079331

承德万通钢铁管业制造有限责任公司
地址：河北省承德双滦区西地乡西地村
……………………Tel：0314-4082866

承德承钢商贸有限公司
地址：河北省承德市双滦区承钢2号办公楼
……………………Tel：0314-4303310

荣盛兴城（兴隆）新能源发展有限公司
地址：河北省承德市兴隆县平安堡镇荞麦岭村（河北兴隆经济开发区荣盛产业园楚榆路1号）
……………………Tel：0314-5081688

承德金源尾矿技术开发有限公司
地址：河北省承德市鹰手营子矿区寿王坟镇罗圈沟村四组
……………………Tel：0314-5310068

承德建龙特殊钢有限公司
地址：河北省兴隆县平安堡镇
……………………Tel：0314-5316260

承德兴隆矿业有限责任公司
地址：河北省承德鹰手营子矿区营子大街55号
……………………Tel：0314-5372216

河北宽城农村商业银行股份有限公司
地址：河北省宽城满族自治县宽城镇瀑河桥西路8号
……………………Tel：0314-6632407

承德悦翔投资有限公司
地址：河北省承德市高新区科技大厦附楼九层0913室（仅限办公）
……………………Tel：0314-6699188

承德盛丰钢铁有限公司
地址：河北省宽城满族自治县宽城镇大马沟村
……………………Tel：0314-6865066

承德宽丰矿业有限公司
地址：河北省宽城满族自治县宽城镇大马沟村
……………………Tel：0314-6865226

承德兆丰钢铁集团有限公司
地址：河北省承德市宽城满族自治县板城镇岔沟村2号
……………………Tel：0314-6961475

隆化国控投资集团有限公司
地址：河北省承德市隆化县财政局办公楼六楼
……………………Tel：0314-7062004

宽城满族自治县宽和融资担保有限公司
地址：河北省宽城满族自治县宽城镇滨河街财政局六楼
……………………Tel：0314-7577970

宽城盛兴投资有限公司
地址：河北省承德市宽城满族自治县财政局三楼308室
……………………Tel：0314-7577970

河北琢酒集团有限公司
地址：河北省宽城满族自治县宽城镇罗家沟村
……………………Tel：0314-7728660

承德信通首承科技有限责任公司
地址：河北省滦平县金沟屯镇滦河沿村
……………………Tel：0314-8730699

唐山奉天矿产品销售有限公司
地址：河北省唐山路北区坤源里天元小区２０１－３号
……………………Tel：0315-2230988

唐山市人民大厦商贸有限公司
地址：河北省唐山路南区新华西道58号
……………………Tel：0315-2321257

恒泰坤鼎（唐山）置业有限公司
地址：河北省唐山市路北区西外环东汇生活广场六号厅41号
……………………Tel：0315-2326802

唐山唐曹铁路有限责任公司
地址：河北省曹妃甸工业区港口物流园区通用码头办公楼
……………………Tel：0315-2348561

河北京东管业有限公司
地址：河北省唐山市迁安市彭店子乡彭店子村北
……………………Tel：0315-2420019

迁安市津唐球墨铸管有限公司
地址：河北迁安高新技术产业开发区平青大线东侧、祺安街南侧（租赁）
……………………Tel：0315-2420881

唐山盛财智能科技有限公司
地址：中国（河北）自由贸易试验区曹妃甸片区曹妃甸综合保税区投资服务中心B座4037室
……………………Tel：0315-2450616

唐山金马钢铁集团有限公司
地址：河北省滦县茨榆坨工业区
……………………Tel：0315-2470492

滦县天物众强高科涂镀板有限公司
地址：河北省滦县茨榆坨镇芦苇庄村北
……………………Tel：0315-2471598

河北华奥节能科技有限公司
地址：河北省唐山路北区滨河路9号
……………………Tel：0315-2701259

唐山钢铁集团有限责任公司
地址：河北省唐山路北区滨河路9号
……………………Tel：0315-2702684

河北钢铁集团矿业有限公司
地址：河北省唐山路北区荣华西道599号B座
……………………Tel：0315-2793140

唐山方信投资有限责任公司
地址：河北省唐山路北区建设北路81号
……………………Tel：0315-2793231

唐山银行股份有限公司
地址：河北省唐山市路南区建设南路19号唐山新世界中心写字楼5层、21层、22层、23层、24层、26层、27层、28层、29层、30层
……………………Tel：0315-2826494

开滦（集团）有限责任公司
地址：河北省唐山市新华东道70号
……………………Tel：0315-2827307

京唐港煤炭港埠有限责任公司
地址：河北省唐山市海港开发区７号路中段北侧
……………………Tel：0315-2911540

京唐港首钢码头有限公司
地址：河北省唐山港集团矿石码头办公大楼
……………………Tel：0315-2916511

唐山湾炼焦煤储配有限公司
地址：河北省唐山海港开发区港荣街北海平路东
……………………Tel：0315-2943016

唐山开滦建设（集团）有限责任公司
地址：河北省唐山路南区增盛东街3号
……………………Tel：0315-3024232

开滦能源化工股份有限公司
地址：河北省唐山市路南区新华东道70号东楼
……………………Tel：0315-3026097

开滦集团国际物流有限责任公司
地址：河北省唐山路南区新华东道70号
……………………Tel：0315-3026661

唐山曹妃甸动力煤储配有限公司
地址：河北省曹妃甸工业区
……………………Tel：0315-3022902

开滦（集团）大城能源投资有限责任公司
地址：河北省大城县新城区东环路东侧
……………………Tel：0315-3027581

开滦集团矿业工程有限责任公司
地址：河北省唐山市路南区新华东道70号
……………………Tel：0315-3020078

唐山开滦赵各庄矿业有限公司
地址：河北省唐山古冶区赵各庄
……………………Tel：0315-3051500

唐山开滦铁拓重型机械制造有限责任公司
地址：河北省唐山古冶区林西机厂道1号
……………………Tel：0315-3056553

中非冀东建材投资有限责任公司
地址：河北省曹妃甸工业区装备制造产业园区
……………………Tel：0315-3083306

冀东发展集团有限责任公司
地址：河北省唐山丰润区林荫路东侧
……………………Tel：0315-3083406

唐山时创高温材料股份有限公司
地址：河北省唐山丰润区东山路３号
……………………Tel：0315-3088021

哈轴（唐山）钢铁配套有限公司
地址：河北省唐山市路南区国际五金城405-15号
……………………Tel：0315-3106867

考伯斯（中国）炭素化工有限公司
地址：河北省唐山市丰润区八里庄南
……………………Tel：0315-3114331

唐山市丰润区申恒钢铁有限公司
地址：河北省唐山市丰润区常庄镇金川院北
……………………Tel：0315-3117111

河北天柱投资集团有限公司
地址：河北省唐山丰润区常庄乡常一村
……………………Tel：0315-3118128

唐山市丰润区金峘小额贷款有限公司
地址：河北省唐山丰润区常庄乡常一村西（银河路西-13-2）
……………………Tel：0315-3218366

唐山超越钢铁有限公司
地址：河北省唐山市丰润区常庄镇南王官营村西
……………………Tel：0315-3118688

唐山市丰润区金航钢铁有限公司
地址：河北省唐山市丰润区银城铺乡李庄子村东
……………………Tel：0315-3120966

河北昌红实业有限公司
地址：河北省唐山市丰润区前大树村
……………………Tel：0315-3123222

唐山市丰润区城乡建设有限公司
地址：河北省唐山市丰润区团结路6号
……………………Tel：0315-3127260

唐山佰和实业有限公司
地址：河北省唐山丰润区沙河铺村东
……………………Tel：0315-3154190

唐山市丰润区盛达钢铁有限公司
地址：河北省唐山丰润区东马庄村东2公里
……………………Tel：0315-3158598

唐山市丰润区乾城特钢有限公司
地址：河北省唐山丰润区银城铺乡东马庄工业园区内
……………………Tel：0315-5295988

唐山唐龙新型建材有限公司
地址：河北省唐山市开平区
……………………Tel：0315-3177258

唐山钢源冶金炉料有限公司
地址：河北省唐山开平区开平镇一街
……………………Tel：0315-3183091

哈斯科（唐山）冶金材料科技有限公司
地址：河北省唐山市路北区新立庄钢厂道东南侧
……………………Tel：0315-3186129

唐山正丰钢铁有限公司
地址：河北省丰润区北大树村村西
……………………Tel：0315-3211999

唐山正丰实业有限公司
地址：河北省唐山丰润区银城铺乡三里屯村南
……………………Tel：0315-3216222

唐山华达轨道交通装备有限责任公司
地址：河北省丰润区厂前路１号
……………………Tel：0315-3238114

唐钢威立雅（唐山）水务有限责任公司
地址：河北省唐山市滦县工业聚集区
……………………Tel：0315-3279454

河北董氏实业集团有限公司
地址：河北省唐山市路北区国矿路6号
……………………Tel：0315-3290288

唐山市宏忠钢铁有限公司
地址：河北省唐山市开平区开丰陶瓷厂东侧唐古路北侧
……………………Tel：0315-3362266

唐山市开平区农村信用合作联社
地址：河北省唐山市开平区新苑路22号
……………………Tel：0315-3367264

唐山市汉沽钢铁有限公司
地址：河北省唐山市汉沽区西工业区
……………………Tel：0315-3382206

唐山众业不锈钢有限公司
地址：河北省唐山开平区半壁店村西(唐山市半壁店钢铁有限公司院内)
……………………Tel：0315-3383718

唐山宝业实业集团有限公司
地址：河北省唐山市开平区工业园区3号
……………………Tel：0315-3389328

河北唐山半壁店钢铁（集团）公司
地址：河北省唐山市开平区开平镇半壁店村西
……………………Tel：0315-3390929

鼎石物流股份有限公司
地址：河北省唐山市古冶区林西道南马东路东
……………………Tel：0315-3450005

唐山市宏文实业集团有限公司
地址：河北省唐山市古冶区唐家庄王家岗道口
……………………Tel：0315-3526118

唐山凤彤金属制品有限公司
地址：河北省唐山市古冶区京华道原唐山监狱少管所院内
……………………Tel：0315-3536056

唐山国义特种钢铁有限公司
地址：河北省唐山古冶区吕家坨村南
……………………Tel：0315-3577088

唐山惠唐工业技术服务有限公司
地址：河北省唐山路北区滨河路9号
……………………Tel：0315-2417580

唐山郅易商贸有限公司
地址：河北省唐山丰润区八里庄
……………………Tel：0315-5813737

唐山唐钢美锦物流有限公司
地址：河北省唐山市滦县司家营循环经济园区（古马镇张边庄村南）
……………………Tel：0315-3705723

唐山创元方大电气有限责任公司
地址：河北省唐山开平区现代装备制造工业区园区南路6号
……………………Tel：0315-3708606

唐山钢铁集团高强汽车板有限公司
地址：河北省唐山开平区唐山现代装备制造工业区
……………………Tel：0315-3708711

河北瀚海实业集团有限公司
地址：河北省唐山市路南区新华东道6号
……………………Tel：0315-3717788

河北钢铁建设集团乐亭新型建材有限公司
地址：河北乐亭经济开发区
……………………Tel：0315-3737203

河北钢铁建设集团有限责任公司
地址：河北省唐山路北区东工房
……………………Tel：0315-3737200

河北钢铁建设集团乐亭有限公司
地址：河北乐亭经济开发区
……………………Tel：0315-3737203

唐山钢铁集团管业有限公司
地址：河北省曹妃甸钢铁电力园区（滨海道与西港路交叉口东南侧1号厂房）
……………………Tel：0315-3737902

唐山不锈钢有限责任公司
地址：河北省唐山古冶区唐家庄
……………………Tel：0315-3768801

唐山市丰润区金瑞融科技小额贷款有限公司
地址：河北省唐山丰润区银城铺
……………………Tel：0315-3840300

唐山湾国际旅游岛能源水务林业发展有限公司
地址：河北省唐山湾国际旅游岛捞渔尖村
……………………Tel：0315-4026112

河钢乐亭钢铁有限公司
地址：河北乐亭经济开发区
……………………Tel：0315-2702684

唐山佳华煤化工有限公司
地址：河北省唐山市海港开发区１号路南
……………………Tel：0315-5813887

唐山市德龙钢铁有限公司
地址：河北省唐山市乐亭县翔云岛
……………………Tel：0315-4099086

河北华西钢铁有限公司
地址：河北省滦南县奔城镇靳营村
……………………Tel：0315-4108030

中汇（唐山）物流有限公司
地址：河北省曹妃甸工业区港口物流园区唐山曹妃甸钢铁物流有限公司院内
……………………Tel：0315-4109000

滦南县兴钢钢铁有限公司
地址：河北省滦南县奔城南大街东段
……………………Tel：0315-4111782

蒙牛乳业（滦南）有限责任公司
地址：河北省唐山市滦南县城南唐港高速公路出口
……………………Tel：0315-4117057

滦南鹏程实业有限公司
地址：河北省奔城镇中大街９９号
……………………Tel：0315-4121647

唐山汇丰钢铁有限公司
地址：河北省滦南县城西工业园区
……………………Tel：0315-4167619

唐山盛财钢铁有限公司

地址：河北省安各庄镇邢洪林村南
Tel：0315-4451166

首钢滦南马城矿业有限责任公司
地址：河北省唐山市滦南县北河新区
Tel：0315-4492338

乐亭县农村信用合作联社
地址：河北省乐亭县乐亭镇金融大街39号
Tel：0315-4621360

唐山旭阳芳烃产品有限公司
地址：河北省唐山市乐亭县姜各庄镇西海村
Tel：0315-4871006

河北明盛实业集团有限公司
地址：河北省乐亭县乐亭镇富强街1号
Tel：0315-4885898

唐山国堂钢铁有限公司
地址：河北乐亭经济开发区
Tel：0315-4889111

唐山市通宝焦化有限公司
地址：河北省唐山海港开发区文化大街东001号
Tel：0315-4957006

唐山中厚板材有限公司
地址：河北省唐山市乐亭县王滩镇
Tel：0315-4959920

唐山冀东灰剑水泥有限公司
地址：河北省唐山丰润区西杨家营村
Tel：0315-5011031

唐山鹤兴废料综合利用科技有限公司
地址：河北省唐山市古冶区经济开发区（城乡南路东、红北道北）
Tel：0315-5028023

唐钢美锦（唐山）煤化工有限公司
地址：河北省滦县司家营循环经济园区
Tel：0315-5035015

唐山曹妃甸中物港务有限公司
地址：中国（河北）自由贸易试验区曹妃甸片区曹妃甸工业区装备制造东路北侧、装备七道西侧唐山曹妃甸中物杭萧钢结构工程有限公司院内1号厂房
Tel：0315-5078805

中物杭萧绿建科技股份有限公司
地址：中国（河北）自由贸易试验区曹妃甸片区曹妃甸装备制造园区装备东路北侧、装备七道西侧
Tel：0315-5078809

河北华电曹妃甸储运有限公司
地址：中国（河北）自由贸易试验区曹妃甸片区港口园区置业道5号港口贸易大厦A8016
Tel：0315-5079002

高朗铝材河北有限公司
地址：河北省曹妃甸工业区港口物流园区
Tel：0315-5079193

唐山榕丰钢铁有限公司
地址：河北省唐山市丰南区大齐各庄乡工业区
Tel：0315-5093518

河北毕氏实业集团有限公司
地址：河北省唐山市丰南区钱营镇钱营矿北侧
Tel：0315-5098160

唐山市丰南区经安钢铁集团有限公司
地址：河北省唐山丰南区钱营镇钱营矿北侧
Tel：0315-5098160

唐山市丰润区农村信用合作联社
地址：河北省唐山丰润区曹雪芹西大街33号
Tel：0315-5152165

唐山鑫海钢铁有限公司
地址：河北省唐山市丰润区丰润镇张良各庄村东
Tel：0315-5176226

唐山天明物流有限公司
地址：河北省唐山丰润区102国道北侧（丰韩路东侧）
Tel：0315-5183222

唐山福海鑫钢铁集团有限公司
地址：河北省唐山市丰润区张良各庄
Tel：0315-5189605

河北玄龙钢铁轧制有限公司
地址：河北省唐山丰润区李钊庄镇东
Tel：0315-5242899

河北泰钢钢铁轧制有限公司
地址：河北省唐山丰润区李钊庄镇
Tel：0315-5242988

唐山市金鑫钢铁有限公司
地址：河北省唐山市丰润区丰登坞镇胡张坨村
Tel：0315-5246222

河北唐银钢铁有限公司
地址：河北省唐山市曹妃甸区装备制造园区庙中路北侧、十里海中路东侧、唐海快速路西侧
Tel：0315-5250616

唐山唐钢房地产开发有限公司
地址：河北省唐山路北区滨河路9号
Tel：0315-5261157

唐山报春电子商务股份有限公司
地址：河北省唐山市路南区广场街道办事处（国防道6号）
Tel：0315-5269119

唐山泰振商贸有限公司
地址：河北省唐山丰润区七树庄镇沙河铺村
Tel：0315-5298093

唐山市丰润区水心金属制品制造有限公司
地址：河北省丰润区沙流河镇沙流河村东
Tel：0315-5298799

河北宝钢制罐北方有限公司
地址：河北省遵化市通华西街
Tel：0315-5312100

中再生（唐山）金属资源开发有限公司
地址：河北省唐山市玉田县后湖工业聚集区
Tel：0315-5319655

丝路物流（迁安）有限公司
地址：河北省迁安市沙河驿镇驿港大街16号（迁安市北方钢铁物流产业聚集区宏安路东侧、驿港大街北侧）
Tel：0315-5329905

唐山博全实业有限公司
地址：河北省唐山市曹妃甸中小企业园区
Tel：0315-5336156

唐山亚联投资有限公司
地址：河北省唐山市路北区北新西道13号—（402）悦富强城4层，C12
Tel：0315-5345222

迁安中化煤化工有限责任公司
地址：河北省迁安市杨店子镇滨河村
Tel：0315-5357868

河北吉诚新材料有限公司
地址：河北省唐山市南堡经济开发区兴达道6号
Tel：0315-5359646

唐山燕山钢铁有限公司
地址：河北迁安经济开发区火车站西侧
Tel：0315-5359666

唐山燕阳冷轧有限公司
地址：河北迁安经济开发区野兴路6号
Tel：0315-5359763

唐山玉山新材料有限公司
地址：河北迁安经济开发区燕钢6号门东侧
Tel：0315-5359763

唐山市冀东物贸企业集团进出口有限公司
地址：河北省唐山市冀东物贸企业集团公司物贸大厦(滦县经济开发区)
Tel：0315-5397022

唐山市赫阳商贸有限公司
地址：河北省唐山路南区南外环北方国际钢铁电子交易中心A幢8层808号
Tel：0315-5398823

唐山市丰润区瑞兴钢铁有限公司
地址：河北省唐山市丰润区任各庄镇大麻各庄村南
Tel：0315-5513202

唐山宏润实业有限公司
地址：河北省唐山市丰润区小张各庄镇大坎村
Tel：0315-5533669

唐山新宝泰钢铁有限公司
地址：河北省唐山丰润区七树庄镇沙河铺村
Tel：0315-5563608

沙流河实业集团有限公司
地址：河北省唐山市丰润区沙流河村
Tel：0315-5566567

曹妃甸开发建设有限公司
地址：河北省唐山市曹妃甸新城未来大道1号
Tel：0315-5658028

河北友利钢铁有限公司
地址：河北省迁西县洒河桥镇三村北
Tel：0315-5662823

河北滦南农村商业银行股份有限公司
地址：河北省唐山市滦南县 城友谊路55号
Tel：0315-5708808

河北津西国际贸易有限公司
地址：河北省唐山市路南区现代物流园区信息物流大厦内
Tel：0315-5780166

河北津西型钢有限公司
地址：河北省迁西县三屯营镇东
Tel：0315-5838353

河北津西大方利福特停车设备有限公司
地址：河北省迁西县经济开发区西区（三屯营镇南关村）
Tel：0315-5838601

河北津西钢铁集团重工科技有限公司
地址：河北省唐山市迁西县三屯营镇南
Tel：0315-5838619

河北津西新材料科技有限公司
地址：河北迁西县经济开发区西区（河北津西钢铁集团股份有限公司院内）
Tel：0315-5838685

河北津西开兴节能科技股份有限公司
地址：河北省唐山市迁西县经济开发区西区（三屯营镇南关村）
Tel：0315-5838691

唐山市津西开发建设有限公司
地址：河北省迁西县三屯营镇东
Tel：0315-5860088

迁西县盛迁水务有限公司
地址：河北省迁西县凤凰东街6号院内207室
Tel：0315-5661099

河北津顺节能技术开发有限公司
地址：河北省迁西县三屯营镇东侧
Tel：0315-5888138

河北津西钢铁集团股份有限公司
地址：河北省迁西县三屯营镇东
Tel：0315-5888005

河北津西钢板桩型钢科技有限公司
地址：河北省迁西县经济开发区西区（三屯营镇东）
Tel：0315-5888246

唐山齿轮集团有限公司
地址：河北省唐山市高新区火炬路206号
Tel：0315-5929132

唐山市玉田金州实业有限公司
地址：河北省唐山市玉田县郭家屯镇王乐庄村北
Tel：0315-6106399

河北玉田农村商业银行股份有限公司
地址：河北省唐山市玉田县北环路北侧
Tel：0315-6138589

河北中钢钢铁有限公司
地址：河北省玉田县经济技术开发区
Tel：0315-6161111

唐山市玉田建邦实业有限公司
地址：河北省唐山市玉田县郭家屯乡阮庄子
Tel：0315-6183986

唐山弘慈医院有限公司
地址：河北省唐山市路北区荣华道15号
Tel：0315-6272670

唐山国丰维景国际大酒店有限公司
地址：河北省唐山市丰南区运河东路
Tel：0315-6338888

浙江物产（迁安）国际物流有限公司
地址：河北省迁安市沙河驿镇北方钢铁物流产业聚集区驿港路3号
Tel：0315-6375557

河北天柱钢铁集团古玉煤焦化工有限公司
地址：河北省唐山市玉田县后湖工业聚集区
Tel：0315-6575615

遵化市农村信用合作联社
地址：河北省遵化市建明西街12号
Tel：0315-6621445

唐山建龙特殊钢有限公司
地址：河北省遵化市建设南路３２号
Tel：0315-6640988

遵化建龙节能环保机械有限公司
地址：河北省唐山市遵化市建设南路32号
Tel：0315-6640161

唐山建龙简舟钢铁有限公司
地址：河北省遵化市建设南路３２号
Tel：0315-6640988

唐山港陆钢铁有限公司
地址：河北省遵化市崔家庄乡邦宽公路南侧杨家庄村
Tel：0315-6651531

唐山港陆焦化有限公司
地址：河北省遵化市崔家庄乡邦宽公路南侧杨家庄村
Tel：0315-6651531

浙商物流有限公司
地址：河北省唐山丰润区银城铺乡甸子村北
Tel：0315-6717675

唐山市振华轧钢有限公司
地址：河北省唐山开平区工业园区
Tel：0315-6720809

河北盾石商贸有限公司
地址：河北省曹妃甸工业区装备制造产业园区装备大厦
Tel：0315-6735328

唐山建一实业有限公司
地址：中国（河北）自由贸易试验区曹妃甸片区曹妃甸工业区正圆大厦B座4层钢铁电力园区管委会办公场所495室
Tel：0315-6735522

华电曹妃甸重工装备有限公司
地址：中国（河北）自由贸易试验区曹妃甸片区曹妃甸装备制造园区滨海道南侧
Tel：0315-6735621

唐山鑫联环保科技有限公司
地址：中国（河北）自由贸易试验区曹妃甸片区曹妃甸区金岛大厦C座二楼中日园区管委会办公楼2007—23室（办公场所）
Tel：0315-6736033

唐山中泓炭素化工有限公司
地址：河北省曹妃甸工业区化工产业园区
Tel：0315-6736566

唐山钢铁谷有限公司
地址：河北省唐山市丰南区瑞景街18号5—11层
Tel：0315-6836022

河北鑫达矿业集团有限公司
地址：河北省迁安市沙河驿镇上炉村
Tel：0315-7015108

河北鑫达钢铁集团有限公司
地址：河北省唐山市迁安市沙河驿镇上炉村东
Tel：0315-7019333

河北荣信钢铁有限公司
地址：河北省唐山市迁安市沙河驿镇管庄子
Tel：0315-7029269

唐山松汀钢铁有限公司
地址：河北省迁安市木厂口镇木厂口村西北
Tel：0315-7055243

唐山市冀东物贸集团有限责任公司
地址：河北省唐山市滦州市火车站东一公里处
Tel：0315-7102850

唐山东海钢铁集团有限公司
地址：河北滦州经济开发区（雷庄镇东、205国道南侧）
Tel：0315-7109599

唐山司曹铁路有限公司
地址：河北省唐山市滦县古马镇南新立庄村西
Tel：0315-7109967

春山国际贸易集团有限责任公司
地址：河北省唐山市滦县新城龙盛花园B12栋1单元301室
Tel：0315-7109985

河北唐机重工有限公司
地址：河北省滦县滦州镇大徐庄村北（滦县经济开发区内）
Tel：0315-7195444

迁安路港国际物流有限公司
地址：河北省迁安市北方钢铁物流产业聚集区轩辕大街9号
Tel：0315-7227728

唐钢国际工程技术股份有限公司
地址：河北省唐山路北区建华西道１号
Tel：0315-7282855

唐山安泰钢铁有限公司
地址：河北省滦县东安各庄镇北
Tel：0315-7359900

河北津西钢铁集团特钢有限公司
地址：河北省迁西县经济开发区西区
Tel：0315-7373011

迁西县津西万通球墨铸管有限公司
地址：河北省迁西县白庙子乡横河村(冶金工业园)
Tel：0315-7373011

河北钢铁集团滦县常峪铁矿有限公司
地址：河北省滦县响堂镇
Tel：0315-7395701

河北百禾丰化肥有限公司
地址：河北省唐山市滦县津秦高铁滦河站南行1公里（东安各庄镇铁局寨村东）
Tel：0315-7445555

河北钢铁集团司家营铁矿南区滦南县大贾庄铁矿有限公司
地址：河北省滦南县奔城镇崇法大街
Tel：0315-7469669

河北钢铁集团司家营研山铁矿有限公司
地址：河北省滦县响堂镇司家营
Tel：0315-7389944

河北钢铁集团滦县司家营铁矿有限公司
地址：河北省滦县响堂镇司家营
Tel：0315-7472971

河北东海特钢集团有限公司
地址：河北省滦县茨榆坨工业园区
Tel：0315-7560005

唐山兴隆钢铁有限公司
地址：河北省滦县榛子镇北
Tel：0315-7585998

唐山新兴隆钢铁有限公司
地址：河北省滦县榛子镇于家营村南
Tel：0315-7361142

天道仓储物流港（迁安）有限公司
地址：河北省迁安市北方钢铁物流产业聚集区内，驿港大街006号（驿港大街北侧，宏安路西侧）
Tel：0315-7605089

中泓智能科技（河北）有限公司
地址：河北省迁安市北方钢铁物流产业聚集区驿港大街5号
Tel：0315-7605089

迁安赛诺物流有限公司
地址：河北省迁安市北方钢铁物流产业聚集区通达路001号
Tel：0315-7628555

河北省首钢迁安钢铁有限责任公司
地址：河北省唐山市迁安市杨店子镇滨河村
Tel：0315-7708143

首钢股份公司迁安钢铁公司
地址：河北迁安经济开发区兆安街025号
Tel：0315-7708143

首钢集团有限公司矿业公司
地址：河北省唐山市首钢矿山滨河村

……Tel：0315-7710735

唐山市丰南区群利钢铁炉料有限公司
地址：河北省唐山市胥各庄光明路东口
……Tel：0315-7771233

唐山国鑫清洁新能源有限公司
地址：河北省迁安市北方钢铁物流产业聚集区（卑杨公路东侧）
……Tel：0315-7881936

唐山天驰实业有限公司
地址：河北省唐山市迁安市北方钢铁物流产业聚集区内，驿港大街006号（天道仓储物流（迁安）有限公司院内）
……Tel：0315-7881936

河北钢铁集团迁安红山铁矿有限公司
地址：河北省迁安市夏官营镇姚官屯村西北
……Tel：0315-7926494

迁安市九江煤炭储运有限公司
地址：河北省迁安市上射雁庄乡平青大公路西侧 Tel0315-7957539

迁安市九江线材有限责任公司
地址：河北省迁安市木厂口镇松汀村南
……Tel：0315-7957848

唐山建源钢铁有限公司
地址：河北省唐山市迁安市杨店子镇东
……Tel：0315-7988440

迁安轧一钢铁集团有限公司
地址：河北省迁安市蔡园镇新庄村北
……Tel：0315-7993972

唐山东华钢铁国际贸易有限公司
地址：河北省唐山市丰南区小集镇工业园区
……Tel：0315-8050914

唐山港口集团有限责任公司
地址：中国（河北）自由贸易试验区曹妃甸片区曹妃甸区置业道5号港口贸易大厦
……Tel：0315-8073000

曹妃甸金融控股集团有限公司
地址：中国（河北）自由贸易试验区曹妃甸片区曹妃甸综合保税区创新创业中心项目一号楼六层606号
……Tel：0315-8077557

唐山丰南运河唐人街景区管理有限公司
地址：河北省唐山丰南运河唐人街2号、42号
……Tel：0315-8118222

唐山贝氏体钢铁（集团）宝德钢铁有限公司
地址：河北省唐山市丰南区经济开发区
……Tel：0315-8155305

唐山市惠丰陶瓷产业创新示范园有限公司
地址：河北省唐山市丰南区国丰大街126号
……Tel：0315-8185362

唐山贝氏体钢铁（集团）有限公司
地址：河北省唐山市丰南区唐胥路西侧四王庄村对过
……Tel：0315-8287951

唐山国丰第二冷轧镀锌技术有限公司
地址：河北省唐山市海港开发区44号路东(港盛街)
……Tel：0315-8288117

唐山国丰钢铁有限公司
地址：河北省唐山市丰南区青年路193号
……Tel：0315-8288117

唐山贝氏体钢铁（集团）佳奇钢铁实业有限公司
地址：河北省唐山市丰南区大新庄镇大佟庄
……Tel：0315-8289280

唐山冀东资源综合利用发展有限公司
地址：河北省唐山市曹妃甸工业区装备制造园区
…… Tel：0315-8316758-801

唐山隆昊实业集团有限公司
地址：河北省唐山市丰南经济开发区临港经济园永昌大街2号
……Tel：0315-8329698

唐山丰南宏烨炉料有限公司
地址：河北省唐山丰南小集
……Tel：0315-8393186

唐山瑞丰钢铁（集团）有限公司
地址：河北省唐山市丰南区小集镇古庄
……Tel：0315-8393708

唐山瑞丰钢铁（集团）粤丰钢铁有限公司
地址：河北省唐山市丰南区西葛工业区
……Tel：0315-8425455

中航天赫（唐山）钛业有限公司
地址：河北省唐山市唐山市南堡开发区工业区
……Tel：0315-8513999

唐山三友化工股份有限公司
地址：河北省唐山市南堡开发区
……Tel：0315-8519109

唐山达丰焦化有限公司
地址：河北省唐山市丰南区黄各庄镇二村南丰碱路高速路西侧
……Tel：0315-8525678

唐山渤海钢铁有限公司
地址：河北省唐山市丰南区沿海工业开发区
……Tel：0315-8530072

河北纵横集团丰南钢铁有限公司
地址：河北省唐山市丰南区临港经济开发区
……Tel：0315-8530088

河北纵横集团板材有限公司
地址：河北省唐山市丰南区临港经济开发区（原堡西盐场办公楼）
……Tel：0315-8530707

唐山贝氏体钢铁（集团）顺兴钢铁有限公司
地址：河北省唐山市丰南区唐坊镇
……Tel：0315-8536806

唐山市钱营钢铁工业公司
地址：河北省唐山市丰南区钱营镇
……Tel：0315-8562773

唐山市清泉钢铁集团有限责任公司
地址：河北省唐山市丰南区钱营镇闫庄村
……Tel：0315-8563389

唐山钢铁集团重机装备有限公司
地址：河北省唐山市丰南区沿海工业发展集中区
……Tel：0315-8570519

唐山东华钢铁企业集团有限公司
地址：河北省唐山市丰南区小集镇宋一村
……Tel：0315-8590069

唐山市丰南区凯恒钢铁有限公司
地址：河北省唐山市丰南区小集镇东刘庄村西北
……Tel：0315-8594431

唐山全丰薄板有限公司
地址：河北省唐山市丰南区凯恒钢铁有限公司2号楼1层
……Tel：0315-8594755

唐山市金泽新材料有限公司
地址：河北省唐山市丰南区小集镇东刘庄（凯恒钢铁院内）
……Tel：0315-8590069

唐山凯新实业有限公司
地址：河北省唐山市丰南区小集镇东刘庄（凯恒钢铁院内）
……Tel：0315-8594669

唐山瑞丰钢铁（集团）金友钢铁有限公司
地址：河北省唐山市丰南区小集镇工业区
……Tel：0315-8594808

河北天柱钢铁集团有限公司
地址：河北省唐山海港开发区沿海公路以北、东风大路以东办公楼
……Tel：0315-8733518

唐山天德物流有限公司
地址：河北省唐山海港开发区沿海公路以北、东风大路以东办公楼一层
……Tel：0315-8733518

唐山市丰润区天型钢铁有限公司
地址：河北省唐山海港开发区沿海公路以北、东风大路以东办公楼二层
……Tel：0315-8733518

河北唐山农村商业银行股份有限公司
地址：河北省唐山市路北区翔云道615号（金融中心5号楼）
……Tel：0315-8735002

唐山市丰润区恒丰钢铁有限公司
地址：河北省唐山丰润区东马庄村东
……Tel：0315-8739911

河北文丰实业集团有限公司
地址：河北省唐山市曹妃甸中小企业园区迁曹公路与宏远路交叉口东北侧
……Tel：0315-8793885

唐山文丰特钢有限公司
地址：河北省唐山市曹妃甸装备制造园区
……Tel：0315-8793885

唐山曹妃甸钢铁电力园区达曹实业有限公司
地址：中国（河北）自由贸易试验区曹妃甸片区曹妃甸工业区市政服务大厦
……Tel：0315-8820392

唐山曹妃甸太阳城实业发展有限公司
地址：河北省唐山市曹妃甸工业区
……Tel：0315-8820557

唐山曹妃甸实业港务有限公司
地址：河北省唐山市曹妃甸工业区唐山曹妃甸实业港务有限公司综合楼内
……Tel：0315-8821086

唐山港曹妃甸拖船有限公司
地址：河北省唐山市曹妃甸工业区实业公司
……Tel：0315-8821560

中国五矿集团（唐山曹妃甸）矿石控股有限公司
地址：中国（河北）自由贸易试验区曹妃甸片区曹妃甸工业区综合保税区投资服务中心B座2022号
……Tel：0315-8825600

五矿（唐山）矿石发展有限公司
地址：中国（河北）自由贸易试验区曹妃甸片区曹妃甸工业区金岛大厦C座三层C307-1
……Tel：0315-8825600

河北港禾实业发展有限公司
地址：中国（河北）自由贸易试验区曹妃甸片区曹妃甸工业区中日生态园高新B1-2厂房三层301
……Tel：0315-8825756

曹妃甸港矿石码头股份有限公司
地址：河北省唐山市曹妃甸工业区
……Tel：0315-8826067

前进钢铁（曹妃甸）控股有限公司
地址：河北省唐山市曹妃甸工业区再生资源产业园区
……Tel：0315-8826101

前进钢铁（曹妃甸）金属材料有限公司
地址：河北省唐山市曹妃甸工业区再生资源产业园区
……Tel：0315-8826101

前进钢铁（曹妃甸）物流有限公司
地址：河北省唐山市曹妃甸工业区再生资源产业园区
……Tel：0315-8826101

唐山曹妃甸煤炭港务有限公司
地址：中国（河北）自由贸易试验区曹妃甸片区曹妃甸工业区港口园区置业道5号港口贸易大厦A8015
……Tel：0315-8827110

唐山曹妃甸钢铁物流有限公司
地址：河北省唐山市曹妃甸工业区民安路4号
……Tel：0315-8827601

唐山曹妃甸区轧一丰源炼焦钢铁有限公司
地址：河北省唐山市曹妃甸区三农场五队
……Tel：0315-8833331

华能曹妃甸港口有限公司
地址：中国（河北）自由贸易试验区曹妃甸片区曹妃甸区置业道5号港口贸易大厦B7013
……Tel：0315-8836138

唐山曹妃甸兴瀚钢铁物流有限公司
地址：河北省唐山市曹妃甸工业区东邻2号路，南邻纬十一路
……Tel：0315-8850767

曹妃甸港联运码头有限公司
地址：河北省唐山市曹妃甸工业区弘毅码头办公楼
……Tel：0315-8853455

曹妃甸控股集团有限公司
地址：中国（河北）自由贸易试验区曹妃甸片区曹妃甸综合保税区投资服务中心B座一层C区-89号
……Tel：0315-8855555

河北首朗新能源科技有限公司
地址：河北省唐山市曹妃甸工业区首钢京唐院内
……Tel：0315-8858571

唐山中林林产品有限公司
地址：中国（河北）自由贸易试验区曹妃甸片区曹妃甸工业区综合保税区投资服务中心B座4008室
……Tel：0315-8858768

金隅冀东曹妃甸供应链管理有限公司
地址：中国（河北）自由贸易试验区曹妃甸片区曹妃甸临港商务区金岛大厦A座5层501
……Tel：0315-8859016

唐山曹妃甸工业区首瀚鑫实业有限公司
地址：河北省唐山市曹妃甸工业区
……Tel：0315-8859383

唐山曹妃甸海博实业有限公司
地址：中国（河北）自由贸易试验区曹妃甸片区曹妃甸工业区中日生态园高新A2厂房2层
……Tel：0315-8859853

河北港济实业有限公司
地址：中国（河北）自由贸易试验区曹妃甸片区曹妃甸工业区滨海大道（工业区段）南侧高新厂房F楼三层
……Tel：0315-8859853

唐山曹妃甸海乾贸易有限公司
地址：中国（河北）自由贸易试验区曹妃甸片区曹妃甸工业区市政服务大厦B座733室
……Tel：0315-8859853

中冶瑞木新能源科技有限公司
地址：河北省唐山市曹妃甸工业区钢铁电力产业园区
……Tel：0315-8862099

首钢京唐钢铁联合有限责任公司
地址：河北省唐山市曹妃甸工业区钢铁电力园区
……Tel：0315-8870066

唐山首钢京唐西山焦化有限责任公司
地址：河北省唐山市曹妃甸工业区
……Tel：0315-8873551

唐山首钢京唐曹妃甸港务有限公司
地址：河北省唐山市曹妃甸工业区一号港池东侧办公楼
……Tel：0315-8873198

唐山曹妃甸盾石新型建材有限公司
地址：河北省唐山市曹妃甸工业区
……Tel：0315-8877058

新地能源工程技术有限公司
地址：河北省廊坊开发区华祥路118号新奥科技园B楼
……Tel：0316-2591004

廊坊市凯创房地产开发有限公司
地址：河北省廊坊市广阳区第八大街西区9-1-1601、1602
……Tel：0316-2608909

三河华冠资源技术有限公司
地址：河北省廊坊市三河市燕郊开发区京哈路北４５号
……Tel：0316-3316275

文安县大奎贸易有限公司
地址：河北省廊坊市文安县新镇镇政府东侧1000米
……Tel：0316-5016610

河北智慧彩钢建材有限公司
地址：河北文安经济开发区新桥环保科技产业园
……Tel：0316-5102929

廊坊市中铁物探勘察有限公司
地址：河北省廊坊市广阳区廊万路九号
……Tel：0316-5212305

河北文安农村商业银行股份有限公司
地址：河北省文安县丰利北路
……Tel：0316-5255752

文安县农村信用合作联社
地址：河北省文安县城丰利北路西侧
……Tel：0316-5255752

河北新钢宏强钢铁有限公司
地址：河北省文安县新镇镇周庄子村
……Tel：0316-5318068

河北奥丰环境工程有限公司
地址：河北省大城县留各庄
……Tel：0316-5798598

科美磨具陶瓷有限公司
地址：河北省三河市燕郊开发区东环路东侧、规划路南侧
……Tel：0316-5856086

久智光电子材料科技有限公司
地址：河北省廊坊开发区华祥路
……Tel：0316-6075011

玉田县兴华金属制品有限公司
地址：河北省玉田县鸦鸿桥镇东胥村东
……Tel：0316-6558528

河北拓锐线缆有限公司
地址：河北省廊坊市霸州经济技术开发区东高庄村东
……Tel：0316-7311007

霸州市新利钢铁有限公司
地址：河北省霸州市信安镇霸杨路北侧
……Tel：0316-7457766

河北前进钢铁集团有限公司
地址：河北省霸州市胜芳镇开发区中星园区
……Tel：0316-7608888

霸州市益民热力有限公司
地址：河北省廊坊市霸州市胜芳镇民强街芳清道10号
……Tel：0316-7608898

廊坊富沃德物流有限公司
地址：河北省霸州市东段霸杨路与胜芳东环路交口西南侧、南柳村道以东。
……Tel：0316-7628928

中港城投土地整理开发有限公司
地址：河北省香河县钳屯镇双安大街89号
……Tel：0316-8268005

中禾新农村建设发展有限公司
地址：河北省香河县钳屯镇双安大街89号
……Tel：0316-8268005

河北大厂农村商业银行股份有限公司
地址：河北省大厂回族自治县大安西街145号
……Tel：0316-8835342

廊坊神华工贸有限公司
地址：河北省大厂县夏垫镇化肥厂路北
……Tel：0316-8863996

大厂回族自治县宝生钢铁制品有限公司
地址：河北省大厂县夏垫镇工业园区
……Tel：0316-8864229

渤海能克钻杆有限公司
地址：河北省青县东环路102号
……Tel：0317-2573906

河北英奇金属制品有限公司
地址：河北省任丘市麻家坞镇北马庄
……Tel：0317-2662391

华北石油管理局有限公司
地址：河北省任丘市会战大道
……Tel：0317-2724049

华油河北新能源有限公司
地址：河北省任丘市会战道东渤海路北，一所南楼四层
……Tel：0317-2759689

任丘村镇银行股份有限公司
地址：河北省任丘市渤海路富丽花园1栋1号
……Tel：0317-3376209

沧州富隆发化工建材有限公司
地址：河北省河间市东城东开发区
……Tel：0317-3810222

河北觉道特钢工贸有限公司
地址：河北省青县觉道庄村

…………………………Tel：0317-4087188
青县冀丰钢铁有限公司
地址：河北省青县金牛镇觉道庄
…………………………Tel：0317-4089506
青县青隆村镇银行股份有限公司
地址：河北省青县南海大街南海国际门市20号
…………………………Tel：0317-4305366
沧州瑞丰汽车配件有限公司
地址：河北省沧县杜林东街
…………………………Tel：0317-4942688
神华黄骅港务有限责任公司
地址：河北省沧州渤海新区神华集团黄骅港生活区
…………………………Tel：0317-5388502
沧州中铁装备制造材料有限公司
地址：河北省黄骅港开发区工业区
…………………………Tel：0317-5761658
河北新华联合冶金控股集团有限公司
地址：河北省沧州渤海新区南疏港路南、海防路东
…………………………Tel：0317-5761953
宝成重工有限公司
地址：河北省孟村回族自治县希望新区
…………………………Tel：0317-6876799
沧州黄骅港钢铁物流有限公司
地址：河北省沧州渤海新区综合港区一港池西侧钢铁物流公司办公楼二楼204室
…………………………Tel：0317-7558350
河北利海物流有限公司
地址：河北省沧州渤海新区金利达大厦9楼905室
…………………………Tel：0317-7559678
河北中铂铂业有限公司
地址：河北省沧州渤海新区航运大厦409房间
…………………………Tel：0317-7559718
沧州沧港铁路有限公司
地址：河北省黄骅市羊二庄镇杨庄火车站
…………………………Tel：0317-7601987
河钢集团衡水板业有限公司
地址：河北省武邑县新区（欢龙庄村西南）
…………………………Tel：0318-2123762
邯钢集团衡水薄板有限责任公司
地址：河北省衡水市裕华西路２９号
…………………………Tel：0318-2123762
衡水宏大工程设备制造有限公司
地址：河北省衡水市桃城区北沼村村北
…………………………Tel：0318-2150568
衡水永信钢波纹涵管有限公司
地址：河北省衡水大麻森乡大张村西ZB-0001号1栋1层
…………………………Tel：0318-2172700
中冶美隆科技集团有限公司
地址：河北省衡水市红旗大街3369号
…………………………Tel：0318-2180867
衡水裕菖铸锻有限公司
地址：河北省衡水市桃城区北方工业基地橡塑路1号
…………………………Tel：0318-2218052
衡水华信达铁塔有限公司
地址：河北省衡水桃城区北方工业园
…………………………Tel：0318-2683282
阜城县开发区建设投资有限公司
地址：河北省衡水市阜城县经济开发区管委会办公楼二楼
…………………………Tel：0318-6117713
河北昊明钢结构安装工程有限公司
地址：河北省衡水市枣强县枣强镇三里营村
…………………………Tel：0318-7055999
河北森沃金属制品股份有限公司
地址：河北省衡水市饶阳县西城工业区曙光东街18-1号
…………………………Tel：0318-7779000
河北思尔可金属科技有限公司
地址：河北省景县开发区
…………………………Tel：0318-8058268
冀源国际工程有限公司
地址：河北省衡水市枣强县枣强镇三里营村段东外环路东侧
…………………………Tel：0318-8224553
河北亚华胶辊集团有限公司
地址：河北省衡水市冀州区兴华南大街1666号
…………………………Tel：0318-8629969
河北晟意玻璃钢有限公司
地址：河北省衡水市冀州区兴华南大街1768号
…………………………Tel：0318-8636918
河北中复玻璃钢有限公司
地址：河北省衡水市冀州区彭村南106国道东侧
…………………………Tel：0318-8683166
邢台钢铁有限责任公司
地址：河北省邢台市钢铁南路262号
…………………………Tel：0319-2042022
邢台钢铁不锈钢有限责任公司
地址：河北省邢台市桥西区钢铁南路262号
…………………………Tel：0319-2049008
邢台亿杰商贸有限公司
地址：河北省邢台市沙河市经济开发区国土资源所西侧楼房四层419、420室
…………………………Tel：0319-2042265
邢台新光实业有限责任公司
地址：河北省邢台市桥西区钢铁南路２１５号
…………………………Tel：0319-2042317
冀中能源邢台矿业集团有限责任公司
地址：河北省邢台市信都区中兴西大街191号
…………………………Tel：0319-2097097
冀中能源集团有限责任公司
地址：河北省邢台市信都区中兴西大街１９１号
…………………………Tel：0319-2068368
冀中能源股份有限公司
地址：河北省邢台市中兴西大街１９１号
…………………………Tel：0319-2098828
中钢集团邢台机械轧辊有限公司
地址：河北省邢台市信都区新兴西大街1号
…………………………Tel：0319-2116229
邢台冀泉供水有限公司
地址：河北省邢台市信都区钢铁南路与建设西路交叉口西北角水质监测综合楼1号楼1层101等11套房
…………………………Tel：0319-2136160
临城兴业矿产资源有限公司
地址：河北省邢台市临城县郝庄镇石窝铺村西
…………………………Tel：0319-2293098
邢台市桥西区六合泰小额贷款有限公司
地址：河北省邢台市桥西区钢铁北路53号
…………………………Tel：0319-2621899
河北诚骜建筑工程有限公司
地址：河北省邢台市桥西区钢铁北路205号2号楼3层6、7
…………………………Tel：0319-2623182
邢台建工集团有限公司
地址：河北省邢台市桥西区钢铁北路101号
…………………………Tel：0319-2623730
中建路桥集团第一工程有限公司
地址：河北省邢台市桥西区钢铁北路41号办公楼二、三楼
…………………………Tel：0319-2629140
河北硕宇房地产开发集团有限公司
地址：河北省邢台市桥西区钢铁北路消防科技综合楼四层
…………………………Tel：0319-2666969
河北拓滨建设工程有限公司
地址：河北省邢台市桥西区钢铁北路李演庄2#回迁楼101、102、103室
…………………………Tel：0319-2675505
河北海湾建筑工程有限公司
地址：河北省邢台市桥西区钢铁北路２２５号
…………………………Tel：0319-2683990
晶牛微晶集团股份有限公司
地址：河北省邢台市桥西区钢铁北路33号
…………………………Tel：0319-2685279
德龙钢铁有限公司
地址：河北省邢台市邢台县南石门镇中尹郭村
…………………………Tel：0319-2826004
邢台德龙机械轧辊有限公司
地址：河北省邢台县南石门镇
…………………………Tel：0319-2826555
邢台新龙煤气回收有限公司
地址：河北省邢台市邢台县南石门镇西石门村
…………………………Tel：0319-2826773
邢台融汇房地产开发有限公司
地址：河北省邢台市桥西区泉西街道钢铁北路路西林庄社区2号楼北侧房屋1-3号
…………………………Tel：0319-3652008
河北中煤旭阳能源有限公司
地址：河北省邢台市襄都区石相村西
…………………………Tel：0319-3939315
河北盛泰制管有限公司
地址：河北省南和县河郭乡北豆村（城西工业园区邢临公路北侧）
…………………………Tel：0319-4641222
崇德电缆有限公司
地址：河北省新河县时代路西段南侧
…………………………Tel：0319-4988101
邢台钢铁线材精制有限责任公司
地址：河北省邢台市开发区振兴南路9号
…………………………Tel：0319-5116696
邢台恒悦房地产开发有限公司
地址：河北省邢台市桥西区百泉大道与钢铁南路交叉口东行100米路南恒大悦府营销中心
…………………………Tel：0319-5250772
明达线缆集团有限公司
地址：河北省宁晋县宁营路西营工业区
…………………………Tel：0319-5487547
河北好望角物流发展有限公司
地址：河北省邢台市开发区南园工业区东环路2675号
…………………………Tel：0319-5605666
邢台新翔金属材料科技股份有限公司
地址：河北省邢台市高新技术产业开发区信都南路18号
…………………………Tel：0319-5716116
河北建滔邢钢新能源科技有限公司
地址：河北省邢台市新河经济开发区东部工业园区内308国道东侧、经一路西侧、春秋路北侧、纬一路南侧
…………………………Tel：0319-6813998
内丘顺达重工机械有限公司
地址：河北省内丘县内昔公路新城村南
…………………………Tel：0319-6933028
河北新鼎吉泰铸管有限公司
地址：河北临城经济开发区奎山专用路南侧
…………………………Tel：0319-7018811
河北吉泰特钢集团有限公司
地址：河北省临城县临城镇冯村
…………………………Tel：0319-7018888
沙河市正森矿产品经贸有限公司
地址：河北省沙河市白错村西北
…………………………Tel：0319-7259978
华北中诚科技有限公司
地址：河北省临西县交警北路369号
…………………………Tel：0319-8558088
河北钢铁集团沙河中关铁矿有限公司
地址：河北省沙河市中关村
…………………………Tel：0319-8639101
河北神势煤矸石发电有限公司
地址：河北省沙河市赵窑村南
…………………………Tel：0319-8653198
河北博远科技有限公司
地址：河北省邢台市沙河市钢铁南路南端高庙村村西
…………………………Tel：0319-8795222
沙河市百达物流有限公司
地址：河北省邢台市沙河市　水经济开发区（钢铁路东高庙村南）
…………………………Tel：0319-8985999
秦皇岛首钢板材有限公司
地址：河北省秦皇岛市海港区建设大街409号
…………………………Tel：0335-3011370
秦皇岛市区农村信用合作联社
地址：河北省秦皇岛市经济技术开发区秦皇西大街与华山北路交叉口碧景华庭12号办公楼
…………………………Tel：0335-3062905
秦皇岛港股份有限公司
地址：河北省秦皇岛市海港区海滨路35号
…………………………Tel：0335-3094133
河北港口集团国际物流有限公司
地址：河北省秦皇岛市海港区海滨路35号
…………………………Tel：0335-3099610
秦皇岛泛亚实业有限公司
地址：河北省秦皇岛市海港区迎宾路83号
…………………………Tel：0335-3418099
秦皇岛港鼎晖能源发展有限公司
地址：河北省秦皇岛市北戴河区海宁路225号4002房间
…………………………Tel：0335-3418099
秦皇岛市彩虹贸易有限公司
地址：河北省秦皇岛市海港区和平大街153号
…………………………Tel：0335-3578765
中国煤炭工业秦皇岛进出口有限公司
地址：河北省秦皇岛市海港区西港路252号
…………………………Tel：0335-3878821
山海关船舶重工有限责任公司
地址：河北省秦皇岛市山海关经济技术开发区船厂路1号
…………………………Tel：0335-50888305
五矿天威钢铁有限公司
地址：河北省秦皇岛市经济技术开发区（东区）动力路9号
…………………………Tel：0335-5351803
青龙满族自治县德龙铸业开发有限公司
地址：河北省青龙满族自治县大巫岚镇东赶河子村
…………………………Tel：0335-5393696
朗格斯酒庄（秦皇岛）有限公司
地址：河北省秦皇岛市昌黎县两山乡段家店村北
…………………………Tel：0335-5823300
河北安丰钢铁集团有限公司
地址：河北省昌黎县靖安达子营村北
…………………………Tel：0335-5868000
河北秦钢物流有限公司
地址：河北省昌黎县循环经济产业园南环路1号
…………………………Tel：0335-5868000
秦皇岛宏兴钢铁有限公司
地址：河北省秦皇岛西部经济开发区昌黎循环经济产业园滦河大街1号
…………………………Tel：0335-5968666
秦皇岛市抚宁区国有资产经营管理有限责任公司
地址：河北省秦皇岛市抚宁区迎宾路政务服务中心楼
…………………………Tel：0335-6685051
中煤科工能源投资秦皇岛有限公司
地址：河北省秦皇岛市海港区石门寨镇黑山窑前村
…………………………Tel：0335-6883888
秦皇岛戴卡兴龙轮毂有限公司
地址：河北省秦皇岛市经济技术开发区黑龙江西道15号（经营场所：秦皇岛市经济技术开发区龙海道191号）
…………………………Tel：0335-7078883
秦皇岛佰工钢铁有限公司
地址：河北省卢龙县石门镇西
…………………………Tel：0332-7205088
秦皇岛市国阳钢铁有限公司
地址：河北省卢龙县刘家营南
…………………………Tel：0335-7398855
秦皇岛中昊物流有限公司
地址：河北省秦皇岛市海港区东港镇中心庄村
…………………………Tel：0335-7526064
秦皇岛泛星文化旅游开发有限公司
地址：河北省秦皇岛北戴河新区侯里村
…………………………Tel：0335-7831159
河北五兴能源集团有限公司
地址：河北省秦皇岛市开发区国际发展中心五层
…………………………Tel：0335-8071004
秦皇岛远丰电气设备有限公司
地址：河北省秦皇岛市经济技术开发区镜泊湖路7号
…………………………Tel：0335-8571113

山西省

平朔工业集团有限责任公司
地址：山西省朔州市平朔行政生活区
…………………………Tel：0349-2054536
中煤平朔集团有限公司
地址：山西省朔州朔城区平朔生活区
…………………………Tel：0349-2059200
山西中煤东坡煤业有限公司
地址：山西省朔州市朔城区下团堡乡刘家口村东
…………………………Tel：0349-2119601
中源伟业新材料有限公司
地址：山西省朔州朔城区神头镇马跳庄村南
…………………………Tel：0349-2168698
朔州东方长宏能源发展有限公司
地址：山西省朔州朔城区红壕头村东
…………………………Tel：0349-2180123
山西中煤潘家窑煤业有限公司
地址：山西省朔州市平鲁区白堂乡潘家窑村
…………………………Tel：0349-2203526
山西中煤西沙河煤业有限公司
地址：山西省朔州市朔城区下团堡乡峙峪村.
…………………………Tel：0349-2289636
大同煤矿集团朔州煤电有限公司
地址：山西省朔州市怀仁县怀安西街014号
…………………………Tel：0349-3023753
山西朔州山阴中煤顺通辛安煤业有限公司
地址：山西省朔州市山阴县马营乡戈道村
…………………………Tel：0349-3039877
山西怀仁农村商业银行股份有限公司
地址：山西省怀仁市仁里路312号
…………………………Tel：0349-3055371
晋能控股煤业集团朔州朔煤王坪煤业有限公司
地址：山西省怀仁县
…………………………Tel：0349-3061594
山西怀仁中能芦子沟煤业有限责任公司
地址：山西省怀仁县何家堡乡（楼子口村北）
…………………………Tel：0349-3066100
山西省朔州市小峪煤矿
地址：山西省朔州市怀仁县新家园镇小峪村
…………………………Tel：0349-3068636
山西怀仁峙峰山煤业有限责任公司
地址：山西省怀仁县吴家窑镇峙峰山村
…………………………Tel：0349-3089231
山西永昌环宇煤炭运销有限公司
地址：山西省朔州市右玉县元堡子镇辛屯村西
…………………………Tel：0349-4262118
朔州市宏图建筑有限公司
地址：山西省朔州朔城区平朔北路.
…………………………Tel：0349-5660889
山西朔州平鲁区国兴煤业有限公司
地址：山西省朔州市平鲁区榆岭乡韩村
…………………………Tel：0349-6073600
山西朔州平鲁区华美奥崇升煤业有限公司
地址：山西省朔州市平鲁区下面高乡下面高村
…………………………Tel：0349-6074700
山西晋坤矿产品股份有限公司
地址：山西省朔州市平鲁区北坪循环经济园区
…………………………Tel：0349-6076205

山西朔州平鲁区华美奥兴陶煤业有限公司
地址：山西省朔州市平鲁区陶村乡西孙庄村北
…………Tel：0349-6080300

山西中煤平朔东日升煤业有限公司
地址：山西省朔州市平鲁区榆岭乡上梨园村南
…………Tel：0349-6090911

山西煤炭运销集团莲盛煤业有限公司
地址：山西省朔州市平鲁区白堂乡陶卜洼村南
…………Tel：0349-6094482

山西朔州平鲁区兰花永胜煤业有限公司
地址：山西省朔州市平鲁区榆岭乡石峰村
…………Tel：0349-6096165

山西朔州平鲁区后安煤炭有限公司
地址：山西省朔州市平鲁区陶村乡王高登村南
…………Tel：0349-6096558

同煤浙能麻家梁煤业有限责任公司
地址：山西省朔州市红旗牧场
…………Tel：0349-6182185

山西怀仁联顺玺达柴沟煤业有限公司
地址：山西省朔州市怀仁县云中镇窑子头村
…………Tel：0349-6290076

大同市焦煤矿有限责任公司
地址：山西省朔州市怀仁县石井村
…………Tel：0349-6613139

山西平朔煤矸石发电有限责任公司
地址：山西省朔州市平鲁区安太堡矿工业广场
…………Tel：0349-6686261

大同煤矿集团同生安平煤业有限公司
地址：山西省朔州市山阴县马营乡马营村
…………Tel：0349-7011626

山西朔州山阴金海洋五家沟煤业有限公司
地址：山西省朔州市山阴县马营乡五家沟村南
…………Tel：0349-7020501

山西朔州山阴金海洋南阳坡煤业有限公司
地址：山西省朔州市山阴县马营乡山峡村北
…………Tel：0349-7020565

山西朔州山阴兰花口前煤业有限公司
地址：山西省朔州市山阴县玉井镇口前村
…………Tel：0349-7024803

山西省山阴县华夏煤业有限公司
地址：山西省朔州市山阴县马营乡张家沟村南
…………Tel：0349-7050577

中煤集团山西华昱能源有限公司
地址：朔州市山阴县北周庄镇（大运路西）
…………Tel：0349-7055555

山西晋煤集团山阴晋泰煤业有限责任公司
地址：朔州山阴县吴马营乡包家岭村
…………Tel：0349-7090522

山西山阴宝山腰寨煤业有限公司
地址：山西省朔州市山阴县马营乡腰寨村
…………Tel：0349-8170551

山西朔州平鲁区茂华白芦煤业有限公司
地址：山西省朔州市平鲁区陶村乡西家寨村
…………Tel：0349-8192522

山西忻州神池兴隆煤业有限公司
地址：忻州市神池县龙泉镇后村
…………Tel：0349-8802111

山西中煤担水沟煤业有限公司
地址：山西省朔州市朔城区小平易乡担水沟村北
…………Tel：0349-8856099

山西中煤杨涧煤业有限公司
地址：山西省朔州市朔城区小平易乡旧杨涧村
…………Tel：0349-8856206

山西禹王煤炭气化有限公司
地址：山西省忻州市忻府区兰村乡西曲村
…………Tel：0350-2618153

忻州市兴旺矿产品贸易有限公司
地址：山西省忻州市开发区新建北路开元街口(山西中科忻能科技有限公司办公楼)
…………Tel：0350-3122808

阳煤忻州通用机械有限责任公司
地址：山西省忻州忻府区新建东路3号
…………Tel：0350-3150315

山西忻州农村商业银行股份有限公司
地址：山西省忻州市和平街南、通岗路西200米
…………Tel：0350-3303011

山西九江石业有限公司
地址：山西省忻州市忻府区秦城乡部落村（108国道以东、北同蒲铁路以西、俊博环保科技公司以北）
…………Tel：0350-3303777

阳煤集团天誉矿业投资有限责任公司
地址：山西省忻州市秦城乡前秦村
…………Tel：0350-3336210

华电忻州广宇煤电有限公司
地址：山西省忻州忻府区播明镇符村
…………Tel：0350-3392146

山西忻州神池宏远煤业有限公司
地址：山西省忻州市神池县龙泉镇大沟儿涧村
…………Tel：0350-4233666

岢岚万达煤炭集运有限公司
地址：山西省忻州市岢岚县大坪
…………Tel：0350-4585293

山西忻州神达栖凤煤业有限公司
地址：山西省忻州市宁武县凤凰镇庄只上村
…………Tel：0350-4753556

山西忻州神达南岔煤业有限公司
地址：山西省忻州市宁武县阳方口镇三岔村
…………Tel：0350-4759099

山西宁武大运华盛老窑沟煤业有限公司
地址：山西省忻州宁武县阳方口工矿镇前石湖村
…………Tel：0350-4760538

山西宁武榆树坡煤业有限公司
地址：山西省宁武县阳方口工矿镇榆树坡村
…………Tel：0350-4760754

山西宁武大运华盛南沟煤业有限公司
地址：山西省忻州宁武县凤凰镇南沟村
…………Tel：0350-4760870

山西宁武大运华盛庄旺煤业有限公司
地址：山西省忻州市宁武县凤凰镇石碣庄旺村
…………Tel：0350-4775355

山西潞安集团潞宁煤业有限责任公司
地址：山西省忻州市宁武县化北屯乡陈家半沟村
…………Tel：0355-5953333

霍州煤电集团汾源煤业有限公司
地址：山西省静乐县滨河路
…………Tel：0350-4841466

太钢集团代县矿业有限公司
地址：山西省忻州市代县峨口镇峨口铁矿办公楼
…………Tel：0350-5265747

繁峙县金瑞缘矿业有限公司
地址：山西省忻州市繁峙县金山铺乡金山铺村
…………Tel：0350-5502478

代县亨顺矿业有限公司
地址：山西省忻州市代县新高乡沿村
…………Tel：0350-5529777

山西旭泰矿业开发有限公司
地址：山西省繁峙县东山乡伯强村
…………Tel：0350-5560293

山西宝山矿业有限公司
地址：山西省忻州市繁峙县岩头乡官地村东南
…………Tel：0350-5564981

山西紫金矿业有限公司
地址：山西省繁峙县砂河镇义兴寨
…………Tel：0350-5578538

繁峙县义联金矿有限公司
地址：山西省忻州市繁峙县砂河镇义兴寨村南
…………Tel：0350-5578538

山西众立法兰有限公司
地址：山西省忻州定襄县滹沱河大桥北桥头（机场大道路西）
…………Tel：0350-6021422

山西达瑞德投资有限公司
地址：山西省忻州市保德县林遮峪乡后村
…………Tel：0350-6170666

山西河曲农村商业银行股份有限公司
地址：山西省忻州市河曲县文笔镇向阳大街295号
…………Tel：0350-6180600

山西煤炭运销集团天和煤业有限公司
地址：山西省忻州市五台县au村乡西天和村
…………Tel：0350-6568929

山西河曲晋神磁窑沟煤业有限公司
地址：山西省忻州市河曲县鹿固乡寺也村
…………Tel：0350-7257933

山西晋神沙坪煤业有限公司
地址：山西省忻州市河曲县旧县乡王玉庄村
…………Tel：0350-7267200

山西省晋神能源有限公司
地址：山西省忻州忻府区气象路和平二巷
…………Tel：0350-7267333

山西忻州神达金山煤业有限公司
地址：山西省忻州保德县孙家沟乡土门村
…………Tel：0350-7358531

山西王家岭煤业有限公司
地址：山西省忻州市保德县孙家沟乡牧塔村
…………Tel：0350-7385038

山西同德铝业有限公司
地址：山西省忻州市保德县杨家湾镇霍家梁村
…………Tel：0350-7388563

山西忻州神达望田煤业有限公司
地址：山西省忻州市保德县腰庄乡路家沟村
…………Tel：0350-7389659

山西焦煤集团正仁煤业有限公司
地址：山西省忻州市偏关县天峰坪镇闫家沟村
…………Tel：0350-7622793

霍州煤电集团金能煤业有限公司
地址：山西省忻州市静乐县娘子神乡曹峪村
…………Tel：0350-7830355

霍州煤电集团晋北煤业有限公司
地址：山西省忻州市静乐县娘子神乡三浪村
…………Tel：0350-7858333

山西道生鑫宇清洁能源有限公司
地址：山西省忻州市岢岚县岚漪镇胡家滩村
…………Tel：0350-8150547

山西煤炭进出口集团河曲上炭水煤业有限公司
地址：山西省忻州市河曲县旧县乡上炭水村
…………Tel：0350-8181079

山西煤炭进出口集团河曲旧县露天煤业有限公司
地址：山西省忻州市河曲县旧县乡范家梁村
…………Tel：0350-8181122

山西中北天顺物流有限公司
地址：忻州市原平市平安大街916号
…………Tel：0350-8249126

国家电投集团山西铝业有限公司
地址：山西省忻州市原平市吉祥街道铝业大道金山花园行政办公楼
…………Tel：0350-8265132

山西华融龙宫煤业有限责任公司
地址：山西省忻州市原平市轩岗镇龙宫村
…………Tel：0350-8332058

晋能控股煤业集团轩岗煤电有限责任公司
地址：山西省忻州市原平经济技术开发区综合办公楼
…………Tel：0350-8393235

山西忻州原平龙矿盘道煤业有限公司
地址：山西省原平市段家堡乡段家堡村
…………Tel：0350-8573885

山西世忻铁路运销有限公司
地址：山西省忻州市保德县冯家川乡神山村南侧兴保铁路工业园区
…………Tel：0350-8783027

山西建设投资集团有限公司
地址：山西示范区新化路8号
…………Tel：0351-2021831

山西国际经济技术合作有限公司
地址：山西省太原市迎泽区新建路9号北楼二层203室
…………Tel：0351-2026625

山西钢铁建设（集团）有限公司
地址：山西省太原市大同路西赵庄村
…………Tel：0351-2132087

太原钢铁（集团）比欧西气体有限公司
地址：中国山西省太原市尖草坪二号
…………Tel：0351-2132634

山西太钢医疗有限公司
地址：山西省太原市尖草坪区迎新路7号
…………Tel：0351-2132998

太原钢铁（集团）国际经济贸易有限公司
地址：山西省太原市尖草坪区尖草坪2号
…………Tel：0351-2137325

太原钢铁（集团）有限公司
地址：山西省太原市尖草坪2号
…………Tel：0351-2132317

山西太钢不锈钢股份有限公司
地址：山西省太原市尖草坪区尖草坪街2号
…………Tel：0351-2132317

山西太钢工程技术有限公司
地址：山西省太原市杏花岭区胜利街327号
…………Tel：0351-2135648

太钢集团财务有限公司
地址：山西省太原市尖草坪区解放北路83号花园2号楼
…………Tel：0351-2138028

山西普大矿业有限公司
地址：山西省太原市小店区学府街426号
…………Tel：0351-2160087

山西普大煤业集团有限公司
地址：山西省太原市小店区南中环街501号
…………Tel：0351-2160087

山西昆泰能源有限公司
地址：山西省太原市长风街和信商座27层03号
…………Tel：0351-2160087

山西朔州平鲁区森泰煤业有限公司
地址：山西省朔州市平鲁区上麻黄头村
…………Tel：0351-2161089

山西冀中能源集团矿业有限责任公司
地址：山西省太原市小店区通达街8号文化大厦3-5层
…………Tel：0351-2163968

山西能投传化物流供应链有限公司
地址：山西省太原市晋源区晋祠镇传化公路港平台内信息交易大楼510
…………Tel：0351-2178659

山西鑫强顺能源有限公司
地址：山西省太原市杏花岭区新建路187号1幢东塔楼23层1号
…………Tel：0351-2216262

晋能房地产有限公司
地址：山西示范区南中环街426号山西国际金融中心2幢B座9层
…………Tel：0351-2346064

山西冶金岩土工程勘察有限公司
地址：山西省太原市三桥街39号
…………Tel：0351-2413452

山西金信清洁引导投资有限公司
地址：山西综改示范区太原学府园区南中环街529号清控创新基地A座20层2001室
…………Tel：0351-2459888

山西金控电力发展有限公司
地址：山西综改示范区太原学府园区龙兴街190号时代自由广场B座908号
…………Tel：0351-2509898

山西邦德腐植酸能源有限公司
地址：山西省太原市迎泽区桃园北路22号14幢
…………Tel：0351-2557977

中国铁路太原局集团有限公司
地址：山西省太原市杏花岭区建设北路202号
…………Tel：0351-2620413

准朔铁路有限责任公司
地址：山西省朔州市开发区梁郡路与振武街交叉口西北角
…………Tel：0351-2628018

山西中鼎物流集团有限公司
地址：山西省晋中市山西示范区晋中开发区汇通产业园区迎宾西街中鼎物流园综合办公楼
…………Tel：0351-2647973

中车太原机车车辆有限公司
地址：山西省太原市万柏林区兴华西街129号
…………Tel：0351-2649450

太原弘鼎源至业矿产能源发展有限公司
地址：山西省太原市小店区君怡小区D座4单元2704室
…………Tel：0351-2733007

山西江阳兴安民爆器材有限公司
地址：山西省太原市西留路 1 8 号江阳科技园
…………Tel：0351-2812198

太原狮头集团有限公司
地址：山西省太原市万柏林区开城里 104省道北200米处
…………Tel：0351-2815336

山西美锦钢铁有限公司
地址：山西省太原市清徐县东于镇西高白村307国道南1号
…………Tel：0351-2953987

山西美锦集团锦富煤业有限公司
地址：山西省太原市清徐县东于镇六段地村
…………Tel：0351-2973885

山西乾通新能源开发集团有限公司
地址：山西省太原市小店区并州南路115号永丰大厦8层801室
…………Tel：0351-2979327

山西压缩天然气集团有限公司
地址：山西示范区长治路345号
…………Tel：0351-2981280

太原燃气集团有限公司
地址：山西示范区长治路345号1幢A座10层
…………Tel：0351-2981370

山西华润鸿福煤业有限公司
地址：山西省太原市古交市加乐泉乡铁炉沟
…………Tel：0351-2984041

山西省国新能源发展集团有限公司
地址：山西省太原市小店区长治路345号1幢A座22层
…………Tel：0351-2985167

太原华润煤业有限公司
地址：山西省太原市小店区长治路西巷4号
…………Tel：0351-2991001

山西华润煤业有限公司
地址：山西省太原市小店区长治路西巷4号
…………Tel：0351-2991001

山西阿克斯太钢轧辊有限公司
地址：山西省太原市尖草坪区尖草坪2号
…………Tel：0351-3016316

山西太钢房地产开发有限公司
地址：山西省太原市尖草坪区大同路289号
…………Tel：0351-3018703

太原矿山机器集团有限公司
地址：山西示范区电子街25号
…………Tel：0351-3041086

山西灏鼎能源投资有限公司

地址：山西省太原市杏花岭区府西街108号力鸿大厦15层
………………………………Tel：0351-3100682

山西世茂商务中心有限公司
地址：山西省太原市尖草坪区解放北路83号
………………………………Tel：0351-3131888

山西中联钢融资再担保集团股份有限公司
地址：山西省太原市解放路103号
………………………………Tel：0351-3188511

山西北方兴安化学工业有限公司
地址：山西省太原市尖草坪区新兰路11 8号
………………………………Tel：0351-3245327

山西侨友化工股份有限公司
地址：山西忻州市兰村工业园区
………………………………Tel：0351-3336551

首都城投国际能源有限公司
地址：山西综改示范区太原唐槐园区龙盛街2号国药大厦8层818-2（入驻牛云创客）
………………………………Tel：0351-3339282

大唐山西发电有限公司
地址：山西省太原市杏花岭区府东街89号禹皇大厦8层
………………………………Tel：0351-3345137

山西世纪华鼎实业有限公司
地址：山西省太原市杏花岭区新建路148号1幢9层0901号
………………………………Tel：0351-3535001

山西国控建设工程有限公司
地址：山西省太原市杏花岭区新建路230号
………………………………Tel：0351-3661018

山西宏锦世纪实业有限公司
地址：山西综改示范区太原唐槐园区唐槐路101号2层201号
………………………………Tel：0351-3866935

太原东山东兴煤业有限公司
地址：山西省太原市杏花岭区小返乡窑头村
………………………………Tel：0351-3934188

山西双良水泥有限公司
地址：山西省太原市杏花岭区东涧河
………………………………Tel：0351-3950019

太原物产集团有限公司
地址：山西省太原市迎泽区新建路80号
………………………………Tel：0351-4041017

中铁三局集团有限公司
地址：山西省太原市迎泽区迎泽大街269号
………………………………Tel：0351-4088024

山西统配煤炭经销有限公司
地址：山西省太原市迎泽区并州北路35号
………………………………Tel：0351-4115230

中煤财产保险股份有限公司
地址：山西示范区南中环街529号（清控创新基地A座22、23层）
………………………………Tel：0351-4118777

太原田嘉宝生物科技有限公司
地址：山西省吕梁市兴县固贤乡田家会村
………………………………Tel：0351-4236199

山西双良鼎新水泥有限公司
地址：山西省太原市杏花岭区太钢东山石灰石矿区内
………………………………Tel：0351-4360299

太原东山煤矿有限责任公司
地址：山西省太原市杏花岭区杨家峪
………………………………Tel：0351-4410987

山西煤炭进出口集团有限公司
地址：山西省太原市小店区长风街115号
………………………………Tel：0351-4645046

山煤国际能源集团股份有限公司
地址：山西省太原市小店区晋阳街162号
………………………………Tel：0351-4645051

山煤投资集团有限公司
地址：山西省太原市小店区长风街115号
………………………………Tel：0351-2058236

山西焦煤集团煤业管理有限公司
地址：山西省太原市小店区长风街115号
………………………………Tel：0351-4645608

山西天镁实业有限公司
地址：山西综改示范区太原学府园区长治路227号高新国际A座1206室
………………………………Tel：0351-4727212

山西天镁轮毂制造有限公司
地址：山西综改范区太原唐槐园区龙城街16号1幢1层112室
………………………………Tel：0351-4727212

金港能源集团有限公司
地址：山西省太原市并州北路35号
………………………………Tel：0351-4728015

大有新能源（山西）有限公司
地址：山西省太原市古交市桃园街道金牛西大街40号
………………………………Tel：0351-4728019

山西大原铁路客运专线有限责任公司
地址：山西综改示范区太原阳曲园区松庄路9号2幢3层
………………………………Tel：0351-4869916

山西煤销集团忻保高速公路发展有限公司
地址：山西省太原市迎泽区桃园四巷20号一层
………………………………Tel：0351-4954111

山西西山煤气化有限责任公司
地址：山西省太原市古交马兰镇
………………………………Tel：0351-5106881

古交西山发电有限公司
地址：山西省古交市屯兰街办木瓜会村兴园路
………………………………Tel：0351-5110220

山西石鑫煤业有限公司
地址：山西省太原市古交市东曲街道办事处西岭头村
………………………………Tel：0351-5147412

山西古交西山义城煤业有限责任公司
地址：山西省古交市镇城底镇义里村
………………………………Tel：0351-5184158

山西东辉集团赵家山煤业有限公司
地址：山西省太原市清徐县东于镇赵家山村
………………………………Tel：0351-5204425

中科潞安能源技术有限公司
地址：山西综改示范区太原学府园区南中环街529号B座1701室
………………………………Tel：0351-5222152

太原晋泽置业有限公司
地址：山西省太原市迎泽区开化寺街81号楼5层
………………………………Tel：0351-5222380

山西太钢新钢联金属材料发展有限公司
地址：山西省太原市尖草坪区解放北路83号花园国际大酒店国贸楼5层502室
………………………………Tel：0351-5228671

山西亚鑫能源集团有限公司
地址：山西省太原市清徐县清源镇黄古路353号
………………………………Tel：0351-5256198

山西太钢投资有限公司
地址：山西省太原市迎泽区桃园北路72号（铭鼎国际17层）
………………………………Tel：0351-5262800

华电山西能源有限公司
地址：山西示范区学府园区创业街19号
………………………………Tel：0351-5270714

山西省投资集团矿业有限公司
地址：山西省太原市小店区东渠路西二巷6号1幢C座6层
………………………………Tel：0351-5273678

山西省投资集团国有资产经营有限公司
地址：山西省太原市小店区平阳路98-1号（一品嘉园）9幢3层
………………………………Tel：0351-5273685

山西钢科碳材料有限公司
地址：山西省太原市阳曲县城晋驿村
………………………………Tel：0351-5506677

山西太钢哈斯科科技有限公司
地址：山西省太原市阳曲县侯村乡赵庄村村南
………………………………Tel：0351-5568883

山西禄纬堡太钢耐火材料有限公司
地址：山西省太原市阳曲县东黄水镇故县村
………………………………Tel：0351-5568941

山西蓝焰控股股份有限公司
地址：山西省太原市和平南路83号
………………………………Tel：0356-3653801

太原东山东峰煤业有限公司
地址：山西省太原市万柏林区王封乡冀家沟村
………………………………Tel：0351-5608820

中煤销售太原有限公司
地址：山西省太原市杏花岭区府西街69号山西省国贸C座10层1004室
………………………………Tel：0351-5612166

山西省投资集团有限公司
地址：山西省太原市示范区晋阳街91号山投大厦十三层
………………………………Tel：0351-5620072

山西金通投资管理有限公司
地址：山西省太原市迎泽区解放南路87号十二层
………………………………Tel：0351-5628312

山西晋非投资有限公司
地址：山西省太原市晋阳街山投大厦11层1110房
………………………………Tel：0351-5628391

太原化学工业集团有限公司
地址：山西省太原市晋源区义井街２０号
………………………………Tel：0351-5638025

山西省焦炭集团有限责任公司
地址：山西省太原市万柏林区晋祠路一段57号
………………………………Tel：0351-5639803

山西省地矿建设工程总公司
地址：山西省太原市杏花岭区解放路103号中盛大厦九层
………………………………Tel：0351-5653150

太原钢铁（集团）不锈钢工业园有限公司
地址：山西省太原市尖草坪区赵道峪
………………………………Tel：0351-5655225

山西国雅房地产开发有限公司
地址：山西省太原市晋源区义井街办吴家堡村办公楼308
………………………………Tel：0351-5657011

华宇伟业实业发展有限公司
地址：山西省太原市小店区平阳路385号学府国际大厦6层
………………………………Tel：0351-5660509

山西省安装集团股份有限公司
地址：山西转型综合改革示范区唐槐产业园新化路8号
………………………………Tel：0351-5679326

山西美锦能源股份有限公司
地址：山西省太原市清徐县贯中大厦
………………………………Tel：0351-5728443

山西小回沟煤业有限公司
地址：山西省太原市清徐县马峪乡西圪台头村
………………………………Tel：0351-5727586

山西美锦集团东于煤业有限公司
地址：山西省太原清徐县东于镇东于村
………………………………Tel：0351-5785925

山西梗阳新能源有限公司
地址：山西省太原市清徐县南营留焦化厂办公楼2层
………………………………Tel：0351-5789825

太原煤气化龙泉能源发展有限公司
地址：山西省太原市娄烦县静游镇上龙泉村
………………………………Tel：0351-5836328

山西煤炭运销集团古交世纪金鑫煤业有限公司
地址：山西省古交市水深沟
………………………………Tel：0351-5865067

山西煤炭运销集团能源投资开发有限公司
地址：山西省古交市金牛摩尔商业中心6、9、10、11层
………………………………Tel：0351-5865422

山西煤炭运销集团碾底煤业有限公司
地址：山西省太原市清徐县马峪乡碾底村
………………………………Tel：0351-5965449

太原东山李家楼煤业有限公司
地址：山西省太原市清徐县马峪乡桃园村
………………………………Tel：0351-5986100

山西阳煤集团碾沟煤业有限公司
地址：山西省太原市清徐县马峪乡涧沟村
………………………………Tel：0351-5997529

太原天然气有限公司
地址：山西综改示范区太原学府园区晋阳街东 三巷三号七层至十三层
………………………………Tel：0351-6019625

山西综改示范区燃气有限公司
地址：山西综改示范区太原唐槐园区大昌路69号宇翔大厦9层（自主申报）
………………………………Tel：0351-6019632

山西燃气集团有限公司
地址：山西综改示范区太原学府园区晋阳街东 三巷3号
………………………………Tel：0351-6019705

太原煤炭气化（集团）有限责任公司
地址：山西省太原市小店区晋阳街东 三巷3号
………………………………Tel：0351-6019361

山西华兆煤化工有限责任公司
地址：山西省太原市迎泽区通顺巷4号
………………………………Tel：0351-6028246

山西龙翔杭萧科技有限公司
地址：山西综改示范区太原阳曲园区锦绣大街小微企业园二期综合办公楼304室C区
………………………………Tel：0351-6180900

山西西山白家庄矿业有限责任公司
地址：山西省太原市万柏林区白家庄路81号
………………………………Tel：0351-6201104

山西焦煤能源集团股份有限公司
地址：山西省太原市万柏林区西矿街318号西山大厦
………………………………Tel：0351-7799123

西山煤电（集团）有限责任公司
地址：山西省太原市万柏林区西矿街335号
………………………………Tel：0351-6218271

山西煤炭运销集团晋中南铁路煤炭销售有限公司
地址：山西省太原市迎泽区桃园四巷18号北楼一、二层
………………………………Tel：0351-6228316

山西龙跃能源科技有限公司
地址：山西综改示范区太原学府园区南中环街529号清控创新基地B座12层1205室
………………………………Tel：0351-6279998

山西龙跃矿业有限公司
地址：山西省太原高新区南中环街529号清控创新基地B座12层1206室
………………………………Tel：0351-6279998

山西太钢能源有限公司
地址：山西省太原市迎泽区桃园北路72号（铭鼎国际大厦17层）
………………………………Tel：0351-6281692

山西地方铁路集团有限责任公司
地址：山西省太原市万柏林区千峰北路73号
………………………………Tel：0351-6284985

山西酒钢嘉利晋贸易有限责任公司
地址：山西省太原经济技术开发区开元街6号梧桐大厦402室
………………………………Tel：0351-6358376

山西宝恒装饰装修市场有限公司
地址：山西省太原市尖草坪区阳曲镇阳曲村（阳兴大道与卧虎山路交叉口）
………………………………Tel：0351-6358601

山西省旅游投资控股集团有限公司
地址：山西省太原市万柏林区千峰北路中段77号
………………………………Tel：0351-6369685

太原狮头水泥股份有限公司
地址：山西省太原市万柏林区开城街1号
………………………………Tel：0351-6560507

山西商融融资担保股份有限公司
地址：山西省太原市尖草坪区兴华街188号
………………………………Tel：0351-6587630

山西运泽能源投资集团有限公司
地址：山西省太原市迎泽区警备区招待所三层
………………………………Tel：0351-6806666

晋商银行股份有限公司
地址：山西省太原市小店区长风街59号
………………………………Tel：0351-6819505

中国太原煤炭交易中心有限公司
地址：山西省太原市万柏林区长风西街6号
………………………………Tel：0351-6819888

山西金利嘉再生资源有限公司
地址：山西省太原市万柏林区石渣巷一号
………………………………Tel：0351-6827661

华润煤业（集团）有限公司
地址：山西省太原市万柏林区长风西大街6号煤炭交易中心12层
………………………………Tel：0351-6829311

太原南峪煤业有限责任公司
地址：山西省太原市晋源区姚村镇南峪村
………………………………Tel：0351-6980027

山西晋煤集团国际贸易有限责任公司
地址：山西综改示范区太原学府园区长治路306号C座9层
………………………………Tel：0351-7021781

山西晋能国际金融中心有限公司
地址：山西综改示范区太原学府园区南中环街426号山西国际金融中心4号楼10层
………………………………Tel：0351-7022222

山西晋能装备产业有限公司
地址：山西综改示范区太原唐槐园区唐槐路89号
………………………………Tel：0351-7027195

山西通宝能源股份有限公司
地址：山西省太原市长治路272号
………………………………Tel：0351-7031995

山西中矿科工电力销售有限公司
地址：山西综改示范区太原学府园区长治路249号519室
………………………………Tel：0351-7039562

山西弘奇科技有限公司
地址：山西综改示范区太原学府园区产业路48号北侧办公楼3层305室
………………………………Tel：0351-7039665

山西莱钢绿建置业有限公司
地址：山西省太原市小店区长风街123号君威财富中心3609号
………………………………Tel：0351-7138791

山西青科恒安矿业新材料有限公司
地址：山西综改示范区太原唐槐园区科技创新孵化基地5号楼3层303室
………………………………Tel：0351-7191889

山西能投国际贸易有限公司
地址：山西省太原市高新区佳华街7号帅科大厦8层
………………………………Tel：0351-5693573

山西煤炭运销集团黄河物流股份有限公司
地址：山西示范区长治路306号火炬创业大厦C座10层
………………………………Tel：0351-7195859

山西国际物流有限公司
地址：山西省太原市晋源区长兴南街8号阳光城环球金融中心B座31-32层
………………………………Tel：0351-7197330

山西安晟集团有限公司
地址：山西省太原经济技术开发区唐槐路79号5层
………………………………Tel：0351-7210569

山西国瑞投资有限公司
地址：山西省太原市平阳路101号国瑞大厦综合楼六层
………………………………Tel：0351-7218405

山西大地环境资源有限公司
地址：山西省太原市小店区平阳路101号国瑞大厦10层
………………………………Tel：0351-7218423

太原市梗阳实业集团有限公司
地址：山西省清徐县清源镇南营留村1号楼
………………………………Tel：0351-7219653

山西梗阳投资集团有限公司
地址：山西省太原市晋源区滨湖街29号怡佳天一城19号楼

……………………Tel：0351-7219653

太原市环保节能投资有限公司

地址：山西省太原市小店区亲贤北街94号四层

……………………Tel：0351-7226100

山西晋煤能源交通有限公司

地址：山西省太原市长治路292号山西交通投资大厦六楼613号

……………………Tel：0351-7227782

山西晋盛通能源有限公司

地址：山西省太原市小店区并州南路15号

……………………Tel：0351-7231157

山西省经济建设投资集团有限公司

地址：山西省太原市小店区王村南街65号

……………………Tel：0351-7252779

阳煤化工股份有限公司

地址：山西省阳泉市矿区桃北西街2号

……………………Tel：0351-7255776

阳泉煤业集团国际贸易有限公司

地址：山西省阳泉市矿区北大街5号

……………………Tel：0351-7255731

山西阳煤化工投资有限责任公司

地址：山西省阳泉市北大西街5号

……………………Tel：0351-7255820

阳泉煤业化工集团有限公司

地址：山西示范区科技街18号

……………………Tel：0351-7255922

太原东山五龙煤业有限公司

地址：山西省太原市小店区黄陵街办五大龙沟村

……………………Tel：0351-7374068

山西省商贸资产经营有限公司

地址：山西省太原市迎泽区解放南路87号莱园广场写字楼8层

……………………Tel：0351-7566200

山西物产国际能源有限公司

地址：山西省太原市小店区长风街11号27幢617-628

……………………Tel：0351-7588806

山西晖农实业集团有限公司

地址：山西综改示范区太原学府园区产业路38号高新置业601室

……………………Tel：0351-7723900

阳泉煤业化工集团供销有限责任公司

地址：山西示范区南中环街426号2幢B座6层

……………………Tel：0351-7739289

致泓实业有限公司

地址：山西综改示范区太原学府园区亚日街7号B座1608室

……………………Tel：0351-7771077

太原太钢大明金属制品有限公司

地址：山西省太原市尖草坪区不锈钢产业园区

……………………Tel：0351-7775200

山西安瑞集团有限公司

地址：山西示范区学府园区晋阳街161号

……………………Tel：0351-7777321

山西省冶金物资投资有限公司

地址：山西省太原市小店区平阳路101号国瑞综合楼5层

……………………Tel：0351-7782833

山西漳泽电力售电有限公司

地址：山西省太原市高新区晋阳街南一条10号一幢A座9层

……………………Tel：0351-7785970

太重煤机有限公司

地址：山西示范区电子街25号A区

……………………Tel：0351-7867208

太原重型机械集团煤机有限公司

地址：山西示范区电子街25号

……………………Tel：0351-7867208

山西智创城科技发展有限公司

地址：山西综改示范区太原学府园区东渠路西二巷6号1幢C座12层

……………………Tel：0351-7890129

山西博义房地产开发有限公司

地址：山西综改示范区太原唐槐园区唐明路1号海棠家园小区商业A栋3层001室

……………………Tel：0351-7953333

山西太钢不锈钢精密带钢有限公司

地址：山西示范区中心北街2号

……………………Tel：0351-7998433

山西焦煤集团有限责任公司

地址：山西省太原市万柏林区新晋祠路一段1号

……………………Tel：0351-8305190

山西焦煤集团国际贸易有限责任公司

地址：山西综改示范区太原学府园区振兴街11号24层

……………………Tel：0351-7799577

山西杏花村国际贸易有限责任公司

地址：山西省太原市迎泽区解放路38号

……………………Tel：0351-8365083

永泰能源集团股份有限公司

地址：山西省晋中市灵石县翠峰路79号

……………………Tel：0351-8366501

山煤房地产开发有限公司

地址：山西省太原市小店区龙城大街93号1幢5层

……………………Tel：0351-8369115

山西电力交易中心有限公司

地址：山西省太原市晋源区长风商务区谐园路3号

……………………Tel：0351-8572216

山西证券股份有限公司

地址：山西省太原市府西街６９号山西国际贸易中心东塔楼

……………………Tel：0351-8686690

苏晋能源控股有限公司

地址：山西省朔州市平朔生活区平朔宾馆

……………………Tel：0351-8689078

山西通江能源集团有限公司

地址：山西省太原市府西街69号国贸大饭店B座16层

……………………Tel：0351-8689236

山西国际能源集团有限公司

地址：山西省太原市府西街69号国贸中心A座36-38层

……………………Tel：0351-8689959

山西一建集团有限公司

地址：山西示范区新化路8号1幢B座五层

……………………Tel：0351-8720055

山西焦煤集团金土地农业开发有限公司

地址：山西综改示范区太原学府园区振兴街11号2310号

……………………Tel：0351-2058421

山西焦煤焦炭国际交易中心股份有限公司

地址：太原市万柏林区滨河西路南段129号

……………………Tel：0351-8721337

山西焦煤机械电气有限公司

地址：山西示范区松庄路9号

……………………Tel：0351-8721715

山西焦煤集团投资有限公司

地址：山西省太原市万柏林区滨河西路南段129号山西焦煤双创基地

……………………Tel：0351-8721765

山西汾和资源开发有限公司

地址：山西省太原市万柏林区滨河西路南段129号山西焦煤双创基地A座22层

……………………Tel：0351-8721765

山西正益资源开发有限公司

地址：山西省太原市万柏林区滨河西路南段129号山西焦煤双创基地A座22层

……………………Tel：0351-8721765

山西阳煤化工机械（集团）有限公司

地址：山西综改示范区太原潇河园区电子街10号

……………………Tel：0351-8829182

中铁三局集团物资供应有限公司

地址：山西省太原市迎泽区迎泽大街269号

……………………Tel：0351-8951533

山西中新小梁沟煤业有限责任公司

地址：山西省大同市新荣区西村乡甘庄村

……………………Tel：0352-3076398

山西中新上深涧煤业有限责任公司

地址：山西省大同市新荣区上深涧乡上深涧村

……………………Tel：0352-3185090

山西煤炭运销集团兴隆沟煤业有限责任公司

地址：山西省大同市左云县水窑乡兴隆沟村东

……………………Tel：0352-3836056

山西煤炭进出口集团左云长春兴煤业有限公司

地址：山西省大同市左云县酸茨河村南

……………………Tel：0352-3836691

山西铺龙湾煤业有限公司

地址：山西省大同市左云县马道头施家窑村

……………………Tel：0352-3938228

大同鹊山精煤有限责任公司

地址：山西省大同市左云县鹊儿山矿区

……………………Tel：0352-3960041

大同鹊山高家窑煤业有限责任公司

地址：山西省大同市左云县小京庄乡酸茨河村

……………………Tel：0352-3960105

中煤大同能源有限责任公司

地址：山西省大同市云冈区塔山工业园

……………………Tel：0352-4060201

大同农村商业银行股份有限公司

地址：山西省大同市永泰南路甲16号

……………………Tel：0352-5048926

山煤国际能源集团大同有限公司.

地址：山西省大同市南环路319号

……………………Tel：0352-5069991

山煤国际能源集团大同有限公司

地址：山西省大同市南环路319号

……………………Tel：0352-5069991

大同银行股份有限公司

地址：山西省大同市城区迎宾街南侧商业银行办公大楼

……………………Tel：0352-5193447

左云县大德能投国际矿产资源有限公司

地址：山西省大同市左云县小京庄乡小京庄村东南

……………………Tel：0352-5683720

山西同德兴华特钢有限公司

地址：山西省大同市新荣区古店镇

……………………Tel：0352-6017369

晋能控股煤业集团同生煤矿管理大同有限公司

地址：山西省大同市云冈区新平旺街道同煤大厦

……………………Tel：0352-7013002

大同煤矿集团宏泰矿山工程建设有限责任公司

地址：山西省大同市云冈区新平旺救护街53号

……………………Tel：0352-7016500

大同煤业股份有限公司

地址：山西省大同市矿区新平旺大同矿务局办公楼

……………………Tel：0352-7052413

大同煤矿宏旺泰支护产品有限责任公司

地址：山西省大同市山西省大同煤矿实业总公司

……………………Tel：0352-7054660

大同煤矿集团王村煤业有限责任公司

地址：山西省大同市矿区王村街

……………………Tel：0352-7060751

大同煤矿集团永定庄煤业有限责任公司

地址：山西省大同市矿区永定庄街

……………………Tel：0352-7062304

大同煤矿集团挖金湾煤业有限责任公司

地址：山西省大同市矿区挖金湾街

……………………Tel：0352-7068049

大同煤矿集团大斗沟煤业有限公司

地址：山西省大同市矿区大斗沟街

……………………Tel：0352-7069339

大同新通实业有限责任公司

地址：山西省大同市平城区局东街住宅楼区域

……………………Tel：0352-7121268

山西大同李家窑煤业有限责任公司

地址：山西省大同市左云县小京庄乡李家窑村

……………………Tel：0352-7266022

晋能控股煤业集团地煤大同有限公司

地址：山西省大同市矿区新平旺同煤大厦5层

……………………Tel：0352 7326600

同煤大唐塔山煤矿有限公司

地址：山西省大同市南郊区杨家窑村

……………………Tel：0352-7822800

大同市姜家湾煤矿

地址：山西省大同市南郊区云冈镇姜家沟村

……………………Tel：0352-7826133

晋能控股煤业集团同忻煤矿山西有限公司

地址：山西省大同市云冈区窑子坡村南

……………………Tel：0352-7828038

大同煤矿集团同发东周窑煤业有限责任公司

地址：山西省大同市左云县玉奎堡村南

……………………Tel：0352-7865028

晋能控股煤业集团有限公司

地址：山西省大同市矿区新平旺

……………………Tel：0352-7868200

大同煤矿集团物流有限公司

地址：山西省大同市开发区云州街1173号

……………………Tel：0352-7868855

山西煤销国电能源有限责任公司

地址：山西省大同市左云县云兴镇北环路北

……………………Tel：0352-7910090

山西煤炭进出口集团左云草垛沟煤业有限公司

地址：山西省大同市左云县鹊儿山镇草垛沟村

……………………Tel：0352-7915310

山西浑源百川煤业有限公司

地址：山西省大同市浑源县黄花滩乡官王铺村

……………………Tel：0352-8335498

山西煤炭运销集团大同晋银矿业有限公司

地址：山西省大同帽灵丘县城东

……………………Tel：0352-8526618

山西中青旅建设有限公司

地址：山西省阳泉市城区南大西街188号B座9层

……………………Tel：0353-2152778

山西华瑞通达路桥工程有限公司

地址：山西省阳泉市城区南大西街188号B座6层

……………………Tel：0353-2153299

山西晋华通能源开发有限公司

地址：山西省阳泉市城区南大西街188号

……………………Tel：0353-2153333

阳泉市大阳泉煤炭有限责任公司

地址：阳泉市郊区义井镇西峪村

……………………Tel：0353-2187240

阳泉市南庄煤炭集团有限责任公司

地址：山西省阳泉市南庄路２３１号

……………………Tel：0353-2188294

阳泉市商业银行股份有限公司

地址：山西省阳泉市城区南大街600号

……………………Tel：0353-3338096

山西煤炭运销集团保安煤业有限公司

地址：山西省阳泉市郊区旧街乡枣园村

……………………Tel：0353-4093365

山西省阳泉荫营煤矿

地址：山西省阳泉市郊区荫营镇

……………………Tel：0353-4263789

阳泉农村商业银行股份有限公司

地址：山西省阳泉市郊区李荫路未来城16号楼

……………………Tel：0353-5053214

山西兆丰铝电有限责任公司

地址：山西省阳泉市平定县冠山镇宋家庄村（电解铝厂内）

……………………Tel：0353-5605428

山西煤炭运销集团阳泉二景和谐煤业有限公司

地址：山西省阳泉盂县南娄镇南上社村．

……………………Tel：0353-5667911

山西太钢鑫磊资源有限公司

地址：山西省阳泉盂县西烟镇脉坡村

……………………Tel：0353-5697018

山西平定古州富鑫煤业有限公司

地址：山西省阳泉市平定县冠山镇南关村

……………………Tel：0353-6165580

山西万骅奔矿山工程有限公司

地址：山西省阳泉市平定县冠山镇三岔口

……………………Tel：0353-6165888

山西平定汇能煤业有限公司

地址：山西省阳泉市平定县张庄镇新城村

……………………Tel：0353-6178099

盂县万汇钢铁有限公司

地址：山西省阳泉盂县苌池镇下罗村

……………………Tel：0353-6621688

山西阳泉盂县玉泉煤业有限公司

地址：山西省阳泉市盂县路家村镇观沟村

……………………Tel：0353-6636255

山西浩华能源发展有限公司

地址：山西省阳泉市经济技术开发区保晋路321号

……………………Tel：0353-6669877

阳泉市南煤龙川发电有限责任公司

地址：山西省阳泉平定县龙川工业区

……………………Tel：0353-6902222

阳泉煤业集团物资经销有限责任公司

地址：山西省阳泉市矿区桃南中路87号

……………………Tel：0353-7028042

山西新元煤炭有限责任公司

地址：山西省寿阳县朝阳镇草沟村

……………………Tel：0353-7030200

山西平舒煤业有限公司

地址：山西省寿阳县温家庄乡大兴庄村

……………………Tel：0353-7030508

山西新景矿煤业有限责任公司

地址：山西省阳泉市矿区赛鱼西路

……………………Tel：0353-7039201

山西阳煤寺家庄煤业有限责任公司

地址：山西省晋中市昔阳县乐平镇下秦山村

……………………Tel：0354-4229005

阳泉煤业（集团）有限责任公司

地址：山西省阳泉市北大西街5号

……………………Tel：0353-7073112

山西华阳集团新能股份有限公司

地址：山西省阳泉市矿区桃北西街2号

……………………Tel：0353-7078202

阳泉煤业集团天泰投资有限责任公司

地址：山西省阳泉市北大街机关大院14楼1层

……………………Tel：0353-7079625

山西昔阳运裕煤业有限责任公司

地址：山西省昔阳县大寨镇赵秦宫村南

……………………Tel：0353-7080228

山西石港煤业有限责任公司

地址：山西省左权县寒王乡石港村

……………………Tel：0353-7080919

阳泉煤业集团长沟煤矿有限责任公司

地址：山西省晋中市和顺县李阳镇北李阳村

……………………Tel：0353-7082113

阳煤集团寿阳景福煤业有限公司

地址：山西省晋中市寿阳县平头镇南庄村

……………………Tel：0353-7088319

山西右玉元堡煤业有限责任公司

地址：山西省朔州市右玉县元堡子镇元堡子村

……………………Tel：0353-7088635

阳泉煤业集团沙钢矿业投资有限公司

地址：山西省太原市杏花岭区精营东二道街18号

……………………Tel：0353-7088730

阳泉煤业集团翼城堡子煤业有限公司

地址：山西省临汾市翼城县西闫镇堡子村

……………………Tel：0353-7088991

山西阳泉盂县清城煤业有限公司

地址：山西省阳泉市盂县路家村镇清城村

……………………Tel：0353-8030222

山西阳泉盂县跃进煤业有限公司

地址：山西省盂县路家村镇滴水崖村

……………………Tel：0353-8030540

山西煤炭运销集团阳泉上社晋玉煤业有限公司

地址：山西省阳泉市盂县南娄镇南上社村

……Tel：0353-8054478

山西阳泉盂县坤宁煤业有限公司
地址：山西省阳泉市盂县南娄镇王家湾村
……Tel：0353-8055011

山西南娄集团股份有限公司
地址：山西省盂县南娄
……Tel：0353-8058000

山西南娄集团阳泉盂县秀南煤业有限公司
地址：山西省阳泉市盂县南娄镇秀寨村
……Tel：0353-8058185

阳泉市上社二景煤炭有限责任公司
地址：山西省盂县南娄镇南上社村
……Tel：0353-8059139

山西阳泉盂县东坪煤业有限公司
地址：山西省阳泉市盂县孙家庄镇东坪村
……Tel：0353-8083179

山西煤炭运销集团盂县恒泰常顺煤业有限公司
地址：山西省阳泉盂县南娄镇东南关村
……Tel：0353-8116007

山西阳泉盂县石店煤业有限公司
地址：山西省盂县孙家庄镇石店村
……Tel：0353-8190751

山西晋盂煤业（集团）有限公司
地址：山西省阳泉盂县藏山北路
……Tel：0353-8265123

山西阳泉盂县兴发煤业有限公司
地址：山西省阳泉市盂县南娄镇香河村
……Tel：0353-8266666

山西迪沃思工业有限公司
地址：山西省晋中市榆次修文工业基地南要段
……Tel：0354-2056613

山西尚道能源开发有限公司
地址：山西省临汾市安泽县冀氏镇兰村林场前院二层楼
……Tel：0354-2085115

山西煤炭运销集团晋中紫金煤业有限公司
地址：山西省晋中市榆次区乌金山镇东蒜峪村
……Tel：0354-2531002

山西榆次北山坤源煤业有限公司
地址：山西省晋中市榆次区乌金山镇大峪口村
……Tel：0354-2536508

山西榆次北山煤业有限公司
地址：山西省晋中市榆次区乌金山镇平地泉村
……Tel：0354-2536589

山西榆次官窑煤业有限公司
地址：山西省晋中市榆次区乌金山镇平地泉村
……Tel：0354-2536895

山西晋辰农业有限公司
地址：山西省晋中市榆次区蕴华西街
……Tel：0354-2665333

山西榆次农村商业银行股份有限公司
地址：山西省晋中市榆次区迎宾西街399号
……Tel：0354-3050000

兖州煤业山西能化有限公司
地址：山西省晋中市榆次区迎宾路229号
……Tel：0354-3065087

山西汾西瑞泰能源集团有限公司
地址：山西省晋中市榆次区桥东街229号
……Tel：0354-3107234

山西太钢万邦炉料有限公司
地址：山西省晋中市山西示范区晋中开发区潇河产业园区北岗路南侧
……Tel：0354-3260002

山西汾西瑞泰正中煤业有限公司
地址：山西省灵石县静　镇斩断焉村
……Tel：0354-7715222

山西和顺天池能源有限责任公司
地址：山西省晋中市和顺县喂马乡古窑口村
……Tel：0354-3920052

阳泉煤业集团和顺新大地煤业有限公司
地址：山西省晋中市和顺县义兴镇后沟村
……Tel：0354-3926811

中航兰田装备制造有限公司
地址：山西省晋中市山西示范区晋中开发区汇通产业园区昭余街89号
……Tel：0354-3961555

左权县大成矿业有限公司
地址：山西省晋中市左权县粟城乡粟城村
……Tel：0354-3994453

山西昔阳丰汇煤业有限责任公司
地址：山西省昔阳县大寨镇麻汇村
……Tel：0354-4131929

山西昔阳丰汇大寨煤业有限公司
地址：山西省晋中市昔阳县大寨镇毕家岭村
……Tel：0354-4131929

中煤昔阳能源有限责任公司
地址：山西省晋中市昔阳县乐平镇安坪村
……Tel：0354-4215018

山西平舒铁路运输有限公司
地址：山西省晋中市寿阳县北大街东61号
……Tel：0354-4668976

山西寿阳段王集团友众煤业有限公司
地址：山西省寿阳县宗艾镇东光村
……Tel：0354-4703888

山西寿阳潞阳长榆河煤业有限公司
地址：山西省晋中市寿阳县解愁乡方山村
……Tel：0354-4732476

山西寿阳潞阳昌泰煤业有限公司
地址：山西省晋中市寿阳县解愁乡红花堙村
……Tel：0354-4866973

山西寿阳潞阳瑞龙煤业有限公司
地址：山西省晋中市寿阳县解愁乡独壁村
……Tel：0354-4867095

山西寿阳潞阳麦捷煤业有限公司
地址：山西省寿阳县解愁乡荣家沟村
……Tel：0354-4867385

山西寿阳段王煤业集团有限公司
地址：山西省寿阳县平舒乡段王村
……Tel：0354-4934024

山西路鑫能源集团有限公司
地址：山西省晋中市介休市义安镇路鑫工业园区1号园内
……Tel：0354-5589813

平遥中城旅游观光线建设发展有限公司
地址：山西省晋中市平遥县康宁街游客中心
……Tel：0354-5605567

山西平遥县兴盛金众煤业有限公司
地址：山西省晋中市平遥县段村镇普洞村
……Tel：0354-5711917

山西煤运明隆煤炭销售有限公司
地址：山西省晋中市平遥县中都乡北姚村
……Tel：0354-5773766

平遥县昌旺洗煤有限公司
地址：山西省晋中市平遥县香乐乡三家村
……Tel：0354-5928000

山西平榆高速公路有限责任公司
地址：山西示范区高新街35号C座10层
……Tel：0354-6624857

山西介休义棠瑞东煤业有限公司
地址：山西省晋中市介休市绵山镇后党峪村
……Tel：0354-7021958

山西介休义棠城峰煤业有限公司
地址：山西省介休市绵山镇城寺村
……Tel：0354-7022505

山西义棠煤业有限责任公司
地址：山西省介休市义棠镇刘屯沟
……Tel：0354-7025886

山西介休义棠安益煤业有限公司
地址：山西省介休市义棠镇白岸村白岸小学西1000米
……Tel：0354-7029928

山西汾西宜兴煤业有限责任公司
地址：山西省孝义市驿马乡高阜村
……Tel：0354-7087018

山西汾西矿业集团新产业发展有限责任公司
地址：山西省晋中市介休市新建西路345号
……Tel：0354-7088711

山西汾西矿业集团水峪煤业有限责任公司
地址：山西省吕梁市孝义市兑镇镇水峪矿区
……Tel：0354-7097020

山西汾西矿业（集团）有限责任公司
地址：山西省介休市裕华路95号
……Tel：0354-7191000

山西汾西正佳煤业有限责任公司
地址：山西省临汾市隰县下李乡梁家河村
……Tel：0354-7193601

山西汾西矿业集团南关煤业有限责任公司
地址：山西省晋中市灵石县南关镇
……Tel：0354-7199222

山西介休大佛寺煤业有限公司
地址：山西省介休市义棠镇田村大佛寺沟
……Tel：0354-7225169

山西介休义棠青云煤业有限公司
地址：山西省介休市连福镇赵家窑村
……Tel：0354-7334199

山西介休鑫峪沟东沟煤业有限公司
地址：山西省介休市张兰镇红卫庄村
……Tel：0354-7336011

山西凯嘉能源集团有限公司
地址：山西省晋中市介休市北坛东路117号
……Tel：0354-7382882

介休市茂胜矿产开发有限公司
地址：山西省晋中市介休市义安车站南
……Tel：0354-7395033

山西茂胜煤化集团有限公司
地址：山西省晋中市介休市连福镇大许村村北200米
……Tel：0354-7395033

山西焦煤集团介休正益煤业有限公司
地址：山西省介休市连福镇甘草岭村
……Tel：0354-7464586

山西安泰集团股份有限公司
地址：山西省晋中市介休市义安镇义安村义安镇政府西100米
……Tel：0354-7531051

山西新泰钢铁有限公司
地址：山西省晋中市介休市义安镇义安村义安镇政府西200米
……Tel：0354-7531068

山西安泰集团冶炼有限公司
地址：山西省晋中市介休市义安镇义安村义安镇政府西200米
……Tel：0354-7531068

山西新泰瑞通钢铁贸易有限公司
地址：山西省晋中市介休市义安镇义安村义安镇政府西200米
……Tel：0354-7531068

山西安泰控股集团有限公司
地址：山西省太原市示范区平阳路126号
……Tel：0354-7531428

山西介休义棠倡源煤业有限公司
地址：山西省介休市连福镇后崖头村
……Tel：0354-7580933

山西介休鑫峪沟左则沟煤业有限公司
地址：山西省介休市连福镇红崖湾村
……Tel：0354-7582987

山西灵石农村商业银行股份有限公司
地址：山西省晋中市灵石县新建街148号
……Tel：0354-7612345

山西灵石红杏旺盛煤业有限公司
地址：山西省灵石县交口乡楼珍村
……Tel：0354-7613924

山西保利合盛煤业有限公司
地址：山西省晋中灵石县翠峰镇
……Tel：0354-7644688

山西省灵石正和实业有限公司
地址：山西省晋中市灵石县玉成石村沟
……Tel：0354-7651580

华熙矿业有限公司
地址：山西省晋中市灵石县新建东街1号
……Tel：0354-5592001

山西晋投夏工新型建材有限公司
地址：山西省晋中市灵石县夏门村牛槽沟
……Tel：0354-7740698

山西灵石华瀛金泰源煤业有限公司
地址：山西省灵石县夏门镇西河底村
……Tel：0354-7743600

山西煤炭运销集团夏门煤业有限公司
地址：山西省晋中市灵石县交口乡马家庄村
……Tel：0354-7746503

山西灵石天聚鑫辉源煤业有限公司
地址：山西省晋中市灵石县两渡镇崔家沟村
……Tel：0354-7832911

山西灵石银源安苑煤业有限公司
地址：山西省灵石县两渡镇徐家山村
……Tel：0354-7833588

山西灵石银源新安发煤业有限公司
地址：山西省晋中市灵石县英武乡彭家原村
……Tel：0354-7840158

山西灵石银源新生煤业有限公司
地址：山西省晋中市灵石县英武乡岑泊村
……Tel：0354-7841000

山西灵石银源华强煤业有限公司
地址：山西省灵石县英武乡小和平村
……Tel：0354-7841901

山西灵石梗阳煤业有限公司
地址：山西省灵石县南关镇赵家焉村
……Tel：0354-7862855

山西灵石昕益天悦煤业有限公司
地址：山西省晋中市灵石县翠峰镇乐只堂村
……Tel：0354-7890801

灵石银源煤焦开发有限公司
地址：山西省晋中市灵石县新建东街1号
……Tel：0354-5592001

华泰矿业有限公司
地址：山西省晋中市灵石县翠峰镇翠峰路79号
……Tel：0354-7892792

山西灵石银源兴庆煤业有限公司
地址：山西省晋中市灵石县交口乡温家沟村
……Tel：0354-7926003

山西保利金庄煤业有限公司
地址：山西省晋中市灵石县交口乡温家沟村
……Tel：0354-7928505

山西金诚通售电有限公司
地址：山西省晋中市灵石县静升镇尹方村村口
……Tel：0354-7966119

桂清投资集团有限公司
地址：山西省晋中市灵石县中凯（煤炭）大厦东八楼
……Tel：0354-7968989

灵石国泰能源有限公司
地址：山西省晋中市灵石县新建街南中凯煤炭大厦东楼13层
……Tel：0354-7969290

山西灵石亨元顺煤业有限公司
地址：山西省晋中市灵石县坛镇乡
……Tel：0354-7969397

山西凯能矿业有限公司
地址：山西省晋中市灵石县新建街南中凯煤炭大厦东楼13、14层（灵石国泰能源有限公司）
……Tel：0354-7969397

山西新光金属资源综合利用有限公司
地址：山西省晋中市和顺县滨河路31号
……Tel：0354-8147183

山西和顺正邦煤业有限公司
地址：山西省和顺县义兴镇串村
……Tel：0354-8327068

山西和顺隆华煤业有限责任公司
地址：山西省和顺县义兴镇南窑村
……Tel：0354-8329088

国电榆次热电有限公司
地址：山西省晋中市榆次区修文工业基地
……Tel：0354-8568622

中钢不锈钢管业科技山西有限公司
地址：山西综改示范区晋中开发区汇通产业园园区7号路北
……Tel：0354-8593100

山西煤炭运销集团左权盘城岭煤业有限公司
地址：山西省左权县辽阳镇后窑峪村
……Tel：0354-8638078

左权县万顺冶金矿山有限责任公司
地址：山西省晋中市左权县桐峪镇前山村北岸自然村
……Tel：0354-8750806

左权县鑫瑞冶金矿山有限公司
地址：山西省晋中市左权县粟城乡故驿村
……Tel：0354-8848491

左权县鑫泰冶金矿山有限责任公司
地址：山西省晋中市左权县桐峪镇苇则村
……Tel：0354-8850488

中晋太行炼化有限公司
地址：山西省晋中市左权县龙泉乡丈八村
……Tel：0354-8933265

左权永兴煤化有限责任公司
地址：山西省左权县龙泉乡丈八村.
……Tel：0354-8933497

山西煤炭进出口集团左权宏远煤业有限公司
地址：山西省晋中市左权县寒王乡平王村
……Tel：0354-8975418

山西煤炭进出口集团左权鑫顺煤业有限公司
地址：山西省晋中市左权县辽阳镇殷家庄村
……Tel：0354-8988959

山西长高商务服务有限公司
地址：山西省长治市北一环路9号（长治高新区科技孵化园218室）
……Tel：0355-2023668

长治银行股份有限公司
地址：山西省长治市太行东街269号
……Tel：0355-2093221

山西金地煤层气勘查开发有限责任公司
地址：山西省长治市漳泽工业园区阳光街6号
……Tel：0355-2253224

山西成功煤炭经销有限公司
地址：山西省长治市城东路102号
……Tel：0355-3030986

山西太行矿业工程技术有限公司
地址：山西省长治市英雄南路117号金山国际广场1号楼1单元5层505号
……Tel：0355-3033602

山西煤炭运销集团长平高速公路有限公司
地址：山西省长治市府后西街323号
……Tel：0355-3159820

山西省煤炭运销集团晋东南铁路煤炭销售有限公司
地址：山西省长治县苏店镇原家庄村北
……Tel：0355-3159820

山西三元资产经营管理有限公司
地址：山西省长治市五一路长安街56号
……Tel：0355-3159820

山西长治郊区三元南耀小常煤业有限公司
地址：山西省长治市郊区堠北庄镇余庄村
……Tel：0355-3362617

山西垚志达煤业有限公司
地址：山西省长治市长子县色头镇河峪村
……Tel：0355-3570170

金烨钢铁集团有限公司
地址：山西省壶关县常平经济开发区闫家河村
……Tel：0355-3573898

金烨钢铁集团铸造有限公司
地址：山西省壶关县常平经济开发区王家河村
……Tel：0355-3573898

山西霍尔辛赫煤业有限责任公司
地址：山西省长子县丹朱镇南鲍村北
……Tel：0355-3576300

山西晋煤集团大峪煤业有限公司
地址：山西省长治市长治县荫城镇庄头村
……Tel：0355-3592022

山西潞安集团左权五里堠煤业有限公司
地址：山西省晋中市左权县辽阳镇五里堠

村
……Tel：0355-3735012

山西潞安集团和顺李阳煤业有限公司
地址：山西省晋中市和顺县李阳镇三奇村
……Tel：0355-3752777

山西潞安矿业集团慈林山煤业有限公司
地址：山西省长治市长子县庄头村
……Tel：0355-3753138

山西潞安温庄煤业有限责任公司
地址：山西省长治市武乡县蟠龙镇温庄村
……Tel：0355-3756167

长治漳泽农村商业银行股份有限公司
地址：山西省长治市郊区长北漳泽西街168号
……Tel：0355-5052115

长治首钢生物质能源有限公司
地址：山西省长治市故县东大街9号
……Tel：0355-5084791

长治市华利信贸易有限公司
地址：山西省长治市郊区故县东大街9号
……Tel：0355-5085852

首钢长治钢铁有限公司
地址：山西省长治市故县东大街9号
……Tel：0355-5087224

山西长治经坊庄子河煤业有限公司
地址：山西省长治市长治县西火镇庄子河村
……Tel：0355-5525527

山西马军峪常信煤业有限公司
地址：山西省长治市沁源县赤石桥乡胡家庄村
……Tel：0355-7985100

山西能投煤炭物流有限公司
地址：山西省长治市长子县大堡头镇铺上村村西
……Tel：0355-5666611

山西襄矿集团有限公司
地址：山西省长治市襄垣县夏店镇西北阳村
……Tel：0355-5692222

山西襄矿晋平煤业有限公司
地址：山西省长治市襄垣县夏店镇西北阳村
……Tel：0355-5692800

华润水泥（长治）有限公司
地址：山西省长治高新区翟店镇崇道村西
……Tel：0355-5853179

山西华晟荣煤矿有限公司
地址：山西省长子县南漳镇西南呈村
……Tel：0355-5881108

山西潞安环能上庄煤业有限公司
地址：山西省襄垣县西营镇上庄村
……Tel：0355-5911450

山西潞安集团蒲县宇鑫煤业有限公司
地址：山西省临汾市蒲县克城镇连捷山村
……Tel：0355-5915715

山西潞安煤基清洁能源有限责任公司
地址：山西省长治市襄垣县王桥工业园区
……Tel：0355-5915858

山西潞安金源煤层气开发有限责任公司
地址：山西省长治市襄垣县侯堡镇煤海路东侧墨玉路
……Tel：0355-5920147

山西潞安能化生产服务有限公司
地址：山西省长治市襄垣县侯堡镇侯堡
……Tel：0355-5920217

山西潞安环保能源开发股份有限公司
地址：山西省长治市城北东街65号
……Tel：0355-5920881

山西潞安矿业（集团）有限责任公司
地址：山西省长治市襄垣县侯堡镇
……Tel：0355-5921114

山西潞安煤炭经销有限责任公司
地址：山西省长治市潞城市五里后村东
……Tel：0355-5923778

山西潞安集团华润煤业有限公司
地址：山西省长治市襄垣县下良镇西故县村
……Tel：0355-5940809

山西潞安树脂有限责任公司
地址：山西省长治市屯留区渔泽镇寺底村南
……Tel：0355-5942398

山西寿阳潞阳祥升煤业有限公司
地址：山西省寿阳县解愁乡石门村
……Tel：0355-5944004

山西潞阳煤炭投资经营管理有限公司
地址：山西省寿阳县解愁乡独壁村
……Tel：0355-5948176

山西潞安集团司马煤业有限公司
地址：山西省长治县苏店镇西申家庄村
……Tel：0355-5950922

山西潞安煤基合成油有限公司
地址：山西省长治市屯留区余吾镇镇政府东南
……Tel：0355-5952069

山西潞安集团蒲县后堡煤业有限公司
地址：山西省临汾市蒲县乔家湾乡
……Tel：0355-5955634

山西潞安集团余吾煤业有限责任公司
地址：山西省长治市屯留县余吾镇后河村
……Tel：0355-5956168

山西高河能源有限公司
地址：山西省长治市长治县郝家庄乡
……Tel：0355-5960111

山西潞安郭庄煤业有限责任公司
地址：山西省长治市屯留县路村乡郭庄村
……Tel：0355-5965551

山西潞安小南村煤业有限公司
地址：山西省长治市屯留县上村镇小南村
……Tel：0355-5965624

山西潞安集团东盛煤业有限公司
地址：山西省沁源县王陶乡下壁村
……Tel：0355-5965711

山西潞安集团蒲县常兴煤业有限公司
地址：山西省临汾市蒲县太林乡
……Tel：0355-5966227

山西潞安集团蒲县隰东煤业有限公司
地址：山西省临汾蒲县克城镇柳卜洼村
……Tel：0355-5966256

山西潞安集团蒲县伊田煤业有限公司
地址：山西省临汾市蒲县黑龙关镇刘家庄村
……Tel：0355-5967678

山西潞安集团文水王家庄煤业有限责任公司
地址：山西文水县城北街太汾路21号
……Tel：0355-5975561

山西潞安集团蒲县新良友煤业有限公司
地址：山西蒲县乔家湾乡盘地村
……Tel：0355-5976089

山西潞安化工有限公司
地址：山西省长治市襄垣县王桥工业园区
……Tel：0355-5998123

山西阳迦煤业有限公司
地址：山西省长治市武乡县韩北镇大塘湾
……Tel：0355-6367207

山西王家峪煤业有限公司
地址：山西省长治市武乡县韩北镇石圪垤村
……Tel：0355-6367676

山西武沁铁路有限公司
地址：山西省长治市长兴街68号
……Tel：0355-6395012

山西马堡煤业有限公司
地址：山西省武乡县墨镫乡马堡村
……Tel：0355-6430520

山西东庄煤业有限公司
地址：山西省武乡县洪水镇中村
……Tel：0355-6445623

山西下合煤业有限公司
地址：山西省武乡县韩北乡下合村
……Tel：0355-6450312

山西黎城农村商业银行股份有限公司
地址：山西省黎城县桥北路99号
……Tel：0355-6589872

黎城县长福煤气焦化有限公司
地址：山西省长治市西仵工业园区
……Tel：0355-6645868

黎城太行钢铁有限公司
地址：山西省长治市黎城县城南村
……Tel：0355-6698866

长治市潞城区晟基贸易有限责任公司
地址：山西省长治市潞城区晋水建材工业园区
……Tel：0355-6772921

长治市兴宝钢铁有限责任公司
地址：山西省长治市潞城区史回乡朱家川村
……Tel：0355-6772928

潞城市卓越水泥有限公司
地址：山西省长治市潞城市史回乡闫李庄村北
……Tel：0355-6956808

山西襄垣七一新发煤业有限公司
地址：山西省长治市襄垣县善福乡七里街村
……Tel：0355-7295033

山西七一煤化集团有限公司
地址：山西省长治市襄垣县善福乡七里街村
……Tel：0355-7298728

山西襄矿辉坡煤业有限公司
地址：山西省襄垣县古韩镇南田漳村
……Tel：0355-7400218

山西襄矿石板沟煤业有限公司
地址：山西省长治市襄垣县下良镇曹家坪
……Tel：0355-7404816

山西襄垣七一大雁沟煤业有限公司
地址：山西省长治市襄垣县善福乡七里脚村
……Tel：0355-7414745

山西襄矿西故县煤业有限公司
地址：山西省长治市襄垣县下良镇西故县村
……Tel：0355-7436666

山西石泉煤业有限责任公司
地址：山西省长治市襄垣县夏店镇合漳村
……Tel：0355-7445537

山西大平煤业有限公司
地址：山西省襄垣县夏店镇渠街村、坡底村
……Tel：0355-7455881

山西襄垣七一善福煤业有限公司
地址：山西省长治市襄垣县善福乡善福村
……Tel：0355-7469686

山西襄矿上良煤业有限公司
地址：山西省长治市襄垣县下良镇上良村
……Tel：0355-7480508

长治市千丰兆烨环保科技有限公司
地址：山西省长治市屯留区余吾镇东街村村东
……Tel：0355-7620020

长治钢铁（集团）瑞昌水泥有限公司
地址：山西省长治市屯留区渔泽镇金家庄村北
……Tel：0355-7662001

山西长治王庄煤业有限责任公司
地址：山西省长治市上党区荫城镇西陕村
……Tel：0355-7736982

山西马军峪曙光煤业有限公司
地址：山西省长治市沁源县聪子峪乡聪子峪村
……Tel：0355-7831677

山西马军峪煤焦有限公司
地址：山西省沁源县聪子峪乡聪子峪村
……Tel：0355-7831677

山西通洲集团留神峪煤业有限公司
地址：山西省沁源县李元镇上庄村.
……Tel：0355-7834335

山西通洲集团安达煤业有限公司
地址：山西省长治市沁源县郭道镇棉上村
……Tel：0355-7834335

山西通洲集团晋杨煤业有限公司
地址：山西省长治市沁源县郭道镇苏家庄村
……Tel：0355-7990479

山西通洲集团安神煤业有限公司
地址：山西省长治市沁源县沁河镇上庄村
……Tel：0355-7978216

山西康伟集团有限公司
地址：山西省沁源县灵空山镇水泉坪村
……Tel：0355-7847788

山西新超煤业有限公司
地址：山西省沁源县王和镇西沟村
……Tel：0355-7960229

山西沁源梗阳煤业有限公司
地址：山西省沁源县王和镇后沟村
……Tel：0355-7960789

山西汾西矿业集团正新煤焦有限责任公司
地址：山西省长治市沁源县王和镇古寨村
……Tel：0355-7964494

山西长沁煤焦有限公司
地址：山西省沁源县王和镇古寨村
……Tel：0355-7964521

山西明源能源集团有限公司
地址：山西省沁源县郭道镇郭道村
……Tel：0355-7967569

山西黄土坡鑫能煤业有限公司
地址：山西省长治市沁源县聪子峪乡小岭底村
……Tel：0355-7969797

山西黄土坡煤业集团有限公司
地址：山西省沁源县聪子峪乡小岭底村
……Tel：0355-7969780

山西黄土坡鑫运煤业有限公司
地址：山西省长治市沁源县聪子峪乡才子坪村
……Tel：0355-7969797

山西晖源能源有限公司
地址：山西省沁源县法中乡法中村村东
……Tel：0355-7973333

山西沁新能源集团股份有限公司
地址：山西长治市沁源县李元镇韩家沟村
……Tel：0355-7979612

山西沁新煤业有限公司
地址：山西省长治市沁源县沁河镇韩家沟村
……Tel：0355-7979797

山西沁新集团新达煤业有限公司
地址：山西省沁源县灵空山镇东柏子村
……Tel：0355-7979797

山西新升煤业有限公司
地址：山西省沁源县王陶乡下壁村
……Tel：0355-7991014

山西潞安集团华亿五一煤业有限公司
地址：山西省沁源县灵空山镇北沟村
……Tel：0355-7991091

山西省长治经坊煤业有限公司
地址：山西省长治市上党区新建路115号
……Tel：0355-8089445

山西惠发天合重型机械制造有限公司
地址：山西省长治市长治县政东街289号
……Tel：0355-8096182

山西中科森特装备工程技术有限公司
地址：山西省长治市长治县政东街289号
……Tel：0355-8096182

山西长治羊头岭红旗煤业有限公司
地址：山西省长治市上党区荫城镇北漳沟村、内王村
……Tel：0355-8107694

长治红兴煤业有限公司
地址：山西省长治县南宋乡长青村
……Tel：0355-8109052

山西三晋硅业有限公司
地址：山西省长治市黎城县黎侯庄园党校4号别墅
……Tel：0355-8172225

山西漳江投资集团有限公司
地址：山西省长治市襄垣县开元西街1号
……Tel：0355-8197683

山西长治黎都农村商业银行股份有限公司
地址：山西省长治县城光明北路与体育二路交叉路口
……Tel：0355-8202818

山西晋煤集团长治仙泉煤业有限公司
地址：山西省长治市长治县西池乡北仙泉村
……Tel：0355-8202987

山西长治三元晋永泰煤业有限公司
地址：山西省长治县荫城镇内王村村西
……Tel：0355-8265408

山西长治羊头岭永丰煤业有限公司
地址：山西省长治县南宋乡永丰村
……Tel：0355-8267775

山西长治红山煤业有限公司
地址：山西省长治市长治县南宋乡北宋村
……Tel：0355-8269333

长治县三元王庄华泰水泥有限公司
地址：山西省长治县西池乡北仙泉村西
……Tel：0355-8284366

山西长治羊头岭南仙泉煤业有限公司
地址：山西省长治市长治县南仙泉村南崖上
……Tel：0355-8296695

山西长治羊头岭东掌煤业有限公司
地址：山西省长治县南宋乡东掌村
……Tel：0355-8297915

山西反坡煤业有限责任公司
地址：山西省长治市长子县色头镇
……Tel：0355-8359699

山西凌志达煤业有限公司
地址：山西省长治市长子县色头镇
……Tel：0355-8480777

山西长子盛元煤业有限公司
地址：山西省长子县色头镇琚村西
……Tel：0355-8483220

山西常平集团实业有限公司
地址：山西省壶关县常平开发区常平村
……Tel：0355-8508708

山西三元煤业股份有限公司
地址：山西省长治市五一路长安街56号
……Tel：0355-8522220

山西太行山大峡谷旅游发展股份有限公司
地址：山西省长治市壶关县府东街14号（壶关县人民政府三楼）
……Tel：0355-8771330

山西常平钢铁有限公司
地址：山西省壶关县常平经济开发区常平村
……Tel：0355-8778472

晋城国投交通旅游投资集团有限公司
地址：山西省晋城市城区泽州北路白马寺山森林公园西侧（凤城国际酒店）
……Tel：0356-3199006

晋城市国有资本投资运营有限公司
地址：山西省晋城市城区文博路445号
……Tel：0356-2126902

山西晋东能源开发有限公司
地址：山西省晋城市中原街天巨商务大厦
……Tel：0356-2129051

山西兰花煤炭实业集团有限公司
地址：山西省晋城市城区凤台东街2288号
……Tel：0356-2189501

山西兰花科技创业股份有限公司
地址：山西省晋城市凤台东街2288号
……Tel：0356-2189601

山西天地王坡煤业有限公司
地址：山西省晋城市泽州县下村镇
……Tel：0356-2253100

山西晋煤集团晋圣凤红煤业有限公司
地址：山西省泽州县巴公镇东四义村
……Tel：0356-2338804

山西煤炭运销集团阳城大西煤业有限公司
地址：山西省晋城市阳城县芹池镇大西村
……Tel：0356-2360801

山西煤炭运销集团阳城四侯煤业有限公司
地址：山西省晋城市阳城县固隆乡西南村
……Tel：0356-2360820

山西煤炭运销集团永丰煤业有限公司
地址：山西省晋城市泽州县巴公镇西郜村
……Tel：0356-2685168

山西泽州天泰锦辰煤业有限公司
地址：山西省泽州县巴公镇北板桥村.
……Tel：0356-2685888

山西兰花国际物流园区置业开发有限公司
地址：山西省晋城市泽州县金村镇霍秀村
……Tel：0356-2686210

山西省晋城晋普山煤业有限责任公司
地址：山西省泽州县南村镇司匠村
…………Tel：0356-3018003

山西天恒铸业有限公司
地址：山西省泽州县南村镇窑南村村东300米处
…………Tel：0356-3053175

山西中诺能源陶瓷材料有限公司
地址：山西省晋城市泽州县巴公镇柏杨坪村
…………Tel：0356-3055859

山西兰花集团北岩煤矿有限公司
地址：山西省晋城市城区西上庄村
…………Tel：0356-3092001

山西省沁城煤矿
地址：山西省沁水县龙港镇国华村
…………Tel：0356-3252001

山西晋煤集团赵庄煤业有限责任公司
地址：山西省长治市长子县慈林镇
…………Tel：0356-3600512

山西金象煤化工有限责任公司
地址：山西省晋城市阳城县北留镇王庄村
…………Tel：0356-3610100

山西晋煤华昱煤化工有限责任公司
地址：山西省泽州县周村镇周村村
…………Tel：0356-3615577

山西金驹煤电化有限责任公司
地址：山西晋城市城区北石店乡鸿村北5幢
…………Tel：0356-3623832

山西长平煤业有限责任公司
地址：山西省高平市寺庄镇掘山村
…………Tel：0356-3625088

山西晋城兴唐煤业有限公司
地址：山西省泽州县下村镇车山村
…………Tel：0356-3696917

山西晋煤集团晟泰能源投资有限公司
地址：山西省晋城市城区书院街1261号
…………Tel：0356-3648250

山西晋煤集团宏圣煤炭物流贸易有限公司
地址：山西省晋城市城区西上庄办事处部匠村运盛公司9T26办公楼13-23层
…………Tel：0356-3649222

山西晋煤集团金泽农业开发有限公司
地址：山西省晋城市城区北石店镇临泽村
…………Tel：0356-3650696

山西晋煤集团晋圣矿业投资有限公司
地址：山西省晋城市城区西上庄办事处坡底村
…………Tel：0356-3651905

晋城金驹实业有限公司
地址：山西省晋城市城区北石店（晋煤集团院内）
…………Tel：0356-3663745

晋能控股装备制造集团有限公司
地址：山西省晋城市城区北石店
…………Tel：0356-3664145

晋城宏圣建筑工程有限公司
地址：山西省晋城市城区北石店镇
…………Tel：0356-3664455

山西晋煤集团金明矿业有限责任公司
地址：山西省晋城开发区兰花路1199号
…………Tel：0356-3667513

晋能控股装备制造集团金鼎山西煤机有限责任公司
地址：山西省晋城市开发区金鼎路金匠工业园区
…………Tel：0356-3667619

晋城蓝焰煤业股份有限公司
地址：山西省晋城市城区北石店
…………Tel：0356-3668007

山西晋煤集团坪上煤业有限公司
地址：山西省晋城市沁水县端氏镇
…………Tel：0356-3696308

山西蓝焰煤层气集团有限责任公司
地址：山西省晋城市沁水县嘉峰镇李庄村
…………Tel：0356-3699901

晋城山水合聚水泥有限公司
地址：山西省泽州县金村镇司家掌村（陵沁一级路丹河桥东350米处）
…………Tel：0356-3807855

山西晋煤集团泽州天安岳圣山煤业有限公司
地址：山西省晋城市泽州县川底乡东烟村
…………Tel：0356-3825316

山西泽州天泰岳南煤业有限公司
地址：山西省泽州县下村镇大南庄村
…………Tel：0356-3831129

山西晋煤集团泽州天安宏祥煤业有限公司
地址：山西省晋城市泽州县下村镇中村村
…………Tel：0356-3833678

山西大通铸业有限公司
地址：山西省泽州县川底乡和村村
…………Tel：0356-3840555

山西晋煤集团泽州天安苇町煤业有限公司
地址：山西省晋城市泽州县周村镇苇町村
…………Tel：0356-3858510

山西晋煤集团泽州天安海天煤业有限公司
地址：山西省晋城市泽州县川底乡郭庄村
…………Tel：0356-3868066

山西晋煤集团泽州天安恒源煤业有限公司
地址：山西省晋城市泽州县巴公镇尧头村
…………Tel：0356-3877298

山西晋城钢铁控股集团有限公司
地址：山西省晋城市泽州县巴公镇东郜村
…………Tel：0356-3878666

晋城市丛盛科创实业有限公司
地址：山西省泽州县巴公镇
…………Tel：0356-3878666

山西兰花集团莒山煤矿有限公司
地址：山西省晋城市泽州县巴公镇三家店村
…………Tel：0356-3890299

山西晋钢智造科技产业园开发有限公司
地址：山西省泽州县巴公镇李村村（晋城福盛钢铁有限公司办公楼内201室）
…………Tel：0356-3892627

山西晋煤集团泽州天安朝阳煤业有限公司
地址：山西省晋城市泽州县北义城镇东张村
…………Tel：0356-3903123

山西晋煤集团泽州天安东沟煤业有限公司
地址：山西省晋城市泽州县南岭乡东沟村
…………Tel：0356-3932800

山西晋煤集团泽州天安瑞旺煤业有限公司
地址：山西省晋城市泽州县犁川镇铁南上村
…………Tel：0356-3953366

山西晋煤集团泽州天安昌都煤业有限公司
地址：山西省晋城市泽州县高都镇薛庄村
…………Tel：0356-3956122

山西阳城皇城相府集团大桥煤业有限公司
地址：山西省阳城县北留镇大桥村
…………Tel：0356-4603058

山西晋煤集团阳城晋圣上孔煤业有限公司
地址：山西省晋城市阳城县凤城镇上孔村清凡沟
…………Tel：0356-4821125

山西阳城阳泰集团西冯街煤业有限公司
地址：山西省阳城县润城镇西冯街村
…………Tel：0356-4826681

山西晋煤集团阳城晋圣润东煤业有限公司
地址：山西省晋城市阳城县润城镇李街村
…………Tel：0356-4828378

山西煤炭运销集团阳城西河煤业有限公司
地址：山西省晋城市阳城县西河乡陕庄村
…………Tel：0356-4838009

山西煤炭运销集团阳城演礼煤业有限公司
地址：山西省晋城市阳城县演礼乡清池村
…………Tel：0356-4843021

山西阳城皇城相府集团皇联煤业有限公司
地址：山西省晋城市阳城县北留镇皇城村
…………Tel：0356-4858083

山西晋煤集团阳城晋圣诚南煤业有限公司
地址：山西省晋城市阳城县东冶镇相底村
…………Tel：0356-4860348

山西阳城阳泰集团白沟煤业有限公司
地址：山西省晋城市阳城县凤城镇白沟村
…………Tel：0356-4890228

山西兰花集团芦河煤业有限公司
地址：山西省晋城市阳城县町店镇北庄村
…………Tel：0356-4890807

山西阳城阳泰集团义城煤业有限公司
地址：山西省阳城县町店镇义城村.
…………Tel：0356-4892618

山西亚美大宁能源有限公司
地址：山西省阳城县町店镇大宁村
…………Tel：0356-4896528

山西阳城阳泰集团屯城煤业有限公司
地址：山西省晋城市阳城县润城镇屯城村
…………Tel：0356-4919673

山西兰花煤层气有限公司
地址：山西省晋城市城区凤台东街2288号
…………Tel：0356-4939203

山西晋煤集团阳城晋圣固隆煤业有限公司
地址：山西省晋城市阳城县次营镇沟东村
…………Tel：0356-4940860

阳城晋煤能源有限责任公司
地址：山西省晋城市阳城县凤城镇北安阳村
…………Tel：0356-4959802

山西阳城阳泰集团伏岩煤业有限公司
地址：山西省晋城市阳城县芹池镇阳陵村
…………Tel：0356-4981766

山西煤炭运销集团阳城侯甲煤业有限公司
地址：山西省晋城市阳城县芹池镇侯甲村
…………Tel：0356-4982306

山西煤炭运销集团阳城羊泉煤业有限公司
地址：山西省晋城市阳城县芹池镇柴庄村
…………Tel：0356-4990109

山西高平科兴赵庄煤业有限公司
地址：山西省晋城市高平市南城办事处南赵庄村东
…………Tel：0356-5238385-9179

山西晋煤天源化工有限公司
地址：山西省晋城市高平市南城办北陈村北侧
…………Tel：0356-5288888

山西兰花集团东峰煤矿有限公司
地址：山西省高平市原村乡下董峰村
…………Tel：0356-5810396

山西高平科兴平泉煤业有限公司
地址：山西省高平市马村镇马村村
…………Tel：0356-5821087

山西兰花同宝煤业有限公司
地址：山西省晋城市高平市马村镇古寨村东
…………Tel：0356-5828936

山西高平科兴申家庄煤业有限公司
地址：山西省高平市永录乡泉则头村
…………Tel：0356-5837038

山西高平科兴龙顶山煤业有限公司
地址：山西省高平市米山镇石咀头村
…………Tel：0356-5846858

山西高平科兴南阳煤业有限公司
地址：山西省高平市野川镇南杨村
…………Tel：0356-5872107

山西煤炭运销集团野川煤业有限公司
地址：山西省晋城市高平市野川镇柳树底村
…………Tel：0356-5878059

山西高平科兴牛山煤业有限公司
地址：山西省高平市南城办事处朴村南
…………Tel：0356-5983568

山西崇安能源发展有限公司
地址：山西晋城陵川县城崇西北路111号
…………Tel：0356-6211290

山西陵川崇安关岭山煤业有限公司
地址：山西省晋城陵川县杨村镇岭北底村
…………Tel：0356-6818268

山西陵川崇安新沙河煤业有限公司
地址：山西省陵川县礼义镇沙河村
…………Tel：0356-6839016

陵川金隅冀东环保科技有限公司
地址：山西省晋城陵川县平城镇北召村
…………Tel：0356-6844222

山西科兴能源发展有限公司
地址：山西省高平市长平西街30号
…………Tel：0356-6911888

山西兰花百盛煤业有限公司
地址：山西省晋城市高平市寺庄镇伯方村
…………Tel：0356-6918618

中煤华晋集团晋城能源有限公司
地址：山西省晋城沁水县龙港镇里必村
…………Tel：0356-6940246

山西晋煤集团泽州天安靖丰煤业有限公司
地址：山西省晋城市泽州县巴公镇北堆村
…………Tel：0356-6969024

山西晋煤集团晋圣亿欣煤业有限公司
地址：山西省晋城市沁水县龙港镇尧都村
…………Tel：0356-3652309

沁水沁晟煤焦有限公司
地址：山西省晋城沁水县中村镇张马村
…………Tel：0356-7069398

沁和能源集团有限公司
地址：山西省沁水县城梅杏北路59号
…………Tel：0356-7069516

山西晋煤集团晋圣松峪煤业有限公司
地址：山西省晋城市沁水县中村镇松峪村
…………Tel：0356-7076517

山西沁和能源集团南凹寺煤业有限公司
地址：山西省沁水县嘉峰镇永安村
…………Tel：0356-7081613

山西晋煤集团晋圣永安宏泰煤业有限公司
地址：山西省晋城市沁水县嘉峰镇永安村
…………Tel：0356-7081953

山西兰花沁裕煤矿有限公司
地址：山西省晋城市沁水县土沃乡杏则村西
…………Tel：0356-7093083

山西沁和能源集团曲堤煤业有限公司
地址：山西省沁水县端氏镇曲堤村
…………Tel：0356-7096048

山西晋煤集团晋圣三沟鑫都煤业有限公司
地址：山西省晋城市沁水县龙港镇尧都村
…………Tel：0356-7607600

山西保利平山煤业股份有限公司
地址：山西省晋城市沁水县郑村镇后河村
…………Tel：0356-8066333

山西煤炭进出口集团鹿台山煤业有限公司
地址：山西省晋城市沁水县张村乡冯村村
…………Tel：0356-8069018

山西兰花科创玉溪煤矿有限责任公司
地址：山西省沁水县胡底乡玉溪村
…………Tel：0356-8080501

临汾广秀实业有限责任公司
地址：山西省临汾市尧都区尧庙村
…………Tel：0357-2591055

太原煤炭气化（集团）临汾燃气有限公司
地址：山西省临汾市尧都区平阳北街六号
…………Tel：0357-2591658

山西中艺钜丰能源有限公司
地址：山西省临汾市尧都区向阳路29号（临汾公共交通有限公司写字楼十四层3号）
…………Tel：0357-2995951

山西东方恒略精密铸造有限公司
地址：山西省临汾市尧都区大阳镇王雅村
…………Tel：0357-3085232

山西临汾西山生辉煤业有限公司
地址：山西省临汾市尧都区一平垣乡蟒王村
…………Tel：0357-3201882

山西煤炭运销集团金辛达煤业有限公司
地址：山西省临汾市尧都区枕头乡马家梁村
…………Tel：0357-3203003

大同煤矿集团临汾宏大矿业有限责任公司
地址：山西省临汾市尧都区屯里镇屯里村（馨阳农贸市场）
…………Tel：0357-3228990

山西煤炭运销集团临汾张台地方铁路有限公司
地址：山西省侯马市合欢街98号
…………Tel：0357-3230029

山西临汾西山能源有限责任公司
地址：山西省临汾市临汾经济技术开发区西段路南
…………Tel：0357-3375598

山西煤炭进出口集团蒲县豹子沟煤业有限公司
地址：山西省临汾市蒲县黑龙关镇碾沟村
…………Tel：0357-3437008

霍州煤电集团洪洞亿隆煤业有限责任公司
地址：山西省临汾市洪洞县万安镇韩侯村
…………Tel：0357-3468107

山西翼城首旺煤业有限责任公司
地址：山西省临汾市翼城县隆化镇两坂村
…………Tel：0357-3579926

山西春雷铜材有限责任公司
地址：山西省临汾市翼城县丹桥路山铜厂
…………Tel：0357-3591016

山西励鑫铸业有限公司
地址：山西省临汾市翼城县王庄乡辛安村
…………Tel：0357-3597828

山西锌业集团有限公司
地址：山西省临汾市经济技术开发区河汾一路3号
…………Tel：0357-3631273

山西汇基有色金属有限公司
地址：山西省临汾市襄汾县新城镇赵曲村
…………Tel：0357-3631273

山西光大焦化气源有限公司
地址：山西省襄汾县南辛店乡贾罕村东
…………Tel：0357-3649118

襄汾县鸿达钢铁集团有限公司
地址：山西省襄汾县永固乡南董村
…………Tel：0357-3659569

山西省襄汾县宏源煤焦化工有限公司
地址：山西省襄汾县古城镇贾朱村
…………Tel：0357-3693666

山西尧信昌电子科技有限公司
地址：山西省隰县南大街龙泉巷6号
…………Tel：0357-3922999

山西华翔集团股份有限公司
地址：山西省临汾市洪洞县甘亭镇华林村
…………Tel：0357-3933653

山西煤炭运销集团四通煤业有限公司
地址：山西省临汾市尧都区河底乡三交村
…………Tel：0357-3969903

安徽省皖北煤电集团临汾天煜能源发展有限公司
地址：山西省临汾市尧都区一平垣乡蟒王村委西梁村
…………Tel：0357-3986920

安徽省皖北煤电集团临汾西北矿业有限责任公司
地址：山西省临汾市尧都区一平垣乡蟒王村委西梁村4号
…………Tel：0357-3986920

山西通才工贸有限公司
地址：山西省曲沃县汰子滩
…………Tel：0357-4035315

山西建邦集团铸造有限公司
地址：山西省侯马市张村乡大李村
…………Tel：0357-4062267

山西建邦集团有限公司
地址：山西省侯马市大李村
…………Tel：0357-4062267

山西华强钢铁有限公司
地址：山西省侯马市大李村
……Tel：0357-4062688

山西华恒新能源科技有限公司
地址：山西省临汾市安泽县唐城镇工业园区（冯子节村）
……Tel：0357-4062888

山西寰达实业有限责任公司
地址：山西省侯马北站综合线西侧
……Tel：0357-4062888

中信机电制造公司
地址：山西省侯马开发区浍滨街纺织东巷85号
……Tel：0357-4083027

山西方略保税物流中心有限公司
地址：山西省侯马市合欢街东侧方略联检办公大楼1幢
……Tel：0357-4160533

山西方略陆港集团有限公司
地址：山西省侯马经济技术开发区海军路西侧
……Tel：0357-4161618

山西鑫通矿业有限公司
地址：山西省侯马市合欢街东侧方略联检办公大楼310室
……Tel：0357-4161618

山西黄河金三角工业品交易中心有限公司
地址：山西省侯马开发区幸福街大宗商品交易中心3层
……Tel：0357-4167800

山西晋韵钢铁有限公司
地址：山西省侯马市大南庄
……Tel：0357-4186899

山西平阳重工机械有限责任公司
地址：山西省侯马市红军街一号
……Tel：0357-4252012

山西晋南钢铁集团有限公司
地址：山西省曲沃县高显镇立恒大道南侧（高显工业园区内）
……Tel：0357-4530920

山西晋宏盛钢铁有限公司
地址：山西省临汾市曲沃县杨谈乡万户村
……Tel：0357-4537100

翼城县新强绿色环保建材科技有限公司
地址：山西省临汾市翼城县中卫乡中卫村（原翼城县鑫华钢铁有限公司院内）
……Tel：0357-4885666

翼城县飞翔铸管有限公司
地址：山西省临汾市翼城县唐兴镇上高村
……Tel：0357-4906588

山西省翼城城东钢铁有限责任公司
地址：山西省临汾市翼城县王庄乡新村
……Tel：0357-4975100

山西其亚铝业有限公司
地址：山西省汾西县永安镇郝家沟村
……Tel：0357-3997716

山西潞安集团蒲县开拓煤业有限公司
地址：山西省临汾蒲县乔家湾乡
……Tel：0355-591140

山西煤炭进出口集团蒲县万家庄煤业有限公司
地址：山西省临汾市蒲县黑龙关镇碾沟村
……Tel：0357-5386828

山西潞安集团蒲县黑龙煤业有限公司
地址：山西省临汾市蒲县黑龙关镇后西沟村
……Tel：0357-5387518

山西煤炭运销集团蒲县昊锦塬煤业有限公司
地址：山西省临汾市蒲县乔家湾乡尚店村
……Tel：0357-5388181

山西杭氧立恒气体有限公司
地址：山西省曲沃县高显镇山西立恒钢铁集团股份有限公司新区
……Tel：0357-5525189

山西立恒焦化有限公司
地址：山西省临汾市曲沃县高显镇西白集村立恒钢铁股份有限公司办公楼六层（生产经营地:立恒焦化生产区）
……Tel：0357-5528017

山西沃能化工科技有限公司
地址：山西省临汾市曲沃县山西立恒钢铁集团股份有限公司6楼603
……Tel：0357-5528182

山西立恒钢铁集团股份有限公司
地址：山西省曲沃县高显镇西白集村
……Tel：0357-5529108

山西煤炭运销集团蒲县昊兴塬煤业有限公司
地址：山西省临汾市蒲县乔家湾乡南峪村
……Tel：0357-5536892

霍州煤电集团有限责任公司
地址：山西省临汾市霍州市鼓楼东街188号
……Tel：0357-5631305

霍州煤电集团鑫钜煤机装备制造有限责任公司
地址：山西省临汾市霍州市大张镇下乐坪村（新型产业工业园区）
……Tel：0357-5633845

山西建投天筑兆光绿色建材科技有限公司
地址：山西省霍州市河西区寺庄村东北永安大街西侧
……Tel：0357-5667000

霍州煤电集团什林煤业有限责任公司
地址：山西省霍州市退沙街道办事处退沙村后沟
……Tel：0357-5671126

临汾万鑫达焦化有限责任公司
地址：山西省临汾市襄汾县邓庄南梁工业园区
……Tel：0357-5700888

山西霍宝干河煤矿有限公司
地址：山西省临汾市洪洞县堤村乡干河村
……Tel：0357-5990336

蒲县宏源煤业集团有限公司
地址：山西省临汾市蒲县乔家湾乡北峪村
……Tel：0357-6185866

山西晋煤集团洪洞晋圣荣康煤业有限公司
地址：山西省洪洞县上张端村
……Tel：0357-6221068

山西洪洞西山光道煤业有限公司
地址：山西省临汾市洪洞县山头乡东圪门村
……Tel：0357-6315882

山西煤炭运销集团同富新煤业有限公司
地址：山西省临汾市乡宁县管头镇上善村
……Tel：0357-6355722

山西保利裕丰煤业有限公司
地址：山西省临汾市乡宁县昌宁镇门家沟村
……Tel：0357-6358266

山西晋煤集团翼城晟泰青洼煤业有限公司
地址：山西省翼城县西闫镇十河村
……Tel：0357-6556415

山西焦化集团有限公司
地址：山西省洪洞县广胜寺镇
……Tel：0357-6626291

太钢集团临汾钢铁有限公司
地址：山西省临汾市尧都区桥东路77号
……Tel：0357-6797892

山西新临钢钢铁有限公司
地址：山西省临汾市桥东街3号
……Tel：0357-6797892

山西煤炭运销集团吉县盛平煤业有限公司
地址：山西省临汾市乡宁县台头镇沙坪村
……Tel：0357-6854826

山西华宁焦煤有限责任公司
地址：山西省乡宁县西坡镇
……Tel：0357-6866808

山西天润煤化集团德通煤业有限公司
地址：山西省临汾市乡宁县枣岭乡坡底村
……Tel：0357-6985088

中煤华晋集团韩咀煤业有限公司
地址：山西省乡宁县西坡镇西家沟
……Tel：0357-6986300

山西煤炭运销集团金塬达煤业有限公司
地址：山西省临汾市尧都区河底乡张马庄村
……Tel：0357-77188069

浮山县南畔东沟铁矿有限公司
地址：山西省浮山县东张乡南畔村
……Tel：0357-8120118

山西中强福山煤业有限公司
地址：山西省临汾浮山县天坛镇后交村
……Tel：0357-8156577

山西煤炭运销集团金裕达煤业有限公司
地址：山西省临汾市尧都区枕头乡苍上村
……Tel：0357-8207929

山西晋煤集团临汾晋牛煤矿投资有限责任公司
地址：山西临汾市尧都区枕头乡后掌村
……Tel：0357-8297183

山西古县西山鸿兴煤业有限公司
地址：山西省临汾市古县北平镇上宝丰村
……Tel：0357-8358118

山西古县兰花宝欣煤业有限公司
地址：山西临汾市古县北平镇贾寨村
……Tel：0357-8359048

山西古县西山登福康煤业有限公司
地址：山西省临汾市古县古阳镇相力村
……Tel：0357-8363111

山西古县金谷煤业有限公司
地址：山西省临汾市古县古阳镇古阳村
……Tel：0357-8366990

酒钢集团翼城钢铁有限责任公司
地址：山西省临汾市翼城县王庄乡
……Tel：0357-8557371

山西安泽玉华煤业有限公司
地址：山西省安泽县唐城镇三交村
……Tel：0357-8560803

山西玉和泰煤业有限公司
地址：山西省安泽县唐城镇三交村
……Tel：0357-8560900

山西安鑫煤业有限公司
地址：山西省临汾市安泽县唐城镇三交村
……Tel：0357-8569188

襄汾县星原钢铁集团有限公司
地址：山西省襄汾县景毛乡西郭村
……Tel：0357-8867779

山西国峰煤电有限责任公司
地址：山西省汾阳市三泉镇尚文村（8）
……Tel：0358-2100121

山西汾西正善煤业有限责任公司
地址：山西省孝义市柱濮镇子善村
……Tel：0358-2129693

山西煤炭运销集团龙山煤业有限公司
地址：山西省吕梁市汾阳市三泉镇南石村西
……Tel：0358-2168395

山西煤炭运销集团锦瑞煤业有限公司
地址：山西省吕梁市离石区坪头乡磁窑沟村
……Tel：0358-2223016

山西金地煤焦有限公司
地址：山西文水经济开发区
……Tel：0358-2339828

山西华兴铝业有限公司
地址：山西省吕梁市兴县瓦塘镇龙耳会村
……Tel：0358-2849207

山西安达清洁能源发展有限公司
地址：山西省吕梁孝义市梧桐镇西王屯村（梧桐工业园区）
……Tel：0358-2883736

孝义市鹏飞实业有限公司
地址：山西省吕梁孝义市高阳镇高阳村
……Tel：0358-2883995

山西华厦海威新能源汽车制造有限公司
地址：山西省吕梁市文水县凤城镇桑村
……Tel：0358-3036017

文水海威钢铁有限公司
地址：山西省吕梁文水县凤城镇桑村
……Tel：0358-3036040

山西海威物流有限公司
地址：山西省吕梁文水县凤城镇桑村东
……Tel：0358-3071166

山西新光华铸管有限公司
地址：山西省吕梁市文水县南武乡东庄村
……Tel：0358-3306208

山西焦煤集团五麟煤焦开发有限责任公司
地址：山西省汾阳市三泉镇经济开发工业园区
……Tel：0358-3327010

山西大土河焦化有限责任公司
地址：山西省吕梁市离石区大土河村
……Tel：0358-3364070

山西大土河煤业有限公司
地址：山西省吕梁市临县林家坪镇郝家塔村委桥头村
……Tel：0358-4463877

山西神州煤业有限责任公司
地址：山西省吕梁市离石区崔家崖村
……Tel：0358-3372282

山西国金电力有限公司
地址：山西文水经济开发区
……Tel：0358-3412232

山西交城农村商业银行股份有限公司
地址：山西省交城县天宁街16号
……Tel：0358-3525225

山西汾西中兴煤业有限责任公司
地址：山西省交城县岭底乡东雷庄村.
……Tel：0358-3590345

山西柳林汇丰兴业同德焦煤有限公司
地址：山西省柳林县锄沟村
……Tel：0358-4015917

山西柳林煤矿有限公司
地址：山西省柳林县柳林镇屈家沟
……Tel：0358-4055500

山西柳林鑫飞贺昌煤业有限公司
地址：山西省吕梁市柳林县毛家庄村
……Tel：0358-4055500

山西柳林鑫飞毛家庄煤业有限公司
地址：山西省柳林县柳林镇毛家庄村贾家沟
……Tel：0358-4055500

山西柳林金家庄煤业有限公司
地址：山西省柳林县庄上镇梨树凹村
……Tel：0358-4061573

山西柳林兴无煤矿有限责任公司
地址：山西柳林县庄上乡庄上村
……Tel：0358-4061573

山西柳林寨崖底煤业有限公司
地址：山西省柳林县陈家湾乡下罗候村
……Tel：0358-4061640

山西柳林联盛哪哈沟煤业有限公司
地址：山西省吕梁市柳林县陈家湾乡陈家湾村
……Tel：0358-4061729

山西楼俊矿业集团有限公司
地址：山西省吕梁市离石区龙凤北大街109号
……Tel：0358-4061729

山西柳林联盛郭家山煤业有限公司
地址：山西省吕梁柳林县陈家湾乡贺家社村
……Tel：0358-4061729

山西青鸟联盛能源投资有限公司
地址：山西省柳林县清河西路18号联盛办公大楼
……Tel：0358-4061729

山西宏盛能源开发投资集团有限公司
地址：山西省吕梁市柳林县屈家沟村
……Tel：0358-4065602

山西宏盛安泰煤业有限公司
地址：山西省柳林县王家沟乡刘家湾村
……Tel：0358-4065603

山西柳林宏盛聚德煤业有限公司
地址：山西省柳林县成家庄镇聚财塔村
……Tel：0358-4065673

柳林县森泽煤铝有限责任公司
地址：山西省柳林县西王家沟乡新民村
……Tel：0358-4099012

山西柳林汇丰兴业曹家山煤业有限公司
地址：山西省吕梁市柳林县庄上镇曹家山村
……Tel：0358-4305913

山西金恒建材有限公司
地址：山西省柳林县柳林镇王家庄村
……Tel：0358-4323006

临县裕民焦煤有限公司
地址：山西省临县湍水头镇薛家山村
……Tel：0358-4468274

山西临县焉头煤业有限公司
地址：山西省吕梁市临县三交镇焉头村
……Tel：0358-4524599

霍州煤电集团吕临能化有限公司
地址：山西省临县城庄镇杨家村
……Tel：0358 4550520

山西临县华润联盛黄家沟煤业有限公司
地址：山西省吕梁市临县湍水头镇黄家沟村
……Tel：0358-2305425

山西中阳钢铁有限公司
地址：山西省中阳县宁乡镇城北郊区
……Tel：0358-5033017

山西吕梁中阳西合煤业有限公司
地址：山西省吕梁市中阳县金罗镇西合村
……Tel：0358-5036106

吕梁东义集团煤气化有限公司
地址：山西省吕梁市中阳县下枣林乡上罗侯村
……Tel：0358-5071533

山西吕梁中阳梗阳煤业有限公司
地址：山西省中阳县下枣林乡吴家峁村
……Tel：0358-5053139

山西吕梁中阳付家焉煤业有限公司
地址：山西省吕梁市中阳县张子山乡付家焉村
……Tel：0358-5062503

山西中阳华润联盛苏村煤业有限公司
地址：山西省吕梁市中阳县张子山乡庄上村
……Tel：0358-5079008

山西中阳暖泉煤业有限公司
地址：山西省中阳县暖泉镇青山垣
……Tel：0358-5079789

山西吕梁中阳桃园鑫隆煤业有限公司
地址：山西省吕梁市中阳县宁乡镇乔家沟
……Tel：0358-5307786

山西能源产业集团鑫建煤业有限公司
地址：山西省吕梁交口县桃红坡镇吉子沟村
……Tel：0358-5477002

中铝集团山西交口兴华科技股份有限公司
地址：山西省吕梁市交口县温泉乡范石滩村工业园区
……Tel：0358-5555838

山西东辉集团西坡煤业有限公司
地址：山西省柳林县孟门镇西坡村
……Tel：0358-5523177

山西晋煤太钢能源有限责任公司
地址：山西省吕梁市临县车赶乡桃塔村
……Tel：0358-5540023

山西华瑞煤业有限公司
地址：山西省交口县桃红坡镇桃红坡村南
……Tel：0358-5555055

山西金晖万峰煤矿有限公司
地址：山西省孝义市下栅乡王马村
……Tel：0358-5566115

山西新星冶炼集团有限公司
地址：山西省方山县峪口镇东湾村
……Tel：0358-6068028

山西方山汇丰新星煤业有限公司
地址：山西省方山县峪口镇郝家　村
……Tel：0358-6069000

山西吕梁山矿产品有限公司
地址：山西省吕梁市方山县大武镇相当村
……Tel：0358-6069555

霍州煤电集团吕梁山煤电有限公司
地址：山西省吕梁市方山县大武镇
……Tel：0358-6072312

山西西山晋兴能源有限责任公司
地址：山西省吕梁兴县魏家滩镇斜沟村.
……Tel：0358-6362865

山西锦兴能源有限公司
地址：山西省兴县经济技术开发区
……Tel：0358-6366356

山西中铝华润有限公司

地址：山西省吕梁市兴县瓦塘镇兴汉村
……Tel：0358-6632000

山西煤炭运销集团龙达煤业有限公司
地址：山西省吕梁市岚县东村镇黑龙洼村
……Tel：0358-6771958

山西焦煤集团岚县正利煤业有限公司
地址：山西省岚县社科乡葛铺村
……Tel：0358-6784109

山西岚县昌恒煤焦有限公司
地址：山西省岚县社科乡下会村
……Tel：0358-6793523

太钢集团岚县矿业有限公司
地址：山西省岚县梁家庄乡索家坡村
……Tel：0358-6796009

山西东华兴钢铁贸易有限公司
地址：山西省汾阳市高速东口汾酒大道东侧
……Tel：0358-7224706

山西煤炭运销集团龙峰煤业有限公司
地址：山西省吕梁市汾阳市三泉镇北马庄村
……Tel：0358-7287155

山西文峰焦化科技有限公司
地址：山西省汾阳市工业园区(芦家庄村)
……Tel：0358-7375467

山西汾西正升煤业有限责任公司
地址：山西省汾阳市城关镇西河路
……Tel：0358-7593521

山西煤炭运销集团金达煤业有限公司
地址：山西省吕梁市孝义市驿马乡下荆封村
……Tel：0358-7604116

山西楼东俊安煤气化有限公司
地址：山西省孝义市楼东村
……Tel：0358-7635689

山西离柳焦煤集团有限公司
地址：山西省孝义市兑镇镇
……Tel：0358-7651045

山西煤炭运销集团利民煤业有限公司
地址：山西省吕梁市孝义市下堡镇邀庄村
……Tel：0358-7661083

山西吕梁离石王家庄煤业有限公司
地址：山西省吕梁市离石区滨河街道办事处王家庄村
……Tel：0358-8252616

山西东江煤业集团有限公司
地址：山西省吕梁市离石区坪头乡雒家庄村
……Tel：0358-8267677

晋能大土河热电有限公司
地址：山西省吕梁市离石区信义工业园区（回龙塔村）
……Tel：0358-8269111

山西煤炭运销集团新工煤业有限公司
地址：山西省吕梁市临县招贤镇高家庄村
……Tel：0358-8290057

山西华润联盛能源投资有限公司
地址：山西省吕梁市离石区滨河南东路768号
……Tel：0358-8293543

华晋焦煤有限责任公司
地址：山西省吕梁市柳林县沙曲村
……Tel：0358-8296368

山西吕梁离石贾家沟煤业有限公司
地址：山西省吕梁市离石区红眼川乡新崖上村
……Tel：0358-8339468

山西吕梁离石炭窑坪煤业有限公司
地址：山西省吕梁市离石区莲花街道办事处刘家湾村
……Tel：0358-8357685

中健国金盛武铝业有限公司
地址：山西省平陆县圣人涧镇东延村（山西武圣新材料有限公司13号办公楼103室）
……Tel：0359-2021362

运城关铝热电有限公司
地址：山西省运城市盐湖区运永路03901号
……Tel：0359-6365214

中煤华晋集团有限公司
地址：山西省太原市迎泽区满洲坟小区2号楼
……Tel：0359-2311013

山西关铝集团有限公司
地址：山西省运城市解州镇新建路３６号
……Tel：0359-2503613

山西省运城市龙飞有色金属有限公司
地址：山西省运城市解芮路18号
……Tel：0359-2822755

山西同天翔有色金属有限公司
地址：山西省运城市盐湖区解州镇解州村解芮路19号
……Tel：0359-2822755

阳煤丰喜肥业（集团）有限责任公司
地址：山西省运城禹都经济开发区库东路1号
……Tel：0359-2898111

山西金博雅实业集团有限责任公司
地址：山西省运城机场大道库东路1号尚东商务大厦
……Tel：0359-2898615

山西亚宝投资集团有限公司
地址：山西省亚宝路41号
……Tel：0359-3088128

运城中联水泥有限公司
地址：山西省芮城县陌南镇陈张村
……Tel：0359-3312888

平陆县晋虞铝业有限公司
地址：山西省运城茅津经济开发区盘南村（集强细粉有限公司三楼）
……Tel：0359-3553121

山西复晟铝业有限公司
地址：山西省平陆县圣人涧镇涧东村
……Tel：0359-3661313

山西晋煤集团平陆晋平煤业有限责任公司
地址：山西省运城平陆县曹川镇曹河村
……Tel：0359-3929666

山西阳煤丰喜化工有限责任公司
地址：山西省临猗县丰喜工业园区(东)
……Tel：0359-4062875

山西河津农村商业银行股份有限公司
地址：山西省运城市河津市新耿北街63号
……Tel：0359-5022545

中铝山西铝业有限公司
地址：山西省运城市河津市清涧街道龙门大道北段10号
……Tel：0359-5044046

中铝山西新材料有限公司
地址：山西省河津市清涧街道办事处（龙门大道北段9号）
……Tel：0359-5044046

霍州煤电集团河津腾晖煤业有限责任公司
地址：山西省运城市河津市下化乡杜家湾村
……Tel：0359-5104645

河津市华鑫源钢铁有限责任公司
地址：山西省河津市阳村乡西辛封村
……Tel：0359-5179909

霍州煤电集团河津五星煤业有限责任公司
地址：山西省运城市河津市下化乡周家湾村
……Tel：0359-5295858

山西宏达钢铁有限公司
地址：山西省河津市僧楼镇小张村
……Tel：0359-5358001

山西宏达钢铁集团有限公司
地址：山西省河津市僧楼镇小张村
……Tel：0359-5358002

河津市宏达铁合金有限公司
地址：山西省河津市僧楼镇小张村北
……Tel：0359-5358006

山西永恒工贸有限公司
地址：山西省稷山县西社镇西社村东
……Tel：0359-5669010

稷山县铭福钢铁制品有限公司
地址：山西省稷山县西社镇高渠村北
……Tel：0359-5669010

中条山有色金属集团有限公司
地址：山西省运城市垣曲县东峰山
……Tel：0359-6031597

北方铜业股份有限公司
地址：山西省运城市盐湖区河东东街17600号
……Tel：0359-6031930

山西中条山建筑有限公司
地址：山西省垣曲县新城镇东峰山村
……Tel：0359-6031597

山西中条山集团陶瓷科技有限公司
地址：山西省运城市垣曲县李家窑工业园区
……Tel：0359-6108210

山西运城农村商业银行股份有限公司
地址：山西省运城市盐湖区河东东街155号（信合大厦）
……Tel：0359-6357700

国营华晋冶金铸造厂
地址：山西省绛县二里半里册村东
……Tel：0359-6552721

际华三五三四制衣有限公司
地址：山西省闻喜县东镇白村
……Tel：0359-7045366

山西建龙实业有限公司
地址：山西省闻喜经济技术开发区山西建龙办公大楼4层408室
……Tel：0359-7309730

山西建龙钢铁有限公司
地址：山西省闻喜经济技术开发区山西建龙办公楼4层402室
……Tel：0359-7309730

山西海鑫实业股份有限公司
地址：山西省闻喜县东镇镇建龙大楼3层301室
……Tel：0359-7309730

山西海鑫国际线材有限公司
地址：山西省闻喜县东镇
……Tel：0359-7309730

山西闻祥国际贸易有限公司
地址：山西省闻喜县东镇镇山西建龙办公大楼8层805室
……Tel：0359-7309730

山西银光华盛镁业股份有限公司
地址：山西省闻喜县北城区大运路20号
……Tel：0359-7468063

山西新绛纺织有限责任公司
地址：山西省运城新绛县桥西
……Tel：0359-7588203

山西新绛农村商业银行股份有限公司
地址：山西省运城新绛县汾河湾
……Tel：0359-7602493

山西高义钢铁有限公司
地址：山西省运城新绛县横桥乡狄庄村
……Tel：0359-7638691

山西华圣铝业有限公司
地址：山西省永济市中山东街26号
……Tel：0359-8750514

山西曙光船窝煤业有限公司
地址：山西省运城河津市下化乡陈家岭村
……Tel：0359-8897249

山西焦煤运城盐化集团有限责任公司
地址：山西省运城市盐湖区红旗东街376号
……Tel：0359-8967022

内蒙古自治区

内蒙古牙克石五九煤炭（集团）有限责任公司
地址：内蒙古自治区牙克石市煤田镇矿区路
……Tel：0470-2285666

呼伦贝尔神宝东能煤炭有限公司
地址：内蒙古自治区呼伦贝尔市陈巴尔虎旗宝日希勒镇神华宝日希勒能源有限公司内
……Tel：0470-2387778

呼伦贝尔东能化工有限公司
地址：内蒙古自治区呼伦贝尔市陈巴尔虎旗（工业园区）
……Tel：0470-2387778

内蒙古蒙东能源有限公司
地址：内蒙古自治区呼伦贝尔市海拉尔开发区美食街１号
……Tel：0470-2952186

大唐呼伦贝尔能源开发有限公司
地址：内蒙古自治区呼伦贝尔市海拉尔区谢尔塔拉农牧场八队
……Tel：0470-3132638

中国黄金集团内蒙古矿业有限公司
地址：内蒙古新巴尔虎右旗阿镇呼伦大街42号
……Tel：0470-3188697

扎兰屯市新区建设投资开发有限责任公司
地址：内蒙古自治区扎兰屯市明月街10号
……Tel：0470-3260302

呼伦贝尔东北阜丰生物科技有限公司
地址：内蒙古呼伦贝尔岭东工业开发区（扎兰屯）开创大街
……Tel：0470-3265566

内蒙古金今国际矿业投资有限公司
地址：内蒙古自治区满洲里市产业园区新国际货场联检综合楼425-3室
……Tel：0470-6236218

新巴尔虎右旗荣达矿业有限责任公司
地址：内蒙古自治区呼伦贝尔市新巴尔虎右旗查干布拉根
……Tel：0470-6409100

新巴尔虎右旗怡盛元矿业有限责任公司
地址：内蒙古自治区呼伦贝尔市新右旗查干矿区东
……Tel：0470-6409100

扎赉诺尔煤业有限责任公司
地址：内蒙古自治区满洲里市扎赉诺尔矿区育林街 17号
……Tel：0470-6562006

呼伦贝尔呼盛矿业有限责任公司
地址：内蒙古自治区呼伦贝尔市陈巴尔虎旗巴镇陶海牧场海东村东侧（呼盛煤矿）
……Tel：0470-6769801

宝金矿业集团有限公司
地址：内蒙古自治区呼伦贝尔市额尔古纳市额尔古纳大街２８７号
……Tel：0470-6838711

额尔古纳诚诚矿业有限公司
地址：内蒙古自治区呼伦贝尔市额尔古纳市额尔古纳大街287号
……Tel：0470-6838708

内蒙古都成矿业股份有限公司
地址：内蒙古自治区呼伦贝尔市额尔古纳市拉布大林街道额尔古纳大街287号
……Tel：0470-6838666

内蒙古勇增矿业有限公司
地址：内蒙古自治区呼伦贝尔市额尔古纳市府兴4号商住楼01021门市203号
……Tel：0470-6839888

呼伦贝尔林业集团有限公司
地址：内蒙古自治区呼伦贝尔市海拉尔区胜利办胜利大街5号
……Tel：0470-8100568

陈巴尔虎旗钲兴矿业有限公司
地址：内蒙古自治区呼伦贝尔市陈巴尔虎旗巴镇二居健康街
……Tel：0470-8202186

呼伦贝尔久鼎矿业有限公司
地址：内蒙古自治区呼伦贝尔市海拉尔区名仕园小区3单元202号
……Tel：0470-8232989

呼伦贝尔驰宏矿业有限公司
地址：内蒙古呼伦贝尔市经济开发区创业大街9号
……Tel：0470-8318888

呼伦贝尔经济技术开发区城市建设投资集团有限责任公司
地址：内蒙古自治区呼伦贝尔市经济技术开发区管理委员会415办公室
……Tel：0470-8575600

牙克石市容鑫矿业有限责任公司
地址：内蒙古自治区牙克石市红旗西街木材大厦305号
……Tel：0470-8577743

内蒙古大雁矿业集团有限责任公司
地址：内蒙古自治区呼伦贝尔市鄂温克族自治旗大雁矿区
……Tel：0470-8644007

华能伊敏煤电有限责任公司
地址：内蒙古自治区鄂温克自治旗伊敏河镇
……Tel：0470-8727821

内蒙古集通铁路神通煤炭有限责任公司
地址：内蒙古自治区呼和浩特市新城区北垣街１０号
……Tel：0471-2209477

内蒙古名城实业发展有限公司
地址：内蒙古自治区呼和浩特市新城区新华东街８３号（原东风路５０９号）中房大厦８层
……Tel：0471-2212168

内蒙古坤德物流股份有限公司
地址：内蒙古自治区包头市东河区现代物流园区
……Tel：0471-2224768

西甘铁路有限责任公司
地址：内蒙古自治区巴彦淖尔市五原县（城建局楼内）
……Tel：0471-2241863

包满铁路有限责任公司
地址：内蒙古达茂旗百灵庙镇解放街建设局院内
……Tel：0471-2241863

内蒙古呼铁投资发展中心
地址：内蒙古自治区呼和浩特市新城区车站东街盛业城市广场综合写字楼7－8层及9层东侧
……Tel：0471-2243504

内蒙古海公铁路有限责任公司
地址：内蒙古自治区乌海市海勃湾区新华西街北64号
……Tel：0471-2243795

内蒙古呼铁对外经济技术合作集团有限责任公司
地址：内蒙古自治区呼和浩特市如意开发区东区远五纬路
……Tel：0471-2244734

临哈铁路有限责任公司
地址：内蒙古自治区呼和浩特市回民区战备路221号
……Tel：0471-2244942

蒙冀铁路有限责任公司
地址：内蒙古自治区呼和浩特市新城区锡林北路30号呼和浩特铁路局办公楼北楼1层104、105号
……Tel：0471-2245465

内蒙古奈伦集团股份有限公司
地址：内蒙古自治区呼和浩特市赛罕区新建东街６８号
……Tel：0471-2348206

内蒙古晨星投资有限公司
地址：内蒙古自治区呼和浩特市赛罕区乌兰察布东路85号内蒙古教育出版社图书售后服务大楼310室
……Tel：0471-2530666

内蒙古凯富投资有限公司
地址：内蒙古自治区呼和浩特市如意开发区腾飞路西侧一纬路北侧（如意大厦２０９房间）
……Tel：0471-2530666

内蒙古云峰物流有限公司
地址：内蒙古自治区呼和浩特市土默特左旗白庙子镇沙尔营区域服务中心晋丰元园区
……Tel：0471-2841788

内蒙古天建房地产开发有限公司
地址：内蒙古自治区呼和浩特市成吉思汗大街琦琳北辰商务写字楼C座１１层
……Tel：0471-3145987

中核内蒙古矿业有限公司
地址：内蒙古自治区呼和浩特市赛罕区远径二路呼和浩特如意总部基地西蒙奈伦广场一期7号楼A座
……Tel：0471-3150710

中核内蒙古能源有限公司
地址：内蒙古自治区呼和浩特市赛罕区敕勒川大街15号腾飞大厦C座18楼

……………………Tel：0471－3242885
内蒙古九洲贸易矿产有限公司
地址：内蒙古自治区呼和浩特金川开发区吉祥企业（集团）有限公司院内
……………………Tel：0471－3245987
内蒙古有色地质矿业（集团）有限责任公司
地址：内蒙古自治区呼和浩特市兴安南路10号
……………………Tel：0471－3250416
内蒙古伊泰呼准铁路有限公司
地址：内蒙古自治区鄂尔多斯市准格尔旗兴隆街道周家湾村
……………………Tel：0477－4299057
内蒙古经开投资有限公司
地址：内蒙古自治区呼和浩特市如意开发区管委会601A房间
……………………Tel：0471－3287222
内蒙古呼和浩特金谷农村商业银行股份有限公司
地址：内蒙古自治区呼和浩特市赛罕区大学东街陶然大厦
……………………Tel：0471－3295580
京能电力后勤服务有限公司
地址：内蒙古自治区乌兰察布市凉城县六苏木镇八苏木村
……………………Tel：0471－3333777
内蒙古能源发电投资集团有限公司
地址：内蒙古自治区呼和浩特市赛罕区大学东街4号万正尚都小区3号写字楼
……………………Tel：0471－3338140
内蒙古郭白铁路有限责任公司
地址：内蒙古自治区锡林郭勒盟苏尼特左旗满都拉图镇
……………………Tel：0471－3382509
内蒙古产权交易中心有限责任公司
地址：内蒙古自治区呼和浩特市如意工业园区腾飞南路日信大厦101、201、301、1201号
……………………Tel：0471－3473008
内蒙古蒙能国际工程有限公司
地址：内蒙古自治区呼和浩特市赛罕区大学东街4号万正尚都小区3号写字楼6楼617号
……………………Tel：0471－3477355
中环能源（内蒙古）有限公司
地址：内蒙古自治区呼和浩特市金桥经济开发区宝力尔街
……………………Tel：0471－3525325
内蒙古煤炭建设工程（集团）总公司
地址：内蒙古自治区呼和浩特市赛罕区腾飞南路32号办公楼1010室
……………………Tel：0471－3902616
内蒙古煤勘非常规能源有限责任公司
地址：内蒙古自治区呼和浩特市如意工业园区腾飞南路32号11层1106号
……………………Tel：0471－3965600
内蒙古欧深矿业投资（集团）股份有限公司
地址：内蒙古自治区呼和浩特市赛罕区巨海城六区5号楼3单元3-4楼西户
……………………Tel：0471－3952393
内蒙古金瑞投资有限公司
地址：内蒙古自治区包头市昆区钢铁大街60号东源国际2单元1004号
……………………Tel：0471－3986001
内蒙古墨烯高新技术有限公司
地址：内蒙古自治区包头市青山区装备制造产业园区内
……………………Tel：0471－3986001
内蒙古创源投资建设有限公司
地址：内蒙古乌兰察布市凉城县岱海镇财政局楼内
……………………Tel：0471－4216268
内蒙古地质矿产勘查有限责任公司
地址：内蒙古自治区呼和浩特市赛罕区丰州路21号（内蒙古地质矿产勘查院内）
……………………Tel：0471－4922921
内蒙古金汇通物联网有限公司
地址：内蒙古自治区呼和浩特市玉泉区石东路中意小区3#楼2单元502号
……………………Tel：0471－4937186
内蒙古黄岗矿业有限责任公司
地址：内蒙古自治区赤峰市克什克腾旗同兴镇
……………………Tel：0471－5175003
内蒙古能建蓝天新能源有限责任公司
地址：内蒙古包头市昆都仑区钢铁大街122号
……………………Tel：0471－5202059
内蒙古乌拉特科畅发电有限公司
地址：内蒙古巴彦淖尔市乌拉特后旗工业园区
……………………Tel：0471－5202059
内蒙古蒙晋物流股份有限公司
地址：内蒙古自治区鄂尔多斯市伊旗工贸大厦B座27楼2701室
……………………Tel：0471－5257269
内蒙古光太投资有限公司
地址：内蒙古自治区呼和浩特市新城区毫沁营工业园（三卜树村高速公路与呼哈路交叉处）
……………………Tel：0471－5270963
内蒙古光太铝业有限公司
地址：内蒙古自治区呼和浩特市兴安北路新城区毫沁营工业园（三卜树村）
……………………Tel：0471－5270984
内蒙古金土科工实业有限公司
地址：内蒙古自治区呼和浩特市新城区新华大街57号土地收储投资集团办公楼8层
……………………Tel：0471－3398725
内蒙古能建物产有限公司
地址：内蒙古自治区呼和浩特市赛罕区鄂尔多斯东街内蒙古能建办公楼4层
……………………Tel：0471－5321308
内蒙古能源规划设计研究院有限公司
地址：内蒙古自治区呼和浩特市赛罕区鄂尔多斯东街巨海城八区5号写字楼15、16层
……………………Tel：0471－5321450
内蒙古蒙电华能热电股份有限公司
地址：内蒙古自治区呼和浩特市锡林南路218号
……………………Tel：0471－6222388
北方联合电力有限责任公司
地址：内蒙古自治区呼和浩特市锡林郭勒南路15号
……………………Tel：0471－6228053
内蒙古北联电能源开发有限责任公司
地址：内蒙古自治区呼和浩特市锡林南路工艺厂巷北8层楼
……………………Tel：0471－6228467
内蒙古蒙能能源有限责任公司
地址：内蒙古自治区呼和浩特市五塔寺东街2号
……………………Tel：0471－6229137
内蒙古矿业资源投资控股有限公司
地址：内蒙古自治区呼和浩特市如意开发区腾飞南路40号B座2楼223室
……………………Tel：0471－6232019
内蒙古矿业（集团）绿能非常规天然气勘查开发有限责任公司
地址：内蒙古自治区呼和浩特市如意开发区腾飞南路40号内蒙古地质矿产（集团）有限责任公司办公大楼B座一层北
……………………Tel：0471－6232549
内蒙古矿业（集团）有限责任公司
地址：内蒙古自治区呼和浩特市如意开发区腾飞南路40号内蒙古地矿局办公楼8层、9层
……………………Tel：0471－6232615
内蒙古华蒙矿业投资有限公司
地址：内蒙古自治区呼和浩特市如意开发区内蒙古地矿局办公楼B座325房间
……………………Tel：0471－6232669
内蒙古地质矿产（集团）有限责任公司
地址：内蒙古自治区呼和浩特市赛罕区腾飞路内蒙古自治区地质矿产勘查开发局办公楼
……………………Tel：0471－6232906
内蒙古包钢海德酒店管理有限公司
地址：内蒙古自治区呼和浩特市新城区赛马场东路东侧（内蒙古华天大厦）
……………………Tel：0471－6308505
内蒙古煤炭地质勘查（集团）有限责任公司
地址：内蒙古自治区呼和浩特市赛罕区腾飞南路32号
……………………Tel：0471－6553942
内蒙古矿业开发有限责任公司
地址：内蒙古自治区呼和浩特市赛罕区腾飞南路40号
……………………Tel：0471－6624699
鄂尔多斯市南部铁路有限责任公司
地址：内蒙古自治区鄂尔多斯市伊金霍洛旗创业大厦2号楼8层
……………………Tel：0471－2244544
内蒙古新融担保有限责任公司
地址：内蒙古自治区呼和浩特市赛罕区鄂尔多斯东街金融住宅小区2号楼13层1301
……………………Tel：0471－6953846
内蒙古盛业投资有限责任公司
地址：内蒙古自治区呼和浩特市新城东街（车站东街108号）
……………………Tel：0471－6956229
内蒙古大唐燃料有限公司
地址：内蒙古自治区鄂尔多斯市准格尔旗薛家湾镇银泽区
……………………Tel：0471－8668043
包钢矿业有限责任公司
地址：内蒙古包头市稀土高新区曙光路16号
……………………Tel：0472－2108632
内蒙古弘慈医疗投资管理有限公司
地址：内蒙古自治区包头市昆区青年路15号(包钢集团第三职工医院6号楼)
……………………Tel：0472－2119568
内蒙古包头百货大楼集团股份有限公司
地址：内蒙古自治区包头市昆区钢铁大街67号
……………………Tel：0472－2123192
包头市南郊农村信用联社股份有限公司
地址：内蒙古自治区包头市昆都仑区钢铁大街74号财富中心大厦
……………………Tel：0472－2163295
内蒙古华业特钢股份有限公司
地址：内蒙古自治区包头市昆区西河楞北
……………………Tel：0472－2166677
内蒙古包钢金基房地产开发有限公司
地址：内蒙古自治区包头市昆区钢铁大街35#街坊
……………………Tel：0472－2167258
明拓集团有限公司
地址：内蒙古自治区包头市九原区建华南路1号天福商务广场2-B24
……………………Tel：0472－2170700
内蒙古广厦建安工程有限责任公司
地址：内蒙古自治区包头市昆区钢铁大街西建安大楼
……………………Tel：0472－2183284
包钢建筑安装工程有限公司
地址：内蒙古自治区包头市钢铁大街昆河西侧
……………………Tel：0472－2183284
包钢中铁轨道有限责任公司
地址：内蒙古自治区包头市昆都仑区河西工业区（包钢中铁轨道有限责任公司）
……………………Tel：0472－2185153
包钢集团冶金轧辊制造有限公司
地址：内蒙古自治区包头市昆都仑区包钢厂区
……………………Tel：0472－2186000
包钢西北创业建设有限公司
地址：内蒙古自治区包头市昆区包钢河西工业园区
……………………Tel：0472－2187361
包头北大明天资源科技有限公司
地址：内蒙古自治区包头装备制造产业园区创业中心B座702室
……………………Tel：0472－2207036
内蒙古黑金环保科技有限公司
地址：内蒙古自治区鄂尔多斯市鄂托克旗棋盘井镇棋盘井东街南泰发祥大厦汇盈创客8楼803号
……………………Tel：0472－2207788
中国北方稀土（集团）高科技股份有限公司
地址：内蒙古自治区包头市稀土高新技术产业开发区黄河大街83号
……………………Tel：0472－2207799
内蒙古铁鑫煤化集团有限公司
地址：内蒙古自治区包头市东河区巴彦塔拉大街北侧（铁鑫大厦）
……………………Tel：0472－2222481
包钢集团设计研究院（有限公司）
地址：内蒙古自治区包头市昆区钢铁大街85号
……………………Tel：0472－2291969
包头市大安钢铁有限责任公司
地址：内蒙古自治区包头市昆都仑区卜尔汉图镇（包头金属深加工园区）
……………………Tel：0472－2296048
内蒙古东瓯实业（集团）有限公司
地址：内蒙古自治区包头市昆区钢铁大街28号街坊（北国城）－A6
……………………Tel：0472－2516383
内蒙古包钢西创集团有限责任公司
地址：内蒙古自治区包头市昆区钢铁大街38号华和园9号楼
……………………Tel：0472－2620161
乌海华源水泥有限公司
地址：内蒙古自治区海勃湾区卡布其包钢乌海矿业公司院内
……………………Tel：0472－2620176
包头市包银消费金融股份有限公司
地址：内蒙古自治区包头市青山区钢铁大街17号
……………………Tel：0472－2620565
内蒙古昆鹿实业（集团）有限公司
地址：内蒙古自治区包头市昆都仑区钢铁大街29号2号楼
……………………Tel：0472－2627819
包钢集团财务有限责任公司
地址：内蒙古自治区包头市稀土开发区黄河路83号810室
……………………Tel：0472－2636999
包钢集团国际经济贸易有限公司
地址：内蒙古自治区包头市昆区河西工业区
……………………Tel：0472－2639843
包头钢铁（集团）有限责任公司
地址：内蒙古自治区包头市昆区河西工业区
……………………Tel：0472－2669021
内蒙古包钢钢联股份有限公司
地址：内蒙古自治区包头市昆区河西工业区
……………………Tel：0472－2669200
内蒙古君诚兴业管道有限责任公司
地址：内蒙古自治区包头市九原工业园区纬十一路15号
……………………Tel：0472－2770328
内蒙古包钢稀土国际贸易有限公司
地址：内蒙古自治区包头稀土高新区黄河路83号5楼
……………………Tel：0472－2801027
内蒙古永泰隆商贸有限公司
地址：内蒙古自治区包头市稀土开发区富强南路以西友谊大街以南金荣财富中心-B513
……………………Tel：0472－2885623
包头新泰厚商贸有限责任公司
地址：内蒙古自治区包头市青山区钢铁大街8号华茂大厦1404室
……………………Tel：0472－2885626
神华包头能源有限责任公司
地址：内蒙古自治区包头市石拐区喜桂图新区数字花园小区物业楼201－203室
……………………Tel：0472－2890836
国家能源集团包头矿业有限责任公司
地址：内蒙古自治区包头市石拐区喜桂图新区数字花园小区物业楼201－203室
……………………Tel：0472－2890836
内蒙古华远现代物流有限责任公司
地址：内蒙古自治区包头市九原金创总部经济园（九、十层）
……………………Tel：0472－2892011
包钢冀东水泥有限公司
地址：内蒙古自治区包头市钢铁（集团）公司包钢厂区
……………………Tel：0472－2981680
内蒙古一机集团富成锻造有限责任公司
地址：内蒙古自治区包头市青山区民主路（一机集团厂区）
……………………Tel：0472－3117173
内蒙古第一机械集团股份有限公司
地址：内蒙古自治区包头市青山区民主路
……………………Tel：0472－3118111
内蒙古第一机械集团有限公司
地址：内蒙古自治区包头市青山区民主路
……………………Tel：0472－3118111
包头融华钙业有限责任公司
地址：内蒙古自治区包头市青山区乌素图
……………………Tel：0472－3139398
中核北方核燃料元件有限公司
地址：内蒙古自治区包头市青山乌素图
……………………Tel：0472－3139511
内蒙古北方重工业集团有限公司
地址：内蒙古自治区包头市青山区厂前路
……………………Tel：0472－3386114
内蒙古新工创业发展有限责任公司
地址：内蒙古自治区包头市青山区钢铁大街7号正翔国际广场B6
……………………Tel：0472－3616731
包头震雄铜业有限公司
地址：内蒙古自治区包头稀土高新区希望工业园区
……………………Tel：0472－5117286
内蒙古中冶德邦置业有限公司
地址：内蒙古自治区包头市昆区钢铁大街17号街坊54号国贸大厦－3A1
……………………Tel：0472－5123900
新阳光实业集团今典房地产开发有限公司
地址：内蒙古自治区包头市昆区钢铁大街17号街坊
……………………Tel：0472－5131307
内蒙古新舜能源发展有限公司
地址：内蒙古自治区包头市钢铁深加工园区
……………………Tel：0472－5155866
内蒙古龙腾建筑装饰工程有限公司
地址：内蒙古自治区包头市昆区钢铁大街31号街坊颐园小区－6－1（6号写字楼1号底店）
……………………Tel：0472－5169777
内蒙古包钢稀土磁性材料有限责任公司
地址：内蒙古自治区包头市稀土高新区黄河大街32号
……………………Tel：0472－5179279
包商银行股份有限公司
地址：内蒙古自治区包头市青山区钢铁大街6号
……………………Tel：0472－5188284
包钢（乌兰察布市）普华实业有限公司
地址：内蒙古自治区包头市昆都仑区友谊二十七号街坊乌海矿业公司驻包办事处大院内办公室3楼301－305室
……………………Tel：0472－5199338
内蒙古中骏投资担保有限公司
地址：内蒙古自治区包头市昆区钢铁大街74号财富中心9层
……………………Tel：0472－5208889
内蒙古中汇富华商业管理有限公司
地址：内蒙古自治区包头市钢铁大街74号财富中心9层904
……………………Tel：0472－5208880
包头金日盛矿业咨询有限责任公司
地址：内蒙古自治区包头市稀土高新区总部经济园区（黄河大街以北）众兴集团总部办公楼一层101室
……………………Tel：0472－5216653
内蒙古泰信祥矿业股份有限公司
地址：内蒙古巴彦淖尔市乌拉特前旗小佘太镇

…………Tel：0472-5216653

内蒙古亿尚龙建筑装饰工程有限公司
地址：内蒙古自治区包头市昆都仑区钢铁大街24号街坊学府道41号
…………Tel：0472-5221257

明拓铁素体不锈钢有限公司
地址：内蒙古包头市九原区九原工业园区明拓路
…………Tel：0472-5226631

包头市交投正全投资基金管理有限公司
地址：内蒙古自治区包头市昆区钢铁大街60号东源大厦-G2611
…………Tel：0472-5232788

包头稀土产品交易所有限公司
地址：内蒙古自治区包头稀土开发区黄河大街98号金融广场1-401
…………Tel：0472-5251983

包头青山河套村镇银行股份有限公司
地址：内蒙古自治区包头市青山区钢铁大街38号（青福镇赵家营村）
…………Tel：0472-5256993

神华销售集团西北能源贸易有限公司
地址：内蒙古自治区鄂尔多斯市东胜区伊化北路９号
…………Tel：0472-5289010

中昱诚达建筑装饰有限公司
地址：内蒙古自治区包头市昆区钢铁大街３５号街坊
…………Tel：0472-5300345

包头盈德投资有限公司
地址：内蒙古自治区包头市青山区钢铁大街7号正翔国际广场B3号楼6层601、602室
…………Tel：0472-5338862

内蒙古天弓吉星速达建筑有限责任公司
地址：内蒙古自治区包头市昆区钢铁大街33号万　国际写字楼704室
…………Tel：0472-5363170

包头市大安投资有限责任公司
地址：内蒙古自治区包头市昆都仑区钢铁大街33号万　国际-1805房间
…………Tel：0472-5363199

包头市金海担保有限责任公司
地址：内蒙古自治区包头市昆区钢铁大街３３号万　国际公寓１０２２室
…………Tel：0472-5369255

包头市隆兴小额贷款有限公司
地址：内蒙古自治区包头市昆区钢铁大街３３号
…………Tel：0472-5369995

包头传化交投公路港物流有限公司
地址：内蒙古自治区包头市包头装备制造产业园区管委会A栋113房间
…………Tel：0472-5960966

包头明天科技股份有限公司
地址：内蒙古自治区包头稀土高新区曙光路22号
…………Tel：0472-5969326

包头市茂源担保有限责任公司
地址：内蒙古自治区包头市昆区钢铁大街70-2
…………Tel：0472-6166515

包头钢铁（集团）铁捷物流有限公司
地址：内蒙古自治区包头市昆区河西工业园区包钢环保楼三层
…………Tel：0472-6188902

包头市鼎鑫源商业管理有限公司
地址：内蒙古自治区包头市青山区钢铁大街7号正翔国际S1-502
…………Tel：0472-6200189

包头北控水环境发展有限公司
地址：内蒙古自治区包头市九原区金创煤炭物流大厦303室
…………Tel：0472-6201240

包钢集团宝山矿业有限公司
地址：内蒙古包头市白云鄂博矿区巴润工业园区
…………Tel：0472-6202702

中盾置业有限公司
地址：内蒙古自治区包头市稀土开发区稀土大街33号4层
…………Tel：0472-6237753

内蒙古龙马装饰设计工程有限责任公司
地址：内蒙古自治区包头市昆都仑区钢铁大街东源大厦公寓楼１６０５房间
…………Tel：0472-6866117

包头市德嘉担保有限责任公司
地址：内蒙古自治区包头市昆区钢铁大街５８号帝豪天下写字楼６２４－６２５号
…………Tel：0472-6866870

内蒙古鼎丰基础工程有限责任公司
地址：内蒙古自治区包头市昆都仑区钢铁大街北侧乌兰道南侧市府东路西侧广场东路东侧包头苏宁广场-B1705
…………Tel：0472-6866902

内蒙古德润佳禾农业投资有限责任公司
地址：内蒙古自治区包头市九原区白音席勒街道金创总部经济园区金创大厦7楼716号
…………Tel：0472-6982661

包头铝业有限公司
地址：内蒙古自治区包头市东河区毛其来
…………Tel：0472-6935106

包头铝业（集团）有限责任公司
地址：内蒙古自治区包头市东河区毛其来
…………Tel：0472-6936510

包头市申银产业集团有限公司
地址：内蒙古自治区包头市青山区振华小区钢铁大街乙３６号
…………Tel：0472-6950990

中冶西北工程技术有限公司
地址：内蒙古自治区包头市昆区钢铁大街
…………Tel：0472-6958372

新时代信托股份有限公司
地址：内蒙古自治区包头市钢铁大街甲五号信托金融大楼（青山区纺织小区）
…………Tel：0472-6969991

内蒙古中天宏远再制造股份公司
地址：内蒙古自治区包头市稀土高新区软件园Ｄ部分４１１
…………Tel：0472-6973540

内蒙古赛力特尔投资（集团）有限公司
地址：内蒙古自治区包头市钢铁大街十三号
…………Tel：0472-6990546

包头市鹿城伟业置业有限公司
地址：内蒙古自治区包头市青山区钢铁大街７号
…………Tel：0472-6990546

包头市正翔房地产开发有限公司
地址：内蒙古自治区包头市青山区钢铁大街7号正翔国际S1-B8601
…………Tel：0472-6990980

神华包神铁路集团有限责任公司
地址：内蒙古包头市九原区金创总部经济园金创大厦2楼208室
…………Tel：0472-6991508

鑫辰（集团）有限公司
地址：内蒙古自治区包头市萨拉齐东立交桥东侧
…………Tel：0472-8016855

内蒙古国储能源集团有限公司
地址：内蒙古自治区包头市土默特右旗萨拉齐镇科技大街南侧欧美路西侧
…………Tel：0472-8017722

包钢集团固阳矿山有限公司
地址：内蒙古自治区包头市固阳县
…………Tel：0472-8117273

包头市石宝铁矿集团有限责任公司
地址：内蒙古自治区包头市达茂旗石宝工业园区
…………Tel：0472-8311320

包头市丰达钢铁有限公司
地址：内蒙古自治区包头市达茂旗种羊场阿路忽洞村
…………Tel：0472-8423062

包头市白云鄂博矿区市政环卫园林产业发展投资有限公司
地址：内蒙古自治区包头市稀土东路与地质道交叉口南侧
…………Tel：0472-8515726

内蒙古亚新隆顺特钢有限公司
地址：内蒙古自治区包头市石拐工业园区当铺窑子村
…………Tel：0472-8729122

内蒙古漠海绿洲土地矿产资源投资开发有限责任公司
地址：内蒙古自治区乌海市海勃湾区双拥东街37-2号
…………Tel：0473-2032221

内蒙古华远焦化运营有限公司
地址：内蒙古自治区乌海市海勃湾区新华西街南33号
…………Tel：0473-2213032

内蒙古蒙西高岭粉体股份有限公司
地址：内蒙古自治区鄂尔多斯市鄂托克旗碱柜镇110国道东千钢路北
…………Tel：0473-2552333

国能蒙西煤化工股份有限公司
地址：内蒙古自治区鄂托克旗110国道东千钢路北
…………Tel：0473-2554192

内蒙古众利惠农物流有限公司
地址：内蒙古自治区乌海市海勃湾区千里山工业园区
…………Tel：0473-2661867

乌海市千里山钢铁有限责任公司
地址：内蒙古自治区乌海市海勃湾区千里山工业园区
…………Tel：0473-2661922

内蒙古千峰水泥集团股份有限公司
地址：内蒙古自治区乌海市海勃湾区千里山工业园区
…………Tel：0473-2662617

乌海市包钢万腾钢铁有限责任公司
地址：内蒙古自治区乌海市海勃湾区千里山工业园区
…………Tel：0473-2662857

弘业国际投资集团股份有限公司
地址：内蒙古自治区乌海市海勃湾区卡布其三厂（旧洞沟北侧）
…………Tel：0473-2790911

内蒙古中谷矿业有限责任公司
地址：内蒙古自治区鄂尔多斯市鄂托克旗蒙西镇工业园区
…………Tel：0473-3136188

乌海市华信煤焦化有限公司
地址：内蒙古自治区乌海市千里山工业园区
…………Tel：0473-3898393

乌海市天宇能源有限公司
地址：内蒙古自治区乌海市海勃湾区卡布其
…………Tel：0473-3899111

乌海洪远新能源科技有限公司
地址：内蒙古乌海市乌海经济开发区低碳产业园
…………Tel：0473-3959169

乌海市华资煤焦有限公司
地址：内蒙古自治区乌海市海南区拉僧仲庙原鄂旗焦化厂东５００米
…………Tel：0473-4022598

乌海市天誉煤炭有限责任公司
地址：内蒙古自治区乌海市海南区
…………Tel：0473-4026218

国家能源集团煤焦化有限责任公司
地址：内蒙古自治区乌海市海南区西来峰工业园区
…………Tel：0473-5670017

内蒙古阿拉善盟天荣煤炭有限责任公司
地址：内蒙古自治区阿拉善盟阿拉善左旗宗别立镇古拉本二道岭那里沟
…………Tel：0473-5676357

国家能源集团乌海能源有限责任公司
地址：内蒙古自治区乌海市滨河区神华街南创业路西
…………Tel：0473-5678552

内蒙古德晟实业集团有限公司
地址：内蒙古自治区乌海市海勃湾区卡布其原新建区楼房东侧
…………Tel：0473-6105519

内蒙古乌海市万源露天煤业有限责任公司
地址：内蒙古自治区乌海市海勃湾区海河北路44号
…………Tel：0473-6137682

内蒙古利民煤焦有限责任公司
地址：内蒙古自治区鄂托克旗棋盘井镇五居委１街坊
…………Tel：0473-6480341

内蒙古广纳煤业（集团）有限责任公司
地址：内蒙古自治区鄂托克旗棋盘井镇大煤矿北3公里处
…………Tel：0473-6900537

乌海市包钢万腾煤业有限责任公司
地址：内蒙古自治区乌海市海勃湾区和平西街北三街坊海北广厦5号楼102、202、302室
…………Tel：0473-6903555

内蒙古兴发科技有限公司
地址：内蒙古自治区乌海市经济开发区乌达工业园区
…………Tel：0473-6910502

锡林浩特市君正能源化工有限责任公司
地址：内蒙古自治区锡林浩特市锡林大街88号
…………Tel：0473-6921012

内蒙古星光煤炭集团鄂托克旗华鑫建材有限公司
地址：内蒙古自治区鄂尔多斯市鄂托克旗蒙西工业园区北5公里处
…………Tel：0473-6925195

内蒙古星光煤炭集团鄂托克旗华誉煤焦化有限公司
地址：内蒙古鄂尔多斯市蒙西工业园
…………Tel：0473-6955877

乌海银行股份有限公司
地址：内蒙古自治区乌海市海勃湾区新华东街６号
…………Tel：0473-6968611

乌海市榕鑫能源实业有限责任公司
地址：内蒙古自治区乌海市海南区西来峰工业园区
…………Tel：0473-6987675

乌兰察布市旭峰新创实业有限公司
地址：内蒙古自治区察右前旗天皮山冶金化工工业园区
…………Tel：0474-2263107

吉铁铁合金有限责任公司
地址：内蒙古乌兰察布市丰镇市西园区
…………Tel：0474-2295999

百斯德物流园（内蒙古）有限公司
地址：内蒙古自治区乌兰察布市丰镇市西园区
…………Tel：0474-3250742

内蒙古海驰精细化工有限公司
地址：内蒙古自治区丰镇市氟化工业园精细化工产业区
…………Tel：0474-3267466

内蒙古尚钦铁合金物流园有限公司
地址：内蒙古自治区丰镇市氟化工业园区马家库联东1000米
…………Tel：0474-3589881

乌兰察布市安臻医养科技有限公司
地址：内蒙古自治区察右前旗平地泉镇208国道七公里处
…………Tel：0474-3606032

察右前旗投资开发有限责任公司
地址：内蒙古自治区察右前旗财政局办公三楼
…………Tel：0474-3622586

内蒙古伊东集团东兴化工有限责任公司
地址：内蒙古自治区乌兰察布市卓资县旗下营镇工业园区
…………Tel：0474-4603981

卓资县卓源投资有限公司
地址：内蒙古乌兰察布市卓资县财政局办公楼
…………Tel：0474-4705614

内蒙古恒信精功投资有限责任公司
地址：内蒙古自治区乌兰察布市集宁区现代物流园区规划馆
…………Tel：0474-4852051

四子王旗国源投资有限公司
地址：内蒙古自治区乌兰察布市四子王旗乌兰花镇审计局楼内
…………Tel：0474-5201642

内蒙古惠民投资有限责任公司
地址：内蒙古自治区乌兰察布市察哈尔右翼中旗财政局401室
…………Tel：0474-5907098

内蒙古华源昇投资有限公司
地址：内蒙古察哈尔右翼后旗财政局办公楼
…………Tel：0474-6588001

商都县弘信投资有限公司
地址：内蒙古自治区乌兰察布市商都县国家粮食储备库楼内
…………Tel：0474-6917659

内蒙古博源新型能源有限公司
地址：内蒙古自治区乌兰察布市兴和县兴丰公路八公里处（原二台子乡政府院内）
…………Tel：0474-7494335

内蒙古金润投资有限公司
地址：内蒙古自治区乌兰察布市兴和县庙梁煤炭物流园区
…………Tel：0474-7589897

乌兰察布市矿业投资有限责任公司
地址：内蒙古自治区乌兰察布市集宁区大学路学府花园商业街西侧7号
…………Tel：0474-8156723

内蒙古国源投资集团有限公司
地址：内蒙古自治区乌兰察布市集宁新区财政局楼内
…………Tel：0474-8301967

内蒙古西北煤炭交易中心股份有限公司
地址：内蒙古自治区乌兰察布市集宁新区察哈尔东街霸王河西一号博源蓝海国际大饭店三层博源厅
…………Tel：0474-8308935

乌兰察布市汇元投资担保有限公司
地址：内蒙古自治区乌兰察布市集宁新区经委大楼三楼310、311室
…………Tel：0474-8309971

内蒙古利远兴投资有限责任公司
地址：内蒙古自治区乌兰察布市兴和县庙梁煤炭物流园区
…………Tel：0474-8981904

扎鲁特旗铁进运输有限公司
地址：内蒙古自治区通辽市扎鲁特旗扎哈淖尔开发区
…………Tel：0475-2279997

东乌珠穆沁旗蒙霍铁路运输有限公司
地址：内蒙古自治区锡林郭勒盟东乌旗乌镇库仑街
…………Tel：0475-2347621

科尔沁左翼中旗宝龙山金田矿业有限公司
地址：内蒙古自治区通辽市科左中旗宝龙山镇东查干吉宝龙山煤矿工业区
…………Tel：0475-2375116

内蒙古和谊镍铬复合材料有限公司
地址：内蒙古自治区通辽市奈曼旗大沁他拉镇工业东区
…………Tel：0475-2809010

内蒙古源源能源集团金源里井工矿业有限责任公司
地址：内蒙古自治区通辽市霍林郭勒市源源工业园区金源口电厂北侧
…………Tel：0475-6372080

扎鲁特旗扎哈淖尔煤业有限公司
地址：内蒙古自治区扎鲁特旗扎哈淖尔开发区
…………Tel：0475-7955700

通辽梅花生物科技有限公司
地址：　蒙古自治区通辽市科尔沁区木里图镇
…………Tel：0475-8877002

通辽市源通物流有限公司
地址：内蒙古自治区通辽市科尔沁区莫力庙苏木蒙东煤炭物流园区
…………Tel：0475-8951315

内蒙古长荣能源投资有限公司
地址：内蒙古自治区鄂尔多斯市东胜区鑫通大厦B座六层610室

……………………Tel：0476-2256966
内蒙古平庄能源股份有限公司
地址：内蒙古自治区赤峰市元宝山区平庄镇哈河街
……………………Tel：0476-3323008
赤峰元宝山农村商业银行股份有限公司
地址：内蒙古自治区赤峰市元宝山区平庄镇内环南路北侧
……………………Tel：0476-3530336
宁城县宏大矿业有限公司
地址：内蒙古自治区赤峰市宁城县大明镇五官营子村
……………………Tel：0476-4071002
内蒙古维拉斯托矿业有限公司
地址：内蒙古自治区赤峰市克什克腾旗白音查干苏木朱日和嘎查南９公里
……………………Tel：0476-5085998
内蒙古银都矿业有限责任公司
地址：内蒙古自治区赤峰市克旗巴彦查干苏木
……………………Tel：0476-5088000
内蒙古拜仁矿业有限公司
地址：内蒙古自治区赤峰市克什克腾旗巴彦查干苏木
……………………Tel：0476-5088172
赤峰富邦铜业有限责任公司
地址：内蒙古自治区赤峰市林西县金鼎工业园区内
……………………Tel：0476-5337025
赤峰亚鼎铜业有限公司
地址：内蒙古自治区赤峰市喀喇沁旗锦山工业园区
……………………Tel：0476-5652888
赤峰富龙非金属材料科技园有限责任公司
地址：内蒙古自治区赤峰市松山区西站大街８号
……………………Tel：0476-5779709
林西县富强金属有限公司
地址：内蒙古自治区赤峰市林西县工业园区冶金化工区
……………………Tel：0476-5805889
内蒙古伊品生物科技有限公司
地址：内蒙古自治区赤峰市资源型城市经济转型开发试验区
……………………Tel：0476-5857010
内蒙古铜冠有色金属有限公司
地址：内蒙古自治区赤峰市新城区如意家园小区38号03031
……………………Tel：0476-5895028
内蒙古兴安银铅冶炼有限公司
地址：内蒙古自治区赤峰市克什克腾旗煤电化基地冶炼小区
……………………Tel：0476-5911101
赤峰云铜有色金属有限公司
地址：内蒙古自治区赤峰市喀喇沁旗锦山工业园区（生产场所地址：赤峰高新技术产业开发区东山工业园）
……………………Tel：0476-5921267
赤峰天泽房地产开发有限责任公司
地址：内蒙古自治区赤峰市红山区站前办事处钢铁西街居委会（原乡镇企业局办公楼）
……………………Tel：0476-5987001
赤峰瑞阳化工有限公司
地址：内蒙古自治区赤峰市元宝山区赤峰市资源型城市经济转型开发试验区
……………………Tel：0476-5999183
内蒙古盛地矿业有限责任公司
地址：内蒙古自治区赤峰市翁牛特旗山咀子乡毛布村
……………………Tel：0476-6351348
翁牛特旗盛世莲花矿业有限责任公司
地址：内蒙古自治区赤峰市翁牛特旗广德公镇六合庄村
……………………Tel：0476-6615777
赤峰市鼎鑫矿业有限公司
地址：内蒙古自治区赤峰市阿鲁科尔沁旗天山镇集通路南段
……………………Tel：0476-7215588
阿鲁科尔沁旗金山矿业有限责任公司
地址：内蒙古自治区赤峰市阿鲁科尔沁旗巴彦温都苏木
……………………Tel：0476-6615777
赤峰山金红岭有色矿业有限责任公司
地址：内蒙古自治区赤峰市巴林左旗乌兰达坝苏木好布高嘎查
……………………Tel：0476-7588001
赤峰中色白音诺尔矿业有限公司
地址：内蒙古自治区赤峰市巴林左旗白音勿拉镇第二居民区214号
……………………Tel：0476-7782223
赤峰中色锌业有限公司
地址：内蒙古自治区赤峰市红山区东城办事处红旗路居委会１０幢
……………………Tel：0476-8210117
赤峰宇恒房地产开发有限公司
地址：内蒙古自治区赤峰市红山区钢铁街中段路南（原质监局办公楼）
……………………Tel：0476-8218666
赤峰矿业（集团）有限责任公司
地址：内蒙古自治区赤峰市红山区小新地组团金融一街南、学院北路北、金融一路东金石矿业广场1号楼B座21层01
……………………Tel：0476-8228783
赤峰吉隆黄金矿业股份有限公司
地址：内蒙古自治区赤峰市敖汉旗四道湾子镇富民村
……………………Tel：0476-8283822
内蒙古金湘矿业有限责任公司
地址：内蒙古赤峰市克什克腾旗经棚镇应昌路亚美宾馆
……………………Tel：0731-85385530
赤峰金融资产管理有限公司
地址：内蒙古自治区赤峰市松山区金融街赤峰有色金属产业综合写字楼B座011710
……………………Tel：0476-8303929
赤峰野马装饰工程有限公司
地址：内蒙古自治区赤峰市红山区南新街街道建兴4#楼（红星路43-2号）
……………………Tel：0476-8880866
赤峰远联钢铁有限责任公司
地址：内蒙古自治区赤峰市红山经济开发区二毛东路
……………………Tel：0476-8666515
内蒙古湘峰矿业有限公司
地址：内蒙古自治区赤峰市红山区小新地组团金融一街南、学院北路北、金融一路东金石矿业广场1-1-1-2008
……………………Tel：0476-8785997
赤峰金剑铜业有限责任公司
地址：内蒙古自治区赤峰市赤土铁路六公里处
……………………Tel：0476-8806126
赤峰市工业基础设施投资开发有限公司
地址：内蒙古自治区赤峰市松山区新城八家组团临潢大街南大板路东一号地界北和诚房产办公楼1802室
……………………Tel：0476-8820963
国能内蒙古能源有限公司
地址：内蒙古自治区赤峰市新城区玉龙大街金帝大厦C座3区3、4层
……………………Tel：0476-8831301
赤峰金漫矿业有限责任公司
地址：内蒙古赤峰市敖汉旗兴隆洼镇发来甸子村
……………………Tel：0476-8831827
内蒙古大道实业有限公司
地址：内蒙古自治区赤峰市红山区哈达街办事处六西街路南盛世嘉园6号楼4-107车库
……………………Tel：0476-8832291
赤峰银都企业管理有限公司
地址：内蒙古自治区赤峰市红山区哈达街办事处钢铁街中段路北昭乌达剧场综合楼1号01031
……………………Tel：0476-8865223
奔腾创业投资有限公司
地址：内蒙古自治区赤峰市红山区钢铁西街路南金狮商厦10112
……………………Tel：0476-8871711
鄂托克旗建元煤焦化有限责任公司
地址：内蒙古自治区鄂托克旗棋盘井镇109国道南
……………………Tel：0477-2224225
鄂尔多斯市西北能源化工有限责任公司
地址：内蒙古自治区鄂尔多斯市准格尔旗大路新区
……………………Tel：0477-2274888
鄂尔多斯市国泰商贸有限责任公司
地址：内蒙古自治区鄂尔多斯市杭锦旗锡尼镇林荫南路西金玉璞学府花苑小区3号楼1011
……………………Tel：0477-2276677
内蒙古鄂尔多斯EJM锰合金有限公司
地址：内蒙古鄂尔多斯市鄂托克旗棋盘井镇
……………………Tel：0477-2286969
内蒙古智能煤炭有限责任公司
地址：内蒙古自治区准格尔旗薛家湾镇
……………………Tel：0477-2293411
鄂托克前旗长城五号矿业有限公司
地址：内蒙古自治区鄂尔多斯市鄂前旗上海庙工业园区
……………………Tel：0477-2765868
鄂托克前旗长城三号矿业有限公司
地址：内蒙古自治区鄂尔多斯市鄂托克前旗上海庙工业园区
……………………Tel：0477-2766347
内蒙古珠江投资有限公司
地址：内蒙古自治区鄂尔多斯市准格尔旗魏家峁镇青春塔煤矿工业广场
……………………Tel：0477-2781921
伊金霍洛旗九泰热力有限责任公司
地址：内蒙古自治区鄂尔多斯市伊金霍洛旗阿镇
……………………Tel：0477-2253222
鄂尔多斯市伊化矿业资源有限责任公司
地址：内蒙古鄂尔多斯市乌审旗图克镇
……………………Tel：0477-2796000
乌审旗蒙大矿业有限责任公司
地址：内蒙古自治区鄂尔多斯市乌审旗无定河镇庙滩村
……………………Tel：0477-2798000
兖州煤业鄂尔多斯能化有限公司
地址：内蒙古鄂尔多斯市康巴什新区乌兰木伦街日兴大厦九楼
……………………Tel：0477-3115373
内蒙古双欣矿业有限公司
地址：内蒙古自治区鄂尔多斯市东胜区塔拉壕镇常青村哈拉卜拉沟南刘家沟内
……………………Tel：0477-3116020
中煤鄂尔多斯能源化工有限公司
地址：内蒙古自治区鄂尔多斯市乌审旗图克工业园区
……………………Tel：0477-3132800
鄂尔多斯市营盘壕煤炭有限公司
地址：内蒙古自治区鄂尔多斯市乌审旗纳林河矿区
……………………Tel：0477-3135536
内蒙古聚祥控股有限公司
地址：内蒙古自治区鄂尔多斯市准格尔旗纳日松镇
……………………Tel：0477-3141888
内蒙古中铁能源发展有限公司
地址：内蒙古自治区鄂尔多斯市准格尔旗沙圪堵镇五字湾村
……………………Tel：0477-3151824
鄂尔多斯市铭禹实业有限公司
地址：内蒙古自治区乌审旗无定河镇庙滩村（纳林河工业园区）
……………………Tel：0477-3803016
鄂尔多斯市金诚泰化工有限责任公司
地址：内蒙古自治区鄂尔多斯市乌审旗呼吉尔特乡
……………………Tel：0477-3806588
内蒙古博大实地化学有限公司
地址：内蒙古自治区鄂尔多斯市乌审旗纳林河工业园区
……………………Tel：0477-3808012
内蒙古中福环保有限公司
地址：内蒙古自治区鄂尔多斯市乌审旗图克镇工业项目园区内
……………………Tel：0477-3808880
内蒙古海峡能源集团有限公司
地址：内蒙古自治区鄂尔多斯市乌审旗图克工业项目区
……………………Tel：0477-3808889
内蒙古中闽环保集团有限公司
地址：内蒙古鄂尔多斯市乌审旗图克工业项目区
……………………Tel：0477-3808889
华能内蒙古长城发电有限公司
地址：内蒙古鄂托克前旗上海庙镇煤炭大厦313室
……………………Tel：0477-3823888
内蒙古圣圆能源集团佰辰煤炭有限公司
地址：内蒙古自治区鄂尔多斯市伊金霍洛旗阿勒腾席热镇水岸金钻大厦A座1215室
……………………Tel：0477-3850048
内蒙古鄂尔多斯永煤矿业投资有限公司
地址：内蒙古自治区鄂尔多斯市伊金霍洛旗札萨克镇哈日木呼尔村
……………………Tel：0477-3853290
内蒙古伊泰广联煤化有限责任公司
地址：内蒙古自治区鄂尔多斯市伊金霍洛旗
……………………Tel：0477-3857755
内蒙古汇能煤化工有限公司
地址：内蒙古自治区鄂尔多斯市伊旗纳林陶亥镇新庙村古城壕社
……………………Tel：0477-3858929
鄂尔多斯市转龙湾煤炭有限公司
地址：内蒙古自治区鄂尔多斯市伊金霍洛旗纳林陶亥镇
……………………Tel：0477-3859311
内蒙古东乌铁路有限责任公司
地址：内蒙古自治区鄂尔多斯市康巴什区管委会
……………………Tel：0477-3870107
神华杭锦能源有限责任公司
地址：内蒙古自治区鄂尔多斯市杭锦旗
……………………Tel：0477-3872033
内蒙古银宏能源开发有限公司
地址：内蒙古自治区鄂尔多斯市杭锦旗锡尼镇阿斯尔大街
……………………Tel：0477-3881538
内蒙古呼铁银宏物流有限公司
地址：内蒙古自治区鄂尔多斯市东胜区泊江海子镇
……………………Tel：0477-3881693
内蒙古同煤鄂尔多斯矿业投资有限公司
地址：内蒙古自治区鄂尔多斯市东胜区罕台镇色连村
……………………Tel：0477-3882605
鄂尔多斯市东方投资有限责任公司
地址：内蒙古自治区鄂尔多斯市东胜区铜川街27号东方欣园小区会所办公
……………………Tel：0477-3886611
内蒙古汇能小额贷款有限公司
地址：内蒙古自治区鄂尔多斯市东胜区鄂尔多斯西街63号
……………………Tel：0477-3887703
内蒙古汇能集团长滩发电有限公司
地址：内蒙古自治区准格尔旗薛家湾镇长滩村
……………………Tel：0477-3887985
鄂尔多斯市易享成煤炭有限责任公司
地址：内蒙古鄂尔多斯市东胜区维邦金融广场20楼2008
……………………Tel：0477-3887999
内蒙古复兴控股集团有限公司
地址：内蒙古自治区包头市东河区飞机场路13号206室
……………………Tel：0477-3902698
鄂尔多斯市中北煤化工有限公司
地址：内蒙古自治区鄂尔多斯市东胜区罕台镇罕台村
……………………Tel：0477-3902826
鄂尔多斯市国源矿业开发有限责任公司
地址：内蒙古自治区鄂尔多斯市准格尔旗薛家湾镇点岱沟村蔺家圪卜社
……………………Tel：0477-3919201
北方魏家峁煤电有限责任公司
地址：内蒙古自治区鄂尔多斯市准格尔旗魏家峁镇魏家峁村
……………………Tel：0477-3919800
内蒙古富凯龙创投集团有限公司
地址：内蒙古自治区鄂尔多斯市东胜区天骄北路８２号
……………………Tel：0477-3988968
内蒙古嘉泰投资有限公司
地址：内蒙古自治区鄂尔多斯市东胜区铁西松山路２号街坊１５号楼
……………………Tel：0477-3989883
内蒙古伊泰准东金泰储运有限责任公司
地址：内蒙古自治区鄂尔多斯市准格尔旗暖水乡
……………………Tel：0477-4297430
鄂尔多斯大马铁路有限责任公司
地址：内蒙古自治区鄂尔多斯市准格尔旗薛家湾镇水晶路
……………………Tel：0477-4299199
神华准格尔能源有限责任公司
地址：内蒙古自治区准格尔旗薛家湾镇
……………………Tel：0477-4310872
神华准能资源综合开发有限公司
地址：内蒙古自治区鄂尔多斯市准格尔旗蓝天街道准煤公司办公楼
……………………Tel：0477-4310872
国能准能集团有限责任公司
地址：内蒙古自治区鄂尔多斯市准格尔旗薛家湾镇
……………………Tel：0477-4310872
内蒙古伊泰煤制油有限责任公司
地址：内蒙古自治区鄂尔多斯市准格尔旗大路工业园区南煤化工基地纬一路南侧
……………………Tel：0477-4608887
鄂尔多斯市华兴能源有限责任公司
地址：内蒙古自治区鄂尔多斯市准格尔旗大路镇东孔兑村
……………………Tel：0477-4680027
内蒙古京泰发电有限责任公司
地址：内蒙古自治区鄂尔多斯市准格尔旗薛家湾镇大塔村
……………………Tel：0477-4692031
鄂尔多斯市东辰煤炭有限责任公司
地址：内蒙古自治区准格尔旗薛家湾镇唐公塔村
……………………Tel：0477-4701370
内蒙古准格尔国有资本投资控股集团有限公司
地址：内蒙古自治区鄂尔多斯市准格尔旗迎泽街道再就业市场三楼
……………………Tel：0477-4705343
内蒙古蒙泰不连沟煤业有限责任公司
地址：内蒙古自治区准格尔旗大路镇房子滩村
……………………Tel：0477-4850017
内蒙古伊东资源集团股份有限公司
地址：内蒙古自治区鄂尔多斯市准旗沙圪堵镇准格尔中路
……………………Tel：0477-4851714
内蒙古伊东煤炭集团有限责任公司
地址：内蒙古自治区鄂尔多斯市准格尔旗沙圪堵镇准格尔中路
……………………Tel：0477-4851714
内蒙古伊东集团沙吧子煤炭有限责任公司
地址：内蒙古自治区准格尔旗薛家湾镇窑沟村
……………………Tel：0477-4851714
内蒙古伊东煤炭集团窑沟扶贫煤炭有限责任公司
地址：内蒙古自治区鄂尔多斯市准格尔旗薛家湾镇阳塔村阳店社
……………………Tel：0477-4851714
内蒙古伊东集团宏鑫煤炭有限责任公司
地址：内蒙古自治区鄂尔多斯市准格尔旗准格尔召镇乌兰哈达村　沟社
……………………Tel：0477-4851714
内蒙古伊东集团孙家壕煤炭有限责任公司
地址：内蒙古自治区鄂尔多斯市准格尔旗

薛家湾镇阳塔村阴塔社
……………………Tel：0477-4851714
准格尔旗宏丰煤炭运销有限责任公司
地址：内蒙古自治区准旗龙口镇
……………………Tel：0477-4873068
内蒙古能源发电准大发电有限公司
地址：内蒙古自治区鄂尔多斯市准格尔旗薛家湾镇大饭铺村
……………………Tel：0477-4888220
内蒙古东华能源有限责任公司
地址：内蒙古自治区鄂尔多斯市准格尔旗兴隆街道办事处武家渠周公路
……………………Tel：0477-4889746
准格尔旗城市基础设施建设投资有限公司
地址：内蒙古自治区鄂尔多斯市准旗薛家湾镇
……………………Tel：0477-4893946
金威物产集团有限公司
地址：内蒙古自治区鄂尔多斯市杭锦旗锡尼镇阿斯汉南路第１７栋
……………………Tel：0477-5104052
亿利资源集团有限公司
地址：内蒙古自治区东胜区鄂尔多斯西街30号
……………………Tel：0477-5105000
中天合创能源有限责任公司
地址：内蒙古自治区鄂尔多斯市康巴什新区乌兰木伦大街西3号
……………………Tel：0477-5106815
内蒙古满世煤炭集团股份有限公司
地址：内蒙古自治区鄂尔多斯市准格尔旗准格尔召镇
……………………Tel：0477-5116610
内蒙古满世能源化工有限责任公司
地址：内蒙古自治区鄂尔多斯市准格尔旗大路新区満世尚苑11号楼1单元102室
……………………Tel：0477-5116610
满世投资集团有限公司
地址：内蒙古自治区鄂尔多斯市东胜区达尔罕壕村四社江源文化创意产业园C号楼(康巴什)
……………………Tel：0477-5116610
淮河能源西部煤电集团有限责任公司
地址：内蒙古自治区鄂尔多斯市东胜区鄂尔多斯西街72号
……………………Tel：0477-5116993
杭锦旗西部能源开发有限公司
地址：内蒙古自治区鄂尔多斯市杭锦旗阿斯尔大街（林业局院内）
……………………Tel：0477-5160811
达拉特旗建设投资集团有限公司
地址：内蒙古自治区达拉特旗树林召镇人和小区A4号办公楼
……………………Tel：0477-5160903
内蒙古中能投实业发展有限公司
地址：内蒙古自治区鄂尔多斯市达拉特旗树林召镇三垧梁工业园区纬三路北、经十路西
……………………Tel：0477-5219232
内蒙古鑫源泰投资集团有限责任公司
地址：内蒙古自治区鄂尔多斯市达拉特旗新园街延线南、泰兴路东
……………………Tel：0477-5220692
内蒙古中航大海能源有限公司
地址：内蒙古自治区鄂尔多斯市伊金霍洛旗鄂尔多斯空港物流园区创新创业基地七层1-141号
……………………Tel：0477-5501393
鄂托克旗正和城市建设发展投资有限责任公司
地址：内蒙古自治区鄂尔多斯市鄂托克旗乌兰镇阿尔寨街西
……………………Tel：0477-6212877
鄂托克旗蒙晨投资集团有限责任公司
地址：内蒙古自治区鄂尔多斯市鄂托克旗乌兰镇苏里格街东财政局二楼
……………………Tel：0477-6218216
内蒙古双欣节能科技有限公司
地址：内蒙古鄂尔多斯市鄂托克旗蒙西镇双欣化学公司院内
……………………Tel：0477-6431499
内蒙古双欣资源控股有限公司
地址：内蒙古自治区鄂尔多斯市鄂托克旗棋盘井工业园区金海路东鄂尔多斯街北
……………………Tel：0477-6471050
内蒙古双欣能源化工有限公司
地址：内蒙古自治区鄂尔多斯市棋盘井镇工业园
……………………Tel：0477-6471050
内蒙古星光煤炭集团有限责任公司
地址：内蒙古自治区鄂托克旗棋盘井镇109国道中心线南33米
……………………Tel：0477-6475081
内蒙古中蒙煤炭有限公司
地址：内蒙古自治区鄂尔多斯市鄂托克旗棋盘井镇和顺街8号（电冶大厦）
……………………Tel：0477-6486769
内蒙古能源发电杭锦发电有限公司
地址：内蒙古自治区鄂尔多斯市杭锦旗塔然高勒
……………………Tel：0477-6620633
鄂尔多斯市长泰新源投资有限责任公司
地址：内蒙古自治区鄂尔多斯市杭锦旗锡尼镇锡尼北路南段西侧
……………………Tel：0477-6864576
内蒙古伊泰化工有限责任公司
地址：内蒙古自治区鄂尔多斯市杭锦旗独贵塔拉南工业园区（锦泰工业大道北、锦六路南、泰四路西）
……………………Tel：0477-6899777
内蒙古世林投资集团有限公司
地址：内蒙古自治区鄂尔多斯市乌审旗乌兰陶勒盖镇红旗村
……………………Tel：0477-7552035
内蒙古黄陶勒盖煤炭有限责任公司
地址：内蒙古自治区鄂尔多斯市乌审旗乌兰陶勒盖前进村
……………………Tel：0477-7588020
内蒙古维华矿业有限责任公司
地址：内蒙古鄂托克前旗上海庙镇
……………………Tel：0477-7636056
新矿内蒙古能源有限责任公司
地址：内蒙古自治区鄂托克前旗上海庙镇
……………………Tel：0477-7869147
鄂托克前旗长城煤矿有限责任公司
地址：内蒙古自治区上海庙镇芒哈图
……………………Tel：0477-7869225
内蒙古福城矿业有限公司
地址：内蒙古自治区鄂尔多斯市鄂前旗上海庙镇沙掌图村
……………………Tel：0477-7869718
内蒙古上海庙矿业有限责任公司
地址：内蒙古自治区鄂尔多斯市鄂托克前旗上海庙镇
……………………Tel：0477-7879000
内蒙古三新铁路有限责任公司
地址：内蒙古自治区鄂尔多斯市鄂前旗上海庙镇新镇区
……………………Tel：0477-7888888
鄂尔多斯市昊华精煤有限责任公司
地址：内蒙古自治区鄂尔多斯市伊金霍洛旗纳林陶亥镇全和常村（高家梁煤矿）工业广场内行政办公楼
……………………Tel：0477-8101711
鄂尔多斯银行股份有限公司
地址：内蒙古自治区鄂尔多斯市东胜区乌审西街6号
……………………Tel：0477-8109660
鄂尔多斯市金阳煤炭有限责任公司
地址：内蒙古自治区鄂尔多斯市东胜区
……………………Tel：0477-8110045
新包神铁路有限责任公司
地址：内蒙古自治区鄂尔多斯市东胜区诃额伦路西东胜区总部经济大厦
……………………Tel：0477-8115715
中誉控股集团有限责任公司
地址：内蒙古自治区鄂尔多斯市东胜区东环路2号街坊铁牛大厦C座
……………………Tel：0477-8115747
中誉资源控股有限公司
地址：内蒙古自治区鄂尔多斯市东胜区铁西迎宾路东广场街北
……………………Tel：0477-8115747
鄂尔多斯市联创煤炭有限责任公司
地址：内蒙古自治区鄂尔多斯市达拉特旗展旦召苏木查干沟村
……………………Tel：0477-8115739
内蒙古开远聚祥控股有限公司
地址：内蒙古自治区鄂尔多斯市准格尔旗纳日松镇
……………………Tel：0477-8128816
新能矿业有限公司
地址：内蒙古自治区鄂尔多斯市伊金霍洛旗纳林陶亥镇沙沙圪台村
……………………Tel：0477-8135535
内蒙古蜜多能源有限责任公司
地址：内蒙古自治区鄂尔多斯市乌审旗嘎鲁图镇（车站东侧）
……………………Tel：0477-8139781
鄂尔多斯市巴音孟克投资集团有限公司
地址：内蒙古自治区鄂尔多斯市东胜区伊金霍洛西街北３４号（武警支队西）
……………………Tel：0477-8189016
鄂尔多斯市巴音孟克纳源煤炭有限责任公司
地址：内蒙古自治区鄂尔多斯市东胜区塔拉壕镇神山村
……………………Tel：0477-8189016
鄂尔多斯市中誉能源股份有限公司
地址：内蒙古自治区鄂尔多斯市达拉特旗金鹏路西新城北街北佳苑小区写字楼８层
……………………Tel：0477-8189003
神华亿利能源有限责任公司
地址：内蒙古自治区鄂尔多斯市达拉特旗树林召镇包神铁路西白塔粮库南（亿利化工园区内）
……………………Tel：0477-8205161
神华新街能源有限责任公司
地址：内蒙古自治区伊金霍洛旗财政局院内（新可汗路北）
……………………Tel：0477-8207082
神华包神铁路有限责任公司
地址：内蒙古自治区东胜区鄂尔多斯西街
……………………Tel：0477-8292818
内蒙古伊泰石油化工有限公司
地址：内蒙古鄂尔多斯市东胜区伊煤路14号街坊
……………………Tel：0477-8310251
内蒙古伊泰财务有限公司
地址：内蒙古自治区鄂尔多斯市东胜区天骄北路万博广场A座
……………………Tel：0477-8310290
鄂尔多斯市恒信金山投资有限责任公司
地址：内蒙古自治区鄂尔多斯市东胜区伊化北路５号街坊Ａ号楼
……………………Tel：0477-8312696
鄂尔多斯市万德龙实业集团有限公司
地址：内蒙古自治区东胜区鄂尔多斯东街１２号通九大厦１号楼１４06
……………………Tel：0477-8315776
内蒙古开滦投资有限公司
地址：内蒙古自治区鄂尔多斯市东胜区吉劳庆北路15号街坊（金都大厦）
……………………Tel：0477-8360616
鄂尔多斯市天物供应链管理有限责任公司
地址：内蒙古自治区鄂尔多斯市康巴什区青春山街道恩和北路4号鄂尔多斯市质量技术监督局办公楼10层
……………………Tel：0477-8395533
鄂尔多斯市包钢首瑞材料技术有限公司
地址：内蒙古自治区鄂尔多斯市装备制造基地
……………………Tel：0477-8991084
鄂尔多斯市国投长滩煤业有限公司
地址：内蒙古自治区鄂尔多斯市准格尔旗友谊街道苏计沟村103省道南满天星2楼
……………………Tel：0477-8399612
中科品信煤业有限公司
地址：内蒙古自治区鄂尔多斯市东胜区锦厦国际商务广场1号楼2201号
……………………Tel：0477-8501999
鄂尔多斯市中科品信煤炭运销有限公司
地址：内蒙古自治区鄂尔多斯市东胜区锦厦国际商务广场1号楼2201号
……………………Tel：0477-8501999
内蒙古中科品信能源有限公司
地址：内蒙古自治区鄂尔多斯市东胜区锦厦国际商务广场1号楼2201号
……………………Tel：0477-8501999
中科品信能源有限公司
地址：内蒙古自治区鄂尔多斯市东胜区锦厦国际商务广场1号楼2201号
……………………Tel：0477-8501999
中科品信国际贸易有限公司
地址：内蒙古自治区鄂尔多斯市东胜区东环路7号街坊锦厦国际商务广场1号楼2201号
……………………Tel：0477-8501999
乐道影视文化有限公司
地址：内蒙古自治区鄂尔多斯市东胜区罕台镇中视文化产业园中视实业办公楼
……………………Tel：0477-8505757
昌盛伟业集团有限公司
地址：内蒙古自治区鄂尔多斯市东胜区罕台镇109国道8号昌盛伟业建材城B座5楼
……………………Tel：0477-8505050
内蒙古磐宏建设工程有限责任公司
地址：内蒙古自治区鄂尔多斯市东胜区纺织东街39号C号楼-1-105
……………………Tel：0477-8509191
鄂尔多斯市沿黄高等级公路建设开发有限公司
地址：内蒙古自治区鄂尔多斯市东胜区乌审西街４号
……………………Tel：0477-8526031
内蒙古万宇佳业投资管理有限公司
地址：内蒙古自治区鄂尔多斯市东胜区伊化南路９号街坊天佑大厦１０楼
……………………Tel：0477-8533977
内蒙古煤炭地质勘查（集团）一一七有限公司
地址：内蒙古鄂尔多斯市东胜区伊煤路21号
……………………Tel：0477-8562125
内蒙古伊泰煤炭股份有限公司
地址：内蒙古鄂尔多斯市东胜区天骄北路
……………………Tel：0477-8565688
内蒙古伊泰集团有限公司
地址：内蒙古自治区鄂尔多斯市东胜区伊煤南路１４号街坊区六中南
……………………Tel：0477-8565688
鄂尔多斯市转型发展投资有限责任公司
地址：内蒙古自治区鄂尔多斯市康巴什新区金财大厦321室
……………………Tel：0477-8581241
伊金霍洛旗宏泰城市建设投资有限责任公司
地址：内蒙古自治区鄂尔多斯市伊金霍洛旗阿勒腾席热镇水岸金钻大厦东塔12层1201室
……………………Tel：0477-8688705
鄂尔多斯市圣圆投资集团有限责任公司
地址：伊金霍洛旗CBD区滨河大道南水岸金钻大厦西楼13层
……………………Tel：0477-8689101
内蒙古伊金霍洛农村商业银行股份有限公司
地址：内蒙古自治区鄂尔多斯市伊金霍洛旗霞光街东，广场路南，通格朗街西7号楼（富凯·康馨苑））
……………………Tel：0477-8689291
鄂尔多斯市乌兰鑫瑞煤化工有限责任公司
地址：内蒙古自治区鄂尔多斯市伊旗乌兰木伦镇折家梁村
……………………Tel：0477-8691614
鄂尔多斯市泰盛恒矿业有限责任公司
地址：内蒙古自治区鄂尔多斯市乌审旗无定河镇纳林河工业园区
……………………Tel：0477-8691630
内蒙古博源煤化工有限责任公司
地址：内蒙古鄂尔多斯市伊金霍洛旗乌兰木伦镇布尔台格办事处
……………………Tel：0477-8901104
鄂尔多斯市交通投资有限公司
地址：内蒙古自治区鄂尔多斯市康巴什区金财大厦５层
……………………Tel：0477-8950185
内蒙古昊盛煤业有限公司
地址：内蒙古自治区鄂尔多斯市伊金霍洛旗
……………………Tel：0477-8953988
内蒙古蒙兴投资集团有限公司
地址：内蒙古自治区鄂尔多斯市伊旗阿镇阿勒腾席热路盛邦大厦A座11楼
……………………Tel：0477-8960297
伊金霍洛旗蒙泰煤炭有限责任公司
地址：内蒙古自治区鄂尔多斯市伊金霍洛旗乌兰木伦镇格丑庙村
……………………Tel：0477-8963600
鄂尔多斯蒙西正和基础设施建设有限责任公司
地址：内蒙古自治区鄂尔多斯市伊金霍洛旗阿镇文明路与达尔扈特路交叉口西100米
……………………Tel：0477-8966559
国电建投内蒙古能源有限公司
地址：内蒙古自治区鄂尔多斯市伊旗乌兰木伦镇布连办事处
……………………Tel：0477-8977000
内蒙古国城资源综合利用有限公司
地址：内蒙古自治区巴彦淖尔市乌拉特后旗巴音镇瑞东大厦10楼
……………………Tel：0478-2299000
乌拉特后旗紫金矿业有限公司
地址：内蒙古自治区巴彦淖尔市乌拉特后旗巴音宝力格镇宝力格嘎查固察线北脑音乌拉山脑音敖包处
……………………Tel：0478-2391668
内蒙古圣泉科利源新材料科技有限公司
地址：内蒙古自治区巴彦淖尔市乌拉特前旗农垦中滩工业园区
……………………Tel：0478-3236881
内蒙古双利矿业有限公司
地址：内蒙古自治区巴彦淖尔市乌后旗青山镇西部矿业工业园区
……………………Tel：0478-4606665
巴彦淖尔紫金有色金属有限公司
地址：内蒙古自治区巴彦淖尔市乌拉特后旗工业园区
……………………Tel：0478-4666953
巴彦淖尔西部铜业有限公司
地址：内蒙古自治区巴彦淖尔市　乌拉特后旗获各琦苏木
……………………Tel：0478-4913430
乌拉特中旗隆富源投资发展有限公司
地址：内蒙古自治区巴彦淖尔市乌拉特中旗海流图镇煤炭大厦4楼
……………………Tel：0478-5910436
神华巴彦淖尔能源有限责任公司
地址：内蒙古巴彦淖尔市乌拉特中旗甘其毛都口岸加工园区
……………………Tel：0478-7842660
内蒙古包钢还原铁有限责任公司
地址：内蒙古自治区巴彦淖尔市乌拉特前旗先锋镇毕格尔图村
……………………Tel：0478-7937848
百替集团（巴彦淖尔）投资有限公司
地址：内蒙古自治区巴彦淖尔市临河区万丰经济开发区五一街江南华府
……………………Tel：0478-8978688
内蒙古兴安铜锌冶炼有限公司
地址：内蒙古自治区锡林郭勒盟西乌珠穆沁旗白音华能源化工园区
……………………Tel：0479-2202000
神华北电胜利能源有限公司
地址：内蒙古自治区锡林浩特市胜利煤矿
……………………Tel：0479-2202212
内蒙古平西白音华煤业有限公司
地址：内蒙古自治区锡盟西乌旗巴彦花镇
……………………Tel：0479-2202516
内蒙古锡乌铁路有限责任公司
地址：内蒙古自治区锡林郭勒盟锡林浩特

市火车站
…………Tel：0479-2239376

内蒙古巴珠铁路有限责任公司
地址：内蒙古自治区锡林浩特市火车站
…………Tel：0479-2239507

内蒙古锡二铁路有限责任公司
地址：内蒙古自治区锡林郭勒盟锡林浩特市火车站办公楼401-405室
…………Tel：0479-2239629

内蒙古锡多铁路股份有限公司
地址：内蒙古自治区锡林郭勒盟锡林浩特市巴办塔林社区锡林大街西段火车站南侧（锡多公司办公楼）
…………Tel：0479-2279997

锡林郭勒盟双源有色金属冶炼有限公司
地址：内蒙古自治区锡林郭勒盟东乌旗乌里雅斯太工业区
…………Tel：0479-3228097

锡林郭勒盟山金白音呼布矿业有限公司
地址：内蒙古自治区锡林郭勒盟东乌珠穆沁旗萨麦苏木
…………Tel：0479-3366730

内蒙古锡林河煤化工有限责任公司
地址：内蒙古自治区锡林郭勒盟贺斯格乌拉牧场
…………Tel：0479-3456026

锡林郭勒盟银鑫矿业有限责任公司
地址：内蒙古自治区锡林郭勒盟西乌珠穆沁旗
…………Tel：0479-3523996

内蒙古工龙矿业股份有限公司
地址：内蒙古自治区锡林郭勒盟西乌珠穆沁旗巴拉嘎尔高勒镇
…………Tel：0479-3529108

内蒙古白音华海州露天煤矿有限公司
地址：内蒙古自治区锡林郭勒盟西乌旗巴拉嘎尔高勒镇
…………Tel：0479-3836000

内蒙古白音华蒙东露天煤业有限公司
地址：内蒙古自治区锡林郭勒盟西乌旗白音华工业园区3号矿办公区内
…………Tel：0479-6821100

锡林郭勒盟银泰矿业开发有限责任公司
地址：内蒙古自治区锡林郭勒盟镶黄旗那仁乌拉苏木
…………Tel：0479-6939811

蒙东能源控股有限责任公司
地址：内蒙古自治区锡林郭勒盟锡林浩特市一棵树街60号
…………Tel：0479-6950303

内蒙古能源发电投资集团锡林郭勒胜利矿业有限公司
地址：内蒙古自治区锡林郭勒盟锡林浩特市宝力根苏木伊利勒特嘎查
…………Tel：0479-6984011

锡林浩特元素矿产品销售有限公司
地址：内蒙古自治区锡林郭勒盟阿巴嘎旗查干淖尔镇巴彦宝拉格嘎查
…………Tel：0479-6987078

二连浩特市金融控股有限公司
地址：内蒙古自治区锡林郭勒盟二连浩特市新华大街新区党政大楼三楼
…………Tel：0479-7527779

内蒙古长芦矿产投资有限公司
地址：内蒙古自治区锡林浩特市宝力根苏木伊利勒特嘎查
…………Tel：0479-8105130

锡林郭勒盟兴富投资有限责任公司
地址：内蒙古自治区锡林郭勒盟锡林浩特市那达慕大街177号
…………Tel：0479-8222056

内蒙古第九地质矿产勘查开发有限责任公司
地址：内蒙古自治区锡林郭勒盟锡林浩特市锡林大街88号
…………Tel：0479-8800016

华润电力（锡林郭勒）煤业有限公司
地址：内蒙古自治区锡林郭勒盟西乌珠穆沁旗吉仁高勒镇巴彦高勒嘎查五间房西一矿B楼
…………Tel：0479-8818738

锡林郭勒盟城乡投资集团有限公司
地址：内蒙古自治区锡林郭勒盟锡林浩特市经济开发区阿巴嘎街17号盟住建局办公楼
…………Tel：0479-8886677

科右前旗国有资产投资运营有限公司
地址：内蒙古自治区兴安盟科右前旗科尔沁镇生态移民小区门市（原科尔沁工商所）
…………Tel：0482-2220572

内蒙古蒙佳粮油工业集团有限公司
地址：内蒙古自治区兴安盟乌兰浩特市归流河北大路1号
…………Tel：0482-2257189

兴安盟乌兰泰安能源化工有限责任公司
地址：内蒙古自治区兴安盟科尔沁右翼前旗政府新址都林街、迪化路东侧
…………Tel：0482-2267890

兴安盟博源化学有限公司
地址：内蒙古自治区兴安盟经济技术开发区（葛根庙工业园区）
…………Tel：0482-2840022

内蒙古兴安博源投资有限公司
地址：内蒙古自治区兴安盟经济技术开发区（葛根庙工业园区）
…………Tel：0482-2267813

内蒙古矿业（集团）兴安能源化工有限公司
地址：内蒙古自治区兴安盟科尔沁右翼中旗百吉纳工业循环经济园区布里亚特产业园
…………Tel：0482-2847531

内蒙古能源发电兴安热电有限公司
地址：内蒙古自治区兴安盟乌兰浩特市红城北路6号
…………Tel：0482-3995203

阿尔山森源宏基有限公司
地址：内蒙古自治区兴安盟阿尔山市温泉街
…………Tel：0482-7978037

兴安埃玛矿业有限公司
地址：内蒙古自治区兴安盟科尔沁右翼前旗满族屯乡巴根黑格其尔矿区
…………Tel：0482-8213209

兴安盟亚欧经贸有限责任公司
地址：内蒙古自治区兴安盟乌兰浩特市兴安北大路42号
…………Tel：0482-8218098

兴安盟国有资产投资有限责任公司
地址：内蒙古自治区兴安盟乌兰浩特市兴安北大路52号
…………Tel：0482-8234922

乌兰浩特钢铁有限责任公司
地址：内蒙古自治区兴安盟乌兰浩特市新桥西街29号
…………Tel：0482-8391019

阿拉善盟广泰同光现代物流有限责任公司
地址：内蒙古自治区阿拉善盟阿拉善左旗巴彦浩特镇东城区雅布赖东路南侧腾飞路东侧
…………Tel：0483-2211996

内蒙古太西煤集团兴泰煤化有限责任公司
地址：内蒙古自治区阿拉善盟阿左旗古拉本镇
…………Tel：0483-2242612

阿拉善盟天创公路建设有限公司
地址：内蒙古自治区阿拉善盟阿拉善左旗巴彦浩特镇土尔扈特南路8号
…………Tel：0483-3980575

阿拉善庆华高新技术有限公司
地址：内蒙古自治区阿拉善盟阿拉善经济技术开发区（乌素图镇）庆华会所
…………Tel：0483-3981333

内蒙古乌力吉港务管理有限公司
地址：内蒙古自治区阿拉善盟阿拉善左旗巴彦浩特镇土尔扈特南路82号
…………Tel：0483-3981921

内蒙古晨宏力化工集团有限责任公司
地址：内蒙古自治区阿拉善盟阿拉善经济开发区（乌斯太镇）宏力大道1号
…………Tel：0483-3987444

内蒙古庆华集团阿拉善百灵煤炭有限责任公司
地址：内蒙古自治区阿拉善盟阿拉善左旗呼鲁斯太镇百灵矿区
…………Tel：0483-3989225

内蒙古庆华集团庆华物流有限责任公司
地址：内蒙古自治区阿拉善盟阿拉善经济开发区（乌斯太镇）庆华路庆华工业园
…………Tel：0483-3991604

内蒙古龙泰新型环保建材有限责任公司
地址：内蒙古阿拉善盟阿拉善经济开发区乌斯太镇庆华大道
…………Tel：0483-3991606

内蒙古庆华集团庆华煤化有限责任公司
地址：内蒙古自治区阿拉善盟阿拉善经济开发区（乌斯太镇）庆华大道
…………Tel：0483-3991606

阿拉善盟金悦泰兰矿产开发有限责任公司
地址：内蒙古自治区阿拉善盟阿拉善左旗巴彦浩特镇额鲁特西路401号（天池西侧）
…………Tel：0483-3996070

内蒙古辂达实业有限责任公司
地址：内蒙古自治区阿拉善盟阿拉善左旗吉兰泰镇石材加工园区
…………Tel：0483-6103333

阿拉善盟乾顺矿业有限公司
地址：内蒙古自治区阿拉善盟阿拉善左旗巴彦诺日公苏木查干敖包嘎查
…………Tel：0483-6103333

内蒙古盐湖镁钾有限责任公司
地址：内蒙古阿拉善盟额济纳旗达来库布镇哈达贺休园区
…………Tel：0483-6525155

内蒙古兆通矿产资源有限公司
地址：内蒙古自治区阿拉善盟阿拉善右旗雅布赖工业园区
…………Tel：0483-6529856

阿拉善左旗城市建设投资开发有限公司
地址：内蒙古自治区阿拉善盟阿拉善左旗巴彦浩特镇体育场东北区
…………Tel：0483-8227161

阿拉善盟产业发展和能源投资集团有限公司
地址：内蒙古自治区阿拉善盟阿拉善左旗巴彦浩特镇东环路矿产能源大楼
…………Tel：0483-3997700

内蒙古天孚矿业有限公司
地址：内蒙古自治区阿拉善盟阿拉善左旗巴彦浩特镇雅布赖东路矿能大厦办公楼内（盟交通局东侧）
…………Tel：0483-8334039

内蒙古哈伦能源有限责任公司
地址：内蒙古自治区阿拉善盟阿拉善左旗巴彦浩特镇东城区月亮湖路哈伦能源集团办公楼
…………Tel：0483-8345603

内蒙古西部开源矿能开发有限公司
地址：内蒙古自治区阿拉善盟阿拉善左旗巴彦浩特镇阿拉善盟昆仑燃气有限责任公司3楼
…………Tel：0483-8597111

阿拉善福泉煤炭有限责任公司
地址：内蒙古自治区阿拉善盟阿拉善左旗宗别立镇黎明嘎查（巴音-百灵矿区）
…………Tel：0483-8713521

阿拉善左旗国有资产集团有限公司
地址：内蒙古自治区阿拉善盟阿拉善左旗巴镇西城区乌兰布和南路府南街
…………Tel：0483-8771176

内蒙古三聚家景新能源有限公司
地址：内蒙古阿拉善盟阿拉善经济开发区丰产路北侧乌斯太电厂东侧
…………Tel：0483-8799123

辽宁省

中国黑色金属材料东北公司
地址：辽宁省沈阳市和平区和平北大街97号
…………Tel：024-22702187

辽宁有色勘察研究院有限责任公司
地址：辽宁省沈阳市沈河区青年北大街7号
…………Tel：024-22715116

辽宁实创新能源有限公司
地址：辽宁省辽阳市文圣区东京陵体育场楼北侧
…………Tel：024-22737366

中国钢铁炉料东北公司
地址：辽宁省沈阳市沈河区青年大街35号
…………Tel：024-22744140

辽宁省禹泽水利水电工程有限公司
地址：辽宁省沈阳市皇姑区闽江街76号109室
…………Tel：024-22897888

沈阳东油经贸中心
地址：辽宁沈阳经济技术开发区花海路35号
…………Tel：024-22982646

国网辽宁综合能源服务有限公司
地址：辽宁省沈阳市浑南新区世纪路18号
…………Tel：024-23147221

中钢集团北方资源有限公司
地址：辽宁省沈阳近海经济区近海大街16号
…………Tel：024-23182098

五矿地产（沈阳）有限公司
地址：辽宁省沈阳市于洪区白山路52-6号
…………Tel：024-23182771

沈阳铝镁设计研究院有限公司
地址：辽宁省沈阳市和平区和平北大街184号
…………Tel：024-23253041

本溪大旭实业有限公司
地址：辽宁省本溪高新技术产业开发区神农大街59-10号楼
…………Tel：024-23502533

华以安智慧能源（辽宁）有限公司
地址：辽宁省沈阳市沈北新区地坤湖街185号
…………Tel：024-23535343

沈阳日上电缆有限公司
地址：辽宁省沈阳市苏家屯区丁香街326号
…………Tel：024-23705066

沈阳东管电力科技集团股份有限公司
地址：辽宁省沈阳经济技术开发区沈西三东路33号
…………Tel：024-23965792

中国航发沈阳黎明航空科技有限公司
地址：辽宁省沈阳市大东区东塔街6号
…………Tel：024-24382106

辽宁省地矿集团能源地质有限责任公司
地址：辽宁省沈阳市沈河区青年北大街7号
…………Tel：024-23327602

沈阳健予科技有限公司
地址：辽宁省沈阳市辽中区杨士岗镇杨士岗村
…………Tel：024-25670180

沈阳透平机械股份有限公司
地址：辽宁省沈阳经济技术开发区开发大路16号甲
…………Tel：024-25800869

沈阳电机股份有限公司
地址：辽宁省沈阳市铁西区卫工北街20号
…………Tel：024-25863082

中合（辽宁）新农业科技有限公司
地址：辽宁省沈阳市和平区文化路77号
…………Tel：024-26211288

沈阳西城钢铁有限公司
地址：辽宁省沈阳经济技术开发区冶金二街4号
…………Tel：024-27791335

沈阳大吉实业有限公司
地址：辽宁省沈阳经济技术开发区大潘镇大潘村
…………Tel：024-27791355

辽宁省有色地质勘查总院有限责任公司
地址：辽宁省沈阳市沈河区青年北大街7号
…………Tel：024-31001080

中国兵工物资沈阳有限公司
地址：辽宁省沈阳市铁西区重工北街8号
…………Tel：024-31081768

沈阳自贸投资发展有限公司
地址：中国（辽宁）自由贸易试验区沈阳片区创新二路39-2号
…………Tel：024-31171711

沈冶重型装备（沈阳）有限责任公司
地址：辽宁省沈阳经济技术开发区细河十北街26号
…………Tel：021-31228088

中铝沈阳有色金属加工有限公司
地址：辽宁省沈阳市苏家屯区桂花街358号
…………Tel：024-31387102

辽宁洛可可实业有限公司
地址：辽宁省沈阳市大东区东北大马路104号（1门）
…………Tel：024-31407338

中广互动（辽宁）实业有限公司
地址：辽宁省抚顺市开发区高湾街高阳路
…………Tel：024-31516060

沈阳东北亚大宗商品交易中心有限公司
地址：辽宁省沈阳市于洪区微山湖街77-1号
…………Tel：024-31598885

沈阳久事钢铁贸易有限公司
地址：辽宁省沈阳市浑南新区沈营路17-A14号322室
…………Tel：024-31606532

中国有色（沈阳）泵业有限公司
地址：辽宁省沈阳经济技术开发区十六号街9号
…………Tel：024-31829888

辽宁中启盛华商贸有限公司
地址：中国（辽宁）自由贸易试验区沈阳片区全运路109-1号（109-1号）2层247-1548室
…………Tel：024-31876689

辽宁地矿建设集团有限公司
地址：辽宁省沈阳市沈河区青年北大街7号
…………Tel：024-31977727

本溪钢铁公司钢管总厂
地址：辽宁省本溪市溪湖区郑家沙窝
…………Tel：024-42183377

本溪北营钢铁集团进出口有限公司
地址：辽宁省本溪市明山区环山路36号
…………Tel：024-42224063

辽宁同鑫建设有限公司
地址：辽宁省本溪市溪湖区岗东街
…………Tel：024-42370088

本溪北营钢铁（集团）股份有限公司
地址：辽宁省本溪市平山区北台镇
…………Tel：024-42529221

本溪北方铁业有限公司
地址：辽宁省本溪市平山区北台镇北府路56号209室
…………Tel：024-42529221

本溪北台铸管股份有限公司
地址：辽宁省本溪市平山区北台镇
…………Tel：024-42529424

辽宁省第八地质大队有限责任公司
地址：辽宁省本溪市平山区东明路13栋
…………Tel：024-42808384

本钢板材股份有限公司
地址：辽宁省本溪市平山区人民路16号
…………Tel：024-47827003

辽宁恒通冶金装备制造有限公司
地址：辽宁省本溪市溪湖区东风街道办事处新合村
…………Tel：024-43136067

满孚首成（本溪）实业有限公司
地址：辽宁省本溪市南芬区中心路145号
…………Tel：024-44598160

辽宁北辰窗业有限公司
地址：辽宁省本溪市经济技术开发区东部
…………Tel：024-45859088

本溪北方机械重汽有限责任公司
地址：辽宁省本溪市溪湖区彩屯重型路
…………Tel：0414-45885010

辽宁北方煤化工（集团）股份有限公司

地址：辽宁省本溪市平山区南兴路134号
…………Tel：024-47188906

本溪龙新矿业有限公司
地址：辽宁省本溪市南芬区思山岭办事处思山岭一组
…………Tel：024-47391600

本溪北方钢管有限公司
地址：辽宁省本溪市经济技术开发区香槐路二区
…………Tel：024-47501002

本溪钢铁（集团）矿山建设工程有限公司
地址：辽宁省本溪市平山区千金路21号
…………Tel：024-47820020

本钢浦项冷轧薄板有限责任公司
地址：辽宁省本溪市平山区本钢冶金厂区
…………Tel：024-47822833

本溪钢铁（集团）房地产开发有限责任公司
地址：辽宁省本溪市平山区水塔路7号
…………Tel：024-47828102

本钢集团财务有限公司
地址：辽宁省本溪市平山区东明路10号
…………Tel：024-47828597

辽宁容大投资有限公司
地址：辽宁省本溪市平山区水塔路29号
…………Tel：024-47828709

辽宁容大典当有限责任公司
地址：辽宁省本溪市平山区水塔路29号
…………Tel：024-47828709

本溪钢铁（集团）有限责任公司
地址：辽宁省本溪市平山区人民路16号
…………Tel：024-47828766

本溪钢铁（集团）矿业有限责任公司
地址：辽宁省本溪市平山区平山路15栋
…………Tel：024-47839261

北台钢铁（集团）有限责任公司
地址：辽宁省本溪市明山区环山路36号
…………Tel：024-42986011

抚顺水泥股份有限公司
地址：辽宁省抚顺市新抚区华山街2号
…………Tel：024-52367543

抚顺矿业集团房地产综合开发有限责任公司
地址：辽宁省抚顺市胜利经济开发区南昌路
…………Tel：024-52515005

抚顺矿业集团工贸有限责任公司
地址：辽宁省抚顺市新抚区中央大街25号
…………Tel：024-52533889

抚顺矿业集团有限责任公司
地址：辽宁省抚顺市新抚区中央大街25号
…………Tel：024-52533889

抚顺中煤建设（集团）有限责任公司
地址：辽宁省抚顺市胜利经济开发区南花园街南昌路16号
…………Tel：024-52541966

抚顺铝业有限公司
地址：辽宁省抚顺市望花区鞍山路东段6号
…………Tel：024-53813456

抚顺罕王直接还原铁有限公司
地址：辽宁省抚顺县石文镇景家村
…………Tel：024-53852968

抚顺银行股份有限公司
地址：辽宁省沈抚新区芳庭街7号
…………Tel：024-53997666

抚顺新地矿产品有限公司
地址：辽宁省抚顺市新宾满族自治县大四平镇大四平村
…………Tel：024-55583997

抚顺宇业矿产品有限公司
地址：辽宁省抚顺市新宾满族自治县大四平镇大四平村
…………Tel：024-55583997

抚顺天宇滤材有限公司
地址：辽宁省抚顺经济开发区科技城创新四路6号
…………Tel：024-56608600

抚顺煤矿电机制造有限责任公司
地址：辽宁省沈抚新区滨河路2号
…………Tel：024-56616280

抚顺兵谷废旧物资回收有限公司
地址：辽宁省抚顺经济开发区中兴大街西侧沈东六路以南地块C12区
…………Tel：024-56622009

抚顺特殊钢股份有限公司
地址：辽宁省抚顺市望花区鞍山路东段8号
…………Tel：024-56688966

抚顺祥赢新能源科技有限公司
地址：辽宁省抚顺市望花区工农街原新钢医院1#楼一层
…………Tel：024-56691711

抚顺新钢铁线材制造有限责任公司
地址：辽宁省抚顺市望花区沈抚路18号
…………Tel：024-56691781

同益实业集团有限公司
地址：辽宁省抚顺市新宾满族自治县响水河乡响水河村
…………Tel：024-58011866

抚顺大源有色金属有限公司
地址：辽宁省抚顺市新抚区千金路12-1号楼2单元103号
…………Tel：024-58055238

中国铁路沈阳局集团有限公司
地址：辽宁省沈阳市和平区太原北街4号
…………Tel：024-62022524

沈阳焦煤股份有限公司
地址：辽宁省沈阳市沈北新区建设路38号
…………Tel：024-62540268

沈阳煤业（集团）煤矸石建材有限公司
地址：辽宁省沈阳市沈北新区清水街道前屯社区
…………Tel：024-62613183

中国铁路物资沈阳有限公司
地址：辽宁省沈阳市铁西区北一西路1号
…………Tel：024-62631772

辽宁省环保集团有限责任公司
地址：辽宁省沈阳市浑南区双园路30甲-2号
…………Tel：024-62780102

辽宁中能资产管理有限公司
地址：中国（辽宁）自由贸易试验区沈阳片区全运路109-1号（109-1号）2层247-709室
…………Tel：024-67916976

铁岭新优特钢构工程有限公司
地址：辽宁省铁岭经济开发区帽山分场
…………Tel：024-72693300

辽宁省第九地质大队有限责任公司
地址：辽宁省铁岭市银州区文化街28A
…………Tel：024-72822039

辽宁省有色地质一〇六队有限责任公司
地址：辽宁省铁岭市银州区岭东街10委
…………Tel：024-72825154

辽宁广达电子科技股份有限公司
地址：辽宁省铁岭经济开发区帽山工业园区A区
…………Tel：024-72875161

开原象牙山村镇银行股份有限公司
地址：辽宁省铁岭市开原市孙台路56号
…………Tel：024-73600810

辽宁天祥钢铁有限公司
地址：辽宁省铁岭市开原市开原经济开发区北环路5号
…………Tel：024-73722555

辽宁东升冶金工程有限公司
地址：辽宁省铁岭市清河区工业园区
…………Tel：024-74970577

铁岭市螺旋直缝钢管制造有限公司
地址：辽宁省铁岭县腰堡镇
…………Tel：024-74986888

铁法煤业（集团）商贸物流有限责任公司
地址：辽宁省铁岭市调兵山市调兵山大街11号
…………Tel：024-76830733

辽宁通用重型机械股份有限公司
地址：辽宁省铁岭市调兵山市工业园区
…………Tel：024-76831942

铁法煤业（集团）有限责任公司
地址：辽宁省铁岭市调兵山市人民路
…………Tel：024-76835167

铁法煤业集团建设工程有限责任公司
地址：辽宁省铁岭市调兵山市育才路9号
…………Tel：024-76867527

辽宁省东煤地质一0一队有限责任公司
地址：辽宁省铁岭市调兵山市迎宾路2号
…………Tel：024-76982158

辽宁津达线缆有限公司
地址：辽宁省铁岭县工业园区懿路工业园
…………Tel：024-78716565

辽宁昌图天力酒店有限公司
地址：辽宁省昌图县政府路33号建行5-6楼
…………Tel：024-79597922

辽宁中德电缆有限公司
地址：辽宁省铁岭市铁岭县腰堡工业园区
…………Tel：024-79795953

辽宁省地矿集团矿业有限责任公司
地址：辽宁省沈阳市皇姑区北陵大街29号
…………Tel：024-81220315

东北能源交易中心有限责任公司
地址：辽宁省沈阳市和平区中山路83号
…………Tel：024-82679999

辽宁鑫和亦丰国际贸易有限公司
地址：中国（辽宁）自由贸易试验区沈阳片区全运路109-1号（109-1号）2层247-8271室
…………Tel：024-82917488

百科实业集团有限公司
地址：辽宁省沈阳市于洪区沈大路87号
…………Tel：024-83601888

东北大学
地址：辽宁省沈阳市和平区文化路3号巷11号
…………Tel：024-83687374

沈阳金山能源股份有限公司
地址：辽宁省沈阳市苏家屯区迎春街2号
…………Tel：024-83996000

中创清洁能源发展（沈阳）股份有限公司
地址：辽宁省沈阳市浑南区创新路155-2号201室
…………Tel：024-86124555

辽宁省能源产业控股集团有限责任公司
地址：辽宁省沈抚新区金枫街75-1号
…………Tel：024-86210218

辽宁地质工程勘察施工集团有限责任公司
地址：辽宁省沈阳市皇姑区北陵大街29号
…………Tel：024-86232645

辽宁省地质矿产调查院有限责任公司
地址：辽宁省沈阳市皇姑区宁山中路42号（1-27-1）
…………Tel：024-86242317

沈阳沈缆银环企业集团有限公司
地址：辽宁省新民市芦家屯乡本街
…………Tel：024-87650116

沈阳立德石油化工有限公司
地址：辽宁省沈阳近海经济区近海南大街1号
…………Tel：024-87838888

辽宁沈焦国际贸易有限公司
地址：辽宁省沈阳市沈北新区虎石台镇建设路
…………Tel：024-88108811

中铁物资集团东北有限公司
地址：辽宁省沈阳市大东区东北大马路337号
…………Tel：024-88227169

辽宁中富环保产业集团有限公司
地址：辽宁省沈阳市大东区大北关街2号广乐大厦1205
…………Tel：024-88504202

沈阳有色金属加工有限公司
地址：辽宁省沈阳经济技术开发区冶金十路二号
…………Tel：024-89152522

三一重型装备有限公司
地址：辽宁省沈阳经济技术开发区开发大路25号
…………Tel：024-89318299

沈阳华美变压器制造有限公司
地址：辽宁省沈阳市沈北新区财落镇郎士屯
…………Tel：024-89650615

本溪北方轧钢有限公司
地址：辽宁省本溪市平山区北台镇北府路56号211室
…………Tel：024-42529221

葫芦岛市正浩实业有限公司
地址：辽宁省葫芦岛市龙港区龙警街2-24号楼2单元501
…………Tel：0411-56567108

葫芦岛市正浩港口开发建设有限公司
地址：辽宁省葫芦岛市龙港区龙警街2-24号楼2单元501
…………Tel：0411-60919668

大连新绿再生资源加工有限公司
地址：辽宁省大连长兴岛经济区新港村
…………Tel：0411-39110220

光大冶金发展（大连）有限公司
地址：辽宁省大连经济技术开发区大李家街道新建村下白屯98号
…………Tel：0411-39216688

中储能材料（大连）有限公司
地址：辽宁省大连经济技术开发区大李家街道大李村
…………Tel：0411-39216688

一重集团大连工程技术有限公司
地址：辽宁省大连经济技术开发区东北大街96号（自有）
…………Tel：0411-39243123

凯威塑胶工业有限公司
地址：辽宁省大连经济技术开发区铁山东路106号-1号1层
…………Tel：0411-39267888

大连嘉翔科技有限公司
地址：辽宁省大连保税区爱港路33号
…………Tel：0411-39269877

亚太能源交易中心（大连）有限公司
地址：辽宁省大连经济技术开发区小窑湾国际商务区42号路西侧1号
…………Tel：0411-39270999

大连世杰航空锻造有限公司
地址：辽宁省大连市金州区登沙河街道临港工业区
…………Tel：0411-39275720

大连怡和工业有限公司
地址：辽宁省大连保税区通港路5号-3
…………Tel：0411-39336673

大连船用阀门有限公司
地址：辽宁省大连高新技术产业园区七贤岭望贤街16号
…………Tel：0411-39753078

辽宁省冶金地质四〇一队有限责任公司
地址：辽宁省大连市金州区光明街道金钻路13号
…………Tel：0411-39957738

大连金重（旅顺）重工有限公司
地址：辽宁省大连市旅顺口区双岛湾街道山头村
…………Tel：0411-62497368

半岳波（大连）集团有限公司
地址：中国（辽宁）自由贸易试验区大连保税区海富路9-1号6560室
…………Tel：0411-62665088

国电电力发展股份有限公司
地址：辽宁省大连经济技术开发区黄海西路4号
…………Tel：0411-62675023

东北特殊钢集团股份有限公司
地址：辽宁省大连市金州区登沙河临港工业区河滨南路18号
…………Tel：0411-62693024

东北特钢集团大连精密合金有限公司
地址：辽宁省大连市金州区登沙河临港工业区河滨南路18号
…………Tel：0411-62697211

中冶北方（大连）工程技术有限公司
地址：中国（辽宁）自由贸易试验区大连经济技术开发区金窑路38-7-1号1层
…………Tel：0411-65891888

汉能能源（大连）有限公司
地址：辽宁省大连保税区中轻大厦2号楼207-067
…………Tel：0411-66776573

中北联（大连）石油化工有限公司
地址：辽宁省大连保税区自贸大厦813室
…………Tel：0411-87563323

大连雷雷石油化工有限公司
地址：辽宁省大连保税区国贸中心E座602-20
…………Tel：0411-66776573

大连锦泰天恒实业有限公司
地址：辽宁省大连市西岗区长春路358号305室
…………Tel：0411-82224223

美仕（大连）投资有限公司
地址：中国（辽宁）自由贸易试验区大连经济技术开发区金窑路38-7-1号1层（能源市场）
…………Tel：0411-82285215

大连兴工矿业有限公司
地址：辽宁省大连花园口经济区管委会所属写字楼7017房间
…………Tel：0411-82303866

东北中石油国际事业有限公司
地址：辽宁省大连保税区国际贸易中心E座1401室
…………Tel：0411-82353752

辽宁沈宏集团股份有限公司
地址：辽宁省大连市西岗区八一路175-183号
…………Tel：0411-82409012

辽宁成大钢铁贸易有限公司
地址：辽宁省大连保税区市场大厦315B
…………Tel：0411-82511178

中能立合石化（大连）有限公司
地址：辽宁省大连长兴岛经济区三堂中心街5-7号
…………Tel：0411-82588031

大连港万通物流有限公司
地址：辽宁省大连经济技术开发区五彩城F区3栋-9号
…………Tel：0411-82623345

大连三霖集团有限公司
地址：辽宁省大连高新技术产业园区高新街2号B座408室
…………Tel：0411-82636602

大连欣基准新材料科技有限公司
地址：辽宁省大连市沙河口区春柳街51号楼2单元6层1号
…………Tel：0411-82640350

净艾（大连）医药科技有限公司
地址：辽宁省大连金普新区三十里堡临港工业区管委会204室
…………Tel：0411-82691119

中恒能源开发（大连）有限公司
地址：辽宁省大连保税区海天路慧能大厦1304-2
…………Tel：0411-82737736

大连港航小额贷款股份有限公司
地址：辽宁省大连保税区新港商务大厦裙楼2楼05号
…………Tel：0411-82798507

辽宁省第六地质大队有限责任公司
地址：辽宁省大连市普兰店区国台街388号
…………Tel：0411-83190936

辽宁成大股份有限公司
地址：辽宁省大连市中山区人民路71号
…………Tel：0411-82511111

大连耀中贸易有限公司
地址：辽宁省大连长兴岛经济区何屯村（原何屯小学）
…………Tel：0411-84071609

卓远能源（大连）有限公司
地址：辽宁省大连保税区海天路慧能大厦33号13层1304A-8

…………Tel：0411-82950590

帕纳尔石化（大连）有限公司
地址：中国（辽宁）自由贸易试验区大连保税区海兴街60-1号959室
…………Tel：0411-84219998

大连船用推进器有限公司
地址：辽宁省大连市西岗区海防街1-1号
…………Tel：0411-84442866

大连船舶重工集团有限公司
地址：辽宁省大连市西岗区沿海街1号
…………Tel：0411-84482811

中国能源建设集团东北电力第二工程有限公司
地址：辽宁省大连市沙河口区黄浦路397号
…………Tel：0411-84752111

三达奥克化学股份有限公司
地址：辽宁省大连市高新技术产业园区龙头分园庆龙街51号
…………Tel：0411-84792289

大连富海特种新材料有限公司
地址：辽宁省大连市瓦房店三台乡娘娘宫村
…………Tel：0411-85661136

大连富力镍基新材料有限公司
地址：辽宁省大连市瓦房店市三台乡工业园区娘娘宫村王坎屯
…………Tel：0411-85661136

大连新钢集团有限公司
地址：辽宁省大连市甘井子区革镇堡街道后革街1号304室
…………Tel：0411-86426386

鞍钢集团大连科技创意有限公司
地址：辽宁省大连市甘井子区丰收路247号
…………Tel：0411-86597062

本钢集团大连耐火材料有限公司
地址：辽宁省大连市沙河口区西南路931号
…………Tel：0411-86658747

辽宁省第二水文地质工程地质大队有限责任公司
地址：辽宁省大连市甘井子区南关岭路8号
…………Tel：0411-86874638

大连华良企业集团有限公司
地址：辽宁省大连普湾新区石河街道钓鱼台村钓鱼台屯21-2
…………Tel：0411-87266177

大连伊联贸易有限公司
地址：辽宁省大连保税区市场大厦303D
…………Tel：0411-87310326

大连宝友金属制品有限公司
地址：辽宁省大连经济技术开发区湾里西街17号
…………Tel：0411-87333777

奥镁（大连）有限公司
地址：辽宁省大连经济技术开发区铁山中路61号
…………Tel：0411-87337788

大连天亿隆国际商贸有限公司
地址：辽宁省大连经济技术开发区东北七街7号-1
…………Tel：0411-87342299

大连浦项钢板有限公司
地址：辽宁省大连经济技术开发区鹏鸿街1号
…………Tel：0411-87515092

高丽焊接材料（大连）有限公司
地址：辽宁省大连经济技术开发区73号地
…………Tel：0411-87517780

鞍钢蒂森克虏伯汽车钢有限公司
地址：辽宁省大连经济技术开发区钢铁路68号
…………Tel：0411-87518888

辽宁省地质勘查院有限责任公司
地址：辽宁省大连市金州区光明街道五一路10号1-12层
…………Tel：0411-87815109

国粮粮食储备（大连）有限公司
地址：辽宁省大连市甘井子区西南路芳林园17号1单元10层1号
…………Tel：0411-88890805

福佳集团有限公司
地址：辽宁省大连市沙河口区中长东四街26号1单元1层1号001室
…………Tel：0411-88891866

国电电力大连庄河发电有限责任公司
地址：辽宁省庄河市黑岛镇冷家村
…………Tel：0411-89136021

大连安达船用螺旋桨有限公司
地址：辽宁省庄河市大连新兴产业经济区临港工业园66号
…………Tel：0411-89260777

庄河汇通村镇银行股份有限公司
地址：辽宁省庄河市黄海大街二段18号
…………Tel：0411-89727356

大连中煤国际贸易有限公司
地址：辽宁省大连保税区市场大厦423E
…………Tel：0411-95961691

鞍山银行股份有限公司
地址：辽宁省鞍山市铁东区五一路15号
…………Tel：0412-2214300

中特（鞍山）冶金焦耐工程科技有限公司
地址：辽宁省鞍山市铁西区解放西路629号
…………Tel：0412-2222291

辽宁省冶金地质四〇五队有限责任公司
地址：辽宁省鞍山市铁西区四方台路199号
…………Tel：0412-2222405

辽宁省冶金地质四〇二队有限责任公司
地址：辽宁省鞍山市铁东区鞍千路298甲号
…………Tel：0412-2229200

东北岩土工程勘察有限公司
地址：辽宁省鞍山市铁东区鞍千路298甲号
…………Tel：0412-2229200

鞍山市春霖信息技术咨询服务有限公司
地址：辽宁省鞍山市千山区宁远镇二台子村
…………Tel：0412-2236399

鞍山发蓝股份公司
地址：辽宁省鞍山千山区通海大道566号
…………Tel：0412-2322588

中商佰纳北方实业有限公司
地址：辽宁省鞍山市铁东区前进路1号
…………Tel：0412-2599359

辽宁中兴矿业有限公司
地址：辽宁省海城市八里镇王家坎村
…………Tel：0412-3248338

后英集团海城钢铁有限公司
地址：辽宁省海城市英落镇后英村
…………Tel：0412-3273515

海城市西洋钢铁有限公司
地址：辽宁省海城市兴海区铁西街
…………Tel：0412-3276666

海城广兴集团有限公司
地址：辽宁省海城市北关街震兴委
…………Tel：0412-3282295

辽宁海城金海村镇银行股份有限公司
地址：辽宁省海城市北顺城路4号
…………Tel：0412-3299200

海城辽海钢铁有限公司
地址：辽宁省鞍山市海城市腾鳌温泉管理区后房村
…………Tel：0412-3348980

海城辽南钢铁有限公司
地址：辽宁省鞍山市 海城市东四管理区大二村
…………Tel：0412-3348980

鞍山新铁特钢制造有限公司
地址：辽宁省鞍山市海城市腾鳌温泉管理区后房居委会
…………Tel：0412-3570499

辽宁鞍炼国际贸易有限公司
地址：辽宁省营口市鲅鱼圈区昆仑大街东昆仑三号
…………Tel：0412-4690808

辽宁鞍炼物流有限公司
地址：辽宁省鞍山市台安县台安镇台大路南工业园区
…………Tel：0412-4690988

辽宁鞍炼热电有限公司
地址：辽宁省鞍山市台安县台安镇台大路南工业园区
…………Tel：0412-4698003

辽宁缘泰石油化工有限公司
地址：辽宁省鞍山市台安县胜利西路工业园区
…………Tel：0412-4699015

辽宁天和科技股份有限公司
地址：辽宁省鞍山市台安县工业园区
…………Tel：0412-4870007

鞍山海量钛业有限公司
地址：辽宁省鞍山市台安县工业园区
…………Tel：0412-4876868

辽宁台安金安村镇银行股份有限公司
地址：辽宁省鞍山市台安县台安镇振兴路48号
…………Tel：0412-4930015

鞍山福瑞特金属制品有限公司
地址：辽宁省鞍山市台安县台安镇台大路南工业园区
…………Tel：0412-4835456

鞍山泰格金属制品有限公司
地址：辽宁省鞍山市台安县台安镇台大路南工业园区
…………Tel：0412-4936789

鞍山神龙腾达工贸有限公司
地址：辽宁省鞍山市台安县台安镇台大路南工业园区
…………Tel：0412-4936345

中钢集团鞍山热能研究院有限公司
地址：辽宁省鞍山市鞍千路301号
…………Tel：0412-5233388

鞍钢附属企业公司
地址：辽宁省鞍山市立山区北胜利路3号
…………Tel：0412-5237021

辽宁省冶金地质勘查研究院有限责任公司
地址：辽宁省鞍山市铁东区鞍千路298号
…………Tel：0412-5261199

鞍山锦泰实业有限公司
地址：辽宁省鞍山市千山区红旗南街6甲号612房间
…………Tel：0412-5291999

中冶焦耐工程技术有限公司
地址：辽宁省鞍山市千山中路153号
…………Tel：0412-5510225

中冶北方工程技术有限公司
地址：辽宁省鞍山市深峪路330号
…………Tel：0412-5535127

鞍山鞍钢东山酒店管理有限公司
地址：辽宁省鞍山市铁东区东风街108号
…………Tel：0412-5592252

鞍钢集团矿业有限公司
地址：辽宁省鞍山市铁东区二一九路39号
…………Tel：0412-5531229

中国冶金矿业鞍山冶金设计研究院有限责任公司
地址：辽宁省鞍山市高新区越岭路261号（研发中心F座）
…………Tel：0412-5644599

鞍山市铁东区钢都小额贷款有限公司
地址：辽宁省鞍山市铁东区明山街1栋1-2层5号、1-6号
…………Tel：0412-5831111

辽宁紫竹集团有限公司
地址：辽宁省鞍山市千山区鞍腾路555号
…………Tel：0412-5911658

鞍山市实宁科技发展有限公司
地址：辽宁省鞍山市铁西区通尊光电产业园7号楼
…………Tel：0412-5950666

鞍山宝得钢铁有限公司
地址：辽宁省鞍山市千山区鞍腾路1号
…………Tel：0412-6028855

鞍山泰工工程机械股份有限公司
地址：辽宁省鞍山市立山区灵山西路18号
…………Tel：0412-6223322

德邻陆港（鞍山）有限责任公司
地址：辽宁省鞍山市鞍刘路3号
…………Tel：0412-6353355

鞍钢重型机械有限责任公司
地址：辽宁省鞍山市立山区建国东路40甲
…………Tel：0412-6622267

鞍山钢铁集团公司矿渣开发公司
地址：辽宁省鞍山市鞍钢厂区内
…………Tel：0412-6753183

鞍钢集团有限公司
地址：辽宁省鞍山市铁东区东山街77号
…………Tel：0412-6723090

鞍山钢铁集团有限公司铁路运输分公司
地址：辽宁省鞍山市鞍钢厂区内
…………Tel：0412-6725757

鞍钢集团工程技术有限公司
地址：辽宁省鞍山市鞍钢厂区正门内
…………Tel：0412-6725997

鞍钢汽车运输有限责任公司
地址：辽宁省鞍山市铁东区和平路8号
…………Tel：0412-6729663

鞍山钢铁集团有限公司
地址：辽宁省鞍山市铁西区
…………Tel：0412-6734881

鞍钢股份有限公司
地址：中国辽宁省鞍山市铁西区鞍钢厂区
…………Tel：0412-6734881

鞍山钢铁集团耐火材料有限公司
地址：辽宁省鞍山市铁西区鞍钢厂区内
…………Tel：0412-6752101

鞍山钢铁冶金炉材科技有限公司
地址：辽宁省鞍山市铁西区环钢路1号（鞍钢厂区内）
…………Tel：0412-6754422

鞍钢钢绳有限责任公司
地址：辽宁省鞍山市立山区灵山红旗路32号
…………Tel：0412-6761517

鞍钢废钢资源（鞍山）有限公司
地址：辽宁省鞍山市立山区铁塔街10乙号
…………Tel：0412-6763866

鞍钢铸钢有限公司
地址：辽宁省鞍山市立山区红旗路26号
…………Tel：0412-6765107

辽宁沃源硼铁有限公司
地址：辽宁省鞍山市鞍山市岫岩满族自治县牧牛镇牧北村狼上组
…………Tel：0412-7782012

鞍山金诺矿产品有限公司
地址：辽宁省鞍山市岫岩满族自治县哈达碑镇大魏村
…………Tel：0412-7891966

鞍山兴华钢铁集团有限公司
地址：辽宁省海城市腾鳌镇福安村
…………Tel：0412-8308055

鞍山紫竹重型特钢有限公司
地址：辽宁省鞍山市海城市腾鳌镇周正街道办紫竹路555号
…………Tel：0412-8311011

鞍山源鑫钢铁有限公司
地址：辽宁省海城市腾鳌镇福安村
…………Tel：0412-7160009

辽宁北方钢铁交易有限公司
地址：辽宁省鞍山（达道湾）经济技术开发区（辽宁北方钢铁交易中心）
…………Tel：0412-8409000

鞍钢集团（鞍山）铁路运输设备制造有限公司
地址：辽宁省鞍山市千山区汤岗子泉东一街8号
…………Tel：0412-8772822

鞍山紫竹科技型钢有限公司
地址：辽宁省鞍山市千山区鞍腾路555号
…………Tel：0412-8928808

鞍山市和丰耐火材料有限公司
地址：辽宁省海城市腾鳌镇黄县村
…………Tel：0412-8936688

抚顺新钢铁有限责任公司
地址：辽宁省抚顺市望花区沈抚路18号（抚顺钢铁公司院内）
…………Tel：0413-56691366

抚顺钢铁公司
地址：辽宁省抚顺市望花区工农街
…………Tel：0413-56691446

抚顺新抚钢有限责任公司
地址：辽宁省抚顺市望花区沈抚路１８号
…………Tel：0413-56691446

抚顺铝厂
地址：辽宁省抚顺市望花区光明街
…………Tel：0413-53812102

辽宁螺丝漫医疗科技有限公司
地址：辽宁省抚顺市东洲区浑河南路（东段）12号院内（2）
…………Tel：0413-32997725

本溪钢铁（集团）机械制造有限责任公司
地址：辽宁省本溪市平山区振工路２０号
…………Tel：0414-47825635

本溪钢铁（集团）建设有限责任公司
地址：辽宁省本溪市平山区水塔路八号
…………Tel：0414-42175053

丹东曙光汽车贸易有限责任公司
地址：辽宁省丹东市振兴区花园路51-18号
…………Tel：0415-2251718

丹东中汇土地开发整理有限公司
地址：辽宁省丹东市滨江西路8号楼706室
…………Tel：0415-2357890

辽宁金佳电线电缆有限公司
地址：辽宁省丹东市金泉工业区仁川团地5B41L（丹东产业园区）
…………Tel：0415-3106777

辽宁丰元天利农业生产资料有限公司
地址：辽宁省丹东环保产业园A-13号楼4楼411室
…………Tel：0415-3168145

辽宁省有色地质一〇三队有限责任公司
地址：辽宁省丹东市振兴区地质路452号
…………Tel：0415-6228913

辽宁众邦能源装备有限公司
地址：辽宁省丹东市临港产业园区港口工业园区09-17号
…………Tel：0415-6681312

辽宁凤辉实业集团有限公司
地址：辽宁省凤城市鸡冠山镇袁家沟村
…………Tel：0415-6815555

辽宁首钢硼铁有限责任公司
地址：辽宁省凤城市迎宾街65号
…………Tel：0415-6868813

东港晟威矿业股份有限公司
地址：辽宁省丹东市东港市长安镇三级台村
…………Tel：0415-7128113

本钢不锈钢冷轧丹东有限责任公司
地址：辽宁省丹东临港产业园区临港工业东区
…………Tel：0415-7869015

凤城市黄金（集团）有限公司
地址：辽宁省凤城市凤凰城办事处迎宾街６５号
…………Tel：0415-8123605

辽宁凤城农村商业银行股份有限公司
地址：辽宁省凤城市凤凰大街27号
…………Tel：0415-8123939

辽宁国测黄金股份有限公司
地址：辽宁省凤城市青城子镇林家村四组尖山1号
…………Tel：0415-8528468

锦州矿山机器（集团）有限公司
地址：辽宁省锦州经济技术开发区玉山路22号
…………Tel：0416-2812717

宝钛华神钛业有限公司
地址：辽宁省锦州市太和区女儿河乡前白村
…………Tel：0416-3094966

辽宁嘉合精细化工有限公司
地址：辽宁省锦州经济技术开发区雁荡山路5号
…………Tel：0416-3793321

锦州信德投资有限公司
地址：辽宁省锦州市太和区中央南街名购广场A-17、18、19、20号
…………Tel：0416-3809777

锦州麦多嘉商贸有限公司
地址：辽宁省锦州市太和区解放西路71号A座208-2室
…………Tel：0416-5012300

锦州永杉锂业股份有限公司
地址：辽宁省凌海市大有乡双庙农场
……Tel：0416-5086186
辽宁新华龙大有钼业有限公司
地址：辽宁省锦州市凌海市大有乡双庙农场
……Tel：0416-5086125
辽宁天桥新材料科技股份有限公司
地址：辽宁省锦州经济技术开发区天山路一段50号
……Tel：0416-5086180
锦州鑫河矿业有限公司
地址：辽宁省锦州经济技术开发区昆仑山路2号
……Tel：0416-5160601
辽宁瑞德公路科技有限公司
地址：辽宁省锦州市北镇市沟帮子镇铁南社区原六七三厂东侧906-67-1339
……Tel：0416-6662534
锦州中信钛业有限公司
地址：辽宁省锦州市太和区合金北里6号
……Tel：0416-7182721
中信锦州金属股份有限公司
地址：辽宁省锦州市太和区合金里５９号
……Tel：0416-7186666
锦州铬铁冶金技术有限公司
地址：辽宁省锦州经济技术开发区天山路北
……Tel：0416-7186666
锦州丰安实业有限责任公司
地址：辽宁省锦州市义县九道岭镇四方台村
……Tel：0416-7237005
锦州兴和金属有限公司
地址：辽宁省锦州市义县头台乡三台村
……Tel：0416-7573799
锦州沈宏实业集团有限公司
地址：辽宁省凌海市沈家台镇
……Tel：0416-8840113
辽宁红运物流（集团）有限公司
地址：辽宁省营口市鲅鱼圈区日月大道13号
……Tel：0417-2199968
营口阿斯创矿产资源有限公司
地址：辽宁（营口）沿海产业基地新联大街东一号
……Tel：0417-2927838
辽宁鸿鹏恒业实业有限公司
地址：中国（辽宁）自由贸易试验区营口片区澄湖西路91-66号（总部2号楼703号房间）
……Tel：0417-2968887
五矿（营口）产业园发展有限公司
地址：辽宁省营口市民生路28-3-301号
……Tel：0417-2985020
五矿（营口）产业园房地产开发有限公司
地址：辽宁省营口市民生路28-3-501号
……Tel：0417-2985098
营口能源有限公司
地址：辽宁省营口大石桥市永安镇永安（砀石山）村
……Tel：0417-3173333
营口润达新材料有限公司
地址：辽宁省营口大石桥有色金属(化工)园区
……Tel：0417-3199668
营口京华钢铁有限公司
地址：辽宁省营口市老边区冶金街冶金里
……Tel：0417-3256858
石钢京诚装备技术有限公司
地址：辽宁(营口)沿海产业基地管委会新联大街东1号
……Tel：0417-3257618
日钢营口中板有限公司
地址：辽宁省营口市老边区冶金街冶金里
……Tel：0417-3256022
营口宝明燃气有限责任公司
地址：辽宁省营口市老边工业园区钢铁工业产业区
……Tel：0417-3260107
辽宁亮砾矿产有限公司
地址：辽宁省营口市站前区渤海大街东108号
……Tel：0417-3350087
营口凯特瑞恩商贸有限公司
地址：中国（辽宁）自由贸易试验区营口市渤海大街西93号117-186
……Tel：0417-3558887
辽宁营口环渤海钢材物流有限公司
地址：辽宁省营口市老边区路南镇钢铁村
……Tel：0417-3581000
辽宁营口环渤海融资担保有限公司
地址：辽宁省营口市老边区路南镇钢铁村
……Tel：0417-3581111
营口沿海开发建设集团有限公司
地址：辽宁省营口市西市区民生路28-3-415号
……Tel：0417-3888399
辽宁沿海产业开发有限公司
地址：辽宁（营口）沿海产业基地新联大街东1号
……Tel：0417-3888423
辽宁军创实业有限公司
地址：中国（辽宁）自由贸易试验区营口市渤海大街西93号301-131
……Tel：0417-3888566
华君能源有限公司
地址：辽宁省营口老边区老边大街东11号
……Tel：0417-3904868
华君能源贸易（营口）有限公司
地址：辽宁省营口市金牛山大街东28天辅圣堡B3座1001室
……Tel：0417-55155301
营口嘉晨燃化有限公司
地址：辽宁省营口市老边区老边大街东31号
……Tel：0417-3928888
营口钢铁有限公司
地址：辽宁省营口市老边区嘉晨大道1号
……Tel：0417-3933333
营口国邦诚达实业有限公司
地址：辽宁省营口市西市区金牛山大街西98号
……Tel：0417-4848020
辽宁瑞华实业集团有限公司
地址：辽宁省营口市西市区青花大街西112号
……Tel：0417-4869649
辽宁托田铝业有限公司
地址：辽宁省营口大石桥市旗口镇红东村
……Tel：0417-5062855
营口兴福化工有限公司
地址：辽宁省营口大石桥有色金属（化工）园区
……Tel：0417-5201666
辽宁丰华实业有限公司
地址：辽宁省营口南楼经济开发区西江村
……Tel：0417-5259329
营口申东再生资源有限公司
地址：辽宁省营口大石桥经济开发区有色园区
……Tel：0417-5260181
营口盛海化工有限公司
地址：辽宁省营口南楼经济开发区高庄村
……Tel：0417-5287075
华君集团（营口）有限公司
地址：辽宁省营口市新鞍钢路北侧沙河大街东侧新兴产业发展中心1号楼
……Tel：0417-55155301
辽宁金禹实业有限公司
地址：辽宁省营口市鲅鱼圈区鹊鸣湖科技产业园新兴产业发展中心1号楼
……Tel：0417-5519503
营口大益矿产品有限公司
地址：辽宁省大石桥市虎庄镇虎庄村
……Tel：0417-5535567
辽宁省第五地质大队有限责任公司
地址：辽宁省营口大石桥市长征街哈大中路14号
……Tel：0417-5665248
营口晓庆矿产品有限公司
地址：辽宁省营口大石桥市官屯镇两寨村
……Tel：0417-5671166
营口和平三华矿产有限公司
地址：辽宁省大石桥市和平村
……Tel：0417-5876272
大石桥市中宁冶金矿产有限责任公司
地址：辽宁省营口大石桥市钢都管理区新民屯村
……Tel：0417-5900266
辽宁大仓储运有限公司
地址：辽宁省营口市鲅鱼圈区芦屯镇范屯村
……Tel：0417-6158828
中丝辽宁化工物流有限公司
地址：辽宁省营口仙人岛能源化工区
……Tel：0417-6175539
英格瓷电熔矿产（营口）有限公司
地址：辽宁省营口市鲅鱼圈区望海工业区
……Tel：0417-6191271
营口兆一物产有限公司
地址：辽宁省营口市鲅鱼圈区01-港房产临天山大街2#网点楼-13#门市
……Tel：0417-6210111
营口中宏发展供应链有限公司
地址：辽宁省营口市鲅鱼圈区18-北方国际钢铁服务中心-205室
……Tel：0417-6250502
长城石化（营口）有限公司
地址：辽宁省营口市鲅鱼圈区09-鲅鱼圈海关办公楼（营口港1号门物贸中心东楼418室）
……Tel：0417-6255673
辽宁港湾金融控股集团有限公司
地址：辽宁省沈阳经济技术开发区开发二十五号路91-B62号
……Tel：0417-6260502
营口港务集团贸易有限公司
地址：辽宁省营口市经济技术开发区营港路1号
……Tel：0417-6264797
营口新港矿石码头有限公司
地址：辽宁省营口市鲅鱼圈区新港大路1号（营口港股份有限公司办公楼）
……Tel：0417-6269443
营口市鞍钢水业有限公司
地址：辽宁省营口市鲅鱼圈绿色工业园61号
……Tel：0417-6272400
辽宁丰华发展集团营口农业融资担保有限公司
地址：辽宁省大石桥市石桥街石福里
……Tel：0417-6951196
埃斯（中国）钢结构有限公司
地址：辽宁省营口仙人岛能源化工区中小企业园
……Tel：0417-8200055
鞍钢营口港务有限公司
地址：辽宁省营口市鲅鱼圈区北部工业区（营口鞍钢国际货运代理有限公司三楼）
……Tel：0417-8686312
辽宁省东煤地质一〇七队有限责任公司
地址：辽宁省阜新市细河区工业街14-6号
……Tel：0418-2817732
辽宁省第四地质大队有限责任公司
地址：辽宁省阜新市细河区四合大街329-30号
……Tel：0418-2980410
辽宁远东铜业有限公司
地址：辽宁省阜新县建新路西段北侧
……Tel：0418-3590008
阜新顶世商贸有限公司
地址：辽宁省阜新高新技术产业园区东环路外62-111
……Tel：0418-3712391
阜新市生态环境建设投资（集团）有限公司
地址：辽宁省阜新市开发区育红路38号
……Tel：0418-3712705
辽宁大唐国际阜新煤制天然气有限责任公司
地址：辽宁省阜新市新邱区永兴路1号
……Tel：0418-5539102
巴新铁路有限责任公司
地址：辽宁省阜新市新邱区北部街道西部小街东
……Tel：0418-5697777
阜新中天钢铁有限公司
地址：辽宁省阜新市海州区平西工业园区
……Tel：0418-6327779
阜新华通管道有限公司
地址：辽宁省阜新高新技术产业开发区开发大街3-2号
……Tel：0418-6533981
阜新中宝能源有限责任公司
地址：辽宁省阜新市海州区中华路８９号
……Tel：0418-6548011
阜新矿业（集团）有限责任公司
地址：辽宁省阜新市海州区中华路８９号
……Tel：0418-6548011
阜新力达钢铁铸造有限公司
地址：辽宁省阜新蒙古族自治县阜新镇赵大把营子村
……Tel：0418-8313888
阜新力昌钢铁铸造有限公司
地址：辽宁省阜新市阜新蒙古族自治县阜新镇赵大把营子村
……Tel：0418-8897668
辽宁省冶金地质四〇四队有限责任公司
地址：辽宁省辽阳市太子河区地质路8号1-5层
……Tel：0419-2303506
辽宁沈煤红阳热电有限公司
地址：辽宁省辽阳市灯塔市西马峰镇
……Tel：0419-2722518
辽阳天瑞水泥有限公司
地址：辽阳市文圣区高山街9号
……Tel：0419-3163663
辽阳铁合金有限责任公司
地址：辽宁省辽阳市太子河区振兴路21号
……Tel：0419-3303917
辽宁程威塑料型材有限公司
地址：辽阳市宏伟区曙光镇徐家村
……Tel：0419-3368061
辽宁澎辉铸业有限公司
地址：辽宁省辽阳市辽阳县刘二堡镇喇叭村
……Tel：0419-3409988
辽阳联合钢铁有限公司
地址：辽宁省辽阳市辽阳县刘二堡镇喇叭村
……Tel：0419-3409977
辽宁一水云天温泉文化度假酒店有限公司
地址：辽阳市弓长岭区汤河镇柳河村42号
……Tel：0419-3503299
辽宁浩霆实业发展有限公司
地址：辽宁省辽阳市宏伟区宏伟路东星火街北侧
……Tel：0419-3697542
辽宁禄慷实业发展有限公司
地址：辽宁省辽阳市宏伟区宏伟路东星火街北侧
……Tel：0419-3697542
辽宁腾华塑料有限公司
地址：辽阳市宏伟区曙光镇徐家村
……Tel：0419-4155582
鞍钢集团矿业弓长岭有限公司铁路运输分公司
地址：辽阳市弓长岭区苏家街
……Tel：0419-5627742
辽宁鸿达电碳有限公司
地址：辽宁省辽阳市辽阳县碳素、钢铁精深加工产业园区兴刘路11号
……Tel：0419-7144888
辽阳钢铁有限公司
地址：辽宁省辽阳市辽阳县刘二堡镇经济开发区
……Tel：0419-7169568
辽阳辽东农村商业银行股份有限公司
地址：辽宁省辽阳市辽阳县首山镇辽鞍路63栋3-1号
……Tel：0419-7172314
辽阳县农村信用合作联社
地址：辽宁省辽阳县辽鞍路
……Tel：0419-7172314
辽鞍机械股份有限公司
地址：辽宁省辽阳市辽阳县辽鞍路99号
……Tel：0419-7375005
辽宁华信钢铁共性技术创新科技有限公司
地址：辽宁省辽阳市辽阳县兴隆镇刘三家村
……Tel：0419-7472789
辽宁和畅电子材料科技有限公司
地址：辽宁省辽阳市辽阳县首山镇朝阳街5号
……Tel：0419-7575661
辽宁铜业集团有限公司
地址：辽宁省辽阳县首山镇朝阳街５号
……Tel：0419-7575700
辽宁辽鞍工程机械有限公司
地址：辽宁省辽阳市辽阳县首山镇辽鞍路89-1号
……Tel：0419-7675888
辽阳县金鑫小额贷款股份有限公司
地址：辽宁省辽阳市辽阳县首山镇人民街82-1栋2号
……Tel：0419-7976022
辽宁亿丰钢铁有限公司
地址：辽宁省辽阳市灯塔市古城街道邵二台村
……Tel：0419-8589000
朝阳天翼国基新材料有限公司
地址：辽宁省朝阳经济技术开发区
……Tel：0421-2205551
凌源日兴矿业有限公司
地址：辽宁省凌源市刀尔登镇柏杖子村
……Tel：0421-2397016
朝阳安平集团物业管理有限公司
地址：辽宁省朝阳市双塔区朝阳大街三段60号
……Tel：0421-2610069
朝阳银行股份有限公司
地址：辽宁省朝阳市双塔区朝阳大街三段4号
……Tel：0421-2632275
朝阳中鞍水务有限公司
地址：辽宁省朝阳市龙城区西大营子镇中涝村
……Tel：0421-3305189
鞍钢集团朝阳钢铁有限公司
地址：辽宁省朝阳市龙城区西大营子
……Tel：0421-3330113
凌钢股份北票钢管有限公司
地址：辽宁省北票经济开发区冶金工业园区
……Tel：0421-5151651
朝阳正野精工制造有限公司
地址：辽宁省朝阳北票经济开发区环保装备产业园区
……Tel：0421-5522888
朝阳昊天有色金属有限公司
地址：辽宁省朝阳市朝阳县木头城子镇姚杖子村
……Tel：0421-6617608
朝阳昊融国际贸易有限公司
地址：辽宁省朝阳市朝阳县木头城子镇姚杖子村
……Tel：0421-6617608
凌源钢铁股份有限公司
地址：辽宁省凌源市钢铁路３号
……Tel：0421-6838186
凌源钢铁国际贸易有限公司
地址：辽宁省朝阳市双塔区金沟村11C号三层
……Tel：0421-6838185
凌源钢铁集团有限责任公司
地址：辽宁省凌源市钢铁路3号
……Tel：0421-6838178
朝阳天翼新城镇建设发展有限公司
地址：辽宁省朝阳市龙城区长江路五段74号

……Tel：0421-6838385

凌源钢铁热电有限责任公司
地址：辽宁省凌源市莫胡店（凌钢热电综合楼）
……Tel：0421-6838821

凌源傲翼新能源有限公司
地址：辽宁省凌源市钢铁路3号
……Tel：0421-6838972

凌源市华远再生资源有限公司
地址：辽宁省朝阳市凌源市红山街道办事处庙东村一组
……Tel：0421-6975333

辽宁省第三地质大队有限责任公司
地址：辽宁省朝阳市双塔区长江路四段29号
……Tel：0421-7196001

辽宁省有色地质一〇九队有限责任公司
地址：辽宁省朝阳市双塔区朝阳大街四段85号
……Tel：0421-7251310

盘锦和运新材料有限公司
地址：辽宁省盘锦辽东湾新区（大洼县荣兴农场20901184号）
……Tel：0427-2259170

东跃建设有限公司
地址：辽宁省盘锦市兴隆台区辽河中路59号
……Tel：0427-2882899

辽宁盘山新城热力有限公司
地址：辽宁省盘锦市盘山县太平镇杜家村17—86—60
……Tel：0427-3133808

富象油气技术服务有限公司
地址：辽宁省盘锦经济开发区石油高新园
……Tel：0427-3225588

辽宁兴润金控投资股份有限公司
地址：辽宁省盘锦市兴隆台区石油大街125号
……Tel：0427-3233700

盘锦恒祺控股集团有限责任公司
地址：辽宁省盘锦辽东湾新区直方街北、庆誉路东101创业孵化中心办公楼401室
……Tel：0427-3400675

盘锦辽滨鑫诚物流有限公司
地址：辽宁省盘锦辽东湾新区一号路北盘锦辽滨鑫诚开发建设有限责任公司办公楼8层
……Tel：0427-3402166

辽宁东禹防水科技集团有限公司
地址：辽宁省盘锦市兴隆台区兴盛街道大岗子211103017206000l
……Tel：0427-5840055

辽宁港鑫凤凰通讯工程有限公司
地址：辽宁省盘锦市兴隆台区兴隆小区1－57－36－1－101
……Tel：0427-7022356

辽河石油勘探局有限公司物资分公司
地址：辽宁省盘锦市兴隆台区渤海街供应委
……Tel：0427-7811792

辽宁东宝实业集团有限公司
地址：辽宁省葫芦岛经济开发区北港工业园区
……Tel：0429-3377088

葫芦岛锌业股份有限公司
地址：辽宁省葫芦岛市龙港区锌厂路２４号
……Tel：0429-2026114

中冶葫芦岛有色金属集团有限公司
地址：辽宁省葫芦岛市龙港区锌厂路２４号
……Tel：0429-2026114

葫芦岛斯里巴加湾钢铁进出口贸易有限公司
地址：辽宁省葫芦岛市龙港区北港工业园区三号路北侧
……Tel：0429-2065500

葫芦岛克拉克五金矿产进出口有限公司
地址：辽宁省葫芦岛市龙港区锦葫路76号
……Tel：0429-2065818

辽宁复霈国际贸易有限公司
地址：辽宁省葫芦岛市龙港区海辰路龙謦街龙湾花园17楼东面
……Tel：0429-2190134

宏运石化有限公司
地址：辽宁省葫芦岛市龙港区锦葫路41号楼
……Tel：0429-2191080

宏运国际贸易有限公司
地址：辽宁省葫芦岛市龙港区锦葫路41号楼
……Tel：0429-2191080

锦西化工机械集团有限公司
地址：辽宁省葫芦岛市连山区化机路２５号
……Tel：0429-2980882

葫芦岛银行股份有限公司
地址：辽宁省葫芦岛市龙港区龙湾大街33号
……Tel：0429-3103033

辽宁亨兆贸易有限公司
地址：辽宁省葫芦岛市连山区渤海农资17-1-2、3号
……Tel：0429-3300999

中核北方铀业有限公司
地址：辽宁省葫芦岛市龙港区海辰路25号
……Tel：0429-3507716

辽宁渤海水泥集团葫芦岛房屋开发有限公司
地址：辽宁省葫芦岛市连山区铁北路39－4号楼A
……Tel：0429-3878160

辽宁南票电厂
地址：辽宁省葫芦岛市南票区沙锅屯街总库里１号
……Tel：0429-3940207

葫芦岛锌冶炼有限公司
地址：辽宁省葫芦岛杨家杖子经济开发区
……Tel：0429-4403074

葫芦岛市进出口贸易集团有限公司
地址：辽宁省葫芦岛市龙港区龙程街8号2楼206室
……Tel：0429-5726003

葫芦岛宏跃集团有限公司
地址：辽宁省葫芦岛市绥中县绥中镇六股河桥西
……Tel：0429-6120448

绥中发电有限责任公司
地址：辽宁省葫芦岛市龙港区龙湾大街海月路５号
……Tel：0429-6612023

葫芦岛八家矿业股份有限公司
地址：辽宁省葫芦岛市建昌县八家子镇
……Tel：0429-3763690

吉林省

长春传化公路港物流有限公司
地址：吉林省长春市二道区四通路7043号
……Tel：0431-80528007

中国吉林国际合作（集团）股份有限公司
地址：吉林省珲春合作区8#小区
……Tel：0431-81071263

吉林森工集团投资有限公司
地址：吉林省长春市净月开发区生态大街3777号明宇金融广场A3栋6层601室
……Tel：0431-81080221

吉林中泽昊融集团有限公司
地址：吉林省长春市净月开发区生态东街3330号
……Tel：0431-81155216

长春红忠钢材加工有限公司
地址：吉林省长春市高新区超越大街2389号
……Tel：0431-81173800

吉林通达建设投资有限公司
地址：吉林省长春市南关区人民大街10606号东北亚国际金融中心3号楼533号房
……Tel：0431-81803371

长春东北金属交易中心有限公司
地址：吉林省长春九台经济开发区省道101八公里处南侧
……Tel：0431-81851802

长春兴隆综合保税区投资建设集团有限公司
地址：吉林省长春市经济开发区兴隆综合保税区联检大楼304室
……Tel：0431-81880043

长春伍陆柒捌集团有限公司
地址：吉林省长春市高新区卓越大街881号
……Tel：0431-81904062

吉林和信农业发展有限公司
地址：吉林省长春市二道区自由大路5755号
……Tel：0431-81911399

中国电建集团长春发电设备有限公司
地址：吉林省长春市经济开发区宾西街1743A号
……Tel：0431-81966757

五矿新港长春钢材加工有限公司
地址：吉林省长春汽车经济技术开发区首善西街194号
……Tel：0431-82023097

吉林省宇光营城矿业有限公司
地址：吉林省长春市九台市工农大街217号
……Tel：0431-82333050

长春市中澳城物流有限公司
地址：吉林省长春九台经济开发区省道101八公里南侧
……Tel：0431-82563316

吉林省嘉泰道路运输集团有限公司
地址：吉林省长春市宽城区鞍山路与利国街交汇利国街1号
……Tel：0431-82605333

榆树市融兴城市开发有限公司
地址：吉林省长春市榆树市府前路（畜牧局五楼）
……Tel：0431-83699009

中粮生化能源（榆树）有限公司
地址：吉林省长春市五棵树经济开发区东风大街1号
……Tel：0431-83827205

中建材矿业吉林有限公司
地址：吉林省长春市经济技术开发区东环城路8518号
……Tel：0431-84690067

中建材资源与环境工程吉林有限公司
地址：吉林省长春市经济技术开发区东环城路8518号
……Tel：0431-84690068-8012

吉林亚泰（集团）股份有限公司
地址：吉林省长春市吉林大路1801号
……Tel：0431-84951401

吉林省纺织品进出口公司
地址：吉林省长春市自由大路68号
……Tel：0431-85576796

吉林省德立智能科技有限公司
地址：吉林省长春市汽车产业开发区自达大街369号
……Tel：0431-85788869

长春宝钢钢材贸易有限公司
地址：吉林省长春汽车经济技术开发区丰越大路442号
……Tel：0431-85981112

中国吉林森林工业集团有限责任公司
地址：吉林省长春市人民大街4036号
……Tel：0431-88480430

吉林森林工业股份有限公司
地址：吉林省长春市硅谷大街4000号
……Tel：0431-88480574

吉林通钢国际贸易有限公司
地址：吉林省长春市南关区亚泰大街3218号
……Tel：0431-88623344

通化钢铁集团进出口有限公司
地址：吉林省通化四浑公路（通化经济开发区冶金产业园区）
……Tel：0431-88623358

吉林省国华物流集团有限公司
地址：吉林省长春市人民大街5225号
……Tel：0431-88905955

吉林省吉森丰华矿业集团有限责任公司
地址：吉林省长春市解放大路1562号中吉大厦19层
……Tel：0431-88912100

长春现代农业产业建设有限公司
地址：吉林省长春市经济开发区吉林大路6188号503室
……Tel：0431-89546081

吉林省煤业集团有限公司
地址：吉林省长春市高新开发区硅谷大街3988号
……Tel：0431-89683080

吉林松花江热电有限公司
地址：吉林市吉林经济技术开发区新力路1号
……Tel：0432-62705911

吉林铁合金股份有限公司
地址：吉林省吉林市昌邑区和平街21号
……Tel：0432-62707163

吉林铁合金有限责任公司
地址：吉林省吉林市昌邑区和平街21号
……Tel：0432-62707163

吉林铁合金集团有限责任公司
地址：吉林省吉林市昌邑区和平街21号
……Tel：0432-62707163

吉林省固体废物处理有限责任公司
地址：吉林省吉林市龙潭区大砬子村二队
……Tel：0432-63136206

吉林化纤集团有限责任公司
地址：吉林省吉林市九站街516－1号
……Tel：0432-63502136

吉林中新食品区华兴资产运营开发管理有限公司
地址：吉林省吉林市永吉县吉林中新食品区创新创业孵化基地服务中心办公楼301室
……Tel：0432-65012503

磐石华兴汽车零部件制造有限公司
地址：吉林省吉林市磐石市明城镇工农街
……Tel：0432-65048152

吉林恒联精密铸造科技有限公司
地址：吉林省吉林市磐石市明城镇胜利街
……Tel：0432-65048406

苏宁环球股份有限公司
地址：吉林省长春市经济技术开发区九站街718号
……Tel：0432-65128888

吉林昊融集团股份有限公司
地址：吉林省磐石市红旗岭镇红旗大街54号
……Tel：0432-65610568

吉林吉恩镍业股份有限公司
地址：吉林省磐石市红旗岭镇
……Tel：0432-65610653

吉林亚泰明城水泥有限公司
地址：吉林省磐石市明城镇矿山街
……Tel：0432-65721018

通化钢铁集团磐石无缝钢管有限责任公司
地址：吉林省磐石市烟筒山镇红星街
……Tel：0432-65816521

通化钢铁集团桦甸矿业有限责任公司
地址：吉林省吉林市桦甸市夹皮沟镇
……Tel：0432-66731363

通钢集团吉林市焊管有限责任公司
地址：吉林省吉林市丰满区沿丰街吉丰东路198号
……Tel：0432-66962635

吉林省拉法山国家森林公园股份有限公司
地址：吉林省蛟河市河北街世纪路106号
……Tel：0432-67270076

吉林市鑫海实业有限公司
地址：吉林省吉林市致远街320号
……Tel：0432-68098686

国家电投集团吉林能源投资有限公司
地址：吉林省长春市工农大路50号
……Tel：0432-69921007

吉林金池矿产开发有限公司
地址：吉林省长春市二道区东盛大街666号万科蓝山项目E－10幢1单元1901号房
……Tel：0433-2500803

吉林天池矿业股份有限公司
地址：吉林省延边朝鲜族自治州和龙市颖文街272号(文惠二区)
……Tel：0433-2500803

吉林瀚丰矿业科技有限公司
地址：吉林省延边朝鲜族自治州龙井市老头沟镇天宝山社区
……Tel：0433-3528688

延边州东日养老产业发展有限公司
地址：吉林省延边朝鲜族自治州延吉市长白山东路1001号
……Tel：0433-4398387

吉林紫金铜业有限公司
地址：吉林省延边州珲春市边境经济合作区18号小区
……Tel：0433-5095302

珲春金地矿业股份有限公司
地址：吉林省延边州珲春边境经济合作区6#小区
……Tel：0433-5095326

珲春紫金矿业有限公司
地址：吉林省延边州珲春市边境经济合作区18号小区
……Tel：0433-5095332

吉林省吉顺矿产投资有限公司
地址：吉林省长春市人民大街7088号伟峰国际商务广场1906室
……Tel：0433-8017728

通钢集团四平钢铁制品有限公司
地址：吉林省四平市铁东区幸福路599号
……Tel：0434-3525809

四平昊华化工有限公司
地址：吉林省四平市铁东区北二经街936号
……Tel：0434-3536121

吉林金钢钢铁股份有限公司
地址：吉林省四平市铁西区红嘴路18号
……Tel：0434-6060700

公主岭市岭富汇融投资发展集团有限公司
地址：吉林省公主岭市公主大街东99号
……Tel：0434-6092015

吉林吉长电力有限公司
地址：吉林省四平市四平经济开发区开发区大路286号
……Tel：0434-6182021

黄龙食品工业有限公司
地址：吉林省长春市人民大街113－1号
……Tel：0434-6281680

公主岭市鸿丰物流有限公司
地址：吉林省公主岭市陶家屯镇人民政府二楼
……Tel：0434-6715222

公主岭市大岭建设投资有限责任公司
地址：吉林省公主岭市大岭镇镇政府办公楼内
……Tel：0434-6780005

通化金刚冶金渣综合利用有限公司
地址：吉林省通化市利民路1088号
……Tel：0435-3522333

通化信通投资控股集团有限公司
地址：吉林省通化市东昌区新桥路223号
……Tel：0435-3658910

吉林通钢冷轧板有限公司
地址：吉林省通化市二道江区东盛路14号
……Tel：0435-3772981

吉林恒诚建筑安装工程有限公司
地址：吉林省通化市二道江区东华路17号
……Tel：0435-3773680

通化热电有限责任公司
地址：吉林省通化市东通化街东明路868号
……Tel：0435-3783019

通化钢铁股份有限公司
地址：吉林省通化市东胜路255号
……Tel：0435-3793130

通化钢铁集团有限责任公司
地址：吉林省长春市亚泰大街3218号
……Tel：0435-3793130

信通物产（集团）有限公司
地址：吉林省通化市通化开发区四浑公路077－1号214室

……Tel：0435-5055688
吉林通钢金属资源有限责任公司
地址：吉林省通化市二道江区东华路1号
……Tel：0435-5063456
辉南轧钢有限责任公司
地址：吉林省通化市辉南县朝阳镇西朝阳大街63号
……Tel：0435-8218767
吉林省鸿丰物流有限公司
地址：吉林省通化市辉南经济开发区
……Tel：0435-8279958
吉林梅花氨基酸有限责任公司
地址：吉林省白城工业园区珠江路南，云海街西
……Tel：0436-3203987
白城农村商业银行股份有限公司
地址：吉林省白城市中兴西大路42号
……Tel：0436-3344435
白城市富达棒材轧制有限公司
地址：吉林省白城工业园区珠江路南
……Tel：0436-3511328
辽源矿业（集团）有限责任公司
地址：吉林省辽源市西安区东梅街8号
……Tel：0437-5036000
吉林麦达斯铝业有限公司
地址：吉林省辽源市南二环路728号
……Tel：0437-6669700
吉林鑫达钢铁有限公司
地址：吉林省辽源市东丰县横道河镇
……Tel：0437-6752010
吉林京东管业有限公司
地址：吉林省辽源市东丰县横道河镇
……Tel：0437-6752010
吉林松发众诚石化资源开发有限公司
地址：吉林省松原经济技术开发区沿江西路2555号
……Tel：0438-2196015
松原吉安生化有限公司
地址：吉林省松原经济技术开发区江南工业园区
……Tel：0438-5058400
吉林鑫基矿业有限公司
地址：吉林省白山市三道沟镇大路村办公楼三楼
……Tel：0439-3235177
白山市浑江区胜利煤业有限公司
地址：吉林省白山市浑江区六道江镇胜利一村（开发区）
……Tel：0439-3524888
白山市易达资源投资开发有限公司
地址：吉林省白山市浑江区翠柏路5号，白山市环境保护监测站105室（江北开发区）
……Tel：0439-3299020
吉林万盛矿业有限公司
地址：吉林省白山市长白县八道沟镇大蛤蟆川村000101
……Tel：0439-3335377
吉林国泰矿业有限公司
地址：吉林省白山市长白县八道沟镇大蛤蟆川村000101
……Tel：0439-3335377
通化钢铁集团板石矿业有限责任公司
地址：吉林省白山市浑江区板石镇（开发区）
……Tel：0439-3391612
吉林省湾沟林业局
地址：吉林省白山市江源区湾沟镇
……Tel：0439-3616205
白山经济开发区新区投资开发有限公司
地址：吉林省白山市靖宇县靖松铁路西靖姜公路北企业上市培育基地301室
……Tel：0439-5105177
白山市天安金属镁矿业有限公司
地址：吉林省白山市浑江区中国镁谷园区1号
……Tel：0439-5117855
临江市投资集团有限公司
地址：吉林省临江市新市街长兴1号综合楼南侧
……Tel：0439-5210919
临江益瑞石硅藻土有限公司
地址：吉林省临城工业区
……Tel：0439-5228474
通化钢铁集团大栗子矿业有限责任公司
地址：吉林省临江市大栗子镇
……Tel：0439-5727777
通化矿业（集团）有限责任公司
地址：吉林省白山市浑江区建设街66号
……Tel：0439-6161171
长白赛力特硅藻土有限公司
地址：吉林省白山市长白县
……Tel：0439-8881201

黑龙江省

哈尔滨东南投资发展有限公司
地址：黑龙江省哈尔滨市道外区长江路1055号32栋
……Tel：0451-51052937
黑龙江中科工程管理咨询有限公司
地址：黑龙江省哈尔滨市香坊区香城街525栋3单元3层10号（住宅）
……Tel：0451-51056485
中林实业控股有限公司
地址：黑龙江省哈尔滨高新技术产业开发区科技创新城创新创业广场15号楼（明月街192号）火炬物联网大厦777-14室
……Tel：0451-51100805
建龙阿城钢铁有限公司
地址：黑龙江省哈尔滨市阿城区北环路2号
……Tel：0451-51538030
建龙黑龙江新材料科技有限公司
地址：黑龙江省哈尔滨市阿城区金城街北环路2号
……Tel：0451-51538030
黑龙江华明管业有限公司
地址：黑龙江省哈尔滨市阿城区金城街北环路2号
……Tel：0451-51538030
黑龙江建龙冶金机械制造有限公司
地址：黑龙江省哈尔滨市阿城区金城街北环路2号（西林钢铁集团阿城钢铁有限公司院内）
……Tel：0451-51538017
哈尔滨首钢武中钢材加工配送有限公司
地址：黑龙江省哈尔滨市哈南工业新城核心区哈南三路18号
……Tel：0451-51640025
哈尔滨龙运物流园区有限责任公司
地址：黑龙江省哈尔滨市香坊区学府东路1号
……Tel：0451-51785070
黑龙江盛龙实业有限公司
地址：黑龙江省哈尔滨市双城区工农街（工厂街2号）
……Tel：0451-53185789
五常市常兴城市建设发展有限公司
地址：黑龙江省哈尔滨市五常市金山大街市政府办公楼264室
……Tel：0451-53503728
黑龙江大金钢铁有限责任公司
地址：黑龙江省哈尔滨市阿城区北环路2号
……Tel：0451-53807789
哈尔滨三岭水泥有限公司
地址：黑龙江省哈尔滨市阿城区小岭镇
……Tel：0451-53816840
哈尔滨松江铜业（集团）有限公司
地址：黑龙江省哈尔滨市宾县宾西经济开发区
……Tel：0451-53819777
黑龙江北瑞矿业有限公司
地址：黑龙江省伊春市伊春区红升办林城社区林城小区102号楼5单元4层东厅
……Tel：0451-55505916
黑龙江紫金龙兴矿业有限公司
地址：黑龙江省哈尔滨经开区南岗集中区浦江路85号福思特大厦805室
……Tel：0451-55538792
黑龙江省矿业集团有限责任公司
地址：黑龙江省哈尔滨市香坊区中山路65号
……Tel：0451-55575151
黑龙江紫金矿业有限公司
地址：黑龙江省哈尔滨市香坊区华山路10号万达广场2号商务楼
……Tel：0451-55578118
北大荒粮食集团有限公司
地址：黑龙江省哈尔滨市南岗区长江路386号
……Tel：0451-55588920
黑龙江省北方矿业（集团）有限公司
地址：黑龙江省哈尔滨市宾县宾西镇经济开发区
……Tel：0451-55596677
黑龙江龙兴国际资源开发集团有限公司
地址：黑龙江省哈尔滨市香坊区华山路10号哈尔滨万达商业中心商务楼3栋1-9层
……Tel：0451-55625218
黑龙江省投资集团有限公司
地址：黑龙江省哈尔滨经开区南岗集中区华山路10号万达广场3号楼1层105室
……Tel：0451-51535516
中煤黑龙江煤炭化工（集团）有限公司
地址：黑龙江省哈尔滨市南岗区大顺街7号
……Tel：0451-57203838
中煤能源黑龙江煤化工有限公司
地址：黑龙江省依兰县达连河镇
……Tel：0451-57203838
华能黑龙江发电有限公司
地址：黑龙江省哈尔滨市松北区创新二路277号23、24层办公楼
……Tel：0451-58568024
华电能源股份有限公司
地址：黑龙江省哈尔滨市南岗区高新技术开发区19号楼B座
……Tel：0451-58681721
黑龙江省良心产业集团有限公司
地址：黑龙江省哈尔滨市香坊区三合路41号2栋-1-2层7号
……Tel：0451-58925567
哈尔滨光宇钢铁冶炼有限公司
地址：黑龙江省哈尔滨市香坊区幸福乡光明村
……Tel：0451-55668568
黑龙江顺泰矿业投资开发集团有限公司
地址：黑龙江省哈尔滨市道外区红旗小区72栋5号门4层
……Tel：0451-82290466
亿阳集团股份有限公司
地址：黑龙江省哈尔滨市南岗区嵩山路高新技术开发区1号楼
……Tel：0451-82326789
哈尔滨市中劢管廊项目投资有限公司
地址：黑龙江省哈尔滨市道里区建国一钢铁小区1栋1-7层704室07号房间
……Tel：0451-82338565
黑龙江省中再生资源开发有限公司
地址：黑龙江省哈尔滨市香坊区外经路5号
……Tel：0451-82926140
哈尔滨汽轮机厂有限责任公司
地址：黑龙江省哈尔滨市南岗区高科技生产基地3号楼
……Tel：0451-82952888
黑龙江鑫佳矿业有限公司
地址：黑龙江省哈尔滨市南岗区一曼街162号六层
……Tel：0451-84018527
黑龙江应赫投资集团有限公司
地址：黑龙江省哈尔滨市南岗区永丰大街169号801室
……Tel：0451-84109666
哈尔滨同仁房地产开发有限公司
地址：黑龙江省哈尔滨市道里区新阳路328号4楼
……Tel：0451-84557708
哈尔滨空调股份有限公司
地址：黑龙江省哈尔滨市南岗区嵩山路哈高科技术开发区26号
……Tel：0451-84612831
黑龙江中蒙石化有限公司
地址：黑龙江省哈尔滨市巴彦县巴彦镇太平街金迈隆综合楼4单元502室
……Tel：0451-84671779
黑龙江省农业生产资料公司
地址：黑龙江省哈尔滨市道外区景阳街181号
……Tel：0451-84698741
龙江银行股份有限公司
地址：黑龙江省哈尔滨市道里区友谊路436号
……Tel：0451-85706153
哈尔滨工大金涛科技股份有限公司
地址：黑龙江省哈尔滨市南岗区西大直街92号
……Tel：0451-86416080
中车哈尔滨车辆有限公司
地址：黑龙江省哈尔滨市道外区先锋路10号
……Tel：0451-86467107
北大荒龙麦农业股份有限公司
地址：黑龙江省哈尔滨经开区哈平路集中区宁波路西侧8号
……Tel：0451-86667578
黑龙江汇海国际物流有限公司
地址：黑龙江省哈尔滨市香坊区朝阳镇新立村
……Tel：0451-86666766
黑龙江龙煤矿业控股集团房地产开发有限责任公司
地址：黑龙江省哈尔滨市南岗区嵩山路57号金地大厦7-8层
……Tel：0451-87006218
神华销售集团东北能源贸易有限公司
地址：黑龙江省哈尔滨市松北区创新路1616号17号楼
……Tel：0451-87183202
东北亚能源交通（集团）股份有限公司
地址：黑龙江省哈尔滨市南岗区贵新街170号
……Tel：0451-87559117
哈尔滨传化公路港物流有限公司
地址：黑龙江省哈尔滨市道外区团结镇郭地方路66号、68号
……Tel：0451-87671306
中新（黑龙江）互联网小额贷款有限公司
地址：黑龙江省哈尔滨市哈南工业新城星海路20号A栋4层
……Tel：0451-87916538
哈尔滨东金海信科技股份有限公司
地址：黑龙江省哈尔滨市松北区浦北大街288号
……Tel：0451-88108906
黑龙江倍丰农业生产资料集团有限公司
地址：黑龙江省哈尔滨市道外区景阳街181号
……Tel：0451-88383752
齐二机床集团有限公司
地址：黑龙江省齐齐哈尔市龙沙区永安大街239号
……Tel：0452-2475931
黑龙江陆玖矿业有限公司
地址：黑龙江省齐齐哈尔市龙江县杏山乡后六九村屯
……Tel：0452-5328008
黑龙江紫金铜业有限公司
地址：黑龙江省齐齐哈尔市富拉尔基区电力办事处富景公路1号
……Tel：0452-5877343
齐齐哈尔北方特种合金高科技有限公司
地址：黑龙江省齐齐哈尔市龙沙区明海公路111号
……Tel：0452-6178108
齐齐哈尔海峰工程有限公司
地址：黑龙江省齐齐哈尔市昂昂溪区昂霍公路西南侧200米处
……Tel：0452-6302868
建龙北满特殊钢有限责任公司
地址：黑龙江省齐齐哈尔市富拉尔基区红岸大街7号
……Tel：0452-6801677
中国一重集团有限公司
地址：黑龙江省齐齐哈尔市富拉尔基区铁西
……Tel：0452-6810123
东北特钢集团齐齐哈尔浩盈钢铁有限公司
地址：黑龙江省齐齐哈尔市富拉尔基区红岸大街7号
……Tel：0452-6825016
齐齐哈尔市兴业小额贷款股份公司
地址：黑龙江省齐齐哈尔市建华区中华路135号
……Tel：0452-8980032
绥芬河市通利达贸易有限公司
地址：黑龙江省牡丹江市绥芬河市山城路（卫检家属楼）
……Tel：0453-5683428
牡丹江亿嘉实业有限公司
地址：黑龙江省牡丹江市牡丹江开发区保税区物流大厦405室
……Tel：0453-6443338
宁安市中加矿业开发有限公司
地址：黑龙江省牡丹江市宁安市宁安镇恋恋山城22号楼000107、000207室
……Tel：0453-7699602
黑龙江龙麒矿产品有限公司
地址：黑龙江省牡丹江市海林市开发区老301国道182公里处斗银东区
……Tel：0453-8130199
绥芬河国林木业城投资有限公司
地址：黑龙江省绥芬河市国林木业城办公楼七楼710室
……Tel：0453-8137700
穆棱中林林场有限公司
地址：黑龙江省牡丹江市穆棱市穆棱经济开发区
……Tel：0453-8137787
宁安市益昕钢铁有限公司
地址：黑龙江省牡丹江市宁安市宁安镇工业路24号
……Tel：0453-8854718
黑龙江省东宁地方铁路有限责任公司
地址：黑龙江省东宁市东绥火车站
……Tel：0453-8985525
佳木斯北方水泥有限公司
地址：黑龙江省佳木斯市向阳西区长安路1248号（平安社区）
……Tel：0454-8289160
黑龙江龙煤地质勘探有限公司
地址：黑龙江省佳木斯市向阳西区红旗路9号
……Tel：0454-8590125
绥化再生资源开发有限公司
地址：黑龙江省绥化市经济技术开发区中再生路7号
……Tel：0455-3589546
明水县龙鑫人力资源服务有限公司
地址：黑龙江省绥化市明水县光荣乡东街路北
……Tel：0455-6231618
黑龙江安瑞佳石油化工有限公司
地址：黑龙江省绥化市安达市哈大齐北城发展用地项目区
……Tel：0455-7889990
黑龙江津达线缆有限公司
地址：黑龙江省绥化市肇东市经济开发区
……Tel：0455-8185553
黑龙江宝山矿业有限公司
地址：黑龙江省黑河市爱辉区罕达汽镇（镇外8公里处）
……Tel：0456-2820312
黑河市五大连池风景区开发建设有限公司
地址：黑龙江省黑河市五大连池风景区六委
……Tel：0456-7223523
五大连池风景区万吉矿泉产业示范基地投资建设有限公司
地址：黑龙江省黑河市五大连池风景区三委

……………………Tel：0456-7268999
五大连池风景区鉴泉矿泉产业示范基地投资建设有限公司
地址：黑龙江省黑河市五大连池风景区财政局
……………………Tel：0456-7289678
黑河洪鑫源矿业有限公司
地址：黑龙江省黑河市爱辉区上马厂乡
……………………Tel：0456-7771210
锦河国际健康城发展有限公司
地址：黑龙江省黑河市爱辉区锦河农场金河小区30号住宅楼7号商服
……………………Tel：0456-8236001
大兴安岭新林区云岭矿业开发有限公司
地址：黑龙江省大兴安岭地区新林区塔源镇政府办公楼
……………………Tel：0457-2109186
大兴安岭金欣矿业有限公司
地址：黑龙江省大兴安岭地区新林区新林林业局新林林场办公楼106室
……………………Tel：0457-6106070
大兴安岭地区城市建设投资开发有限责任公司
地址：黑龙江省大兴安岭地区加格达奇区地区行政服务中心916室
……………………Tel：0457-6108276
庆安帝圣矿业有限公司
地址：黑龙江省绥化市庆安县发展乡（马永顺林场附近）
……………………Tel：0458-2250699
伊春中兵矿业有限公司
地址：黑龙江省伊春市伊春区红升办事处永红社区永红街中亚永红小区7#-1-1-东厅
……………………Tel：0458-3666008
建龙西林钢铁有限公司
地址：黑龙江省伊春市西林区新兴大街
……………………Tel：0458-3788334
伊春富祥科技有限公司
地址：黑龙江省伊春市西林区新兴办新民街315房号506室、512室
……………………Tel：0458-3789316
黑龙江西钢国际贸易有限公司
地址：哈尔滨开发区哈平路集中区锦州路8号综合楼301-302室
……………………Tel：0458-82648140
逊克县翠宏山矿业有限公司
地址：黑龙江省黑河市逊克县克林乡
……………………Tel：0458-8852686
大庆鑫久源石油机械设备制造有限公司
地址：黑龙江省大庆市让胡路区明湖电子信息商业步行街明湖10号商服楼商服2
……………………Tel：0459-2699141
大庆永通正机械制造有限公司
地址：黑龙江省大庆市萨尔图区林祥建材有限公司1区5号
……………………Tel：0459-2699148
大庆市鑫利丰石油科技开发有限公司
地址：黑龙江省大庆市红岗区杏树岗镇先锋村
……………………Tel：0459-4357000
大庆市恒宇建筑材料有限责任公司
地址：黑龙江省大庆市红岗区杏树岗镇先锋屯杏西一街17号
……………………Tel：0459-4617000
大庆杜尔伯特龙虎泡油田有限责任公司
地址：黑龙江省大庆市杜尔伯特蒙古族自治县泰康镇府前路(政府院内)
……………………Tel：0459-4698742
大庆油田创业集团有限公司
地址：黑龙江省大庆市高新区宏伟化工园区
……………………Tel：0459-5182199
大庆贵峰石油设备制造有限公司
地址：黑龙江省大庆市让胡路区北方建材城18-2#201
……………………Tel：0459-5265130
大庆鑫联海石油科技有限公司
地址：黑龙江省大庆市让胡路区东湖南二路北公建区C-26商住楼D5
……………………Tel：0459-5272652
大庆市家唯机电设备有限公司
地址：黑龙江省大庆市萨尔图区萨环东路100号九龙达小区02号商服楼商服17
……………………Tel：0459-5306187
大庆市汇金丰石油机械制造有限公司
地址：黑龙江省大庆市红岗区胜利村
……………………Tel：0459-5330016
大庆市中庆众发重工有限公司
地址：黑龙江省大庆市让胡路区乘二村龙化街2-9号
……………………Tel：0459-5695388
大庆招远圣通机械设备有限公司
地址：黑龙江省大庆市让胡路区阳光佳苑四期23号楼公寓329
……………………Tel：0459-5713555
大庆慧龙石油机械有限公司
地址：黑龙江省大庆市萨尔图区拥军北二路3号
……………………Tel：0459-5855200
大庆中泽机电设备制造有限公司
地址：黑龙江省大庆市让胡路区西苑街东侧、广厦街西侧阳光嘉城环建综合楼3楼（办公二）321
……………………Tel：0459-5987577
大庆油田有限责任公司
地址：黑龙江省大庆市让胡路区龙南
……………………Tel：0459-5990801
大庆市弘鼎丰机械设备有限公司
地址：黑龙江省大庆市萨尔图区五金大街166号五金交化城2C商服楼商服20号
……………………Tel：0459-6283621
大庆市永晨石油科技有限公司
地址：黑龙江省大庆市高新区高端装备制造园A07厂房
……………………Tel：0459-6613986
大庆昌禄源石油科技有限公司
地址：黑龙江省大庆市萨尔图区中桥小区3-S-2
……………………Tel：0459-8107789
大庆市佳昌隆机械制造有限公司
地址：黑龙江省大庆市萨尔图区五金大街166号五金交化城2C号商服楼商服19号
……………………Tel：0459-8167678
大庆长垣能源科技有限公司
地址：黑龙江省大庆市林甸县林甸镇建设路道南原审计局办公楼6楼604室
……………………Tel：0459-8176350
黑龙江康卫绿色再生资源有限公司
地址：黑龙江省七台河市桃山区石油大道88号
……………………Tel：0464-8280000
七台河市隆鹏煤炭发展有限责任公司
地址：黑龙江省七台河市新兴区红旗镇红鲜村
……………………Tel：0464-8372555
七台河亿矿矿业有限责任公司
地址：黑龙江省七台河市茄子河区宏伟镇
……………………Tel：0464-8698645
鸡西北方制钢有限公司
地址：黑龙江省鸡西市鸡冠区鸡钢路29号
……………………Tel：0467-2312015
沈阳焦煤鸡西盛隆矿业有限责任公司
地址：黑龙江省鸡西市鸡冠区鸡恒路东侧
……………………Tel：0467-2348782
大唐鸡西第二热电有限公司
地址：黑龙江省鸡西市滴道区煤电化循环经济园区
……………………Tel：0467-2745031
鸡西隆宇建筑有限责任公司
地址：黑龙江省鸡西市鸡冠区和平大街东建设路南10-11
……………………Tel：0467-6106117
黑龙江鹤鸣云山矿业开发有限公司
地址：黑龙江省鹤岗市工农区东解放路38号
……………………Tel：0468-3317010
黑龙江龙煤鹤岗矿业有限责任公司
地址：黑龙江省鹤岗市向阳区二马路集团公司机关主楼
……………………Tel：0468-3734479
中海石油华鹤煤化有限公司
地址：黑龙江省哈萝公路鹤岗段8号
……………………Tel：0468-8969311
双鸭山宝泰隆投资有限公司
地址：黑龙江省双鸭山市四方台区太保镇
……………………Tel：0469-2654066
双鸭山矿业集团有限公司
地址：黑龙江省双鸭山市尖山区新兴大街84号
……………………Tel：0469-4016644
黑龙江龙煤双鸭山矿业有限责任公司
地址：黑龙江省双鸭山市尖山区新兴大街246号
……………………Tel：0469-4016644
双鸭山龙煤天泰煤化工有限公司
地址：黑龙江省双鸭山市四方台区太保镇
……………………Tel：0469-2654066
大唐双鸭山热电有限公司
地址：黑龙江省双鸭山市尖山区工业开发区
……………………Tel：0469-4212211
黑龙江祥龙国际贸易有限公司
地址：黑龙江省佳木斯市同江市西区大直路
……………………Tel：0469-4238019
黑龙江建龙钢铁有限公司
地址：黑龙江省双鸭山市岭东区双选路64号
……………………Tel：0469-4238365
黑龙江建龙化工有限公司
地址：黑龙江省双鸭山市岭东区双选路8号
……………………Tel：0469-4238365
黑龙江建龙钒业有限公司
地址：黑龙江省双鸭山市岭东区双选路64号
……………………Tel：0469-4238748
双鸭山市国有资产经营有限公司
地址：黑龙江省双鸭山市尖山区九阳路51号
……………………Tel：0469-4285867
双鸭山市同力科达资源开发有限公司
地址：黑龙江省双鸭山市尖山区铁西路安全大厦7层
……………………Tel：0469-4630955
神华国能宝清煤电化有限公司
地址：黑龙江省双鸭山市宝清县中央大街108号
……………………Tel：0469-5318030
双鸭山市建龙矿业有限公司
地址：黑龙江省双鸭山市岭东区双选路
……………………Tel：0469-6101139
双鸭山市同力城市建设有限公司
地址：黑龙江省双鸭山市尖山区科创中心办公楼内11层11C08室（双鸭山经济技术开发区）
……………………Tel：0469-6688167

江苏省

南京世界村云数据产业集团有限公司
地址：南京市高淳区经济开发区花山路29号
……………………Tel：025-57888622
熊猫电子集团有限公司
地址：南京经济技术开发区内（玄武区中山东路301号）
……………………Tel：025-51802002
南京熊猫电子股份有限公司
地址：南京市玄武区中山东路301号1701室
……………………Tel：025-51802192
江苏苏河实业发展有限公司
地址：南京市中山南路1号61层
……………………Tel：025-51839991
江苏物华工程技术有限公司
地址：南京市秦淮区石门坎南街2号
……………………Tel：025-52123223
中圣科技（江苏）股份有限公司
地址：南京市江宁区科学园诚信大道2111号
……………………Tel：025-52169752
江苏中圣清洁能源有限公司
地址：南京市江宁区科学园诚信大道2111号
……………………Tel：025-52169715
南京奇业钢铁材料有限公司
地址：南京市鼓楼区燕江路201号江山汇金D座1611室
……………………Tel：025-52663271
南京秣陵铸造总厂有限公司
地址：南京市江宁区秣陵街道爱陵路88号
……………………Tel：025-52716088
江苏舜天国际集团五金矿产有限公司
地址：南京市雨花台区软件大道21号D座4-6层
……………………Tel：025-52876489
江苏金苏证投资发展有限公司
地址：南京市雨花东路45号
……………………Tel：025-52888596
中锗科技有限公司
地址：南京市溧水开发区中兴东路9号
……………………Tel：025-56209579
江苏一变电力装备有限公司
地址：南京市溧水区经济开发区(柘塘工业集中区)
……………………Tel：025-56230555
南京斯迪兰德机械科技有限公司
地址：南京市溧水区永阳镇琴音大道211号
……………………Tel：025-56608770
海太欧林集团有限公司
地址：南京市高淳经济开发区双湖路121号
……………………Tel：025-56862053
江苏金凯节能环保投资控股有限公司
地址：南京市化学工业园区幸福路8号
……………………Tel：025-56888395
南京远古水业股份有限公司
地址：南京市六合区大厂新华西路70号
……………………Tel：025-57059559
江苏金贸钢宝电子商务股份有限公司
地址：南京市江北新区智达路6号智城园区2号楼4楼
……………………Tel：025-57060008
南京南钢产业发展有限公司
地址：南京市六合区大厂卸甲甸
……………………Tel：025-57072901
南京钢铁联合有限公司
地址：南京市六合区卸甲甸
……………………Tel：025-57072901
江苏金恒信息科技股份有限公司
地址：南京市六合区中山科技园科创大道9号A5栋五层
……………………Tel：025-57073990
江苏南钢环宇贸易有限公司
地址：南京市江北新区大厂街道卸甲甸
……………………Tel：025-57074385
江苏南钢宝兴钢铁有限公司
地址：南京市长江路99号长江贸易大楼22层
……………………Tel：025-57074392
南京钢铁股份有限公司
地址：南京市六合区卸甲甸
……………………Tel：025-57074538
南京南钢钢铁联合有限公司
地址：南京市六合区大厂卸甲甸
……………………Tel：025-57074538
南京钢铁有限公司
地址：南京市六合区卸甲甸
……………………Tel：025-57074538
南京钢铁集团有限公司
地址：南京市六合区卸甲甸
……………………Tel：025-57074538
南京钢铁创业投资有限公司
地址：南京市江北新区卸甲甸
……………………Tel：025-57074538
南京鑫峘投资有限公司
地址：南京市六合区卸甲甸幸福路8号
……………………Tel：025-57072016
南京金腾钢铁有限公司
地址：南京市六合区大厂宁钢路89号
……………………Tel：025-57075584
南京金江冶金炉料有限公司
地址：南京市江北新区沿江街道浦洲路35号
……………………Tel：025-57087239
南京彤天岩棉有限公司
地址：南京六合经济开发区时代大道
……………………Tel：025-57143336
江苏银润建设工程有限公司
地址：南京市高淳区桠溪街道永宁西路60号1幢
……………………Tel：025-57335600
中铁钢结构有限公司
地址：南京市六合区金牛湖街道长山社区段庄500号
……………………Tel：025-57564869
中国石化扬子石油化工有限公司
地址：南京市江北新区高科一路28号
……………………Tel：025-57787554
南京红太阳跨境供应链有限公司
地址：南京市高淳经济开发区花山路29号4幢
……………………Tel：025-57888477
连云港翔昌国际贸易有限公司
地址：中国（江苏）自由贸易试验区连云港片区经济技术开发区综合保税区云阳路9号迎旭厂房
……………………Tel：0518-82388680
江苏新天际国际贸易有限公司
地址：南京市建邺区江东中路333号（金奥国际中心8楼801室）
……………………Tel：025-58058161
江苏子雨集团有限公司
地址：南京市栖霞区紫东路2-3号
……………………Tel：025-58061600
南京际华五三零二服饰装具有限责任公司
地址：南京市浦口区浦珠中路209号
……………………Tel：025-58302009
南京南钢嘉华新型建材有限公司
地址：南京市浦口区沿江街道新化社区
……………………Tel：025-58572905
江苏省港口集团物流有限公司
地址：南京经济技术开发区兴智路6号兴智科技园B栋第22层
……………………Tel：025-58582258
南京港洋金属材料有限公司
地址：南京市鼓楼区燕江路201号钢铁数码港122室
……………………Tel：025-58710085
江苏广源融资担保有限公司
地址：南京市鼓楼区燕江路201号钢铁数码港1号楼12楼
……………………Tel：025-58722978
江苏南弘钢筋焊网有限公司
地址：南京市江北新区盘城工业集中区管家楼168号
……………………Tel：025-58736939
江苏省惠农工程建设有限公司
地址：南京市凤台南路146号天合广场25层2501室
……………………Tel：025-58751755
中石化华东石油工程有限公司
地址：南京市建邺区江东中路315号
……………………Tel：025-58778968
南京威诺油气井测试工程有限公司
地址：南京市建邺区江东中路315号中泰大厦6号楼1601室
……………………Tel：025-58778980
江苏悦达南方控股有限公司
地址：南京市大桥南路7-9号
……………………Tel：025-58803893
江苏江浦经济贸易有限公司
地址：南京市浦口区江浦街道珠江工业园区浦丰路5号
……………………Tel：025-58888350
江苏创禾华富商贸有限公司
地址：南京市雨花台区雨花经济开发区龙腾南路32号
……………………Tel：025-68189888
汪海集团有限公司
地址：南京市雨花台区板桥街道孙家村
……………………Tel：025-68221658
南京六合九银村镇银行股份有限公司

地址：南京市六合区雄州街道泰山路103号、105号
……Tel：025-68223839
中煤长江基础建设有限公司
地址：南京市栖霞区尧新大道5号
……Tel：025-68225845
南京市第四建筑工程有限公司
地址：南京市江宁区秣陵街道秣周东路11号
……Tel：025-69691811
江苏国致新络实业有限公司
地址：南京市鼓楼区华严岗1号智慧谷软件园A座2楼
……Tel：025-69698900
和信投资控股有限公司
地址：南京市高淳经济开发区花山路8号208室
……Tel：025-69815874
江苏华红科教投资集团有限公司
地址：南京市江宁滨江开发区
……Tel：025-81033188
国家电投集团江苏电力有限公司
地址：南京市鼓楼区中山北路2号紫峰大厦39楼
……Tel：025-82288404
江苏万鑫控股集团有限公司
地址：南京市中山东路90号26层
……Tel：025-83110095
江苏万鑫科技发展有限公司
地址：南京市秦淮区中山东路90号26层
……Tel：025-83112082
江苏凤凰文化贸易集团有限公司
地址：南京市中央路276-1号
……Tel：025-83113505
恒泰保险经纪有限公司
地址：南京市中山北路30号益来国际广场12层
……Tel：025-83123209
城市名人资产经营有限公司
地址：南京市鼓楼区中山北路30号益来国际广场25楼
……Tel：025-83123959
南京电气（集团）高新材料有限公司
地址：南京经济技术开发区仙新中路2号3楼313室
……Tel：025-83147010
江苏汇鸿国际集团莱茵达有限公司
地址：南京市湖南路181号轻工大厦1-9层
……025-83170038
江苏融兴建设实业有限公司
地址：南京市高淳区经济开发区荆山路8号8幢
……Tel：025-83260368
江苏省煤炭运销有限公司
地址：南京市建邺区河西大街66号
……Tel：025-83310645
南京纺织品进出口股份有限公司
地址：南京市秦淮区小心桥东街18号
……Tel：025-83331718
核工业南京建设集团有限公司
地址：南京市察哈尔路１６号
……Tel：025-83347326
南京证券股份有限公司
地址：南京市江东中路389号
……Tel：025-83367888
江苏省建安建设集团有限公司
地址：南京市定淮门大街11号B座5层
……Tel：025-83375389
华泰证券股份有限公司
地址：南京市江东中路228号
……Tel：025-83389999
江苏省燃料集团有限公司
地址：南京市玄武区玄武大道108号聚慧园4号楼
……Tel：025-83403776
江苏省惠隆资产管理有限公司
地址：南京市玄武区玄武大道108号聚慧园4号楼
……Tel：025-83435776
东华汽车实业有限公司
地址：南京市鼓楼区芦席营68号
……Tel：025-83556080
江苏省软件产业股份有限公司
地址：南京市珠江路７０２号
……Tel：025-83651605
江苏盈春实业有限公司
地址：南京市玄武大道699-22号27幢
……Tel：025-83763188
江苏新力矿业有限公司
地址：南京市石鼓路107号19层A座
……Tel：025-84219115
江苏贵信担保有限公司
地址：南京经济技术开发区兴智路6号
……Tel：025-8429993
南京三宝数码科技有限公司
地址：南京市玄武区中山门大街301号
……Tel：025-84356666
江苏有色金属进出口有限公司
地址：南京市中山东路４１２号十五楼
……Tel：025-84400366
江苏汇鸿国际集团中鼎控股股份有限公司
地址：南京市建邺路１００号
……Tel：025-84468888
南京敬邺达新型建筑材料有限公司
地址：南京市江宁区汤山街道工业集中区
……Tel：025-84520284
苏美达国际技术贸易有限公司
地址：南京市长江路198号11楼
……Tel：025-84531001
南京华能南方实业开发股份有限公司
地址：南京市秦淮区象房村路50号2栋
……Tel：025-84576699
南京钢铁集团国际经济贸易有限公司
地址：南京市秦淮区中山南路1号南京中心大厦48层
……Tel：025-84671233
江苏华东有色投资控股有限公司
地址：南京市大光路26号
……Tel：025-84688234
江苏华东有色矿业投资有限公司
地址：南京栖霞经济开发区霞兴路2-22号
……Tel：025-84688330
江苏华东地质调查集团有限公司（华东有色地质矿产勘查开发院）
地址：南京市白下区石门坎102号
……Tel：025-84688868
江苏汇鸿国际集团土产进出口股份有限公司
地址：南京市白下路９１号
……Tel：025-84692710
江苏南华物流有限公司
地址：南京市江宁滨江开发区丽水大街1188号
……Tel：025-84707634
南京宁华物产有限公司
地址：南京市鼓楼区燕江路201号
……Tel：025-84711517
江苏苏豪国际集团股份有限公司
地址：南京市软件大道48号
……Tel：025-84785448
江苏省海外企业集团有限公司
地址：南京市中山路55号新华大厦28楼
……Tel：025-84795805
南京和泰精密科技有限公司
地址：南京市江宁区江南路9号招商高铁广场B座7F710室
……Tel：025-84799949
江苏省岩土工程公司
地址：南京市珠江路７００号
……Tel：025-84809545
江苏省山水大酒店集团有限公司
地址：南京市龙蟠中路118号
……Tel：025-84811888
亚钢球团（南京）有限公司
地址：南京市栖霞区疏港路8号
……Tel：025-84812305
江苏省地质工程有限公司
地址：南京市珠江路700号B楼4楼
……Tel：025-84815755
江苏南热发电有限责任公司
地址：南京市六合区大厂凤凰南路158号
……Tel：025-85055109
南京宝色股份公司
地址：南京市江宁滨江经济开发区景明大街15号
……Tel：025-85098260
中储南京物流有限公司
地址：南京市江宁区滨江开发区丽水大街1186号
……Tel：025-85506350
江苏润港石化有限公司
地址：南京市玄武区板仓街9号世界之窗B3栋
……Tel：025-57712599
华业石化南京有限公司
地址：南京市玄武区板仓街9号C1幢1层
……Tel：025-85516566
江苏省苏盐连锁有限公司
地址：南京市玄武区紫气路16号
……Tel：025-85582368
中煤长江地质集团有限公司
地址：南京市栖霞区尧化门尧新大道5号
……Tel：025-85666516
江苏中兴博盈集团有限公司
地址：南京市鼓楼区牌楼巷47号6层
……Tel：025-85671888
南京华新有色金属有限公司
地址：南京经济技术开发区恒竞路59号
……Tel：025-85805588
中建材通用技术有限公司
地址：南京市珠江路1号4701室
……Tel：025-85817136
中建材矿业投资江苏有限公司
地址：南京市麒麟科技创新园智汇路300号
……Tel：025-86134372
南京鑫武海运有限公司
地址：南京市高淳区古柏街道武家嘴村02号
……Tel：025-86218692
布鲁诺科技发展（江苏）有限公司
地址：南京市玄武区丹凤街39号2单元801室
……Tel：025-86293966
上海梅山钢铁股份有限公司
地址：南京市雨花台区中华门外新建
……Tel：025-86363114
南京联强冶金集团有限公司
地址：南京市溧水经济开发区
……Tel：025-86453788
贺利氏贵金属技术（中国）有限公司
地址：南京化学工业园区赵桥河南路139号
……Tel：025-86498892
中商建开新能源江苏有限公司
地址：南京市秦淮区石鼓路98号19层F座
……Tel：025-86501373
江苏方洲实业有限公司
地址：南京市江宁区东山街道润发路330号01幢
……Tel：025-86503017
中煤能源南京有限公司
地址：南京市鼓楼区集庆门大街272号2幢2601-2607室
……Tel：025-86579822
江苏电力发展股份有限公司
地址：南京市建邺区庐山路188号新地中心60层
……Tel：025-86735220
葛矿利南京房地产开发有限公司
地址：南京市鼓楼区汉中门大街301号301室
……Tel：025-86799998
江苏金创信用再担保股份有限公司
地址：南京市雨花台区安德门大街21号江苏科技金融大厦12、13楼
……Tel：025-86813600
默泓科技有限公司
地址：南京市鼓楼区五所村406号-4
……Tel：025-86870021
中储南京智慧物流科技有限公司
地址：南京市鼓楼区河路道1号
……Tel：025-86901989
江苏汉唐国际贸易集团有限公司
地址：南京市北京东路22号18楼
……Tel：025-86967929
红箭华东建设有限公司
地址：南京市建邺区集庆路123号303室
……Tel：025-86986878
中石化南京工程有限公司
地址：南京市栖霞区马群科技园马群大道3号
……Tel：025-87118000
南京德邦金属装备工程股份有限公司
地址：南京市江宁区江宁经济技术开发区东善桥工业集中区德邦路8号
……Tel：025-87170218
南京南瑞继保工程技术有限公司
地址：南京江宁经济技术开发区苏源大道69号
……Tel：025-87178707
江苏华能智慧能源供应链科技有限公司
地址：南京麒麟高新技术产业开发区智汇路300号公共服务平台B单元二楼
……Tel：025-87732111
江苏省建筑工程集团供应链管理有限公司
地址：南京市建邺区云龙山路99号A座
……Tel：025-87753192
矿济地产（南京）有限公司
地址：南京市建邺区吴侯街158号
……Tel：025-87772188
南京矿利金房地产开发有限公司
地址：南京市浦口区江浦街道凤凰大街10号
……Tel：025-87772188
矿美地产南京有限公司
地址：南京市江宁区秣陵街道天禧路6号4幢
……Tel：025-87772188
矿其地产南京有限公司
地址：南京市玄武区钟灵街50号
……Tel：025-87772188
矿中地产南京有限公司
地址：南京市江宁区映红路336号A-3(江宁高新园)
……Tel：025-87772188
矿锦地产南京有限公司
地址：南京市江宁区瑞艺路9号（江宁高新园）
……Tel：025-87772188
江苏申华电力有限公司
地址：南京市秦淮区石杨路116号2幢
……Tel：025-88017778
国家能源集团江苏电力有限公司
地址：南京市鼓楼区集庆门大街272号2幢37F
……Tel：025-89601032
南京市栖霞区宝昌农村小额贷款有限公司
地址：南京市栖霞区尧化街道尧佳路7号上城风景北苑16幢706室
……Tel：025-89665999
海宏大数据科技有限公司
地址：南京市栖霞区仙林街道灵仙路2号12幢
……Tel：028-86652825
连云港吉辰石油化工有限公司
地址：灌云县临港产业区办公大楼612室
……Tel：0358-4015912
中铁悦阳能源南通有限公司
地址：江苏省通州湾江海联动开发示范区政务中心三楼A039
……Tel：0371-69102825
华君集团有限公司
地址：辽宁省营口市鲅鱼圈区新鞍钢路北侧，沙河大街东侧，新兴产业发展中心1号楼
……Tel：0417-55155301
江苏德克斯邦国际贸易有限公司
地址：常州市新北区通江中路266号712室
……Tel：0470-8557111
江苏弘玺新能源有限公司
地址：南通市苏通科技产业园区江成路1088号江成研发园2号楼2106室
……Tel：0472-8016809
国粮粮食储备投资无锡有限公司
地址：无锡市梁溪区盛阳食品城8号楼三楼——B002
……Tel：0477-6473900
江苏港瑞供应链管理有限公司
地址：泰州市高港区永安洲永兴中路89号
……Tel：0477-7490079
鹰普航空零部件（无锡）有限公司
地址：无锡市锡山经济开发区芙蓉五路18号
……Tel：0510-68001800
长三角商品交易所有限公司
地址：无锡市高浪东路999号
……Tel：0510-68069188-109
江苏亚太航空科技有限公司
地址：无锡市新吴区（高新区）D区D24号地块
……Tel：0510-68581111
无锡新大中薄板有限公司
地址：无锡市惠山区玉祁镇常玉路83号
……Tel：0510-68755559
江阴市西城农村小额贷款有限公司
地址：江阴市月城镇文化路21号
……Tel：0510-68951178
江阴钢厂有限公司
地址：江阴市人民东路168号
……Tel：0510-68952019
江苏中基复合材料有限公司
地址：江阴市申港镇亚包大道2号
……Tel：0510-80128303
天地龙控股集团有限公司
地址：江苏省宜兴市徐舍镇西郊工业园
……Tel：0510-80208306
无锡市振达特种钢管制造有限公司
地址：无锡市惠山区广石路8号
……Tel：0510-81001873
江苏振达钢管有限公司
地址：无锡市凤翔北路58号
……Tel：0510-80263207
江苏长源国际物流有限公司
地址：江阴临港经济开发区5号码头纬一路东
……Tel：0510-80282370
江苏江阴-靖江工业园区宏盛贸易有限公司
地址：江苏江阴-靖江工业园区二圩港
……Tel：0510-80631807
中信泰富特钢投资有限公司
地址：江阴市滨江东路297号
……Tel：0510-80675555
中辰控股有限公司
地址：宜兴市新街街道南岳村
……Tel：0510-80711303
江苏宝安电缆有限公司
地址：宜兴市新街街道环科园茶泉路西侧
……Tel：0510-80713400
傅氏国际（江苏）双金属线缆有限公司
地址：宜兴环保科技工业园104国道
……Tel：0510-80716006
江苏金沙江环保产业有限公司
地址：宜兴市徐舍镇鲸塘工业集中区
……Tel：0510-80797801
江阴宗承钢铁有限公司
地址：江苏省江阴五星路568号
……Tel：0510-81601001
江苏长达国际物流有限公司
地址：江阴市临港街道长源路1号
……Tel：0510-81651127
江苏新长江码头有限公司
地址：江阴市夏港街道滨江西路388号
……Tel：0510-81651127
江苏长联国际物流有限公司
地址：江阴市夏港街道静堂里路2号
……Tel：0510-81651127
无锡赛晶太阳能有限公司
地址：宜兴市官林镇工业集中区C区（凌霞村）
……Tel：0510-81739800
无锡市国联地方电力有限公司

地址：无锡市金融一街8号
…… Tel：0510-82833694

无锡中彩新材料股份有限公司
地址：江苏省无锡市惠山区玉祁镇
…… Tel：0510-82951399

无锡锡兴钢铁股份有限公司
地址：无锡市钱桥镇钱威路64号
…… Tel：0510-83215044

江苏斯格尔新能源科技发展有限公司
地址：无锡市惠山区钱桥街道钱桥大街141号西大楼315室
…… Tel：0510-83222883

无锡龙之杰控股集团有限公司
地址：无锡市钱桥胜丰村
…… Tel：0510-83235556

江苏银典投资担保有限公司
地址：无锡市新区梅村镇泰伯花苑40号
…… Tel：0510-83267666

无锡顺瑞康企业发展有限公司
地址：无锡市惠山区洛社镇石塘湾梅泾村
…… Tel：0510-83269987

无锡市石塘湾工业园区开发建设有限公司
地址：无锡市惠山区洛社镇石塘湾
…… Tel：0510-83307612

五矿无锡物流园有限公司
地址：无锡市惠山区无锡西站物流园区天港路1号
…… Tel：0510-83325173

无锡润丰特种钢管有限公司
地址：无锡市惠山区洛社镇杨市钢铁路
…… Tel：0510-83550063

无锡杨市表面处理科技有限公司
地址：无锡市惠山区洛社镇杨市镇北村
…… Tel：0510-83551311

无锡来德利废旧物资贸易有限公司
地址：无锡市惠山区前洲街道北幢村
…… Tel：0510-83592716

江苏精益求精钢铁有限公司
地址：无锡市新吴区鸿山街道鸿运路200号
…… Tel：0510-83630005

江苏环海重工有限公司
地址：无锡市锡山经济开发区外商工业园芙蓉四路以北
…… Tel：0510-83630008

无锡威孚长安有限责任公司
地址：无锡市惠山区惠山经济开发区惠畅路88号
…… Tel：0510-83761184

无锡彰源金属制品有限公司
地址：无锡市锡山经济开发区团结北路1号
…… Tel：0510-83786888-255

无锡新光大钢铁制品有限公司
地址：无锡市锡山区东北塘镇锡通村
…… Tel：0510-83856283

中商华夏源江投资江苏有限公司
地址：无锡市建筑西路777号A10幢11楼1103室
…… Tel：0510-85131113

无锡市雪浪钢铁集团有限公司
地址：无锡市滨湖区锡南路128号
…… Tel：0510-85180630

无锡市雪浪钢铁国际贸易有限公司
地址：无锡市滨湖区锡南路128号
…… Tel：0510-85183145

无锡市东方环境工程设计研究所有限公司
地址：无锡市滨湖区锦溪路100号科教软件园20号楼
…… Tel：0510-85191209

无锡日铁钢管有限公司
地址：无锡新区锡协路80号A地块1-2号厂房
…… Tel：0510-85203301

江苏统一马口铁有限公司
地址：无锡国家高新技术产业开发区37号地块
…… Tel：0510-85215096

无锡华光环保能源集团股份有限公司
地址：无锡市城南路3号
…… Tel：0510-85215556

鑫古河金属（无锡）有限公司
地址：无锡市新区长江南路25号
…… Tel：0510-85342317

中建材大宗物联有限公司
地址：无锡市新吴区和风路26号汇融商务广场C座6层
…… Tel：0510-85385323

中地装（无锡）钻探工具有限公司
地址：无锡市惠山经济开发区畅园路8号
…… Tel：0510-85406441

无锡都邦钢铁贸易有限公司
地址：无锡市惠山区钱桥惠澄大道66号龙之杰钢材市场2号库105室
…… Tel：0510-85552108

爱克发（无锡）印版有限公司
地址：无锡国家高新技术产业开发区长江南路8号
…… Tel：0510-85746688

江苏中金再生资源有限公司
地址：江阴临港经济开发区滨江西路2号
…… Tel：0510-86008773

贝卡尔特（中国）技术研发有限公司
地址：江苏省江阴市宏通路98号
…… Tel：0510-86009618

江阴西澄信联再生资源有限公司
地址：江阴市夏港街道三联村静堂里路21号
…… Tel：0510-86032379

江阴市华天大酒店有限公司
地址：江阴市迎宾路22号
…… Tel：0510-86032379

江阴韩一钢铁有限公司
地址：江阴经济开发区夏港区
…… Tel：0510-86031661

东国制钢（中国）有限公司
地址：江阴市夏港街道苏港路1号
…… Tel：0510-86032317

无锡西城特种薄板有限公司
地址：江阴市夏港街道西城路57号
…… Tel：0510-86032386

江阴市西城钢铁有限公司
地址：江阴市夏港街道三联村静堂里路21号
…… Tel：0510-86031301

江阴西冶机械制造维修有限公司
地址：江阴市夏港街道三联村（江阴市夏港工业集中区）
…… Tel：0510-86032383

无锡西城特种船用板有限公司
地址：江阴市夏港街道西城路55号
…… Tel：0510-86032386

江阴市润发金属材料有限公司
地址：江阴市滨江西路2号7幢302室
…… Tel：0510-86032997

联合物流（江阴）有限公司
地址：江阴市夏港街道苏港路5号
…… Tel：0510-86037051

江阴法尔胜钢铁制品有限公司
地址：江阴市镇澄路3456号
…… Tel：0510-86053510

江阴科玛金属制品有限公司
地址：江阴市华士镇工业集中区（环南路）
…… Tel：0510-86065215

江阴华西九鼎能源矿业投资有限公司
地址：江阴市华士镇华西村塔群2号
…… Tel：0510-8607866

江苏法尔胜股份有限公司
地址：江阴市澄江中路165号
…… Tel：0510-86119890

江苏吉鑫风能科技股份有限公司
地址：江阴市云亭街道工业园区那巷路8号
…… Tel：0510-86157378

常熟市长重特钢有限公司
地址：常熟市经济技术开发区永嘉路99号滨江国际贸易中心4-504
…… Tel：0510-86160726

江阴市长达钢铁有限公司
地址：江阴市滨江西路388号
…… Tel：0510-86168168

江阴市新长江房地产有限公司
地址：江阴市滨江西路388号
…… Tel：0510-80282370

江阴瑞尔达金属有限公司
地址：江阴经济开发区澄江东路
…… Tel：0510-86190321

江阴兴澄特种钢铁有限公司
地址：江苏省江阴经济开发区滨江东路297号
…… Tel：0510-80676169

江阴兴澄合金材料有限公司
地址：江阴市渡口路30号
…… Tel：0510-80676169

江阴兴澄储运有限公司
地址：江苏省江阴经济开发区滨江东路297号
…… Tel：0510-80675506

中信泰富钢铁贸易有限公司
地址：江苏省江阴市滨江东路297号
…… Tel：0510-80675555

中特金属制品有限公司
地址：江苏省江阴经济开发区蟠龙山路1号（经营场所：江阴市滨江东路297号）
…… Tel：0510-80675555

无锡兴澄特种材料有限公司
地址：无锡市惠山区洛社镇杨市社区人民西路2号
…… Tel：0510-80676169

江阴泰富兴澄特种材料有限公司
地址：江阴经济开发区滨江东路297号
…… Tel：0510-80676169

江阴兴澄马科托钢球有限公司
地址：江阴市澄江街道西沿山58号
…… Tel：0510-80676169

江阴市华西纺织有限公司
地址：江阴市华士镇华西工业园区钢铁大桥路西
…… Tel：0510-86217251

江阴博丰钢铁有限公司
地址：江苏省江阴市华士镇华西村
…… Tel：0510-86217266

江阴华西钢铁有限公司
地址：江阴市华士镇华西村
…… Tel：0510-86217385

江苏大经供应链股份有限公司
地址：江阴市澄杨路268号
…… Tel：0510-86270322

江苏省宏晟重工集团有限公司
地址：江阴市月城镇月山路156号
…… Tel：0510-86298668

江阴市大阪涂料有限公司
地址：江阴市顾山镇西朱家巷
…… Tel：0510-86328909

协鑫能源科技股份有限公司
地址：江苏省江阴市徐霞客镇马镇东街7号
…… Tel：0510-86521888

江阴鑫仁国际贸易有限公司
地址：江阴市徐霞客镇璜塘工业园区新仁路2号
…… Tel：0510-86530181

双良集团有限公司
地址：江阴市利港街道西利路88-1号
…… Tel：0510-86630078

江阴恒创金属制品有限公司
地址：江阴临港经济开发区双良路
…… Tel：0510-86630078

江阴澄星石庄热电有限公司
地址：江阴市璜土镇石庄南荣路18号
…… Tel：0510-86667900

江苏大江金属材料有限公司
地址：江苏省江阴临港新城开发区石庄园区滨江西路北侧、盘龙北路西侧
…… Tel：0510-86668306

江阴新兴致远科技有限公司
地址：江阴市长江路777号19号楼605室（东方广场）
…… Tel：0510-86682708

江阴豪润国际贸易有限公司
地址：江阴临港经济开发区申港镇澄路1299号
…… Tel：0510-86683272

江阴市福德重工新材料有限公司
地址：江阴市申港街道申南村张家桥300-1号
…… Tel：0510-86684388

江阴泓联镀锌钢板有限公司
地址：江阴市滨江西路538号
…… Tel：0510-86685331

江苏江阴农村商业银行股份有限公司
地址：江阴市澄江中路1号
…… Tel：0510-86823403

江苏高富通国际贸易有限公司
地址：江阴临港经济开发区海港路18号
…… Tel：0510-86876977

无锡市江澄投资中心（有限合伙）
地址：江阴市澄杨路206号
…… Tel：0510-86891770

法尔胜泓昇集团有限公司
地址：江阴市澄江中路165号
…… Tel：0510-86907777

江苏法尔胜投资集团有限公司
地址：江阴市澄江中路165号
…… Tel：0510-86907777

法尔胜集团有限公司
地址：江阴市澄江中路165号
…… Tel：0510-86907777

江阴永利新型包装材料有限公司
地址：江阴市华士镇环南路800号
…… Tel：0510-86975751

江阴华润制钢有限公司
地址：江苏省江阴市月城镇北环路58号
…… Tel：0510-86981730

无锡欣园投资有限公司
地址：宜兴环科园绿园路48号
…… Tel：0510-87077257

银环集团有限公司
地址：宜兴经济技术开发区文庄村
…… Tel：0510-87120337

江苏中煤电缆有限公司
地址：宜兴市官林镇工业C区
…… Tel：0510-87201409

江苏三木集团有限公司
地址：宜兴市官林镇都山村
…… Tel：0510-87233008

远东控股集团有限公司
地址：江苏省宜兴市高塍镇远东大道6号
…… Tel：0510-87242400

上兴实业有限公司
地址：宜兴市官林镇丰义村
…… Tel：0510-87280661

江苏共昌轧辊股份有限公司
地址：宜兴市新建镇共昌大道1号
…… Tel：0510-87280775

宜兴共昌轧辊投资有限公司
地址：宜兴市新建镇工业集中区
…… Tel：0510-87280775

江苏江润铜业有限公司
地址：宜兴市官林镇金辉工业园A区
…… Tel：0510-87291318

宜兴黄龙山紫砂矿业有限公司
地址：宜兴市丁蜀镇紫砂路
…… Tel：0510-87402905

宜兴新威利成耐火材料有限公司
地址：宜兴市丁蜀镇洋岸村
…… Tel：0510-87457103

江苏中铁环保装备有限公司
地址：宜兴市周铁镇市桥村
…… Tel：0510-87501858

华耐国际（宜兴）高级陶瓷有限公司
地址：宜兴经济技术开发区庆源大道东
…… Tel：0510-87660900

江苏环球环境工程集团有限公司
地址：宜兴市和桥镇南新人民北路30号
…… Tel：0510-87871067

宜兴市高塍环保创业园发展有限公司
地址：宜兴市高塍镇人民西路24号
…… Tel：0510-87898836

江苏泛太矿业发展有限公司
地址：宜兴市宜城街道通贞观路84#
…… Tel：0510-87900329

江苏辰龙科技有限公司
地址：宜兴市徐舍镇工业集中区徐丰路
…… Tel：0510-87992298

江苏汇顺医药物流有限公司
地址：无锡市锡山区云林春晖东路135号
…… Tel：0510-88202181

无锡市中正投资担保有限公司
地址：无锡市锡山区东亭镇友谊中路288号
…… Tel：0510-88261050

无锡三盈投资担保有限公司
地址：无锡市锡山经济开发区春晖中路66号
…… Tel：0510-88261170

无锡贵通钢铁贸易有限公司
地址：无锡市锡山经济技术开发区春晖中路66号
…… Tel：0510-88266226

江苏亚太轻合金科技股份有限公司
地址：无锡市新吴区坊兴路8号
…… Tel：0510-88271111

江苏隆达超合金航材有限公司
地址：无锡市锡山区安镇街道翔云路18号
…… Tel：0510-88531198

无锡联银投资担保有限公司
地址：锡山区锡北镇工业园区
…… Tel：0510-88572399

江苏长强钢铁有限公司
地址：江阴经济开发区靖江园区
…… Tel：0510-88610789

江苏隆达超合金股份有限公司
地址：无锡市锡山区安镇街道翔云路18号
…… Tel：0510-88721168

无锡市森科金属制品有限公司
地址：无锡市锡山区锡北镇西新路80号
…… Tel：0510-88761315

句容市天工新材料科技有限公司
地址：句容市下蜀镇临港工业区02幢
…… Tel：0511-80767292

镇江长山环境有限公司
地址：镇江市润州区韦岗街道6号
…… Tel：0511-80826207

镇江瑞鑫钢铁贸易有限公司
地址：镇江市宝塔路32号3－7室
…… Tel：0511-80862330

镇江润得国际贸易有限公司
地址：镇江新区港南路300号中小企业创新园
…… Tel：0511-81885808

陕西延长石油物资集团江苏有限公司
地址：镇江市润州区朱方路98号
…… Tel：0511-81985205

江苏大力神科技股份有限公司
地址：江苏省丹阳市开发区机场路95号
…… Tel：0511-82368888

江苏鼎胜新能源材料股份有限公司
地址：江苏镇江京口工业园区
…… Tel：0511-83327238

江苏鸿泰钢铁有限公司
地址：镇江市谏壁镇东陶村
…… Tel：0511-83366666

江苏中宁能源有限公司
地址：江苏省镇江新区港南路300号中小企业创新园
…… Tel：0511-83375199

江苏地质基桩工程公司
地址：江苏省镇江市蒋乔街道乔家门社区金润大道1188号
…… Tel：0511-84408855

镇江中林林业有限公司
地址：镇江市京口区新民洲横港路68号
…… Tel：0511-84418679

惠龙易通国际物流股份有限公司
地址：镇江市长江路758号
…… Tel：0511-85110839

镇江惠龙长江港务有限公司
地址：镇江市新跃进路龙门工业园区
…… Tel：0511-85110839

江苏中江能源有限公司
地址：镇江市中山东路45号16层
…… Tel：0511-85111550

江苏镇江发电有限公司
地址：镇江市丹徒区高资镇
…… Tel：0511-85306008

镇江新民洲昇港开发建设管理有限公司
地址：镇江市京口区新民洲大道1号
Tel：0511-85573029

镇江大成新能源有限公司
地址：镇江新区大港五峰山路89号
Tel：0511-85586123

镇江均和重工有限公司
地址：镇江新区大港临江西路33号
Tel：0511-85596122

镇江长和重型机械有限公司
地址：镇江新区大港临江西路33号办公大楼3楼302#
Tel：0511-85596122

江苏船港物流有限公司
地址：镇江市丹徒区高资街道西斛村（江苏鹤林水泥有限公司内）
Tel：0511-85757000

山特维克材料科技（中国）有限公司
地址：镇江金港大道128号
Tel：0511-85932000

沃得重工（中国）有限公司
地址：镇江市丹徒新城广园路55号
Tel：0511-85935268

江苏新民洲港务有限公司
地址：镇江市京口区新民洲临港产业园青春路58号
Tel：0511-85939900

江苏晨皓镀业有限公司
地址：镇江市镇澄路198号（镇江电镀专业区内）
Tel：0511-85958360

江苏菲尼克斯装饰工程有限公司
地址：丹阳市开发区科技创业园（开发区八纬路南侧）A座
Tel：0511-86160232

江苏大亚家具有限公司
地址：丹阳市开发区大亚木业工业园
Tel：0511-86230001

天工爱和特钢有限公司
地址：江苏省丹阳市沿江丹北镇
Tel：0511-86312333

中海洋新型建材股份有限公司
地址：镇江市市辖区丹阳市访仙镇工业园区
Tel：0511-86500590

江苏通达再生资源有限公司
地址：丹阳市新港路西（大泊码头）
Tel：0511-86595386

丹阳龙江钢铁有限公司
地址：丹阳开发区大泊埝庙村
Tel：0511-86595993

大亚圣象家居股份有限公司
地址：江苏省丹阳经济开发区齐梁路99号
Tel：0511-86882222

大力神科技集团有限公司
地址：丹阳市开发区丹访路南侧
Tel：0511-86968969

佳发（丹阳）弹簧有限公司
地址：丹阳市经济开发区通港西路68号21栋
Tel：0511-86997101

华电江苏能源有限公司
地址：句容市下蜀镇临港工业集中区华电路1号
Tel：0511-87289208

江苏华电句容发电有限公司
地址：句容市下蜀镇临港工业集中区华电路1号
Tel：0511-87289208

华仁置业（常州）有限公司
地址：常州市金坛区南环二路888号
Tel：0511-87567661

华君地产集团有限公司
地址：句容市郭庄镇空港新区6号
Tel：0511-87671208

扬中新利物流有限公司
地址：扬中市三茅街道外环南路333号
Tel：0511-88136030

江苏圣灏港务有限公司
地址：扬中经济开发区港兴路
Tel：0511-88138882

扬中市科融农业发展有限公司
地址：扬中市三茅街道春柳北路382号
Tel：0511-88332166

扬中中安基础工程有限公司
地址：扬中市三茅街道新民路6号
Tel：0511-88335856

江苏扬中农村商业银行股份有限公司
地址：扬中市扬子西路79号
Tel：0511-88359669

威腾电气集团股份有限公司
地址：扬中市新坝科技园南自路1号
Tel：0511-88396666

江苏必拓电气有限公司
地址：扬中市新坝镇大全路1号
Tel：0511-88408163

江苏至友电器集团有限公司
地址：扬中市三茅镇明华村
Tel：0511-88434347

江苏柏亚电气有限公司
地址：扬中市新坝镇联丰港闸南侧
Tel：0511-88438161

际华集团江苏实业投资有限公司
地址：镇江市扬中市三茅街道迎宾大道大众段东侧
Tel：0511-88586083

江苏东普新材料科技有限公司
地址：镇江新区大港临江西路35号
Tel：0511-88987763

苏能投资发展集团有限公司
地址：镇江市京口区新民洲朝阳路764号
Tel：0511-88990901

江苏索普（集团）有限公司
地址：镇江市京口区求索路101号
Tel：0511-88995088

镇江海纳川物流产业发展有限责任公司
地址：镇江市谏壁镇越河街50号
Tel：0511-88995200

金东纸业（江苏）股份有限公司
地址：镇江大港兴港东路8号
Tel：0511-88998888

玖隆钢铁物流有限公司
地址：张家港市锦丰镇兴业路2号玖隆大厦（江苏扬子江国际冶金工业园玖隆物流园）
Tel：0512-58566436

张家港玖吉源物资有限公司
地址：张家港市锦丰镇锦绣路1号办公楼201室（江苏扬子江国际冶金工业园玖隆物流园）
Tel：0512-58566436

昆山金诺担保有限公司
地址：昆山开发区青阳南路310号3楼
Tel：0512-50123566

中汽联合汽车零部件连锁有限公司
地址：周市镇翠薇东路515号
Tel：0512-50333235

常熟市景弘盛通信科技股份有限公司
地址：常熟市虞山高新技术产业园柳州路8号
Tel：0512-52059089

苏州利来汽车配件有限公司
地址：常熟市董浜镇望贤路
Tel：0512-52069003

常熟科弘材料科技有限公司
地址：常熟市经济开发区沿江工业区
Tel：0512-52109805

苏州辽鞍机械有限公司
地址：常熟市梅李镇通港工业园中诚路28号
Tel：0512-52191716

长江国际置业（常熟）有限公司
地址：常熟梅李镇钢城路1号C-18四楼
Tel：0512-52265098

长江国际钢铁物流（苏州）有限公司
地址：常熟经济开发区兴港路36号1幢2幢4幢
Tel：0512-52265098

苏州市通润机械铸造有限公司
地址：常熟市碧溪镇东江村（碧溪工业集中区）
Tel：0512-52275856

常熟宝进钢材加工有限公司
地址：江苏省常熟经济开发区沿江工业区
Tel：0512-52296629

常熟华冶薄板有限公司
地址：江苏省常熟市董浜镇华烨大道8号
Tel：0512-52296888

江苏克罗德科技有限公司
地址：江苏省常熟市董浜镇华烨大道28号
Tel：0512-52296888

常熟风范电力设备股份有限公司
地址：常熟市尚湖镇工业集中区西区人民南路8号
Tel：0512-52122998

苏州联谊不锈钢制造有限公司
地址：常熟市尚湖镇工业区中心区
Tel：0512-52409721

常熟市中联光电新材料有限责任公司
地址：常熟市沙家浜镇常昆工业园腾晖路8号
Tel：0512-52570050

江苏中利集团股份有限公司
地址：江苏省常熟东南经济开发区
Tel：0512-52571188

常熟祝氏贸易有限公司
地址：苏州市常熟市梅李镇寨角村工业园区
Tel：0512-52606011

江苏吉玛新材料科技有限公司
地址：常熟市经济技术开发区滨江路5号
Tel：0512-52631910

芬欧汇川（中国）有限公司
地址：江苏省常熟经济技术开发区兴业路2号
Tel：0512-52651818

江苏常熟发电有限公司
地址：江苏常熟经济开发区兴港路28号
Tel：0512-52657023

森特科技有限公司
地址：江苏省常熟东南经济开发区东南大道333号科创大厦
Tel：0512-52687930

苏州瑞升利金属制品有限公司
地址：常熟市碧溪新区虞东路1号
Tel：0512-52697157

展华电子材料（常熟）有限公司
地址：江苏省常熟市虞山高新技术产业园深圳路56号
Tel：0512-52856363

江苏振峰弘盛金属材料有限公司
地址：常熟市昭文路18号
Tel：0512-52883532

苏州鑫汇铜材有限公司
地址：江苏省常熟高新技术产业开发区东南大道1号806室
Tel：0512-52978197

敬得（苏州）科技有限公司
地址：太仓市城厢镇　山西路130号1幢—4幢
Tel：0512-53116899

华能太仓港务有限责任公司
地址：太仓市浮桥镇滨江大道128号
Tel：0512-53200909

太仓民生村镇银行股份有限公司
地址：太仓市城厢镇南郊文治路51号　华国际大厦103室、1701-1710室
Tel：0512-53206871

江苏敦邦钢结构工程有限公司
地址：太仓港港口开发区银港路98号
Tel：0512-53376118

南方（太仓）金属有限公司
地址：太仓市陆渡镇三港工业区
Tel：0512-53452788

太仓武港码头有限公司
地址：太仓港港口开发区
Tel：0512-53571035

苏州香塘科技实业股份有限公司
地址：太仓市娄东街道上海东路168号3幢1901-1906室
Tel：0512-53589758

长富不锈钢中心（苏州）有限公司
地址：太仓经济开发区广州东路7号
Tel：0512-53590800

科曼车辆部件系统（苏州）有限公司
地址：江苏省太仓市双凤镇双湖路199号
Tel：0512-53606655

苏州梅克卡斯汽车科技有限公司
地址：太仓市浏河镇新闸村
Tel：0512-53607291

众能电力（苏州）有限公司
地址：苏州工业园区新庆路28号总部楼3楼西北01-02室
Tel：0512-53640888

江苏协鑫电力有限公司
地址：太仓市浮桥镇协鑫东路2号
Tel：0512-53640888

太仓港协鑫发电有限公司
地址：太仓港港口开发区协鑫东路2号
Tel：0512-68537066

苏州亚盛投资发展有限公司
地址：太仓市浮桥镇沪浮璜路88号（隆兴钢铁物流园）
Tel：0512-53660998

苏州钢领置业发展有限公司
地址：太仓市浮桥镇（沪浮璜公路）隆兴钢铁物流园
Tel：0512-53660998

威尔斯新材料（太仓）有限公司
地址：太仓经济开发区南京路
Tel：0512-53675818

怡球金属资源再生（中国）股份有限公司
地址：太仓市浮桥镇沪浮璜公路88号
Tel：0512-53703988

苏州佳发重工科技有限公司
地址：太仓市浮桥镇金浪吴淞浜路55号
Tel：0512-53785899

苏州隆兴供应链管理有限公司
地址：太仓市浮桥镇沪太新路400号
Tel：0512-53789260

五矿邯钢（苏州）钢材加工有限公司
地址：太仓港港口开发区沪浮璜公路88号
Tel：0512-53789691

太仓武钢配送有限公司
地址：太仓港港口开发区
Tel：0512-53875808

昆山市紫金花置业有限公司
地址：昆山开发区前进东路898号
Tel：0512-53996803

海诚矿产（苏州）有限公司
地址：昆山市玉山镇城北花园路1320号
Tel：0512-55100830

张家港新大地钢铁贸易有限公司
地址：苏州市张家港市江苏扬子江国际冶金工业园（锦丰镇）兴南路南侧
Tel：0512-55375958

瑞峰（张家港）光伏科技有限公司
地址：张家港经济开发区
Tel：0512-55378888

亚融企业管理（苏州）有限公司
地址：张家港市杨舍镇华昌路28号（新鸿基大厦514室）
Tel：0512-55397005

张家港华仁再生资源有限公司
地址：江苏扬子江环保新材料产业园发展路北侧
Tel：0512-56363631

江苏沙钢世富钢铁炉料有限责任公司
地址：张家港保税区新世纪广场2018D室
Tel：0512-58187386

张家港保税区利元能源投资有限公司
地址：张家港保税区锦泰大厦A405-3室
Tel：0512-56719355

鼎镁新材料科技股份有限公司
地址：江苏省昆山开发区蓬溪南路118号
Tel：0512-57639000

江苏吉祥建设工程有限公司
地址：昆山市陆家镇陆建路6号3号房
Tel：0512-57284689

昆山六丰机械工业有限公司
地址：江苏省昆山经济技术开发区庆丰西路179号
Tel：0512-57312278

南亚电子材料（昆山）有限公司
地址：江苏省昆山经济技术开发区长江南路201号
Tel：0512-57357080

苏州中锦能源投资有限公司
地址：花桥镇国际商务中心光明路南侧
Tel：0512-57603753

璋全五金制品（昆山）有限公司
地址：江苏省昆山开发区洪湖路1188号
Tel：0512-57615966

光洋化学应用材料科技（昆山）有限公司
地址：江苏省昆山开发区吴淞江路
Tel：0512-36873289

光洋新材料科技（昆山）有限公司
地址：江苏省昆山市玉山镇晨丰东路135号
Tel：0512-36873289

昆山铝业股份有限公司
地址：江苏省昆山市周市镇陆杨倪家浜路269号
Tel：0512-57647863

台光电子材料（昆山）有限公司
地址：江苏省昆山市周市镇优比路368号
Tel：0512-57663671

昆山西本钢铁有限公司
地址：昆山市玉山镇萧林西路8号
Tel：0512-57668656

昆山远大矿产物资有限公司
地址：花桥镇花溪路
Tel：0512-57697056

震雄铜业集团有限公司
地址：江苏省昆山市花桥镇花园路
Tel：0512-57697056

奥科宁克（昆山）铝业有限公司
地址：昆山市花桥镇沿沪大道111号
Tel：0512-57698231

昆山雅森电子材料科技有限公司
地址：江苏省昆山开发区黄浦江中路169号
Tel：0512-57701568

江苏优托科创业投资有限公司
地址：昆山市张浦镇花苑路819号
Tel：0512-57731135

昆山中能钢铁有限公司
地址：昆山市玉山镇富士康路956号
Tel：0512-57773622

昆山兼房高科技刀具有限公司
地址：江苏省昆山市陆家镇珠竹路50号
Tel：0512-57875072

江苏荣成环保科技股份有限公司
地址：江苏省昆山市陆家镇金阳东路33号
Tel：0512-57876688

张家港保税区南钢汇金钢铁科技有限公司
地址：张家港保税区内汇达大厦
Tel：0512-58320326

玛顿模块化工程建造（苏州）有限公司
地址：江苏扬子江重型装备产业园沿江公路2669号
Tel：0512-58320851

江苏中嘉钢铁有限公司
地址：金港镇南沙香山路
Tel：0512-58337888

张家港中信薄板有限公司
地址：张家港市金港镇香山南路
Tel：0512-58371669

张家港中铭钢铁贸易有限公司
地址：江苏扬子江国际冶金工业园（锦丰镇）锦绣路3号
Tel：0512-58371669

江苏华伟特种薄板有限公司
地址：凤凰镇安庆村
Tel：0512-58421983

华芳集团有限公司
地址：江苏省张家港市塘桥镇
Tel：0512-58438808

江苏华程工业制管股份有限公司
地址：张家港市塘桥镇人民东路337号（韩山村）
Tel：0512-58439001

象屿（张家港）有限公司

地址：锦丰镇江苏扬子江国际冶金工业园（合兴杨锦公路西侧）
…………Tel：0512-58515155
张家港沙洲电力有限公司
地址：锦丰镇三兴
…………Tel：0512-58536886
江苏扬子江冶金技术研究院有限公司
地址：张家港市锦丰镇创业路9号
…………Tel：0512-58568019
江苏沙钢国际贸易有限公司
地址：锦丰镇沙钢大厦5楼
…………Tel：0512-58568263
张家港保税区沙钢钢铁贸易有限公司
地址：张家港保税区长宜大厦401E室
…………Tel：0512-58568268
张家港东方制气股份有限公司
地址：江苏省张家港市锦丰镇
…………Tel：0512-58568819
张家港海力码头有限公司
地址：江苏省张家港市锦丰镇
…………Tel：0512-58568820
江苏沙钢集团有限公司
地址：张家港市锦丰镇
…………Tel：0512-58568801
张家港宏昌钢板有限公司
地址：江苏省张家港市锦丰镇
…………Tel：0512-58568217
江苏沙钢煤焦投资有限公司
地址：张家港保税区新世纪大厦B座8115室
…………Tel：0512-58568217
江苏润忠高科股份有限公司
地址：张家港市锦丰镇
…………Tel：0512-58568048
张家港永新钢铁有限公司
地址：江苏省张家港市锦丰镇
…………Tel：0512-58568048
张家港沙景钢铁有限公司
地址：江苏省张家港市锦丰镇
…………Tel：0512-58568217
张家港沙太钢铁有限公司
地址：江苏省张家港市锦丰镇
…………Tel：0512-58568048
张家港润忠钢铁有限公司
地址：江苏省张家港市锦丰镇乐扬村
…………Tel：0512-58568048
张家港联合铜业有限公司
地址：江苏省张家港市锦丰镇三兴
…………Tel：0512-58574100
江苏联峰能源装备有限公司
地址：南丰镇永联村
…………Tel：0512-58906923
江苏永钢集团有限公司
地址：张家港市南丰镇永联
…………Tel：0512-58619398
江苏联峰实业有限公司
地址：张家港市南丰镇永联村
…………Tel：0512-58619395
联峰钢铁（张家港）有限公司
地址：江苏省张家港市南丰镇永联村
…………Tel：0512-58619813
张家港市东南工业区开发有限公司
地址：张家港市南丰镇东沙人民路
…………Tel：0512-58620024
张家港永恒码头有限公司
地址：张家港市沿江开发区大新渡泾港东侧
…………Tel：0512-58638902
江苏旭中能源有限公司
地址：张家港保税区纺织原料市场326H室
…………Tel：0512-58709023
张家港市丰立贸易有限公司
地址：大新镇渡泾港东侧
…………Tel：0512-58715618
丰立集团有限公司
地址：张家港保税区金税大厦508C室
…………Tel：0512-58715618
江苏华昌化工股份有限公司
地址：张家港市金港镇保税区扬子江国际化学工业园南海路1号
…………Tel：0512-58727122
张家港市南丰农村小额贷款有限公司
地址：南丰镇民丰路88号
…………Tel：0512-58909885
江苏水安建设有限公司
地址：泰州市海陵工业园共建区18号厂房北栋二层C219
…………Tel：0512-58984229
苏州物流中心有限公司
地址：苏州工业园区现代大道66号
…………Tel：0512-62580114
美泰乐电工（苏州）有限公司
地址：苏州吴中经济开发区吴淞路888号
…………Tel：0512-62608546
易买服科采购服务有限公司
地址：中国（江苏）自由贸易试验区苏州片区苏州工业园区东长路88号2.5产业园A2栋304室
…………Tel：0512-62828826
迪诺拉电极（苏州）有限公司
地址：苏州工业园区龙潭路113号
…………Tel：0512-62831001
博思格钢铁（苏州）有限公司
地址：苏州工业园区苏虹东路18号
…………Tel：0512-62831288
乔治费歇尔金属成型科技（苏州）有限公司
地址：苏州工业园区长阳街117号
…………Tel：0512-62836333
江苏达豪路桥建设有限公司
地址：苏州工业园区银胜路3号
…………Tel：0512-62862836
苏州海竞信息科技集团有限公司
地址：苏州工业园区环府路99号海逸大厦
…………Tel：0512-62961111
苏州美达王钢铁制品有限公司
地址：吴江经济技术开发区同津大道
…………Tel：0512-63018066
江苏华功半导体有限公司
地址：苏州市吴江区黎里镇汾湖大道558号
…………Tel：0512-63031666
凯伦控股投资有限公司
地址：苏州市吴江区松陵镇东太湖大道7070号亨银金融大厦-2501
…………Tel：0512-63102888
苏州环亚实业有限公司
地址：七都镇心田湾
…………Tel：0512-63951692
亨通集团有限公司
地址：江苏吴江七都镇心田湾
…………Tel：0512-63196900
苏州胜信光电科技有限公司
地址：江苏省吴江市松陵镇（八坼）经济开发区
…………Tel：0512-63342118
盛虹控股集团有限公司
地址：吴江盛泽镇西二环路1188号
…………Tel：0512-63512426
盛虹（苏州）集团有限公司
地址：苏州工业园区金鸡湖大道1355号国际科技园内E101-6单元
…………Tel：0512-63517320
苏州恒久发展有限公司
地址：吴江盛泽镇轻纺商城南商区综合楼5层
…………Tel：0512-63520871
盛虹集团有限公司
地址：吴江区盛泽纺织科技示范园
…………Tel：0512-63551949
吴江中成物流投资发展有限公司
地址：江苏省吴江汾湖经济开发区厍星路西侧
…………Tel：0512-63594238
江苏盛虹新材料集团有限公司
地址：吴江区盛泽镇西二环路1188号中国.盛泽纺织科技创业园5幢
…………Tel：0512-63500075
苏州华夏集团有限公司
地址：吴江区盛泽镇西二环路1188号中国.盛泽纺织科技创业园5幢
…………Tel：0512-63786739
通鼎集团有限公司
地址：吴江市八都镇经济开发区小平大道8号
…………Tel：0512-63872882
佳施（苏州）金属制品有限公司
地址：吴江经济技术开发区江兴东路
…………Tel：0512-63977578
江苏立新化纤科技有限公司
地址：吴江区盛泽镇工业集中区
…………Tel：0512-63998998
苏州苏能集团有限公司
地址：苏州市烽火路1号
…………Tel：0512-64525322
苏州创元房地产开发有限公司
地址：苏州市姑苏区谈家南巷111号、113号
…………Tel：0512-65317701
苏州创元金域置地有限公司
地址：苏州市吴中区临湖镇银藏路1174号
…………Tel：0512-65317701
中道旅游产业发展股份有限公司
地址：江苏省苏州市虎丘区金山路78号
…………Tel：0512-65336612
苏州市相城区永盛农村小额贷款股份有限公司
地址：苏州市相城区望亭镇御亭路312号
…………Tel：0512-65387066
苏州立霖合金锻造有限公司
地址：苏州市相城区望亭镇堰头村
…………Tel：0512-65797588
苏州钜盛通进出口有限公司
地址：苏州工业园区祁村路8号A2幢F2-A2-2020室
…………Tel：0512-65937205
吴江经济技术开发区物流中心
地址：吴江经济技术开发区庞金路888号
…………Tel：0512-66086508
苏州创泰合金材料有限公司
地址：苏州相城经济开发区漕湖产业园春兴路
…………Tel：0512-66101266
苏州汇融商旅发展有限公司
地址：苏州高新区城际路21号2幢2201室
…………Tel：0512-66161200
苏州宝盛金属有限公司
地址：苏州市吴中区临湖镇工业园
…………Tel：0512-66291331
苏州安洁科技股份有限公司
地址：苏州市吴中区光福镇福锦路8号
…………Tel：0512-66513400
江苏苏汽国际物流集团有限公司
地址：苏州市姑苏区虎林路888号
…………Tel：0512-66595197
苏州宝化炭黑有限公司
地址：苏州高新区浒墅关镇
…………Tel：0512-66726078
日铁冷镦钢线（苏州）有限公司
地址：苏州市吴中经济开发区淞葭路1008号
…………Tel：0512-67081134
苏州互亿科技有限公司
地址：苏州工业园区唐庄路9号
…………Tel：0512-67151560
苏州维品贸易有限公司
地址：中国（江苏）自由贸易试验区苏州片区苏州工业园区时代广场23幢303室
…………Tel：0512-67529336
苏州工业园区时尚舞台置业发展有限公司
地址：苏州工业园区双圩路105号悦东商务中心2幢301室
…………Tel：0512-67663112
苏州市开元化工有限公司
地址：苏州市平江区日规路9号
…………Tel：0512-68079999
苏州市勒弗尔新型材料贸易合伙企业（有限合伙）
地址：苏州市金门路929号馨泓花园3幢101室
…………Tel：0512-68079999
苏州新锦程投资管理企业（有限合伙）
地址：苏州市新区狮山路35号金河国际大厦1幢2800室
…………Tel：0512-68079999
苏州福田高新粉末有限公司
地址：江苏省苏州市苏州高新区金山路
…………Tel：0512-68098831
苏州市政超矿产有限公司
地址：苏州高新区狮山路199号1幢2102室
…………Tel：0512-68188197
苏州创元和赢资本管理有限公司
地址：苏州工业园区苏州大道东265号现代传媒广场25楼C座
…………Tel：0512-68286310
协鑫智慧能源股份有限公司
地址：中国（江苏）自由贸易试验区苏州片区苏州工业园区新庆路28号
…………Tel：0512-68536900
苏州正泽贸易有限公司
地址：苏州高新区狮山路35号1幢605-606室
…………Tel：0512-68599920
江苏圣德隆矿业资源投资有限公司
地址：苏州工业园区苏惠路88号环球财富广场1幢2008室
…………Tel：0512-68669999
苏州顺合精准供应链管理有限公司
地址：苏州市东环路218号
…………Tel：0512-68669999
苏州工业园区农银鄂钢投资中心（有限合伙）
地址：苏州工业园区旺墩路118号16层1612室
…………Tel：0512-68733108
苏州汇盈贵金属有限公司
地址：苏州吴中经济开发区花园街40号
…………Tel：0512-69556592
苏州利来钢铁有限公司
地址：苏州工业园区胜浦镇江浦路40号
…………Tel：0512-69566661
福斯罗扣件系统（中国）有限公司
地址：江苏省昆山市玉山镇元丰路158号
…………Tel：0512-81638788
江苏华为建设有限公司
地址：中国（江苏）自由贸易试验区苏州片区苏州工业园区东长路18号中节能产业园6幢
…………Tel：0512-82272792
苏州爱康金属科技有限公司
地址：杨舍镇南庄村
…………Tel：0512-82557420
太仓新宝谊钢管制造有限公司
地址：太仓港港口开发区申江路8号
…………Tel：0512-82708170
江苏融合能通复合新材料科技有限公司
地址：常熟经济开发区通港路88号四层
…………Tel：0512-83398009
苏州现代制铁钢材有限公司
地址：张家港市经济技术开发区悦丰大厦1202室
…………Tel：0512-83555602
江苏凯隆铝业有限公司
地址：常熟市支塘镇工业园区
…………Tel：0512-83860601
美达科技（苏州）有限公司
地址：苏州相城经济开发区
…………Tel：0512-85188899
苏州市申龙重工机械有限公司
地址：吴江市汾湖镇
…………Tel：0512-86855382
苏州裕景泰控股有限公司
地址：张家港市锦丰镇兴业路2号（江苏扬子江国际冶金工业园玖隆物流园1209A室）
…………Tel：0512-87899636
苏州中色金属材料科技有限公司
地址：苏州市相城区阳澄湖镇画师湖路8号
…………Tel：0512-88160907
超美斯新材料股份有限公司
地址：江苏省吴江市松陵镇八坼社区友谊村11组
…………Tel：0512-88810666
江苏苏钢销售有限公司
地址：苏州工业园区苏虹东路188号综合办公楼112室
…………Tel：0512-88872298
苏州日益升环保科技股份有限公司
地址：苏州市浒墅关
…………Tel：0512-88876056
江苏苏钢集团有限公司
地址：苏州市高新区通安镇钢成路28号
…………Tel：0512-88878126
苏州钢锐燃料有限公司
地址：苏州高新区浒墅关镇浒关北路201号
…………Tel：0512-88878130
苏州日益升实业有限公司
地址：苏州高新区通安镇
…………Tel：0512-88878577
诚仁（中国）有限公司
地址：南通市弘荣路1号通港工业产业园1号楼
…………Tel：0513-55099120
森松（江苏）重工有限公司
地址：江苏省如皋市长江镇（如皋港区）森松路1号
…………Tel：0513-66009300
好盈（南通）实业有限公司
地址：南通市崇川区永兴大道919号
…………Tel：0513-66690000
江苏君地能源国际贸易有限公司
地址：南通市苏通科技产业园区清枫路203号宏发工业园6号107室
…………Tel：0513-68037781
江苏长源国际港务有限公司
地址：如皋市长江镇疏港路38号
…………Tel：0513-89713089
南通恒金复合材料有限公司
地址：海门市海门街道南海路129号
…………Tel：0513-68186612
南通滨五实业有限公司
地址：南通市通州区五接镇袁三圩村
…………Tel：0513-68385135
南通汇业供应链科技有限公司
地址：如皋市城北街道海阳北路时代大厦1204室
…………Tel：0513-68665538
江苏中南建设集团股份有限公司
地址：江苏省海门市常乐镇
…………Tel：0513-68702747
南通皋开汽车制造有限公司
地址：如皋市城北街道仁寿西路98号
…………Tel：0513-68778280
如皋市经济贸易开发总公司
地址：如皋市如城镇益寿路（如皋经济开发区工发大厦八楼808室）
…………Tel：0513-68778596
江苏南通发电有限公司
地址：南通市港闸区芦泾路1号
…………Tel：0513-68952711
如皋天润港口建设有限公司
地址：如皋市长江镇沿江公路186号
…………Tel：0513-69887353
江苏万象重工有限公司
地址：如皋市长江镇蒲港村19组（江苏如皋钢铁有限公司所属房屋内）
…………Tel：0513-80559911
江苏融达新材料股份有限公司
地址：如皋市长江镇（如皋港区）宁海路88号
…………Tel：0513-80557787
江苏东有供应链管理有限公司
地址：南通市苏通科技产业园区江成路1088号内3幢3889室（GJ）
…………Tel：0513-80705108
江苏易联能源集团有限公司
地址：南通市苏通科技产业园区江成路1088号内3号楼3062室
…………Tel：0513-80778850
海门南黄海建设发展有限公司
地址：海门市滨海新区港西大道999号
…………Tel：0513-80787053
南通金属投资股份有限公司
地址：南通市崇川区邦豪服饰商厦B座4149室

Tel：0513-80986738

浦项世亚线材（南通）有限公司
地址：江苏省南通经济技术开发区江海路92号
Tel：0513-81055800

国储材料江苏有限公司
地址：南通市崇川区中南世纪城34幢2213室
Tel：0513-81182012

南通通州湾物资供应有限公司
地址：南通滨海园区通州湾商务大厦506室
Tel：0513-81680271

海安众合投资建设有限公司
地址：海安市城东镇刘蚬村5组（商贸物流产业园）
Tel：0513-81813369

江苏通光强能输电线科技有限公司
地址：海门市滨江街道广州路1933号
Tel：0513-82298811

启东交投再生资源有限公司
地址：启东市汇龙镇长龙东街58号
Tel：0513-83300623

启东市天卓贸易有限公司
地址：启东市汇龙镇长龙东街
Tel：0513-83300623

华人机电南通有限公司
地址：启东市吕四港镇南工业园区
Tel：0513-83412200

易联能源（南通）有限公司
地址：江苏省如皋市长江镇（如皋港区）香江路28号
Tel：0513-85225923

日铁日新制钢（南通）高科技钢板有限公司
地址：江苏省南通经济技术开发区通旺路39号
Tel：0513-83597606

广汇能源综合物流发展有限责任公司
地址：启东市吕四港经济开发区化工新材料工业园
Tel：0513-83653112

江苏亚太再生资源科技有限公司
地址：如东县大豫镇东安工业集中区
Tel：0513-84058991

南通苏能渗锌开关有限公司
地址：江苏省如东经济开发区新区渭河路北
Tel：0513-84129996

江苏新象股份有限公司
地址：江苏省如东县马塘镇建设路４２号
Tel：0513-84541430

南通宝钢钢铁有限公司
地址：江苏省南通市港闸区河东北路161号
Tel：0513-85432617

江苏浩通环保科技有限公司
地址：江苏省如皋市长江镇（如皋港区）香江路28号
Tel：0513-85580669

江苏双洲国际贸易有限公司
地址：南通市开发区中央路59号内1幢综保区A区保税仓库副楼202N室(生产经营地：南通市经济技术开发区通盛南路8号)
Tel：0513-85922786

南通综合保税区发展有限公司
地址：南通综合保税区综合大楼
Tel：0513-85987988

江苏唐氏钢铁销售有限公司
地址：南通市外环北路335号
Tel：0513-86220918

南通创源投资有限公司
地址：南通市苏通科技产业园江成路1088号江成研发园1号楼1406室
Tel：0513-86367318

沿海西本供应链南通有限公司
地址：江苏省通州湾江海联动开发示范区东海大道88号
Tel：0513-86581659

中国供销集团南通供销产业发展有限公司
地址：南通高新区锦绣路888号
Tel：0513-86599056

中国供销集团南通国际棉花有限公司
地址：南通市通州经济开发区南区锦绣路北希望大道西
Tel：0513-86599100

南通蛟龙海工装备有限公司
地址：南通市通州区平潮镇沈川村二十组
Tel：0513-86755555

江苏兴业和能源发展有限公司
地址：南通苏通科技产业园江成路1088号江成研发园1号楼1408室
Tel：0513-87102189

江苏昭威供应链管理有限公司
地址：如皋市如城街道丞相大道88号卉升园1号楼201
Tel：0513-87209999

江苏高泰电气有限公司
地址：如皋市城北街道中能路8号
Tel：0513-87387888

江苏宝镈国际贸易有限公司
地址：如皋市长江镇疏港路38号
Tel：0513-87588087

如皋港务集团有限公司
地址：江苏省如皋市长江镇（如皋港区）疏港路6号
Tel：0513-87588268

江苏如皋钢铁有限公司
地址：如皋市长江镇蒲港村19组（本公司自有房屋内）
Tel：0513-87589197

如皋市宏茂铸钢有限公司
地址：长江镇创业路8号
Tel：0513-87688613

南通沪通担保有限公司
地址：如皋市如城镇大明村（嘉信钢材市场2＃楼406室）
Tel：0513-87772717

江苏宝诚建材有限公司
地址：如皋市如城街道大明村10组
Tel：0513-87776588

江苏永通新材料科技有限公司
地址：海安县海安镇圣元大道98号
Tel：0513-88160822

亚太轻合金（南通）科技有限公司
地址：江苏海安经济开发区海防路29号
Tel：0513-88271111

江苏和威供应链管理有限公司
地址：海安经济技术开发区立发大道169号
Tel：0513-88365666

江苏筑正实业有限公司
地址：海安高新区（海安镇）江海东路58号
Tel：0513-88381006

江苏亚星波纹管有限公司
地址：海安县南莫镇青墩村十组
Tel：0513-88480999

江苏丹灿实业发展有限公司
地址：海安高新区（海安镇）江海东路56号
Tel：0513-88661339

江苏公壹环保产业发展有限公司
地址：江阴市石庄璜石路601号
Tel：0513-88755311

江苏鹏飞集团股份有限公司
地址：江苏省海安市北郊贲家集
Tel：0513-88758898

上海龙贤钢铁海安有限公司
地址：海安经济开发区南海大道与通扬运河交汇处
Tel：0513-88775916

海安市国有资本运营集团有限公司
地址：海安市中坝南路20号
Tel：0513-88806800

南通亨特管业有限公司
地址：江苏省海安县海安镇开元大道99号
Tel：0513-88960106

江苏海迅实业集团股份有限公司
地址：海安市城东镇东海大道(东)18号
Tel：0513-88963369

东丽纤维研究所（中国）有限公司
地址：江苏省南通经济技术开发区新开南路58号
Tel：0513-89053300

昌坚华新机器人部件南通有限公司
地址：江苏省南通市苏通科技产业园区巢湖路36号
Tel：0513-89101666

江苏诺舜实业发展有限公司
地址：南通苏通科技产业园区清枫路清枫创业园电子厂房区D7幢H区
Tel：0513-89160525

扬州市华翔有色金属有限公司
地址：高邮市卸甲镇金家村
Tel：0514-456860

扬州商聚投资咨询有限公司
地址：扬州市江阳中路433号（金天城大厦）1幢1003室
Tel：0514-80660078

扬州时风农业科技发展有限公司
地址：扬州市江都区仙女镇浦江路2号津萃园8幢102室
Tel：0514-80806060

扬州航鹰科技装备有限公司
地址：宝应县安宜工业园区宝泰路9号
Tel：0514-80902277

江苏聚诚国际贸易有限公司
地址：扬州市江都区丁沟镇工业园区
Tel：0514-80917655

扬州市秦邮特种金属材料有限公司
地址：高邮经济开发区外环北路
Tel：0514-80957690

中亘建设集团有限公司
地址：高邮市送桥镇常集村吕庄组-1-2
Tel：0514-80986279

仪征宝盛置业有限公司
地址：江苏省仪征市新城镇新解放路28号宝能城市广场5幢122号
Tel：0514-82123336

扬州广陵国有资产投资运营有限公司
地址：扬州市广陵区四望亭路40号
Tel：0514-82220896

万铭汽车部件产业园扬州有限公司
地址：扬州高新技术产业开发区安桥路17号5幢
Tel：0514-8222128

江苏扬天飞龙金属结构制造有限公司
地址：扬州市方巷镇工业集中区2
Tel：0514-82222819

仪征市坤浩矿产品商贸有限公司
地址：仪征市青浦镇街道
Tel：0514-83267405

仪征市金美林建设材料有限公司
地址：仪征市真州镇青浦工业集中区中兴路
Tel：0514-83299352

江苏久中电源有限公司
地址：高邮经济开发区电池工业园内
Tel：0514-84478919

江苏宏程重工有限公司
地址：高邮市八桥工业集中区
Tel：0514-84523082

扬州市新邮特种铸造金属制品有限公司
地址：高邮市汉留镇三阳北路
Tel：0514-85087222

扬州恒润海洋重工有限公司
地址：扬州市广陵区李典镇秀清村
Tel：0514-85115050

扬州康迪斯资源循环利用有限公司
地址：扬州市广陵区李典镇秀清村便民服务中心
Tel：0514-85115050

江苏长宏铝业有限公司
地址：邗江工业园
Tel：0514-85126976

中船澄西扬州船舶有限公司
地址：扬州市江都区大桥镇沿江开发区船舶产业园区
Tel：0514-85188778

扬州泰富特种材料有限公司
地址：扬州市江都区经济开发区三江大道8号
Tel：0514-85766666

扬州泰富港务有限公司
地址：扬州市江都区经济开发区三江大道8号
Tel：0514-85766666

扬州宇浩源冶金机械制造有限公司
地址：高邮经济开发区九园路西侧
Tel：0514-85838818

扬州祥发资源综合利用有限公司
地址：扬州市江都区郭村镇工业区
Tel：0514-86302383

江苏瑞久电力器材有限公司
地址：扬州市江都区丁沟镇工业集中区
Tel：0514-86389499

扬州华航特钢有限公司
地址：扬州市江都区沿江经济开发区三江大道
Tel：0514-86432777

江苏宝浦鑫业钢铁资源有限公司
地址：扬州市江都区大桥镇疏港路1号
Tel：0514-86452328

扬州顺江贸易有限公司
地址：扬州市江都区仙女镇玉带居委会大会堂路10号
Tel：0514-86506578

江苏方正钢铁集团有限公司
地址：扬州市江都区大桥镇嘶马扬靖路44号
Tel：0514-86883148

马钢（扬州）钢材加工有限公司
地址：扬州市扬子江南路88号
Tel：0514-87528088

扬州西园实业发展有限公司
地址：汶河北路65号1-801
Tel：0514-87580800

江苏美府置业有限公司
地址：甘泉工业园（姚湾村）
Tel：0514-87727011

江苏国信扬州发电有限责任公司
地址：扬州市经济开发区八里镇
Tel：0514-87772093

扬州市燃气总公司
地址：运河北路16号
Tel：0514-87782221

扬力集团股份有限公司
地址：扬州高新技术产业开发区
Tel：0514-87848259

江苏扬力铸锻有限公司
地址：广陵产业园创业路7号
Tel：0514-87848295

江苏格凡科贸有限公司
地址：宝应县望直港镇北河村
Tel：0514-88921168

江苏菲霖纤维科技有限公司
地址：仪征市真州镇青浦工业集中区纵三路18号
Tel：0514-89185006

仪征港务有限公司
地址：仪征市经济开发区闽泰大道
Tel：0514-89716610

江苏凯威化工有限公司
地址：东台市东进大道1号科创大厦19楼
Tel：0515-60606980

国家电投集团协鑫滨海发电有限公司
地址：盐城市滨海县滨海港区北疏港公路南侧综合楼
Tel：0515-68026020

盐城市同创物资贸易有限公司
地址：盐城综合保税区C区12号标准厂房
Tel：0515-68086516

盐城大丰碧港贸易有限公司
地址：盐城市大丰区大丰港城管理委员会办公楼4楼406室
Tel：0515-68853320

响水县灌江控股集团有限公司
地址：响水县城规划路1号金色家园
Tel：0515-68871788

响水县灌宏供应链有限公司
地址：响水县县城黄河路南侧、开山路东侧、恒美路西侧
Tel：0515-68871788

东台市恒隆金属有限公司
地址：东台市沿海湿地旅游度假经济区
Tel：0515-68960801

滨海县联润实业有限公司
地址：盐城市滨海县工业园北区2010-04地块A幢508
Tel：0515-69038009

盐城九星担保有限公司
地址：盐城市开放大道147号2幢5层（7）
Tel：0515-69668996

大丰海融国际贸易有限公司
地址：盐城市大丰区大丰港国际商务大厦20楼2012室
Tel：0515-69869010

盐城市国能投资有限公司
地址：盐城市世纪大道669号一楼（B）
Tel：0515-80551609

盐城市物资集团有限公司
地址：盐城市建军东路108号
Tel：0515-80551727

江苏金建交通工程有限公司
地址：建湖县经济开发区永兴路88号
Tel：0515-80608166

盐城东方港务发展有限公司
地址：盐城经济技术开发区松江路18号906
Tel：0515-80891505

江苏悦达集团有限公司
地址：盐城市世纪大道东路2号
Tel：0515-80982166

悦达资本股份有限公司
地址：盐城经济技术开发区希望大道南路5号
Tel：0515-81680555

江苏京环隆亨纸业有限公司
地址：江苏响水沿海经济开发区内
Tel：0515-82076357

江苏射阳港发电有限责任公司
地址：射阳县临港工业区沿河东路168号
Tel：0515-82202107

江苏大丰海港控股集团有限公司
地址：盐城市大丰区大丰港区
Tel：0515-83280779

盐城市联鑫钢铁有限公司
地址：盐城市大丰区大丰港经济区临港工业区
Tel：0515-83287000

江苏泰昌不锈钢有限公司
地址：盐城市大丰区大丰港环港东路东侧、南港路南侧
Tel：0515-83383675

盐城市大丰区泽城贸易发展有限公司
地址：盐城市大丰区健康东路82号
Tel：0515-83535153

江苏港城实业投资有限公司
地址：盐城市大丰区港区行政路南侧、辰辉路西侧大丰威尼斯人海鲜街项目125室、208室、302室
Tel：0515-83556303

盐城大丰和顺国际贸易有限公司
地址：盐城市大丰区大丰港国际商务大厦19层
Tel：0515-83556615

江苏大丰港和顺镍业有限公司
地址：盐城市大丰区大丰港经济开发区特钢新材料产业园南港大道南侧
Tel：0515-83556667

江苏金圆新材料科技有限公司
地址：盐城市大丰区大丰港经济开发区中央大道1号118室
Tel：0515-83633999

盐城市天利德国际贸易有限公司
地址：大丰市常州高新区大丰工业园共建东路1号6幢、7幢
Tel：0515-83928850

滨海海滨投资开发有限公司
地址：江苏滨海经济开发区沿海工业园安泰路北侧
Tel：0515-84108860

江苏雄越石油机械设备制造有限公司
地址：滨海县东坎镇民营创业园
Tel：0515-84109966

滨海交通控股集团有限公司

地址：滨海县城港城路与S327交汇处
Tel：0515-68111705

江苏诺滨实业有限公司
地址：江苏滨海经济开发区沿海工业园陈李路东侧
Tel：0515-84518555

滨海医药产业园开发有限公司
地址：滨海县滨海医药产业园新安大道888-2号
Tel：0515-84518555

东祥麟（江苏）实业有限公司
地址：盐城市东台经济开发区纬七路
Tel：0515-85335999

东台市苏创铸造有限公司
地址：东台市时堰镇泰东工业区
Tel：0515-85914988

江苏恒格石油机械有限公司
地址：建湖县芦沟镇工业园区
Tel：0515-86208898

江苏德龙镍业有限公司
地址：盐城市响水县工业经济区228国道北侧 浦港大道西侧
Tel：0515-86868999

响水华生特种钢铸锻件有限公司
地址：江苏响水沿海经济开发区内
Tel：0515-86868999

江苏丰鑫源环保集团有限公司
地址：阜宁县滤料产业园10号
Tel：0515-87396769

江苏恒达机械制造有限公司
地址：阜宁县沟墩镇工业集中区28号
Tel：0515-87468688

江苏蓝天环保集团股份有限公司
地址：阜宁滤料产业园18号
Tel：0515-87592222

江苏胜丰钢铁集团有限公司
地址：阜宁县东沟镇东益大道8号
Tel：0515-87611358

江苏现代制铁钢材有限公司
地址：盐城经济开发区黄山南路51号
Tel：0515-88140001

江苏银宝节能科技有限公司
地址：盐城市区翰香花园6号会所、物管楼401室（1）
Tel：0515-88183018

盐城和硕置业有限公司
地址：盐城市区太湖路99号2幢438室（18）
Tel：0515-88183336

江苏恒悦机械有限公司
地址：盐城市亭湖区喜悦路8号（18）
Tel：0515-88183886

江苏黄海金融控股集团有限公司
地址：盐城经济技术开发区新都东路82号1号楼
Tel：0515-88226900

盐城市成功机械制造有限公司
地址：盐城市开放大道133号
Tel：0515-88560069

盐城宝赢滤材有限公司
地址：盐城市亭湖区新洋经济区盐湾大道
Tel：0515-88566968

盐城发电有限公司
地址：盐城市人民北路159号
Tel：0515-88573804

江苏中伟机械制造有限公司
地址：盐城市盐都区龙冈镇凤凰园区龙承路西1号
Tel：0515-88717511

江苏大圆亚细亚汽车弹簧有限公司
地址：盐城经济技术开发区赣江路56号
Tel：0515-89021500

滨海宏达经济发展有限公司
地址：滨海县滨淮镇头罾村（江苏滨海经济开发区化工园）
Tel：0515-89118962

江苏响水港港务有限公司
地址：响水县工业经济区海堤路1号
Tel：0515-89680811

响水灌江科技创业园有限公司
地址：响水县陈家港镇化工集中区
Tel：0515-89688801

江苏隆基铝业有限公司
地址：盐城经济技术开发区盐渎东路83号
Tel：0515-89888268

江苏成钢集团有限公司
地址：江苏徐州工业园区龙山冶金工业园内
Tel：0516-61660150

中农捷国进出口徐州有限公司
地址：徐州市泉山区徐州大自然牧业市场1、2号楼1-429
Tel：0516-66771899

中航江苏农业发展集团有限公司
地址：徐州市泉山区徐州大自然牧业市场1、2号楼1-428
Tel：0516-66771899

江苏中大杆塔有限公司
地址：邳州市经济开发区环城北路北侧、270省道东侧
Tel：0516-67021020

江苏徐钢钢铁集团有限公司
地址：徐州市铜山区利国镇
Tel：0516-67077777

徐州东南金属材料有限公司
地址：铜山县利国镇工业集聚区
Tel：0516-67077777

江苏大力神管桩有限公司
地址：邳州市铁富镇工业园区
Tel：0516-67686768

丰县师寨矿产资源开发有限公司
地址：徐州市丰县师寨镇工业园区
Tel：0516-67768577

江苏燚阳铸造科技有限公司
地址：徐州市丰县经济开发区丰邑路西、和胜路南
Tel：0516-68008658

徐州博丰钢铁有限公司
地址：江苏徐州工业园区青山泉村
Tel：0516-68008866

江苏荣达建设集团有限公司
地址：徐州市铜山区刘集镇人民路100号1号楼
Tel：0516-69856739

江苏兴达钢铁集团有限公司
地址：徐州市铜山区柳泉镇高皇村
Tel：0516-69999998

江苏佳汇机械科技有限公司
地址：睢宁宁江工业园北环路北侧、江阴路东侧
Tel：0516 81311295

新沂东城建设有限公司
地址：新沂市北沟镇黄山路北侧（无锡-新沂工业园）
Tel：0516-81600129

江苏滕氏能源科技有限公司
地址：徐州市城北开发区时代大道1号
Tel：0516-82162510

徐州东方物流集团有限公司
地址：沛县大屯矿区
Tel：0516-82367318

徐州徐工挖掘机械租赁有限公司
地址：徐州经济技术开发区高新路39号
Tel：0516-83111457

徐州贵翔实业发展有限公司
地址：徐州市铜山区北京路北路1#-105铺
Tel：0516-8311655

徐州维维茂发投资管理有限公司
地址：徐州市铜山区盛世年华商业1#-103铺
Tel：0516-83398003

中能化江苏地质矿产设计研究院有限公司
地址：徐州市云龙区维维大道1号大龙湖街道办事处综合办公楼503室
Tel：0516-83621678

徐州铜山农村商业银行股份有限公司
地址：徐州市铜山区北京南路26号
Tel：0516-83708169

徐州亨泰锐贸易有限公司
地址：徐州市鼓楼区三环北路北，徐矿城农贸市场119室
Tel：0516-83889900

江苏永泰发电有限公司
地址：沛县汉城中路西侧福泰隆商业中心B区BD幢1号房
Tel：0516-83889980

徐州交通控股港务有限公司
地址：徐州市铜山区柳新镇顺堤河作业区
Tel：0516-85017019

徐州矿务集团有限公司
地址：徐州市云龙区钱塘路7号
Tel：0516-85320315

江苏省能源投资有限公司
地址：南京市建邺区河西大街66号明星国际商务中心17层
Tel：0516-85320682

江苏徐矿能源股份有限公司
地址：徐州市徐州经济技术开发区软件园E2楼三层
Tel：0516-85320939

江苏省矿业工程集团有限公司
地址：南京市鼓楼区集庆门大街268号1幢1512、1513、1514室
Tel：0516-85321604

江苏徐矿综合利用发电有限公司
地址：江苏徐州工业园区徐矿电厂路1号
Tel：0516-85362713

徐州长城基础工程有限公司
地址：徐州市泉山区煤建路8号
Tel：0516-85365158

徐州牛头山铸业有限公司
地址：徐州市铜山区利国镇利国村
Tel：0516-85523085

江苏润松新材料有限公司
地址：江苏徐州工业园区贾柳路
Tel：0516-85526888

徐州龙山铸造有限公司
地址：徐州市贾汪区江庄镇马安村
Tel：0516-85528188

英迪那米（徐州）半导体科技有限公司
地址：徐州市经济技术开发区庙山路1号2号厂房
Tel：0516-85586668

徐州淮海农村商业银行股份有限公司
地址：徐州市文亭街28号
Tel：0516-85608296

江苏中润物流有限公司
地址：徐州市段庄广场西侧西城华庭B幢1-709号
Tel：0516-85858166

江苏中源电力燃料有限公司
地址：徐州市中山北路306号
Tel：0516-85908878

中煤第五建设有限公司
地址：徐州市淮海西路２４１号
Tel：0516-85959367

江苏邳州农村商业银行股份有限公司
地址：江苏省邳州市建设中路16号
Tel：0516-86234450

徐州科建环保科技股份有限公司
地址：徐州市铜山区利国镇马山村东南钢铁院内
Tel：0516-87050986

徐州聚成铸造科技有限公司
地址：徐州市铜山区柳泉镇冶金建材工业集聚区（辛家村）
Tel：0516-87068300

江苏彭钢钢铁控股集团有限公司
地址：徐州市铜山区利国镇利国村
Tel：0516-87255652

徐州铁矿集团铸业有限公司
地址：徐州市利国办事处利国铁矿境内
Tel：0516-87159300

徐州泰发特钢集团有限公司
地址：徐州市铜山区柳泉镇工业聚集区内
Tel：0516-87161888

大屯煤电（集团）有限责任公司
地址：徐州市沛县大屯
Tel：0516-87270000

徐州大屯工贸实业有限公司
地址：沛县经济开发区汉兴路西侧、周勃路北侧
Tel：0516-87276130

江苏金驹物流投资有限公司
地址：徐州市三环北路一号金驹物流园
Tel：0516-87533920

江苏汇智高端工程机械创新中心有限公司
地址：徐州经济技术开发区驮蓝山路26号
Tel：0516-87565751

徐州彭城农村商业银行股份有限公司
地址：江苏省徐州市贾汪区将军大街180号
Tel：0516-87615860

圣戈班（徐州）管道有限公司
地址：新沂市经济开发区宁夏路9号
Tel：0516-87785995

江苏吉麦新能源车业有限公司
地址：江苏徐州工业园区西纬一路南侧（江苏金美尚车业有限公司内）
Tel：0516-87817007

徐州徐工基础工程机械有限公司
地址：徐州经济技术开发区驮蓝山路36号
Tel：0516-87892686

徐州东兴能源有限公司
地址：徐州市贾汪区江庄镇龙山冶金集聚区北首
Tel：0516-87950777

徐州中泰能源科技有限公司
地址：徐州市铜山区柳泉镇涝泉村
Tel：0516-68005209

徐州至诚维丰贸易有限公司
地址：徐州经济开发区孟家沟居委会综合办公楼203室
Tel：0516-87981737

徐州市瑞通钢材销售有限公司
地址：睢宁县高作镇八里钢铁北路东侧
Tel：0516-88179933

江苏润土投资发展有限责任公司
地址：睢宁县宁江工业园睢谷科技区智慧大楼二楼204室
Tel：0516-88332420

徐州益众不锈钢有限公司
地址：睢宁县八里金属机电产业园三张村宁峰路东侧
Tel：0516-88403358

江苏八里投资管理有限公司
地址：睢宁县八里金属机电产业园区江苏八里商业城A6-3層
Tel：0516-88403876

新沂市城投商贸有限公司
地址：新沂市棋盘镇大墩村
Tel：0516-88979023

江苏沛县农村商业银行股份有限公司
地址：江苏省沛县汤沐路中段11号
Tel：0516-89631502

徐州泰鑫铁合金有限公司
地址：沛县大屯镇工业园区
Tel：0516-89652555

徐州汇能金属矿产有限公司
地址：沛县栖山镇姜梨园
Tel：0516-89767888

沛县长胜物资贸易有限公司
地址：沛县敬安镇敬五路北侧26号
Tel：0516-89772812

徐州金虹特钢有限公司
地址：沛县敬安镇徐丰路北侧
Tel：0516-89775588

徐州金虹钢铁集团有限公司
地址：沛县敬安镇徐丰路北侧
Tel：0516-89775588

江苏润王交通工程有限公司
地址：金湖县金湖西路168号
Tel：0517-211600

盱眙县天源控股集团有限公司
地址：盱眙县十里营大街90号（山水商务大厦12楼）
Tel：0517-80327775

淮安传化公路港物流有限公司
地址：淮安市清河区盐河生态科技城长江东路588号
Tel：0517-80665115

博锐腾新能源科技（淮安）有限公司
地址：淮安经济技术开发区通源路12号海创空间12楼
Tel：0517-80698069

江苏南钢四通金属制品有限责任公司
地址：洪泽县工业园区东三街北首
Tel：0517-80926877

江苏博晟港业有限公司
地址：淮安市淮阴区袁集乡工业集中区
Tel：0517-81560505

江苏红日钢铁有限公司
地址：江苏涟水经济开发区西区杨畦路东侧涟高路南侧
Tel：0517-82339133

江苏沙钢集团淮钢特钢股份有限公司
地址：淮安市西安南路188号
Tel：0517-83036866

江苏利淮钢铁有限公司
地址：淮安市西安南路188号
Tel：0517-83036866

淮安市东方环保产业有限公司
地址：淮安生态文化旅游区健康西路140号（五九双创产业园2号楼4 层417、421、423、425、427室）
Tel：0517-83100609

江苏淮阴发电有限责任公司
地址：江苏省淮安市西大街200号
Tel：0517-83588222

淮安经济技术开发区实业投资有限公司
地址：淮安经济技术开发区海口路111号
Tel：0517-86283719

江苏金镇建筑劳务有限公司
地址：金湖县金南镇工业集中区16号
Tel：0517-86811111

江苏金锦建筑劳务有限公司
地址：金湖县金南镇工业集中区3号
Tel：0517-86811111

圣固（江苏）机械有限公司
地址：金湖县衡阳南路789号
Tel：0517-86787999

金湖金淮建筑劳务有限公司
地址：金湖县金莺学府1#楼204室
Tel：0517-86811258

金湖腾捷建筑劳务有限公司
地址：金湖县金南镇工业集中区2号
Tel：0517-86811111

上海湛钢科技集团江苏股份有限公司
地址：江苏金湖经济开发区同泰大道9号
Tel：0517-86905558

江苏苏盐井神股份有限公司
地址：江苏省淮安市淮安区华西路18号
Tel：0517-87036999

恒邦石油化工有限公司
地址：淮安经济技术开发区韩侯大道1号
Tel：0517-87038068

洪泽县现代新农村投资发展有限公司
地址：洪泽县东九道北侧、东三街东侧（东九道26号县政府大楼9楼）
Tel：0517-87218009

淮安盐发实业投资有限公司
地址：淮安市盐化新材料产业园区实联大道1号
Tel：0517-87618801

淮安兴盛建设投资有限公司
地址：淮安市淮海南路699号
Tel：0517-89082952

淮安昌汇科技有限公司
地址：淮安市清江浦区柯山路福田村福田小区门面6#
Tel：0517-89339736

葛洲坝淮安再生材料有限公司
地址：淮安市盱眙县经济开发区玉兰大道330号
Tel：0517-89720330

江苏南瑞淮胜电缆有限公司
地址：淮安经济技术开发区徐杨路5号
Tel：0517-89959815

江苏云港投资发展有限公司
地址：中国（江苏）自由贸易试验区连云港片区连云区阳光国际大厦1座塔楼2层201室

………………………… Tel：0518-80198120
江苏新海连能源有限公司
地址：连云港经济技术开发区花果山大道新海连大厦19层
………………………… Tel：0518-80328901
连云港金宅实业发展有限公司
地址：连云港市赣榆区青口镇区政府大楼东辅楼4楼
………………………… Tel：0518-80708426
连云港亚新钢铁有限公司
地址：灌南县堆沟港镇化工园区亚新路1号
………………………… Tel：0518-80927688
连云港明智金属科技有限公司
地址：连云港市灌南县堆沟港镇化工园区
………………………… Tel：0518-80927688
连云港富利来贸易有限公司
地址：连云港市经济技术开发区黄河路43号5楼502室
………………………… Tel：0518-81398595
江苏研邦国际贸易有限公司
地址：中国（江苏）自由贸易试验区连云港片区经济技术开发区综合保税区综合楼417-A708号
………………………… Tel：0518-81398595
江苏诺乾实业有限公司
地址：连云港经济技术开发区中云文体中心308室
………………………… Tel：0518-81398597
连云港国顺通贸易有限公司
地址：连云港市经济技术开发区黄河路43号5楼503室
………………………… Tel：0518-81398597
连云港天元新材料科技有限公司
地址：连云港市经济技术开发区黄河路43号5楼505室
………………………… Tel：0518-81398599
连云港宁东物流有限公司
地址：连云港市经济技术开发区黄河路43号5楼504室
………………………… Tel：0518-81398599
连云港德溢利贸易有限公司
地址：连云港市经济技术开发区黄河路43号5楼501室
………………………… Tel：0518-81398598
连云港亿鑫源矿产品有限公司
地址：连云港市连云区中华西路18-5号楼办公1601室
………………………… Tel：0518-81766703
连云港德力船舶服务有限公司
地址：中国（江苏）自由贸易试验区连云港片区连云区大港西路96号
………………………… Tel：0518-81886125
连云港徐圩港口物流有限公司
地址：连云港市徐圩新区江苏大道西、规划路北（示范区资源集中采购中心）205室
………………………… Tel：0518-82256268
连云港徐圩港口控股集团有限公司
地址：连云港市徐圩新区综合会馆304室
………………………… Tel：0518-82256858
江苏鑫顺通新材料有限公司
地址：连云港连云区板桥工业园纵三路22号开发区管委会215
………………………… Tel：0518-82258999
连云港新路带物流有限公司
地址：连云港市赣榆区柘汪镇响石村
………………………… Tel：0518-82381231
连云港港口集团有限公司
地址：连云港市连云区中华西路18-5号
………………………… Tel：0518-82382906
连云港连合国际集装箱发展有限公司
地址：连云港市连云区中山中路188号
………………………… Tel：0518-82386650
连云港泓海房地产开发有限公司
地址：连云港市海州区新浦经济开发区长江路3号
………………………… Tel：0518-80307181
连云港海发新农村发展建设有限公司
地址：连云港市海州区秦东门大街172号203室
………………………… Tel：0518-80307181
连云港沁海建筑装饰有限公司
地址：连云港市海州区新浦经济开发区长江路2号
………………………… Tel：0518-80307181
连云港新乐居置业有限公司
地址：连云港市海州区新海路192号201-206
………………………… Tel：0518-80307181
连云港朐海建设有限公司
地址：海州区宁海街道云海路1号
………………………… Tel：0518-80307196
连云港秦东门市政绿化工程有限公司
地址：连云港市海州区秦东门大街172号205室
………………………… Tel：0518-83088855
江苏刚钜物流器械有限公司
地址：连云港灌南经济开发区中小企业园J3栋
………………………… Tel：0518-83269118
连云港兴鑫钢铁有限公司
地址：灌南县堆沟港镇船舶工业园区
………………………… Tel：0518-83377888
连云港市投资有限公司
地址：连云港市海州区朝阳东路32-7号1401室
………………………… Tel：0518-85106910
中喜（连云港）石墨烯科技有限公司
地址：连云港市灌云县临港产业区中小企业园102号
………………………… Tel：0518-85116067
连云港市裕城文化旅游开发有限公司
地址：连云港市海州区盐河南路198号孔望山风景区
………………………… Tel：0518-85116663
连云港市金天文化旅游开发有限公司
地址：海州区秦东门大街28号海州区政府115室
………………………… Tel：0518-85226228
连云港金拓矿产资源有限公司
地址：连云港开发区泰山中路88号104室
………………………… Tel：0518-85428039
江苏满孚矿产资源有限公司
地址：连云港市连云区墟沟镇海滨大道2号阳光国际中心D2401室
………………………… Tel：0518-85428622
连云港俊安矿石加工有限公司
地址：连云港市连云区云山街道白果树村
………………………… Tel：0518-85428622
江苏海通建设工程有限公司
地址：连云港市连云区金港路11号
………………………… Tel：0518-85588722
港利投资集团股份有限公司
地址：连云港市海州区南光大厦3层301-328号
………………………… Tel：0518-85692131
连云港启创铝制品制造有限公司
地址：连云港经济技术开发区临港产业区大浦路109号
………………………… Tel：0518-85792238
连云港市交控物流集团有限公司
地址：连云港市海州区海连东路99号
………………………… Tel：0518-85850200
江苏沿海钢铁集团有限公司
地址：连云港市海州区巨龙路86号尚东现代城综合楼A座十楼1016室
………………………… Tel：0518-85866579
连云港金信利不锈钢有限公司
地址：江苏省赣榆经济开发区
………………………… Tel：0518-85908055
连云港科创不锈钢新材料有限公司
地址：江苏省赣榆经济开发区（新城村）
………………………… Tel：0518-85908075
连云港东茂矿产品有限公司
地址：连云港市连云区板桥工业园区
………………………… Tel：0518-86085726
连云港赣铁实业有限公司
地址：赣榆区柘汪临港产业区（赣榆港经济开发区）
………………………… Tel：0518-86225000
江苏鑫涌特钢有限公司
地址：赣榆区柘汪镇临港产业区
………………………… Tel：0518-86883333
连云港华禹铸管有限责任公司
地址：连云港市赣榆区柘汪镇连云港大道66号
………………………… Tel：0518-86883333
江苏省镔鑫钢铁集团有限公司
地址：江苏省连云港市赣榆区柘汪镇响石村
………………………… Tel：0518-86998881
连云港源鑫钢铁实业有限公司
地址：连云港市赣榆区柘汪镇临港产业区
………………………… Tel：0518-86998699
连云港旺岗矿产资源开发有限公司
地址：连云港市灌云县伊山镇南京西路北侧新城雅居1幢101-102商铺
………………………… Tel：0518-88106838
连云港兴灌实业投资有限公司
地址：连云港市灌云县恒驰大厦六楼
………………………… Tel：0518-88106838
溧阳三元钢铁有限公司
地址：江苏省溧阳市西郊焦山路
………………………… Tel：0519-67182913
五矿西电（常州）钢材加工有限公司
地址：常州市钟楼经济开发区银杏路58号
………………………… Tel：0519-67893977
江苏诚通物流有限公司
地址：常州市新北区通达路2号
………………………… Tel：0519-68000022
江苏三能动力总成有限公司
地址：常州市金坛区科教路97号
………………………… Tel：0519-82111999
江苏金坛大乘汽车销售有限公司
地址：常州市金坛区科教路99号
………………………… Tel：0519-82111999
江苏上恒电缆科技有限公司
地址：常州市武进区横林镇卫星村卫芙路10号
………………………… Tel：0519-68212218
威斯克精密五金（常州）有限公司
地址：江苏武进经济开发区西太湖大道9号
………………………… Tel：0519-68788213
常州豪臣景国际贸易有限公司
地址：常州市武进区湟里镇西墅村
………………………… Tel：0519-68860313
常州津誉金属制品有限公司
地址：武进区湟里镇后坊村
………………………… Tel：0519-68866399
常州灏信金属制品有限公司
地址：武进区湟里镇金鼎路综合楼
………………………… Tel：0519-68860313
常州泓安金属制品有限公司
地址：武进区湟里镇河南路6号
………………………… Tel：0519-68860557
常州天悦薄板有限公司
地址：武进区湟里镇卜东公路
………………………… Tel：0519-68863959
常州正华再生资源有限公司
地址：武进区湟里镇东安人民路
………………………… Tel：0519-68865858
常州金安国际贸易有限公司
地址：武进区湟里镇湟里村
………………………… Tel：0519-68866932
常州东方特钢有限公司
地址：武进区湟里镇东方路5号
………………………… Tel：0519-68866933
常州一江金属制品有限公司
地址：武进区湟里镇金鼎路综合楼006-1号
………………………… Tel：0519-68868396
常州舜灵商贸有限公司
地址：常州市天宁区竹林北路256号
………………………… Tel：0519-69663887
常州海江国际贸易有限公司
地址：武进区湟里镇工业区
………………………… Tel：0519-69872000
常州正佳国际贸易有限公司
地址：武进区遥观镇长虹路
………………………… Tel：0519-69965008
常州滨江环保产业发展有限公司
地址：常州市新北区东海路202号24幢
………………………… Tel：0519-80588316
鲁昕物贸有限公司
地址：溧阳市南渡镇平城村委李渚圩村262号
………………………… Tel：0519-80958588
江苏永之信融资担保有限公司
地址：常州市武进区湖塘镇天隽峰美居A座A-103号
………………………… Tel：0519-81166176
常州德宝国际物流有限公司
地址：常州市新北区S338省道钱家边188号
………………………… Tel：0519-81169301
江苏智恒达机械科技有限公司
地址：天宁区雕庄街道友谊南路16号
………………………… Tel：0519-81663981
江苏常发矿业投资有限公司
地址：武进国家高新技术产业开发区西湖路1号众创中心A座202-2
………………………… Tel：0519-81680798
常州八骏车辆科技有限公司
地址：常州市钟楼经济开发区玉龙南路213号常州钟楼高新技术创业服务中心G025号
………………………… Tel：0519-82309981
常州市金坛区国安汽车工业有限公司
地址：常州市金坛区东城宜景苑7-110、210号
………………………… Tel：0519-82368588
江苏鑫昇新能源投资建设有限公司
地址：常州市金坛区华城路266号
………………………… Tel：0519-82368686
江苏水北建设工程有限公司
地址：常州市金坛区水北镇枪架桥
………………………… Tel：0519-82556898
江苏山和集团有限公司
地址：常州市金坛区沿河东路85号
………………………… Tel：0519-82596111
常州中天新材料股份有限公司
地址：常州新北区薛家镇连江桥吕南路2号
………………………… Tel：0519-83188555
常州市常通金属材料有限公司
地址：武进区湖塘镇马杭菱港桥南堍'
………………………… Tel：0519-83353888
常州东吴信亿贸易有限公司
地址：雕庄街道朝阳花园20幢4号
………………………… Tel：0519-83752298
中车戚墅堰机车有限公司
地址：常州市延陵东路358号
………………………… Tel：0519-85053141
国电常州发电有限公司
地址：新北区春江镇江花路1号
………………………… Tel：0519-85197213
江苏中煤地质工程研究院有限公司
地址：常州市天宁区延陵中路22号
………………………… Tel：0519-85330390
常州淮都金属城有限公司
地址：常州市青洋中路1号
………………………… Tel：0519-85509701
常州录安洲长江码头有限公司
地址：常州市新北区春江镇录安洲港区大道18号
………………………… Tel：0519-85721005
江苏天得智能传感产业集团有限公司
地址：常州市新北区滨新路58号
………………………… Tel：0519-85866333
东京制纲（常州）有限公司
地址：常州市新北区河海西路328号
………………………… Tel：0519-85966289
溧阳红土新经济创业投资基金合伙企业（有限合伙）
地址：溧阳市天目湖工业园区勤业路8号
………………………… Tel：0519-86318332
伟业国际投资集团有限公司
地址：武进区湖塘镇常武中路6号金都大厦第四层
………………………… Tel：0519-86372008
常州常飞房地产开发有限公司
地址：常州市钟楼区星港大道8号
………………………… Tel：0519-86873917
常州飞机制造有限公司
地址：常州市钟楼区龙江中路28号
………………………… Tel：0519-86873917
常州天晟新材料股份有限公司
地址：常州市龙锦路508号
………………………… Tel：0519-86929011
江苏中南锂业有限公司
地址：溧阳市昆仑街道码头西街618号11幢
………………………… Tel：0519-87252600
常州汇萃贸易有限公司
地址：溧阳市昆仑街道上上路87号304室
………………………… Tel：0519-87269679
中商投实业（溧阳）有限公司
地址：溧阳市溧城镇育才南路88号山水名门1幢1-01
………………………… Tel：0519-87290968
溧阳昌兴炉料有限公司
地址：江苏省溧阳经济开发区
………………………… Tel：0519-87335005
江苏申特钢铁有限公司
地址：溧阳市昆仑北路288号
………………………… Tel：0519-80698999
溧阳建新制铁有限公司
地址：常州市溧阳经济开发区
………………………… Tel：0519-80698999
江苏振达钢铁有限公司
地址：溧阳市埭头镇后六莲花庵33号
………………………… Tel：0519-87350056
江苏金峰水泥集团有限公司
地址：溧阳市社渚镇金庄村
………………………… Tel：0519-87550860
溧阳市新金峰水泥有限公司
地址：溧阳市社渚镇金庄村谷山
………………………… Tel：0519-87550860
溧阳市宏峰水泥有限公司
地址：溧阳市社渚镇金庄村谷山
………………………… Tel：0519-87550860
溧阳市鑫源铜业有限公司
地址：溧阳市竹箦镇环镇西路53号
………………………… Tel：0519-87701188
江苏友发钢管有限公司
地址：溧阳市上兴镇老明路88号41幢
………………………… Tel：0519-87078018
江苏国强镀锌实业有限公司
地址：溧阳市上兴集镇东郊
………………………… Tel：0519-87732325
江苏国强民富建材科技有限公司
地址：溧阳市上兴镇工业园区（江苏国强镀锌实业有限公司内）
………………………… Tel：0519-87739868
江苏国电新能源装备有限公司
地址：溧阳市上兴镇曹山路9号
………………………… Tel：0519-8778102
溧阳华碧房地产开发有限公司
地址：溧阳市埭头镇渡头街8-2号7幢306
………………………… Tel：0519-87896027
东海证券股份有限公司
地址：常州市延陵西路23号投资广场18层
………………………… Tel：0519-88168261
中盐常州化工股份有限公司
地址：江苏省常州市金坛区经济开发区建材路
………………………… Tel：0519-88210708
中天钢铁集团有限公司
地址：常州市中吴大道1号
………………………… Tel：0519-88771301
常州市川立驰环保科技发展有限公司
地址：常州市武进区中吴大道1号
………………………… Tel：0519-88771301
常州星宇德立重工有限公司
地址：常州市武进区遥观镇前杨村工业园区47号
………………………… Tel：0519-88390058
中天钢铁集团（南通）有限公司
地址：海门市包场镇发展大道88号
………………………… Tel：0513-52888888
常州中天钢铁物流中心有限公司
地址：武进区横林镇镇西村
………………………… Tel：0519-88771301
常州中发炼铁有限公司
地址：常州市武进区遥观镇印墅村
………………………… Tel：0519-88771301
常州邦益钢铁有限公司
地址：常州市武进区遥观镇印墅村312国道旁

…………………Tel：0519-88388868
江苏中天钢铁国际贸易有限公司
地址：常州市武进区遥观镇印墅村
…………………Tel：0519-88388868
常州龙祥钢铁有限公司
地址：常州市新冶路28号
…………………Tel：0519-88771301
常州爱斯特空调设备有限公司
地址：常州市中吴大道572号
…………………Tel：0519-88777988
江苏常宝钢管股份有限公司
地址：常州市延陵东路558号
…………………Tel：0519-88813911
江苏蜀通供应链管理有限公司
地址：常州市新北区西夏墅镇灵山中路19号1幢3027号
…………………Tel：0519-88828777
常州市大江铜业有限公司
地址：武进区湖塘镇延政中路2号A1205
…………………Tel：0519-88838592
常州中钢精密锻材有限公司
地址：江苏武进经济开发区长扬路18号
…………………Tel：0519-89616168
江苏科维供应链管理有限公司
地址：常州市武进区东方东路168号
…………………Tel：0519-89863909
莱尼电气线缆（中国）有限公司
地址：常州市新北区秦岭路6号
…………………Tel：0519-89887616
新煜新材料（泰州）有限公司
地址：兴化市大垛镇朝阳路东侧
…………………Tel：0523-80212272
泰州市高港高新区开发建设有限责任公司
地址：泰州市刁铺镇振北路8号
…………………Tel：0523-80278028
靖江市长源金属材料有限公司
地址：靖江市新港港口（江苏长荣钢铁有限公司内）
…………………Tel：0523-80292666
靖江市特莱斯金属材料有限公司
地址：靖江经济技术开发区康桥路2号港城大厦
…………………Tel：0523-80292666
江苏中海海洋工程有限公司
地址：靖江市靖城车站路90号
…………………Tel：0523-80506801
泰州市康润环境工程有限公司
地址：泰州市姜堰区三水街道科技路199号
…………………Tel：0523-80578283
江苏实诺实业有限公司
地址：泗洪经济开发区管委会辅楼28号
…………………Tel：0523-80678126
靖江特殊钢有限公司
地址：江苏省泰州市靖江市靖江经济开发区新港大道21号
…………………Tel：0523-80709087
江苏锡钢集团有限公司
地址：无锡市塘南路124号
…………………Tel：0523-80709087
泰富特钢靖江港务有限公司
地址：靖江市经济开发区新港园区康桥路1号
…………………Tel：0523-80709087
泰兴市智全实业有限公司
地址：泰兴市城东高新技术产业园区戴王路西侧
…………………Tel：0523-80721817
江苏展兴实业集团有限公司
地址：泰兴虹桥工业园区六圩港大道南侧
…………………Tel：0523-80731198
江苏宏大特种钢机械厂有限公司
地址：泰兴市虹桥工业园
…………………Tel：0523-80738680
江苏苏中沿江化工物流经营发展有限公司
地址：泰兴经济开发区福泰路1号
…………………Tel：0523-80738761
江苏地美建设有限公司
地址：泰州市姜堰区罗塘街道南环西路997号
…………………Tel：0523-80801800
泰州市云联网络信息系统有限公司
地址：泰州市药城大道799-2号（数据大厦B幢602室）
…………………Tel：0523-80811266
泰州驰光太阳能科技有限公司
地址：泰兴市虹桥工业园区六圩港大道
…………………Tel：0523-80878519
靖江市城乡建设有限公司
地址：靖江市城南园区东进路88号
…………………Tel：0523-81155023
泰州市华泰工业控股经营有限公司
地址：泰州市医药高新区金融广场17号楼305室
…………………Tel：0523-82120086
江苏文禾石化有限公司
地址：泰州市海陵区蒲田路1号803-012
…………………Tel：0523-82184606
新浦化学（泰兴）有限公司
地址：江苏省泰兴经济开发区疏港路1号
…………………Tel：0523-82565666
江苏国信华夏信息产业集团有限公司
地址：南京市建邺区江东中路359号国睿大厦2号楼6楼603、604、605、606、607房间
…………………Tel：025-86808359
泰华鑫能源信息服务（江苏）有限公司
地址：泰兴经济开发区福泰路1号税务大楼西栋208室
…………………Tel：0523-82739660
江苏扬子江港务有限公司
地址：靖江经济开发区六助港路2号
…………………Tel：0523-84099879
江苏国信靖江发电有限公司
地址：靖江经济开发区新港园区国信电厂路1号
…………………Tel：0523-84128011
江苏国信秦港港务有限公司
地址：靖江经济开发区新港园区国信电厂路1号
…………………Tel：0523-84128011
靖江市信华建设有限公司
地址：靖江市新桥园区新桥东路1号
…………………Tel：0523-84315622
江苏双达泵阀集团有限公司
地址：靖江市经济开发区新桥园区瑞江路1号
…………………Tel：0523-84321598
靖江民强机械设备制造有限公司
地址：靖江市新桥镇礼士桥南首
…………………Tel：0523-84334588
江苏创进泵阀制造有限公司
地址：靖江市生祠镇红光桥西首800米
…………………Tel：0523-84351097
江苏大中电机股份有限公司
地址：靖江市季市镇大中路66-68号
…………………Tel：0523-84549259
江苏永益华元物流有限公司
地址：江阴经济开发区靖江园区下六圩闸西首
…………………Tel：0523-84618686
江苏金秋竹集团有限公司
地址：靖江经济开发区罗家港桥货站南路9号
…………………Tel：0523-84628603
江苏扬子卓能实业有限公司
地址：泰兴市虹桥工业园区（江苏扬子鑫福造船有限公司内）
…………………Tel：0523-84660856
靖江龙威粮油工业有限公司
地址：靖江经济开发区新港园区安宁村岳怀埭68号
…………………Tel：0523-84986616
靖江龙威粮油港务有限公司
地址：靖江经济开发区新港园区安宁村岳怀埭160号
…………………Tel：0523-84986616
泰州市高港区长兴科技小额贷款有限公司
地址：泰州市高港区许庄街道科技创业园
…………………Tel：0523-86119536
南京泰锦路桥工程有限公司
地址：南京市鼓楼区汉中门大街301号1501室
…………………Tel：0523-86395033
江苏林海动力机械集团有限公司
地址：江苏省泰州市迎春西路199号
…………………Tel：0523-86551888
泰兴梅兰新材料有限公司
地址：泰兴经济开发区闸北路3号
…………………Tel：0523-86552276
江苏春兰电子商务有限公司
地址：泰州市迎宾路南侧、春兰路西侧
…………………Tel：0523-86611156
泰州昂毅优实业有限公司
地址：泰州市海陵区罡杨镇罡门村14组-1号
…………………Tel：0523-86808360
泰州市高港区临江农村小额贷款有限公司
地址：泰州市高港区永安洲镇迎宾大道睿懿园7-11号
…………………Tel：0523-86920980
亚广索具股份有限公司
地址：江苏省泰州市高港区许庄街道管营村管营六组
…………………Tel：0523-86923799
国家能源集团泰州发电有限公司
地址：泰州市高港区永安洲镇福沙村
…………………Tel：0523-86990666
泰州春兰销售公司
地址：泰州市迎宾路南侧、春兰路西侧
…………………Tel：0523-86993096
泰兴市虹福泰实业有限公司
地址：泰兴虹桥工业园区江堤路
…………………Tel：0523-87015061
泰兴市黄桥城市建设有限公司
地址：泰兴市黄桥镇通站路2号
…………………Tel：0523-87211951
惠尔新机械泰兴有限公司
地址：泰兴市黄桥镇工业园区通站西路2号
…………………Tel：0523-87211951
泰兴市润黄物流运输服务有限公司
地址：泰兴市黄桥工业园区通站路8号
…………………Tel：0523-87211951
江苏中盾能源贸易有限公司
地址：泰兴市高新技术产业开发区人才科技广场19号楼
…………………Tel：0523-87550115
济川药业集团有限公司
地址：泰兴市大庆西路宝塔湾
…………………Tel：0523-87606428
格林美（江苏）钴业股份有限公司
地址：泰兴经济开发区滨江北路8号
…………………Tel：0523-87670858
江苏日升科技实业有限公司
地址：泰州市姜堰区白米镇曙光工业园区
…………………Tel：0523-88122298
扬动股份有限公司
地址：泰州市姜堰区罗塘西路199号
…………………Tel：0523-88209626
江苏三江现代物流有限公司
地址：靖江市新港大道99号
…………………Tel：0523-89109658
江苏华元金属加工有限公司
地址：江苏靖江经济开发区新港园区
…………………Tel：0523-89109803
江苏万林现代物流股份有限公司
地址：江苏省靖江经济开发区新港园区六助港路5号
…………………Tel：0523-89112012
泰州市高港区春犁农村小额贷款有限公司
地址：泰州市高港区刁铺街道环溪社区丰岸路266号
…………………Tel：0523-89556166
泰州鑫港新材料科技有限公司
地址：泰州市医药高新技术产业开发区梦CAR小镇梦创中心北楼3F东侧301、302办公室
…………………Tel：0523-89691236
沙桐（泰兴）化学有限公司
地址：泰兴经济开发区澄江西一路33号
…………………Tel：0523-89788161
江苏玛吉克工业自动化有限公司
地址：宿迁市宿城区运河宿迁港产业园康程路1号德国工业坊综合楼201室
…………………Tel：0527-80979662
江苏旺玛庆贸易有限公司
地址：江苏省宿迁市宿豫区工业园区江山大道113号
…………………Tel：0527-81180598
江苏昊晟中小企业融资担保有限公司
地址：沭阳县人民路与学府路交汇处（江苏银行沭阳支行办公楼四楼）
…………………Tel：0527-81183301
宿迁市九天钢结构有限公司
地址：沭阳县经济开发区海宁路1号
…………………Tel：0527-8333333
国家能源集团宿迁发电有限公司
地址：宿迁市宿城区洋北镇
…………………Tel：0527-84312000
宿迁南钢金鑫轧钢有限公司
地址：宿迁市宿豫经济开发区
…………………Tel：0527-84453913
江苏宏宇重工科技有限公司
地址：宿迁市宿城区运河宿迁港产业园管理委员会304室
…………………Tel：0527-84552099
江苏苏高智能电气有限公司
地址：江苏省宿迁市宿豫区机械产业工业集中区振兴路4号
…………………Tel：0527-84878606
江苏乾耀实业有限公司
地址：宿迁市沭阳县马厂镇工业集中区58号
…………………Tel：0527-87998511
江苏川和石油化工有限公司
地址：沭阳县南城新区沭阳石化有色金属交易市场3号楼901
…………………Tel：0527-88906666
江苏海康新材料有限公司
地址：泗洪县金沙江路北侧科技创业园西侧
…………………Tel：0527-89890199
江苏斯迪克新材料科技股份有限公司
地址：江苏省泗洪经济开发区双洋西路6号
…………………Tel：0527-89896509
江苏新动力（沭阳）热电有限公司
地址：沭阳县经济开发区杭州东路与玉环路交汇处
…………………Tel：0527-89996383

浙江省

衢州传化公路港物流有限公司
地址：浙江省衢州市柯城区航埠镇浙西综合物流中心2区1幢5楼1号
…………………Tel：0570-2999008
浙江巨化装备工程集团有限公司
地址：浙江省衢州市巨化厂二路17号
…………………Tel：0570-3097447
巨化集团有限公司
地址：浙江省杭州市江干区泛海国际中心2幢2001室
…………………Tel：0570-3614227
浙江巨化物流有限公司
地址：浙江省衢州绿色产业集聚区巨化厂前路67号
…………………Tel：0570-3614948
江山南方水泥有限公司
地址：浙江省衢州市江山市虎山街道上铺
…………………Tel：0570-4211012
浙江江山变压器股份有限公司
地址：江山市虎山路84号
…………………Tel：0570-4231712
常山县泰安矿产经营有限责任公司
地址：浙江省衢州市常山县辉埠镇灰山底133号二层
…………………Tel：0570-5018918
诸暨市宏泰矿业有限公司
地址：诸暨市陈宅镇陈宅村
…………………Tel：0570-7074228
衢州元立金属制品有限公司
地址：浙江衢州经济开发区金属制品园区
…………………Tel：0570-8055668
浙江正扬建设集团有限公司
地址：浙江省衢州市衢江区东迹大道186-188号
…………………Tel：0570-8566613
新亚杉杉新材料科技（衢州）有限公司
地址：浙江省衢州市柯城区华荫北路62号
…………………Tel：0570-8763623
浙江和融实业有限公司
地址：萧山区市心北路99号萧山经济技术开发区管委会大楼503A室
…………………Tel：0571-22836358
悦港贸易（杭州）有限公司
地址：萧山区市心北路99号萧山经济技术开发区管委会大楼501室
…………………Tel：0571-22836358
杭州鼎立铜业有限公司
地址：浙江省杭州市富阳区富春街道江滨西大道57号1606室
…………………Tel：0571-23216888
浙江中联环保集团有限公司
地址：浙江省杭州市富阳区富春街道江滨西大道57号905室
…………………Tel：0571-23236815
新兴铸管（浙江）铜业有限公司
地址：浙江省杭州市富阳区新登镇新登新区平山路60号
…………………Tel：0571-23288512
杭州棠颂控股有限公司
地址：浙江省杭州市余杭区仓前街道景兴路999号6号楼209-2-076
…………………Tel：0571-26309565
欧氏有限公司
地址：拱墅区香槟之约园B幢501室
…………………Tel：0571-28057188
浙江西子联合工程有限公司
地址：杭州市江干区丁桥东路880号1-7楼410室
…………………Tel：0571-28172622
浙江省数据管理有限公司
地址：浙江省杭州市拱墅区半山街道沈家桥132号4幢
…………………Tel：0571-28200907
杭州金投能源有限公司
地址：浙江省杭州市江干区庆春东路2-6号601室
…………………Tel：0571-28203260
中瑞物资有限公司
地址：杭州市拱墅区莫干山路18号蓝天商务中心501室
…………………Tel：0571-28207219
杭州联络互动信息科技股份有限公司
地址：浙江省物联网街451号芯图大厦18层
…………………Tel：0571-28257385
浙江伍垒新材料集团有限公司
地址：浙江省杭州市西湖区翠苑街道学院路28-38号1幢德力西大厦3号楼305室
…………………Tel：0571-28278516
电联工程技术股份有限公司
地址：浙江省杭州市钱塘新区杭州江东工业园区江东五路7589号
…………………Tel：0571-28903333
浙江华坤建筑设计院有限公司
地址：浙江省杭州市西溪路525号浙江大学科技园A楼东区509室
…………………Tel：0571-28928061
浙江省地矿建设有限公司
地址：浙江省杭州市万塘路51号
…………………Tel：0571-28950210
舟山华电国际进出口有限公司
地址：浙江省舟山市定海区舟山港综合保税区企业服务中心301-457室（自贸试验区内）
…………………Tel：0571-56705529
浙江铁道发展集团有限公司
地址：浙江省杭州市白塔岭44号
…………………Tel：0571-56720324
新浙控股股份有限公司

地址：杭州市拱墅区富强路31号2幢102室
Tel：0571-57111117

浙江锦豪控股有限公司
地址：浙江省杭州市富阳区鹿山街道江波街169号
Tel：0571-61710533

浙江江铜富冶和鼎铜业有限公司
地址：浙江省杭州市富阳区新登工业功能区
Tel：0571-63289037

浙江飞虹通信集团有限公司
地址：浙江省杭州市富阳区鹿山街道谢家溪
Tel：0571-63377888

杭州富阳金源铜业有限公司
地址：浙江省杭州市富阳区富春街道公望街177号1111室
Tel：0571-63561778

临安广华矿业有限公司
地址：临安市河桥镇学川村
Tel：0571-63666789

杭州华旺实业集团有限公司
地址：浙江省杭州市拱墅区左家新村20幢211室
Tel：0571-63757936

杭州金绿建设发展有限公司
地址：浙江省杭州市建德市新安江街道严州大道1089号218室
Tel：0571-64732969

浙江富兴海运有限公司
地址：大榭金城商住楼1幢402
Tel：0571-81021857

新湖控股有限公司
地址：浙江省杭州市体育场路田家桥2号
Tel：0571-87352070

浙江巨擎投资有限公司
地址：杭州市上城区甘水巷149号101室
Tel：0571-81105367

中机国能电力集团有限公司
地址：杭州市滨江区滨盛路1786号汉氏大厦2010室
Tel：0571-81386999

杭州热联国贸有限公司
地址：杭州市下城区东清大厦1703-2室
Tel：0571-81393900

浙江物产道富有限公司
地址：浙江省杭州市江干区凯旋路445号6A2-5座
Tel：0571-81993906

浙江美丝邦化纤有限公司
地址：杭州市萧山区坎山镇甘露亭村
Tel：0571-82518147

浙江荣盛控股集团有限公司
地址：浙江省杭州市萧山区宁围街道市心北路857号417室
Tel：0571-82526318

传化物流集团有限公司
地址：萧山区宁围街道新北村
Tel：0571-82602688

浙江恒逸国际贸易有限公司
地址：浙江省杭州市萧山区衙前镇成虎路102号三层
Tel：0571-82768235

杭州永智贸易有限公司
地址：浙江省杭州市萧山区萧山经济技术开发区启迪路198号A-B102-857室
Tel：0571-82780635

杭州汇德隆银隆世贸中心商贸有限公司
地址：萧山区北干街道市心中路268、288号
Tel：0571-82812678

高斯（杭州）工具有限公司
地址：萧山经济技术开发区桥南区鸿兴路180号
Tel：0571-82838083

开元旅业集团有限公司
地址：杭州萧山区市心中路818号十七楼
Tel：0571-82888888

杭州芮东实业有限公司
地址：浙江省杭州大江东产业集聚区河庄街道同二村
Tel：0571-88398123

杭州仕发贸易有限公司
地址：萧山区宁围街道市心北路857号221-2室
Tel：0571-85391991

杭州南资贸易有限公司
地址：浙江省杭州市萧山区宁围街道民和路501号联合中心北区1幢1302室
Tel：0571-83503052

杭州梵迪贸易有限公司
地址：萧山区城厢街道人民路51号五楼508
Tel：0571-82827686

庞鑫物产有限公司
地址：浙江省杭州市萧山区瓜沥镇建设四路11760号2层
Tel：0571-83513808

浙江庞鑫鑫业石化有限公司
地址：浙江省杭州市萧山区瓜沥镇建设四路11760号2幢5层
Tel：0571-83513808

浙江庞鑫电力能源有限公司
地址：浙江省杭州市萧山区瓜沥镇汇锦名店广场5-7号
Tel：0571-83513808

杭州智见控股集团有限公司
地址：浙江省杭州市余杭区五常街道三维智汇中心9幢
Tel：0571-83519869

浙江中甸实业有限公司
地址：萧山区萧山经济技术开发区启迪路198号A-B102-377室
Tel：0571-83523330

浙江金科文化产业股份有限公司
地址：浙江省杭州湾上虞经济技术开发区
Tel：0571-83539966

台泥（杭州）环保科技有限公司
地址：浙江省杭州市萧山区宁围街道市心北路857号391室
Tel：0571-83685938

传化集团有限公司
地址：浙江省杭州萧山宁围街道
Tel：0571-83781789

聚光科技（杭州）股份有限公司
地址：杭州市滨江区滨安路760号
Tel：0571-85012188

顾家实业投资（杭州）有限公司
地址：杭州市江干区东宁路599-1号，一号楼601室
Tel：0571-85016605

杭州钢铁股份有限公司
地址：杭州市拱墅区半山路178号
Tel：0571-85032291

中杭监测技术研究院有限公司
地址：浙江省杭州市拱墅区半山路356号
Tel：0571-85032355

杭州杭钢金属材料电子商务有限公司
地址：杭州市拱墅区沈家桥132号
Tel：0571-85032429

杭州杭钢富春工程机械有限公司
地址：杭州江东本级区块新湾镇前峰村办公大楼3幢215室
Tel：0571-85034008

浙江德清杭钢富春再生科技有限公司
地址：德清县新安镇新安大道35号
Tel：0571-85090889

浙江新世纪再生资源开发有限公司
地址：杭州市半山路178号
Tel：0571-85035840

杭州钢铁集团有限公司
地址：浙江省杭州拱墅区半山路178号
Tel：0571-85036666

宁波西子资产管理有限公司
地址：宁波保税区兴业大道8号2号楼228室
Tel：0571-85062405

杭州君隐万行实业有限责任公司
地址：浙江省杭州市萧山区闻堰街道湘湖金融小镇二期西区块6号楼118室
Tel：0571-85066150

景宁杰仕实业有限公司
地址：浙江省丽水市景宁畲族自治县红星街道兴工路31号308室
Tel：0571-85093617

杭州热联立生投资有限公司
地址：上城区甘水巷149号102室
Tel：0571-85093617

浙江热联中邦供应链服务有限公司
地址：浙江省杭州市上城区甘水巷149号108室
Tel：0571-85095323

杭州热联融资租赁有限公司
地址：杭州市下城区木庵5幢3单元2号303室
Tel：0571-85095323

杭州热联汉佳商贸有限公司
地址：杭州市江干区汉嘉大厦2602室
Tel：0571-85095323

浙江新湖集团股份有限公司
地址：杭州市体育场路田家桥2号
Tel：0571-81022065

淮矿地产（杭州）有限公司
地址：浙江省杭州市江干区环站东路97号云峰大厦1号楼1425室
Tel：0571-85195459

中发利合（浙江）实业有限公司
地址：拱墅区丰潭路508号天行国际中心7号楼4层402室-1
Tel：0571-85373751

杭州锅炉集团股份有限公司
地址：杭州市江干区大农港路1216号
Tel：0571-85387288

赛石集团有限公司
地址：浙江省杭州市西湖区西溪国家湿地公园天目山路518号Ⅰ区1号
Tel：0571-85776386

长江浙商联合控股有限公司
地址：上城区元帅庙后88-2号125室-1
Tel：0571-85812709

浙江建龙钢铁实业有限公司
地址：杭州市拱墅区莫干山路678号11幢107室
Tel：0571-85812709

三川控股集团有限公司
地址：浙江省杭州市西湖区世贸丽晶城欧美中心1号楼（B区）1301室
Tel：0571-85817210

浙江杭钢职业教育集团有限公司
地址：浙江省杭州市西湖区教工路197号222室
Tel：0571-86085281

杭州网营物联控股集团有限公司
地址：浙江省杭州市江干区迪凯银座107室
Tel：0571-86088026

宁波象石实业有限公司
地址：浙江省宁波保税区兴业大道2号A812室（甬保商务秘书公司托管A94号）
Tel：0571-86089916

浙江成钢投资发展有限公司
地址：浙江省杭州市余杭区塘栖镇工业园区
Tel：0571-86320158

五村联合控股有限公司
地址：杭州市西湖区文二西路770号五村商务中心2号楼
Tel：0571-86483379

中航国际矿产资源有限公司
地址：浙江省杭州市江干区新业路160-200号华峰国际商务大厦1301室
Tel：0571-86483720

宋都基业投资股份有限公司
地址：杭州市富春路789号宋都大厦506室
Tel：0571-86504656

金圆控股集团有限公司
地址：杭州市河滨商务楼1102室
Tel：0571-86602230

浙江诸暨进步实业有限公司
地址：浙江省诸暨市陶朱街道文种南路28号暨阳财富大厦
Tel：0571-86627069

浙江省能源集团有限公司
地址：杭州市天目山路152号
Tel：0571-86669500

杭州东方通信城有限公司
地址：杭州市滨江区东信大道66号
Tel：0571-86676045

杭州热联集团股份有限公司
地址：浙江省杭州市下城区环城北路167号
Tel：0571-85095323

中金债事（浙江）控股股份有限公司
地址：浙江省杭州市下城区庆春路38号416室
Tel：0571-86722777

国商控股有限公司
地址：浙江省杭州市江干区九华路1号14幢1单元6楼602室
Tel：0571-86787230

川山甲供应链管理股份有限公司
地址：杭州市滨江区江南大道288号康恩贝大厦1幢801室
Tel：0571-86791167

浙江省环保集团有限公司
地址：浙江省杭州市拱墅区半山街道半山路178号17幢209、210室
Tel：0571-86808700

浙江南方水泥有限公司
地址：浙江省杭州市余杭区五常街道文一西路998号10幢（除1楼）
Tel：0571-86821511

浙江杭钢融资租赁有限公司
地址：杭州市拱墅区半山街道178号17幢213室
Tel：0571-86876571

迪圣特控股集团有限公司
地址：杭州市西湖区古墩路413号649室
Tel：0571-86877551

浙江帮政矿产技术开发有限公司
地址：杭州经济技术开发区盛泰名都中心1幢805室
Tel：0571-86913799

浙江电联集团有限公司
地址：杭州市江干区万象城3幢3902室
Tel：0571-86985336

中煤浙江地质集团有限公司
地址：杭州市新塘路342号
Tel：0571-86986004

杭州凯大催化金属材料股份有限公司
地址：杭州市拱墅区康桥路7号101室
Tel：0571-86999694

杭州市国有资本投资运营有限公司
地址：浙江省杭州市下城区柳营巷19号201室
Tel：0571-87003511

浙江物产国际贸易有限公司
地址：浙江省杭州市下城区环城西路56号6楼
Tel：0571-87058163

杭州幹鑫投资管理有限公司
地址：浙江省杭州市萧山区湘湖金融小镇二期中区块南岸3A号楼401室
Tel：0571-87090228

弘信控股有限公司
地址：拱墅区莫干山路268号1幢2417、2419室
Tel：0571-87097291

网营物联股份有限公司
地址：浙江省绍兴市柯桥区柯桥经济开发区科创大厦综合楼390室
Tel：0571-87115799

杭州城投资产管理集团有限公司
地址：浙江省杭州市江干区城星路69号22层
Tel：0571-87152623

浙江春风集团有限公司
地址：浙江省杭州市滨江区滨康路188号
Tel：0571-87168086

浙江物产环保能源股份有限公司
地址：杭州市庆春路137号
Tel：0571-87224220

浙江永安资本管理有限公司
地址：浙江省杭州市西湖区教工路199号5楼511室
Tel：0571-87238688

中瓯生态工程集团有限公司
地址：浙江省杭州市滨江区越达巷79号1幢420室
Tel：0571-87247128

杭州金投企业集团有限公司
地址：杭州市上城区庆春路155号
Tel：0571-87249019

星创置业集团有限公司
地址：浙江省杭州市江干区平安金融中心1幢1701-2A室
Tel：0571-87272627

徐氏控股股份有限公司
地址：杭州市文一西路778号
Tel：0571-87293693

嘉凯城集团股份有限公司
地址：浙江省杭州市上城区惠民路56号1号楼318室
Tel：0571-87376611

中商恒生企业发展有限公司
地址：浙江省杭州市钱塘新区海达南路555号金沙大厦3幢3层10室
Tel：0571-87383998

新湖中宝股份有限公司
地址：嘉兴市中山路禾兴路口
Tel：0571-87395011

杭州市居住区发展中心有限公司
地址：浙江省杭州市上城区之江路916号安居临江大厦3-5层
Tel：0571-87555176

杭州紫元置业有限公司
地址：浙江省杭州市西湖区天目山路294号杭钢冶金科技大厦22、23层
Tel：0571-87563065

浙江三友发展集团有限公司
地址：杭州市江晖路1888号
Tel：0571-87566791

浙江交通资源投资有限公司
地址：浙江省杭州市江干区九环路63号7幢3楼326室
Tel：0571-87567720

浙江民翔环境建设有限公司
地址：浙江省杭州市西湖区双浦镇翁家埭村花山380号5楼
Tel：0571-87601036

浙江四邦实业有限公司
地址：浙江省丽水市景宁畲族自治县红星街道人民北路105号619室
Tel：0571-87621516

杭州木东贸易有限公司
地址：浙江省杭州市下城区武林新村104号1幢二楼2102室
Tel：0571-87633154

临安嘉盛环保有限公司
地址：浙江省杭州市临安区青山湖街道大园路958号1幢1001-15室
Tel：0571-87699700

杭州市高新区（滨江）东冠小额贷款股份有限公司
地址：浙江省杭州市滨江区江南大道3850号5楼515室
Tel：0571-87796048

浙江南华资本管理有限公司
地址：浙江省杭州市上城区西湖大道193号313、316、317室
Tel：0571-87830338

浙江省机电集团有限公司
地址：浙江省杭州市上城区清波街道延安路95号
Tel：0571-87830600

舟山翰晟携创实业有限公司
地址：浙江省舟山市普陀区东港街道海洲路721号永跃大厦17楼(自贸试验区内)
Tel：0571-87859885

浙江自贸区远望和平能源有限公司
地址：浙江省舟山市定海区舟山港综合保税区企业服务中心301—12968室（自贸试验区内）
Tel：0571-87921769

中康盛世新能源有限公司
地址：浙江省杭州市上城区笤帚湾45号7幢101室-30
Tel：0571-87925318

南华发展集团有限公司
地址：浙江省金华市东阳市横店镇万盛街42号6楼606室（自主申报）
……Tel：0571-87968888
浙江广厦股份有限公司
地址：浙江省东阳市吴宁街道办事处振兴路1号西侧
……Tel：0571-87969988
杭州杭钢对外经济贸易有限公司
地址：浙江省杭州市下城区朝晖二区26幢5层
……Tel：0571-88001600
浙江亿华实业有限公司
地址：浙江省杭州市拱墅区康丰路8号1幢8楼083室
……Tel：0571-88043725
光大利合控股浙江有限公司
地址：浙江省杭州市拱墅区迪尚商务大厦603室
……Tel：0571-88071183
万马联合控股集团有限公司
地址：杭州市西湖区西溪国家湿地公园湿地商务3号会所2楼
……Tel：0571-88195258
浙江杭钢健康产业投资管理有限公司
地址：浙江省杭州市拱墅区半山路178号17幢302室、303室
……Tel：0571-88198548
浙江省工程物探勘察设计院有限公司
地址：浙江省杭州市湖墅南路220号
……Tel：0571-88223828
浙江乘风钢铁有限公司
地址：浙江省杭州市拱墅区拱康路100号康华大厦11层B室
……Tel：0571-88258028
浙江翰晟携创实业有限公司
地址：浙江省杭州市下城区绍兴路161号野风现代中心南楼2013室
……Tel：0571-88266755
浙江物产化工集团有限公司
地址：浙江省杭州市上城区清吟街108号688室
……Tel：0571-88278687
浙江瑞光钢铁有限公司
地址：杭州市拱墅区石祥路342号五区3072室
……Tel：0571-88296339
浙江信联钢铁有限公司
地址：杭州市拱墅区科园路188号
……Tel：0571-88298353
杭州象石实业有限公司
地址：上城区白云路22号131室
……Tel：0571-88362650
永富物产有限公司
地址：浙江省杭州市上城区元帅庙后88-2号622室
……Tel：0571-88373187
金石资源集团股份有限公司
地址：浙江省杭州市拱墅区莫干山路耀江国际大厦B座20层B室
……Tel：0571-88380817
浙江新世纪大酒店有限公司
地址：杭州市文三路18号
……Tel：0571-88382448
中财招商投资集团有限公司
地址：浙江省杭州市滨江区通和路68号
……Tel：0571-88383183
杭实国贸投资（杭州）有限公司
地址：浙江省杭州市上城区甘水巷15号110室
……Tel：0571-88388669
浙江远腾实业集团有限公司
地址：浙江省杭州市拱墅区大塘巷2幢二层216室
……Tel：0571-88583163
浙江金投钢铁有限公司
地址：浙江省湖州市德清县雷甸镇临杭大道98号
……Tel：0571-88613639
浙江金投通信科技有限公司
地址：浙江省杭州市余杭区崇贤街道运河路5-2号5幢
……Tel：0571-88613639
浙江巨化投资有限公司
地址：杭州市文一西路1500号627室
……Tel：0571-88670352
浙江省新华书店集团物流配送有限公司
地址：浙江省杭州市经济技术开发区白杨街道文海北路359号
……Tel：0571-88937399
浙江新西奥资产管理有限公司
地址：浙江省丽水市景宁畲族自治县红星街道复兴东路9号
……Tel：0571-89008520
今胜集团有限公司
地址：余杭区塘栖镇张家墩路75号
……Tel：0571-89025228
华立集团股份有限公司
地址：浙江省杭州市余杭区五常大道181号
……Tel：0571-89300192
中国诚通国际贸易有限公司
地址：浙江省杭州市下城区东健康路1号6楼606室
……Tel：0571-89807622
广润石油（舟山）有限公司
地址：浙江省舟山市定海区舟山港综合保税区企业服务中心301-10713室（自贸试验区内）
……Tel：0571-89896203
正融智能物联网有限公司
地址：浙江省杭州市拱墅区莫干山路949号佳源银座1415室
……Tel：0571-89936055
浙富控股集团股份有限公司
地址：浙江省桐庐县县城迎春南路177号浙富大厦25F
……Tel：0571-89939661
杭州辉放商贸有限公司
地址：浙江省杭州市下城区三华园3幢718室
……Tel：0571-89960915
蓝绿双城科技集团有限公司
地址：浙江省杭州市余杭区余杭街道文一西路1818-2号1幢138室
……Tel：0571-89990023
浙江金冶不锈钢制造有限公司
地址：浙江省湖州八里店镇谈家扇村
……Tel：0572-2020972
湖州金洲石油天然气管道有限公司
地址：浙江省湖州八里店新大桥东南侧
……Tel：0572-2072542
中航建工集团湖州丰年建设有限公司
地址：浙江省湖州市梦溪路398号1车间五楼508室
……Tel：0572-2108019
浙江旺能环保有限公司
地址：浙江省湖州市吴兴区湖织大道路1389号
……Tel：0572-2208888
中煤浙江生态环境发展有限公司
地址：浙江省湖州市三天门
……Tel：0572-2358160
久立集团股份有限公司
地址：浙江省湖州市镇西镇长生桥
……Tel：0572-2539999
浙江久立特材科技股份有限公司
地址：浙江省湖州市双林镇镇西
……Tel：0572-2539999
中航天虹建设有限公司
地址：浙江省湖州市八里店镇蜀山路6号二楼南侧301室至306室
……Tel：0572-2558550
浙江阳昇金属制品有限公司
地址：浙江省湖州市吴兴区织里镇阿祥路788号
……Tel：0572-2591708
栋梁铝业有限公司
地址：浙江省湖州市织里镇栋梁路1688号
……Tel：0572-2699709
万邦德医药控股集团股份有限公司
地址：浙江省织里镇栋梁路1688号
……Tel：0572-2699756
永兴达实业有限公司
地址：浙江省湖州市红丰路1366号3幢12层1203－14
……Tel：0572-2768721
湖州吴兴美妆小镇建设管理有限公司
地址：浙江省湖州市吴兴区埭溪镇工业功能区小羊山路东侧检测研发中心一层
……Tel：0572-3982830
安吉信诚小额贷款有限公司
地址：安吉县递铺镇昌硕西路315、317、319、321、323、325号
……Tel：0572-5188220
浙江长兴综合物流园区发展有限公司
地址：浙江省长兴县综合物流园载中心服务楼三楼
……Tel：0572-6056367
浙江长兴太湖图影旅游发展有限公司
地址：浙江省长兴太湖图影旅游度假区横山集镇
……Tel：0572-6066617
浙江自贸区黑鹰能源有限公司
地址：中国（浙江）自由贸易试验区舟山市定海区临城街道翁山路555号大宗商品交易中心6001-A118室
……Tel：0580-2619651
浙江长广（集团）有限责任公司
地址：浙江省湖州市长兴县雉城镇金陵南路
……Tel：0572-6207062
中钢集团新型材料（浙江）有限公司
地址：浙江省湖州市雉城镇中钢大道9号
……Tel：0572-6218700
长兴滨湖建设开发有限公司
地址：浙江省长兴县雉城镇明珠二路58号
……Tel：0572-6292925
长兴通捷物资有限公司
地址：浙江省湖州市长兴县龙山街道锦绣路兴国商务1号楼413室
……Tel：0572-6220949
浙江滨河实业有限公司
地址：浙江省湖州市长兴县龙山街道兴国商务楼1幢1205室
……Tel：0572-6298750
浙江天能电源材料有限公司
地址：浙江省长兴县经济技术开发区城南工业功能区
……Tel：0572-6962660
浙江博海金属制品科技有限公司
地址：浙江省德清县武康镇伟业路15号
……Tel：0572-8061286
启航汽车有限公司
地址：浙江省湖州市德清县洛舍镇发展大道265号
……Tel：0572-8377767
卓越汽车有限公司
地址：浙江省湖州市德清县阜溪街道长虹东街926号（莫干山国家高新区）
……Tel：0572-8377725
浙江氢谷新能源汽车有限公司
地址：浙江省阜溪街道长虹东街926号（莫干山国家高新区）
……Tel：0572-8251360
英格瓷（浙江）锆业有限公司
地址：浙江省德清县钟管镇龙山路156号
……Tel：0572-8400988
德清集通实业有限公司
地址：浙江省德清县武康镇中兴北路927号
……Tel：0572-8682792
浙江龙码供应链管理有限公司
地址：浙江省湖州市德清县舞阳街道德清地理信息小镇C区2幢3楼（莫干山国家高新区）
……Tel：0572-8689799
嘉兴市南湖区芽芽小额贷款有限责任公司
地址：嘉兴市南湖区七星镇大树村内（嘉兴芽芽混凝土制品有限公司内办公楼四楼）
……Tel：0573-82067222
加西贝拉压缩机有限公司
地址：浙江省嘉兴市王店镇百乐路40号
……Tel：0573-82586166
浙江禾城农村商业银行股份有限公司
地址：浙江省嘉兴市经济技术开发区文昌路1229号
……Tel：0573-82716445
浙江航工能源有限公司
地址：浙江省嘉兴市秀洲区秀洲大道136号未来科技广场E座19层西侧
……Tel：0573-82759961
嘉兴民丰集团有限公司
地址：嘉兴市　里街70号
……Tel：0573-82839158
淮矿地产（嘉兴）有限公司
地址：浙江省嘉兴市经济技术开发区晶晖广场1幢702室
……Tel：0573-82879787
嘉兴市凤新投资开发有限公司
地址：嘉兴市南湖区凤桥镇新康路105号
……Tel：0573-83188763
嘉兴市东凤投资有限公司
地址：嘉兴市凤桥镇凤余公路南侧2幢206室
……Tel：0573-83188763
浙江品羲新材料有限公司
地址：浙江省嘉兴市秀洲区王店镇盛兴路188号
……Tel：0573-83258053
嘉兴杰富意精密钢管有限公司
地址：浙江省嘉兴市经济开发区岗山路806号4幢201室
……Tel：0573-83690119
振石集团东方特钢有限公司
地址：嘉兴市南湖区新丰镇工业功能区（北区）
……Tel：0573-83988085
嘉善众智实业有限公司
地址：浙江省嘉兴市嘉善县罗星街道人民大道833号2幢102室
……Tel：0573-84111901
嘉善经开资产经营管理有限公司
地址：嘉善县惠民街道东升路18号2号楼505室
……Tel：0573-84252382
嘉善枫惠资产经营管理有限公司
地址：浙江省嘉兴市嘉善县惠民街道东升路18号2号楼317室
……Tel：0573-84252382
嘉善中荷产业园投资发展有限公司
地址：嘉善县惠民街道东升路18号2号楼328室
……Tel：0573-84252382
富准精密模具（嘉善）有限公司
地址：浙江省嘉兴市嘉善县西塘镇大唐路599号
……Tel：0573-84599999
浙江新格有色金属有限公司
地址：浙江省嘉兴市嘉善县惠民街道黄浦路111号
……Tel：0573-84661818
浙江万泰特钢有限公司
地址：浙江省嘉善县姚庄镇万泰路366号
……Tel：0573-84772876
嘉兴陶庄城市矿产资源有限公司
地址：浙江省嘉兴市嘉善县陶庄镇商贸路8号
……Tel：0573-8486112
爱思开浦项（平湖）钢铁有限公司
地址：平湖经济开发区新明路2222号
……Tel：0573-85223333
荣达钢铁制品（浙江）有限公司
地址：浙江省嘉兴市乍浦开发区
……Tel：0573-85580868
泰地石化集团股份有限公司
地址：浙江省嘉兴市乍浦港区三期纬一路
……Tel：0573-85581698
浙江嘉化能源化工股份有限公司
地址：浙江省嘉兴市乍浦滨海大道2288号
……Tel：0573-85585098
浙江海港嘉兴港务有限公司
地址：浙江省嘉兴市乍浦东方大道西侧木材交易市场四号楼3楼301室
……Tel：0573-85620929
嘉兴市凯特不锈钢有限公司
地址：浙江省乍浦镇外环西路南侧瓦山路东侧
……Tel：0573-85633320
浙江海港独山港务有限公司
地址：平湖市独山港区管委会机关大院3号楼218室
……Tel：0573-85820988
浙江日铁日新华新顿精密特殊钢有限公司
地址：平湖经济技术开发区新明路2468号
……Tel：0573-85829998
海盐浦发金属材料有限公司
地址：海盐经济开发区(海盐县标准件工业园区)
……Tel：0573-86161158
中天浦发（海盐）线材制造有限公司
地址：浙江省嘉兴市海盐县武原街道 界桥2幢
……Tel：0573-86193960
浙江元拾铁合金科技有限公司
地址：海盐经济开发区长安北路
……Tel：0573-86965290
吉恩仕控股有限公司
地址：浙江省海宁中国经编针织科技工业园吉恩仕大道1-7号
……Tel：0573-87231276
浙江巨都药业集团有限公司
地址：浙江省海宁农业对外综合开发区
……Tel：0573-87631216
鸿翔环境产业有限公司
地址：浙江省海宁市硖石街道杨汇桥村杨汇桥7号
……Tel：0573-87638936
浙江晶科能源有限公司
地址：浙江省嘉兴市海宁市袁花镇袁溪路58号
……Tel：0573-87871050
晶科能源科技（海宁）有限公司
地址：浙江省嘉兴市海宁市袁花镇袁溪路58-1号
……Tel：0573-87985678
浙江驿顺实业有限公司
地址：浙江省嘉兴市桐乡市桐乡经济开发区广华路86号1幢256室
……Tel：0573-88133771
浙江新澳实业有限公司
地址：浙江省嘉兴市桐乡市梧桐街道振东新区振兴东路(东)329号东湖金悦小区8幢2501-2518号
……Tel：0573-88226060
浙江华友钴业股份有限公司
地址：浙江省桐乡经济开发区二期梧振东路18号
……Tel：0573-88589968
嘉兴富通国际科技有限公司
地址：浙江省嘉兴市嘉善县西塘镇复兴大道88号
……Tel：0573-89109000
海宁市英德赛电子有限公司
地址：浙江省海宁市尖山新区安江路38号
……Tel：0573-89262362
宁波中盟实业有限公司
地址：浙江省宁波保税区南区庐山西路167号10幢1层
……Tel：0574-26878099
宁波力勤资源科技开发有限公司
地址：浙江省宁波市鄞州区天童南路707号明创大楼二楼
……Tel：0574-27702025
红箭华东控股有限公司
地址：江北区倪家堰路69号
……Tel：0574-27886786
黎首集团有限公司
地址：浙江省宁波高新区创苑路750号003幢2楼210-156室
……Tel：0574-27899953
华布岛集团有限责任公司
地址：宁波高新区翡翠湾42号014幢4－1－

408
………………………… Tel：0574-27992888

宁波市家电日用品进出口有限公司
地址：海曙区药行街31号
………………………… Tel：0574-55843980

贝发集团股份有限公司
地址：浙江省宁波市北仑区小港纬六路68号1幢1号，4幢1号
………………………… Tel：0574-56786288

宁波兰羚钢铁实业有限公司
地址：宁波保税区东区港东大道23号
………………………… Tel：0574-56805011

宁波江丰电子材料股份有限公司
地址：浙江省余姚市经济开发区名邦科技工业园区安山路
………………………… Tel：0574-58127888

森鹤乐器股份有限公司
地址：浙江省慈溪市逍林镇樟新北路1928号
………………………… Tel：0574-58586512

慈溪市经济开发有限公司
地址：宁波杭州湾新区商贸街11#楼208室
………………………… Tel：0574-58965374

余姚市姚北新城开发建设投资有限公司
地址：浙江省余姚市朗霞街道迎霞北路88号
………………………… Tel：0574-62288681

神通科技集团股份有限公司
地址：浙江省余姚市兰江街道谭家岭西路788号
………………………… Tel：0574-62599857

宁波富佳实业股份有限公司
地址：浙江省余姚市阳明街道长安路303号
………………………… Tel：0574-62814946

宁波九天重型锻造有限公司
地址：宁波杭州湾新区滨海二路629号
………………………… Tel：0574-63077916

宁波创大投资有限公司
地址：慈溪市白沙路街道嘉里商务大厦1号楼室
………………………… Tel：0574-63115059

宁波彩鹰实业有限公司
地址：浙江省宁波杭州湾新区滨海大道168号
………………………… Tel：0574-63216773

宁波神龙集团有限公司
地址：慈溪市龙山镇农垦场龙镇大道7号
………………………… Tel：0574-63783888

宁海县国有资产投资控股集团有限公司
地址：浙江省宁波市宁海县桃源街道气象北路295号环球中心1号楼22楼（自主申报）
………………………… Tel：0574-65131319

象山经济开发区科技园区建设开发有限公司
地址：浙江省象山县石浦镇凤栖路138号
………………………… Tel：0574-65960576

浙江南宏实业有限公司
地址：浙江省宁波市鄞州区首南街道鄞县大道东段1299号2701-7室
………………………… Tel：0574-82810906

宁波博威合金材料股份有限公司
地址：浙江省宁波市鄞州区云龙镇太平桥
………………………… Tel：0574-82829343

中航国际钢铁贸易有限公司
地址：浙江省宁波市大榭信谊大厦1503号
………………………… Tel：0574-83092900

宁波世纪繁荣文化传播有限公司
地址：宁海县桃源街道时代大道160号25-5
………………………… Tel：0574-83517777

浙江巨雄进出口有限公司
地址：余姚市余姚中国塑料城国际商务中心2幢2001室
………………………… Tel：0574-83890018

宁波继烨贸易有限公司
地址：浙江省宁波市北仑区梅山七星路88号1幢401室A区F1552
………………………… Tel：0574-86163635

宁波市镇海雄镇建设投资有限公司
地址：浙江省骆驼街道锦业街18号8-1室（新城核心区）
………………………… Tel：0574-86258309

宁波甬鑫大宗商品交易股份有限公司
地址：宁波市镇海区招宝山街道后海塘平海路北侧1188号
………………………… Tel：0574-86312977

宁波昊德化学工业股份有限公司
地址：浙江省石化经济技术开发区跃进塘路3307号
………………………… Tel：0574-86369265

宁波中瑞隆利国际贸易有限公司
地址：宁波市镇海区骆驼街道汇锦路18号
………………………… Tel：0574-86577552

宁波市镇海发展有限公司
地址：浙江省镇海区骆驼街道永平西路168号
………………………… Tel：0574-86592619

宁波中特泰来模具技术有限公司
地址：浙江省宁波高新区星光路211号022幢1层1-1室
………………………… Tel：0574-86659520

宁波宝新不锈钢有限公司
地址：宁波市经济技术开发区
………………………… Tel：0574-86718888

浙江鼎昌新能源有限公司
地址：浙江省宁波市大榭开发区信拓路275号1幢1306室（住所申报承诺试点区）
………………………… Tel：0574-86766997

宁波中集物流装备有限公司
地址：浙江省宁波保税区南区庐山西路167号12幢
………………………… Tel：0574-86825668-253

宁波宁钢国际贸易有限公司
地址：宁波保税区鸿海商贸楼507-4号
………………………… Tel：0574-86858075

浙江钢联控股有限公司
地址：浙江省霞浦临港二路168号373幢1号一楼
………………………… Tel：0574-86858611

宁波紫恒建材科技有限公司
地址：浙江北仑区柴桥万景山路213号E幢E210室
………………………… Tel：0574-86890905

宁波能源集团有限公司
地址：浙江省宁波市鄞州区昌乐路187号（发展大厦B座）6楼
………………………… Tel：0574-86897102

凯思尔顿商品贸易（中国）有限公司
地址：浙江省宁波保税区东区兴业大道6号宁波保税区商务大厦626室
………………………… Tel：0574-86962566

宁波海饶投资有限公司
地址：浙江省宁波市北仑区梅山七星路88号1幢401室B区H0021
………………………… Tel：0574-86988685

宁波交投资源有限公司
地址：浙江省宁波市鄞州区明楼街道朝晖路416弄262号（3-1）
………………………… Tel：0574-87021248

宁波市尚盛贸易有限公司
地址：宁波高新区江南路599号科技大厦4楼411-9
………………………… Tel：0574-87101256

浙江省工程勘察设计院集团有限公司
地址：浙江省宁波市江北区慈城镇金山路299弄29号
………………………… Tel：0574-87149618

荣安集团股份有限公司
地址：浙江省宁波市海曙区灵桥路513号15-12
………………………… Tel：0574-87176617

宁波久东贸易有限公司
地址：宁波高新区星海南路8号033幢（9-1-8）
………………………… Tel：0574-87201769

宁波济马钢铁销售有限公司
地址：大榭南岗商住楼18幢301室
………………………… Tel：0574-87305061

香溢融通控股集团股份有限公司
地址：宁波海曙区西河街158号020幢7、8、9层
………………………… Tel：0574-87315310

宁波屹顺交通工程物资有限公司
地址：宁波保税区发展大厦2-7-R
………………………… Tel：0574-87402565

宁波富邦精业集团股份有限公司
地址：镇海骆驼机电工业园区
………………………… Tel：0574-87410510

浙江锦地钢铁有限公司
地址：宁波市江北区环城北路东段699号315室
………………………… Tel：0574-87621317

宁波天峰钢铁有限公司
地址：浙江省宁波市江北区风华路38弄268号98幢1101室
………………………… Tel：0574-87626478

宁波经济技术开发区长虹钢管型材有限公司
地址：开发区东方贸易城奥力孚商城
………………………… Tel：0574-87719366

浙江辉煌供应链管理有限公司
地址：浙江省宁波市江北区同济路199号4-2-5
………………………… Tel：0574-87762032

浙江省岩土基础有限公司
地址：浙江省宁波市江北区慈城镇解放路178号
………………………… Tel：0574-87819591

宁波北仑船务有限公司
地址：浙江省宁波市北仑区新 街道新建路2号5幢1号305室
………………………… Tel：0574-87868790

宁波梅山保税港区贯华资产管理有限公司
地址：浙江省宁波市北仑区梅山保税港区港航路1号13幢1号保税港区物流配送中心5号库南单元
………………………… Tel：0574-87978768

宁波市崇达贸易有限公司
地址：浙江省宁波市北仑区梅山街道海兰路66号1幢1304室
………………………… Tel：0574-88113350

宁波万汇休闲用品有限公司
地址：宁波市鄞州投资创业中心祥和西路118号
………………………… Tel：0574-88241888

宁波江北天航工贸有限公司
地址：浙江省宁波市江北区私营工业城新横二路8号
………………………… Tel：0574-88320755

宁波巨普贸易有限公司
地址：宁波市江北区慈城镇慈湖人家376号105室
………………………… Tel：0574-88487680

宁波华扬铝业科技有限公司
地址：浙江省高新技术开发区
………………………… Tel：0574-88951888

中林建投集团有限公司
地址：宁波市镇海区宏远路818号
………………………… Tel：0574-89081939

宁波大宗商品交易所有限公司
地址：浙江省宁波市鄞州区会展路128号（常年展2号馆十楼A区）
………………………… Tel：0574-89116504

浙江交投嵊兴矿业有限公司
地址：浙江省绍兴市嵊州市下王镇溪后村公共服务中心
………………………… Tel：0575-81392009

浙江龙盛控股有限公司
地址：绍兴市上虞区道墟镇
………………………… Tel：0575-82516001

绍兴市上虞龙盛钢铁实业有限公司
地址：绍兴市上虞区道墟镇
………………………… Tel：0575-82048616

浙江恒宝实业有限公司
地址：绍兴市上虞区百官街道龙山路71号
………………………… Tel：0575-82195551

浙江惟精新材料股份有限公司
地址：浙江省杭州湾上虞经济技术开发区盛兴路27号
………………………… Tel：0575-82738810

绍兴市上虞新农村建设发展投资有限公司
地址：浙江省绍兴市上虞区百官街道体育场路18号（住所申报）
………………………… Tel：0575-82917102

浙江好运来数码纺织股份有限公司
地址：浙江省嵊州市城北工业园（里坂）
………………………… Tel：0575-83123027

绍兴柯桥荣氏纺织品有限公司
地址：绍兴市柯桥区钱清中国轻纺原料城E区9幢7号
………………………… Tel：0575-84056770

绍兴华茂化纤有限公司
地址：浙江省绍兴市柯桥区钱清街道前梅、三西村
………………………… Tel：0575-84515333

凌达控股集团有限公司
地址：绍兴市柯桥区柯桥时代商务广场金茂大厦12层
………………………… Tel：0575-84566888

绍兴漓铁球团有限公司
地址：绍兴市胜利西路657号
………………………… Tel：0575-84600159

浙江有色地勘集团有限公司
地址：浙江省绍兴市越城区二环南路1991号A幢四楼、五楼
………………………… Tel：00575-85786988

大越股份有限公司
地址：绍兴县柯桥镇滨河花园14幢204-205室
………………………… Tel：0575-85201508

绍兴市产业发展集团有限公司
地址：浙江省绍兴市延安东路505号B幢
………………………… Tel：0575-85229884

浙江华彬供应链管理有限责任公司
地址：浙江省绍兴市柯桥区滨海工业区九O丘11幢
………………………… Tel：0575-85622283

浙江昇荣科技有限公司
地址：浙江省绍兴市柯桥区福全镇韩家桥村牛张桥
………………………… Tel：0575-85681695

浙江科宇金属材料有限公司
地址：诸暨市店口镇新型管业特色工业园区
………………………… Tel：0575-87068827

海亮矿产控股集团有限公司
地址：诸暨市店口镇解放路386号三楼
………………………… Tel：0575-87069095

浙江恒固金属包装有限公司
地址：浙江省诸暨市店口镇金浦桥村
………………………… Tel：0575-87069526

浙江菲达环保科技股份有限公司
地址：浙江省诸暨市城关镇望云路88号
………………………… Tel：0575-87212511

诸暨市科翔铜业有限公司
地址：诸暨市浣东街道李宜村
………………………… Tel：0575-87393898

浙江天洁磁性材料股份有限公司
地址：诸暨市牌头镇西山下村
………………………… Tel：0575-87515658

浙江博力高能纤维材料有限公司
地址：浙江省绍兴市越城区望海路东北侧、江中路西侧6幢2楼206室
………………………… Tel：0575-88136922

绍兴平铜（集团）有限公司
地址：浙江省绍兴市解放南路62号
………………………… Tel：0575-89112017

浙江精工重钢结构有限公司
地址：浙江省绍兴市越城区越东路以东（马海工业园区）
………………………… Tel：0575-89185969

浙江三才实业投资集团有限公司
地址：台州市路桥区路桥街道蔡於村钢铁大道
………………………… Tel：0576-82516988

浙江和合环境资源有限公司
地址：浙江省台州市路桥区台州市金属资源再生产业基地海明路7号
………………………… Tel：0576-82533588

浙江锦运再生资源股份有限公司
地址：浙江省台州市金属资源再生产业基地（路桥区金清镇）
………………………… Tel：0576-82672658

台州齐合天地金属有限公司
地址：浙江省台州市路桥区蓬街镇白金路8号（台州市金属资源再生产业基地内）
………………………… Tel：0576-82692253

天台县基投建材有限公司
地址：浙江省台州市天台县赤城街道工人东路248号
………………………… Tel：0576-83171140

浙江三维橡胶制品股份有限公司
地址：三门县海游街道下坑村
………………………… Tel：0576-83518368

浙江中能铸业科技股份有限公司
地址：浙江省台州市黄岩区新前街道屿新村
………………………… Tel：0576-84787999

台州传化洲锽公路港物流有限公司
地址：浙江省台州市黄岩区院桥镇兴华路西段168号
………………………… Tel：0576-84827750

浙江飞跃物流股份有限公司
地址：台州市椒江区外沙路238号
………………………… Tel：0576-88228037

浙江海霞旅游文化投资股份有限公司
地址：浙江省温州市洞头区北岙街道望海路103弄32号401室（仅限办公使用）
………………………… Tel：0577-55895158

浙江诚大实业集团有限公司
地址：浙江省永嘉县桥头镇桥东大街
………………………… Tel：0577-57668266

浙江中法能源有限公司
地址：浙江省温州市永嘉县瓯北街道塔下路1号
………………………… Tel：0577-57758067

瑞大集团有限公司
地址：瑞安市汀田街道联中路131号
………………………… Tel：0577-58915826

浙江龙汇养生产业投资开发有限公司
地址：泰顺县罗阳镇城北路78号建行办公大楼二楼201-204室
………………………… Tel：0577-59291111

浙江康拓输配电有限公司
地址：乐清经济开发区纬七路281号（浙江锦昌电器有限公司内）
………………………… Tel：0577-61615506

乐清南商实业有限公司
地址：浙江省乐清市柳市镇薛宅工业区（乐清市化工金属材料有限公司内）
………………………… Tel：0577-61687860

广鸿电气有限公司
地址：浙江省乐清市白石街道密川村
………………………… Tel：0577-61710077

浙江程龙国际贸易有限公司
地址：乐清市虹桥镇瑶北村
………………………… Tel：0577-62328887

朗能实业有限公司
地址：乐清市城东街道半沙村
………………………… Tel：0577-62588196

华仪集团有限公司
地址：浙江省乐清经济开发区中心大道228号
………………………… Tel：0577-62666666

铭祺电气有限公司
地址：浙江省乐清市乐清经济开发区纬十一路281号
………………………… Tel：0577-62667852

人民电器集团有限公司
地址：浙江省乐清市经济开发区(柳市人民工业园)
………………………… Tel：0577-62730688

浙江中隧建设有限公司
地址：温州市平阳县昆阳镇佳乐路108号
………………………… Tel：0577-63886568

温州锐峰矿山建设有限公司
地址：苍南县桥墩镇松山街63号
………………………… Tel：0577-64771887

长城时代集团有限公司
地址：浙江省瑞安市经济开发区开发区大道511号
………………………… Tel：0577-65661888

浙江苍南农村商业银行股份有限公司
地址：浙江省苍南县灵溪镇人民大道425号
……Tel：0577-68111111

温州盛达矿山建设有限公司
地址：浙江省温州市苍南县灵溪镇车站大道388号鑫鑫财富中心十一楼
……Tel：0577-68700288

浙江华冶矿建集团有限公司
地址：浙江省温州市苍南县灵溪镇华府新世界花园2幢九楼
……Tel：0577-68755011

浙江华钻建设有限公司
地址：浙江省温州市苍南县灵溪镇都市御园14幢2701-2703室
……Tel：0577-68852296

中矿建设集团有限公司
地址：浙江省温州市苍南县灵溪镇人民大道大顺发商厦13楼
……Tel：0577-68875028

鸿基建设工程有限公司
地址：浙江省温州市苍南县灵溪镇山海大道326－350号鸿基产业园
……Tel：0577-68886789

浙江仁智股份有限公司
地址：浙江省温州经济技术开发区滨海六路2180号旭日小区1幢108室
……Tel：0577-85507796

温州多弗工贸有限公司
地址：浙江省温州市温州经济技术开发区滨海二十五路422号（温州市金海化学品市场）C202-3号
……Tel：0577-86007522

浙江青泰钢铁有限公司
地址：温州市龙湾区永中街道永中西路1158号910室
……Tel：0577-86613828

温州尼通新材料科技有限公司
地址：浙江省温州市龙湾区永中街道龙湾中心区B06地块的科技大楼1008室
……Tel：0577-86855255

浙江温州龙湾农村商业银行股份有限公司
地址：温州市龙湾区永中街道永宁西路555号
……Tel：0577-86923300

浙江正辉照明工程有限公司
地址：温州市瓯海娄桥街道上汇村
……Tel：0577-88005668

温州市金属投资股份有限公司
地址：浙江省温州市龙湾区永中街道永中西路1158号405室
……Tel：0577-88010582

巨一集团有限公司
地址：浙江省温州市鹿城区中国鞋都一期腾飞路2号
……Tel：0577-88035515

温州矿山井巷工程有限公司
地址：温州市百里西路工会大厦2幢1701室
……Tel：0577-88161019

浙江华坤地质发展有限公司
地址：浙江省温州市瓯海区新桥站前路199号
……Tel：0577-88419403

浙江新邦建设股份有限公司
地址：浙江省温州市鹿城区高田路138号鸿旭嘉苑6、7幢102室三、四层
……Tel：0577-88853572

温州杭钢水务有限公司
地址：温州市鹿城区杨府山涂村（三箭建设集团工程有限公司111室）
……Tel：0577-89888894

浙江远旺电力设备有限公司
地址：浙江省丽水市莲都区水阁工业区通济街57号
……Tel：0578-2966358

浙江泓盛实业有限公司
地址：浙江缙云县壶镇镇姓汪村镇南汪路66号
……Tel：0578-3166188

浙江永安国富实业有限公司
地址：浙江省丽水市景宁畲族自治县红星街道建设路23号五楼
……Tel：0578-5063683

丽水华宏钢铁制品有限公司
地址：浙江省丽水市云和县凤凰山街道重河村
……Tel：0578-5112363

浙江云和联合村镇银行股份有限公司
地址：浙江省丽水市云和县城东路1号
……Tel：0578-5529888

浙江瑞浦科技有限公司
地址：浙江青田县温溪镇高岗工业区
……Tel：0578-6068308

浙江青山钢铁有限公司
地址：浙江省丽水市青田县温溪镇小峙工业区
……Tel：0578-6071001

庆元县城市投资发展有限公司
地址：浙江省丽水市庆元县松源街道 洲街137号
……Tel：0578-6129571

庆元县国有资本投资运营集团有限公司
地址：浙江省丽水市庆元县 洲街道 洲街198号（庆元县财政大楼三、四楼）
……Tel：0578-6220126

青田县交通发展投资有限公司
地址：浙江省丽水市青田县鹤城街道鹤城东路18号
……Tel：0578-6503693

浙商控股集团有限公司
地址：浙江省杭州市惠民路56号1号楼7楼
……Tel：0578-7985833

浙江浙商琨润有限公司
地址：杭州市上城区惠民路56号1号楼7楼729室
……Tel：0578-7985833

浙江省遂昌金矿有限公司
地址：浙江省丽水市遂昌县濂竹乡花园岭
……Tel：0578-8146106

凯恩集团有限公司
地址：浙江遂昌县妙高街道北街1号
……Tel：0578-8180209

浙江元立金属制品集团有限公司
地址：浙江省丽水市遂昌县妙高街道元立大道479号
……Tel：0578-8195008

松阳县国有资本投资运营集团有限公司
地址：浙江省丽水市松阳县西屏街道新华路40号
……Tel：0578-8803680

浙江八达电子仪表有限公司
地址：浙江省金华市婺城区婺城工贸区碧春路528号
……Tel：0579-81234285

马钢（金华）钢材加工有限公司
地址：浙江省金华市仙华南街588号
……Tel：0579-82238105

浙江天宁合金材料有限公司
地址：浙江省金华市金东区江东工业园区
……Tel：0579-82823798

浙江浦江农村商业银行股份有限公司
地址：浙江省浦江县人民东路90号
……Tel：0579-84118033

浙江胜达钢铁有限公司
地址：浙江省浦江县黄宅镇黄岩路78号
……Tel：0579-84250312

浙江义乌农村商业银行股份有限公司
地址：浙江省义乌市福田街道城北路677号
……Tel：0579-85562008

东阳市资源开发集团有限公司
地址：浙江省金华市东阳市江北街道茗田社区艺海北路308号（自主申报）
……Tel：0579-86188731

东阳市国有资产经营有限公司
地址：浙江省东阳市江北街道艺海北路308号3楼（自主申报）
……Tel：0579-86188731

东阳市土地整理开发有限公司
地址：浙江省金华市东阳市江北街道茗田社区艺海北路308号二楼（自主申报）
……Tel：0579-86188751

浙江花园铜业有限公司
地址：浙江省东阳市南马镇花园村花园
……Tel：0579-86270080

横店集团家园化工有限公司
地址：浙江省东阳市横店工业区
……Tel：0579-86557820

浙江埃森化学有限公司
地址：浙江省东阳市横店镇江南二路335号
……Tel：0579-86904483

浙江四方股份有限公司
地址：浙江省永康市永拖路57号
……Tel：0579-87156266

武义涟钢钢材加工配送有限公司
地址：浙江省金华市武义县桐琴镇凤凰山工业区
……Tel：0579-87707126

浙江交投浦新矿业有限公司
地址：浙江省浦江县黄宅镇四联村（户主：浦江县黄宅镇四联村股份经济合作社）（自主申报）
……Tel：0579-88077213

浦江县众银小额贷款有限公司
地址：浙江省浦江县人民东路53号
……Tel：0579-88081087

兰溪自立环保科技有限公司
地址：浙江省兰溪市女埠工业园区A区
……Tel：0579-88138903

浙江浦江嘉银村镇银行股份有限公司
地址：浙江省浦江县人民东路55号东面
……Tel：0579-88197333

浙江华东铝业股份有限公司
地址：浙江省金华市兰溪市兰江街道创新大道1199号
……Tel：0579-88777280

浙江锦宏新材料科技有限公司
地址：浙江省金华市兰溪市兰江街道创新大道1199号
……Tel：0579-88777280

舟山市半岛投资开发有限公司
地址：中国（浙江）自由贸易试验区舟山市普陀区朱家尖街道银雁路100号218室
……Tel：0580-2039103

舟山小可能源有限公司
地址：浙江省舟山港综合保税区企业服务中心301-10059室（自贸试验区内）
……Tel：0580-2067067

舟山海洋实业发展有限公司
地址：浙江省舟山市定海区临城街道舟基大厦金岛路20号1601室（自贸试验区内）
……Tel：0580-2160201

浙江舟山尚领能源有限公司
地址：浙江省舟山市定海区舟山港综合保税区企业服务中心301-11787室（自贸试验区内）
……Tel：0580-2327505

浙江冠普贸易有限公司
地址：浙江省舟山市定海区临城街道海宇道272号501-4室
……Tel：0580-2327580

中国（浙江）大宗商品交易中心有限公司
地址：浙江省舟山市定海区临城街道翁山路555号大宗商品交易中心6118室（自贸试验区内）
……Tel：0580-2586121

舟山市宝舟钢铁加工有限公司
地址：浙江省舟山市定海区工业园区滨河路16号
……Tel：0580-2683313

舟山中博置业有限公司
地址：舟山市普陀区六横镇人民北路75号中博广场2幢4楼
……Tel：0580-3059818

舟山市普陀油脂运贸有限公司
地址：浙江省舟山市普陀区沈家门街道佛国商城五楼
……Tel：0580-3059858

浙江舟山武港码头有限公司
地址：浙江省舟山市普陀区六横镇台门凉潭岛
……Tel：0580-6073858

浙江省岱山蓬莱交通投资集团有限公司
地址：浙江省舟山市岱山县高亭镇星河路268号8、9楼
……Tel：0580-7331772

舟山群岛新区蓬莱国有资产投资集团有限公司
地址：浙江省舟山市岱山县高亭镇人民路50号6楼
……Tel：0580-7333178

岱山三航建设发展有限公司
地址：浙江省舟山市岱山县岱东镇工业基地东发路38号东面办公楼2层
……Tel：0580-7668292

浙江海港国际贸易有限公司
地址：浙江省舟山市定海区临城街道翁山路555号中国（舟山）大宗商品交易中心4208室（自贸试验区内）
……Tel：0580-8012512

浙江金鹰股份有限公司
地址：舟山市定海小沙
……Tel：0580-8021187

融泰控股（舟山）有限公司
地址：浙江省舟山市定海区临城街道翁山路555号大宗商品交易中心6001-A199室（自贸试验区内）
……Tel：0580-8086063

大鼎油储有限公司
地址：舟山市定海区临城街道千岛路193号建设大厦C座2102室、2103室
……Tel：0580-8171188

浙江舟山大宗商品交易所有限公司
地址：浙江省舟山市定海区临城街道翁山路555号
……Tel：0580-8230901

浙江扬帆通用机械制造有限公司
地址：浙江省舟山市定海区北蝉乡星马村（新港开发区内）
……Tel：0580-8252323

舟山市雄伟贸易有限公司
地址：舟山市定海区临城街道翁山路555号（舟山）大宗商品交易中心6001室（集中办公）
……Tel：0580-8256572

广厦（舟山）能源集团有限公司
地址：浙江省舟山市岱山县衢山镇人民路285号
……Tel：0580-8260318

浙江自贸区中艺国泰实业投资有限公司
地址：中国（浙江）自由贸易试验区舟山市千岛中央商务区自贸村32-94号
……Tel：0580-8802886

安徽省

安徽同康实业发展有限公司
地址：安徽省滁州市花园东路555号5栋
……Tel：0550-2175393

全椒全瑞投资控股集团有限公司
地址：安徽省滁州市全椒县襄河镇儒林路709号（全椒政务区主楼）15楼
……Tel：0550-2301688

安徽蓝德集团股份有限公司
地址：安徽省天长市新河北路586号
……Tel：0550-2385505

国本（安徽）电气股份有限公司
地址：安徽省滁州市天长市经济开发区纬一路北经五路东侧
……Tel：0550-7321140

安徽康佳同创电器有限公司
地址：安徽省滁州市花园东路789号
……Tel：0550-3216983

滁州市兴滁中都矿业有限公司
地址：安徽省滁州市凤凰东路476号投资大厦11楼
……Tel：0550-3518310

滁州金桥德克新材料有限公司
地址：安徽省滁州市全椒县十谭产业园
……Tel：0550-5197888

全椒南大光电材料有限公司
地址：安徽省滁州市全椒县十字镇十谭产业园新城大道686-688号
……Tel：0550-5293666

来安永阳城市建设投资有限公司
地址：安徽省滁州市来安县来阳路51号
……Tel：0550-5617711

安徽省滁州港航投资有限公司
地址：来安县汊河经济开发区长宁路2号
……Tel：0550-5960699

凤阳明都石英产业投资有限公司
地址：安徽省滁州市凤阳县大庙镇中心街镇政府一楼
……Tel：0550-6653931

凤阳凯盛硅材料有限公司
地址：安徽省滁州市凤阳县工业园区
……Tel：0550-6670083

安徽晋源铜业有限公司
地址：来安县汊河经济开发区朝阳路10号
……Tel：0550-7179881

安徽吉安特种线缆制造有限公司
地址：安徽省天长市天康大道(西城开发区)
……Tel：0550-7622999

涌纬集团股份有限公司
地址：安徽省天长市滁州高新技术产业开发区纬三路18号
……Tel：0550-7766508

安徽开林新材料股份有限公司
地址：安徽省天长市铜城镇化工园区兴民西路88号
……Tel：0550-7777123

明光跃龙新材料有限公司
地址：安徽省滁州市明光市明西街道蔡岗村皖东车辆厂院内
……Tel：0550-8259718

明光跃龙投资控股集团有限公司
地址：安徽省滁州市明光市明东街道池河大道（东）439号
……Tel：0550-8259719

安徽铁道发展集团有限公司
地址：安徽省合肥市瑶海区滁菊路18号
……Tel：0551-62123297

神皖能源有限责任公司
地址：安徽省合肥市包河区马鞍山路8号
……Tel：0551-62225552

合肥华泰集团股份有限公司
地址：安徽省合肥市经济技术开发区莲花路1599号
……Tel：0551-62227887

大唐安徽发电有限公司
地址：安徽省合肥市经济开发区翡翠路5537号
……Tel：0551-62239302

安徽金源热电有限公司
地址：安徽省合肥市经济技术开发区方兴大道667号
……Tel：0551-62357999

安徽仁瑞贸易有限公司
地址：合肥市高新区科学大道103号浙商创业大厦B座1907.1908室
……Tel：0551-62530109

安徽百川投资有限公司
地址：合肥市高新区杨林路3号安徽乃大新型电器成套设备有限公司百川科研中心501室
……Tel：0551-62587916

安徽鸿源科技投资控股有限公司
地址：合肥市蜀山区肥西路66号汇金大厦1303室
……Tel：0551-62636011

安徽升宏矿业有限责任公司
地址：安徽省合肥市蜀山区梅山路18号安徽国际金融贸易中心2-3005
……Tel：0551-62644233

安徽省金安实业有限责任公司
地址：合肥市庐阳区肥西路2997号
……Tel：0551-62669828

中安能国信再生资源（安徽）有限公司
地址：安徽省合肥市肥西县严店乡严店街道政府大院内
……Tel：0551-62692983

马钢（合肥）材料科技有限公司

地址：安徽省合肥市经济技术开发区云门路以东，紫蓬路以南办公楼
……Tel：0551-62779824

安徽鹤源股权投资有限公司
地址：安徽省合肥市蜀山区长江西路三号春天大厦3206室
……Tel：0553-5313232

安徽鹤柏年控股有限公司
地址：合肥市蜀山区长江西路三号春天大厦3201室
……Tel：0551-62824189

安徽鹤柏年投资有限公司
地址：安徽省合肥市蜀山区长江西路3号春天大厦3201
……Tel：0551-62824189

安徽安粮国际发展有限公司
地址：安徽省合肥市包河区花园大道986号安粮中心1号楼27-29层
……Tel：0551-62831079

安徽安粮控股股份有限公司
地址：安徽省合肥市金寨路389－399号盛安广场20楼
……Tel：0551-62831493

安徽省环太金属矿产进出口有限公司
地址：安徽省合肥市包河区义城街道姥山路东侧
……Tel：0551-62853260

安徽省徽商集团有限公司
地址：安徽省合肥市包河区芜湖路258号
……Tel：0551-62862307

安徽双赢融资租赁有限公司
地址：安徽省合肥市经济技术开发区宿松路3728号云之谷财创中心A-2301室
……Tel：0551-62879226

中安能网络科技（安徽）有限公司
地址：安徽省合肥市肥西县严店乡严店街道政府大院内
……Tel：0551-62990848

滨湖国际控股有限公司
地址：合肥市包河区乌鲁木齐路888号广视花园商业A区2幢201
……Tel：0551-63360888

多金城国际旅游股份有限公司
地址：合肥市包河区乌鲁木齐路888号广视花园A区2幢201
……Tel：0551-63360888

安徽光大矿业投资有限公司
地址：合肥市包河区马鞍山路南路5号华泰商住楼A栋601
……Tel：0551-63362630

中城建华东建设开发有限公司
地址：安徽省合肥市包河区马鞍山南路200号和地广场26楼
……Tel：0551-63424366

安徽棕榈投资管理有限公司
地址：合肥市政务区绿地蓝海国际大厦C座-1109室
……Tel：0551-63474989

安徽省外经矿业发展有限公司
地址：安徽省合肥市东流路28号
……Tel：0551-63492662

合肥市地方铁路投资建设有限公司
地址：安徽省合肥市金寨路851号
……Tel：0551-63515871

安徽旺阳建材有限公司
地址：安徽省合肥市政务区习友路1973号恒大华府15栋1302室
……Tel：0551-63518353

安徽时代印刷投资有限责任公司
地址：合肥市庐阳区砀山路10号
……Tel：0551-63533106

安徽华文国际经贸股份有限公司
地址：安徽省合肥市政务文化新区圣泉路1118号出版传媒广场
……Tel：0551-63533996

安徽皖盛矿产资源有限公司
地址：安徽省合肥市包河区桐城南路398号仕嘉名苑北楼405室
……Tel：0551-63664718

安徽国腾置业有限公司
地址：安徽省合肥市经济技术开发区丹霞路星达城购物中心5楼503室
……Tel：0551-63675139

中铁四局集团钢结构建筑有限公司
地址：安徽省合肥市蜀山区环湖东路
……Tel：0551-63741971

合肥嘉利诚金属加工配售服务有限公司
地址：合肥市高新区柏堰科技园石莲南路108号
……Tel：0551-63828927

马钢（合肥）钢材加工有限公司
地址：安徽省合肥市经济技术开发区紫蓬路9号
……Tel：0551-63853759

安徽国本信投能源有限公司
地址：肥东县经济开发区临泉东路北
……Tel：0551-64227233

合肥浦发建设集团有限公司
地址：安徽省合肥市瑶海区临泉路中环国际大厦27层
……Tel：0551-64252777

安徽绿宝铜业有限公司
地址：安徽省合肥市瑶海工业区环二路北
……Tel：0551-64269905

安徽地矿建设工程有限责任公司
地址：安徽省合肥市瑶海区长江东路115号
……Tel：0551-64312173

安徽温商投资集团有限公司
地址：合肥市胜利路与凤阳路交口万家银座广场商业302-1
……Tel：0551-64390001-8049

安徽地矿海外投资有限公司
地址：安徽省合肥市屯溪路296号
……Tel：0551-64650675

安徽地矿投资集团有限公司
地址：安徽省合肥市屯溪路296号地矿大厦A座
……Tel：0551-62376911

安徽地矿矿业发展有限公司
地址：安徽省合肥市屯溪路296号地矿大厦A座
……Tel：0551-62373934

安徽皖彗国际贸易有限公司
地址：安徽省合肥市经济技术开发区翡翠路西报业园A-24幢502室
……Tel：0551-64652182

安徽省长水水利水电有限公司
地址：合肥市庐阳区寿春路356号徽商国际大厦商业6室
……Tel：0551-64694989

安徽大统华商业运营管理有限公司
地址：安徽省合肥市蜀山区长江西路478号松芝万象城2幢813号
……Tel：0551-65169964

合肥开尔纳米能源科技股份有限公司
地址：安徽省合肥市新站区工业园内
……Tel：0551-65190953

中安供应链管理有限公司
地址：安徽省合肥市蜀山区梅山路18号安徽国际金融中心写字楼B座12层
……Tel：0551-65203307

安徽省售电开发投资有限公司
地址：安徽省合肥市包河区大连路6718号
……Tel：0551-65290586

木星控股集团有限公司
地址：合肥市高新区香樟大道211号香枫创意园B座1301室
……Tel：0551-65300558

安徽百商百德电缆有限公司
地址：安徽省合肥市高新区香樟大道151号安徽百商电缆有限公司
……Tel：0551-65356111

安徽联华实业股份有限公司
地址：安徽省合肥市长江西路838号
……Tel：0551-65367303

安徽万创控股集团有限公司
地址：安徽省合肥市高新区创新大道1818号万创中心17楼2012室
……Tel：0551-65367350

淮矿地产安徽东方蓝海有限公司
地址：安徽省合肥市滨湖区云谷路与湖南路交口西南东方蓝海小区A17号楼
……Tel：0551-65390501

淮矿地产合肥高新有限责任公司
地址：合肥市高新区习友路与科学大道交口西北角淮矿地产馥邦天下小区会所2-3层
……Tel：0551-65390501

安徽睿明建设工程有限公司
地址：安徽省合肥市庐江县庐城镇东升路58号10幢
……Tel：0551-65579619

中国化学工程第三建设有限公司
地址：安徽省合肥市经济技术开发区莲花路599号
……Tel：0551-65608126

安徽宝钢钢材配送有限公司
地址：安徽省合肥市庐阳产业园汲桥路66号
……Tel：0551-65655721

国电安徽能源销售有限公司
地址：安徽省合肥市高新区黄山路622号
……Tel：0551-65678717

安徽省徽商金属股份有限公司
地址：安徽省合肥市阜阳北路1019号
……Tel：0551-65683888

安徽宏源铁塔有限公司
地址：安徽省合肥市经济技术开发区耕耘路405号
……Tel：0551-65729023

安徽时代创新科技投资发展有限公司
地址：安徽省合肥市高新区天智路20号
……Tel：0551-65738776

安徽省华鑫源矿业投资有限公司
地址：安徽省合肥市高新区红枫路29号
……Tel：0551-65840037

安徽大段家煤业有限公司
地址：安徽省亳州市涡阳县煤炭协调指挥部办公室
……Tel：0551-65846050

冶金工业部华东勘察基础工程总公司
地址：安徽省合肥市高新区红枫路29号
……Tel：0551-65846882

安徽中成农业科技有限公司
地址：合肥市高新区红枫路6号科研综合楼三层
……Tel：0551-65848028

国电安徽电力有限公司
地址：安徽省合肥市高新区梦园路12号
……Tel：0551-65897117

安徽元琛环保科技股份有限公司
地址：安徽省合肥市新站区站北社区合白路西侧
……Tel：0551-66339781

安徽广银铝业有限公司
地址：安徽省合肥市长丰县下塘镇合水路
……Tel：0551-66466685

合肥市成龙钢铁有限公司
地址：安徽省合肥市长丰县下塘镇
……Tel：0551-66471089

安徽兴邦控股有限公司
地址：安徽省合肥市高新区软件园4-101室
……Tel：0551-67132606

马钢（合肥）钢铁有限责任公司
地址：：安徽省合肥市肥东县合肥循环经济示范园经六路东、纬五路南
……Tel：0551-67603062

安徽合矿环境科技股份有限公司
地址：安徽省合肥市肥东县经济开发区荷花路
……Tel：0551-67720133

安徽省高速石化有限公司
地址：安徽省合肥市蜀山区望江西路520号皖通高速高科技产业园内科技研发楼
……Tel：0551-68118007

安徽合拓矿产贸易有限公司
地址：安徽省合肥市美菱大道421号4幢301室
……Tel：0551-68123866

安徽肥西农村商业银行股份有限公司
地址：安徽省合肥市肥西县上派镇人民路与馆驿路交口向北200米
……Tel：0551-68833246

巢湖市居巢区矿山民爆器材有限责任公司
地址：巢湖市篆池河路山水华庭小区11号楼
……Tel：0565-82326014

安徽鸿固电力科技有限公司
地址：安徽省合肥市庐江县金牛镇金水路东侧2号
……Tel：0551-82561799

安徽五鑫矿业开发有限公司
地址：庐江县泥河镇政府西路（政务区）（1）号1幢
……Tel：0551-83681121

美旗实业控股有限公司
地址：合肥市蜀山区望江西路西湖国际广场C-2122
……Tel：0551-85695611

安徽省庐江县金泉旅游投资发展有限公司
地址：安徽省合肥市庐江县庐城镇晨光路17号东方水岸写字楼14层
……Tel：0551-87388200

安徽铜冠（庐江）矿业有限公司
地址：安徽省合肥市庐江县泥河镇沙溪社区玉溪路
……Tel：0551-87778836

安徽富煌投资有限公司
地址：安徽省合肥市包河经济开发区花园大道582号509室
……Tel：0551-88564358

安徽赛远薄钢科技有限公司
地址：安徽省蚌埠市淮上区沫河口工业园五蚌路26号
……Tel：0552-2060636

安徽同建建设集团有限公司
地址：安徽省蚌埠市东海大道1599号龙子湖区投资大厦503室
……Tel：0552-2981611

安徽泽莱供应链管理有限公司
地址：安徽省蚌埠市燕南路17号1号楼101室
……Tel：0552-3023656

中建材蚌埠玻璃工业设计研究院有限公司
地址：安徽省蚌埠市涂山路1047号
……Tel：0552-4074918

安徽华光光电材料科技集团有限公司
地址：安徽省蚌埠市涂山东路1717号金融中心A座17层
……Tel：0552-4083308

中粮生物科技股份有限公司
地址：安徽省蚌埠市中粮大道1号
……Tel：0552-4926909

安徽华铜铜业有限公司
地址：安徽省蚌埠市固镇县经济开发区
……Tel：0552-6011212

蚌埠市永利中小企业融资担保有限公司
地址：安徽省蚌埠市朝阳路4号区（太平街513-1号二楼209）
……Tel：0552-7165663

安徽凌宇电缆科技有限公司
地址：安徽省芜湖市无为县高沟镇龙庵工业区高新大道龙庵东路1号
……Tel：0553-2533562

芜湖淮矿东方蓝海房地产开发有限公司
地址：芜湖市镜湖区九华中路58号东方蓝海小区34幢
……Tel：0553-2661190

芜湖造船厂有限公司
地址：安徽省芜湖市三山经济开发区峨溪路1号
……Tel：0553-3935161

安徽楚江科技新材料股份有限公司
地址：安徽省芜湖市九华北路8号
……Tel：0553-5313232

安徽楚江投资集团有限公司
地址：中国（安徽）自由贸易试验区芜湖片区龙腾路90号
……Tel：0553-5313232

安徽众源新材料股份有限公司
地址：芜湖经济技术开发区凤鸣湖北路48号
……Tel：0553-5316171

芜湖新兴铸管有限责任公司
地址：芜湖市三山区经济开发区春洲路2号
……Tel：0553-5627241

淮河能源（集团）股份有限公司
地址：安徽省芜湖市经济技术开发区内
……Tel：0553-5840028

瑞源国际资源投资有限公司
地址：中国（安徽）自由贸易试验区芜湖片区银湖北路38号留学生楼D208室
……Tel：0553-5868308

寰球实业（安徽）有限公司
地址：安徽省芜湖市开发区长春路8号
……Tel：0553-5868308

马钢（芜湖）材料技术有限公司
地址：安徽省芜湖市经济技术开发区越秀路1号
……Tel：0553-5900200

芜湖东旭光电科技有限公司
地址：安徽省芜湖市经济技术开发区万春街道纬二次路36号
……Tel：0553-5919790

浦项（芜湖）汽车配件制造有限公司
地址：安徽省芜湖市经济技术开发区银湖北路以西
……Tel：0553-5936600

芜湖威仕科材料技术有限公司
地址：芜湖经济技术开发区银湖北路5号
……Tel：0553-5963660

安徽航天电缆集团有限公司
地址：安徽省芜湖市无为市长淋工业区
……Tel：0553-6860501

安徽国信电缆科技股份有限公司
地址：安徽省芜湖市无为县高沟工业园2幢
……Tel：0553-6869666

芜湖市荣建再生资源科技有限公司
地址：安徽省芜湖市繁昌县孙村镇工业园
……Tel：0553-7250026

芜湖永达科技有限公司
地址：安徽省芜湖市经济技术开发区长江北路
……Tel：0553-7535332

安徽省繁昌县金繁融资担保有限公司
地址：安徽省芜湖市繁昌县繁阳镇钢铁厂安置小区17号办公楼三楼
……Tel：0553-7863319

芜湖市繁昌区建设投资有限公司
地址：安徽省芜湖市繁昌区繁阳镇春谷路109号
……Tel：0553-7873919

芜湖市繁昌区土地整治复垦投资有限公司
地址：安徽省芜湖市繁昌县繁阳镇龙亭东路2号（钢铁厂安置小区17号办公楼2楼）
……Tel：0553-7873919

芜湖市富鑫钢铁有限公司
地址：安徽省芜湖市繁昌县新港镇新东村
……Tel：0553-7915929

安徽江北海中建材贸易有限责任公司
地址：安徽省江北产业集中区管委会B楼322-J室
……Tel：0553-8396205

芜湖海螺贸易有限公司
地址：芜湖市镜湖区文化路39号（申报承诺）
……Tel：0553-8396318

安徽海螺水泥股份有限公司
地址：安徽省芜湖市文化路39号
……Tel：0553-8398782

安徽新集煤电（集团）有限公司
地址：安徽省淮南市龙湖南路鑫舜大厦
……Tel：0554-2679342

淮沪煤电有限公司
地址：安徽省淮南市学院南路234号
……Tel：0554-2690173

安徽勇创能源科技有限公司
地址：安徽省淮南经济技术开发区吉兴路西侧（吉兴路7号）

……Tel：0554-3323335
中安联合煤化有限责任公司
地址：淮南市潘集区煤化工大道经六路
……Tel：0554-4218888
淮南淮河农村商业银行股份有限公司
地址：安徽省淮南市潘集区黄山路53号
……Tel：0554-4972129
淮南市宏泰钢铁有限责任公司
地址：安徽省淮南市谢区望峰岗北路
……Tel：0554-5822661
长淮信达地产有限公司
地址：安徽省淮南市洞山东路
……Tel：0554-6600500
淮矿淮南开发有限公司
地址：安徽省淮南市山南新区 淮南金岭大市场三层380室
……Tel：0554-6605006
淮矿地产淮南东方蓝海置业有限责任公司
地址：安徽省淮南市山南新区 淮南金岭大市场三层379室
……Tel：0554-6605006
淮浙煤电有限责任公司
地址：安徽省淮南市田家庵区洞山中路1号（集团公司院内）
……Tel：0554-6615163
淮南市中昆物资有限公司
地址：安徽省淮南市经济技术开发区朝阳东路网云小镇创客中心A座201室
……Tel：0554-6652375
淮南东华实业（集团）有限责任公司
地址：安徽省淮南市田家庵区洞山迎宾路
……Tel：0554-6660907
安徽淮化股份有限公司
地址：安徽省淮南市田家庵区泉山
……Tel：0554-6875422
淮南东辰集团有限责任公司
地址：安徽省淮南市洞山会战路
……Tel：0554-7622204
淮南矿业（集团）有限责任公司
地址：安徽省淮南市田家庵区洞山
……Tel：0554-7624297
淮矿电力燃料有限责任公司
地址：安徽省淮南市经济技术开发区管委会大楼602室
……Tel：0554-7624600
淮南巨万实业有限责任公司
地址：安徽省淮南市八公山区孔李公司孔井南门口
……Tel：0554-7640388
淮矿现代物流有限责任公司
地址：安徽省淮南市谢家集区望峰岗(铁路新村)
……Tel：0554-7643999
中煤新集能源股份有限公司
地址：安徽省淮南市民惠街
……Tel：0554-8661331
中煤新集阜阳矿业有限公司
地址：安徽省阜阳市颍东区杨楼孜镇王小庄村
……Tel：0554-8662123
中煤新集刘庄矿业有限公司
地址：安徽省阜阳市颍上县古城乡
……Tel：0554-8665606
安徽昊泰金利科技有限公司
地址：花山区雨山东路2号2-1204
……Tel：0555-2105677
安徽马钢嘉华新型建材有限公司
地址：马鞍山市花山区沿江大道中段959号
……Tel：0555-2150618
马鞍山钢铁建设集团矿业贸易有限公司
地址：马鞍山市郑蒲港新区中飞大道277号孵化园9栋409号
……Tel：0555-2302805
中国十七冶集团有限公司
地址：安徽省马鞍山市花山区雨山东路88号
……Tel：0555-2354818
马鞍山钢铁建设集团有限公司
地址：安徽省马鞍山市雨山路马建大院
……Tel：0555-2356430
中钢集团马鞍山矿山研究总院股份有限公司
地址：安徽省马鞍山市经济技术开发区西塘路666号
……Tel：0555-2476897
马鞍山市润华钢铁材料有限公司
地址：马鞍山市花山区霍里山大道北段698号软件园主楼2栋332室
……Tel：0555-8280089
森华（马鞍山）冶金材料有限公司
地址：马鞍山经济技术开发区太白大道2299号1栋
……Tel：0555-8285528
马鞍山国元小额贷款股份有限公司
地址：马鞍山经济技术开发区太白大道699号-1
……Tel：0555-2482600
安徽欣创节能环保科技股份有限公司
地址：马鞍山经济技术开发区西塘路665号
……Tel：0555-2765700
一重集团马鞍山重工有限公司
地址：安徽省马鞍山市经济技术开发区红旗南路18号
……Tel：0555-2824369
安徽凯华钢铁材料有限公司
地址：安徽省马鞍山市经济技术开发区
……Tel：0555-2828166
安徽马鞍山万能达发电有限责任公司
地址：安徽省马鞍山市电业路1号
……Tel：0555-2848222
马鞍山马钢比欧西气体有限责任公司
地址：安徽省马鞍山市金家庄区北塘路21号
……Tel：0555-2870300
马鞍山马钢裕远物流有限公司
地址：安徽省马鞍山市经济技术开发区湖西大道南路259号（福昌工业园）综合楼一层
……Tel：0555-2875271
马钢国际经济贸易有限公司
地址：安徽省马鞍山市雨山区九华西路8号
……Tel：0555-2875641
马钢集团财务有限公司
地址：安徽省马鞍山市九华西路8号马钢指挥中心主楼8层
……Tel：0555-2875866
马钢集团物流有限公司
地址：马鞍山市郑蒲港新区中飞大道277号孵化园9栋
……Tel：0555-2877772
马鞍山钢铁股份有限公司
地址：安徽省马鞍山市九华西路8号
……Tel：0555-2883492
马钢（集团）控股有限公司
地址：马鞍山市雨山区九华西路8号
……Tel：0555-2883492
马鞍山晨马氢能源科技有限公司
地址：马鞍山市雨山区人头矶南侧（原马鞍山钢铁股份有限公司煤焦化公司）
……Tel：0555-2885617
安徽马钢化工能源科技有限公司
地址：马鞍山市人头矶南侧（原马鞍山钢铁股份有限公司煤焦化公司办公楼）
……Tel：0555-2887349
马钢利华金属资源有限公司
地址：安徽省宣城经济技术开发区管委会宝城路299号
……Tel：0555-2899170
埃斯科特钢有限公司
地址：马鞍山市雨山经济开发区天门大道中段1619号
……Tel：0555-2899565
安徽长江钢铁股份有限公司
地址：马鞍山市当涂县龙山桥工业园
……Tel：0555-2919724
马钢奥瑟亚化工有限公司
地址：马鞍山市雨山经济开发区化工产业集中区沥青池路51号
……Tel：0555-3500127
宝武集团马钢轨交材料科技有限公司
地址：马鞍山经济技术开发区银黄东路700号
……Tel：0555-3706915
中国铁路物资安徽铁鹏水泥有限公司
地址：安徽省马鞍山市含山县林头镇
……Tel：0555-4721211
马鞍山龙顺环保科技集团有限公司
地址：安徽省马鞍山市和县石杨镇绿色建材产业园内
……Tel：0555-5138618
安徽江南钢铁市场管理有限公司
地址：马鞍山市花山区湖南东路2899号财富广场1-401
……Tel：0555-8323799
宝武重工有限公司
地址：马鞍山经济技术开发区太白大道1889号
……Tel：0555-8880606
中冶马鞍山钢铁设计研究总院有限公司
地址：安徽省马鞍山市雨山区湖南西路699号
……Tel：0555-8883281
安徽华岳矿物材料有限公司
地址：安徽省安庆市岳西县温泉镇解放村
……Tel：0556-2295861
太湖县发展投资集团有限公司
地址：太湖县新城高坦路369号
……Tel：0556-4178076
安徽环新集团股份有限公司
地址：安徽省安庆市经济技术开发区迎宾大道16号区
……Tel：0556-5305030
安庆华赞投资有限公司
地址：安庆市龙眠山路256号安徽山城集团办公楼
……Tel：0556-5391818
安徽安庆皖江发电有限责任公司
地址：安徽省安庆市迎江区老峰镇
……Tel：0556-5425021
安徽省双敏投资集团有限公司
地址：安徽省安庆市湖心南路300号
……Tel：0556-5531396
安徽九九华立新能源科技有限公司
地址：安徽省安庆市宜秀区大桥街道朝阳路99号
……Tel：0556-5568086
安庆元鸿矿业投资有限公司
地址：安徽省安庆市临港经济开发区内环西路孵化区1号
……Tel：0556-5919892
安徽晶浩实业有限公司
地址：安徽省安庆市潜山市开发区南环路0022号
……Tel：0556-8175788
萧县国源资源环境治理有限公司
地址：萧县龙城镇龙凤大道南侧梅林馨园小区7#-0100铺
……Tel：0557-5011009
萧县天安建筑安装有限责任公司
地址：萧县龙城镇交通中路北侧
……Tel：0557-5011009
淮北矿业（集团）金园房地产开发有限公司
地址：安徽省宿州市迎宾大道南侧155室
……Tel：0557-2315903
安徽省物资能源有限公司
地址：安徽省宿州市淮河西路62号
……Tel：0557-2318026
安徽省恒锦置业有限责任公司
地址：安徽省宿州市开发区外环南路与淮海南路交叉口天下第一石城5号楼4层
……Tel：0557-2660229
宿州市工业投资集团有限公司
地址：安徽省宿州市拱辰路8号
……Tel：0557-3697810
马钢智信资源科技有限公司
地址：安徽省宿州市宿州马鞍山现代产业园区马钢机械产业园研发楼2楼
……Tel：0557-3818116
安徽恒源煤电股份有限公司
地址：安徽省淮北市濉溪县刘桥镇
……Tel：0557-3982074
安徽省皖煤国贸有限责任公司
地址：安徽省宿州市三八街道九里百科产业园A-503
……Tel：0557-3982139
安徽金黄庄矿业有限公司
地址：萧县刘套镇张庄村
……Tel：0557-5231176
安徽华铂再生资源科技有限公司
地址：界首市田营工业园区
……Tel：0558-4739055
安徽天畅金属材料有限公司
地址：安徽省阜阳市太和县肖口镇工业园区（申报承诺）
……Tel：0558-4812187
安徽省华鑫铅业集团有限公司
地址：安徽省界首市田营镇陶庄湖工业园区
……Tel：0558-4865899
安徽道恒商贸有限公司
地址：涡阳县乐行路西段就业和社会保障服务中心4楼
……Tel：0558-7270912
亳州众和煤业有限责任公司
地址：安徽省亳州市蒙城县许疃镇
……Tel：0558-7678900
太和县奥能金属材料有限公司
地址：安徽省阜阳市太和县肖口镇工业园创业路北侧1号
……Tel：0558-8237111
安徽华杰城市矿产资源有限公司
地址：太和县税镇镇看守所东侧（太和县伏特电源有限公司院内）
……Tel：0558-8667563
黄山天旺艺德文化产业股份公司
地址：黄山市徽州区信行一路3号
……Tel：0559-3555552
黄山金马集团有限公司
地址：安徽省黄山市歙县经济技术开发区
……Tel：0559-6537818
歙县嘉城矿业有限公司
地址：歙县北岸经济开发区
……Tel：0559-6851779
安徽陶铝新材料研究院有限公司
地址：淮北经济开发区龙湖高新区威龙路21号
……Tel：0561-3076911
安徽国华投资集团有限公司
地址：安徽省淮北市南黎路85号
……Tel：0561-3119692
安徽隆锦石化进出口有限公司
地址：合肥市庐阳区合瓦路68号社区服务中心1-2层
……Tel：0561-3122233
安徽临涣工业园循环经济发展有限公司
地址：安徽省淮北市新型煤化工合成材料基地企业孵化器215号房间
……Tel：0561-3388006
安徽博弈金属科技有限公司
地址：安徽省淮北市相山区国购广场（商业）3幢A座2412号，2413号
……Tel：0561-4561188
临涣焦化股份有限公司
地址：安徽省濉溪县韩村镇小湖孜
……Tel：0561-4851818
安徽神源煤化工有限公司
地址：安徽省淮北市濉溪县南坪镇钱铺村
……Tel：0561-4869123
淮北杨柳煤业有限公司
地址：安徽省淮北市濉溪县孙疃镇
……Tel：0561-4938569
淮北矿业（集团）工程建设有限责任公司
地址：安徽省淮北市南黎路90号
……Tel：0561-4943789
淮北矿业启虹房地产开发有限公司
地址：濉溪县淮海路361号
……Tel：0561-4943983
淮北矿业（集团）有限责任公司
地址：安徽省淮北市人民中路276号
……Tel：0561-4951956
淮北矿业集团投资有限公司
地址：安徽省淮北市相山区人民中路淮北矿业办公中心东座10层
……Tel：0561-4952270
淮北矿业控股股份有限公司
地址：安徽省淮北市人民中路276号
……Tel：0561-4951956
淮北矿业股份有限公司
地址：安徽省淮北市相山区人民中路276号
……Tel：0561-4958182
安徽省亳州煤业有限公司
地址：安徽省亳州市涡阳县兴业路标准化厂房C1栋
……Tel：0561-4969997
濉溪县鸿源煤化有限公司
地址：濉溪县濉溪经济开发区樱花路南侧、海棠路西侧
……Tel：0561-6095561
安徽英科医疗用品有限公司
地址：濉溪县濉溪芜湖现代产业园海棠路西与银华路北
……Tel：0561-6881888
中城永佳石油有限公司
地址：铜陵金桥经济开发区科技孵化器(创业营内)
……Tel：0562-2109757
安徽齐川能源有限公司
地址：铜陵市金桥经济开发区科技孵化器（创业营内）
……Tel：0562-2109757
中卓弘盛国际能源贸易有限公司
地址：铜陵金桥经济开发区科技孵化器（创业营内）
……Tel：0562-2109757
中乔环宇国际能源有限公司
地址：铜陵金桥经济开发区科技孵化器（创业营内）
……Tel：0562-2109757
铜陵市地矿置业有限责任公司
地址：安徽省铜陵市狮子山区西湖镇集镇建设办公室
……Tel：0562-2199508
安徽冠华黄金科技股份有限公司
地址：安徽省铜陵市义安区西联乡
……Tel：0562-2199958
淮矿铜陵投资有限责任公司
地址：安徽省铜陵市新城大道与东湖一路交汇处东方蓝海1号楼
……Tel：0562-2200297
淮矿地产铜陵置业有限责任公司
地址：安徽省铜陵市新城大道与东湖一路交汇处东方蓝海1号楼
……Tel：0562-2200297
中铁建铜冠投资有限公司
地址：安徽省铜陵市铜陵经济技术开发区
……Tel：0562-2818087
安徽六国化工股份有限公司
地址：安徽省铜陵市铜港路
……Tel：0562-2170017
铜陵市富鑫钢铁有限公司
地址：安徽省铜陵市郊区周冲村
……Tel：0562-3860866
金隆铜业有限公司
地址：安徽省铜陵市金山路
……Tel：0562-3868888
安徽金磊矿业有限责任公司
地址：安徽省铜陵市郊区铜山镇工人村
……Tel：0562-5855062
铜陵有色金属集团铜冠矿山建设股份有限公司
地址：安徽省铜陵市铜官区栖凤路3058号
……Tel：0562-5860527
铜陵有色铜冠房地产集团有限公司
地址：安徽省铜陵市北京西路29号
……Tel：0562-5860741
安徽铜冠矿产资源有限公司
地址：安徽省合肥市经济技术开发区紫蓬路以南，枫林路以西
……Tel：0562-5860779
安徽港口物流有限公司
地址：安徽省铜陵市经济技术开发区滨江

大道北段2658号
……Tel：0562-5861012

铜陵有色金属集团股份有限公司
地址：安徽省铜陵市长江西路
……Tel：0562-5861919

铜陵有色金属集团控股有限公司
地址：安徽省铜陵市长江西路
……Tel：0562-5861919

铜陵有色金属有限责任公司
地址：安徽省铜陵市长江西路(有色大院内)
……Tel：0562-5861919

铜陵有色金属集团财务有限公司
地址：安徽省铜陵市长江西路171号
……Tel：0562-5861998

铜陵有色股份铜冠电工有限公司
地址：安徽省铜陵市经济技术开发区翠湖二路（黄山大道南段1069号）
……Tel：0562-5864048

铜陵有色南陵姚家岭矿业有限公司
地址：安徽省芜湖市南陵县工山镇工一村姚家岭
……Tel：0562-5866028

铜陵金泰化工股份有限公司
地址：安徽省铜陵市循环经济工业园
……Tel：0562-5868408

安徽铜峰电子集团有限公司
地址：安徽省铜陵市经济技术开发区翠湖三路西段399号
……Tel：0562-5883728

铜陵市地丰矿产品贸易有限公司
地址：安徽省铜陵市铜陵大桥经济开发区润盈矿产品交易市场内
……Tel：0562-6816666

铜陵市协诚港口有限责任公司
地址：铜陵市义安区东联乡
……Tel：0562-7129127

铜陵市益润国际贸易有限公司
地址：安徽省铜陵市义安区东联镇杭州路
……Tel：0562-7129671

铜陵景昌钢制品有限公司
地址：安徽省铜陵市义安区东联镇永太路与纵八路交叉口
……Tel：0562-7129671

国电铜陵发电有限公司
地址：铜陵市义安区东联乡复兴村
……Tel：0562-8216023

铜陵上峰水泥股份有限公司
地址：安徽省铜陵市义安区天门镇
……Tel：0562-8758066

铜陵泰富特种材料有限公司
地址：安徽省铜陵经济技术开发区
……Tel：0562-8822111

铜陵新亚星能源有限公司
地址：安徽省铜陵市经济技术开发区
……Tel：0562-8822111

铜陵新亚星港务有限公司
地址：安徽省铜陵市铜陵经济技术开发区
……Tel：0562-8822111

安徽耀安投资集团有限公司
地址：铜陵市义安区顺安镇顺风路95号
……Tel：0562-8825953

宣城市地矿置业有限公司
地址：安徽省宣城市区星隆国际广场22楼506
……Tel：0563-2293720

国投宣城发电有限责任公司
地址：安徽省宣城市宣州区向阳镇
……Tel：0563-3133013

安徽省泾县隆鑫钢铁有限公司
地址：安徽省宣城市泾县经济开发区张家洼路1号
……Tel：0563-5256366

郎溪友良锻造铝合金轮毂股份有限公司
地址：安徽省宣城市郎溪经济开发区
……Tel：0563-7375208

安徽省郎溪县鸿泰钢铁有限公司
地址：安徽省宣城市郎溪县新发镇高家村
……Tel：0563-7653577

绩溪徽文化旅游发展有限公司
地址：安徽省宣城市绩溪县华阳镇望徽路2号电信局老楼3楼
……Tel：0563-8168186

安徽绩溪凯宏钢业有限公司
地址：安徽省宣城市绩溪县临溪镇曹渡桥73号
……Tel：0563-8335899

舒城县交投建设有限责任公司
地址：安徽省六安市舒城县城关镇桃溪路新世纪大厦
……Tel：0564-2789962

淮矿地产六安置业有限责任公司
地址：六安市佛子岭路与东望路交叉口淮矿东方蓝海售楼部
……Tel：0564-3597350

安徽逸通新型建材科技有限公司
地址：六安市裕安经济开发区创业东路（安徽佑逸管业有限公司内）
……Tel：0564-3615187

安徽大别山国有资产投资（控股）集团有限公司
地址：安徽霍山经济开发区高桥湾路
……Tel：0564-5029322

霍山县矿产资源开发有限责任公司
地址：霍山县衡山镇南岳西路8号
……Tel：0564-5029398

安徽霍邱联合村镇银行股份有限公司
地址：六安市霍邱县城关镇蓼城西路粮油交易中心大楼
……Tel：0564-6090030

安徽旭峰建设工程有限公司
地址：安徽省六安市霍邱县城关镇
……Tel：0564-6097588

安徽富晟矿业有限公司
地址：安徽省六安市霍邱县周集镇
……Tel：0564-6316682

安徽首矿大昌金属材料有限公司
地址：安徽省六安市霍邱县经济开发区
……Tel：0564-6398966

六安钢铁控股集团有限公司
地址：六安市霍邱县经济开发区
……Tel：0564-6398091

六安市叶集区工矿投资有限公司
地址：安徽省六安市叶集区未名路城投大厦12楼
……Tel：0564-6856610

六安索伊矿业有限公司
地址：安徽省六安市霍邱县高塘镇二堰村
……Tel：0564-6940298

安徽金日晟矿业有限责任公司
地址：安徽省六安市霍邱县冯井镇
……Tel：0564-7258605

金寨县工矿投资有限公司
地址：金寨现代产业园区金梧桐创业园县政务服务中心大楼17楼
……Tel：0564-7066018

金寨县乡村振兴发展有限公司
地址：金寨现代产业园区金梧桐创业园县政务服务中心大楼17楼
……Tel：0564-7066018

池州市宏大电子商务有限公司
地址：安徽省池州市贵池区长江中路秋浦影剧院北侧
……Tel：0566-2082882

安徽平天湖投资控股集团有限公司
地址：安徽省池州市清风大道
……Tel：0566-2125052

安徽永航矿业股份公司
地址：安徽省池州市经济技术开发区临港工业园
……Tel：0566-2585678

安徽铜冠铜箔集团股份有限公司
地址：安徽省池州市经济技术开发区清溪大道189号
……Tel：0566-3206800

池州西恩新材料科技有限公司
地址：安徽省池州市贵池区前江工业园
……Tel：0566-3227615

池州市荣丰实业有限公司
地址：安徽省池州市经济技术开发区金安工业园
……Tel：0566-3382817

安徽友进新源金属科技有限公司
地址：安徽省贵池前江工业园区古城路与长林路交叉口东北角金融商务中心大楼
……Tel：0566-33922108

安徽友进冠华新材料科技股份有限公司
地址：安徽省池州市贵池区前江工业园金源西路
……Tel：0566-3392959

安徽铜冠有色金属（池州）有限责任公司
地址：安徽省池州经济技术开发区
……Tel：0566-3397010

安徽省贵航特钢有限公司
地址：安徽省池州市贵池区牛头山镇前江工业集中区
……Tel：0566-4281378

安徽泫氏铸造有限责任公司
地址：安徽省池州市青阳县丁桥镇黄泥垅有色金属产业园
……Tel：0566-5668612

安徽兴石投资控股集团有限公司
地址：安徽省池州市石台县仁里镇仙寓路38号
……Tel：0566-6025135

福建省

福建可门港物流有限责任公司
地址：连江县下宫乡通港路
……Tel：0591-22163988

福建森林人家投资发展有限公司
地址：闽侯县南屿镇五峰里1号
……Tel：0591-22183333

福建延兴实业有限公司
地址：福建省福州市仓山区金山街道浦上大道216号福州仓山万达广场C区（原金榕南路西侧与浦上大道北侧交叉处）C2#楼8层07办公
……Tel：0591-22257862

福建荣盛投资有限公司
地址：福建省福州市闽清县梅城镇大路村0007地号（福州荣清橡胶有限公司集体宿舍一楼）
……Tel：0591-22339666

福建省金盛钢业有限公司
地址：闽清县云龙乡潭口工业区
……Tel：0591-22599440

福建青口科技有限公司
地址：福建福州闽侯县祥谦镇洋下村
……Tel：0591-22785555

福建元康控股集团有限公司
地址：福州市闽侯县南屿镇五峰里1号3#楼3层
……Tel：0591-22917777

福建龙旺创富投资有限公司
地址：福建省福州市闽侯县南屿镇乌龙江南大道55号1#23层
……Tel：0591-22995555

世纪鑫冠投资集团有限公司
地址：福州市台江区广达路108号世茂国际中心58层
……Tel：0591-23359999

福建连江恒欣村镇银行股份有限公司
地址：福建省连江县凤城镇文笔东路1号龙汇碧水龙庭5幢1层36-38号店
……Tel：0591-26178306

福建富讯实业集团有限公司
地址：福州市鼓楼区东街街道五一北路66号财富天下6层31公寓式办公号房
……Tel：0591-26303333

国能（连江）港电有限公司
地址：福建省连江县下宫镇下宫村滨海路203号
……Tel：0591-26408888

福建华电储运有限公司
地址：福建省连江县可门经济开发区上宫洋
……Tel：0591-26789801

福建龙浩新材料科技有限公司
地址：福建省福州市罗源县松山镇江滨南路1号罗源湾开发区管委会四楼
……Tel：0591-26935918

福建源鑫环保科技有限公司
地址：罗源县罗源湾开发区北工业区
……Tel：0591-26989177

福建罗源闽光钢铁有限责任公司
地址：福建省罗源县罗源湾开发区金港工业区1区
……Tel：0591-26989333

福建罗源小蕉轧钢有限公司
地址：福建省福州市罗源县松山镇可湖1号
……Tel：0591-26989659

福建宏鑫航运有限公司
地址：罗源县罗源湾开发区亿鑫钢铁公司办公楼五层
……Tel：0591-26989688

福建亿鑫钢铁有限公司
地址：福州市罗源县罗源湾开发区白水垦区内
……Tel：0591-26989988

福州海鑫丰贸易有限公司
地址：福州市鼓楼区温泉街道五四路89号置地广场10层02室
……Tel：0591-28065282

福建展福能源投资有限公司
地址：福州市鼓楼区斗池路黎明新村茉莉园1#楼连接1层04店面B
……Tel：0591-28080666

福建大东海实业集团有限公司
地址：福建省福州市长乐区松下镇大祉村军民路14号
……Tel：0591-28098010

福建康泰再生资源利用有限公司
地址：福建省福州市长乐区松下镇大祉村军民路14号
……Tel：0591-28098011

福建省福州市长乐区滨江实业有限公司
地址：福州市长乐区滨江商贸城（鹤上镇）
……Tel：0591-28113766

福建吉祥置业有限公司
地址：福建省福州市长乐区鹤上镇京岭路1号五金商贸城23幢211室
……Tel：0591-28119806

福建航兴贸易有限公司
地址：福建省福州市长乐区航城街道航辉社区香江路1号香江国际112座D101室
……Tel：0591-28270566

福建凯航再生资源有限责任公司
地址：福建省福州市长乐区营前街道岐头居工商路110号
……Tel：0591-28271113

福建吴航不锈钢制品有限公司
地址：长乐市营前镇岐头村
……Tel：0591-28272730

福州吴航钢铁制品有限公司
地址：福州市长乐区航城街道霞洲村(洋屿作业区疏港路3号)
……Tel：0591-28273668

裕丰源（福建）实业发展有限公司
地址：福建省长乐市航空港工业区（文岭片段）
……Tel：0591-28289000

福州市和特投资有限公司
地址：福清市音西街道洋埔村下洋埔45号
……Tel：0591-28389919

福州市长乐区祥泰实业有限公司
地址：福州市长乐区湖南镇拓新路1号
……Tel：0591-28630836

福建省台谐创新科技有限公司
地址：福州市长乐区潭头镇二刘村下厅175号
……Tel：0591-28667335

福建亿豪科技有限公司
地址：福州市长乐区滨海工业区（垅下片区）
……Tel：0591-28700105

福州梦想针纺有限公司
地址：福州市长乐区松下镇垅下村
……Tel：0591-28700105

福州市长乐区远盛投资有限公司
地址：福州市长乐区首占新区冶金大厦B座17层
……Tel：0591-28836916

福州市长乐区新峰投资有限公司
地址：福州市长乐区首占新区冶金大厦A座17层
……Tel：0591-28836916

福州市长乐区华鑫达钢铁投资有限公司
地址：福建省福州市长乐区首占新区冶金大厦A座34层
……Tel：0591-28836916

福州市长乐区合创东方投资有限公司
地址：福州市长乐区首占新区冶金大厦B座19层
……Tel：0591-28836916

福州市长乐区成实投资有限公司
地址：福州市长乐区首占新区冶金大厦A座31层
……Tel：0591-28836918

福建长乐农村商业银行股份有限公司
地址：福建省福州市长乐市吴航街道朝阳中路193号
……Tel：0591-28839363

福建艾维尔股份有限公司
地址：闽侯县白沙镇上寨村洋中13号
……Tel：0591-28881509

中泽置业（福建）有限公司
地址：福州市长乐区首占镇首占村新民路61号司法所办公楼一层
……Tel：0591-28888102

福建省宏盛联华投资有限公司
地址：福州市长乐区营前街道工商路110号
……Tel：0591-28888291

福建金盛兰集团有限公司
地址：福州市长乐区首占镇团结路北侧
……Tel：0591-28888292

福建省海盛达投资有限责任公司
地址：福州市长乐区首占新区冶金大厦B座1501
……Tel：0591-28888727

福建桂鑫达投资有限责任公司
地址：福州市长乐区首占新区冶金大厦A座37层
……Tel：0591-28888727

福建宏辉集团有限公司
地址：福州市晋安区日溪乡日溪综合大楼C座1层114C
……Tel：0591-28991600

福建中亚投资有限公司
地址：福州市长乐区首占新区冶金大厦A座15层
……Tel：0591-28991986

福建兴恒成集团有限公司
地址：福州市台江区国货西路369号二层北侧第一间
……Tel：0591-38056253

福建津福贸易有限公司
地址：福建省福州市台江区新港街道五一南路1号联信中心主楼15层06室
……Tel：0591-38111323

福州富特机械制造有限公司
地址：福建省连江县敖江镇国优路518号
……Tel：0591-38155166

福建福果投资有限公司
地址：福建省福州市闽侯县荆溪镇闽侯荆溪中国（福州）食品工业园福州大世界橄榄有限公司办公楼5F
……Tel：0591-38200666

福建祥鑫股份有限公司
地址：福建省福州市闽侯县青口镇东台村桐洋217号
……Tel：0591-38267666

兴业证券股份有限公司
地址：福州市湖东路268号
……Tel：0591-38281888

华电福新能源股份有限公司
地址：福建省福州市鼓楼区湖东路231号前田大厦20层
……Tel：0591-38378888

福建川源投资有限公司

地址：福州市鼓楼区温泉街道五四路71号国贸广场14层A单元
…… Tel：0591-38700537

中环伟业（福建）股份有限公司
地址：福州市鼓楼区温泉街道五四路71号国贸广场14层F单元
…… Tel：0591-38700553

福建天辰耀隆新材料有限公司
地址：福清市江阴工业集中区
…… Tel：0591-38757681

福建融鑫九州发展有限公司
地址：福建省福州保税区综合大楼15层A区-1749（自贸试验区内）
…… Tel：0591-38850552

福建源盛达投资有限责任公司
地址：福州市长乐区首占新区冶金大厦A座29-30层
…… Tel：0591-38856557

宝钢德盛不锈钢有限公司
地址：罗源县罗源湾开发区金港工业区
…… Tel：0591-62586020

福建榕威实业有限公司
地址：长乐市古槐镇湖文路南侧
…… Tel：0591-62608117

金强（福建）建材科技股份有限公司
地址：福州市长乐市潭头镇金福路二刘村
…… Tel：0591-62609999

福建金强绿色供应链发展有限公司
地址：福建省福州市长乐区潭头镇金福路二刘村路段7#厂房一层
…… Tel：0591-62609999

福建闽福投资有限公司
地址：福州市长乐区鹤上镇湖尾村湖西路8号
…… Tel：0591-62688999

渤海石油装备福建钢管有限公司
地址：福建省连江县可门经济开发区泰安路1号
…… Tel：0591-62998712

福建融御实业有限公司
地址：福建省福州市台江区鳌峰街道曙光路132号申发大厦21楼06办公号房
…… Tel：0591-63112859

福州吉润泽贸易有限公司
地址：福州市晋安区宦溪镇板桥村19号207室
…… Tel：0591-63113777

福建天朗商业有限公司
地址：福建省福州市仓山区盖山镇齐安路778号福州翔达实业有限公司厂区产品检测楼2层203
…… Tel：0591-63195890

福建光速绿色能源有限公司
地址：福建省福州市仓山区盖山镇齐安路778号福州翔达实业有限公司厂区产品检测楼2层202
…… Tel：0591-63195890

福建名润商业有限公司
地址：福建省福州市仓山区盖山镇齐安路778号福州翔达实业有限公司厂区产品检测楼2层205
…… Tel：0591-63195890

福建蓝碟光电科技有限公司
地址：福建省福州市闽侯县南屿镇智慧大道13号
…… Tel：0591-63195890

福州翔达实业有限公司
地址：福州市仓山区施埔路13号汇利达商厦2层201室
…… Tel：0591-63195893

宁德邦普循环科技有限公司
地址：福建省宁德市福鼎市龙安开发区安洋西路001号计生附属楼四楼
…… Tel：0591-7296001

福建天闽铁实业有限公司
地址：福建省福州市晋安区新店镇坂中路6号泰禾城市广场（一期）第1#、1a#楼22层08办公
…… Tel：0591-81955850

福建德康实业有限公司
地址：福州市闽侯县南通镇南通街108号
…… Tel：0591-83160000-1023

福建鑫鹏投资有限公司
地址：福州市台江区瀛洲街道江滨中大道188号福州世茂外滩花园南江滨商铺B段2层07店面
…… Tel：0591-83205292

中渠（福建）供应链管理有限公司
地址：福建省福州市台江区宁化街道上浦路南侧富力中心C区C1#楼19层27商务办公
…… Tel：0591-83215197

福建榕威国际贸易有限公司
地址：福州市台江区鳌峰街道曙光路132号申发大厦25层05办公
…… Tel：0591-83219990

经讳集团有限公司
地址：福建省福州市台江区鳌峰街道鳌江路8号（江滨中大道北侧、曙光路东侧）福州金融街万达广场二期C2#写字楼12层01室
…… Tel：0591-83260695

福建经讳一建工程有限公司
地址：福建省福州市台江区鳌峰街道鳌江路8号（江滨中大道北侧、曙光路东侧）福州金融街万达广场二期C2#写字楼12层03室
…… Tel：0591-83260695

福建嘉帆建设工程有限公司
地址：福建省福州市台江区鳌峰街道鳌江路8号（江滨中大道北侧、曙光路东侧）福州金融街万达广场二期C2#写字楼12层03室
…… Tel：0591-83260695

福建嘉冠建设集团有限公司
地址：福州市晋安区宦溪镇降虎村委会办公楼101-1室
…… Tel：0591-83260695

福建经讳祥投资有限公司
地址：福建省福州市台江区鳌峰街道鳌江路8号福州金融街万达广场二期B1#甲级写字楼16层10室
…… Tel：0591-83260695

福建经讳矿业有限公司
地址：福州市晋安区寿山乡石牌村76号楼三层连体房屋311
…… Tel：0591-83260695

福建嘉群建设工程有限公司
地址：福州市晋安区鼓山镇横屿村安铺134号
…… Tel：0591-83260695

福建正天顺达建设工程有限公司
地址：福建省福州市台江区鳌峰街道鳌江路8号福州金融街万达广场二期B1#甲级写字楼16层10室
…… Tel：0591-83260695

福建经讳鸿建筑工程有限公司
地址：福建省福州市台江区鳌峰街道鳌江路8号（江滨中大道北侧、曙光路东侧）福州金融街万达广场二期C2#写字楼12层02室
…… Tel：0591-83260695

福建嘉钊建设工程有限公司
地址：福州市晋安区宦溪镇黄土岗村民委员会办公楼185室
…… Tel：0591-83260695

福建天丰投资发展集团有限公司
地址：福州市台江区鳌峰街道鳌江路8号（江滨中大道北侧、曙光路东侧）福州金融街万达广场二期B1#甲级写字楼13层01室B
…… Tel：0591-83288338

福建省谦顺资产管理有限公司
地址：福州市鼓楼区水部街道六一中路28号佳盛广场C座16层11室
…… Tel：0591-83301209

福建中信达建设工程有限公司
地址：福建省福州市闽侯县南屿镇乌龙江南大道55号龙旺商业中心1#楼8层806办公-1
…… Tel：0591-83307929

福建省华厦能源设计研究院有限公司
地址：福建省福州市鼓楼区琴亭路29号福能方圆大厦6至11楼
…… Tel：0591-83316128

福建建树实业集团有限公司
地址：福州市晋安区鼓山镇福新东路478号盛丰大厦20层203单元
…… Tel：0591-83317676

福建福日电子股份有限公司
地址：福州开发区科技园区快安大道创新楼
…… Tel：0591-83318998

福建中胜集团有限公司
地址：福建省福州市仓山区金山街道浦上大道272号仓山万达广场（原浦上大道北侧与金洲南路东侧交叉处）A1#楼15层01-11室
…… Tel：0591-83325795

福清中金有色金属材料有限公司
地址：福建省福州市福清市海口镇牛宅村山下1069-33号
…… Tel：0591-83336960

海西商品交易所有限公司
地址：福建省福州市鼓楼区鼓东街道五一北路66号财富天下6层33公寓式办公
…… Tel：0591-83339889

冠城大通股份有限公司
地址：福州市开发区快安延伸区创新楼
…… Tel：0591-83353338

中安绿色（福州）供应链集团有限公司
地址：福建省福州市台江区广达路106号金融大楼3楼301、305室
…… Tel：0591-83360309

福建福日实业发展有限公司
地址：福州市马尾区快安大道创新楼
…… Tel：0591-83378490

福州金骥投资有限公司
地址：福州市马尾区魁岐路131号（马尾综合体育馆东侧一儒江大道与世纪路交叉口西侧）滨海星商务中心2001室（自贸试验区内）
…… Tel：0591-83406619

福建福日电子配件有限公司
地址：福建省福州市仓山区建新镇半道村168号6#楼301-303
…… Tel：0591-83442761

福州桓晟贸易有限公司
地址：福建省福州市马尾区江滨东大道108号（自贸试验区内）
…… Tel：0591-83570571

亿鑫兆业（福建）科技有限公司
地址：福建省福州市台江区鳌峰街道鳌江路8号福州金融街万达广场二期B1#甲级写字楼7层05室
…… Tel：0591-83627011

中冶科创（福建）投资有限公司
地址：福建省福州市台江区鳌峰街道江滨中大道378号圣淘沙花园（现海润花园）商业七1层01商业用房-05铺
…… Tel：0591-83630616

福建华商矿业有限公司
地址：长乐市钢铁物流园区内（鹤上镇）
…… Tel：0591-83997097

福建鼎诚投资有限公司
地址：福州市仓山区建新镇盘屿路5号奥体正祥城6号楼7层7-6
…… Tel：0591-83665000

福州晟业投资有限公司
地址：福建省福州市台江区新港街道五一南路1号联信中心主楼12层01室
…… Tel：0591-83665000

福建融鹏投资有限公司
地址：福建省福州市台江区后洲街道玉环路10号中亭街改造利生苑1#5层01-9室
…… Tel：0591-83665000

福州羿恒投资有限公司
地址：福建省福州市鼓楼区乌山西路318号洪山科技园创业中心大厦第2层235室-1
…… Tel：0591-83665000

福建融宸投资有限公司
地址：福建省福州市鼓楼区西洪路湖畔新村2座8号1-26室
…… Tel：0591-83665000

福建海峡两岸经济发展有限公司
地址：福建省福州市马尾区儒江东路86号海西财富中心B栋22层01单元01室（自贸试验区内）
…… Tel：0591-83686870

中铝瑞闽（福建）新材料有限公司
地址：福建省福州市福清市江镜镇闽台（福州）蓝色经济产业园滨海大道北
…… Tel：0591-83688587

福建中日达金属有限公司
地址：福州市马尾区罗星中路16号
…… Tel：0591-83688878

福州瑞联实业有限公司
地址：福州开发区长安投资区7号地（自贸试验区内）
…… Tel：0591-83696618

福建恒泰艾普能源发展有限公司
地址：平潭综合实验区金井湾片区商务营运中心
…… Tel：0591-83707571

福建荣源钢铁贸易有限公司
地址：福州市台江区新港街道五一南路1号联信中心主楼11层01室
…… Tel：0591-83711081

福建省公路水路建设投资有限公司
地址：福建省福州市鼓楼区洪山镇工业路572号凤凰望郡1座501号
…… Tel：0591-83713730

福建高能建设工程有限公司
地址：福建省福州市鼓楼区柳河路36号3#楼301
…… Tel：0591-83714497

福建博鑫财富投资有限公司
地址：福建省福州市马尾区湖里路27号1#楼2-80Q室（自贸试验区内）
…… Tel：0591-83792506

福建荣林机械有限公司
地址：福州高新区海西高新技术产业园创业大厦附属楼3楼304-A1
…… Tel：0591-83801217

福州国林林产品有限公司
地址：福州市马尾区湖里路27号2#楼自贸区两岸众创2-02W室（自贸试验区内）
…… Tel：0591-83815237

福州榕拓网络科技有限公司
地址：福州市仓山区上渡街道通江路115号江南水都四期35号楼1004单元
…… Tel：0591-83893599

中国国际钢铁制品有限公司
地址：福州经济技术开发区建设路9号
…… Tel：0591-83957512

福州良存贸易有限公司
地址：福州市台江区新港街道五一中路145号状元商住楼603单元
…… Tel：0591-83970862

福州开发区宇辉钢铁制品有限公司
地址：福州市马尾区兴业路188号
…… Tel：0591-83976376

福建省高策投资控股有限公司
地址：福清市融城镇江滨路北侧供水综合楼二层
…… Tel：0591-85159066

福建海岸投资集团有限公司
地址：福建省福州市福清市音西街道洋埔村福人大道融商大厦30层3009-2办公室
…… Tel：0591-85166395

福建天润房地产有限公司
地址：福清市音西街道清昌大道中银大厦19F
…… Tel：0591-85222089

荣德铵家新型材料（福州）有限公司
地址：闽台（福州）蓝色经济产业园海洋研发中心研发楼309号
…… Tel：0591-85250080

福建荣融投资集团有限公司
地址：福清市音西街道福荣花园84号一层
…… Tel：0591-85259999

福建东钢钢铁有限公司
地址：福清洪宽工业村
…… Tel：0591-85295118

福建天宇钢铁制品有限公司
地址：福清市融侨经济技术开发区
…… Tel：0591-85378830

福建天丰钢铁有限公司
地址：福建省福清市新厝镇双屿村500-23号
…… Tel：0591-85378830

南方铝业（中国）有限公司
地址：福建福清市融侨工业区
…… Tel：0591-85378997

福建晟扬管道科技有限公司
地址：福州元洪投资区（城头）
…… Tel：0591-85571699

鸿生投资集团有限公司
地址：福建省福州市元洪投资区福州市鸿生建材有限公司内
…… Tel：0591-85589528

福建天安建筑钢铁制品有限公司
地址：福清市渔溪镇苏田村
…… Tel：0591-85689788

福建长盛众和投资发展有限公司
地址：福建省福州市福清市音西街道融商大厦B座1807室
…… Tel：0591-85900333

国电福州发电有限公司
地址：福清市江阴镇口岸园区
…… Tel：0591-85969621

福建省龙昇投资有限公司
地址：福清市音西街道洋埔村福人大道融商大厦18层1805办公室
…… Tel：0591-86016666

平潭综合实验区土地开发集团有限公司
地址：福建省平潭综合实验区金井湾商务营运中心5号楼19层
…… Tel：0591-86160898

瑞新（平潭）投资有限公司
地址：平潭综合实验区金井湾片区台湾创业园
…… Tel：0591-86178811

福建诚和世纪实业有限公司
地址：福州市台江区中平路169号苍霞新城嘉盛苑2号楼309室
…… Tel：0591-86257083

福州麒铠商贸发展有限公司
地址：福州市马尾区君竹路83号科技发展中心大厦五层523室（自贸试验区内）
…… Tel：0591-86276733

福建乐力鑫实业有限公司
地址：闽侯县南通镇古城村
…… Tel：0591-86276733

福建省交通运输集团有限责任公司
地址：福建省福州市台江区鳌峰街道江滨中大道356号福建交通集团物流信息大厦
…… Tel：0591-86278000

福建京沙房地产开发集团有限公司
地址：福州市鼓楼区五四路173号C座428室
…… Tel：0591-86291101

侨联（福州）钢铁有限公司
地址：福清市江阴经济开发区福州融侨新港大酒店一楼104
…… Tel：0591-86325846

福州俊丰金属制品有限公司
地址：福州市晋安区新店镇义井村工业区2#楼（P2）一楼
…… Tel：0591-86393692

福州金惠煤炭贸易有限公司
地址：福州保税区综合大楼11层091区间（自贸试验区内）
…… Tel：0591-86399072

福建友兴投资有限公司
地址：福建省福州市福清市融侨开发区光电园区福建友和胶粘科技实业有限公司办公楼内
…… Tel：0591-86555007

福建君林投资有限公司
地址：福清市音西街道瑶峰村（福清中伦装饰配套有限公司内）
…… Tel：0591-86555007

福建友和投资有限公司
地址：福建省福州市福清市融侨开发区光

电园区福建友和胶粘科技实业有限公司办公楼内
……………………Tel：0591-62835959

福建巨祺工贸有限公司
地址：福建省福州市福清市阳下街道办事处福长路大楼一层
……………………Tel：0591-86557599

福州冠元贸易有限公司
地址：福建省福州市福清市沙埔镇人民政府机关大院3号楼103办公室海津路路西270号
……………………Tel：0591-87143858

福建藏天园寿山石工贸有限公司
地址：福州市晋安区新店镇泉头村306号
……………………Tel：0591-87201364

中工建投（福建）发展有限公司
地址：福建省福州市晋安区宦溪镇牛项村民委员会办公楼138室
……………………Tel：0591-87270350

福建华亚集团有限公司
地址：福州市鼓楼区温泉街道五四路89号置地广场17层05室
……………………Tel：0591-87270830

福建奥能投资集团有限责任公司
地址：福建省福州市马尾区湖里路27号1#楼2-25H室（自贸试验区内）
……………………Tel：0591-87275369

福建清泽集团有限公司
地址：福州市台江区六一中路378号福州特艺城5层12店面
……………………Tel：0591-87278688

福建万通环球有限公司
地址：福州南方钢材物流中心第10座A1003A号
……………………Tel：027-82705605

福建国脉集团有限公司
地址：福州市马尾区快安大道创新楼5层
……………………Tel：0591-87307321

福州勘黎建材有限公司
地址：福建省福州市闽清县白中镇前坂村11号
……………………Tel：0591-87310882

福建旺昆仑集团有限公司
地址：福建省福州市鼓楼区南街街道吉庇巷46号钰景园1#楼1层01商店
……………………Tel：0591-87386888

福建省雄腾建筑工程有限公司
地址：福建省福州市马尾区琅岐镇新道路408号鸿鑫楼20131室（自贸试验区内）
……………………Tel：0591-87389962

福建众成联合贸易有限公司
地址：福建省福州市鼓楼区洪山镇西环中路98号黎明万商大厦7层712室
……………………Tel：0591-87412802

福建南朝实业有限公司
地址：福州市晋安区福飞路宦溪经济中心1号楼217室
……………………Tel：0591-87486786

永好建设集团有限公司
地址：福州市台江区宁化街道望龙二路1号（原江滨西大道东北侧）海西金融大厦9层08办公
……………………Tel：0591-87505527

福州金易诚国际贸易有限公司
地址：福州市晋安区南方钢材物流中心10座A1003C
……………………Tel：0591-87517299

中农联华控股有限公司
地址：福建省福州市马尾区马尾镇江滨东大道98号7楼B区（自贸试验区内）
……………………Tel：0591-87518799

均和（厦门）股权投资基金有限公司
地址：中国(福建)自由贸易试验区厦门片区（保税区）象屿路97号厦门国际航运中心D栋8层03单元D
……………………Tel：0591-87526505

福建信亚资产管理有限责任公司
地址：福州市鼓楼区八一七路五洲大厦10层D单元
……………………Tel：0591-87528569

福建飞逸实业有限公司
地址：福州市鼓楼区水部街道六一中路28号佳盛广场23层05室
……………………Tel：0591-87528750

昊永建设（福建）有限公司
地址：福建省福州市仓山区建新镇金亭路1号1号楼2层202室
……………………Tel：0591-87529606

中国（福建）对外贸易中心集团有限责任公司
地址：福州市五四路71号国贸广场31层
……………………Tel：0591-87533575

福建中清化实业有限公司
地址：福州市台江区国货路东段十二桥南国大厦十二层F单元
……………………Tel：0591-87536225

福建省能源集团有限责任公司
地址：福建省福州市鼓楼区省府路1号（经营场所：福建省福州市鼓楼区五四路75号海西商务大厦34、35层）
……………………Tel：0591-87550033

福建省稀有稀土（集团）有限公司
地址：福州市鼓楼区省府路1号20号楼
……………………Tel：0591-87550184

福建凤翔集团有限公司
地址：福建省福州市台江区望龙二路1号福州国际金融中心15层1508单元
……………………Tel：0591-87553098

福建信通贸易有限公司
地址：福建省福州市晋安区长乐北路218号六层6232室
……………………Tel：0591-87555519

福建中环海峡建设发展有限公司
地址：福建省福州市台江区新港街道五一南路1号联信中心3层
……………………Tel：0591-87560777

大鑫矿业开发投资股份有限公司
地址：福建省福州市鼓楼区湖东路298号邦发新村1座九层东区
……………………Tel：0591-87571161

福建省中房远见发展有限公司
地址：福建省福州市台江区鳌峰街道鳌江路8号（江滨中大道北侧、曙光路东侧）福州金融街万达广场二期C1#写字楼12层17室
……………………Tel：0591-87576860

绿华投资有限公司
地址：福建省福州市鼓楼区五一北路171号新都会花园广场3层F单元
……………………Tel：0591-87577701

福建华通置业有限公司
地址：平潭县潭城镇浦东庄66号
……………………Tel：0591-87603325

福建恒联集团有限公司
地址：福州市鼓楼区温泉街道东大路150号恒裕大厦25层01室
……………………Tel：0591-87621678

福建省有谷集团有限公司
地址：福州市鼓楼区东街123号航空大厦15层
……………………Tel：0591-87621817

福建地矿建设集团公司
地址：福州市鼓楼区杨桥西路145号
……………………Tel：0591-87643190

福建省国有资产管理有限公司
地址：福建省福州市鼓楼区东大路88号建闽大厦11层
……………………Tel：0591-87667607

福建融汇置业有限公司
地址：福州市晋安区桂湖地区管委会办公楼一层
……………………Tel：0591-87668866

福建融海置业有限公司
地址：福州市晋安区宦溪镇板桥村委会经济综合楼318室
……………………Tel：0591-87668866

福建省融森投资有限公司
地址：福州市鼓楼区温泉街道温泉公园路28号温泉社区综合服务中心大楼二层
……………………Tel：0591-87675008

福建省福化工贸股份有限公司
地址：福建省福州市鼓楼区省府路1号石化楼
……………………Tel：0591-87677672

福建好佳缘商贸有限公司
地址：福建省福州市晋安区新店镇坂中村村部对面坂中村综合楼一层、二层
……………………Tel：0591-87723375

福建王朝投资有限公司
地址：福州市鼓楼区华大街道华林路166号经贸大厦1515室
……………………Tel：0591-87727595

福建省华侨实业集团有限责任公司
地址：福州市晋安区华林路245号罗马假日花园1号楼九层
……………………Tel：0591-87752370

建州实业有限公司
地址：福州保税区综合大楼11层303区间（自贸试验区内）
……………………Tel：0591-87803935

福建中集友集团有限公司
地址：福建省福州市台江区茶亭街道交通路1号鸿运星城1#楼3层01店面
……………………Tel：0591-87810229

福建闽信投资有限公司
地址：平潭综合实验区北厝镇金井二路台湾创业园4号楼2层A区251号
……………………Tel：0591-87820544

福建省福能新型建材有限责任公司
地址：福建省福州市鼓楼区北大路242号石结构办公楼四楼、五楼
……………………Tel：0591-87822474

福建东方伟业能源开发有限公司
地址：福州市马尾区湖里路27号1#楼2-7G室（自贸试验区内）
……………………Tel：0591-87825999

福建省物资（集团）有限责任公司
地址：福州市五四路239号
……………………Tel：0591-87851614

福建清大豪泰科技发展有限公司
地址：福建省福州市鼓楼区鼓东街道五四路128-1号中旅城二期办公楼19层03室
……………………Tel：0591-87859217

福建天宝矿业集团股份有限公司
地址：福建省福州市鼓楼区温泉街道五四路109号东煌大厦30层01室
……………………Tel：0591-87859612

福建晟天实业有限公司
地址：福州市鼓楼区六一中路28号佳盛大厦1506
……………………Tel：0591-87863759

福建省世界闽商集团有限公司
地址：福州市鼓楼区五四路158号环球广场B座10层B区
……………………Tel：0591-87879156

福建省汇天资产管理有限公司
地址：福建省福州市晋安区新店镇坂中路6号泰禾城市广场（二期）4#楼15层06办公
……………………Tel：0591-87882336

福州开发区新电燃料有限公司
地址：福州市马尾区江滨路北侧福兴新村1#楼15号店
……………………Tel：0591-87890300

福建省明鸿实业有限责任公司
地址：福建省福州市鼓楼区温泉街道五四路71号国贸广场26层H室
……………………Tel：0591-87895659

福建三禾农资有限公司
地址：福建省福州市晋安区连江中路151号方广大厦四层
……………………Tel：0591-87930073

福建省利亨投资集团有限公司
地址：福建省福州市台江区宁化街道振武路70号（原江滨西大道北侧）福晟钱隆广场18层01商务办公第06单元
……………………Tel：0591-87952936

福建成海投资有限公司
地址：福州市鼓楼区水部街道六一北路587号小桥新苑1#楼14店面
……………………Tel：0591-88011192

世茂实业（福建）有限公司
地址：福州市鼓楼区安泰街道五一北路158号高景商贸中心三层A区
……………………Tel：0591-88019331

福建中大物流有限公司
地址：福州市鼓楼区五四路159号世界金龙大厦13层C3
……………………Tel：0591-88023317

福建省远乐新能源科技有限公司
地址：福州市仓山区盖山镇迎宾路跃进村福州世扶钢铁建筑工程有限公司1#楼1车间
……………………Tel：0591-88031468

福建省远乐电气科技有限公司
地址：福建省福州市仓山区盖山路159号
……………………Tel：0591-88031468

福建宏利兴包装有限公司
地址：福建省连江经济开发区管委会办公楼四楼
……………………Tel：0591-88071157

福州悟源投资有限公司
地址：福建省福州市闽侯县大湖乡箬洋村民委员会内
……………………Tel：0591-88075580

圣力（福建）投资发展有限公司
地址：福州市仓山区建新镇百花洲44号（圣力（福州）重工有限公司二楼）
……………………Tel：0591-88075802

福建中投盛世实业有限公司
地址：福州市鼓楼区温泉街道五四路9号宏福大厦（宁德大厦）11楼B区
……………………Tel：0591-88157888

中福大明集团有限公司
地址：福州市鼓楼区洪山园路58号洪山科技园3幢四层
……………………Tel：0591-88280222

福建省信都实业集团有限公司
地址：福州市晋安区宦溪镇板桥村委会经济综合楼215室
……………………Tel：0591-88286388

中基国控集团有限公司
地址：福州市马尾区罗星西路17号观海国际广场A#楼3层308办公（自贸试验区内）
……………………Tel：0591-88068199

中基长城实业有限公司
地址：福建省福州保税区综合大楼15层A区-5096（自贸试验区内）
……………………Tel：0591-88068199

中武（福建）跨境电子商务有限责任公司
地址：福建省福州市鼓楼区东街33号武夷中心13c层
……………………Tel：0591-88320880

神华（福建）能源有限责任公司
地址：福建省福州市台江区江滨中大道316号招商银行大厦南楼塔楼10-12层
……………………Tel：0591-88322118

榕泉投资集团有限公司
地址：平潭县潭城镇海锦嘉园1号楼14#店面
……………………Tel：0591-88331888

福建金泉物流有限公司
地址：罗源县罗源湾开发区金港工业区
……………………Tel：0591-8835910

福建三金钢铁有限公司
地址：福州市罗源湾开发区金港工业区1区
……………………Tel：0591-88359210

福建港森金属压延有限公司
地址：罗源县罗源湾开发区金港工业区
……………………Tel：0591-88359210

福建永荣投资有限公司
地址：平潭综合实验区金井湾片区商务营运中心6号楼5层511室-2527（集群注册）
……………………Tel：0591-8852296

首城丰华（福建）实业有限公司
地址：福建省福州市鼓楼区沙帽井巷3号福建省邮电公寓附属楼4层东侧
……………………Tel：0591-88524980

福建锦投资集团有限公司
地址：福建省福州市台江区宁化街道江滨西大道东北侧海西金融大厦6层10办公
……………………Tel：0591-88552888

福建水泥股份有限公司
地址：福州市杨桥路118号宏扬新城福州建福大厦
……………………Tel：0591-88561889

福建中福海船务有限公司
地址：福州市鼓楼区湖东路外运大厦七层西区
……………………Tel：0591-88588877

福州市品瑞资产管理有限公司
地址：福建省福州市晋安区岳峰镇三八路2号华庆花园3#楼2层05-07店面-1
……………………Tel：0591-88600449

福建顺天成钢铁有限公司
地址：福建省福州市闽侯县青口镇新城路62号博雅星城2#楼1层03店面
……………………Tel：0591-88626681

福建阳光集团有限公司
地址：福建省福州市马尾区罗星街道登龙路99号
……………………Tel：0591-86276869

福建博美源贸易有限公司
地址：福建省福州保税区综合大楼15层A区-0236（自贸试验区内）
……………………Tel：0591-88706706

福建雅思德贸易有限公司
地址：福建省福州保税区综合大楼15层A区-0237（自贸试验区内）
……………………Tel：0591-88706706

福建兴衡投资有限公司
地址：福州市马尾区君竹路83号科技发展中心大楼六层635室（自贸试验区内）
……………………Tel：0591-88706706

福建阳光控股有限公司
地址：福州市马尾区君竹路83号科技发展中心大楼3层340室（自贸试验区内）
……………………Tel：0591-99988889

福建虹盛实业集团有限公司
地址：福州市马尾区江滨东大道108号创业园新园区研究实验综合楼212B（自贸试验区内）
……………………Tel：0591-88706706

阳光科技有限公司
地址：福建省福州市马尾区登龙路99号13#楼207室
……………………Tel：0591-88706706

福建千和全实业有限公司
地址：福州市马尾区君竹路83号科技发展中心大楼八层819室（自贸试验区内）
……………………Tel：0591-88706706

福建上海之窗实业有限公司
地址：福州市马尾区科技园快安大道创新楼3层（自贸试验区内）
……………………Tel：0591-88706706

名实控股集团有限公司
地址：福建省福州市鼓楼区软件大道89号福州软件园F区1号楼7层701
……………………Tel：0591-88833888

福建海峡能源集团股份有限公司
地址：福建省福州市仓山区金山街道浦上大道216号福州仓山万达广场C区（原金榕南路西侧与浦上大道北侧交叉处）C4#楼11层02办公
……………………Tel：0591-88871888

福建信创实业集团有限公司
地址：福州市鼓楼区西二环中路218号福州黎明职业技术学院实验楼一楼102室
……………………Tel：0591-88890608

福建恒兴能源有限公司
地址：安溪县龙门镇溪瑶村
……………………Tel：0592-2969590

晋江宝华钢材有限公司
地址：福建省晋江市东盛路11号
……………………Tel：0595-85778166

中铜东南铜业有限公司
地址：福建省宁德市蕉城区漳湾镇闽海路89号
……………………Tel：0593-2509888

福建新日融资担保有限公司
地址：宁德市蕉城区天王路5号15号楼204室
……………………Tel：0593-2529799

宁德市阳光物流有限公司
地址：宁德市蕉城区飞鸾镇二都村幸福塘飞鸾货运码头
……Tel：0593-2596323

福建宝陆汽车部件有限公司
地址：福建省宁德市蕉城区七都镇宁海路8号
……Tel：0593-2880886

宁德市星宇科技有限公司
地址：宁德市东侨经济开发区团圆路8号
……Tel：0593-2919498

福建青拓镍业有限公司
地址：福安市湾坞镇浮溪村
……Tel：0593-5077766

福建联德企业有限公司
地址：福建省宁德市蕉城区漳湾镇闽海路88号
……Tel：0593-5088080

福建联维物流有限公司
地址：福建省宁德市蕉城区漳湾镇疏港路202号
……Tel：0593-5088080

周宁县城市建设投资经营有限公司
地址：周宁县狮城镇东街94号
……Tel：0593-5667535

宁德市祥全工贸有限公司
地址：周宁县七步镇龙溪村深水岭
……Tel：0593-5985358

福建春天生态农业集团有限公司
地址：福安市阳头富阳路电机电器市场S8-309号第三层
……Tel：0593-6313113

福建巨龙电机集团有限公司
地址：福安市赛岐经济开发区巨龙工业园区
……Tel：0593-6379586

福建青拓特钢有限公司
地址：福建省宁德市福安市湾坞镇沙湾村
……Tel：0593-6600777

福建青拓实业股份有限公司
地址：福安市湾坞镇沙湾村
……Tel：0593-6600777

福建鼎信科技有限公司
地址：福安市湾坞镇龙珠村
……Tel：0593-6600777

福安市金集湖船舶工程有限公司
地址：福建省宁德市福安市甘棠镇国泽村36号
……Tel：0593-6894886

福建华成不锈钢管有限公司
地址：福鼎市温州园文渡项目区
……Tel：0593-7243888

福建申达重工机械有限公司
地址：福鼎市硖门乡柏洋工业区
……Tel：0593-7246996

福建柏洋一品农业股份有限公司
地址：福建省福鼎市柏洋村柏洋文化中心三层
……Tel：0593-7250637

福建三嘉钢铁有限公司
地址：福建省宁德市周宁县七步镇登科地
……Tel：0593-8953555

福鼎市泰益小额贷款股份有限公司
地址：福鼎市玉龙北路45号
……Tel：0593-8977997

福建省莆田市祥宇仓储配载有限公司
地址：莆田市涵江区保尾小商品批发城七层
……Tel：0594-2202228

莆田市展宏建材贸易有限公司
地址：莆田市城厢区文献西路与石室路交叉口国贸大厦10层
……Tel：0594-2202228

福建省万晨大唐集团有限公司
地址：莆田市城厢区龙桥办事处太平居委会新街口大唐广场3号楼A06
……Tel：0594-2215053

福建建投国际贸易有限公司
地址：福建省莆田市荔城区西天尾镇同心西路333号
……Tel：0594-2535588

莆田市凯天集团有限公司
地址：莆田市城厢区霞林办霞林居委会荔华大道荔景广场永昌楼1107号
……Tel：0594-3018888

福建成发贸易有限公司
地址：福建省莆田市城厢区霞林街道荔华东大道696号1号楼1梯1501室
……Tel：0594-3093333

福建省三源金属制品有限公司
地址：莆田市涵江区江口镇五里亭
……Tel：0594-3785856

福建省罗屿港口开发有限公司
地址：福建省莆田市秀屿区东埔镇罗屿港1号
……Tel：0594-5270036

莆田港务集团有限公司
地址：莆田市秀屿区东庄镇莆头村
……Tel：0594-5697651

大路树集团有限公司
地址：福建省莆田市荔城区黄石镇黄石街市下埕12号
……Tel：0594-5883117

福建八方港口发展有限公司
地址：莆田市秀屿区山亭镇东吴港区1号
……Tel：0594-5915099

莆田标准木业有限公司
地址：莆田市秀屿区木材加工区
……Tel：0594-5918888

莆田市凤达投资有限公司
地址：莆田市城厢区龙办兴安居委会学园路北段三层商场
……Tel：0594-6936656

鞍钢冷轧钢板（莆田）有限公司
地址：莆田市秀屿区东庄镇望山东路555号
……Tel：0594-6977292

福建省建投集团有限公司
地址：福建省莆田市荔城区拱辰街道东圳东路1199号中海天下2号楼501室
……Tel：0594-8930065

泉州市丰泽区闽侨小额贷款股份有限公司
地址：泉州市丰泽区田安路与湖心街交叉口假日湖景三楼
……Tel：0595-22198369

泉州五矿集团有限公司
地址：泉州市泉秀路五矿大厦
……Tel：0595-22288873

亚伦（中国）有限公司
地址：泉州市洛江区河市镇庄田村
……Tel：0595-22477770

福建省双旗山矿业有限责任公司
地址：德化县葛坑镇水门村
……Tel：0595-23520144

中群供应链管理（福建）有限公司
地址：福建省泉州市永春县桃城镇轻纺路3号办公楼207室
……Tel：0595-23880223

阳光中科（福建）能源股份有限公司
地址：泉州（南安）光电信息产业基地
……Tel：0595-26662999

福建南山发展股份有限公司
地址：福建省泉州市惠安县螺阳镇世纪大道建筑业大楼2#-20F
……Tel：0595-27595888

福建泉州市宏骏投资有限公司
地址：福建省泉州市丰泽区宝洲路中段南侧泉州浦西万达广场商业综合体1号建筑（甲级写字楼1B塔）B3201
……Tel：0595-27988888

福建东方天骏投资集团有限公司
地址：福建省泉州市南安市美林街道柳美北路555号
……Tel：0595-28351908

泉州宝嘉投资有限责任公司
地址：福建省泉州市鲤城区金龙街道后坑社区廷玉路1号
……Tel：0595-28365555

泉州万龙担保有限公司
地址：泉州经济技术开发区三纬七路3-15(F)1#内
……Tel：0595-28392277

泉州润润贸易有限公司
地址：福建省泉州市惠安县黄塘台商创业基地
……Tel：0595-28393333

泉州安通物流有限公司
地址：福建省泉州市丰泽区东海街道通港西街156号安通控股大厦B区
……Tel：0595-28555999

泉州传化公路港物流有限公司
地址：晋江市西园街道车厝现代物流园
……Tel：0595-36789002

福建省鸿山热电有限责任公司
地址：福建省泉州石狮市鸿山镇伍堡工业区
……Tel：0595-36886188

泉州博超实业有限公司
地址：泉州市泉港区前黄工业区
……Tel：0595-68160118

福建泉州闽光环保资源有限公司
地址：安溪县湖头镇美溪村
……Tel：0595-68869029

福建泉州闽光钢铁有限责任公司
地址：安溪县湖头镇钢铁工业路58号
……Tel：0595-68869698

福建万弘发展有限公司
地址：福建省泉州市石狮市石湖港区万弘集团大厦3楼
……Tel：0595-82220788

海峡石化产品交易中心有限公司
地址：福建省泉州市晋江市滨江商务区海峡石化大厦28层
……Tel：0595-82677522

晋江盛虹投资有限公司
地址：福建省泉州市晋江市灵源街道林口社区华林南路390号
……Tel：0595-8269598

百创（福建）进出口贸易有限公司
地址：福建省泉州市石狮市湖滨街道八七路1116号后幢
……Tel：0595-83135988

泉州海西石材有限公司
地址：南安市水头镇滨海工业区
……Tel：0595-83671889

善聚创业投资有限公司
地址：福建省泉州市晋江市梅岭街道世纪大道福　花园第50栋
……Tel：0595-83985799

福建省威盛机械发展有限公司
地址：福建省泉州市晋江市经济开发区（安东园）建成路28号（东石）
……Tel：0595-85508552

晋江市大长江钢管实业有限公司
地址：福建省晋江市安东园园东路19号
……Tel：0595-85592166

伟志股份公司
地址：福建省泉州市晋江市梅岭街道世纪大道899号永晟金融大厦6楼
……Tel：0595-85629793

福建晋江农村商业银行股份有限公司
地址：福建省晋江市青阳街道崇德路196号
……Tel：0595-85661772

晋江三益钢铁有限公司
地址：晋江市安海镇灵山工业区
……Tel：0595-85731884

朗克有限公司
地址：晋江市安海镇桐林村
……Tel：0595-85769234

福建福泰钢铁有限公司
地址：晋江安海桥头
……Tel：0595-85796768

梅花（晋江）伞业有限公司
地址：晋江市经济开发区安东园区金山路31号
……Tel：0595-85817917

福建釉盛集团有限公司
地址：福建省泉州市晋江市磁灶镇下官路陶瓷专业市场510号
……Tel：0595-85880108

信源集团福建投资控股有限公司
地址：福建省泉州市鲤城区海滨街道金洲社区新华南路36号滨江花园城B区6幢305室
……Tel：0595-85883377

菲莉集团（福建）有限公司
地址：福建省泉州市晋江市经济开发区（五里园）欣鑫路46号
……Tel：0595-85989701

福建亿辉集团有限公司
地址：南安市美林街道南美工业区南洪路
……Tel：0595-86050999

中石华砻股份有限公司
地址：福建省泉州市南安市石井镇后店工业区
……Tel：0595-86077377

润丰集团福建中润投资有限公司
地址：南安市石井镇石莲路金明大酒店十二楼
……Tel：0595-86098858

福建诚仕贸易有限公司
地址：南安市仑苍镇辉煌工业园内
……Tel：0595-86148888

福建福泉集团有限公司
地址：南安市英都镇芸林村芸林工业区
……Tel：0595-86158883

上水明珠发展有限公司
地址：南安市仑苍镇园美村
……Tel：0595-86181001

高特控股集团有限公司
地址：南安市溪美街道成功开发区
……Tel：0595-86310995

南安泛华矿产资源开发有限公司
地址：福建省泉州市南安市美林李西村河边沙场
……Tel：0595-86350444

福建三叶集团有限公司
地址：福建省泉州市南安市溪美办事处成功科技工业区1幢1层
……Tel：0595-86371889

福建省缘石缘科技有限公司
地址：福建省泉州市南安市石井镇苏内村15号
……Tel：0595-86622858

福建三利石业有限公司
地址：福建省泉州市南安市水头镇石材产业展示运营中心B56
……Tel：0595-86813322

福建省南安市闽南建材第一市场有限公司
地址：南安市水头镇山前村
……Tel：0595-86992890

国电泉州热电有限公司
地址：福建省泉州市泉港区南埔镇柯厝村
……Tel：0595-87026028

福建省振昌园林古建筑有限公司
地址：惠安县崇武镇五峰工业区
……Tel：0595-87355588

福建中垦实业有限公司
地址：泉州市惠安县崇武镇赤湖林场工业区
……Tel：0595-87676666

福建省国磊园林集团有限公司
地址：惠安县崇武镇前安工业区
……Tel：0595-87682398

隆鑫集团（福建）有限公司
地址：泉州市泉港区祥云中路（原南北三路）西侧隆汉大厦
……Tel：0595-87970000

福建省同丰融资租赁有限公司
地址：福建省晋江市阳光东路宏伟大厦
……Tel：0595-88115999

福建石狮农村商业银行股份有限公司
地址：福建省石狮市八七路2128-2150号
……Tel：0595-88583931

福建漳龙三宝进出口有限公司
地址：漳州市芗城区胜利东路漳州发展广场第20层2001室
……Tel：0596-2022879

融信（漳州）投资有限公司
地址：福建省漳州市芗城区益民路益民花园东区15幢5楼4号办公室
……Tel：0596-2134567

漳州市国辉工贸有限公司
地址：漳州市金峰工业开发区
……Tel：0596-2137889

福建漳州闽光钢铁有限责任公司
地址：福建省漳州市芗城区石亭镇鳌门村
……Tel：0596-2168566

三宝集团股份有限公司
地址：漳州市芗城区浦南镇店仔圩经济开发区
……Tel：0596-2588169

福建三宝钢铁有限公司
地址：漳州芗城区浦南镇店仔圩经济开发区
……Tel：0596-2588169

漳州旅游发展股份有限公司
地址：福建省漳州市胜利西路2号
……Tel：0596-2608750

福建乾贵贸易有限公司
地址：福建省漳州市芗城区新华东路南侧、元光南路西侧家芗0596（都市名城）8幢D14号B室
……Tel：0596-2633936

福建漳龙集团有限公司
地址：福建省漳州市芗城区胜利东路3号漳州发展广场16、17层
……Tel：0596-2671668

漳州市章兴担保有限公司
地址：漳州市芗城区元光南路5-2幢7楼
……Tel：0596-2883456

漳州芗城区宝银小额贷款有限公司
地址：漳州市芗城区胜利西路向荣大厦6楼C-E
……Tel：0596-2999137

首钢凯西钢铁有限公司
地址：福建省漳州招商局经济技术开发区凯西工业园
……Tel：0596-6053888

漳州灿坤实业有限公司
地址：漳州台商投资区灿坤工业园
……Tel：0596-6268065

漳州腾龙公用能源有限公司
地址：福建省漳州市漳浦县古雷港经济开发区
……Tel：0596-6311084

福建福化古雷石油化工有限公司
地址：福建省漳州市古雷港经济开发区腾龙路84号
……Tel：0596-6311819

福建凯景新型科技材料有限公司
地址：福建省漳州台商投资区景福路6号
……Tel：0596-6766251

福建统一马口铁有限公司
地址：福建省漳州台商投资区翁角路160号
……Tel：0596-6766967

福建全通资源再生工业园有限公司
地址：漳州开发区内
……Tel：0596-6852228

漳州嘉年钢铁有限公司
地址：招商局漳州开发区内
……Tel：0596-6852488

福建凯西钢铁有限公司
地址：漳州开发区招商大道123号
……Tel：0596-6853160

豪氏威马（中国）有限公司
地址：中华人民共和国福建省漳州市漳州招商局经济技术开发区招商大道48号
……Tel：0596-6857222

大通互惠集团有限公司
地址：福建省漳州市长泰县古农农场银塘工业区
……Tel：0596-7071111

南靖县荆江发展有限公司
地址：福建省漳州市南靖县山城镇南环路198号（人才公寓2号楼三层）
……Tel：0596-7880051

福建联盛实业有限公司
地址：福建省漳州市长泰县马洋溪生态旅游区旺亭村
……Tel：0596-8369888

福建中福坚信网络科技有限公司
地址：龙岩市新罗区东城东宝路336号东宝工业集中区中福宝源办公楼三楼

……………………Tel：0597-2321962

福建龙丰实业发展集团有限公司
地址：福建省龙岩市新罗区东肖镇曲潭路15号创业二号楼二层205-207室（龙岩经济技术开发区）
……………………Tel：0597-2160055

福建省龙岩市龙腾地质矿业有限公司
地址：福建省龙岩市永定区抚市镇桥河村坝麻科
……………………Tel：0597-2225305

龙岩市伟鸿矿业有限公司
地址：福建省龙岩市新罗区适中镇保丰村中平南路529号
……………………Tel：0597-2225778

福建煤电股份有限公司
地址：龙岩市新罗区红坊
……………………Tel：0597-2502388

福建铁宝加大宗物资物流有限公司
地址：龙岩市新罗区登高东路东段331-2楼
……………………Tel：0597-2660225

龙岩市龙马汽车工业有限公司
地址：福建省龙岩市新罗区西陂街道龙岩大道260号国资大厦第6层601-604、610-612室
……………………Tel：0597-2669938

福建马坑矿业股份有限公司
地址：龙岩市新罗区曹溪镇崎濑村
……………………Tel：0597-2759016

福建龙钢企业集团公司;福建省龙岩钢铁厂
地址：龙岩市曹溪中粉路125号
……………………Tel：0597-2770542

福建金大鑫钢铁铸造有限公司
地址：漳平市和平中路62号(中国银行漳平支行办公楼三楼)
……………………Tel：0597-3209608

福建龙岩惠发发展集团有限公司
地址：龙岩市新罗区西陂街道天平路36号新罗区交通局大楼六楼610室
……………………Tel：0597-3226366

福建宏贯路桥防腐科技股份有限公司
地址：龙岩市工业西路68号(福建龙州工业园区G6-3地块)
……………………Tel：0597-3301387

上杭工贸实业发展有限公司
地址：上杭县临城镇北环二路汀江大厦2楼
……………………Tel：0597-3315825

龙岩市汇金发展集团有限公司
地址：龙岩市新罗区华莲路138号金融中心A1、A2幢20、21楼
……………………Tel：0597-3398502

瓮福紫金化工股份有限公司
地址：上杭县蛟洋乡坪埔村
……………………Tel：0597-3620989

紫金矿业集团股份有限公司
地址：上杭县紫金大道1号
……………………Tel：0597-3833015

紫金矿业建设有限公司
地址：上杭县临城镇紫金大道（紫金大厦9楼）
……………………Tel：0597-3833219

福建海西铜业股份有限公司
地址：龙岩市上杭县蛟洋镇工业开发区兴业路66号
……………………Tel：0597-3856666

福建常青新能源科技有限公司
地址：福建省龙岩市上杭县蛟洋镇工业园区
……………………Tel：0597-3881119

福建省上杭县杭鑫置业有限公司
地址：上杭县临城镇北环路302号第3层
……………………Tel：0597-3966968

上杭赣闽有色金属实业发展有限公司
地址：上杭县南岗工业开发区标准化厂房13号
……………………Tel：0597-3969695

福建金怡矿业集团有限公司
地址：上杭县临城镇城北村北环中路165-1号
……………………Tel：0597-3991689

福建怡广建设工程有限公司
地址：福建省龙岩市上杭县临城镇城北村北环中路165-1号
……………………Tel：0597-3991689

福建武平国有投资集团有限公司
地址：武平县平川镇教育路68号
……………………Tel：0597-4835818

龙岩市永定区石坑崇矿业投资有限公司
地址：福建省龙岩市永定区凤城街道大食坑人武部民兵训练营大楼六层
……………………Tel：0597-5685066

福建省龙岩市国贸有限公司
地址：福建省龙岩市新罗区西陂街道华莲路138号（龙岩金融商务中心A地块）A6幢410、411-1、411-2
……………………Tel：0597-6022888

福建中联钢信电子商务有限公司
地址：漳平市菁城街道和平北路221号A座102
……………………Tel：0597-7521087

福煤（漳平）煤业有限公司
地址：福建省龙岩市漳平市新桥镇麦兴路38号
……………………Tel：0597-7661800

福建漳平农村商业银行股份有限公司
地址：福建省龙岩市漳平市桂林街道桂林路59号
……………………Tel：0597-7833268

福建富润建材科技股份有限公司
地址：福建连城工业园区F10-1（2）
……………………Tel：0597-8932765

福建永安农村商业银行股份有限公司
地址：永安市燕江中路551号
……………………Tel：0598-3633435

永安市启胜矿产有限公司
地址：永安市南山路2号3幢
……………………Tel：0598-3655299

三明市永安德发小额贷款有限责任公司
地址：永安市南山路2号3幢301室
……………………Tel：0598-3883111

福建伟恒通商贸有限公司
地址：福建省永安市南山路商务中心10幢101室
……………………Tel：0598-5117115

宁化行洛坑钨矿有限公司
地址：宁化县湖村镇
……………………Tel：0598-6783000

福建惠峰矿业有限公司
地址：大田县均溪镇福田大道99号福田小区一号楼1709室
……………………Tel：0598-7322999

福建三钢小蕉实业发展有限公司
地址：三明市梅列区列西小蕉村
……………………Tel：0598-7995161

福建天尊钢铁物流有限公司
地址：福州市经济技术开发区建设路9号
……………………Tel：0598-7995173

福建亿旺担保有限公司
地址：沙县城北新村南区一幢3层
……………………Tel：0598-8050557

福建三钢闽光股份有限公司
地址：三明市梅列区工业中路群工三路
……………………Tel：0598-8205114

福建闽光云商有限公司
地址：福建省三明市梅列区工业中路群工三路
……………………Tel：0598-8205556

福建省三钢明光实业发展有限公司
地址：福建省三明市三元区文体路6号
……………………Tel：0598-8205758

福建省明光新型材料有限公司
地址：福建省三明市沙县区凤岗节能南路198号
……………………Tel：0598-8205758

沙县融美投资有限公司
地址：沙县小吃文化城二期“沙村”永顺1号楼步云街18号
……………………Tel：0598-8272589

福建省三明市永利物资有限公司
地址：三元区新市南路1号
……………………Tel：0598-8377809

福建明海鑫企业股份有限公司
地址：三明市三元区长安路17号
……………………Tel：0598-8801112

松溪县农村信用合作联社
地址：松溪县工农东路1号
……………………Tel：0599-2327975

福建浦开集团有限公司
地址：浦城县 五一三路19号
……………………Tel：0599-2880337

浦城县城市资产投资运营有限公司
地址：浦城县正大路108号
……………………Tel：0599-2880337

福建武夷山添宏极地海洋公园有限公司
地址：武夷山市度假区大王峰北路198号
……………………Tel：0599-5130607

南平高速建设有限公司
地址：福建省武夷山市崇溪东路9-15号
……………………Tel：0599-8846888

福建省建阳元亨小额贷款股份有限公司
地址：福建省南平市建阳区潭城街道办事处民主南路85号
……………………Tel：0599-5835318

南平市双友金属有限公司
地址：邵武市晒口
……………………Tel：0599-6655933

福建顺昌和兴实业有限公司
地址：福建省顺昌县双溪新屯工业园区18幢1层
……………………Tel：0599-7857266

福建三山集团有限公司
地址：福建省南平市延平区江滨南路333号三山.江景天城2幢4层
……………………Tel：0599-8603769

福建三山（集团）南平市钢铁有限公司
地址：南平市太平工业区
……………………Tel：0599-8603769

南平市延平区国有资产运营有限责任公司
地址：福建省南平市延平区人民路19号
……………………Tel：0599-8806880

福建锦宏实业有限公司
地址：南平市江滨南路126号（西门岭安置区）A幢（1号裙楼）一、二层
……………………Tel：0599-8888019

江西省

中国第四冶金建设有限责任公司
地址：江西省贵溪市建设路436号
……………………Tel：0701-86580927

贵溪德川实业有限公司
地址：江西省鹰潭市（贵溪）铜产业循环基地办公大楼
……………………Tel：0701-3352535

江西铜业再生资源有限公司
地址：江西省贵溪市鹰潭（贵溪）铜产业循环经济基地
……………………Tel：0701-3356266

贵溪鑫发实业有限公司
地址：江西省鹰潭市（贵溪）铜产业循环经济基地
……………………Tel：0701-3515666

贵溪市工业控股有限公司
地址：江西省贵溪市文博大楼（贵溪大道西侧）
……………………Tel：0701-3525333

江西银海矿业有限公司
地址：江西省贵溪市冷水镇
……………………Tel：0701-3722059

贵溪市兴盛和实业有限公司
地址：江西省贵溪市冶金大道9号
……………………Tel：0701-3780705

贵溪市兴业实业发展有限公司
地址：江西省贵溪市经济开发区（金融产业园）兴贵大道15号
……………………Tel：0701-3780711

鹰潭中泰实业有限公司
地址：江西省鹰潭市余江县邓埠镇建设西路9号
……………………Tel：0701-5862519

江西华乾建设工程有限公司
地址：江西省鹰潭市余江县鹰南大道1号
……………………Tel：0701-5898963

鹰潭市余江区工业投资集团有限公司
地址：江西省余江县邓埠镇建设西路9号
……………………Tel：0701-5898963

鹰潭市工业控股有限公司
地址：江西省鹰潭市高新技术产业开发区炬能路物联网金融创新中心-18
……………………Tel：0701-6218535

鹰潭公路工程公司
地址：江西省鹰潭市月湖区平安路54号
……………………Tel：0701-6312069

江西广信新材料股份有限公司
地址：江西省鹰潭市月湖区工业园区42号路
……………………Tel：0701-6689076

鹰潭市富自来实业有限公司
地址：江西省鹰潭市高新技术产业开发区高新技术产业园区贸易经济孵化楼（工业一路北侧，工业六路西侧）2号楼615号
……………………Tel：0701-6689668

安源煤业集团股份有限公司
地址：萍乡市安源区昭萍东路 3 号
……………………Tel：0716-4722977

江西和兴投资有限公司
地址：江西省南昌经济技术开发区青岚大道台商工业园办公楼308室
……………………Tel：0731-84891566

新余铁坑矿业有限责任公司
地址：分宜县湖泽铁坑
……………………Tel：0790-5715139

分宜县小城镇建设投资有限公司
地址：分宜县安仁路58号
……………………Tel：0790-5881517

江西赣钤实业有限公司
地址：江西省新余市分宜县万年北路31号306-310
……………………Tel：0790-5881517

江西钤政实业有限公司
地址：江西省新余市分宜县万年北路31号
……………………Tel：0790-5881517

龙鼎集团股份有限公司
地址：江西省新余市分宜城西工业园
……………………Tel：0790-5882027

江西新华金属制品有限责任公司
地址：江西省新余经济开发区
……………………Tel：0790-6223288

新余市鼎晟钢铁物流有限公司
地址：江西省新余市渝水区南安乡
……………………Tel：0790-6229688

新余市庆丰工贸有限公司
地址：江西省新余高新技术产业开发区马洪办事处
……………………Tel：0790-6229688

江西永盛矿冶股份有限公司
地址：江西省新余市渝东大道商检大楼七楼
……………………Tel：0790-6274591

江西新联泰车轮配件有限公司
地址：江西省新余市袁河经济开发区
……………………Tel：0790-6287906

新余洋坊铁路股份有限公司
地址：江西省新余市天工南大道
……………………Tel：0790-6290213

新余新钢气体有限责任公司
地址：江西省新余市团结西路
……………………Tel：0790-6292562

江西新钢建设有限责任公司
地址：江西省新余市渝水区良山镇周宇南路
……………………Tel：0790-6292602

新余钢铁集团有限公司
地址：江西省新余市冶金路
……………………Tel：0790-6292925

新余钢铁股份有限公司
地址：江西省新余市铁焦路
……………………Tel：0790-6292925

新余中冶环保资源开发有限公司
地址：江西省新余市袁河街道办事处
……………………Tel：0790-6293334

新余新钢节能发电有限公司
地址：江西省新余市渝水区冶金路1号
……………………Tel：0790-6294011

新余新钢投资管理有限公司
地址：江西省新余市渝水区冶金路1号
……………………Tel：0790-6234567

新余新钢优特钢带有限公司
地址：江西省新余市渝水区良山镇山凤路188号（袁河经济开发区良山特钢产业园）
……………………Tel：0790-6295200

江西俊宜矿业有限公司
地址：江西省新余市渝水区下村镇
……………………Tel：0790-6295395

新余农村商业银行股份有限公司
地址：江西省新余市渝水区仰天岗东大道259号
……………………Tel：0790-6424718

新余新钢金属制品有限公司
地址：江西省新余市开发区高新产业园区渝东大道
……………………Tel：0790-6460888

江西新余矿业有限责任公司
地址：江西省新余经济开发区高新大道
……………………Tel：0790-6659651

新余市再生资源有限公司
地址：江西省新余市高新技术产业园区
……………………Tel：0790-6663325

新余良山矿业有限责任公司
地址：江西省新余市良山镇
……………………Tel：0790-6723428

江西江冶特钢有限公司
地址：江西省新余市渝水区袁河经济开发区特钢产业园
……………………Tel：0790-6727778

江西新余南方建材有限公司
地址：江西省新余市渝水区袁河工业平台
……………………Tel：0790-6731906

江西新钢南方新材料有限公司
地址：江西省新余市渝水区袁河工业平台
……………………Tel：0790-6737538

江西新亚新工贸集团有限责任公司
地址：江西省新余市胜利北路 1 8 号
……………………Tel：0790-6859065

江西赣锋锂业股份有限公司
地址：江西省新余经济开发区龙腾路
……………………Tel：0790-6860528

新余华远实业有限责任公司
地址：江西省新余高新区城投公司大楼
……………………Tel：0790-6861628

新余新钢特殊钢有限责任公司
地址：江西省新余市良山镇
……………………Tel：0790-6915522

中铁二十四局集团新余工程有限公司
地址：江西省新余市渝水区铁兴路216号
……………………Tel：0790-7022257

江西双德建筑工程有限公司
地址：江西省南昌市青云谱区施尧路999号水榭花都大厦B栋1301-1324室（第13层）
……………………Tel：0791-82089586

江西铃格有色金属加工有限公司
地址：江西省南昌市南昌经济技术开发区英雄大道1399号
……………………Tel：0791-82101515

江西省广播电视网络传输有限公司
地址：江西省南昌市青山湖区洪都中大道207号
……………………Tel：0791-82180051

江西联合股权交易中心有限公司
地址：江西省南昌市红谷滩新区会展路545号（红谷城投大厦八、九层）
……………………Tel：0791-82208090

江西中再生资源开发有限公司
地址：江西省南昌市新建区新建望城新区宏图大道
……………………Tel：0791-82228310

江西铜业集团有限公司
地址：江西省贵溪市
……………………Tel：0791-82710112

江西铜业股份有限公司
地址：江西省贵溪市冶金大道15号

………………………… Tel：0791-82710112

南昌经济技术开发区钢缘小额贷款有限公司
地址：江西省南昌经济技术开发区白水湖工业园（工业三路1189号）
………………………… Tel：0791-83880262

南昌硬质合金有限责任公司
地址：江西省南昌经济技术开发区昌北双港大道
………………………… Tel：0791-83888685

江西省地矿资源勘查开发有限公司
地址：江西省南昌市青云谱区迎宾北大道754号
………………………… Tel：0791-85212823

江西人民输变电有限公司
地址：江西省南昌市南昌县小蓝工业园
………………………… Tel：0791-85297603

江西赣昌农村商业银行股份有限公司
地址：江西省南昌市南昌县莲塘镇澄湖西路488号
………………………… Tel：0791-85726000

江西泰豪科技进出口有限公司
地址：江西省南昌市高新开发区清华泰豪大楼
………………………… Tel：0791-85985532

江西省地矿宝源投资有限责任公司
地址：江西省南昌市西湖区站前路176号地矿大楼
………………………… Tel：0791-86162717

南昌市市政公用项目投资建设有限公司
地址：江西省南昌市南昌县莲塘镇澄湖北大道588号天一14-15栋301号铺
………………………… Tel：0791-86171866

江西稀有稀土金属钨业集团有限公司
地址：江西省南昌市南昌高新技术产业开发区火炬大街188号
………………………… Tel：0791-86299078

江西江钨稀土集团股份有限公司
地址：江西省南昌市西湖区北京西路118号
………………………… Tel：0791-86227210

江西钨业控股集团有限公司
地址：江西省南昌市南昌高新技术产业开发区火炬大街188号
………………………… Tel：0791-86299078

江西钨业股份有限公司
地址：江西省赣州市于都县铁山垅镇丰田圩四段
………………………… Tel：0791-86299078

江西钨业集团有限公司
地址：江西省南昌市高新区火炬大街188号
………………………… Tel：0791-86299078

江西大成国有资产经营管理有限责任公司
地址：江西省南昌市南昌经济技术开发区南昌北郊新祺周大道99号
………………………… Tel：0791-86350786

江西省金控外贸集团股份有限公司
地址：江西省南昌市临空经济区儒乐湖大街399号
………………………… Tel：0791-86388032

江西南方水泥有限公司
地址：江西省南昌市红谷滩新区赣江北大道1号中航国际广场18楼1801至1819室
………………………… Tel：0791-86391133

江西瑞奇期货有限公司
地址：江西省南昌市西湖区广场南路205号恒茂国际华城16号楼A座6楼
………………………… Tel：0791-86663536

江西萍钢实业股份有限公司
地址：江西省南昌市红谷滩新区凤凰中大道890号
………………………… Tel：0791-86753021

江西方大钢铁集团有限公司
地址：江西省南昌市青山湖区东郊南钢路
………………………… Tel：0791-86753051

江西银行股份有限公司
地址：江西省南昌市红谷滩新区金融大街699号
………………………… Tel：0791-86771100

江西南方隧道工程有限公司
地址：江西省南昌市西湖区二七南路552号13楼1308-1318房
………………………… Tel：0791-87379262

中国电建集团江西装备有限公司
地址：江西省南昌市新建区望城新区望北大道266号
………………………… Tel：0791-87583270

江西洪都航空工业集团有限责任公司
地址：江西省南昌市南昌高新技术产业开发区航空城
………………………… Tel：0791-87667840

江西恒望集团股份有限公司
地址：江西省南昌市望城新区璜溪大道19号505室
………………………… Tel：0791-87770888

兴铁产业投资基金（有限合伙）
地址：江西省南昌市南昌经济技术开发区庐山中大道白水湖管理处车塘湖附楼A183室
………………………… Tel：0791-88101266

中鼎国际工程有限责任公司
地址：江西省南昌市高新开发区高新二路18号
………………………… Tel：0791-88119703

中鼎国际建设集团有限责任公司
地址：江西省南昌市高新开发区高新二路18号
………………………… Tel：0791-88119703

江西南方万年青水泥有限公司
地址：江西省南昌市高新技术开发区京东北大道399号
………………………… Tel：0791-88160027

江西江能物贸有限公司
地址：江西省南昌市南昌经济技术开发区蛟桥镇政府办公楼517室
………………………… Tel：0791-88181590

江西省页岩气投资有限公司
地址：江西省南昌市南昌县昌南新城抚生路6666号
………………………… Tel：0791-88189957

江西省勘察设计研究院
地址：江西省南昌市高新开发区昌东高校园区紫阳大道169号
………………………… Tel：0791-88195001

江西铜业集团铜材有限公司
地址：江西省贵溪市冶金大道
………………………… Tel：0791-88198282

江西铜业集团铜板带有限公司
地址：江西省南昌市高新技术产业开发区江铜工业园
………………………… Tel：0791-88198397

江西省地质工程（集团）公司
地址：江西省南昌市西湖区站前路176号
………………………… Tel：0791-88217325

江西省地质工程总公司
地址：江西省南昌市西湖区站前路176号
………………………… Tel：0791-88217325

江西江钨浩运科技有限公司
地址：江西省南昌市高新技术产业开发区创新二路1117号
………………………… Tel：0791-88287619

方大特钢科技股份有限公司
地址：江西省南昌市高新技术产业开发区火炬大道31号
………………………… Tel：0791-88396314

江西汽车板簧有限公司
地址：江西省南昌市青山湖区罗家镇南钢路
………………………… Tel：0791-88396314

江西金源地矿集团有限公司
地址：江西省南昌市青云谱区井冈山大道361号
………………………… Tel：0791-88452438

曼图林业（江西）有限公司
地址：江西省南昌市青山湖区北京东路458号1单元2104室
………………………… Tel：0791-88623813

江西天翔钢铁贸易有限公司
地址：江西省南昌市青云谱区新溪桥东2路3号
………………………… Tel：0791-88638286

江西省国资汇富产业基金企业（有限合伙）
地址：江西省南昌市红谷滩新区凤凰中大道929号吉成大厦27层
………………………… Tel：0791-88686297

江西中部矿业有限公司
地址：江西省南昌市青云谱区南莲路76号
………………………… Tel：0791-88869369

庐山市砂石集团有限责任公司
地址：江西省九江市庐山市工业园都湖高新项目区
………………………… Tel：0792-2550299

江西西海温泉假日酒店有限公司
地址：江西省九江市永修县庐山西海国际温泉度假村景区
………………………… Tel：0792-3123456

永修县诚信小额贷款股份有限公司
地址：江西省九江市永修县建昌花园步行街22座1层16号
………………………… Tel：0792-3283103

九江大洪钢铁有限公司
地址：江西省九江市濂溪区新港镇城东港区陶埠大道西9号
………………………… Tel：0792-3660960

瑞昌市投资有限责任公司
地址：江西省九江市瑞昌市市府西路5号
………………………… Tel：0792-4216926

瑞昌市矿投产业发展有限公司
地址：江西省九江市瑞昌市市府西路7号
………………………… Tel：0792-42262222

共青城智鹏腾骧投资合伙企业（有限合伙）
地址：江西省九江市共青城市基金小镇内
………………………… Tel：0792-4395333

方圆（德安）矿业投资有限公司
地址：江西省九江市德安县尖峰坡锡矿区
………………………… Tel：0792-4551676

瑞昌市华中国际木业有限公司
地址：江西省九江市瑞昌市码头镇工业城镇南路
………………………… Tel：0792-4860515

江西省正浩环保产业集团有限公司
地址：江西省九江市瑞昌市国贸大厦21层
………………………… Tel：0792-4982666

都昌县市政工程有限公司
地址：江西省九江市都昌县广源路2号发改委大楼八楼
………………………… Tel：0792-5227586

都昌县国盛国有资产运营有限公司
地址：江西省九江市都昌县广源路2号发改委大楼八楼
………………………… Tel：0792-5278819

都昌县印山置业有限公司
地址：江西省九江市都昌县发改委八楼
………………………… Tel：0792-5278819

彭泽县三峡水环境综合治理有限责任公司
地址：江西省九江市彭泽县山南新区矿产资源局管理楼6楼
………………………… Tel：0792-5678802

彭泽大浩山矿业有限公司
地址：江西省九江市彭泽县浩山乡
………………………… Tel：0792-5912299

九江萍钢钢铁有限公司
地址：江西省九江市湖口县高新技术产业园区
………………………… Tel：0792-6327773

九江方大科技有限公司
地址：江西省九江市湖口县高新技术产业园区
………………………… Tel：0792-6327773

江西攀森新材料有限公司
地址：江西省九江市湖口县金砂湾工业园
………………………… Tel：0792-6380369

国能神华九江发电有限责任公司
地址：江西省九江市湖口县高新技术产业园区
………………………… Tel：0792-6510900

江西中技资源有限公司
地址：江西省九江市湖口县付垅乡集镇
………………………… Tel：0792-6555966

九江金鹭硬质合金有限公司
地址：江西省九江市经济技术开发区城西港区春江路18号
………………………… Tel：0792-6758238

九江天祺氟硅新材料科技有限公司
地址：江西省九江市湖口县高新技术产业园区金砂南大道88号
………………………… Tel：0792-7181000

九江银行股份有限公司
地址：江西省九江市濂溪区长虹大道619号
………………………… Tel：0792-7783000-1101

修水县琴海矿产品有限公司
地址：修水县城南新区滨江路
………………………… Tel：0792-7808701

国电九江发电有限公司
地址：江西省九江市浔阳区金鸡坡
………………………… Tel：0792-8483007

九江市交通航运发展集团有限公司
地址：江西省九江市浔阳区庐峰路48号
………………………… Tel：0792-8891323

九江市濂发贸易有限公司
地址：江西省九江市濂溪区木樨路96号
………………………… Tel：0792-8990016

九江市濂江贸易有限公司
地址：江西省九江市濂溪区木樨路96号
………………………… Tel：0792-8990016

九江市濂浔贸易有限公司
地址：江西省九江市濂溪区木樨路96号
………………………… Tel：0792-8990016

九江市濂欧贸易有限公司
地址：江西省九江市濂溪区木樨路96号
………………………… Tel：0792-8990016

九江市沪联贸易有限公司
地址：江西省九江市濂溪区荷塘社区五期5栋15号门面
………………………… Tel：0792-8990016

九江市沪通贸易有限公司
地址：江西省九江市濂溪区荷塘社区五期5栋16号门面
………………………… Tel：0792-8990016

上饶市致远环保科技有限公司
地址：江西省上饶市玉山县工业园区
………………………… Tel：0793-2255111

上饶市富旺环保科技有限公司
地址：江西省上饶市玉山县经济开发区
………………………… Tel：0793-2365382

江西省剑杰建设工程有限公司
地址：江西省上饶市广丰区丰溪街办南屏居中洲街
………………………… Tel：0793-2622719

江西拼团直购信息科技有限公司
地址：江西省上饶市广丰区经济开发区工业三路（电商产业园内）
………………………… Tel：0793-2626666

威乐建设集团有限公司
地址：江西省上饶市广丰区芦林街道芦林大转盘
………………………… Tel：0793-2632299

江西台鑫钢铁有限公司
地址：江西省上饶市广丰区湖丰镇毛家山
………………………… Tel：0793-2963516

江西余干农村商业银行股份有限公司
地址：江西省上饶市余干县阳水沟39号
………………………… Tel：0793-3203505

江西汇盈环保科技有限公司
地址：江西省上饶市铅山县工业园区
………………………… Tel：0793-5329799

江西人民线缆科技集团有限公司
地址：江西省上饶市横峰县工业园区A-1片区
………………………… Tel：0793-5667722

江西省中东投资有限公司
地址：江西省上饶市广丰区永丰街道金三角二区29号
………………………… Tel：0793-6078997

江西省莲花山矿产实业有限公司
地址：江西省上饶市鄱阳县田畈街镇徐家坞
………………………… Tel：0793-6321299

江西亿洲再生资源有限公司
地址：江西省上饶市婺源县工业园区高砂下市村
………………………… Tel：0793-7211816

江西铜业集团银山矿业有限责任公司
地址：江西省德兴市银城北路
………………………… Tel：0793-7503019

中国黄金集团江西金山矿业有限公司
地址：江西省德兴市花桥镇金山
………………………… Tel：0793-7561238

江西一元再生资源有限公司
地址：江西省德兴市银鹿工业园区
………………………… Tel：0793-7580111

江西金灵矿产勘查开发有限公司
地址：江西省德兴市滨河大道18号南门商苑2幢
………………………… Tel：0793-7586111

江西金德铅业股份有限公司
地址：江西省德兴市香屯工业园区
………………………… Tel：0793-7620011

江西省玉山县顺鑫矿业有限责任公司
地址：江西省上饶市玉山县南山乡王坊村
………………………… Tel：0793-8272447

江西博能上饶线材有限公司
地址：江西省上饶经济技术开发区晶科大道
………………………… Tel：0793-8461162

江西霞光环保科技发展有限公司
地址：江西省上饶市广信区茶亭产业园发展大道90号
………………………… Tel：0793-8492081

江西新金叶实业有限公司
地址：江西省上饶市上饶县茶亭工业园区内
………………………… Tel：0793-8613797

江西金诺供应链管理有限公司
地址：江西省上饶经济技术开发区兴园大道22号国际金融产业园3栋5楼
………………………… Tel：0793-8799959

凤凰光学股份有限公司
地址：江西省上饶市凤凰西大道197号
………………………… Tel：0793-8893993

崇仁县交通工程建设发展有限公司
地址：江西省抚州市崇仁县交通路8号（交通运输局办公楼）
………………………… Tel：0794-6322101

抚州高新区工业与科技资产运营有限公司
地址：江西省抚州市抚州高新技术产业开发区钟岭大道266号管委会一楼
………………………… Tel：0794-7075601

江西森通新材料科技有限公司
地址：江西省抚州市临川区临川区科技园路666号临川高新科技产业园15栋、26栋
………………………… Tel：0794-7878066

江西众晶源科技有限公司
地址：江西省抚州市临川区科技园路666号临川高新科技产业园16栋
………………………… Tel：0794-7878099

抚州诚投供应链管理有限公司
地址：江西省抚州市临川区市直机关办公大楼2号楼8楼
………………………… Tel：0794-8253786

抚州市交通建设投资集团有限公司
地址：江西省抚州市临川区赣东大道1332号
………………………… Tel：0794-8282226

宜春袁州医药投融资有限公司
地址：江西省宜春市袁州区袁州医药工业园管理委员会办公楼
………………………… Tel：0795-2196006

江西赣银矿产交易中心有限公司
地址：江西省宜春市上高县城胜利东路
………………………… Tel：0795-2526907

江西省宜丰万国矿业有限公司
地址：江西省宜春市宜丰县新庄镇
………………………… Tel：0795-2978377

宜春市金地锂业有限公司
地址：江西省宜春市袁州区彬江镇工业园厂房二幢1层100号
………………………… Tel：0795-3528781

宜春发展投资集团有限公司

地址：江西省宜春市袁州区宜春北路311号
……Tel：0795-3608665
江西金利城市矿产股份有限公司
地址：江西省宜春市奉新县奉新工业园区
……Tel：0795-4601089
奉新县发展投资集团有限公司
地址：江西省奉新县狮山大道东段应星花园二期
……Tel：0795-4628352
江西江钨硬质合金有限公司
地址：江西省宜春市靖安县工业园区
……Tel：0795-4668668
国电丰城发电有限公司
地址：江西省丰城市石上
……Tel：0795-6405630
江西华赣瑞林稀贵金属科技有限公司
地址：江西省丰城市纬四路资源循环利用产业园区
……Tel：0795-6590107
丰城新高焦化有限公司
地址：江西省丰城市上塘镇建设大道
……Tel：0795-6688315
江西格林美报废汽车循环利用有限公司
地址：江西省丰城市高新技术产业园区高新大道10号
……Tel：0795-6833888
江西城市矿产资源大市场有限公司
地址：江西省宜春市丰城市循环经济产业园
……Tel：0795-6833888
宜春市矿业有限责任公司
地址：江西省宜春市袁州区化成路38号
……Tel：0795-7029906
高安市发展投资集团有限公司
地址：江西省宜春市高安市瑞阳新区东区43栋
……Tel：0795-7067683
江西宏宇能源发展有限公司
地址：江西省樟树市盐化工基地
……Tel：0795-7115922
江西宜威科技有限公司
地址：江西省宜春经济技术开发区春风路
……Tel：0795-7223722
樟树市发展投资集团有限公司
地址：江西省宜春市樟树市商会大厦
……Tel：0795-7349089
樟树市文旅投资集团有限公司
地址：江西省宜春市樟树市杏佛路69号
……Tel：0795-7856009
万载投资发展集团有限公司
地址：江西省宜春市万载县康乐街道迎宾大道2799号附39栋125号到142号
……Tel：0795-8953567
江西力好新能源科技股份有限公司
地址：江西省吉安市吉水县城西工业园区
……Tel：0796-3566869
江西源丰有色金属有限公司
地址：江西省吉安市永丰县工业西区
……Tel：0796-7127707
吉安市钢铁有限责任公司
地址：井冈山经济技术开发区（江西吉安）
……Tel：0796-8761555
安福县德鑫矿业有限公司
地址：江西省吉安市安福县赤谷乡苍坑村
……Tel：0796-8952359
江西宝华山集团宁都恒丰矿冶有限公司
地址：江西省赣州市宁都县青塘镇赤水村
……Tel：0797-2082019
寻乌县发展投资开发有限公司
地址：江西省赣州市寻乌县长宁镇左岸香桂旁A栋三单元
……Tel：0797-2831209
寻乌县工业投资发展有限公司
地址：江西省赣州市寻乌县左岸香桂旁A栋三单元五楼
……Tel：0797-2897599
龙南龙钇重稀土科技股份有限公司
地址：江西省赣州市龙南县龙南经济技术开发区富康工业园
……Tel：0797-3505172
江西鲁南矿业投资有限公司
地址：江西省赣州市龙南县五里山
……Tel：0797-3511666
赣州汇金供应链管理有限公司
地址：江西省赣州市龙南县行政服务中心
……Tel：0797-3571608
江西龙南农村商业银行股份有限公司
地址：江西省赣州市龙南县龙南镇龙泉大道32号
……Tel：0797-3544228
龙南县锴升有色金属有限公司
地址：江西省赣州市龙南县龙南经济技术开发区金新三路1号二楼
……Tel：0797-3544989
龙南县福鑫钢铁有限公司
地址：江西省赣州市龙南县龙南经济技术开发区龙南镇会龙工业区
……Tel：0797-3555078
安远县市政开发投资有限公司
地址：江西省赣州市安远县游泳馆二楼
……Tel：0797-3725860
安远县城镇建设综合开发有限公司
地址：江西省赣州市安远县游泳馆三楼
……Tel：0797-3725860
明珠铝业有限公司
地址：江西省赣州市龙南县龙南经济技术开发区富康工业园
……Tel：0797-3531688
江西东源建设有限公司
地址：江西省赣州市安远县游泳馆三楼
……Tel：0797-3770688
江西崇义农村商业银行股份有限公司
地址：江西省赣州市崇义县横水镇人民路163号
……Tel：0797-3812659
崇义章源钨业股份有限公司
地址：江西省赣州市崇义县城塔下
……Tel：0797-3821573
江西耀升钨业股份有限公司
地址：江西省赣州市崇义县长龙镇茅坪
……Tel：0797-3891095
赣州市赣县区金悦小额贷款股份有限公司
地址：江西省赣州市赣县区梅林镇客家文化城风情街2号楼
……Tel：0797-4593689
世泰科江钨特种钨（赣州）有限公司
地址：江西省赣州市章贡区水西有色冶金基地
……Tel：0797-5162524
赣州晨兴矿产品有限公司
地址：江西省赣州市章江新区长征大道2号天际华庭15#楼813A#写字楼
……Tel：0797-5162632
会昌县城市发展投资有限责任公司
地址：江西省赣州市会昌县文武坝镇同济大道（党校院内）
……Tel：0797-7213957
会昌县恒达投资有限责任公司
地址：会昌县文武坝镇同济大道中段南侧
……Tel：0797-7213957
会昌县国有资产经营有限责任公司
地址：江西省赣州市会昌县文武坝镇同济大道（党校院内）
……Tel：0797-7213957
会昌县正源建设有限责任公司
地址：江西省赣州市会昌县月亮湾新区天民路商会大厦9楼
……Tel：0797-5625885
石城县城镇建设投资经营集团有限公司
地址：江西省赣州市石城县迎宾大道55号
……Tel：0797-5701961
江西润鹏矿业股份有限公司
地址：江西省赣州市于都县葛坳乡三溪村
……Tel：0797-6253608
于都县振兴投资开发有限公司
地址：江西省赣州市于都县贡江镇红军大道82号
……Tel：0797-6309618
赣州市开源科技有限公司
地址：赣州市南康区赤土畲族乡三村村
……Tel：0797-6581062
宁都县城镇开发投资有限公司
地址：江西省赣州市宁都县梅江镇登峰大道西侧，龙湖路北侧翠微春苑安置小区1号楼
……Tel：0797-6830076
江西铨通稀土新技术有限责任公司
地址：江西省赣州市龙南县东江乡新圳工业园区
……Tel：0797-7082761
江西慧谷供应链管理有限公司
地址：江西省赣州市南康区赣州港1号地块（龙岭工业园南区）综合楼
……Tel：0797-7280940
赣州金环磁选设备有限公司
地址：江西省赣州市章贡区沙河工业园
……Tel：0797-7307109
江西江钨钴业有限公司
地址：江西省赣州市章贡区水西镇有色冶金工业园内
……Tel：0797-7389316
赣州银行股份有限公司
地址：江西省赣州市赣江源大道26号
……Tel：0797-8100207
江西华威矿业有限公司
地址：江西省赣州市章贡区兴国路65号赣州总部经济区西座17层
……Tel：0797-8103305
江西赣州银座村镇银行股份有限公司
地址：江西省赣州市章贡区红旗大道64号
……Tel：0797-8105859
南方稀土国际贸易有限公司
地址：江西省赣州市赣县区赣州高新技术产业开发区火炬大道1号3楼308室
……Tel：0797-8122698
赣州工矿控股发展有限公司
地址：江西省赣州市章贡区黄屋坪路25号
……Tel：0797-8124186
赣州发展供应链管理有限公司
地址：江西省赣州市章贡区兴国路65号赣州总部经济区西座办公大楼8层
……Tel：0797-8199756
赣州逸豪优美科实业有限公司
地址：江西省赣州市章贡区西河龙庄上98号
……Tel：0797-8256959
江西省钨佩克矿业有限公司
地址：江西省赣州市赣州经济技术开发区金邮路北侧森茂水韵花都29号楼104室
……Tel：0797-8378658
睿宁高新技术材料（赣州）有限公司
地址：江西省赣州开发区香港工业园北区17号厂房
……Tel：0797-8457188
江西云锂材料股份有限公司
地址：江西省赣州市大余县南安镇新华工业小区
……Tel：0797-8719533
江西大余农村商业银行股份有限公司
地址：江西省赣州市大余县南安镇南安大道中段
……Tel：0797-8724249
大余县润通小额贷款股份有限公司
地址：江西省赣州市大余县尚水龙城路尚水龙城1号B座
……Tel：0797-8746899
江西漂塘钨业有限公司
地址：江西省赣州市大余县左拔镇漂塘村
……Tel：0797-8752011
浮梁县国有资产投资控股集团有限公司
地址：江西省景德镇市浮梁县城民福路206号
……Tel：0798-2758888
景德镇市焦化能源有限公司
地址：江西省景德镇市昌江区历尧焦化集团办公大楼内
……Tel：0798-8399766
新昌南炼焦化工有限责任公司
地址：江西省景德镇市昌江区历尧（高新开发区园区内）
……Tel：0798-8399787
江西乐矿能源集团有限公司
地址：江西省景德镇市珠山区新厂东路289号
……Tel：0798-8499085
萍乡萍钢安源钢铁有限公司
地址：江西省萍乡市萍乡经济开发区高新技术工业园东区
……Tel：0799-3498230
浙商中拓集团江西再生资源有限公司
地址：江西省萍乡市上栗县彭高镇（上栗工业园）
……Tel：0799-6610818
萍乡市航巍光学科技有限公司
地址：江西省萍乡市安源区安源工业园金光大道旁
……Tel：0799-6661919
萍乡农村商业银行股份有限公司
地址：萍乡市安源新区韶山西路2号
……Tel：0799-6782655
萍乡诚凯科技有限公司
地址：江西省萍乡市上栗县赤山高新技术工业园
……Tel：0799-6877918
江西宝海微元再生科技股份有限公司
地址：江西省萍乡市莲花县工业园
……Tel：0799-7238888

山东省

山东李楼煤业有限公司
地址：山东省菏泽市郓城县潘渡乡李楼村
……Tel：0530-2055716
菏泽富海能源发展有限公司
地址：菏泽市郓城县随官屯煤化工业园区
……Tel：0530-2058899
菏泽巨鑫源食品有限公司
地址：山东省曹县苏集镇金庄工业开发区
……Tel：0530-2069878
兖煤菏泽能化有限公司
地址：菏泽市郓城县赵楼镇赵楼煤矿
……Tel：0530-3162625
菏泽市城市开发投资有限公司
地址：菏泽市牡丹区太原路66号
……Tel：0530-3633309
山东济铁菏泽物流园有限公司
地址：菏泽市牡丹区皇镇淮河东路888号
……Tel：0530-3989601
国网山东省电力公司菏泽供电公司
地址：菏泽市中华东路北侧(中银对面)
……Tel：0530-5322032
山东土地集团菏泽有限公司
地址：山东省菏泽市开发区长江东路与武汉路交叉口菏建综合楼7177号13楼
……Tel：0530-5580036
菏泽投资发展集团有限公司
地址：菏泽市人民路1388号
……Tel：0530-5599898
山东洪达化工有限公司
地址：菏泽市郓城县煤化工业园区内
……Tel：0530-6302041
山东恒基集团股份有限公司
地址：山东省菏泽市郓城县经济开发区金河路东段苏庄桥西300米路南
……Tel：0530-6320666
临沂矿业集团菏泽煤电有限公司
地址：山东省菏泽市郓城县东溪路中段
……Tel：0530-6652026
山东郓城金众锻造有限公司
地址：郓城县玉皇庙镇曾庄村西
……Tel：0530-6927997
单县丰源实业有限公司
地址：山东省菏泽市单县张集镇
……Tel：0530-7036067
菏泽聚隆能源有限公司
地址：山东省菏泽市开发区管委会办公楼326
……Tel：0530-7075934
肥城矿业集团单县能源有限责任公司
地址：山东省菏泽市单县李田楼镇政府北邻
……Tel：0530-7078804
山东金路物流有限公司
地址：巨野县田桥镇驻地218等39幢楼
……Tel：0530-7192880
山东铁雄新沙能源有限公司
地址：巨野县田桥镇煤化工基地
……Tel：0530-7192881
山东恒伟化工科技有限公司
地址：巨野县田桥镇驻地煤化工园区（327国道北）
……Tel：0530-7192881
山东金利达碳素有限公司
地址：东明县陆圈工业开发区
……Tel：0530-7640588
菏泽交通集团有限公司
地址：菏泽市黄河东路1566号
……Tel：0530-7709025
山东天润电气集团有限公司
地址：菏泽市广州路711号(广州路东、太湖路南)
……Tel：0530-8173006
兖煤万福能源有限公司
地址：山东省菏泽市巨野县柳林镇吕坑村西
……Tel：0530-8180885
山东新巨龙能源有限责任公司
地址：巨野县龙固镇
……Tel：0530-8488148
山东中芯资源投资有限公司
地址：济南市历下区经十路以北，奥体西路以西鲁商国奥城3号楼1304
……Tel：0531-55515319
山东土地城乡融合发展集团有限公司
地址：山东省济南市历下区奥体西路2666号铁建大厦C座25楼
……Tel：0531-55518562
辰信矿业集团有限公司
地址：济南市高新区舜泰广场1号楼B区24层
……Tel：0531-55696369
山东黑金供应链管理有限公司
地址：中国（山东）自由贸易试验区济南片区经十路7000号汉峪金融商务中心五区5号楼23层2308室
……Tel：0531-55823085
山东新升实业发展有限责任公司
地址：山东省济南市章丘区埠村街道埠东村北首
……Tel：0531-58536036
济钢国际物流有限公司
地址：中国（山东）自由贸易试验区青岛片区前湾保税港区莫斯科路43号（A）
……Tel：0531-59513508
泰山财产保险股份有限公司
地址：山东省济南市高新区舜华路1173号
……Tel：0531-62306636
山东能源集团科技发展有限公司
地址：山东省济南市天桥区309国道大桥段3099号先行区管委会1号楼109区6号房间
……Tel：0531-62355114
山东能源集团煤炭营销有限公司
地址：山东省济南市历下区经十路10777号
……Tel：0531-62355541
山东能源国际物流有限公司
地址：山东省济南市高新区新泺大街1166号奥盛大厦1号楼1702室
……Tel：0531-62355220
山东能源国际贸易有限公司
地址：济南市历下区经十路10777号
……Tel：0531-62355317
山东中安汇鑫钢铁贸易有限公司
地址：济南市长清区平安街道办事处驻地汇峰钢材市场
……Tel：0531-66585088
山东旺腾钢铁有限公司
地址：山东省济南市平阴县县城玫瑰路12号
……Tel：0531-66588120
山东鑫颜实业有限公司
地址：山东省济南市高新区龙奥天街4号楼

阳光金融中心2508
Tel：0531-66655888

山东功名橡胶科技有限公司
地址：山东省枣庄市高新区张范街道办事处张范东村（张范工商所北临）
Tel：0531-66698716

国家能源集团山东电力有限公司
地址：山东省济南市历下区经十路9777号
Tel：0531-66698798

山东正元地质资源勘查有限责任公司
地址：山东省济南市历下区山师东路14号
Tel：0531-66770667

山东正元矿业有限公司
地址：山东省济南市高新技术产业开发区颖秀路3366号
Tel：0531-66770866

山东钢铁集团矿业有限公司
地址：济南市高新技术产业开发区舜华路2000号舜泰广场4号楼
Tel：0531-67606797

山信软件股份有限公司
地址：山东省济南市高新区舜华路2000号舜泰广场4号楼
Tel：0531-67606223

山东钢铁集团财务有限公司
地址：济南市高新区舜华路2000号舜泰广场4号楼2层、20层
Tel：0531-67606553

山东钢铁集团国际贸易有限公司
地址：济南市高新区航天大道5999号济南综合保税区内海关监管仓库配套办公区101（经营场所：舜华路2000号舜泰广场4号楼19层）
Tel：0531-67606622

济钢国际融资租赁有限公司
地址：济南市高新区舜华路2000号舜泰广场4号楼17层1704室
Tel：0531-67607694

山东黄金集团有限公司
地址：济南市历城区经十路2503号
Tel：0531-67710089

山东黄金有色矿业集团有限公司
地址：山东省济南市历下区舜华路2000号舜泰广场3号楼
Tel：0531-67710251

山东黄金资源开发有限公司
地址：山东省济南市舜华路2000号舜泰广场3号楼
Tel：0531-67710321

山东泰山地勘集团有限公司
地址：山东省济南市历城区经十东路33699号山东煤田地质大厦
Tel：0531-67711022

山东泰山资源勘查有限公司
地址：山东省济南市经十东路33699号山东煤田地质大厦13层
Tel：0531-67711508

山东地矿集团投资有限公司
地址：山东省济南市历下区工业南路57-1号
Tel：0533-3810166

山东文旅投资集团产业发展有限公司
地址：山东省济南市历下区工业南路57-1号
Tel：0531-67803012

山东钜飞港务有限公司
地址：山东省东营市东营综合保税区通关服务中心402室（海港路129号）
Tel：0531-67811395

山东宇恒仓储建设有限公司
地址：山东省东营市东营综合保税区海港路19号3号楼103-002
Tel：0531-67811395

山东源泓新能源科技有限责任公司
地址：山东省济南市高新区舜华路2000号舜泰广场5号楼604号
Tel：0531-67811395

济南荣德圣实业有限公司
地址：山东省济南市高新区舜华路2000号舜泰广场5号楼206室
Tel：0531-67811395

山东泛亚达融资担保有限公司
地址：济南市历下区经十路15982号海兰德大厦1201室
Tel：0531-67896789

山东电力研究院
地址：山东省济南市市中区望岳路2000号
Tel：0531-67982051

山东大强实业集团有限公司
地址：济南市历城区二环东路950号三楼301
Tel：0531-68856199

山东京金控股有限公司
地址：山东省济南市历下区解放东路6-17号中弘广场D座2111室
Tel：0531-68880538

中泰证券股份有限公司
地址：济南市市中区经七路86号
Tel：0531-68889021

山东鲁啸实业有限公司
地址：山东省济南市高新区新宇路750号5号楼2单元201-B2-044
Tel：0531-68961644

齐鲁交通材料技术开发有限公司
地址：山东省济南市历下区龙奥西路1号银丰财富广场D栋12层
Tel：0531-68971213

山东高速国际产业发展有限公司
地址：济南市历下区龙奥北路8号山东高速大厦16-18层
Tel：0531-68972277

山东正泰电缆有限公司
地址：山东省济南市莱芜区和庄镇驻地
Tel：0531-75687777

山东莱芜煤矿机械有限公司
地址：山东省济南市莱芜区口镇珠海路以西、金安街以南
Tel：0531-76056501

山东九佳紧固件股份有限公司
地址：济南市莱芜经济开发区鹿鸣路
Tel：0531-76068068

莱芜钢铁集团莱芜矿业有限公司
地址：济南市莱芜区鲁中西大街71号
Tel：0531-76188000

山东泰威冶金材料制造有限公司
地址：济南市莱芜泰钢工业园
Tel：0531-76192230

汇融集团有限公司
地址：莱城区汶源东大街76号
Tel：0531-76199999

莱钢集团矿山建设有限公司
地址：济南市莱芜区凤城东大街57号
Tel：0531-76232156

济南市赢昊置业有限公司
地址：山东省济南市莱芜区凤城西大街150号
Tel：0531-76326006

莱芜钢铁集团有限公司
地址：山东省济南市钢城区友谊大街38号
Tel：0531-76820222

莱芜钢铁集团建筑安装工程有限公司
地址：山东省济南市钢城区莱钢技术研发中心办公楼
Tel：0531-76820501

山东钢铁股份有限公司
地址：山东省济南市钢城区府前大街99号
Tel：0531-76822100

莱芜钢铁集团银山型钢有限公司
地址：山东省济南市钢城区莱钢大道技术中心办公楼
Tel：0531-76822100

莱芜天元气体有限公司
地址：山东省济南市钢城区棋山大街57号
Tel：0531-76823799

山东莱钢环友化工能源有限公司
地址：济南市钢城区艾山办事处周家坡
Tel：0531-76825499

山东鑫壮源钢铁贸易有限公司
地址：山东省济南市钢城区高新技术开发区卞家泉社区
Tel：0531-76831796

山东鼎诺工业设备有限公司
地址：山东省济南市钢城区汶源街道办事处黄庄二村
Tel：0531-76841517

水发众兴集团有限公司
地址：山东省济南市历城区经十东路33399号
Tel：0531-80876397

山东省环保发展集团循环资源有限公司
地址：山东省济南市历城区经十东路33399号水发大厦6楼
Tel：0531-80876699

鲁控水务集团有限公司
地址：山东省济南市历城区经十东路33399号6楼
Tel：0531-80876770

水发华夏集团有限公司
地址：山东省济南市历城区经十东路33399号山东水利发展大厦18层1821室
Tel：0531-80876777

济南翰盈通国际贸易有限公司
地址：山东省济南市章丘区枣园街道大义田村东山东闽源钢铁有限公司办公室2楼206室
Tel：0531-80975566

山东金坤规划设计研究院有限公司
地址：山东省济南市高新区康桥颐东项目A地块公建楼2-809
Tel：0531-81184606

山东银企集团有限公司
地址：山东省济南市高新区经十路8000号龙奥金座1号楼19层1903室
Tel：0531-81286161

山东金展置业有限公司
地址：济南市槐荫区西元大厦1-1405-34
Tel：0531-81305815

中润资源投资股份有限公司
地址：济南市经十路13777号中润世纪广场17栋
Tel：0531-81661618

山东谦盛经贸有限公司
地址：济南市历下区经十路13777号中润世纪城商业楼-204西区
Tel：0531-81661618

山东晋泰钢铁有限公司
地址：山东省济南市历下区海尔绿城中央广场2号楼1002
Tel：0531-81663108

山东物流集团有限公司
地址：中国（山东）自由贸易试验区济南片区经十路10567号成城大厦B座20层
Tel：0531-81797171

齐鲁银行股份有限公司
地址：济南市市中区顺河街176号
Tel：0531-81915512

华能山东发电有限公司
地址：山东省济南市历下区经十路14900号
Tel：0531-82020888

山东省机场管理集团济南国际机场股份有限公司
地址：济南市遥墙机场
Tel：0531-9688800

济南跑马岭景区管理服务股份有限公司
地址：济南市万寿路12号
Tel：0531-82151277

滕州正威供应链管理有限公司
地址：山东省枣庄市滕州市洪绪镇团结村
Tel：0531-82162338

泰安正威供应链管理有限公司
地址：泰安高新区一天门大街泰山科技产业园基地9号楼13层
Tel：0538-8916715

山东正威供应链管理有限公司
地址：山东省济南市高新区综合保税区空港功能区综合楼五层518
Tel：0531-82162338

山东文端实业有限公司
地址：山东省济南市高新区经十路7000号汉峪金融商务中心A4-4办公楼21层101室
Tel：0531-82380899

山东鲁盾智能科技有限公司
地址：济南市历下区山大路228号
Tel：0531-82397025

济南铁路物资工业集团有限公司
地址：山东省济南市大桥区车站街30号
Tel：0531-82421738

中国铁路济南局集团有限公司
地址：山东省济南市站前路2号
Tel：0531-82422150

济南铁路房产建设集团有限公司
地址：济南市天桥区车站街30号
Tel：0531-82428762

东平铁路有限责任公司
地址：山东省新泰市滨湖路铭流府邸A-58
Tel：0531-82467021

山东华鸿国际贸易有限公司
地址：山东省济南市高新区龙奥北路909号龙奥国际广场4号楼2806
Tel：0531-82791159

中再生投资控股有限公司
地址：山东省济南市商河县花园街旭润新城小区沿街商业二楼
Tel：0531-82965975

平阴县土地整治投资有限公司
地址：平阴县城文化街1号
Tel：0531-83106819

山东啸创实业股份有限公司
地址：济南市历城区机场路小许家村南、江家村西北之间
Tel：0531-83171973

济南钢铁集团耐火材料有限责任公司
地址：山东省济南市章丘区明水街道赭山路1号
Tel：0531-83259401

济南章丘控股集团有限公司
地址：山东省济南市章丘区双山街道民泰路49号
Tel：0531-83603662

济南海佑新能源科技有限公司
地址：山东省济南市章丘区明水经济开发区枣园街道轻卡北路以北
Tel：0531-83618217

济南世茂悦盈置业有限公司
地址：济南市章丘区枣园街道摩天岭社区服务中心2楼223室
Tel：0531-83698600

山东瑞烨法兰有限公司
地址：山东省济南市章丘区官庄街道任家村工业园
Tel：0531-83801320

伊莱特能源装备股份有限公司
地址：济南市章丘区官庄街道办事处济王路9001号
Tel：0531-83809550

泰富特钢悬架（济南）有限公司
地址：山东省济南市商河县玉皇庙镇政府驻地
Tel：0531-84751988

山东零公里润滑科技有限公司
地址：济南市天桥区药山张庄工业园蓝翔路1号
Tel：0531-85713492

山东华祥电缆有限公司
地址：山东省德州市禹城市国家高新技术产业开发区天辰路西段南侧德州高新区协同发展产业园A7幢
Tel：0531-85805798

衡健石化有限公司
地址：山东省泰安市泰山区长城路46号城建大厦综合楼（国山中心A座1109）
Tel：0531-85830036

济南天宝钢铁有限公司
地址：济南市槐荫区张庄路62号
Tel：0531-85970252

山东大能能源有限公司
地址：济南市天桥区堤口路110-9号
Tel：0531-85983108

山东天业矿业有限公司
地址：济南市高新区新宇南路1号济南国际会展中心A区4037室
Tel：0531-86171158

山东地矿新能源有限公司
地址：济南市历山路74号
Tel：0531-86403424

山东天泽发展集团有限公司
地址：山东省济南市高新区工业南路57-1号高新万达J3号写字楼2011室
Tel：0531-86406980

山东钢铁集团有限公司
地址：山东省济南市高新区舜华路2000号舜泰广场4号楼
Tel：0531-67606760

山东正元建设工程有限责任公司
地址：济南市山师东路14号
Tel：0531-86958840

昆仑江源工贸有限公司
地址：山东省济南市历下区海尔绿城奥体酒店2号楼1-2204室
Tel：0531-86986025

齐鲁民生发展集团有限公司
地址：山东省济南市历下区经十路13866号中润世纪财富中心5号楼12层
Tel：0531-86991666

山东地矿集团有限公司
地址：山东省济南市历下区工业南路57-1号
Tel：0531-86999863

山东省路桥集团有限公司
地址：济南市经五路330号
Tel：0531-87082331

济南玛钢钢管制造有限公司
地址：济南济西开发区中心路(平阴)
Tel：0531-87666768

济南莱建置业有限公司
地址：济南市天桥区前陈家楼12号
Tel：0531-87909589

济南庚辰铸造材料有限公司
地址：济南市历城区郭店镇三区70号
Tel：0531-88281685

济南宝檀钢铁有限公司
地址：山东省济南市高新区龙奥北路909号龙奥国际广场4号楼306
Tel：0531-88286868

兖矿能源集团国际贸易有限公司
地址：山东省济南市高新区（综保区）港兴三路北段济南药谷1号楼B座910房间
Tel：0531-88303286

中车山东机车车辆有限公司
地址：济南市槐荫区槐村街73号
Tel：0531-88305658

山东省地矿工程集团有限公司
地址：济南市历山路74号
Tel：0531-83322397

济南新景龙泉房地产有限公司
地址：山东省济南市章丘区双山街道双山大街1688号龙泉国际广场4号楼2607室
Tel：0531-88357777

澳利集团有限公司
地址：济南市历下区经十路14647号
Tel：0531-88569817

山东省印刷物资有限公司
地址：济南市历下区解放东路69号
Tel：0531-88593210

山东省港口集团潍坊港有限公司
地址：山东省潍坊市滨海经济技术开发区疏港公路与沿海公路一期十字路口东2000米路南
Tel：0536-7570763

山东航顺能源有限公司
地址：山东省济南市市中区经二路149号交电大厦写字楼7层B12室
Tel：0531-88684086

济南浦信资圆钢铁有限公司
地址：山东省济南市高新区新泺大街786号666室
Tel：0531-88685522

中巴新能环国际投资有限公司
地址：山东省济南市高新区工业南路59号中铁财智中心6、7、8号楼7-1301-1
Tel：0531-55767787

济钢集团有限公司
地址：济南市历城区工业北路21号
Tel：0531-88857676

山东钢铁集团济钢板材有限公司
地址：山东省济南市历城区工业北路21号
………………………… Tel：0531-88857676
济钢城市矿产科技有限公司
地址：山东省济南市历城区工业北路21号
………………………… Tel：0531-88860789
济钢集团重工机械有限公司
地址：历城区工业北路21号
………………………… Tel：0531-88857792
山东济钢城市服务有限公司
地址：济南市历城区工业北路21号
………………………… Tel：0531-88866978
济南今日复兴电气集团有限公司
地址：山东省济南市高新区济南综合保税区空港功能区综合楼四层409室A5席位
………………………… Tel：0531-88897392
济南鲁东耐火材料有限公司
地址：济南市历城区郭店镇
………………………… Tel：0531-88991172
山东高速物资集团有限公司
地址：山东省济南市历下区羊头峪村西、市中区太平村以东38号
………………………… Tel：0531-89251118
山东高速尼罗投资发展有限公司
地址：山东省济南市历下区龙奥北路8号
………………………… Tel：0531-89251269
山东高速物流集团有限公司
地址：山东省青岛市黄岛区漓江西路877号内2栋办公
………………………… Tel：0531-89251664
山东省冶金设计院股份有限公司
地址：山东省济南市高新区舜华路1969号
………………………… Tel：0531-89703960
华能山东如意煤电有限公司
地址：山东省济南市历下区经十路14900号
………………………… Tel：0531-89938690
青岛西海隆盛综合开发建设有限公司
地址：青岛市黄岛区泊里镇204国道南、滨海大道北（青岛亿佰建工集团有限公司办公楼）
………………………… Tel：0532-55525725
山东高速青岛西海岸港口有限公司
地址：中国（山东）自由贸易试验区青岛片区前湾保税港区纽约路2号210室（A）
………………………… Tel：0532-55581314
青岛晓天智能装备股份有限公司
地址：山东省青岛市胶州市胶莱镇马店工业园晓天路
………………………… Tel：0532-55591570
青岛京北矿产有限公司
地址：山东省青岛市市北区台东五路87号6158
………………………… Tel：0532-55663866
中铁中基（青岛）供应链管理有限公司
地址：山东省青岛市市北区山东路171号乙401
………………………… Tel：0532-55663866
中石化第十建设有限公司
地址：青岛市黄岛区漓江西路677号
………………………… Tel：0532-55681983
青岛海骊住建系统集成有限公司
地址：山东省青岛市胶州市胶州经济技术开发区汾河路6号
………………………… Tel：0532-58620002
青岛西海岸交通投资集团有限公司
地址：山东省青岛市黄岛区海西二路997号
………………………… Tel：0532-58658066
青岛世园资产管理有限公司
地址：山东省青岛市莱西市日庄镇府前路8号
………………………… Tel：0532-58703303
青岛钢铁有限公司
地址：青岛市李沧区遵义路5号
………………………… Tel：0532-58935857
青岛钢铁控股集团有限责任公司
地址：青岛市李沧区遵义路5号
………………………… Tel：0532-58935857
青岛银钢炼铁有限公司
地址：山东省青岛市李沧区遵义路5号
………………………… Tel：0532-58813227
青岛银钢烧结有限公司
地址：青岛市李沧区遵义路5号
………………………… Tel：0532-58813227
青岛润亿清洁能源有限公司
地址：山东省青岛市黄岛区泊里镇集成路1886号
………………………… Tel：0532-58815872
青岛润亿丰泰新材料科技股份有限公司
地址：青岛市黄岛区泊里镇东庄村东滨海大道以南横河西路南端
………………………… Tel：0532-58815922
中融新大（青岛）矿产资源有限公司
地址：山东省青岛市崂山区东海东路58号4号楼301
………………………… Tel：0532-58820024
青岛圳谷节能环保科技发展有限公司
地址：山东省青岛市黄岛区融合路669号
………………………… Tel：0532-58925977
青岛自贸城开发建设有限公司
地址：山东省青岛市保税港区上海路10号1层119室（B）
………………………… Tel：0532-58930697
山东钢铁集团房地产有限公司
地址：青岛市崂山区株洲路139号
………………………… Tel：0532-66007398
青岛中大成投资集团有限公司
地址：山东省青岛市崂山区秦岭路8号金石馆10层1009室
………………………… Tel：0532-66070358
青岛康平高铁科技股份有限公司
地址：山东省青岛市城阳区锦宏东路33号
………………………… Tel：0532-66071789
青岛富润达实业发展有限公司
地址：青岛市南区东海西路43号28层B户
………………………… Tel：0532-66773766
中创物流股份有限公司
地址：山东省青岛市崂山区深圳路169号中创大厦23层
………………………… Tel：0532-66789888
青岛农村商业银行股份有限公司（简称：青岛农商银行）
地址：山东省青岛市崂山区秦岭路6号1号楼
………………………… Tel：0532-66957975
青岛传化物流基地有限公司
地址：青岛胶州市经济技术开发区物流大道以东、滦河路以北、交大大道以西
………………………… Tel：0532-67751064
青岛传化公路港物流有限公司
地址：山东省青岛市胶州市经济技术开发区滦河路1号
………………………… Tel：0532-67751069
青岛城阳市政开发建设投资集团有限公司
地址：山东省青岛市城阳区泰城路701号
………………………… Tel：0532-67769199
青岛蓝拓能源有限公司
地址：山东省青岛市市南区香港中路8号中铁大厦A1202室
………………………… Tel：0532-67771099
青岛城鑫控股集团有限公司
地址：山东省青岛市即墨区青岛汽车产业新城大众一路8号
………………………… Tel：0532-83958817
中冶东方工程技术有限公司
地址：山东省青岛市黄岛区阿里山路11号中冶东方大厦26层
………………………… Tel：0532-68056071
山东三利源经贸有限公司
地址：青岛市平度市开发区富春江路1号
………………………… Tel：0532-68899197
青岛丝路能交发展有限公司
地址：山东省青岛市李沧区大崂路1002号1402室
………………………… Tel：0532-68987007
青岛盛泰丰国际贸易有限公司
地址：山东省青岛市保税港区北京路45号综合办公楼309房间（A）
………………………… Tel：0532-80689166
青岛华仁投资管理有限公司
地址：青岛市市南区东海西路37号
………………………… Tel：0532-809088
贝卡尔特（青岛）钢丝产品有限公司
地址：青岛经济技术开发区茂山路1022号
………………………… Tel：0532-80983556
青岛广联六合国际贸易有限公司
地址：山东省青岛市崂山区深圳路222号2号楼1616
………………………… Tel：0532-81635008
青岛瑞港集团有限公司
地址：山东省青岛市崂山区香港东路195号7号楼1402
………………………… Tel：0532-81756666
青岛丰途实业有限公司
地址：山东省青岛市市南区山东路2号甲华仁国际大厦28层E户-2
………………………… Tel：0532-81929701
青岛弘信泰丰实业发展有限公司
地址：山东省青岛市市南区山东路2号甲华仁国际大厦28层E户-1
………………………… Tel：0532-81929701
青岛碧翠峰实业有限公司
地址：山东省青岛市高新区秀园路2号科创慧谷（青岛）科技园D1-2-2F-92
………………………… Tel：0532-81929701
青岛恒景源实业有限公司
地址：山东省青岛市黄岛区长白山路东、嘉陵江路北
………………………… Tel：0532-81929702
青岛尚嘉实业有限公司
地址：青岛高新技术产业开发区创业中心137-D
………………………… Tel：0532-81929703
青岛安泰信集团有限公司
地址：青岛市即墨市岙兰路428号
………………………… Tel：0532-81929703
青岛圣鲁斯贸易有限公司
地址：山东省青岛市黄岛区朝阳山路（原北京路10号）阳光大厦1栋011321-1
………………………… Tel：0532-83587856
青岛鸿泰典当有限公司
地址：山东省青岛市市北区长春路15号
………………………… Tel：0532-82022179
青岛国际海洋产权交易中心股份有限公司
地址：青岛市黄岛区峨眉山路396号
………………………… Tel：0532-82198779
山东黄金集团青岛黄金有限公司
地址：青岛市崂山区苗岭路19号裕龙大厦2号楼1单元401户
………………………… Tel：0532-82651348
青岛中科中融供应链管理有限公司
地址：青岛市李沧区京口路106号4号楼703户
………………………… Tel：0532-82886698
中铝青岛轻金属有限公司
地址：山东省青岛市黄岛区临港经济开发区大珠山北路889号
………………………… Tel：0532-83199903
青岛恒商中和投资有限公司
地址：山东省青岛市市南区东海西路28号龙翔广场2号楼1单元402
………………………… Tel：0532-83860393
青岛怡瑞丰集团有限公司
地址：山东省青岛市城阳区裕亭路16号
………………………… Tel：0532-84095702
青岛海湾化学有限公司
地址：青岛市黄岛区泊里镇港丰路66号
………………………… Tel：0532-84851575
青岛联彩石油储运有限公司
地址：中国（山东）自由贸易试验区青岛片区前湾保税港区北京路49号天悦建材城展示交易中心2096室（B）
………………………… Tel：0532-85171320
艾法史密斯机械（青岛）有限公司
地址：青岛胶州市北关街道办事处台塑路8号
………………………… Tel：0532-85266700
青岛莱建置业有限公司
地址：青岛市市北区永丰路8号2033室
………………………… Tel：0532-85631026
青岛山钢置业有限公司
地址：山东省青岛市李沧区黑龙江中路259号17号楼2楼办公室
………………………… Tel：0532-85631026
青岛金王集团有限公司
地址：山东省青岛市市北区龙潭路12号1066室
………………………… Tel：0532-85789090
青岛金王国际贸易有限公司
地址：山东省青岛市市北区西仲路26号甲
………………………… Tel：0532-85718989
山东五矿实业发展有限公司
地址：山东省青岛市市北区堂邑路9号
………………………… Tel：0532-85755606
文登炎阳有色金属有限公司
地址：山东省威海市南海新区圣海路西、滨海路北
………………………… Tel：0532-85758829
山东莱钢国际贸易有限公司
地址：青岛市市南区东海路39号
………………………… Tel：0532-85796700
华高控股集团有限公司
地址：山东省青岛市高新区锦汇路1号蓝湾创业园C2号楼106室
………………………… Tel：0532-85859709
山东莱钢建设有限公司
地址：青岛市崂山区株洲路139号
………………………… Tel：0532-80677799
中再生环境科技有限公司
地址：山东省青岛市黄岛区宝山镇七宝山一路111号
………………………… Tel：0532-86108817
青岛天宝中泽工贸有限公司
地址：山东省青岛市市南区香港中路52号31层3101
………………………… Tel：0532-86128090
山东物流集团（青岛）有限公司
地址：中国（山东）自由贸易试验区青岛片区前湾保税港区莫斯科路40号办公楼216室（A）
………………………… Tel：0532-86128120
青岛连山铸造有限公司
地址：青岛平度市明村镇辛安村
………………………… Tel：0532-86327906
青岛三合山精密铸造有限公司
地址：山东省青岛市平度市明村镇辛安南村
………………………… Tel：0532-86328035
青岛豪杰矿业有限公司
地址：青岛平度市新河镇双兴村
………………………… Tel：0532-86353388
圣蕓（青岛）投资管理有限公司
地址：山东省青岛市市南区青岛路6号
………………………… Tel：0532-86669766
卓越金宇控股有限公司
地址：青岛市崂山区海尔路182-6号
………………………… Tel：0532-86679666
首钢（青岛）钢业有限公司
地址：青岛市黄岛区茂山路884号
………………………… Tel：0532-86685951
青岛环亚太商品交易中心股份有限公司
地址：山东省青岛市黄岛区太白山路172号中德生态园双创中心3041室
………………………… Tel：0532-86702255
新丝路能源控股集团有限公司
地址：山东省青岛市黄岛区琅琊镇龙桥路5号
………………………… Tel：0532-86761929
青岛中投泰华国际贸易有限公司
地址：山东省青岛市保税港区北京路38号四号厂房二楼东2076号（A）
………………………… Tel：0532-86762608
青岛保税中社国际贸易有限公司
地址：山东省青岛市保税区西海岸出口加工区内（红石崖十一号线以西，十四号线以北）0337室
………………………… Tel：0532-86818928
青岛北方化工品交易市场有限公司
地址：山东省青岛市黄岛区珠江路1389号银领国际2016室
………………………… Tel：0532-86866693
得源投资集团有限公司
地址：山东省青岛市黄岛区泊里镇董家口经济区横河一路
………………………… Tel：0532-86873766
青岛得源盛世风电设备有限公司
地址：山东省青岛市黄岛区泊里镇青岛董家口经济区管理委员会办公楼
………………………… Tel：0532-86876797
雷沃工程机械集团有限公司
地址：山东省青岛市黄岛区黄河东路75号
………………………… Tel：0532-86907881
青岛鲁恒工贸有限公司
地址：山东省青岛市黄岛区衡山路317号2栋商业一层
………………………… Tel：0532-86947348
青岛保税港区能源基地有限公司
地址：中国（山东）自由贸易试验区青岛片区前湾保税港区鹏湾路68号1栋2005（B）
………………………… Tel：0532-86959388
青岛开发区投资建设集团有限公司
地址：山东省青岛市黄岛区阿里山路11号17层
………………………… Tel：0532-86986696
山东中鲁钢铁有限公司
地址：山东省青岛市黄岛区江山中路193号1801室
………………………… Tel：0532-86992068
山东中林林产品有限公司
地址：中国（山东）自由贸易试验区青岛片区前湾保税港区北京路43号办公楼二楼209室-064（A）
………………………… Tel：0532-86998961
城发投资集团有限公司
地址：山东省青岛市黄岛区江山南路458号城发大厦12层
………………………… Tel：0532-86999600
青岛华欧集团股份有限公司
地址：山东省青岛市黄岛区淮河东路7号
………………………… Tel：0532-87075057
山东海洋能源有限公司
地址：青岛市黄岛区峨眉山路396号31号楼
………………………… Tel：0532-87075562
青岛融合开发集团有限公司
地址：山东省青岛市黄岛区长江中路485号国汇金融中心A座12楼1211室
………………………… Tel：0532-87075802
青岛莱钢建设房地产开发有限公司
地址：青岛市李沧区京口路86号
………………………… Tel：0532-87625297
安么罗有限公司
地址：青岛市李沧区源头路23号
………………………… Tel：0532-87890611
青岛城阳开发投资集团有限公司
地址：青岛市城阳区山城路195号
………………………… Tel：0532-87968937
裕龙集团有限公司
地址：青岛市崂山区海尔路178-2号1号楼22层
………………………… Tel：0532-88016196
青岛世纪兴业实业有限公司
地址：青岛市平度市经济开发区泉州路58号
………………………… Tel：0532-88394555
青岛恒翔源钢铁有限公司
地址：山东省青岛市即墨区大信镇信华街92号附2-1
………………………… Tel：0532-88541128
青岛城投资产管理有限公司
地址：青岛市市南区澳门路121号甲
………………………… Tel：0532-88970355
莱芜市顺安达商贸有限公司
地址：莱城区汶源东大街以南青水街103号
………………………… Tel：0532-55577561
山东日航贸易有限公司
地址：青岛市市北区延吉路76号中海大厦10层01单元
………………………… Tel：0532-89070288
青岛中铁天翊达钢筋精工有限公司
地址：山东省青岛市城阳区夏庄街道华仙路南100米
………………………… Tel：0532-89080271

浦铁（青岛）钢材加工有限公司
地址：青岛市城阳区丹山工业园
……………………Tel：0532-89656028
安泰爱科科技有限公司
地址：山东省淄博市张店区南支一路3号
……………………Tel：0533-2270998
山东胜利钢管有限公司
地址：山东省淄博市张店区中埠镇胜利路8号
……………………Tel：0533-2272331
中国铁路济南局集团有限公司淄博车务段
地址：山东省淄博市张店区山泉路3号
……………………Tel：0533-2582862
山东中投泰华新能源集团有限公司
地址：山东省淄博市高新区创业火炬广场D座713室
……………………Tel：0533-2800044
中铝山东工程技术有限公司
地址：淄博市张店区五公里路1号
……………………Tel：0533-2943780
中铝山东有限公司
地址：山东省淄博市张店南定镇五公里路1号
……………………Tel：0533-2944202
山东铝业有限公司
地址：山东省淄博市张店区南定镇五公里路1号
……………………Tel：0533-2944202
淄博四砂磨料磨具厂
地址：张店区南定车站街69号
……………………Tel：0533-2978285
山东金岭铁矿有限公司
地址：山东省淄博市张店区中埠镇
……………………Tel：0533-3088000
淄博铁鹰球团制造有限公司
地址：山东省淄博市张店区中埠镇
……………………Tel：0533-3088000
淄博张钢钢铁有限公司
地址：桓台县经济开发区石化路9号
……………………Tel：0533-3152885
淄博东方星城置业有限公司
地址：淄博市张店区中心路176号
……………………Tel：0533-3152894
山东钢铁集团淄博张钢有限公司
地址：山东省淄博市张店区中心路176号
……………………Tel：0533-3172611
山东永华集团有限公司
地址：山东省淄博市沂源县城荆山路222号
……………………Tel：0533-3666666
淄博齐林傅山钢铁有限公司
地址：淄博高新区卫固镇傅山村
……………………Tel：0533-3786002
山东新恒汇电子科技有限公司
地址：山东省淄博市高新区中润大道187号
……………………Tel：0533-3982031
莱芜钢铁集团淄博锚链有限公司
地址：山东省淄博市淄川区寨里镇黑旺村北
……………………Tel：0533-5060242
淄博联和水泥企业管理有限公司
地址：山东省淄博市淄川经济开发区高新技术创业服务中心7号楼B栋1-2层
……………………Tel：0533-5410589
淄博市淄川区财金控股有限公司
地址：山东省淄博市淄川经济开发区高新技术创业服务中心C座
……………………Tel：0533-5418376
淄博矿业集团有限责任公司
地址：淄博市淄川区淄矿路133号
……………………Tel：0533-5854631
山东先河悦新机电股份有限公司
地址：山东省淄博市淄川区洪山镇十里村西首
……………………Tel：0533-5852458
山东淄矿物产有限公司
地址：山东省淄博市淄川区钟楼街道双山路东段
……………………Tel：0533-5858833
山东方大工程有限责任公司
地址：淄博市淄川寨里镇北
……………………Tel：0533-5859215
山东金兆资源有限公司
地址：淄博市临淄区凤凰镇南金村
……………………Tel：0533-6207900
山东万方窑炉工程科技有限责任公司
地址：淄川经济开发区鲁泰西路
……………………Tel：0533-6220953
山东海润环保科技有限公司
地址：山东省淄博市桓台县果里镇石化北路37号
……………………Tel：0533-6279888
山东耐火材料集团有限公司
地址：淄博市周村区王村宝山工业园
……………………Tel：0533-6691323
淄博传化公路港物流有限公司
地址：山东省淄博市淄博经济开发区沣水镇昌国东路208号
……………………Tel：0533-7098880
淄博德峰建筑工程有限公司
地址：山东省淄博市临淄区晏婴路161-1
……………………Tel：0533-7158966
山东齐力环保科技有限公司
地址：山东省淄博市高青县高城镇高青化工产业园支脉河路8号
……………………Tel：0533-7321676
山东清源集团有限公司
地址：淄博市临淄区金岭镇西首
……………………Tel：0533-7480020
山东齐鲁商业发展集团有限公司
地址：临淄区新化路169号
……………………Tel：0533-7506038
淄博宏达钢铁有限公司
地址：临淄区凤凰镇南金村
……………………Tel：0533-7601887
南金兆集团有限公司
地址：临淄区凤凰镇南金村
……………………Tel：0533-7601887
山东隆盛钢铁有限公司
地址：临淄区凤凰镇北金村
……………………Tel：0533-7609936
淄博王庄煤矿有限公司
地址：山东省淄博市临淄区临淄大道898号
……………………Tel：0533-7962710
山东钢铁集团永锋淄博有限公司
地址：山东省淄博市桓台县经济开发区石化路9号
……………………Tel：0533-8438795
山东东岳氟硅材料有限公司
地址：淄博市桓台县唐山镇
……………………Tel：0533-8520723
中诚国投矿产品交易中心有限公司
地址：山东省淄博市临淄区齐鲁化工商城北部石化大厦主楼第15层1510
……………………Tel：0533-8800800
金能科技股份有限公司
地址：齐河县工业园区西路1号
……………………Tel：0534-2159896
三森空调集团有限公司
地址：山东省德州市武城县鲁权屯镇双创产业园
……………………Tel：0534-2172888
德州实华化工有限公司
地址：德城区天衢工业园实华南路6号
……………………Tel：0534-2277002
山东黑马集团有限公司
地址：德城区新港前街56号
……………………Tel：0534-2482386
山东省彭澎国际贸易有限公司
地址：山东省德州市德城区新湖街道办事处柴市街服装城317-318号
……………………Tel：0534-2625666
德州精贵铸件集团有限公司
地址：山东省临邑县邢侗街道办事处季家洼
……………………Tel：0534-4420166
山东武城农村商业银行股份有限公司
地址：山东省德州市武城县振华西街84号
……………………Tel：0534-5071777
武城县鑫成钢铁有限公司
地址：武城县李家户乡代庄原种场
……………………Tel：0534-5072226
山东中威空调设备集团有限公司
地址：山东省德州市武城县鲁权屯镇科技工业园
……………………Tel：0534-5076699
山东佰谊新材料科技有限公司
地址：山东省临沂市临港经济开发区坪上镇中兴商务企业发展中心1816室
……………………Tel：0534-5759206
山东钢铁集团永锋临港有限公司
地址：山东省临沂市临港经济开发区坪上镇黄海八路0001号
……………………Tel：0539-7969106
山东莱钢永锋钢铁有限公司
地址：山东齐河经济开发区
……………………Tel：0534-5759577
齐河众鑫投资有限公司
地址：山东省齐河经济开发区（山东莱钢永锋钢铁公司院内）
……………………Tel：0534-5759577
山东永通实业有限公司
地址：山东省齐河经济开发区
……………………Tel：0534-5759577
山东新矿赵官能源有限责任公司
地址：德州市齐河县赵官镇
……………………Tel：0534-5798156
山东省鲁北煤炭配送基地有限公司
地址：山东省德州市齐河县潘店镇政府驻地
……………………Tel：0534-5977888
益海嘉里（德州）粮油工业有限公司
地址：山东省德州市德城区湖滨北大道1588号
……………………Tel：0534-6013524
乐陵市农村信用合作联社
地址：乐陵市阜欣路399号（枣城南大街西侧乐德路北侧）
……………………Tel：0534-6808837
禹城宝泰机械制造有限公司
地址：山东省德州（禹城）国家高新技术产业开发区
……………………Tel：0534-7520668
山东新潮能源股份有限公司
地址：山东省烟台市牟平区通海路308号
……………………Tel：0535-2109709
烟台钢铁企业集团公司
地址：三站市场（芝罘区前进路9号）
……………………Tel：0535-2152067
山东三站股份有限公司
地址：山东省烟台市芝罘区前进路9号
……………………Tel：0535-2152788
烟台华新不锈钢有限公司
地址：烟台开发区五指山路2号
……………………Tel：0535-2166688
烟台富准精密电子有限公司
地址：烟台经济技术开发区长沙大街18号
……………………Tel：0535-2168888
莱州市金诚机械有限公司
地址：山东省烟台市莱州市城港路街道玉海街6800号
……………………Tel：0535-2265168
莱州鲁地矿业投资开发有限公司
地址：山东省莱州市金城镇驻地
……………………Tel：0535-2696288
江铜国兴（烟台）铜业有限公司
地址：山东省烟台市经济技术开发区广州路9-1号
……………………Tel：0535-2707215
山东地矿来金控股有限公司
地址：山东省莱州市朱桥镇驻地
……………………Tel：0535-2738012
莱州金玉矿业投资有限公司
地址：山东省烟台市莱州市柞村镇云峰工业园孔家村2幢2号房
……………………Tel：0535-2890889
烟台玛努尔高温合金有限公司
地址：山东省烟台市芝罘区APEC科技工业园
……………………Tel：0535-2921775
山东高速烟台发展有限公司
地址：山东省烟台市高新区蓝海路2号
……………………Tel：0535-2986308
万华化学（烟台）石化有限公司
地址：山东省烟台市经济技术开发区重庆大街59号
……………………Tel：0535-2026113
山东烟台鑫泰黄金矿业有限责任公司
地址：山东省海阳市郭城镇河南村
……………………Tel：0535-3102223
山东海阳农村商业银行股份有限公司
地址：山东省烟台市海阳市海阳路208号
……………………Tel：0535-3235013
莱钢集团烟台钢管有限公司
地址：山东省烟台市栖霞市臧家庄工业园区河南路6号
……………………Tel：0535-3454369
山东扬子生物科技有限公司
地址：山东省烟台市经济技术开发区开封路3-37号
……………………Tel：0535-3978222
烟台曲直国际贸易有限公司
地址：山东烟台莱州市朱桥镇朱桥村
……………………Tel：0535-4026469
烟台牟瑞供应链管理有限公司
地址：山东省烟台市牟平区大窑路451号
……………………Tel：0535-4260256
山东恒邦冶炼股份有限公司
地址：烟台市牟平区水道镇
……………………Tel：0535-4631180
蓬莱晟华金属制品有限公司
地址：山东省蓬莱市登州路182号
……………………Tel：0535-5606778
山东蓬莱农村商业银行股份有限公司
地址：山东省烟台市蓬莱市南关路160号
……………………Tel：0535-5642677
蓬莱巨涛海洋工程重工有限公司
地址：山东省烟台市蓬莱市经济开发区哈尔滨路5号
……………………Tel：0535-5726052
中兴电力蓬莱发电有限公司
地址：山东省烟台市蓬莱市北沟镇峰台山西路1号
……………………Tel：0535-5823912
山东蓬信热电股份有限公司
地址：山东省烟台市蓬莱市经济开发区天津路1号
……………………Tel：0535-5910610
利源环保科技（烟台）有限公司
地址：烟台经济技术开发区珠江路32号内3号楼
……………………Tel：0535-6106260
烟台房地产集团中宇置业有限公司
地址：芝罘区向阳街十号
……………………Tel：0535-6215500
三山爆破工程有限公司
地址：山东省烟台市芝罘区北大街53号
……………………Tel：0535-6221618
烟台市福山区鼎盛铝业有限公司
地址：福山区福新街道办事处邢家山子村
……………………Tel：0535-6307396
烟台鲁宝钢管有限责任公司
地址：山东省烟台市福山区永达街1030号
……………………Tel：0535-6310555
山东三鑫科技集团股份有限公司
地址：烟台开发区珠江路30号
……………………Tel：0535-6372827
烟台业达热电集团有限公司
地址：山东省烟台市开发区金沙江路69号
……………………Tel：0535-6375555
烟台华安集团有限公司
地址：烟台开发区华山路7号
……………………Tel：0535-6853205
栖霞华科工程技术有限公司
地址：栖霞经济开发区河北路北
……………………Tel：0535-6376666
山东钜汇铁路物资有限公司
地址：山东省烟台市经济技术开发区金沙江路9号内1号105室
……………………Tel：0535-6379938
烟台福信钢铁有限公司
地址：山东省烟台市经济技术开发区黄山路90号
……………………Tel：0535-6396539
烟台新东方冶金企业有限公司
地址：福山区门楼镇斗余工业园
……………………Tel：0535-6482277
烟台国丰投资控股集团有限公司
地址：山东省烟台市芝罘区南大街267号
……………………Tel：0535-6518501
烟台鹏晖铜业有限公司
地址：山东省烟台市芝罘区楚凤三街3号
……………………Tel：0535-6530579
华海财产保险股份有限公司
地址：山东省烟台市经济技术开发区长江路300号内9号
……………………Tel：0535-6608001
烟台市隆昌集团有限公司
地址：烟台开发区泰山路86号海通物流园1-3号
……………………Tel：0535-6630902
烟台有色金属股份有限公司
地址：烟台市芝罘区化工路
……………………Tel：0535-6642350
烟台农村商业银行股份有限公司
地址：山东省烟台市高新技术产业开发区科技大道57号
……………………Tel：0535-6691855
烟台泰鸿橡胶有限公司
地址：山东省烟台市莱山区盛泉东路9号
……………………Tel：0535-6726036
烟台港股份有限公司
地址：山东省烟台市芝罘区北马路155号
……………………Tel：0535-6742134
凯歌国际贸易（中国）有限公司
地址：山东省烟台市经济技术开发区长江路202号6层704号
……………………Tel：0535-6820978
烟台凯实工业有限公司
地址：山东省烟台市芝罘区幸福中路西首
……………………Tel：0535-6834776
中侨伟业（烟台）国际物流投资有限公司
地址：山东省烟台市芝罘区幸福南路西8号
……………………Tel：0535-6835388
山东华安重工有限公司
地址：芝罘区APEC科技工业园冰轮路中段
……………………Tel：0535-6853205
东海现代物流有限公司
地址：山东省烟台市芝罘区华海路1号
……………………Tel：0535-6857219
东海科技集团有限公司
地址：芝罘区朝阳街80号绮丽大厦803室
……………………Tel：0535-6634168
烟台开发区华达钢铁有限公司
地址：烟台开发区大季家
……………………Tel：0535-6976698
隆达铝业（烟台）有限公司
地址：烟台再生资源加工示范园区C-38小区
……………………Tel：0535-6977901
山东莱阳农村商业银行股份有限公司
地址：山东省烟台市莱阳市龙门西路90号
……………………Tel：0535-7210603
山东东汽农业装备有限公司
地址：山东省莱阳市海河路55号
……………………Tel：0535-7295999
中矿金业股份有限公司
地址：招远市辛庄镇北截村东
……………………Tel：0535-8022555
龙口市兴龙建设投资管理有限公司
地址：山东省龙口市港城大道1001号
……………………Tel：0535-8537130
龙口市泛林球墨铸铁管有限公司
地址：山东省龙口市诸由观镇
……………………Tel：0535-8563134
龙口市金泰黄金有限公司
地址：山东省龙口市七甲镇庙曲村
……………………Tel：0535-8579608
龙口金丰有限公司
地址：山东省龙口市下丁家镇后地村南
……………………Tel：0535-8626039
山东龙芬新能源有限公司

地址：山东省烟台市龙口市龙港街道北皂后村
……………………Tel：0535-8651566
龙口矿业集团有限公司
地址：山东省龙口市振兴南路369号
……………………Tel：0535-8658691
龙口煤电有限公司
地址：山东省龙口市振兴路249号
……………………Tel：0535-8958691
青州德威动力有限公司
地址：青州市经济开发区时代二路3639号
……………………Tel：0536-2137800
寿光美伦纸业有限责任公司
地址：寿光市圣城街595号
……………………Tel：0536-2156634
潍坊中传拉链配件有限公司
地址：昌乐县经济技术开发区
……………………Tel：0536-2189999
山东联盟化工集团有限公司
地址：寿光市农圣街豪源路交叉路口北路西（寿光市东城商务区27号楼）
……………………Tel：0536-2238659
瑞源钾盐股份有限公司
地址：山东省潍坊市安丘市新安街道青龙湖西路110号
……………………Tel：0536-2260387
法密怡国际贸易有限公司
地址：山东省潍坊市高密市密水街道农丰小区步行街21幢商住楼1号营业房
……………………Tel：0536-2305501
山东高密农村商业银行股份有限公司
地址：山东省潍坊市高密市康成大街（东）2088号
……………………Tel：0536-2328777
山东水发再生资源有限公司
地址：山东省潍坊市高密市东北乡文化发展区胶平路9号
……………………Tel：0536-2517153
高密市汇鑫通仓储物流有限公司
地址：山东省潍坊市高密市东北乡文化发展区永平大街0367号
……………………Tel：0536-2770532
潍坊青鸟华光电池有限公司
地址：潍坊高新技术产业开发区华光电子区
……………………Tel：0536-2991288
潍坊金健钛设备有限公司
地址：临朐县山旺镇中小企业创业园兴业路东凰山路北
……………………Tel：0536-3111456
潍坊旭华置业投资发展有限公司
地址：青州市范公亭西路905号(矿产资源局院内)
……………………Tel：0536-3222676
山东恒奥能源科技有限公司
地址：山东省潍坊市青州市经济开发区纽约路2777号
……………………Tel：0536-3288388
山东天保工贸有限公司
地址：山东省潍坊市青州市王桑路口东200米路南
……………………Tel：0536-3505102
山东中瑞现代物流有限公司
地址：青州市经济开发区益都路北侧
……………………Tel：0536-3521333
青州泰和矿业有限公司
地址：青州市庙子镇
……………………Tel：0536-3785534
潍坊天洁环保科技有限公司
地址：山东省潍坊市安丘市姜蒜批发市场东
……………………Tel：0536-4876788
寿光市宏嘉农业科技有限公司
地址：寿光市金海路东农圣街北商务小区5号楼A座224室
……………………Tel：0536-5118601
寿光市金海投资开发有限公司
地址：寿光市商务小区5号楼A座
……………………Tel：0536-5253606
寿光市荣嘉生物科技有限公司
地址：寿光市金海路东农圣街北商务小区5号楼A座225室
……………………Tel：0536-5118601
山东寿光巨能控股集团有限公司
地址：寿光市渤海南路1757号
……………………Tel：0536-5188023
山东寿光巨能热电发展有限公司
地址：山东寿光经济开发区工业园
……………………Tel：0536-5189021
寿光市晶润商贸有限公司
地址：寿光市洛城街道金融科技大厦1009室
……………………Tel：0536-5258910
寿光恒安建筑安装工程有限公司
地址：寿光市古城街道元丰街410号
……………………Tel：0536-5266189
山东海化集团有限公司
地址：山东省潍坊市滨海区
……………………Tel：0536-5329888
山东鲁丽钢铁有限公司
地址：寿光市侯镇政府驻地
……………………Tel：0536-5361433
山东大地盐化集团有限公司
地址：寿光市侯镇岔河东
……………………Tel：0536-5391103
山东大地兴鲁化工有限公司
地址：昌邑市龙池镇工业园区
……………………Tel：0536-5590729
诸城市信恒资源开发有限公司
地址：山东省潍坊市诸城市密州东路81号
……………………Tel：0536-6112864
山东英科医疗制品有限公司
地址：青州市　山工业园齐王路9888号
……………………Tel：0536-6136888
山东中坛再生资源有限公司
地址：山东省潍坊市诸城市芦河大道8888号
……………………Tel：0536-6181198
山东矿机集团股份有限公司
地址：昌乐县经济开发区大沂路北段
……………………Tel：0536-6228254
山东昌乐农村商业银行股份有限公司
地址：山东省潍坊市昌乐县昌盛街571号
……………………Tel：0536-6271019
昌乐盛世热电有限责任公司
地址：昌乐县经济技术开发区
……………………Tel：0536-6856208
中棉集团山东物流园有限公司
地址：山东潍坊滨海经济开发区汉江西街000666号
……………………Tel：0536-7572912
山东美达控股集团有限公司
地址：山东省潍坊市滨海区央子街道蔡家央子二村
……………………Tel：0536-7579152
潍坊特钢集团有限公司
地址：潍坊市钢厂工业园潍钢东路
……………………Tel：0536-7673828
山东精特钢铁有限公司
地址：潍坊滨海经济技术开发区创业大厦603室
……………………Tel：0536-8272863
山东盛港科技有限公司
地址：山东省潍坊市安丘市兴安街道人民路与兴安路交叉口西18米处
……………………Tel：0536-8638265
山东中非融合国际贸易有限公司
地址：山东省潍坊市奎文区东风东街303号1号楼1501号
……………………Tel：0536-8664491
山东远通工贸集团有限公司
地址：潍坊市潍城区宝通街西段
……………………Tel：0536-8919690
山东恒信集团有限公司
地址：山东省济宁市高新区菱花路
……………………Tel：0537-2087756
济宁矿业集团有限公司
地址：济宁市崇文大道2299号
……………………Tel：0837-2379001
山东济矿鲁能煤电股份有限公司
地址：济宁市汶上县郭楼镇
……………………Tel：0537-7160012
山东民生煤化有限公司
地址：山东省济宁市任城区东五里营1号
……………………Tel：0537-2397566
小松（中国）履带有限公司
地址：济宁市群英路9号
……………………Tel：0537-2653168
山东新河矿业有限公司
地址：山东省济宁经济开发区嘉诚路58号
……………………Tel：0537-2750020
山东唐口煤业有限公司
地址：济宁市任城区南张镇李庙村
……………………Tel：0537-2759025
山推铸钢有限公司
地址：济宁市高新技术产业开发区327国道58号
……………………Tel：0537-2909118
华能嘉祥发电有限公司
地址：济宁市经济开发区嘉诚路60号
……………………Tel：0537-2915096
山东祥通橡塑集团有限公司
地址：济宁市高新区凯旋路1号
……………………Tel：0537-2935111
如意正尚（枣庄）投资控股有限公司
地址：山东省枣庄市山亭区商贸城B区3-10号房
……………………Tel：0537-2935619
山东大嘉建设工程有限公司
地址：济宁市建设北路133号
……………………Tel：0537-2968036
山东鲁泰化学有限公司
地址：山东省鱼台县张黄镇鹿洼工业园内
……………………Tel：0537-3118815
微山县创达投资建设集团有限公司
地址：山东省济宁市微山县经济开发区金源路15号创达高科园4号楼2层
……………………Tel：0537-3180688
山东润峰集团有限公司
地址：微山县欢城镇西门外
……………………Tel：0537-3187520
山东圣源房地产开发有限公司
地址：山东省济宁市曲阜市小雪街道大成路68号休闲广场5区6号3楼
……………………Tel：0537-3191599
山东山能地质矿产勘探有限公司
地址：济宁高新区黄屯镇第九工业园
……………………Tel：0537-3206119
山东海达开发建设股份有限公司
地址：山东省济宁市高新区海川路9号D1楼2层
……………………Tel：0537-3255186
肥城矿业集团杨营能源有限责任公司
地址：梁山县杨营镇王连坡村
……………………Tel：0537-3389689
山东恒天再生资源有限公司
地址：济宁市兖州区新兖镇六股路村南
……………………Tel：0537-3635199
山东鑫隆管业有限公司
地址：泗水县金庄镇卞家庄村
……………………Tel：0537-4039888
泗水泗河源文化旅游开发有限责任公司
地址：山东省济宁市泗水县泗河办泉鑫路济宁银行西侧楼二楼
……………………Tel：0537-4233517
山东土地集团（泗水）有限公司
地址：山东省济宁市泗水县圣水峪镇北东野村
……………………Tel：0537-4273434
泗水天石建材有限公司
地址：山东省济宁市泗水县济河办光明路南首
……………………Tel：0537-4289058
济宁圣源水务投资发展集团有限公司
地址：山东省济宁市泗水县济河办圣哲路12号
……………………Tel：0537-4369376
山东曲阜农村商业银行股份有限公司
地址：山东省曲阜市大成路南首
……………………Tel：0537-4496176
山东裕隆煤电有限公司
地址：曲阜市西郊
……………………Tel：0537-4546789
润峰电力有限公司
地址：山东省微山经济开发润峰工业园
……………………Tel：0537-5036866
兖矿峄山化工有限公司（破产清算）
地址：山东省邹城市南郊
……………………Tel：0537-5116986
山东源运通矿山装备科技有限公司
地址：邹城市西外环路中段1860号
……………………Tel：0537-5316088
邹城润鑫机电制造有限公司
地址：邹城市中心科技产业园西外环路5899号
……………………Tel：0537-5316789
山东虹昊机电设备有限公司
地址：邹城市虹昊路208号
……………………Tel：0537-5373889
兖矿能源集团股份有限公司
地址：邹城市凫山南路298号
……………………Tel：0537-5382319
山东能源集团有限公司
地址：山东省济南市高新区舜华路28号
……………………Tel：0531-62355098
兖矿东华集团有限公司
地址：山东省济宁市邹城市东滩路519号
……………………Tel：0537-5388728
山东兖矿国际焦化有限公司
地址：山东省济宁市兖州区国际大道1号
……………………Tel：0537-5663923
山东经达科技产业发展有限公司
地址：济宁高新区海川路9号
……………………Tel：0537-5666581
山东东山王楼煤矿有限公司
地址：山东省济宁市任城区喻屯镇王楼村北
……………………Tel：0537-5668308
兖煤蓝天清洁能源有限公司
地址：山东省济宁市邹城市高新技术开发区北宿煤矿工会楼西一层(北宿镇共建路16号)
……………………Tel：0537-5930526
邹城市利民建设发展集团有限公司
地址：山东省济宁市邹城市孟子湖新区仁德路邹城双创园区999号
……………………Tel：0537-3267988
山东鱼台农村商业银行股份有限公司
地址：山东省鱼台县湖陵二路西北环路南
……………………Tel：0537-6218155
山东土地集团济宁有限公司
地址：济宁高新区海川路9号T3楼15层1507号
……………………Tel：0537-6589598
山东宏河控股集团有限公司
地址：山东省济宁市邹城市宏泰路199号
……………………Tel：0537-6760966
肥城矿业集团梁宝寺能源有限责任公司
地址：山东省济宁市嘉祥县梁宝寺镇
……………………Tel：0537-6770135
汶上开元控股集团有限公司
地址：汶上县城圣泽大街
……………………Tel：0537-7215667
汶上县民泰新农村建设投资有限公司
地址：汶上县城政和路中段路北
……………………Tel：0537-7218167
汶上县润泽建设工程投资有限公司
地址：山东省济宁市汶上县政和路中段（开元大厦）
……………………Tel：0537-7220118
济宁港航梁山港有限公司
地址：梁山县寿张集镇政府院内
……………………Tel：0537-7690988
山东正昌源工贸有限公司
地址：汶上县郭楼镇水口村
……………………Tel：0537-7912222
山东微山农村商业银行股份有限公司
地址：山东省微山县奎文东路30号
……………………Tel：0537-8226950
山东省微山湖矿业集团有限公司
地址：山东省济宁市微山县新河北街2号
……………………Tel：0537-8610019
山东润强新能源有限公司
地址：山东省济宁市微山县经济开发区泰康25号
……………………Tel：0537-8699008
山东嘉寓润峰新能源有限公司
地址：山东省微山经济开发区润峰工业园
……………………Tel：0537-8699008
山东润银生物化工股份有限公司
地址：东平县彭集镇
……………………Tel：0538-2417310
兖矿东平陆港有限公司
地址：山东省泰安市东平县彭集街道财智大厦
……………………Tel：0538-2587688
山东东平农村商业银行股份有限公司
地址：山东省泰安市东平县城稻香街1号
……………………Tel：0538-2850760
山东东平宏达矿业有限公司
地址：山东省泰安市东平县彭集街道鲁屯村
……………………Tel：0538-2859666
肥城矿业集团有限责任公司
地址：山东省肥城市王瓜店镇
……………………Tel：0538-3127004
肥城肥矿煤业有限公司
地址：山东省泰安市肥城市王瓜店街道办事处创业路287号
……………………Tel：0538-3135991
山东东岳能源有限公司
地址：山东省肥城市王瓜店镇
……………………Tel：0538-3127909
山东军辉建设集团有限公司
地址：山东省泰安市肥城市仪阳工业园区
……………………Tel：0538-3162197
山东宇兴建设有限公司
地址：泰安肥城市边家院镇驻地
……………………Tel：0538-3210898
山东隆源瑞腾企业管理有限公司
地址：肥城市泰临路098号
……………………Tel：0538-3306187
山东恒基新型材料有限公司
地址：肥城市高新技术开发区康汇大街以东、创业路南
……………………Tel：0538-3391788
石横特钢集团有限公司
地址：泰安肥城市石横镇
……………………Tel：0538-3692512
肥城石横特钢机械制造有限公司
地址：肥城市石横镇中高余
……………………Tel：0538-3692453
泰安启程车轮制造有限公司
地址：泰安市泰山区东部新区
……………………Tel：0538-5059210
山东金阳矿业集团有限公司
地址：泰安市宁阳县葛石镇夏庄村北
……………………Tel：0538-5525066
山东彩山铝业有限公司
地址：山东省泰安市宁阳县经济开发区虎威路6号
……………………Tel：0538-5823958
山东大明协好金属科技有限公司
地址：山东省泰安市开发区南天门大街中国泰山高端人才创业基地
……………………Tel：0538-6050677
泰安坤泰矿业有限公司
地址：山东省泰安市肥城市安临站镇东虎门村
……………………Tel：0538-6050765
泰安四方矿产开发有限公司
地址：山东省泰安市肥城市安临站镇东虎门村
……………………Tel：0538-6050765
山东钰镪地质资源勘查开发有限责任公司
地址：山东省泰安市泰山区东岳大街431号
……………………Tel：0538-6185878
山东泰山能源有限责任公司
地址：山东省泰安市新泰市翟镇董家庄翟家庄
……………………Tel：0538-6393019
泰安市岱岳区农村信用合作联社
地址：泰安市开元路中段路东

……………………Tel：0538-6563679

鲁钢钢铁有限公司
地址：泰安市泰山区泰前街道御碑楼社区商业楼
……………………Tel：0538-6995786

新泰统筹鑫焱能源有限公司
地址：山东省泰安市新泰市禹村镇新禹路18号
……………………Tel：0538-7233393

山东鑫明利矿用机械有限公司
地址：山东省泰安市羊流工业区
……………………Tel：0538-7442398

泰安市岱岳区三和小额贷款有限公司
地址：泰安市泰山大街中段
……………………Tel：0538-7770888

山东能源重型装备制造集团有限责任公司
地址：山东省泰安高新区泰山科技城B区6号楼
……………………Tel：0538-7825829

山东立业机械装备有限公司
地址：新泰市经济开发区（发展大道中段路东）
……………………Tel：0538-7827028

新汶矿业集团有限责任公司
地址：山东新泰市新汶
……………………Tel：0538-7829190

新汶矿业集团物资供销有限责任公司
地址：山东新泰新汶办事处
……………………Tel：0538-7839147

泰安沪农商村镇银行股份有限公司
地址：泰安市长城路中段名仕尚座A8
……………………Tel：0538-8067677

山东舜世高科实业有限公司
地址：泰安市岱岳区满庄镇泰山钢材大市场
……………………Tel：0538-8107670

泰安市泰山矿产资源开发投资有限公司
地址：泰安市岱岳区粥店街道办事处驻地（办公楼西侧三楼）
……………………Tel：0538-8297687

泰安岱岳农村商业银行股份有限公司
地址：山东省泰安市岱岳区财兴街90号
……………………Tel：0538-8563679

泰安市岱岳区天颐小额贷款有限公司
地址：泰安市长城路华易青年城广场沿街商业楼
……………………Tel：0538-8781777

泺亨（泰安）物流有限公司
地址：泰安高新区长城路699号
……………………Tel：0538-8933027

五矿安科（山东）管业科技有限公司
地址：高新区长城路南段
……………………Tel：0538-8938655

济钢集团石门铁矿有限公司
地址：兰陵县鲁城乡石门
……………………Tel：0539-2038667

山东合盛汇能产业园开发有限公司
地址：沂水县沂水镇长安庄
……………………Tel：0539-2205606

沂水城市建设投资集团有限公司
地址：山东省临沂市沂水县鑫华路北中区（县财政局沿街楼37号207）
……………………Tel：0539-2226006

临沂京华矿业有限公司
地址：依汶镇隋安村
……………………Tel：0539-2658167

蒙阴中山矿业有限公司
地址：蒙阴县坦埠镇沙沟村
……………………Tel：0539-2658167

莱芜钢铁集团鲁南矿业有限公司
地址：沂水县诸葛镇
……………………Tel：0539-2753131

山东兴盛矿业有限责任公司
地址：沂水县杨庄镇秦家庄村
……………………Tel：0539-2856288

临沂三德特钢有限公司
地址：山东省临沂市沂南县大庄镇驻地（壶井一道东侧）
……………………Tel：0539-3518899

山东银光钰源轻金属精密成型有限公司
地址：山东省费县经济开发区岩滨大道东侧
……………………Tel：0539-5057038

临沂鑫海新型材料有限公司
地址：山东省临沂市莒南县临港产业园中心大道北段
……………………Tel：0539-5253277

费县城乡建设投资集团有限公司
地址：山东省临沂市费县费城文化路18号
……………………Tel：0539-5802708

临沭城乡建设投资集团有限公司
地址：山东省临沂市临沭县临沭街道印象城国际大厦10楼1010室
……………………Tel：0539-6216013

临沭县宝川矿业有限公司
地址：山东省临沂市临沭县正源北路21号
……………………Tel：0539-6216013

郯城县土地发展集团有限公司
地址：山东省临沂市郯城县北环路57号509室
……………………Tel：0539-6220671

力士德工程机械股份有限公司
地址：临沭县常林西大街112号
……………………Tel：0539-6261097

山东顺和国际物流有限公司
地址：山东省临沂市兰山区义堂镇小义堂村
……………………Tel：0539-6372222

临沂恒昌焦化股份有限公司
地址：临沂市罗庄区褚墩镇
……………………Tel：0539-6707903

山东天久矿业有限公司
地址：山东省临沂市郯城县庙山镇立朝村山场
……………………Tel：0539-6826888

山东中庆幸福百年投资集团有限公司
地址：山东省临沂市兰山区红旗路73号
……………………Tel：0539-6826888

临沂钢铁国际贸易有限公司
地址：山东省临沂市综合保税区沂河三路2号楼一层B单元1210-016
……………………Tel：0539-7053152

临沂投资发展集团有限公司
地址：山东省临沂市兰山区北城新区临沂商会大厦1号楼701
……………………Tel：0539-7055011

临沂钢铁投资集团有限公司
地址：山东省临沂市临港经济开发区人民路中兴商务大厦101
……………………Tel：0539-7055017

临沂市罗庄区城市建设投资开发有限公司
地址：罗庄区湖东二路西侧（国土罗庄分局土地矿产交易中心4楼）
……………………Tel：0539-7086613

临沂江鑫钢铁有限公司
地址：罗庄区沈泉庄工业园
……………………Tel：0539-7106933

临沂矿业集团有限责任公司
地址：山东省临沂市罗庄区商业街路69号
……………………Tel：0539-7108019

山东东山矿业有限责任公司
地址：临沂市罗庄区商业街路69号
……………………Tel：0539-7108019

临沂天工建筑安装工程有限公司
地址：山东省临沂市罗庄区科技大道0005号1号楼101
……………………Tel：0539-7110169

日照钢铁供水有限公司
地址：山东日照岚山区虎山镇驻地东
……………………Tel：0539-7260063

山东建诚建设集团有限公司
地址：临沂市兰山区聚才三路中段
……………………Tel：0539-7322255

山东玻纤集团股份有限公司
地址：临沂市沂水县工业园
……………………Tel：0539-7369666

山东鑫海科技股份有限公司
地址：莒南县经济开发区
……………………Tel：0539-7516666

山东临港有色金属有限公司
地址：临沂临港产业区（莒南县坪上镇）
……………………Tel：0539-7556788

临商银行股份有限公司
地址：山东省临沂市兰山区北京路37号
……………………Tel：0539-7877733

山东土地集团（兰山）有限公司
地址：山东省临沂市兰山上海路府东大厦B25楼
……………………Tel：0539-8036095

临沂市国有资产投资控股集团有限公司
地址：临沂市北城新区沂蒙北路环球国际商务中心
……………………Tel：0539-8076906

山东临沂国际金属生态城有限公司
地址：临沂市河东区八湖镇刘店子村
……………………Tel：0539-8098895

临沂城投产业控股集团有限公司
地址：山东省临沂市兰山区北京路8号17楼1705室
……………………Tel：0539-8128795

临沂市天信融资担保有限公司
地址：临沂经济技术开发区沂河路125号
……………………Tel：0539-8321186

山东万城集团有限公司
地址：临沂市兰山区北城新区沂州花园D1号楼401
……………………Tel：0539-8356611

临沂市河东区人民医院有限公司
地址：临沂市河东区九曲安居街133号
……………………Tel：0539-8380263

山东勤朗国际贸易有限公司
地址：山东省临沂市罗庄区盛庄办事处红土屯村0314号4号楼
……………………Tel：0539-8550018

山东物商集团有限公司
地址：山东省临沂市罗庄区盛庄街道清河南路
……………………Tel：0539-8590591

临沂城市发展集团有限公司
地址：山东省临沂市北城新区上海路与孝河路交汇北200米路西城开大厦
……………………Tel：0539-8613900

临沂市兰山区金升小额贷款股份有限公司
地址：临沂市兰山区武汉路与马陵山路交汇
……………………Tel：0539-8615919

山东金升有色集团有限公司
地址：山东省临沂经济技术开发区梅埠办事处华夏路110号
……………………Tel：0539-8618338

山东蒙山铝业有限公司
地址：临沂市兰山区枣沟头工业园
……………………Tel：0539-8632377

临沂市三和实业发展有限公司
地址：山东省临沂市兰山区北城新区北京路17号行政服务中心
……………………Tel：0539-8727295

临沂河东丰城土地开发整理有限公司
地址：临沂市河东区滨河东路与解放东路交叉口东南100米领秀豪庭
……………………Tel：0539-8819616

临沂城发国际贸易有限公司
地址：山东省临沂综合保税区沂河一路与蒙山四路交汇东南
……………………Tel：0539-8870081

山东土地集团临沂有限公司
地址：山东省临沂市兰山柳青街道上海路与汶河路府东大厦B座26楼
……………………Tel：0539-8969691

滨州新格有色金属有限公司
地址：山东省邹平市经济技术开发区金玉大道以南月河三路以西
……………………Tel：0543-2101111

山东万事达建筑钢品股份有限公司
地址：山东省博兴县经济开发区
……………………Tel：0543-2165093

山东汇金彩钢有限公司
地址：山东省滨州市博兴县店子董官村
……………………Tel：0543-2165378

山东万事达涂镀应用艺术有限公司
地址：山东省博兴县经济开发区兴博五路800号
……………………Tel：0543-2165766

山东中城鑫辉实业有限公司
地址：山东省滨州市博兴县店子工业园聚鑫源路58号
……………………Tel：0543-2165780

博兴县汇诚小额贷款有限公司
地址：山东省滨州市博兴县博城八路与大营村委路口向北388米路东
……………………Tel：0543-2166888

山东邹金土地发展有限公司
地址：山东省滨州市邹平市黄山街道办事处鹤伴二路888号109室
……………………Tel：0543-2188608

博兴县惠丰小额贷款有限公司
地址：博兴县博昌街道乐安大街653号
……………………Tel：0543-2266080

山东省博兴县华鲁钢铁有限公司
地址：山东省滨州市博兴县兴福镇白铁市场6路东首
……………………Tel：0543-2267808

山东鑫泰新材料科技有限公司
地址：博兴县经济开发区工业五路六路之间
……………………Tel：0543-2269881

山东泰丰节能新材料股份有限公司
地址：博兴县经济开发区
……………………Tel：0543-2283928

山东益泰新材料科技有限公司
地址：山东省滨州市博兴县经济开发区兴博四路南兴业四路东
……………………Tel：0543-2283938

山东省博兴县鑫达建设投资开发有限公司
地址：博兴县博城三路185号
……………………Tel：0543-2300026

博兴县方圆控股集团有限公司
地址：山东省滨州市博兴县博昌街道博城三路185号
……………………Tel：0543-2300026

山东京博控股集团有限公司
地址：博兴县经济开发区
……………………Tel：0543-2313130

山东博兴农村商业银行股份有限公司
地址：滨州市博兴县博城五路522号
……………………Tel：0543-2329616

山东联众商用厨具有限公司
地址：博兴县兴福厨具产业园
……………………Tel：0543-2378598

山东省博兴县云光钢铁有限公司
地址：兴福镇工业园
……………………Tel：0543-2420828

山东省博兴县名扬新型材料有限公司
地址：兴福镇工业园
……………………Tel：0543-2425368

山东舜鑫达新型建材有限公司
地址：博兴县兴福镇兴二村
……………………Tel：0543-2567889

山东京博云商物流有限公司
地址：博兴县经济开发区
……………………Tel：0543-2872308

山东金利厨房设备有限公司
地址：博兴县兴福镇南吴村
……………………Tel：0543-2883219

山东汇泉厨业有限公司
地址：山东省博兴县兴福镇汇泉路788号
……………………Tel：0543-2889576

山东金富泰钢铁有限公司
地址：博兴县店子工业园
……………………Tel：0543-2912810

滨州祥华贸易有限公司
地址：山东省滨州市滨城区渤海五路北首汉庭连锁酒店418室
……………………Tel：0543-3658118

山东邹平长城能源科技有限公司
地址：邹平县码头镇
……………………Tel：0543-4269280

山东铁雄冶金科技有限公司
地址：山东省滨州市邹平县城北
……………………Tel：0543-4300028

山东长星集团有限公司
地址：山东省邹平市长山镇三里河
……………………Tel：0543-4369999

山东广富集团有限公司
地址：山东省滨州市邹平市青龙山工业园
……………………Tel：0543-4579346

山东博纳新报废汽车拆解有限公司
地址：山东省滨州市邹平县长山镇驻地
……………………Tel：0543-4860308

邹平长丰钢铁有限公司
地址：邹平县长山镇
……………………Tel：0543-4851068

山东邹平钢铁集团有限公司
地址：邹平县长山镇驻地
……………………Tel：0543-4859168

山东传洋集团有限公司
地址：山东省滨州市邹平县长山镇驻地
……………………Tel：0543-4859168

西王特钢有限公司
地址：山东省邹平市西王工业园
……………………Tel：0543-4866666

山东省博兴县鲁阳钢铁有限公司
地址：博兴县吕艺镇工业园
……………………Tel：0543-5032197

山东中悦薄板科技有限公司
地址：山东省滨州市博兴县经济开发区
……………………Tel：0543-5032271

山东鲁北企业集团总公司
地址：无棣县埕口镇东侧
……………………Tel：0543-6451057

无棣博海热力有限公司
地址：无棣县埕口镇山东鲁北企业集团总公司院内
……………………Tel：0543-6458071

山东创新集团有限公司
地址：山东省滨州市邹平市会仙五路东首北侧
……………………Tel：0543-6981801

东营市垦利区自然资源综合开发集团有限公司
地址：山东省东营市垦利区胜兴路18号7楼
……………………Tel：0546-2880687

山东尚能实业有限公司
地址：广饶县经济技术开发区
……………………Tel：0546-2956013

东营市河口区土地储备开发有限公司
地址：山东省东营市河口区海宁路21号
……………………Tel：0546-3998588

山东安泰建筑筑路工程有限公司
地址：利津县陈庄镇商业街中心路口
……………………Tel：0546-5651938

富海集团有限公司
地址：东营市河口区黄河路37号
……………………Tel：0546-6083666

山东睿正新材料有限公司
地址：广饶经济开发区綦公路与文安路交汇处
……………………Tel：0546-6086777

东营月河房地产开发有限责任公司
地址：山东省东营市东营区运河路386号101室
……………………Tel：0546-6328888

山东驰扬新材料科技有限公司
地址：广饶县稻庄镇生态高效经济园区
……………………Tel：0546-6497966

东营正一汽车配件有限公司
地址：广饶县稻庄镇段河三村
……………………Tel：0546 6498638

山东沃森橡胶有限公司
地址：广饶县大王镇李桥西村
……………………Tel：0546-6893527

东营金玺铜业有限公司
地址：广饶县广码路闫口段北侧
……………………Tel：0546-7079009

山东海泽石油化工有限公司
地址：山东省东营市开发区府前大街55号A座17楼1701-1712室
……………………Tel：0546-7265046

东营广兴石油装备有限公司
地址：东营市垦利区广兴路217号

……………………Tel：0546-7738198

山东黄河三角洲矿盐化工有限公司
地址：东营市垦利开发区经一路以西、广兴路以北
……………………Tel：0546-7763576

山东赛纳石油科技有限公司
地址：山东省东营市东营区胜利工业园现河路与峨眉山路丁字路口向南300米路东
……………………Tel：0546-7787012

华泰集团有限公司
地址：广饶县大王镇
……………………Tel：0546-7798755

山东科瑞石油装备有限公司
地址：山东省东营市南二路233号
……………………Tel：0546-8179686

东营农村商业银行股份有限公司
地址：山东省东营市东营区南一路282号
……………………Tel：0546-8201721

山东万通石油化工集团有限公司
地址：东营区郝纯路
……………………Tel：0546-8288666

东营鲁方金属材料有限公司
地址：东营市东营区养殖区骨干路22号
……………………Tel：0546-8325868

山东方圆有色金属科技有限公司
地址：东营市东营区黄河路38号大学科技园生态谷4号楼
……………………Tel：0546-8328127

东营康曼贸易有限公司
地址：山东省东营市开发区浏阳河路99号
……………………Tel：0546-8328197

中国石化集团胜利石油管理局有限公司
地址：东营市东营区济南路125号
……………………Tel：0546-8555313

胜利油田物华实业发展有限公司
地址：山东省东营市东营区西二路120号
……………………Tel：0546-8703522

东营市鑫瑞达工贸有限公司
地址：东营区淄博路西首路南
……………………Tel：0546-8980258

青岛陆海能源股份有限公司
地址：山东省青岛市黄岛区海青镇碧雪春路135号
……………………Tel：0554-26901860

山东港口陆海国际物流集团有限公司
地址：中国（山东）自由贸易试验区济南片区经十路11001号中国人寿大厦南楼27层
……………………Tel：0571-86821517

中宇民天核石墨能源科技有限公司
地址：荣成市荷田东路158号
" ……………………Tel：0631-7561390
"

国泰海洋石化产业有限公司
地址：山东省日照市经济开发区北京路鲁南国际贸易航运中心A座1403-6
……………………Tel：0591-87517808

威海热电集团有限公司
地址：威海市古寨西路158号
……………………Tel：0631-3785311

山东港口威海港有限公司
地址：山东省威海经济技术开发区海埠路-288-4号
……………………Tel：0631-5236799

威海华达能源投资有限公司
地址：山东省威海市环翠区竹岛街道海滨中路19-9号401室
……………………Tel：0631-5326466

威海产业投资集团有限公司
地址：山东省威海市经济技术开发区皇冠街道青岛中路140号A座
……………………Tel：0631-5351103

邹平祥诚能源科技有限公司
地址：山东省滨州市邹平县码头镇驻地
……………………Tel：0631-5351103

威海小树能源有限公司
地址：山东省威海市经济技术开发区崮山镇皂埠村威海三进船业有限公司办公楼7楼
……………………Tel：0631-5380047

威海三进船业有限公司
地址：威海市经区崮山镇
……………………Tel：0631-5380288

莱州金盛矿业投资有限公司
地址：山东省烟台市莱州市金城镇焦家村
……………………Tel：0535-2738012

莱州汇金矿业投资有限公司
地址：山东省烟台市莱州市朱桥镇朱桥村
……………………Tel：0631-5650065

威高集团（威海）医用制品材料供应有限公司
地址：山东省威海市火炬高技术产业开发区兴山路18号
……………………Tel：0631-5716906

威海昌星电子有限公司
地址：威海经济技术开发区昌星路-1-1号
……………………Tel：0631-5905929

威海东晗电子有限公司
地址：威海经济技术开发区昌星路-1-5号
……………………Tel：0631-5905950

乳山市财金资产运营有限公司
地址：山东省威海市乳山市胜利街83号
……………………Tel：0631-6650096

乳山市国有资本运营有限公司
地址：山东省威海市乳山市府前路12号
……………………Tel：0631-6655028

山东乳山维多利亚海湾旅游开发股份有限公司
地址：乳山市海阳所镇驻地（龙海山庄）
……………………Tel：0631-6798088

好当家集团有限公司
地址：山东省荣成市虎山镇沙嘴子
……………………Tel：0631-7438071

朱口集团有限公司
地址：荣成市人和镇朱口村
……………………Tel：0631-7453001

威海蓝创进出口有限公司
地址：山东省威海市南海新区现代路北、畅海路东
……………………Tel：0631-8966689

微山湖湿地集团有限公司
地址：滕州市滨湖经济技术开发区
……………………Tel：0632-2610012

山东丰源远航煤业有限公司
地址：枣庄市峄城区榴园镇王庄村
……………………Tel：0632-3030030

枣庄市国有资产经营有限公司
地址：枣庄市光明大道2621号嘉汇大厦5楼A区
……………………Tel：0632-3357199

枣庄农村商业银行股份有限公司
地址：山东省枣庄市薛城区民生路766号
……………………Tel：0632-3832185

盛隆化工有限公司
地址：滕州市西岗镇
……………………Tel：0632-4057176

枣庄矿业集团高庄煤业有限公司
地址：济宁市微山县付村镇
……………………Tel：0632-4068530

枣庄矿业集团新安煤业有限公司
地址：济宁市微山县留庄镇
……………………Tel：0632-4069725

枣庄矿业集团中兴建安工程有限公司
地址：薛城区长江东路619号
……………………Tel：0632-4082529

山东中兴能源有限责任公司
地址：山东省枣庄市薛城区泰山南路118号
……………………Tel：0632-4083254

枣庄矿业（集团）有限责任公司
地址：山东省枣庄市薛城区泰山南路
……………………Tel：0632-4083254

枣庄金正实业有限公司
地址：山东省枣庄市薛城区邹坞镇北陈郝村
……………………Tel：0632-4517666

山东北大医疗产业集团枣矿医院管理有限公司
地址：山东省枣庄高新区锦水长街（互联网小镇）6号楼202室
……………………Tel：0632-5191860

山东滕州辰龙能源集团有限公司
地址：山东省枣庄市滕州市北辛街道善国路70号
……………………Tel：0632-5512180

山东滕州农村商业银行股份有限公司
地址：滕州市善国南路76号
……………………Tel：0632-5583411

山东王晁煤电集团有限公司
地址：枣庄市台儿庄区华阳路西文化路南
……………………Tel：0632-6619221

山东尧程科技股份有限公司
地址：枣庄市台儿庄区涧头集镇台南工业园（206国道南侧）
……………………Tel：0632-8025818

八亿橡胶有限责任公司
地址：枣庄高新产业技术开发区天安一路1529号
……………………Tel：0632-8182022

枣庄八一水煤浆热电有限责任公司
地址：枣庄市高新技术产业开发区
……………………Tel：0632-8182128

航天智讯新能源（山东）有限公司
地址：山东省枣庄高新区兴仁街道光明西路1699号
……………………Tel：0632-8261819

海特电子集团有限公司
地址：枣庄高新区复元五路西侧
……………………Tel：0632-8599985

山东泉兴能源集团有限公司
地址：枣庄市高新区光源路77号
……………………Tel：0632-8635555

润恒光能有限公司
地址：枣庄高新区光明路（枣庄高新区科技大厦）
……………………Tel：0632-8663456

日照兴华石油化工有限公司
地址：山东省日照市岚山区新天地阿掖山大厦1207-3室
……………………Tel：0633-2180262

日照新格有色金属有限公司
地址：山东省日照市经济技术开发区成都路300号
……………………Tel：0633-2181111

日照港岚北港务有限公司
地址：日照市岚山区虎山镇东、龙王河南
……………………Tel：0633-2191008

山东兖煤日照港储配煤有限公司
地址：日照市黄海一路86号
……………………Tel：0633-2207827

山东迪孚石油化工有限公司
地址：山东省日照市东港区海曲东路与绿舟路交汇处日照国际财富中心36层
……………………Tel：0633-2214456

日照岚桥石油化工有限责任公司
地址：山东省日照市岚山区岚山头街道童海路北首
……………………Tel：0633-2660958

山东昌华实业发展有限公司
地址：山东省日照市岚山区安东卫街道办驻地
……………………Tel：0633-2685805

山东晋发能源有限公司
地址：山东省日照市经济开发区天津路99号
……………………Tel：0633-2952310

日照钢铁供应有限公司
地址：山东省日照市岚山区虎山镇滨海路600号
……………………Tel：0633-2969682

山东素米石油化工有限公司
地址：山东省日照市东港区潍坊路126号富阳小区沿街D段
……………………Tel：0633-2971911

日照海恩锯业有限公司
地址：山东省日照市东港北园二路69号（市高科园内）
……………………Tel：0633-3228801

山东一步集团有限公司
地址：山东省日照市东港区海滨二路东侧005幢101号
……………………Tel：0633-3637222

山东六邦实业有限公司
地址：山东省日照市岚山区虎山镇朱家官庄村
……………………Tel：0633-3675878

日照兴业集团有限公司
地址：山东省日照市济南路257号兴业大厦A座25楼
……………………Tel：0633-3698801

山东中岚铁路运营有限公司
地址：山东省日照市岚山区岚山东路东首（岚山头街道秦家官庄）
……………………Tel：0633-3978077

山东顺达翰机械制造有限公司
地址：日照市五莲县街头镇驻地
……………………Tel：0633-5561752

山东华拓国际贸易有限公司
地址：山东省日照市经济开发区北京路西天津路南（万基国际商住楼）001幢02单元02-1007号
……………………Tel：0633-6109666

中商华展实业发展有限责任公司
地址：山东省日照市东港区石臼街道海曲东路396号日照国际财富中心第8层0805-30#
……………………Tel：0633-6109688

日照宝华新材料有限公司
地址：山东省日照市岚山区虎山镇厦门路以西、玉泉二路以东、钢城大道以南、化工大道以北
……………………Tel：0633-6181888

日照钢铁控股集团有限公司
地址：山东省日照市岚山区滨海路600号
……………………Tel：0633-6181888

日照京华海洋工程机械制造有限公司
地址：山东省日照市滨海路600号（岚山区虎山镇驻地东）
……………………Tel：0633-6181888

日照钢铁轧钢有限公司
地址：日照市沿海路600号(岚山港北工业园)
……………………Tel：0633-6181888

日照旭日发电有限公司
地址：山东省日照市岚山区日照工业园（虎山镇）
……………………Tel：0633-6181888

临沂市兴华商贸有限公司
地址：蒙阴经济开发区汶河2路
……………………Tel：0633-6181888

日照型钢有限公司
地址：山东省日照市岚山区滨海路600号
……………………Tel：0633-6188060

日照钢铁有限公司
地址：山东省日照市岚山区滨海路600号
……………………Tel：0633-6188060

莒县国有资本控股集团有限公司
地址：山东省日照市莒县城阳北路285号
……………………Tel：0633-6229956

山东庚德矿产品有限公司
地址：日照市北京路377号临港工业大厦16楼18-22号房间
……………………Tel：0633-7070568

日照港山钢码头有限公司
地址：山东省日照市上海路南海滨五路东（幢号：001）812.813号
……………………Tel：0633-7381679

山东土地集团日照有限公司
地址：山东省日照市东港区济南路257号兴业财富广场A座14楼
……………………Tel：0633-7666701

山东土地集团（五莲）有限公司
地址：山东省日照市五莲县富强路1号
……………………Tel：0633-7668806

莒县城市建设投资集团有限公司
地址：山东省日照市莒县城阳街道沭河公园内、莒安大桥北临（沭河西路以东）
……………………Tel：0633-7880800

日照市融资担保股份有限公司
地址：山东省日照市东港区石臼街道海曲东路396号日照国际财富中心第57层
……………………Tel：0633-7893003

日照金贸资产管理有限公司
地址：山东省日照市东港区石臼街道海曲东路396号日照国际财富中心57层
……………………Tel：063-37893022

日照保利富泰石油有限公司
地址：山东省日照市东港区山海路388号清大华创科技大厦六楼
……………………Tel：0633-7897117

山东钢铁集团日照有限公司
地址：山东省日照市东港区临钢路1号
……………………Tel：0633-7920587

山东中坛国际物流有限公司
地址：山东省日照市东港区海曲路与绿舟路交汇处兴业喜来登广场6号东座
……………………Tel：0633-7973169

山东沪港建业房地产开发有限公司
地址：山东省日照市东港区秦楼街道泰安路与文登路交汇处望海国际公寓222室
……………………Tel：0633-7988882

山东日照中瑞国际物流有限公司
地址：山东省日照市国际海洋城涛雒物流发展中心
……………………Tel：0633-8105887

山焦销售日照有限公司
地址：山东省日照市东港区石臼街道上海路917号日照国际商贸中心B座801室
……………………Tel：0633-8175022

日照市东港区农村信用合作联社
地址：山东省日照市东港区海曲中路55号
……………………Tel：0633-8258016

山西潞安矿业（集团）日照国贸有限公司
地址：山东省日照市东港区海滨五路12号
……………………Tel：0633-8320222

金马工业集团股份有限公司
地址：日照市上海路399号
……………………Tel：0633-8326948

金马汽车零部件有限公司
地址：山东省日照市经济开发区上海路399号
……………………Tel：0633-8326948

山东成华集团有限公司
地址：山东省日照市东港区临沂路西侧、山海二路北侧
……………………Tel：0633-8351387

日照传化交通公路港物流有限公司
地址：山东省日照市东港区上海西路777号
……………………Tel：0633-8555800

日照银行股份有限公司
地址：日照市烟台路197号
……………………Tel：0633-8781988

山东庆安建设有限公司
地址：山东省日照市东港区石臼街道北京路228号荣安大厦五楼
……………………Tel：0633-8853619

莱芜市金恒粉末冶金材料有限公司
地址：山东省莱芜市钢城区园区路11号1幢
……………………Tel：0634-75607166

山东阿尔普尔节能装备有限公司
地址：山东省济南市莱芜区口镇汇河大道669号
……………………Tel：0634-5610059

山东然胜钢铁有限公司
地址：山东省济南市莱芜区口镇官水河村
……………………Tel：0634-5682688

山东宝鼎煤焦化有限公司
地址：济南市莱芜区羊里镇仪封村村西
……………………Tel：0634-5819077

山东乾硕国际贸易有限公司
地址：山东省济南市莱芜区叶家庄村以北、凤城西大街与莱城大道交汇处
……………………Tel：0634-5871123

山东嬴城控股集团有限公司
地址：山东省济南市莱芜区口镇澳门南路中段(嬴城集团大厦)
……………………Tel：0634-5878869

莱芜市万隆投资有限公司
地址：莱芜市钢城区颜庄镇西港村（原西港煤矿院内）
……………………Tel：0634-6057867

华能莱芜发电有限公司
地址：山东省济南市莱芜区高庄街道办事处对仙门村
……………………Tel：0634-6062146

山东泰山钢铁集团有限公司

地址：莱芜市新甫路1号
……Tel：0634-6193740

山东泰山不锈钢有限公司
地址：山东省济南市莱芜区新甫路1号
……Tel：0634-6195580

莱芜市金桥融资担保有限公司
地址：山东省莱芜市莱城区文化北路18号
……Tel：0634-6261000

山东鲁碧建材有限公司
地址：济南市钢城区颜庄镇驻地
……Tel：0634-6469633

山东富伦钢铁有限公司
地址：山东省济南市莱芜区羊里街道办事处政通路2号
……Tel：0634-6523305

济南市莱芜赢源水务有限公司
地址：山东省济南市莱芜区羊里街道办事处政通路2号
……Tel：0634-6523305

山东鲁中钢铁物流有限公司
地址：济南市钢城区里辛镇
……Tel：0531-76827817

山东莱钢物流发展有限公司
地址：山东省济南市钢城区南岭大街28号
……Tel：0531-76820785

莱芜钢铁集团金鼎实业有限公司
地址：济南市钢城区钢都大街东首
……Tel：0634-6821635

莱芜金鼎置业有限公司
地址：山东省济南市钢城区钢都大街东首
……Tel：0634-6821635

济南市钢城区鲁中小额贷款有限公司
地址：济南市钢城区钢都大街197号
……Tel：0634-6826107

山东莱钢节能环保工程有限公司
地址：济南市钢城区经济开发区（钢城大街10号1幢100）
……Tel：0634-6905999

莱芜钢铁集团机械制造有限公司
地址：莱芜市钢城区钢都大街西首
……Tel：0634-6929229

莱芜市强盛钢铁有限公司
地址：莱芜市高新区凤凰南路以东、规划路以北
……Tel：0634-8807007

济南市亿丰金属制品有限公司
地址：济南市莱芜经济开发区新兴东路9号
……Tel：0634-8817555

齐鲁电缆有限公司
地址：阳谷县黄河西路389号
……Tel：0635-2156069

山东阳谷巨龙新型材料有限公司
地址：山东阳谷祥光经济开发区
……Tel：0635-2159902

山东天弘益华商贸有限公司
地址：山东东阿经济开发区香江路与霞光路交叉口北500米路东（东阿方舟重型机械制造有限公司院内）
……Tel：0635-2176126

临清运河热电有限责任公司
地址：山东省聊城市临清市解放路东首
……Tel：0635-2412889

聊城市润丰矿产资源投资有限责任公司
地址：聊城市卫育路运河桥东北角
……Tel：0635-3481314

山东鑫华特钢集团有限公司
地址：姜楼镇工业园
……Tel：0635-3544598

信发集团铁路物流有限公司
地址：山东省聊城市茌平县信发街道顺河北街747号
……Tel：0635-4258077

山东省维斯德尔铝业有限责任公司
地址：茌平县温陈工业园
……Tel：0635-5068118

莘县安和冶金科技有限公司
地址：山东省聊城市莘县古云经济技术开发区（大张家镇东仓村）
……Tel：0635-5107999

山东冠县德耐管业有限公司
地址：冠县北四路北侧（烟庄）
……Tel：0635-5451799

山东聊城润昌农村商业银行股份有限公司
地址：山东省冠县冠宜春东路145号
……Tel：0635-5685908

山东正昊机械设备制造有限公司
地址：冠县梁堂乡杨寺地村
……Tel：0635-5871966

山东世汇国际贸易有限公司
地址：聊城市高新技术产业开发区长江路111号财金大厦10层-10室
……Tel：0635-7117179

阳谷宏祥投资有限公司
地址：阳谷县安乐镇刘庙
……Tel：0635-7136036

阳谷祥光铜业有限公司
地址：山东省阳谷县石佛镇祥光路1号
……Tel：0635-7135013

聊城祥光发电有限公司
地址：山东省聊城市阳谷县闫楼镇祥瑞热电厂对面、光明大道路西
……Tel：0635-7136062

山东祥光集团有限公司
地址：山东省阳谷县石佛镇祥光路
……Tel：0635-7136062

山东省祥瑞金属科技有限公司
地址：阳谷县石佛镇祥光路
……Tel：0635-7136064

阳谷宏昌实业有限公司
地址：山东省阳谷县凤祥工业园区
……Tel：0635-7136064

聊城盛富企业管理有限公司
地址：聊城市阳谷县安乐镇刘庙村
……Tel：0635-7136064

鑫鹏源智能装备集团有限公司
地址：聊城市凤凰工业园
……Tel：0635-8577833

山东力得汽车科技股份有限公司
地址：山东省聊城市东昌府区郑家工业园
……Tel：0635-8635688

河南省

河南省路桥建设集团有限公司
地址：商丘市梁园区新建南路43号
……Tel：0370-3121551

神隆宝鼎新材料有限公司
地址：河南省商丘市城乡一体化示范区张阁镇310国道以北、陆港三路以西、装备四路以南
……Tel：0370-3152016

国电民权发电有限公司
地址：民权县孙六乡孙六集
……Tel：0370-5062901

永城市广新源商贸有限公司
地址：永城市产业集聚区办公楼内（铝园路东新光明路南）
……Tel：0370-5175001

河南汇金源金属再生科技有限公司
地址：永城市产业集聚区铝园东路新光明路南
……Tel：0370-5175001

河南省正龙煤业有限公司
地址：河南省永城市产业集聚区总部经济楼（经营地址：河南省永城市宝塔路）
……Tel：0370-5195090

永煤集团股份有限公司
地址：河南省永城市光明路中段
……Tel：0370-5197001

永城煤电控股集团有限公司
地址：永城市光明路中段
……Tel：0370-5197001

河南省龙豫矿产勘查开发有限公司
地址：郑州市金水区郑汴路136号院综合楼18层
……Tel：0370-5197879

河南龙宇能源股份有限公司
地址：河南永城市产业集聚区芒山路中段
……Tel：0370-5137950

闽源钢铁集团有限公司
地址：永城市陈集镇陈双楼村
……Tel：0370-5837777

河南神火煤电股份有限公司
地址：河南永城新城区光明路
……Tel：0370-5982722

商丘富盛精密工业有限公司
地址：睢县产业集聚区电子信息产业园
……Tel：0370-6025678

河南晋开化工投资控股集团有限责任公司
地址：开封市祥符区新城路1号
……Tel：0371-22210025

开封龙宇化工有限公司
地址：开封市杞县葛岗镇
……Tel：0371-22277838

中国平煤神马集团开封兴化精细化工有限公司
地址：开封市禹王台区汪屯乡郑杞公路北侧
……Tel：0371-22633038

河南易成瀚博能源科技有限公司
地址：河南省开封市禹王台区开通公路东侧
……Tel：0371-22733909

开封平煤新型炭材料科技有限公司
地址：开封市顺河区东郊边村
……Tel：0371-22910968

开封威仕科材料技术有限公司
地址：开封市新区魏都路182号
……Tel：0371-23333900

中国平煤神马集团开封东大化工有限公司
地址：开封市郑汴路
……Tel：0371-23925016

兰考县城发实业有限公司
地址：兰考县朝阳路与兰阳北路交叉口普惠金融大厦5楼
……Tel：0371-26992998

开封市兰尉高速公路发展有限公司
地址：尉氏县十八里镇十八里街西300米
……Tel：0371-27487909

鹤壁中泰矿业有限公司
地址：中国河南省鹤壁市鹤壁集四矿工业广场
……Tel：0371-2916591

河南省国润能源集团有限公司
地址：郑州市郑东新区商务外环路17号22层2211号
……Tel：0371-53301697

郑州中阅供应链管理有限公司
地址：郑州市航空港区新港大道与舜英路交叉口大宗商品产业园2号楼4楼
……Tel：0371-53303182

郑州嘉瑞供应链管理有限公司
地址：郑州航空港区新港大道与舜英路交叉口兴瑞汇金国际2号楼4层
……Tel：0371-53627218

河南乐邦进出口贸易有限公司
地址：郑州高新区科学大道65号1幢5层8502号
……Tel：0371-55018391

河南国土建设发展有限公司
地址：郑州市郑东新区商鼎路70号河南省煤田科技中心大厦8楼
……Tel：0371-55131008

中原能矿东非矿业有限公司
地址：郑州高新技术产业开发区科学大道81号
……Tel：0371-55156990

河南中企联盟实业集团有限公司
地址：河南省郑州市金水区杨金路199号新科技市场6号楼4层1号
……Tel：0371-55185311

河南远海物流供应链有限公司
地址：平顶山市宝丰县产业集聚区
……Tel：0371-55287566

河南鸿冠汽车销售有限公司
地址：河南自贸试验区郑州片区（郑东）商都路116号华丰国际钢铁物流园不锈钢加工配送车间
……Tel：0371-55288390

河南省国土矿业有限公司
地址：河南自贸试验区郑州片区（郑东）商鼎路70号河南省煤田地质局17楼1713号
……Tel：0371-55292366

河南安钢大厦有限公司
地址：郑州市金水区金水路280号15楼1508房
……Tel：0371-55356236

河南省航银实业投资有限公司
地址：郑州市郑东新区东风南路广场南侧1号楼1单元503室
……Tel：0371-55396577

河南省煤层气开发利用有限公司
地址：郑州市经济技术开发区南三环东段6号
……Tel：0371-55650066

河南国源煤业有限公司
地址：郑州市郑东新区商务外环路17号23层2303号
……Tel：0371-55680057

河南华弘泰供应链管理有限公司
地址：驻马店市天中山大道341号
……Tel：0371-55680770

郑州东方富邦石油钢铁有限公司
地址：郑州高新开发区玉兰街55号
……Tel：0371-55695571

河南民富投资股份有限公司
地址：郑州市郑东新区商务内环路9号楼10层1008号
……Tel：0371-55959800

郑州航空港区兴瑞实业集团有限公司
地址：郑州航空港区兴瑞汇金国际A2楼6层601
……Tel：0371-55987201

河南瑞鸿晋钢钢铁有限公司
地址：郑州市管城区文治路与姚庄南路交叉口紫东钢铁企业园7号楼711号
……Tel：0371-55988562

河南东岭钢铁有限公司
地址：郑州市管城区文治路与姚庄南路交叉口金岱工业园区紫东钢铁企业园2号楼5层4号
……Tel：0371-55989903

中部金属物流有限公司
地址：郑州经济技术开发区经北四路126号
……Tel：0371-56500565

郑州四维机电装备制造有限公司
地址：荥阳市科学大道以北庙王路以东郑州市新材料产业园区
……Tel：0371-56525881

河南省有色工程勘察有限公司
地址：郑州市郑东新区白沙园区雁鸣路西侧、清正路东侧有色地矿科研楼A座13层1313号
……Tel：0371-56552133

河南有色地质矿产集团有限公司
地址：郑州市郑东新区郑开大道139号C座8层805室
……Tel：0371-56552170

河南有色矿业勘查开发投资有限公司
地址：郑州市郑东新区郑开大道139号17层
……Tel：0371-56552213

郑州航空港兴港供应链管理有限公司
地址：河南省郑州市航空港护航路16号兴港大厦C座15楼1503室
……Tel：0371-56567339

黄河国际贸易（郑州）有限公司
地址：郑州航空港区迎宾大道南侧郑韩南路行政服务中心二楼2625
……Tel：0371-56581820

卡特彼勒（郑州）有限公司
地址：荥阳市广武镇童庄村
……Tel：0371-56912755

郑州瑞泰耐火科技有限公司
地址：新密市岳村镇三叉口（老庄门村）
……Tel：0371-56915917

郑州市恒远钢铁有限公司
地址：郑州经济技术开发区（郑州国际物流园区）前程路东航海路北
……Tel：0371-56976963

中原能矿投资开发有限公司
地址：郑州市郑东新区商鼎路70号河南省煤田科技中心大厦9层
……Tel：0371-58556530

中航寰鼎建设股份有限公司
地址：河南省郑州市郑东新区绿地原盛国际一号楼A座17楼83号
……Tel：0371-58672543

郑州宝冶钢结构有限公司
地址：郑州经济技术开发区金柳南路55号
……Tel：0371-58676660

中石化华北石油工程有限公司
地址：郑州市中原区陇海西路199号4层
……Tel：0371-60197600

河南博雍实业有限公司
地址：郑州市金水区福元路157号10号楼12层1203号
……Tel：0371-60217856

郑州未来集团有限公司
地址：郑州市郑东新区商务内环路26号楼1层01号
……Tel：0371-68107156

河南大华售电有限公司
地址：郑州市郑东新区商务外环路17号23层2302号
……Tel：0371-60309922

河南地方煤炭集团有限公司
地址：郑州市丰产路36号
……Tel：0371-60919600

河南隆发实业有限公司
地址：郑州市中牟县正中大道和德方街交叉口（汽车园区内）
……Tel：0371-60956377

郑州新发展供应链管理有限公司
地址：郑州航空港经济综合实验区新港大道东侧、洵美路南侧兴瑞大宗商品产业园G-D号6层610
……Tel：0371-60986559

河南铁建投物资股份有限公司
地址：郑州市航空港区新港大道与舜英路交叉口大宗商品产业园2号楼4楼
……Tel：0371-53303182

中电科信息产业有限公司
地址：河南自贸试验区郑州片区（郑东）博学路36号
……Tel：0371-61270112

河南煤炭储配交易中心有限公司
地址：鹤壁市鹤山区韩林涧产业园区
……Tel：0371-61701711

河南豫矿鑫源矿业有限公司
地址：郑州市中牟县刘集镇政府财政所院内
……Tel：0371-62030800

河南福华钢铁集团有限公司
地址：新郑市新村镇开元路南（陈庄）
……Tel：0371-62623996

郑煤集团（河南）白坪煤业有限公司
地址：郑州市登封市东金店乡1号
……Tel：0371-62724800

河南登封农村商业银行股份有限公司
地址：登封市嵩阳路北段22号
……Tel：0371-62854017

登封电厂集团有限公司
地址：登封市中岳大街西段288号
……Tel：0371-62987888

河南豫中地质勘察工程公司
地址：河南自贸试验区郑州片区（郑东）商鼎路70号河南省煤田科技中心大厦23层
……Tel：0371-63766978

河南豫矿资源开发集团有限公司
地址：郑州市高新技术产业开发区科学大道81号
……Tel：0371-63895515

河南卓俊矿产品贸易有限公司
地址：郑州市郑东新区金水东路南民生路西永和国际广场1幢B单元
……Tel：0371-63895750

郑州永通特钢有限公司
地址：巩义市西村镇堤东
……Tel：0371-64011000

河南永通新材料有限公司

地址：巩义市西村镇堤东
Tel：0371-64011000

河南君融新材料有限公司
地址：巩义市西村镇堤东村白云北路5号
Tel：0371-64011000

郑州巨英陶粒砂有限责任公司
地址：巩义市涉村镇东涉村
Tel：0371-64027999

河南红旗煤业股份有限公司
地址：巩义市大峪沟镇
Tel：0371-64055003

河南朝阳钢铁有限公司
地址：巩义市工业示范区
Tel：0371-64136205

河南鑫泰铝业有限公司
地址：巩义市回郭镇电线电缆基地明珠大道北侧
Tel：0371-64239636

河南中孚实业股份有限公司
地址：巩义市新华路3 1号
Tel：0371-64569018

天瑞集团郑州水泥有限公司
地址：荥阳市崔庙镇邵寨村
Tel：0371-65003888

河南日晟昌矿业有限公司
地址：郑州市金水区经三北路32号财富广场1幢1单元22层西户
Tel：0371-65336239

中原证券股份有限公司
地址：郑州市郑东新区商务外环路10号
Tel：0371-65585018

河南能源化工集团采购有限公司
地址：郑州市郑东新区商鼎路东风南路交叉口西北角龙宇国际写字楼23层2307号
Tel：0371-65616539

河南国贸物流有限公司
地址：郑州经济技术开发区第八大街86号新开元6412房
Tel：0371-65617628

河南能源化工集团国龙物流有限公司
地址：郑州市郑东新区商务外环路与商务西三街交叉口（国龙大厦3001室）
Tel：0371-65617629

河南通冠投资管理有限公司
地址：河南自贸试验区郑州片区（郑东）金水东路21号19层1901号
Tel：0371-65807598

河南国实投资有限公司
地址：河南省郑州市自贸实验区商鼎路78号3号楼2单元25层2521
Tel：0371-65862775

河南烟草投资管理有限公司
地址：河南省郑州市金水区政七街7号办公楼
Tel：0371-65959408

河南中力国际资源发展有限公司
地址：郑州市郑东新区商都路5号B6号楼11层01
Tel：0371-66160398

河南省郑州市新华书店有限公司
地址：郑州市金水区西太康路19号
Tel：0371-66248572

富鼎精密工业（郑州）有限公司
地址：郑州市郑东新区白沙镇商都路4401号
Tel：0371-66282888

河南省经济技术协作实业集团有限公司
地址：郑州市金水区政三街2号楼371室
Tel：0371-66288869

河南富健实业有限公司
地址：郑州市管城区文治路与姚庄南路交叉口紫东钢铁企业园523号
Tel：0371-66724721

河南同茂贸易有限公司
地址：郑州市管城回族区文治路与姚庄南路交叉口紫东钢铁企业园213号
Tel：0371-66828639

河南中设联建工程有限公司
地址：郑州市管城区文治路与姚庄南路交叉口紫东钢铁企业园6号楼1层613号
Tel：0371-66833919

河南金马电子商务股份有限公司
地址：郑州市管城回族区文治路与姚庄南路交叉口紫东钢铁企业园1号楼151房
Tel：0371-66833919

郑州酒钢华利源商贸有限公司
地址：郑州市管城区城东南路13号
Tel：0371-66836827

中国有色金属工业第六冶金建设有限公司
地址：郑州市淮河路36号
Tel：0371-67178510

白鸽磨料磨具有限公司
地址：郑州市新材料产业园区科学大道121号
Tel：0371-67196077

郑州铝业股份有限公司
地址：郑州市中原区电厂路1 0号
Tel：0371-67510618

河南晨盛实业有限公司
地址：安阳县水冶镇孟蒋路与园一路交叉口
Tel：0371-67519777

之丰投资集团有限公司
地址：郑州市高新技术产业开发区翠竹街1号60幢1单元5层05号
Tel：0371-67679544

郑州拓普轧制技术有限公司
地址：郑州高新区雪松路12号
Tel：0371-67836371

郑州煤矿机械集团股份有限公司
地址：郑州市经济技术开发区第九大街167号
Tel：0371-67891027

郑州粮食批发市场有限公司
地址：郑州市郑东新区商务内环路26号楼1层01号
Tel：0371-68107879

河南中原铁道投资管理集团有限公司
地址：郑州市保全街49号
Tel：0371-68323373

郑州铁路装备制造有限公司
地址：郑州市二七区保全街87号
Tel：0371-68347011

郑州铁路经济开发集团有限公司
地址：郑州市二七区西中和路6号
Tel：0371-68350435

郑州新铁运输有限责任公司
地址：郑州市金水区未来路815号凤凰苑小区19号楼1-2层
Tel：0371-68377529

郑州增奇新钢铁有限责任公司
地址：郑州市二七区侯砦乡
Tel：0371-68593516

中国石化集团华北石油局有限公司
地址：郑州市伏牛路南段
Tel：0371-68689220

河南固源实业有限责任公司
地址：郑州市二七区交通路65号304
Tel：0371-68721678

河南领先投资有限公司
地址：郑州市惠济区农业路南天明路西怡丰新都汇小区4号楼2单元3301号
Tel：0371-68851111

中铝矿业有限公司
地址：河南省郑州市上街区厂前路22号10幢
Tel：0371-68916309

中铝郑州有色金属研究院有限公司
地址：郑州市上街区济源路82号
Tel：0371-68918303

河南上蝶阀门股份有限公司
地址：郑州市上街区登封路南段
Tel：0371-68919888

中铝长城建设有限公司
地址：河南省新乡市平原示范区滨湖大道9号市民之家210房间
Tel：0371-68923623

国电河南电力有限公司
地址：河南自贸试验区郑州片区（郑东）东风东路南、如意西路东联盟新城五期A幢2层216号
Tel：0371-69156828

河南省华美实业有限公司
地址：郑州市郑东新区商务外环路14号24层2408号
Tel：0371-69190286

盛源国际贸易有限公司
地址：平顶山市新城区未来路与长安大道交叉口西北处
Tel：0371-69191980

郑州瑞茂通供应链有限公司
地址：郑州航空港区新港大道东侧洵美路南侧兴瑞产业园A-3办公楼
Tel：0371-69191980

河南中瑞控股有限公司
地址：郑州航空港经济综合实验区新港大道东侧洵美路南侧兴瑞产业园A-3办公楼
Tel：0371-69191980

郑州中瑞实业集团有限公司
地址：河南自贸试验区郑州片区（郑东）CBD内环A-40-1号楼
Tel：0371-69191980

河南能源化工集团有限公司
地址：郑州市郑东新区商务外环路与商务西三街交叉口国龙大厦2905房间
Tel：0371-69337002

河南永创投资有限公司
地址：郑州市金水区纬四路东9号院90号楼3层西门
Tel：0371-69337383

河南能源化工集团先进装备研究院有限公司
地址：开封市郑开大道与第一大街交叉口西北角
Tel：0371-69337385

大唐河南能源有限责任公司
地址：河南自贸试验区郑州片区（郑东）民生路3号
Tel：0371-69388658

河南开元金属制品有限公司
地址：巩义市孝义街道办孝南村腾飞路
Tel：0371-69589888

河南省新郑煤电有限责任公司
地址：新郑市辛店镇新密公路北侧
Tel：0371-69717295

郑州煤炭工业（集团）杨河煤业有限公司
地址：新密市裴沟矿区
Tel：0371-69731311

郑州华辕煤业有限公司
地址：新郑市中华路与洧水路交叉口
Tel：0371-69785123

郑州煤炭工业（集团）国瑞煤业有限公司
地址：新密市米村镇下王村（米村矿办公楼4楼）
Tel：0371-69786017

郑州煤炭工业（集团）郑新煤业有限公司
地址：新密市米村镇下王村（米村矿办公楼3楼）
Tel：0371-69786018

武陟县投资集团有限公司
地址：武陟县产业集聚区工业路018号
Tel：0371-7202778

中联盛国际投资控股有限公司
地址：郑州市郑东新区商鼎路70号710号
Tel：0371-85515162

郑州诚信实业有限公司
地址：郑州市上街区中心路81号
Tel：0371-85705005

河南盈丰投资有限公司
地址：郑州市郑东新区商务外环路8号29层01室
Tel：0371-86028300

河南宝盈投资有限公司
地址：郑州市郑东新区商务外环路8号29层03室
Tel：0371-86062800

河南贝邦钢铁有限公司
地址：郑州高新技术产业开发区金梭路41号1幢1单元10层71号
Tel：0371-86097200

河南五鑫矿业开发有限公司
地址：嵩县大章镇大章村鑫苑新区18号
Tel：0371-86113006

河南能源化工集团销售有限公司
地址：郑州市郑东新区商鼎路东风南路交叉口西北角龙宇国际写字楼23层2307号
Tel：0371-86121060

河南能源化工国际贸易集团有限公司
地址：郑州市郑东新区商鼎路东风南路交叉口西北角龙宇国际写字楼23层2307号
Tel：0371-86121098

河南福瑞德矿业有限公司
地址：河南自贸试验区郑州片区（郑东）金水东路16号鑫地大厦11楼
Tel：0371-86180286

鹤煤国电郑州能源有限公司
地址：荥阳市崔庙镇徐庄煤矿院内
Tel：0371-86186331

河南国控租赁股份有限公司
地址：郑州航空港区迎宾路南侧4号楼1-2层
Tel：0371-86523291

河南农开供应链有限公司
地址：郑州航空港经济综合实验区新港大道与舜英路交叉口兴瑞汇金国际2号楼4层
Tel：0371-86533599

河南能源化工建设集团有限公司
地址：郑州市惠济区文化北路266号龙城广场1号楼
Tel：0371-86535778

河南天合汇通供应链有限公司
地址：郑州航空港区新港大道与舜英路交叉口兴瑞大宗商品产业园GB号楼9层908室
Tel：0371-86557811

山东高速河南发展有限公司
地址：郑州市郑东新区商务外环路5号24层2402号
Tel：0371-86567283

河南高义智慧物流有限公司
地址：郑州市郑东新区农业东路北、如意西路东3幢10层1008号
Tel：0371-86580888

河南省弗雷森农业装备股份有限公司
地址：河南省郑州市经济技术开发区南三环与二十五大街向东新亚钢铁物流园院内
Tel：0371-86615502

河南盛合远钢铁贸易有限公司
地址：郑州市管城区文治路与姚庄南路交叉口紫东钢铁企业园D号楼08号
Tel：0371-86622582

河南保利矿业有限公司
地址：郑州市金水区纬二路经四路交叉口省政府家属院8号院101
Tel：0371-87091238

河南英超水务有限公司
地址：郑州市金水区花园路39号6号楼16层1607号
Tel：0371-87096716

河南中钢电子商务有限公司
地址：新郑市龙湖镇新金马钢铁物流中心1-216
Tel：0371-87501385

国电河南中投盈科新能源有限公司
地址：河南省南阳市方城县券桥乡方城县产业集聚区迎宾路中段
Tel：0371-87520668

河南省新华书店发行集团有限公司
地址：郑州经济技术开发区第三大街186号1号综合办公楼
Tel：0371-87525127

郑州煤电股份有限公司
地址：河南省郑州市中原西路66号
Tel：0371-87785121

郑州煤炭工业（集团）有限责任公司
地址：郑州市中原西路66号
Tel：0371-87788909

郑州恒凯商贸有限公司
地址：郑州市管城区文治路与姚庄南路交叉口紫东钢铁企业园D区25号
Tel：0371-88889752

河南金瑞供应链管理有限公司
地址：河南自贸试验区开封片区郑开大道296号自贸大厦A座911室
Tel：0371-88917898

河南亚航供应链管理有限公司
地址：河南省郑州市新郑国际机场T1航站楼贵宾B区
Tel：0371-89908319

河南中平能源供应链管理有限公司
地址：郑州航空港经济综合实验区兴瑞汇金国际A2楼4层406室30
Tel：0371-89988927

中国平煤神马集团国际贸易有限公司
地址：郑州市郑东新区CBD商务外环郑州海联国际交流中心大厦25层2516室
Tel：0371-89988511

安阳瓦日铁路建设投资有限公司
地址：安阳县曲沟镇南曲沟村南环路1号105房间
Tel：0372-2115056

安阳市恒坤矿产品有限责任公司
地址：安阳市殷都区北蒙工业园区
Tel：0372-2238096

安阳龙腾热处理材料有限公司
地址：市殷都区前皇甫村（殷都区工业园）
Tel：0372-2259139

安阳市信用担保投资有限责任公司
地址：安阳高新区黄河大道中段路北市政设计研究院四层
Tel：0372-2591003

安阳岷山环能高科有限公司
地址：河南省安阳市龙安区工业园岷山路1号
Tel：0372-2727000

河南三丰铜业有限责任公司
地址：安阳市产业集聚区（龙安区中州路南段路西）
Tel：0372-2744820

安阳永安贺驼煤矿有限公司
地址：安阳市龙安区龙康大道中段（安阳市产业集聚区）
Tel：0372-2889217

安阳市工务器材有限责任公司
地址：安阳市北关区安辛路宋家庙段
Tel：0372-2956566

河南安阳商都农村商业银行股份有限公司
地址：河南省安阳市东风路南段358号
Tel：0372-2997608

河南安钢先导新材料科技有限责任公司
地址：河南省安阳市高新技术产业开发区世贸中心A栋17层17号
Tel：0372-2997856

安阳钢铁集团有限责任公司
地址：安阳市殷都区梅元庄
Tel：0372-3120114

安阳钢铁股份有限公司
地址：安阳市殷都区梅元庄
Tel：0372-3120114

安阳市西区综合污水处理有限责任公司
地址：安阳市殷都区梅元庄安钢动力厂
Tel：0372-3120213

安钢集团国际贸易有限责任公司
地址：市殷都区安钢大道安钢股份公司办公楼五楼
Tel：0372-3121163

安钢自动化软件股份有限公司
地址：河南自贸试验区郑州片区（郑东）东风南路商鼎路龙宇国际1313/1314
Tel：0372-3121865

安阳钢铁建设有限责任公司
地址：高新区长江大道中段路南
Tel：0372-3122420

安钢集团附属企业有限责任公司
地址：安阳市殷都区钢一路46号
Tel：0372-3124828

安钢集团钢材加工配送中心有限责任公司
地址：安阳市殷都区北蒙前皇甫村钢铁精

深加工产业园
…………………………Tel：0372-3122451

沙钢集团安阳永兴特钢有限公司
地址：安阳县水冶镇文明路北段
…………………………Tel：0372-3238008

林州重机集团股份有限公司
地址：河南省林州市产业集聚区凤宝大道与陵阳大道交叉口
…………………………Tel：0372-3263566

安阳安铁运输有限责任公司
地址：安阳市北关区北仓街41号
…………………………Tel：0372-3271147

安阳市殷都区钢城小额贷款有限责任公司
地址：安阳市殷都区安钢大道与钢三路交叉口西南角中国银行安钢支行办公楼
…………………………Tel：0372-3369078

安阳市钢铁实业有限责任公司
地址：安阳市殷都区北蒙大道
…………………………Tel：0372-3666198

安钢集团冷轧有限责任公司
地址：高新区长江大道西段南侧
…………………………Tel：0372-3808012

安阳汇鑫特钢有限公司
地址：安阳县水冶镇东蒋村
…………………………Tel：0372-3880021

大唐安阳发电有限责任公司
地址：殷都区华祥路
…………………………Tel：0372-3907226

河南意都钢铁实业有限公司
地址：安阳市殷都区华祥路18号
…………………………Tel：0372-3920005

河南安阳相州农村商业银行股份有限公司
地址：河南省安阳市龙安区中州路中段40号
…………………………Tel：0372-3927401

安阳市新普钢铁有限公司
地址：安阳市殷都区北蒙工业园区
…………………………Tel：0372-5025381

安阳鑫龙煤业（集团）有限责任公司
地址：安阳市开发区东风路南段497号北楼
…………………………Tel：0372-5368551

河南亚新钢铁集团有限公司
地址：汤阴县韩庄乡１０７国道东侧
…………………………Tel：0372-5529000

林州市万方矿业有限公司
地址：林州市任村镇桑耳庄工业园区1号
…………………………Tel：0372-5555079

安钢集团冶金炉料有限责任公司
地址：安阳县铜冶镇府前路
…………………………Tel：0372-5618268

安钢集团永通球墨铸铁管有限责任公司
地址：安阳县水冶镇永通大道西段
…………………………Tel：0372-5803211

安阳豫河永通球团有限责任公司
地址：安阳县水冶镇北关红塔路东
…………………………Tel：0372-5803363

安阳市长城担保股份有限公司
地址：安阳市殷都区铁西梅办殷一路路北
…………………………Tel：0372-6268202

安阳神龙腾达新材料技有限公司
地址：安阳市新型制造业产业园区中原路与宜兴大道交叉口东北方位
…………………………Tel：0372-6371688

粤电林州新能源有限公司
地址：林州市国家红旗渠经济技术开发区洹河大道6号
…………………………Tel：0372-6506066

河南凤宝特钢有限公司
地址：国家红旗渠经济技术开发区（林州市）凤宝大道东段
…………………………Tel：0372-6587919

林州重机林钢钢铁有限公司
地址：林州市产业集聚区
…………………………Tel：0372-6588888

新乡中益发电有限公司
地址：长垣市常村镇西新长北线路北
…………………………Tel：0373-2872221

河南新飞制冷器具有限公司
地址：新乡市开发区36号街坊
…………………………Tel：0373-3371773

河南省重科起重机有限公司
地址：长垣县恼里镇龙相村
…………………………Tel：0373-5259699

河南宏宇特铸股份有限公司
地址：辉县市孟庄镇常屯
…………………………Tel：0373-6074368

新乡市亚洲金属循环利用有限公司
地址：新乡市榆东产业聚集区
…………………………Tel：0373-7108616

河南原阳农村商业银行股份有限公司
地址：原阳县城南干道283号
…………………………Tel：0373-7283518

河南省北方诚起重型机械集团有限公司
地址：长垣市南蒲起重工业园区巨人大道7号
…………………………Tel：0373-8927880

许昌神火矿业集团有限公司
地址：许昌市光明路7号
…………………………Tel：0374-5787179

河南神火兴隆矿业有限责任公司
地址：许昌市建安区灵井镇
…………………………Tel：0374-5787179

许昌金汇中超不锈钢科技有限公司
地址：许昌市长葛市大周镇西昌路南段路西
…………………………Tel：0374-6665758

河南大森机电股份有限公司
地址：长葛市产业集聚区祥和路南侧
…………………………Tel：0374-6707888

河南大通伟业科技发展有限公司
地址：长葛市大周镇梅胡路北段西侧
…………………………Tel：0374-7020101

国电长源河南煤业有限公司
地址：禹州市滨河路127号7楼
…………………………Tel：0374-8030902

河南平禹煤电有限责任公司
地址：河南省禹州市三峰山
…………………………Tel：0374-8231892

河南平煤神马首山化工科技有限公司
地址：许昌市襄城县湛北乡丁庄村
…………………………Tel：0374-8512077

河南能信热电有限公司
地址：许昌市新兴路东城区管委会419号
…………………………Tel：0374-8582222

平顶山湛源城市建设发展有限公司
地址：平顶山市湛河区沁园西路（湛河区财政局院内）
…………………………Tel：0375-2290229

河南平煤神马环保节能有限公司
地址：平顶山市卫东区东环路中段卫东区公共卫生综合服务楼第十八整层
…………………………Tel：0375-2356887

河南中鸿集团煤化有限公司
地址：平顶山市石龙区关庄村
…………………………Tel：0375-2528958

平顶山天安煤业股份有限公司
地址：河南省平顶山市矿工路２１号
…………………………Tel：0375-2787939

中国平煤神马能源化工集团有限责任公司
地址：平顶山市矿工中路21号院
…………………………Tel：0375-2725385

平顶山天安煤业九矿有限责任公司
地址：平顶山市新华区青石路
…………………………Tel：0375-2739651

平煤神马机械装备集团有限公司
地址：平顶山市矿工东路11号院（中平能化机械制造公司院内）
…………………………Tel：0375-2739812

中国平煤神马集团焦化销售有限公司
地址：河南省平顶山市新华区体育路北5号院
…………………………Tel：0375-2788185

中国平煤神马集团天宏焦化有限公司
地址：平顶山市矿工路东段一号
…………………………Tel：0375-2796799

平煤神马建工集团有限公司
地址：平顶山市卫东区建设路东段南4号院（移动公司办公楼西200米）
…………………………Tel：0375-2979716

河南平宝煤业有限公司
地址：河南许昌市襄城县紫云镇
…………………………Tel：0375-2809923

河南安钢集团舞阳矿业有限责任公司
地址：河南省舞钢市朱兰
…………………………Tel：0375-3309381

中平信息技术有限责任公司
地址：平顶山市卫东区新华路275号中平信息技术有限责任公司院内
…………………………Tel：0375-3567899

中国平煤神马集团汝州电化有限公司
地址：汝州市汝南工业区工业大道中段
…………………………Tel：0375-3578365

河南省许平煤业有限公司
地址：汝州市广成路63号
…………………………Tel：0375-3579032

平顶山鸿翔热电有限责任公司
地址：平顶山市先锋路9号
…………………………Tel：0375-3822223

河南江河机械有限责任公司
地址：河南省平顶山市鲁山县
…………………………Tel：0375-5752121

河南神火豫能矿业有限公司
地址：鲁山县鲁汇路北段
…………………………Tel：0375-5888202

河南有色金属控股股份有限公司
地址：郑州郑东新区CBD内环世贸大厦2号楼20层03号
…………………………Tel：0375-5888918

河南有色汇源铝业有限公司
地址：鲁山县梁洼镇鲁梁公路西八里坪
…………………………Tel：0375-5888777

中原大易科技有限公司
地址：河南省平顶山市汝州市煤山街道向阳路与永安街交叉口东北角603室
…………………………Tel：0375-6033799

天瑞水泥集团有限公司
地址：汝州市广成东路63号天瑞大厦
…………………………Tel：0375-6056006

中国平煤神马集团平顶山京宝焦化有限公司
地址：宝丰县商酒务镇房庄村北
…………………………Tel：0375-6133330

河南鳌吕矿业有限公司
地址：汝州市煤山街道蓝湾半岛东门向南100米
…………………………Tel：0375-6700001

河南省煜晟镍业有限责任公司
地址：汝州市产业集聚区
…………………………Tel：0375-6700222

平顶山市神马万里化工股份有限公司
地址：平顶山市开发区（河南神马尼龙化工有限责任公司院内）
…………………………Tel：0375-7066277

海宝集团有限公司
地址：宝丰县产业集聚区光伏产业园
…………………………Tel：0375-7139006

河南省飞宇重工机械制造有限公司
地址：宝丰县产业集聚区长安大道西段
…………………………Tel：0375-7255880

舞钢市升恒钢铁贸易有限公司
地址：舞钢市产业集聚区综合服务中心大楼405室
…………………………Tel：0375-7355515

平顶山河舞总医院有限公司
地址：河南省平顶山市舞钢市寺坡龙泉路中段北侧2号楼306号
…………………………Tel：0375-8111855

舞阳钢铁有限责任公司
地址：舞钢市湖滨大道西段
…………………………Tel：0375-8118699

舞阳新宽厚钢板有限责任公司
地址：河南省舞钢市湖滨大道西段李辉庄北
…………………………Tel：0375-8118699

舞钢新希望炼铁有限责任公司
地址：舞钢市院岭院岭工业园产业集聚区城（院岭二招）
…………………………Tel：0375-8116326

河南嘉瑞利得电源有限公司
地址：舞钢市建设西路产业集聚区舞钢精钢钢铁有限公司院内办公楼三楼
…………………………Tel：0375-8125588

舞钢市申发钢铁有限公司
地址：河南省平顶山市舞钢市产业集聚区经四路与纬四路交叉口路西
…………………………Tel：0375-8188027

舞钢中加钢铁有限公司
地址：舞钢市马鞍山大道中段北侧
…………………………Tel：0375-8306991

舞钢经山新材料有限公司
地址：舞钢市庙街乡西街
…………………………Tel：0375-8346660

河南百川海钢铁贸易有限公司
地址：信阳市信阳工业城招商中心对面
…………………………Tel：0376-2083737

新县自然资源投资开发有限责任公司
地址：河南省信阳市新县新县产业集聚区九龙岭园区
…………………………Tel：0376-3270088

河南明阳再生资源股份有限公司
地址：信阳市平桥区平东街道办事处（龙江路以北平东路以东）
…………………………Tel：0376-3711277

信阳市景红实业有限公司
地址：信阳市上天梯非金属矿管理区矿业大道7号
…………………………Tel：0376-3886258

固始城投开源建材资源生产经营有限公司
地址：河南省信阳市固始县蓼北路西段金色雅居社区内
…………………………Tel：0376-4632383

固始县杨山明源实业有限责任公司
地址：固始县方集镇
…………………………Tel：0376-4667468

河南金达矿业有限公司
地址：河南商城县城关镇农场
…………………………Tel：0376-6500211

河南华辰光电有限公司
地址：信阳市华夏路１６５号
…………………………Tel：0376-6608320

河南驰恒交通安全设施有限公司
地址：信阳市平桥区明港建设路北段
…………………………Tel：0376-7686785

河南创晨再生资源有限公司
地址：河南省信阳市淮滨县产业集聚区文化路6号
…………………………Tel：0376-7700628

安钢集团信阳钢铁有限责任公司
地址：信阳市明港镇新民路34号
…………………………Tel：0376-8672018

河南龙成重工有限公司
地址：西峡县回车镇工业园区（古庄河村）
…………………………Tel：0377-60101088

河南龙成煤高效技术应用有限公司
地址：西峡县回车镇红石桥村产业集聚区
…………………………Tel：0377-60102600

南阳汉冶特钢有限公司
地址：回车镇古庄河村
…………………………Tel：0377-60201658

中誉国信能源有限公司
地址：内乡县城关镇大成路1号
…………………………Tel：0377-60891500

中国石化集团河南石油勘探局有限公司
地址：河南省南阳市宛城区
…………………………Tel：0377-63830388

西峡县三胜新材料有限公司
地址：西峡县民营生态工业园
…………………………Tel：0377-65103986

南阳巨豪智能机床有限公司
地址：河南省南阳市镇平县207国道与柳卢公路十字口西北（工业园区办公楼）
…………………………Tel：0377-65618850

河南洛阳矿业集团镇平有色矿业有限公司
地址：南阳市镇平县雪枫路西段北侧
…………………………Tel：0377-65911855

南阳市瑞源气体有限公司
地址：南阳市光电产业集聚区鼎鑫钢铁有限公司院内
…………………………Tel：0377-66080006

南阳市云阳钢铁实业有限公司
地址：南召县云阳镇建设路中段
…………………………Tel：0377-66686999

南召县瑞源矿业有限公司
地址：南召县城产业集聚区
…………………………Tel：0377-66896511

河南南召农村商业银行股份有限公司
地址：南阳市南召县城关镇中华路188号
…………………………Tel：0377-66913305

南召县农村信用合作联社
地址：城关中华路188号
…………………………Tel：0377-66913305

南召县安达矿产有限责任公司
地址：白土岗柳树沟村
…………………………Tel：0377-66916289

桐柏县盘古投资控股有限公司
地址：桐柏县大禹路（财政局）
…………………………Tel：0377-68163059

南召源达工贸集团有限公司
地址：南召县产业集聚区（南召县源达矿产开发有限公司院内）
…………………………Tel：0377-69120835

南召县源达矿产开发有限公司
地址：南召县产业集聚区
…………………………Tel：0377-69120883

河南龙成集团有限公司
地址：西峡县仲景大道东段116号
…………………………Tel：0377-69766729

河南汉龙实业有限公司
地址：河南省南阳市西峡县仲景大道63号
…………………………Tel：0377-69766763

河南新开源石化管道有限公司
地址：河南省洛阳市新安县洛新产业集聚区京津路
…………………………Tel：0379-60111899

洛阳国润新材料科技股份有限公司
地址：洛阳飞机场工业园区（孟津麻屯镇）
…………………………Tel：0379-60212801

洛阳鑫曙矿业股份有限公司
地址：洛阳市栾川县罗庄村（方皮路南侧）枫丹白露11幢01-0002号
…………………………Tel：0379-60213986

河南环福进出口贸易有限公司
地址：中国（河南）自由贸易试验区洛阳片区高新区丰华路1号3幢503
…………………………Tel：0379-60222105

中科（洛阳）有色矿业有限公司
地址：洛阳市洛龙区开元大道333号炎黄科技园E3栋
…………………………Tel：0379-60670379

洛阳铁路运通集团有限公司
地址：洛阳市廛河区陇海街1号
…………………………Tel：0379-62721592

洛阳永宁有色科技有限公司
地址：河南省洛宁县西山底乡阳峪村东岭
…………………………Tel：0379-63085712

洛宁紫金黄金冶炼有限公司
地址：洛宁县西山底乡阳峪村
…………………………Tel：0379-63085750

洛阳国泰美居乐置业有限公司
地址：洛阳市　河区九都东路与启明南路交叉口百年家居建材城A-23幢108号、109号
…………………………Tel：0379-63277777

洛阳垒通矿产品有限公司
地址：洛阳市西工区唐宫西路13号银燕人厦四楼
…………………………Tel：0379-63277877

洛阳单晶硅集团有限责任公司
地址：洛阳高新技术产业开发区滨河北路99号
…………………………Tel：0379-63390301

洛阳民营集团股份有限公司
地址：洛阳市西工区九都路58号春蕾大厦1516
…………………………Tel：0379-63635660

中洋联合集团股份有限公司
地址：洛阳市西工区九都路58号春蕾大厦

14层1403号
Tel：0379-63635660

河南柴油机重工有限责任公司
地址：洛阳市涧西区中州西路173号
Tel：0379-64076006

中信重工工程技术有限责任公司
地址：洛阳市涧西区建设路206号
Tel：0379-64087916

洛阳今科自动化工程集团有限公司
地址：中国（河南）自由贸易试验区洛阳片区高新开发区丰华路6号银昆科技园2401号
Tel：0379-64312872

中色科技股份有限公司
地址：中国（河南）自由贸易试验区洛阳片区高新开发区凌波路中段
Tel：0379-64872203

中国一拖集团有限公司
地址：洛阳市建设路１５４号
Tel：0379-64969520

洛阳轴承控股有限公司
地址：洛阳市洛龙区关林路961号
Tel：0379-64984633

洛阳铝业集团贵金属有限公司
地址：洛阳市洛龙区政和路22号1幢1-2706
Tel：0379-65050518

洛阳中天绿色构件有限公司
地址：洛阳市宜阳县香鹿山镇青啤大道与李贺大道交叉口东300米
Tel：0379-65088677

新星轻合金材料（洛阳）有限公司
地址：偃师市商城街道办事处（杜甫大道与招商大道交叉口东南角）
Tel：0379-65088866

河南国能黄河物流有限公司
地址：新安县铁门镇芦院村
Tel：0379-65126010

洛阳有色矿业集团有限公司
地址：洛阳市洛龙区开元大道258号1幢10-B
Tel：0379-65266762

洛阳市政集团资产管理有限公司
地址：洛阳市洛龙区关林路与孙辛路交叉口一层
Tel：0379-65552607

河南省豫西煤田地质勘察有限公司
地址：洛阳市伊滨区光武大道与新源路交叉口隆安明珠广场A座22层
Tel：0379-65952031

中国石油天然气第一建设有限公司
地址：洛阳市洛龙区关林
Tel：0379-65972253

嵩县矿业发展有限公司
地址：嵩县国土资源局办公楼六楼
Tel：0379-66317290

洛阳氟钾科技股份公司
地址：洛阳市嵩县饭坡乡工业集聚区
Tel：0379-66521880

中金嵩县嵩原黄金冶炼有限责任公司
地址：嵩县饭坡乡饭坡村郭凹组
Tel：0379-66521998

嵩县鑫荣矿业开发有限公司
地址：嵩县大章镇大章村鑫苑新区19号
Tel：0379-66541693

嵩县山金矿业有限公司
地址：嵩县大章乡九仗沟
Tel：0379-66544677

洛阳有色矿业集团嵩县矿业有限公司
地址：洛阳市嵩县城交通巷
Tel：0379-66554029

栾川县金兴矿业有限责任公司
地址：栾川县白土乡康山村
Tel：0379-66715855

洛阳炼化宏达实业有限责任公司
地址：吉利区中原路中段
Tel：0379-66997362

洛阳义安矿业有限公司
地址：正村乡中岳村
Tel：0379-67153682

洛阳国泰钢铁有限公司
地址：新安县万基工业区
Tel：0379-67276908

河南华通电缆股份有限公司
地址：偃师市顾县镇史家湾工业区
Tel：0379-67522666

洛阳洛钢集团钢铁有限公司
地址：孟津县送庄镇送庄村东
Tel：0379-67859103

中信重工机械股份有限公司
地址：洛阳市涧西区建设路206号
Tel：0379-64088888

洛玻集团洛阳龙昊玻璃有限公司
地址：洛阳市汝阳县内埠乡
Tel：0379-68078003

义煤集团汝阳天泽金鼎煤业有限公司
地址：汝阳县柏树乡漫流村
Tel：0379-68182856

伊电控股集团国际贸易有限公司
地址：中国（河南）自由贸易试验区洛阳片区高新开发区新华东路3号
Tel：0379-68315171

洛阳龙泉华辉贸易有限公司
地址：洛阳市伊川县白沙乡铝电工业园区2幢303、304号
Tel：0379-68315171

河南宝雨山煤业有限公司
地址：洛阳市伊川县半坡乡何庄村
Tel：0379-69518011

河南永华能源有限公司
地址：偃师市府店镇刘村东
Tel：0379-69689506

洛阳矿业集团有限公司
地址：中国（河南）自由贸易试验区洛阳片区高新技术开发区河洛路215号瑞泽大厦12楼1218
Tel：0379-69987016

河南剑桥供应链管理有限公司
地址：洛阳市老城区邙山镇葛家岭
Tel：0379-80868888

河南龙佰智能装备制造有限公司
地址：河南省焦作市博爱县柏山镇岩鑫大道6号
Tel：0391-2107002

焦作万方铝业股份有限公司
地址：河南省焦作市马村区待王镇焦新路南侧
Tel：0391-2535513

焦作市乾元投资有限公司
地址：焦作市马村区文昌路88号
Tel：0391-3128119

焦作市光源电力集团有限公司
地址：焦作市新区永兴路与建业路交叉口东南角
Tel：0391-3397123

中铝中州铝业有限公司
地址：河南省修武县七贤镇中州铝厂
Tel：0391-3501730

中铝中州新材料科技有限公司
地址：修武县七贤镇中州铝厂
Tel：0391-3501730

焦作煤业集团赵固（新乡）能源有限责任公司
地址：新乡市辉县冀屯乡文庄村南
Tel：0391-3510808

焦作煤业（集团）新乡能源有限公司
地址：辉县市赵固乡政府东2公里处
Tel：0391-3535888

焦作煤业（集团）有限责任公司
地址：焦作市解放中路２３９号
Tel：0391-3539999

河南焦煤能源有限公司
地址：焦作市解放中路239号
Tel：0391-3539999

河南晋煤天庆煤化工有限责任公司
地址：沁阳市沁北工业集聚区
Tel：0391-5038099

沁阳市宏达钢铁有限公司
地址：沁阳市产业集聚区沁北产业园区（西万镇校尉营村南）
Tel：0391-5083677

沁阳市投资集团有限公司
地址：沁阳市县后街41号
Tel：0391-5611866

河南裕安实业有限责任公司
地址：沁阳市太行大道世纪大厦
Tel：0391-5697968

河南金马能源股份有限公司
地址：济源市西一环路南
Tel：0391-6038000

河南济源农村商业银行股份有限公司
地址：济源市沁园中路86号
Tel：0391-6613185

济源杭氧国泰气体有限公司
地址：市天坛办事处济钢厂区内
Tel：0391-6655000

河南豫光金铅股份有限公司
地址：济源市荆梁南街1号
Tel：0391-6665991

河南济源钢铁（集团）有限公司
地址：济源市虎岭产业集聚区
Tel：0391-6688018

河南济源钢铁投资控股有限公司
地址：济源市济水大道西段319号（济钢机关办公楼）
Tel：0391-6688083

河南豫光金铅集团有限责任公司
地址：济源市荆梁南街1号
Tel：0391-6665991

河南中兴物流有限公司
地址：济源市玉川产业集聚区石河村南
Tel：0391-6708868

济源市万洋冶炼（集团）有限公司
地址：市思礼镇思礼村北
Tel：0391-6766288

河南金利金铅集团有限公司
地址：市承留南勋村
Tel：0391-6891293

修武县投资集团有限公司
地址：修武县竹林大道与温盘路交叉口西南角修武县投资大厦
Tel：0391-7116060

济源市天龙焦化有限公司
地址：市玉川产业集聚区玉川大道南
Tel：0391-8320012

河南国泰铂固科技有限公司
地址：济源市虎岭产业集聚区钢产品深加工产业园
Tel：0391-8326668

德众大罗塘国际农产品物流中心有限公司
地址：孟州市产业集聚区长江大道128号
Tel：0391-8389309

河南博爱农村商业银行股份有限公司
地址：博爱县海华路（南段）78号
Tel：0391-8699763

焦作市中财投资有限公司
地址：焦作市中站区财政局院内
Tel：0391-8768711

焦作市投资集团有限公司
地址：焦作市龙源路1111号广电大厦16层
Tel：0391-8796464

鹤壁煤业（集团）有限责任公司
地址：鹤壁市淇滨区华夏南路东
Tel：0392-2966382

河南镁业有限公司
地址：河南省鹤壁市开发区黎阳路东段东杨路办事处518房间
Tel：0392-3226067

河南安钢农场有限公司
地址：淇县北阳镇高云路中段
Tel：0392-6875228

河南全新金属工程有限公司
地址：淇县桥盟乡京深路东侧
Tel：0392-7262333

河南巨烽生物能源开发有限公司
地址：濮阳县铁丘路东段北侧、吉村路北段西侧
Tel：0393-3277606

濮阳市鑫锋石油机械设备有限公司
地址：大庆中路总站南路西520号
Tel：0393-4200059

中石化中原石油工程有限公司
地址：濮阳市中原路277号
Tel：0393-4810517

濮阳市胜安德石油机械设备有限公司
地址：范县高码头乡镇企业委员会
Tel：0393-4810909

范县龙马铜业有限公司
地址：河南省濮阳市范县新区产业集聚区
Tel：0393-5728888

国电濮阳热电有限公司
地址：濮阳市石化路
Tel：0393-6972240

河南财鑫集团有限责任公司
地址：郸城县东环路37号
Tel：0394-3196056

漯阜铁路有限责任公司
地址：河南省周口市黄河路52号(原车站路81号)
Tel：0394-6179228

河南安钢周口钢铁有限责任公司
地址：周口市文昌大道东段招商大厦A座15楼
Tel：0394-7735398

河南银鸽工贸有限公司
地址：舞阳县舞泉镇张家港路中段
Tel：0395-5615512

舞阳万佳置业有限公司
地址：舞阳县海南路与张家港路交叉口
Tel：0395-6687777

驻马店南方钢铁有限责任公司
地址：高新区长江路东
Tel：0396-2188205

驻马店市国土资源开发有限公司
地址：驻马店市文明大道1388号
Tel：0396-2613109

驻马店市驿城区同兴自然资源开发有限公司
地址：驻马店市驿城区西园街道交通路与翡翠街交叉口西南36号
Tel：0396-2995252

国电驻马店热电有限公司
地址：驻马店市经济开发区兴业大道1318号
Tel：0396-3587823

河南省海川电子玻璃有限公司
地址：河南省驻马店市中原大道与建设大道交叉口东北侧（1号）
Tel：0396-3666819

驻马店中集华骏铸造有限公司
地址：河南省驻马店市驿城区雪松大道西段
Tel：0396-3678818

荥阳市石纳建材有限公司
地址：河南省郑州市荥阳市贾峪镇恒大山水城4-102号
Tel：0396-3737543

遂平县国土资源开发有限公司
地址：遂平县泰安路633号（县土地收储中心院内）
Tel：0396-4906188

灵宝嘉翔矿产品有限公司
地址：灵宝市尹庄镇涧口村
Tel：0398-2111717

河南省达仁矿产品供应链管理有限公司
地址：灵宝市荆山路
Tel：0398-2121851

灵宝市生源产业有限责任公司
地址：市工业园区振兴路2号
Tel：0398-2296169

灵宝鑫源黄金冶炼有限公司
地址：河南省三门峡市灵宝市城关镇牛庄村南50米
Tel：0398-2298920

灵宝市开源矿业有限责任公司
地址：灵宝市城关镇牛庄村
Tel：0398-2298930

灵宝市城市改造投资有限公司
地址：灵宝市新华路西段原住建局
Tel：0398-2386001

三门峡市涵阳建设投资有限责任公司
地址：三门峡市产业集聚区创业服务中心602室
Tel：0398-2751897

河南中原黄金冶炼厂有限责任公司
地址：三门峡产业集聚区209国道南侧
Tel：0398-2756812

义马煤业综能新能源有限责任公司
地址：义马市煤化工产业集聚区
Tel：0398-2781152

国投金城冶金有限责任公司
地址：灵宝市豫灵产业集聚区
Tel：0398-3031999

宝武铝业科技有限公司
地址：三门峡工业园禹王路
Tel：0398-3852133

河南中欧物流有限公司
地址：三门峡市城乡一体化示范区禹王路与209国道交叉口西
Tel：0398-3866510

渑池县豪祥矿产品有限公司
地址：渑池县会盟大道东段北侧孟岭1组二排1号
Tel：0398-4881596

义马市投资集团有限公司
地址：义马市千符路
Tel：0398-5822577

义马市豫资城乡建设发展有限公司
地址：河南省三门峡市义马市千秋路街道千符路义马市投资集团有限公司五楼5号
Tel：0398-5822577

义煤集团新义矿业有限公司
地址：洛阳新安县正村乡白墙村
Tel：0398-5873030

义马煤业集团孟津煤矿有限责任公司
地址：孟津县横水镇元庄村
Tel：0398-5883889

义马煤业集团股份有限公司
地址：河南省义马市千秋路６号
Tel：0398-5898324

河南大有能源股份有限公司
地址：河南省义马市千秋路6号
Tel：0398-5898326

灵宝市得鑫矿业有限公司
地址：灵宝市朱阳镇小河村
Tel：0398-6816606

中国黄金集团中原矿业有限公司
地址：卢氏县产业集聚区滨河路和扁鹊路交叉处
Tel：0398-7496140

三门峡达昌矿业有限公司
地址：三门峡市湖滨区河堤北路市国土资源局四楼
Tel：0398-8527235

河南孟成生物药业股份有限公司
地址：灵宝市弘农路中段许家场1号
Tel：0398-8663197

河南九晟环境科技有限公司
地址：灵宝市故县镇故县街
Tel：0398-8786933

灵宝金源晨光有色矿冶有限公司
地址：灵宝市鼎塬路中段
Tel：0398-8837800

灵宝市新凌铅业有限责任公司
地址：灵宝市城南工业区
Tel：0398-8837878

灵宝市华宝产业有限责任公司
地址：灵宝市函谷路北段东侧工业路1号
Tel：0398-8862568

湖北省

武汉武铁物流发展有限公司
地址：江岸区胜利街１７４号
Tel：027-51136051

武汉武铁物资有限公司
地址：武汉市武昌区徐家棚诚善里47号
Tel：027-51153902

中铁第四勘察设计院集团有限公司
地址：武昌区和平大道745号
Tel：027-51156100

武汉航科物流有限公司
地址：武汉市江岸区沿江大道256号

……Tel：027-52301077

葛洲坝集团对外贸易有限公司
地址：武汉市　口区　口路162号葛洲坝城市花园二期11栋12层
……Tel：027-58903763

有色矿业集团财务有限公司
地址：武昌区徐家棚街徐东大街6号汇通天地A塔栋/单元14层
……Tel：027-58909552

湖北省新华书店（集团）有限公司
地址：湖北省武汉市　口区发展大道33号
……Tel：027-59267582

中国葛洲坝集团股份有限公司
地址：武汉市解放大道558号葛洲坝大酒店
……Tel：027-59271000

湖北鑫众焱国际贸易有限公司
地址：湖北自贸区（襄阳片区）米芾路陆港保税物流中心综合楼三楼9-12轴交D-F轴
……Tel：027-59715051

湖北共享投资有限公司
地址：湖北省武汉市江岸区解放大道1320号13楼
……Tel：027-59737352

中石化江汉石油工程有限公司钻井二公司
地址：潜江市广华办事处向阳建设路1号
……Tel：027-59803197

武汉合富高科实业有限公司
地址：武汉市黄陂区五里墩
……Tel：027-61532888

武汉宝钢包装有限公司
地址：武汉市黄陂区罗汉寺龙兴街118号
……Tel：027-61655888

武汉久联鑫融资担保股份有限公司
地址：武汉市江岸区后湖街佳海华苑会所1-3层
……Tel：027-61895031

湖北珩生五洲建材股份有限公司
地址：武汉市黄陂区汉口北大道318号(五洲国际建材城)
……Tel：027-61897262

湖北省长江经济带产业基金管理有限公司
地址：武昌区中北路86号汉街总部国际8栋12层
……Tel：027-63966666

中国葛洲坝集团水泥有限公司
地址：湖北省荆门市东宝区泉口路21号
……Tel：027-65526089

中南冶勘资源环境工程有限公司
地址：武汉市青山区和平大道1250号
……Tel：027-65665668

凯迪生态环境科技股份有限公司
地址：武汉市东湖新技术开发区江夏大道特1号凯迪大厦
……Tel：027-67869283

湖北融信博联投资有限公司
地址：武汉市青山区和平大道124 4 号
……Tel：027-68869150

武昌船舶重工集团有限公司
地址：湖北省武汉市新洲区双柳街星谷大道66号
……Tel：027-68887400

武汉武船投资控股有限公司
地址：武汉市新洲区双柳街阳大公路138号
……Tel：027-68887400

武汉华工创业投资有限责任公司
地址：武汉市东湖新技术开发区华工科技园创新基地一期工程5号楼
……Tel：027-81338730

中冶南方连铸技术工程有限责任公司
地址：武汉市东湖新技术开发区关南工业园光谷大道51号
……Tel：027-81628111

公采网络科技有限公司
地址：武汉东湖新技术开发区光谷大道77号金融后台服务中心基地建设项目二期B6栋7层01室（自贸区武汉片区）
……Tel：027-81786868

武汉顺乐不锈钢有限公司
地址：武汉市江夏区纸坊街何家湖村
……Tel：027-81807188

武汉中石油昆仑燃气有限公司
地址：武汉市江夏区大花岭海天大厦第八层十五号
……Tel：027-81807863

中国五环工程有限公司
地址：武汉市东湖新技术开发区民族大道1019号
……Tel：027-81928297

中冶南方工程技术有限公司
地址：武汉市东湖新技术开发区大学园路33号
……Tel：027-81996376

中冶南方（武汉）自动化有限公司
地址：武汉市东湖新技术开发区大学园路33号
……Tel：027-81999631

武汉市天合联盟供应链有限责任公司
地址：江岸区解放大道2020号
……Tel：027-82223189

马钢（武汉）材料技术有限公司
地址：武汉市江夏区金港汽车产业园金港中路9号
……Tel：027-82286071

武汉俊龙腾达钢铁贸易有限公司
地址：武汉市江岸区滴湖三村140号
……Tel：027-82322051

湖北省金属材料有限公司
地址：武汉市汉口解放大道1972号
……Tel：027-82324866

中采博纳（武汉）实业发展有限公司
地址：武汉东湖新技术开发区光谷大道77号金融后台服务中心基地建设项目二期B6栋4层01室
……Tel：027-82609818

汉口银行股份有限公司
地址：江汉区建设大道933号武汉商业银行大厦
……Tel：027-82656263

湖北中首投资控股有限公司
地址：武汉市江汉区武汉王家墩中央商务区泛海国际SOHO城(一期)第8幢6层1-8号
……Tel：027-82666297

武汉市泽望国际贸易有限公司
地址：武汉市东湖新技术开发区光谷三路777号A办公楼4层402-179号
……Tel：027-82705679

武汉有色金属（集团）公司
地址：武汉市江岸区南京路115号
……Tel：027-82810190

中国钢铁炉料中南公司
地址：湖北省武汉市铭新街十九号
……Tel：027-82836532

湖北宏泰联合国际贸易有限公司
地址：武汉市东湖新技术开发区光谷三路777号A办公楼4层402-178号
……Tel：027-82882705

武汉钢联融资担保股份有限公司
地址：武汉市江岸区花桥三期天梨阁北苑1单元6层3室
……Tel：027-82918366

武汉志华台禾铝模科技有限公司
地址：武汉市东西湖区107国道以东、陈东公路以南废钢铁加工处理生产基地厂房一栋1层（16）
……Tel：027-82881635

武汉群汇进出口投资有限公司
地址：武汉市东西湖区东山集镇A4栋（16）
……Tel：027-83061580

一世沛（武汉）贸易有限公司
地址：武汉市东西湖区五环大道31号
……Tel：027-83225811

武汉市钢发线缆电器有限责任公司
地址：武汉市东西湖区金银湖办事处金海工业园路2号（12）
……Tel：027-83232865

武汉鸿世家企业发展有限公司
地址：武汉市东西湖区走马岭走新路601号（13）
……Tel：027-83258520

东泰源实业有限公司
地址：武汉市江汉区北湖西路6号西北湖-凤凰城1号楼A座2单元20层2室
……Tel：027-83315258

武汉汉欧国际物流有限公司
地址：武汉市东西湖区革新大道1998号综保区大厦704室（8）
……Tel：027-83322201

湖北麒臻能源科技有限公司
地址：武汉市东西湖区将军路街道宏图路8号武汉客厅小型会展中心第G幢22层07号房
……Tel：027-83356452

武汉中融环保资源有限公司
地址：武汉市东西湖107国道以东、陈东公路以南1栋1-3层301-303室（14）
……Tel：027-83391388

武汉亚钢金属有限公司
地址：武汉市东西湖区107国道以东、陈东公路以南废钢铁加工处理生产基地厂房一栋1层（16）
……Tel：027-83391388

中国葛洲坝集团投资控股有限公司
地址：湖北省武汉市　口区解放大道558号
……Tel：027-83428181

长江财产保险股份有限公司
地址：武汉东湖新技术开发区鲁巷光谷街1号光谷资本大厦四楼401
……Tel：027-83766666

武汉兆宁实业发展有限公司
地址：武汉市　口区建设大道142号（湘商大厦）21层2101-2102室
……Tel：027-83800933

武汉长江经济联合发展股份有限公司
地址：江岸区胜利街335号
……Tel：027-83903280

华信中源矿业有限公司
地址：武昌区姚家岭52-53#一栋
……Tel：027-83988092

武汉辉铁汽车钢板有限公司
地址：武汉经济技术开发区18MA地块
……Tel：027-84236688

武汉宝钢华中贸易有限公司
地址：武汉经济技术开发区江城大道531号
……Tel：027-84298800

绍钢磁业（武汉）有限公司
地址：武汉市汉南区纱帽街纱帽正街
……Tel：027-84399509

湖北浙商中拓供应链管理有限公司
地址：武汉市汉阳区知音大道257号中海琴台华府办公楼21层（2）、（3）、（4）、（5）、（6）办号
……Tel：027-84515031

武汉久泰伟业钢铁有限公司
地址：武汉市江岸区金桥大道1号
……Tel：027-84588186

武汉新世纪商汇金属材料市场股份有限公司
地址：武汉蔡甸经济开发区沌口小区中营寺
……Tel：027-84705996

湖北汉南港实业有限公司
地址：武汉市汉南区邓南街金城村
……Tel：027-84755799

五矿钢铁（武汉）有限公司
地址：武汉市汉阳区莲花湖路特1号3楼
……Tel：027-84825443

武汉钢铁集团汉阳钢厂有限公司
地址：武汉市汉阳区龙灯堤特1号
……Tel：027-84845915

武汉武钢钢材加工有限公司
地址：武汉经济技术开发区沌阳大道528号
……Tel：027-84893335

武汉红忠泽金属制品有限公司
地址：武汉市蔡甸区　山街土山村龙王村武汉正东和泰置业管理有限公司工业项目9号厂房
……Tel：027-84895188

大唐湖北能源开发有限公司
地址：武汉市友谊大道999号
……Tel：027-51005506

武汉农村商业银行股份有限公司
地址：武汉市江岸区建设大道618号
……Tel：027-85497067

巨金石有限公司
地址：江汉经济开发区江兴路六号
……Tel：027-85556855

武汉金控新能源汽车租赁经营有限公司
地址：武汉市东西湖区金银潭大道68号楚商大厦B座9楼
……Tel：027-85580219

武汉新港建设投资开发集团有限公司
地址：东西湖区常青花园2小区40栋C单元
……Tel：027-85607802

武汉宝威典当有限公司
地址：武汉市江汉区复兴新村小区15栋2单元101号
……Tel：027-85619928

湖北省地质矿业开发有限责任公司
地址：武汉市汉口解放大道684号
……Tel：027-85639096

武汉业大高科技产业有限公司
地址：武汉市江汉区建设大道737号广发银行大厦1栋49层3室
……Tel：027-85692991

武汉信用小额贷款股份有限公司
地址：武汉市江汉区新华路396号7层9号
……Tel：027-85766696

湖北省经贸有限公司
地址：湖北省武汉市江汉北路106号
……Tel：027-85769376

中国有色金属材料中南公司
地址：武汉市南京路39号金丰大厦
……Tel：027-85802852

中国黑色金属材料中南公司
地址：武汉市江汉区北湖街人德里28号4单元104室
……Tel：027-85802852

湖北世纪中益投资发展有限公司
地址：武汉市东西湖区马池路南、汀香南路以东银湖九号A座15层9号（11）
……Tel：027-85824496

武汉建工集团股份有限公司
地址：武汉经济技术开发区沌阳大道409号武汉建工科技中心
……Tel：027-85875310

武汉钢铁江北集团金属制品有限公司
地址：武汉阳逻经济开发区滨江大道特1号
……Tel：027-86212587

武汉钢铁江北集团有限公司
地址：武汉市阳逻经济开发区滨江大道特1号
……Tel：027-86212627

武汉钢铁江北集团冷弯型钢有限公司
地址：武汉阳逻经济开发区滨江大道特1号
……Tel：027-86212669

武汉钢实兴金晟科技制造有限公司
地址：武汉市青山区中国一冶高新技术产业园（冶金大道180号）1栋203室
……Tel：027-86216001

武汉钢铁集团财务有限责任公司
地址：武汉市友谊大道999号武钢集团办公大楼B座11-13层
……Tel：027-86219183

武钢日铁（武汉）镀锡板有限公司
地址：武汉市青山区厂前
……Tel：027-86219283

武汉中远海运港口码头有限公司
地址：武汉市新洲区阳逻经济开发区红岗村(阳逻开发区管委会16楼1602室)
……Tel：027-86219356

武汉钢铁集团资产经营有限责任公司
地址：武汉市青山区友谊大道999号武钢集团办公大楼B座19层
……Tel：027-86219589

武汉武钢北湖经济开发公司
地址：武汉市青山区武钢北湖
……Tel：027-86486779

宝信软件（武汉）有限公司
地址：武汉市青山区和平大道1278号深国投中心2302-2310号、24-25层
……Tel：027-86487128

武钢资源集团有限公司
地址：武汉市友谊大道999号武钢办公大楼A座13-14层
……Tel：027-86488419

湖北汉源环境科技有限公司
地址：武汉市青山区友谊大道999号武钢集团办公大楼A座15层1509-1512号
……Tel：027-86568099

武汉武新新型建材股份有限公司
地址：武汉市青山区工人村青山都市工业园
……Tel：027-86590335

国电长源第一发电有限责任公司
地址：湖北省武汉市青山区苏家湾
……Tel：027-86592236

湖北省煤炭投资开发有限公司
地址：武汉市东湖新技术开发区吴家湾联合国际大厦17层
……Tel：027-86606200

湖北省禾正行投资有限公司
地址：武汉市新洲区阳逻街新坳村精致阳光嘉园1栋/单元1层12室
……Tel：027-86616188

武汉钢铁石化工业气体有限责任公司
地址：武汉化学工业区临江大道1666号
……Tel：027-86631397

武汉钢铁集团汉钢钢结构有限公司
地址：武汉市江夏区大桥新区邢远长村特1号
……Tel：027-86633398

湖北碳排放权交易中心有限公司
地址：武汉市武昌区中北路31号知音大厦17层
……Tel：027-86657690

武汉运盛商贸有限公司
地址：青山区二十九街坊44门4层
……Tel：027-86671166

湖北汉源环鑫固废处置有限公司
地址：武汉市青山区楠姆庙2栋
……Tel：027-86681530

中博控股集团股份有限公司
地址：武汉市汉南区汉南大道458号
……Tel：027-86733579

华中电力国际经贸有限责任公司
地址：武汉市武昌中南路80号中南大厦12楼
……Tel：027-86763731

湖北省客运铁路投资有限责任公司
地址：湖北省武汉市武昌区小洪山东区34号
……Tel：027-86779049

武汉青城合生置业有限公司
地址：武汉市青山区二十一号公路33号
……Tel：027-86803372

武汉武钢资源开发投资有限公司
地址：武汉市青山区友谊大道999号
……Tel：027-86805042

武汉钢铁集团经营开发有限责任公司
地址：青山区红钢城16街
……Tel：027-86805661

武汉钢铁集团民用建筑工程有限责任公司
地址：青山区冶金大道47号
……Tel：027-86807771

武汉钢铁股份有限公司
地址：武汉市青山区厂前街（青山区股份公司机关）
……Tel：027-86807870

中国一冶集团有限公司
地址：青山区36街坊（青山区工业路3号一冶科技大楼）
……Tel：027-86861853

武汉钢铁集团龙腾物流有限公司
地址：武汉市青山区冶金大道160号
……Tel：027-86862499

武汉钢铁设计研究总院有限公司
地址：青山区冶金大道１２号
……Tel：027-86863358

武钢集团有限公司

地址：武汉市友谊大道999号
…………Tel：027-86865018

中南勘察基础工程有限公司
地址：武汉市青山区和平大道1250号
…………Tel：027-86867319

武钢华润燃气（武汉）有限公司
地址：武汉市青山区工人村路291号
…………Tel：027-86889890

武汉武钢绿色城市技术发展有限公司
地址：武汉市青山区厂前一号门
…………Tel：027-86890894

武汉钢铁重工集团有限公司
地址：武汉市青山区厂前石山
…………Tel：027-86891235

武钢绿色城市建设发展有限公司
地址：青山区冶金大道122号
…………Tel：027-86891327

武汉钢铁集团耐火材料有限责任公司
地址：青山区工农村
…………Tel：027-86892471

武汉平煤武钢联合焦化有限责任公司
地址：武汉市青山区工人村龙角湖武钢13号门
…………Tel：027-86893227

武汉钢铁集团气体有限责任公司
地址：青山区白玉山(武钢20号门)
…………Tel：027-86894930

武汉钢铁集团轧辊有限责任公司
地址：青山区厂前环厂西路
…………Tel：027-86894957

武汉钢铁集团物流有限公司
地址：青山区冶金大道160号
…………Tel：027-86898078

宝武环科武汉金属资源有限责任公司
地址：武汉市青山区工人村路特1号
…………Tel：027-86898417

武汉武钢维苏威高级连铸耐火材料有限公司
地址：武汉市青山区工农村
…………Tel：027-86898779

武汉武钢维苏威高级陶瓷有限公司
地址：武汉市青山区工农村耐火材料厂内
…………Tel：027-8689879

格林美（武汉）新能源汽车服务有限公司
地址：武汉市新洲区仓埠街毕铺村格林美工业园3号楼
…………Tel：027-86967777

武船重型工程股份有限公司
地址：新洲区阳逻镇潘龙路(117号)
…………Tel：027-86984690

格林美（武汉）城市矿山产业集团有限公司
地址：新洲区仓埠街毕铺村、马鞍村
…………Tel：027-86989999

回收哥（武汉）互联网有限公司
地址：武汉市东湖新技术开发区光谷大道77号金融港后台服务中心一期A3栋14层
…………Tel：027-87002188

湖北汉冶新材料科技有限公司
地址：武汉东湖开发区高新大道999号
…………Tel：027-87115159

湖北省宏泰国有资本投资运营集团有限公司
地址：武汉市洪山路64号
…………Tel：027-87137096

湖北汉海矿业投资有限公司
地址：武汉市江夏区纸坊街谢家湾252号
…………Tel：027-87162590

武汉武钢华工激光大型装备有限公司
地址：武汉东湖新技术开发区武钢高新技术产业园
…………Tel：027-87180285

湖北银行股份有限公司
地址：武汉市武昌区水果湖街中北路86号汉街总部国际8栋
…………Tel：027-87239010

湖北南方大集实业有限公司
地址：武汉市东西湖区惠安大道768号2栋3层
…………Tel：027-87259638

湖北国贸供应链管理有限公司
地址：武汉东湖新技术开发区光谷四路以西、清风路以北，光谷三路777号-6保税物流园内七号楼209（自贸区武汉片区）
…………Tel：027-87260832

武汉尚书文旅发展有限公司
地址：武汉市青山区青山镇武汉国际钢铁物流服务中心（钢谷）一期4栋0812号
…………Tel：027-87261713

湖北安联建设管理有限公司
地址：武汉市武昌区中北路9号长城汇T1号写字楼24楼
…………Tel：027-87307388

华电华中清洁能源有限公司
地址：湖北省武汉市武昌区民主路668号A栋6层
…………Tel：027-87316803

湖北安博建筑有限公司
地址：黄陂区塔耳岗北街
…………Tel：027-87333269

湖北长江崇文国际文化发展有限公司
地址：湖北省武汉市洪山区雄楚大街268号出版文化城出版大厦16层
…………Tel：027-87571182

湖北楚天智能交通股份有限公司
地址：武汉市汉阳区龙阳大道9号
…………Tel：027-87576666

新恒基长江（武汉）国际贸易有限公司
地址：洪山区雄楚大道268号湖北出版城主体建筑C1701-C1708室
…………Tel：027-87673230

湖北长江出版印刷物资有限公司
地址：武汉市汉口解放大道211号
…………Tel：027-87679009

湖北长江出版传媒集团有限公司
地址：武汉市雄楚大街268号B座19-21层
…………Tel：027-87679808

湖北长投联合矿业开发有限公司
地址：武汉市武昌区中北路54号宏域金都C座7楼
…………Tel：027-87739931

华新水泥股份有限公司
地址：湖北省黄石市大棋大道东600号
…………Tel：027-87773996

武汉理工光科股份有限公司
地址：武汉市东湖开发区武汉理工大学科技园
…………Tel：027-87924188

湖北三环发展股份有限公司
地址：武汉市东湖新技术开发区高新四路33号
…………Tel：027-87929500

武汉地质资源环境工业技术研究院有限公司
地址：武汉市东湖高新技术开发区高新大道999号
…………Tel：027-87952082

武钢资源集团乌龙泉矿业有限公司
地址：武汉市江夏区乌龙泉街工人村路128号
…………Tel：027-87962782

武钢江南中燃燃气（武汉）有限公司
地址：武汉市武昌区青石桥38号1层1户
…………Tel：027-88028008

中国铁路物资武汉有限公司
地址：武昌区张之洞路171号
…………Tel：027-88066066

湖北省粮食有限公司
地址：武汉市武昌区中山路109号
…………Tel：027-88115989

湖北省粮油集团有限公司
地址：湖北省武汉市武昌区东湖路181号
…………Tel：027-88212781

湖北汇通工贸集团有限公司
地址：武昌区徐东大街6号汇通天地A塔栋/单元30层1-5号
…………Tel：027-88232277

中煤湖北地质局集团有限公司
地址：武汉市东湖新技术开发区高新大道788号
…………Tel：027-88232559

华电湖北发电有限公司
地址：湖北省武汉市武昌区临江大道526号
…………Tel：027-88700128

湖北国际经济技术合作有限公司
地址：武汉市东湖高新技术开发区光谷三路777号（自贸区武汉片区）
…………Tel：027-88708892

国家能源集团长源电力股份有限公司
地址：湖北省武汉市洪山区徐东大街63号国家能源大厦
…………Tel：027-88717057

中铁国新（湖北）建设有限公司
地址：武昌区友谊大道371号V+合伙人大厦塔楼8楼层10-12号
…………Tel：027-88853088

武汉华进投资发展集团有限公司
地址：武汉市东西湖区慈惠街道办事处慈惠墩230号(8)
…………Tel：027-88869666

武汉长江发展控股有限公司
地址：武汉市新洲区阳逻经济开发区华中钢铁交易中心6#楼345室
…………Tel：027-89006888

武汉诚通联众物流有限公司
地址：湖北省武汉市新洲区阳逻开发区阳发东路13号
…………Tel：027-89571573

武钢维尔卡钢绳制品有限公司
地址：武汉市新洲区阳逻街（阳逻开发区内）
…………Tel：027-89625009

武汉钢铁绿色城建金属结构有限责任公司
地址：武汉阳逻经济开发区滨江大道特1号
…………Tel：027-89831130

武汉东和乾元商贸有限公司
地址：武汉市江岸区三阳路与解放大道交汇处融科天城三期第15幢12层1号
…………Tel：028-82281028

湖北武当玄武投资有限公司
地址：武昌区水果湖中北路1号楚天都市花园B-A1号
…………Tel：0356-2031833

武汉港航发展集团有限公司
地址：武汉市新洲区阳逻经济开发区平江西路特9号
…………Tel：0371-23925002

中信泰富特钢集团股份有限公司
地址：黄石市黄石大道316号
…………Tel：0510-80675555

湖北济川药业股份有限公司
地址：湖北省荆州市沙市区园林路时尚豪庭602室
…………Tel：0523-87606428

湖北达宇一家贸易实业有限公司
地址：仙桃市干河办事处桃园大道
…………Tel：0523-89788169

襄阳市领航者精密机械加工有限公司
地址：襄阳市高新区深圳工业园
…………Tel：0710-2957461

新兴重工湖北三六一一机械有限公司
地址：湖北省襄阳市人民西路168号
…………Tel：0710-3114946

际华三五四二纺织有限公司
地址：襄阳市樊城区人民路140号
…………Tel：0710-3119293

襄阳宝钢钢材加工配送有限公司
地址：湖北省襄阳市高新区英菲尼迪汽车零部件产业园启辰路6号
…………Tel：0710-3330200

襄阳长源东谷实业股份有限公司
地址：襄阳市襄州区钻石大道（洪山头工业园）
…………Tel：0710-3381983

中房集团襄阳房地产开发股份有限公司
地址：湖北省襄阳市大庆西路39号
…………Tel：0710-3423963

襄阳市汇日铭诚供应链管理有限公司
地址：襄阳市樊城区炮铺街特1号开放广场A区五楼
…………Tel：0710-3488888

襄阳汽车轴承集团公司
地址：襄阳市高新区春园路七号火炬大厦五楼508号
…………Tel：0710-3577812

襄阳金储盈商贸有限公司
地址：襄阳市襄城区庞公办事处十家庙社区
…………Tel：0710-3690498

金砖国际贸易（襄阳）有限公司
地址：湖北省襄阳市高新区长虹北路118号中润云邦写字楼10层010-012室
…………Tel：0710-3770093

襄阳能源集团有限责任公司
地址：襄阳市高新区长虹北路29号
…………Tel：0710-3825007

宜城市国有资本投资运营集团有限公司
地址：宜城市中华大道35号
…………Tel：0710-4269515

湖北新鄂西化工有限公司
地址：宜城市雷河镇
…………Tel：0710-4368958

湖北皇胜投资管理有限公司
地址：南漳县城关镇文庙街385号
…………Tel：0710-5566789

保康夏禹矿业有限公司
地址：保康县城关镇迎宾路69号
…………Tel：0710-5816126

湖北立晋钢铁集团有限公司
地址：枣阳市襄阳路146号
…………Tel：0710-6238578

湖北万里行汽车挡圈有限公司
地址：湖北省枣阳市襄阳路146号
…………Tel：0710-6238578

湖北枣阳农村商业银行股份有限公司
地址：湖北省枣阳市中兴大道189号
…………Tel：0710-6806808

湖北永成铸造有限公司
地址：谷城县城关镇洪胜路1号
…………Tel：0710-7230538

湖北亚美锐科技实业股份有限公司
地址：湖北省谷城县经济开发区锅底湖社区
…………Tel：0710-7618080

湖北楚凯冶金有限公司
地址：湖北省老河口市仙人渡镇王楼村（循环经济产业园楚凯路）
…………Tel：0710-8189999

武汉钢铁集团湖北华中重型机械制造有限公司
地址：鄂州市碧石渡镇
…………Tel：0711-2357090

湖北中平鄂钢联合焦化有限责任公司
地址：鄂州市鄂城区武昌大道215号
…………Tel：0711-3232183

宝武集团鄂城钢铁有限公司
地址：鄂州市鄂城区武昌大道215号
…………Tel：0711-3233321

鄂州鸿泰钢铁有限公司
地址：鄂州市华容镇楚滞路
…………Tel：0711-3588199

湖北鄂钢长航港务有限公司
地址：鄂州市华容区临江乡
…………Tel：0711-3609768

湖北能源集团鄂州发电有限公司
地址：鄂州市葛店镇
…………Tel：0711-3622112

湖北武钢雅苑钢结构建设有限公司
地址：鄂州市武昌大道八大家巷2号2楼（鄂钢综合服务分公司）
…………Tel：0711-3867918

湖北三江航天红阳机电有限公司
地址：远安县鸣凤镇鸣凤大道
…………Tel：0712-2950000

湖北三江航天万峰科技发展有限公司
地址：孝感市北京路56号
…………Tel：0712-2959509

湖北双环科技股份有限公司
地址：湖北省应城市东马坊团结大道26号
…………Tel：0712-3591188

湖北双环化工集团有限公司
地址：湖北省应城市东马坊办事处团结大道26号
…………Tel：0712-3591188

中盐宏博（集团）有限公司
地址：云梦县南环路100号
…………Tel：0712-4325263

湖北大展钢铁有限公司
地址：湖北省云梦县珍珠坡路
…………Tel：0712-4325788

湖北冰晶实业投资（集团）有限公司
地址：湖北省云梦县城关珍珠坡路95号
…………Tel：0712-4332958

湖北麻城农村商业银行股份有限公司
地址：湖北省麻城市金桥大道17号
…………Tel：0713-2910521

葛洲坝兴业再生资源有限公司
地址：湖北省麻城市黄金桥经济科技开发区货场路
…………Tel：0713-2990563

湖北兴业钢铁炉料有限责任公司
地址：麻城市黄金桥经济科技开发区货场路
…………Tel：0713-2996188

湖北省宏源药业科技股份有限公司
地址：罗田县凤山镇经济开发区宏源路8号
…………Tel：0713-5072024

湖北中楚钢结构工程股份有限公司
地址：团风县团风镇城北工业园（中楚钢铁制品公司内）
…………Tel：0713-6085518

湖北厚发矿产品有限责任公司
地址：团风县团风镇益民路15号（县人社局三楼）
…………Tel：0713-6152388

团风县城市建设投资集团有限公司
地址：团风县迎宾大道2号东方丽都写字楼10楼
…………Tel：0713-6153639

武穴市民本矿产资源开发有限公司
地址：武穴市田镇办事处马口村
…………Tel：0713-6220201

武穴市中小企业融资担保有限责任公司
地址：武穴市民主路201号
…………Tel：0713-6261546

湖北梅川生态农业科技发展有限公司
地址：湖北省武穴市梅川镇三八水库东头
…………Tel：0713-6373502

武穴市东南矿业有限公司
地址：武穴市大法寺镇八峰山村委会
…………Tel：0713-6619108

蕲春城市投资发展集团有限公司
地址：蕲春县漕河镇傅畈大道57号
…………Tel：0713-1234567

蕲春县国建投资有限公司
地址：湖北省蕲春县漕河镇付畈大道57号
…………Tel：0713-7609918

湖北蕲水春风投资有限公司
地址：蕲春县漕河镇付畈大道57号
…………Tel：0713-1234567

蕲春城投矿业有限公司
地址：蕲春县漕河镇付畈大道57号
…………Tel：0713-7609918

黄冈宏桥纳米科技有限责任公司
地址：黄冈市黄州区南湖工业园（黄州大道以北、南湖六路以东、南湖七路以西交汇处）
…………Tel：0713-8106103

武汉港航发展集团黄冈有限公司
地址：黄冈市黄州区新港二路7号办公楼第六层601-609号
…………Tel：0713-8822803

湖北新鑫钢铁集团有限公司
地址：湖北省大冶市金湖街办金株大道69号
…………Tel：0714-3167888

湖北鄂东矿业投资有限公司
地址：黄石市经济技术开发区光谷联合科技城14栋
…………Tel：0714-3184210

大冶华鑫实业有限公司
地址：湖北省大冶市金湖马叫

……Tel：0714-8048222

武钢资源集团大冶铁矿有限公司
地址：黄石市铁山区胜利路53号
……Tel：0714-38111173

黄石新港港口股份有限公司
地址：黄石新港（物流）工业园区管委会新港大道特1号
……Tel：0714-3862113

黄石传化诚通公路港物流有限公司
地址：黄石市下陆区大广连接线188号
……Tel：0714-5315888

湖北金格实业发展有限公司
地址：湖北省黄石市下陆大道115号
……Tel：0714-5391345

大冶有色金属集团控股有限公司
地址：黄石市下陆大道115号
……Tel：0714-5392313

大冶有色金属有限责任公司
地址：黄石市下陆区下陆大道115号
……Tel：0714-5392313

大冶有色物流有限公司
地址：湖北省大冶市城西北工业园开元大道69号
……Tel：0714-5392481

黄石大冶有色医院管理有限公司
地址：黄石市下陆区新下陆街228号
……Tel：0714-5392908

大冶有色鑫诚铜业有限公司
地址：黄石市经济技术开发区广州路
……Tel：0714-5394658

大冶有色博源环保股份有限公司
地址：湖北省大冶市攀宇工业园
……Tel：0714-5397800

中铜华中铜业有限公司
地址：湖北省黄石市下陆区陆家铺
……Tel：0714-5398649

湖北佳通投资有限公司
地址：黄石市西塞山区环湖路39号
……Tel：0714-5418761

黄石农村商业银行股份有限公司
地址：黄石市黄石港区磁湖路55号（时代.仁智山水S06号、S07号楼）
……Tel：0714-6237566

湖北新冶钢有限公司
地址：湖北省黄石市黄石大道316号
……Tel：0714-6297888

大冶特殊钢有限公司
地址：湖北省黄石市黄石大道316号
……Tel：0714-6297888-8063

湖北新冶钢特种材料有限公司
地址：黄石市西塞山区黄石大道316号
……Tel：0714-6297888

湖北中特新化能科技有限公司
地址：湖北省黄石市黄石大道316号
……Tel：0714-6297888

宝钢股份黄石涂镀板有限公司
地址：黄石市团城山开发区
……Tel：0714-6356725

大冶有色瑞鑫铜业有限公司
地址：黄石市杭州西路208号
……Tel：0714-6385599

阳新弘盛铜业有限公司
地址：阳新县新港物流工业区海洲大道68号
……Tel：0714-6399833

黄石晟祥铜业有限公司
地址：黄石市经济技术开发区金山街道办事处大棋大道288号
……Tel：0714-6396598

湖北振华化学股份有限公司
地址：黄石市西塞山区黄石大道668号
……Tel：0714-6406552

湖北华电西塞山发电有限公司
地址：湖北省黄石市西塞山区黄石大道639号
……Tel：0714-6415188

湖北西塞山发电有限公司
地址：湖北省黄石市西塞山区黄石大道639号
……Tel：0714-6415188

冶钢集团实业总公司
地址：湖北省黄石市黄石大道286号
……Tel：0714-6463692

冶钢集团有限公司
地址：湖北省黄石市黄石大道316号
……Tel：0714-6466376

湖北远光矿业集团房地产开发（鄂州）有限公司
地址：鄂州市鄂城区汀祖镇王边村
……Tel：0714-6515766

湖北鸡笼山黄金矿业有限公司
地址：湖北省阳新县富池镇鸡笼山
……Tel：0714-7536252

黄石新港资源投资经营有限公司
地址：阳新县韦源口镇棠梨湖小区横一路8号
……Tel：0714-7898219

大冶市新冶特钢有限责任公司
地址：湖北省大冶市金湖马叫
……Tel：0714-8045404

台光电子材料（黄石）有限公司
地址：湖北省黄石市大棋大道198号
……Tel：0714-8661768

大冶市永诚实业有限公司
地址：大冶市城北开发区东风东路33号江南名居2-6号
……Tel：0714-8738670

湖北普鸿德电缆有限公司
地址：湖北省大冶市城西北工业园开元大道18号
……Tel：0714-8759216

大冶市还地桥镇国有集体资产经营管理有限公司
地址：大冶市还地桥镇还桥大道39号
……Tel：0714-8811806

湖北凡冶建设有限公司
地址：大冶市大冶大道105号一栋一单元402室
……Tel：0714-8826110

大冶市华星矿产品贸易有限公司
地址：湖北省大冶市刘仁八镇岩山村
……Tel：0714-8862508

湖北航宇鑫宝铸管有限公司
地址：大冶市陈贵镇陈贵大道东64号
……Tel：0714-8995008

大冶市灵成矿业有限责任公司
地址：大冶市灵乡镇
……Tel：0714-8996513

武钢森泰通山冶金有限责任公司
地址：通山县经济开发区（通羊镇新城路）
……Tel：0715-2298366

湖北南鄂再生资源分拣中心有限公司
地址：通山县洪港镇洪港街（洪港供销合作社）
……Tel：0715-2811999

通城城市发展建设投资（集团）有限公司
地址：通城县隽水镇通城大道88号
……Tel：0715-4322323

湖北东升投资发展有限公司
地址：湖北省通城县北港镇枫树村五组
……Tel：0715-4335876

赤壁长城炭素制品有限公司
地址：赤壁市发展大道316号
……Tel：0715-5355579

咸宁高新贸易有限公司
地址：贺胜路与茶园路交叉处西南侧，1幢1-3号
……Tel：0715-8066770

湖北华电江陵发电有限公司
地址：江陵县经济开发区华电路东侧
……Tel：0716-4173223

湖北荆州煤炭港务有限公司
地址：江陵县楚江大道沿江产业园
……Tel：0716-4722976

湖北白云边股份有限公司
地址：松滋市新江口镇民主大道28号
……Tel：0716-6268111

航天南湖电子信息技术股份有限公司
地址：荆州市沙市区金龙路51号
……Tel：0716-8185487

湖北洪城通用机械有限公司
地址：荆州市红门路3号
……Tel：0716-8246830

国电长源荆州热电有限公司
地址：荆州开发区荆沙大道18号
……Tel：0716-8305020

湖北金科环保科技股份有限公司
地址：荆州开发区东方大道东侧
……Tel：0716-8328393

湖北长江镍业高科股份有限公司
地址：荆州市江津路28号
……Tel：0716-8345631

湖北鑫城普瑞化学科技有限公司
地址：江陵县沿江产业园鹤鸣路
……Tel：0716-8359889

龙江龙汽配紧固件制造股份有限公司
地址：湖北省荆州市沙市工业新区
……Tel：0716-8372699

荆州市群力金属铸造有限公司
地址：沙市区经济开发区二号路北侧
……Tel：0716-8372222

湖北昭君旅游文化发展有限公司
地址：兴山县古夫镇昭君路12号
……Tel：0717-2528205

兴山县国有资产经营有限公司
地址：兴山县古夫镇昭君路40号
……Tel：0717-2581299

秭归县楚元控股集团有限责任公司
地址：秭归县茅坪镇金缸城新区（车管所综合楼）
……Tel：0717-2885079

远安县栖凤城市建设投资开发有限公司
地址：远安县鸣凤镇沮阳路23号附1号
……Tel：0717-3758998

远安县矿产资源开发有限公司
地址：远安县鸣凤镇凤山沟巷1号
……Tel：0717-3812948

宜昌宜美城市矿产资源循环利用有限公司
地址：宜昌高新区白洋工业园田家河大道
……Tel：0717-4400177

长阳城市建设投资控股集团有限公司
地址：长阳龙舟坪镇星城二路8号
……Tel：0717-5317268

致尚投资控股（湖北）有限公司
地址：中国（湖北）自贸区宜昌片区发展大道57-5号5012号
……Tel：0717-6099860

湖北中务工程技术有限公司
地址：武汉市洪山区鲁磨路369号当代大厦413室
……Tel：0717-6210880

湖北永邦控股集团有限公司
地址：宜昌市西陵区云集路45-1号
……Tel：0717-6253588

湖北九清投资控股有限公司
地址：宜昌市开发区发展大道56号地址：
……Tel：0717-6268972

中船重工中南装备有限责任公司
地址：湖北省宜昌市西陵区青岛路21号
……Tel：0717-6331956

中船重工中南装备有限责任公司（国营第三八八厂）
地址：湖北省宜昌市西陵区青岛路21号
……Tel：0717-6331956

湖北联投矿业有限公司
地址：湖北省武汉市江夏区文化路399号联投大厦22层
……Tel：0717-6350570

宜昌城市建设投资控股集团有限公司
地址：宜昌市伍家岗区沿江大道189号
……Tel：0717-6353028

湖北三新矿业有限公司
地址：宜昌开发区　亭园区南部工业园内
……Tel：0717-6493565

宜昌高新投资开发有限公司
地址：宜昌市高新区发展大道55号地址：
……Tel：0717-6623870

宜昌市国土资源开发有限公司
地址：宜昌市伍家岗区中南路29号15栋
……Tel：0717-6731996

湖北力帝机床股份有限公司
地址：湖北省宜昌市龙溪路2号
……Tel：0717-6733892

湖北天元物流发展有限公司
地址：中国（湖北）自贸区宜昌片区东艳路48号
……Tel：0717-6861926

武汉钢铁建工集团宜昌投资开发有限责任公司
地址：宜昌市西陵经济技术开发区西湖路32号
……Tel：0717-6980180

湖北兴达实业有限责任公司
地址：宜昌市夷陵区罗河路43号
……Tel：0717-7201260

稻花香集团投资控股股份有限公司
地址：湖北省宜昌市夷陵区龙泉镇龙镇村六组
……Tel：0717-7760888

宜昌兴发集团有限责任公司
地址：兴山县古夫镇高阳大道58号
……Tel：0717-6941291

中海油化学宜昌矿业有限公司
地址：宜昌市夷陵区樟村坪镇明珠路12号
……Tel：0717-7890535

宜昌市猇亭区福银小额贷款有限公司
地址：宜昌市　亭区金　路88-1号
……Tel：0717-8857098

宣恩仙山贡水城市建设有限公司
地址：宣恩县珠山镇民族路22号
……Tel：0718-5820468

中华龙建设工程（来凤）有限公司
地址：湖北省来凤县翔凤镇喳西泰水城饮食街4-1-402号
……Tel：0718-6268768

利川旭天农业开发有限公司
地址：利川市凉务乡老河村一组
……Tel：0718-7416166

武钢恩施铁矿开发有限公司
地址：恩施市舞阳大道223号
……Tel：0718-8467265

竹山县兴竹实业有限责任公司
地址：竹山县城关镇莲花村国际绿松石城19号楼
……Tel：0719-4225339

京能十堰热电有限公司
地址：十堰市张湾区红卫街办石桥村
……Tel：0719-7103990

十堰郧润水利发展有限公司
地址：湖北省十堰市郧县茶店镇长岭经济开发区天马大道385号综合服务楼六楼
……Tel：0719-7106629

十堰聚鑫国有资本投资运营有限公司
地址：十堰市郧阳区城关镇中心巷居委会解放路52号1栋52-1幢
……Tel：0719-7229399

十堰市郧阳区汉江砂石有限公司
地址：十堰市郧阳区城关园丁路
……Tel：0719-7232526

十堰双冠工贸有限公司
地址：十堰市茅箭区车站路5号
……Tel：0719-8111529

十堰福堰钢铁有限公司
地址：十堰市西城路2号
……Tel：0719-8584225

湖北十堰农村商业银行股份有限公司
地址：十堰市朝阳中路15号武当国际园A座
……Tel：0719-8601030

湖北开源勘测设计有限公司
地址：随州高新技术产业园区大地国际中心2301号
……Tel：0722-3303396

湖北省齐星汽车车身股份有限公司
地址：随州经济技术开发区十里铺村
……Tel：0722-3587029

随州市金汇石业有限公司
地址：随县吴山镇邱河村二组
……Tel：0722-4733188

广水市城市发展投资有限公司
地址：广水市应山办事广安路72号
……Tel：0722-6258688

广水东日钢铁有限公司
地址：广水市杨寨镇冶金工业园发展大道88号副1号
……Tel：0722-6622655

湖北北斗航天电子商务有限公司
地址：荆门市东宝工业园电子信息产业园D11栋3楼
……Tel：0724-2217543

国电长源荆门发电有限公司
地址：中国湖北省荆门市白庙路80号
……Tel：0724-2227707

荆门市格林美新材料有限公司
地址：荆门高新区　掇刀区迎春大道3号
……Tel：0724-2499168

湖北大峪口化工有限责任公司
地址：湖北省钟祥市胡集镇
……Tel：0724-4891520

洋丰集团股份有限公司
地址：荆门市东宝区石桥驿镇石仙路北
……Tel：0724-6036387

湖北京华投资有限公司
地址：京山市新市镇轻机大道169号（京华大厦1幢）
……Tel：0724-7226699

中控（湖北）产业投资有限公司
地址：湖北省京山市温泉新区汤堰村二组
……Tel：0724-7567818

武汉城市圈（仙桃）城市矿产资源大市场有限公司
地址：仙桃市长　口镇318国道北（黄益村）
……Tel：0728-2511133

湖北天坤商品交易中心有限公司
地址：仙桃市黄金大道西段55号
……Tel：0728-3609185

湖北潜江江汉环保有限公司
地址：潜江市园林办事处东风路23号
……Tel：0728-6281221

潜江传化公路港物流有限公司
地址：潜江市杨市办事处奥体路56号
……Tel：0728-6606001

湖南省

际华三五一七橡胶制品有限公司
地址：湖南城陵矶新港区际华高分子材料高科产业园
……Tel：0730-2278220

汨罗振升铝业科技有限公司
地址：湖南省汨罗市循环经济产业园区振纲北路
……Tel：0730-5615078

美事达投资控股股份有限公司
地址：湖南省平江县城关镇连云东路柏翠湾商业B栋二楼
……Tel：0730-6293619

湖南中南黄金冶炼有限公司
地址：湖南平江县工业园区
……Tel：0730-6879001

湖南十力实业有限公司
地址：湖南省岳阳市岳阳楼区金鹗西路39号龙腾华府C栋305号
……Tel：0730-8286888

湖南中创空天新材料股份有限公司
地址：湖南省岳阳城陵矶综合保税区云港路CCTC保税大厦501室
……Tel：0730-8417008

湖南省港务集团有限公司
地址：岳阳市城陵矶新港区进港路与沿江路交汇处省港办公大楼
……Tel：0730-8426252

岳阳林纸股份有限公司
地址：岳阳市岳阳楼区城陵矶光明路
……Tel：0730-8590683

中国航发长江动力有限公司
地址：岳阳市岳阳楼区冷水铺路606号
……Tel：0730-8593384

泰格林纸集团股份有限公司

地址：中国（湖南）自由贸易试验区岳阳片区长江大道西新港港口多式联运物流园002号
Tel：0730-8590660

湖南紫雁农业科技发展有限公司
地址：岳阳市岳阳楼区云梦路世纪星商业广场802室
Tel：0730-8797562

株洲首鹏汇隆钢材加工配送有限公司
地址：湖南省株洲市天元区栗雨工业园黑龙江路汇隆科技园工业厂房（3）
Tel：0731-22330182

株洲中车物流有限公司
地址：湖南省株洲市石峰区铜霞路255号隆信国际1号栋917-3室
Tel：0731-22333881

湖南动力谷本码科技有限公司
地址：湖南省株洲市天元区株洲大道898号高科总部壹号A座1607室
Tel：0731-22860045

株洲钻石切削刀具股份有限公司
地址：株洲市高新技术开发区黄河南路
Tel：0731-22881757

大唐华银攸县能源有限公司
地址：攸县网岭镇荷叶塘村
Tel：0731-24818102

湖南株冶火炬新材料有限公司
地址：株洲市渌口区南洲镇南洲新区工业园G20地块
Tel：0731-27615925

湖南颗达装配科技有限公司
地址：株洲市渌口区渌口镇湾塘工业园办公楼（跃达大道001号）
Tel：0731-27618380

湖南建工五建建筑工业化有限公司
地址：湖南省株洲市荷塘区金精路158号嘉德工业园7号产业服务大楼一楼209室
Tel：0731-28237032

株洲硬质合金集团有限公司
地址：株洲市荷塘区钻石路
Tel：0731-28260251

株洲冶炼集团有限责任公司
地址：湖南省株洲市天元区衡山东路12号
Tel：0731-28392172

株洲株冶有色实业有限责任公司
地址：石峰区清水塘
Tel：0731-28392172

株洲冶炼集团股份有限公司
地址：湖南省株洲市天元区衡山东路12号
Tel：0731-28392172

株洲湘江电焊条有限公司
地址：株洲市荷塘区华南路8号
Tel：0731-28485308

中国航发南方工业有限公司
地址：芦淞区董家
Tel：0731-28551330

湘潭市两型社会建设投融资有限公司
地址：湘潭市雨湖区城正街街道板石巷跃进村
Tel：0731-52323558

湖南湘钢瑞泰科技有限公司
地址：湘潭市岳塘区五里堆街道耐火村128号
Tel：0731-52650388

湖南宇恒立体停车设备有限公司
地址：湘潭市九华经济技术开发区银盖南路以东6号
Tel：0731-52650708

五矿（湖南）铁合金有限责任公司
地址：湖南省湘乡市新湘路办事处新湘西路
Tel：0731-56806517

湖南有色湘乡氟化学有限公司
地址：湖南省湘乡市新湘路办事处可心亭
Tel：0731-56808683

湖南阳达资源投资开发股份有限公司
地址：湘潭县易俗河镇荷花南路宏信创新产业园一期E6栋二楼
Tel：0731-57776466

湖南新源联合港运有限责任公司
地址：湘潭市高新区芙蓉中路18号高新科技大厦
Tel：0731-58266991

中冶京诚（湘潭）重工设备有限公司
地址：湘潭九华经济区江南北路8号
Tel：0731-58276238

湖南启迪电力建设有限公司
地址：湖南省湘潭市高新区迅达大道双马工业园大汉钢铁物流园1楼102号门面
Tel：0731-58390600

湖南湘钢梅塞尔气体产品有限公司
地址：湘潭市岳塘区岳塘街道湘钢梅塞尔厂办公楼
Tel：0731-58537805

湖南华新湘钢水泥有限公司
地址：湘潭市岳塘区霞城乡下摄司村铁牛路（原湘钢水泥厂）
Tel：0731-58577380

湖南瑞嘉金属资源综合利用有限公司
地址：湘潭县杨嘉桥镇杨嘉桥村（湘潭县杨嘉桥镇人民政府院内）
Tel：0731-58590728

湖南华菱线缆股份有限公司
地址：湘潭市高新区建设南路1号
Tel：0731-58590168

湖南胜利湘钢钢管有限公司
地址：湖南省湘潭市高新区滨江大道8号
Tel：0731-58591896

湖南顺祥物流有限公司
地址：湘潭市岳塘区钢城路（洪盛物流公司内）
Tel：0731-58650461

湘潭瑞通球团有限公司
地址：湘潭市岳塘区钢城路湘钢厂内铁烧路(炼铁厂旁)
Tel：0731-58650713

湖南华菱湘潭钢铁有限公司
地址：湘潭市岳塘区钢城路
Tel：0731-58655114

湘潭钢铁集团有限公司
地址：湘潭市岳塘区钢城路
Tel：0731-58655114

湖南瑞和冶金石灰有限公司
地址：湖南省湘潭市岳塘区霞城乡联合村委会
Tel：0731-58652679

湖南湘钢金属材料科技有限公司
地址：湖南省湘潭市高新区建设南路1号
Tel：0731-58653616

湖南湘钢资产经营有限公司
地址：湘潭市岳塘区钢城路
Tel：0731-58653024

湘潭钢铁集团国际贸易有限公司
地址：湘潭市九华经济区江南北路8号
Tel：0731-58659271

大汉广惠钢铁有限公司
地址：长沙市望城经济技术开发区普瑞大道一段1555号金桥市场集群2区4栋3层324号
Tel：0731-81801099

广电计量检测（湖南）有限公司
地址：长沙高新开发区文轩路27号麓谷钰园中式生产车间B-8栋
Tel：0731-81890001

长沙市国有资源开发有限公司
地址：湖南省长沙市开福区芙蓉中路一段163号新时代广场北栋28楼2805、2806房
Tel：0731-82112558

湖南华菱节能环保科技有限公司
地址：长沙市高新区麓枫路69号金瑞创业基地（原晶源电子检测中心）3楼207房
Tel：0731-82225910

湖南省万能实业有限公司
地址：长沙市芙蓉区五一中路618号银华大酒店商务楼1栋1308号
Tel：0731-82255356

湖南顺拓钢铁贸易有限公司
地址：长沙市雨花区劳动东路84号（长沙重型机器厂内）
Tel：0731-82271653

和立东升国际物流产业有限公司
地址：湖南省长沙市开福区新港路30号长沙金霞保税物流中心综合办公室3018房
Tel：0731-82286818

湖南和立东升实业集团有限公司
地址：长沙市雨花区万家丽路南二段18号管理服务中心办公楼319房
Tel：0731-82286818

湖南南方水泥集团有限公司
地址：长沙市开福区湘江北路三段1500号北辰时代广场A1区板上部分写字楼1701房
Tel：0731-82288081

长沙恒定建材贸易有限公司
地址：长沙市天心区大托镇披塘村披塘金属市场19栋2单元304房。
Tel：0731-82294928

湖南发展集团矿业开发有限公司
地址：长沙市天心区城南西路1号省财政厅综合楼7楼
Tel：0731-82327158

湖南发展永州富锰新材料有限公司
地址：湖南省永州市零陵区芝山路178号
Tel：0731-82327159

湖南隆盛达钢管制造有限公司
地址：长沙市望城经济技术开发区普瑞西路...钢铁）物流园9栋113
Tel：0731-82628111

湖南金谷道控股集团有限公司
地址：湖南省长沙市天心区新开铺路1348号一力物流园13-8号门店108房
Tel：0731-82629973

湖南中冶长天节能环保技术有限公司
地址：长沙高新开发区麓松路480号
Tel：0731-82760603

湖南中绿科技产业有限公司
地址：长沙高新开发区麓景路2号长沙科技成果转化基地创优楼313房
Tel：0731-82766957

湖南万容科技股份有限公司
地址：长沙经济技术开发区盼盼路11号
Tel：0731-82791098

湖南晟通供应链服务有限公司
地址：长沙市望城经济技术开发区腾飞路二段109号
Tel：0731-82852602

湖南湘电长泵铸造有限公司
地址：宁乡经济开发区
Tel：0731-58596755

航天凯天环保科技股份有限公司
地址：湖南省长沙经济技术开发区楠竹园路59号
Tel：0731-82879396

长沙怡亚通供应链有限公司
地址：长沙高新开发区东方红中路589号
Tel：0731-82883777

湖南省地质建设工程（集团）总公司
地址：长沙市天心区五凌路8号
Tel：0731-82909666

湖南三正电子商务有限公司
地址：湖南省长沙市天心区新开铺路1348号一力物流园内办公楼二楼
Tel：0731-83381616

永清环保股份有限公司
地址：长沙市浏阳市国家生物医药产业基地（319国道旁）
Tel：0731-83506688

山河智能装备股份有限公司
地址：长沙经济技术开发区凉塘东路1335号
Tel：0731-83572669

湖南祥华股权投资私募基金管理有限公司
地址：长沙市岳麓区天顶街道青山新村社区排山大道18号304-306房
Tel：0731-83848626

湖南安培电力带电作业有限公司
地址：长沙市岳麓区望城坡商贸城重阳路95号
Tel：0731-84010118

长沙开元仪器有限公司
地址：湖南省长沙经济技术开发区星沙产业基地（长龙街道）凉塘东路1259号研发楼101
Tel：0731-84013443

三一汽车金融有限公司
地址：长沙经济技术开发区星沙街道三一路1-1号三一汽车制造有限公司新研发楼一楼
Tel：0731-84038787

中国有色金属长沙勘察设计研究院有限公司
地址：长沙市雨花区振华路579号康庭园1栋101号
Tel：0731-84130177

中荷贸易代理有限责任公司
地址：长沙市芙蓉区浏阳河大道一段588号红橡国际广场710房
Tel：0731-84196333

湖南铁路建设投资有限公司
地址：长沙市岳麓区先导路179号湘江时代商务广场A栋16楼
Tel：0731-84263831

湖南天雄实业有限公司
地址：长沙市开福区蔡锷北路389号富雅花园第2栋603房
Tel：0731-84318847

湘潭麓沣新能源科技有限公司
地址：湘潭市岳塘区下摄司街道解放村41栋3单元25号
Tel：0731-84318847

湖南大佳新材料科技有限公司
地址：湖南省长沙市岳麓区洋湖街道潇湘南路一段208号柏利大厦写字楼17004号
Tel：0731-84318847

湖南天雄新材料科技集团有限责任公司
地址：长沙市开福区蔡锷北路389号富雅花园第2栋604房
Tel：0731-84331232

长沙有色冶金设计研究院有限公司
地址：长沙市雨花区木莲东路299号
Tel：0731-84397112

湖南云龙实业投资有限公司
地址：长沙市芙蓉区五一大道249号湘城中央花苑2号栋28楼
Tel：0731-84428333

浙商中拓集团（湖南）有限公司
地址：湖南省长沙市芙蓉区五一东路091号（9号）、095号十九层
Tel：0731-84588379

湖南物华投资发展有限公司
地址：湖南省长沙市雨花区劳动东路222号永升商业广场C1栋2802房
Tel：0731-84660188

湖南稀土新能源材料有限责任公司
地址：长沙市芙蓉区张公岭隆平高科技园隆园二路108号
Tel：0731-84719699

恩瑞供应链股份有限公司
地址：长沙市开福区青竹湖路399号青竹湖会展中心E厅210室
Tel：0731-84782691

湖南亿莎进出口贸易有限公司
地址：长沙市雨花区湘府中路9号融程花园酒店第1幢2210房
Tel：0731-84867378

长沙开元仪器股份有限公司
地址：长沙经济技术开发区开元路172号
Tel：0731-84874926

湖南昆鹏通用航空有限公司
地址：长沙高新开发区桐梓坡西路229号麓谷国际工业园孵化大楼C栋904号
Tel：0731-84875006

湖南建工三得利泊车有限公司
地址：长沙市开福区金泰路199号湘江世纪城富湾国际3栋1803室
Tel：0731-84899248

湖南五圣兴科实业有限公司
地址：湖南省长沙市天心区新开铺路1018号
Tel：0731-85017609

乐沃居控股集团有限公司
地址：湖南省长沙市雨花区环保中路188号7#栋A403
Tel：0731-85130089

湖南德慧祥特种设备有限公司
地址：长沙高新开发区麓谷大道658号湖南麓谷信息港自编A栋19001-04号房
Tel：0731-85156247

湖南发展资产管理集团有限公司
地址：长沙市天心区城南西路1号省财政厅综合楼17楼
Tel：0731-85165030

五矿建设（湖南）嘉和日盛房地产开发有限公司
地址：长沙市天心区暮云街道西湖村山塘冲组269号
Tel：0731-85687345

五矿地产湖南开发有限公司
地址：长沙市雨花区湘府东路二段208号万境财智中心北栋16楼
Tel：0731-85687345

湖南有色金属研究院
地址：长沙市芙蓉区隆平高科技园区内亚大路99号
Tel：0731-85239572

湖南黄金集团有限责任公司
地址：长沙经济技术开发区人民东路211号1号栋9楼
Tel：0731-85304688

湖南有色金属有限公司
地址：长沙市天心区劳动西路290号
Tel：0731-85385520

五矿有色金属控股有限公司
地址：长沙市天心区劳动西路290号
Tel：0731-85385520

湖南有色资产经营管理有限公司
地址：长沙市天心区劳动西路290号
Tel：0731-85392339

湖南有色置业发展有限公司
地址：长沙市天心区劳动西路290号
Tel：0731-85385581

湖南有色金属控股集团有限公司
地址：长沙市天心区劳动西路290号
Tel：0731-85385665

湖南有色金属投资有限公司
地址：长沙市劳动西路342号有色大厦A栋11楼
Tel：0731-85392399

湖南湘乐商贸有限公司
地址：长沙市雨花区韶山北路355号鸿铭中心金衔银苑商业街B栋301号
Tel：0731-85424628

中铝国际南方工程有限公司
地址：长沙市雨花区劳动东路268号吉联商业中心6栋22-23楼
Tel：0731-85515966

浩天科技创新发展有限公司
地址：长沙市天心区劳动西路289号嘉盛商务广场25016室
Tel：0731-85571388

湖南京宝德钢铁贸易有限公司
地址：长沙市芙蓉区韶山路39号（维一星城国际2513房）
Tel：0731-85586438

中铁湘建工程集团机械化施工有限公司
地址：湖南省长沙市芙蓉区荷花园街道远大一路280号湘城东方家园B座1201
Tel：0731-85597528

湖南全洲医疗快消品供应链有限公司
地址：长沙市雨花区时代阳光大道216号全洲大厦
Tel：0731-85688900

湖南省冶金规划设计院有限公司
地址：长沙市雨花区韶山北路505号
Tel：0731-85796257

湖南湘钢工贸有限公司
地址：长沙市雨花区万家丽中路二段68号双帆华晨大厦901房
Tel：0731-85837083

五凌电力有限公司
地址：长沙市天心区五凌路188号
Tel：0731-85893188

湖南煤业股份有限公司
地址：长沙市天心区万家丽南路二段1099

号
……Tel：0731-85983819

湖南省煤业集团有限公司
地址：长沙市天心区万家丽南路二段1099号
……Tel：0731-85983819

湖南长沙果福车业有限公司
地址：长沙县果园镇
……Tel：0731-86183189

长沙中联恒通机械有限公司
地址：长沙经济技术开发区东六路南段88号（中联重科股份有限公司大吨位底盘装配厂房）
……Tel：0731-86809138

湖南省冶金材料研究院有限公司
地址：长沙经济技术开发区榔梨街道佳园路9号
……Tel：0731-86809318

湖南凤宝钢铁有限公司
地址：长沙市天心区南托街道南湖路159号
……Tel：0731-86908990

湖南有色中央研究院有限公司
地址：长沙市望城经济技术开发区望城大道339号
……Tel：0731-88056928

湖南博泰航空材料股份有限公司
地址：长沙市高新技术产业开发区环联路15号
……Tel：0731-88104304

湖南先导国际贸易有限公司
地址：长沙高新开发区岳麓西大道588号芯城科技园2#栋406
……Tel：0731-88222686

新华联资源开发投资有限公司
地址：长沙市天心区大托镇长沙天心工业园内
……Tel：0731-88233568

环球天下投资（集团）有限公司
地址：长沙市望城区高塘岭街道郭亮北路477号
……Tel：0731-88267777

望建（集团）有限公司
地址：长沙市望城区高塘岭街道郭亮北路477号
……Tel：0731-88267777

湖南长丰环球经贸有限公司
地址：长沙市开福区芙蓉中路一段479号建鸿达现代城2007房
……Tel：0731-88291830

湖南中储能材料集团有限公司
地址：湖南省长沙市宁乡县金洲新区金洲北路001号湖南省大学科技产业园厂房二306室
……Tel：0731-88310819

湖南湾田集团有限公司
地址：长沙市望城区丁字湾街道太阳山路388号湾田国际建材城五金南区40栋1楼101房
……Tel：0731-88401775

长沙市大光明道路设施工程有限公司
长址：湖南省长沙市望城区丁字镇桃花村工业园
……Tel：0731-88402856

湖南有色新材料科技有限公司
地址：湖南省望城经济开发区金星路99号0816950栋
……Tel：0731-88555536

湖南湘汇志环保科技有限公司
地址：长沙市望城区大泽湖街道东马社区湖南省废旧物资交易大市场C2栋601房
……Tel：0731-88589004

湖南新美星投资有限公司
地址：长沙市雨花区劳动路野坡107号公交公司综合楼
……Tel：0731-88597908

华中江山资源投资控股有限公司
地址：长沙市天心区劳动西路256号江山大楼A栋2601房
……Tel：0731-88626701

长沙矿冶研究院有限责任公司
地址：湖南省长沙市麓山南路966号
……Tel：0731-88657180

五矿资本股份有限公司
地址：长沙市高新技术开发区麓枫路69号
……Tel：0731-88657300

长沙矿山研究院有限责任公司
地址：长沙市岳麓区麓山南路343号采矿大楼618房
……Tel：0731-88670141

湖南有色重型机器有限责任公司
地址：长沙高新开发区东方红中路568号
……Tel：0731-88670727

湖南新大新股份有限公司
地址：长沙市雨花区芙蓉中路三段569号湖南商会大厦西塔十七楼
……Tel：0731-88786999

湖南发展集团股份有限公司
地址：长沙市天心区芙蓉中路三段142号光大发展大厦2708
……Tel：0731-88789290

湖南宜安非融资性担保有限公司
地址：长沙市天心区五一西路189号2111房
……Tel：0731-88845935

湖南意家节能门窗有限公司
地址：湖南省长沙市芙蓉区隆平高科技园隆园一路一号1栋103号房
……Tel：0731-88873878

湖南南岭民用爆破器材股份有限公司
地址：双牌县泷泊镇双北路6号
……Tel：0731-88936199

湖南博深实业集团有限公司
地址：长沙市岳麓区岳麓大道233号湖南科技大厦16楼
……Tel：0731-88988133

湖南黄金股份有限公司
地址：长沙经济技术开发区人民东路211号1号栋9楼
……Tel：0731-89711017

长沙农村商业银行股份有限公司
地址：湖南省长沙市天心区芙蓉南路一段439号
……Tel：0731-89801675

湖南楚湘建设工程集团有限公司
地址：长沙市天心区新梅路102号
……Tel：0731-89802903

湖南金盘子实业控股集团有限公司
地址：长沙市开福区芙蓉中路355号佳程大厦（现芙蓉中路一段458号平安大厦）1701
……Tel：0731-89850222

湖南博长钢铁贸易有限公司
地址：湖南省长沙市雨花区万家丽中路三段36号喜盈门商业广场2栋30007房
……Tel：0731-89922208

湖南华菱钢铁集团有限责任公司
地址：长沙市天心区湘府西路222号
……Tel：0731-89952000

湖南天和房地产开发有限公司
地址：湖南省长沙市天心区湘府西路222号华菱嘉园商务楼7层
……Tel：0731-89952017

湖南华菱电子商务有限公司
地址：长沙高新开发区岳麓西大道588号芯城科技园2栋503室
……Tel：0731-89952037

湖南欣港集团有限公司
地址：长沙市天心区湘府西路222号华菱大厦1208室
……Tel：0731-89952086

湖南华菱矿业投资有限公司
地址：长沙市天心区湘府西路222号华菱嘉园写字楼4楼
……Tel：0731-89952525

湖南华菱资源贸易有限公司
地址：长沙市天心区湘府西路222号华菱嘉园写字楼4楼
……Tel：0731-89952525

湖南华菱钢铁集团财务有限公司
地址：湖南省长沙市天心区湘府西路222号华菱园写字楼5.6层
……Tel：0731-89952665

湖南华菱钢铁股份有限公司
地址：湖南省长沙市天心区湘府西路222号华菱园主楼
……Tel：0731-89952711

湖南迪策投资有限公司
地址：长沙高新开发区岳麓西大道588号芯城科技园4栋401B-81房
……Tel：0731-89952741

湖南健晖实业有限公司
地址：长沙市天心区劳动西路289号嘉盛国际广场5023-5024房
……Tel：0731-89959999

中铁北京工程局集团第二工程有限公司
地址：长沙市雨花区环保中路188号四期11栋
……Tel：0731-89961130

衡阳北方光电信息技术有限公司
地址：湖南省衡阳高新技术产业开发区华新大道23号
……Tel：0734-2596633

耒阳湘福房地产开发有限公司
地址：耒阳市青麓居委会高速公路联络线
……Tel：0734-4618888

湖南省煤业集团白沙实业有限责任公司
地址：湖南省耒阳市泗门洲白沙路1号
……Tel：0734-4712011

耒阳市安达利煤业有限公司
地址：耒阳市南阳镇高岭村二组
……Tel：0734-4858188

湖南衡东农村商业银行股份有限公司
地址：湖南省衡阳市衡东县城关镇衡岳南路150号
……Tel：0734-5211340

湖南有色衡东氟化学有限公司
地址：湖南省衡东县大浦镇
……Tel：0734-5317555

湖南春昌有色金属有限公司
地址：衡东新塘镇晓霞路148号
……Tel：0734-5388153

中新房（衡山）实业投资有限公司
地址：湖南省衡山县开云镇解放北路81号
……Tel：0734-5702695

衡阳县农村信用合作联社
地址：湖南省衡阳县西渡镇清江中路1号
……Tel：0734-6811649

湖南省金翼有色金属综合回收有限公司
地址：湖南省衡阳市常宁市水口山经济开发区工业园
……Tel：0734-7506588

常宁市水口山发展有限公司
地址：湖南省衡阳市常宁市水口山镇渡口路19号
……Tel：0734-7512877

五矿铜业（湖南）有限公司
地址：湖南省常宁市水口山镇
……Tel：0734-7513598

湖南省瓦松铁路建设投资有限责任公司
地址：湖南省常宁市水口山镇渡西1栋
……Tel：0734-7516699

湖南水口山有色金属集团有限公司
地址：湖南省常宁市水口山镇渡口路19号
……Tel：0734-7582608

水口山有色金属有限责任公司
地址：常宁市水口山镇渡口路19号
……Tel：0734-7582958

湖南株冶有色金属有限公司
地址：湖南省衡阳市常宁市水口山镇新华村
……Tel：0734-7583008

湖南有色地勘二一七队有限公司
地址：湖南省衡阳市蒸湘区解放西路56号
……Tel：0734-8168998

中钢集团衡阳机械有限公司
地址：湖南省衡阳市珠晖区东风路1号
……Tel：0734-8352303

湖南红光物流有限公司
地址：衡阳市珠晖区东阳渡镇南村38号
……Tel：0734-8363001

衡阳市湘联投资有限公司
地址：衡阳市雁峰区解放路91号雁城宾馆附九楼901室
……Tel：0734-8402222

核工业湖南衡阳华安建设工程有限公司
地址：衡阳市雁峰区光明路12号
……Tel：0734-8421877

湖南佰旺矿业有限公司
地址：湖南省衡南县谭子山镇（宇通矿业内）
……Tel：0734-8793222

湖南六和轻合金有限公司
地址：衡阳市高新技术产业开发区芙蓉路19号
……Tel：0734-8813598

衡阳华菱钢管有限公司
地址：湖南省衡阳市蒸湘区大栗新村10号
……Tel：0734-8873947

衡阳华菱连轧管有限公司
地址：衡阳市蒸湘区大栗新村（原衡阳钢管厂内）
……Tel：0734-8873947

湖南衡阳钢管（集团）有限公司
地址：衡阳市蒸湘区大栗新村
……Tel：0734-8872582

湘能华磊光电股份有限公司
地址：郴州市苏仙区白露塘镇后营大道（郴州市有色金属产业园）
……Tel：0735-2110390

湖南祥云精细化工制造有限公司
地址：湖南省郴州市苏仙区白露塘镇（湖南郴州出口加工区内）
……Tel：0735-2111088

湖南尖峰矿业有限公司
地址：湖南省郴州市临武县花塘乡香花铺深坑里
……Tel：0735-2134916

湖南省夏生实业有限公司
地址：郴州市北湖区香花南路19号锦泰山水缘综合楼十楼
……Tel：0735-2199171

湖南鑫源矿业有限公司
地址：宜章县里田乡塔下村界牌岭
……Tel：0735-2231559

湖南铋业有限责任公司
地址：湖南省郴州市北湖区招商大楼427、436、438号
……Tel：0735-2293892

郴州市矿业投资有限责任公司
地址：郴州市北湖区青年大道六号市国土资源局506号
……Tel：0735-2379846

湖南湘工环保科技开发有限公司
地址：郴州市经济开发区湘南高新园
……Tel：0735-2380518

郴州钖涛环保科技有限公司
地址：湖南省郴州市苏仙区白露塘镇福园路1号湖南铸万有实业有限公司办公楼五楼
……Tel：0735-2380852

湖南金和贵矿业有限责任公司
地址：湖南省郴州市北湖区南岭大道680号金皇大厦1栋1814号
……Tel：0735-2388699

云南锡业郴州矿冶有限公司
地址：郴州市北湖区国庆南路88号（北湖区工业园内）
……Tel：0735-2485366

湖南玛瑙山矿业有限公司
地址：郴州市苏仙区坳上镇东市村
……Tel：0735-2602698

湖南柿竹园有色金属有限责任公司
地址：郴州市苏仙区白露塘镇东河东路（郴州钻石钨制品有限公司南边）
……Tel：0735-2612533

郴州钻石钨制品有限责任公司
地址：郴州市苏仙区白露塘镇新江路
……Tel：0735-2616047

湖南有色南岭资源开发有限公司
地址：湖南省郴州市北湖区青年大道天一华府B栋3单元1909号房
……Tel：0735-2622069

湖南有色郴州氟化学有限公司
地址：湖南省郴州市苏仙区飞天山镇幸福村
……Tel：0735-2641910

湖南金福银贵信息科技有限公司
地址：湖南省郴州市苏仙区白露塘镇福城大道1号金贵银业办公楼217室
……Tel：0735-2666850

湖南省铸万有实业有限公司
地址：郴州市苏仙区白露塘镇珠江大道与林邑大道交汇处（郴州市天地实业有限公司旁）
……Tel：0735-2668809

湖南宇腾有色金属股份有限公司
地址：湖南省郴州市北湖区石盖塘工业小区
……Tel：0735-2793666

湖南新田岭钨业有限公司
地址：郴州市北湖区石盖塘镇工业小区商业大道
……Tel：0735-2858360

湖南恒晟环保科技有限公司
地址：湖南省资兴市经济开发区资五产业园江背路东、环城北路北
……Tel：0735-3131958

郴州丰越环保科技有限公司
地址：资兴市东江街道鲤鱼江永丰路1号
……Tel：0735-3231137

湖南展泰有色金属有限公司
地址：湖南省资兴市高码乡上灶坪村
……Tel：0735-3235846

湖南华信稀贵科技股份有限公司
地址：湖南省资兴市经济开发区江北工业园
……Tel：0735-3338901

湖南资兴市迅达交通工务器材有限公司
地址：资兴市兴宁镇枫梘工业区
……Tel：0735-3372098

湖南省资兴焦电股份有限公司
地址：湖南省资兴市三都镇煤电社管中心焦电路8号
……Tel：0735-3420480

康达（湖南）水泥矿产品有限公司
地址：湖南省宜章县太平里乡
……Tel：0735-3633168

宜章弘源化工有限责任公司
地址：郴州市宜章县白石渡氟化学循环工业园
……Tel：0735-3653011

湖南瑶岗仙矿业有限责任公司
地址：宜章县瑶岗仙镇
……Tel：0735-3681168

湖南鸿楚煤业有限公司
地址：宜章县梅田镇（老湾社区旁）
……Tel：0735-3868159

湖南山煤矿业集团有限公司
地址：宜章县玉溪镇环城西路兴粮福星楼202号
……Tel：0735-3898689

湖南省桂阳银星有色冶炼有限公司
地址：桂阳县鹿峰街道雷达岭
……Tel：0735-4410168

湖南宝山有色金属矿业有限责任公司
地址：湖南省桂阳县鹿峰街道宝山路30号
……Tel：0735-4499513

湖南有色黄沙坪矿业有限公司
地址：湖南省郴州市桂阳县黄沙坪街道工人一村
……Tel：0735-4572224

郴州市三和有色金属有限公司
地址：桂阳县黄沙坪街道上银山村
……Tel：0735-4574998

湖南安仁农村商业银行股份有限公司
地址：湖南省郴州市安仁县永乐江镇七一东路2号
……Tel：0735-5223316

安仁县仁城实业有限公司
地址：湖南省郴州市安仁县永乐江镇工业集中区仁信北路
……Tel：0735-5229699

安仁县仁城矿业有限公司
地址：湖南省郴州市安仁县永乐江镇工业集中区仁信北路大源集团
……Tel：0735-5229699

湖南建勋环保资源科技发展有限公司

地址：湖南省郴州市永兴县经济开发区柏林工业园
…………Tel：0735-5524686

永兴鑫裕环保镍业有限公司
地址：湖南省永兴县经济开发区柏林工业园（青路村珠龙组）
…………Tel：0735-5531938

湖南南方稀贵金属交易所股份有限公司
地址：郴州市苏仙区白露塘镇市出口加工区管理局办公楼7楼718室
…………Tel：0735-5556661

郴州雄风环保科技有限公司
地址：湖南省郴州市永兴县经济开发区国家循环经济示范园
…………Tel：0735-5558088

湖南金业环保科技有限公司
地址：湖南省郴州市永兴县便江街道园丁路110号(教师新村C区9栋201)
…………Tel：0735-5567887

众德环保科技有限公司
地址：湖南省永兴县经济开发区太和工业园
…………Tel：0735-5631222

湖南意水环保科技有限公司
地址：永兴县便江镇周家村国家循环经济示范园（湖南华意储运股份有限公司一楼）
…………Tel：0735-5688456

临武县南方矿业有限责任公司
地址：临武县武水镇县党校院内
…………Tel：0735-6268048

湖南临武农村商业银行股份有限公司
地址：湖南省郴州市临武县舜峰镇东云路582号
…………Tel：0735-6326703

湖南临武嘉宇矿业有限责任公司
地址：湖南省临武县工业园挂榜山公租房四栋405、406
…………Tel：0735-6470168

嘉禾县毅强铸业有限公司
地址：湖南省郴州市嘉禾县坦塘工业园禾仓北路西侧
…………Tel：0735-6666211

汝城县永富产业扶贫有限公司
地址：湖南省郴州市汝城县卢阳镇和平路
…………Tel：0735-7775130

汝城县福海矿业有限公司
地址：汝城县三星工业园
…………Tel：0735-7776389

郴州高科瑞福投资有限公司
地址：郴州市苏仙区白露塘镇林邑大道与坪田路交汇处坪田标准厂房企业服务中心402室
…………Tel：0735-81817777

郴州市金贵银业股份有限公司
地址：郴州市苏仙区白露塘镇福城大道1号（湖南郴州高新技术产业园内）
…………Tel：0735-8197899

汝城县鑫汝实业投资发展有限公司
地址：湖南省郴州市汝城县卢阳镇九龙大道政务中心9楼
…………Tel：0735-8198236

南方石墨新材料有限公司
地址：湖南省郴州市北湖区南岭大道（科技工业园）会展商务中心5楼518室
…………Tel：0735-8338666

湖南金煌物流股份有限公司
地址：郴州市湘南国际物流园郴州隆康农资有限责任公司办公楼3、4、5层
…………Tel：0735-8338981

南方石墨有限公司
地址：湖南省郴州市北湖区五岭大道与青年大道交汇处"林邑财富中心"501南
…………Tel：0735-8338999

湖南众威供应链有限公司
地址：湖南省郴州市苏仙区白露塘镇林邑大道以东（湖南万信达科技制品有限公司对面）
…………Tel：0735-8886011

湖南马上银科技有限公司
地址：湖南省郴州市苏仙区白露塘镇林邑大道创新创业园2栋
…………Tel：0735-8886011

常德力元新材料有限责任公司
地址：湖南省常德经济技术开发区松林路8号
…………Tel：0736-2588089

湖南金诺矿业有限公司
地址：安化县城南区莲城路
…………Tel：0737-7822208

安化县羽城建设投资有限责任公司
地址：安化县东坪镇资江大桥北端301
…………Tel：0737-7888805

安化县鸿圆建设开发有限责任公司
地址：湖南省益阳市安化县东坪镇资江大桥北端308
…………Tel：0737-7888175

安化县梅山城投集团有限公司
地址：安化县东坪镇资江大桥北端307、308
…………Tel：0737-78888375

益阳金沙重型机械制造有限公司
地址：桃江县灰山港镇跑马坡工业区
…………Tel：0737-8156668

桃江县农村信用合作联社
地址：湖南省益阳市桃江县桃花江镇芙蓉路144号
…………Tel：0737-8201058

湖南格林美映鸿资源循环有限公司
地址：湖南省娄底市新化县经济开发区向红工业园
…………Tel：0738-3366150

冷水江钢铁有限责任公司
地址：冷水江市轧钢路
…………Tel：0738-5212556

冷水江博长环保能源有限公司
地址：冷水江市轧钢路（冷钢办公楼505、506室）
…………Tel：0738-5212556

湖南博长房地产开发有限公司
地址：冷水江市轧钢路（冷水江钢铁总厂办公楼五楼）
…………Tel：0738-5212556

湖南金广源融资担保有限公司
地址：湖南省冷水江市锑都中路44号(建设银行办公楼七楼)
…………Tel：0738-5257700

双峰海螺水泥有限公司
地址：双峰县三塘铺镇
…………Tel：0738-6625020

涟源海螺水泥有限公司
地址：湖南省涟源市斗笠山镇丰瑞村
…………Tel：0738-6967600

娄底市万宝新区开发投资集团有限公司
地址：娄底市娄星区大石山路1号
…………Tel：0738-8116066

湖南娄底农村商业银行股份有限公司
地址：湖南省娄底市娄星区甘桂南路1221号
…………Tel：0738-8211069

湖南九龙物资贸易有限公司
地址：湖南省娄底市娄星区长青中街21号
…………Tel：0738-8221688

湖南湘中矿业集团有限公司
地址：娄底市娄星区长青中街38号（建设银行16F）
…………Tel：0738-8266888

湖南新合作湘中国际物流园投资开发有限公司
地址：娄底市经济开发区湘阳东街
…………Tel：0738-8269888

娄底新合作奥莱小镇投资有限公司
地址：湖南省娄底市经济技术开发区湘阳东街与迎春路交汇处物流园信息大楼四楼
…………Tel：0738-8269888

湖南煤化新能源有限公司
地址：湖南省娄底市娄星区涟滨西街骡子坳（湖南煤化新能源有限公司院内）0001幢
…………Tel：0738-8292922

娄底市兴星实业有限公司
地址：娄底市娄星区月塘街吉泰邦臣
…………Tel：0738-8292998

湘中诚通物流有限公司
地址：湖南省娄底市娄星区大石山路1号办公楼2楼
…………Tel：0738-8383006

湖南涟钢双菱发展有限公司
地址：娄底市经济技术开发区第一工业园新坪街
…………Tel：0738-8582939

湖南娄开产业投资有限公司
地址：湖南省娄底市经济技术开发区新星北路创业大厦十一楼
…………Tel：0738-8610239

娄底华菱薄板产业园开发建设有限公司
地址：湖南省娄底市经济技术开发区新星北路创业大厦12楼
…………Tel：0738-8616266

湖南泰基建材有限公司
地址：娄底市经济技术开发区（吉星路以东、娄涟公路以北）
…………Tel：0738-8632255

湖南省娄底经济技术开发投资建设集团有限公司
地址：娄底市娄星区新星北路创业大厦九楼
…………Tel：0738-8652788

娄底经济技术发展建设有限公司
地址：湖南省娄底市娄星区新星北路创业大厦十一楼
…………Tel：0738-8652788

湖南涟钢冶金材料科技有限公司
地址：湖南省娄底市娄星区黄泥塘
…………Tel：0738-8661313

湖南华菱涟源钢铁有限公司
地址：湖南省娄底市黄泥塘
…………Tel：0738-8662500

涟源钢铁集团有限公司
地址：湖南省娄底市黄泥塘
…………Tel：0738-8662500

湖南涟钢资产经营有限公司
地址：湖南省娄底市娄星区凤阳街
…………Tel：0738-8662500

湖南双菱矿业发展有限公司
地址：湖南省娄底市经济开发区新坪街3号
…………Tel：0738-8663027

湖南涟钢环保科技有限公司
地址：湖南省娄底市黄泥塘
…………Tel：0738-8660761

华菱安赛乐米塔尔汽车板有限公司
地址：湖南省娄底市娄底经济开发区吉星北路88号
…………Tel：0738-8992203

冷水江锡矿山飞水资产管理有限公司
地址：冷水江市锡矿山街道办事处双木居委会
…………Tel：0738-8997988

锡矿山闪星锑业有限责任公司
地址：湖南冷水江市锡矿山街道办事处双木居委会
…………Tel：0738-8997988

湖南新龙矿业有限责任公司
地址：邵阳市新邵县太芝庙乡
…………Tel：0739-3310162

新邵四维矿产有限公司
地址：新邵县潭溪镇曹家村
…………Tel：0739-3651528

湖南联运投资集团邵阳矿业有限公司
地址：邵阳市大祥区城北路2号
…………Tel：0739-5156908

湖南鸿捷新材料有限公司
地址：湖南省邵阳市邵阳经济开发区大兴路88号
…………Tel：0739-5189812

邵阳市福源金属材料有限公司
地址：邵阳市双清区火车站乡栗山村
…………Tel：0739-5282088

湖南隆回金杏矿业有限责任公司
地址：湖南省隆回县司门前镇
…………Tel：0739-8865115

湘西华林矿业有限公司
地址：湖南省湘西土家族苗族自治州花垣县猫儿乡太阳山村花垣太丰矿山有限责任公司办公大楼
…………Tel：0743-7622295

保靖县文运国有资产投资管理有限公司
地址：湖南省湘西土家族苗族自治州保靖县迁陵镇魏竹南路3号（审计局三楼）
…………Tel：0743-7727799

湖南骏泰新材料科技有限责任公司
地址：湖南省怀化高新技术产业开发区
…………Tel：0745-2837009

中国黄金集团湖南鑫瑞矿业有限公司
地址：沅陵县五强溪镇乔子坪社区居委会办公大楼
…………Tel：0745-4235797

洪江市振远钒电有限责任公司
地址：洪江市黔城镇株山
…………Tel：0745-7731738

江华坤昊实业有限公司
地址：湖南省永州市江华县河路口工业园
…………Tel：0746-2562888

湖南骏宏矿产投资有限公司
地址：江华瑶族自治县河路口镇高新技术矿冶循环经济产业园南区石浪冲
…………Tel：0746-2563888

湖南东安湘钢瑞和钙业有限公司
地址：湖南省永州市东安县白牙市镇小新田村
…………Tel：0746-4212501

永州市零陵农旅建设投资有限责任公司
地址：湖南省永州市零陵区萍洲中路90号
…………Tel：0746-6235577

湖南中明新材料有限公司
地址：湖南省永州市宁远县（十里铺工业园超检站对面）
…………Tel：0746-7222002

永州市中盈投资管理有限责任公司
地址：永州市冷水滩区河东湘永路63号中亚家园1502
…………Tel：0746-8332102

永州市冷水滩旅游建设投资有限责任公司
地址：湖南省永州市冷水滩区梧桐路579号
…………Tel：0746-8363597

永州市和信达投资管理有限公司
地址：永州市冷水滩区育才路88号
…………Tel：0746-8375375

湖南零陵恒远发电设备有限公司
地址：永州市冷水滩区蔡市路1号
…………Tel：0746-8453009

永州市中大投资管理有限公司
地址：湖南省永州市冷水滩区零陵北路舜德摩尔财富中心23A-7
…………Tel：0746-8486666

永州市矿业投资开发有限责任公司
地址：永州市冷水滩区育才路印象巴厘15栋201房
…………Tel：0746-8536688

湖南绿科清能电力发展有限公司
地址：永州市冷水滩区河东双洲路85号门面
…………Tel：0746-8795598

福嘉综环科技股份有限公司
地址：永州市宁远县石板塘工业园
…………Tel：0746-8870966

广东省

爱司凯科技股份有限公司
地址：广州市黄埔区工业园红卫路15号
…………Tel：020-22025180

广州扬帆钢铁贸易有限公司
地址：广州市黄埔区丰乐北路52号中鼎名汇7层701-717房
…………Tel：020-22063839

广州粤威环保实业有限公司
地址：广州经济技术开发区永和经济区
…………Tel：020-22082888

鞍钢瀚阳（广州）钢铁有限公司
地址：广州经济技术开发区东区瀚广街2号
…………Tel：020-22208888

广州市镒辰钢铁有限公司
地址：广州市天河区黄埔大道东前进村石溪街552号C区21-23房（不可作厂房）
…………Tel：020-22308038

宏徹电镀锌钢板（广州）有限公司
地址：广州经济技术开发区东区北片联广路239号
…………Tel：020-22328311

广东珠投电力燃料有限公司
地址：珠海市横琴新区宝华路6号105室-86
…………Tel：020-22383377

东方国际集装箱（广州）有限公司
地址：广州市南沙区万顷沙镇红安路2号
…………Tel：020-22886877

广州固兹建筑科技有限公司
地址：广州市天河区黄埔大道西505号之一704a房（仅限办公用途）（不可作厂房使用）
…………Tel：020-28035601

广州立中锦山合金有限公司
地址：广州市增城仙村镇仙宁路498号车间办公D-5、铝液熔化主厂房A-8、主材库房A-10
…………Tel：020-28129164

广州市裕丰控股股份有限公司
地址：广州市南沙区东涌镇市鱼路180号
…………Tel：020-84916668

广州市番禺裕丰钢铁有限公司
地址：广州市南沙区东涌镇市鱼路180号
…………Tel：020-28671888

山钢广东经贸有限公司
地址：广州市天河区华明路13号2304房(本场所仅限办公用途)
…………Tel：020-28865378

中煤江南建设发展有限公司
地址：广州市越秀区东风西路140号1002-1007单元
…………Tel：020-29103788

广东省广晟矿产资源投资发展有限公司
地址：广东省广州市天河区珠江西路17号广晟国际大厦53楼
…………Tel：020-29117790

广东广晟地矿有限公司
地址：广州市天河区珠江西路17号第52层
…………Tel：020-29117790

广东金亿和实业有限公司
地址：广州市番禺区沙头街银平路77、79号（3号楼）333
…………Tel：020-2968972

京册（珠海）融资租赁有限公司
地址：珠海市横琴新区宝华路6号105室-45377（集中办公区）
…………Tel：020-29886385

广东运通能源有限公司
地址：广州市番禺区迎宾路183号中座
…………Tel：020-31079718

广州广重企业集团有限公司
地址：广州市海珠区工业大道122号
…………Tel：020-31177633

广州广重重机有限公司
地址：广州市南沙区大岗镇潭新公路362号实验楼2号楼202房
…………Tel：020-39033486

广东奥园奥买家电子商务有限公司
地址：广州市南沙区进港大道10号821室（仅限办公）
…………Tel：020-31556700

广州奥园集团材料设备采购有限公司
地址：广州市番禺区南村镇万惠一路48号1415房
…………Tel：020-31556700

广东正威科城供应链有限公司
地址：广州市黄埔区九佛建设路333号1131房
…………Tel：020-31702204

中林（广东）林业发展有限公司
地址：广州市黄埔区九佛建设路333号1150房
…………Tel：020-31702575

中林（广州）产业投资有限公司

地址：广州市黄埔区科汇三街2号1001房（仅限办公）
…………Tel：020-31707794

广州中粤新材料有限公司
地址：广州高新技术产业开发区东明二路五号B01、B02房
…………Tel：020-32065501

广州珠钢码头有限公司
地址：广州经济技术开发区西基路9号
…………Tel：020-32070208

广州阿雷斯提汽车配件有限公司
地址：广州经济技术开发区永和经济区新丰路7号
…………Tel：020-32221638

广州美亚股份有限公司
地址：广州经济技术开发区永和经济管理区永和大道38号
…………Tel：020-32221688

广东省金属材料公司
地址：广州市越秀区广仁路４号
…………Tel：020-32387585

广州市新兴电缆实业有限公司
地址：广州市增城新塘镇创新大道27号
…………Tel：020-32878288

红三角集团股份有限公司
地址：广州市海珠区昌岗中路211号之8信和中心11层E号
…………Tel：020-34332739

广州公交集团客轮有限公司
地址：广州市海珠区滨江西路144号（不作厂房使用）
…………Tel：020-34378039

广东银浩智能技术有限公司
地址：广州市天河区黄村大观南路26号（部位：C305）（不可作厂房使用）
…………Tel：020-34386405

广泰实业（广东）有限公司
地址：广州市海珠区沥 路368号18层03A单元（仅限办公）
…………Tel：020-34479409

广州市阿思柯物流系统有限公司
地址：广州市南沙区东涌镇石排村市南路211号B座
…………Tel：020-34912863

广船国际有限公司
地址：广州市南沙区龙穴街启航路18号
…………Tel：020-36663000

广东文兴钢管有限公司
地址：广州市白云区良沙路1816号
…………Tel：020-36784250

广东中弘劳务有限公司
地址：广州市天河区天源路808号办公楼104房（仅限办公用途）
…………Tel：020-37242819

广东广弘国际贸易集团有限公司
地址：广东省广州市越秀区新河浦路66号四楼
…………Tel：020-37603826

广州碧源管业有限公司
地址：广州市花都区花山镇紫西村
…………Tel：020-37735112

广州发展集团股份有限公司
地址：广州市天河区临江大道3号30楼、31楼自编B单元、32楼自编A单元
…………Tel：020-37850888

广州市铁匠钢结构工程有限公司
地址：广州市从化城郊街从城大道620之三
…………Tel：020-37932382

广东明华机械有限公司
地址：连南县寨岗镇厂部区河东办公楼
…………Tel：020-38092868

南方石化集团有限公司
地址：广东省广州市天河区林和西路9号14楼1406-1408房
…………Tel：020-38100353

中钢集团广东有限公司
地址：广州市天河区体育西路103号维多利广场A塔47层4701房
…………Tel：020-38103980

广东振华能源有限公司
地址：广州市番禺区钟村街汉兴二街66号2004房
…………Tel：020-38106022

广州广日股份有限公司
地址：广州市天河区华利路59号东塔13层自编1301
…………Tel：020-38319238

广东振戎能源有限公司
地址：广东省广州市天河区天府路161号464房
…………Tel：020-38336000

中鑫荣途（深圳）供应链管理有限公司
地址：深圳市福田区福田街道福安社区民田路171号新华保险大厦801、823、825、826、829、832
…………Tel：020-38342097

广州志浩信念网络科技有限公司
地址：广州市天河区天河北路908号2608房（不可做厂房使用）（仅限办公）
…………Tel：020-38497816

广东伟通通信技术有限公司
地址：广州市天河区粤垦路68号2001房（部位：2001-1室）
…………Tel：020-38747600

广东省广交资源集团有限公司
地址：广东省广州市天河区天河北路28号时代广场东座714室
…………Tel：020-38827273

广东省稀土产业集团有限公司
地址：广东省广州市天河区珠江西路17号广晟国际大厦50楼东面楼层
…………Tel：020-38837767

广州中虹建设工程有限公司
地址：广州市天河区天河直街30号之一2102房
…………Tel：020-38846668

广州柴富能源有限公司
地址：广州市黄埔区开创大道1936号1414-1416单元
…………Tel：020-38869600

广东韶能加油站管理有限公司
地址：广州市天河区黄埔大道西495号第十层B区（仅限办公用途）
…………Tel：020-38878655

广州联顺钢铁有限公司
地址：广州经济技术开发区东源路1号
…………Tel：020-38882777

广东壬丰投资集团有限公司
地址：广东省广州市越秀区东风中路389号2208房
…………Tel：020-38886825

广州发展燃料港口有限公司
地址：广州市南沙区珠电路165号115、205、206、207、208、209、211、212、值班室6、值班室7房
…………Tel：020-39000299

广州南沙钢铁物流有限公司
地址：广州市南沙区龙穴岛广州港南沙港区综合办公楼210房
…………Tel：020-39058707

瓦卢瑞克核电管材（广州）有限公司
地址：广州市南沙区黄阁镇连溪大道251号
…………Tel：020-39064027

广东新供销天保再生资源集团有限公司
地址：广东省广州市番禺区大石街沿江中路26号101房
…………Tel：020-39183999

阳江市稀土厂有限公司
地址：广东省阳江市工业一街2号
…………Tel：020-39482076

广州旺晟电力科技有限公司
地址：广州市番禺区大石街会江石北工业大道丰晟工业园K栋101
…………Tel：020-39939362

广东羊城铁路实业有限公司
地址：广州市越秀区白云路２８号
…………Tel：020-61333878

广东中铁城市建设有限公司
地址：广州市南沙区金环街3号越鸿都会广场（自编号7-5号商业楼）1601房之五（仅限办公）
…………Tel：020-61339022

广州铁路集团广州铁路经济技术开发总公司
地址：广州市天河区禺东西路43号
…………Tel：020-61343232

广州市粤铁经营发展有限公司
地址：广州市越秀区白云路28号六楼
…………Tel：020-61343780

广州市珠江电线厂有限公司
地址：广州市花都区秀全街华村北路4号3、4号厂房
…………Tel：020-61867718

广州元亨燃气有限公司
地址：广州市越秀区东风东路850号1508房
…………Tel：020-61993456

广州图固建筑科技有限公司
地址：广州市增城区新塘镇民营大道东1号（厂房C2）
…………Tel：020-62281469

广州联合控股集团有限公司
地址：广州市黄埔区大沙地西1号7-2楼整层（仅限办公用途）
…………Tel：020-62315925

广州永胜钢铁制品有限公司
地址：广州市花都区新华街红棉大道北23号
…………Tel：020-62903668

广州市华测检测认证技术有限公司
地址：广州高新技术产业开发区天丰路8号J3栋一楼第二、三单元及二楼
…………Tel：020-62939366

中交广州航道局有限公司
地址：广州市海珠区沥 路298号29楼
…………Tel：020-66355088

海太欧林集团华南有限公司
地址：广州市白云区人和镇凤工路8号
…………Tel：020-66601678

深圳海茂资源控股有限公司
地址：深圳市前海深港合作区前湾一路1号A栋201室（入驻深圳市前海商务秘书有限公司）
…………Tel：020-66811168

广东金德大宗商品交易有限公司
地址：阳江市江城区金山路金郊集贸市场D区9号
…………Tel：020-66836699

广州薄板有限公司
地址：广州市南沙区进港大道24号银港大厦8楼
…………Tel：020-66855566

广州市广信通信设备有限公司
地址：广州市花都区炭步镇布头村大零头工业区
…………Tel：020-81147505

广州广钢新材料股份有限公司
地址：广州市荔湾区芳村大道1号301-303室（仅限办公用途）
…………Tel：020-81374007

广钢气体（广州）有限公司
地址：广州市南沙区万顷沙镇钢铁基地
…………Tel：020-81408939

广州永联钢结构有限公司
地址：广州市荔湾区玉兰路3号612房
…………Tel：020-81592409

广州广钢股份有限公司
地址：广州市荔湾区芳村大道1号科技楼801房（仅限办公用途）
…………Tel：020-81804193

广州广钢金业集团有限公司
地址：广州市荔湾区鹤洞路22号
…………Tel：020-81892220

广州钢铁企业集团金钧国际贸易有限公司
地址：广州市荔湾区芳村大道1号广钢科技大楼5楼
…………Tel：020-81977002

广州钢管厂有限公司
地址：广州市黄埔区沙浦东路168号
…………Tel：020-81977002

广州金邦有色合金有限公司
地址：广州增城新塘镇宁西工业园
…………Tel：020-81898180

广州工业投资控股集团有限公司
地址：广州市荔湾区白鹤洞
…………Tel：020-81352387

广州钢铁控股有限公司
地址：广州市荔湾区白鹤洞
…………Tel：020-81898390

广州广钢气体能源股份有限公司
地址：广州市南沙区万顷沙镇红钢路5号（钢铁基地内）
…………Tel：020-81899081

马钢（广州）钢材加工有限公司
地址：广州经济技术开发区东区东明一路9号
…………Tel：020-82091811

广州开发区投资集团有限公司
地址：广州市黄埔区科学大道48号3318房
…………Tel：020-82113005

山煤有色金属有限公司
地址：广州中新广州知识城凤凰三路17号自编五栋370室
…………Tel：020-82196666

广州太平洋马口铁有限公司
地址：广州经济技术开发区友谊路102号
…………Tel：020-82220306

广州广钢国际贸易有限公司
地址：广州市荔湾区白鹤洞（广州钢铁厂内）
…………Tel：020-62696350

广州金博物流贸易集团有限公司
地址：广州市黄埔区西基路133号
…………Tel：020-62696350

广州珠江钢铁有限责任公司
地址：广州经济技术开发区西基路9号
…………Tel：020-81977002

末长组建筑（广州）有限公司
地址：广州市黄埔区伴河路118号905房906房
…………Tel：020-82257662

广州迪森热能技术股份有限公司
地址：广州市经济技术开发区东区东众路42号
…………Tel：020-82268688

广州星嘉华铝业有限公司
地址：广州经济技术开发区永和经济区禾丰二街8号
…………Tel：020-82281888

广东珠江稀土有限公司
地址：广州市黄埔区横沙
…………Tel：020-82393496

广州矿荣房地产开发有限公司
地址：广州市黄埔区融岭大街21号地下二层01房
…………Tel：020-82406570

广州市矿茂房地产开发有限公司
地址：广州市黄埔区融岭大街21号地下二层01房
…………Tel：020-82406570

佛山市矿盛房地产开发有限公司
地址：佛山市禅城区石湾镇跃进路2号B座8层之二房
…………Tel：020-82406570

广州市矿粤房地产开发有限公司
地址：广州市番禺区南村镇兴业大道1042号之十七
…………Tel：020-82406570

广州金邦液态模锻技术有限公司
地址：广州市增城区永宁街百湖村湾谷新村路50号
…………Tel：020-82968137

广东航兴贸易有限公司
地址：广州市越秀区八旗二马路48号附楼13楼
…………Tel：020-83064598

广州有色金属集团有限公司
地址：广州市越秀区较场东路15号
…………Tel：020-81008109

广州南方有色金属有限公司
地址：广州市越秀区较场东路15号
…………Tel：020-81977002

广东粤鑫能源有限公司
地址：广东省广州市越秀区中山三路33号中华国际中心B塔5206、5207房
…………Tel：020-83230719

中航民用飞机维修有限公司
地址：广州市白云区人和镇鹤龙六路18号401房（不可作厂房使用）（仅限办公用途）
…………Tel：020-83284556

广东光鼎矿业集团有限公司
地址：广州市越秀区德政北路401-409号820房
…………Tel：020-83340402

光鼎物业（广州）集团有限公司
地址：广州市越秀区德政北路401-409号811房
…………Tel：020-83340402

广州翔骏铜业有限公司
地址：广州市增城朱村街朱村大道东142号（厂房A-1、2）
…………Tel：020-83480088

广东友帮电力科技有限公司
地址：广州市增城区新塘镇瑶田村西联社白斗（环城路410号之五）
…………Tel：020-83844549

华泰林枫装饰工程有限公司
地址：广州市番禺区南村镇汉溪大道东（延伸段）387号3129单元
…………Tel：020-84054423

中远海运散货运输有限公司
地址：广州市南沙区港前大道南162号904室（仅限办公用途）
…………Tel：020-84108686

中海散货运输有限公司
地址：广州市南沙区进港大道56号之11-402房
…………Tel：020-84108471

粤合天凯金属资源有限公司
地址：珠海市横琴新区宝华路6号105室-1687
…………Tel：020-84361310

广东新供销天恒控股有限公司
地址：广东省广州市海珠区滨江西路128号13层
…………Tel：020-84366856

广州五羊钢结构有限公司
地址：广州市番禺区石基镇石基村前锋路44号
…………Tel：020-84555255

番禺珠江钢管有限公司
地址：广州市番禺区石基镇清河路
…………Tel：020-84558888

广州番禺浩业波纹管工业有限公司
地址：广州市南沙区珠电路98号
…………Tel：020-84684002

广州市番安交通设施工程有限公司
地址：广州市番禺区桥南街汇景大道397、399、401、403号铺
…………Tel：020-84694188

广州海宁橡胶有限公司
地址：广州市番禺区化龙镇工业路十四号
…………Tel：020-84755686

中科投资建设集团有限公司
地址：广州市番禺区东环街番禺大道北555号天安总部中心3号楼301房
…………Tel：020-84889099

广州市联盛塑料五金模具有限公司
地址：广州市南沙区榄核镇太平工业区
…………Tel：020-84928001

广州广船海洋工程装备有限公司
地址：广州市南沙区江南路玫瑰花园玫瑰街2号楼首层23号商铺
…………Tel：020-84940628

广州JFE钢板有限公司
地址：广州市南沙区万顷沙镇红钢路4、6号
…………Tel：020-84953369

广东省电力工业燃料有限公司
地址：广州市天河区天河东路2号粤电广场22楼
…………Tel：020-85138123

汉通控股集团有限公司

地址：广东省广州市天河区黄埔大道西平云路163号广电科技大厦701自编之1单元
…………Tel：020-85270165

深圳前海东南亚联合商品交易中心有限公司
地址：深圳市前海深港合作区前湾一路1号A栋201室（入驻深圳市前海商务秘书有限公司）
…………Tel：020-85270165

广东韩江建筑安装工程有限公司
地址：丰顺县东留镇新街9号
…………Tel：020-85560515

广东新火实业集团有限公司
地址：广州市天河区瘦狗岭路413号3002房（仅限办公）
…………Tel：020-85613313

广州飞特天源环境技术有限公司
地址：广州市萝岗区科学大道101号1901房
…………Tel：020-85638892

广东广铝铝型材有限公司
地址：广州市白云区江高镇青云路55号自编1-5栋
…………Tel：020-86161672

广州道和钢结构有限公司
地址：广州市花都区北兴镇杨荷工业园内
…………Tel：020-86791188

广州永大不锈钢有限公司
地址：广州市花都区花山镇小布村
…………Tel：020-86847851

联信联合（广州）实业控股集团有限公司
地址：广州市越秀区朱紫后街1号310室
…………Tel：020-87096897

新星石油广州有限公司
地址：广州市越秀区环市东路477号7楼B
…………Tel：020-87304261

广东晟世投资置业有限公司
地址：广州市荔湾区黄沙大道131号自编4号2层206-208房（仅限办公用途）
…………Tel：020-87313927

罗盘式集团有限公司
地址：广州市越秀区先烈中路69号2815室
…………Tel：020-87323434

广州元亨能源有限公司
地址：广州市越秀区东风东路850号锦城大厦1801室
…………Tel：020-87346388

广州聚元投资发展有限公司
地址：广州市南沙区龙穴岛龙穴大道中路13号7楼X7093（仅限办公用途）（HL）
…………Tel：020-87346388

广东五粤矿业有限公司
地址：广州市天河区体育东路108号西座1504单元
…………Tel：020-87575286

广东蔚海移动发展有限公司
地址：广州市番禺区石楼镇光明路综合市场首层32号铺
…………Tel：020-87588770

中铁城建集团第二工程有限公司
地址：广州市南沙区丰泽西路华飞街2号6号楼6-503室
…………Tel：020-87657007

广东省黄金集团有限责任公司
地址：广东省广州市越秀区东风东路749号8楼
…………Tel：020-87670027

广州从化华顺钢结构设备安装有限公司
地址：广东从化经济开发区丰盈路12号
…………Tel：020-87815883

广州铜材厂有限公司
地址：广州市从化广东从化经济开发区高技术产业园龙洞路5号
…………Tel：020-87819819

广州市诗兰纺织有限公司
地址：广州市从化城郊街横江路699号A幢（厂房A）
…………Tel：020-87995507

广东广新盛特投资有限公司
地址：广州市海珠区新港东路1000号保利世界贸易中心东塔14楼
…………Tel：020-89203702

广州安华矿业科技有限公司
地址：广州市海珠区新港东路1166号101房自编1606单元（仅限办公用途）
…………Tel：020-89300311

广东粤合资产经营有限公司
地址：广州市越秀区东华东路莱园西街4号6-7楼
…………Tel：020-84364579

广州全富实业有限公司
地址：广州市黄埔区东明二路5号B12房
…………Tel：020-89449762

广东建洋建筑装配工业有限公司
地址：广州市海珠区滨江东玉菡路26号二层自编号02房（自主申报，不可作厂房使用）
…………Tel：020-89570360

广东德利路桥装备科技有限公司
地址：广州市花都区新华街商业大道110号商汇大厦1002
…………Tel：020-89682626

广东森也能源有限公司
地址：广州市天河区天河北路侨林街47号2003房
…………Tel：020-81294926

雪松大宗商品产业有限公司
地址：广州市增城区荔城街荔湖大道101号三楼302
…………Tel：020-38869600

广东恒聚投资控股有限公司
地址：广州市黄埔区护林路1199号4栋501房（仅限办公用途）
…………Tel：020-38082777

珠海横琴新区珩生金融投资有限公司
地址：珠海市横琴新区宝兴路118号1栋219-360室
…………Tel：027-61897262

深圳爱众资本管理有限公司
地址：深圳市前海深港合作区前湾一路1号A栋201室（入驻深圳市前海商务秘书有限公司）
…………Tel：028-67836686

深圳市南戈壁资源有限公司
地址：深圳市前海深港合作区前湾一路1号A栋201室（入驻深圳市前海商务秘书有限公司）
…………Tel：028-81283333

深圳市昆仑国际能源有限公司
地址：深圳市福田区福田街道福山社区福华三路3号京地大厦22层2205E
…………Tel：028-83127777

昆仑供应链管理服务（深圳）有限公司
地址：深圳市前海深港合作区前湾一路1号A栋201室（入驻深圳市前海商务秘书有限公司）
…………Tel：028-83168676

深圳市新锦田担保有限公司
地址：深圳市罗湖区深南东路2019号东乐大厦1401C
…………Tel：028-83170921

深圳宇恒贸易管理有限公司
地址：深圳市前海深港合作区临海大道59号海运中心主塔楼2110B
…………Tel：028-85080917

华星凯德新能源有限公司
地址：深圳市前海深港合作区前湾一路鲤鱼门街一号前海深港合作区管理局综合办公楼A栋201室（入驻深圳市前海商务秘书有限公司）
…………Tel：028-86452558

深圳前海中石万业能源投资有限公司
地址：深圳市前海深港合作区前湾一路1号A栋201室（入驻深圳市前海商务秘书有限公司）
…………Tel：028-87799676

广东中磊投资集团有限公司
地址：广州市天河区天河北路桥林街43号3004房
…………Tel：0356-2129049

深圳市大赢经贸有限公司
地址：深圳市宝安区新安街道海滨社区N23区海天路15-1号卓越宝中时代广场一期A栋1306B
…………Tel：0358-4061573

深圳前海金海同盛新能源资产管理有限公司
地址：深圳市前海深港合作区南山街道桂湾五路56号前海卓越金融中心一期4栋05E-A
…………Tel：0429-3020361

广州发展电力集团有限公司
地址：广州市天河区珠江新城临江大道3号发展中心大厦29楼2901房
…………Tel：0470-8642813

珠海横琴中玉林海陆工程有限公司
地址：珠海市横琴新区三塘村22号五楼
…………Tel：0476-3324281

齐穗实业投资有限公司
地址：广州市黄埔区（中新知识城）九佛建设路333号353房
…………Tel：0477-3972285

广州娱琨贸易有限公司
地址：广州市黄埔区锦绣路48号302房
…………Tel：0477-4680028

中铁华信建设有限公司
地址：盐城市城南新区新都街道新龙广场7号楼12-13层（CND）
…………Tel：0477-5119067

广东嘉恒控股集团有限公司
地址：广州市荔湾区花地大道南11号504房（仅限办公）
…………Tel：0477-6911111

深圳光彩区块链控股集团有限公司
地址：深圳市前海深港合作区前湾一路1号A栋201室（入驻深圳市前海商务秘书有限公司）
…………Tel：0477-7868147

深圳前海阿福投资有限公司
地址：深圳市前海深港合作区南山街道兴海大道3046号香江金融大厦201-005
…………Tel：0510-66865830

广东树煌鼎投资开发有限公司
地址：汕头市澄海区国道324线岭亭路段的建筑物（第五楼）D3
…………Tel：0512-53783552

珠海市益宇建筑工程有限公司
地址：珠海市横琴新区宝华路6号105室-18186
…………Tel：0518-82256179

美启能源工业集团有限公司
地址：深圳市前海深港合作区前湾一路1号A栋201室（入驻深圳市前海商务秘书有限公司）
…………Tel：0538-7872147

正华科技集团有限公司
地址：深圳市前海深港合作区前湾一路1号A栋201室（入驻深圳市前海商务秘书有限公司）
…………Tel：0551-62831052

中铁中宇能源有限公司
地址：深圳市南山区招商街道沿山路43号创业壹号大楼A栋107室（入驻深圳网博商务秘书有限公司）
…………Tel：0571-83686756

深圳前海伏羲智能科技开发有限公司
地址：深圳市前海深港合作区前湾一路1号A栋201室（入驻深圳市前海商务秘书有限公司）
…………Tel：0573-83966167

深圳国贸恒沣融资租赁有限公司
地址：深圳市前海深港合作区前湾一路1号A栋201室（入驻深圳市前海商务秘书有限公司）
…………Tel：0592-5892263

深圳地球村项目开发有限公司
地址：深圳市前海深港合作区前湾一路1号A栋201室（入驻深圳市前海商务秘书有限公司）
…………Tel：0597-2991103

广东红海湾发电有限公司
地址：汕尾市红海湾经济开发区白沙湖畔
…………Tel：0660-3408649

陆丰宝丽华新能源电力有限公司
地址：陆丰市湖东镇甲湖湾能源基地
…………Tel：0660-8115288

广东阳春钢铁（集团）公司
地址：阳春市春城镇春江路
…………Tel：0662-7741015

广东新兴铸管有限公司
地址：阳春市春城街道南新大道113号
…………Tel：0662-7788235

阳春新钢铁有限责任公司
地址：阳春市潭水镇南山工业区
…………Tel：0662-8259361

阳春南山铁路有限公司
地址：阳春市潭水镇南山工业园
…………Tel：0662-8259361

广东鹏锦实业有限公司
地址：揭阳市揭东经济开发区206国道西侧（光大码头隔壁）
…………Tel：0663-3286938

广东速力实业股份有限公司
地址：揭阳市揭东经济开发区新型工业园夏新路
…………Tel：0663-3295628

广东国鑫实业股份有限公司
地址：揭阳空港经济区滨海科技园
…………Tel：0663-3308126

广东胜宇电缆实业有限公司
地址：广州市黄埔区东枝路23号
…………Tel：0663-5220628

广东粤电靖海发电有限公司
地址：广东省揭阳市惠来县靖海镇
…………Tel：0663-6656111

中电投前詹港电有限公司
地址：揭阳市惠来县前詹镇106县道中段
…………Tel：0663-8160338

广东泰都钢铁实业股份有限公司
地址：揭阳空港经济区地都镇红岗村长浦地段
…………Tel：0663-8398982

广东泰都投资控股股份有限公司
地址：揭阳空港经济区地都镇红岗村长埔地段
…………Tel：0663-8398982

广东开盛钢铁实业有限公司
地址：揭阳市榕城梅云吉荣路边
…………Tel：0663-8806788

广东中润钢铁实业有限公司
地址：揭阳市榕城区仙桥镇桂南路段
…………Tel：0663-8856999

广东友钢钢铁有限公司
地址：揭阳市榕城区仙桥西岐开发区
…………Tel：0663-8857333

广东大兴钢铁实业有限公司
地址：揭阳市区梅云南河桥头
…………Tel：0663-8881804

广东众和化塑股份公司
地址：茂名市光华北路28号
…………Tel：0668-2232169

广东和大工程物资有限公司
地址：茂名市新福四路188号汇景新城
…………Tel：0668-2792168

中俄石油天然气股份有限公司
地址：茂名市光华南路67号
…………Tel：0668-2810128

广东东江工程设备有限公司
地址：茂名市新福四路188号大院1、2号第2层1号房
…………Tel：0668-2878288

广东正霖房地产投资有限公司
地址：茂名市红旗北路金花街99号一、二楼
…………Tel：0668-3326666

广东粤电博贺煤电有限公司
地址：茂名市滨海新区电城镇茂名港大道2号
…………Tel：0668-5215150

茂名恒大钢铁有限公司
地址：茂名市博贺港工业园区（电白县电城镇）
…………Tel：0668-5494148

中航长城第十二工程建设有限公司
地址：化州市鉴江区北京路低坡村6号二楼
…………Tel：0668-7320299

化州市城市发展投资有限公司
地址：化州市鉴江区北京路中国移动公司西侧化州市国有资产管理中心二楼
…………Tel：0668-7352208

化州市矿产资源开发投资有限公司
地址：化州市鉴江区北京路中国移动公司西侧（化州市国有资产管理中心三楼）
…………Tel：0668-7360271

信宜紫金矿业有限公司
地址：广东省茂名市信宜市钱排镇达垌村
…………Tel：0668-8125666

深圳华菱商业保理有限公司
地址：深圳市前海深港合作区前湾一路1号A栋201室（入驻深圳市前海商务秘书有限公司）
…………Tel：0731-89952208

珠海金岱实业有限公司
地址：珠海市横琴新区宝华路6号105室-39112（集中办公区）
…………Tel：0735-2326999

开平大昌铜材有限公司
地址：广东省开平市水口镇开平工业园金山东大道38号
…………Tel：0750-2258871

广东华艺卫浴实业有限公司
地址：开平市月山镇天虹大道1号（经营场所：开平市长沙街杜澄大道冲澄工业区13号1-2幢首层4-7号铺位、开平市水口镇龙塘西路60号第3座）
…………Tel：0750-2737601

广东敞开电气有限公司
地址：开平市翠山湖新区环翠南路1号
…………Tel：0750-2887890

广东华泰纸业有限公司
地址：江门市新会区双水镇工业开发区
…………Tel：0750-3411719

广东现代集装箱有限公司
地址：江门市蓬江区荷塘镇中兴四路17号
…………Tel：0750-3738716

广东台山农村商业银行股份有限公司
地址：台山市台城舜德路16号
…………Tel：0750-5568700

广东海亮铜业有限公司
地址：台山市水步镇龙山路53号
…………Tel：0750-5605690

广东景丽能源科技有限公司
地址：江门市新会区会城圭阳北路72号圭峰花园雍华苑108
…………Tel：0750-6173138

江门市新会区玉洲拆船有限公司
地址：江门市新会区古井镇玉洲村
…………Tel：0750-62310970

江门新南资源利用有限公司
地址：江门市新会区崖门镇新财富环保电镀基地533座（一址多照）
…………Tel：0750-6238181

华冠新型材料股份有限公司
地址：江门市新会区会城银海大道南1号
…………Tel：0750-6390888

广东南粤生态环境科技有限公司
地址：江门市新会区双水镇工业开发区
…………Tel：0750-6410888

江门市新会迎宾馆有限公司
地址：江门市新会区会城镇公园路10号
…………Tel：0750-6622222

中色南方稀土（新丰）有限公司
地址：新丰县回龙镇
…………Tel：0751-2393000

乳源龙湾机械有限公司
地址：韶关市乳源县开发区
…………Tel：0751-5281770

广东东阳光科技控股股份有限公司
地址：广东省韶关市乳源县乳城镇侯公渡
…………Tel：0751-5284790

广东五矿萤石有限公司
地址：乐昌市东莞东坑产业转移园管委会207
…………Tel：0751-5560698

深圳市中金岭南有色金属股份有限公司凡口铅锌矿
地址：广东仁化凡口
……Tel：0751-6310843

韶关保绿环保科技股份有限公司
地址：韶关市仁化县丹霞街道群乐村办公楼第三层（仅限作办公室使用）
……Tel：0751-6320033

韶关市宏德热轧带钢有限公司
地址：韶关市曲江区白土镇白土工业园
……Tel：0751-6483399

韶关市雅鲁环保实业有限公司
地址：韶关市曲江区白土工业园B4区
……Tel：0751-6484258

广东省大宝山矿业有限公司
地址：韶关市曲江区沙溪镇
……Tel：0751-6618321

韶关市曲江区农村信用合作联社
地址：韶关市曲江区马坝镇鞍山路14号
……Tel：0751-6668885

韶关东江环保再生资源发展有限公司
地址：韶关市翁源县铁龙镇龙体村墩头村小组
……Tel：0751-6928038

韶关市矿投矿业投资开发有限公司
地址：韶关市武江区惠民北路44号三楼
……Tel：0751-6998811

广东湘农绿色农业股份有限公司
地址：韶关市南郊一公里口岸综合大楼北侧第六层(限作办公室使用)
……Tel：0751-8723129

广东韶钢普莱克斯实用气体有限公司
地址：广东省韶关市曲江区马坝
……Tel：0751-8780827

宝钢特钢韶关有限公司
地址：韶关市曲江区马坝镇韶钢特棒厂内
……Tel：0751-8783665

广东宝地南华产城发展有限公司
地址：韶关市曲江区江畔花园1期住房公积金管理中心曲江区办事处二楼
……Tel：0751-8785361

广东华欣环保科技有限公司
地址：韶关市曲江区马坝镇文化路、鞍山路东文化大楼八层B区北面1号房
……Tel：0751-8785743

广东韶钢工程技术有限公司
地址：广东省韶关市曲江区马坝镇
……Tel：0751-8787396

广东中南钢铁股份有限公司
地址：广东省韶关市曲江区马坝
……Tel：0751-8791201

广东韶钢嘉羊新型材料有限公司
地址：广东省韶关市曲江马坝
……Tel：0751-8791908

鸿鹄（惠州）投资有限公司
地址：惠州市江北东江二路二号富力丽港中心1302号
……Tel：0752-2061111

惠州市中盈建实业有限公司
地址：惠东县稔山镇盐灶背村环大公路边
……Tel：0752-2097993

中新房华南有限公司
地址：惠州市下埔路73号愉景大厦5楼A房
……Tel：0752-2168082

惠州市汽车运输集团有限公司
地址：惠州市惠城区鹅岭西路34号
……Tel：0752-2260050

广东中港岭南投资有限公司
地址：惠州市麦地麦岸路10号华泰大厦3楼D1房（仅限办公）
……Tel：0752-2388888

富邦工业（惠州）有限公司
地址：惠州市汤泉侨兴科技工业园内
……Tel：0752-2820333

惠州安臣通讯科技有限公司
地址：惠州市惠城区小金口惠州大道（汤泉段）199号
……Tel：0752-2820379

广东荣兴控股集团有限公司
地址：深圳市福田区泰然九路盛唐商务大厦东座1403
……Tel：0752-2820473

中佳天晟（深圳）科技有限公司
地址：深圳市南山区粤海街道高新中一道8号万和医药园南面3楼
……Tel：0752-3138671

惠州胜狮能源装备有限公司
地址：惠州市惠阳区永湖镇麻溪村下埔村小组大栋岗地段（厂区内厂房15#）
……Tel：0752-3531625

光宝钢铁（惠州）有限公司
地址：惠阳区三和经济开发区
……Tel：0752-3539888

中海油惠州石化有限公司
地址：惠州大亚湾澳头石化大道中302号
……Tel：0752-3681862

大亚湾宝兴钢铁厂有限公司
地址：惠州大亚湾响水河工业区石化大道西13号
……Tel：0752-5108391

华瀛石油化工有限公司
地址：惠州大亚湾区澳头街道海鲜街131号
……Tel：0752-5559888

华瀛（惠州大亚湾）石化码头仓储有限公司
地址：惠州大亚湾区澳头街道海鲜街131号
……Tel：0752-5559888

惠州市德泰利矿业有限公司
地址：惠州市云山西路4号德威大厦23层02号2302-1
……Tel：0752-5778602

惠州市和泓投资集团有限公司
地址：博罗县罗阳镇商业西街
……Tel：0752-6398673

伯恩科技（惠州）有限公司
地址：惠州市惠阳区永湖镇伯恩科技园
……Tel：0752-6539688

惠州市荣康顺建筑材料制品有限公司
地址：博罗县龙溪镇白莲湖村
……Tel：0752-6870183

惠州市燃料工业有限公司
地址：惠州市惠城区江北惠州大道南28号之三栋一至三层
……Tel：0752-7807398

惠州市通洲创展实业集团有限公司
地址：惠州市云山西路4号德威大厦509号
……Tel：0752-7838198

龙门亚钢铜业有限公司
地址：龙门县永汉镇大埔村
……Tel：0752-7868271

贝卡尔特（惠州）钢帘线有限公司
地址：惠州市惠城区三栋数码工业园泰祥路3号
……Tel：0752-8219015

广东金雁工业集团有限公司
地址：梅州市梅江区彬芳大道中26号
……Tel：0753-2266338

广东东电化广晟稀土高新材料有限公司
地址：梅州市梅县畲江镇梅州高新技术产业园区
……Tel：0753-2756268

广东宝丽华电力有限公司
地址：梅州市梅县区丙村镇荷树园
……Tel：0753-2838808

兴宁市明珠建筑工程有限公司
地址：兴宁市官汕一路赤巷口99号明珠集团技术中心大楼三楼
……Tel：0753-3326248

广东佳旺矿业集团有限公司
地址：兴宁市明珠商贸城二期景兴楼6、7号门店三楼
……Tel：0753-3381822

广东金雁电工科技股份有限公司
地址：兴宁市合水镇合水工业区
……Tel：0753-3550658

五华县交通投资集团有限公司
地址：五华县水寨镇大坝五金街居民新村9号
……Tel：0753-4288813

梅州市洋洋实业有限公司
地址：五华县水寨镇华一路华景新城第3栋（华景新城大门侧）
……Tel：0753-4433919

五华县富翊达实业有限公司
地址：五华县水寨镇县城工业园
……Tel：0753-4688298

广东丰顺农村商业银行股份有限公司
地址：丰顺县汤坑镇中兴四路21号之一办公楼
……Tel：0753-6662286

广东富远稀土新材料股份有限公司
地址：广东平远县大柘镇程西村
……Tel：0753-8332298

深圳前海嵘盛恒大股权投资基金有限公司
地址：深圳市前海深港合作区前湾一路1号A栋201室（入驻深圳市前海商务秘书有限公司）
……Tel：0753-89969026

广东金华电缆股份有限公司
地址：汕头市潮南区沙陇工业区
……Tel：0754-82227238

骅星科技发展有限公司
地址：汕头市澄海区玉亭路与文华南路交界处
……Tel：0754-83250555

汕头万顺新材集团股份有限公司
地址：汕头保税区万顺工业园
……Tel：0754-83597123

广东万顺科技有限公司
地址：汕头市濠江区马窖街道南山湾万顺创新产业园
……Tel：0754-83900335

广东美致智教科技股份有限公司
地址：汕头市澄海区莲上镇上巷村工业区
……Tel：0754-85101533

汕头市澄海区群隆塑胶制品有限公司
地址：汕头市澄海区凤翔街道大埔堀风台墩1巷西8号
……Tel：0754-85138789

广东东方锆业科技股份有限公司
地址：广东省汕头市澄海区莱美路宇田科技园
……Tel：0754-85506222

广东优美家实业有限公司
地址：汕头市澄海区莱美工业区秀水路北侧广东银润实业有限公司厂房第3幢三层
……Tel：0754-85513755

广东信宁工艺玩具厂
地址：汕头市澄海区城区凤翔路8号
……Tel：0754-85727006

奇士达（广东）智能科技有限公司
地址：汕头市澄海区莲下镇安澄公路程洋岗路段
……Tel：0754-86828888

广东亨迪科技股份有限公司
地址：汕头市澄海区广益宁川北路西侧与环翠路南侧交界处
……Tel：0754-86988153

汕头市泛世锂工业能源有限公司
地址：汕头市濠江区台商投资区濠江片C1、C2地块
……Tel：0754-88209888

达濠市政建设有限公司
地址：濠江区赤港红桥城建综合楼七层之二
……Tel：0754-88846851

中海宏洋地产汕头投资有限公司
地址：汕头市金砂东路东段中信大厦十六楼
……Tel：0754-88883288

广东豪江建设有限公司
地址：汕头市濠江区府前路中段和记综合楼1703号房
……Tel：0754-89817555

裕典商事（深圳）投资管理有限公司
地址：深圳市前海深港合作区前湾一路1号A栋201室（入驻深圳市前海商务秘书有限公司）
……Tel：0755-82533066

裕典资本控股有限公司
地址：深圳市前海深港合作区前湾一路1号A栋201室（入驻深圳市前海商务秘书有限公司）
……Tel：0755-82533066

沪深控股有限公司
地址：深圳市前海深港合作区南山街道临海大道59号海运中心口岸楼3楼C316
……Tel：0755-82547351

深圳市前海金丰石油有限公司
地址：深圳市前海深港合作区前湾一路1号A栋201室（入驻深圳市前海商务秘书有限公司）
……Tel：0755-25978641

深圳圣德强实业有限公司
地址：深圳市福田区福田街道福安社区民田路171号新华保险大厦2601
……Tel：0755-82566791

陆海资源有限公司
地址：深圳市龙华新区大道897号陆海大厦C3
……Tel：0755-83885213

中铁多经（深圳）建设有限公司
地址：深圳市深汕特别合作区赤石镇园林北区慧鸿大厦B-1楼
……Tel：0755-21097072

深圳前海联合交易中心有限公司
地址：深圳市前海深港合作区南山街道梦海大道4008号前海深港创新中心A组团1F-22至1F-30，2F-09至2F-10，2F-12至2F-20，2F-26
……Tel：0755-21871065

深圳肯信集团有限公司
地址：深圳市福田区深南中路与同心路交汇处中信城市广场办公楼第16层16B-1
……Tel：0755-22163288

九牛钢网控股有限公司
地址：深圳市福田区沙头街道车公庙深南大道南江西世纪豪庭（江西大厦）10C2
……Tel：0755-22208146

豪德集团有限公司
地址：深圳市龙岗区南湾街道布澜路31号中盈珠宝工业厂区A2栋1501-A
……Tel：0755-22276777

深圳宝新实业集团有限公司
地址：深圳市罗湖区笋岗街道宝安北路桃园综合大楼827栋8楼8A
……Tel：0755-22278999

深圳市航宇实业有限公司
地址：深圳市南山区粤海街道高新区社区高新南环路26号深圳湾科技生态园5栋裙楼217
……Tel：0755-22280222

深圳绿色大庭股权投资基金有限公司
地址：深圳市前海深港合作区前湾一路1号A栋201室（入驻深圳市前海商务秘书有限公司）
……Tel：0755-22280899

深圳市金金金黄金珠宝集团有限公司
地址：深圳市罗湖区东晓街道布心路3008号水贝珠宝总部大厦IBC写字楼A座13层05-A
……Tel：0755-22322912

深圳市正佳盐田国际物流有限公司
地址：深圳市盐田区明珠道15号11栋
……Tel：0755-22325891

新华联南方控股有限公司
地址：深圳市盐田区海山街道深盐路2002号大百汇高新技术工业园A栋八层B区
……Tel：0755-22355836

深圳前海力能世纪供应链有限公司
地址：深圳市前海深港合作区南山街道临海大道59号海运中心主塔楼1307号-13153
……Tel：0755-82238174

深圳前海深粤供应链有限公司
地址：深圳市前海深港合作区南山街道临海大道59号海运中心主塔楼1308号-13169
……Tel：0755-82250586

深圳前海华宝供应链有限公司
地址：深圳市前海深港合作区南山街道临海大道59号海运中心主塔楼1307号-13139
……Tel：0755-22366888

深圳前海凯盛供应链有限公司
地址：深圳市前海深港合作区南山街道临海大道59号海运中心主塔楼1318号-13395
……Tel：0755-22366888

平安商贸有限公司
地址：深圳市前海深港合作区前湾一路1号A栋201室（入驻深圳市前海商务秘书有限公司）经营场所：深圳市福田区金田路4036号荣超大厦1408室
……Tel：0755-22626876

光彩四十九石油天然气有限公司
地址：深圳市前海深港合作区前湾一路1号A栋201室（入驻深圳市前海商务秘书有限公司）
……Tel：0755-83202339

深圳前海花万里供应链管理服务有限公司
地址：深圳市前海深港合作区前湾一路1号A栋201室（入驻深圳市前海商务秘书有限公司）
……Tel：0755-83281777

深圳市凯发建材贸易有限公司
地址：深圳市罗湖区笋岗街道梨园路128号宝能汽车大楼604
……Tel：0755-22911255

深圳宝信供应链有限公司
地址：深圳市罗湖区笋岗街道田心社区宝安北路3008号宝能中心E栋46层02室
……Tel：0755-22913348

托吉斯集团有限公司
地址：深圳市福田区沙头街道天安社区深南大道6027号大庆大厦8D15G
……Tel：0755-22278999

深圳托吉斯商业有限公司
地址：深圳市福田区福田街道福安社区福华一路1号深圳大中华国际交易广场31层3113
……Tel：0755-22913400

中青旅实业（深圳）有限公司
地址：深圳市罗湖区桂园街道深南东路5016号京基100大厦A座2002
……Tel：0755-22939996

深圳市同心行供应链管理有限公司
地址：深圳市福田区福田街道岗厦社区福华路350号岗厦皇庭大厦25A-2
……Tel：0755-22966386

深圳前海凯瑞矿业控股有限公司
地址：深圳市前海深港合作区前湾一路1号A栋201室（入驻深圳市前海商务秘书有限公司）
……Tel：0755-22980678

盛势云海控股（深圳）有限公司
地址：深圳市前海深港合作区前湾一路1号A栋201室（入驻深圳市前海商务秘书有限公司）
……Tel：0755-22983671

深圳市海洋王照明工程有限公司
地址：深圳市南山区南山街道南海大道海王大厦A座23楼AC
……Tel：0755-23242666

国邦集团（深圳）有限公司
地址：深圳市前海深港合作区前湾一路1号A栋201室（入驻深圳市前海商务秘书有限公司）
……Tel：0755-23608512

宝塔燃气有限公司
地址：深圳市福田区莲花街道康欣社区景田北街48号东海景田银座5层501-D
……Tel：0755-23608512

深圳宝塔石油化工有限公司
地址：深圳市福田区福田街道岗厦社区深南大道1003号东方新天地广场C804
……Tel：0755-23608512

中运港口集团（深圳）有限公司
地址：深圳市福田区华富街道莲花一村社区皇岗路5001号深业上城（南区）T1栋12层
……Tel：0755-23615604

中货富洋（深圳）实业发展有限公司
地址：深圳市南山区蛇口街道公园路花果山大厦B座1306室
……Tel：0755-2367197

中新房南方集团有限公司
地址：深圳市宝安区宝安中心区兴华路南侧龙光世纪大厦2栋18层
Tel：0755-23719187
深圳前海前新能源投资控股有限公司
地址：深圳市前海深港合作区前湾一路1号A栋201室（入驻深圳市前海商务秘书有限公司）
Tel：0755-23720455
深圳中源建设有限公司
地址：深圳市龙华区龙华街道清华社区梅龙大道2125号卫东龙商务大厦A栋1710、1711号
Tel：0755-23771466
深圳前海利正华业航天应用技术有限公司
地址：深圳市南山区粤海街道粤兴二道6号武汉大学深圳产学研大楼B815房（入驻深圳市前海商务秘书有限公司）
Tel：0755-23812333
深圳市富德资源投资控股有限公司
地址：深圳市前海深港合作区前湾一路1号A栋201室（入驻深圳市前海商务秘书有限公司）
Tel：0755-36884782
深圳市新万怡投资控股有限责任公司
地址：深圳市福田区沙头街道新华社区新洲十一街139号中央西谷大厦906E
Tel：0755-23908009
深圳市长浩实业有限公司
地址：深圳市福田区保税区金花路29号华宝一号大厦D302
Tel：0755-23914538
中能华城实业投资有限公司
地址：深圳市南山区沙河街道高发社区侨香路金迪世纪大厦A栋1407
Tel：0755-23915277
深圳中宝盛投资有限公司
地址：深圳市罗湖区桂园街道老围社区罗湖区红宝路139号蔡屋围金龙大厦1305
Tel：0755-23941185
深圳市同富时代贸易有限公司
地址：深圳市福田区福保街道石厦北二街西新天世纪商务中心A座607
Tel：0755-23949513
深圳市华融金典资产管理有限公司
地址：深圳市福田区香蜜湖街道侨香社区北环路7087号香蜜苑1栋2806
Tel：0755-23952729
深圳市北部湾电子商务有限公司
地址：深圳市福田区福田街道福华三路88号财富大厦38层H
Tel：0755-23960668
深圳迈科大宗商品金融服务有限公司
地址：深圳市前海深港合作区南山街道梦海大道5109号前海卓越金融中心三期1号楼5501-2A
Tel：0755-23982022
武信实业发展（深圳）有限公司
地址：深圳市前海深港合作区前湾一路1号A栋201室（入驻深圳市前海商务秘书有限公司）
Tel：0755-23982122
五矿产业金融服务（深圳）有限公司
地址：深圳市前海深港合作区前湾一路A栋201室（入驻深圳市前海商务秘书有限公司）
Tel：0755-2375300
深圳前海银雅歌股权投资有限公司
地址：深圳市前海深港合作区前湾一路鲤鱼门街一号前海深港合作区管理局综合办公楼A栋201室（入驻深圳市前海商务秘书有限公司）
Tel：0755-25173089
深圳乾坤能源发展有限公司
地址：深圳市前海深港合作区前湾一路1号A栋201室（入驻深圳市前海商务秘书有限公司）
Tel：0755-25180227
深圳市盐田港集团有限公司
地址：深圳市盐田区沙头角深盐路盐田港海港大厦21-26楼
Tel：0755-25290160
深圳前海惠民博盛投资企业（有限合伙）
地址：深圳市前海深港合作区前湾一路一号A栋201室（入驻深圳市前海商务秘书有限公司）
Tel：0755-25337199
深圳惠民盈盛投资企业（有限合伙）
地址：深圳市前海深港合作区前湾一路1号A栋201室（入驻深圳市前海商务秘书有限公司）
Tel：0755-25337199
乾坤金银（深圳）股份有限公司
地址：深圳市龙岗区平湖街道山厦社区罗山工业区B3栋1＃厂房201
Tel：0755-25508866
深圳市宏成实业有限公司
地址：深圳市罗湖区布心东晓路3063号C栋8楼A
Tel：0755-25512488
深圳市帝壹珠宝实业有限公司
地址：深圳市罗湖区翠竹街道文锦北路2028号逸湖居商场三层3303
Tel：0755-25531655
锐铄科技集团有限公司
地址：深圳市南山区粤海街道高新区社区高新南六道16号泰邦科技大厦512
Tel：0755-25733010
深圳市盛亚矿产有限公司
地址：深圳市罗湖区桂园街道红村社区深南东路5002号信兴广场主楼5101
Tel：0755-25839505
深圳广田供应链管理有限公司
地址：深圳市罗湖区东门街道深南东路2098号广田集团盛华大厦24楼
Tel：0755-25886666
深圳市裕铭元能源投资控股有限公司
地址：深圳市罗湖区桂园街道解放路名仕阁B栋805单位
Tel：0755-25913610
广嘉正通股份有限公司
地址：深圳市南山区高新南一道8号创维大厦C座1002
Tel：0755-26000345
深圳市铁塔实业有限公司
地址：深圳市南山区粤海街道南油大道东、创业路北保利城花园写字楼2705
Tel：0755-26429706
深汕特别合作区品清环保科技有限公司
地址：广东省汕尾市海丰县鹅埠镇深圳（汕尾）产业转移工业园片区标准工业厂房7号楼201G
Tel：0755-26452798
米高控股有限公司
地址：深圳市南山区第五工业区朗山路东物商业大楼6楼
Tel：0755-26473999
贝特瑞新材料集团股份有限公司
地址：深圳市光明新区公明办事处西田社区高新技术工业园第1、2、3、4、5、6栋、7栋A、7栋B、8栋
Tel：0755-2651465
广东宝港实业集团有限公司
地址：深圳市前海深港合作区前湾一路1号A栋201室（入驻深圳市前海商务秘书有限公司）
Tel：0755-26550900
深圳市金马能源有限公司
地址：深圳市南山区粤海街道蔚蓝海岸社区兰香一街2号海王星辰大厦1608
Tel：0755-26657577
中国南山开发（集团）股份有限公司
地址：深圳市南山区招商街道赤湾社区赤湾六路8号南山开发集团赤湾总部大厦33楼
Tel：0755-26675085
中国国际海运集装箱（集团）股份有限公司
地址：深圳市南山区蛇口工业区港湾大道2号中集研发中心8楼（办公）
Tel：0755-26691130
深圳店商密码网络科技有限公司
地址：深圳市龙华新区大浪街道工业西路龙胜时代大厦2002
Tel：0755-26718806
深圳中集同创供应链有限公司
地址：深圳市南山区蛇口工业区港湾大道2号中集研发中心3楼
Tel：0755-26802521
深圳海星港口发展有限公司
地址：深圳市前海深港合作区妈湾大道1027号
Tel：0755-26823000
招商局港通发展（深圳）有限公司
地址：深圳市南山区招商街道水湾社区蛇口望海路1166号招商局广场30F
Tel：0755-26828888
布罗德福（深圳）港口发展有限公司
地址：深圳市前海深港合作区前湾一路1号A栋201室（入驻深圳市前海商务秘书有限公司）
Tel：0755-26828888
深圳市深南燃气有限公司
地址：深圳市南山区南山大道3093号
Tel：0755-26896560
深圳华加日铝业有限公司
地址：深圳市南山区马家龙工业区
Tel：0755-26907980
东莞贝通工业发展有限公司
地址：广东省东莞市沙田镇港口大道沙田段391号1号楼216室
Tel：0755-26939072
东莞市思贝克时代科技有限公司
地址：广东省东莞市沙田镇港口大道沙田段391号2号楼103室
Tel：0755-26939072
深圳市远东海洋矿产资源开发有限公司
地址：深圳市南山区南头街道田厦社区学府路桃苑公寓22号-1桃苑公寓1214
Tel：0755-26975009
深圳市金博资产管理有限公司
地址：深圳市宝安区沙井街道中心路宏海汇盈大厦十一楼1113室
Tel：0755-27200834
永钢五金制品（深圳）有限公司
地址：深圳市宝安区沙井街道沙头社区沙井路119-137号303
Tel：0755-27235711
华清中曦投资控股（深圳）有限公司
地址：深圳市前海深港合作区前湾一路1号A栋201室（入驻深圳市前海商务秘书有限公司）
Tel：0755-27307405
华清国际贸易（深圳）有限公司
地址：深圳市前海深港合作区前湾一路1号A栋201室（入驻深圳市前海商务秘书有限公司）
Tel：0755-27307405
华清控股（深圳）有限公司
地址：深圳市前海深港合作区前湾一路1号A栋201室（入驻深圳市前海商务秘书有限公司）
Tel：0755-23606707
华清聚能产业控股（深圳）有限公司
地址：深圳市南山区蛇口街道渔一社区后海大道1021号BC座B303K9
Tel：0755-27307405
德京产业控股（深圳）有限公司
地址：深圳市前海深港合作区前湾一路1号A栋201室（入驻深圳市前海商务秘书有限公司）
Tel：0755-27307405
深圳易方数码科技股份有限公司
地址：深圳市光明新区光明街道双明大道315号易方大厦
Tel：0755-27354607
深圳大友钢铁有限公司
地址：深圳市光明区新湖街道公常路10号
Tel：0755-27430701
深圳紫九穗禾投资控股有限公司
地址：深圳市宝安区福永街道凤凰社区腾丰五路2号A栋1单元201
Tel：0755-27666895
深圳市茂恒嘉实业控股有限公司
地址：深圳市宝安区西乡街道流塘路好运来商务大厦A座12-013号
Tel：0755-27678888
宋声控股有限公司
地址：深圳市前海深港合作区前湾一路1号A栋201室（入驻深圳市前海商务秘书有限公司）
Tel：0755-27721382
深圳市中金信达基金管理有限公司
地址：深圳市前海深港合作区前湾一路鲤鱼门街一号前海深港合作区管理局综合办公楼A栋201室(入驻深圳市前海商务秘书有限公司)
Tel：0755-27811101
深圳市宝投市场管理有限公司
地址：深圳市宝安区宝城30区前进路泰华花园一栋238（办公场所）
Tel：0755-27825073
广东汉鑫钢铁集团有限公司
地址：深圳市宝安区新安街道灵芝园社区22区中粮紫云大厦2811
Tel：0755-27843966
深圳高禾资产管理有限公司
地址：深圳市前海深港合作区前湾一路1号A栋201室（入驻深圳市前海商务秘书有限公司）
Tel：0755-27880212
珠海横琴新区中桂工程劳务有限公司
地址：珠海市横琴新区三塘村60号六楼
Tel：0755-27881123
中盈商业保理有限公司
地址：深圳市前海深港合作区前湾一路1号A栋201室（入驻深圳市前海商务秘书有限公司）
Tel：0755-27881123
芝加哥金属制品（深圳）有限公司
地址：深圳市光明新区公明办事处田寮社区桔生工业园第1栋第1层A区及第2层
Tel：0755-28129518
中城创投资本有限公司
地址：深圳市前海深港合作区前湾一路1号A栋201室（入驻深圳前海商务秘书有限公司）
Tel：0755-28532788
深圳俏欣冉实业有限公司
地址：深圳市龙岗区平湖街道新木路321号新木半里大厦C座207
Tel：0755-28644393
力嘉包装（深圳）有限公司
地址：深圳市龙岗区横岗街道力嘉路98号
Tel：0755-28868161
深圳市瑞德尚光电科技有限公司
地址：深圳市宝安区西乡街道广深公路西侧万俊汇商务公寓1栋1123、1125号
Tel：0755-29004419
深圳市尚融嘉实业有限公司
地址：深圳市福田区莲花街道深南大道6008号深圳特区报业大厦30D
Tel：0755-29006792
广东东方屹控股集团有限公司
地址：深圳市前海深港合作区前湾一路1号A栋201室（入驻深圳市前海商务秘书有限公司）
Tel：0755-29083883
展辰新材料集团股份有限公司
地址：深圳市光明新区光明街道观光路2045号
Tel：0755-29089111
深圳市恒通矿业投资股份有限公司
地址：深圳市宝安区新安街道甲岸路及海秀路交汇处熙龙湾花园（N23区）商业办公楼1003
Tel：0755-29506666
北方联合铝业（深圳）有限公司
地址：深圳市宝安区新安街道宝城34区宝民路鸿景园5栋201（办公场所）
Tel：0755-29638127
深圳市佳仕德新能源科技有限公司
地址：深圳市龙岗区平湖街道平新北路163号广弘美居B栋810
Tel：0755-29668269
深圳兴奇宏科技有限公司
地址：深圳市宝安区沙井街道蚝二社区辛养西部工业区A1栋一层1区、二层1区、三层1区；A2栋一层1区；A3栋；A4栋二层2区
Tel：0755-29692288
广东华美集团有限公司
地址：深圳市宝安区松岗街道潭头社区华美集团办公楼501
Tel：0755-29712222
深圳华美钢铁有限公司
地址：深圳市南山区粤海街道海德二道288号茂业时代广场24层D单元
Tel：0755-29712299
广东勤达钢铁有限公司
地址：深圳市光明新区公明街道塘家新村一巷2号2楼
Tel：0755-29870855
深圳市元亨运实业有限公司
地址：深圳市宝安区西乡街道宝民二路鸿隆广场区一栋A楼808号
Tel：0755-29960872
深圳市同济中基实业有限公司
地址：深圳市南山区粤海街道高新区社区白石路3609号深圳湾科技生态园二区9栋B2010
Tel：0755-29993913
中明华信控股有限公司
地址：深圳市罗湖区桂园街道红岭中路2068号中深国际大厦1204
Tel：0755-32800177
中资华信控股有限公司
地址：深圳市南山区粤海街道大冲社区深南大道9680号大冲商务中心(二期)1栋1号楼3301
Tel：0755-32800177
深圳市剑海投资管理有限公司
地址：深圳市罗湖区南湖街道人民南路2069号国商大厦东座705
Tel：0755-32820599
深圳市胜众实业有限公司
地址：深圳市福田区莲花街道深南大道2008号中国凤凰大厦2号楼22A
Tel：0755-33011809
深圳市海仕通投资集团有限公司
地址：深圳市罗湖区深南东路2001号鸿昌广场2801-2807
Tel：0755-33033301
深圳三一聚源实业有限公司
地址：深圳市罗湖区南湖街道嘉宾路4018号爵士大厦15A16
Tel：0755-33158189
南方国际租赁有限公司
地址：深圳市福田区深南大道4001号时代金融中心23层
Tel：0755-33336988
深圳市恒辉凯科技有限公司
地址：深圳市宝安区西乡街道宝民二路流塘大厦1404
Tel：0755-36672547
中粮祈德丰投资服务有限公司
地址：深圳市前海深港合作区前湾一路1号A栋201室（入驻深圳市前海商务秘书有限公司）
Tel：0755-36877886
玉海控股有限公司
地址：深圳市南山区粤海街道科技南八道豪威科技大厦6F-A单元7号
Tel：0755-36887377
山钢金控资产管理（深圳）有限公司
地址：深圳市前海深港合作区梦海大道5033号卓越前海壹号8栋30层3001-C单元
Tel：0755-61005019
深圳市中金国瑞控股有限公司
地址：深圳市福田区农科中心招商银行大厦3602
Tel：0755-61669591
山钢金融控股（深圳）有限公司

地址：深圳市前海深港合作区梦海大道5033号卓越前海壹号8栋30层3001-A单元
………………………… Tel：0755-61889996

深圳市康年科技有限公司
地址：深圳市福田区沙头街道天安社区泰然八路3号万科滨海置地大厦二十五层03B
………………………… Tel：0755-61899631

深圳市龙迹供应链有限公司
地址：深圳市南山区蛇口街道渔一社区后海大道1021号BC座B305-W2
………………………… Tel：0755-61952129

深圳前海静轩供应链有限公司
地址：深圳市前海深港合作区前湾一路1号A栋201室（入驻深圳市前海商务秘书有限公司）经营地址：深圳市南山南油大道新能源大厦B座830
………………………… Tel：0755-61952129

深圳市华金财富管理有限公司
地址：深圳市福田区泰然九路海松大厦A座13A06
………………………… Tel：0755-61967027

深圳前海国鑫创耀实业有限公司
地址：深圳市前海深港合作区前湾一路1号A栋201室（入驻深圳市前海商务秘书有限公司）
………………………… Tel：0755-61996722

星星精密科技（深圳）有限公司
地址：深圳市坪山区坪山街道江岭路6号
………………………… Tel：0755-66829888

深圳新晨光电技术有限公司
地址：深圳市光明新区凤凰街道塘尾工业区AM4栋B区
………………………… Tel：0755-81866330

深圳市鹏星船务有限公司
地址：深圳市南山区招商街道海运路1号蛇口邮轮中心H6号突堤二楼201室
………………………… Tel：0755-82020085

深圳市华晟达投资控股有限公司
地址：深圳市福田区八卦四路22号
………………………… Tel：0755-82056650

深圳市深港金信投资发展有限公司
地址：深圳市福田区园岭街道百花四路长安花园裙楼一楼轴线G-E与轴线15-162之间
………………………… Tel：0755-82076097

深圳市满孚实业有限公司
地址：深圳市福田区福中三路1006号诺德金融中心主楼23E02室
………………………… Tel：0755-82091862

地国大厦有限公司
地址：深圳市南山区粤海街道海珠社区文心五路33号海岸大厦西座1605
………………………… Tel：0755-82181318

深圳市前海中铁国源能源有限公司
地址：深圳市前海深港合作区前湾一路1号A栋201室（入驻深圳市前海商务秘书有限公司）经营场所：深圳市福田区滨河路南集华花园裙楼2层2A278号
………………………… Tel：0755-82197789

深圳船舶贸易有限公司
地址：深圳市罗湖区人民路国际贸易中心35层
………………………… Tel：0755-82211105

中建材投资有限公司
地址：深圳市罗湖区人民南路国贸大厦12楼南
………………………… Tel：0755-82212102

深圳前海文森国际基金管理有限公司
地址：深圳市前海深港合作区前湾一路1号A栋201室（入驻深圳市前海商务秘书有限公司）
………………………… Tel：0755-82224275

深圳市亦禾供应链管理有限公司
地址：深圳市南山区高新北区朗山路7号航空电子工程研发大厦1008室
………………………… Tel：0755-82227356

深圳天俊实业股份有限公司
地址：深圳市罗湖区南湖街道东门南路外贸食出大厦
………………………… Tel：0755-82234645

中航长城华龙工程建设有限公司
地址：深圳市罗湖区深南东路1133号长安大厦505室
………………………… Tel：0755-82247893

深圳长城燃料物资有限公司
地址：深圳市南山区登良路南油第二工业区205栋8层808-9（恒裕中心A座）
………………………… Tel：0755-82251342

深圳市盛康源贸易有限公司
地址：深圳市福田区沙头街道天安社区滨河大道9280号天安高尔夫花园雅景阁15A
………………………… Tel：0755-82266788

深圳市商贸通供应链管理有限公司
地址：深圳市福田区深南中路世纪汇广场2301
………………………… Tel：0755-82300011

宝新控股有限公司
地址：深圳市罗湖区笋岗街道田心社区宝安北路3008号宝能中心E栋45层05室
………………………… Tel：0755-82327063

深圳市科铭实业有限公司
地址：深圳市罗湖区桂园街道深南东路信兴广场主楼4909-16
………………………… Tel：0755-82375886

深圳淙海实业有限公司
地址：深圳市罗湖区笋岗街道笋岗东路同乐大厦同庆阁212
………………………… Tel：0755-82398066

深圳市康年商贸有限公司
地址：深圳市福田区沙头街道天安社区泰然八路3号万科滨海置地大厦二十五层
………………………… Tel：0755-82526066

裕典（深圳）投资管理有限公司
地址：深圳市前海深港合作区前湾一路1号A栋201室（入驻深圳市前海商务秘书有限公司）
………………………… Tel：0755-82533066

深圳市柏润汇金供应链有限公司
地址：深圳市福田区香蜜湖街道竹林社区紫竹七道18号中国经贸大厦20层-A
………………………… Tel：0755-82536790

深圳前海盛鑫世联铝业有限公司
地址：深圳市前海深港合作区前湾一路1号A栋201室（入驻深圳市前海商务秘书有限公司）
………………………… Tel：0755-82541467

深圳市万华供应链股份有限公司
地址：深圳市福田区华富街道新田社区深南大道1006号深圳国际创新中心(福田科技广场)A栋三十九层A
………………………… Tel：0755-82552111

深圳市瑞通云供应链管理有限公司
地址：深圳市前海深港合作区前湾一路1号A栋201室（入驻深圳市前海商务秘书有限公司）
………………………… Tel：0755-82555975

中创国控实业发展有限公司
地址：深圳市前海深港合作区前湾一路1号A栋201室（入驻深圳市前海商务秘书有限公司）
………………………… Tel：0755-82556806

深圳前海龙兴有色金属实业有限公司
地址：深圳市前海深港合作区前湾一路1号A栋201室（入住深圳市前海商务秘书有限公司）
………………………… Tel：0755-82564051

深圳市钜富贸易供应链有限公司
地址：深圳市前海深港合作区前湾一路1号A栋201室（入驻深圳市前海商务秘书有限公司）
………………………… Tel：0755-82566630

深圳市前海一方供应链管理有限公司
地址：深圳市前海深港合作区前湾一路1号A栋201室（入驻深圳市前海商务秘书有限公司）
………………………… Tel：0755-82567005

华润水泥投资有限公司
地址：深圳市罗湖区桂园街道老围社区罗湖区深南东路5016号蔡屋围京基一百大厦A座3001
………………………… Tel：0755-82691700

深圳市润丰新材料科技有限公司
地址：深圳市罗湖区桂园街道老围社区蔡屋围京基一百大厦A座3001
………………………… Tel：0755-82691729

深圳天沅集团有限公司
地址：深圳市福田区华富街道彩田路7018号新浩壹都A座18层01A单元
………………………… Tel：0755-82706119

深圳天元锰业有限公司
地址：深圳市福田区香蜜湖街道竹林社区紫竹七道18号中国经贸大厦20层
………………………… Tel：0755-23619561

深圳江铜南方有限公司
地址：深圳市福田区福田街道彩田路东方新天地广场A座3301
………………………… Tel：0755-82726078

深圳市年富供应链有限公司
地址：深圳市福田区沙头街道泰然八路31号深业泰然大厦7B01之一
………………………… Tel：0755-82739191

深圳粤通国际珠宝股份有限公司
地址：深圳市罗湖区翠竹街道田贝三路30号船舶大厦5楼
………………………… Tel：0755-82777966

深圳市诚威新材料有限公司
地址：深圳市光明区凤凰街道东坑社区长丰工业园第3栋301
………………………… Tel：0755-82785868

深圳正威能源控股有限公司
地址：深圳市福田区香蜜湖街道红荔西路8133号农科商务办公楼1102
………………………… Tel：0755-82785868

深圳正威（集团）有限公司
地址：深圳市福田区深南大道7888号东海国际中心一期A栋29层01B
………………………… Tel：0755-82785868

深圳正威金融控股有限公司
地址：深圳市前海深港合作区南山街道桂湾三路91号景兴海上大厦1401
………………………… Tel：0755-82785868

深圳正威商品控股有限公司
地址：深圳市福田区香蜜湖街道红荔西路8133号农科商务办公楼11楼
………………………… Tel：0755-82785868

柏威控股（深圳）有限公司
地址：深圳市前海深港合作区前湾一路鲤鱼门街1号前海深港合作区管理局综合办公楼A栋201室（入驻深圳市前海商务秘书有限公司）
………………………… Tel：0755-82790042

铜道资源控股有限公司
地址：深圳市福田区福田街道岗厦社区金田路3088号中洲大厦3302
………………………… Tel：0755-82792111

深圳联合富森贸易有限公司
地址：深圳市福田区竹子林紫竹七路中国经贸大厦16I
………………………… Tel：0755-82796420

深圳国澳矿业投资合伙企业（有限合伙）
地址：深圳市前海深港合作区深圳市前海深港合作区前湾一路1号A栋201室（入驻深圳市前海商务秘书有限公司）
………………………… Tel：0755-82803855

深圳市康沃投资控股集团有限公司
地址：深圳市南山区粤海街道铜鼓路39号大冲国际中心5号楼3901
………………………… Tel：0755-82912860

深圳前海首华国际商品交易中心有限公司
地址：深圳市前海深港合作区前湾一路1号A栋201室（入驻深圳市前海商务秘书有限公司）经营地址：深圳市南山区沙河街道侨香路4068号智慧广场A栋2单元2305
………………………… Tel：0755-82960501

飞尚实业集团有限公司
地址：深圳市福田区益田路5033号平安金融中心79层01-A
………………………… Tel：0755-82991778

深圳市佳诚业实业有限公司
地址：深圳市盐田区海山街道鹏湾社区深盐路2015号盐田综合保税区沙头角片区保发大厦3层3B05-2
………………………… Tel：0755-82995294

中交天航南方交通建设有限公司
地址：深圳市宝安区新安街道新安六路1003号金融港A座二楼
………………………… Tel：0755-83022717

深圳市爱德宝实业有限公司
地址：深圳市福田区沙头街道石厦北二街新天世纪商务中心A座2906
………………………… Tel：0755-83023977

前海世通供应链（深圳）有限公司
地址：深圳市前海深港合作区前湾一路1号A栋201室（入驻深圳市前海商务秘书有限公司）
………………………… Tel：0755-83029566

深圳中航资源有限公司
地址：深圳市福田区华强北街道华航社区深南中路3024号航空大厦19层03-06室
………………………… Tel：0755-83200508

深圳市勘察研究院有限公司
地址：深圳市福田区福中东路15号
………………………… Tel：0755-83211072

众信汇金供应链管理有限公司
地址：深圳市前海深港合作区前湾一路1号A栋201室（入驻深圳市前海商务秘书有限公司）
………………………… Tel：0755-83227348

杜邦中国集团有限公司
地址：深圳市福田区沙头街道泰然六路泰然苍松大厦北座1901-13
………………………… Tel：0755-83307848

深圳大唐文化投资发展有限公司
地址：深圳市福田区福保街道福田保税区市花路5号长富金茂大厦1号楼67层6703房
………………………… Tel：0755-83334688

中安航天能源有限公司
地址：深圳市前海深港合作区前湾一路1号A栋201室（入驻深圳市前海商务秘书有限公司）
………………………… Tel：0755-83339050

航天博宇（中国）科技有限公司
地址：深圳市前海深港合作区南山街道卓越金融中心桂湾五路前海卓越中心1号楼5102
………………………… Tel：0755-83338620

大亚湾核电运营管理有限责任公司
地址：深圳市大鹏新区大鹏街道鹏飞路大亚湾核电基地01楼B105
………………………… Tel：0755-83365709

佛山市顺德五沙热电有限公司
地址：佛山市顺德区大良五沙甘蔗场德胜电厂一生活区
………………………… Tel：0755-83366692

中商投（深圳）实业有限公司
地址：深圳市福田区沙头街道滨河大道9289号京基滨河时代广场北区2605室
………………………… Tel：0755-83383551

中亿发投资有限公司
地址：深圳市前海深港合作区前湾一路1号A栋201室（入驻深圳市前海商务秘书有限公司）
………………………… Tel：0755-83386888

深圳市金牛投资（集团）有限公司
地址：深圳市福田区华强北街道荔村社区华强北路2006号桑达418栋4层A011室
………………………… Tel：0755-83410842

深圳前海科珀实业有限公司
地址：深圳市前海深港合作区前湾一路1号A栋201室（入驻深圳市前海商务秘书有限公司）
………………………… Tel：0755-23992135

深圳金汇期货经纪有限公司
地址：深圳市罗湖区桂园街道老围社区罗湖区深南东路5016号蔡屋围京基一百大厦A座5301
………………………… Tel：0755-83472566

深圳市中金岭南有色金属股份有限公司
地址：深圳市罗湖区清水河街道清水河社区清水河一路112号深业进元大厦塔楼2座303C
………………………… Tel：0755-83474800

深圳市有色金属财务有限公司
地址：深圳市福田区深南大道6013号中国有色大厦20楼
………………………… Tel：0755-83474880

深圳龙隆国际贸易有限公司
地址：深圳市福田区中国凤凰大厦2号楼807室（仅限办公）
………………………… Tel：0755-83480837

腾邦物流集团股份有限公司
地址：深圳市福田区福保街道桃花路9号腾邦集团大厦三楼
………………………… Tel：0755-83485999

深圳市劵期资本管理有限公司
地址：深圳市前海深港合作区前湾一路1号A栋201室（入驻深圳市前海商务秘书有限公司）
………………………… Tel：0755-83515026

深圳市瑞安达实业有限公司
地址：深圳市福田区深南大道北侧浩铭财富广场A座22X
………………………… Tel：0755-83515156

亚立石油化工（深圳）有限公司
地址：深圳市前海深港合作区前湾一路1号A栋201室（入驻深圳市前海商务秘书有限公司）
………………………… Tel：0755-83613136

仁瑞堂实业（深圳）有限公司
地址：深圳市福田区福保街道石厦社区石厦北二街西新天世纪商务中心A.B座B1704
………………………… Tel：0755-83632299

仁瑞（深圳）贸易有限公司
地址：深圳市福田区福保街道石厦社区石厦北二街西新天世纪商务中心B1705
………………………… Tel：0755-83632299

深圳市共和石墨烯产业有限公司
地址：深圳市福田区莲花街道深南大道深圳特区报业大厦42层A013
………………………… Tel：0755-83718993

深圳市东尔油品化工有限公司
地址：深圳市南山区粤海街道海珠社区海德一道88号中洲控股金融中心B栋33M-2室
………………………… Tel：0755-83747222

深圳市鹏辉基业建设工程有限公司
地址：深圳市福田区沙尾西村金地一路22号新沙干部楼A栋一单元202室
………………………… Tel：0755-83826663

中商亚太（深圳）物产有限公司
地址：深圳市福田区园岭街道上林社区八卦三路88-8号清风荣盛创投大厦216C1
………………………… Tel：0755-83148358

深圳市前海深商供应链金融服务有限公司
地址：深圳市前海深港合作区前湾一路1号A栋201室（入驻深圳市前海商务秘书有限公司）
………………………… Tel：0755-83835466

中建材智慧物联有限公司
地址：深圳市福田区福田街道岗厦社区彩田路3069号星河世纪A栋3615F1
………………………… Tel：0755-83885244

深圳市宝鹰建设集团股份有限公司
地址：深圳市南山区沙河街道华侨城东部工业区F1栋107C号
………………………… Tel：0755-83888888

深圳市粤中联投资集团有限公司
地址：深圳市南山区招商街道招商路招商大厦830
………………………… Tel：0755-83981696

深圳春源钢铁工业有限公司
地址：深圳市龙岗区同乐27区深圳春源钢铁工业有限公司厂房
………………………… Tel：0755-84292189

中国广核电力股份有限公司
地址：深圳市福田区深南大道2002号中广核大厦南楼18楼
………………………… Tel：0755-84430888

中国广核集团有限公司
地址：深圳市福田区深南大道2002号中广核大厦南楼33楼

……Tel：0755-84431353

泰钢合金（深圳）有限公司
地址：深圳市龙岗区布吉镇丹竹头村工业村
……Tel：0755-84736338

深圳市金洲精工科技股份有限公司
地址：深圳市龙岗区中心城龙城北路高科技工业园区
……Tel：0755-84877666

深圳市盛屯金属有限公司
地址：深圳市罗湖区笋岗街道笋岗东路3002号万通大厦206B室
……Tel：0755-85158898

深圳市盛屯稀有材料科技有限公司
地址：深圳市罗湖区翠竹街道翠竹路2058号旭飞华达园裙楼3楼309－3U
……Tel：0755-85158899

深圳市中南国安投资发展有限公司
地址：深圳市南山区南山街道荔湾社区前海路0101号丽湾商务公寓A－2618
……Tel：0755-85257058

深圳华意隆电气股份有限公司
地址：深圳市坪山区坑梓街道翠景路43号
……Tel：0755-86000027

深圳市宏鑫能源有限公司
地址：深圳市福田区南园街道红岭南路御河堤花园C栋2606号
……Tel：0755-86078030

大族激光科技产业集团股份有限公司
地址：深圳市南山区深南大道9988号
……Tel：0755-86161340

深圳市一体投资控股集团有限公司
地址：深圳市南山区粤海街道白石路南沙河西路西深圳湾科技生态园一区2栋B（座）1102
……Tel：0755-86186061

深圳市华宝资源开发有限公司
地址：深圳市南山区海德三道天利中央广场A座1107
……Tel：0755-86218258

深圳市厚华投资有限公司
地址：深圳市南山区南海大道西桂庙路北阳光华艺大厦1栋24A－112室
……Tel：0755-86307133

中力德恒能源科技开发有限公司
地址：深圳市南山区蛇口工业八路欣泰大厦103
……Tel：0755-86391552

深圳市亚夏科技有限公司
地址：深圳市南山区粤海街道麻岭社区南山区高新园中区科技中三路5号国人大厦B栋312
……Tel：0755-86531512

深圳市希然投资有限公司
地址：深圳市南山区沙河街道高发社区侨香路智慧广场B栋2102
……Tel：0755-86534616

深圳九有供应链服务有限公司
地址：深圳市南山区粤海街道麻岭社区科研路9号比克科技大厦2001
……Tel：0755-86548116

深圳泰达顺辰科技有限公司
地址：深圳市龙岗区平湖街道平湖社区开田科学园盈田大厦D单元4B
……Tel：0755-8657889

盛义集团有限公司
地址：深圳市南山区商业文化中心区海岸大厦西座1609
……Tel：0755-86637596

深圳正华物产建设集团有限公司
地址：深圳市前海深港合作区前湾一路1号A栋201室（入驻深圳市前海商务秘书有限公司）
……Tel：0755-86639596

深圳市前海国储能源化工有限公司
地址：深圳市前海深港合作区梦海大道5033号卓越前海壹号B栋4层408－3单元
……Tel：0755-86659997

深圳市世银联产业投资有限公司
地址：深圳市福田区福保街道保税区红花路长平商务大厦3326
……Tel：0755-86665665

深圳市中核城投控股有限公司
地址：深圳市前海深港合作区南山街道临海大道59号海运中心口岸楼3楼F379
……Tel：0755-86665665

深圳民航机场联合控股集团有限公司
地址：深圳市福田区保税区长平商务大厦3326－3328
……Tel：0755-86665665

大湾区产业控股（深圳）有限公司
地址：深圳市福田区福保街道福保社区深圳市福田保税区紫荆道2号顺通安科技厂房2栋七层
……Tel：0755-86665665

深圳市中信兴隆投资集团有限公司
地址：深圳市前海深港合作区前湾一路1号A栋201室（入驻深圳市前海商务秘书有限公司）
……Tel：0755-86706369

深圳市前海和盛矿业投资有限公司
地址：深圳市前海深港合作区南山街道兴海大道3046号香江金融大厦201－043B
……Tel：0755-86716958

深圳市京发供应链控股有限公司
地址：深圳市南山区粤海街道大冲社区深南大道9680号大冲商务中心（二期）1栋1号楼3305
……Tel：0755-86717973

中国五矿深圳进出口有限责任公司
地址：深圳市南山区粤海街道高新南九道与高新南十道交汇处卫星大厦1003A
……Tel：0755-86930333

航天科工深圳（集团）有限公司
地址：深圳市福田区福田街道福安社区深南大道4019号航天大厦B401（4楼整层）
……Tel：0755-88266100

深圳市天成投资集团有限公司
地址：深圳市福田区金田路4018号安联大厦23楼A03
……Tel：0755-88285500

深圳前海联汇经济开发有限公司
地址：深圳市前海深港合作区前湾一路1号A栋201室(入驻深圳市前海商务秘书有限公司)
……Tel：0755-88285981

深圳市联华企业发展有限公司
地址：深圳市福田区香蜜湖街道深南大道北侧浩铭财富广场B座22E
……Tel：0755-88302380

深圳梅香实业有限公司
地址：深圳市南山区环东路西环北路北滨海之窗花园6栋3103
……Tel：0755-88302380

深圳市普惠商务有限公司
地址：深圳市龙华区龙华街道清华社区清龙路6号港之龙科技园商务中心A、B栋A栋7层700室
……Tel：0755-88303931

深圳市泽为燃料油有限公司
地址：深圳市龙华区龙华街道清华社区清龙路6号港之龙科技园商务中心A、B栋A栋7层700室
……Tel：0755-88303931

深圳金兴投资有限公司
地址：深圳市福田区华强北路长盛大厦927房
……Tel：0755-88321078

深圳中蓝电气集团有限公司
地址：深圳市福田区南园街道南园社区南园路68号上步大厦6层H单元
……Tel：0755-88377784

深圳市怡亚通供应链股份有限公司
地址：深圳市宝安区新安街道海旺社区N26区海秀路2021号荣超滨海大厦A座2111
……Tel：0755-88393198

深圳市前海怡亚通供应链有限公司
地址：深圳市前海深港合作区南山街道临海大道59号海运中心口岸楼3楼E350号
……Tel：0755-88393198

深圳市正负极供应链管理有限公司
地址：深圳市福田区福保街道福保社区市花路南侧长富金茂大厦2号楼1710
……Tel：0755-88600385

中铁国恒供应链有限公司
地址：深圳市前海深港合作区前湾一路1号A栋201室（入驻深圳市前海商务秘书有限公司）
……Tel：0755-82769174

深圳市中汇天成国际贸易有限公司
地址：深圳市福田区福中路新世界商务中心4403C
……Tel：0755-88912310

中油实利石油化工有限公司
地址：深圳市前海深港合作区前湾一路1号A栋201室（入驻深圳市前海商务秘书有限公司）经营场所：深圳市南山区南海大道新能源大厦12层北半层－11B－23、F11
……Tel：0755-88917155

广东明轩前海实业有限公司
地址：深圳市前海深港合作区南山街道梦海大道5033号前海卓越金融中心（一期）8号楼708O
……Tel：0755-88980001

深圳市黄金资讯集团有限公司
地址：深圳市罗湖区东晓街道太白路4088号雍翠华府裙楼三楼东侧
……Tel：0755-89308308

深圳亚钢工贸有限公司
地址：深圳市龙岗区平湖街道富安大道18号
……Tel：0755-89363323

中科际（深圳）国际贸易有限公司
地址：深圳市福田区南园街道红岭南路红岭大厦4栋5G
……Tel：0755-89658285

深圳市明远氟涂料有限公司
地址：深圳市坪山新区坪山街道汤坑居委同富西路88号
……Tel：0755-89935871

深圳市中金岭南科技有限公司
地址：深圳市坪山新区坪山大工业区锦绣西路2号
……Tel：0755-89995202

珠海国重控股集团有限公司
地址：珠海市横琴新区宝华路6号105室－8942
……Tel：0756-2373158

珠海新晟砂石矿业有限公司
地址：珠海市横琴新区宝华路6号105室－14289（集中办公区）
……Tel：0756-2518271

中云建工集团股份有限公司
地址：珠海市横琴新区宝华路6号105室－14204
……Tel：0756-2591588

中航城投建设集团有限公司
地址：珠海市横琴新区洋环村41号第4层
……Tel：0756-2638218

珠海安森工程管理有限公司
地址：珠海市横琴新区宝华路6号105室－6739
……Tel：0756-2996933

珠海中江投资有限公司
地址：珠海市横琴新区宝华路6号105室－133
……Tel：0756-3292693

珠海中江建设工程有限公司
地址：珠海市横琴新区宝华路6号105室－340
……Tel：0756-3292693

珠海横琴国重船舶有限公司
地址：珠海市横琴新区宝华路6号105室－8112
……Tel：0756-3316607

珠海横琴国重矿业有限公司
地址：珠海市横琴新区宝华路6号105室－8680
……Tel：0756-3316607

广东卫戍能源有限公司
地址：珠海市横琴新区宝华路6号105室－12088
……Tel：0756-3377152

珠海市智威建设工程有限公司
地址：珠海市横琴新区宝华路6号105室－13303
……Tel：0756-62196500

珠海横琴新区鑫丰物流集团有限公司
地址：珠海市横琴新区宝华路6号105室－5247
……Tel：0756-6269999

珠海横琴奥景德龙实业有限公司
地址：珠海市横琴新区宝华路6号105室－23726（集中办公区）
……Tel：0756-8618018

珠海安泰裕投资有限公司
地址：珠海市横琴新区宝华路6号105室－43283（集中办公区）
……Tel：0756-8696089

广东飞驰特种车辆股份有限公司
地址：佛山市南海区狮山镇官窑驿园西路53号自编101号（住所申报）
……Tel：0757-85888973

广东顺钠电气股份有限公司
地址：广东省佛山市顺德区大良街道顺峰山工业区
……Tel：0757-22321222

广东省顺德开关厂有限公司
地址：佛山市顺德区大良街道凤翔路2号
……Tel：0757-22383688

广东伟经金属制造有限公司
地址：佛山市顺德区大良街道顺番公路五沙段11号
……Tel：0757-22805820

广东美的厨房电器制造有限公司
地址：佛山市顺德区北 镇永安路6号
……Tel：0757-23601587

佛山宝钢制罐有限公司
地址：佛山市顺德高新区（容桂）建业中路18号
……Tel：0757-23615622

佛山市顺德区美的洗涤电器制造有限公司
地址：佛山市顺德区北 镇工业园
……Tel：0757-26338888

佛山市顺德区汉达精密电子科技有限公司
地址：佛山市顺德区伦教街道熹涌兴华中路1号
……Tel：0757-27727168

广东欧浦九江钢铁物流有限公司
地址：佛山市南海区九江镇大伸工业区九江镇镇有资产管理有限公司办公楼三楼六室
……Tel：0757-28102019

广东驱成贸易有限公司
地址：佛山市顺德区乐从镇乐从社区居民委员会细海工业区8号之一（办公楼）欧浦商务大厦华南1－01
……Tel：0757-28833566

佛山市顺德区欧浦小额贷款有限公司
地址：佛山市顺德区乐从镇第二工业区乐成路7号地欧浦（国际）物流钢铁交易中心3楼西面
……Tel：0757-28977043

欧浦智网股份有限公司
地址：佛山市顺德区乐从镇路州村委会第二工业区乐成路七号地
……Tel：0757-28977151

广东银通信息咨询有限公司
地址：佛山市顺德区乐从镇细海工业区8号之一B座9号
……Tel：0757-28977388

佛山市顺德区欧陆投资有限公司
地址：佛山市顺德区乐从镇乐从居委会河滨北路248号欧浦皇庭115号铺二楼C（自编C）
……Tel：0757-29323975

佛山村田五矿精密材料有限公司
地址：佛山市顺德区大良街道五沙社区顺园北路1号之二
……Tel：0757-29808859

美达王（佛山）钢材制品有限公司
地址：佛山市顺德区北 镇工业园港前北路17号
……Tel：0757-29991516

佛山维尚家具制造有限公司
地址：佛山市南海区狮山镇有色金属产业园广虹路地段B地段
……Tel：0757-63811112

广东中联电缆集团有限公司
地址：佛山市南海区里水镇和顺和桂工业园B区顺福东路2号车间六（住所申报）
……Tel：0757-66823378

广东长富矿业有限公司
地址：肇庆市高要区南岸湖西一路18号肇庆碧桂园翠堤春晓二十街18号（仅限于办公用途）
……Tel：0757-66885889

广东明中矿业有限公司
地址：肇庆市高要区南岸广新二路1号内侧102室
……Tel：0757-66885889

广东银一百创新铝业有限公司
地址：广东省佛山市南海区小塘镇南海有色金属加工工业园
……Tel：0757-76656829

中国铁物华冶佛山钢材加工有限公司
地址：佛山市南海区九江镇龙高公路钢铁东二路B21－B24地块的办公楼四楼
……Tel：0757-81083731

佛山市南海创利有色金属制品有限公司
地址：广东省佛山市南海区狮山镇南海科技工业园有色金属加工区环城北路
……Tel：0757-81162366

广东安恒铁塔钢构有限公司
地址：佛山市南海区狮山镇官窑红沙高新区富民三路西（佛山市怀博科技实业有限公司）自编1号
……Tel：0757-81776719

广东东岭有色金属贸易有限公司
地址：佛山市南海区大沥镇毅贤路8号龙汇大厦14层03－10室（住所申报）
……Tel：0757-81823706

佛山首钢中金钢材加工配送有限公司
地址：佛山市南海区九江镇沙咀村敦上大道19号
……Tel：0757-81861600

佛山市罗迈思陶瓷有限公司
地址：佛山市禅城区季华西路68号中国陶瓷产业总部基地（季华西路与紫洞路交汇处）西区D座（住所申报）
……Tel：0757-82324198

佛山市金汇海投资有限公司
地址：佛山市顺德区乐从镇广东乐从钢铁世界F1区15座二层11单元
……Tel：0757-82900001

广东南方广恒新材料科技有限公司
地址：佛山市城西工业区
……Tel：0757-82982888

利泰集团有限公司
地址：佛山市南海区港口路12号3座（利泰科创楼）8－10层（住所申报）
……Tel：0757-83281363

广东中盈盛达融资担保投资股份有限公司
地址：广东省佛山市顺德区乐从镇东平社区富华路31号中盈盛达国际金融中心1栋4101－4110室（住所申报）
……Tel：0757-83303188

广东中盈盛达控股股份有限公司
地址：广东省佛山市顺德区乐从镇东平社区富华路31号中盈盛达国际金融中心1栋2002室（住所申报，仅作办公用途）
……Tel：0757-83303188

佛山市南海顺钢管业有限公司
地址：佛山市南海区狮山镇石泉铁坑工业区土名：坎下自编6号（住所申报）
……Tel：0757-85206638

广东兴海投资集团有限公司
地址：佛山市南海区大沥镇毅贤路8号龙汇大厦27楼A区（住所申报）
……Tel：0757-85588888

广东飞南资源利用股份有限公司

地址：四会市罗源镇罗源工业园
……Tel：0757-85638588

广东高力集团有限公司
地址：佛山市南海区盐步广佛路平地路段
……Tel：0757-85778888

广亚铝业有限公司
地址：佛山市南海区狮山镇国家高新技术产业开发区官窑永安大道68号
……Tel：0757-85883338

中铝南海合金有限公司
地址：佛山市南海区大沥镇长虹岭工业园博爱路888号
……Tel：0757-85932355

佛山市南海瀚和投资有限公司
地址：佛山市南海区桂城街道南海大道北50号一楼夹层（即3.3米层）
……Tel：0757-86233945

佛山市南海金增建材贸易有限公司
地址：佛山市南海区桂城街道海五路28号华南国际金融中心2幢2804房（住所申报）
……Tel：0757-86311585

广东省南海实业投资股份有限公司
地址：佛山市南海区桂城桂澜路石 路段桂海花园北门楼二层
……Tel：0757-86331182

佛山市南海京能发电有限公司
地址：佛山市南海区西樵镇新田佛山市南海京能发电有限公司（行政办公楼）四层
……Tel：0757-86862850

广东澳美铝业有限公司
地址：佛山市三水区乐平镇齐力大道南21号之一（F1）
……Tel：0757-87363439

广东一百铜业有限公司
地址：佛山市三水区中心科技工业区C区10号地块一
……Tel：0757-87392068

南储仓储管理集团有限公司
地址：佛山市禅城区佛罗公路166号
……Tel：0757-88015066

广东双兴新材料集团有限公司
地址：佛山市高明区杨和镇三和路以南、人景路以东
……Tel：0757-88255578

佛山市欧曼家具有限公司
地址：佛山市南海区狮山镇狮中陈洞工业区南区岭岗
……Tel：0757-88366956

佛山津西金兰冷轧板有限公司
地址：佛山市高明区沧江工业园杨和辖区
……Tel：0757-88911168

佛山金兰有色金属制品有限公司
地址：佛山市高明区杨和镇对川工业区
……Tel：0757-88911181

中航金鼎黄金有限公司
地址：肇庆市高要区南岸南兴二路39号首层第七卡
……Tel：0758-2523860

广东星湖新材料有限公司
地址：肇庆市鼎湖区永安镇兴盛四路1号
……Tel：0758-2650688

肇庆澳华铝业有限公司
地址：肇庆高新区明珠路澳华铝业有限公司
……Tel：0758-3139019

肇庆焕发生物科技有限公司
地址：肇庆高新区白沙街6号
……Tel：0758-3602568

肇庆市大正铝业有限公司
地址：四会市龙甫镇肇庆市亚洲金属资源再生工业基地D32
……Tel：0758-3810168

广东艺华不锈钢铝业有限公司
地址：肇庆高新技术产业开发区临江工业园（大旺大道南面、临江36米道路西面）
……Tel：0758-3983111

广东台日电梯有限公司
地址：肇庆市高新区古塘南路3号
……Tel：0758-3999099

怀集县威州建设投资开发集团有限公司
地址：怀集县怀城镇西区上郭路财政大楼七楼708室（办公场所）
……Tel：0758-5598676

亚洲铝业（中国）有限公司
地址：广东省肇庆高新技术开发区
……Tel：0758-6928871

肇庆市高要建投投资开发集团有限公司
地址：肇庆市高要区南岸府前大街25号人防应急指挥中心第二层办公室
……Tel：0758-8392124

广东宝江集团有限公司
地址：湛江开发区海景路165号金地豪苑商住楼A1BC幢三层11号商铺01室
……Tel：0759-2115128

广东湛江港龙腾船务有限公司
地址：湛江市霞山区友谊路1号湛港办公室档案楼（海港大厦）第六层
……Tel：0759-2258703

湛江市卓汇供应链管理有限公司
地址：广东省湛江市赤坎区海滨大道北128号民大广场B幢（民大中心）1403房
……Tel：0759-2288046

湛江宝钢物流配送有限公司
地址：湛江经济技术开发区东海岛钢铁配套园区疏港大道东延段16号
……Tel：0759-2533689

广东广垦糖业集团有限公司
地址：湛江经济技术开发区人民大道中35号4楼
……Tel：0759-2629898

湛江德利车辆部件有限公司
地址：湛江市麻章区金康西路32号
……Tel：0759-3150998

广州高郎众贸易有限公司
地址：广州市黄埔区科丰路91号1301房
……Tel：0759-3165114

助保达实业有限公司
地址：湛江开发区人民大道中45号祺祥大厦2201室
……Tel：0759-3399066

宝钢湛江钢铁有限公司
地址：湛江经济技术开发区东简街道办岛东大道18号
……Tel：0759-3525503

宝武环境科技湛江有限公司
地址：湛江市湛江钢铁基地厂东生产配套工程12号单身宿舍
……Tel：0759-3527229

宝钢化工湛江有限公司
地址：湛江市东海岛湛江钢铁厂区纬五路经二路宝化湛江办公楼（湛江市东海岛湛江钢铁厂区纬五路经二路）
……Tel：0759-3527233

湛江宝钢新型建材科技有限公司
地址：湛江经济技术开发区东简镇宝钢湛江钢铁有限公司厂东区12号楼107、108、109、110、111房
……Tel：0759-3527253

湛江中粤能源有限公司
地址：湛江市赤坎区调顺路168号
……Tel：0759-3592707

徐闻广业置业投资有限公司
地址：徐闻县徐海大道开发区办公大楼4楼
……Tel：0759-4681618

广东港金投资有限公司
地址：吴川市梅 街道广沿路288号五楼
……Tel：0759-5589838

广东飞鹏实业集团有限公司
地址：湛江市赤坎区双港路8号新坐标商住小区商业街二层
……Tel：0759-8226226

湛江电力有限公司
地址：湛江市调顺路168号
……Tel：0759-3165108

广东景尚投资控股有限公司
地址：中山市东区小鳌溪小陂路五巷54号（二层A2卡）
……Tel：0760-23888785

瑞德兴阳新能源技术有限公司
地址：中山火炬开发区火炬大道13号之二（3层）（住所申报）
……Tel：0760-28107773

泰钢合金（中山）有限公司
地址：中山市翠亨新区五桂路28号
……Tel：0760-85310863

广东圣城建设有限公司
地址：中山市三角镇沙栏西路71号二楼
……Tel：0760-88261898

中山台光电子材料有限公司
地址：中山市火炬开发区科技西路37号
……Tel：0760-88297988

广东惠邦物业综合服务有限公司
地址：中山市东区夏洋新村46号首层
……Tel：0760-88306488

广东中泽重工有限公司
地址：中山市翠亨新区和耀路6号
……Tel：0760-88335706

广东祥实建设有限公司
地址：中山市沙溪镇下泽月来里街47号二楼
……Tel：0760-88336999

智慧创新投资股份有限公司
地址：中山市东区博爱六路28号远洋广场2幢办公楼501号之七
……Tel：0760-88666199

广东首钢中山金属钢材加工配送有限公司
地址：中山市港口镇沙港路群乐社区
……Tel：0760-89922600

河源华勋矿产投资有限公司
地址：河源市兴源路广晟花园城市广场四楼A401号（仅供办公使用）
……Tel：0762-3386270

广东粤东钢铁有限公司
地址：河源市源城区双下路110号
……Tel：0762-3683089

广东天高矿业股份有限公司
地址：广东省河源市紫金县义容镇宝山
……Tel：0762-7128196

河源德润钢铁有限公司
地址：紫金县蓝塘镇寨下沥地段
……Tel：0762-7259565

深圳市英联大通基金管理有限公司
地址：深圳市前海深港合作区前湾一路鲤鱼门街一号前海深港合作区管理局综合办公楼A栋201室（入驻深圳市前海商务秘书有限公司）
……Tel：0762-7815312

广东大顶矿业股份有限公司
地址：广东省河源市连平县油溪镇蕉园村
……Tel：0762-8246288

广东粤北联合钢铁有限公司
地址：英德市桥头镇五石熊屋村
……Tel：0763-2778000

清远先导材料有限公司
地址：清远市高新区百嘉工业园27-9号
……Tel：0763-3393088

清远楚江铜业有限公司
地址：广东省清远高新技术产业开发区创兴二路15号
……Tel：0763-3484689

广东际华园投资发展有限公司
地址：清远市经济开发区百嘉工业园13号小区（广东澜浩宇科技有限公司内）
……Tel：0763-3485891

圣力（清远）钢制品有限公司
地址：清远高新技术产业开发区雄兴工业城内
……Tel：0763-3691889

清远市胜鑫投资有限公司
地址：清远市银盏林场银中工业区嘉福工业区内办公室首层
……Tel：0763-3697661

广东豪美新材股份有限公司
地址：清远市高新技术产业开发区泰基工业城
……Tel：0763-3699777

江西铜业（清远）有限公司
地址：广东省清远市清城区石角镇有色金属加工制造业基地清三公路39号
……Tel：0763-3728022

清远市德晟基础建设投资有限公司
地址：清远市新城5号区烟草综合楼三层之一
……Tel：0763-3901111

先导薄膜材料（广东）有限公司
地址：清远市高新区百嘉工业园27-9号A区
……Tel：0763-3911021

佛冈县德城投资开发有限公司
地址：佛冈县石角镇福田路208号4楼401室
……Tel：0763-4278631

广东省佛冈金城金属制品有限公司
地址：佛冈县汤塘镇围镇村
……Tel：0763-4633855

广东先导稀材股份有限公司
地址：清远市清新区禾云镇工业区（鱼坝公路旁）
……Tel：0763-5672883

清远市清新区德建投资开发有限公司
地址：清远市清新区太和镇滨江路43号二楼204
……Tel：0763-5880776

清远市清新区德盛投资开发有限公司
地址：清远市清新区太和镇滨江路43号三楼303
……Tel：0763-5882776

清远市兴海投资置业发展有限公司
地址：清远市清新区太和镇107国道清新路段598号
……Tel：0763-5857111

连州市嘉润投资发展有限公司
地址：连州市连州镇联壁路38号三楼
……Tel：0763-6626003

广东清远云铜有色金属有限公司
地址：清远市新城北江二路银天大厦首层
……Tel：0763-6880315

清远华清再生资源投资开发有限公司
地址：清远市清城区石角镇了哥岩水库东侧再生资源示范基地
……Tel：0763-6891111

广东隆达铝业有限公司
地址：清远市清城区石角镇循环经济产业园西区6号
……Tel：0763-6896239

阳山县宏阳投资开发有限公司
地址：阳山县阳城镇松荣路43号二楼（仅限办公）
……Tel：0763-7886296

广东绿量电池材料科技股份有限公司
地址：云安区镇安镇河永村委会（镇安镇公路养护中心对面）
……Tel：0766-8368768

广东南方东海钢铁有限公司
地址：云浮市云城区思劳镇镇政府大院经济办公楼三楼
……Tel：0766-8588889

云浮市云安区农村信用合作联社
地址：云浮市云安区城区康华路15号
……Tel：0766-8615610

中材天山（云浮）水泥有限公司
地址：云浮市云安区六都镇白沙塘工业区
……Tel：0766-8638250

云浮市云城区农村信用合作联社
地址：云浮市翠石路农信大厦
……Tel：0766-8862622

潮州市亚太能源有限公司
地址：饶平县黄冈镇饶平大道9号4楼401
……Tel：0768-8598253

汉企联国际投资有限公司
地址：东莞松山湖高新技术产业开发区科技三路19号汉企联大厦201号-206号
……Tel：0769-22220627

广东贤丰矿业资源有限公司
地址：东莞市南城街道元美路22号黄金花园丰硕广场办公2111号写字楼
……Tel：0769-22389090

广东海德东方控股有限公司
地址：东莞市南城区新城鸿福路200号海德广场2栋办公37-02单元
……Tel：0769-22422888

广东诚正实业投资有限公司
地址：东莞松山湖高新技术产业开发区信息路5号（华南生物医药产业孵化中心）二层分区二（集群注册）
……Tel：0769-23661212

东莞红土创业投资有限公司
地址：东莞松山湖高新技术产业开发区创新科技园12号楼4楼410A1室
……Tel：0769-26622138

广东龙威粮油工业有限公司
地址：东莞市沙田镇港口大道（沙田段）虎门港中心服务区虎门港服务大楼三楼
……Tel：0769-39002188

东莞市鸿富运输有限公司
地址：广东省东莞市麻涌镇华阳振兴路25号603室
……Tel：0769-81296422

东莞市嘉正置地有限公司
地址：东莞市樟木头镇南城大道30号锦多宝中心1301
……Tel：0769-82022888

东莞华程金属科技有限公司
地址：东莞市东城街道牛山外经工业园伟丰路2号厂房B栋第一、二、四层、厂房D栋一半（东部）
……Tel：0769-82288188

力嘉包装（东莞）有限公司
地址：东莞市桥头镇桥东路南五街68号
……Tel：0769-83458161

鹏驰五金制品有限公司
地址：东莞市黄江镇长龙村
……Tel：0769-83668128

丰诚集团有限公司
地址：东莞市虎门镇S358省道大板地路段裕田丰诚集团办公楼
……Tel：0769-85221133

东莞华港国际贸易有限公司
地址：广东省东莞市长安镇长安长青南路303号4栋2301室
……Tel：0769-85416451

东莞健益五金制品有限公司
地址：广东省东莞市茶山镇伟建路38号
……Tel：0769-86487999

五矿物流园（东莞）有限公司
地址：广东省东莞市麻涌镇麻涌新沙路8号
……Tel：0769-86819999

广东理文造纸有限公司
地址：东莞市洪梅镇河西工业区
……Tel：0769-88432168

东莞裕升薄板有限公司
地址：东莞市沙田镇环保工业城
……Tel：0769-88807688

东莞市三元盈晖投资发展有限公司
地址：东莞市万江区万道路三元盈晖大厦
……Tel：0769-88999000

玖龙纸业（中国）有限公司
地址：广东省东莞市松山湖园区新城路12号
……Tel：0769-89289999

广东中德电缆有限公司
地址：广东省东莞市东坑镇骏发一路6号
……Tel：0769-89610888

广东泰利航运有限公司
地址：东莞市南城区城市中心区菊香苑38幢二楼01号
……Tel：0769-89892228

东莞市俊江五金模具有限公司
地址：东莞市长安镇沙头社区建安路408号A幢一楼
……Tel：0769-89992159

广西壮族自治区

广西华昇新材料有限公司
地址：防城港市港口区企沙大道12公里处（东湾综合楼）防城港经济技术开发区
……Tel：0770-6665029

广西钢铁集团有限公司
地址：防城港市港口区北部湾大道196号
……Tel：0770-2069599

广西金川新锐气体有限公司
地址：防城港市港口区企沙工业区

……………………Tel：0770–2711010
广西盛隆冶金有限公司
地址：防城港市港口区公车镇埡港村
……………………Tel：0770–2808788
广西泛洋矿业有限公司
地址：防城港市港口区友谊大道２２号（港务局办公楼）
……………………Tel：0770–2821061
广西防城港沪港金属有限公司
地址：防城港市港口区富裕路（延长段东面）28号
……………………Tel：0770–2826635
广西中储能材料有限公司
地址：防城港市港口区企沙大道东湾综合楼一楼112室
……………………Tel：0770–2827888
广西明利创新实业股份有限公司
地址：港口区东部吹填区（港区1号路）
……………………Tel：0770–2829883
广西港成重工有限公司
地址：防城港市港口区西湾广场东侧越秀综合楼B座5楼505室
……………………Tel：0770–2881682
广西金川有色金属有限公司
地址：防城港市港口区企沙镇企沙工业区（金川工业园）
……………………Tel：0770–6109885
广西中海龙投资开发有限公司
地址：防城港市港口区江山大道7号荣华国际新城3号楼二楼
……………………Tel：0770–6161888
广西天赐贸易集团有限公司
地址：南宁市青秀区金洲路11号金旺角商住楼A栋A3003号
……………………Tel：0771–2100293
南宁交投凯通实业有限责任公司
地址：南宁市青秀区江北大道凌铁段20号1号综合楼三层办公
……………………Tel：0771–2105220
南宁交投北部湾矿业有限公司
地址：南宁市青秀区江北大道凌铁段20号1号综合楼四层办公
……………………Tel：0771–2105220
广西南南铝加工有限公司
地址：南宁市江南区石柱岭一路6–5号
……………………Tel：0771–2193210
广西炬标投资管理有限公司
地址：南宁市青秀区金浦路16号汇东国际F座F2410号
……………………Tel：0771–2235156
南宁市勘察测绘地理信息院
地址：南宁市青秀区茶花园路３１－１号
……………………Tel：0771–2281060
广西桂物燃料有限责任公司
地址：南宁市邕宁区龙岗大道21号广西现代物流产业孵化中心13楼
……………………Tel：0771–2283308
广西地博矿业集团股份有限公司
地址：南宁市金湖路６３号金源现代城１９层西塔
……………………Tel：0771–2368991
广西闽晟荣商贸有限公司
地址：南宁市江南区洪胜路5号丽汇科技工业园标准厂房综合楼1513–3号房
……………………Tel：0771–2398815
广西凯模资产管理集团有限公司
地址：南宁市建政路49–23号北纬28十层1001号房
……………………Tel：0771–2440594
南宁阳正昇光房地产开发有限公司
地址：南宁市青秀区柳园路1号12号楼阳光城江山　原售楼部
……………………Tel：0771–2528678
广西金川阳光城实业有限公司
地址：南宁市邕宁区江湾路6号南宁丽景湾1期商业T30栋B309
……………………Tel：0771–2528678
广西五洲金桥农产品有限公司
地址：南宁市兴宁区昆仑大道１６９号4号楼6层
……………………Tel：0771–2533111
广西坤盛投资有限公司
地址：南宁市青秀区东葛路８６号星和园办公楼１５层
……………………Tel：0771–2552856
广西鹏山投资管理有限公司
地址：南宁市民族大道４９号民族宫高层公寓１号楼２９０１号
……………………Tel：0771–26163330
广西象律师法律咨询服务有限公司
地址：南宁市青秀区民族大道49号广西民族宫商业中心住宅楼2804号房
……………………Tel：0771–2616668
广西物产桂储物流有限公司
地址：广西一东盟经济技术开发区宁武路16号
……………………Tel：0771–2705735
南宁祈顺纸业有限公司
地址：南宁六景工业园区
……………………Tel：0771–2751168
广西经贸集团有限责任公司
地址：南宁市青秀区天桃路２４号
……………………Tel：0771–2816200
广西建工集团国际有限公司
地址：南宁市兴宁区朝阳路49号建工大厦综合楼12楼
……………………Tel：0771–2816803
广西金钰荣实业有限公司
地址：南宁市兴宁区新民路38号明园饭店八号楼
……………………Tel：0771–2825113
广西农垦对外经济技术合作有限公司
地址：南宁市青秀区七星路１３５号
……………………Tel：0771–2832160
广西富国建设投资集团有限公司
地址：南宁市兴宁区三塘镇松柏路31号兴宁创业园二号厂房第五层
……………………Tel：0771–2854740
广西博远矿业有限公司
地址：南宁市青秀区桃源路3号江滨大厦2单元31E室
……………………Tel：0771–2871096
广西俊旺投资有限公司
地址：南宁市西乡塘区科园大道６８号南宁高新区软件园二期５号楼第六层６０７号
……………………Tel：0771–3185650
广西昌泰安宝科技有限公司
地址：南宁市青秀区金浦路6号金湖帝景1号楼A3A05号
……………………Tel：0771–3187329
皇氏集团股份有限公司
地址：南宁市高新区丰达路65号
……………………Tel：0771–3218319
中天钢铁集团（广西）有限公司
地址：南宁市高新区总部路1号中国–东盟科技企业孵化基地一期D–4栋三层302
……………………Tel：0771–3298696
南宁市武鸣区实鑫德钢铁制品厂
地址：南宁市武鸣区双桥镇腾翔村浩山坡中段
……………………Tel：0771–3310985
广西凯德瑞实业有限公司
地址：南宁伊岭工业集中区B–48–1号
……………………Tel：0771–3352393
国电广西电力有限公司
地址：南宁市高新区总部路1号中国–东盟科技企业孵化基地一期D9–D10栋
……………………Tel：0771–3391305
广西蕴道建设投资有限公司
地址：南宁市伊岭工业集中区Ｂ－４８号
……………………Tel：0771–3395068
广西西江开发投资集团南宁投资有限公司
地址：南宁市青秀区金浦路33号港务大厦23楼2312–1、2313、2317、2318号
……………………Tel：0771–3395328
广西南宁江威投资有限公司
地址：广西横县石塘镇国营石塘林场红旗站
……………………Tel：0771–3395926
广西鼎桂木业有限公司
地址：南宁市青秀区双拥路36号南方食品大厦13楼08号房
……………………Tel：0771–3395968
广西定炬矿业投资有限公司
地址：容县容州镇中环西路（恒泰雅居）
……………………Tel：0771–3398030
广西强荣交通产业发展有限公司
地址：大新县桃城镇民生街9号大新迎宾馆2号楼
……………………Tel：0771–3626001
广西华翔贸易有限公司
地址：桂林市象山区沙河路
……………………Tel：0771–3900203
广西建工大都租赁有限公司
地址：南宁市兴宁区朝阳路４９号建工大厦综合楼五楼
……………………Tel：0771–3933145
广西贺州南国仙山旅游投资有限公司
地址：广西贺州市八步区灵峰社区平安西路232号2楼
……………………Tel：0771–4014437
广西桂物投资发展有限公司
地址：南宁市邕宁区龙岗大道21号广西现代物流产业孵化中心16楼1608室
……………………Tel：0771–4018840
广西通锐投资建设有限公司
地址：南宁市青秀区英华路66号半岛·融园二期2号楼1单元2–1–1402号
……………………Tel：0771–4304120
广西中建西部建设有限公司
地址：南宁市安宁街道办恒安社区园北路8号
……………………Tel：0771–4308893
广西华宏水泥股份有限公司
地址：广西南宁市邕宁区浦津路１１３号
……………………Tel：0771–4712632
广西智文集成实业有限公司
地址：南宁市壮锦大道39号北部湾科技园总部基地B–3办公楼1608号
……………………Tel：0771–4871410
广西中园盛置业有限公司
地址：南宁市江南区壮锦大道31号八桂绿城首期凌峰叠翠13栋3单元205号
……………………Tel：0771–4896123
上林县振林投资发展集团有限责任公司
地址：上林县大丰镇文明路68号振林·锦绣园8#楼(振林集团)
……………………Tel：0771–5210555
广西铁投沙井钢材物流发展有限公司
地址：南宁市江南区洪胜路5号丽汇科技工业园标准厂房综合楼1509号
……………………Tel：0771–5300192
广西宏桂资本运营集团有限公司
地址：南宁市青秀区桃源路８２号广西财会培训中心大厦
……………………Tel：0771–5300639
广西圣德信康富新能源投资有限公司
地址：南宁市青秀区青山路10号澳洲丽园B段3单元3–0107号房
……………………Tel：0771–5312439
南宁农工商集团有限责任公司
地址：南宁市竹溪大道３６号青湖中心五、六层
……………………Tel：0771–5314178
广西中金晟德实业有限公司
地址：南宁市青秀区民族大道88–1号铭湖经典A座31层A3101号房
……………………Tel：0771–5348135
广西东森市场投资有限公司
地址：南宁市江南区五一东路７号淡村商贸城１号楼７层
……………………Tel：0771–5348801
天作矿业集团有限公司
地址：南宁市青秀区金湖路６７号佳盛广场十四层Ｂ１３Ａ０１、０２、０３、０５室
……………………Tel：0771–5349925
广西中富宇投资有限公司
地址：南宁市青秀区民族大道１１５－１号现代·国际１９层６号房
……………………Tel：0771–5382058
广西银通投资发展有限公司
地址：南宁市江南区壮锦大道19号行政办公大楼10楼1020号
……………………Tel：0771–5386863
广西丰桦林业发展有限责任公司
地址：南宁市青秀区民族大道166号上东国际T2栋2303号
……………………Tel：0771–5389498
平果桂海国际贸易有限公司
地址：百色市平果县铝城大道918号强强大厦20楼
……………………Tel：0771–5523400
广西松宇企业投资集团有限公司
地址：南宁市江南区白沙大道53号松宇·时代主楼21层21–2号
……………………Tel：0771–5514927
南宁威宁市场发展有限责任公司
地址：南宁市高新七路2号正鑫科技园综合楼511号房
……………………Tel：0771–5523603
广西四季长存资产管理有限公司
地址：南宁市青秀区金湖路59号地王国际商会中心3002号
……………………Tel：0771–5524050
广西有色金属集团有限公司
地址：南宁市青秀区金浦路２２号名都苑１号楼九层
……………………Tel：0771–5553768
广西兽霸投资集团股份有限公司
地址：南宁市青秀区中柬路９号利海·亚洲国际４号楼２１层２１０１号
……………………Tel：0771–5529466
广西北部湾联合钢铁投资有限公司
地址：南宁市青秀区金浦路33号港务大厦3206室
……………………Tel：0771–5529856
广西丰浩实业有限公司
地址：广西宁明县城中镇兴宁大道西六里52号
……………………Tel：0771–5530961
广西轩伟置业投资有限公司
地址：南宁市青秀区民族大道１３１号航洋国际城１号楼２４层２４１８号房
……………………Tel：0771–5534826
广西神州环保产业控股集团有限公司
地址：南宁市青秀区金浦路22号名都苑1号楼0705、0709号房
……………………Tel：0771–5537676
银河天成集团有限公司
地址：南宁市高新区火炬路１５号正成花园综合楼２单元３层３０３号房
……………………Tel：0771–5550099
广西汇洋投资集团有限公司
地址：南宁市金浦路１６号汇东国际小区Ｆ座２２１３号房
……………………Tel：0771–5553395
广西桂台钢铁物流有限公司
地址：南宁市良庆区金象大道２８号鑫金怡园１号楼３单元５０３号
……………………Tel：0771–5553799
广西康宇非融资性担保有限责任公司
地址：南宁市青秀区金浦路６号金湖帝景３号楼Ｃ１５０５号
……………………Tel：0771–5556722
广西智慧投资集团有限公司
地址：南宁市青秀区中柬路9号利海·亚洲国际5号楼5–1006号
……………………Tel：0771–5556746
广西博贝隆投资管理有限公司
地址：南宁市金湖路５９号地王国际商会中心４４层２８号房
……………………Tel：0771–5557298
广西泰中投资集团有限公司
地址：南宁市良庆区银沙大道4号
……………………Tel：0771–5560988
广西金昆仑投资有限公司
地址：南宁市金凯路96号见隆工业园综合服务楼710–1号房
……………………Tel：0771–5572824
广西航桂实业有限公司
地址：南宁市青秀区金浦路33号北部湾国际港务大厦23、25层
……………………Tel：0771–5581140
广西祥发投资集团有限公司
地址：南宁市青秀区民族大道１３１号航洋国际城２号楼３０１２号
……………………Tel：0771–5582333
广西广银铝业有限公司
地址：百色市田阳县头塘镇新山铝产业示范园内
……………………Tel：0771–5583472
广西国源投资集团有限公司
地址：南宁市青秀区锦春路15号威宁大厦17、18楼
……………………Tel：0771–5583600
广西郑氏辉煌投资集团有限公司
地址：南宁市青秀区桂雅路16号东盟中央城A区2号楼1601号
……………………Tel：0771–5583755
广西宝泰投资有限公司
地址：南宁市青秀区双拥路３６－１号绿城画卷Ｂ座２８层Ｂ３００９号
……………………Tel：0771–5585106
广西厚土投资有限公司
地址：南宁市青秀区金浦路６号金湖帝景第Ｃ座９层９０５号房
……………………Tel：0771–5586558
广西有色华天冶金开发有限公司
地址：南宁市青秀区金湖路５９号地王国际商会中心第２１层２１１７－２１２１号房
……………………Tel：0771–5586930
广西柳钢国际贸易有限公司
地址：广西–东盟经济技术开发区武华大道37号华强会展综合楼608室
……………………Tel：0771–5593309
昌龙集团有限公司
地址：南宁市青秀区民族大道１２７号铂宫国际二十层
……………………Tel：0771–5595550
广西昌建房地产开发有限公司
地址：南宁市青秀区民族大道１２７号
……………………Tel：0771–5595550
广西天和盛炫投资集团有限公司
地址：南宁市青秀区民族大道131号航洋国际城3号楼2806号
……………………Tel：0771–5595585
广西湘钢物流配送投资有限公司
地址：南宁市青秀区金湖路６３号金源·现代城２５０７号
……………………Tel：0771–5596129
正恒投资集团有限责任公司
地址：南宁市青秀区民族大道136–2号华润大厦B座3001号
……………………Tel：0771–5616666
广西石油化学工业供销集团有限公司
地址：南宁市青秀区园湖南路32号五矿大厦六楼
……………………Tel：0771–5624010
广西地矿建设集团有限公司
地址：南宁市青秀区园湖北路２１号
……………………Tel：0771–5655711
广西荣健豪建筑工程有限公司
地址：南宁市青秀区民主路3–1号51栋3单元3–5–9号房
……………………Tel：0771–5655739
广西丰汇冠乾实业有限公司
地址：南宁市青秀区建政路5１号1栋2单元１０３号
……………………Tel：0771–5656718
广西有色金属集团冶金有限公司
地址：南宁市青秀区民族大道１４３号德瑞花园６幢１３层
……………………Tel：0771–5662369
广西长龙信德实业有限公司
地址：南宁市良庆区光明街西一巷22号
……………………Tel：0771–5666005
广西远辰新能源科技投资集团有限公司
地址：南宁市青秀区会展路9号远辰山水1号1号楼地下1层及1层商场09号房
……………………Tel：0771–5666088

德利联合控股集团有限公司
地址：南宁市青秀区佛子岭路18号德利－东盟国际文化广场B3座4楼405室
……Tel：0771－5666986

广西京港联兴投资有限公司
地址：南宁市青秀区英华路61号半岛·香格里拉商务服务中心
……Tel：0771－5671356

南宁农产品交易中心有限责任公司
地址：南宁市青秀区长虹路88号
……Tel：0771－5673256

美丽城投资集团有限公司
地址：南宁市青秀区民族大道１３１号航洋国际2号楼２９０８号房
……Tel：0771－5677993

广西美满园房地产开发有限公司
地址：南宁市江南区星光大道45号3栋1单元307号房
……Tel：0771－5677993

广西际星房地产开发有限公司
地址：南宁市兴宁区厢竹大道63号兴宁区机关服务中心大楼3楼317号房
……Tel：0771－5677993

广西中铁投资集团有限公司
地址：南宁市青秀区民族大道８８－１号铭湖经典B座２４层Ｂ２４０２号房
……Tel：0771－5678617

广西有色金属集团稀土开发有限公司
地址：南宁市青秀区园湖南路32号五矿大厦13楼3号房
……Tel：0771－5679430

嘉鹏置地集团有限公司
地址：南宁市民族大道１２７号铂宫·国际１２层1207号
……Tel：0771－5687073

广西荣顾投资集团有限公司
地址：南宁市青秀区盘龙路2号盘龙居小区公寓楼72号房
……Tel：0771－5689006

广西佳园房地产有限公司
地址：南宁市青秀区仙葫大道中121号观澜溪谷商业08
……Tel：0771－5689830

广西北部湾股权交易所股份有限公司
地址：南宁市良庆区飞云路6号GIG国际金融资本中心T1塔楼7楼
……Tel：0771－5713666

广西中金能源有限公司
地址：南宁市青秀区青山路18号青秀山庄D26栋
……Tel：0771－5715609

广西泰宁投资集团有限公司
地址：南宁市青秀区长福路13号远展投资大厦11楼1101号房
……Tel：0771－5715888

广西万翱实业有限公司
地址：南宁市青秀区双拥路30号南湖名都广场A栋2705号
……Tel：0771－5716555

广西交通实业有限公司
地址：南宁市高新区总部路１号Ｃ３栋
……Tel：0771－5726551

广西交投商贸有限公司
地址：南宁市西乡塘区总部路中国－东盟科技企业孵化基地一期C－3栋第1、2层
……Tel：0771－5726622

广西华三投资集团有限公司
地址：南宁市青秀区朱槿路16号菲律宾园·金菲豪园6号楼B302号
……Tel：0771－5733877

广西地润矿业投资有限公司
地址：南宁市青秀区民族大道136－2号南宁华润中心西写字楼8层办公807号
……Tel：0771－5735859

广西金鼎矿业有限公司
地址：桂林市环城南二路６号
……Tel：0771－5738899

广西物资储备有限公司
地址：南宁市青秀区中柬路9号利海亚洲国际5号楼5－905、906号
……Tel：0771－5739497

广西永盛石油化工有限公司
地址：钦州港金海湾花园海名轩、海逸轩三单元１５０５房
……Tel：0771－5739981

南宁市鑫鑫小额贷款有限公司
地址：南宁市民族大道１４３号德瑞花园６号楼２６０１－２６０３
……Tel：0771－5757399

广西益华投资发展有限公司
地址：南宁市青秀区双拥路30号南湖名都广场B－B－801号房
……Tel：0771－5757747

广西城投实业有限公司
地址：南宁市良庆区大沙田金沙大道１４号３楼
……Tel：0771－5772630

广西普天腾云贸易有限公司
地址：中国（广西）自由贸易试验区南宁片区庆歌路20号富雅·国际商务大厦B栋二十五层2523号办公
……Tel：0771－5773122

广西合信精煤加工有限责任公司
地址：南宁市高新四路9号和泰科技园办公综合楼３１８号
……Tel：0771－5773122

广西中银财富投资有限公司
地址：南宁市青秀区金洲路25号太平洋世纪广场A座7层707号房
……Tel：0771－5773156

南宁市雄轩商贸有限责任公司
地址：南宁市高新四路９号和泰科技园综合楼１１２号房
……Tel：0771－5773150

广西盛泽投资有限公司
地址：南宁市良庆区五象大道西段665号
……Tel：0771－5775988

广西北部湾化肥电子商务有限公司
地址：南宁市高新四路9号和泰科技园综合楼414号房
……Tel：0771－5776010

中民优能（广西）投资有限公司
地址：南宁市青秀区民族大道136－5号南宁华润中心南写字楼3003、3004、3005、3006号
……Tel：0771－5776168

广西瑞东投资有限公司
地址：南宁市青秀区凤翔路16号紫金苑小区A1栋0704号
……Tel：0771－5776169

北海冠信物流有限公司
地址：北海市铁山港区兴港镇铁山港口岸联检大楼二楼11号
……Tel：0771－5776650

广西远投商贸有限公司
地址：南宁市青秀区合作路3号印度尼西亚园区15号楼A单元403号房
……Tel：0771－5776727

国家电投集团广西电力有限公司
地址：南宁市高新区鲁班路99号
……Tel：0771－5789655

广西天广盛投资管理有限公司
地址：南宁市青秀区越秀路７号金盛时代B座B－2203号
……Tel：0771－5796482

广西汇慧土地规划服务有限公司
地址：南宁市青秀区滨湖路55号南湖国际广场8号楼604号
……Tel：0771－5824551

广西润嘉集团有限公司
地址：南宁市青秀区金湖路５９号地王国际商会中心１２２４号
……Tel：0771－5825162

广西文纳投资有限公司
地址：南宁市青秀区金湖路49号圣展独立公社A栋A1905号房
……Tel：0771－5825862

广西金广林农业投资有限公司
地址：南宁市会展南路6号西侧综合服务楼2楼
……Tel：0771－5827585

广西龙楷投资有限公司
地址：南宁市青秀区民族大道136－2号南宁华润中心西写字楼1001号
……Tel：0771－5828495

广西西江霖峰投资股份有限公司
地址：南宁市青秀区佛子岭路28号霖峰壹号2号商业楼375号房
……Tel：0771－5828888

广西华锑科技有限公司
地址：南宁市高新区振兴路91号
……Tel：0771－5840333－8606

广西恒辉建设集团有限公司
地址：钦州市钦州湾大道丽锦名苑二、三层办公室
……Tel：0771－5846363

广西日星金属化工有限公司
地址：南宁市良庆区银海大道950号
……Tel：0771－5849714

广西五金矿产进出口集团有限公司
地址：南宁市青秀区园湖路３２号
……Tel：0771－5853719

广西华夏铭投资集团有限公司
地址：南宁市青秀区仙葫大道西5号中茂国际大厦6楼6103
……Tel：0771－5868579

广西世明实业有限公司
地址：平南县平南街道朝阳路57号平南县巴黎城置业投资有限公司办公楼
……Tel：0771－5881234

广西中诚和信有限公司
地址：南宁市青秀区双拥路38号新谊金融投资大厦27层B区
……Tel：0771－5881955

广西铁投商贸集团有限公司
地址：南宁市青秀区金浦路33号港务大厦20层
……Tel：0771－5882101

广西出版传媒集团有限公司
地址：南宁市青秀区园湖南路９号
……Tel：0771－5893557

广西国盛稀土新材料有限公司
地址：崇左市城市工业区工业大道东8号
……Tel：0771－5961559

广西吉大丽原投资有限公司
地址：南宁市伊岭工业集中区Ｃ－３号（武鸣区双桥镇）
……Tel：0771－6264661

北部湾财产保险股份有限公司
地址：南宁市青秀区金湖路58－1号综合楼第9层
……Tel：0771－6666055

国电南宁发电有限责任公司
地址：南宁市高新区总部路１号Ｄ９栋
……Tel：0771－7269913

广西横县鼎鑫矿业开发有限公司
地址：横县峦城镇新城街688号瀚天商城3号楼二层铺号：3－2－3、3－2－3A
……Tel：0771－7379161

广西德源冶金有限公司
地址：横县那阳大桥头旁
……Tel：0771－7380066

广西扶绥鸿泰资产投资管理有限公司
地址：扶绥县新宁镇空港大道东22号空港大厦主楼20层2006号办公室
……Tel：0771－7500680

广西西江开发投资集团崇左投资有限公司
地址：扶绥县新宁镇空港大道东22号
……Tel：0771－7514166

广西南国铜业有限责任公司
地址：广西中国－东盟青年产业园（广西崇左市扶绥县渠黎镇）
……Tel：0771－7563899

普瑞斯矿业（中国）有限公司
地址：广西崇左市城市工业区
……Tel：0771－7848188

广西北港资源发展有限公司
地址：中国（广西）自由贸易试验区南宁片区体强路12号北部湾航运中心南楼12楼
……Tel：0771－8015855

广西临港物流发展有限公司
地址：中国（广西）自由贸易试验区南宁片区金海路20号南宁综合保税区商务中心1号楼4层4－01号
……Tel：0771－8060220

中铝广西有色稀土开发有限公司
地址：南宁市兴宁区松柏路31号兴宁创业园3号楼16层
……Tel：0771－8060802

广西金堡利农村建设投资有限公司
地址：南宁市西乡塘区石埠街道办事处文化综合楼三楼
……Tel：0771－8062419

广西北部湾投资集团能源有限公司
地址：南宁市洪胜路5号丽汇科技工业园标准厂房综合楼1117－30号房
……Tel：0771－8095520

凭祥市叫隘边贸城投资有限公司
地址：凭祥市南山经济合作区（南山亿展红木第二期B栋4－8间）
……Tel：0771－8521338

广西大青山控股集团股份有限公司
地址：广西凭祥综合保税区一期联检大楼712－72室
……Tel：0771－8552999

广西大青山建设投资发展有限公司
地址：凭祥市友谊关大道168号凯天·景瑞森林2号楼03号
……Tel：0771－8552999

广西龙州中恒万华实业有限公司
地址：龙州县工业区新旺经济区畜牧场内
……Tel：0771－8827132

柳州化工股份有限公司
地址：广西柳州市北鹊路６７号
……Tel：0772－2510041

柳州市瑞中运钢材储运有限公司
地址：柳州市鹧鸪江路３号
……Tel：0772－2510219

广西桂物储运集团柳州有限公司
地址：柳州市红碑路６号
……Tel：0772－2510372

柳州市品成金属材料有限公司
地址：柳州市北雀路１１７号
……Tel：0772－2515770

广西锐志通钢铁加工有限公司
地址：柳州市鹧鸪江路3号14栋14－1－1号
……Tel：0772－2518795

柳州市兴佳房地产开发有限责任公司
地址：柳州市北雀路117号
……Tel：0772－2511655

柳州市亿康投资发展有限责任公司
地址：柳州市鹧鸪江路3号14栋14－1－2号
……Tel：0772－2557268

广西柳钢资产经营管理有限公司
地址：柳州市北雀路117号
……Tel：0772－2592382

广西柳钢医院有限公司
地址：柳州市雀儿山路
……Tel：0772－2592557

广西柳州钢铁集团有限公司
地址：柳州市北雀路１１７号
……Tel：0772－2592651

柳州市柳钢铁辉环保科技有限公司
地址：柳州市北鹊路117号
……Tel：0772－2595034

广西柳钢新材料科技有限公司
地址：柳州市福馨路12号办公楼209室
……Tel：0772－2595137

柳州山海科技股份有限公司
地址：柳州市太阳村镇广西鱼峰集团水泥有限公司厂区内
……Tel：0772－2595137

柳州钢铁股份有限公司
地址：广西柳州市北雀路１１７号
……Tel：0772－2595971

柳州市强实科技有限公司
地址：柳州市柳长路１５号
……Tel：0772－2596735

柳州瑞昱钢铁国际贸易有限公司
地址：柳州市胜利路１２号之八柳北区行政中心３１８号
……Tel：0772－2597016

柳州市北城都乐投资管理有限公司
地址：柳州市杨柳路7号
……Tel：0772－2609079

广西华锡集团股份有限公司
地址：河池市城西路７１号
……Tel：0772－2610111

广西西江开发投资集团柳州投资有限公司
地址：柳州市柳东新区水湾路２号柳东标准厂房２号配套办公楼２０３室
……Tel：0772－2693530

柳州台泥新型建材有限公司
地址：柳州市鹧鸪江路１０２号
……Tel：0772－2755566

柳州中色锌品有限责任公司
地址：柳州市鹧鸪江路５号
……Tel：0772－2854847

柳州欧维姆机械股份有限公司
地址：柳州市阳惠路1号
……Tel：0772－3177072

柳州市乾泰经贸集团有限公司
地址：柳州市银桐路199号商业办公综合楼五楼
……Tel：0772－3199633

柳州桂桥缆索有限公司
地址：柳州市柳江区新兴工业园兴中路１６号
……Tel：0772－3269146

广西柳钢物流有限责任公司
地址：柳州市园艺路9号18楼18－1－101
……Tel：0772－3425009

广西柳州银海铝业股份有限公司
地址：柳州市阳和工业新区阳泰路１１号
……Tel：0772－3511420

柳州一阳科技股份有限公司
地址：柳州市车园纵一路6号
……Tel：0772－3518178

柳州市合长机械制造有限责任公司
地址：柳州市欣悦路11号
……Tel：0772－3722508

广西中煤地质有限责任公司
地址：柳州市柳石路298号
……Tel：0772－3833393

广西地矿华地工贸集团有限责任公司
地址：柳州市飞鹅路55号
……Tel：0772－3836320

广西秉泰投资有限公司
地址：柳州市学院路33号柳柴办公大楼二楼
……Tel：0772－3867783

广西鱼峰水泥股份有限公司
地址：柳州市柳太路６２号
……Tel：0772－3883452

广西宁铁物资工业有限公司
地址：柳州市和平路2号
……Tel：0772－3922437

广西来宾三江口建设投资有限公司
地址：来宾市华侨投资区荣和路6号工投大厦
……Tel：0772－4210880

来宾市宾盛投资有限责任公司
地址：来宾市兴宾区标准厂房B区兴宾区工管委办公楼五楼
……Tel：0772－4220166

广西汇元锰业有限责任公司
地址：来宾市长梅路８８８号
……Tel：0772－4283199

广西来宾市西江投资有限公司
地址：广西来宾市兴宾区祥和路1022号投资发展大厦2#楼23层01－16号（人民路与祥和路交叉口东南角）
……Tel：0772－4289151

广西铁合金有限责任公司
地址：来宾市兴宾区凤凰镇八一街道八一路
……Tel：0772－4816168

广西来宾市交通投资有限公司
地址：广西来宾市兴宾区翠屏路399号金创中心12楼
……Tel：0772－4838020

广西中金岭南矿业有限责任公司

地址：武宣县桐岭镇湾龙村
……………………Tel：0772-5225600

十一冶建设集团有限责任公司
地址：柳州市河西路２８号
……………………Tel：0772-5331154

广西银白龙实业有限公司
地址：来宾市兴宾区桂中大道东398号东方华府3号楼1403
……………………Tel：0772-5515222

广西合忻产业投资发展有限公司
地址：合山市产业转型工业园管委会2楼
……………………Tel：0772-6493927

神华国华广投（柳州）发电有限责任公司
地址：广西柳州市鹿寨县建中西路168号
……………………Tel：0772-6535055

广西来宾兴宾农业开发投资有限公司
地址：来宾市城南区宾城路1号企业总部写字楼
……………………Tel：0772-6620158

来宾华锡冶炼有限公司
地址：来宾市河南工业园区
……………………Tel：0772-6682220

广西鹿寨化肥有限责任公司
地址：广西鹿寨县鹿寨镇金鸡路
……………………Tel：0772-6819205

广西柳化氯碱有限公司
地址：广西鹿寨县鹿寨镇建中西路１００号
……………………Tel：0772-6863200

柳州市邱姆预应力机械有限公司
地址：柳州市柳江区新兴工业园兴中路１６号
……………………Tel：0772-7255031

中望价格评估集团有限公司
地址：柳州市红锋路２１号１－５号
……………………Tel：0772-8808088

柳州武钢钢材加工有限公司
地址：柳州市马厂路一号白露工业基地
……………………Tel：0772-8852201

金利佳投资股份有限公司
地址：广西壮族自治区桂林市叠彩区中山北路127号1栋3楼1号门面
……………………Tel：0773-2678878

桂林仙源健康产业股份有限公司
地址：桂林市象山区相人山路18号
……………………Tel：0773-3604926

桂林晟大投资有限公司
地址：灵川县定江镇三号工业区、宝路村委莲花塘村民小组（地号：N4-1、N4-2A1-1）展示厅第1至2层
……………………Tel：0773-3630363

广西有色金属集团桂北投资有限公司
地址：桂林市七星区高新区4号小区桂林众鼎综合办公孵化楼10楼
……………………Tel：0773-3638733

灌阳和信联合投资有限责任公司
地址：桂林市灌阳县灌阳镇滨江北路168号
……………………Tel：0773-4253333

广西资源农村商业银行股份有限公司
地址：广西壮族自治区桂林市资源县资源镇丹霞路32号
……………………Tel：0773-4311325

广西昌皓矿业有限公司
地址：桂林市七星区穿山东路43号桂林高新万达广场9栋11-03号房
……………………Tel：0773-5582197

桂林鑫通投资股份有限公司
地址：桂林市七星区骖鸾路41号
……………………Tel：0773-5833548

中国有色桂林矿产地质研究院有限公司
地址：桂林市七星区辅星路９号
……………………Tel：0773-5839305

桂林特邦新材料有限公司
地址：桂林市高新区铁山路２０号
……………………Tel：0773-5839856

桂林漓佳金属有限责任公司
地址：桂林市铁山路４号
……………………Tel：0773-5867014

桂林电器科学研究院有限公司
地址：桂林市七星区东城路8号
……………………Tel：0773-5888272

桂林平钢钢铁有限公司
地址：平乐县二塘镇工业集中区
……………………Tel：0773-6976168

桂林恭城宏源投资集团有限公司
地址：恭城瑶族自治县恭城镇茶南路3号矿产公司综合办公楼六楼
……………………Tel：0773-8215033

广西有色栗木矿业有限公司
地址：恭城县栗木镇栗木矿区
……………………Tel：0773-8327210

广西有色再生金属有限公司
地址：梧州进口再生资源加工园区内
……………………Tel：0774-2591108

骆驼集团华南蓄电池有限公司
地址：梧州市龙圩区梧州进口再生资源加工园区远景大道6号
……………………Tel：0774-2729621

梧州金升铜业股份有限公司
地址：梧州市龙圩区梧州进口再生资源加工园区广源大道6号信息中心518室
……………………Tel：0774-3130002

梧州华锡冶炼有限公司
地址：梧州市龙圩区龙圩镇龙城西路168号
……………………Tel：0774-3231298

华润电力（贺州）有限公司
地址：广西贺州市贺州大道３２号
……………………Tel：0774-3369888

广西西江开发投资集团梧州投资有限公司
地址：梧州市龙圩区龙圩镇四合村长洲三线四线船闸生活区办公楼5楼
……………………Tel：0774-3820388

岑溪市西江建设投资有限公司
地址：岑溪市义洲大道70号院子2号办公楼
……………………Tel：0774-3820388

梧州市永达钢铁有限公司
地址：梧州市长洲区平浪村上平七队(原梧州市长洲区平浪工业区内)
……………………Tel：0774-3853567

广西桂鑫钢铁集团有限公司
地址：贺州市信都镇工业区
……………………Tel：0774-5087533

广西桂鑫钢铁智造有限公司
地址：贺州市信都镇工业区
……………………Tel：0774-5087533

广西中资矿产有限公司
地址：贺州市平桂区望高镇同乐村水声肚
……………………Tel：0774-5234567

广西贺州迈德塑业有限公司
地址：广西贺州市电子科技园区正润大道1号
……………………Tel：0774-5320000

广西藤县东胜开发投资有限公司
地址：藤县藤州镇安泰三街32号
……………………Tel：0774-7288789

岑溪市锦华投资有限公司
地址：岑溪市滨东二街38号三楼
……………………Tel：0774-8219288

岑溪市恒辉投资开发有限公司
地址：岑溪市明都新城永兴四街祥和名都花园C幢102商铺
……………………Tel：0774-8332999

岑溪市合创投资开发有限公司
地址：岑溪市湖溪一街62号三楼
……………………Tel：0774-8517888

广西桂华成有限责任公司
地址：钟山县珊瑚镇
……………………Tel：0774-8735309

中稀（广西）金源稀土新材料有限公司
地址：广西贺州市旺高工业开发区
……………………Tel：0774-8813888

中国有色集团（广西）平桂飞碟股份有限公司
地址：广西贺州市平桂区电厂南路1号
……………………Tel：0774-8836018

广西贺州市矿投智科碳酸钙开发有限公司
地址：贺州市旺高工业区（碳酸钙千亿元产业示范基地）西湾园
……………………Tel：0774-8882388

广西瑞安物流（集团）有限公司
地址：玉林市沿江东路68号一楼101、102室
……………………Tel：0775-2630082

玉林矿投发展有限责任公司
地址：玉林市玉州区秀水路2号
……………………Tel：0775-2838155

玉林市城市建设投资集团有限公司
地址：玉林市体育中心东侧
……………………Tel：0775-2853033

广西盛世翰林置业投资有限公司
地址：玉林市玉州区茂林镇茂林街1号（镇政府大院内企业站）
……………………Tel：0775-3111333

广西嘉德机械股份有限公司
地址：玉林市天桥东路１号（原天桥路２号）
……………………Tel：0775-3286060

兴业县兴泰矿业投资有限公司
地址：兴业县葵阳镇葵中龙狗井
……………………Tel：0775-3771268

广西兴业柳银村镇银行股份有限公司
地址：广西兴业县石南镇玉贵路３６０号
……………………Tel：0775-3910775

中国华电集团贵港发电有限公司
地址：广西贵港市武乐（中国华电集团贵港发电有限公司内）
……………………Tel：0775-4206688

广西贵港市港盛投资有限公司
地址：贵港市港北区民主路69号（宏桂·城市广场）4幢1308号
……………………Tel：0775-4240578

广西贵港钢铁集团贵港恒宇商贸有限公司
地址：贵港市港北区民主路196号院（天悦豪庭）1幢1单元2902号
……………………Tel：0775-4283208

广西贵港郁江贸易有限公司
地址：贵港市南平中路
……………………Tel：0775-4283208

广西贵港耀新型建材有限公司
地址：贵港市港北区贵城街道办事处南平社区（南平中路6号院贵钢集团内）
……………………Tel：0775-4283208

广西贵港钢铁集团有限公司
地址：贵港市南平中路
……………………Tel：0775-4283208

广西贵港钢铁集团贵港桂宝特钢有限公司
地址：贵港市港北区贵城街道办事处南平社区（贵钢集团内）
……………………Tel：0775-4283208

广西西江开发投资集团贵港投资有限公司
地址：贵港市港北区金田路贵港市交通运输局六楼
……………………Tel：0775-4290939

广西贵港市西江投资有限公司
地址：贵港市港北区金田路贵港市交通运输局6楼
……………………Tel：0775-4290966

广西陆川宏达铸造物料有限公司
地址：广西陆川县大桥镇大塘坡
……………………Tel：0775-7111528

广西鼎盛集团鼎融投资有限公司
地址：平南县平南街道龚洲大道（盛世豪庭2号楼）1-102
……………………Tel：0775-7850082

广西平南松宇置业投资有限公司
地址：广西壮族自治区贵港市平南县平南街道城北路新村屯（29号）
……………………Tel：0775-7850082

广西柳钢中金不锈钢有限公司
地址：玉林市人民东路449号玉鑫公司办公楼1楼东面第1间
……………………Tel：0775-8508111

广西银亿新材料有限公司
地址：博白县龙潭镇
……………………Tel：0775-8508588

广西靖西市新发展投资集团有限公司
地址：靖西市新靖镇城东路1031号
……………………Tel：0776-2510630

中油广西田东石油化工总厂有限公司
地址：田东县平马镇油城路２２８号
……………………Tel：0776-2593699

广西百兴金兰新材料有限公司
地址：广西百色市右江区大旺路1-1号C区01座
……………………Tel：0776-2800399

百色新铝电力有限公司
地址：广西百色工业园区银海路2号
……………………Tel：0776-2802918

广西百色广达实业开发有限公司
地址：百色市右江区大旺路1-1号C区01座3楼
……………………Tel：0776-2830128

百色信和矿业有限责任公司
地址：百色市右江区龙景东路10号
……………………Tel：0776-2849575

广西福地金融投资集团有限公司
地址：百色市右江区环岛一路S1栋
……………………Tel：0776-2853838

广西福地产业投资有限公司
地址：百色市右江区环岛一路S1栋
……………………Tel：0776-2865900

广西福地供应链管理有限公司
地址：广西百色市环岛一路S1栋
……………………Tel：0776-2865900

广西百色百金矿业投资集团有限公司
地址：广西百色市右江区环岛一路1号
……………………Tel：0776-2889689

广西百色广润资产经营投资有限公司
地址：百色市右江区大旺路1-1号C区01座
……………………Tel：0776-2960629

广西百能煤矿技术开发有限责任公司
地址：广西百色市右江区龙景区碧桂园翡翠郡9幢1单元11层1102号
……………………Tel：0776-2960933

广西百色百东投资有限公司
地址：百色市右江区四塘百东企业服务站（南百二级公路旁BD05-12-02地块）
……………………Tel：0776-2988180

广西百色西江投资发展有限公司
地址：广西百色市右江区迎龙路70号百色建通中心2栋B座17层
……………………Tel：0776-2998800

广西田东工业投资开发有限公司
地址：田东县平马镇油城路１３号（县财政局办公楼二楼）
……………………Tel：0776-5238666

广西至尊投资管理有限公司
地址：田东县平马镇百通路6号
……………………Tel：0776-5239888

百色双田矿业有限公司
地址：广西百色市田东县祥周镇新洲村（右江矿务局有限公司办公楼）
……………………Tel：0776-5305068

平果金通投资集团有限公司
地址：平果市马头镇亿鑫商业街2号
……………………Tel：0776-5889688

平果鑫铝资产经营投资有限责任公司
地址：平果县马头镇铝城大道东段龙景世家1栋25层2501号
……………………Tel：0776-5828662

广西靖西万生隆投资有限公司
地址：靖西市新靖镇城东路90-9号
……………………Tel：0776-6220888

广西那坡百益矿业开发投资有限公司
地址：那坡县城南开发二区财政局小区一排三栋９８号
……………………Tel：0776-6807012

百色一文山跨省经济合作园区投资公司
地址：那坡县城厢镇城南开发区（县8.8万吨水泥厂南面）
……………………Tel：0776-6807075

那坡县开发投资有限责任公司
地址：那坡县开发二区
……………………Tel：0776-6808096

广西劲达兴纸业有限公司
地址：广西田林县乐里镇进城南路7号
……………………Tel：0776-7201188

广西桂鑫金属有限公司
地址：广西隆林县新州镇城北区
……………………Tel：0776-8203368

隆林开图矿业有限公司
地址：隆林各族自治县新州镇含山村泥浪电站办公楼一楼
……………………Tel：0776-8216956

广西滨海基础设施投资开发有限责任公司
地址：钦州市南珠东大街85号
……………………Tel：0777-2391017

钦州钦陆一级公路有限责任公司
地址：钦州湾大道７１号（第三地质内）
……………………Tel：0777-2860056

钦州市开投矿务发展有限公司
地址：钦州市子材东大街北面、富民路东面、蓬莱大道西面
……………………Tel：0777-3213038

钦州联盈供应链管理有限公司
地址：广西钦州高新技术产业开发区一期旭日园59栋一层
……………………Tel：0777-3663752

国投钦州发电有限公司
地址：广西钦州市钦州港
……………………Tel：0777-3668114

广西三善实业投资有限公司
地址：钦州市子材东大街88号恒大绿洲12栋3201室
……………………Tel：0777-3684811

广西顺颂供应链管理有限公司
地址：北海市四川路62号北海文邦国际大厦25层2522号
……………………Tel：0777-3685936

广西金桂浆纸业有限公司
地址：钦州市钦州港金光工业园
……………………Tel：0777-3698082

广西钦州北投水务有限公司
地址：钦州市钦州港金鼓大街112号
……………………Tel：0777-3816999

陆海清洁能源技术有限公司
地址：钦州市钦州港经济技术开发区临海大道东面（钦州港一号路南段）
……………………Tel：0777-3886960

钦州市恒新镍业有限公司
地址：钦州港金海湾花园６ＢＣ０１栋
……………………Tel：0777-3888971

钦州滨海新城资产管理有限公司
地址：钦州市五马路一号
……………………Tel：0777-3898411

广西钦州铭德投资管理有限公司
地址：钦州市皇马工业园一区
……………………Tel：0777-5782777

广西华远金属化工有限公司
地址：河池市金城江区大任工业园区
……………………Tel：0778-2102758

广西远通商贸有限责任公司
地址：河池市建设路220号
……………………Tel：0778-2102985

广西生富锑业科技股份有限公司
地址：河池市大任产业园区
……………………Tel：0778-2116981

河池市国有资产投资经营有限责任公司
地址：河池市新建路Ａ－８８
……………………Tel：0778-2235115

广西成源矿冶有限公司
地址：广西河池市东江镇龙江工业开发区
……………………Tel：0778-2290616

广西西江开发投资集团河池投资有限公司
地址：河池市金城江区金城东路19号（6楼）
……………………Tel：0778-2306500

广西光正矿产业有限公司
地址：广西河池市都安瑶族自治县安阳镇百才新区P-47号
……………………Tel：0778-2453899

广西皖维生物质科技有限公司
地址：广西河池市宜州区庆远镇金宜大道688号
……………………Tel：0778-3112303

**巴马国际旅游区投资发展（集团）有限

公司
地址：巴马瑶族自治县巴马镇寿乡大道120号
……Tel：0778-6216267

广西万寿谷投资集团股份有限公司
地址：广西河池市凤山县万寿谷食品生态园区
……Tel：0778-6821929

广西丹泉集团实业有限公司
地址：南丹县城关镇民行北路279号
……Tel：0778-7211866

南丹县国有资产投资经营有限责任公司
地址：南丹县城关镇滨河路13号
……Tel：0778-7216289

南丹县吉朗铟业有限公司
地址：南丹县车河镇工业园区
……Tel：0778-7357026

广西堂汉锌铟股份有限公司
地址：广西南丹县车河镇工业园
……Tel：0778-7357101

广西南丹南方金属有限公司
地址：南丹县车河镇丰塘坳（河池·南丹工业园区）
……Tel：0778-7900823

南丹县南方有色金属有限责任公司
地址：南丹县车河镇丰塘坳
……Tel：0778-7900823

广西高峰矿业有限责任公司
地址：广西南丹县大厂镇
……Tel：0778-7577054

广西誉升锗业高新技术有限公司
地址：河池市城东大道南侧锦城国际第1栋第3层
……Tel：0778-7906888

环江毛南族自治县国有资产投资经营有限责任公司
地址：环江县思恩镇迎宾路2号
……Tel：0778-8806968

广西明睿投资发展有限公司
地址：南宁市青秀区佛子岭路28号霖峰壹2号楼2单元1701号
……Tel：0779-2029688

北海矿桂房地产开发有限公司
地址：北海市北海银滩恒利旅游度假中心中心区公寓楼31型2幢5B号
……Tel：0779-2036088

攀钢集团北海特种铁合金有限公司
地址：北海市工业园区北海大道东延线209号
……Tel：0779-2083870

北海市美凯龙置业有限公司
地址：北海市北海大道东延线6号四楼4001号
……Tel：0779-2666999

广西恒耀投资有限公司
地址：北海市长青路8号佳利大厦2栋15层B号
……Tel：0779-3034459

北海锦程国际物流有限公司
地址：市北海大道西16号海富大厦5楼G、H号
……Tel：0779-3081898

北海市华宇晶远投资有限责任公司
地址：北海市北海大道西16号海富大厦第三层15号
……Tel：0779-3135666

神华国华广投（北海）发电有限责任公司
地址：北海市金海岸大道8号银滩万泉城1区B8号
……Tel：0779-3801159

北海市晋翔投资有限公司
地址：北海市北海大道176号东峰锦绣城2幢0208号
……Tel：0779-3990376

广西北部湾沙田港务投资集团有限公司
地址：广西北海市合浦县沙田港区内
……Tel：0779-5205388

合浦县沙田镇新港综合发展有限责任公司
地址：合浦县沙田港区内
……Tel：0779-5205388

广西投资集团北海发电有限公司
地址：市铁山港区北海电厂
……Tel：0779-8902930

海南省

儋州永航不锈钢有限公司
地址：儋州市木棠工业园区
……Tel：0898-23258808

海南盛世皇冠实业有限公司
地址：儋州市那大镇王桐管理区王龙村以西地段盛世皇冠一期1#幢901房
……Tel：0898-23880871

海南海钢集团有限公司
地址：海南省昌江县石碌
……Tel：0898-26605521

海南海矿国际贸易有限公司
地址：海南省老城高新技术产业示范区海南生态软件园A17幢一层4001
……Tel：0898-26609244

海南福莱斯林业有限公司
地址：海南省白沙黎族自治县牙叉镇中路金沙地产山水假日4#楼101号
……Tel：0898-27722479

海南临高闽琼钢铁制品有限公司
地址：海南省临高县和舍镇106公里
……Tel：0898-28412566

华能洋浦热电有限公司
地址：海南省洋浦经济开发区迎宾路6号洋浦迎宾馆306室
……Tel：0898-28837688

海南农垦八一总场有限公司
地址：儋州市八一总场场部职工培训中心大楼
……Tel：0898-31126983

临高县渔业发展控股有限公司
地址：临高县临美路工业开发区（临高思远实业有限公司内）
……Tel：0898-31366090

国投国际贸易（海南）有限公司
地址：海南省澄迈县老城经济开发区南一环路69号海口综合保税区跨境电商产业园国际商务中心213-1
……Tel：0898-31560568

海南海建石业股份有限公司
地址：海南省澄迈县老城经济开发区新兴南路
……Tel：0898-31631276

海南铁路有限公司
地址：海南省海口市琼山区石塔东路68号
……Tel：0898-31686280

海南山金矿业有限公司
地址：海口市南沙路88号地矿大厦701房
……Tel：0898-31850888

海南有色金属矿业股份有限公司
地址：海口市南沙路47号通信广场办公楼318房
……Tel：0898-31986988

洋浦黑金控股有限公司
地址：洋浦经济开发区远洋路物业商场楼三楼315房
……Tel：0898-32228359

海口博瑞祥实业有限公司
地址：海南省海口市龙华区国贸路6号瑞特广场2207房
……Tel：0898-36333633

中国大唐集团国际贸易有限公司
地址：海南省海口市美兰区大英山东一路10号海阔天空国瑞城（铂仕苑）办公楼20层2-2004房
……Tel：0898-36607117

海南泰鑫矿业有限公司
地址：海口市金融贸易区南面椰林坡4-B东座
……Tel：0898-36620831

海南华信国际控股有限公司
地址：海南省洋浦经济开发区吉浦路凯丰城市广场商务大厦19楼
……Tel：0898-36681877

海口国能商业有限公司
地址：海南省澄迈县老城经济开发区南一环路69号海口综合保税区联检大楼702室
……Tel：0898-36681877

海南海协镀锡原板有限责任公司
地址：海南省澄迈县老城经济开发区南二环路19号
……Tel：0898-36966661

国网（海南）企业总部管理有限公司
地址：海南省三亚市创意产业园区二期三楼C231区
……Tel：0898-38852016

万宁润达实业有限公司
地址：海南省万宁市兴隆镇兴梅大道西侧8号吉森温泉养生酒店A105号房
……Tel：0898-62481358

海南农垦东新农场有限公司
地址：海南省万宁市长丰镇牛漏墟（原国营东和农场场部）
……Tel：0898-62588135

凯盛石英材料（海南）有限公司
地址：文昌市昌洒镇矿业大道1号
……Tel：0898-63580309

海南海拓矿业有限公司
地址：海南省文昌市东路镇约亭工业区
……Tel：0898-63611147

海南宏盛建筑工程有限公司
地址：海南省海口市琼山区滨江西路西侧首丹滨江商铺2-501室
……Tel：0898-65322666

中储科技（海南）有限公司
地址：海南省海口市美兰区海甸岛五东路6号金海雅苑2栋2单元1003室
……Tel：0898-66159149

中储能源（海南）有限公司
地址：海南省海口市美兰区洋浦经济开发区凯丰滨海幸福城1栋11层1102室
……Tel：0898-66159149

海南中地投资集团有限公司
地址：海口市新港路11号金港大厦南座七楼702室
……Tel：0898-66210000

海南景焱进出口贸易有限公司
地址：海南省海口市美兰区海甸岛五中路73-13三楼
……Tel：0898-66250062

海南国际资源（集团）股份有限公司
地址：海口市龙华区南沙路49号通信广场三楼
……Tel：0898-66527171

海南自贸区京穰兆国际贸易有限公司
地址：海南省海口市美兰区大英山东一路7号国瑞城雅仕苑6栋2单元203房
……Tel：0898-6655309

海南京豪集团有限责任公司
地址：海口市龙昆北路2号珠江广场帝豪大厦12B08-10房
……Tel：0898-66764358

海南炎陆集团有限公司
地址：海南省海口市龙华区滨海大道115号海垦国际金融中心第20层2201房
……Tel：0898-66764358

海南自贸区博贝德实业有限公司
地址：海南省海口市美兰区海秀东路74号鸿泰大厦17楼
……Tel：0898-66775836

长驰国际贸易有限公司
地址：海南省海口市龙华区滨海大道32号复兴城A1区A5002-147
……Tel：0898-66780213

海南鹭达建设工程有限公司
地址：海南省海口市龙华区龙昆南路润德广场铂领公馆2003房
……Tel：0898-66780696

海南易石电子商务有限公司
地址：海南省老城高新技术产业示范区海南生态软件园A17幢一层2001
……Tel：0898-66785102

海南福山油田勘探开发有限责任公司
地址：海南省澄迈县老城镇高新技术产业示范区海南生态软件园孵化楼三楼4001
……Tel：0898-66831367

海口安基实业发展有限公司
地址：海南省澄迈县老城经济开发区南一环路69号海口综合保税区003号地块
……Tel：0898-67201262

海南矿业股份有限公司
地址：海南省昌江县石碌镇（海钢办公大楼）
……Tel：0898-67480023

海南贵亨置地有限公司
地址：海口市人民大道86号观海花园A-102室
……Tel：0898-68502986

海南鼎顶旅游文化股份有限公司
地址：海南省文昌市铺前镇新埠海 望坡9号
……Tel：0898-68525629

海南鼎顶网络科技股份有限公司
地址：海南省文昌市铺前镇新兴街9号第二层
……Tel：0898-68525629

海南四洋国际贸易有限公司
地址：海南省海口市龙华区滨海大道南方电网10号1806房
……Tel：0898-68530107

海南农垦自然资源开发运营有限公司
地址：海南省海口市龙华区滨海街道滨海大道115号海垦国际金融中心33层
……Tel：0898-68531327

蓝田能源（海南）有限公司
地址：海南省海口市秀英区滨海大道185号海口美视旅游度假中心度假休闲区3号楼5-6层3-0-505房
……Tel：0898-68532167

南洋航运集团股份有限公司
地址：海南省海口市滨海大道81号南洋大厦2006、2007
……Tel：0898-68532312

海南民生众和投资集团有限公司
地址：海南省海口市美兰区和平大道20号鹏晖.新天地裙房、写字楼、A栋住宅写字楼24层24A
……Tel：0898-66191136

海南兴民生实业有限公司
地址：海南省海口市龙华区金贸西路8号诚田大厦A栋24B房
……Tel：0898-68535126

海南海控能源股份有限公司
地址：海南省海口市美兰区国兴大道15A全球贸易之窗16F
……Tel：0898-68567990

欣龙控股（集团）股份有限公司
地址：澄迈县老城工业开发区
……Tel：0898-68581131

海口成邦项目管理咨询有限公司
地址：海南省海口市秀英区海盛路39号蓝城商务大厦
……Tel：0898-68583520

广晟有色金属股份有限公司
地址：海南省海口市龙华区滨海大道69号海口宝华海景大酒店8楼809房
……Tel：0898-68587830

葛洲坝（海南）建设投资有限公司
地址：海南省海口市美兰区大英山东一路10号国瑞城（铂仕苑）19层、20层、21层
……Tel：0898-68602963

海南兴业再生资源回收有限公司
地址：海口市秀英区海榆中线5公里处西侧
……Tel：0898-68632983

海南国际能源交易中心有限公司
地址：海南省洋浦经济开发区控股大道1号洋浦迎宾馆裙楼
……Tel：0898-68638263

海南民生长流油气储运有限公司
地址：海口市秀英区秀华路2号秀英区政府3号楼405房
……Tel：0898-68701067

海南滨海实业（集团）有限公司
地址：海南省海口市秀英区长滨二路
……Tel：0898-68710410

海南海宇锡板工业有限公司
地址：海口市丘海大道69号
……Tel：0898-68920532

海南农垦商贸物流产业集团有限公司
地址：海南省海口市龙华区海垦路13号绿海大厦11楼
……Tel：0898-68951893

海南供销大集供销链网络科技有限公司
地址：海南省海口市国兴大道7号新海航大厦17层
……Tel：0898-69960787

海南供销大集酷铺商贸有限公司
地址：海南省海口市国兴大道7号海航大厦17层
……Tel：0898-69960787

海南易生大集农业科技有限公司
地址：海南省海口市美兰区国兴大道7号新海航大厦17层
……Tel：0898-69960787

海南农垦金江农场有限公司
地址：海南省保亭县响水镇金江农场场部办公大楼
……Tel：0898-83826108

三亚中企会中菲产业园区投资有限公司
地址：海南省三亚市吉阳区红郊社区榆亚路508号远洋公馆A座1201房
……Tel：0898-88221826

三亚中企会中菲旅游投资有限公司
地址：海南省三亚市吉阳区红郊社区榆亚路508号远洋公馆A座1201房
……Tel：0898-88221826

新钢（海南洋浦）贸易有限公司
地址：海南省洋浦经济开发区盐田路2号金兰小区A209房
……Tel：0898-88225912

保利科技发展有限公司
地址：海南省三亚市崖州区创意产业园标准厂房二期三楼C214区
……Tel：0898-88691733

三亚保华投资置业有限公司
地址：三亚市河西路美和家园C栋10-1号
……Tel：0898-88715598

四川省

攀枝花市鼎颂贸易有限公司
地址：攀枝花市东区炳草岗江南二路二村317-59号
……Tel：0812-2226883

攀枝花鑫润矿业有限公司
地址：攀枝花市盐边县新九乡
……Tel：0812-3319173

四川中实达投资（控股）有限公司
地址：炳草岗西海岸商城
……Tel：0812-3325390

攀枝花市产业投资经营有限责任公司
地址：攀枝花市东区炳草岗人民街67-4号
……Tel：0812-3333207

盐边县天润矿产品有限责任公司
地址：盐边县新九乡
……Tel：0812-3359416

攀钢集团攀枝花钢铁研究院有限公司
地址：攀枝花市东区桃源街90号
……Tel：0812-3380662

攀钢集团研究院有限公司
地址：成都高新区合作路89号17栋1单元10层1006号
……Tel：0812-3380662

攀钢集团攀枝花金属制品有限公司
地址：攀枝花市东区马鹿箐南路1号1栋
……Tel：0812-3381800

攀枝花钢城集团贸易有限公司
地址：攀枝花市东区新宏路7号阳城龙庭24幢商业4层7附8、9号商铺
……Tel：0812-3385031

攀枝花钢城集团有限公司
地址：攀枝花市东区新宏路7号24幢
……Tel：0812-3385112

攀钢集团物资贸易有限公司
地址：攀枝花市东区大渡口街85号

…………Tel：0812-3385289

攀钢集团矿业有限公司
地址：四川省攀枝花市东区瓜子坪
…………Tel：0812-3385927

攀钢集团有限公司
地址：攀枝花市向阳村
…………Tel：0812-3390114

攀枝花攀钢集团设计研究院有限公司
地址：攀枝花市东区冶金中街108号
…………Tel：0812-3390521

攀钢集团攀枝花钢钒有限公司
地址：攀枝花市东区向阳一村
…………Tel：0812-3390963

攀钢集团钒钛资源股份有限公司
地址：攀枝花市东区弄弄坪
…………Tel：0812-3396063

攀枝花钢城集团瑞钢工业有限公司
地址：攀枝花市仁和区南山循环经济发展区迤资工业园区
…………Tel：0812-3888168

攀枝花钢城集团汉风物流有限公司
地址：攀枝花市仁和区南山工业园区
…………Tel：0812-3981817

攀枝花西区国有资产投资有限责任公司
地址：四川省攀枝花市西区大水井
…………Tel：0812-5534557

四川恒鼎实业有限公司
地址：四川省攀枝花市仁和区务本乡政府内
…………Tel：0812-5580888

恒鼎（中国）煤炭销售有限公司
地址：四川省攀枝花市仁和区前进镇
…………Tel：0812-5580888

四川川煤华荣能源股份有限公司攀枝花分公司
地址：攀枝花市西区福康巷2号
…………Tel：0812-5992372

攀枝花煤业（集团）有限责任公司
地址：攀枝花市陶家渡
…………Tel：0812-5992372

攀枝花攀煤联合焦化有限责任公司
地址：攀枝花市西区龙洞
…………Tel：0812-5996993

攀钢集团工程技术有限公司
地址：攀枝花市东区攀枝花大道东段28号
…………Tel：0812-6353017

攀枝花市鑫宏安矿业有限公司
地址：攀枝花市东区金福南街23号1-6号
…………Tel：0812-6665363

攀枝花钢企米易白马球团有限公司
地址：米易县白马攀钢湾丘基地
…………Tel：0812-8160076

米易县国有投资集团有限责任公司
地址：米易县攀莲镇安宁路56号商会大厦十四楼
…………Tel：0812-8170399

四川米易白马工业投资有限公司
地址：米易县攀莲镇安宁路56号商会大厦14楼
…………Tel：0812-8877499

攀枝花中禾矿业有限公司
地址：米易县攀莲镇同合路8号
…………Tel：0812-8186114

攀枝花龙蟒煤业有限责任公司
地址：盐边县红果彝族乡岔河村
…………Tel：0812-8655379

攀枝花昆钢集团有限公司
地址：盐边县红格镇
…………Tel：0812-8661788

攀枝花云钛实业有限公司
地址：攀枝花市盐边县安宁工业园区
…………Tel：0812-8663270

龙佰攀枝花矿产品有限公司
地址：盐边县新九乡
…………Tel：0812-8751299

攀枝花水钢红发矿业有限公司
地址：攀枝花市盐边县红格镇滨河街
…………Tel：0812-8782482

昊华鸿鹤化工有限责任公司
地址：中国四川省自贡市鸿鹤路43号
…………Tel：0813-4662210

四川大西洋焊接材料股份有限公司
地址：四川省自贡市自流井区丹阳街1号
…………Tel：0813-5102109

自贡硬质合金有限责任公司
地址：自贡市人民路111号
…………Tel：0813-5516211

四川省盐巴客汽车服务有限公司
地址：四川省自贡市汇东新区通达街194号（交通大厦五楼）
…………Tel：0813-8586329

四川佳仁博渊贸易有限公司
地址：绵阳高新区虹阳街9号2层202
…………Tel：0816-2171128

绵阳城东投资控股（集团）有限公司
地址：绵阳市游仙区游仙镇游仙路188号
…………Tel：0816-2270057

绵遂内铁路有限责任公司
地址：四川省绵阳市涪城区临园路西段29号
…………Tel：0816-2365286

四川长虹电器股份有限公司
地址：绵阳市高新区绵兴东路35号
…………Tel：0816-2418378

际华三五三六实业有限公司
地址：绵阳高新区磨家工业园
…………Tel：0816-2537271

江油华丰投资集团有限公司
地址：江油市太平镇新华干道南段215号华丰大厦六楼
…………Tel：0816-3367966

江油西南钢铁有限责任公司
地址：江油市工业园区东区
…………Tel：0816-3518188

攀钢集团江油长城特殊钢有限公司
地址：四川省江油市江东路
…………Tel：0816-3653409

攀钢集团四川长城特殊钢有限责任公司
地址：四川省江油市江东路
…………Tel：0816-3653409

四川神华天明发电有限责任公司
地址：四川省江油市双河镇天明村
…………Tel：0816-6180011

绵阳盈天投资控股有限公司
地址：绵阳市涪城区吴家中小工业园
…………Tel：0816-6283675

四川省天然气绵阳燃气有限责任公司
地址：绵阳高新区石桥铺国际创意联邦一期9栋1单元6楼
…………Tel：0816-6333106

绵阳鹏杰实业有限公司
地址：绵阳市涪城区滨河南路东段81号江南丽景5栋1层1号
…………Tel：0816-6339628

绵阳科发长泰实业有限公司
地址：绵阳市经开区绵州大道北段13号
…………Tel：0816-6390921

绵阳金循环金属材料有限公司
地址：绵阳市游仙经济开发区凯越路1号
…………Tel：0816-8385298

绵阳均工贸易有限公司
地址：四川省绵阳市游仙区科学城大道一号
…………Tel：0816-8732310

南充信开水环境治理有限公司
地址：四川省南充市顺庆区潆华工业区华兴路33号
…………Tel：0817-2315776

四川南部经济开发集团有限公司
地址：四川省南部县经济开发区
…………Tel：0817-5520666

南充传化公路港物流有限公司
地址：四川省南充市高坪区物流大道三段88号（南充传化公路港内）
…………Tel：0817-7113000

达州银行股份有限公司
地址：达州市通川区朝阳东路58号
…………Tel：0818-2123617

达州瓮福物流有限责任公司
地址：达州市西外凤凰大道西端
…………Tel：0818-2188888

四川达竹煤电（集团）有限责任公司
地址：达州市通川区张家湾路190号
…………Tel：0818-2310017

四川达兴能源股份有限公司
地址：达州市通川区西河路25号（经营场所：达州市经济开发区）
…………Tel：0818-2520361-9280

达州农村商业银行股份有限公司
地址：四川省达州市达川区通州大道166号
…………Tel：0818-2658321

蓝卤集团有限公司
地址：达州市达川区新桥路特八十八号
…………Tel：0818-2677977

圣吉强农业集团有限公司
地址：达州市达川区店子梁南天丽都58号2单元14楼8号
…………Tel：0818-3360777

四川大耀实业有限责任公司
地址：达州市达川区马家乡柳杨村8社
…………Tel：0818-3390777

四川亨源石化有限责任公司
地址：渠县天星镇解放村
…………Tel：0818-7344838

万源市万宝源城市建设投资有限公司
地址：万源市太平镇建设路5号
…………Tel：0818-8508088

四川威斯腾物流有限公司
地址：遂宁高新区中国西部现代物流港内
…………Tel：0825-2636866

四川茂瑞能源有限公司
地址：四川省遂宁高新区中国西部现代物流港物流大道488号1564室
…………Tel：0825-5857135

四川省明塬机械股份有限公司
地址：射洪县大榆镇洪城新区工业集中发展区河东大道西段（原大榆镇白土坝村）
…………Tel：0825-6185872

四川省射洪川中建材有限公司
地址：射洪市瞿河镇夏家大田村
…………Tel：0825-6706392

大英县金地城市建设投资有限公司
地址：大英县蓬莱镇金地路
…………Tel：0825-7800355

广安发展建设集团有限公司
地址：四川省广安市广安区宏志大道773号
…………Tel：0826-2155379

四川金山嘉泰矿业有限公司
地址：成都市武侯区航空路1号2栋3楼1号
…………Tel：0826-2362218

四川哲匠建设工程有限公司
地址：四川省广安经济技术开发区奎阁街道石滨路1号
…………Tel：0826-2568089

四川广安发电有限责任公司
地址：四川省广安市前锋区代市镇广电大道1号
…………Tel：0826-2756058

四川爱众发展集团有限公司
地址：四川省广安市广安区广宁南路2号
…………Tel：0826-2961111

四川邻水农村商业银行股份有限公司
地址：四川省邻水县鼎屏镇古邻大道4号
…………Tel：0826-3223845

四川省华蓥山煤业股份有限公司
地址：广安市广安区奎阁工业园区GC2011-15
…………Tel：0826-4442386

四川华蓥山广能（集团）有限责任公司
地址：四川省华蓥市滨河东路1号
…………Tel：0826-4442386

广安交通投资建设开发集团有限责任公司
地址：广安市金安大道1号市交通局办公大楼八楼
…………Tel：0826-8962456

巴中中银富登村镇银行有限责任公司
地址：四川省巴中市巴州区西华街23号
…………Tel：0827-3333655

巴中秦鼎实业有限公司
地址：巴中市江北大街中段市工行办公大楼
…………Tel：0827-5282566

四川省古叙煤田开发股份有限公司
地址：泸州市江阳区龙腾路10号
…………Tel：0830-2523001

泸州交投集团物流有限公司
地址：中国（四川）自由贸易试验区川南临港片区安宁街道云台路69号城北公交枢纽站三楼302-304号
…………Tel：0830-2632743

北方化学工业股份有限公司
地址：四川省泸州市高坝
…………Tel：0830-2796924

泸州智同商贸有限责任公司
地址：叙永县扬武坊惠绅商厦三楼
…………Tel：0830-2808912

四川泸州港务有限责任公司
地址：泸州市龙马潭区罗汉镇泥大坝村五社
…………Tel：0830-3252869

川铁（泸州）物流有限责任公司
地址：叙永县江门镇九江村六社
…………Tel：0830-3659782

四川煤气化有限责任公司
地址：泸州市纳溪区金园路1号
…………Tel：0830-4214607

四川煌美贸易有限公司
地址：四川省泸州市纳溪区上马镇二居委
…………Tel：0830-4262387

叙永县龙蟒矿产品有限责任公司
地址：叙永县叙永镇和平村
…………Tel：0830-6224858

四川叙兴实业集团有限公司
地址：叙永县扬武坊惠绅商厦三楼
…………Tel：0830-6595680

泸州川南诚鑫实业有限公司
地址：泸州市江阳区茜草街道光明村李咀社999号1号
…………Tel：0830-8966333

泸州鑫阳钒钛钢铁有限公司
地址：四川省泸州市合江循环经济产业园区
…………Tel：0830-8966555

四川萃程建筑安装有限公司
地址：四川省宜宾市港园大道西段9号中国西南机械装备贸易城A2幢2单元2层24号
…………Tel：0831-2322810

四川省川南煤业有限责任公司
地址：筠连县巡司镇盐井村三组
…………Tel：0831-7318212

宜宾丝丽雅集团有限公司
地址：宜宾市南岸经济技术开发区航天路
…………Tel：0831-2331681

泽灵集团有限公司
地址：宜宾市翠屏区南岸长江大道东段2单元2层2号
…………Tel：0831-2364307

四川芙蓉集团实业有限责任公司
地址：四川珙县巡场镇
…………Tel：0831-2360771

四川省芙蓉矿业有限公司
地址：宜宾市珙县巡场镇
…………Tel：0831-2379945

宜宾海丝特纤维有限责任公司
地址：宜宾市南广盐坪坝
…………Tel：0831-2400222

宜宾丝丽雅股份有限公司
地址：宜宾市南岸经济技术开发区航天路
…………Tel：0831-2400222

四川省宜宾惠美线业有限责任公司
地址：四川省宜宾市经济技术开发区长江大道东段2号
…………Tel：0831-2400925

宜宾海丰和锐有限公司
地址：四川省宜宾市江安县工业园区
…………Tel：0831-2846808

中铁（宜宾）宜彝高速公路有限公司
地址：四川省宜宾市叙州区南岸龙湾路4号金沙江宾馆
…………Tel：0831-3691702

中铁（宜宾）宜威高速公路有限公司
地址：四川省宜宾市叙州区龙湾路4号金沙江宾馆贵宾楼
…………Tel：0831-3691705

四川省珙县永发矿产有限公司
地址：珙县巡场镇滨河路
…………Tel：0831-4013528

兴文县富有煤业有限责任公司
地址：兴文县仙峰苗族乡街村
…………Tel：0831-4381336

四川华福投资集团有限公司
地址：兴文县周家镇洛浦村
…………Tel：0831-4381336

四川山江物流贸易有限公司
地址：四川省宜宾市叙州区高场镇高新社区金润产业园72栋
…………Tel：0831-4381336

宜宾市南溪区江峰资源开发有限公司
地址：宜宾市南溪区锦西路548号（商务楼A2栋）5层1号
…………Tel：0831-5678979

高县公共资源服务管理有限责任公司
地址：四川省宜宾市高县庆符镇正大路558号
…………Tel：0831-5859888

高县高旺农业建设开发经营有限责任公司
地址：四川省宜宾市高县庆符镇正大路558号
…………Tel：0831-5859888

蓝田建发有限责任公司
地址：宜宾市叙州区柏溪街道迎宾路
…………Tel：0831-6208105

四川惊雷科技股份有限公司
地址：四川省宜宾市翠屏区孔滩镇
…………Tel：0831-6876667

中核建中核燃料元件有限公司
地址：四川省宜宾市马鸣溪
…………Tel：0831-7028008

四川宜宾颐硕矿产资源有限公司
地址：宜宾市南溪区南溪街道龙源路86号1栋1单元（3-5层）
…………Tel：0831-7855017

长宁县盛源国建实业有限责任公司
地址：长宁县长宁镇竹都大道三段69号
…………Tel：0831-7876516

宜宾昊翔矿业投资有限公司
地址：宜宾市翠屏区专署街6号粮食局综合楼1-3楼
…………Tel：0831-8237085

宜宾五新城市建设有限公司
地址：四川省宜宾市翠屏区岷江新区兴盛路737号龙泉苑A区
…………Tel：0831-8739911

宜宾天原海丰和泰有限公司
地址：四川省江安县阳春工业园区永兴大道
…………Tel：0831-8770050

内江投资控股集团有限公司
地址：内江市东兴区太白路69号
…………Tel：0832-2220609

四川通宇物流有限公司
地址：四川省内江市市中区白马镇内江渤商西部物流中心园区内
…………Tel：0832-2222566

四川常联亿能再生资源有限公司
地址：四川省内江市东兴区　南乡双洞子四川西南再生资源产业园888号附3-3-2号
…………Tel：0832-2288318

四川绿建杭萧钢构有限公司
地址：四川省内江市东兴区胜利镇蟠龙冲居委老乡政府
…………Tel：0832-2298598

内江市恒瑞贸易有限公司
地址：内江市市中区玉溪路456号12楼3号
…………Tel：0832-8833037

成渝钒钛科技有限公司
地址：威远县连界镇解放街
…………Tel：0832-8833068

乐山市源泰资源开发有限责任公司
地址：乐山市市中区凤凰路中段187号2楼1号
…………Tel：0833-2106223

四川雁和投资有限公司
地址：乐山市市中区柏杨东路326号2层
……………………Tel：0833-2137333

乐山市商业银行股份有限公司
地址：四川省乐山市市中区春华路南段439号
……………………Tel：0833-2423060

乐山三江农村商业银行股份有限公司
地址：乐山市市中区春华路南段506号
……………………Tel：0833-2434906

四川佳宝科技有限公司
地址：乐山高新区迎宾大道20号高新区科技园
……………………Tel：0833-2561039

乐山义博投资有限公司
地址：乐山市市中区龙游路北段189号1幢2单元2楼1号
……………………Tel：0833-2567488

四川蓝雁投资集团有限公司
地址：四川省乐山市中区柏杨东路326号
……………………Tel：0833-2598400

乐山市福川盐业有限责任公司
地址：井研县黄钵乡邓家村五组69号
……………………Tel：0833-3020566

乐山盛和稀土股份有限公司
地址：乐山市五通桥区金粟镇
……………………Tel：0833-3282268

乐山乐轧装备制造有限公司
地址：四川省乐山市沙湾区观峨街
……………………Tel：0833-3445725

四川德胜集团钒钛有限公司
地址：乐山市沙湾区铜河路南段8号
……………………Tel：0833-3485855

四川国荣实业投资有限公司
地址：井研县研城镇夏家桥街250号
……………………Tel：0833-3715488

马边大王山能源开发有限公司
地址：马边彝族自治县民建镇东光大道222号
……………………Tel：0833-4522122

乐山金泓国有资产投资（集团）有限公司
地址：金口河区和平新市街63号1栋2楼
……………………Tel：0833 5022314

四川川投峨眉铁合金（集团）有限责任公司
地址：峨眉山市九里镇
……………………Tel：0833-5576254

四川峨铁节能材料有限责任公司
地址：峨眉山市九里镇白衣村
……………………Tel：0833-5576546

凉山州矿冶投资控股有限责任公司
地址：西昌市正义南路2号
……………………Tel：0834-2181377

攀钢集团西昌新钢业有限公司
地址：西昌市长安西路
……………………Tel：0834-2410410

凉山州宇翔投资发展有限公司
地址：西昌市城郊片区风情园路海河南岸1幢2层201号
……………………Tel：0834-2515777

四川西昌合力锌业股份有限公司
地址：四川省西昌市安宁镇
……………………Tel：0834-2586029

四川世达实业有限责任公司
地址：四川省凉山彝族自治州西昌市航天大道东延线鹭洲威尼斯半岛A区3幢5层1号
……………………Tel：0834-3238751

盐源江川矿业有限责任公司
地址：盐源县平川镇平铁路57号
……………………Tel：0834-3242269

西昌天城建设工程有限公司
地址：西昌市长安中路40号26幢5楼29号
……………………Tel：0834-3246208

西昌大地勘察设计有限公司
地址：凉山州西昌市长安中路148号
……………………Tel：0834-3246638

四川康西铜业有限责任公司
地址：西昌市安宁镇
……………………Tel：0834-2586078

重钢西昌矿业有限公司
地址：四川省西昌市太和镇
……………………Tel：0834-3651003

普格县城镇开发建设投资有限责任公司
地址：普格县普基镇中心街4号
……………………Tel：0834-4783858

中稀（四川）稀土有限公司
地址：四川省凉山州德昌县凤凰大道三段
……………………Tel：0834 5203225

德昌县国有资产经营有限责任公司
地址：德昌县德州镇凤凰广场68号政务中心六楼
……………………Tel：0834-5287385

德昌县国有资产投资有限责任公司
地址：德昌县德州镇西环路北段凉山州商业银行四楼
……………………Tel：0834-5289599

四川省会东满银沟矿业集团有限公司
地址：四川省会东县 鱼河镇三鑫路南段119号
……………………Tel：0834-5428118

凉山矿业股份有限公司
地址：四川省凉山州会理县绿水镇矿部片区
……………………Tel：0834-5636508

四川会理铅锌股份有限公司
地址：四川省会理县云甸镇甸沙关
……………………Tel：0834-5648166

会理县会川国有资产投资开发有限责任公司
地址：会理县滨河路244号
……………………Tel：0834-5673337

会理县渝城矿业开发有限公司
地址：会理县竹箐乡酸水村8组
……………………Tel：0834-5678866

四川会理鑫沙锌业有限责任公司
地址：会理县云甸镇甸沙关
……………………Tel：0834-5683700

会理县富乐有色金属有限责任公司
地址：会理县通安镇
……………………Tel：0834-5699702

攀钢集团西昌钢钒有限公司
地址：西昌市经久工业园区
……………………Tel：0834-6230809

冕宁县投资发展有限责任公司
地址：冕宁县高阳街道人民路技术巷1号
……………………Tel：0834-6761008

越西县国有资产经营管理有限责任公司
地址：越西县越城镇果园路
……………………Tel：0834-7615178

钢城集团凉山瑞海实业有限公司
地址：西昌经久工业园区公共服务区
……………………Tel：0834-8613300

四川利达土登实业有限公司
地址：成都市武侯区武侯祠横街12号15-16号
……………………Tel：0834-8613888

雷波凯瑞磷化工有限责任公司
地址：四川省雷波县汶水镇马道子工业园
……………………Tel：0834-8828221

雅安市雨城实业发展有限责任公司
地址：雅安市雨城区育才路202号
……………………Tel：0835-2821118

雅安发展投资有限责任公司
地址：四川省雅安市雨城区沙湾路149号
……………………Tel：0835-2823039

雅安市名山区农村信用合作联社
地址：雅安市名山区蒙阳镇新民路357号
……………………Tel：0835-3223035

雅安经济开发区建设投资有限公司
地址：四川省雅安市经济开发区滨河东路3号
……………………Tel：0835-3236879

雅安市雨城区国有资产经营管理有限责任公司
地址：四川省雅安市雨城区雅州大道326号
……………………Tel：0835-3587903

汉源俊磊科技有限公司
地址：汉源县万里工业园区
……………………Tel：0835-4222022

汉源四环锌锗科技有限公司
地址：汉源县万里乡建坪村三组
……………………Tel：0835-4584618

天全县运辉贸易有限公司
地址：天全县多功乡多功村二组
……………………Tel：0835-6522865

芦山县国有资产经营有限责任公司
地址：四川省雅安市芦山县芦阳街道迎宾大道157号（信用联社6楼）
……………………Tel：0835-6527526

芦山县投资经营管理有限责任公司
地址：芦山县芦阳镇迎宾大道（信用联社6楼）
……………………Tel：0835-6527526

宝兴发展投资有限责任公司
地址：宝兴县穆坪镇顺城街143号
……………………Tel：0835-6826598

四川雅安安山钢铁有限公司
地址：天全县紫石乡紫石关村1组53号
……………………Tel：0835-7337666

石棉县腾龙甲发展投资有限责任公司
地址：四川省雅安市石棉县新棉镇滨河路473号
……………………Tel：0835-8850515

四川四环锌锗科技有限公司
地址：四川省雅安市石棉县回隆乡竹马工业园区
……………………Tel：0835-8862086

石棉县发展投资有限责任公司
地址：石棉县长征路一段7号
……………………Tel：0835-8869196

甘孜藏族自治州投资发展集团有限公司
地址：康定县沿河西路1号
……………………Tel：0836-2870112

四川里伍铜业股份有限公司
地址：四川省甘孜藏族自治州康定市炉城镇向阳街137号
……………………Tel：0836-2879345

泸定发展投资有限公司
地址：泸定县泸桥镇红军路泸桥御锦B幢1-4-2号
……………………Tel：0836-3129568

理塘县国有资产经营投资管理集团有限责任公司
地址：理塘县高城镇团结路北段9号
……………………Tel：0836-5321001

四川鑫源矿业有限责任公司
地址：白玉县麻邛乡呷村鑫源公司办公楼
……………………Tel：0836-6123888

四川夏塞银业有限责任公司
地址：康定县沿河东路28号
……………………Tel：0836-6699188

甘孜县城乡建设投资发展有限公司
地址：甘孜县甘孜镇东大街88号
……………………Tel：0836-7527322

小金县国有资产投资管理有限责任公司
地址：四川省阿坝藏族羌族自治州小金县美兴镇
……………………Tel：0837-2785083

阿坝州国有资产投资管理有限公司
地址：四川省阿坝藏族羌族自治州马尔康市马尔康镇马江街202号
……………………Tel：0837-2837031

汶川羌禹投资发展集团有限责任公司
地址：汶川县威州镇桑坪路39号附80-85号
……………………Tel：0837-6988271

九寨沟县国有资产投资有限公司
地址：九寨沟县政务中心3号楼5楼3-501
……………………Tel：0837-7770653

四川德鑫矿业资源有限公司
地址：四川省阿坝州金川县集沐乡李家沟
……………………Tel：0837-8676628

松潘县国有资产投资管理有限公司
地址：四川省阿坝藏族羌族自治州松潘县进安镇新区
……………………Tel：0837-8807333

若尔盖县国有资产投资管理有限公司
地址：四川省阿坝藏族羌族自治州若尔盖县达扎寺镇商业街7号
……………………Tel：0837-8965668

德阳旌和国贸有限公司
地址：四川省德阳市旌阳区泰山北路二段232号
……………………Tel：0838-2202969

四川新金路集团股份有限公司
地址：四川省德阳市区泰山南路二段733号银鑫.五洲广场一期21栋22-23层
……………………Tel：0838-2204384

四川金康矿业有限公司
地址：四川省阿坝州红原县壤口乡壤口村
……………………Tel：0838-2531228

四川通融统筹城乡建设投资有限公司
地址：四川省德阳市罗江区景乐北路78号附5号
……………………Tel：0838-3121202

什邡市恒新建设投资有限公司
地址：四川省德阳市什邡市经济开发区（北区）蓥天大道2号
……………………Tel：0838-3188098

四川泰华堂制药有限公司
地址：四川省德阳市广汉市南昌路
……………………Tel：0838-5103096

四川翔龙投资经营有限公司
地址：四川省广汉市洛阳路86号附1-11号（人和苑6幢）营业房
……………………Tel：0838-5230598

中核华西地矿科技有限公司
地址：四川省德阳市广汉市成都路东二段180号
……………………Tel：0838-5326716

四川金雁房地产开发有限公司
地址：四川省德阳市广汉市韶山路五段111号2楼252号
……………………Tel：0838-5252276

四川鑫意投资有限公司
地址：四川省广汉市南昌路二段69号
……………………Tel：0838-5357536

绵竹市金申投资集团有限公司
地址：四川省绵竹市月波街178号
……………………Tel：0838-6220566

四川省绵竹金泉钢铁有限公司
地址：四川省绵竹市玉泉镇
……………………Tel：0838-6672266

什邡恒阳文化旅游发展有限责任公司
地址：四川省德阳市什邡市经济开发区（南区）沱江路西段1号
……………………Tel：0838-8267128

四川宏达实业有限公司
地址：什邡市师古镇成林村
……………………Tel：0838-8620170

什邡市恒升实业有限公司
地址：四川省德阳市什邡市经济开发区（南区）沱江西路1号
……………………Tel：0838-8710000

四川广旺能源发展（集团）有限责任公司
地址：广元市苴国路555号
……………………Tel：0839-3295040

元泰达新材料股份有限公司
地址：广元市经济开发区川浙合作园
……………………Tel：0839-3332228

广元辰龙矿业开发有限公司
地址：四川省广元市利州区万缘新区交警支队西侧广信财富中心1栋1-8-1-2-3号
……………………Tel：0839-3363609

广元市恒太铝业有限公司
地址：广元经济技术开发区袁家坝工业园
……………………Tel：0839-3411589

广元市贵商村镇银行股份有限公司
地址：四川省广元市朝天区军师街（原妇幼保健院综合楼1-4楼）
……………………Tel：0839-3952994

四川昭旺家居产业投资有限责任公司
地址：四川省广元市昭化区元坝镇益光西路7号
……………………Tel：0839-8713888

贵州省

六枝工矿（集团）习水马临煤业有限责任公司
地址：贵州省遵义市习水县隆兴镇马临管理区
……………………Tel：0851-22534178

贵州省习水鼎泰能源开发有限责任公司
地址：贵州省遵义市习水县二郎乡
……………………Tel：0851-22703707

贵州满天下公共资源经营管理有限公司
地址：湄潭县湄江街道桃花江大桥东侧（游客中心二楼）
……………………Tel：0851-24227277

清镇市工业投资有限公司
地址：贵州省贵阳市清镇市山东枣矿站街矿业基地
……………………Tel：0851-2516107

贵州红枫铁合金股份有限公司
地址：贵州省贵阳市清镇市条子场
……………………Tel：0851-2547205

共济润道投资有限公司
地址：贵州省遵义市务川仡佬族苗族自治县丹砂街道百合酒店
……………………Tel：0851-25474587

贵州务川农村商业银行股份有限公司
地址：贵州省遵义市务川仡佬族苗族自治县都濡街道民族西路165号南山广场2单元1-1
……………………Tel：0851-25622546

务川自治县洪渡河建设投资有限公司
地址：贵州省务川自治县丹砂街道河滨大道洪渡河畔30号楼1栋1号
……………………Tel：0851-25629696

贵州北源电力股份有限公司
地址：贵州省遵义市红花岗区中华路龙井沟统建７７栋３号楼３２１号
……………………Tel：0851-26018201

贵州娄山关开发投资有限责任公司
地址：贵州省遵义市桐梓县娄山关镇森航南部新城A区
……………………Tel：0851-26661130

贵州省恒昌大建设集团有限公司
地址：贵州省遵义市桐梓县南部新城A区B栋24楼
……………………Tel：0851-26729909

中铝遵义矿业有限公司
地址：贵州省遵义市播州区影山湖街道火车站社区龙寨组
……………………Tel：0851-27227049

遵义市播州区国有资产投资经营（集团）有限责任公司
地址：贵州省遵义市播州区南白街道万寿广场综合楼7楼
……………………Tel：0851-27230509

遵义福鑫特殊钢装备制造有限公司
地址：贵州省遵义市播州区龙坑街道八里社区八里中桥工业园区
……………………Tel：0851-27389999

贵州联合钢铁（集团）有限公司
地址：贵州省遵义市播州区龙坑街道八里社区八里中桥工业园区新建组55号
……………………Tel：0851-27389999

遵义新蒲实业投资运营有限责任公司
地址：贵州省遵义市新蒲新区CBD商务中心长征大厦19层
……………………Tel：0851-27331320

贵州德源能投投资有限责任公司
地址：贵州省遵义市汇川区乌江大厦1002室
……………………Tel：0851-27399511

贵州思瑞丰矿业集团有限公司
地址：贵州省遵义市播州区遵南大道龙坑汽车城汽博大厦2栋1202室
……………………Tel：0851-27399590

贵州钢建工程有限公司
地址：贵州省遵义市红花岗区石龙路１２号
……………………Tel：0851-28263061

贵州遵钛（集团）有限责任公司
地址：贵州省遵义市红花岗区舟水桥
……………………Tel：0851-28471388

贵州钢绳股份有限公司
地址：贵州省遵义市红花岗区桃溪路４７号
……………………Tel：0851-28419599

遵义湘江投资建设有限责任公司

地址：贵州省遵义市红花岗区新能源汽车产业园创客中心大楼
Tel：0851-28448330

遵义钛业股份有限公司
地址：贵州省遵义市桐梓县楚米镇元田村枣木树组
Tel：0851-28471388

贵州长征电气有限公司
地址：贵州省遵义市汇川区武汉路临1号
Tel：0851-28622604

贵州新新建设有限公司
地址：贵州省遵义市新蒲新区开投大厦
Tel：0851-28660533

贵州长征天成控股股份有限公司
地址：贵州省遵义市汇川区武汉路临1号
Tel：0851-28682211

徐矿集团贵州能源有限公司
地址：贵州省遵义市汇川区珠海路大成帝景裙楼三层
Tel：0851-28687268

习水县扬帆建设有限责任公司
地址：贵州省遵义市习水县杉王街道红一路77号
Tel：0851-28762594

贵州耀辉矿业发展有限公司
地址：贵州省遵义市桐梓县娄山关高新区孵化器大楼12楼
Tel：0851-28777380

遵义能矿投资股份有限公司
地址：贵州省遵义市汇川区厦门路融兴大厦6-7层
Tel：0851-28951870

安顺市西秀区工业投资（集团）有限公司
地址：贵州省安顺市西秀新安街道产业园区管委会五楼内
Tel：0851-33351556

贵州润安工贸有限公司
地址：贵州省贵安新区黔中大道贵安国际数字文化产业园5号楼16层5号、8号
Tel：0851-33351556

贵州华电安顺华荣投资有限公司
地址：贵州省安顺市西秀区头铺村（贵黄路旁）
Tel：0851-33398009

贵州安青新建投资开发有限责任公司
地址：贵州省安顺市西秀区产业园区两六路
Tel：0851-33835535

安顺市华安地产集团房地产开发有限公司
地址：贵州省安顺市西秀区头铺村（贵黄公路旁）
Tel：0851-33852853

安顺市平坝区旭阳产业投资有限公司
地址：贵州省安顺市平坝区安平街道办事处平黎大道和谐小区D栋二楼
Tel：0851-34610111

中国航发贵州黎阳航空发动机有限公司
地址：黎阳路1111号
Tel：0851-34696009

贵州地矿地热投资有限公司
地址：贵州省安顺市黄果树风景名胜区白水镇洒把村
Tel：0851-38111882

普定县夜郎国有资产投资营运有限责任公司
地址：贵州省安顺市普定县委大院内县委招待所二楼
Tel：0851-38222897

普定县利民投资营运有限公司
地址：贵州省安顺市普定县城关镇文明路（县委招待所内）
Tel：0851-38229197

贵州夕阳红一日能源交通招商引资项目服务有限公司
地址：贵州省贵阳市贵阳国家高新技术产业开发区金阳科技产业园创业大厦164室
Tel：0851-3965910

贵州中和贵科技项目开发有限公司
地址：贵州省贵阳市观山湖区世纪城Y1、Y2组团26号楼1层1号
Tel：0851-4811945

贵州隆基资源开发投资有限公司
地址：贵州省毕节市纳雍县雍熙镇人民街黄包包19号
Tel：0851-5807110

贵州盘盛矿产资源开发有限公司
地址：贵州省毕节市威宁县五里岗街道工业四路电商产业园2栋3楼
Tel：0851-6870878

贵州东银同诚能源有限公司
地址：贵州省贵阳市观山湖区长岭北路6号东原财富广场1期3栋1单元18层4号房
Tel：0851-82217433

贵州绿宝能源开发有限公司
地址：贵州省六盘水市钟山区钟山中路70号
Tel：0851-82222278

贵州普瑞文化旅游有限公司
地址：贵州省贵阳市观山湖区西路碧海花园金蝶苑A幢1单元3层23B号
Tel：0851-82238558

贵州国源矿业开发有限公司
地址：贵州省贵阳市观山湖区世纪城D组团购物中心1幢2单元6层1号-8号
Tel：0851-82266555

大唐贵州发电有限公司
地址：贵州省贵阳市观山湖区金阳新区长岭北路东侧G-2-12-20
Tel：0851-82277616

贵州尊泰国际贸易有限公司
地址：贵州省贵阳市南明区花果园项目R-1区1（贵阳都会）1（1）单元15层7号
Tel：0851-82280777

山东能源集团贵州矿业有限公司
地址：贵州省贵阳市清镇市湖滨路1号红枫湖会议中心
Tel：0851-82508726

贵州肥矿光大能源有限公司
地址：贵州省贵阳市云岩区贵山大酒店14楼
Tel：0851-82509726

贵州华能焦化制气股份有限公司
地址：贵州省贵阳市清镇市东平路
Tel：0851-82566105

清镇市国有资产经营投资有限责任公司
地址：贵州省贵阳市清镇市红枫大街35号
Tel：0851-82586029

贵州海西钢铁物资有限公司
地址：贵州省贵阳市南明区富源南路1号附5号
Tel：0851-83795588

贵州中镭房地产开发有限公司
地址：贵州省贵阳市经济技术开发区黄河路443号管委会办公大楼308办公室
Tel：0851-83806803

际华三五三七有限责任公司
地址：贵州省贵阳市花溪区清溪路1号
Tel：0851-83870983

贵阳闽达钢铁有限公司
地址：贵州省贵阳市花溪区孟关乡改毛村牛郎关
Tel：0851-83900156

广角镜（贵州）七星云贸易金融有限公司
地址：贵州省贵阳市观山湖区人民政府行政办公楼第26层615号房
Tel：0851-84390637

贵州铁源科技有限公司
地址：贵州省贵阳市观山湖区林城路贵阳国际金融中心一期商务区项目11号楼12层1、22、23、24号
Tel：0851-84394540

贵州绿云能源有限公司
地址：贵州省贵阳市观山湖区诚信北路8号绿地联盛国际11号楼23层
Tel：0851-84396228

西南云峰资源投资有限公司
地址：贵州省贵阳市贵阳国家高新技术产业开发区金阳科技产业园标准厂房辅助用房B378室
Tel：0851-84396228

贵阳长乐钢铁有限公司
地址：贵州省贵阳市白云区沙文镇银都工业区
Tel：0851-84462501

贵州世纪华鼎能源投资有限公司
地址：贵州省贵阳市观山湖区贵阳世纪城D组团购物中心（一）幢1单元20层8号
Tel：0851-84728298

贵州轮胎厂
地址：贵州省贵阳市云岩区百花大道41号
Tel：0851-84767448

贵州中祥能源有限公司
地址：贵州省贵阳市观山湖区金阳南路6号贵阳世纪城Y1组团13号楼1单元32层3号
Tel：0851-84774361

贵州林东煤业发展有限责任公司
地址：贵州省贵阳市乌当区金华镇
Tel：0851-84814398

贵州中植能源有限公司
地址：贵阳市观山湖区金阳南路6号贵阳世纪城R1组团21号楼1号
Tel：0851-84855398

贵州铁投都拉物流有限公司
地址：贵州省贵阳市贵阳综合保税区综保路349号5层南侧
Tel：0851-84869710

贵州西南水泥有限公司
地址：贵阳世纪城X组团1-5栋写字楼和1-5栋商业4单元22层、23层
Tel：0851-84877716

中铝贵州矿业有限公司
地址：贵州省贵阳市白云区中国铝业贵州分公司机关大楼304房
Tel：0851-84898085

中能化发展建设集团有限公司
地址：贵州省贵安新区贵安综合保税区综合服务大楼8楼
Tel：0851-85118511

林立实业（贵州）有限公司
地址：贵州省贵阳市南明区神奇路1号B栋1单元17楼5号
Tel：0851-85202907

贵州乌江能源集团有限责任公司
地址：贵州省贵阳国家高新区高科一号A栋9楼
Tel：0851-85287187

贵州乌江能源投资有限公司
地址：贵州省贵安新区湖潮乡湖磊路
Tel：0851-85287187

金世旗国际资源有限公司
地址：贵州省贵阳市贵阳国家高新技术产业开发区数字内容产业园1层107
Tel：0851-85506623

瓮福国际贸易股份有限公司
地址：贵州省贵阳市南明区市南路57号
Tel：0851-85513311

贵州有色矿业股份有限公司
地址：贵州省贵阳市南明区东新区路7号
Tel：0851-85514965

瓮福集团农资有限责任公司
地址：贵州省黔南布依族苗族自治州福泉市马场坪工业园区
Tel：0851-85526646

贵州双龙航空港供应链管理有限公司
地址：贵州省贵阳市南明区龙洞堡乡龙洞堡电子商务港A栋2单元16层1号
Tel：0851-85538152-8241

贵州钢之联贸易股份有限公司
地址：贵州省贵阳市云岩区友谊路21号
Tel：0851-85539020

贵州雅迪尔大酒店有限公司
地址：贵州省贵阳市南明区中华南路7号
Tel：0851-85578888

桐梓县中煤能源开发有限公司
地址：贵州省遵义市桐梓县娄山关镇
Tel：0851-85586388

贵州盐业（集团）有限责任公司
地址：贵州省贵阳市观山湖区长岭北路贵阳国际会议展览中心D区D2栋负1层2号
Tel：0851-85611513

中航国际煤炭物流有限公司
地址：贵州省贵阳市经济技术开发区漓江路86号附4号
Tel：0851-85669928

贵州能发电力燃料开发有限公司
地址：贵州省贵阳市观山湖区金阳北路296号
Tel：0851-85699956

贵州乌江水电开发有限责任公司
地址：贵州省贵阳市南明区新华路9号
Tel：0851-85784588

贵州华黔能源有限公司
地址：贵州省贵阳市南明区新华路9号
Tel：0851-85784747

贵州省川黔能矿产业投资引导基金合伙企业（有限合伙）
地址：贵州省贵阳市贵阳国家高新技术产业开发区金阳科技产业园标准厂房辅助用房B206室
Tel：0851-85818926

贵州圣济堂医药产业股份有限公司
地址：贵州省贵阳市清镇市医药园区
Tel：0851-85823777

贵州省物资开发投资有限责任公司
地址：贵州省贵阳市南明区遵义路2号
Tel：0851-85829504

江煤贵州矿业集团有限责任公司
地址：贵州省贵阳市观山湖区金阳南路6号贵阳世纪城X组团1,2,3,4,5栋5单元10层1号、11层1号
Tel：0851-85833525

西南能源贵州有限公司
地址：贵州省贵阳市观山湖区长岭路与观山路西北角中天·会展城TA-1、TA-2栋（2）43层10号、11号、12号
Tel：0851-85853336

贵州绿能星新能源开发有限公司
地址：贵州省贵阳市南明区遵义路25号城市方舟1幢B单元16层1号[新华办事处]
Tel：0851-85862190

贵州交建投资有限公司
地址：贵州省贵阳市贵阳国家高新技术产业开发区金阳科技产业园标准厂房辅助用房B603室
Tel：0851-85868662

贵州省西能煤炭勘查开发有限公司
地址：贵州省贵阳市南明区箭道街2号宏业大厦B栋B单元18层
Tel：0851-8589885

贵州铁路投资有限责任公司
地址：贵州省贵阳市云岩区瑞金中路77号“百灵时尚天地”17楼
Tel：0851-85910107

贵州中城建城建矿能投资有限公司
地址：贵州省贵阳市南明区花果园彭家湾花果园项目B区第B南12（国际金融街6）栋（12）1单元15层1号
Tel：0851-85911002

贵州南方投资有限公司
地址：贵州省贵阳市南明区西湖路8号甲秀新村A栋三楼
Tel：0851-85927277

贵州铁路投资物产有限公司
地址：贵州省贵阳市云岩区瑞金中路77号百灵大厦16楼
Tel：0851-85950613

贵州郑世茅酒酒业有限公司
地址：贵州省贵阳市南明区瑞金南路103号1单元5层5-2号
Tel：0851-85968099

贵州振华群英电器有限公司（国营第八九一厂）
地址：贵州省贵阳市乌当区新添大道北段258号
Tel：0851-86300071-882

中国振华（集团）新云电子元器件有限责任公司（国营第四三二六厂）
地址：贵州省贵阳市乌当区新添大道北段232号
Tel：0851-86302678

粤电集团贵州有限公司
地址：贵州省贵阳市观山湖区麒龙中央商务大厦二期第B2幢（B2）19层1、2、3号房—20层1、2、3号房
Tel：0851-8638712

贵州乌当农村商业银行股份有限公司
地址：贵州省贵阳市乌当区新添大道北段164号附9号臣功新天地15幢
Tel：0851-86460876

贵州迈达盛集团有限公司
地址：贵州省贵阳市云岩区省政府7号楼
Tel：0851-86504236

贵州塔里木化工有限公司
地址：贵州省贵阳市南明区花果园后街彭家湾花果园项目E区E9号（国际金融街3号）楼1单元27层4号房
Tel：0851-86511528

劲泓有限公司
地址：贵州省贵阳市云岩区瑞金北路23号富中才智中心17层1号
Tel：0851-86522729

贵州康乾盛贸易有限责任公司
地址：贵州省贵阳市南明区富源北路22号A区
Tel：0851-86587356

贵州中金实业集团有限公司
地址：贵阳市观山湖区金阳南路6号贵阳世纪城I I组团8号楼1单元8层2号
Tel：0851-86650008

贵阳矿业开发投资股份有限公司
地址：贵州省贵阳市云岩区银海元隆广场第7幢1单元25层1号
Tel：0851-86653591

贵州地矿风险勘查开发投资有限公司
地址：贵州省贵阳市云岩区北京路86号
Tel：0851-86653709

贵州光大能源发展有限公司
地址：贵州省贵阳市南明区花溪大道北段如意巷22号逸豪峰4层4-4号
Tel：0851-86800405

亨达科技集团股份有限公司
地址：贵州省贵阳市云岩区北京路京玖大厦（云岩大数据总部示范大厦）19层
Tel：0851-86823100

贵州地矿集团有限公司
地址：贵州省贵阳市观山湖区石林西路171号贵州省地质科技园8栋6-7层
Tel：0851-86823746

贵州浦鑫能源有限公司
地址：贵州省贵阳市观山湖区长岭北路中天会展城B区金融商务区北区（2）1单元19层1号
Tel：0851-86830452

贵州黔德投资股份有限公司
地址：贵州省贵阳市云岩区新添大道南段289号中天花园玉兰园B座3单元8层3号
Tel：0851-86832257

贵阳盘江置业有限公司
地址：贵州省贵阳市观山湖区林城西路北侧贵州煤炭资源开发利用工程研究中心办公室
Tel：0851-86857868-7006

西南能矿集团股份有限公司
地址：贵州省贵阳市云岩区北京路219号银海元隆广场7号楼35层
Tel：0851-86885536

贵州省地质矿产资源开发股份有限公司
地址：贵州省贵阳市云岩区北京路219号
Tel：0851-86889297

中天城投集团资源控股有限公司
地址：中天路3号19层1号
Tel：0851-86988650

威宁县疙瘩营驼骏煤业有限公司
地址：贵州省毕节市威宁彝族回族苗族自治县六桥街道葡泉路中段
Tel：0851-86988650

赫章县野马川金埔矿业有限公司
地址：贵州省毕节市赫章县城关镇
Tel：0851-86988650

毕节市润隆商贸有限公司

地址：贵州省毕节市七星关区麻园大道工商银行大楼
……Tel：0851-86988650
贵州开磷农业发展有限公司
地址：贵州省贵阳市观山湖区金阳北路237号开磷城
……Tel：0851-86989032
贵阳铝镁设计研究院有限公司
地址：贵州省贵阳市观山湖区金朱路2号
……Tel：0851-86991300
贵州西电电力股份有限公司
地址：贵州省贵阳市观山湖区金阳北路296号
……Tel：0851-86992563
金沙煤层气开发有限公司
地址：贵州省毕节市金沙县鼓场街道玉屏社区一组
……Tel：0851-87160555
贵州鑫悦煤炭有限公司
地址：贵州省贵阳市息烽县养龙司乡蚂蟥村
……Tel：0851-87716695
贵州天隆城市建设投资有限公司
地址：贵州省贵阳市观山湖区诚信北路8号绿地联盛国际10号楼1单元18层6号
……Tel：0851-87791777
贵州西洋肥业有限公司
地址：贵州省贵阳市息烽县温泉镇尹庵村
……Tel：0851-87791988
国电贵州电力有限公司
地址：贵州省贵阳市观山湖区长岭北路中天会展城B区金融商务区北区1-6栋（2）1单元24-28层
……Tel：0851-87974042
贵州盘江煤层气开发利用有限责任公司
地址：贵州省六盘水市盘州市翰林街道盘江西路
……Tel：0851-88206557
贵州省能源担保有限公司
地址：贵州省贵阳市南明区护国路68号香格里拉大厦9楼1-2号
……Tel：0851-88209360
贵州西南紫金黄金开发有限公司
地址：贵州省黔西南布依族苗族自治州贞丰县珉谷镇坡西村
……Tel：0851-88225271
贵州森瑞环保科技有限公司
地址：贵州省贵阳市贵阳国家高新技术产业开发区金阳科技产业园创新路
……Tel：0851-88237989
贵州濉盛企业管理有限公司
地址：贵州省贵阳市观山湖区林城路贵阳国际金融中心一期商务区项目12号楼24层4号
……Tel：0851-88302200
贵州贵安土地整治有限公司
地址：贵州省贵安新区湖潮乡羊艾农场场部
……Tel：0851-88308314
贵州交通建设股份有限公司
地址：贵州省贵阳市贵阳国家高新技术产业开发区国家高新区金阳科技产业园标准厂房辅助用房B440室
……Tel：0851-88334922
贵州立恒钢铁有限公司
地址：贵州省贵阳市贵阳国家高新技术产业开发区金阳科技产业园标准厂房辅助用房B358室
……Tel：0851-88353073
贵州全贵通金属材料有限公司
地址：贵州省贵阳市南明区贵惠路２３２号贵惠河滨苑１栋１单元１３层１号
……Tel：0851-88353658
中煤盘江重工有限公司
地址：贵州省贵阳市经济技术开发区开发大道
……Tel：0851-88508787
永贵能源开发有限责任公司
地址：贵州省贵阳市观山湖区美的置业广场T1栋37-39层
……Tel：0851-88512282
贵州淄矿能源开发有限公司
地址：贵州省贵阳市云岩区公园路8-26号都市名园29层2号
……Tel：0851-88512286
贵州豫能投资有限公司
地址：贵州省贵阳市贵阳国家高新技术产业开发区湖滨路89号时光俊园2、3栋3层21号
……Tel：0851-88512282
贵州博泰投资管理有限公司
地址：贵州省贵阳市白云区云峰大道199号博泰世界岛D栋五层
……Tel：0851-88521581
联和能源投资控股有限公司
地址：贵州省贵阳市南明区新华路富中国际广场29楼
……Tel：0851-88589099-1001
贵阳联和能源清洁燃料有限公司
地址：贵州省贵阳市清镇市卫城镇凤凰村煤化工工业园A-04-1宗地
……Tel：0851-88589099-2032
贵州建工集团第七建筑工程有限责任公司
地址：贵州省贵阳市南明区新华路１０２号富中商务大厦三楼
……Tel：0851-8861010
贵州世通实业有限公司
地址：贵州省贵安新区贵安电商生态城内
……Tel：0851-88612257
兖矿贵州能化有限公司
地址：金阳南路6号世纪金源商务中心3号楼
……Tel：0851-88613920
西南能矿建设工程有限公司
地址：贵州省贵阳市云岩区延安中路４８号世贸广场Ａ座２５楼
……Tel：0851-88626035
贵州黔西太来鸿运煤业有限公司
地址：贵州省毕节市黔西县太来乡新坝村
……Tel：0851-88643500
贵州中航国际能源开发有限公司
地址：贵州省毕节市黔西县迎宾大道计生大楼十楼
……Tel：0851-88643500
华能贵诚信托有限公司
地址：贵州省贵阳市观山湖区长岭北路55号贵州金融城1期商务区10号楼23.24层
……Tel：0851-88661688
贵州贵安商贸投资有限公司
地址：贵州省贵安新区贵安汽车文化城
……Tel：0851 8901837
贵州钢绳（集团）有限责任公司
地址：贵州省遵义市红花岗区桃溪路４７号
……Tel：0852-28419283
贵州瑞银能源投资有限公司
地址：贵州省安顺市经济技术开发区兴伟家具城内
……Tel：0853-33243963
贵州福泉有福磷化工有限公司
地址：贵州省黔南布依族苗族自治州福泉市道坪镇英坪村委会办公楼
……Tel：0854-2183773
贵州云福化工有限责任公司
地址：贵州省黔南布依族苗族自治州福泉市马场坪办事处瓮福生活区
……Tel：0854-2188973
贵州恒睿矿业有限公司
地址：贵州省黔南州福泉市金山办事处朝阳路7号
……Tel：0854-2229088
贵州胜有福矿业有限责任公司
地址：贵州省黔南布依族苗族自治州福泉市牛场镇双龙工业园区
……Tel：0854-2468758
瓮安县天一矿业有限公司
地址：贵州省黔南布依族苗族自治州瓮安县银盏镇太平社区麒龙摩尔城财富中心B座24层
……Tel：0854-2623418
瓮安县国土资源投资开发有限责任公司
地址：贵州省黔南布依族苗族自治州瓮安县雍阳办事处河西新区国土资源局办公楼
……Tel：0854-2789911
贵州源翼矿业集团有限公司
地址：贵州省贵阳市观山湖区金阳新区管理委员会26层28号房
……Tel：0854-2877758
贵州成黔陶粒有限公司
地址：贵州省黔南布依族苗族自治州瓮安县永和镇袁山村
……Tel：0854-2917698
贵州高速能达建设有限公司
地址：贵州省黔南布依族苗族自治州独山县百泉镇中南街八段
……Tel：0854-3221966
独山县汇通投资有限公司
地址：贵州省黔南布依族苗族自治州独山县百泉镇环东路高新技术产业园区
……Tel：0854-3222368
独山金孟锰业有限公司
地址：贵州省黔南布依族苗族自治州独山县麻尾镇泗亭村（麻尾工业园）
……Tel：0854-3232363
贵州省珠江源实业集团有限责任公司
地址：贵州省黔南布依族苗族自治州三都水族自治县三合街道县府路
……Tel：0854-4810508
荔波锦楣投资有限责任公司
地址：贵州省荔波县玉屏街道红船路3-2号
……Tel：0854-4820889
黔南交通建设集团有限责任公司
地址：贵州省黔南布依族苗族自治州经济开发区匀都国际A栋10层
……Tel：0854-4914299
贵州昌明国际陆港有限责任公司
地址：贵州省黔南布依族苗族自治州贵定县昌明经济开发区3号
……Tel：0854-4956816
贵州省兴泉实业（集团）有限公司
地址：贵州省黔南布依族苗族自治州福泉市马场坪办事处经济开发区乐岗路9号
……Tel：0854-4982011
福泉市兴泉矿业有限公司
地址：贵州省黔南布依族苗族自治州福泉市开发区（马场坪）乐岗路9号
……Tel：0854-4982011
贵州润天恒晖投资有限公司
地址：贵州省黔南布依族苗族自治州龙里县冠山街道西关坡（锦绣花园）
……Tel：0854-5660526
龙里红狮水泥有限公司
地址：贵州省黔南布依族苗族自治州龙里县谷脚镇岩后村
……Tel：0854-5730610
惠水县好花红景区运营管理有限公司
地址：贵州省黔南布依族苗族自治州惠水县涟江街道新城村望城坡（高速公路出口处）
……Tel：0854-6228777
贵州惠恒通贸易有限公司
地址：贵州省黔南布依族苗族自治州惠水县　江街道明田科技产业园5号楼（经济开发区管委会二楼）
……Tel：0854-6535906
长顺县地源开发有限公司
地址：贵州省黔南布依族苗族自治州长顺县长寨镇长发中路
……Tel：0854-6822889
贵州大亮锌业有限公司
地址：贵州省都匀市莽山路5号104地质队办公室
……Tel：0854-7119188
贵州中航玉丰宝玉石有限公司
地址：贵州省黔南布依族苗族自治州罗甸县龙坪镇北出境线1幢一层
……Tel：0854-7947778
都匀经济开发区天顺房地产开发有限公司
地址：贵州省黔南布依族苗族自治州经济开发区大坪镇管委会大楼三楼308室
……Tel：0854-8190668
贵州东晟土地投资开发有限公司
地址：贵州省黔南州都匀经济开发区黔南州全民健身活动中心综合馆内
……Tel：0854-8313093
贵州鑫源投资开发有限责任公司
地址：贵州省黔南布依族苗族自治州经济开发区匀都国际17楼
……Tel：0854-8512056
贵州三江聚能矿业有限公司
地址：贵州省黔东南苗族侗族自治州麻江县回龙路南侧1幢1-7号
……Tel：0855-2210263
丹寨县金建投资发展有限责任公司
地址：贵州省黔东南苗族侗族自治州丹寨县金钟工业区管理委员会办公楼
……Tel：0855-3619011
丹寨县国有资产运营有限责任公司
地址：贵州省黔东南苗族侗族自治州丹寨县龙泉大道（县信用联社大楼）
……Tel：0855-3699910
锦屏县国有资产经营有限责任公司
地址：贵州省黔东南苗族侗族自治州锦屏县三江镇风雨桥社区邮政储蓄三楼
……Tel：0855-3900398
贵州清水江产业投资集团有限公司
地址：贵州省锦屏县三江镇赤溪坪社区江西会馆
……Tel：0855-3959896
三穗县城市开发投资有限责任公司
地址：贵州省黔东南苗族侗族自治州三穗县八弓镇林园路
……Tel：0855-4533176
贵州富源稀土矿开发有限公司
地址：贵州省黔东南苗族侗族自治州台江县台拱镇秀眉大道160号
……Tel：0855-5327679
台江县城镇建设投资开发有限责任公司
地址：贵州省黔东南苗族侗族自治州台江县苗家湾二期5栋6楼
……Tel：0855-5329166
贵州洛贯经济开发区投融资开发有限责任公司
地址：贵州省黔东南苗族侗族自治州从江县洛香镇
……Tel：0855-6927921
锦屏县金森林业投资开发有限公司
地址：贵州省黔东南苗族侗族自治州锦屏县三江镇排洞社区（林业局办公楼）
……Tel：0855-7220077
贵州锦屏经济开发区城市建设投资有限公司
地址：贵州省黔东南苗族侗族自治州锦屏县敦寨镇敦寨街上
……Tel：0855-7287976
锦屏县康源建材开发有限公司
地址：贵州省黔东南州锦屏县三江镇杉乡路农资配送中心综合楼四楼
……Tel：0855-7369399
天柱县城镇建设投资开发有限责任公司
地址：贵州省黔东南苗族侗族自治州天柱县凤城镇凤山路（原国资办办公室）
……Tel：0855-7523668
贵州省黔东南林腾矿产开发有限公司
地址：贵州省黔东南苗族侗族自治州凯里市环城西门街1号长龙铭居B栋3层1号
……Tel：0855-8229099
贵州振华华联电子有限公司
地址：贵州省黔东南苗族侗族自治州凯里市华联路146号
……Tel：0855-8249000
黔东南州开发投资（集团）有限责任公司
地址：贵州省黔东南苗族侗族自治州凯里市北京西路29号3楼
……Tel：0855-8251035
黔东南州金源实业发展有限公司
地址：贵州省黔东南苗族侗族自治州凯里市迎宾大道丰球新天地4层2号
……Tel：0855-8517173
贵州省凯里城镇建设投资有限公司
地址：贵州省黔东南苗族侗族自治州凯里市风情大道1号
……Tel：0855-8655116
贵州武陵矿业有限公司
地址：贵州省铜仁市松桃苗族自治县乌罗镇前进村李家湾
……Tel：0856-2323577
松桃天龙投资开发（集团）有限公司
地址：贵州省铜仁市松桃苗族自治县蓼皋街道大龙湖景区C-1区（GJ-2、C-2-8、C-2-9）
……Tel：0856-2373222
松桃七星土地开发有限责任公司
地址：贵州省铜仁市松桃苗族自治县蓼皋街道天龙湖景区C-1区GJ-2号
……Tel：0856-2830986
中国物流大龙有限公司
地址：贵州省铜仁市大龙经济开发区火车货运站旁
……Tel：0856-3376609
贵州省玉屏侗族自治县鑫源城乡建设开发有限公司
地址：贵州省铜仁市玉屏侗族自治县平溪办事处红花路51号（原老人事局5楼）
……Tel：0856-3376786
铜仁市万山区开源投资集团鑫源城市建设开发有限责任公司
地址：贵州省铜仁市万山区谢桥产业园区主楼B座2楼
……Tel：0856-3463918
铜仁市万山区开源投资集团有限公司
地址：贵州省铜仁市万山区谢桥新区产业园主楼B座2楼
……Tel：0856-3523108
贵州万山兴隆锰业有限公司
地址：贵州省铜仁市万山区下溪乡兴隆村
……Tel：0856-3526928
玉屏县朝阳投资有限公司
地址：贵州省铜仁市玉屏侗族自治县新店乡政府院内
……Tel：0856-4167511
石阡县城市开发投资有限公司
地址：贵州省铜仁市石阡县泉都街道大关社区甘溪路6号
……Tel：0856-5202888
贵州省梵净山投资控股集团有限公司
地址：贵州省铜仁市碧江区锦江北路39号15栋4楼
……Tel：0856-5213251
铜仁市国有资本运营股份有限公司
地址：贵州省铜仁市碧江区解放路36号
……Tel：0856-5220551
铜仁农村商业银行股份有限公司
地址：贵州省铜仁市碧江区南长城路11号
……Tel：0856-5281446
贵州省铜仁市城市开发投资集团有限公司
地址：贵州省铜仁市碧江区环东路（东门桥桥头处）
……Tel：0856-5652008
贵州省铜仁市梵净山综合开发有限责任公司
地址：贵州省铜仁市碧江区环北锦江大道8号（中国农业银行铜仁分行大楼）
……Tel：0856-6628519
贵州博宇城镇建设发展有限公司
地址：贵州省铜仁市思南县思唐镇城北街月亮湾
……Tel：0856-6900060
贵州能矿锰业集团有限公司
地址：贵州省铜仁市大龙经济开区飞龙大道北部工业园区
……Tel：0856-6909199
铜仁市融华投资有限公司
地址：贵州省铜仁市碧江区江华国际C栋1单元14楼14-15号
……Tel：0856-6926585
石阡泉城地矿开发有限责任公司
地址：贵州省铜仁市石阡县泉都街道文笔社区佛顶山北路（原合医局办公楼二楼）

……Tel：0856-6959688
石阡县交旅开发投资有限公司
地址：贵州省铜仁市石阡县汤山镇温泉社区中坪街（老财政局办公楼二楼）
……Tel：0856-7622538
贵州大兴高新开发投资有限公司
地址：贵州省铜仁市高新技术产业开发区管委会
……Tel：0856-8120016
铜仁市九龙地矿投资开发有限责任公司
地址：贵州省铜仁市碧江区环西路71号
……Tel：0856-8127519
贵州武陵地矿开发建设有限责任公司
地址：贵州省铜仁市沿河土家族自治县团结街道办事处汇鑫苑
……Tel：0856-8229781
贵州滨江市政建设有限责任公司
地址：贵州省铜仁市沿河土家族自治县团结街道汇鑫苑
……Tel：0856-8229781
贵州科杏医药发展有限责任公司
地址：贵州省铜仁市沿河土家族自治县团结街道汇鑫苑
……Tel：0856-8229781
贵州乌江投资发展有限责任公司
地址：贵州省铜仁市沿河土家族自治县团结办事处（汇鑫苑）
……Tel：0856-8229781
重庆能源（贵州）煤电有限公司
地址：贵州省毕节市七星关区杜鹃大道愉景华庭D栋A座5楼
……Tel：0857-2162991
大方绿塘煤矿有限责任公司
地址：贵州省毕节市大方县绿塘乡牛场村新沟组
……Tel：0857-2163673
毕节中城能源有限责任公司
地址：织金县少普镇狗场村柿花寨组
……Tel：0857-2194174
黔西县黔希煤化工投资有限责任公司
地址：贵州省毕节市黔西县经济开发区（县文峰办事处三角社区杨柳塘）
……Tel：0857-2217076
贵州金沙龙凤煤业有限公司
地址：贵州省毕节市金沙县新化乡乡民村
……Tel：0857-2219231
贵州安方矿业有限公司
地址：赫章县白果镇会展中心北楼
……Tel：0857-3227335
贵州安方投资实业有限公司
地址：赫章县白果镇会展中心北楼
……Tel：0857-3228475
贵州赫章锦华实业有限公司
地址：贵州省毕节市赫章县雉街乡
……Tel：0857-3380008
贵州雍泰建设（集团）有限公司
地址：贵州省毕节市纳雍县雍熙街道办事处沿河社区
……Tel：0857-3536054
贵州中岭矿业有限责任公司
地址：贵州省毕节市纳雍县中岭镇
……Tel：0857-3668021
贵州世纪资源勘查开发有限责任公司
地址：贵州省毕节市黔西市文峰街道黔西北农副产品交易中心二期3号楼2楼
……Tel：0857-4249028
贵州黔西中水发电有限公司
地址：贵州省毕节市黔西县甘棠乡
……Tel：0857-4636009
贵州神田矿业发展有限公司
地址：贵州省毕节市黔西县雨朵镇登高社区
……Tel：0857-4648118
贵州百里杜鹃川黔能源有限公司
地址：贵州省毕节市百里杜鹃管理区鹏程管理区格佐新村127号
……Tel：0857-4711138
开明实业股份有限公司
地址：贵州省毕节市金沙县鼓场街道玉屏社区泰山路开明大厦
……Tel：0857-7213333
金沙县路桥工程投资有限公司
地址：金沙县鼓场街道黎明花园东区三楼
……Tel：0857-7221466
贵州黎明能源集团有限责任公司
地址：贵州省毕节市金沙县城关镇黎明路
……Tel：0857-7250338
朗月投资管理有限公司
地址：贵州省毕节市金沙县鼓场街道黎明社区
……Tel：0857-7255366
贵州大运矿业有限公司
地址：贵州省毕节市金沙县长安街９７号
……Tel：0857-7362666
金沙经济开发区建设投资有限公司
地址：贵州省毕节市金沙开发区
……Tel：0857-7384060
贵州省朗月矿业投资有限公司
地址：贵州省毕节市金沙县新化乡五星村
……Tel：0857-7388567
贵州文家坝矿业有限公司
地址：贵州省毕节市织金县文腾街道办事处西湖村
……Tel：0857-7700059
贵州新浙能矿业有限公司
地址：贵州省毕节市织金县城关镇金中路平远明珠商住楼1单元5层3、4号
……Tel：0857-7732816
贵州荣强实业集团有限公司
地址：贵州省毕节市织金县双堰街道星河湾一幢二单元14-5号
……Tel：0857-7821777
贵州兴伟兴能源投资有限公司
地址：贵州省毕节市织金县城关镇沿河路173号
……Tel：0857-7829350
贵州众一金彩黔矿业有限公司
地址：贵州省毕节市织金县城关镇西湖大道二屯坡
……Tel：0857-7991728
毕节市商贸投资有限责任公司
地址：贵州省毕节市七星关区天河路109号
……Tel：0857-8227890
贵州生态环境工程运营管理有限公司
地址：贵州省毕节市七星关区碧阳街道办事处流仓社区同心立交桥旁
……Tel：0857-8251068
毕节市工业能源投资建设有限公司
地址：贵州省毕节市七星关区洪山街道洪山路5号洪山·财富国际12层
……Tel：0857-8253933
毕节市工投综合能源发展有限公司
地址：贵州省毕节市七星关区洪山街道洪山路5号洪山·财富国际12层
……Tel：0857-8253933
毕节市润源资产管理有限公司
地址：贵州省毕节市七星关区碧阳街道圆梦国际1号楼1单元
……Tel：0857-8258799
贵州珈程超导能源科技发展有限公司
地址：贵州省毕节市金海湖新区小坝镇水塘村
……Tel：0857-8265058
贵州毕节高速发展有限公司
地址：贵州省毕节市金海湖新区高铁站公交枢纽3楼
……Tel：0857-8295898
贵州亚非投资有限公司
地址：贵州省毕节市七星关区大河乡拉乐村拖冲组52号
……Tel：0857-8308341
贵州水红铁路有限责任公司
地址：贵州省六盘水市钟山区人民西路３７１号
……Tel：0858-2190885
六盘水首钢水钢总医院有限公司
地址：贵州省六盘水市钟山区钟山大道中段564号
……Tel：0858-2209608
贵州玄武岩新材料工程技术开发有限公司
地址：贵州省六盘水市盘州市两河街道两河新区机械加工园BC区
……Tel：0858-3229078
贵州首黔资源开发有限公司
地址：贵州省六盘水市盘州市鸡场坪乡
……Tel：0858-3412115
贵州泛华矿产资源开发有限公司
地址：两河新区三特中药饮片厂内1-2号门面（两河街道办）
……Tel：0858-3472836
贵州盘北致远实业有限责任公司
地址：贵州省六盘水市盘州市鸡场坪镇盘北经济开发区管委会办公楼四楼
……Tel：0858-3523103
贵州松河煤业发展有限责任公司
地址：贵州省六盘水市盘州市松河彝族乡
……Tel：0858-3534135
贵州盘江马依煤业有限公司
地址：贵州省六盘水市盘州市
……Tel：0858-3558999
贵州盘北大秦售电有限公司
地址：贵州省六盘水市盘州市盘北经济开发区鸡场坪供销大厦1单元27层
……Tel：0858-3559180
贵州德佳投资有限公司
地址：贵州省六盘水市盘州市柏果镇红旗村
……Tel：0858-3577531
贵州紫森源集团投资有限公司
地址：贵州省六盘水市盘州市红果街道中沙陀村
……Tel：0858-3665259
盘州福马炭材料科技有限公司
地址：贵州省六盘水市盘州市鸡场坪镇（贵州盘北经济开发区）本歹村4组与5组之间空地（海子头）
……Tel：0858-3677775
贵州邦达能源开发有限公司
地址：贵州省六盘水市盘州市蛾螂铺休闲广场旁
……Tel：0858-3679799
贵州久泰邦达能源开发有限公司
地址：贵州省六盘水市盘州市蛾螂铺休闲广场旁
……Tel：0858-3688993
贵州美升能源集团有限公司
地址：贵州省六盘水市六枝特区那平路115号3楼
……Tel：0858-5326726
六枝特区竹林煤矿有限公司
地址：贵州省六盘水市六枝特区平寨镇那平路115号
……Tel：0858-5326726
六枝特区聚光能源有限公司
地址：贵州省六盘水市六枝特区路喜循环经济产业园区
……Tel：0858-5325906
贵州鑫泰源开发投资有限公司
地址：贵州省六盘水市水城县开发区管理委员会三楼
……Tel：0858-6536191
贵州红桥产业发展有限公司
地址：贵州省六盘水市钟山经济开发区红桥新区政府办公大楼
……Tel：0858-6634157
贵州盘江恒普煤业有限公司
地址：贵州省六盘水市水城县都格镇
……Tel：0858-6640106
水城县能投实业（集团）有限公司
地址：贵州省六盘水市水城县双水街道广场社区水城县工业和信息化局院内
……Tel：0858-6666985
水城县羲源矿产开发有限公司
地址：贵州省六盘水市水城县双水街道办广场社区县住建局旁
……Tel：0858-6763097
贵州华电华和能源有限公司
地址：贵州省六盘水市钟山区大道46号江源大厦
……Tel：0858-6767788
贵州西源发电有限责任公司
地址：贵州省六盘水市水城县顺场乡大发村渡船寨
……Tel：0858-8105202
六枝工矿（集团）有限责任公司
地址：贵州省六盘水市六枝特区人民路
……Tel：0858-8123231
贵州盘南煤炭开发有限责任公司
地址：贵州省六盘水市盘州市响水镇
……Tel：0858-8138108
贵州宏财投资集团有限责任公司
地址：贵州省六盘水市盘州市亦资街道胜境大道延长线宏财投资大厦写字楼21－24楼
……Tel：0858-8139555
盘州市宏财矿产资源收储开发投资有限责任公司
地址：贵州省六盘水市盘州市亦资街道胜境大道延长线宏财投资大厦写字楼16号
……Tel：0858-8139712
贵州恒利物流有限公司
地址：贵州省六盘水市钟山区人民中路4号水城煤电办公楼
……Tel：0858-8179325
六盘水黔鹰实业有限责任公司
地址：贵州省六盘水市钟山区人民中路4号水城煤电办公楼
……Tel：0858-8179325
贵州达旺矿业有限公司
地址：贵州省六盘水市钟山区汪家寨镇水城煤电汪矿502500栋（办公楼）
……Tel：0858-8179582
贵州水城矿业股份有限公司
地址：贵州省六盘水市钟山区开拓路１６号
……Tel：0858-8177999
贵州格目底矿业有限公司
地址：贵州省六盘水市水城县勺米乡范家寨村
……Tel：0858-8179071
贵州鑫晟煤化工有限公司
地址：贵州省六盘水市水城县老鹰山镇
……Tel：0858-8187718
贵州三稀新能源科技股份有限公司
地址：贵州省六盘水市钟山经济开发区管委会425室
……Tel：0858-8203737
六盘水能源投资开发有限公司
地址：贵州省六盘水市钟山区明湖路42号（六盘水市环保局旁）
……Tel：0858-8225550
六枝特区煤层气投资开发有限公司
地址：贵州省六盘水市六枝特区那平路（交警队旁）
……Tel：0858-8225550
六盘水中油铁强工贸有限公司
地址：贵州省六盘水市钟山区机务段内
……Tel：0858-8295069
贵州华隆煤业有限公司
地址：贵州省六盘水市六枝特区人民路２２号
……Tel：0858-8562260
六盘水农村商业银行股份有限公司
地址：贵州省六盘水市钟山区钟山中路67号
……Tel：0858-8682102
六盘水北盘江水电开发有限公司
地址：贵州省六盘水市水城县明硐湖国际新城一期1号楼
……Tel：0858-8693696
六盘水市兴隆房地产开发有限责任公司
地址：贵州省六盘水市钟山区人民中路16号
……Tel：0858-8770171
贵州锂电新能源科技有限公司
地址：贵州省六枝特区南环路兴业大厦5楼4-7号办公室
……Tel：0858-8771009
贵州博宏实业有限责任公司
地址：贵州省六盘水市钟山区巴西中路（巴西商业街中段）
……Tel：0858-8922193
首钢水城钢铁（集团）有限责任公司
地址：贵州省六盘水市钟山区巴西中路159号
……Tel：0858-8923857
中航工业成发六盘水水钢能源有限公司
地址：贵州省六盘水市钟山区首钢水城钢铁（集团）有限责任公司氧气厂内
……Tel：0858-8925488
首钢水城钢铁（集团）赛德建设有限公司
地址：贵州省六盘水市钟山区冶金北路７８号
……Tel：0858-8947036
贵州铝锦商贸有限公司
地址：贵州省黔西南州兴仁市巴铃镇小坪寨重工业园区
……Tel：0859-2213198
贵州华金矿业有限公司
地址：贵州省黔西南布依族苗族自治州册亨县丫他镇
……Tel：0859-2251261
贵州金州能矿股份有限公司
地址：贵州省黔西南布依族苗族自治州兴义市兴义大道（贵州电力公司12楼）
……Tel：0859-2299877
贵州荣盛鸿泰投资有限公司
地址：贵州省黔西南布依族苗族自治州兴义市桔山办桔山路1号（荣盛水泥厂）
……Tel：0859-3215299
黔西南州泰瑞佳新材料有限公司
地址：贵州省黔西南布依族苗族自治州兴义市威舍镇发哈村
……Tel：0859-3374999
贵州义龙天元实业有限公司
地址：贵州省黔西南布依族苗族自治州安龙县德卧镇富民路68号
……Tel：0859-3388968
贵州财丰城市建设管理有限公司
地址：贵州省黔西南布依族苗族自治州安龙县新桥镇人民政府内
……Tel：0859-3388968
黔西南州聚鑫工贸有限公司
地址：贵州省黔西南布依族苗族自治州兴义市顶效镇合心村胜平路96号
……Tel：0859-3528666
黔西南州元豪投资有限公司
地址：贵州省黔西南布依族苗族自治州兴义市万屯镇贡新村郑鲁万工业园区内
……Tel：0859-3525388
黔西南州兴粤能源发展有限公司
地址：贵州省黔西南布依族苗族自治州兴义市瑞金北路铭都公寓8-9楼
……Tel：0859-3664805
贵州易见供应链管理有限责任公司
地址：贵州省黔西南布依族苗族自治州兴义市瑞金路富康公馆1804号
……Tel：0859-3667277
望谟县金鼎开发有限公司
地址：贵州省黔西南布依族苗族自治州望谟县防灾减灾教育基地
……Tel：0859-4612628
贵州飞越开发有限公司
地址：贵州省望谟县金鼎.御府14栋三楼
……Tel：0859-4612628
望谟县垚鑫开发有限公司
地址：贵州省望谟县金鼎.御府14栋3楼
……Tel：0859-4612628
安龙县宏源国有资产经营有限责任公司
地址：安龙县栖凤街道办事处农信大厦四楼
……Tel：0859-5220298
贵州紫金矿业股份有限公司
地址：贵州省黔西南布依族苗族自治州贞丰县珉谷镇中心大道金穗大厦
……Tel：0859-6774051
贵州新宜矿业（集团）有限公司
地址：贵州省黔西南布依族苗族自治州普安县盘水镇南山路
……Tel：0859-7485099
贵州兴安煤业有限公司
地址：贵州省黔西南布依族苗族自治州普

安县楼下镇北路98号
……Tel：0859-7488488
贵州晴隆城市建设投资有限责任公司
地址：贵州省黔西南布依族苗族自治州晴隆县东观街道办东观新区管委会
……Tel：0859-7610958
贵州晴隆恒盛西南矿业投资管理有限公司
地址：晴隆县中营镇仁禾煤矿院主办公楼
……Tel：0859-7865028
贵州金润能源投资管理有限公司
地址：贵州省黔西南布依族苗族自治州安龙县普坪镇纳汪村马家湾组
……Tel：0859-8607918
贵州义龙新区工业开发投资有限公司
地址：贵州省黔西南州义龙新区顶效镇义龙红星医药产业园内
……Tel：0859-8789976

云南省

景洪市城市投资开发有限公司
地址：云南省西双版纳州景洪市嘎兰北路14号
……Tel：0691-6678999
云南城投西双版纳景陇投资发展有限公司
地址：云南省西双版纳傣族自治州景洪市嘎兰北路14号
……Tel：0691-6680888
勐腊县城市投资开发有限公司
地址：云南省西双版纳傣族自治州勐腊县新城小磨高速公路入城口普阳物流城B幢9409号
……Tel：0691-2145027
勐海县城市投资开发有限公司
地址：云南省西双版纳傣族自治州勐海县勐海镇佛双路23号1楼1室
……Tel：0691-2145027
云南云投版纳石化有限责任公司
地址：云南省西双版纳州景洪市勐泐大道73号
……Tel：0691-2154055
中林集团云南投资有限公司
地址：云南省西双版纳傣族自治州景洪市曼景兰古城4栋2号
……Tel：0691-2222380
中林集团云南实业有限公司
地址：云南省昆明市呈贡区环城西路52号1栋A座6楼
……Tel：0691-2222382
云南康盈百世养老有限公司
地址：云南省西双版纳傣族自治州景洪市花伴里小区一栋223—A号
……Tel：0691-2412123
芒市国际物流园区开发管理有限公司
地址：云南省德宏州芒市城北小区160号
……Tel：0692-2211844
德宏州土地投资开发有限公司
地址：云南省德宏州芒市团结大街金都国际8幢4单元701号
……Tel：0692-2393188
芒市卓信硅业有限责任公司
地址：云南省德宏州芒市风平镇芒养村
……Tel：0692-2911820
云南瑞丽国门春城城市开发有限公司
地址：云南省德宏州瑞丽市姐告路33-126-1号
……Tel：0692-6660799
盈江兴地开发有限公司
地址：云南省德宏州盈江县平原镇允燕花园小区S-6栋
……Tel：0692-8110526
盈江恒隆实业有限公司
地址：云南省德宏州盈江县平原镇允燕大道旁允燕花园小区S4-1号
……Tel：0692-8110526
盈江胜景投资有限公司
地址：云南省德宏州盈江县平原镇贺相路2号
……Tel：0692-8186626
云南中旺通广实业集团有限责任公司
地址：云南省昆明市滇池度假区九夏云水俊园（2#地块）2幢2单元1层102室
……Tel：0755-23913316
云南中神盛禄贸易有限公司
地址：中国（云南）自由贸易试验区昆明片区经开区经开路3号昆明科技创新园2E18-8室
……Tel：0755-83990887
富源攀煤矿业开发有限公司
地址：云南省曲靖市富源县中安街道大柳树小区
……Tel：0755-88309948
贵能（富源）清洁能源开发有限公司
地址：云南省曲靖市富源县胜境街道后所煤矿社区后所煤矿内
……Tel：0858-8760088
昭通能投物流有限责任公司
地址：云南省昭通市昭阳区北闸镇红路村"创新创业园"办公楼27栋
……Tel：0870-2121096
昭通市宜昭高速公路投资开发有限公司
地址：云南省昭通市昭阳区昭通大道市总工会旁
……Tel：0870-2126691
云南云铝海鑫铝业有限公司
地址：云南省昭通市昭阳工业园区矿冶加工基地（昭阳区青岗岭回族彝族乡沈家沟村民委员会）
……Tel：0870-2160666
昭通市广丰煤炭运销有限责任公司
地址：云南省昭通市昭阳区小龙洞乡
……Tel：0870-2229797
云南东源镇雄煤业有限公司
地址：云南省镇雄县塘房镇大擢魁村
……Tel：0870-3121099
镇雄县开发投资有限责任公司
地址：镇雄县乌峰镇南大街
……Tel：0870-3139880
昭通市昭泸高速公路投资开发有限公司
地址：云南省昭通市昭阳区昭阳大道194号
……Tel：0870-3182955
云南天力煤化有限公司
地址：彝良县角奎镇
……Tel：0870-3185415
昭通市开发投资有限责任公司
地址：云南省昭通市昭阳区昭阳大道189号
……Tel：0870-3188507
昭通市大永高速公路投资开发有限公司
地址：云南省昭通市昭阳区昭阳大道194号
……Tel：0870-4553808
昭通市巧善沿线高速公路投资开发有限公司
地址：云南省昭通市昭阳区珠泉路117号
……Tel：0870-3055776
威信县开发投资有限公司
地址：云南省昭通市威信县扎西镇麒麟新区
……Tel：0870-6126899
云南能投威信煤炭有限公司
地址：威信县林凤镇林凤村
……Tel：0870-6456108
云南能投威信能源有限公司
地址：云南省昭通市威信县麟凤镇金竹社区
……Tel：0870-6456729
盐津恒江实业有限公司
地址：云南省昭通市盐津县柿子乡黄毛坝
……Tel：0870-6627870
昭通市都香高速公路投资开发有限公司
地址：云南省昭通市昭阳区昭阳大道194号
……Tel：0870-8123318
昭通昭阳绕城高速公路投资开发有限公司
地址：云南省昭通市昭阳区昭阳大道194号
……Tel：0870-8123318
云南汇达物流有限公司
地址：云南省昭通市鲁甸县文屏镇茨院乡石牛口工业园区
……Tel：0870-8444101
云南水富云天化有限公司
地址：云南省水富市云富街道办事处云天大道37号
……Tel：0870-8662006
昭通市高速公路投资发展有限责任公司
地址：云南省昭通市昭阳区珠泉路117号
……Tel：0871-62651565
云南龙泉矿业开发有限公司
地址：云南省昆明市寻甸回族彝族自治县仁德街道办事处西门街15号
……Tel：0871-62651565
中化云龙有限公司
地址：云南省昆明市寻甸县金所乡工业园区
……Tel：0871-62731168
云南先锋化工有限公司
地址：云南省昆明市寻甸县金所工业园区
……Tel：0871-62732200
昆明市土地开发投资经营有限责任公司
地址：云南省昆明市西山区日新东路77号润城第二大道7栋12层
……Tel：0871-63105771
云南冶金集团进出口物流股份有限公司
地址：云南省昆明市北市区小康大道399号
……Tel：0871-63195096
云南云铝汇鑫经贸有限公司
地址：中国（云南）自由贸易试验区昆明片区经开区洛羊街道办事处海归创业园1幢4楼428号
……Tel：0871-63106616
云南铜业股份有限公司
地址：云南省昆明高新技术产业开发区M2-3
……Tel：0871-63106739
云南物流产业集团投资开发有限公司
地址：云南省昆明市官渡区凯旋利现代城3幢5层
……Tel：0871-63110305
云南省盐业有限公司
地址：云南省昆明市官渡区春城路276号
……Tel：0871-63112019
云南地矿总公司（集团）
地址：云南省昆明市白塔路131号
……Tel：0871-63126241
云南黄金有限责任公司
地址：云南省普洱市镇沅彝族哈尼族拉祜族自治县和平镇老王寨
……Tel：0871-63132923
云南五矿集团有限公司
地址：云南省昆明市金碧路头道巷22-23号
……Tel：0871-63136135
云南诚源投资股份有限公司
地址：云南省昆明市春城路62号证券大厦9楼A座
……Tel：0871-63151558
云南泷臻矿业有限公司
地址：安宁市连然镇盐场村280号
……Tel：0871-63158398
昆明有色冶金设计研究院股份公司
地址：云南省昆明市东风东路48号
……Tel：0871-63163755
中国有色金属工业昆明勘察设计研究院有限公司
地址：云南省昆明市东风东路东风巷1号
……Tel：0871-63176667
云南诚盛达进出口有限公司
地址：云南省昆明市盘龙区北辰财富中心商住楼C幢1单元3005号
……Tel：0871-63196667
云南石化燃气有限公司
地址：云南省昆明市人民西路285号云投商务大厦16楼
……Tel：0871-63211831
云南煤化工集团有限公司
地址：云南省昆明市五华区小康大道580号
……Tel：0871-63331459
云南昆交投供应链管理有限公司
地址：云南省昆明市西山区后新街盘龙路25号1栋2楼212室
……Tel：0871-63339930
昆明交投建材有限公司
地址：中国（云南）自由贸易试验区昆明片区官渡区环城东路246号
……Tel：0871-63351670
云南滇中汇能智慧能源有限公司
地址：云南省滇中新区大板桥街道办事处云水路1号云南滇中智能制造产业园A1栋五层509室
……Tel：0871-63381719
云南省交通发展投资有限责任公司
地址：云南省昆明市西山区前兴路润城第二大道3座25层
……Tel：0871-63401001
云南工程建设总承包股份有限公司
地址：云南省昆明市经济技术开发区红枫路5号
……Tel：0871-63510162
云南鑫河钢铁矿业发展有限公司
地址：中国（云南）自由贸易试验区昆明片区官渡区日新路浅水湾汇景园4单元402室
……Tel：0871-63520062
红河恒昊矿业股份有限公司
地址：云南省红河州蒙自经济及技术开发区冶金材料加工区
……Tel：0871-63541999
云南城际物流有限公司
地址：昆明经济技术开发区昆明出口加工区监管大楼504-2室
……Tel：0871-63553720
昆明天大矿业有限公司
地址：云南省昆明市官渡区北京路155号附1号红塔大厦22层2203室
……Tel：0871-63568389
云南水投水务产业有限公司
地址：云南省昆明市盘龙区穿金路140号水利大厦
……Tel：0871-63581042
云南临沧鑫圆锗业股份有限公司
地址：云南省临沧市临翔区忙畔街道办事处忙畔社区喜鹊窝组168号
……Tel：0871-63618716
中国铜业有限公司
地址：云南省昆明市盘龙区华云路1号
……Tel：0871-63632781
云南铜业（集团）有限公司
地址：云南省昆明市盘龙区华云路1号
……Tel：0871-63631900
云南华涛实业有限公司
地址：云南省昆明市盘龙区白云路与穿金路交叉口金尚俊园A幢3601号
……Tel：0871-63632500
云南国滇茶业股份有限公司
地址：云南省临沧市凤庆县滇红生态产业园区
……Tel：0871-63662866
云南黄金矿业集团股份有限公司
地址：云南省昆明市官渡区福德路1899号
……Tel：0871-63806865
云南冶金资源股份有限公司
地址：云南省昆明市经济技术开发区春漫大道80号
……Tel：0871-64884470
昆明市智慧停车建设运营有限公司
地址：云南省昆明市五华区滇缅大道340号麻园市场综合楼（原麻园药材市场）二楼208室
……Tel：0871-63856297
云南西南水泥有限公司
地址：云南省昆明经开区经开路3号科技创新园A23-32室
……Tel：0871-63926351
云南公投建设集团第三工程有限公司
地址：云南省昆明市西山区安瑞路101号刘家营小区二期1幢办公楼6楼601、602室
……Tel：0871-64129293
云南云天化联合商务有限公司
地址：云南省昆明市滇池度假区滇池路1417号
……Tel：0871-64327096
云南云天化国际化工有限公司
地址：云南省昆明市滇池路1417号
……Tel：0871-64327130
云南云天化股份有限公司
地址：云南省昆明市西山区滇池路1417号
……Tel：0871-64327130
云南中寮矿业开发投资有限公司
地址：云南省昆明市滇池路1417号
……Tel：0871-64327208
昆明元朔建设发展有限公司
地址：昆明市南绕城高速公路西向东周家村收费站前行50米管理用房
……Tel：0871-64334004
云南中海建设工程有限公司
地址：云南省昆明市西山区福海街道办事处陆家社区庄房居民小组A区39号
……Tel：0871-64578132
云南新钢综合物流有限公司
地址：云南省昆明市晋宁区工业园区青山片区
……Tel：0871-64586968
云南山海投资集团有限公司
地址：云南省昆明市五华区人民中路168号-178号武成商业步行街南幢6层A号
……Tel：0871-64596369
云南滇粮实业集团有限公司
地址：云南省昆明市经开区出口加工区浦发路16号A1栋9楼1号
……Tel：0871-64619067
云南第三公路桥梁工程有限责任公司
地址：云南省昆明市西山区广福路红星广场8幢20楼
……Tel：0871-64630795
云南云天化农资连锁有限公司
地址：昆明市度假区金柳路11号
……Tel：0871-64632709
云南东鑫矿产勘查有限公司
地址：云南省大理白族自治州鹤庆县西邑镇北衙村
……Tel：0871-64884753
大唐云南发电有限公司
地址：云南省昆明市广福路南悦城A幢20层2003号房
……Tel：0871-64890018
云南大唐国际电力有限公司
地址：云南省昆明市滇池度假区广福路南悦城A幢19层1907号房
……Tel：0871-64890777
云南省能源投资集团有限公司
地址：云南省昆明市西山区日新中路616号云南能投集团集控综合楼
……Tel：0871-64980117
云南能投居正产业投资有限公司
地址：云南省昆明经开区新加坡产业园Ⅱ-6号地块
……Tel：0871-64981080
云南能投国际工程有限公司
地址：云南省昆明市高新技术开发区科发路139号A4幢
……Tel：0871-64981553
云南省电力投资有限公司
地址：云南省昆明市西山区日新中路616号云南能投集团集控综合楼18楼
……Tel：0871-64981827
云南云天化石化有限公司
地址：安宁市草铺镇
……Tel：0871-64986804
昆明红星美凯龙置业有限公司
地址：云南省昆明市西山区福海街道广福路红星宜居广场(A1块)Ⅱ第3幢第3层
……Tel：0871-65023888
云南壬盈能源开发有限公司
地址：云南省昆明市高新区棕榈泉花园4幢1单元201号
……Tel：0871-65105355
云南深华建筑装饰有限公司.
地址：云南省昆明市和平路47号五楼
……Tel：0871-65119768
云南贝尔供应链有限公司
地址：中国（云南）自由贸易试验区昆明片区官渡区云南城投大厦A座9-B号

Tel：0871-65136363

云南红塔银行股份有限公司
地址：云南省玉溪市东风南路2号
Tel：0871-65236622

西南交通建设集团股份有限公司
地址：云南省昆明市五华区西昌路708号
Tel：0871-65301980

中战蓝盟新能源有限公司
地址：昆明市北京路与白云路交叉口西南角心景假日大厦31层3101室
Tel：0871-6530295

华能云南滇东能源有限责任公司
地址：云南省曲靖市富源县黄泥河
Tel：0874-4098051

云南滇东雨汪能源有限公司
地址：云南省曲靖市富源县十八连山镇工业园区
Tel：0874-4098051

十四冶建设集团有限公司
地址：云南省昆明市五华区云南省昆明市西站12号-
Tel：0871-65311513

中国有色金属工业第十四冶金建设公司
地址：云南省昆明市五华区滇缅大道218号
Tel：0871-65311513

云南云核矿业集团有限公司
地址：云南省昆明市高新区戛纳小镇AC幢DB-4-11
Tel：0871-65326077

云南昆明交通运输集团有限公司
地址：云南省昆明市虹山东路66号
Tel：0871-65326250

云南世和融资担保有限公司
地址：云南省昆明经开区信息产业基地新铁公鸡钢铁物流港B区1005号
Tel：0871-6538955

云南建投机械制造安装工程有限公司
地址：云南省嵩明县杨林镇
Tel：0871-65531628

中润祥实业发展有限公司
地址：云南省昆明市东风东路36号"建工大楼"17层1719-1720、1721-1722号
Tel：0871-65617386

云南滇中供应链管理有限公司
地址：云南省滇中新区大板桥街道办事处云水路1号A1栋605-2号办公室
Tel：0871-65650055

云南鼎太新能源科技有限公司
地址：云南省昆明市西山区环城南路675号汕头大厦B座17楼1701室
Tel：0871-65706780

云南兴佤实业有限公司
地址：云南省昆明市盘龙区北京路花园4幢701号
Tel：0871-65731812

云南铜业矿产资源勘查开发有限公司
地址：云南省昆明市东风东路东风巷1号勘泰大厦C座第十至十三层
Tel：0871-65844515

富源县祥兴矿业有限公司
地址：云南省曲靖市富源县大河镇恩乐村委会岩丫头村
Tel：0871-65884938

昆明铁路局集团投资开发有限公司
地址：中国（云南）自由贸易试验区昆明片区官渡区太和街道北京路402号建设大厦5楼
Tel：0871-66120223

云天化集团有限责任公司
地址：云南省昆明市滇池路1417号
Tel：0871-66242672

云南东源煤电股份有限公司
地址：云南省昆明市科医路50号（高新区红塔花园1幢红塔大厦）
Tel：0871-63327098

云南东源煤业集团有限公司
地址：云南省昆明市科医路50号
Tel：0871-66350772

云南解化清洁能源开发有限公司
地址：云南省昆明市高新技术开发区海源北路6号高新招商大厦2楼
Tel：0871-66371933

云南和谐通用航空股份有限公司
地址：昆明市度假区云南民族村蒙古村跑马场
Tel：0871-67112805

云南聚和经贸有限公司
地址：云南省昆明市西山区日新路中段广福城A11-1幢16a
Tel：0871-67162121

云南滇中元盛能源有限公司
地址：云南省昆明市大板桥街道办事处3号楼办公室106室
Tel：0871-67170253

云南省设计院集团建设有限公司
地址：云南省昆明市拥金路1号
Tel：0871-67171987

云南昆船机械制造有限公司
地址：云南省昆明东郊昆船工业区
Tel：0871-67231757

云南华西矿产资源有限公司
地址：云南省昆明市新亚洲体育城星都国际总部13栋
Tel：0871-67338660

紫金矿业集团西南有限公司
地址：云南省昆明市官渡区新亚洲体育城星都国际总部基地12栋
Tel：0871-67338825

云南跃坦矿业有限公司
地址：云南省昆明市滇池度假区南悦城3栋9层906室
Tel：0871-67365620

云南锡业锡材有限公司
地址：中国（云南）自由贸易试验区昆明片区经开区洛羊街道办事处信息产业基地云景路2号
Tel：0871-67427999

云南铝业股份有限公司
地址：昆明市呈贡区七甸街道
Tel：0871-67456789

云南中建西部建设有限公司
地址：云南省昆明市经济技术开发区云大西路39号新兴产业孵化区
Tel：0871-67479978

昆明市巨利达钢铁有限公司
地址：云南省昆明市宜良县古城镇下燕子窝村
Tel：0871-67515466

云南宏东镍业有限公司
地址：云南省昆明市晋宁县宝峰镇前卫村
Tel：0871-67845888

云南磷化集团工程建设有限公司
地址：云南省昆明市晋宁区昆阳街道永乐大街东侧云磷集团研发办公区新大楼5楼
Tel：0871-67888130

云南磷化集团有限公司
地址：云南省昆明市晋宁县昆阳镇月山中路
Tel：0871-67896020

昆明花都农业科技有限公司
地址：云南省昆明市呈贡区斗南花卉大厦四楼二号
Tel：0871-6791858

云南长易矿业有限公司
地址：云南省昆明市官渡区世纪金源商务中心3号写字楼16A号
Tel：0871-68032113

云南地矿工程勘察集团公司
地址：云南省昆明市董家湾路172号
Tel：0871-68075173

云南山高投资发展有限公司
地址：中国（云南）自由贸易试验区昆明片区官渡区彩云北路与新宝象河交叉口云路鼎晟大厦13楼1301室
Tel：0871-68131583

山东高速云南发展有限公司
地址：云南省昆明市高新技术开发区 二环西路398号高新科技信息中心主楼
Tel：0871-68151535

昆明玻璃股份有限公司
地址：云南省昆明市滇缅大道2715号
Tel：0871-68184016

云南墩坤城市投资开发有限公司
地址：云南省昆明市广福路陆家社区云南红星广场商业区8号楼27层2706号
Tel：0871-68188632

云南中材矿业投资有限公司
地址：昆明市五华区人民西路380号熙城大厦7楼
Tel：0871-68196906

云南港鑫实业有限公司
地址：云南省昆明市高新区小屯汽车城内13号地-2号场地
Tel：0871-68312298

贵研铂业股份有限公司
地址：云南省昆明市高新技术产业开发区科技路988号
Tel：0871-68328190

昆明贵金属研究所
地址：云南省昆明市人民西路121号
Tel：0871-68328192

云南赛通实业有限责任公司
地址：云南省昆明市高新区商院路百大国际派1栋A座第21楼2101号
Tel：0871-68331959

云南云铜锌业股份有限公司
地址：云南省昆明市大普吉（昆明市五华区王家桥原云南冶炼厂内）
Tel：0871-68390606

云南铁投恒维实业发展有限公司
地址：中国（云南）自由贸易试验区昆明片区经开区经开路3号科技创新园B1-46室
Tel：0871-68598977

云南天朗节能环保集团有限公司
地址：安宁市连然镇龙宝寺
Tel：0871-68600016

云南昆钢建设集团有限公司
地址：云南省昆明市安宁市昆钢红卫山机制公司办公楼
Tel：0871-68600058

云南通用机场股份有限公司
地址：云南省楚雄州禄丰县土官镇
Tel：0871-68600196

云南华云实业集团有限公司
地址：安宁市昆钢建设街
Tel：0871-68602207

云南永乐海外投资有限公司
地址：中国（云南）自由贸易试验区昆明片区经开区阿拉街道办顺通社区海关大楼702-4室
Tel：0871-68602461

云南沪滇海外投资有限公司
地址：云南省昆明市安宁市昆钢集团办公楼二楼
Tel：0871-68602452

云南大红山管道有限公司
地址：云南省玉溪市新平彝族傣族自治县戛洒镇戛洒大道
Tel：0871-68602784

昆明钢铁控股有限公司
地址：云南省郎家庄
Tel：0871-68603459

昆明钢铁集团有限责任公司
地址：云南省安宁市昆钢
Tel：0871-68603459

武钢集团昆明钢铁股份有限公司
地址：云南省安宁市圆山南路
Tel：0871-68603459

云南昆钢冶金新材料股份有限公司
地址：云南省昆明市西郊七公里
Tel：0871-68605258

云南昆钢资产经营有限公司
地址：云南省昆明市安宁市金方街道办事处昆钢朝阳路20号
Tel：0871-68605258

云南昆钢集团财务有限公司
地址：云南省昆明市西山区环城南路777号9楼
Tel：0871-68605370

云南省物流投资集团有限公司
地址：云南省昆明市西山区环城南路777号昆钢大厦
Tel：0871-68605450

昆明焦化制气有限公司
地址：云南省昆明市大板桥街道办事处沙沟社区文博路
Tel：0871-68606213

云南益民投资集团有限公司
地址：云南省昆明市安宁市昆钢郎家庄
Tel：0871-68606773

云南华创文旅大健康产业集团有限公司
地址：云南省昆明市西山区环城南路777号昆钢大厦
Tel：0871-68607208

安宁浩中小额贷款股份有限公司
地址：云南省昆明市安宁市金方街道昆钢宾馆222号
Tel：0871-68607401

云南昆钢房地产开发有限公司
地址：云南省昆明市安宁市昆钢
Tel：0871-68608112

云南水泥建材集团有限公司
地址：云南省昆明市西山区环城南路777号昆钢大厦8楼
Tel：0871-68609314

云南昆钢桥钢有限公司
地址：云南省昆明钢铁厂区内
Tel：0871-68610374

安宁市太平新城投资有限公司
地址：云南省昆明市安宁市太平街道人民政府办公楼三楼
Tel：0871-68716556

云南昆钢钢材制品有限公司
地址：云南省安宁市金方街道办事处朝阳路9号
Tel：0871-68637624

师宗煤焦化工有限公司
地址：云南省曲靖市师宗县矣腊工业园区
Tel：0871-68638047

云南昆华医院投资管理有限公司
地址：云南省昆明市安宁市太平新城太安路
Tel：0871-68658021

云南三明鑫疆控股集团有限公司
地址：安宁市大屯路10号
Tel：0871-68683562

昆明南亚国际陆港开发有限公司
地址：云南省昆明市安宁市金方路75号四楼、五楼
Tel：0871-68686499

安宁工业园区投资开发有限公司
地址：云南省昆明市安宁市草铺街道安宁工业园区中小企业科技孵化基地四号厂房办公区三楼
Tel：0871-68699502

云南永钢钢铁集团有限公司
地址：安宁市青龙街道恒安路附一号
Tel：0871-68728520

云南永钢钢铁集团永昌钢铁有限公司
地址：安宁市青龙街道办事处恒安路附一号
Tel：0871-68728520

安宁市永昌钢铁有限公司
地址：安宁市青龙镇
Tel：0871-68728520

云南天安化工有限公司
地址：云南省昆明市安宁市草铺街道办事处
Tel：0871-68750285

云南昆钢矿业有限公司
地址：云南省玉溪市红塔区大营街玉家路108号汇龙生态园内
Tel：0871-68753143

云南昆钢国际贸易有限公司
地址：云南省安宁市郎家山
Tel：0871-68755298

云南煤业能源股份有限公司
地址：云南省昆明市安宁市金方街道办事处
Tel：0871-68758679

云南富民产业发展投资集团有限公司
地址：云南省昆明市富民县永定街道办事处黎阳时代广场22楼
Tel：0871-68819046

云南泽昌钛业有限公司
地址：昆明市富民县永定街道办事处北营村委会
Tel：0871-68854115

昆明市富民县城乡建设发展有限公司
地址：云南省昆明市富民县上河院B7栋
Tel：0871-68861115

云南华天物流有限公司
地址：云南省昆明市安宁市连然镇和平村
Tel：0871-68872388

禄劝绿生实业有限公司
地址：云南省昆明市禄劝彝族苗族自治县掌鸠河南路（禄劝电子商务公共服务中心）
Tel：0871-68908336

云南中城钢铁物资有限公司
地址：云南省昆明市官渡区众天路238号B1-2号
Tel：0871-7192676

云南亚泰投资有限公司
地址：云南省大理州大理市下关文化路74号
Tel：0872-2189998

大理州土地开发投资有限公司
地址：大理市下关镇宾川路108号
Tel：0872-2321680

云南祥云中天锑业有限责任公司
地址：云南省大理白族自治州祥云县祥城镇财富工业园区
Tel：0872-3117521

云南祥云飞龙再生科技股份有限公司
地址：云南省大理白族自治州祥云县祥城镇清红路西侧
Tel：0872-3120888

祥云县龙盘矿业有限责任公司
地址：云南省大理白族自治州祥云县财富工业园区
Tel：0872-3316623

云南云铝沥鑫铝业有限公司
地址：云南省丽江市古城区金山乡文化村
Tel：0872-4340999

鹤庆北衙矿业有限公司
地址：云南省大理白族自治州鹤庆县西邑镇北衙村
Tel：0872-4380019

剑川益云有色金属有限公司
地址：剑川县老君山镇上兰工业园区（杉树村）
Tel：0872-4735558

大理矿业开发有限公司
地址：云南省大理州洱源县工业园区管委会大院
Tel：0872-65335798

大理大钢钢铁有限公司
地址：云南省大理白族自治州漾濞彝族自治县顺濞乡（老320国道北侧）
Tel：0872-7733333

大理州红蜘蛛矿业有限公司
地址：云南省大理白族自治州祥云县祥城镇城南社区三组（三台破）
Tel：0872-8363056

弥渡县九顶山矿业有限公司
地址：云南省大理州弥渡县红岩镇九顶山
Tel：0872-8363056

云南振兴实业集团有限责任公司
地址：云南省红河州个旧市沙甸区工业区
Tel：0873-2655907

云南云铝润鑫铝业有限公司
地址：云南省红河州个旧市大屯镇（蒙自经济技术开发区冶金材料加工区）
Tel：0873-2848850

元阳县华西黄金有限公司
地址：云南省红河州元阳县大坪乡金子河
Tel：0873-3032685

云南国能煤电有限公司
地址：云南省红河州弥勒市新哨镇夸竹村委会山心村煤矿
Tel：0873-3058260

云南锡业锡化工材料有限责任公司
地址：云南省红河州蒙自经济技术开发区

冶金材料加工区
……Tel：0873-3106600

云南锡业集团（控股）有限责任公司
地址：云南省红河州个旧市金湖东路121号
……Tel：0871-66287166

云南锡业集团有限责任公司
地址：云南省红河州个旧市金湖东路121号
……Tel：0871-66287166

云南锡业研究院有限公司
地址：中国（云南）自由贸易试验区昆明片区经开区洛羊街道办事处云景路2号云南锡业锡材有限公司办公楼201室
……Tel：0873-3116740

红河砷业有限责任公司
地址：云南省红河州个旧市老厂镇
……Tel：0873-3116740

个旧锡都实业有限责任公司
地址：云南省红河州个旧市金湖东路121号
……Tel：0873-3117457

云南锡业股份有限公司
地址：云南省昆明市高新技术产业开发区
……Tel：0873-3118606

云锡集团资源开发有限公司
地址：云南省红河州个旧市金湖东路118号
……Tel：0873-3142569

鑫联环保科技股份有限公司
地址：云南省红河州元阳县上新城乡
……Tel：0873-3152185

红河矿业有限公司
地址：云南省红河州蒙自市雨过铺镇建安水泥厂内
……Tel：0873-3729663

云南红河磷电有限责任公司
地址：云南省红河州蒙自市双河小区泰和街23号
……Tel：0873-3746997

红河钢铁有限公司
地址：云南省红河州蒙自市雨过铺镇主街（园区）
……Tel：0873-3810499

昆钢股份红河钢铁经贸有限公司
地址：云南省红河州蒙自市凤凰路银苑小区1幢1-4层15号
……Tel：0873-3817887

中信红河产业开发有限公司
地址：云南省蒙自市护国路与惠民路交叉口
……Tel：0873-3849818

云南富惠达新型材料有限公司
地址：云南省红河州蒙自市凤凰路北段东侧富康大厦2楼
……Tel：0873-3856285

红河中乌新材料有限公司
地址：红河州蒙自市经济技术开发区管理委员会综合孵化楼5楼508室
……Tel：0873-4959998

金平长安矿业有限公司
地址：云南省红河州金平县铜厂乡铜厂村委会
……Tel：0873-5305885

云锡集团元阳资源开发有限公司
地址：元阳县南沙镇长青路原地税局一楼
……Tel：0873-5645098

泸西县顺达矿产实业有限公司
地址：泸西县旧城镇干田冲翠微山庄
……Tel：0873-6989511

开远市兴远开发投资集团有限公司
地址：云南省红河哈尼族彝族自治州开远市东风路167号
……Tel：0873-7171888

开远市融和城市建设投资有限公司
地址：云南省红河州开远市灵泉东路84号
……Tel：0873-7177228

开远兴园投资有限责任公司
地址：云南省红河哈尼族彝族自治州开远市东新路335号
……Tel：0873-7239532

开远市龙恒投资有限责任公司
地址：云南省红河哈尼族彝族自治州开远市热电汽循环利用产业园
……Tel：0873-7346168

云南源鑫炭素有限公司
地址：云南省红河州建水县羊街工业园区
……Tel：0873-7624036

云南建水锰矿有限责任公司
地址：云南省红河州建水县临安镇南营寨
……Tel：0873-7686319

云南云铝绿源慧邦工程技术有限公司
地址：云南省昆明经济技术开发区海归创业园2栋8楼810号
……Tel：0873-7686606

云南云铝涌鑫铝业有限公司
地址：云南省红河哈尼族彝族自治州建水县羊街工业园区
……Tel：0873-7686682

个旧市红云欣欣钼业矿产有限公司
地址：云南省红河州个旧市白云山林场内
……Tel：0873-8858292

山东高速红河交通投资有限公司
地址：云南省红河州蒙自市文澜镇碧云村委会北平村民小组
……Tel：0873-8876933

云南大为制焦有限公司
地址：云南省曲靖市沾益区花山街道
……Tel：0874-3061799

云南云维股份有限公司
地址：云南省滇中新区大板桥街道云水路1号智能制造产业园A1栋610号
……Tel：0874-3064250

曲靖云铝淯鑫铝业有限公司
地址：云南省曲靖市沾益区白水镇
……Tel：0874-3080776

曲靖市麒麟区融鑫商贸有限责任公司
地址：云南省曲靖市麒麟区紫云路（东花园1-2号）
……Tel：0874-3144777

曲靖市麒麟区云福商贸有限公司
地址：曲靖市麒麟区火车站2货场
……Tel：0874-3183191

云南省曲靖双友钢铁有限公司
地址：云南省曲靖市麒麟区太和街道办事处麻黄刘家冲
……Tel：0874-3287122

曲靖市麒麟区立兴矿产有限公司
地址：云南省曲靖市麒麟区潇湘新区商业街F4
……Tel：0874-3289588

富源县龙蟒矿产品有限责任公司
地址：云南省曲靖市富源县中安街道龙潭小区
……Tel：0874-3331969

曲靖市麒麟区工业开发投资（集团）有限公司
地址：云南省曲靖市麒麟区紫云南路182号
……Tel：0874-3364333

曲靖市麒麟区工业园区开发投资有限责任公司
地址：曲靖市麒麟区南宁北路371号
……Tel：0874-3364333

曲靖市麒麟区麟谐供应链管理有限公司
地址：云南省曲靖市麒麟区紫云路50号
……Tel：0874-3331771

曲靖市麒麟区麟勋供应链管理有限公司
地址：云南省曲靖市麒麟区紫云路50号2-02号
……Tel：0874-3331771

曲靖鑫创新材料有限公司
地址：云南省曲靖市麒麟区建宁街道麻黄工业园区麻黄一队
……Tel：0874-3386780

国投曲靖煤炭开发有限公司
地址：云南省曲靖市富源县中安街道建设路167号
……Tel：0874-3514199

云南曲靖钢铁集团双友钢铁有限公司
地址：曲靖市麒麟区建宁街道办事处麻黄刘家冲
……Tel：0874-3518223

云南曲靖伊玛雅碳素实业有限公司
地址：云南省曲靖市麒麟区越州镇工业园区
……Tel：0874-3939324

云南曲靖钢铁集团越钢钢铁有限公司
地址：云南省曲靖市麒麟区越州镇工业园区
……Tel：0874-3939325

云南曲靖钢铁集团巨利达钢铁有限公司
地址：曲靖市麒麟区越州镇老吴村
……Tel：0874-3943689

富源县老牛场煤业有限责任公司
地址：云南省曲靖市富源县后所镇老牛场村
……Tel：0874-4042969

云南新吉克矿业有限公司
地址：云南省曲靖市富源县墨红镇吉克村委会贾古德村
……Tel：0874-4056020

云南云铝泽鑫铝业有限公司
地址：云南省曲靖市富源县胜境街道四屯社区
……Tel：0874-4064200

富源县土地投资开发有限责任公司
地址：云南省曲靖市富源县中安街道大柳树拆迁安置小区
……Tel：0874-4088777

云南省富源矿厂沾益钢铁厂
地址：云南省曲靖市沾益西平镇烂泥海子
……Tel：0874-4612731

云南东源恒鼎煤业有限公司
地址：云南省曲靖市富源县中安街道金龙街158号
……Tel：0874-4631782

富源兴裕富民矿业有限公司
地址：云南省曲靖市富源县富村镇新大街
……Tel：0874-4634699

富源大隆矿业有限公司
地址：云南省曲靖市富源县中安街道胜境街392号
……Tel：0874-4634699

云南省兴云煤矿
地址：云南省曲靖市富源县后所镇庆云村
……Tel：0874-4638501

会泽滇北工贸有限公司
地址：云南省曲靖市会泽县者海镇阿依卡村
……Tel：0874-5641369

云南宣然投资开发有限公司
地址：云南省曲靖市宣威市宛水街道办事处凤凰村
……Tel：0874-7252222

宣威凤凰钢铁有限公司
地址：云南省曲靖市宣威市特色工业园区凤凰山循环经济基地
……Tel：0874-7815668

云南四方云电投能源有限公司
地址：云南省曲靖市宣威市凤凰街道凤凰山工业园区
……Tel：0874-7815806

云南曲靖钢铁集团凤凰钢铁有限公司
地址：云南省曲靖市宣威市特色工业园区凤凰山循环经济基地
……Tel：0874-7815882

宣威市大地矿业有限公司
地址：宣威市田坝镇红岩村委会
……Tel：0874-7951268

云南崛赢矿业开发有限公司
地址：云南省曲靖市富源县中安街道大柳树小区
……Tel：0874-8878819

马龙天创科技有限公司
地址：云南省曲靖市马龙县天源工业园区
……Tel：0874-8884611

云南曲靖呈钢钢铁（集团）有限公司
地址：云南省曲靖市马龙区通泉街道（天源工业园区）
……Tel：0874-8884668

云南曲靖钢铁集团呈钢钢铁有限公司
地址：云南省曲靖市马龙区通泉街道（天源工业园区）
……Tel：0874-8884668

云南曲靖钢铁集团有限公司
地址：云南省曲靖市麒麟区麒麟西路82号市工信委院内
……Tel：0874-8960699

云南驰宏资源综合利用有限公司
地址：云南省曲靖市经济技术开发区宁洲路1号
……Tel：0874-8966318

云南驰宏锌锗股份有限公司
地址：云南省曲靖市经济技术开发区
……Tel：0874-8979519

保山市远乡谷农业开发投资有限责任公司
地址：云南省保山市隆阳区永昌路217号
……Tel：0875-2161399

保山联合钢铁有限公司
地址：云南省保山市水长工业园区（蒲缥片区）
……Tel：0875-2812768

保山金厂河矿业有限公司
地址：云南省保山市隆阳区瓦窑镇金厂河
……Tel：0875-2860900

云南保山恒益实业集团有限公司
地址：云南省保山市腾冲市腾越镇东山社区恒益半山御景小区恒益综合办公大楼三楼
……Tel：0875-5159999

腾冲天生桥电站有限公司
地址：云南省保山市腾冲市固东镇甸苴村
……Tel：0875-5851456

腾冲市恒益矿产品经贸有限责任公司
地址：云南省保山市腾冲市滇滩镇滇滩街恒益大楼
……Tel：0875-5856056

文山州土地开发投资有限公司
地址：云南省文山壮族苗族自治州文山市凤凰路华宇印象37号
……Tel：0876-2185538

云南铜业凯通有色金属有限公司
地址：东川区碧谷镇板河口
……Tel：087-62422547

云南文山铝业有限公司
地址：云南省文山壮族苗族自治州文山市马塘工业园区
……Tel：0876-2815001

云南斗月矿业有限公司
地址：云南省文山广南县莲城南秀社区（南环路）
……Tel：0876-3057277

富宁工业园区基础设施建设投资开发有限公司
地址：云南省文山州富宁县新华镇普厅北路民政局4楼
……Tel：0876-3069992

云南天雄矿产开发有限公司
地址：云南省文山壮族苗族自治州砚山县江那镇嘉禾路110号
……Tel：0876-3125998

砚山福地七乡土地开发有限公司
地址：云南省文山壮族苗族自治州砚山县江那镇砚华东路70号
……Tel：0876-3135559

云南文山斗南锰业股份有限公司
地址：云南省文山壮族苗族自治州砚山县平远镇丰湖路132号
……Tel：0876-3882351

麻栗坡金玮矿产有限公司
地址：云南省文山壮族苗族自治州麻栗坡县猛硐乡坝子村
……Tel：0876-6500033

麻栗坡天雄新材料有限公司
地址：云南省文山壮族苗族自治州麻栗坡县麻栗镇老地房村委会半坡寨村民小组
……Tel：0876-6504280

麻栗坡海隅钨业有限公司
地址：云南省文山州麻栗坡县麻栗镇南锋小寨
……Tel：0876-6625493

云锡文山锌铟冶炼有限公司
地址：云南省文山壮族苗族自治州马关县夹寒箐镇达号工业园区
……Tel：0876-7371040

西畴县隆兴矿业投资开发有限责任公司
地址：西畴县西洒镇财政所一楼
……Tel：0876-7623898

云南弥玉高速公路投资开发有限公司
地址：云南省玉溪市华宁县宁州街道办环城南路盛世林湖
……Tel：0877-2069876

云南玉溪钢铁集团有限公司
地址：云南省玉溪市红塔区东风北路5号
……Tel：0877-2090928

云南玉溪玉昆钢铁集团有限公司
地址：云南省玉溪市红塔区北城镇梅园
……Tel：0877-2094889

云南活发集团投资有限公司
地址：云南省玉溪市红塔区春和镇活发路（刘总旗水泥厂）
……Tel：0877-21405889

玉溪华盛钢铁有限责任公司
地址：云南省玉溪市红塔区春和镇刘总旗工业区
……Tel：0877-2140678

云南华云杜宇钒业有限公司
地址：云南省玉溪市红塔区研和镇大坡头
……Tel：0877-2683257

玉溪汇溪金属铸造制品有限公司
地址：玉溪市红塔区大营街镇黑龙潭
……Tel：0877-2782688

玉溪红塔区兴旺小额贷款股份有限公司
地址：玉溪市红塔区龙马路上段振兴综合楼1层
……Tel：0877-2791622

玉溪新兴钢铁有限公司
地址：云南省玉溪市红塔区研和镇
……Tel：0877-2991026

云南省玉溪市太标太阳能设备有限公司
地址：云南省玉溪市红塔区研和工业园区太标工业园
……Tel：0877-2991786

云南通海农村商业银行股份有限公司
地址：云南省玉溪市通海县秀山街道办事处西街84号
……Tel：0877-3803253

峨山昆钢矿产业有限公司
地址：云南省玉溪市峨山县化念镇水湾村委会玉河寨村民小组
……Tel：0877-4315019

易门铜业有限公司
地址：云南省玉溪市易门县大椿树
……Tel：0877-4861625

易门县鑫财建设投资开发有限公司
地址：云南省玉溪市易门县龙泉街道办兴隆街82号四楼401室
……Tel：0877-4961401

云锡元江镍业有限责任公司
地址：云南省玉溪市元江县因远镇安定
……Tel：0877-6557580

玉溪市土地矿产开发投资经营有限公司
地址：云南省玉溪市红塔区红龙路东（玉溪市土地储备中心）
……Tel：0877-6773697

新平县交通建设投资有限公司
地址：云南省玉溪市新平彝族傣族自治县桂山街道西园路24号
……Tel：0877-7010808

云南昆钢耐磨材料科技股份有限公司
地址：云南省玉溪市新平县扬武镇新奎路7号
……Tel：0877-7080287

云南玉溪仙福钢铁（集团）有限公司
地址：云南省玉溪市新平彝族傣族自治县扬武镇大开门
……Tel：0877-7081026

云南玉溪钢铁集团仙福钢铁有限公司
地址：云南省玉溪市新平彝族傣族自治县扬武镇大开门
……Tel：0877-7081026

新平鑫福矿产资源开发有限公司
地址：云南省玉溪市新平彝族傣族自治县戛洒镇腊戛底村
……Tel：0877-7392775

玉溪大红山矿业有限公司
地址：云南省玉溪市新平彝族傣族自治县

戛洒镇小红山
……Tel：0877-7394697

云南腾达机械制造有限公司
地址：云南省玉溪市江川区龙泉山生态工业园区
……Tel：0877-8332228

玉溪矿业房地产开发有限公司
地址：玉溪市珊瑚路84号（玉溪矿业大厦）
……Tel：0877-8889891

玉溪矿业有限公司
地址：云南省玉溪市红塔区珊瑚路84号
……Tel：0877-8889898

云南省楚雄美华丰产业园开发管理有限公司
地址：楚雄开发区永安路161号（开发区创业服务中心内）
……Tel：0878-3153753

楚雄滇中有色金属有限责任公司
地址：楚雄开发区程家坝
……Tel：0878-3398052

楚雄小水井矿业有限公司
地址：云南省楚雄彝族自治州楚雄市新村镇密者村
……Tel：0878-3850006

云南德胜供应链管理有限公司
地址：云南省楚雄彝族自治州禄丰县金山镇金山南路
……Tel：0878-4122369

云南德胜钢铁有限公司
地址：云南省楚雄州禄丰县金山镇
……Tel：0878-4122483

云南威龙化工科技有限公司
地址：禄丰县勤丰镇羊街村委会(勤丰工业园区)
……Tel：0878-4721888

云南冶金新立钛业有限公司
地址：云南省昆明市西山区春雨路913号
……Tel：0878-4819607

云南楚丰新材料集团有限公司
地址：云南省楚雄彝族自治州禄丰县土官工业园区云南钛业股份有限公司内综合楼1-3层
……Tel：0878-6019072

云南钛业股份有限公司
地址：云南省楚雄州禄丰县土官镇
……Tel：0878-6019072

牟定德胜矿业有限公司
地址：云南省楚雄州牟定县安乐乡安益村委会大平地村
……Tel：0878-5323088

大姚县国有资本投资运营有限公司
地址：云南省楚雄彝族自治州大姚县金碧镇北街白塔文化广场（二楼）
……Tel：0878-6212698

云南和富投资有限公司
地址：云南省昆明市滇池路西贡码头商住美食街第3幢
……Tel：0878-63365488

云南楚雄矿冶有限公司
地址：楚雄经济技术开发区
……Tel：0878-6386370

云南楚雄思远投资有限公司
地址：云南省楚雄州楚雄市开发区火车站后云星园
……Tel：0878-6386370

普洱交通建设集团有限责任公司
地址：云南省普洱市思茅区映山和园106栋
……Tel：0879-2131462

普洱交建商业贸易有限公司
地址：云南省普洱市思茅区北郊新区行政中心龙山11号
……Tel：0879-2131462

普洱工业园区山水源综合服务有限公司
地址：云南省普洱市思茅区产业园区木乃河片区象山隧道物流园
……Tel：0879-2131462

云南金博矿业开发有限公司
地址：普洱市茶苑路延长线光坡家
……Tel：0879-2185998

云南思茅山水铜业有限公司
地址：云南省普洱市思茅区思茅港镇大平掌铜矿
……Tel：0879-2857877

云南湘能水电开发有限公司
地址：云南省普洱市江城哈尼族彝族自治县康平镇大树脚水电站
……Tel：0879-2887268

云南澜沧铅矿有限公司
地址：云南省普洱市澜沧拉祜族自治县勐朗镇
……Tel：0879-3087117

江城哈尼族彝族自治县国有资产经营有限责任公司
地址：江城振江路3号
……Tel：0879-3728989

普洱恒益矿业有限责任公司
地址：普洱市镇沅县和平乡原乡政府办公住宿综合区
……Tel：0879-5868333

景东立华腾矿业有限公司
地址：云南省普洱市景东县大朝山东镇长发村
……Tel：0879-6229377

澜沧县国有资产经营有限责任公司
地址：云南省普洱市澜沧拉祜族自治县南朗尚城公租房小区18栋商铺
……Tel：0879-7232872

云南鑫盟投资开发有限公司
地址：西盟县勐卡路35号
……Tel：0879-8344597

云南交投临沧经营开发有限公司
地址：云南省临沧市临翔区忙畔街道忙畔社区长青路150号（临沧高速公路区域管理中心内）（临沧工业园区）
……Tel：0883-2120122

云南省永德昌明铁锰矿业有限公司
地址：云南省永德县亚练乡
……Tel：0883-3062638

镇康县鸿骏矿业开发有限公司
地址：云南省临沧市镇康县勐捧镇大弯田村开发区
……Tel：0883-6890648

云南五矿金腊矿产资源有限公司
地址：云南省临沧市沧源佤族自治县勐角乡勐甘村一组
……Tel：0883-7411168

临沧矿业有限公司
地址：云南省临沧市镇康县凤尾镇芦子园天生桥
……Tel：0883-8825008

云南照昀矿产资源开发有限公司
地址：云南省怒江傈僳族自治州兰坪白族普米族自治县城金江路26号
……Tel：0886-3212782

云南金鼎锌业有限公司
地址：云南省怒江傈僳族自治州兰坪白族普米族自治县金顶镇文兴街
……Tel：0886-3221359

兰坪量明固废回收科技有限公司
地址：云南省怒江傈僳族自治州兰坪白族普米族自治县振兴路16号
……Tel：0886-3222777

福贡县城乡建设投资开发有限责任公司
地址：云南省怒江傈僳族自治州福贡县上帕镇政府路6号县扶贫办
……Tel：0886-3411629

怒江投资开发集团有限公司
地址：云南省怒江傈僳族自治州泸水县人民路172号
……Tel：0886-3620776

香格里拉市云矿红牛矿业有限公司
地址：云南省迪庆藏族自治州香格里拉市格咱乡格咱村红牛铜矿
……Tel：0887-8222806

云南迪庆矿业开发有限责任公司
地址：云南省德钦县羊拉乡
……Tel：0887-8566170

迪庆神川水电投资有限公司
地址：云南省迪庆藏族自治州香格里拉市长征大道32号
……Tel：0887-8876634

云南迪庆有色金属有限责任公司
地址：云南省迪庆藏族自治州香格里拉市格咱乡格咱村普朗铜矿
……Tel：0887-8989600

丽江市清洁载能产业投资有限责任公司
地址：云南省丽江市华坪县中心镇华兴社区七组（永皓新天地写字楼八楼）
……Tel：0888-6126989

华新（丽江）环保新材有限责任公司
地址：云南省丽江市华坪县兴泉镇兴泉村委会166号
……Tel：0888-6451999

西藏自治区

西藏嘉力贸易有限公司
地址：拉萨经济技术开发区西藏金凯新能源股份有限公司三楼
……Tel：0891-6152741

西藏酒钢天拓矿业投资有限公司
地址：西藏自治区拉萨市城关区金珠西路街道日月湖水景花园北区3幢2单元701号
……Tel：0891-6157445

中铜西藏矿业有限公司
地址：西藏拉萨经济技术开发区格桑路5号总部经济基地大楼11层
……Tel：0891-6159916

藏东矿业股份有限公司
地址：西藏自治区昌都市卡若区聚盛路42号
……Tel：0891-6159920

西藏金龙矿业股份有限公司
地址：阿里地区改则县鲁仁路40号
……Tel：0891-6159925

当雄县羊易地热电站有限公司
地址：当雄县格达乡羊易村
……Tel：0891-6166819

西藏荣辉矿业股份有限公司
地址：拉萨市金珠西路158号康达汽贸城院内综合办公楼东二层3号
……Tel：0891-6221188

西藏顺联实业有限公司
地址：西藏自治区拉萨市堆龙德庆区羊达乡通嘎村西藏航龙钢铁物流有限公司办公区1栋1-5-5号
……Tel：0891-6221532

西藏日喀则嘉实矿业有限公司
地址：昂仁县如萨乡查个勒矿山
……Tel：0891-6329000-8053

西藏华钰矿业股份有限公司
地址：拉萨经济技术开发区格桑路华钰大厦
……Tel：0891-6329000-8072

西藏中金新联爆破工程有限公司
地址：墨竹工卡县甲玛乡孜孜荣村
……Tel：0891-6338085

西藏鑫湖矿业有限公司
地址：墨竹工卡县工卡镇
……Tel：0891-6388942

西藏洪城矿业有限公司
地址：西藏达孜工业园区内
……Tel：0891-6393572

堆龙东为实业有限公司
地址：堆龙县德庆县帮村
……Tel：0891-6503996

西藏精晶投资有限责任公司
地址：拉萨经济技术开发区金珠西路158号阳光新城B区6栋1单元2-1号
……Tel：0891-6406899

新华联发展投资有限公司
地址：西藏拉萨市经济技术开发区A区西藏西海冷链物流有限公司办公楼1层101室
……Tel：0891-6406899

西藏中兴路桥建设有限公司
地址：西藏自治区拉萨市堆龙德庆区金珠西路190号日月湖水景花园小区2区3排5号
……Tel：0891-6542733

西藏道衡投资有限公司
地址：拉萨经济技术开发区格桑路华钰大厦613室
……Tel：0891-6616099

中核（西藏）实业发展有限公司
地址：西藏自治区拉萨市经济技术开发区扎西路西藏人力资源管理有限责任公司128号工位
……Tel：0891-6622673

西藏金川矿业投资有限公司
地址：拉萨市柳梧新区柳梧大厦14-15层
……Tel：0891-6813849

西藏华夏矿业有限公司
地址：那曲嘉黎县人民北路5号
……Tel：0891-6818268

西藏湖鑫实业有限公司
地址：拉萨市巴尔库路天路康卓小区23栋2单元1楼1号
……Tel：0891-6821442

西藏信发投资有限公司
地址：拉萨市柳梧新区浙商国际小区写字楼9幢13层2、3、4、5号
……Tel：0891-6825685

西藏中兴商贸物流产业发展集团有限公司
地址：拉萨市北京中路182号
……Tel：0891-6835988-247

西藏金珠（集团）有限公司
地址：拉萨市北京中路１８２号
……Tel：0891-6835988-247

西藏鑫业科技发展有限公司
地址：拉萨市柳梧新区铭仕路
……Tel：0891-6856034

西藏金顶建设有限公司
地址：拉萨市金珠西路189号（开发区A区）
……Tel：0891-6868083

西藏通海实业有限公司
地址：青海格尔木藏青工业园
……Tel：0891-6871418

西藏天联矿业开发有限公司
地址：拉萨市夺底路14号西藏天路股份有限公司办公大楼二楼201室
……Tel：0891-6902870

西藏巨龙铜业有限公司
地址：墨竹工卡县工卡镇28号
……Tel：0891-6953101

西藏日喀则南木林县浦龙矿业有限责任公司
地址：西藏日喀则南木林县县城湘河南路3号
……Tel：0892-8661188

西藏大冶有色金属投资有限公司
地址：西藏山南地区国资委（泽当镇贡布路6号）
……Tel：0893-7830136

西藏玉龙铜业股份有限公司
地址：西藏昌都市马草坝康乐新村
……Tel：0895-4517188-8105

西藏融成实业有限公司
地址：西藏自治区昌都市卡若区茶马城10号地块2号楼301室
……Tel：0895-4822567

阿里地区城投国有资产经营有限公司
地址：狮泉河镇狮泉河东路14号
……Tel：0897-2669900

阿里象雄实业发展有限公司
地址：阿里地区狮泉河镇文化路19号
……Tel：0897-2821164

陕西省

陕西华彬龙能新能源科技有限公司
地址：陕西省咸阳市秦都区世纪大道中段
……Tel：029-32036299

陕西天宏硅材料有限责任公司
地址：陕西省西咸新区秦汉新城兰池大道东段
……Tel：029-32100188

三原昌鑫钢铁制品有限公司
地址：陕西省咸阳市三原县周肖工业园区
……Tel：029-32271666

陕西首信实业有限公司
地址：陕西省咸阳市秦都区滨河西路1号
……Tel：029-33119898

陕西陕煤彬长矿业有限公司
地址：陕西省咸阳市秦都区秦都区世纪大道58号彬长大楼七层
……Tel：029-33191500

咸阳中电彩虹集团控股有限公司
地址：陕西省咸阳市秦都区彩虹路1号西侧
……Tel：029-33334453

陕西天工建设有限公司
地址：陕西省西咸新区秦汉新城正阳街办兰池大道东段陕西有色光电科技研发大厦12层01号
……Tel：029-33653112

炼石航空科技股份有限公司
地址：陕西省西咸新区沣西新城世纪大道55号
……Tel：029-33675902

陕西有色光电科技有限公司
地址：陕西省西咸新区秦汉新城正阳街办河堤路中段
……Tel：029-33739060

陕西润中清洁能源有限公司
地址：陕西省咸阳市长武县丁家镇五里铺工业园区
……Tel：029-34201000

陕西长武亭南煤业有限责任公司
地址：陕西省咸阳市长武县亭口镇亭南村东首
……Tel：029-34366020

平煤长安能源开发有限公司
地址：陕西省咸阳市长武县丁家镇五里铺
……Tel：029-34366020

陕西正通煤业有限责任公司
地址：陕西省咸阳市长武县彭公镇齐宇河村
……Tel：029-34367020

陕西华彬雅店煤业有限公司
地址：陕西省咸阳市彬州市姜　街5号A栋
……Tel：029-34711500

陕西彬长小庄矿业有限公司
地址：陕西省咸阳市彬州市义门镇街道17号
……Tel：029-34760005

陕西彬长大佛寺矿业有限公司
地址：陕西省咸阳市彬州市大佛寺古镇管委会土沟村
……Tel：029-34766100

陕西华电瑶池发电有限公司
地址：陕西省咸阳市彬州市城关街道办朱家湾村
……Tel：029-34767288

咸阳顺德矿业有限责任公司
地址：陕西省咸阳市秦都区华泰世纪华苑小区4栋3单元3层30302号（仅限办公）
……Tel：029-34767931

陕西亿佳源实业有限公司
地址：陕西省咸阳市彬州市城关街道东街村泾河新区金融街安居小区西区2号楼2-11室
……Tel：029-34861916

陕西华彬煤业股份有限公司
地址：陕西省咸阳市彬州市姜　街5号
……Tel：029-34925700

西安方葛氏置业有限公司
地址：陕西省西安市碑林区西三道巷23号12幢2单元20104室
……Tel：029-62221070

西安海宇通进出口贸易有限公司
地址：陕西省西安市高新区锦业路70号卫星大厦一层10102室
……Tel：029-62505555-808

陕西煤业新型能源科技股份有限公司
地址：陕西省西安市长安区航天基地航天中路399号神光双子大厦103号楼09层
……Tel：029-62651575

陕西环亚源环保集团有限公司
地址：陕西省西安市高新区团结南路30号检测楼东面二层
……Tel：029-62715933

陕西核鑫矿业有限责任公司
地址：陕西省西安市雁塔区西影路301号
……Tel：029-62818045

中陕核工业集团地质调查院有限公司
地址：陕西省西安市长安区航天大道396号中陕核办公楼7层713室
……Tel：029-62818296

西安德盛矿业开发有限责任公司
地址：西安市雁塔区科技路18号新科大厦B幢21302号
……Tel：029-62886367

陕西能源投资股份有限公司
地址：陕西省榆林市高新技术产业园区沙河路152号盛高时代写字楼
……Tel：029-63355307

陕西省物资产业集团总公司
地址：陕西省西安市新城区新城省政府大院内
……Tel：029-63918325

西安铁石工贸有限公司
地址：西安经济技术开发区凤城二路海国际3号楼2单元707室
……Tel：029-65693218

西安重装配套技术服务有限公司
地址：西安经济技术开发区泾渭新城泾朴路中段7号8层
……Tel：029-68297727

西安煤矿机械有限公司
地址：陕西省西安市经开区泾渭新城泾朴路中段7号
……Tel：029-68297802

陕西钢铁集团有限公司
地址：陕西省西安市经开区二环北路西段5号禹龙酒店7、8、28层
……Tel：029-68515038

华能陕西发电有限公司
地址：陕西省西安市高新区高新四路17号1幢10201室
……Tel：029-68516000

陕西中能煤业科技有限公司
地址：陕西省西安市莲湖区北稍门天乙大厦9层
……Tel：029-86748448

银隆国际投资有限公司
地址：陕西省杨凌示范区邰城南路一号田园山庄1号别墅
……Tel：029-68518868

陕西先和创投能源有限公司
地址：陕西省西安市高新区丈八街办丈八五路二号现代企业中心东区1栋4层
……Tel：029-68590575

陕西延长石油矿业有限责任公司
地址：陕西省西安市雁塔区唐延路61号
……Tel：029-89853314

陕西环保产业集团有限责任公司
地址：陕西省西安市高新区丈八一路旺都D座2901室
……Tel：029-68661111

大唐陕西发电有限公司
地址：陕西省西安市高新区沣惠南路32号
……Tel：029-68685000

陕西浩兴矿产能源有限公司
地址：陕西省西安市高新区丈八一路1号1幢2单元20607室
……Tel：029-68689368

陕西元盛投资有限公司
地址：陕西省西安市高新区唐延南路东侧逸翠园二期第2幢1单元15层11525号房
……Tel：029-68714617

陕西丰源集团股份有限公司
地址：陕西省西安市碑林区竹笆市7号楼
……Tel：029-68740888

陕西省石油化工工业贸易有限公司
地址：西安市灞桥滨河公园西路9号
……Tel：029-68879171

陕西卓越建设工程有限公司
地址：陕西省西安市高新区锦业路69号创业研发园C区1号瞪羚谷A301室
……Tel：029-81023078

陕西绿色能源有限公司
地址：陕西省西安市高新区丈八街办锦业路2号旺都国际B座18层
……Tel：029-81108300

陕西长通投资开发有限公司
地址：陕西省西安市雁塔区丈八东路世家星城65号楼65幢10402室
……Tel：029-81134962

陕西铁路物流集团有限公司
地址：西安市高新区锦业一路2号陕西煤业化工集团研发大楼9层910-913室
……Tel：029-81151360

中国能源建设集团陕西省电力设计院有限公司
地址：陕西省西安市碑林区环城南路东段50号
……Tel：029-81213330

陕西海外投资发展有限公司
地址：西安市高新区锦业一路29号龙旗科技园D座101室
……Tel：029-81297206

陕西大唐燃气安全科技股份有限公司
地址：陕西省西安市经开区C3区明光路
……Tel：029-81361201

西安渭北物流发展有限公司
地址：西安市临潼区秦王一路中段
……Tel：029-81362410

陕西瑞能环保科技有限公司
地址：陕西省西安市未央区萧家巷备勤公寓楼2单元24层2404室
……Tel：029-81619882

西安三角防务股份有限公司
地址：西安市航空基地蓝天二路8号
……Tel：029-81662206

西安西腾科技发展有限公司
地址：陕西省西安市 灞生态区世博大道2011号灞柳基金小镇203-275号
……Tel：029-81708637

陕西煤业化工物资集团有限公司
地址：陕西省西安市高新区锦业一路2号16楼
……Tel：029-81772155

陕西煤业物资有限责任公司
地址：陕西省西安市高新区锦业一路2号15楼
……Tel：029-81772155

陕西省煤层气开发利用有限公司
地址：陕西省西安市高新区锦业一路2号
……Tel：029-81772280

陕西煤业股份有限公司
地址：陕西省西安市国家民用航天产业基地东长安街636号4号楼
……Tel：029-81772601

陕西万通盛矿业开发有限公司
地址：陕西省西安市高新区沣惠南路36号橡树街区1号楼12301室
……Tel：029-81775633

中煤科工西安研究院（集团）有限公司
地址：陕西省西安市高新区锦业一路82号
……Tel：029-81778066

西安福和德再生资源利用股份有限公司
地址：陕西省西安市雁塔区东仪路中段1幢10301室
……Tel：029-81876541

陕西天和佳置业投资有限公司
地址：西安曲江新区翠华路500号佳和中心B座28-01室
……Tel：029-81877559

陕西怡豪实业有限公司
地址：陕西省西安市莲湖区南二环西段180号财富中心大厦一期C座8层
……Tel：029-81878108

西安热工研究院有限公司
地址：陕西省西安市碑林区兴庆路136号
……Tel：029-82001191

中交通力科技集团有限公司
地址：陕西省西安市高新区科技一路通力大厦317室
……Tel：029-82098888

陕西华山工程机械有限公司
地址：西安经济技术开发区文景路60号
……Tel：029-82105200

陕西大运石化物资（集团）有限公司
地址：陕西省西安市碑林区东关正街70号招商局广场17楼
……Tel：029-82222000

陕西省一八六煤田地质有限公司
地址：陕西省西安市碑林区太乙路279号
……Tel：029-82260018

陕西天地地质有限责任公司
地址：陕西省西安市碑林区太乙路建东街东端4号
……Tel：029-82260505

陕西煤业化工集团有限责任公司
地址：陕西省西安市高新区锦业路1号都市之门B座
……Tel：029-82260778

陕西铁路商贸运输实业有限公司
地址：陕西省西安市碑林区经九路1号新亚大厦
……Tel：029-82327223

中铁第一勘察设计院集团有限公司
地址：陕西省西安市雁塔区西影路2号
……Tel：029-82365049

西安东岭钢铁物资有限责任公司
地址：西安市 灞生态区酒十路50号
……Tel：029-82519804

西安铁兴工贸有限责任公司
地址：陕西省西安市国家民用航天产业基地东长安街501号运维国际总部大厦B座1110-5-16
……Tel：029-82567517

西安鹏程爆破工程有限公司
地址：西安市高新区唐延南路南都市之门C、D座2幢1单元12层11203室
……Tel：029-82622607

西安华富诚金矿业有限公司
地址：西安市灞桥区红旗街道半坡小区74号1单元302室
……Tel：029-82685555

陕西龙钢集团骏龙轧钢有限公司
地址：陕西省西安市莲湖区红光路58号
……Tel：029-83212858

机械工业勘察设计研究院有限公司
地址：陕西省西安市新城区咸宁中路51号
……Tel：029-83281270

西安国际陆港保税物流投资建设有限公司
地址：西安国际港务区港务大道88号
……Tel：029-83342933

陕西鑫辉钢铁有限公司
地址：陕西省西安市灞桥区吕家堡村西口
……Tel：029-83506617

陕西西北金属物流有限公司
地址：陕西省西安市灞桥区新合街道办事处新合街七号
……Tel：029-83536359

中陕核工业集团二二四大队有限公司
地址：陕西省西安市灞桥区纺渭路1009号
……Tel：029-83559509

西安新航国际集团有限公司
地址：西安国际港务区陆港保税大厦910室
……Tel：029-83569096

西安铁均钢结构有限公司
地址：西安国际港务区新筑街办南陈村村东
……Tel：029-83591888

西安向阳航天材料股份有限公司
地址：陕西省西安市高新区团结南路32号
……Tel：029-83607726

西安通用航空科技集团有限公司
地址：陕西省西安市国际港务区中西部陆港金融小镇A座19层01室
……Tel：029-83620133

西安国际陆港多式联运有限公司
地址：西安国际港务区港务大道88号通关服务中心5楼
……Tel：029-83620670

钢谷电子商务股份有限公司
地址：西安国际港务区港务大道88号陆港保税大厦8层
……Tel：029-83623931

中安正大建筑工程有限公司
地址：西安经济技术开发区凤城七路西北国金中心A座1409室
……Tel：029-83668858

西安铭泰钢铁物资有限公司
地址：西安市莲湖区枣园西路221号省生产资料第一交易市场南排7号
……Tel：029-84205400

陕西延长石油物资集团有限责任公司
地址：陕西省西安市高新区唐延路61号6-602室
……Tel：029-84229050

陕西工程勘察研究院有限公司
地址：陕西省西安市碑林区含光路中段19号
……Tel：029-85221129

西安三宝双喜集团公司
地址：西安市雁塔区长安南路2号启航029小区1幢1单元10401室
……Tel：029-85240482

陕西华洛建设工程有限公司
地址：西安市碑林区草场坡甲字50号九州花园2幢1单元28层12806号房
……Tel：029-85259111

陕西东方天伦房地产（集团）有限公司
地址：陕西省西安市新城区金花北路371号天伦佐治公馆1号楼1单元10110室
……Tel：029-85450662

陕西黄金集团股份有限公司
地址：陕西省西安市碑林区雁塔中路78号
……Tel：029-85511368

中国有色金属工业西安勘察设计研究院有限公司
地址：陕西省西安市雁塔区西影路46号
……Tel：029-85513452

西北有色地质矿业集团有限公司
地址：陕西省西安市碑林区雁塔中路78号
……Tel：029-85515980

陕西西北有色地质调查院有限公司
地址：西安市碑林区雁塔中路78号西北有色地质勘查局第93栋503-526号房间
……Tel：029-85536996

陕西嘉亨实业发展有限公司
地址：陕西省西安市雁塔区长安南路300号
……Tel：029-85567680

西安西北有色地质研究院有限公司
地址：西安市雁塔区西影路25号
……Tel：029-85572772

陕西诚兴建设投资有限公司
地址：陕西省西安市高新区锦业路69号创业研发园C区1号瞪羚谷B栋3层301室
……Tel：029-85593666

西安地质矿产勘查开发院有限公司
地址：西安市长安区杜陵西路56号
……Tel：029-85648732

西安腾安商贸有限公司
地址：西安市新城区炭市街北段东侧1幢1单元10129室
……Tel：029-85761588

西安增材制造国家研究院有限公司
地址：陕西省西安市高新区细柳街办上林苑八路997号
……Tel：029-85791828

中陕核工业集团二一八大队有限公司
地址：西安市雁塔区西影路301号
……Tel：029-85882631

西部新锆核材料科技有限公司
地址：西安经济技术开发区泾渭新城泾高北路东段19号
……Tel：029-86066024

西安迪奥环保科技有限公司
地址：西安经济技术开发区北二环西段5号2幢1单元10701号
……Tel：029-86109065

陕西世融矿业开发有限公司
地址：陕西省西安市经济技术开发区世融国际21号楼四层
……Tel：029-86135306

中航特材工业（西安）有限公司
地址：西安经济技术开发区凤城十二路凯瑞大厦A座4层
……Tel：029-86155514

西北建设有限公司
地址：陕西省西咸新区秦汉新城窑店街道办文创大厦19层1903、1904室
……Tel：029-86182737

西安恒众实业有限责任公司
地址：西安市凤城一路6号利君V时代1幢1单元17层
……Tel：029-86185610

西安市平和钢铁炉料有限责任公司
地址：西安经济技术开发区文景路129号智慧国际中心B座1901室
……Tel：029-86214660

陕西宇阳石油科技工程有限公司
地址：陕西省西安市经开区长和国际F座7层
……Tel：029-86216110

钧泰国际投资（集团）有限公司
地址：陕西省西安市未央区明光路166号凯瑞D座九层A区
……Tel：029-86266125

陕钢集团进出口有限公司
地址：西安经济技术开发区草滩产业园尚苑路4955号大普工业园9号1101室
……Tel：029-86291815

中国重型机械研究院股份公司
地址：陕西省西安市经开区草滩生态产业园尚林路3699号
……Tel：029-86322300

西安元创磁动力有限公司
地址：陕西省西安市高陵区泾高南路698号
……Tel：029-86474815

陕西和谐投资股份有限公司
地址：陕西省西安市新城区西一路148号西安机械工具场
……Tel：029-86486501

陕西西科建设集团有限公司
地址：陕西省西安市新城区尚勤路58号402室
……Tel：029-86519119

陕西煤业化工集团陕南投资开发有限公司
地址：陕西省安康市汉滨区江北大道66号建设银行9楼
……Tel：029-86532183

西部超导材料科技股份有限公司
地址：西安经济技术开发区明光路12号
……Tel：029-86537819

西安亚太东方物产有限公司
地址：西安经济技术开发区凤城一路6号利君V时代1幢1单元11703室
……Tel：029-86553926

陕西双龙护卫有限公司
地址：西安市 灞生态区东湖路中新 灞半岛A10区14-2-21103室
……Tel：029-86566600

陕西诺亚安邦控股有限公司
地址：西安国际港务区港务大道陆港大厦A座17楼1706室
……Tel：029-86618296

陕西省煤田地质集团有限公司
地址：陕西省西安市经开区文景路26号
……Tel：029-86681053

陕西龙门钢铁（集团）有限责任公司
地址：陕西省韩城市龙门镇南环路1号
……Tel：029-86686869

西安恺元钢铁销售有限公司
地址：西安市未央区含元路22号3厅109号
……Tel：029-86726590

西安鸿屹钢铁炉料销售有限公司
地址：陕西省西安市国际港务区华南城A区5街2栋7号2层02室
……Tel：029-86726590

陕西酒钢钢铁物流有限公司
地址：陕西省西咸新区泾河新城崇文镇南丈村
……Tel：029-86954181

西部金属材料股份有限公司
地址：陕西省西安市经开区泾渭工业园西金路西段15号
……Tel：029-86968418

西部钛业有限责任公司

地址：西安经济技术开发区泾渭工业园西金路西段15号
…………Tel：029-86968610
陕西化建工程有限责任公司
地址：陕西省杨凌示范区新桥北路2号
…………Tel：029-87012255
西安茂源建设项目投资有限公司
地址：周至县城中心东街25号周至宾馆前二楼
…………Tel：029-87123206
西安物资集团有限责任公司
地址：西安市西五路76号
…………Tel：029-87278717
陕西省产业投资有限公司
地址：陕西省西安市莲湖区青年路92号
…………Tel：029-87311434
陕西同富能源投资有限公司
地址：陕西省西安市新城区西二路23号万景花园1幢10901室
…………Tel：029-87390120
西部信托有限公司
地址：陕西省西安市新城区东新街232号
…………Tel：029-87396521
西安城市发展（集团）有限公司
地址：西安市新城区东新街232号陕西信托大厦17层
…………Tel：029-87406480
陕西有色集团贸易有限公司
地址：陕西省西安市高新区高新路51号高新大厦6层
…………Tel：029-87420877
陕西有色冶金矿业集团有限公司
地址：陕西省西安市高新区科技路50号金桥国际广场1号楼6层
…………Tel：029-87421603
陕西省煤田物探测绘有限公司
地址：陕西省西安市新城区尚勤路66号
…………Tel：029-87449946
中煤科技陕西能源有限公司
地址：西安市新城区西五路26号西安市人民体育场内行政办公楼
…………Tel：029-87456086
奥威矿产科技有限公司
地址：陕西省西安市碑林区和平路108号佳腾大厦
…………Tel：029-87520660
陕西天众新材料科技有限公司
地址：陕西省铜川市新区兴业西路
…………Tel：029-87626906
陕西荣民轻型材料科技有限公司
地址：陕西省西安市高新区科技路荣民壹号售楼部201室
…………Tel：029-87626932
陕西诚合投资管理有限公司
地址：西安市碑林区文艺南路84号白金广场1101室
…………Tel：029-87802949
陕西地矿集团有限公司
地址：陕西省西安市碑林区雁塔路北段100号办公楼内
…………Tel：029-87851067
陕西地矿投资有限公司
地址：陕西省西安市高新区唐延南路都市之门C座第一幢一单元20层12025-2028室
…………Tel：029-87851127
陕西秦地建设集团有限公司
地址：陕西省西安市碑林区雁塔北路100号
…………Tel：029-87852004
陕西华兴石油化工产品有限公司
地址：陕西省西安市高新区科技路48号创业广场B座2404室
…………Tel：029-87999160
陕西农垦矿业资源有限责任公司
地址：西安市莲湖区星火路109号鸵鸟王大厦509.524室
…………Tel：029-88113620
西安华大电子技术有限公司
地址：西安市高新路2号
…………Tel：029-88198080
陕西龙寰进出口有限公司
地址：陕西省西安市雁塔区太白南路181号西部电子A座B区400
…………Tel：029-88228899-360
西安标准工业股份有限公司
地址：西安市雁塔区太白南路335号
…………Tel：029-88279159
中国标准工业集团有限公司
地址：西安市雁塔区太白南路335号
…………Tel：029-88279353
陕西华泽镍钴金属有限公司
地址：陕西省西安市高新区锦业路1号都市之门A座14层
…………Tel：029-88310063
大金机电设备（西安）有限公司
地址：西安市高新区高新二路10号
…………Tel：029-88310966
陕西华江新材料有限公司
地址：陕西省西安市高新区高新开发区高新路52号高科大厦11层
…………Tel：029-88317707
陕西星王企业集团有限公司
地址：陕西省西安市高新区高科大厦11层
…………Tel：029-88317707
北方石油化工（集团）有限公司
地址：陕西省西安市高新区高新四路17号4F、B座
…………Tel：029-88320317
陕西秦煤实业（集团）有限责任公司
地址：陕西省西安市高新区高新六路42号中清大厦9层
…………Tel：029-88321082
陕西金石实业集团有限公司
地址：陕西省西安市高新区高新六路42号中清大厦0905室
…………Tel：029-88321082
天地源股份有限公司
地址：西安市高新区丈八街办科技路33号高新国际商务中心数码大厦12701室
…………Tel：029-88325003
达刚控股集团股份有限公司
地址：西安市高新区毕原三路10号
…………Tel：029-88328410
陕西长江矿业新能源股份有限公司
地址：陕西省西安市高新区高新路33号新汇大厦A座23层2301室
…………Tel：029-88331685
陕西有色金属控股集团有限责任公司
地址：陕西省西安市高新区高新路51号高新大厦21层
…………Tel：029-88336901
陕西民东金控投资有限公司
地址：西安市高新区科技路33号高新国际商务中心数码大厦10903室
…………Tel：029-88337670
陕西雲正实业集团有限公司
地址：陕西省西安市高新区唐延路3号旺座国际城1幢3单元23层32301室
…………Tel：029-88341904
陕西移民（脱贫）搬迁工程有限公司
地址：陕西省西安市高新区高新路51号高新大厦6层
…………Tel：029-88345683
金堆城钼业贸易有限公司
地址：陕西省西安市高新区高新技术开发区锦业一路88号A座二、三层
…………Tel：029-88378676
金堆城钼业股份有限公司
地址：陕西省西安市高新区锦业一路88号
…………Tel：029-88411102-8116
陕西黄河能源有限责任公司
地址：陕西省西安市曲江新区雁塔南路396号
…………Tel：029-88436221
陕西明泰（集团）有限公司
地址：西安市高新区科技七路1幢10304室
…………Tel：029-88453007
陕西荣丰投资管理有限公司
地址：陕西省西安市未央区凤城一路与明光路十字西北角城市锦上小区第2幢1单元202号房
…………Tel：029-88464097
汇金科技控股集团有限公司
地址：陕西省西安市高新区枫林路十二号
…………Tel：029-88499635
陕西红睿投资管理有限公司
地址：陕西省西安市高新区丈八街办科技路82号都市印象小区15幢2单元0203室
…………Tel：029-88606379
陕西茂隆翔润实业有限公司
地址：西安市高新区丈八街办高新路88号尚品国际C座一单元2402室
…………Tel：029-88609285
西安西电电力开关制造有限公司
地址：陕西省西安市未央区李上壕工业园区3号
…………Tel：029-88624844
陕西成益置业有限公司
地址：西安市碑林区含光北路2号广丰国际大厦2-2006、2-2007
…………Tel：029-88662728
陕西有色建设有限公司
地址：陕西省西安市雁塔区西影路289号
…………Tel：029-88758789
陕西万里实业发展股份有限公司
地址：陕西省西安市新城区新科路1号新园产业大厦9层B座
…………Tel：029-88810667
陕西中燃西部能源投资有限公司
地址：陕西省西安市高新区高新六路25号CROSS万象汇B座16层
…………Tel：029-88813055
陕西移民（脱贫）搬迁开发集团有限公司
地址：陕西省西安市高新区高新路51号高新大厦7层
…………Tel：029-88814851
陕西环保产业融资租赁有限公司
地址：陕西省西安市经开区明光路166号西安工业设计产业园凯瑞B座A2401室
…………Tel：029-88856869
陕西汉华产业集团有限公司
地址：陕西省西安市高新区新区唐延南都市之门C、D座第1幢1单元8层10807号房
…………Tel：029-88858955
陕西鑫昱置业有限公司
地址：西安市高新区西高新科技路50号金桥国际广场A座12406室
…………Tel：029-88866378
菩荷实业集团有限公司
地址：西安市高新区丈八一路三号旺都1幢2单元28层22801号
…………Tel：029-88879661
陕西晶众实业集团有限公司
地址：陕西省西安市高新区高新三路8号10615号
…………Tel：029-88889696
知守投资控股有限公司
地址：陕西省西安市高新区锦业路32号锦业时代B3-2302-01
…………Tel：029-88893260
陕西延长石油（集团）有限责任公司
地址：陕西省延安市宝塔区枣园路延长石油办公基地
…………Tel：029-88899632
中亚能源有限责任公司
地址：陕西省西安市长安区航天基地东长安街420号陕铁大厦5层
…………Tel：029-88993566
陕西西咸沣东实业开发有限公司
地址：陕西省西咸新区沣东新城三桥街办启航时代广场A座25楼1单元2501室
…………Tel：029-89143751
陕西大东鼎晟金属资源有限公司
地址：陕西省铜川市新区新材料产业园区陕果产销服务中心综合楼4～67室
…………Tel：029-89188246
陕西长临实业控股集团有限公司
地址：陕西省西安市高新区沣惠南路16号泰华金贸国际18幢1单元6层10601室
…………Tel：029-89523860
陕西保升国际投资有限责任公司
地址：陕西省西安市高新区唐延路37号CLASS国际公馆2幢1单元11704室
…………Tel：029-89199862
陕西亿华矿业开发有限公司
地址：陕西省榆林市靖边县统万路县政府对面
…………Tel：029-89344212
陕西际华园开发建设有限公司
地址：陕西省西咸新区秦汉新城兰池大道中段规划展览中心A019室
…………Tel：029-89350193
中商置业投资控股有限公司
地址：西安经济技术开发区凤城八路180号长和国际F座22层
…………Tel：029-89368888
陕西万盛祥实业集团有限公司
地址：陕西省西安市灞桥区　河滨河花园二期B组团2幢14层21402室
…………Tel：029-89525555
陕西大唐长安实业控股有限公司
地址：陕西省西安市高新区沣惠南路16号泰华金贸国际6号楼中电彩虹大厦24层2401号
…………Tel：029-89525614
陕西唐安金属发展有限公司
地址：陕西省西安市高新区泰华金贸国际6号楼中电彩虹大厦2401室
…………Tel：029-89525614
陕西首信实业集团有限公司
地址：西安市莲湖区高新二路1号招商银行大厦28层2801室
…………Tel：029-89585655
陕西小山川矿产资源开发建设有限公司
地址：陕西省西安市经开区凤城九路海荣名城46幢2单元23层22303室
…………Tel：029-89606932
陕西中青能源国际贸易有限公司
地址：西安市临潼区银桥大道（恒盛大厦1幢1单元11101室）
…………Tel：029-89609585
陕西秦农农村商业银行股份有限公司
地址：陕西省西安市莲湖区西二环26号
…………Tel：029-89632056
陕西元盛煤业有限公司
地址：陕西省榆林市靖边县能源化工综合利用产业园区管委会综合办公楼3楼311室
…………Tel：029-89639562
陕西佳亿能源有限公司
地址：陕西省西安市雁塔区永松路老三届世纪星大厦1幢1单元18层A号房
…………Tel：029-89664737
中煤航测遥感集团有限公司
地址：西安市航天基地神舟四路216号
…………Tel：029-89692018
陕西天通瑞电力科技有限公司
地址：陕西省西安市曲江新区黄渠头三路旺座曲江K座1901室
…………Tel：029-89835800
永安财产保险股份有限公司
地址：陕西省西安市高新区高新一路40号万科金域国际A座26-28层
…………Tel：029-89851666
陕西延长石油国际勘探开发工程有限公司
地址：陕西省西安市高新区科技二路75号
…………Tel：029-89853091
陕西省外经贸实业集团有限公司
地址：陕西省西安市莲湖区青年路111号陕西省止园饭店二、三号楼
…………Tel：029-87688105
陕西东甫煤化工集团有限公司
地址：府谷县人民西路88号
…………Tel：0351-4143663
陕西投资集团有限公司
地址：陕西省西安市新城区东新街232号陕西信托大厦11-13楼
…………Tel：0358-4907400
陕西彬长矿业集团有限公司
地址：陕西省咸阳市秦都区世纪大道58号
…………Tel：0358-8293507
陕西盈动矿业有限责任公司
地址：陕西省西安市碑林区雁塔路北段100号
…………Tel：0375-2748285
内蒙古汇能煤电集团榆林宝能矿业有限公司
地址：陕西省榆林市高新技术产业园区建业大道莱德大厦2102室
…………Tel：0391-3535895
陕西陕煤供应链管理有限公司
地址：陕西省西安市国家民用航天产业基地航天中路369号一楼122室
…………Tel：0412-4932315
神华榆林能源化工有限公司
地址：陕西省榆林市榆神工业区榆神工业区清水煤化学工业园区
…………Tel：0429-8294010
陕西煤业化工技术研究院有限责任公司
地址：陕西省西安市长安区航天大道59号金羚大厦807室
…………Tel：0471-8567113
陕西能源小壕兔煤电有限公司
地址：陕西省榆林市榆阳区常乐路一八五队综合办公楼二楼
…………Tel：0477-4316300
陕西煤业化工建设（集团）有限公司
地址：陕西省西安市经开区凤城八路EE康城18号裙楼
…………Tel：0479-8802111
华电陕西能源有限公司
地址：陕西省西安市未央区二环北路西段366号
…………Tel：0512-56719356
陕西连谷洁净环保技术有限公司
地址：陕西省榆林市神木市滨河新区广场南路中段金控大厦7层
…………Tel：0515-68112077
淮北矿业（府谷）长城有限公司
地址：陕西省榆林市府谷县花石崩村盐沟（恒安家园）三号楼2单元
…………Tel：0519-80588316
陕西华山创业有限公司
地址：陕西省西安市新城区西一路41号
…………Tel：0523-8743214
陕西丝域实业有限公司
地址：陕西省西安市灞桥区灞桥镇熊家湾村村东
…………Tel：0532-81929703
陕西泛海红墩界煤电有限公司
地址：陕西省榆林市靖边县红墩界尔德井村村委院内
…………Tel：0533-6207909
陕西彬长胡家河矿业有限公司
地址：陕西省咸阳市长武县冉店乡下河村
…………Tel：0536-2180003
陕西麟北煤业开发有限责任公司
地址：陕西省宝鸡市麟游县两亭镇崖窑村
…………Tel：0555-2877707
榆林久泰新材料有限公司
地址：陕西省榆林市榆神工业区清水工业园南区神通大道东侧
…………Tel：0571-87985833
陕西宝丰融资租赁有限公司
地址：西安国际港务区陆港大厦8层0806-208室
…………Tel：0591-87279875
陕西西咸新区沣西新城能源发展有限公司
地址：陕西省西咸新区沣西新城总部经济园8号楼
…………Tel：0595-36886171
陕西东能实业集团有限公司
地址：陕西省榆林市高新技术产业园区建业大道融智大厦A座1101号
…………Tel：0633-7893021
神木神信新材料有限公司
地址：陕西省榆林市神木市高家堡镇木瓜山村8号
…………Tel：0635-4258163
陕西彬长文家坡矿业有限公司
地址：陕西省咸阳市彬州市新民镇小章村
…………Tel：0755-33541440
咸阳市融资担保股份有限公司

地址：陕西省咸阳市秦都区秦皇路4号
……Tel：0755-82149163
陕西有色榆林煤业有限公司
地址：陕西省榆林市榆阳区金鸡滩镇陕西有色榆林新材料循环经济产业园
……Tel：0791-88170391
韩城市枣庄实业有限公司
地址：陕西省韩城市桑树坪镇杨岭村
……Tel：0812-3396800
府谷县惠兴民供水有限责任公司
地址：陕西省榆林市府谷县府谷镇花石峁
……Tel：0851-2561268
陕西省红石岩煤矿
地址：陕西省延安市黄陵县店头镇集贤村
……Tel：0911-2612242
陕西黄陵煤化工有限责任公司
地址：陕西省延安市黄陵县店头镇
……Tel：0911-2617220
陕西富源煤业有限责任公司
地址：陕西省延安市富县张村驿镇
……Tel：0911-2627683
延安市禾草沟煤业有限公司
地址：陕西省延安市子长县寺湾乡后滴哨村
……Tel：0911-2643334
延安利源矿业铁路运输有限公司
地址：陕西省延安市宝塔区李渠镇周家湾村
……Tel：0911-2911709
陕西延长油田检验技术服务有限公司
地址：陕西省延安市宝塔区李渠镇崖里坪延长油田股份有限公司生产基地
……Tel：0911-2918308
延安能源化工（集团）子长化工有限责任公司
地址：陕西省延安市子长市工业园区赵家沟园区
……Tel：0911-3362019
延安车村煤业（集团）有限责任公司
地址：陕西省延安市子长市城西桃园村
……Tel：0911-3362021
延安市车村煤矿有限公司
地址：陕西省延安市子长县寺湾乡刘家碰村
……Tel：0911-3362073
延安市禾草沟一号煤矿有限公司
地址：陕西省延安市子长县余家坪乡庙砭村
……Tel：0911-3362566
富县矿业开发有限公司
地址：陕西省延安市富县直罗镇
……Tel：0911-3545007
陕西建新煤化有限责任公司
地址：陕西省延安市黄陵县腰坪乡新村
……Tel：0911-5400012
陕西煤业集团黄陵建庄矿业有限公司
地址：陕西省延安市黄陵县店头镇新村
……Tel：0911-5406531
陕西黄陵二号煤矿有限公司
地址：陕西省延安市黄陵县店头镇
……Tel：0911-5585169
黄陵矿业集团有限责任公司
地址：陕西省延安市黄陵县店头镇
……Tel：0911-5585188
陕西陕煤黄陵矿业有限公司
地址：陕西省延安市黄陵县店头镇
……Tel：0911-5585188
延安能源化工（集团）有限责任公司
地址：陕西省延安市宝塔区中际大厦605室
……Tel：0911-8010827
延长油田房地产开发公司
地址：陕西省延安市宝塔区渔种场小区东侧二层
……Tel：0911-8061092
陕西深能石油化工股份有限公司
地址：陕西省延安市宝塔区新区北区轩辕大道5号创业大厦二楼006
……Tel：0911-8096899
延安农村商业银行股份有限公司
地址：陕西省延安市宝塔区永兴路信合大厦
……Tel：0911-8206615
陕西中庄能源有限公司
地址：陕西省延安市子长县瓦窑堡镇张家沟村20号楼3-102
……Tel：0911-8288880
榆林市神树畔矿业投资有限公司
地址：陕西省榆林市榆阳区麻黄梁镇断桥村神树畔矿业投资有限公司办公楼3层
……Tel：0912-2217969
陕西华电榆横煤电有限责任公司
地址：陕西省榆林市榆阳区小纪汗镇
……Tel：0912-2280300
府谷能源投资集团有限公司
地址：陕西省榆林市府谷县新区营盘路
……Tel：0912-2332017
陕西银河榆林发电有限公司
地址：陕西省榆林市榆阳区金鸡滩镇上河村
……Tel：0912-2332112
陕西红柠铁路有限责任公司
地址：陕西省榆林市神木市新村纬十路
……Tel：0912-2382268
陕西冯红铁路有限责任公司
地址：陕西省榆林市神木市新村纬十路
……Tel：0912-2382710
陕西榆横铁路有限责任公司
地址：陕西省榆林市高新技术产业园区建设有限公司办公大楼二楼
……Tel：0912-2394191
榆林高新区浩能能源投资有限责任公司
地址：陕西省榆林市高新技术产业园区创业大厦
……Tel：0912-2399069
陕西省榆林市榆阳区煤炭公司
地址：陕西省榆林市榆阳区长安北路5号
……Tel：0912-3252511
榆林铁路物流集团有限公司
地址：陕西省榆林市高新技术产业园区开源大道657号三硕利尔1号
……Tel：0912-3354777
陕西延长石油榆横煤化工有限公司
地址：陕西省榆林市榆阳区上郡南路4号榆天化行政办公楼3楼
……Tel：0912-3362558
陕西陕煤榆北煤业有限公司
地址：陕西省榆林市高新技术产业园区明珠大道易讯大厦15-18层
……Tel：0912-3383560
陕西银河煤业开发有限公司
地址：陕西省榆林市榆阳区金鸡滩镇上河村
……Tel：0912-3386005
陕西延长石油巴拉素煤业有限公司
地址：陕西省榆林市榆阳区巴拉素镇新庙滩村
……Tel：0912-3416211
榆林文化旅游产业投资有限公司
地址：陕西省榆林市榆阳区明珠大道阳光城B区1号楼20层
……Tel：0912-3459000
陕西陕煤曹家滩矿业有限公司
地址：陕西省榆林市榆阳区孟家湾乡马大滩马场村结合部
……Tel：0912-3732855
陕西神延煤炭有限责任公司
地址：陕西省榆林市神木市榆神工业园区西经三路西湾露天煤矿办公大楼
……Tel：0912-3516512
陕西智能煤炭物流有限公司
地址：陕西省榆林市高新技术产业园区建业大道莱德大厦19楼
……Tel：0912-3549506
榆林市榆神煤电北郊热电有限责任公司
地址：陕西省榆林市榆阳区北郊红山海沙湾（金龙北郊热电厂内）
……Tel：0912-3568866
榆林市榆神煤炭榆树湾煤矿有限公司
地址：陕西省榆林市榆阳区金鸡滩镇曹家滩村
……Tel：0912-3625612
榆林象道物流有限公司
地址：陕西省榆林市榆阳区金鸡滩镇象道国际物流园
……Tel：0912-3625858
榆林市榆阳中能袁大滩矿业有限公司
地址：陕西省榆林市榆阳区小纪汗乡奔滩村
……Tel：0912-3692000
陕西中能煤田有限公司
地址：陕西省榆林市榆阳区小纪汗乡奔滩村
……Tel：0912-3692000
陕西省一八五煤田地质有限公司
地址：陕西省榆林市榆阳区人民西路283号
……Tel：0912-3883125
陕西省昱利石油装备有限公司
地址：陕西省榆林市靖边县杨桥畔镇中小企业创业园区科技六路
……Tel：0912-4967555
陕西未来能源化工有限公司
地址：陕西省榆林市榆阳区芹河镇榆横煤化学工业园北区
……Tel：0912-6186057
陕西榆林能源集团有限公司
地址：陕西省榆林市高新技术产业园区明珠大道榆能大厦
……Tel：0912-6188007
陕西榆林能源集团榆神煤电有限公司
地址：陕西省榆林市高新技术产业园区明珠大道南段
……Tel：0912-6188501
陕西榆林能源集团郭家滩矿业有限公司
地址：陕西省榆林市榆阳区孟家湾乡马大滩村大免兔小组
……Tel：0912-6189570
中煤陕西榆林能源化工有限公司
地址：陕西省榆林市高新技术产业园区榆马大道北B1路东
……Tel：0912-7100247
陕西榆林能源集团煤炭运销有限公司
地址：陕西省榆林市高新技术产业园区沙河路与建业大道十字财富中心大楼
……Tel：0912-7183501
陕西靖神铁路有限责任公司
地址：陕西省榆林市高新技术产业园区沙河路榆林财富中心15层
……Tel：0912-7183509
陕西有色榆林新材料有限责任公司
地址：陕西省榆林市榆阳区金鸡滩镇柳树滩村五组一号
……Tel：0912-7185550
陕西有色榆林铁路运销有限公司
地址：陕西省榆林市榆阳区金鸡滩镇
……Tel：0912-7189206
陕西横山农村商业银行股份有限公司
地址：陕西省榆林市横山区横山镇迎宾路北
……Tel：0912-7610341
榆林宏峰兴瑞能源有限公司
地址：陕西省榆林市横山区怀远东路南侧宏安大厦2单元101号
……Tel：0912-7616055
陕西延长石油集团横山魏墙煤业有限公司
地址：陕西省榆林市横山区通达路东10号
……Tel：0912-7713031
陕西能源赵石畔煤电有限公司
地址：陕西省榆林市横山区雷龙湾镇永忠村
……Tel：0912-7715905
陕西榆林能源集团横山煤电有限公司
地址：陕西省榆林市横山区波罗镇波罗村高兴庄小组
……Tel：0912-7717056
陕西延长石油榆林煤化有限公司
地址：陕西省榆林市高新技术产业园区榆横煤化工业园区
……Tel：0912-7777370
横山县天云煤矿有限公司
地址：陕西省榆林市横山区魏家楼乡施养台村
……Tel：0912-7876360
陕煤集团神木柠条塔矿业有限公司
地址：陕西省榆林市神木市神木镇
……Tel：0912-8013227
陕西陕北乾元能源化工有限公司
地址：陕西省榆林市榆阳区麻黄梁工业集中区中央大道
……Tel：0912-8188228
兖州煤业榆林能化有限公司
地址：陕西省榆林市榆阳区金鸡滩镇曹家滩村
……Tel：0912-8198616
榆林神华能源有限责任公司
地址：陕西省榆林市高新技术产业园区建业大道莱德大厦
……Tel：0912-8230822
陕煤集团神南产业发展有限公司
地址：陕西省榆林市神木市新村中国石化加油站北200米
……Tel：0912-8308201
陕西神木农村商业银行股份有限公司
地址：陕西省榆林市神木市神木镇东兴街中段
……Tel：0912-8323770
神木市若舟贸易有限责任公司
地址：陕西省榆林市神木市神木镇阳崖村二区1号楼三单元502室
……Tel：0912-8325895
神木市锦浩源科技能源有限公司
地址：陕西省榆林市神木市西沟办事处上榆树峁工业集中区
……Tel：0912-8356555
神木煤业石窑店矿业有限责任公司
地址：陕西省榆林市神木市店塔镇倪家沟村
……Tel：0912-8451105
陕西精益化工有限公司
地址：陕西省榆林市神木市锦界工业园区
……Tel：0912-8604009
神木汇森凉水井矿业有限责任公司
地址：陕西省榆林市神木市锦界镇凉水井矿区
……Tel：0912-8492513
陕西神木化学工业有限公司
地址：陕西省榆林市神木市神府经济开发区锦界工业园区
……Tel：0912-8493112
陕煤集团神木张家峁矿业有限公司
地址：陕西省榆林市神木市麻家塔镇
……Tel：0912-8493855
神木市鑫义能源化工有限公司
地址：陕西省榆林市神木市锦界镇工业园区
……Tel：0912-8496066
陕西榆神能源开发建设集团有限公司
地址：陕西省榆林市榆神工业区清水工业园区创业广场
……Tel：0912-8498085
陕西神渭煤炭管道运输有限责任公司
地址：陕西省西安市碑林区咸宁西路21号
……Tel：0912-8513629
陕煤集团神木红柳林矿业有限公司
地址：陕西省榆林市神木县麻家塔乡红柳林村
……Tel：0912-8519830
陕西国华锦界能源有限责任公司
地址：陕西省榆林市榆神工业区锦界工业园区
……Tel：0912-8551013
榆林市杨伙盘煤矿
地址：陕西省榆林市神木市店塔镇杨伙盘村
……Tel：0912-8553500
神木县隆德矿业有限责任公司
地址：陕西省榆林市神木市大保当镇黑龙沟村
……Tel：0912-8601833
陕西小保当矿业有限公司
地址：陕西省榆林市神木市大保当镇大啊包壕村北侧
……Tel：0912-8602500
陕西延长石油榆神能源化工有限责任公司
地址：陕西省榆林市榆神工业区清水工业园南区汇源大道与延长路交汇处西南角
……Tel：0912-8605555
陕西金泰化学科技集团有限公司
地址：陕西省榆林市神木市锦界工业园区
……Tel：0912-8606686
陕西府谷农村商业银行股份有限公司
地址：陕西省榆林市府谷县新区营盘中路
……Tel：0912-8712437
府谷能源投资集团煤炭有限公司
地址：陕西省榆林市府谷县人民西路煤炭大楼
……Tel：0912-8721750
府谷县银丰融资担保有限责任公司
地址：陕西省榆林市府谷县新区财税中心九楼
……Tel：0912-8733298
府谷县亿德镁合金有限责任公司
地址：陕西省榆林市府谷县府谷县大昌汗乡石岩塔村
……Tel：0912-8736373
陕西榆林能源集团煤炭进出口有限公司
地址：陕西省榆林市府谷县府谷镇富昌路165号
……Tel：0912-8739200
陕西三江能源化工有限公司
地址：陕西省榆林市府谷县孤山镇刘官畔村
……Tel：0912-8800293
府谷县西源化工有限责任公司
地址：陕西省榆林市府谷县老高川乡常房梁村
……Tel：0912-8800444
陕西天宇镁业集团有限公司
地址：陕西省榆林市府谷县府谷镇滨苑五楼
……Tel：0912-8800444
陕西省镁业集团有限公司
地址：陕西省榆林市府谷县滨苑写字楼9楼
……Tel：0912-8800602
陕西省府谷能源开发有限责任公司
地址：陕西省榆林市府谷县天化路1号滨苑9楼
……Tel：0912-8800602
府谷县煤化工集团有限责任公司
地址：陕西省榆林市府谷县府谷镇滨苑购物广场九层
……Tel：0912-8800602
陕煤化集团府谷能源投资有限公司
地址：陕西省榆林市府谷县府谷镇财政局后院
……Tel：0912-8800627
府谷县昊田煤电冶化有限公司
地址：陕西省榆林市府谷县新民镇万家墩工业园区
……Tel：0912-8800868
府谷县镁业集团有限责任公司
地址：陕西省榆林市府谷县清水镇工业集中区
……Tel：0912-8801039
府谷县兴茂小额贷款有限责任公司
地址：陕西省榆林市府谷县府谷镇河滨西路兴茂大厦
……Tel：0912-8806356
陕西煤业化工集团府谷能源开发有限公司
地址：陕西省榆林市府谷县畜牧局办公楼
……Tel：0912-8807022
大唐陕西府谷煤电有限责任公司
地址：陕西省榆林市府谷县黄甫镇
……Tel：0912-8859058
华能段寨煤电有限责任公司
地址：陕西省榆林市府谷县黄甫镇段寨村
……Tel：0912-8859613
陕西新元洁能有限公司
地址：陕西省榆林市府谷县海则庙乡郭家峁村
……Tel：0912-8901034
陕西德源府谷能源有限公司

地址：陕西省榆林市府谷县庙沟门乡
…………Tel：0912–8902033

陕西南梁矿业有限公司
地址：陕西省榆林市府谷县老高川乡红草沟村
…………Tel：0912–8943003

陕西地矿第二工程勘察院有限公司
地址：陕西省渭南市临渭区渭蓝路2号
…………Tel：0913–2058359

陕西地矿综合地质大队有限公司
地址：陕西省渭南市临渭区朝阳大街中段14号
…………Tel：0913–2058359

陕西省一三九煤田地质水文地质有限公司
地址：陕西省渭南市临渭区站北路东段6号
…………Tel：0913–2154209

陕西龙钢金马化工有限责任公司
地址：陕西省韩城市龙门冶金工业园
…………Tel：0913–2252580

韩城市龙致工贸有限责任公司
地址：陕西省韩城市龙门镇金光大街
…………Tel：0913–2256858

陕西澄合山阳煤矿有限公司
地址：陕西省渭南市合阳县王村镇山阳村西
…………Tel：0913–2276919

陕西华鑫特种钢铁集团有限公司
地址：陕西省渭南市华阴市桃下镇
…………Tel：0913–2449216

金堆城钼业集团有限公司
地址：陕西省渭南市高新技术产业开发区东风大街67号
…………Tel：0913–2939201

中陕核钼业有限公司
地址：陕西省渭南市潼关县工业园区
…………Tel：0913–3923111

派尔森环保科技有限公司
地址：陕西省渭南市华州区瓜坡镇良侯大道东侧
…………Tel：0913–4017000

龙钢集团华山冶金设备有限公司
地址：陕西省渭南市华山景区原华山冶金车辆厂院内
…………Tel：0913–4338808

陕西海鑫能源有限公司
地址：陕西省韩城市龙门镇上峪口村
…………Tel：0913–5115931

韩城市城市投资（集团）有限公司
地址：陕西省韩城市金塔东路与东二环丁字路口新兴产业示范基地3号楼5层
…………Tel：0913–5167006

韩城市城市投资（集团）有限公司
地址：陕西省韩城市金塔东路与东二环丁字路口新兴产业示范基地3号楼5层
…………Tel：0913–5167006

陕西华富龙门新能源有限公司
地址：陕西省韩城市龙门镇
…………Tel：0913–5180996

陕钢集团韩城钢铁有限责任公司
地址：陕西省韩城市龙门镇龙钢集团办公楼
…………Tel：0913–5182031

陕西龙门钢铁有限责任公司
地址：陕西省韩城市龙门镇
…………Tel：0913–5182286

陕西省一三一煤田地质有限公司
地址：陕西省韩城市金城区象山路131院内1–2号房
…………Tel：0913–5212971

陕西龙兴钢铁有限公司
地址：陕西省韩城市经济技术开发区
…………Tel：0913–5228986

韩城市恒鑫小额贷款有限责任公司
地址：陕西省韩城市新城区太史大街晨钟置业公司4楼
…………Tel：0913–5252555

陕西陕煤韩城矿业有限公司
地址：陕西省韩城市新城区金塔东路
…………Tel：0913–5261192

韩城能源发展投资有限责任公司
地址：陕西省韩城市桑树坪镇崖岔村
…………Tel：0913–5262698

韩城四平旭升实业有限公司
地址：陕西省韩城市新城区金塔路与盘河路什字矿业公司大楼
…………Tel：0913–5301227

韩城市商贸科技发展有限责任公司
地址：陕西省韩城市招商区金融创新中心5楼
…………Tel：0913–5309158

陕西建工（韩城）杭萧钢构有限公司
地址：陕西省韩城市经开区管委会办公楼六楼
…………Tel：0913–5322113

韩城市产业投资集团有限公司
地址：陕西省韩城市经济技术开发区孵化大厦11楼
…………Tel：0913–5329895

韩城产投商贸有限公司
地址：陕西省韩城市龙门镇大池埝路西段经开区装备制造产业园办公楼三楼
…………Tel：0913–5329892

陕西强大实业（集团）有限公司
地址：陕西省韩城市新城区盘河路北强盛广场体育中心2号楼第24层
…………Tel：0913–5330008

陕西中汇煤化有限公司
地址：陕西省韩城市昝村煤化工业区
…………Tel：0913–5353390

陕西澄合合阳煤炭开发有限公司
地址：陕西省渭南市合阳县金水沟
…………Tel：0913–5517323

陕西澄合百良旭升煤炭有限责任公司
地址：陕西省渭南市合阳县城关镇知堡殿下村
…………Tel：0913–5545450

陕西江能澄合西卓煤矿有限公司
地址：陕西省渭南市合阳县西卓子村
…………Tel：0913–5552278

陕西威斯特硅业有限公司
地址：陕西省渭南市澄城县工业园区
…………Tel：0913–6759358

陕西陕煤澄合矿业有限公司
地址：陕西省渭南市澄城县南大街388号
…………Tel：0913–6791219

陕西陕煤蒲白矿业有限公司
地址：陕西省渭南市蒲城县罕井镇
…………Tel：0913–7560145

中冶陕压重工设备有限公司
地址：陕西省西安市高新区新型工业园发展大道北段1号
…………Tel：0913–8622281

陕西陕焦化工有限公司
地址：陕西省渭南市富平县梅家坪镇省焦化厂办公楼
…………Tel：0913–8677234

商洛西北有色七一三总队有限公司
地址：陕西省商洛市商州区东关11号
…………Tel：0914–2312722

商洛市商州区城市建设投资开发有限公司
地址：陕西省商洛市商州区朝阳路东侧朝阳家园2号楼1–3层
…………Tel：0914–2320079

商洛市土地矿产开发有限责任公司
地址：陕西省商洛市商州区移动路南段不动产登记局4楼
…………Tel：0914–2368691

陕西延长石油集团氟硅化工有限公司
地址：陕西省商洛市商州区氟硅化工产业园区
…………Tel：0914–2481010

陕西锌业有限公司
地址：陕西省商洛市商州区沙河子镇
…………Tel：0914–2551078

商洛市商州南秦新区建设投资开发有限公司
地址：陕西省商洛市商州区龟山大道中段
…………Tel：0914–2899663

陕西辰州矿产开发有限责任公司
地址：陕西省商洛市丹凤县蔡川镇金月村
…………Tel：0914–3464311

陕西祥盛实业集团有限公司
地址：陕西省商洛市镇安县永乐街道办镇城社区前街178号
…………Tel：0914–5328168

镇安繁丰矿业有限责任公司
地址：陕西省商洛市镇安县永乐街道办镇城社区碾子湾桥南
…………Tel：0914–5360711

商南县金港矿业开发有限公司
地址：陕西省商洛市商南县南坪路西侧250号
…………Tel：0914–6661777

陕西华源矿业有限责任公司
地址：陕西省商洛市商南县过风楼镇八里坡村
…………Tel：0914–6665308

陕西炼石矿业有限公司
地址：陕西省商洛市洛南县石门镇黄龙铺村
…………Tel：0914–7561445

洛南环亚源铜业有限公司
地址：陕西省商洛市洛南县卫东工业集中区
…………Tel：0914–7571435

西部鑫兴金属材料有限公司
地址：陕西省商洛市洛南县华阳西段26号
…………Tel：0914–7660817

陕西山阳农村商业银行股份有限公司
地址：陕西省商洛市山阳县南大街73号
…………Tel：0914–8322078

陕西丰源钒业科技发展有限公司
地址：陕西省商洛市山阳县城关镇西河村武家湾组
…………Tel：0914–8889855

陕西五洲矿业股份有限公司
地址：陕西省商洛市山阳县中村镇
…………Tel：0914–8963511

安康汉水丝源文化产业有限公司
地址：陕西省安康市汉滨区关庙镇东站村五组
…………Tel：0915–3018009

安康市汉滨区长明矿产品有限公司
地址：陕西省安康市汉滨区高井村89号
…………Tel：0915–3165722

安康市江华物资有限责任公司
地址：陕西省安康市汉滨区安旬路口9号
…………Tel：0915–3310522

安康市江华矿产资源有限责任公司
地址：陕西省安康市汉滨区石梯乡叶沟村
…………Tel：0915–3312078

陕西港鑫实业发展有限公司
地址：陕西省安康市汉滨区建民办黄沟村黄沟西路1070号
…………Tel：0915–3327889

陕西安康江华（集团）有限公司
地址：陕西省安康市汉滨区关庙镇金星村
…………Tel：0915–3755756

陕西汉阴金泰矿业有限责任公司
地址：陕西省安康市汉阴县城关镇双星村三组安置小区2号楼3单元
…………Tel：0915–5275266

白河盛大旅游发展有限责任公司
地址：陕西省安康市白河县城关镇狮子山幼儿园底楼
…………Tel：0915–7828090

陕西天沐新材料有限公司
地址：陕西省安康市汉滨区安康生物科技工业园区（安康市工业园区世纪大道2号）
…………Tel：0915–8191111

平利县超能矿产商贸有限责任公司
地址：陕西省安康市平利县城关镇月城巷康华天城四楼
…………Tel：0915–8419823

汉江工具有限责任公司
地址：陕西省汉中市汉台区宗营镇
…………Tel：0916–2206010

陕西地矿汉中地质大队有限公司
地址：陕西省汉中市汉台区东塔北路418号
…………Tel：0916–2223407

陕西汉源巨龙矿业有限公司
地址：陕西省汉中市略阳县横现河街道办事处石坝社区居委会办公二楼
…………Tel：0916–2233838

陕钢集团汉中钢铁有限责任公司
地址：陕西省汉中市勉县定军山镇
…………Tel：0916–2288666

陕西汉江机床有限公司
地址：陕西省汉中市河东店镇
…………Tel：0916–2298033

陕西汉机精密机械股份有限公司
地址：陕西省汉中市汉台区河东店镇
…………Tel：0916–2298556

汉中禹龙科技新材料有限公司
地址：陕西省汉中市勉县周家山镇柳丰村（循环经济产业园区）
…………Tel：0916–3310088

陕西明达西城投资控股有限公司
地址：陕西省汉中市勉县定军山镇毛堡村
…………Tel：0916–3313003

汉中汉钢新型建材有限公司
地址：陕西省汉中市勉县定军山镇诸葛村
…………Tel：0916–3315485

陕西汉中钢铁集团有限公司
地址：陕西省汉中市勉县定军山
…………Tel：0916–3318300

汉中锌业有限责任公司
地址：陕西省汉中市勉县镇川乡
…………Tel：0916–3439160

陕西兴略矿业开发工程有限公司
地址：陕西省汉中市略阳县县城狮凤路
…………Tel：0916–4830626

陕西略阳钢铁有限责任公司
地址：陕西省汉中市略阳县城关大沟口
…………Tel：0916–4864240

略阳钢铁厂
地址：陕西省汉中市略阳县城关大沟口
…………Tel：0916–4864611

汉中嘉陵矿业有限责任公司
地址：陕西省汉中市略阳县城关大沟口
…………Tel：0916–4895082

陕西煎茶岭镍业有限公司
地址：陕西省汉中市略阳县黑河坝
…………Tel：0916–4972005

汉中大华投资发展有限责任公司
地址：陕西省汉中市南郑区大河坎镇江南西路银钩桥居住区A座
…………Tel：0916–5368796

汉中市天鸿基矿业有限公司
地址：陕西省汉中市南郑区大河坎镇艺苑南路有色世家星城小区南商铺2楼201号
…………Tel：0916–5368852

陕西有色旺峪矿业有限公司
地址：陕西省宝鸡市凤县留风关镇酒铺村（无门牌号）
…………Tel：0917–2653260

陕西宝麟铁路有限责任公司
地址：陕西省宝鸡市金台区宝虢路80号
…………Tel：0917–2820810

中国能源建设集团宝鸡电力设备有限公司
地址：陕西省宝鸡市金台区陈仓大道13号
…………Tel：0917–2820960

中铁高铁电气装备股份有限公司
地址：陕西省宝鸡市高新开发区高新大道196号
…………Tel：0917–2829028

宝鸡中宝矿产资源开发有限公司
地址：陕西省宝鸡市高新开发区高新大道59号2号楼9层
…………Tel：0917–3136632

子长县南家咀矿业有限公司
地址：陕西省延安市子长县瓦窑堡镇高家枣林村195号
…………Tel：0917–3159009

宝鸡商场有限公司
地址：陕西省宝鸡市渭滨区经二路114号
…………Tel：0917–3215282

宝鸡市永盛泰钛业有限公司
地址：陕西省宝鸡市高新开发区宝钛路302号
…………Tel：0917–3372303

宝鸡钛业股份有限公司
地址：陕西省宝鸡市高新开发区高新大道88号
…………Tel：0917–3382666

宝钛集团有限公司
地址：陕西省宝鸡市高新开发区高新大道88号
…………Tel：0917–3382692

宝鸡力兴钛业科技有限公司
地址：陕西省宝鸡市高新开发区63号4幢
…………Tel：0917–3388159

宝鸡西北有色七一七总队有限公司
地址：陕西省宝鸡市金台区金台大道5号
…………Tel：0917–3411717

陕西东岭物资有限责任公司
地址：陕西省宝鸡市金台区金台大道66号国金中心A座
"…………Tel：0917–3452431
"

东岭集团股份有限公司
地址：陕西省宝鸡市金台区金台大道69号
…………Tel：0917–3452431

陕西东岭诚泰贸易有限公司
地址：陕西省宝鸡市金台区冠森东路东岭和园
…………Tel：0917–3452442

陕西宝成航空仪表有限责任公司
地址：陕西省宝鸡市渭滨区清姜路70号
…………Tel：0917–3629034

秦川机床工具集团股份公司
地址：陕西省宝鸡市渭滨区姜谭路22号
…………Tel：0917–3670665

宝鸡市国有资产经营有限责任公司
地址：陕西省宝鸡市高新开发区高新大道63号院2幢1–24
…………Tel：0917–3810032

陕西有色千阳产业扶贫有限公司
地址：陕西省宝鸡市千阳县城关镇东大街11号
…………Tel：0917–4241896

陕西神光现代矿业集团有限公司
地址：西安市航天基地航天中路399号神光双子大厦17楼
…………Tel：0917–6108338

宝鸡宝冶钛镍制造有限责任公司
地址：陕西省宝鸡市高新开发区马营镇孙家滩
…………Tel：0917–6735428

陕西西凤酒厂集团有限公司
地址：陕西省宝鸡市凤翔县柳林镇（未编门牌号）
…………Tel：0917–7421103

陕西东岭冶炼有限公司
地址：陕西省宝鸡市凤翔县长青镇长青工业园
…………Tel：0917–7519800

麟游汇森丈八矿业有限责任公司
地址：陕西省宝鸡市麟游县两亭镇崖窑村园子沟煤矿临建楼211室
…………Tel：0917–7812100

陕西郭家河煤业有限责任公司
地址：陕西省宝鸡市麟游县两亭镇
…………Tel：0917–7906063

陕西永陇能源开发建设有限责任公司
地址：陕西省宝鸡市麟游县崔木镇北王村北王新村第一排第一院
…………Tel：0917–7911501

陕西金源招贤矿业有限公司
地址：陕西省宝鸡市麟游县九成宫村镇头湾组3排3号
…………Tel：0917–8089999–6073

徐矿集团陕西能源化工有限公司
地址：陕西省宝鸡市渭滨区火炬路1号院9层
…………Tel：0917–8622609

国核宝钛锆业股份公司
地址：陕西省宝鸡市高新开发区高新大道206号

…………Tel：0917-8661512

西北锆管有限责任公司
地址：陕西省宝鸡市高新开发区钛城路1号
…………Tel：0917-8661512

陕西陕煤铜川矿业有限公司
地址：陕西省铜川市王益区红旗街11号
…………Tel：0919-2101481

陕煤集团铜川矿务局有限公司
地址：陕西省铜川市红旗街11号
…………Tel：0919-2101481

陕西省一九四煤田地质有限公司
地址：陕西省铜川市印台区延安路82号
…………Tel：0919-2683522

铜川浩通建设有限公司
地址：陕西省铜川市新区金谟西路崇文街西头
…………Tel：0919-3161212

铜川市国兴能源有限公司
地址：陕西省铜川市新区咸丰路南侧永辉大厦14楼
…………Tel：0919-3181199

铜川市耀州区诚基开发投资有限公司
地址：陕西省铜川市耀州区文营西路50号
…………Tel：0919-6602277

陕西铜川铝业有限公司
地址：陕西省铜川市耀州区董家河铝工业园区
…………Tel：0919-6982511

陕西美鑫产业投资有限公司
地址：陕西省铜川市耀州区董家河工业园区
…………Tel：0919-6982100

甘肃省

临夏县乡村振兴发展集团有限公司
地址：甘肃省临夏州临夏县惠民嘉苑小区一区2号楼2楼
…………Tel：0930-3261999

临夏县乡村振兴发展集团矿产资源开发有限公司
地址：甘肃省临夏州临夏县韩集镇姚川村惠民嘉苑小区一区2号楼2楼206号
…………Tel：0930-3261999

甘肃融海投资管理有限公司
地址：甘肃省临夏州临夏市红园新村市工商局集资楼四单元402室
…………Tel：0930-6299698

临夏州盛河城乡投资发展集团有限公司
地址：甘肃省临夏州临夏市西关路205号
…………Tel：0930-6663006

兰州市七里河区恒瑞小额贷款股份有限公司
地址：甘肃省兰州市七里河区西津西路188号兰石商务中心8层06室
…………Tel：0931-2325999

兰州海达钢铁物资有限公司
地址：甘肃省兰州市皋兰县九合镇九合村兰海高速路边
…………Tel：0931-2376948

甘肃中川建设投资集团有限公司
地址：甘肃省兰州市七里河区西津西路188号
…………Tel：0931-2391557

兰州金台钢铁物资有限责任公司
地址：甘肃省兰州市七里河区西津西路572号钢材总部3115室、3116室
…………Tel：0931-2395833

甘肃友发商贸有限公司
地址：甘肃省兰州市七里河区西津西路464号西区4栋117室
…………Tel：0931-2568335

兰州兰石集团有限公司
地址：甘肃省兰州市七里河区西津西路194号
…………Tel：0931-2905000

兰州兰石铸锻有限责任公司
地址：甘肃省兰州市兰州新区黄河大道西段506号
…………Tel：0931-2905504

国网甘肃省电力公司
地址：甘肃省兰州市城关区北滨河东路8号
…………Tel：0931-2966227

甘肃西北矿业集团有限公司
地址：甘肃省兰州市城关区雁北街道天水北路222号第31层011室—014室
…………Tel：0931-5830000

兰州东岭物资有限责任公司
地址：甘肃省兰州市七里河区西津西路194号中天健广场11号楼20层01—09室
…………Tel：0931-4288300

甘肃开盛实业集团有限公司
地址：兰州市酒泉路中甸友好国际大厦7楼
…………Tel：0931-4520920

锦绣丝路发展有限公司
地址：甘肃省兰州市兰州新区绿地智慧金融城第B41001001幢19层1922室
…………Tel：0931-4537321

酒钢集团财务有限公司
地址：甘肃省兰州市城关区团结路中广宜景湾
…………Tel：0931-4545796

中国电建集团甘肃能源投资有限公司
地址：甘肃省兰州市城关区高新区飞雁街112号2-1号楼
…………Tel：0931-4569929

兰州银行股份有限公司
地址：甘肃省兰州市城关区酒泉路211号
…………Tel：0931-4600239

兰州瑞新股权投资有限责任公司
地址：甘肃省兰州市城关区五泉街道民主西路111号04层001号
…………Tel：0931-4607816

甘肃兴陇有色金属新材料创业投资基金有限公司
地址：甘肃省兰州市城关区静宁路308号第6层001室
…………Tel：0931-4631441

华龙证券股份有限公司
地址：兰州市城关区东岗西路638号兰州财富中心21楼
…………Tel：0931-4890606

甘肃公航旅国际贸易有限公司
地址：甘肃省兰州市城关区天水中路3号盛达金融大厦7层
…………Tel：0931-4917159

甘肃公航旅金融仓储有限公司
地址：甘肃省兰州市兰州新区大夏河街280号甘肃公航旅金融仓储基地
…………Tel：0931-4917183

甘肃西部物流有限责任公司
地址：甘肃省兰州市城关区和政路156号
…………Tel：0931-4925043

甘肃铁联运输服务有限责任公司
地址：甘肃省兰州市七里河区西站120号综合楼9楼
…………Tel：0931-4925803

甘肃西北黄金股份有限公司
地址：甘肃省兰州市兰州新区产业孵化大厦0323室
…………Tel：0931-4960841

甘肃省煤炭资源开发投资有限责任公司
地址：甘肃省兰州市天水南路335号
…………Tel：0391-5116960

际华三五一二皮革服装有限公司
地址：甘肃省兰州市兰州新区华山路900号
…………Tel：0931-5196852

兰州金川科技园有限公司
地址：甘肃省兰州市榆中县和平镇
…………Tel：0931-5246007

兰州金川新材料科技股份有限公司
地址：兰州市榆中县和平经济开发区
…………Tel：0931-5246015

酒钢集团兰州长虹焊接材料有限责任公司
地址：兰州市城关区民主西路195号
…………Tel：0931-5302985

酒钢集团榆中钢铁有限责任公司
地址：甘肃省兰州市榆中县金崖镇郭家庄1号
…………Tel：0931-5503228

兰鑫钢铁集团有限公司
地址：甘肃省兰州市皋兰县黑石镇新地村
…………Tel：0931-5782068

甘肃宏鼎磨料科技有限公司
地址：甘肃省兰州市皋兰县黑石镇和平村806号
…………Tel：0931-5782111

宝方炭材料科技有限公司
地址：甘肃省兰州市红古区平安镇夹滩村
…………Tel：0931-6273988

腾达西北铁合金有限责任公司
地址：甘肃省永登县连城镇
…………Tel：0931-6907074

甘肃腾达西铁资源控股集团有限公司
地址：甘肃省兰州市永登县连城镇
…………Tel：0931-6907074

窑街煤电集团有限公司
地址：甘肃省兰州市红古区海石湾镇平安路626号
…………Tel：0931-6911025

窑街煤电集团酒泉天宝煤业有限公司
地址：酒泉市肃北蒙古族自治县马鬃山镇红沙梁
…………Tel：0931-6915427

国电兰州范坪热电有限公司
地址：甘肃省兰州市西固区范家坪村728号
…………Tel：0931-7115820

天华化工机械及自动化研究设计院有限公司
地址：甘肃省兰州市西固区合水北路3号
…………Tel：0931-7312166

兰州大洋投资（集团）有限责任公司
地址：甘肃省兰州市城关区雁南路18号科技创新园创业大厦A座7楼701室
…………Tel：0931-7363181

甘肃蓝科石化高新装备股份有限公司
地址：兰州市安宁区蓝科路8号
…………Tel：0931-7639638

兰州阳光炭素有限公司
地址：甘肃省兰州市永登县树屏镇哈家咀村
…………Tel：0931-7667888

华能甘肃能源开发有限公司
地址：兰州市安宁区北滨河西路33号
…………Tel：0931-7685125

兰州煤炭有限责任公司
地址：甘肃省兰州市团结新村2-22号
…………Tel：0931-8112652

甘肃常安新能源投资有限责任公司
地址：兰州市城关区酒泉路2号（中邮信息大厦21楼）
…………Tel：0931-8114169

国家能源集团甘肃电力有限公司
地址：甘肃省兰州市城关区雁南路588号天庆国际商务大厦
…………Tel：0931-8235850

兰州新区铝业有限责任公司
地址：甘肃省兰州市兰州新区综合保税区服务楼B区5楼506室
…………Tel：0931-8251202

甘肃国通大宗商品供应链管理股份有限公司
地址：甘肃省兰州市兰州新区山丹河街968号
…………Tel：0931-8251322

兰州新区慧达资产经营管理有限公司
地址：甘肃省兰州市兰州新区综合保税区综合服务楼C区
…………Tel：0931-8257611

甘肃西北之光电缆有限公司
地址：甘肃省兰州市兰州新区纬六十四路以北经四十五路以东
…………Tel：0931-8257878

兰州新区华亿资产经营管理有限公司
地址：甘肃省兰州市兰州新区地铁商务中心7007室
…………Tel：0931-8257912

甘肃长信资产管理有限公司
地址：甘肃省兰州市城关区高新技术产业开发区联创孵化园8层811室
…………Tel：0931-8332867

甘肃华电福新能源有限公司
地址：甘肃省兰州市兰州新区泰山路2569号
…………Tel：0931-8377783

敦煌文博投资有限公司
地址：甘肃省酒泉市敦煌市文博东路2713号
…………Tel：0931-8378237

甘肃共和同创矿产资源开发有限公司
地址：甘肃省兰州市城关区武都路52号第6单元3层301室
…………Tel：0931-8388863

甘肃帝旺矿业集团有限公司
地址：甘肃省兰州市城关区雁滩路4202号万达广场豪宅第二幢3单元1801室
…………Tel：0931-8388863

甘肃荣丰能源科技集团有限公司
地址：兰州市城关区庆阳路442号1703室
…………Tel：0931-8400086

甘肃资产管理有限公司
地址：甘肃省兰州市七里河区瓜州路4800号
…………Tel：0931-8410985

兰州工业发展控股集团有限公司
地址：甘肃省兰州市城关区武都路365号
…………Tel：0931-8438568

酒钢集团甘肃兴安民爆器材有限责任公司
地址：甘肃省兰州市城关区庆阳路350号B座22层
…………Tel：0931-8441932

西部同泰建设集团有限公司
地址：甘肃省兰州市城关区张掖路1号16层L座
…………Tel：0931-8489467

甘肃省科技风险投资有限公司
地址：甘肃省兰州市城关区雁南路18号创新园创业大厦A座8楼
…………Tel：0931-8537882

兰州有色冶金设计研究院有限公司
地址：兰州市天水南路168号
…………Tel：0931-8565498

兰州兰煤节能源有限公司
地址：甘肃省兰州市榆中县夏官营镇夏官营村839号
…………Tel：0931-8615606

甘肃能源化工投资集团有限公司
地址：甘肃省兰州市七里河区瓜州路1230号2113室
…………Tel：0931-8630085

甘肃嘉利晟钢业有限公司
地址：甘肃省兰州市西固区环行西路6号鑫港物流园1号楼106室
…………Tel：0931-8702168

甘肃九州勘查矿业有限责任公司
地址：甘肃省兰州市城关区东岗西路525号
…………Tel：0931-8724685

甘肃金州矿业有限责任公司
地址：兰州市城关区红星巷123号1103室
…………Tel：0931-8727839

甘肃省国有资产投资集团有限公司
地址：甘肃省兰州市七里河区瓜州路4800号
…………Tel：0931-8736114

甘肃大地实业有限公司
地址：兰州市城关区红星巷123号
…………Tel：0931-8760019

甘肃地质工程有限责任公司
地址：兰州市城关区红星巷123号
…………Tel：0931-8763466

甘肃秦祁矿业有限责任公司
地址：甘肃省兰州市城关区红星巷123号
…………Tel：0931-8763499

甘肃银行股份有限公司
地址：甘肃省兰州市城关区甘南路122号
…………Tel：0931-8771864

甘肃福瑞矿业开发有限公司
地址：甘肃省兰州市城关区雁滩乡雁南路1434号（天庆嘉园A区19号3单元102室）
…………Tel：0931-8787138

甘肃万星实业股份有限公司
地址：甘肃省兰州市城关区广场南路4-6号“国芳大酒店”18层01号
…………Tel：0931-8793001

甘肃公航旅供应链管理有限公司
地址：甘肃省兰州市兰州新区兴隆山路南段2925号公航旅大厦第6层第601-2号房屋
…………Tel：0931-8823674

甘肃三鸿钢铁有限公司
地址：甘肃省兰州市城关区金昌南路361号（东方数码大厦22层B5.6）
…………Tel：0931-8837729

甘肃鑫瑞矿业有限公司
地址：甘肃省甘南州夏河县拉卜楞镇雅鸽塘251号
…………Tel：0931-8873976

华龙期货股份有限公司
地址：甘肃省兰州市城关区静宁路308号4楼
…………Tel：0931-8894644

甘肃招金贵金属冶炼有限公司
地址：甘肃省定西市临洮县中铺循环经济产业园区
…………Tel：0932-2286396

甘肃灵华高速公路项目管理有限公司
地址：甘肃省平凉市崆峒区西大街197号
…………Tel：0933-4169089

华能灵台邵寨煤业有限责任公司
地址：灵台县邵寨镇
…………Tel：0933-5929020

华亭煤业大柳煤矿有限公司
地址：甘肃省平凉市崇信县新窑镇
…………Tel：0933-6135313

平凉五举煤业有限公司
地址：甘肃省平凉市崇信县五举农场
…………Tel：0933-6236189

甘肃华星煤业有限公司
地址：甘肃省平凉市华亭县策底乡策底坡村炭台沟
…………Tel：0933-7705688

华亭煤业集团有限责任公司
地址：甘肃省平凉市华亭市西华镇上亭社区莲湖路109号
…………Tel：0933-7728440

甘肃华亭煤电股份有限公司
地址：甘肃省平凉市华亭市莲湖路2号
…………Tel：0933-7736795

国网甘肃省电力公司平凉供电公司
地址：甘肃省平凉市崆峒区西大街71号
…………Tel：0933-8388835

平凉天元煤电化有限公司
地址：甘肃省平凉市崆峒区东环路211号
…………Tel：0933-8711196

甘肃华能天竣能源有限公司
地址：甘肃省庆阳市环 县世纪大厦四楼
…………Tel：0934-4420558

淮北矿业庆阳能源有限公司
地址：甘肃省庆阳市华池县市政宾馆
…………Tel：0934-5128999

正宁县城市发展投资有限公司
地址：甘肃省庆阳市正宁县城西街12号
…………Tel：0934-6121579

华能庆阳煤电有限责任公司
地址：甘肃省庆阳市西峰区石油东路
…………Tel：0934-6461109

庆阳市德盛能源股份有限公司
地址：甘肃省庆阳市西峰区广场路16号
…………Tel：0934-6668881

庆阳新庄煤业有限公司
地址：甘肃省庆阳市西峰区石油东路
…………Tel：0934-6461109

甘肃中煤天大能源有限公司
地址：甘肃省庆阳市岐黄大道25号
…………Tel：0934-8538087

庆阳能源化工集团有限公司
地址：甘肃省庆阳市西峰区岐黄大道岐黄大厦（利源大厦）A座9楼、10楼
…………Tel：0934-8539333

国网甘肃省电力公司庆城县供电公司
地址：甘肃省庆阳市庆城县南大街3号
…………Tel：0934-8545560

甘肃能源庆阳煤电有限责任公司
地址：甘肃省庆阳市西峰区长庆中路228号
……Tel：0934-8860888

甘肃电投武威热电有限责任公司
地址：甘肃省武威市工业园区凉古公路南2号
……Tel：0935-2586714

山西煤炭进出口集团武威铁路煤炭物流有限公司
地址：甘肃省武威市凉州区武南镇二马路11号
……Tel：0935-2717116

武威市型邢煤化有限责任公司
地址：甘肃省武威市凉州区金太阳新能源高新技术集中区丰乐镇空星墩滩
……Tel：0935-2881716

武威国有资产投资经营有限责任公司
地址：甘肃省武威市凉州区西大街142号
……Tel：0935-5817899

甘肃金川神雾资源综合利用技术有限公司
地址：甘肃省金昌市金川区新华东路68号
……Tel：0935-5832580

甘肃皇台酒业股份有限公司
地址：甘肃省武威市西关街新建路55号
……Tel：0935-6139885

甘肃荣华实业（集团）股份有限公司
地址：甘肃省武威市东关街荣华路1号
……Tel：0935-6151222

太西煤集团民勤实业有限公司
地址：甘肃省武威市民勤县红沙岗镇一号井
……Tel：0935-6981855

金川集团精密铜材有限公司
地址：甘肃省金昌市金川区新华东路21号
……Tel：0935-7130089

金川集团镍合金有限公司
地址：榆中县和平镇（和平经济开发区）
……Tel：0935-7130284

甘肃电投金昌发电有限责任公司
地址：永昌县河西堡镇水电大道旁
……Tel：0935-7316036

内蒙古太西煤集团民勤金阿铁路有限责任公司
地址：甘肃省武威市民勤县红沙岗镇
……Tel：0935-7322033

内蒙古太西煤集团金昌鑫华焦化有限责任公司
地址：甘肃省金昌市永昌县河西堡镇化工循环经济产业园
……Tel：0935-7332211

金川集团物流有限公司
地址：甘肃省金昌市金川区北京路19号
……Tel：0935-8811557

金川镍都实业有限公司
地址：甘肃省金昌市金川区桂林路街道宝品里延安路26号
……Tel：0935-8811760

金川集团机械制造有限公司
地址：甘肃省金昌市金川区桂林路街道宝品里延安路26号
……Tel：0935-8811760

金昌镍都矿山实业有限公司
地址：甘肃省金昌市金川区桂林路街道宝品里延安路26号
……Tel：0935-8811760

金昌金川万方实业有限责任公司
地址：甘肃省金昌市金川区桂林路街道宝品里延安路26号
……Tel：0935-8811760

金川集团股份有限公司
地址：甘肃省金昌市金川区北京路
……Tel：0935-8811111

金川集团镍盐有限公司
地址：甘肃省金昌市金川区兰州路1号
……Tel：0935-8812395

金川集团铜业有限公司
地址：甘肃省金昌市金川区建设路2号（北京路以东、河雅路以西、贵阳路以南）
……Tel：0935-8812413

张掖市宏能煤业有限公司
地址：甘肃省张掖市山丹县老军乡花草滩
……Tel：0936-2728586

张掖市晋昌源煤业有限公司
地址：甘肃省张掖市高台县火车站西南
……Tel：0936-6634996

陇南市武都区宏远城乡发展有限公司
地址：甘肃省陇南市武都区城关镇钟楼滩城投公司综合楼301号
……Tel：0936-8250559

甘肃国源房地产开发股份有限公司
地址：甘肃省兰州市兰州新区贵清山路通关河街
……Tel：0936-8251222

甘肃电投张掖发电有限责任公司
地址：甘肃省张掖市甘州区兔儿坝工业园区
……Tel：0936-8286029

张掖市珠峰有色金属有限责任公司
地址：甘肃省张掖市肃南裕固族自治县大河循环经济工业园区
……Tel：0936-8580089

张掖市聚鑫达科技发展有限公司
地址：甘肃省张掖市甘州区兔儿坝滩
……Tel：0936-8856077

甘肃中龙翔建设工程集团有限公司
地址：甘肃省酒泉市肃州区世纪大道58号（创业大厦）7楼701
……Tel：0937-2669933

神华国能甘肃酒钢发电有限公司
地址：甘肃省酒泉市肃州区西大街23号综合楼三层
……Tel：0937-2800779

塞腾石棉股份有限公司
地址：甘肃省酒泉市阿克塞哈萨克族自治县工业园区1号
……Tel：0937-2865298

甘肃汉隆建设投资发展有限公司
地址：甘肃省酒泉市肃州区雄关路14号
……Tel：0937-2878883

甘肃玉门农村商业银行股份有限公司
地址：甘肃省酒泉市玉门市新市区清泉西路14号
……Tel：0937-3365715

甘肃宏源投资开发有限公司
地址：甘肃省酒泉市金塔县金塔镇解放路266号
……Tel：0937-4426526

金塔县黑石矿业有限责任公司
地址：甘肃省酒泉市金塔县西川矿产资源利用产业园
……Tel：0937-4561555

肃北县博伦矿业开发有限责任公司
地址：甘肃省酒泉市肃北蒙古族自治县七角井矿区
……Tel：0937-5557855

甘肃三新矿业有限公司
地址：甘肃省酒泉市肃北蒙古族自治县邮政局
……Tel：0937-5585338

嘉峪关索通预焙阳极有限公司
地址：甘肃省嘉峪关市聚鑫东路766号
……Tel：0937-5971558

酒钢集团肃北天亨矿业有限责任公司
地址：甘肃省酒泉市肃北蒙古族自治县马鬃山镇云母头村40号
……Tel：0937-5986182

嘉峪关索通炭材料有限公司
地址：甘肃省嘉峪关市嘉北工业园区
……Tel：0937-5986848

甘肃华北新瑞实业有限公司
地址：甘肃省嘉峪关市峪泉镇断山口村
……Tel：0937-6221633

酒钢（集团）宏达建材有限责任公司
地址：甘肃省嘉峪关市嘉北工业园区宏达路677号
……Tel：0937-6223159

酒钢集团武威天威矿产资源开发有限公司
地址：甘肃省武威市凉州区西关中路19号
……Tel：0937-6280519

酒钢集团华泰矿业投资有限责任公司
地址：甘肃省嘉峪关市雄关东路12号
……Tel：0937-6280852

酒钢（集团）天工矿业投资有限公司
地址：甘肃省嘉峪关市长城东路7号
……Tel：0937-6280991

甘肃天洲矿业开发有限公司
地址：甘肃省兰州市城关区旧大路217－219号
……Tel：0937-6281067

龙泰（集团）有限责任公司
地址：甘肃省嘉峪关市长城东路811号
……Tel：0937-6281090

甘肃紫轩酒业有限公司
地址：甘肃省嘉峪关市机场路5396号
……Tel：0937-6393099

嘉峪关宏电铁合金有限责任公司
地址：嘉峪关市嘉北工业园区
……Tel：0937-6710670

酒泉钢铁（集团）有限责任公司
地址：甘肃省嘉峪关市雄关东路十二号
……Tel：0937-6711114

嘉峪关宏晟电热有限责任公司
地址：甘肃省嘉峪关市嘉东工业园区
……Tel：0937-6713791

酒钢集团中天置业有限公司
地址：甘肃省嘉峪关市胜利北路9号
……Tel：0937-6715321

甘肃酒钢集团宏兴钢铁股份有限公司
地址：甘肃嘉峪关市雄关东路12号
……Tel：0937-6715771

甘肃祁牧乳业有限责任公司
地址：甘肃省嘉峪关市嘉东工业园区
……Tel：0937-6718261

嘉峪关天源新材料有限责任公司
地址：甘肃省嘉峪关市雄关东路12号
……Tel：0937-6718722

甘肃酒钢集团西部重工股份有限公司
地址：甘肃省嘉峪关市酒钢冶金厂区（雄关东路12A号）
……Tel：0937-6718910

甘肃东兴铝业有限公司
地址：甘肃省兰州市安宁区焦家庄1号
……Tel：0937-6719176

甘肃宏汇能源化工有限公司
地址：甘肃省嘉峪关市嘉北社区嘉黑路5655号
……Tel：0937-6719218

甘肃筑鼎建设有限责任公司
地址：甘肃省嘉峪关市五一中路十号
……Tel：0937-6719442

甘肃新洲矿业有限公司
地址：甘肃省张掖市肃南裕固族自治县祁青乡
……Tel：0937-6916082

甘肃电投辰旭投资开发有限责任公司
地址：甘肃省兰州市城关区北滨河东路69号
……Tel：0937-8378805

甘肃敦煌农村商业银行股份有限公司
地址：甘肃省酒泉市敦煌市沙州镇阳关中路538号
……Tel：0937-8822653

敦煌文旅集团有限公司
地址：甘肃省酒泉市敦煌市阳关中路1144号
……Tel：0937-8893566

敦煌旅游股份有限公司
地址：酒泉市敦煌市阳关东路14号
……Tel：0937-8893591

天水红石矿业有限公司
地址：甘肃省天水市麦积区经济技术开发区（天泽宾馆）
……Tel：0938-2914088

天水地质宾馆有限公司
地址：甘肃省天水市麦积区马跑泉镇二中对面
……Tel：0938-2917360

甘肃张家川新天德新型绿色建材有限公司
地址：甘肃省天水市张家川回族自治县恭门镇毛磨村、天河村
……Tel：0938-4903333

甘肃三力建筑工程有限公司
地址：甘肃省天水市张家川回族自治县张家川镇上川村庄天二级公路南侧
……Tel：0938-7888588

甘肃省天水李子金矿有限公司
地址：天水市秦州区李子乡
……Tel：0938-8511888

天水长城成套电器有限公司
地址：天水市秦州区南廓寺5号楼
……Tel：0938-8622225

甘肃厂坝有色金属有限责任公司
地址：甘肃省陇南市成县城关镇陇南大道幸福路口金成大厦
……Tel：0939-3203009

康县泽康水务投资有限公司
地址：甘肃省陇南市康县城关镇西街11号
……Tel：0939-5123696

陇南紫金矿业有限公司
地址：甘肃省陇南市礼 县罗坝镇王寺村
……Tel：0939-5926581

西和县中宝矿业有限公司
地址：甘肃省陇南市西和县十里乡后川坝村
……Tel：0939-6693519

甘肃亚峰矿业有限公司
地址：甘肃省酒泉市肃北蒙古族自治县马鬃山镇云母头村34号
……Tel：0939-7521682

甘肃宝徽实业集团有限公司
地址：甘肃省陇南市徽县城关镇滨河路中段
……Tel：0939-7527423

甘肃亚特投资集团有限公司
地址：甘肃省陇南市徽 县城关镇建新路
……Tel：0939-7528682

甘肃洛坝有色金属集团有限公司
地址：甘肃省陇南市徽 县城关镇滨河路
……Tel：0939-7545768

金徽矿业股份有限公司
地址：甘肃省陇南市徽 县柳林镇
……Tel：0939-7545988

徽县河池实业有限公司
地址：甘肃省陇南市徽县伏镇贺店
……Tel：0939-7551014

陇南市龙江城乡发展集团有限公司
地址：甘肃省陇南市武都区东江镇东江新区人力资源大厦12楼
……Tel：0939-8598609

陇南市信通城市经济发展有限责任公司
地址：甘肃省陇南市武都区东江镇十三号路五凤街司法大厦五楼
……Tel：0939-8598918

陇南市龙嘉水务投资有限公司
地址：甘肃省陇南市武都区东江镇东江新区统办5号楼（环保大厦）803号
……Tel：0939-8891019

甘肃玛曲格萨尔黄金实业股份有限公司
地址：甘肃省甘南州玛曲县团结东路
……Tel：0941-6122596

甘肃省合作早子沟金矿有限责任公司
地址：甘肃省甘南州合作市那吾乡早子沟行政村
……Tel：0941-6919062

甘肃辰州矿产开发有限责任公司
地址：甘肃省甘南州合作市卡加道乡老豆村
……Tel：0941-8218366

甘肃加鑫矿业有限公司
地址：甘肃省甘南州合作市卡加道乡老豆村
……Tel：0941-8218366

甘肃华鹭铝业有限公司
地址：甘肃省白银市白银区建设西路19号
……Tel：0943-6121160

甘肃神力工矿集团有限公司
地址：甘肃省白银市平川区唐红公路金三角陇宝加油站北侧1幢
……Tel：0943-6900899

白银有色长通电线电缆有限责任公司
地址：甘肃省白银市白银区高新技术产业开发区银东工业园
……Tel：0943-8222220

甘肃上峰水泥股份有限公司
地址：甘肃省白银市白银区五一街2号
……Tel：0943-8223409

白银市铜城热力有限责任公司
地址：甘肃省白银市白银区长安路
……Tel：0943-8267197

白银隆福尾矿资源综合利用有限公司
地址：甘肃省白银市白银区王岘西路589号（21）2幢1-01
……Tel：0943-8288998

白银市城市发展投资（集团）有限公司
地址：甘肃省白银市白银区万盛路1号嘉业阳光国际B座
……Tel：0943-8661566

白银市国有资产经营开发有限责任公司
地址：白银市白银区万盛路1号5幢（09）5幢（5-01，6-01，7-01）
……Tel：0943-8662283

白银红鹭矿业投资有限责任公司
地址：甘肃省白银市白银区人民路19号
……Tel：0943-8812239

白银有色集团股份有限公司
地址：甘肃省白银市白银区友好路96号
……Tel：0943-8812511

白银有色铁路运输物流有限责任公司
地址：白银市白银区银山路132号
……Tel：0943-8816171

白银有色红鹭资源综合利用科技有限公司
地址：甘肃省白银市白银区矿山路38号
……Tel：0943-8819582

甘肃稀土新材料股份有限公司
地址：甘肃省白银市白银区稀土新村
……Tel：0943-8822076

青海省

青海省西海煤炭开发有限责任公司
地址：青海省海北州刚察县热水矿区
……Tel：0970-8656433

五矿（祁连）发展有限公司
地址：青海省祁连县八宝镇新城区
……Tel：0970-8686608

祁连鑫曙矿产有限公司
地址：祁连县野牛沟乡边麻村
……Tel：0970-8688188

青海宝利华能源科技有限公司
地址：西宁经济技术开发区甘河工业园区
……Tel：0971-2223858

青海黄河水电再生铝业有限公司
地址：青海省西宁市甘河工业园区
……Tel：0971-2238509

青海盐湖海纳化工有限公司
地址：西宁经济技术开发区甘河工业园区
……Tel：0971-2268052

神光新能源有限公司
地址：西宁市城中区创业路98号
……Tel：0971-2272903

润泽（青海）高新技术有限公司
地址：西宁经济技术开发区甘河工业园区
……Tel：0971-2273263

青海鑫恒铝业有限公司
地址：青海甘河工业园区管委会办公楼辅楼
……Tel：0971-2276255

青海大美煤业股份有限公司
地址：西宁经济技术开发区甘河工业园区西区
……Tel：0971-2280066

青海百通高纯材料开发有限公司
地址：西宁经济技术开发区甘河工业园区
……Tel：0971-2290457

青海鑫河建设发展有限公司
地址：西宁经济技术开发区甘河工业园区创业路管委会大楼创业大厦
……Tel：0971-2291788

湟中福鑫源开发建设有限公司
地址：湟中县上新庄镇加牙村

……………………Tel：0971-2292336
青海湘和有色金属有限责任公司
地址：西宁经济技术开发区甘河工业园区
……………………Tel：0971-4693616
青海铝业有限责任公司
地址：西宁市宁张公路28公里
……………………Tel：0971-2752024
青海宁北发电有限责任公司
地址：青海省西宁市城西区新宁路36号
……………………Tel：0971-2755210
青海青镁镁业有限责任公司
地址：青海省西宁市大通县长宁镇宁张公路16公里处
……………………Tel：0971-2827753
青海财融低碳能源投资有限公司
地址：西宁市城东区昆仑东路148号
……………………Tel：0971-4329601
青海高润实业发展有限公司
地址：西宁经济技术开发区甘河工业园区创业路宏盛大厦5楼
……………………Tel：0971-4393443
青海山水建设工程有限公司
地址：青海省西宁市大通县人民路43号
……………………Tel：0971-4397536
青海浏阳鑫达有色金属有限公司
地址：西宁市经济开发区甘河工业园区
……………………Tel：0971-4512298
青海润丰有色金属有限公司
地址：青海省西宁市城中区创业路108号第六层613室
……………………Tel：0971-4512298
青海百河铝业有限责任公司
地址：西宁经济技术开发区甘河工业园区
……………………Tel：0971-4692311
青海省年丰投资集团有限公司
地址：西宁市城北区宁张路189-29号3幢3-1号
……………………Tel：0971-4724054
西宁经济技术开发区投资控股集团有限公司
地址：青海省西宁市城中区创业路108号1号楼4层418室
……………………Tel：0971-5110150
青海长胜工程建设有限责任公司
地址：西宁市城中区南川东路11号5号楼1单元121室
……………………Tel：0971-5118177
五矿盐湖有限公司
地址：茫崖行委花土沟镇一里坪地区（国道315K1004里程碑南50米）
……………………Tel：0971-5119410
欧耐特线缆集团有限公司
地址：青海省西宁市大通县长宁镇宁张公路21公里166号
……………………Tel：0971-5208678
青海生物产业园开发建设有限公司
地址：青海生物科技产业园纬二路18号
……………………Tel：0971-5226137
青海青豫能源有限责任公司
地址：青海省天峻县新源天木路义海宾馆有限公司三楼
……………………Tel：0971-5226402
青海昆玉实业投资集团有限公司
地址：青海生物科技产业园经三路32号
……………………Tel：0971-5226939
青海西钢建筑安装工程有限责任公司
地址：青海省西宁市城北区柴达木路西52号18号楼
……………………Tel：0971-5295404
西宁特殊钢集团有限责任公司
地址：西宁市柴达木西路52号
……………………Tel：0971-5299186
西宁特殊钢股份有限公司
地址：西宁市柴达木西路52号
……………………Tel：0971-5299186
青海物产工业投资有限公司
地址：青海省西宁市大通回族土族自治县长宁镇上孙家寨村719号
……………………Tel：0971-5314199
青海物产朝阳物流开发投资有限公司
地址：西宁市城北区朝阳东路34-2号
……………………Tel：0971-5500373
青海省物产集团有限公司
地址：青海省西宁市城北区朝阳东路34-2号
……………………Tel：0971-5501020
青海中加合作大场矿业有限公司
地址：西宁市城北区朝阳西路42号
……………………Tel：0971-5567092
青海省能源发展（集团）有限责任公司
地址：青海省青海生物科技产业园
……………………Tel：0971-6101136
青海开创融资租赁有限公司
地址：青海生物科技产业园纬二路16号1号楼810室
……………………Tel：0971-6104243
青海三工投资管理集团有限公司
地址：西宁经济技术开发区金桥路38号
……………………Tel：0971-6107358
青海盐湖新域资产管理有限公司
地址：西宁市城西区五四大街37号
……………………Tel：0971-6113918
青海源盈矿业投资有限公司
地址：西宁市城西区胜利路22号2幢1071室
……………………Tel：0971-6117768
青海省地矿集团有限公司
地址：西宁市城西区胜利路22号2幢1071室
……………………Tel：0971-6117768
山金西部地质矿产勘查有限公司
地址：青海生物科技产业园区纬二路16号6楼
……………………Tel：0971-6117998
西部矿业集团有限公司
地址：青海省西宁市五四大街56号
……………………Tel：0971-6123888
西部矿业股份有限公司
地址：青海省西宁市五四大街52号
……………………Tel：0971-6123888
青海省国有资产投资管理有限公司
地址：青海省西宁市城中区创业路128号中小企业创业园5楼501室
……………………Tel：0971-6124998
青海五鑫矿业有限公司
地址：青海省西宁市城西区胜利路22号2幢1091室
……………………Tel：0971-6129283
青海地利矿业有限公司
地址：青海省西宁市城西区虎台二巷15号第1号楼2单元2072室
……………………Tel：0971-6137913
青海省水利水电（集团）有限责任公司
地址：青海省西宁市西关大街57号
……………………Tel：0971-6138573
青海齐鑫矿业有限公司
地址：青海省西宁市城西区胜利路22号2幢1122室
……………………Tel：0971-6143475
青海南部矿业有限公司
地址：青海省西宁市城北区生物园区纬二路18号1017室
……………………Tel：0971-8235191
兴海县鹏飞有色金属采选有限公司
地址：青海省海南州兴海县子科滩镇黄青村
……………………Tel：0971-8235191
青海中煤地质工程有限责任公司
地址：西宁市城西区西关大街42号
……………………Tel：0971-6146616
青海西部稀贵金属有限公司
地址：青海省西宁市湟中区甘河滩工业区
……………………Tel：0971-6151017
青海西部资源有限公司
地址：青海省西宁市湟中区甘河滩
……………………Tel：0971-6151017
青海东湖矿产有限责任公司
地址：西宁市城西区兴海路24号3号楼3112室
……………………Tel：0971-6184050
青海晶鑫犇投资有限公司
地址：青海省西宁市城西区海晏路21号1号楼8单元844室
……………………Tel：0971-6255113
青海开陌工程技术有限公司
地址：青海省西宁市城中区七一路318号
……………………Tel：0971-6255501
青海同成工贸有限公司
地址：青海省西宁市城西区香格里拉路8号8-46号
……………………Tel：0971-6267616
青海柴达木能源投资开发股份有限公司
地址：青海省西宁市城西区文景街32号青海国投广场A座6楼
……………………Tel：0972-5922251
乌兰柴达木能源开发有限公司
地址：乌兰县柯柯镇老虎口东侧
……………………Tel：0971-6268901
青海天富矿业有限公司
地址：西宁市城北朝阳东路11号1幢6幢7幢
Tel：0971-6275169-8016
青海兴青集团天峻能源有限公司
地址：天峻县新源镇新源东路建新巷西侧兴青宾馆一楼
……………………Tel：0971-6309976
青海路桥建设股份有限公司
地址：青海省西宁市五四西路15号
……………………Tel：0971-6318009
青海黄河矿业有限责任公司
地址：青海省格尔木市团结湖路盐三巷3号
……………………Tel：0971-6326009
青海讯捷物流股份有限公司
地址：青海省西宁市生物科技产业园区经二路56号
……………………Tel：0971-6361266
青海金瑞矿业发展股份有限公司
地址：青海省西宁市城西区新宁路36号五层
……………………Tel：0971-6363673
青海省金星矿业有限公司
地址：青海省西宁经济技术开发区内
……………………Tel：0971-6363837
青海省投资集团有限公司
地址：青海省西宁市城西区新宁路36号
……………………Tel：0971-6363881
青海泽荣矿业开发有限公司
地址：青海省西宁市城西区胜利路22号2号楼1111室
……………………Tel：0971-6365283
青海青藏铁路物流有限公司
地址：青海省西宁市城东区祁连路10号
0971-7196962
大唐青海能源开发有限公司
地址：青海省西宁市城西区黄河路36号
……………………Tel：0971-7161017
青海西部铅业股份有限公司
地址：青海省湟中县甘河工业区
……………………Tel：0971-7170500
青海云海环保服务有限公司
地址：青海省西宁市大通县黄家寨镇宁张路付108号
……………………Tel：0971-7177187
青海青藏铁路多元投资中心
地址：西宁市城东建国路22号
……………………Tel：0971-7193482
青海浙金矿业有限公司
地址：西宁市城西区胜利路58号1号楼2单元2171室
……………………Tel：0971-7612238
青海博海煤炭开发有限公司
地址：青海省海北州刚察县东大街
……………………Tel：0971-7666196
青海省交通控股集团有限公司
地址：青海省西宁市城中区创业路108号投资服务中心4楼413室
……………………Tel：0971-7797512
三晶集团（青海）有限公司
地址：青海省西宁市城中区南川东路71号3幢
……………………Tel：0971-8082067
水电四局投资开发有限公司
地址：西宁市城东区昆仑东路148号1号楼148-48号
……………………Tel：0971-8088286
青海国投矿业投资有限责任公司
地址：西宁市城西区文景街32号
……………………Tel：0971-8117909
青海峻德投资有限责任公司
地址：青海省西宁市城东区八一西路90号1号楼1单元121室
……………………Tel：0971-8118686
青海启正投资有限公司
地址：青海省西宁市城东区祁连路43号3号楼
……………………Tel：0971-8129122
青海新龙控股集团有限公司
地址：西宁经济技术开发区中小企业创业园创业大厦13楼
……………………Tel：0971-8208666
青海合一实业发展有限公司
地址：西宁市城中区创业路108号第11层1107室
……………………Tel：0971-8222048
青海合一商贸有限公司
地址：西宁市城中区创业路108号第11层1108室
……………………Tel：0971-8222048
青海富康矿业资产管理有限公司
地址：青海省海西州茫崖冷湖镇巴仑马海湖区西侧
……………………Tel：0971-8222777
中航长城大地建工集团青海有限公司
地址：青海省西宁市城东区建国路66号19号楼1106号
……………………Tel：0971-8231217
西宁五金矿产进出口集团有限公司
地址：西宁市城中区长江路120号
……………………Tel：0971-8235939
青海昆龙伟业实业投资有限公司
地址：西宁市城中区西大街43号（西大街百货大楼西楼9层901室）
……………………Tel：0971-8250266
青海兴三和矿业（集团）有限公司
地址：青海省西宁市城东区祁连路43号3号楼
……………………Tel：0971-8251840
青海鸿宇振兴置业发展有限公司
地址：青海省西宁市城北区海湖大道9号10号楼1单元9-3号房
……………………Tel：0971-8271749
青海恩基矿业股份有限公司
地址：青海省西宁市城中区西大街8号世贸中心2101房
……………………Tel：0971-8290552
富源电力集团股份有限公司
地址：西宁市城西区五四西路43号
……………………Tel：0971-8457048
青海神华低碳能源投资有限公司
地址：青海省格尔木市昆仑经济开发区长江路
……………………Tel：0971-8459895
青海省矿业集团股份有限公司
地址：西宁市城西区黄河路154号（夏都宾馆）
……………………Tel：0971-8465302
青海省木里煤业开发集团有限公司
地址：西宁市经济技术开发区南川工业园区创业路26号
……………………Tel：0971-8465319
青海云天环保科技有限公司
地址：青海生物科技产业园区纬二路18号1223室
……………………Tel：0971-8561352
青海鹿雄矿业有限公司
地址：青海省西宁市城西区胜利路58号宏业大厦1单元184房
……………………Tel：0971-8564112
青海华诚实业有限公司
地址：青海省海西州天峻县天木路
……………………Tel：0971-8565006
青海木田煤炭有限责任公司
地址：青海省西宁市经济技术开发区金汇路36号12号楼1单元4层1043室
……………………Tel：0971-8800717
青海克美克投资开发有限公司
地址：青海省西宁市城东区开元路30号1号楼30-112号房
……………………Tel：0971-8802233
青海民生矿业发展有限公司
地址：东川工业园区中小企业创业园
……………………Tel：0971-8816678
青海国鑫铝业有限责任公司
地址：青海省西宁市昆仑东路55号
……………………Tel：0971-8818870
青海焦煤产业（集团）有限公司
地址：天峻县迎宾路东国土资源局办公楼三层
……………………Tel：0971-8826379
青海金阳光电子材料有限公司
地址：西宁经济技术开发区八一东路11号
……………………Tel：0971-8827319
青海圣裕源储运有限公司
地址：青海省海西州天峻县天棚货场
……………………Tel：0971-8866630
互助土族自治县国有资产投资公司
地址：互助县威远镇东环路16号
……………………Tel：0972-8327880
青海恒健投资集团有限公司
地址：青海省海东市互助县北大街1号
……………………Tel：0972-8380003
青海铭德能源集团有限公司
地址：青海省民和县川口镇史纳村
……………………Tel：0972-8528532
青海西部水电有限公司
地址：青海省海东工业园区民和工业园
……………………Tel：0972-8552011
平安鑫海资源开发有限公司
地址：青海省海东市平安区古城乡石壁村
……………………Tel：0972-8680089
青海智博投资开发有限责任公司
地址：青海省海南州贵德县河阴镇迎宾西路
……………………Tel：0974-8550379
青海龙羊峡艺苑文化旅游股份有限公司
地址：海南州共和县恰卜恰镇龙羊峡镇
……………………Tel：0974-8572055
青海威斯特铜业有限责任公司
地址：青海省玛沁县德尔尼铜矿矿区
……………………Tel：0975-8388608
德令哈土地矿产资源开发建设有限公司
地址：德令哈市河西区八一路北侧鑫泰佳苑10号楼
……………………Tel：0977-8210812
德令哈市恒源矿业有限公司
地址：德令哈市旺尕秀德都公路1号
……………………Tel：0977-8212122
德令哈国有资产投资管理集团有限公司
地址：青海省海西州德令哈市工业园区长江路以东浙江工业园孵化基地
……………………Tel：0977-8213608
海西州国有资本投资运营（集团）有限公司
地址：青海省海西州德令哈市格尔木西路2号柴达木大厦
……………………Tel：0977-8220098
海西汇源矿产资源开发投资有限公司
地址：青海省海西州德令哈市格尔木东路6号（海西州经济和发展改革委员会5楼511室）
……………………Tel：0977-8330156
青海柴达木农村商业银行股份有限公司
地址：青海省德令哈市柴达木东路28号
……………………Tel：0977-8226293
乌兰县恒诚投资有限公司
地址：青海省乌兰县东大街7-2号
……………………Tel：0977-8241023
乌兰县天润矿业有限公司
地址：青海省乌兰县希里沟镇车站路1号大院
……………………Tel：0977-8243884
青海能源鱼卡有限责任公司
地址：青海省海西州大柴旦行委
……………………Tel：0977-8283210
青海大柴旦矿业有限公司
地址：青海省海西州大柴旦行委
……………………Tel：0977-8283816

青海西旺机械铸造有限公司
地址：都兰县察苏镇解放街3号
……………………Tel：0977-8293485
青海山金矿业有限公司
地址：都兰县沟里乡果洛龙洼金矿
……………………Tel：0977-8339600
格尔木胜华矿业有限责任公司
地址：格尔木市黄河中路56号
……………………Tel：0979-5996622
青海省矿业集团格尔木能源化工有限公司
地址：格尔木市团结湖路6号520-522
……………………Tel：0979-8400020
青海盐湖镁业有限公司
地址：青海省格尔木市黄河路28号
……………………Tel：0979-8409720
青海中航玉丰矿业有限公司
地址：格尔木市昆仑路中段南侧
……………………Tel：0979-8411033
格尔木投资控股有限公司
地址：格尔木市昆仑中路56-10号
……………………Tel：0979-8413196
地矿集团格尔木盐湖资源开发有限公司
地址：青海省格尔木市昆仑南路16号
……………………Tel：0979-8423633
青海格尔木工业园开发建设有限公司
地址：青海省格尔木市团结湖路6号
……………………Tel：0979-8426212
青海联宇投资集团有限公司
地址：青海省格尔木市黄河东路28号
……………………Tel：0979-8428705
青海中浩能源化工有限公司
地址：青海省格尔木市昆仑南路15-02号
……………………Tel：0979-8431552
青海长河矿业有限责任公司
地址：青海省格尔木市昆仑经济开发区商业街180号
……………………Tel：0979-8431611
青海佳路投资有限公司
地址：青海省格尔木市长江路与109国道交汇处东南角
……………………Tel：0979-8434333
青海西豫有色金属有限公司
地址：格尔木市昆仑经济开发区
……………… Tel：0979-8437168-8167
都兰金辉矿业有限公司
地址：都兰县诺木洪乡五龙沟金赐湾
……………………Tel：0979-8447502
青海盐湖工业股份有限公司
地址：青海省格尔木市黄河路28号
……………………Tel：0979-8448121
格尔木恒达矿产品有限公司
地址：青海省格尔木市开发区
……………………Tel：0979-8462003
青海华信环保科技有限公司
地址：青海省格尔木市昆仑经济开发区南海东路9号
……………………Tel：0979-8466000
青海鸿鑫矿业有限公司
地址：格尔木市滨河新区县圃路东侧、宁海路北侧（格尔木市广达滨河新城）
……………………Tel：0979-8480908
青海鸿丰伟业矿产投资有限公司
地址：青海省格尔木市柴达木西路14号
……………………Tel：0979-8499878
藏格矿业股份有限公司
地址：青海省格尔木市昆仑南路15-02号
……………………Tel：0979-8966600
格尔木藏格钾肥有限公司
地址：青海省海西州格尔木市昆仑南路15-02号
……………………Tel：0979-8966600

宁夏回族自治区

宁夏兰星石油销售（集团）公司
地址：宁夏回族自治区银川西夏区黄河西路
……………………Tel：0951-3011161
中国石化长城能源化工（宁夏）有限公司
地址：宁夏灵武市宁东能源化工基地
……………………Tel：0951-3098890
宁夏红墩子煤业有限公司
地址：银川市滨河新区星河街15号
……………………Tel：0951-3099000
龙能科技（宁夏）有限责任公司
地址：宁夏宁东物流园区西侧（龙能新能源产业项目区）
……………………Tel：0951-3946977
宁夏兴泰隆房地产开发有限公司
地址：银川市兴庆区上海东路828号新水综合楼2号楼4层
……………………Tel：0951-4111203
宁夏晨宏科技有限公司
地址：宁夏银川高新技术产业开发区再生资源产业区马家滩片区
……………………Tel：0951-4654108
宁夏金油化工有限公司
地址：宁夏宁东镇黎羊西侧宝塔销售大楼5楼
……………………Tel：0951-4713322
宁夏庆元化工产品有限公司
地址：宁夏灵武市宁东镇黎羊公路西侧
……………………Tel：0951-4713369
宁夏灵宝化工有限公司
地址：宁夏宁东能源化工基地宝塔综合项目区
……………………Tel：0951-4713572
宁夏灵州石化有限公司
地址：宁夏回族自治区灵武矿务局火车站
……………………Tel：0951-4713572
宁夏银行股份有限公司
地址：银川市金凤区北京中路157号
……………………Tel：0951-5058879
宁夏亚星源环保科技有限公司
地址：银川德胜工业园区伊园西路
……………………Tel：0951-5099550
宁夏恒旺矿业资源控股有限公司
地址：银川市金凤区易大紫荆花商务中心E座13单元1307号
……………………Tel：0951-5676555
宁夏宝源资源投资开发有限公司
地址：平罗县陶乐镇花园西街（原陶乐宾馆）
……………………Tel：0951-5699867
宁夏宝塔新能源投资有限公司
地址：银川市金凤区宁安大街88号宝塔石化大厦
……………………Tel：0951-5699917
宁夏宝塔国际贸易有限公司
地址：银川市金凤区宁安大街88号
……………………Tel：0951-5699909
宁夏捷美能源投资有限责任公司
地址：宁夏银川市宁东能源化工基地煤化工园区B区宁夏和宁化学有限公司办公楼1楼
……………………Tel：0951-5923178
国电浙能宁东发电有限公司
地址：宁夏灵武市马家滩镇西三村
……………………Tel：0951-5959729
国电英力特能源化工集团股份有限公司
地址：银川市高新技术开发区2号办公楼
……………………Tel：0951-5959822
宁夏国投资本运营有限公司
地址：银川市金凤区新昌西路紫荆花商务中心C座1101室
……………… Tel：00951-8895780
宁夏江宁实业有限公司
地址：银川市兴庆区丽景街东侧.规划北塔路北侧银川江宁国际酒店用品商贸城15号楼4楼
……………………Tel：0951-6028918
宁夏泰华实业集团有限公司
地址：宁夏银川市民族北街24号
……………………Tel：0951-6041389
宁夏鼎辉置业有限公司
地址：宁夏银川市金凤区通达北街锦瑞园1号综合楼371号
……………………Tel：0951-6082323
宁夏鑫酒钢铁有限责任公司
地址：宁夏永宁县望远现代金属物流园7-303号
……………………Tel：0951-6159045
宁夏宝丰能源集团煤焦化有限公司
地址：宁夏宁东宝丰循环经济工业园区
……………………Tel：0951-6663203
国家电投集团宁夏能源铝业有限公司
地址：宁夏银川市金凤区新昌西路168号
……………………Tel：0951-6665635
宁夏建昊实业集团有限公司
地址：银川市兴庆区林荫香榭小区1号商业楼5号房
……………………Tel：0951-6737656
宁夏宏润发能源开发有限公司
地址：宁夏银川市兴庆区银横路隆鑫苑A3号1208室
……………………Tel：0951-6850778
宁夏宝丰能源集团股份有限公司
地址：宁夏银川市宁东能源化工基地宝丰循环经济工业园区
……………………Tel：0951-6881679
宁夏中科生物科技股份有限公司
地址：宁夏石嘴山市惠农区河滨街
……………………Tel：0951-6898005
宁夏新日恒力国际贸易有限公司
地址：银川市金凤区黄河路恒泰商务大厦18层1-10办公用房
……………………Tel：0951-6898005
宁夏灵信煤业有限责任公司
地址：宁夏灵武市磁窑堡镇黎家新庄
……………………Tel：0951-6962954
国家能源集团宁夏煤业有限责任公司
地址：银川市北京中路168号
……………………Tel：0951-6970204
宁夏宁鲁煤电有限责任公司
地址：宁夏灵武市宁东镇黎家新庄
……………………Tel：0951-6976279
神华国能宁夏煤电有限公司
地址：宁夏灵武市宁东镇回民巷
……………………Tel：0951-7682030
宁夏远高实业集团有限公司
地址：银川德胜工业园区丰庆路以北烈马渠以东1幢
……………………Tel：0951-7821180
宁夏远高重工绿色科技有限公司
地址：银川德胜工业园区丰庆西路15号
……………………Tel：0951-7821180
宁夏博源特机械制造有限公司
地址：宁夏银川市西夏区宏图南路以东宝湖西路以南
……………………Tel：0951-7861929
宁夏华盈矿业开发有限公司
地址：宁夏银川市庆安南路140号
……………………Tel：0951-7861929
宁夏华利特机械制造有限公司
地址：银川经济技术开发区大元铁路专线以西宝湖西路以南
……………………Tel：0951-7861929
宁夏伊品生物科技股份有限公司
地址：宁夏回族自治区永宁县杨和工业园区
……………………Tel：0951-8026371
华能宁夏能源有限公司
地址：宁夏银川市兴庆区民族南街669号
……………………Tel：0951-8360035
宁夏宁东如意润峰新能源科技有限公司
地址：宁夏宁东基地新材料化工园区I区三号路北段
……………………Tel：0951-8537088
宁港城市建设发展有限公司
地址：银川市兴庆区北塔东路北侧胡商国际商贸城4号楼1616室
……………………Tel：0951-8558666
宁夏煤炭基本建设有限公司
地址：银川德胜工业园区德胜西路3号
……………………Tel：0951-8864979
中铝宁夏能源集团有限公司
地址：宁夏银川市西夏区黄河西路520号
……………………Tel：0951-8887038
宁夏银星煤业有限公司
地址：宁夏银川市金凤区黄河东路620号
……………………Tel：0951-8887512
宁夏中商投资发展控股集团有限公司
地址：宁夏银川市兴庆区兴水路以北绿地21商城A区9号楼1商业02室
……………………Tel：0951-8939888
宁夏七星电线电缆有限公司
地址：银川德胜工业园区新胜东路29号
……………………Tel：0951-8987638
宁夏东方钽业股份有限公司
地址：宁夏回族自治区石嘴山市大武口冶金路
……………………Tel：0952-2098543
中色（宁夏）东方集团有限公司
地址：宁夏回族自治区石嘴山市冶金路
……………………Tel：0952-2098888
宁夏天地重型装备科技有限公司
地址：石嘴山市大武口区金工路
……………………Tel：0952-2174489
宁夏顺天煤炭有限责任公司
地址：石嘴山市大武口白芨沟二道岭
……………………Tel：0952-2667371
石嘴山市中能钢铁有限公司
地址：宁夏石嘴山市惠农区河滨街
……………………Tel：0952-3099528
宁夏兴华钢铁有限公司
地址：石嘴山市惠农区石嘴山工业园区恒力集团院内
……………………Tel：0952-7688189
宁夏恒力盛泰房地产开发有限公司
地址：石嘴山市惠农区规划路南、静宁街东
……………………Tel：0952-3670155
石嘴山市惠农区然能达煤炭经营管理有限公司
地址：惠农区北大街路东（原惠农区文化馆院内）
……………………Tel：0952-3673358
宁夏然尔特实业集团有限公司
地址：石嘴山工业园区中央大道104
……………………Tel：0952-3673386
宁夏鑫峰实业有限公司
地址：石嘴山河滨工业园区（石嘴山市中能钢铁有限公司院内）
……………………Tel：0952-3681632
宁夏博宇红星特钢集团有限公司
地址：宁夏回族自治区宁夏石嘴山工业园区
……………………Tel：0952-3681690
宁夏英力特煤业有限公司
地址：宁夏回族自治区宁夏石嘴山市惠农区
……………………Tel：0952-3997040
宁夏大地循环发展股份有限公司
地址：平罗县太西镇太沙工业园区
……………………Tel：0952-6093968
宁夏吉元循环发展有限公司
地址：平罗县石嘴山生态经济开发区亲水大道6号
……………………Tel：0952-6693058
宁夏吉元冶金集团有限公司
地址：平罗县太西镇太沙工业小区
……………………Tel：0952-6693058
宁夏建龙龙祥钢铁有限公司
地址：石嘴山市惠农区红果子工业园区长城园（宁夏申银特钢股份有限公司院内）
……………………Tel：0952-7018702
宁夏吴忠农村商业银行股份有限公司
地址：宁夏吴忠市利通区迎宾街98号
……………………Tel：0953-2055660
宁夏朗盛精密制造技术有限公司
地址：同心县扶贫产业园
……………………Tel：0953-2239012
青铜峡市国有资产经营有限公司
地址：青铜峡市小坝利民西街（三层）
……………………Tel：0953-3055091
宁夏阳光矿业有限公司
地址：宁夏吴忠市太阳山移民开发区中央大道2号
……………………Tel：0953-3928229
宁夏盛隆达物流有限公司
地址：青铜峡市宝兰铁路西侧、西夏渠东侧、大沿路南侧
……………………Tel：0953-3951218
宁夏黑金新型建材有限公司
地址：宁夏回族自治区吴忠市红寺堡区金水街
……………………Tel：0953-5085789
宁夏泰富能源有限公司
地址：宁夏吴忠市太阳山开发区南二环南侧、庆安大道以东
……………………Tel：0953-5095811
吴忠市太阳山正阳投资发展有限公司
地址：吴忠市太阳山移民开发区中央大道2号
……………………Tel：0953-5097098
宁夏庆华煤化集团有限公司
地址：吴忠市太阳山移民开发区宁夏庆华太阳山煤化工循环经济工业园
……………………Tel：0953-5097723
盐池县融盐国有资本投资运营有限公司
地址：盐池县民族西街519号
……………………Tel：0953-6096576
宁夏六盘山铁路有限公司
地址：宁夏银川市金凤区黄河东路663号
……………………Tel：0954-3925285
宁夏王洼煤业有限公司
地址：宁夏回族自治区宁夏彭阳县王洼镇
……………………Tel：0954-7641103
宁夏宏岩矿业有限公司
地址：宁夏回族自治区中宁县石空镇工业园区
……………………Tel：0955-5635898
宁夏天元锰业国际贸易有限公司
地址：宁夏回族自治区中宁县石空工业园区
……………………Tel：0955-5993592
中卫市乐农生态移民产业发展小额贷款有限公司
地址：中卫市沙坡头区鼓楼南街西侧众一山水城S3商业楼101、201
……………………Tel：0955-7603001
宁夏钢铁（集团）有限责任公司
地址：中卫市沙坡头区美利工业园区
……………………Tel：0955-7606865
中卫市跃鑫冶炼有限责任公司
地址：中卫市沙坡头区镇罗镇金鑫工业园区
……………………Tel：0955-7611799
宁夏宁钢房地产开发有限公司
地址：中卫市沙坡头区迎宾大道与平安大道交汇处
……………………Tel：0955-7988180

新疆维吾尔自治区

托里县国有资源开发有限公司
地址：新疆塔城地区托里县喀拉盖巴斯陶路财政局三楼
……………………Tel：0901-3689501
塔城兴塔能源投资开发建设有限公司
地址：新疆塔城地区塔城市六合广场赣商大厦B区5层右侧
……………………Tel：0901-6280033
哈密华坤新能源股份有限公司
地址：新疆哈密市伊州区广场南路飞云大厦四楼
……………………Tel：0902-2231980
哈密市锦华矿产资源开发有限责任公司
地址：新疆哈密市伊州区广场北路38号
……………………Tel：0902-2232388
哈密市长城实业有限责任公司
地址：新疆哈密地区哈密市广场南路新世纪大厦五楼
……………………Tel：0902-2235201
哈密和鑫矿业有限公司
地址：新疆哈密市伊州区双井子乡和鑫矿业图拉尔根铜镍矿
……………………Tel：0902-2266900
国电哈密煤电开发有限公司
地址：新疆哈密市伊州区广东路建行大厦

10楼
……………………Tel：0902－2277036

新疆中能绿源发展有限公司
地址：新疆哈密市伊州区十三师工业园区管委会综合办公楼5楼501室
……………………Tel：0902－2300575

哈密天合投资有限公司
地址：新疆哈密市第十三师红星四场中星路24号
……………………Tel：0902－2300575

哈密红石矿业有限公司
地址：新疆哈密市伊州区沙尔湖矿区哈密红石矿业有限公司
……………………Tel：0902－2301896

新疆昕昊达矿业有限责任公司
地址：新疆哈密市伊州区工业园区重工业加工区
……………………Tel：0902－2303383

新疆钢铁雅满苏矿业有限责任公司
地址：新疆哈密市伊州区八一路
……………………Tel：0902－2313215

中电投新疆能源化工集团哈密有限公司
地址：新疆哈密市伊州区天山东路365号建行十层
……………………Tel：0902－2363868

新疆同兴矿业有限责任公司
地址：新疆哈密市伊州区天山西路31号
……………………Tel：0902－2365048

国投新疆罗布泊钾盐有限责任公司
地址：新疆巴州若羌县团结路470号
……………………Tel：0902－2388811

新疆瑞伦矿业有限责任公司
地址：新疆哈密市黄山南铜镍矿矿山瑞伦矿业
……………………Tel：0902－2392121

新疆润雨新德资产管理有限公司
地址：新疆哈密市伊州区延安路18号佳和新城和趣苑华庭国际1号楼201号商铺
……………………Tel：0902－2395562

新疆远赢物流有限公司
地址：新疆哈密市伊州区新华路水泥厂家属院15－1－7
……………………Tel：0902－2502420

中信国安新疆天元能源化工有限公司
地址：新疆哈密地区伊吾县工业园区淖柳路8号
……………………Tel：0902－2568851

潞安新疆煤化工（集团）有限公司
地址：新疆哈密地区哈密市三道岭人民路1号
……………………Tel：0902－7278816

哈密市大安投资有限责任公司
地址：新疆哈密市兵团农十三师二道湖工业园区
……………………Tel：0902－6900126

国网能源哈密煤电有限公司
地址：新疆哈密市伊州区花园乡政府西南两公里处
……………………Tel：0902－6902098

国投哈密能源开发有限责任公司
地址：新疆哈密市伊州区益寿路3号院龙宾花苑小区6号楼4层商铺
……………………Tel：0902－6952220

新疆三塘湖华信煤炭开发有限公司
地址：新疆哈密市巴里坤县三街湖滨景观区1栋4单元102室
……………………Tel：0902－6952220

新疆西拓矿业有限公司
地址：新疆哈密市南湖戈壁（黄土坡铜锌矿办公区）办公室
……………………Tel：0902－6969287

新疆煤炭交易中心有限公司
地址：新疆哈密市伊州区广东路365号建行大厦6楼
……………………Tel：0902－6970828

哈密西部投资有限责任公司
地址：新疆哈密市星星峡镇政府办公楼二号楼三楼
……………………Tel：0902－6981566

重庆市能源投资集团新疆蓝天矿业有限公司
地址：新疆哈密市伊州区建国北路57号
……………………Tel：0902－6982611

新疆利浩物流有限公司
地址：新疆哈密市伊州区重工业园区
……………………Tel：0902－7122159

新疆广汇新能源有限公司
地址：新疆哈密市伊吾县淖毛湖镇兴业路1号
……………………Tel：0902－7175977

新疆洛钼矿业有限公司
地址：新疆哈密地区哈密市石油基地六区（建行综合楼）
……………………Tel：0902－7182386

新疆广汇煤炭清洁炼化有限责任公司
地址：新疆哈密地区伊吾县淖毛湖镇兴业路1号
……………………Tel：0902－7260813

国投伊犁能源开发有限公司
地址：新疆伊宁市合作区阿勒泰路3666号
……………………Tel：0902－7260870

新疆疆纳矿业有限公司
地址：新疆哈密市伊吾县淖毛湖矿区兴盛露天煤矿办公楼1－105号
……………………Tel：0902－7261697

洛浦县盛威达矿业有限公司
地址：新疆和田地区洛浦县洛浦镇加依铁热克村199号門1号
……………………Tel：0903－2035005

新疆合金投资股份有限公司
地址：新疆和田市北京工业园区杭州大道2号电子工业园102室
……………………Tel：0903－2055809

和田恒鑫矿业投资有限公司
地址：新疆和田地区和田市玉都大道4号
……………………Tel：0903－2529786

新疆和田广汇锌业有限公司
地址：新疆和田地区和田市屯垦路11号
……………………Tel：0903－6168918

民丰县万水源矿业有限责任公司
地址：新疆和田地区民丰县原乡镇企业局家属院二楼
……………………Tel：0903－6752307

于田县阗财国有资产投资有限公司
地址：新疆和田地区于田县文化北路6号（于田县财政局二楼）
……………………Tel：0903－6812009

阿勒泰市大都开元矿业有限公司
地址：新疆阿勒泰地区阿勒泰市拉斯特乡乌拉斯沟（阿勒泰市大都开元矿业有限公司选厂7#8#）
……………………Tel：0906－2105091

阿勒泰交通建设投资发展有限公司
地址：新疆维吾尔自治区阿勒泰地区阿勒泰市团结路16号
……………………Tel：0906－2162028

新疆阿勒泰额尔齐斯国有资产投资经营管理有限公司
地址：新疆阿勒泰地区阿勒泰市解放路5区22－1栋
……………………Tel：0906－2165196

新疆银水水务投资发展有限公司
地址：新疆维吾尔自治区阿勒泰地区阿勒泰市解放路13区65栋
……………………Tel：0906－2313556

阿勒泰金山矿业有限公司
地址：新疆阿勒泰地区阿勒泰市解放路4区22－1栋
……………………Tel：0906－6268820

新疆哈巴河阿舍勒铜业股份有限公司
地址：新疆阿勒泰地区哈巴河县齐巴尔镇艾林阿克齐村
……………………Tel：0906－6835369

新疆鑫旺矿业股份有限公司
地址：新疆阿勒泰地区哈巴河县库勒拜乡萨尔朔克
……………………Tel：0906－6926608

新疆得仁连接物流有限责任公司
地址：新疆北屯市凯达北路公铁联运院外
……………………Tel：0906－7513691

新疆千鑫矿业有限公司
地址：新疆阿勒泰地区富蕴县城西北约57公里杜热镇铁斯肯阿坎村
……………………Tel：0906－8386098

新疆青铜钢铁股份有限公司
地址：新疆阿勒泰地区青河县阿热勒托别乡哈里恒村
……………………Tel：0906－8526282

富蕴蒙库铁矿有限责任公司
地址：新疆阿勒泰地区富蕴县库额尔齐斯镇赛尔江东路214号
……………………Tel：0906－8727881

新疆阿勒泰金昊铁业有限公司
地址：新疆阿勒泰地区富蕴县一区团结北路7号240栋
……………………Tel：0906－8729138

新疆喀拉通克矿业有限责任公司
地址：新疆阿勒泰富蕴县喀拉通克镇建设路1号
……………………Tel：0906－8771196

新疆有色金属工业集团稀有金属有限责任公司
地址：新疆阿勒泰地区富蕴县可可托海镇文化东路
……………………Tel：0906－8781663

新疆怡宝矿产资源勘查开发有限责任公司
地址：新疆阿勒泰地区青河县青河镇文化南路西侧94号2楼
……………………Tel：0906－8828133

克州投资开发集团有限责任公司
地址：新疆克州阿图什市光明街道前进路社区天山路东38号
……………………Tel：0908－4210662

克州亚星矿产资源集团有限公司
地址：新疆克州阿图什市松它克路南7号院
……………………Tel：0908－4269006

阿克陶乾盛矿业有限公司
地址：新疆克州阿克陶县布伦口乡布伦口村1－12号
……………………Tel：0908－4269006

阿图什建宝选矿有限公司
地址：新疆克州阿图什市重工业园区一区内1号
……………………Tel：0908－4269006

新疆紫金锌业有限公司
地址：新疆克州乌恰县黑孜苇乡乌拉根矿区
……………………Tel：0908－4622336

新疆紫金有色金属有限公司
地址：新疆克州喀什经济开发区伊尔克什坦口岸园区总部服务中心6楼612室B区
……………………Tel：0908－4626363

新疆汇祥永金矿业有限公司
地址：新疆克州乌恰县新城７区９１号
……………………Tel：0908－7666188

阿克陶科邦锰业制造有限公司
地址：新疆克州阿克陶县奥依塔克镇奥依塔克村8组206号
……………………Tel：0908－7666600

阿图什投资开发集团有限责任公司
地址：新疆克州阿图什帕米尔路107号
……………………Tel：0908－7666920

阿拉山口远大矿业投资有限公司
地址：新疆博州阿拉山口友好南路38号
……………………Tel：0909－6993565

新疆信汇峡清洁能源有限公司
地址：新疆哈密地区伊吾县淖毛湖镇兴业路1号
……………………Tel：0902－7167699

克拉玛依市圣起钻采设备有限责任公司
地址：新疆克拉玛依市白碱滩区平安大道808号
……………………Tel：0990－6369122

新疆中亚商品交易中心股份有限公司
地址：新疆克拉玛依市白碱滩区三平镇永新路15号
……………………Tel：0990－6611221

苏新能源和丰有限公司
地址：新疆塔城地区和布克赛尔县和丰工业园区
……………………Tel：0990－6725569

国网能源和丰煤电有限公司
地址：新疆塔城地区和布克赛尔县沙吉海矿区北纬46°36′27.5″东经86°35′33.9″
……………………Tel：0990－6752037

乌鲁木齐市宇傲商贸有限公司
地址：新疆乌鲁木齐市沙依巴克区恰尔巴格街2100号中泰雅居11号商业楼206号
……………………Tel：0991－2301090

新疆地生能源科技股份有限公司
地址：新疆乌鲁木齐经济技术开发区（头屯河区）玄武湖路555号万达中心14号楼1905室
……………………Tel：0991－2311982

阿克苏天地康盛建设工程有限公司
地址：新疆阿克苏地区阿克苏市迎宾路51号名居百合园12号楼2单元601室
……………………Tel：0991－2313486

新疆天地集团有限公司
地址：新疆乌鲁木齐市天山区新华南路17号
……………………Tel：0991－2323424

新疆现代特油科技股份有限公司
地址：新疆乌鲁木齐市高新区（新市区）长沙路361号
……………………Tel：0991－2351820

新疆天然能源集团有限公司
地址：新疆乌鲁木齐市天山区东风路2号
……………………Tel：0991－2354511

吐鲁番景盛矿业有限公司
地址：新疆吐鲁番市高昌区柏孜克里克路文化园小区团结区17号4单元501室
……………………Tel：0991－2356952

新疆凯禹源矿业有限公司
地址：新疆阿勒泰地区富蕴县三区园艺路258号
……………………Tel：0991－2363111

新疆广汇实业投资（集团）有限责任公司
地址：新疆乌鲁木齐高新技术产业开发区（新市区）长沙路2号（广汇美居物流园）
……………………Tel：0991－2365015

新疆广汇液化天然气发展有限责任公司
地址：新疆吐鲁番市鄯善县火车站镇铁路北侧石化工业园区
……………………Tel：0991－2365127

新疆生产建设兵团石油化工有限责任公司
地址：新疆阿拉尔军垦大道西1068号一楼大厅
……………………Tel：0991－2375610

新疆凯迪矿业投资股份有限公司
地址：新疆乌鲁木齐高新技术产业开发区（新市区）高新街258号数码港大厦2015－1634号
……………………Tel：0991－2608303

新疆金正投资集团有限公司
地址：新疆乌鲁木齐高新技术产业开发区（新市区）北京南路439号中核大厦14层办公用房1
……………………Tel：0991－2646488

新疆中诚融资租赁有限公司
地址：乌鲁木齐市水磨沟区红光山路2588号绿地中心101号1809
……………………Tel：0991－2668023

大唐新疆发电有限公司
地址：新疆乌鲁木齐市高新区(新市区)昆明路147号
……………………Tel：0991－2710805

新疆联创兴业投资有限责任公司
地址：新疆乌鲁木齐经济技术开发区厦门路21号6楼38号
……………………Tel：0991－2813366

金新信托投资股份有限公司
地址：新疆乌鲁木齐市天山区民主路40号附1号
……………………Tel：0991－2828408

新疆中润石油天然气股份有限公司
地址：新疆五家渠青湖经济开发区（南区）库尔勒街以北、上海路以东、重庆路以西、哈密街以南
……………………Tel：0991－2835729

新疆亿鼎源能源科技有限公司
地址：新疆乌鲁木齐市沙依巴克区河滩北路153号316室
……………………Tel：0991－2841962

新疆广汇基础建设投资有限公司
地址：新疆伊犁州霍尔果斯市天津路8号苏新公社公寓2幢六楼634室
……………………Tel：0991－2847503

新疆国经贝正实业有限责任公司
地址：新疆乌鲁木齐市水磨沟区南湖东路165号
……………………Tel：0991－2970783

新疆蓝天石油化学物流有限责任公司
地址：新疆乌鲁木齐经济技术开发区阳澄湖路39号1206室
……………………Tel：0991－3073820

新疆中油化工集团有限公司
地址：新疆乌鲁木齐市头屯河区南渠路西一巷2号
……………………Tel：0991－3104200

新疆宝塔石化有限公司
地址：新疆乌鲁木齐市头屯河区工业园四期明晨街36号1栋1层、2层
……………………Tel：0991－3110729

新疆中瑞恒远仓储有限公司
地址：新疆乌鲁木齐经济技术开发区兵团工业园区丁香一街9－36号
……………………Tel：0991－3115181

新疆双华供应链股份有限公司
地址：新疆乌鲁木齐市头屯河区铁金街119号1区1号楼2单元202室
……………………Tel：0991－3125101

新疆海山宏业建设工程有限公司
地址：新疆乌鲁木齐市新市区喀什东路987号杰邦·七号公馆A座1701室
……………………Tel：0991－3136366

五凌布尔津电力有限公司
地址：新疆阿勒泰地区布尔津县神仙湾路
……………………Tel：0991－3169252

新疆北方钢铁国际物流股份有限公司
地址：新疆乌鲁木齐经济技术开发区（头屯河区）王家沟铁金街119号7号楼5层01室05号
……………………Tel：0991－3180800

新疆龙马洲际贸易有限公司
地址：新疆乌鲁木齐经济技术开发区(头屯河区)铁金街118号（新疆北方钢铁物流园G37栋6号）
……………………Tel：0991－3180977

新疆实强经贸有限公司
地址：新疆乌鲁木齐市头屯河区铁金街119号（新疆北方钢铁国际物流园1区2号楼1单元102室）
……………………Tel：0991－3181857

新疆中浩建材集团有限公司
地址：新疆乌鲁木齐高新技术产业开发区（新市区）北区青藤路街532号
……………………Tel：0991－3193486

御诚新能源有限公司
地址：新疆乌鲁木齐高新区（新市区）长春南路1011号澳龙广场商业及商务办公综合楼第一栋10层B座办公6号
……………………Tel：0991－3195179

新疆闽新钢铁（集团）有限责任公司
地址：新疆乌鲁木齐市米东区米东北路3281号
……………………Tel：0991－3325588

新疆浦全钢铁制品有限公司
地址：新疆乌鲁木齐市米东区城东工业区
……………………Tel：0991－3326088

新疆农垦宏业棉花有限责任公司
地址：新疆乌鲁木齐市天山区民主路148号
……………………Tel：0991－3333630

兖矿新疆矿业有限公司
地址：新疆昌吉州昌吉市硫磺沟镇（联合厂社区）
……………………Tel：0991－3631977

新疆嘉艺矿业投资股份有限公司
地址：新疆乌鲁木齐高新技术产业开发区(新市区)北京南路钻石城1号盈科国际中心

23楼
……………………Tel：0991-3659776
新疆甘泉堡神信物流有限责任公司
地址：新疆乌鲁木齐市甘泉堡经济技术开发区月恒东街29号甘泉星空春苑小区34号楼2单元501室
……………………Tel：0991-3666600
五家渠陆铁港投资有限公司
地址：新疆五家渠市人民北路3092号130号办公室
……………………Tel：0991-3666600
新疆陆铁港投资（集团）有限公司
地址：新疆乌鲁木齐市甘泉堡经济技术开发区月恒东街29号甘泉星空春苑小区34号楼3单元102室
……………………Tel：0991-3666600
新疆国能中顺物流有限责任公司
地址：新疆乌鲁木齐甘泉堡经济技术开发区月恒街4908号
……………………Tel：0991-3666600
乌鲁木齐市国信融通小额贷款股份有限公司
地址：新疆乌鲁木齐市头屯河区铁金街118号新疆北方钢铁国际物流园5栋1至2层01号
……………………Tel：0991-3683208
新疆永坤矿业有限责任公司
地址：新疆塔城地区托里县城哈拉盖巴斯陶路金帝小区（政府楼旁）1栋201-204号
……………………Tel：0991-3686660
中能（新疆）能源开发有限公司
地址：新疆乌鲁木齐经济技术开发区卫星路499号宏发国际营销总部秦郡2栋9层一区办公1
……………………Tel：0991-3703199
新疆康泰投资集团有限责任公司
地址：新疆乌鲁木齐市新市区苏州路68号苏州花园小区一区3栋2单元502室
……………………Tel：0991-3705015
西部黄金股份有限公司
地址：新疆乌鲁木齐经济技术开发区融合南路501号
……………………Tel：0991-3705167
中国石油运输有限公司
地址：新疆乌鲁木齐市新市区西环北路2219号
……………………Tel：0991-3722377
新疆机械研究院股份有限公司
地址：新疆乌鲁木齐经济技术开发区融合南路661号
……………………Tel：0991-3736150
新疆宏辉安达工程有限公司
地址：新疆乌鲁木齐经济技术开发区（头屯河区）乌昌路252号九方财富广场A座702室
……………………Tel：0991-3759228
光正能源有限公司
地址：新疆乌鲁木齐经济技术开发区融合北路266号
……………………Tel：0991-3772112
三一煤化工有限公司
地址：新疆昌吉州奇台县解放西街
……………………Tel：0991-3773318
山西煤炭运销集团新疆能源开发有限公司
地址：乌鲁木齐市经济技术开发区中亚南路308号
……………………Tel：0991-3774249
新疆嘉盛阳光新能源投资有限公司
地址：新疆乌鲁木齐经济技术开发区卫星路475号紫金矿业集团西北有限公司紫金大厦A座12楼1202室
……………………Tel：0991-3780928
紫金矿业集团西北有限公司
地址：新疆乌鲁木齐经济技术开发区卫星路475号
……………………Tel：0991-3785550
新疆弘河开源能源投资有限公司
地址：新疆乌鲁木齐经济技术开发区中亚南路308号
……………………Tel：0991-3819528
创越能源集团有限公司
地址：新疆乌鲁木齐市高新区（新市区）北京南路416号盈科国际中心26层
……………………Tel：0991-3838656
新疆昆泰矿业有限公司
地址：新疆乌鲁木齐高新技术产业开发区（新市区）高新街北二巷20号西安市人民政府驻乌办事处507室
……………………Tel：0991-3852115
新疆金业城市矿产开发有限公司
地址：新疆乌鲁木齐经济技术开发区（头屯河区）金岭路1051号
……………………Tel：0991-3182565
新疆兵储物流有限责任公司
地址：新疆乌鲁木齐市头屯河区北站西路530号
……………………Tel：0991-3871232
新疆友好利通物流有限责任公司
地址：新疆乌鲁木齐市头屯河区北站三路621号
……………………Tel：0991-3871571
新疆东岭物资有限公司
地址：新疆乌鲁木齐市头屯河区铁金街119号（新疆北方钢铁物流园10楼4层02室）
……………………Tel：0991-3872579
新疆宝地产城发展有限公司
地址：新疆乌鲁木齐市新市区迎宾路东三巷13号
……………………Tel：0991-3882155
新疆八钢国际贸易股份有限公司
地址：新疆乌鲁木齐经济技术开发区107号203号
……………………Tel：0991-3883373
新疆八一钢铁股份有限公司
地址：新疆乌鲁木齐市头屯河区新钢路
……………………Tel：0991-3890166
新疆巨峰金属制品有限公司
地址：新疆昌吉州阜康产业园阜西工业园（君邦轻型建材厂东侧）
……………………Tel：0991-3892302
新疆运威全球资源供应链有限公司
地址：新疆乌鲁木齐经济技术开发区（头屯河区）金阳路416号多式联运海关监管中心服务楼
……………………Tel：0991-3920528
新疆中泰高铁股份有限公司
地址：新疆乌鲁木齐经济技术开发区高铁北五路236号7楼
……………………Tel：0991-3926065
新疆中泰新建新丝路农业投资有限公司
地址：新疆乌鲁木齐经济技术开发区阳澄湖路39号6层
……………………Tel：0991-3926108
若羌盛安玉和矿业有限公司
地址：新疆巴州若羌县胜利路和建设路以东若羌河润枣业有限公司三楼
……………………Tel：0991-3928593
新疆中泰融资租赁有限公司
地址：新疆伊犁州霍尔果斯市神州路8号新丝路（跨境）金融小镇C-219号商铺
……………………Tel：0991-3928880
新疆西航永恒商贸有限公司
地址：新疆乌鲁木齐经济技术开发区（头屯河区）铁银街88号（新疆北方钢铁国际物流园A2栋1号）
……………………Tel：0991-3930307
新疆天恒基仓储有限公司
地址：新疆乌鲁木齐经济技术开发区(头屯河区）头屯河公路2201号恒汇机电城综合服务楼31栋1-02号
……………………Tel：0991-3930389
新疆格信投资有限公司
地址：新疆乌鲁木齐高新区（新市区）康复院街208号
……………………Tel：0991-3965172
乌鲁木齐综合保税区开发投资建设运营有限公司
地址：新疆乌鲁木齐头屯河区屯坪北路9号综保大厦625室
……………………Tel：0991-3970981
新疆焦煤（集团）有限责任公司
地址：新疆乌鲁木齐市达坂城区艾维尔沟
……………………Tel：0991-4165600
新疆雪峰投资控股有限责任公司
地址：新疆乌鲁木齐经济技术开发区嵩山街229号研发楼414室
……………………Tel：0991-4187066
新疆新棉集团股份有限公司
地址：新疆喀什地区喀什经济开发区深喀大道总部经济区陕西大厦18层606号
……………………Tel：0991-4187309
新疆有色金属工业（集团）有限责任公司
地址：新疆乌鲁木齐市沙依巴克区友好北路4号
……………………Tel：0991-4241560
新疆天山毛纺织股份有限公司
地址：新疆乌鲁木齐市新市区银川路235号
……………………Tel：0991-4336008
新疆国经能源有限责任公司
地址：新疆乌鲁木齐市水磨沟区南湖东路165号1栋13层
……………………Tel：0991-4630931
新疆融信天辰贸易有限公司
地址：新疆乌鲁木齐市水磨沟区红光山路888号绿城百合一期会所3层303室
……………………Tel：0991-4631976
新疆中新资源有限公司（有股权出质行为，限制股权出质及同类业务，戴）
地址：新疆乌鲁木齐市沙区友好北路12号天一大厦A座九楼
……………………Tel：0991-4670565
新疆国源发展实业集团有限公司
地址：新疆乌鲁木齐市沙依巴克区西北路458号新疆科学大厦4-2号
……………………Tel：0991-4820367
新疆宝地投资有限责任公司
地址：新疆乌鲁木齐市沙依巴克区克拉玛依西路2号
……………………Tel：0991-4823731
新疆弘瑞投资担保有限公司
地址：新疆乌市沙区克拉玛依西路2号深圳城28层11号
……………………Tel：0991-4853258
新疆宝地矿业股份有限公司
地址：新疆乌鲁木齐市沙依巴克区克拉玛依东街390号深圳城大厦15楼
……………………Tel：0991-4856486
新疆华兴矿业有限责任公司
地址：新疆乌鲁木齐高新区(新市区)北京南路442号新发大厦18楼1804室
……………………Tel：0991-4856486
新疆兴宏泰股份有限公司
地址：新疆阿勒泰地区阿勒泰市团结路5区113栋
……………………Tel：0991-4861727
新疆金纺纺织股份有限公司
地址：新疆乌鲁木齐市水磨沟区温泉东路298号
……………………Tel：0991-4875459
中棉集团新疆棉花有限公司
地址：新疆乌鲁木齐市水磨沟区南湖路66号水清木华精品社区A0座20层
……………………Tel：0991-4880112
新疆欣业矿产开发有限公司
地址：新疆乌鲁木齐市南湖南路133号城建大厦1509室
……………………Tel：0991-4881999
新疆能源（集团）产业链有限责任公司
地址：新疆乌鲁木齐经济技术开发区维泰南路1号维泰大厦12楼
……………………Tel：0991-4882411
新疆九洲沥青制造有限公司
地址：新疆巴州轮台县拉依苏石油化工区
……………………Tel：0991-4939359
新疆北控新能源发展有限公司
地址：新疆昌吉州奇台县东大街10号
……………………Tel：0991-5190214
新疆中丰源能源发展有限公司
地址：新疆五家渠市人民南路兴成庄园23栋
……………………Tel：0991-5201577
新疆八钢金属制品有限公司
地址：新疆乌鲁木齐市头屯河区工业园
……………………Tel：0991-5260901
新疆能源产业有限公司
地址：新疆维吾尔自治区乌鲁木齐经济技术开发区维泰南路1号维泰大厦10楼
……………………Tel：0991-5263068
新疆交通建设投资控股有限公司
地址：新疆乌鲁木齐经济技术开发区（头屯河区）嵩山街229号
……………………Tel：0991-5268205
新疆新能发展有限责任公司
地址：新疆乌鲁木齐经济技术开发区广州路8号
……………………Tel：0991-5305115
新疆国际实业股份有限公司
地址：新疆乌鲁木齐高新技术产业开发区北京南路358号大成国际大厦9楼
……………………Tel：0991-5566515
新疆恒合投资股份有限公司
地址：新疆乌鲁木齐市沙依巴克区黄河路1号
……………………Tel：0991-5598619
新疆天山筑友混凝土有限责任公司
地址：新疆乌鲁木齐市沙依巴克区雅山中路1139号
……………………Tel：0991-5620071
新疆交通投资有限责任公司
地址：新疆乌鲁木齐市沙依巴克区黄河路301号
……………………Tel：0991-5856331
新疆青松建材有限责任公司
地址：新疆乌鲁木齐市达坂城区祁家沟
……………………Tel：0991-5916021
新疆兴陶大北矿业有限公司
地址：新疆乌鲁木齐市沙依巴克区西山路179号
……………………Tel：0991-5931677
中粮屯河糖业股份有限公司
地址：新疆昌吉州昌吉市大西渠镇区玉堂村丘54栋1层w101
……………………Tel：0991-6173517
新疆明基能源有限公司
地址：新疆乌鲁木齐高新技术产业开发区（新市区）北京南路416号盈科国际中心12楼A座
……………………Tel：0991-6197988
新疆新投能源开发有限责任公司
地址：新疆乌鲁木齐经济技术开发区（头屯河区）北站二路东一巷226号1区1栋238号
……………………Tel：0991-6366811
河南能源化工集团新疆投资控股有限公司
地址：新疆昌吉州昌吉市长宁南路中央公馆佳弘大厦写字楼七楼（69区3丘17栋）
……………………Tel：0991-6557800
阿拉尔豫能投资有限责任公司
地址：新疆阿拉尔市大学生创业园1号楼211室
……………………Tel：0991-6557800
华能新疆能源开发有限公司
地址：新疆乌鲁木齐市水磨沟区南湖北路799号
……………………Tel：0991-6558030
国家电投集团新疆能源化工准东有限责任公司
地址：新疆昌吉州奇台县城东大街工商银行
……………………Tel：0991-6663057
新疆众旺新丝路供应链管理有限公司
地址：新疆巴州轮台县工业园区管理委员会办公楼内
……………………Tel：0991-6689773
新疆众和股份有限公司
地址：新疆乌鲁木齐市高新区喀什东路18号
……………………Tel：0991-6689969
新疆神华矿业有限责任公司
地址：新疆乌鲁木齐高新技术产业开发区（新市区）长春路1011号神华办公楼14层1401室
……………………Tel：0991-6803687
神华新疆能源有限责任公司
地址：新疆乌鲁木齐市米东区米东中路518号
……………………Tel：0991-6809189
神华新疆托克逊矿业有限责任公司
地址：新疆吐鲁番市托克逊县友好路工商银行办公楼3楼301室
……………………Tel：0991-6812077
新疆天电奇台能源有限责任公司
地址：新疆昌吉州奇台县喇嘛湖梁
……………………Tel：0991-6837350
乌鲁木齐高新供应链管理有限公司
地址：新疆乌鲁木齐高新技术产业开发区（新市区）高新街258号数码港大厦6层
……………………Tel：0991-6880699
神华新疆化工有限公司
地址：新疆乌鲁木齐市甘泉堡经济技术开发区祥华街2889号
……………………Tel：0991-6975019
乌鲁木齐宇盛矿产品有限责任公司
地址：新疆乌鲁木齐高新技术产业开发区（新市区）野马国际科技大厦A座2703室
……………………Tel：0991-6992233
中钢集团新疆有限公司
地址：新疆乌鲁木齐市高新区（新市区）昆明路158号野马国际A栋18层01、02、03、04室
……………………Tel：0991-6992373
新疆新投煤业有限责任公司
地址：新疆乌鲁木齐市水磨沟区温泉北路2号新投大厦B座11层
……………………Tel：0991-7506412
新疆华泰通矿业开发有限公司
地址：新疆吐鲁番市托克逊县园区管委会科技企业孵化中心第二层222室
……………………Tel：0991-7526324
新疆能源（集团）有限责任公司
地址：新疆乌鲁木齐经济技术开发区维泰南路1号12楼
……………………Tel：0991-7531114
新疆中德西部能源有限公司
地址：新疆昌吉州阜康市三工煤矿南侧
……………………Tel：0991-7531204
新疆能源（集团）石油天然气有限责任公司
地址：新疆乌鲁木齐经济技术开发区维泰南路1号维泰大厦1201室
……………………Tel：0991-7531190
新疆新铁中泰物流股份有限公司
地址：新疆昌吉州阜康市准噶尔路3188号
……………………Tel：0991-7555275
伊泰新疆能源有限公司
地址：新疆乌鲁木齐市甘泉堡经济技术开发区禾润街2979号
……………………Tel：0991-7585434
中建西部建设股份有限公司
地址：新疆乌鲁木齐经济技术开发区泰山路268号
……………………Tel：0991-7586869
新疆托吉斯供应链有限公司
地址：新疆乌鲁木齐经济技术开发区（头屯河区）玄武湖路宝能城666号3-C2
……………………Tel：0991-7589289
新疆新铁石油化工有限公司
地址：新疆乌鲁木齐高新区（新市区）北纬三路163号乌铁局集团有限公司经营基地2号楼（原教院综合楼）三、四层
……………………Tel：0992-7125159
新疆能源（集团）投资有限责任公司
地址：乌鲁木齐经济技术开发区维泰南路1号维泰大厦12楼1号
……………………Tel：0991-7622606
中铁二十一局集团第一工程有限公司
地址：新疆乌鲁木齐经济技术开发区河南西路275号
……………………Tel：0991-7923607
新疆大陆桥集团有限责任公司
地址：新疆乌鲁木齐高新区（新市区）北纬三路163号

……………………………Tel：0991-7928507

哈罗铁路有限责任公司
地址：新疆哈密市伊州区北郊路铁路32单元47栋
……………………………Tel：0991-7959937

葛洲坝新疆投资控股有限公司
地址：新疆乌鲁木齐经济技术开发区阳澄湖路98号
……………………………Tel：0991-8528177

新疆维吾尔自治区粮油食品土产进出口总公司
地址：新疆乌鲁木齐市天山区团结路9号外贸进出口大楼
……………………………Tel：0991-8550273

新疆乌鲁木齐地质勘察科技开发公司
地址：新疆乌鲁木齐市沙依巴克区西山路地质九队
……………………………Tel：0991-8732888

中宏正益能源控股有限公司
地址：新疆五家渠工业园兵团新型建材工业园区建四路10号附11号
……………………………Tel：0991-8757333

新疆中泰化学股份有限公司
地址：新疆乌鲁木齐经济技术开发区阳澄湖路39号
……………………………Tel：0991-8758135

新疆联合集中贸易有限公司
地址：新疆乌鲁木齐经济技术开发区（头屯河区）铁金街119号新疆北方钢铁国际物流园A区7号楼1层12室
……………………………Tel：0991-8771709

新疆康聚如供应链管理有限公司
地址：新疆乌鲁木齐高新技术产业开发区（新市区）北京南路358号大成国际604室
……………………………Tel：0991-8775133

新疆天弘旗实业有限公司
地址：新疆乌鲁木齐市天山区光明路59号时代广场小区1栋18层A座18B
……………………………Tel：0991-8802465

奎屯锦疆化工有限公司
地址：新疆伊犁州奎屯市喀什东路98号
……………………………Tel：0992-3297788

新疆宏源时代投资集团有限公司
地址：新疆乌鲁木齐经济技术开发区(头屯河区）阳澄湖路98号能建大厦5层512室
……………………………Tel：0992-3318185

新疆锦恒能源（集团）有限公司
地址：新疆伊犁州奎屯市3-E区团结东街27号
……………………………Tel：0992-3375006

第七师国有资产经营（集团）有限公司
地址：新疆伊犁州奎屯市团结东街27号
……………………………Tel：0992-3378999

广汇能源股份有限公司
地址：新疆乌鲁木齐市经济技术开发区上海路16号
……………………………Tel：099-2365096

新疆昆玉钢铁有限公司
地址：新疆伊犁州奎屯市南环东路109号
……………………………Tel：0992-6836001

新疆胜沃能源开发有限公司
地址：新疆克拉玛依市五五工业园区工业大道18号
……………………………Tel：0992-7235129

新疆艾斯米尔锰合金有限公司
地址：新疆伊犁州奎屯市喀什东路100号
……………………………Tel：0992-7362089

乌苏市凯隆源金属制品有限公司
地址：新疆塔城地区乌苏市东工业园区
……………………………Tel：0992-8560816

乌苏兴鸿能源投资开发建设有限责任公司
地址：新疆塔城地区乌苏市长江路296号（财政局6楼）
……………………………Tel：0992-8993096

天辰化工有限公司
地址：新疆石河子开发区北三东路36号
……………………………Tel：0993-2263710

天能化工有限公司
地址：新疆石河子开发区北三东路36号
……………………………Tel：0993-2259810

新疆圣迪泰克能源科技有限公司
地址：新疆克拉玛依市克拉玛依区丰源路35号
……………………………Tel：0993-2826123

新疆天域汇通商贸有限公司
地址：新疆石河子开发区北三东路36号
……………………………Tel：0993-2623252

新疆如意纺织服装有限公司
地址：新疆石河子市开发区天山路6-11号
……………………………Tel：0993-6609258

新疆帅科煤化有限公司
地址：新疆塔城地区沙湾县博尔通古牧场、国道312线南侧
……………………………Tel：0993-6918333

新疆东方环宇燃气股份有限公司
地址：新疆昌吉州昌吉市延安北路198号24层
……………………………Tel：0994-2266336

新疆铭嘉伟业商贸有限公司
地址：新疆乌鲁木齐经济技术开发区（头屯河区）铁金街119号（新疆北方钢铁物流园8号楼1层01室）
……………………………Tel：0994-2288511

新疆筑成博容商贸有限公司
地址：新疆乌鲁木齐经济技术开发区（头屯河区）铁金街119号（新疆北方钢铁物流园8号楼2层20室）
……………………………Tel：0994-2332584

吐鲁番金源矿冶有限责任公司
地址：新疆吐鲁番市鄯善县连木沁镇
……………………………Tel：0994-2368657

中疆物流有限责任公司
地址：新疆昌吉州昌吉市X131中疆3号
……………………………Tel：0994-2704186

新疆昌吉市菏泽腾达矿业有限责任公司
地址：新疆昌吉州昌吉市阿什里乡二道水
……………………………Tel：0994-2740888

新疆闽建金属材料制品有限公司
地址：新疆昌吉州阜康市产业园中区晋商工业园内S303南侧太原路西侧山西路北侧
……………………………Tel：0994-3292808

新兴铸管阜康能源有限公司
地址：新疆昌吉州阜康市产业园阜东一区百盛路29号
……………………………Tel：0994-3362263

新疆大黄山兴森煤业有限责任公司
地址：新疆昌吉州阜康市大黄山
……………………………Tel：0994-3366027

新疆新天瑞炭素制品有限公司
地址：新疆昌吉州阜康市产业园阜东二区太原路西侧闪建北侧1号一层
……………………………Tel：0994-3504432

新疆富城矿业投资有限公司
地址：新疆昌吉州阜康市天池南街2号三楼
……………………………Tel：0994-3561008

阜康市天宝结构钢制造有限公司
地址：新疆昌吉州阜康产业园中区晋商工业园S303南侧永鑫路西侧山威科技北侧
……………………………Tel：0994-3561666

新疆天龙矿业股份有限公司
地址：新疆昌吉州阜康市甘河子镇
……………………………Tel：0994-3562014

中煤能源新疆鸿新煤业有限公司
地址：新疆昌吉州呼图壁县东风路142号
……………………………Tel：0994-4252097

大唐呼图壁能源开发有限公司
地址：新疆昌吉州呼图壁县五工台镇龙王庙路西侧
……………………………Tel：0994-4285606

呼图壁县博诚投资发展有限公司
地址：新疆昌吉州呼图壁县S201路建设局5楼
……………………………Tel：0994-4507776

木垒县兴木矿业有限公司
地址：新疆昌吉州木垒县新户镇民生工业园区企业总部基地综合办公楼411号
……………………………Tel：0994-4860255

玛纳斯县天欣煤业有限公司
地址：新疆昌吉州玛纳斯县南山小白杨沟
……………………………Tel：0994-5101718

新疆新业能源化工有限责任公司
地址：新疆五家渠市经济技术开发区东工业园区经二路10077号
……………………………Tel：0994-5819712

新疆新安特钢有限公司
地址：新疆昌吉州呼图壁县大丰镇工业园区6院1-3栋
……………………………Tel：0994-6119888

新疆五鑫铜业有限责任公司
地址：新疆昌吉州阜康市五宫
……………………………Tel：0994-6188658

阜康市泰华煤焦化工有限公司
地址：新疆昌吉州阜康产业园阜东二区临汾路西侧山西路北侧
……………………………Tel：0994-6188787

新疆嘉润资源控股有限公司
地址：新疆昌吉州玛纳斯县塔河工业园北区嘉润产业园
……………………………Tel：0994-6339092

玛纳斯县丰途贸易有限公司
地址：新疆昌吉州玛纳斯县中华东路336号新玛集团三层
……………………………Tel：0994-6339092

新疆天池能源有限责任公司
地址：新疆昌吉州吉木萨尔县北庭路34号
……………………………Tel：0994-6535953

新疆准东特变能源有限责任公司
地址：新疆昌吉州吉木萨尔县准东经济技术开发区（新疆天池能源有限公司南露天煤矿西侧工业广场）
……………………………Tel：0994-6535956

新疆昆仑钢铁有限公司
地址：新疆五家渠市经济技术开发区东工业园纬一东街
……………………………Tel：0994-6800995

新疆农六师煤电有限公司
地址：新疆五家渠东工业园区经二路3636号
……………………………Tel：0994-6808888

新疆东方希望有色金属有限公司
地址：新疆昌吉州准东经济技术开发区五彩湾工业园（彩南社区）
……………………………Tel：0994-6851001

国网能源新疆准东煤电有限公司
地址：新疆昌吉州奇台县民主路7号
……………………………Tel：0994-6955553

新疆国信煤电能源有限公司
地址：新疆昌吉州奇台县东大街
……………………………Tel：0994-7343560

昌吉州国有资产投资经营集团有限公司
地址：新疆昌吉州昌吉市建国西路37号
……………………………Tel：0994-8182996

中电投新疆能源化工集团五彩湾发电有限责任公司
地址：新疆昌吉州准东经济技术开发区中电投五彩湾北二电厂（彩北社区）
……………………………Tel：0994-8369973

鄯善金汇焦化有限公司
地址：新疆吐鲁番市鄯善县柯克亚（鄯善原列电站）
……………………………Tel：0995-6270255

中电投新疆能源化工集团吐鲁番有限公司
地址：新疆吐鲁番市高昌区新编三区312国道北侧金源路319号（示范区）阳光商城3#401号
……………………………Tel：0995-6290617

托克逊县泓源新能源有限公司
地址：新疆吐鲁番市托克逊县郭勒布依乡安居富民门面房屋5号
……………………………Tel：0995-7639186

鄯善东鲲铸造有限公司
地址：新疆吐鲁番市鄯善县新城西路柯柯亚
……………………………Tel：0995-8346017

吐鲁番中安天元化工有限公司
地址：新疆吐鲁番市高昌区西环路3676号吐鲁番市五交化公司办公楼2楼
……………………………Tel：0995-8529836

新疆沈宏集团股份有限公司
地址：新疆吐鲁番市高昌区七泉湖镇
……………………………Tel：0995-8633897

吐鲁番市国泰城市建设投资开发有限公司
地址：新疆吐鲁番市高昌区军民共建路128号
……………………………Tel：0995-8701715

新疆圣雄能源股份有限公司
地址：新疆吐鲁番市托克逊县阿拉沟沟口
……………………………Tel：0995-8877066

新疆浩宸慧轩重工有限公司
地址：新疆巴州库尔勒经济技术开发区康盛路东侧，羚翔路北侧
……………………………Tel：0996-2028267

新疆冠农果茸股份有限公司
地址：新疆铁门关市库西工业园区二十九团公路口东11栋35号101室-120室
……………………………Tel：0996-2113063

新疆库尔勒大华实业开发有限责任公司
地址：新疆巴州库尔勒市库尉公路
……………………………Tel：0996-2156280

巴州宏茂石油技术有限公司
地址：新疆巴州库尔勒经济技术开发区安庆大道9号
……………………………Tel：0996-2260000

新疆洪通燃气股份有限公司
地址：新疆巴州库尔勒市人民东路
……………………………Tel：0996-2613090

巴州敦德矿业有限责任公司
地址：新疆巴州和静县和静镇友好路-天富家园-别墅1
……………………………Tel：0996-5023812

新疆生产建设兵团农二师丰泰钢铁有限公司
地址：新疆铁门关市库西工业园区11路1号库西经济工业园管委会212号
……………………………Tel：0996-5313888

新疆金特钢铁股份有限公司
地址：新疆巴州和静县铁尔曼区
……………………………Tel：0996-5380298

新兴铸管新疆矿业开发有限公司
地址：巴州和静县铁尔曼区（金特钢铁股份有限公司院内）
……………………………Tel：0996-5381026

新疆和合矿业有限责任公司
地址：新疆巴州和静县团结路东区1号楼202室
……………………………Tel：0996-6821100

新疆生产建设兵团塔什店联合矿业有限责任公司
地址：新疆巴州库尔勒市塔什店镇
……………………………Tel：0996-8626236

国电库尔勒发电有限公司
地址：新疆巴州库尔勒经济技术开发区宏强农业用地南侧、东环路东侧
……………………………Tel：0996-8838025

徐矿集团新疆阿克苏热电有限公司
地址：新疆阿克苏地区阿克苏市西工业园区
……………………………Tel：0997-2130033

中广核铀业新疆发展有限公司
地址：新疆阿克苏地区阿克苏市迎宾路
……………………………Tel：0997-2528621

阿克苏经济发展有限责任公司
地址：新疆阿克苏地区阿克苏市交通路25号（工业园区管委会五楼）
……………………………Tel：0997-2656971

阿克苏众志市政建设有限责任公司
地址：新疆阿克苏地区阿克苏市经济技术开发区内
……………………………Tel：0997-2658586

温宿县神奇峰旅游有限责任公司
地址：新疆阿克苏地区温宿县萨瓦甫齐牧场(边防一连)
……………………………Tel：0997-4538377

阿克苏天雁实业有限公司
地址：新疆阿克苏地区温宿县红旗街阿克苏地区安徽商会5楼503室
……………………………Tel：0997-4593456

新疆生产建设兵团第一师电力有限责任公司
地址：新疆阿拉尔市幸福路南406号
……………………………Tel：0997-4671168

阿拉尔市南疆碳素新材料有限公司
地址：新疆阿拉尔市大学生创业园2号楼1层14室
……………………………Tel：0997-4920777

阿拉尔盛源热电有限责任公司
地址：新疆阿拉尔市二号工业园区（新沪热电西侧）
……………………………Tel：0997-4926605

乌什县燕山资产经营有限责任公司
地址：新疆阿克苏地区乌什县热斯太街14号（县财政局）
……………………………Tel：0997-5322635

新疆八钢南疆钢铁拜城有限公司
地址：新疆阿克苏地区拜城县重化工业园区
……………………………Tel：0997-6198303

库车经济技术开发投资有限公司
地址：新疆阿克苏地区库车县幸福路65号、开发区企业服务中心（企业公馆）
……………………………Tel：0997-6772682

库车县农村信用合作联社
地址：新疆阿克苏地区库车县新城友谊路6号
……………………………Tel：0997-7125727

库车县天缘煤焦化有限责任公司
地址：新疆阿克苏地区库车县北山矿区
……………………………Tel：0997-7228201

库车城乡建设投资（集团）有限公司
地址：新疆阿克苏地区库车县幸福路65号经济技术开发区企业公馆A座12楼
……………………………Tel：0997-7331086

新疆信和钢铁有限公司
地址：新疆阿克苏地区库车县黄河路南综合建材物流中心1号
……………………………Tel：0997-7770609

新和县国有资产经营管理有限公司
地址：新疆阿克苏地区新和县新华北路3号
……………………………Tel：0997-8122458

拜城县众泰煤焦化有限公司
地址：新疆阿克苏地区拜城县重工业园区
……………………………Tel：0997-8634002

喀什前进投资有限公司
地址：新疆喀什地区喀什经济开发区深喀大道总部经济区川渝大厦1幢7层
……………………………Tel：0998-2610890

新疆超容投资有限公司
地址：新疆喀什地区喀什经济开发区深喀大道总部经济区川渝大厦10层12号
……………………………Tel：0998-2919195

英吉沙县宏宇城市建设投资有限公司
地址：新疆喀什地区英吉沙县鲁英工业园管委会
……………………………Tel：0998-3786612

新疆华电喀什热电有限责任公司
地址：新疆喀什地区喀什经济开发区深喀大道总部经济区川渝大厦19层1908室
……………………………Tel：0998-5817013

新疆锦泰电力有限责任公司
地址：新疆图木舒克市前海东街10号
……………………………Tel：0998-6302031

图木舒克热电有限责任公司
地址：新疆图木舒克市永安坝工业园区华阳南路10号
……………………………Tel：0998-6307230

山钢集团莱芜钢铁新疆有限公司
地址：新疆喀什地区疏勒县艾尔木东乡
……………………………Tel：0998-6478867

喀什山水水泥有限公司
地址：新疆喀什地区疏勒县物流园加工区诚信路1号（疏勒山水水泥有限公司院内）
……………………………Tel：0998-6479999

叶城县玉叶城乡建设投资开发有限公司
地址：新疆喀什地区叶城县纬三路行政综合服务中心院内
……………………………Tel：0998-7488051

叶城县金城城乡建设投资开发有限公司
地址：新疆喀什地区叶城县行政综合服务中心院内
……………………………Tel：0998-7488051

伊泰伊犁矿业有限公司

地址：新疆伊犁州察布查尔县伊南工业园区
……………………………Tel：0999-3631102

伊泰伊犁能源有限公司
地址：新疆伊犁察布查尔县伊南工业园区
……………………………Tel：0999-3631166

伊犁南岗化工有限责任公司
地址：新疆伊犁州伊宁县城西工业园区
……………………………Tel：0999-4308036

伊犁伊力特现代物流有限公司
地址：新疆伊犁州伊宁县伊东工业园区B区
……………………………Tel：0999-4308819

伊犁哈萨克自治州天通伊物流有限责任公司
地址：新疆伊犁州伊宁县伊东工业园区A区布列开站北侧
……………………………Tel：0999-4309929

新疆南方矿业有限公司
地址：新疆伊犁州尼勒克县文化路南侧
……………………………Tel：0999-4633821

新疆国投宝地能源开发有限责任公司
地址：新疆伊犁州尼勒克县解放路72号
……………………………Tel：0999-4633966

新疆三新煤业有限责任公司
地址：尼勒克县卡提布拉克
……………………………Tel：0999-4892505

新疆伊犁钢铁有限责任公司
地址：新疆伊犁州新源县则克台镇
……………………………Tel：0999-5295595

伊犁新天煤化工有限责任公司
地址：新疆伊犁州伊宁市新华西路588号
……………………………Tel：0999-6491147

伊犁新矿煤业有限责任公司
地址：新疆伊犁州霍城县8区团结路63号
……………………………Tel：0999-6728519

新疆鑫光新兴材料有限公司
地址：新疆伊犁州特克斯县阿扎提街四环内(国土资源局二楼)
……………………………Tel：0999-6829837

伊犁亚欧大陆桥铁运物流有限公司
地址：新疆伊犁州伊宁县伊东工业园A区
……………………………Tel：0999-7726670

首钢伊犁钢铁有限公司
地址：新疆伊犁州新源则克台镇
……………………………Tel：0999-7728009

新疆金川矿业有限公司
地址：新疆伊犁州伊宁县喀拉亚尕奇乡
……………………………Tel：0999-7863311

伊犁州国有资产投资经营有限责任公司
地址：新疆伊犁州伊宁市合作区吉林路999号鸿泰康城小区3号楼
……………………………Tel：0999-8071067

新疆中核天山铀业有限公司
地址：新疆伊犁州察布查尔县加尕斯台镇七三五厂
……………………………Tel：0999-8097992

新兴际华伊犁农牧科技发展有限公司
地址：新疆伊犁州伊宁市313线以西5号地块环宇·香水湾西区B-5号楼
……………………………Tel：0999-8136806

新疆铁厂沟煤矿有限责任公司
地址：新疆伊犁州伊宁市农四师铁厂沟
……………………………Tel：0999-8150006

霍尔果斯佰华世纪融资租赁有限公司
地址：新疆伊犁州霍尔果斯建设路8号天润商务楼215房
……………………………Tel：0999-8790088

霍尔果斯中信达为融资租赁有限公司
地址：新疆伊犁州霍尔果斯市兰新路18号永和大厦1202室
……………………………Tel：0999-8795006

丝路畅通国际储运有限公司
地址：新疆伊犁州霍城县清水河开发区江苏工业园北区（大西沟东路）
……………………………Tel：0999-8795655

霍尔果斯至方同兴网络科技有限公司
地址：新疆伊犁州霍尔果斯市友谊西路24号亚欧国际小区2号楼1单元301
……………………………Tel：0999-8799078

伊犁力创宏盟汽车服务有限公司
地址：新疆伊犁州伊宁县胡地亚于孜镇伊犁力创钢铁物流园2号楼137号
……………………………Tel：0999-8828012

机械行业

一、行业综合分析

机械行业综合分析

机械工业素有“工业的心脏”之称。它是其他经济部门的生产手段，也可说是一切经济部门发展的基础。它的发展水平是衡量一个国家工业化程度的重要标志。为促进民族地区的现代化，必须加速发展机械工业。

发达国家重视装备制造业的发展，不仅在本国工业中所占比重、积累、就业、贡献均占前列，更在于装备制造业为新技术、新产品的开发和生产提供重要的物质基础，是现代化经济不可缺少的战略性产业，即使是迈进“信息化社会”的工业化国家，也无不高度重视机械设备制造业的发展。

机械行业在我国发展工业化进程中有战略性的地位，对我国的重大工程建设和重点产业调整振兴有非常重要的作用。中国机械设备制造业正处于历史发展高位。2000年以来，我国机械设备产业呈现强劲发展态势，产业体系日益健全，技术水平不断提升，已成为世界重要的装备制造大国。2013年，我国机械工业累计实现主营业务收入20.4万亿元，比上年增长13.8%，增速比上年加快4个百分点；累计完成固定资产投资3.99万亿元，同比增长17.2%。2014年1-3月份，我国机械全行业累计完成出口交货值4097.74亿元，累计同比增长4.7%。分行业看，2014年1-3月累计同比增速呈负增长的有工程机械行业、文化、办公用机械行业、重型矿山行业以及食品包装行业；其中文化、办公用机械行业累计完成出口交货值274.32亿元，同比下降8.96%。此外，农机行业累计完成出口交货值33.19亿元，累计同比增长24.02%，增幅远超其它行业。

工程机械是中国机械工业的重要组成部分。随着新型城镇化建设、节能环保推进和海外市场拓展，中国工程机械行业将进入下一个黄金十年。2013年12月12日至13日，中央城镇化工作会议在京召开，并讨论了《国家新型城镇化规划》，未来三年我国城镇化投融资资金需求量将达25万亿元。2013年12月23日至24日，中央农村工作会议在京举行，会议指出：“要积极稳妥扎实推进城镇化，到2020年，要解决约1亿进城常住的农业转移人口落户城镇，约1亿人口的城镇棚区和城中村改造，约1亿人口在中西部地区的城镇化，推动新型城镇化要与农业现代化相辅相成。”其中，解决约1亿人口的城镇棚户区和城中村改造，以及约1亿人口在中西部地区的城镇化，涉及到庞大的保障房建设。按照住建部的计划，仅2014年城镇保障性安居工程建设的目标任务就是：基本建成保障房480万套以上，新开工600万套以上，其中棚户改造370万套以上。毋庸置疑，新型城镇化将是中国经济增长的巨大引擎，必将带动新型农村的建设步伐，大量农村房屋改造、农田水利建设、城镇基础设施建设等都将为工程机械行业带来前所未有的发展空间。

机械工业作为耗能、耗材的生产大户，已经成为能源消费增长的重要因素。目前全国用电量的70%都用于驱动电动机、变压器、风机、水泵等21类机电产品，全国年耗煤量的1/3左右用于发电锅炉和工业锅炉的运行，而内燃机则是油料的主要消耗机械。提高机电产品的效率和降低污染物排放，对于节约能源、减少污染物排放的意义由此可见一斑。同时，由于机械工业是国民经济的支柱产业，其产业规模大，自身的生产过程消耗能源总量较多。因此，努力在自身生产过程中节约能源也是一项很重要的任务。随着节能意识的广泛深入人心和机械行业内节能意识的逐步加深，近年来，我国机械工业的发展方式发生了悄然变化，正逐渐步入、提高能源利用率的“绿色”制造新轨道，且存在有很大的上升空间。机械工业要积极发展高效节能产品，大力发展新能源装备，为各行各业用户的节能降耗减排提供先进装备。同时，机械产品的设计和制造要更加关注体现全生命周期的绿色理念，“高效、低污染、能回收、资源可重复利用”等因素必须置于优先位置。要发展机械产品再制造，坚持走绿色制造和循环经济的新型工业化道路。

中国经济已经发展到重要的转型时期，而机械设备制造行业则是国家战略转型中一枚最关键的棋子，因而行业发展面临诸多利好因素：首先，宏观经济环境形势有利于行业平稳发展。总体看，国内宏观经济走势基本平稳，经济体制改革持续推进；国际经济出现趋暖迹象，发达经济体经济缓慢复苏，美国和日本经济进入低速回升通道，欧元区结束衰退并呈现复苏迹象。其次，政策环境保持稳定有利于行业推进结构调整。2013年底的中央经济工作会议明确了“稳中求进”的经济政策基调，释放了保持现行政策连续性和稳定性的信息，为行业发展提供了稳定的政策环境。由此可见，中国机械设备制造行业的投资前景十分广阔。

“十二五”期间，我国机械工业将主攻高端装备产品、新兴产业装备、民生用机械装备、关键基础产品、基础工艺及技术等五个重点领域、实施主攻高端战略、创新驱动战略、强化基础战略、两化融合战略、“绿色为先”战略等五大发展战略，最终要“由大到强”，力争到“十二五”末实现六大目标，将发展目标定位于由机械制造大国转变为机械制造强国。

此外，工业机器人产业也为机械工业的培育重点。2013年底，工信部出台的《关于推进工业机器人产业发展的指导意见》明确，到2020年，形成较为完善的工业机器人产业体系，培育3-5家具有国际竞争力的龙头企业和8-10个配套产业集群；工业机器人行业和企业的技术创新能力和国际竞争能力明显增强，高端产品市场占有率提高到45%以上，机器人密度达到100以上，基本满足国防建设、国民经济和社会发展需要。在政策的扶持下，以机器人为核心的智能装备制造行业将迎来良好的发展机遇。

本文由中投顾问供稿

二、行业法规

中华人民共和国农业机械化促进法

(2004年6月25日第十届全国人民代表大会常务委员会第十次会议通过
2004年6月25日中华人民共和国主席令第十六号公布　自2004年11月1日起施行)

第一章　总　则

第一条　为了鼓励、扶持农民和农业生产经营组织使用先进适用的农业机械，促进农业机械化，建设现代农业，制定本法。

第二条　本法所称农业机械化，是指运用先进适用的农业机械装备农业，改善农业生产经营条件，不断提高农业的生产技术水平和经济效益、生态效益的过程。

本法所称农业机械，是指用于农业生产及其产品初加工等相关农事活动的机械、设备。

第三条　县级以上人民政府应当把推进农业机械化纳入国民经济和社会发展计划，采取财政支持和实施国家规定的税收优惠政策以及金融扶持等措施，逐步提高对农业机械化的资金投入，充分发挥市场机制的作用，按照因地制宜、经济有效、保障安全、保护坏境的原则，促进农业机械化的发展。

第四条　国家引导、支持农民和农业生产经营组织自主选择先进适用的农业机械。任何单位和个人不得强迫农民和农业生产经营组织购买其指定的农业机械产品。

第五条　国家采取措施，开展农业机械化科技知识的宣传和教育，培养农业机械化专业人才，推进农业机械化信息服务，提高农业机械化水平。

第六条　国务院农业行政主管部门和其他负责农业机械化有关工作的部门，按照各自的职责分工，密切配合，共同做好农业机械化促进工作。

县级以上地方人民政府主管农业机械化工作的部门和其他有关部门，按照各自的职责分工，密切配合，共同做好本行政区域的农业机械化促进工作。

第二章　科研开发

第七条　省级以上人民政府及其有关部门应当组织有关单位采取技术攻关、试验、示范等措施，促进基础性、关键性、公益性农业机械科学研究和先进适用的农业机械的推广应用。

第八条　国家支持有关科研机构和院校加强农业机械化科学技术研究，根据不同的农业生产条件和农民需求，研究开发先进适用的农业机械；支持农业机械科研、教学与生产、推广相结合，促进农业机械与农业生产技术的发展要求相适应。

第九条　国家支持农业机械生产者开发先进适用的农业机械，采用先进技术、先进工艺和先进材料，提高农业机械产品的质量和技术水平，降低生产成本，提供系列化、标准化、多功能和质量优良、节约能源、价格合理的农业机械产品。

第十条　国家支持引进、利用先进的农业机械、关键零配件和技术，鼓励引进外资从事农业机械的研究、开发、生产和经营。

第三章　质量保障

第十一条　国家加强农业机械化标准体系建设，制定和完善农业机械产品质量、维修质量和作业质量等标准。对农业机械产品涉及人身安全、农产品质量安全和环境保护的技术要求，应当按照有关法律、行政法规的规定制定强制执行的技术规范。

第十二条　产品质量监督部门应当依法组织对农业机械产品质量的监督抽查。

工商行政管理部门应当依法加强对农业机械产品市场的监督管理工作。

国务院农业行政主管部门和省级人民政府主管农业机械化工作的部门根据农业机械使用者的投诉情况和农业生产的实际需要，可以组织对在用的特定种类农业机械产品的适用性、安全性、可靠性和售后服务状况进行调查，并公布调查结果。

第十三条　农业机械生产者、销售者应当对其生产、销售的农业机械产品质量负责，并按照国家有关规定承担零配件供应和培训等售后服务责任。

农业机械生产者应当按照国家标准、行业标准和保障人身安全的要求，在其生产的农业机械产品上设置必要的安全防护装置、警示标志和中文警示说明。

第十四条　农业机械产品不符合质量要求的，农业机械生产者、销售者应当负责修理、更换、退货；给农业机械使用者造成农业生产损失或者其他损失的，应当依法赔偿损失。农业机械使用者有权要求农业机械销售者先予赔偿。农业机械销售者赔偿后，属于农业机械生产者的责任的，农业机械销售者有权向农业机械生产者追偿。

因农业机械存在缺陷造成人身伤害、财产损失的，农业机械生产者、销售者应当依法赔偿损失。

第十五条　列入依法必须经过认证的产品目录的农业机械产品，未经认证并标注认证标志，禁止出厂、销售和进口。

禁止生产、销售不符合国家技术规范强制性要求的农业机械产品。

禁止利用残次零配件和报废机具的部件拼装农业机械产品。

第四章　推广使用

第十六条　国家支持向农民和农业生产经营组织推广先进适用的农业机械产品。推广农业机械产品，应当适应当地农业发展的需要，并依照农业技术推广法的规定，在推广地区经过试验证明具有先进性和适用性。

农业机械生产者或者销售者，可以委托农业机械试验鉴定机构，对其定型生产或者销售的农业机械产品进行适用性、安全性和可靠性检测，作出技术评价。农业机械试验鉴定机构应当公布具有适用性、安全性和可靠性的农业机械产品的检测结果，为农民和农业生产经营组织选购先进适用的农业机械提供信息。

第十七条　县级以上人民政府可以根据实际情况，在不同的农业区域建立农业机械化示范基地，并鼓励农业机械生产者、经营者等建立农业机械示范点，引导农民和农业生产经营组织使用先进适用的农业机械。

第十八条　国务院农业行政主管部门会同国务院财政部门、经济综合宏观调控部门，根据促进农业结构调整、保护自然资源与生态环境、推广农业新技术与加快农机具更新的原则，确定、公布国家支持推广的先进适用的农业机械产品目录，并定期调整。省级人民政府主管农业机械化工作的部门会同同级财政部门、经济综合宏观调控部门根据上述原则，确定、公布省级人民政府支持推广的先进适用的农业机械产品目录，并定期调整。

列入前款目录的产品，应当由农业机械生产者自愿提出申请，并通过农业机械试验鉴定机构进行的先进性、适用性、安全性和可靠性鉴定。

第十九条　国家鼓励和支持农民合作使用农业机械，提高农业机械利用率和作业效率，降低作业成本。

国家支持和保护农民在坚持家庭承包经营的基础上，自愿组织区域化、标准化种植，提高农业机械的作业水平。任何单位和个人不得以区域化、标准化种植为借口，侵犯农民的土地承包经营权。

第二十条　国务院农业行政主管部门和县级以上地方人民政府主管农业机械化工作的部门，应当按照安全生产、预防为主的方针，加强对农业机械安全使用的宣传、教育和管理。

农业机械使用者作业时，应当按照安全操作规程操作农业机械，在有危险的部位和作业现场设置防护装置或者警示标志。

第五章　社会化服务

第二十一条　农民、农业机械作业组织可以按照双方自愿、平等协商的原则，为本地或者外地的农民和农业生产经营组织提供各项有偿农业机械作业服务。有偿农业机械作业应当符合国家或者地方规定的农业机械作业质量标准。

国家鼓励跨行政区域开展农业机械作业服务。各级人民政府及其有关部门应当支持农业机械跨行政区域作业，维护作业秩序，提供便利和服务，并依法实施安全监督管理。

第二十二条　各级人民政府应当采取措施，鼓励和扶持发展多种形式的农业机械服务组织，推进农业机械化信息网络建设，完善农业机械化服务体系。农业机械服务组织应当根据农民、农业生产经营组织的需求，提供农业机械示范推广、实用技术培训、维修、信息、中介等社会化服务。

第二十三条　国家设立的基层农业机械技术推广机构应当以试验示范基地为依托，为农民和农业生产经营组织无偿提供公益性农业机械技术的推广、培训等服务。

第二十四条　从事农业机械维修，应当具备与维修业务相适应的仪器、设备和具有农业机械维修职业技能的技术人员，保证维修质量。维修质量不合格的，维修者应当免费重新修理；造成人身伤害或者财产损失的，维修者应当依法承担赔偿责任。

第二十五条　农业机械生产者、经营者、维修者可以依照法律、行政法规的规定，自愿成立行业协会，实行行业自律，为会员提供服务，维护会员的合法权益。

第六章　扶持措施

第二十六条　国家采取措施，鼓励和支持农业机械生产者增加新产品、新技术、新工艺的研究开发投入，并对农业机械的科研开发和制造实施税收优惠政策。

中央和地方财政预算安排的科技开发资金应当对农业机械工业的技术创新给予支持。

第二十七条　中央财政、省级财政应当分别安排专项资金，对农民和农业生产经营组织购买国家支持推广的先进适用的农业机械给予补贴。补贴资金的使用应当遵循公开、公正、及时、有效的原则，可以向农民和农业生产经营组织发放，也可以采用贴息方式支持金融机构向农民和农业生产经营组织购买先进适用的农业机械提供贷款。具体办法由国务院规定。

第二十八条　从事农业机械生产作业服务的收入，按照国家规定给予税收优惠。

国家根据农业和农村经济发展的需要，对农业机械的农业生产作业用燃油安排财政补贴。燃油补贴应当向直接从事农业机械作业的农民和农业生产经营组织发放。具体办法由国务院规定。

第二十九条　地方各级人民政府应当采取措施加强农村机耕道路等农业机械化基础设施的建设和维护，

为农业机械化创造条件。

县级以上地方人民政府主管农业机械化工作的部门应当建立农业机械化信息搜集、整理、发布制度，为农民和农业生产经营组织免费提供信息服务。

第七章　法律责任

第三十条　违反本法第十五条规定的，依照产品质量法的有关规定予以处罚；构成犯罪的，依法追究刑事责任。

第三十一条　农业机械驾驶、操作人员违反国家规定的安全操作规程，违章作业的，责令改正，依照有关法律、行政法规的规定予以处罚；构成犯罪的，依法追究刑事责任。

第三十二条　农业机械试验鉴定机构在鉴定工作中不按照规定为农业机械生产者、销售者进行鉴定，或者伪造鉴定结果、出具虚假证明，给农业机械使用者造成损失的，依法承担赔偿责任。

第三十三条　国务院农业行政主管部门和县级以上地方人民政府主管农业机械化工作的部门违反本法规定，强制或者变相强制农业机械生产者、销售者对其生产、销售的农业机械产品进行鉴定的，由上级主管机关或者监察机关责令限期改正，并对直接负责的主管人员和其他直接责任人员给予行政处分。

第三十四条　违反本法第二十七条、第二十八条规定，截留、挪用有关补贴资金的，由上级主管机关责令限期归还被截留、挪用的资金，没收非法所得，并由上级主管机关、监察机关或者所在单位对直接负责的主管人员和其他直接责任人员给予行政处分；构成犯罪的，依法追究刑事责任。

第八章　附　则

第三十五条　本法自2004年11月1日起施行。

三、相关企业介绍

北京市

中国航发北京长空机械有限责任公司
地址：北京市昌平区科技园利祥路1号
……Tel：010-68201054

北京安捷鑫德混凝土有限公司
地址：北京市昌平区东小口镇半截塔村东
……Tel：010-69799997

新华都特种电气股份有限公司
地址：北京市朝阳区利泽中一路1号院2号楼8层办公A801
……Tel：010-69284659

北京吉乐电子集团有限公司
地址：北京市朝阳区酒仙桥南路5号
……Tel：010-64405566

中国包装和食品机械有限公司
地址：北京市朝阳区德胜门外北沙滩1号
……Tel：010-64882501

北京三五零一服装厂有限公司
地址：北京市朝阳区向军北里28号院1号楼3层301内3002
……Tel：010-65858696

北京京工服装集团有限公司
地址：北京市朝阳区松榆西里29号
……Tel：010-67356943

北京第一机床厂
地址：北京市朝阳区建外大街4号
……Tel：010-81563601

北京城五混凝土有限公司
地址：北京市朝阳区金盏乡金盏南路
……Tel：010-84340470

北京雪莲集团有限公司北京村衫厂
地址：北京市朝阳区东直门外左家庄1号
……Tel：010-84592986

中国福马机械集团有限公司
地址：北京市朝阳区安苑路20号世纪兴源大厦
……Tel：010-84898622

北京优耐燃气仪表有限公司
地址：北京市朝阳区甘露园中里9号
……Tel：010-85778114

北京敬业达新型建筑材料有限公司
地址：北京市大兴区青云店镇民营科技园
……Tel：010-51665803

北京世茂机电科技有限公司
地址：北京市大兴区大兴工业开发区科苑路15号
……Tel：010-60215175

北京市群英印刷有限公司
地址：北京市大兴区经济开发区金苑路32号
……Tel：010-60216026

北京北仪创新真空技术有限责任公司
地址：北京市大兴区大兴工业开发区前高米店盛坊路南侧
……Tel：010-60251210

北京瑞拓江南自控设备有限公司
地址：北京市大兴区工业开发区盛坊路仪器仪表基地西侧紧邻
……Tel：010-60254227

北京科锐博润电力电子有限公司
地址：北京市怀柔区北房镇恒利街76号
……Tel：010-62981321

北京日昌电气有限公司
地址：北京市大兴区青云店镇民营科技园8号
……Tel：010-80213333-6057

北京市安恒滤清器有限公司
地址：北京市大兴区采育镇北京采育经济开发区育隆大街1号
……Tel：010-80278427

北京环达汽车装配有限公司
地址：北京市大兴区旧宫镇旧忠路15号
……Tel：010-87912663

北京曙光药业有限责任公司
地址：北京市东城区西园子一巷7号1幢
……Tel：010-65459298

中国煤炭科工集团有限公司
地址：北京市朝阳区和平里青年沟路5号
……Tel：010-84263200

北京市航天兴华波纹管制造有限公司
地址：北京市房山区阎村镇张庄村
……Tel：010-60303555

北京国风建业门窗制造有限公司
地址：北京市房山区长阳镇葫芦垡村北侧
……Tel：010-60352980

北京东霖混凝土制品有限公司
地址：北京市房山区长阳镇西场村村委会东500米
……Tel：010-60358163

北京燕化中天电控设备有限责任公司
地址：北京市房山区燕山岗北路26号
……Tel：010-69341655

北京市木材厂有限责任公司
地址：北京市丰台区永外大红门西路4号
……Tel：010-65761127

北京北泡集团有限公司
地址：北京市丰台区永外顺四条1号
……Tel：010-67612929

北京毛线厂
地址：北京市丰台区方庄芳星园二区甲3号
……Tel：010-67626778

北京三叶散热器厂
地址：北京市丰台区程庄子56号10幢、11幢、12幢
……Tel：010-68181271

北京京城中奥电梯有限公司
地址：北京市丰台区卢沟桥南里6号
……Tel：010-83214477

北京市丰台航南金属结构制造厂
地址：北京市丰台区王佐乡南宫村村北（南宫村砖厂西100米）
……Tel：010-83311962

北京天路通科技有限责任公司
地址：北京市丰台区科技园区3A地块(园区)
……Tel：010-83315690

江河机电装备工程有限公司
地址：北京市丰台区海鹰路1号院7号楼10层1001室(园区)
……Tel：010-83682612

北京突破电气有限公司
地址：北京市海淀区东北旺西路8号21号楼一层21-017号
……Tel：010-52223661

宝石电气设备有限责任公司
地址：北京市海淀区西小口路66号东升科技园北领地C区3号楼
……Tel：010-57383699

北京中惠药业有限公司
地址：北京市海淀区中关村永丰高新技术产业基地丰德东路5号2幢2层201号
……Tel：010-58711315

大唐电信科技股份有限公司
地址：北京市海淀区永嘉北路6号5幢
……Tel：010-58919537

北京电力自动化设备有限公司
地址：北京市海淀区西直门外北下关净土寺32号
……Tel：010-62248315

北京市东升锅炉厂
地址：北京市海淀区清河小营路后屯村东
……Tel：010-62918899

北京市加气混凝土有限责任公司
地址：北京市海淀区清河镇西
……Tel：010-69296238

北京拓川科研设备股份有限公司
地址：北京市海淀区王庄路1号清华同方科技大厦B座7层E1号
……Tel：010-82379336

北京机床所精密机电有限公司
地址：北京市密云区经济开发区强云路6号院3号楼301室
……Tel：010-64739638

北京发那科数控工程有限公司
地址：北京市密云区经济开发区强云路6号院3号楼302室
……Tel：010-64739648

车质尚（北京）汽车制造有限公司
地址：北京市密云区经济开发区清源路2号院内1号厂房
……Tel：010-69056988

电科北方智能电气有限公司
地址：北京市密云区工业开发区大盛路207号
……Tel：010-69075520

北京华环电子设备有限公司
地址：北京市密云区兴盛南路7号北京华环电子股份有限公司院内2-3号
……Tel：010-89090947-322

北京京首建混凝土搅拌站有限公司
地址：北京市石景山区古城路首钢一建设三公司院内
……Tel：010-56317200

江河创建集团股份有限公司
地址：北京市顺义区牛汇北五街5号
……Tel：010-60411166

北京科诺德技术装备有限公司
地址：北京市顺义区赵全营镇天竺空港工业区C区
……Tel：010-60441191

北京市顺义红蓝服装厂
地址：北京市顺义区北小营镇政府东侧
……Tel：010-60484905

北京鑫建华顺工贸有限公司
地址：北京市顺义区南彩镇政府路南
……Tel：010-61478298

北京迪蒙卡特机床有限公司
地址：北京市顺义区张镇大街28号
……Tel：010-61482292

北京亿都川服装集团有限公司
地址：北京市顺义区聚源东路35号1、3、4、5、6、8幢
……Tel：010-69407886-237

北京北一法康生产线有限公司
地址：北京市顺义区林河工业开发区双河大街16号
……Tel：010-89452235

北京永新医疗设备有限公司
地址：北京市昌平区生命科学园生命园路20号院1号楼102
……Tel：010-50825966

北京约基工业股份有限公司
地址：北京市通州区中关村科技园通州园光机电一体化产业基地嘉创路10号C4座
……Tel：010-57601099

北京多维金属建筑系统有限公司
地址：北京市通州区张家湾镇姚辛庄村东
……Tel：010-61565426

北京市北泡轻钢建材有限公司
地址：北京市通州区张家湾镇光华路8号
……Tel：010-61565728

北京进永汽车部件有限公司
地址：北京市通州区中关村科技园通州园光机电一体化产业基地嘉创四路1号
……Tel：010-69501740

北京市烁宇工贸有限责任公司
地址：北京市通州区张家湾镇苍头村
……Tel：010-69580050

北京东方万隆家俱有限公司
地址：北京市通州区　县镇南阳村村委会南800米
……Tel：010-80557731

北京通州开关有限公司
地址：北京市通州区　县镇靛庄村
……Tel：010-80582395

北京中科信电子装备有限公司
地址：北京市通州区中关村科技园区通州园光机电一体化产业基地兴光二街6号
……Tel：010-81509872

北京探矿机械厂
地址：北京市通州区西门外半壁店9号
……Tel：010-81563601

北京磁通设备制造有限公司
地址：北京市通州区永顺镇北马庄村
……Tel：010-89562098

北京雪莲集团有限公司
地址：北京市西城区广安门南街48号旁门
……Tel：010-57159600

北京第三纺织机械有限公司
地址：北京市西城区广安门外马连道东街14号30号
……Tel：010-63437927

中核铀业有限责任公司
地址：北京市西城区三里河南三巷一号
……Tel：010-64214118

北京楠辰皮革有限公司
地址：北京市西城区鸭子桥路35号
……Tel：010-67624973

北京化学工业集团有限责任公司
地址：北京市朝阳区劲松三区甲302楼22层2218室
……Tel：010-67883888

北京大兆新元停车设备有限公司
地址：北京市延庆区经济技术开发区双杏东街48号
……Tel：010-63319787

天津市

天津大鸿恒翔机械有限公司
地址：天津宝坻节能环保工业区宝中道与天兴路东南交口处
……Tel：022-22458756

天津庆泉宠物用品股份有限公司
地址：天津市宝坻区天宝工业园宝旺道18号
……Tel：022-22531588-805

天津市新实丰液压机械股份有限公司
地址：天津市宝坻经济开发区天宝工业园
……Tel：022-22539898

天津法蓝克玻璃有限公司
地址：天津市宝坻九园工业园区
……Tel：022-59286021

天津市奥达精密机械制造有限公司
地址：天津宝坻九园工业园区二号路污水处理厂西侧
……Tel：022-82640891

三木普利（天津）有限公司
地址：天津市北辰区天津北辰经济技术开发区高端装备制造产业园永丰道10号B01厂房
……Tel：022-26303111

天津市红旗农场有限公司
地址：天津市北辰区小淀镇刘安庄村南
……Tel：022-26312779

津鼓风机集团有限责任公司
地址：天津市北辰区滦水西路9号
……Tel：022-26510325

天津华曼泵业集团有限公司
地址：北辰区炭黑路北侧
……Tel：022-26923156

天津王朝包装印刷制品有限公司
地址：北辰区津围公路西（小淀镇津围公路葡萄园内）
……Tel：022-26996433

天津奥特浦斯机电设备有限公司
地址：天津北辰科技园区（宜兴埠）
……Tel：022-26998739

天津爱安特精密机械有限公司
地址：天津市北辰科技园区景明路9号（福云天翼科技有限公司内）
……Tel：022-58359820

天津鹤立汽车零部件有限公司
地址：天津市北辰区天津北辰经济技术开发区兴河路与永合道交口欧盟装备产业园
……Tel：022-84892846

天津市东达伟业机车车辆有限公司
地址：北辰区西堤头镇刘快庄
……Tel：022-86849872

沃德传动（天津）股份有限公司
地址：天津北辰科技园区高新大道与景明路交口
……Tel：022-86855039

天津市懿峰工贸有限公司
地址：天津市北辰区天穆镇铁东路柳滩工业区淮河一支路1号
……Tel：022-86888288

天津雷沃斗山发动机有限公司
地址：天津市北辰区天津北辰经济技术开发区科技园高新大道77号
……Tel：022-86923972

天津派瑞特塑业有限公司
地址：天津市北辰区天津北辰经济技术开发区天津陆路港物流装备产业园陆港四纬路1号
……Tel：022-86992623

天津凯普特动力传输机械有限公司
地址：天津滨海高新区塘沽海洋科技园塘汉公路0-38号
……Tel：022-25211661

天津市大港仪表有限公司
地址：天津市滨海新区海滨街港西大道88号
……Tel：022-25932736

天津克劳斯电梯有限公司
地址：天津市滨海新区大港经济开发区安和路433号
……Tel：022-59718356

天津森普管材有限公司
地址：天津市滨海新区大港经济开发区安达工业园通达街362号
……Tel：022-63312587

天津金耐达筑炉衬里有限公司
地址：天津市滨海新区大港街世纪大道180-2号
……Tel：022-63862510

天津德高化成新材料股份有限公司
地址：天津滨海高新区塘沽海洋科技园新北路4668号创新创业园13号厂房
……Tel：022-66351157

中冶天工（天津）装备制造有限公司
地址：天津市滨海新区汉沽营城工业园营城街55号
……Tel：022-67158610

天津云海裕森科工贸有限公司
地址：天津市滨海新区汉沽茶淀镇塘汉

路
……………………Tel：022-67281094
扎努西电气机械天津压缩机有限公司
地址：天津港保税区（空港）保税路3号
……………………Tel：022-84861631
诺威尔（天津）能源装备股份有限公司
地址：天津滨海高新区滨海科技园创新大道346号
……………………Tel：022-84979999
天津顺德混凝土工程有限公司
地址：天津市东丽区华明街顺德路1号
……………………Tel：022-24121866
天津诚信通达轻钢制品有限公司
地址：天津市东丽区军粮城工业园区宝仓路立业建工轻钢有限公司办公楼107-109室
……………………Tel：022-24355599
天津二七康库得曲轴有限公司
地址：天津市东丽区津塘公路649号
……………………Tel：022-24358003
天津神川电机有限公司
地址：天津市东丽开发区二纬路3号
……………………Tel：022-24982458
天津市空气压缩机有限公司
地址：东丽开发区一经路与四纬路交口西侧
……………………Tel：022-24985359
天津鸿达精工机械有限公司
地址：天津市东丽开发区二纬路11号
……………………Tel：022-24991769
麦基嘉（天津）海洋设备有限公司
地址：天津经济技术开发区西区新业一街8号
……………………Tel：022-59829200
天津铁科铁路信号有限公司
地址：天津市东丽区驯海路1199号
……………………Tel：022-60403001
天津天女化工集团股份有限公司
地址：天津市东丽区程林庄工业区程林庄道程发路10号
……………………Tel：022-84783830
天津市凯达重型水电设备制造有限公司
地址：天津市东丽区金桥街（金桥工业园11号）
……………………Tel：022-84968888
天津市天泰宇华制衣有限公司
地址：天津市和平区小白楼街河北路217号
……………………Tel：022-27033239
天津棣华特殊钢丝有限公司
地址：天津市河北区鸿顺里街辰纬路1号辰盛创业园C座1404室
……………………Tel：022-26429088
天津市建筑构件工程有限公司
地址：天津市河东区十一经路58号（中国铁路物资天津有限公司院内24号201）
……………………Tel：022-23961195
天津普天通信设备有限公司
地址：河东区津塘公路23号
……………………Tel：022-24120060
天津减速机股份有限公司
地址：河东区大王庄八纬路20号
……………………Tel：022-24329978
天津造纸厂有限公司
地址：河西区柳林街大沽南路1069号
……………………Tel：022-88823029
天津华能能源设备有限公司
地址：渔阳南路119 号
……………………Tel：022-29110023
天津润成橡胶制品股份有限公司
地址：蓟县桑梓镇赵翰林村南侧
……………………Tel：022-29810055
天津市实丰液压机械集团有限公司
地址：天津市蓟县经济开发区
……………………Tel：13672117812
天津精诚机床股份有限公司
地址：天津市津南区八里台工业园区丰泽三大道四号
……………………Tel：022-24995490
天津润德中天钢管有限公司
地址：天津市津南经济开发区
……………………Tel：022-27218263
天津泰科诺尔毛纺织有限公司
地址：天津市津南区经济开发小区
……………Tel：022-28514771-804
天津普友机电设备股份有限公司
地址：天津市津南经济开发区（西区）北京街7号
……………………Tel：022-28571212
联合弹簧（天津）有限公司
地址：天津市津南经济开发区（西区）香港街 5 号
……………………Tel：022-28574312
天津森森水族用品有限公司
地址：天津市津南区国家农业科技园区欣荣东路4号
……………………Tel：022-28628016
天津迎新船舶机械有限公司
地址：天津市津南区葛沽镇十间房东（原镇工业园区）
……………………Tel：022-28682265
天津万事达印铁包装容器有限公司
地址：天津市津南区八里台镇建设四支路6号
……………………Tel：022-28751325
天津泰威齿轮有限公司
地址：天津市津南区北闸口示范镇高营路61号
……………………Tel：022-58901200
天津英汇汽车零部件有限公司
地址：天津市津南区八里台工业区南区春经路1号
……………………Tel：022-59007530
天津巴泰克机械制造有限公司
地址：天津市津南区小站工业区创新路7号
……………………Tel：022-59185958
天津石泰集团有限公司
地址：津南区双桥河镇工业园区欣欣南路1号
……………………Tel：022-88516922
天津华瑞达汽车消声器有限公司
地址：天津市津南区八里台镇北中塘村
……………………Tel：022-88527167
天津市鲲鹏工索具有限公司
地址：天津市津南区小站镇荣盛路22号
……………………Tel：022-88619893
天津市精诚高压泵制造有限责任公司
地址：天津市津南区辛庄镇白塘口村村南
……………………Tel：022-88822793
法因图尔汽车部件（天津）有限公司
地址：天津空港经济区经四路216号
……………………Tel：022-58211162
天津市坤峰管业有限公司
地址：天津滨港高新铸造产业区滨港三大道4号
……………………Tel：022-58500081
天津一重电气自动化有限公司
地址：天津经济技术开发区海星街
……………………Tel：022-58808610
天津达陆钢绞线有限公司
地址：天津市静海区大邱庄镇大屯村陈大公路东段92号
……………………Tel：022-59512003
天津金隅宝辉砂浆有限公司
地址：天津市静海县双塘镇高档五金制品产业园区春华路1号
……………………Tel：022-59592090
中和澳亚（天津）实业有限公司
地址：天津静海北环工业区徐良路1号
……………………Tel：022-60110833
天津四环恒兴汽车饰件制造有限公司
地址：天津经济技术开发区现代产业区华山路199号
……………………Tel：022-66877588
天津中德传动有限公司
地址：天津市静海区北环工业区振兴道13增1号
……………………Tel：022-68291128
天津华庆汽车配件有限公司
地址：天津子牙循环经济产业区园区八号路6号
……………………Tel：022-68367100
天津市聚鑫荣电气设备制造有限公司
地址：天津市静海开发区中央大道西侧10米
……………………Tel：022-68581919
天津亚泰环保设备有限公司
地址：天津滨港高新铸造产业园三大道1号
……………………Tel：022-68978678
惟其信石油机械（天津）有限公司
地址：天津自贸试验区（空港经济区）通航路50号
……………………Tel：022-88956600
天津宝恒流体控制设备股份有限公司
地址：华苑产业区（环外部分）海泰发展一路2号
……………………Tel：022-23785511
百士吉泵业（天津）有限公司
地址：天津市华苑产业区（环外）海泰华科二路2号
……………………Tel：022-23805022
天津林工机械有限公司
地址：天津市南开区临潼路99号
……………………Tel：022-27369949
三友（天津）高分子技术有限公司
地址：天津华苑产业区环外二纬路6号A1座201-11号
……………………Tel：022-28262670
天津市天工工程机械有限公司
地址：华苑产业区海泰南北大街5号第三厂区
……………………Tel：022-58396187
天安人防设备（天津）有限公司
地址：南开区天拖北道12号
……………………Tel：022-87848102
天津市园意橡胶密封件有限公司
地址：天津市南开区资阳路5号A座A单元1层
……………………Tel：022-87915370
天津金莱特石油设备有限公司
地址：天津市宁河区芦台镇王前村205国道南侧
……………………Tel：022-69160608
天津中金博奥重工机械有限责任公司
地址：天津市武清区京滨工业园京滨大道20号
……………………Tel：022-22198583
天津市双象工程液压件有限责任公司
地址：武清富民经济区
……………………Tel：022-29380805
天津市华电电力器材股份有限公司
地址：天津市武清区城关镇益新道116号东侧
……………………Tel：022-29462263
天津辰龙重工机械有限公司
地址：武清区梅厂镇福源经济区通源路6号
……………………Tel：022-29533870
康瑞普（天津）冶金设备有限公司
地址：天津市武清开发区浩源道3号
……………………Tel：022-59062173
天津飞敏机械有限公司
地址：天津市武清区京津科技谷产业园祥园道19号
……………………Tel：022-59621697
天津市信通机械设备制造有限公司
地址：天津市武清区陈咀镇兴发道1号增1号
……………………Tel：022-60126780
天津提爱思塑料制品有限公司
地址：天津市武清区王庆坨镇旺禄道2号
……………………Tel：022-60328018
井上（天津）机械制造有限公司
地址：天津新技术产业园区武清开发区源泉路9号
……………………Tel：022-82117945
泰坦爱迪姆机械制造（天津）有限公司
地址：天津新技术产业园区武清开发区和畅路6号
……………………Tel：022-82161600
天津赛邦包装容器有限公司
地址：天津市武清区京滨工业园
……………………Tel：022-82272085
天津玉昆模具有限公司
地址：天津市武清区上马台镇百里富路1号
……………………Tel：022-82284511
沃斯坦热力设备（天津）有限公司
地址：天津新技术产业园区武清开发区新平路东侧
……………………Tel：022-82955168
天津百利特精电气股份有限公司
地址：天津市西青经济开发区民和道12号
……………………Tel：022-23976181
天津市天羊纺织有限公司
地址：天津市西青区精武镇永红工业区（第二毛条厂内）
……………………Tel：022-23980754
天津市天泰毛条有限公司
地址：天津市西青区精武镇津涞道与毛条路交口南侧700米
……………………Tel：022-23980754
天津市柯文精密模具有限公司
地址：天津市西青区杨柳青农场百川路42号A区
……………………Tel：022-27795512
久铖机械制造（天津）有限公司
地址：天津市西青区杨柳青镇营建路与赛达大道交口南100米
……………………Tel：022-27996770
天津正合精密印刷有限公司
地址：天津西青汽车工业区中联产业园4号楼1-2层
……………………Tel：022-58062918
天津信特恩粉末冶金有限公司
地址：天津开发区第七大街81号
……………………Tel：022-58885649
天津魁普重工机械有限公司
地址：天津市西青区中北工业园阜盛道30号
……………………Tel：022-59665698
辰星（天津）自动化设备有限公司
地址：天津开发区第九大街80号丰华园厂房二期8号02厂房
……………………Tel：022-65181003
天津市利强钢管有限公司
地址：西青区王稳庄工业区
……………………Tel：022-83969238
天津市百利开关设备有限公司
地址：天津市西青经济开发区鑫源道23号
……………………Tel：022-83980982

上海市

上海天合石油工程股份有限公司
地址：上海市奉贤区新杨公路2999号
……………………Tel：021-31197999
洛德机械（上海）有限公司
地址：中国（上海）自由贸易试验区日樱北路333号
……………………Tel：021-31330800
上海耐利流体设备有限公司
地址：上海市松江区富永路766弄58号2幢
……………………Tel：021-33521181
上海煜鹏通讯电子股份有限公司
地址：上海市闵行区春常路142号1幢B309室
……………………Tel：021-33587678
上海鑫永电机科技有限公司
地址：上海市奉贤区驰华路333号10幢2层2车间
……………………Tel：021-33618985
天田米亚基焊接设备（上海）有限公司
地址：上海市奉贤区工业综合开发区肖南路400号
……………………Tel：021-33655353-211
上海普瑞信钢板制造有限公司
地址：宝山区金勺路716号
……………………Tel：021-33850086
上海英迈吉东影图像设备有限公司
地址：浦东新区置业路111号
……………………Tel：021-33909300
上海长成自控设备有限公司
地址：上海市崇明区城桥镇滨洪路508号
……………………Tel：021-35316959
上海民星劳动工具有限公司
地址：上海市民星路201号
……………………Tel：021-35371633
水谷精密零件制造（上海）有限公司
地址：上海市宝山区顾村工业园区富联一路215号乙
……………………Tel：021-36040101-218
上海航发机械有限公司
地址：上海市宝山区宝安公路959号
……………………Tel：021-36042566
上海东方压缩机制造有限公司
地址：上海市宝山区富联二路318号内-甲
……………………Tel：021-36043391
上海东方压缩机厂有限公司
地址：宝山区顾村工业园区富联二路318号
……………………Tel：021-36044366
凯泰阀门（集团）有限公司
地址：宝山城市工业园区丰翔路1675号
……………………Tel：021-36162999
上海定国钢材加工有限公司
地址：上海市宝山区泰和路1418号
……………………Tel：021-36380883
上海宝山石油机械厂
地址：上海市宝山区罗店镇毛家路368号
……………………Tel：021-36559658
捷仪（上海）气体控制设备有限公司
地址：上海市奉贤区奉浦大道1599号第二幢第三层23522室
……………………Tel：021-37190138
长城电器集团上海有限公司
地址：上海市金山工业区月工路777号
……………………Tel：021-37219858
上海浩克机械制造有限公司
地址：上海市金山区亭林镇（工业园区南区）林盛路188号
……………………Tel：021-37283819
上海天力实业（集团）有限公司
地址：上海市奉贤区金汇镇金斗路288号
……………………Tel：021-37561180
上海正策实业有限公司
地址：上海市奉贤区庄行镇欧洲工业园区杨 路2号
……………………Tel：021-37583003
上海麦特密封件有限公司
地址：上海市奉贤区青村沿钱公路5157号1幢
……………………Tel：021-37595166
上海爱葛尼机床有限公司
地址：上海市松江区石湖荡镇捷辰路26号
……………………Tel：021-37622822
上海子创镀膜技术有限公司
地址：上海市金山工业区金飞路808号
……………………Tel：021-37916300
上海船用曲轴有限公司
地址：中国（上海）自由贸易试验区临港新片区倚天路177号
……………………Tel：021-38220800
上海机床电器厂有限公司
地址：上海市嘉定区江桥镇金园一路1001号
……………………Tel：021-39556677
上海长江电梯有限公司
地址：上海市嘉定区曹安公路3939号
……………………Tel：021-39598800
上海金由氟材料股份有限公司
地址：上海市浦东新区高桥镇江东路1726弄188号4幢
……………………Tel：021-50109855
深迪半导体（上海）有限公司康桥分公

司
地址：上海市浦东新区环桥路555弄28号
…………Tel：021-50276900

恩阐乐电子（上海）有限公司
地址：中国（上海）自由贸易试验区意威路36号1幢一层B部位二层B部位
…………Tel：021-50461686

楷钛智能科技（上海）有限公司
地址：上海市浦东新区龚路公路700号
…………Tel：021-50681180

上海良时智能科技股份有限公司
地址：上海市奉贤区新四平公路1117号
…………Tel：021-51035200

上海铁路工务装备技术有限公司
地址：嘉定区江桥镇翔铁东路88号
…………Tel：021-51243578

上海裕生特种线材有限公司
地址：青浦区练塘镇新松蒸路1188号
…………Tel：021-52402211

上海云统创申智能科技有限公司
地址：浦东新区南汇新城镇环湖西一路333号303－42室
…………Tel：021-53011861

上海芙蓉实业有限公司
地址：上海市闵行区浦江镇工业园区竹园路268号
…………Tel：021-54313160

那电久寿机器（上海）有限公司
地址：上海市莘庄工业区申富路815号
…………Tel：021-54427877

上海飞亮机械制造有限公司
地址：上海市闵行区碧溪路275弄50号
…………Tel：021-54725860

上海裕达实业有限公司
地址：上海市闵行区华宁路251号
…………Tel：021-54759800

上海金陵智能电表有限公司
地址：上海市奉贤区金汇镇金碧路228号6幢3层
…………Tel：021-55957088

上海神龙企业（集团）有限公司
地址：上海市宝山区湄星路2255号（顾村工业园区）
…………Tel：021-56028588

上海君山表面技术工程股份有限公司
地址：上海市宝山区杨行镇工业园区共悦路151号
…………Tel：021-56390010

上海奥图环卫设备股份有限公司
地址：上海市金山区张堰镇振帆路180号
…………Tel：021-56428884

上海风雷阀门集团有限公司
地址：上海市金山区枫泾镇建贡路11号
…………Tel：021-56552525

上海市吴淞建筑机械厂有限公司
地址：宝山区同济路936号
…………Tel：021-56692326

上海宝松重型机械工程（集团）有限公司
地址：宝山区盘古路732号
…………Tel：021-56698880

上海龙育机械设备有限公司
地址：上海市浦东新区三林路84号1幢2层
…………Tel：13301665705

上海威之群机电制品有限公司
地址：上海市奉贤区四团镇平港路168号
…………Tel：021-57142888

上海颐坤自动化控制设备有限公司
地址：上海市奉贤区航宜路8号（5）幢第四层
…………Tel：021-57174666

上海哈润热能设备有限公司
地址：上海市金山区吕巷镇荣丰路25号
…………Tel：021-57207687

上海敖征实业有限公司
地址：上海市金山区吕巷镇荣田路388号
…………Tel：021-57208500

上海华钢不锈钢有限公司
地址：上海市金山区张堰工业园区振凯路168号
…………Tel：021-57216611

上海万润达机电科技发展有限公司
地址：上海市金山工业区金飞路808号3幢
…………Tel：021-57217300

上海鑫冶铜业有限公司
地址：上海市金山区张堰镇金张支路18号
…………Tel：021-57220926

上海爱克斯尔轴承制造有限公司
地址：上海市金山区山阳镇山富西路199号
…………Tel：021-57248815

上海舜锋机械制造有限公司
地址：上海市金山区山阳镇山德路288号
…………Tel：021-57248891

上海高中压阀门股份有限公司
地址：上海市奉贤区奉金路365号
…………Tel：021-57292666

上海新顾德机械制造有限公司
地址：上海市金山区亭卫公路3308号2幢E区
…………Tel：021-57320071

上海苏迪蔓精密机械有限公司
地址：上海市金山区朱泾镇工业园区仙业路85号
…………Tel：021-57324656

上海佳田制造有限公司
地址：上海市金山区枫泾镇朱枫公路9218号
…………Tel：021-57351568

上海埃弗斯阀门制造有限公司
地址：上海市金山区廊下镇万勇路88号
…………Tel：021-57391434

上海霏润机械设备有限公司
地址：上海市奉贤区庄行镇庄北路411号130室
…………Tel：021-57466082

上海凯源泵业有限公司
地址：上海市奉贤区浦卫公路9699号第6幢
…………Tel：021-57482009

明珠阀门集团有限公司
地址：上海市奉贤区金汇镇工业大道518号
…………Tel：021-57482386

上海更鑫机械制造有限公司
地址：上海市奉贤区工业路988号5幢-1
…………Tel：021-57485700

上海伊祥机械制造有限公司
地址：上海市奉贤区平港路208号
…………Tel：021-57545305

上海奉永机械制造有限公司
地址：上海市奉贤区青村镇奉永路288号1幢2层
…………Tel：021-57567555

上海起重运输机械厂有限公司
地址：上海市奉贤区青村镇奉村路99号
…………Tel：021-57569333

上海施威重工成套有限公司
地址：上海市奉贤区青工路418号
…………Tel：021-57569333

上海施威焊接产业有限公司
地址：上海市奉贤区青村镇南奉公路4558号3幢1层
…………Tel：021-57569798

上海晶佳橡塑实业有限公司
地址：上海市奉贤区青村镇奉柘公路2539弄88号
…………Tel：021-57578989

凯斯特阀门集团有限公司
地址：上海市松江区车墩镇泗娄村
…………Tel：021-57609390

上海沈飞新型幕墙工程有限公司
地址：上海市松江区新桥镇莘砖公路258号40幢401室-4
…………Tel：021-57660011

仓敷菱东金属制品制造（上海）有限公司
地址：上海市松江区中山街道文翔路142号9栋
…………Tel：021-57784660

上海华晖新材料科技有限公司
地址：上海市松江区佘山镇工业区陶干路1228号
…………Tel：021-57796165

上海开隆冶金机械制造有限公司
地址：上海市松江区叶榭镇车亭公路14号桥东
…………Tel：021-57806435

上海佳力士机械有限公司
地址：上海市松江区石湖荡工业区唐明路388号
…………Tel：021-57841111

上海达和荣艺包装机械有限公司
地址：上海市松江区石湖荡镇闵塔路1098号
…………Tel：021-57845688

伟攀（上海）机械设备有限公司
地址：上海市松江区石湖荡镇闵塔路工业小区4号厂房
…………Tel：021-57847560

上海光塑机械制造有限公司
地址：上海市松江区小昆山镇昆岗公路888号
…………Tel：021-57855332

上海久日机械有限公司
地址：上海市松江区新浜工业区（二期）文胡路398号
…………Tel：021-57899483

上海康利工贸有限公司
地址：上海市金山区石化十二村113号
…………Tel：021-57940841

上海君跃化工机械有限公司
地址：上海市金山区石化地区经一路91号6幢
…………Tel：021-57943943

上海旺欣豆制品设备有限公司
地址：中国（上海）自由贸易试验区临港新片区三三公路4633号
…………Tel：18201789589

上海华东制药机械有限公司
地址：浦东新区祝桥镇金亮路8号
…………Tel：021-58109119

上海新明源汽车配件有限公司
地址：上海市浦东新区康桥镇康凌路135号
…………Tel：021-58129391

上海申怡机械设备有限公司
地址：浦东新区航鹤路2298号1幢、3幢
…………Tel：021-58131301

上海星月动力机械有限公司
地址：上海市浦东新区周祝公路1751号9幢二层210室
…………Tel：13402158913

上海强图机电有限公司
地址：浦东新区祝桥镇东海盐朝公路十号桥南侧
…………Tel：021-58260159

上海浦东新区张江化纤机械配件有限公司
地址：中国（上海）自由贸易试验区祖冲之路1500号4幢208室
…………Tel：021-58551129

中交上海航道装备工业有限公司
地址：浦东江心沙路21号
…………Tel：021-58611274

上海东海压力容器制造有限公司
地址：浦东新区顾高路3191号
…………Tel：021-58633702

上海沪光变压器有限公司
地址：上海市奉贤区成凯路168号3幢
…………Tel：021-58633868

上海富楷电器有限公司
地址：浦东新区川沙新镇栏杆村界龙一路5号
…………Tel：021-58965455

上海汇大机械制造有限公司
地址：中国（上海）自由贸易试验区乐园路38号
…………Tel：021-50315205

上海科科阀门集团有限公司
地址：上海市嘉定区南翔镇翔江公路963号
…………Tel：021-59177192

上海莲盛泵业制造有限公司
地址：青浦区金泽镇练西公路2646号
…………Tel：021-59270745-808

上海港裕企业发展有限公司
地址：上海市崇明区向化镇向卫路30弄38号
…………Tel：021-59442842

上海鹤亭机械涂装厂
地址：上海市嘉定区安亭镇和静路288号
…………Tel：021-59574113

上海自仪九仪表有限公司
地址：上海市嘉定区安亭镇昌吉路28号36幢
…………Tel：021-59577825

上海新威圣制药机械有限公司
地址：嘉定区外冈镇沪宜公路5995号
…………Tel：021-59585480

上海灰羽实业有限公司
地址：上海市奉贤区奉村路258号1幢3层
…………Tel：021-59766182

上海阳泰照明电器有限公司
地址：嘉定区澄浏中路1000号
…………Tel：021-59902926

上海钧琦金属制品有限公司
地址：嘉定区徐行镇曹新公路788号
…………Tel：021-59940666

上海春旭模具工业有限公司
地址：上海真南路5008号
…………Tel：021-59971118

上海启菲特环保生物技术有限公司
地址：浦东新区民冬路635号3幢103室
…………Tel：021-61001097

营利度富信息系统（上海）有限公司
地址：中国（上海）自由贸易试验区希雅路69号1幢5层F部位
…………Tel：021-61689555

上海刃具厂有限公司
地址：上海市黄浦区中山南路1228号503室
…………Tel：021-63016362

上海集优标五高强度紧固件有限公司
地址：上海市宝山区杨南路188号3幢
…………Tel：021-63177707

上海印刷（集团）有限公司
地址：上海市河南北路485号
…………Tel：021-64059090

上海西携机械制造有限公司
地址：上海市奉贤区金汇镇工业路528号2幢
…………Tel：021-64095750

上海江湾化工装备有限公司
地址：上海市奉贤区四团镇平海路1288号14幢一车间
…………Tel：021-64108580

纪和机械制造（上海）有限公司
地址：上海市闵行区联曹路260号
…………Tel：021-64349898

上海禾通涌源停车设备有限公司
地址：上海市崇明区工业园区秀山路28号211室
…………Tel：021-64800768

英华达（上海）电子有限公司
地址：上海市桂箐路7号
…………Tel：021-64853668

上海辛野模具有限公司
地址：上海市奉贤区航宜路8号1幢
…………Tel：021-64901255

上海品冠塑胶工业有限公司
地址：上海市闵行区金都路1111号
…………Tel：021-64976655

上海高强度螺栓厂有限公司
地址：上海市宝山区共祥路175号
…………Tel：021-65802288

上海三达汽车配件有限公司
地址：上海市奉贤区奉浦陈桥路1839号
…………Tel：021-67106945

上海东富龙德惠空调设备有限公司
地址：上海市奉贤区沪杭公路1377号3幢
…………Tel：021-67155131

上海浩明塑胶化工有限公司
地址：上海市金山区漕泾镇展业路288号5幢
…………Tel：021-67255086

双恒阀门集团有限公司
地址：上海市金山工业区金百路398号
…………Tel：021-67276956

上海丹海科技有限公司
地址：上海市金山工业区金百路500号
…………Tel：021-67277799

上海阳明汽车部件有限公司
地址：上海市金山区枫泾镇环东一路502号
…………Tel：021-67356616

上海云明汽车部件有限公司
地址：上海市金山区枫泾镇兴塔曹黎路77号
…………Tel：021-67361838

埃维恩（上海）机械有限公司
地址：上海市松江区洞泾工业二区洞薛路585号
…………Tel：021-67679191

太重榆次液压工业（上海）有限公司
地址：中国（上海）自由贸易试验区临港新片区飞舟路318号
…………Tel：021-67687240

上海求精实业有限公司
地址：上海市松江区九亭镇九新公路868号1号厂房
…………Tel：021-67691577

上海浦江缆索股份有限公司
地址：上海市普陀区武威路259号23幢A区
…………Tel：021-68888886

上海豪力起重机械有限公司
地址：上海市浦东新区合庆镇东川公路5708号
…………Tel：021-68915868

上海望新冲压件有限公司
地址：浦东新区祝桥镇施新路1100号
…………Tel：021-68960040

酒井工程机械（上海）有限公司
地址：上海市嘉定工业区兴庆路999号
…………Tel：021-69169808

上海科大重工集团有限公司
地址：上海市青浦区华青路815号
…………Tel：021-69211138

正侑机械（上海）有限公司
地址：上海市青浦区外青松公路5318号
…………Tel：021-69211668

上海金纬挤出机械制造有限公司
地址：上海市嘉定区安亭镇曹安路4315号
…………Tel：021-69591053

上海金纬化纤机械制造有限公司
地址：上海市嘉定区黄渡镇绿环路5号
…………Tel：021-69591053

上海金纬管道设备制造有限公司
地址：上海市嘉定区曹安路4315号
…………Tel：021-69591053

上海凯泉给水工程有限公司
地址：汶水路857号
…………Tel：021-69591327

上海申银机械（集团）有限公司
地址：上海市嘉定区安亭镇星塔工业园区春雨路336号底层1车间
…………Tel：021-69591828

上海雄联精密机械配件有限公司
地址：上海市嘉定区曹安公路4341号
…………Tel：021-69595050

皮尔博格三国（上海）泵业技术有限公司
地址：上海市浦东新区建业路360号9幢、11幢
…………Tel：021-58380382

重庆市

利富高（重庆）精密树脂制品有限公司

地址：重庆市长寿经济技术开发区龙山路2号
……Tel：023-40766158
重庆惠泽电器有限公司
地址：重庆市长寿区凤城轻化路（彭家坪）
……Tel：023-40793390
重庆鑫盟精密模具有限公司
地址：重庆市璧山区璧泉街道福顺大道28号3号厂房
……Tel：023-41777188
重庆朝旺机械制造有限公司
地址：重庆市合川区土场镇前高路9号1幢
……Tel：023-42412908
重庆津沙摩托车制造有限公司
地址：重庆市合川区南津街工业园区津沙路66号
……Tel：023-42461307
重庆红工汽车零部件有限责任公司
地址：重庆市大足区双路街道四方村2组130号
……Tel：023-43339293
重庆瑞信气体有限公司
地址：重庆市铜梁工业园区蒲吕街道办事处云飞路26号
……Tel：023-46588568
重庆元勋工业发展有限公司
地址：重庆市荣昌工业园区
……Tel：023-46777555
重庆都成荣锋机械制造有限公司
地址：重庆市荣昌区昌州街道灵方大道11号
……Tel：023-46780996
重庆市三叶家具有限责任公司
地址：重庆市荣昌区昌州街道昌州大道东段82号
……Tel：023-46781666
重庆百富工业有限公司
地址：重庆市江津区双福新区聚福路1号
……Tel：023-47261538
重庆汇田机械制造有限公司
地址：重庆市江津区德感街道东和路147号
……Tel：023-47267366
重庆常腾汽车零部件制造有限公司
地址：重庆市江津区珞璜镇中兴四路7号附8号（科亚二期工程C幢厂房1号）
……Tel：023-47630259
重庆万虎成田摩托车制造有限公司
地址：重庆市江津区珞璜工业园B区
……Tel：023-47632568
重庆广际实业有限公司
地址：重庆市江津区德感工业园区
……Tel：023-47856901
重庆潍柴发动机有限公司
地址：重庆市江津区德感街道办事处前进街1幢1号
……Tel：023-47858815
重庆科兆机械有限公司
地址：重庆市永川区凤凰一路9号
……Tel：13509481011
重庆祥弘精密电子制造有限公司
地址：重庆市永川区塘湾路9号
……Tel：023-49669006
重庆鼎汉机械有限公司
地址：重庆市永川工业园区凤凰湖工业园内
……Tel：023-49780193
重庆力劲机械有限公司
地址：重庆市永川区凤凰一街33号（重庆永川工业园区凤凰湖工业园内）
……Tel：023-49824100
重庆奉节西南水泥有限公司
地址：重庆市奉节县白帝城风景区金盆村一社
……Tel：023-56597766
重庆汇程铝业有限公司
地址：重庆市綦江区北渡铝产业园
……Tel：023-61270088
重庆嘉扬实业有限公司
地址：重庆市璧山区璧泉街道永嘉大道111号
……Tel：023-61953359
重庆美利信模具有限责任公司
地址：重庆市巴南经济园区天明汽摩产业园内
……Tel：023-61964293
重庆华渝重工机电有限公司
地址：重庆市江北区鱼嘴镇长和路31号
……Tel：023-61967699
重庆重锅能源科技有限公司
地址：重庆市南岸区机电一支路7号
……Tel：023-62483665
重庆世玛德智能制造有限公司
地址：重庆市南岸区江溪路6号
……Tel：023-62555172
重庆柒安电线电缆（集团）有限责任公司
地址：重庆市南岸区双龙路3号
……Tel：17783613377

重庆零一精密机械有限公司
地址：重庆市南岸区长江工业园江溪路7号
……Tel：023-62871115
重庆中山实业有限公司
地址：重庆市南岸区鸡冠石纳溪沟中山堂
……Tel：023-62952815
重庆机电股份有限公司
地址：重庆市北部新区黄山大道中段60号
……Tel：023-63075723
利纳马汽车系统（重庆）有限公司
地址：重庆市渝北区桐桂大道27号
……Tel：023-63469688
重庆中航科技有限公司
地址：重庆市九龙坡区科园六路196号
……Tel：023-63672322
重庆华隆特殊钢股份有限公司
地址：重庆市沙坪坝区石井坡大河沟312号
……Tel：023-65137408
重庆惟觉科技有限公司
地址：重庆市江北区港城西路53号2幢1单元9-2
……Tel：023-65551599
重庆科瑞实业有限责任公司
地址：重庆市璧山县璧泉街道团堡村
……Tel：023-65601199
重庆长江工业炉制造有限公司
地址：重庆市九龙坡区白市驿海龙工业园区(海龙村五社)
……Tel：023-65704588
重庆双狮摩托车制造有限公司
地址：重庆市巴南区鱼洞丰华路金竹工业园区内
……Tel：023-66238232
重庆大江工业有限责任公司
地址：重庆市巴南区鱼洞大江西路601-1号
……Tel：023-66283007
重庆德蚨乐机械制造有限公司
地址：重庆市北部新区翠谷街3号
……Tel：023-67180563
重庆市国和机械制造有限公司
地址：重庆市江北区鱼嘴镇渝冠大道222号
……Tel：023-67281328
重庆飞驰汽车系统有限公司
地址：重庆市江北区鱼嘴镇渝冠大道218号附1号
……Tel：023-67581506
重庆通用机械工业有限公司
地址：重庆市江北区杨河二村3号附1号
……Tel：023-67749506
重庆海特环保（集团）有限公司
地址：重庆市渝北区松牌路523号金龙商厦4楼
……Tel：023-67815772
重庆市渝江机械设备有限公司
地址：重庆市渝北区空港大道1002号
……Tel：023-67837168
重庆市恒洪教学设备有限公司
地址：重庆市大足区工业园区
……Tel：023-67849933
重庆英格造粒包衣技术有限公司
地址：重庆市九龙坡区凤笙路27号附3号
……Tel：023-68185430
重庆市大正仪表股份有限公司
地址：重庆市北碚区冯时行路290号
……Tel：023-68215733
重庆安仪煤矿设备有限公司
地址：重庆市北碚区天府镇后丰路110号
……Tel：023-68306093
重庆华创机电有限公司
地址：重庆市北碚区缙云大道10号附1号
……Tel：023-68348751
重庆百步机械有限公司
地址：重庆市江津区珞璜镇园区大道30号百步机械生产车间A1幢1-1、A2幢1-1
……Tel：023-68424611
重庆凯瑞动力科技有限公司
地址：重庆市北部新区经开园长福西路6号3幢
……Tel：023-68650196
中国四联仪器仪表集团有限公司
地址：重庆市北碚区蔡家岗镇同熙路99号
……Tel：023-68864529
重庆恒昌玻璃钢有限公司
地址：重庆市大渡口区八桥镇互助村
……Tel：023-68909618
重庆宏源实业有限公司
地址：重庆市长寿区晏家街道川维厂内
……Tel：023-68974025
重庆强业工程机械有限公司
地址：重庆市涪陵区新妙镇白鹤二社
……Tel：023-72801435
重庆圣皓机械设备制造集团有限公司
地址：重庆市垫江县澄溪镇工业园区
……Tel：023-74692917
重庆市同讯电力实业有限公司
地址：重庆市涪陵区新城区鹤凤大道6号
……Tel：023-81818867
重庆建设利爵实业有限责任公司
地址：重庆市巴南区建设大道1号2幢
……Tel：023-81921191
重庆明治百通机械制造股份有限公司
地址：重庆市荣昌区板桥工业园区
……Tel：023-85261000
重庆开确科技有限公司
地址：重庆市荣昌区板桥工业园区
……Tel：023-85263716
重庆普什机械有限责任公司
地址：重庆市九龙坡区九龙园区B区
……Tel：023-86175991
重庆新大顺电器有限公司
地址：重庆市九龙坡区九龙园区华龙大道6号3幢
……Tel：023-86396666
重庆山巨化工机械股份有限公司
地址：重庆市渝北区红锦大道88号4幢25-11
……Tel：023-86836568
重庆盛钢实业有限公司
地址：重庆市万盛经开区平山工业园区天星路2号
……Tel：023-87001999
重庆金象起重设备制造有限公司
地址：重庆市江津区德感工业园
……Tel：023-87063692
重庆炎焱动力制造有限公司
地址：重庆市綦江区古南街道金福大道38号
……Tel：023-87260680
重庆淮驰科技有限公司
地址：重庆市北碚区新茂路1号（自贸区）
……Tel：023-88027155
重庆黄河摩托车有限公司
地址：重庆市九龙坡区陶家镇友爱村（铜陶北路111号）
……Tel：023-88901738

河北省

河北宗申戈梅利农业机械制造有限公司
地址：河北省邯郸市魏县经济开发区天雨路西段路北
……Tel：0310-4755552
广平广兴牧业设备有限公司
地址：广平县南韩村乡小未庄村北（309国道南侧）
……Tel：0310-4923697
西瓦科自动化装备有限公司
地址：邯郸经济开发区和谐大街7号
……Tel：0310-5707829
邯郸派瑞节能控制技术有限公司
地址：邯郸开发区世纪大街6号
……Tel：0310-7183563
邯郸市科汇重工机械制造有限公司
地址：成安县邯大路北西姚堡村南
……Tel：0310-7261299
邯郸市北恒工程机械有限公司
地址：成安县商城工业区经六路东纬九路南
……Tel：0310-7261890
邯郸市裕阳工矿制品有限公司
地址：邯郸市峰峰矿区新坡镇羊渠河矿生活区
……Tel：0310-7736218
河北宏远液压机械有限公司
地址：邯郸开发区东区(规划)南二路15号
……Tel：0310-8066500
河北庆晟精密机械制造有限公司
地址：河北省石家庄市井陉矿区世纪大道西头北侧
……Tel：13503203228
华北制药威可达有限公司
地址：石家庄高新区黄河大道198号华北制药华盈有限公司办公楼
……Tel：0311-66613775
石家庄市鹿泉区东方车辆装备有限公司
地址：石家庄市鹿泉区曲寨村
……Tel：0311-82297517
石家庄市毓丰包装材料有限公司
地址：河北省石家庄市行唐县经济开发区光明路路东
……Tel：0311-82695788
石家庄西柏坡轴承有限公司
地址：平山县工业区
……Tel：0311-82808888
河北安泰富源安全设备制造有限公司
地址：石家庄市鹿泉区大河镇双合村北
……Tel：0311-83886788
河北绿洲机械制造集团有限公司
地址：河北省石家庄市藁城区岗上镇工业园区南延路17号
……Tel：0311-85155525
河北北方减速机有限公司
地址：河北省石家庄市元氏经济开发区装备制造产业园宏达路6号
……Tel：0311-85275200
河北冀凯铸业有限公司
地址：石家庄经济技术开发区兴业街2号
……Tel：0311-85323533
石家庄工大化工设备有限公司
地址：高邑县千秋路
……Tel：0311-85373500
石家庄新华能源环保科技股份有限公司
地址：石家庄市装备制造基地北部（装备制造基地新华路6号）
……Tel：0311-85468393
石家庄常山纺织集团有限责任公司
地址：石家庄市长安区和平东路260号
……Tel：0311-86046786
石家庄市华兴企业集团有限公司
地址：石家庄新华区中华北大街158号
……Tel：0311-87059009
河北创联机械制造有限公司
地址：河北省石家庄市藁城区九门回族乡只照村村南500米
……Tel：0311-88065613
河北新化股份有限公司
地址：新乐市京新大街48号
……Tel：0311-88581113
石家庄市义德隆机电设备制造有限责任公司
地址：石家庄市裕华区翟营南大街73号
……Tel：0311-88700131
石家庄开发区华能电气有限公司
地址：石家庄高新区昆仑大街55号
……Tel：0311-89629595
河北天硕机械有限公司
地址：石家庄经济技术开发区赣江路8号
……Tel：0311-89699796
定州市科达电器设备有限公司
地址：定州市胜利大街
……Tel：0312-2355962
河北双天机械制造有限公司
地址：定州市双天工业基地
……Tel：0312-2564049
高碑店市圣亚泰汽车模具有限公司
地址：高碑店市世纪东路2号
……Tel：0312-2838631
保定同为电气设备有限公司
地址：保定市天威西路2399号
……Tel：0312-3309030
煤炭部地质机械研制厂
地址：涿州市建设路
……Tel：0312-3972008
保定标正机床有限责任公司
地址：保定市天威东路555号
……Tel：0312-5076758
保定市公安头盔厂
地址：保定市徐水区长城北大街4064号
……Tel：0312-5082158
国昌线缆有限责任公司
地址：雄县经济开发区东区
……Tel：0312-5776888
河北天象生物药业有限公司
地址：河北省保定市清苑区发展东路42号
……Tel：0312-5801856
保定市金源科技有限公司
地址：保定市锦绣街677号火炬产业园2号楼
……Tel：0312-5880715
河北胜达智通新型建材有限公司
地址：保定市乐凯北大街3879
……Tel：0312-5902646
鼎阳智电慧服科技股份有限公司
地址：保定市恒滨路118号
……Tel：0312-6272365
北一重型机械铸造股份有限公司
地址：高碑店市112线1号立交桥西
……Tel：0312-6390035
保定京阳立津线缆制造有限公司
地址：河北省保定市高阳县庞家佐乡庞佐工业园区
……Tel：0312-6760456
保定兴安风电设备有限公司
地址：定兴县固城镇北太平庄村
……Tel：0312-6993066
永红保定铸造机械有限公司
地址：保定市满城区方上村西侧
……Tel：0312-7067666
河北中瑞汽车制造有限公司
地址：河北省保定市定兴县迎宾大街西111号
……Tel：0312-7114211
河北凯巍塑业有限公司
地址：顺平县高于铺镇苏头村南（顺平县经济开发区）
……Tel：0312-7691093
河北省保定市东方造纸有限公司
地址：保定市徐水区大因镇伍级村
……Tel：0312-8605531
保定兆峰传感设备有限公司

地址：保定市徐水区北奥特车厂院内
…………Tel：0312-8610618

河北德力食品有限公司
地址：保定市徐水区崔庄镇吴庄村
…………Tel：0312-8793678

张家口奥斯特不锈钢工程有限公司
地址：张家口桥东区创业路东侧
…………Tel：0313-2229266

张家口海特钢管有限责任公司
地址：张家口高新区马路东西街5号
…………Tel：0313-4084108

张家口恒盛煤矿机械有限公司
地址：张家口市产业集聚区内
…………Tel：0313-4872020

英迈特重型机械（中国）有限公司
地址：河北省张家口市万全区高新技术产业开发区兴业路16号
…………Tel：0313-5807788

承德市开发区富泉石油机械有限公司
地址：承德市开发区西区14号地（一照两址）
…………Tel：0314-2121730

承德市卓远输送机械有限公司
地址：承德双桥区小榛子沟对面
…………Tel：0314-2563082

承德国佑鸿路绿色建筑科技有限公司
地址：河北省承德市平泉市平泉镇瀑河沿村（平泉经济开发区机场路99号）
…………Tel：0314-6033222

承德兴通机械设备制造有限公司
地址：河北省承德市双滦区滦河镇官后村（承钢钒制品厂北侧）
…………Tel：0314-7599709

唐山市万达机械设备制造有限公司
地址：唐山路南区胜利路７号
…………Tel：0315-2871574

唐山腾龙重型机械设备制造有限公司
地址：唐山路南区女织寨乡侯边庄村北
…………Tel：0315-2972087

唐山开滦广汇设备制造有限公司
地址：唐山开平区荆各庄矿内
…………Tel：0315-3043127

唐山任氏水泥设备股份有限公司
地址：唐山路北区缸窑路
…………Tel：0315-3188245

唐山龙润机械有限公司
地址：丰润区林荫东路２９号
…………Tel：0315-3229305

唐山市先隆轧辊有限公司
地址：唐山市古冶区后水峪村西
…………Tel：0315-3561166

唐山忠义机械制造有限公司
地址：唐山路北区华岩北路48号
…………Tel：0315-3856802

滦南县丰田五金农具制造有限公司
地址：河北省唐山市滦南县城西工业区创新路以东、农机产业园东西向支路以南
…………Tel：0315-4161308

唐山腾飞五金工具制造有限公司
地址：滦南县宋道口镇
…………Tel：0315-4500805

唐山金隅天材管业科技有限责任公司
地址：河北省唐山市丰润区石各庄镇小令公村
…………Tel：0315-5189007

威克莱冀东耐磨技术工程（唐山）有限公司
地址：河北省唐山曹妃甸装备制造产业园区
…………Tel：0315-5273226

唐山鑫开泰输送机械有限公司
地址：丰南区迎宾路西侧
…………Tel：0315-5315666

河北迁控科源透平设备有限公司
地址：河北迁安高新技术产业开发区建设街702-13号（自有）
…………Tel：0315-5352011

唐山乾鼎冶金机械制造有限公司
地址：唐山市路北区韩城镇前新庄村南侧9号
…………Tel：0315-5402843

唐山冀东发展集成房屋有限公司
地址：唐山丰润区冀东水泥集团北
…………Tel：0315-5589222

唐山三孚钾肥有限公司
地址：唐山市南堡开发区工业区（唐山三友集团兴达化纤有限公司北侧、希望东路东侧）
…………Tel：0315-5656180

唐山春雨钢结构有限公司
地址：唐山市开平区越河镇康各庄村东工业园区内
…………Tel：0315-5772585

唐山齿轮集团有限公司
地址：高新区火炬路206号
…………Tel：0315-5929132

金隅住宅产业化（唐山）有限公司
地址：河北省唐山市玉田县大安镇姚辛壮、东九户、小白山村
…………Tel：0315-6166826

唐山新联印刷机械集团有限公司
地址：玉田县玉田镇新型技术产业园区
…………Tel：0315-6180878

唐山元创自动化科技有限公司
地址：玉田县鑫兴电子工业园区
…………Tel：0315-6185217

唐山玉联机电有限公司
地址：玉田县后湖工业聚集区
…………Tel：0315-6192280

唐山丰石汽车配件有限公司
地址：河北省唐山市开平区现代装备制造工业区
…………Tel：0315-6322501

迁安耀华玻璃有限公司
地址：迁安市沙河驿镇刘台子村西
…………Tel：0315-6530306

唐山兴邦管道工程设备有限公司
地址：玉田县后湖工业聚集区
…………Tel：0315-6575351

冀东日彰节能风机制造有限公司
地址：河北省唐山市唐海县中国（河北）自由贸易试验区曹妃甸片区曹妃甸工业区装备制造园区滨海大道工业区段南侧，装备三路东侧
…………Tel：0315-6735339

唐山唐重冶金机械设备有限公司
地址：唐山开平区北湖生态产业园区北湖1号路北侧
…………Tel：0315-6779835

乐亭县同乐化工有限公司
地址：乐亭县姜各庄镇西海村
…………Tel：0315-7119286

乐亭县铸升金属制品厂
地址：汀流河工业园区
…………Tel：0315-7119505

唐山宝乐智能科技股份有限公司
地址：河北省唐山市滦县装备制造园区
…………Tel：0315-7180069

滦县利丰铸造有限公司
地址：滦县榛子镇朱官营村(光明水泥厂西侧)
…………Tel：0315-7578088

唐山富格特机械设备制造有限公司
地址：迁安市迁安镇丁官营办事处省庄村
…………Tel：0315-7601108

河北玉田兴业印刷机械有限公司
地址：玉田县无终西街1166号
…………Tel：0315-7679016

唐山市建新钢球有限公司
地址：丰南区西葛镇东葛村
…………Tel：0315-8029908

唐山德厚机械制造有限公司
地址：唐山市开平区唐山现代装备制造工业区内
…………Tel：0315-8083599

唐山国丰第二冷轧镀锌技术有限公司
地址：唐山市海港开发区44号路东(港盛街)
…………Tel：0315-8288117

唐山鑫汇机械设备制造有限公司
地址：丰南区东兴街１５２号
…………Tel：0315-8295041

唐山市润捷机械设备制造有限公司
地址：河北丰南经济开发区
…………Tel：0315-8470007

唐山瑞泰机械有限公司
地址：丰南区董各庄河涧路东
…………Tel：0315-8524222

唐山金兴精密铸钢有限公司
地址：唐山市丰南区黄各庄镇北杨家泊村北
…………Tel：0315-8528416

唐山市丰南区万丰制管有限公司
地址：丰南沿海工业区14号路北
…………Tel：0315-8536999

唐山市远征机电设备有限公司
地址：唐山市丰南区小集镇宋家营
…………Tel：0315-8598318

唐山天物顺通机械制造有限公司
地址：河北省唐山市古冶区卑家店乡枣园村北（唐山天物创屹机械制造有限公司院内）
…………Tel：0315-8736818

皓欧东方（廊坊）暖通设备制造有限公司
地址：廊坊市安次区龙河高新技术产业区富康道161号
…………Tel：0316-2574810

河北三河燕达实业集团有限公司
地址：河北省廊坊市三河市燕郊开发区思菩兰西路西侧、京秦铁路南侧综合楼
…………Tel：0316-3306100

三河科达洁神洗涤设备有限公司
地址：三河市燕郊开发区亚泰大街11号
…………Tel：0316-3321700-8032

河北首智机电设备有限责任公司
地址：固安县工业园区
…………Tel：0316-5925030

廊坊精工模切机械股份有限公司
地址：廊坊开发区鸿润道3号
…………Tel：0316-6086998

三河市卓越混凝土有限公司
地址：三河市燕郊前赵村西
…………Tel：0316-7708213

河北力准机械制造有限公司
地址：大厂潮白河工业区
…………Tel：0316-7788866

河北日上建材制造有限公司
地址：河北文安新桥工业区
…………Tel：0316-7821128

香河海潮制件有限公司
地址：香河县五百户镇双安公路北侧
…………Tel：0316-8593858

恒源利通电气大厂有限公司
地址：大厂高新技术产业开发区工业一路355号
…………Tel：0316-8933335

河北华油一机抽油机有限公司
地址：河北青县华北石油管理局第一机械厂院内
…………Tel：0317-2573227

华油一机（河北）石油专用管材有限公司
地址：河北省青县华北石油管理局第一机械厂内
…………Tel：0317-2573906

沧州市华油飞达固控设备有限公司
地址：河北省沧州经济开发区新华园区
…………Tel：0317-3051831

河北三庆机械制造有限公司
地址：沧州市新华区小赵庄乡鞠官屯（新华区工业园）
…………Tel：0317-3082880

河北长丰钢管制造集团有限公司
地址：沧州经济开发区黄河东路5号
…………Tel：0317-3098818

沧州海旺达特种集装箱制造有限公司
地址：沧州市新华区交通北大道100号
…………Tel：0317-3566608

河北中天邦正生物科技股份公司
地址：河北省青县经济开发区北区长兴路6号
…………Tel：0317-5279999

河北华林机械设备有限公司
地址：黄骅市城东工业区新307国道北，经六路西
…………Tel：0317-5325353

沧州信昌化工股份有限公司
地址：河北省沧州市沧县李天木
…………Tel：0317-5513520

河北世纪恒泰富塑业有限公司
地址：中捷高新区火炬大道5号
…………Tel：0317-5601505

河北昌海重工机械有限公司
地址：沧州临港经济技术开发区工业园区
…………Tel：0317-5687103

黄骅百恒达祥通机械制造有限公司
地址：黄骅市常郭镇齐赵村
…………Tel：0317-5969111

河北鑫泰管道科技有限公司
地址：盐山县工业园
…………Tel：0317-6320882

河北诚铸机械集团有限公司
地址：海兴县海安路
…………Tel：0317-6670888

河北志远减速机械有限责任公司
地址：吴桥县桑园镇黄河路北侧
…………Tel：0317-7349996

东光县东光包装机械有限责任公司
地址：东光县东光镇永兴路１９８号
…………Tel：0317-7721689

河北远东泵业制造有限公司
地址：泊头市道东街８８号
…………Tel：0317-8263980

沧州市青峰车体模具有限公司
地址：东光县南霞口镇堡北开发区
…………Tel：0317-8297978

河北江津五金制品股份有限公司
地址：南皮镇工业园区
…………Tel：0317-8862908

河北博途仓储设备有限公司
地址：河北省衡水市景县龙华镇工业区
…………Tel：0318-4458588

河北金宝钢丝绳有限公司
地址：故城县城宏声区青年路北首东侧
…………Tel：0318-5305901

衡水铭丰人防设备有限公司
地址：故城县西苑工业项目区
…………Tel：0318-5393018

河北三阳盛业玻璃钢集团有限公司
地址：河北省衡水市枣强县中小企业创业园开泰街1号 枣强县富强北路189号
…………Tel：0318-8229889

河北盛伟基业玻璃钢集团有限公司
地址：河北省衡水市枣强县富强北路203号
…………Tel：0318-8266586

河北恒诺粉末冶金有限责任公司
地址：衡水市冀州区工业园区滏阳西路
…………Tel：0318-8612134

河北隆春通用设备制造有限责任公司
地址：衡水市冀州区长安路西头南侧（河北春风铸造有限责任公司院内）
…………Tel：0318-8686070

河北华旗专用汽车制造有限公司
地址：邢台县会宁镇霍楼村村东
…………Tel：0319-2815288

邢台市振成机械有限公司
地址：邢台市开发区东二环１５８号
…………Tel：0319-3672255

河北三环太阳能有限公司
地址：邢台经济开发区永安南路1881号
…………Tel：0319-3978918

河北汇工机械设备有限公司
地址：巨鹿县工业园区
…………Tel：0319-4362111

河北盛泰制管有限公司
地址：河北省南和县河郭乡北豆村（城西工业园区邢临公路北侧）
…………Tel：0319-4641222

河北康德重工装备科技有限公司
地址：河北省邢台经济开发区长安路2419号
…………Tel：0319-5716008

河北开云汽车制造有限公司
地址：河北省邢台市南宫市工业区
…………Tel：0319-7291055

河北铸诚工矿机械有限公司
地址：河北省邢台市柏乡县柏镇路北侧
…………Tel：0319-7706588

昌黎县川港专用汽车制造有限公司
地址：昌黎县京山铁路张家庄车站北
…………Tel：0335-2181482

昌黎吉泰板业有限公司
地址：昌黎工业园区（西区）新开口大街以北，九龙山路以东
…………Tel：0335-2883555

河北天建钢结构股份有限公司
地址：昌黎县安山镇万庄村村南
…………Tel：0335-2899199

秦皇岛华勘玻璃机械有限公司
地址：秦皇岛市经济技术开发区镜泊湖路12号
…………Tel：0335-3912650

秦皇岛市民生电力设备有限公司
地址：河北省秦皇岛市北戴河区华贸公园郡21栋2-201号
…………Tel：0335-4187633

艺利磁铁（秦皇岛）有限公司
地址：河北省秦皇岛经济技术开发区(东区)北京中道9号
…………Tel：0335-5086010

秦皇岛金恒重工有限公司
地址：河北省秦皇岛市山海关区开元路9号
…………Tel：0335-5171377

秦皇岛信越智能装备有限公司
地址：秦皇岛市经济技术开发区龙海道185号
…………Tel：0335-5833009

秦皇岛老虎重工有限公司
地址：秦皇岛市山海关区北外环路五里台
…………Tel：0335-5937083

秦皇岛中秦智能装备有限公司
地址：秦皇岛市经济技术开发区龙海道191号
…………Tel：0335-7078883

秦皇岛市思嘉特专用汽车制造有限公司
地址：卢龙县卢龙镇迎宾路高速路出口西侧
…………Tel：0335-7135267

秦皇岛金程汽车制造有限公司
地址：秦皇岛市经济技术开发区黄海道33号
…………Tel：0335-7671928

秦皇岛耀华玻璃机械制造有限责任公司
地址：海港区昊月街1号
…………Tel：0335-7673518

秦皇岛开发区春光铸造机械有限公司
地址：秦皇岛市经济技术开发区黑龙江西道23号
…………Tel：0335-8509694

秦皇岛莱特流体设备制造有限公司
地址：秦皇岛市经济技术开发区巢湖路6号
…………Tel：0335-8599099

山西省

山西教场坪集团右玉机械制造有限公司
地址：朔州市右玉县元堡子镇辛屯村西
…………Tel：0349-8028829

忻州中科晶电信息材料有限公司
地址：山西省忻州市开发区(纬二街南，云中路西侧)
…………Tel：0350-3338892

山西佳诚液压有限公司
地址：忻州市原平市循环经济工业园区
…………Tel：0350-8555004

山西美佳矿业装备有限公司
地址：太原市晋源区新晋祠路665号乾阳街与新晋祠路交叉口
……Tel：0351-2797300

山西西山中煤机械制造有限公司
地址：太原市万柏林区西矿街西机路玉门沟2号
……Tel：0351-2919139

太原市恒山机电设备有限公司
地址：太原市尖草坪区阳曲镇歇子寨村西108国道东
……Tel：0351-3133740

山西金开源实业有限公司
地址：太原市尖草坪区山西广立机械加工工业园11号北
……Tel：0351-5268840

太原四联重工股份有限公司
地址：山西转型综合改革示范区阳曲产业园顺业路7号
……Tel：0351-5568209

太原西山混凝土搅拌有限公司
地址：太原市万柏林区大虎沟新建街8号
……Tel：0351-6208273

太原北方重工机械有限公司
地址：太原市晋源区冶峪街6号
……Tel：0351-6223551

山西虹远起重机械设备有限公司
地址：太原市万柏林区玉河街53号
……Tel：0351-6375928

山西鑫华源智能立体停车设备制造有限责任公司
地址：太原市小店区西温庄乡东温庄村南山西电机制造有限公司院内
……Tel：13366518135

太原通泽重工有限公司
地址：太原经济技术开发区电子街9号.
……Tel：0351-7852109

山西大同变压器有限公司
地址：山西省大同市开发区樊庄村.
……Tel：0352-2100651

大同市同大防爆电器有限公司
地址：云冈区口泉泉峪路20号
……Tel：0352-4202885

大同市巴什卡机械制造有限公司
地址：大同市开发区装备制造产业园区南场区1号
……Tel：0352-5334598

大同菲利普斯采矿机械制造有限公司
地址：山西省大同市装备制造产业园区园丰街555号
……Tel：0352-5334766

山西邦奥伟业半导体照明有限公司
地址：山西省阳泉市经济技术开发区大连路61号
……Tel：0353-2396969

阳泉华鑫液压机械有限责任公司
地址：山西省阳泉市矿区四矿
……Tel：0353-4909788

山西鑫阳旺机械制造有限公司
地址：山西省阳泉市矿区东窑房34号井
……Tel：0353-6074684

阳泉明达工贸有限公司
地址：山西省阳泉市矿区四矿煤山路
……Tel：0353-7042791

阳泉阳煤中小企业投资管理集团第七有限公司
地址：山西省阳泉市矿区北大街305号
……Tel：0353-7080935

阳泉华越创力采掘机械制造有限公司
地址：山西省阳泉市经济技术开发区东区义白路东侧北海路三亚街1号
……Tel：0353-7088115

山西秋林机械有限公司
地址：山西省晋中市山西示范区晋中开发区汇通产业园区蕴华西街1000号
……Tel：0354-2411812

山西潞安重工有限责任公司
地址：山西省晋中市山西示范区晋中开发区汇通产业园区机械工业园2号
……Tel：0354-2459189

山西安捷尔工业机械有限公司
地址：山西省晋中市榆次修文工业园区
……Tel：0354-2469519

山西新能源汽车工业有限公司
地址：山西省晋中市榆次区吉利路388号
……Tel：0354-3058078

中航兰田装备制造有限公司
地址：山西省晋中市山西示范区晋中开发区汇通产业园区昭余街89号
……Tel：0354-3961555

山西金牛矿业机械有限公司
地址：山西省晋中市寿阳县城南工业园区
……Tel：0354-4612990

长治市钜星锻压机械设备制造有限公司
地址：长治市高新区西式工业园区.
……Tel：0355-3569563

山西明源能源集团有限公司
地址：沁源县郭道镇郭道村
……Tel：0355-7967569

山西潞安安太机械有限责任公司
地址：山西省长治县工业园区
……Tel：0355-8206916

晋城市天泽太行机械制造有限公司
地址：山西省晋城市城区景西路1371号
……Tel：0356-3089007

晋城金长机电有限责任公司
地址：山西省晋城市高平市寺庄镇釜山村
……Tel：0356-3622976

晋城金鼎锅炉有限公司
地址：山西省晋城市城区北石店镇政和街金鼎中心园区旧单身楼三楼
……Tel：0356-3667922

山西菲利普斯煤矿机械修造有限公司
地址：山西省晋城市沁水县嘉峰镇
……Tel：0356-3696059

山西康腾威机械制造有限公司
地址：临汾市尧都区大阳镇新里村
……Tel：0357-3275888

山西好利阀机械制造有限公司
地址：侯马经济开发区旺旺北支路东侧（东站南路以南、铃木电梯以北）
……Tel：0357-3563595

霍州煤电集团亿能电气股份有限公司
地址：霍州市大张镇下乐坪村（新型产业工业园区）
……Tel：0357-5990287

山西庞泉重型机械制造有限公司
地址：方山县麻地会乡胡堡村
……Tel：0358-6082249

山西新龙重工高分子科技有限公司
地址：吕梁市离石区信义镇信义村工业园区
……Tel：0358-8321628

山西解州合盛兴泵业有限公司
地址：运城市盐湖区解州郭家村东
……Tel：0359-2820555

山西杜庄橡胶制品有限公司
地址：芮城县杜庄西街
……Tel：0359-3410026

永济中车电机电器修配有限公司
地址：运城永济市电机大街18号
……Tel：0359-8072194

内蒙古自治区

内蒙古北工重型机电设备制造有限责任公司
地址：内蒙古自治区包头市稀土开发区北重路１号
……Tel：0472-2209701

内蒙古包钢西创集团有限责任公司
地址：内蒙古自治区包头市昆区钢铁大街38号华和园9号楼
……Tel：0472-2620161

包头市万里机械有限责任公司
地址：内蒙古自治区包头市东河区南二里半
……Tel：0472-4607512

内蒙古青杉汽车有限公司
地址：内蒙古自治区包头市青山区包头装备制造产业园区新规划区
……Tel：0472-6167733

内蒙古德晟智能制造科技有限公司
地址：内蒙古自治区鄂尔多斯市鄂托克旗蒙西镇工业园区内蒙古德晟金属制品有限公司院内
……Tel：0473-6985668

内蒙古三信实业有限公司
地址：乌兰察布市集宁区２０８国道支线东侧
……Tel：0474-2252130

通辽市美林家具有限公司
地址：内蒙古自治区通辽市经济技术开发区
……Tel：0475-8618158

赤峰宏文机电有限公司
地址：内蒙古自治区赤峰市元宝山区平庄镇北七家村
……Tel：0476-3330354

赤峰贺邦机电制造有限责任公司
地址：内蒙古自治区赤峰市元宝山区风水沟镇
……Tel：0476-3348275

内蒙古恒正集团赤峰工贸有限公司
地址：内蒙古自治区赤峰市松山区木兰街西段路北１幢
……Tel：0476-8425641

赤峰焱邦锅炉工业有限公司
地址：内蒙古自治区赤峰市红山经济技术开发区远联钢铁厂东侧
……Tel：0476-8666333

内蒙古精功恒信装备制造有限公司
地址：内蒙古自治区鄂尔多斯市东胜区装备制造基地装备大道
……Tel：0477-3904899

鄂尔多斯市精恒汽车制造有限公司
地址：内蒙古自治区鄂尔多斯市东胜区装备制造基地内
……Tel：0477-3904899

山东能源重装集团内蒙古装备制造有限公司
地址：鄂托克前旗上海庙镇
……Tel：0477-7868788

鄂尔多斯市巨鼎煤机实业集团有限责任公司
地址：内蒙古自治区鄂尔多斯市东胜区塔拉壕镇格舍壕村
……Tel：0477-8101006

鄂尔多斯市宏业生态产业发展有限公司
地址：内蒙古自治区鄂尔多斯市东胜区杭锦北路６号
……Tel：0477-8126127

内蒙古久科康瑞环保科技有限公司
地址：内蒙古自治区鄂尔多斯市东胜区装备制造基地布尔洞大道北50米
……Tel：0477-8169843

中粮屯河临河番茄制品有限公司
地址：内蒙古巴彦淖尔市临河区乌兰图克镇隆强一组
……Tel：0478-8910619

辽宁省

沈阳福达汽车零部件有限公司
地址：沈阳浑南新区高科路12号
……Tel：024-23787038

辽宁天一重工有限公司
地址：沈阳经济技术开发区浑河二十街41号
……Tel：024-24318892

沈阳黎明燃气轮机成套设备有限公司
地址：沈阳市大东区东塔街6号
……Tel：024-24385874

沈阳中航黎明民品集团有限公司
地址：沈阳经济技术开发区中央大街29-43号
……Tel：024-24388351

沈阳远大铝业集团有限公司
地址：沈阳经济技术开发区十三号街20号
……Tel：024-25162006

沈阳汉威机械制造有限公司
地址：沈阳经济技术开发区浑河十五街17号
……Tel：024-25175679

沈阳锻压机械有限公司
地址：沈阳经济技术开发区六号路13甲1号
……Tel：024-25182067

沈阳宝驹汽车传动系统有限公司
地址：沈阳经济技术开发区开发大路十二甲4号
……Tel：024-25195032

沈阳远大电力电子科技有限公司
地址：沈阳经济技术开发区十六号街6-1号
……Tel：024-25273396

沈阳康普森传动机械有限公司
地址：沈阳经济技术开发区开发二十三号路6号
……Tel：024-25316323

沈阳三环机械厂
地址：于洪区于洪乡前民村
……Tel：024-25316323

沈阳三科核电设备制造股份有限公司
地址：沈阳经济技术开发区七号路７甲３－１号
……Tel：024-25380848

沈阳隆迪电器设备有限公司
地址：沈阳市于洪区洪润路68-2号2门
……Tel：024-25767778

沈阳鼓风机集团风电有限公司
地址：沈阳经济技术开发区开发大路16号甲
……Tel：024-25800737

沈阳重型华扬机械有限公司
地址：沈阳经济技术开发区八号街3甲1号
……Tel：024-25813633

辽宁孚泰化工机械有限公司
地址：沈阳经济技术开发区浑河十一街20号
……Tel：024-25820359

沈阳申克动力机械有限公司
地址：沈阳经济技术开发区开发大路34甲1号
……Tel：024-25830257

沈阳思拓威源机械制造有限公司
地址：沈阳经济技术开发区开发二十三号路4-2号
……Tel：024-25955818

沈阳中达钢结构工程有限公司
地址：辽宁省沈阳经济技术开发区翟家街道办事处小于村
……Tel：024-27791181

沈阳新创机械制造有限公司
地址：沈阳市苏家屯区丁香街164A号
……Tel：024-29828038

沃得精机（沈阳）有限公司
地址：沈阳经济技术开发区沈西三东路25号
……Tel：024-31221566

辽宁省沈阳橡胶厂
地址：沈阳市大东区新生一街1号
……Tel：024-31252401

辽宁亿通钢塑复合管制造有限公司
地址：本溪市溪湖区东风办事处新合村
……Tel：13941424098

辽宁华日高新材料股份有限公司
地址：本溪市明山区卧龙镇一组119号
……Tel：024-43167299

本溪鹤腾科技发展有限公司
地址：本溪市溪湖区复兴街2-1栋
……Tel：024-45996227

辽宁实强机械制造有限公司
地址：清原满族自治县清原镇榆树街（白银路37-6）
……Tel：024-53061470

威尔达（辽宁）重工有限公司
地址：辽宁省沈抚新区沈东四路51号
……Tel：024-53826136

辽宁顺邦通信技术股份有限公司
地址：辽宁省沈抚新区沈东一路50号
……Tel：024-53828010

抚顺佳业机械制造有限公司
地址：东洲区碾盘乡
……Tel：024-54411888

辽宁华驰专用汽车制造有限公司
地址：新宾满族自治县南杂木工业园区
……Tel：024-55266899

沈阳友邦游乐设备制造有限公司
地址：辽宁省沈抚新区中兴大街9号路南D2c
……Tel：024-56602303

辽宁恩德工程建设有限公司
地址：辽宁省沈抚新区科技城4号路
……Tel：024-56607380

辽宁重型电机制造有限公司
地址：辽宁省沈抚新区连城路67号
……Tel：024-56615150

抚顺正工矿业科技发展有限公司
地址：抚顺经济开发区中兴大街西7号路北A4区
……Tel：024-56615619

辽宁华科中煤装备有限公司
地址：抚顺经济开发区沈东六路22号
……Tel：024-56627766

抚顺华恒化工机械有限公司
地址：顺城区高山路北寒江路8号
……Tel：024-57602199

抚顺荣盛机械制造有限公司
地址：抚顺市顺城区河北乡方晓村
……Tel：024-58309828

沈阳双福机械股份有限公司
地址：沈阳经济技术开发区沧海路4号
……Tel：024-62241756

沈阳派司钛设备有限公司
地址：沈阳市浑南新区新地街三号
……Tel：024-62330229

沈阳中机西铝机械锻造有限责任公司
地址：沈阳市于洪区沈胡路69号2门
……Tel：024-66787465

沈阳万合胶业股份有限公司
地址：沈阳化学工业园细河七北街58号
……Tel：024-66868858

沈阳大陆激光技术有限公司
地址：沈阳市沈北新区道义经济开发区沈北路29号
……Tel：024-67855129

铁岭东升石油机械有限公司
地址：铁岭市银州区辽海路9号
……Tel：024-72865567

辽宁远宇重工机械有限公司
地址：辽宁省铁岭市开原市开原经济开发区许富路2号
……Tel：024-73076555

奥拓福水刀有限公司
地址：辽宁省铁岭市开原市开原经济开发区科研南街25号
……Tel：15509886376

开原化工机械容器有限公司
地址：辽宁省铁岭市开原市开原经济开发区明德路7号
……Tel：024-73825250

逸添丰木业（铁岭）有限公司
地址：铁岭市银州区辽海工业园
……Tel：024-74214333

辽宁石油机械制造有限公司
地址：辽宁省铁岭市清河区石油大街92号
……Tel：024-74973000

辽宁银捷装备科技股份有限公司
地址：铁岭市高新技术产业开发区-58
……Tel：024-74983108

辽宁鑫众科技股份有限公司
地址：铁岭经济开发区帽山工业园区C区
……Tel：024-76129933

辽宁丰迪发动机进气系统有限公司
地址：辽宁省铁岭市清河区张相镇张相屯村昌盛路西段93号

…………Tel：024-76388668
辽宁天实化工机械有限公司
地址：铁岭县新台子镇三台子村
…………Tel：024-78818088
辽宁陆发机械装备制造有限公司
地址：辽宁省铁岭市辽宁专用车生产基地和谐大街8-1号1-1
…………Tel：024-79091902
开原化工机械制造有限公司
地址：辽宁省铁岭市开原市业民镇业民村
…………Tel：024-79661158
沈阳华晨汽车零部件有限公司
地址：辽宁省沈阳经济技术开发区开发二十一号路168号甲
…………Tel：024-81503243
辽宁北方橡塑机械有限公司
地址：辽宁省沈阳市苏家屯区官明街17甲-1号
…………Tel：024-83733527
沈阳宏宇光电子科技有限公司
地址：沈阳市浑南新区世纪路19号8层
…………Tel：024-83787893
沈阳三新实业有限公司
地址：沈阳经济技术开发区细河七北街7-2号
…………Tel：024-85617099
沈阳兆利高压电气设备有限公司
地址：沈阳经济技术开发区5号路14甲5号
…………Tel：024 85716036
沈阳工具标准件制造有限公司
地址：沈阳市皇姑区华山路67号
…………Tel：024-86315495
沈阳航天新光压力容器有限公司
地址：沈阳市大东区东塔街3号
…………Tel：024-86562328
沈阳飞机工业集团物流装备有限公司
地址：皇姑区松山路11号
…………Tel：024-86598279
沈阳市辽东铸造厂
地址：辽中县蒲东开发区
…………Tel：024-87863480
沈阳辽石曲轴制造有限公司
地址：辽宁省沈阳市辽中区蒲东街道迎宾路110号
…………Tel：024-87880070
中铁沈阳铁道装备有限公司
地址：沈阳机加泵阀工业园区泵阀环路2号
…………Tel：024-87990765
沈阳世润重工有限公司
地址：辽宁省沈阳市辽中区杨士岗镇泵阀工业园区泵阀一街3号
…………Tel：024-87994177
辽宁天地养殖设备有限公司
地址：沈阳辉山农业高新区辉山大街153-1号
…………Tel：024-88080599
沈阳新阳光机电科技有限公司
地址：沈阳市沈北新区辉山经济开发区辉山大街123-24号
…………Tel：024-88082361
星都起重设备（辽宁）有限公司
地址：沈阳市沈北新区佳阳路18号
…………Tel：024-88087557
沈阳鑫榆林石油机械有限公司
地址：沈阳市沈北新区夏花湖街1号
…………Tel：024-88210652
沈阳盛润三洋压缩机有限公司
地址：沈阳市大东区小二台子柳林街4号
…………Tel：024-88329080
沈阳清林机械有限公司
地址：沈阳经济技术开发区开发北26号路11号
…………Tel：024-89118939
沈阳有色金属加工有限公司
地址：沈阳经济技术开发区冶金十路二号
…………Tel：024-89152523
辽宁冶矿重型机械有限公司
地址：辽宁省沈阳经济技术开发区开发东二十六号路29号
…………Tel：024-89254218
沈阳金博气体压缩机制造有限公司
地址：沈阳经济技术开发区民营工业城浑河四街1号
…………Tel：024-89255505
沈阳飞研航空设备有限公司
地址：辽宁省沈阳市于洪区洪润路73号（1门）、（2门），73-1号（1门）、（2门）
…………Tel：024-89289289
沈阳中变电气有限责任公司
地址：沈阳市于洪区永兴街16号
…………Tel：024-89362111
辽宁锐翔通用飞机制造有限公司
地址：辽宁省沈阳市沈北新区七星大街65-78号
…………Tel：024-89668688
沈阳浩博实业有限公司
地址：辽宁省沈阳市大东区建设路100号
…………Tel：024-89715063
沈阳新城石油机械制造有限公司
地址：沈阳市沈北新区沈北街道六王村
…………Tel：024-89863263
沈阳煤矿建设机械有限公司
地址：新城子区新城子街杭州西路37号
…………Tel：024-89864449
大连泰利达机械制造有限公司
地址：辽宁省瓦房店市工业园区
…………Tel：0411-39107178
大连诺美液压件有限公司
地址：辽宁省大连经济技术开发区49号矢岛机械-B
…………Tel：0411-39224252
大连顺诚自动化设备有限公司
地址：辽宁省大连经济技术开发区湾里街39-2号1-3层
…………Tel：0411-39264378
大连福智精密机械有限公司
地址：辽宁省大连保税区工业新区
…………Tel：0411-39325888
大连江山重工设备制造有限公司
地址：辽宁省大连市旅顺口区三涧堡街道许家窑村
…………Tel：0411-39365592
大连菱日电力设备有限公司
地址：辽宁省大连市甘井子区中华西路18号中南大厦A座1101室
…………Tel：0411-39523013
大连三峰港口机械设备有限公司
地址：辽宁省大连长兴岛经济区吴桥路20号
…………Tel：0411-39666677
大连新工兴实业公司
地址：辽宁省大连市甘井子区工兴路4号
…………Tel：0411-62693942
大连成悦精密部件工业有限公司
地址：辽宁省大连经济技术开发区辽河西二路1号-A
…………Tel：0411-62770759
大连正兴电气控制有限公司
地址：辽宁省大连经济技术开发区东北四街 12号
…………Tel：0411-66775999-806
大连霸力克工具有限公司
地址：辽宁省大连市甘井子区辛艺街2号
…………Tel：0411-66881803
大连世福机械装备制造有限公司
地址：辽宁省大连市普兰店区太平街道唐房社区
…………Tel：0411-83140088
大连宏远气动液压船舶辅机有限公司
地址：辽宁省大连市普兰店区太平街道矿洞社区八组180-3号
…………Tel：0411-83141079
大连金宇瑞锋机械制造有限公司
地址：辽宁省大连市普兰店区丰荣街道普东社区
…………Tel：0411-83511977
大连凯康百孚特线缆制造有限公司
地址：辽宁省大连长兴岛经济区石门街20号
…………Tel：0411-83707019
大连蓝波机械制造有限公司
地址：辽宁省大连高新技术产业园区龙王塘街道官房村
…………Tel：0411-84281182
大连红旗锻压厂
地址：辽宁省大连市甘井子区红旗镇棠梨村
…………Tel：0411-84288862
大连船舶重工集团工程服务有限公司
地址：辽宁省大连市西岗区海防街1号
…………Tel：0411-84482348
大连创思福液力偶合器成套设备有限公司
地址：辽宁省大连市沙河口区西南路888号A9栋
…………Tel：0411-84504007
雨生家具有限公司
地址：辽宁省大连市沙河口区民政街417号科技广场B座12-1号
…………Tel：0411-84610268
大连重矿设备制造有限公司
地址：辽宁省大连高新技术产业园区高能街26号
…………Tel：0411-84799486
大连盛通阀门制造有限公司
地址：辽宁省瓦房店市闫店乡迟家村
…………Tel：0411-85162189
大连船舶重工集团长兴造船有限公司
地址：辽宁省大连长兴岛经济区何屯村
…………Tel：0411-85288094
大连鑫大科技发展有限公司
地址：辽宁省大连市瓦房店市九龙街道办事处肖炉村
…………Tel：0411-85391665
大连铁联铁路器材制造有限公司
地址：辽宁省瓦房店市西长春路西段33号
…………Tel：0411-85570705
大连龙泰纺织有限公司
地址：辽宁省瓦房店市南共济街二段63号
…………Tel：0411-85612757
大连凯特乐机械有限公司
地址：辽宁省瓦房店市工业园区
…………Tel：0411-85665059
大连源庆电器设备制造有限公司
地址：辽宁省大连市旅顺口区双岛湾街道张家村
…………Tel：0411-86240233
大连汉威刀剑制造有限公司
地址：辽宁省大连市旅顺口区畅顺路233号
…………Tel：0411-86277790
增本（大连）木业有限公司
地址：辽宁省大连市旅顺口区龙头镇东北山村
…………Tel：0411-86281368
大连旅顺宏达化工设备有限公司
地址：辽宁省大连高新技术产业园区龙塘镇龙王塘村
…………Tel：0411-86296588
大连船舶重工船业有限公司
地址：辽宁省大连旅顺经济开发区金荣街221号
…………Tel：0411-86361354
大连创为电机有限公司
地址：辽宁省大连市甘井子区营城子镇前牧村
…………Tel：0411-86453390
华创重工工业（大连）有限公司
地址：辽宁省大连市瓦房店市岗店办事处东林村
…………Tel：0411-86580402
本钢集团大连耐火材料有限公司
地址：辽宁省大连市沙河口区西南路931号
…………Tel：0411-86658747
大连科恩特泵业有限公司
地址：辽宁省大连市甘井子区辛寨子镇前革村
…………Tel：0411-86734582
大连华锐船用曲轴有限公司
地址：辽宁省大连市西岗区八一路169号102室
…………Tel：0411-86855468
大连爱泰信机械制造有限公司
地址：辽宁省大连经济技术开发区先进装备制造业园区聚业路5-6号1-2层
…………Tel：0411-87039911
德瑞斯博海机械设备（大连）有限公司
地址：辽宁省大连市甘井子区大连湾街道苏家村
…………Tel：0411-87112660
大连嘉展机械装备制造有限公司
地址：辽宁省大连市甘井子区大连湾镇毛营子村北海工业园区内
…………Tel：0411-87122991
迈艾特（大连）汽车制动部件有限公司
地址：辽宁省大连经济技术开发区联东路8-12号
…………Tel：0411-87205922
大连洪立电机有限公司
地址：辽宁省大连市金州区登沙河街道临港工业区-3号
…………Tel：0411-87230256
大连恒瑞精机有限公司
地址：辽宁省大连经济技术开发区湾达路88号-1
…………Tel：0411-87308199-802
大连迪施船机有限公司
地址：辽宁省大连经济技术开发区淮河中四路3号
…………Tel：0411-87320311
大连柴田精密机械有限公司
地址：辽宁省大连经济技术开发区天桥路3号
…………Tel：0411-87334433
多摩冶金（大连）有限公司
地址：辽宁省大连经济技术开发区41#区
…………Tel：0411-87334618
大连大山重工机械有限公司
地址：辽宁省大连经济技术开发区振鹏工业区南73号
…………Tel：0411-87340077
大连达赛尔金属制品有限公司
地址：辽宁省大连保税区经济开发区工业新区
…………Tel：0411-87398008
大连海跃船舶装备有限公司
地址：辽宁省大连经济技术开发区振鹏中路29号
…………Tel：0411-87512466
佳能机械（大连）有限公司
地址：辽宁省大连经济技术开发区26号地华盛达房地-8
…………Tel：0411-87531126
大连机床集团有限责任公司
地址：辽宁省大连经济技术开发区辽河东路100号
…………Tel：0411-87549888
阿尔卑斯工具（大连）有限公司
地址：辽宁省大连经济技术开发区湾里街道悦祥街7号
…………Tel：0411-87935969
大连环新精密特钢股份有限公司
地址：辽宁省大连经济技术开发区铁山中路76号
…………Tel：0411-88010069
伊藤机工（大连）有限公司
地址：辽宁省大连经济技术开发区42#小区
…………Tel：0411-88010222
大连欣和重工有限公司
地址：辽宁省庄河市徐岭镇杨屯村
…………Tel：0411-89115658
大连汉顿工业有限公司
地址：辽宁省大连花园口经济区海棠街88号
…………Tel：0411-89128885
大连华奇电力自动化有限公司
地址：辽宁省庄河市兴达街道工业园区
…………Tel：0411-89819082
鞍钢矿山网架结构公司
地址：鞍山市旧堡区大孤山北选街
…………Tel：0412-2517391
辽宁双鞍集团无缝钢管有限公司
地址：鞍山市铁西区桃李街3号
…………Tel：0412-2571200
辽宁瑞丰专用车制造有限公司
地址：海城市松花江路1号
…………Tel：0412-3189222
鞍山钢制压力容器有限公司
地址：海城市毛祁镇商家台村
…………Tel：0412-3351087
海城市华银高新材料制造有限公司
地址：海城市响堂区荒岭村
…………Tel：0412-3384302
海城市红达环保机电装备制造有限公司
地址：海城市经济技术开发区
…………Tel：0412-3603511
辽宁天海津城装备制造有限公司
地址：辽宁省鞍山市海城市铁西开发区小甲村
…………Tel：0412-3783999
鞍山市弘鑫包装材料有限公司
地址：鞍山市高新区(东区)科技路86号
…………Tel：0412-5219598
鞍山华呈动力设备有限公司
地址：辽宁省鞍山市高新区千山路388号
…………Tel：0412-5234521
鞍钢矿业附企实业有限公司
地址：鞍山市立山区深沟寺十区
…………Tel：0412-5622299
鞍钢实业微细铝粉有限公司
地址：海城市腾鳌镇
…………Tel：0412-6093003
辽宁科大东方巨业高级陶瓷有限公司
地址：鞍山市立山区沙河镇灵山村
…………Tel：0412-6200026
鞍钢（鞍山）冶金粉材有限公司
地址：辽宁省鞍山市立山区灵山红旗路9号
…………Tel：0412-6761968
鞍山宏源环能科技有限公司
地址：鞍山市立山区光纤路9号
…………Tel：0412-7260088
辽宁鞍矿设备检修有限公司
地址：辽宁省鞍山市千山区齐选路
…………Tel：0412-7265649
辽宁忠大实业集团有限公司
地址：鞍山市达道湾工业园C12-1
…………Tel：0412-7269333
鞍山嘉德科技有限公司
地址：辽宁省鞍山市千山区红旗西街70号
…………Tel：0412-8200816
鞍山紫竹工程设备制造有限公司
地址：辽宁省鞍山市铁西区通海大道469号
…………Tel：0412-8202813
鞍山市宏图防腐工程有限公司
地址：高新区千山路368号
…………Tel：0412-8215813
鞍山陆平工业集团有限公司
地址：海城市腾鳌镇保安村35号
…………Tel：0412-8325263
辽宁佳和机械制造有限公司
地址：辽宁省鞍山市立山区灵山路7号
…………Tel：0412-8461518
鞍山海量精密铸业制造有限公司
地址：鞍山市千山区达道湾镇城昂堡村
…………Tel：0412-8463333
鞍山市祥龙工业设备有限公司
地址：鞍山市千山区兴达街4号
…………Tel：0412-8481104
鞍山特尔冶金炉料有限公司
地址：辽宁省鞍山市海城市腾鳌镇王铁

村
……Tel：0412-8727238

鞍山衡业专用汽车制造有限公司
地址：鞍山市千山区衡业街3号
……Tel：0412-8812506

鞍山创鑫环保科技股份有限公司
地址：铁西区永康街6号
……Tel：0412-8920892

辽宁承业汽车零部件制造有限公司
地址：凤城市凤凰城管理区承业路9号
……Tel：0415-3518827

辽宁旭阳电气设备有限公司
地址：辽宁省丹东市振安区龙腾大道12号
……Tel：0415-4108288

辽宁易德实业集团有限公司
地址：丹东市元宝区金山大街603号
……Tel：0415-4151128

辽宁金川数控机床有限公司
地址：丹东市振安区九连城镇套里村
……Tel：0415-4162556

丹东新陆电子有限公司
地址：辽宁丹东临港产业园区仪器仪表产业基地文庆路70-33号楼第2-3层
……Tel：0415-6123993

丹东凯铭流体机械制造有限公司
地址：辽宁丹东临港产业园区仪器仪表产业基地文庆路70-36号楼第1-4层西侧半层
……Tel：0415-6189730

中国水电六局东港重工机械有限公司
地址：东港市前阳镇新安村十二组
……Tel：0415-6677095

丹东新兴造纸机械有限公司
地址：东港市新城区刘家泡村
……Tel：0415-7195777

丹东市安民木业集团有限公司
地址：振兴区安民镇文斌村
……Tel：0415-7609293

辽宁金禾机械制造有限公司
地址：东港市菩萨庙镇
……Tel：0415-7703355

丹东市盛兴造纸机械有限公司
地址：东港市前阳镇前阳村八组
……Tel：0415-7817177

锦州进永精密锻造有限公司
地址：锦州市南站新区松山街道
……Tel：0416-3238555

锦州华一精工有限公司
地址：锦州市松山新区黄海大街8号
……Tel：0416-3317599

锦州东洋电机有限公司
地址：锦州市太和区女儿河乡小马场村
……Tel：0416-3480999

锦州铁工养路设备有限公司
地址：辽宁省锦州经济技术开发区杏山
……Tel：0416-3535260

锦州航星集团有限公司
地址：锦州市南站新区黄海大街1号
……Tel：0416-3855020

锦州市电力线路器材有限公司
地址：辽宁省锦州市太和区解放西路164号
……Tel：0416-7106909

辽宁俏牌机械有限公司
地址：锦州七里河工业园区
……Tel：0416-7873535

辽宁沃晟五金制造有限公司
地址：辽宁（营口）沿海产业基地新联大街东一号
……Tel：0417-3358555

辽宁泰通阀业集团有限公司
地址：老边区路南镇开发区
……Tel：0417-3628520

营口流体设备制造（集团）有限公司
地址：中国（辽宁）自由贸易试验区营口市新联大街119号
……Tel：0417-4816229

中民驰远实业有限公司
地址：辽宁省营口南楼经济开发区陈家村
……Tel：0417-5272088

沈鼓集团营口透平装备有限公司
地址：辽宁省营口市经济技术开发区新兴装备制造产业园（海河路16号）
……Tel：0417-5543002

辽宁华隆重工有限公司
地址：辽宁(营口)沿海产业基地新联大街东1号
……Tel：0417-5896111

营口东邦环保科技股份有限公司
地址：辽宁省大石桥市环城开发区
……Tel：0417-5899049

营口华宇电气有限公司
地址：鲅鱼圈区望海办事处龙海工业园
……Tel：0417-6194031

营口钰晟通用设备有限公司
地址：辽宁省营口市鲅鱼圈区海东工业园（海东办青龙山大街）
……Tel：0417-6239881

营口春港实业有限公司
地址：辽宁省营口市鲅鱼圈区芦屯镇滨海工业园（春港实业1#厂房，春港实业2#厂房，春港实业办公楼）
……Tel：0417-6272339

营口恒屹锐克斯流体控制有限公司
地址：营口经济技术开发区红旗镇西兰村
……Tel：0417-6712588

营口航盛科技实业有限责任公司
地址：辽宁省营口市鲅鱼圈区沙河大街77号
……Tel：0417-6817097

营口智文机械设备制造有限公司
地址：熊岳镇大铁村（老发汽车配件制造有限公司院内）
……Tel：0417-7022222

辽宁北辰液压气动有限公司
地址：阜新市细河区四合大街142-10号
……Tel：0418-2984568

阜新宏顺机械有限公司
地址：辽宁省阜新高新技术产业开发区盛源路109、111号
……Tel：0418-3950536

辽宁鑫水化工集团有限公司
地址：辽阳市太子河区东宁卫乡后三块石村
……Tel：0419-2390666

辽宁文彬教学设备有限公司
地址：辽宁省辽阳市太子河区振兴路242号
……Tel：0419-3306888

辽宁兴启电工材料有限责任公司
地址：辽宁省辽阳市太子河区荣兴路124号
……Tel：0419-3307357

辽阳市丛迪服装有限公司
地址：辽宁省辽阳市白塔区新运大街350号
……Tel：0419-3611256

辽阳化工机械有限公司
地址：辽阳市太子河区千渠路85号
……Tel：0419-3680905

辽宁信德新材料科技股份有限公司
地址：辽宁省辽阳市宏伟区文圣路295号四层
……Tel：0419-5169858

辽宁福泰石油机械制造有限公司
地址：辽宁省辽阳市刘二堡经济特区
……Tel：0419-7166382

辽宁铁建水泥制品有限公司
地址：辽阳市文圣区小屯镇小屯村
……Tel：0419-8134802

辽宁华兴集团化工股份公司
地址：辽宁省灯塔市西马峰镇新生村
……Tel：0419-8321888

朝阳希望铸业有限公司
地址：辽宁省朝阳市双塔区他拉皋镇八里村
……Tel：0421-2203222

朝阳重型机器制造有限公司
地址：朝阳市双塔区工业园区1号
……Tel：0421-2208086

朝阳金达钼业有限责任公司
地址：辽宁省朝阳市双塔桃花吐镇小桃村1C号
……Tel：0421-2976299

朝阳昕旭日重工机械设备有限公司
地址：辽宁省朝阳市龙城区龙泉街道东三家工业园区
……Tel：0421-3811167

朝阳宏达机械有限公司
地址：朝阳市龙城区工业项目区
……Tel：0421-3931590

朝阳美乐电子科技有限公司
地址：辽宁省朝阳市建平经济技术开发区
……Tel：0421-5229888

朝阳市多元合金铸造有限责任公司
地址：朝阳市双塔区桃花吐镇李家窝铺村
……Tel：0421-5703599

北票岛村机械制造有限公司
地址：北票市大三家乡大三家村
……Tel：0421-5751198

朝阳市宏晟机械制造有限公司
地址：辽宁省朝阳市北票市下府经济开发区三府村
……Tel：0421-5950000

朝阳飞马集团机械制造有限公司
地址：喀左县公营子镇
……Tel：0421-7098047

盘锦中录油气技术服务有限公司
地址：盘锦石油装备制造基地
……Tel：0427-3231189

盘锦金利恒实业有限公司
地址：盘锦市经济开发区工业街南
……Tel：0427-3239933

盘锦禹帝科技实业有限公司
地址：盘锦市兴隆台区经济开发区1-23-11-1
……Tel：0427-3290876

辽宁辽河油田恺拓实业有限公司
地址：辽宁省盘锦市大洼区榆树街道红村社区
……Tel：0427-7648452

盘锦辽河油田辽海集团有限公司
地址：盘锦市兴隆台区平安街
……Tel：0427-7820302

葫芦岛首钢东华轨道交通装备制造有限公司
地址：辽宁省葫芦岛兴城市郭家镇
……Tel：0428-5751133

中国石油锦西炼油化工总厂华亿实业总公司
地址：连山区石油街
……Tel：0429-2179822

辽宁煜梽新型建材有限公司
地址：葫芦岛市连山区塔山乡老官堡村白草山
……Tel：0429-3166767

辽宁通达泵业集团有限公司
地址：辽宁省葫芦岛打渔山园区振兴大街68号
……Tel：0429-4561564

葫芦岛市思科赛斯金属制品有限公司
地址：辽宁省葫芦岛市兴城滨海经济区
……Tel：0429-5331113

兴城市恒泰针织制衣有限责任公司
地址：兴城市宁远办事处铁西
……Tel：0429-5430909

吉林省

吉林省冠中汽车零部件有限公司
地址：吉林省长春市朝阳区经济开发区阜育大街3456号、3466号
……Tel：0431-81116196

吉林电力管道工程有限公司
地址：吉林省长春市二道区英俊镇和平村（英俊镇乙二路与铁南路交汇处）
……Tel：0431-81925937

吉林省通利特种电线电缆制造有限公司
地址：绿园区兴旺路99号
……Tel：0431-82640099

吉林前沅专用汽车制造股份有限公司
地址：长春市绿园经济开发区纺织工业园区
……Tel：0431-84716587

长春德通起重输送设备有限公司
地址：长春市朝阳经济开发区创业孵化基地一区5#西侧厂房
……Tel：0431-85037488

吉林省新型管业有限责任公司
地址：吉林省长春市宽城区建业大街1688号轨道客车装备产业园区建设服务中心办公楼5088室
……Tel：0431-85070096

长春一汽蓝迪自动化工程有限公司
地址：长春汽车经济技术开发区创业大街1959号
……Tel：0431-85125568

长春市天威汽车零部件有限公司
地址：汽车产业开发区通达路3099号
……Tel：0431-85737114

长春市兴泰起重机械有限公司
地址：绿园区富民大街3号
……Tel：0431-87096377

吉林省九新实业集团化工有限公司
地址：吉林市吉林经济技术开发区建设村
……Tel：0432-63056879

吉林市辉隆肥业有限公司
地址：吉林经济技术开发区通达街196号
……Tel：0432-63057611

吉林市大宇化工有限公司
地址：吉林省吉林市龙潭区锦州街668号员工生活用房C
……Tel：0432-63988966

吉林市厦林化工分离机械工业有限公司
地址：吉林经济技术开发区集达街17号
……Tel：0432-69951770

吉林中信美来木业集团有限公司
地址：敦化市黄泥河镇长青街77号
……Tel：0433-6552650

吉林省敦化林机锅炉制造有限公司
地址：敦化市下石村
……Tel：0433-6629012

四平市三明换热设备制造有限公司
地址：四平循环经济示范区
……Tel：0434-3637881

四平欧维姆机械有限公司
地址：四平红嘴经济技术开发区文凯路2999号
……Tel：0434-5088789

四平维克斯天成热工设备有限公司
地址：四平市铁东区沥山路109号
……Tel：0434-6188588

吉林省四平东风联合收割机有限公司
地址：四平红嘴经济技术开发区虹桥街西侧
……Tel：0434-7783716

通化市前进石油机械有限公司
地址：通化市光复路1519号
……Tel：0435-3431502

通化耐博新材料股份有限公司
地址：通化市二道江区二道江乡二道江村（大北山）
……Tel：0435-3700060

通化石油工具股份有限公司
地址：通化经济开发区经环路36号
……Tel：0435-3932011

通化通飞塑料建材有限责任公司
地址：快大茂镇黎明工业区
……Tel：0435-5211121

通化宏信研磨材有限责任公司
地址：通化县果松镇果松街
……Tel：0435-6162922

白城永固连杆总成有限责任公司
地址：白城工业园区辽河路377号
……Tel：0436-3516588

白城市盛华汽车零部件制造股份有限公司
地址：白城市海明西路145号
……Tel：0436-5032038

辽源汇丰电机制造有限公司
地址：辽源经济开发区友谊工业园区甲六路西侧
……Tel：0437-5028303

辽源市万通汽车部件有限公司
地址：东辽县白泉镇金岗小街114号
……Tel：0437-5891002

吉林牧神机械有限责任公司
地址：松原经济技术开发区盼盼大路1319号
……Tel：0438-2664999

中国航发吉林航空发动机维修有限责任公司
地址：柳河县柳河镇靖安街
……Tel：0453-7213225

黑龙江省

哈尔滨东北水电设备制造有限公司
地址：哈尔滨市哈南工业新城核心区南城二路1号
……Tel：0451-51876000

黑龙江雷沃北大荒农业装备有限公司
地址：黑龙江省哈尔滨市依兰县松花江农场友谊路北侧
……Tel：0451-52998916

黑龙江省哈南科技开发有限责任公司
地址：双城市承旭村经济技术开发区
……Tel：0451-53115232

尚志市金石水泥有限公司
地址：尚志市帽儿山镇工厂街1号
……Tel：0451-53306559

黑龙江中能电力装备有限公司
地址：五常市五常铁西
……Tel：0451-53584628

哈尔滨金鑫电站设备制造有限公司
地址：哈尔滨市阿城区松峰大街1号
……Tel：0451-53723151

哈尔滨哈玻拓普复合材料有限公司
地址：哈尔滨市香坊区公滨路32号
……Tel：0451-55102226

哈尔滨东北泵业有限责任公司
地址：哈尔滨市道外区民主乡五星村新兴二队
……Tel：0451-82428613

黑龙江电梯厂有限公司
地址：哈尔滨市香坊区巴安里街16号
……Tel：0451-82949768

哈尔滨华强电力电站设备修造有限责任公司
地址：哈尔滨开发区哈平路集中区杭州路3号
……Tel：0451-82952286

哈尔滨实力航空工业有限公司
地址：哈尔滨经开区哈平路集中区同江路18号
……Tel：0451-83082862

哈尔滨金美乐商业机械有限公司
地址：黑龙江省哈尔滨市平房区彩虹路3号
……Tel：0451-85935858

哈尔滨兰翔机械制造有限公司
地址：哈尔滨市平房区平房镇平房新村
……Tel：0451-86518219

哈尔滨东安航空传动有限公司
地址：哈尔滨市哈南工业新城核心区松花路62号
……Tel：0451-86572114

黑龙江德沃科技开发有限公司
地址：哈尔滨市南岗区哈西大街946号
……Tel：0451-86681317

哈尔滨龙庆钢构彩板有限公司
地址：哈尔滨市平房区彩虹路8号
……Tel：0451-87093297

齐齐哈尔华工机床股份有限公司
地址：黑龙江省齐齐哈尔市龙沙区鹤城路北侧

…………………………Tel：0452-2334747

齐齐哈尔北方集团北方化学工业有限责任公司
地址：黑龙江省齐齐哈尔市铁锋区树新路10号
…………………………Tel：0452-2633184

齐齐哈尔建华电梯有限公司
地址：黑龙江省齐齐哈尔市建华区双华路1号
…………………………Tel：0452-2651106

中车齐车集团有限公司
地址：黑龙江省齐齐哈尔市铁锋区厂前一路36号
…………………………Tel：0452-2930811

齐齐哈尔新工木材综合加工厂
地址：黑龙江省齐齐哈尔市铁锋区木海街106号
…………………………Tel：0452-6101896

齐齐哈尔黑龙国际冰雪装备有限公司
地址：黑龙江省齐齐哈尔市建华区繁华路9号（二车间机械房）00单元01层01号
…………………………Tel：0452-6111321

哈高科绥棱二塑有限公司
地址：黑龙江省绥化市绥棱县立新街三委（繁盛大街120号）
…………………………Tel：0455-4624137

大庆市腾飞石油机械有限公司
地址：黑龙江省大庆市萨尔图区胜利二村63号
…………………………Tel：0459-5153234

黑龙江省广利达智能电气设备制造有限公司
地址：黑龙江省大庆高新区新荣路9号
…………………………Tel：0459-6295288

鸡西天明电力线路器材制造有限责任公司
地址：黑龙江省鸡西市鸡冠区电工路中段
…………………………Tel：0467-2732367

黑龙江省金刚水泥有限公司
地址：黑龙江省鸡西市密山市连珠山镇牡垦局建南小区
…………………………Tel：0467-5063758

黑龙江新双锅锅炉有限公司
地址：黑龙江省双鸭山市尖山区窑地路
…………………………Tel：0469-4211352

中节能东方双鸭山建材设备有限公司
地址：黑龙江省双鸭山市尖山区长虹路57号
…………………………Tel：0469-4242056

江苏省

南京赛达机械制造有限公司
地址：南京市江宁区禄口街道工业集中区纬七路
…………………………Tel：025-51192222

江苏国电南自电力自动化有限公司
地址：扬州经济技术开发区邗江河路88号
…………………………Tel：025-51858913

南京志明机电工程有限公司
地址：南京市江宁区淳化街道双岗社区文林路8号
…………………………Tel：025-52103929

利星行机械（南京）有限公司
地址：南京江宁科学园天元东路2299号
…………………………Tel：025-52129738

南京大盛汽车部件有限公司
地址：南京市江宁区空港工业园蓝天路228号1-2号（江宁开发区）
…………………………Tel：025-52198760

南京越升挤出机械有限公司
地址：南京市江宁区东山街道工业集中区
…………………………Tel：025-52350368

江苏南自通华电力自动化股份有限公司
地址：南京市江宁区彤天路101号“千人之家”大厦
…………………………Tel：025-52398281

南京金城精密机械有限公司
地址：南京市江宁区湖熟工业小区
…………………………Tel：025-52690884

江苏宏源电气有限责任公司
地址：南京市江宁区东山街道市井路19号
…………………………Tel：025-69855641

南京华东钢管制造有限公司
地址：南京市江宁经济技术开发区清水亭东路996号
…………………………Tel：025-52723011

南京华实齿轮传动设备有限公司
地址：南京市江宁区滨江开发区喜燕路
…………………………Tel：025-52728239

江苏科思机电工程有限公司
地址：南京市江宁区禄口街道华商路
…………………………Tel：025-52777001

南京恒昌包装机械有限公司
地址：南京市江宁区秣陵街道盛通路1号（江宁开发区）
…………………………Tel：025-52777870

南京英尼格玛工业自动化技术有限公司
地址：南京市江宁经济技术开发区将军路681号
…………………………Tel：025-52791463

南京三龙水泥有限责任公司
地址：南京市江宁区淳化镇青龙山
…………………………Tel：025-52792002

南京晨伟机械设备制造有限公司
地址：南京市溧水区永阳镇工业园
…………………………Tel：025-56210296

南京阔长电子科技有限公司
地址：南京市溧水经济开发区
…………………………Tel：025-56212931

南京知行管业有限公司
地址：南京市溧水经济开发区沂湖路18号
…………………………Tel：025-56216609

江苏一变电力装备有限公司
地址：南京市溧水区经济开发区(柘塘工业集中区)
…………………………Tel：025-56230555

南京春睿精密机械有限公司
地址：南京市高淳区经济开发区凤山路5-5号1幢
…………………………Tel：025-56862547

南京大化机经济技术有限公司
地址：南京市六合区新华路598号
…………………………Tel：025-57042412

江苏江杭石化工程有限公司
地址：南京市六合经济开发区时代大道81号
…………………………Tel：025-57155995

江苏狼博管道制造有限公司
地址：南京六合经济开发区时代大道138号
…………………………Tel：025-57158811

南京丰东热处理工程有限公司
地址：南京市溧水区永阳镇工业园
…………………………Tel：025-57208080

南京天界三塔节能装备有限公司
地址：南京市溧水区永阳镇工业园
…………………………Tel：025-57228776

南京市溧水区茅山机电刀具厂
地址：南京市溧水区洪蓝工业园区
…………………………Tel：025-57230093

南京金宇刀具制造有限公司
地址：南京市溧水区洪蓝镇工业园
…………………………Tel：025-57230155

南京宁宏建机械有限公司
地址：南京市溧水区柘塘镇工业集中区
…………………………Tel：025-57247801

南京市宏伟屠宰机械制造有限公司
地址：南京市溧水区明觉镇
…………………………Tel：025-57260105

南京力源金鑫磁材科技股份有限公司
地址：南京市溧水县经济开发区机场路
…………………………Tel：025-57422266

南京惠诚工具制造有限公司
地址：南京市溧水区和凤镇工业集中区
…………………………Tel：025-57463088

宁顺集团有限公司
地址：南京市六合区竹镇镇丰乐路18号
…………………………Tel：025-57582199

南京高宁锻造法兰厂
地址：南京市高淳区桠溪街道东风路1号
…………………………Tel：025-57813888

南京第一农药集团有限公司
地址：南京市高淳区淳溪镇宝塔路269-275号
…………………………Tel：025-57880888

南京润京乳胶制品有限公司
地址：南京市高淳经济开发区凤山路77号
…………………………Tel：025-57888707

南京荣鑫机械制造有限公司
地址：南京市滨江经济技术开发区
…………………………Tel：025-57926308

南京长城制管有限责任公司
地址：南京市浦口区桥林工业集中区
…………………………Tel：025-58270006

南京赛威尔电气科技有限公司
地址：南京高新开发区高科九路8号
…………………………Tel：025-58466562

南京登峰起重设备制造有限公司
地址：南京市六合区龙池街道时代大道128号
…………………………Tel：025-58735529

南京塑九汽车内饰有限公司
地址：南京市浦口区永宁工业集中区琥珀路58号
…………………………Tel：025-58871720

南京恒标斯瑞冷冻机械制造有限公司
地址：南京市浦口区经济开发区菊圃路20号
…………………………Tel：025-66615565

南京汽轮电机集团电站配件制造有限公司
地址：南京市溧水区永阳镇水保路13号
…………………………Tel：025-66650620

南京王行航空附件维修工程有限公司
地址：南京市江宁区谷里街道东善桥工业集中区
…………………………Tel：025-68170565

南京西普环保科技有限公司
地址：南京市溧水经济开发区红光东路5号
…………………………Tel：025-68577669

南京夏华电子有限公司
地址：南京市溧水区白马镇朱家边
…………………………Tel：025-68577978

爱邦（南京）包装印刷有限公司
地址：南京江宁科学园科宁路589号
…………………………Tel：025-68582966

南京二机床精密设备制造有限公司
地址：南京市建邺区兴隆大街50号
…………………………Tel：025-68588672

南京优耐特精密机械制造有限公司
地址：南京市高淳开发区檀溪路5号
…………………………Tel：025-68597789

南京川页机械有限公司
地址：溧水县经济开发区
…………………………Tel：025-68811803

南京东华传动轴有限公司
地址：南京市江宁经济技术开发区通淮街2号
…………………………Tel：025-69693015

南京加诺能源设备有限公司
地址：南京市江宁区湖熟工业集中区
…………………………Tel：025-83113911

江苏省邮政机械厂
地址：南京市虎踞北路９０号
…………………………Tel：025-83420210

南京埃伦嘉辉友谊工贸有限公司
地址：南京市江宁经济技术开发区纺织工业园
…………………………Tel：025-84058888

江苏建筑机械有限公司
地址：南京市鼓楼区建宁路283号
…………………………Tel：025-84287535

南京橡塑机械厂有限公司
地址：南京市秦淮区龙蟠中路458号
…………………………Tel：025-84588265

南京盖迪电力器材有限公司
地址：南京市江宁区横溪街道西阳社区夏坝工业园18号
…………………………Tel：025-85098530

南京儒一航空机械装备有限公司
地址：南京市江宁区横溪街道甘泉湖社区
…………………………Tel：025-85098588

南京环网动力设备有限公司
地址：南京市江宁区汤山工业园内
…………………………Tel：025-85283057

中建隧道装备制造有限公司
地址：南京市经济技术开发区润阳路6号
…………………………Tel：025-85595166

江苏正贸仓储设备制造有限公司
地址：金湖县建设西路896号
…………………………Tel：025-86154260

江苏省盐业集团有限责任公司
地址：南京市鼓楼区江东北路386号
…………………………Tel：025-86216694

南京金星宇节能技术有限公司
地址：南京市浦口区桥林街道梨园路6号
…………………………Tel：025-86432100

南京劲拓机械有限公司
地址：南京市江宁经济技术开发区蓝天路
…………………………Tel：025-86454115

南京永丰人防设备有限公司
地址：南京市江宁区江宁街道南山湖社区
…………………………Tel：025-86703076

南京汽枪厂有限公司
地址：南京市江宁经济技术开发区水长街23号
…………………………Tel：025-86726901

南京南消消防控股有限公司
地址：南京市江宁区科学园竹山路601号
…………………………Tel：025-86986999

南京新康达磁业股份有限公司
地址：南京市江宁区麒麟街道工业集中区天和路8号
…………………………Tel：025-87139528

永豪（无锡）压铸有限公司
地址：无锡惠山经济开发区惠成路88-4号
…………………………Tel：0510-66923350

无锡盈丰汽车部件制造有限公司
地址：无锡市高浪东路508-1502
…………………………Tel：0510-68069291

江苏南瑞恒驰电气装备有限公司
地址：无锡市滨湖区胡埭镇胡埭工业园陆藕路1号
…………………………Tel：0510-68093113

无锡雄宇汽车零部件集团有限公司
地址：无锡市滨湖区南湖中路28-7
…………………………Tel：0510-68551666

无锡康沃特变频电机有限公司
地址：无锡市滨湖区胡埭工业园西拓区杜鹃路8号
…………………………Tel：0510-68576228

江苏文明人造草坪有限公司
地址：江阴市长泾镇工业集中区开元路15号
…………………………Tel：0510-68579194

威唐汽车冲压技术（无锡）有限公司
地址：无锡新区鸿山街道建鸿路32号
…………………………Tel：0510-68798731

无锡布拉特电器有限公司
地址：江苏无锡经济开发区高运路117号
…………………………Tel：0510-68799777

亿腾科技（无锡）有限公司
地址：无锡新区梅村工业集中区A75-3地块
…………………………Tel：0510-68869900

无锡威顺煤矿机械有限公司
地址：无锡市新吴区梅村新锦路112号
…………………………Tel：0510-68926805

江阴市友佳珠光云母有限公司
地址：江阴市祝塘镇私营工业园C区（化工园区）
…………………………Tel：0510-68973166

江苏启创环境科技股份有限公司
地址：宜兴市芳桥街道夏芳村
…………………………Tel：0510-68996658

无锡市华东电力设备有限公司
地址：无锡市惠山区长安街道锦惠路12
…………………………Tel：0510-80245001

江苏新苏机械制造有限公司
地址：无锡市大通路517号
…………………………Tel：0510-80258719

无锡丰臣电子有限公司
地址：宜兴环科园龙池路
…………………………Tel：0510-80320638

科耐特输变电科技股份有限公司
地址：宜兴市徐舍镇工业集中区长兴路8号
…………………………Tel：0510-80333007

无锡市双超风机有限公司
地址：无锡市新吴区梅村新风路55号
…………………………Tel：0510-80500100

江阴戎辉机械设备制造有限公司
地址：江阴市徐霞客镇峭岐霞祥路
…………………………Tel：0510-80606622

江苏天顺印业有限公司
地址：江阴市华士镇华西十二村苗泾路9号（属华西工业集中区）
…………………………Tel：0510-80692186

泛亚电缆有限公司
地址：宜兴市官林镇工业C区
…………………………Tel：0510-80776677

江苏威尔迪威阀业有限公司
地址：句容经济开发区致远路西侧30米
…………………………Tel：0510-80780510

无锡新纺欧迪诺电梯有限公司
地址：无锡惠山开发区堰新路580号
…………………………Tel：0510-81010315

江苏合吉烟用材料有限公司
地址：无锡市锡澄路310号
…………………………Tel：0510-81014510

无锡方舟流体科技有限公司
地址：无锡市新吴区梅村新风路58号
…………………………Tel：0510-81150808

无锡市圣汉斯气动阀门执行器制造有限公司
地址：无锡市新吴区梅村工业集中区锡鸿路48号
…………………………Tel：0510-81150880

江苏中路交通发展有限公司
地址：无锡市湖滨路157号C区31号
…………………………Tel：0510-81170126

江阴市江泰高分子新材料有限公司
地址：江阴市周庄镇周山路231号
…………………………Tel：0510-81621801

宜兴高泰克精密机械有限公司
地址：宜兴经济技术开发区袁桥路17号
…………………………Tel：0510-81770058

无锡华益电力阀门有限公司
地址：无锡市新区梅村工业集中区A-35-1号
…………………………Tel：0510-82119632

无锡捷荣精密机械有限公司
地址：无锡市南湖大道503-3-101
…………………………Tel：0510-82391968

江苏卡欧万泓电子有限公司
地址：宜兴市新街街道堂前村
…………………………Tel：0510-82936901

无锡市华东电机厂
地址：无锡惠山经济开发区阳山配套区天顺路（经营场所：无锡惠山经济开发区阳山配套区天力路3号）
…………………………Tel：0510-83050872

无锡创捷汽车部件有限公司
地址：无锡市惠山区风电科技产业园创惠路9号
…………………………Tel：0510-83076699

无锡市小天鹅建筑机械有限公司
地址：无锡惠山经济开发区风电园风能路6号标准厂房
…………………………Tel：0510-83092621

无锡市东液机械制造有限公司

地址：无锡市惠山区风能路31号
…………Tel：0510-83101137

无锡第七纺织机械有限公司
地址：无锡市凤翔路刘潭西街167号
…………Tel：0510-83102320

无锡减速机制造有限责任公司
地址：江海西路黄巷立交桥堍
…………Tel：0510-83109168

无锡市钱桥化工机械有限公司
地址：无锡市惠山区钱桥伟业路2号
…………Tel：0510-83235866

无锡市振达混凝土有限公司
地址：无锡市北塘区312国道黄石大桥北堍
…………Tel：0510-83268919

无锡市金春橡塑制品有限公司
地址：无锡市惠山区洛社镇双庙村（洛社配套区）
…………Tel：0510-83305661

无锡双欢电气有限公司
地址：无锡市惠山经济开发区洛社配套区迎春路1号
…………Tel：0510-83321088

无锡新三洲再生资源有限公司
地址：无锡市惠山区前洲街道西塘村（惠山区工业开发区前洲配套区C区）
…………Tel：0510-83387987

无锡庆新封头制造有限公司
地址：无锡市惠山区前洲街道西塘村（惠山区工业开发区前洲配套区C区）
…………Tel：0510-83390888

无锡市信文机械制造有限公司
地址：无锡市惠山区前洲街道堰玉西路29号
…………Tel：0510-83399288

无锡市信谊机械有限公司
地址：无锡市惠山区前洲街道北七房村
…………Tel：0510-83451888

无锡瑾宸表面处理有限公司
地址：无锡市惠山区洛社镇杨市工业园
…………Tel：0510-83558551

无锡华光汽车部件集团有限公司
地址：无锡市惠山区洛社镇福山村
…………Tel：0510-83559402

无锡欧玛森远洋工程设备有限公司
地址：无锡惠山经济开发区生科路1号
…………Tel：0510-83570223

无锡益联机械有限公司
地址：无锡市惠山区堰桥配套区堰桥路35号
…………Tel：0510-83570787

无锡鑫福铸锻有限公司
地址：无锡市惠山区前洲街道北幢村
…………Tel：0510-83580590

无锡市同力空调设备有限公司
地址：无锡市惠山区玉祁街道玉蓉村
…………Tel：0510-83585837

雄狮机械制造（无锡）有限公司
地址：无锡市锡山开发区外商工业园芙蓉三路以南
…………Tel：0510-83630008

无锡振华机械有限公司
地址：无锡惠山经济开发区阳山配套区天顺路
…………Tel：0510-83690266

无锡市阳通机械设备有限公司
地址：无锡市阳山镇
…………Tel：0510-83693903

无锡市瑞阳重工机械有限公司
地址：无锡市滨湖区胡埭镇胡阳路7号
…………Tel：0510-83693988

无锡市巨龙塑化有限公司
地址：无锡市滨湖区滨湖街道南湖中路
…………Tel：0510-83700441

无锡光华锅炉制造有限公司
地址：无锡市新吴区里河路1号
…………Tel：0510-83707195

无锡市新协祥胶业有限责任公司
地址：无锡惠山经济开发区洛社配套区群胜路11号
…………Tel：0510-83713690

无锡泰源机器制造有限公司
地址：无锡市惠山区堰桥街道惠暨大道518号
…………Tel：0510-83751422

无锡恒安压力容器制造有限公司
地址：无锡市惠山区堰桥街道堰宁路88号
…………Tel：0510-83756749

无锡海阁力斯液压制造有限公司
地址：无锡惠山经济开发区生科路8号
…………Tel：0510-83762077

无锡市长安化纤纺织厂
地址：长安镇无畏桥
…………Tel：0510-83767557

无锡大东机械制造有限公司
地址：无锡市锡山经济技术开发区芙蓉西三路11号
…………Tel：0510-83781407

江苏瑞昌哥尔德发电设备股份有限公司
地址：无锡市锡山经济开发区芙蓉中一路157号
…………Tel：0510-83781999

无锡圣鑫科技有限公司
地址：无锡市锡山经济开发区芙蓉中一路157号
…………Tel：0510-83781999

无锡翔盛包装有限公司
地址：无锡市锡山区锡北镇泾霞路12号
…………Tel：0510-8379123

无锡市张泾压力容器制造有限公司
地址：无锡市锡山区锡北镇工业园区
…………Tel：0510-83791653

无锡五菱动力机械有限责任公司
地址：无锡市惠山区洛社镇新开河村
…………Tel：0510-83830301

江苏珈诚纺织有限公司
地址：无锡惠山经济开发区前洲配套区万寿路3号
…………Tel：0510-83882920

无锡市天华工艺饰品有限公司
地址：无锡市惠山区玉祁街道玉东村
…………Tel：0510-83898229

无锡市欧丰电梯配件有限公司
地址：无锡市惠山区玉祁街道芙蓉村
…………Tel：0510-83899376

无锡市华胜机械有限公司
地址：无锡市锡山区锡北镇工业园区
…………Tel：0510-83911828

无锡市神陆液压机件有限公司
地址：无锡市惠山区阳山镇冬青村
…………Tel：0510-83950510

无锡市陆通机械有限公司
地址：无锡市惠山区阳山镇冬青村
…………Tel：0510-83950600

无锡市协兴港口机械有限公司
地址：无锡市惠山区阳山镇陆中南路
…………Tel：0510-83951078

无锡立达齿轮制造有限公司
地址：无锡惠山经济开发区阳山配套区陆通路18号
…………Tel：0510-83957100

江苏新合益机械有限公司
地址：无锡惠山经济开发区阳山配套区陆通路1号
…………Tel：0510-83958900

无锡凯通钻具有限公司
地址：江阴市璜土镇石庄桃花港路21号
…………Tel：0510-85066207

无锡赛威特燃烧器制造有限公司
地址：无锡市滨湖区胡埭镇胡埭路51号
…………Tel：0510-85100000

无锡市利钧轴承有限公司
地址：无锡市新区梅村镇工业集中区锡鸿路21号
…………Tel：0510-85131810

无锡市康威输送机械有限公司
地址：宜兴市周铁镇周分公路
…………Tel：0510-85181622

无锡北溪空调设备有限公司
地址：无锡市滨湖区太湖镇双新园区15#
…………Tel：0510-85182439

无锡东盛石化装备有限公司
地址：无锡市滨湖区雪浪街道葛埭社区
…………Tel：0510-85183398

无锡市金城环保炊具设备有限公司
地址：无锡市滨湖区太湖街道双新经济园区雪丰路30号
…………Tel：0510-85187799

无锡市宏源弹性器材有限公司
地址：无锡市滨湖区胡埭镇翔鸽路19号
…………Tel：0510-85190326

无锡领先针测电子有限公司
地址：无锡国家高新技术产业开发区新锡路11号
…………Tel：0510-85200290

无锡新玥防锈材料有限公司
地址：无锡市新区硕放经发七路2号
…………Tel：0510-85225057

无锡明珠钢球有限公司
地址：无锡新区锡东配套五期B18-3号
…………Tel：0510-85311827

无锡中电互感器制造有限公司
地址：无锡市新吴区硕放长江东路231号
…………Tel：0510-85311903

无锡市天王包装容器有限公司
地址：无锡市新区硕放里河村
…………Tel：0510-85312037

无锡美高帝机械有限公司
地址：无锡市新吴区裕安路32，裕安一路27
…………Tel：0510-85312498

无锡市爱尔电子有限公司
地址：无锡国家高新技术产业开发区74-C
…………Tel：0510-85342335

无锡富泰盛精模科技有限公司
地址：无锡国家高新技术产业开发区73-D地块
…………Tel：0510-85343378

无锡财量机械有限公司
地址：无锡市新吴区旺庄工业配套区二期B-15-1号地块
…………Tel：0510-85358885

无锡英特帕普威孚液压有限责任公司
地址：无锡市新区旺庄工业配套区二期B-08地块
…………Tel：0510-85360619

无锡联元达精工机械有限公司
地址：无锡市新区鸿山街道鸿祥路51号
…………Tel：0510-85380878

无锡佳能工程机械有限公司
地址：无锡市新区新安沙墩港村
…………Tel：0510-85383198

无锡第二塑料厂有限公司
地址：无锡市滨湖区雪浪街道方泉路8号
…………Tel：0510-85390198

凯美凯科技（无锡）有限公司
地址：无锡市新区新梅路82号
…………Tel：0510-85541688

无锡市金科尔动力设备有限公司
地址：宜兴市新建镇留住村新丰北路36号
…………Tel：0510-85580453

无锡市华机机械制造有限公司
地址：无锡市锡山区东港镇电力装备产业园
…………Tel：0510-85580980

无锡成诚智造科技发展有限公司
地址：无锡市滨湖区胡埭工业园北区金桂路2号
…………Tel：0510-85581018

江苏营电新能源科技有限公司
地址：无锡市新吴区菱湖大道200号中国传感网国际创新园G1-802、806、808号
…………Tel：0510-85585039

无锡华能热能设备有限公司
地址：无锡市滨湖区滨湖街道方泉路
…………Tel：0510-85586122

无锡市东昊石化成套有限公司
地址：无锡市滨湖区胡埭镇龙延村
…………Tel：0510-85590375

无锡市神威特钢锻造有限公司
地址：无锡市滨湖区胡埭镇鸿翔村
…………Tel：0510-85593382

无锡市振华方园模具有限公司
地址：无锡市滨湖区胡埭镇陆藕东路188号
…………Tel：0510-85597558

江苏浩特隆搅拌设备有限公司
地址：无锡市滨湖区胡埭镇龙延村西溪中心路66号
…………Tel：0510-85598619

无锡东方高速艇发展有限公司
地址：无锡市滨湖区胡埭镇振胡北路68号
…………Tel：0510-85598816

无锡申康机械设备有限公司
地址：无锡市新区鸿山工业安置区
…………Tel：0510-85601958

江苏路通筑路机械有限公司
地址：无锡市新吴区鸿山街道展鸿路8号
…………Tel：0510-85605088

无锡市嘉宝机电成套设备有限公司
地址：无锡市新吴区华谊路28号
…………Tel：0510-85605516

江苏优虎智能制造有限公司
地址：锡山区羊尖镇机械装备产业园A区
…………Tel：0510-85608168

无锡南宝冷轧机械制造有限公司
地址：无锡市新区鸿山街道建鸿路30号
…………Tel：0510-85609587

无锡佳力欣精密机械有限公司
地址：无锡市滨湖区高凯路5号
…………Tel：0510-85626010

无锡红旗压力容器制造有限公司
地址：无锡市锡山区安镇街道大成工业园纬二路518号
…………Tel：0510-85631374

无锡市丹霄机械有限公司
地址：无锡市锡山区羊尖镇工业园A区
…………Tel：0510-85951108

无锡科伦达化工热力装备有限公司
地址：无锡市滨湖区胡埭负来桥路5号
…………Tel：0510-85952061

无锡市四方真空设备有限公司
地址：无锡市滨湖区马山常康路48号
…………Tel：0510-85997441

江阴远洲矿山工程机械有限公司
地址：江阴市夏港街道景贤路756号
…………Tel：0510-86010111

江阴市高拓精密模具有限公司
地址：江阴市夏港街道苏港路228号
…………Tel：0510-86032968

江阴市三联机械制造有限公司
地址：江阴市临港街道西城路2号
…………Tel：0510-86033209

江阴市华伟机械制造有限公司
地址：江阴市临港街道贵宾路9号
…………Tel：0510-86092500

江阴市富仁电气有限公司
地址：江阴市东外环路289号
…………Tel：0510-86105894

江阴市节流装置厂有限公司
地址：江阴市南闸街道开来路1-3号
…………Tel：0510-86114441

江苏法尔胜股份有限公司
地址：江阴市澄江中路165号
…………Tel：0510-86119890

江阴市凯华机械制造有限公司
地址：江阴市新桥镇新杨路3号
…………Tel：0510-86127830

江阴市凯力起重电机有限公司
地址：江阴市经济开发区高新技术产业园澄山路605-1号
…………Tel：0510-86130323

江阴市扬子管件有限公司
地址：江阴市城东街道山观蟠龙山路168号
…………Tel：0510-86131216

江阴市中迪空冷设备有限公司
地址：江阴市城东街道山观金山路588号
…………Tel：0510-86133060

江阴市夏港润东厨具设备有限公司
地址：江阴市芙蓉大道西段179号
…………Tel：0510-86161122

江阴市永欣印染机械有限公司
地址：江阴市南闸街道开锦路11号
…………Tel：0510-86180988

江阴市金泰电子有限公司
地址：江阴市南闸街道云南路1659号
…………Tel：0510-86187358

江阴米拉克龙塑料机械有限公司
地址：江阴市澄江东路58号
…………Tel：0510-86198106

江苏向阳集团有限公司
地址：江阴市华士镇向阳村向阳路1号
…………Tel：0510-86201400

江阴燎原装备制造有限公司
地址：江阴市华士镇红旗路55号
…………Tel：0510-86210617

江阴金缘锯业有限公司
地址：江阴高新技术产业开发区东定路118号
…………Tel：0510-86212702

江阴万高塑业有限公司
地址：江阴市澄杨路1502号
…………Tel：0510-86221092

江阴同庆机械制造有限公司
地址：江阴市周庄镇伞墩东路18号
…………Tel：0510-86221635

江苏宏达粉体装备有限公司
地址：江阴市周庄镇金城路68号
…………Tel：0510-86221735

江苏华宏实业集团有限公司
地址：江阴市周庄镇澄杨路1128号
…………Tel：0510-86225818

江阴市通源纺机有限公司
地址：江阴市芙蓉大道周庄段425号
…………Tel：0510-86226354

江苏凯斯曼缝制机械有限公司
地址：江阴市周庄镇长青路20号
…………Tel：0510-86235777

江阴博海法兰有限公司
地址：江阴市周庄镇周山路263号
…………Tel：0510-86236665

江阴笛科隆毛纺有限公司
地址：江阴市周庄镇金城路65号
…………Tel：0510-86237185

江阴市富仁重工机械有限公司
地址：江阴市新园路8-4号、8-5号
…………Tel：0510-86257283

江阴市康华汽车紧固件制造有限公司
地址：江阴市徐霞客镇峭岐霞祥路
…………Tel：0510-86282795

江阴市康源印染有限公司
地址：江阴市长泾镇长东村吴家坝48号
…………Tel：0510-86315562

无锡利邦厨具有限公司
地址：江阴市顾山镇锡张路190号
…………Tel：0510-86322360

江阴伟康纺织有限公司
地址：江阴市长泾镇蒲市村庵后头2号
…………Tel：0510-86332170

江阴市恒宇网业有限公司
地址：江阴市长泾镇蔡桥工业区7-8号
…………Tel：0510-86337258

江阴天祥毛纺有限公司
地址：江阴市顾山镇国东村
…………Tel：0510-86350619

江阴市旭日特种化纤有限公司
地址：江阴市周庄镇长寿长乐路99号
…………Tel：0510-86360688

江阴南侨机械铝业有限公司
地址：江阴市祝塘镇云顾路196号
…………Tel：0510-86383867

江阴精细化工机械有限公司
地址：江阴市青阳镇锡澄路1490号
…………Tel：0510-86519704

江阴金燕化纤有限公司
地址：江阴市徐霞客镇马镇红星村石塘桥58号
…………Tel：0510-86520237

江苏中轮机械有限公司
地址：江阴市徐霞客镇璜塘外环北路15号
…………………Tel：0510-86531798

江阴市金鹿包装机械化工有限公司
地址：江阴市徐霞客镇峭岐人民路79号
…………………Tel：0510-86561681

江阴尚驰机械设备有限公司
地址：江阴市申港街道创新村申庄路26号
…………………Tel：0510-86608662

江阴市诚信合金材料有限公司
地址：江阴市璜土镇南湫路7号
…………………Tel：0510-86608725

江阴神辉电工材料有限公司
地址：江阴市璜土镇澄常工业园桃园路8号
…………………Tel：0510-86608725

双良集团有限公司
地址：江阴市利港街道西利路88号
…………………Tel：0510-86630078

江苏健峰起重机械有限公司
地址：江阴市利港街道陈墅路59号
…………………Tel：0510-86631035

江阴市文斌机械制造有限公司
地址：江阴市利港街道陈墅村五寨沟55号
…………………Tel：0510-86631666

江苏兴飞机械有限公司
地址：江阴市临港街道华兴路9号
…………………Tel：0510-86639279

无锡市天牛智能装备有限公司
地址：江阴市璜土镇镇北路1号
…………………Tel：0510-86655980

江苏博大数控成套设备有限公司
地址：江阴市璜土镇石庄新颜东路7号
…………………Tel：0510-86659565

江阴华泰机械制造有限公司
地址：江阴市镇澄路1299号
…………………Tel：0510-86685780

江苏飞达压铸有限公司
地址：江阴市申港街道镇澄路1823号
…………………Tel：0510-86688608

江阴市龙和重型机械有限公司
地址：江阴市利港街道华兴路5号
…………………Tel：0510-86689198

江阴润源机械有限公司
地址：江阴市云亭街道长润路2号
…………………Tel：0510-86901086

江阴市港东机械有限公司
地址：江阴市周庄镇陶城村八丈泾42号
…………………Tel：0510-86902737

江阴市科博机械有限公司
地址：江阴市周庄镇周西路58号
…………………Tel：0510-86903558

江阴市康达化工装备有限公司
地址：江阴市徐霞客镇马璜路590号
…………………Tel：0510-86921278

江苏人和环保设备有限公司
地址：江阴市顾山镇解放村兴园路31号
…………………Tel：0510-86950600

江苏德生新材料锻造有限公司
地址：江阴市顾山镇国东村（顾山镇北国工业集中区）
…………………Tel：0510-86951001

江阴宝弘机械法兰有限公司
地址：江阴市周庄镇长寿云顾路581-1号
…………………Tel：0510-86968777

江苏佰恰利机械有限公司
地址：江阴市周庄镇伞墩东路23号
…………………Tel：0510-86978701

江苏纳鑫重工机械有限公司
地址：江阴市周庄镇玉门西路28号
…………………Tel：0510-86979783

江阴市南方金属管件有限公司
地址：江阴市澄江街道龙定路115号
…………………Tel：13606162616

江苏洪流化工机械有限公司
地址：宜兴经济技术开发区（边庄）
…………………Tel：0510-87121988

宜兴市欧亚达封头有限公司
地址：宜兴经济技术开发区庆源大道4号
…………………Tel：0510-87126585

宜兴市怡光环保机械有限公司
地址：宜兴市新街街道新街街
…………………Tel：0510-87131086

江苏星耀电缆有限公司
地址：宜兴市官林镇公园路22号
…………………Tel：0510-87200948

宜兴市华龙塑木新材料有限公司
地址：宜兴市新建镇工业集中区
…………………Tel：0510-87230361

无锡高拓新材料股份有限公司
地址：宜兴市杨巷镇工业南区邮电路10号
…………………Tel：0510-87278430

江苏润洲智造机械有限公司
地址：宜兴市新建镇中新东路20号
…………………Tel：0510-87286666

宜兴市鑫源辊业有限公司
地址：宜兴市新建镇工业园
…………………Tel：0510-87289518

江苏广汇电缆有限公司
地址：江苏省宜兴市官林镇（丰义）新风中路78号
…………………Tel：0510-87294898

无锡市晟元金属制品有限公司
地址：宜兴市西渚镇篁里村
…………………Tel：0510-87361198

江苏百盈路面机械有限公司
地址：宜兴市张渚镇经济开发区天力路6号
…………………Tel：0510-87396165

江苏鹏诚钢构有限公司
地址：宜兴市张渚镇工业集中区
…………………Tel：0510-87398196

宜兴市环宇轴瓦制造有限公司
地址：宜兴市高塍镇范道街北侧
…………………Tel：0510-8741066

宜兴杜塞拉姆工程陶瓷有限公司
地址：宜兴市丁蜀镇通蜀路东陶瓷产业园区
…………………Tel：0510-87438626

宜兴市宝登合金有限公司
地址：宜兴市丁蜀镇亨鑫路
…………………Tel：0510-87443366

江苏光天耐材科技有限公司
地址：宜兴市湖父镇张阳村
…………………Tel：0510-87472288

宜兴市红光模具厂
地址：宜兴市丁蜀镇川埠村1180号
…………………Tel：0510 87491196

江苏纵横浓缩干燥设备有限公司
地址：宜兴市周铁镇下邾村
…………………Tel：0510-87571000

宜兴市天一精密铸造有限公司
地址：宜兴市周铁镇下邾村
…………………Tel：0510-87575555

江苏迈克化工机械有限公司
地址：宜兴市芳桥街道工业园区（芳桥北街）
…………………Tel：0510-87586902

宜兴市金纳利机械制造有限公司
地址：宜兴市芳桥街道工业集中区
…………………Tel：0510-87581958

江苏新凯跃机械设备有限公司
地址：宜兴市徐舍镇工业集中区
…………………Tel：0510-87601278

江苏凯跃机械设备有限公司
地址：宜兴市徐舍镇徐舍街
…………………Tel：0510-87601448

江苏宜净水处理化学品有限公司
地址：宜兴市徐舍镇宜丰村
…………………Tel：0510-87698020

宜兴市宜轻机械有限公司
地址：宜兴市和桥镇兴业居委永昌路135号
…………………Tel：0510-87801648

江苏双龙水设备有限公司
地址：宜兴市和桥镇纯江路33号
…………………Tel：0510-87806311

宜兴市万华法兰锻造有限公司
地址：宜兴市万石镇工业集中区（南区）
…………………Tel：0510-87849000

无锡迪杰特汽车零部件有限公司
地址：宜兴市万石镇工业集中区北区
…………………Tel：0510-87850168

无锡环球工程机械有限公司
地址：宜兴市万石镇工业集中区（南区）
…………………Tel：0510-87858111

江苏钢友冶金机械轧辊有限公司
地址：宜兴市屺亭街道荆邑北路103号
…………………Tel：0510-87860788

江苏东邦机械有限公司
地址：宜兴经济技术开发区邵谈村
…………………Tel：0510-87868998

江苏鹏鹭电源有限公司
地址：宜兴市和桥镇创业园
…………………Tel：0510-87877008

宜兴华都琥珀环保机械制造有限公司
地址：宜兴市高塍镇　湖路8号
…………………Tel：0510-87894476

无锡市宝宜耐火材料有限公司
地址：宜兴市屺亭街道诸桥路18号
…………………Tel：0510-87943762

无锡市梅达电工机械有限公司
地址：无锡市新吴区梅村锡泰路239号
…………………Tel：0510-88138310

无锡富岛科技股份有限公司
地址：无锡市新区南站工业集中区B区B-07地块
…………………Tel：0510-88202825

江苏超今新材料有限公司
地址：无锡市锡山区鹅湖镇甘北西路
…………………Tel：0510-88231061

无锡市凯飞精密机械制造厂
地址：无锡市锡山区东亭镇春象村
…………………Tel：0510-88261160

无锡市正隆祥机械制造有限公司
地址：锡山区羊尖镇工业园B区
…………………Tel：0510-88330787

无锡东明路桥机械有限公司
地址：锡山区羊尖镇工业园B区
…………………Tel：0510-88330878

无锡弘铭铸业有限公司
地址：锡山区羊尖镇机械装备产业园B区
…………………Tel：0510-88332088

无锡万迪精密机械有限公司
地址：无锡市锡山经济开发区东部园区胶阳路北
…………………Tel：0510-88536983

无锡市航鹄精密机械有限公司
地址：无锡市新吴区梅村锡群路28号
…………………Tel：0510-88550217

无锡建发机器制造有限公司
地址：无锡市新区梅村群兴路58号
…………………Tel：0510-88550290

江苏远方迪威尔设备科技有限公司
地址：宜兴环科园俊知路
…………………Tel：0510-88567206

天龙科技炉业（无锡）有限公司
地址：无锡市锡山经济开发区东部园区（安镇）东盛路2001号
…………………Tel：0510-88657126

无锡聚丰数控金属制品股份有限公司
地址：无锡市锡山区羊尖镇机械装备产业园B区宝园路25号
…………………Tel：0510-88702863

无锡信仁通用机械有限公司
地址：无锡市锡山区安镇街道查桥先锋中路3号
…………………Tel：0510-88718301

无锡双益精密机械有限公司
地址：无锡市锡山经济技术开发区蓉通路17-1号
…………………Tel：0510-88718362

无锡市金羊管道附件有限公司
地址：锡山区羊尖镇
…………………Tel：0510-88731337

江苏金羊能源环境工程有限公司
地址：无锡市锡山区羊尖镇
…………………Tel：0510-88731337

无锡希恩电气有限公司
地址：锡山区东港镇港下工业园区A区
…………………Tel：0510-88761458

无锡斯吉利机械制造有限公司
地址：无锡市锡山区安镇街道大成工业园走马塘西路39号
…………………Tel：0510-88781256

无锡市锡达摩擦材料厂
地址：无锡市新区鸿山镇后宅工业园
…………………Tel：0510-88994900

无锡市巨神起重机有限公司
地址：无锡市新区鸿山镇后宅中路119号
…………………Tel：0510-88998153

江苏巨风机械制造有限公司
地址：无锡惠山工业转型集聚区盛洲路99号
…………………Tel：0510-88999125

江苏金沃机械有限公司
地址：句容市宝华镇科技园8号
…………………Tel：0511-80780805

航天华创实业发展江苏有限公司
地址：镇江市新区大港御秋路89号
…………………Tel：0511-80863640

江苏领瑞新材料科技有限公司
地址：镇江新区港南路300号
…………………Tel：0511-80869222

泛凯斯特汽车零部件（江苏）有限公司
地址：镇江市丹徒新城张巷村
…………………Tel：0511-84564241

江苏镇德电力设备有限公司
地址：镇江市丹徒区谷阳镇光明村（原砖瓦厂）
…………………Tel：0511-85033789

镇江华瑞液压机械有限公司
地址：镇江市丹徒区谷阳镇三山湖山路79号
…………………Tel：0511-85117901

江苏丰德汽车内饰件有限公司
地址：丹阳市界牌镇德翔路8号
…………………Tel：0511-85167305

江苏永达模塑有限公司
地址：镇江市丹徒新区谷阳大道41号（工业园区）
…………………Tel：0511-85373980

镇江宝城注浆设备有限公司
地址：镇江市丹徒区宝堰镇工业园区
…………………Tel：0511-85581337

江苏路鑫达交通设施有限公司
地址：镇江市丹徒区上党镇上石路
…………………Tel：0511-85585003

镇江电磁设备厂有限责任公司
地址：镇江市丹徒新城谷阳大道东延99号1幢
…………………Tel：0511-85626934

镇江华虹机械有限公司
地址：镇江市民营经济开发区润兴路18号
…………………Tel：0511-85726360

镇江南徐船舶机械有限公司
地址：镇江市丹徒区丹徒新城兴园路5号
…………………Tel：0511-85935596

镇江科美机械制造有限公司
地址：镇江新区丁卯文心路8号
…………………Tel：0511-86095079

江苏华泰重工装备有限公司
地址：丹阳市开发区新希望路19号
…………………Tel：0511-86238271

丹阳东江金属制品有限公司
地址：丹阳市界牌镇长江渔场（市长江摩托车消声器有限公司西侧）
…………………Tel：0511-86388038

江苏凯瑞宝纺织品有限公司
地址：丹阳市皇塘镇常溧西路311号
…………………Tel：0511-86622130

江苏金茂制链有限公司
地址：丹阳市陵口镇东首
…………………Tel：0511-86668687

江苏圣罗兰寝品有限公司
地址：丹阳市导墅镇环镇西路东100号
…………………Tel：0511-86682607

江苏久维压力容器制造有限公司
地址：句容市白兔镇工业园区6号
…………………Tel：0511-87672328

江苏菲尼迪金属制品有限公司
地址：句容市白兔集镇06幢
…………………Tel：0511-87674598

江苏长凯机械设备有限公司
地址：扬中市三茅街道华兴路75号
…………………Tel：0511-88391628

江苏中环电气集团有限公司
地址：扬中市新坝工业园区(南自路)
…………………Tel：0511-88399111

江苏华鹏特种电缆股份有限公司
地址：镇江市扬中市新坝镇长虹北路
…………………Tel：0511-88411157

江苏星鑫工程管道有限公司
地址：扬中市经济开发区兴隆大桥南首
…………………Tel：0511-88453071

江苏星河集团有限公司
地址：扬中市兴隆镇
…………………Tel：0511-88453310

江苏海纬集团有限公司
地址：扬中市油坊镇长旺双桥北
…………………Tel：0511-88522174

江苏利民纸品包装股份有限公司
地址：扬中市八桥镇利民村十组
…………………Tel：0511-88542279

江苏鼎盛重工有限公司
地址：镇江市新民洲青春路6号
…………………Tel：0511-88693670

江苏百崮钢结构工程有限公司
地址：江苏省镇江市丹徒区谷阳东大道398号
…………………Tel：0511-88815611

江苏索普赛瑞装备制造有限公司
地址：镇江市京口区求索路18号
…………………Tel：0511-88995773

赛锡科技（镇江）有限公司
地址：镇江新区大山路6号
…………………Tel：0511-89986000

同高先进制造科技（太仓）有限公司
地址：太仓市浮桥镇银港路15号
…………………Tel：0512-33068990

昆山市佰瑞精密机械零组件有限公司
地址：昆山市玉山镇紫竹路1689号4号房
…………………Tel：0512-33326888

苏州雅仕五金制造有限公司
地址：江苏省昆山市千灯镇支浦路68号
…………………Tel：0512-33630989

声远光电科技（昆山）有限公司
地址：江苏省昆山市周市镇市东河路8号3#、4#厂房
…………………Tel：0512-36627630

昆山海斯图模具制造有限公司
地址：江苏省昆山市千灯镇玉溪路南侧
…………………Tel：0512-36628506

贝尔格精密机械部件（昆山）有限公司
地址：江苏省昆山市张浦镇俱进路335号
…………………Tel：0512-36658600

昆山允升吉光电科技有限公司
地址：昆山市巴城镇红杨路888号
…………………Tel：0512-36687237

健伦精密机械（中国）有限公司
地址：江苏省昆山市千灯镇石浦玉溪东路289号
…………………Tel：0512-36693610

昆山华都精工精密机械股份有限公司
地址：锦溪镇锦荣路北侧
…………………Tel：0512-36699519

昆山新鸿企业机械制造有限公司
地址：昆山市锦溪镇锦荣路北侧
…………………Tel：0512-36867998

昆山科霆钣金有限公司
地址：巴城镇石牌德昌路129号
…………………Tel：0512-50137261

昆山正富机械工业有限公司
地址：江苏省昆山市花桥镇新翠路99号
…………………Tel：0512-50350824

常熟市泰星机械有限公司
地址：常熟经济开发区高新技术产业园

泰州路
Tel：0512-51538666

苏州力强机械制造有限公司
地址：常熟市辛庄镇洞港泾村
Tel：0512-51910568

常熟中德重机有限公司
地址：常熟市国泰路33号
Tel：0512-51917150

江苏苏南重工机械科技有限公司
地址：常熟经济技术开发区兴港路6号
Tel：0512-51923660

常熟申毅卡车厢体制造有限公司
地址：常熟市支塘镇鼎鑫路8号
Tel：0512-52062088

苏州恒鼎船舶重工有限公司
地址：江苏省常熟经济开发区(沿江工业区长青路)
Tel：0512-52276317

苏州汉森电梯有限公司
地址：常熟高新技术产业开发区顺祥路99号
Tel：0512-52300391

江苏新华明机械制造实业有限公司
地址：常熟市古里镇琴东村
Tel：0512-52302065

江苏阿基米德服饰有限公司
地址：常熟市海虞镇工业园三区
Tel：0512-52323988

常熟市天狼机械设备制造有限公司
地址：常熟市海虞镇周行通港工业开发区7幢
Tel：0512-52346628

东洋机械（常熟）有限公司
地址：江苏省常熟东南经济开发区香江路
Tel：0512-52358522

常熟市佳能电梯配件有限公司
地址：常熟市冶塘镇工业园
Tel：0512-52400798

苏州瑞森硬质合金有限公司
地址：常熟市辛庄镇张桥平墅村
Tel：0512-52468521

苏州飞托克金属制品有限公司
地址：常熟市辛庄（杨园）工业园
Tel：0512-52479001

常熟市瑞峰模具有限公司
地址：常熟市沙家浜镇常昆工业园E区
Tel：0512-52501355

江苏申申服饰有限公司
地址：常熟市沙家浜镇
Tel：0512-52501888

常熟市宇龙模具有限责任公司
地址：常熟市沙家浜镇
Tel：0512-52505888

苏州贝捷环保设备有限公司
地址：常熟市常昆工业园南新路12号3幢
Tel：0512-52508836

常熟市振泰无纺机械有限公司
地址：常熟市支塘镇任阳工业园
Tel：0512-52586739

江苏常盛帝派重工机械有限公司
地址：常熟市支塘镇任阳环镇南路98号
Tel：0512-52586933

常熟三禾精工科技有限公司
地址：常熟市海虞镇汪桥村
Tel：0512-52598508

常熟市汪桥重型机械制造有限公司
地址：常熟市海虞镇工业园二区
Tel：0512-52599767

江苏东方金狐狸服饰有限公司
地址：常熟市虞山镇毛桥村
Tel：0512-52610000

苏州市富贵虎纺织服饰有限公司
地址：常熟市碧溪新区东张台资工业园
Tel：0512-52643500

常熟市电热合金材料厂有限公司
地址：常熟市梅李镇华联路258号
Tel：0512-52660018

常熟市梅李机械制造有限公司
地址：常熟市梅李镇
Tel：0512-52668941

江苏东盾木业集团有限公司
地址：常熟市董浜镇徐市南渡桥堍
Tel：0512-52679910

常熟市长江不锈钢材料有限公司
地址：常熟市莫城街道莫干路33号
Tel：0512-52758730

常熟市达敏机械有限公司
地址：常熟市虞山高新技术产业园锦州路27号
Tel：0512-52781127

丹阳希那基汽车零件有限公司
地址：丹阳市开发区通港西路68号日本汽车零部件产业园南区1栋
Tel：0512-52831903

常熟市新神舟航天科技有限公司
地址：江苏省常熟东南经济开发区澎湖路
Tel：0512-52836538

常熟市新光毛条处理有限公司
地址：常熟市古里镇陈塘村
Tel：0512-52837600

江苏中冶能源设备制造有限公司
地址：常熟市董浜镇望贤路
Tel：0512-52840858

江苏鑫华能环保工程股份有限公司
地址：常熟市秦坡路3号
Tel：0512-52843788

江苏新泰针织有限责任公司
地址：常熟市常福街道建业路6号
Tel：0512-52845900

锅屋百迪精密机械（苏州）有限公司
地址：江苏省常熟市东南街道黄浦江路156号
Tel：0512-52901560

巨硕精密机械（常熟）有限公司
地址：江苏省常熟市古里镇紫芙沪宜路205号
Tel：0512-52971388

大庆油田力神泵业（太仓）有限公司
地址：太仓经济开发区苏州路北、东仓路西
Tel：0512-53235712

苏州东金机械金属有限公司
地址：太仓经济开发区东仓北路107号
Tel：0512-53569095

孚尔默（太仓）机械有限公司
地址：太仓经济开发区朝阳东路12号
Tel：0512-53572870

太仓三光精密机械有限公司
地址：江苏省太仓市浏河镇闸南路6号
Tel：0512-53606931

太仓北新建材有限公司
地址：太仓港港口开发区协鑫中路2号
Tel：0512-53648868

苏州金韦尔机械有限公司
地址：太仓市城厢镇工业园区二期郭家泾支一路
Tel：0512-53660793

日精塑料机械（太仓）有限公司
地址：太仓经济开发区青岛西路2号
Tel：0512-53715656

昆山专用汽车制造厂有限公司
地址：周市镇金茂路1288号
Tel：0512-55106818

昆山正工模具有限公司
地址：花桥镇顺扬工业区东一路
Tel：0512-55111122

昆山天技汽车部件有限公司
地址：江苏省昆山开发区精密机械产业园天鹅路302号
Tel：0512-55117728

江苏安荣电气设备有限公司
地址：千灯镇丰收南路178号6幢
Tel：0512-55157382

昆山洛凯精密机械电气有限公司
地址：江苏省昆山市周市镇黄浦江北路西侧
Tel：0512-55160850

昆山科信高分子材料有限公司
地址：昆山市周市金茂路108号
Tel：13511638486

昆山弘迪精密机械有限公司
地址：江苏省昆山市玉山镇北门路3088号
Tel：0512-55193688

昆山市致高远精密模具有限公司
地址：昆山市玉山镇金蝶路6号
Tel：0512-55256601

昆山弗莱吉电子科技有限公司
地址：昆山市玉山镇锦淞路399号
Tel：0512-55256673

密友集团有限公司
地址：玉山镇玉城中路1号
Tel：0512-55782893

张家港科泓纺织有限公司
地址：金港镇后塍澄杨路38号
Tel：0512-56309125

张家港汉龙新能源科技股份有限公司
地址：张家港保税区天津路10号
Tel：0512-56357028

现代威亚数控机床有限公司
地址：张家港市凤凰镇凤凰大道6号
Tel：0512-56716852

张家港中集圣达因特种装备有限公司
地址：金港镇南沙港西中路
Tel：0512-56939105

昆山德企同步带轮制造有限公司
地址：玉山镇中华园西路1885号2号房
Tel：0512-57007291

大电机器人电缆（昆山）有限公司
地址：江苏省昆山市周市镇金茂路1255号
Tel：0512-57060688

昆山全美洁净化设备科技有限公司
地址：江苏省昆山市千灯镇石浦兴浦南路89号
Tel：0512-57408182

昆山市鸿毅达精密模具有限公司
地址：苏州市昆山市张浦镇白米路8号
Tel：0512-57429245

昆山市苏元电子集团有限公司
地址：昆山市千灯镇华涛路108号
Tel：0512-57467066

昆山市华霆精密机械有限公司
地址：玉山镇寰庆路2958号2号房
Tel：0512-50331085

昆山艾蓓蓓阀门有限公司
地址：巴城镇正仪东亭子路299号
Tel：0512-5755085

华一精密机械（昆山）有限公司
地址：江苏省昆山开发区蓬朗昆嘉路33号
Tel：0512-57610000

昆山博贝精密机械制造有限公司
地址：巴城镇德昌路183号
Tel：0512-57628787

昆山威创自动化科技有限公司
地址：江苏省昆山市周市镇长兴东路282号4号厂房
Tel：0512-57629195

卡尔森精密机械（昆山）有限公司
地址：江苏省昆山开发区章基路东侧中小工业园
Tel：0512-57630192

昆山振兴精密模具有限公司
地址：昆山开发区兵希盛希路161号
Tel：0512-57636007

昆山市三维换热器有限公司
地址：昆山市周市镇萧林东路3898号
Tel：0512-57661358

德大机械（昆山）有限公司
地址：江苏省昆山市周市镇康庄路287号
Tel：0512-57664275

琮伟机械（昆山）有限公司
地址：江苏省昆山市周市镇黄浦江北路568号
Tel：0512-57666123

昆山施耐特智能装备有限公司
地址：昆山市周市镇新镇新浦路188号10号楼
Tel：0512-57668667

昆山市珍和模具五金机械有限公司
地址：陆家镇泗桥村
Tel：0512-57670998

昆山江锦机械有限公司
地址：昆山市陆家镇金阳东路67号
Tel：0512-57671541

昆山市三建模具机械有限公司
地址：昆山市巴城镇石牌相石路1599号
Tel：0512-57681328

昆山土山建设部件有限公司
地址：江苏省昆山市巴城镇石牌相石路168号
Tel：0512-57687888

佳重电磁设备（昆山）有限公司
地址：江苏省昆山市周市镇陆杨金茂路1333号
Tel：0512-57689200

昆山市永宏温室有限公司
地址：花桥镇逢星路1399号
Tel：0512-57696583

昆山百塑精密机械有限公司
地址：江苏省昆山市花桥镇蓬青路566号
Tel：0512-57699188

昆山市三星机械制造有限公司
地址：昆山开发区太湖路92号
Tel：0512-57708168

昆山德博服装有限公司
地址：玉山镇寰庆路2980号中节能（昆山）循环经济产业园24号楼
Tel：0512-57759727

江苏密友粉体新装备制造有限公司
地址：玉山镇玉城中路1号
Tel：0512-57782895

昆山市润建建设实业有限公司
地址：巴城镇民营工业园
Tel：0512-57851988

昆山京都电梯有限公司
地址：江苏省昆山市陆家镇环铁路6号
Tel：0512-57874250

昆山聚宝化妆礼品有限公司
地址：江苏省昆山开发区精密机械产业园天鹅路268号
Tel：0512-57880588

江苏建安泵业制造有限公司
地址：张浦镇滨江南路239号
Tel：0512-57883388

张家港嘉园钢铁制品有限公司
地址：张家港市乐余镇常余路89号（张家港临江绿色产业园）
Tel：0512-58119358

江苏沙洲阀门有限公司
地址：杨舍镇徐丰村
Tel：0512-58196919

江苏培达塑料有限公司
地址：凤凰镇凤凰大道
Tel：0512-58217168

张家港华捷电子有限公司
地址：江苏省张家港经济开发区（南区）新泾西路3号（杨舍镇南庄村）
Tel：0512-58260682

江苏锦港机械有限公司
地址：张家港保税区老套港南、中华路西侧
Tel：0512-58289566

江苏华青流体科技有限公司
地址：张家港保税区环保新材料产业园内
Tel：0512-58315028

张家港市意久机械有限公司
地址：张家港市塘桥镇富民中路199号A1栋
Tel：0512-58342680

张家港市力源输送机械有限公司
地址：金港镇南沙占文村
Tel：0512-58376608

张家港市振江实业有限公司
地址：塘桥镇人民东路307号
Tel：0512-58435805

华芳集团有限公司
地址：江苏省张家港市塘桥镇
Tel：0512-58438808

张家港市金立纳米高弹材料有限公司
地址：张家港市塘桥镇妙桥希望路8号
Tel：0512-58441968

张家港市鑫杰铸锻有限公司
地址：张家港市锦丰镇合兴龙潭湾路8号
Tel：0512-58500775

苏州中舜工程设备有限公司
地址：张家港市大新镇朝东圩港村
Tel：0512-5851293

江苏荣程锻造有限公司
地址：张家港市锦丰镇向阳村
Tel：0512-58519805

张家港市锦丰轧花剥绒有限责任公司
地址：锦丰镇北首
Tel：0512-58568820

江苏联冠机械有限公司
地址：锦丰镇三兴白熊路2号6-27幢
Tel：0512-58578000

张家港白熊科美机械有限公司
地址：江苏省张家港市锦丰镇三兴
Tel：0512-58579188

江苏港洋实业股份有限公司
地址：张家港市杨舍镇泗港泗闸路
Tel：0512-58581208

江苏九州纺织有限公司
地址：杨舍镇塘市南
Tel：0512-58591443

江苏久和机械有限公司
地址：张家港市现代农业示范园区珠江路
Tel：0512-58608221

张家港市泉龙机械有限公司
地址：张家港市乐余镇庆丰村1幢，2幢
Tel：0512-58615688

张家港市春泰环保机械工程有限公司
地址：乐余镇兆丰双丰路1号
Tel：0512-58650689

张家港市新亨通机械制造有限公司
地址：杨舍镇晨新村
Tel：0512-58730960

江苏金鹰流体机械有限公司
地址：大新镇港城大道西侧
Tel：0512-58756998

江苏宏宝重装精密机械制造有限公司
地址：张家港市大新镇段山村江苏宏宝工具有限公司厂区内(江苏扬子江重型装备工业园)
Tel：0512-58761638

张家港市华申工业橡塑制品有限公司
地址：江苏环保新材料产业园长山路
Tel：0512-58771011

江苏神农灭菌设备股份有限公司
地址：金港镇后塍封庄村
Tel：0512-58783598

张家港长寿工业设备制造有限公司
地址：张家港经济开发区（长兴路25号）
Tel：0512-58798728

江苏捷达离心机制造有限公司
地址：乐余镇乐丰路
Tel：0512-58966098

张家港市港鹰实业有限公司
地址：晨阳镇公园东路28号
Tel：0512-58982618

苏州瞢翔航空设备有限公司
地址：苏州工业园区江浦路71号
Tel：0512-62387800

古河奇宏电子（苏州）有限公司
地址：苏州工业园区浦田路169号
Tel：0512-62713192

苏州和鑫电气股份有限公司
地址：苏州相城经济开发区朝阳工业坊(A3号标准厂房)
Tel：0512-62746220

康普泰克压铸（苏州）有限公司
地址：苏州高新区嵩山路428号
Tel：0512-62782808

西瑞斯包装机械（苏州）有限公司
地址：苏州工业园区苏虹东路17号8幢厂房
Tel：0512-62810680

苏州维业达触控科技有限公司
地址：苏州工业园区钟南街478号
………………………… Tel：0512-62868882

信一秀塔克机械（苏州）有限公司
地址：苏州市吴中区 直镇海藏西路2018-E2号
………………………… Tel：0512-62901818

苏州鼎虎科技有限公司
地址：苏州工业园区扬和路9号
………………………… Tel：0512-62950798

玉柴再制造工业（苏州）有限公司
地址：苏州工业园区强胜路128号
………………………… Tel：0512-62969806

苏州博大永旺新材股份有限公司
地址：江苏省苏州市吴江区松陵镇菀坪社区同安西路15号
………………………… Tel：0512-63006168

江苏苏铃精工机械有限公司
地址：吴江区黎里镇莘塔社区府时路555号
………………………… Tel：0512-63290268

江苏江达机械制造有限公司
地址：吴江区同里镇同兴村
………………………… Tel：0512-63320888

吴江市金澜机械制造有限公司
地址：横扇镇菀坪社区王焰村五组
………………………… Tel：0512-63396080

苏州飙梦电子科技有限公司
地址：苏州市吴江区黎里镇临沪大道7667号
………………………… Tel：0512-63631066

吴江市新春纺织有限公司
地址：平望大桥南堍新中学后
………………………… Tel：0512-63641928

苏州德扬纺织有限公司
地址：苏州市吴江区桃源镇铜罗富乡村
………………………… Tel：0512-63888851

朗维纺织机械（苏州）有限公司
地址：吴江经济技术开发区叶港路南侧、光明路西侧
………………………… Tel：0512-63912800

永科电子科技（苏州）有限公司
地址：苏州工业园区群星一路83号
………………………… Tel：0512-63950049

苏州工业园区科佳自动化有限公司
地址：苏州工业园区和顺路59号2号楼
………………………… Tel：0512-65151966

苏州通达物流机器有限公司
地址：苏州市相城区阳澄湖镇西横港街6号
………………………… Tel：0512-65408892

苏州市普成机械有限公司
地址：苏州市吴中区横泾街道天鹅荡路
………………………… Tel：0512-65466477

苏州博宏源机械制造有限公司
地址：苏州市相城区渭塘镇爱格豪路22号一层东车间
………………………… Tel：0512-65486261

苏州弗克技术股份有限公司
地址：苏州市吴中经济开发区吴中大道2588号15幢
………………………… Tel：0512-65580057

苏州伟业石化机械厂
地址：苏州吴中经济开发区兴南路62号
………………………… Tel：0512-65651020

苏州市锦翔压力容器制造有限公司
地址：苏州市相城区阳澄湖镇东横港街9号
………………………… Tel：0512-65788299

江苏方邦机械有限公司
地址：苏州相城经济开发区（澄波路）
………………………… Tel：0512-65798801

苏州原禄机械有限公司
地址：苏州市相城区黄埭镇东桥长平路83号A1幢
………………………… Tel：0512-65799106

苏州市利达商品混凝土有限公司
地址：苏州市吴中区郭巷街道尹中南路1999号
………………………… Tel：0512-65960275

苏州三信机器制造有限公司
地址：苏州吴中经济开发区兴吴路8号
………………………… Tel：0512-65963868

苏州英维铂精密机械有限公司
地址：苏州市相城区太平街道旺巷村邢店大窑桥东堍
………………………… Tel：0512-65998768

苏州市东望钣金有限公司
地址：苏州吴中经济开发区横泾街道兴东路9号
………………………… Tel：0512-66032558

苏州联利精密制造有限公司
地址：苏州市高新区通安镇真北路95号
………………………… Tel：0512-66072181

苏州市东望医疗设备有限公司
地址：苏州高新区通安镇中唐路969号
………………………… Tel：0512-66171978

苏州市天烨精密制造有限公司
地址：苏州市吴中区胥口镇石胥路999号
………………………… Tel：0512-66248999

苏州恒恺机械有限公司
地址：苏州市吴中区胥口镇新峰工业园（子胥路199号）13、14号厂房
………………………… Tel：0512-66258433

苏州苏铸成套装备制造有限公司
地址：苏州高新区珠江路508-4号
………………………… Tel：0512-66650878

苏州农业药械有限公司
地址：苏州高新区泰山路99号
………………………… Tel：0512-66657028

西特燃气控制系统制造（苏州）有限公司
地址：苏州高新区建林路666号(出口加工区配套工业园36号标准厂房)
………………………… Tel：0512-66671522

苏州市山花精密机械有限公司
地址：苏州高新区浒墅关开发区长亭路9号
………………………… Tel：0512-66727272

新武精密机械维修（苏州）有限公司
地址：苏州高新区星丰路6号北栋
………………………… Tel：0512-66728705

苏州真懿医疗有限公司
地址：苏州高新区科技城峨眉山路70号
………………………… Tel：0512-66806001

苏州市新燕金属材料有限公司
地址：苏州市相城区渭塘镇苏渭路
………………………… Tel：0512-66836016

苏州科特环保股份有限公司
地址：苏州市吴中区胥口镇茅蓬路517号
………………………… Tel：0512-66931716

苏州中新金属制造有限公司
地址：苏州市相城区渭塘镇爱格豪路160号
………………………… Tel：0512-67222911

苏州华盛纺织装饰品有限公司
地址：苏州市相城区元和科技园中创路248号
………………………… Tel：0512-67513747

丰源科技机械（苏州）有限公司
地址：苏州工业园区星汉街5号C栋
………………………… Tel：0512-67614803

苏州中航中振汽车饰件有限公司
地址：张家港保税区金港路29号
………………………… Tel：0512-68184626

苏州金莱克汽车电机有限公司
地址：苏州高新区泰山路55号
………………………… Tel：0512-68258388

苏州沃达园林机械有限公司
地址：苏州市吴中区木渎镇木胥西路35号
………………………… Tel：0512-68837583

苏州滏瑞精密电子科技有限公司
地址：苏州市高新区观山路3号
………………………… Tel：0512-69375689

八幡机械（苏州）有限公司
地址：苏州市吴中区 直镇机场路165-88号第14幢厂房
………………………… Tel：0512-69568667

苏州金研光电科技股份有限公司
地址：吴江市汾湖镇汾湖大道558号
………………………… Tel：0512-80677111

豪利机械（苏州）有限公司
地址：苏州市吴中区 直镇凌港路
………………………… Tel：0512-80823899

常熟通江机械有限公司
地址：江苏省常熟经济开发区高新技术产业园柳州路18号
………………………… Tel：0512-81580520

太仓金马智能装备有限公司
地址：太仓市城厢镇新毛电站村
………………………… Tel：0512-81603188

雅高机械（太仓）有限公司
地址：太仓经济开发区宁波东路78号1幢
………………………… Tel：0512-81604279

昆山尚威包装科技有限公司
地址：陆家镇望石路445号
………………………… Tel：0512-81867398

神商精密器材（苏州）有限公司
地址：苏州高新区建林路666号(出口加工区配套工业园12号工业厂房)
………………………… Tel：0512-81878277

苏州市麦尔逊机械制造有限公司
地址：苏州市吴中区临湖镇浦庄东太湖路南侧
………………………… Tel：0512-82288331

明和精密模具（常熟）有限公司
地址：江苏省常熟高新技术产业开发区香园路123号
………………………… Tel：0512-82359958

昆山龙筠汽车零部件有限公司
地址：江苏省昆山市周市镇横长泾路519号
………………………… Tel：0512-82625501

昆山高科创志机器人自动化有限公司
地址：江苏省昆山市张浦镇建德路489号
………………………… Tel：0512-83638088

苏州江源精密机械有限公司
地址：苏州相城经济开发区漕湖产业园
………………………… Tel：0512-85550121

昆山市永泰机械工贸有限公司
地址：昆山开发区龙江路60号2号、3号房
………………………… Tel：0512-86176685

美科精微机械（苏州）有限公司
地址：苏州工业园区星龙街428号苏春工业坊8A
………………………… Tel：0512-87168800

苏州海盛精密机械有限公司
地址：苏州高新区五台山路39号2号厂房1层、2层
………………………… Tel：0512-87776801

埃斯维机床（苏州）有限公司
地址：苏州工业园区赵胜路1号
………………………… Tel：0512-88171966

南通利联机床制造有限公司
地址：南通市通州区刘桥镇新刘大道8号
………………………… Tel：0513-66958056

南通科硕海洋装备科技有限公司
地址：南通市经济技术开发区新兴东路300号
………………………… Tel：0513-66998911

南通金康弘纺织品有限公司
地址：南通市通州区西亭镇西禅寺村五十五组
………………………… Tel：13813633058

江苏阿尔法电梯制造有限公司
地址：如皋市长江镇高行路18号
………………………… Tel：0513-68167780

江苏海隆重机有限公司
地址：海门市海门港大生路南侧
………………………… Tel：0513-68186002

江苏江海润液设备有限公司
地址：启东市发展路9号
………………………… Tel：0513-68202950

启东松川液压科技有限公司
地址：启东市经济开发区永顺路88号
………………………… Tel：0513-68203738

领新（南通）重工有限公司
地址：江苏省南通经济技术开发区江海路159号
………………………… Tel：0513-68552323

南通小泉机电有限公司
地址：江苏省南通市通州区四安镇戚桥村
………………………… Tel：0513-68856179

江苏宇达机械有限公司
地址：江苏海门市海门港大荣路388号
………………………… Tel：0513-68901103

南通金德钢结构有限公司
地址：南通市通州区五接镇天后宫村
………………………… Tel：0513-68912098

江苏船谷重工有限公司
地址：南通市通州区五接镇平五路188号
………………………… Tel：0513-68912155

南通捷瑞阀门有限公司
地址：江苏省南通市通州区刘桥镇东大街35号
………………………… Tel：0513-69923086

南通第十二棉纺织有限公司
地址：南通市通州区石港镇西新桥西首
………………………… Tel：0513-80607806

江苏南明集团有限公司
地址：南通市通州区平潮镇三官殿村五组
………………………… Tel：0513-80607904

南通杰卡博工程机械有限公司
地址：江苏省海安工业园区(海安镇田庄村18组)
………………………… Tel：0513-80688088

南通市天时化工有限公司
地址：江苏省如东沿海经济开发区黄海三路16号
………………………… Tel：0513-80865959

启东神农机械有限公司
地址：启东滨海工业园黄海路29号
………………………… Tel：0513-80922880

施特万（南通）自动化机械制造有限公司
地址：南通市苏通科技产业园清枫路1号，清枫创业园（西区电子厂房）D2幢一楼西侧一半
………………………… Tel：0513-81007666

江苏如钰机械制造有限公司
地址：如皋市搬经镇加马居二十八组
………………………… Tel：0513-81700006

江苏拓创科研仪器有限公司
地址：海安高新区恒坤路8号
………………………… Tel：0513-81855588

南通陶美机械制造有限公司
地址：如东经济开发区新区鸭绿江路108号
………………………… Tel：0513-81906686

土平机械（江苏）有限公司
地址：江苏省如东经济开发区新区湘江路北侧
………………………… Tel：0513-81909986

江苏海力海上风电装备制造有限公司
地址：江苏省如东沿海经济开发区通海六路北侧风电母港内
………………………… Tel：0513-81991189

南通天禾机械科技有限公司
地址：江苏省海门市海门街道东海东路531号8号房
………………………… Tel：0513-82187003

江苏包罗铜材集团股份有限公司
地址：海门市经济开发区
………………………… Tel：0513-82234777

南通诺博特机器人制造有限公司
地址：海门市滨江街道珠海路111号
………………………… Tel：0513-82292198

海门市海真真空设备有限公司
地址：海门市德胜镇天久公路1号
………………………… Tel：0513-82363023

江苏中兴创元高压电气有限公司
地址：江苏省海门市货隆镇工业园区
………………………… Tel：0513-82398888

南通惠祥机械制造有限公司
地址：江苏省通州湾江海联动开发示范区红专村十组
………………………… Tel：0513-82575153

江苏富松模具科技有限公司
地址：南通市通州区四安镇阚庵东村三组
………………………… Tel：0513-82590008

海门市麒龙机械制造有限公司
地址：海门市麒麟镇广南村37组
………………………… Tel：0513-82700888

江苏顺达工程科技有限公司
地址：如皋市九华镇九华社区居委会二十六组98号
………………………… Tel：0513-82913888

江苏指南润滑液压科技有限公司
地址：启东经济开发区华石路818号
………………………… Tel：0513-83113660

南通市博南润滑液压设备有限公司
地址：启东市开发区灵峰路1133号
………………………… Tel：0513-83122033

南通力达环保设备有限公司
地址：启东市汇龙镇南苑工业园区恒丰路18号
………………………… Tel：0513-83258756

江苏冠达集团股份有限公司
地址：南通市中新一路16号1号楼
………………………… Tel：0513-83567299

南通关原机械制造有限公司
地址：江苏省南通经济技术开发区齐心路99号
………………………… Tel：0513-83595010

江苏三上机电制造股份有限公司
地址：启东科技创业园青年路333号
………………………… Tel：0513-83630100

启东市申力高压油泵厂
地址：大兴镇城东工业园区98号
………………………… Tel：0513-83669622

南通东方船用设备制造有限公司
地址：启东市下和合镇
………………………… Tel：0513-83734588

江苏广能重工有限公司
地址：启东新港工业园区
………………………… Tel：0513-83818688

南通凯雷达金属科技有限公司
地址：民主镇工业园区
………………………… Tel：0513-83858000

启东兴隆园瑞孚管路系统有限公司
地址：启东滨海工业园聚海路
………………………… Tel：0513-83872958

江苏华滋能源工程有限公司
地址：启东市海工大道88号
………………………… Tel：0513-83923888

江苏如东联丰石油机械有限公司
地址：江苏省如东经济开发区淮河路北侧
………………………… Tel：0513-84108916

江苏赛孚石油机械有限公司
地址：如东经济开发区新区渭河路36号
………………………… Tel：0513-84162366

如东前进石油机械制造有限公司
地址：如东县洋口镇斜港村海生路69号
………………………… Tel：0513-84818031

南通祥峰电子有限公司
地址：如东县河口镇中天工业园区
………………………… Tel：0513-84882986

南通亚泰工程技术有限公司
地址：南通市通港路58号
………………………… Tel：0513-85329755

乔德（南通）纺织品有限公司
地址：江苏省南通市通州区金沙镇狮子桥村
………………………… Tel：0513-85368269

南通苏通人防防护设备有限公司
地址：南通市港闸区幸福乡蒋坝村十四组
………………………… Tel：0513-85545635

南通亚华船舶制造集团有限公司
地址：南通市九圩港虹闸路1号
………………………… Tel：0513-85560028

南通山华机械重工发展有限公司
地址：南通市船舶配套工业集中区内
………………………… Tel：0513-85638805

南通国盛机床部件有限公司
地址：南通市港闸区荣盛路398号
………………………… Tel：0513-85690618

江苏帅龙集团有限公司

地址：江苏省南通市经济技术开发区小海街道通启路8号
…………………… Tel：0513-85909328
江苏长江钢绳有限公司
地址：开发区竹行镇
…………………… Tel：0513-85913726
江苏泰力钢绳有限公司
地址：南通市开发区东方大道339-1号
…………………… Tel：0513-85918755
南通金驰机电有限公司
地址：南通高新区金桥路1008号
…………………… Tel：0513-86515080
南通威尔电机有限公司
地址：南通高新技术产业开发区青岛路885号
…………………… Tel：0513-86559696
江苏环宇钢构重工有限公司
地址：南通市通州区五接镇工业集中区一号
…………………… Tel：0513-86766838
南通东方科技有限公司
地址：南通市通州区刘桥镇工业集中区
…………………… Tel：0513-86811860
江苏四方机械集团有限公司
地址：通州区三余镇人民路111号
…………………… Tel：0513-86919377
向海重工集团股份有限公司
地址：江苏启东市惠萍镇长兴村
…………………… Tel：0513-87139918
南通龙源电站阀门有限公司
地址：如皋市袁桥镇何庄村园区3号
…………………… Tel：0513-87389889
南通凯塔化工科技有限公司
地址：江苏省如东县洋口化学工业园区
…………………… Tel：0513-87542857
如皋市中罗印刷机械有限公司
地址：如皋市如城镇贺洋村四组（罗塔印刷机械公司内）
…………………… Tel：0513-87772069
南通靖虹汽配制造有限公司
地址：如皋市江安镇百新村四组60号
…………………… Tel：0513-87959660
南通金牛机械制造有限公司
地址：海安县老坝港镇工业园区
…………………… Tel：0513-88268699
南通特力锻压机床有限公司
地址：海安市城东镇工业园区
…………………… Tel：0513-88349428
南通曙光机电工程有限公司
地址：海安市城东镇星湖路11号
…………………… Tel：0513-88602288
江苏天鹏机电制造有限公司
地址：海安市大公镇工业园区
…………………… Tel：0513-88759181
南通华恒机械制造有限公司
地址：海安县海安镇林桥村15组
…………………… Tel：0513-88802044
南通鑫源电器制造有限公司
地址：海安市丹凤路99号
…………………… Tel：0513-88832439
南通联源机电科技股份有限公司
地址：海安县海安镇通扬路19号
…………………… Tel：0513-88890055
江苏嘉宇特种装备股份有限公司
地址：海安县海安镇镇南路516号
…………………… Tel：0513-88918760
高邮浩翔石油机械有限公司
地址：高邮经济开发区凌波路东首
…………………… Tel：0514-80522817
扬州超人运动器材有限公司
地址：扬州市广陵区广陵产业园
…………………… Tel：0514-80820123
江苏远泰电器有限公司
地址：扬州市邗江区竹西街道华诚路15号
…………………… Tel：0514-80827976
江苏博依模具制品有限公司
地址：宝应县泾河镇道口工业集中区创业路
…………………… Tel：0514-80891090
扬州裕兴纸品包装有限公司
地址：宝应县城西工业集中区盐金公路边
…………………… Tel：0514-80892192
高邮市顺达动力机电有限公司
地址：高邮城南经济新区兴区路
…………………… Tel：0514-80951288
扬州精泽汽配有限公司
地址：扬州市维扬经济开发区高蜀北路59号
…………………… Tel：0514-82121230
江苏金世康电器科技有限公司
地址：仪征市汽车工业园联众路12号
…………………… Tel：0514-83582308
扬州西瑞德汽车部件有限公司
地址：仪征市汽车工业园康民路55号
…………………… Tel：0514-83582666
扬州宏业船舶配套有限公司
地址：仪征市新集镇新集村工业集中区
…………………… Tel：0514-83625982
扬州市三诚机械制造有限公司
地址：仪征市新集镇人民北路2号
…………………… Tel：0514-83626488
江苏赛格纺织机械有限公司
地址：仪征市新集镇工业园区02号
…………………… Tel：0514-83626489
扬州伟鹏机械有限公司
地址：仪征市马集镇八里工业集中区
…………………… Tel：0514-83665988
仪征天华活塞环有限公司
地址：仪征市马集镇八里工业集中区三号路六号
…………………… Tel：0514-83771718
高邮市恒辉机械有限公司
地址：高邮市界首镇甓湖路77号
…………………… Tel：0514-84380085
江苏宏程重工有限公司
地址：高邮市八桥工业集中区
…………………… Tel：0514-84523028
江苏浩明光电科技股份有限公司
地址：高邮市高邮镇工业集中区同心东路
…………………… Tel：0514-84540818
高邮市迅达工程机械集团有限公司
地址：高邮市车逻镇湾桥村
…………………… Tel：0514-84565988
扬州高扬机电制造有限公司
地址：高邮市凌波路东首
…………………… Tel：0514-84613371
扬州龙鑫科技有限公司
地址：高邮市汤庄镇
…………………… Tel：0514-84712426
江苏扬州富达液压机械集团有限公司
地址：高邮市汤庄镇沙埝工业园区
…………………… Tel：0514-84722012
扬州市方圆机电制造有限公司
地址：高邮市卸甲镇益平村
…………………… Tel：0514-84732135
高邮市金利达机械有限公司
地址：高邮市卸甲镇飞翔路
…………………… Tel：0514-84739171
江苏捷美工具有限公司
地址：高邮市汤庄镇汉留工业集中区汉留大道28号
…………………… Tel：0514-84746909
江苏凯能机械设备有限公司
地址：高邮市横泾镇集镇
…………………… Tel：0514-84869888
高邮市高农机械配件有限公司
地址：高邮市龙虬镇工业集中区
…………………… Tel：0514-85083055
扬州江峰机械制造有限公司
地址：高邮城南经济新区
…………………… Tel：0514-85087582
扬州润盈机械有限公司
地址：高邮城南经济新区
…………………… Tel：0514-85089301
扬州健力美健身器材有限公司
地址：扬州市美湖路8号
…………………… Tel：0514-85109520
扬州市欣欣冶金设备制造有限公司
地址：扬州市江都区仙女镇希林路3号
…………………… Tel：0514-85182898
江苏亲亲集团股份有限公司
地址：江苏省扬州市望江路501号
…………………… Tel：0514-85589008
扬州顺达重工设备有限公司
地址：仪征市新集镇八桥工业集中区
…………………… Tel：0514-85819878
扬州东方吊架有限公司
地址：扬州市广陵产业园内
…………………… Tel：0514-85828310
江苏润田水工业设备有限公司
地址：扬州市江都区真武镇工业园区
…………………… Tel：0514-86238088
扬州市虹安消防装备有限公司
地址：扬州市江都区丁沟镇麻村工业园区
…………………… Tel：0514-86376199
别克派利尔电梯（扬州）有限公司
地址：江苏省扬州市江都区郭村镇工业集中区
…………………… Tel：0514-86392024
江苏苏铁冶金机械制造有限公司
地址：扬州市江都区曹王林园场林园桥南首
…………………… Tel：0514-86408076
江苏卡明模具有限公司
地址：扬州市江都区大桥镇工业园区园区北路
…………………… Tel：0514-86497012
江苏华光双顺机械制造有限公司
地址：扬州市江都区丁伙镇人民南路16号
…………………… Tel：0514-86501440
江苏春都钢结构工程有限公司
地址：扬州市江都区丁伙镇工业园区
…………………… Tel：0514-86501720
扬州光辉汽车零部件有限公司
地址：扬州市江都区丁伙镇双华村
…………………… Tel：0514-86504788
江苏邦威机械制造有限公司
地址：扬州市江都区龙川工业园区（邦威路8号）
…………………… Tel：0514-86528088
江苏特威机床制造有限公司
地址：扬州市江都区龙川工业园
…………………… Tel：0514-86535666
扬州金硕球墨铸铁有限公司
地址：扬州市江都区宜陵镇焦庄村
…………………… Tel：0514-86561827
扬州飞鸿电材有限公司
地址：扬州市江都区小纪镇人民南路19号
…………………… Tel：0514-86594411
江苏盛华电气有限公司
地址：扬州市江都区武坚工业园区
…………………… Tel：0514-86601896
扬州市鑫源电气股份有限公司
地址：扬州市江都区武坚镇工业园区
…………………… Tel：0514-86688088
扬州市油田通用实业有限公司
地址：扬州市江都区真武镇苏油路29号
…………………… Tel：0514-86764388
扬州市油田金达实业有限公司
地址：扬州市江都区真武工业园区振兴路29号
…………………… Tel：0514-86769814
扬州斯帕克实业有限公司
地址：扬州市江都区经济开发区张纲工业园
…………………… Tel：0514-86880032
扬州续辉饮料设备有限公司
地址：扬州市江都区宜陵镇工业集中区
…………………… Tel：0514-86889509
扬州远通交通工程有限公司
地址：扬州市运河西路32号
…………………… Tel：0514-87234239
扬州森源电气有限公司
地址：扬州市广陵产业园沙湾南路8号
…………………… Tel：0514-87293668
扬州圣林弹簧五金有限公司
地址：扬州市沙头镇霍桥强民村
…………………… Tel：0514-87461296
扬州鑫渔纺织机械有限公司
地址：广陵产业园大众港路18号
…………………… Tel：0514-87467958
扬州通扬化工设备有限公司
地址：扬州市经济技术开发区扬子江南路9号（保税区1号）
…………………… Tel：0514-87527628
利星行机械（扬州）有限公司
地址：扬州市维扬经济开发区蜀岗西路2号
…………………… Tel：0514-87639333
扬州万事达金属制品有限公司
地址：槐泗镇林桥村
…………………… Tel：0514-87651796
扬州万联机械钢构营造有限公司
地址：杨庙镇杨庙村甘八路西侧
…………………… Tel：0514-87728259
扬州柴油机厂
地址：扬州市通扬路
…………………… Tel：0514-87821609
扬州市驰城石油机械有限公司
地址：扬州市邗江经济开发区建华工业园兴华路112号
…………………… Tel：0514-87952788
扬州瑞宇建筑机械制造有限公司
地址：宝应县泰山路7号
…………………… Tel：0514-88222996
江苏成华能源化工设备有限公司
地址：宝应经济开发区
…………………… Tel：0514-88290900
江苏环宇起重运输机械有限责任公司
地址：宝应县城西工业集中区盐金路1号
…………………… Tel：0514-88356868
江苏维尔电气有限公司
地址：扬州市宝应县范水工业区
…………………… Tel：0514-88428888
江苏银宝专用车有限公司
地址：宝应县 水镇芦 路
…………………… Tel：0514-88489999
江苏江鹤滑线电气有限公司
地址：宝应县柳堡镇工业集中区创业路
…………………… Tel：0514-88774666
仪征常众汽车部件有限公司
地址：仪征市新城镇天越大道10号
…………………… Tel：0514-89372051
扬州市神力吊具制造有限公司
地址：仪征市月塘镇工业集中区高营项目区
…………………… Tel：0514-89386180
扬州曙光光电自控有限责任公司
地址：扬州市经济技术开发区金港路100号
…………………… Tel：0514-89980600
江苏宝强精密制造有限公司
地址：盐城市亭湖区盐东科技产业园14#-17#（19）
…………………… Tel：0515-68037968
江苏星豪智能科技有限公司
地址：江苏省阜宁经济开发区香港路999号（A）
…………………… Tel：0515-68664085
江苏高和智能装备股份有限公司
地址：盐城市南洋经济区迎宾大道666号
…………………… Tel：0515-68665888
江苏亚一智能装备有限公司
地址：盐城市盐都区盐龙街道办事处纬七路北健仁路南（D）
…………………… Tel：0515-68773933
阿尔卑斯（江苏）机械科技有限公司
地址：建湖县颜单镇李夏村四组
…………………… Tel：0515-69110099
江苏灌河混凝土有限公司
地址：江苏响水县经济开发区
…………………… Tel：0515-69819608
江苏振华工业集团有限公司
地址：建湖县沿河西路888号
…………………… Tel：0515-80619218
滨海华源磁业有限公司
地址：滨海县八滩镇民营创业园内2号地块
…………………… Tel：0515-80869801
江苏悦达新能源电池有限公司
地址：盐城经济技术开发区希望大道南路70号
…………………… Tel：0515-80891808
盐城福永机械有限公司
地址：盐城市盐都区新区万胜村
…………………… Tel：0515-81083199
盐城阳龙机械有限公司
地址：盐城市盐都新区万胜村二组
…………………… Tel：0515-81083199
盐城吉鹏机械有限公司
地址：盐城市盐都新区万胜村二组
…………………… Tel：0515-81083199
盐城斌瑞机械有限公司
地址：盐城市盐都区新区万胜村
…………………… Tel：0515-81083199
江苏长风海洋装备制造有限公司
地址：射阳县射阳港经济区金海大道88号
…………………… Tel：0515-82200568
射阳县智鹤机械制造有限公司
地址：射阳县合德科技创业园宏业路8号
…………………… Tel：0515-82328888
盐城市荣意来纺机有限公司
地址：盐城市亭湖区盐东镇东南工业园区（19）
…………………… Tel：0515-82680296
大丰亚进机械有限公司
地址：盐城市大丰区经济开发区同圣村三组、永跃路北侧
…………………… Tel：0515-83507000
江苏盐城港港湾建设集团有限公司
地址：盐城市大丰港区海港新城启动区星光大道南侧星湖花园36幢101室
…………………… Tel：0515-83555115
盐城思隆机电有限公司
地址：盐城市大丰区常州高新区大丰工业园友谊路6号
…………………… Tel：0515-83608886
盐城市大丰超威机械有限公司
地址：盐城市大丰区经济技术开发区2号路东
…………………… Tel：0515-83689600
盐城杰富茂博石化机械制造有限公司
地址：盐城市大丰经济开发区长安六组
…………………… Tel：0515-83689886
盐城市大丰秀工金属制造有限公司
地址：盐城市大丰区开发区昌平路东
…………………… Tel：0515-83855928
江苏固德建筑机械有限公司
地址：盐城市大丰区常青路188号
…………………… Tel：0515-83858990
莱克米大丰机械有限公司
地址：盐城市大丰区经济开发区西康南路4号
…………………… Tel：0515-83859100
江苏金韦尔机械有限公司
地址：盐城市大丰区经济开发区申丰路90号
…………………… Tel：0515-83996688
江苏雄越石油机械设备制造有限公司
地址：滨海县东坎镇民营创业园
…………………… Tel：0515-84109966
江苏苏盐通联水处理设备制造有限公司
地址：江苏省滨海经济开发区工业园北区宏伟路
…………………… Tel：0515-84195555
江苏远大信谊药业有限公司
地址：滨海县滨淮镇头罾村（盐城市沿海化工园区）
…………………… Tel：0515-84382890
江苏和信石油机械有限公司
地址：东台经济开发区纬五路九号
…………………… Tel：0515-85322388
江苏业辉新型材料股份有限公司
地址：东台经济开发区纬八路2号
…………………… Tel：0515-85327770
江苏欣宏泰机电有限公司
地址：江苏东台经济开发区纬六路9-2号

……………………Tel：0515-85391158
江苏艾可森钢绳有限公司
地址：东台市机械装备产业园迎宾路3号
……………………Tel：0515-85466668
江苏越科新材料有限公司
地址：东台沿海经济开发区迎宾路75号
……………………Tel：0515-85722250
东台市东方船舶装配有限公司
地址：东台市新街镇人民中路70号
……………………Tel：0515-85751187
上海旭恒精工机械制造东台有限公司
地址：东台市富安工业园
……………………Tel：0515-85978298
江苏克胜作物科技有限公司
地址：灌南县堆沟港镇化工产业园新港大道1号
……………………Tel：0515-86267666
盐城市竹林机械制造有限公司
地址：建湖县经济开发区天津路66号
……………………Tel：0515-86332188
江苏谦益实业有限公司
地址：建湖县高新产业园唐桥路66号
……………………Tel：0515-86390288
江苏恒才液压机械制造有限公司
地址：建湖县建阳石油装备产业园君实路88号
……………………Tel：0515-86390299
盐城神华机械制造有限公司
地址：建湖县颜单镇工业集中区（沈杨村）
……………………Tel：0515-86500588
盐城市崇达石化机械有限公司
地址：建湖县芦沟镇大崔路99号
……………………Tel：0515-86578027
江苏昊晨机械制造有限公司
地址：江苏省阜宁经济开发区协鑫大道27号（A）
……………………Tel：0515-87397444
盐城神瑞胶带有限公司
地址：阜宁县东益工业园区6号
……………………Tel：0515-87612858
江苏馐鼎机械制造有限公司
地址：盐城经济技术开发区步凤工业园区信音路18号
……………………Tel：0515-88112016
江苏宇达电站辅机阀门制造有限公司
地址：盐城市城南新区新河街道聚亨路4号（CNX）
……………………Tel：0515-88284839
盐城市巨能动力机械有限公司
地址：盐城市亭湖区太湖路30号（18）
……………………Tel：0515-88325070
盐城平安机械有限公司
地址：盐城经济技术开发区长江路16号
……………………Tel：0515-88565458
江苏火电电力设备制造有限公司
地址：盐城市西环路285号（E）
……………………Tel：0515-88581166
盐城市大明化工机械有限公司
地址：盐城市盐都区秦南镇旭日路26号（L）
……………………Tel：0515-88601024
盐城市诚益通机械制造有限责任公司
地址：盐城市盐都区秦南镇工业园区凤翔路6号（L）
……………………Tel：0515-88608138
江苏九州电器有限公司
地址：盐城经济技术开发区柳江路22号1幢
……………………Tel：0515-88683898
江苏闳业机械股份有限公司
地址：盐城市盐都区大冈镇卧龙东路88号
……………………Tel：0515-88801867
江苏江动盐城齿轮有限公司
地址：盐城市盐兴路18号
……………………Tel：0515-88881730
盐城中大工业装备制造有限公司
地址：盐城市通榆南路143号
……………………Tel：0515-88991111
江苏旭辉医疗器械有限公司
地址：江苏滨海经济开发区工业园北区程庄路北侧
……………………Tel：0515-89105599
江苏绿利来股份有限公司
地址：江苏响水生态化工园区疏港公路2号
……………………Tel：0515-89601388
江苏瑞泰汽车配件有限公司
地址：盐城经济技术开发区珠江路50号1幢
……………………Tel：0515-89801500
江苏新岛机械有限公司
地址：盐城经济技术开发区岷江路52号
……………………Tel：0515-89968328
阪神机器（徐州）有限公司
地址：徐州经济技术开发区京杭大运河以北、新104国道以西、卡特彼勒配套园内B2区
……………………Tel：0516-61888260
江苏邳州一宝建材有限公司
地址：徐连一级路运河大桥西侧1公里
……………………Tel：0516-66688161
徐州中矿汇弘矿山设备有限公司
地址：徐州高新技术产业开发区第三工业园华泰路1号
……………………Tel：0516-66693080
江苏华正数控机械有限公司
地址：徐州市铜山区园中路西，崔庄南北
……………………Tel：0516-66698161
徐州易尔环保科技有限公司
地址：徐州经济技术开发区螺山路3号
……………………Tel：0516-66699952
升华电梯有限公司
地址：徐州经济技术开发区徐海路188号
……………………Tel：0516-66880812
徐州压力机械有限公司
地址：徐州市郭庄路22号
……………………Tel：0516-67559167
徐州中良设备工程股份有限公司
地址：睢宁县高作八里工业园钢铁南路东侧
……………………Tel：0516-67766668
徐州工业锅炉有限公司
地址：徐州高新区第三工业园长安路10号
……………………Tel：0516-68001688
徐州市泉城混凝土有限责任公司
地址：江苏徐州工业园区内
……………………Tel：0516-68386666
徐州新电高科电气有限公司
地址：江苏省徐州市铜山区徐州高新技术产业开发区第二工业园昆仑路8号
……………………Tel：0516-82308668
江苏常兴动力机械有限公司
地址：徐州市东郊大庙镇工业路东侧
……………………Tel：0516-83259329
江苏恒久钢构有限公司
地址：徐州经济技术开发区杨山路99号
……………………Tel：0516-83269986
江苏恒久机械股份有限公司
地址：徐州经济技术开发区杨山路99号
……………………Tel：0516-83269986
江苏永冠给排水设备有限公司
地址：徐州市铜山经济开发区北京路东、崔庄北路（永冠路6号）
……………………Tel：0516-83310202
江苏圣耐普特矿山设备制造有限公司
地址：徐州市铜山区湘江路2号
……………………Tel：0516-85079868
江苏华源节水股份有限公司
地址：徐州高新技术产业开发区银山路7号
……………………Tel：0516-85150566
英迪那米（徐州）半导体科技有限公司
地址：徐州市经济技术开发区庙山路1号2号厂房
……………………Tel：0516-85586668
徐州达一重锻科技有限公司
地址：江苏徐州工业园区新泉路西侧
……………………Tel：0516-85771077
徐州盾安重工机械制造有限公司
地址：徐州市城北开发区时代大道1-6号
……………………Tel：0516-85785667
沛县铸本混凝土有限公司
地址：沛县经济开发区汉康路西侧，徐沛铁路东侧
……………………Tel：0516-85911766
江苏鲁汶仪器有限公司
地址：邳州经济开发区辽河西路8号
……………………Tel：0516-86291371
徐工集团工程机械股份有限公司
地址：江苏省徐州经济技术开发区驮蓝山路26号
……………………Tel：0516-87565103
徐州苏煤矿山设备制造有限公司
地址：徐州经济技术开发区金港路8号
……………………Tel：0516-87767068
徐州精大车桥有限公司
地址：江苏徐州工业园区嘉利路以南
……………………Tel：0516-87769688
徐州中泰煤矿安全设备制造有限公司
地址：徐州经济技术开发区大庙街道办事处夏庄村
……………………Tel：0516-87870218
徐州市久隆密封件科技有限公司
地址：徐州经济开发区纬五路
……………………Tel：0516-87980226
徐州博锐机械制造有限公司
地址：徐州市贾汪区龙泰先进制造产业园D5#、6#、7#（徐州工业园区新时代大道西侧、贾汪大道北侧）
……………………Tel：0516-87980388
江苏中盟电气设备有限公司
地址：徐州市睢宁县睢河街道宁江工业园创业路2号
……………………Tel：0516-88156999
新沂北美高科耐火材料有限公司
地址：江苏徐州新沂市双塘镇
……………………Tel：0516-88608562
江苏八达重工机械股份有限公司
地址：江苏省新沂市经济技术开发区老庄路
……………………Tel：0516-88969876
徐州冠华机械制造有限公司
地址：丰县经济开发区
……………………Tel：0516-89325998
徐州徐工精密工业科技有限公司
地址：沛县经济开发区汉兴路39号
……………………Tel：0516-89961001
江苏政轩石油机械股份有限公司
地址：金湖县建设西路401号
……………………Tel：0517-80806658
江苏万成钢构科技有限公司
地址：淮安市清浦区盐河镇王元村农民创业园
……………………Tel：0517-83804520
江苏阿路美格新材料股份有限公司
地址：淮安市金湖县经济开发区东海路9号
……………………Tel：0517-86856700
江苏协诚科技发展有限公司
地址：淮安市金湖县经济开发区东海路9号
……………………Tel：0517-86856700
金湖三木机械制造实业有限公司
地址：金湖西路138号
……………………Tel：0517-86959090
江苏金卫机械设备有限公司
地址：金湖西路131号
……………………Tel：0517-86989806
洪泽东俊机械有限公司
地址：洪泽县经济开发区北四道10号
……………………Tel：0517-87216958
江苏西马机床制造有限公司
地址：盱眙县盱城淮河南路74号
……………………Tel：0517-88239660
江苏华涛户外休闲用品有限公司
地址：盱眙县经济开发区玉兰大道与金源路交汇处西北侧
……………………Tel：0517-88399000
江苏华海诚科新材料股份有限公司
地址：连云港经济技术开发区东方大道66号
……………………Tel：0518-81066521
优必得流体科技设备（江苏）有限公司
地址：连云港市海州区新浦经济开发区珠江中路2号
……………………Tel：0518-81069708
连云港鸿云实业有限公司
地址：中国（江苏）自由贸易试验区连云港片区连云区连云港港墟沟作业区55号泊位东侧
……………………Tel：0518-82386701
连云港机床厂有限公司
地址：连云港市海州开发区朐凤路117号
……………………Tel：0518-83087385
天田连云港机械有限公司
地址：连云港开发区高新技术产业区振兴路21号
……………………Tel：0518-85155521
连云港新电实业集团有限公司
地址：连云港市海州区新海路161号
……………………Tel：0518-85283146
江苏天明机械集团有限公司
地址：连云港市海州经济开发区朐凤路108号
……………………Tel：0518-85916953
连云港丰达电子有限公司
地址：连云港市海州开发区振兴路
……………………Tel：0518-85917238
江苏杰瑞科技集团有限责任公司
地址：连云港市海州区圣湖路18号102号楼
……………………Tel：0518-85981027
连云港富安机械有限公司
地址：连云港市赣榆区海洋经济开发区明珠路2号
……………………Tel：0518-86303366
江苏益尔机电有限公司
地址：溧阳市戴埠镇中笪里路3号
……………………Tel：0519-67181198
常州电梯厂有限公司
地址：钟楼区邹区镇卜弋常金东路162号
……………………Tel：0519-67892686
常州市凯程精密汽车部件有限公司
地址：武进区横林镇江村东路4号
……………………Tel：0519-67898510
常州金安冶金设备有限公司
地址：常州市春江镇安家十街166号
……………………Tel：0519-68190041
溧阳市兴达机械有限公司
地址：溧阳市戴埠镇镇善东路119号
……………………Tel：0519-68698818
常州格林照明股份有限公司
地址：常州市富民路269号
……………………Tel：0519-68853151
江苏恒鑫正宏科技有限公司
地址：武进区南夏墅街道龙资路55号
……………………Tel：0519-68863028
常州常华光电塑胶有限公司
地址：常州市钟楼区新闸街道新冶路532号
……………………Tel：0519-68865688
常州坤世精密机械有限公司
地址：常州市新北区薛家镇丽园路90号
……………………Tel：0519-68868390
尼奥迪斯焊管（常州）有限公司
地址：常州新北区春江镇魏村
……………………Tel：0519-69653561
江苏广联钢结构工程有限公司
地址：潞城镇韩区村富民路66号
……………………Tel：0519-69865161
常州海盟塑业有限公司
地址：常州市新北区黄海路368号
……………………Tel：0519-69881001
江苏港益重工股份有限公司
地址：常州市新北区春江镇滨江工业园区
……………………Tel：0519-69996699
江苏伊思灵双第弹簧有限公司
地址：常州市金坛区金城镇工业集中区西城路127号
……………………Tel：0519-80186088
江苏华源建设工程有限公司
地址：南京市栖霞区龙潭街道疏港路1号龙潭物流基地2-30号
……………………Tel：0519-80688607
江苏天目建设集团钢机有限公司
地址：溧阳市戴埠镇新北工业集中区
……………………Tel：0519-80898611
溧阳市裕达机械有限公司
地址：溧阳市溧城镇增家路10号
……………………Tel：0519-80898728
尼霍夫机械制造（常州）有限公司
地址：江苏武进经济开发区腾龙路2号7号楼
……………………Tel：0519-81098800
幸立高车辆配件（常州）有限公司
地址：常州市武进区洛阳镇洛阳路216号
……………………Tel：0519-81169166
江苏丰顺新材料科技有限公司
地址：武进区礼嘉镇华渡村
……………………Tel：0519-81281706
常州昌隆机床制造有限公司
地址：常州市新北区顺园路26号
……………………Tel：0519-81581871
常州冠日电器工具有限公司
地址：常州市武进区礼嘉镇新辰村委南史101号
……………………Tel：0519-81689939
常州金隆益群医用卫生材料有限公司
地址：武进区横林镇古槐路1号
……………………Tel：0519-81880083
常州凯度机电有限公司
地址：常州市金坛区华城路286号
……………………Tel：0519-82369818
华莱（常州）液压科技有限公司
地址：常州市新北区圩塘工业园花港路8号
……………………Tel：0519-82555111
江苏晨阳机械有限公司
地址：常州市金坛区金城镇后阳街1号
……………………Tel：0519-82611088
江苏晶昇服饰有限公司
地址：常州市金坛区罗村下沈村
……………………Tel：0519-82667007
江苏鑫特石油设备有限公司
地址：常州市金坛区洮西工业园内
……………………Tel：0519-82726906
江苏东宝印染有限公司
地址：常州市金坛区城西邮堂庙路13号
……………………Tel：0519-82896800
江苏帕卓管路系统股份有限公司
地址：江苏省常州市金坛金西工业园创业路69号
……………………Tel：0519-82989188
常州新联铸业有限公司
地址：常州市新北区新联路1号
……………………Tel：0519-83206292
江苏尔悦电力设备有限公司
地址：常州市新北区孟河镇小河工业开发区
……………………Tel：0519-83241259
常州市凯凌车配有限公司
地址：常州市新北区孟河镇九龙路31号
……………………Tel：0519-83241731
三惠技研（常州）有限公司
地址：常州市新北区乐山路60号
……………………Tel：0519-83279911
江苏启钊精密模具有限公司
地址：武进国家高新技术产业开发区武宜南路377号创新产业园22号
……………………Tel：0519-83339933
常州市元佳机械制造有限公司
地址：常州市武进区湟里镇工业园区
……………………Tel：0519-83340232
常州金鼎电器有限公司
地址：武进区湟里镇卜东路
……………………Tel：0519-83341435
常州市武进电力管件有限公司
地址：武进区湟里镇湟里村
……………………Tel：0519-83343388

常州市恒晁工具制造有限公司
地址：常州市新北区西夏墅镇日月山路8号
Tel：0519-83431868

常州嘉盈车辆部件有限公司
地址：常州市新北区罗溪镇盛意路6号
Tel：0519-83438006

常州宇峰电池有限公司
地址：常州新北区龙虎塘天合路115号
Tel：0519-83608733

常州清流环保科技有限公司
地址：钟楼区邹区镇鹤溪村
Tel：0519-83630169

常州市昌吉冶金轧辊有限公司
地址：钟楼区邹区镇岳杨路9号
Tel：0519-83630523

常州市福兴电器有限公司
地址：江苏武进经济开发区长汀工业园东方南路20号
Tel：0519-83663288

常州市科慧制冷设备有限公司
地址：江苏武进经济开发区长汀村谢家组
Tel：0519-83665006

常州东申泵业有限公司
地址：武进区嘉泽镇厚余街
Tel：0519-83681027

江苏龙富重工机械有限公司
地址：武进区湟里镇东安农行北
Tel：0519-83731135

江苏东冶轧辊有限公司
地址：武进区湟里镇蒋埝村
Tel：0519-83731805

江苏东方龙机车集团有限公司
地址：武进区湟里镇东安工业集中区
Tel：0519-83733345

常州苏冶轧辊有限公司
地址：武进区湟里镇东安人民桥
Tel：0519-83739313

江苏恒宏链传动有限公司
地址：常州市金坛区儒林镇长泰路16号
Tel：0519-83785802

弗格森输送机械（常州）有限公司
地址：钟楼经济开发区星港路66号（9幢）
Tel：0519-83867299

常州美康源医疗科技有限公司
地址：常州市钟楼区西林街道张家村委沈江村民小组90号
Tel：0519-83978701

常州科兴铁路装备有限公司
地址：常州经开区丁堰街道常青路16号
Tel：0519-85052918

江苏莱宝电力股份有限公司
地址：武进区湖塘镇沟南工业集中区
Tel：0519-85069819

常州明昌钢具机械有限公司
地址：常州市新北区宏图路8号
Tel：0519-85128156

常州市顺祥新材料科技股份有限公司
地址：常州市新北区春江镇桃花港路
Tel：0519-85128293

常州市科尼燃气设备有限公司
地址：常州新北区天山路12号
Tel：0519-85136716

常州市万汇纺织有限公司
地址：常州市新北区太湖西路88号
Tel：0519-85190002

常州瑞凯化工装备有限公司
地址：常州市金坛区常瑞路68号
Tel：0519-85260161

常州市明强港机配件有限公司
地址：常州新北区春江镇圩塘顾村工业集中区
Tel：0519-85260181

常州华盛电机有限公司
地址：常州市新北区旺贤路22号
Tel：0519-85357355

常州鑫润丰东热处理工程有限公司
地址：天宁区郑陆镇和平村
Tel：0519-85507812

江苏艾为康医疗器械科技有限公司
地址：武进国家高新技术产业开发区武进西大道80号
Tel：0519-85589011

常州天晟复合材料有限公司
地址：常州市新北区环保产业园区
Tel：0519-85607930

常州博瑞特金属容器有限公司
地址：常州市新北区东海路206号
Tel：0519-85610797

常州欣战江特种纤维有限公司
地址：常州市新北区春江镇杨园工业园
Tel：0519-85710370

常州金和电子有限公司
地址：常州市新北区电子科技产业园新科路13号
Tel：0519-85768889

常州市铮晖冷轧辊锻压有限公司
地址：常州市新北区圩塘镇前圩村
Tel：0519-85772208

常州联合锅炉容器有限公司
地址：常州新北区环保产业园环保八路1号
Tel：0519-85860778

江苏足迹涂料有限公司
地址：常州新北区春江镇百丈
Tel：0519-85861249

常州新罗机械制造有限公司
地址：常州市新北区创业东路25号
Tel：0519-85865177

常州庆福机电有限公司
地址：常州市新北区春江镇百丈振兴路20号
Tel：0519-85869129

常州市恒翔车料有限公司
地址：常州市新北区薛家镇金融路2号
Tel：0519-85951183

常州金方工程机械有限公司
地址：常州新北区现代工业园
Tel：0519-85960828

江苏常宝滔邦石油管件有限公司
地址：常州新北区尚德路38号
Tel：0519-85961199

常州宝隆冶金设备制造有限公司
地址：常州市新北区薛家镇勤奋路1号
Tel：0519-85962575

常州创盛智能装备股份有限公司
地址：常州市新北区春江镇安家振兴路96号
Tel：0519-85970963

常州市阳平机械制造有限公司
地址：江苏武进经济开发区禾香路26号
Tel：0519-8607120

江苏华东明茂机械有限公司
地址：武进区前黄镇运村大桥北
Tel：0519-86135338

江苏太湖新材料控股有限公司
地址：武进区雪堰镇雪湖路28号
Tel：0519-86158200

江苏武东机械有限公司
地址：常州市武进区雪堰镇潘家工业集中区
Tel：0519-86169032

常州市武进第一水利机械有限公司
地址：常州市武进区雪堰镇漕桥工业集中区
Tel：0519-86211060

江苏特一机械股份有限公司
地址：常州市武进区雪堰镇漕桥工业集中区
Tel：0519-86215719

江苏奥奇海洋生物工程有限公司
地址：常州市武进区雪堰镇漕桥金三角东路54号
Tel：0519-86217259

格力乐液压系统（常州）有限公司
地址：江苏省武进高新技术产业开发区凤鸣路18号12号厂房
Tel：0519-86220288

常州市武进长江滚针轴承有限公司
地址：武进区高新技术开发区南区凤鸣路
Tel：0519-86222222

维美德造纸机械（常州）有限公司
地址：江苏省武进高新技术产业开发区龙翔路7号
Tel：0519-86225355

小鲷（常州）机械有限公司
地址：江苏省武进高新技术产业开发区凤鸣路5号
Tel：0519-86225666

森瑞（常州）橡塑制品有限公司
地址：江苏省武进高新技术产业开发区津通工业园
Tel：0519-86226080

江苏人向轴承有限公司
地址：武进国家高新技术产业开发区凤鸣路3号
Tel：0519-86228888

江苏常力电器有限公司
地址：武进区礼嘉镇工业园区
Tel：0519-86232887

常州市海润机电有限公司
地址：武进区礼嘉镇秦巷村委赵岸路1号
Tel：0519-86233710

常州龙泰铸造有限公司
地址：武进区前黄工业集中区（小漕村）
Tel：0519-86252067

江苏华凌机电科技有限公司
地址：常州市武进区礼嘉镇政平政前路18号
Tel：0519-86255288

常州市工业缝纫机有限公司
地址：武进区前黄镇寨桥南路2号
Tel：0519-86268516

常州中车柴油机零部件有限公司
地址：江苏省武进高新技术产业开发区龙盘路2号
Tel：0519-86321705

常州嘉宝服饰有限公司
地址：常州市武进区湖塘武进纺织工业园（轻纺路8号）
Tel：0519-86325806

江苏天发动力科技有限公司
地址：常州市武进区湖塘镇沙塘岸社区
Tel：0519-86355800

常州雷蒙连接器有限公司
地址：江苏武进经济开发区稻香西路12号
Tel：0519-86363850

常州市传动输送机械有限公司
地址：武进高新技术产业开发区龙惠路27号
Tel：0519-86483113

江苏凯博传动设备有限公司
地址：武进区南夏墅街道桐庄村
Tel：0519-86485833

江苏宏力称重设备有限公司
地址：武进国家高新技术产业开发区龙惠路21号（经营场所：武进国家高新技术产业开发区龙惠路25号）
Tel：0519-86490085

江苏亚美特传动科技股份有限公司
地址：武进区南夏墅街道庙桥村
Tel：0519-86506000

常州市武进金城齿轮有限公司
地址：武进高新技术产业开发区新升路51号
Tel：0519-86506525

常州市武进第二齿轮有限公司
地址：武进区湖塘镇马杭纺织工业园区二期
Tel：0519-86507359

常州超宇机械制造有限公司
地址：武进区前黄镇丁舍村
Tel：0519-86515606

常州市远东先进塑胶有限公司
地址：武进区前黄镇工业集中区
Tel：0519-86518111

常州南苑塑料有限公司
地址：武进国家高新技术产业开发区新雅路6号
Tel：0519-86532867

常州玉宇电光器件有限公司
地址：江苏武进经济开发区菊香路1号
Tel：0519-86534208

江苏申利科技有限公司
地址：武进区雪堰镇潘家东街15 号
Tel：0519-86543172

常州浦发机械有限公司
地址：武进区雪堰镇周桥村
Tel：0519-86546668

常州市铭锦弹簧有限公司
地址：武进区雪堰镇潘家工业集中区
Tel：0519-86547160

常州市常武欣摄石化配件有限公司
地址：武进区雪堰镇潘家工业园建设路13号
Tel：0519-86548318

江苏上瑞汽车部件有限公司
地址：武进区雪堰镇城东村
Tel：0519-86549996

常州市格里森前进齿轮有限公司
地址：武进高新技术产业开发区南区
Tel：0519-86552459

常州市豪乐机械有限公司
地址：武进区湖塘镇长虹村
Tel：0519-86701133

常州市武进永达机械轴承有限公司
地址：武进区湖塘镇东新村
Tel：0519-86707666

常州市道铖精密机械有限公司
地址：常州市武进区横山桥镇朝阳路横山桥段88号
Tel：0519-86928234

常州天晟新材料股份有限公司
地址：常州市龙锦路508号
Tel：0519-86929011

江苏盛德电子仪表有限公司
地址：溧阳市上兴镇工业集中区
Tel：0519-87038087

江苏保龙机电制造有限公司
地址：溧阳市昆仑街道腾飞路18号
Tel：0519-87302016

江苏亿鼎传动机械有限公司
地址：溧阳市溧城镇肇庄路186号1幢
Tel：0519-87303488

溧阳市中豪热处理有限公司
地址：溧阳经济开发区肇庄路186号
Tel：0519-87303488

溧阳市储丰钢板仓设备制造工程有限公司
地址：溧阳市天目湖镇工业园区中材路9号
Tel：0519-87331598

江苏苏阳电工机械有限公司
地址：溧阳市埭头镇工业园区南安路1号
Tel：0519-87360058

江苏人民机具有限公司
地址：溧阳市南渡镇永安路118号
Tel：0519-87625101

溧阳市山湖实业有限公司
地址：溧阳市南渡镇大溪集镇
Tel：0519-87673808

溧阳市新明机械配件制造有限公司
地址：溧阳市竹箦镇竹安路88号
Tel：0519-87706128

江苏晶阳加工有限公司
地址：溧阳市竹箦镇西
Tel：0519-87710076

溧阳市鑫盛化工设备有限公司
地址：溧阳市竹箦镇余桥溧竹线58号1幢
Tel：0519-87835688

溧阳市江南烘缸制造有限公司
地址：溧阳市戴埠镇南工业集中区
Tel：0519-87876877

江苏鸿开有色金属有限公司
地址：溧阳市戴埠镇华晶路99号
Tel：0519-87917955

溧阳市明鑫模具有限公司
地址：溧阳市横涧集镇
Tel：0519-87930019

江苏新誉办公设备有限公司
地址：常州市武进区遥观镇钱家工业园6号
Tel：0519-88198009

常州市铭道工程机械有限公司
地址：天宁区雕庄街道中村村委
Tel：0519-88250738

常州国丰机械有限公司
地址：武进区遥观镇郑村村
Tel：0519-88361988

江苏华骏丰金属制品有限公司
地址：武进区横山桥镇芳茂村
Tel：0519-88362385

江苏今创航运装备有限公司
地址：常州市武进区遥观镇剑湖街198号
Tel：0519-88376137

常州市崔桥锁业有限公司
地址：武进区横林镇卫星村
Tel：0519-88501046

常州市知宇粉末冶金有限公司
地址：武进区横林镇崔北村
Tel：0519-88501139

常州欧锐德连接件有限公司
地址：常州市武进区洛阳镇圻庄村委圻庄厂区1号
Tel：0519-88551316

常州市华硕电子有限公司
地址：武进区横山桥镇省庄路28号
Tel：0519-88600000

江苏佳孚钢结构有限公司
地址：武进区横山桥镇工业集中区（南区）
Tel：0519-88602424

常州市万兴自控设备有限公司
地址：武进区横山桥镇星辰村
Tel：0519-88610218

江苏景灿钢杆有限公司
地址：武进区横山桥镇梁家桥村
Tel：0519-88612076

江苏恒锦田液压科技有限公司
地址：常州市武进区横山桥镇西柳塘村
Tel：0519-88650862

大澳电器（江苏）有限公司
地址：武进区横山桥镇芙蓉工业集中区
Tel：0519-88650886

江苏虎跃标准件有限公司
地址：武进区横山桥镇省庄村工业园区
Tel：0519-88666882

江苏金陵干燥科技有限公司
地址：天宁区郑陆镇宁河村
Tel：0519-88670811

江苏康华医疗器材有限公司
地址：天宁区郑陆镇三河口街
Tel：0519-88671038

常州市华伟医疗用品有限公司
地址：天宁区郑陆镇宁河村
Tel：0519-88675606

常州市武进苏南制冷设备有限公司
地址：天宁区郑陆镇梧岗村
Tel：0519-88678518

常州迈腾机械有限公司
地址：武进区洛阳镇工业集中区创盛路
Tel：0519-88700810

常州容天乐东方轴承有限公司
地址：武进区遥观镇华昌路59号
Tel：0519-88710278

常州卓睿管业有限公司
地址：常州市武进区人民东路8号
Tel：0519-88716608

常州欧爱欧履带有限公司
地址：常州市天宁区郑陆镇黄天荡村
Tel：0519-88733033

常州市振华起重运输机械有限公司
地址：武进区横林镇上塘
Tel：0519-88781136

常州市昌隆电机股份有限公司
地址：常州市横林镇新槐路28号
Tel：0519-88787582

常州市东方锅炉压力容器制造有限公司
地址：武进区洛阳镇洛阳路2号

Tel：0519-88791834

常州市江南建筑机械有限公司
地址：常州市新北区薛家镇勤奋路65号
Tel：0519-88818524

常州市江南波纹管有限公司
地址：武进区礼嘉镇工业集中区
Tel：0519-88828718

常州格林电力机械制造有限公司
地址：武进区横山桥镇奚巷村
Tel：0519-88886655

常州市恒鑫包装彩印有限公司
地址：天宁区郑陆镇焦溪工业集中区
Tel：0519-88902068

常州远东连杆集团锻造有限公司
地址：天宁区郑陆镇和平工业集中区
Tel：0519-88962800

常州市久成电子设备有限公司
地址：常州市天宁区郑陆镇工业园区
Tel：0519-88965635

常州优谷新能源科技股份有限公司
地址：常州市新北区浏阳河路8号
Tel：0519-88990879

江苏道源电气有限公司
地址：常州市和电路8号
Tel：0519-89812507

常州田上机械有限公司
地址：常州市新北区黄河西路378号
Tel：0519-89883563

天隆（常州）精密机械有限公司
地址：常州市新北区黄河西路338号
Tel：0519-89886729

江苏华星重工机械有限公司
地址：靖江经济开发区罗家港桥货站南路3号
Tel：0523-80502999

靖江市永固汽配制造有限公司
地址：靖江市城北园区北三环路92号
Tel：0523-80503586

江苏金也汽车配件有限公司
地址：靖江经济开发区城北园区纬二路59号
Tel：0523-80705010

靖江市苏轮机械厂
地址：靖江市马桥镇高新技术产业区9号
Tel：0523-80717313

江苏佳佩环保机械设备有限公司
地址：泰兴市经济开发区城东工业园区戴王路18号
Tel：0523-80735881

江苏宏太特种钢机械厂有限公司
地址：泰兴市虹桥镇四仙村如莲
Tel：0523-80738681

江苏天禹农业机械有限公司
地址：泰州市姜堰区沈高镇工业集中区（万众村）
Tel：0523-80771866

泰州市鑫诚混凝土有限公司
地址：泰州民营科技园振兴西路南侧、南官河西侧、吴陵南路东侧2幢
Tel：0523-80980218

江苏飞月轴瓦有限公司
地址：兴化市安丰镇沿河路8号
Tel：0523-82329203

江苏荣泰门业有限公司
地址：靖江市生祠镇新丰农贸市场内
Tel：0523-82355592

靖江市海源有色金属材料有限公司
地址：靖江市八圩台商工业园区1号
Tel：0523-82619858

辰信重工（江苏）有限公司
地址：泰兴市虹桥镇中丹西侧
Tel：0523-82736316

江苏锐深化工机械科技有限公司
地址：靖江经济开发区城北工业园区新二路23号
Tel：0523-82883758

兴化市东方机械有限责任公司
地址：兴化市昭阳工业园第三区
Tel：0523-83262165

兴化市精密铸钢有限公司
地址：江苏省兴化经济开发区西环路2号
Tel：0523-83269588

江苏苏美特机械有限公司
地址：兴化市经济开发区科技工业园康民路
Tel：0523-83439888

兴化市华伦达铸钢有限公司
地址：兴化市临城街道科技工业园创汇路9号
Tel：0523-83452198

兴化市同步铸造有限公司
地址：兴化经济开发区科技工业园康民路
Tel：0523-83458858

江苏瑞德机械有限公司
地址：兴化市经济开发区纬六路
Tel：0523-83496688

泰州润伟机械有限公司
地址：兴化市获垛镇工业园区
Tel：0523-83683100

兴化市兴东铸钢有限公司
地址：兴化市获垛镇工业园
Tel：0523-83688238

江苏春龙亚麻纺织有限公司
地址：兴化市临城镇刘陆西首
Tel：0523-83731888

靖江市智利达混凝土有限公司
地址：靖江市新桥镇夹港口西侧
Tel：0523-84208999

靖江市靖虹汽配制造有限公司
地址：靖江市西来镇江平路66号
Tel：0523-84230513

靖江市亚太泵业有限公司
地址：靖江市斜桥镇大觉红旗路8号
Tel：0523-84243888

江苏恒明汽车配件制造有限公司
地址：靖江市斜桥镇大觉花宋路8号
Tel：0523-84248780

江苏格尔金成套设备制造有限公司
地址：靖江市新桥镇新兴路南侧
Tel：0523-84319899

江苏靖江食品机械制造有限公司
地址：靖江市新桥镇新桥街6号
Tel：0523-84321003

江苏金麟化工机械有限公司
地址：靖江市新桥镇新桥西路101号
Tel：0523-84321276

江苏双达泵阀集团有限公司
地址：靖江市新桥镇新桥街159号
Tel：0523-84321598

江苏江河机械制造有限公司
地址：靖江市新桥镇江河路28号
Tel：0523-84326668

江苏三马起重机械制造有限公司
地址：江苏靖江经济开发区新桥园区润新大道9号
Tel：0523-84331105

江苏众欣化工设备制造有限公司
地址：靖江市新桥镇礼士南街160号
Tel：0523-84336188

江苏双轮泵业机械制造有限公司
地址：靖江市红光工业园区
Tel：0523-84351090

江苏靖江三力锻压机床制造有限公司
地址：靖江市生祠镇江平东路14号
Tel：0523-84381080

江苏山鑫重工有限公司
地址：靖江市生祠镇江平路21号
Tel：0523-84386620

江苏元泰环保工程有限公司
地址：靖江市马桥镇高新技术产业园28号
Tel：0523-84500637

靖江市起重设备厂
地址：靖江经济开发区城北园区常太路8号
Tel：0523-84526977

江苏春绿机械制造有限公司
地址：靖江经济开发区城北园区新一路16号
Tel：0523-84550118

江苏中亚实业有限公司
地址：靖江市孤山中路65号
Tel：0523-84566000

江苏苏中开关厂有限公司
地址：靖江市马桥镇江平路南侧
Tel：0523-84580258

江苏远望起重机械制造有限公司
地址：靖江开发区富阳路
Tel：0523-84626008

江苏瑞达冶金设备制造有限公司
地址：靖江市经济开发区苏源热电路2号
Tel：0523-84628029

江苏三耐特种设备制造有限公司
地址：靖江市东兴镇振兴西路69号
Tel：0523-84680909

江苏永涛实业有限公司
地址：靖江市东兴镇振兴西路98号
Tel：0523-84682555

靖江市三菱暖通机械制造有限公司
地址：靖江市中洲西路99号（经营场所：靖江市兴业路158号）
Tel：0523-84807300

靖江市悦达安防设备有限公司
地址：靖江市马桥镇经伦路西1号
Tel：0523-84929001

靖江市振达机电制造有限公司
地址：靖江市北六村13、16、17组1幢
Tel：0523-84931668

江苏五晟科技股份有限公司
地址：靖江经济开发区城北园区北二环北侧
Tel：0523-84980039

泰州市宏华冶金机械有限公司
地址：泰州市海陵工业园区内
Tel：0523-86085016

泰州东田电子有限公司
地址：泰州市高港区许庄兴旺路东侧
Tel：0523-86118829

泰州国鑫机械制造有限公司
地址：泰州经济开发区高新技术园凤凰西路166号
Tel：0523-86138012

江苏凯恩特机械设备制造有限公司
地址：泰州市经二路199号
Tel：0523-86186688

江苏欧倍力洗碗设备制造有限公司
地址：泰州市农业开发区中菱路6号
Tel：0523-86254586

泰州海陵液压机械股份有限公司
地址：泰州市泰东工业园区8号
Tel：0523-86279258

泰州市川琦机电制造有限公司
地址：泰州市海陵区宇晨路18号
Tel：0523-86555278

泰州市海锋机械制造有限公司
地址：泰州市经济开发区凤凰西路89号
Tel：0523-86848529

泰州市恒源化织厂
地址：泰州市高港区江平东路188号
Tel：0523-86908012

江苏东方力神吊装设备有限公司
地址：泰州市口岸镇振强路
Tel：0523-86939344

江苏星洲船舶设备有限公司
地址：泰兴市滨江镇城区工业园商井路北侧向荣路东侧
Tel：0523-87012966

江苏虹安精密机械制造有限公司
地址：泰兴市黄桥镇军民路99号
Tel：0523-87220069

江苏中一环保科技股份有限公司
地址：泰兴市黄桥工业园区军民路
Tel：0523-87308886

江苏泰来减速机有限公司
地址：泰兴市张桥镇匡庄村四组
Tel：0523-87561886

江苏三迪机车制造有限公司
地址：泰兴市城区工业园区振兴路66号
Tel：0523-87602072

江苏松林汽车零部件有限公司
地址：泰兴市向阳路18号
Tel：0523-87685072

泰兴市东方海工设备有限公司
地址：泰兴市黄桥工业园区韩庄路与盐靖公路交界处
Tel：0523-87685579

泰兴市东方实业有限公司
地址：泰兴市黄桥镇华溪中路30号
Tel：0523-87917111

泰兴市南磷化工有限公司
地址：泰兴经济开发区疏港路
Tel：0523-87968855

泰兴市航海机械厂
地址：泰兴市城区工业园军民路16号
Tel：0523-87999368

江苏京川水设备有限公司
地址：姜堰经济开发区双寿村
Tel：0523-88018955

江苏兆铝金属制品有限公司
地址：泰州市姜堰区白米镇纪林村
Tel：0523-88058111

江苏弗格森制冷设备有限公司
地址：泰州市姜堰区高新技术产业园内
Tel：0523-88102345

江苏里华机械股份有限公司
地址：泰州市姜堰区华港镇李庄村
Tel：0523-88125818

江苏晨光波纹管有限公司
地址：泰州市姜堰区娄庄镇工业集中区
Tel：0523-88125926

江苏泰达控股集团有限公司
地址：姜堰经济开发区泰达路99号
Tel：0523-88129988

泰州市康菱电气有限公司
地址：姜堰区沈高镇城北工业集中区（万众村）
Tel：0523-88244888

江苏江进泵业有限公司
地址：泰州市姜堰区蒋垛镇工业集中区内
Tel：0523-88301008

江苏星宇电机有限公司
地址：泰州市姜堰区罗塘街道富源路100号
Tel：0523-88312600

泰州洛克电子有限公司
地址：姜堰经济开发区新河村内
Tel：0523-88315828

江苏中智自动化股份有限公司
地址：泰州市姜堰区张甸镇蔡官工业集中区内
Tel：0523-88543960

江苏锐鸿机械有限公司
地址：泰州市姜堰区娄庄镇洪林村
Tel：0523-88601155

江苏祥华机械制造有限公司
地址：泰州市姜堰区溱潼镇工业集中区
Tel：0523-88610388

江苏华油钻具有限公司
地址：泰州市姜堰区白米镇曙光工业园区
Tel：0523-88680018

江苏宏远管业有限公司
地址：泰州市姜堰区白米镇曙光工业园区
Tel：0523-88689168

泰州市华晨机械有限公司
地址：姜堰区华港镇李庄村
Tel：0523-8875666

泰州市溪龙包装有限公司
地址：泰州市姜堰区淤溪镇卞庄村
Tel：0523-88793888

泰州市宏达织针有限公司
地址：泰州市姜堰区沈高镇城北工业集中区（万众村）
Tel：0523-88803876

江苏五星波纹管有限公司
地址：泰州市姜堰区罗塘街道城东村
Tel：0523-88808448

江苏景泰石油化工装备有限公司
地址：姜堰经济开发区陈庄东路006号
Tel：0523-88817008

江苏巨洋成套设备有限公司
地址：泰州市姜堰区罗塘街道唐园村火箭组
Tel：0523-88889001

泰州市罡杨橡塑有限公司
地址：泰州市海陵区罡杨镇杨庄村7组
Tel：0523-89661122

江苏天罡精密铸造有限公司
地址：罡杨镇西冯村
Tel：0523-89668106

江苏飞翔泵业制造有限公司
地址：靖江市新桥镇新桥中路35号
Tel：0523-92058999

正将自动化设备（江苏）有限公司
地址：江苏省沭阳经济开发区萧山路88号
Tel：0527-83511366

江苏太宝龙实业有限公司
地址：沭阳县经济开发区台北路
Tel：0527-83797008

江苏瑞恒机械制造有限公司
地址：宿迁市苏宿工业园区古城路9号
Tel：0527-84506019

江苏腾宇机械制造有限公司
地址：宿迁市宿城区支口街
Tel：0527-84593028

江苏骏兴纺织科技股份有限公司
地址：宿迁市泗阳县经济开发区苏州大道北侧南海路东侧
Tel：0527-85186868

江苏许新纺织有限公司
地址：泗阳县经济开发区黄河路8号（江苏凯达纺织有限公司院内）
Tel：0527-85266678

泗阳申久家纺面料有限公司
地址：泗阳经济开发区东区（文成路北侧B1幢）
Tel：0527-85268399

江苏永洋过程装备有限公司
地址：泗阳县经济开发区东区众兴东路205号
Tel：0527-85800881

江苏华益中亨金属科技发展有限公司
地址：泗洪经济开发区金沙江路北侧东南大道东侧
Tel：0527-86788330

宿迁祥润环保包装制品有限公司
地址：宿迁经济技术开发区通达大道西侧东吴路北侧
Tel：0527-88286663

江苏艾曼蝶纺织有限公司
地址：泗阳县经济开发区珠海路33号
Tel：0527-89660688

苏州电瓷厂（宿迁）有限公司
地址：宿迁市苏宿园区阳明山大道11号
Tel：0528-82990081

浙江省

浙江圣林机械有限公司
地址：衢州市衢江区海力大道8号
Tel：0570-3375816

衢州零零壹电器有限公司
地址：浙江省衢州市衢江区高塘路60号
Tel：0570-3665296

浙江诚远重型机械股份有限公司
地址：浙江衢州市衢江区天湖南路61号
Tel：0570 3665322

浙江九村机械有限公司
地址：浙江省衢州市东港七路98号（柯城东港工业园区内）
Tel：0570-3683339

江山市富士特化工有限公司
地址：江山经济开发区江电路19号
Tel：0570-4221399

浙江恒昌链条有限公司
地址：浙江省江山市上余兴工路48号
Tel：0570-4573015

浙江金江纺织有限公司
地址：江山经济开发区江东区兴工四路7

号
……………………Tel：0570-4971888
浙江常山百邦花式纱线有限责任公司
地址：浙江省衢州市常山县辉埠镇新区路2号
……………………Tel：0570-5168869
浙江精玛机械有限公司
地址：浙江省衢州市开化县芹阳办事处凤凰路34号
……………………Tel：0570-6016876
龙游巨鹏机械制造有限公司
地址：浙江龙游工业园区
……………………Tel：0570-7131686
浙江创展电子科技有限公司
地址：浙江龙游工业园区同舟路52号
……………………Tel：0570-7255388
凯斯通阀门有限公司
地址：浙江龙游工业园区东聚路
……………………Tel：0570-7338666
浙江汇金机械制造有限公司
地址：浙江龙游经济开发区凤山路1号
……………………Tel：0570-7391211
浙江锠泰机械工业有限公司
地址：浙江龙游工业园区经七路
……………………Tel：0570-7766677
浙江宜成环保设备有限公司
地址：龙游县东华街道城南工业区德贤路12号
……………………Tel：0570-7799686
中浙高铁轴承有限公司
地址：浙江龙游工业园区永泰路33号
……………………Tel：0570-7887783
浙江中泰环保股份有限公司
地址：衢州市柯城区东港三路70号
……………………Tel：0570-8888801
杭州银石机械制造有限公司
地址：萧山区杭州江东工业园区青六北路951号
……………………Tel：0571-22802735
杭州萧山鼎立机械有限公司
地址：萧山区宁围街道新安村
……………………Tel：0571-22806767
东风裕隆商用汽车有限公司
地址：浙江省萧山临江工业园区第二农垦场
……………………Tel：0571-22969972
浙江德迈机械有限公司
地址：浙江省杭州市富阳区新登镇新登新区贝山北路2号第3幢
……………………Tel：0571-23200812
浙江轻机离心机制造有限公司
地址：浙江省杭州市富阳区东洲街道东洲工业功能区十二号路6号
……………………Tel：0571-23217156
杭州顶可食品有限公司
地址：浙江省杭州经济技术开发区白杨街道银海街530号
……………………Tel：0571-28061999
杭州东裕晟机械有限公司
地址：萧山区临江新城农二场房屋420号
……………………Tel：0571-5637945
浙江华东机电工程有限公司
地址：浙江省杭州市大江东产业集聚区纬五路2587号
……………………Tel：0571-56627611
联瑞机械（杭州）有限公司
地址：浙江省萧山区杭州江东工业园区青西四路458号
……………………Tel：0571-57162001
金蟒（杭州）智慧科技有限公司
地址：萧山区瓜沥镇党山村
……………………Tel：0571-57181303
杭州天奥电梯有限公司
地址：建德市科技工业园区城东区块
……………………Tel：0571-58319855
浙江迅和机械制造有限公司
地址：浙江省桐庐县富春江镇红旗畈工业功能区
……………………Tel：0571-58592786
浙江盛尔气体设备制造有限公司
地址：浙江省杭州市富阳区场口镇龙集路17号
……………………Tel：0571-62051200
浙江亚投通信科技有限公司
地址：杭州富阳区银湖街道沈家坞
……………………Tel：0571-63131166
杭州七所科技有限公司
地址：浙江省杭州市富阳区鹿山街道南山村
……………………Tel：0571-63163692
杭州富阳思达机械有限公司
地址：浙江省杭州市富阳区渌渚镇杨裒村
……………………Tel：0571-63252900
杭州富镭机械有限公司
地址：杭州富阳区洞桥镇洞桥村陈林
……………………Tel：0571-63274298
杭州富阳中科通信器材有限公司
地址：浙江省杭州市富阳区常安镇东山下村青山160-1号第1幢、第2幢
……………………Tel：0571-63336677
杭州浩飞管业有限公司
地址：杭州富阳区富春街道三桥路327号2-1、2-2幢
……………………Tel：0571-63409138
杭州利嘉城电气有限公司
地址：浙江省杭州市临安区高虹镇扬山路35号
……………………Tel：0571-63770098
宁波双源纺织发展有限公司
地址：浙江省宁波杭州湾新区兴慈一路西、晓塘路北
……………………Tel：0571-63812781
浙江鸿正精密机械有限公司
地址：浙江省杭州市临安区青山湖街道鹤亭街333号
……………………Tel：0571-63925857
浙江春宇舞台设备有限公司
地址：浙江省建德市乾潭镇建北北路81号
……………………Tel：0571-64171035
建德市机械链条有限公司
地址：建德市乾潭镇麻车桥
……………………Tel：0571-64174828
杭州创先机械制造有限公司
地址：淳安县千岛湖镇涌金路158号
……………………Tel：0571-64882772
杭州千岛湖新兴纺织织造有限公司
地址：千岛湖镇曙光路
……………………Tel：0571-64883684
淳安丰远工贸有限公司
地址：淳安县千岛湖镇坪山工业园区牡丹路21号
……………………Tel：0571-65051073
杭州芬麦特机械有限公司
地址：浙江省桐庐县凤川镇工业功能区
……………………Tel：0571-69912008
杭州佳联机械制造有限公司
地址：杭州市萧山区义蓬街道蓬园村
……………………Tel：0571-82131268
杭州爱辉制衣有限公司
地址：萧山区义蓬街道蜜蜂村
……………………Tel：0571-82152298
杭州万兴减速机有限公司
地址：杭州市萧山区义蓬街道义蓬村（青春）
……………………Tel：0571-82163333
杭州阳力钢结构有限公司
地址：浙江省杭州市萧山区萧山南阳经济开发区
……………………Tel：0571-82171105
杭州映山花颜料化工有限公司
地址：萧山区南阳街道美狮西路6号
……………………Tel：0571-82173666
杭州誉球机械有限公司
地址：杭州市萧山区义蓬街道春光村
……………………Tel：0571-82181755
杭州宏图锦纶有限公司
地址：杭州市萧山区杭州江东工业园区江东四路5528号
……………………Tel：0571-82183188
杭州荣丰纺织有限公司
地址：萧山区靖江街道和顺村、黎明社区、伟南社区
……………………Tel：0571-82191593
杭州博宇减速机有限公司
地址：萧山楼塔镇管村村
……………………Tel：0571-82223888
杭州萧山环宇冲件有限公司
地址：浙江省杭州市萧山区戴村镇三头村（大湖头）
……………………Tel：0571-82231145
杭州国贸包装制品有限公司
地址：萧山区闻堰镇定山路16号
……………………Tel：0571-82308688
杭州萧山江海实业有限公司
地址：萧山区浦阳镇江西俞村
……………………Tel：0571-82326189
杭州萧山东方液压件有限公司
地址：浙江省杭州市萧山区义桥镇义桥村（杭州东液液压科技有限公司内）
……………………Tel：0571-82392525
浙江汇鸿新能源汽车有限公司
地址：浙江省杭州湾上虞经济技术开发区
……………………Tel：0571-82399873
杭州山水实业有限公司
地址：浙江省杭州市萧山区义桥镇东方路
……………………Tel：0571-82407566
杭州华源化纤有限公司
地址：萧山区瓜沥镇解放村
……………………Tel：0571-82532188
杭州钱江电气制造有限公司
地址：萧山区瓜沥镇梅仙村
……………………Tel：0571-82583288
浙江钱富万向节有限公司
地址：萧山区瓜沥镇三盈工业一区
……………………Tel：0571-82584888
杭州仕邦电力科技有限公司
地址：浙江省杭州市萧山区经济技术开发区红垦农场红灿路358号
……………………Tel：0571-82632023
杭州大路装备有限公司
地址：萧山区红山农场二分场
……………………Tel：0571-82699052
杭州三和电控设备有限公司
地址：萧山区义桥镇罗幕村
……………………Tel：0571-82704709
浙江舜池汽配有限公司
地址：杭州湾上虞经济技术开发区
……………………Tel：0571-82720978
浙江威盾机械科技有限公司
地址：杭州湾上虞经济技术开发区
……………………Tel：0571-82720988
杭州凯尔达焊接机器人股份有限公司
地址：浙江省杭州市萧山区萧山经济技术开发区红垦农场长鸣路778号
……………………Tel：0571-82765555
浙江万龙机械有限公司
地址：浙江省杭州市萧山区萧山经济技术开发区桥南区块鸿兴路127号
……………………Tel：0571-82836699
浙江普光窗饰有限公司
地址：萧山区新街街道新塘头村
……………………Tel：0571-82851666
杭州青山寝具有限公司
地址：浙江省杭州市萧山区北干街道塘湾村塘湾码头
……………………Tel：0571-82859960
松源机械制造有限公司
地址：萧山区经济技术开发区桥南区块鸿兴路以南、五号路以东
……………………Tel：0571-82860532
浙江丰波机电科技有限公司
地址：萧山区党湾镇镇中村
……………………Tel：0571-82871588
杭州百超精密机械有限公司
地址：杭州市萧山区新湾街道共和村
……………………Tel：0571-82884167
上海南大集团浙江电缆有限公司
地址：浙江省杭州湾上虞经济技术开发区
……………………Tel：0571-82919781
浙江中力节能玻璃制造有限公司
地址：萧山区临江工业园区
……………………Tel：0571-82988855
杭州颜料化工有限公司
地址：杭州市萧山区义蓬街道外六工段
……………………Tel：0571-82989789
杭州永恒纺织机械有限公司
地址：杭州市萧山区靖江街道伟南社区2组
……………………Tel：0571-82996998
杭州萧山凤凰实业有限公司
地址：萧山区瓜沥镇为民路
……………………Tel：0571-83521936
浙江凯实激光科技股份有限公司
地址：浙江省杭州市江干区丁兰街道同协路928号5幢东北侧一、二楼
……………………Tel：0571-85141533
浙江华元汽轮机械有限公司
地址：浙江省德清县乾元镇兴园街608号
……………………Tel：0571-85781626
杭州银玛机械设备制造有限公司
地址：浙江省杭州市余杭区余杭街道永安村
……………………Tel：0571-85851590
杭州国瑞混凝土有限公司
地址：浙江省杭州市余杭区仁和街道东塘村李家斗65号
……………………Tel：0571-86170397
杭州恒越机械电器制造有限公司
地址：浙江省杭州市余杭区东湖街道临平大道598号
……………………Tel：0571-86255790
宁波众茂威远电除尘实业有限公司
地址：宁波市镇海经济开发区铜帆楼
……………………Tel：0571-86310013
杭州美邦工贸有限公司
地址：浙江省塘栖镇莫家桥村
……………………Tel：0571-86318939
杭州九钻机械有限公司
地址：杭州市余杭区塘栖镇富塘路35号
……………………Tel：0571-86319787
杭州西姆森机械有限公司
地址：浙江省杭州市余杭区仁和街道启航路80号
……………………Tel：0571-86331999
杭州康得新机械有限公司
地址：浙江省杭州市余杭区仁和街道中和路211号5号厂房东北区
……………………Tel：0571-86358150
杭州中新实业有限公司
地址：浙江省杭州市余杭区塘栖镇塘旺街7号
……………………Tel：0571-86358781
杭州水表有限公司
地址：浙江省杭州市江干区凯旋路1号
……………………Tel：0571-86502755
宁波海越电器制造有限公司
地址：浙江省宁波市镇海骆驼机电园区盛兴路348号
……………………Tel：0571-86595601
杭州娃哈哈非常可乐饮料有限公司
地址：杭州经济技术开发区M10-1-3地块内
……………………Tel：0571-86845967
宁波嵘和达机械有限公司
地址：浙江省宁波市奉化区溪口镇天湖路5号(自主申报)
……………………Tel：0571-87562005
浙江海舟船舶制造有限公司
地址：浙江省杭州市西湖区双浦镇东江嘴村97号106室
……………………Tel：0571-87646307
浙江新东方轻工有限公司
地址：杭州市滨江区江陵路567号
……………………Tel：0571-87675799
杭州卡菲机械设备有限公司
地址：浙江省杭州市余杭区塘栖镇顺风路536号34幢一层
……………………Tel：0571-87787993
杭州德力西集团有限公司
地址：浙江省转塘街道转塘科技区块8号1-4幢
……………………Tel：0571-87789069
浙江信瑞重工科技有限公司
地址：浙江省嘉兴市海宁市尖山新区海丰路118号
……………………Tel：0571-87898188
杭州西湖喷泉设备成套有限公司
地址：浙江省杭州市西湖区三墩镇西湖科技经济园区西园八路6号
……………………Tel：0571-87993842
杭州赛奇机械股份有限公司
地址：杭州市拱墅区康贤路15号
……………………Tel：0571-88043733
宁波市精恒凯翔机械有限公司
地址：宁波市鄞州区姜山镇茅东村
……………………Tel：0571-88073571
杭州西子泵业有限公司
地址：浙江省杭州市余杭区塘栖镇顺启路8号
……………………Tel：0571-88111688
浙江商业机械厂有限公司
地址：浙江省杭州市下城区中河北路83号1101室
……………………Tel：0571-88130086
杭州玻璃集团有限公司
地址：杭州市拱墅区沈半路279号
……………………Tel：0571-88144501
浙江宝成机械科技有限公司
地址：宁波市江北区通惠路788号
……………………Tel：0571-88195099
欧琳集团有限公司
地址：宁波市鄞州区祥和东路128号
……………………Tel：0571-88196600
宁波市鄞州中久电子有限公司
地址：浙江省宁波市鄞州区横溪镇上畈58号
……………………Tel：0571-88239666
浙江华健医用工程有限公司
地址：浙江省宁波市鄞州区云龙镇荷花桥
……………………Tel：0571-88255178
杭州东顺染整机械制造有限公司
地址：杭州市拱墅区康桥镇康桥路12号
……………………Tel：0571-88322438
杭州华达诺自动化设备有限公司
地址：杭州余杭区仓前街道永乐村
……………………Tel：0571-88616018
杭州合力电子有限公司
地址：浙江省杭州市余杭区余杭街道城东路6号
……………………Tel：0571-88662310
杭州乾峰科技有限公司
地址：浙江省杭州市余杭区余杭街道仙宅村狄家头6-2号6幢等
……………………Tel：0571-88662691
杭州华林塑胶机械制造有限公司
地址：杭州市余杭区良渚街道通运街386号
……………………Tel：0571-88746803
杭州四方称重系统有限公司
地址：杭州市余杭区良渚街道通运路76号
……………………Tel：0571-88754033
兴源环境科技股份有限公司
地址：浙江省杭州市余杭区杭州余杭经济技术开发区望梅路1588号
……………………Tel：0571-88778808
杭州科林爱尔气源设备有限公司
地址：杭州余杭区良渚街道安溪（工业园区）地址：
……………………Tel：0571-88790991
宁波远大成立科技股份有限公司
地址：浙江省宁波市奉化区西坞工业园区
……………………Tel：0571-88881587
宁波大汉印邦股份有限公司
地址：奉化市岳林东路481号
……………………Tel：0571-88919876
杭州杭重工程机械有限公司

地址：浙江省杭州市临安区青山湖街道王家山路5号
……Tel：0571-88926961
杭州杭氧膨胀机有限公司
地址：浙江省杭州市临安区青山湖街道相府路799号
……Tel：0571-88927070
杭州嘉杰实业有限公司
地址：浙江省杭州市余杭区瓶窑镇凤城路7号-B
……Tel：0571-89366869
湖州胜信电子科技有限公司
地址：浙江省湖州市腊山路398号4幢
……Tel：0572-2023058
浙江达多耐火材料集团有限公司
地址：湖州市杭长桥北路1659号
……Tel：0572-2229938
湖州三井低温设备有限公司
地址：浙江省湖州市吴兴区南太湖大道2589号2幢
……Tel：0572-2282917
湖州久立挤压特殊钢有限公司
地址：浙江省湖州市吴兴区八里店镇
……Tel：0572-2539999
湖州丰源农业装备制造有限公司
地址：浙江省湖州市吴兴区湖州市八里店镇工业园区
……Tel：0572-2811333
湖州德奥机械设备有限公司
地址：浙江省湖州市南浔区南浔镇联谊西路1993号2幢（2号车间）-2
……Tel：0572-3092068
先登高科电气有限公司
地址：浙江省湖州市南太湖高新技术产业园外溪路135号
……Tel：0572-3638651
浙江屹立电梯有限公司
地址：浙江省湖州市南浔经济开发区综园路8号
……Tel：0572-3708090
浙江安吉天荒坪电力特种劳保用品有限公司
地址：浙江省湖州市安吉县孝丰镇竹产业科技创业中心园区金竹路
……Tel：0572-5076188
优耐富（长兴）自动化设备有限公司
地址：浙江省湖州市长兴县画溪街道画溪工业功能区雉州大道179号-300
……Tel：0572-6093657
浙江诺比德机械科技有限公司
地址：长兴县和平镇工业集中区
……Tel：0572-6098698
杜拉克纺织（长兴）有限公司
地址：浙江省长兴县经济技术开发区太湖大道1333号
……Tel：0572-6122220
浙江诺力车库设备制造有限公司
地址：浙江省湖州市长兴经济技术开发区长城路358号
……Tel：0572-6210037
浙江盛邦化纤有限公司
地址：浙江省长兴县雉城镇(开发区街道)发展大道12号
……Tel：0572-6238098
浙江金麦特自动化系统有限公司
地址：浙江省湖州市长兴县太湖街道太湖大道1515号
……Tel：0572-6297522
浙江振义汽车部件有限公司
地址：长兴县雉城镇新兴工业园区内
……Tel：0572-6510033
浙江巨源动力装备有限公司
地址：浙江省长兴县雉城镇新兴工业园区包桥路9号
……Tel：0572-6527009
湖州绿蒙纺织科技有限公司
地址：长兴县经济开发区城北工业功能区B区
……Tel：0572-6535017
浙江中科兴环能设备有限公司
地址：浙江省长兴县李家巷新世纪工业园区
……Tel：0572-6736585
浙江长兴裕丰精密机械有限公司
地址：长兴县泗安镇工业功能区
……Tel：0572-6822951
浙江明泉工业装备科技有限公司
地址：德清县武康镇上柏南郊路257号
……Tel：0572-8011603
浙江德清华杨科技有限公司
地址：浙江省德清县阜溪街道长虹中街138号
……Tel：0572-8088098
浙江福斯达气体设备有限公司
地址：德清县新市镇工业园区
……Tel：0572-8181508
浙江万丰上达涂复科技有限公司
地址：浙江省嘉兴市平湖市独山港镇振港路567号
……Tel：0572-85800966
浙江环龙机器有限公司
地址：浙江德清经济开发区低丘缓坡二期
……Tel：0572-8686199
浙江赛卡特液压部件有限公司
地址：浙江德清经济开发区丰庆街815号
……Tel：0572-8823265
海宁海橡集团有限公司
地址：浙江省海宁市海昌街道海丰路380号2幢
……Tel：0573-80776955
福田采埃孚轻型自动变速箱（嘉兴）有限公司
地址：浙江省嘉兴市经济技术开发区桐乡大道2929号-1
……Tel：0573-82131095
浙江金中机电科技有限公司
地址：嘉兴市秀洲区油车港镇汇源路18号
……Tel：0573-82230818
嘉兴市尚瑞电子科技有限公司
地址：嘉兴经济开发区城南路1369号科创中心4幢1楼西室
……Tel：0573-82651661
浙江邮邦电力科技有限公司
地址：嘉兴市七星镇永富路2号
……Tel：0573-82790009
嘉兴市胜禾石油机械有限公司
地址：嘉兴市秀洲区新农路1001号
……Tel：0573-82795681
浙江嘉科新能源科技有限公司
地址：浙江省嘉兴市秀洲区高照街道桃园路587号中电科（嘉兴）智慧产业园1期4号厂房1、2层
……Tel：0573-82799121
浙江迈兴途智能装备股份有限公司
地址：浙江省嘉兴市南湖区大桥镇永庆路68号
……Tel：0573-83016445
嘉兴盛鼎机械有限公司
地址：嘉兴市凤桥镇新篁工业园区
……Tel：0573-83143553
嘉兴格鲁博机械有限公司
地址：嘉兴市秀洲区八字路800号
……Tel：0573-83262878
浙江弘扬无纺新材料有限公司
地址：嘉兴市秀洲区新塍镇工业功能区新塍大道
……Tel：0573-83528396
嘉兴美旺机械制造有限公司
地址：嘉兴市秀洲区高照街道桃园路1076号
……Tel：0573-83698811
嘉兴市佳盛达纺织品有限公司
地址：嘉兴市王江泾镇富民经济开发区
……Tel：0573-83743965
浙江立基机电制造股份有限公司
地址：浙江省嘉兴市嘉善县惠民街道庐山路2弄8号
……Tel：0573-84296108
浙江霸器智能装备股份有限公司
地址：浙江省嘉兴市嘉善县干窑镇西路16号103室
……Tel：0573-84888088
浙江汉脑数码科技有限公司
地址：浙江省嘉兴市平湖市当湖街道和合路9号
……Tel：0573-85019788
平湖必益清洁设备有限公司
地址：浙江省嘉兴市平湖经济技术开发区兴平一路1688号
……Tel：0573-85076873
镇田机械（平湖）有限公司
地址：浙江省平湖经济开发区兴平四路1637号
……Tel：0573-85079559
中发输配电设备有限公司
地址：平湖市独山港镇海振路222号4、5、7号厂房
……Tel：0573-85299999
航狮机械设备有限公司
地址：浙江省嘉兴市平湖市新埭镇创新路333号
……Tel：0573-85578788
嘉兴市华东建设机械有限公司
地址：浙江省嘉兴市平湖市新埭镇姚浜村吕青公路南侧
……Tel：0573-85626803
浙江艾盟电机制造有限公司
地址：浙江省嘉兴市平湖市经济开发区新凯路2688号
……Tel：0573-85630395
平湖市新宇箱包有限公司
地址：浙江省嘉兴市平湖市新埭镇新圩村
……Tel：0573-85640308
科菲亚重型装备有限公司
地址：平湖市新埭镇大齐塘村
……Tel：0573-85687118
金健峰集团平湖童车有限公司
地址：平湖市新仓镇童车路北侧（童车工业城）
……Tel：0573-85748779
平湖普英特高层设备有限公司
地址：平湖市独山港镇海振路111号
……Tel：0573-85813111
浙江徐氏厨房设备有限公司
地址：平湖市林埭镇天吉路113号
……Tel：0573-85930238
平湖市兴隆钢结构安装有限公司
地址：平湖市曹桥街道九场线石龙段58号
……Tel：0573-85966332
浙江品川精密机械有限公司
地址：平湖经济技术开发区平成路2088号
……Tel：0573-85982088
浙江博远机械设备有限公司
地址：海盐县武原街道武原工业园金星区一星路7号
……Tel：0573-86081315
浙江盛迪科技股份有限公司
地址：浙江省嘉兴市海盐县望海街道正华路8号
……Tel：0573-86165199
浙江建鑫型钢科技股份有限公司
地址：海盐县澉浦镇长墙山工业园区青山路8号
……Tel：0573-86510698
浙江帅锋精密机械制造有限公司
地址：浙江省嘉兴市海盐县秦山街道核电大道南、金州路东
……Tel：0573-86572988
骅特汽车配件（浙江）有限公司
地址：浙江省嘉兴市海盐县西塘桥街道椰岛路799号
……Tel：0573-86583398
浙江海重重工有限公司
地址：浙江省嘉兴市海盐县西塘桥街道海港大道588号1-6幢
……Tel：0573-86587993
浙江秦山橡胶工程股份有限公司
地址：海盐县秦山镇许油车村
……Tel：0573-86645876
浙江坤博精工科技股份有限公司
地址：浙江省嘉兴市海盐县秦山街道许油车村
……Tel：0573-86647182
浙江世窗光学薄膜制造有限公司
地址：海盐县经济开发区方家埭路68号
……Tel：0573-86806111
浙江万里虹纺织科技股份有限公司
地址：浙江省海宁市斜桥镇群乐路186号
……Tel：0573-8707188
浙江圣尼皮革时装有限公司
地址：浙江省嘉兴市海宁市海宁经济开发区双联路8号
……Tel：0573-87222888
海宁市腾达机械有限公司
地址：海宁经济开发区双联路117号
……Tel：0573-87260822
海宁三雷模塑有限公司
地址：海宁市尖山新区洋山路12号
……Tel：0573-87399891
海宁美力针织有限公司
地址：浙江海宁经编产业园区经编二路32号
……Tel：0573-87500098
浙江嘉利和纺织科技有限公司
地址：浙江省海宁市许村镇工业区许村大道139号
……Tel：0573-87562939
海宁市博旺布艺织造有限公司
地址：海宁市许村镇塘南路18号
……Tel：0573-87567648
浙江永发机电有限公司
地址：盐官镇三里港
……Tel：0573-87613808
鸿翔环境产业有限公司
地址：浙江省海宁市硖石街道杨汇桥村杨汇桥7号
……Tel：0573-87638936
浙江金彩新材料有限公司
地址：海宁市袁花镇北塘路68号
……Tel：0573-87656555
浙江茸创机械制造有限公司
地址：浙江省嘉兴市海宁市尖山新区锦绣路6号
……Tel：0573-87695988
海宁市荣伟氨纶有限公司
地址：海宁市斜桥镇金石村
……Tel：0573-87700888
浙江德钜铝业有限公司
地址：浙江省嘉兴市海宁市斜桥镇前步桥1号北门
……Tel：0573-87718196
浙江洁宇环保装备科技有限公司
地址：海宁市盐官工业园区五路8号
……Tel：0573-87771509
海宁国能中电节能环保设备技术有限公司
地址：浙江省嘉兴市海宁市尖山新区仙侠路105号
……Tel：0573-8786187
浙江万宝龙胶粘制品有限公司
地址：浙江省海宁市尖山新区听潮路50号
……Tel：0573-87896988
浙江艺蓝服饰有限公司
地址：浙江省嘉兴市海宁市许村镇环园中路36号
……Tel：0573-87902602
海宁市宏源无纺布业有限公司
地址：海宁市农业对外综合开发区启航路
……Tel：0573-87966778
浙江新海动力设备股份有限公司
地址：浙江省嘉兴市海宁市长安镇(农发区)栋梁路78号
……Tel：0573-87969802
浙江美联塑品科技有限公司
地址：浙江省嘉兴市海宁市长安镇（农发区）花苑路10号
……Tel：0573-87973717
浙江宝曼时装有限公司
地址：海宁市长安镇农发区之江路92号
……Tel：0573-87973799
浙江路之友工程机械有限公司
地址：浙江省海宁市长安镇农发区启潮路139-1号
……Tel：0573-87979688
海宁科巍轴承科技有限公司
地址：浙江省嘉兴市海宁市丁桥镇创新路9号1幢
……Tel：0573-87995823
浙江斯泰堡纺织有限公司
地址：海宁市许村镇联盟公路南侧、沈士大道西
……Tel：0573-87999303
浙江金申机械制造有限公司
地址：桐乡市梧桐街道工业园区秋实路南侧
……Tel：0573-88187988
速飞得（中国）自动化科技有限公司
地址：浙江省桐乡经济开发区环城西路1198号
……Tel：0573-88585568
浙江西子电梯部件有限公司
地址：浙江省海宁对外综合开发区新一路10号
……Tel：0573-89235826
海宁市英德赛电子有限公司
地址：浙江省海宁市尖山新区安江路38号
……Tel：0573-89262362
浙江五饼二鱼实业有限公司
地址：嘉兴市秀洲区王江泾镇元丰东路58号
……Tel：0573-89977099
宁波志伦电子有限公司
地址：浙江省余姚市城区振兴西路
……Tel：0574-22221216
浙江新新塑胶制品有限公司
地址：余姚市阳明科技工业园区舜科路34号
……Tel：0574-22671888
余姚市奥鑫电器有限公司
地址：浙江省余姚市凤山街道永丰村
……Tel：0574-22689110
宁波江宸智能装备股份有限公司
地址：浙江省宁波市慈溪市新兴产业集群区宗汉街道新兴大道2号
……Tel：0574-23611878
鹤林（宁波）缝制机械有限公司
地址：浙江省宁波市镇海区蛟川街道镇骆东路1217号
……Tel：0574-26286026
宁波正宇紧固件有限公司
地址：宁波市北仑区庙前山路181号
……Tel：0574-26858907
宁波中实汽车部件有限公司
地址：浙江省宁波出口加工区燕山路一号
……Tel：0574-26865638
宁波奇亚园林工具有限公司
地址：宁波市北仑区黄海路56号
……Tel：0574-26876050
宁波博信机械制造有限公司
地址：浙江省宁波市北仑区春晓西子山路155号
……Tel：0574-26882076
宁波奉化凯鑫线缆有限公司
地址：宁波市奉化区莼湖镇下陈村
……Tel：0574-28586677
纽尚（宁波）汽车轴承制造有限公司
地址：宁波市鄞州区滨海投资创业中心（鄞州区瞻岐镇）
……Tel：0574-28892125
浙江大山金属科技有限公司
地址：江北区洪塘镇洪塘村洪塘工业B区
……Tel：0574-55012039
浙江诺格汽车模具有限公司
地址：浙江省宁波保税区扬子江北路10号厂房1幢西栋D区

……Tel：0574-55839001
宁波恒力液压股份有限公司
地址：浙江省宁波市鄞州区东吴镇平塘村
……Tel：0574-55876868
宁波泰甬汽车零部件有限公司
地址：浙江省宁波市北仑区新　街道大港六路8号
……Tel：0574-55878252
宁波美志工具有限公司
地址：宁波杭州湾新区滨海二路558号
……Tel：0574-58972578
宁波振晨机械制造有限公司
地址：浙江省象山县滨海工业园金商路15号
……Tel：0574-59108697
宁波联合华发五金机械有限公司
地址：浙江省宁海县经济开发区科技工业园区
……Tel：0574-59952001
宁波得力工具有限公司
地址：浙江省宁波市宁海县黄坛镇车站西路128号办公楼2层（自主申报）
……Tel：0574-59959166
余姚市成功文具制造有限公司
地址：浙江省余姚市临山镇临海村
……Tel：0574-62037777
宁波友嘉轴承有限公司
地址：浙江省余姚市朗霞街道芦家畈路26号
……Tel：0574-62196792
余姚市宝马印刷器材有限公司
地址：余姚市兰江街道肖东工业园区
……Tel：0574-62515028
宁波惠元精密机械有限公司
地址：余姚市振兴西路57号
……Tel：0574-62563399
余姚市舒春机械有限公司
地址：余姚市荣创路22号
……Tel：0574-62576133
余姚市通用仪表有限公司
地址：余姚市明伟村荣达路30号
……Tel：0574-62753108
余姚利帅影视器材有限公司
地址：浙江省余姚市荣创路31号
……Tel：0574-62786997
浙江新倍亚精密轴承有限公司
地址：浙江省余姚市朗霞街道欣朗路207号
……Tel：0574-62801050
宁波西摩电器有限公司
地址：余姚市城区新建北路737-1号
……Tel：0574-62829610
宁波三通机械有限公司
地址：慈溪市慈东工业区
……Tel：0574-63038405
慈兴集团有限公司
地址：浙江省慈溪高新技术产业开发区新兴一路188号
……Tel：0574-63102203
宁波伊德尔新材料有限公司
地址：浙江省宁波杭州湾新区八塘路88号
……Tel：0574-63215000
慈溪市高新密封材料有限公司
地址：浙江省慈溪市龙山镇慈东滨海区慈东北大道699号
……Tel：0574-63225695
慈溪市宇时通信电力设备有限公司
地址：浙江省慈溪市长河镇沧田村沧田工业区前进路6号
……Tel：0574-63406246
宁波升瀚烟草机械有限公司
地址：慈溪市周巷镇潭东村
……Tel：0574-63445777
慈溪市中顺机械实业有限公司
地址：宁波杭州湾新区庵东镇元祥村
……Tel：0574-63471674
慈溪市振华机械有限公司
地址：浙江省宁波杭州湾新区庵东镇纬一路558号
……Tel：0574-63476598
慈溪市一栋电子有限公司
地址：浙江省慈溪市观海卫镇工业园西区环城北路728号
……Tel：0574-63630788
宁波科新化工工程技术有限公司
地址：浙江省慈溪市龙山镇范市工业区纬三路
……Tel：0574-63701297
宁波瑞宝百事达文具有限公司
地址：浙江省慈溪市龙山镇达蓬村
……Tel：0574-63739666
宁波市天菱机电有限公司
地址：慈溪市龙山镇农垦场
……Tel：0574-63786911
宁波延晟机械有限公司
地址：宁波杭州湾新区滨海一路南侧
……Tel：0574-63905658
浙江嘉丰汽车座椅有限公司
地址：浙江省慈溪滨海经济开发区镇龙二路333号
……Tel：0574-63971380
宁波联鹰工程塑料五金有限公司
地址：浙江省慈溪市慈东滨海区香山路99号
……Tel：0574-63982168
宁波金凯机床股份有限公司
地址：浙江省慈溪市古塘街道孙塘北路1455号
……Tel：0574-63989056
宁波维楷化学有限公司
地址：浙江省象山县爵溪街道北塘工业区
……Tel：0574-65001106
宁波迈拓斯数控机械有限公司
地址：宁海县力洋镇毛屿大桥东
……Tel：0574-65105716
宁海县大雅精密机械有限公司
地址：宁海县黄坛镇黄坛西路193号
……Tel：0574-65272390
宁波阿诺丹机械有限公司
地址：浙江省宁波市宁海县深　镇凤山北路55号
……Tel：0574-65285763
宁波华东旭丰纺织品有限公司
地址：宁海县梅林街道梅桥路塔山园区1号
……Tel：0574-65292868
宁波富信模胚有限公司
地址：宁海县桃源街道塘溪路1号
……Tel：0574-65530881
宁波千汇汽车饰件有限公司
地址：浙江省宁海县科技工业园区科技大道
……Tel：0574-65536516
宁波莱普机械有限公司
地址：浙江省宁波市宁海县桃源街道科技大道188号
……Tel：0574-65583750
宁波天鱼机械有限公司
地址：浙江省宁波市象山县城东工业区万隆路620号
……Tel：0574-65602966
宁波华翔东方电力机具有限公司
地址：浙江省象山县贤庠镇港口工业小区
……Tel：0574-65645331
宁波凯利汽车部件制造有限公司
地址：浙江省象山县经济开发区滨海工业园区
……Tel：0574-65780918
斐德瑞通用设备制造（宁波）有限公司
地址：浙江省象山县工业示范园区
……Tel：0574-65783500
宁波探索机械制造有限公司
地址：浙江省象山县丹西街道经济开发区白鹤路206号
……Tel：0574-65786212
宁波佳乐特橡塑机电有限公司
地址：浙江省象山县西周工业区
……Tel：0574-65836608
宁波汉普塑业股份有限公司
地址：浙江省象山县西周镇工业开发区
……Tel：0574-65839977
宁波费曼电缆有限公司
地址：宁波杭州湾新区滨海三路9号
……Tel：0574-82355008
宁波沪荣汽车部件有限公司
地址：浙江省宁波杭州湾新区兴慈一路625号
……Tel：0574-82371260
宁波赤马绞盘有限公司
地址：浙江省宁波市海曙区洞桥镇王家桥村
……Tel：0574-82819138
泰凯通用化油器（宁波）有限公司
地址：浙江省宁波市海曙区高桥镇古庵村
……Tel：0574-82823090
宁波市埃比西斯机械有限公司
地址：宁波市鄞州区云龙镇石桥、荷花桥
……Tel：0574-82825607
宁波三鼎爱迪实业有限公司
地址：宁波市江北区长阳路518号
……Tel：0574-83096282
宁波阿能汽车部件有限公司
地址：宁波市鄞州经济开发区启航南路111号
……Tel：0574-83122222
宁波锦艺机械科技有限公司
地址：浙江省宁波市北仑区白峰街道强峰路8号1幢1号-2，2幢1号，3幢1号
……Tel：0574-86020508
宁波东腾机械制造有限公司
地址：浙江省宁波市北仑区甬江南路55号
……Tel：0574-86100773
宁波威力仕高科机械有限公司
地址：宁波市北仑区沿山河北路58号
……Tel：0574-86113508
宁波日虹压铸制品有限公司
地址：宁波市北仑区坝头西路309号
……Tel：0574-86115128
宁波展晖电子科技有限公司
地址：宁波市北仑区坝头西路325号
……Tel：0574-86115220
宁波杰达模具机械有限公司
地址：大　科技工业区模具路58号
……Tel：0574-86115701
宁波环亚机械制造有限公司
地址：宁波市北仑区甬江南路17号
……Tel：0574-86120886
宁波联润流体机械制造有限公司
地址：宁波市北仑区大　甬江南路59号2幢1号
……Tel：0574-86121596
宁波金耀机械有限公司
地址：浙江省宁波市北仑区大　天台山路226号1幢1号
……Tel：0574-86148339
宁波奇明机械制造有限公司
地址：宁波市北仑区小港街道朱田
……Tel：0574-86181191
宁波海迈克精密机械制造有限公司
地址：宁波市北仑区小港海天路1688号3幢1号
……Tel：0574-86188595
宁波卡派斯电子科技有限公司
地址：镇海区蛟川街道镇宁西路101弄58号
……Tel：0574-86306206
宁波纳蒙非机械制造有限公司
地址：宁波市镇海北欧工业园区东辉路178号
……Tel：0574-86308556
浙江省二建钢结构有限公司
地址：浙江省宁波市镇海临海路27号
……Tel：0574-86360566
宁波恒通诺达液压股份有限公司
地址：浙江省镇海区蛟川街道镇骆东路1818号1幢
……Tel：18352927505
宁波凯斯机械有限公司
地址：浙江省镇海区九龙湖镇长宏村
……Tel：0574-86526899
浙江凯顺铸造有限公司
地址：镇海区九龙湖镇长宏村
……Tel：0574-86527968
宁波市镇海金力高强度紧固件有限公司
地址：宁波市镇海区九龙湖镇西经堂
……Tel：0574-86533689
宁波丰欣电磁科技有限公司
地址：浙江省镇海区骆驼街道敬德村林周
……Tel：0574-86569655
宁波搏业液压科技有限公司
地址：镇海区骆驼街道敬德村汉路路766号
……Tel：0574-86579161
宁波国创机车装备有限公司
地址：宁波市鄞州区五乡镇南车路228号
……Tel：0574-86589708
宁波天胜传动件有限公司
地址：浙江省宁波市镇海区骆驼街道田胡路399号
……Tel：0574-86591233
宁波拓诚机械有限公司
地址：宁波市镇海经济开发区A区
……Tel：0574-86596681
宁波华铸精密机械有限公司
地址：镇海区骆驼街道半港路55号
……Tel：0574-86690663
宁波海伯精工机械制造有限公司
地址：宁波出口加工区东环路26号
……Tel：0574-86809905
宁波富邦家具有限公司
地址：宁波市北仑区恒山西路789号
……Tel：0574-86813600
宁波宁塑机械有限公司
地址：宁波市鄞州区东吴镇史家湾
……Tel：0574-86817701
宁波凡尔羊绒制品有限公司
地址：宁波市北仑区崂山路29号
……Tel：0574-86887788
宁波赛福特电子有限公司
地址：北仑区霞浦万泉河路8-6号1幢1号
……Tel：18968399776
浙江精友汽配有限公司
地址：浙江省宁波市北仑区原地址：北仑区大　灵岩山路106号2幢1号第一、二层，1幢1号第一层
……Tel：0574-86987798
宁波市盛丰钢塑管制造厂
地址：浙江省宁波市北仑区戚家山金鸡路102巷15号
……Tel：0574-87393098
宁波艾易迪照明有限公司
地址：浙江省宁波市海曙区望春工业园区科泰路77号
……Tel：0574-87451956
宁波迪普五金实业有限公司
地址：宁波市海曙区段塘盛海路55号
……Tel：0574-87460666
宁波市振力工贸有限公司
地址：浙江省宁波市江北区洪祥路38号
……Tel：0574-87507833
宁波市富星电子有限公司
地址：江北区海川路66号
……Tel：0574-87522207
宁波爱柯迪汽车电控部件有限公司
地址：浙江省宁波市江北区长兴路8号1幢1楼A116
……Tel：0574-87562111
宁波中磊毛纺织染整有限公司
地址：浙江省江北区环城北路东段814弄75号
……Tel：0574-87635967
宁波森泰服饰有限公司
地址：浙江省宁波市海曙区望春工业园区科茂路450号
……Tel：0574-87721177
宁波市生命力通讯科技有限公司
地址：宁波市江北区洪塘镇工业A区
……Tel：0574-88011218
宁波畅鑫机械有限公司
地址：宁波市海曙区集士港镇卖面桥村
……Tel：0574-88020156
宁波培源金属制品有限公司
地址：宁波市鄞州区姜山镇夏施村
……Tel：0574-88096339
浙江杭能新能源车业有限公司
地址：浙江省宁波市鄞州区五乡镇时代路555号
……Tel：0574-88135193
宁波中超机器有限公司
地址：浙江省宁波市海曙区望春工业园区杉杉路99号
……Tel：0574-88179565
宁波方圆风机制造有限公司
地址：宁波市江北区海川路136号
……Tel：0574-88186252
宁波瑞国精机工业有限公司
地址：浙江省宁波市海曙区石　街道车何渡村
……Tel：0574-88265318
宁波滚石自动化科技有限公司
地址：宁波市鄞州投资创业中心
……Tel：0574-88320726
宁波杉杉汽车有限公司
地址：浙江省宁波市海曙区望春工业园区云林中路238号
……Tel：0574-88323682
宁波曙翔新材料股份有限公司
地址：浙江省宁波市海曙区横街镇徐王村
……Tel：0574-88338782
宁波华菱电梯部件有限公司
地址：宁波市鄞州区东吴镇南村大岙路58号
……Tel：0574-88340088
宁波龙峰混凝土有限公司
地址：浙江省宁波市鄞州区云龙镇获江村
……Tel：0574-88342781
宁波霖华塑胶有限公司
地址：浙江省宁波市奉化区西坞街道东畈路13号
……Tel：0574-88533993
宁波佰利刀业有限公司
地址：浙江省宁波市奉化区尚田张家村
……Tel：0574-88630478
宁波霍科电器有限公司
地址：浙江省宁波市奉化区岳林街道东郊开发区瑞峰路28号（自主申报）
……Tel：0574-88745833
奉化意格特机械制造有限公司
地址：奉化市溪口镇班溪公棠村
……Tel：15968068787
宁波同舟船舶工程有限公司
地址：宁波大榭开发区祥龙商住2＃楼501室-1
……Tel：0574-89078183
浙江利明人防设备有限公司
地址：浙江省象山县滨海工业园金港路9号
……Tel：0574-89506856
浙江理想同济工程机械有限公司
地址：浙江省绍兴市上虞区小越街道环镇北路3号
……Tel：0575-82039003
浙江江宇电机有限公司
地址：绍兴市上虞区上浦镇工业区
……Tel：0575-82360003
绍兴上虞育才风机制造有限公司
地址：绍兴市上虞区梁湖镇工业功能区
……Tel：0575-82364449
浙江德虞链轮有限公司
地址：浙江省绍兴市上虞区上浦工业园区
……Tel：0575-82366702
浙江荣众科技有限公司
地址：浙江省绍兴滨海新城沥海镇海东

路333号
…………………… Tel：0575-82392002
浙江觉悟实业有限公司
地址：绍兴市上虞区东关街道五里牌
…………………… Tel：0575-82573737
浙江路达机械仪器有限公司
地址：浙江省绍兴市上虞区道墟街道屯南村
…………………… Tel：0575-82589242
绍兴上虞银邦劳保用品有限公司
地址：浙江省绍兴市上虞区丰惠镇东郊
…………………… Tel：0575-82871198
浙江博仑高精机械制造有限公司
地址：浙江省绍兴市嵊州市金庭镇金庭村下任
…………………… Tel：0575-83362999
浙江龙威机械制造有限公司
地址：浙江省嵊州市黄泽工业园区巨龙路16号
…………………… Tel：0575-83505600
浙江手牌起重葫芦有限公司
地址：嵊州市黄泽镇工业功能区腾龙路9号
…………………… Tel：0575-83506602
精功集团有限公司
地址：绍兴市柯桥区柯桥金柯桥大道112号精功大厦18楼
…………………… Tel：0575-84568105
浙江辰鑫机械设备有限公司
地址：浙江省绍兴市上虞区道墟街道泾口
…………………… Tel：0575-85228387
浙江普天集成房屋有限公司
地址：浙江省绍兴市柯桥区滨海工业区北六路
…………………… Tel：0575-85796688
浙江日发航空数字装备有限责任公司
地址：新昌县七星街道日发数字科技园
…………………… Tel：0575-86337880
诸暨市葆元实业有限公司
地址：诸暨市应店街镇洪武路9号
…………………… Tel：0575-87082700
浙江来源机械有限公司
地址：诸暨市暨阳街道安平朝五相村
…………………… Tel：0575-87107766
浙江展诚机械股份有限公司
地址：诸暨市陶朱街道城西开发区建工路1号
…………………… Tel：0575-87133777
浙江合和机电有限公司
地址：诸暨市枫桥镇新择湖村择树下1150号
…………………… Tel：0575-87181065
铁鎯电动工具有限公司
地址：浙江省诸暨市暨阳街道东三路99号
…………………… Tel：0575-87233798
浙江兆山机电有限公司
地址：诸暨市浣东街道祝村
…………………… Tel：0575-87250682
浙江通业印刷机械有限公司
地址：浙江省诸暨市陶朱街道西二环路302号第4-6号厂房
…………………… Tel：13506859018
浙江巨亚机械制造有限公司
地址：玉环市沙门镇滨港工业城
…………………… Tel：0575-87359658
浙江众擎起重机械制造有限公司
地址：浙江省诸暨市陶朱街道千禧路1号
…………………… Tel：0575-87387603
浙江兆山混凝土有限公司
地址：诸暨市浣东街道李村一村
…………………… Tel：0575-87393015
浙江锦和智能装备有限公司
地址：浙江省诸暨市大唐镇中兴社区慎叶村
…………………… Tel：0575-87517111
浙江三叶机械有限公司
地址：诸暨市店口镇达江路18号
…………………… Tel：0575-87616873
浙江海帆机械有限公司
地址：诸暨市店口镇中央路171号
…………………… Tel：0575-87620181
浙江中伟实业集团有限公司
地址：诸暨市店口镇工业区
…………………… Tel：0575-87651116
浙江波士特机械有限公司
地址：诸暨市店口镇下塘畈
…………………… Tel：0575-87655978
浙江艾默樱零部件有限公司
地址：诸暨市店口镇工业区
…………………… Tel：0575-87657823
诸暨市艾默樱金属有限公司
地址：诸暨市店口镇解放路698号
…………………… Tel：0575-87657823
浙江越远机械有限公司
地址：诸暨市陶朱街道联合路2-1号
…………………… Tel：0575-87659118
浙江合力发电设备有限公司
地址：浙江省诸暨市陶朱街道崇德路39号
…………………… Tel：0575-87686766
浙江玺润服饰有限公司
地址：诸暨市草塔镇杭金七村横畈塘168号
…………………… Tel：0575-87719603
诸暨市康宇弹簧有限公司
地址：浙江省诸暨市大唐街道雍宇路1号
…………………… Tel：0575-87747618
浙江杰辉纺织有限公司
地址：诸暨市应店街镇伍堡畈村
…………………… Tel：0575-87847999
浙江思科机电制造有限公司
地址：浙江省绍兴市越城区越东南路15号
…………………… Tel：0575-88027718
绍兴市强生精机制造有限公司
地址：绍兴袍江工业区开源路
…………………… Tel：0575-88138792
诸暨虹茂重工机械有限公司
地址：浙江省诸暨市陶朱街道北二环路6号
…………………… Tel：0575-88791388
浙江百立机械有限公司
地址：浙江省诸暨市枫桥镇工业区兴业路45号
…………………… Tel：0575-89003319
浙江铭仕不锈钢有限公司
地址：诸暨市店口镇湖西村
…………………… Tel：0575-89007666
浙江罗速设备制造有限公司
地址：浙江省诸暨市暨南街道洋湖村
…………………… Tel：0575-89099067
浙江格洛博机械科技股份有限公司
地址：浙江省绍兴市柯桥区柯桥经济开发区安昌路765号
…………………… Tel：0575-89857998
绍兴恒元机械制造有限公司
地址：浙江省绍兴市柯桥区湖塘街道宾舍村
…………………… Tel：0575-89969858
浙江斯穆一碧根柏金属制品有限公司
地址：浙江省宁海县科技工业园区
…………………… Tel：0576-65530992
浙江日井泵业股份有限公司
地址：台州市路桥区新桥镇新柳路333号
…………………… Tel：0576-80275180
硕泰机械（浙江）有限公司
地址：浙江省玉环市沙门镇金波北路5号（滨港工业城）
…………………… Tel：15267229706
浙江同发塑机有限公司
地址：浙江省玉环市滨港工业城
…………………… Tel：0576-81716102
浙江节日灯总厂
地址：浙江省台州市路桥区新桥镇镇西路270号
…………………… Tel：0576-82441994
本航集团有限公司
地址：台州市路桥区路北街道洋洪村
…………………… Tel：0576-82519676
台州市弘鼎机械科技股份有限公司
地址：台州市路桥区峰江白枫香村
…………………… Tel：0576-82678388
华和重工有限公司
地址：台州市路桥区金清镇沥北村
…………………… Tel：0576-82713328
绿地遮阳有限公司
地址：台州市海丰路123号
…………………… Tel：0576-82729955
台州市索立机械有限公司
地址：浙江省台州经济开发区滨海工业区块GH区块
…………………… Tel：0576-82751109
浙江富华新材料科技有限公司
地址：浙江省天台县三合镇亭头工业区
…………………… Tel：0576-83087838
浙江金久胶带股份有限公司
地址：浙江省三门县海游街道西区开发区（马湖）
…………………… Tel：0576-83332699
浙江科恩洁具有限公司
地址：浙江省三门县浦坝港镇（浙江三门沿海工业城沿九路）
…………………… Tel：0576-83583308
浙江华基环保科技有限公司
地址：天台县平桥镇园南路8号
…………………… Tel：0576-83679189
浙江维瑞福工业用布股份有限公司
地址：天台县平桥镇花市路1号
…………………… Tel：0576-83682506
浙江远程车饰股份有限公司
地址：天台县坦头镇上宅村
…………………… Tel：0576-83728008
浙江环台精密机械股份有限公司
地址：浙江省天台县白鹤镇澄村
…………………… Tel：0576-83750068
浙江宏鑫重型锻造有限公司
地址：浙江省台州市黄岩西城后洋模具城
…………………… Tel：0576-84025611
浙江龙鼎车业有限公司
地址：台州市黄岩区北城街道大桥路719号
…………………… Tel：0576-84082532
浙江乐能科技股份有限公司
地址：浙江省台州市黄岩区江口街道道头村
…………………… Tel：0576-84133222
浙江东航消防泵业有限公司
地址：浙江省台州市黄岩东城街道黄椒路69号
…………………… Tel：0576-84275835
浙江科力塑料机械有限公司
地址：台州市黄岩区头陀前陈工业区
…………………… Tel：0576-84911488
伟星集团有限公司
地址：临海市尤溪
…………………… Tel：0576-85125009
浙江忠华消防器材有限公司
地址：浙江省台州市临海市江南街道汇丰南路1255号（自主申报）
…………………… Tel：0576-85281908
浙江洋平机械股份有限公司
地址：浙江省临海市上盘镇北洋
…………………… Tel：0576-85528555
浙江临江共发铸造有限公司
地址：临海市杜桥镇小田
…………………… Tel：0576-85528632
浙江力鑫真空设备有限公司
地址：浙江省台州市椒江区前所街道利民路99号（自主申报）
…………………… Tel：0576-85631388
浙江启博机械股份有限公司
地址：台州市临海市浙江头门港经济开发区滨海第二大道18号
…………………… Tel：0576-85664978
浙江四兄绳业有限公司
地址：临海市杜桥镇垦香村
…………………… Tel：0576-85723968
临亚集团有限公司
地址：临海市东塍镇中街
…………………… Tel：0576-85902597
浙江博优休闲用品股份有限公司
地址：浙江省临海市江南街道汇丰南路899号
…………………… Tel：0576-85937979
浙江天天电子股份有限公司
地址：浙江省台州市临海市大田街道大田刘村
…………………… Tel：0576-85990288
浙江鼎一工艺品股份有限公司
地址：临海市大田街道下沙路89号
…………………… Tel：0576-85997389
浙江龙威灯饰有限公司
地址：临海市东塍镇屈家
…………………… Tel：0576-85999958
温岭市大众精密机械有限公司
地址：浙江省台州市温岭市城西街道上林路
…………………… Tel：0576-86165525
浙江长江机械有限公司
地址：浙江省台州市温岭市箬横镇三房路
…………………… Tel：0576-86195188
中传科技（浙江）有限公司
地址：浙江省台州市温岭市东部新区27街10号-1
…………………… Tel：0576-86838999
浙江旨恒机床有限公司
地址：浙江省台州市温岭市东部新区金塘北路2号中小企业孵化园B区2号科研厂房
…………………… Tel：0576-86302988
浙江颢浩铸造股份有限公司
地址：温岭市大溪镇油屿村（温岭市现代精铸大溪科技园）
…………………… Tel：0576-86334777
方大电机股份有限公司
地址：浙江省台州市温岭市大溪镇工业园区
…………………… Tel：0576-86353833
绿美泵业有限公司
地址：浙江省台州市温岭市大溪镇山市村（温岭市科邦机械有限公司内）
…………………… Tel：0576-86381220
温岭市鑫都机械有限公司
地址：浙江省台州市温岭市泽国镇埭头蔡村
…………………… Tel：18158637585
浙江双森金属科技股份有限公司
地址：浙江省台州市温岭市泽国镇水仓工业区腾蛟路10号
…………………… Tel：0576-86409911
台州长城机械制造有限公司
地址：温岭市新河镇城西村新新中路
…………………… Tel：0576-86555977
浙江康明斯机械有限公司
地址：温岭市新河镇中厢工业区
…………………… Tel：0576-86578798
曙光装配式建筑科技（浙江）有限公司
地址：浙江省台州市温岭市松门镇石板殿村（村部往南600米）
…………………… Tel：0576-86620821
浙江耀达智能科技股份有限公司
地址：温岭市松门镇东南工业集聚点
…………………… Tel：0576-86632066
温岭市旭日滚塑科技有限公司
地址：浙江省台州市温岭市松门镇滨海大道南侧
…………………… Tel：13606726393
浙江罗保机械有限公司
地址：温岭市箬横镇人民南路东
…………………… Tel：0576-86815428
浙江金鸿食品机械有限公司
地址：浙江省台州市温岭市东部新区千禧路12号
…………………… Tel：0576-86837071
浙江欧普电机股份有限公司
地址：浙江省台州市温岭市城西街道九龙大道998号
…………………… Tel：0576-86909990
浙江赛特机械股份有限公司
地址：浙江省玉环市沙门镇滨港工业城
…………………… Tel：0576-87162218
台州格凌机械股份有限公司
地址：浙江省玉环市玉城街道城南社区下陡门
…………………… Tel：0576-87282020
台州万洲机械股份有限公司
地址：浙江省玉环市大麦屿街道普青工业区
…………………… Tel：13967665968
玉环市金隆机械股份有限公司
地址：浙江省玉环市坎门街道水龙工业区富康路9号
…………………… Tel：0576-87508133
玉环郑氏机械有限责任公司
地址：浙江省玉环市坎门街道解放塘路172号
…………………… Tel：0576-87513068
浙江普旺特机械股份有限公司
地址：浙江省玉环市坎门街道胡沙头
…………………… Tel：0576-87568208
浙江雄鹏机械股份有限公司
地址：浙江省玉环市坎门街道东风工业区
…………………… Tel：0576-87569568
浙江磐龙机电有限公司
地址：仙居县永安工业集聚区
…………………… Tel：0576-87831799
浙江佳岛缝纫机有限公司
地址：台州市椒江区东海大道东段993号
…………………… Tel：0576-88018790
台州市欧风机械股份有限公司
地址：浙江省台州市椒江区三甲街道松农路30号
…………………… Tel：0576-88122967
浙江歌菲卫浴有限公司
地址：台州经济开发区滨海工业区块A区块
…………………… Tel：0576-88127802
台州市椒江新亚电机有限公司
地址：台州市椒江区三甲街道聚明路301号
…………………… Tel：0576-88800877
台州市东泰轴承有限公司
地址：浙江省台州市椒江区章安街道椒北大道2329号
…………………… Tel：0576-89003180
浙江万通重工有限公司
地址：浙江省台州经济开发区滨海工业园区海昌路680号
…………………… Tel：0576-89207509
台州宝路达电气科技有限公司
地址：仙居县永安工业集聚区
…………………… Tel：0576-89371086
浙江上曼电气科技有限公司
地址：仙居县永安工业集聚区
…………………… Tel：0576-89386517
浙江海畅气体有限公司
地址：浙江省化学原料药基地临海园区A3线东南边
…………………… Tel：0576-89392201
浙江坤鸿机械设备有限公司
地址：玉环市大麦屿街道普青工业区
…………………… Tel：0576-89911322
浙江远华机械股份有限公司
地址：浙江省台州市温岭市城南镇白溪工业区
…………………… Tel：0576-89956567
浙江荣时实业有限公司
地址：温岭市泽国镇茶屿工业区
…………………… Tel：0576-89967968
浙江华龙机械股份有限公司
地址：浙江省台州市温岭市新河镇上莫村
…………………… Tel：0576-89968200
台州中天卫厨有限公司
地址：浙江省台州市温岭市城南镇白溪村（温岭市山香铁制品厂往南100米）
…………………… Tel：0576-89971178
浙江轩业精密制造有限公司
地址：温岭市东部新区第二十五街8号

…………………… Tel：0576-89971319
浙江宏业装备科技有限公司
地址：浙江省台州市温岭市新河镇机械工业园区（台州华洋传动机械有限公司内）
…………………… Tel：0576-89977961
浙江朝鸿机械有限公司
地址：浙江省乐清市乐清湾港区乐商创业园
…………………… Tel：0577-55779686
浙江天龙集团有限公司
地址：浙江省温州市龙湾区状元街道富强路59号
…………………… Tel：0577-56551180
浙江方顿仪表阀门有限公司
地址：浙江省温州市龙湾区永兴街道空港新区滨海九路18-3号
…………………… Tel：0577-56906688
温州佳居电气有限公司
地址：乐清经济开发区纬20路
…………………… Tel：0577-57127721
八达电气有限公司
地址：浙江省乐清市柳市镇苏吕工业区（另设分支机构经营场所：乐清市乐清经济开发区纬六路196号）
…………………… Tel：0577-57129770
浙江钜士安防科技股份有限公司
地址：平阳县滨海新区阳屿路38号
…………………… Tel：0577-58100888
瑞大集团有限公司
地址：瑞安市汀田街道联中路131号
…………………… Tel：0577-58915826
浙江方舟工程机械设备有限公司
地址：温州市洞头区北岙街道文昌路5号
…………………… Tel：0577-59398999
红旗电缆电器仪表集团有限公司
地址：乐清市中心工业区红旗工业园
…………………… Tel：0577-6205652
乐清市华瑞电子有限公司
地址：乐清市南塘镇江宅工业区
…………………… Tel：0577-62257555
乐清市华东仪表厂
地址：乐清市石帆乡工业区
…………………… Tel：0577-62311698
浙江龙泰机械电子有限公司
地址：浙江省乐清市乐成街道金溪工业区瑞祥路2号
…………………… Tel：0577-62527555
红旗仪表有限公司
地址：浙江省乐清市柳市镇七里港第二工业区
…………………… Tel：0577-62657777
恩扬电器有限公司
地址：乐清市柳市镇黄华台商工业区
…………………… Tel：0577-62657866
浙江宝丰机电有限公司
地址：乐清中心工业园区纬十二路231号
…………………… Tel：0577-62668557
新缆集团有限公司
地址：乐清市柳市镇后街工业区
…………………… Tel：0577-62781858
新光塑料有限公司
地址：乐清经济开发区纬十九路317号
…………………… Tel：0577-62792728
金锚电力控股有限公司
地址：乐清市翁 镇地团村
…………………… Tel：0577-62802773
温州益能电器有限公司
地址：浙江省乐清市磐石镇重石村
…………………… Tel：0577-62845785
中南仪表有限公司
地址：乐清市温州大桥工业园区
…………………… Tel：0577-62886818
浙江顺加汽车配件有限公司
地址：平阳县万全轻工基地机械园经三路
…………………… Tel：0577-63088616
浙江中五钢管制造有限公司
地址：平阳县鳌江镇墨城工业小区
…………………… Tel：0577-63266217
浙江天风塑料机械有限公司
地址：平阳县鳌江104国道线边（新河路口）
…………………… Tel：0577-63629168
浙江东海减速机有限公司
地址：浙江省温州市平阳县平阳经济开发区（敖江镇）
…………………… Tel：0577-63679801
飞鹏车辆配件有限公司
地址：平阳县万全镇孙楼工业区
…………………… Tel：13806846336
温州万正汽车泵业有限公司
地址：平阳县万全轻工基地机械园孙楼路口
…………………… Tel：0577-63790388
温州中科包装机械有限公司
地址：平阳县万全轻工基地家具园区万祥路301号
…………………… Tel：0577-63801111
浙江奥新仪表有限公司
地址：浙江省温州市苍南县灵溪镇沪山路(园区四路口)
…………………… Tel：0577-64776777
浙江中特机械科技股份有限公司
地址：浙江省瑞安市飞云街道宋家埭南塘大道
…………………… Tel：0577-65029888
浙江瑞港机械有限公司
地址：浙江省温州市瑞安市南滨街道围五路303号
…………………… Tel：0577-65050303
瑞安市建鑫机械制造有限公司
地址：瑞安市锦湖街道前 村
…………………… Tel：0577-65098305
华瑞达包装材料股份有限公司
地址：瑞安经济开发区城南大道359号
…………………… Tel：0577-65130758
浙江江南制药机械有限公司
地址：瑞安市经济开发区发展区
…………………… Tel：0577-65155852
浙江汉博汽车传感器有限公司
地址：浙江省温州市瑞安市经济开发区上东路901号
…………………… Tel：0577-65187005
双宇集团有限公司
地址：瑞安市塘下镇鲍田鲍四工业区
…………………… Tel：0577-65210001
浙江科硕紧固件有限公司
地址：温州经济技术开发区滨海五道333号
…………………… Tel：0577-65271089
浙江永安工程机械有限公司
地址：瑞安市塘下镇海安东门
…………………… Tel：0577-65271769
浙江新世纪机械制造有限公司
地址：浙江省温州市瑞安市塘下镇凤都六路155号
…………………… Tel：0577-65350931
浙江银龙机车部件有限公司
地址：浙江省温州市瑞安市塘下镇凤凰西路51-55号
…………………… Tel：0577-65392225
温州众彩汽车零部件有限公司
地址：瑞安市经济开发区世纪大道
…………………… Tel：0577-65518822
温州卡美琳乳胶制品有限公司
地址：浙江省温州市瑞安市飞云街道宋家埭工业区永宁大道888号
…………………… Tel：0577-65560789
浙江瑞大机械有限公司
地址：浙江省温州市瑞安市南滨街道高新技术产业园区
…………………… Tel：0577-65565205
瑞安市博宇电器有限公司
地址：瑞安市锦湖街道礁石工业区1路7号
…………………… Tel：0577-65576958
浙江天鸿传动机械有限公司
地址：瑞安市南滨街道林 工业区
…………………… Tel：0577-65590000
浙江迈力机电有限公司
地址：浙江省温州市瑞安市瑞安经济开发区阁巷高新小微园10幢
…………………… Tel：0577-65590008
浙江澳翔自控科技有限公司
地址：浙江省温州市瑞安市瑞安经济开发区开发区大道2608号
…………………… Tel：0577-65606655
浙江瑞志机械有限公司
地址：瑞安市东山街道经济开发区开发二路518号
…………………… Tel：0577-66888000
黄工机械集团有限公司
地址：浙江省温州市永嘉县瓯北镇东瓯工业区
…………………… Tel：0577-67319151
浙江迈利达集团有限公司
地址：浙江省温州市永嘉县桥头镇外资工业区
…………………… Tel：0577-67489636
浙江中星钢管机械有限公司
地址：浙江省温州市文成县巨屿镇工业园区镇中东路87号
…………………… Tel：0577-67772222
冈野集团有限公司
地址：浙江省永嘉县瓯北镇五星工业区
…………………… Tel：0577-67971199
一能电气有限公司
地址：温州市瓯江口新区半岛北路6号
…………………… Tel：0577-85515005
浙江汇鑫传动机械有限公司
地址：温州市瓯海区娄桥街道东风工业区创新路7号
…………………… Tel：0577-86009965
浙江浩达机械股份有限公司
地址：浙江省温州市鹿城轻工产业园区盛园路58号
…………………… Tel：0577-86198859
浙江钟铮锁业有限公司
地址：温州市瓯海区娄桥工业园今汇路399号
…………………… Tel：0577-86291266
浙江丰业集团有限公司
地址：浙江省温州市龙湾区永兴街道滨海二路8号
…………………… Tel：0577-86374838
大隆机器有限公司
地址：温州经济技术开发区滨海八路707号
…………………… Tel：0577-86528008
唐工阀门集团有限公司
地址：浙江省温州市龙湾区永兴街道金海二道947号
…………………… Tel：0577-86651800
浙江宇丰机械有限公司
地址：浙江省温州经济技术开发区滨海二十五路328号
…………………… Tel：0577-86655399
温州恒泰橡塑有限公司
地址：浙江温州工业园区中兴路122号
…………………… Tel：0577-86656288
温州博宇机械有限公司
地址：温州空港新区金海大道1007号
…………………… Tel：0577-86700881
浙江天时电器有限公司
地址：浙江省温州经济技术开发区金海园区金海二道458号
…………………… Tel：0577-86802258
温州龙泽轻工机械有限公司
地址：温州经济技术开发区滨海园区杨柳路28号-1
…………………… Tel：0577-86814239
精工阀门集团有限公司
地址：温州市龙湾区滨海新区龙湾工业基地B-02
…………………… Tel：0577-86815503
浙江天联机械有限公司
地址：温州经济技术开发区明珠路619号
…………………… Tel：0577-86831777
浙江昌泰电力电缆有限公司
地址：浙江省温州经济技术开发区滨海二道577号
…………………… Tel：0577-86900089
浙江昌隆石化设备有限公司
地址：温州经济技术开发区滨海园区滨海八路777号
…………………… Tel：0577-86905977
瓯星科技有限公司
地址：浙江省温州经济技术开发区滨海二十三路398号
…………………… Tel：0577-86906866
威腾阀门有限公司
地址：浙江省温州市龙湾区永中街道高新园区天中路2312号
…………………… Tel：0577-86916666
浙江正华阀门厂
地址：温州市龙湾区永昌城北
…………………… Tel：0577-86931010
松海法兰制造有限公司
地址：温州经济技术开发区滨海二道678号
…………………… Tel：0577-86934500
温州欧罗华实业有限公司
地址：浙江省温州市瓯海区娄桥街道耀华路88号
…………………… Tel：0577-88575000
坚士锁业有限公司
地址：温州市鹿城区南郊乡洛河路18号
…………………… Tel：0577-88606722
温州市中轻五金刀具有限公司
地址：温州市鹿城区创强路23号
…………………… Tel：0577-88773929
浙江航星电机有限公司
地址：浙江丽水市莲都区碧湖镇金牛街798号
…………………… Tel：0578-2186898
浙江丰明实业有限公司
地址：浙江省丽水市水阁工业园区南明路798号
…………………… Tel：15157853883
浙江利马革业有限公司
地址：浙江丽水市水阁工业园区绿谷大道338号
…………………… Tel：0578-2690008
浙江得利亚自动化制造有限公司
地址：浙江丽水市莲都区水阁工业园区金亭路13号
…………………… Tel：0578-2954118
浙江威肯特智能机械有限公司
地址：浙江丽水市水阁工业区石牛路85号
…………………… Tel：0578-2993670
晨龙集团有限责任公司
地址：浙江省丽水市缙云县壶镇溪东北路158号
…………………… Tel：0578-3158998
浙江仙都缝制设备有限公司
地址：浙江省丽水市缙云县壶镇镇青川路328号
…………………… Tel：0578-3161779
浙江世风机械有限公司
地址：缙云县新碧街道新辉路6号
…………………… Tel：0578-3183393
浙江金马逊机械有限公司
地址：浙江缙云工业园区
…………………… Tel：0578-3988318
浙江九川竹木股份有限公司
地址：浙江省丽水市庆元县庆元工业园区(菊水工业小区)
…………………… Tel：18806880321
浙江多迪斯泰保健器材有限公司
地址：浙江省丽水市青田县船寮镇赤岩工业园区30号
…………………… Tel：0578-6732785
浙江施克汽车配件有限公司
地址：浙江龙泉市金沙回归工业园区广平路6号
…………………… Tel：0578-7129266
浙江展煌机械制造有限公司
地址：浙江省龙泉市塔石街道金岗大道17号
…………………… Tel：0578-7761888
浙江三田汽车空调压缩机有限公司
地址：浙江省丽水市龙泉市工业园区三田产业园
…………………… Tel：0578-7766589
丽水兴昌新材料科技股份有限公司
地址：浙江省丽水市遂昌县云峰街道毛田区块
…………………… Tel：0578-8195604
浙江鲨鱼食品机械有限公司
地址：浙江省丽水市遂昌县工业园区毛田区块
…………………… Tel：0578-8508081
浙江申轮水泥机械制造有限公司
地址：浙江省金华市婺城区工业区白露街389号1号厂房
…………………… Tel：0579-82158825
浙江贝鸟电动车有限公司
地址：浙江省金华市金东区东孝街道金东综合园内赤松路318号3幢一楼（自主申报）
…………………… Tel：0579-82176186
必然科技有限公司
地址：浙江省金华市金磐开发新区九和路50号
…………………… Tel：0579-82208268
浙江泰祥实业有限公司
地址：浙江省金华市婺城区白龙桥镇
…………………… Tel：0579-82218673
浙江今跃机械科技开发有限公司
地址：浙江省金华市婺城区汤溪镇白汤下线公路高畈段158号
…………………… Tel：0579-82239657
今飞控股集团有限公司
地址：浙江省金华市婺城区白露街318号厂房2楼
…………………… Tel：0579-82523262
金华市捷特包装有限公司
地址：浙江省金华市婺城区蒋堂镇开化村
…………………… Tel：0579-82720898
金华永泰水电工程机械有限公司
地址：浙江省金华市婺城区蒋堂工业小区
…………………… Tel：0579-82721558
浙江东正工艺制品有限公司
地址：浙江省金东经济开发区东港北街466号
…………………… Tel：0579-82981767
金华鸿烁链条有限公司
地址：浙江省金华市婺城区仙源路1389号
…………………… Tel：0579-83180573
浦江康佳工艺品有限公司
地址：浙江省浦江县金垒大道187号
…………………… Tel：0579-84200018
浙江百川导体技术股份有限公司
地址：浙江省金华市浦江县仙华街道宝掌大道299号（自主申报）
…………………… Tel：0579-84312814
浙江丰源实业有限公司
地址：浙江省金华市磐安县新渥镇大麦坞二路66号
…………………… Tel：13857945321
浙江义乌星耀风机有限公司
地址：浙江省义乌市稠城街道义浦路13号
…………………… Tel：0579-85255762
浙江科艺饰品机械有限公司
地址：浙江省义乌市廿三里街道武溪北街90号
…………………… Tel：0579-85956252
永康市开源动力工具有限公司
地址：浙江省金华市永康市城西新区灵石路285号
…………………… Tel：0579-86462622
浙江东阳东磁有限公司
地址：浙江省东阳市横店工业区
…………………… Tel：0579-86588992
浙江朋诚科技有限公司
地址：浙江省东阳市巍山镇六怀工业功能区
…………………… Tel：0579-86626766

浙江省水电建筑机械有限公司
地址：浙江省东阳市钱江路168号
Tel：0579-86678503

浙江东政电机有限公司
地址：浙江省东阳市白云街道西城工业园区
Tel：0579-86817938

浙江星月电器有限公司
地址：浙江省金华市永康市总部中心金品大厦二十四楼南侧
Tel：0579-87168605

浙江庆大橡胶有限公司
地址：浙江省永康市城西新区花城东路288号
Tel：0579-87205297

浙江永天机电制造有限公司
地址：浙江省永康市经济开发区名园北大道28号
Tel：0579-87225106

浙江省永康市金都工贸有限公司
地址：浙江省金华市永康市西城街道城西工业区西塔三路10号
Tel：0579-87253816

浙江永康东立电机有限公司
地址：浙江省金华市永康市城西工业区西塔3路9号
Tel：0579-87253885

浙江鸿运实业有限公司
地址：浙江省金华市永康市西城街道香樟西大道666号
Tel：0579-87271678

永康市皇冠电动工具制造有限公司
地址：浙江省金华市永康市西城街道香樟西大道771号
Tel：0579-87271626

浙江鑫鑫家居用品股份有限公司
地址：浙江省金华市永康市方岩镇方岩工业功能分区鑫鑫路18号
Tel：0579-87302855

浙江兴岩电气设备有限公司
地址：浙江省金华市武义县黄龙工业区黄龙一路1号
Tel：0579-87672333

浙江康升实业有限公司
地址：武义县百花山工业区
Tel：0579-87681380

武义西林德机械制造有限公司
地址：浙江省金华市武义县白洋街道牛背金村
Tel：0579-87681689

浙江洪帆工贸有限公司
地址：武义县凤凰山工业区
Tel：0579-87707359

浙江宏力工具有限公司
地址：浙江省金华市武义县五金机械工业区
Tel：0579-87918859

浙江德孚机械股份有限公司
地址：浙江省金华市武义县白洋街道百花山工业区
Tel：0579-87928010

浙江精力工具有限公司
地址：浙江省金华市武义县泉溪镇金岩山工业功能区
Tel：0579-87965611

浙江繁天工贸有限公司
地址：浙江省金华市兰溪市游埠镇工业园区A区
Tel：0579-88667111

法德电器有限公司
地址：武义桐琴五金机械工业区纬六东路经5路5号
Tel：0579-89079553

浙江神将门业有限公司
地址：浙江省金华市武义县泉溪镇金岩山工业区
Tel：0579-89099552

浙江金汤机床有限公司
地址：浙江省金华市婺城区汤溪镇（原浙江汤溪齿轮机床厂内）
Tel：0579-89105832

东阳市索普搪瓷装饰材料有限公司
地址：浙江省东阳市南马镇机械工业园
Tel：0579-89329266

浙江华天机械有限公司
地址：浙江省浦江县亚太大道606号
Tel：0579-89388882

名震实业控股集团有限公司
地址：临海市杜桥镇小田
Tel：0579-89392005

浙江林川机械制造有限公司
地址：浙江省金华市婺城区汤溪镇文博路99号1#-4#厂房
Tel：0579-89908869

浙江港航重工机械有限公司
地址：舟山市定海工业园区创园大道129号
Tel：0580-2112601

浙江炜驰轻工机械有限公司
地址：浙江省舟山市普陀区东港街道新驰路61号
Tel：0580-3097015

舟山市普陀齿轮箱集团有限公司
地址：浙江省舟山市普陀区沈家门街道大干
Tel：0580-3694978

舟山远东齿轮有限责任公司
地址：浙江省舟山市普陀区六横镇西厂
Tel：0580-6070395

捷胜海洋工程装备有限公司
地址：浙江省舟山市岱山县东沙镇工业基地创业大道3号
Tel：13750715001

中基船业有限公司
地址：浙江省岱山县高亭镇江南山
Tel：0580-7332134

舟山市池瑞构件有限公司
地址：浙江省舟山市岱山县岱西镇竹山路158号102室
Tel：0580-7334405

浙江博海机械有限公司
地址：浙江省舟山市定海区金塘镇山潭路
Tel：0580-8052398

浙江弘毅建设有限公司
地址：舟山经济开发区新港园区大成八路10号
Tel：13515808862

浙江泰通船舶有限公司
地址：舟山市定海区干览镇西码头
Tel：0580-8092138

舟山市第一塑料机械有限公司
地址：舟山市定海区金塘镇东堠路44号
Tel：0580-8592187

浙江凡翔机械设备有限公司
地址：浙江省舟山市定海区双桥街道临港二路2支路13号
Tel：0580-8661728

舟山市定海宏盛实业有限公司
地址：浙江省舟山市定海区岑港街道次
Tel：0580-8710157

舟山市千岛兰峰仪表有限公司
地址：舟山市定海区岑港街道烟墩化工工业园区3号
Tel：0580-8710377

安徽省

滁州市洪武报废汽车回收拆解利用有限公司
地址：安徽省滁州市凤阳县刘府镇凤淮路北668号
Tel：0550-2225570

滁州市中诺设备模具制造有限公司
地址：安徽省滁州市全椒县十字镇丰乐大道21号
Tel：0550-2307806

安徽东泰金属包装技术有限公司
地址：安徽省滁州市全椒经济开发区纬二路南侧、经三路西侧，四期标准化厂房5、6号
Tel：0550-2309336

安徽康宏航空附件有限公司
地址：来安汊河经济开发区文安路2号（管委会一楼招商局）
Tel：0550-2350655

滁州市精华模具制造有限公司
地址：安徽省滁州市经济技术开发区花山西路588号
Tel：0550-3219872

滁州金诺实业有限公司
地址：安徽省滁州市新安江东路401号
Tel：0550-3977188

安徽龙胜实业有限公司
地址：安徽省滁州市全椒县十谭产业园杨岗大道以南文化大道以东
Tel：0550-5252288

凤阳凯盛硅材料有限公司
地址：安徽省滁州市凤阳县工业园区
Tel：0550-6670083

凤阳爱尔思轻合金精密成型有限公司
地址：安徽省滁州市凤阳县门台工业园区
Tel：0550-6691777

安徽省威远精密工业科技有限公司
地址：安徽省滁州市杭州南路898号
Tel：0550-6868818

安徽天龙服饰皮具股份有限公司
地址：安徽省天长市仁和南路18号
Tel：0550-7021293

安徽省天马泵阀集团有限公司
地址：安徽省天长市天长经济开发区天马路1号
Tel：0550-7031888

安徽电气集团股份有限公司
地址：安徽省合肥市包河区花园大道582号
Tel：0550-7309555

鑫国集团有限公司
地址：安徽省天长市经济开发区纬一路
Tel：0550-7623999

华远高科电缆有限公司
地址：明光市经济开发区清平山路以西、八岭湖路以南、嘉山大道以北、浮山路以东
Tel：0550-8560688

安徽齐天文具制造有限公司
地址：安徽省合肥市巢湖经济开发区花山工业园成芳路西侧
Tel：0551-2588915

合肥佳恩特机械制造有限公司
地址：安徽省合肥市肥西县桃花镇嵩山路与长古路交口
Tel：0551-62578898

合肥市富华精密机械制造有限公司
地址：安徽省合肥市经开区桃花工业园繁华大道与万佛山路交口
Tel：0551-62588700

合肥明双机械科技有限公司
地址：安徽省合肥市长丰县岗集镇金岗大道壹号
Tel：0551-62733522

安徽双松机电制造有限公司
地址：安徽省合肥市长丰县双墩镇
Tel：0551-62733951

安徽合叉叉车有限公司
地址：安徽省合肥市经济技术开发区汤口路98号
Tel：0551-63676888

讯龙型材折弯（合肥）有限公司
地址：安徽省合肥市经济技术开发区天门路西、锦绣大道南（天门湖工业园）
Tel：0551-63840112

合肥东凯新型建材有限公司
地址：安徽省合肥市经济技术开发区方兴大道以南、蓬莱路以东
Tel：0551-63845108

安徽宏远机械制造有限公司
地址：安徽省合肥市肥西县桃花镇长安工业聚集区杨井路15号
Tel：0551-63858935

中原内配集团安徽有限责任公司
地址：安徽省合肥市肥东县经济开发区
Tel：0551-64372012

合肥众环数控装备制造有限公司
地址：安徽省合肥市新站区工业园
Tel：0551-64454008

安徽泰格电气科技股份有限公司
地址：合肥市双凤经济开发区凤锦路19号
Tel：0551-64528711

玛狮工程机械（合肥）有限公司
地址：安徽省合肥市包河工业区大连路440号
Tel：0551-64846610

合肥盛邦电器有限公司
地址：安徽省合肥市经济技术开发区玉屏路189号
Tel：0551-65361638

合肥华林精工科技有限公司
地址：安徽省合肥市肥西县经济开发区繁华大道与万佛山路交口
Tel：0551-65557665

合肥市华林模具有限公司
地址：安徽省合肥市阜阳北路421号
Tel：0551-65557665

合肥安远电器有限公司
地址：安徽省合肥市庐阳工业园区荷塘路3号
Tel：0551-65657381

安徽张二嘎食品有限公司
地址：安徽省合肥市双凤工业区双凤大道39号
Tel：0551-65684780

合肥燕美新材料科技有限公司
地址：合肥市高新区柏堰科技园石楠路17号
Tel：0551-65772821

安徽东风塑业有限责任公司
地址：安徽省合肥市桃花工业园汤口路43号
Tel：0551-65775187

合肥昌河实业有限公司
地址：安徽省合肥市高新区玉兰大道3号
Tel：0551-65842740

光普科技（合肥）有限公司
地址：合肥市新站区龙子湖路与通宝路交口西北
Tel：0551-66335032

安徽万安环境科技股份有限公司
地址：安徽省合肥市长丰县岗集镇
Tel：0551-66772188

安徽华星智能停车设备有限公司
地址：肥东县合肥循环经济示范园天工路1号
Tel：0551-67601023

合肥市春华起重机械有限公司
地址：安徽省合肥市肥东经济开发区燎原路49号
Tel：0551-67702388

合肥联华机械零部件有限责任公司
地址：安徽省合肥市经开区玉屏路318号
Tel：0551-68937395

安徽皖维机械设备制造有限公司
地址：安徽省巢湖市巢维路56号
Tel：0551-82189361

安徽亚南电缆厂
地址：安徽省巢湖市半汤中路经济开发区内
Tel：0551-82320780

巢湖瑞昌电气系统有限公司
地址：安徽省合肥市巢湖经济开发区花山工业园振兴路以北
Tel：0551-82688088

蚌埠市瑞泰汽配制造有限公司
地址：安徽省蚌埠市淮上区淮上大道5280号
Tel：0552-2823397

普乐新能源（蚌埠）有限公司
地址：安徽省蚌埠市汤和路268号
Tel：0552-3178711

安徽祈艾特电子科技股份有限公司
地址：安徽省蚌埠市兴旺路558号
Tel：0552-4111186

浩中机械（蚌埠）有限公司
地址：安徽省蚌埠市高新区黄山大道8158号
Tel：0552-4127198

安徽大昌科技股份有限公司
地址：安徽省芜湖市鸠江区大桥镇湾里工业园办公楼
Tel：0553-2263007

普迈科（芜湖）机械有限公司
地址：安徽省芜湖市鸠江经济开发区神舟路18号
Tel：0553-2391510

安徽华星电缆集团有限公司
地址：安徽省芜湖市无为县高沟镇新沟工业区
Tel：0553-2533610

安徽互感器有限公司
地址：安徽省芜湖市无为县福渡镇公路村城东工业园区
Tel：0553-2535777

芜湖卧龙家用电机有限公司
地址：芜湖机械工业园纬二路158号
Tel：0553-2579002

芜湖恒祥实业有限公司
地址：芜湖经济技术开发区东梁路双闸支一路
Tel：0553-2611450

芜湖金三氏数控科技有限公司
地址：芜湖机械工业园
Tel：0553-2668285

芜湖市华益阀门制造有限公司
地址：安徽省芜湖市鸠江经济开发区永镇路165号
Tel：0553-2872286

芜湖市海格瑞德科技有限责任公司
地址：安徽省芜湖市三山经济开发区叶村路西侧
Tel：0553-3820030

芜湖福记恒机械有限公司
地址：安徽省芜湖市三山区临江工业园
Tel：0553-3935010

芜湖东光奥威汽车制动系统有限公司
地址：安徽省芜湖市繁昌县经济开发区
Tel：0553-5626708

芜湖瑞丰机械制造有限公司
地址：安徽省芜湖市经济技术开发区桥北工业园
Tel：0553-5671222

中特华星电缆股份有限公司
地址：安徽省芜湖市无为市高沟镇新沟工业区新沟东路
Tel：0553-5672238

美町宝植物科技（芜湖）有限公司
地址：安徽省芜湖市芜湖经济技术开发区万春路23号
Tel：0553-5719222

芜湖恒信汽车轻量化部件制造有限公司
地址：芜湖经济技术开发区凤鸣湖北路26号
Tel：0553-5842035-8000

芜湖铜冠电工有限公司
地址：安徽省芜湖市经济技术开发区凤鸣湖路
Tel：0553-5846361

芜湖飞尚港口有限公司
地址：中国（安徽）自由贸易试验区芜湖片区长江路石城园区
Tel：0553-5893266

芜湖博大机械制造有限责任公司
地址：芜湖经济技术开发区淮海路
Tel：0553-5961558

芜湖戎征达伺服驱动技术有限公司
地址：芜湖经济技术开发区石城香榭1幢540
Tel：0553-5968176

芜湖容大机械制造有限公司
地址：安徽省芜湖市鸠江经济开发区方兴路9号

Tel：0553-5968945

安徽虹都电缆集团有限公司
地址：安徽省芜湖市无为县高沟工业园
Tel：0553-6864388

安徽华电线缆集团有限公司
地址：安徽省芜湖市无为县定兴工业区
Tel：0553-6869006

芜湖市和蓄机械股份有限公司
地址：安徽省芜湖市孙村经济开发区
Tel：0553-7250058

安徽省泽乾服饰集团有限公司
地址：安徽省芜湖市繁昌县孙村服装工业园
Tel：0553-7256828

安徽泓毅汽车技术股份有限公司
地址：芜湖经济技术开发区衡山路35号芜湖汽车电子创业园孵化大楼B0906-0908
Tel：0553-7568201

芜湖明珠塑料有限责任公司
地址：芜湖机械工业园
Tel：0553-7680986

芜湖美达机电实业有限公司
地址：芜湖机械工业园
Tel：0553-8111899

安徽省捷甬达智能机器股份有限公司
地址：安徽省芜湖县新芜经济开发区379号2幢
Tel：0553-8112688

芜湖美奥机械科技有限公司
地址：芜湖机械工业园
Tel：0553-8128303

安徽科瑞克保温材料有限公司
地址：安徽省芜湖市弋江区高新技术产业开发区南区南纬一路1号
Tel：0553-8366958

安徽固联紧固件有限公司
地址：芜湖县安徽新芜经济开发区西次六路2828号
Tel：0553-8727555

安徽骆氏升泰汽车零部件有限公司
地址：芜湖机械工业园
Tel：0553-8767633

芜湖科逸住宅设备有限公司
地址：芜湖机械工业园
Tel：0553-8788222

中矿国际淮南机械有限公司
地址：安徽省淮南市大通区舜化东路
Tel：0554-2512393

淮南市石油化工机械设备有限公司
地址：安徽省淮南市大通区工业新区9号
Tel：0554-2514939

淮南华宫工程胶管有限责任公司
地址：安徽省淮南市田家庵区水厂路
Tel：0554-3647948

安徽中腾汽车零部件有限公司
地址：安徽省寿县新桥国际产业园永乐路东侧
Tel：0554-4880666

安徽中志轨道交通装备制造有限公司
地址：安徽省淮南经济技术开发区锦绣路（100号）
Tel：0554-6660503

安徽瑞达机械有限公司
地址：安徽省淮南市凤台县工业园区
Tel：0554-8686899

淮南皖淮机电股份有限公司
地址：安徽省淮南市凤台县李冲回族乡毛冲村毛冲片
Tel：0554-8881185

马鞍山市润通重工科技有限公司
地址：安徽省马鞍山市花山区工业集中区
Tel：0555-2116620

安徽马钢智能立体停车设备有限公司
地址：安徽省马鞍山市经济技术开发区内
Tel：0555-2960606

奥盛新材料股份有限公司
地址：马鞍山市昭明路
Tel：0555-3506568

马鞍山市槟城电子有限公司
地址：马鞍山经济技术开发区湖西南路2189号5栋1号厂房南面
Tel：0555-3707319

马鞍山石冶机械制造有限公司
地址：安徽省马鞍山市当涂县石桥镇
Tel：0555-6214710

安徽联盟模具工业股份有限公司
地址：马鞍山市博望区博望镇镇东工业园
Tel：0555-6760012

马鞍山市中亚机床制造有限公司
地址：博望区博望镇高新技术产业开发区
Tel：0555-6762466

安徽天沃重工机械有限公司
地址：安徽省马鞍山市当涂县经济开发区
Tel：0555-6797029

安庆机床有限公司
地址：安徽省安庆市集贤北路136-1号
Tel：0556-5228958

安徽华恒轻工有限公司
地址：安徽省宿松县洲头乡罗渡村
Tel：0556-7578999

安徽红爱实业股份有限公司
地址：安徽宿松经济开发区
Tel：0556-7848186

安庆帝迈德活塞环制造有限公司
地址：安徽省安庆市潜山县梅城镇南岳路1029号
Tel：0556-8936910

电光防爆电气（宿州）有限公司
地址：安徽省宿州市开发区金河东路18号
Tel：0557-3932888

阜阳常阳汽车部件有限公司
地址：安徽省阜阳市颍州区翡翠湖路132号
Tel：0558-2258212

蒙城佳仕龙机械制造有限公司
地址：蒙城县经济开发区梦蝶路
Tel：0558-7800116

黄山天之都环境科技发展有限公司
地址：黄山高新技术产业开发区徽光路109号
Tel：0559-2168180

黄山众拓工业泵制造有限公司
地址：黄山经济开发区祁门路29号
Tel：0559-2560258

黄山盛锐精工机械有限公司
地址：安徽省黄山市歙县经济开发区
Tel：0559-6819999

安徽聚芯智造科技股份有限公司
地址：安徽省铜陵市铜陵经济技术开发区
Tel：0562-2685570

宣城市盛鸿建筑科技有限公司
地址：安徽省宣城经济技术开发区青弋江西大道与凤萃路交叉口99号
Tel：0563-2025578

安徽省宣城市双乐混凝土有限公司
地址：安徽省宣城市宣州区宣港路六公里处
Tel：0563-3041550

安徽省宁国顺昌机械有限公司
地址：宁国市宁阳西路2号
Tel：0563-4187502

宁国市志诚机械制造有限公司
地址：宁国经济技术开发区创业北路
Tel：0563-4187905

安徽品志合金新材料有限公司
地址：宁国经济技术开发区河沥园区梅村路北侧
Tel：0563-4300129

安徽安宁智能科技有限公司
地址：宁国经济技术开发区河沥园区青山路99号
Tel：0563-4301656

安徽新宁装备股份有限公司
地址：宁国经济技术开发区河沥园区东城大道与东城路交汇处
Tel：0563-4310336

宁国井田机电有限公司
地址：宁国市港口生态工业园区新港大道
Tel：0563-4833111

安徽宝恒新材料科技有限公司
地址：宁国市港口镇汪港路
Tel：0563-4871858

安徽炫弘数控科技有限公司
地址：宁国经济技术开发区外环西路105号
Tel：0563-4907777

安徽泰威电气有限公司
地址：安徽省宣城市泾县泾川镇经济开发区新昌路1号
Tel：0563-5070788

安徽凯特泵业有限公司
地址：安徽省宣城市泾县经济开发区
Tel：0563-5122898

安徽明捷机械有限公司
地址：安徽省广德县经济开发区北环路以南，临溪路以西
Tel：0563-6756550

福寿园环保机械制造有限公司
地址：安徽省宣城市广德经济开发区建设东路、鹏举路北、光藻路西
Tel：0563-6968899

威尔泵浦制造有限公司
地址：安徽省宣城市广德经济开发区光藻路8号
Tel：0563-6986066

广德天鹏实业有限公司
地址：安徽省广德县经济开发区鹏举路28号
Tel：0563-6998811

安徽金马热能设备有限公司
地址：安徽省宣城市郎溪县经济技术开发区金牛西路
Tel：0563-7371788

安徽泰利钢业有限公司
地址：安徽省宣城市绩溪县生态工业园区
Tel：0563-8158268

安徽省绩溪家德钢结构有限责任公司
地址：绩溪县生态工业园区徽山大道6号
Tel：0563-8162065

安徽鸿杰威尔停车设备有限公司
地址：安徽省六安市裕安区平桥工业园
Tel：0564-3351677

安徽兴林机械集团有限公司
地址：安徽省六安市经济技术开发区
Tel：0564-3366699

安徽双龙机床制造有限公司
地址：安徽省六安市经济开发区许继慎西路
Tel：0564-3394916

安徽维麦重工股份有限公司
地址：六安集中示范园区胜利南路18号
Tel：18605607977

安徽力成智能装备股份有限公司
地址：安徽省池州市贵池工业园区
Tel：0566-2416918

安徽方兴实业股份有限公司
地址：安徽省池州市青阳县经济开发区1号
Tel：0566-5115557

福泰动力有限公司
地址：安徽省池州市经济技术开发区临港工业园
Tel：0566-5257800

福建省

中盐福建盐业有限公司
地址：闽侯经济技术开发区南岭路5号
Tel：0591-22026010

福建快科城建增设电梯股份有限公司
地址：福建省福州市闽侯县经济技术开发区一期延伸区长龙中路（闽侯县丹祥户外用品有限责任公司内）
Tel：0591-22068882

福州快科电梯工业有限公司
地址：福建省福州市闽侯县甘蔗街道闽侯经济技术开发区一期延伸区长龙中路8号
Tel：0591-22068882

闽侯县业新家居制造有限公司
地址：闽侯县甘蔗街道陈店湖工业区
Tel：0591-22078568

福州小神龙表业技术研发有限公司
地址：闽清县东桥镇安仁溪村（原水口电站物料场）
Tel：0591-23068888

福州源丰机械工业有限公司
地址：连江县　头投资区
Tel：0591-26268105

福州富佳机电制造有限公司
地址：福建省连江县敖江镇青塘洋104国道西侧
Tel：0591-38155166

福建中网电气有限公司
地址：福建省福州市罗源县福州台商投资区松山片区内
Tel：0591-38191027

福州承昌机械有限公司
地址：闽侯县青口投资区
Tel：0591-38201999

福建惠林机械有限公司
地址：闽侯县青口镇杨厝村
Tel：0591-38260680

福州许继电气有限公司
地址：福州市闽侯县南屿镇尧溪路28号生产调度中心516室
Tel：0591-38262311

福建福光天瞳光学有限公司
地址：福清市融侨经济技术开发区光电科技园
Tel：0591-63151999

冠城大通股份有限公司
地址：福州市开发区快安延伸区创新楼
Tel：0591-83353338

福州铭林钢塔钢构制造有限公司
地址：福州市仓山区城门村工业区209号
Tel：0591-83493173

福建省鑫发精密机械有限公司
地址：福建省福州市闽侯县竹岐乡榕东村榕东519号
Tel：0591-83539371

云集（福建）实业有限公司
地址：福州市仓山区建新北路39号
Tel：0591-83560391

福州鸿基自动化设备有限公司
地址：福州市仓山区金山工业集中区福湾园盘屿路869号标准厂房6#
Tel：0591-83592937

福建革新机器制造有限公司
地址：福建省福州市马尾区马江路28号
Tel：0591-83682056

福建骏鹏易丰商用设备有限公司
地址：福建省福州市仓山区金山大道618号金山工业区桔园洲园24栋2层
Tel：0591-86390183

福建索佳艺陶瓷有限公司
地址：福建省福州市仓山区盖山镇浦下村后门里122号1091室（自贸试验区内）
Tel：0591-86398505

福州万升电器有限公司
地址：闽侯县铁岭工业集中区
Tel：0591-87886916

伟兴有限公司
地址：福建省福州市闽侯县南屿镇乌龙江南大道79号信通国际中心A地块3＃楼20层2020办公
Tel：0591-87987111

福人集团有限责任公司
地址：福州市台江区鳌峰路118号
Tel：0591-88059376

漳州宏诚五金塑胶工业有限公司
地址：龙海市角美龙池开发区
Tel：0592-5026795

福建十八重工股份有限公司
地址：漳州市云霄县列屿镇半山村
Tel：0592-5116321

福建日上锻造有限公司
地址：福建省漳州市华安经济开发区九龙工业园
Tel：0592-6666643

宁德东恒机械有限公司
地址：福建省宁德市东侨经济开发区金湾路2-1号
Tel：0593-2257358

福建新银嘉泵业有限公司
地址：福建省福安市赛岐经济开发区赛江北路68号
Tel：0593-6995555

福建宏大特钢有限公司
地址：福鼎市温州园文渡工业区
Tel：0593-7275488

福建省霞浦宏昌拆船有限公司
地址：霞浦县三沙镇柳洲湾
Tel：0593-8662455

宁德时代电机科技有限公司
地址：福建省宁德市蕉城区疏港路118号
Tel：0593-8991832

福建泰盛实业有限公司
地址：莆田市荔城区黄石工业园区梅雪东路2003号
Tel：0594-2376886

福建省威诺数控有限公司
地址：莆田市涵江区白塘镇镇前
Tel：0594-3516501

泉州市洛江区双阳金刚石工具有限公司
地址：泉州市洛江区双阳农场南山管区
Tel：0595-22066089

泉州市大西洋电力科技有限公司
地址：泉州经济技术开发区崇尚路1号
Tel：0595-22358000

福建省德化真泰尔陶瓷有限公司
地址：三班镇泗滨村
Tel：0595-23578668

福建省华盖机械制造有限公司
地址：南安市霞美镇滨江汽配与机械产业基地
Tel：0595-26562233

福建省泉永机械制造有限公司
地址：南安市滨江机械装备制造基地金河大道18号
Tel：0595-26832981

福建华南重工机械制造有限公司
地址：福建省泉州台商投资区东园镇溪庄村
Tel：0595-27393195

和谐光电科技（泉州）有限公司
地址：泉州台商投资区东园片区东西主干道（距杏秀路口约800米）
Tel：0595-68185999

九牧集团有限公司
地址：仑苍镇登峰工业区28号
Tel：0595-86149999

福建卓越鸿昌环保智能装备股份有限公司
地址：福建省南安市雪峰华侨经济开发区
Tel：0595-86539999

福建省水利水电机械有限公司
地址：南安市康美镇福铁村
Tel：0595-86671528

福建省闽安机械制造有限公司
地址：南安市洪濑镇岭头工业区
Tel：0595-86673220

泉州市三联机械制造有限公司
地址：南安市霞美镇滨江产业基地
Tel：0595-86787182

福建省金庄集团公司
地址：官桥镇金庄路57号
Tel：0595-86899899

泉州市中天石油化工机械制造有限公司
地址：惠安县东桥镇东桥工业小区
Tel：0595-87850718

福建路通管业科技股份有限公司

地址：泉州市泉港区驿峰路东北侧海滨村
……………………Tel：0595-87967079
福建荣盛钢结构实业有限公司
地址：泉港区前黄镇工业区
……………………Tel：0595-87968666
石狮市流香针织面料有限公司
地址：福建省泉州市石狮市祥芝镇大堡工业区北一片6号
……………………Tel：0595-88080886
漳州市荣昌企业发展有限公司
地址：漳州市龙文区朝阳工业开发区
……………………Tel：0596-2172006
漳州科晖专用汽车制造有限公司
地址：福建省漳州市芗城区金峰经济开发区北斗工业园金乐路12号
……………………Tel：0596-2523778
福建连众智惠实业有限公司
地址：诏安工业园区北区
……………………Tel：0596-3317788
福建沈氏毛织服装有限公司
地址：诏安工业园区北区
……………………Tel：0596-3358353
福建省庆安精工机械制造有限公司
地址：福建省漳州市诏安县深桥镇西坑村雨亭路段
……………………Tel：0596-3392208
景盛（漳浦）服饰有限公司
地址：漳州市漳浦县绥安镇黄仓开发区
……………………Tel：0596-3682168
漳州正吉塑胶五金工业有限公司
地址：漳浦县旧镇工业区
……………………Tel：0596-3736120
漳浦翔通宝达建材有限公司
地址：福建省漳州市漳浦县绥安工业开发区黄仓工业园铁炉村106号
……………………Tel：0596-3780068
漳州弘敏机电有限公司
地址：蓝田经济开发区横三路以北
……………………Tel：0596-6180908
福建省德鑫机械制造有限公司
地址：龙海市东园工业区
……………………Tel：0596-6711699
漳州市海新水产饲料有限公司
地址：龙海市海澄镇豆巷村五社330号
……………………Tel：059-66757876
漳州鑫华成机械制造有限公司
地址：福建省漳州市长泰县经济开发区兴泰工业园区
……………………Tel：0596-7022710
焙之道食品（福建）有限公司
地址：福建省漳州市南靖县靖城镇草坂村、田边村（靖城新区内）
……………………Tel：0596-7683950
南靖翔通宝达建材有限公司
地址：福建省漳州市南靖县山城镇鸿坪村
……………………Tel：0596-7842789
福建菲达阀门科技股份有限公司
地址：长泰县兴泰工业区
……………………Tel：0596-8310077
漳州常山吉立行机械工业有限公司
地址：漳州市常山华侨经济开发区工业区
……………………Tel：0596-8626108
龙岩市万通机械有限公司
地址：龙岩市新罗区工业西路龙州工业园
……………………Tel：0597-2268561
龙岩瑞华通用机械有限公司
地址：龙岩市工业西路68号龙州工业园6号
……………………Tel：0597-2268992
福建省福煤机械制造有限公司
地址：龙岩市龙门镇石埠
……………………Tel：0597-2522166
龙岩市华龙水泥有限公司
地址：新罗区中甲路南山孟
……………………Tel：0597-2771066
龙岩市九龙水泵制造有限公司
地址：龙岩经济技术开发区龙工路21号
……………………Tel：0597-2797885
福建漳平协龙高新化纤有限公司
地址：漳平市西元登榜工业园区
……………………Tel：0597-3202777
福建固尔特矿用汽车有限公司
地址：福建省龙岩市新罗区东肖镇曲潭路15号1号楼
……………………Tel：0597-3290189
福建省将乐三华轴瓦股份有限公司
地址：福建省将乐县工业园区鹏程大道19号
……………………Tel：0598-2323505
永安市盛鑫机械制造有限责任公司
地址：永安市西洋镇下街后格66号
……………………Tel：0598-3608339
福建福迪车辆制造有限公司
地址：永安市城南大道789号
……………………Tel：0598-3810170
永安市宝福纺织有限公司
地址：永安市上大溪81号
……………………Tel：0598-3827839
福建省沙县青州日化有限公司
地址：沙县青州镇涌溪村马铺(青州第一工业区)
……………………Tel：0598-5681037
三明市普诺维机械有限公司
地址：三明市梅列区陈大镇高源开发区6号
……………………Tel：0598-8365199
福建汇华集团东南汽车缸套有限公司
地址：三元区溪口工业园区6#
……………………Tel：0598-8889090
福建闽瑞新合纤股份有限公司
地址：松溪县城东开发区
……………………Tel：0599-2380665
南平市建阳区湛卢精密制造有限公司
地址：南平市建阳区福建闽北经济开发区童游工业园区
……………………Tel：0599-5634103
福建武夷汽车制造有限公司
地址：福建省南平市建阳区塔下工业园区
……………………Tel：0599-5843800
邵武德林多家居用品制造有限公司
地址：邵武市经济开发区（城郊镇）
……………………Tel：0599-6302987
南平华孚电器有限公司
地址：福建省南平市延平区工业路97号
……………………Tel：0599-8711117

江西省

江西国燕高新材料科技有限公司
地址：江西省新余市分宜县工业园区
……………………Tel：0790-5888825
泰达长林管道科技（江西）股份有限公司
地址：江西省新余市渝水区新余经济开发区赛维大道1208号
……………………Tel：0790-6735813
江西远成汽车配件有限公司
地址：江西省南昌市新建区长　工业区（一期）物华路东侧
……………………Tel：0791-83671333
江西昌昱实业有限公司
地址：江西省南昌市南昌经济技术开发区玉屏路60号
……………………Tel：0791-83897777
江西佳时特精密机械有限责任公司
地址：江西省南昌市南昌县小蓝经济开发区金沙二路1618号
……………………Tel：0791-85238800
江西远大科技有限公司
地址：江西省南昌市东湖区省政府大院东四路23号龙式大厦B座2-4楼
……………………Tel：0791-86262225
江西南方锅炉股份有限公司
地址：江西省九江市德安县工业园西区
……………………Tel：0792-4363011
九江庆腾五金工业有限公司
地址：江西省九江市德安县工业园
……………………Tel：0792-4655777
江西华欣机械制造有限公司
地址：江西省上饶市广丰经济开发区源溪路
……………………Tel：0793-2652661
江西波星实业集团有限公司
地址：江西省上饶市鄱阳县鄱阳田畈街镇工业园区
……………………Tel：0793-6321178
江西东华机械有限责任公司
地址：江西省抚州市金巢开发区钟岭工业园
……………………Tel：0794-8242535
江西江特电气集团有限公司
地址：江西省宜春市袁州区环城南路583号
……………………Tel：0795-3285016
江西特种汽车有限责任公司
地址：江西省宜春市袁州区宜春大道708号
……………………Tel：0795-3653906
江西爱丽新材料科技有限公司
地址：江西省宜春市靖安县香田工业园世纪大道1号
……………………Tel：0795-4655988
江西新景象陶瓷有限公司
地址：江西省高安市新街镇（省陶瓷产业基地）
……………………Tel：0795-5457896
江西东方昊为科技股份有限公司
地址：江西省宜春市丰城市高新技术产业园区火炬四路12号
……………………Tel：0795-7152221
江西万申机械有限责任公司
地址：江西省宜春市万载县工业园创业大道
……………………Tel：0795-8953214
江西永丰博源实业有限公司
地址：江西省吉安市永丰县工业园南区
……………………Tel：0796-2221419
赣州嘉通新材料有限公司
地址：江西省赣州市赣州经济技术开发区金龙路5号
……………………Tel：0797-8309138
景德镇明兴航空锻压有限公司
地址：江西省景德镇市浮梁县湘湖工业小区
……………………Tel：0798-2660111
江西蓝翔重工有限公司
地址：江西省萍乡市萍乡经济开发区高新技术工业园
……………………Tel：0799-6796999

山东省

淄博弘扬石油设备集团有限公司
地址：淄博市淄川区经济开发区七星河弘扬路1号
……………………Tel：0355-6225786
山东威肯科技有限公司
地址：山东省菏泽市曹县磐石街道迎宾大道66号
……………………Tel：0530-3893601
山东烟郓包装科技股份有限公司
地址：郓城县丁里长镇政府驻地
……………………Tel：0530-6414788
山东拓新新材料有限公司
地址：山东省菏泽市巨野县麒麟镇双孙庄
……………………Tel：0530-8025835
山东省呈祥电工电气有限公司
地址：山东省菏泽市成武县大田集工业开发区
……………………Tel：0530-8775078
济南凯丰数控机械有限公司
地址：山东省济南市长清区平安街道办事处时代路219号北园区
……………………Tel：0531-55611566
山东山水重工有限公司
地址：济南经济开发区玉清路南段1095号
……………………Tel：0531-58688216
济南威成汽车零部件有限公司
地址：山东省济南市章丘区明水经济开发区赭山工业园
……………………Tel：0531-58902608
济南悦创液压机械制造有限公司
地址：山东省济南市历城区郭店街道虞山大道3157号院内西排101室
……………………Tel：0531-62322953
山东华泰保尔水务农业装备工程有限公司
地址：山东省济南市高新区科航路2009号
……………………Tel：0531-62327069
山东泰东环保科技股份有限公司
地址：济南市钢城区双泉路中段
……………………Tel：0531-75878025
山东拓展智能装备制造有限公司
地址：济阳县泰兴东街10号
……………………Tel：0531-81172822
山东华天科技集团股份有限公司
地址：济南市高新开发区颖秀路2600号6号楼
……………………Tel：0531-82670211
山东省环保产业股份有限公司
地址：山东省济南市历下区文化东路29号（七星吉祥大厦A座3楼）
……………………Tel：0531-82687716
中车集团济南车辆有限公司
地址：济南市工业南路28号B座801室
……………………Tel：0531-82689699
章丘市工程机械厂
地址：章丘市城东工业园丰年大道南首路西
……………………Tel：0531-83260329
山东明威起重设备有限公司
地址：济南市章丘区明水赭山民营工业园
……………………Tel：0531-83268800
山东三牛机械有限公司
地址：山东省济南市章丘区相公庄街道东工业园
……………………Tel：0531-83288555
济南恒远百瑞石化设备有限公司
地址：山东省济南市章丘区城东工业园
……………………Tel：0531-83325001
济南鑫光试验机制造有限公司
地址：山东省济南市章丘区枣园街道枣宁路1566号
……………………Tel：0531-83654069
济南萨博特种汽车有限公司
地址：山东省济南市章丘区明水经济技术开发区清源大街1819号
……………………Tel：0531-83726586
山东星斗智能设备有限公司
地址：章丘市城东工业园
……………………Tel：0531-83821918
山东大晃机械有限公司
地址：山东省章丘市相公庄镇相二村
……………………Tel：0531-83835542
山东电工电气集团智能电气有限公司
地址：山东省济南市高新区东区街道35号以南春暄路以西山东电工电气集团济南产业基地内
……………………Tel：0531-85859878
济南方德自动化设备股份有限公司
地址：济南市槐荫区经十路23377号银座佳悦酒店8楼B812
……………………Tel：0531-87116262
济南达宝文汽车设备工程有限公司
地址：山东省济南市槐荫区经十路24667号戎凯苑小区生活保障楼202室
……………………Tel：0531-87168398
济南金瑞阳机械制造有限公司
地址：济南市长清区小柿子园村南
……………………Tel：0531-87212888
山东彼得成套设备有限公司
地址：山东省济南市高新区海棠路8366号创新谷一号楼Z1座十五层
……………………Tel：0531-87226289
济南平安精工机械制造有限公司
地址：济南市长清区平安街道办事处220国道东侧
……………………Tel：0531-87459979
济南瑞原液压气动设备有限公司
地址：长清区张夏镇张夏村
……………………Tel：0531-87471657
山东重骑摩托车（集团）厂
地址：济南市市中区党家庄镇西
……………………Tel：0531-87807054
济南弘力科技有限公司
地址：济南市平阴县青龙路中段济西工业园
……………………Tel：0531-87891093
山东省交通工业集团控股有限公司
地址：山东省济南市天桥区济洛路168号
……………………Tel：0531-88321336
山东康巴丝实业有限公司
地址：济南市高新区济南出口加工区港源六路1517号
……………………Tel：0531-88577042
济南大亿膨化机械有限公司
地址：济南市天桥区无影山北路36号山东元易工业园
……………………Tel：0531-88615226
利星行机械（济南）有限公司
地址：山东省济南市高新区东区科创路1341号
……………………Tel：0531-88686748
济南钢铁集团新事业有限公司
地址：山东省济南市历城区郭店街道虞山大道3157号
……………………Tel：0531-88982234
青岛华威通力电子技术有限公司
地址：山东省青岛市高新区新业路86号
……………………Tel：0532-55583793
青岛四方机车车辆铸锻有限公司
地址：山东省青岛市胶州市胶州湾工业园二期
……………………Tel：0532-55591728
青岛祥明电力设备有限公司
地址：青岛胶州市胶莱镇马店纬四十七路南侧、规划高州路东侧
……………………Tel：0532-55599968
青岛鹤顺船业有限公司
地址：青岛市黄岛区刘公岛路22号
……………………Tel：0532-58506588
青岛德音包装有限公司
地址：青岛即墨市城北四路198号
……………………Tel：0532-58551901
青岛骏鹏石化设备制造有限公司
地址：青岛高新技术产业开发区新材料团地
……………………Tel：0532-58710331
青岛坦达轨道车辆座椅系统有限公司
地址：山东省青岛市城阳区棘洪滩街道宏祥二路17号
……………………Tel：0532-58717761
青岛东方雨虹建筑材料有限公司
地址：山东省青岛市莱西市望城街道办事处宜路1号
……………………Tel：0532-58772950
青岛欧开智能系统有限公司
地址：山东省青岛市胶州经济技术开发区长江路208号
……………………Tel：0532-58966811
凯诺（青岛）新型建材有限公司
地址：山东省青岛市胶州市胶莱镇阎家屯村
……………………Tel：0532-66021822
青岛风机厂有限公司
地址：青岛市李沧区夏庄路124号
……………………Tel：0532-66875191
青岛益瑞科机械有限公司
地址：青岛市城阳区流亭街道空港工业园双元路西侧
……………………Tel：0532-66962176
青岛天时海洋石油装备有限公司
地址：青岛市城阳区流亭街道王家女姑

社区
Tel：0532-66962555
青岛瑞力机械设备有限公司
地址：青岛高新技术产业开发区祥源路以西、科兴路以南
Tel：0532-66969066
青岛佳友精密机械有限公司
地址：青岛高新技术产业开发区科海路118号
Tel：0532-68682526
青岛海西重工有限责任公司
地址：青岛经济技术开发区漓江东路109号
Tel：0532-80980360
辛北尔康普（青岛）机器设备有限公司
地址：山东省青岛市黄岛区岷山路5号
Tel：0532-80985012
青岛国标环保有限公司
地址：山东省青岛市崂山区石岭路39号名汇国际2号楼701室
Tel：0532-80998010
青岛东威精工有限公司
地址：青岛市红岛经济区河套街道青岛出口加工区内
Tel：0532-81106826
青岛振海船舶设备有限公司
地址：山东省青岛市黄岛区平湖路277号
Tel：0532-82120669
青岛天福乐塑胶有限公司
地址：青岛胶州市北关工业园二园
Tel：0532-82287277
青岛中天斯壮科技有限公司
地址：青岛市胶州市北关工业园.
Tel：0532-82291166
青岛三正新材料有限公司
地址：山东省青岛市即墨市蓝村镇蓝村二里村
Tel：0532-82500868
青岛金龙一食品有限公司
地址：青岛即墨市通济办事处天山二路188号
Tel：0532-82522222
青岛华康冶金机械制造公司
地址：青岛市即墨市大信镇青钢农场
Tel：0532-82536012
青岛黄海集装箱厂有限公司
地址：青岛即墨市大信镇大金家村
Tel：0532-82538167
中铝青岛轻金属有限公司
地址：山东省青岛市黄岛区临港经济开发区大珠山北路889号
Tel：0532-83199903
青岛海瑞特机械有限公司
地址：青岛胶州市马店镇马店西村
Tel：0532-83221822
青岛载利电力设备有限公司
地址：山东省青岛市胶州市胶莱镇工业园
Tel：0532-83233291
青岛银菲特精密机械有限公司
地址：青岛平度市南村镇南海路1号
Tel：0532-83395106
青岛佐藤制冷机械有限公司
地址：山东省青岛市平度市南村镇海信路北端路西
Tel：0532-83399199
青岛鸿森重工股份有限公司
地址：青岛市四方区兴隆三路18号
Tel：0532-83712588
青岛中大（集团）股份有限公司
地址：青岛市四方区嘉定路5号
Tel：0532-83757008
青岛世和模具有限公司
地址：青岛莱西市经济开发区梅山路北、温州路东
Tel：0532-83960903
青岛瑞港重工股份有限公司
地址：青岛市黄岛区张家楼镇松旺路1号
Tel：0532-84135988
青岛和力达电气有限公司
地址：青岛市四方区萍乡路51号
Tel：0532-84892709
青岛惠运办公科技集团股份有限公司
地址：青岛市城阳区流亭街道办事处赵红路以南
Tel：0532-84906816
青岛大凤仁源热能设备有限公司
地址：山东省青岛市胶州市经济技术开发区长江路1号创业大厦504室
Tel：0532-84962910
青岛伊思达机械制造有限公司
地址：青岛市黄岛区滨海街道办事处王家村
Tel：0532-85135959
青岛盛华隆橡胶机械有限公司
地址：青岛市黄岛区大村镇理务关驻地
Tel：0532-85141026
青岛泰信管路系统有限公司
地址：青岛胶州市九龙镇新东路16号
Tel：0532-85252853
青岛博尔达机械制造有限公司
地址：青岛胶州市胶州湾工业园一号路东
Tel：0532-85260088
青岛金盛集团有限公司
地址：青岛市即墨市金口镇驻地
Tel：0532-85521639
青岛公平衡器总公司
地址：青岛市市北区西吴路189号
Tel：0532-85625596
青岛科瑞新型环保材料集团有限公司
地址：青岛市城阳区上马街道王家庄社区居委会北侧500米
Tel：0532-85700700
青岛光明环保技术有限公司
地址：青岛市市南区香港中路77号香岛大厦401甲乙室
Tel：0532-85896353
青岛铸造机械有限公司
地址：青岛市李沧区瑞金路29号
Tel：0532-86083615
青岛新时贸机械有限公司
地址：青岛经济技术开发区淮河东路28号1号厂房
Tel：0532-86100168-8006
青岛电子元件六厂
地址：青岛市黄岛区崇明岛西路119号
Tel：0532-86107798
青岛祥杰橡胶机械制造有限公司
地址：山东省青岛市黄岛区王台镇安康路146号
Tel：0532-86191388
青岛金耀汽车部件有限公司
地址：青岛胶州市洋河镇小王家村
Tel：0532-86222908
青岛开元阀门有限公司
地址：青岛胶州市铺集镇张家屯村.
Tel：0532-86270084
青岛七洲橡胶有限公司
地址：青岛市平度市明村前楼村
Tel：0532-86311068
青岛东进电机有限公司
地址：山东省青岛市莱西市姜山镇昌瑞东路18号
Tel：0532-86495003
青岛海铁船艇有限公司
地址：山东省青岛市胶州市经济技术开发区尚德大道湘江支路6号
Tel：0532-86627786
青岛魁罡精工有限公司
地址：青岛平度市经济开发区郁江路18号
Tel：0532-86636215
青岛永正化工机械有限公司
地址：青岛平度市香港路188号(青岛华侨科技园)
Tel：0532-86637577
青岛华欧集团四海自动化控制工程有限公司
地址：青岛市黄岛区淮河东路7号
Tel：0532-86839810
中科航星科技有限公司
地址：山东省青岛市黄岛区滨海大道南、山川路西
Tel：0532-87117275
青岛辉腾机械设备有限公司
地址：青岛胶州市中云新西外环路东、胶州西路南
Tel：0532-87218754
青岛濑户精密机械有限公司
地址：山东省青岛市即墨区青岛环保产业园辉恒路23号－甲
Tel：0532-87529781
青岛海兴智能装备有限公司
地址：青岛即墨市龙泉镇龙泉二路
Tel：0532-87602337
青岛威特动力木业机械有限公司
地址：青岛市城阳区流亭街道双元路西
Tel：0532-87723307
青岛盈申机电有限公司
地址：青岛市城阳区上马街道下马哥庄社区1090号
Tel：0532-87752275
海蓝旭阳（青岛）科技发展有限公司
地址：山东省青岛市保税港区青岛出口加工区龙海路168号院内（十一号线以东、七号线以北、青兰高速以南）
Tel：0532-87822666
青岛通用铝业有限公司
地址：青岛市红岛经济区红岛工业园内.
Tel：0532-87835157
青岛艾迪森科技股份有限公司
地址：山东省青岛市莱西市姜山镇北环路以北青岛精密机械制造小企业产业园内
Tel：0532-87882666
青岛正亚机械科技有限公司
地址：山东省青岛市城阳区抱虎山路92号
Tel：0532-87885052
高丽精线合金（青岛）有限公司
地址：山东省青岛市城阳区河套街道胶州湾综合保税区兴慧路15号
Tel：0532-87923266
青岛安泰重工机械有限公司
地址：山东省青岛市黄岛区世纪大道867号
Tel：0532-88138577
青岛洪珠农业机械有限公司
地址：青岛胶州市胶莱镇工业园
Tel：0532-88220477
青岛盈佳电子有限公司
地址：青岛胶州市胶东街道办事处小西庄村
Tel：0532-88260860
青岛金联铜业有限公司
地址：青岛胶州市胶东镇葛埠岭村.
Tel：0532-88265201
青岛百斯特钢构有限公司
地址：青岛胶州市胶北镇王庸路
Tel：0532-88277727
青岛天顺达机械制造有限公司
地址：青岛即墨市青岛北部工业园龙泉二路北创业三路东7号楼
Tel：0532-88508375
青岛大成索具有限公司
地址：山东省青岛市即墨区天井山二路88号
Tel：0532-88514558
青岛三锦针织有限公司
地址：青岛即墨市烟青路106号
Tel：0532-88526348
青岛宏联电器有限公司
地址：山东省青岛市即墨区大信镇金黄海一路21号
Tel：0532-88569168
海斯特（青岛）泵业有限公司
地址：山东省青岛市即墨市服装工业园华山三路510号
Tel：0532-88572219
青岛中能通用机械有限公司
地址：青岛市黄岛区胶州湾西路377号
Tel：0532-89058121
青岛康泰重工机械有限公司
地址：青岛市城阳区流亭街道苇山社区.
Tel：0532-89060199
青岛海之林生物科技开发有限公司
地址：青岛即墨市青岛北部工业园龙泉河五路8号
Tel：0532-89065620
青岛华欧集团四海机械制造有限公司
地址：青岛黄岛区崇明岛路18号
Tel：0532-89606323
淄博洪基机械有限公司
地址：临淄区辛店街道办事处辛店工业园内
Tel：0533-2347003
山东美生热能科技有限公司
地址：山东省淄博市高青县芦湖街道田横路11号
Tel：0533-2387588
山东宜特装备制造有限公司
地址：山东省淄博市张店经济开发区309国道北创业路东
Tel：0533-3080786
山东鑫能能源设备制造有限公司
地址：山东省淄博市临淄区临淄大道1499号
Tel：0533-3127276
淄博扬成电机有限公司
地址：淄博开发区中润大道148号
Tel：0533-3580798
山东金德机电科技有限公司
地址：淄博开发区鲁泰大道88号
Tel：0533-3587803
山东大通机械科技有限公司
地址：山东省淄博市博山区城东街道良庄社区北首
Tel：0533-4200699
博山中美防爆电机电器有限公司
地址：博山区羊栏河中心街145号
Tel：0533-4292195
山东光明泵业股份有限公司
地址：山东省淄博市博山区山头路54号甲1
Tel：0533-4418477
山东北方功力机器科技有限公司
地址：博山区八陡镇石炭坞
Tel：0533-4518463
淄博锦岳机械制造有限公司
地址：山东省淄博市博山区白塔镇万山工业园
Tel：0533-4681337
山东国茂冶金材料有限公司
地址：博山区白塔镇工业园
Tel：0533-4688770
淄博鲁净化工有限公司
地址：山东省淄博市淄川区昆仑镇泉王路磁村路段南侧。
Tel：0533-5558069
泰晟新材料科技有限公司
地址：山东省淄博市淄川经济开发区科翔路北首
Tel：0533-5780352
淄博华丰锻压机床有限公司
地址：淄川区昆仑铁路街201号
Tel：0533-5780567
山东晟地煤矿机械制造有限公司
地址：山东省淄博市淄川区钟楼街道办事处高新技术创业服务中心6号楼215号
Tel：0533-5861465
淄博晶鑫机电制造有限公司
地址：山东省淄博市周村区广电路7000号
Tel：0533-6177117
山东大亚机械科技有限公司
地址：山东省淄博市文昌湖区萌水镇中心大街288号
Tel：0533-6880440
淄博中南医药包装材料股份有限公司
地址：山东省淄博市临淄经济开发区栈台路金银谷创业园A7
Tel：0533-7508003
淄博市博山万通机械厂
地址：山东省淄博市博山区域城镇董家村
Tel：0533-7866618
山东京宏智能科技股份有限公司
地址：山东省淄博市周村区新华大道2007号
Tel：0533-7867067
山东恒河机械制造有限公司
地址：淄博市临淄区齐鲁化学工业园（金岭回族镇金岭三村东首）
Tel：0533-7967706
山东义丰环保机械股份有限公司
地址：山东省淄博市桓台县果里镇春光路81号
Tel：0533-8407177
山东长江粮油仓储机械有限公司
地址：山东省淄博市中心路322号
Tel：0533-8430820
淄博建宏模具股份有限公司
地址：山东省淄博市桓台县果里镇东付村
Tel：0533-8435567
山东国恒重工机械有限公司
地址：山东省淄博市桓台县唐山镇兴唐路东侧前七村西段
Tel：0533-8525118
山东汇达蠕墨装备有限公司
地址：山东省淄博市桓台县唐山镇寿济路15266号
Tel：0533-8525395
耶鲁氏毛皮制造（德州）有限公司
地址：山东省德州市德城区二屯镇
Tel：0534-2748910
德州宝鼎液压机械有限公司
"地址：山东省德州市经济技术开发区宋官屯街道办事处崇德一大道3499号开发区晶华路"
Tel：0534-2758718
山东征宙机械股份有限公司
地址：平原县经济开发区复兴北路777号
Tel：0534-4381219
山东阿诺达汽车零件制造有限公司
地址：山东省德州市宁津县经济开发区长江大街
Tel：0534-5060618
山东晏子精密机械有限公司
地址：山东省齐河经济开发区名嘉中路
Tel：0534-5676890
山东巨威汽车制造有限公司
地址：山东省齐河经济开发区名嘉中路
Tel：0534-5679988
山东冠军纸业有限公司
地址：齐河县潘店镇政府东两华里
Tel：0534-5972085
山东希成农业机械科技有限公司
地址：乐陵市云红北大街东侧
Tel：0534-6527777
山东奥冠新能源科技有限公司
地址：德州经济开发区高铁站以西、东方红路以北、经七路以东、纬六路以南
Tel：0534-7057207
宁津美华工业有限公司
地址：宁津县工业园泰山路18号
Tel：0534-7076211
山东福航新能源环保股份有限公司
地址：山东省德州(禹城)国家高新技术产业开发区东外环北首
Tel：0534-7269168
山东汉格威新能源汽车电控制造有限公司
地址：山东省德州市平原县桃园南大道
Tel：0534-7880077
山东康纳斯体育器材有限公司
地址：山东省德州市经济开发区东方红东路6596号院内第二排东起第一座办公楼
Tel：0534-8100608
山东宝鼎重工实业有限公司
地址：山东省齐河经济开发区名嘉东路
Tel：0534-8121967

德州同乐毛纺织有限公司
地址：德州市陵城区临齐街道陵北路9号
……Tel：0534-8327915
山东晨灿机械设备股份有限公司
地址：山东省齐河经济开发区名嘉西路
……Tel：0534-8997202
斯托巴（烟台）精密机械零部件有限公司
地址：山东省烟台市福山区招贤东路91号
……Tel：0535-2138800
烟台市石油机械有限公司
地址：山东省烟台市上夼西路201号
……Tel：0535-2156790
山东胜利通兴石油装备科技有限公司
地址：山东省烟台莱州市云峰北路2228号
……Tel：0535-2177069
莱州市同力机械有限公司
地址：山东省莱州市开发区玉山东街118号
……Tel：0535-2298577
山东华恒机械制造有限公司
地址：山东省烟台市莱州市永安路街道掖港路
……Tel：0535-2465555
烟台和瑞汽车零部件有限公司
地址：山东省烟台市经济技术开发区深圳大街10号
……Tel：0535-2720781
山东莱工机械制造有限公司
地址：山东省莱州市沙河镇西郑村
……Tel：0535-2812888
莱州市精诚橡胶有限公司
地址：山东省莱州市虎头崖镇郎村
……Tel：0535-2883558
烟台东方瑞创达电子科技有限公司
地址：山东省烟台市莱山区金都路6号
……Tel：0535-2916359
烟台昊方鑫佳机电有限公司
地址：中国（山东）自由贸易试验区烟台片区烟台开发区南昌大街1号
……Tel：0535-3038535
方圆集团海阳环保科技有限公司
地址：山东省海阳市经济开发区烟凤路98号
……Tel：0535-3298414
山东众冶集团建筑设备有限公司
地址：山东省海阳市海阳工业园广东路2号
……Tel：0535-3299188
烟台东一粉末冶金制造有限公司
地址：山东省莱州市程郭镇蒋家村东
……Tel：0535-3452228
山东海阳丰汇设备技术有限公司
地址：山东省烟台市海阳市留格庄镇海翔东路南、核电路西
……Tel：0535-3559086
长岛高能聚氨酯有限公司
地址：山东省烟台市长岛县文苑路151号
……Tel：0535-3744018
烟台远大安全设备有限公司
地址：山东省烟台市牟平区013乡道与207省道交叉口路北
……Tel：0535-4214433
斗山工程机械（山东）有限公司
地址：烟台市牟平区新城大街1088号
……Tel：0535-4707262
烟台市牟平宏薪工业机械有限公司
地址：牟平大窑沁水工业园区化工路188号
……Tel：0535-4716686
烟台茂源食品机械制造有限公司
地址：山东省栖霞市迎宾路北首庄园工业村
……Tel：0535-5224049
烟台中林新型建筑材料有限公司
地址：山东省烟台市栖霞市桃村镇204国道南
……Tel：0535-5485727
蓬莱市鑫鹏机械有限公司
地址：山东省蓬莱市南王街道办事处北王村
……Tel：0535-5618345
山东蓬莱电力设备制造有限公司
地址：山东省蓬莱市南关路1号
……Tel：0535-5643618
山东大成洗涤机械有限公司
地址：山东省蓬莱市南王街道淮海东路10号
……Tel：0535-5651960
蓬莱禄昊化工机械有限公司
地址：山东省烟台市蓬莱市新港街道昆明路599号
……Tel：0535-5969998
烟台飞轮涂料制罐有限责任公司
地址：芝罘区凤凰台路90号
……Tel：0535-6095338
山东烟起起重设备有限公司
地址：山东省烟台市福山区金凤路50号
……Tel：0535-6362473
烟台杞杨机械有限公司
地址：莱山区盛泉工业园都兴路1号
……Tel：0535-6723602
烟台南尧汽车科技有限公司
地址：烟台卧龙经济园区象山路10号
……Tel：0535-6730909
山东只楚民营科技园股份有限公司
地址：山东省烟台市APEC中国烟台（芝罘）科技工业园汇宾路8号
……Tel：0535-6877388
库博（山东）汽车配件有限公司
地址：中国（山东）自由贸易试验区烟台片区烟台开发区北京南路8-2内9号
……Tel：0535-6953996
莱阳市鸿达筑路机械制造有限公司
地址：山东省莱阳市冯格庄高速路入口路南
……Tel：0535-7287768
烟台怡和汽车科技有限公司
地址：山东省烟台市福山区福东产业园福潭路1号
……Tel：0535-8019338
烟台市富林矿山机械有限公司
地址：山东省招远市开发区工业路南
……Tel：0535-8252330
招远华丰机械设备有限公司
地址：山东省招远市温泉路677号
……Tel：0535-8311988
招远市金环回转支承有限公司
地址：山东省招远市膜天路19号
……Tel：0535-8396350
山东裕东汽车零部件有限公司
地址：山东省龙口市龙港街道王格庄村
……Tel：0535-8862388
潍坊二川机械有限公司
地址：潍坊市潍城区外商投资开发区工业一街2号
……Tel：0536-2100100
山东荣利中石油机械有限公司
地址：青州市海岱北路3333号
……Tel：0536-2130028
山东泽普医疗科技有限公司
地址：山东省潍坊市高密市高新技术产业开发区高新一路188号
……Tel：0536-2667166
山东恒阳重工科技有限公司
地址：山东省潍坊市高密市高新技术产业开发区高新技术产业园（醴泉大街东段3188号）
……Tel：0536-2750599
山东华信电炉有限公司
地址：潍坊经济开发区古亭街西首
……Tel：0536-3083856
青州市泰丰齿轮有限公司
地址：青州市西环路5988号
……Tel：0536-3092055
潍坊华星机械有限公司
地址：临朐县东城街办粟山东路北侧
……Tel：0536-3114188
山东三恩电子有限公司
地址：临朐县东城开发区东镇路北首
……Tel：0536-3152456
山东博创重工股份有限公司
地址：山东省潍坊市临朐县城关街道朐山西路959号
……Tel：0536-3498339
青州石油机械厂有限公司
地址：青州市工业路2618号(Z-1)
……Tel：0536-3524856
山东春冶机械制造有限公司
地址：山东省潍坊市峡山区王家庄街道康家屯村
……Tel：0536-4936959
山东沃华农业科技股份有限公司
地址：安丘市　山镇龙湖工业园
……Tel：0536-4966678
山东亿嘉农业机械装备股份有限公司
地址：寿光市羊口镇先进制造业园区中新街3800号
……Tel：0536-5808661
山东讴神机械制造有限公司
地址：青州市　山经济开发区
……Tel：0536-6131613
诸城市桂冠机械有限公司
地址：山东省潍坊市诸城市舜王街道办事处吉家屯村
……Tel：0536-6301588
诸城龙祥钢业有限公司
地址：山东省潍坊市诸城市林家村镇凤店村东
……Tel：0536-6574068
潍坊亚星集团有限公司
地址：奎文区鸢飞路899号
……Tel：0536-8591026
潍坊盛德石油机械制造有限公司
地址：潍坊市奎文区机场路2088号
……Tel：13606362221
潍坊蓝精刚机械零部件制造有限公司
地址：山东省潍坊市潍城经济开发区玉清西街9340号
……Tel：0536-8916999
济宁碳素集团有限公司
地址：济宁市任城大道99号
……Tel：0537-2317667
济宁市凯圣机械制造有限公司
地址：济宁高新区接庄街道办事处济邹路南小郝村
……Tel：0537-2386466
济宁启功机械制造有限公司
地址：济宁高新区弘济路西山博路南
……Tel：0537-2558189
兖矿济宁化工装备有限公司
地址：山东省济宁市高新区接贾路1号
……Tel：0537-2630246
凯尔菱电（山东）电梯有限公司
地址：山东省济宁市汶上县城区南二环以南
……Tel：0537-2669399
山东山推胜方工程机械有限公司
地址：济宁任城经济开发区远兴路1号
……Tel：0537-2908058
济宁丰业机械有限公司
地址：济宁市兖州经济开发区惠安路2号
……Tel：0537-3126577
山东省水电设备厂
地址：曲阜市校场路9号
……Tel：0537-3195975
济宁新高乡液压管件有限公司
地址：济宁市高新区同济路777号
……Tel：0537-3201505
浩珂科技有限公司
地址：山东省济宁国家高新技术产业开发区黄金大道6号
……Tel：0537-3238980
山东兖州煤矿机械有限公司
地址：山东省济宁市兖州区古城村（曲兖公路泗河桥西北）
……Tel：0537-3471000
山东山拖凯泰农业装备有限公司
地址：山东省济宁市兖州区漕河工业园
……Tel：0537-3637698
山东联诚农业装备有限公司
地址：济宁市兖州工业园区联诚工业园
……Tel：0537-3956800
山东金塔土股份有限公司
地址：曲阜市书院乡
……Tel：0537-4612372
山东省水工机械有限公司
地址：山东省济宁市曲阜市陵城镇德化路67号
……Tel：0537-4666768
山东世纪矿山机电有限公司
地址：邹城经济开发区大学科技工业园
……Tel：0537-5308359
山东兖煤黑豹矿业装备有限公司
地址：邹城市工业园区宏发路118号
……Tel：0537-5317177
邹城市三洋机械有限公司
地址：邹城市宏发路619号
……Tel：0537-5353279
山东宇飞传动技术有限公司
地址：邹城市经济开发区宏泰西路
……Tel：0537-5358268
山东中材大力专用汽车制造有限公司
地址：山东省济宁市嘉祥县省道S338线公路北、洪山路东
……Tel：0537-6082688
济宁华隆机械制造有限公司
地址：济宁经济开发区338线南、嘉诚路东
……Tel：0537-6988583
金乡县强力机械有限公司
地址：金乡县经济开发区经一路东侧
……Tel：0537-8033369
山东中煤能源机械有限责任公司
地址：山东省济宁市微山县经济开发区夏阳东路36号
……Tel：0537-8261222
山东省恒信复合材料有限公司
地址：微山县赵庙乡
……Tel：0537-8411181
山东微山湖精密机械制造有限公司
地址：山东省济宁市微山县夏镇街道新河北街2号
……Tel：0537-8610019
山东云宇制动器股份有限公司
地址：肥城市高新技术开发区康汇大街西
……Tel：0538-3302667
山东泰升智能车库有限公司
地址：山东省泰安高新区龙潭南路11526号
……Tel：0538-5088201
山东嘉意机械有限公司
地址：宁阳县磁窑镇幸福路北首魁星路南
……Tel：0538-6089096
鼎鑫电气有限公司
地址：山东省泰安市泰山区泰良路北段
……Tel：0538-6238600
山东新都电气有限公司
地址：泰安市泰山区省庄镇工业园河东路南首路东
……Tel：0538-6513141
泰安泰山工程机械股份有限公司
地址：省庄镇文化路
……Tel：0538-6513898
泰安正阳机械有限公司
地址：高新区南天门大街
……Tel：0538-6921166
山东新鼎机械有限公司
地址：新泰市高新技术开发区虎山路60号
……Tel：0538-7069986
山东能源重装集团巨力装备有限公司
地址：新泰市东都镇西都村
……Tel：0538-7831422
山东能源重装集团中传矿用设备制造有限公司
地址：新泰市东都镇
……Tel：0538-7831800
泰山电建集团有限公司
地址：山东泰山工业园区
……Tel：0538-8158888
山东一能重工有限公司
地址：泰安泰山青春创业开发区
……Tel：0538-8365608
泰安丰辉同凯食品有限公司
地址：山东省泰安市岱岳区范镇工业园
……Tel：0538-8682888
泰安芬瑞特机械有限公司
地址：泰安高新区配天门大街西段
……Tel：0538-8926635
山东聚龙装备制造有限公司
地址：蒙阴县经济开发区汶河三路29号
……Tel：0539-4271399
山东首达汽车制造有限公司
地址：山东省临沂市蒙阴县经济技术开发区汶河二路
……Tel：0539-4567006
临沂宝恒钢结构有限公司
地址：山东省临沂市罗庄区罗庄街道江泉工业园三江路与四海路交汇路东
……Tel：0539-7106767
临沂金铭工程科技有限公司
地址：山东省临沂市临沭县经济开发区常林西大街111
……Tel：0539-7191808
山东格新精工有限公司
地址：山东省临沂市高新区罗西街道涧沟崖村西
……Tel：0539-7335606
山东天元建设机械有限公司
地址：河东区工业园顺达路与紫　街交汇处（东张官庄社区）
……Tel：0539-8115585
临沂市晨阳风机有限公司
地址：河东区工业园区凤鸣街1195号
……Tel：0539-8380851
临沂市蓝力机械制造有限公司
地址：临沂经济技术开发区联邦路与合肥路交汇处
……Tel：0539-8800928
鑫竹海（山东）管道制造有限公司
地址：山东省临沂市经济技术开发区金升路109
……Tel：0539-8895758
华玻科技股份有限公司
地址：博兴县城东街道博城五路东首(山东华兴科学发展苑内)
……Tel：0543-2127246
山东华杰厨业有限公司
地址：博兴县兴福工业区
……Tel：0543-2888591
邹平奥发紧固件有限公司
地址：邹平县民营工业园
……Tel：0543-4227202
邹平县巨能实业有限公司
地址：邹平县邹韩路18号
……Tel：0543-4303580
山东开泰工业科技有限公司
地址：邹平县青阳镇
……Tel：0543-4570327
山东开泰金属磨料有限公司
地址：山东省滨州市邹平县青阳镇凤凰经济园寿济路南侧
……Tel：0543-4570330
东辰控股集团有限公司
地址：东营市垦利区胜坨镇府西（永莘路98号）
……Tel：0546-2068311
东营恒诚机械有限公司
地址：东营市垦利县经济开发区东首
……Tel：0546-2667890
东营市创元石油机械制造有限公司
地址：山东省东营市东营区汇河路55号
……Tel：0546-6070380
东营艾赛特机械科技有限公司
地址：山东省东营市广饶县广饶经济开发区广兴路北侧
……Tel：0546-6076003
山东科瑞油气装备有限公司
地址：山东省东营市东营区胜利工业园

…………………………Tel：0546-6097017
山东欧美雅机械科技有限公司
地址：广饶滨海新区东八路东西段与滨一路交叉路口向东200米路南
…………………………Tel：0546-6521333
山东万邦石油科技股份有限公司
地址：东营区南二路1240号（胜利工业园）
…………………………Tel：0546-7789199
山东神宇机械制造有限公司
地址：山东省东营市广饶县广饶经济开发区广明路171号
…………………………Tel：0546-7793898
胜利油田鸿胜石油工程有限责任公司
地址：山东省东营市东营区嘉祥路53号
…………………………Tel：0546-7795527
合海橡塑装备制造有限公司
地址：山东省东营市东营区池州路158号
…………………………Tel：0546-7796386
胜利油田物华石油装备制造有限公司
地址：东营市东营区西二路120号
…………………………Tel：0546-8555887
东营市福通工贸有限公司
地址：东营市河口区黄河路1号
…………………………Tel：0546-8577311
胜利油田胜兴变压器有限责任公司
地址：东营市东营区通河路驻垦利区
…………………………Tel：0546-8742538
胜利油田胜利电器有限责任公司
地址：山东省东营市垦利区胜坨路供电院内
…………………………Tel：0546-8742559
胜利油田恒源电气有限责任公司
地址：东营市垦利区胜坨路供电院内
…………………………Tel：0546-8744572
胜利油田天峰科工贸钢构有限责任公司
地址：东营市东营区锦通路7号
…………………………Tel：0546-8747925
胜利油田豪威科工贸有限责任公司
地址：山东省东营市垦利区锦通路3号
…………………………Tel：0546-8749278
威海人合机电股份有限公司
地址：威海市高技区大连路-54-1号
…………………………Tel：0631-3569599
荣成市恒力电机有限公司
地址：荣成市夏庄镇香山街97号
…………………………Tel：0631-3856296
威海汇鑫化工机械有限公司
地址：威海市草庙子镇
…………………………Tel：0631-5256133
威海顺迪船舶制造有限公司
地址：荣成市俚岛镇沟崖张家村
…………………………Tel：0631-5389887
光进光学机械（威海）有限公司
地址：威海市环翠区张村镇火炬南路571-1、571-2号
…………………………Tel：0631-5751511
威海柳道机械有限公司
地址：山东省威海市经济技术开发区贝卡尔特路-90-1号
…………………………Tel：0631-5972588
乳山市日晟机械制造有限公司
地址：山东省威海市乳山市城区工业园日照路82号
…………………………Tel：0631-6623417
山东宏业食品有限公司
地址：山东省威海市荣成市宁津富甲路118号
…………………………Tel：0631-7341288
荣成市远通船舶修造有限公司
地址：山东省威海市荣成市人和镇靖海卫村
…………………………Tel：0631-7469888
山东通泰橡胶股份有限公司
地址：荣成市黎明南路88号
…………………………Tel：0631-7555607
荣成市崖头联合企业总公司
地址：荣成市青山路18号
…………………………Tel：0631-7572155
荣成市荣利阀门有限公司
地址：荣成市俚岛路733号
…………………………Tel：0631-7661151
山东华纳塑胶集团有限公司
地址：滕家镇炮东村
…………………………Tel：0631-7683368
威海莫霖车业有限公司
地址：山东省威海市荣成市崂山科创园12号
…………………………Tel：0631-7695677
山东佩森环保科技有限公司
地址：山东省威海市荣成市人和镇人和西路4号
…………………………Tel：0631-7959255
威海市豪顿风机股份有限公司
地址：山东省威海市文登区龙山办龙翔路南首(龙山工业园内)
…………………………Tel：0631-8187169
山东卓力桩机有限公司
地址：山东省威海市文登经济开发区四产路28号
…………………………Tel：0631-8352138
威海天润机械科技有限公司
地址：山东省威海市文登区天润路2-13号
…………………………Tel：0631-8455309
威鹏晟（山东）机械有限公司
地址：山东省威海临港经济技术开发区黄岚办事处
…………………………Tel：0631-8571988
枣庄瑞兴机械制造有限公司
地址：山东省枣庄高新区张范街道大连路南侧
…………………………Tel：0632-4614777
枣庄新远大装备制造有限公司
地址：山东省枣庄市市中区仙台东路11号
…………………………Tel：0632-5223999
山东山森数控技术有限公司
地址：滕州经济开发区机械制造工业园远大路北侧、振兴路西侧
…………………………Tel：0632-5800727
山东华能线缆有限公司
地址：滕州市平行南路
…………………………Tel：0632-5889182
山东中科蓝天科技有限公司
地址：山东省枣庄市滕州市经济开发区机械制造工业园奚仲北路888号
…………………………Tel：0632-5915222
枣庄市瑞隆机械制造有限公司
地址：台儿庄区泥沟镇大北洛村枣台线路东
…………………………Tel：0632-6516123
枣庄鑫金山智能装备有限公司
地址：山东省枣庄市台儿庄区经济开发区台中路西首北侧
…………………………Tel：0632-6601896
山东中力高压阀门股份有限公司
地址：山东省枣庄市薛城区茂源路655号
…………………………Tel：0632-7652068
日照鑫锐安全设备有限公司
地址：山东省日照市北经济开发区九仙山路以东
…………………………Tel：0633-6139019
山东海洋环保设备有限公司
地址：山东省日照市莒县浮来山镇后石灰窑村
…………………………Tel：0633-7881013
日照岚星化工工业有限公司
地址：山东省日照市岚山虎山镇222省道西侧、疏港大道北侧269号
…………………………Tel：0633-7986988
日照正源化工机械制造有限公司
地址：山东省日照市经济技术开发区昭阳南路139号
…………………………Tel：0633-8855076
莱芜中煤机械制造有限公司
地址：莱芜高新区汶阳工业园区
…………………………Tel：0634-6160020
聊城鑫泰机床有限公司
地址：东阿县工业园香江路东
…………………………Tel：0635-3267502
山东鲍尔浦塑胶股份有限公司
地址：聊城市经济开发区黄河路36号
…………………………Tel：0635-5080966
阳谷山特蕾岩钎具有限公司
地址：山东省聊城市阳谷县西湖镇三山路2号
…………………………Tel：0635-6511618
聊城阳工工具有限公司
地址：十五里元镇驻地
…………………………Tel：0635-6811811
聊城广源精密机械制造股份有限公司
地址：在平县振兴街办事处吴官屯
…………………………Tel：0635-7105666
山东鑫亚装备制造有限公司
地址：聊城市高新技术产业开发区长江中路1号
…………………………Tel：0635-8356208

河南省

开封新力锅炉设备有限公司
地址：开封市开发区民营工业园区民和路11号
…………………………Tel：0371-22969166
河南天元装备工程股份有限公司
地址：开封市金明大道南段
…………………………Tel：0371-23190052
河南昌昱实业有限公司
地址：开封市新宋路西段89号
…………………………Tel：0371-23267204
开封黄河空分集团有限公司
地址：开封市宋城大道33号
…………………………Tel：0371-23688000
开封市丽星机械设备有限公司
地址：通许县城北开发区
…………………………Tel：0371-24990748
郑州大方重工机械有限公司
地址：郑州高新区紫竹路16号
…………………………Tel：0371-55638865
郑州日新精密机械有限公司
地址：郑州经济技术开发区第十大街164号
…………………………Tel：0371-55689556
郑州精华实业有限公司
地址：荥阳市广武镇黄河路与郑王路交叉口西南侧1号
…………………………Tel：0371-56520885
郑州奥特制衣有限公司
地址：荥阳市荥泽大道南段西侧
…………………………Tel：0371-60880330
中铁大桥（郑州）工程机械有限公司
地址：郑州市惠济区江山路广武火车站东
…………………………Tel：0371-63776432
河南省盛茂永代机械制造有限责任公司
地址：郑州市惠济区绿源路与丰硕街交叉口北
…………………………Tel：0371-63779865
河南竹林耐材有限公司
地址：巩义市竹林镇顺河街
…………………………Tel：0371-64461066
郑州市神龙泵业有限公司
地址：荥阳市高村乡高村寺
…………………………Tel：0371-64903806
郑州中联收获机械有限公司
地址：荥阳市豫龙镇310国道北侧
…………………………Tel：0371-64972986
郑州江河重工有限公司
地址：荥阳市贾峪镇周垌村（须刘公路周垌段北侧）
…………………………Tel：0371-64991050
郑州畅威物联网科技有限公司
地址：郑州高新技术产业开发区雪松路169号7号楼1201号
…………………………Tel：0371-67169006
河南省煤科院耐磨技术有限公司
地址：郑州市高新区枫杨街17号
…………………………Tel：0371-67575939
郑州三中收获实业有限公司
地址：郑州市二七区马寨镇光明路
…………………………Tel：0371-67860765
郑州铁路利达实业有限公司
地址：郑州市管城区中州大道京广铁路南
…………………………Tel：0371-68375285
郑州铝城实业开发总公司
地址：郑州市上街区厂前路
…………………………Tel：0371-68915049
郑州市华中建机有限公司
地址：郑州市上街区工业路114号
…………………………Tel：0371-68924324
郑州中力泵阀制造有限公司
地址：郑州市上街区淮阳路66号
…………………………Tel：0371-68945777
郑州宏大新型纺机有限责任公司
地址：郑州高新开发区银屏路１６号
…………………………Tel：0371-85516311
巩义市顺祥耐材有限公司
地址：巩义市耐火材料工业园区
…………………………Tel：0371-85665878
安阳市合力高速冷轧有限公司
地址：高新区长江大道285号
…………………………Tel：0372-2111055
安阳市华阳电磁铁制造有限公司
地址：安阳市北关区中华路北段与创业大道交叉口向北200米
…………………………Tel：0372-2615898
安阳市三兴机械工业有限责任公司
地址：高新区井冈东路北段路西
…………………………Tel：0372-2975637
安阳盛隆铸造有限公司
地址：市龙安区龙泉镇师潘流村
…………………………Tel：0372-3196009
河南旭锐合金新材料制造有限公司
地址：安阳县铜冶镇官司村西
…………………………Tel：0372-3269282
安阳睿恒数控机床股份有限公司
地址：汤阴县文王路东段南侧（韩庄乡小付庄村）
…………………………Tel：0372-3823103
安阳市德力专用汽车有限公司
地址：林州市姚村镇史家河
…………………………Tel：0372-6522085
河南华泰粮油机械股份有限公司
地址：滑县新区湘江路与富民路交汇处西北角
…………………………Tel：0372-8122006
河南大方重型装备有限公司
地址：长垣县长恼工业区
…………………………Tel：0373-2157011
新乡市新平航空机械有限公司
地址：新乡市高新区平原航空机电园
…………………………Tel：0373-2624642
河南新平科烟草机械有限公司
地址：新乡市高新技术产业开发区24号街坊
…………………………Tel：0373-3536137
河南信谊纸塑包装股份有限公司
地址：河南新乡工业园区
…………………………Tel：0373-3675980
新乡市新豪机电有限公司
地址：新乡市高新区牧野大道（2569号南）
…………………………Tel：0373-3988775
新乡市花溪科技股份有限公司
地址：新乡市西工区
…………………………Tel：0373-4567628
河南天隆输送装备有限公司
地址：新乡市新长北线北
…………………………Tel：0373-5068989
新乡市威远机械有限公司
地址：河南省新乡市新乡县新乡经济开发区工业路西段
…………………………Tel：0373-5598398
新乡市路达机械制造有限公司
地址：新乡县朗公庙镇恒宇路12号
…………………………Tel：0373-5710868
新乡市万和过滤技术股份公司
地址：新乡市大召营镇过滤工业园西排1号厂房
…………………………Tel：0373-6307158
河南巨人起重机集团有限公司
地址：长垣市位庄工业区长恼路中段路西
…………………………Tel：0373-8791070
河南惠润化工科技股份有限公司
地址：郏县产业集聚区龙山大道中段
…………………………Tel：0375-2225392
河南沈缆电缆有限责任公司
地址：郏县龙山大道东段路南
…………………………Tel：0375-5103719
河南华辰光电有限公司
地址：信阳市华夏路１６５号
…………………………Tel：0376-6608320
河南华阳装备制造有限公司
地址：南阳高新技术产业集聚区工业园纬八路
…………………………Tel：0377-63299979
南阳市金鹏机电集团有限公司
地址：南阳市龙升工业园区龙升大道
…………………………Tel：0377-63381700
洛阳恒诺锚固技术有限公司
地址：洛阳市洛龙区洛龙科技园区张衡街
…………………………Tel：0379-60105937
洛阳瑞克循环利用科技有限公司
地址：洛阳市洛龙区关林路280号
…………………………Tel：0379-60119131
洛阳八佳电气科技股份有限公司
地址：中国（河南）自由贸易试验区洛阳片区高新开发区滨河北路96号
…………………………Tel：0379-60693807
洛阳特重轴承有限公司
地址：中国（河南）自由贸易试验区洛阳片区高新区东马沟工业园区
…………………………Tel：0379-60856566
洛阳中鼎重型机械有限公司
地址：洛阳市经济技术开发区红山园区
…………………………Tel：0379-62110737
洛阳市石化配件制造有限公司
地址：洛阳市西工区河南洛阳工业园区6号
…………………………Tel：0379-62305172
河南省星彩滚动体有限责任公司
地址：河南省洛阳市老城区　涧大道602号
…………………………Tel：0379-62386967
洛阳龙羽杆塔制造有限公司
地址：洛阳市涧西区南村工业园6号
…………………………Tel：0379-63397777
洛阳百力克矿山机械有限公司
地址：新安县洛新工业园区双湘路南段
…………………………Tel：0379-65190668
洛阳市飞科机电设备有限公司
地址：洛阳市高新技术开发区丰华路025号
…………………………Tel：0379-65196685
洛阳汇工轴承科技有限公司
地址：洛阳市洛龙科技园区关林西路19号
…………………………Tel：0379-65793665
洛阳精密机床有限公司
地址：洛阳市洛龙区洛龙科技园开元大道275号
…………………………Tel：0379-65936208
洛阳昶威机械制造安装有限公司
地址：栾川县栾川乡双堂村
…………………………Tel：0379-66831098
洛阳中德重工有限公司
地址：新安县洛新工业区洛新大道
…………………………Tel：0379-67308005
洛阳中铁强力机械有限公司
地址：洛阳市孟津县平乐镇
…………………………Tel：0379-67851167
洛阳佳一重工机械有限公司
地址：洛阳市孟津县朝阳镇刘寨村
…………………………Tel：0379-67872598
洛阳旭日传动机械制造有限公司
地址：孟津县朝阳镇朝阳
…………………………Tel：0379-67877103
洛阳雷斯达传动有限公司
地址：洛阳市洛龙区洛龙科技园工业路南2号

……………………Tel：0379-68613105

河南六建重工有限公司
地址：洛阳市汝阳产业集聚区经十二路西段一号
……………………Tel：0379-69331020

焦作市三泰机械制造安装有限公司
地址：河南省焦作市解放区影视大道西段中国石化西临二号
……………………Tel：0391-2080268

焦作市钰欣机械有限公司
地址：焦作市黄河大道(西段)188号
……………………Tel：0391-2108668

焦作市胜利粮油设备有限公司
地址：焦作市西部产业集聚区人民路北
……………………Tel：0391-2756117

焦作三岛输送机械有限公司
地址：河南省焦作市黄河大道（西段）269号
……………………Tel：0391-3683689

河南万道捷建股份有限公司
地址：济源市虎岭产业集聚区金马大道116号
……………………Tel：0391-6066699

济源市中原特钢机械制造有限公司
地址：市文昌南路屯军
……………………Tel：0391-6695635

河南正旭科技股份有限公司
地址：郑常公路示范区西段3636号
……………………Tel：0391-8073030

河南华美新材料科技有限公司
地址：博爱县工业集聚区
……………………Tel：0391-8980029

鹤壁市煤化机械有限责任公司
地址：鹤壁市淇滨区黎阳路825号。
……………………Tel：0392-2621749

河南中原石油助剂有限公司
地址：市中原路70号
……………………Tel：0393-4462356

濮阳市海林特种设备制造防护有限公司
地址：河南省濮阳市濮阳县挥公大道与文明路交叉口向西100米路北挥公大道11号
……………………Tel：0393-5399003

濮阳贝英数控机械设备有限公司
地址：濮阳市黄河路西段
……………………Tel：0393-5568010

河南恒通电力发展有限公司
地址：南乐县产业集聚区鸿宇路10号
……………………Tel：0393-8506278

漯河兴茂钛业股份有限公司
地址：漯河市召陵区人民东路41号
……………………Tel：0395-5610283

驻马店恒久机械制造有限公司
地址：确山县产业集聚区金城大道
……………………Tel：0396-2739990

河南华顺阳光新能源有限公司
地址：河南省驻马店市前进大道北段369号
……………………Tel：0396-3808009

驻马店市新创业管桩附件有限公司
地址：驻马店市中原大道与淮河大道交叉口东北角
……………………Tel：0396-3830777

湖北省

湖北三六一一特种装备有限责任公司
地址：武汉市经济技术开发区（汉南区）纱帽街道通江四路16号
……………………Tel：027-59255312

湖北鄂丰模具有限公司
地址：湖北省鄂州市鄂州经济开发区创业大道6号
……………………Tel：027-59370266

湖北省葛店开发区万联机械股份有限公司
地址：湖北省葛店开发区1#工业区（创业服务中心）
……………………Tel：027-59370456

武汉神骏专用汽车制造股份有限公司
地址：黄陂区滠口街冯岭村
……………………Tel：027-61865958

湖北钢世源钢材加工配送有限公司
地址：武汉市青山区白玉山街五一村26号
……………………Tel：027-65025808

武汉华中航空测控技术有限公司
地址：武汉东湖新技术开发区武大园四路3号国家地球空间信息产业基地II区（6期）A-1栋1层04室
……………………Tel：027-65330583

武汉恒源龙裕精密机械制造有限公司
地址：武汉市蔡甸区 山街康湾村、土山村常福新城厂区综合楼一区栋1-5层/室
……………………Tel：027-69572000

武汉萱裕机械有限公司
地址：武汉市蔡甸区 山街毛湾村土山村常福工业园7号厂房
……………………Tel：027-69575862

武汉铸华汽车部件有限公司
地址：武汉市蔡甸区常福工业示范园常禄大道以南
……………………Tel：027-69575925

武汉泰普变压器开关有限公司
地址：武汉市江夏区庙山开发区阳光大道
……………………Tel：027-81829568

武汉市中兴纸制品有限公司
地址：江岸路特1号
……………………Tel：027-82313846

武汉天琪激光设备制造有限公司
地址：武汉市东湖新技术开发区清风路8号
……………………Tel：027-82895888

武汉新光专用汽车制造有限公司
地址：武汉市东西湖区银柏路51号（10）
……………………Tel：027-83091220

武汉市江汉石油机械有限公司
地址：武汉市东西湖吴家山田园路1000号（10）
……………………Tel：027-83379096

武汉机床厂
地址：武汉市 口区 口路158号
……………………Tel：027-83833384

武汉市工程塑料有限公司
地址：武汉经济技术开发区1 2号工业地
……………………Tel：027-84222886

武汉精密同创机械有限公司
地址：武汉经济技术开发区 山湖大道129号
……………………Tel：027-84472672

福捷（武汉）电子配件有限公司
地址：武汉经济技术开发区 山湖大道127号
……………………Tel：027-84790089

武汉基准汽车模具有限公司
地址：武汉经济技术开发区 山湖大道129号
……………………Tel：027-84790280

武汉武桥机械有限公司
地址：武汉经济技术开发区和居大厦B座22层16号
……………………Tel：027-84797571

武汉三宇机械有限公司
地址：武汉市汉南区纱帽街幸福工业园7号
……………………Tel：027-84853968

武汉市富仁模具冲压有限公司
地址：武汉市蔡甸区 山街双丰村特8号
……………………Tel：027-84980003

利星行机械（武汉）有限公司
地址：武汉市东西湖区宏图大道29号
……………………Tel：027-85697609

武汉裕大华服饰有限公司
地址：武汉市新洲区阳逻经济开发区工业园特1号
……………………Tel：027-86301022

武汉长江现代安居公用设施发展有限公司
地址：武汉市青山区工人村都市工业园内
……………………Tel：027-86345385

武汉市武钢北湖橡胶制品有限责任公司
地址：武汉市青山区武钢北湖农场内
……………………Tel：027-86420203

武汉武钢北湖德诚设备有限公司
地址：武汉市青山区武汉武钢（集团）公司北湖经济开发公司工业园
……………………Tel：027-86486587

武汉武钢北湖经济开发公司
地址：武汉市青山区武钢北湖
……………………Tel：027-86486779

武汉钢铁公司实业公司焊管总厂
地址：青山区厂前铁铺岭
……………………Tel：027-86488730

武汉市青龙人防构件制造有限公司
地址：武汉市蔡甸区大集街大沌路大集工业园
……………………Tel：027-86512603

武汉攀建金结有限责任公司
地址：武汉市青山区建设乡群力村
……………………Tel：027-86805660

武汉佳成生物制品有限公司
地址：武汉市青山区建设八路11号
……………………Tel：027-86838856

武汉宝德机电股份有限公司
地址：青山区冶金大道65号
……………………Tel：027-86861982

武汉中江实业有限责任公司
地址：武汉市青山区八大家花园44号楼26层西侧
……………………Tel：027-86865622

湖北精工工业建筑系统有限公司
地址：武汉市黄陂盘龙城楚天工业园
……………………Tel：027-87058890

合建卡特工业股份有限公司
地址：武汉市青山区三十街坊（冶金大道6号）
……………………Tel：027-87745217

武汉工控艺术制造有限公司
地址：武汉市江夏区经济开发区大桥新区黄家湖大道与邢远长街交界处
……………………Tel：027-87934866

武汉云鹤汽车座椅有限公司
地址：武汉市东湖新技术开发区高新五路73号风电齿轮增速箱产业化项目1号厂房1-3层
……………………Tel：027-88103102-814

湖北禹能建设工程有限公司
地址：鄂州经济开发区
……………………Tel：027-88842792

武汉市飞浦通用设备有限公司
地址：武汉市新洲区阳逻经济开发区金阳大道15号
……………………Tel：027-89620660

武汉威利佳汽车配件有限公司
地址：武汉市蔡甸区常福工业示范园常禄大道以南福吉路以东
……………………Tel：027-89908899

武汉精杰重型工程有限公司
地址：武汉市蔡甸区 山街大东村特18号
……………………Tel：028-84988816

襄阳南车专用汽车股份有限公司
地址：襄阳市高新技术产业开发区
……………………Tel：0710-2393816

湖北欧安电气股份有限公司
地址：湖北省襄阳市航天路3号
……………………Tel：0710-3118161

襄阳三五汽车部件有限公司
地址：襄阳市高新区东风汽车大道北28号
……………………Tel：0710-3273535

襄阳宇清电驱动科技有限公司
地址：襄阳市高新区汽车工业园新星路2号
……………………Tel：0710-3334686

襄阳东风隆诚机械有限责任公司
地址：襄阳市高新区汽车大道1号
……………………Tel：0710-3387561

襄阳宇清锻造有限公司
地址：襄阳市襄城轴承路1号
……………………Tel：0710-3577928

湖北新富车身股份有限公司
地址：襄阳市经开区东津新区会展南路以北科技大道以西
……………………Tel：0710-3795030

利美纺织集团有限公司
地址：南漳县城关镇凤凰大道6号
……………………Tel：0710-5244296

湖北秦鸿新材料股份有限公司
地址：枣阳市人民路88号
……………………Tel：0710-6328733

湖北三杰农业产业化有限公司
地址：湖北省枣阳市西郊316国道1367公里处
……………………Tel：0710-6792772

湖北鹏威管业集团有限公司
地址：湖北谷城经济开发区99号
……………………Tel：0710-7571555

湖北合强机械发展股份有限公司
地址：鄂州市新庙工业园区鄂东大道中段
……………………Tel：0711-2758812

合建卡特（武汉）重工科技有限公司
地址：鄂州经济开发区武汉港工业园武汉凡肯智能装备1号厂房
……………………Tel：0711-3616399

武汉新威奇机械有限公司
地址：湖北省葛店开发区创业大道2号（湖北海讯泰克机械制造有限公司院内）
……………………Tel：0711-5919311

湖北福贞金属包装有限公司
地址：湖北葛店经济技术开发区2号工业区
……………………Tel：0711-5920388

孝感市四维机械制造股份有限公司
地址：孝感市孝南区卧龙乡316国道南侧
……………………Tel：0712-2871699

孝感华中精密仪器有限公司
地址：孝感市航天大道1号
……………………Tel：0712-2873862

湖北伟翔数控机床股份有限公司
地址：湖北省孝感市航空路222号
……………………Tel：0712-2890910

益加益（湖北）机械设备集团有限公司
地址：安陆经济开发区十塘社区银合大道东12号
……………………Tel：0712-5262888

湖北武铁山桥轨道装备有限公司
地址：湖北麻城经济开发区工业园（兴业路20号）
……………………Tel：0713-2102120

红安县机械设备制造厂
地址：红安县城关镇宏泰路
……………………Tel：0713-5285216

湖北天弓智能设备有限公司
地址：红安县经济开发区新型产业园
……………………Tel：0713-5289666

湖北松玉高新科技有限公司
地址：湖北省黄冈市红安县经济开发区新型产业园凉亭路
……………………Tel：0713-5319198

湖北精滤设备有限公司
地址：红安县高桥镇阳福路79号
……………………Tel：0713-5353103

湖北祥云化工设备制造有限公司
地址：武穴市火车站工业园
……………………Tel：0713-6873456

湖北东风世星汽车零部件股份有限公司
地址：英山县经济开发区沿河大道6号
……………………Tel：0713-7026413

湖北合创重工有限公司
地址：黄冈市黄州区沿江路789号
……………………Tel：0713-8838916

湖北华博新材料科技股份有限公司
地址：湖北麻城经济开发区（金陵路以南、兴发路以西、兴隆路以东、金虹大路以北区域）
……………………Tel：0713-8927888

黄石聚达电力设备有限公司
地址：湖北省黄石市经济技术开发区金山街道办事处圣水泉大道219号
……………………Tel：0714-3266788

大冶有色博源环保股份有限公司
地址：湖北省大冶市攀宇工业园
……………………Tel：0714-5397800

湖北新冶钢有限公司
地址：湖北省黄石市黄石大道316号
……………………Tel：0714-6297888

湖北华远装备制造股份有限公司
地址：黄石市开发区黄金山工业新区宝山工业园
……………………Tel：0714-6359390

大冶市旺成新材料制造有限公司
地址：大冶市灵乡镇灵成工业园
……………………Tel：0714-8470199

金诺矿山设备有限公司
地址：湖北省大冶市罗家桥街道办事处罗金大道51号
……………………Tel：15307235211

湖北景龙机械股份有限公司
地址：崇阳县经济开发区崇青大道1号
……………………Tel：0715-3380538

湖北鄂南起重运输机械有限公司
地址：赤壁市经济开发区起重机工业园
……………………Tel：0715-5250777

赤壁银轮工业换热器有限公司
地址：赤壁市河北大道419号
……………………Tel：0715-5353119

田野集团股份有限公司
地址：湖北省嘉鱼县官桥镇田野大道1号
……………………Tel：0715-6716666

湖北海弘达铁路车辆配件有限公司
地址：咸宁经济开发区长江产业园
……………………Tel：0715-8124663

湖北三六重工有限公司
地址：咸安区巨宁大道36号
……………………Tel：0715-8343666

志研自动化设备湖北有限公司
地址：湖北咸安经济开发区
……………………Tel：13917687466

湖北汉科新技术股份有限公司
地址：湖北省荆州开发区月堤路39号
……………………Tel：0716-4162128

湖北金麟机械制造有限公司
地址：公安县经济开发区青吉工业园
……………………Tel：0716-5233666

湖北大地环保设备有限公司
地址：松滋市刘家场镇龙海工业园
……………………Tel：0716-6215999

松滋市金津矿山机械股份有限公司
地址：松滋市城东工业园
……………………Tel：0716-6222279

湖北龙海化工有限公司
地址：松滋市刘家场镇龙潭桥
……………………Tel：0716-6515002

湖北扬子江泵业有限责任公司
地址：石首市金平工业园(石首市绣林开发大道)
……………………Tel：0716-7273426

荆州市新海石油设备制造有限公司
地址：荆州区荆机路
……………………Tel：0716-8012745

荆州市荆工机械有限公司
地址：沙市区关沮西湖工业园
……………………Tel：0716-8107837

湖北中油科昊机械制造有限公司
地址：荆州区九阳大道16号
……………………Tel：0716-8183021

湖北江源化工机械有限公司
地址：沙市区锣场镇工业园河挡村
……………………Tel：0716-8377822

湖北国能电气有限公司
地址：枝江市白洋镇陵江后街20号
……………………Tel：0717-4331555

湖北枝江峡江矿山机械有限责任公司
地址：枝江市白洋镇陵江二街
……………………Tel：0717-4402299

宜昌阿波罗肥业有限公司

地址：宜都市化工建材工业园区（枝城镇洋溪）
……Tel：0717-4640668
宜都中起重工机械有限公司
地址：宜都市姚家店镇姚家店村
……Tel：0717-4839864
宜都市恒运机电设备有限责任公司
地址：宜都市陆城十里铺工业园区（城东）
……Tel：0717-4843188
宜昌力帝环保机械有限公司
地址：宜都市红花套镇桔红路60号
……Tel：0717-4880711
湖北万鑫精密铸锻股份有限公司
地址：宜都市红花套镇窑坡垴村四组
……Tel：0717-4883483
湖北宏箭轻合金材料科技有限公司
地址：宜昌市夷陵区夷兴大道168号
……Tel：0717-6056993
宜昌江峡船舶装备制造有限公司
地址：宜昌市发展大道29号地址：
……Tel：0717-6331491
宜昌旭达商品砼有限公司
地址：宜昌市　亭区桃子冲路62号
……Tel：0717-6517918
湖北红旗电缆有限责任公司
地址：宜昌市伍家岗工业园区
……Tel：0717-6677490
湖北中南鹏力海洋探测系统工程有限公司
地址：中国（湖北）自贸区宜昌片区青岛路21号
……Tel：0717-6927600
宜昌弘盛达混凝土有限公司
地址：宜昌市夷陵区明珠路
……Tel：0717-7202990
湖北国炬农业机械科技股份有限公司
地址：宜昌市夷陵区龙泉镇跑马岗村1组
……Tel：0717-7783322
湖北三峡泵业有限公司
地址：中国（湖北）自贸区宜昌片区龙泉工业园
……Tel：0717-7783819
湖北唐盛机电集团有限公司
地址：中国（湖北）自贸区宜昌片区龙泉工业园
……Tel：0717-7783819
湖北星源科技有限公司
地址：房县城关镇东城工业园1幢
……Tel：0719-3244335
十堰高明精密机械股份有限公司
地址：丹江口市六里坪工业园
……Tel：0719-5715111
神河汽车有限公司
地址：十堰市郧阳区茶店镇大岭山村六组
……Tel：0719-7580174
湖北神河汽车改装有限公司
地址：十堰市郧阳区茶店镇大岭山村
……Tel：0719-7580174
湖北神河工程车辆制造有限公司
地址：十堰市郧阳区茶店镇大岭山村六组
……Tel：0719-7580174
湖北神河科技股份有限公司
地址：十堰市郧县茶店镇居委会
……Tel：0719-7580477
十堰帝冠汽车工程技术有限公司
地址：十堰市西城开发区高新一路6号
……Tel：0719-8207265
圣基恒信（十堰）工业装备技术有限公司
地址：十堰市张湾区工业新区风神路16号
……Tel：0719-8518868
十堰银轮汽车零部件有限公司
地址：十堰市张湾区工业新区装备路9号
……Tel：0719-8685010
湖北成龙威专用汽车有限公司
地址：随州市经济开发区地址：
……Tel：0722-3308379
随州常森汽车部件有限公司
地址：随州市曾都经济开发区玉柴大道北端
……Tel：0722-7023388
湖北天腾重型机械股份有限公司
地址：荆门高新区·掇刀区高新路66号
……Tel：0724-2446695
湖北叶威（集团）粮油机械有限公司
地址：荆门市掇刀区培公大道218号
……Tel：0724-2492918
埃斯顿（湖北）机器人工程有限公司
地址：荆门高新区·掇刀区荆南大道15号
……Tel：0724-2498560
湖北天神高新技术有限公司
地址：钟祥市经济开发区新美香大道
……Tel：0724-4224996
湖北华兴机械科技股份有限公司
地址：京山市经济开发区永兴大道9号
……Tel：0724-7236089
海之力（京山）机械科技股份有限公司
地址：湖北省京山经济开发区工业园新阳大道延段
……Tel：0724-7362768
京山鑫宏达机械制造有限公司
地址：京山经济开发区回归创业园
……Tel：0724-7403799
湖北脉辉科技有限公司
地址：京山经济开发区轻机大道北侧
……Tel：0724-7499111
湖北侨光石化装备股份有限公司
地址：仙桃市彭场镇太子湖工业园
……Tel：0728-2620413
湖北亚仙轴承有限公司
地址：仙桃市沙咀办事处刘口工业园
……Tel：0728-3223786
湖北冠鑫机械设备制造有限公司
地址：仙桃市刘口工业园
……Tel：0728-3609999
湖北省天门泵业有限公司
地址：天门市渔薪镇人民东路34号
……Tel：0728-5299199
湖北江环环保科技有限公司
地址：潜江市杨市办事处华南路365号
……Tel：0728-6402228
潜江除尘设备有限公司
地址：潜江市总口管理区秋月路18号
……Tel：0728-6403195
湖北嘉康生物科技有限公司
地址：仙桃市郭河镇东工业园
……Tel：0728-8280685

湖南省

湖南省义丰祥实业有限公司
地址：湖南省湘阴县洋沙湖工业园
……Tel：0730-2153666
湖南西姆西科技有限公司
地址：湖南省岳阳市湘阴县工业园区
……Tel：0730-2510002
湖南运想重工有限公司
地址：湖南省城陵矶临港产业新区装备制造区
……Tel：0730-2970301
湖南金高电力器材有限公司
地址：湖南省湘阴县金龙镇金龙新区
……Tel：0730-3058808
湖南天一电气有限公司
地址：平江县城关镇北城路168号
……Tel：0730-6300626
岳阳鑫特热能工程技术有限公司
地址：岳阳县荣家湾镇洞庭村杨家组
……Tel：0730-7833599
湖南东立智能科技有限公司
地址：湖南省株洲市天元区马家河街道万仙路90号1号厂房
……Tel：0731-21660699
株洲新时代输送机械有限公司
地址：株洲市天元区新马西路199号办公楼
……Tel：0731-22038300
株洲市四兴机械有限公司
地址：株洲市天元区黄河北路1538号
……Tel：0731-22320041
株洲富仁机械科技有限公司
地址：株洲市天元区江山路8号厂房
……Tel：0731-22527605
株洲特装智能装备有限公司
地址：株洲云龙示范区迎宾大道2229号公租房2栋5号门面
……Tel：0731-22760358
湖南利德电子浆料股份有限公司
地址：湖南省株洲市天元区公共自行车制造基地2号厂房
……Tel：0731-22976383
湖南湘东化工机械有限公司
地址：攸县江桥街道西阁社区化机路198号
……Tel：0731-24239026
湖南湘化机汽轮机有限公司
地址：攸县江桥街道西阁社区化机路198号
……Tel：0731-24239039
株洲市亿达铸业有限责任公司
地址：株洲县渌口镇湾塘村上佳组
……Tel：0731-27626068
株洲长河电力机车科技有限公司
地址：株洲市天元区仙月环路899号中国动力谷自主创新园C区D1栋
……Tel：0731-28218236
株洲天桥舜臣选煤机械有限责任公司
地址：湖南省株洲市天元区中达路9号5、6号厂房
……Tel：0731-28350217
株洲天桥起重机工程有限公司
地址：湖南省株洲市天元区栗雨工业园46区
……Tel：0731-28462089
湖南航翔燃气轮机有限公司
地址：湖南省株洲市芦淞区太子路218号装配厂房
……Tel：0731-28592069
株洲通达铁路电机有限公司
地址：株洲市天元区科瑞路9号
……Tel：0731-28609000
湖南力威液压设备股份有限公司
地址：湖南省湘潭县易俗河镇荷花路以东鹦鹉路以南(天易经开区鹦鹉路68号)
……Tel：0731-52866006
湖南国奥电力设备有限公司
地址：湘潭市高新区双马街道创新路66号
……Tel：0731-55570271
湖南远东钢模有限公司
地址：韶山市高新技术产业开发区莲花路
……Tel：0731-55681099
湖南钧润科技有限公司
地址：湖南省湘乡市铃子桥3号（湘乡高管所内1号）
……Tel：0731-56688093
湖南省怀其皮革集团制革有限公司
地址：湖南省湘乡市东郊乡花亭村3组
……Tel：0731-56777795
湘潭市众和机械制造有限公司
地址：湘潭市雨湖工业集中区鹤岭工业园
……Tel：0731-57618553
湘潭电工厂
地址：湘潭市雨湖区楠竹山江南大道爱国桥头
……Tel：0731-57653288
湘潭市天天电工器材有限公司
地址：湘潭市雨湖区楠竹山镇江南大道爱国桥头
……Tel：0731-57653288
湘潭新大粉末冶金技术有限公司
地址：湖南省湘潭县易俗河镇雪松路东（湘潭天易示范区）
……Tel：0731-57803661
湘潭泵业集团有限公司
地址：湘潭县花石镇中立街5号
……Tel：0731-57860018
湖南德意电气有限公司
地址：湘潭市高新区霞光东路18号
……Tel：0731-58551915
湖南中通电气股份有限公司
地址：湘潭市高新区双拥路27号创新创业园A3栋
……Tel：0731-58581288
湖南桑尼森迪玩具制造有限公司
地址：湘潭九华综合保税区保税大道7号标准厂房
……Tel：0731-58880999
湖南湖机国际机床制造有限公司
地址：湖南省长沙市宁乡县经济开发区永佳路998号
……Tel：0731-81828193
湖南湘船重工有限公司
地址：湖南省长沙市望城区靖港镇金星村
……Tel：0731-81858501
长沙湘丰智能装备股份有限公司
地址：长沙经济技术开发区漓湘路以北、东十一线以东
……Tel：0731-81876021
湖南美特新材料科技有限公司
地址：长沙市望城经济技术开发区腾飞路二段568号
……Tel：0731-82022666
湖南万安达集团长兴实业有限责任公司
地址：长沙市雨花区香樟路528号
……Tel：0731-82323078
湖南长铁工业开发有限公司
地址：长沙市芙蓉区五一大道149号
……Tel：0731-82636110
湖南佳元禄食品有限公司
地址：浏阳经济技术开发区康翼路119号
……Tel：0731-82720700
湖南爱康新型建材有限公司
地址：浏阳经济技术开发区开元大道（平汝高速北盛出口往西300米）
……Tel：0731-82725985
长沙恒辉环保科技发展有限公司
地址：长沙经济技术开发区星沙大道15号
……Tel：0731-82879187
湖南湘光机械模具有限公司
地址：宁乡县经济技术开发区车站路
……Tel：0731-82975888-8039
湖南宇环智能装备有限公司
地址：长沙经济技术开发区映霞路4号
……Tel：0731-83075367
长沙方圆回转支承有限公司
地址：湖南浏阳高新技术产业开发区永福路4号
……Tel：0731-83203399
湖南五指峰生化有限公司
地址：浏阳经济技术开发区康万路159号
……Tel：0731-83282080
浏阳世纪红烟花制造销售有限公司
地址：浏阳市达浒镇麻洲居委会
……Tel：0731-83901158
东信烟花集团有限公司
地址：浏阳市沿溪镇礼花村
……Tel：0731-83940268
长沙锐博特科技有限公司
地址：中国（湖南）自由贸易试验区长沙片区长沙经开区区块东六路南段77号金科亿达科技城B20栋101
……Tel：0731-84022925
长沙建鑫机械制造有限公司
地址：长沙县榔梨镇保家村
……Tel：0731-84072008
长沙哈量凯帅精密机械有限公司
地址：长沙经济技术开发区映霞路21号
……Tel：0731-84079351
湖南智汇工程机械有限公司
地址：长沙经济技术开发区三一工业城三一行政中心三楼
……Tel：0731-84539665
湖南金龙给水设备有限公司
地址：湖南省长沙市天心区雀园路568号创谷产业园B3栋1202房
……Tel：0731-85143285
湖南汤普悦斯压缩机科技有限公司
地址：长沙高新开发区麓松路669号湖南华强电气有限公司生产车间101二楼
……Tel：0731-85621339
金炬实业股份有限公司
地址：长沙高新开发区汇智中路179号金导园工业厂房C区1栋403房
……Tel：0731-85669800
湖南万征机械科技有限公司
地址：长沙县江背镇朱家桥
……Tel：0731-86292888
湖南大力电建器材制造有限公司
地址：长沙市远大二路1285号
……Tel：0731-86457269
湖南润天智科机械制造有限公司
地址：宁乡县夏铎铺镇兴旺村七组（夏铎铺机械工业园鑫迪路6号）
……Tel：0731-87791768
湖南易达塑业有限公司
地址：宁乡经济技术开发区谐园路
……Tel：0731-87857183
长沙中谷智能设备制造有限公司
地址：宁乡高新技术产业园区银洲路58号
……Tel：0731-88040888
长沙中传航空传动有限公司
地址：长沙市望城区高塘岭街道郭亮中路248号
……Tel：0731-88170061
长沙天映航空装备有限公司
地址：长沙市望城经济技术开发区赤岗路279号
……Tel：0731-88321646
湖南华望科技股份有限公司
地址：湖南省长沙市望城经济技术开发区望城大道688号
……Tel：0731-88361923
长沙联力实业有限公司
地址：长沙市望城区高乌大道中段创业富民工业园
……Tel：0731-88472727
湖南云中再生科技股份有限公司
地址：湖南省长沙市岳麓区岳麓街道左路中南大学科技园研发总部1栋377房
……Tel：0731-88687148
湖南南洋电气有限公司
地址：长沙经济技术开发区星沙产业基地（长龙街道）京塘东路1319号湖南久纳科技实业有限公司厂房
……Tel：0731-88702877
湖南科瑞特科技有限公司
地址：长沙高新开发区麓谷大道627号新长海麓谷中心第2栋二楼
……Tel：0731-88714205
湖南正海现代实验室设备有限公司
地址：湖南省长沙市岳麓区学士街道学士路336号湖南省检验检测特色产业园A1栋16楼
……Tel：0731-88915766
湖南天一制造技术有限公司
地址：长沙高新开发区鑫材路9号湖南天一制造技术有限公司1、2、3、4号工业用房全部
……Tel：0731-88919500
湖南协力液压有限公司
地址：宁乡经济开发区车站路
……Tel：0731-88981880
湖南固可得建筑科技有限公司
地址：长沙市雨花区湖南环保科技产业园仙岭中路88号
……Tel：0731-89708729
湖南希法工程机械有限公司
地址：长沙高新开发区麓谷大道677号
……Tel：0731-89932026
共创实业集团有限公司
地址：衡阳市石鼓区蒸湘北路42号
……Tel：0734-8259299
衡阳中钢衡重铸锻有限公司

地址：衡阳市珠晖区冶金机械总厂内
……………………Tel：0734-8406628
衡阳市宏益轮胎制造有限公司
地址：衡阳市石鼓区五里牌19号
……………………Tel：0734-8511309
湖南六和轻合金有限公司
地址：衡阳市高新技术产业开发区芙蓉路19号
……………………Tel：0734-8813598
郴州市长信住工科技有限公司
地址：湖南省郴州市北湖区石盖塘镇辉煌路8号长信住工科技产业园研发楼301室
……………………Tel：0735-2188157
常德广积米业有限公司
地址：常德经济技术开发区德山镇永丰居委会崇德路72号
……………………Tel：0736-2995175
湖南鑫源缸套有限责任公司
地址：湖南省津市市三洲驿办事处蔡家河社区
……………………Tel：0736-4232381
常德通元铸造有限公司
地址：湖南省常德市安乡县大鲸港镇西城社区鲸港工业园内008号
……………………Tel：0736-4338558
湖南大汉起重科技有限公司
地址：常德经济技术开发区德山镇株木山村乾明路96号
……………………Tel：0736-7312623
富垒登集团有限责任公司
地址：常德经济技术开发区德山街道办事处乾明寺居委会乾明路56号
……………………Tel：0736-7319868
湖南省兴业肉类机械有限公司
地址：常德经济技术开发区石门桥镇高家港村三组
……………………Tel：0736-7588888
湖南沅江赤蜂农化有限公司
地址：湖南省沅江市南咀镇沅南路6号
……………………Tel：0737-2288793
益阳中海船舶有限责任公司
地址：湖南省益阳市沅江市船舶制造产业园
……………………Tel：0737-2606591
益阳三木电气技术有限公司
地址：益阳市资阳区台商工业投资园
……………………Tel：0737-2765588
益阳大明机械制造有限公司
地址：益阳高新开发区迎宾路
……………………Tel：0737-3688139
益阳康益机械发展有限公司
地址：益阳市高新区梅林路236号
……………………Tel：0737-4219448
湖南新兴机械制造有限公司
地址：桃江县经济开发区牛潭河工业园金牛路
……………………Tel：0737-8829448
湖南远扬煤机制造有限公司
地址：涟源市人民东路荷花广场
……………………Tel：0738-4823066
湖南金塔机械制造有限公司
地址：涟源市六亩塘镇狮山居委会
……………………Tel：13508446851
湖南省农友农业装备股份有限公司
地址：湖南省双峰县科技工业园
……………………Tel：0738-6885568

广东省

广州洋泰金属制品有限公司
地址：广州经济技术开发区永和经济区新庄二路36号
……………………Tel：020-22323003
广州金漠精密机械有限公司
地址：广州经济技术开发区东区骏功路11号
……………………Tel：020-22328018
奥特朗电器（广州）有限公司
地址：广州高新技术产业开发区科学城南翔一路68号厂房三
……………………Tel：020-22640808
广州福羊科技有限公司
地址：广州市南沙区榄核镇綦新路351号
……………………Tel：020-22867885
广州风火轮机械制造有限公司
地址：广州市增城区石滩镇三江沙头村木棉仔荔三路214号
……………………Tel：020-26239222
广州市东山南方密封件有限公司
地址：广州市白云区北太路1633号广州民营科技园科兴路9号
……………………Tel：020-28026130
广东凡易紧固件有限公司
地址：广州市花都区新华街镜湖大道8号B2-1
……………………Tel：020-28609000
广东华南混凝土有限公司
地址：广州市黄埔区南岗西路368号之01号
……………………Tel：020-29146051
广州市珠晖模具机械有限公司
地址：广州市番禺区化龙镇潭山村金湖工业城F区
……………………Tel：020-31121188
广州万友砼结构构件有限公司
地址：广州市番禺区石楼镇清流村天六工业路11号
……………………Tel：020-31561014
巨轮（广州）机器人与智能制造有限公司
地址：广州市黄埔区开源大道11号B2栋101室
……………………Tel：020-32066366
广州市三甲医疗信息产业有限公司
地址：广州高新技术产业开发区科学城开源大道11号C2栋3层
……………………Tel：020-32068711
广州科易光电技术有限公司
地址：广州高新技术产业开发区科学城科珠路203号1101A（仅限办公用途）
……………………Tel：020-32068977
广州凯恒航空设备有限公司
地址：广州市萝岗区广汕路长安148号凯恒科技园内
……………………Tel：020-32078038
广州智光电气股份有限公司
地址：广州市黄埔区埔南路51号
……………………Tel：020-32113398
广州赛维包装设备有限公司
地址：广州经济技术开发区永和经济区摇田河大街161号自编七栋103
……………………Tel：020-32162023
广州神铁牵引设备有限公司
地址：广州高新技术产业开发区科学城开源大道11号A8栋第一、二层整层
……………………Tel：020-32203330
广州高昌机电股份有限公司
地址：广州经济技术开发区永和经济区黄旗山路9号
……………………Tel：020-32221977
百事饮料（广州）有限公司
地址：广州经济技术开发区永和区田园路2号
……………………Tel：020-32222228
广州帕卡濑精有限公司
地址：广州经济技术开发区永和经济区布岭路3号
……………………Tel：020-32223078
广州富士工具有限公司
地址：广州经济技术开发区永和经济区贤江路3号
……………………Tel：020-32223295
维美德造纸机械技术（广州）有限公司
地址：广州经济技术开发区永和经济区木古路1号
……………………Tel：020-32225061
汉德制造（中国）有限公司
地址：广州经济技术开发区永和经济区摇田河大街161号
……………………Tel：020-32226326
广州市蕴泰精密机械有限公司
地址：广州市黄埔区新业路46号自编7栋201、204、206、207室
……………………Tel：020-32363188
广东鹰穗消防设备有限公司
地址：广州市黄埔区骏雅北街3号818房（仅限办公）
……………………Tel：020-32372647
广州镕禾机械设备科技有限公司
地址：广州市增城新塘镇新和北路34号（增城经济技术开发区核心区内）
……………………Tel：020-32631218
广州西力机械有限公司
地址：广州市增城新塘镇创强路132号
……………………Tel：020-32638463
广州银变电力设备有限公司
地址：广州市增城区荔新八路14号
……………………Tel：020-32827511
广东卓亚电气实业有限公司
地址：广州市萝岗区永和街贤江路9号
……………………Tel：020-32950008
广州宁武科技股份有限公司
地址：广州经济技术开发区永和经济区春分路9号
……………………Tel：020-32980700
广州市华滤环保设备有限公司
地址：广州市番禺区沙头街大富村进村大街3号
……………………Tel：020-34546857
广州捷达莱堡通用设备有限公司
地址：广州市番禺区石基镇前锋村前锋南路111、113号
……………………Tel：020-34550626
广州威羊汽车零部件有限公司
地址：广州市南沙区南沙街环市大道北10号
……………………Tel：020-34554895
广州泰旺精密机械有限公司
地址：广州市番禺区石基镇新凌路草岗街12号
……………………Tel：020-34555890
广东中铁建工机械有限公司
地址：广州市番禺区石基镇南浦村沙东路8号（综合楼）
……………………Tel：020-34556998
广州造纸集团有限公司
地址：广州市南沙区珠江街新广一路29号
……………………Tel：020-34663302
广州蓝奇电子实业有限公司
地址：广州市番禺区化龙镇金阳一路200号1栋201房
……………………Tel：020-34752028
广州市蓝彩实业有限公司
地址：广州市南沙区榄核镇民生路230号（厂房）
……………………Tel：020-34769392
广东典雅家具有限公司
地址：广州市增城区新塘镇沙埔银沙工业园（厂房B3）
……………………Tel：020-34789601
广州海胜机械设备有限公司
地址：广州市番禺区石楼镇潮田工业区北区胜力工业园一号厂房
……………………Tel：020-34852366
广州启光智造技术服务股份有限公司
地址：广州市番禺区石楼镇莲花山保税区莲花港工业区7座A第一至四层厂房
……………………Tel：020-34863221
广州富众机械制造有限公司
地址：广州市南沙区东涌镇市南公路东涌段68号（厂房A、厂房B）
……………………Tel：020-34900013
广东浪淘砂新型材料有限公司
地址：广州市南沙区东涌镇万洲村番禺大道南1997号之13满威工业园2号楼1楼、2楼
……………………Tel：020-34913113
广州雪霸专用设备有限公司
地址：广州市南沙区大岗镇北龙路100号厂房（B-7）
……………………Tel：020-34934511
广州洁能建筑设备有限公司
地址：广州市花都区炭步镇广汇路2号001（可作厂房使用）
……………………Tel：020-36743591
广州威尔弗汽车用品股份有限公司
地址：广州市白云区太和镇大源洞南路10号
……………………Tel：020-36758322
丰铁塑机（广州）有限公司
地址：广州市花都区新雅街华兴工业区
……………………Tel：020-36850111
加藤螺子（广州）五金塑胶有限公司
地址：广州市花都区炭步镇大秩路自编2号之四001
……………………Tel：020-36875333
广东省建筑机械厂有限公司
地址：广东省广州市天河区天润路87号2601房
……………………Tel：020-37209862
广东扬城电气有限公司
地址：广州市白云区北太路1633号广州民营科技园科华路13号A、B栋
……………………Tel：020-37312201
广州市广丰混凝土有限公司
地址：广州市花都区花东镇鸿鹤村大坳2号
……………………Tel：020-37702838
广州逸安工程机械有限公司
地址：广州市花都区花东镇联安村十五队6号103
……………………Tel：020-37737210
斯诺浦汽车部件（广州）有限公司
地址：广州中新广州知识城凤凰一横路60号
……………………Tel：020-38330235
广州嘉德乐生化科技有限公司
地址：广州经济技术开发区永和区华峰路6号
……………………Tel：020-38480511
广州市昌源流体设备有限公司
地址：广州市番禺区东环街番禺大道北555号天安总部中心16号楼802房之一
……………………Tel：020-38840546
广东爱上新材料股份有限公司
地址：广州市从化区太平镇飞鹅村南向经济社道125号内之一
……………………Tel：020-38910019
广州泽亨实业有限公司
地址：广州市南沙区东涌镇市南公路东涌段84号（自编2栋）
……………………Tel：020-39211191
西屋月台屏蔽门（广州）有限公司
地址：广州市番禺区石楼镇国贸大道南636之一
……………………Tel：020-39221333
广州西电高压电气制造有限公司
地址：广州市南沙区鸿鎏路5号（地块一）
……………………Tel：020-39917770
广州万固压缩机有限公司
地址：广州市白云区人和镇人和大街68号18栋
……………………Tel：020-61168990
广州明治制果有限公司
地址：广州经济技术开发区东区建业三路6号自编第2栋101、201房
……………………Tel：020-61850188
广州熙锐自动化设备有限公司
地址：广州市花都区大布路9号3栋901
……………………Tel：020-61850820
广东炜鸿塑料科技有限公司
地址：广州市从化经济技术开发区高技术产业园丰盈路15号之一
……………………Tel：020-62161351
广州恒星制冷设备集团有限公司
地址：广州经济技术开发区东区北片果园四路一号
……………………Tel：020-62266755
广州市晶邦液压密封技术有限公司
地址：广州市增城区新塘镇太平洋1路5号（厂房）
……………………Tel：020-62287918
广东明和智能设备有限公司
地址：广州市南沙区东涌镇石排村市南公路南侧
……………………Tel：020-62327365
广州市千里达实业有限公司
地址：广州市白云区江高镇广花公路东侧岭边
……………………Tel：020-62657333
广东粤水电装备集团有限公司
地址：广州市增城永宁街新光路13号
……………………Tel：020-66262836
广州明珞自动化有限公司
地址：广州市花都区炭步镇岭西路25号
……………………Tel：020-66356688
广东绿缔智能冷链科技股份有限公司
地址：广州市花都区荔红路自编1号全部（部位：之1）
……………………Tel：020-66358027
广州市车智连电子有限公司
地址：广州市天河区迎龙路260号自编龙洞工业厂房E3幢1至5楼
……………………Tel：020-66391998
广州市霏鸿机电科技有限公司
地址：广州市花都区芙蓉大道41号
……………………Tel：020-66606238
广州市诺信数字测控设备有限公司
地址：广州市萝岗区云骏路17号
……………………Tel：020-66839300
广州戈兰迪新材料股份有限公司
地址：广州市花都区新华工业区新都大道旁
……………………Tel：020-66850608
阿兰斯洗涤设备（广州）有限公司
地址：广州市荔湾区龙溪中路48号之二
……………………Tel：020-81415566
广州机床工具有限公司
地址：广州市海珠区新港西路38号之三之四2楼
……………………Tel：020-81527832
广州市建筑集团混凝土有限公司
地址：广州市黄埔区丰乐北路1741号大院98号（大沙工业区）
……………………Tel：020-81991060
联德（广州）机械有限公司
地址：广州市高新技术产业开发区科学城南云一路17号
……………………Tel：020-82075708
广州霍斯通电气股份有限公司
地址：广州经济技术开发区宝聚街8号2-5层
……………………Tel：020-82098958
广州至法实业有限公司
地址：广州经济技术开发区锦秀路鸿兴大厦6-7楼
……………………Tel：020-82212651
广州中樱汽车零部件有限公司
地址：广州市黄埔区新业路48号自编5栋
……………………Tel：020-82243515
广州锐嘉工业股份有限公司
地址：广州市黄埔区埔南路63号之中3号厂房一层、二层
……………………Tel：020-82244876
广州新域机电制造有限公司
地址：广州市萝岗区云埔工业区云展路8号
……………………Tel：020-82252223
广州永强环境科技有限公司
地址：广州经济技术开发区东区东众路27号
……………………Tel：020-82252438
康师傅（广州）饮品有限公司
地址：广州经济技术开发区东区宏远路3号
……………………Tel：020-82269396
广州邮电通信设备有限公司
地址：广州市高新技术产业开发区科学城光谱西路3号
……………………Tel：020-82347954

广州文船重工有限公司
地址：广州市南沙区万顷沙镇福安村洪奇沥东岸十一至十二涌
……Tel：020-82385579

广州捷厉特车装备有限公司
地址：广州市增城区永宁街创强路148号（增城经济技术开发区核心区内）
……Tel：020-82602313

广东裕华兴建筑机械制造有限公司
地址：广州市白云区良园东路1号
……Tel：020-82667690

增城市建晖预拌混凝土有限公司
地址：广州市增城区新塘镇白水村开发区［即白水开发区横（土名）］（增城经济技术开发区核心区内）
……Tel：020-82674255

广州悠广光电科技有限公司
地址：广州增城市新塘镇太平洋工业区75号
……Tel：020-82705126

中国广州金墩总公司
地址：广州市增城新塘镇西洲
……Tel：020-82795495

广州市科密办公科技有限公司
地址：广州市增城朱村街丫布路口
……Tel：020-82858102

广州瑞商化工有限公司
地址：广州增城市沙庄街下围村工业区
……Tel：020-82902806

广州晖腾纺织有限公司
地址：广州增城市石滩镇岗贝村
……Tel：020-82998205

广州市凌特电子有限公司
地址：广州市越秀区环市中路205号自编B1315-B1316房（不可作厂房用途）
……Tel：020-83658210

广州市厨房设备用具工业公司
地址：广州市荔湾区芳村大道西125号自编之二房
……Tel：020-83837789

广州超邦化工有限公司
地址：广州市白云区江高镇神山郭塘郭雅路88号
……Tel：020-84278577

广州广重分离机械有限公司
地址：广州市海珠区昌岗中路238号17层1718房（仅限办公用途）
……Tel：020-84369817

广州恒安奥特电气有限公司
地址：广州市南沙区榄核镇甘岗村甘岗路佳合工业区A101（临时经营场所）
……Tel：020-84702688

广州市天鹰精密工具有限公司
地址：广州市番禺区沙湾镇大涌口村金寺围工业区
……Tel：020-84730821

广州市新力金属有限公司
地址：广州市番禺区南村镇员岗金新路1号
……Tel：020-84764428

广州番禺速能冷暖设备有限公司
地址：广州市南沙区榄核镇人民村人绿路39号
……Tel：020-84891703

广州广船海洋工程装备有限公司
地址：广州市南沙区龙穴街道鸡抱沙北6号
……Tel：020-84940628

广州银轮热交换系统有限公司
地址：广州市番禺区石楼镇华实路一巷11号
……Tel：020-85821762

广州市捷丰自动化设备有限公司
地址：广州市白云区神山镇五丰村五丰东路４１号
……Tel：020-86061622

广州市川奇科技工业有限公司
地址：广州市花都区赤坭镇赤坭大道68号
……Tel：020-86719111

鸿利智汇集团股份有限公司
地址：广州市花都区花东镇先科一路1号
……Tel：020-86733333

广州市花都创达玻璃不锈钢制品有限公司
地址：广州市花都区炭步镇巴江工业区
……Tel：020-86735069

广州鸿木机械有限公司
地址：广州市花都区花东镇金田工业区永溪路26-102号
……Tel：020-86766113

广州精博汽车部件有限公司
地址：广州市花都区花山镇平山民营工业园7号之二（可作厂房使用）
……Tel：020-86789273

广州泰克力起重机有限公司
地址：广州市花都区北兴镇花都大道
……Tel：020-86790996

广州鹰堡美发用品厂有限公司
地址：广州市花都区狮岭镇振兴村振兴路
……Tel：020-86939683

广州市乾能机械制造有限公司
地址：广州市花都区赤坭镇精进路4号
……Tel：020-86962244

广州市极动焊接机械有限公司
地址：广州市花都区秀全街花港大道73号
……Tel：020-86980880

广州肇天电器工业有限公司
地址：广州市花都区狮岭镇裕丰路16号B1栋
……Tel：020-86985888

广州市嘉特斯机电制造有限公司
地址：广州市花都区狮岭镇山前大道南
……Tel：020-86998881

广州中南华星设备有限公司
地址：广州市黄埔区连云路171号
……Tel：020-87090782

广州赛唯热工设备有限公司
地址：广州市番禺区石楼镇创启路63号创启13号楼（仅限办公用途）
……Tel：020-87508117

马贝建筑材料（广州）有限公司
地址：广东从化经济开发区丰盈路6号
……Tel：020-87810701

广州开能电气实业有限公司
地址：广州高新技术产业开发区科学城南翔一路68号3栋102房、202房和302房
……Tel：020-89301852

广州花都宝井汽车钢材部件有限公司
地址：广州市花都区汽车城东风大道
……Tel：020-89683373

广州康美风空调设备有限公司
地址：广州市天河区建中路64、66号东403房之一（仅限办公）（不可作厂房使用）
……Tel：020-89815702

中国水电四局（阳江）海工装备有限公司
地址：广东省阳江高新区港口工业园海港二横路（住所申报））
……Tel：0662-3830552

阳江阳虎胶带有限公司
地址：阳江市阳东区工业园永兴五路
……Tel：0662-6602878

广东吉荣电梯有限公司
地址：揭阳高新技术产业开发区三号路北段以东
……Tel：0663-3636666

揭阳市大立模具厂有限公司
地址：揭阳空港经济区望江北路以北东三直路西
……Tel：0663-8381666

广东顺风实业有限公司
地址：揭阳市榕城区仙桥紫晖工业区
……Tel：0663-8869211

茂名市茂港电力设备厂有限公司
地址：茂名市石化工业园区一区北片A-04
……Tel：0668-2326681

广东敞开电气有限公司
地址：开平市翠山湖新区环翠南路1号
……Tel：0750-2887890

江门市前卫匹特博供应有限公司
地址：江门市蓬江区棠下镇富棠三路4号B幢
……Tel：0750-3595221

进峰（江门）五金制造有限公司
地址：江门市蓬江区潮连大道221号
……Tel：0750-3724068

台山市冠阳五金机械制造有限公司
地址：台山市四九镇长龙工业区三路12号
……Tel：0750-5483208

广东新粤丰海洋工程装备有限公司
地址：江门市新会区沙堆镇金门工业园梅阁村大河下
……Tel：0750-6233978

中交四航局江门航通船业有限公司
地址：江门市新会区古井镇管咀村委会岗朗（土名）
……Tel：0750-6298270

江门市雄力实业有限公司
地址：恩平市江门产业转移工业园恩平园区商贸区2号
……Tel：0750-7778961

广东铸德实业有限公司
地址：鹤山市共和镇共建路328号
……Tel：0750-8318783

协扬机械（广东）有限公司
地址：鹤山市龙口镇凤和路3号
……Tel：0750-8920626

韶关鑫瑞智能装备有限公司
地址：乐昌市乐廊路六公里乐昌产业转移工业园环园东路21号
……Tel：0751-8721992

韶关市中机重工有限责任公司
地址：韶关市浈江区产业转移工业园创业路9号
……Tel：0751-8838280

河源市超弘科技有限公司
地址：河源市新市区大同路西边、永和路南边佳和雅苑B栋S15号-2
……Tel：0752-5789127

广东自远环保股份有限公司
地址：梅州市梅县区扶大三葵（金鸡石水库侧）
……Tel：0753-2510979

广东鸿荣重工股份有限公司
地址：梅州市梅县区扶大高新区
……Tel：0753-2514818

兴宁市联发纺织有限公司
地址：广东省兴宁市新陂镇米寨黄竹沥
……Tel：0753-3350782

广东云山汽车有限公司
地址：广东省兴宁市东莞石碣（兴宁）产业转移工业园
……Tel：0753-3881033

梅州市洪裕汽车配件制造有限公司
地址：平远县工业园三期
……Tel：0753-8825228

平远县恒明汽车底盘制造有限公司
地址：平远县大柘镇平兴路99号
……Tel：0753-8840255

广东金华电缆股份有限公司
地址：汕头市潮南区沙陇工业区
……Tel：0754-82227238

广东昂特音像有限公司
地址：汕头市潮阳区和平广汕公路1668号
……Tel：0754-82603650

广东伽懋智能织造有限公司
地址：汕头市澄海区信宁信发路7号
……Tel：0754-85733318

广东粤东机械实业有限公司
地址：汕头市濠江区汕头市台商投资区濠江片D02单元东侧
……Tel：0754-88107777

广东东兴客车配件有限公司
地址：汕头市潮汕路金园工业城2B4片区厂房二楼
……Tel：0754-88223883

广东金南方新科技股份有限公司
地址：汕头市大学路118号之一
……Tel：0754-88678188

汕头市嘉致消声器有限公司
地址：汕头市潮阳区棉北棉田路段（五三村宫前地段）
……Tel：0754-88718555

广东鸿志电子科技有限公司
地址：汕头市浦江路6号2楼、4楼、6楼
……Tel：0754-88738416

深圳中科飞测科技股份有限公司
地址：深圳市龙华区观澜街道新澜社区观光路1301-14号101、102
……Tel：0755-22670712

深圳市盛福机械设备有限公司
地址：深圳市南山区招商街道蛇口太子路33号振兴大厦B座二楼FGH单元
……Tel：0755-26027758

品能智能照明（深圳）有限公司
地址：深圳市光明区玉塘街道田寮社区同观路泰嘉乐科技工业园1栋503
……Tel：0755-27180118

深圳市兴业有限公司
地址：深圳市宝安区宝城二十五区29栋
……Tel：0755-27857382

深圳市美然实业发展有限公司
地址：深圳市福田区华强北街道燕南路9号君悦阁大厦3楼
……Tel：0755-83217770

深圳市桑达实业股份有限公司
地址：深圳市南山区科技园科技路1号桑达科技大厦15－17层（仅限办公）
……Tel：0755-86316186

广东精铟海洋工程股份有限公司
地址：佛山市南海区里水镇逢涌村金逢公路南侧
……Tel：0757-22177989

广东利事丰机器人自动化科技有限公司
地址：佛山市顺德区大良新　工业区兴业路5号B座一层B区厂房（新　工业区新松沛丰围地段）
……Tel：0757-22211145

佛山市顺德区莱利达工程设备有限公司
地址：佛山市顺德区大良街道五沙居委会顺番公路五沙段31号之三
……Tel：0757-22802588

佛山市顺德区诚泰精密机械有限公司
地址：佛山市顺德区大良五沙新耀路1号之一（住所申报）
……Tel：0757-22915573

广东顺德迪峰机械有限公司
地址：广东省佛山市顺德区伦教工业大道荔村段3号华南机械城D1之二（住所申报）
……Tel：0757-23271302

广东长菱空调冷气机制造有限公司
地址：佛山市顺德区陈村镇南涌工业区
……Tel：0757-23327017

广东威利坚机械集团有限公司
地址：佛山市顺德区容桂成业路16号
……Tel：0757-26383083

广东昌宝科技股份有限公司
地址：佛山市顺德区杏坛镇昌教中心公路1号
……Tel：0757-27385197

广东顺德永强福泰智能木工机械有限公司
地址：佛山市顺德区伦教常教市一横路北海工业区
……Tel：0757-27752233

佛山市顺德区裕安燃气具实业有限公司
地址：佛山市顺德区容桂南区居委会天河北路西侧南区工业小区8号地C栋
……Tel：0757-28305953

佛山市顺德区广意通讯电缆有限公司
地址：佛山市顺德区容桂南区新容西路19号之一
……Tel：0757-28380334

广东华力通变压器有限公司
地址：佛山市南海区里水镇和顺和桂工业园B区顺福东路2号车间五第一、二层（住所申报）
……Tel：0757-66823268

佛山市美锻制造技术有限公司
地址：佛山市顺德区大良凤翔工业园银翔路5号B厂区
……Tel：0757-66858202

广东珠江中富电梯有限公司
地址：佛山市南海区狮山镇狮山科技工业园C区狮山大道十三号之一
……Tel：0757-81030393

广东联合富士电梯有限公司
地址：广东省佛山市三水区乐平镇三水工业园区D区67号（住所申报）
……Tel：13728528270

广东永兴铝型材厂有限公司
地址：佛山市南海区大沥镇岭南路77号百鸿大厦17楼08号（住所申报）
……Tel：0757-81168355

佛山三友汽车部件制造有限公司
地址：佛山市南海区丹灶镇诚友路1号
……Tel：0757-81797179

池内顶锋（佛山）精密加工有限公司
地址：佛山市三水区乐平镇宏业大道3号2座（住所申报）
……Tel：0757-83601080

佛山市南海众松制辊有限公司
地址：佛山市南海区里水镇和顺和桂工业园
……Tel：0757-85109111

佛山市诺创智能设备有限公司
地址：佛山市南海区里水镇和顺和桂工业园和桂路（一号车间）（住所申报）
……Tel：0757-85123158

佛山市万宝金品电器有限公司
地址：佛山市南海区里水镇和顺共同工业开发区
……Tel：0757-85123863

广东格莱斯陶瓷有限公司
地址：佛山市禅城区南庄镇梧村宏兴社
……Tel：0757-85381349

佛山市南海区聚龙建设机械有限公司
地址：佛山市南海区丹灶镇南海国家生态工业示范园区金石大道25号
……Tel：0757-85416368

城南佛山科技有限公司
地址：佛山市南海区丹灶镇丹横路南海日本中小企业工业园厂房1-2（住所申报）
……Tel：0757-85418140

佛山市科威力制冷设备有限公司
地址：佛山市南海区丹灶镇南海国家生态工业示范园区凤凰大道20号
……Tel：0757-85438888

佛山市华狮龙金属装饰制品有限公司
地址：佛山市南海区里水洲村南坑
……Tel：0757-85608020

岚邦家私（佛山）有限公司
地址：佛山市南海区狮山工业园B区博爱东路联邦创新工业园1号厂房2、3、4、5楼（住所申报）
……Tel：0757-85768113

实宜机械设备（佛山）有限公司
地址：佛山市南海区狮山镇科技北路3号依云曦城花苑36座2410室（住所申报）
……Tel：0757-85882229

广东普拉斯包装材料有限公司
地址：肇庆市端州区三榕工业园办公大楼三楼307-8室
……Tel：0757-86519375

广东赛因迪科技股份有限公司
地址：佛山市三水区白坭镇汇盈路3号1栋之一（住所申报）
……Tel：0757-87573719

广东南桂起重机械有限公司
地址：佛山市三水区白坭镇莘村机械塑料城聚金路6号
……Tel：0757-87655338

钜溢（肇庆）钢管制造有限公司
地址：肇庆市高新区北江大道21号
……Tel：0758-3399805

肇庆科利机械装备制造有限公司
地址：肇庆高新区工业大街25号肇庆理士电池技术有限公司车间7
……Tel：0758-3602555

怀集县怀德新材料有限公司
地址：怀集县怀城镇幸福大道横洞工业园（第001959号）
……Tel：0758-5861919

肇庆鸿泰模具制造有限公司
地址：肇庆市高要区城区二期开发区
……Tel：0758-8360031

湛江重型机械厂
地址：湛江市霞山区建设路1号
……Tel：0759-2173138

湛江申翰科技实业有限公司
地址：湛江开发区东海岛新区龙腾路1号湛江申翰科技实业有限公司候工楼二楼
……Tel：0759-2533615

湛江自立高温材料有限公司
地址：湛江经济技术开发区东简街道东海岛钢铁配套园区钢富路北侧5号
……Tel：0759-2925826

中山领威精密机械有限公司
地址：中山市小榄镇兆益路110号一号厂房一层E区
……Tel：0760-22820398

中山市赛福特汽车配件有限公司
地址：中山市三乡镇平东村东成路5号
……Tel：0760-23387718

中山市威硕机械制造有限公司
地址：中山市阜沙镇颂德路3号
……Tel：0760-23453091

中山迈雷特智能装备有限公司
地址：中山市火炬开发区科技西路43号之一102（住所申报）
……Tel：0760-88583660

广东汉邦激光科技有限公司
地址：中山市南头镇同济西路23号（宏基工业城一期1幢第一、二层）
……Tel：0760-89966459

广东日创电梯有限公司
地址：英德市东华镇清远华侨工业园日创大道1号
……Tel：0763-2622999

佛冈明阳机械有限公司
地址：佛冈县石角镇龙溪路
……Tel：0763-4632801

广东清塑实业有限公司
地址：清远市清新区太平镇盈富工业园23号
……Tel：0763-5850200

广东广济实业股份有限公司
地址：广东省罗定市区泷江路41号
……Tel：0766-3722706

广东电气控制设备厂有限公司
地址：潮州市潮州大道北片工业区伟标公司第一幢厂房（第三层东侧）
……Tel：0768-2291511

广东隆兴包装实业有限公司
地址：潮州市潮安区庵埠镇新潮汕公路梅林湖东侧
……Tel：0768-6621791

广东海中新能源设备股份有限公司
地址：广东省东莞市茶山镇茶山伟兴路33号2号楼201室
……Tel：0769-23116586

东莞市创群精密机械有限公司
地址：广东省东莞市沙田镇港前路26号
……Tel：0769-23255633

东莞市爱克斯曼机械有限公司
地址：东莞市万江区小享社区建南二路5号
……Tel：0769-23620086

东莞市三创智能卡技术有限公司
地址：东莞市长安镇上沙社区第五工业区新春路6号
……Tel：0769-82286999

东莞太星机械有限公司
地址：东莞市麻涌镇南洲村工业区
……Tel：13925530745

东莞市迈科科技有限公司
地址：东莞松山湖高新技术产业开发区南山路1号中集智谷产业园6号楼AB户
……Tel：0769-83180853

东莞市翔鹭精密工具有限公司
地址：广东省东莞市长安镇长安振安西路78号1号楼801室
……Tel：0769-85539769

伟轮叉车（东莞）有限公司
地址：东莞市高　镇低涌工业区
……Tel：0769-88736868

东莞东运机械制造有限公司
地址：广东省东莞市常平镇环常西路129号102室
……Tel：0769-89178989

东莞市东平机械有限公司
地址：东莞市麻涌镇川槎螺村
……Tel：0769-89236259

广西省

广西福域智能农业机械有限公司
地址：南宁市创新路西段1号质控中心楼220号
……Tel：0771-2311039

南宁科泰机械设备有限公司
地址：南宁市大学东路１７０号
……Tel：0771-3245904

广西壮族自治区南宁机械厂
地址：南宁市中尧路４８号
……Tel：0771-3853009

特普耐斯科技（南宁）有限公司
地址：南宁市良庆区银海大道999号
……Tel：0771-4018070

广西建机重工科技有限公司
地址：南宁市伊岭工业集中区Ｂ－７６号
……Tel：0771-6015598

广西南宁都宁通风防护设备有限公司
地址：南宁六景工业园区纬四路旁
……Tel：0771-7265830

柳州市半轴汽车配件有限责任公司
地址：柳州市阳和工业新区阳惠路５号１号厂房
……Tel：0772-3020996

柳州市豪杰特化工机械有限责任公司
地址：广西壮族自治区柳州市洛盛路5号
……Tel：0772-3122358

柳州宏协承汽车部件有限公司
地址：柳州市新柳大道5号
……Tel：0772-3732829

广西柳工集团有限公司
地址：柳州市柳太路1号
……Tel：0772-3886001

广西奥兰热管理科技有限公司
地址：柳州市百饭路46号
……Tel：0772-5333989

柳州开宇塑胶机械有限公司
地址：柳州市柳江区穿山镇乐业路16号
……Tel：0772-5373112

柳州起重机器有限公司
地址：柳州市阳和工业新区雒容工业园２号
……Tel：0772-6513818

柳州汇众汽车底盘系统有限公司
地址：柳州市鱼峰区车园横一路21号
……Tel：0772-6515057-8001

桂林长龙机械有限公司
地址：灵川县定江镇富兴路10号
……Tel：0773-2691382

桂林鸿程机电设备有限公司
地址：临桂县临桂镇秧塘科技园
……Tel：0773-3568155

桂林广汇汽车配件有限公司
地址：桂林市九华山１４号
……Tel：0773-3568601

广西广汇低温设备有限公司
地址：广西桂林市西城经济开发区秧塘工业园秧十八路
……Tel：0773-3568601

桂林福达机器有限公司
地址：桂林市西城经济开发区鲁山路18号
……Tel：0773-3662606

桂林晟成机械有限公司
地址：临桂区秧塘山水科技园十三路西侧
……Tel：0773-3663786

桂林桂冶机械股份有限公司
地址：桂林市临桂区宝山高端装备智能制造产业园（一期）1#、2#厂房
……Tel：0773-3680040

桂林桂冶重工股份有限公司
地址：桂林市清秀路３号
……Tel：0773-3680040

桂林高新区科丰机械有限责任公司
地址：桂林市七星区辰山路东侧
……Tel：0773-5602211

梧州市沃华机械有限公司
地址：梧州市长洲区不锈钢工业园区
……Tel：0774-3102700

梧州市新力士压力容器制造有限公司
地址：梧州市广东路容安里１号
……Tel：0774-3883778

梧州永新嘉利印染有限公司
地址：梧州市城东镇思扶村都连组6号第1、2、3幢
……Tel：0774-3989689

广西开元机器制造有限责任公司
地址：广西玉林市陆川北部工业集中区
……Tel：0775-3165789

广西玉柴机器集团有限公司
地址：广西玉林市玉州区玉柴路2号
……Tel：0775-3226871

百色世裕科技股份有限公司
地址：田东石化工业园工业中路
……Tel：0776-2653705

兴安海螺新材料有限责任公司
地址：兴安县溶江镇千家村委田洞村
……Tel：0776-6233015

合浦鑫鸿达设备制造有限公司
地址：合浦工业园区
……Tel：0779-7103210

海南省

海南现代建筑部品股份有限公司
地址：海南省澄迈县老城经济开发区新兴路（海口综合保税区旁）
……Tel：0898-31631252

海南展创光电技术有限公司
地址：海南省澄迈县老城高新技术示范区海南生态软件园A-02栋
……Tel：0898-31635018

海南美亚电能有限公司
地址：海口国家高新技术产业开发区狮子岭工业园区A-2-01
……Tel：0898-65580066

海南农垦烨运宏实业有限公司
地址：琼中县营根镇海榆路6号
……Tel：0898-86222607

四川省

崇州市兰雨精工家具有限公司
地址：成都崇州经济开发区物华西路169号
……Tel：027-87484311

四川尼科三利设备制造有限公司
地址：四川省眉山市彭山区青龙镇永远村67号
……Tel：028-12345678

四川简阳川空通用机械设备有限公司
地址：成都市简阳市新市镇马鞍街1、2组（简城凯力威工业大道南段295号）
……Tel：028-23206202

资阳市吉利斯达实业有限公司
地址：四川省资阳市雁江区万达广场
……Tel：028-26122636

四川宇良车辆配件有限公司
地址：资阳市雁江区城南大道1号附4号
……Tel：028-26781678

四川泰博流体科技有限公司
地址：简阳市新市镇工业园区
……Tel：028-27010655

四川华新南光真空设备有限公司
地址：成都市简阳市十里坝街道新达街17号
……Tel：028-27214115

四川省简阳市川力机械制造有限责任公司
地址：简阳市工业园区凯力威大道北段
……Tel：028-27262166

四川简阳川橡通力有限公司
地址：四川省简阳市养马镇川橡路
……Tel：028-27729269

四川兴川泰线缆有限公司
地址：眉山经济开发区东区顺江大道南段60号
……Tel：028-37020999

四川新筑智能工程装备制造有限公司
地址：四川省眉山市彭山区青龙镇工业大道南段58号
……Tel：028-37696500

眉山中车物流装备有限公司
地址：四川省眉山市东坡区科工园3路2号
……Tel：028-38161680

四川川润股份有限公司
地址：四川省自贡市高新工业园区荣川路1号
……Tel：028-61210033

成都亿科康德电气有限公司
地址：成都市温江区成都海峡两岸科技产业开发园科兴路东段870号
……Tel：028-61936309

成都科瑞尔低温设备有限公司
地址：四川省成都经济技术开发区（龙泉驿区）车城东七路360号
……Tel：028-63166252

成都奥兴汽配制造有限公司
地址：郫县郫筒镇何公路116号
……Tel：028-63940505

成都佳成汽车零部件制造有限公司
地址：四川省成都经济技术开发区（龙泉驿区）龙安路419号
……Tel：028-65085006

四川锦宇装备有限公司
地址：四川省成都市成华区龙潭工业园区宝耳路2号
……Tel：028-66761559

成都金阳机械制造有限公司
地址：成都市金堂县金堂大道1188号
……Tel：028-67919988

成都正西液压设备制造有限公司
地址：成都市青白江区大弯智慧大道1698号
……Tel：028-67999199

成都永益泵业股份有限公司
地址：成都市青白江区工业集中发展区同旺路
……Tel：028-67999991

四川成都成工工程机械股份有限公司
地址：成都汽车城大道668号
……Tel：028-68525018

成都添益能源装备制造有限公司
地址：四川省成都经济技术开发区（龙泉驿区）龙安路366号
……Tel：028-68909067

四川格林流体控制设备有限公司
地址：成都市郫都区成都现代工业港南片区仁港路18号
……Tel：028-69008257

成都鹏程路桥机械有限公司
地址：成都市新津工业园A区五津镇兴园七路89号
……Tel：028-82402188

成都市欣欣高强度紧固件制造有限公司
地址：成都市新津工业园区A区
……Tel：028-82433171

成都思尔特机器人科技有限公司
地址：成都市温江区成都海峡两岸科技产业开发园科兴西路688号
……Tel：028-82666163

成都创磊机械有限公司
地址：成都市温江区成都海峡两岸科技产业开发园海科西段159号
……Tel：028-82781993

成都中科华力机械有限责任公司
地址：成都市郫都区成都现代工业港北片区港北四路165号
……Tel：028-83287098

四川华园金属建设工程有限公司
地址：成都市金牛区兴川路1018号
……Tel：028-83577822

成都流体机械密封制造有限公司
地址：成都金牛高科技产业园二期隆安路518号
……Tel：028-83586862

四川华兴伟业机械设备有限公司
地址：成都市青白江区工业集中发展区同济大道816号
……Tel：028-83604369

四川安那际电力科技有限公司
地址：成都市青白江区工业集中发展区同旺路1159号
……Tel：028-83625633

成都东泉预应力成套设备有限公司
地址：成都市青白江区城厢镇
……Tel：028-83630081

成都方桂园钢结构制造有限公司
地址：成都市青白江区工业集中发展区南区同济大道
……Tel：028-83678917

成都市中德制辊有限责任公司
地址：成都市青白江区华金大道一段151号
……Tel：028-83692600

成都鑫新光成套电器有限公司
地址：成都市彭州市致和镇东三环路三段718号
……Tel：028-83701853

成都晋林石油机械有限责任公司
地址：成都市彭州市天府东路558号
……Tel：028-83750231

成都金陵能源装备有限公司
地址：四川省彭州市工业开发区牡丹大道中段476号
……Tel：028-83752018-8008

四川省西核机电设备制造有限公司
地址：成都市新都区新工大道18号
……Tel：028-83909331

四川固特阀门制造有限公司
地址：成都市新都区大丰南丰大道298号
……Tel：028-83918853

成都市卓新实业有限公司
地址：成都市新都区工业东区龙虎大道919号
……Tel：028-83939309

成都源兴机械制造有限公司
地址：成都市新都区工业东区普河路
……Tel：028-83958312

成都航天精诚科技有限公司
地址：四川省成都经济技术开发区（龙泉驿区）星光中路4号
……Tel：028-84803596

四川省远大专用凭证印务有限公司
地址：四川省成都经济技术开发区北京路289号
……Tel：028-84853291

成都海瑞斯轨道交通设备有限公司
地址：四川省成都经济技术开发区（龙泉驿区）经开区南二路93号
……Tel：028-84865169

成都正田车用部品有限公司
地址：四川省成都市龙泉区经济技术开发区世纪大道515号龙腾工业园内3栋1号、4栋1、2号
……Tel：028-84866027

成都瑞阳金属制品有限公司
地址：成都市金堂县赵镇金堂工业园区
……Tel：028-84931263

四川楚北混凝土有限公司
地址：成都市武侯区金花镇南延线168号1幢2号
……Tel：028-85029777

四川天星智能包装股份有限公司
地址：成都市蒲江县寿安工业区(寿安镇新园一路203号)
……Tel：028-85229422

四川日机密封件有限责任公司
地址：仁寿县视高经济开发区
……Tel：028-85363581

成都久和动力科技有限责任公司
地址：成都市双流区西航港经济开发区黄甲街道腾飞四路409号
……Tel：028-85643259

四川特安人防工程设备有限公司
地址：四川省成都市金堂县淮口镇光华路26号(金堂工业园区内)
……Tel：028-85737139

四川华德精工制造有限公司
地址：成都蛟龙工业港双流园区水口路25座
……Tel：028-85737226

成都中寰流体控制设备股份有限公司
地址：中国（四川）自由贸易试验区成都市双流区西南航空港空港四路2139号
……Tel：028-85744056

成都托克密封件有限责任公司
地址：成都市双流区西南航空港经济开发区工业集中区腾飞四路478号
……Tel：028-85744327

成都花雨实业有限公司
地址：成都市双流区协和街道华府大道二段265号
……Tel：028-85769123

成都市双流金石机械制造有限公司
地址：成都市双流区金桥镇永和村三组
……Tel：028-85852302

成都贝瑞光电科技股份有限公司
地址：成都高新区科园南路3号
……Tel：028-86051929

成都迪普金刚石钻头有限责任公司
地址：四川省成都市新都区工业东区普河路1166号
……Tel：028-87076842

成都远景数控设备实业有限公司
地址：成都市青羊区文家路298号4栋1单元1楼1号
……Tel：028-87077062

四川川石金刚石钻头有限公司
地址：成都市青羊区蛟龙工业港高新区A-16座
……Tel：028-87077688

成都华科阀门制造有限公司
地址：四川省成都市都江堰市都江堰科技产业区灌温路68号
……Tel：028-87295339

成都金腾机械制造有限责任公司
地址：成都市郫都区成都现代工业港南片区西源大道2268号
……Tel：028-87804148

四川攀登科技有限公司
地址：郫县成都现代工业港南片区通港路138号
……Tel：028-87804330

成都普川生物医用材料股份有限公司
地址：成都高新区西芯大道26号
……Tel：028-87827175

四川新力光源股份有限公司
地址：成都高新区西芯大道15号附2号
……Tel：028-87838452

四川索牌科技股份有限公司
地址：成都市高新技术开发区（西区）西区大道5号
……Tel：028-87847223

四川深远石油钻井工具股份有限公司
地址：成都高新区（西区）康隆路801号
……Tel：028-87877380

成都四星液压制造有限公司
地址：郫县成都现代工业港 北区蜀都大道北一段1931号
……Tel：028-87878127

成都珑泰机械制造有限公司
地址：成都市郫都区现代工业港北片区同善桥路358号
……Tel：028-87878127

四川通用电力有限公司
地址：成都市郫都区成都现代工业港北片区
……Tel：028-87881999

四川创宏电气有限公司
地址：成都市郫都区成都现代工业港南片区清马路1189号
……Tel：028-87973009

四川中钨实业有限公司
地址：成都市高新区西部园区西区大道99号附5号
……Tel：028-87986866

成都建丰新材料股份有限公司
地址：四川省成都市大邑县晋原镇镇东村
……Tel：028-88261206

成都市瑞驰精工机械制造有限责任公司
地址：四川省成都市大邑县工业区兴业二路38号
……Tel：028-88395192

成都市蒲江颐林机械设备有限公司
地址：成都市蒲江县鹤山镇工业北路207号
……Tel：028-88550203

成都双星钢结构有限公司
地址：成都市蒲江县鹤山镇飞虎路78号
……Tel：028-88557260

融发核电设备股份有限公司
地址：四川省青神县黑龙镇
……Tel：0535-3725577

攀枝花攀煤矿山机械制造有限公司
地址：攀枝花市西区陶家渡东路259号
……Tel：0812-5997049

攀枝花市蓝天锻造有限公司
地址：攀枝花钒钛产业园区办公楼206号
……Tel：0812-6211018

米易锦秀机械制造有限公司
地址：米易县白马工业园区石材区C区
……Tel：0812-8119222

自贡九天水利机械有限公司
地址：自贡市高新工业园区金川路66-1号
……Tel：0813-2600396

自贡中粮金属包装有限公司
地址：富顺县富世镇晨光工业园区
……Tel：0813-2605994

自贡天华低温阀门有限公司
地址：自贡市自流井区舒坪街道丹阳街518号3栋附2号
……Tel：13508175204

四川久龙密封件制造有限公司
地址：自贡市沿滩区卫坪镇蔡市村四组（胡家桥）
……Tel：0813-3860365

四川强固建筑科技有限公司
地址：四川省自贡市沿滩工业园区汇才路南段10号
……Tel：0813-5566780

自贡准点商品砼有限责任公司
地址：自贡市沿滩工业集中区汇鑫路9号
……Tel：0813-5862226

荣县文锋机械有限公司
地址：荣县旭阳镇望江村二组
……Tel：0813-6269555

四川东方变压器集团有限公司
地址：富顺县富世镇安和西路南段3号（晨光科技园区内）
……Tel：0813-7188877

自贡市晶泽实业有限公司
地址：四川省自贡市自流井区南湖路东方威尼斯泰丰东方威尼斯44栋-1
……Tel：0813-7787792

自贡蜜蜂牌机械密封有限责任公司
地址：自贡市高新工业园区金川路66号附2号
……Tel：0813-8101709

四川省川正公路工程有限公司
地址：四川省绵阳市经开区松垭镇活观音村六社
……Tel：0816-2130603

绵阳市新兴机械有限责任公司
地址：绵阳市游仙经济试验区民泰路18号
……Tel：0816-2285106

四川久远化工技术有限公司
地址：绵阳市经开区洪恩东路59号
……Tel：0816-2548786

四川艾格瑞特航空技术股份有限公司
地址：四川省江油市江油工业园区创元路南段科技孵化园303、306室
……Tel：0816-3227366

四川江油中恒特钢有限公司
地址：江油市三合镇广胜村三组
……Tel：0816-3524514

四川新为橡塑有限公司
地址：江油市河南工业园区第四期冶金工业园11、12厂房
……Tel：0816-3528011

四川惠百民石化机械制造有限公司
地址：江油市三合镇龙桥村一组
……Tel：0816-3691270

四川三台力达泵业有限公司
地址：三台县青东坝工业集中区
……Tel：0816-5345281

四川衡鼎建材有限公司
地址：南充市嘉陵区工业园区建材工业区
……Tel：0817-3712222

四川三鑫南蕾气门座制造有限公司
地址：南部县南隆镇工业集中区梁家垭大道
……Tel：0817-5888807

阆中市泰安车业有限公司
地址：阆中市工业园区迎宾大道
……Tel：0817-6305859

新达泵阀股份有限公司
地址：达州经济开发区汇通大道东段
……Tel：0818-2659898

威顿达州化工有限责任公司
地址：四川达州经济开发区瓮福磷硫基地内
……Tel：0818-3118124

四川沱牌舍得集团有限公司
地址：四川省射洪市沱牌镇沱牌大道999号
……Tel：0825-6618166

遂宁天齐锂业有限公司
地址：四川省遂宁市安居区工业集中发展区安东大道化工产业园
……Tel：0825-6692338

四川讴神机械制造有限公司
地址：遂宁市安居区工业集中发展区汽摩产业园
……Tel：0825-8552255

四川艾瑞顺钢结构有限公司
地址：广安市前锋区前锋工业集中区
……Tel：0826-2812777

四川雷联汽车部件有限公司
地址：四川省广安市武胜县街子工业园区
……Tel：0826-8862888

泸州江旭机械制造有限责任公司
地址：泸州市江阳区泰阳路三段10号
……Tel：0830-2750037

泸州众大科技液压件有限公司
地址：泸州机械工业集中发展区泰阳路一段一号
……Tel：0830-3588166

四川省中车铁投轨道交通有限公司
地址：四川省宜宾临港经济技术开发区嘉信路中段32号
……Tel：0831-2396682

四川长江造纸仪器有限责任公司
地址：宜宾市马鞍石
……Tel：0831-3601369

四川省宜宾岷江专用汽车有限责任公司
地址：四川省屏山县屏山镇金沙江大道东段88号
……Tel：0831-5727191

四川省宜宾普什智能科技有限公司
地址：四川省宜宾市临港经开区长江北路西段附三段17号
……Tel：0831-5968219

宜宾赛伦格交通有限责任公司
地址：宜宾市叙州区城北新区康村街
……Tel：0831-6343895

四川省隆昌机械制造有限公司
地址：隆昌山川镇新民村
……Tel：0832-3959828

内江东工设备制造股份有限公司
地址：威远县向义镇小古村七组66号
……Tel：0832-5812925

四川省威远金凤凰陶瓷有限责任公司
地址：威远县严陵镇白塔工业园区
……Tel：0832-8100918

资中县宏和丝绸有限公司
地址：资中县银山镇铜锣一社
……Tel：0832-8168880

威远凤凰高新材料有限责任公司
地址：威远县向义镇枇杷村8社(雷公滩工业园区)
……Tel：0832-8530137

四川中油乐仪能源装备制造股份有限公司
地址：乐山市市中区乐峨路西段231号
……Tel：0833-2560166

四川伟力得能源股份有限公司
地址：四川省乐山高新区乐高大道3号
……Tel：0833-2596758

四川新科环保设备制造有限公司
地址：乐山市中区杨湾乡陶村六组
……Tel：0833-26380282

四川省福华纸业有限公司
地址：四川省乐山市沙湾区葫芦镇福华路1号
……Tel：0833-3665555

乐山永峰机械制造有限公司
地址：四川省乐山市沙湾区嘉农镇新兴村4组
……Tel：0833-3680750

峨眉山市驰骋机械制造有限公司
地址：峨眉山市桂花桥镇友爱村
……Tel：0833-5050326

四川省米兰诺陶瓷有限公司
地址：夹江县新场镇红旗村3社
……Tel：0833-5920379

四川美丰云母工业有限责任公司
地址：雅安市雨城区陇西路25号
……Tel：0835-8515899

四川茂龙发电设备制造有限公司
地址：石棉县回隆乡回隆村
……Tel：0835-8873688

四川毅恒重工机床有限公司
地址：四川省德阳市经济开发区六盘山路与汾湖路交汇处东南角
……Tel：0838-2605602

德阳宏源机电工程有限责任公司
地址：四川省德阳市天元长白山路南段西侧
……Tel：0838-2800086

德阳钰鑫机械制造有限公司
地址：四川省德阳市旌阳区二环路西段21号
……Tel：0838-2800096

德阳中耐有限公司
地址：四川省德阳市天元镇天马小区
……Tel：0838-2801588

四川广汉金华塑料包装有限公司
地址：四川省德阳市广汉市向阳镇同花村十二社
……Tel：0838-3115678

广汉市福源兴茂机械制造有限公司
地址：四川省德阳市广汉市小汉镇兴盛路西段19号
……Tel：0838-3136988

四川豪特精工装备股份有限公司
地址：四川省广汉市经济开发区（珠海路东二段）
……Tel：0838-3137777

四川泓炜特种门业有限责任公司
地址：德阳市罗江区经济开发区金山园区土桥路
……Tel：0838-3567666

德阳市华建机械设备有限公司
地址：四川省德阳市旌阳区孝泉镇阳安大道
……Tel：0838-3631788

广汉亚浦耳照明电器有限公司
地址：四川省德阳市广汉市萧山路二段58号
……Tel：0838-5321222

四川广汉乐石机械铸造有限公司
地址：四川省德阳市广汉市金鱼镇凉水村六社
……Tel：0838-5678303

四川烨晶化工装备有限公司
地址：四川省德阳市广汉市小汉镇小南村10组
……Tel：0838-5703999

绵竹恒丰节能材料有限公司
地址：四川省绵竹市富新镇友花村七组
……Tel：0838-6192995

四川东方雨虹建筑材料有限公司
地址：四川省德阳市岷山路三段56号
……Tel：0838-6511668

四川什邡东润制造有限公司
地址：四川省德阳市什邡市经济开发区（南区）嘉陵江路西段56、60号
……Tel：0838-8100433

四川金立方石化设备有限公司
地址：什邡市城南新区
……Tel：0838-8260003

四川省江南玻璃钢有限公司
地址：什邡市城南新区
……Tel：0838-8266888

四川广元西南商品混凝土有限公司
地址：广元市利州区回龙河工业小区群心村三、四组
……Tel：0839-3423903

贵州省

遵义盛钛机械设备制造有限公司
地址：贵州省遵义市红花岗区舟水桥遵义钛厂内
……Tel：0851-28415607

遵义长征电器制造有限公司
地址：贵州省遵义市播州区东南大道和平工业园区
……Tel：0851-28791820

贵州华兴航空科技有限责任公司
地址：贵州省安顺市西秀区凤安路中段（蔡兴大道）
……Tel：0851-33390298

贵州劲瑞新型包装材料有限公司
地址：贵州省贵阳市经济技术开发区开发大道
……Tel：0851-83802988

贵州恒瑞辰科技股份有限公司
地址：贵州省贵阳市花溪区孟关乡（贵州石油化工机械厂内）
……Tel：0851-83841061

中车贵阳实业有限公司
地址：贵州省贵阳市白云区都拉营
……Tel：0851-84472717

贵州汇新科技发展有限公司
地址：贵州省贵阳市白云区都拉营贵阳车辆厂内
……Tel：0851-84473489

贵阳高峰石油机械有限公司
地址：贵州省贵阳市贵阳国家高新技术产业开发区金阳新区长岭南路22号
……Tel：0851-87995518

贵州高矿重工（长顺）有限公司
地址：贵州省黔南布依族苗族自治州长顺县城关
……Tel：0854-6923020

上海爱登堡电梯贵州有限公司
地址：贵州省贵阳市观山湖区现代制造产业园建设指挥部办公大楼1号房
Tel：0857-84748859

贵州宏狮煤机制造有限公司
地址：贵州省六盘水市六枝特区下云盘
Tel：0858-5322352

云南省

云南能源投资股份有限公司
地址：云南省昆明市官渡区春城路276号
Tel：0871-63125787

昆明铁路轨枕有限责任公司
地址：官渡区大板桥镇花果山
Tel：0871-63983729

云南一机太工机械制造有限公司
地址：云南省昆明市安宁市太平新城街道办事处2.5创智产业园
Tel：0871-65150445

云南贝洋生物科技有限公司
地址：云南省昆明市五华区龙鼎财智中心3期1幢22层2210
Tel：0871-65386789

云南云叶化肥股份有限公司
地址：中国（云南）自由贸易试验区昆明片区经开区阿拉街道办昌宏社区昌宏路49号
Tel：0871-66146616

昆明耀龙电气有限公司
地址：云南省昆明经济技术开发区云大西路105号云电科技园
Tel：0871-67210785

东方机器制造（昆明）有限公司
地址：云南省昆明市经济技术开发区昌宏路88号
Tel：0871-67271205

昆明爱美科光电有限公司
地址：云南省昆明市高新技术开发区马金铺街道办事处生物谷街511号
Tel：0871-67441045

云南云内动力机械制造有限公司
地址：云南省昆明市嵩明县杨林工业开发区
Tel：0871-67971486

云南德众内燃机零部件制造有限公司
地址：云南省昆明市富民县工业园区哨箐机械加工园
Tel：0871-68184380

昆明金泽实业有限公司
地址：昆明市西山区春雨路1426号
Tel：0871-68421282

云南兴长江实业有限公司
地址：云南省昆明市西山区长坡工业基地
Tel：0871-68423686

大理华成纸业有限公司
地址：云南省大理市下关北郊
Tel：0872-2225555

云南农垦宇泰科技有限公司
地址：曲靖市开发区西城工业园区靖阳路西侧（和兴街南侧）
Tel：0874-3969922

云南锦润数控机械制造有限责任公司
地址：云南省楚雄州禄丰县碧城镇洪流村委会炼甸村（寨头坡）
Tel：0878-4737999

云南丽江建福机床集团有限公司
地址：丽江市古城区祥和街道办事处祥云社区南口路296号
Tel：0888-5123334

陕西省

西安华隆电工器材有限公司
地址：陕西省西咸新区沣东新城世纪大道北侧凤栖路
Tel：029-33670612

西安标准电梯有限公司
地址：西安市徐家湾红旗东路1号
Tel：029-36390369

陕西秦航机械制造有限责任公司
地址：陕西省咸阳市永寿县火车站大街
Tel：029-37131187

西安新竹防务科技有限公司
地址：陕西省西咸新区秦汉新城周陵街道办周康路4号
Tel：029-38019502

西安长岛精工机械有限公司
地址：西安市高新技术产业开发区上林苑三路16号
Tel：029-81881188

西安重工装备制造集团有限公司
地址：西安经济技术开发区泾渭新城泾朴路东段9号
Tel：029-82251231

西安天元铁路器材制造有限责任公司
地址：西安市碑林区金花南路39号
Tel：029-82362178

陕西建设钢构有限公司
地址：陕西省西安市临潼区新丰工业园庆山路66号
Tel：029-83428001

西安大秦化工机械股份有限公司
地址：西安市临潼区代新工业园区内代新路68号
Tel：029-83932866

西安北方惠安机电设备有限公司
地址：西安市　邑区余下镇惠安厂内
Tel：029-84912605

西安胜唐鼓风机有限公司
地址：陕西省西安市高陵区泾河工业园泾渭十路16号
Tel：029-86003154

西安近代科技实业有限公司
地址：陕西省西安市高陵区泾河工业园区泾渭南路12号
Tel：029-86030165

高陵蓝晓科技新材料有限公司
地址：陕西省西安市高陵区渭阳九路999号
Tel：029-86032880

陕西中兴林产有限责任公司
地址：西安市泾河工业园泾园七路(桑军大道东侧)
Tel：029-86033068

西安乐道生物科技有限公司
地址：西安市高陵区泾河工业园泾渭十一路
Tel：029-86033921

西安庆安航空机械制造有限公司
地址：西安市凤城十二路出口加工区2号保税仓库
Tel：029-86106028

西安西航集团铝业有限公司
地址：西安市未央区徐家湾
Tel：029-86152592

赫杰姆机电科技（西安）有限责任公司
地址：陕西省西安市阎良区西安阎良国家航空高技术产业基地航空九路36号
Tel：029-86184112

西安朋邦工贸有限公司
地址：西安经济技术开发区草滩三路168号
Tel：029-86622887

西安华瑞网电科技股份有限公司
地址：陕西省西安市高新区科技二路72号西安软件园西岳阁401室
Tel：029-86698999

西安泾渭钻探机具制造有限公司
地址：西安市灞桥区　河经济开发区酒十路70号
Tel：029-86790356-816

西安飞机工业（集团）亨通航空电子有限公司
地址：陕西省西安市国家航空高技术产业基地航空四路47号
Tel：029-86858112

西安科迅机械制造有限公司
地址：西安市经济技术开发区泾渭工业园东西三号路南
Tel：029-86959743

陕西重曼卡专用汽车有限公司
地址：陕西省西安市高陵区泾园路960号
Tel：029-86963952

杨凌翔林农业生物科技有限公司
地址：陕西省杨凌示范区滨河路
Tel：029-87046799

西安新竹防灾救生设备有限公司
地址：陕西省西安市高新区唐延路25号银河科技大厦8层8Y212
Tel：029-88142900

西安格威石油仪器有限公司
地址：西安市高新区丈八街办锦业路135号蓝晓科技园4号楼2层
Tel：029-88888916

西安卓锐航空科技有限公司
地址：西安市航空基地中小航空园3#-5厂房
Tel：029-89081352

西安奥腾石油工程技术服务有限公司
地址：西安市高新区沣惠南路36号橡树街区1号楼1幢1单元10503室
Tel：029-89153903

延安守山机械制造有限公司
地址：陕西省延安市高新技术产业开发区工业大道
Tel：0911-8258101

陕西延长新大复合材料科技有限公司
地址：陕西省延安市安塞区工业园区
Tel：0911-8301808

陕西延长三鑫特种房有限公司
地址：陕西省延安市安塞区工业园区
Tel：0911-8306062

安康市通用机械有限公司
地址：陕西省安康市高新技术产业开发区高新四路西侧
Tel：0915-2112407

安康巴山丝绢有限责任公司
地址：陕西省安康市汉滨区关庙镇吴台村四组
Tel：0915-3317776

陕西天达航空标准件有限公司
地址：陕西省汉中市经济开发区北区陈仓西路198信箱
Tel：0916-2311606

中核陕铀汉中机电设备制造有限公司
地址：陕西省汉中市汉台区舒家营
Tel：0916-2680912

汉中华燕科技开发有限公司
地址：陕西省汉中市南郑区大河坎镇
Tel：0916-5309250

宝鸡金辉石油机械有限公司
地址：陕西省宝鸡市高新开发区高新大道181号
Tel：0917-3215566

宝鸡丰立德制造有限公司
地址：陕西省宝鸡市渭滨区石鼓镇党家村二组
Tel：0917-3377985

宝鸡忠诚精密零件制造有限公司
地址：陕西省宝鸡市高新开发区一路2号
Tel：0917-3566958

陕西宝成航空精密制造股份有限公司
地址：陕西省宝鸡市渭滨区清姜路70号
Tel：0917-3629702

宝鸡市鲲鹏工贸有限公司
地址：陕西省宝鸡市高新开发区科技新城西片区产业路16号
Tel：0917-3686215

宝鸡市秦成工贸（集团）有限责任公司
地址：陕西省宝鸡市渭滨区巨福路37号
Tel：0917-3809574

宝鸡宝冶钛镍制造有限责任公司
地址：陕西省宝鸡市金台区蟠龙镇北社街1号
Tel：0917-6735428

宝鸡特钢钛业股份有限公司
地址：陕西省宝鸡市高新开发区凤凰4路南段6号
Tel：0917-6758916

陕西嘉航专用汽车有限公司
地址：陕西省宝鸡市岐山县蔡家坡镇熙华路东段北侧
Tel：0917-8569657

宝鸡市斯比德汽车齿轮有限公司
地址：陕西省宝鸡市岐山县蔡家坡镇五丈原社区南环路西段
Tel：0917-8730312

甘肃省

兰州倚能电气制造有限公司
地址：甘肃省兰州市安宁区福兴路1号
Tel：0931-2407378

甘肃天和力德管道制造有限公司
地址：甘肃省兰州市七里河区建西西路17号
Tel：0931-2883668

兰州兰通压力容器制造有限责任公司
地址：兰州市七里河区土门墩南湾1号
Tel：0931-2921638

兰州华通石油机械制造有限责任公司
地址：甘肃省兰州市七里河区土门墩南湾1号
Tel：0931-2921665

酒钢集团兰州宏成环保设备有限公司
地址：兰州市城关区东岗西路395号
Tel：0931-5302829

兰州国器装备制造集团有限公司
地址：甘肃省兰州市兰州新区清水河街766号
Tel：0931-7846070

兰州亚太三星电梯有限公司
地址：甘肃省兰州市兰州新区长江大道以北、华山路以东
Tel：0931-8479328

定西大禹节水有限责任公司
地址：定西市陇西县文峰镇乔坪
Tel：0932-6690218

庆阳军鑫混凝土有限公司
地址：庆阳市庆城县三十里铺镇阜城村
Tel：0935-3206599

甘肃润农节水科技有限公司
地址：甘肃省金昌市永昌县永昌县工业园区（莫高实业金昌麦芽厂
Tel：0935-5833333

金昌镃康科技铸业有限公司
地址：永昌县河西堡镇中小工业园区
Tel：0935-7331046

西北永新集团甘肃管业有限公司
地址：甘肃省天水市麦积区同乐路1号
Tel：0938-2614428

天水二一三机床电器厂
地址：甘肃省天水市秦州区赤峪路35号
Tel：0938-8350517

青海省

青海新青工具有限公司
地址：青海省西宁市柴达木西路119号
Tel：0971-5201198

青海华汇新能源有限公司
地址：德令哈市工业园区（长江路以东）
Tel：0977-8205669

宁夏回族自治区

宁夏长庆石油机械制造有限责任公司
地址：银川经济技术开发区经天西路186号
Tel：0951-3851312

徐州中煤（宁夏）钢结构建设有限公司
地址：银川市德胜工业园区清真食品园
Tel：0951-8088097

银川艾尼工业科技开发股份有限公司
地址：银川德胜工业园区宁平街2号
Tel：0951-8988140

宁夏森源重工设备有限公司
地址：石嘴山市生态经济区16-2#地块、青年大道北侧
Tel：0952-6872212

宁夏太阳镁业有限公司
地址：宁夏吴忠市太阳山开发区管委会生活区东区
Tel：0953-5092222

中宁县恒兴果汁有限公司
地址：宁夏回族自治区中宁县新堡镇新水路东侧兴宁驾校北侧
Tel：0955-5795398

宁夏华源机械制造有限公司
地址：宁夏回族自治区中卫市常乐镇陶瓷园内
Tel：0955-7636968

宁夏中卫市银河冶炼有限公司
地址：中卫市沙坡头区镇罗金鑫工业园区
Tel：0955-7665032

新疆维吾尔自治区

中粮屯河额敏番茄制品有限公司
地址：新疆塔城地区额敏县额铁路三十四地段
Tel：0901-3361075

哈密豪建钢结构工程施工有限责任公司
地址：新疆哈密地区哈密广东工业园区
Tel：0902-2503239

哈密信合棉业股份有限公司
地址：新疆哈密地区哈密市红光路1号（哈密红星钙塑厂院内）
Tel：0902-6975326

博乐市上峰水泥有限公司
地址：新疆博州博乐市非金属工业园区（石灰窑）
Tel：0909-2326608

克拉玛依市兄弟梦服装有限责任公司
地址：新疆克拉玛依市胜利路（胜利粮店）
Tel：0990-6245688

克拉玛依市华油精细化工有限责任公司
地址：新疆克拉玛依市白碱滩区金东二街4860号
Tel：0990-6816969

新疆三叶管道技术有限责任公司
地址：新疆克拉玛依市白碱滩区通运路15号
Tel：0990-6830612

新疆新油国际石油装备（集团）有限责任公司
地址：新疆克拉玛依市准噶尔路106号
Tel：0990-6880049

新疆维泰杭萧绿建科技有限公司
地址：新疆乌鲁木齐经济技术开发区喀什西路499号龙海置业综合楼743室
Tel：0991-3101015

振石永昌复合材料有限公司
地址：新疆乌鲁木齐市甘泉堡经济技术开发区华清西街1号办公楼
Tel：0991-3318888

新疆彩源包装有限责任公司
地址：新疆乌鲁木齐市米东区稻香北路204号
Tel：0991-3340222

新疆北新永固钢结构工程有限公司
地址：新疆维吾尔自治区乌鲁木齐市米东区化工工业园
Tel：0991-3376039

新疆蝶王针织有限责任公司
地址：新疆乌鲁木齐市新市区北京中路307号
Tel：0991-3726775

三一西北重工有限公司
地址：新疆乌鲁木齐经济技术开发区（头屯河区）井冈山西街568号
Tel：0991-3773301

新疆出版印刷集团公司

地址：新疆乌鲁木齐高新技术产业开发区（新市区）贵州路145号
…………………………Tel：0991-3845227
新疆天山恒合能源装备有限责任公司
地址：新疆乌鲁木齐市达坂城区乌拉泊街道同心路南二巷50号
…………………………Tel：0991-5910806
新疆天成鲁源电气工程有限公司
地址：新疆乌鲁木齐高新技术产业开发区（新市区）天津南路682号高新技术创业服务中心留创园C-9室
…………………………Tel：0991-6614373
乌鲁木齐东联薄板制品有限公司
地址：新疆乌鲁木齐市米东区石化南路500号
…………………………Tel：0991-6869256
中粮屯河乌苏番茄制品有限公司
地址：新疆塔城地区乌苏市新市区办事处塔里木河东路385号
…………………………Tel：0992-8561731
沃达农业科技股份有限公司
地址：新疆石河子市北泉镇友谊路19号
…………………………Tel：0993-2259961
新疆天庭昌德包装容器制造有限公司
地址：新疆昌吉州昌吉市榆树沟镇大三畦村
…………………………Tel：0994-2209813
新疆万通人钢结构有限公司
地址：新疆昌吉州昌吉高新技术产业开发区建设路17号办公楼101室
…………………………Tel：0994-2261995
新疆昌吉天山混凝土有限责任公司
地址：新疆昌吉州昌吉市榆树沟镇建材工业园区(08-011-00009地块)
…………………………Tel：0994-2299185
新疆天山面粉（集团）有限责任公司
地址：新疆昌吉州昌吉市健康西路27号
…………………………Tel：0994-2342795
新疆华洋三好环保科技有限公司
地址：新疆昌吉州昌吉市北京北路与北绕城交叉路口（昌吉市滨湖镇区滨湖村丘5栋6栋）
…………………………Tel：0994-2716971
克拉玛依恒泰制造安装工程有限责任公司
地址：新疆克拉玛依市准噶尔路驻145-1号
…………………………Tel：0994-3831873
新疆中聚粮油有限公司
地址：新疆巴州库尔勒经济技术开发区安庆大道5918号
…………………………Tel：0996-2210096
新疆冠农番茄制品有限公司
地址：新疆巴州和静县才吾库勒镇
…………………………Tel：0996-6090998
中粮屯河博湖番茄制品有限公司
地址：新疆巴州博湖县中华北路4号
…………………………Tel：0996-6622356
巴州巨龙重工有限公司
地址：新疆巴州库尔勒经济技术开发区南苑路200号1栋1层1号
…………………………Tel：0996-6870555
新疆新建番茄制品有限公司
地址：新疆巴州博湖县二十五团湖光镇
…………………………Tel：0996-6992099
巴州九洲混凝土制造有限公司
地址：新疆巴州库尔勒天山辖区314国道北侧
…………………………Tel：0996-8695022
新疆金天成机械装备有限公司
地址：新疆阿拉尔市阿塔公路15.3公里处
…………………………Tel：0997-2657696
库车县塔里木胜利机械有限责任公司
地址：新疆阿克苏地区库车县314国道766公里路南
…………………………Tel：0997-7841236
新疆白鹭纤维有限公司
地址：新疆图木舒克市达坂山工业园区
…………………………Tel：15509986676
新疆宏远辰峰混凝土制品有限责任公司
地址：新疆可克达拉市洛河西路2173号
…………………………Tel：0999-3125288
伊犁天山混凝土有限责任公司
地址：新疆伊犁察布查尔县扎库齐牛录乡寨牛录村
…………………………Tel：0999-3630513